Gabler Wirtschaftslexikon

A-B

Gabler Wirtschaftslexikon

A-B

18., aktualisierte und erweiterte Auflage

Springer Gabler

ISBN 978-3-8349-3464-2
DOI 10.1007/978-3-8349-3875-6

Die Deutsche Nationalbibliothek verzeichnet diese Publikation in der Deutschen Nationalbibliografie; detaillierte bibliografische Daten sind im Internet über http://dnb.d-nb.de abrufbar.

Springer Gabler

1. Auflage 1956, ..., 18., aktualisierte und erweiterte Auflage 2014

Redaktion: Stefanie Brich, Claudia Hasenbalg, Dr. Eggert Winter (Schriftleitung)
Korrektorat: Inge Kachel-Moosdorf
Layout und Satz: workformedia | Frankfurt am Main | München

Gedruckt auf säurefreiem und chlorfrei gebleichtem Papier

Springer Gabler ist eine Marke von Springer DE.
Springer DE ist Teil der Fachverlagsgruppe Springer Science+Business Media
www.springer-gabler.de

Vorwort zur 18. Auflage

Der Blick in die jüngste Vergangenheit und Gegenwart zeigt: ökonomische Fragestellungen und Probleme bestimmen die politische Diskussion seit der Finanz- und Wirtschaftskrise der Jahre 2008/2009 weiterhin in einem nicht geahnten Umfang. Die großen westlichen Industrienationen und Japan kämpfen mit einer gravierenden Staatsschuldenkrise. Im Euroraum verbindet sich die Staatsschuldenkrise mit einer Bankenkrise und einer stark rezessiven Wirtschaftsentwicklung vor allem in den südlichen Mitgliedstaaten. Zur Krisenbewältigung sind neue Instrumente wie die Europäische Finanzstabilisierungsfazilität (EFSF) und der Europäische Stabilitätsmechanismus (ESM) geschaffen worden. Eine einheitliche Bankenaufsicht für die Banken der Eurozone ist in Vorbereitung. Aber auch exogene Faktoren haben neue, die Wirtschaftspolitik tiefgreifend bestimmende Entwicklungen angestoßen: Speziell in Deutschland ist nach der Atomkatastrophe in Japan im Jahre 2011 mit der sog. Energiewende ein weiteres Topthema auf die politische Agenda gesetzt worden, das nicht nur zum sog. Atomausstieg, sondern zu einer Umorientierung der gesamten Energieversorgung hin zu den erneuerbaren Energien geführt hat.

Solche Entwicklungen führen in Politik, Medien und Wissenschaft zu neuen Begriffen, Theorien und Erklärungen oder verändern alte. Sie zu erläutern und verständlich zu machen, das hat sich das Gabler Wirtschaftslexikon seit jeher zur Aufgabe gemacht.

Viele dieser Termini bilden aber auch die Schlüsselbegriffe staatlicher Normen und werden in ihrer Bedeutung und Reichweite erst anschaulich fassbar im Kontext der gesetzlichen Vorschriften. Das Wirtschaftslexikon zeichnet sich dadurch aus, dass es neben den ökonomischen Begriffen auch die für deren Verständnis komplementären rechtlichen Strukturen erläutert.

Als griffbereite „Datenbank" wirtschaftlichen Wissens ist das Gabler Wirtschaftslexikon ein praktisches Nachschlagewerk für Beruf und Studium. Aktuell, kompetent und zuverlässig informieren mittlerweile über 180 Fachautoren in 200 Sachgebieten über mehr als 25.000 Stichwörter. Über 120 Schwerpunktbeiträge behandeln grundlegende Themen in vertiefender Form.

Der Vorteil der gedruckten Ausgabe: Sie haben alles im Überblick und können in der alphabetischen Reihenfolge immer finden, was Sie suchen. Sie können darin arbeiten, markieren, die Ränder beschriften. Sie können auch klassisch zitieren, was Sie als Quelle für Ihr Paper, Ihren Aufsatz oder Ihre Studienarbeit verwenden.

Wir wünschen Ihnen viel Freude mit unserem traditionsreichen und zugleich modernen Gabler Wirtschaftslexikon in dieser aktualisierten und erweiterten 18. Auflage.

Neben der vorliegenden Druckausgabe finden Sie die Onlineversion des Gabler Wirtschaftslexikons unter www.wirtschaftslexikon.gabler.de

Wiesbaden, im Juni 2013

Stefanie Brich
Claudia Hasenbalg
Dr. Eggert Winter

Verzeichnis der Autoren

Professor Dr. Dr. **Ann-Kristin Achleitner**, Technische Universität München, München
Sachgebiet: Unternehmensgründung

Professor (em.) Dr. Dr. h. c. mult. **Horst Albach**, Humboldt-Universität zu Berlin, Berlin
Schwerpunktbeitrag: Wirtschaftswissenschaften

Professor Dr. **Jörn Altmann**, Reutlingen University, Reutlingen
Sachgebiete: Außenhandel, Außenhandelsmarketing

Professor Dr. **Volker Eric Amelung**, Medizinische Hochschule Hannover, Hannover
Sachgebiet: Grundlagen der Gesundheitsökonomie
Schwerpunktbeiträge: Gesundheitsökonomische Evaluation, Integrierte Versorgung, Managed Care

Dr. **Benjamin Auer**, Universität Leipzig, Leipzig
Sachgebiet und Schwerpunktbeitrag: Ökonometrie

Professor Dr. **Tanju Aygün**, Europäische Fachhochschule, Neuss
Schwerpunktbeitrag: Ethno-Marketing

Professor Dr. **Harald Bartl**, Fachhochschule Worms, Worms
Sachgebiet: Tourismus

Professor **Michael Bartsch**, Jade Hochschule, Wilhelmshaven/Oldenburg/Elsfleth
Sachgebiet: Abgabenordnung

Professor Dr. **Thomas Bartscher**, Technische Hochschule Deggendorf, Deggendorf
Sachgebiete: Personalwesen, Arbeitswissenschaften
Schwerpunktbeitrag: Ergonomische Arbeitsbedingungen, Personalentwicklung

Dr. **Christian Becker**, Central Krankenversicherung, Köln
Schwerpunktbeitrag: Internationales Marketing

Professor Dr. **Joachim Becker**, Humboldt-Universität zu Berlin, Berlin
Sachgebiet: Sozialrecht

Prof. Dr. **Jens Beckert**, Max-Planck-Institut für Gesellschaftsforschung, Köln
Schwerpunktbeitrag: Wirtschaftssoziologie

Professor Dr. **Volker Beeck**, Fachhochschule Mainz, Mainz
Sachgebiet: Wirtschaftsprüfung
Schwerpunktbeitrag: Qualitätssicherung in der Wirtschaftsprüfung

Professor Dr. **Oliver Bendel**, Fachhochschule Nordwestschweiz, Brugg
Schwerpunktbeitrag: Informationsethik

Dr. Dr. **Jörg Berwanger**, Steag New Energies GmbH, Saarbrücken
Sachgebiete: Handels- und Gesellschaftsrecht

Professor Dr. **Hans-Joachim Böcking**, Johann Wolfgang Goethe-Universität, Frankfurt am Main
Schwerpunktbeitrag: Lagebericht

Professor Dr. **Claudia Breuer**, Hochschule der Sparkassen-Finanzgruppe, Bonn
Sachgebiet: Unternehmensfinanzierung

Professor Dr. **Wolfgang Breuer**, Rheinisch-Westfälische Technische Hochschule, Aachen
Sachgebiet: Unternehmensfinanzierung
Schwerpunktbeitrag: Venture-Capital

Professor Dr. **Manfred Bruhn**, Universität Basel, Basel
Schwerpunktbeiträge: Dienstleistungsmarketing, Internes Marketing, Sponsoring

Professor Dr. **Oliver Budzinski**, Technische Universität Ilmenau, Ilmenau
Sachgebiet: Geldpolitik und -theorie, Prozesspolitik
Schwerpunktbeiträge: Europäisches System der Zentralbanken (ESZB), Europäische Währungsunion (EWU), Geldpolitik, Geldtheorie, Subprime-Krise

Peter Burgold, Friedrich-Schiller-Universität, Jena
Schwerpunktbeitrag: Verfügungsrechte

Professor Dr. **Christoph Burmann**, Universität Bremen, Bremen
Sachgebiet: Markenmanagement
Schwerpunktbeiträge: Identitätsbasiertes Markenmanagement, Internationales Marketing

Dr. **Gunnar Clausen**, Simon-Kucher & Partners Strategy & Marketing Consultants GmbH, Köln
Sachgebiet: Preispolitik

Professor Dr. **Roland Conrady**, Fachhochschule Worms, Worms
Sachgebiet: Tourismus

Dr. **Heinz Dallmer**, Ahlen
Schwerpunktbeitrag: Direct Marketing

Professor Dr. **Norbert Dautzenberg**, Hochschule Rhein-Waal, Kleve
Sachgebiet: Steuern

Birgitta Dennerlein, selbstständig, Freiburg
Sachgebiet: Steuern
Schwerpunktbeitrag: Regelungen zur Zinsschranke

Hans-Ulrich Dietz, Commerzbank AG, Frankfurt am Main
Schwerpunktbeitrag: Erbschaftssteuerreform 2009

Professor Dr. **Adrian Freiherr v. Dörnberg**, Fachhochschule Worms, Worms
Sachgebiet: Tourismus

Maximilian Duwe, Universität Erfurt, Erfurt
Schwerpunktbeitrag: Finanzsoziologie

Professor Dr. Dr. h. c. **Ralf Michael Ebeling**, Martin-Luther-Universität Halle-Wittenberg, Halle (Saale)
Schwerpunktbeitrag: Konzernrechnungslegung

Professor Dr. **Thomas Egner**, Otto-Friedrich-Universität, Bamberg
Schwerpunktbeitrag: Steuerbelastung als internationaler Standortfaktor

Prof. Dr. **Wolfgang Eggert**, Albert-Ludwigs-Universität, Freiburg, Sachgebiet: Finanzwissenschaft

Professor Dr. **Johann Engelhard**, Otto-Friedrich-Universität, Bamberg
Sachgebiet und Schwerpunktbeitrag: Internationales Management

Dr. **Ulrike Erdmann**, Fachhochschule Südwestfalen, Hagen
Sachgebiet: Kreditgeschäft
Schwerpunktbeitrag: Bankassurance – Assurancebanking

Professor Dr. **Mathias Erlei**, Technische Universität Clausthal, Clausthal
Sachgebiete: Experimentelle Wirtschaftsforschung, Agency-Theorie
Schwerpunktbeitrag: Experimentelle Wirtschaftsforschung, Prinzipal-Agent-Theorie

Professor Dr. **Franz-Rudolf Esch**, EBS Universität für Wirtschaft und Recht, Oestrich-Winkel
Sachgebiet: Kommunikationspolitik

Dr. **Oliver Everling**, Rating Evidence GmbH, Frankfurt am Main
Schwerpunktbeitrag: Credit Rating

Professor Dr. **Eberhard Feess**, Frankfurt School of Finance and Management, Frankfurt am Main
Sachgebiet: Umwelt- und Ressourcenökonomik

Christoph Fehling, Universität Stuttgart, Stuttgart
Sachgebiet und Schwerpunktbeitrag: Cloud Computing

Professor Dr. **Wolf Fichtner**, Karlsruher Institut für Technologie (KIT), Karlsruhe
Sachgebiet: Energiepolitik

Professor Dr. **Stefanie Fiege**, GoBS Hochschule für Wirtschaft und Verwaltung, Berlin
Schwerpunktbeitrag: Risikomanagement

Professor Dr. **Klaus Fischer**, Fachhochschule Worms, Worms
Sachgebiet: Tourismus

Professor Dr. **Thomas Foscht**, Karl-Franzens-Universität, Graz
Schwerpunktbeiträge: Käufer- und Konsumentenverhalten, Internationalisierung des Handels

Professor Dr. **Ursula Frietzsche**, Fachhochschule Worms, Worms
Sachgebiet und Schwerpunktbeitrag: Tourismus

Professor Dr. **Jetta Frost**, Universität Hamburg, Hamburg
Schwerpunktbeitrag: Wissensmanagement

Frank Geßner, Commerzbank AG, Düsseldorf
Sachgebiet: Auslandsgeschäft in Banken

Professor Dr. **Ingrid Göpfert**, Philipps-Universität, Marburg
Schwerpunkbeitrag: Internationale Logistik

Prof. Dr. **Edeltraud Günther**, Technische Universität Dresden, Dresden
Sachgebiet und Schwerpunktbeitrag: Umweltmanagement

Professor Dr. **Hans-Dieter Haas**, Ludwig-Maximilians-Universität, München
Sachgebiet und Schwerpunktbeitrag: Wirtschaftsgeografie

Dr. **Cordula Heldt**, Deutsches Aktieninstitut e.V., Frankfurt am Main
Sachgebiet: Wertpapiergeschäft, Wertpapierrecht, Scheckrecht, Wechselrecht
Schwerpunktbeitrag: Verbriefung von Kreditportfolios

Professor Dr. **Detlef Hellenkamp**, Duale Hochschule Baden-Württemberg, Stuttgart
Sachgebiet und Schwerpunktbeitrag: Bankvertrieb

Professor Dr. **Bernd Helmig**, Universität Mannheim, Mannheim
Sachgebiet und Schwerpunktbeitrag: Nonprofit Management

Dr. **Fred Henneberger**, Universität St. Gallen, St. Gallen
Sachgebiet: Arbeitsmarkt
Schwerpunktbeiträge: Arbeitsmarktpolitik, Arbeitsmarkttheorien, Arbeitslosigkeit, Arbeitslosenversicherung, Atypische Beschäftigung

Professor Dr. **Alexander Hennig**, Duale Hochschule Baden-Württemberg, Mannheim
Sachgebiet: Handelsbetriebslehre
Schwerpunktbeiträge: Handel als Mittler zwischen Produzent und Verbraucher, Handel ist Wandel - Entwicklungen in der Handelsstruktur

Professor Dr. Dr. **Christian Henning**, Christian-Albrechts-Universität zu Kiel, Kiel
Sachgebiet: Agrarpolitik

Professor Dr. **Klaus Henselmann**, Friedrich-Alexander-Universität, Nürnberg
Sachgebiet und Schwerpunktbeitrag: Unternehmensbewertung

Professor Dr. **Dagmar Hettinger**, Fachhochschule Worms, Worms
Sachgebiet: Tourismus

Bernhard Hobel, Munich RE, München
Schwerpunktbeitrag: Projektmanagement (PM)

Professor Dr. **Heinrich Holland**, Fachhochschule Mainz, Mainz
Sachgebiet: Wirtschaftsmathematik
Schwerpunktbeitrag: Customer Relationship Management (CRM)

Professor Dr. **Reinhold Hölscher**, Technische Universität Kaiserslautern, Kaiserslautern
Sachgebiet: Kreditgeschäft
Schwerpunktbeitrag: Bankassurance - Assurancebanking

Professor Dr. **Reinhold Hömberg**, Rheinisch-Westfälische Technische Hochschule, Aachen
Schwerpunktbeiträge: Internationalisierung der Wirtschaftsprüfung, Wirtschaftsprüfungsmethoden

Professor Dr. **Michael Hommel**, Johann Wolfgang Goethe-Universität, Frankfurt am Main
Schwerpunktbeitrag: Bilanzpolitik im HGB

Professor Dr. **Gustav A. Horn**, Hans-Böckler-Stiftung, Düsseldorf
Sachgebiet: Konjunktur

Michael Horvath, Technische Universität, München
Sachgebiet: Volkswirtschaftliche Gesamtrechnung
Schwerpunktbeiträge: Einkommensverteilung, Volkswirtschaftliche Gesamtrechnung (VGR)

Prof. Dr. **Detlev Hummel**, Universität Potsdam, Potsdam
Schwerpunktbeitrag: Stresstest

Dr. **Jörg Jasper**, EnBW AG, Berlin
Sachgebiete: Geldpolitik und -theorie, Prozesspolitik
Schwerpunktbeiträge: Europäisches System der Zentralbanken (ESZB), Europäische Währungsunion (EWU), Geldpolitik, Geldtheorie

Professor Dr. **Udo Kamps**, Rheinisch-Westfälische Technische Hochschule, Aachen
Sachgebiet und Schwerpunktbeitrag: Statistik

Helmut Keller, Baufinanzierung & Finanzwissen, Brühl
Sachgebiet: Baufinanzierung
Schwerpunktbeitrag: Verfahrensablauf einer Zwangsversteigerung

Professor Dr. **Berndt Karl Keller**, Universität Konstanz, Konstanz
Sachgebiet: Arbeitsmarkt
Schwerpunktbeiträge: Arbeitsmarktpolitik, Arbeitsmarkttheorien, Arbeitslosigkeit, Arbeitslosenversicherung, Atypische Beschäftigung

Professor Dr. **Claudia Kemfert**, Deutsches Institut für Wirtschaftsforschung, Berlin
Schwerpunktbeitrag: Energiewende

Professor Dr. **Peter Kenning**, Zeppelin Universität, Friedrichshafen
Sachgebiet: Vertriebspolitik

Professor Dr. **Manfred Kirchgeorg**, HHL – Leipzig Graduate School of Management, Leipzig
Sachgebiet: Grundlagen des Marketings

Professor Dr. **Martin Klein**, Martin-Luther-Universität Halle-Wittenberg, Halle (Saale)
Sachgebiete: Entwicklungspolitik, Internationale Organisationen

Professor (em.) Dr. **Gerhard D. Kleinhenz**, Universität Passau, Passau
Sachgebiet: Sozialpolitik
Schwerpunktbeitrag: Sozialpolitik in der Marktwirtschaft

Johannes Klenk, Eberhard Karls Universität, Tübingen
Sachgebiet: Bildungspolitik

Professor Dr. **Henning Klodt**, Institut für Weltwirtschaft, Kiel
Sachgebiete: Industriepolitik, Strukturpolitik, Technologiepolitik
Schwerpunktbeitrag: Neue Ökonomie

Professor Dr. **Tobias Kollmann**, Universität Duisburg-Essen, Essen
Sachgebiet: Internetökonomie
Schwerpunktbeiträge: Electronic Business, Entrepreneurship

Professor Dr. **Hagen Krämer**, Hochschule Karlsruhe - Technik und Wirtschaft, Karlsruhe
Sachgebiet: Verteilungstheorie und –politik
Schwerpunktbeitrag: Verteilungstheorie

Tobias Krause, Universität Potsdam, Potsdam
Sachgebiet: Public Management

PD Dr. **Christian Krauth**, Medizinische Hochschule Hannover, Hannover
Sachgebiet: Grundlagen der Gesundheitsökonomie
Schwerpunktbeiträge: Gesundheitsökonomische Evaluation, Integrierte Versorgung, Managed Care

Professor Dr. **Winfried Krieger**, Fachhochschule Flensburg, Flensburg
Sachgebiet: Logistik

Dr. **Werner Krommes**, Wekadit-Revision, Gräfelfing
Schwerpunktbeitrag: Eigenverantwortlichkeit des Wirtschaftsprüfers

Dr. **Jan-Hendrik Krumme**, Hessisches Ministerium für Wissenschaft und Kunst, Wiesbaden
Sachgebiete: Allgemeines Verwaltungsrecht, Besonderes Verwaltungsrecht, Verkehrsrecht, Wirtschaftsverwaltungsrecht

Professor Dr. **Ulrich Krystek**, Technische Universität Berlin, Berlin
Schwerpunktbeiträge: Krisenmanagement, Risikomanagement

Professor Dr. **Richard Lackes**, Technische Universität Dortmund, Dortmund
Sachgebiet: Wirtschaftsinformatik
Schwerpunktbeiträge: Data Mining, Web 2.0, Wirtschaftsinformatik

Professor Dr. **Frank Leymann**, Universität Stuttgart, Stuttgart
Sachgebiet und Schwerpunktbeitrag: Cloud Computing, Nachhaltige Geschäftsprozesse

Professor Dr. **Jan Lies**, Macromedia Hochschule für Medien und Kommunikation, München
Sachgebiet: Grundlagen und Funktionen der Organisation

Professor Dr. **Nick Lin-Hi**, Universität Mannheim, Mannheim
Sachgebiete: Unternehmensethik, Wirtschaftsethik
Schwerpunktbeiträge: Corporate Social Responsibility, Moralische Qualität der Marktwirtschaft

Professor Dr. **Marco Lübbecke**, Rheinisch-Westfälische Technische Hochschule, Aachen
Sachgebiet: Operations Research

Professor Dr. **Günter W. Maier**, Universität Bielefeld, Bielefeld
Sachgebiet: Arbeits- und Organisationspsychologie

Dr. **Robert Malina**, Westfälische Wilhelms-Universität, Münster
Sachgebiet und Schwerpunktbeitrag: Verkehrspolitik

Professor (em.) Dr. **Eduard Mändle**, HfWU – Hochschule für Wirtschaft und Umwelt, Nürtingen
Sachgebiet: Genossenschaften

Professor Dr. **Markus Mändle**, HfWU – Hochschule für Wirtschaft und Umwelt, Nürtingen
Sachgebiet: Genossenschaften

Professor Dr. **Daniel Markgraf**, AKAD Hochschule, Leipzig
Sachgebiete: Produktpolitik, Internetmarketing
Schwerpunktbeitrag: Internetmarketing

Professor Dr. **Andrea Maurer**, Universität Trier, Trier
Sachgebiet: Wirtschaftssoziologie
Schwerpunktbeitrag: Sozioökonomie

Dr. **Ingo Mecke**, Bundeskartellamt, Bonn
Sachgebiet: Kartellrecht, Wettbewerb

Dr. **Astrid Meckel**, Oberlandesgericht, Frankfurt am Main
Sachgebiete: Wettbewerbsrecht, Urheberrecht

Jochen Metzger, Deutsche Bundesbank, Frankfurt am Main
Sachgebiet: Zahlungsverkehr

Professor Dr. **Albrecht Michler**, Heinrich-Heine-Universität, Düsseldorf
Sachgebiet: Geldpolitik und –theorie, Prozesspolitik
Schwerpunktbeiträge: Europäisches System der Zentralbanken (ESZB), Europäische Währungsunion (EWU), Geldpolitik, Geldtheorie, Subprime-Krise

Professor Dr. **Christian Mieke**, Brandenburgische Technische Universität, Cottbus
Schwerpunktbeitrag: Technologiemanagement

Jun.-Prof. Dr. **Mark Mietzner**, Zeppelin Universität, Friedrichshafen
Schwerpunktbeitrag: Mergers & Acquisitions

Steffen Minter, Albert-Ludwigs-Universität, Freiburg, Sachgebiet: Finanzwissenschaft

Professor Dr. **Martin G. Möhrle**, Universität Bremen, Bremen
Sachgebiete: Innovations- und Technologiemanagement
Schwerpunktbeitrag: Innovationsmanagement

Professor Dr. **Axel Mühlbacher**, Hochschule Neubrandenburg, Neubrandenburg
Sachgebiet: Grundlagen der Gesundheitsökonomie
Schwerpunktbeiträge: Gesundheitsökonomische Evaluation, Integrierte Versorgung, Managed Care

Dr. **Andreas Müller**, Universität Bremen, Bremen
Schwerpunktbeitrag: Identitätsbasiertes Markenmanagement

Professor Dr. **Günter Müller-Stewens**, Universität St. Gallen, St. Gallen
Sachgebiet: Unternehmensplanung
Schwerpunktbeiträge: Unternehmensplanung, Strategische Planung

Dr. **Sascha Münnich**, Max-Planck-Institut für Gesellschaftsforschung, Köln
Schwerpunktbeitrag: Wirtschaftssoziologie

Dr. **Simon-Martin Neumair**, Ludwig-Maximilians-Universität, München
Sachgebiet und Schwerpunktbeitrag: Wirtschaftsgeografie

Alexander Nowak, Universität Stuttgart, Stuttgart
Schwerpunkbeitrag: Nachhaltige Geschäftsprozesse

Professor Dr. **Axel Ockenfels**, Universität zu Köln, Köln
Sachgebiet: Spieltheorie
Schwerpunktbeiträge: Marktdesign, Spieltheorie

Dr. **Peter Oser**, Ernst & Young AG, Stuttgart
Schwerpunktbeitrag: Lagebericht

Professor Dr. **Niko Paech**, Carl von Ossietzky Universität, Oldenburg
Schwerpunktbeitrag: Postwachstumsökonomie

Professor Dr. **Jochen R. Pampel**, KPMG AG Wirtschaftsprüfungsgesellschaft, Hamburg
Schwerpunktbeitrag: Plankostenrechnung

Professor Dr. **Ulrich Pape**, ESCP Europe Wirtschaftshochschule, Berlin
Sachgebiet: Investition

Jun.-Prof. Dr. **Ulf Papenfuß**, Universität Leipzig, Leipzig
Sachgebiet: Öffentliches Finanzmanagement

Professor Dr. **Bernhard Pellens**, Ruhr-Universität, Bochum
Sachgebiet und Schwerpunktbeitrag: Internationale Rechnungslegung

Prof. Dr. Dr. **Helge Peukert**, Universität Erfurt, Erfurt
Sachgebiet: Neue Institutionenökonomik
Schwerpunktbeitrag: Finanzsoziologie, Neue Institutionenökonomik

Professor Dr. **Norbert Pfitzer**, Ernst & Young AG, Wirtschaftsprüfungsgesellschaft, Stuttgart,
Schwerpunktbeitrag: Lagebericht

Professor Dr. Dres. h. c. **Arnold Picot**, Ludwig-Maximilians-Universität, München
Schwerpunktbeitrag: Informationsökonomik

Professor (em.) Dr. **Dirk Piekenbrock**, Duale Hochschule Baden-Würtemberg, Mannheim
Sachgebiet: Haushaltstheorie, Preis- und Markttheorie

Prof. Dr. **Michael Pohl**, ADG Business School an der Steinbeis-Hochschule Berlin, Montabaur
Schwerpunktbeitrag: Bankcontrolling, Basel II, Basel III, Wertorientierte Gesamtbanksteuerung

Professor Dr. **Isabella Proeller**, Universität Potsdam, Potsdam
Sachgebiet: Public Management

Professor Dr. **Bernd-Thomas Ramb**, Universität Siegen, Siegen
Sachgebiet und Schwerpunktbeitrag: Allgemeine Wirtschaftspolitik

Professor Dr. **Sven Reinecke**, Universität St. Gallen, St. Gallen
Schwerpunktbeitrag: Marketingcontrolling

Professor Dr. **Rolf-Dieter Reineke**, Fachhochschule Nordwestschweiz, Basel
Sachgebiet: Unternehmensberatung
Schwerpunktbeitrag: Consulting

Dr. **Perry Reisewitz**, Compass Communications GmbH, München
Schwerpunktbeiträge: Börsenkommunikation, Public Relations (PR)

Professor Dr. **Horst Rottmann**, Hochschule Amberg-Weiden, Weiden
Sachgebiet und Schwerpunktbeitrag: Ökonometrie

Professor Dr. **Hans Rück**, Fachhochschule Worms, Worms
Sachgebiet: Tourismus

Torben Rüthers, Ruhr-Universität, Bochum
Sachgebiet und Schwerpunktbeitrag: Internationale Rechnungslegung

Professor Dr. **Jens Saffenreuther**, Duale Hochschule Baden-Württemberg, Mosbach
Sachgebiet: Einlagengeschäft

Professor Dr. **Dirk Sauerland**, Universität Witten/Herdecke, Witten
Sachgebiet: Ordnungsökonomik

Dr. **Andreas Schäfer**, Universität Leipzig, Leipzig
Sachgebiet: Wachstum

Prof. Dr. **Christina Schäfer**, Helmut-Schmidt-Universität/Universität der Bundeswehr, Hamburg
Sachgebiet: Öffentliches Finanzmanagement

Professor Dr. **Utz Schäffer**, WHU – Otto Beisheim School of Management, Vallendar
Schwerpunktbeitrag: Beyond Budgeting

Professor Dr. **Knut Scherhag**, Fachhochschule Worms, Worms
Sachgebiet: Tourismus

Professor Dr. **Gerhard Schewe**, Westfälische Wilhelms-Universität, Münster
Sachgebiet: Organisation
Schwerpunktbeiträge: Organisation, Post Merger Integration

Professor Dr. Dres. h. c. **Henner Schierenbeck**, Universität Basel, Basel
Schwerpunktbeiträge: Bankcontrolling, Basel II, Wertorientierte Gesamtbanksteuerung

Professor Dr. **Michael Schleusener**, Hochschule Niederrhein, Krefeld
Schwerpunktbeitrag: Preismanagement

Professor (em.) Dr. **Josef Schmid**, Otto-Friedrich Universität, Bamberg
Sachgebiet: Bevölkerungswissenschaft

Professor Dr. **Josef Schmid**, Eberhard Karls Universität, Tübingen
Sachgebiet: Bildungspolitik

Dr. **Susanne Schmid**, Bundesamt für Migration und Flüchtlinge, Nürnberg
Sachgebiet: Bevölkerungswissenschaft

Katrin Schmidt, Bundesagentur für Arbeit, Nürnberg
Sachgebiete: Amtliche Statistik

Dr. **Udo Schmidt-Mohr**, Deka Investment GmbH, Frankfurt am Main
Schwerpunktbeitrag: Prinzipal-Agent-Theorie

Dr. **Jörg Schneider**, Hamburg
Schwerpunktbeitrag: Strategieberatung

Professor Dr. **Willy Schneider**, Duale Hochschule Baden-Württemberg, Mannheim
Sachgebiet: Handelsbetriebslehre
Schwerpunktbeiträge: Handel als Mittler zwischen Produzent und Verbraucher,
Handel ist Wandel – Entwicklungen in der Handelsstruktur

Dr. **Enrico Schöbel**, Universität Leipzig, Leipzig
Sachgebiet: Neue Politische Ökonomie
Schwerpunktbeiträge: Neue Politische Ökonomie, Rechtsökonomik

Professor Dr. **Stephan Schöning**, Wissenschaftliche Hochschule Lahr, Lahr/Schwarzwald
Sachgebiet: Bankenstruktur

Professor Dr. **Jürgen Schulz**, Universität der Künste, Berlin
Schwerpunktbeitrag: Werbung

David Schumm, TWT GmbH, Neuhausen
Schwerpunktbeitrag: Geschäftsprozesstechnologie

Silke Schütte, Tutzing
Schwerpunktbeitrag: Projektmanagement (PM)

Professor Dr. **Thorsten Sellhorn**, WHU – Otto Beisheim School of Management, Vallendar
Sachgebiet und Schwerpunktbeitrag: Internationale Rechnungslegung

Professor Dr. **Thilo Seyfriedt**, Hochschule Offenburg, Offenburg
Sachgebiet: Bilanzierung

Dr. **Christoph Siepermann**, Universität Ulm, Ulm
Schwerpunktbeiträge: Enterprise-Resource-Planning-System, Produktionsplanung und -steuerung

Dr. **Markus Siepermann**, Technische Universität Dortmund, Dortmund
Sachgebiet: Wirtschaftsinformatik
Schwerpunktbeiträge: Internet Business, Risikoorientierte Bepreisung, Web 2.0

Professor Dr. **Hermann Simon**, Simon-Kucher & Partners Strategy & Marketing Consultants GmbH, Bonn
Sachgebiet: Preispolitik

Professor Dr. **Insa Sjurts**, Universität Hamburg, Hamburg
Sachgebiet: Medien- und Kommunikationswirtschaft
Schwerpunktbeitrag: Medienmanagement

Robert Skok, Universität der Bundeswehr München, München
Sachgebiet: Wirtschaftssoziologie
Schwerpunktbeitrag: Marktsoziologie

Professor Dr. **Dieter Specht**, Brandenburgische Technische Universität, Cottbus
Sachgebiet: Innovations- und Technologiemanagement
Schwerpunktbeitrag: Technologiemanagement

Professor Dr. **Bernd Stauss**, Katholische Universität Eichstätt-Ingolstadt, Ingolstadt
Schwerpunktbeitrag: Beschwerdemanagement

Professor Dr. **Tim Sterzenbach**, Fachhochschule Worms, Worms
Sachgebiet: Tourismus

Professor Dr. **Marion Steven**, Ruhr-Universität, Bochum
Sachgebiet: Produktions- und Kostentheorie

Malte Stöfen, Christian-Albrechts-Universität zu Kiel, Kiel
Sachgebiet: Bürgerliches Recht

Professor Dr. **Andreas Suchanek**, HHL – Leipzig Graduate School of Management, Leipzig
Sachgebiet: Wirtschaftsethik

Professor Dr. Professor h. c. **Bernhard Swoboda**, Universität Trier, Trier
Schwerpunktbeiträge: Käufer- und Konsumentenverhalten, Internationalisierung des Handels

Dr. **Andreas Szczutkowski**, Universität Bielefeld, Bielefeld
Sachgebiet: Informationsökonomik

Dr. **Georg Tacke**, Simon-Kucher& Partners Strategy & Marketing Consultants GmbH, Bonn
Sachgebiet: Preispolitik

Professor Dr. **Jean-Paul Thommen**, European Business School (EBS), Oestrich-Winkel
Sachgebiet: Allgemeine Betriebswirtschaftslehre
Schwerpunktbeitrag: Betriebswirtschaftslehre (BWL)

Alexander Uhlig, Universität Potsdam, Potsdam
Schwerpunktbeitrag: Stresstest

Professor Dr. **Richard Vahrenkamp**, Universität Kassel, Kassel
Schwerpunktbeitrag: Enterprise-Resource-Planning-System

Professor Dr. **Kurt Vikas**, Karl Franzens Universität, Graz
Schwerpunktbeitrag: Plankostenrechnung

Professor Dr. **Kai-Ingo Voigt**, Friedrich-Alexander-Universität, Nürnberg
Sachgebiet: Industriebetriebslehre

Professor Dr. **Fred Wagner**, Universität Leipzig, Leipzig
Sachgebiet: Versicherungswirtschaft

Professor Dr. Dr. h. c. **Jürgen Weber**, WHU – Otto Beisheim School of Management, Vallendar
Sachgebiete: Internes Rechnungswesen
Schwerpunktbeiträge: Balanced Scorecard, Controlling, Prozesskostenrechnung

Dr. **Carsten Weerth**, Hauptzollamt, Bremen
Sachgebiete: Außenwirtschaft, Europa

Prof. Dr. **Robert K. Freiherr von Weizsäcker**, Technische Universität München, München
Sachgebiet: Volkswirtschaftliche Gesamtrechnung
Schwerpunktbeiträge: Einkommensverteilung, Volkswirtschaftliche Gesamtrechnung (VGR)

Professor Dr. **Axel v. Werder**, Technische Universität Berlin, Berlin
Schwerpunktbeitrag: Corporate Governance

Professor Dr. **Martin Werding**, Ruhr-Universität, Bochum
Sachgebiet: Sozialpolitik
Schwerpunktbeitrag: Sozialpolitik in der Marktwirtschaft

Dr. **Joachim Wichert**, aclanz Rechtsanwälte, Frankfurt am Main
Sachgebiet: Arbeitsrecht

Professor Dr. **Andreas Wilbers**, Fachhochschule Worms, Worms
Sachgebiet: Tourismus

Professor Dr. **Rupert Windisch**, Friedrich-Schiller-Universität, Jena
Sachgebiet und Schwerpunktbeitrag: Verfügungsrechte

Dr. **Eggert Winter**, Rechtsanwalt, Oberursel
Sachgebiete: Staats- und Verfassungsrecht, Völkerrecht, Europarecht, Strafprozessrecht

Dr. **Barbara Wischermann**, Ruhr-Universität, Bochum
Sachgebiet: Buchhaltung
Schwerpunktbeitrag: Doppelte Buchhaltung

Professor Dr. **Peter Witte**, Fachhochschule des Bundes für öffentliche Verwaltung, Münster
Sachgebiet: Zollrecht

Professor Dr. **Hans-Werner Wohltmann**, Christian-Albrechts-Universität zu Kiel, Kiel
Sachgebiet: Makroökonomik

Professor Dr. **Birgitta Wolff**, Otto von Guericke Universität, Magdeburg
Schwerpunktbeitrag: Informationsökonomik

Professor (em.) Dr. Dr. h. c. mult. **Artur Woll**, Universität Siegen, Siegen
Sachgebiete: Biographien, Methodik und Dogmengeschichte

Professor Dr. **Klaus Wübbenhorst**, WB Consult GmbH, Nürnberg
Sachgebiet: Marktforschung

Verzeichnis der Abkürzungen

a.	– anno (Jahr)
Abb.	– Abbildung
AbfVerbG	– Abfallverbringungsgesetz
AbgG	– Abgeordnetengesetz
Abk.	– Abkürzung
ABl	– Amtsblatt
ABl EG	– Amtsblatt der Europäischen Gemeinschaften
ABl EU	– Amtsblatt der Europäischen Union
Abschn.	– Abschnitt
Abt.	– Abteilung
AbwAG	– Abwasserabgabengesetz
ADSp	– Allgemeine Deutsche Spediteurbedingungen
AEG	– Allgemeines Eisenbahngesetz
a.F.	– alte Fassung
AFB	– Allgemeine Bedingungen für die Feuerversicherung
AG	– Aktiengesellschaft; Amtsgericht; Ausführungsgesetz
AGB	– Allgemeine Geschäftsbedingungen
AHB	– Allgemeine Geschäftsbedingungen für die Haftpflichtversicherung
AKB	– Allgemeine Bedingungen für die Kraftfahrtversicherung
AktG	– Aktiengesetz
allg.	– allgemein
amerik.	– amerikanisch
AMG	– Arzneimittelgesetz
AO	– Abgabenordnung
AR	– Aufsichtsrat
ArbGG	– Arbeitsgerichtsgesetz
ArbNErfG	– Arbeitnehmererfindergesetz
ArbPlSchG	– Arbeitsplatzschutzgesetz
ArbStättV	– Arbeitsstättenverordnung
ArbZG	– Arbeitszeitgesetz
Art.	– Artikel
ASiG	– Gesetz über Betriebsärzte, Sicherheitsingenieure und andere Arbeitskräfte für Arbeitssicherheit
AStG	– Außensteuergesetz
ATG	– Altersteilzeitgesetz
AtG	– Atomgesetz
AUB	– Allgemeine Versicherungsbedingungen für die Unfallversicherung
Aufl.	– Auflage
AÜG	– Arbeitnehmerüberlassungsgesetz
AuslG	– Ausländergesetz
AVB	– Allgemeine Versicherungsbedingungen
AvmG	– Altersvermögensgesetz
AWB	– Allgemeine Bedingungen für die Leitungswasserversicherung
AWG	– Außenwirtschaftsgesetz
AWV	– Außenwirtschaftsverordnung
AZ	– Aktenzeichen
AZO	– Allgemeine Zollordnung
BaföG	– Berufsausbildungsförderungsgesetz
BAG	– Bundesarbeitsgericht
BAnz	– Bundesanzeiger
BAT	– Bundesangestelltentarif
BauGB	– Baugesetzbuch
b.a.w.	– bis auf weiteres
BBankG	– Gesetz über die deutsche Bundesbank
BBergG	– Bundesberggesetz
BBesG	– Bundesbesoldungsgesetz
BBG	– Bundesbeamtengesetz
BBiG	– Berufsbildungsgesetz
BDSG	– Bundesdatenschutzgesetz

BEG	– Bundesentschädigungsgesetz
ber.	– berichtigt
BerBiFG	– Berufsbildungsförderungsgesetz
BErzGG	– Bundeserziehungsgeldgesetz
bes.	– besonders(-e, -es, -er)
BetrAVG	– Gesetz zur Verbesserung der betrieblichen Altersvorsorge
BetrVG	– Betriebsverfassungsgesetz
BeurkG	– Beurkundungsgesetz
BewG	– Bewertungsgesetz
bez.	– bezüglich
BFH	– Bundesfinanzhof
BGB	– Bürgerliches Gesetzbuch
BGBl	– Bundesgesetzblatt (I = Teil I, II = Teil II, III = Teil III)
BGH	– Bundesgerichtshof
BHO	– Bundeshaushaltsordnung
BImSchG	– Bundes-Immissionsschutzgesetz
Bin(n)SchG	– Binnenschifffahrtsgesetz
BiRiLiG	– Bilanzrichtlinien-Gesetz
BM	– Bundesminister(ium)
BNatSchG	– Bundesnaturschutzgesetz
BOKraft	– Verordnung über den Betrieb von Kraftfahrtunternehmen im Personenverkehr
BörsG	– Börsengesetz
BörsZulV	– Börsenzulassungsverordnung
BPatG	– Bundespatentgericht
BPersVG	– Bundespersonalvertretungsgesetz
BpO	– Betriebsprüfungsverordnung
BRAGO	– Bundesgebührenordnung für Rechtsanwälte
BranntwMonG	– Branntweinmonopolgesetz
BRRG	– Beamtenrechtsrahmengesetz
BSG	– Bundessozialgericht
BSHG	– Bundessozialhilfegesetz
bspw.	– beispielsweise
BStBl	– Bundessteuerblatt
BtMG	– Bundesbetäubungsmittelgesetz
BUrlG	– Bundesurlaubsgesetz
BVerfG	– Bundesverfassungsgericht
BVerfGE	– Amtliche Sammlungen von Entscheidungen des Bundesverfassungsgerichts
BVerfGG	– Gesetz über das Bundesverfassungsgericht
BVerfSchG	– Bundesverfassungsschutzgesetz
BVerwG	– Bundesverwaltungsgericht
BVG	– Bundesversorgungsgesetz
BZRG	– Bundeszentralregistergesetz
bzw.	– beziehungsweise
ca.	– circa
DepotG	– Depotgesetz
d.h.	– das heißt
DPMA	– Deutsches Patent- und Markenamt
DRiG	– Deutsches Richtergesetz
DVO	– Durchführungsverordnung
EAG	– Europäische Atomgemeinschaft
EAGV	– Vertrag über die Europäische Atomgemeinschaft
EEG	– Erneuerbare-Energien-Gesetz
EGBGB	– Einführungsgesetz zum Bürgerlichen Gesetzbuch
EGGVG	– Einführungsgesetz zum Gerichtsverfassungsgesetz
EGHGB	– Einführungsgesetz zum Handelsgesetzbuch
EGKS	– Europäische Gemeinschaft für Kohle und Stahl
EGKSV	– Vertrag über die Europäische Gemeinschaft für Kohle und Stahl

EGStGB	– Einführungsgesetz zum Strafgesetzbuch
EGV	– Vertrag zur Gründung der Europäischen Gemeinschaft
EGVVG	– Einführungsgesetz zum Versicherungsvertragsgesetz
EJG	– Eurojust-Gesetz
engl.	– englisch
EnWG	– Energiewirtschaftsgesetz
ErbStDV	– Erbschaftssteuer-Durchführungsverordnung
ErbStG	– Erbschaftssteuer- und Schenkungsgesetz
EStDV	– Einkommensteuer-Durchführungsverordnung
EStG	– Einkommensteuer-Gesetz
EStH	– Einkommensteuer-Hinweise
EStR	– Einkommensteuer-Richtlinien
etc.	– et cetera
EU	– Europäische Union
EuGH	– Europäischer Gerichtshof
EuGVÜ	– Europäisches Gerichtsstands- und Vollstreckungsabkommen
EUV	– Vertrag über die Europäische Union
e.V.	– eingetragener Verein
evtl.	– eventuell
EVO	– Eisenbahn-Verkehrsordnung
EWGV	– Vertrag über die Europäische Wirtschaftsgemeinschaft
f.	– folgende(-r/-s)
FAG	– Finanzausgleichsgesetz
ff.	– folgende
FG	– Finanzgericht
FMStG	– Finanzmarktstabilisierungsgesetz
FGG	– Gesetz über die Angelegenheiten der freiwilligen Gerichtsbarkeit
FGO	– Finanzgerichtsordnung
franz.	– französisch
FstrG	– Bundesfernstraßengesetz
FVG	– Finanzverwaltungsgesetz
GBO	– Grundbuchordnung
GbR	– Gesellschaft bürgerlichen Rechts
geb.	– geboren
GebrMG	– Gebrauchsmustergesetz
GenG	– Genossenschaftsgesetz
GeschmMG	– Geschmacksmustergesetz
GewO	– Gewerbeordnung
GewStDV	– Gewerbesteuer-Richtlinien
GKG	– Gerichtskostengesetz
ggf.	– gegebenenfalls
GmbH	– Gesellschaft mit beschränkter Haftung
GmbHG	– Gesetz betreffend die Gesellschaften mit beschränkter Haftung
GMBl	– Gemeinsames Ministerialblatt
GO-BT	– Geschäftsordnung des Bundestages
GrEStG	– Grunderwerbsteuergesetz
griech.	– griechisch
GVG	– Gerichtsverfassungsgesetz
GWB	– Gesetz gegen Wettbewerbsbeschränkungen (Kartellgesetz)
GwG	– Geldwäschegesetz
H.	– Heft
HAG	– Heimarbeitsgesetz
HandwO	– Handwerksordnung
HGB	– Handelsgesetzbuch
HGrG	– Haushaltsgrundsätzegesetz
hl.	– heilig(-e, -er)
h.M.	– herrschende Meinung

Hrsg.	– Herausgeber
HypBankG	– Hypothekenbankgesetz
i.Allg.	– im Allgemeinen
i.d.F.	– in der Fassung
i.d.R.	– in der Regel
i.e.S.	– im engeren Sinn
inkl.	– inklusive
InsO	– Insolvenzordnung
InvG	– Investmentgesetz
i.V.	– in Verbindung
i.w.S.	– im weiteren Sinn
JArbSchG	– Jugendarbeitsschutzgesetz
Jg.	– Jahrgang
JGG	– Jugendgerichtsgesetz
Jh.	– Jahrhundert
KapCoRiLiG	– Kapitalgesellschaften- und Co-Richtlinie-Gesetz
KG	– Kommanditgesellschaft
KGaA	– Kommanditgesellschaft auf Aktien
KMU	– klein- und mittelständische Unternehmen
KonTraG	– Gesetz zur Kontrolle und Transparenz im Unternehmensbereich
KostO	– Kostenordnung
KraftStG	– Kraftfahrzeugsteuergesetz
KrW-/AbfG	– Kreislaufwirtschafts- und Abfallgesetz
KschG	– Kündigungsschutzgesetz
KStDV	– Körperschaftsteuer-Durchführungsordnung
KStG	– Körperschaftsteuergesetz
KStR	– Körperschaftsteuer-Richtlinien
KUG	– Kunsturhebergesetz
KWG	– Gesetz über das Kreditwesen
lat.	– lateinisch
LHO	– Landeshaushaltsordnung
LMBG	– Lebensmittel- und Bedarfsgegenständegesetz
LPartG	– Lebenspartnerschaftsgesetz
LStDV	– Lohnsteuer-Durchführungsverordnung
LStR	– Lohnsteuer-Richtlinien
LZB	– Landeszentralbank
MarkenG	– Gesetz über den Schutz von Marken und sonstigen Kennzeichen
MEZ	– Mitteleuropäische Zeit
mind.	– mindestens
MinölStG	– Mineralölsteuergesetz
Mio.	– Millionen
MitBestG	– Gesetz über die Mitbestimmung der Arbeitnehmer
MOG	– Marktordnungsgesetz
MoMitbestG	– Montan-Mitbestimmungsgesetz
Mrd.	– Milliarden
MRRG	– Melderechtsrahmengesetz
m.spät.Änd.	– mit späteren Änderungen
MuSchG	– Mutterschutzgesetz
n.Chr.	– nach Christus
n.F.	– neue Fassung
Nr.	– Nummer
o.Ä.	– oder Ähnliches
OEG	– Opferentschädigungsgesetz

OHG	–	offene Handelsgesellschaft
OLG	–	Oberlandesgericht
ÖPNV	–	öffentlicher Personennahverkehr
OVG	–	Oberverwaltungsgericht
OWiG	–	Gesetz über Ordnungswidrigkeiten
p.a.	–	per anno (pro Jahr)
PartGG	–	Partnerschaftsgesellschaftsgesetz
PatG	–	Patentgesetz
PAuswG	–	Personalausweisgesetz
PBefG	–	Personenbeförderungsgesetz
PflVG	–	Pflichtversicherungsgesetz
PostG	–	Postgesetz
ProdHaftG	–	Produkthaftungsgesetz
PublG	–	Publizitätsgesetz
PVÜ	–	Pariser Verbandsübereinkommen
RfStV	–	Rundfunkstaatsvertrag
RGBl	–	Reichsgesetzblatt
RKG	–	Reichsknappschaftsgesetz
RPflG	–	Reichspflegegesetz
RVO	–	Reichsversicherungsordnung
s.	–	siehe
S.	–	Seite
SchG, ScheckG	–	Scheckgesetz
SchiffsG	–	Schiffsgesetz
SchRO	–	Schiffsregisterordnung
SchwbG	–	Schwerbehindertengesetz
SeemG	–	Seemannsgesetz
SGB	–	Sozialgesetzbuch
SGG	–	Sozialgerichtsgesetz
SigG	–	Signaturgesetz
sog.	–	sogenannte(-r, -s)
Sp.	–	Spalte(-n)
StabG	–	Stabilitätsgesetz
StBErG	–	Steuerberatungsgesetz
Std.	–	Stunde(-n)
StGB	–	Strafgesetzbuch
StPO	–	Strafprozessordnung
TDG	–	Teledienstgesetz
TEHG	–	Treibhaus-Emissionshandelsgesetz
TierSG	–	Tierseuchengesetz
TKG	–	Telekommunikationsgesetz
TVG	–	Tarifvertragsgesetz
TzBfG	–	Teilzeit- und Befristungsgesetz
u.a.	–	und andere; unter anderem
u.Ä	–	und Ähnliche(-s)
UBGG	–	Gesetz über Unternehmensbeteiligungsgesellschaften
UKlaG	–	Unterlassungsklagengesetz
UmweltHG	–	Umwelthaftungsgesetz
UmwG	–	Umwandlungsgesetz
UmwStG	–	Umwandlungssteuergesetz
UrhRG	–	Urheberrechtsgesetz
UStDV	–	Umsatzsteuer-Durchführungsverordnung
UStG	–	Umsatzsteuergesetz
UStR	–	Umsatzsteuer-Richtlinien
usw.	–	und so weiter
u.U.	–	unter Umständen

UVPG – Gesetz über die Umweltverträglichkeitsprüfung
UWG – Gesetz gegen den unlauteren Wettbewerb

v.a. – vor allem
VAG – Versicherungsaufsichtsgesetz
VBL – Versorgungsanstalt des Bundes und der Länder
v.Chr. – vor Christus
VerbKrG – Verbraucherkreditgesetz
VerlG – Verlagsgesetz
VG – Verwaltungsgericht
VGH – Verwaltungsgerichtshof
vgl. – vergleiche
VO – Verordnung
VOB – Vergabe- und Vertragsordnung für Bauleistungen
VOF – Verdingungsordnung für freiberufliche Leistungen
VOL – Verdingungsordnung für Leistungen
vs. – versus
VSF – Vorschriftensammlung der Bundesfinanzverwaltung
VStG – Vermögenssteuergesetz
VVG – Versicherungsvertragsgesetz
VwGO – Verwaltungsgerichtsordnung
VwVfG – Verwaltungsverfahrensgesetz

WaffG – Waffengesetz
WEG – Wohneigentumsgesetz
WeinG – Weingesetz
WG – Wechselgesetz
WHG – Wasserhaushaltsgesetz
WiStG – Wirtschaftsstrafgesetz
WoBauG – Wohnungsbaugesetz
WoGG – Wohngeldgesetz
WpHG – Wertpapierhandelsgesetz
WPO – Wirtschaftsprüferordnung
WRV – Weimarer Reichsverfassung

Hinweise für den Benutzer

Die zahlreichen Sachgebiete des Gabler Wirtschaftslexikons sind nach Art eines Konversationslexikons in mehr als 25.000 Stichwörter gegliedert. Unter einem Stichwort ist die Erklärung zu finden, die dem Benutzer sofort erforderliches Wissen ohne mehrmaliges Nachschlagen vermittelt. Die zahlreichen Verweiszeichen (→) zielen auf Begriffe, die dem Leser zusätzliche Informationen bieten und eine Einordnung in größere Zusammenhänge ermöglichen.

Die alphabetische Reihenfolge ist – auch bei zusammengesetzten Stichwörtern – strikt eingehalten. Dies gilt für Begriffe, die durch Bindestrich verbunden sind, als auch für Begriffe, die aus mehreren durch Leerzeichen oder Kommata getrennten Wörtern bestehen. In beiden Fällen erfolgt die Sortierung als sei der Bindestrich bzw. das Leerzeichen oder das Komma nicht vorhanden. So steht z.B. „Business-to-Business-Consumer-Market" vor „Business Tool". Die Umlaute ä, ö und ü wurden bei der Einordnung in das Alphabet wie die Grundlaute a, o und u behandelt, ß ist wie ss anzusehen.

Geläufige Synonyme und anglo-amerikanische Termini werden jeweils am Anfang eines Stichwortes aufgeführt.

Rechtsvorschriften sind, soweit notwendig, angegeben. Dabei ist z.B. „§ 3 I UWG" zu lesen als „Paragraph 3 Absatz 1 des Gesetzes gegen den unlauteren Wettbewerb". „BGBl I 1414" bedeutet „Bundesgesetzblatt Teil I, Seite 1414"; das Erscheinungsjahr ergibt sich aus dem im Text angegebenen Zeitpunkt der Bekanntmachung der Rechtsvorschrift.

A

20-Fuß-Einheit → Twenty Foot Equivalent Unit (TEU).

3D-Drucker – 1. *Allgemein:* 3D-Drucker erlauben das „Ausdrucken" von Gegenständen aller Art. Typische Materialien sind Kunststoff, Metall und Gips, als Pulver, Granulat und am Stück (etwa in Form eines Kunststoffkabels oder von Metallfolie) oder aber in flüssiger Form. Es wird Schicht um Schicht aufgetragen, wobei geklebt und geschmolzen wird oder man den Auftrag trocknen lässt. Der Aufbau der Objekte benötigt eine gewisse Zeit, im Extremfall bis zu mehreren Stunden oder Tagen. 3D-Drucker sind auf dem Massenmarkt in allen Preisklassen erhältlich. Sie erlauben zum einen die private Herstellung von Objekten aller Art, zum anderen – dies ist v.a. für Unternehmen relevant – die Just-in-time-Produktion von einzelnen Werkzeugen und Teilen oder die Massenproduktion vor Ort. – 2. *Erstellung der Vorlagen:* Um Gegenstände in hoher Qualität ausdrucken zu können, braucht es entsprechende Vorlagen. Erstens designen Laien und Experten alleine und v.a. zusammen Objekte. Sie sind Crowdsourcer und Crowdsourcees und verfolgen nicht unbedingt kommerzielle Interessen. Zweitens werden Objekte optisch erfasst, über professionelle 3D-Scanner ebenso wie über die Webcam, die Handykamera und passende Software; selbst für Laien ist es einfach, die Scans für den 3D-Druck aufzubereiten, und es sind Hilfsprogramme verfügbar, die ihnen die Arbeit erleichtern. Drittens kursieren Dateien im → Internet bzw. sind in mobilen Stores kostenlos oder -pflichtig zu haben. Die auf Digitalisierung beruhende Piraterie weitet sich auf die gegenständliche Welt aus. – 3. *Konsequenzen und Geschäftsmodelle:* Nach Ansicht von Experten werden 3D-Drucker eine neue industrielle und gegenindustrielle Revolution verursachen, als Kombination aus den vorherigen Umwälzungen sowie der Anwendung von IT- und Medienkompetenz und gestalterischen und künstlerischen Fähigkeiten. Voraussichtlich wird eine spezielle → Industrie das mechanische, elektrische oder elektronische Innenleben für die Objekte entwickeln, die sich die Benutzer ausdrucken. Diese können mit ein paar Mausklicks die gewünschte Form bestellen und die Teile integrieren. Auch hochwertige Verbindungen und Erweiterungen werden auf dem Markt zu haben sein, sodass man komplexe Objekte zusammenbauen kann. Verdient wird über die Vorlagen und Verbrauchsmittel sowie über → Dienstleistungen: In den Haushalten stehen eher kleine, in den Läden eher große oder spezielle Printer. Wichtig für den langfristigen Erfolg werden die Unbedenklichkeit und die Ungefährlichkeit der verwendeten → Werkstoffe und -stücke sein.

6b-Rücklage → Reinvestitionsrücklage.

7b-Abschreibung – Abschreibung nach § 7b EStG, der eine erhöhte Absetzung für Einfamilienhäuser, Zweifamilienhäuser und Wohnungseigentum vorsieht. Ist nur noch für Wohnungen und Häuser anzuwenden, die vor dem 1.1.1987 hergestellt oder angeschafft worden sind. Wurde zunächst ersetzt durch die 10e-Abschreibung, danach durch die Eigenheimzulage (→ Wohneigentumsförderung).

7F-Modell → Führungsmodelle.

7-S-System – Erklärungssatz zur → Unternehmenskultur. Der Ansatz basiert auf der These, dass die zielorientierte Kombination von beeinflussbaren Führungselementen (Struktur, Strategie, Systeme – sog. Hard Facts) und weniger beeinflussbaren Führungselementen (Fähigkeiten, Personal, Stil, übergeordnete Ziele – sog. Soft Facts) unternehmerische Spitzenleistungen erzeugt. Bes. die letzteren dienen dabei als Beschreibungsdimensionen einer spezifischen Unternehmenskultur; dem sichtbar gelebten Wertsystem wird eine zentrale Bedeutung zugesprochen.

A/O – Abk. für *April/Oktober.* Wird im Bankwesen verwendet, wenn bei → Anleihen in den Anleihebedingungen ein halbjährlicher Zinstermin für April und Oktober festgelegt wurde. I.d.R. fällt dieser auf den jeweils Monatsersten.

AAA – Abk. für → American Accounting Association.

AASM – Abk. für *Assoziierte afrikanische Staaten und Madagaskar;* Gruppe von frankophonen Staaten. Vor Erlangung der staatlichen Souveränität waren die jeweiligen Territorien nach Maßgabe der Art. 198 ff. AEUV der Gemeinschaft (→ EWG) assoziiert. Nach ihrer Unabhängigkeit schlossen die AASM dann (erstmals am 20.7.1963) → Assoziierungsabkommen i.S.d. Art. 217 AEUV mit der → EWG (später der EG, nunmehr der EU) ab (sog. → Jaunde-Abkommen).

Abänderungsklage – bes. Klage im → Zivilprozess mit dem Zweck der Abänderung (1) einer auf Verurteilung zukünftig wiederkehrender Leistungen lautenden Entscheidung (2) eines entsprechenden anderen → Vollstreckungstitels (§ 323 ZPO). Die Abänderung ist i.d.R. vom Zeitpunkt der Erhebung der Abänderungsklage abzuverlangen, wenn sich die für das Bestehen der Leistungspflicht bzw. die Höhe oder Dauer der Leistungen maßgebenden Verhältnisse oder Umstände wesentlich geändert haben, z.B. Anpassung von Schadensersatz- oder Unterhaltsrenten an wesentlich geänderte Preisverhältnisse.

Abänderungsvertrag – Vertrag, der ein bestehendes → Schuldverhältnis abändert. Bedarf der Form des abzuändernden Schuldverhältnisses (z.B. → Bürgschaft). – *Anders:* → Schuldumwandlung.

Abandon – Aufgabe eines Rechts oder einer Sache mit der Absicht, dadurch von einer Verpflichtung (meistens zur Zahlung) entbunden zu sein.

I. Transportversicherung: Berechtigung des Versicherers, sich nach dem Eintritt eines → Versicherungsfalls durch Zahlung der → Versicherungssumme von allen weiteren Verpflichtungen (z.B. Bergung) zu befreien.

II. Seeversicherung: Dem → Versicherungsnehmer steht das Recht zum Abandonieren bei Verschollenheit des Schiffes, Verfügungen von Hoher Hand und Seeraub zu. Mit der Abandonerklärung gehen die Rechte am versicherten Gegenstand auf den Versicherer über, der Versicherungsnehmer erhält dafür die Versicherungssumme.

III. Prämiengeschäft: Recht, gegen Zahlung der vereinbarten Prämie vom Bezugs- oder Lieferungsgeschäft zurücktreten zu können. – Vgl. auch → Prämiengeschäft.

Abbau der Fehlsubventionierung im Wohnungswesen → Fehlsubventionierung im Wohnungswesen.

Abbaufähigkeit von Kosten – Kennzeichen für die Dauer, die ein Unternehmen an bestimmte → Kosten gebunden ist. Kenntnis der Abbaufähigkeit von Kosten wird für alle Entscheidungen benötigt, die eine Reduzierung der Beschäftigung bzw. der Kapazität (→ Desinvestitionen) beinhalten. Ihre Bestimmung setzt detaillierte Analysen der → Bindungsdauer der Kosten, v.a. der → fixen Kosten (→ Bereitschaftskosten) voraus.

Abbaukosten – *Extraktionskosten;* Kosten der Förderung einer → erschöpflichen Ressource.

Abbaumengensteuer – Steuer auf die abgebaute Menge einer → erschöpflichen Ressource.

Abbaupfad – zeitliche Verteilung des Abbaus einer → erschöpflichen Ressource.

Abbauproduktion – Elementartyp der Produktion (→ Produktionstypen), der sich aus dem Merkmal der Ortsgebundenheit der Produktionsfaktoren ergibt. Bei Abbauproduktionen sind die Rohstoffe bestimmend für den Produktionsstandort. – *Beispiel:* Gewinnung von Kohle. – Vgl. auch → anlagengebundene Produktion, → Baustellenproduktion.

Abbaurate – pro Zeiteinheit abgebaute Menge einer → erschöpflichen Ressource.

Abbaurecht → grundstücksgleiches Recht zum Abbau von Mineralien durch Bergbau. – Vgl. auch → Bergwerkseigentum.

Abberufung – I. Abberufung von Vorstandsmitgliedern oder des Vorstandsvorsitzenden einer AG: Widerruf der Bestellung zum Vorstandsmitglied oder der Ernennung zum Vorsitzenden des Vorstandes vor Ablauf der Amtszeit geschieht durch den → Aufsichtsrat. Eine Abberufung ist bei Vorliegen eines wichtigen Grundes möglich, v.a. bei grober Pflichtverletzung und Unfähigkeit zur ordnungsmäßigen Geschäftsführung (Verweigerung der → Entlastung, § 84 III AktG).

II. Abberufung von Aufsichtsratsmitgliedern einer AG: Widerruf der Bestellung zum Aufsichtsratsmitglied durch Mehrheitsbeschluss (mind. drei Viertel der abgegebenen Stimmen) der Hauptversammlung (§ 103 AktG). Die Satzung kann eine andere Mehrheit und weitere Erfordernisse bestimmen. Liegt in der Person ein wichtiger Grund vor, kann die Abberufung auf Antrag des Aufsichtsrats durch ein Gericht erfolgen; für die Antragstellung ist eine einfache Mehrheit erforderlich oder - im Fall eines aufgrund der Satzung entsandten Aufsichtsratsmitglieds -, die Aktionäre, wenn deren Anteile zusammen ein Zehntel des Grundkapitals oder den Nennbetrag von 1 Mio. Euro erreichen.

III. Abberufung von Geschäftsführern einer GmbH: Widerruf der Bestellung ist jederzeit zulässig; im Gesellschaftsvertrag kann der Widerruf vom Vorliegen eines wichtigen Grundes (z.B. bei *grober Pflichtverletzung* oder → Unfähigkeit) abhängig gemacht werden (§ 38 II GmbHG).

IV. Abberufung von Gesellschaftern einer OHG: Die Befugnis zur Geschäftsführung kann nur bei Vorliegen eines wichtigen Grundes auf Antrag der übrigen Gesellschafter durch das Gericht entzogen werden (§ 117 HGB). – *Anders:* Entziehung der Befugnis zur → Vertretung. Als wichtiger Grund gilt v.a. grobe Pflichtverletzung oder Unfähigkeit zur ordnungsmäßigen Geschäftsführung. – 1. Der *Antrag* muss in Form einer → Klage oder eines Antrags auf Erlass einer → einstweiligen Verfügung von allen übrigen Gesellschaftern gestellt werden. Soll nach dem Gesellschaftsvertrag ein Mehrheitsbeschluss entscheiden, kann der sich gleichwohl weigernde Gesellschafter auf Mitwirkung verklagt werden. – 2. Das *Urteil* stellt mit Eintritt der Rechtskraft den betroffenen Gesellschafter einem von der Geschäftsführung ausgeschlossenen Gesellschafter gleich. Seine Vertretungsmacht wird durch das Urteil nicht berührt.

V. Abberufung eines Liquidators: Erfolgt nach → Auflösung der Gesellschaft durch einstimmigen Beschluss der Gesellschafter, evtl. unter Mitwirkung des Privatgläubigers, Insolvenzverwalters oder des Erben. Bei wichtigem Grund kann die Abberufung auf Antrag nur eines der oben Genannten durch das Amtsgericht des Sitzes der Abwicklungsgesellschaft im Verfahren der freiwilligen Gerichtsbarkeit erfolgen (§ 147 HGB). Zur Situation bei der AG vgl. die §§ 265 III, V AktG. Bei der GmbH gilt § 66 III GmbHG und bei der Genossenschaft § 83 IV GenG.

Abbrucherlöse – *Schrotterlöse;* Erlöse, die bei der Veräußerung nicht mehr verwendbarer Vermögensgegenstände erzielt werden. Abbrucherlöse sind je nach Zuordnung des verschrotteten Vermögensgegenstandes Umsatzerlöse, sonstige betriebliche → Erträge oder außerordentliche Erträge (→ Gewinn- und

Verlustrechnung (GuV)). Treten Abbrucherlöse im Zusammenhang mit aktivierten → Abbruchkosten auf, wird eine Saldierung für zulässig angesehen.

Abbruchkosten – I. Handelsrecht: 1. Grundsätzlich sind Abbruchkosten Aufwendungen in der Periode ihres Anfalls, und zwar – je nach Zuordnung des abgebrochenen Vermögensgegenstandes – das Ergebnis der gewöhnlichen Geschäftstätigkeit oder das außerordentliche Ergebnis belastend (→ Gewinn- und Verlustrechnung (GuV)). In Anlehnung an das steuerliche Aktivierungsgebot wird es für zulässig angesehen, Abbruchkosten als nachträgliche → Anschaffungskosten beim Gebäudeerwerb mit Abbruchabsicht zu aktivieren, sofern keine neuen Baulichkeiten errichtet werden. Ggf. Saldierung mit → Abbrucherlösen. – 2. Für Abbruchkosten ist eine → Rückstellung zu bilden, wenn z.B. vertraglich eine Abbruchverpflichtung für Gebäude auf fremdem Grund und Boden besteht.

II. Kostenrechnung: Abbruchkosten sind → Kosten der Ausmusterung von Anlagen. Traditionell werden sie wie in der externen Rechnungslegung behandelt.

III. Steuerrecht: 1. Wurde das Gebäude ohne Abbruchabsicht erworben und gehörte das Grundstück schon bei Errichtung des abgerissenen Gebäudes dem jetzigen Eigentümer, so sind im Jahr des Abbruchs die Abbruchkosten und der Restbuchwert des abgebrochenen Gebäudes sofort abziehbare → Betriebsausgaben. – 2. Hat der Steuerpflichtige das Gebäude mit Abbruchabsicht erworben und war das Gebäude technisch oder wirtschaftlich nicht verbraucht, so gehören sein Restbuchwert und die Abbruchkosten, wenn der Abbruch mit der Herstellung eines neuen Wirtschaftsgutes in einem engen wirtschaftlichen Zusammenhang steht, zu den → Herstellungskosten des neuen Wirtschaftsgutes, sonst zu den Anschaffungskosten des Grund und Bodens. War das Gebäude im letzten Fall im Zeitpunkt des Erwerbes objektiv wertlos, so entfällt der volle Anschaffungspreis und die Abbruchkosten auf den Grund und Boden. Erwerb mit Abbruchabsicht wird vermutet, wenn ein Gebäude innerhalb von drei Jahren nach dem Erwerb des Grundstücks abgebrochen wird. – 3. Wird der Abbruch eines zum Privatvermögen gehörenden Gebäudes und die Errichtung eines Gebäudes geplant, so gehören der Wert des abgebrochenen Gebäudes und die Abbruchkosten zu den Herstellungskosten des neu zu errichtenden Gebäudes.

IV. Versicherungswirtschaft: Begriff aus der Gebäudeversicherung. Neben dem eigentlichen Schaden entstehen Kosten am Schadenort für den Abbruch von nicht mehr verwertbaren Resten. Diese Kosten werden meistens in der → verbundenen Wohngebäudeversicherung zu einem bestimmten Anteil bis zu maximal 100 % der → Versicherungssumme mitversichert.

Abbuchungsverfahren → Lastschriftverfahren.

ABC-Analyse – Verfahren zur Klassifizierung von Gesamtheiten, wobei die Klassengrenzen jeweils im Einzelfall festgelegt werden. – Wichtige *Anwendungsgebiete:* → Materialwirtschaft (zur Differenzierung der Beschaffungs- und Bereitstellungskonzepten), Organisationsanalyse, Aufgabenpriorisierung, Make-or-Buy-Entscheidungen (→ Make or Buy). – *Beispiel (aus der Materialwirtschaft):* Wichtiges Einteilungskriterium ist das Verbrauchsmengen-Verbrauchswert-Verhältnis der Materialien. A-Teile: geringer mengenmäßiger Anteil, hoher Wertanteil; B-Teile: mittlerer mengenmäßiger Anteil, mittlerer Wertanteil; C-Teile: hoher mengenmäßiger Anteil, geringer Wertanteil. Die Aktivitäten im Bereich der Materialwirtschaft werden dann nach A-, B- und C-Teilen differenziert.

ABC-Klassifizierung – ökologieorientierte Beurteilung primär von Materialien nach IÖW/ Stahlmann. – *Ziel:* umfassende Beurteilung des Betrachtungsgegenstandes unter qualitativen Aspekten. Abstufung der Umwelteinwirkungen verschiedener umweltrelevanter Faktoren „relativ“ nach (1) bes. dringlichen, (2) weniger akuten, (3) untergeordneten Belastungsimplikationen. Danach lassen sich die Prioritäten im Handlungsbedarf setzen: Bei A-Stoffen ist hinsichtlich der Reduktion der ökologischen Belastung Handlungsbedarf gegeben. – Vgl. auch → ABC-Analyse.

ABC-Kurven – die zuerst im → Harvard-Barometer erfasste Gruppierung von empirischen Zeitreihen zwecks Vorhersage der Konjunktur in *drei Klassen:* A (Leaders), die der eigentlichen Konjunkturbewegung vorauseilt, B (Coinciders), die sich im zeitlichen Gleichlauf mit der Konjunktur bewegt und C (Laggers), die dieser zeitlich nachläuft. Die ersten beiden Kategorien werden auch heute noch im Ifo-Konjunkturindex verwendet.

Abdingbarkeit – generelle Möglichkeit einzelvertraglicher Abweichungen von gesetzlichen oder tarifvertraglichen Regelungen (→ Günstigkeitsprinzip, → Wettbewerbsklausel, → Tarifvertrag). – *Gegensatz:* → Unabdingbarkeit.

Aberkennung von Rechten und Fähigkeiten – Einem zu einer Freiheitsstrafe Verurteilten kann vom Gericht für die Dauer von zwei bis zu fünf Jahren die Fähigkeit, öffentliche Ämter zu bekleiden (→ Amtsfähigkeit) oder das aktive und passive → Wahlrecht aberkannt werden, soweit das Gesetz dies bes. bestimmt. Mit dem Verlust der Amtsfähigkeit und des passiven Wahlrechts verliert der Verurteilte zugleich entsprechende von ihm innegehaltene Rechtsstellungen und Rechte (z.B. als Abgeordneter vgl. §§ 45–45b, 92a, 101, 102 II, 108c StGB). – Zu unterscheiden von der Aberkennung von Rechten und Fähigkeiten ist der *Verlust* der Amtsfähigkeit und des passiven Wahlrechts (Verlust der → Amtsfähigkeit und der Wählbarkeit) für die Dauer von fünf Jahren, der automatisch eintritt, wenn der Betroffene wegen eines

→ Verbrechens zu Freiheitsstrafe von mind. einem Jahr verurteilt worden ist (§ 45 I StGB).

ab Fabrik → EXW.

Abfall – I. Betriebswirtschaftslehre: 1. *Begriff:* bei der Bearbeitung von Werkstoffen und beim Betrieb von Anlagen unvermeidbar anfallendes Material, das keine oder nur begrenzte Verwertung finden kann. Zu unterscheiden sind feste, flüssige und gasförmige Abfallstoffe. – 2. *Verwertung:* a) in der Industrie Aufgabe der → Abfallwirtschaft. – b) Vermittlung durch → Recyclingbörsen. – c) Einschaltung des → Aufkaufhandels.

II. Kostenrechnung: Verrechnung in der Kostenrechnung unterschiedlich je nach Wirtschaftszweigen: a) Abfall bleibt unberücksichtigt, sofern er wert- und mengenmäßig nicht sehr ins Gewicht fällt. Eventuelle Erlöse werden als → außerordentliche Erträge behandelt; damit ist eine Verfälschung der Erfolgsstruktur verbunden. – b) sofern Abfälle einen bes. Wert haben: (1) Gutschrift anteilig für die betreffenden Kostenträger (als Kostenminderung); (2) falls die dabei notwendige Einzelerfassung zu schwierig oder zu unwirtschaftlich ist, Gutschrift auf dem Materialgemeinkostenkonto (→ Materialgemeinkosten); (3) Gutschrift für die aus Abfall hergestellten Erzeugnisse, falls die Abfälle im Betrieb weiterverarbeitet werden. Bewertung der erzielbaren Erlöse oft schwierig; i.d.R. nach dem → Veräußerungswert. – Vgl. auch → Kuppelprodukte.

III. Recht: Abfälle im Sinne des Kreislaufwirtschaftsgesetzes (KrWG) vom 24.2.2012 (BGBl. I 212) sind alle Stoffe oder Gegenstände, derer sich ihr Besitzer entledigt, entledigen will oder entledigen muss. Dabei unterscheidet das KrWG zwischen Abfall zur Verwertung und Abfall zur Beseitigung. Abfälle zur Verwertung sind Abfälle, die verwertet werden; Abfälle, die nicht verwertet werden, sind Abfälle zur Beseitigung. Der Abfall-Begriff des KrWG ist übernommen aus der EG-Abfallrahmenrichtlinie vom 19.11.2008 (ABlEU Nr. L 312 v. 22.11.2008, S. 3, Nr. L 127 v. 26.5.2009, S.24). Eine Entledigung ist anzunehmen, wenn der Besitzer Stoffe oder Gegenstände einer Verwertung i.S.d. Anlage 2 des KrWG oder einer Beseitigung i.S.d. Anlage 1 des KrWG zuführt oder die tatsächliche Sachherrschaft über sie unter Wegfall jeder weiteren Zweckbestimmung aufgibt. Dabei müssen die Abfälle so beseitigt bzw. verwertet werden, dass die menschliche Gesundheit nicht gefährdet wird und dass Verfahren oder Methoden verwendet werden, die die Umwelt nicht schädigen. – Vgl. auch → Abfallentsorgung.

Abfallanalyse – Identifikation der Arten und Mengen von → Rückständen bzw. → Abfällen aus Produktions- und Konsumvorgängen und der Ursachen ihres Entstehens.

Abfallbeauftragter – Jedes Unternehmen, das über ortsfeste Abfallbeseitigungsanlagen verfügt bzw. solche, in denen regelmäßig umweltschädliche → Abfälle (§ 54 AbfG) anfallen, oder wenn eine Anordnung durch die zuständige Behörde vorliegt, muss einen Abfallbeauftragten bestellen. – *Aufgaben:* Überwachung der Einhaltung von Gesetzen, Verordnungen und behördlichen Anordnungen, Mitwirkung bei der Entwicklung und Einführung umweltfreundlicher Verfahren, Berichtspflicht gegenüber der Unternehmensleitung über → Umweltrisiken im Unternehmen, aktive Beteiligung an Investitionsvorhaben, Aufklärung der Mitarbeiter über betriebliche Umweltrisiken, Funktion des Ansprechpartners gegenüber Behörden und Öffentlichkeit.

Abfallberater – v.a. bei Kommunen eingerichtete Stelle. – *Tätigkeiten:* (1) In Großstädten Arbeitsschwerpunkt in der Information und Aufklärung der Öffentlichkeit. (2) In kleineren Kommunen von → Öffentlichkeitsarbeit über Erstellung von Naturschutzprogrammen, Konzeptentwicklungen für die → Abfallwirtschaft bis hin zu Stellungnahmen bei Bebauungsplänen. (3) Innerhalb der Verwaltung Mitarbeiterschulungen, Stellungnahmen für den Stadtrat etc.

Abfallbeseitigung → Abfallentsorgung.

Abfallbilanz – Aufstellung zur Auskunft über Art und Menge der entstehenden → Abfälle, Art der Entsorgung/Verwertung und Begründung, falls Verwertung nicht möglich. Nach dem → Kreislaufwirtschafts- und Abfallgesetz (KrW-/AbfG) in bestimmten Fällen vorgeschrieben.

Abfalldiffusion – Verteilung von → Abfällen in der natürlichen Umwelt. – Zwei Vorgehensweisen: (1) *Verdünnungsstrategie:* Gleichmäßige Verteilung von Abfällen (und → Schadstoffen) in → Umweltmedien (durch → Emission und → Immission) innerhalb der höchstzulässigen Belastung; naturgesetzlich unterstützt, die → Entropie der diffundierten Stoffe wird erhöht. Ökologische Folgen sollen durch Emissionsbeschränkungen eingedämmt werden, da quantitativer und qualitativer Zusammenhang zwischen Emission und Immission nicht vollständig bekannt sind. (2) *Konzentrationsstrategie:* Kompaktes räumlich zusammengefasstes Ablagern bez. eines bestimmten Abfall- oder Schadstoffes *(Abfalldeponien)*, wobei Emission nach außerhalb der Lagerstätte vermieden wird.

Abfallentsorgung – früher: *Abfallbeseitigung*; 1. *Formen:* a) *Abfallentsorgung i.e.* (eigentlichen) *S.:* Transformation entstandener umweltschädlicher → Rückstände in ökologisch unschädliche oder im Vergleich zur Ausgangslage weniger schädliche Stoffe und Energiearten. – b) *Abfallentsorgung i.w.S.:* Abfallverwertung (→ Recycling). – c) *Abfallentsorgung i.w.S.:* Abgabe des Abfalls an → Umweltmedien bzw. Überlassung des Abfalls an natürliche Prozesse (→ Abfalldiffusion). – Vgl. auch → Entsorgung. – 2. *Rechtliche Regelung:* Nach dem → Kreislaufwirtschafts- und Abfallgesetz (KrW-/AbfG) umfasst die Abfallentsorgung die Verwertung und Beseitigung von Abfällen (§ 3

VII KrW-/AbfG). Die Pflicht zur Abfallverwertung und -beseitigung obliegt dem → Verursacherprinzip folgend den Erzeugern und Besitzern von Abfällen (§§ 5, 11 KrW-/AbfG). Dabei hat die Verwertung von Abfällen grundsätzlich Vorrang vor deren Beseitigung. Die nicht verwertbaren Abfälle sind nach den Grundsätzen der gemeinwohlverträglichen Abfallbeseitigung zu beseitigen, was bedeutet, dass sie dauerhaft von der Kreislaufwirtschaft auszuschließen und zur Wahrung des Wohls der Allgemeinheit zu beseitigen sind (§ 10 KrW-/AbfG). Die Erzeuger und Besitzer von Abfällen haben ihre Pflicht zur Abfallverwertung und -beseitigung grundsätzlich selbst zu erfüllen. Sie können hiermit jedoch auch Dritte (§ 16 KrW-/AbfG), Verbände (§ 17 KrW-/AbfG) oder Einrichtungen der Selbstverwaltungskörperschaften der Wirtschaft (§ 18 KrW-/AbfG) beauftragen. Soweit Erzeuger oder Besitzer von Abfällen ihrer Pflicht zur Abfallverwertung und -beseitigung – auch unter Einschaltung der vorerwähnten Institutionen – nicht erfüllen können, haben sie grundsätzlich die Abfälle den öffentlich-rechtlichen Entsorgungsträgern zu überlassen (§ 13 KrW-/AbfG), die ihrerseits dann zur Abfallentsorgung verpflichtet sind (§ 15 KrW-/AbfG). Mit dieser Regelung wird die bislang vorherrschende öffentliche Abfallentsorgung gegenüber den Verursacherpflichten subsidiär. Die öffentlich-rechtliche Pflicht zur Abfallentsorgung gilt unbeschränkt für die in ihrem Gebiet angefallenen und überlassenen Abfälle aus privaten Haushalten. – 3. *Steuerliche Behandlung:* Ob für die Pflicht, vorhandene Abfälle zu beseitigen, in der → Bilanz eine → Rückstellung gebildet werden muss, ist umstritten; die Rechtsprechung lehnt dies bisher ab. – Vgl. auch → Abfall.

Abfalltourismus → Mülltourismus.

Abfallverbringung – Die Kontrolle grenzüberschreitender Verbringung gefährlicher Abfälle und ihre Entsorgung wird geregelt: – 1. durch das → Basler Übereinkommen vom 22.3.1989 (BGBl. II 2703) m.spät.Änd., das die EU in der EG-Abfallverbringungsverordnung (VO-EG Nr. 1013/2006 vom 14.6.2006 [ABl. EU Nr. L 190 S. 1]) rechtsverbindlich umgesetzt hat. Die Regelungen werden ergänzt durch das Abfallverbringungsgesetz vom 19.7.2007 (BGBl. I S. 1462). – Für die Verbringung radioaktiver Abfälle oder abgebrannter Brennelemente gilt die aufgrund des Atomgesetzes erlassene Atomrechtliche Verbringungsverordnung vom 30.4.2009 (BGBl. I 1000), die die Überwachung und Kontrolle grenzüberschreitender Verbringungen solcher Stoffe regelt.

Abfallwirtschaft – 1. *Teilbereich der* → Materialwirtschaft, zuständig für die möglichst wirtschaftliche und gefahrlose Entsorgung von Produktionsrückständen, Abfallenergie und abgängigen/nicht mehr nutzbaren Vermögensgütern (→ Abfall). In rohstoffnahen Wirtschaftsstufen hat Abfallwirtschaft große kostenwirtschaftliche Bedeutung (Entsorgungs- bzw. Rohstoffrückgewinnungskosten; → Kuppelprodukte). – 2. *Organisationsformen:* a) *Betriebsinternes Recycling:* Wieder- oder Weiterverarbeitung von Abfallstoffen im Betrieb, Nutzung von Restenergien/ Wärmerückgewinnung; Wärme-Kraftkopplung bei betriebseigener Stromerzeugung). – b) *Betriebsexternes Recycling:* Abfallstoffe werden unentgeltlich oder gegen Entgelt anderen Betrieben zur weiteren Nutzung zugeführt (→ Recyclingbörse). – 3. *Gesetzliche Vorschriften* erzwingen in manchen Fällen ganz bestimmte Entsorgungswege (z.B. Altölbeseitigung; Kernenergiebereich); engen zunehmend die Handlungsspielräume ein (→ Abfallentsorgung; Klassifizierung der Abfallstoffe entsprechend ihrem Gefährlichkeitsgrad); bestimmen aufbau- und ablauforganisatorische Regelungen in den Betrieben (Registrierpflicht; Verantwortlichkeiten). – 4. *Umweltpolitischer Aspekt:* Entscheidungen und Maßnahmen zur Rückstands-(Abfall-)vermeidung, -verwertung und -beseitigung sollen unter ökonomischen und ökologischen Gesichtspunkten (→ Recycling). Nach BImSchG müssen die beim Betrieb genehmigungsbedürftiger Anlagen entstehenden Reststoffe (→ Emissionen) oder, soweit Vermeidung und Verwertung technisch nicht möglich oder unzumutbar, beseitigt werden; nach dem Kreislaufwirtschafts- und Abfallgesetz ordnungsgemäß und schadlos verwertet sind Abfälle in erster Linie zu vermeiden, in zweiter Linie stofflich zu verwerten oder zur Gewinnung von → Energie zu nutzen. Die Abfallverwertung hat Vorrang vor sonstiger → Entsorgung.

Abfallwirtschaftsdatenbank → AWIDAT.

Abfallwirtschaftskonzept – im Rahmen bestimmter Gesetze (z.B. KrW-/AbfG) für Unternehmen vorgeschriebenes Konzept. – *Ziel:* Auskunft über Art und Menge der → Abfälle, Art der Entsorgung (→ Recycling, Deponierung, Verbrennung), Vorhaben der Abfallvermeidung, eventuelle Begründung, warum weder Vermeidung, Verminderung, Wiederverwendung noch -verwertung möglich ist, Nachweis der Entsorgungssicherheit für die nächsten fünf Jahre, Verwertung nach Wegfall des Produktnutzens. – Vgl. auch → Abfallwirtschaft.

Abfärberegelung → Abfärbetheorie.

Abfärbetheorie – *Infektionstheorie, Abfärberegelung;* die gesetzlich normierte Auffassung (§ 15 III Nr. 1 EStG), dass auch nur einige wenige gewerbliche Einkünfte bei einer Personengesellschaft dazu führen, dass die Einkünfte dieser Gesellschaft einkommen- und gewerbesteuerlich in vollem Umfang allesamt als gewerbliche Einkünfte gelten. Dabei genügen geringfügige gewerbliche Einkünfte (ca. 2 Prozent der Gesamteinkünfte sind gewerblich, BFH Urt. v. 11.8.1999) um auch alle übrigen Einkünfte zu gewerblichen umzuqualifizieren.

Abfertigungseinheit – Betrachtungseinheit in einem → Wartesystem, die Attributänderungen an → Transaktionen vornimmt und i.d.R. einen Engpass darstellt. – *Beispiele:* Kasse, Telefonzelle, Monteur.

Abfindung – einmalige Geldentschädigung. – Vgl. auch → Barabfindung, → Kapitalabfindung.

I. Gesellschaftsrecht/ Steuerrecht: Abfindung bei Ausscheiden eines Gesellschafters aus einer Personengesellschaft. – 1. *Ermittlung des Abfindungsbetrages:* Die Abfindung entspricht dem Betrag, der dem Ausscheidenden bei einer → Auflösung zum Zeitpunkt des Ausscheidens zu zahlen wäre. Der Betrag dieses sog. → Auseinandersetzungsguthabens kann in einer festen Summe, ggf. unter Zubilligung von Raten bzw. in einer Rente entrichtet werden. Zur Feststellung des Wertes des Geschäftsvermögens wird eine → Abschichtungsbilanz aufgestellt. Sofern nichts Gegenteiliges vereinbart ist, sind → stille Reserven aufzulösen. Meist enthält der → Gesellschaftsvertrag Vorschriften über Kündigungsfristen, Bewertung und Fälligkeit der Auszahlungsraten. – 2. *Erfassung* der Abfindung bei Ausscheiden eines Gesellschafters *in der Buchhaltung:* a) Wenn der Ausscheidende mehr erhält, als sein Kapitalkonto bisher ausweist, ist das Kapitalkonto durch Auflösung stiller Reserven (meist Erhöhung der Anlagenwerte oder des Vorratsvermögens) auf den Stand der Abfindung zu bringen (Buchwertaufstockung). – *Buchungen:* „Anlage- oder Umlaufvermögenskonten an Kapitalkonto". – b) Wenn die Abfindung dem Stand des Kapitalkontos entspricht, erfolgt der Ausgleich bei Zahlung durch Buchung „Kapitalkonto an Geldkonto". – c) Wenn die Abfindung unter dem Betrag auf dem Kapitalkonto liegt, muss das Kapitalkonto durch Abschreibung von Vermögenswerten oder Erhöhung von Rückstellungen der Abfindung angepasst werden. – 3. *Einkommensteuer:* a) Beim *Ausscheidenden* liegt eine Veräußerung eines Mitunternehmeranteils vor (§ 16 I 2 EStG). Dabei gilt die Abfindung als Veräußerungspreis. Ihm ist das steuerliche Kapitalkonto zum Zeitpunkt des Ausscheidens gegenüberzustellen. Entsteht ein → Veräußerungsgewinn, ist dieser, nach Abzug eines evtl. → Freibetrages, regulär zu besteuern; es ist jedoch eine Abschwächung von Progressionssprüngen (§ 34 I EStG) oder in seltenen Fällen sogar ein ermäßigter Steuersatz vorgesehen (§ 34 I, III EStG; → außerordentliche Einkünfte). Auf einen Veräußerungsverlust sind die Vorschriften über den → Verlustausgleich und Verlustabzug anzuwenden. – b) Bei den *verbleibenden Gesellschaftern* ergeben sich nur dann steuerliche Konsequenzen, wenn die Abfindung mehr oder weniger als das steuerliche Kapitalkonto des Ausscheidenden beträgt. Liegt die Abfindung über dem Betrag des Kapitalkontos, haben sie die anteiligen stillen Reserven der Wirtschaftsgüter einschließlich eines evtl. → Firmenwertes erworben. Der Mehrbetrag der Abfindung ist, verteilt auf die einzelnen Wirtschaftsgüter, zu aktivieren. Entsprechend sind bei einem Minderbetrag die Buchwerte abzustocken bzw. die Passivposten aufzustocken. Die Mehr- bzw. Minderbeträge sind in den Folgejahren entsprechend den Wirtschaftsgütern, denen sie zugeordnet wurden, fortzuführen (bes. abzuschreiben). Sonderfall des → lästigen Gesellschafters. – 4. *Abfindung im Fall der Verschmelzung, Umwandlung oder Spaltung:* Spaltung, → Verschmelzung, → Umwandlung.

II. Arbeitsrecht: 1. *Abfindung wegen Beendigung des Arbeitsverhältnisses:* a) *gesetzlich vorgeschrieben nur in folgenden Fällen:* (1) Der Arbeitnehmer hat Anspruch auf eine Abfindung, wenn der Arbeitgeber in der Kündigungserklärung darauf hinweist, dass die Kündigung auf dringende betriebliche Erfordernisse gestützt wird und der Arbeitnehmer eine Abfindung beanspruchen kann, wenn er die dreiwöchige Frist für die Kündigungsschutzklage verstreichen lässt und dies auch tut (§ 1a KSchG). (2) Auflösungsurteil im Kündigungsschutzprozess: Der Arbeitgeber wird vom Arbeitsgericht zu einer Abfindung verurteilt, wenn seine Kündigung unwirksam ist, aber das Arbeitsverhältnis auf Antrag des Arbeitgebers oder des Arbeitnehmers vom Gericht aufgelöst wird. Voraussetzung für den Antrag des Arbeitnehmers ist, dass Tatsachen vorliegen, die ihm die dauerhafte Fortsetzung des Arbeitsverhältnisses unzumutbar machen; für den des Arbeitgebers, dass tatsächlich Gründe vorliegen, die eine den Betriebszwecken dienliche weitere Zusammenarbeit nicht erwarten lassen (§§ 9 I 1, 13 I 3 KSchG). Die vorzutragenden Tatsachen werden vom Arbeitsgericht geprüft und bewertet. (3) Bei Entlassung wegen → Betriebsänderung ohne Versuch eines → Interessenausgleichs mit dem Betriebsrat (so vorhanden) oder Abweichung von diesem (§ 113 BetrVG). – b) In → Sozialplänen (§§ 112, 112a BetrVG) zum Ausgleich oder zur Milderung wirtschaftlicher Nachteile, die Arbeitnehmer infolge einer geplanten Betriebsänderung erleiden. – c) Am häufigsten in → Aufhebungsverträgen oder → Prozessvergleichen. Eine gesetzliche Regelung hierfür besteht nicht. Die Abfindung dient hier der Vermeidung oder Beendigung von Kündigungsschutzprozessen. – 2. *Höhe der* Abfindung im Fall a): (1) für jedes Jahr des Bestehens des Arbeitsverhältnisses 0,5 Monatsverdienste. Zeiträume über sechs Monate werden aufgerundet (§ 1a II KSchG). (2) und (3): Betrag bis zu zwölf Monatsverdiensten (§ 10 I KSchG); bis 15 oder 18 Monatsverdiensten bei Überschreiten bestimmter Alters- und Betriebszugehörigkeitsgrenzen (§ 10 II KSchG). Im Fall b): Sozialplan. Im Fall c): Verhandlungssache; die Faustregeln der Gerichte für Vergleichsvorschläge sind unterschiedlich, meist aus § 10 KSchG abgeleitet (z.B. halbes Monatsgehalt pro Beschäftigungsjahr, altersabhängig auch mehr), und berücksichtigen bes. nach längerer Prozessdauer oft auch das Prozessrisiko. – 3. Die Abfindung unterliegt nicht dem *Pfändungsschutz* für Arbeitsentgelt (→ Lohnpfändung). – 4. Abfindungen nach 1a) und c) genießen im → Insolvenzverfahren kein Vorrecht. Für Abfindung bei Sozialplan in der Insolvenz vgl. Sozialplan. – 5. Bei Nichteinhaltung der ordentlichen *Kündigungsfrist,* v.a. bei → außerordentlicher Kündigung, können in der Abfindung Lohnteile enthalten sein, die nach § 143a SGB III in bestimmten Grenzen zum Ruhen des Arbeitslosengeldes führen. – 6. *Steuerrecht:* a) *Beim Arbeitnehmer:* Abfindungen wegen einer vom Arbeitgeber veranlassten oder gerichtlich ausgesprochenen Auflösung des Dienstverhältnisses waren bis zu 31.12.2005 bis höchstens 7.200 Euro einkommen- bzw. lohnsteuerfrei (§ 3 Nr. 9 EStG). Der Freibetrag erhöhte sich je nach Alter und Anzahl der Dienstjahre auf bis zu 11.000 Euro. Der mit Wirkung zum 01.01.2006 aufgehobene § 3 Nr. 9 EStG ist weiter anzuwenden für vor dem 1.1.2006 entstandene Ansprüche der Arbeitnehmer auf Abfindungen oder für Abfindungen wegen einer vor dem 01.01.2006 getroffenen Gerichtsentscheidung oder einer am 31.12.2005 anhängigen Klage, soweit die Abfindungen dem Arbeitnehmer vor dem 01.01.2008 zufließen (§ 52 IVa 1). Gleiches gilt nach § 52 IVa 2 für Abfindungen aufgrund eines vor dem 1.1.2006 abgeschlossenen Sozialplans. Steuerpflichtige oder den Freibetrag übersteigende Abfindungen können u.U. als → außerordentliche Einkünfte (§ 34 II EStG) nach der sog. Fünftel-Regelung begünstigt besteuert werden (§ 34 I EStG; Progressionsglättung). – b) *Beim Arbeitgeber:* Abfindungen stellen → Betriebsausgaben dar. – 7. *Sozialversicherung:* Abfindungen unterliegen nicht der Beitragspflicht zur Sozialversicherung. – 8. *Abfindung von Anwartschaften aus einer* → betrieblichen Altersversorgung: Nach § 3 → Betriebsrentengesetz (BetrAVG) können auch mit ausdrücklicher Zustimmung des Arbeitnehmers mit befreiender Wirkung für den Arbeitgeber nur geringfügige Anwartschaften abgefunden werden. – Vgl. auch → Betriebsrentengesetz (BetrAVG).

III. Sozialversicherungsrecht und soziales Entschädigungsrecht: 1. *Gesetzliche Rentenversicherung:* Nach § 107 SGB VI erhalten Witwen und Witwer bei einer ersten Wiederheirat eine Abfindung höchstens des 24-fachen Monatsbetrages der Witwen-/Witwerrente. Die Berechnung des Monatsbetrages bestimmt sich dabei nach § 107 II SGB VI. Eine Bestandsschutzregelung enthält § 269b SGB VI als Sondervorschrift zu § 107 SGB VI. Der Witwen-/Witwerrentenanspruch kann wiederaufleben, wenn die neue Ehe z.B. durch Tod oder Scheidung aufgelöst wird (§§ 46 III, 243 IV SGB VI). – 2. *Gesetzliche Unfallversicherung:* (§§ 75 ff. SGB VII). Nach Abschluss einer Heilbehandlung kann der Unfallversicherungsträger die Versicherten mit einer Gesamtvergütung in Höhe des voraussichtlichen Rentenaufwandes abfinden, wenn nur eine → Rente als vorläufige Entschädigung in Betracht kommt. Auf Antrag des Versicherten können auch Dauerrenten abgefunden werden (§§ 76, 78, 79 SGB VII). Die Abfindung bei erster Wiederheirat einer Witwe oder eines Witwers ist in § 80 SGB VII geregelt und entspricht der Vorschrift des § 107 SGB VI. Auf Antrag lebt die Rente wieder auf, wenn der Versicherte nach der Abfindung Schwerverletzter im Sinn des § 57 SGB VII wird. – 3. *Arbeitslosenversicherung:* Wird bei Beendigung eines Arbeitsverhältnisses eine Abfindung, Entschädigung oder ähnliche Leistung gezahlt (das SGB III spricht in § 158 allg. von „Entlassungsentschädigung"), so kann diese Zahlung zu einem Ruhen des Anspruchs auf → Arbeitslosengeld führen. Kein Ruhen aufgrund dieser Regelung tritt dann ein, wenn die Kündigung des Arbeitsverhältnisses oder der Abschluss eines Auflösungsvertrages unter Einhaltung der für den Arbeitgeber maßgeblichen Kündigungsfrist erfolgt ist. Wird diese Kündigungsfrist dagegen nicht eingehalten, führt die Zahlung einer Entlassungsentschädigung dazu, dass ein ansonsten bestehender Leistungsanspruch vorübergehend oder auch ganz in Wegfall kommt. Bei der sog. „Unkündbarkeit" eines Arbeitsverhältnisses etwa aufgrund tariflicher Regelungen, die den Ausschluss der ordentlichen arbeitgeberseitigen Kündigung vorsehen oder eine Kündigung nur bei Zahlung einer Abfindung zulassen, gelten für die Feststellung, ob ein Ruhen eintritt, gesonderte von der ansonsten maßgeblichen arbeitgeberseitigen Kündigungsfrist abweichende Obergrenzen. – 4. *Soziales Entschädigungsrecht:* a) Eine Abfindung von Beschädigtenrenten von Kriegs- und Wehrdienstopfern ist nach den §§ 72 ff. BVG zu bestimmten Zwecken (z.B. zum Erwerb eigenen Grundbesitzes) und i.d.R. nur bis zum 55. Lebensjahr möglich. – b) Eine Witwe, die nach dem Tode des Beschädigten wieder heiratet, erhält eine Abfindung in Höhe des 50-fachen der monatlichen Grundrente. Der Anspruch auf Witwenversorgung erlischt, lebt aber wieder auf, wenn die neue Ehe aufgelöst oder für nichtig erklärt wird (§ 44 BVG).

IV. Baufinanzierung: 1. *Flurbereinigung (§§ 49, 52 FlurBG):* Jeder Grundstückseigentümer ist nach Abzug von Flächen für öffentliche und gemeinschaftliche Anlagen für seine Grundstücke mit Land gleichen Wertes abzufinden. – 2. *Mieter/ Pächter:* Werden an Mieter/ Pächter für vorzeitige Räumung Abfindungen gezahlt, so sind diese als → Werbungskosten absetzbar. Gilt nicht, wenn Aufwendungen im Zusammenhang mit Erwerb oder Verkauf stehen. Mieterabfindung. – 3. *Arbeitnehmer:* Ausgleichszahlung für den Verlust des Arbeitsplatzes. Bis einschließlich VAZ 2003 waren Abfindungszahlungen teilweise steuerfrei. Inzwischen kann lediglich die sog. Fünftel-Regelung genutzt werden.

Abfindungsguthaben – Dem ausscheidenden Gesellschafter zustehende → Abfindung. Entspricht dem → Auseinandersetzungsguthaben.

Abflussprinzip → Zuflussprinzip.

Abfragesprache – *Datenbankabfragesprache, Query Language.* Eine meist im Dialogbetrieb benutzbare Sprache, in der → Datenbankabfragen formuliert sowie Berichte generiert werden können; sie wird dem Benutzer vom → Datenbankmanagementsystem (DBMS) zur Verfügung gestellt. Abfragesprachen wie → SQL (Structured Query Language) sollen Endbenutzern ohne Programmierkenntnisse das Arbeiten mit Datenbanken erleichtern.

Abgaben – I. Steuerrecht/Finanzwissenschaft: 1. *Sammelbegriff*: a) Alle auf der → Finanzhoheit beruhenden → öffentlichen Einnahmen der Gebietskörperschaften und bestimmter → Parafisci, im Einzelnen → Steuern einschließlich → Kirchensteuer, Zölle und Abschöpfungen, → Gebühren, → Beiträge, Sozialabgaben („Quasisteuern") an die Träger der gesetzlichen → Sozialversicherung sowie → Sonderabgaben. – b) Vom Abgabepflichtigen her definiert: pflichtgemäße Geldleistungen aller Art an ein Gemeinwesen. – 2. *Einzelbegriff*: Teilweise tragen einzelne Geldleistungen direkt die Bezeichnung „*Abgabe*", z.B. bergrechtliche Förderabgabe, Vermögensabgabe und Abwasserabgabe. Art. 106 I Nr. 7 GG und Art. 108 I GG haben den Begriff der „Abgaben im Rahmen der Europäischen Gemeinschaften" 1969 neu aufgenommen; auch der AEUV-Vertrag (Vertrag über die Arbeitsweise der Europäischen Union in der Neufassung vom Fassung vom 30.3.2010 (ABl. C 83 2010, S. 47)) verwendet in Art. 28 und 110 ff. für seine bes. Regelungszwecke den Begriff der Abgaben. – 3. *Abgabenordnung*: Der umfassende Charakter des Abgabenbegriffs kommt auch darin zum Ausdruck, dass das „steuerrechtliche Grundgesetz", das die wichtigsten allg. geltenden Regelungen zusammenfasst, als → Abgabenordnung (AO) bezeichnet wird. Sie gilt für alle Abgaben, wenngleich ihr tragender Begriff der der „Steuer" ist (§ 3 AO). – 4. Aus vielen Gründen wird die Ausgestaltung eines neuen und umfassenden Abgabenbegriffs angestrebt, der die unterschiedlichen Abgabearten auch aus dem Bau- und Planungsrecht (Planungswertausgleich), dem Arbeitsmarktrecht (Arbeitsmarktförderungs-, Überstundenabgabe), der Umweltpolitik (Atommüllbeseitigungs-, Verursacherabgabe) inkorporiert. – Vgl. auch → Sonderabgaben.

II. Kostenrechnung: Abgaben werden i.d.R. wie → Steuern behandelt. Sie werden (da sie nur selten Produkten oder speziellen Unternehmensteilen zurechenbar sind) meist in einer Summe den Kosten des Verwaltungsbereichs (→ Verwaltungskosten) zugeordnet, in kleineren Betrieben werden sie auch mit den Steuern gemeinsam verrechnet. Wegen ihres stoßweisen Anfallens ist eine zeitliche Abgrenzung (→ Abgrenzung) vorzunehmen.

Abgabenangelegenheiten – alle mit der Verwaltung der → Abgaben einschließlich der Abgabenvergütungen oder sonst mit der Anwendung der abgaberechtlichen Vorschriften durch die Finanzbehörden zusammenhängenden Angelegenheiten einschließlich der Maßnahmen der Bundesfinanzbehörden zur Beachtung der Verbote und Beschränkungen für den Warenverkehr über die Grenze. Den Abgabenangelegenheiten stehen die Angelegenheiten der Verwaltung der → Finanzmonopole gleich (§§ 347 II AO, 33 II FGO).

Abgabenordnung (AO) – 1. *Begriff/Charakterisierung*: Gesetz vom 16.3.1976 (BGBl. I 613; ber. 1977 I 269) m.spät.Änd., bedeutendstes Gesetz des Steuerrechts, das durch die Zusammenfassung materieller und verfahrensrechtlicher Vorschriften, die für alle oder mehrere Steuergesetze gelten, die Einzelsteuergesetze entlasten soll. Als Teilkodifikation des allgemeinen Steuerrechts wird die AO als „Mantelgesetz" oder „Steuergrundgesetz" bezeichnet. Integriert wurden u.a. das Steueranpassungsgesetz vom 16.10.1934 (RGBl. I 925), das Gesetz über die Kosten der Zwangsvollstreckung nach der Reichsabgabenordnung vom 12.4.1961 (BGBl. I 429), das Steuersäumnisgesetz vom 13.7.1961 (BGBl. I 993) und die Gemeinnützigkeitsverordnung vom 24.12.1953 (BGBl. I 1952); eine Angleichung an das allgemeine Verwaltungsverfahrensrecht wurde vorgenommen. Das Einführungsgesetz zur AO vom 14.12.1976 (BGBl. I 3341, ber. 1977 I 667) regelt den Übergang von der Reichsabgabenordnung zur AO und nimmt die erforderliche Anpassung anderer Gesetze an das neue Recht vor. Der Einführungserlass zur AO erläutert die AO aus der Sicht der Finanzverwaltung. – 2. *Geltungsbereich:* Die AO gilt für alle Steuern und Steuervergütungen, die durch Bundesrecht (Art. 105 GG) oder Recht der Europäischen Gemeinschaften geregelt sind, soweit sie durch Bundes- oder Landesfinanzbehörden (Art. 108 GG) verwaltet werden (§ 1 I AO). Für → Realsteuern gilt die Abgabenordnung eingeschränkt (§ 1 II AO), für → steuerliche Nebenleistungen sinngemäß (§ 1 III AO). – 3. *Inhalt:* Entgegen ihrer Bezeichnung enthält die AO in ihren neun Teilen nicht nur das formelle Recht einer Verfahrensordnung, sondern auch einen allgemeinen Teil des materiellen Steuerrechts. Im Einzelnen: (1) „Einleitende Vorschriften" (§§ 1–32 AO): Anwendungsbereich, steuerliche Begriffsbestimmungen, Zuständigkeit der Finanzbehörden, das → Steuergeheimnis sowie Haftungsbeschränkung für Amtsträger. (2) „Steuerschuldrecht" (§§ 33–77 AO): Vorschriften über die Steuerpflichtigen, die Ansprüche aus dem → Steuerschuldverhältnis, → steuerbegünstigte Zwecke und die → Haftung. (3) „Allgemeine Verfahrensvorschriften" (§§ 78–133 AO): Verfahrensgrundsätze und Handeln der Finanzbehörden durch → Verwaltungsakte. (4) „Durchführung der Besteuerung" (§§ 134–217 AO): Vorschriften über die Erfassung der Steuerpflichtigen, die Mitwirkungspflichten, das Festsetzungs- und Feststellungsverfahren, die → Außenprüfung, die → Steuerfahndung (Zollfahndung) und die → Steueraufsicht. (5) „Erhebungsverfahren" (§§ 218–248 AO): u.a. Vorschriften über Verwirklichung, Fälligkeit und Erlöschen der Ansprüche aus dem Steuerschuldverhältnis sowie → Verzinsung, → Säumniszuschläge und Sicherheitsleistungen. (6) „Vollstreckung" (§§ 249–346 AO): Allgemeine Vorschriften, Vorschriften zur Vollstreckung wegen Geldforderungen und zur Vollstreckung wegen anderer Leistungen als Geldforderungen sowie Kosten. (7) „Außergerichtliches Rechtsbehelfsverfahren" (§§ 347–367 AO): Vorschriften zur Zulässigkeit sowie Verfahrensvorschriften. (8) „Straf- und Bußgeldvorschriften, Straf- und Bußgeldverfahren", bes.

→ Steuerstraftaten und → Steuerordnungswidrigkeiten sowie die entsprechenden Verfahrensvorschriften (§§ 369–412 AO). (9) „Schlussvorschriften" (§§ 413 AO): die Einschränkung von Grundrechten.

Abgabenquote – Verhältnis zwischen der Summe aus Steuern und Beiträgen in die Sozialversicherungen und dem → Bruttoinlandsprodukt (BIP).

Abgabenüberhebung – Straftatbestand nach § 353 I StGB: Strafbar macht sich ein Amtsträger, z.B. ein Beamter, der Steuern, Gebühren oder andere Abgaben für eine öffentliche Kasse zu erheben hat und sie erhebt, obwohl er weiß, dass der Zahlende sie überhaupt nicht oder nur in geringerem Betrage schuldet, und das Erhobene ganz oder teilweise nicht zur Kasse bringt (Freiheitsstrafe von drei Monaten bis fünf Jahren). Ebenso wird bestraft, wer bei amtlichen Ausgaben an Geld oder Naturalien dem Empfänger vorsätzlich und rechtswidrig Abzüge macht und die Ausgabe als vollständig geleistet in Rechnung stellt, sog. *Leistungskürzung* (§ 353 II StGB).

Abgabesätze – Zinssätze, zu denen bestimmte Geldmarktpapiere von der Europäischen Zentralbank im Rahmen der → Offenmarktpolitik unter dem Nennwert abgegeben werden. Eine Zusammenstellung der jeweiligen Abgabesätze enthalten die → Monatsberichte der Deutschen Bundesbank. – *Gegensatz:* → Rücknahmesätze.

Abgang – 1. mengenmäßige *Verminderung einer Vermögensposition,* z.B. durch Veräußerung einer Maschine. Abgänge des Anlagevermögens sind bei Kapitalgesellschaften mit den historischen Anschaffungskosten (und Minderung der darauf entfallenden kumulierten Abschreibungen) im → Anlagengitter auszuweisen. – 2. *Gewichtsverlust einer Ware:* → Schwund.

Abgangsfunktion – *zeitlich kumulierte Abgangsfunktion;* Begriff aus der → Verlaufsstatistik. In der beschreibenden Statistik (→ deskriptive Statistik) ordnet die Abgangsfunktion A jedem Zeitpunkt t die Abgangsmenge (oder die Anzahl der Abgänge) A(t) im Beobachtungsintervall (t_0; t) zu; t_0 ist dabei ein fest gewählter Beobachtungsbeginn.

Abgangsinterview – Gespräch zwischen einem Mitarbeiter, der das Unternehmen verlässt oder versetzt wird und einem Personalverantwortlichen. Ziel ist, mithilfe eines detaillierten Feedbacks Fluktuationsgründe (→ Fluktuation), Unzufriedenheitspotenziale (→ Arbeitszufriedenheit) und mögliche Schwachstellen im Unternehmen aufzudecken um personalwirtschaftiche Maßnahmen optimieren zu können.

Abgangsordnung – Begriff aus der → Verlaufsstatistik. Die Abgangsordnung konkretisiert numerisch, wie ein vorhandener Bestand abgebaut wird. Die Abgangsordnung zur Zeit t gibt die → Wahrscheinlichkeit dafür an, dass ein Element des Bestandes nach t Zeiteinheiten noch zum beobachteten Bestand gehört. – *Beispiel:* Die Anzahl der Überlebenden in einer → Sterbetafel ist eine tabellarische Aufzeichnung eines Abgangsmodells und erzeugt durch Normierung eine spezielle Abgangsordnung.

Abgangsstelle → Zollstelle, die die → Zollanmeldung zur Überführung in ein Versandverfahren (→ gemeinschaftliches Versandverfahren; → gemeinsames Versandverfahren) angenommen hat. Bei der Abgangsstelle, auch Abgangszollstelle genannt, startet mithin das Zollverfahren.

Abgeld → Disagio.

abgeleitete Bilanz – eine aus der → Handelsbilanz meist durch Veränderung der Bewertungsgrundsätze gewonnene Bilanz, die bestimmten Spezialanforderungen dienen soll. I.d.R. wird unter der abgeleiteten Bilanz die → Steuerbilanz verstanden. – Vgl. auch → Mehr- und Wenigerrechnung, → Handelsbilanz II.

abgeleitete Firma – Fortführung eines Geschäftsbetriebes (→ Firmenfortführung) unter einer von dem Namen des Inhabers abweichenden Bezeichnung; gestattet bei Erwerb eines Handelsgeschäftes mit Firma oder bei Änderung des Namens des Inhabers (§§ 21, 22 HGB). Anmeldepflicht für die abgeleitete Firma beim Handelsregister durch den neuen Inhaber (§ 31 HGB).

abgeleitete Kostenarten → sekundäre Kostenarten.

abgeleitete Nachfrage → Nachfrage nach → Produktionsfaktoren und Produkten, welche letztlich aus der Endnachfrage nach Konsumgütern „abgeleitet" wird, also nicht „originär" ist. Die abgeleitete Nachfrage eines Unternehmens (bzw. einer Branche) auf einem → Beschaffungsmarkt hängt ab von der Güternachfrage, von der → Marktform und den Verhaltensweisen auf dem Güter- und Faktormarkt, von der Zielsetzung der Unternehmung (Gewinnmaximierung, Umsatzmaximierung, Aufschlagskalkulation), schließlich von der → Produktionsfunktion. – Für den Fall der Gewinnmaximierung lässt sich die Funktion der abgeleiteten Nachfrage mithilfe der Bedingung Grenzkosten = Grenzerlös oder den → Grenzproduktivitätssätzen (wenn Substituierbarkeit der Faktoren gegeben ist) bestimmen.

abgeleitete Rechengrößen – 1. *Begriff:* → Rechengrößen, die nicht konkret in der beobachtbaren Wirklichkeit existieren. 2. *Merkmale:* Sie werden direkt oder indirekt durch Umrechnungen und/ oder begriffliche Modifikationen von als Istgrößen messbaren → originären Rechengrößen abgeleitet. – Dazu gehören: a) sachlogisch eindeutige rechnerische Operationen (z.B. Aggregationen, Ermittlung von Deckungsbeiträgen nach dem Identitätsprinzip und Bildung statistischer Mittelwerte). – b) Konstrukte (fiktive Rechengrößen): Diese bleiben auch als Istgrößen vom Begriff her subjektive Fiktionen, selbst wenn sie allg. Konventionen entsprechen (z.B. Aufwand, Ertrag, wertmäßige Kosten und Leistungen, soweit sie konkret von den Ausgaben bzw. Auszahlungen und

Einnahmen bzw. Einzahlungen abweichen). – *Typische Beispiele:* Abschreibungen, Maschinenstundensätze, Selbstkosten, pro rata verrechnete Mieten bei mehrjährigen Verträgen.

abgeleitetes Einkommen → Sekundäreinkommen.

Abgeltungsteuer – I. Begriff und Besteuerung: 1. *Begriff:* Für Kapitalerträge im Privatvermögen, die dem Steuerpflichtigen nach dem 31.12.2008 zufließen, gilt ein gesonderter Steuerabzug auf Kapitalerträge (§ 20 EStG). Dieser gesonderte Steuerabzug wird als Abgeltungsteuer bezeichnet, da mit der einbehaltenen Kapitalertragsteuer (KapESt) die Steuerpflicht für den Steuerpflichtigen als abgegolten gilt, d.h. die hierdurch versteuerten Kapitalerträge müssen nicht mehr in der Einkommensteuererklärung des Steuerpflichtigen aufgeführt werden. Die Abgeltungsteuer ist eine Quellensteuer. Da sich ihr Steuersatz auf einheitlich 25 Prozent beläuft, entfällt die Besteuerung mit dem individuellen Steuersatz. Im Umkehreffekt entfällt durch die Abgeltungswirkung auch grundsätzlich die Geltendmachung von Werbungskosten in diesem Zusammenhang, da Werbungskosten mit dem Pauschbetrag von 801 Euro bzw. bei Zusammenveranlagung 1.602 Euro ab 2009 abgegolten sind. – 2. *Höhe:* Die Abgeltungsteuer beläuft sich auf 25 Prozent zzgl. 5,5 Prozent → Solidaritätszuschlag und ggf. → Kirchensteuer (8-9 Prozent der Abgeltungsteuer), § 32 d I mit § 52 a I EStG. Hieraus ergibt sich eine Gesamtsteuerbelastung von ca. 28 Prozent. Ist der persönliche Steuersatz des Steuerpflichtigen niedriger als der Steuersatz der Abgeltungsteuer, kann er die Differenz in Rahmen seiner persönlichen Einkommensteuererklärung zurückfordern. – 3. *Umfang der Besteuerung:* Der Abgeltungsteuer unterliegen seit dem 1.1.2009 grundsätzlich alle Kapitalerträge im Privatvermögen. Hierunter fallen bspw. Zinsen, Dividenden, Erträge aus Investmentfonds, aus Zertifikaten, aber auch aus Stillhaltergeschäften. Neu ist außerdem, dass Gewinne aus Anteilen von Kapitalgesellschaften im Privatvermögen, der Beteiligungshöhe unter 1 Prozent liegt, unabhängig von der Besitzzeit der Abgeltungsteuer unterliegen. Bisher wurden diese Veräußerungsgewinne im Rahmen der privaten Veräußerungsgeschäfte mit dem persönlichen Steuersatz unter Berücksichtigung des Halbeinkünfteverfahrens nur dann besteuert, wenn Anschaffung und Veräußerung innerhalb von einem Jahr stattgefunden hat, § 23 EStG a.F. – 4. *Ausnahmen:* Keine Anwendung findet die Abgeltungsteuer bei Zinsen, Dividenden und Veräußerungsgewinne bei Kapitalanlagen, welche sich im Betriebsvermögen befinden. Bei diesen ist nach wie vor Kapitalertragsteuer zu erheben, jedoch hat diese keine Abgeltungswirkung und kann auf die Einkommensteuer angerechnet werden. Darüber hinaus kommt die Abgeltungsteuer nicht zur Anwendung bei Darlehen an sog. nahe stehende Personen, bei Gesellschafterdarlehen an eine Kapitalgesellschaft ab 10 Prozent Beteiligung und bei „Back-to-back-Finanzierungen", d.h. wenn die Kapitalanlage im Zusammenhang mit einem Darlehen an den Anleger steht. Darüber gilt die Abgeltungsteuer nicht bei Veräußerungsgewinnen (nicht jedoch bei Dividenden) von wesentlichen Beteiligungen im Sinne des § 17 EStG, d.h. bei Beteiligung von mind. 1 Prozent am Gesellschaftskapital innerhalb der letzten fünf Jahre. Diese Erträge unterliegen nunmehr dem → Teileinkünfteverfahren (Besteuerung von 60 Prozent der Erlöse). Weiterhin sind von der Abgeltungsteuer Zinsen bei Vermietung und Verpachtung und Erträge aus Kapitallebensversicherungen unter bestimmten Voraussetzungen ausgeschlossen. – 5. *Verlustabzug:* Ab dem Jahr 2009 kann ein (vertikaler) Verlustausgleich bei Einkünften aus Kapitalvermögen zwischen den Einkunftsarten grundsätzlich nicht vorgenommen werden. Auch Überschüsse aus Kapitalvermögen können grundsätzlich nicht Verlusten aus anderen Einkunftsarten verrechnet werden. Verluste aus Einkünften aus Kapitalvermögen sind unbefristet vortragsfähig und können im Vortragsjahr nur mit positiven Einkünften dieser Einkunftsart verrechnet werden. Der vortragsfähige Verlust ist gesondert festzustellen. Ein Verlustrücktrag kann nicht vorgenommen werden (§ 10 IV EStG). Neu ist, dass ab 2009 auch Verluste aus Veräußerungsverluste aus Anteilen im Privatvermögen mit laufenden Kapitaleinkünften (z.B. Zinserträge) verrechnet werden können. Bisher konnten Veräußerungsverluste nach § 23 EStG (private Veräußerungsgeschäfte) nur mit Veräußerungsgewinnen verrechnet werden. Zu beachten ist jedoch, dass Verluste aus Aktienverkäufen nur mit Gewinnen aus Aktienverkäufen verrechnet werden können, Sonderfall nach § 20 VI S. 5 EStG. – 6. *Option auf Veranlagung:* a) Der Steuerpflichtige kann nach § 32d VI EStG beantragen, dass sämtliche positive Einkünfte aus Kapitalvermögen mit anderen Einkünften verrechnet werden und diese dann dem individuellen Steuersatz unterliegen. Verluste hingegen können in diesem Fall jedoch nicht ausgeglichen werden. Der Antrag rentiert sich, wenn der Grenzsteuersatz unter 25 Prozent liegt. Das Finanzamt prüft von Amts wegen, ob die Abgeltungsteuer günstiger ist. Ist dies der Fall, gilt der Antrag als nicht gestellt. – b) Darüber hinaus kann der Steuerpflichtige für Beteiligungen ab 25 Prozent oder alternativ ab 1 Prozent, wenn der Anteilseigner gleichzeitig eine berufliche Tätigkeit für die Gesellschaft ausführt, die Freistellung von der Abgeltungsteuer beantragen – jedoch nur bezogen auf die jeweilige Beteiligung - und zur Veranlagung unter Berücksichtigung des Teileinkünfteverfahrens (persönlicher Steuersatz von 60 Prozent) optieren, § 32d II Nr. 3 EStG. – c) Beide Anträge können nicht miteinander kombiniert werden, da die unter (a) genannte Option nur für sämtliche Einkünfte aus Kapitalvermögen ausgesprochen werden kann. – 7. *Steuerschuldner:* Zum Abzug der Abgeltungsteuer ist der Schuldner der Kapitalerträge, d.h. die ausschüttende Kapitalgesellschaft oder die auszahlende Stelle wie bspw. die Depotbank (§ 44

I EStG). Ab dem Jahr 2009 ist die elektronische Kapitalertragsteueranmeldung zu berücksichtigen. – 8. *Jahresbescheinigung:* Der bisherige Ausweis der Einkünfte über die Jahresbescheinigung (§ 24c EStG) wird ab dem Veranlagungszeitraum 2009 gesetzlich aufgehoben. Grund hierfür ist, dass die Banken dazu nicht mehr gesetzlich verpflichtet sind. Je nach Bank werden jedoch noch freiwillig Bescheinigungen ausgestellt oder kostenpflichtig auf Anfrage erstellt.

II. Kritik: Der Steuersatz der Abgeltungsteuer (25 Prozent zzgl. Solidaritätszuschlag und ggf. Kirchensteuer) ist deutlich geringer als der Spitzensteuersatz von derzeit 45 Prozent (→ Reichensteuer), so dass hierin eine Gefährdung des Prinzips der Besteuerung nach der Leistungsfähigkeit gesehen werden könnte. Durch die Einführung der Abgeltungsteuer kommt es zu einer Entlastung bei der Besteuerung von Kapitalerträgen, insbesondere wenn der Grenzsteuersatz für die übrigen Einkünfte des Steuerpflichtigen höher ist als der pauschale Steuersatz der Abgeltungsteuer. – Hingegen kommt es bei den Dividendeneinkünften durch den Wegfall des → Halbeinkünfteverfahrens zu einer Verdoppelung der Steuerbemessungsgrundlage und damit zu einem gegenläufigen Effekt. Damit sind Aktionäre die Verlierer der Reform. Die Gesamtbelastung von Unternehmen und Anteilseigner verringert sich zwar durch die Reformmaßnahmen, jedoch kommt es auf Ebene des Anteilseigners zu einer höheren Besteuerung. Darüber hinaus entfällt die Möglichkeit des Werbungskostenabzugs über dem Pauschbetrag. Zudem sind Veräußerungsgewinne auch innerhalb der Jahresfrist steuerpflichtig. – Die Einführung der Abgeltungsteuer führt zu einer steuerlichen Ungleichbehandlung von Eigenkapitalfinanzierung gegenüber Fremdkapitalfinanzierung. Hintergrund hierfür ist, dass Fremdkapitalzinsen im Unternehmen grundsätzlich steuermindernd berücksichtigt werden können. Dies führt dazu, dass Fremdkapitalzinsen nur beim Anleger mit der Abgeltungsteuer belastet werden. Eigenkapitalzinsen unterliegen im Gegensatz hierzu sowohl auf Ebene des Unternehmens als auch auf Ebene des Anlegers der Besteuerung. Diese Ungleichbehandlung wurde durch das damalige Anrechnungsverfahren und später durch das Halbeinkünfteverfahren entsprechend minimiert. Nunmehr kommt es durch die Abgeltungsteuer zu einer tatsächlichen Doppelbelastung.

Abgeordnetenhaus – 1. Bezeichnung der Volksvertretung in Berlin. – 2. Im Zwei-Kammer-System: Unterhaus.

Abgeordneter – Mitglied des → Bundestags (MdB) oder eines Landtags (MdL). – Die *Abgeordneten des Bundestags* werden nach Art. 38 GG in allgemeiner, unmittelbarer, freier, gleicher und geheimer Wahl gewählt. Sie sind Vertreter des ganzen Volkes, an Aufträge und Weisungen nicht gebunden und nur ihrem Gewissen unterworfen. Zum Abgeordneten des Bundestags kann gewählt werden (passives Wahlrecht), wer das Alter erreicht hat, mit dem die Volljährigkeit eintritt (derzeit 18. Lebensjahr). – Der Abgeordnete des Deutschen Bundestags erhält eine monatliche Abgeordnetenentschädigung von 8.252 Euro (seit dem 1.1.2013). Spätere Anpassung der Entschädigung erfolgen im Rahmen des in § 30 AbgG geregelten Verfahrens. Der Abgeordnete erhält daneben als → Aufwandsentschädigung eine *Amtsausstattung,* die u.a. eine monatliche Kostenpauschale für Fahrten, Mehraufwendungen am Sitz des Bundestags und die Unterhaltung eines Büros sowie Aufwendungen für die Beschäftigung von Mitarbeitern zur Erledigung der parlamentarischen Arbeit (§ 12 AbgG) umfasst; ferner hat er Anspruch auf Übergangsgeld, Altersentschädigung, Sterbegeld und Hinterbliebenenversorgung. – Die Rechtsverhältnisse der Abgeordneten des Bundestags sind geregelt im Abgeordnetengesetz (AbgG). – *Besteuerung:* Die Bezüge von Abgeordneten sind einkommensteuerpflichtig (§ 22 Nr. 4 EStG). Die Aufwandsentschädigungen sind dagegen steuerfrei (§ 3 Nr. 12 EStG); dies hat zur Folge, dass die durch die Abgeordnetentätigkeit verursachten Aufwendungen auch nicht steuermindernd als Werbungskosten abgezogen werden können. Wahlkampfkosten könnten unter steuersystematischen Gesichtspunkten als Aufwendungen angesehen werden, die durch das Bestreben verursacht sind, steuerpflichtige Einkünfte aus der Tätigkeit als Abgeordneten zu erwerben; jedoch liegt dem Streben nach dem Mandat zugleich typischerweise auch eine Reihe persönlicher Motive und Überzeugungen zugrunde. Wahlkampfkosten werden daher gesetzlich ausdrücklich vom Abzug ausgeschlossen (§ 22 Nr. 4 EStG).

abgestimmtes Verhalten – alle Formen der Koordinierung des Marktverhaltens ohne rechtliche Verpflichtung gegenüber dem Partner, wodurch die Ungewissheit über das zukünftige Verhalten beseitigt wird; derartige Verhaltensweisen, die eine Verhinderung, Einschränkung und Verfälschung des Wettbewerbs bezwecken oder bewirken, sind verboten (§ 1 GWB bzw. Art. 101 AEUV).

Abgrenzung – **I. Doppelte Buchführung:** → Rechnungsabgrenzung, die beim Rechnungsabschluss erforderliche Aussonderung der in der laufenden oder folgenden Rechnungsperiode angefallenen Ausgaben und Einnahmen, soweit sie anteilig (periodengerecht) der folgenden/vorangegangenen Periode zuzumessen sind (Zahlungen für Zinsen, Versicherungen, Mieten u.Ä.). – 1. *Aktive Abgrenzung: Beispiele:* a) Am 1. Oktober des laufenden Jahres wird für ein halbes Jahr Versicherungsaufwand mit 600 Euro vorausbezahlt. 300 Euro sind abzugrenzen, weil sie die Zeit vom 31. Dezember des laufenden Jahres bis 31. März des Folgejahres betreffen. Diese 300 Euro sind als aktiver (transitorischer) Rechnungsabgrenzungsposten gemäß § 250 I HGB zu bilanzieren. – *Buchungen:* (1) Versicherungsaufwand 600 Euro an Bank 600 Euro (Zahlung der Prämie im alten Jahr); (2) aktiver Rechnungsabgrenzungsposten 300 Euro an

<table>
<tr><th colspan="6">Abgrenzung</th></tr>
<tr><td>Betriebsfremder Aufwand</td><td colspan="2">Außerordentlicher und preiodenfremder Aufwand</td><td colspan="2">Betriebsbezogener, periodenbezogener Aufwand (Zweckaufwand)</td><td></td></tr>
<tr><td colspan="2" rowspan="2"></td><td>z.B. kalkulatorische Wagnisse</td><td>z.B. kalkulatorische Abschreibungen</td><td rowspan="2">Grundkosten (z.B. Leasinggebühren)</td><td rowspan="2">Zusatzkosten (z.B. kalkulatorischer Unternehmerlohn)</td></tr>
<tr><td colspan="2">bewertungsverschiedene Anderskosten</td></tr>
</table>

Versicherungsaufwand 300 Euro (Abgrenzung am Ende des Geschäftsjahres); (3) Bilanzkonto 300 Euro an aktiven Rechnungsabgrenzungsposten 300 Euro; (4) im neuen Geschäftsjahr: Versicherungsaufwand 300 Euro an aktiven Rechnungsabgrenzungsposten 300 Euro (Auflösung des Abgrenzungspostens). Die Abgrenzungsbuchung kann auch sofort vorgenommen werden (Versicherungsaufwand 300 Euro und aktiver Rechnungsabgrenzungsposten 300 Euro an Bank 600 Euro). – b)Anders aber: Die bilanzierende Unternehmung erhält am 28.2. des neuen Geschäftsjahres die Miete der letzten drei Monate in Höhe von 15.000 Euro für vermietete Büroräume per Banküberweisung (die Einnahme erfolgt also z.T. rückwirkend). Der Teil der Mieteinnahmen, der dem alten Geschäftsjahr zuzurechnen ist (5.000 Euro), war in der Schlussbilanz des alten Geschäftsjahres unter den → sonstigen Forderungen zu aktivieren. Ein Ansatz als Rechnungsabgrenzungsposten gemäß § 250 I HGB ist für einen solchen → antizipativen Posten der Rechnungsabgrenzung nicht zulässig und auch nicht nötig, da solche Geldforderungen ganz regulär unter "Forderungen" gebucht werden (anders als z.B. die Forderung auf weitere Gewährung des Versicherungsschutzes aufgrund der schon geleisteten Zahlung in dem obigen Beispiel zum transitorischen Abgrenzungsposten, der auch als "Rechnungsabgrenzungsposten" in der Bilanz erscheint). – *Buchungen:* (1) Sonstige Forderungen 5.000 Euro an Mieterträge 5.000 Euro (Abgrenzung am Ende des alten Geschäftsjahres); (2) Bilanzkonto 5.000 Euro an sonstige Forderungen 5.000 Euro; (3) Bank 15.000 Euro an sonstige Forderungen 5.000 Euro, an Mieterträge 10.000 Euro (Überweisung der Miete im neuen Geschäftsjahr). – 2. *Passive Abgrenzung: Beispiele:* a) Pachteinnahmen am 1. Dezember des laufenden Jahres für zwei Monate im Voraus über 600 Euro. Die Einnahme von 600 Euro darf nicht in voller Höhe in die Erfolgsrechnung des laufenden Jahres eingehen. 300 Euro müssen abgegrenzt werden, weil sie den Januar der nächsten Geschäftsperiode betreffen. Diese 300 Euro sind als passiver (transitorischer) Rechnungsabgrenzungsposten gemäß § 250 II HGB zu bilanzieren.– *Buchungen:* (1) Bank 600 Euro an Grundstückserträge 600 Euro; (2) Grundstückserträge 300 Euro an passiver Rechnungsabgrenzungsposten 300 Euro (Abgrenzung am Ende des Geschäftsjahres); (3) passiver Rechnungsabgrenzungsposten 300 Euro an Bilanzkonto 300 Euro; (4) im neuen Geschäftsjahr: passiver Rechnungsabgrenzungsposten 300 Euro an Grundstückserträge 300 Euro (Auflösung des Abgrenzungspostens). – b) Am 31. März des Folgejahres sind Lizenzgebühren von 2.000 Euro für das verflossene Halbjahr fällig. Von der Leistung des Lizenzgebers ist im laufenden Geschäftsjahr schon die Hälfte in Anspruch genommen. Bei den 1.000 Euro, die das letzte Vierteljahr des laufenden Geschäftsjahres betreffen, handelt es sich um ein antizipatives Passivum, das unter den → sonstigen Verbindlichkeiten auf der Passivseite der Bilanz ausgewiesen wird (→ antizipativer Posten der Rechnungsabgrenzung, d.h. unter "Verbindlichkeiten", nicht unter "Rechnungsabgrenzung" in der Bilanz). – *Buchungen:* (1) Lizenzgebühren 1.000 Euro an sonstige Verbindlichkeiten 1.000 Euro (Abgrenzung am Ende des alten Geschäftsjahres); (2) sonstige Verbindlichkeiten 1.000 Euro an Bilanzkonto 1.000 Euro; (3) sonstige Verbindlichkeiten 1.000 Euro, Lizenzgebühren 1.000 Euro an Bank 2.000 Euro (Zahlung im neuen Geschäftsjahr).

II. Kostenrechnung: 1. In der traditionellen Kostenrechnung ist eine *zeitliche Abgrenzung* für alle Erfolgsvariablen (bes. *erfolgswirksame* → Ausgaben und → Einnahmen) erforderlich, die sich nicht ausschließlich dem betrachteten Zeitabschnitt zurechnen lassen. Außerdem ist eine sachliche Abgrenzung zur Buchhaltung und zum Jahresabschluss nötig. Die einen Kostenvergleich störenden Elemente werden aus der Kostenrechnung ferngehalten. *Technik der Abgrenzung:* in buchhalterischer Form auf Aufwandsausgleichskonten der Kontenklasse 2 des → Gemeinschafts-Kontenrahmens industrieller Verbände (GKR) bzw. der Kontenklasse

9 des → Industrie-Kontenrahmens (IKR) als unternehmensbezogene Abgrenzungen (Kontengruppe 90: Betriebsfremde Aufwendungen und Erträge) und kostenrechnerische Korrekturen (Kontengruppe 91). – 2. *Sachliche Abgrenzung:* Zwischen Buchhaltung und Kostenrechnung erfolgt zur Abgrenzung die Absonderung der betrieblichen → Aufwendungen und → Erträge von den neutralen Aufwendungen und Erträgen sowie die Berücksichtigung kostenrechnerischer Korrekturen. Es werden unterschieden: a) *Kosten, die gleichzeitig Aufwendungen* sind; es ist zu unterscheiden, ob der Wertansatz der Aufwendungen auch in der Kostenrechnung gewählt wird (→ Grundkosten, aufwandsgleiche Kosten) oder ob bewertungsverschiedene → Anderskosten vorliegen. – b) *Aufwendungen, die keine Kosten* sind (neutrale Aufwendungen und nicht als Kosten verrechnete Zeitaufwendungen). – c) *Kosten, die keine Aufwendungen* sind (→ Zusatzkosten). Die neutralen Aufwendungen sind gegenüber der Kostenrechnung, die Zusatzkosten gegenüber der Finanzbuchhaltung abzugrenzen; ebenso sind auch neutrale von betrieblichen Erträgen zu trennen und gegenseitig abzugrenzen. Die neutralen Aufwendungen und Erträge werden dabei in betriebsfremde, außerordentliche und periodenfremde Aufwendungen und Erträge geschieden. Ein Teil der außerordentlichen Aufwendungen findet als Anderskosten (z.B. als kalkulatorische Wagnisse) Eingang in die Kostenrechnung. – *Technik der sachlichen Abgrenzung (GKR):* Neutrale Aufwendungen und Erträge werden in Kontenklasse 2 gebucht und nach Sammlung in einem → Abgrenzungssammelkonto der Klasse 9 über das Gewinn- und Verlustkonto verrechnet. Den Zusatzkosten steht kein Aufwand gegenüber (z.B. kalkulatorischer Unternehmerlohn); neutralen Aufwendungen stehen keine Kosten gegenüber (z.B. Aufwendungen für Wohnhäuser). Beim IKR erfolgt eine entsprechende Verrechnung der Kontengruppen 90 und 91 über die Ergebniskonten der Gruppe 99. – Die sachliche Abgrenzung basiert auf dem → wertmäßigen Kostenbegriff der Vollkostenrechnung. – 3. *Wertmäßige Abgrenzung:* ist erforderlich, wenn die Wertansätze für verbrauchte Faktoren differieren, z.B. bei Verrechnung des Materialeinkaufs zu Tageswerten und Anwendung von Verrechnungspreisen für Materialverbrauch, Fertigungslöhne und Gemeinkosten. – *Technik der wertmäßigen Abgrenzung:* Erfassung der durch die verschiedene Bewertung entstehenden Abweichungen auf dem → Preisdifferenzkonto (Kontenklasse 2/GKR bzw. 91/IKR), dessen Saldo auf das → Abgrenzungssammelkonto (Kontenklasse 9 bzw. 99) übertragen wird.

III. Entscheidungstheorie: Aus Gründen der Übersichtlichkeit und Handhabung ist es notwendig, bei der betrieblichen Planung aus dem unternehmerischen → Entscheidungsfeld Teilfelder abzugrenzen (Zerlegung des Entscheidungsfeldes), wobei deren Interdependenzen zu den restlichen Teilplänen nicht vernachlässigt werden dürfen, z.B. durch den Ansatz geeigneter → Opportunitätskosten. Abgrenzung in sachlicher und/oder zeitlicher Hinsicht.

Abgrenzungsbogen → Abstimmungsbogen.

Abgrenzungskonten – Konten der Kontenklasse 2 des → Gemeinschafts-Kontenrahmens industrieller Verbände (GKR) bzw. Kontengruppen 90, 91 des → Industrie-Kontenrahmens (IKR), die eine zeitliche und sachliche Aufspaltung des Unternehmungsergebnisses ermöglichen. – Vgl. auch → Abgrenzung.

Abgrenzungsposten – *Rechnungsabgrenzungsposten;* aktivischer oder passivischer Bilanzposten für die Abgrenzung von Zahlungen, die schon vor dem Bilanzstichtag erhalten oder geleistet wurden für eine bestimmte Zeit nach diesem Tag und deshalb vorübergehend auf Abgrenzungskonten festgehalten werden.

Abgrenzungsposten für aktive latente Steuern – Resultieren aus zeitlichen Differenzen zwischen den handelsrechtlichen und steuerlichen Wertansätzen gemäß § 274 HGB künftige, wahrscheinliche Steuerentlastungen gegenüber dem Fiskus, dann können die Steuereffekte aus diesen Differenzen auf der Aktivseite der Bilanz als aktive latente Steuern (§ 266 II D) angesetzt werden. Dieses Wahlrecht ist explizit geregelt für den Einzelabschluss von Kapitalgesellschaften, aber auch durch Nicht-Kapitalgesellschaften anwendbar. Steuerliche Verlustvorträge sind bei der Ermittlung ebenfalls berücksichtigungsfähig (siehe § 274 I S. 4 HGB) vgl. → latente Steuern. Aus Konsolidierungsvorgängen im Rahmen der Konzernabschlusserstellung resultierende aktive latente Steuerbeträge sind zwingend zu aktivieren (§ 306 HGB, Aktivierungsgebot), vgl. → Konzernabschluss.

Abgrenzungssammelkonto – Abschlusskonto der Kontenklasse 9 des → Gemeinschafts-Kontenrahmens industrieller Verbände (GKR) zur Zusammenfassung von Abgrenzungsposten der Klasse 2 (→ Abgrenzung), soweit diese nicht wie bei der aktiven und passiven Rechnungsabgrenzung zu aktivieren oder zu passivieren sind und die gesammelt als neutrales Ergebnis dem Gewinn- und Verlustkonto zuzuführen sind.

Abgrenzungsvertrag → Demarkationsvertrag.

abhanden gekommene Sachen → bewegliche Sachen, an denen der → unmittelbare Besitzer ohne seinen Willen den → Besitz verloren hat (z.B. gestohlene oder verlorene Sachen). An abhanden gekommenen Sachen, ausgenommen an Geld oder → Inhaberpapieren oder Sachen, die öffentlich versteigert werden, ist → gutgläubiger Erwerb des Eigentums nicht möglich (§ 935 BGB).

Abhängige – zusammenfassende Bezeichnung der amtlichen Statistik für → Beamte, → Angestellte, → Arbeiter und → Auszubildende. – *Gegensatz:* → Selbstständige. – Vgl. auch → Erwerbstätige, → Arbeitslosenquote.

abhängige Arbeit → Arbeitnehmer.

abhängiges Unternehmen – 1. *Begriff*: rechtlich selbstständiges Unternehmen, auf das ein anderes (herrschendes) Unternehmen unmittelbar oder mittelbar einen beherrschenden Einfluss ausüben kann. Von einem in Mehrheitsbesitz (→ Mehrheitsbeteiligung) stehenden Unternehmen wird vermutet, dass es von dem an ihm mit Mehrheit beteiligten Unternehmen abhängig ist (§ 17 AktG). Zur Begründung eines Anhängigkeitsverhältnisses im Sinn des § 17 AktG muss sich die Abhängigkeit auf eine gesellschaftsrechtliche Grundlage stützen. Bei wirtschaftlicher Abhängigkeit durch Liefer- oder Kreditverhältnisse liegt kein Abhängigkeitsverhältnis im Sinn des § 17 AktG vor. Von einem abhängigen Unternehmen wird vermutet, dass es mit dem herrschenden Unternehmen einen → Konzern bildet (§ 18 I AktG). – 2. *Steuerliche Behandlung*: Ein abhängiges Unternehmen kann im steuerlichen Sinn als Organgesellschaft im Rahmen einer → Organschaft mit dem (restlichen) Konzern verbunden sein (verbundenes Unternehmen), sodass das Ergebnis des abhängigen Unternehmens steuerlich der Muttergesellschaft zugerechnet wird; die steuerrechtlichen Voraussetzungen sind allerdings nicht völlig mit den aktienrechtlichen Voraussetzungen für ein abhängiges Unternehmen identisch. Im Geschäftsverkehr müssen abhängiges Unternehmen und Muttergesellschaft miteinander wie mit Dritten abrechnen (→ Verrechnungspreise, Fremdvergleichsgrundsatz), das gilt selbst dann, wenn eine Organschaftsbeziehung besteht (also keine Konsolidierung, d.h. keine echte „Konzernbesteuerung").

Abhängigkeit – 1. *Kostenrechnung*: → Disponierbarkeit. – 2. *Kartellrecht:* Unternehmen, von denen kleine und mittlere andere Unternehmen als Anbieter oder Nachfrager in der Weise abhängig sind, dass ausreichende und zumutbare Möglichkeiten, auf weitere Unternehmen in diesem Markt auszuweichen, nicht bestehen, dürfen diese Marktteilnehmer nicht behindern oder diskriminieren (§ 20 II GWB); dabei kann das Abhängigkeitsverhältnis v.a. sortimentsbedingt, mangelbedingt oder unternehmensbedingt sein. – 3. *Patent- und Gebrauchsmusterrecht:* Teilweise oder vollständige Abhängigkeit besteht, wenn ein jüngeres → Patent wesentliche Erfindungsmerkmale eines älteren Patents benutzt und deshalb ohne Benutzung des älteren Patents nicht ausgeübt werden kann. Das abhängige Patent ist ein vollwertiges Schutzrecht, seine Ausübung bedarf der Zustimmung des Inhabers des älteren Rechts. Abhängigkeit kann auch unter → Gebrauchsmustern oder zwischen einem älteren Gebrauchsmuster und einem jüngeren Patent bestehen (§ 14 GebrMG). – 4. *Urheber-, Geschmacksmuster- und Schriftzeichenrecht:* Abhängigkeit besteht, wenn durch Bearbeitung eines geschützten Werks eine persönliche geistige Schöpfung (→ Eigentümlichkeit) und daher ein selbst schutzfähiges Werk entsteht, das im Schutzbereich des Originals bleibt. Das abhängige Werk genießt eigenständigen Schutz, kann aber ohne Zustimmung des Inhabers der Rechte am Original nicht verwertet werden (§§ 3, 23 Satz 1 UrhG). Diese Grundsätze gelten nicht nur im → Urheberrecht, sondern auch im Geschmacksmuster- und Schriftzeichenrecht. Erst bei → freier Benutzung wird der Schutzbereich des Originals verlassen.

Abhängigkeitsbericht – Der nach § 312 AktG vom Vorstand einer abhängigen Konzerngesellschaft, wenn kein Beherrschungsvertrag besteht, in den ersten drei Monaten des Geschäftsjahres aufzustellende Bericht über die Beziehungen zu → verbundenen Unternehmen.

Abholgroßhandel → Cash-and-Carry-Großhandel (CC).

Abhollieferung – 1. *Begriff* aus dem Gebiet der Umsatzsteuer und aus dem Bereich der Verbrauchsteuern: eine Lieferung, bei der der (private) Kunde die Ware beim Lieferanten selbst abholt oder von dort durch einen Beauftragten abholen lässt. Die Abhollieferung ist ein Unterfall der → bewegten Lieferung (Gegensatz: Beförderungs- oder Versendungslieferung, bei der der Verkäufer für den Transport der Ware zum Kunden sorgt). – 2. *Umsatzsteuerliche Behandlung*: Innerhalb des europäischen Binnenmarktes sind Lieferungen an Privatpersonen, bei denen diese die Ware beim Verkäufer selbst abholen, im Land des Verkäufers zu versteuern. Es gilt also das → Ursprungslandprinzip, nicht – wie sonst üblich innerhalb des Binnenmarktes – das → Bestimmungslandprinzip. Da für Abhollieferungen somit nicht mehr automatisch der Steuersatz im Land des Kunden, sondern der jeweilige Steuersatz im Land des Verkäufers relevant wird, kommt es zu Wettbewerbsverzerrungen zwischen Anbietern aus verschiedenen Ländern. Daher gilt eine *Ausnahme* für → neue Fahrzeuge: Diese werden auch bei Abhollieferungen an Private stets der Umsatzsteuer im Bestimmungsland unterworfen (Kontrolle über die Zulassungsstellen). – 3. *Behandlung bei den übrigen Verbrauchsteuern*: Das Prinzip, dass Abhollieferungen im Land des Verkäufers besteuert werden sollen, gilt auch bei den übrigen indirekten Steuern. Jedoch wird, damit Privatleute die mit der Regelung für Abhollieferungen verbundenen Wettbewerbsverzerrungen nicht über das Normalmaß hinaus ausnutzen können, vorgesehen, dass die Steuer dann, wenn eine Abhollieferung mit einer "atypischen Beförderungsform" einhergeht, trotzdem dem Bestimmungsland zusteht; zur Zahlung verpflichtet ist dann ggf. der Käufer. "Atypische Beförderungsformen" im Sinne dieser Ausnahmeregelungen sind z.B. Abholung von Mineralöl beim Verkäufer im anderen Land mit selbst gemietetem Tankwagen, Versand eingekaufter Waren per Post durch den privaten Käufer an seine eigene Adresse, etc. Als "normal" anerkannt sind dagegen v.a. Reisemitbringsel und Beförderung eingekaufter Waren im eigenen Pkw. – *Gegensatz:* → Versandhandelsregelung, → Erwerbsteuer.

Ability to Pay Principle – Zahlungsfähigkeitsprinzip, finanzwissenschaftliche Bezeichnung im englischsprachigen Schrifttum für die Besteuerung nach der Zahlungsfähigkeit, die als Maßstab gilt für die Fähigkeit, Steuern zu tragen. Nach diesem Prinzip werden Personen mit höherem Einkommen mit höheren Steuersätzen belegt. Dem entspricht im deutschsprachigen Schrifttum weitgehend das → Leistungsfähigkeitsprinzip. – *Gegensatz:* → Äquivalenzprinzip.

ab Kai – vgl. → DEQ.

Abkommen von Guadalajara → Warschauer Abkommen, → Montrealer Übereinkommen (MontÜbk).

Abkömmlinge – *Deszendenten;* Begriff v.a. des Erbrechts für → Kinder und Kindeskinder (z.B. Enkel, Urenkel) sowie ihnen durch → Annahme als Kind Gleichgestellte. – *Erbansprüche:* → Erbfolge, → Pflichtteil.

Abl. EPA – Abk. für *Amtsblatt des* → Europäischen Patentamts (EPA).

Abladegeschäft – Handelsgeschäft eines Importeurs mit ausländischen Lieferfirmen, wobei der Ablader die Ware an den Empfänger durch die Zusendung der vom Reeder ausgestellten Abladedokumente übereignet. Abladegeschäft ist beim Außenhandel mit Industrieerzeugnissen nicht üblich. – 1. Abladegeschäft *i.w.S.* umfasst alle Warengeschäfte → Gebietsansässiger mit gebietsfremden Lieferanten (→ Gebietsfremde) und Verbringung der Ware (Verfrachtung) vom ausländischen Abladeort in das Wirtschaftsgebiet des inländischen Käufers. – 2. Abladegeschäft *i.e.S.* bezieht sich nur auf die Abladung überseeischer Waren im inländischen Bestimmungshafen; der Verkäufer (Ablader) muss die Ware – meist unter Einschaltung eines → Frachtführers (Reederei, Spedition etc.) – an den (aus seiner Sicht) überseeischen Importeur verbringen; bedient sich häufig im Käuferland eines → CIF-Agenten.

Abladeklauseln – Klauseln, die die Belastung mit Beförderungskosten, die Bestimmung des → Erfüllungsorts und der Erfüllungszeit betreffen, ausgedrückt durch im Handelsverkehr übliche und anerkannte Vertragsklauseln (→ Handelsklauseln). – *Beispiele:* CIF, FOB, FCA (frei Frachtführer), frei Waggon, frachtfrei Frankfurt a.M., Abladung Sommer (Juni bis August). – Vgl. auch → Incoterms.

Ablader → Abladegeschäft.

Ablage → Registratur.

ab Lagerhaus → EXW.

Ablagevermerk – Kennzeichnung der Ablagereife eines Vorganges durch den Sachbearbeiter. Die → Registratur prüft die Richtigkeit der Ablageverfügung nicht.

Ablaufanalyse – *Arbeitsablaufanalyse;* Verfahren der Arbeitswissenschaften. Analyse, Darstellung und Bewertung eines Prozesses oder Arbeitsablaufes, d.h. des Zusammenwirkens von beteiligten Personen, Betriebsmitteln und Arbeitsgegenstand. Hierbei sind (1) zeitliche, (2) logische, (3) räumliche, (4) menschliche und (5) technische Aspekte zu berücksichtigen. Für die Beschreibung des Ablaufs ist die Zerlegung in Ablaufabschnitte erforderlich. Die Arbeitsablaufstudie ist Voraussetzung für die anderen Verfahren der Arbeitswissenschaften und wichtigster Ansatzpunkt der arbeitstechnischen Rationalisierung.

Ablaufarten – Bezeichnungen nach → REFA-Verband für Arbeitsstudien, Betriebsorganisation und Unternehmensentwicklung e. V. für das Zusammenwirken von Mensch und Betriebsmittel mit dem Arbeitsgegenstand innerhalb bestimmter Ablaufabschnitte (Arbeitsablauf). – Nach REFA ergibt sich auf die Betriebsmittel bezogene Analyse der Ablaufarten: (1) *Hauptnutzungszeit:* Einsatz des Betriebsmittels im Sinn seiner Zweckbestimmung. – (2) *Nebennutzungszeit:* die zur Vorbereitung, zum Rüsten, Beschicken oder Entleeren des Betriebsmittels notwendige Zeit. – (3) *Im Einsatz:* Das Betriebsmittel steht dem Betrieb zur Ausführung von Arbeitsaufgaben zur Verfügung und ist durch Aufträge belegt. Die Analyse der Ablaufarten ist zusammen mit → Arbeitszeitstudien und → Arbeitsablaufstudien Grundlage der Ablaufplanung (→ Produkionsprozessplanung) und Arbeitsablaufplanung.

Ablaufdiagramm → Programmablaufplan.

Ablaufhemmung → Festsetzungsverjährung. – Vgl. auch → Verjährung.

Ablaufordnungsfrage – Frage in einem → Fragebogen, die den geordneten Ablauf der Befragung sicherstellt. Dazu gehören z.B. → Filterfragen.

Ablauforganisation – 1. *Begriff:* Der raum-zeitliche Aspekt der → Organisation. Die organisationalen Elemente (Handlungsträger, Aufgaben, Sachmittel etc.) sind hinsichtlich des zeitlichen und des räumlichen Ablaufs so zu gestalten, dass alle Arbeitsgänge lückenlos aufeinander abgestimmt sind. – *Gegensatz:* → Aufbauorganisation. – 2. *Regelungen:* Generelle ablauforganisatorische Regelungen sind nur bei regelmäßig wiederholten Vorgängen (Routineprozessen) sinnvoll. Bei sich ändernden organisatorischen Rahmenbedingungen sind ablauforganisatorische Regelungen um Elemente der Flexibilisierung oder Pufferung zu ergänzen. – 3. *Hilfsmittel:* → Harmonogramm. – Vgl. auch → Prozessorganisation.

Ablaufplanung → Produktionsprozessplanung.

Ablaufplanungsdilemma → Prozessplanungsdilemma.

Ablehnung – I. Ablehnung einer Leistung: Zulässig nach BGB: 1. I.Allg. gegenüber → Teilleistungen. – 2. Im Fall einer → Pflichtverletzung aus → Leistungsverzögerung oder → Schlechtleistung (§ 281 II BGB). – a) Nach Ablauf einer dem Schuldner vom Gläubiger erfolglos gesetzten angemessenen Frist zur → Nacherfüllung, b) bei ernsthafter und endgültiger

Leistungsverweigerung, c) bei Just-in-Time-Verträgen oder sonstigen Fällen unzumutbaren Abwartens. – Vgl. auch → Erfüllung, → Rücktritt.

II. Ablehnung der Leistungspflicht durch den Versicherer: Nach dem früheren Recht (§ 12 VVG III a.F.) musste der Versicherungsnehmer seinen Anspruch gegen den Versicherer innerhalb von sechs Monaten einklagen, falls jener einen Anspruch unter Erteilung einer Belehrung abgelehnt hatte, anderenfalls wurde der Versicherer leistungsfrei. § 12 III VVG a.F. wurde gestrichen. Nach § 15 VVG n.F. (entspricht § 12 II VVG a.F.) gilt nach wie vor: „Ist ein Anspruch aus dem Versicherungsvertrag beim Versicherer angemeldet worden, ist die Verjährung bis zu dem Zeitpunkt gehemmt, zu dem die Entscheidung des Versicherers dem Anspruchsteller in Textform zugeht."; nach § 18 VVG (n.F.) darf hiervon einzelvertraglich nicht abgewichen werden. Das bedeutet, dass durch Zugang einer schriftlichen Ablehnung des Versicherers beim Versicherungsnehmer die Hemmung aufgehoben wird und zu Lasten des Versicherungsnehmers die Mechanik des allgemeinen Verjährungsrechts ausgelöst wird (Regelmäßige Verjährungsfrist drei Jahre, § 195 BGB).

III. Ablehnung wegen Befangenheit: Ein Richter kann wegen Besorgnis der Befangenheit oder in Fällen, in denen er Kraft Gesetzes von der Amtsausübung ausgeschlossen ist, von den Beteiligten eines gerichtlichen Verfahrens abgelehnt werden (vgl. z.B. §§ 24 ff. StPO). Kraft Gesetz ist er v.a. ausgeschlossen, wenn er mit einer Partei in gerader Linie verwandt oder verschwägert ist (vgl. §§ 41 ff. ZPO).

Ablehnungsbereich → kritische Region.

Ableitung – Grundbegriff der → Differenzialrechnung. Die Ableitung f' gibt die → Steigung einer Funktion an, die Ableitung f" die Krümmung einer Funktion. – Vgl. auch → Differenzialquotient, → Extremwert, → Wendepunkt.

Ablenkungseffekt – Begriff der Werbepsychologie, der neben → Irritation eine Gefahr der → Aktivierung beschreibt. Ein Ablenkungseffekt tritt auf, wenn ein aktivierender Reiz von der Schlüsselbotschaft (Marke, Werbebotschaft) ablenkt und damit die Aufnahme derselben verhindert. – *Arten:* (1) *Vampireffekt:* Er liegt vor, wenn der aktivierende Reiz von der Schlüsselbotschaft ablenkt. – (2) *Bumerangeffekt:* Dieser geht über dem Vampireffekt hinaus und liegt vor, wenn der aktivierende Reiz informative und emotionale Wirkungen auslöst, die nicht dem Werbeziel entsprechen.

Ablenkungsfrage – Ablenkungsfragen dienen in einer → Befragung dazu, vom eigentlichen Untersuchungsziel abzulenken, um so eine Situation zu schaffen, in der realistischer geantwortet wird. So werden in Tests für Werbefilme diese häufig in einem Film eingebettet und anschließend wird zuerst nach dem Film gefragt, bevor zur Werbung gefragt wird.

Ablieferungsort – *Bestimmungsort,* Ort, an den bei → Schickschulden die Leistung des Schuldners zu übermitteln ist. – *Anders:* → Erfüllungsort.

ablösende Betriebsvereinbarung → Betriebsvereinbarung, → vertragliche Einheitsregelung.

Ablösungsfinanzierung – Maßnahmen der → Finanzierung, bei denen → Eigenkapital zur Rückzahlung („Ablösung") von → Fremdkapital beschafft wird. – *Beispiel:* Aktienemission (→ Emission) zur Ablösung von Bankdarlehen.

Ablösungsrecht – Befugnis, die Schuld eines anderen zum Schutz eigener Rechte auch gegen den Willen des Schuldners zu tilgen. Beispiel: Ablösungsrecht des Besitzers einer Sache in der Zwangsvollstreckung gegen den Eigentümer einer Sache (§ 268 BGB). – Vgl. auch → Erfüllung.

ABM – Abk. für *Arbeitsbeschaffungsmaßnahmen.*

Abmahnung – I. Arbeitsrecht: 1. Förmlicher Ausdruck der Missbilligung wegen Verletzung arbeitsvertraglicher Pflichten durch den Arbeitgeber, verbunden mit dem Hinweis auf arbeitsrechtliche Konsequenzen, insbesondere → Kündigung im Wiederholungsfall. – 2. Die Pflichtverletzung muss ganz konkret bezeichnet sein, anderenfalls ist die Abmahnung unwirksam. Eine Abmahnung kann auch mehrere Pflichtverletzungen bezeichnen. Ist aber nur eine Pflichtverletzung unzutreffend oder ungenau bezeichnet, ist die Abmahnung insgesamt unwirksam. – 3. Weiterhin muss die Abmahnung eine klare Sanktionsdrohung (arbeitsrechtliche Konsequenzen) für den Wiederholungsfall enthalten, sonst ist die ebenfalls unwirksam. – 4. Die Abmahnung bedarf nicht der Schriftform, aus Gründen der Beweissicherung sollte sie aber unbedingt schriftlich erfolgen. – 5. Die Abmahnung muss nicht innerhalb einer bestimmten Frist erfolgen. Wartet der Arbeitgeber aber zu lange, kann die Abmahnung verwirkt sein. – 6. Vor der Abmahnung muss der Arbeitnehmer nicht angehört werden. Eine Anhörung empfiehlt sich aber, schon um die Stellungnahme des Arbeitnehmers zu kennen und um darauf ggf. reagieren zu können. – 7. Die Abmahnung unterliegt grundsätzlich nicht der *Mitbestimmung des Betriebsrats* (mitbestimmungsfreie Abmahnung); mitbestimmungspflichtig in → sozialen Angelegenheiten ist aber eine über die Abmahnung hinausgehende, Disziplincharakter tragende Sanktion. – Vgl. auch → Betriebsbuße. – 8. Die Abmahnung hat Warnfunktion. Sie geht i.d.R. einer außerordentlichen oder ordentlichen Kündigung voraus und muss ihr auch vorausgehen, sonst ist die Kündigung unwirksam. Eine vorherige Abmahnung kann ausnahmsweise in Fällen evident unzumutbaren Verhaltens, bes. im Vertrauensbereich, entbehrlich sein (z.B. → Unterschlagung, → Betrug, vorsätzliche → Arbeitsverweigerung). – *Abgrenzung:* → Ermahnung.

II. Wettbewerbsrecht, gewerblicher Rechtsschutz: Vorprozessuale, in Ausnahmefällen entbehrliche, i.d.R. schriftliche Aufforderung, ein wettbewerbswidriges Verhalten zu unterlassen und bei Meidung von Klage eine → Unterlassungserklärung abzugeben, die vor den Kostenfolgen (§ 93 ZPO) eines sofortigen Anerkenntnisses schützt. Zu weite Fassung des Unterlassungsbegehrens, zu hohes Vertragsstrafeverlangen oder zu kurze Frist für die Abgabe der Unterlassungserklärung machen sie nicht unwirksam; der Verletzer hat die Unterlassungserklärung genau zu formulieren, die Vertragsstrafe hinreichend zu bemessen und ggf. um Fristverlängerung zu bitten. Antwortpflicht besteht im Falle begründeter Abmahnung, wenn → Drittunterwerfung erfolgt ist. Bei begründeter Abmahnung besteht Anspruch auf Erstattung der Abmahnkosten; mit der Novellierung des Urheberrechts 2008 wurde eine Regelung eingeführt, nach der die Abmahnkosten in einfach gelagerten Fällen bei Rechtsverstößen außerhalb des geschäftlichen Verkehrs nur in Höhe von 100 Euro ersetzt werden (§ 97a UrhG). Bei unbegründeter Abmahnung kann der Abgemahnte negative Feststellungsklage erheben, für die das Feststellungsinteresse entfällt, sobald der Abmahnende Leistungsklage erhoben hat und einseitig nicht mehr zurücknehmen kann. Unberechtigte Abmahnung löst im Gegensatz zur ungerechtfertigten → Verwarnung aus gewerblichen Schutzrechten keine Abwehr- und Schadensersatzansprüche aus, sofern sie nicht ihrerseits unlauterer Wettbewerb oder eine vorsätzliche sittenwidrige Schädigung (§ 826 BGB) oder kreditschädigend (§ 824 BGB) ist (→ Behinderungswettbewerb).

Abmahnverein → Klagebefugnis.

Abmarkung → Nachbarrecht.

Abmeldung von Kraftfahrzeugen – Rückgabe der → Zulassungsbescheinigung Teil I (früher Fahrzeugschein) und Entfernung des Dienststempels auf dem Kennzeichen durch die Zulassungsbehörde (vgl. § 14 der Fahrzeug-Zulassungsverordnung vom 3.2.2011 [BGBl. I 139] m.spät.Änd.); beendet oder unterbricht die Steuerpflicht (§ 5 KraftStG).

Abmusterung – Ausdruck für Entlassung im Arbeitsrecht für Seeleute; Abmusterung findet bei Beendigung des → Heuerverhältnisses vor einem Seemannsamt statt (§ 19 SeemG vom 26.7.1957, m.spät. Änd.).

Abnahme – 1. Beim → Kaufvertrag kann der Verkäufer i.d.R. auf Abnahme der Ware (und Zahlung) klagen. – 2. Beim → Werkvertrag muss der Besteller das Werk abnehmen (§ 640 I BGB); hierbei bedeutet Abnahme jedoch auch Anerkennung der vertragsmäßigen Herstellung. Mit der Abnahme geht die Gefahr (→ Gefahrübergang) auf den Besteller über (§ 644 BGB), die Vergütung wird fällig (§ 641 BGB). Wegen unwesentlicher Mängel kann die Abnahme nicht verweigert werden. Der Abnahme steht es gleich, wenn der Besteller das Werk nicht innerhalb einer ihm von dem Unternehmer bestimmten angemessenen Frist abnimmt, obwohl er dazu verpflichtet ist. Ferner steht es der Abnahme gleich, wenn dem Unternehmer von einem Gutachter eine sog. Fertigstellungsbescheinigung darüber erteilt wird, dass das Werk hergestellt und frei von Mängeln ist. Näheres zum Verfahren der Fertigstellungsbescheinigung in § 641a BGB. – Vgl. auch → Annahmeverzug.

Abnahmeprüfung – *Materialkontrolle*, Verfahren der Qualitätskontrolle (→ Qualitätssicherung). Durch die Abnahmeprüfung wird überprüft, ob ein produziertes Los von Vor-, Zwischen- oder Endprodukten einem geforderten Qualitätsstandard entspricht. Die Abnahmeprüfung kann als Eingangskontrolle zwischen den Produktionsstufen und als Endkontrolle durchgeführt werden.

Abnahmetest → Testen.

abnehmender Skalenertrag – Begriff der → Produktionstheorie. Die → Technologie einer Ein-Produkt-Unternehmung weist abnehmende Skalenerträge auf, wenn bei einer Ver-n-fachung aller Faktoreinsatzmengen die Ausbringungsmenge um weniger als das n-fache steigt ($n > 0$). – *Formal:* Ist r ein Inputvektor und f eine → Produktionsfunktion, so gilt $f(nr) < nf(r)$ für alle $n > 1$.

Abnehmer → Nachfrager am Markt. Die Abnehmer können hinsichtlich nachfragerelevanter Merkmale (z.B. → Präferenzen, → Kaufkraft, Größe, Region, → Kaufverhalten) unterschieden werden, sodass die Marketingaktivitäten der Unternehmung segmentspezifisch auf Abnehmer ausgerichtet werden können. – *Beispiele* für Abnehmergruppen sind private Haushalte, privatwirtschaftliche Unternehmen, öffentliche Institutionen.

Abnehmerbefragung – Form der → Befragung, bei der die faktischen und/oder potenziellen Kunden (z.B. Verbraucher, industrielle Abnehmer, Handelsunternehmen) als → Informationsquelle dienen. – Vgl. auch → Kundenstrukturanalyse, → Panel.

Abnehmerbindung – Formen von vertraglichen Vereinbarungen über die Absatzpolitik im Rahmen der vertikalen → Kooperation von Herstellern und Handelsunternehmen.

Abnehmerselektion – Auswahl einer bestimmten Gruppe von → Abnehmern im Rahmen der Distribution (selektiver Vertrieb). Bei Abnehmerselektion können zwischen der Vertragsfreiheit einerseits und einer sachlich nicht gerechtfertigten Diskriminierung von Abnehmern, die nicht beliefert werden, Konflikte auftreten.

Abnehmerverwarnung – scharfe Form der Verwarnung, durch die der Inhaber eines → gewerblichen Schutzrechts die Abnehmer schutzrechtsverletzender Gegenstände unter Androhung von Unterlassungs- und Schadensersatzansprüchen vor dem Bezug vom Verletzer warnt. Unberechtigte Abnehmerverwarnung ist → Behinderungswettbewerb (§ 4 Nr. 10 UWG), wenn zwischen Verwarnendem und

Verwarntem ein Wettbewerbsverhältnis besteht, zu weiteren Rechtsfolgen → Verwarnung.

abnutzbares Anlagevermögen – 1. *Begriff:* Vermögensgegenstände, die einer Unternehmung nicht zur Weiterveräußerung oder zur kurzfristigen Nutzung, sondern zur dauernden Nutzung dienen und die Wertminderungen durch Abnutzung unterworfen sind. Hierzu gehört das gesamte → Anlagevermögen mit Ausnahme des Grund und Bodens (im Regelfall), der geleisteten Anzahlungen sowie der Finanzanlagen. In der *Handelsbilanz* wird die Abnutzung durch die → Abschreibungen berücksichtigt. – 2. *Wertansatz:* a) in der *Handelsbilanz* zu → Anschaffungskosten oder Herstellungskosten bzw. → fortgeführten Anschaffungs- oder Herstellungskosten oder zum niedrigeren → beizulegenden Wert; – b) in der *Steuerbilanz* zu → Anschaffungskosten oder → Herstellungskosten (oder einem nach steuerlichen Sondervorschriften, z.B. dem Umwandlungsteuergesetz, an deren Stelle tretenden Wert), vermindert um die steuerlichen Abschreibungen (Absetzungen für Abnutzung, Sonderabschreibung, Abzüge nach § 6b EStG und ähnliche Abzüge). Ist der → Teilwert am Bewertungsstichtag niedriger als der so ermittelte Wert und bleibt diese Wertminderung voraussichtlich auch dauerhaft bestehen, dann darf dieser niedrigere Teilwert steuerlich angesetzt werden. Allerdings sind dann im nächsten Jahr wieder die fortgeführten Anschaffungs- und Herstellungskosten anzusetzen, sofern nicht wiederum ein niedrigerer Teilwert nachgewiesen werden kann (striktes → Wertaufholungsgebot). – Vgl. auch → Bewertung.

Abnutzung – 1. Abnutzung im Sinn des *wirtschaftlichen Werteverzehrs:* → Abschreibung. – 2. *Steuerliche Berücksichtigung:* führt zu → Absetzung für Abnutzung (AfA). – 3. *Versicherungswirtschaft:* Abnutzung wird insofern berücksichtigt, als i.d.R. (sofern nichts anderes vereinbart) der Zeitwert entschädigt wird durch Abzug „neu für alt".

Abnutzungseffekt – *Wear-out-Effekt*, eine absolute (nicht nur relative) Abnahme der Lernwirkung bzw. Abnutzugs- oder Verschleißerscheinung bei wiederholtem Kontakt mit einem → Werbemittel. – Vgl. auch → Werbewirkungsfunktion.

Abonnement – I. Allgemein: vertraglich gesichertes Anrecht auf Bezug gleichartiger Leistungen für eine bestimmte Zeit, z.B. Theater-, Zeitschriftenabonnement.

II. Presseerzeugnisse: Bezeichnung für die Verpflichtung zur laufenden Abnahme eines periodisch erscheinenden Presseerzeugnisses. Der Preis eines Abonnements (kurz: Abo-Preis) kann liegen in Höhe des Einzelverkaufspreises (ggf. mit Zustellgebühr). Diese Preissetzung ist insbesondere üblich im Programmzeitschriftenmarkt und bei Abonnements, die über den Werbenden Buch- und Zeitschriftenhandel (WBZ) vertrieben werden. Häufig werden Abonnements auch mit einem Preisvorteil für den Kunden angeboten, der jedoch nach einer Entscheidung des Bundeskartellamts nicht über 15 Prozent liegen darf. – Nach der Vertriebsform des Abonnements kann zwischen dem Verlagsabonnement und dem WBZ-Abonnement unterschieden werden. Grundsätzlich können Abonnements auch nach den verschiedenen Angebots- und Gewinnungsformen differenziert werden (Abonnement, Angebotsformen von). – Der Vorteil des Abonnements gegenüber anderen Vertriebssparten von Presseerzeugnissen (Presseerzeugnis, Vertriebssparten von) liegt aus Verlagssicht in der Absatz- und Planungssicherheit sowie dem Ausbleiben von Remissionen. Nachteilig wirken sich die höheren Versandkosten aus (Pressepost). – Der Anteil von Abonnements an der Gesamtauflage fällt segment- und titelabhängig unterschiedlich aus. Im Durchschnitt beträgt derzeit die Abonnementquote bei den Publikumszeitschriften 44 Prozent, bei den Zeitungen 67 Prozent und bei den Fachzeitschriften 85 Prozent (Stand: 2010). Zu beachten ist jedoch, dass in den Werten für IVW-geprüfte Publikumszeitschriften (IVW) auch die Mitgliederzeitschriften von Verbänden, Automobilclubs etc. enthalten sind und daher der Abo-Anteil bei den freiverkäuflichen Titeln entsprechend geringer ausfällt.

Above-the-Line-Kommunikation – 1. *Begriff:* beschreibt medienbezogene Kommunikationsmaßnahmen im Sinne der klassischen → Kommunikationsmittel, die zu einer gestreuten und unpersönlichen Zielgruppenansprache z.B. über die Massenmedien verwendet werden. – 2. *Ausprägungen:* Hierzu gehören Printanzeigen, Fernsehwerbung, Radiowerbung, Außenwerbung (Plakate) oder Kinowerbung, die planbare → Werbeträger darstellen und sich meist an eine weite Zielgruppe richten.

Abraum – Taubes Gestein oder Gebirge, das die Lagerstätte von Erzen oder Mineralien überdeckt, die im Tagebau abgebaut werden sollen. – Die *Aufwendungen für die Beseitigung des* Abraums werden zunächst innerhalb der Posten des Anlagevermögens gesondert (wie Bergwerksschächte u.Ä.) aktiviert und später durch Abschreibungen in die Herstellungskosten der geförderten Produkte übernommen. Der „notwendige Abraum", der zur kostenmäßigen Weiterverrechnung zu ermitteln ist, ergibt sich aus dem Anteil, der vom ursprünglichen Mengenverhältnis des Grundstofflagers zum Abraum auf die jeweilige Förderung entfällt. Für im Geschäftsjahr unterlassene Aufwendungen für Abraumbeseitigung, die im folgenden Geschäftsjahr nachgeholt werden, sind gemäß § 249 I HGB → Rückstellungen zu bilden.

Abrechnungsbescheid – Ist zwischen dem Steuerpflichtigen und dem Finanzamt streitig, ob bzw. inwieweit ein Anspruch aus dem → Steuerschuldverhältnis verwirklicht ist, hat das Finanzamt hierüber durch einen Abrechnungsbescheid zu entscheiden (§ 218 II AO). Der Abrechnungsbescheid ist Gegenstand des Steuererhebungsverfahrens. Er wird i.d.R.

nur auf Antrag erteilt. – *Inhalt:* die sowohl für den Steuerpflichtigen als auch die Finanzbehörde verbindliche Feststellung, ob ein Anspruch aus dem Steuerschuldverhältnis noch besteht oder aber bereits erloschen ist (→ Erlöschen von Ansprüchen aus dem Steuerschuldverhältnis). – Keine Abrechnungsbescheide sind dem Steuerpflichtigen übersandte Kontoauszüge oder Kassenmitteilungen. – *Rechtsbehelf:* Einspruch (§ 347 I 1 AO).

Abrechnungslast – 1. *Begriff:* Die Verpflichtung, nach der Ausführung einer Leistung hierfür die Abrechnung darüber zu erstellen, welche Beträge zu zahlen sind. – 2. *Varianten:* Üblicherweise ist derjenige, der eine Leistung erbracht hat, auch zur Abrechnung darüber verpflichtet, wie viel er als Bezahlung einfordert. Es gibt jedoch Fälle, in denen zivilrechtlich die Pflicht, die geschuldete Vergütung zu berechnen, beim Leistungsempfänger liegen kann, z.B. wenn nur dieser über die Daten verfügt, die nötig sind, um die Anspruchshöhe überhaupt zu berechnen (z.B. im Verlagsgewerbe bei Vereinbarung einer Autorentantieme nach Zahl der abgesetzten Buchexemplare). Die Abrechnung geschieht, wenn der leistende Unternehmer die Abrechnungslast hat, durch → Rechnung, wenn der Kunde die Abrechnungslast hat, durch → Gutschrift. – 3. *Steuerliche Bedeutung:* Die Frage, bei wem zivilrechtlich die Abrechnungslast für eine Leistung liegt, hat steuerlich ihre Bedeutung verloren, seitdem (seit 2004) in allen EU-Staaten nunmehr eine Gutschrift umsatzsteuerlich immer dann als vollwertiger Ersatz für eine Rechnung anerkannt wird, wenn sich die beiden Vertragsparteien zuvor darüber einig geworden sind, dass die Abrechnung durch Gutschrift erfolgen soll; auf die Gepflogenheiten, bei wem die Abrechnungslast liegt, kommt es daher steuerlich nicht mehr an.

Abrechnungsverfügung → Anrechnungsverfügung.

Abrechnungsverkehr – planmäßiger und periodischer Ausgleich von gegenseitigen → Forderungen der → Kreditinstitute durch multilaterale Aufrechnung (→ Skontration) und Regulierung der verbleibenden Nettobeträge (Salden) durch bargeldlose Zahlung oder Konto-Verrechnung. Der Abrechnungsverkehr bei den Abrechnungsstellen der Bundesbank ist aufgrund der Automatisierung des Zahlungsverkehrs inzwischen eingestellt. Vgl. auch → belegloser Scheckeinzug (BSE), → elektronischer Zahlungsverkehr/Lastschrift (EZL), → elektronischer Zahlungsverkehr/Überweisung (EZÜ), → imagebasierter Scheckeinzug (ISE).

Abruf → Handelsklausel in Kaufverträgen, die den Käufer mangels Vereinbarung einer Frist zur → Abnahme binnen angemessener Frist verpflichtet. Ist „Abruf nach Bedarf" vereinbart, darf der Käufer sich nicht anderweitig eindecken; maßgebend ist der bisherige oder der zu erwartende Bedarf.

Abrufrisiko – engl: *Call Risk*, Begriff aus dem Kreditwesen: Gefahr einer unerwarteten Inanspruchnahme von Kreditzusagen (aktivisch) bzw. von unplanmäßigen Verfügungen von Gläubigern über ihre Einlagen (passivisch). – Das Abrufrisiko ist eine Form des → Liquiditätsrisikos, unter dem allg. die Gefahr verstanden wird, dass Kapitalzu- und -abflüsse zulasten der → Liquidität nicht aufeinander abgestimmt auftreten. Zur Begrenzung des Liquiditätsrisikos verlangt die → Bundesanstalt für Finanzdienstleistungsaufsicht (BaFin) von den Kreditinstituten ein bankinternes Risikomanagement (entsprechend der Mindestanforderungen an das Risikomanagement – MaRisk - BTR 3) und eine Erfassung und Bewertung aller liquiditätswirksamen Zahlungen (entsprechend der Liquiditätsverordnung – LiqV).

Abrufvertrag → Vertrag, der Regelungen vereinbart für den bedarfsorientierten Abruf von Materialmengen vom Lieferanten; i.d.R. unter Bezugnahme auf einen → Rahmenvertrag. Mögliche Vertragsform im Rahmen der → Einkaufspolitik.

Absatz – unterschiedlich verwendeter Begriff: (1) Die *Menge* der in einer Zeiteinheit veräußerten Güter eines → Unternehmens. – (2) Die Menge dieser Güter, multipliziert mit ihren Preisen. In diesem Fall ist der Begriff Absatz mit dem Begriff → Umsatz identisch. – (3) Die *Schlussphase* des innerbetrieblichen Leistungserstellungsprozesses, der aus den betrieblichen Grundfunktionen Beschaffung, Produktion und Absatz besteht.

Absatzanalyse – Bereich der → Marktanalyse. Untersuchung der bestehenden und zu erwartenden Gegebenheiten auf dem Absatzmarkt für das bestehende Sortiment eines Unternehmens, d.h. aller den betrieblichen Absatz berührenden einzel- und gesamtwirtschaftlichen Daten und ihrer voraussehbaren Änderungen. Dies wird entweder mit eigenen Daten (z.B. Umsatzstatistiken, Kundenstatistiken) oder aber mit Marktforschungsdaten (einmalig durch Befragung oder kontinuierlich durch → Panel) durchgeführt. – Vgl. auch → Absatzbeobachtung, → Absatzmarktforschung, → Marktforschung, → Marketingpolitik, → Kundenstrukturanalyse.

Absatzbehinderung – wettbewerbswidrige Behinderung von Mitbewerbern bei der Vermarktung ihrer Leistungsangebote. Dadurch wird der → Leistungswettbewerb beeinträchtigt. – *Beispiele:* Das Ausspannen von Kunden mit unlauteren Mitteln, etwa durch unsachliche Angaben über den Mitbewerber oder die Behinderung durch Errichtung von Vertriebshindernissen, aber auch die Behinderung von schutzwürdigen, weil kartellrechtskonformen Vertriebsbindungssystemen, etwa durch das Entfernen von Kontrollnummern (Herstellungsnummern) durch „graue Händler".

Absatzbeobachtung – (kontinuierliche) Beobachtung der Entwicklungen auf dem Absatzmarkt als Basis für → Absatzanalysen und → Absatzprognosen.

Absatzbindung – I. Handel: Form der → Vertriebsbindung. – *Beispiele:* (1) Ein Hersteller bindet seine Abnehmer im Handel, indem sie ihr Marktverhalten an seiner vorgegebenen Marketingkonzeption für das Produkt ausrichten. Als Gegenleistung räumt er häufig Absatzexklusivität (→ Alleinvertrieb) auf bestimmten regionalen Märkten (→ Gebietsschutz) ein. (2) Ein Hersteller verpflichtet sich, exklusiv nur bestimmte Abnehmer (z.B. Fachhändler) zu beliefern. Werden die Abnehmer zusätzlich verpflichtet, keine Konkurrenzprodukte zu führen *(Ausschließlichkeitsbindung)*, so liegt gleichzeitig eine → Bezugsbindung vor.

II. Wettbewerbsrecht: Absatzbindungen, die sich spürbar auf den Wettbewerb auswirken, unterfallen grundsätzlich dem Verbot des § 1 GWB und Art. 101 AEUV. Eine Gruppenfreistellung ist über die nach § 2 GWB anwendbare → Vertikal-GVO bis zu einem Marktanteil des Lieferanten sowie des Abnehmers (Händlers) von jeweils 30 Prozent vorgesehen.

Absatzeinzelkosten – 1. *Begriff:* a) *I.w.S.:* → Kosten, die sich einzelnen absatzwirtschaftlichen Bezugsgrößen (z.B. Kunden, Absatzgebieten) direkt zurechnen lassen. – b) *I.e.S.:* Kosten, die für einzelne Absatz-(Verkaufs-)vorgänge (z.B. Ausgangsfrachten, Versandverpackung) direkt erfassbar sind. – 2. *Merkmale:* Traditionelle Kostenrechnungen weisen nur sehr wenige Absatzkosten als Einzelkosten aus (→ Sondereinzelkosten des Vertriebs). – *Gegensatz:* → Absatzgemeinkosten.

Absatzelastizität → Preiselastizität.

Absatzergebnis – *Begriff:* Bezeichnung der Plankostenrechnung für den Unterschied zwischen Standardselbstkosten (→ Selbstkosten, → Standardkosten) und Reinerlös auf dem Absatzmarkt. Im Absatzergebnis werden durch gleichbleibende Standardselbstkosten diejenigen Ergebniseinflüsse isoliert, die von der Erlösseite herkommen.

Absatzerlös – *Begriff:* → Erlös aus der Veräußerung bzw. Verwertung von Waren und Dienstleistungen.

Absatzerwartungen – maßgebende Plangröße bei der → Produktplanung und Aufstellung des → Produktionsprogramms. Erkundung des wahrscheinlichen zukünftigen Absatzvolumens bzw. Marktvolumens durch → Marktforschung. Beeinflussung der Absatzerwartungen durch den Einsatz der → marketingpolitischen Instrumente. – Vgl. auch → Absatzplan, → Wachstumstheorie.

Absatzförderung → Verkaufsförderung.

Absatzförderungsfonds der deutschen Land- und Ernährungswirtschaft – *Absatzfonds;* ehemals öffentlich-rechtliche Anstalt; Sitz in Bonn. Ihm oblag nach dem Absatzfondsgesetz i.d.F. vonm 1.7.1969 m.spät.Änd. bis 2009 die Aufgabe, den Absatz und die Verwertung von Erzeugnissen der deutschen Land- und Ernährungswirtschaft durch Erschließung und Pflege von Märkten im In- und Ausland zentral zu fördern. Finanzierung durch Beiträge der genannten Wirtschaftszweige. Bedient sich zur Durchführung seiner Aufgaben der → Centralen Marketinggesellschaft der deutschen Agrarwirtschaft mbH (CMA) und der Zentralen Markt- und Preisberichtstelle für Erzeugnisse der Land-, Forst und Ernährungswirtschaft GmbH (ZMP). Das Bundesverfassungsgericht verkündet am 3.2.2009 das Urteil, dass sowohl Aufgabenstellung als auch die Beitragserhebung des Absatzfonds seit dem 1.7.2002 verfassungswidrig und nichtig sind. Der Verwaltungsrat des Absatzfonds beschloss daraufhin, die geordnete Liquidation seiner Durchführungsgesellschaften CMA und ZMP.

Absatzforschung – 1. *I.w.S.:* Synonym für → Marketingforschung. – 2. *I.e.S.:* Synonym für → Absatzmarktforschung.

Absatzfunktion → Preisabsatzfunktion.

Absatzgemeinkosten – 1. *Begriff:* a) *I.w.S.:* → Kosten, die sich einzelnen absatzwirtschaftlichen Bezugsgrößen nicht direkt zurechnen lassen. – b) *I.e.S.:* Kosten, die nicht für einen einzelnen Absatz-(Verkaufs-)vorgang direkt erfassbar sind (→ Vertriebsgemeinkosten). – *Beispiele:* Werbekosten, Kosten der Verkaufsorganisation. – 2. *Merkmale:* Absatzgemeinkosten werden in der Praxis zunehmend genauer erfasst und Produkten, Kunden und anderen marktbezogenen Größen zugeordnet. Instrument hierfür ist häufig die → Prozesskostenrechnung. – *Gegensatz:* → Absatzeinzelkosten.

Absatzgenossenschaft → Bezugs- und Absatzgenossenschaft.

Absatzhelfer – rechtlich und wirtschaftlich selbstständige Personen oder Institutionen im Distributionsprozess, die bei der Waren- und Informationsverteilung mitwirken, ohne selbst Eigentümer der Waren zu werden. Zu unterteilen in akquisitorisch tätige Absatzhelfer (z.B. Handelsvertreter, Kommissionäre, Makler, Versteigerer) und vornehmlich die Logistik übernehmende Absatzhelfer (z.B. Spediteure, Frachtführer, Lagerhalter, Reeder). I.w.S. sind Absatzhelfer auch: Marktforschungsinstitute, Werbeagenturen, Inkassogemeinschaften, Leasinggesellschaften, Factoringunternehmen. Der Begriff ist einseitig, da Absatzhelfer ebenso in die Warenbeschaffung eingeschaltet sind; diese fungieren dann als Beschaffungshelfer. – Vgl. auch → Absatzmittler, → Distributionsorgane.

Absatzinstrumente → marketingpolitische Instrumente.

Absatzkalkulation → Warenkalkulation.

Absatzkanal – *Marketing Channel, Distribution Channel;* der Teil des → Distributionssystems, der vom Hersteller gestaltet wird, um den Absatz seiner Produkte/Dienstleistungen sowie die Verteilung der erforderlichen Informationen sicherzustellen. Wichtige Entscheidungen sind: Anzahl und Art der Stufen des → Absatzweges, Anzahl und Art der auf jeder

Stufe der → Absatzkette eingeschalteten → Distributionsorgane sowie die Gestaltung der Zusammenarbeit zwischen den einzelnen Elementen des Marktkanals.

Absatzkette – die Glieder eines → Absatzweges, die in ihrer Gesamtheit die Distributionsfunktionen übernehmen (→ Distribution). *Unselbstständige Glieder* sind Beschaffungs- und Absatzabteilungen der Produktionsunternehmungen (inkl. Reisender und Außenlager). *Selbstständige Glieder* sind der kollektierende → Aufkaufhandel und die distributierenden → Handelsbetriebe sowie → Absatzhelfer, in der → Handelsvermittlung Tätige und → Marktveranstaltungen. Konsumenten können selbstständige Beschaffungsorganisationen gründen (→ Konsumgenossenschaften) oder persönlich Distributionsaufgaben übernehmen: → Selbstbedienung (SB). – Vgl. auch → Absatzmittler, → Absatzhelfer, → Absatzkanal, → Distributionsorgane.

Absatzkommunikationspolitik – Instrument des → Marketings, unterteilt in klassische Absatzwerbung (→ Werbung), → persönlicher Verkauf, → Verkaufsförderung, → Sponsoring und → Public Relations (PR). Aufgrund des hohen Anteils an → Fremdbedienung war das *persönliche Verkaufsgespräch* bes. im Handel früher das beherrschende Instrument der Absatzkommunikationspolitik. – Mit Ausweitung der → Selbstbedienung (SB) und Zunahme der → Konzentration und → Kooperation im Handel wurden auch *breiter streuende Werbemittel* eingesetzt. Dagegen erfordert die Fragmentierung von Märkten stärker die individuelle Ansprache von Kunden, nicht zuletzt mit elektronischen Medien. Zur Anregung von → Impulskäufen und zur Unterstützung von Plankäufen dient die POP-Werbung (Point of Purchase), oft gemeinsam mit Verkaufsförderungsmaßnahmen der Hersteller.

Absatzkonditionenpolitik → Absatzpreispolitik.

Absatzkosten → Absatzeinzelkosten, → Absatzgemeinkosten, → Distributionskosten, → Vertriebskosten.

Absatzleistung – als Leistungsprogramm die Gesamtheit aller → Marktleistungen, d.h. Güter und Dienste, die auf den Kunden übergehen bzw. ihm zugute kommen. – *Gestaltung* der Absatzleistung ist Aufgabe der → Marketingpolitik.

Absatzlogistik → Marketinglogistik.

Absatzmarkt – der der → Produktion nachgelagerte Markt, auf dem die Produkte einer Firma verkauft (abgesetzt) werden. Gegenstück ist der vorgelagerte Markt, der → Beschaffungsmarkt. Der Absatzmarkt des Verkäufers (Anbieters) ist für den Käufer (Nachfrager) Beschaffungsmarkt.

Absatzmarktforschung – Form der → Marktforschung sowohl für den Binnen- als auch für den Auslandsmarkt. – 1. *Begriff:* Planvolle und systematische Erforschung der → Absatzmärkte. Der Begriff Marktforschung wird häufig synonym für Absatzmarktforschung verwendet. – 2. *Phasen:* (1) Marktbeobachtung; (2) Marktanalyse (→ Bedarfsforschung, → Konkurrenzanalyse); (3) → Absatzstatistik, → Betriebsvergleich und sonstige Einrichtungen zur Überwachung der → Preisabsatzfunktion. – 3. *Aufgaben:* a) Erforschung von Kaufmotiven (→ Konsumentenforschung). – b) Kontrolle und Vorausschau der Absatzergebnisse in Bezug auf den eigenen Wirtschaftszweig, die Marktstruktur und -bewegung. – *Anders:* → Beschaffungsmarktforschung.

Absatzmethode – Alternativen der → Bedienungsformen im Groß- und Einzelhandel sowie neuere Formen der Abteilungsbildung, z.B. → Rack Jobber im Großhandel oder → Shop in the Shop sowie Depot-Systeme im Einzelhandel. – Vgl. auch → Vertriebsorganisation.

Absatzmittler – *Marketing Intermediaries;* rechtlich und wirtschaftlich selbstständige Absatzorgane, die als Elemente der Absatzkanals bzw. des → indirekten Vertriebs von Lieferanten Produkte kaufen und ohne wesentliche Be- oder Verarbeitung (→ Manipulation) oder Einbau in andere Produkte an andere Absatzmittler oder Endkäufer verkaufen, z.B. Unternehmungen des → Großhandels oder → Einzelhandels. Absatzmittler erwerben das → Eigentum an den Waren und tragen das volle Absatzrisiko. Zur Unterstützung der Absatzmittler sind → Absatzhelfer tätig.

Absatzorganisation – Einsatz personeller (Reisende, Vertreter, Bedienungspersonal) und institutioneller (Geschäfts- und Lagerräume, Raumausstattung, Kassenanordnung, Parkplätze) Einrichtungen für die Anbahnung und Abwicklung des Verkaufs. Für den Großhandel zusätzlich Entscheidung über die zu beliefernden Glieder der → Absatzkette. – Vgl. auch → Marketingorganisation, → Vertriebsorganisation.

Absatzplan – 1. *Begriff:* Ausgangspunkt betrieblicher Planung, mit dem meist alle anderen Planungen (Kapazitäts- und Investitionsplanung, Produktions- und Beschaffungsplanung, Finanzplanung) verknüpft sind. Der Absatzplan entsteht aus einer Aufstellung der erwarteten Waren- bzw. Dienstleistungsverkäufe. Der Absatzplan wird mengen- und wertmäßig geführt und ist je nach Bedarf nach Absatzperioden, Absatzräumen und Warengruppen unterteilt. – 2. *Arten:* a) *Langfristiger Absatzplan:* maßgeblich für die Kapazitätsdimensionierung bei Betriebsgründung und -erweiterung, also Grundlage für den → Investitionsplan. Da die Verwirklichung dieses Absatzplans durch Marktschwankungen erheblich beeinträchtigt werden kann, sind seine Daten nur als Richtgrößen zu verwenden. – b) *kurzfristiger Absatzplan:* bestimmend für Umfang und zeitliche Verteilung der Produktion sowie für die kurzfristige → Finanzplanung und → Budgetierung.

Absatzplanung – I. Marketing: 1. *Begriff:* Beinhaltet Entscheidungen über in der Zukunft zu erzielende Absatzmengen und → Umsätze auf den jeweiligen

Märkten und Teilmärkten sowie mit den jeweiligen *Kundengruppen* der Unternehmung in den Planungszeiträumen. – 2. *Merkmale*: Der Absatzplanung liegt der geplante Einsatz der → marketingpolitischen Instrumente sowie die Einschätzung des Konkurrenz- und Kundenverhaltens zugrunde. – 3. *Arten:* a) *Strategische Absatzplanung*: Teil der strategischen Planung der strategischen Geschäftseinheiten; dient in Verbindung mit anderen Plänen, z.B. der Forschungs- und Entwicklungs-, Investitions-, Finanzierungs-, Personalentwicklungsplanung sowie der Planung der Ländermärkte und der → Markteintrittsstrategien und der Konzeption einer strategischen Unternehmungsplanung. – b) *Operative Absatzplanung*: in detaillierter Form. Absatzplanung sollte stets auf den Daten der → Erlösrechnung basieren, die u.a. Informationen über → Erlösschmälerungen (z.B. Skonti, Boni) und → Erlösverbundenheiten liefert.

II. Plankostenrechnung: Die vom Absatzmarkt her zu erwartende Beschäftigung als → Basisbeschäftigung.

Absatzpolitik → Marketingpolitik.

absatzpolitisches Instrumentarium → marketingpolitische Instrumente.

Absatzpotenzial – der mengenmäßige → Absatz, der unter günstigen Bedingungen erreicht werden kann. – Vgl. auch → Absatzvolumen, → Marktvolumen.

Absatzpreispolitik – Instrumente des Marketings, bes. des → Handelsmarketings; Ausdruck ihrer Bedeutung sind die Verbreitung preisaggressiver Betriebsformen sowie die starke Zunahme von Sonderangeboten und Dauerniedrigpreisprogrammen. – 1. *Charakterisierung:* Kalkulation des Verkaufspreises für jeden einzelnen Artikel, Festlegung des Preisniveaus für das gesamte Sortiment (→ Mischkalkulation), räumliche, quantitative und zeitliche Preisdifferenzierung (Rabatte, Zugaben, Mindermengenaufschläge bei → Kost-Plus-Systemen, Preisreduzierungen im Rahmen von Sonder- und Lockvogelangeboten oder Saisonschlussverkäufen) sowie die Grundsätze der Darstellung von Preisen (Preisoptik), z.B. Einzel-, Regalpreisauszeichnung, Ausweis von Vergleichspreisen, Größe und Farbe der Preisschilder, Form und Folge der Preisziffern (etwa bei gebrochenen Preisen), Einhaltung von Preisschwellen. – 2. *Absatzkonditionenpolitik:* Festlegung der Lieferungs- und Zahlungsbedingungen. Zeitpunkt und Rhythmus der Warenzustellung ist v.a. für den → Zustellgroßhandel ein Instrument mit hoher akquisitorischer Wirkung. Die Zahlungsbedingungen umfassen die Form der Zahlung (bar, Scheck, Kreditkarte, Rechnung und Überweisung, Bankeinzug, POS-Banking, Akkreditiv) und den Zeitpunkt der Fälligkeit von Zahlungen. Wegen der bes. Bedeutung der Kreditgewährung in manchen Handelsbranchen (z.B. im Landhandel, Produktionsverbindungshandel, Außenhandel) wird die Absatzfinanzierung oft als eigenständiges Instrument des Handelsmarketing angesehen.

Absatzprognose – empirisch gestützte Vorhersage (→ Prognose) des künftigen → Absatzes bzw. → Umsatzes eines bestimmten Produktes. Es gilt, die Entwicklung des Markt- und Absatzpotenzials (→ Marktpotenzial), des Markt- und Absatzvolumens (→ Marktvolumen) und des → Marktanteils zu ermitteln. – Vgl. auch → Absatzerwartungen. Vor der Markteinführung stützen sich Absatzprognosen v.a. auf Daten von Produkttests oder Testmärkten, auch simulierten Testmärkten, nach der Markteinführung v.a. auf die bisherige Entwicklung, wie sie sich in den eigenen Statistiken oder in Ergebnissen von Panels widerspiegelt.

Absatzprogramm – 1. *Begriff:* Summe der Güter und Dienstleistungen, die ein Unternehmen am Markt anbietet; im Handel wird von Sortiment gesprochen. – 2. *Merkmale:* Herstellende Unternehmen können neben eigenen auch fremde Produkte (Handelsprodukte) anbieten. Damit wird die Breite des Verkaufsprogramms (→ Programmbreite) erweitert. Die → Programmtiefe ist durch die Anzahl der Alternativen gekennzeichnet. Die Höhe des Programmniveaus, wird durch das Leistungs- und Preisniveau im Verhältnis zu Konkurrenzprodukten bestimmt.

Absatzquote – beim → Quotenkartell die den einzelnen Kartellmitgliedern zugeteilte Verkaufsmenge.

Absatzreichweite → Einzugsgebiet.

Absatzsegment → Marktsegment, → Marktsegmentierung, → Absatzsegmentrechnung.

Absatzsegmentanalyse → Absatzsegmentrechnung.

Absatzsegmentrechnung – *Absatzsegmentanalyse, Segmentrechnung, Vertriebskostenrechnung.* 1. *Begriff:* Kostenrechnerische Zuordnung der → Absatzeinzelkosten und → Absatzgemeinkosten auf einzelne Absatzsegmente (z.B. Abnehmergruppen, Absatzgebiete, Produkte oder Produktgruppen, Absatzkanäle). Methode zum Vergleich der Erfolge der Absatzsegmente, um undifferenziert erfasste und ausgewiesene Absatzkosten transparenter zu machen sowie deren Abhängigkeit und damit Beeinflussbarkeit aufzuzeigen (→ Erfolgsquellenanalyse). Eine der Grundlagen einer differenzierten → Marketingpolitik. – *Grundlegende Voraussetzung* der Absatzsegmentrechnung ist eine differenzierte Zurechenbarkeit möglichst vieler Vertriebskosten und Erlöse zu den Absatzsegmenten. Die erforderliche Mehrfachzuordnung von Absatzkosten (z.B. einer Ausgangsfracht zugleich zu dem ausgelieferten Produkt, dem belieferten Kunden, dem entsprechenden Absatzmarkt und dem angesprochenen Vertriebsweg) lässt sich am besten im Rahmen eines datenbankorientierten Aufbaus der Kosten- und Erlösrechnung realisieren, wie er heute von Standardsoftwaresystemen angeboten wird. – 2. *Grundformen:* a) *Absatzsegmentrechnung* *auf Vollkostenbasis:* Nettoerfolgsrechnung; Problem der Ermittlung von Schlüsselgrößen für die Verteilung der Gemeinkosten. – b) *Absatzsegmentrechnung auf Teilkostenbasis:* Meist als → Deckungsbeitragsrechnung; Problem der verminderten Aussagefähigkeit der Ergebnisse aufgrund eines zu großen Anteils der den Absatzsegmenten nicht direkt zurechenbaren Kosten. – 3. Weiterentwicklung zur *mehrstufigen bzw. mehrdimensionalen Absatzsegmentrechnung:* Mithilfe problemadäquater Bezugsgrößenhierarchien können mehrstufige und durch Kombination unterschiedlicher „Sichten" mehrdimensionale Absatzsegmentrechnungen vorgenommen werden, z.B. Kombination der regionalen Analyse mit einer Differenzierung nach Kundengruppen sowie nach Sortiments- und Auftragsgrößenstruktur.

Absatzstatistik – systematische, zahlenmäßige Erfassung der Markttätigkeit eines Unternehmens (→ betriebswirtschaftliche Statistik). Ausgestaltung der Absatzstatistik hängt u.a. ab von Differenziertheit des Marketings-, Planungs-, Steuerungs- und Kontrollsystems, Art der Marketingpolitk (z.B. differenzierte oder undifferenzierte Marktbearbeitung, direkter oder indirekter Vertrieb), Art der Produkte (z.B. standardisierte oder individualisierte Güter) und Struktur des Verkaufsprogramms. – *Erscheinungsformen:* Anfragen-, Angebots-, Auftragseingangs-, Umsatz-, Außendienst-, Reklamationsstatistiken etc.; gegliedert nach Kriterien der Absatzsegmente (→ Marktsegmentierung).

Absatzvolumen – Gesamtheit des in der Ermittlungsperiode getätigten → Absatzes (im Sinn von Absatzmenge) einer Unternehmung bzw. eines Teilausschnitts ihres Absatzprogramms (z.B. Produktgruppe). – Vgl. auch → Marktvolumen, → Marktpotenzial, → Absatzpotenzial.

Absatzweg – *Distributionsweg, Vertriebsweg, Marktkanal.* 1. *Begriff:* Weg einer Ware oder Dienstleistung über die Glieder der → Absatzkette von der Erzeugung (Urproduktion, Zwischenproduktion, Konsumgüterproduktion) bis hin zur Verwendung bzw. zum Verbrauch (Weiterverarbeiter, Konsum), d.h. Art und Umfang des Einschaltens von Absatzorganen (→ Absatzmittler, → Absatzhelfer) bei der akquisitorischen und physischen → Distribution von Sach- und Dienstleistungen vom Hersteller zum Endverbraucher. – 2. *Marketingentscheidung:* Die Entscheidung über den Absatzweg wird im Rahmen des Marketinginstruments → Absatzwegepolitik getroffen.a) *Struktur des Absatzwegs* (→ direkter Vertrieb, → indirekter Vertrieb) ist integraler Bestandteil der → Marketingkonzeption und mit den anderen Instrumenten der Marktgestaltung abzustimmen. – b) *Gestaltung des Absatzwegs* (→ Vertriebsorganisation) wird u.a. bestimmt von Art, Komplexität, Erklärungsbedürftigkeit und Wert der Produkte, Kundenstruktur, geografischer Verteilung der Kunden und Kundenverhalten, Konkurrenzintensität und Konkurrenzstrategien, Unternehmensgröße. – Vgl. auch → Absatzwegepolitik.

Absatzwegepolitik – Festlegung des → Absatzweges. – 1. Entscheidung über die *Zahl der Glieder* einer → Absatzkette: ein Hersteller liefert an den → Absatzmittler, dieser dann an die Konsumenten (→ indirekter Vertrieb); ein Hersteller liefert direkt an die Endverbraucher (→ direkter Vertrieb). – 2. Entscheidung über die *Kriterien,* unter denen ein Marktpartner beliefert wird (ubiquitärer, selektiver, segmentierender Absatz).

Absatzwirtschaft → Marketing.

absatzwirtschaftliche Nebenleistungen – in Form von → Pre-Sales-Service, → episodenbegleitende Dienstleistungen oder → After-Sales-Service eingesetzte Leistungen zur Verbesserung des → akquisitorischen Potenzials; sie werden ergänzend zu den Hauptleistungen (Verkaufsprogramm) angeboten. – Vgl. auch → Absatzleistung.

Abschichtungsbilanz – Bilanz zur Feststellung der Vermögenslage einer Personengesellschaft beim → Ausscheiden eines Gesellschafters. Stichtag für die Abschichtungsbilanz ist der Zeitpunkt des Ausscheidens; im Fall des → Ausschlusses durch → Ausschließungsklage der Tag der → Klageerhebung (§ 140 II HGB). Im Gegensatz zur jährlichen Bilanz ist die Abschichtungsbilanz eine → Vermögensbilanz und entspricht insofern der → Auseinandersetzungsbilanz. – Vgl. auch → Auseinandersetzungsguthaben.

Abschiebung – Ein Ausländer, der den erforderlichen Aufenthaltstitel nicht oder nicht mehr besitzt, ist zur Ausreise verpflichtet. Ist die Ausreisepflicht vollziehbar und kommt er ihr nicht freiwillig nach oder erscheint eine Überwachung der Ausreise aus Gründen der öffentlichen Sicherheit und Ordnung erforderlich, wird die Ausreisepflicht durch Abschiebung durchgesetzt (§ 58 Aufenthaltsgesetz). Eine Abschiebung darf nicht in einen Staat erfolgen, in dem politische Verfolgung oder Folter oder Todesstrafe droht (§ 60 Aufenthaltsgesetz). Eine vorübergehende Aussetzung der Abschiebung (Duldung) ist unter den Voraussetzungen von § 60a Aufenthaltsgesetz möglich.

ab Schiff → DES.

Abschlag – I. Form der Auktion: → Veiling.

II. Effektenmarkt: → Disagio.

III. Steuerrecht: 1. *Grundsätzliches:* Im Steuerrecht wird i.d.R., wenn Schätzungen für den Wert eines Wirtschaftsgutes notwendig werden, ein Abschlag vorgesehen, um den Unsicherheiten der Schätzung Rechnung zu tragen oder um Besonderheiten im Vergleich zu Vergleichsobjekten zu berücksichtigen. – 2. *Bewertung von Grundstücken und Betriebsgrundstücken für die Grundsteuer (Einheitswert):* a) Beim Sachwertverfahren (→ Sachwert) kann zur Ermittlung des → Gebäudewerts ein Abschlag für bauliche Mängel und Schäden vorgenommen werden. Die Höhe des Abschlags richtet sich dann nach Bedeutung und Ausmaß der Schäden (§ 87 BewG). – b) Bei der Bewertung des → Erbbaurechts wird ein Abschlag vorgenommen, wenn sich der Erbbauberechtigte verpflichtet hat, bei Beendigung des Erbbaurechts das Gebäude abzubrechen (§ 92 IV BewG). – c) Abschläge finden sich sowohl beim Ertragswertverfahren als auch beim Sachwertverfahren (vgl. §§ 82, 86 und 88 BewG). – 3. *Bewertung von Grundstücken für Zwecke der Erbschaftsteuer gemäß §§ 138 ff. BewG (Bedarfswertverfahren):* Bei unbebauten Grundstücken wird ein Abschlag von 20 Pozent von den Bodenrichtwerten vorgenommen (§ 145 III BewG). Bei bebauten Grundstücken wird dem Alter des Gebäudes durch einen Abschlag Rechnung getragen (0,5 Prozent pro Jahr, max. aber 25 Prozent, § 146 IV BewG). In Sonderfällen kann der Abschlag auf die Bodenrichtwerte 30 Prozent betragen (§ 147 II BewG). Bei der Bewertung land- und forstwirtschaftlichen Vermögens ist ein Abschlag von 15 Prozent vorgesehen für die mit der Hofstelle verbundene Betriebswohnung (§ 143 III BewG). – 4. *Bewertung des Betriebsvermögens für Zwecke der Erbschaftsteuer:* Üblicherweise wird die Höhe der Pensionsrückstellung aus dem Ertragsteuerrecht übernommen, jedoch ist das nicht möglich, wenn der Steuerpflichtige ertragsteuerlich nicht bilanziert. Dann muss die Rückstellung nach Bewertungsrecht berechnet werden.

Abschlagsdividende – Abschlagszahlung auf den Bilanzgewinn (→ Bilanzgewinn (-verlust)), Vorauszahlung auf die Jahresabschluss-Dividende, zulässig nur nach Ablauf des Geschäftsjahres. Der → Vorstand kann, falls die → Satzung ihn hierzu ermächtigt, aufgrund eines vorläufigen Abschlusses eine Abschlagsdividende bis zur Hälfte des vorjährigen Bilanzgewinns zahlen; die Abschlagsdividende darf die Hälfte des → Jahresüberschusses abzüglich der zu bildenden → Gewinnrücklagen nicht übersteigen (§ 59 AktG).

Abschlagsverteilung – I. Handelsrecht: Bei der → Abwicklung einer Handelsgesellschaft eine vorläufige Verteilung des entbehrlich werdenden Geld- und Sachvermögens (§ 155 II HGB). – *Nicht zur Abschlagsverteilung geeignet* ist: (1) Was zur Sicherung der den Gesellschaftern in der Schlussverteilung zukommenden Beträge erforderlich ist, oder (2) was zur Deckung von Verbindlichkeiten benötigt wird.

II. Insolvenzrecht: Im Insolvenzverfahren vorgesehene Ausschüttung einer Quote aus der → Insolvenzmasse an die → Insolvenzgläubiger (§§ 187–206 InsO) mit dem Zweck, die Gläubiger nicht bis Abschluss der Verwertung der Insolvenzmasse (→ Schlussverteilung) warten zu lassen. Abschlagsverteilung ist zulässig nach Abhaltung des allg. Prüfungstermins, sofern ausreichende Masse vorhanden ist. Erforderlich ist die Zustimmung des → Gläubigerausschusses (falls vorhanden), nicht des Insolvenzgerichts. – *Durchführung* der Abschlagsverteilung durch den → Insolvenzverwalter, der auch die Höhe der auszuschüttenden Quote bestimmt, jedoch gibt es gegen ihn keinen erzwingbaren Anspruch auf Abschlagsverteilung Unterlässt der Insolvenzverwalter die Abschlagsverteilung pflichtwidrig, kann das Insolvenzgericht einschreiten (§ 58 InsO).

Abschlagszahlung – 1. *Bürgerliches und Handelsrecht:* → Teilzahlung. – 2. *Abschlagszahlung auf den Bilanzgewinn:* → Abschlagsdividende.

Abschluss – I. Bürgerliches Gesetzbuch: Zustandekommen eines → Vertrags.

II. Handelsrecht: Bezeichnung für den nach § 242 HGB mind. einmal jährlich erforderlichen Abschluss der Bücher und Konten mit den Zielen der Ermittlung des Geschäftserfolgs und der Darstellung der Vermögens- und Schuldensituation. – 1. *Voraussetzung:* → Inventur. – 2. *Vorgang* bei der doppelten Buchführung: Die Salden der Aktivkonten werden in ein Sammelkonto (Schlussbilanzkonto) übernommen: Bilanzkonto an Aktivkonten. Die Passivkonten (zunächst ohne Eigenkapitalkonto) erscheinen im Haben des Bilanzkontos: Passiva an Bilanzkonto. Der im Bilanzkonto entstehende *Saldo* (Differenzbetrag) ist das Eigenkapital. Es entspricht dem Saldo des Eigenkapitalkontos nach Abschluss des Gewinn- und Verlustkontos und des Privatkontos: a) Die *Aufwands- und Ertragskonten* werden über das Gewinn- und Verlustkonto abgeschlossen, dessen *Saldo* (Gewinn oder Verlust) auf das Eigenkapitalkonto übertragen wird: Ertragskonten an Gewinn- und Verlustkonto. Gewinn- und Verlustkonto an Aufwandskonten. Gewinn- und Verlustkonto an Eigenkapitalkonto (bei Verlust umgekehrt). – b) *Einlagen und Entnahmen* auf Privatkonten werden unmittelbar mit dem Eigenkapitalkonto abgeschlossen: Eigenkapitalkonto an Privatkonto (Entnahmesaldo, Einlagensaldo umgekehrt). – c) Der Abschluss wird durch eine → Hauptabschlussübersicht (HAÜ) erleichtert, in dem in bes. Spalten die Kontensummen und die Kontensalden (einschließlich Aufwendungen und Erträgen) nebeneinander stehen. Sind die Spalten am Schluss aller Eintragungen nicht ausgeglichen, so sind im Abschluss Fehler enthalten, die vor Eintragung der Buchungen ins → Hauptbuch geklärt werden müssen. – Vgl. auch → Bilanz, → Gewinn- und Verlustrechnung (GuV), → Jahresabschluss.

Abschlussagent → Handelsvertreter, bes. → Versicherungsvertreter, der nicht nur Verträge vermittelt, sondern auch abschließt (§ 84 HGB, § 164 I BGB).

Abschlussbilanz → Jahresabschluss, → Bilanz.

Abschlussbogen → Hauptabschlussübersicht (HAÜ).

Abschlussgeschäft – Form des → Fremdgeschäfts im Handel: gegenüber einem Lieferanten verpflichtet sich ein → Einkaufskontor des → Großhandels oder die Zentrale einer kooperativen Gruppe (→ kooperative Gruppen des Handels), innerhalb einer festgelegten Frist eine bestimmte Warenmenge abzunehmen. Beim Abschlussgeschäft ist das Aushandeln hoher → Mengenrabatte und sonstiger Konditionen möglich (→ Zentralregulierungsgeschäft). Bleiben die

Bestellungen der Mitglieder im Planungszeitraum unter der abgeschlossenen Menge, so übernimmt das Einkaufskontor oder die Zentrale die Restmenge auf eigene Rechnung. Aus dem Fremdgeschäft wird dann für die Restmenge ein → Eigengeschäft.

Abschlussgliederungsprinzip – auch *Bilanzgliederungsprinzip;* Aufbau des → Kontenrahmens nach den Gliederungsvorschriften des § 266 HGB (Bilanz) bzw. § 275 HGB (Gewinn- und Verlustrechnung). Nach dem Abschlussgliederungsprinzip ist z.B. der → Industrie-Kontenrahmen (IKR) aufgebaut: in den Kontenklassen 0–4 die auf das Bilanzkonto zu übertragenden Bestandskonten, in den Kontenklassen 5–7 die auf das Gewinn- und Verlustkonto zu überführenden Ertrags- und Aufwandskonten, Kontenklasse 8 für den Abschluss. – *Anders:* → Prozessgliederungsprinzip.

Abschlussnormen – normative Bestimmungen im Tarifvertrag über den Abschluss von Arbeitsverträgen, z.B. Formvorschriften, Abschlussgebote als Wiedereinstellungsklauseln nach Arbeitskampf (§ 1 TVG). – Vgl. auch → Tarifvertrag.

Abschlussprovision → Provision.

Abschlussprüfer – 1. *Begriff:* → Prüfer, die Prüfungen von Jahresabschlüssen von Unternehmungen und Konzernen (→ Jahresabschlussprüfung, → Konzernabschlussprüfung) vornehmen (§ 316 I, II HGB). Die Prüfungen selbst werden von natürlichen Personen durchgeführt; als Abschlussprüfer werden auch Personenmehrheiten beauftragt. – 2. *Berufsqualifikation:* Abschlussprüfungen auf freiwilliger Basis können an beliebige Abschlussprüfer vergeben werden. Bei *gesetzlich vorgeschriebenen Abschlussprüfungen* ist dagegen festgelegt, wer Abschlussprüfer sein kann: Prinzipiell sind Jahresabschlussprüfungen für Unternehmungen und Konzernabschlussprüfungen → Wirtschaftsprüfern (WP) und → Wirtschaftsprüfungsgesellschaften vorbehalten (Vorbehaltsaufgaben); aufgrund von Sonderbestimmungen können bestimmte Organisationen, bes. → Prüfungsverbände, Abschlussprüfungen vornehmen (v.a. bei Genossenschaften; §§ 53 ff. GenG); die Prüfung darf bei Sparkassen von den → Prüfungsstellen der Sparkassen- und Giroverbände durchgeführt werden. → Vereidigte Buchprüfer und → Buchprüfungsgesellschaften können nach § 319 I HGB ebenfalls Abschlussprüfer im Rahmen einer Pflichtprüfung sein, jedoch nur für mittelgroße GmbHs (§ 267 II HGB) oder für mittelgroße → Personenhandelsgesellschaften, bei denen kein persönlich haftender Gesellschafter eine natürliche Person ist (§ 264a IHGB). – 3. *Bestellung und Abberufung des Abschlussprüfers nach § 318 HGB:* Die Gesellschafter einer Unternehmung wählen den Prüfer des Jahresabschlusses, die Gesellschafter des Mutterunternehmens den Abschlussprüfer des Konzernabschlusses. – *Ausnahme:* Der Gesellschaftsvertrag bestimmt bei GmbH, OHG und KG im Sinn des 264a I HGB etwas anderes. – Wird kein anderer Konzernabschlussprüfer bestellt, gilt der Jahresabschlussprüfer des Mutterunternehmens als bestellt. Gesetzliche Vertreter müssen den *Prüfungsauftrag* unverzüglich nach der Wahl erteilen. Das Gericht hat auf Antrag nach Anhörung der Beteiligten und des gewählten Prüfers einen anderen Abschlussprüfer zu bestellen, wenn dies aus Gründen, die in der Person des gewählten Prüfers liegen, geboten erscheint; Kreis der möglichen Antragsteller nach § 318 III HGB. *Kündigung* des Prüfungsauftrags von dem Abschlussprüfer nur aus wichtigem Grund und mit schriftlicher Begründung. – *Sonderregelung für Versicherungsunternehmungen* (§ 58 VAG): Abschlussprüfer werden vor Ablauf des Geschäftsjahres vom Aufsichtsrat bestimmt. – 4. *Ausschlussgründe:* Die gesetzlich beschriebenen Ausschlussgründe betreffen die *Unabhängigkeit des Abschlussprüfer* § 319 II, III HGB sieht eine detaillierte Regelung vor; sie hat zum großen Teil im Berufsrecht für Wirtschaftsprüfer vorgesehene Regelungen zum Inhalt. Die Ausschlussgründe gelten auch für Konzernabschlussprüfer (§ 319 IV HGB). – a) *Arten von Ausschlussgründen:* (1) Direkte oder indirekte Verflechtung zwischen Abschlussprüfer und zu prüfender Gesellschaft; (2) Mitwirkung des Abschlussprüfers an den zu prüfenden Unterlagen; (3) Finanzielle Abhängigkeit des Abschlussprüfers von der zu prüfenden Gesellschaft; (4) Fehlende Qualitätskontrolle (§ 57 a WPO; vgl. → externe Qualitätskontrolle); (5) Bes. Ausschlussgründe bei Unternehmen von öffentlichem Interesse (§ 319a HGB). Die Ausschließungsgründe gelten sowohl für Einzelprüfer als auch für Prüfungsgesellschaften. – b) Einzelne *Ausschlussgründe für natürliche Personen* (Wirtschaftsprüfer, vereidigte Buchprüfer) nach § 319 II HGB: Eine natürliche Person darf nicht Abschlussprüfer sein, wenn sie oder eine Person, mit der sie ihren Beruf gemeinsam ausübt, (1) Anteile an der zu prüfenden Gesellschaft besitzt; (2) gesetzlicher Vertreter, Mitglied des Aufsichtsrats oder Arbeitnehmer der zu prüfenden Gesellschaft ist oder in den letzten drei Jahren war; (3) gesetzlicher Vertreter oder Mitglied des Aufsichtsrats einer juristischen Person, Gesellschafter einer Personengesellschaft oder Inhaber eines Unternehmens ist, soweit das jeweilige Gremium mit der zu prüfenden Gesellschaft verbunden ist oder mehr als 20 Prozent der Anteile besitzt; (4) Arbeitnehmer eines Unternehmens ist, das mit der zu prüfenden Gesellschaft verbunden ist bzw. mehr als 20 Prozent der Anteile besitzt oder Arbeitnehmer einer natürlichen Person ist, die an der zu prüfenden Gesellschaft zu mehr als 20 Prozent beteiligt ist; (5) bei der Führung der Bücher oder der Erstellung des Jahresabschlusses selbst mitgewirkt hat; (6) bestimmte Bindungen (gesetzlicher Vertreter, Arbeitnehmer, Mitglied des Aufsichtsrats, Gesellschafter, Inhaber) an eine natürliche oder juristische Person, Personengesellschaft oder Einzelunternehmung hat, die bei der Führung der Bücher und der Erstellung des Jahresabschlusses selbst über die Prüfungstätigkeit hinaus mitwirkte; (7) bei der Prüfung eine Person beschäftigt, die selbst nicht Abschlussprüfer sein darf; (8) in den vergangenen fünf Jahren jeweils mehr als 30 Prozent der Gesamteinnahmen aus seiner beruflichen Tätigkeit aus der Prüfung und Beratung der zu prüfenden Gesellschaft und von Unternehmen, an denen die zu prüfende Gesellschaft mit mehr als 20 Prozent beteiligt ist, bezogen hat und dies auch im laufenden Geschäftsjahr zu erwarten ist (Ausnahmen in Härtefällen möglich). – Eine natürliche Person darf ferner nicht Abschlussprüfer sein, wenn sie (9) keine wirksame Bescheinigung über die Teilnahme an der Qualitätskontrolle besitzt und ihr zugleich keine Ausnahmegenehmigung von der → Wirtschaftsprüferkammer (WPK) erteilt wurde. – c) Einzelne *Ausschlussgründe für Prüfungsgesellschaften* (Wirtschaftsprüfungsgesellschaften, Buchprüfungsgesellschaften): Eine Prüfungsgesellschaft darf nach § 319 III HGB nicht Abschlussprüfer sein, wenn (1) sie Anteile an der zu prüfenden Gesellschaft besitzt oder mit dieser verbunden ist oder wenn ein mit ihr verbundenes Unternehmen an der zu prüfenden Gesellschaft mehr als 20 Prozent der Anteile besitzt oder mit ihr verbunden ist; (2) sie in Anwendung der relevanten Vorschriften zu den Ausschlussgründen (5) bis (8) für Einzelprüfer nicht Abschlussprüfer sein darf; (3) ein Gesellschafter oder gesetzlicher Vertreter einer Wirtschaftsprüfungsgesellschaft oder Buchprüfungsgesellschaft als juristische Person 50 Prozent oder mehr der den Gesellschaftern zustehenden Stimmrechte besitzt, der nicht Abschlussprüfer sein darf, oder ein Gesellschafter analog zu den Ausschlussgründen für Einzelprüfer (Gründe (1) bis (4)) nicht Abschlussprüfer sein darf; (4) einer der gesetzlichen Vertreter oder Gesellschafter analog zu den Ausschlussgründen für Einzelprüfer (Gründe (5) und (6)) nicht Abschlussprüfer sein darf; (5) ein Aufsichtsratsmitglied analog zu den Ausschlussgründen für Einzelprüfer (Gründe (2) und (5)) nicht Abschlussprüfer sein darf; (6) sie bei der Prüfung einer AG, deren Aktien zum amtlichen Markt zugelassen sind, einen Wirtschaftsprüfer beschäftigt, der in den vorhergehenden zehn Jahren in mehr als sechs Fällen den → Bestätigungsvermerk über die Prüfung der Jahres- oder Konzernabschlüsse der Gesellschaft gezeichnet hat; (7) sie keine wirksame Bescheinigung über die Teilnahme an der Qualitätskontrolle analog zu den Ausschlussgründen für Einzelprüfer (Grund (9)) besitzt und ihr keine Ausnahmegenehmigung von der Wirtschaftsprüferkammer erteilt wurde. – 5. *Entwicklungen:* Zur Schaffung europaweit einheitlicher Anforderungen hat die Europäische Kommission im Mai 2002 Grundprinzipien zur Unabhängigkeit gesetzlicher Abschlussprüfer veröffentlicht (Empfehlung der Kommission vom 16.5.2002, Unabhängigkeit des Abschlussprüfers in der EU, Grundprinzipien (ABl. EG Nr. L 191/2002, S. 22). Den Mitgliedsstaaten der EU wird nahegelegt, ihre nationalen Regelungen auf der Grundlage der ausgesprochenen Empfehlungen zu überprüfen und ggf. anzupassen. Auf internationaler Ebene hat die Securities and Exchange Commission im Januar 2003 neue Regelungen zur Unabhängigkeit des Abschlussprüfers in den USA unter dem Titel „Final Rule: Strengthening the Commission's Requirements Regarding Auditor Independence" veröffentlicht. Am 29.6.2006 hat die EU mit der Richtlinie 2006/43/EG neue Regelungen für die Arbeit von Wirtschaftsprüfern eingeführt. Hierdurch soll insbesondere die Unabhängigkeit der Kontrollorgane gewährleistet sein.

Abschlussprüferaufsichtskommission (APAK) – Mit Begründung der APAK im Jahr 2004 wurde die Berufsaufsicht über die → Wirtschaftsprüfer (WP) wesentlich erweitert. Als neuer Bestandteil wurde die APAK in das Aufsichtssystem eingefügt. Die Mitglieder dieser nicht rechtsfähigen Gemeinschaft natürlicher Personen (zz. zehn) werden vom Bundesministerium für Wirtschaft und Technologie (BMWi) für die Zeit von vier Jahre ernannt. Der APAK obliegt die Fachaufsicht über die → Wirtschaftsprüferkammer (WPK). Sie verfügt gegenüber der WPK über ein Weisungsrecht in den Kernbereichen der berufsständischen Selbstverwaltung. Hinsichtlich der Prüfung einschließlich Eignungsprüfung, der Bestellung, Anerkennung und des Widerrufs der Registrierung, der Berufsaufsicht und Qualitätskontrolle sowie des Erlasses von Regelungen zur Berufsausübung (Berufssatzung für Wirtschaftsprüfer/vereidigte Buchprüfer) beurteilt die APAK, ob die WPK ihre Aufgaben geeignet, angemessen und verhältnismäßig erfüllt. – Zur Erfüllung ihrer Aufgaben hat die APAK die Ausschüsse „Berufsaufsicht" und „Qualitätskontrolle" gebildet. Sie verfügt über ein eigenes Sekretariat und greift auf die Geschäftsstelle der WPK mit ihren ca. 130 Mitarbeitern zu. Finanziert wird die Arbeit der APAK über den Haushalt der WPK. Für ihre inländischen Aktivitäten liegen die Aufwendungen bei ca. 600.000 Euro im Jahr. – In ihrer praktischen Arbeit ist die APAK eng in die Tätigkeiten der WPK eingebunden. So werden ihr alle aufsichtsrelevanten Vorgänge vor Bekanntgabe der Entscheidung vorgelegt. Das Verfahren der anlassunabhängigen Sonderuntersuchungen (§ 62b I WPO) wurde von ihr maßgeblich mit gestaltet. Durch die Teilnahme an Sitzungen der Kommission für Qualitätskontrolle und Schlussbesprechungen im Rahmen der Qualitätskontrolle überwacht sie diese Teilaufgabe der WPK. Ein jährlich veröffentlichter Bericht dokumentiert Art und Umfang ihrer Kontrollaktivitäten.

Abschlussprüfung → Jahresabschlussprüfung, → Ausbildungsabschlussprüfung.

Abschlusstabelle → Hauptabschlussübersicht (HAÜ).

Abschlussübersicht → Hauptabschlussübersicht (HAÜ).

Abschlussverfahren – dient im Wettbewerbsrecht (unlauterer Wettbewerb) und → gewerblichen Rechtsschutz dazu, → einstweilige Verfügungen bestandskräftig wie Hauptsachetitel zu machen. Mit

Abschlussschreiben (schützt vor den Kostenfolgen des sofortigen Anerkenntnisses, § 93 ZPO) wird der Schuldner unter Fristsetzung und Klageandrohung zur Abschlusserklärung aufgefordert, die auch unaufgefordert abgegeben werden kann (Zugang beim Gläubiger ist notwendig, Annahme nicht) und einer späteren Klage zur Hauptsache das Rechtsschutzinteresse nimmt.

Abschlussvertreter → Handelsvertreter, der Verträge, v.a. Kaufverträge, aufgrund bes. Abschlussvollmacht im fremden Namen und für Rechnung seines Auftraggebers verbindlich abschließt. – Oft verfügen Abschlussvertreter über ein → Auslieferungslager, aus dem die Kunden unmittelbar beliefert werden können. – Bestimmungen in Allgemeinen Geschäftsbedingungen sind unwirksam, durch die der Verwender einem Abschlussvertreter, der den Vertrag für den anderen Vertragsteil abschließt, ohne hierauf gerichtete ausdrückliche und gesonderte Erklärung eine eigene Haftung oder im Fall vollmachtloser Vertretung eine über § 179 BGB hinausgehende Haftung auferlegt (§ 309 Nr. 11 BGB). – *Anders:* → Vermittlungsvertreter.

Abschlussvollmacht → Abschlussvertreter.

Abschlussvorschriften – Vorschriften des HGB über die Bücher von Kaufleuten. – 1. *Personengesellschaften und Einzelkaufleute:* Abschlussvorschriften sind geregelt durch die Vorschriften für alle Kaufleute in den §§ 238–263 HGB. – 2. *Kapitalgesellschaften:* ergänzende Abschlussvorschriften (§§ 264 ff. HGB), die bes. die → Bilanzgliederung, die Gliederung der → Gewinn- und Verlustrechnung (GuV), die Bewertung und die Berichtspflichten betreffen. – Vgl. auch → Grundsätze ordnungsmäßiger Buchführung (GoB).

Abschlusszahlung – 1. *Begriff:* Unterschiedsbetrag zwischen der bei der Veranlagung festgesetzten Steuerschuld und den schon entrichteten Vorauszahlungen und den ggf. durch Steuerabzug einbehaltenen Beträgen. – 2. *Entrichtung:* a) Soweit der Unterschiedsbetrag den im Veranlagungszeitraum (bei der Gewerbesteuer: Erhebungszeitraum) fällig gewordenen, aber noch nicht geleisteten Vorauszahlungen entspricht, ist die Abschlusszahlung sofort fällig. – b) Im Übrigen innerhalb eines Monats nach Bekanntgabe des Steuerbescheids (§ 36 IV EStG, § 31 I KStG, § 20 II GewStG). – c) Bei der Umsatzsteuer gilt für die Entrichtung der Abschlusszahlung ebenfalls eine Ein-Monats-Frist. Ergibt sich eine Abschlusszahlung dadurch, dass der Unternehmer die zu entrichtende Jahressteuer abweichend von der Summe der Vorauszahlungen berechnet, so ist diese Abschlusszahlung einen Monat nach Eingang der Jahressteueranmeldung fällig; wird die zu entrichtende Jahresumsatzsteuer dagegen vom Finanzamt abweichend festgesetzt, so berechnet sich die Monatsfrist nach der Bekanntgabe des Steuerbescheids (§ 18 IV UStG).

Abschlusszeitpunkt – Stichtag, zu dem der → Abschluss der → Buchführung vorgenommen wird (→ Bilanzstichtag).

Abschlusszwang → Kontrahierungszwang.

Abschnittsbesteuerung – Prinzip, dass man bei der Besteuerung (aus rein praktischen Gründen) nicht die Leistungsfähigkeit eines Menschen über seine gesamte Lebenszeit (oder bei der eines Unternehmens über sein gesamtes Bestehen, die sog. „Totalperiode") zugrunde legen kann, sondern zeitliche Abschnitte (i.d.R. ein Kalenderjahr) bilden muss. Konsequente Anwendung des Prinzips der Abschnittsbesteuerung verlangt, dass jeder zeitliche Abschnitt auch nur für sich allein beurteilt werden darf und Umstände, die vor oder nach dem betreffenden Zeitabschnitt eingetreten sind, für die Beurteilung der Leistungsfähigkeit in diesem Zeitabschnitt auch keine Rolle spielen sollten (Grundsatz der Gleichbehandlung). Sofern das Prinzip der Abschnittsbesteuerung aus anderen Motiven durchbrochen wird, bedarf es einer gesetzlichen Sonderregelung (z.B. → Verlustvortrag). – Klassischer Anwendungsbereich für die Abschnittsbesteuerung ist die Besteuerung der Erträge (→ Einkommensteuer, → Körperschaftsteuer, → Gewerbesteuer).

Abschnittsschlussverkäufe – nannte man früher vom Verbot der → Sonderveranstaltungen ausgenommene Winter- und Sommerschlussverkäufe sowie Jubiläumsverkäufe. Schlussverkäufe begannen am letzten Montag im Januar und Juli und waren auf zwölf Werktage begrenzt. Trotz des Wegfalls des Verbots der Sonderveranstaltungen sind Abschnittsschlussverkäufe bei den Händlern nach wie vor beliebt, weil von ihnen eine bes. Werbewirkung ausgeht. Der Verkehr erwartet von Abschnittsschlussverkäufen stets bes. Kaufvorteile. Werden sie nicht gewährt, liegt auch nach neuem Recht → irreführende Werbung (§ 5, 5 a UWG) vor. Abgesehen von dem Verbot irreführender Werbung steht es dem Händler frei, Abschnittsschlussverkäufe oder andere Sonderveranstaltungen nach Belieben durchzuführen.

Abschöpfung – 1. *Begriff:* Frühere Abgabe im Rahmen der EU-Agrarpolitik. – 2. *Rechtliche Regelungen:* a) Europarechtlich war sie geregelt durch den Vertrag zur Gründung der Europäischen Wirtschaftsgemeinschaft und das Gesetz zu den Verträgen vom 25.3.1957 zur Gründung der Europäischen Wirtschaftsgemeinschaft und der Europäischen Atomgemeinschaft (BGBl. 1957 II 753) – jeweils geändert und ergänzt durch die weiteren Beitritte zur Europäischen Gemeinschaft. – b) In zahlreichen Verordnungen wurden seinerzeit verschiedene Arten der Abschöpfung für u.a. folgende Produkte geregelt: Getreide, Rindfleisch, Schweinefleisch, Zucker sowie bestimmte, aus landwirtschaftlichen Erzeugnissen hergestellte Waren. – c) Die nationale Durchführung war v.a. geregelt im Gesetz zur Durchführung der gemeinsamen Marktordnung (MOG) vom 31.8.1972 (BGBl.

I 1617) m.spät.Änd. – 3. *Ziele:* a) Bei der *Einfuhr* von Marktordnungswaren in die EG zum Ausgleich des Unterschieds zwischen den (niedrigen) Preisen der Erzeugnisse auf dem Weltmarkt und den (höheren) Preisen der EG, um die innergemeinschaftlichen (höheren) Preise auf dem Agrarmarkt zu halten und sie vor Schwankungen der Weltmarktpreise zu schützen. – b) Bei der *Ausfuhr* für solche Agrarwaren, deren Weltmarktpreis über dem EG-Preisniveau lag, um Unterversorgung infolge attraktiver Exportverhältnisse zu verhindern. – 4. *Höhe* der Abschöpfung wurde von der EG-Kommission für eine bestimmte Gültigkeitsperiode festgesetzt. – 5. *Agrarzölle:* Heute werden stattdessen Einfuhrzölle und/oder zumeist nur saisonale Ausfuhrzölle erhoben. – Vgl. auch → Agrarmarktordnung, → Agrarpolitik, → Ausfuhrabgaben, Außenprotektion.

Abschöpfungspreispolitik – *Marktabschöpfungspolitik, Skimming Pricing;* zeitliche Preisdifferenzierung mit anfänglich hohen Preisen bei Einführung eines neuen Produktes und später sukzessiv verringerten Preisen. – *Gegensatz:* Penetrationspreispolitik.

Abschöpfungsstrategie – Strategie im Rahmen des Portfolio-Managements von Geschäftseinheiten. Eine Abschöpfungsstrategie wird für Geschäftseinheiten empfohlen, die auf einem Markt mit geringer Attraktivität tätig sind, auf dem die Unternehmung allerdings noch einen Gewinn erwirtschaftet. Die Geschäftseinheit wird somit als → Cash Cow verwendet und finanziert durch ihren positiven → Cashflow andere Geschäftseinheiten des Unternehmens, die sich in der Einführungs- bzw. Wachstumsphase befinden und auf finanzielle Mittel angewiesen sind. Bei zunehmend schlechter werdenden Marktbedingungen bzw. Verlust eines relativen Wettbewerbsvorteils empfiehlt sich u.U. eine → Desinvestitionsstrategie. Die Abschöpfungsstrategie ist mit der Gefahr verbunden, dass aufgrund des hohen Preises und Stückgewinns die Konkurrenz angelockt wird. – *Gegensatz:* Penetrationsstrategie (→ Penetration).

Abschreibung – I. Begriff: 1. *Abschreibung i.e.S.:* Betrag bzw. Methode zur Ermittlung des Betrages, der bei Gegenständen des → Anlagevermögens die im Laufe der Nutzungsdauer durch Nutzung eingetretenen Wertminderungen an den einzelnen Vermögensgegenständen erfassen soll und der dementsprechend in der → Gewinn- und Verlustrechnung (GuV) als *Aufwand* (bzw. in der Kostenrechnung als Kosten) angesetzt wird. Die Abschreibungsfähigkeit bezog sich im ursprünglichen Sinn nur auf *abnutzbare Gegenstände des Anlagevermögens,* die sowohl materieller wie immaterieller Art (z.B. Lizenzen, Patente, Konzessionen) sein können. Die aktivierten Anschaffungs- oder Herstellungskosten (nach dt. Recht) werden entsprechend der *voraussichtlichen betrieblichen Nutzungsdauer* jedes Jahr um einen bestimmten Teilbetrag zur Erfassung des in der Rechnungsperiode an dem einzelnen Vermögensgegenstand eingetretenen Werteverzehrs gekürzt. – 2. *Abschreibung i.w.S.:* Von Abschreibung wird heute auch dann gesprochen, wenn die unterschiedlichen, vorgeschriebenen oder möglichen Verfahren zur Abwertung (einschließlich Bewertungskorrekturen) von Vermögensgegenständen des Anlage- und Umlaufvermögens (vgl. § 253 HGB) sowie von → Bilanzierungshilfen gemeint sind. Mit Abschreibung i.w.S. wird nicht nur der betrieblich bedingte Leistungsverzehr während einer Rechnungsperiode an einem Vermögensgegenstand des Anlagevermögens erfasst, sondern auch die sich aus sonstigen Abwertungsgeboten und Abwertungswahlrechten ergebenden Wertminderungen. – 3. *Volkswirtschaftliche Gesamtrechnung (VGR):* Wertminderung des Anlagevermögens während einer Periode durch normalen Verschleiß und wirtschaftliches Veralten. Abgeschrieben wird linear zu Wiederbeschaffungspreisen.

II. Abschreibungsursachen (Abschreibungsgründe): 1. *Technische Ursachen* können in gewöhnlichem Verschleiß (Gebrauchs- oder Ruheverschleiß, Abbau) oder in außergewöhnlichem Verschleiß (Katastrophenverschleiß) liegen. – 2. Als *wirtschaftliche Ursachen* kommen infrage Nachfrageverschiebungen und Fehlinvestitionen (in beiden Fällen ist der technisch noch vorhandene Leistungsvorrat der Anlage wirtschaftlich nicht mehr voll verwertbar) sowie Ineffizienz (bedingt durch gesunkene Wiederbeschaffungskosten, technischen Fortschritt oder Umsatzrückgang der mit der Anlage erstellten Leistungen infolge Modeänderungen). – 3. *Rechtliche Ursachen* können auf der Entwertung durch gesetzgeberische Maßnahmen, auf dem zeitlichen Ablauf von Verträgen (Miet-, Pacht-, Leasing-, Franchisevertrag) oder Schutzrechten (Konzessionen, Patente, Lizenzen, Musterschutz) beruhen.

III. Abschreibungsarten: 1. *Bilanzielle Abschreibung:* a) *Handelsrecht:* (1) *Planmäßige Abschreibungen:* Planmäßige, d.h. im Voraus festgelegte Abschreibungen sind grundsätzlich für abnutzbare Anlagevermögensgegenstände festzulegen (ausnahmsweise Vereinfachungen: Z.B. → geringwertige Wirtschaftsgüter, Festbewertung (→ Festwert), → Gruppenbewertung; i.w.S. sind auch die Abschreibungen auf → Bilanzierungshilfen planmäßige Abschreibungen). Es ist gemäß § 253 III HGB ein Abschreibungsplan zu erstellen, der die Anschaffungs- oder Herstellungskosten je Vermögensgegenstand – evtl. vermindert um einen Resterlös – als Bemessungsgrundlage der Abschreibung, die voraussichtliche Nutzungsdauer (zugleich Verteilungszeitraum für die Anschaffungs- oder Herstellungskosten) und die Abschreibungsmethode (Verteilungsverfahren) bestimmt. Änderungen des Abschreibungsplans sind Ausnahmen vom Grundsatz der Bewertungsstetigkeit (§ 252 I Nr. 6 HGB) und nur begründet zulässig (→ Bewertung). (2) *Außerplanmäßige Abschreibungen:* Sie sind unter den im HGB genannten Voraussetzungen bei allen Vermögensgegenständen möglich oder geboten (§ 253 III, IV HGB) (vgl. auch → Niederstwertprinzip).

Abschreibung – Tabelle 1

Jahr	1	2	3	4	5	6	Summe
r	6/21	5/21	4/21	3/21	2/21	1/21	21/21
R_j	60.000	50.000	40.000	30.000	20.000	10.000	210.000
Rest	150.000	100.000	60.000	30.000	30.000	0	–
Buchwert	155.000	105.000	65.000	35.000	15.000	5.000	–

Fallen die Gründe für eine außerplanmäßige Abschreibung weg, so gilt sowohl für Nichtkapitalgesellschaften als auch für Kapitalgesellschaften das → Wertaufholungsgebot (253 V HGB – Ausnahme: entgeltlich erworbener Geschäfts- oder Firmenwert). – b) *Steuerrecht:* Unter Abschreibung subsumiert das Steuerrecht sechs Unterarten: → Absetzung für Abnutzung (AfA) und → Absetzung für außergewöhnliche technische oder wirtschaftliche Abnutzung (AfaA), → Absetzung für Substanzverringerung (AfS), → erhöhte Absetzungen, Sofortabschreibung für → geringwertige Wirtschaftsgüter, → Sonderabschreibungen und → Teilwertabschreibungen. – 2. *Kalkulatorische Abschreibungen:* Abschreibungsart der Kostenrechnung, wobei entsprechend dem Ziel der Substanzerhaltung des Unternehmens i.d.R. die Wiederbeschaffungskosten des Bewertungsstichtags als Bemessungsgrundlage dienen. Aufgrund steigender oder sinkender Wiederbeschaffungskosten stimmen die „Gesamtabschreibung" in der Bilanz und in der Kostenrechnung nicht überein. – Vgl. auch → kalkulatorische Abschreibung.

IV. Abschreibungsmethoden: 1. *Lineare Abschreibung:* Die lineare Abschreibung verteilt die Anschaffungs- bzw. Herstellungskosten (AHK) ggf. abzüglich Resterlös (RE) gleichmäßig auf die voraussichtlichen Nutzungsjahre (n). Die Abschreibungsrate (R) ergibt sich wie folgt:

$$R = \frac{AHK - RE}{n}$$

$$= \frac{215.000\ Euro - 5.000\ Euro}{6}$$

$$= 35.000\ \text{Euro/Jahr}$$

2. → Degressive Abschreibung: Die degressive Abschreibung verteilt die entsprechenden Beträge in fallenden Raten; dabei ist entweder die Differenz der Abschreibungsraten (arithmetisch degressive Abschreibung) oder der Abschreibungsprozentsatz (geometrisch degressive Abschreibung) konstant. – a) *Arithmetisch degressive Abschreibung:* Ist der Differenzbetrag der Abschreibungsraten mit der Abschreibungsrate im letzten Jahr identisch, so wird diese Abschreibung auch als digitale Abschreibung bezeichnet. Es ist zunächst die Summe (Sn) der Nutzungsjahre mithilfe der Summenformel für die arithmetische Reihe zu bilden (a = Anfangsglied der Reihe, e = Endglied der Reihe): Sn = (n / 2) · (a + e) = (6 / 2) · (1 + 6) = 21.

Die Abschreibungsraten, der Abschreibungsfaktor

$$r = \frac{n + 1 - j}{S_n}$$

und der Buchwert (BW) in den einzelnen Jahren werden in Tabelle 1 dargestellt.

Die Abschreibungsrate (R) in Euro beträgt dann für ein beliebiges Jahr j (z.B. das 4.) der Nutzungsdauer

$$R_j = (AHK - RE) \cdot \frac{n + 1 - j}{S_n}$$

$$= (215.000 - 5.000) \cdot \frac{(6 + 1 - 4)}{21}$$

$$= 30.000\ Euro$$

Der Buchwert am Ende eines beliebigen Jahres (z.B. des 5.) beträgt dann

$$BW_j = \frac{AHK - RE}{S_n} \cdot \frac{(n - j)(n + 1 - j)}{2} + RE$$

$$= \frac{(215.000 - 5.000)}{21} \cdot \frac{(6 - 5)(6 + 1 - 5)}{2} + 5.000$$

$$= 10.000 + 5.000$$

$$= 15.000\ \text{Euro}$$

b) *Geometrisch degressive AfA:* Bei der geometrisch degressiven Abschreibung wird die Rate mit einem konstanten Prozentsatz (z.B. p=50) vom jeweils verbleibenden Restwert ermittelt (deshalb auch Buchwertabschreibung). – Vgl. „Abschreibung – Tabelle 2". Die Abschreibungsrate für ein beliebiges Jahr j (z.B. das vierte) beträgt dann für den Abschreibungssatz i = p/100 (z.B. 0,5)

R_j = (AHK-RE) · $(1-i)^{j-1}$ · i= 210.000 · $0{,}5^3$ · 0,5 = 13.125.

Der Buchwert für ein beliebiges Jahr (z.B. j = 5) beträgt

BW_j = (AHK-RE) · (1-i)j= 210.000 · $0{,}5^5$ + 5.000 = 11.562,5.

Abschreibung – Tabelle 2

Jahr	Restbetrag Abschreibungssumme Anfang des Jahres	Afa	Restbetrag Abschreibungs-summe Ende des Jahres	Buchwert Ende des Jahres
1	210.000,00	105.000,00	105.000,00	110.000,00
2	105.000,00	52.500,00	52.500,00	57.500,00
3	52.500,00	26.250,00	26.250,00	31.250,00
4	26.250,00	13.125,00	13.125,00	18.12500
5	13.125,00	6.562,50	6.562,50	11.562,50
6	6.562,50	3.281,25	3.281,25	8.281,25

Abschreibung – Tabelle 3

Jahr	Restbetrag Abschreibungs-summe Anfang des Jahres	Afa 20 %	Vergleich lineare Afa	anzu-setzende Afa	Restbe-trag Ende des Jahres
1	210.000	42.000	210.000/6 = 35.000 < 42.000	42.000	168.000
2	168.000	33.600	168.000/5 = 33.600 = 33.600	33.600	134.400
3	134.400			33.600	100.800
4	100.800			33.600	67.200
5	67.200			33.600	33.600
6	33.600			33.600	0

Wie aus der Tabelle ersichtlich, führt die geometrisch degressive Abschreibung nicht zu einer Vollabschreibung. Um im Beispiel eine Abschreibung auf den Resterlös zu erreichen, müsste der Abschreibungsprozentsatz verändert werden und von den AHK ausgehend berechnet werden:

$$p = 100 \cdot (1 - \sqrt[j]{\frac{RE}{AHK}})$$

$$= 100 \cdot (1 - \sqrt[6]{\frac{5.000}{215.000}}) = 46,57.$$

Diese Möglichkeit entfällt, wenn RE = 0 (da dann p näherungsweise 100 ergäbe). Ein anderer Weg, den auch die Steuer (unter einschränkenden Bedingungen, vgl. § 7 II EStG) zulässt, ist der Übergang von der degressiven auf die lineare Abschreibung, sobald die lineare Abschreibung auf den Restwert der Abschreibungssumme (geteilt durch Restnutzungsdauer R_n) höher als die degressive Abschreibung wäre. Tabelle 3 zeigt die Ermittlung der steuerlichen Afa. Der steuerlich max. mögliche Abschreibungsprozentsatz (im Beispiel wurde mit 20% gerechnet) ergibt sich aus den jeweils aktuellen Steuerrechtsvorschriften (vgl. § 7 II EStG)-3. *Progressive Abschreibung:* Die progressive Abschreibung ist eine Umkehrung der Ratenfolge der degressiven. Bei *arithmetisch* progressiver Abschreibung ergäben die steigenden Raten also die in Tabelle 4 dargestellten Buchwerte. Entsprechend wäre bei der *geometrisch* progressiven Abschreibung zu verfahren. Diese Verfahren werden selten angewendet, steuerlich sind sie unzulässig (ansteigende Abschreibungsbeträge sind in der Steuerbilanz jedoch bei der nachfolgend beschriebenen Leistungsabschreibung möglich). – 4. *Leistungsabschreibung:* Bei der Leistungsabschreibung ist das Leistungsvolumen (LV), die Summe der Leistungseinheiten (LE) zu schätzen und R pro LE zu ermitteln. Die jährliche Abschreibung ergibt sich dann durch Multiplikation der Afa/LE mit der verbrauchten Leistungsmenge. – Handelt es sich bei den bisher verwendeten Daten z.B. um einen Lkw, dessen Fahrleistungen insgesamt auf 300.000 km geschätzt werden (vgl. „Abschreibung – Tabelle 5“), dann ergäbe sich:

Abschreibung – Tabelle 4

Jahr	1	2	3	4	5	6	Summe
r	1/21	2/21	3/21	4/21	5/21	6/21	21/21
R_j	10.000	20.000	30.000	40.000	50.000	60.000	210.000
Rest	200.000	180.000	150.000	110.000	60.000	0	–
Buchwert	205.000	185.000	155.000	115.000	65.000	5.000	–

$$R/LE = \frac{(AHK - RE)}{LV}$$

$$= \frac{150.000\ Euro}{300.000\ km} = 0,50\ Euro/km.$$

5. *Abschreibung nach dem Substanzwert:* In Abbaubetrieben (Erz- und Kohlebergwerken, Torfwerken, Kiesgruben) kommt als Verfahren zur Ermittlung des Abschreibungsbetrages die Substanzabschreibung infrage. – Zu schätzen ist das Volumen (V) der abbaufähigen Substanz in Mengeneinheiten (ME). Anschaffungskosten abzüglich Resterlös für das abgebaute Grundstück sind durch das Abbauvolumen zu teilen und ergeben die Abschreibung pro ME abgebauter Substanz (vgl. „Abschreibung – Tabelle 6"). Die jährliche Abschreibung ist das Produkt aus abgebauter Substanz und Abschreibung pro ME.

$$R/ME = \frac{AK - RE}{V} = \frac{150.000\ Euro}{50.000\ cbm} = 3\ Euro/cbm.$$

Abschreibungszeitpunkt: Die steuerlichen Regelungen zum Absetzungszeitpunkt gelten auch handelsrechtlich.

V. Buchung: 1. Grundsätzlich werden entsprechend dem Prinzip der Einzelbewertung → Einzelabschreibungen vorgenommen, jedoch sind in bestimmten Fällen auch Sammelabschreibungen (→ Pauschalabschreibung) möglich. – 2. Weitere Unterscheidung: a) *Direkte Abschreibung:* Die Abschreibung wird in der Buchhaltung durch direktes Absetzen bei den Vermögenskonten vorgenommen (Buchungssatz: Abschreibungen an Vermögenskonto). – b) *Indirekte Abschreibung:* Die Abschreibung wird auf einem Passivkonto → Wertberichtigungen (Erneuerungskonto) gesammelt (Buchungssatz: Abschreibungen an Wertberichtigungen auf Anlagen). Bei diesem Verfahren stimmen die Bilanzwerte auf dem Anlagekonto mit den Anschaffungs- oder Herstellungskosten überein. Aus der Gegenüberstellung von Anlagekonto und Wertberichtigungskonto lassen sich Rückschlüsse auf das technische Alter der maschinellen Anlagen des Betriebes ziehen. Für Kapitalgesellschaften ist nach den Gliederungsvorschriften des HGB nur der *direkte* Ausweis von Abschreibungen vorgesehen. – Durch das Anlagengitter (→ Anlagespiegel) werden allerdings die der indirekten Abschreibung entsprechenden Informationen ausgewiesen. – 3. *Ausweis:* a) Bei Anwendung des → Gesamtkostenverfahrens in der Gewinn- und Verlustrechnung einer Kapitalgesellschaft ist gemäß § 275 II HGB ein differenzierter Ausweis vorgeschrieben: (1) planmäßige und außerplanmäßige Abschreibungen auf immaterielle Vermögensgegenstände des Anlagevermögens (immaterielle Wirtschaftsgüter) und Sachanlagen unter Position Nr. 7a (§ 275 II HGB); (2) Abschreibungen auf → Finanzanlagen und Wertpapiere des → Umlaufvermögens unter Position Nr. 12; (3) Abschreibungen auf Umlaufvermögensgegenstände, soweit diese die üblichen Abschreibungen überschreiten, unter Position Nr. 7b; (4) die üblichen Abschreibungen (Kriterien für die Unterscheidung der Üblichkeit von der Unüblichkeit von Abschreibungen sind sowohl aus innerbetrieblichem Zeitvergleich als auch aus zwischenbetrieblichem Branchenvergleich zu gewinnen) sind je nach Sachbezug unter Bestandsminderungen (Position Nr. 2), Materialaufwand (Position Nr. 5a) oder sonstige betriebliche Aufwendungen (Position Nr. 8) auszuweisen. – b) Bei Anwendung des → Umsatzkostenverfahrens werden die Abschreibungen auf Finanzanlagen und Wertpapiere des Umlaufvermögens gesondert (Nr. 11, § 275 III HGB), die übrigen planmäßigen und außerplanmäßigen Abschreibungen je nach Sachbezug unter Herstellungskosten (Nr. 2), Vertriebskosten (Nr. 4), allgemeine Verwaltungskosten (Nr. 5), sonstige betriebliche Aufwendungen (Nr. 7) oder als außerordentliche Aufwendungen (Nr. 15) ausgewiesen. – c) *Sonstige Vorschriften:* (1) Soweit es sich um *außerplanmäßige* Abschreibungen handelt, sind diese im Rahmen von § 277 III HGB gesondert auszuweisen oder im Anhang anzugeben. (2) Abschreibungen sind Bestandteil des Anlagengitters. (3) Im *Anhang* sind die nach steuerrechtlichen Vorschriften im Anlage- und Umlaufvermögen vorgenommenen Abschreibungen anzugeben und zu begründen (§ 281 II HGB).

VI. Bedeutung: 1. *Bilanzpolitik:* Abschreibungen mindern als Aufwand den in der Handelsbilanz und als „Betriebsausgabe" den in der Steuerbilanz ausgewiesenen Gewinn, der wiederum für Ausschüttungen und Steuerzahlungen, also Mittelabflüsse aus dem Unternehmen, i.d.R. maßgeblich ist. Allein durch die Wahl der Abschreibungsmethode (bis 2009/ 2010), d.h. die Entscheidung über den „Abschreibungsverlauf" (Entwertungsverlauf), und die Schätzung der

Abschreibung – Tabelle 5

Jahr	gefahrene km	Abschreibung km · 0,50 Euro	Restwert
1	50.000	25.000	125.000
2	60.000	30.000	95.000
3	40.000	20.000	75.000
.	.	.	.
.	.	.	.
Summe	300.000	150.000	–

Abschreibung – Tabelle 6

Jahr	abgebaute Substanz in cbm	Abschreibung cbm · 3 Euro	Restwert
1	5.000	15.000	135.000
2	7.000	21.000	114.000
.	.	.	.
.	.	.	.
Summe	50.000	150.000	–

betrieblichen Nutzungsdauer lässt sich der auszuweisende Periodengewinn erheblich beeinflussen, womit für den Bilanzierenden ein beachtlicher Bewertungsspielraum eingeräumt wird. Diese Möglichkeiten der „Manipulation" hinsichtlich des Gewinnausweises und damit der Bilanzpolitik im Sinn einer Publizitätspolitik (gewollte Außendarstellung der Lage des Unternehmens bzw. gezielte Beeinflussung der Adressaten des Jahresabschlusses) der Unternehmen werden durch die evtl. Inanspruchnahme der meist wirtschaftspolitisch motivierten (steuerlichen) Sonderabschreibungen noch verstärkt. Durch diesen legalen bilanzpolitischen Entscheidungsspielraum besitzt ein Unternehmen nicht nur die Möglichkeit, → stille Rücklagen (stille Reserven) zu bilden, sondern auch außenstehenden Dritten den Einblick in die Vermögens-, Finanz- bzw. Ertragslage zu erschweren bzw. die wirtschaftlichen Verhältnisse zu retuschieren. Dieser Entscheidungsspielraum wird jedoch durch den Grundsatz der Stetigkeit eingeschränkt, wonach eine einmal gewählte Bewertungsmethode beibehalten werden muss. Abweichungen sind nur in Ausnahmefällen erlaubt; dabei müssen Kapitalgesellschaften diese Abweichungen im → Anhang angeben und begründen. Liegt der verrechnete Abschreibungsbetrag über dem tatsächlichen Werteverzehr, dann wird tendenziell ein Beitrag zur → substanziellen Kapitalerhaltung geleistet, da sowohl im Handels- als auch im Steuerrecht das Nominalwertprinzip Anwendung findet und somit nicht (wie in der Kostenrechnung) die Wiederbeschaffungskosten, sondern die historischen Anschaffungs- oder Herstellungskosten die Bemessungsgrundlage bilden. – Vgl. auch → Bilanzpolitik. – 2. *Finanzierung:* Die über den Umsatzprozess dem Unternehmen wieder zufließenden Abschreibungen („verdiente Abschreibungen") sind ein wesentlicher Bestandteil der Innenfinanzierung (→ Cashflow) des Unternehmens. – 3. *Weitere Auswirkungen:* Zinsgewinn aufgrund eines zinslosen „Steuerkredits", ggf. Steuerersparnis wegen Steuerprogression, Ausschüttungssperre, Kapazitätserweiterung (→ Lohmann-Ruchti-Effekt).

Abschreibungsbetrag – Der Abschreibungsbetrag ist der Teil einer → Abschreibungssumme, der in der aktuellen Periode abgeschrieben wird.

Abschreibungsgesellschaft – 1. *Begriff:* Gesellschaften, die in steuerbegünstigte Anlageprojekte investieren. Das Ziel einer Abschreibungsgesellschaft besteht darin, den Kapitalanlegern Verluste zuzuweisen, die diese mit anderen positiven Einkünften ausgleichen können. – 2. *Einkommensteuerliche Regelungen:* § 15a EStG begrenzt die Höhe der abziehbaren Verluste für Gesellschafter auf die Höhe der geleisteten Einlage oder des Betrages, für den der Gesellschafter auch eine Haftung gegenüber den Gläubigern tragen muss. Das macht Modelle, bei denen Anlegern rein rechnerisch Verluste von mehr als 100 Prozent ihrer Einlage zugewiesen wurden, steuerlich wirkungslos. Seit 1999 schloss § 2b EStG darüber hinaus auch die Verrechnung von Verlusten aus Anlagen in Gesellschaften oder Anlagemodellen von der Verrechnung mit positiven Einkünften aus, wenn die Rendite der Anlage wesentlich durch Steuervorteile bestimmt wird oder wenn die Kapitalanlage unter Hinweis auf Steuervorteile geworben worden ist. § 2b EStG wurde mit Gesetz vom 22.12.2005 (BGBl. I S. 3683) aufgehoben.

Abschreibungskonto – ein Konto der Kontenklasse 6 IKR (2 GKR) zur Aufnahme der bilanzmäßigen oder buchhalterischen → Abschreibungen. Das Konto für → kalkulatorische Abschreibungen gehört den Kostenkonten (Klasse 9 IKR, 4 GKR) an.

Abschreibungsmethoden → Abschreibung.

Abschreibungsplan → Abschreibung.

Abschreibungspolitik → Abschreibung, → Bilanzpolitik.

Abschreibungsrichtsätze → AfA-Tabellen.

Abschreibungssumme – im Rahmen der → Abschreibungen auf den → Abschreibungszeitraum zu verteilende Anschaffungs- oder Herstellungskosten bzw. Wiederbeschaffungskosten ggf. vermindert um einen voraussichtlichen Resterlös am Ende der Nutzungsdauer.

Abschreibungsvergünstigung → Sonderabschreibung.

Abschreibungswagnis → Anlagenwagnis.

Abschreibungswagniskonto → Anlagenwagniskonto.

Abschreibungszeitraum – Zeitraum, auf den der → Abschreibungsbetrag mittels → Abschreibungen verteilt wird. Der Abschreibungszeitraum wird für die *externe Rechnungslegung* zumeist gemäß den steuerlichen AfA-Tabellen (→ Absetzung für Abnutzung (AfA)) festgelegt; in der *Kostenrechnung* wird i.d.R. die → betriebsgewöhnliche Nutzungsdauer des Anlagegegenstandes zugrunde gelegt.

Abschriften – 1. Abschriften, Kopien, Abdrucke oder sonstige mit der Urschrift übereinstimmende Wiedergaben des Wortlautes auf einem Schrift-, Bild- oder anderen Datenträger sind von *ausgehenden Handelsbriefen vom Kaufmann* nach Handelsrecht anzufertigen und (wie die eingehende Post) aufzubewahren (§ 238 II HGB; → Aufbewahrungspflicht). – 2. Abschriften von → Handelsregistereintragungen kann jedermann fordern, ohne dass ein Interesse nachgewiesen werden muss. Die Abschrift ist zu beglaubigen, sofern nicht darauf verzichtet wird (§ 9 HGB). – 3. Abschriften der *Eintragungen im* → Grundbuch nebst zugehörigen Urkunden bei Darlegung berechtigten Interesses (§ 12 GBO).

Abschwung – Konjunktur, → Konjunkturphasen, → kumulative Kontraktion.

Absehen von Strafe – Ein Absehen von der Verhängung einer Strafe ist seitens des Gerichts möglich, wenn die Folgen der Tat, die den Täter getroffen haben, so schwer sind, dass die Verhängung der Strafe offensichtlich verfehlt wäre (z.B. bei Trunkenheitsfahrt werden Ehefrau und Kinder getötet). Ein Absehen von Strafe scheidet indes aus, wenn der Täter mehr als ein Jahr Freiheitsstrafe verwirkt hat (§ 60 Satz 2 StGB). Absehen von Strafe kennt das Strafgesetzbuch auch in einer Reihe anderer ausdrücklich genannter Fälle, z.B. bei tätiger Reue (§§ 311c III, 315 IV, 316a II StGB) und, wenn ein Ausgleich mit dem Verletzten (→ Täter-Opfer-Ausgleich), bes. eine Schadenswiedergutmachung stattgefunden hat (§ 46a StGB).

Absentismus – in der Arbeits- und Organisationspsychologie bezeichnet Absentismus (lat. *absentia* = Abwesenheit) → Fehlzeiten, die auf Probleme im privaten Umfeld oder motivationale Ursachen, nicht aber auf krankheitsbedingte Gründe zurückzuführen sind.

Absetzung → Sonderabschreibung.

Absetzung für Abnutzung (AfA) – 1. *Begriff:* Das steuerrechtliche Pendant zur handelsrechtlichen (planmäßigen) Abschreibung. Eine Abschreibung ist die Verteilung der → Anschaffungskosten und → Herstellungskosten des → abnutzbaren Anlagevermögens auf die Jahre der betriebsgewöhnlichen Nutzungsdauer. Im Rahmen der Einkünfteermittlung kann der Steuerpflichtige die AfA als Betriebsausgaben (§ 4 IV EStG) bzw. Werbungskosten (§ 9 I Nr. 7 EStG) abziehen. *Keine* AfA ist möglich für nicht der Abnutzung unterliegende Wirtschaftsgüter (z.B. Grund und Boden, Beteiligungen, Wertpapiere, Forderungen) oder für Umlaufvermögen; bei diesen Arten von Wirtschaftsgütern ist nur eine Teilwertabschreibung möglich. – 2. *Methoden:* a) *Regelmethode,* die stets erlaubt ist, ist die *lineare AfA,* bei der die Anschaffungs- bzw. Herstellungskosten in gleichen Jahresbeträgen auf die Nutzungsdauer verteilt werden (§ 7 I EStG). – b) Alternativ ist die *degressive AfA* (AfA in fallenden Jahresbeiträgen, § 7 II EStG) gestattet bei beweglichen Wirtschaftsgütern: Hier wird nicht ein konstanter Betrag, sondern jährlich ein konstanter Prozentsatz vom noch vorhandenen Restbuchwert abgesetzt; dadurch fallen die Jahresraten der AfA im Verlauf der Nutzungsdauer immer stärker (geometrisch-degressive AfA). Der Prozentsatz kann vom Unternehmer im Grundsatz frei gewählt werden, es ist aber aus fiskalischen Gründen eine Höchstgrenze zu beachten, die gelegentlich vom Gesetzgeber verändert wird und ab 2001 bei 20 Prozent lag. Als konjunkturpolitische Maßnahme wurde für Anschaffungen im Zeitraum vom 1.1.2006 bis 31.12.2007 die degressive Abschreibung mit dem dreifachen linearen Satz, höchstens 30 Prozent, wieder eingeführt. Die degressive AfA darf maximal das Doppelte (ab dem 1.1.2006 bis zum 31.12.2007 das Dreifache) der linearen AfA betragen. Für Anschaffung und Herstellung nach dem 31.12.2007 ist die degressive AfA aufgehoben. Für die Anschaffung oder Herstellung von beweglichen Wirtschaftsgütern des Anlagevermögens nach dem 31.12.2008 wird für 2 Jahre befristet die degressive AfA von 25 Prozent eingeführt. Der Wechsel der degressiven AfA zur linearen AfA-Methode ist zulässig, um den Restbuchwert von null Euro zu erreichen (§ 7 III EStG). Für Investitionen ab dem Wirtschaftsjahr 2011 ist eine degressive Abschreibung nicht mehr zulässig. – c) *Leistungs-AfA:* Bei beweglichen Wirtschaftsgütern des Anlagevermögens kann die AfA danach bemessen werden, wie viel vom Leistungspotenzial des Wirtschaftsguts während seiner Gesamtlebensdauer im abgelaufenen Jahr verbraucht worden ist; Voraussetzung dafür ist, dass dies wirtschaftlich begründet ist und der Steuerpflichtige die auf das Jahr entfallende Leistung des Wirtschaftsguts nachweist (§ 7 I 6 EStG, → Mengenabschreibung). – d) Für die *Gebäude-AfA* gelten Sonderregelungen: (1) Für die *lineare Gebäude-AfA* sind, weil die Nutzungsdauer von Gebäuden sich schwer vorhersagen lässt, gleiche Jahresraten in Höhe eines festen Prozentsatzes der Anschaffungskosten zwingend vorgeschrieben. Welcher Prozentsatz anzuwenden ist, hängt von der Gebäudeart und vom Anschaffungs- bzw. Herstellungszeitpunkt des betreffenden Gebäudes ab (für nach 1924 hergestellte Gebäude i.d.R. 2 Prozent, d.h. es wird gesetzlich eine Nutzungsdauer von 50 Jahren unterstellt). Dann, wenn die tatsächliche Nutzungsdauer geringer als 50 Jahre sein wird, kann vom vorgeschriebenen Satz abgewichen werden und der Restwert des Gebäudes auf die verbleibende Restnutzungszeit verteilt werden (§ 7 IV 3 EStG). Damit, dass dasselbe Gebäude von einem anderen Betriebseigentümer bereits stärker abgeschrieben worden sein könnte, weil für diesen evtl. andere AfA-Regeln gelten würden, kann man keine → Teilwertabschreibung oder gar Absetzung für außergewöhnliche wirtschaftliche Absetzung (AfaA) begründen (§ 7 IV 4 EStG). (2) *Degressive Gebäude-AfA:* § 7 V EStG erlaubt bei Gebäuden im Inland, die vom Steuerpflichtigen selbst hergestellt worden sind oder ersatzweise bis Ende des Jahres der Fertigstellung angeschafft worden sind (Neubauten), die Vornahme höherer AfA-Beträge in den ersten Jahren. Die konkreten AfA-Sätze hängen stark vom Einzelfall ab, da die Staffelsätze vom Gesetzgeber aus wirtschaftspolitischen oder fiskalischen Erwägungen heraus sehr häufig geändert werden; umfangreiche Übersichten in den Einkommensteuer-Richtlinien des BMF versuchen, einen Überblick über die jeweiligen Sätze wieder herzustellen. – *Beispiel* für eine degressive Gebäude-AfA-Staffel: Für Mietwohnbauten mit Anschaffung/Herstellung ab 2004 im ersten bis zehnten Jahr der Nutzungsdauer je 4 Prozent, danach vom 11. bis 18. Jahr 2,5 Prozent und dann vom 19. bis 50. Jahr 1,25 Prozent. Zu beachten ist, dass nach einem Verkauf eines solchen Gebäudes der neue Besitzer seine AfA später linear vornehmen muss, da er nicht mehr im Jahr der Fertigstellung angeschafft hat und daher die Voraussetzungen für § 7 V EStG nicht mehr erfüllen kann. Die degressive AfA für Wohngebäude im Privatvermögen für zukünftige Baumaßnahmen, d.h. Herstellung aufgrund eines Bauantrags nach dem 31.12.2005 bzw. Anschaffung aufgrund eines nach dem 31.12.2005 abgeschlossenen obligatorischen Vertrages, wurde abgeschafft. Ab dem Veranlagungszeitraum 2010 kann die degressive Gebäudeabschreibung auch für den EU- und EWR-Raum angewendet werden. – 3. *Methodenwechsel:* Die einmal gewählte AfA-Methode ist grundsätzlich beizubehalten. Bis zum 1.1.2008 konnte lediglich von der degressiven AfA auf die lineare AfA gewechselt werden (§ 7 III EStG, § 52 XXIa EStG); das gilt aber nicht für die degressive Gebäude-AfA. – 4. *Anfangszeitpunkt der AfA:* Mit der AfA wird begonnen, wenn das Wirtschaftsgut angeschafft bzw. die Herstellung abgeschlossen ist; eine Inbetriebnahme ist nicht erforderlich. – 5. *Vorgehensweise im Erstjahr:* a) *Grundsatz:* Im ersten Jahr kann die AfA für dieses Jahr nur zeitanteilig („pro rata temporis“) vorgenommen werden. Dabei zählen angefangene Monate für die Berechnung der AfA bereits voll. – b) *Ausnahmen:* (1) *Wirtschaftsgüter mit einer Gesamtnutzungsdauer* von weniger als einem Jahr werden gar nicht abgeschrieben, sondern ihre Anschaffungskosten werden sofort als Betriebsausgabe angesehen. (2) → *Geringwertige Wirtschaftsgüter,* deren Anschaffungs- oder Herstellungskosten bis netto 410 Euro betrugen, konnten bis einschließlich zum Veranlagungszeitraum 2007 sofort voll abgeschrieben werden. Ab dem Veranlagungszeitraum 2008 gilt für abnutzbare bewegliche Wirtschaftsgüter des Anlagevermögens, die selbständig nutzungsfähig sind, folgende Neuregelung: Betragen die Anschaffungskosten oder Herstellungskosten netto zwischen 150 Euro bis 1.000 Euro, ist für diese im Wirtschaftsjahr der Anschaffung, Herstellung oder Einlage ein „Sammelposten“ zu bilden, welcher im Jahr der Bildung und in den folgenden vier Wirtschaftsjahren mit je 20 Prozent linear abzuschreiben ist. Scheidet ein Wirtschaftsgut aus dem Betriebsvermögen aus, vermindert dies nicht den Sammelposten (§ 6 IIa EStG). Für Einnahme-Überschuss-Einkünfte gelten die bisherigen Regelungen, d.h. Anschaffungs- bzw. Herstellungskosten bis zu 410 Euro können sofort abgeschrieben werden und damit im Rahmen der Werbungskosten steuermindernd berücksichtigt werden. (3) Bei der *degressiven Gebäude-AfA* muss die AfA für das Erstjahr voll berücksichtigt werden. – Vgl. auch → erhöhte Absetzungen, → Sonderabschreibungen und → Teilwertabschreibungen. – 6. *Bewertungsobergrenze* nach § 6 I Nr. 1 S. 4 EStG: Steuerrechtlich sind abnutzbare Wirtschaftsgüter des Anlagevermögens mit ihren Anschaffungskosten, vermindert um planmäßige AfA und Sonderabschreibungen anzusetzen. Dieser Wert gilt als Bewertungsobergrenze. Dieser Wert ist steuerbilanziell auch dann fortzuführen, wenn handelsrechtlich eine Zuschreibung erfolgt ist (BFH-Urt. v. 4.6.2008, AZ I R 84/07). Die Finanzverwaltung folgt dem BMF-Schreiben vom 11.2.2009. Demnach ist die in der Einkommensteuerrichtlinie aufgeführte bisherige Regelung, die Zuschreibung auch steuerrechtlich vorzunehmen, insofern überholt.

Absetzung für außergewöhnliche technische oder wirtschaftliche Abnutzung (AfaA) – steuerlich zulässige Form der außerplanmäßigen Abschreibung (§ 7 I 7 EStG), vorausgesetzt, das Wirtschaftsgut ist in seiner Nutzungsfähigkeit beeinträchtigt. Das steuerliche Wahlrecht zur Vornahme einer AfaA wird wegen des → Maßgeblichkeitprinzips für Kaufleute zu einer Pflicht. Wenn der Grund der AfaA wieder entfällt, ist eine Zuschreibung vorzunehmen (§ 7 I S. 6 EStG). AfaA ergänzt die normale → Absetzung für Abnutzung (AfA).

Absetzung für Substanzverringerung (AfS) – nach § 7 VI EStG für den Verbrauch der Substanz (→ Substanzverringerung) bei Bergbauunternehmen, Steinbrüchen u.ä. Betrieben anzusetzender Aufwandposten. Die Höhe der AfS richtet sich nach dem Verhältnis der Fördermengen im Kalender- oder Wirtschaftsjahr zu der gesamten geschätzten Abbaumenge. Die allg. Vorschriften über die lineare Absetzung können wahlweise sinngemäß angewendet werden.

absolute Armut – 1. *Begriff:* durch die Nairobi-Rede des damaligen Weltbankpräsidenten R. McNamara (1973) in die entwicklungspolitische Diskussion eingeführte Bezeichnung für die entwürdigenden Lebensbedingungen der Armen in der Dritten Welt. In absoluter Armut leben alle Personen mit einem Tageseinkommen unterhalb eines bestimmten US-Dollar-Betrages, gerechnet in Kaufkraftparität. Die absolute → Armutsgrenze wird von der Weltbank bei 1,25 PPP US-Dollar pro Tag angesetzt (Preisniveau von 2005). – 2. *Messung:* ausgewählte Indikatoren der absoluten Armut (→ Armutsindikatoren) nach der International Development Association (→ IDA) sind a) *Pro-Kopf-Einkommen,* b) *Kalorienaufnahme,* c) *durchschnittliche Lebenserwartung,* d) *Kindersterblichkeit* sowie e) *Geburtenrate.* – Vgl. auch → Armut, → relative Armut.

absolute Handelsspanne → Betragsspanne.

absolute Mehrheitsregel → Abstimmungsverfahren, bei dem eine Alternative als beschlossen gilt, wenn sie mehr als die Hälfte aller abgegebenen Stimmen erhält. – *Anders:* → relatives Mehrheitswahlrecht.

absoluter Betrag – einer reellen Zahl a; in Zeichen: |a|. Es gilt:

$$|a| = \begin{cases} a, & \text{falls } a \geq 0 \\ -a, & \text{falls } a < 0 \end{cases}$$

absoluter Deckungsbeitrag – 1. *Begriff:* Für ein bestimmtes Kalkulations- bzw. Bezugsobjekt gebildete Differenz zwischen direkt zurechenbaren Erlösen (→ Einzelerlöse) und direkt zurechenbaren Kosten (→ Einzelkosten). – 2. *Merkmal:* Absolute Deckungsbeiträge machen eine Aussage über die absolute Vorteilhaftigkeit des betreffenden Kalkulations- bzw. Bezugsobjekts. – *Beispiel:* Wird für einen Kundenauftrag ein positiver Deckungsbeitrag ermittelt, ist dieser prinzipiell anzunehmen, da er den Erfolg des Unternehmens erhöht. – Konkurrieren Kalkulations- bzw. Bezugsobjekte um knappe Kapazitäten (z.B.: Welcher von mehreren Aufträgen ist anzunehmen?), muss mit relativen Deckungsbeiträgen (→ engpassbezogener Deckungsbeitrag) kalkuliert werden.

absoluter Fehler → Fehler.

absolutes Recht – im Gegensatz zu den Forderungsrechten (relative Rechte) nicht nur gegenüber dem Schuldner, sondern gegen jedermann wirkendes Recht; z.B. → Urheberrechte, → Sachenrechte, nicht aber der → Besitz. Es unterliegt deshalb grundsätzlich nicht der → Verjährung.

Absonderung – das Recht auf vorzugsweise Befriedigung eines Anspruchs aus einem Pfand- oder pfandähnlichen Recht an einem zur → Insolvenzmasse gehörenden Gegenstand (§§ 49, 50 InsO). Der Gegenstand sowie ein Überschuss verbleiben der Masse (im Gegensatz zur → Aussonderung).

I. Absonderungs-Berechtigte: 1. Wer im Fall der *Zwangsversteigerung* ein Recht auf Befriedigung aus einem Grundstück hat (z.B. bei → Hypotheken, → Grundschulden). Die Rangfolge bestimmt sich nach §§ 10–14 ZVG. → Eigentümergrundschulden fallen in die Masse (§ 49 InsO). – 2. *Bund, Länder* und *Gemeinden* an den zurückgehaltenen oder mit Beschlag belegten zoll- und steuerpflichtigen Sachen wegen öffentlicher → Abgaben (§ 51 Nr. 4 InsO). – 3. Wer an sonstigen Gegenständen des → Gemeinschuldners ein vertragliches, gesetzliches oder → Pfändungspfandrecht besitzt (§ 50 II 2 InsO); aber: Keine Geltendmachung des → Vermieterpfandrechts für ältere Rückstände als aus dem letzten Jahr vor → Insolvenzeröffnung. Bei → Sicherungsübereignung und → Sicherungsabtretung ist der Sicherungsnehmer nur absonderungsberechtigt. – 4. Derjenige, dem ein → Zurückbehaltungsrecht wegen eines Ersatzanspruchs für Aufwendungen zum Nutzen einer Sache zusteht, soweit der Vorteil noch vorhanden ist (§ 51 Nr. 2 InsO). – 5. Wer ein → kaufmännisches Zurückbehaltungsrecht hat (§ 51 Nr. 3 InsO, §§ 369–371 HGB). – 6. *Reihenfolge* der Deckung: Kosten, Zinsen, zuletzt die Hauptforderung (§ 50 I InsO).

II. Geltendmachung: 1. Das *Absonderungs-Recht:* a) Wird es bestritten, kann der Berechtigte gegen den → Insolvenzverwalter Feststellungsklage erheben (§ 180 InsO). Einen gegen den Gemeinschuldner anhängigen Prozess können der Insolvenzverwalter und der Gläubiger wieder aufnehmen (§ 86 InsO). – b) → Zwangsverwaltung und → Zwangsversteigerung der Grundstücke können durch den Insolvenzverwalter betrieben werden (§ 165 InsO). – c) Ist bei beweglichen Gegenständen der Gläubiger berechtigt, sich aus dem Gegenstand zu befriedigen (häufiger Fall), kann ihm der → Insolvenzverwalter durch das Gericht eine Frist setzen lassen, innerhalb der er den Gegenstand zu verwerten hat. Nach Fristablauf ist der Insolvenzverwalter im Wege der Zwangsvollstreckung (d.h. durch den Gerichtsvollzieher) oder des Pfandverkaufs (§§ 1235–1240 BGB) zur Verwertung befugt. Dagegen kein Widerspruchsrecht des Gläubigers, aber Anspruch auf Erlös (§ 170 I InsO). – 2. Hat der Absonderungs-Berechtigte auch eine *persönliche Forderung* gegen den Gemeinschuldner, kann er sie in voller Höhe zur Insolvenztabelle anmelden (§ 52 InsO). Eine Feststellung „auf den Ausfall" oder „in Höhe des Ausfalls" bedeutet keine Einschränkung der Feststellung. Anteilmäßig befriedigt wird der Gläubiger für den Betrag, mit dem er bei der abgesonderten Befriedigung ausgefallen ist, oder bei Verzicht auf die Absonderung (§ 52 InsO).

Absorption → Absorptionsansatz; im → Inland verbrauchte Gütermenge. – *Gegenteil:* → Hortung.

Absorptionsansatz – 1. Begriff der *monetären Außenwirtschaftstheorie,* wonach die → Leistungsbilanz der → Zahlungsbilanz der Differenz zwischen dem Bruttoinlandsprodukt und der im Inland verbrauchten Gütermengen (→ Absorption) entspricht. Eine Verbesserung des Saldos der Leistungsbilanz ergibt sich langfristig bei einer Abwertung nur dann, wenn die Produktion um mehr steigt als die Absorption. – 2. Begriff der *Entwicklungspolitik und -theorie,* wonach in einem Entwicklungsland seine interne Faktorausstattung (i.w.S.: Arbeitskräfte, Know-how, Kapital, Natur, Infrastruktur etc.) bestimmt, welche Arten und Mengen von außen eingebrachter Faktoren (v.a. Kapital und Know-how) sinnvoll eingesetzt (absorbiert) werden können. Z.B. begrenzt das Fehlen qualifizierter Arbeitskräfte die sinnvolle Verwendung hoch entwickelter Technologien. – *Gegenteil:* → Hortung.

Abspaltung → Rechtsräger, Spaltung von.

Absprachen bei Ausschreibungen → wettbewerbsbeschränkende Absprachen bei Ausschreibungen.

Absprachen im Strafprozess – *Vereinbarung im Strafprozess, Verständigung im Strafprozess, Deal;* gesetzlich seit 2009 geregelte Praxis der Absprache zwischen Beschuldigten und seiner Verteidigung einerseits und Staatsanwaltschaft andererseits (im Ermittlungsverfahren) bzw. zwischen Gericht, Angeklagten und Staatsanwaltschaft (im Hauptverfahren), vgl. § 257c StPO. Ziel ist, ein für den Betroffenen günstigeres Ergebnis zu erreichen, wenn er im Gegenzug bestimmte Zusagen macht (Beispiel: Angeklagter verspricht Teilgeständnis, Gericht stellt Bewährungsstrafe in Aussicht). Wegen der Überlastung der Gerichte, bes. in Großverfahren und Wirtschaftsstrafsachen, nicht unüblich. Rechtspolitisch und rechtlich nicht unbedenklich bzw. aufgrund einer wildwuchsartigen Praxis (mangelnde Wahrheitserforschung etc.) wegen eines Gerechtigkeitsproblems sogar als kritisch zu sehen, wie das BVerfG in einer mündlichen Verhandlung zu drei Verfassungsbeschwerden am 7.11.2012 befand. Thema ist im Fluss, möglicherweise wird der Gesetzgeber handeln müssen.

Abstand – Vom Mieter an Vermieter, ausziehenden Vormieter oder Dritten für Überlassung der Mieträume geleistete Zahlung. – Abstandszahlungen für Geschäftsräume sind zu aktivieren und durch → Abschreibung auf die voraussichtliche Nutzungsdauer zu verteilen. – Vgl. auch → Baukostenzuschuss.

Abstellungsverfügung – Verpflichtung von Unternehmen oder Unternehmensvereinigungen durch die Kartellbehörde im Verwaltungsverfahren, eine Zuwiderhandlung gegen eine Vorschrift des deutschen oder europäischen Kartellrechts abzustellen (§ 32 I GWB). Anders als im Bußgeldverfahren muss die Kartellbehörde dabei kein Verschulden des Unternehmens oder der Unternehmensvereinigung nachweisen. Die Kartellbehörde kann den Unternehmen oder Unternehmensvereinigungen alle verhaltensorientierten oder strukturellen Maßnahmen aufgeben, die für eine wirksame Abstellung der Zuwiderhandlung erforderlich und gegenüber dem festgestellten Verstoß verhältnismäßig sind (Möglichkeit zur positiven Tenorierung; § 32 II GWB). Strukturelle Maßnahmen sind nur dann als verhältnismäßig zu betrachten, wenn keine verhaltensorientierten Maßnahmen gleicher Wirksamkeit zur Verfügung stehen oder Letztere im Vergleich zu strukturellen Maßnahmen die beteiligten Unternehmen stärker belasteten. Ferner kann die Kartellbehörde in der Abstellungsverfügung eine Rückerstattung der aus dem kartellrechtswidrigen Verhalten erwirtschafteten Vorteile anordnen (§ 32 II a GWB). Die Kartellbehörde kann bei berechtigtem Interesse auch eine in der Vergangenheit liegende Zuwiderhandlung feststellen, nachdem diese beendet ist (§ 32 III GWB), bspw. um einer Wiederholung des Verstoßes durch Dritte vorzubeugen. – Weitere wesentliche Elemente des kartellrechtlichen Sanktionensystems sind neben Abstellungsverfügungen → einstweilige Maßnahmen (§ 32a GWB), → Verpflichtungszusagen (§ 32b GWB), → Negativattest (Kartellrecht) (§ 32c GWB), → Entzug der Freistellung (§ 32d GWB), → Sektoruntersuchung (§ 32e GWB), → Unterlassungsanspruch (Kartellrecht) und → Schadensersatzpflicht (§ 33 GWB) sowie → Vorteilsabschöpfung (§ 34 GWB).

Absterbeordnung – Spezialfall einer → Abgangsordnung, aus welcher hervorgeht, mit welchen Wahrscheinlichkeiten ein Anfangsbestand (insbesondere von Personen) von Periode zu Periode abgebaut wird.

Abstimmung – I. Handelsrecht: Form der Willensbildung im Innenverhältnis der Gesellschafter von Personengesellschaften, bes. bei der OHG: → Gesellschafterbeschluss muss nach § 119 I HGB einstimmig erfolgen. Soll nach dem Gesellschaftsvertrag Stimmenmehrheit entscheiden, so wird diese im Zweifel nach der Zahl der Gesellschafter, nicht nach dem Kapital- oder Gewinnanteil berechnet (§ 119 II HGB).

II. Insolvenzverfahren: 1. Abstimmung in der → Gläubigerversammlung: Es nehmen die erschienenen oder vertretenen Gläubiger ohne Rücksicht auf Vorrechte teil. *Stimmberechtigt* sind die Gläubiger festgestellter → Insolvenzforderungen (§§ 76 ff. InsO). Die Gläubiger bestrittener Forderungen, soweit sich Verwalter und stimmberechtigte Gläubiger über das Stimmrecht geeinigt haben (§ 77 II InsO). Kommt es zu keiner Einigung, entscheidet das → Insolvenzgericht. Die Beschlüsse werden mit *absoluter Stimmenmehrheit* (nach Forderungsbeträgen) gefasst. – 2. *Abstimmung über die Annahme des* → Insolvenzplanes: Erforderlich ist die Zustimmung der Mehrheit der im Termin anwesenden oder vertretenen nicht bevorrechtigten → Insolvenzgläubiger *(Kopfmehrheit)*. Diese müssen über mind. die Hälfte der Gesamtsumme aller stimmberechtigten Forderungen verfügen *(Summenmehrheit)*. Schriftliche Zustimmung genügt nicht; ungleiche Behandlung nur mit Einwilligung aller zurückgesetzten Gläubiger zulässig (§§ 226, 244 InsO).

III. Buchführung: Abstimmung, sog. → Kollationieren, ist vorzunehmen, um in Geschäftsbüchern die Richtigkeit der Ein- und Übertragungen zu kontrollieren. Durch das Vergleichen des Beleges mit der Eintragung im Grundbuch sowie der Grundbucheintragung mit der im Haupt- und Hilfsbuch sollen

Buchungsfehler vermieden oder aufgefunden werden. Bei der heute vorherrschenden EDV-Buchführung (→ Buchführung) sind Übertragungsfehler zum großen Teil ausgeschaltet.

Abstimmungsbogen – *Abgrenzungsbogen;* Mittel zur zeitlichen und sachlichen → Abgrenzung von Aufwendungen zwischen → Finanzbuchhaltung und → Betriebsbuchhaltung, außerhalb der Buchführung in Form einer statistischen Nebenrechnung.

Abstimmungskollegialität – Abstimmungsmodus im Rahmen des → Kollegialprinzips. Die multipersonale → organisatorische Einheit besteht aus gleichberechtigten Handlungsträgern, die sämtliche Entscheidungen nach der → Einstimmigkeitsregel oder einem → Mehrheitsprinzip gemeinsam treffen. – Vgl. auch → Kassationskollegialität, → Primatkollegialität.

Abstimmungskosten – treten auf bei prozessbedingten Interdependenzen zwischen organisatorischen Teileinheiten. Als *Koordinationskosten* beeinflussen sie die Effizienz der organisatorischen Steuerung. Ihnen entgegen laufen die → Autonomiekosten.

Abstimmungsprüfung – Prüfungshandlung, bei der Daten miteinander verglichen werden, die wegen systematischer Zusammenhänge zwingend übereinstimmen müssen, aber aus verschiedenen Unterlagen stammen. Die Abstimmungsprüfung richtet sich auf die richtige und vollständige Erfassung von Daten.

Abstimmungsregeln → Abstimmungsverfahren.

Abstimmungsverfahren – *Abstimmungsregeln.* 1. *Allgemein:* Regelung der Stimmenverteilung und der Feststellung des Abstimmungssiegers bei kollektiven Entscheidungsprozessen (→ Kollektiventscheidung). Stimmenverteilung heute i.Allg. nach der Regel: Eine Person, eine Stimme. Für die Entscheidung, welche der zur Wahl stehenden Alternativen die Abstimmung gewinnt, existiert eine Vielzahl von Regeln, z.B. einfache Mehrheit, qualifizierte Mehrheit, absolute Mehrheit, Punktemethode. Abstimmungsverfahren sind faktisch manipulierbar durch → strategisches Abstimmungsverhalten. – 2. *Neue Politische G:* a) *Ideale Abstimmungsverfahren:* Regeln, die (1) demokratischen Prinzipien entsprechen, (2) widerspruchsfreie Entscheidungen der Gruppe ermöglichen, (3) aus der Sicht der Teilnehmer befriedigende Ergebnisse versprechen und (4) ihnen Anreize zu einer Offenbarung der wahren Präferenzen geben. Nach Arrow kann es keine Regel geben, die eine vollständige und widerspruchsfreie Aggregation individueller Präferenzen zu einer kollektiven Präferenzrangfolge ermöglicht und zugleich nicht diktatorisch ist (→ Arrow-Paradoxon). Auswege aus diesem Dilemma: (1) Einschränkende Annahmen über die Präferenzen der Mitglieder, die eine Intransivität der Gruppenpräferenzen für bestimmte Abstimmungsregeln verhindern, sind entweder unplausibel oder wenig handlich. (2) Verzicht auf volle Rationalität der Gruppe in Form der Transitivität der Gruppenpräferenzen; Ersetzung durch die Forderung, dass die Gruppe immer eine beste Alternative findet. – *Beispiel:* → erweiterte Pareto-Regel. (3) Verzicht auf die → Unabhängigkeit von irrelevanten Alternativen, damit aber größere Anfälligkeit gegen → strategisches Abstimmungsverhalten (→ Gibbard-Satterthwaite-Theorem). – *Beispiel:* → Borda-Regel. – b) *Optimale* → binäre Abstimmungsverfahren. – c) *Weitere Abstimmungsverfahren:* Neuere, von Theoretikern der Neuen Politischen Ökonomie vorgeschlagene Regeln, wie → Veto-Abstimmungsregel, → Zustimmungsregel oder Clarke-Groves-Mechanismus, haben günstige Eigenschaften hinsichtlich der Anreize zur Offenbarung der wahren Präferenzen, sind jedoch in der Durchführung aufwendig und haben sich deshalb in der Praxis (noch) nicht durchgesetzt. Die Anwendung der Einstimmigkeitsregel von Knut Wicksell sorgt für eine Pareto-optimale Entscheidung.

Abstinenztheorie – von W. Nassau Senior vertretene → Zinstheorie, nach der der Zins eine Belohnung für die Enthaltsamkeit vom sofortigen Verbrauch (Reward for Abstinence) ist.

Abstockung – Herabsetzen eines → Festwertes.

abstrakte Datenstruktur – *höhere Datenstruktur; abtrakter Datentyp;* im → Software Engineering eine → Datenstruktur, die nicht vordefiniert (etwa in einer → Programmiersprache) zur Verfügung steht, sondern bei der die Entwicklung eines Programms vom Programmierer noch spezifiziert (→ Spezifikation) und implementiert (→ Implementierung) werden muss. – Sie besteht zum einen aus dem Wertebereich der Datenstruktur, also wie die Daten aufgebaut und abgespeichert werden, als auch aus → Funktionen, die auf der Datenstruktur operieren und den Nutzern der Datenstruktur als → Schnittstelle zur Verfügung gestellt werden. Durch die Bereitstellung der Schnittstellenfunktionen bleibt die tatsächliche Realisierung der Datenstruktur für ihre Nutzer verborgen, sodass unter Beibehaltung der Schnittstelle die Implementierung einer abstrakten Datenstruktur problemlos verändert werden kann. – Typische abstrakte Datentypen sind z.B. → lineare Liste, → Stack und → Queue.

abstraktes Schuldversprechen – Ein abstraktes Schuldversprechen begründet einen einseitig verpflichtenden Vertrag, durch den sich der Schuldner zu einer Leistung verpflichtet, die von ihrem *sachlichen* Rechtsgrund abgelöst ist. Im gewöhnlichen Verkehr ist → Schriftform vorgeschrieben (vgl. § 780 BGB); in einigen Fällen, z.B. Schenkungsversprechen (§ 518 BGB) → notarielle Beurkundung. Keine Schriftform ist notwendig: aufgrund eines Vergleichs, einer Abrechnung (§ 782 BGB) und wenn abstraktes Schuldversprechen für Schuldner ein Handelsgeschäft ist (§ 350 HGB). – Die *wichtigste Form* des abstrakten Schuldversprechens sind Wechsel- und Scheckverpflichtungen. Der Bezogene muss an den gutgläubigen Wechselinhaber auch dann zahlen, wenn z.B. das zugrunde liegende Warengeschäft nicht erfüllt wird. Das abstrakte Schuldversprechen erleichtert dem Gläubiger die Beweisführung; der Anspruch des Gläubigers, der auf Geld (Wechsel, Scheck), vertretbare Sachen oder Wertpapiere gerichtet ist, kann im → Urkundenprozess (§ 592 ZPO) verfolgt werden. – Vgl. auch → Wechselprozess.

Abstraktionsprinzip – Das Abstraktionsprinzip ist eine Besonderheit des dt. Privatrechts. Es setzt zunächst die Trennung von → Verpflichtungsgeschäft (z.B. Kaufvertrag) und → Verfügung (z.B. Übereignung der Kaufsache nach Abschluss eines Kaufvertrags) voraus (Trennungsprinzip). Das Abstraktionsprinzip selbst bedeutet, dass Verpflichtungsgeschäft und Verfügung sogar in den Fehlerfolgen grundsätzlich voneinander unabhängig sind. Das dient der Sicherheit im Rechtsverkehr. So ist z.B. eine → Übereignung wirksam, auch wenn der zugrunde liegende → Kaufvertrag nichtig ist.

Abszisse → Koordinatensystem.

Abteilung → organisatorischer Teilbereich.

Abteilungsbildung → Segmentierung. – Vgl. auch → Aufgabensynthese.

Abteilungskostenrechnung – Teilgebiet der → Kostenrechnung, das die Gesamtkosten des Unternehmens den einzelnen betrieblichen Abteilungen zuordnet. – 1. *Zweck:* Abteilungskostenrechnungen sollen deutlich machen, welche Stelle im Unternehmen welche Kosten disponiert hat und damit für welche Beträge verantwortlich ist; sie dienen primär der → Kostenkontrolle. – 2. *Grundlage:* Abteilungskostenrechnungen können sich im Wesentlichen auf die → Kostenstellenrechnung stützen; allerdings müssen die → Produkteinzelkosten, die üblicherweise direkt der → Kostenträgerrechnung zugewiesen werden, auf die Kostenstellen verrechnet werden, in denen der Faktorverbrauch erfolgte.

Abteilungsleiter → Handlungsträger als → Instanz an der Spitze einer Abteilung.

Abteilungsversammlung – Versammlung der Arbeitnehmer von organisatorisch oder räumlich abgegrenzten Betriebsstellen. Durch den Betriebsrat anzusetzende Veranstaltung, wenn dies für die Erörterung der bes. Belange der Arbeitnehmer erforderlich ist (§ 42 II BetrVG). – Vgl. auch → Betriebsversammlung.

Abtretung → Forderungsabtretung.

Abtretungsverbot – Ausschluss der Abtretung von Forderungen an Dritte (§ 398 BGB). Abtretungsverbot besteht, wenn Leistung an einen anderen nicht ohne Inhaltsveränderung erfolgen kann, wenn Abtretung durch Vereinbarung ausgeschlossen (§ 399 BGB) oder Forderung unpfändbar ist (§ 400 BGB). Unselbstständige Nebenrechte sind nicht selbstständig abtretbar. – *Folge:* Unwirksamkeit der Abtretung. Im Handelsrecht allerdings kann ein Verbot, eine Geldforderung abzutreten, unwirksam sein (§ 354a HGB). – Vgl. auch → Forderungsabtretung.

Abtretung von Erstattungsansprüchen – 1. *Allgemein:* Ansprüche auf Erstattung von Steuern und steuerlichen Nebenleistungen, Steuervergütungen und Haftungsbeträgen können abgetreten werden (§ 46 I AO). – 2. *Wirksamkeitsvoraussetzungen:* Die Abtretung von Erstattungsansprüchen wird (erst) wirksam, wenn sie der Gläubiger nach Entstehung des jeweiligen Anspruchs gegenüber der Finanzbehörde auf amtlich vorgeschriebenem Vordruck anzeigt (§ 46 II, III AO). Dabei sind anzugeben: Abtretender, Abtretungsempfänger, Art und Höhe des abgetretenen Anspruchs sowie der Abtretungsgrund. Die Abtretungsanzeige ist sowohl vom Abtretenden als auch vom Abtretungsempfänger zu unterzeichnen. Wird die Abtretung von Erstattungsansprüchen in dieser Form angezeigt, müssen Abtretender und Abtretungsempfänger gegenüber der Finanzbehörde die Abtretung von Erstattungsansprüchen gegen sich gelten lassen, auch wenn sie nicht erfolgt, nicht wirksam oder nichtig ist (§ 46 V AO). Die Finanzbehörde ist damit der Pflicht enthoben, die Abtretung von Erstattungsansprüchen auf ihre Wirksamkeit hin zu überprüfen. – 3. Der *geschäftsmäßige Erwerb* von Erstattungs- oder Vergütungsansprüchen zum Zwecke der Einziehung oder sonstigen Verwertung auf eigene Rechnung ist – abgesehen von der Sicherungsabtretung durch Unternehmen, denen das Betreiben von Bankgeschäften erlaubt ist – nicht zulässig (§ 46 IV AO).

Abwägungsklausel – wettbewerbsrechtliche Klausel (vgl. § 36 I Satz 2 Nr. 1 GWB), die für fusionierende Unternehmen die Möglichkeit schafft, einer drohenden Untersagung eines Zusammenschlusses zu entgehen. Voraussetzung ist, dass durch den Zusammenschluss auf einem anderen Markt Verbesserungen der Wettbewerbsbedingungen eintreten, die die Behinderung des Wettbewerbs auf dem durch den Zusammenschluss direkt betroffenen Markt überwiegen. Auf diesem Wege wird der Kartellbehörde in begrenztem Umfang eine Abwägung wettbewerblicher Vor- und Nachteile eines Zusammenschlusses ermöglicht.

Abwärtskompatibilität → Aufwärtskompatibilität.

Abwasserabgabe – von den Ländern erhobene → Abgabe für das Einleiten von Abwasser in ein Gewässer; nach dem Abwasserabgabengesetz (AbwAG) i.d.F. vom 18.1.2005 (BGBl. I S. 114) m.spät.Änd. zu entrichten nach dem → Verursacherprinzip durch den Einleiter (Abgabepflichtiger). – *Bemessungsgrundlage:* Anzahl der laut Einleitungsbescheid zulässigen Schadeinheiten im Abwasser. Die Umrechnung von Schadstoffmengen in Schadeinheiten ergibt sich aus einer Tabelle im Anhang des Abwasserabgabengesetzes. – Der Abgabesatz je Schadeinheit und Jahr wurde seit 1981 stufenweise angehoben (§ 9 IV AbwAG). – Die Anforderungen an das Einleiten von Abwasser in Gewässer sind in der Abwasserverordnung (AbwV) i.d.F. vom 17.6.2004 m.spät.Änd. (BGBl. I S. 2625) geregelt.

Abwehranspruch – 1. Schutz gegen objektiv widerrechtliche *Eingriffe in geschützte Rechtsgüter* nach den Grundsätzen von § 1004 BGB. Abwehranspruch besteht in einer Unterlassungsklage, auch dann, wenn den Verletzer kein Verschulden trifft. – 2. Bei → unbefugtem Firmengebrauch (§ 37 HGB) besteht ein Abwehranspruch. Erforderlich ist, dass der Verletzte ein rechtliches Interesse wirtschaftlicher Art darlegt. Es ist immer dann gegeben, wenn der Gebrauch der nach dem Firmenrecht unzulässigen → Firma den Verletzten in irgendeiner Weise materiell beeinträchtigt. Das alleinige ideelle Interesse an Einhaltung der Firmenvorschriften genügt nicht. – 3. Bei *Verstoß* des → Handlungsgehilfen gegen die vereinbarte → Wettbewerbsklausel hat der Unternehmer einen Abwehranspruch, wenn keine → Vertragsstrafe vereinbart war (Klage aus § 1004 BGB oder auch → einstweilige Verfügung). – 4. *Weitere Fälle,* die einen Abwehranspruch begründen können: Verstöße gegen das Wettbewerbsrecht (→ unlauterer Wettbewerb, → Deutsches Kartellrecht), Patentrecht (→ Patent), Gebrauchsmusterrecht (→ Gebrauchsmuster), Markenrecht (→ Marke) u.Ä.

Abwehraussperrung → Aussperrung.

Abwehrwerbung – ist zur Abwehr wettbewerbswidriger Angriffe zulässig, wenn sie sich im Rahmen des Erforderlichen hält. Das erlaubte Maß der Abwehr wird durch Form und Inhalt des Angriffs bestimmt, u.U. ist scharfe Abwehr gerechtfertigt, die aber nicht in Rechte Dritter eingreifen und gegen Vorschriften zum Schutz der Allgemeinheit und der übrigen Mitbewerber verstoßen darf.

Abwehrzoll – tarifäre Belastung von Importen zum Schutz der inländischen Anbieter als Reaktion auf → Dumping ausländischer Konkurrenten und/oder auf Versuche eines anderen Landes, durch Zollerhebung die eigene Position einseitig zulasten seiner Handelspartner zu verbessern (sog. Strafzoll). Anti-Dumping-Zölle werden zusätzlich zu den normalen vertragsmäßigen Zöllen erhoben. – Vgl. auch → Antidumpingzoll, → Ausgleichszoll, → Vergeltungszoll.

Abweichungen – I. Statistik: Die absoluten, also ohne Vorzeichen betrachteten Differenzen zwischen den einzelnen Merkmalswerten und einem Lagemaß in einer → Stichprobe oder einer → Gesamtheit. Diese Abweichungen kennzeichnen die → Streuung von Merkmalswerten in einer Stichprobe oder einer Gesamtheit und führen zu → Streuungsmaßen.

II. Kostenrechnung: 1. *Charakterisierung:* Differenz zwischen Ist- und Plan-Kostenwerten (Kostenabweichungen). Abweichungen werden zur Kontrolle unternehmerischer Entscheidungen und ihrer Umsetzung ermittelt. Obwohl dies einen nicht unbeträchtlichen Aufwand erfordert, müssen Abweichungen ständig ermittelt werden und Abweichungsarten stets Gegenstand von Wirtschaftlichkeitsüberlegungen sein. – In der Plankostenrechnung werden Abweichungen bei der Ermittlung des Einflusses der → Kostenbestimmungsfaktoren zur Kontrolle der Wirtschaftlichkeit berechnet. – 2. *Formen/Teilabweichungen:* a) *Abweichungen vor der Kostenartenrechnung:* (1) *Preisabweichungen:* Differenz zwischen den zu Istpreisen und den zu Verrechnungspreisen bewerteten Materialmengen. Erfassung beim Zugang oder Verbrauch der Materialien entweder in der Finanzbuchhaltung oder in der Betriebsbuchhaltung. (2) *Lohnsatzabweichungen:* Differenz zwischen den zu Effektivlohnsätzen und Planverrechnungslohnsätzen bewerteten Arbeitszeiten. – b) *Einzelkostenabweichungen:* (1) *Einzelmaterial-Verbrauchsabweichungen:* Differenz zwischen Isteinzelmaterialkosten einer Kostenstelle und Planeinzelmaterialkosten. Zu ermitteln für jede Materialart. Ursachen: außerplanmäßige Produktgestaltung, außerplanmäßige Materialeigenschaften, Mischungsabweichungen und Schwankungen der innerbetrieblichen Wirtschaftlichkeit. (2) *Arbeitszeit- oder Leistungsabweichungen:* Vgl. d) (5). – c) *Abweichungen in der Kostenstellenrechnung:* (1) *Beschäftigungsabweichungen:* Tritt nur in der → Vollplankostenrechnung auf. Differenz zwischen Sollgemeinkosten der Istbezugsgröße und den verrechneten Plangemeinkosten der Istbezugsgröße. Die Beschäftigungsabweichungen sind die im Fall der Unterbeschäftigung zu wenig und im Fall der Überbeschäftigung zu viel auf die Kostenträger verrechneten fixen Kosten. Deshalb stellen sie keine echte Kostenabweichung, sondern nur eine Verrechnungsdifferenz (Rechenfehler aufgrund der vorgenommenen Fixkostenproportionalisierung) zwischen Kostenstellenrechnung und -trägerrechnung dar. Die Grenzplankostenrechnung weist keine Beschäftigungsabweichung aus (→ Leerkostenanalyse). (2) *Verbrauchsabweichungen (Mengenabweichungen):* Differenz zwischen Ist-Gemeinkosten und Soll-Gemeinkosten der Istbezugsgrößen, in jeder Kostenstelle kostenartenweise zu erfassen. In der Plankostenrechnung die Wirtschaftlichkeitsabweichung i.e.S. – d) *Abweichungen zwischen Kostenstellen und -trägern:* (1) *Verfahrensabweichungen (Arbeitsablaufabweichungen):* Differenz zwischen den Kosten eines Arbeitsganges des Istverfahrens und des Planverfahrens. Da den Kostenträgern stets die Plangemeinkosten angelastet werden, die dem geplanten, meist optimalen Verfahren entsprechen, entsteht zwangsläufig bei Verfahrenswechsel eine Abweichung zwischen der Kostenstellen- und der Kostenträgerrechnung. Sie setzt sich zusammen aus: Kostensatzabweichung und Fertigungszeitabweichung. (2) *Seriengrößen-Abweichungen:* Abweichungen infolge außerplanmäßiger Seriengröße, wenn in der Kostenstelle mit zwei Bezugsgrößen (Rüststunden, Fertigungsstunden) gerechnet wird. In der Plankalkulation wird der Kalkulation der Kostenträger eine Planrüstzeit-Relation (Verhältnis von Planrüststunden zur Planfertigungszeit) zugrunde gelegt. Den Kostenstellen werden jedoch die den effektiven Seriengrößen (Istrüstzeit-Relation) entsprechenden Plangemeinkosten gut gebracht. Die hierdurch entstehende Abweichung wird als Seriengrößen-Abweichung bezeichnet und stellt die mit dem Plangemeinkosten-Verrechnungssatz der Rüststunde bewertete, eingetretene Rüstzeitabweichung dar. Wird in der Kostenstelle nur eine Bezugsgröße (Fertigungszeit) verwendet, so schlägt die Seriengrößen-Abweichung in die Verbrauchsabweichung durch. (3) *Verrechnungsabweichungen:* Werden in einer Kostenstelle während der Planungsperiode verfahrenstechnische und/oder kapazitätstechnische Änderungen vorgenommen, so werden sich die zu verrechnenden Plangemeinkosten-Verrechnungssätze unterscheiden, was zur Folge hätte, dass man auch die Plankalkulation aller in dieser Kostenstelle bearbeiteten Kostenträger ändern müsste. Diese Korrektur wird wegen der Änderungskosten meist erst in der nächsten Planperiode vorgenommen. Die so zwischen Kostenstellen- und Kostenträgerrechnung entstehenden Differenzbeträge bezeichnet man als Verrechnungsabweichung. (4) *Intensitätsabweichungen:* Differenz zwischen Sollgemeinkostenvorgabe bei Ist-Intensität und Sollgemeinkostenvorgabe bei Plan-Intensität. (5) *Arbeitszeit- oder Leistungsabweichungen:* Die mit dem Plan-Verrechnungssatz pro Stunde bewertete Differenz der Ist-Fertigungsstunden und der Planfertigungsstunden. – 3. *Verteilung:* Es ist anzustreben, jede Abweichungsart möglichst exakt auf die Kostenträger zu verteilen. Bei manchen Abweichungen ist dies nur schwer möglich (z.B. Beschäftigungsabweichungen). – 4. *Bedeutung:* Werden im System der Plankostenrechnung für jeden Kostenbestimmungsfaktor entsprechende Kosten geplant, so entsteht bei Durchführung der → Kostenkontrolle für jede Einflussgröße i.d.R. eine Abweichung. Nur wenn alle wesentlichen Kostenbestimmungsfaktoren vorher als Abweichung isoliert wurden, bildet die zuletzt ermittelte „Verbrauchsabweichung" einen Maßstab für die innerbetriebliche Wirtschaftlichkeit.

Abweichungsanalyse – Aufspaltung der → Abweichungen nach ihren Ursachen, um die Verantwortlichkeit für die aufgetretenen Abweichungen feststellen und zuordnen zu können (bes. auf Kostenstellenleiter).

Abweichungsüberschneidungen – Abweichungen in der Plankostenrechnung, wenn mehrere Abweichungsursachen zugleich wirksam sind (z.B. Preissteigerungen und Mehrverbräuche). Die Gesamtabweichung lässt sich dann in Einzelabweichungen und eine gemeinsam verursachte Abweichung aufteilen. Letztere ist vom Kostenstellenleiter zumeist nicht zu verantworten.

Abwerbung – von Kunden und/oder Beschäftigten der Mitbewerber ist erst bei Hinzutreten bes. Umstände sittenwidriger Wettbewerb (→ unlauterer Wettbewerb; § 3 UWG). – 1. *Abwerben von Arbeitnehmern:* Ausnutzung des Vertragsbruchs eines Beschäftigten ist für sich kein wettbewerbswidriger Umstand, es müssen unlautere Begleitumstände hinzukommen, d.h. unlautere Mittel eingesetzt oder unlautere Zwecke verfolgt werden (vgl. BGH, 9.2.2006 – AZ I ZR 73/02 – NZA 2006, 500). Das ist etwa der Fall bei Verleiten zum Vertragsbruch, Beschäftigung unter bewußter Missachtung bestehender Wettbewerbsverbote, Anwerbung unter irreführenden oder herabsetzenden Äußerungen über den bisherigen Arbeitgeber, planmäßiges Ausspannen von Beschäftigten zur Lähmung des Konkurrenzunternehmens oder zur Ausbeutung seiner Fabrikations- und Geschäftsgeheimnisse. Der neue Arbeitsvertrag ist wirksam, es sei denn, der Abgeworbene hat sich an dem Wettbewerbsverstoß in sittenwidriger Weise beteiligt (§ 138 BGB). Rechtsfolge: Es kann, ggf. im Wege der einstweiligen Verfügung, ein befristetes Beschäftigungsverbot ausgesprochen werden, wenn und solange der durch die wettbewerbswidrige Abwerbung erzielte Wettbewerbsvorsprung dadurch beseitigt werden kann (Naturalrestitution, § 249 BGB); andernfalls geht der Schadensersatzanspruch auf Geld. – 2. *Abwerben von Kunden:* Kann wie die Abwerbung von Beschäftigten unlauterer Wettbewerb sein. Kündigungshilfe ist bei Einsatz lauterer Mittel (keine Herabsetzung, Täuschung etc.) zulässig.

ab Werk → EXW.

Abwertung – Wertverlust einer Währung (z.B. Euro) im Vergleich zu einer anderen Währung (z.B. US-Dollar). Die Euro-Abwertung wird im sog. Mengen-Wechselkurs (Kehrwert des Preiswechselkurses) deutlich: 1 Euro = 0,9639 US-Dollar sinkt auf 1 Euro = 0,9574 US-Dollar. Diese Notierung ist am → Devisenmarkt üblich. Eine Euro-Abwertung wird im sog. Preiswechselkurs, wie er i.d.R. „am Bankschalter" notiert wird, nur indirekt deutlich: Z.B. 1 US-Dollar = 1,0374 Euro verändert sich auf 1 US-Dollar = 1,0445 Euro. Der Preiswechselkurs zeigt hier vielmehr die spiegelbildliche → Aufwertung des US-Dollar (Dollarpreis in Euro steigt). – Vgl. auch → Wechselkurs, → Aufwertung, → Wechselkursbildung.

abwesend – Im Strafverfahren gilt ein Beschuldigter als abwesend, wenn sein Aufenthalt unbekannt ist oder dieser sich im Ausland aufhält und dessen Gestellung vor Gericht nicht ausführbar oder nicht angemessen ist (§ 276 StPO). Hauptverhandlung gegen Abwesende ist grundsätzlich unzulässig, das Verfahren dient lediglich der → Beweissicherung und der Sicherung einer späteren Vollstreckung (§§ 285 ff. StPO; dort Vorschriften über Gestellungsmaßnahmen und Geleit für Abwesende). – Ausnahmsweise kann in Abwesenheit des Angeklagten eine Hauptverhandlung zu Ende geführt werden (§§ 231 ff. StPO).

Abwickler – *Liquidatoren.*

I. Personengesellschaft: die zur → Abwicklung einer aufgelösten Personengesellschaft bestellten Personen (§§ 146 ff. HGB). Abwickler treten an die Stelle der Gesellschafter, da diese mit der Auflösung die Geschäftsführungs- und Vertretungsbefugnis verlieren. – 1. *Stellung:* Der Abwickler ist bis zur Beendigung der Abwicklung → Kaufmann. Zu unterscheiden sind „geborene", „gekorene" und „befohlene"

Abwickler – a) *Geborene Abwickler:* alle Gesellschafter, soweit nicht durch Beschluss oder Gesellschaftsvertrag einzelnen Gesellschaftern oder anderen Personen die Abwicklung übertragen ist (§ 146 I 1 HGB). Ist ein Gesellschafter gestorben oder stirbt er nach Auflösung der Gesellschaft, so tritt an seine Stelle sein → Erbe bzw. die → Erbengemeinschaft, im Fall eines → Insolvenzverfahrens über das Privatvermögen der → Insolvenzverwalter. – b) *Gekorene Abwickler:* durch Gesellschaftsbeschluss oder -vertrag als Abwickler bestimmte Gesellschafter oder andere Personen. – c) Durch das Gericht können bei → wichtigem Grund *befohlene Abwickler* auf Antrag eines Beteiligten bestellt werden (§ 146 II 1 HGB, § 375 Nr. 1 FamFG, → freiwillige Gerichtsbarkeit). Zur Annahme des Amtes eines „befohlenen" Abwicklers ist (anders als bei einem „geborenen" oder „gekorenen" Abwickler) niemand verpflichtet. – 2. *Eintragung:* Die geborenen und gekorenen Abwickler müssen von sämtlichen Gesellschaftern zur Eintragung im Handelsregister angemeldet werden (§ 148 I 1 HGB). Die Eintragung der befohlenen Abwickler erfolgt dagegen von Amts wegen. – 3. *Firmenzeichnung:* erfolgt durch Namensunterschrift neben der Firma, wobei diese als → Abwicklungsfirma kenntlich gemacht werden muss (§ 153 HGB). – 4. *Aufgaben:* alle Geschäfte, die zur Abwicklung dienen, z.B. Beendigung der laufenden Geschäfte, Einziehung der Forderungen, Befriedigung der Gläubiger und Verteilung des Restvermögens unter die Gesellschafter. Diese Abwicklungsgeschäfte sind → Handelsgeschäfte im Sinn des § 343 HGB. – a) *Beendigung der laufenden Geschäfte:* alle Maßnahmen im Rahmen einer geordneten Abwicklung. Das kann auch die einstweilige Fortführung der Geschäfte bedingen, da nur ein pfleglicher Abbau eine Schädigung der Gesellschaft und des Abwicklungszweckes verhindern kann. Werbende Maßnahmen müssen unterbleiben. – b) Zur *Einziehung der Forderungen* gehört auch die Geltendmachung sonstiger Ansprüche gegen Dritte, z.B. Herausgabe von Sachen, Abtretung von Rechten. Die Abwicklung hat auf bestehende Rechtsverhältnisse keinen Einfluss, sodass z.B. keine frühere Fälligkeit eintritt. – c) *Versilberung des Vermögens* i.Allg. nur, soweit erforderlich. Nach Befriedigung der Gläubiger ist das verbleibende Vermögen der Gesellschaft nach dem Verhältnis der Kapitalanteile an die Gesellschafter zu verteilen (§ 155 I HGB). – d) Die *Befriedigung der Gläubiger* umfasst auch die Gesellschafter, wenn sie Forderungen aus einem außerhalb des Gesellschaftsverhältnisses liegenden Rechtsgeschäft haben. – e) Zu den Geschäften der Abwickler gehören alle diejenigen *nicht,* die in das Gesellschaftsverhältnis der Gesellschafter eingreifen, z.B. Änderung der Firma, Bestellung von Prokuristen; wohl aber Erteilung von Handlungsvollmachten. – 5. *Vertretungsmacht:* die gerichtliche und die außergerichtliche Vertretung der Gesellschaft (§ 149 S. 2 HGB). Alle Abwickler (Gesamtabwickler) können nur *gemeinschaftlich* handeln. Durch Beschluss sind andere Regelungen möglich, die im Handelsregister einzutragen sind (§§ 150, 148 HGB). *Beschränkungen* der Befugnisse der Abwickler sind im Außenverhältnis unwirksam (§ 151 HGB). – 6. → Abberufung. – 7. *Tod eines Abwicklers:* Anstelle eines *geborenen Abwicklers* tritt sein Erbe. Bei *gekorenen Abwicklern* gilt dies nur, wenn sich aus den Umständen anderes nicht ergibt. Für gerichtlich *befohlene Abwickler* kommt ein Übergang des Amtes nicht in Frage. – 8. *Buchhaltung und Bilanzierung:* Bei Beginn und Beendigung der Abwicklung haben die Abwickler eine → Abwicklungsbilanz zu erstellen; AG, KGaA und GmbH haben, sofern sich die Abwicklung entsprechend lange hinzieht, laufende Abwicklungsjahresabschlüsse mit Lagebericht (§ 270 I AktG, § 71 I GmbHG) zu erstellen. – Ist während der Abwicklung von Personengesellschaften bereits Geld entbehrlich, so ist eine → Abschlagsverteilung vorzunehmen. Bei Kapitalgesellschaften vgl. → Abwicklung. – Nach der → Verteilung des Restvermögens und Beendigung der Abwicklung müssen sämtliche Abwickler das Erlöschen der Firma zur Eintragung in das *Handelsregister anmelden* und die Bücher und Papiere in Verwahrung geben (→ Aufbewahrungspflicht).

II. Kapitalgesellschaft: Für die Abwickler einer Kapitalgesellschaft, hier *Liquidatoren* genannt, gilt grundsätzlich Entsprechendes. – 1. *AG und KGaA:* Abwickler sind die Mitglieder des Vorstandes, falls nicht Satzung oder Hauptversammlung anders bestimmen (§§ 265 ff. AktG). – 2. *GmbH:* Mangels abweichender Bestimmung durch Gesellschaftsvertrag oder Beschluss der Gesellschafter sind die → Geschäftsführer zu „geborenen" Abwicklern berufen (§§ 66 ff. GmbHG).

III. Genossenschaft: Die aufgelöste → Genossenschaft wird durch den → Vorstand als Abwickler, auch hier *Liquidatoren* genannt, vertreten; → Satzung oder Beschluss der → Generalversammlung kann zur Vertretung bei der Abwicklung eine andere Regelung vorsehen (§§ 83 ff. GenG).

Abwicklung – *Liquidation.*

I. Allgemeines: Die Abwicklung soll nach → Auflösung einer Handelsgesellschaft die persönlichen und vermögensrechtlichen Bindungen der Gesellschafter lösen, um so die → Vollbeendigung einer Gesellschaft herbeizuführen. In rechtlicher Hinsicht setzt die Abwicklung einer Gesellschaft ihre Auflösung voraus. In wirtschaftlicher Hinsicht bleibt die Gesellschaft bestehen, jedoch in Änderung ihres Gegenstandes nunmehr zum Zweck der Abwicklung. Die Auflösung kann auf einem Gesellschafterbeschluss, im Zeitablauf, in Personenhandelsgesellschaften auf dem Tod eines vollhaftenden Gesellschafters, der Insolvenz der Gesellschaft oder Insolvenz über das Vermögen eines Gesellschafters beruhen, soweit der Gesellschaftsvertrag nichts Abweichendes bestimmt. Denkbar ist auch eine Abwicklung des Geschäftes eines Einzelkaufmanns; hier werden aber nur die geschäftlichen Beziehungen zu Dritten abgewickelt; das Unternehmen als solches hört bereits vor der Abwicklung auf zu bestehen.

II. Personengesellschaften: 1. Die Abwicklung nach §§ 145 ff. HGB erfolgt lediglich *im Interesse der Gesellschafter.* Es bestehen keine Gläubigerschutzvorschriften, weil der Gesellschafter einer Personengesellschaft – soweit nicht Kommanditist – den Gläubigern persönlich und meist unbeschränkt haftet. Jeder Gesellschafter hat Anspruch auf Durchführung der Abwicklung, den er notfalls im Wege der Klage durchsetzen kann. – 2. In *Ausnahmefällen unterbleibt* eine Abwicklung: (1) wenn sie gegenstandslos ist, z.B. weil kein Aktivvermögen vorhanden ist; (2) wenn über das Vermögen der Gesellschaft das → Insolvenzverfahren eröffnet ist; (3) durch Vereinbarung der Gesellschafter über eine andere Art der → Auseinandersetzung. Diese kann nicht gänzlich wegfallen, wohl aber zeitlich hinausgeschoben werden, z.B. um einen günstigeren Preis für den Verkauf des Unternehmens zu erzielen. – 3. Die Abwicklung *erfolgt außergerichtlich,* wobei die Gesellschaft mit ihrer → Abwicklungsfirma bestehen bleibt und lediglich ihr Zweck geändert wird. Wird das Geschäft mit der Firma noch vor Beendigung der Abwicklung veräußert, so muss die → Abwicklungsgesellschaft eine neue Firma annehmen, wenn dies für die Durchführung der Abwicklung, bes. für den Verkehr mit Dritten, erforderlich ist. Hierzu ist regelmäßig die Mitwirkung aller Gesellschafter notwendig. – 4. Die Abwicklung erfolgt durch *alle Gesellschafter als* → Abwickler. – 5. Durch die Abwicklung werden *Verträge,* die zwischen der Gesellschaft und Dritten geschlossen wurden, grundsätzlich nicht berührt. Die Abwicklung kann aber ein → wichtiger Grund zur fristlosen Kündigung sein. – 6. *Beendigung* der Abwicklung erst, wenn die laufenden Geschäfte erledigt, die Forderungen eingezogen, sämtliches Vermögen in Geld umgesetzt, die Gläubiger befriedigt sind und das übrige Gesellschaftsvermögen unter die Gesellschafter verteilt oder aber kein verteilbares Vermögen mehr vorhanden ist. – a) *Nach Beendigung der* Abwicklung ist das Erlöschen der Firma zum Handelsregister anzumelden. – b) *Die* → Aufbewahrungspflicht für Geschäftsbücher und -papiere der Gesellschaft ist gesetzlich auch für die Zeit nach der Vollbeendigung vorgeschrieben. Sie kann einem Gesellschafter oder einem Dritten auferlegt werden. Jedem Gesellschafter und dessen Erben steht ein Recht auf Einsicht und Benutzung der Bücher und Papiere zu. Die Berechtigten können sich Abschriften anfertigen.

III. Kapitalgesellschaften: 1. *AG oder KGaA:* Abwicklung findet *nach Auflösung* statt, wenn nicht Insolvenz über das Vermögen der Gesellschaft eröffnet ist (§§ 264–274 AktG). – a) Die Abwickler haben die Gläubiger unter Hinweis auf die Abwicklung der Gesellschaft durch dreimalige Bekanntmachung in den → Gesellschaftsblättern aufzufordern, ihre Ansprüche anzumelden; weitere Aufgaben vgl. → Abwickler. – b) *Bilanzierung:* Die Abwickler haben für den Beginn der Abwicklung eine Eröffnungsbilanz sowie für den Schluss eines jeden Jahres einen → Jahresabschluss und einen → Lagebericht aufzustellen (§ 270 AktG). Die Vorschriften über den Jahresabschluss (§§ 242–256a, 264–289 HGB) sind anzuwenden. Vermögensgegenstände des → Anlagevermögens sind jedoch wie → Umlaufvermögen zu bewerten, soweit sie nicht mehr dem Geschäftsbetrieb dienen oder ihre Veräußerung innerhalb eines übersehbaren Zeitraums beabsichtigt ist. Das Gericht kann von der Prüfung des Jahresabschlusses und des Lageberichts durch einen → Abschlussprüfer befreien, wenn die Verhältnisse der Gesellschaft so überschaubar sind, dass eine Prüfung im Interesse der Gläubiger und Aktionäre nicht geboten erscheint. – c) Nach Ablauf eines → Sperrjahres seit der letzten Aufforderung der Gläubiger kann das *Restvermögen* unter die Aktionäre *verteilt* werden. – d) Solange noch nicht mit der Verteilung des Vermögens unter die Aktionäre begonnen worden ist, kann die Hauptversammlung die *Fortsetzung* der Gesellschaft beschließen (§ 274 AktG). – e) Der *Schluss* der Abwicklung ist auf Anmeldung der Abwickler im Handelsregister einzutragen; die Gesellschaft ist zu löschen. – 2. *GmbH:* Für die Abwicklung der GmbH gelten entsprechende Vorschriften (§§ 60–77 GmbHG); das verbleibende Vermögen der Gesellschaft wird, falls der Gesellschaftsvertrag keine abweichende Regelung vorsieht, unter die Gesellschafter nach dem Verhältnis ihrer Geschäftsanteile verteilt (§ 72 GmbHG).

IV. Genossenschaft: Der Überschuss wird, soweit nicht die → Satzung die Verteilung ausschließt oder anders regelt, bis zur Höhe und zum Gesamtbetrag der Geschäftsguthaben i.d.R. anteilig nach diesen, ein darüber hinausgehender Betrag nach Köpfen verteilt. – *Einzelheiten:* §§ 78–97 GenG.

V. Steuerliche Folgen: 1. *Einkommen-/Körperschaftsteuer:* a) *Einzelunternehmen und Personengesellschaften:* Es ist zu unterscheiden zwischen Betriebsabwicklung, d.h. allmählicher Veräußerung der zum Betrieb gehörenden Wirtschaftsgüter, und Betriebsaufgabe. In beiden Fällen unterliegen Veräußerungs- oder Entnahmeerfolge der Einkommensteuer. Bei der Betriebsabwicklung finden die normalen Besteuerungsregelungen unverändert Anwendung, die Entnahme der Liquidationserlöse durch den Einzelunternehmer oder die Gesellschafter einer Personengesellschaft sind → Entnahmen. Bei Betriebsaufgabe sind dagegen unter bestimmten Umständen Vergünstigungen denkbar, u.a. ein Freibetrag und Maßnahmen zur Glättung von Progressionssprüngen, die aus der geballten Auflösung stiller Reserven in einem einzelnen Jahr resultieren könnten (→ Betriebsaufgabe). – b) *Kapitalgesellschaften:* (1) Auf der Ebene der Gesellschaft unterliegen die Gewinne aus der Abwicklung der Körperschaftsteuer. Der Gewinn wird bei der Abwicklung von unbeschränkt steuerpflichtigen Kapitalgesellschaften nicht mehr für jedes

Wirtschaftsjahr ermittelt, sondern für den gesamten Zeitraum der Abwicklung (§ 11 KStG), um Gewinne und Verluste aus der Abwicklung besser miteinander zu verrechnen. Infolge dieser Regelung wird der gesamte Gewinn aus der Abwicklung insgesamt erst versteuert, wenn der Abwicklungszeitraum beendet ist. Ausnahmen sind möglich, wenn die Abwicklung mehr als drei Jahre in Anspruch nimmt. (2) Auf der Ebene der Gesellschafter stellen die empfangenen Liquidationsraten Dividenden dar, soweit es sich nicht um die Rückzahlung von Einlagen handelt (→ steuerliches Einlagekonto). Dabei unterscheidet sich die Behandlung danach, ob der Gesellschafter die Anteile im Betriebs- oder Privatvermögen hält: (a) Hält der Gesellschafter die Anteile im Privatvermögen, so stellen die als Dividenden eingestuften Zahlungen reguläre Einkünfte aus Kapitalvermögen dar (§ 17 EStG; → Halbeinkünfteverfahren bis Ende 2008). Ab dem Veranlagungszeitraum 2009 unterliegen Dividenden und Veräußerungsgewinne der sog. → Abgeltungsteuer mit einem einheitlichen Steuersatz von 25 Prozent. Auf die Besitzzeit kommt es dabei nicht an. Veräußerungsverluste können nur mit Gewinnen aus Aktienverkäufen im selben Jahr oder in einem Folgejahr verrechnet werden. Als Kapitalrückzahlung eingestufte Beträge werden so behandelt, als ob der Gesellschafter seine Beteiligung veräußert hätte. Diese sind steuerlich nur relevant, wenn der Gesellschafter eine → wesentliche Beteiligung hält (§ 17 EStG). Die als Kapitalrückzahlung eingestuften Beträge werden nach den Grundsätzen des Halbeinkünfteverfahrens zur Hälfte (bis einschließlich 2008) besteuert. Ab 2009 wird das Halbeinkünfteverfahren durch das → Teileinkünfteverfahren ersetzt. Damit unterliegen 60 Prozent des Gewinns der Steuerpflicht (§ 52 XXXIVa S. 1 HS 2 EStG). (b) Hält der Gesellschafter die Beteiligung in einem Betriebsvermögen, so stellen die Liquidationsraten Betriebseinnahmen dar, welche wiederum unter Berücksichtigung des Teileinkünfteverfahrens zu versteuern sind. Verlieren im Zuge der Ausschüttungen die bilanzierten Anteilsrechte an der Gesellschaft an Wert, so sind diese entsprechend abzuschreiben. Der Aufwand hieraus steht den Liquidationsraten als Betriebsausgabe gegenüber. – 2. *Gewerbesteuer:* a) Die Steuerpflicht erlischt mit Ende der Abwicklung, Abwicklungsgewinne unterliegen bei Einzelunternehmen und Personengesellschaften nicht der → Gewerbesteuer (§ 4 I GewStDV). – b) *Kapitalgesellschaften* unterliegen aufgrund ihrer Rechtsform der Gewerbesteuer. Die Steuerpflicht bleibt bestehen, wenn die Gesellschaft ihren Betrieb eingestellt hat und sich in Abwicklung befindet. Bei der Abwicklung von Kapitalgesellschaften gilt die Regelung, dass der Gewinn nicht mehr für einzelne Wirtschaftsjahre, sondern für den gesamten Abwicklungszeitraum ermittelt wird analog; dieser Gewinn ist – zur Feststellung der anzuwendenden Hebesätze – auf die Jahre des Abwicklungszeitraums zu verteilen (§ 16 I GewStDV). – c) Liegt eine *Personengesellschaft* vor, unter deren Gesellschafter (auch) Kapitalgesellschaften sind, sind nach § 7 GewStG die auf Kapitalgesellschaften entfallendenen Gewinnanteile aus der Abwicklung weiterhin der Gewerbesteuer unterworfen, die auf natürliche Personen entfallenden Anteile nicht. – 3. *Umsatzsteuer:* Das Unternehmen bleibt im umsatzsteuerlichen Sinn bestehen, solange die Abwicklung andauert, da die Umsätze aus der Abwicklung zur unternehmerischen Tätigkeit gehören. Wird der Betrieb oder ein Teilbetrieb im Ganzen verkauft, dann ist dieser Vorgang in Deutschland und einigen anderen EU-Mitgliedsstaaten von der Steuerbarkeit ausgenommen (Sondervorschrift in § 1 Ia UStG; → Geschäftsveräußerung im Ganzen), wenn die Veräußerung an einen anderen Unternehmer für sein Unternehmen erfolgt. Dadurch soll vermieden werden, dass enorme Umsatzsteuerbeträge für die Gesamtveräußerung entrichtet und sofort wieder beim Käufer als Vorsteuer erstattet werden müssen.

Abwicklungsbilanz – *Liquidationsbilanz.*

I. Handelsrecht: 1. *Personengesellschaften* haben eine Abwicklungseröffnungsbilanz sowie eine Abwicklungsschlussbilanz aufzustellen (§§ 154, HGB). – a) Die *Abwicklungseröffnungsbilanz* bildet die Grundlage für die Tätigkeit der → Abwickler und gleichzeitig den Ausgangspunkt für die nach Beendigung der → Abwicklung zu erstellende Rechnung. Die Vermögensteile werden jedoch nicht zu dem nach den Vorschriften über den Jahresabschluss (§§ 252, 253 I HGB, bes. nach dem Anschaffungswert- und dem Realisationsprinzip) maßgebenden Wert angesetzt (Gläubigerschutz bei Unternehmensfortführung), sondern mit ihrem mutmaßlichen → Veräußerungswert (Gesichtspunkt der Liquidation). – b) Die *Abwicklungsschlussbilanz* (→ Schlussbilanz) dient der Vermögensverteilung sowie der Rechnungslegung der Abwickler. Daher ist sie also auch zu erstellen, wenn kein zu verteilendes Vermögen mehr vorhanden ist. Ist noch verteilbares Vermögen vorhanden, so muss sie vor der Verteilung aufgestellt werden. – 2. Bei *Kapitalgesellschaften* haben die Abwickler für den Beginn der Abwicklung eine Bilanz (Eröffnungsbilanz) und einen die Eröffnungsbilanz erläuternden Bericht sowie für den Schluss eines jeden Jahres einen → Jahresabschluss und einen → Lagebericht aufzustellen. Für Eröffnungsbilanz und Abwicklungsjahresabschluss gelten die Vorschriften für den Jahresabschluss einer fortzuführenden Kapitalgesellschaft entsprechend; d.h. für die Bewertung gilt grundsätzlich das Anschaffungskostenprinzip (§ 270 AktG, § 71 GmbHG).

II. Steuerrecht: Es besteht keine Pflicht zur Aufstellung einer speziellen Abwicklungsbilanz.

Abwicklungsfirma – Bezeichnung der → Firma bei einer sich in Auflösung befindlichen → Handelsgesellschaft, die bis zur völligen → Abwicklung ihre bisherige → Firma mit einem die Abwicklung andeutenden Zusatz, z.B. „in Liquidation“

(„i.L."), versehen muss (z.B. § 153 HGB, § 269 AktG, § 68 GmbHG, § 85 GenG).

Abwicklungsgesellschaft – eine nach → Auflösung einer Handelsgesellschaft entstehende Gesellschaft. Die Abwicklungsgesellschaft dient lediglich den Zwecken der → Abwicklung und hat jede werbende Tätigkeit zu unterlassen; aus einer werbenden Gesellschaft wird eine *Sterbende*. Die Geschäftsführungs- und Vertretungsbefugnisse der Abwicklungsgesellschaft stehen nur den → Abwicklern, nicht mehr den Gesellschaftern zu. Die Abwicklungsgesellschaft führt die → Abwicklungsfirma; sie kann i.Allg. in eine Erwerbsgesellschaft zurückverwandelt werden.

Abwracken – ursprünglich im Verkehrswesen die endgültige Außerbetriebsetzung von Schiffen bei technischer oder ökonomischer Überalterung; heute auch für andere Verkehrsmittel üblich. In Einzelfällen als staatlich subventionierte Maßnahme (→ Abwrackprämie) zur Kapazitätsreduzierung oder Flottenmodernisierung eingesetzt.

Abwrackprämie – 1. *Begriff:* umgangssprachlicher Ausdruck für Umweltprämie. Die Abwrackprämie war ursprünglich eine staatliche Prämie für den Kauf eines Neuwagens bei gleichzeitiger Verschrottung des Altwagens, die im Rahmen des → Konjunkturpakets II am 14.1.2009 vom Bundeskabinett beschlossen wurde. – 2. *Sinn* der Abwrackprämie war die Abschwächung des dramatischen Einbruchs der Konjunktur der Automobilwirtschaft, der durch die → Finanz-und Wirtschaftskrise von 2008 und 2009 hervorgerufen wurde. Die Prämie wurde zeitlich und vom Finanzvolumen her begrenzt, um Druck auf potenzielle Käufer auszuüben, möglichst rasch einen Neuwagen zu erwerben. Desweiteren sollte die Umweltbelastung durch schadstoffärmere Neufahrzeuge gesenkt werden. – 3. *Voraussetzungen:* Antragsberechtigt waren private Besitzer eines mind. neun Jahre alten Pkws, dieser musste mind. ein Jahr auf den Antragsteller zugelassen sein. Für den Kauf eines Neuwagens bzw. eines höchstens ein Jahr alten, einmalig zugelassenen Jahreswagens konnte die Abwrackprämie beantragt werden. Die Verschrottung des Altfahrzeuges musste nachgewiesen werden.

Abzählkriterium → Identifikation.

Abzahlungsgeschäft – I. Bürgerliches Recht und Handelsrecht: 1. *Begriff:* → Kreditvertrag, der die Lieferung einer oder mehrerer bestimmter Sachen oder anderer Leistungen gegen Teilzahlung zum Gegenstand hat, v.a. Kauf von beweglichen Sachen. – 2. *Formen:* a) *Teilzahlungsgeschäft:* Dem Käufer wird schon vor vollständiger Zahlung die Ware übergeben, der Kaufpreis ist in Teilzahlungen zu entrichten. – b) → Sukzessivlieferungsvertrag. – 3. *Rechtsfolgen:* Bei einem Abzahlungsgeschäft in der Form eines → Verbrauchervertrags gelten bes. Schutzvorschriften (§§ 499–507 BGB). Das Teilzahlungsgeschäft (§ 501 BGB) wird weitestgehend wie ein → Verbraucherdarlehen behandelt. Beim Sukzessivlieferungsvertrag hat der Verbraucher immerhin ein → Widerrufsrecht (§ 505 BGB); außerdem bedarf dieser Vertrag grundsätzlich der → Schriftform. – Vgl. auch → finanziertes Abzahlungsgeschäft.

II. Buchung/Bilanzierung: Der Käufer wird auf einem Teilzahlungskonto, auch Konto „Nichtfällige Forderungen", mit dem gesamten Kaufpreis belastet (Sollbuchung) und auf einem Konto „Fällige Forderungen" für eine Anzahlung erkannt (Habenbuchung), auf das auch einzeln die jeweils fälligen Raten übertragen sowie geleistete Ratenzahlungen gebucht werden. Werden die Zahlungen abgebrochen, so wird die Restschuld auf das Konto „Fällige Forderungen" übertragen und dieses Konto für die Rückgabe und einen geleisteten Schadensersatz erkannt. Ein evtl. Differenzbetrag geht als Aufwand bzw. Ertrag in die → Gewinn- und Verlustrechnung (GuV) ein.

III. Umsatzsteuerrecht: 1. Für die *Höhe der* → Umsatzsteuer ist grundsätzlich entscheidend, ob die Kreditgewährung als eigenständige sonstige Leistung des Verkäufers an den Kunden angesehen werden kann oder nur als bloße Nebenleistung (Verkaufsmodalität) im Rahmen der Hauptleistung eingestuft werden muss (wie z.B. bei → Skonto): a) Lässt sich eine eindeutige Trennung beider Leistungen durchführen, so wird die Kreditgewährung wegen § 4 Nr. 8 UStG automatisch steuerfrei. Dafür müssen jedoch die Entgelte für die Kreditgewährung gesondert vereinbart und ein Jahreszins ausgewiesen sein, sowie das Entgelt für die Kreditgewährung außerdem gesondert abgerechnet werden (Abschn. 4.8.2 UStAE). – b) Ist die Kreditgewährung nur Nebenleistung (keine eindeutige Trennung möglich), dann sind alle Kaufpreisraten in voller Höhe umsatzsteuerpflichtig. – 2. Für die *Liquiditätsbelastung durch die Umsatzsteuerschuld* ist dagegen entscheidend, ob der Verkäufer nach vereinbarten oder nach vereinnahmten Entgelten seine Steuerschuld berechnen muss. – a) Bei Versteuerung nach vereinnahmten Entgelten (→ Istversteuerung) entsteht die Umsatzsteuerschuld des Verkäufers jeweils erst mit Eingang der jeweiligen Raten; dies ist jedoch nur ein Ausnahmefall, der nur bei kleineren Unternehmen infrage kommt. – b) Üblicherweise ist die Versteuerung nach vereinbarten Entgelten (→ Sollversteuerung) Pflicht; hier entsteht die volle Steuerschuld bereits mit Ablauf des Voranmeldungszeitraums, in dem die Leistung ausgeführt worden ist, d.h. die für das Abzahlungsgeschäft zu zahlende Umsatzsteuer wird bereits zu Anfang in vollem Umfang fällig und muss daher u.U. vorfinanziert werden (z.B. durch eine höhere erste Rate).

Abzahlungshypothek – *Ratenhypothek;* Form einer → Hypothek, bei der die Rückzahlung des langfristig gewährten Darlehns in gleichbleibend hohen Tilgungsraten erfolgt. Da aufgrund der regelmäßig abnehmenden Restschuld die Zinsen sinken, verringern sich auch die vom Schuldner insgesamt zu zahlenden Rückzahlungsbeträge (*anders:* → Tilgungs- oder

Annuitätenhypothek sowie → Kündigungs- bzw. → Fälligkeitshypothek). – In der heutigen Praxis des Kreditgeschäftes sind Hypotheken weitgehend unüblich, Kredite werden zumeist durch → Grundschulden besichert.

Abzinsung → Diskontierung.

Abzinsungsfaktor → Diskontierung.

Abzinsungspapiere – *Diskontpapiere*. 1. *Begriff*: Wertpapiere ohne laufende Verzinsung, deren Verkaufspreis sich durch Abzinsung des Nennwertes auf den Kaufzeitpunkt ergibt. Der Anleger bekommt am Ende der Laufzeit den Nennwert einschließlich des Abzinsungsbetrages (→ Abschlag, → Disagio) ausgezahlt. Typische Beispiele für Abzinsungspapiere sind → unverzinsliche Schatzanweisungen. – *Beispiel*: Für eine Schuldverschreibung im Nennwert von 10.000 Euro mit einjähriger Laufzeit zahlt der Kreditnehmer (7 Prozent Kapitalmarktzins) 9.300 Euro; bei Rückzahlung werden 10.000 Euro fällig. – 2. *Steuerliche Behandlung*: Der Abzinsungsbetrag unterliegt bei Auszahlung der 25-prozentigen → Abgeltungsteuer.

Abzüge – I. Preise: Minderung der in der Faktura (Rechnung) ausgewiesenen und buchhalterisch belasteten Preise, z.B. Kunden- → Skonto, → Rabatt, Nachlass u.Ä. – *Zu buchen* auf den Waren-ein- oder -verkaufskonten bzw. deren Unterkonten. *Warenrücksendungen* an Lieferer werden im Wareneinkaufskonto im Haben, die der Kunden auf dem Warenverkaufskonto im Soll gebucht.

II. Arbeitslohn: → Lohnabzüge: Minderung des → Bruttoarbeitsentgelts.

Abzugsbetrag → Verschonungsabschlag.

Abzugsfähigkeit von Steuern – steuerrechtlicher und -technischer Begriff für die Möglichkeit, bereits gezahlte Steuerbeträge bei der Ermittlung der → Bemessungsgrundlage einer anderen oder derselben Steuer abzuziehen. – *Anders*: → Abzugsteuern.

Abzugskapital – bei der Ermittlung des → betriebsnotwendigen Kapitals abzusetzende, dem Unternehmen scheinbar zinslos zur Verfügung gestellte Kapitalanteile.

Abzugsmethode – 1. *Begriff*: eine Methode zur Milderung der Wirkungen der → Doppelbesteuerung bei grenzüberschreitenden Geschäften, die dadurch gekennzeichnet ist, dass die im Ausland bezahlten Steuern bei der inländischen Gewinnermittlung als Betriebsausgaben (bzw. Werbungskosten) geltend gemacht werden können. – 2. *Betroffene Steuerarten*: in Deutschland Einkommensteuer und Körperschaftsteuer; bei der Erbschaftsteuer wird nur die – günstigere – Anrechnungsmethode praktiziert (§ 21 ErbStG). – 3. *Rechtsgrundlagen*: Dass die Abzugsmethode bei der dt. Einkommensbesteuerung erlaubt ist, ergibt sich aus § 34c II und § 34c III EStG, bei körperschaftsteuerpflichtigen Personen aus einem entsprechenden Verweis auf das EStG in § 26 KStG. Den Abzug ausländischer Steuern von der dt. Steuerbemessungsgrundlage ausdrücklich zu erlauben, ist rechtlich deswegen erforderlich, weil § 12 EStG alle Steuern vom Einkommen im Grundsatz zu nicht abzugsfähigen Kosten der persönlichen Lebensführung erklärt und auch ausländische Steuern vom Einkommen somit nicht abziehbar wären, gäbe es nicht die entsprechende gesetzliche Sonderregelung. – 4. *Funktionsweise*: Gemäß der Abzugsmethode würde jemand, der im Ausland 100 Euro verdient und dort bereits Einkommensteuern von 60 Euro bezahlt hat, im Inland seine Einkommensteuer auf den verbliebenen Restbetrag von 40 Euro (= 100-60) bezahlen müssen. Betrüge der inländische Steuersatz also z.B. nochmals 50 Prozent, wären noch 20 Euro an inländischer Einkommensteuer zu zahlen. – 5. *Wirtschaftliche Wirkung*: Die Abzugsmethode verhindert nicht, dass bei einem grenzüberschreitenden Geschäft die Gesamtbelastung mit Steuern infolge der zweifachen Besteuerung im Ausland und im Inland zu einem wesentlich geringeren Nettogewinn führt, als wenn jemand sich nur im eigenen Land betätigt (und damit nur einer einmaligen Besteuerung unterlegen) hätte; dies zeigt das gerade genannte Beispiel deutlich. Indem sie die inländischen Steueransprüche nur auf den nach der ausländischen Steuer verbliebenen Restbetrag bezieht, verhindert sie aber immerhin, dass die Summe der in- und ausländischen Steueransprüche sich auf mehr als 100 Prozent beläuft. Somit stellt die Abzugsmethode nur einen Minimalstandard zur Milderung der Doppelbesteuerung dar, beseitigt ihre schädlichen Effekte aber keinesfalls ganz. – 6. *Anwendungsfälle*: Voraussetzung für die Anwendung der Abzugsmethode bei der ESt/KSt ist in allen Fällen, dass es sich bei der im Ausland erhobenen Steuer um eine „Steuer vom Einkommen" handelt, d.h. kein Abzug von ausländischen Vermögensteuern oder Erbschaftsteuern. Im Einzelnen gilt: a) *Wahlrecht in Fällen der Anrechnungsmethode*: Grundsätzlich kann die Abzugsmethode immer dann gewählt werden, wenn auch die Anrechnungsmethode möglich wäre (§ 34c II EStG); dieses Wahlrecht gilt sogar auch dann, wenn die Anrechnungsmethode aufgrund eines Doppelbesteuerungsabkommens vorgesehen ist (§ 34c VI Satz 2, außer für Fälle der fiktiven Anrechnung). Trotz der generellen Nachteiligkeit der Abzugsmethode gegenüber der Anrechnungsmethode ist die Entscheidung für die Abzugsmethode z.B. dann sinnvoll, wenn die inländische Steuer ohnehin Null beträgt; da sich die heutige Steuer dann ohnehin nicht weiter senken lässt, macht es dann nämlich Sinn, durch den Abzug als Betriebsausgabe/ Werbungskosten z.B. einen Verlustvortrag zu schaffen, der sich im nächsten Jahr noch steuermindernd verwerten lässt. – b) *Auffangregelung in allen anderen Fällen*: Außerdem ist immer dann, wenn im Ausland eine „Steuer vom Einkommen" erhoben worden ist, für die die Anrechnungsmethode nicht möglich wäre, automatisch die Abzugsmethode anzuwenden (§ 34c III EStG). Voraussetzung ist aber in jedem Fall, dass die Steuer festgesetzt wurde, gezahlt ist und nicht ermäßigt werden konnte. – 7. *Rechtstechnische Besonderheiten:* Aus reiner Vorsicht formuliert der Gesetzgeber die Abzugsmethode so, dass die ausländischen Steuern nicht „als" Betriebsausgaben/Werbungskosten abgezogen werden können (das wäre das Eingeständnis, dass es keine Lebensführungskosten sind), sondern besteht darauf, dass sie nur "wie" Betriebsausgaben/Werbungskosten abziehbar sind; durch eine solche Fomulierung wird jedenfalls verhindert, dass aus einer Anerkennung ausländischer Steuern als abziehbare Kosten noch anderweitige, vom Gesetzgeber unerwünschte Schlussfolgerungen gezogen werden könnten.

Abzugsteuern – 1. Steuerrechtlicher *Begriff* für Steuern, die nicht vom Empfänger einer Zahlung bezahlt werden, sondern von der auszahlenden Stelle direkt an die Finanzbehörde zu leisten sind. Da der Abzug zumeist an der Ertrags- bzw. Einkunftsquelle erfolgt, wird synonym von *Quellensteuern* gesprochen. – 2. *Ausgestaltung:* Unterschieden werden a) Abzugsteuern, die anrechenbar sind und somit den Charakter von Vorauszahlungen auf die endgültige Steuerschuld des Zahlungsempfänger haben (z.B. Lohnsteuer, die eine Vorauszahlungen auf die Einkommensteuerschuld darstellt); – b) Abzugsteuern, bei denen der Steueranspruch mit der Abführung der Abzugsteuern *endgültig abgegolten* ist (z.B. bei Zinserträgen aus bestimmten Wertpapieren); – c) Mischformen, bei denen der Steuerpflichtige wählen kann, ob die Abzugsteuern endgültig oder im Rahmen einer Steuerveranlagung auf eine nach individuellen Grundsätzen ausgerechnete Steuerschuld angerechnet werden soll (z.B. Zins- und Dividendenerträge). – 3. *Erhebung:* → Steuerabzug unter Anwendung des → Quellenabzugsverfahrens. – 4. *Vorteil:* Relativ einfache Erhebung (feststehende Steuersätze, zumeist 20, 25 Prozent oder 30 Prozent) und Sicherheit des Aufkommens. – *Nachteil:* Persönliche Verhältnisse des Steuerschuldners können exakt erst im nachträglichen Ausgleichsverfahren (→ Veranlagung) berücksichtigt werden. – 5. Bis zum 31.12.2008 betrugen *Abzugsteuern auf Dividenden und ähnliche Bezüge* im Sinn des § 20 I Nr. 1, 2 EStG und § 43 I Nr. 1–3 EStG 25 Prozent, Abzugsteuern auf Zinsen und Kapitalerträge im Sinn des § 20 I Nr. 7 EStG (Zinsabschlag) 30 Prozent (bei Tafelgeschäften: 35 Prozent). – 6. Seit dem 1.1.2009 gibt es auch in Deutschland eine → Abgeltungsteuer für Kapitalerträgen für Privatanleger (§ 20 EStG) in Höhe von einheitlich 25 Prozent (Unternehmensteuerreformgesetz 2008).

Abzugsverfahren – früheres Verfahren des Umsatzsteuerrechts, durch das bei bestimmten Umsatzgeschäften dem Leistungsempfänger die Pflicht auferlegt wurde, die auf die bezogene Leistung entfallende Umsatzsteuer des leistenden Unternehmers vom Rechnungsbetrag einzubehalten und für dessen Rechnung ans Finanzamt abzuführen, sodass dem leistenden Unternehmer vom Rechnungsbetrag nur das Nettoentgelt ausgezahlt werden durfte. Rechtsgrundlage waren die §§ 51–58 UStDV. – Das Abzugsverfahren wurde 2002 durch das sog. → Reverse-Charge-Verfahren ersetzt. Der entscheidende rechtliche Unterschied zu heute war, dass unter der Geltung des Abzugsverfahrens der Leistungsempfänger für die Zahlung einer Steuerschuld zu sorgen hatte, die rechtlich aber weiterhin die Schuld seines Geschäftspartners geblieben war. Dagegen ist heutzutage unter der Geltung des Reverse-Charge-Verfahrens der inländische Leistungsempfänger selbst der Steuerschuldner, der ausländische Unternehmer kann also von der dt. Finanzverwaltung nicht mehr in Anspruch genommen werden.

Acceptable Quality Level (AQL) – maximaler Prozentsatz fehlerhafter Einheiten, der für die Prüfung einer Stichprobe als befriedigende durchschnittliche Qualität angesehen werden kann.

Accepted Set → Awareness Set.

Account – 1. *Informatik:* Konto eines Users für ein Dienstleistungsangebot in einem Computernetzwerk, z.B. bei einem → Internet Service Provider oder einem → Application Service Provider. Der Zugang erfolgt mithilfe einer Zugangs-ID und eines Passworts im Rahmen eines Authentifizierungsprozesses. – Vgl. auch → Login. – 2. *Buchführung:* → Konten.

Accountant – *Chartered Accountant;* Berufsbezeichnung für → Wirtschaftsprüfer (WP) in Großbritannien und Irland. – *Certified Public Accountant;* Berufsbezeichnung für Wirtschaftsprüfer in den USA, im District of Columbia, in Guam, Puerto Rico und auf den US Virgin Islands.

Accounting Principles Board (APB) – 1959 mit dem Zweck der Erarbeitung von Rechnungslegungsgrundsätzen für börsennotierte Unternehmen vom → American Institute of Certified Public Accountants (AICPA) gegründet. Zentrale Verlautbarungsart des Accounting Principles Board (APB) war die APB-Opinion. Ab 1973 übernimmt das → Financial Accounting Standards Board (FASB) die Aufgaben des APB.

Accounting Research Bulletin (ARB) – Verlautbarungen des → Accounting Principles Boards (APB) und damit Teil der → US-GAAP. Die bis zum Jahre 1959 veröffentlichten Accounting Reaserch Bulletin bezogen sich auf Einzelprobleme der Rechnungslegung und hatten zunächst Empfehlungscharakter, bis die → SEC diese für die Erstellung der Jahresabschlüsse anerkannte. Die Accounting Reaserch Bulletin besitzen bis heute Gültigkeit, sofern sie nicht durch andere Verlautbarungen ersetzt bzw. modifiziert wurden.

Account Management → Key Account Management.

Account Manager → Werbeberufe.

Account-Service → Werbeberufe.

Account Supervisor → Werbeberufe.

Accrual Principle – 1. *Finanzpolitik:* Der Zeitraum zwischen Steuerfälligkeit und -zahlung soll verkürzt werden, um die Wirkungsweise des konjunkturpolitischen Instrumentariums zu verbessern. Ist der zeitliche Abstand zwischen beiden zu groß, könnten z.B. Steuererhöhungen, die zur Dämpfung der Konjunktur vorgenommen werden, erst in der Phase des konjunkturellen Abschwungs und somit prozyklisch wirksam werden, wodurch der gegenteilige konjunkturpolitische Effekt erzielt würde (→ Lag). – 2. *Öffentliche Haushaltsrechnung:* Verbuchungsmethode, bei der eine laufende Verbuchung der jeweiligen Einnahme- und Ausgabepositionen und ein zusammengefasster Ausweis erfolgt. In Deutschland sind – von einigen Ausnahmen abgesehen – Einnahmen und Ausgaben unsaldiert nach dem Bruttoprinzip zu buchen (→ Haushaltsgrundsätze). – 3. *Internationale Rechnungslegung:* Prinzip der periodengerechten Aufwands- und Ertragsabgrenzung (→ Framework des → International Accounting Standards Board (IASB)).

Achte EG-Richtlinie – *Prüferrichtlinie.* 1. *Rechtslage:* Verabschiedet am 10.4.1984. Umgesetzt in deutsches Recht durch das Bilanzrichtlinien-Gesetz vom 19.12.1985. – 2. *Bedeutung:* Harmonisierung der Zulassungsbestimmungen zur Vornahme von Pflichtprüfungen gemäß § 316 HGB innerhalb der Mitgliedsstaaten der EU. – 3. *Inhalt:* Anpassungen der Wirtschaftsprüferordnung hinsichtlich der Zulassung zum Wirtschaftsprüferexamen bzw. zur Anerkennung von Wirtschaftsprüfungsgesellschaften, vgl. auch → Bilanzrichtlinien-Gesetz (BiRiLiG). – Die Richtlinie (RL) wurde aufgehoben durch Richtlinie 2006/43/EG des Europäischen Parlaments und des Rates vom 17.5.2006 über Abschlussprüfungen von Jahresabschlüssen und konsolidierten Abschlüssen.

ACI – Abk. für *Association Cambiste Internationale (Financial Markets Association).* 1955 in Frankreich gegründet. Anstoß war ein entsprechendes Abkommen zwischen Devisenhändlern in Frankreich und England. Seither hat sich ACI zur führenden Organisation für professionelle Händler an Finanzmärkten entwickelt. Ziel der Organisation ist die Interessenvertretung ihrer Mitglieder, die Wahrung und Weiterentwicklung von Verhaltensstandards an den Finanzmärkten sowie die Aus- und Weiterbildung von Händlern an Finanzmärkten.

à condition – im kaufmännischen Sprachgebrauch: Rückgabevorbehalt für bedingt übernommene Ware.

a conto → Teilzahlung (Abschlagzahlung) auf fällige Schuld.

Acquis Communautaire → Europarecht, → EU-Erweiterung.

Acquisition Accounting → Purchase-Methode.

Action Lag → Lag.

Actio Pro Socio – Begriff des Gesellschaftsrechts. Mit der Actio Pro Socio kann ein einzelner Gesellschafter bei der BGB-Gesellschaft, OHG oder KG das allen Gesellschaftern gegen einen einzelnen Gesellschafter zustehende Recht im eigenen Namen auch durch Klage für die Gesellschaft geltend machen. Er kann aber nur Leistung an alle Gesellschafter verlangen.

Active Server Page – proprietäre Skriptsprache der Firma Microsoft zur serverseitigen Erzeugung dynamischer Inhalte im → World Wide Web. – Vgl. auch → Java Server Page (JSP), PHP Hypertext Preprocessor.

Activity Based Costing → Prozesskostenrechnung.

Ad – Kurzbezeichnung für Werbebanner (→ Banner).

Adaptation – Adaptation beschreibt die → Anpassung von → Unternehmen an veränderte Klimabedingungen (vgl. Bundesministerium für Bildung und Forschung 2007, S. 11). – Vgl. auch → Mitigation.

Adaptive Control – Anpassung dynamischer Systeme mithilfe von Instrumenten, die einen gewünschten Zustand des Systems dadurch herbeiführen wollen, dass bei Störungen des Systems zielkonforme Reaktionen ausgelöst werden (Baetge). Den höchsten Grad der Anpassungsfähigkeit erreichen solche Systeme, die bei wesentlichen Änderungen der Umwelt ihre Systemelemente zu ändern vermögen. – *Anwendung* z.B. in der Produktion zur fortlaufenden Optimierung des Herstellungsprozesses. – Vgl. auch → Anpassung.

adaptive Entscheidung → programmierbare Entscheidung.

adaptive Erwartung → Erwartung.

Adäquation – Bezeichnung für einen grundlegenden Problemkreis der Statistik. Im ursprünglichen Sinn ist Adäquation die bestmögliche Übertragung idealtypischer sozialwissenschaftlicher Begriffe in statistische Gattungsbegriffe zum Zwecke empirischer Untersuchungen. Adäquation umfasst v.a. die Probleme der korrekten Abgrenzung der → Grundgesamtheit, der Auswahl der für das Untersuchungsziel geeigneten statistischen → Merkmale, der Festlegung der Skalierung (→ Skala) dieser → Variablen und eine Vielzahl von Einzelproblemen, wie etwa die Gestaltung von Fragebögen und von Interviews.

AdClick – *Clickthrough,* Abk. für *Advertisement-Click.* Zahl der Mausklicks eines Internetnutzers auf ein bestimmtes grafisches werbetragendes Objekt (Werbungs-Klick) wie Werbebanner oder -button (→ Banner), das über → Hyperlinks direkt zu dahinter liegenden Informationen (→ Websites) eines Werbetreibenden führt. Über die Zählung der AdClicks lässt sich die Akzeptanz von Internetangeboten bei den Internetnutzern feststellen. Die Kennzahl erfasst die Reaktion des Nutzers auf → Onlinewerbung und dient dem Werbetreibenden als Responsegröße zur Beurteilung seiner Werbeeffizienz.

Add-a-Card-Anzeige → Anzeige, der eine Rückantwort- oder Bestellkarte beigefügt bzw. in die eine Postkarte eingeklebt ist.

Additionssätze – in der Wahrscheinlichkeitsrechnung: Beziehungen zwischen Wahrscheinlichkeiten von Ereignissen. – 1. Sind zwei Ereignisse A und B unvereinbar (disjunkt), ist also $A \cap B$ die leere Menge (das unmögliche Ereignis), so ist $P(A \cup B) = P(A) + P(B)$. Die Wahrscheinlichkeit dafür, dass die Ereignisse A oder B (oder beide) eintreten, ist also gleich der Summe der beiden Einzelwahrscheinlichkeiten. – 2. Wird nicht vorausgesetzt, dass A und B unvereinbar sind, so gilt $P(A \cup B) = P(A) + P(B) - P(A \cap B)$. Hier ist also von der Summe der Einzelwahrscheinlichkeiten die Wahrscheinlichkeit dafür zu subtrahieren, dass sowohl A als auch B eintreten. Der Additionssatz für unvereinbare Ereignisse ist Bestandteil des Axiomensystems, das der Wahrscheinlichkeitsrechnung zugrunde liegt. – 3. Für die Berechnung der Wahrscheinlichkeit einer Vereinigung von mehr als zwei Mengen kann die Siebformel von Sylvester-Poincaré verwendet werden.

additive Grenzkosten – nach A.C. Pigou (1877-1959) → Grenzkosten, die durch Vergrößerung der Betriebsanlagen entstehen, während die übliche Grenzkostenuntersuchung meist unter der Annahme einer konstanten → Betriebsgröße erfolgt.

additiver Umweltschutz – *End-of-Pipe-Technik;* Sammelbegriff für Maßnahmen im → Umweltschutz, die dem Prozess der umweltschädlichen Leistungserstellung nachgeschaltet sind. – *Gegensatz:* → integrierter Umweltschutz. – Vgl. auch → präventiver Umweltschutz, → Umweltpolitik.

Additivitätsprinzip – besagt, dass auf einem vollkommenen → Markt (Kapitalmarkt) der Marktwert eines Unternehmens unabhängig davon ist, in welcher Zusammensetzung von Teilströmen das Unternehmen den Gesamtzahlungsstrom dem Markt anbietet. Der Marktwert des Unternehmens ist immer eine lineare Verknüpfung der Marktwerte der Teilströme.

Add-on – Funktionserweiterung bestehender → Hard- oder → Software, ohne die die Basishard- oder -software problemlos verwendet werden kann. Im Gegensatz zu einem → Plug-in kann ein Add-on jedoch nicht allein verwendet werden.

Adequacy-Importance-Modell – Verfahren zur Messung von → Einstellungen, das die Merkmalsbeurteilung mit ihren jeweiligen Wichtigkeiten multipliziert und die daraus resultierenden Eindruckswerte aufsummiert – Vgl. auch → Adequacy-Value-Modell, → Fishbein-Modell.

Adequacy-Value-Modell – Verfahren zur Messung von → Einstellungen, das den Eindruck von Merkmalen und ihren Eigenschaften misst, diesen aber nicht mit der subjektiven Bedeutung gewichtet. Die Einstellung zu einem Produkt oder einer Dienstleistung ergibt sich als Summe der Eindrücke aller Eigenschaften bzw. ihrer Ausprägungen. – Vgl. auch → Adequacy-Importance-Modell, → Fishbein-Modell.

ADF-Test → Dickey-Fuller-Test.

Ad-hoc-Kooperation – *Projektkooperation, Contractual Joint Venture;* Formen vorübergehender Zusammenarbeit (→ Kooperation), die bevorzugt von Unternehmen der Investitionsgüterindustrie (v.a. Großanlagen) genutzt werden. Ad-hoc-Kooperationen enden mit dem Erreichen des vorgegebenen Projektziels; festere oder dauerhafte Organisationsstrukturen bilden sich kaum. – *Organisationsformen* der Ad-hoc-Kooperation: (1) *Konsortium:* Jeder Partner trägt für seinen Beitrag zum Gesamtprojekt die Verantwortung; (2) *Arbeitsgemeinschaft:* Die einzelne Partnerfirma ist für die Realisation des Gesamtprojektes verantwortlich; (3) *Projektgemeinschaft:* Das Unternehmen mit der größten Erfahrung ist Hauptauftragnehmer und Systemführer, während den anderen Partnern die Rolle des Unterauftragnehmers bzw. Subunternehmers oder des Zulieferanten zukommt; (4) *Zusammenarbeit mit* einer vom Auftraggeber eingesetzten *Institution* (Consulting Engineering-Büro, GTZ, DEG, Exporthandels-Unternehmen etc.) bes. bei Projekten in Entwicklungsländern. – Vgl. auch → Exportgemeinschaft.

Ad-hoc-Publizität → Börsenkommunikation.

Adjusted Present Value → Unternehmungsbewertung, wertorientierte Unternehmensführung.

Adjustierung des Signifikanzniveaus – Vorgehen bei → statistischen Testverfahren mit diskreten Prüfverteilungen, bei denen ein vorgegebenes → Signifikanzniveau nicht exakt eingehalten werden kann, ein faktisches Signifikanzniveau zu wählen, das möglichst nahe (über oder unter) dem vorgegebenen liegt. – Vgl. auch → konservatives Testen, → Randomisierung.

ADL-Punktesystem – 1. *Begriff:* Abk. für „Activities of Daily Living" („Tätigkeiten des täglichen Lebens"). – 2. *Merkmale:* Bei Anwendung des ADL-Punktesystems wird zur Beurteilung der → Pflegebedürftigkeit eine ärztliche Untersuchung vorgenommen und festgestellt, inwiefern die pflegebedürftige Person bestimmte Grundfertigkeiten eigenständig ausführen kann. Hierbei spielt es keine Rolle, wie viel Zeit die aufgrund der Pflegebedürftigkeit erforderlichen Hilfestellungen bei der Ausführung von „Tätigkeiten des täglichen Lebens" in Anspruch nehmen. Entscheidend ist allein der körperliche Zustand der pflegebedürftigen Person. Kranken- oder Lebensversicherer, die das ADL-Punktesystem anwenden, staffeln die Leistungen in ihren Produkten nach der Anzahl der erreichten ADL-Punkte, wobei je ein Punkt für eine nicht selbstständig ausführbare Grundfertigkeit vergeben wird. Zumeist wird in Deutschland mit einem 6-Punktesystem gearbeitet. – 3. *ADL-Punktesystem in den*

Musterbedingungen des GDV: a) An- und Auskleiden, b) Einnehmen von Mahlzeiten und Getränken, c) Waschen, d) Fortbewegen im Zimmer, e) Aufstehen und Zu-Bett-Gehen, f) Verrichten der Notdurft.

AD-ME-SIM – Abk. für *Advertising-Media-Simulation.* – Vgl. auch → Mediaselektionsmodelle.

Administrationssystem – in der → betrieblichen Datenverarbeitung ein → Softwaresystem, dessen Aufgaben v.a. die Verwaltung und Verarbeitung von Massendaten (→ Daten) und die rationelle Erledigung von Routineaufgaben sind; typische Einsatzgebiete z.B. im Rechnungswesen (Finanzbuchhaltung, Fakturierung etc.), Materialwirtschaft (Lagerbestandführung etc.).

administrative Kontrollfunktion – Teilfunktion des Haushaltsplans (→ Haushaltsfunktionen). Der Haushaltsplan stellt die gesetzliche Bewirtschaftungsgrundlage der Verwaltung dar, bindet deren Handeln und ermöglicht somit der Regierung und dem Parlament eine Kontrolle des Verwaltungsapparats.

administrativer Lag → Lag.

administrativer Protektionismus → Verwaltungsprotektionismus.

administrative Wertanalyse → Gemeinkostenwertanalyse.

Adopter – potenzielle Kunden, die mit unterschiedlicher Innovationsfreudigkeit bzw. Risikobereitschaft neue Produkte in einer bestimmten Zeit annehmen (adoptieren) und damit ihre Verbreitung (→ Diffusion) im Markt fördern. Es bestehen unterschiedliche → Adoptergruppen, die durch bestimmte Eigenschaften charakterisiert sind.

Adoptergruppe – Gruppen bzw. Klassen von → Adoptern. Unterschieden werden die → Innovatoren, die → Frühadopter, die → frühe Mehrheit, die → späte Mehrheit und die → Nachzügler. Die verschiedenen Adoptergruppen weisen soziologische und verhaltenstheoretische Eigenschaften auf, die sie voneinander unterscheiden.

Adoption – I. Wirtschaftswissenschaften: Annahme einer → Innovation durch verschiedene Individuen, z.B. die Annahme eines neuen Produkts durch einen Käufer. Dabei werden fünf → Adoptorkategorien unterschieden.

II. Bürgerliches Recht: Bezeichnung für die → Annahme als Kind.

Adoptivkinder – durch Adoption (→ Annahme als Kind) angenommene Kinder. Die Adoption wird vom Familiengericht (bis zum 31.08.2009: Vormundschaftsgericht) ausgesprochen und durch Zustellung des Annahmebeschlusses an den Annehmenden rechtswirksam (§ 197 Abs. 2 FamFG, Nachfolgegesetz des FGG). – Wird das Kind adoptiert, so erlangt es die rechtliche Stellung eines ehelichen Kindes (§ 1754 BGB) und wird ein Kind i.S.d. § 32 Abs. 1 Nr. 1 EStG. Adoptivkinder sind somit → Angehörige im Sinn der Steuergesetze (§ 15 I Nr. 3 AO). – Zu unterscheiden ist die Annahme minderjähriger und volljähriger Kinder: a) Mit der Adoption eines minderjährigen Kind erlischt das Verwandtschaftsverhältnis des Kindes und seiner Abkömmlinge zu seinen leiblichen Eltern; nimmt ein Ehegatte das Kind seines Ehegatten an, erlischt das Verwandtschaftsverhältnis nur zu dem anderen Elternteil und dessen Verwandten (§ 1755 BGB). b) Wird eine volljährige Person als Kind angenommen, gilt diese ebenfalls als im ersten Grad mit der annehmenden Person verwandt. Das Verwandtschaftsverhältnis zu den leiblichen Eltern erlischt jedoch nur dann, wenn das Familiengericht der Annahme die Wirkung einer Volladoption beigelegt hat (§ 1772 BGB, H 32.1 EStH). Ansonsten bleibt das Verwandtschaftsverhältnis der adoptierten Person zu seinen leiblichen Eltern weiterhin bestehen. Um eine Doppelberücksichtigung zu vermeiden, sind bei der Einkommensteuer die → Kinderfreibeträge und die sonstigen Familienförderungsvergünstigungen jedoch vorrangig bei den Adoptiveltern zu berücksichtigen (§ 32 II EStG).

Adoptorkategorien – Einteilungsschema der → Innovations- und Diffusionsforschung, das die verschieden schnelle → Adoption einer → Innovation durch verschiedene Individuen beschreibt. Entsprechend den unterschiedlichen Diffusionsphasen (→ Diffusion) gibt es fünf Adoptorkategorien: (1) Innovatoren, (2) frühe Adoptoren, (3) frühe Mehrheit, (4) späte Mehrheit und (5) Zauderer. – Die Darstellung dieser Adoptorkategorien in einer Grafik, in der auf der x-Achse die Zeit und auf der y-Achse die Anzahl der Adoptoren abgetragen ist, ergibt im Idealfall eine Glockenkurve (vgl. Abbildung „Adoptorkategorien").

ADR – *American Depositary Receipt,* → Aktienzertifikat für nichtamerikanische Aktiengesellschaften, das den Handel an US-amerikanischen Börsen ermöglicht. ADRs werden ausgestellt von amerikanischen Banken und anstelle der Aktien gehandelt, um damit bestimmten amerikanischen Vorschriften zu genügen.

Ad-Rem-Verfahren – *Advertising Registration Measurement;* Methode der Werbemittelanalyse, bei der die Testpersonen eine Mappe mit Anzeigen durchsehen, von denen der größte Teil Kontrollanzeigen sind. Danach müssen Kärtchen mit Produktmarken nach „gesehen", „weiß nicht" und „nicht gesehen" sortiert werden. – Vgl. auch → Folder-Test.

Adresse – numerische, u.U. auch alphanumerische Kennzeichnung eines Speicherplatzes im → Arbeitsspeicher eines Computers.

Adressenverlag – *Adressenvermittler;* Unternehmen, das als Dienstleistung die systematische Zusammenstellung von Adressen (vorwiegend für → Direktwerbung) liefert. Vielfach versendet der Adressenverlag auch die vom werbungstreibenden Unternehmen gelieferten Werkmaterialien. Als

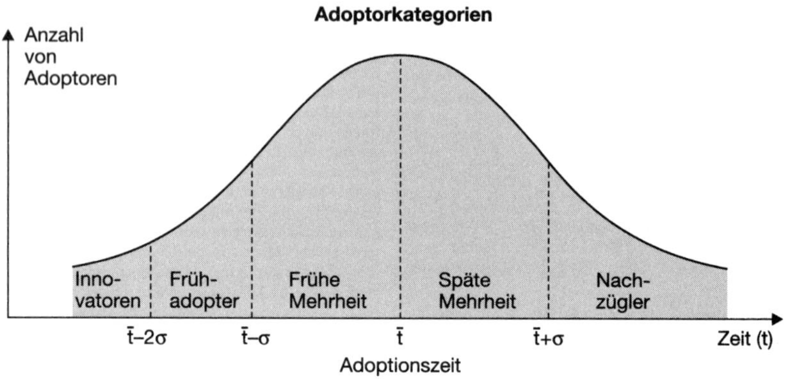

Systematisierungskriterien dienen Branchen, Berufsgruppen, Regionen u.a. – Adressenverlage unterliegen *bes. Vorschriften des Bundesdatenschutzgesetzes* (§ 1 BDSG). – Vgl. auch → Datenschutz.

Adressenvermittler → Adressenverlag.

Adressraum – Menge der von einem → Prozessor ansprechbaren → Adressen; die Größe des Adressraums ist abhängig vom Prozessortyp und von dem → Betriebssystem (BS).

ADSL – Abk. für *Asymetrical Digital Subscriber Line;* Übertragungstechnologie für Daten, die eine hohe Übertragungsgeschwindigkeit über das Telefonnetz ermöglicht, ohne dass der Telefondienst eines Anschlusses beeinträchtigt wird.

Ad-Valorem-Zoll → Wertzoll.

Advanced Analytics – in die Zukunft gerichtete Erweiterung der → Business Intelligence, bei der Prognosen der zukünftigen Entwicklung stärker im Vordergrund stehen als die Analyse der Istsituation bzw. Vergangenheit.

Advance Payment Guarantee → Anzahlungsgarantie.

Adverse Selection – *adverse Selektion, Antiselektion, Negativauslese.* 1. *Begriff:* Adverse Selection bezeichnet eine Ausprägung von Marktversagen, welche aus der → Informationsasymmetrie zwischen Vertragspartnern (Käufern und Verkäufern) vor Vertragsabschluss resultiert (Hidden Characteristics). – 2. *Mechanismus:* In dem auf Akerlof (1970) zurückgehenden Modell, das als Klassiker dieser Literatur gilt, wird am *Beispiel des Marktes für Gebrauchtwagen* illustriert, wie sich unvollständige Informationen der Nachfrager auswirken: Die Nachfrager können die Anbieter von gut erhaltenen Gebrauchtwagen nicht von den Anbietern schlecht erhaltener Gebrauchtwagen unterscheiden. Umgekehrt kennt jeder Anbieter genau die Qualität seines Autos. Ein Nachfrager geht deshalb von einer durchschnittlichen Qualität der Gebrauchtwagen aus. Die Anbieter von guten Gebrauchtwagen werden zur Deckung ihrer Opportunitätskosten (Nutzeneinbuße durch Verkauf des Autos) stets einen höheren Preis verlangen müssen als die Anbieter schlecht erhaltener Wagen. Da die Anbieter von schlecht erhaltenen Gebrauchtwagen jedoch wissen, dass die Nachfrager gute und schlechte Anbieter nicht unterscheiden können, besteht für sie ein Anreiz vorzugeben, ebenfalls Autos von hoher Qualität zu verkaufen und denselben Preis wie die Anbieter guter Autos zu fordern. Da dieser Preis jedoch u.U. über dem Preis liegen wird, den die Nachfrager für die von ihnen erwartete Durchschnittsqualität zu zahlen bereit sind, werden keine Transaktionen mit den Anbietern guter Autos zustande kommen, d.h. Anbieter höherer Qualität ziehen sich aus dem Markt zurück und es werden nur Gebrauchtwagen unterdurchschnittlicher Qualität angeboten. Dieses Marktversagen ist eine Folge der asymmetrischen Informationsverteilung: Wären die Nachfrager über die Qualität der Gebrauchtwagen vollständig informiert, würde jeder Gebrauchtwagen angeboten und einen Preis abhängig von seiner Qualität erzielen.Auf Versicherungsmärkten entsteht dieses Problem als Folge der Informationsasymmetrie zwischen Anbietern und Nachfragern von Versicherungen. Die Anbieter haben üblicherweise einen Informationsnachteil hinsichtlich wichtiger Merkmale der Nachfrager, welche die Eintrittswahrscheinlichkeiten von Versicherungsfällen betreffen.Adverse Selektion stellt eine mögliche Ursache für Marktversagen auf Arbeitsmärkten dar, bspw. als Folge der Informationsasymmetrie zwischen Arbeitgeber und Bewerber hinsichtlich der Qualifikation von Bewerbern. – 3. Typischerweise hat eine Marktseite ein Interesse an der Entwicklung von Marktmechanismen, welche den Informationsnachteil abbauen, wie die Anbieter gut erhaltener Gebrauchtwagen im Akerlof-Modell (z.B. durch die Gewährung von Qualitätsgarantien). Diese werden mit den Begriffen Signalling oder Screening zusammengefasst. Beim Signaling geht die Initiative vom gut informierten Partner aus (Werbung, Garantien, Zeugnisse oder Zertifikate im Bewerbungsprozess), beim Screening dagegen vom schlecht informierten Partner (Auswahlgespräche, Fragebögen). – Vgl. auch → Prinzipal-Agent-Theorie.

Advertainment – Wortschöpfung aus *Advertising* und *Entertainment*; unterhaltende Form der Werbung, die auffällig gestaltet ist und vorrangig Humor und Witz als Stilmittel einsetzt, um bei den Zielpersonen (Rezipienten) aktive → Wahrnehmung und → Aufmerksamkeit zu erzeugen. – Vgl. auch → Infotainment.

Advertising Allowance – ähnlich dem Werbekostenzuschuss, den ein Hersteller einem Händler oft für die prominente Bewerbung seiner Produkte (z.B. erste Seite eines Handzettels/Prospektes) gewährt. – Vgl. auch → Händlernachlass.

Advertising-Media-Simulation (AD-ME-SIM) → Mediaselektionsmodelle.

Advertising Registration Measurement → Ad-Rem-Verfahren.

Advertorial – Wortschöpfung aus *Advertising* und *Editorial* (redaktioneller Beitrag); → Anzeigen werden so gestaltet, dass der flüchtige Leser sie als solche nicht erkennt und ihnen die Glaubwürdigkeit eines redaktionellen Beitrags beimisst. Um diese Wirkung zu erzielen müssen die Anzeigen jedem → Werbeträger bez. Stil und Redaktionskonzept angepasst werden.

AdView – Anzahl der Sichtkontakte mit einem werbetragenden Objekt (z.B. Werbebanner) auf einer Webpage.

Advocacy Consulting – Unter Advocacy Consulting werden Gefälligkeitsgutachten, Stellungnahmen oder Untersuchungen, die dazu dienen, einen bestimmten Standpunkt zu unterstützen und vorgegebene Ergebnisse zu liefern, verstanden. Im Bereich der Unternehmungsberatung können sie zur Rechtfertigung von Unternehmensentscheidungen oder bereits gefasster Pläne in Betracht gezogen werden. Dies bedeutet nicht notwendigerweise, dass die Übereinstimmung zwischen vorhandenen Konzepten einer Geschäftsleitung und den Ergebnissen von Consulting-Projekten den Tatbestand einer unzulässigen Gefälligkeit erfüllt. Sie kann durchaus sachlich begründet sein. Aus Sicht der Beraterethik (→ Consulting Governance) ist die Erstellung von Advocacy Consulting jedoch inakzeptabel, da sie die Gebote der Neutralität und Objektivität grob verletzen. Voraussetzung korrekter Beratertätigkeit ist eine Projektzielsetzung, die alternative Ergebnisse zulässt sowie die objektive und unabhängige Projektdurchführung.

AEUV – Abk. für *Vertrag über die Arbeitsweise der Europäischen Union*; durch den → Vertrag von Lissabon erfolgte Umbenennung des *Vertrags über die Europäische Gemeinschaft* (→ EGV). Alle Art. des EGV werden mit dem AEUV neu nummeriert und ggf. neu gefasst. Die → Europäische Gemeinschaft hat mit Wirkung vom 1.12.2009 ihre Rechtspersönlichkeit verloren und ist endgültig in der → EU aufgegangen, die gleichzeitig Rechtspersönlichkeit gewonnen hat.

AfA – Abk. für → Absetzung für Abnutzung.

AfaA – Abk. für → Absetzung für außergewöhnliche technische oder wirtschaftliche Abnutzung.

AfA-Tabellen – (nicht gesetzesamtliche) Bezeichnung für die von der Finanzverwaltung herausgegebenen Tabellen über die → betriebsgewöhnliche Nutzungsdauer der beweglichen Wirtschaftsgüter des Anlagevermögens zur Bemessung der → Absetzung für Abnutzung (AfA). Die AfA-Tabellen sind nach Wirtschaftszweigen gegliedert und enthalten die nach den Erfahrungen der steuerlichen → Außenprüfung ermittelten durchschnittlichen Nutzungsdauern. Die AfA-Tabellen sind nicht verbindlich; i.d.R. wird die gewählte Nutzungsdauer jedoch anerkannt, wenn sie die in den AfA-Tabellen angegebene nicht unterschreitet.

AfDB – 1. *Begriff*: Abk. für *African Development Bank (AfDB)*; gegründet 1964 in Khartum; Geschäftsaufnahme 1966. Die anfangs durch afrikanische Staaten gegründete AfDB öffnete sich später auch für nicht regionale Mitglieder (europäische Staaten, Kanada, USA, Japan, China, Südkorea, Indien, Brasilien, Argentinien, Saudi-Arabien und Kuwait). Mitglieder der AfDB sind 53 afrikanische und 24 nicht afrikanische Staaten. – 2. *Ziele*: nachhaltige Armutsbekämpfung, wirtschaftliche Entwicklung und sozialer Fortschritt der Mitgliedsländer durch Unterstützung bei Entwicklungshilfeprojekten, Harmonisierung nationaler Entwicklungsstrategien. – *Schwerpunkte* der Kreditvergabe: Agrar-, Transport-, Energie- und Exportsektoren. – 3. *Abteilungen der ADB*: Afrikanischer Entwicklungsfonds (African Development Fund, AfDF), 1973/74 zur Gewährung von finanziellen Hilfen in Form von Zuschüssen und günstigen Krediten an bes. arme afrikanische Länder gegründet; der Nigerianische Treuhandfonds (Nigeria Trust Fund, NTF), 1976 als spezieller Fonds mit Mitteln der Republik Nigeria gegründet.

Affekt – spontane, intensive Gefühlsäußerung der Akzeptanz oder Ablehnung, die im Gegensatz zu → Emotionen eher kurzfristig ist und kognitiv wenig kontrolliert wird. Affekte sind nicht zielgerichtet, da intuitiv, aber handlungsorientiert. Als Beispiel für Affekthandlungen gelten → Impulskäufe.

Affidavit – eidesstattliche Versicherung zur Glaubhaftmachung eines Rechts.

Affinity Group → Affinity Marketing.

Affinity Marketing – Teilaspekt des Marketingkonzeptes. Dabei wird versucht, durch Ausnutzung enger persönlicher Beziehungen zu sog. Affinity Groups (soziale → Bezugsgruppen), die vor dem Hintergrund zunehmender Informationsüberlastung entstehenden Wahrnehmungsbarrieren der → Konsumenten zu überwinden und die Glaubwürdigkeit von Werbebotschaften durch Bezugnahme auf diese Affinity Groups zu erhöhen. Die Einbeziehung von Opinion Leaders, Führungspersönlichkeiten etc., durch materielle und immaterielle Zuwendungen an die Affinity Groups und durch spezielle Angebote für Affinity-Group-Angehörige stellen Kernelemente des Konzeptes dar.

Affirmative Action – aus dem US-amerikanischen stammende Bezeichnung für institutionalisierte Maßnahmen, die die Diskriminierung von Frauen und Minderheiten in den Bereichen Aus- und Weiterbildung, Studium und Beruf verhindern soll. Ein entsprechender Regierungserlass besagt dementsprechend, dass bislang benachteiligte Bewerber bei gleicher Qualifikation bevorzugt eingestellt und gefördert werden müssen.

à forfait – (frz.: in Bausch und Bogen), bezieht sich auf den Ankauf von Forderungen unter gleichzeitigem Verzicht auf Rückgriffsrechte gegenüber dem Verkäufer (→ Forfaitierung). Auf einem Wechsel wird mit diesem Zusatz ein möglicher Rückgriff ausgeschlossen (→ Wechselrückgriff).

African Development Bank → AfDB.

African Union (AU) – 1. *Begriff und Merkmale: Afrikanische Union;* Organisation der regionalen Integration in Afrika mit Sitz in Addis Abeba; seit 2001/2 Nachfolgeorganisation der Organisation für Afrikanische Einheit. – 2. *Zielsetzung*: Politische und wirtschaftliche Integration. Gemeinsamer Gerichtshof und gemeinsame Währung. – 3. *Organe:* Höchstes Organ der AU ist die Generalversammlung, in der die Staats- und Regierungschefs der Mitgliedsländer vertreten sind. Der Exekutivrat der AU setzt sich aus den Fachministern der Länder zusammen. Er ist der Generalversammlung verantwortlich. Die Kommission der AU umfasst neben einem Vorsitzenden und einem stellvertretenden Vorsitzenden acht Kommissare, die für unterschiedliche Aufgabenbereiche zuständig sind. Die AU umfasst auch das Panafrikanische Parlament, das eine gewisse Kontrollfunktion ausüben soll, einen Gerichtshof und weitere Institutionen.

Afrikanische Entwicklungsbank → AfDB.

Afrikanische Union → African Union (AU).

AfS – Abk. für → Absetzung für Substanzverringerung.

Aftalion – Albert, 1874–1956, in Bulgarien geborener franz. Nationalökonom, der an den Universitäten Lille und Paris lehrte. Er hatte großen Einfluss auf die Generation von akademischen Ökonomen, die zwischen den beiden Weltkriegen ihr Studium in Frankreich begann. In der Tradition der → Österreichischen Grenznutzenschule entwickelte er eine reale → Konjunkturtheorie, in der die Überinvestitionen nach einer Erhöhung der Konsumgüternachfrage ein wesentliches Erklärungselement bilden. Aftalion wird mit → Clark, J. M. zu den Entdeckern des → Akzelerationsprinzips gerechnet. Unter seinen zahlreichen Schriften hat das zweibändige Werk „Les crises périodiques de surproduktion" (1913) am meisten zu seinem internationalen Ansehen beigetragen. Von diesem Werk gibt es eine Zusammenfassung in Englisch „The Theory of Economic Cycles Based on the Capitalistic Technique of Production", in: Review of Economic Statistics, 9 (1927).

AFTD – American Foreign Trade Definitions; v.a. innerhalb der USA gebräuchliche Lieferbedingungen, welche den → Incoterms hinsichtlich bestimmter Abkürzungen (z.B. → FOB: free on board) ähneln, jedoch inhaltlich oft sehr anders sind.

After-Sales-Service – 1. *Begriff:* technische und kaufmännische Dienstleistungen nach dem Kauf (→ Kundendienst), z.B. Schulung des Bedienungspersonals, Wartungs- und Reparaturdienste, Managementleistungen. – 2. *Zweck:* Von großer Bedeutung für die Angebotsdifferenzierung (Qualitätswettbewerb) und Schaffung eines → akquisitorischen Potenzials bei komplexen und erklärungsbedürftigen Produkten und Produktverbunden. Von besonderer Bedeutung im Investitionsgüterbereich. Im Endkundengeschäft darüber hinaus Basis für das → Ersatzteilgeschäft und nachfolgende Services zur Einkommensgenerierung und Kundenbindung. – *Gegensatz:* → Pre-Sales-Service.

AG – 1. Abk. für → Aktiengesellschaft (AG). – 2. Abk. für → Amtsgericht.

AG & Co. – Abk. für *Aktiengesellschaft & Co.*

AGB – Abk. für → Allgemeine Geschäftsbedingungen (AGB).

AGB-Gesetz – Gesetz zur Regelung des Rechts der → Allgemeinen Geschäftsbedingungen (AGB) vom 9.12.1976 (BGBl. I 3317) m.spät.Änd. Durch die → Schuldrechtsreform als Nebengesetz aufgehoben und mit geringfügigen Änderungen in das → Bürgerliche Gesetzbuch (BGB) – §§ 305–310 BGB – integriert.

Agency Fee – einmalige, vom Kreditnehmer an die vermittelnde Bank zu zahlende Provision, die i.d.R. auf den Kreditbetrag bezogen ist.

Agency-Kosten – 1. *Begriff:* I.w.S. sämtliche pekuniären und nichtpekuniären Kosten, die durch Interessenkonflikte im Rahmen einer Prinzipal-Agent-Beziehung (→ Agency-Theorie) entstehen. Agency-Kosten i.e.S. werden von M.C. Jensen und W.H. Meckling (1976) definiert als Summe der Überwachungs- und Bindungskosten zzgl. des Residualverlusts (Residual Loss). Überwachungskosten messen den Wert der Ressourcenaufwendungen des Prinzipals zur Überwachung des Agenten. Als Bindungskosten wird der Wert der

Ressourcen bezeichnet, die ein Agent aufwendet, um ein bestimmtes vom Prinzipal unerwünschtes Verhalten glaubhaft auszuschließen. Beide Kategorien sind Bestandteil der Kosten zur Abfassung, Überwachung und Durchsetzung von Verträgen. Der Residualverlust reflektiert die Unmöglichkeit der Durchsetzung eines vollkommenen Vertrages. Er wird als monetäres Äquivalent der Wohlfahrtseinbuße definiert, die dem Prinzipal entsteht, wenn der Agent trotz Aufwendung von Überwachungs- und Bindungskosten nicht im besten Interesse des Prinzipals handelt, sondern zumindest teilweise ein abweichendes Ziel verfolgt. – 2. *Ursachen:* Folgende Bedingungen müssen erfüllt sein, damit Agency-Kosten entstehen können: a) Ein Verzicht des Prinzipals auf einen Agenten ist nicht durchführbar (der Prinzipal kann sich z.B. nicht selbst unter Narkose operieren) oder kommt (z.B. wegen des Verzichts auf Spezialisierungsvorteile) nicht in Betracht (ärztliche Diagnose vs. Selbstdiagnose). – b) Der Agent verfügt über bessere Informationen als der Prinzipal. – c) Eine vollständige Überwachung der Aktivitäten des Agenten ist nicht oder nur unter Aufwendung von Kosten möglich. – d) Die Interessen des Agenten sind nicht deckungsgleich mit denen des Prinzipals. – 3. *Abgrenzung:* Agency-Kosten entstehen zu Beginn einer Vertragsbeziehung (ex ante) im Zuge eines umfassenden Interessenausgleiches zwischen vollständig rational handelnden Akteuren. Im Rahmen des Transaktionskostenansatzes wird dagegen von unvollständigen → Verträgen eingeschränkt rational handelnder Individuen ausgegangen, die notwendigerweise Lücken aufweisen. Aus diesem Grund besteht (ex post) im Erfüllungsstadium der Beziehung weiterer Handlungsbedarf seitens der Vertragspartner. Im Gegensatz zu den Agency-Kosten beinhalten *Transaktionskosten* im Sinn von → Williamson daher auch Ressourcenaufwendungen, die ex post im Rahmen einer Anpassung der Vertragsbeziehung an unvorhergesehene Ereignisse anfallen.

Agency-Problem → Agency-Theorie.

Agency-Theorie – 1. *Begriff/Gegenstand:* a) *I.w.S.:* Zweig der Wirtschaftstheorie, der die Kooperation zwischen Wirtschaftssubjekten beim Vorliegen von Interessenkonflikten und → Informationsasymmetrie zum Gegenstand hat. – b) *I.e.S.:* Ausgangspunkt der Agency-Theorie i.e.S. ist eine Agency-Beziehung, bei der definitionsgemäß eine Partei (der Agent) im Auftrag einer anderen Partei (dem Prinzipal) agiert. Eine Agency-Beziehung kommt zumeist zustande, weil der Agent über spezielles Wissen bzw. bes. Fähigkeiten im Hinblick auf die in Frage stehenden Aufgaben verfügt. Agency-Beziehungen bestehen z.B. zwischen Anteilseignern und Vorstand, Mandant und Rechtsanwalt, Patient und Arzt. In der Agency-Theorie wird durchweg unterstellt, dass Individuen ihr Eigeninteresse verfolgen. Folglich kann nicht davon ausgegangen werden, dass der Agent automatisch im besten Interesse des Prinzipals handelt. Es liegt mit anderen Worten ein Agency-Problem vor und es stellt sich die Frage, wie der Prinzipal den Agenten dennoch motivieren kann, sich möglichst so zu verhalten, wie der Prinzipal es wünscht. Eine vollständige Überwachung der Aktivitäten des Agenten in Verbindung mit einer Sanktionierung von Fehlverhalten des Agenten kommt häufig (etwa aus Kostengründen) nicht in Betracht. Daher widmet sich die Agency-Theorie vornehmlich dem Problem der indirekten Verhaltenssteuerung des Agenten durch die Bereitstellung von Anreizen im Rahmen von Verträgen zwischen Prinzipal und Agenten. Solche Anreizverträge (Incentive Contracts) setzen an beobachtbaren Größen an, auf die der Agent durch sein Verhalten Einfluss nimmt. Sie könnten z.B. eine Gewinnbeteiligung des Agenten in Form von Bonuszahlungen, Akkord- oder Prämienlöhne oder die Selbstbeteiligung eines Versicherten im Schadenfall vorsehen. Im Zentrum der Agency-Theorie steht die Prämisse, dass vertragliche Vereinbarungen aus Sicht von Prinzipalen und Agenten optimal im Sinn des Zweitbesten sind; erstbeste und damit Pareto-optimale Lösungen sind in erster Linie wegen der asymmetrischen Information und aufgrund der Interessenskonflikte zwischen Agenten und Prinzipalen nicht erreichbar. Häufig wird auch explizit postuliert, dass ein Agency-Problem sog. → Agency-Kosten verursacht, die durch Wahl der Vertragsform minimiert werden. Diese Prämissen sind aus folgendem Grund von Bedeutung. Würde ein Agency-Problem generell keinerlei Kosten/Wohlfahrtseinbußen für irgendeine Partei verursachen, dann bestünde kein substanzieller Unterschied zwischen einer Agency-Beziehung und einer anonymen Marktbeziehung bei vollkommener Konkurrenz. Die konkrete Vertragsform wäre in einer solchen perfekten Welt unter dem Gesichtspunkt ökonomischer Effizienz irrelevant. In der unvollkommenen Welt der Agency-Theorie ist dem nicht so. Hier spiegelt die Struktur vertraglicher Vereinbarungen die (für die beteiligten Parteien) optimale Form der Organisation ihrer ökonomischen Beziehungen unter den gegebenen Informations- und sonstigen Beschränkungen wider. In diesem Sinn leistet die Agency-Theorie einen Beitrag zur Theorie (optimaler) ökonomischer Organisation. Mit ihrer Hilfe können zahlreiche vertragliche und institutionelle Arrangements (z.B. Franchising) analysiert und ökonomisch begründet werden. – 2. *Abgrenzung:* Innerhalb der Agency-Theorie kann differenziert werden zwischen der positiven Agency-Theorie und der Prinzipal-Agent-Theorie. Beide Zweige sind als Teilgebiete der Vertragstheorie der → Neuen Institutionenökonomik zuzuordnen und bes. vom Ansatz der → Transaktionskostenökonomik abzugrenzen. Die Agency-Theorie unterstellt rationale Wirtschaftssubjekte, die vollständige Verträge in dem Sinn abschließen, dass alle symmetrisch beobachtbaren und relevanten Variablen genutzt werden. Der Transaktionskostenansatz betont dagegen, dass bes. komplexe Verträge aufgrund beschränkter Rationalität der Wirtschaftssubjekte Lücken aufweisen, im obigen

Sinn also unvollständig sind. Den organisationstheoretischen Implikationen unvollständiger Verträge wird vom Transaktionskostenansatz eine herausgehobene Bedeutung zugemessen. – 3. *Teilgebiete:* a) *Positive Agency-Theorie:* Von Jensen (1983) geprägter Begriff für einen Zweig der Agency-Theorie. Im Vergleich zur Prinzipal-Agent-Theorie ist die positive Agency-Theorie in stärkerem Maße empirisch ausgerichtet. In der positiven Agency-Theorie wird häufig der gemeinsame Einfluss von Umgebungsfaktoren (wie etwa der Grad der Spezifität von Human- und physischem Kapital, Kapital- und Arbeitsmärkte (→ spezifische Investitionen)) und Überwachungs- sowie Bindungsaktivitäten (→ Agency-Kosten) auf die Wahl der Vertragsform analysiert. – b) → Prinzipal-Agent-Theorie.

Agenda 2010 – 1. *Begriff:* Konzept zur Reform des Sozial- und Wirtschaftssystems. – 2. *Folgen:* In Bezug auf den Arbeitsmarkt führte der 2002 vorgelegte Bericht der Kommission „Moderne Dienstleistungen am Arbeitsmarkt" zu den Hartz-Gesetzen I – IV, die wesentliche Änderungen der institutionellen und instrumentellen Ebene zur Folge hatten (→ Hartz-Gesetze). Als Beispiele seien genannt: → Geringfügige Beschäftigung wird ausgeweitet, Leiharbeit (→ Arbeitnehmerüberlassung) wird weiter dereguliert, die Personal-Service-Agenturen (Personal-Service-Agentur) werden neben den bereits bestehenden privaten Verleihunternehmen eingeführt, später jedoch wieder abgeschafft, die Bezugsdauer des Arbeitslosengeldes (→ Arbeitslosengeld) wird auf i.d.R. zwölf Monate beschränkt, unabhängig vom Einzahlungszeitraum in die Arbeitslosenversicherung, die Arbeitslosenhilfe wird mit der Sozialhilfe zusammengefasst. Nach Ablauf der Arbeitslosengeld-Zahlung können Arbeitslose das → Arbeitslosengeld II beantragen, das die Höhe des früheren Sozialhilfesatzes hat und an Bedürftigkeitskriterien (wie niedrige Vermögensgrenzen und Berücksichtigung des Einkommens der Bedarfsgemeinschaft) geknüpft ist. Die Regelungen der Zumutbarkeit für die Annahme von Stellenangeboten werden verschärft, sodass im Prinzip jede nicht sittenwidrige Arbeit unabhängig von der individuellen Qualifikation zumutbar ist. Die Beurteilung der Reform bleibt kontrovers.

Agenda 21 – ein umfassendes Aktionsprogramm zur Umsetzung des Prinzips der → nachhaltigen Entwicklung, das auf der Konferenz der → UN für Umwelt und Entwicklung, Juni 1992 in Rio de Janeiro von 178 Regierungen verabschiedet wurde. Aktionsbereiche sind u.a. die Armutsbekämpfung, die Veränderung der Konsumgewohnheiten, der Zusammenhang zwischen Bevölkerungsdynamik und nachhaltige Entwicklung, der Schutz und die Förderung der menschlichen Gesundheit, die Förderung einer nachhaltigen Siedlungsentwicklung, die Integration von Umwelt- und Entwicklungszielen und bes. die Erhaltung und Bewirtschaftung der natürlichen Ressourcen. Die Ziele sollen u.a. durch Stärkung der Rolle wichtiger gesellschaftlicher Gruppen (z.B. Frauen, Kinder und Jugendliche) und Nichtregierungsorganisationen (NROs) erreicht werden.

Agenda Setting – *Thematisierung, etwas auf die Tagesordnung setzen;* Theorie der Kommunikationswissenschaft, nach der die → Massenmedien, indem sie über bestimmte Themen berichten und über andere nicht, die Konsumenten beeinflussen, sich mit bestimmten Themen kognitiv und emotional zu befassen. Agenda Setting bezeichnet insofern eine Beeinflussungswirkung der → Massenkommunikation. Diese Theorie ist teilweise umstritten, weil sie Zusammenhänge zu stark vereinfacht darstellt.

Agent – 1. *Informatik:* auch Software-Agent, Programm, das als Bestandteil eines verteilten Systems selbstständig handelt und mit anderen Agenten des Systems kommuniziert. Eine Software wird als Agent bezeichnet, wenn sie die folgenden fünf Eigenschaften besitzt: (a) autonomes Handeln, d.h. der Agent handelt ohne oder nur mit sehr geringem Benutzereingriff; (b) Proaktivität, d.h. der Agent führt initiativ eigene Aktionen aus; (c) Reaktivität, d.h. der Agent reagiert selbstständig auf Änderungen der Umwelt; (d) soziales Handeln, d.h. der Agent kann mit anderen Agenten kommunizieren; (e) Lernfähigkeit, d.h. der Agent baut im Laufe der Zeit ein eigenes Wissen auf, das er für spätere Entscheidungen heranzieht. – 2. *Handel:* → Handelsvertreter. – 3. *Wirtschaftstheorie:* → Agency-Theorie, → Prinzipal-Agent-Theorie.

Agentenmarke → Marke, die für Vertreter oder Agenten des Markeninhabers in das Markenregister eingetragen ist. Für Agentenmarken gelten §§ 11, 17 MarkenG, Art. 6 PVÜ. Das MarkenG grenzt die Interessen von Markeninhaber und Vertreter danach ab, ob die Agentenmarke mit oder ohne die (widerrufliche) Zustimmung des Markeninhabers eingetragen worden ist, ohne zu unterscheiden, ob der Markenschutz des Rechtsinhabers im In- oder Ausland besteht. Nur die mit Zustimmung des Markeninhabers eingetragene Agentenmarke verschafft dem Vertreter oder Agenten ein eigenes und vom Markeninhaber nicht anfechtbares Recht an der Agentenmarke. Andernfalls kann sie gelöscht werden (§ 11 MarkenG) und unterliegt dem Übertragungsanspruch des Markeninhabers (§ 17 I MarkenG), der auch die Benutzung der Agentenmarke untersagen und bei schuldhafter Benutzung durch den Agenten Schadensersatz verlangen kann.

Agentennormalform – Wer ist ein Akteur in einer gegebenen Situation? Die Agentennormalform der → Spieltheorie beantwortet diese Frage in extremer, aber überzeugender Weise: Jeder Zug im Verlauf eines Spiels verlangt nach einem Spieler im Sinn eines unabhängigen Entscheiders, da die lokale Interessenlage einer Person oder Institution von Informationsbezirk zu Informationsbezirk divergieren kann. Im extensiven Spiel (→ extensive Form) der Abbildung „Agentennormalform – Outside-Option-Spiel"

Agentennormalform – Outside-Option-Spiel

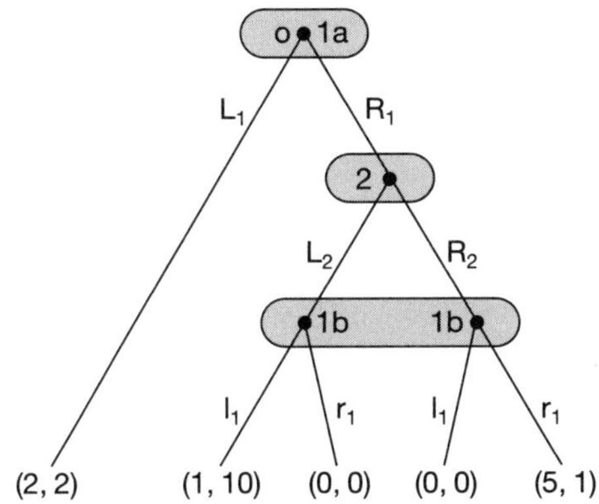

muss z.B. nur der Agent 1a des Spielers 1 abwägen, ob L_1 (die Outside-Option, die die strategische Interaktion mit Spieler 2 ausschließt) dem Zug R_1 vorzuziehen ist. Für den Agenten 1b hingegen ist L_1 uninteressant, da diese Chance endgültig verpasst wurde. Generell verfügt ein Spiel in Agentennormalform daher über so viele Spieler bzw. Agenten, wie es Informationsbezirke persönlicher Spieler – dies schließt den Zufallsspieler 0 aus – gibt. Natürlich bewerten – wie in Tabelle „Agentennormalform – Bewertung" – verschiedene Agenten derselben Person alle Partien gleich.

Agent Provocateur – Auch „Lockspitzel" genannt. Es handelt sich um eine Person, die einen anderen zur Begehung einer → Straftat provoziert. Dies geschieht z.B. zu Überführungszwecken durch einen verdeckten Mitarbeiter der Polizei, etwa bei der Bekämpfung der Rauschgiftkriminalität. Wegen § 26 StGB (Anstiftung) ist diese Tätigkeit rechtlich nicht unproblematisch, wird aber bei schwerer Kriminalität grundsätzlich als legitim anerkannt; allerdings erfolgt eine Begrenzung durch das Rechtsstaatsprinzip.

Agentur für Arbeit – 1. *Begriff:* örtliche Dienststelle der → Bundesagentur für Arbeit. – 2. *Aufgaben:* Die ehemaligen ca. 180 Arbeitsämter (bis 31.12.2003) wurden im Rahmen der → Hartz-Gesetze reformiert und zu Einrichtungen für „alle arbeitsmarktbezogenen Dienstleistungen" umgestaltet. Die Agenturen für Arbeit können die Zusammenarbeit mit Kreisen und Gemeinden in Verwaltungsvereinbarungen regeln (§ 368 V SGB III). Diese Einrichtungen, die eine neue Organisationsstruktur mit veränderten Formen

Agentennormalform – Bewertung

s	u_{1a}	u_{1b}	u_2
L_1, L_2, l_1	2	2	2
L_1, L_2, r_1	2	2	2
L_1, R_2, l_1	2	2	2
L_1, R_2, r_1	2	2	2
R_1, L_2, l_1	1	1	10
R_1, L_2, r_1	0	0	0
R_1, R_2, l_1	0	0	0
R_1, R_2, r_1	5	5	1

der internen Arbeitsteilung haben, dienen als erste Anlauf- und Weiterleitungsstelle für Arbeitsuchende und Unternehmen und bieten umfassende Leistungen ganzheitlich an. Sie koordinieren nicht nur Angebot und Nachfrage auf lokalen und regionalen Arbeitsmärkten, sondern übernehmen auch weitere Aufgaben, u.a. Zuständigkeiten der Sozialämter. Dadurch erfolgte eine Verlagerung von Kompetenzen auf die Agenturen für Arbeit (One-Stop-Shop). Mit der Einrichtung von Kundenzentren werden die Aufgabenbereiche Beratung und Vermittlung sowie Leistung getrennt. Die Dezentralisierung auf kommunaler Ebene verfolgt das Ziel größerer Nähe zu Arbeitsuchenden und Betrieben. Im Bereich der Grundsicherung für Arbeitsuchende (Sozialgesetzbuch [SGB] II) können → Jobcenter zwischen den örtlichen Agenturen für Arbeit und den zuständigen kommunalen Trägern (Kreise und kreisfreie Städte) zum Zwecke der gemeinsamen Aufgabenwahrnehmung gebildet werden (Rechtsgrundlage: Art. 91e GG). – Vgl. auch → Arbeitsmarktpolitik, → Arbeitslosengeld II.

Agentursystem – Hersteller binden Händler in der Weise, dass sie die Vertragsware im Namen und auf Rechnung des Herstellers vertreiben, also → Handelsvertreter werden. Der Hersteller kann seine Absatzkonzeption im → Absatzkanal durchsetzen, bes. die Preise kontrollieren. – Vgl. auch → Depot-System, → Rack Jobber, → Regalmiete.

Agenturvergütung – Vergütung der Leistungen, die eine → Werbe- oder → Mediaagentur für einen Werbungtreibenden erbringt. Die wichtigsten Formen sind (1) die Mittlerprovision; (2) das Service-Fee-System, bei dem alle Rabatte und Provisionen an den Kunden abgetreten werden; (3) Pauschalvergütung, die üblicherweise jährlich mit dem Auftraggeber vereinbart wird; (4) Einzelleistungs-Vergütung, die sich auf definierte Aufgaben (meist projektbezogen) beschränkt. – Daneben bestehen in der Praxis für diese grundsätzlich freien Vereinbarungen zwischen den Vertragspartnern noch diverse Mischformen.

Agenturvertrieb → Agentursystem.

AGG im Arbeitsrecht – *Rechtsgrundlage:* Mit dem Allgemeinen Gleichbehandlungsgesetz (AGG) vom 14.8.2006 (BGBl. 1897) m.spät.Änd. sind verschiedene EG-Richtlinien zur Verwirklichung der Gleichbehandlung (2000/43/EG vom 29.6.2000; 2000/78/EG vom 27.11.2000; 2002/73/EG vom 23.9.2002, konsolidierte Neufassung durch RL 2006/54 EG vom 5.7.2006); 2004/113/EG vom 13.12.2004; 2005/36/EG vom 7.9.2005) umgesetzt und frühere einschlägige Vorschriften (z.B. in §§ 611a, 611b, 612 III BGB) abgelöst worden. Nach § 1 AGG ist Ziel des Gesetzes, "Benachteiligungen aus Gründen der Rasse oder wegen der ethnischen Herkunft, des Geschlechts, der Religion oder Weltanschauung, einer Behinderung, des Alters oder der sexuellen Identität zu verhindern oder zu beseitigen". Das AGG wird von Teilen der Praxis als wenig anwenderfreundlich stark kritisiert.

Agglomeration – räumliche Konzentration von Elementen im Raum (v.a. von Unternehmen). Eine Agglomeration ist das Ergebnis und die Folge von Standortvorteilen (→ Standortfaktoren) bei der Verdichtung von Unternehmen gleicher (localization economies) und unterschiedlicher Branchen (urbanization economies). – *Beispiele:* Branchencluster (→ Cluster), Einkaufszentren, → Factory Outlets, Fußgängerzonen. – Agglomeration steht auch für den Prozess der Anhäufung und Verdichtung von → Siedlungen und Wirtschaftsbetrieben.

Agglomerationseffekte – zentraler Begriff der Industriestandortlehre und Raumwirtschaftstheorie zur Erklärung der → Raumstruktur. Agglomerationseffekte werden unterschieden in positive und negative sowie in interne und externe Effekte. – 1. *Agglomerationsvorteile (positive Agglomerationseffekte):* Kostenersparnisse, die sich aus der räumlichen Ballung ergeben. – a) *Interne Ersparnisse* resultieren aus der innerbetrieblichen Konzentration an einem Standort und den damit möglichen Kostenvorteilen durch → economies of scale, innerbetrieblichem Verbund und Optimierung der Organisation. – b) *Externe Effekte* stellen ein Konglomerat verschiedener kostensenkender Faktoren dar, die sich aus der räumlichen Nähe zu anderen Betrieben, zu Infrastruktureinrichtungen (→ Infrastruktur), Informationsquellen und zum Arbeits- und Absatzmarkt ergeben; bei den externen Ersparnissen wird unterschieden in: (1) *Lokalisationsvorteile* (Localization Economies): Ersparnisse aufgrund der räumlichen Konzentration von branchengleichen Betrieben und die gemeinsame Nutzung spezifischer Arbeitsmärkte, Zulieferbetriebe oder Forschungseinrichtungen; (2) *Urbanisationsvorteile* (Urbanization Economies): allg. Verstädterungsvorteile aufgrund der Marktgröße und Infrastrukturausstattung. – 2. *Agglomerationsnachteile (negative externe Agglomerationseffekte)* sind z.B. Belastungen durch hohe Immobilienpreise und Mieten, steigende Arbeitskosten, eine überlastete Infrastruktur (z.B. Verkehrsstaus), Umweltbeeinträchtigungen sowie einen Anstieg der Lebenshaltungskosten.

Aggregate Investment Approach – theoretische Erklärung der zeitlichen Lastverschiebung durch die öffentliche Verschuldung (→ Last der Staatsverschuldung), vertreten von Musgrave, Modigliani und Vickrey. Durch staatliche Schuldenaufnahme kommt es zu einem → Crowding-out im Bereich der privaten Investitionen. Die nächste Generation erbt dadurch einen geringeren → Kapitalstock als ohne Verschuldung; sie muss ein geringeres Wachstum des Nationaleinkommens hinnehmen. Eine intergenerative Lastverschiebung wäre demnach möglich, wenn die (unterbliebenen) privaten Investitionen produktiver gewesen wären oder eher den zukünftigen Präferenzen entsprochen hätten als die öffentliche

Mittelverwendung. – *Gegensatz:* → New Orthodoxy Approach.

Aggregation – I. Wirtschaftstheorie: Zusammenfassung mehrerer Einzelgrößen hinsichtlich eines gleichartigen Merkmals, um Zusammenhänge zu gewinnen, z.B. Zusammenfassung der Nachfrage der einzelnen Haushalte zur Gesamtnachfrage des betreffenden Marktes. – Die Höhe des Aggregationsniveaus wird durch die jeweilige Fragestellung bestimmt. Häufig werden makroökonomische Gesetzmäßigkeiten im Wege der Analogieannahme unter Umgehung der Aggregationsproblematik aus entsprechenden mikroökonomischen Verhaltensgleichungen entwickelt. Dabei wird typischerweise von rational handelnden Wirtschaftssubjekten (nutzenmaximierende Haushalte, gewinnmaximierende Unternehmen) ausgegangen. Die makroökonomischen Verhaltenshypothesen besitzen dann eine mikroökonomische Fundierung. Dies ist kennzeichnend für die → Neukeynesianische Makroökonomik. – Auf der höchsten Aggregationsstufe stehen die Größen der → Makroökonomik, z.B. die gesamte Güternachfrage einer Volkswirtschaft.

II. Statistik: Übergang von enger definierten zu umfassender definierten → Variablen *(Variablenaggregation)* oder Übergang von Kenngrößen für enger abgegrenzte (Teil-) → Gesamtheiten zu Kenngrößen, die sich auf umfassende Gesamtheiten beziehen *(Sektorenaggregation)*. – *Beispiele* für Variablenaggregation: Der Übergang von einzelnen Einkommensarten zum Gesamteinkommen oder der Übergang von Vierteljahreswerten zu Jahreswerten (zeitliche Aggregation); für Sektorenaggregation: Übergang von den Durchschnittseinkommen in den Bundesländern zum Durchschnittseinkommen in Deutschland.

III. Ökonometrie: Zur Schätzung makroökonomischer Relationen wird das Durchschnittsverhalten von Gruppen von Wirtschaftssubjekten zugrunde gelegt. Das setzt eine Zusammenfassung mikroökonomischer Sachverhalte über Haushalte und Unternehmen voraus. Eine konsistente Aggregation als logisch-deduktive Ableitung eines Makrosystems aus dem entsprechenden Mikrosystem ist nur unter sehr speziellen Bedingungen möglich. In → Spezifikationen ökonometrischer Modelle werden deshalb i.d.R. mikroökonomische Verhaltenshypothesen in analoger Weise auf die Beziehungen zwischen den makroökonomischen Größen übertragen.

IV. Informatik: Verdichtung von Daten. In der Datenmodellierung bedeutet Aggregation, verschiedene miteinander in Beziehung stehende Objekttypen zu einem höheren Objekttyp zusammenzufassen, damit im Folgenden auf den höheren Objekttyp im Ganzen verwiesen werden kann. Dieses Vorgehen hat die Vorteile einer höheren → Konsistenz und geringerer → Redundanz.

Aggregation Marketing → Viral Marketing.

aggregierte Angebotskurve – *Gesamtangebotskurve, gesamtwirtschaftliche Angebotskurve;* Begriff der Makroökonomik. Die aggregierte Angebotskurve beschreibt den Zusammenhang zwischen Preisniveau und aggregiertem Angebot der Unternehmen. Die Lage der aggregierten Angebotskurve in einem Preis-Mengen-Diagramm wird bes. durch die Faktorpreise bestimmt; sie spiegelt also die Bedingungen der Faktormärkte wider. Analytisch lässt sich die aggregierte Angebotskurve über die → Grenzproduktivitätstheorie oder eine → Aufschlagspreisbildung ableiten. – *Verlauf:* (1) Nach der → klassischen Lehre, die von völliger *Preis- und Lohnflexibilität* ausgeht, ist das Gesamtangebot zu jedem Zeitpunkt allein durch die vorhandenen Produktionsfaktoren sowie die verfügbare Produktionstechnologie bestimmt. Die Wirtschaft befindet sich stets in einer Situation der Vollbeschäftigung, d.h. alle Produktionsfaktoren sind ausgelastet. In diesem Fall verläuft die aggregierte Angebotskurve senkrecht (preisunelastisch). (2) Im einfachen *IS-LM-Modell der Keynes'schen Lehre* (→ makroökonomische Totalmodelle geschlossener Volkswirtschaften, Nachfrageseite) wird von *Preisstarrheit* ausgegangen. Die Anbieter passen sich bei gegebenem Preisniveau durch Mengenvariation vollkommen elastisch an die jeweilige Höhe der Nachfrage an. In diesem Fall verläuft die aggregierte Angebotskurve als Waagerechte. (3) Zwischen diesen beiden Extremen liegt der Fall, in dem die Anbieter sowohl die Preise als auch die Mengen anpassen. Die aggregierte Angebotskurve weist eine positive Steigung auf. – Der Schnittpunkt von → aggregierter Nachfragekurve und aggregierter Angebotskurve bestimmt das *gesamtwirtschaftliche Preis- und Mengengleichgewicht*. – Vgl. auch → Totalmodelle offener Volkswirtschaften, Angebotsseite.

aggregierte Nachfragekurve – *Gesamtnachfragekurve, gesamtwirtschaftliche Nachfragekurve;* Begriff der Makroökonomik. Die aggregierte Nachfragekurve beschreibt den Zusammenhang zwischen Gesamtnachfrage und Preisniveau. Sie lässt sich analytisch, z.B. aus dem → IS-LM-Modell, ableiten und gibt dann alle Kombinationen von Preisniveau und Output wieder, bei denen – unter der Annahme einer vollkommen elastischen Mengenanpassung der Produzenten – simultanes Gleichgewicht auf Güter- und Geldmarkt herrscht. – *Verlauf:* Im Normalfall zeigt die aggregierte Nachfragekurve einen fallenden Verlauf, d.h. mit sinkendem Preisniveau nimmt die aggregierte Nachfragekurve zu. – *Begründung:* Ein sinkendes Preisniveau impliziert einen Anstieg des realen Geldangebots, das nun größer ist als die gewünschte Geldnachfrage. Die Wirtschaftssubjekte versuchen, die unerwünschte Überschusskasse z.B. durch den Kauf von Wertpapieren abzubauen. Die steigende Wertpapiernachfrage führt zu einem Anstieg der Kurse und einem Rückgang der Zinssätze. Der Zinsrückgang stimuliert die Investitionsnachfrage. Damit steigen über diesen indirekt wirkenden

Realkasseneffekt (sog. → Keynes-Effekt) im IS-LM-Modell aber auch die Güternachfrage, die Produktion und das Einkommen. Dieser Anstieg wird durch die einkommensabhängige Konsumnachfrage noch verstärkt. Der geschilderte → Multiplikatorprozess hält solange an, bis das wegen des Preisniveaurückgangs gestiegene reale Geldangebot bei gesunkenem Zinssatz und gestiegenem Gesamteinkommen auch gerade nachgefragt wird. Sinkt das Preisniveau, ist simultanes Gleichgewicht auf Güter- und Geldmarkt also nur bei gestiegenem Gesamteinkommen möglich. In einem Einkommen-Preis-Diagramm verläuft die aggregierte Nachfragekurve also fallend. Der Grenzfall einer vertikalen Nachfragekurve ergibt sich, wenn der Keynes-Effekt unwirksam ist, d.h. bei vollkommen zinselastischer Geldnachfrage (→ Liquiditätsfalle) oder zinsunabhängiger Investitionsnachfrage (→ Investitionsfalle). – Der Schnittpunkt von aggregierter Nachfragekurve und → aggregierter Angebotskurve bestimmt das *gesamtwirtschaftliche Preis- und Mengengleichgewicht*. – Vgl. auch → Totalmodelle offener Volkswirtschaften.

Agio – *Aufgeld*. 1. *Begriff*: Aufschlag oder Aufgeld, um das (1) der Ausgabepreis eines Wertpapiers den Nennwert oder (2) der Rückzahlungsbetrag eines Darlehens den Nominalbetrag übersteigt. Als Agio wird auch (3) die im bankmäßigen Devisen- und Sortenhandel auftretende Differenz zwischen Kaufpreis und Parität bzw. Leitkurs der betreffenden Währungseinheit bezeichnet. – 2. *Buchung*: Das durch die Überpari-Emission von Aktien und Wandelschuldverschreibungen (→ Pari-Emission) erzielte Agio ist nach dem HGB (§ 272 II 1 und 2) in die Kapitalrücklage einzustellen (Emissionskosten dürfen nicht abgesetzt werden). – *Beispiele:* (1) Aktie mit Nennwert 1.000 Euro wird zum Kurs von 1.100 ausgegeben; Agio = 10 Prozent des Nennwertes = 100 Euro. Buchung: Geldkonto 1.100 an gezeichnetes Kapital 1.000, Kapitalrücklage 100. (2) Tilgungspflicht einer Unternehmung für die von ihr ausgegebenen Obligationen (Nennwert 600.000 Euro) vertragsgemäß zum Kurs 102; Agio = 2 Prozent = 12.000 Euro; Schulden sind mit dem vollen Rückzahlungsbetrag zu passivieren. Buchung: Geldkonto 600.000, aktiver Rechnungsabgrenzungsposten (Aktivierungswahlrecht, § 250 III HGB) 12.000, an Obligationenkonto 612.000. – 3. *Steuerliche Behandlung:* Die durch das Agio erzielte Vermögensmehrung vollzieht sich auf gesellschaftlicher Grundlage und ist daher nicht körperschaftsteuerpflichtig. – *Gegensatz:* → Disagio.

Agiopapiere – *Aufzinsungspapiere*. 1. *Begriff*: Wertpapiere ohne laufende Verzinsung, die am Ende der Laufzeit zu ihrem Ausgabepreis zzgl. des → Agios ausgezahlt werden. Das Agio wird errechnet aus Zinsen und Zinseszinsen auf den Ausgabepreis bzw. Nennwert. Nullcoupon-Anleihen (→ Zerobond) können als Agiopapiere oder Disagiopapiere ausgestattet sein. – 2. *Steuerliche Behandlung:* Der Aufzinsungsbetrag wird einkommensteuerlich wie laufende Zinsen aus Kapitalvermögen behandelt (→ Abgeltungsteuer).

Agiotheorie – Kapital- und → Zinstheorie von → Böhm-Bawerk, ausgehend von der Mindereinschätzung künftiger Bedürfnisse (eine Gütereinheit wird morgen geringer bewertet als eine Einheit heute). Sparen und damit Konsumverzicht heute erfolgt demnach nur, wenn dadurch der zusätzlich mögliche Zukunftskonsum höher ist als der Verzicht an Gegenwartskonsum. Dieser prozentuale Aufschlag (Agio) ist der Zins, das Entgelt des Sparens- bzw. Kapitalangebots.

Agrarabschöpfungen → Abschöpfung, → Agrarmarktordnungen.

Agrarbericht – nach § 4 des Landwirtschaftsgesetzes (LwG, zuletzt geändert durch Art. 1 G v. 13.12.2007, BGBl. I 2936) alle vier Jahre von der Bundesregierung vorzulegender "Bericht über die Lage der Landwirtschaft". Der Bericht analysiert die Einkommensentwicklung und gibt beabsichtigte Maßnahmen zur Verbesserung der Einkommenssituation wieder. Aktuell ist der "Agrarpolitische Bericht 2011 der Bundesregierung".

Agrardichte – Verhältnis von Wohnbevölkerung zu landwirtschaftlicher Nutzfläche eines Untersuchungsgebietes. – Vgl. auch → Bevölkerungsdichte.

Agrarformation – agrarisch geprägte → Wirtschaftsformation. Mit dem Begriff Agrarformation lassen sich landwirtschaftliche Systeme darstellen, die einen Raum prägen, wie z.B. Plantagenwirtschaft (→ Plantage), Weidewirtschaft.

Agrargebiet – nach agrarwirtschaftlichen Gesichtspunkten abgegrenzte Raumeinheit. Ein Agrargebiet ist durch die Dominanz der landwirtschaftlichen Funktion gekennzeichnet. Unter Agrargebieten versteht man im engeren Sinne Verbreitungsgebiete von bestimmten → landwirtschaftlichen Betriebssystemen bzw. ähnlicher agrarsozialer Struktur.

Agrargemeinschaft – In Österreich eine zweckgebundene Sach- und Personengemeinschaft, welche – basierend auf urkundlichen oder gewohnheitsrechtlichen Ursprüngen – als historisch gewachsene Nutzungsgemeinschaft landwirtschaftliche Grundstücke verwaltet und nutzt (Allmende). V.a. in Tirol wurden in den 1950er- und 1960er-Jahren beträchtliche, in Gemeindeeigentum stehende Flächen in den Besitz von Agrargemeinschaften überführt. Da diese über hohe Immobilienwerte verfügen und – aus Jagdpachten, dem Betrieb von Liften und Seilbahnen, der Verpachtung von Autobahnraststätten, dem Verkauf von Baugründen etc. – auch außerhalb der Landwirtschaft hohe Erlöse erzielen, sind Agrargemeinschaften Gegenstand von Auseinandersetzungen zwischen den örtlichen Landwirten und der übrigen Bevölkerung. Die Rechtslage erweist sich als kompliziert.

Agrargenossenschaften – sind im Bereich der Agrarwirtschaft Nachfolgeorganisationen der ca. 4.500

Landwirtschaftlichen Produktionsgenossenschaften (LPG) in der DDR und kommen somit ausschließlich in Ostdeutschland vor. Im Jahre 2011 umfasste die Gruppe der Agrargenossenschaften 844 Unternehmen, v.a. mit landwirtschaftlicher Urproduktion; es gehören aber auch Milcherzeugergenossenschaften, gärtnerische Genossenschaften, Fischereigenossenschaften, Trocknungsgenossenschaften und die Winzergenossenschaft Meißen zu diesem kooperativen Unternehmenstyp. Sie wurden 2011 von 31.000 Mitgliedern getragen und erzielten einen Umsatz von 1,9 Mrd. Euro. Agrargenossenschaften sind grundsätzlich → Produktivgenossenschaften, da neben klassischen Arbeitnehmern in der Genossenschaft auch die Genossenschaftsmitglieder mitarbeiten und gleichzeitig die finanziellen Träger der Unternehmen sind. Sie können auch als Vollgenossenschaften eingestuft werden, da bei ihnen eine nachhaltige Bindung der Mitglieder mit dem Unternehmen gegeben ist. Agrargenossenschaften, über die es zu Beginn der dt. Wiedervereinigung erhebliche Meinungsunterschiede gab, sind heute ein wichtiger Wirtschaftsfaktor im ländlichen Raum in den neuen Bundesländern. Rund ein Viertel der landwirtschaftlichen Nutzfläche wird in Ostdeutschland durch sie bewirtschaftet; in Sachsen sind es sogar 37 Prozent und in Thüringen 43 Prozent. Sie beschäftigen rund 20 Prozent der Erwerbspersonen in der ostdeutschen Landwirtschaft. Ein Vorteil der Agrargenossenschaften ist die großbetrieblich organisierte Landbewirtschaftung.

Agrargeografie – Zweig der → Wirtschaftsgeografie. Die Agrargeografie beschäftigt sich mit der Struktur und der Entwicklung der → Landwirtschaft in ihrer räumlichen Differenzierung sowie der Raumwirksamkeit agrarwirtschaftlicher Prozesse. Hierbei kommt den natürlichen Gegebenheiten (u.a. Klima, Bodengüte), der Sozialstruktur der ländlichen Bevölkerung und der betrieblichen Organisationsform bei der Bodenbewirtschaftung große Bedeutung zu. Die Agrargeografie befasst sich sowohl mit Großräumen, z.B. Agrarzonen im Rahmen von makrogeografischen Betrachtungen, als auch mit Mikrostandorten (Agrargeografie einer Gemeinde oder eines landwirtschaftlichen Betriebs).

Agrarhandel – Kauf und Verkauf von landwirtschaftlich erzeugten Produkten. Der Agrarhandel kann unterschieden werden nach der Maßstabsebene (z.B. regional, international), dem Handelsgut oder den Handelsstufen (→ Großhandel und → Einzelhandel). Der internationale Agrarhandel unterliegt großen Risiken (Ernteverluste, Preisschwankungen), die durch internationale Abkommen, → tarifäre und → nichttarifäre Handelshemmnisse sowie → Buffer Stocks abgemildert werden. Für den internationalen Agrarhandel wichtigste Institution ist die → World Trade Organization (WTO).

Agrarlandschaft → Wirtschaftslandschaft als Ausschnitt der Erdoberfläche, der weitgehend von der → Landwirtschaft geprägt wird. Eine Agrarlandschaft zeichnet sich i.d.R. durch einheitliche, z.T. physiognomisch erkennbare Merkmale aus. Dazu zählen die Flur und die Siedlung, die Art und Weise der Bodenbewirtschaftung sowie die Sozialstruktur der Landbevölkerung.

Agrarmarktordnungen – 1. *Ziel:* Mit den Agrarmarktordnungen in der EU sollen v.a. die Erzeugerpreise für landwirtschaftliche Produkte gestützt werden. Die Agrarmarktordnungen sind das „klassische" Instrument zur Verwirklichung einer protektionistischen → Agrarpreispolitik in der EU. – 2. *Muster:* Als erste Agrarmarktordnungen sind Ende der 1960er-Jahre Getreidemarktordnungen eingeführt worden. Diese charakterisieren am besten die „Schutzphilosophie" der Agrarmarktordnungen. Ein Außenschutz wird durch → Abschöpfungen (→ Zölle) und Exporterstattungen (→ Exportsubventionen) erreicht. Ausländische Konkurrenten können deshalb nicht unterhalb eines festgelegten Schwellenpreises in der EU anbieten, während aus der EU exportiertes Getreide auf Drittlandsmärkten mit den ausländischen Anbietern konkurrieren kann. Innerhalb der EU selbst stellen Interventionspreise sicher, dass die Getreidepreise nicht unter ein festgelegtes Niveau sinken können. – 3. *Anwendung:* Agrarmarktordnungen existieren Anfang der 1990er-Jahre für die meisten Agrarprodukte. Marktordnungen mit Außenschutz und internen Stützpreisen nach dem Muster der Getreidemarktordnungen umfassen zu diesem Zeitpunkt Agrarprodukte mit einem Produktionswertanteil von etwa 70 Prozent. Marktordnungen mit Außenschutz, aber ohne interne Stützpreise, sind für Produkte mit einem Produktionswertanteil von etwa 20 Prozent relevant; und für weitere Produkte, die einen Produktionswertanteil von etwa 3 Prozent umfassen, gibt es Marktordnungen, die lediglich Ergänzungs- oder Pauschalbeihilfen vorsehen. – 4. *Weiterentwicklung:* Mehrere Agrarreformen, v.a. seit 1992, haben einzelne Agrarmarktordnungen wesentlich geändert. Interventionspreise wurden u.a. für Getreide sehr stark in Richtung Weltmarktpreisniveau abgesenkt, und Subventionszahlungen erfolgen vermehrt über Direktzahlungen. Diese werden an die Fläche bzw. Tierzahl gekoppelt und seit 2003 als entkoppelte Betriebsprämie ausgezahlt. Für die Zeit ab 2013 sind weitere Reformen der Agrarmarktordnungen geplant. Insbesondere wird eine Gemeinsame Marktorganisation für landwirtschaftliche Erzeugnisse sowie eine stärkere Bindung der Direktzahlungen an ökologische Standards, das sogenante Greening (→ Agrarumweltpolitik) anvisiert.

Agrarordnung → Agrarverfassung.

Agrarpolitik – 1. *Begriff:* Teilgebiet der Agrarökonomik, dessen Erkenntnisgegenstand das politische Handeln im Agrarbereich ist. Zu den Aufgaben der wissenschaftlichen Agrarpolitik gehört es, agrarpolitisches Handeln zu beschreiben, zu erklären und dessen Wirkungen zu untersuchen. – 2. *Einordnung:* Agrarpolitik ist ein Teilgebiet der Wirtschafts- und

Sozialwissenschaften des Landbaus und damit der Agrarwissenschaften. Wissenschaftstheoretisch basiert die Agrarpolitik auf verschiedenen Gebieten der Wirtschaftstheorie und der Wirtschaftspolitik. Starke Verflechtungen gibt es bes. zur → Mikroökonomik und zur → Wohlfahrtsökonomik, zur → sektoralen Strukturpolitik sowie zur → Handelspolitik und zur → Entwicklungspolitik. – 3. *Agrarsektor:* Der Agrarsektor umfasst die Gesamtheit aller wirtschaftlichen Aktivitäten im Agrarbereich einer Volkswirtschaft. Mit dem volkswirtschaftlichen Wachstum wandelt sich i.d.R. die Agrar- und Betriebsstruktur: Die Zahl der Betriebe sinkt, und die Betriebseinheiten werden größer. Insgesamt schrumpft der volkswirtschaftliche Beitrag des Agrarsektors in der wirtschaftlichen Entwicklung. – 4. *Ziele:* a) Die heutige Vielfalt agrarpolitischer Ziele erklärt sich aus der Entwicklung des Agrarsektors und aus den gesellschaftlichen Ansprüchen, die an die Agrarpolitik gestellt werden. Allg. werden *drei Zielbereiche* für die Agrarpolitik hervorgehoben: Effizienz, Verteilungsgerechtigkeit und Nachhaltigkeit. Bei der Effizienz geht es um eine optimale intra- und intersektorale Ressourcenallokation. Bei der Verteilungsgerechtigkeit geht es um die Sicherung eines angemessenen Einkommens für die Landwirtschaft, darüber hinaus aber um die Armutsbekämpfung im ländlichen Raum und um Ernährungssicherung. Nachhaltigkeit beschäftigt sich mit Umwelteffekten der Landwirtschaft und mit anderen nichtmarktfähigen Leistungen der Landwirtschaft wie z.B. ihr Beitrag zur ländlichen Entwicklung, zum Tierschutz und zur Lebensmittelsicherheit und -qualität (→ Multifunktionalität der Landwirtschaft). – b) In vielen Industrieländern sind die Stabilisierung von Agrarmärkten, die Sicherung eines angemessenen Einkommens für die Landwirtschaft und die Versorgungssicherung „klassische“ agrarpolitische Ziele. Daneben soll der Agrarbereich zur Wohlstandssteigerung in der Volkswirtschaft, zu einer angemessenen Versorgung der Verbraucher und zu einer Förderung des internationalen Handels beitragen. Seit 2013 steht zunehmend der Anspruch im Vordergrund, agrarpolitische Mittel zur Honorierung öffentlicher Güter und gesellschaftlicher Leistungen einzusetzen. Agrarpolitische Ziele finden sich für Deutschland im Landwirtschaftsgesetz, im E(W)G-Vertrag und im Zielkatalog des Bundesministeriums für Verbraucherschutz, Ernährung und Landwirtschaft (BMVEL). Nicht genannt wird in offiziellen Zielkatalogen das Ziel der Budgetbegrenzung und der Vermeidung internationaler Handelskonflikte für die Agrarpolitik, obwohl es gerade in der EU heute eine wesentliche Rolle spielt. – 5. *Instrumente:* a) Der Aktionsbereich der Agrarpolitik besteht aus *ordnungs- und ablaufspolitischen Instrumenten.* Da jedoch ordnungspolitische Fragen zumeist die gesamte Wirtschaftspolitik betreffen und nicht ständig geändert werden, versteht man unter den agrarpolitischen Instrumenten heute im Wesentlichen Instrumente der Ablaufpolitik. Korrespondierend zu den Zielbereichen können Instrumente der Agrarpolitik zu Aktionsbereichen zusammengefasst werden. – b) Die → Agrarstrukturpolitik umfasst Maßnahmen, die auf einen effizienten intra- und intersektoralen Strukturwandel abzielen. I.d.R. führt der volkswirtschaftliche Strukturwandel zu einem strukturellen Anpassungsproblem in der Landwirtschaft. Insgesamt schrumpft der volkswirtschaftliche Beitrag des Agrarsektors in der wirtschaftlichen Entwicklung, und Produktionsfaktoren müssen von der Landwirtschaft in andere Sektoren abwandern. Diese Abwanderung ist aufgrund von Transaktionskosten gehemmt, und es kommt zu Strukturanpassungsproblemen. – c) Die → Agrarpreispolitik ist in den meisten Industrieländern durch das Einkommensziel bestimmt. Aufgrund des gehemmten Strukturwandels im Agrarsektor kommt es zum Phänomen der sog. intersektoralen Einkommensdisparität, d.h. zu viele Faktoren sind in der Landwirtschaft beschäftigt und erzielen im Vergleich zu dem volkswirtschaftlichen Durchschnitt eine zu geringe Entlohnung. Die Entwicklung der dt. Agrarpolitik ist ein markantes Beispiel für die Entstehung des *Agrarprotektionismus* im Verlauf der industriellen Entwicklung zur Stützung der im Agrarsektor erzielten Einkommen. – d) Die *Agrarsozialpolitik* umfasst in erster Linie die landwirtschaftlichen sozialen Sicherungssysteme sowie die Armutsbekämpfung im ländlichen Raum. – e) Die → Agrarumweltpolitik hebt auf das Ziel einer nachhaltigen Agrarproduktion ab. Angestrebt wird, dass in bestmöglicher Weise die Belange der Ernährungssicherung, des Einkommenserwerbs und des Ressourcenschutzes berücksichtigt werden. – f) Die *ländliche Entwicklungspolitik* zielt auf eine Förderung des nachhaltigen wirtschaftlichen Wachstums und der Lebensqualität in ländlichen Räumen ab. – 6. *Institutionelle Rahmenbedingungen:* a) Die *institutionellen Rahmenbedingungen* können als ein System von Regeln und Organisationen beschrieben werden, die den Rahmen für privatwirtschaftliches Handeln im Agrarbereich und für den Einsatz agrarpolitischer Instrumente abgeben. Neben den agrarpolitischen Instrumenten gehören sie zu den Aktionsbereichen der Agrarpolitik. Wissenschaftstheoretisch gehört die Analyse der institutionellen Rahmenbedingungen zur → Ordnungspolitik bzw. zur → Neuen Institutionenökonomik und zur → Neuen Politischen Ökonomie. – b) Die Gesamtheit aller Regeln für den Agrarbereich kann man als *Agrarverfassung* bezeichnen. Relevante Fragestellungen zur Agrarverfassung sind etwa, welche Bedeutung der internationalen Arbeitsteilung, dem Privateigentum an Boden und der Verteilung dieses Produktionsfaktors sowie der Arbeitsverfassung und der Rechtsform von Betrieben für die Agrarentwicklung zukommt. – c) Zur Gestaltung der Agrarpolitik tragen verschiedene *Institutionen* bei. In Deutschland sind es als gesetzgebende Organe Bundestag, Bundesrat und Landtage, als durchführende Institutionen Regierung und Ministerien auf Bundes- und Länderebene und darüber hinaus etwa auch die

Rechtsprechung, Landwirtschaftskammern, Tarifpartner und Interessenverbände wie der Deutsche Bauernverband. Hinzu kommen relevante Institutionen auf der Ebene der EU wie Kommission, Ministerrat, Europäisches Parlament und Europäischer Gerichtshof sowie COPA als europäischer Spitzenverband der nationalen Bauernverbände. Schließlich tragen auch internationale Organisationen wie die Welthandelsorganisation, die Weltbank und die Welternährungsorganisation zur Gestaltung der Agrarpolitik bei. – Innerhalb der *EU* wird die Agrarpreispolitik weitgehend auf supranationaler Ebene gestaltet. Die Verantwortung für die Agrarstrukturpolitik und Agrarumweltpolitik liegt vorwiegend auf nationaler und regionaler, jedoch zunehmend auch auf supranationaler Ebene, und für die Agrarsozialpolitik ist in Deutschland v.a. die Bundesregierung zuständig. – 7. *Finanzierung:* Die Agrarpolitik belastet die öffentlichen Haushalte in Deutschland und in der EU in erheblichem Umfang und auf unterschiedliche Weise. – Die Budgetausgaben für die supranational gestaltete Agrarpolitik wurden bis zur Förderpriode 2000-2006 über die *Europäischen Ausrichtungs- und Garantiefonds für die Landwirtschaft (EAGFL)* abgewickelt. Seit der Förderperiode 2007-2013 erfolgt die Finanzierung über den Garantiefond für die Landwirtschaft (EGLF) sowie den Europäischen Landwirtschaftsfond für die Entwicklung des ländlichen Raumes (ELER). Die Ausgaben für die Europäische Agrarpolitik haben lange Zeit über die Hälfte des EU-Haushalts betragen und liegen erst seit Anfang 2000 knapp darunter (rund 45 Prozent). Die Mitgliedsstaaten tragen hieran einen Anteil entsprechend ihrer Finanzierungsquote. – Zusätzlich gibt es in *Deutschland öffentliche Hilfen für den Agrarbereich*, die überwiegend vom Bund getragen werden. Diese „nationalen" Ausgaben für die Agrarpolitik sind überwiegend Ausgaben für die Agrarstrukturpolitik, Agrarumweltpolitik und die Agrarsozialpolitik. Die vom Bund finanzierte Agrarsozialpolitik betrug im Jahr 2013 ein Volumen von ca. 3,7 Mrd. Euro, die gemeinsam von Bund und Ländern finanzierte Gemeinschaftsaufgabe „Förderung der Agrarstruktur und des Küstenschutzes" ein Volumen von ca. 1 Mrd. Euro. – 8. *Europäische Agrarpolitik:* Seit 1968 gibt es eine Agrarpolitik im Rahmen der Europäischen Gemeinschaft. Zentrale Instrumente waren bis Anfang der 1990er-Jahre eine supranationale, protektionistische Agrarpreispolitik (→ Agrarmarktordnungen), eine begrenzte Agrarstrukturpolitik auf supranationaler und nationaler Ebene sowie eine überwiegend nationale Agrarsozialpolitik. Erst mit dem Anfang der 1990er-Jahre einsetzenden Reformprozess findet eine Stützung der Einkommen in der Landwirtschaft vermehrt durch direkte Transferzahlungen statt. Diese waren zunächst als faktorgebundene Transferzahlungen an die Produktion gekoppelt und werden seit 2003 zunehmend als *entkoppelte Direktzahlungen* ausgezahlt (→ Prämie). Weiterhin setzte eine Verschiebung von der Markt- und Preispolitik zur Agrarstrukturpolitik, Agrarumweltpolitik und ländlichen Entwicklungspolitik ein. Für die Förderperiode 2014-2020 sind weitere Reformen der EU-Agrarpolitik vorgesehen, die eine stärkere inhaltliche Ausrichtung der eingesetzten Mittel an ökologischen und sozialen Kriterien anvisieren. Dies wird unter dem Stichwort *Greening* insbesondere hinsichltich einer Reform der Verordnung über Direktzahlungen diskutiert, wobei eine Zahlung zukünftig noch stärker an die Erfülung spezieller ökologischer Leistungen gebunden sein soll. – 9. *Spezielle Agrarpolitik:* Die spezielle Agrarpolitik widmet sich Fragen der Agrarpolitik, die sich auf spezielle Ziele (z.B. Agrarumweltpolitik, ländliche Entwicklungspolitik), Instrumente (z.B. Agrarpreispolitik) oder andere spezielle Aspekte beziehen. Häufig findet sich auch eine regionale Differenzierung bei der Analyse agrarpolitischer Probleme: Agrarpolitik in Industrieländern, Agrarpolitik in Entwicklungsländern.

Agrarpreispolitik – 1. *Industrieländer:* Die Beeinflussung von Agrarpreisen ist ein zentrales Instrument der → Agrarpolitik. In Industrieländern wird dieses Instrument oft dazu benutzt, den heimischen Agrarsektor vor internationaler Konkurrenz zu schützen. Eine solche Schutzfunktion haben z.B. die → Agrarmarktordnungen in der EU. Generell lässt sich eine *protektionistische Agrarpreispolitik* durch Produktsubventionen für die Erzeuger als auch durch Eingriffe in den Außenhandel (→ Zölle und → Exportsubventionen, in der Terminologie der Agrarpolitik in der EU: → Abschöpfungen und Exporterstattungen) verwirklichen. Der Agrarprotektionismus in vielen Industriestaaten wird zunehmend kritisiert und hat im Rahmen der Verhandlungen in den WTO-Verhandlugnen zu heftigem Streit geführt. Die EU versucht, durch → Agrarreformen dieser Kritik an der eigenen protektionistischen Agrarpreispolitik zu entgehen und die negativen Konsequenzen ihrer Agrarpreispolitik einzudämmen. – 2. *Entwicklungsländer:* In Entwicklungsländern ist der Preis, den Bauern für ihre Produkte erhalten, oftmals geringer als der relevante Importparitätspreis bzw. Exportparitätspreis. Eine solche Besteuerung der Landwirte über den Produktpreis kann man durch Produktsteuern erreichen, aber auch durch Außenhandelseingriffe wie Importsubventionen und Zölle auf Exporte. Generell spricht man von einer Benachteiligung der Landwirtschaft in Entwicklungsländern.

Agrarprotektionismus – Form des staatlichen Agrarinterventionismus, welche die Agrarpreise künstlich verzerrt, mittels → tarifären und → nichttarifären Handelshemmnissen den → Außenhandel mit Agrarprodukten manipuliert und dadurch ausländische Produzenten auf dem eigenen Markt wie auch auf Drittmärkten bewusst und politisch gewollt diskriminiert. Agrarprotektionismus ist häufig die Ursache internationaler Handelskonflikte.

Agrarreform – 1. *Allgemein:* Geplante staatliche Maßnahmen zur Veränderung einer

→ Agrarstruktur. Ziel einer Agrarreform ist die Verbesserung des Lebensstandards breiter Bevölkerungsschichten auf dem Lande (→ Agrargebiet) sowie generell eine Produktionssteigerung der → Landwirtschaft. Zu unterscheiden sind Maßnahmen einer Bodenbesitzreform sowie solche einer Bodenbewirtschaftungsreform. Vordringliches Ziel von Agrarreformen war häufig die Zerschlagung des Großgrundbesitzes und die Aufteilung des Bodens unter der landlosen Agrarbevölkerung. – 2. *Maßnahmen:* Zu unterscheiden sind Maßnahmen einer → Bodenreform bzw. Bodenbesitzreform (u.a. Umverteilung des Bodeneigentums, Bildung von Produktionsgemeinschaften, Verbesserung des Pachtwesens) sowie solche einer Bodenbewirtschaftungsreform (u.a. Verbesserung der Produktionstechnik, Übergang von Subsistenz- zu Marktprodukten, Organisation des Markt- und Kreditwesens). Agrarreformen wurden mit Ausnahme in Afrika südlich der Sahara mit mehr oder weniger Erfolg in den meisten Ländern der Dritten Welt durchgeführt. Räumliche Beispiele für tief greifende Agrarreformen sind u.a. Kuba, Ägypten, Algerien, Syrien, Iran, Pakistan, Indien, Philippinen und Korea. – Agrarreformen sind nicht mit agrarpolitischen Reformen zu verwechseln, bei denen es zu einer Schwerpunktverschiebung unter den Instrumenten der → Agrarpolitik oder deren Neuausrichtung kommt.

Agrarsektor → primärer Sektor.

Agrarstaat – Land, in dem der überwiegende Teil der Erwerbstätigen in der Landwirtschaft tätig ist. – *Gegensatz:* → Industriestaat.

Agrarstatistik – Bundesstatistik auf der Grundlage des Agrarstatistikgesetzes i.d.F. vom 17.12.2009 (BGBl. I S. 3886), die elf unterschiedliche Einzelstatistiken umfasst, u.a. Erhebungen über Ernte, Bodennutzung, Viehbestände, Strukturen in land- und forstwirtschaftlichen Betrieben, Geflügel, Wein, Holz etc. Die deutschen amtlichen Agrarstatistiken sind in das agrarstatistische System der EU eingebunden, dienen der Beobachtung der Märkte für landwirtschaftliche Produkte und liefern Entscheidungshilfen für Wirtschaft und Politik. Komponenten der Agrarstatistik sind die in größeren zeitlichen Abständen durchgeführten → Landwirtschaftszählungen, die Agrarstrukturerhebungen sowie die i.d.R. mit kürzerer Periodizität durchgeführten Einzelerhebungen, etwa die Erzeugungsstatistiken.

Agrarstruktur – Gesamtheit der Produktionsbedingungen sowie der sozialen Verhältnisse in → Agrargebieten. Dazu zählen die Eigentums- und Besitzverteilung, die soziale Stellung der Landbevölkerung sowie die Form der Bodennutzung. Die Entwicklung der Agrarstruktur wird i.d.R. stark von der gesamtwirtschaftlichen Entwicklung beeinflusst. V.a. in den → Entwicklungsländern versucht man, als nachteilig empfundene Agrarstrukturen durch → Agrarreformen und weitere Maßnahmen der → Agrarpolitik zu verbessern.

Agrarstrukturpolitik – 1. *Begriff:* Maßnahmen, die auf die sektorale und räumliche Verteilung von Produktionsfaktoren abzielen. Entsprechend unterscheidet man sektorale und regionale Agrarstrukturpolitik. Sektorale Agrarstrukturpolitik beeinflusst direkt die Agrar- und Betriebsstruktur und soll i.d.R. zu einer Verbesserung der Produktionsgrundlagen und zu einer Erhöhung der Einkommenskapazitäten landwirtschaftlicher Betriebe führen. Regionale Agrarstrukturpolitik beeinflusst die regionale Wirtschaftsstruktur und soll zu einem erhöhten Wirtschaftspotenzial ländlicher Regionen führen. Die Agrarstrukturpolitik gehört neben der → Agrarpreispolitik zu den grundlegenden Instrumenten der → Agrarpolitik. – 2. *Formen:* Zu den „klassischen" Instrumenten der sektoralen Agrarstrukturpolitik im überbetrieblichen Bereich zählen die Flurbereinigung, wasserwirtschaftliche Maßnahmen, Forschung, Beratung und Ausbildung sowie die Förderung der Vermarktung und der Beschaffung im Agrarbereich. Im betrieblichen Bereich gehören Investitionsbeihilfen, aber auch die Förderung der Betriebsaufgabe zur sektoralen Agrarstrukturpolitik. Zur regionalen Agrarstrukturpolitik gehören Infrastrukturmaßnahmen, ländliche Entwicklungsprogramme, Dorferneuerung, Förderung des Agrartourismus. In Deutschland gestalten v.a. Bund und Länder die Agrarstrukturpolitik im Rahmen der Gemeinschaftsaufgabe „Förderung der Agrarstruktur und des Küstenschutzes". Zunehmend wird Agrarstrukturpolitik auch auf der Ebene der EU gestaltet und über die Strukturfonds (sog. Zweite Säule; → Strukturpolitik der Europäischen Union) finanziert. – 3. *Wirkungen:* Sektorale Agrarstrukturpolitik fördert überwiegend den intra- und intersektoralen Strukturwandel und vermindert somit das Problem der sektoralen → Einkommensdisparität. Regionale Agrarstrukturpolitik fördert v.a. den interregionalen Austausch von Gütern und Faktoren und verbessert die Ressourcenausstattung und Wirtschaftsstrukturen ländlicher Ökonomien und vermindert regionale Einkommensdisparitäten. – 4. *Entwicklung:* Agrarstrukturpolitik wurde in der EU zunächst als sektorale Agrarstrukturpolitik eingeführt und war ursprünglich am Effizienzziel ausgerichtet. Mitte der 1970er-Jahre wurde die Europäische Agrarstrukturpolitik dann auch als regionale Agrarstrukturpolitik formuliert (Förderung benachteiligter Gebiete), aber auch aus umweltpolitischen Gründen und zur Vermeidung der negativen Konsequenzen der protektionistischen Agrarpreispolitik betrieben. Oftmals wurden hierdurch die Produktionsmöglichkeiten begrenzt, und die traditionelle Perspektive der Agrarstrukturpolitik, den Agrarbereich in seiner Entwicklung zu fördern, verkehrt sich in ihr Gegenteil. Mit der Agenda 2000 wird Europäische Agrarstrukturpolitik zunehmend in Form einer ländlichen Entwicklungspolitik (LEP) betrieben und stärker am Verteilungsziel ausgerichtet. Dieser Reformprozess wurde in einer fundamentalen Reform der europäischen LEP im jahr 2005 fortgeführt. Seit dieser Reform besteht die LEP aus drei thematischen Achsen: (1) Förderung der Wettbewerbsfähigkeit der Landwirtschaft, (2) Förderung des Landmanagement und der Umwelt und (3) Verbesserung der Lebensqualität und Förderung der Diversifikation in ländlichen Regionen. Zusätzlich gibt es die sog. Leader-Achse als methodische Querschnittsachse, in der der Aufbau lokaler Planungskapazitäten (sog. lokale Aktionsgruppen [LAG]) zur Entwicklung ländlicher Entwicklunsgstrategien gefördert wird. Im Gegensatz zur ersten Säule wird die LEP als zentraler Bestandteil der zweiten Säule der Europäischen Agrarpolitik grundsätzlich kofinanziert.

Agrarsystem – *Agrosystem.* 1. *Systemebene:* Die auf das übergeordnete Wirtschafts-, Gesellschafts- und Sozialsystem ausgerichtete Ausprägung und Kombination der institutionellen wirtschafts- und sozialorganisatorischen sowie -ethischen Verhältnisse der → Landwirtschaft. Agrarsysteme unterscheiden sich im praktizierten Lebensstil, in der Gebundenheit an einzelne → Regionen (→ Agrargebiete) und in ihrem Auftritt in einem bestimmten zeitlichen Abschnitt der soziokulturellen Entwicklung eines Raums. Charakteristisch für ein spezifisches Agrarsystem ist die jeweils unterschiedlich zusammengesetzte und bewertete Kombination der für die Landwirtschaft allg. relevanten → Standortfaktoren. Folgende *Typen von Agrarsystemen* lassen sich unterscheiden: (1) Stammes- und Sippenlandwirtschaft mit Wandertierhaltung und Wanderfeldbau (→ Nomadismus); (2) Familien- bzw. kleinbäuerliche Landwirtschaft; (3) kapitalistische Landwirtschaft; (4) feudalistische Landwirtschaft (→ Rentenkapitalismus); (5) kollektivistische Landwirtschaft (Agrarsozialismus, Agrarkommunismus). – In → Industrieländern beinhaltet das Agrarsystem mit seinen Subsystem auch die der Agrarerzeugung vor- und nachgelagerten Wirtschaftsstufen. Zu den vorgelagerten Wirtschaftsbereichen gehören u.a. die Saatgutproduktion, die Futtermittelindustrie, Agrochemie, Maschinen- und Geräteproduzenten, Wasser- und Energiewirtschaft; den nachgelagerten Wirtschaftsbereichen gehören u.a. Handel und Vermarktungsorganisationen, die Transportwirtschaft, Verarbeitungsfirmen (Mühlen, Molkereien, Schlachthöfe, Zuckerfabriken etc.), die Verpackungs- und Textilindustrie sowie Abwasserreinigung und Abfallbeseitigung an. In → Entwicklungsländern sind derartige Agrarsysteme aufgrund geringer wirtschaftlicher Diversifizierung, Spezialisierung und Dezentralisierung nicht oder nur ansatzweise vorhanden. – 2. *Funktionsebene:* Landwirtschaftliche Funktions- bzw. Betriebseinheiten, die sich in Größe und Komplexität unterscheiden (z.B. Farm, Unternehmen, → Plantage, → Agrobusiness) oder auf die Landwirtschaft einer Region bzw. eines Landes bezogen sind. – Vgl. auch → Agrarpolitik, → Agrarverfassung.

Agrarüberschüsse – Angebotsüberhänge auf Agrarmärkten, die nur mithilfe von Exporterstattungen (→ Exportsubventionen) auf dem Weltmarkt abgesetzt werden können. Diese fallen als Folge einer protektionistischen → Agrarpreispolitik höher aus als ohne diese Politik und belasten die öffentlichen Haushalte. In der EU wurden sehr hohe Agrarüberschüsse durch eine protektionistische Agrarpreispolitik z.B. Ende der 1970er- und Anfang der 1980er-Jahre beobachtet und als Butterberge und Milchseen bezeichnet. Aus volkswirtschaftlicher Sicht führt eine protektionistische Agrarpreispolitik unabhängig vom Selbstversorgungsgrad auf einem betrachteten Markt immer zu Wohlstandsverlusten.

Agrarumweltpolitik – 1. *Begriff:* Agrarumweltpolitik umfasst politische Maßnahmen, die auf die Umwelteffekte der Landwirtschaft abheben. Umwelteffekte können oft als → externe Effekte der Landnutzung interpretiert werden. Aufgabe der → Agrarpolitik ist es, solche externen Effekte zu identifizieren und zu bewerten und Wege der → Internalisierung externer Effekte in einer integrierten Agrarumweltpolitik zu prüfen. – 2. *Effekte:* a) Die Landwirtschaft nutzt und beeinflusst die Umwelt und damit die natürlichen Lebensgrundlagen des Menschen. Die Vermeidung negativer Umwelteffekte der Landbewirtschaftung gehört heute zu den wesentlichen Zielen der Agrarpolitik, während andererseits die landschaftspflegende und umwelterhaltende Funktion der Landwirtschaft betont wird. Der → Sachverständigenrat für Umweltfragen (SRU) hat in seinem Sondergutachten zu Umweltproblemen der modernen Landwirtschaft folgende Bereiche hervorgehoben: (1) Zerstörung der Artenvielfalt; (2) Gefährdung des Grundwassers durch Nitratauswaschung; (3) Degradierung von Böden durch Verdichtung und Bodenerosion; (4) Eutrophierung des Oberflächenwassers; (5) Beeinträchtigung der Nahrungsmittelqualität durch Schadstoffe; (6) Belastungen der Luft durch Staubemissionen, Geruchsbelästigung und Lärm- und Abgasemissionen. – b) Die Landwirtschaft beeinflusst ferner andere Umweltgüter (Kulturlandschaft, Landschaftspflege, artgerechte Tierhaltung). – 3. *Ursachen:* Umwelteffekte werden durch die Art der Landbewirtschaftung verursacht. In der traditionellen Landwirtschaft treten direkte Effekte v.a. durch den Landanspruch auf, in der modernen Landwirtschaft hingegen durch Intensivierung und Spezialisierung. Hinter den direkten Effekten auf die Umwelt sind die eigentlichen Ursachen zu sehen: Bevölkerungswachstum und Armut, zumal in Entwicklungsländern, Konkurrenzdruck und Einkommenserwerb v.a. in Industrieländern und generell oftmals technische Fortschritte und politische Rahmenbedingungen. – 4. *Politikansätze:* Der Sachverständigenrat für Umweltfragen (SRU) in Deutschland hat einige konkrete Forderungen zur Umgestaltung der Landwirtschaft aus ökologischer

Sicht erhoben: eine generelle Senkung der speziellen Intensität, eine gezielte Flächenumwidmung nach ökologischen Kriterien, die Bindung von Transferzahlungen an ökologische Leistungen etc. Das Leitbild des Rats einer eher traditionellen Landwirtschaft mit weitgehend geschlossenem Stoffkreislauf ist nicht unumstritten. Generell kommt es darauf an, bei der Gestaltung klassischer Instrumente der Agrarpolitik, wie der → Agrarpreispolitik und der → Agrarstrukturpolitik, die ökologischen Implikationen zu analysieren und zu berücksichtigen. Bei Investitionen und in der Agrarstrukturpolitik ist das weitgehend Standard geworden, bei der Agrarpreispolitik hingegen ist es noch nicht üblich, z.B. den unterschiedlichen Einfluss einzelner Anbauverfahren auf die Bodenerosion bei der Festlegung von Preisniveaus und Preisrelationen zu berücksichtigen. – 5. *Entwicklung:* Erste Extensivierungsmaßnahmen der Agrarumweltpolitik wurden Ende der 1980er-Jahre in der EU allerdings primär zum Abbau der → Agrarüberschüsse eingeführt. Erst mit den → Agrarreformen von 1992, 2000 und 2003 wurden Umweltziele stärker in die Europäische Agrarpolitik integriert. Insbesondere mit den Agrarreformen von 2000 und 2003 werden extensive landwirtschaftliche Produktionsverfahren zum Schutz der Umwelt und der Landschaftspflege gefördert, die über die Grundanforderungen der guten landwirtschaftlichen Praxis hinausgehen. Weiterhin müssen Landwirte seit 2003 Mindesnormen (Cross Compliance) zugunsten des Umweltschutzes als Vorraussetzung für den Erhalt der vollständigen Direktzahlungen (→ Betriebsprämie) erfüllen. Für die Förderperiode 2014-2020 sind weitere Reformen der Agrarumweltpolitik der EU vorgesehen, die allgemein unter dem Stichwort *Greening* diskutiert werden. *Greening* bezieht sich auf den Vorschlag der Europäischen Kommission zur Reform der Verordnung über Direktzahlungen (KOM(2011)625), wonach 30 Prozent der bisherigen Direktzahlungen an drei ökologische Standards gebunden werden sollen: 1. Ausweis ökologischer Vorrangsflächen in Höhe von mindestens 7 Prozent der beihilfefähigen Betriebsfläche; 2. Einhaltung einer Mindes-Fruchtfolge; 3. Erhalt des Dauergrünlands.

Agrarverfassung – *Agrarordnung.* 1. *Begriff:* Gesamtheit aller durch Gesetze, Gewohnheiten, Sitten oder Bräuche bestimmten rechtlichen und sozialen Ordnungen, welche das Verhältnis der landwirtschaftlichen Bevölkerung untereinander, zum Boden sowie ihres Umfelds als Resultat historischer Prozesse regelt. Die Agrarverfassung ist Bestandteil der rechtlichen und sozialen Gesellschaftsordnung. – 2. *Teilbereiche der Agrarverfassung:* a) *Grundbesitzverfassung:* Betriebsgrößen, Pacht- und Eigentumsverfassung. – b) *Arbeitsverfassung:* Familien- oder Fremdarbeitsverfassung, kooperative oder kollektive Arbeitsverfassung, soziale Sicherungssysteme. – c) *Erwerbscharakter:* Haupt- bzw. Nebenerwerbsbetriebe. – d) *Marktverfassung und Ordnung der landwirtschaftlichen Gütermärkte.* – e) *Landwirtschaftliches Steuer- und Kreditsystem.* – f) *Ordnung der Nutzung der Natur:* Tier- und Umweltschutz. – Aus der Vielfalt der Ausgestaltungsformen und bestehender Bedürfnisse haben sich historisch und räumlich sehr verschiedene Agrarverfassungen ergeben. – 3. *Gestaltungskräfte der Agrarverfassung:* a) *Naturbedingte Faktoren:* Bodenverhältnisse, Klima, Geländegestalt. – b) *Gesellschaftliche Faktoren:* Staatliche Rechtsordnung, politische Ideologien, Stationen der wirtschaftlichen Entwicklung, Bevölkerungswachstum, technologischer Fortschritt, Wertvorstellungen, Wirtschafts- und Sozialstruktur, externe Einflüsse (z.B. → Kolonialismus). – Vgl. auch → Agrarpolitik, → Agrarsystem.

Agrarwissenschaften – interdisziplinärer und angewandter Wissenschaftsbereich, in dem Fragen der Agrarwirtschaft und der Agrarentwicklung untersucht werden. Die grundlegende Problemstellung der Agrarwissenschaften richtet sich auf eine zentrale Zukunftsfrage des Menschen. → Malthus hat diese Problemstellung vor 200 Jahren als Konflikt zwischen Wachstum der Nahrungsproduktion und Wachstum der Bevölkerung aufgezeigt. Dieser Konflikt ist nicht gelöst und stellt sich heute als ein globaler Konflikt zwischen Ernährungssicherung und Ressourcenschutz sowie als ein Konflikt zwischen Arm und Reich dar. In den Agrarwissenschaften werden Kenntnisse verschiedener Disziplinen zusammengetragen, um Lösungsansätze zu erarbeiten. Zu den Agrarwissenschaften zählen v.a. die Pflanzenbauwissenschaften, die Gartenbauwissenschaften, die Nutztierwissenschaften, die Landtechnik und die Wirtschafts- und Sozialwissenschaften des Landbau sowie der ökologische Landbau und Agrargeographie.

Agrarzoll – Die EU hat zur Durchführung der gemeinsamen Agrarpolitik für Waren vieler landwirtschaftlicher Bereiche eigene rechtliche Regelungen, sog. → Marktordnungen (MO), geschaffen; diese sollen mithilfe ihrer vorrangig marktlenkenden Agrarzollsysteme den EU-Agrarmarkt in der EU regulieren. Wesentliches Merkmal ist die gemeinsame Preispolitik. Bei Einfuhr der betreffenden Waren aus einem Drittstaat gleichen die Agrarzölle den Unterschied zwischen hohem EU-Preisniveau und niedrigem Weltmarktniveau aus. In seltenen Fällen werden bei umgekehrter Konstellation → Ausfuhrzölle erhoben.

Agribusiness → Agrobusiness.

Agrobusiness – *Agribusiness;* agrarindustrielle Organisations- und Produktionsform, die in Ansätzen bereits aus der kolonialzeitlichen Plantagenwirtschaft (→ Plantage) bekannt ist. Beim modernen, aus den USA stammenden Agrobusiness handelt es sich um ein weit verzweigtes, komplexes landwirtschaftliches Produktionssystem, das die Gesamtheit aller an einem vertikalen Nahrungsmittelsystem Beteiligter (vom Rohstofflieferanten bis zum Endverbraucher) einschließt und damit von der Inputbeschaffung über die Produktion bis zur Verarbeitung und Vermarktung reicht.

Agrosystem → Agrarsystem.

AgV – Abk. für → Arbeitsgemeinschaft der Verbraucher e. V.

AHK – Abk. für → Auslandshandelskammern.

AIA – Abk. für → American Institute of Accountants.

AIC → Akaike-Informationskriterium.

AICPA – Abk. für → American Institute of Certified Public Accountants.

AID-Analyse – Abk. für *Automatic-Interaction-Detector-Analyse, Kontrastgruppenanalyse, Baumanalyse;* Verfahren der statistischen Datenanalyse. Suchverfahren, um die Struktur der Beziehungen zwischen den Variablen aufzudecken. Gesucht wird jeweils die unabhängige (nicht metrische) Variable, die die „beste" Aufteilung der Elemente (Personen) in Bezug auf eine abhängige Variable in zwei Segmente ermöglicht. Dieser Teilungsprozess in jeweils zwei Gruppen wird so lange fortgesetzt, bis eine Stoppregel den weiteren Teilungsvorgang beendet. Es entsteht ein → Dendrogramm. – *Nachteile:* Größe der benötigten Stichprobe (i.d.R. größer als 1.000), Vernachlässigung der Interkorrelation der unabhängigen Variablen. – *Bedeutung:* In der → Marktforschung u.a. zur → Marktsegmentierung verbreitet.

AIDA-Regel – bekanntes, aber veraltetes Werbewirkungsmodell (→ Werbewirkung). Der Umworbene durchläuft verschiedene Stufen, die Teilziele für eine Verhaltensbeeinflussung angeben. Danach muss erfolgreiche Werbung zunächst → Aufmerksamkeit (Attention) auslösen, Interesse bzw. → Motivation (Interest) wecken und durch den anschließenden Wunsch (Desire), das Produkt zu besitzen den Umworbenen in der Kaufsituation zum Kauf (Action) führen. Durch den streng hierarchischen und zwingend linearen Ablauf aller Wirkungsstufen kann diese Regel trotz zahlreicher Modifikationen lediglich als Checkliste für einen Werbeerfolg dienen. Die Relevanz der einzelnen Stufen und der Verlauf des Wirkungsmodells hängen vom → Involvement der Konsumenten (starkes, schwaches), der Gestaltung der Werbung (emotional oder sachlich, bildhaft oder sprachlich) sowie von der Zahl der Wiederholungen ab.

AIDCA-Formel – Weiterentwicklung der AIDA-Formel (s. → AIDA-Regel), bei der der Phase des Kaufwunsches (Desire) die Vertrauensgewinnung (Confidence) folgt, der sich dann erst die Kaufhandlung (Action) anschließt.

AIDCAS-Formel – Weiterentwicklung der AIDA-Formel (s. → AIDA-Regel), bei der der Phase des Kaufwunsches (Desire) die Überzeugung (Conviction) bez. des Produktvorteils gegenüber anderen, vergleichbaren Angeboten folgt. Das Modell geht weiter davon aus, dass nach der Kaufhandlung (Action) Kundenzufriedenheit (Satisfaction) hergestellt werden muss.

Aided Recall → Recalltest.

AIFM-Richtlinie – Richtlinie 2011/61/EU (ABl. EU L 174/1 v. 1.7.2011 über die Verwalter alternativer Investmentfonds und zur Änderung der Richtlinien 2003/41/EG und 2009/65/EG und der Verordnungen (EG) Nr. 1060/2009 und (EU) Nr. 1095/2010 (ABl. L 174 vom 01.7.2011, S. 1), die bis zum 22.7.2013 in nationales Recht umzusetzen ist (s. → Kapitalanlagegesetzbuch (KAGB). Ziel der Richtlinie ist es, gemeinsame Anforderungen für die Zulassung und die Aufsicht über Verwalter → alternativer Investmentfonds (AIF) festzulegen, um zu gewährleisten, dass für den Umgang damit zusammenhängender Risiken für Anleger und Märkte in der EU ein kohärentes Vorgehen stattfindet. Die *AIFM-Richtlinie* reguliert Verwalter der AIF, grundsätzlich jedoch nicht die AIF selbst. Ausnahmen gelten für Fonds, die Kontrolle über nicht börsennotierte Unternehmen und Emittenten erlangen (→ Private Equity Fonds), und Fonds, die hebelfinanziert sind (→ Hedge Funds).

AISAM – 1. *Begriff und Merkmale*: Abk. für *Association Internationale des Sociétés d'Assurance Mutuelle, International Association of Mutual Insurance Companies, Internationale Vereinigung der Versicherungsgesellschaften auf Gegenseitigkeit; internationaler Zusammenschluss von Versicherungsvereinen auf Gegenseitigkeit aus* mehr als 30 Ländern, gegründet 1964 auf die Initiative eines Holländers und einer Gruppe von Gegenseitigkeitsversicherern, Sitz in Brüssel. Die AISAM hat beratenden Status beim Wirtschafts- und Sozialrat der Vereinten Nationen (ECOSOC, vgl. → UN) sowie bei der Welthandels- und Entwicklungskonferenz der Vereinten Nationen in Genf (→ UNCTAD). – *Veröffentlichungen:* Mutualité (zweimal jährlich); AISAM Dictionary, 1982. – 2. *Ziele*: Information und der Repräsentation gegenüber nationalen und internationalen Organisationen und sonstigen Regierungs- oder anderen Instanzen und Austauschforum für die Mitglieder. – 3. *Organe*: a) Generalversammlung als oberstes Organ. Sie tritt jedes Jahr zusammen. Sie setzt sich aus der Gesamtheit der AISAM-Mitglieder zusammen und bestimmt die großen Linien der Vereinigung. – b) Der Ausschuss setzt sich aus mind. sieben gewählten Mitglieder zusammen und hält zwei- bis dreimal im Jahr eine Sitzung ab. Er ist mit der Leitung und Verwaltung der Vereinigung beauftragt. – c) Das Generalsekretariat führt die täglichen Geschäfte der Vereinigung. – 4. *Mitglieder:* Vollmitglieder und assoziierte Mitglieder: – *Vollmitglieder* (zugelassene privatrechtliche Gegenseitigkeitsversicherungsgesellschaften, privatrechtliche und gesetzlich anerkannte Gegenseitigkeitsversicherungsgruppen und alle Versicherungsgesellschaften im Besitz oder unter der Aufsicht von privatrechtlichen Gegenseitigkeitsgesellschaften oder Gegenseitigkeitsversicherungen;

Versicherungsgesellschaften auf Gegenseitigkeit nach privatem Recht, die gemäß den nationalen Aufsichtsbestimmungen ohne Zulassung arbeiten; nationale privatrechtliche Fachorganisationen; multinationale Fachorganisationen von Gegenseitigkeitsversicherungen nach privatem Recht). – *Assoziierte Mitglieder* Versicherungsunternehmen, die nicht den Rechtsstatus eines Gegenseitigkeitsvereins haben, jedoch nach den Grundsätzen der Gegenseitigkeit arbeiten; Gesellschaften, die eine enge Beziehung zu einem oder mehreren Vollmitgliedern der Vereinigung pflegen und die dem Versicherungssektor Dienstleistungen anbieten, außerhalb der Versicherungsbranche tätige Gegenseitigkeitsgesellschaften, die Verbindungen zur Versicherungsbranche oder zum Risikofinanzierungsgeschäft aufweisen). – Jede weitere an den Aktivitäten der Vereinigung interessierte Partei kann den Beobachterstatus beantragen. Ende 2006 zählt die Vereinigung 121 direkte Mitglieder, darunter 7 nationale Verbände (der amerikanisch/kanadische, belgische, dänische, deutsche, französische, niederländische und spanische), die weltweit 21 Länder vertreten. Durch diese nationalen Verbände zählt die AISAM ungefähr 2.000 indirekte Mitglieder weltweit. Die Verteilung der Mitglieder pro Land ist folgende:

- Belgien	8
- Dänemark	8
- Deutschland	24
- Finnland	5
- Frankreich	32
- Großbritannien	1
- Italien	2
- Japan	1
- Marokko	1
- Niederlande	9
- Norwegen	1
- Österreich	3
- Portugal	1
- Schweden	1
- Schweiz	5
- Senegal	1
- Spanien	13
- Tunesien	2
- Ungarn	1
- Vereinigte Staaten/Kanada	1

5. *Kongresse:* Die AISAM veranstaltet jedes zweite Jahr einen Kongress. Er bietet die Gelegenheit, den Umfang der laufenden Arbeiten zu beurteilen und die Meinungen über Entwicklung und Ergebnisse der in den beiden zurückliegenden Jahren durchgeführten Projekte auszutauschen. 1998 fand der Kongress in Chicago statt, in 2000 wurde der Kongress in Fèz (Marokko) abgehalten und hat Vertreter aus 23 Ländern vereint. Der Kongress tagte in 2002 in Bordeaux, in 2004 mit über 120 Delegierten in Berlin. Im Jahre 2006 wurde der Kongress in Brügge gemeinsam mit ACME veranstaltet und hat ungefähr 200 Vertreter vereint.

Ajax – Kunstwort für *Asynchronous JavaScript and XML.* Auf → JavaScript basierende Technik, die die asynchrone Übertragung von Daten zwischen Client und Server betrifft. Durch eine zusätzliche Softwareschicht zwischen der → Benutzeroberfläche im → Browser und dem Server werden Anfragen an den Server von den Benutzereingaben entkoppelt. Abhängig von der Nutzlast werden Teile einer → HTML-Seite am Bedarf orientiert nachgeladen, indem Benutzereingaben asynchron an den Server weitergereicht werden und dessen Antworten wiederum asynchron zu einer partiellen Aktualisierung der Benutzeroberfläche führen. Durch diese Vorgehensweise muss nicht bei jeder Benutzereingabe wiederholt der gesamte Oberflächeninhalt übertragen werden, sondern lediglich die wirklich benötigten Daten. Viele Anwendungen des → Web 2.0 wurden erst durch Ajax ermöglicht, da hiermit die → Benutzerfreundlichkeit von Internetanwendungen an die klassischer Desktopanwendungen angeglichen werden konnte und Nutzer nicht mehr nach jedem Klick auf einen Neuaufbau des Bildschirms warten müssen.

à jour – *auf dem Laufenden;* in der Buchführung gebräuchlicher Ausdruck für die tägliche Verbuchung aller anfallenden Geschäftsvorfälle; bes. wichtig z.B. für die Tagesbilanz und das → Kontokorrent von Banken.

AKA – Abk. für → Ausfuhrkreditgesellschaft mbH.

Akaike-Informationskriterium – von Akaike (1981) vorgeschlagene Kennzahl zum Vergleich alternativer → Spezifikationen von → Regressionsmodellen. – Das Akaike-Informationskriterium (engl. *Akaike Information Criterion, AIC*) wird als $AIC = \ln(RSS/n) + 2(K+1)/n$ berechnet, wobei RSS die Residuenquadratesumme (→ Residuen) des geschätzten Modells, n der Stichprobenumfang und K die Anzahl der erklärenden Variablen im Modell sind. ln symbolisiert den natürlichen Logarithmus. Der Vergleich zweier Modellspezifikationen anhand von AIC erfolgt analog zum eng verwandten → Schwarz-Informationskriterium.

AKE → Arbeitskräfteerhebung.

Akerlof – George A., geb. 1940, amerik. Nationalökonom, der seit 1966 – mit Unterbrechungen durch Professuren in Indien und England – an der University of California in Berkley lehrt; → Nobelpreis für Wirtschaftswissenschaften 2001 (zusammen mit → Spence und → Stiglitz). Viele Märkte sind durch asymmetrische Informationen gekennzeichnet. Akerlof zeigte, wie ein Markt, in denen die Verkäufer bessere Informationen über die Qualität der Waren haben als die Käufer – wie z.B. bei Gebrauchtwagen – zu einer negativen Auswahl von Waren mit geringerer Qualität schrumpfen kann. Grundlegend sein Aufsatz „The Market for 'Lemons': Quality Uncertainty and the Market Mechanism", in: Quarterly Journal of Economics, Vol. 84 No. 3 (August 1970).

Akkord → Akkordlohn.

Akkordarbeit – Erwerbstätigkeit, die nach der geleisteten Arbeitsmenge entlohnt wird. – Vgl. auch → Akkordlohn.

Akkordbrecher – Bezeichnung für im Akkordlohn bezahlten Arbeitnehmer, der mit seiner Arbeitsleistung beträchtlich über der sich in gruppendynamischen Prozessen herausgebildeten, von der Gruppe als „fair" empfundenen Leistung liegt. Akkordbrecher werden meist sozial geächtet, weil gruppenintern die Befürchtung besteht, dass ihre Leistung Grund für die Neufestsetzung der → Vorgabezeiten ist (Akkordschere). – *Gegensatz:* → Akkordbremser.

Akkordbremser – Arbeitnehmer, der im → Akkordlohn bezahlt wird, dessen tatsächliche Arbeitsleistung aber kontinuierlich unter der möglichen Normalleistung liegt, mit dem Ziel, die Betriebsleitung über das wahre Leistungsvermögen zu täuschen; nur möglich bei erheblichen Mängeln bei der Akkordvorgabe. – *Gegensatz:* → Akkordbrecher.

Akkordfähigkeit – Bezeichnung für die Eigenschaften, die eine Arbeit aufweisen muss, damit sie im → Akkordlohn vergütet werden kann. – *Voraussetzungen:* (1) Der Arbeitsablauf muss in einer im Voraus bekannten oder bestimmbaren Weise wiederholbar und damit auch zeitlich messbar sein. (2) Die Arbeitsergebnisse müssen mengenmäßig erfassbar sein. (3) Der Arbeitsplatz muss zweckentsprechend gestaltet sein, und die bei der Vorgabezeitermittlung vorhandenen Arbeitsbedingungen müssen während der Akkordarbeit tatsächlich bestehen bleiben. – *Nicht akkordfähig* sind Arbeiten, deren Ablauf und Verfahren sich prozessbedingt verändern, wie Reparaturarbeiten, hochgradige Qualitätsarbeit, Kontrollarbeit, gefährliche Arbeiten, Arbeiten dispositiver Art.

Akkordgruppe → Gruppenarbeitsverhältnisse.

Akkordlohn – I. Allgemein: *Stücklohn;* Prototyp leistungsreagibler Entlohnung. Anders als beim → Zeitlohn erfolgt die Vergütung nach Maßgabe des Mengenergebnisses pro Zeiteinheit. Kommt als Einzelakkord und als Gruppenakkord zur Anwendung. Grundlagen dieser Entlohnungsform sind die Normalleistung und der Akkordrichtsatz. Erstere wird im Rahmen von Arbeits- und Bewegungsstudien ermittelt und soll von einem eingearbeiteten Arbeiter auf Dauer (sowie im Mittel der Schichtzeit) erbracht werden können. Letzterer ist der (i.d.R. tarifvertraglich festgelegte) Stundenlohn bei Normalleistung. Erscheinungsformen sind Geldakkord (Lohn = Menge · Geldeinheit/Stück) und Zeitakkord (Lohn = Menge · Stückzeit · Geld- bzw. Minutenfaktor). Anwendungsvoraussetzungen sind v.a., dass a) die Mengenleistung persönlich beeinflussbar ist, es sich b) um regelmäßig in gleicher Weise wiederkehrende Tätigkeiten handelt und c) die Qualität der Arbeitsergebnisse von untergeordneter Bedeutung ist. Tätigkeiten mit diesen Merkmalen gelten als akkordfähig (→ Akkordfähigkeit). Hinzu kommt, dass sie auch akkordreif, d.h. frei von die Arbeitsausführung behindernden organisatorischen Mängeln sein müssen (→ Akkordreife). V.a. Automatisierungstendenzen in der Wirtschaft haben die Bedeutung des klassischen Akkordlohns kontinuierlich gemindert.

II. Arbeitsrecht: Sofern keine tarifliche Regelung besteht, unterliegt die Festsetzung der Akkordsätze einschließlich der Geldfaktoren dem erzwingbaren → Mitbestimmungsrecht des Betriebsrats in → sozialen Angelegenheiten (§ 87 I Nr. 11 BetrVG). Ansatzpunkt für dieses Mitbestimmungsrecht ist der Zeitfaktor. Die Ermittlung der Vorgabezeit soll dem Mitbestimmungsrecht des Betriebsrats unterliegen, um zu gewährleisten, dass der Arbeitnehmer bei einer das normale Maß übersteigenden Leistung auch ein über dem Normallohn liegendes → Arbeitsentgelt erhält. Wo eine tarifliche Festlegung des Akkordrichtsatzes fehlt, bedeutet die Erstreckung des Mitbestimmungsrechts auf den Geldfaktor nach der Rechtsprechung des BAG, dass in einem Leistungslohnsystem (→ Leistungslohn) auch die Bestimmung der Lohnhöhe für die Bezugs- oder Ausgangsleistung und damit der Preis für die Arbeit im Leistungslohn überhaupt mitbestimmungspflichtig ist.

Akkordmehrverdienst – Mehrverdienst, den ein Akkordarbeiter bei gleichem Zeiteinsatz gegenüber einem Zeitlohnempfänger erzielt; setzt sich zusammen aus: Akkordzuschlag, Zuschlag auf den Lohn eines vergleichbaren Zeitlohnempfängers und dem Mehrverdienst, der sich aus dem Unterschreiten der Vorgabezahl ergibt (→ Akkordlohn).

Akkordreife – Bezeichnung eines Arbeitsablaufes, der die → Akkordfähigkeit besitzt und (1) von Störungen bereinigt ist, die die kontinuierliche Wiederholung des Arbeitsablaufes beeinträchtigen könnten, sowie (2) durch den → Leistungsgrad des Arbeitenden auch effektiv beeinflusst werden kann.

Akkordrichtsatz → Akkordlohn.

Akkordzuschlag → Akkordmehrverdienst.

Akkreditiv – 1. *Charakterisierung:* a) *Begriff:* Der Ausdruck Akkreditiv bedeutet eine Verpflichtung einer Bank (eröffnende Bank, → Akkreditivbank, opening bank) im Auftrag und nach Weisung eines Kunden (Akkreditivauftraggeber; z.B. ein Importeur) gegen Übergabe vorgeschriebener Dokumente eine Zahlung an einen Dritten (Akkreditivbegünstigter, z.B. ein Exporteur) zu leisten, sofern

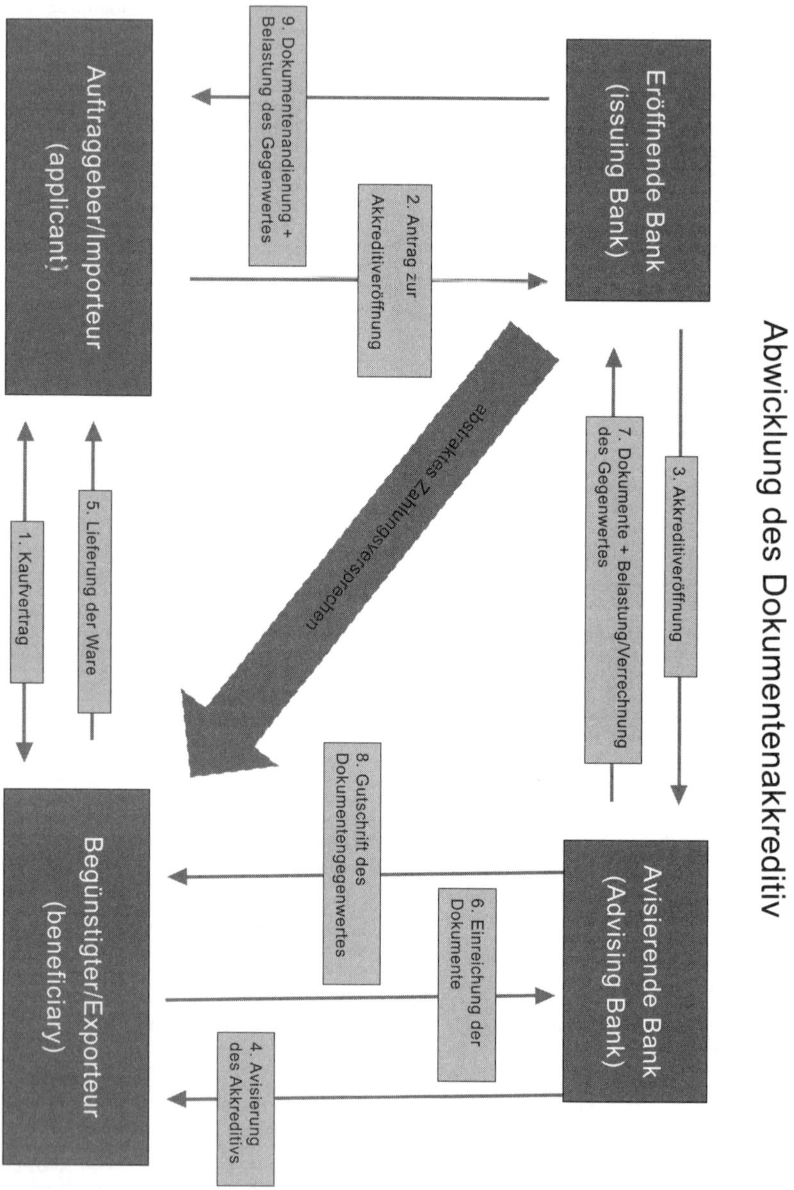
Abwicklung des Dokumentenakkreditiv
Eröffnende Bank (issuing Bank)
Avisierende Bank (Advising Bank)
Auftraggeber/Importeur (applicant)
Begünstigter/Exporteur (beneficiary)
1. Kaufvertrag
2. Antrag zur Akkreditiveröffnung
3. Akkreditiveröffnung
4. Avisierung des Akkreditivs
5. Lieferung der Ware
6. Einreichung der Dokumente
7. Dokumente + Belastung/Verrechnung des Gegenwertes
8. Gutschrift des Dokumentengegenwertes
9. Dokumentenandienung + Belastung des Gegenwertes
abstraktes Zahlungsversprechen

die Akkreditivbedingungen erfüllt sind (Dokumentenakkreditiv); vgl. Abbildung „Abwicklung eines Dokumentenakkreditivs". Akkreditive sind „abstrakt", d.h. ihrer Natur nach von den → Kaufverträgen oder anderen Verträgen, auf denen sie möglicherweise beruhen, unabhängige, losgelöste Geschäfte. – b) *Funktionen:* Die maßgebliche Funktion von Akkreditiven ist aus der Sicht eines akkreditivbegünstigten Exporteurs die *Zahlungssicherung:* Der Exporteur erhält neben der Zahlungsverpflichtung des Importeurs als weitere und maßgebliche Sicherheit das unwiderrufliche Zahlungsversprechen einer Bank. Für den Importeur (Akkreditivauftraggeber) liegt die wichtigste Funktion von Akkreditiven in der Sicherstellung des vertragsgemäßen *Warenexports:* Der akkreditivbegünstigte Exporteur erhält erst Zahlung aus dem Akkreditiv, wenn er durch die in den Akkreditivbedingungen festgelegten (Export-)Dokumente den kontraktgemäßen Warenexport (mittelbar, denn das Akkreditiv bleibt abstrakt) nachweist. – 2. *Arten:* (1) das Dokumentenakkreditiv, bei dem die Auszahlung des Geldbetrages nur gegen Vorlage bestimmter Dokumente (Warenakkreditiv) erfolgt, z.B. gegen Dokumente, die das Recht an der Ware verkörpern (u.a. Traditionspapiere = Konnossemente); (2) das Barakkreditiv, bei dem die Leistung gegen Legitimationsnachweis erbracht wird. Die Auszahlung des Geldbetrages erfolgt i.d.R. ohne bes. Gegenleistung des Begünstigten (z.B. beim → Kreditbrief). Das Barakkreditiv kommt in der Praxis kaum noch vor. – a) *Akkreditiv nach der Sicherheit des Exporteurs:* (1) → Widerrufliches Akkreditiv: Ein widerrufliches Akkreditiv kann von der eröffnenden Bank jederzeit und ohne vorherige Nachricht an den Akkreditivbegünstigten geändert oder annulliert werden. Widerrufliche Akkreditive kommen in der Praxis selten vor. (2) *Unwiderrufliches unbestätigtes Akkreditiv:* Ein unwiderrufliches Akkreditiv begründet eine feststehende Verpflichtung der eröffnenden Bank zur Akkreditivleistung (je nach Art des Akkreditivs: Sichtzahlung, hinausgeschobene Zahlung, Akzeptleistung oder Negoziierung), sofern vom Akkreditivbegünstigen die Akkreditivbedingungen erfüllt werden. Nach der Akkreditiveröffnung kann dem Exporteur diese Sicherheit (von wenigen Ausnahmerisiken wie z.B. Zahlungsunfähigkeit der akkreditiveröffnenden Bank, Eintritt politischer Risiken u.Ä. abgesehen) nicht mehr entzogen werden. (3) *Unwiderrufliches bestätigtes Akkreditiv:* Die Bestätigung eines unwiderruflichen Akkreditivs durch eine Bestätigungsbank begründet zusätzlich zur Akkreditivverpflichtung der eröffnenden Bank eine feststehende Verpflichtung der Bestätigungsbank zur Akkreditivleistung, sofern vom Akkreditivbegünstigten die Akkreditivbedingungen erfüllt werden. Die Bestätigung von Akkreditiven dient der zusätzlichen Absicherung des Exporteurs vor Risiken, die unbestätigte Akkreditive nicht bzw. nicht hinreichend abzudecken vermögen. Dies sind v.a. das Risiko der Insolvenz der akkreditiveröffnenden Bank sowie die politischen Risiken (Zahlungs-, Transferverbote etc.). – b) *Akkreditiv nach den Zahlungs- bzw. Benutzungsmodalitäten:* (1) → Sichtzahlungsakkreditiv *(Sichtakkreditiv);* (2) → Akkreditiv mit hinausgeschobener Zahlung *(Deferred-Payment-Akkreditiv);* (3) → Akzeptakkreditiv *(Remboursakkreditiv).* – c) *Sonderformen:* → Commercial Letter of Credit (CLC) bzw. → negoziierbares Akkreditiv, → Stand-by Letter of Credit, → übertragbares Akkreditiv, → Packing Credit (Anticipatory Credit, Bevorschussungskredit), → revolvierendes Akkreditiv (Revolving Credit) sowie → Gegenakkreditiv (Back-to-Back-Akkreditiv). – 3. *Vertragsbestandteil* sind i.d.R. die Einheitlichen Richtlinien und Gebräuche für Dokumentenakkreditive (ERA) der Internationalen Handelskammer Paris.

Akkreditivauftrag – 1. *Begriff:* der an ein Kreditinstitut gerichtete Auftrag zur Eröffnung eines Dokumentenakkreditivs (→ Akkreditiv). Aufgrund der Vereinbarung im Kaufvertrag, Lieferungsvertrag o.Ä. (Grundgeschäft) über die Stellung eines Dokumentenakkreditivs erteilt der Käufer bzw. Besteller einen Akkreditivauftrag an ein Kreditinstitut. Er hat vollständig und genau zu sein. – 2. *Merkmale:* Der Auftrag enthält bestimmte Angaben und bestimmte Weisungen für die Akkreditiveröffnung: Benennung des Begünstigten und i.d.R. seiner Bankverbindung, Angaben über Art, Beschaffenheit und Menge der Ware, Angabe der Akkreditivsumme (Einzelpreis · Menge + Nebenkosten), Bezeichnung und Inhalt der geforderten Dokumente, Angaben über den Transport der Ware (Abladeort, Transportweg, Bestimmungsort, Teilverladungen), Fristen ((1) Gültigkeit des Akkreditivs - Verfalldatum für die Vorlage der Dokumente, (2) Verladefrist für die Ware, (3) Vorlegungsfrist (Präsentationsfrist)) für die Dokumente, Angaben über die Einschaltung einer Zweitbank als avisierende Bank, Zahlstelle, Zahlbarstellung, Ort der Benutzbarkeit bzw. bestätigende Bank, Angaben über die Art der Benutzbarkeit (Sichtzahlung, hinausgeschobene Zahlung, Akzeptleistung oder Negoziierung), Angabe über die Verteilung der Spesen, Angaben über die Übermittlungswege für die Akkreditiveröffnung und für die Dokumente. – *Basis:* Einheitliche Richtlinien und Gebräuche für Dokumentenakkreditive (ERA).

Akkreditivbank → Kreditinstitut (Bank des Importeurs/Auftraggebers), das ein Dokumentenakkreditiv eröffnet. – Vgl. auch → Akkreditiv.

Akkreditivbestätigung – Abgabe eines abstrakten Schuldversprechens auf der Grundlage eines Dokumentenakkreditivs durch eine Bank (bestätigende Bank) im Auftrag und unter dem Obligo der eröffnenden Bank (→ Akkreditivbank). Die Bestätigung begründet ein selbstständiges Leistungsversprechen zur Zahlung des Akkreditivbetrags nach erfolgter Dokumentenaufnahme, für den Fall, dass die Zahlstelle des Akkreditivs keine Zahlung mehr leisten kann. – *Sonderformen:* 1. *Stille Bestätigung* (auch Ankaufszusage genannt). Zusätzlich zur Verpflichtung der eröffnenden Bank kann die avisierende Bank durch die „stille" Bestätigung eine eigene, unabhängige Verpflichtung zur Zahlung oder Akzeptleistung eingehen. Im Gegensatz zum „bestätigten" Akkreditiv liegt in diesem Fall kein Bestätigungsauftrag der eröffnenden Bank vor. Stille Bestätigungen sind Vereinbarungen die ausschließlich zwischen dem Begünstigten und der avisierenden Bank – ohne Wissen der eröffnenden Bank – getroffen werden. – 2. *Schutzzusage*: Ist die avisierende Bank nicht die Hausbank des Exporteurs, kann es sein, dass er eine weitere Bank, i.d.R. seine Hausbank, einschaltet, die ihm dann die Bestätigung in Form einer Schutzzusage erteilt – wird meist erforderlich, wenn die avisierende Bank nicht dem Bestätigungsauftrag der eröffnenden Bank nachkommen will oder auch nicht bereit ist eine „stille" Bestätigung abzugeben. Auch in diesem Fall geht diese Bank eine eigene, unabhängige Verpflichtung zur Zahlung oder Akzeptleistung ein und es liegt kein Auftrag zur Bestätigung vor. Hier wird ebenso eine Vereinbarung zwischen dem Begünstigten und seiner Hausbank - ohne Wissen der eröffnenden oder avisierenden Bank – getroffen.

Akkreditiv mit hinausgeschobener Zahlung – *Deferred-Payment-Akkreditiv;* zählt zur Gruppe der → Nachsichtakkreditive. Die Auszahlung des Akkreditivbetrags an den Akkreditivbegünstigten erfolgt nicht im Gegenzug zur Einreichung und Aufnahme der Dokumente, sondern ist auf einen späteren, nach den Akkreditivbedingungen genau bestimmbaren Fälligkeitstag (um die sog. Nachsichtfrist) hinausgeschoben. Der maßgebliche Vorzug dieses Dokumentenakkreditivs liegt darin, dass der Exporteur dem Importeur in Form der Nachsichtfrist das erwünschte Zahlungsziel gewähren kann und trotzdem während der Phase der hinausgeschobenen Zahlung akkreditivmäßig gesichert bleibt.

Akkreditivstelle – *avisierende Bank;* Bank des Akkreditivbegünstigten (Exporteur), von der die Akkreditiveröffnung dem Exporteur angezeigt wird. – Vgl. auch → Akkreditiv.

Akkreditivübertragung → übertragbares Akkreditiv.

Akkulturation – Kulturwandel in Entwicklungsländern, der beim Aufeinandertreffen mit Industrieländerkulturen auftritt. Der Kontakt mit einer fremdartigen Kultur vollzieht sich durch Nachahmung und Übernahme ursprünglich fremder Kulturelemente in die eigene Kultur, die evtl. tief greifende Wandlungen durchmacht. Im Kolonialismus erfolgte sie gewaltsam. – Freiwillige Verarbeitung der Kultureinflüsse und Anpassung an die eigenen Bedürfnisse fördert die Entwicklungsmöglichkeiten durch größere Offenheit gegenüber neuen Technologien, Werthaltungen oder Organisationsformen.

Akkumulation – 1. *Allgemein:* Anhäufung. – 2. Begriff der → klassischen Lehre und des → Marxismus für Erweiterungsinvestitionen (→ Krisentheorie). – 3. In der → Wachstumstheorie wird analysiert, welche Rolle die Akkumulation von Produktionsfaktoren wie physisches Kapital und Humankapital für die wirtschaftliche Entwicklung eines Landes spielt. Die → Goldene Regel der Kapitalakkumulation diskutiert die Bedingungen (Sparquote, Grenzproduktivität des Kapitals), die zu einer Maximierung des Pro-Kopf-Konsums im Steady-State-Gleichgewicht führen.

AKP-Staaten – 1. *Begriff*: Unter der Bezeichung AKP-Staaten wird eine Internationale Organisation von 79 Ländern in Afrika, Karibik und dem Pazifik – davon viele ehemalige Kolonien Frankreichs und Großbritanniens – verstanden. Gründung in der Georgetown-Vereinbarung, zuerst mit dem Ziel der wirtschaftlichen Kooperation. – 2. *Bedeutung*: Die EU unterhält seit 1975 im Rahmen der Gemeinsamen Handelspolitik mit den AKP-Staaten Vertragsbeziehungen (Assoziierungsabkommen nach Art. 217 → AEUV) über Handel, wirtschaftliche Kooperation und Entwicklung sowie Finanzhilfen (→ Lomé-Abkommen; seit 2000: → Cotonou-Abkommen). Während zunächst → Zollpräferenzen im Umgang mit den AKP-Staaten wichtig waren, und mit → STABEX und → SYSMIN zwei Verfahren zur Stabilisierung der Exporterlöse der AKP-Staaten etabliert wurden, haben sich die AKP-Staaten inzwischen zu ausbaufähigen Beziehungen zur Welthandelsorganisation – → World Trade Organization (WTO) – entschlossen.

Akquisition – I. Strategisches Management: Der Kauf eines Unternehmens bzw. dessen Teilerwerb, um in den Besitz seiner Leistungselemente zu kommen und/oder um dessen Ressourceneinsatz bestimmen und kontrollieren zu können (→ Mergers & Acquisitions). In der amerik. Managementliteratur impliziert der Begriff Akquisition, dass das Management des zu akquirierenden Unternehmens mit einem Verkauf des Unternehmens grundsätzlich einverstanden ist. – *Gegensatz:* → Takeover. – *Akquisition als Strategie:* Im Sinn der → strategischen Suchfeldanalyse kann das Suchen nach Akquisitionskandidaten auch als → Strategie zum „Kauf" einer anderen (erwünschten) Strategie verstanden werden. Im Fall der Suche nach neuen Geschäften ist Akquisition z.B. eine mögliche → Markteintrittsstrategie, die i.Allg. gegenüber der unternehmensinternen Entwicklung oder der strategischen Allianz abzuwägen ist. – Vgl. auch → internationale Akquisition.

II. Vertrieb: Gewinnung von Kunden, Aufträgen oder auch z.B. Ladungen für Transportfahrzeuge, bes. aufgrund kundenindividueller Angebote und Beratungen durch Außendienstmitarbeiter (Akquisiteure).

Akquisitionskanal → Distribution.

akquisitorisches Potenzial – Gesamtheit der bei potenziellen Käufern präferenzschaffenden Tatbestände eines Unternehmens, bestehend aus der Qualität der angebotenen Waren, dem Ansehen des Unternehmens, seinem → Kundendienst, seinen → Lieferungs- und → Zahlungsbedingungen und ggf. auch seinem Standort.

Akteneinsicht – Bezeichnung der Möglichkeit von Parteien im Rechtsleben auf Einblick in die von Amtsstellen geführten Akten.

I. Zivilprozess: Rechtsanspruch auf Akteneinsicht entsteht für → Parteien, für dritte Personen nur bei → Glaubhaftmachung eines bes. rechtlichen Interesses. Parteien können i.d.R. auch Ausfertigungen, Auszüge und Abschriften verlangen (§ 299 ZPO). – Ebenso hinsichtlich der Akten des → Gerichtsvollziehers im *Vollstreckungsverfahren* für die von der Zwangsvollstreckung betroffenen Personen (§ 760 ZPO).

II. Freiwillige Gerichtsbarkeit: Akteneinsicht bei Glaubhaftmachung eines → berechtigten Interesses (§ 34 FGG), soweit nicht Sonderregelung, z.B. für → Grundbuch und → Handelsregister.

III. Strafprozess: Anspruch auf Akteneinsicht haben u.a.: → Verteidiger (§ 147 StPO) und → Sachverständige (§ 80 II StPO); bei → Privatklage, → Nebenklage oder für den Verletzten nur durch → Rechtsanwälte (§§ 385 III, 397 I, 406e StPO).

IV. Verwaltungsverfahren: 1. *Herkömmlich*: Den Beteiligten ist Akteneinsicht zu gewähren, soweit deren Kenntnis zur Geltendmachung oder Verteidigung ihrer rechtlichen Interessen erforderlich ist (§ 29 VwVfG). – 2. *Umweltinformationsrecht:* Im Gegensatz zum herkömmlichen Akteneinsichtsrecht, das stets ein rechtliches Interesse voraussetzt, gewährt das Umweltinformationsrecht seit 1990 jedermann die Einsicht in umweltrelevante Informationen der Behörden unabhängig von der Art der Speicherung. Durch die Umweltinformationsrichtlinie des Europäischen Parlaments und des Rats vom 28.1.2003 (Richtlinie 2003/4/EG) wurde der Begriff der Umweltinformationen gegenüber der aufgehobenen Richtlinie 90/313/EWG erheblich erweitert. Bund (Umweltinformationsgesetz vom 22.12.2004, BGBl. I 3704) und Länder haben entsprechende Umsetzungsgesetze erlassen. – 3. *Informationsfreiheit:* Noch weitgehender, über Umweltinformationen hinaus, ist die allg. Informationsfreiheit, die dem Bürger ohne eigenes rechtliches Interesse Akteneinsicht gegenüber der EU, dem Bund (Informationsfreiheitsgesetz – IFG – vom 5.9.2005, BGBl. I 2722) und in mehreren Ländern (Berlin, Brandenburg, Bremen, Hamburg, Mecklenburg-Vorpommern, Nordrhein-Westfalen, Rheinland-Pfalz, Saarland, Sachsen-Anhalt, Schleswig-Holstein, Thüringen) gewährt.

V. Verwaltungsstreitverfahren: Akteneinsicht ist zulässig; auch beigezogene Akten einer Behörde können eingesehen werden, die Behörde darf die Vorlage von Urkunden und Akten nur in Ausnahmefällen verweigern (§§ 99, 100 VwGO).

VI. Finanzgerichtsbarkeit: Die Beteiligten können die Gerichtsakten einsehen, ebenso die dem Gericht vorgelegten Akten, und sich durch die Geschäftsstelle auf ihre Kosten Ausfertigungen, Auszüge und Abschriften erteilen lassen (§ 78 FGO). – Kein Recht auf Akteneinsicht beim *Finanzamt,* jedoch kann Akteneinsicht nach pflichtgemäßem Ermessen gestattet werden, sofern dadurch das zugunsten Dritter bestehende → Steuergeheimnis nicht beeinträchtigt wird (AEAO zu § 364). Anders dagegen bei Zerlegungsunterlagen; hier können die steuerberechtigten Gemeinden Akteneinsicht und Auskunft über die Zerlegungsgrundlagen verlangen (§ 187 AO; → Zerlegung). – Die Gewährung einer beantragten Akteneinsicht kann insbesondere nach einem Beraterwechsel zweckmäßig sein.

VII. Gewerblicher Rechtsschutz: Schutzrechte setzen der wirtschaftlichen Betätigung Dritter Grenzen, woraus ein erhebliches Interesse, Informationen über Schutzrechte zu erhalten (→ Recherche) und Einsicht in die entsprechenden Rollen, Register und Akten zu nehmen, resultiert. Ihm wird durch im Einzelnen unterschiedliche Regelungen Rechnung getragen. – 1. *Markenrecht:* a) *National:* Einsicht in das beim → Deutschen Patent- und Markenamt (DPMA) geführte Markenregister steht jedermann frei, nach Eintragung der Marke wird auch Akteneinsicht gewährt (§ 62 II, III MarkenG), vor der Eintragung nur, wenn ein berechtigtes Interesse glaubhaft gemacht wird (§ 62 I MarkenG). Gleiches gilt für → geografische Herkunftsangaben und → Ursprungsbezeichnungen. – b) *International:* In das beim → Europäischen Markenamt geführte Register für → Gemeinschaftsmarken steht die Einsicht jedermann frei (Art. 88 Verordnung (EG) Nr. 207/2009 über die Gemeinschaftsmarke). Vor der Eintragung gewährt das Markenamt Akteneinsicht, wenn die Anmeldung veröffentlicht ist oder der Antragsteller nachweist, dass der Anmelder ihn nach der Eintragung aus der Gemeinschaftsmarke in Anspruch nehmen will; Teile der Akten können von der Akteneinsicht ausgeschlossen werden. Der Schutz nach dem → Madrider Markenabkommen (MMA) international registrierter Marken ist in das Markenrecht integriert (§§ 107 ff., 119 ff. MarkenG), die Vorschriften des MarkenG sind entsprechend anzuwenden (§§ 107, 119 MarkenG). Das internationale Büro übermittelt auf Antrag jedermann eine Abschrift der im internationalen Register eingetragenen Angaben. – 2. *Geschmacksmuster- und Schriftzeichenrecht:* a) *National:* Ab Bekanntmachung steht die Einsicht in das beim DPMA geführte Musterregister, die Akten und Musterdarstellungen jedermann frei (§ 22 GeschmMG i.V. mit § 22 DPMA-VO, Art. 2 SchriftzeichenG). Vor der Bekanntmachung wird Akteneinsicht nur mit Einverständnis des Inhabers oder (wenn das Einverständnis nicht oder nur beschränkt erteilt ist) bei Glaubhaftmachung eines berechtigten Interesses gewährt (§ 22 Nr. 2, 3 GeschmMG , Art. 2 SchriftzeichenG). – b) *International:* Über international registrierte Geschmacksmuster und deren Akten erteilt das internationale Büro auf Antrag Auszüge, Kopien und Lichtbilder, Gleiches gilt für international hinterlegte typografische Schriftzeichen (Regel 24 AO zum Wiener Abkommen). Für das → Gemeinschaftsgeschmacksmuster gilt, dass nach Bekanntmachung des eingetragenen Gemeinschaftsgeschmacksmusters Akteneinsicht auf Antrag gewährt wird (Art. 74 III GemeinschaftsgeschmacksmusterVO); vor Bekanntmachung ist entweder die Zustimmung des Anmelders/Rechtsinhabers erforderlich (Art. 74 I GemeinschaftsgeschmacksmusterVO) oder es muss ein legitimes Interesse glaubhaft gemacht werden (Art. 74 II GemeinschaftsgeschmacksmusterVO). – 3. *Patent-, Gebrauchsmuster-, Halbleiter- und Sortenschutzrecht:* a) *National:* Einsicht in die beim DPMA geführte → Patentrolle sowie Akten, Modelle und Probestücke erteilter Patente steht jedermann ebenso frei wie die Einsicht in Akten von Beschränkungsverfahren und abgetrennten Teilen eines Patents (§ 31 I 2 PatG). Akteneinsicht in Patentanmeldungen steht jedermann frei, wenn sich der Anmelder gegenüber dem DPMA mit ihr einverstanden erklärt, den Erfinder benannt hat und der Hinweis auf die Möglichkeit der Akteneinsicht im → Patentblatt veröffentlicht ist. Ferner steht die Akteneinsicht jedermann frei, wenn seit dem Anmeldetag 18 Monate verstrichen sind und der Hinweis auf die Möglichkeit der Akteneinsicht im Patentblatt veröffentlicht ist. Bes. Bestimmungen gelten für → Geheimpatente (§ 31 V PatG). Im Übrigen gewähren DPMA, → Bundespatentgerichte (BPatG) und → Bundesgerichtshof (BGH) Akteneinsicht nur, wenn ein berechtigtes Interesse glaubhaft gemacht wird. Bei Nichtigkeitsakten hat der Patentinhaber Gelegenheit, ein entgegenstehendes Interesse darzulegen. Die Einsicht in die beim DPMA geführte Gebrauchsmusterrolle und Akten eingetragener Gebrauchsmuster einschließlich Löschungsakten steht (abgesehen von → Geheimgebrauchsmustern [§ 9 GebrMG]) jedermann frei. Im *Sortenschutzrecht* steht jedermann die Einsicht in die beim → Bundessortenamt (BSA) geführte Rolle und die Unterlagen eines erteilten Sortenschutzes einschließlich der Unterlagen des Nachprüfungsanbaus zu (§ 29 I SortSchG). Informationen über Erbkomponenten werden auf Antrag als Betriebsgeheimnis geschützt. – b) *International:* Einsicht in das beim → Europäischen Patentamt (EPA) geführte europäische → Patentregister steht jedermann frei (Art. 127 Satz 3 EPÜ), auf Antrag werden Auszüge erteilt (Regel 94 II Satz 2 AO EPÜ). In die Akten veröffentlichter Anmeldungen und erteilter Patente wird auf Antrag Einsicht gewährt, die sich bei Teil- und Nachanmeldungen auch auf die Akten der früheren Anmeldung erstreckt. Ist die Anmeldung noch nicht veröffentlicht, wird Akteneinsicht nur gewährt, wenn der Anmelder zustimmt oder der Antragsteller nachweist, dass sich der Anmelder ihm gegenüber auf die Anmeldung berufen hat. Art und Umfang der Akteneinsicht richten sich nach den Regeln 93–95 AO EPÜ. Vor der Veröffentlichung unterliegt die internationale Anmeldung vertraulicher Behandlung durch das internationale Büro, die internationale Recherchebehörde und die nationalen Ämter. Nach der Veröffentlichung steht die Akteneinsicht jedermann frei, vor der Veröffentlichung bedarf sie der Zustimmung des Anmelders, es sei denn, die Anmeldung ist vom Anmelder oder zusammen mit dem internationalen Recherchenbericht den Bestimmungsämtern übermittelt worden. Ist der internationale vorläufige Prüfbericht erstellt, können die ausgewählten Ämter jedermann Akteneinsicht gewähren.

Aktie – I. Begriff: Bruchteil des Grundkapitals einer → Aktiengesellschaft (AG). Jede Aktie repräsentiert entweder einen auf volle Euro laufenden Nennwert (§ 8 II AktG, → Nennwertaktie) oder ist als → Stückaktie am Grundkapital beteiligt, ohne einen Nennbetrag auszuweisen (§ 8 III AktG). In diesem Fall sind alle Stückaktien am Grundkapital in gleichem Umfang beteiligt. – Die Aktie ist ein → Wertpapier, das der → Beteiligungsfinanzierung dient und das Mitgliedschaftsrecht des Aktionärs verbrieft. Im Zeitalter der elektronischen Medien wird zunehmend auf effektive Stücke verzichtet und mit Sammel- oder Globalurkunden gearbeitet. Die Satzung kann die Möglichkeit des Ausschlusses oder der Einschränkung des Aktionärsanspruchs auf Verbriefung vorsehen (§ 10 V AktG).). Im Regierungsentwurf der → Aktienrechtsnovelle 2012, die voraussichtlich 2013 verabschiedet wird, wird für Inhaberaktien der Einzelverbriefungsanspruch gesetzlich ausgeschlossen. Hintergrund ist die Bekämpfung von Geldwäsche, die nach den Vorstellungen der OECD, auf die die Bundesrepublik mit der Gesetzesänderung reagiert durch anonyme Inhaberaktien erleichtert wird. Bei → Sammelurkunden erfolgen die Übertragungen der Anteile durch ggf. für Ermittlungsbehörden nachvollziehbare Kontenbuchungen.

II. Arten: 1. Nach der *Übertragung* unterscheidet man → Inhaberaktien als auf den Inhaber lautende Aktien und → Namensaktien. – *Sonderform:* vinkulierte Namensaktie (→ vinkulierte Aktie): Der Eigentumswechsel (Verkauf) ist genehmigungspflichtig. – 2. Nach dem *Umfang der verbrieften Rechte* gibt es → Stammaktien (diese gewähren dem Aktionär alle gesetzlichen und satzungsmäßigen Aktionärsrechte) und → Vorzugsaktien (das sind Aktien mit zusätzlichen Vorrechten, z.B. auf eine Mindestdividende). – 3. Nach der *Art der Beteiligung* am Grundkapital der AG gibt es Nennbetragsaktien auf eine feste Summe (→ Nennwert) lautende Aktie und → Quotenaktien (diese verkörpern einen für alle Aktien gleichen Anteil am Grundkapital in Deutschland in Form der → Stückaktie). – 4. *Sonstige:* Auf Besonderheiten weisen die Bezeichnungen von Aktien als Volksaktien oder → Belegschaftsaktien sowie → junge Aktien und → Gratisaktien hin.

III. Rechtsnatur: 1. *Rechtsgrundlagen in Deutschland:* Aktiengesetz (AktG) vom 6.9.1965 (BGBl. I 1089) m.spät.Änd. und Einführungsgesetz zum Aktiengesetz (EAktG) vom 6.9.1965 (BGBl. I 1185) m.spät.Änd. – 2. Das *Grundkapital* der Aktiengesellschaft und der Kommanditgesellschaft auf Aktien ist in Aktien zerlegt (§ 1 II AktG). Der Mindestnennbetrag von Nennbetragsaktien ist ein Euro, höhere Nennbeträge müssen auf volle Euro lauten (§ 8 II AktG). Der auf die einzelne Stückaktie entfallende Anteil am Grundkapital darf einen Euro nicht unterschreiten (§ 8 III AktG). Aktien sind unteilbar (§ 8 V AktG). – 3. *Ausgabe:* Die Ausgabe von Aktien verschiedener Nennbeträge ist zulässig. Die Ausgabe von Aktien (→ Emission) mit → Disagio (unter dem Nennwert bzw. rechnerischen Nennwert, Unterpari-Emission) ist unzulässig, mit → Agio (Überpari-Emission) zulässig (§ 9 AktG). Das Agio ist in die Kapitalrücklage einzustellen. – 4. *Mitgliedschaft:* Die in der Aktie verkörperte Mitgliedschaft umfasst die Rechte und Pflichten des Aktionärs. Rechte des Aktionärs sind das Recht auf Gewinnanteil (→ Dividende) gemäß §§ 58 IV und 60 II AktG, das Recht zur Teilnahme an der Hauptversammlung sowie das → Stimmrecht in der → Hauptversammlung, das → Bezugsrecht auf → junge Aktien (§ 186 I AktG) bei → Kapitalerhöhungen bzw. auf Wandelschuldverschreibungen (Wandelanleihe), Optionsschuldverschreibungen (→ Optionsanleihe), → Gewinnschuldverschreibungen und → Genussrechte (§ 221 IV AktG) und das Recht auf quotenmäßigen Anteil am Liquidationserlös. Der Aktionär hat die Pflicht, die Kapitaleinlage zu leisten. Die Satzung kann den Aktionären Nebenverpflichtungen (wiederkehrende, nicht in Geld bestehende Leistungen) auferlegen (§ 55 AktG).

IV. Wirtschaftliche Funktionen: 1. Die Aktie als *Finanzierungsinstrument* dient der Beschaffung von Eigenkapital. – 2. Die Aktie als *Anlageinstrument* hat vorrangig für Unternehmen und private Haushalte Bedeutung. Anlegergruppen sind ausländische Investoren, Versicherungsunternehmen, Kapitalanlagegesellschaften und Kreditinstitute sowie öffentliche Haushalte. Mit einer Anlage in Aktien können verschiedene Ziele verfolgt werden: dauernde, ertragbringende Kapitalanlage (Anlagemotiv), Sachwertbeteiligung zur Vermeidung von Geldwertverlusten (Sachwertmotiv), Gewinnerzielung über Kauf und Verkauf (Spekulationsmotiv) und (für Großanleger) Einflussnahme auf die Geschäftspolitik der AG bzw. Beherrschung des Unternehmens (Mitsprache- und Beherrschungsmotiv).

V. Steuerrecht: 1. *Einkommensteuer:* a) Zur Besteuerung des an die Aktionäre ausgeschütteten Gewinnanteils – vgl. → Gewinnausschüttung. – b) Ein Veräußerungsgewinn aus der Veräußerung einer Aktie unterliegt generell der Einkommensteuer. Steuerpflichtig ist außerdem die Veräußerung von → einbringungsgeborenen Anteilen im Sinn des UmwStG. Ab dem Veranlagungszeitraum 2009 unterliegen Gewinne aus der Veräußerung von Kapitalgesellschaftsanteilen im Privatvermögen und wenn die Beteiligungshöhe unter 1 Prozent liegt, unabhängig von der Anlagedauer in vollem Umfang als Kapitaleinkünfte der 25-prozentigen → Abgeltungsteuer. Im Gegenzug können damit anfallende Veräußerungsverluste unabhängig vom Zeitraum zwischen Erwerb und Veräußerung steuerliche abgezogen werden. Die Neuregelung gilt für Veräußerungen von Anteilen, die nach dem 31.12.2008 erworben wurden. Befindet sich die Beteiligung im Betriebsvermögen oder handelt es sich um eine wesentliche Beteiligung i.S.d. § 17 EStG (Beteiliung ab 1 Prozent innerhalb der letzten fünf Jahre), erfolgt die Besteuerung der Veräußerungsgewinne unter Berücksichtigung des → Teileinkünfteverfahrens mit einem Steuersatz von 60 Prozent. – 2. *Körperschaftsteuer:* Sowohl laufende Erträge als auch Veräußerungsgewinne aus Aktien sind steuerbefreit (95 Prozent gemäß § 8b KStG), um eine doppelte Belastung der Aktien mit Körperschaftsteuer zu vermeiden. – 3. *Gewerbesteuer:* Erträge aus Aktien sind in vollem Umfang steuerbefreit, wenn die Beteiligung mind. 15 Prozent (bis zum 31.12.2007 zehn Prozent) beträgt; sie sind dagegen voll gewerbesteuerpflichtig, wenn die Beteiligung geringer als 15 Prozent (bis zum 31.12.2007 zehn Prozent) ist. Soweit der einkommen- oder körperschaftsteuerliche Gewinn von diesem gewünschten gewerbesteuerlichen Endergebnis abweicht, sind für gewerbesteuerliche Zwecke entsprechende Hinzurechnungen oder Kürzungen (§§ 8, 9 GewStG) vorzunehmen. – 4. *Substanzsteuern, bes. Erbschaftsteuer bis zum 31.12.2008:* Nach dem für diese Zwecke maßgeblichen Bewertungsgesetz sind: a) *Börsennotierte Aktien* mit dem Kurswert zu bewerten (§ 11 I BewG; niedrigster Kurswert an einer dt. Börse zum Stichtag). – b) Bei *nichtbörsennotierten Aktien* wird der gemeine Wert aus Verkäufen des letzten Jahres vor dem Stichtag abgeleitet oder – wenn solche Daten nicht vorliegen, ist der Wert zu schätzen. Ein solches Schätzwertverfahren ist bspw. das so genannte → Stuttgarter Verfahren. – c) Für *Aktien an ausländischen Kapitalgesellschaften,* die nicht an einer dt. Börse zum amtlichen Handel zugelassen sind, kann der gemeine Wert aus den Kursen des Emissionslandes abgeleitet werden. – d) *Erbschaftsteuerreform, wirksam nach dem 31.12.2008:*Die Bewertung von Unternehmen (Personenunternehmen und Kapitalgesellschaften) für erbschaftsteuerliche Zwecke wie folgt vorgenommen: Der Unternehmenswert ist vorrangig aus Verkäufen unter fremden Dritten abzuleiten, die weniger als ein Jahr vor dem Besteuerungszeitpunkt zurückliegen. Liegen keine zeitnahen Verkäufe vor, ist der gemeine Wert unter Berücksichtigung der Ertragsaussichten oder einer anderen anerkannten Methode zu schätzen. Bspw. kann dabei die Methode angewendet werden, die ein Erwerber der Bemessung des Kaufpreises zugrunde legen würde. Als Mindestwert gilt jedoch die Summe der gemeinen Werte aller Einzelwirtschaftsgüter abzüglich der Schulden (Substanzwert).

VI. Sonstiges: Steht die Aktie *mehreren Berechtigten* zu, so können Rechte daraus nur durch einen gemeinschaftlichen Vertreter ausgeübt werden. Berechtigte haften für Leistungen auf Aktien gesamtschuldnerisch. Willenserklärungen der AG sind gegenüber gemeinschaftlichem Vertreter, ggf. gegenüber einem

Berechtigten abzugeben. – Vgl. auch → Emission, → Sanierung.

Aktienanalyse – 1. *Begriff:* Methodische Erfassung aktueller und historischer Daten der durch die Aktien repräsentierten Unternehmung sowie der Entwicklungstendenz des Marktes. Grundlage der Aktienanalyse bilden die in die marktmäßige Bewertung (Aktienkurse) einfließenden Faktoren. Schwerpunkte der Aktienanalyse sind: (1) Selektions-(Aktienauswahl-)problem; (2) Timingproblem (Kauf-/ Verkaufszeitpunkt) und in neueren Ansätzen zur Aktienanalyse: (3) Entscheidung der Portfolio-Zusammensetzung (→ Portfolio). – 2. *Formen:* (1) → Technische Aktienanalyse und (2) → fundamentale Aktienanalyse. – Vgl. auch → Ergebnis nach DVFA/SG (DVFA-Formel).

Aktienanleihe – *Share Bonds, Reverse Convertible Bonds;* Anleiheform (→ Anleihe), bei der der Anleger eine überdurchschnittlich hohe Couponzahlung (→ Coupon) erhält. Allerdings hat der Emittent bei Rückzahlung die Wahl, entweder zum Nominalbetrag oder in Form von Aktien zu tilgen. Der Emittent wird sich für die Rückzahlung in Aktien entscheiden, sofern die Aktienkurse bei Endfälligkeit unter den Basispreisen notieren. Der Erwerb einer Aktienanleihe entspricht somit wirtschaftlich dem Verkauf einer Put-Option (Short → Put) auf die lieferbare Aktie (vgl. → Aktienoption) bei gleichzeitiger Anlage des Erwerbspreises der Aktienanleihe in eine marktgängige kurzfristige → Anleihe. Die Einnahme aus dem Verkauf der Put-Option erhält der Erwerber der Aktienanleihe als Differenz von Anleihezins und Marktzins. Damit wird das mit der Option eingegangene Risiko – bis zum totalen Wertverlust der Aktie – entlohnt. Der Anleger profitiert dementsprechend von einer leicht fallenden oder einer stabilen Entwicklung der Aktienkurse. In bes. Fällen kann der Emittent die Rückzahlungsmodalitäten auch auf mehrere Aktien streuen. – *Stückelung* von Aktienanleihen: I.d.R. 1.000 Euro oder 5.000 Euro. – *Laufzeiten* der Aktienanleihe: i.d.R. bis zu zwei, max. drei Jahren.

Aktienausgabe → Emission, → Freiaktien, → Gratisaktien.

Aktienaustausch – Austausch von Aktien zwischen Aktiengesellschaften; dient häufig dem Abschluss von → Interessengemeinschaften in Vorbereitung eines festeren Zusammenschlusses. Aktienaustausch erfordert i.d.R. eine entsprechende → Kapitalerhöhung zur Bereitstellung der nötigen Aktienbeträge. Gehören jedem Unternehmen mehr als 25 Prozent des anderen Unternehmens, so unterliegen sie als „wechselseitig beteiligte Unternehmen" den gesetzlichen Bestimmungen für „verbundene Unternehmen" (§§ 291–327, 328 AktG).

Aktienbank → Bank in der Rechtsform einer → Aktiengesellschaft (AG) und der → Kommanditgesellschaft auf Aktien (KGaA). Erstmals 1848 nach dem Vorbild des Crédit Mobilier gegründet; es folgten u.a. 1870 Deutsche Bank und Commerzbank, 1872 Dresdner Bank.

Aktienbezugsrecht → Bezugsrecht. – *Anleihen* mit Aktienbezugsrecht: → Optionsanleihe.

Aktieneinziehung – Es handelt sich um einen mit entsprechender Herabsetzung des Grundkapitals (→ Kapitalherabsetzung) verbundener Vorgang (§§ 237–239 AktG). Aktien können zwangsweise oder nach Erwerb durch die Gesellschaft eingezogen werden. Eine Zwangseinziehung ist nur zulässig, wenn sie in der ursprüngliche Satzung oder durch eine Satzungsänderung vor Übernahme oder Zeichnung der Aktien zugeordnet oder gestattet war. Bei der Aktieneinziehung sind die Vorschriften über die ordentliche → Kapitalherabsetzung zu befolgen.

Aktiengesellschaft – Die Aktiengesellschaft ist eine → Kapitalgesellschaft (juristische Person) und damit eine → Handelsgesellschaft, ohne Rücksicht auf den Zweck der Gesellschaft, mit eigener Rechtspersönlichkeit. Die → Aktionäre haften nur mit ihrer Einlage, d.h. die Haftung der Gesellschaft beschränkt sich auf ein bestimmtes → Grundkapital, das in → Aktien zerlegt ist. Die Aktionäre erhalten Gewinnanteile in Form der → Dividende. – Die Rechtsform der Aktiengesellschaft ist in erster Linie eine Organisationsform der Großunternehmen. Ihnen wird durch die Stückelung des Grundkapitals und die Möglichkeit der Ausgabe von Aktien an in- und ausländischen Börsenplätzen die Beschaffung von Finanzmitteln in Form von → Eigenkapital ermöglicht. Dem Aktionär ist es möglich, die Aktien jederzeit an einer → Börse zu verkaufen, dennoch bleibt die Höhe des Grundkapitals der Aktiengesellschaft unverändert, da durch den Verkauf und Erwerb der Aktien nur die Gesellschafter wechseln. – Die Aktiengesellschaft entsteht mit der → Handelsregistereintragung, diese hat somit konstitutiven Charakter. Hierbei ist der Nachweis der vorgeschriebenen Mindesteinzahlung auf das Grundkapital zu erbringen. – Die Aktiengesellschaft handelt durch drei gesetzmäßige Organe, den → Vorstand, den → Aufsichtsrat und die → Hauptversammlung. – Eine Auflösung der Aktiengesellschaft kann durch einen Beschluss der Hauptversammlung mit Dreiviertelmehrheit des vertretenen Grundkapitals, durch Eröffnung des → Insolvenzverfahrens oder nach einer satzungsmäßig festgelegten Zeit erfolgen.

Aktiengesellschaft (AG) – I. Charakterisierung: 1. *Rechtsstellung:* Die Aktiengesellschaft (AG) ist eine → Handelsgesellschaft mit eigener Rechtspersönlichkeit (juristische Person); für die Verbindlichkeiten der AG haftet den Gläubigern nur das Gesellschaftsvermögen (§ 1 AktG). Die Gesellschafter (→ Aktionäre) sind i.d.R. mit → Einlagen an dem → Aktienkapital beteiligt. Die AG ist eine unpersönliche Unternehmungsform, eine → Kapitalgesellschaft. Das Grundkapital der AG wird meist von einer größeren Zahl von Kapitalgebern aufgebracht. Der Vorteil für den Aktionär liegt darin, dass er jederzeit die Aktie an

Aktiengesellschaft – Organe

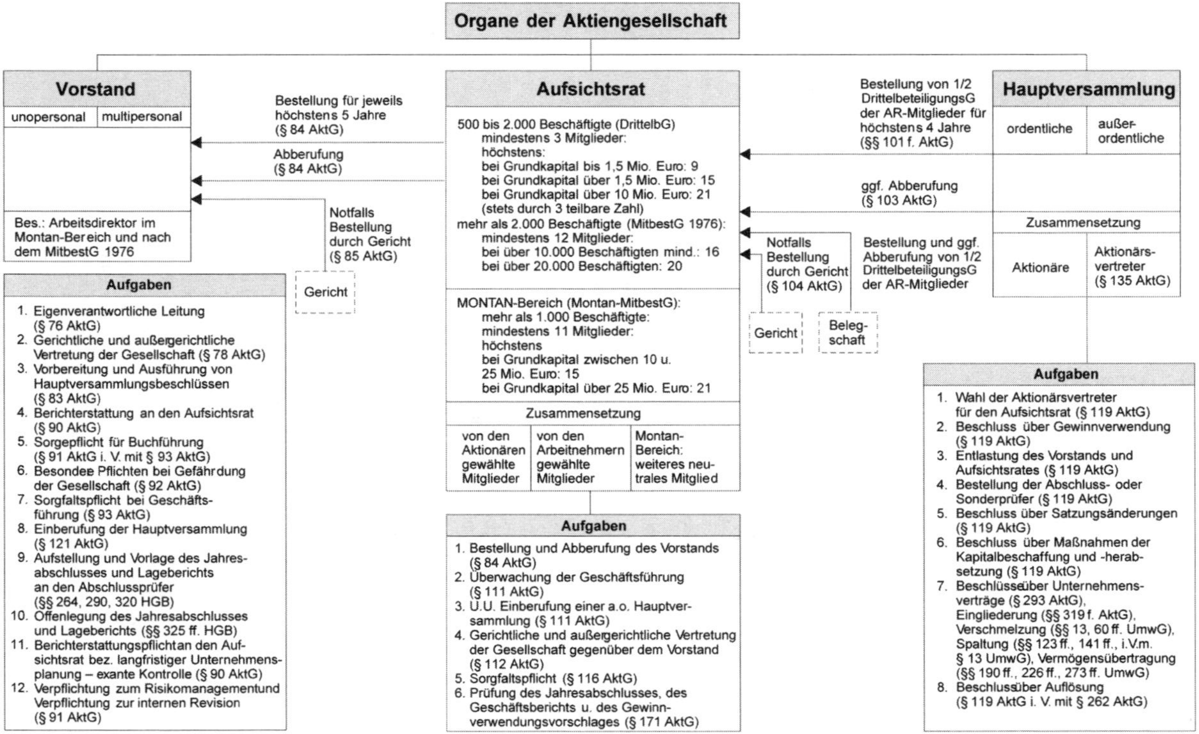

der Börse verkaufen kann. Die Banken spielen bei der Gründung einer AG und der Aktienausgabe eine große Rolle. Mittelständischen Unternehmen wurde durch das Gesetz für kleine Aktiengesellschaften und zur Deregulierung des Aktienrechts vom 2.8.1994 der Zugang zur Rechtsform der AG erleichtert (→ kleine Aktiengesellschaft). Ihr europäisches Pendant findet die AG in der → Societas Europaea (SE). – 2. *Gründung:* Vgl. auch → Gründung einer AG. Die Aktien können entweder als Nennbetragsaktien (→ Nennwertaktien) oder als → Stückaktien begründet werden. Nennbetragsaktien müssen auf mind. einen Euro lauten. Stückaktien lauten auf keinen Nennbetrag. Sie sind am Grundkapital im gleichen Umfang beteiligt. Der auf eine einzelne Aktie entfallende anteilige Betrag des Grundkapitals darf einen Euro nicht unterschreiten (§ 8 AktG). Die Einzahlung des Aktionärs muss mind. 25 Prozent des Nennwerts der Aktie und bei Ausgabe der Aktien für einen höheren als den Nennbetrag auch den Mehrbetrag umfassen. Sacheinlagen sind vollständig zu leisten (§ 36a II 1 AktG). In bestimmten Fällen können die Aktionäre durch die → Satzung zu regelmäßigen, nicht in Geld bestehenden Leistungen (meist gegen Vergütung) verpflichtet werden, z.B. zu Rübenlieferungen bei Zuckerfabriken (→ Nebenleistungsaktiengesellschaft). Bei solchen Nebenleistungen müssen die Aktien vinkuliert sein. – 3. Die *Satzung* (Statut, Gesellschaftsvertrag) muss enthalten: → Firma, → Sitz, Gegenstand des Unternehmens, Grundkapital, → Nennwert der Aktien bzw. Zahl der → Stückaktien, Art der Zusammensetzung des Vorstandes, Form für die Bekanntmachungen der AG. – 4. Die → Firma muss den Zusatz „Aktiengesellschaft" enthalten. – 5. *Organe:* → Hauptversammlung (HV), → Aufsichtsrat und → Vorstand (Direktion); vgl. Abbildung „Aktiengesellschaft – Organe". – 6. *Rechnungslegung:* Über jedes Geschäftsjahr ist die → Jahresbilanz mit → Gewinn- und Verlustrechnung (GuV) und Anhang (Jahresabschluss) und der → Lagebericht vom Vorstand aufzustellen, im Regelfall (→ Jahresabschlussprüfung) von → Abschlussprüfern zu prüfen, nach Feststellung (§ 172 AktG) i.d.R. zu veröffentlichen (→ Publizität) und der Hauptversammlung (HV) vorzulegen. Über die Verwendung des → Bilanzgewinns beschließt die HV. Zu Besonderheiten der Rechnungslegung vgl. → Unterbilanz, → Überschuldungsbilanz, → Gründungsbilanz, → Abwicklungsbilanz. – 7. *Auflösung* der AG kann erfolgen: (1) durch Ablauf der in der Satzung vorgesehenen Zeit (selten), (2) durch Beschluss der HV mit Dreiviertelmehrheit des vertretenen Grundkapitals, (3) durch Eröffnung des → Insolvenzverfahrens. Sie hat die → Abwicklung (Liquidation) zur Folge.

II. Rechtsgrundlagen: → Aktiengesetz (AktG) vom 6.9.1965 (BGBl. I 1089) m.spät.Änd. Die (Aktiengesellschaft) unterliegt der → Mitbestimmung der Arbeitnehmer auf Unternehmensebene nach dem → Montan-Mitbestimmungsgesetz (MontanMitbestG), → Mitbestimmungsgesetz (MitbestG), → Drittelbeteiligungsgesetz (DrittelbG).

III. Besteuerung: 1. *Grundsätzliches:* Bei der Besteuerung der AG ist zu unterscheiden zwischen der Besteuerung der Gewinne der AG selbst (Ebene der Gesellschaft) und der Besteuerung der Gewinne beim Aktionär (Ebene des Gesellschafters), nachdem sie als Dividenden an diesen ausgeschüttet worden sind. Ob und inwieweit es durch die zweimalige Belastung derselben Gewinne auf Gesellschafts- und Gesellschafterebene zu einer Zusatzbelastung (wirtschaftlichen Doppelbelastung) kommt, wird durch das → Körperschaftsteuersystem geregelt. – 2. *Gesellschaftsebene:* Das steuerpflichtige Einkommen der AG unterliegt der → Körperschaftsteuer. Der Gewinn ist durch Bilanzierung zu ermitteln und gilt in vollem Umfang als gewerblich; entsprechend unterliegt der Gewinn zusätzlich der Gewerbesteuer (§ 2 II GewStG). Eine Anrechnung der Gewerbesteuer auf die Körperschaftsteuer findet nicht statt, sodass die Gewerbesteuer bei der AG zu einer Zusatzbelastung führt. – 3. *Gesellschafterebene:* a) *Grundprinzip:* Der an den einzelnen Aktionär ausgeschüttete Gewinn (→ Dividende oder → verdeckte Gewinnausschüttung) ist bei diesem im Rahmen der Einkommensteuer steuerpflichtig (i.d.R. als Einkünfte aus Kapitalvermögen). Die AG hat bei der Ausschüttung der Dividende → Kapitalertragsteuer einzubehalten. – b) *Einzelheiten bei Anteilseignern, die natürliche Personen sind:* Ab 2009 entfällt mit Einführung der → Abgeltungsteuer (einheitlicher Steuersatz von 25 Prozent (zzgl. Solidaritätszuschlag und ggf. Kirchensteuer), durch die die Einkommensteuer als abgegolten gilt) für Privatanleger grundsätzlich eine Veranlagung nach dem individuellen Steuersatz. Mit dem Einbehalt der Abgeltungssteuer wird die Kapitalertragsteuer definitiv, da die bisherige Anrechnungsmöglichkeit der Kapitalertragsteuer für Privatanleger damit entfällt. Erträge aus Beteiligungen an Kapitalgesellschaften, die sich im Betriebsvermögen von Einzelunternehmen und Personengesellschaften befinden, werden weiterhin regulär zur Einkommensteuer veranlagt. Jedoch werden diese durch die Einführung des sog. → Teileinkünfteverfahrens nunmehr mit 60 Prozent der Einkommensteuer unterworfen. Bis einschließlich 2008 galt stattdessen das → Halbeinkünfteverfahren, bei dem nur 50 Prozent der Einkünfte aus Dividenden und Veräußerungsgewinnen steuerpflichtig waren. Bei wesentlichen Beteiligungen i.S.d. § 17 EStG (ab 1 Prozent Beteiligung am Gesellschaftskapital innerhalb der letzten fünf Jahre) unterliegen die Veräußerungsgewinne ebenso dem Teileinkünfteverfahren, wohingegen die Besteuerung der Dividenden hieraus durch die Abgeltungsteuer grundsätzlich als abgegolten gilt. – c) *Einzelheiten bei Anteilseignern, die juristische Personen sind:* Ist der Anteilseigner eine Kapitalgesellschaft, sind Ausschüttungen und Veräußerungsgewinne von Anteilen an Kapitalgesellschaften in vollem Umfang steuerfrei (§ 8b

KStG). Zugleich gelten dann jedoch auch die Kosten der Beteiligung als nicht-abziehbar, und es werden statt der wirklich angefallenen Beteiligungskosten jährlich pauschal 5 Prozent der erzielten steuerfreien Dividendenerträge pauschal als nichtabziehbare Kosten der Beteiligungsverwaltung angesehen. Damit sind effektiv nur 95 Prozent der Erträge steuerfrei und die wirklich angefallenen Kosten können in voller Höhe abgezogen werden. Diese Regelung findet jedoch keine Anwendung auf Veräußerungsverluste oder Teilwertabschreibungen. Seit dem 1.1.2008 sind weitere Einschränkungen bei Verlusten aus der Abschreibung von Darlehen durch das Jahressteuergesetz 2008 zu berücksichtigen.

Aktiengesellschaft & Co. (AG & Co.) – selten vorkommende Unternehmensform, bei der eine → Aktiengesellschaft (AG) als Komplementär an einer → Kommanditgesellschaft (KG) oder an einer → offenen Handelsgesellschaft (OHG) beteiligt ist.

Aktiengesetz (AktG) – Gesetz vom 6.9.1965 (BGBl. I 1089), ergänzt durch das Einführungsgesetz zum Aktiengesetz (EGAktG) vom 6.9.1965 (BGBl. I 1185) m.spät.Änd. – *Regelt:* (1) → Gründung einer AG; (2) Rechtsverhältnisse der Gesellschaften und Gesellschafter, Verfassung, Rechnungslegung, Gewinnverwendung, Satzungsänderung, Maßnahmen der → Kapitalbeschaffung und → Kapitalherabsetzung, Nichtigkeit von Hauptversammlungsbeschlüssen und des festgestellten Jahresabschlusses, Auflösung und Nichtigerklärung der → Aktiengesellschaft (AG) und → Kommanditgesellschaft auf Aktien (KGaA); (3) → verbundene Unternehmen mit Regelungen über → Unternehmensverträgen, Leitungsmacht und Verantwortlichkeit bei Abhängigkeit von Unternehmen (→ Beherrschungsvertrag), eingegliederte Gesellschaften, Ausschluss von Minderheitsaktionären, wechselseitig beteiligte Unternehmen und die Rechnungslegung im Konzern; (4) Straf- und Bußgeldvorschriften für die Organträger und andere Personen (§§ 399 ff.).

Aktienindex – 1. *Begriff:* Kennziffer zur Darstellung der Kursentwicklung (→ Kursindex) oder → Performance (→ Performanceindex) von Aktien. Das Verhalten eines Aktienkursindex wird neben einer eventuellen Gewichtung bes. durch die Kurse der im Index enthaltenen Aktien beeinflusst. Dagegen zeigt ein Performanceindex die Marktentwicklung des Aktienportfolios aus Titeln des Index. Technische Einflüsse wie Dividendenausschüttungen und Kapitalmaßnahmen, die i.d.R. zu Kursabschlägen führen, werden mit Korrekturfaktoren in der Indexformel berücksichtigt. – 2. *Zusammensetzung:* An den internationalen Aktienmärkten gibt es Aktienindizes, die nur aus wenigen Papieren bestehen (z.B. → Dow Jones Index, → Deutscher Aktienindex (DAX)). Diese repräsentieren jeweils die wichtigsten Werte (Blue Chips) eines Landes oder Bezugsbereiches. Es gilt für eine Firma als erstrebenswert, in diesen Kreis aufgenommen zu werden. Für die Aufnahme gelten bestimmte Kriterien, die die Auswahl objektivieren sollen. – Daneben gibt es auch Indizes, die aus 100 und mehr Aktien errechnet werden (z.B. → CDAX, Standard & Poors 500 Index, → Dow Jones STOXX). Aktienindizes können neben ihrer Gestaltung (Kurs- oder → Performanceindex) bzw. Anzahl der Papiere (Index für wenige Papiere, marktbreiter Index) auch in Subindizes und Branchenindizes unterschieden werden. Subindizes repräsentieren die Teilmenge eines größeren Aktienindex, so z.B. der Dow Jones STOXX 50, der nur die 50 Blue Chips des Dow Jones STOXX (600 Aktien) listet. Ein Branchenindex zeigt die Entwicklung der Aktien einer Branche aus einem breiten Index, so z.B. für Automobile aus dem CDAX oder Dow Jones STOXX. – 3. *Arten von Aktienindizes nach ihrer Gewichtung:* a) *Gleichgewichtete Indizes:* Hier wird in jede Aktie des Index der absolut gleiche Betrag investiert, d.h. von teuren Aktien werden weniger, von billigeren Aktien mehr Stücke aufgenommen. – *Beispiel:* Value Line Composite Index (USA). – b) *Preisgewichtete Indizes:* Jede Aktie ist mit einem Stück vertreten, sodass ihre Kurshöhe und -entwicklung voll auf den Index durchschlägt. – *Beispiel:* Dow Jones (Industrial Average). – c) *Kapitalgewichtete Indizes:* Diese berücksichtigen die absolute Größe der Aktiengesellschaft. So werden im DAX die Aktienkurse der Gesellschaften gewichtet mit dem Teil des börsennotierten Grundkapitals, der sich in Streubesitz befindet (→ Freefloat), und damit mit der Anzahl der wirklich umlaufenden und handelbaren Aktien. Die meisten bedeutenden Indizes sind kapitalgewichtet.

Aktienindex-Anleihe – *Bull & Bear-Anleihe;* Schuldverschreibung, deren Rückzahlungsbetrag an die Entwicklung eines in den Anleihebedingungen festgelegten → Aktienindex gekoppelt ist. Dabei hat die Bull-Tranche der Anleihe einen steigenden Rückzahlungsbetrag, wenn der Aktienindex steigt, die Bear-Tranche der Anleihe hat einen steigenden Rückzahlungsbetrag, wenn der Aktienindex fällt. Die Rückzahlungskurse werden in Abhängigkeit von der festen Verzinsung und der Entwicklung des Index berechnet. Für den Emittenten ergibt sich das Problem, dass jeweils Bull- und Bear-Bonds mit dem gleichen Volumen abgesetzt werden müssen, um das Kursänderungsrisiko des Emittenten zu kompensieren. Evtl. werden sogar nur Anleihestücke mit einer Kombination beider Tranchen an die Investoren verkauft.

Aktienindextermingeschäft → Financial Future.

Aktienkapital – Das in Anteile (Aktien) zerlegte → Grundkapital einer Aktiengesellschaft. Höhe nach § 7 AktG mind. 50.000 Euro.

Aktienkurs → Kurs.

Aktienkurstheorie – Der Kurs einer Aktie ist danach der Gegenwartswert zukünftiger Vorteile, die sich aus dem Besitz der Aktie ergeben; er ist ein → Ertragswert. Die zukünftigen Vorteile umfassen alle zukünftigen → Dividenden einschließlich einer möglichen

Liquidationsdividende. – Vgl. auch → Effizienz des Kapitalmarktes.

Aktienmarkt – umfasst i.w.S. den gesamten Handel mit → Aktien. Er kann unter mehreren Gesichtspunkten gegliedert werden. So wird i.e.S. die Effektenbörse mit ihrem organisierten Handel als Aktienmarkt verstanden, daneben gibt es den Freien Markt. Der Aktienmarkt kann auch betrachtet werden als Primärmarkt, der die → Emission von Aktien beinhaltet, und Sekundärmarkt als laufender Handel mit emittierten Aktien. Der Aktienmarkt, der Rentenmarkt und der Markt für Optionsscheine bilden den Wertpapiermarkt.

Aktienoption – I. Kreditgeschäft: beinhaltet für den Käufer der → Option das Recht, eine bestimmte Menge einer → Aktie zum Basispreis zu einem bestimmten Ausübungszeitpunkt oder innerhalb einer bestimmten Ausübungsfrist zu kaufen (→ Call) oder zu verkaufen (→ Put), wenn die Option ausgeübt wird. Der Verkäufer der Option hat demgegenüber die Pflicht, die Entscheidung des Käufers über Ausübung oder Verfall der Option zu akzeptieren und die Aktien entweder zum Basispreis zu kaufen oder zu verkaufen. Für die Übernahme dieser Verpflichtung bekommt der Verkäufer die Optionsprämie als einzige Einnahmequelle. Der Käufer der Option hat die Möglichkeit, Gewinne aus der Kursentwicklung der Aktie zu erzielen, beim Put bei fallenden Kursen. – Aktienoptionen werden in Deutschland nur an der Terminbörse gehandelt, im Unterschied zu → Optionsscheinen, die im → Freiverkehr von → Wertpapierbörsen gehandelt werden.

II. Bürgerliches Recht: 1. *Begriff*: Recht des Arbeitnehmers, Aktien des Arbeitgebers oder der (ausländischen) Muttergesellschaft zu vergünstigten Bedingungen zu erwerben. I.d.R. setzt die Ausübung der Aktienoption den Ablauf einer Wartefrist und das Erreichen bestimmter Ziele voraus (etwa positive Entwicklung des Aktienkurses). Die Ausübung der Aktienoptionen ist nur innerhalb einer bestimmten Frist (Ausübungsfrist) möglich. Die Arbeitnehmer müssen einen bestimmten Kaufpreis zahlen; der (zu versteuernde) Gewinn liegt in der Differenz von Kauf- und Verkaufspreis. Oft ist im Aktienoptionsplan geregelt, dass die Arbeitnehmer die Aktien vor Verkauf eine gewisse Zeit halten müssen (Haltefristen). – 2. *AGB-Kontrolle*: Auch vertragliche Klauseln über Aktienoptionen und Aktienoptionsplänen unterliegen der AGB-Kontrolle. Wegen des spekulativen Charakters ist diese Kontrolle aber weniger streng als bei anderen Vergütungsbestandteilen (vgl. BAG, 28.5.2008 -10 AZR 351/07). – 3. → Mitbestimmung des → Betriebsrats: Gewährt der Arbeitgeber die Aktienoptionen, steht dem Betriebsrat ein Mitbestimmungsrecht nach § 87 I 10 BetrVG zu. Bei Gewährung durch die → Muttergesellschaft kann der Betriebsrat des Arbeitgebers nicht mitbestimmen. – 4. *Gerichtliche Auseinandersetzungen*: Werden Aktienoptionen durch den Arbeitgeber gewährt, sind die Arbeitsgerichte zuständig. Dies gilt auch bei Optionen der Muttergesellschaft, wenn der Arbeitgeber sich selbst zur Erfüllung verpflichtet hat. Bei selbstständigen Aktienoptionen durch die Muttergesellschaft ist nur diese verpflichtet; die Arbeitsgerichtsbarkeit ist dann nicht zuständig.

Aktienoptionsplan – *Stock Options Program*, kapitalmarktorientierte, leistungsgerechte Vergütung von Führungskräften und Mitarbeitern, als Anreiz für eine langfristige und nachhaltige Wertschaffung und Shareholder-Value-Orientierung des Managements. Über → Aktienoptionen erhalten die Inhaber das verbriefte Recht, zu einem bestimmten Preis und nach Ablauf einer Wartezeit eine bestimmte Anzahl von Aktien zu erwerben. Der Ausübungspreis entspricht üblicherweise dem Wert des Unternehmens zum Zeitpunkt der Optionsgewährung. Dadurch können die Inhaber an der erwarteten Wertsteigerung partizipieren. Es wird zwischen realen und fiktiven Aktienoptionsplänen (→ Stock Appreciation Rights) unterschieden. Im Gegensatz zu realen Aktienoptionsplänen (über Neuemissionen oder Aktienrückkauf bedient) stellen fiktive Aktienoptionspläne eine erfolgsabhängige Tantieme dar und es wird lediglich die Differenz zwischen Ausübungspreis und Marktpreis erstattet. Da sie kein Recht auf einen Aktienbezug beinhalten, werden sie auf einem internen Konto für die Mitarbeiter geführt. Aktienoptionspläne wurden in vielen Unternehmungen zu einem festen Bestandteil des betrieblichen Vergütungssystems und sollen zu einer Reduzierung des Principal-Agent-Konflikts (→ Prinzipal-Agent-Theorie) beitragen. Aktienoptionspläne werden jedoch auch als durchaus problematisch betrachtet, da ihnen wegen ihres direkten Bezuges zur Aktienkursentwicklung eine lediglich kurzfristige Leistungsbeurteilung von Führungskräften unterstellt werden kann. Kritiker bezeichnen die mittels Aktienoptionsplänen geschaffenen Anreizstrukturen als nicht genügend nachhaltig, da sie vorwiegend auf kurzfristige Kurssteigerungen abzielen würden.

Aktienpaket – größerer Nominalbetrag von → Aktien derselben Gesellschaft, der sich in einer Hand befindet und dem Besitzer Einfluss auf die Gesellschaft sichert. Der Besitz von 5 Prozent des Kapitals genügt, um z.B. die Einberufung einer Hauptversammlung zu erzwingen (vgl. § 122 II AktG). Nach § 21 I WpHG besteht ab 3 Prozent (5, 10, 15, 20, 25, 30, 50 oder 75 Prozent) eine Mitteilungspflicht über Stimmrechte an einer börsennotierten Gesellschaft, die an die Bundesanstalt für Finanzdienstleistungsaufsicht (BaFin) und den Emittenten zu richten ist, der diese dann veröffentlicht. Bei nicht börsennotierten Gesellschaften müssen Beteiligungen über 25 Prozent bei der AG angemeldet werden, vgl. §§ 20 ff. AktG. – Mit 25 Prozent kann in den Fällen die Beschlussfassung verhindert werden, in denen eine Drei-Viertel-Mehrheit erforderlich ist. Der Besitz von 75 Prozent sichert die völlige Beherrschung. Indessen kann in der

Praxis meist mit wesentlich geringerem Aktienpaket ein entscheidender Einfluss ausgeübt werden, oft mit 30 Prozent und weniger. Dies liegt daran, dass sich ein Großteil der Aktien von börsennotierten Gesellschaften im Streubesitz befinden und an den niedrigen Hauptversammlungs-Präsenzen, die den erschienenen Aktionären faktisch eine größere Stimmrechtsmacht verleiht. – Bewertung gemäß → Bewertungsgesetz (BewG). – Vgl. auch → Paketzuschlag, → Stuttgarter Verfahren.

Aktienrechtsnovelle 2012 – Im November 2010 hatte das Bundesministerium der Justiz (BMJ) einen Referentenentwurf einer sog. Aktienrechtsnovelle 2011 vorgelegt. Die Entscheidung des Gesetzgebers über den Entwurf war für 2011 erwartet worden, das Projekt firmierte daher auch im Fachsprachgebrauch als *Aktienrechtsnovelle 2011*, auch hier im Gabler Wirtschaftslexikon. Zu einer Entscheidung des Gesetzgebers kam es aber nicht, immerhin beschloss das Kabinett am 20.12.2011 eine Reform. Die Kabinettsvorlage, mit der sich der Bundesrat (BR-Drucksache 852/11) im Februar 2012 befassen wollte, will neben der Eliminierung von Redaktionsversehen Änderungen bei der Aktienform nicht börsennotierter Gesellschaften, bei der sog. nachgeschobenen → Nichtigkeitsklage und bei der sog. umgekehrten → Wandelschuldverschreibung, initiieren. Nähere Einzelheiten zum Inhalt der Kabinettsvorlage finden sich beim BMJ bei Recht unter dem Stichwort *Aktienrechtsnovelle 2012*. Die Umsetzung als Gesetz gelang auch 2012 nicht. Auf Nachfrage des Verfassers beim BMJ teilte dieses im September 2012 mit, dass die für den 22.03.2012 geplante erste Lesung nicht stattgefunden hatte. Sie fand am 29.11.2012 statt. Laut BMJ stehen die Chancen gut, dass das Gesetz in der ersten Hälfte 2013 in Kraft treten wird.

Aktienregister – früher: *Aktienbuch*. In das Aktienregister sind neben ausgegebenen → Namensaktien und → Zwischenscheinen jede Übertragung der Aktie, → Kaduzierung, Umwandlung in Inhaberaktie und Aktienzusammenlegung einzutragen. Bei der Verpflichtung zur Führung eines Aktienregisters gilt nur der im Aktienregister Eingetragene im Verhältnis zu der AG als Aktionär (§ 67 II AktG). Anzugeben sind der Namen, das Geburtsdatum, die Adresse des Aktionärs und die Stückzahl oder Aktiennummer und bei Nennbetragsaktien der Betrag. – 1. *Praxis des Aktienregisters:* Das Aktienregister kann lückenhaft sein, obwohl nach den gesetzlichen Vorschriften alle mitgliedschaftlichen Rechte der Aktionäre, also nicht nur z.B. das Recht zur Teilnahme und Abstimmung auf der Hauptversammlung, sondern auch der Dividendenanspruch von der Eintragung des Inhabers im Aktienregister abhängig sind. In der Praxis findet die Dividende jedoch wie bei Inhaberaktien ihren Weg zum Aktionär auch dann, wenn er nicht eingetragen ist. Lücken bzw. Leerstellen (sog. freier Meldebestand) entstehen v.a dann, wenn der Verkäufer einer Namensaktie die Löschung aus dem Aktienregister, der Erwerber jedoch keine Eintragung beantragt. Allerdings kann seit 2005 auch das depotführende Institut anstelle des Aktionärs eingetragen werden. Ist die Gesellschaft an das Verfahren der automatischen Umschreibung des dt. Zentralverwahrers Clearstream Banking AG (s. → Clearstream International S.A.) angeschlossen, wird das depotführende Institut automatisch eingetragen, wenn die Bank nichts anderes beantragt. So konnte in den letzten Jahren der freien Meldebestand teilweise abgebaut werden. Das mit der Ausgabe von Namensaktien verbundene Ziel der Gesellschaften, die Aktionärsstruktur (→ Investor Relations) zu kennen, wird in der Praxis so jedoch nicht erreicht. Dabei ist zu bedenken, dass Namensaktien gegenüber Inhaberaktien einen erheblich höheren Verwaltungs- und Kostenaufwand bedeuten. Ähnliches gilt bei ausländischen Aktionären. Bei Investoren aus angelsächsischen Ländern ist die Eintragung eines Treuhänders (Nominee oder Street Name) statt des Aktionärs in das Aktienregister üblich. Oftmals ist zudem eine ganze Kette von Intermediären zwischengeschaltet. – 2. *Weiterentwicklung:* Durch das Gesetz zur Begrenzung der mit Finanzinvestitionenen verbundenen Risiken (Risikobegrenzungsgesetz) vom 12.8.2008 (BGBl. I 1666) wurden die Vorschriften über das Aktienregister geändert: Neuerdings kann die Satzung bestimmen, unter welchen Voraussetzungen Eintragungen im eigenen Namen für Aktien, die einem anderen gehören, noch zulässig sind. Die Satzung kann z.B. ein Höchstgrenze für Fremdeintragungen vorsehen. Kommt ein Aktionär seinen Pflichten nicht nach oder übersteigt eine Fremdeintragung eine satzungsmäßig festgelegte Höchstgrenze, kann er auf der Hauptversammlung für diese Aktien kein Stimmrecht ausüben (vgl. § 67 AktG).

Aktienrendite – 1. *Begriff:* Die Rendite einer Aktienanlage zwischen zwei Zeitpunkten ergibt sich aus der Kursentwicklung und einer zwischenzeitlich evtl. gezahlten Dividende. Wurde die Aktie zum Preis P_0 erworben, eine Dividende D_1 bezahlt und die Aktie zu P_1 verkauft, so beträgt die Aktienrendite: $(P_1 + D_1) / P_0$. Davon fließt dem Aktionär nur die Dividende unmittelbar zu; die Rendite aus einer Kurssteigerung wird erst beim Verkauf der Aktie realisiert. – 2. *Begriffsabgrenzung:* Die Aktienrendite darf nicht mit der → Dividendenrendite verwechselt werden, die als Verhältnis aus letztgezahlter (oder angekündigter) Dividende und Börsenkurs (aktuell oder durchschnittlich z.B. während eines Jahres) berechnet wird. – 3. Wie bei jeder Geldanlage ist zudem die Brutto- von der Nettorendite zu unterscheiden. Die Nettorendite ergibt sich aus der Bruttorendite abzgl. evtl. zu zahlender Steuern. – 4. *Aktienrenditen des* → Deutschen Aktienindex (DAX): Gemessen an ihren kurzfristigen Kursschwankungen ist die Aktienanlage mit hohen Risiken behaftet, die sich allerdings bei einem ausreichend langfristigen Anlagehorizont weitgehend ausgleichen. Das Deutsche

Aktieninstitut e.V. (http://www.dai.de/) hat dies in seinem halbjährlich aktualisierten DAI-Renditedreieck für den DAX, der bis 1948 zurückgerechnet wurde, dargestellt. Für unterschiedliche Anlagezeiträume kann daran abgelesen werden, welche durchschnittliche jährliche Rendite ein Anleger mit den DAX-Aktien hätte erzielen können. Stichtag für den An- und Verkauf ist jeweils der 31. Dezember eines Jahres. Während bei einjähriger Anlagedauer die Werte zwischen 152 Prozent Rendite im besten Jahr und einem Verlust von 43,9 Prozent im bisher schlechtesten lagen, stellt das schlechteste Ergebnis aller bspw. fünfundzwanzigjährigen Anlagezeiträume 4,8 Prozent jährlich (1959 bis 1984), das beste 13,5 (1974 bis 1999) dar. Bei Anlagehorizonten von 30 Jahren schwankten die Renditen zwischen 5,6 Prozent (1960 bis 1995) und 9,7 Prozent (1985 bis 2000). In der Vergangenheit haben sich bei ausreichend langer Haltefrist die Anlageergebnisse der Aktie stabilisiert. – Vgl. auch → Kurs-Gewinn-Verhältnis. – *Für*

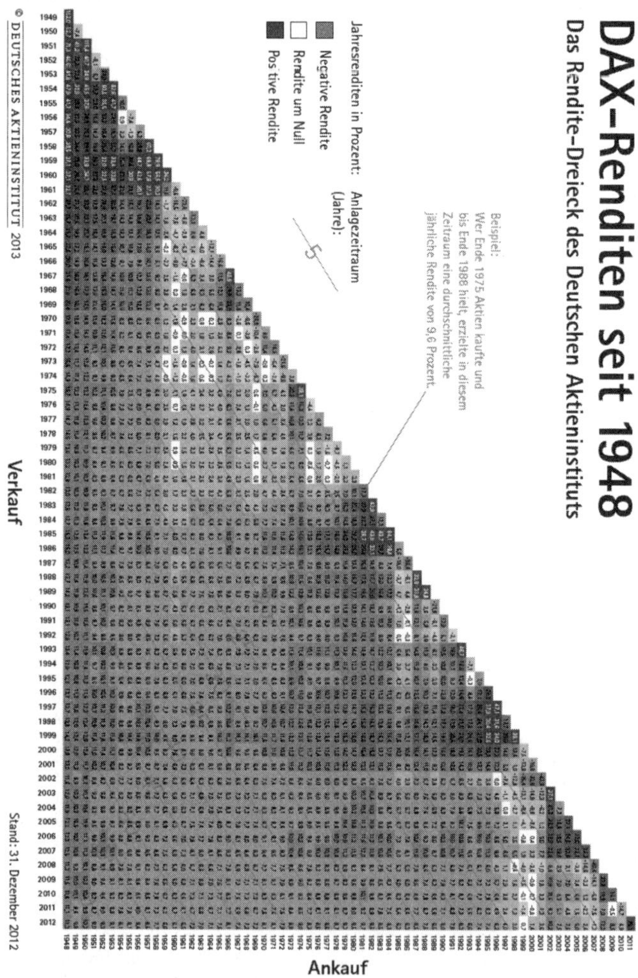

Anleihen: → Effektivzins. Auf der senkrechten Zeitachse ist das Jahr des Kaufs und auf der waagerechten Achse das Verkaufsjahr eingetragen. Die Zahl im Schnittpunkt beider Jahre zeigt die durchschnittliche jährliche Rendite im entsprechenden Zeitraum. Rote Felder markieren Verluste und blaue Felder Gewinne. Die Intensität der Farbe erhöht sich mit der Höhe des Gewinns bzw. Verlusts. Entlang der roten Diagonalen lassen sich die Renditen für bestimmte Anlagezeiträume ablesen.

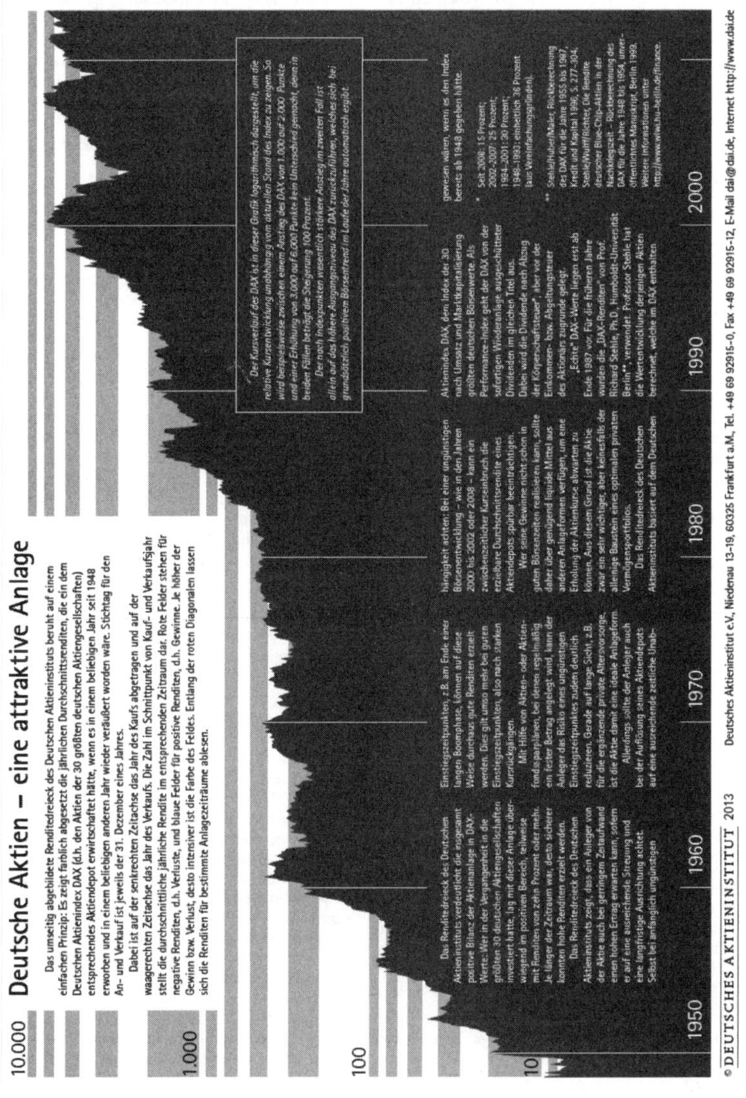

Aktienrückkauf – Das Aktiengesetz erlaubt seit Inkrafttreten des → Gesetzes zur Kontrolle und Transparenz im Unternehmensbereich (KonTraG) vom 27.4.1998 (BGBl. I 780) unter gewissen Auflagen den Rückkauf der eigenen emittierten → Aktien. – *Gesetzliche Grundlage* bildet § 71 AktG. Neben der Erlaubnis, Aktien zurückzukaufen, um einen schweren, unmittelbar bevorstehenden Schaden von der Gesellschaft abzuwenden und einer Reihe anderer genau festgelegter Gründe, kann die Hauptversammlung den Vorstand ermächtigen, bis zu zehn Prozent der Anteile zurückzukaufen. Sie kann die Erlaubnis an einen bestimmten Zweck koppeln und Angaben zu dem Betrag machen, der für den Rückkauf genehmigt werden soll. Die Erlaubnis gilt für eine Frist von fünf Jahren. – *Beweggründe:* Durch einen Aktienrückkauf können Unternehmen Eigenkapital an die Investoren zurückgewähren. Dieses Instrument bietet sich im Einzelfall an, wenn das Unternehmen einen außerordentlichen und ungewöhnlich hohen Gewinn erwirtschaftet hat, z.B. durch den Verkauf von Betriebsgrundstücken. Können diese Mittel nicht rentabel investiert werden, etwa weil sie für ein angemessenes Wachstum des Unternehmens nicht benötigt werden, können sie zur Steigerung des Werts der Investition für den Aktionär verwendet werden: Ein Aktienrückkaufprogramm lässt i.d.R. eine Steigerung des Aktienkurses und damit des Gewinns je Aktie erwarten. Der Aktienkurs ergibt sich aus der Multiplikation des Gewinns je Aktie mit ihrem spezifischen Kurs-Gewinn-Verhältnis. Faktisch kann der Aktienrückkauf aber auch dazu genutzt werden, Übernahmeversuche zu erschweren.

Aktiensplit – Aufteilung einer → Aktie mit hohem Kurswert in mehrere Anteile. Der Zweck des Aktiensplits liegt in erster Linie in der optischen Verbilligung einer zu „schweren" Aktie und damit der Verbesserung der Handelbarkeit. Beim Aktiensplit kommt es zu keiner → Kapitalverwässerung bei Aktiengesellschaften, da sich lediglich das Aktienkapital der Gesellschaft auf mehr Aktien verteilt als vorher.

Aktientausch → Aktienaustausch.

Aktienumtausch – Finanzierungsform bei → Fusionen: Die Aktien der zu übernehmenden Gesellschaft werden gegen solche der übernehmenden ausgetauscht.

Aktienzeichnung → Zeichnen.

Aktienzertifikat – anstelle der → Aktie gehandeltes Wertpapier, das z.B. den Handel ausländischer Aktien im Inland erleichtern soll. Aktienzertifikate werden auch ausgestellt, wenn an US-amerikanischen Börsen die Zulassung Namenspapiere erfordert, dt. Unternehmen aber Inhaberaktien emittiert haben. – Vgl. auch → ADR.

Aktienzusammenlegung – zulässige Maßnahme bei → Kapitalherabsetzung, v.a. zwecks → Sanierung einer AG.

Aktion – I. Entscheidungstheorie: Auch *Alternative;* Maßnahme, die ein → Entscheidungsträger zur Problemlösung ergreifen kann. Aktion kann aus einem Maßnahmenbündel oder einer Einzelmaßnahme bestehen. Formale Voraussetzung für eine optimale Lösung des Entscheidungsproblems ist die Definition der Aktionen in der Weise, dass jede von ihnen den vorhandenen Mittelvorrat voll ausschöpft und dass die Aktionen sich gegenseitig (streng) ausschließen. – Vgl. auch → Aktionsfeld, → Aktionsraum. – Im Fall → mehrstufiger Entscheidungen stellt sich die Aktion als Kette aufeinander folgender Maßnahmen (→ Strategie) dar. – Vgl. auch → Markov-Prozess, → flexible Planung.

II. Handel: → Sonderangebot mit ggf. zusätzlichen Kaufimpulsen, → Zweitplatzierung, Medienwerbung, Handzettelwerbung, Warenproben am Point of Purchase.

Aktionär – 1. *Begriff:* Ein Aktionär ist der Inhaber von → Aktien einer → Aktiengesellschaft (AG), → Societas Europaea (SE) oder → Kommanditgesellschaft auf Aktien (KGaA). – 2. *Legitimation:* Bei → Inhaberaktien legitimiert der bloße Besitz der Aktienurkunde den Inhaber als Aktionär; auf der → Namensaktie war der Aktionär früher namentlich bezeichnet. Die Aktie als Wertpapier im Sinne von effektiven Stücken existiert bei börsennotierten Gesellschaften jedoch so gut wie nicht mehr, sondern fast nur noch in Form von → Sammelurkunden. Der Aktionär kann sich durch Vorlage der Aktie selbst heute also nicht mehr legitimieren. Beim Kauf einer Aktie erfolgt eine Kontenbuchung, die von der Sammelurkunde abgeleitet wird. Zum Nachweis der Berechtigung zur Teilnahme auf der Hauptversammlung reicht heute bei börsennotierten Gesellschaften mit Inhaberaktien ein Nachweis in Textform, ausgestellt durch die Depotbank, § 123 III 2 AktG. Der Aktionär ist bei Namensaktien in das → Aktienregister einzutragen. – 3. *Rechte:* Der Aktionär hat Anspruch auf Anteil am Reingewinn (auf → Dividende) sowie bei Auflösung der AG am Liquidationserlös. Er hat → Stimmrecht und → Auskunftsrecht in der Hauptversammlung, ferner zum Schutze seiner Interessen bes. Rechte, wie das der → Anfechtung von Beschlüssen der Hauptversammlung sowie u.U. → Minderheitsrechte, mit deren Hilfe ein Quorum von Aktionären auch die Einberufung einer → außerordentlichen Hauptversammlung erzwingen kann. Bei Ausgabe neuer Aktien oder von → Wandelschuldverschreibungen hat der Aktionär i.Allg. ein → Bezugsrecht. – 4. *Pflichten:* Der Aktionär ist zu Zahlungen gegenüber der AG nur bis zur Vollzahlung des → Nennwertes bzw. des satzungsmäßigen höheren Ausgabebetrags der Aktie oder zu den in der Satzung bestimmten → Sacheinlagen verpflichtet. Für Gesellschaftsschulden haftet er persönlich nur, wenn ihm → Einlagen zurückgewährt wurden. – In bes. Fällen können dem Aktionär auch Nebenverpflichtungen obliegen und → Sonderrechte zustehen. – 5.

Aktionärszahlen in der Bevölkerung: Im ersten Halbjahr 2012 betrug die Zahl der inländischen Direktaktionäre nach Erhebungen des Deutschen Aktieninstituts e. V. rund 4,9 Mio. und damit ca. 7,6 Prozent der Bevölkerung. Der bisherige Höchststand betrug im Jahr 2000 mit 6,2 Mio. Aktionären demgegenüber 9,7 Prozent. Nimmt man die Besitzer von Aktienfondsanteilen als indirekte Anleger in Aktien hinzu, ergibt dies eine Zahl von 10,2 Mio. Anlegern, also 15,7 % der Bevölkerung. – 6. *Ausländische Aktionäre:* Der Anteil ausländischer Investoren am gesamten Aktienbestand deutscher Aktiengesellschaften hat sich von 10 Prozent im Jahr 1997 auf 20 Prozent im Jahr 2010 verdoppelt. Bei den großen DAX-Gesellschaften besitzen ausländische Investoren mehr als die Hälfte der Aktien. – Vgl. auch → Deutscher Aktienindex (DAX).

Aktionärsvereinigungen – Vereinigungen von → Aktionären zur Interessenwahrung insbesondere durch Ausübung des → Stimmrechts in der Hauptversammlung der AG. – Vgl. auch → Depotstimmrecht.

Aktionsbudget → Budget.

Aktionserwartungen – die von der Unternehmensleitung auf ihre Maßnahmen zu erwartenden Reaktionen (z.B. die der Konkurrenz und des Markts), von denen der Erfolg der eigenen Maßnahmen wesentlich abhängig ist und die bei den eigenen Planungen zu berücksichtigen sind. – Vgl. auch → Umweltzustand.

Aktionsfeld – Gesamtheit der von einem → Entscheidungsträger in einer bestimmten Entscheidungssituation in Betracht gezogenen Handlungsmöglichkeiten (→ Aktion), z.B. Handlungsfeld einer Unternehmung bzw. Organisationseinheit. Das Aktionsfeld gibt in sachlicher und zeitlicher Hinsicht die Grenzen an für gegenwärtige oder zukünftige Aktivitäten. – Das *Aktionsfeld der Unternehmung* ist gekennzeichnet durch die Erfordernisse des Leistungsumsetzungsprozesses; es wird repräsentiert durch die Teilmärkte, aus denen die Unternehmung Leistungen bezieht und an die sie Leistungen abgibt. – Vgl. auch → Aktionsraum.

Aktionsforschung – spezielles sozialwissenschaftlich-methodisches Vorgehen. Aktionsforschung sieht eine enge Kooperation zwischen Wissenschaft und Praxis bei der Entwicklung des Forschungsansatzes, der Durchführung der Untersuchung und der Ergebnisauswertung vor. – *Haupteinsatzgebiet:* Prozesse der → Organisationsentwicklung.

aktionsorientierte Datenverarbeitung – in der → betrieblichen Datenverarbeitung eine Verarbeitungsform, bei der die einzelnen Schritte eines Vorgangs als → Transaktionen vom → Benutzer im → Dialogbetrieb durchgeführt werden; häufig in Verbindung mit einem → Triggerkonzept. – Vgl. auch → Vorgangsketten, → Funktionsintegration.

Aktionsparameter – I. Preis- und Markttheorie: Größen, die vom einzelnen Handlungsträger unmittelbar, und zwar im Hinblick auf Nutzen- oder Gewinnsteigerung, also zur Verbesserung der eigenen Marktposition, eingesetzt werden können. Bes. Bedeutung haben sie für Unternehmen. – Aktionsparameter sind Preis, Menge, Qualität, Information, Werbung, Konditionen, Service, Forschung und Entwicklung. – Die vom Akteur durch ihren Einsatz indirekt beeinflussbaren Größen bezeichnet man als → Erwartungsparameter. Werden bestimmte Aktionsparameter „oligopolisiert“ (→ Aktions-Reaktions-Verbundenheit), kann es zum verstärkten Einsatz anderer Aktionsparameter kommen, was den *Verbund der* Aktionsparameter reflektiert.

II. Entscheidungstheorie: vom → Entscheidungsträger im Rahmen der Entscheidung direkt beeinflussbare Größe. Teilkomponente einer → Aktion, die erst dann vollständig definiert ist, wenn allen zugehörigen Aktionsparametern bestimmte Ausprägungen bzw. Werte zugeordnet sind (z.B. Absatzpreis für einen Unternehmer, Diskontsatz für die Deutsche Bundesbank). Aktionsparameter müssen sich nicht gegenseitig ausschließen. – Vgl. auch → Erwartungsparameter, → Zustandsparameter.

Aktionsraum – I. Entscheidungstheorie: beeinflussbarer Teil eines → Entscheidungsfeldes. – Vgl. auch → Aktionsfeld.

II. Wirtschaftsgeografie: Begriff aus der → verhaltensorientierten Wirtschaftsgeografie; Raum, in dem eine bestimmte soziale Gruppe (→ Gruppe) entsprechend ihren Bedürfnissen und Wahrnehmungen agiert. Die Grenzen eines solchen Aktionsraumes werden durch die Aktionsreichweiten, d.h. die Distanzen, die verschiedene Gruppen von einem Ausgangspunkt (z.B. Wohnung) zu bestimmten Zielorten zurücklegen, gesetzt. Verschiedene soziale Gruppen, die an ein und demselben → Standort wohnen, können dabei völlig verschiedene Aktionsräume haben.

Aktions-Reaktions-Verbundenheit – bezeichnet bes. die Interaktionsprozesse von Akteuren auf Oligopolmärkten (→ oligopolistische Preisbildung). Während der Monopolist ex definitione keine Konkurrenten besitzt, der Polypolist sie nicht identifizieren kann, muss der Oligopolist beim Einsatz seiner → Aktionsparameter die Reaktion der Konkurrenten berücksichtigen. Die *perzipierte* Aktions-Reaktions-Verbundenheit muss freilich nicht mit der objektiv gegebenen Reaktionsweise übereinstimmen. Die *subjektive* Aktions-Reaktions-Verbundenheit wird mithilfe der Verhaltensweise erfasst. – Man unterscheidet dabei die *polypolistische* und die *oligopolistische Verhaltensweise.* Bei Ersterer wird unterstellt, dass auf eigene Vorstöße des Akteurs keine Reaktion der Konkurrenten erwartet wird (z.B. eine eigene Preissenkung nicht zu einer Preissenkung der Konkurrenten führt). Bei der oligopolistischen Verhaltensweise hingegen wird eine bestimmte Reaktion erwartet, d.h. es wird ein bestimmter → Reaktionskoeffizient gebildet.

Aktiva – *bilanzielles Vermögen;* Summe der → Vermögensgegenstände bzw. Vermögenswerte, → Rechnungsabgrenzungsposten und evtl. Korrekturposten eines → Unternehmens, die auf der linken Seite der → Bilanz aufgeführt werden. – *Gegensatz:* → Passiva.

Aktiv-Antizipation – aktive → Abgrenzung, Einnahmen nach dem Bilanzstichtag, die dem alten Jahr zuzurechnen sind. Sie werden nicht als Rechnungsabgrenzungsposten, sondern als → sonstige Forderungen ausgewiesen.

aktiver Finanzausgleich → Finanzausgleich.

aktive Tätigkeit – 1. *Begriff:* im Außensteuerrecht übliche Bezeichnung für bestimmte Tätigkeiten → ausländischer Tochtergesellschaften und → ausländischer Betriebsstätten. Im Gegensatz zu Tätigkeiten, bei denen eine Verlagerung ins Ausland aus rein steuerlichen Gründen erfolgen könnte (passive Tätigkeiten), erfolgen bei aktiver Tätigkeit am Standort auch echte wirtschaftliche Aktivitäten (d.h. es liegen reale Tätigkeiten, nicht nur die Ausübung von Rechten oder Überlassung von Vermögenswerten zugrunde). – 2. *Bedeutung:* Wird von einem inländischen Steuerpflichtigen im Ausland eine aktive Tätigkeit ausgeübt, so kann zur Vermeidung der Doppelbesteuerung grundsätzlich die Freistellungsmethode für Gewinne aus der ausländischen Betriebsstätte angewendet werden. Dies gilt auch, wenn es sich um ein → Niedrigsteuerland handelt. Voraussetzung ist allerdings, dass die Freistellungsmethode dann von der Bundesrepublik auch mit dem entsprechenden Land in einem Doppelbesteuerungsabkommen tatsächlich vereinbart wurde. Auch bei der Gründung einer ausländischen Tochterkapitalgesellschaft durch einen Steuerinländer ist auf eine → Hinzurechnungsbesteuerung zu verzichten, wenn diese Gesellschaft fast nur aktive Tätigkeiten ausführt. – Für Fälle der passiven Vornahme der passiven Tätigkeit im Ausland wird vorzugsweise – bei direkter Betätigung über eine Betriebsstätte – die Anrechnungsmethode oder – bei indirekter Tätigkeit über eine ausländische Tochtergesellschaft – die Hinzurechnungsbesteuerung vorgesehen. – 3. *Die Abgrenzung zwischen aktiver Tätigkeit und passiven Tätigkeiten* ist in verschiedenen Rechtsnormen von Bedeutung, in den Details jedoch nicht einheitlich geregelt. Strengste und z.T. in Doppelbesteuerungsabkommen (DBA) am häufigsten übernommene Abgrenzung in § 8 I AStG: a) Danach sind alle Tätigkeiten passiv, die nicht ausdrücklich als aktiv anerkannt werden. Als aktive Tätigkeit anerkannt sind grundsätzlich uneingeschränkt anerkannt Land- und Forstwirtschaft, Produktion, Bearbeitung oder Verarbeitung von Sachen, Erzeugung von Energie, Aufsuchen und Gewinnung von Bodenschätzen sowie der Betrieb von Kreditinstituten und Versicherungsunternehmen, die für ihre Geschäfte einen in kaufmännischer Weise eingerichteten Betrieb unterhalten. – b) Nur unter erheblichen Einschränkungen als aktive Tätigkeit eingestuft sind dagegen Handelstätigkeit, Erbringung von Dienstleistung, Vermietung und Verpachtung, Aufnahme und darlehensweise Vergabe von Kapital, Gewinnausschüttungen von Kapitalgesellschaften, Veräußerung eines Anteils an einer anderen Gesellschaft sowie aus deren Auflösung oder der Herabsetzung ihres Kapitals, Umwandlungen. – 4. *Problematik:* Im Zeitalter der Globalisierung lassen sich auch die einzelne Teilschritte der Produktion oder Dienstleistung so zergliedern und auf einzelne Länder aufteilen, dass es denkbar erscheint, dass zumindest einzelne Produktionsschritte letztlich doch nur aus steuerlichen Gründen einem bestimmten Standort zugewiesen werden. Das zeigt, dass die ursprüngliche Idee, dass ein Staat bei aktiven Tätigkeiten keine steuerlich motivierten Gestaltungen fürchten muss und daher seine Gesetzgebung großzügiger gestalten kann, nicht mehr durchgängig zutrifft.

aktive Veredelung – 1. *Begriff:* Die aktive Veredelung gehört zu den bedeutendsten wirtschaftlichen Zollverfahren in der Gemeinschaft und dient der internationalen Arbeitsteilung. Im Kern handelt es sich nach Art. 114 ZK (Zollkodex) um Nichtgemeinschaftswaren, die in das → Zollgebiet der EU eingeführt, einer Behandlung (→ Veredelung) unterzogen und anschließend wieder ausgeführt werden (Art. 114–129 ZK). Das geschieht abgabenneutral. – 2. *Merkmale:* Nach Art. 114 IIc ZK gelten als Veredelungsvorgänge: (1) die Bearbeitung von Waren einschließlich ihrer Montage, Zusammensetzung und Anpassung an andere Waren; (2) die Verarbeitung von Waren; (3) die Ausbesserung von Waren, einschließlich ihrer Instandsetzung und Regulierung; (4) die Verwendung bestimmter nach dem Ausschussverfahren festgelegter Waren (sog. Produktionshilfsmittel), die nicht in die → Veredelungserzeugnisse eingehen, sondern die Herstellung von Veredelungserzeugnissen ermöglichen oder erleichtern, selbst wenn sie hierbei vollständig verbraucht werden. – 3. *Unterscheidung:* Zur Wahrung der Konkurrenzfähigkeit im internationalen Handel sind für diese Veredelungsverkehre zwei Verfahren vorgesehen: (1) das → Nichterhebungsverfahren nach Art. 114 Ia und IIa ZK, das zur Abgabenfreiheit der zu veredelnden eingeführten Waren führt. (2) Das Verfahren der Zollrückvergütung (auch Drawback-Verfahren genannt) lässt eine Erstattung oder einen Erlass der zunächst erhobenen Einfuhrabgaben für die zu veredelnden Einfuhrwaren zu, wenn die Veredelungserzeugnisse nachweislich wieder ausgeführt werden (Art. 114 Ib und IIb ZK). Diese Variante wird zukünftig (wohl zum 1.1.2015) mit dem UZK (→ Unionszollkodex) wegfallen. – 4. *Ersatzwaren:* Art. 115 ZK erlaubt den Einsatz von Ersatzwaren, die den zollrechtlichen Status von → Gemeinschaftswaren haben und die gleiche Qualität und Beschaffenheit wie die zur Veredelung bestimmten Einfuhrwaren aufweisen müssen. Die aus Ersatzwaren hergestellten Veredelungserzeugnisse können sogar vor der Einfuhr von Einfuhrwaren aus der EU ausgeführt werden (→ vorzeitige Ausfuhr). In solchen Fällen befinden sich die Einfuhrwaren in der zollrechtlichen Stellung der Ersatzwaren und diese in der zollrechtlichen Stellung der Einfuhrwaren. – 5. *Ziele*: Die Bewilligung der aktiven Veredelung (Art. 116 und 117 ZK) wird antragsgemäß (Anhang 67 ZK-DVO) natürlichen oder juristischen Personen und ähnlichen (Art. 4 Nr. 1 und 2 ZK) erteilt, die im Zollgebiet der EU ansässig sind und die Veredelungsverkehre durchführen oder durchführen lassen. Bei nicht kommerziellen Einfuhren kann die Bewilligung auch nicht in der EU ansässigen Personen erteilt werden. Dies kann für Reparaturen und Instandsetzungen von Waren von Bedeutung sein. Sachlich muss die beantragte aktive Veredelung dazu beitragen, die günstigsten Voraussetzungen für die Ausfuhr der Veredelungserzeugnisse zu schaffen, ohne dass wesentliche Interessen von Herstellern in der EU beeinträchtigt werden (wirtschaftliche Voraussetzungen: Art. 117c ZK). Davon ist regelmäßig auszugehen. Zur Durchführung des Verfahrens setzen die → Zollbehörden nach Art. 118 ZK bestimmte Fristen fest, in denen die → Veredelungserzeugnisse eine neue zulässige zollrechtliche Bestimmung erhalten haben müssen. Die Frist beginnt im Zeitpunkt der Überführung der Nichtgemeinschaftswaren in das Verfahren der aktiven Veredelung (Abgabe der → Zollanmeldung). Aus Vereinfachungsgründen kann bestimmt werden, dass alle während eines Monats oder eines Vierteljahres beginnenden Fristen jeweils am letzten Tag eines darauf folgenden Monats oder Vierteljahres ablaufen. Bei der vorzeitigen Ausfuhr von aus Ersatzwaren hergestellten Veredelungserzeugnissen setzen die Zollbehörden die Frist fest, bis wann die Nichtgemeinschaftswaren zur Überführung in die aktive Veredelung angemeldet sein müssen. Gleichfalls setzen die Zollbehörden nach Art. 119 ZK die Ausbeute für die aus den Einfuhrwaren gewonnenen Veredelungserzeugnisse fest. Unter bestimmten Voraussetzungen (z.B. Einfuhrwaren mit gleichbleibender Eigenschaft) ist eine Pauschalierung der Ausbeutesätze möglich. – Die Bestimmungen über den Veredelungsverkehr folgen dem Grundgedanken, wonach die unveredelten Waren oder Veredelungserzeugnisse wieder ausgeführt werden müssen. Jedoch kann das Verfahren auch anderweitig beendet werden. So können am Ende des Nichterhebungsverfahrens die Waren etwa in ein Zolllagerverfahren übergeführt und im Zollgebiet der Gemeinschaft gelagert werden. Ferner kann nach Art. 120 ZK als Vereinfachung bewilligt werden, in welchen Fällen und unter welchen Voraussetzungen die unveränderten Waren oder die Veredelungserzeugnisse als in den zollrechtlich freien Verkehr überführt gelten. – Verfahrensrechtlich sind nach beendeter aktiver Veredelung die Waren der zuständigen Zollstelle für die Beendigung des Verfahrens zu gestellen und zu einem neuen Zollverfahren anzumelden oder eine anderweitige zollrechtliche Bestimmung zu veranlassen. Dabei hat der Veredeler nachzuweisen, dass die Veredelungserzeugnisse die entsprechenden Einfuhrwaren enthalten oder Ersatzwaren zu ihrer Herstellung verwendet wurden. – Für die Entstehung einer → Zollschuld gelten die Art. 121 und 122 ZK. Für die Veredelungserzeugnisse berechnet sich die Höhe der Zollschuld nach den Bemessungsgrundlagen, die für die verwendeten Einfuhrwaren maßgebend sind. Abweichungen enthält Art. 122 ZK. – Zur Feststellung, ob und in welcher Höhe eine Zollschuld entstanden ist, ist für den im Nichterhebungsverfahren bewilligten Veredelungsverkehr mit Ablauf der Frist für die Beendigung des Verfahrens regelmäßig vom Bewilligungsinhaber eine Abrechnung vorzulegen. Dabei werden auf die Einfuhrwaren die fristgerecht veredelten Waren angerechnet. Nach der Fifo-Regel (First-in-first-out) wird der jeweils älteste noch nicht erledigte Zugang bei der Abrechnung für die gesamte oder anteilige Zugangsmenge erledigt. – Wegen der Verschiebung des Zeitpunktes für die Entstehung der Zollschuld für die im Zollgebiet verbleibenden Veredelungserzeugnisse oder unveredelten Waren sind regelmäßig sog. Ausgleichszinsen nach einem von der Kommission festgelegten Zinssatz zu entrichten. – Die bes. Vorschriften über das Verfahren der Zollrückvergütung sind in den Art. 124 bis 128 ZK zusammengefasst, die die Anwendbarkeit gegenüber dem Nichterhebungsverfahren erheblich einschränken. So sind nach Art. 124 ZK Waren vom Verfahren ausgeschlossen, die im Zeitpunkt der Annahme der Anmeldung zum zollrechtlich freien Verkehr: (1) mengenmäßigen Einfuhrbeschränkungen unterliegen; (2) einer Präferenzbehandlung oder einer autonomen Aussetzungsmaßnahme im Sinn des Art. 20 IIId–f ZK im Rahmen von Kontingenten unterliegen; (3) bei der Einfuhr erhobenen Abgaben unterliegen, die im Rahmen der gemeinsamen Agrarpolitik oder aufgrund der für bestimmte landwirtschaftliche Verarbeitungserzeugnisse geltenden Sonderregelungen vorgesehen sind. – Ferner dürfen für die Veredelungserzeugnisse im Zeitpunkt der Annahme der Anmeldung der Einfuhrwaren keine Ausfuhrerstattungen festgesetzt sein. Die Möglichkeit der vorzeitigen Ausfuhr ist nicht gegeben; ebenso entfällt eine im Nichterhebungsverfahren mögliche zwischengeschaltete passive Veredelung. Bei diesem Vergütungsverfahren entfällt jedoch die Abrechnung im Veredelungsverkehr. Der Bewilligungsinhaber kann nach Art. 128 ZK die Erstattung oder den Erlass von Abgaben beantragen, wenn er nachweist, dass die aus den Einfuhrwaren gewonnenen oder hergestellten Veredelungserzeugnisse entweder unter zollamtlicher Überwachung aus dem Zollgebiet der Gemeinschaft ausgeführt oder im Hinblick auf ihre spätere Ausfuhr in das → Versandverfahren, in das → Zolllagerverfahren, in die vorübergehende Verwendung oder in die aktive Veredelung (Nichterhebungsverfahren) übergeführt oder in eine → Freizone oder ein Freilager verbracht worden sind.

Aktivfinanzierung → Finanzierung eines anderen Betriebes, wobei unter Finanzierung alle betrieblichen Kapitaldispositionen verstanden werden (Finanzierung im weitesten Sinn). – *Gegensatz:* → Passivfinanzierung.

Aktivgeschäfte – Bankgeschäfte, die auf der Aktivseite der → Bankbilanz ausgewiesen werden. Hierzu zählen insbes. Kreditgeschäfte, aber auch eigene Anlagegeschäfte der Bank (Kauf von Wertpapieren oder Beteiligungen). – *Gegensatz:* → Passivgeschäfte.

aktivierte Eigenleistungen → innerbetriebliche Leistungen, die nicht in der Periode ihrer Erstellung verbraucht werden, sondern mehrere Perioden genutzt werden können. Aktivierte Eigenleistungen werden zu → Herstellungskosten aktiviert und über den Zeitraum ihrer Nutzung abgeschrieben (→ Abschreibungen). – Vgl. auch → Anlagenleistungen, → Gesamtkostenverfahren, → Umsatzkostenverfahren.

Aktivierung – I. Psychologie: 1. *Arbeitspsychologie:* innere Erregung des Menschen, u.a. verantwortlich für seine jeweilige Leistungsfähigkeit. Hohe Aktivierung löst Zunahme der Leistungsbereitschaft aus, befähigt zu einer schnelleren → Informationsaufnahme und → Informationsverarbeitung bei erhöhter Lernfähigkeit. – 2. *Werbepsychologie:* Stark aktivierende Reize (z.B. Anzeigen) werden schneller erkannt und bleiben länger in Erinnerung. Anwendung dieses Zusammenhangs in der Werbung durch Koppelung der Werbebotschaft mit stark aktivierenden Reizen; dadurch Erhöhung der → Werbewirkung (bes. Erinnerung). Messverfahren: → Hautwiderstandsmessung. – Vgl. auch → emotionale Konditionierung, → Emotion, → Motivation.

II. Bilanzierung: buchhalterisches Verfahren zur Erfassung von Vermögenswerten, Rechnungsabgrenzungsposten (→ Rechnungsabgrenzung) und Korrekturposten (z.B. → Fehlbetrag) in der Bilanz. – Vgl. auch → Aktivierungspflicht, → Aktivierungswahlrecht.

Aktivierungsforschung – 1. *Begriff:* Richtung der Verhaltenswissenschaft bzw. der Psychobiologie, die sich mit der Messung zentralnervöser Erregungsvorgänge (→ Aktivierung) des Menschen befasst. Die Aktivierung wird als Grunddimension der Antriebskräfte verstanden. – 2. *Arten:* Es wird von einer tonischen Aktivierung gesprochen, wenn die länger anhaltende Bewusstseinslage (Aktivierungsniveau) gemeint ist, wie z.B. Schläfrigkeit oder Wachheit. Daneben gibt es die phasische Aktivierung (kurzfristigen Aktivierungsschwankungen), die die → Aufmerksamkeit und Leistungsfähigkeit des Individuums in bestimmten Reizsituationen steuert. – 3. *Stärke der Aktivierung:* Die Stärke der vorhandenen Aktivierung zeigt an, wie wach, reaktionsbereit und leistungsfähig ein Organismus ist. Bei zunehmender Stärke der Aktivierung steigt zunächst die Leistung eines Individuums an, von einer bestimmten Aktivierungsstärke ab fällt sie wieder (umgekehrte u-Funktion). Als Leistung werden dabei alle im Individuum ablaufenden Vorgänge wie Wahrnehmung, Denken, Lernen, Speichern etc. verstanden. Dieser Zusammenhang wird als Lambda-Hypothese bezeichnet, der jedoch nur für einzelne Abschnitte empirisch belegt ist. – 4. *Wirkung:* Aktivierung fördert oder hemmt die Effizienz, mit der ein psychischer oder motorischer Vorgang abläuft, nicht jedoch Richtung und Inhalt. – 5. *Messmethoden:* (1) Messung auf der physiologischen Ebene, z.B. → Hautwiderstandsmessung; (2) Messung auf der subjektiven Erlebnisebene, z.B. Aktivierungsskalen, Musterzuordnungsverfahren; (3) Messung auf der motorischen Ebene, z.B. Beobachtung der Orientierungsreaktion. Physiologische Verfahren sind am besten zur Aktivierungsmessung geeignet, da sie universell geeignet sind und sehr exakt den Grad der Erregung messen.

Aktivierungspflicht – das Gebot, grundsätzlich sämtliche Vermögensgegenstände und Rechnungsabgrenzungsposten (→ Rechnungsabgrenzung) zum Bilanzstichtag auf der Aktivseite der Bilanz auszuweisen (§ 246 HGB), sofern nicht gesonderte Ausnahmen bestehen. Die Aktivierung hat in der Handels- und Steuerbilanz zur Folge, dass sich das Ergebnis erhöht, weil Ausgaben des Geschäftsjahres nicht als → Aufwendungen bzw. → Betriebsausgaben gebucht werden. – Vgl. auch → Aktivierungsverbot.

Aktivierungsverbot – Verbot bilanzielle Sachverhalte als Vermögensgegenstände auf der Aktivseite der Bilanz aufzunehmen. Gemäß § 248 HGB dürfen die Aufwendungen für die Gründung (→ Gründungskosten, → Gründung einer AG), die Beschaffung des Eigenkapitals und die Versicherungsabschlusskosten nicht aktiviert werden; sie mindern handels- wie steuerrechtlich als Periodenaufwendungen das Ergebnis. – Vgl. auch → Aktivierungspflicht.

Aktivierungswahlrecht – im Gegensatz zur grundsätzlich bestehenden → Aktivierungspflicht das Wahlrecht, bestimmte Vermögensgegenstände, Rechnungsabgrenzungsposten oder Abgrenzungsposten zu aktivieren. – *Aktivierungswahlrecht im Handelsrecht:* Selbst geschaffene immaterielle Vermögensgegenstände des Anlagevermögens (z.B. aktivierte Entwicklungskosten), → Disagio, → Abgrenzungsposten für aktive latente Steuern. Die *unterlassene Aktivierung* bewirkt eine Ergebnisminderung im laufenden Geschäftsjahr. – *Aktivierungswahlrecht im Steuerrecht:* Steuerlich besteht der Grundsatz, dass ein handelsrechtliches Aktivierungswahlrecht stets zu einer Aktivierungspflicht führt; allerdings gilt dieser Grundsatz nur, wenn es um ein Aktivierungswahlrecht für Vermögensgegenstände (Wirtschaftsgüter) geht.

aktivistische Wirtschaftspolitik – Wirtschaftspolitik, die auf den gegenwärtigen oder erwarteten Zustand der Wirtschaft reagiert bzw. Einfluss nehmen will. – *Beispiele:* expansive oder kontraktive

Geld- und Fiskalpolitik. Während Vertreter der Keynes'schen Lehre (→ Keynesianismus) und des Postkeynesianismus aktivistische Wirtschaftspolitik prinzipiell für notwendig halten und daher befürworten, lehnen Vertreter des → Monetarismus und der → Neuen Klassischen Makroökonomik aktivistische Wirtschaftspolitik ab. Anstelle einer diskretionär betriebenen befürworten sie eine an Regelbindungen orientierte Politik wie z.B. die auf → M. Friedman zurückgehende k-Prozent-Regel für das Geldmengenwachstum einer Volkswirtschaft.

Aktivität – *Produktionspunkt;* Begriff der Produktionstheorie für eine Kombination von Faktoreinsatzmengen (Inputs) $r = (r_1, \dots r_n)$, die zu einer bestimmten Ausbringung (Output) $x = (x_1, \dots x_m)$ führt: $\bar{y} = (\bar{r}\,;\bar{x})$.

Aktivitätsanalyse – Ansatz der → Produktionstheorie, der als Modellvariable die betrieblichen → Aktivitäten auffasst. Durch die Aktivitätsanalyse wurde die Konzeption linearer Modelle (→ lineare Optimierung) in die Wirtschaftstheorie eingeführt; sie ist aber grundsätzlich auch für nicht lineare Problemstellungen offen. – Vgl. auch → lineare Aktivitätsanalyse.

Aktivkredit – Begriff der Finanzierungslehre für den Kredit, den die Unternehmung anderen gewährt.

Aktivlegitimation – ältere Bezeichnung für die Sachbefugnis des Klägers, v.a. im Zivilprozess, der dann „aktivlegitimiert" ist, wenn er – sei es als Rechtsinhaber, sei es in anderer Weise (z.B. als → Insolvenzverwalter, → Testamentsvollstrecker) – befugt ist, das streitige Recht geltend zu machen. – *Beispiel:* Befugnis, im Prozess als Kläger aufzutreten, gegen ergangene Bescheide oder Verfügungen der Verwaltung ein Rechtsmittel einzulegen. – Heute wird mit Aktivlegitimation i.Allg. nur noch das Zustehen des geltend gemachten Rechts, die Rechtszuständigkeit, bezeichnet und vom → Prozessführungsrecht unterschieden.

Aktivposten – die einzelnen Posten auf der linken Seite der → Bilanz. – Vgl. auch § 266 II HGB, → Aktiva.

Aktivprozesse – Bezeichnung für Rechtsstreitigkeiten, in denen Ansprüche einer Person oder Vermögensmasse gegen andere geltend gemacht werden. – *Gegensatz:* → Passivprozesse.

Aktivtausch – Begriff der Buchhaltung und Bilanzierung: die Abnahme eines → Aktivpostens um einen bestimmten Betrag und die gleichzeitige Zunahme eines anderen Aktivpostens um den gleichen Betrag. Ein Aktivtausch lässt Bilanzsumme und Ergebnis der → Gewinn- und Verlustrechnung unverändert.

Aktivwechsel – die auf der Aktivseite der → Bilanz gebuchten, eine Geldforderung darstellenden Wechsel („Rimessen"), auch Besitzwechsel genannt. Durch Weitergabe der Aktivwechsel entsteht eine Eventualverbindlichkeit (→ Eventualforderungen und -verbindlichkeiten). – *Gegensatz:* → Passivwechsel (→ Schuldwechsel).

Aktivzinsen – *Aktivzins oder auch Sollzins;* Entgelt, das die Bank auf Kredite bzw. Kreditlinien verrechnet. Der Sollzins setzt sich zusammen aus den (a) Refinanzierungskosten, den (b) operativen Kosten, den (c) Risikokosten (wobei hier zwischen den durchschnittlich erwarteten Ausfallkosten – auch als „erwarteter Verlust" bzw. „expected loss" bezeichnet – und den Risikokosten im eigentlichen Sinn unterschieden wird). Die Risikokosten im eigentlichen Sinn bezeichnen die Opportunitätskosten des Eigenkapitals, das Banken zur Abfederung von „unerwarteten Verlusten" bzw. „unexpected losses" vorhalten müssen und der (d) Gewinnmarge. – *Gegensatz:* Passivzins (Habenzins).

aktualgenetisches Verfahren → psychologisches Testverfahren zur Messung der Wahrnehmung von Vorlagen (z.B. Worte, Geräusche, Musik, Bilder, Gegenstände); gehört zu den → apparativen Verfahren. Die Vorlagen werden den Testpersonen nur für eine minimale Zeit dargeboten, sodass die → Wahrnehmung erschwert ist. Die bei den Testpersonen in bestimmten Phasen entstehende Vorstellung (Aktualgenese) von der Gestalt der Vorlage wird für die einzelnen Phasen der Vorlagedarbietung verbal wiedergegeben und protokolliert. Zur Erschwerung der Wahrnehmung dienen verschiedene Apparaturen wie z.B. → Tachistoskop und → Perimeter. Die gewonnenen Informationen werden zur Gestaltung von Vorlagen benutzt. – Vgl. auch → Werbung.

Aktualisierung – Aktualität liegt vor, wenn das Angebot (die Marke) vom Konsumenten als akzeptierte Alternative wahrgenommen und damit bei der Kaufentscheidung berücksichtigt wird. Aktualisierung ist daher ein Beeinflussungsziel der Werbung. Die → Positionierung durch Aktualität ist von marktstrategischer Bedeutung und bietet sich als vorrangiges Werbeziel an, wenn sowohl das emotionale als auch das kognitive → Involvement gering ist, d.h. Bedürfnisse und Informationen für den Konsumenten trivial sind. Die Aktualisierung als Werbeziel ist aus der Theorie des → Agenda Setting abgeleitet. – Merkmal der Aktualisierung ist die starke gedankliche Präsenz der Marke, die sich in der aktiven Bekanntheit (→ Recalltest) der Marke zeigt. – Werbung, die Aktualisierung hervorruft, muss (1) stark auffallen, (2) die Marke in den Mittelpunkt stellen (häufige Kontakte mit dem Markennamen) und (3) einprägsam und leicht zu erinnern sein.

Aktualisierungseffekt – *Präsenzeffekt;* innerer Störeffekt bei einer Fragebogenbefragung (→ Befragung). Die Beantwortung einiger Fragen eines → Fragebogens wird durch vorangegangene Fragen beeinflusst, da die vorangegangenen Fragen bestimmte Vorstellungen und Denkraster aktualisieren und damit den Antwortspielraum für nachfolgende Fragen einengen. Durch entsprechenden Fragebogenaufbau lässt sich der Aktualisierungseffekt manchmal vermeiden. Ist er unvermeidlich, so sind die wichtigeren Informationen zuerst zu erfragen.

aktueller Rentenwert – Bestandteil der → Rentenformel. Seit 1.1.1992 ist der aktuelle Rentenwert der Betrag, der in der gesetzlichen Rentenversicherung einer monatlichen Rente wegen Alters entspricht, wenn Beiträge für ein Kalenderjahr aufgrund des Durchschnittsverdienstes gezahlt worden sind. Er beträgt zum 1.7.2012 28,07 Euro (West) und 24,92 Euro (Ost); er verändert sich jedes Jahr zum 1. Juli, indem der bisherige aktuelle Rentenwert mit den Faktoren für die Veränderung 1. der Bruttolohn- und -gehaltssumme je durchschnittlich beschäftigtem Arbeitnehmer, 2. des Beitragssatzes zur gesetzlichen Rentenversicherung (zzgl. eines „Altersvorsorgeanteils" für ergänzende private Altersvorsorge, → Riester-Rente) und 3. eines zum 1.8.2004 neu eingeführten → Nachhaltigkeitsfaktors (§ 68 SGB VI) vervielfältigt wird.

AKV – Abk. für → Allgemeine Kreditvereinbarungen.

Akzeleration → Akzelerator.

Akzelerationskoeffizient → Akzelerationsprinzip.

Akzelerationsprinzip – *Akzelerationstheorem, Akzelerationstheorie.* 1. *Begriff:* Investitionshypothese der → Makroökonomik; von Aftalion und Clark aufgestellt, von Samuelson, Harrod und Hicks verfeinert. Das Akzelerationsprinzip postuliert eine lineare Relation zwischen den induzierten Nettoinvestitionen (→ induzierte Größen) und den Veränderungen der Nachfrage, wobei die Nachfrage durch das → Volkseinkommen gemessen wird. – 2. *Formale Darstellung:* a) *Bei diskreter Zeit:* $I_t = \alpha \times (Y_t - Y_{t-1})$, wobei: I_t = induzierte Nettoinvestition der Periode t, α = Akzelerationskoeffizient (Akzelerator), Y_t und Y_{t-1} = Volkseinkommen der Periode t und t–1. – b) *Bei stetiger Zeit:* $I_t = \alpha \times (dY / dt)$. Die Größe α wird Akzelerator („Beschleuniger" bzw. Akzelerationskoeffizient) genannt und ist im Gegensatz zum → Kapitalkoeffizienten, der eine technische Relation ist, als konstanter Verhaltensparameter zu interpretieren. Der Akzelerator α gibt das Verhältnis der Kapitalstockerhöhung (= I) zur Erhöhung oder Änderung des Volkseinkommens an. – 3. *Bedeutung:* In Kombination mit dem → Multiplikator wird das Akzelerationsprinzip zur Erklärung von → Konjunkturschwankungen herangezogen. Insbesondere sollen die überproportionalen Schwankungen der Investitionstätigkeit erklärt werden. Das Akzelerationsprinzip kann durch das *Kapitalstockanpassungsprinzip* modifiziert werden.

Akzelerationstheorem → Akzelerationsprinzip.

Akzelerationstheorie → Akzelerationsprinzip.

Akzelerator – Der Begriff Akzelerator (Beschleuniger) wird immer dann eingesetzt, wenn ein Impuls eine Beschleunigung (Akzeleration) eines zu erklärenden Wachstumsprozesses bewirkt. – *Beispiel:* Harrod (1939) prägte bei seiner Erklärung der Geschwindigkeit des wirtschaftlichen Wachstums den Begriff → Akzelerationsprinzip (oder auch Akzelerationstheorem, Akzelerationstheorie). Die Nachfrage der Unternehmen nach Investitionsgütern (I) entwickelt sich in Abhängigkeit zu der von den Unternehmen geplanten Produktionsausweitung (dY), die von der erwarteten Nachfrage nach den produzierten Gütern bestimmt wird. Weil diese Proportion auch als Koeffizient bezeichnet wird, spricht man auch vom Akzelerationskoeffizienten.

Akzept – Beim → gezogenen Wechsel die schriftliche Annahmeerklärung des Wechselschuldners (Bezogener), den Wechselbetrag zu einem im Wechsel bestimmten Zeitpunkt an den Begünstigten (Wechselnehmer) zu zahlen. Die Annahmeerklärung erfolgt durch die Unterschrift des Bezogenen links auf der Vorderseite des Wechsels quer zum Wechseltext unter dem vorgedruckten Wort „Angenommen" (quer schreiben). Mit der Annahme verpflichtet sich der Bezogene, die Wechselsumme bei Fälligkeit zu zahlen (Art. 28 I WG). – Für die Annahme des Wechsels schreibt das Wechselgesetz bestimmte Regeln vor (Art. 21 ff. WG): so gibt es Vorlegungsgebote (z.B. kann der Wechselaussteller vorschreiben, dass die Annahme innerhalb einer bestimmten Frist erfolgen muss) und Vorlegungsverbote (z.B. kann der Wechselaussteller in bestimmten Fällen die Annahme ganz oder innerhalb eines festgelegten Zeitraumes untersagen). – Das Akzept kann in verschiedenen Formen erfolgen, als: a) *Kurzakzept:* besteht nur aus der Unterschrift des Bezogenen ohne weitere Ergänzungen; – b) *Vollakzept:* liegt vor, wenn außer der Unterschrift auch der Wechselbetrag sowie Ort und Tag der Annahme aufgeführt sind (vorgeschrieben für Wechsel auf eine bestimmte Zeit nach Sicht – Art. 25 II WG); – c) *Teilakzept:* liegt vor, wenn der Bezogene die Forderung nicht in voller Höhe anerkennt, z.B. wegen Mängel; – d) *Aval- oder Bürgschaftsakzept:* liegt vor, wenn als zusätzliche Sicherheit noch die Unterschrift eines Bürgen verlangt wird; – e) *Blankoakzept:* liegt vor, wenn ein unvollständig ausgefülltes Wechselformular akzeptiert wird. Wird die Annahme des Wechsels vom Bezogenen verweigert, kann Wechselprotest mangels Annahme erhoben werden. – Im Geschäftsverkehr wird ein angenommener Wechsel auch als Akzept bezeichnet.

Akzeptakkreditiv – umfasst die Akzeptleistung der akkreditiveröffnenden Bank bzw. einer von dieser beauftragten anderen Bank auf einer Tratte des Akkreditivbegünstigten (des Exporteurs) im Rahmen eines Dokumentenakkreditivs. Akzeptakkreditive zählen zur Gruppe der → Nachsichtakkreditive (Deferred-Payment-Akkreditiv), weil im Gegenzug zur Aufnahme der Dokumente nur die Akzeptleistung, nicht aber die Zahlung erfolgt, die bis zur Fälligkeit des Bankakzepts hinausgeschoben ist. Sofern nicht die akkreditiveröffnende Bank, sondern in deren Auftrag eine andere Bank das Akzept leistet, liegt ein Akzeptakkreditiv in Form eines Remboursakkreditivs vor: Mit ihrer Akzeptleistung erwirbt die andere Bank einen Remboursierungsanspruch an die akkreditiveröffnende Bank. Kommt in der Praxis kaum noch vor.

Akzeptant – derjenige, der sich beim gezogenen → Wechsel durch seine Unterschrift zur Zahlung der Wechselsumme verpflichtet (→ Bezogener).

Akzeptanz – 1. *Begriff:* Bereitschaft, einen Sachverhalt billigend hinzunehmen. Akzeptanz gegenüber einem Gegenstand wird als Teilaspekt der Konformität im Spektrum zwischen Gehorsam, Anpassung und Verinnerlichung gesehen. Neben der zeitpunktbezogenen Akzeptanz interessiert die Veränderung im Zeitablauf durch Lernen. – 2. *Grundlagen:* Anhaltspunkte für die Erklärung von Akzeptanz gibt die Diffusionstheorie, die sich der Akzeptanz von Innovationen widmet. Die Diffusionstheorie unterscheidet Neuerer, frühe Annehmer, frühe Mehrheit, späte Mehrheit und Nachzügler. Das Akzeptanzverhalten wird durch Verhaltensmerkmale (z.B. Risikobereitschaft, Neugierde) geprägt. – 3. *Merkmale:* Hohe Nützlichkeit, hohe Übereinstimmung mit bestehenden Strukturen und Wertvorstellungen (Kompatibilität), die Möglichkeit, das Neue sukzessiv einzuführen (Teilbarkeit), gute Durchschaubarkeit der Innovation sowie einfache Mitteilbarkeit fördern die Akzeptanz. Starke Brüche mit bisher Gewohntem erschweren die Akzeptanz. Die Bruchstärke kann sich in der Intensität des Andersartigen und der Menge des Neuen ausdrücken. Eine große Bruchstärke erhöht den Lernaufwand, sie bewirkt Marktwiderstand. Bei gegebenem Beeinflussungsaufwand (z.B. durch Werbung) erhöht die Bruchstärke die Akzeptanzzeit. Eine Verkürzung ist durch eine Steigerung des Marketingaufwandes möglich. – Vgl. auch Diffusion, Diffusionsprozess, Akzeptanztheorie.

Akzeptanzalgorithmus – Verfahren zur Maschinenbelegungsplanung. Ein Akzeptanzalgorithmus ist ein heuristisches Verfahren, mit dessen Hilfe eine Verbesserung der Produktionsprozessplanung erreicht werden soll. Basierend auf einer durch → Prioritätsregeln generierten Maschinenbelegungsplanung wird mithilfe eines Akzeptanzalgorithmus nach einer nahe am Optimum liegenden Lösung gesucht. Der Akzeptanzalgorithmus ist Teil eines dreistufigen iterativen Prozesses: (1) Generierung einer Ausgangslösung durch eine Prioritätsregel. (2) Zufällige Veränderung der Auftragsreihenfolge auf einer Maschine (Nachbarschaftssuche). (3) Steuerung der Nachbarschaftssuche durch einen Akzeptanzalgorithmus durch den einerseits entschieden wird, ob eine generierte Lösung akzeptiert wird und der andererseits sicherstellt, dass die iterative Suche nach einer Reihe von Durchläufen gestoppt wird. Das Besondere am Akzeptanzalgorithmus ist, dass auch Ergebnisverschlechterungen in gewissem Rahmen akzeptiert werden. Dies ist erforderlich, um von einem lokalen zum globalen Optimum zu gelangen. Als Akzeptanzalgorithmus bietet sich z.B. das Threshold-Accepting oder das Simulated Annealing an.

Akzeptanzbarrieren – Akzeptanzbarrieren im Hinblick auf Umweltorientierung bei Kunden oder Kundengruppen. *Vier Ausprägungen* nach Schrader (vgl. Schrader 2001, S. 121 ff.): technologische, finanzielle, organisatorische und rechtliche Akzeptanzbarrieren. – a) *technologische Akzeptanzbarrieren:* u.a. in Branchen, die historisch eine wenig dynamische Entwicklung der Prozesse aufweisen; – b) *finanzielle Akzeptanzbarrieren:* u.a. Zugang zum Kapitalmarkt; – c) *organisatorische Akzeptanzbarrieren:* hauptsächlich innerbetriebliche Hemmnisse; – d) *rechtliche Akzeptanzbarrieren:* durch Gesetzgeber. – Vgl. auch → Hemmnisse.

Akzeptanztest – 1. *Marktforschung:* Teil eines jeden → Produkttests und → Konzepttests, der darüber Aufschluss geben soll, ob und ggf. in welchem Ausmaß bei Testpersonen eine rein qualitätsdeterminierte bzw. eine preis-qualitätsdeterminierte, aktuelle oder potenzielle Kauf- bzw. Ge- oder Verbrauchsabsicht besteht. Dabei ist zu beachten, dass die ermittelten Werte i.d.R. positiv verzerrt sind. Die Information ist der Vergleich der Akzeptanzwerte des zu testenden Produkts mit anderen bekannten Produkten. – 2. *Datenverarbeitung:* → Testen.

Akzeptanztheorie – 1. *Begriff:* Ansätze zur Erklärung der Nutzung und Durchsetzung von → Innovationen in → Organisationen. Unter → Akzeptanz versteht man dabei entweder eine positive Einstellung zur Innovation, eine Verhaltensabsicht (Intention), die Innovation zu nutzen, oder die tatsächliche Nutzung der Innovation. – 2. *Merkmale:* Die Akzeptanz ist abhängig von den Eigenschaften der Innovation, ihrem potenziellen Nutzen und der Art des Einführungsprozesses: Je größer die Vorteile der Innovation für den Nutzer, desto höher seine Akzeptanz; je aufgeschlossener und gebildeter das Individuum, desto größer ist die Wahrscheinlichkeit der Akzeptanz; je frühzeitiger und offener informiert wird und je mehr Mitbestimmungsmöglichkeiten bei der Auswahl der Innovation angeboten wird, desto höher ist die Wahrscheinlichkeit einer Akzeptanz.

Akzeptebuch – ein Neben- oder Hilfsbuch der doppelten Buchführung, in dem die → Schuldwechsel nach ihren wesentlichen Merkmalen eingetragen werden.

Akzeptkredit → Wechselkredit, bei dem ein Kreditinstitut gegen Berechnung einer Akzeptprovision einen von ihrem Kunden gezogenen → Wechsel akzeptiert (→ Bankakzept, → eigene Akzepte). Die Bank haftet damit für die Einlösung des Wechsels. Spätestens einen Tag vor Fälligkeit des Wechsels hat der Kunde den Wechselbetrag zur Verfügung zu stellen. Akzeptkredite gehören zu den Geschäften der → Kreditleihe, bei denen das Kreditinstitut seine (gute) → Bonität auf den Wechsel überträgt. Für das Kreditinstitut entsteht nur dann ein Risiko, wenn der Kunde den Betrag nicht oder nicht rechtzeitig bezahlt. Deshalb stellen Akzeptkredite für Kreditinstitute Eventualverbindlichkeiten dar. – Akzeptkredite werden v.a. im Außenhandel zur Finanzierung von Importgeschäften verwendet (Rembourskredit).

Andere Verwendungsmöglichkeiten wie die Verwendung des Bankakzeptes zur Bezahlung von Verbindlichkeiten aus Warenlieferungen sowie zur Beschaffung liquider Mittel (→ Finanzwechsel) durch Diskontierung haben heute im Kreditgeschäft an Bedeutung verloren.

Akzeptverbindlichkeiten – Verpflichtungen aus der Annahme gezogener Wechsel (→ Bankakzept). – Bei Kreditinstituten erfolgt der Ausweis auf der Passivseite der Bilanz innerhalb der Position „verbriefte Verbindlichkeiten" unter „eigene Akzepte und Solawechsel im Umlauf", die Forderungen gegenüber Kreditnehmern aus Akzeptverträgen werden auf der Aktivseite bilanziert.

Akzessorietät – Abhängigkeit eines *Nebenrechts* vom Bestand eines anderen zugrunde liegenden *Hauptrechts*, z.B. Abhängigkeit der → Hypothek, des → Pfandrechts und der Verpflichtung aus → Bürgschaft von der zu sichernden Forderung.

akzessorische Sicherheiten – unbedingt und dauernd mit dem Bestand einer Forderung verbundene Kreditsicherheiten (→ Sicherheit). Akzessorische Sicherheiten haben ein unselbstständiges Nebenrecht zum Gegenstand, das nur in Verbindung mit der zugrunde liegenden Forderung gilt. Im Gegensatz zu den *nicht akzessorischen Sicherheiten* kann die Übertragung von akzessorischen Sicherheiten nur durch Abtretung der zugrunde liegenden Forderung erfolgen. Zu den akzessorischen Sicherheiten zählen: → Bürgschaft, → Pfandrecht und → Hypothek. – *Gegensatz:* nicht akzessorische Sicherheiten, fiduziarische Sicherheiten.

akzidentelle Werbung – Werbung, die eher punktuell und gelegentlich betrieben wird und im Rahmen der gesamten Marketingkommunikation eine nur untergeordnete Bedeutung hat.

ALADI – 1. *Begriff und Merkmale:* Abk. für *Asociación Latino-Americana de Integración, Latin American Integration Association (LAIA), Lateinamerikanische Integrationsvereinigung;* Nachfolgeorganisation der → LAFTA auf Basis des Vertrags von Montevideo am 12.8.1980 gegründet, in Kraft getreten am 18.3.1981. – 2. *Ziele:* a) Förderung des Handels zur Schaffung eines gemeinsamen Marktes; b) regionale → Zollpräferenzen; c) Markteröffnung für Mitgliedsstaaten ohne Gegenseitigkeitsprinzip sowie d) multilaterale Assoziationsmodelle.

ALALC – Abk. für *Asociación Latino-Americano de Libre Comercio;* → LAFTA.

aleatorische Veranstaltungen → Kundenfang.

aleatorische Werbung – Sammelbezeichnung für Gewinnspiele, Verlosungen, Preisausschreiben, Preisrätsel etc. im Rahmen von Werbung. Aleatorische Werbung ist rechtlich grundsätzlich zulässig, soweit die Veranstalter damit auf die Adressaten keinen psychologischen Kaufzwang ausüben.

Alexander-von-Humboldt-Stiftung – 1. *Aufgaben:* Förderung von Wissenschaftskooperationen zwischen hoch qualifizierten ausländischen und dt. Wissenschaftlern. Die Stiftung ermöglicht im Jahr ca. 1.800 Wissenschaftlern aus der ganzen Welt den wissenschaftlichen Aufenthalt in Deutschland; das Netzwerk umfasst 23.000 Wissenschaftler. – 2. *Preise:* Seit 1980 wird der *Alexander-von-Humboldt-Preis* an herausragende ausländische Spitzenwissenschaftler vergeben. Weitere Preise gibt es für Postdoktoranden und erfahrene Wissenschaftler. In 2009 wurde erstmals der Humboldt-Alumni-Preis vergeben. Damit sollen innovative Netzwerkinitiativen der Stipendiaten und Preisträger ausgezeichnet werden.

Alfried Krupp von Bohlen und Halbach-Stiftung – Stiftung zur Förderung der Wissenschaft in Forschung und Lehre einschließlich des wissenschaftlichen Nachwuchses, des Bildungswesens, des Gesundheitswesens, des Sports, der Literatur, der Musik und der Kunst. Seit 1986 wird der Krupp-Förderpreis für junge Hochschullehrer und darüber hinaus der Krupp Wissenschaftspreis verliehen.

Algorithmus – 1. Eine präzise, d.h. in einer festgelegten Sprache abgefasste, endliche Beschreibung eines allgemeinen Verfahrens unter Verwendung elementarer Verarbeitungsschritte zur Lösung einer gegebenen Aufgabe. – 2. Lösungsverfahren in Form einer Verfahrensanweisung, die in einer wohldefinierten Abfolge von Schritten zur Problemlösung führt.

Alimentationsprinzip → soziale Sicherung der Beamten.

Aliud-Lieferung – *Falschlieferung,* Lieferung einer anderen als der verkauften Sache. Eine Aliud-Lieferung wird beim → Kaufvertrag einem Sachmangel gleichgestellt (§ 434 III BGB), um Abgrenzungsschwierigkeiten zu vermeiden. Allerdings kann der Verkäufer die irrtümlich falsch gelieferte Sache mittels → Kondiktion herausverlangen.

Alkoholblutprobe – Nachweis für den Einfluss von Alkohol auf Menschen; vgl. → Blutalkoholkonzentration (BAK). Eine Alkoholblutprobe kann gemäß § 81a StPO im Strafverfahren, zu dem auch das polizeiliche Ermittlungsverfahren gehört, ohne Einwilligung des Verdächtigen vorgenommen werden, wenn kein Nachteil für seine Gesundheit zu befürchten ist (z.B. Bluter). Bei anderen Personen ist die körperliche Untersuchung nur zulässig, wenn sie als Zeugen in Betracht kommen und zur Erforschung der Wahrheit festgestellt werden muss, ob sich an ihrem Körper eine bestimmte Spur oder Folge einer Straftat oder Ordnungswidrigkeit befindet (§ 81c StPO). Die Blutprobeentnahme darf nur durch einen Arzt erfolgen. – Vgl. auch → Trunkenheit im Verkehr.

Alkoholverbot im Betrieb → Ordnung des Betriebs, → Trunkenheit am Arbeitsplatz.

Alkopopsteuer – Eine im Jahr 2004 neu eingeführte Steuer auf alkoholhaltige Süßgetränke (Alkopops), die im Gebiet der Bundesrepublik Deutschland (ohne Helgoland und Büsingen) erhoben wird. Genaue Definition der besteuerten Getränke sind in § 1 II AlkopopStG enthalten. Die Steuer bemisst sich nach der im Getränk enthaltenen Alkoholmenge und beläuft sich auf 5.500 Euro pro Hektoliter reinen Alkohol, gemessen bei 20 Grad Celsius. Die verfahrensrechtlichen Regelungen über die Besteuerung orientieren sich am Branntweinmonopolgesetz und an den Regelungen der → Kaffeesteuer. Das Nettomehraufkommen der Steuer ist zweckgebunden zum Zweck der Suchtbekämpfung zu verwenden.

Allais – Maurice, geb. 1911, franz. Nationalökonom, der an der Hochschule für Bergbau in Paris lehrte; → Nobelpreis für Wirtschaftswissenschaften 1988. Allais knüpft in seinen Arbeiten an → Walras, → Fisher und → Pareto an. Er wurde international bekannt durch Untersuchungen zur allgemeinen Gleichgewichtstheorie und zur Quantitätstheorie, zu deren Renaissance er beigetragen hat. Zu seinen Schülern gehören Malinvaud und → Debreu. Sein erstes Buch „A la recherche d'une discipline économique. Première partie: L'économie pure" (1943) war für die allgemeine Gleichgewichtstheorie und für die Theorie der optimalen Nutzung von Kapital und Boden bahnbrechend. Auf diesem Buch fußt sein spätes *Hauptwerk* „La théorie générale des surplus" (1981). Als Summe seiner geldtheoretischen Untersuchungen ist der Beitrag „A Restatement of the Quantity Theory of Money", in: The American Economic Review, 56 (1966), anzusehen.

Alla Rinfusa → Handelsklausel, die bestimmt, dass Ware in unverpacktem losem Zustand zu verladen ist. Wird v.a. bei Getreide, Holz, Kohle und Flüssigkeiten angewandt.

Allaussage – *Allsatz, universeller Satz,* Aussage über die einem Erfahrungsbereich gemeinsamen Eigenschaften oder Beziehungen; sprachliche Form, in der wissenschaftliche → Gesetzesaussagen abgefasst werden. – *Gegensatz:* → Existenzaussage.

allegatorische Werbung → Werbung, die argumentativ Ergebnisse aus wissenschaftlichen Untersuchungen (Warentests etc.) zitiert.

Alleinbezug – 1. *Begriff:* Verpflichtung des Käufers, die vertraglich bestimmten Waren oder Dienstleistungen während der Vertragslaufzeit nur beim Lieferanten zu beziehen. – 2. *Wettbewerbsrechtliche Beurteilung:* Alleinbezugsverpflichtungen, die den Wettbewerb spürbar beschränken, unterfallen grundsätzlich dem Verbot des § 1 GWB und Art. 101 AEUV. Eine Gruppenfreistellung ist über die nach § 2 GWB anwendbare → Vertikal-GVO bis zu einem Marktanteil des Lieferanten sowie des Abnehmers (Händlers) von jeweils 30 Prozent vorgesehen.

Alleinerziehende → Entlastungsbetrag für Alleinerziehende.

Alleinstellungswerbung – Aussage, die der Verkehr durch Verwendung des Superlativs („meistgelesene Zeitung"), Komparativs („längere Lebensdauer"), der Bezeichnung als „Nr. 1", „erstes ..." etc., des bestimmten Artikels („das ..."), schlagwort- oder blickfangartige Hervorhebung („Sinnbild und Maßstab für ...") als Behauptung einer Spitzenstellung im Markt versteht. Sie kann bestimmte Bereiche (Größe, Umsatz, Qualität einer Ware), die Inanspruchnahme einer absoluten Spitzenstellung in jeder Hinsicht oder die Zugehörigkeit zu einer Spitzengruppe aus einer Vielzahl von Mitbewerbern betreffen. Alleinstellungswerbung ist zulässig, wenn der Werbende in der behaupteten Hinsicht einen deutlichen und stetigen Vorsprung vor seinen Mitbewerbern hat, andernfalls liegt → irreführende Werbung vor (§ 5 UWG). Beweislast hat der Kläger mit Beweiserleichterungen für Umstände aus dem Bereich des werbenden Unternehmens.

Alleinsteuer – *einzige Steuer, Einsteuer.* 1. Historisch immer wieder (ab dem 16. Jh.) erhobenes, angeblich rationales *Steuerideal* gegenüber jedem Vielsteuer-System (→ pluralistisches Steuersystem). Die Alleinsteuer ließe die tatsächliche Verteilung der Steuerlast erkennen und erforderte geringstmögliche Erhebungskosten. Sie müsste in hoch industrialisierten Staaten Einkommen- oder Verbrauchsteuer sein. – 2. *Praktisch* unüberwindbare Schwierigkeiten für die Alleinsteuer: (1) Der Ergiebigkeit halber müssten bislang unbesteuerte Einkommen (→ steuerfreies Existenzminimum) herangezogen werden, wobei der Steuerdruck unvergleichlich fühlbarer würde als bei einer zusätzlichen Existenz → indirekter Steuern; (2) die Steuermoral würde wegen des notwendigerweise sehr hohen Steuersatzes überfordert, es würde zu exzessiven Steuerausweichungen (Investitions- und Arbeitseinschränkung), Steuerhinterziehungen und zu ständigem Einnahmerückgang kommen; (3) der föderative Staat kann auf eigene Einnahmequellen jeweils für Bund, Länder und Gemeinden nicht verzichten (→ Finanzausgleich). – Vgl. auch → monistisches Steuersystem.

Alleinvertreter – *Eigenhändler.*

I. Binnenhandel: Der Alleinvertreter kauft und wiederverkauft Ware für eigene Rechnung und im eigenen Namen. Seine Tätigkeit ist auf die Erzielung von Zwischengewinnen gerichtet. Durch einen sog. Ausschließlichkeitsvertrag (→ Ausschließlichkeitsbindung) wird dem Alleinvertreter der Alleinhandel (Monopol) für die Erzeugnisse eines industriellen oder sonstigen Unternehmens für einen bestimmten Bezirk oder Zeitraum übertragen. Ein Alleinvertreter ist nicht → Handelsvertreter. Während der Dauer des Alleinvertretervertrages müssen dem Alleinvertreter alle Aufträge oder Anfragen aus dem ihm übertragenen Vertreterbezirk zugeleitet werden, für den er Kundenschutz genießt. – Vgl. auch → Bezirksvertreter.

II. Außenhandel: Der Alleinvertreter kann seinen Sitz im Land des Herstellers oder im Ausland (→ Auslandsvertretung) haben und seine Geschäfte auf Kommissionsbasis oder auf eigene Rechnung durchführen. Im letzteren Fall ist er nach dt. Recht nicht Vertreter, sondern selbstständiger → Einfuhrhändler.

Alleinvertretung – *Einzelvertretung;* → Alleinvertreter. – *Gegensatz:* → Gesamtvertretung.

Alleinvertretungsvertrag – spezifischer Handelsvertretervertrag zwischen Hersteller und → Handelsvertreter. Dem Handelsvertreter wird durch den Alleinvertretungsvertrag das alleinige Vertretungsrecht in einem festgelegten Gebiet eingeräumt.

Alleinvertrieb – *Exklusivvertrieb;* Vertrieb des Absatzprogramms eines Herstellers oder eines bestimmten Teils dieses Programms in einem festgelegten Gebiet ausnahmslos über einen Abnehmer (Hersteller oder Händler), der sich verpflichtet, die Ware nur vom betreffenden Hersteller zu beziehen und nur an bestimmte Kunden in diesem Gebiet zu vertreiben. – *Wettbewerbsrechtliche Beurteilung:* Alleinvertriebsvereinbarungen unterfallen grundsätzlich dem Verbot des § 1 GWB und Art. 101 AEUV. Eine Gruppenfreistellung ist über die nach § 2 GWB anwendbare → Vertikal-GVO bis zu einem Marktanteil des Lieferanten sowie des Abnehmers (Herstellers oder Händlers) von jeweils 30 Prozent vorgesehen.

Alle Rechte vorbehalten – Vertragsklausel, die besagt, dass in der Ausführung oder Hinnahme bestimmter Handlungen (Annahme der Ware, Zahlung etc.) kein Verzicht auf Einwendungen (Mängelrüge etc.) zu sehen ist.

Allfinanz – Angebot von Versicherungsleistungen, Leasing- und Factoringverträgen, Vermögensverwaltung, Vermittlung von Immobilien und Bausparverträgen, Kreditkartenverträgen sowie Unternehmensberatungsleistungen durch → Kreditinstitute. Der Grund für den Aufbau von Allfinanz-Angeboten liegt in dem nach Art und Zahl immer größer werdenden Kreis von Mitbewerbern im Markt für → Finanzdienstleistungen, z.B. Versicherer (mit Kapitallebensversicherungen oder Policendarlehen), → Bausparkassen, Kreditkartengesellschaften, Anlageberater (mit Vermögensverwaltungsleistungen) oder Handels- und Industrieunternehmen (mit Angeboten zur Absatzfinanzierung). Mit dem Angebot von Allfinanz-Leistungen können Kreditinstitute (1) eine Stärkung der Kundenbindung, (2) eine Erweiterung des Kundenkreises sowie (3) Synergieeffekte im Vertrieb erreichen. Zur Durchführung von Allfinanz-Geschäften können sich Kreditinstitute folgender Mittel bedienen: (1) Kooperationen mit anderen Finanzinstituten; (2) Gründung von Tochterunternehmen; (3) Beteiligung an anderen Finanzinstituten.

allgemein anerkannte Regeln der Technik – technische Verfahren und Vorgehensweisen, die in der praktischen Anwendbarkeit erprobt sind und von der Mehrheit der Fachleute anerkannt werden. Anhaltspunkte für solche Verfahren geben v.a. technische Regelwerke (z.B. DIN-Normen). – Vgl. auch → Stand der Technik, → Stand von Wissenschaft und Forschung.

allgemeine Arbeitsbedingungen → vertragliche Einheitsregelung.

Allgemeine Bedingungen für die Elektrizitätsversorgung – seit November 2006 gilt die Stromgrundversorgungsverordnung (StromGVV) zur → Stromgrundversorgung vom 26.10.2006 (BGBl. I 2391) m.spät.Änd. Die VO regelt die allgemeinen Bedingungen, zu denen Elektrizitätversorgungsunternehmen Haushaltskunden in Niederspannung im Rahmen der Grundversorgung nach § 36 I EnwG zu allgemeinen Preisen mit Elektrizität versorgen.

Allgemeine Bedingungen für die Gasversorgung – seit November 2006 gilt die Gasgrundversorgungsverordnung (GasGVV) vom 26.10.2006 (BGBl. I 2391) zur → Gasgrundversorgung m.spät.Änd. Die VO regelt die allgemeinen Bedingungen, zu denen Gasversorgungsunternehmen Haushaltskunden im Niederdruckbereich im Rahmen der Grundversorgung nach § 26 I EnwG zu allgemeinen Preisen mit Gas beliefern.

Allgemeine Bedingungen für die Versorgung mit Wasser – eine vom Bundesministerium für Wirtschaft und Technologie (BMWi) mit Zustimmung des Bundesrates erlassene VO über allgemeine Bedingungen für die Versorgung mit Wasser vom 20.6.1980 (BGBl. I 750, 1067) m.spät.Änd. für den Anschluss an die öffentliche Wasserversorgung und für die öffentliche Versorgung mit Wasser.

allgemeine Betriebskosten – *Allgemeine Kosten, sonstige Kosten;* es ist eine ungenaue Bezeichnung in der Praxis für → Kosten, die innerhalb der → Kostenartenrechnung nicht bes. hervorgehoben werden und den Restposten nicht näher spezifizierter Kosten bilden.

Allgemeine Betriebswirtschaftslehre – Bezeichnung für jenen Teil der → Betriebswirtschaftslehre (BWL), der sich mit übergreifenden Aspekten des unternehmerischen Handels befasst. Die Abgrenzung zu den → speziellen Betriebswirtschaftslehren, die sich nur mit den einzelnen Wirtschaftszweigen beschäftigt, ist unscharf.

Allgemeine Geschäftsbedingungen (AGB) – I. Begriff: Für eine Vielzahl von Verträgen vorformulierte, also nicht im Einzelnen ausgehandelte Vertragsklauseln, die eine Vertragspartei (→ Verwender) der anderen bei Vertragsschluss stellt. Allgemeine Geschäftsbedingungen können nach den §§ 305–310 BGB unwirksam sein. § 310 III BGB erweitert beim → Verbrauchervertrag den Begriff der Allgemeinen Geschäftsbedingungen, die kontrolliert werden können: Die Klauseln müssen nicht durch den Verwender eingeführt worden sein (z.B. Klauseln eines Notars, sog. Drittbedingungen). Ebenso werden beim

Verbrauchervertrag Klauseln als Allgemeine Geschäftsbedingungen kontrolliert, die nur zur einmaligen Verwendung bestimmt sind, solange der Verbraucher ihren Inhalt nicht beeinflussen konnte.

II. **Einbeziehung**: Individualabreden haben Vorrang vor Allgemeinen Geschäftsbedingungen (§ 305b BGB). Überraschende Klauseln werden nicht einbezogen (§ 305c I BGB); unklare Klauseln gehen zulasten des Verwenders (§ 305c II BGB). Allgemeine Geschäftsbedingungen werden ferner grundsätzlich nur Vertragsbestandteil, wenn auf sie hingewiesen wird und der Verwender in zumutbarer Weise von ihrem Inhalt Kenntnis erlangen kann (§ 305 II BGB). Hingegen richtet sich bei Allgemeinen Geschäftsbedingungen gegenüber einem → Unternehmer, gegenüber der öffentlichen Hand, bei Allgemeinen Geschäftsbedingungen im Bereich der Arbeitsverträge sowie in bestimmten Fällen bei Allgemeinen Geschäftsbedingungen der öffentlichen Verkehrsmittel, Versorgungs- und Telekommunikationsunternehmen die Einbeziehung ausnahmsweise nach den erleichterten allgemeinen Vorschriften zum Vertragsschluss. Inhalt einer Allgemeinen Geschäftsbedingung kann alles sein, was auch Inhalt eines Vertrags sein kann, z.B. → Mängelhaftung, → Eigentumsvorbehalt, → Gerichtsstand. Allgemeine Geschäftsbedingungen können a) von den gesetzlichen Regelungen abweichen bzw. ergänzen (z.B. → Haftungsausschluss) oder b) einen Gegenstand betreffen, der nicht gesetzlich geregelt ist (z.B. Kaufpreis).

III. **Inhaltskontrolle**: Sie fällt je nach Inhalt der Allgemeinen Geschäftsbedingungen unterschiedlich aus. – 1. *Gesetzesabweichung*: Allgemeine Geschäftsbedingungen, die von einer gesetzlichen Regelung abweichen bzw. ergänzen, unterliegen einer umfassenden Inhaltskontrolle. Von der Kontrolle ausgenommen sind Verträge im Erb-, Familien- und Gesellschaftsrecht sowie Tarifverträge, Betriebs- und Dienstvereinbarungen. – a) *Spezielle Klauselverbote:* Die in §§ 308 f. BGB aufgezählten Klauseln sind generell unwirksam. – *Beispiele:* (1) Klausel, dass der Verwender die zur → Nacherfüllung erforderlichen Transportkosten zu tragen hat. (2) → Freizeichnungsklausel, in der sich der Verwender davon freistellen lässt, den Vertragspartner unverzüglich über die Nichtverfügbarkeit der Ware zu informieren und Gegenleistungen des Vertragspartners unverzüglich zu erstatten. Von der Kontrolle nach §§ 308 f. sind Verträge der öffentlichen Hand und Verträge bei öffentlichen Versorgungsaufgaben (sog. Daseinsvorsorge) ausgenommen. – b) *Allgemeine Klauselverbote:* Greifen die speziellen Klauselverbote nicht ein, ist die Allgemeine Geschäftsbedingung unwirksam, wenn sie den Vertragspartner des Verwenders unangemessenen benachteiligt (§ 307 I 1 BGB). Eine unangemessene Benachteiligung folgt z.B. (1) aus mangelnder Transparenz der Klausel (§ 307 I 2 BGB), (2) im Zweifel aus der Unvereinbarkeit mit einem wesentlichen Grundgedanken der gesetzlichen Regelung, von der die Klausel abweicht oder (3) aus der Einschränkung wesentlicher Vertragspflichten, sodass die Erreichung des Vertragszwecks gefährdet wird (§ 307 II BGB), z.B. → Knebelungsvertrag. – 2. *keine Gesetzesabweichung:* Allgemeine Geschäftsbedingungen, die nicht von einer gesetzlichen Regelung abweichen bzw. diese ergänzen, sind nur bei mangelnder Transparenz unwirksam (§ 307 III 2 BGB).

IV. **Rechtsfolgen**: Bei nicht einbezogenen oder unwirksamen Allgemeinen Geschäftsbedingungen (→ Teilnichtigkeit) bleibt der Vertrag im Übrigen grundsätzlich wirksam; an die Stelle der unwirksamen Klauseln treten die gesetzlichen Vorschriften (§ 306 BGB). Wer unwirksame Allgemeine Geschäftsbedingungen verwendet oder für den Geschäftsverkehr empfiehlt, kann nach dem Unterlassungsklagengesetz auf Unterlassung und im Fall des Empfehlens auch auf → Widerruf in Anspruch genommen werden.

Allgemeine Geschäftsbedingungen im Arbeitsrecht – 1. *Geltung für Arbeitsverträge*: Seit der Schuldrechtsreform im Jahre 2002 gilt das Recht der allgemeinen Geschäftsbedingungen auch für Arbeitsverhältnisse. Demnach unterliegen vorformulierte Arbeitsverträge einer AGB-Kontrolle anhand der §§ 305 bis 310 BGB. Dabei allerdings die Besonderheiten des Arbeitsrechts ausreichend zu berücksichtigen (§ 310 IV 2 BGB). Was genau mit dieser Einschränkung gemeint ist, ist umstritten. – 2. *Keine Geltung für Tarifverträge und Betriebsvereinbarungen*: Die §§ 305 bis 310 BGB sind nicht auf Tarifverträge und Betriebsvereinbarungen anwendbar (§ 310 IV 1 BGB). Nimmt der Arbeitsvertrag allerdings auf einzelne Regelungen eines Tarifvertrags Bezug, kann das eine AGB-Kontrolle dieser einzelvertraglichen Regelungen rechtfertigen. – 3. *Praktische Bedeutung*: Die praktische Bedeutung der AGB-Kontrolle ist erheblich. Seit 2002 haben die Arbeitsgerichte eine Vielzahl von arbeitsvertraglichen Klauseln anhand des AGB-Rechts überprüft. Zwei Prüfungskriterien stechen hervor: Ist eine arbeitsvertragliche Klausel ausreichend klar und transparent formuliert? Stellt eine arbeitsvertragliche Klausel eine unangemessene Benachteiligung des Arbeitnehmers dar? – 4. *Einzelne Klauseln*: Bislang wurden etwa folgende arbeitsvertragliche Klauseln unter AGB-Gesichtspunkten beurteilt: a) *Anrechnungsvorbehalte* übertariflicher Vergütung: Wird von der Rechtsprechung weitgehend für zulässig gehalten. – b) *Arbeitszeit:* Unbestimmte Regelungen über Arbeitszeit oder einseitige Möglichkeiten des Arbeitgebers, die Arbeitszeit zu reduzieren oder zu verlängern, sind nur unter engen Voraussetzungen zulässig. – c) *Ausgleichsquittungen:* Sind unzulässig, wenn sie einen Klageverzicht ohne Gegenleistung enthalten. – d) *Ausschlussfristen:* Müssen klar formuliert sein und dürfen keine Fristen unter 3 Monaten enthalten. – e) *Entzug von Dienstwagennutzung:* Nur unter engen Voraussetzungen zulässig. – f) *Freistellung des Arbeitnehmers:* Wegen des

Beschäftigungsanspruchs des Arbeitnehmers nur unter engen Voraussetzungen zulässig. – g) *Freiwilligkeitsvorbehalte:* Müssen klar formuliert sein, dürfen v.a. nicht kombiniert werden mit Widerrufsvorbehalten. – h) *Mehrarbeits- oder Überstundenvergütung:* Ausschluss oder Abgeltung mit Gehalt nur unter engen Voraussetzungen zulässig. – i) *Versetzungsklauseln:* Einseitige Möglichkeiten, den Arbeitnehmer örtlich zu versetzen oder ihm inhaltlich andere Tätigkeiten zuzuweisen, müssen klar formuliert sein und dürfen den Arbeitnehmer nicht unangemessen benachteiligen. – j) *Widerrufsvorbehalte:* Dürfen nicht mit Freiwilligkeitsvorbehalt kombiniert werden. Die Widerrufsgründe müssen genannt werden. Der widerrufliche Teil finanzieller Leistungen darf nicht mehr als 25 bis 30 Prozent der Gesamtvergütung betragen.

allgemeine Geschäftsunkosten – ungenaue und veraltete Bezeichnung für Verwaltungsgemeinkosten (→ Verwaltungskosten).

allgemeine Grundsätze der Kostenrechnung → Kostenrechnungsgrundsätze.

allgemeine Hilfskostenstellen – Begriff der Kostenrechnung für organisatorische Bereiche, die durch die Produktion → innerbetrieblicher Leistungen dem Gesamtbetrieb dienen (→ Hilfskostenstellen), z.B. Gebäude, Heizung, Sozialeinrichtungen. Sie sammeln Kosten, mit denen die nachfolgenden Kostenstellen je nach Leistungsempfang zu belasten sind. Von ihnen sind Hilfskostenstellen zu unterscheiden, deren Leistungen nur für einzelne Unternehmensbereiche erbracht werden (z.B. Fertigungshilfskostenstellen). – Die Kosten der allgemeinen Hilfskostenstellen werden in der Kostenstellenrechnung auf die empfangenen Kostenstellen nach verschiedenen Verfahren der → innerbetrieblichen Leistungsverrechnung umgelegt.

allgemeine Kosten → allgemeine Betriebskosten.

Allgemeine Kreditvereinbarungen (AKV) – *General Agreements to Borrow (GAB);* 1962 zwischen dem → IWF und den im Zehner-Klub (→ G 10) vertretenen Ländern geschlossenes Abkommen, nach dem sich diese bereit erklärten, dem IWF bei Bedarf Kredite in ihren Währungen zur Verfügung zu stellen für den Fall, dass sich die normalen, aus den Subskriptionsbeiträgen der IWF-Mitglieder stammenden Devisenbestände des IWF bei größeren Währungskrisen als zu gering erweisen. – 1984 wurde das Abkommen um die Schweiz erweitert. Hinsichtlich der Mittelvergabe wurde den Zehnerklub-Mitgliedern ein weitgehendes *Mitspracherecht* eingeräumt, die dadurch erheblichen Einfluss auf die Politik des IWF nehmen können. Die AKV wurden mehrfach modifiziert und verlängert (zuletzt mit Wirkung vom Dezember 2003 um eine weitere Fünfjahresperiode). Das Kreditvolumen wurde von anfänglich 6,4 Mrd. → Sonderziehungsrechten (SZR) auf 17 Mrd. SZR sowie zusätzlich 1,5 Mrd. SZR gemäß dem seit 1983 bestehenden Assoziierungsabkommen mit Saudi-Arabien erhöht. Im Rahmen der seit 1997 bestehenden Neuen Kreditveeinbarungen (NKV) Im Rahmen der seit 1997 bestehenden Neuen Kreditvereinbarungen (NKV) stehen bei Bedarf 26 Teilnehmerländer und Institutionen bereit, dem IWF bis zu 34 Mrd. SZR zu leihen. Die NKV ersetzen die AKV nicht, sondern ergänzen sie.

allgemeine Lohnsteuertabelle → Lohnsteuertabelle für Arbeitnehmer, die in der gesetzlichen Rentenversicherung versicherungspflichtig sind. Die Werte in der allgemeine Lohnsteuertabelle werden, wie die übrigen Steuertabellen, nicht mehr amtlich erstellt, sondern vom jeweiligen Herausgeber nach Maßgabe der Vorschrift EDV-technisch berechnet. – *Gegensatz:* → besondere Lohnsteuertabelle. – Der Unterschied zwischen den beiden Tabellen liegt darin, dass in der allgemeinen Lohnsteuertabelle bei der Berechnung der Steuer bereits berücksichtigt worden ist, dass die Beträge zur gesetzlichen Sozialversicherung steuerlich absetzbar sind (→ Sonderausgaben).

Allgemeine Ortskrankenkassen (AOK) → Ortskrankenkassen.

Allgemeiner Ausschuss des ländlichen Genossenschaftswesens → COGECA.

Allgemeine Reisebedingungen (ARB) – Spezielle Allgemeine Geschäftsbedingungen der Touristikbranche, die von den §§ 651 a ff. BGB nicht zum Nachteil des Reisenden abweichen dürfen und im Übrigen den §§ 305 ff. BGB, insbesondere auch der Inhaltskontrolle nach den §§ 307 ff. BGB unterliegen. Insofern sind unverbindliche Konditionenempfehlungen (aktuelle Fassungen beachten) diverser Touristikverbände anzutreffen (z.B. DRV Deutscher Reisebüroverband, RDA Internationaler Bustouristik Verband e. V.). Sämtliche ARB wurden in den letzten Jahren laufend angepasst. Unwirksame Klauseln können nicht nur in Individualprozessen, sondern auch mit Klagen nach dem UKlagG (Klagebefugnis z.B. Verbraucherschutzverbände) angegriffen werden. Hauptregelungspunkte der ARB sind Storno-, Haftungs- und Gewährleistungsklauseln. Hinzukommen v.a. die nur noch in sehr engem Rahmen zulässigen Preis- und Leistungsänderungsklauseln. – Vgl. ferner → Hotelreservierungsvertrag.

allgemeines Beschränkungsverbot → Beschränkungsverbot.

allgemeines Gleichgewicht – *simultanes Gleichgewicht.* 1. → Gleichgewicht auf allen Teilmärkten (Produkt- und Faktormärkten); das bedeutet, dass auch alle Wirtschaftssubjekte ein individuelles Gleichgewicht hinsichtlich ihres Wirtschaftsplanes realisieren bzw. dass sie sich an die herrschenden Daten in optimaler Weise angepasst haben. Im Gleichgewicht eines Teilmarktes stimmen aggregiertes Angebot und aggregierte Nachfrage genau überein, sodass kein überschüssiges Angebot bzw. keine überschüssige Nachfrage auftreten kann. I.d.R. wird dabei Nutzenmaximierung der Haushalte und Gewinnmaximierung der Unternehmen vorausgesetzt. Außerdem kann man zwischen mikroökonomischen Gleichgewichtsmodellen (sog. vollständige Konkurrenz- oder Walrasianische Gleichgewichtsmodelle) und makroökonomischen Gleichgewichtsmodellen unterscheiden. Während bei den mikroökonomischen Modellen des allgemeinen Gleichgewichts keine Güteraggregation vorgenommen wird, behandeln makroökonomische Gleichgewichtsmodelle das simultane Gleichgewicht auf den aggregierten Märkten Gütermarkt, Geldmarkt, Wertpapiermarkt, Arbeitsmarkt und – bei Vorliegen einer offenen Volkswirtschaft – Devisenmarkt. – 2. Die *Modelle des* allgemeinen Gleichgewichts können von unterschiedlicher Komplexität sein. So unterscheidet man Modelle, in denen es nur um Tauschaktivitäten geht, von solchen, welche die Produktion in die Betrachtung einbeziehen. Weiterhin unterscheidet man zeitpunktbezogene von intertemporalen Gleichgewichtsmodellen bis hin zur Einbeziehung von Zukunftsmärkten (auf der Basis von kontingenten Verträgen). – *Ausgangspunkt der Entwicklung einer Theorie des allgemeinen Gleichgewichts* war → A. Smiths Metapher von der „unsichtbaren Hand", die das Marktsystem über den Eigennutz der Wirtschaftssubjekte langfristig in eine Gleichgewichtssituation (klassisches Gravitationszentrum) bringe. Die Totalanalyse intendiert im Grunde nichts anderes, als die Bedingungen herauszuarbeiten, unter denen das der Fall ist. Dabei geht es zum Ersten um die Frage, ob unter den jeweils gemachten Voraussetzungen ein solches Gleichgewicht überhaupt existiert. Zum Zweiten wird geprüft, ob das so ermittelte Gleichgewicht eindeutig ist. Im Hinblick auf beide Fragen zeigt sich, dass die Bedingungen, unter denen ein eindeutiger gleichgewichtiger Preis- und Mengen-Vektor existiert, sehr restriktiv sind (u.a. müssen konvexe Indifferenzkurven und Isoquanten vorausgesetzt werden). Mit diesen Fragen ist aber noch nicht geklärt, wie das Marktsystem in den Zustand gelangt, in dem ein solcher Preis- und Mengen-Vektor zur Existenz kommt. – Dies führt zu der Frage nach der Stabilität des Gleichgewichtszustandes: Gelangt das System nach einer Störung wieder zurück in diesen Zustand? Zur Beantwortung greift man auf die auf → L. Walras zurückgehende Tâtonnement-Analyse zurück und diskutiert die Rolle des Auktionators: Da man – bis auf neuere Entwicklungen, in denen auch andere Marktformen analysiert werden – von Preisnehmer- oder Mengenanpasser-Verhalten (→ Polypol) ausgeht, muss eine Instanz die Preise verändern, solange der Gleichgewichtszustand noch nicht erreicht ist. Dies besorgt der Auktionator, der bei Gütern mit Angebotsüberhang (Überschussangebot) den Preis senkt und ihn bei Gütern mit einem Nachfrageüberhang (Überschussnachfrage) anhebt. Näherungsweise liegt also eine Art Börsenpreisbildung vor. Durch Versuch und Irrtum tastet sich der Auktionator auf diese Weise schließlich an den Gleichgewichtspreis-Vektor heran. Erst wenn dieser ermittelt ist, wird tatsächlich getauscht. Zum gleichen Resultat gelangt man auch ohne Auktionator dann, wenn die Wirtschaftssubjekte Verträge direkt abschließen und diese so lange gegenseitig anpassen, bis sie alle kompatibel sind, bevor sie dann tatsächlich vollzogen werden (Recontracting im Sinn von Edgeworth). – Durch diese Annahmen wird das sog. „False Trading", also das Tauschen zu Nicht-Gleichgewichtspreisen, ausgeschlossen. Genau zu einem solchen Tausch kommt es jedoch bei Abwesenheit des Auktionators bzw. von Recontracting (→ Neokeynesianische Theorie). Da in diesem Fall im Anpassungsprozess Vermögensumverteilungen auftreten, wird das (Wieder-)Erreichen des Gleichgewichtszustandes selbst für den Fall fraglich, in dem die Existenz- und die Eindeutigkeitsfrage bejaht werden können. Im Ergebnis führt dies zu zusätzlichen restriktiven Bedingungen. – Schließlich ist noch die Frage nach der Optimalität des Gleichgewichtszustandes aufzuwerfen (→ Wohlfahrtsökonomik). – 3. In der → Neuen Makroökonomik werden v.a. dynamische stochastische allgemeine Gleichgewichtsmodelle (sog. → DSGE-Modelle, Dynamic Stochastic General Equilibrium Models) diskutiert, die entweder von vollständiger Preisflexibilität ausgehen und dann als RBC-Modelle (Real Business Cycle Models) zu den Konjunkturmodellen der → Neuen Klassischen Makroökonomik zählen, oder nominale Rigiditäten (Preisträgheit) und die Modellwelt der monopolistischen Konkurrenz unterstellen und dann neukeynesianische Makromodelle darstellen. – Vgl. → Neukeynesianische Makroökonomik, dynamisches Grundmodell.

allgemeines Präferenzsystem → APS.

Allgemeines Zoll- und Handelsabkommen → GATT.

allgemeine Unkosten – veralteter Ausdruck für → Gemeinkosten.

Allgemeine Versicherungsbedingungen (AVB) – 1. *Begriff*: Allgemeine Geschäftsbedingungen (AGB) für das Versicherungsgeschäft. Die im → Bürgerlichen Gesetzbuch (BGB) formulierte Definition (§ 305 I S. 1 BGB) und die im Weiteren geregelten Bedingungen für die Gültigkeit von AGB gelten sinngemäß auch für AVB. Damit sind AVB eine an Gesetzen und der Rechtsprechung orientierte branchenspezifische Variante der AGB. Sie bilden einen Teil der vertraglichen Grundlagen des Versicherungsgeschäfts. – 2. *Weitere Merkmale:* Bei den AVB handelt es sich um Bestimmungen, die Versicherer ihren Kunden bei Abschluss von Versicherungsverträgen auferlegen und die keine individuellen Gegebenheiten berücksichtigen. Vielmehr sind die AVB Rahmenvereinbarungen, die vom Versicherungsunternehmen als Rechtsgrundlage der Versicherungsverträge auf der Basis von Gesetz und Rechtsprechung formuliert werden. AVB gibt es in abgewandelter Form für jede → Versicherungssparte und für jeden → Versicherungszweig. Sie regeln die generellen Vereinbarungen über die einzelnen Versicherungsverträge hinweg, wie z.B. die Prämienzahlung, die Leistungserbringung, die vorvertraglichen Pflichten, Ausschlüsse etc. Rechtstechnisch handelt es sich zwar um AGB; da die AVB in standardisierter Form die Rechte und Pflichten der Vertragsparteien und v.a. den Umfang des Versicherungsschutzes (Produktbeschreibung) enthalten, bestimmen sie jedoch die Hauptleistung des Versicherungsprodukts und gehen daher inhaltlich und wirtschaftlich über AGB hinaus. Soll der konkrete Versicherungsvertrag von den Regelungen der AVB abweichen, wird dies separat in sog. → Besonderen Versicherungsbedingungen (BVB) vereinbart, die dem Versicherungsvertrag beigefügt werden. Sonderbedingungen, Zusatzbedingungen, BVB und Klauseln sind allerdings ebenfalls AVB, wenn sie einer Vielzahl von Versicherungsverträgen zugrunde gelegt werden. Die AVB gehören seit der → Deregulierung im Jahr 1994 nicht mehr zum Geschäftsplan und sind daher auch nicht mehr genehmigungspflichtig. Vgl. auch → Bedingungskontrolle. – 3. *Mindestinhalte der AVB:* Der Gesetzgeber schreibt in § 10 VAG Mindestinhalte für AVB vor; die Versicherer können darüber hinaus weitere Tatbestände in die AVB aufnehmen. Vereinfacht ausgedrückt, müssen die AVB mindestens enthalten: die versicherten Ereignisse, Art, Umfang und Fälligkeit der Versicherungsleistungen, Fälligkeit der Prämien und Rechtsfolgen des Verzugs, Gestaltungsrechte des Versicherungsnehmers und des Versicherers, Obliegenheiten und Anzeigepflichten des Versicherungsnehmers, Angaben über den Verlust des Anspruchs aus dem Versicherungsvertrag, wenn Fristen versäumt werden, die inländischen Gerichtsstände und die Grundsätze und Maßstäbe der Überschussbeteiligung (§ 10 I VAG). Bei → Versicherungsvereinen auf Gegenseitigkeit (VVaG) und → öffentlich-rechtlichen Versicherungsunternehmen können die AVB auch in die Satzungen aufgenommen werden, ohne ihren Charakter zu verlieren (es liegt also auch dann keine Genehmigungspflicht vor). Für → Rückversicherer (§ 121a VAG) und Versicherungsverträge über Großrisiken (siehe Art. 10 I S. 2 EGVVG) findet § 10 VAG keine Anwendung. – 4. *Weitere rechtliche Vorschriften:* Bis zur Deregulierung mussten die AVB dem Aufsichtsamt zum Zweck einer aufsichtsbehördlichen Bedingungsgenehmigung vorgelegt werden. Sie waren dadurch fast ausschließlich sparten- bzw. zweigbezogen formuliert. Die AVB unterlagen zwar auch danach und bis heute immer noch einer Rechtskontrolle durch die → Bundesanstalt für Finanzdienstleistungsaufsicht (BaFin) im Rahmen ihrer Rechtsaufsicht und der gerichtlichen Kontrolle insbesondere nach dem Gesetz zur Regelung des Rechts der Allgemeinen Geschäftsbedingungen (AGBG). Aber eine Vorabgenehmigung und Vereinheitlichung findet seit 1994 nicht mehr statt. AVB mit gleichem Wortlaut sind nur im Rahmen enger kartellrechtlicher Grenzen (Gruppenfreistellungsverordnung) erlaubt. Bspw. kann ein Verband sog. Musterbedingungen aufstellen; diese dürfen jedoch weder → Versicherungssummen noch Selbstbehalte nennen und zudem keine Risiken ausschließen, die einer Versicherungssparte bzw. einem Versicherungszweig i.d.R. zuzuordnen sind, und auch keine Kopplungen mit anderen Versicherungsgeschäften enthalten. Seit Inkrafttreten des Gesetzes zur Reform des Versicherungsvertragsrechts (VVG-Reform) zum 1.1.2008 und der mit ihm eingeführten Verordnung über Informationspflichten bei Versicherungsverträgen (Informationspflichtenverordnung, VVG-InfoV) sind wesentliche sparten-/zweigübergreifende sowie sparten-/zweigbezogene Vorschriften verändert worden oder neu hinzugekommen, die eine Anpassung der AVB nach sich ziehen. Dies gilt für alle Neuverträge. Bei Altverträgen konnte der Versicherer die AVB zum 1.1.2009 ändern und an das neue Recht anpassen, soweit eine Anpassung nach der VVG-Reform erforderlich war. Zudem wurden in § 7 I VVG das Antragsmodell sowie in § 4 VVG-InfoV das sog. Produktinformationsblatt verankert. – 5. *Würdigungen:* Einerseits fand vor der Deregulierung aufgrund der Vorabgenehmigungspflicht und Vereinheitlichung durch die Aufsichtspraxis nahezu kein „Bedingungswettbewerb" statt; andererseits führte diese Vereinheitlichung zu Markttransparenz auf der Kundenseite, da die Einheitlichkeit auch eine einfache Vergleichbarkeit nach sich zog. In den Jahren danach hat sich das stark verändert. Zahlreiche unterschiedliche, nebeneinander stehende Bedingungswerke wurden im Markt eingeführt, die für Versicherungsnehmer kaum mehr vergleichbar und zu beurteilen sind. Die nunmehr fehlende Transparenz hat dazu geführt, mit dem neuen VVG zahlreiche Informationspflichten einzuführen, was einer Reregulierung entspricht – im Übrigen nicht nur auf der Produktgestaltungs- und AVB-Seite, sondern auch im Vertrieb mit dem neuen Vermittlerrecht. Die Meinungen gehen auseinander, ob die mit der Deregulierung gewonnene Wettbewerbsfreiheit im Zusammenspiel mit der nunmehr erfolgten teilweisen Reregulierung im Saldo das Preis/Leistungs-Verhältnis für die Versicherungsnehmer verbessert oder nicht.

Allgemeine Wirtschaftspolitik

von Prof. Dr. Bernd-Thomas Ramb

I. Begriff

Im Gegensatz zur wissenschaftlichen Analyse spezieller Bereiche der Wirtschaftspolitik (z.B. Geld-, Finanz-, Einkommens-, Verteilungs-, Konjunktur-, Wachstums-, Beschäftigungspolitik etc.) befasst sich die Allgemeine Wirtschaftspolitik mit der grundsätzlichen Systematik wirtschaftspolitischer Handlungen weitgehend ohne den konkreten Bezug auf bestimmte ökonomische Ziele oder Gegebenheiten. Auch die Analyse bestimmter wirtschaftswissenschaftlicher Theorien, die politisch-praktische Relevanz besitzen, zählt nicht direkt zum Gegenstand der Allgemeinen Wirtschaftspolitik. Jedoch können diese und andere Theorien der → Makroökonomik zur praktischen Umsetzung der Allgemeinen Wirtschaftspolitik herangezogen werden. Die Allgemeine Wirtschaftspolitik bezeichnet daher die allgemeine Erklärung wirtschaftspolitischer Aktivitäten staatlicher Instanzen.

Synonyme Bezeichnungen sind *Wissenschaftliche Wirtschaftspolitik, Theorie der Wirtschaftspolitik, Economic Policy, Principals of Political Economy, Applied Economics.*

II. Entwicklung

Die Entwicklung der Allgemeinen Wirtschaftspolitik ist eng mit der Entwicklung der Wirtschaftswissenschaft als wissenschaftliche Disziplin verknüpft. Dementsprechend kann das Werk von → Smith „An Inquiry into the Nature and Causes of the Wealth of Nations" (1776), als erste Schrift mit wirtschaftspolitischer Relevanz angesehen werden. Im Titel dieses Buches wird eine generelle Zielsetzung der Wirtschaftspolitik, im Inhalt ein Instrumentarium mit einer stark reduzierten Einflussnahme des Staates (Nachtwächterstaat) beschrieben. Nachfolgende Werke von → Malthus, → Mill und → Ricardo prägen den Begriff der „Political Economy" und vermehren mit der Funktionsausweitung auch das Steuerinstrumentarium des Staates. Mit den Schriften von → Marx (1818–1883) beginnt der gesellschaftspolitische Umverteilungsanspruch an die Wirtschaftspolitik und die Wandlung von der Political Economy zur aktivistischen Economic Policy. Diese Wandlung mündet in die erste systematische Theorie einer praktischen Wirtschaftspolitik mit ausgeprägten staatlichen Interventionen, ausformuliert in dem Hauptwerk von → Keynes „The General Theory of Employment, Interest and Money" (1936). Die gleichzeitig beginnende wissenschaftliche Entwicklung der → Ökonometrie mit ihrer Konstruktion ökonomischer Totalmodelle und der Vision der vollständigen Steuerbarkeit der Wirtschaft endet zunächst mit der heute eher skeptischen Einschätzung differenzierter wirtschaftspolitischer Lenkungsmöglichkeiten. Gleichzeitig setzt die Erweiterung der Allgemeinen Wirtschaftspolitik um die Betrachtung von institutionellen und prozessualen Grenzen ein (→ Neue Politische Ökonomie).

III. Systematisierung

Um die Komplexität der Allgemeinen Wirtschaftspolitik zu strukturieren, werden verschiedentlich Aufteilungen vorgenommen, z.B. in die Gestaltung der Wirtschaftsordnung (→ Ordnungspolitik) und die Einflussnahme auf den wirtschaftlichen Ablauf (→ Prozesspolitik); gelegentlich wird diese Form der Aufteilung ergänzt durch die Einflussnahme auf die Struktur der Wirtschaft (→ Strukturpolitik). Eine andere Systematik folgt der Aufteilung in *quantitative Wirtschaftspolitik* und *qualitative Wirtschaftspolitik.* Allen Aufteilungen übergeordnet ist die *funktionelle Systematisierung*, die auf eine bestimmte Zielsetzung (→ wirtschaftspolitische Ziele) und den entsprechenden Instrumenteneinsatz (→ wirtschaftspolitische Mittel) verweist.

IV. Struktur

Unter der Beachtung des allgemeinen Handlungsaspekts wirtschaftspolitischer Maßnahmen lässt sich als systematischer *Fragenkatalog* voranstellen: Wer macht was, warum und wie? Darauf basieren zunächst unmittelbar die charakteristischen Grundelemente der Allgemeinen Wirtschaftspolitik: Die *Zielrichtung* der wirtschaftspolitischen Maßnahmen (warum), die Maßnahmen (*Mittel* der Wirtschaftspolitik) im instrumentalen Sinn selbst (was) und der *Träger* der Wirtschaftspolitik, den Akteur der Maßnahmen (wer).

Die Frage nach dem Wie führt erstens zu der Forderung der *Rationalität* der wirtschaftspolitischen Maßnahmen. Rational im grundsätzlichen Sinn von vernünftig, einsichtig und zweckmäßig verweist auf die Notwendigkeit, dass zwischen den eingesetzten Mitteln und den damit zu erreichenden Zielen ein Zusammenhang bestehen muss, der sich auch wissenschaftlich begründen lässt. Für diese wissenschaftliche Begründung ist wiederum die Anwendung einer bestimmten Methodik der Wissensgewinnung maßgeblich. Als weitere charakteristische Elemente der Allgemeinen Wirtschaftspolitik bestehen somit der wirtschaftspolitische → Ziel-Mittel-Zusammenhang als inhaltliche und formale Beschreibung der zugrunde liegenden ökonomischen Theorie und die → Methodologie, mittels derer diese ökonomische Theorie entwickelt wurde. Die Methodologie ist nicht zuletzt deshalb von hoher Bedeutung für die Allgemeine Wirtschaftspolitik, weil sie maßgeblich für die politische Akzeptanz einer wirtschaftspolitisch angewandten ökonomischen Theorie ist.

Die zweite Antwort auf das Wie der wirtschaftspolitischen Maßnahme verweist auf den → wirtschaftspolitischen Prozess. Wirtschaftspolitische Aktionen folgen einer allgemein formulierbaren Handlungssystematik, die in einzelne Ablaufphasen untergliedert wird (Information, Entscheidung, Durchführung, Kontrolle und Modifikation). Der wirtschaftspolitische Prozess trägt dabei in sich wieder Züge der anderen Strukturelemente (Träger, Mittel und Ziele der einzelnen Prozessphasen).

Insgesamt lässt sich damit die Allgemeine Wirtschaftspolitik durch die Charakteristik der Strukturelemente Ziele der Wirtschaftspolitik, Mittel der Wirtschaftspolitik, Träger der Wirtschaftspolitik, wirtschaftspolitische Ziel-Mittel-Zusammenhänge, methodologische Grundlage der Wirtschaftspolitik und Prozess der Wirtschaftspolitik beschreiben.

V. Kritische Analyse

Da die Allgemeine Wirtschaftspolitik der Vorbereitung konkreter wirtschaftspolitischer Maßnahmen staatlicher Instanzen dient, die einen Eingriff in das individuell verantwortete Wirtschaften bedeuten, obliegt ihr nicht nur die (positive) Analyse der rein technischen Möglichkeiten, sondern auch die (normative) kritische Betrachtung der damit einhergehenden Werturteile. Wirtschaftspolitik ist in der allgemeinen Gesellschaftspolitik eingebunden. Fragen der → Ethik, der Freiheit und des Rechts können daher aus der Gesamtbetrachtung der Allgemeinen Wirtschaftspolitik nicht ausgeklammert werden.

Allgemeinheit → Universalität.

Allgemeinstellen – meist auf öffentlichem Grund befindliche Anschlagflächen (Säulen/Tafeln), die gleichzeitig von mehreren Werbetreibenden benutzt werden können. – *Gegensatz:* → Ganzstellen. – Vgl. auch → Außenwerbung.

Allgemeinverbindlichkeitserklärung von Tarifverträgen – 1. *Begriff des Arbeitsrechts:* Akt der Verwaltungsbehörde (Bundesministerium für Wirtschaft und Arbeit (bis 2005) bzw. Arbeitsministerien der Länder), durch den der Geltungsbereichs der Rechtsnormen eines Tarifvertrages (→ Tarifvertrag) auf sog. Außenseiter, nicht tarifgebundene Arbeitgeber und Arbeitnehmer, ausgedehnt wird (§ 5 IV TVG). – 2. *Voraussetzungen:* a) Beschäftigung von mind. 50 Prozent der unter den Geltungsbereich des Tarifvertrages fallenden Arbeitnehmer durch die tarifgebundenen Arbeitgeber. – b) öffentliches Interesse (z.B. Interesse der Tarifbeteiligten am Schutz vor Schmutzkonkurrenz und Lohndrückerei). – Von diesen kann abgesehen werden, wenn die Allgemeinverbindlichkeit von Tarifverträgen zur Behebung eines sozialen Notstandes erforderlich erscheint, z.B. bei Arbeitsbedingungen, die eine unsoziale Ausbeutung der Arbeitnehmer darstellen. – 3. *Verfahren:* Die Allgemeinverbindlichkeit von Tarifverträgen erfolgt durch das Bundesministerium für Wirtschaft und Arbeit oder gemäß § 5 VI TVG in Einzelfällen durch die Landesarbeitsminister auf Antrag einer Tarifvertragspartei im Einvernehmen mit dem Tarifausschuss. Nach Bekanntgabe des Antrags im Bundesanzeiger ist den betroffenen Arbeitgebern und -nehmern, den interessierten Gewerkschaften und Arbeitgeberverbänden sowie den obersten Arbeitsbehörden der Länder Gelegenheit zur schriftlichen Stellungnahme zu geben (§ 5 II TVG; DVO i.d.F. vom 16.1.1989, BGBl. I 76). Die Entscheidung ist im Bundesanzeiger bekanntzugeben und in das → Tarifregister einzutragen. – Bei Vorliegen bes. Umstände haben die Arbeitsgerichte die Wirksamkeit der Allgemeinverbindlichkeit von Tarifverträgen als Vorfrage zu überprüfen. – 4. *Aufhebung:* Ist im Einvernehmen mit dem Tarifausschuss möglich, wenn im öffentlichen Interesse geboten (§ 5 V TVG). Sie ist öffentlich bekanntzumachen. – 5. *Folgen:* Der Tarifvertrag gilt auch für Arbeitgeber und Arbeitnehmer, die nicht Mitglied einer Tarifvertragspartei sind.

Allgemeinverfügung – Begriff des → Verwaltungsverfahrens. – Vgl. auch → Verwaltungsakt.

Allmende – Allgemeineigentum. – Vgl. auch → Allmenderessourcen.

Allmenderessource – *Common Pool Resource, Common Property Resource.* Bei uneingeschränkter Zugriffsmöglichkeit besteht die Gefahr der vorzeitigen Erschöpfung bzw. Ausrottung. Unregulierte Märkte führen bei Allmenderessourcen nicht auf optimale Marktergebnisse (→ Marktversagen). Ursache für die Fehlallokation ist der fehlende Anreiz für den individuellen Ressourcennutzer, die von ihm verursachten → Nutzungskosten zu berücksichtigen. Zur Korrektur von Fehlentwicklungen werden Beschränkungen der Nutzungsrechte oder steuerpolitische Maßnahmen (z.B. Abbaumengensteuern) vorgeschlagen.

Allokation – I. Wirtschaftstheorie: Zuweisung von Gütern und Ressourcen, bezogen auf Personen und/oder Produktionsprozesse. In → Marktwirtschaften erfolgt die Allokation primär über Güter- und Faktorpreise, die auf Märkten bestimmt werden (Preismechanismus), in → Zentralverwaltungswirtschaften durch zentrale politische Planungsinstanzen. – Vgl. auch → Wohlfahrtsökonomik.

II. Statistik: Zuordnung von Teil-Stichprobenumfängen zu den → Schichten beim → geschichteten Zufallsstichprobenverfahren.

Allokationsfunktion des Preises – Rolle der Güter- und Faktorpreise bei der → Allokation von Gütern und Faktoren. Eine Unternehmung oder Branche kann z.B. einen um so höheren Faktorpreis zahlen, je höher ihre Produktivität (Rentabilität) ist. Bei freier

Güter- und Faktorpreisbildung existiert aufgrund der Konkurrenz eine Tendenz, dass die Produktionsfaktoren in den produktivsten Verwendungen eingesetzt werden, wenn Mobilitätshemmnisse nicht ins Gewicht fallen.

Allokationspolitik – Allokationspolitik beinhaltet: (1) Beseitigung von Funktionsstörungen der marktmäßigen Koordination durch Abbau der einer freien Güter- und Faktorpreisbildung entgegenstehenden Hemmnisse (*Beispiel*: Wettbewerbspolitik zur Sicherung des funktionsfähigen Wettbewerbs); (2) Bereitstellung nicht marktfähiger → öffentlicher Güter; (3) Beseitigung aufgrund → externer Effekte entstandener Verzerrungen der Produktions- und Konsumstruktur (*Beispiel*: → Umweltpolitik auf Basis des Verursacherprinzips).

Allonge – *Allgemein:* Verlängerung oder Anhang; im Wechselverkehr der zusätzlich angebrachte Anhang an eine Wechselurkunde, wenn der Platz für ein → Indossament nicht mehr ausreicht; ähnlich auch bei einer → Namensaktie.

Allphasenumsatzsteuer – Umsatzsteuersystem (→ Umsatzbesteuerung), bei dem auf allen Stufen der Handels- bzw. Leistungskette → Umsatzsteuer erhoben wird. Würde auf einzelnen Handelsstufen keine Umsatzsteuer erhoben, bestünde in der Praxis das Risiko, dass bspw. bei einer Besteuerung nur der Einzelhandelsstufe Endverbraucher unerlaubt (dann unversteuerte!) Waren im Großhandel einkaufen könnten oder aber Unternehmer auch einen Teil ihres Privatbedarfs bei Großhändlern (also unversteuert) beziehen könnten und daher keine Umsatzsteuer auf ihren privaten Konsum tragen müssten. Vor diesem Hintergrund gewährleistet nur die Allphasenumsatzsteuer die volle umsatzsteuerliche Erfassung des Endverbrauchs. → Bruttoumsatzsteuer und → Nettoumsatzsteuer entsprechen dem Allphasenumsatzsteuersystem. – *Anders:* → Mehrphasenumsatzsteuer, → Einphasenumsatzsteuer.

Allsatz → Allaussage.

Alphabet Stock → Tracking Stocks.

Alpha-Fehler – *Fehler erster Art;* möglicher → Entscheidungsfehler bei → statistischen Testverfahren. Ein Alpha-Fehler liegt vor, wenn eine Nullhypothese abgelehnt wird, obwohl sie wahr ist. Die supremale Wahrscheinlichkeit für einen Alpha-Fehler ist stets kleiner oder gleich dem vorgegebenen → Signifikanzniveau α.

alphanumerische Daten → Daten, die aus Buchstaben und Ziffern zusammengesetzt sind. – *Gegensatz:* → Numerische Daten.

Als-ob-Konzept → Vergleichsmarktkonzept; → Missbrauchsaufsicht.

Altanlagen – Begriff der Großfeuerungsanlagen-Verordnung. Altanlagen sind → Anlagen im Sinn des BImSchG, die zum Zeitpunkt des Inkrafttretens dieser Verordnung (1.7.1983) bestanden haben oder genehmigt waren. Die Emissionsgrenzen für Altanlagen liegen erheblich über denen für Neuanlagen.

Altarfalz → Gatefolder.

Alte Institutionenökonomik – heterodoxe, kritische ökonomische Theorierichtung mit den Begründern Veblen (The Theory of the Leisure Class, 1899) und Commons (Legal Foundations of Capitalism, 1924). Heute werden ihre Ideen in der Association for Evolutionary Economics und im Journal of Economic Issues weiter verfolgt. Ausgehend vom neoklassischen Gleichgewichtsmodell werden Marktunvollkommenheiten und → Marktversagen als die Ursachen für Transaktions- und → Informationskosten und damit für die Entstehung von Institutionen angesehen. Im Unterschied zur → Neuen Institutionenökonomik stehen sie Marktwirtschaft und Kapitalismus kritisch gegenüber: Die Spaltung zwischen Arm und Reich, die Umweltzerstörung, die Dominanz der Corporate Culture, das Anfachen von Ehrgeiz und Neid durch Prestigegüter werden abgelehnt und Interessenkonflikte zwischen sozialen Gruppen unterstellt. Commons verfasste auch eine Geschichte der amerik. Arbeiterbewegung und war gedanklicher Vorläufer des amerik. New Deal in den 1930er-Jahren. Methodisch wird ein ganzheitlicher, nicht formalistischer, die Normorientierung der Menschen im Gegensatz zum reinen Eigeninteresse betonender Ansatz verfolgt und gegen den Neoliberalismus die Notwendigkeit politischer Lenkung von Marktprozessen hervorgehoben.

Altenheim – *Altenwohnheim, Pflegeheim;* Einrichtung, die alte und pflegebedürftige oder behinderte volljährige Personen nicht nur vorübergehend aufnimmt und betreut. Nach dem Heimgesetz i.d.F. vom 5.11.2001 (BGBl. I 2970) m.spät.Änd. bedarf der Betrieb eines Altenheimes durch einen privaten Träger einer *Erlaubnis.* Verstöße gegen das Heimgesetz werden als → Ordnungswidrigkeit mit Geldbußen geahndet. – *Ausführende Bestimmungen* in: HeimmitwirkungsVO, i.d.F. vom 25.7.2002 (BGBl. I 2896), HeimmindestbauVO i.d.F. vom 3.5.1983 (BGBl. I 550) m.spät.Änd. und HeimsicherungsV vom 24.4.1978 (BGBl. I 553) m.spät.Änd. Die Regelung der an das Heimpersonal zu stellenden Anforderungen ist festgelegt in der Heimpersonalverordnung vom 19.7.1993 (BGBl. I 1205) m.spät.Änd.

Altenheimbewohner – Wenn ein Steuerpflichtiger oder sein nicht dauernd getrennt lebender Ehegatte in einem Heim untergebracht ist, kann er die Kosten hierfür bis zu einer Höchstgrenze von 624 Euro im Kalenderjahr (§ 33a III 2 EStG; pro Monat 52 Euro) als steuermindernde → außergewöhnliche Belastung absetzen. Dieser Betrag erhöht sich auf 924 Euro (bzw. 77 Euro pro Monat), sofern die Unterbringung zur dauernden Pflege erfolgt. Ehegatten, die zusammen veranlagt werden, dürfen den Höchstbetrag nur einmal absetzen. Durch den Altenheim-Freibetrag sollen Personen, die in einem Heim untergebracht sind, genauso gestellt werden wie Personen, die im eigenen Heim wohnen bleiben, sich aber durch eine Haushaltshilfe helfen lassen müssen.

Altenhilfe – Leistung im Rahmen der → Sozialhilfe an alte Menschen, um durch das Alter entstehende Schwierigkeiten zu verhüten, zu überwinden oder zu mildern und ihnen die Möglichkeit zu erhalten, am Leben in der Gemeinschaft teilzunehmen (§ 71 SGB XII). Altenhilfe wird auch nach dem Bundesversorgungsgesetz gewährt ohne Rücksicht auf vorhandenes Einkommen (§ 26e BVG).

Altenquotient – bildet das Verhältnis der Personen im Rentenalter (in Deutschland derzeit 65 Jahre und älter; bei langsam steigendem Renteneintrittsalter auf 67 Jahre) zu 100 Personen im erwerbsfähigen Alter (in Deutschland derzeit 20 bis 64 Jahre) ab. Im Jahr 2008 lag der Altenquotient bei 34. Nach der 12. koordinierten Bevölkerungsvorausberechnung des Statistischen Bundesamts („mittlere“ Bevölkerung, Untergrenze) wird der Altenquotient bis 2040 auf 62 und bis 2060 auf 67 ansteigen. – Vgl. auch → demografische Alterung.

Altenteil – *Abschied, Ausgedinge, Austrag, Auszug, Leibgedinge, Leibzucht.*

I. Begriff: Eine v.a. bei bäuerlichen Gutsüberlassungen übliche, meist vertragliche Vereinbarung, durch die der bisherige Eigentümer dem Übernehmer Herrschaft und Eigentum an dem landwirtschaftlichen Betrieb überträgt und sich zugleich zur Sicherung des Lebensunterhalts fortdauernde Leistungen aus dem Grundstück (bes. Naturalien), eine Wohnung auf dem Hof, Dienstleistungen oder laufende Geldleistungen zusichern lässt. Altenteil-Verträge haben obligatorische Bedeutung, verpflichten aber Übernehmer zur Verschaffung eines dinglichen Rechts: → Reallast (soweit Leistungen aus dem Grundstück zu erbringen sind), → beschränkte persönliche Dienstbarkeit (soweit eine Wohnung zu gewähren ist).

II. Einkommensteuerrecht: 1. Beim *Verpflichteten* sind Altenteil-Leistungen als → Sonderausgaben (§ 10 I Nr. 1a EStG) abzugsfähig, und zwar die Naturalleistungen als dauernde Lasten, die regelmäßig wiederkehrenden, fest begrenzten, gleichmäßigen und erheblichen (nicht: Taschengeld) Geldleistungen als → Leibrenten. vgl. auch → Vorsorgeaufwendungen. Durch das Jahressteuergesetz 2008 sind diese nur noch unter bestimmten Voraussetzungen begünstigt (§ 10 I Nr. 1a EStG). – 2. Der *Berechtigte* hat die Altenteil-Leistungen als → sonstige Einkünfte (→ Einkünfte) zu versteuern.

Alter – rechtliche Bedeutung: → Altersgrenze, → Lebensalter.

Jugend-, Alten- und Gesamtquotient in Deutschland, 1871 bis 2060*

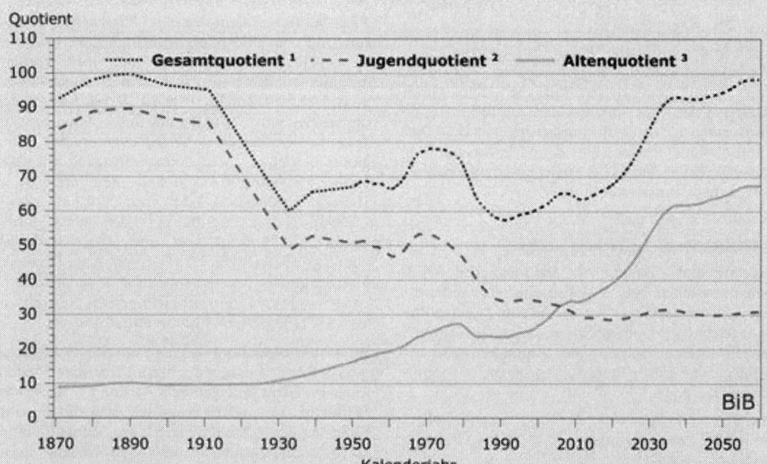

¹ Unter 20-Jährige + 65-Jährige und Ältere je 100 20- bis unter 65-Jährige
² Unter 20-Jährige je 100 20- bis unter 65-Jährige
³ 65-Jährige und Ältere je 100 20- bis unter 65-Jährige
* ab 2011: Ergebnisse der 12. koordinierten Bevölkerungsvorausberechnung des Bundes und der Länder, Untergrenze der "mittleren" Bevölkerung
Datenquelle: Statistisches Bundesamt, grafische Darstellung: BiB

ältere Generation → Altenhilfe.

Alternative → Aktion.

Alternative Investmentfonds (AIF) – Fonds, die keine Organismen für gemeinsame Anlagen in Wertpapiere (OGAW) im Sinne der OGAW-Richtlinie (s. → Investmentgesetz (InvG)) sind. AIF sind bspw. → Immobilienfonds, → Hedge Funds und → Private Equity Fonds. Verwalter von *AIF* werden in der → AIFM-Richtlinie reguliert, grundsätzlich nicht aber die Fonds selbst. Ausnahmen bestehen für hebelfinanzierte AIF (insbes. Hedgefonds) und für AIF, die die Kontrolle über nicht börsennotierte Unternehmen erlangen (Private Equity Fonds).

alternative Produktion – *Alternativproduktion*, Produktion im Mehrproduktbetrieb, bei der durch vermehrte Herstellung des einen Produkts die Erzeugungsbedingungen für das oder die anderen Produkte verschlechtert oder eingeengt werden. D.h. die Erzeugnisse beeinflussen sich gegenseitig, indem sie um knappe Kapazitäten konkurrieren. Hierbei kann ein Teil der Erzeugnismengen nicht in das → Produktionsprogramm aufgenommen bzw. nicht mithilfe der kostengünstigsten Verfahren oder Produktionsbedingungen hergestellt werden.

alternativer Landbau – mit natürlichen Einsatzstoffen betriebene → Landwirtschaft. Der alternative Landbau stellt das Gegenstück zum → konventionellen Landbau dar. Er vermeidet eine Übertechnisierung und entsagt dem Einsatz von Kunstdünger, chemischen Pflanzenschutz- und Unkrautvertilgungsmitteln. Vielmehr werden Naturdünger, eine manuelle bzw. mechanische Unkrautbekämpfung sowie eine biologische Schädlingsbekämpfung angestrebt.

Alternativer Risikotransfer (ART) – 1. *Begriff*: Übertragung (Transfer) von (versicherungswirtschaftlichen) Risiken an den Kapitalmarkt zur Finanzierung über nicht traditionelle (alternative) Risikoträger und/ oder Instrumentarien. Neben Erst- und Rückversicherern sowie Captives zählen zu den Risikoträgern (Investoren) auch Banken und institutionelle Anleger. Einsatzbereiche für alternative Risikotransfers finden sich z.B. bei Katastrophenrisiken, Terrorrisiken, Haftpflichtrisiken, in der Personenversicherung auch beim Sterberisiko (Risikolebensversicherung) und beim Langlebigkeitsrisiko (Renten- und Krankenversicherung). – 2. *Merkmale*: Konzepte des alternativen Risikotransfers decken ein breites Spektrum zwischen Risikotransfer und Risikofinanzierung ab. Meist maßgeschneidert, sind diese Konzepte häufig mehrdimensional in Form von Multi-Year- und/ oder Multi-Line- bzw. Multiple-Trigger-Deckungen ausgestaltet. – 3. *Instrumente*: a) Mit Schwerpunkt des Risikotransfers auf den Kapitalmarkt: Insurance Linked Securities (z.B. Cat Bonds) oder Versicherungsderivate (z.B. → Wetterderivate), – b) mit Schwerpunkt eigener Risikofinanzierung: Captive-(Re)Insurance-Lösungen oder Möglichkeiten der Kapitalaufnahmen über Contingent-Capital-Programme. – 4. *Ziele*: Unterstützung des Risiko- und Kapitalmanagement, u.a. durch a) Überwindung von Kapazitätsgrenzen bzw. -engpässen für Katastrophenrisiken (z.B. Naturgefahren, wie Erdbeben oder Sturm): Diese liegen aufgrund ihrer hohen Kumulgefahr bzw. Wertekonzentration an der Versicherbarkeitsgrenze, d.h. ihr geschätztes Schadenpotenzial könnte die gesamte Kapazität des traditionellen Rückversicherungsmarkts übersteigen. – b) Diversifikationsmöglichkeit innerhalb bestehender Rückversicherungsprogramme, – c) Sicherung von Kapazitäten und Preisniveaus über mehrere Jahre (Abkopplung von Preis- bzw. Kapazitätszyklen im Rückversicherungsmarkt), – d) Deckungsmöglichkeiten für neuartige Risiken, – e) Vermeidung des Kreditrisikos, – f) Reduzierung von Kapitalkosten, – g) Erhöhung der Liquidität. – 5. *Synonyme und Abgrenzung*: Alternativer Risikotransfer findet häufig als Oberbegriff für alle nicht traditionellen Rückversicherungsformen Verwendung, damit auch für Konzepte der Finanzrückversicherung. – Vgl. auch → alternative Rückversicherung, → synthetische Rückversicherung.

alternative Rückversicherung – *Synthetische Rückversicherung, nichttraditionelle Rückversicherung.* Oberbegriff für eine „alternative" Ausgestaltung von Rückversicherungsmarktprodukten bezüglich ihrer Zielsetzung und/ oder der Art des Ausgleichsmechanismus (Risikofinanzierung) bzw. der Risikotransfermechanismen. Hierunter fallen sowohl Konzepte der → Finanzrückversicherung als auch des → Alternativen Risikotransfers (ART).

Alternativfrage – Frage in einer → Befragung, bei der sich die Testperson für eine der Antwortmöglichkeiten entscheiden muss. – Vgl. auch → geschlossene Frage.

Alternativkosten → Opportunitätskosten.

Alternativplan → Eventualplan.

Alternativplanung → Eventualplanung.

Alternativproduktion → alternative Produktion.

Alternativsanierung → Sanierungsbilanz.

Altersangabe eines Unternehmens → Alterswerbung.

Altersaufbau – 1. *Begriff*: tabellarische bzw. grafische (Alterspyramide) Darstellung der Altersstruktur einer Bevölkerung zu einem bestimmten Zeitpunkt, getrennt nach Geschlecht. – 2. *Darstellung*: Ausgehend von der vertikal angeordneten Altersachse werden nach links bzw. rechts die → Häufigkeiten für die (i.d.R. einjährigen) Altersklassen von Männern und Frauen abgetragen (→ Säulendiagramm). – 3. *Bedeutung*: Der Altersaufbau ist das zeitpunktbezogene Resultat folgender Prozesse: Geburtentätigkeit (Fertilitiät), Sterblichkeit (→ Mortalität), Wanderungsbewegungen (→ Migration). Er spiegelt die Geschichte des vor dem Referenzzeitpunkt gelegenen

Jahrhunderts wider. – Die Entwicklung des Altersaufbaus kann interaktiv auf der Homepage des Bundesministeriums für Arbeit und Soziales (BMAS) nachvollzogen werden.

Alters-Einkommens-Profil → Arbeitsmarkttheorien, → Senioritätsentlohnung.

Alterseinkünfte – Zu den Alterseinkünften zählen: 1. *Nachträgliche Einkünfte* aus einer ehemaligen Tätigkeit oder einem früheren Rechtsverhältnis. Diese unterliegen nach § 24 Nr. 2 EStG als laufende Einkünfte der vollen Besteuerung. Unter nachträglichen Einkünfte werden Einkünfte verstanden, die in wirtschaftlichem Zusammenhang mit der ehemaligen Tätigkeit stehen bzw. ein Entgelt für die im Rahmen der ehemaligen Tätigkeit erbrachten Leistungen darstellen. Ein typisches Beispiel hierfür sind Versorgungsrenten aus früheren gewerblichen Tätigkeiten im Rahmen einer Mitunternehmerschaft. Daneben können aber auch nachträgliche Einkünfte aus Veräußerungsrenten vorliegen, welche aus Veräußerungen eines land- und forstwirtschaftlichen Betriebs, eines Gewerbebetriebs oder eines der selbständigen Arbeit dienenden Vermögens gegen Rentenzahlungen resultieren. Sofern der Steuerpflichtige hierbei die Sofortbesteuerung wählt, kann die Leibrente alternativ mit dem Ertragsanteil (→ sonstige Einkünfte) erfolgen. – 2. *Bezüge aus früheren Dienstverhältnissen* wie Pensionen, Ruhegehälter, Witwen- und Waisengelder werden als Einkünfte aus nichtselbstständiger Arbeit (§ 19 II EStG) besteuert. Bei der Ermittlung der Einkünfte sind von den Einnahmen ein Pauschbetrag von 102 Euro bzw. bei Nachweis die tatsächlichen Werbungskosten abzuziehen. Sofern es sich um → Versorgungsbezüge handelt, wird ein Versorgungsfreibetrag von 40 Prozent der Bezüge, max. jedoch 3.072 Euro (bis zum Veranlagungszeitraum 2004) gewährt. Ab dem Veranlagungszeitraum 2005 kann neben dem Versorgungsfreitrag ein Zuschlag als absoluter Betrag zum Versorgungsfreibetrag in Anspruch genommen werden. Der Prozentsatz des Versorgungsfreibetrages und der absolute Zuschlag nimmt mit Zeitablauf kontinuierlich ab, sodass die Besteuerung der Versorgungsbezüge zunimmt. Zahlungen, welche nach dem Tod des Berechtigten erfolgen, sind vom Erben zu erfassen. – 3. → Unterhaltsleistungen. – 4. *Versorgungsleistungen* werden ab dem Veranlagungszeitraum 2008 als sonstige Einkünfte besteuert (§ 22 Nr. 1b EStG). Dies gilt jedoch nur, soweit sie beim Zahlungsverpflichteten als Sonderausgaben (§ 10 I Nr. 1a EStG) abgezogen werden können. – 5. *Einnahmen aus Altersvorsorgeverträgen, Pensionsfonds, Pensionskassen und Direktversicherungen* werden als → sonstige Einkünfte nach § 22 Nr. 5 EStG besteuert. Die Besteuerung richtet sich nach der Besteuerung in der Ansparphase, d.h. ob und inwieweit die Beiträge früher steuerfrei waren, als Sonderausgaben berücksichtigt oder als Alterszulage gefördert worden sind bzw. durch steuerfreie Zuwendungen erworben wurden. – 6. *Schuldrechtlicher Versorgungsausgleich:* Ab dem Veranlagungszeitraum 2008 werden Einkünfte aus Leistungen aufgrund eines schuldrechtlichen Versorgungsausgleichs als sonstige Einkünfte besteuert (§ 22 Nr. 1c EStG). Die Besteuerung richtet sich jedoch danach, wie der Sondergabenabzug beim Ausgleichsverpflichteten erfolgt ist (§ 10 I Nr. 1b EStG). – 7. *Wiederkehrende Bezüge* werden als → sonstige Einkünfte in voller Höhe besteuert, sofern sie nicht zu anderen Einkunftsarten zählen oder nicht steuerfrei (nach § 3 EStG) sind. Wiederkehrende Bezüge sind regelmäßig wiederkehrende Zahlungen, welche auf einem einheitlichen Entschluss oder einem einheitlichen Rechtsgrund beruhen, ausgenommen Kapitalrückzahlungen oder Kaufpreisraten. Ab dem Veranlagungszeitraum 2009 unterliegen wiederkehrende Bezüge unabhängig von der unbeschränkten Steuerpflicht des Gebers der Besteuerung. – 8. *Leibrenten* werden als sonstige Einkünfte mit dem Ertragsanteil nach § 22 Nr. 1 S. 3a EStG besteuert. Bei der Ermittlung des Ertragsanteils ist das bei Beginn der Rente vollendete Lebensjahr maßgebend. Leibrenten basieren auf einem Rentenstammrecht und sind von der Lebensdauer einer oder mehrerer bestimmter Personen (des Rentenberechtigten, des Rentenverpflichteten oder auch dritter Personen) abhängig. Sie stellen Leistungen in Geld oder vertretbaren Sachen dar, deren Früchte als fortlaufend wiederkehren, gleichmäßig, zahlen- oder wertmäßig festgelegt sind.

Alterseinkünftegesetz (AltEinkG) – Gesetz zur Neuregelung der steuerrechtlichen Rahmenbedingungen und einiger betriebsrentenrechtlicher Vorschriften zu den → Alterseinkünften. Wurde durch ein Urteil des BVerfG vom 6.3.2002 (BVerfGE 105, 73), wonach die unterschiedliche → Einkommensbesteuerung der Beamtenpensionen und der Renten aus der gesetzlichen Rentenversicherung gegen den Gleicheitsgrundsatz verstößt, angeregt und trat am 1.1.2005 in Kraft. Im Vorfeld wurde von der Bundesregierung die sog. → Rürup-Kommission zur Erarbeitung eines Entwurfs eingesetzt. Kernpunkte der Reform waren u.a. das → Drei-Schichten-Modell, die nachgelagerte Besteuerung und die Reduzierung des steuerlichen Vorteils für Kapitallebensversicherungen. Im BetrAVG wurden Änderungen in den Bereichen Portabilität, Auskunftsanspruch, Abfindungsverbot und Beitragsfortzahlung verankert. Das Gesetz sieht die nachgelagerte Besteuerung auch für Renten aus den gesetzlichen Rentenversicherungen beginnend ab 2005 mit einem Satz von 50 Prozent vor. Die volle Besteuerung soll 2040 erreicht sein. Parallel dazu werden die Beiträge zur → Altersvorsorge in Stufen steuerlich freigestellt, beginnend mit 60 Prozent im Jahr 2005 und völliger Freistellung im Jahr 2025. Der abzugsfähige Höchstbetrag beläuft sich auf 20.000 Euro.

Altersentlastungsbetrag – 1. *Begriff der Einkommensteuer:* Freibetrag, der einem Steuerpflichtigen ab dem vollendeten 64. Lebensjahr gewährt wird (§ 24a

EStG). Der Altersentlastungsbetrag bemisst sich bis zu einem Höchstsatz, der sich aus einem bestimmten Prozentsatz aus der Summe des Arbeitslohns und der nicht aus nichtselbständiger Arbeit erzielten positiven Einkünfte ergibt. Bestimmte Einkünfte bleiben bei der Bemessung des Betrags außer Betracht, da diese i.d.R. anderweitig begünstigt sind (§ 24a, I-V EStG). Nicht durch den Altersentlastungsbetrag begünstigt sind bspw. → Versorgungsbezüge, Leibrenten sowie ab dem Veranlagungszeitraum 2008 bestimmte sontige Einkünfte (§§ 22 Nr. 1 S. 3a EStG und § 22 Nr. 5 S. 1 und S. 2a EStG). – 2. *Höhe:* Bis zum Veranlagungszeitraum 2004 betrug der Altersentlastungsbetrag 40 Prozent, max. jedoch 1.908 Euro. Durch die Einführung des → Alterseinkünftegesetzes (AltEinkG) wurde das gesamten Systems der Besteuerung der Alterseinkünfte hinsichtlich der beabsichtigten → nachgelagerten Besteuerung umgestellt. Im Zuge dessen verliert der Altersentlastungsbetrag nach und nach an Bedeutung und wird daher bis zum Jahr 2040 stufenweise abgesenkt. Dabei werden im Rahmen der Übergangsregelung der Prozentsatz und der Höchstbetrag auf Lebenszeit festgeschrieben. So beträgt der Altersentlastungsbetrag bei Personen, die in 2009 erstmals ein Anrecht auf den Alteresentlastungsbetrag haben: 33,6 Prozent, max. jedoch 1.596 Euro; bei Personen, die erstmals im Jahr 2010 ein Anrecht darauf hierauf haben: 32,0 Prozent, max. 1.520 Euro.

Altersfreibetrag – bis 1989 vom Einkommen abzuziehender Betrag für Steuerpflichtige, die vor Beginn des Kalenderjahres das 64. Lebensjahr vollendet hatten (§ 32 VIII EStG, inszwischen aufgehoben); dann in den → Altersentlastungsbetrag einbezogen. Altersfreibeträge existierten auch bei früher erhobener Vermögensteuer.

Altersgrenzen – I. Allgemein: → Lebensalter.

II. Sozialversicherung: 1. *Begriff:* Das Erreichen einer bestimmten Altersgrenze ist neben weiteren Bedingungen eine wesentliche Voraussetzung für den Anspruch auf Rentenbezug in der Gesetzlichen Rentenversicherung (GRV). – 2. *Varianten:* Je nach Rentenart kommen unterschiedliche Altersgrenzen zur Anwendung: – a) Die *Regelaltersgrenze* (§ 35 SGB VI) wurde zum 1.1.2008 von 65 Jahren auf 67 Jahre angehoben, um eine dauerhafte Finanzierung der gesetzlichen Rentenversicherung zu ermöglichen. Es bestehen jedoch Übergangsregelungen (§ 235 SGB VI): für Versicherte, die vor dem 1.1.1947 geboren sind, verbleibt es bei der Regelsaltersgrenze von 65 Jahren; für Versicherte, die zwischen dem 1.1.1947 und dem 31.12.1963 geboren sind, wird die Regelaltersgrenze abgestuft um weniger als zwei Jahre angehoben. – b) Die Altersgrenze für *Renten für schwerbehinderte Menschen* wurde – aus den gleichen Gründen wie bei der Regelaltersgrenze und ebenfalls zum 1.1.2008 – von 63 Lebensjahren auf 65 Lebensjahre angehoben. Auch hier existieren für verschiedene Jahrgänge von Versicherten Übergangsregelungen (§ 236a SGB VI). – 3. Abweichende Altersgrenzen für *Frauen* bestehen nur noch übergangsweise für Frauen bestimmter Jahrgänge (§ 237a SGB VI).

III. Betriebliche Altersversorgung: § 6 → Betriebsrentengesetz (BetrAVG).

IV. Gesetzliche Rentenversicherung (GRV) 1. *Begriff:* allg. oder bes. Schwellen für das Lebensalter, deren Überschreiten (neben weiteren Bedingungen) die Voraussetzungen für den Anspruch auf eine Rente aus der GRV bilden. – 2. *Varianten:* Je nach Rentenart kommen unterschiedliche Altersgrenzen zur Anwendung. Während Regelaltersrenten derzeit ab einer Regelaltersgrenze von 65 Jahren bezogen werden können, liegt die Altersgrenze bspw. für Frauen bei 60 Lebensjahren und für Renten für schwerbehinderte Menschen bei 63 Lebensjahren. – 3. *Aktuelle Entwicklung:* Im Zuge der Reformen der GRV wurde eine sukzessive Anhebung der Altersgrenzen für die unterschiedlichen Rentenarten (mit Wirkung ab 2012) auf den Weg gebracht.

V. Beamtenversorgung 1. *Begriff:* allgemeine oder besondere Schwellen für das Lebensalter, deren Überschreiten die Voraussetzungen für den Anspruch auf ein beamtenrechtliches Ruhegehalt bilden. Der Anspruch auf ein beamtenrechtliches Ruhegehalt entsteht (auf Antrag des Beamten) bei Erreichen der gesetzlich definierten allgemeinen oder besonderen Altersgrenze mit dem Eintritt des → Beamten in den Ruhestand oder durch Versetzung des Beamten in den Ruhestand wegen Dienstunfähigkeit. – 2. *Regel- und Antragsaltersgrenze:* Nach geltendem R → echt in Bund, Ländern und Gemeinden ist als allgemein gültige Regelaltersgrenze zurzeit die Vollendung des 65. Lebensjahrs maßgeblich. Für Lehrer sehen einige Landesbeamtengesetze zur Herstellung von Unterrichtskontinuität vor, dass diese entweder am Ende des Schuljahrs oder Schulhalbjahrs, in dem sie das 64. bzw. 65. Lebensjahr vollendet haben, in den Ruhestand treten. Neben der allgemeinen Regelaltersgrenze ist die sog. Antragsaltersgrenze mit Vollendung des 63. Lebensjahrs (Bayern: 64. Lebensjahr) von Bedeutung. – 3. *Besondere Altersgrenzen:* Sog. besondere Altersgrenzen finden sich für Polizisten, Justizvollzugsbeamte, Lehrkräfte und Hochschullehrer in den entsprechenden Landesbeamtengesetzen. Dabei ist die weitaus größte Anzahl der Beamten mit besonderen Altersgrenzen im Bereich der sog. Vollzugsdienste von Polizei, Justiz und Feuerwehr zu finden. Hier liegt das Erreichen der besonderen Altersgrenze bei Vollendung des 60. Lebensjahrs. Darunter liegende Altersgrenzen finden sich in speziellen Berufsgruppen der Soldaten, z.B. Flugzeugführern der Bundeswehr, die wegen der extremen physischen und psychischen Belastung bereits vor Vollendung des 50. Lebensjahrs die maßgebliche Altersgrenze erreichen. – 4. *Entwicklungen:* Nach der sog. Föderalisierung der Besoldung und Versorgung in Bund und Ländern ist absehbar, dass die Altersgrenzen generell angehoben werden. Dies gilt für den Bereich der allgemeinen und der besonderen Altersgrenzen. Dabei ist die Tendenz eindeutig, die besondere Altersgrenze, die für die sog. Vollzugsbeamten beim 60. Lebensjahr liegt, schrittweise zu verlängern. So gilt z.B. in Nordrhein-Westfalen als gesetzliche Altersgrenze für Polizeibeamte der Jahrgänge vor 1947 der Ablauf des Monats, in dem das 60. Lebensjahr vollendet wird, als Zeitpunkt des Eintritts in den Ruhestand. Für jüngere Polizeibeamte wird die Altersgrenze schrittweise bis auf 62 Jahre angehoben. In Berlin sind Vollzugsbeamte zwischenzeitlich verpflichtet, bis zum 61. Lebensjahr Dienst zu leisten, während bei der Polizei in Rheinland-Pfalz eine Staffelung nach Laufbahngruppen erfolgt (60.-65. Lebensjahr). Mit dem Entwurf eines Dienstrechtsneuordnungsgesetzes (DNeuG) des Bundes sollen die Altersgrenzen für das Pensions(Ruhestands-)eintrittsalter für Beamte des Bundes – analog zu den Regelungen in der gesetzlichen Rentenversicherung (GRV) – vom 65. Lebensjahr auf das vollendete 67. Lebensjahr angehoben werden. Dabei ist nach Jahrgängen gestaffelt für die Geburtsjahrgänge 1947 bis 1964 eine stufenweise Anhebung der Regelaltersgrenze vorgesehen, wobei zunächst eine Verlängerung der Lebensarbeitszeit in Einmonatsschritten und dann in Zweimonatsschritten erfolgen soll. Seitens der Länder gibt es gegenwärtig noch keine Gesetzgebungsvorhaben für eine Erhöhung der Regelaltersgrenze für Beamte. Einige Länder haben jedoch zu erkennen gegeben, dass sie entsprechend der Regelungen in der GRV und der bundesbeamtenrechtlichen Regelungen auch eine Anhebung der Regelaltersgrenze auf das vollendete 67. Lebensjahr vorsehen wollen. Werden die Bundesländer nicht tätig, gilt nach Art. 125 a GG das alte Beamtenversorgungsgesetz so lange weiter, bis es durch ein eigenes neues Recht für die Landesbeamten ersetzt wurde. Einzelne Bundesländer, so z.B. Bayern, haben erklärt, dass sie sich im Rahmen der gesamtgesellschaftlichen Festlegungen bewegen und im selben zeitlichen Kontext auch eine Regelaltersgrenze mit vollendetem 67. Lebensjahr erreichen wollen. Demgegenüber wurde z.B. aus dem Land Baden-Württemberg geäußert, dass die Anhebung der gesetzlichen Regelaltersgrenze auf das 67. Lebensjahr schneller erfolgen solle und früher beginnen müsse. Diesbezüglich muss die weitere Entwicklung abgewartet werden.

Altersprofil – auf dem Modell des → Lebenszyklus eines Produktes aufbauendes Verfahren zur Altersbestimmung eines Produktionsprogramms. Grafische Konstruktion von Produkt-, Alterspyramiden durch Gegenüberstellung der Umsatz- bzw. Gewinnbeiträge in Abhängigkeit von der Lebensdauer der einzelnen Produkte.

Alterspyramide → Bevölkerungspyramide.

Altersrang – Nach dem Altersrang bestimmt sich im Fall der Kollision → gewerblicher Schutzrechte, welches Recht sich durchsetzt. – Vgl. auch → Anmeldetag, → Priorität.

Altersrente – früher: *Altersruhegeld;* laufende Leistung im Rahmen der → Gesetzlichen Rentenversicherung (GRV) zur Sicherung des Alters. – 1. *Voraussetzungen:* Neben dem Erreichen von bestimmten Altersgrenzen sind verschiedene versicherungsrechtliche Voraussetzungen zu erfüllen: a) *Regelaltersrente* (§ 35 SGB VI): Vollendung des 67. Lebensjahres (s. aber Übergangsregelung in § 235 SGB VI) und allg. Wartezeit (fünf Jahre). – b) *Altersrente für langjährig Versicherte* (§ 36 SGB VI): Vollendung des 67. Lebensjahres (s. aber Übergangsregelung in § 236 SGB VI) und Wartezeit von 35 Jahren. – c) *Altersrente für anerkannte schwerbehinderte Menschen* (§ 37 SGB VI): Vollendung des 65. Lebensjahres, Wartezeit von 35 Jahren, Anerkennung als schwerbehinderter Mensch im Sinn des § 2 II SGB IX. Versicherte, die von der Vertrauensschutzvorschrift des § 236a SGB VI erfasst werden, können Altersrenten nach § 37 SGB VI noch ab dem 65. Lebensjahr geltend machen. – d) (ab 1.1.2012) *Altersrente für bes. langjährig Versicherte* (§§ 33 II Nr. 3a, 38 SGB VI): Vollendung des 65. Lebensjahres und Wartezeit von 45 Jahren. – e) *Altersrente für Frauen* (§ 237a SGB VI): vor dem 1.1.1952 geboren, Vollendung des 60. Lebensjahres, mehr als zehn Jahre versicherungspflichtige Tätigkeit nach Vollendung des 40. Lebensjahres und eine Wartezeit von 15 Jahren. Die Anhebung der Altersgrenzen erfolgt nach § 237a II und III SGB VI. – f) *Altersrente für langjährig unter Tage beschäftigte Bergleute* (§ 40 SGB VI): Vollendung des 62. Lebensjahres und Erfüllung einer Wartezeit von 25 Jahren. Die Altersrenten können als Vollrente oder als Teilrente bezogen werden (§ 42 SGB VI). – 2. *Verdienstgrenzen:* Nach Vollendung des 67. Lebensjahres sind Einnahmen aus Erwerbstätigkeit ohne Einfluss auf die Altersrente; Altersrentner nach dem 67. Lebensjahr können unbegrenzt dazu verdienen. Für alle anderen Altersrenten gelten unterschiedliche Hinzuverdienstgrenzen (§ 34 II, III SGB VI). Bei Überschreiten der maßgeblichen Grenzen entfällt der Rentenanspruch. – 3. *Steuerliche Behandlung:* → nachgelagerte Besteuerung, → Rentenbesteuerung.

Altersruhegehalt → Ruhegehalt.

Altersruhegeld → Altersrente.

Alterssicherung – wichtiger Teil der → sozialen Sicherung; nach dem *Drei-Säulen-Konzept* zu gliedern in: – *1. Säule*: die staatliche Alterssicherung, der die → Gesetzliche Rentenversicherung (GRV), die → Alterssicherung der Landwirte, die → soziale Alterssicherung der freien Berufe sowie die → soziale Sicherung der Beamten zuzuordnen sind. – *2. Säule*: die ergänzende erwerbsbezogene Alterssicherung mit → betrieblicher Altersversorgung (bAV) und → zusätzlicher Altersversorgung im öffentlichen Dienst sowie – *3. Säule*: die private Altersvorsorge (ggfs. mit staatlicher Förderung, vgl. → Riester-Rente). Die staatliche Alterssicherung wird weit überwiegend (in Deutschland ganz) im → Umlageverfahren finanziert (→ Generationenvertrag), die betriebliche

Altersversorgung und die private Vorsorge basieren auf dem → Kapitaldeckungsverfahren. Neben der Einkommenssicherung für das Alter tragen auch die Kranken- und Pflegeversicherung erheblich zur sozialen Sicherung im Alter bei. Faktisch übernehmen auch die → Unfallversicherung und die Kriegsopferversorgung (→ Lastenausgleich) Funktionen der Alterssicherung für spezielle Personenkreise.

Alterssicherung der Landwirte – 1. *Charakterisierung:* eigenständiger Zweig der → Sozialversicherung; gewährt Leistungen für selbstständige Landwirte und ihre mitarbeitenden Familienangehörigen nach dem Gesetz über die Alterssicherung der Landwirte (ALG) vom 29.7.1994 (BGBl. I S. 1890, 1891), zuletzt geändert durch das Gesetz vom 12.4.2012 (BGBl. I S. 579). Ursprüngliche Zielsetzung war die Abdeckung des zusätzlichen Bargeldbedarfs (Taschengeld) neben dem Altenteil, wenn ein Landwirt seinen Hof an seinen Nachfolger übergeben hat (zur Hofabgabe vgl. §§ 21, 22 ALG). Das Sicherungskonzept hat sich inzwischen zu einer echten Teilsicherung mit Verdienstersatzfunktion entwickelt. – 2. *Versicherter Personenkreis:* a) *Versicherungspflichtig* sind Landwirte und mitarbeitende Familienangehörige (§ 1 I ALG). Landwirt ist, wer als selbstständiger Unternehmer ein auf Bodenbewirtschaftung beruhendes Unternehmen der Landwirtschaft (§ 1 IV ALG) mit einer bestimmten Mindestgröße (§ 1 V ALG) betreibt. Der Ehegatte eines Landwirts gilt als Landwirt, wenn beide Ehegatten nicht dauernd getrennt leben und der Ehegatte voll erwerbsgemindert nach § 43 II SGB VI ist. Mitarbeitende Familienangehörige sind (1) Verwandte bis zum dritten Grade, (2) Verschwägerte bis zum zweiten Grade und (3) Pflegekinder eines Landwirts oder seines hauptberuflich im Unternehmen tätigen Ehegatten (§ 1 VIII ALG). – b) *Versicherungsfrei* sind Landwirte und mitarbeitende Familienangehörige, die (1) das 18. Lebensjahr noch nicht oder das 67. Lebensjahr bereits vollendet haben, (2) die Wartezeit für eine Rente wegen Erwerbsminderung nicht mehr erfüllen können. Außerdem Landwirte, die eine Rente unter Berücksichtigung von § 21 VI ALG beziehen, und mitarbeitende Familienangehörige, solange sie als Landwirt in der Alterssicherung der Landwirte versichert sind (§ 2 ALG). – 3. *Befreiung von der Versicherungspflicht:* ist in bestimmten Fällen möglich (vgl. § 3 I, III ALG). – 4. *Freiwillige Versicherung* ist für Ehegatten von ehemaligen Landwirten unter bestimmten Voraussetzungen (§ 4 ALG) ebenso möglich wie eine freiwillige Weiterversicherung von Personen, die zuletzt als Landwirt versichert waren (§ 5 ALG). – 5. *Leistungen:* a) medizinische Rehabilitation nach Maßgabe der §§ 7–10 ALG. – b) Regelaltersrenten für Landwirte vom 67. Lebensjahr an, wenn die Wartezeit von 15 Jahren erfüllt ist und das Unternehmen der Landwirtschaft abgegeben worden ist. Mitarbeitende Familienangehörige erhalten die Altersrente nach Vollendung des 67. Lebensjahres, wenn sie die Wartezeit von 15 Jahren erfüllt haben und nicht Landwirt sind (§ 11 ALG). – c) Vorzeitige Altersrente können Landwirte unter bestimmten Bedingungen bis zu zehn Jahren vor Vollendung des 67. Lebensjahres erhalten (§ 12 I ALG). – d) Renten wegen Erwerbsminderung (§ 13 ALG). Bei voller Erwerbsminderung wird eine Rente gewährt, wenn die Voraussetzungen des § 43 SGB VI und des § 13 I ALG erfüllt sind (§ 13 I 2 ALG). – e) Hinterbliebenenrenten: Witwen-/Witwerrenten (§ 14 ALG), Renten wegen Todes für hinterbliebene Lebenspartner (§ 14a ALG), Waisenrenten (§ 15 ALG) und Renten wegen Todes bei Verschollenheit des versicherten Landwirts, wenn die Umstände dessen Tod wahrscheinlich machen und seit einem Jahr Nachrichten über dessen Leben nicht eingegangen sind. (§ 16 ALG) – 6. *Wartezeiten:* Für die Wartezeiten von fünf, fünfzehn und 35 Jahren werden Beitragszeiten (Pflicht- oder freiwillige Beiträge zur landwirtschaftlichen Alterskasse und zur allg. gesetzlichen Rentenversicherung) und Monate aus dem Versorgungsausgleich angerechnet (§ 17 ALG). Die Wartezeit von fünf Jahren ist vorzeitig erfüllt, wenn die Erwerbsminderung oder der Tod des Versicherten während der Versicherungspflicht eintritt (§ 17 II ALG). – 7. *Berechnung der Renten:* Die Rentenberechnung richtet sich nach den umfassenden Regelungen der § 23 und 24 ALG. – 8. *Organisation:* Für die Erfüllung der Aufgaben der Alterssicherung der Landwirte sind die bei jeder landwirtschaftlichen Berufsgenossenschaft errichteten landwirtschaftlichen Alterskassen zuständig (§ 49 ALG). – 9. *Finanzierung:* Die Finanzierung erfolgt durch Beiträge der versicherungspflichtigen Landwirte und Bundesmittel (§ 66 II ALG). Die Beitragshöhe wird jeweils für das folgende Kalenderjahr festgesetzt (§ 68 ALG). Mitarbeitende Familienangehörige zahlen die Hälfte des Beitrags eines Landwirts (§ 68 ALG). Freiwillig Versicherte tragen ihre Beiträge selbst (§ 70 III ALG).

Altersstruktur → Altersaufbau.

Altersteilzeitgesetz (ATG) – 1. *Allgemein:* Das Altersteilzeitgesetz (AltTZG) i.d.F.vom 28.3.2009 (BGBl. I 634) soll → Arbeitnehmern ab Vollendung des 55. Lebensjahres einen gleitenden Übergang in die → Altersrente ermöglichen. – 2. *Regelungsinhalt:* Das Altersteilzeitgesetz gewährt Arbeitgebern Leistungen durch die → Bundesagentur für Arbeit für Arbeitnehmer, die das 55. Lebensjahr vollendet und nach dem 14.2.1996 ihre Arbeitzeit um die Hälfte ihrer bisherigen wöchentlichen Arbeitszeit vermindert haben (damit einen Arbeitsplatz teilweise frei machen), wenn der Arbeitgeber auf dem aus Anlass der Altersteilzeit frei gewordenen Arbeitsplatz einen arbeitslos gemeldeten Arbeitnehmer versicherungspflichtig beschäftigt. – 3. *Voraussetzung der Förderung:* Gefördert werden Altersteilzeitverhältnisse mit Arbeitnehmern, die bis (und einschließlich) 1954 geboren sind; das Altersteilzeitverhältnis muss spätestens am 31.12.2009 beginnen. Ansonsten ist Voraussetzung für Förderungsleistungen der Bundesagentur für Arbeit zum einen die Wiederbesetzung des frei gewordenen Arbeitsplatzes und die soziale Absicherung des in Teilzeit arbeitenden Arbeitnehmers; zum anderen, dass der Arbeitgeber aufgrund eines Tarifvertrages, einer Betriebsvereinbarung oder eines Einzelvertrages folgende Leistungen erbringt: a) Aufstockung des Arbeitsentgelts von mind. 20 Prozent des für die Altersteilzeitarbeit gezahlten Bruttoarbeitsentgelts, jedenfalls aber so viel, dass der Arbeitnehmer dadurch mind. 70 Prozent des pauschalierten Nettoarbeitsentgelts erhält, das er erhalten würde, wenn er seine Arbeitszeit nicht vermindert hätte. – b) Entrichtung von zusätzlichen Beiträgen zur gesetzlichen Rentenversicherung mind. in Höhe des Betrages der auf den Unterschiedsbetrag zwischen 90 Prozent des Vollarbeitsentgelts und dem Arbeitsentgelt für Altersteilzeit entfällt. Die Bundesagentur für Arbeit erstattet dann dem Arbeitgeber den Aufstockungsbetrag und die zusätzlichen Aufwendungen für die Beiträge zur Rentenversicherung für längstens fünf Jahre. – 4. *Vorzeitiger Rentenbezug:* Nach Altersteilzeit kann vorzeitig Rente beansprucht werden. Die Altersgrenze liegt inzwischen bei 63 Jahren.–5. *Anspruch auf Altersteilzeit:* Der Arbeitnehmer hat gegen den Arbeitgeber keinen gesetzlichen Anspruch auf Altersteilzeit. Allerdings kann sich ein Anspruch aus Tarifvertrag oder aus einer Betriebsvereinbarung ergeben.

Alters-Verdienstfunktion – mathematische Gleichung bzw. Funktion, die den vermuteten funktionalen Zusammenhang zwischen dem durchschnittlichen Nettojahreseinkommen von → Erwerbstätigen und dem Alter sowie dem Bildungsniveau der Erwerbstätigen beschreibt.

Alters-Verdienstkurve – grafische Darstellung der in Volks- und Berufszählungen, Mikrozensen, Panel- oder sonstigen Erhebungen gewonnenen Informationen über den funktionalen Zusammenhang zwischen Nettojahresverdienst, Alter und Bildungsniveau.

Altersvorsorge – I. Ertragsteuern: 1. *Altersvorsorgebeiträge* in die gesetzliche Rentenversicherung und Beiträge in die sog. → Riester-Rente sind als → Sonderausgaben abzugsfähig. Begünstigt sind (1) der Eigenbeitrag zu Kapital bildenden Altersvorsorgeverträgen sowie (2) die Altersvorsorgezulage. Die Begünstigung beträgt ab dem Veranlagungszeitraum 2008 bis zu 2.100 Euro (§§ 84, 85 EStG). Sofern der Sonderausgabenabzug günstiger ist als die Altersvorsorgezulage, erhöht sich die tarifliche Einkommensteuer, welche unter Berücksichtigung der entsprechenden Sonderausgaben berechnet wurde, um die Altersvorsorgezulage. Andernfalls erfolgt kein Sonderausgabenabzug. Diese Günstigerprüfung wird von Amts wegen durch das → Finanzamt vorgenommen. Zu den begünstigten Altersvorsorgebeiträgen gehören Beiträge und Tilgungsleistungen (ab 1.1.2008), die der Zulagenberechtigte auf seinen zertifizierten Altersvorsorgeverträgen erbringt. Begünstigt sind auch Tilgungsleistungen, wenn das Darlehen nach dem 31.12.2007 für die Finanzierung selbst genutzten Wohneigentums eingesetzt wird. Weiterhin gehören zu den Beiträgen auch die aus dem individuell versteuerten Arbeitslohn des Arbeitnehmers geleisteten Beiträge an → Pensionsfonds, → Pensionskassen oder → Direktversicherungen zum Aufbau einer kapitalgedeckten betrieblichen Altersvorsorge. – 2. *Zulagenberechtigte*: Zulagenberechtigt sind nach § 10a EStG a) Empfänger von Besoldung nach dem Bundesbesoldungs- oder dem Landesbesoldungsgesetz, b) Empfänger von Amtsbezügen mit entsprechendem Versorgungsrecht, c) versicherungsfreie oder von der Versicherungspflicht befreite Beschäftigte, auf deren Versorgungsrecht das Beamtenversorgungsgesetz angewendet wird, d) Beamte, Richter, Berufssoldaten und Soldaten auf Zeit, die ohne Besoldung beurlaubt sind, für die Zeit einer Beschäftigung, wenn während der Beurlaubung die Gewährleistung einer Versorgungsanwartschaft unter bestimmten Voraussetzungen auf diese Beschäftigung erstreckt wird e) Steuerpflichtige im oben genannten Sinne, die wegen der Erziehung eines Kindes beurlaubt sind und deshalb keine Besoldung, Amtsbezüge oder Entgelt erhalten, sofern sie eine Anrechnung von Kindererziehungszeiten in Anspruch nehmen könnten, wenn die Versicherungsfreiheit in der gesetzlichen Rentenversicherung nicht bestehen würde, f) Pflichtversicherte der Landwirte-Alterssicherung, g) Arbeitslose, gemeldet als Arbeitssuchende, die aufgrund zu hohen Einkommens oder Vermögens keine Leistungen nach dem 3. Buch SGB erhalten, h) Steuerpflichtige, die eine Rente oder Dienstunfähigkeits-Versorgung aufgrund voller Erwerbsminderung oder Erwerbsunfähigkeit beziehen und darüber hinaus das 67. Lebensjahr noch nicht vollendet haben. – 3. *Altersvorsorgezulage* besteht aus der Grund- und der Kinderzulage. Die Zulage wird in voller Höhe gewährt, wenn der Berechtigte einen Mindesteigenbeitrag leistet. Dieser Mindesteigenbeitrag hängt vom sozialversicherungsbeitragspflichtigen Arbeitsentgelt im Vorjahr ab und ist um die Zulage zu kürzen. Die Grundzulage beläuft sich ab dem Jahr 2008 auf 154 Euro bei Alleinstehenden und 308 Euro bei Verheirateten. Die Kinderzulage beträgt je Kind 185 Euro. – 4. Durch das Eigenheimrentengesetz (EigRentG) ist der sog. *„Wohn-Riester“* ab dem Veranlagungszeitraum 2008 eingeführt worden. So können Riester-Sparer ihre Vorsorgebeiträge auch in einen Bausparvertrag einzahlen oder eine → Baufinanzierung tilgen. Das selbst genutzte Wohneigentum wird nach § 10a EStG gefördert. – 5. Gemäß aktueller Rechtsprechung kann die Riester-Förderung (EU-Vorgaben-Umsetzungsgesetz vom 8.4.2010, BGBl. 2010 I S. 386) auch für Immobilien in einem EU-Mitgliedsstaat sowie in den EWR-Staaten Island, Norwegen und Liechtenstein genutzt werden. Darüber hinaus ist der Kreis der begünstigten Personen erweitert worden. Es kann auch für den Ehegatten, der nicht in Deutschland wohnhaft ist, eine Zulage gewährt werden. Zieht ein Riester-Sparer ins EU/EWR-Ausland, wird die Zulage nicht zurückgefordert. – Vgl. → Altersvorsorge-Eigenheimbetrag.

II. Baufinanzierung: 1. *Altersvorsorge-Bausparverträge:* sind → Altersvorsorgeverträge i.S.d. Altersvorsorgeverträge-Zertifizierungsgesetzes. Sie sind nach Maßgabe der Vorschriften des § 10a und des elften Abschnitts des Einkommensteuergesetzes bis zu bestimmten Höchstbeträgen förderungsfähig. – Auch für Altersvorsorge-Bausparverträge gelten grundsätzlich die Regeln des → Bausparens, d.h. zielgerichtetes Sparen um → Darlehen zu erlangen, deren Verzinsung niedrig, von Anfang an fest vereinbart und von Zinsschwankungen am Kapitalmarkt unabhängig ist. – Wofür allerdings geförderte Bausparguthaben und Bauspardarlehen aus Altersvorsorge-Bausparverträgen verwendet werden können, ergibt sich aus § 92a EStG. Danach kann der Bausparer das gebildete und geförderte Kapital wie folgt verwenden:

- bis zum Beginn der Auszahlungsphase unmittelbar für die Anschaffung oder Herstellung einer Wohnung oder
- zu Beginn der Auszahlungsphase zur Entschuldung einer Wohnung,
- bis zum Beginn der Auszahlungsphase unmittelbar für den Erwerb von Geschäftsanteilen an einer → eingetragenen Genossenschaft (eG) für die Selbstnutzung einer Genossenschaftswohnung.

Begünstigte Wohnungen sind eine Wohnung in einem eigenen Haus, eine eigene → Eigentumswohnung oder eine Genossenschaftswohnung einer eingetragenen Genossenschaft. – Zusammengefasst bedeutet dies, dass ausschließlich die Neuanschaffung und die Neuerrichtung von selbstgenutzten Wohnungen gefördert wird. Der Einsatz von Altersvorsorge-Bausparverträgen für bereits vorhandene Objekte ist nur zu Beginn der Auszahlungsphase (also nach dem 60. Lebensjahr) zur Entschuldung möglich. – Für die förderungsunschädliche Verwendung des Bausparguthabens erfolgt seine Entnahme über eine Zuteilung (Annahme der Zuteilung) oder eine Kündigung des Bausparvertrages. Das Guthaben muss dabei vollständig entnommen werden. – Wird das Bauspardarlehen für andere als die im Altersvorsorgeverträge-Zertifizierungsgesetz genannten Möglichkeiten, insbesondere für Um- oder Ausbauten sowie Modernisierungen verwendet, so ist dies eine förderschädliche Verwendung. – Wird der Altersvorsorge-Bausparvertrag nicht wohnungswirtschaftlich verwendet und besteht er noch bis zu dem vereinbarten Beginn der Auszahlungsphase fort, erfolgt die Auszahlung des Guthabens in Form einer lebenslangen → Rente. – Die optimale Wirkung von Altersvorsorge-Bausparverträgen entfaltet sich allerdings nur wenn die Verträge von Anfang an in die Wohnungsfinanzierung „eingebaut" werden. Damit sind die förderungsfähigen Aufwendungen, also auch die Tilgungsleistungen Bestandteil der Gesamtbelastung. In diesen Fällen ist es fast selbstverständlich die höchstmöglichen und nicht die mindest erforderlichen Altersvorsorgebeiträge zu nutzen. – 2. *Altersvorsorge-Bauspar-Vorfinanzierung:* Zur Finanzierung einer wohnungswirtschaftlichen Maßnahme kann unter bestimmten Voraussetzungen ein Vorausdarlehen in Höhe der Bausparsumme gewährt werden, dessen Tilgung ausgesetzt wird. Anstelle der direkten Tilgung wird ein Bausparvertrag angespart. Gleichzeitig wird unwiderruflich vereinbart, dass dieses Darlehen durch Altersvorsorgevermögen aus diesem Bausparvertrag getilgt wird. Bei Zuteilung des Bausparvertrags wird das Vorausdarlehen ohne bes. Erklärung mit den aus dem Bausparvertrag bereit gestellten Mitteln verrechnet. Anschließend ist dann das Bauspardarlehen zu tilgen. – Der Vertrag über eine Bauspar-Vorfinanzierung und der gesondert zu unterzeichnende Bausparvertrag bilden einen einheitlichen Altersvorsorgevertrag (§ 1 Ia Satz 1 Nr. 3). – Vgl. auch Riester-Darlehen. – 3. *Altersvorsorge -Zertifizierungsgesetz:* Gesetz über die Zertifizierung von Altersvorsorge- und Basisrentenverträgen (AltZertG) vom 26.6.2001, zuletzt geändert durch Artikelgesetz vom 8.12.2010.

§ 1	Begriffsbestimmungen zum Altersvorsorgevertrag
§ 2	Begriffsbestimmungen zum Basisrentenvertrag
§ 3	Zertifizierungsstelle, Aufgaben
§ 4	Antrag, Ergänzungsanforderungen, Ergänzungsanzeigen, Ausschlussfristen
§ 5	Zertifizierung von Altersvorsorgeverträgen
§ 5a	Zertifizierung von Basisrentenverträgen
§ 6	Rechtsverordnung
§ 7	Informationspflicht des Anbieters; Sicherungsschein
§ 8	Rücknahme, Widerruf und Verzicht
§ 9	Sofortige Vollziehung
§ 10	Veröffentlichung
§ 11	Verschwiegenheitspflicht und Datenschutz
§ 12	Gebühren
§ 13	Bußgeldvorschriften
§ 14	Übergangsvorschrift

Altersvorsorge-Eigenheimbetrag – 1. *Begriff:* Betrag, den der Beitragszahler vorübergehend aus dem im Altersvorsorge-Vertrag angesparten Kapital für die Finanzierung seiner eigenen im Inland belegenen Wohnung (Altersvorsorgevertrag) entnehmen darf. Im Rahmen des Eigenheimrentengesetzes vom 29.7.2008 wurde der Katalog der zulässigen Altersvorsorgeverträge ergänzt. Damit ist die Finanzierung von selbst genutztem Wohneigentum ab dem 1.1.2008 nach § 10a EStG begünstigt (vgl. auch → Riester-Rente). – 2. *Vorraussetzungen:* Die Verwendung des begünstigten Kapitals eines Altersvorsorgevertrages kann nach § 92a EStG unter den folgenden Bedingungen in Höhe von bis zu 75 Prozent oder 100 Prozent erfolgen: Die Verwendung muss bis zum Beginn der Auszahlungsphase unmittelbar zur Anschaffung oder Herstellung einer Wohnung, zu Beginn der Auszahlungphase zur Entschuldung einer Wohnung oder für den Erwerb von Genossenschaftsanteilen für die Selbstnutzung einer Genossenschaftswohnung erfolgen. Weitere Voraussetzung ist, dass die Wohnung den Lebensmittelpunkt des Zulagenberechtigten bildet, im Inland belegen ist und eigenen Wohnzwecken dient. Der im Vertrag vereinbarte Zeitpunkt (er muss zwischen dem 60. und dem 68. Lebensjahr liegen) gilt als Beginn der Auszahlungsphase. *Besteuerung:* Leistungen aus Altersvorsorgeverträgen unterliegen als → sonstige Einkünfte (§ 22 Nr. 5 EStG) der vollen Besteuerung. Der Steuerpflichtige hat jedoch die Wahl zwischen laufender oder einmaliger Besteuerung. Leistungen, die nicht begünstigt waren, werden nach den bisherigen Regelungen zu Altersbezügen besteuert.

Altersvorsorge-Sondervermögen – 1. *Begriff:* → Investmentfonds mit dem Zweck der privaten oder betrieblichen Altersvorsorge. Unterliegt den Vorschriften des Investmentgesetzes; diese sichern eine langfristige, thesaurierende und substanzorientierte Vermögensanlage. – 2. *Zulässige Vermögensgegenstände und Anlagegrenzen:* Schwerpunkt ist die Anlage in Wertpapieren und Immobilienfonds, wobei der Aktienanteil 75 Prozent und der Immobilienanteil 30 Prozent des Werts des Altersvorsorge-Sondervermögens nicht übersteigen dürfen; andererseits darf eine gemeinsame Untergrenze von 51 Prozent nicht unterschritten werden. Daneben dürfen weitere Vermögensgegenstände wie Bankguthaben, Einlagenzertifikate von Kreditinstituten und → Geldmarktpapiere von Schuldnern hoher Bonität mit insgesamt höchstens 49 Prozent Anteil am Altersvorsorge-Sondervermögen gehalten werden (§ 88 I-IV InvG; weitere Anlagemöglichkeiten regelt § 88 V-VII InvG). – 3. *Altersvorsorge-Sparplan:* Der Erwerber schließt einen Vertrag mit mind. 18 Jahren Laufzeit oder bis zur Vollendung des 60. Lebensjahres, mit dem er sich verpflichtet, regelmäßig Geldbeträge anzusparen. Die → Kapitalanlagegesellschaft (KAG) bietet an, nach Beendigung des Altersvorsorge-Sondervermögens dem Sparer gegen Rückgabe von Anteilen regelmäßig einen bestimmten Geldbetrag auszuzahlen (§ 90 InvG).

Altersvorsorgevertrag – Ein Altersvorsorgevertrag (§ 80 EStG) liegt vor, wenn zwischen Anbieter und einer natürlichen Person eine Vereinbarung geschlossen wird, die für den Vertragspartner eine lebenslange und unabhängig vom Geschlecht berechnete Altersversorgung vorsieht, die nicht vor Vollendung des 60. Lebensjahres oder einer vor Vollendung des 60. Lebensjahres beginnenden Leistung aus einem gesetzlichen Alterssicherungssystem des Vertragspartners gezahlt werden darf. – Anbieter i.S.d. Gesetzes sind Anbieter von Altersvorsorgeverträgen gemäß § 1 II des Altersvorsorgeverträge – Zertifizierungsgesetzes sowie die in § 82 II genannten Versorgungseinrichtungen. Dazu gehören auch → Bausparkassen i.S.d. Gesetzes über Bausparkassen und Kreditinstitute. – Vgl. auch Wohn – Riester, → Riester-Rente.

Altersvorsorgezulage – Zulage, die für → Altersvorsorgeverträge gezahlt wird, falls nicht der Abzug der Beiträge als Sonderausgaben günstiger ist. – Alle nach den §§ 10a bzw. 79 EStG begünstigten unbeschränkt steuerpflichtigen Personen haben Anspruch auf eine Altersvorsorgezulage (§§ 83 ff. EStG). Liegen bei Ehegatten die Voraussetzungen vor und haben beide einen Altersvorsorgevertrag, so sind beide zulagenberechtigt. Die Zulage ist abhängig von den geleisteten Altersvorsorgebeiträgen und setzt sich aus einer Grundzulage und einer → Kinderzulage zusammen. – Geförderte Altersvorsorgebeiträge sind sowohl Beiträge als auch Tilgungsleistungen, die zur Tilgung eines im Rahmen des Altersvorsorgevertrags abgeschlossenen → Darlehens verwendet werden. Tilgungsleistungen werden nur berücksichtigt wenn das zugrunde liegende Darlehen für eine nach dem 31.12.2007 vorgenommene wohnwirtschaftliche Verwendung (also nur für eigengenutzte Wohnobjekte) eingesetzt wurde. – Bei Eltern wird die Kinderzulage der Mutter zugeordnet, auf Antrag beider Eltern dem Vater. Die Zulage wird gekürzt, wenn der Zulagenberechtigte nicht den Mindestbeitrag leistet. Dieser beträgt seit dem Jahr 2008 4 Prozent der Summe der in dem Kalenderjahr vorangegangenen Kalenderjahr erzielten Einnahmen, max. jedoch 4 Prozent der Beitragsbemessungsgrenze. – Vgl. auch → Riester-Rente.

Alterswerbung – Werbung eines Unternehmens mit einer Altersangabe; sie ist zulässig, wenn sie wahr ist, sonst liegt → irreführende Werbung vor (§ 5 UWG). Erforderlich ist je nach Bezugnahme der Werbung (Firma, Geschäftsgegenstand) Kontinuität über die behauptete Zeitspanne.

Alterungsrückstellung – 1. *Begriff:* Versicherungsunternehmen in der Privaten Krankenversicherung (PKV) gehen gegenüber den → Versicherten eine rechtliche Verpflichtung ein, dass die → Beiträge nicht allein altersbedingt, d.h. wegen der im Alter zunehmenden Inanspruchnahme von Gesundheitsleistungen steigen. Um dieser rechtlichen Verpflichtung genüge zu tun, muss das Versicherungsunternehmen für die Versichertengemeinschaft eine entsprechende → Rückstellung bilden. Diese Rückstellung wird Alterungsrückstellung genannt. Die Alterungsrückstellung ist dem entsprechend ein elementarer Bestandteil der Beitragskalkulation in der PKV. – 2. *Merkmale:* Der Tarifbeitrag in der PKV setzt sich aus dem Nettobeitrag und einem Beitrag zur Deckung der Betriebskosten des Versicherers zusammen. Der Nettobeitrag wiederum besteht aus dem Risikobeitrag und dem Sparbeitrag. Der Risikobeitrag stellt genau den Beitrag dar, der zur Deckung der

Versicherungsleistungen durchschnittlich gebraucht wird – er steigt mit zunehmendem Alter. Bei Eintritt in einen Tarif liegt der Nettobeitrag über dem eigentlich erforderlichen Risikobeitrag. Die Differenz stellt den sog. Sparbeitrag zur Bildung der Alterungsrückstellung dar, wobei die Alterungsrückstellung nicht nur aus dem Sparbeitrag gebildet wird, sondern wesentliche Quellen auch die rechnungsmäßige Verzinsung der Alterungsrückstellung sowie die Vererbung (Storno) sind. Wenn mit zunehmendem Alter der Risikobeitrag zur Deckung der Versicherungsleistungen nicht mehr reicht, werden die fehlenden Beitragsteile der Alterungsrückstellung entnommen. Damit ist sichergestellt, dass der Nettobeitrag auf Dauer konstant sein kann – gleich bleibende Rechnungsgrundlagen vorausgesetzt –, obwohl der Risikobeitrag mit zunehmendem Alter steigt. – 3. *Rechtliche Grundlagen:* Die privaten Krankenversicherer haben eine Alterungsrückstellung nach § 12 I Nr. 2 VAG und § 341 f HGB zu bilden. Darüber hinaus legen die Musterbedingungen 2009 für die Krankheitskostenversicherung (§ 8a MB/KK 2009) fest, dass – soweit eine Alterungsrückstellung zu bilden ist – eine Erhöhung der Versicherungsbeiträge wegen des Älterwerdens der versicherten Person während der Dauer des Versicherungsverhältnisses ausgeschlossen bleibt. Die weitergehenden Einzelheiten zur Rechnungsgrundlage und Kalkulation von Alterungsrückstellung sind in der Verordnung über die versicherungsmathematischen Methoden zur Prämienkalkulation und zur Berechnung der Alterungsrückstellung in der PKV (Kalkulationsverordnung- KalV, §§ 2 bis 8 sowie §§ 10, 11, 13 und 16) und im Versicherungsaufsichtsgesetz (VAG), §§ 12 und 12a, geregelt.

Ältestenrat – Gremium des → Bundestags, bestehend aus dem Bundestagspräsidenten, seinen Stellvertretern und 23 von den Bundestagsfraktionen zu benennenden Mitgliedern. – *Aufgaben:* Unterstützung des Präsidenten bei der Führung der Geschäfte, v.a. zur Verständigung zwischen den → Fraktionen über die Besetzung der Stellen der Ausschussvorsitzenden und den Arbeitsplan des Bundestags sowie die Tagesordnung (§§ 6, 20 GO-BT). Ähnliche Regelungen in den Ländern für die Landtage und die Gemeindevertretungen in den Kommunen.

Altfahrzeug – Nach der Altfahrzeug-VO i.d.F. vom 21.6.2002 (BGBl. I 2214) sind Hersteller von Fahrzeugen verpflichtet, alle Altfahrzeuge ihrer Marke vom Letzthalter zurückzunehmen (§ 3 I). – Vgl. auch → Kreislaufwirtschafts- und Abfallgesetz (KrW-/AbfG).

Altindustrieregion → Region, die sich durch einen Industriebestand aus der Frühphase der → Industrialisierung und fehlende Anpassungsfähigkeit an die Erfordernisse der Zeit auszeichnet. Merkmale sind eine hohe → Industriedichte, ein unterdurchschnittliches Wirtschaftswachstum (→ Wachstum), strukturelle Arbeitslosigkeit, die Dominanz spezialisierter und unflexibler Großbetriebe (in ehemals sozialistischen Ländern häufig veraltete Staatsbetriebe), soziale und ökologische Probleme sowie eine Produktionsstruktur, wie sie für das Ende des Produktlebenszyklus (→ Lebenszyklus) üblich ist. – Ein plastisches Beispiel für altindustrialisierte Räume sind → Regionen, in denen einst die → Montanindustrie (Bergbau, Eisen- und Stahlindustrie) raum- und strukturprägend war und die sich heute in einem tiefgreifenden → strukturellen Wandel befinden (z.B. Ruhrgebiet, Mittelengland, Wallonie, Asturien, Obersteiermark, Mährisch-Schlesisches Industrierevier, Elsass-Lothringen etc.). – Vgl. auch → strukturschwacher Raum.

Altlasten – Ablagerungen und Altstandorte, sofern von ihnen Umweltgefährdungen ausgehen oder zu erwarten sind. – Vgl. auch → Vorsorgeprinzip.

Altmaterial – zur Be- und Verarbeitung im eigenen Betrieb nicht mehr geeigneter und deshalb zur Veräußerung bestimmter Abfall. Durch den Verkauf von Altmaterial erzielte Erlöse werden in der Klasse 5 des IKR als Umsatzerlöse erfasst, soweit sie zur gewöhnlichen Geschäftstätigkeit gehören.

Altmaterialwert – *Schrottwert, Abbruchwert;* der am Ende der → Nutzungsdauer von einem Anlagegegenstand verbleibende → Restwert. Der Altmaterialwert ergibt sich aus der Verwertungsmöglichkeit des Gegenstandes unter Berücksichtigung der Kosten für Abbruch, Abtransport etc. Der Altmaterialwert ist i.d.R. nicht identisch mit dem → Buchwert der Finanzbuchhaltung.

Altöl – gemäß § 1a I der Altölverordnung (AltölV) i.d.F. vom 16.4.2002 (BGBl. I 1368) Öle, die als Abfall anfallen und die ganz oder teilweise aus synthetischen oder biogenem Öl bestehen.

Altsparergesetz – Gesetz i.d.F. vom 1.4.1959 (BGBl. I 170) m.spät.Änd., brachte für die vom 1.1.1940 bis zur → Währungsreform durchgehaltenen Sparanlagen eine erhöhte Umstellung auf insgesamt 20 Prozent. Zu den Altsparanlagen gehörten auch Bausparguthaben, Pfandbriefe u.a. Der Anspruch auf die erhöhte Entschädigungsgutschrift richtete sich grundsätzlich gegen den → Ausgleichsfonds und wurde ab 1.1.1953 mit 4 Prozent verzinst. Nach dem Einigungsvertrag konnten Anträge auf Entschädigung nur bis zum 31.12.1991 gestellt werden. Da die Durchführung des Gesetzes abgeschlossen ist, wurde das Altsparergesetz mit Gesetz vom 21.6.2006 (BGBl. I 1323) aufgehoben.

Altstoff – stofflicher → Rückstand aus ausgemusterten Gebrauchsgütern und Verpackungen von Ge- und Verbrauchsgütern (→ Sekundärstoff).

Altwarenhandel – *Gebrauchtwarenhandel;* An- und Verkauf von Konsum- und Produktionswaren, die schon von einem oder mehreren Verwendern genutzt wurden, aber noch einen Gebrauchswert besitzen. Werden Abfälle/Wertstoffe gehandelt, so bildet der

Altwarenhandel das erste Glied der → Redistribution. – Vgl. auch → Aufkaufhandel.

Amateurfunk – Voraussetzungen und die Bedingungen für die Teilnahme am Amateurfunkdienst regelt das Gesetz über den Amateurfunk vom 23.6.1997 (BGBl. 1494) m.spät.Änd. i.V. mit der VO zum Gesetz über den Amateurfunk (Amateurfunkverordnung [AFuV]) vom 15.2.2005 (BGBl. I 242) m.spät. Änd. Zuständig für die Erfüllung der daraus sich ergebenden Aufgaben ist die → Bundesnetzagentur (§ 116 TKG). – Vgl. auch → Telekommunikationsgesetz (TKG).

Ambient Medien – umfassen nicht klassische planbare Werbeformen im „Out-of-Home"-Bereich. Hierbei werden → Werbeträger direkt im Lebens- und Freizeitumfeld von → Zielgruppen positioniert. Beispiele hierfür sind Werbung auf Postkarten (z.B. Edgar-Cards), Brieftaschen, Bierdeckeln, Zapfpistolen, Containern, Golflöchern, Fußböden, Kanaldeckeln, Toilettenpapier, Kassenbons oder an Einkaufswagen. – Vgl. auch → Außenwerbung.

Ambition Driven Strategy – ein in den 1990er-Jahren von dem Beratungsunternehmen Arthur D. Little entwickelter Ansatz der → Strategieberatung, der primär auf einer Kombination rationaler und emotionaler Zielvorstellungen des Unternehmens beruht. Der Sinn einer Ambition Driven Strategy besteht darin, traditionelle Selbstbeschränkungen zu überwinden und den strategischen Optionsraum zu erweitern. In ihrer Grundphilosophie ist sie dem Konzept der lernenden Organisation verpflichtet, die die kreative Spannung zwischen Vision und Realität nutzt, um neue Denkanstöße mit betriebswirtschaftlichen Maßnahmen zu unterstützen.

ambulante Leistungen → Gesundheitswesen.

ambulanter Handel → Betriebsform des Handels, bei der der Verkauf nicht an festen Standorten stattfindet, sondern mit beweglichen Verkaufsstellen oder ganz ohne offene Verkaufsstellen erfolgt. – *Gegensatz:* → stationärer Handel. – *Formen:* → Hausierhandel, → Hökerhandel, → Markthandel (Messhandel) einschließlich → Straßenhandel, → Jahrmärkte, → Spezialmärkte, → Wochenmärkte, → Fahrverkauf, → Verkaufsrundfahrt. Als → Aufkaufhandel ist der ambulante Handel auch bei Formen des kollektierenden Großhandels möglich. – *Rechtlich:* → Reisegewerbe.

Ambush Marketing – 1. *Begriff:* Wird auch als „Schmarotzer"- oder „Trittbrettfahrer"-Marketing bezeichnet. In dieser Kommunikationsstrategie versucht ein werbetreibendes Unternehmen von einem → Event oder einer Veranstaltung zu profitieren, ohne selbst Sponsor zu sein. – 2. *Ausprägungen:* Beispiele hierfür sind die Vergabe von Fanartikeln bei einem Sportereignis außerhalb des Stadions oder die Verwendung von Heißluftballons und Zeppelinen neben dem eigentlichen Event.

AMCF – Abk. für *Association of Management Consulting Firms*, führender internationaler Verband für Managementberatungsunternehmen, 1929 gegründet; Sitz in New York. – 1. *Aufgaben:* Ziel des AMCF ist es, Qualität, Leistung und Integrität der Consulting-Branche zu fördern, den Erfahrungsaustausch zu unterstützen und Berufsstandards zu entwickeln. Der Verband dient als Informationsquelle für Unternehmensberater und unterstützt deren Austausch untereinander. Darüber hinaus vertritt er die Interessen der Berater in der Wirtschaft, bei Behörden, Universitäten und in der Öffentlichkeit. – 2. *Mitglieder:* Zu den Mitgliedsunternehmen zählen sowohl Einzelbüros als auch große multinationale Beratungsunternehmen. Die Mitgliedschaft setzt mind. fünf Jahre Geschäftstätigkeit sowie Referenzen von Kollegen und Kunden voraus, damit Qualität und die Einhaltung des Berufskodex gewährleistet werden können.

American Accounting Association (AAA) – 1916 gegründete Vereinigung von etwa 12.000 US-amerikanischen Hochschullehrern auf dem Gebiet des → Rechnungswesens (Accounting). Sie gibt eine der auf dem Gebiet des Rechnungswesens international führenden Zeitschriften, die „Accounting Review", heraus.

American Bankers Association (ABA) – 1875 gegründete Vereinigung amerik. Banken, der fast alle Banken der USA angehören; Sitz in Washington, DC. – *Zweck:* Fortbildung des Nachwuchses, Beratung und Ausarbeitung von Vorschlägen auf dem Gebiet der einschlägigen Gesetzgebung und der Angestelltenfragen, Entwicklung neuer Methoden zur Verbesserung des Verkehrs mit dem Publikum u.a.

American Institute of Accountants (AIA) – Bezeichnung des → American Institute of Certified Public Accountants (AICPA) bis 1957.

American Institute of Certified Public Accountants (AICPA) – bis 1957: American Institute of Accountants (AIA), ist – dem → Institut der Wirtschaftsprüfer in Deutschland e. V. (IDW) vergleichbar – der Dachverband der US-amerikanischen Wirtschaftsprüfer. Vor der Gründung des → Financial Accounting Standards Board (FASB) waren vom AICPA eingesetzte Gremien bis 1973 für die Entwicklung von Rechnungslegungsregeln für börsennotierte Unternehmen zuständig. Heute hat das American Institute of Certified Public Accountants (AICPA) nur noch begrenzte Kompetenzen bei der Erarbeitung materieller → Rechnungslegungsvorschriften, übt aber über die Mitwirkung im FASB weiterhin Einfluss auf die Ausgestaltung der → US-GAAP aus. Die Hauptaufgaben des American Institute of Certified Public Accountants (AICPA) sind heute die Erarbeitung der Richtlinien für Jahresabschlussprüfungen, der → Generally Accepted Auditing Standards (GAAS), die Entwicklung von Berufsgrundsätzen für Wirtschaftsprüfer, die Abwicklung der Wirtschaftsprüferexamen sowie die Interessenvertretung des Berufsstandes.

amerikanische Buchführung (amerikanisches Journal)

Datum	Text	Beleg	Umsatzsteuerpflichtiger Betrag	Betrag	Kassa-Konto		Wareneinkaufskonto		Debitorenkonto		Warenverkaufskonto		usw.
					S	H	S	H	S	H	S	H	

American National Standards Institute → ANSI.

American Standard Code of Information Interchange → ASCII(-Code).

amerikanische Buchführung – Übertragungsbuchführung, Sonderform der doppelten → Buchführung. Im Mittelpunkt steht das *amerikanische Journal*, das die Hauptbuchkonten tabellenartig erfasst, daher auch *Tabellenbuchführung* oder *Tabellenjournal* (vgl. Abbildung „amerikanische Buchführung"). – Daneben sind Kontokorrentbücher erforderlich sowie monatliche Übertragung ins → Hauptbuch. – *Vorteile* des amerikanischen Systems: Übersichtlichkeit, Verkürzung der Schreibarbeit durch Fortfall des Buchungssatzes und Kontrolle durch Addition jeder Buchseite. – *Nachteile:* beschränkte Kontenzahl, die auch durch Verwendung von zwei- und dreifachen Überschriften in verschiedener Farbe über einem Kontoraum nur geringfügig behoben werden kann. – Die amerikanische Buchführung ist nur für Geschäfte kleineren Umfanges geeignet.

amerikanisches Journal → amerikanische Buchführung.

amerikanisches Verfahren – 1. *Begriff:* Verfahren zur Liquiditätszuteilung bei → Zinstendern, welches von der Europäischen Zentralbank – → Europäisches System der Zentralbanken (ESZB) – u.a. angewendet wird. – 2. *Funktionsweise:* Beginnend mit den höchsten Gebotssätzen teilt die Zentralbank den Kreditinstituten (auch: Geschäftspartner, Finanzinstitute) beim amerikanischen Verfahren Zentralbankguthaben zu ihren individuellen Bietungssätzen zu, und zwar so lange, bis das von ihr vorgesehene Gesamtvolumen an Liquidität erreicht ist. Da die Banken aufgrund ihrer Geldmarktkenntnisse i.Allg. eng beieinander liegende Sätze bieten, sind beim marginalen Zuteilungssatz oft Repartierungen notwendig. – Vgl. auch → holländisches Verfahren, → Tenderverfahren.

AMF – Abk. für → *Arab Monetary Fund.*

Amnestie – allgemeiner, für eine unbestimmte Vielzahl von Fällen i.d.R. gesetzlich gewährter Erlass von → Strafen. – *Anders:* → Begnadigung.

Amoroso-Robinson-Relation – Gleichgewichtsbeziehung zwischen Preis, → Preiselastizität und → Grenzkosten (bezogen auf die Menge), die ausschließlich im Preisoptimum gilt. Die Beziehung lautet:

$$p^* = \varepsilon/(1+\varepsilon)\, C'$$

mit p^* = optimaler Preis, $\varepsilon = \partial q/\partial p \cdot p^*/q$ = Preiselastizität und $C' = \partial C/\partial q$ Grenzkosten bez. der Menge. – Es handelt sich hierbei um eine Fixpunktgleichung, da sowohl die Preiselastizität als auch die Grenzkosten vom optimalen Preis abhängen können.

Amortisation – 1. → Tilgung einer Schuld. – 2. *Rückfluss der Investitionsbeträge* unter dem Gesichtspunkt (1) der → Finanzierung (→ Finanzplan, → Liquidität); (2) der → Wirtschaftlichkeitsrechnung (→ Amortisationsdauer, → Amortisationsrechnung).

Amortisationsanleihe → Tilgungsanleihe.

Amortisationsdauer – *Kapitalrückflussdauer, Payback Period, Payoff Period.* 1. *Begriff:* Zeitpunkt, in dem die Summe der Einzahlungsüberschüsse eines Investitionsprojekts (bei statischer → Amortisationsrechnung) oder deren → Barwert (bei dynamischer → Amortisationsrechnung) gleich der Investitionsausgabe (Anschaffungsauszahlung) ist. – 2. *Bedeutung:* Kriterium zur Vorteilhaftigkeitsbeurteilung von Investitionsprojekten (→ Investitionsrechnung). Die Amortisationsdauer beurteilt v.a. das Investitionsrisiko, da die Prognosegenauigkeit der Investitionsrückflüsse mit höherer Kapitalrückflussdauer abnimmt. Die Amortisationsdauer trifft allerdings keine Aussage über die Verzinsung (→ Rentabilität) des Investitionsprojektes.

Amortisationsrechnung – 1. *Begriff:* Verfahren zur Beurteilung von → Investitionsobjekten bei Unsicherheit. Vorteilhaftigkeitskriterium ist die Dauer bis zum Rückfluss des investierten Kapitals (→ Amortisationsdauer). – 2. *Verfahren:* a) Die *statische Amortisationsrechnung* ermittelt den Zeitpunkt n, in dem die Summe der zukünftig erwarteten Rückflüsse (C_t) gleich der Investitionsausgabe (I_0) ist:

$$I_0 = \sum_{t=1}^{n} C_t \,.$$

– b) Die *dynamische Amortisationsrechnung* ermittelt den Zeitpunkt m, in dem die Summe der mit dem relevanten Kalkulationszinssatz (i) diskontierten Rückflüsse (C_t) gleich der Investitionsausgabe (I_0) ist:

$$I_0 = \sum_{t=1}^{m} C_t \cdot (1+i)^{-t} \,.$$

3. *Beurteilung:* Die Amortisationsrechnung ist ein Näherungsmaßstab zur Beurteilung des → Investitionsrisikos. Das Verfahren sollte nicht als alleiniger Maßstab zur Investitionsbeurteilung verwendet werden,

da die Amortisationsrechnung die Rückflüsse nach Ablauf der Amortisationsdauer ignoriert und damit keine Aussage über die Verzinsung (→ Rentabilität) des Investitionsprojekts trifft.

Amplitude – Abstand zwischen den oberen bzw. unteren Wendepunkten einer schwingenden Zeitreihe und einem Mittelwert (Trend) im Verlauf eines → Konjunkturzyklus (→ Konjunkturschwankungen).

Amsterdamer Börse – traditionsreiche und zugleich älteste Wertpapierbörse der Welt; erster Effektenhandel 1612. Heute ist sie die zentrale Börsenorganisation der Niederlande. Zu ihr gehören der amtliche holländische Aktienmarkt, der Rentenmarkt, der Optionsmarkt, der Future-Markt, die Clearing-Organisation und die Aufsichtsbehörde. Zusammen mit den Börsen von Brüssel und Paris ist die Amsterdamer Börse im Herbst 2000 zunächst in der → Euronext N. V. aufgegangen und mittlerweile Teil der → NYSE Euronext.

Amsterdamer Vertrag – 1. *Charakterisierung*: Der → Europäische Rat einigte sich am 16./17.6.1997 in Amsterdam über die Novellierung des EU-Vertrages (→ Maastrichter Vertrag); dieser erlangte zum 1.5.1999 Rechtskraft. Die Neuerungen betrafen alle drei sog. EU-Säulen (→ EU); anders als bei den früheren Vertragsreformen überwogen die nicht ökonomischen Integrationsfelder. Die sog. erste Säule (EU) wurde im Wesentlichen in Gestalt der Neuaufnahme eines Beschäftigungskapitels sowie durch Einfügung des „Maastrichter" Sozialprotokolls und durch die Einbeziehung des Schengener Abkommens (Freizügigkeit des innergemeinschaftlichen Personenverkehrs) weiterentwickelt. Mit dem Ziel, die weltpolitische Rolle der EU zu stärken, wurden im Rahmen der → GASP (sog. zweite Säule) einige begrenzte Verbesserungen der außenpolitischen Aktionsfähigkeit der EU erreicht. Zur Verbesserung des rechtlichen Schutzes der (Unions-)Bürger wurde die Zusammenarbeit in den Bereichen Justiz und Inneres (sog. dritte Säule) durch eine Reihe von Neuerungen ausgebaut. – 2. Eine prozedurale Neuerung stellte die Einführung des *Prinzips der Flexibilität* (nur erste und dritte Säule) dar: Unter Wahrung bestimmter Voraussetzungen wurde es auf der Basis eines einstimmigen Ratsbeschlusses möglich, dass eine Gruppe von EU-Staaten, welche die Mehrheit der Mitgliedsländer umfasst, den restlichen Mitgliedsstaaten integrationspolitisch (Vertiefung des Integrationsprozesses) voranschreiten kann. Außerdem wurde eine Sanktionsmöglichkeit gegen Mitgliedsstaaten eingeführt, die eine schwerwiegende und anhaltende Verletzung der Prinzipien und Grundrechte begehen (Art. 7 EUV, durch den → Vertrag von Nizza präzisiert). – 3. Die bedeutendste in Amsterdam erzielte *institutionelle Neuerung* war die beträchtliche Aufwertung, welche das → Europäische Parlament als Mitentscheidungsorgan erfuhr. Insgesamt blieb jedoch speziell die Reform der EU-Organe sowie die Reform der gemeinschaftlichen Entscheidungsverfahren weit hinter jenen Erfordernissen zurück, welche eine unerlässliche Voraussetzung dafür sind, dass die EU auch mit 25 bis 30 Mitgliedsstaaten funktions- und handlungsfähig ist. Um diesen und anderen vor der Ost-Erweiterung der EU zu überwindenden Mängeln abzuhelfen, wurden vom → Europäischen Rat begrenzte Änderungen hinsichtlich der Stimmgewichtung im Europäischen Parlament und der Sitzverteilung im → Rat der Europäischen Union vorgenommen. Ferner wurden die Regeln für sog. qualifizierte Mehrheitsentscheidungen modifiziert und die Möglichkeiten ihrer Anwendung auf zusätzliche Politikfelder ausgeweitet. – Vgl. auch → Vertrag von Lissabon.

Amt für Ausbildungsförderung – Behörde für die zur Durchführung des Bundesausbildungsförderungsgesetzes erforderlichen Aufgaben, u.a. Beratung der Auszubildenden und ihrer Eltern über die individuelle Förderung der Ausbildung (§§ 40 ff. BAFöG). Das Amt für Ausbildungsförderung ist den Verwaltungen der kreisfreien Städte oder Landkreise angegliedert. Für immatrikulierte Studenten ist es bei den staatlichen Hochschulen oder Studentenwerken errichtet; für die Verwaltung und Einziehung von Darlehen ist das Bundesverwaltungsamt in Köln zuständig. – Vgl. auch → Ausbildungsförderung.

amtlicher Handel – Handel mit zur amtlichen Notierung zugelassenen Wertpapieren; Teilmarkt der Effektenbörse. Der amtliche Handel war bes. geprägt durch die allein durch Kursmakler vorgenommene Bildung von Börsenpreisen. Mit dem Vierten Finanzmarktförderungsgesetz wurde 2002 der amtliche Handel ersetzt durch den → amtlichen Markt, der mittlerweile wiederum durch den → regulierten Markt ersetzt worden ist.

amtlicher Markt – früher: *Öffentliches Marktsegment des Kursmarktes der Effektenbörse*, das bes. strengen Zulassungsvoraussetzungen und Zulassungsfolgepflichten unterlag. Die Unterscheidung zwischen amtlichem und → geregeltem Markt hat das → Börsengesetz (BörsG) seit 2007 infolge der Umsetzung der EU- Richtlinie über Märkte für Finanzinstrumente (→ MiFID) 2004/39/EG aufgegeben und durch den Begriff des → regulierten Marktes ersetzt.

amtliche Statistik – Gesamtheit der von Bund, Ländern, Gemeinden oder von speziellen Trägern durchgeführten Statistik.

I. Träger: gemäß Gesetz über die Statistik für Bundeszwecke (Bundesstatistikgesetz (BStatG)) vom 22.1.1987 (BGBl. I 462): 1. *Zentral:* → Statistisches Bundesamt → (StBA) in Wiesbaden; Aufgaben: methodische und technische Vorbereitung, in bestimmten Fällen auch Erhebung und Aufbereitung von Statistiken für Bundeszwecke; Zusammenstellung, Veröffentlichung und Darstellung der Ergebnisse für den Bund sowie für allg. Zwecke; Auslandsstatistik; Aufstellung von → Volkswirtschaftlichen

Gesamtrechnungen (VGR) etc. – 2. *Dezentral:* (1) *Statistische Landesämter;* Aufgaben: i.d.R. Durchführung der zentral vorbereiteten Bundesstatistiken, Aufbereitung und Veröffentlichung der Statistiken auf Landesebene, Statistiken für Zwecke der Länder; (2) *kommunalstatistische Ämter und Dienststellen;* Aufgaben: Mitwirkung an Bundes- und Landesstatistiken, Erhebungen für Zwecke der kommunalen Selbstverwaltung (Städtestatistik). – 3. Neben dieser „ausgelösten" Statistik der Statistischen Ämter steht die *„Ressortstatistik"* solcher Behörden, bei denen die Statistik nicht aus dem Bereich der fachlichen Verwaltung herausgelöst ist, u.a. bei Bundesministerien, → Bundesbank, → Bundesagentur für Arbeit, → Kraftfahrt-Bundesamt (KBA).

II. Durchführung: Die Durchführung der „ausgelösten" Statistiken erfolgt aufgrund von Gesetzen, unter gewissen Voraussetzungen auch durch Rechtsverordnungen nach (1) methodisch-technischer Vorbereitung durch das Statistische Bundesamt, (2) Beratung des Erhebungs- und Aufbereitungsplanes durch Fachausschüsse des → Statistischen Beirats, (3) Entwurf der Rechtsgrundlage durch zuständiges Bundesministerium und StBA, (4) Begutachtung der Notwendigkeit einer neuen Erhebung durch „Abteilungsleiterausschuss Statistik" der Bundesregierung und Interministeriellen Ausschuss für Koordinierung und Rationalisierung der Statistik, (5) Erlass der Rechtsgrundlage, (6) Bereitstellung der Mittel durch Finanzministerien.

III. Aufgabenbereiche: Zentrale Aufgabenbereiche sind die Bevölkerungs- und Erwerbstätigkeit mit Erhebungen über Bevölkerungsbewegungen und -struktur, Einnahmen und Ausgaben privater Haushalte, Wohnverhältnisse sowie Beteiligung am Erwerbsleben, die wirtschaftliche Tätigkeit mit Erhebungen über Landwirtschaft, Produzeierendes Gewerbe, Handel, Gastgewerbe, Kredit- und Versicherungsgewerbe, sowie Erhebungen über Preise, Löhne und den Außenhandel und der öffentliche Bereich mit Erhebungen über Finanzen und Steuern, Bildung und Gesundheitswesen.

amtliche Werke – in amtlichem Interesse veröffentlichte Werke einer mit der Erfüllung öffentlicher hoheitlicher Aufgaben betrauten Stelle (Gesetze, Verordnungen, amtliche Erlasse und Bekanntmachungen, Entscheidungen und amtlich verfasste Leitsätze zu Entscheidungen; nicht: Bearbeitungen wie Übersetzungen ausländischer Gesetze und Entscheidungen). Sie genießen keinen urheberrechtlichen Schutz (§ 5 I UrhG). Das Gleiche gilt für andere amtliche Werke, die im amtlichen Interesse zur allg. Kenntnisnahme veröffentlicht sind. Hier ist allerdings ein Hinweis auf die Quelle erforderlich und Änderungen nicht zulässig (§ 5 II UrhG). Das → Urheberrecht an privaten Normen (etwa DIN-Normen) wird nicht berührt, wenn auf sie in Gesetzen, Verordnungen, Erlassen oder amtlichen Bekanntmachungen verwiesen wird, ohne den Wortlaut wiederzugeben. In diesen Fällen ist der Urheber aber verpflichtet, gegen angemessene Bedingungen dem Verlag die Vervielfältigung und Verbreitung einzuräumen (§ 5 III UrhG).

Amtsanmaßung – Amtsanmaßung begeht, wer sich unbefugt mit der Ausübung eines öffentlichen Amts befasst oder eine Handlung vornimmt, welche nur Kraft eines öffentlichen Amtes vorgenommen werden darf (§ 132 StGB). – *Strafe:* Freiheitsstrafe bis zu zwei Jahren oder Geldstrafe.

Amtsberichtigung – Berichtigung bes. von Listen, Registern, Urkunden öffentlichen Glaubens. Im *Grundbuchverfahren* ist Amtsberichtigung trotz des → Antragsgrundsatzes zulässig und erforderlich, da wegen des öffentlichen Glaubens des → Grundbuchs der Buchstand mit der wahren Rechtslage übereinstimmen muss und Antrag auf Berichtigung falscher oder unterbliebener Eintragungen oft nicht gestellt wird. – *Möglichkeiten:* (1) → Grundbuchberichtigungszwang. Wenn das Grundbuch z.B. durch Erbgang unrichtig geworden ist und alsbaldige Berichtigung angezeigt erscheint, weil Unsicherheit im Rechtsverkehr droht, kann das → Grundbuchamt den Eigentümer anhalten, Urkunden beizubringen, damit das Grundbuch wieder auf neuesten Stand gebracht wird. (2) → Amtswiderspruch und → Amtslöschung. – Vgl. auch → offenbare Unrichtigkeiten.

Amtsbetrieb → Offizialmaxime.

Amtsfähigkeit – Fähigkeit, öffentliche Ämter zu bekleiden (→ Aberkennung von Rechten und Fähigkeiten).

Amtsgericht – Gericht der ordentlichen Gerichtsbarkeit auf der unteren Stufe des Gerichtsaufbaus. Das Amtsgericht entscheidet in Zivilsachen durch Einzelrichter, in Strafsachen durch den Einzelrichter oder als Spruchkörper durch das Schöffengericht. – 1. *Sachliche Zuständigkeit in Zivilsachen:* a) Vermögensrechtliche Ansprüche: (1) Wenn der → Streitwert 5.000 Euro nicht übersteigt; (2) ohne Rücksicht auf den Streitwert (§§ 23, 23a GVG) u.a. für bestimmte Mietstreitigkeiten (z.B. Überlassung, Benutzung, Räumung, Ausübung des → Vermieterpfandrechts), Streitigkeiten zwischen Reisenden und Wirten, Fuhrleuten etc., Streitigkeiten um Ansprüche, die mit der Überlassung eines Grundstücks zusammenhängen, das Aufgebotsverfahren sowie für alle Streitigkeiten in Familien- und Kindschaftssachen und über eine gesetzliche Unterhaltspflicht. – b) Mahn-, Aufgebots- und Entmündigungsverfahren. – c) Das Amtsgericht ist u.a. Insolvenz-, Vollstreckungs-, und Registergericht, Vormundschafts- und Schifffahrtsgericht sowie Grundbuchamt. – 2. Beim Amtsgericht können sich die Parteien selbst *vertreten* (kein → Anwaltszwang) mit Ausnahme in Ehesachen bei den Familiengerichten (§ 78 II und III ZPO). – 3. *Gegen Urteile* des Amtsgerichts in Zivilsachen ist → Berufung an das → Landgericht gegeben, gegen die Instanz abschließende Beschlüsse grundsätzlich einfache oder → sofortige Beschwerde. In Familien- und

Kindschaftssachen geht die Berufung an das → Oberlandesgericht (OLG). Die Zuständigkeit des Amtsgerichts in Strafsachen ergibt sich aus den §§ 24–26 GVG und § 33 JGG. – Vgl. auch → Rechtsmittel.

Amtshaftung – bes. Haftung des Staates oder anderer öffentlicher Körperschaften für ihre Bediensteten, mittelbare Staatshaftung. – 1. *Anspruchsvoraussetzungen:* Verletzt ein Amtsträger in Ausübung eines ihm anvertrauten öffentlichen Amtes schuldhaft eine Amtspflicht, die ihm einem Dritten gegenüber obliegt, und wird dadurch Schaden verursacht, so haftet der Staat oder die öffentlich-rechtliche Körperschaft (z.B. Gemeinde), die den Amtsträger angestellt oder die ihn mit der Aufgabe betraut hat (Art. 34 GG i.V. mit § 839 BGB). Amtsträger ist nicht nur der → Beamte im beamtenrechtlichen Sinn, sondern auch der Angestellte, Arbeiter, Minister, Gemeindenvertreter oder der mit hoheitlichen Aufgaben beliehene Privatmann (Schiffskapitän). Die Amtshaftung ist ausgeschlossen, (1) wenn der Verletzte auf andere Weise Ersatz verlangen kann (z.B. aus einer Unfallversicherung oder von mithaftenden Dritten) oder (2) wenn der Verletzte es schuldhaft unterlassen hat, den Schaden durch Gebrauch eines Rechtsmittels abzuwehren oder (3) wenn es sich um ein gerichtliches Urteil handelt und die Amtspflichtverletzung des Richters nicht in einer Straftat (z.B. Rechtsbeugung) besteht (sog. Richterprivileg). Der Anspruch verjährt grundsätzlich in drei Jahren (§ 195 BGB). Der Anspruch geht auf Schadensersatz in Geld und schließt auch Schmerzensgeld ein. Bei Vorsatz oder grober Fahrlässigkeit kann der Amtsträger, sofern er Beamter, öffentlicher Angestellter oder Arbeiter ist, in Rückgriff (Regress) genommen werden. Der Anspruch ist vor den ordentlichen Gerichten geltend zu machen. – 2. Handelt der Amtsträger *fiskalisch*, d.h. im privatrechtlichen Bereich, kann eine Haftung der Körperschaft neben dem Amtsträger je nach Stellung aus §§ 31, 89 BGB für verfassungsmäßige Vertreter oder § 831 BGB für → Verrichtungsgehilfen infrage kommen. – 3. *EG-Recht:* Über eine Amtshaftungsklage kann auch Schadenersatz wegen eines Verstoßes gegen EG-Recht verlangt werden. Grundlegend ist die Entscheidung des Europäischen Gerichtshofs in der Rechtssache Francovich und Bonifaci (EuGH, C-6/90 und C-9/90, Slg.1991, 5357). Voraussetzung ist, dass die EG-Norm dem Einzelnen Rechte verleiht und dass ein hinreichend qualifizierter Verstoß vorliegt. Im Fall Köbler hat der EuGH (C-224/01, Sg. 2003, I-10239) entschieden, dass die effektive Durchsetzung des EG-Rechts nicht am Richterprivileg scheitern darf.

Amtshilfe – I. Grundgesetz: gegenseitige Beistandsleistung aller Behörden des Bundes und der Länder nach Art. 35 GG z.B. durch Auskunfterteilung, Übersendung von Akten etc. Bes. geregelte Hilfe bei Naturkatastrophen und schweren Unglücksfällen durch Polizei, Bundesgrenzschutz und Streitkräfte (Art. 35 II und III GG). – Im Bereich der Gerichte als → Rechtshilfe bezeichnet.

II. Steuerrecht: 1. *Allgemein:* Alle Gerichte und Behörden haben den Finanzbehörden die zur Durchführung der Besteuerung erforderliche Amtshilfe zu leisten (§ 111 I AO). – 2. *Voraussetzungen:* Eine Finanzbehörde kann um Amtshilfe u.a. dann ersuchen, wenn sie die Amtshandlung aus rechtlichen und/oder tatsächlichen Gründen nicht selbst vornehmen kann, sie auf Kenntnisse von Tatsachen angewiesen ist, die ihr unbekannt sind und die sie selbst nicht ermitteln kann, sowie, wenn sie Urkunden oder sonstige Beweismittel zur Durchführung des Besteuerungsverfahrens benötigt, die sich im Besitz der ersuchten Behörde befinden (§ 112 AO). – 3. Die Pflicht der Amtshilfe findet ihre *Grenze,* wenn die ersuchte Behörde aus rechtlichen Gründen dazu nicht in der Lage ist, sie dem Ersuchen nur mit unverhältnismäßigem Aufwand entsprechen könnte bzw. durch die Hilfeleistung die Erfüllung ihrer eigenen Aufgaben ernstlich gefährden würde. – 4. Soweit Gerichte und Behörden Tatsachen dienstlich erfahren, die den Verdacht auf eine → Steuerstraftat nahelegen, sind sie zur Mitteilung an die Finanzbehörden auch ohne dortiges Ersuchen verpflichtet (§ 116 AO). – 5. Daneben können die Finanzbehörden auch *zwischenstaatliche Amtshilfe* in Anspruch nehmen. Grundlage sind die Regelungen der jeweiligen → Doppelbesteuerungsabkommen (DBA) bzw. die → EG-Amtshilfe-Richtlinie, umgesetzt durch das EG-Amtshilfe-Gesetz (§ 117 AO). – Neu eingeführt und anzuwenden ab dem 26.7.2012 ist § 117a AO, der die Übermittlung personenbezogener Daten an Mitgliedstaaten der EU ermöglicht. Die Regelung wurde durch das EUStrfVerfG (Gesetz über die Vereinfachung des Austauschs von Informationen und Erkenntnissen zwischen den Strafverfolgungsbehörden der Mitgliedstaaten der Europäischen Union vom 21.07.2012, BGBl. I S. 1566) eingeführt. Auf ein Ersuchen einer für die Verhütung und Verfolgung von Straftaten zuständigen öffentlichen Stelle eines Mitgliedstaates der EU können nun die mit der Steuerfahndung betrauten Dienststellen der Finanzbehörden personenbezogene Daten, die in Zusammenhang mit den Aufgabe der Steuerfahndung (Zollfahndung) stehen, zum Zweck der Verhütung von Straftaten übermitteln. – § 117b AO schränkt die Nutzung der Daten auf Zwecke ein, für die sie übermittelt wurden, oder zur Abwehr einer gegenwärtigen und erheblichen Gefahr für die öffentliche Sicherheit (ebenfalls eingeführt durch EUStrfVerfG und anzuwenden ab dem 26.7.2012).

Amtslöschung – Löschung einer Eintragung von Amts wegen. – 1. Im → Grundbuch: → Löschung nur auf Antrag. Auch bei unrichtigen Eintragungen nur → Widerspruch oder → Amtswiderspruch. – *Ausnahmen:* Bei unzulässiger Eintragung, die für niemand Rechte begründen kann, erfolgt Amtslöschung (§ 53 I 2 GBO); ebenso bei gegenstandslosen

Eintragungen (§ 84 GBO). – 2. Im *Handelsregister:* → Handelsregister.

Amtspflicht – Begriff u.a. der Abgabenordnung (AO) für die Pflicht des Finanzamtes, die steuerpflichtigen Fälle zu erforschen und von Amts wegen die tatsächlichen und rechtlichen Verhältnisse zu ermitteln, die für die Steuerpflicht und die Bemessung der Steuer wesentlich sind (→ Untersuchungsgrundsatz, § 88 AO). Das Finanzamt hat Angaben der Steuerpflichtigen auch zu deren Gunsten zu prüfen (§§ 88 II, 199 I AO). Bei Schädigung durch schuldhafte Verletzung der Amtspflicht → Schadensersatz nach § 839 BGB und Art. 34 GG (→ Amtspflichtverletzung).

Amtspflichtverletzung – Verletzung der einem Amtsträger obliegenden Amtspflichten. Die Amtspflichtverletzung hat nicht nur dienstrechtliche Folgen (ggf. Maßnahmen nach dem Disziplinarrecht), sondern auch haftungsrechtliche Bedeutung. – Vgl. auch → Amtshaftung.

Amtsplatz – Begriff des Zollrechts für die Räume und Flächen, die für die zollamtliche Tätigkeit bestimmt sind. Die eingeführten Waren sind vor ihrer → Gestellung regelmäßig auf den Amtsplatz der zuständigen Zollstelle zu verbringen, § 4 ZollVG. Auch beim Export sind die Waren zumindest am Amtsplatz der Grenzzollstelle, Ausgangszollstelle, zu gestellen.

Amtsprinzip → Offizialmaxime.

Amtsträger – Begriff des → Strafrechts. Er umfasst → Beamte, → Richter und sonstige in einem öffentlich-rechtlichen Amtsverhältnis stehende (z.B. Minister) oder mit Aufgaben der öffentlichen Verwaltung betraute Personen (z.B. Wahlvorsteher, aber auch Angestellte einer GmbH, sofern sie öffentliche Verwaltungsaufgaben wahrnehmen), vgl. § 11 I Nr. 2 StGB. Ist der Täter der Straftat ein Amtsträger, werden vom Gesetz daran mitunter bes. Strafbarkeitsfolgen (erhöhte Strafe) geknüpft, vgl. etwa § 258 a StGB, Strafvereitelung im Amt, gegenüber der „gewöhnlichen" Strafvereitelung, § 258 StGB.

Amtsverschwiegenheit – Verpflichtung von Beamten und Angestellten im öffentlichen Dienst (auch nach Beendigung des Dienstverhältnisses) über die bei der amtlichen Tätigkeit bekannt gewordenen Angelegenheiten Verschwiegenheit zu bewahren. Dies gilt nicht für Mitteilungen im dienstlichen Verkehr oder für Tatsachen, die offenkundig sind oder ihrer Bedeutung nach keiner Geheimhaltung bedürfen. – Vgl. auch → Schweigepflicht.

Amtswiderspruch – ein vom → Grundbuchamt nach § 53 GBO von Amts wegen in das → Grundbuch eingetragener Widerspruch, wenn sich herausstellt, dass das Grundbuch durch eine *fehlerhafte Eintragung* unrichtig geworden ist. Der Amtswiderspruch bezweckt wie der → Widerspruch die Verhinderung eines → gutgläubigen Erwerbs. – *Unterschied:* Während der Widerspruch i.d.R. zur Sicherung des → Grundbuchberichtigungsanspruchs eingetragen wird, erfolgt Eintragung eines Amtswiderspruchs, wenn ein Fehler des Grundbuchamtes vorliegt.

analoge Darstellung – Darstellungsweise, bei der Daten durch kontinuierliche Funktionen repräsentiert werden, die sich entsprechend den abzubildenden Sachverhalten stufenlos ändern. – *Anders:* → digitale Darstellung.

Analogie – I. Wissenschaftstheorie: Übereinstimmung von Objekten bez. bestimmter Merkmale; zu unterscheiden sind verschiedene Grade der Analogie, im Grenzfall Übergang zur Identität. – 1. *Isomorphie:* sehr weit gehende Ähnlichkeit hinsichtlich der Struktur von Objekten. – 2. *Funktionsanalogie:* Übereinstimmung unterschiedlicher Objekte oder Systeme hinsichtlich der von ihnen zu erfüllenden Funktionen. – In der Wissenschaft gelten *Analogieschlüsse* als wichtiges Mittel der Erkenntnisgewinnung (→ Heuristik).

II. Juristischer Sprachgebrauch: die sinngemäße Anwendung eines einzelnen Rechtssatzes (d.h.eines Paragraphen, ggf. eines Absatzes) auf einen im Gesetz nicht genannten Tatbestand (Gesetzesanalogie). Bei der Rechtsanalogie wird ein gesetzesgeberischer Gedanke, der sich in sachlich unterschiedlichen Rechtsvorschriften (Gesetzen) findet, auf einen nicht ausdrücklich geregelten Fall angewendet. Anderes gilt, wenn sich aus den Rechtsvorschriften ergibt, dass sie einer analogen Verwendung nicht zugänglich sein sollen. Ein Analogieverbot folgt aus Art. 103 II GG für den Bereich des materiellen Strafrechts zuungunsten des Beschuldigten.

Analogrechner – *Analogcomputer;* bes. in der → Prozesssteuerung eingesetzter Rechner (→ Prozessrechner). Die Daten werden nicht in „zählenden" Bauteilen dargestellt, sondern als (analoge) physikalische Größen (z.B. Ströme, Spannungen). Analoge Informationen können mithilfe von z.B. → Modems in digitale Daten umgewandelt werden. – *Gegensatz:* → Digitalrechner.

Analyse-Methoden – 1. Bei der *statischen Analyse* beziehen sich – bei gegebenen funktionalen Beziehungen – alle untersuchten Variablen auf den gleichen Zeitpunkt bzw. -raum, d.h., das Zeitproblem wird ausgeklammert. – 2. Bei der *komparativ-statischen Analyse* werden zwei statische Gleichgewichtszustände miteinander verglichen. Auch hier kommt lediglich eine Daten-Variation, nicht aber die Zeit ins Spiel. – 3. In der *dynamischen Analyse* wird zwar ein Ablauf in der Zeit simuliert – die Variablen tragen unterschiedliche Zeitindices und wirken zeitverzögert aufeinander ein -, aber es bleibt bei der rein physikalischen Zeit im Sinn I. Newtons. – 4. Bei der *evolutorischen Analyse* wird die historische Zeit berücksichtigt, d.h., es werden Irreversibilitäten und somit auch Veränderungen der funktionalen Beziehungen aufgrund prozessendogener Entwicklungen (z.B. Lernprozesse) und Pfadabhängigkeiten thematisiert.

analytische Arbeitsbewertung – ein Verfahren der → Arbeitsbewertung; nach Definition von → REFA-Verband für Arbeitsstudien, Betriebsorganisation und Unternehmensentwicklung e. V. Verfahren zur anforderungsabhängigen Entgeltdifferenzierung. Bei diesen werden die Anforderungen des Arbeitssystems an den Menschen mithilfe von Anforderungsarten ermittelt.

analytische Frage – Frage in einer → Befragung, die nicht direkt der Ergebnisermittlung dient, sondern für weitere Analysezwecke, z.B. Teilgruppenuntersuchungen, herangezogen werden kann.

analytische Produktion – Elementartyp der Produktion (→ Produktionstypen), der sich aus dem Merkmal der prozessbedingten Stoffveränderung ergibt. Unter analytischer Produktion versteht man eine stoffzerlegende Produktion, bei der ein Einsatzstoff in mehrere Güterarten aufgespalten wird. – *Beispiel:* chemisch-physikalische Stoffzerlegung in der Raffinerie. – Vgl. auch → synthetische Produktion, → analytisch-synthetische Produktion, → stoffneutrale Produktion.

analytische Statistik → Inferenzstatistik.

analytisch-synthetische Produktion – Elementartyp der Produktion (→ Produktionstypen), der sich aus dem Merkmal der prozessbedingten Stoffveränderung ergibt. Bei der analytisch-synthetischen Produktion entstehen aus mehreren Einsatzstoffen verschiedene andersartige Güter (→ Kuppelprodukte). – *Beispiel:* Roheisenproduktion im Hochofen. – Vgl. auch → analytische Produktion, → synthetische Produktion, → stoffneutrale Produktion.

Anatozismus – Verzinsung aufgelaufener Zinsen. – Vgl. → Zinseszinsen.

Anbauten – als Ergänzung bzw. Erweiterung eines an sich vollständigen Gebäudes erstellte Bauten. Die entstandenen Baukosten werden im Rechnungswesen auf einem bes. einzurichtenden Neubaukonto gesammelt. Nach Fertigstellung der Bauten werden sie auf die in Betracht kommenden → Anlagekonten verteilt und über die Nutzungsdauer der Gebäude hinweg abgeschrieben (→ Abschreibungen). – Vgl. auch → Gebäudekosten, → Gebäudeabschreibungen.

Anbauverfahren → innerbetriebliche Leistungsverrechnung.

An-Bord-Konnossement → Konnossement.

ANDEN-Pakt – 1. *Begriff und Merkmale*: Der Andenpakt wurde gegründet mit der Unterzeichnung des Abkommens von Cartagena (1969). Die Gründungsländer: Bolivien, Chile, Ecuador, Kolumbien und Peru. – 2. *Ziele*: Wirtschaftsgemeinschaft: (a) Abbau der Handelsschranken; (b) gemeinsamer Außenzoll; (c), gemeinsame Industrialisierungsprogramme; (d) Verbesserung der Wettbewerbsfähigkeit; (e) Harmonisierung der Wirtschafts- und Sozialpolitik. – 3. *Organe*: Die Kommission mit Repräsentanten aller Mitgliedsstaaten und die sog. Junta, die sich aus drei Mitgliedern zusammensetzt, sowie das Parlament und der Gerichtshof. – 4. *Ergebnis*: Anstieg des subregionalen Handels. – 5. *Probleme*: Die Integrationsbemühungen sind auch aufgrund des unterschiedlichen Entwicklungstandes unbefriedigend und die gemeinsamen Industrialisierungsprogramme blieben ohne Erfolg. – 6. *Veröffentlichungen*: Leyes Económicas de los Países Miembros sowie technische Publikationen.

Anderdepot – Effekten, die der Bank von Rechtsanwälten, Notaren, Wirtschaftsprüfern und Treuhandelsgesellschaften für ihre Klienten eingeliefert werden; im Verkehr zwischen Banken entspricht dem Anderdepot das „Depot B“, das Wertpapiere oder Sammeldepotanteile umfasst, die der Bankier einem Drittpfandrecht nicht unterwerfen will (→ Drittverwahrung). Das Anderdepot haftet dem Zentralbankier nur für Depotgebühren und dergleichen, nicht für Verbindlichkeiten aus dem sonstigen Geschäftsverkehr.

Anderkonto – 1. *Begriff*: Treuhandkonto; von jemandem im eigenen Namen, mit eigener Verfügungsbefugnis, für einen anderen, treuhänderisch unterhaltenes Konto. Meist als → Bankkonto bei Verwaltung des Vermögens des Treugebers durch Angehörige bestimmter Berufsgruppen (→ Rechtsanwalt, → Notar, Wirtschaftsprüfer, etc.). Über das Konto allein verfügungsberechtigt ist der → Treuhänder. Die Banken haben zur Führung von Anderkonten eigene Bankbedingungen. – Die Bank kann Guthaben auf Anderkonten nicht zur Verrechnung mit ihren Forderungen gegen den Kontoinhaber heranziehen, wie auch andere Gläubiger in das Anderkonto nicht wegen persönlicher Schulden des Kontoinhabers vollstrecken können. – 2. *Steuerliche Behandlung*: Steuerpflichtig für das Vermögen und die Einkünfte aus dem Anderkonto ist derjenige, für den das Geld verwahrt wird (Treugeber), weil steuerlich nicht das formale rechtliche Eigentum, sondern das wirtschaftliche Eigentum zählt (§ 39 AO). Jedoch ist der Treuhänder verpflichtet, für die korrekte Versteuerung der von ihm verwalteten Gelder zu sorgen; er haftet für die Steuern, wenn er diese Verpflichtung nicht ordnungsgemäß erfüllt (§§ 34, 35, 69 AO). – 3. *Baufinanzierung*: Bankkonten, welche z.B. von Notaren für die treuhänderische Aufnahme von Fremdgeldern benutzt werden, die noch nicht weitergeleitet werden dürfen, da die Auszahlungsvoraussetzungen noch nicht erfüllt sind. Das Konto wird überwiegend bei der Abwicklung von Immobiliengeschäften eingesetzt. Das Geld verbleibt auf den Konten, bis der Kaufvertrag erfüllt ist. I.d.R. Löschung der Vorlasten, Eintragung der Auflassungsvormerkung, Vorlage der behördlichen Genehmigungen.

Anderskosten → Kosten, die sich zwar unmittelbar aus → Aufwendungen ableiten, jedoch in der Höhe „anders“ als der betreffende Aufwand erfasst werden. Anderskosten sind „bewertungsverschiedene“ oder „aufwandsungleiche“ Kosten, z.B. Ersatz der Bilanzabschreibungen durch kalkulatorische Abschreibungen und Ersatz der Fremdkapitalzinsen durch kalkulatorische Zinsen. – Vgl. auch → kalkulatorische Kosten, → Abgrenzung.

Anderson-Hsiao-Schätzer für dynamische Paneldatenmodelle – von Anderson und Hsiao (1982) vorgeschlagener → Instrumentenvariablenschätzer für lineare dynamische → Paneldaten- und Paneldatenmodelle bei denen die erklärte Variable (→ Variable, endogene) in verzögerter Form als erklärende Variable auftritt. Im Vergleich zum → Arellano-Bond-Schätzer für dynamische Paneldatenmodelle weniger effizientes Verfahren, das aber leichter zu berechnen ist. – Die Modellgleichung wird in ersten → Differenzen geschätzt, um die Individualeffekte zu eliminieren. Als Instrumente (→ Instrumentenvariable) für die verzögerte differenzierte endogene Variable wird entweder die zweimal verzögerte endogene Niveauvariable oder die um zwei Perioden verzögerte erste Differenz verwendet. Das Schätzverfahren berücksichtigt nicht die differenzierte Struktur der → Störterme. Voraussetzung für die Konsistenz der Schätzung ist, dass die Störterme in der Niveaugleichung keine → Autokorrelation aufweisen.

Änderung der EU-Verträge → Vertragsänderung EU.

Änderungskündigung – 1. *Kündigung eines Arbeitsvertrags*, verbunden mit dem Angebot auf Abschluss eines neuen Vertrags. I.d.R. ist die neue Regelung für den Gekündigten ungünstiger als die Alte. Zu beachten ist: Eine einseitige Änderung der Vertragsbedingungen, ohne gleichzeitige Kündigung des gesamten Arbeitsverhältnisses ist nie Änderungskündigung, sondern schlichter Vertragsverstoß, wenn sie nicht durch → Direktionsrecht gedeckt ist. – 2. *Möglichkeiten für den Arbeitnehmer* (§§ 2, 8 KSchG): a) *Nichtannahme der Änderungsofferte*: Der Arbeitnehmer scheidet mit Ablauf der Kündigungsfrist aus, wenn er nicht gegen die Kündigung ein obsiegendes Urteil erstreitet. Obsiegendes Urteil führt zum Fortbestehen des alten Vertragszustandes. Die Nichtannahme des Änderungsangebot unter Vorbehalt kann Annahmeverzugslohnansprüche ausschließen (→ Annahmeverzug), BAG, 26.9.2007, AZ 5 AZR 870/06. – b) *Annahme der Änderungsofferte unter Vorbehalt*: Der Arbeitnehmer kann die Änderungsofferte unter Vorbehalt annehmen. D.h.: Er muss innerhalb von drei Wochen den *Vorbehalt* aussprechen, dass er trotz Annahme Kündigungsschutzklage gegen die Verschlechterung seiner Arbeitsbedingungen verfolgen wird. Gewinnt er mit seiner Klage, besteht das Arbeitsverhältnis zu den alten Bedingungen, verliert er, besteht es zu den neuen Bedingungen fort. Diese Reaktion vermeidet das Risiko des Arbeitsplatzverlustes. – c) *Vorbehaltlose Annahme der Änderungsofferte*: Nach Ablauf der Kündigungsfristen gelten die neuen Vertragsbestimmungen. – 3. Änderungskündigung ist normalerweise eine → ordentliche Kündigung und unterliegt daher dem Kündigungsschutzgesetz (→ Kündigung). – 4. Vor einer Beendigungskündigung muss der Arbeitgeber prüfen, ob der Arbeitsplatz nicht durch eine Änderungskündigung erhalten werden kann (= *Vorrang der Änderungs- vor der Beendigungskündigung*), vgl. BAG, 21.4.2005, AZ 2 AZR 132/04.

Änderungsrisiko – *Prognoserisiko*. 1. *Begriff*: Komponente des Irrtumsrisikos, das seinerseits eine Komponente des → versicherungstechnischen Risikos ist. Aufgrund von Änderungen in den schadenbestimmenden Gesetzmäßigkeiten kann eine Fehleinschätzung der Zufallsgesetzmäßigkeit der Versicherungsleistungen erfolgen, was zu einem Ansatz falscher Kalkulationsgrundlagen führt. Die Folge ist eine falsche Abschätzung der Wahrscheinlichkeit eines technischen Ruins, d.h. des Eintritts des Ereignisses, dass der periodische Gesamtschaden des versicherten Kollektivs die vorhandenen Finanzmittel in Form der Summe aus der vereinnahmten kollektiven Prämie für die Risikodeckung und dem vorhandenen Sicherheitskapital übersteigt. – 2. *Beispiele*: Änderungen in der Rechtssprechung sowie im soziologischen oder technologischen Umfeld, die zum Zeitpunkt der Risikokalkulation noch nicht erkennbar waren. Die zu beobachtende systematische Erhöhung der mittleren Lebensdauer (longevity risk) bietet ein weiteres aktuelles Beispiel.

Änderungssperre – 1. *Tatbestand*: → Steuerbescheide, die aufgrund einer → Außenprüfung ergangen sind, können wegen → neuer Tatsachen oder → neuer Beweismittel nur geändert werden, wenn eine → Steuerhinterziehung oder leichtfertige → Steuerverkürzung vorliegt (§ 173 II AO). – 2. *Grund für die Regelung*: erhöhte → Bestandskraft derartiger Steuerbescheide und damit erhöhter Vertrauensschutz (Rechtsfriede). Denn eine Außenprüfung hat die umfassende Sachverhaltsermittlung und Beweiswürdigung durch die Finanzbehörde zum Ziel, dessen Erreichung der → Steuerpflichtige durch Erfüllung seiner Mitwirkungspflichten zu unterstützen hat. – 3. *Umfang und Wirkung*: Der Umfang der Änderungssperre richtet sich nach dem Inhalt der Prüfungsanordnung. Die Änderungssperre wirkt sowohl zugunsten als auch zuungunsten des Steuerpflichtigen. Sie tritt (erst) mit Unanfechtbarkeit der aufgrund der Außenprüfung erlassenen Steuerbescheide ein.

Änderungsverbot – schützt den Urheber gegenüber Nutzungsberechtigen (→ Nutzungsrecht) durch das Verbot, das Werk selbst, seinen → Titel oder die → Urheberbezeichnung zu ändern, sofern nichts Abweichendes vereinbart ist oder der Urheber seine Einwilligung nach Treu und Glauben nicht versagen kann (§§ 39, 62 UrhG, → Entstellung). Die Urheber eines Filmwerks und der zu seiner Herstellung benutzten Werke sowie die weiteren beteiligten Schutzrechtsinhaber können hinsichtlich der Herstellung und Verwertung des Filmwerks nur gröbliche Entstellungen oder andere gröbliche Beeinträchtigungen ihrer Werke oder Leistungen verbieten (§ 93 I UrhG).

Für Werke von Arbeitnehmerurhebern gilt das Änderungsverbot mit Einschränkungen (→ Arbeitnehmer).

andienen – 1. *Warenbörsen:* Bereitstellung der Ware bzw. Erklärung der Lieferbereitschaft. – 2. *Warentermingeschäft:* Übergabe des die Bereitstellung der Waren bestätigenden Scheines.

Andler-Formel – *Andlersche Losgrößenformel*; Berechnungsalgorhythmus der optimalen → Losgröße x_0 oder der → optimalen Bestellmenge m_0 nach dem klassischen Bestellmengenmodell.

$$x_0 = \frac{200 \cdot A \cdot K_{fp}}{k_p \cdot p}$$

(mit A = Jahresabsatz, K_{fp} = losgrößenfixe Kosten, k_p = variable Stückkosten, p = Zins- und Lagerkostensatz),

$$m_0 = \frac{200 \cdot V \cdot K_{fb}}{k_b \cdot p}$$

(mit V = Jahresverbrauch, K_{fb} = bestellfixe Kosten, k_b = variable Bestellkosten, p = Zins- und Lagerkostensatz).

Die Bezeichnung geht zurück auf Kurt Andler, der im deutschen Sprachraum die zugrundeliegenden Zusammenhänge erstmals dargestellt hat.

Aneignung – Art des Eigentumserwerbs, i.d.R. nur bei → herrenlosen Sachen möglich. – 1. Das → Eigentum an herrenlosen *beweglichen Sachen* erwirbt jeder, der sie in seinen Eigenbesitz nimmt (§ 958 I BGB). Er darf aber dabei nicht andere Aneignungsrechte (z.B. das Jagdrecht) verletzen (§ 958 II BGB). – 2. Bei *Grundstücken* steht das Aneignungsrecht dagegen dem → Fiskus und öffentlich-rechtlichen Körperschaften zu; Eigentumserwerb durch Eintragung in das → Grundbuch (§ 928 II BGB, Art. 129 EGBGB).

Anerbenrecht → Höferecht.

an Erfüllungs Statt – Übernahme einer neuen Verbindlichkeit durch den Schuldner zum Zwecke der Befriedigung eines alten Gläubigers (z.B. Hergabe eines → Wechsels oder → Schecks), wenn die alte Verbindlichkeit infolge der Begründung der neuen erlischt (anders: → erfüllungshalber). Im Zweifel ist nicht anzunehmen, dass eine Verbindlichkeit an Erfüllungs Statt übernommen wird (§ 364 BGB). – Bei einer → Forderungsabtretung an Erfüllungs Statt geht die Forderung des → Zessionars gegen den → Zedenten bereits mit der Abtretung unter, auch wenn die abgetretene Forderung sich später als uneinbringlich erweist. – Vgl. auch → Leistung an Erfüllungs Statt.

Anergie – im thermodynamischen System nicht mehr verfügbare → Energie (Energieverlust). – *Gegensatz:* → Exergie.

anerkannter Ausbildungsberuf – Beruf, der als Grundlage für eine geordnete und einheitliche → Berufsausbildung sowie zu ihrer Anpassung an die technischen, wirtschaftlichen und gesellschaftlichen Erfordernisse durch das Bundesministerium für Wirtschaft und Technologie im Einvernehmen mit dem Bundesministerium für Bildung und Forschung (BMBF) staatlich anerkannt ist (§ 4 BBiG; § 25 HwO). Für einen anerkannten Ausbildungsberuf darf gemäß § 4 Abs.2 BBiG bzw. § 25 Abs.2 HwO nur nach der entsprechenden → Ausbildungsordnung ausgebildet werden; in anderen als anerkannten Ausbildungsberufen dürfen Jugendliche unter 18 Jahren grundsätzlich nicht ausgebildet werden. Die Ausbildung endet mit der → Ausbildungsabschlussprüfung. – Die Gesamtzahl aller staatlich anerkannten Ausbildungsberufe beträgt 345 (Stand August 2012). – Gemäß § 90 BBiG gehört es zu den Aufgaben des → BundesinstitutS für Berufsbildung (BIBB), ein *Verzeichnis der anerkannten Ausbildungsberufe* zu führen und dieses jährlich zu veröffentlichenVgl. auch → Berufsausbildungsverhältnis.

Anerkenntnis – 1. *Tatsächliches Verhalten,* aus dem sich das Bewusstsein von dem Bestehen eines Anspruchs unzweideutig ergibt, z.B. Abschlagszahlung, Stundungsgesuch, Bestätigung des Anspruchs dem Grunde nach. Bes. bei Verkehrsunfällen darf der → Versicherungsnehmer nicht ohne ganz zwingenden Grund anerkennen, sonst kann er den Versicherungsschutz verlieren. – 2. Eine → Willenserklärung; mit welcher das Bestehen eines Rechtsverhältnisses, eines Anspruchs etc. bestätigt wird. Materielle Bedeutung hat das → Schuldanerkenntnis. – 3. Das Anerkenntnis führt zur Unterbrechung der → Verjährung (§ 212 I Nr. 1 BGB). – 4. Im → Zivilprozess führt Anerkenntnis zum sog. → Anerkenntnisurteil.

Anerkenntnis- und Befriedigungsverbot – 1. *Begriff:* Prinzipien in der → Haftpflichtversicherung nach altem Recht. Der Versicherungsnehmer war nach altem → Versicherungsvertragsgesetz (VVG) nicht berechtigt, ohne vorherige Zustimmung des Versicherers einen Haftpflichtanspruch ganz oder z.T. oder vergleichsweise anzuerkennen oder zu befriedigen. Damit sollte zum einen verhindert werden, dass sich der → Versicherungsnehmer mit dem Geschädigten zulasten des Versicherers einigt. Zum anderen sollte dem Versicherer nicht sein Recht und seine Pflicht genommen werden, die Frage zu entscheiden, ob die vom Geschädigten erhobenen Haftpflichtansprüche berechtigt oder unberechtigt sind. – 2. *Rechtsfolgen bei Zuwiderhandlung:* Der Versicherer war bei Zuwiderhandlung von der Leistungspflicht frei, es sei denn, dass der Versicherungsnehmer nach den Umständen die Befriedigung oder Anerkennung nicht ohne offenbare Unbilligkeit verweigern konnte. – 3. *Rechtslage nach neuem VVG:* Nach § 105 VVG ist ein Anerkenntnis- und Befriedigungsverbot in den Allgemeinen Versicherungsbedingungen für die Haftpflichtversicherung (AHB) unwirksam. Das heißt aber nicht, dass der Haftpflichtversicherer in jedem Fall leistungspflichtig ist, wenn der Versicherungsnehmer eine Haftpflichtforderung anerkennt bzw. befriedigt. Bei Anerkennung oder Befriedigung einer unbegründeten Haftpflichtforderung entsteht keine Leistungspflicht des Versicherers.

Anerkenntnisurteil – Urteil, das auf Antrag des Klägers ergeht ohne sachliche Prüfung des Anspruchs, wenn und soweit der Beklagte in der mündlichen Verhandlung oder einem → schriftlichen Vorverfahren den geltend gemachten Anspruch anerkennt (§ 307 ZPO). Das prozessuale Anerkenntnisurteil unterliegt i.d.R. weder dem Widerruf noch der → Anfechtung. Wenn der Beklagte keine Veranlassung zur → Klageerhebung gegeben hat und sofort anerkennt, muss der Kläger die *Kosten* des Prozesses tragen (§ 93 ZPO).

Anfangsbedingungen → Anwendungsbedingungen.

Anfangsbilanz → Eröffnungsbilanz.

Anfangskurs – der erste Kurs am Börsentag für ein fortlaufend notiertes Wertpapier am → variablen Markt. – Vgl. auch → Kursfeststellung.

Anfechtung – 1. *Anfechtung von Willenserklärungen* (nach §§ 119 ff. BGB): a) V.a. kann ein *Vertrag* wegen → Irrtums, → Drohung oder → arglistiger Täuschung angefochten werden. Die Anfechtung *erfolgt* i.d.R. durch formfreie Erklärung gegenüber dem anderen Teil (§ 143 BGB). Wenn ein Anfechtungsgrund vorliegt, wird das angefochtene Geschäft *rückwirkend vernichtet* (§ 142 BGB). Das Anfechtungsrecht geht durch → Bestätigung des Geschäfts *verloren* (§ 144 BGB). – b) Für Willenserklärungen in einem *Testament* gelten weitergehende Anfechtungsmöglichkeiten. Für die Anfechtung reicht hier jeder → Irrtum im Motiv des Erblassers bei der Errichtung der letztwilligen Verfügung aus (§§ 2078 ff. BGB). – 2. Einzelfälle: a) Die Anfechtung des → Arbeitsvertrages hat nach der Rechtsprechung die Wirkung einer → außerordentlichen Kündigung; er wird i.d.R. nicht rückwirkend vernichtet. – *Unterschiede zur Kündigung:* (1) Gründe, die zur Anfechtung berechtigen; (2) Ausschlussfristen (§§ 121, 124 BGB), an die die Anfechtung gebunden ist; (3) nicht durch Schutzvorschriften zugunsten des Arbeitnehmers beschränkt. – *Praktische Bedeutung*: In der Praxis kommt eine Anfechtung des Arbeitsvertrags dann in Betracht, wenn der Arbeitnehmer bei Vertragsschluss falsche Angaben gemacht hat (→ Offenbarungspflicht; → Personalfragebogen). – b) Die *Anmeldung zum Handelsregister* unterliegt nicht der Anfechtung, solange eine Eintragung noch nicht erfolgt ist, kann sie von dem Anmelder zurückgenommen oder widerrufen werden. – c) Das durch *Bestechung* (→ Schmiergeld) eines Handlungsgehilfen zustande gekommene Rechtsgeschäft ist für den Unternehmer, in dessen Betrieb der Handlungsgehilfe tätig ist, anfechtbar, wenn dieser von dem Angebot eines Schmiergeldes keine Mitteilung gemacht hat. – d) Der *Gesellschaftsvertrag* unterliegt wie jeder andere Vertrag an sich der Anfechtung. Sie ist aber bei der in Vollzug gesetzten Gesellschaft weitgehend ausgeschlossen oder in ihren Wirkungen eingeschränkt. Auch Stimmabgaben bei Beschlussfassung, Feststellung der Jahresbilanz und andere innerhalb des Gesellschaftsverhältnisses abgegebene Erklärungen können u.U. angefochten werden. – e) Anfechtung eines *Versicherungsvertrags*. – f) Beschlüsse der *Hauptversammlung* der AG können binnen eines Monats seit Beschlussfassung durch Klage bei dem Landgericht des Sitzes der Gesellschaft angefochten werden (§ 246 AktG). Anfechtungs*berechtigt* sind u.a. der in der Hauptversammlung erschienene Aktionär, der gegen den Beschluss Widerspruch zur Niederschrift erklärt hat, und der zu Unrecht nicht zugelassene bzw. nicht rechtzeitig berufene Aktionär (§ 245 AktG). Die Klage kann darauf *gestützt* werden, (1) dass der angefochtene Beschluss auf einer Verletzung des Gesetzes oder der Satzung beruht, z.B. auch auf Stimmrechtsausübung zwecks Erlangung von Sondervorteilen (§ 243 AktG); (2) wenn weniger als 4 Prozent Dividende gezahlt werden, auch dann, wenn die Hauptversammlung aus dem Bilanzgewinn Beträge in Rücklage stellt, die nicht nach Gesetz oder Satzung von der Verteilung unter die Aktionäre ausgeschlossen sind, obwohl die Einstellung bei vernünftiger kaufmännischer Beurteilung nicht notwendig ist, um die Lebens- und Widerstandsfähigkeit der AG für einen hinsichtlich der wirtschaftlichen und finanziellen Notwendigkeit übersehbaren Zeitraum zu sichern; dabei müssen die Anteile der klagenden Aktionäre 5 Prozent des → Grundkapitals oder den Nennbetrag von 500.000 Euro erreichen (§ 254 AktG). – Den → Streitwert bestimmt das Gericht unter Berücksichtigung der Umstände, v.a. der Bedeutung der Sache für die Parteien, nach billigem Ermessen. Macht eine Partei glaubhaft, dass die Belastung mit den Prozesskosten nach diesem Streitwert ihre wirtschaftliche Lage erheblich gefährden würde, kann das Gericht anordnen, dass die Verpflichtung dieser Partei zur Zahlung der → Prozesskosten sich nach einem ihrer Wirtschaftslage angepassten Teil des Streitwertes bemisst, sog. gespaltener Streitwert. Der klagende Aktionär kann u.U. gegenüber der beklagten AG auf Schadensersatz nach § 826 BGB haften, wenn er gegen einen gefassten Hauptversammlungsbeschluss rechtsmissbräuchlich Anfechtungsklage erhebt (vgl. OLG Frankfurt a.M., NZG 2009, 222). – g) Anfechtung einer *Betriebsratswahl:* → Betriebsrat.

Anfechtung außerhalb des Insolvenzverfahrens – Gegenbegriff zu → Insolvenzanfechtung. – 1. *Gesetzliche Regelung:* Gesetz betreffend die Anfechtung von Rechtshandlungen eines Schuldners außerhalb des Konkursverfahrens i.d.F. vom 5.10.1994 (Anfechtungsgesetz). – 2. *Zweck:* Schutz des einzelnen Gläubigers, wenn der Schuldner ihm die Befriedigung dadurch unmöglich gemacht hat, dass er sein Vermögen verschoben oder verschenkt hat;

eine Ergänzung der Vollstreckungsmöglichkeit. – 3. *Anfechtungsberechtigt* ist, wer für eine fällige Forderung einen vollstreckbaren Schuldtitel hat und im Wege der → Zwangsvollstreckung gegen den Schuldner nicht befriedigt wurde, oder wenn anzunehmen ist, dass sie zu einer Befriedigung nicht führen wird (§ 2). – 4. Anfechtbar sind (1) Rechtshandlungen, die der Schuldner in den letzten zehn Jahren vor der Anfechtung in Gläubigerbenachteiligungsabsicht vorgenommen hat und der andere damals den Vorsatz des Schuldners kannte, wobei dies vermutet wird, wenn der Begünstigte von der drohenden Zahlungsunfähigkeit des Schuldners, und dass Gläubiger dadurch benachteiligt würden, wusste, sowie (2) entgeltliche Verträge des Schuldners mit nahe stehenden natürlichen oder juristischen Personen (nach § 138 InsO) innerhalb der letzten zwei Jahre vor Anfechtung, wenn dadurch Gläubiger unmittelbar benachteiligt werden (§ 3) oder (3) unentgeltliche Leistungen des Schuldners, die über übliche Gelegenheitsgeschenke hinausgehen, innerhalb der letzten vier Jahre (§ 4). – 5. *Anfechtungsgegner* ist der Erwerber des verschobenen oder verschenkten Gegenstandes (oder dessen Gesamtrechtsnachfolger). Bei Weiterveräußerung haftet der weitere Erwerber nur, wenn ihm der Anfechtungsgrund bekannt war oder ihm das Erlangte unentgeltlich zugewandt wurde (§ 15). Der Anfechtungsgegner ist nicht verpflichtet, den Gegenstand dem Gläubiger herauszugeben, sondern nur, die Zwangsvollstreckung so zu dulden, als gehöre der Gegenstand noch zum Vermögen des Schuldners (§ 11). Ist die Sache nicht mehr vorhanden, schuldet er Wertersatz. Der gutgläubige Empfänger einer unentgeltlichen Leistung haftet nur, soweit er ungerechtfertigt bereichert ist. Die Anfechtung muss durch → Klage (§ 13) oder Einrede (§ 9) erfolgen.

Anfechtungsklage – I. Verwaltungsgerichtsbarkeit: auf Aufhebung eines → Verwaltungsaktes (§ 42 I VwGO) gerichtete Klage. – 1. Soweit gesetzlich nichts anderes bestimmt ist, ist sie nur *zulässig*, wenn der Kläger geltend macht, durch den Verwaltungsakt in seinen Rechten verletzt zu sein. Das ist der Fall, wenn seine subjektiven privaten oder öffentlichen Rechte durch den Verwaltungsakt beeinträchtigt werden. Soweit die → Behörde ermächtigt ist, nach ihrem → Ermessen zu handeln, kann die Klage auch darauf gestützt werden, dass der Verwaltungsakt rechtswidrig ist, weil die gesetzlichen Grenzen des Ermessens überschritten sind (→ Ermessensüberschreitung) oder von dem Ermessen in einer dem Zweck der Ermächtigung nicht entsprechenden Weise Gebrauch gemacht ist (→ Ermessensmissbrauch). – 2. Die Anfechtungsklage ist zu unterscheiden von der sog. → Verpflichtungsklage, die erhoben werden kann, wenn ein beantragter Verwaltungsakt nicht erlassen wird, auf den der Antragsteller ein Recht zu haben behauptet, und von der sog. → Untätigkeitsklage, die erhoben werden kann, wenn über einen Widerspruch oder über einen Antrag auf Vornahme eines Verwaltungsakts in angemessener Frist sachlich nicht beschieden worden ist. – 3. Ähnliche Regelung der Anfechtungsklage im *Sozialgerichtsgesetz (SGG)*: → Sozialgerichtsbarkeit.

II. Finanzgerichtsbarkeit: Anfechtungsklage ist ebenfalls vorgesehen (§§ 40 ff. FGO). Sie ist gerichtet auf die Aufhebung eines Verwaltungsaktes. Wenn die Klage gegen einen Verwaltungsakt gerichtet ist, der einen Geldbetrag festsetzt oder eine Feststellung über einen solchen trifft, kann das Gericht selbst den richtigen Geldbetrag festsetzen (§ 100 II FGO); dies ist z.B. bei Anfechtungsklage gegen einen Steuerbescheid der Fall. – 1. Die Anfechtungsklage ist nur zulässig, wenn der Kläger geltend macht, durch den angegriffenen Verwaltungsakt in seinen Rechten verletzt zu sein. Außerdem muss eine persönliche Klagebefugnis bestehen. Diese besitzen bei → Bescheiden über gesonderte Feststellungen für Gesellschaften oder Gemeinschaften: (1) *vorrangig* der vertretungsberechtigte *Geschäftsführer* oder ersatzweise derjenige, der für die betreffenden Bescheide nach der Abgabenordnung der Empfangsbevollmächtigte war. (2) *Ersatzweise* ist klagebefugt jeder Gesellschafter, Gemeinschafter, Mitberechtigte, gegen den der Bescheid ergangen ist oder zu ergehen hätte. (3) *Ergänzend* kann, auch wenn ein Geschäftsführer bzw. Empfangsbevollmächtigter existiert, jeder der Beteiligten klagen, wenn er entweder in der Zwischenzeit aus der Gesellschaft, Gemeinschaft etc. ausgeschieden ist oder wenn er sich nur dagegen wendet, wie und auf wen der in dem Bescheid festgestellte Betrag verteilt wird. Ferner ist außerdem jeder, den eine Feststellung persönlich berührt, berechtigt, hinsichtlich dieses Punktes Anfechtungsklage zu erheben. – 2. Aufgrund der Abgabenordnung erlassene Änderungs- oder Folgebescheide können nicht in weiterem Umfang angefochten werden, als sie in den außergerichtlichen Vorverfahren (noch) angefochten werden konnten (§ 42 FGO i.V. mit § 351 AO). – 3. *Gegenstand* der Anfechtungsklage ist der ursprüngliche Verwaltungsakt nach Durchführung des Vorverfahrens in der Gestalt, die er durch die Entscheidung über den außergerichtliche Rechtsbehelf gefunden hat (§ 44 II FGO). – 4. *Frist:* Die Anfechtungsklage ist binnen einem Monat zu erheben (§ 47 FGO).

III. Gesellschaftsrecht 1. *Aktienrechtliche Anfechtungsklage*: a) aa) Ein Beschluss der Hauptversammlung kann wegen Verletzung des Gesetzes oder der Satzung durch Klage angefochten werden. (§ 243 Abs. 1 AktG). Einschränkungen der Anfechtungsgründe in § 243 Abs. 3 und 4 AktG, z.B. durch technische Störung verursachte Verletzung von Rechten. ab) Die Anfechtungsbefugnis regelt § 245 AktG: u.a. jeder in der Hauptversammlung erschienene Aktionär, wenn er gegen den Beschluss Widerspruch zur Niederschrift erklärt hat, der Vorstand. ac) Die Klage muss binnen eines Monats nach der Beschlussfassung erhoben werden; sie ist gegen die Gesellschaft zu richten, die durch Vorstand und Aufsichtsrat vertreten wird. Klagt ein Vorstandsmitglied, wird die Gesellschaft durch den Aufsichtsrat, im umgekehrten Fall durch den Vorstand vertreten. Ausschließlich zuständig ist das Landgericht, in dessen Bezirk die Gesellschaft ihren Sitz hat. Die Erhebung der Klage und der Termin zur mündlichen Verhandlung ist in den Gesellschaftsblättern bekannt zu geben (§ 246 AktG).ad) Soweit der Beschluss der Hauptversammlung durch rechtskräftiges Urteil für nichtig erklärt wird, wirkt das Urteil für und gegen alle Aktionäre sowie die Mitglieder des Vorstands und Aufsichtsrats, auch wenn sie nicht Partei sind (§ 248 Abs. 1 AktG). – b) Weitere Klagegründe etwa nach § 251 AktG (Anfechtung der Wahl eines Aufsichtsratsmitglieds durch die Hauptversammlung) oder § 254 (Anfechtung bezüglich der Verwendung des Bilanzgewinns). Für das Anfechtungsverfahren gelten weitgehend die §§ 246 ff AktG. – c) Nach der Rechtsprechung des BGH (BGHZ 169,221) kann ein Aktionär, der eine Anfechtungsklage erhoben hat, dann aber seine Aktionärsstellung durch Veräußerung der Aktien freiwillig aufgegeben hat, die Anfechtungsklage analog § 265 Abs. 2 ZPO fortführen, sofern er ein rechtliches Interesse an der Verfahrensfortsetzung hat. Dasselbe gilt im Fall eines zwangsweisen → Squeeze-out (§ 327a AktG). – 2. *Anfechtungsklage im GmbH-Recht:* Das GmbH-Recht selbst stellt keine Regelungen über die Rechtsfolgen mangelhafter Gesellschafterbeschlüsse zur Verfügung. Nach ganz herrschender Meinung und der höchstrichterlichen Rechtsprechung werden deshalb die Regelungen des Aktienrechts über die Rechtsfolgen fehlerhafter Hauptversammlungsbeschlüsse analog den Klagearten nach §§ 243, 249 AktG für die GmbH herangezogen. Wie oben unter 1. c) kann auch ein Gesellschafter, der einen Beschluss mit der Nichtigkeits- und/oder Anfechtungsklage angegriffen hat, den Rechtsstreit nach § 265 ZPO auch nach Veräußerung des Geschäftsanteils fortsetzen, sofern er daran noch ein rechtliches Interesse hat.

anfixen – Betreiben einer Baissespekulation (→ Spekulation). – Vgl. auch → fixen.

Anforderungsanalyse – Bei der Anforderungsanalyse werden die inhaltlichen und situativen Erkenntnisse aus der → Arbeitsanalyse in Personenbegriffe übersetzt (z.B. soziale Kompetenz). Gebräuchlich ist die Unterscheidung in Eigenschaftsanforderungen (z.B. Fähigkeiten), Verhaltensanforderungen (z.B. Fertigkeiten), Qualifikationsanforderungen (z.B. Kenntnisse) und Ergebnisanforderungen (z.B. Problemlösungen).

Anforderungsarten – *Anforderungsmerkmale.* 1. *Begriff:* aus dem Gebiet der → Arbeitsbewertung: Die Anforderungen, die eine Tätigkeit an den Ausführenden stellt und anhand deren die Arbeitsschwierigkeit im Rahmen der Arbeitsbewertung durch Rangbewertung oder Punktwertung in eine Größenordnung einbezogen wird, werden nach bestimmten Gesichtspunkten analysiert. Die Gewichtung einer Anforderungsart gegenüber einer anderen ist nur für eine bestimmte Branche oder einen bestimmten Betrieb zu vereinbaren. – 2. *Gliederung:* Die Anzahl der Anforderungsarten differiert in den bisher entwickelten Verfahren der analytischen Arbeitsbewertung zwischen 3 und 32. Es überwiegt die Gliederung der Anforderungsarten gemäß den Vorschlägen der Bewertungstafel des → Genfer Schemas und der REFA-Anforderungstafel: (1) → Fachkenntnisse, (2) → Geschicklichkeit, (3) körperliche Beanspruchung, (4) geistige Beanspruchung, (5) Verantwortung, (6) → Umgebungseinflüsse. Die Anzahl der Anforderungsarten hängt primär vom verfolgten Zweck ab.

Anforderungsdefinition – 1. *Begriff aus dem* → Software Engineering: Phase im → Softwarelebenszyklus, die unmittelbar auf die → Problemanalyse folgt. Die Aktivitäten in dieser Phase werden auch als → Requirements Engineering bezeichnet. – 2. *Aufgabe:* Ermitteln der detaillierten Anforderungen an das Softwareprodukt (u.a. Funktionsumfang, → Benutzerschnittstelle, Datenmaterial) auf der Grundlage des Rahmenvorschlags aus der Problemanalysephase. – 3. *Ergebnis:* ein oder mehrere Dokumente, in denen die Anforderungen schriftlich fixiert werden (→ Pflichtenheft); u.a. Vertragsgrundlage bei externem Auftraggeber. Das Anforderungsdokument wird auch als Anforderungsdefinition bezeichnet.

Anforderungsmerkmale → Anforderungsarten.

Anfragen – ein parlamentarisches Recht. Z.B. können die Mitglieder des → Bundestags Anfragen an die → Bundesregierung richten. Unterschieden werden *Große* Anfragen oder „Interpellationen“, *Kleine* Anfragen, *mündliche* Fragen und die *Befragung.* Einzelheiten über die unterschiedliche Behandlung regelt die *Geschäftsordnung des* Bundestags (vgl. § 75, §§ 100 GO-BT).

Anfragenkontrolltest – Verfahren der → Werbeerfolgskontrolle. In Verbindung mit dem Werbeappell wird die Bitte um Anforderung von Prospektmaterial, Warenproben etc. ausgesprochen. Nicht die tatsächlichen Käufer, sondern die Interessenten werden erfasst. Als Wirkungsmaßstab für den Werbeerfolg gilt der Quotient aus der Zahl der an dem Werbeobjekt interessierten Personen und der Anzahl der Mitglieder der angesprochenen Zielgruppe. – *Ähnlich:* → BuBaw-Verfahren, → Coupontest.

Anfragenselektion – Entscheidungsproblem im Rahmen des Investitionsgüter-Marketings, bes. bei Sondermaschinen, Anlagen und Systemen. Da die Angebotserstellung auf Grundlage einer Anfrage mit erheblichen Kosten verbunden ist und die Auftragserteilung schwerwiegende Auswirkungen auf Ertragslage und Risikosituation der Unternehmung hat, ist die Auswahl der vielversprechendsten Anfragen hinsichtlich verschiedener Kriterien ein wichtiges Steuerungsinstrument der Angebotspolitik. – *Hilfsmittel* der Anfragenselektion: Checklisten, Punktbewertungsverfahren (→ Nutzwertanalyse) und

Kennziffern (erwarteter Auftragserfolg/geschätzte Angebotskosten).

Anfragenstatistik – systematische zahlenmäßige Erfassung der Anfragen nach einem Produkt oder einer Dienstleistung oder beschreibendes Material; Teil der → Absatzstatistik.

Anfrageverfahren → Scheinselbstständigkeit.

Angebot – Menge an Gütern i.w.S., die zum Verkauf oder Tausch angeboten wird. Als wichtigste Determinante des Angebots wird der → Preis angesehen. – Erfasst wird das Angebotsverhalten durch → Angebotsfunktionen. Dabei besteht typischerweise ein positiver Zusammenhang zwischen Güterpreisniveau und dem zugehörigen Angebot.

angebotsbeschränktes Gleichgewicht – Begriff der Makroökonomik. Ist die gesamtwirtschaftliche Güternachfrage größer als die gewinnmaximale Produktion der Unternehmen, ergibt sich die Höhe des Nationaleinkommens in der kurzen Frist aus dem Angebot der Unternehmen. Es gilt die Angebotsverteilung in Form der Grenzproduktivitätstheorie (→ Grenzproduktivitätstheorie der Verteilung) oder Monopolgradtheorie (→ Monopolgradtheorie der Verteilung). – *Gegensatz:* → Nachfragebeschränktes Gleichgewicht.

Angebotselastizität – Verhältnis von relativer Veränderung der Angebotsmenge x_A und der relativen Veränderung des Angebotspreises p_A:

$$\eta_{x_A,p_A} = \frac{\frac{dx_A}{x_A}}{\frac{dp_A}{p_A}} = \frac{dx_A}{dp_A} \cdot \frac{p_A}{x_A}$$

Die Angebotselastizität ist positiv, wenn die → Angebotsfunktion normal verläuft, d.h., die Angebotsmenge nimmt zu, wenn der Preis steigt. Je höher die Angebotselastizität, umso stärker reagiert das Unternehmen (bzw. die Branche) auf Preisänderungen. Es besteht darüber hinaus ein Zusammenhang zur Produktionsflexibilität.

Angebotsfunktion – funktionale Beziehung des mengenmäßigen Angebots eines Gutes x in Abhängigkeit vom Preis p: x = F(p). Der Graph der Angebotsfunktion wird als Angebotskurve bezeichnet. Je flacher sie verläuft, umso höher ist die → Angebotselastizität. – Vgl. Grafik „Angebotskurve“. Man unterscheidet Angebotsfunktionen auf der Unternehmens- und der Markt-(Branchen)-Ebene. Die Marktangebotsfunktion ergibt sich gedanklich durch Zusammenfassung (Aggregation) der Unternehmensangebotsfunktionen. Durch Aggregation über alle Güter ergibt sich aus den Marktangebotsfunktionen die *gesamtwirtschaftliche Angebotsfunktion* (→ aggregierte Angebotskurve).

Angebotsgarantie → Bietungsgarantie.

angebotsinduzierte Inflation → Inflationstheorien.

Angebotskurve

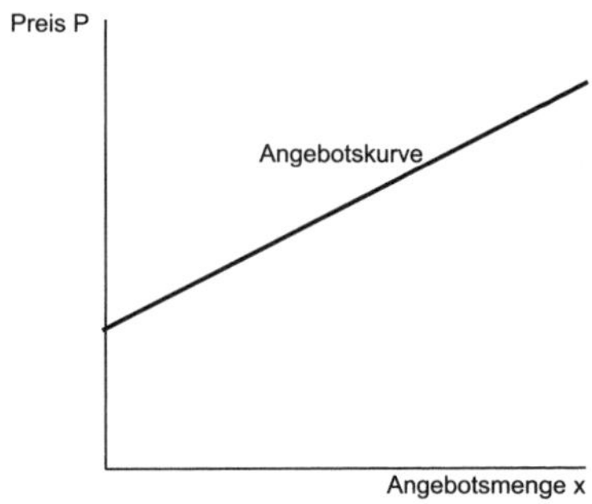

angebotsinduzierte Nachfrage – 1. *Begriff:* Die These der angebotsinduzierten Nachfrage besagt, dass Ärzte (allgemeiner: Leistungserbringer im Gesundheitssektor) (1) Umfang und Struktur der → Nachfrage nach Gesundheitsleistungen beeinflussen und (2) bei der Festlegung der Nachfrage eigene (Einkommens-)Interessen verfolgen. Sie stellt eine Erklärung für den empirisch belegten Zusammenhang dar, dass die Pro-Kopf-Inanspruchnahme ärztlicher Leistungen mit steigender Arztdichte zunimmt, auch wenn die Preise der Gesundheitsleistungen konstant bleiben (während auf normalen Märkten die Nachfrage ceteris paribus nur bei sinkenden Preisen ansteigt).–2. *Besonderheiten von Gesundheitsleistungen:* Dass Ärzte die Nachfrage nach Gesundheitsleistungen beeinflussen können, wird mit den Besonderheiten des Gesundheitsmarktes begründet. Insbesondere wird auf die asymmetrische Information zwischen Ärzten (Anbietern) und Patienten (Nachfragern) verwiesen. Patienten haben zumeist nur unvollständige Informationen über diagnostische und therapeutische Optionen. Damit lässt sich begründen, dass Ärzte die Nachfrage nach Gesundheitsleistungen wesentlich determinieren, sobald die Patienten sie konsultieren (sog. angebotsdeterminierte Nachfrage). Dies ist unproblematisch solange der Arzt ein perfekter Agent der Patienteninteressen ist, wenn er also Entscheidungen trifft, wie sie der Patient bei hinreichenden medizinischen Kenntnissen selbst treffen würde (sog. Primärnachfrage). Sofern der Arzt jedoch eigene (Einkommens-)Interessen in die Entscheidungen über Umfang und Struktur der Gesundheitsleistungen einfließen lässt, geht angebotsdeterminierte in angebotsinduzierte Nachfrage über. Angebotsinduzierte Nachfrage wird dadurch erleichtert, dass Patienten umfassend gegen Versorgungskosten versichert sind, sodass ihre Zahlungsbereitschaft keine wirksame Begrenzung ihres Konsums an Gesundheitsleistungen darstellt. – *Beispiel:* In einer Region wird bisher die Primärnachfrage nach Gesundheitsleistungen bedient. Lassen sich in der Region weitere Ärzte nieder und steigt damit die Arztdichte in der Region an, dehnt der individuelle Arzt die Nachfrage nach eigenen Gesundheitsleistungen über die medizinisch indizierte Primärnachfrage aus, um das bisherige Einkommen auch zukünftig zu realisieren. – 3. *Alternative Erklärungen für den Nachfrageanstieg nach Gesundheitsleistungen bei zunehmender Arztdichte* (und konstanten Preisen): (1) der permanente Nachfrageüberhang und (2) der Zeitkosteneffekt. Bei der These des *permanenten Nachfrageüberhangs* wird angenommen, dass im Gesundheitssektor ein Nachfrageüberhang besteht, der auch bei voller Kapazitätsauslastung der Ärzte nicht bedient werden kann. Dementsprechend steigt die Nachfrage parallel mit dem Angebot an, wenn sich in einer Region weitere Ärzte niederlassen. Bei der bestehenden Preisregulierung verändern sich die Preise der Gesundheitsleistungen nicht. Mit dem *Zeitkosteneffekt* lässt sich eine Ausdehnung der Leistungsmenge bei steigender Arztdichte auch mit rationalen Entscheidungen der Patienten begründen. Die Inanspruchnahme ärztlicher Leistungen ist mit Zeitkosten (Warte- und Wegezeiten) der Patienten verbunden. Mit steigender Arztdichte sinken die Zeitkosten der Patienten und es ist rational, die Nachfrage nach Gesundheitsleistungen auszudehnen.

Angebotsinflation → Inflationstheorien.

Angebotskalkulation → Auswertungsrechnung der Kostenrechnung, die die Verkaufspreise für anstehende Verkaufsaufträge bestimmt bzw. Anhaltspunkte für die Festlegung der Verkaufspreise liefern soll (z.B. Bestimmung von Preisuntergrenzen). – Angebotskalkulation im Fall *öffentlicher Aufträge:* Leitsätze für die Preisermittlung aufgrund von Selbstkosten (LSP). – Vgl. auch → Vorkalkulation.

Angebotsökonomik – 1. *Begriff:* Die Angebotsökonomik betont die Bedeutung der *Angebotsseite;* damit deutliche Gegenposition zur Betonung der Nachfrageseite im → Keynesianismus (→ keynesianische Positionen). – Unter Angebotsökonomik *i.e.S.* versteht man die ökonomische Lehre, die ausschließlich auf die Angebotsseite setzt und die Nachfrageseite vernachlässigt. Dahinter steht die klassische Lehrmeinung des → Sayschen Theorems, wonach sich jedes Angebot stets seine eigene Nachfrage schafft, sodass letztlich das Güterangebot das gleichgewichtige Transaktionsvolumen eines Marktes determiniert. – 2. *Maßnahmen:* a) *Steuersatzsenkungen* (v.a. bei leistungsabhängigen Steuern): Steuersenkungen schaffen starke Leistungsanreize, die zu einem höheren volkswirtschaftlichen → Wachstum führen, das so stark sei, dass das Steueraufkommen trotz rückläufiger → Steuersätze zunehme (→ Laffer-Kurve). – b) *Reduzierung der Staatsausgaben,* um den Staat zurückzudrängen und den Privaten und den Marktkräften wieder mehr Spielraum zu verschaffen. Der Staat dürfe nur in ganz eng begrenzten Ausnahmebereichen aktiv werden, denn Staatsausgaben wirken wie Steuern leistungshemmend und demotivierend. – c) *Budgetausgleich* auf niedrigem Niveau. Staatliche Kreditaufnahme verdränge in genau gleichem Umfang private Kreditnachfrage vom Kapitalmarkt. – d) *Deregulierung/ Entregulierung* (v.a. bez. Sozial-, Umverteilungs-, Umweltschutz- und Wettbewerbspolitik): Durch Abbau der „Belastung der Angebotsseite" sollen die Marktkräfte entfesselt werden. Staatliche Interventionen in den genannten Bereichen stellen Marktunvollkommenheiten (→ unvollkommener Markt) dar, die den dezentralen Koordinations- und Allokationsmechanismus stören. – Aufgrund der Maßnahmen ergeben sich nach Ansicht der Angebotsökonomik zunächst Gewinnerhöhungen, die zu größerer Produktivität und höherem Wachstum, schließlich aber auch zu steigenden Löhnen führen. Eine ungleichmäßigere → Einkommensverteilung wird als Voraussetzung eines höheren Gesamtwohlstands angesehen. Der durch die Angebotspolitik ausgelöste Wachstumsschub löst nach dieser Auffassung auch das Inflationsproblem, weil es vorübergehend zu einem Überschussangebot und damit zu einem Druck auf die Preise kommt. – 3. *Kritik:* Die Auffassung, dass sich durch eine Steuersatzsenkung eine Erhöhung des Steueraufkommens erreichen lässt, muss für die derzeit geltenden Steuersysteme zumindest für die kurze und mittlere Frist als widerlegt angesehen werden. Die Hypothesen bez. staatlicher Ausgabenkürzungen und staatlicher Kreditaufnahmen sind empirisch unbelegt. Bei den Vorschlägen zur Deregulierung werden einseitig die (unbestreitbar vorhandenen) negativen Wirkungen von Interventionen überbetont, die ökonomischen und gesellschaftlichen Vorteile (z.B. soziale Stabilität, Umweltschutz) bleiben dagegen unberücksichtigt. – 4. *Bedeutung:* Die Angebotsökonomik hatte großen Einfluss auf die Wirtschaftspolitik in den ersten Jahren der Reagan-Administration (Reaganomics). Auch die von M. Thatcher in Großbritannien betriebene Wirtschaftspolitik (→ Thatcherismus) folgte im Wesentlichen den Ideen der Angebotsökonomik In Deutschland wurde eine gemäßigte Form der Angebotsökonomik durch den → Sachverständigenrat zur Begutachtung der gesamtwirtschaftlichen Entwicklung (SVR) bis zum Auftreten der jüngsten weltweiten Rezession als Folge der globalen Finanzmarktkrise im Jahre 2007 propagiert. – Vgl. auch → Stabilisierungspolitik.

angebotsorientierte Verteilungstheorien – an der Angebotsseite des Gütermarktes ansetzende → Verteilungstheorien, wie Grenzproduktivitätstheorie (→ Grenzproduktivitätstheorie der Verteilung) und Monopolgradtheorie (→ Monopolgradtheorie der Verteilung).

angebotsorientierte Wirtschaftspolitik – 1. *Begriff:* Darunter versteht man Maßnahmen der Wirtschaftspolitik, die auf der Angebotsseite der Volkswirtschaft ansetzen. Die angebotsorientierte Wirtschaftspolitik versteht sich als Alternative zur keynesianischen makroökonomischen Nachfragesteuerung (→ Angebotsökonomik, → Globalsteuerung). – 2. *Ziele:* Primär

Wachstumssteigerung nach vorausgehender Produktivitätszunahme; sekundär Verteilungsziele. – 3. *Begründung:* Vermeidung der aus monetaristischer Sicht gravierenden Mängel keynesianischer Fiskalpolitik: (1) Ungeeignetes Mittel zur Bekämpfung stagflationärer Situationen, d.h. das gleichzeitige Auftreten von Inflation und stagnierender Wirtschaftstätigkeit (→ Stagflation); (2) Verdrängung privater Güternachfrage infolge von Zinssteigerungen oder direkter Crowding-out-Effekt; (3) weitgehende Anpassungs- und Innovationsschwäche aufgrund zunehmender Inflexibilität der Preise, die infolge vermehrter staatlicher Eingriffe in den Privatsektor als Wachstumsbremse gilt.

Angebotspolitik → Angebotsökonomik, → angebotsorientierte Wirtschaftspolitik.

Angebotsproduktion – *Marktproduktion;* Produktion, bei der Erzeugnisse vor Auftragserteilung durch den Kunden geplant, konzipiert und meist auch produziert (→ Vorratsproduktion) werden. Der Produktaufbau wird ohne unmittelbare Mitwirkung potenzieller Nachfrager aufgrund von Marktanalysen und → Bedarfsprognosen für bestimmte Angebotsperioden (Programm- und Kollektionslaufzeiten) im Voraus detailliert geplant. Das Risiko der → Produktgestaltung trägt ausschließlich der Anbieter. – *Typische Beispiele:* Elektroindustrie, Textilfabriken, Chemische Industrie und Fahrzeugbau. – In vielen Fällen Kombination von Angebots- und Auftragsproduktion (z.B. stellt die Automobilindustrie Fahrzeuge her, deren Modelle im Voraus geplant werden, deren Endausstattungen aber weitgehend käuferabhängig sind).

Angebotsschock – eine gesamtwirtschaftliche Störung, welche die Produktionskosten erhöht und zu einer Aufwärtsverschiebung der → aggregierten Angebotskurve in traditionellen makroökonomischen Totalmodellen oder der → Phillips-Kurve in neukeynesianischen Makromodellen führt. – *Beispiel:* Erdölpreiserhöhungen 1973/1974. Unmittelbare Folgen sind Erhöhung des Preisniveaus (→ Inflation) und Rückgang des Outputs, d.h. das Auftreten von → Stagflation. Vgl. Neukeynesianische Makroökonomik, dynamisches Grundmodell

Angebotstheorie des Haushalts – 1. *Begriff:* Im Rahmen der → Haushaltstheorie die Theorie des Einkommenserwerbs durch das Faktorangebot des privaten → Haushalts: Indem er Arbeitsleistungen anbietet, ist der Haushalt einerseits in der Lage, jenes Einkommen zu erzielen, welches Voraussetzung für die Entfaltung seiner Nachfrage nach Konsumgütern ist. Andererseits ist das Arbeitsangebot auch ein Beitrag zu jener Faktorausstattung, welche die Produktion der nachgefragten Endprodukte erst ermöglicht. Damit wird auch die Einbindung des Haushalts in den volkswirtschaftlichen Kreislauf sowie die Interdependenz von Angebots- und → Nachfragetheorie des Haushalts deutlich. – 2. *Determinanten:* Die Höhe des individuellen Arbeitsangebotes in der Planperiode (z.B. für einen Tag) hängt erstens von der Entscheidung des Haushalts über die Aufteilung der ihm max. zur Verfügung stehenden Zeit h^{max} (theoretisch 24 Stunden pro Tag) auf Arbeitszeit h_A und Freizeit h_F ab, sowie zweitens von der Realeinkommenserzielung y durch die Leistung von Arbeitsstunden zu einem gegebenen Reallohnsatz (W/P) pro Stunde (mit dem nominellem Stundenlohn W und dem Konsumgüterpreisniveau P). Beide Argumente – der mit dem realen Arbeitseinkommen erreichbare Güternutzen und der Freizeitnutzen – bestimmen gemeinsam die Nutzenposition U des Haushalts ($U = U(y,h_F)$). Denn das nomininelle → Einkommen ist durch seinen Einfluss auf das Haushaltsbudget (und damit auf die Budget- bzw. → Bilanzgerade) die Grundlage für die Aufstellung des optimalen Konsumplans und bei gegebenem Konsumgüterpreisniveau auch für die Erzielung von → Nutzen aus Konsumgütern. Mit der Zeitaufteilung wird gleichzeitig auch die Höhe des Freizeitnutzens bestimmt, der aus dem Genuss von Freizeit resultiert. Enthalten ist hier die Annahme, dass Arbeit keinen direkten Nutzen stiftet, sondern als „Arbeitsleid" zu charakterisieren ist. – 3. *Grafische Darstellung:* Die zu einem bestimmten Reallohn pro Stunde in Abhängigkeit von der Arbeitszeit erzielbaren Realeinkommen ($y = (W/P)h_A$) können in Form der Realeinkommensgeraden grafisch erfasst werden (vgl. Abb. (a) Realeinkommens-Freizeit-Kurve), deren Steigung durch den jeweiligen realen Stundenlohn (W/P) bestimmt wird. Das max. Realeinkommen/Tag $y^{max} = 24(W/P)$ wird (als Abschnitt jeder Realeinkommensgeraden auf der y-Achse ablesbar) erzielt, wenn ohne Freizeit „rund um die Uhr" gearbeitet würde. Die → Präferenzordnung des Haushalts bez. Realeinkommen (=Konsumgüternutzen) und Freizeitnutzen wird durch die Schar hyperbelförmiger → Indifferenzkurven mit nach rechts oben ansteigendem Nutzenindex abgebildet. Die optimale, d.h. nutzenmaximale Aufteilung des Zeitbudgets auf Arbeits- und Freizeit ergibt sich für jeden realen Stundenlohn dort, wo die zugehörige Realeinkommensgerade eine Indifferenzkurve tangiert, nämlich diejenige Indifferenzkurve mit dem höchsten erreichbaren Nutzenindex. Bspw. ergibt sich beim Reallohn $(W/P)_1$ der Tangentialpunkt A mit der optimalen Freizeit h_{F1} und der optimalen Arbeitszeit h_{A1} sowie dem realen Arbeitseinkommen y_1. Aus den Tangentialpunkten verschiedener Realeinkommensgeraden kann weiter die Realeinkommens- oder → Lohn-Freizeit-Kurve ermittelt werden, aus der – unter der Annahme, der Haushalt könne sein Arbeitsangebot frei wählen – schließlich die → Arbeitsangebotskurve ableitbar ist (vgl. Abb. (b) Arbeitsangebotskurve). Sie stellt den funktionalen Zusammenhang zwischen dem Reallohnsatz/Stunde (W/P) und dem Arbeitsangebot h_A dar. Ihr konkreter Verlauf beruht auf der Lage und Gestalt der Indifferenzkurven, d.h. der angenommenen Nutzenfunktion. Im Normalfall ist der *Verlauf der* → Arbeitsangebotskurve umgekehrt s-förmig, d.h. für sehr niedrige Lohnniveaus invers, sodass bei fallendem Lohnsatz

Angebotstheorie des Haushalts

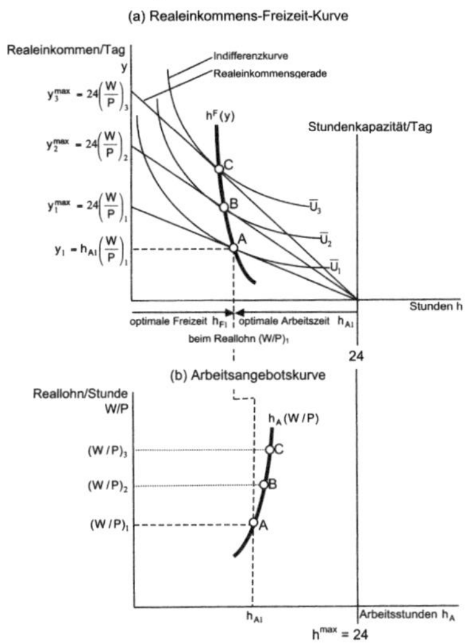

das Arbeitsangebot gesteigert werden muss, um das Existenzminimum zu sichern. Dabei können Veränderungen der Höhe des Arbeitsangebots mithilfe des → Einkommenseffekts und des → Substitutionseffektes betrachtet werden. Im Normalbereich (wie in der Abb. (b) nur dargestellt) wird aufgrund der zunehmenden → Opportunitätskosten der Freizeit das Arbeitsangebot mit dem Reallohnsatz steigen, während es für höhere Lohnniveaus, bei denen der Nutzen der Freizeit höher als das zusätzlich erzielbare Realeinkommen bewertet wird, fällt. – 4. *Analytischer Lösungsansatz:* Mathematisch lässt sich die Optimalbedingung der Tangentenlösung mithilfe der *Lagrangemethode* ermitteln. Für das Nutzenmaximierungsproblem des Haushalts hinsichtlich der Arbeitsangebotentscheidung gilt die *Zielfunktion* $U=U(y,h_F)=\max$ mit der *Nebenbedingung* $yP-W(24-h_F)=0$. Aus der entsprechenden *Langrangefunktion* $L=U(y,h_F)-\lambda(yP-W(24-h_F))$ folgt die *Optimalbedingung:*

$$\frac{\frac{\partial U}{\partial h_F}}{\frac{\partial U}{\partial y}} = \frac{W}{P}$$

In Worten: Im Optimum (Tangentialpunkt) muss die Grenzrate der Substitution zwischen Freizeit und Realeinkommen aus Arbeitszeit (d.h. die Steigung der Indifferenzkurve) dem Reallohn (der Steigung der Realeinkommensgeraden) entsprechen.

Angebotsüberhang – *Angebotsüberschuss;* → Preisfunktionen, → Totalanalyse.

Angebots- und Kalkulationsschematakartell → Kartell zur Vereinheitlichung der Leistungsbeschreibung und Preisaufgliederung bei Ausschreibungen, das nach § 5 IV GWB a.F. als Anmeldekartell vom Kartellverbot ausgenommen war. Diese Vorschrift ist als wettbewerbspolitisch entbehrlich mit der Sechsten GWB-Novelle zum 1.1.1999 gestrichen worden. Angebots- und Kalkulationsschemakartelle unterfallen seither dem Verbot des § 1 GWB und Art. 101 AEUV.

Angehörige – I. Strafrecht: Verwandte und Verschwägerte gerader Linie, der Ehegatte, der Lebenspartner, der Verlobte, auch i.S.d. Lebenspartnerschaftsgesetzes, Geschwister, Ehegatten oder Lebenspartner der Geschwister, Geschwister der Ehegatten oder Lebenspartner, Pflegeeltern, Pflegekinder (Legaldefinition § 11 I Nr. 1 StGB).

II. Bürgerliches Recht: Maßgeblich ist das tatsächliche persönliche Verhältnis, nicht der Grad der → Verwandtschaft; meist auch Lebensgefährten; hängt vom Sinn und Zweck der jeweiligen Regelung ab.

III. Steuerrecht: Der Verlobte, der Ehegatte; Verwandte in gerader Linie und 2. und 3. Grades in der Seitenlinie, Verschwägerte in gerader Linie und zweiten Grades in der Seitenlinie; Adoptivkinder, Pflegeeltern und -kinder (§ 15 I AO). Personen bleiben Angehörige auch dann, wenn das Verwandtschaftsverhältnis zwischen ihnen durch Scheidung, Adoption o.Ä. erloschen ist. Lediglich Verlobte bleiben nur während der Dauer der Verlobung Angehörige im Sinn des Steuerrechts.

Angeklagter – Eine Person, gegen die ein Hauptverfahren (→ Strafprozess) eröffnet worden ist. – *Anders:* → Angeschuldigter, → Beschuldigter.

Angeld → Draufgabe.

angelernter Arbeiter – im Unterschied zum → Facharbeiter Arbeitnehmer mit begrenzter Ausbildung (mind. 3 Monate bis unter 2 Jahren) und Spezialkenntnissen und -fertigkeiten. Tarifrechtlich üben angelernte Arbeiter im Gegensatz zum → ungelernten Arbeiter eine anerkannte und eingruppierte Tätigkeit aus, die eine Sonderausbildung verlangt. Es handelt sich hierbei zumeist um einen weiten Tätigkeitsbereich, der in einem oberen (Berufe mit 2-jähriger Regelausbildung, evtl. auch Tätigkeiten, die über einem längerem Zeitraum einem Facharbeiterberuf entsprechen) und unteren Bereich (alle anderen Tätigkeiten) eingeteilt werden kann. – Vgl. auch → Anlernausbildung.

Angeschuldigter – Eine Person, gegen die eine Anklage (→ Strafprozess) erhoben worden ist (§ 157 StPO). – *Anders:* → Angeklagter, → Beschuldigter.

Angestelltentarif → Bundes-Angestellten-Tarifvertrag (BAT).

Angestelltentarifvertrag → Bundes-Angestellten-Tarifvertrag (BAT).

Angestelltenversicherung – Rentenversicherung der Angestellten nach dem bis zum 31.12.1991 geltenden Angestelltenversicherungsgesetz (AVG). Seit dem 1.1.1992 richtet sich die Angestelltenversicherung ebenso wie die Rentenversicherung der Arbeiter nach dem *Sozialgesetzbuch Sechstes Buch - (SGB VI)*. Seit 2005 ist die Unterscheidung zwischen Arbeiter- und Angestelltenrentenversicherung aufgegeben worden und es existiert nur noch eine einheitliche allg. Rentenversicherung, die *Gesetzliche Rentenversicherung*. – 1. *Träger:* Träger der Rentenversicherung sind seit 1.10.2005 nur noch die Deutsche Rentenversicherung Bund, die Deutsche Rentenversicherung Knappschaft-Bahn-See und die Regionalträger, die neben der Bezeichnung Deutsche Rentenversicherung einen Zusatz für die regionale Zuständigkeit tragen (§ 125 SGB VI). – 2. *Versicherungspflicht:* Die Versicherungspflicht tritt unabhängig vom Willen der Betroffenen bei Vorliegen bestimmter Tatbestände, wie dem Vorhandensein eines abhängigen Beschäftigungsverhältnisses, ein (§§ 1–3 SGB VI). Sie kann nicht ausgeschlossen werden. Unter den Voraussetzungen des § 6 SGB VI ist ausnahmsweise die Befreiung von der Versicherungspflicht möglich. Die in § 4 SGB VI genannten Personengruppen (Entwicklungshelfer, Deutsche, die für begrenzte Zeit im Ausland beschäftigt sind, bestimmte selbstständig Tätige u.a.) können auf Antrag pflichtversichert werden. Versicherungsfrei sind die Personengruppen, die in § 5 SGB VI im Einzelnen aufgezählt sind, z.B. Beamte, Richter, geringfügig Beschäftigte, Personen, die eine Vollrente wegen Alters beziehen. → Freiwillige Versicherung ist zulässig u.a. für Zeiten nach Vollendung des 16. Lebensjahres bei Personen, die nicht versicherungspflichtig sind (§ 7 SGB VI). – 3. *Leistungen:* Die Rentenversicherung gewährt Leistungen zur → medizinischen Rehabilitation und zur Teilhabe am Arbeitsleben, → Altersrenten, → Renten wegen Erwerbsminderung, → Hinterbliebenenrenten, → Übergangsgeld. – 4. *Finanzierung:* Die gesetzliche Rentenversicherung wird im Umlageverfahren durch Versicherungsbeiträge und Zuschüsse des Bundes finanziert.

Angestellter – Ein Angestellter ist ein Arbeitnehmer, der sich vom Begriff des Arbeiters in gewissen Punkten unterscheidet.

I. Rechtsstellung: 1. *Arbeitsrecht:* Begriffsbestimmung nach eindeutigen Kriterien nicht möglich, wird aber durch das Arbeitsrecht und Sozialversicherungsrecht, so weit möglich, festgelegt, kann sich aber je nach Anwendungsbereich unterscheiden. Im Unterschied zum Arbeiter ist der Angestellte nach herkömmlicher Anschauung ein Arbeitnehmer, der überwiegend geistige Aufgaben (kaufmännischer, höherer technischer, büromäßiger oder überwiegend leitender Tätigkeit) zu erfüllen hat; in zahlreichen Berufen und Tätigkeiten ist diese Zurechnung zweifelhaft. Maßgeblich ist die Verkehrsanschauung, die durch die Praxis des Sozialversicherungsrechts beeinflusst ist. § 133 II SGB VI führt einen nicht abschließenden Katalog von acht Arbeitnehmergruppen auf, die zu den Angestellten gehören. Danach sind Angestellte v.a. leitende Angestellte, Betriebsbeamte, Werkmeister und andere Angestellte in einer ähnlich gehobenen oder höheren Stellung; Büroangestellte, die nicht ausschließlich mit Botengängen, Reinigung, Aufräumung und ähnlichen Arbeiten beschäftigt werden, einschließlich Werkstattschreiber; → Handlungsgehilfen (§ 59 HGB) und andere Angestellte für kaufmännische Dienste; Gehilfen in Apotheken; Bühnenmitglieder und Musiker ohne Rücksicht auf den Kunstwert ihrer Leistungen; Angestellte in Berufen der Erziehung, des Unterrichts, der Fürsorge, der Kranken- und Wohlfahrtspflege. Diese Einteilung hat nur noch wenig Bedeutung. – Im modernen Arbeitsrecht herrschen *einheitliche Vorschriften* für beide Gruppen vor; die *Unterscheidung* besteht immer noch: (1) teilweise für → Tarifverträge; (2) für die Sozialversicherungsträger. – 2. *Wettbewerbsrecht:* Zur Haftung für Wettbewerbsverstöße von Angestellten vgl. → Haftung.

II. Amtliche Statistik: Gruppe bei der Gliederung der → Erwerbstätigen: alle nichtbeamteten Gehaltsempfänger. Für die Zuordnung ist je nach Statistik die Stellung im Betrieb oder die Mitgliedschaft in der Rentenversicherung für Angestellte entscheidend. Leitende Angestellte gelten als Angestellte, sofern sie nicht Miteigentümer sind. Zu den Angestellten zählen auch die Auszubildenden in anerkannten kaufmännischen und technischen Ausbildungsberufen.

angestellter Vermittler – 1. *Begriff:* Arbeitnehmer eines Versicherungsunternehmens oder eines selbstständigen Vermittlers – im Gegensatz zu den gewerblichen oder selbstständigen Vermittlern. Arbeitsrechtlich unterliegt der angestellte Vermittler, anders als der selbstständige Versicherungsvertreter, dem → Direktionsrecht des Arbeitgebers hinsichtlich Tätigkeitsgestaltung, Arbeitszeit und Arbeitsort. – 2. *Rechtsgrundlagen:* Zudem gelten für die angestellten Vermittler die „Bestimmungen für die Angestellten des Werbeaußendienstes" im Manteltarifvertrag und im Gehaltstarifvertrag für die private Versicherungswirtschaft sowie die bes. arbeitsrechtlichen Vorschriften des Betriebsverfassungsgesetzes, Kündigungsschutzgesetzes, Entgeltfortzahlungsgesetzes und Bundesurlaubsgesetzes. Die angestellten Vermittler sind als abhängig Beschäftigte sozialversicherungspflichtig und unterliegen der Lohnsteuerpflicht. Gewerberechtlich trifft sie keine Erlaubnispflicht nach § 34d GewO. Auch werden sie nicht von den §§ 59 ff. VVG erfasst, haben also gegenüber dem Versicherungsnehmer keine eigene Beratungs- und Dokumentationspflicht. Daher besteht bei einer Falschberatung grundsätzlich auch keine unmittelbare Haftung des angestellten Vermittlers auf → Schadenersatz. Allerdings sind die angestellten Vermittler gegenüber dem Versicherer aus dem Anstellungsvertrag zur Einhaltung der dem Versicherer nach § 6

VVG obliegenden Beratungs- und Dokumentationspflicht verpflichtet. Andernfalls haftet der Versicherer dem geschädigten Versicherungsnehmer für die schuldhafte Falschberatung seines angestellter Vermittlers (dieser ist sein Erfüllungsgehilfe nach § 278 BGB) auf Schadenersatz.

Angewandte Informatik → Informatik.

angewandte Kunst – durch einen Gebrauchszweck gekennzeichneter Unterfall der Kunstwerke (§ 2 UrhG). In Betracht kommen Möbel, künstlerische Industrieformen, Mode, Gebrauchsgrafik etc., die den Schutz des → Urheberrechts genießen, wenn in ihnen eine persönliche geistige Schöpfung (→ Eigentümlichkeit) liegt. Das → Folgerecht findet auf angewandte Kunst keine Anwendung (§ 26 III UrhG). Hinterlegung als → Geschmacksmuster schließt Schutz nach dem UrhG nicht aus. Genügt der Gegenstand weder den Anforderungen des Urheberrechts noch des Geschmacksmusterrechts, kann ergänzender wettbewerbsrechtlicher Leistungsschutz in Betracht kommen (→ Ausbeutung).

Anglemeter – technisches Hilfsmittel bei den → apparativen Verfahren. Eine steuerbare Drehscheibe, durch die der Testperson die relevante Seite eines Objektes langsam zugewandt wird. Damit sollen die in der Wirklichkeit auftretenden verschiedenen Sichten auf ein Objekt (z.B. Produktpackung) simuliert werden.

Angliederungsfinanzierung – Maßnahmen der → Kapitalbeschaffung zu dem Zweck, sich an einer anderen Unternehmung zu beteiligen oder sie aufzukaufen. Gründe für Angliederung können sein: Konkurrenzausschaltung, Erreichen der im globalen Wettbewerb erforderlichen Unternehmensgröße, Rationalisierung des Fertigungsprogrammes.

Angriffsaussperrung → Aussperrung.

Anhaltewert – früherer Begriff des Substanzsteuerrechts. Wertminderungen wegen Alters (d.h. Abschreibungen) durften niemals zu einem Wert von Null für ein noch existierendes Wirtschaftsgut führen. Es waren daher prozentuale Anhaltewerte für die Abschreibung in der Vermögensaufstellung festgelegt. – Seit dem 1.1.1993 werden die Wirtschaftsgüter des beweglichen Anlagevermögens mit den Steuerbilanzwerten angesetzt; da dort eine Abschreibung bis auf Null erfolgt sind Vorschriften über einen Anhaltewert entbehrlich.

Anhaltspunkte für die ärztliche Gutachtertätigkeit – Seit dem 1.1.2009 sind die „Anhaltspunkte für die ärztliche Gutachtertätigkeit im sozialen Entschädigungsrecht und nach dem Schwerbehindertenrecht (Teil 2 SGB IX)" – AHP (herausgegeben vom Bundesministerium für Arbeit und Soziales; zuletzt: Ausgabe 2008) durch die Anlage „Versorgungsmedizinische Grundsätze" zu § 2 Versorgungsmedizin-Verordnung (Verordnung zur Durchführung des § 1 I und III, des § 30 I und § 35 I des Bundesversorgungsgesetzes vom 10.12.2008, BGBl. I 2008, 2412 m.spät.Änd., und Anlageband zu Ausgabe Nr. 57 vom 15.12.2008 – VersMedV) ersetzt worden. Mithilfe dieser versorgungsmedizinischen Grundsätze wird der → Grad der Behinderung (GdB) im → Schwerbehindertenrecht und der Grad der Schädigungsfolge (GdS) im → sozialen Entschädigungsrecht, der bisher als → Minderung der Erwerbsfähigkeit (MdE) bezeichnet wurde, näher bestimmt (§ 69 I 5 SGB IX, § 30 XVII BVG). Mit der Schaffung der entsprechenden Verordnung kommt der Gesetzgeber der von Rechtsprechung und Literatur erhobenen Forderung nach Verrechtlichung dieser Grundätze nach.

Anhang – Bestandteil des → Jahresabschlusses bei Kapitalgesellschaften (§ 264 I HGB) bzw. des Konzernabschlusses (§ 297 I HGB). Der Anhang enthält Erklärungen und Ergänzungen zu einzelnen Positionen der → Bilanz und der → Gewinn- und Verlustrechnung (GuV). – 1. *Aufstellungspflicht:* Bei → Kapitalgesellschaften bilden Bilanz, Gewinn- und Verlustrechnung und Anhang den Jahresabschluss, der zusammen mit dem → Lagebericht von den gesetzlichen Vertretern in den ersten drei Monaten des Geschäftsjahres für das vergangene Geschäftsjahr aufzustellen ist. Für kleine Kapitalgesellschaften (→ Größenklassen) beträgt die Frist sechs Monate, wenn dies einem ordnungsgemäßen Geschäftsgang entspricht. – 2. *Inhalt:* Geregelt in allg. Vorschriften über den Jahresabschluss von Kapitalgesellschaften (§§ 264, 265 HGB), den Vorschriften zu einzelnen Posten der Bilanz (§ 268 HGB), den Vorschriften zu einzelnen Posten der Gewinn- und Verlustrechnung (§ 277 HGB) sowie in den §§ 274a, 284–288 HGB; für Kreditinstitute die §§ 340–340o HGB; für Versicherungen § 55 VAG und Abschn. 2 der VO über die Rechnungslegung von Versicherungsunternehmen (Externe VUReV). Der Anhang enthält u.a. allg. Erläuterungen zum Einblick in die Vermögens-, Finanz- und Ertragslage sowie zur Vergleichbarkeit der Jahresabschlüsse, Angaben der in der Bilanz und der Gewinn- und Verlustrechnung angewandten Bilanzierungs- und Bewertungsmethoden; Einzelangaben wie den Gesamtbetrag der Verbindlichkeiten mit einer Restlaufzeit von mehr als fünf Jahren; Erläuterungen von Rückstellungen, die in der Bilanz unter dem Posten „sonstige Rückstellungen" nicht gesondert ausgewiesen werden, wenn sie einen nicht unerheblichen Umfang haben, Zusammensetzung und Gesamtbezüge des Geschäftsführungsorgans und eines Aufsichtsrates, Informationen zu Finanzinstrumenten und zur Honorierung des Abschlussprüfers. – 3. *Prüfung:* Der Anhang von mittelgroßen und großen Kapitalgesellschaften ist durch → Abschlussprüfer zu prüfen (→ Jahresabschlussprüfung). – 4. *Offenlegung:* Seit 1.1.2007 müssen offenlegungspflichtige Unternehmen ihren Anhang zusammen mit den übrigen Jahresabschlussunterlagen elektronisch (und nicht mehr wie bisher auf Papier) beim Betreiber des elektronischen Bundesanzeigers (Bundesanzeiger

Verlagsgesellschaft mbH, Köln) einreichen, von wo sie an das elektronisch geführte Unternehmensregister weitergeleitet werden und kostenlos abrufbar sind.

Anhängekalkulation – Sie ist eine zuweilen angewandte Sonderform der → Kalkulation. Bei Datenveränderungen, bes. bei Beschaffungspreis- und Mengenschwankungen aufgrund von Verfahrensänderungen, werden die bestehenden Kalkulationen (v.a. die Zuschlagsgrundlagen) unverändert gelassen, sofern sich nur die → Einzelkosten, nicht aber die → Gemeinkosten verändert haben. Die Einflüsse der Datenänderungen werden an das bestehende Kalkulationsergebnis „angehängt".

Anhörung – Vernehmlassung.

Anhörung des Betriebsrats – 1. *Anhörungspflicht:* Der Betriebsrat ist nach § 102 BetrVG vor jeder Kündigung (ordentliche, außerordentliche oder Änderungskündigung) anzuhören. An die Stelle des Betriebsrats kann ein → Betriebsausschuss (§§ 27, 28 BetrVG) treten. Eine Kündigung ohne vorherige Anhörung des Betriebsrats ist unwirksam. – 2. *Verfahren und Form:* Eine Anhörung des Betriebsrats ist *ordnungsgemäß*, wenn sie vor Ausspruch der Kündigung erfolgt und der Arbeitgeber mind. die betroffene Person, die Art der Kündigung, Kündigungstermin und -gründe angibt. Gründe, die dem Betriebsrat nicht genannt wurden, können in einem Kündigungsschutzprozess nicht verwertet werden. Die Anhörung bedarf nicht der Schriftform, aus Beweisgründen erfolgt sie aber regelmäßig in Schriftform. Grundsätzlich ersetzt die Anhörung des Betriebsrats zu einer → außerordentlichen Kündigung nicht die Anhörung des Betriebsrats zu einer (hilfsweisen) → ordentlichen Kündigung. Die Regelung gilt nicht für leitende Angestellte; ihre Entlassung ist dem Betriebsrat nur rechtzeitig mitzuteilen (§ 105 BetrVG). – 3. *Reaktion des Betriebsrats:* Der Betriebsrat hat eine *Überlegungsfrist.* Bei ordentlicher Kündigung eine Woche, bei außerordentlicher Kündigung drei Tage. Vorher kann eine Kündigung nur wirksam ausgesprochen werden, wenn sich der Betriebsrat abschließend geäußert hat. Der Betriebsrat kann der Kündigung zustimmen, ihr widersprechen oder keine Stellungnahme abgeben. – 4. *Widerspruch des Betriebsrats:* Dieser hindert den Arbeitgeber nicht an der Kündigung. – *Vorteile* des Widerspruchs aus den in § 102 III BetrVG genannten Gründen für den Arbeitnehmer bei ordentlicher Kündigung: a) Evtl. zusätzliche Gründe für die Unwirksamkeit der Kündigung (§ 1 II 2 KSchG) im Rahmen eines Kündigungsschutzprozesses; b) Beschäftigungsanspruch für die Dauer des laufenden Kündigungsschutzprozesses (§ 102 V BetrVG). – Vgl. auch → Beschäftigungsanspruch.

Anhörungsrüge – *Gehörsrüge.* Ist ein → Rechtsmittel oder ein anderer → Rechtsbehelf gegen eine Entscheidung nicht mehr gegeben und hat das Gericht den Anspruch einer Partei auf → rechtliches Gehör (Art. 103 I GG) in entscheidungserheblicher Weise verletzt, hat diese Partei die Möglichkeit, eine Fortführung des Verfahren zu erreichen, wenn es dies rügt. Die Anhörungsrüge ist innerhalb einer → Notfrist von zwei Wochen nach Kenntnis der Gehörsverletzung zu erheben; nach Ablauf eines Jahres seit Bekanntgabe der Entscheidung kann die Gehörsrüge (s. auch → Gehörsrüge nach § 321a ZPO, Anhörungsrüge) nicht mehr erhoben werden. Ist die Rüge unbegründet, weist das Gericht sie durch unanfechtbaren Beschluss zurück. Ist sie begründet, führt das Gericht das Verfahren fort. Dabei wird das Verfahren in die Lage zurückversetzt, in der es sich vor dem Schluss der mündlichen Verhandlung befunden hat (§ 321a ZPO). – Ähnliche Regelungen, mit denen Verletzungen rechtlichen Gehörs durch das Gericht, das bereits eine an sich nicht mehr änderbare Endentscheidung getroffen hat, durch dieses Gericht noch geheilt werden können, finden sich in den übrigen Verfahrensordnungen, so in § 33a und § 356a StPO, § 55 IV JGG, § 29a FGG, §78a ArbGG, §152a VwGO, § 178a SGG, § 133 FGO. Die Anhörungsrüge, eingeführt durch Gesetz vom 9.12.2004 (BGBl. I S. 3220), dient der Entlastung des → Bundesverfassungsgerichts (BVerfG), weil nun zunächst die Fachgerichte selbst sich mit dem behaupteten Verfassungsverstoß der Verletzung rechtlichen Gehörs befassen müssen.

Animal Spirits – psychische Disposition wirtschaftliche Vorteile zu erzielen.

Animated Gif – Folge von Bildern im Datenformat Gif, die auf HTML-Seiten (→ HTML) im → World Wide Web hintereinander abgespielt werden können, wodurch ein Animationseffekt entsteht. Animated Gif werden v.a. für → Banner verwendet.

Ankaufsrecht – gesetzlich nicht geregelter (Ausnahme: §§ 61 ff. → Sachenrechtsbereinigungsgesetz), mehrdeutiger Begriff; Bedeutung durch → Auslegung zu ermitteln: (1) Einseitiges Angebot eines → Kaufvertrages mit befristeter Bindung; (2) → Vorvertrag mit Recht auf Vertragsangebot bestimmten Inhalts; (3) Kaufvertrag unter der aufschiebenden → Bedingung, dass der Berechtigte später von seinem Recht Gebrauch macht; (4) nach § 61 → Sachenrechtsbereinigungsgesetz kann der Nutzer eines Gebäudes auf einem im Beitrittsgebiet gelegenen Grundstück vom Eigentümer die Annahme eines Angebots für einen Grundstückskaufvertrag verlangen; Fall eines gesetzlichen Ankaufsrechts. – Die Einräumung von Ankaufsrechten im → Grundstücksverkehr bedarf → öffentlicher Beurkundung.

Ankerländer – Bes. Ländergruppe unter den → Schwellenländern und → Entwicklungsländern. Diese Länder üben allein aufgrund ihrer Größe und Bevölkerungszahl eine zentrale Rolle für die wirtschaftliche Entwicklung und politische Stabilisierung ihrer Regionen aus. – *Beispiele* für Ankerländer sind u.a. China, Indien, Thailand, Iran, Saudi Arabien, Pakistan, Russland, Türkei, Ägypten, Nigeria, Südafrika.

Anklage → Strafprozess.

Anklageerzwingungsverfahren → Klageerzwingungsverfahren.

Ankündigungsrecht – das dem Inhaber einer → Marke vorbehaltene Recht, das Zeichen in Geschäftspapieren oder in der Werbung zu benutzen (Werbehinweisrecht, § 14 III 5 MarkenG). Das Ankündigungsrecht erschöpft sich, wenn der Rechtsinhaber oder ein mit seiner Zustimmung handelnder Dritter rechtmäßig gekennzeichnete Ware zum Weitervertrieb in Verkehr setzt gegenüber dem Weiterverkäufer, soweit dieser das Zeichen in seinen Ankündigungen im Rahmen des Üblichen in funktionsgerechter Weise zum Hinweis auf vorhandene Originalware des Markeninhabers werbend benutzt (→ Erschöpfung, → internationale Erschöpfung). Missbräuchlicher Verwendung der Marke in der Werbung Dritter kann der Zeicheninhaber aus dem ihm vorbehaltenen Ankündigungsrecht entgegentreten.

Ankunftsvertrag – Form der → Ein-Punkt-Klausel, nach der z.B. bei „ab Schiff" (→ DES) und „ab Kai" (→ DEQ) der Verkäufer die Gefahren und Kosten bis zum benannten Bestimmungshafen zu tragen hat. – *Gegensatz:* → Zwei-Punkt-Klausel. – Vgl. auch → Incoterms.

Anlagegold – 1. *Begriff* des Umsatzsteuerrechts: Gold in Barren- oder Plättchenform mit einem von den Goldmärkten akzeptierten Gewicht und einem Feingehalt von mind. 995/1000, oder Goldmünzen mit einem Feingehalt von 900/1000, die nach dem Jahr 1800 geprägt wurden, gesetzliches Zahlungsmittel im Ursprungsland sind oder waren und üblicherweise zu einem Preis von nicht mehr als 180 Prozent des Wertes ihres Goldgehaltes (berechnet nach dem Wert am offenen Markt) verkauft werden. – 2. *Umsatzsteuerliche Behandlung:* Für Umsätze mit Anlagegold existiert seit dem Steuerbereinigungsgesetz 1999 eine Sonderregelung (§ 25c UStG) mit einer Steuerbefreiung, auf die jedoch bei einem Umsatz mit einem anderen Unternehmer verzichtet werden kann. Der Vorsteuerabzug ist für die Lieferung von Anlagegold trotz der Befreiung nicht vollständig ausgeschlossen, sondern für bestimmte Arten von Vorumsätzen gesetzlich gestattet (§ 25c IV UStG). – 3. *Steuersystematische Hintergründe*: Der Verkauf von Gold als Geldanlage würde gegenüber Privatpersonen vollkommen unattraktiv, würde hierauf Umsatzsteuer erhoben werden, weil diese dann eine definitive Belastung darstellen würde. Außerdem würden Anbieter von Gold als Geldanlage gegenüber Anbietern aus Drittstaaten im Wettbewerb massiv benachteiligt, weil diese u.U. Gold zu Anlagezwecken nach ihrer heimatlichen Gesetzgebung steuerfrei anbieten könnten, solange der Anleger das Gold nicht körperlich in die EU transportieren würde, sondern im Drittland belässt. Der Gesetzgeber kann in dieser Situation auf die Wettbewerbsnachteile der inländischen Anbieter nicht anders reagieren, als diesen ebenfalls eine steuerlich unbelastete Tätigkeit zu ermöglichen. – 4. *Andere EU-Staaten:* Ähnliche Regelungen existieren auch in allen anderen EU-Staaten; Rechtsgrundlage sind die Art. 344-356 der → Mehrwertsteuersystemrichtlinie.

Anlagegrundsätze – 1. *Begriff:* Für das sog. → gebundene Vermögen hat der Gesetzgeber vorgeschrieben, wie das Vermögen angelegt werden muss. Das gebundene Vermögen besteht aus dem Sicherungsvermögen (§ 66 VAG) und dem sonstigen gebundenen Vermögen (§ 54 V VAG). – 2. *Ziele und Inhalt:* Die Anlagegrundsätze besagen ganz generell, dass das Vermögen unter Berücksichtigung der Art des betriebenen Geschäfts sowie der Unternehmensstruktur so anzulegen ist, dass möglichst große Sicherheit und Rentabilität bei gleichzeitiger Liquidität des Versicherers unter Wahrung angemessener Mischung und Streuung erreicht wird. Festgelegt wird ferner, in welchen Vermögensgegenständen angelegt werden darf (Schuldverschreibungen, Aktien, Grundstücken etc., vgl. § 54 II VAG). In einer auf der Grundlage des Gesetzes ergangenen Rechtsverordnung (Anlageverordnung) werden die Anlagegrundsätze im Einzelnen konkretisiert.

Anlageinvestitionen – Erwerb von Anlagen (einschließlich selbsterstellte Anlagen) in einem Zeitraum. Analog zum → Anlagevermögen werden Anlageinvestitionen brutto (Bruttoanlageinvestitionen) und netto (Nettoanlageinvestitionen) dargestellt. In der → Volkswirtschaftlichen Gesamtrechnung (VGR) werden als Anlageinvestitionen solche produzierte Vermögensgüter bezeichnet, die dauerhaft oder wiederholt im Produktionsprozess eingesetzt werden und deren Nutzungsdauer mehr als ein Jahr beträgt.

Anlagekapital → Anlagevermögen.

Anlagekonten – in der Buchführung zusammenfassende Bezeichnung für Konten zur Erfassung des Anlagevermögens (Immaterielles Anlagevermögen, Sachanlagen und Finanzanlagen). Anlagekonten umfassen z.B. „Konzessionen", „unbebaute Grundstücke", „bebaute Grundstücke", „Betriebsgebäude", „Technische Anlagen und Maschinen", „Betriebs- und Geschäftsausstattung", „Fuhrpark", „Beteiligungen" und „Wertpapiere des Anlagevermögens".

Anlagekredit – *Investitionskredit,* langfristiges → Fremdkapital, das der Finanzierung von Produktionsanlagen dient.

Anlagen – I. Erfolgs- und Kostenrechnung: 1. *Begriff:* Vermögensgegenstände, die dem Unternehmen langfristig zu dienen bestimmt sind (§ 247 II HGB). – 2. *Betriebsnotwendige Anlagen:* alle Vermögensteile, die einer Unternehmung nicht zur Weiterveräußerung, sondern zur dauernden Nutzung im Rahmen des Betriebszwecks dienen. Abschreibungen auf betriebsnotwendige Anlagen sind → Anderskosten oder → Grundkosten. – Als nicht betriebsnotwendig gelten bei gewerblichen Unternehmen i.Allg. Wohnsiedlungen für Betriebsangehörige, landwirtschaftlich genutzte Grundstücke, stillgelegte Anlagen (mit Ausnahme der Reserveanlagen), Finanzanlagen (z.B. Bestände an Aktien fremder Unternehmungen) etc., wenn sie das betrieblich erforderliche Ausmaß übersteigen. Abschreibungen auf nicht betriebsnotwendige Anlagen gehen als → betriebsfremder Aufwand nicht in die Kostenrechnung ein. – 3. *Verbrauchbare Anlagen:* a) *technisch (körperlich) abnutzbare Anlagen:* Maschinen, Werkzeuge, Vorrichtungen etc.; b) *wirtschaftlich verzehrbare Anlagen:* Patente, Konzessionen, Urheberrechte, die durch Rechts- oder Fristablauf entwertet werden, auch Verbrauch durch Veralterung infolge von Rationalisierung, neuauftretenden Erfindungen, Bedarf- und Absatzverschiebungen und Modewechsel; c) *technisch und wirtschaftlich verbrauchbare Anlagen:* Anlagen in Bergwerksbetrieben, die mit dem Verslegen der Fordersubstanz wertlos werden, Anlagen, die starkem technologischem Fortschritt unterliegen etc. – 4. In der in- und externen *Erfolgsrechnung* wird der Werteverzehr an Anlagen durch → Abschreibungen berücksichtigt. Bei Ausfall vor Ablauf der geschätzten Nutzungsdauer geht der Restwert nicht in die Kostenrechnung ein; bei Überschreitung werden in der Praxis Abschreibungen i.d.R. nach der neu zu schätzenden Lebensdauer kalkulatorisch (nur in der Kostenrechnung) weiter verrechnet (→ Überabschreibung). Daneben sind noch weitere Bestandteile in die → Anlagenkosten einzubeziehen.

II. Immissionsschutz: Einer behördlichen Genehmigung bedürfen Anlagen im Sinn des → Immissionsschutzes; das sind Betriebsstätten und sonstige ortsfeste Einrichtungen, Maschinen, Geräte und sonstige ortsveränderliche technische Einrichtungen, Fahrzeuge mit Ausnahme der Kfz, Grundstücke, auf denen Stoffe gelagert oder abgelagert oder Arbeiten durchgeführt werden, die → Emissionen verursachen können (ausgenommen öffentliche Verkehrswege; § 3 V BImSchG). Einzelheiten in der VO über genehmigungsbedürftige Anlagen (4. BImSchG) i.d.F. vom 14.3.1997 (BGBl. I 504) m.spät.Änd. Gegenüber behördlich genehmigten Anlagen können Ansprüche aus → Nachbarrecht nicht auf Einstellung des Betriebes gerichtet werden, sondern nur auf Vorkehrungen, die die benachteiligenden Wirkungen ausschließen. Sind solche Vorkehrungen nach dem Stand der Technik nicht durchführbar oder wirtschaftlich nicht vertretbar, so kann Schadensersatz verlangt werden (§ 14 BImSchG).

Anlagenbuchhaltung – Teilgebiet der → Anlagenrechnung, das für Zwecke des → externen Rechnungswesens art-, mengen- und wertmäßig Bestand und Bewegungen des → Anlagevermögens erfasst. – 1. *Finanzbuchhaltung:* Zusammenfassung der bes. bei Industriebetrieben meist großen Zahl von → Anlagen auf wenigen Konten. – *Aufgaben:* Erfassung der handels- und steuerrechtlichen Anschaffungs- bzw. Herstellungskosten, → Abschreibungen, Zuschreibungen und Restwerte für die einzelnen Anlagen. Aufstellung des → Anlagegitters. – 2. *Kostenrechnung:* Nach bes. Vorschriften sowie den LSP(Leitsätze für die Preisermittlung aufgrund von Selbstkosten) sind gesonderte Anlagenaufzeichnungen vorgeschrieben. Mithilfe der → Anlagenkartei werden die materiellen Anlagengegenstände von immateriellen Werten getrennt sowie die bilanzmäßigen Aktivierungen von → Großreparaturen aufgegliedert und einzeln erfasst. Gewisse Erleichterungen bestehen für geringwertige Anlagegüter, zu denen Werkzeuge und Vorrichtungen zählen können; eine Zusammenfassung nach Gruppen ist zulässig. – *Aufgaben:* Errechnung der kalkulatorischen Abschreibungen und kalkulatorischen Restwerte sowie Schaffung von Unterlagen für die Ermittlung des → betriebsnotwendigen Vermögens, der → kalkulatorischen Zinsen und für die Aufteilung des Anlagevermögens auf bes. Abrechnungsbereiche. – 3. *Hilfsaufgaben:* Aus organisatorischen und verwaltungstechnischen Gründen zugleich Führung der Anlagenkarten über technische Kontrollen, Reparaturen, Veränderungen, Standortwechsel etc.

Anlagendeckung → Kennzahl über den Einsatz des vorhandenen Kapitals:

$$\frac{\text{Eigenkapital}}{\text{Anlagevermögen}}.$$

Nach der → goldenen Bilanzregel soll das → Eigenkapital das → Anlagevermögen decken, die Anlagendeckung soll also ≥ 1 sein. Dieser Forderung wird in der Praxis kaum entsprochen, eher der gemilderten Form des Grundsatzes fristenentsprechender Vermögensfinanzierung:

$$\frac{\text{Eigenkapital} + \text{langfristiges Fremdkapital}}{\text{Anlagevermögen}} \geq 1.$$

Anlagenerneuerung → Ersatzinvestition.

Anlagenfinanzierung – Finanzierung, bei der die → Kapitalbeschaffung der Erneuerung oder Erweiterung von Betriebsanlagen dient. – Vgl. auch → Anlagenwirtschaft.

anlagengebundene Produktion – Elementartyp der Produktion (→ Produktionstypen), der sich aus dem Merkmal der Ortsgebundenheit der Produktionsfaktoren ergibt. Bei der anlagengebundenen Produktion sind die Arbeitssysteme an den betrieblichen Standort gebunden, dessen Strukturierung durch die → Layoutplanung von bes. Bedeutung ist. – *Beispiele:* Schmiedewerkstatt und Dreherei. – Vgl. auch → Abbauproduktion, → Baustellenproduktion.

Anlagengeschäft – I. *Industriebetriebslehre:* Spezielle Erscheinungsform der → Einzelproduktion. Die Produkte als Sachziele im Anlagengeschäft sind Anlagensysteme, bei denen es sich um Anlagen-Dienstleistungsbündel zur Befriedigung eines komplexen Bedarfs handelt. Diese Großanlagen werden von einem oder mehreren Anbietern in einem geschlossenen Angebot erstellt. – *Beispiele* für solche Großanlagen sind Kohle- und Atomkraftwerke,

Chemieanlagen, Hüttenwerke, Flughäfen oder Müllverbrennungsanlagen.

II. *Marketing:* Investitionsgütermarketing für komplexe Anlagen, die durch Verkettung einzelner Maschinen oder Aggregate zu einer integrierten Gesamtanlage entstehen (z.B. komplette Fertigungsstraßen). Im Business-to-Business-Geschäft werden kundenindividuelle Leistungen ausgetauscht. Wegen langfristiger Nutzung spielt der Wiederholungskauf eine geringere Rolle als im Konsumgütergeschäft. Für begrenzte Zeiträume sind spezifische Serviceverträge möglich. Die kundenindividuelle Leistung kann zur Einmalfertigung und zur Nutzung von Baukastensystemen führen. Gesamtanlagen können von einem einzelnen Unternehmen oder in Kooperationen angeboten werden. Local-Content-Vorschriften in den jeweiligen Importländern können Qualitäts-, Kosten- und Zeitrisiken erhöhen. Im Anlagengeschäft kann das primäre Produktgeschäft hinter das Servicegeschäft (z.B. Feasibility-Studien, Finanzierung, Beratung/Schulung, Wartung, Ersatzteilvorsorge) zurücktreten.

Anlagengitter – Begriff für den nach Handelsrecht erstellten → Anlagespiegel (§ 268 II HGB). – 1. *Methode:* Ausgehend von den gesamten → Anschaffungskosten oder Herstellungskosten sind Zugänge, Abgänge, Umbuchungen und Zuschreibungen des Geschäftsjahres sowie kumulierte Abschreibungen (Abschreibungen aus Vorjahren und des Geschäftsjahres) in ihrer gesamten Höhe aufzuführen. Abschreibungen des Geschäftsjahres sind entweder in der Bilanz bei dem betreffenden Posten zu vermerken oder im Anhang in einer der Gliederung des Anlagevermögens entsprechenden Aufgliederung anzugeben. Damit wird die in angelsächsischen Ländern übliche sog. *direkte Bruttomethode* vorgeschrieben: Die erste Spalte des Anlagengitters enthält während der gesamten Nutzungsdauer die historischen Anschaffungs- oder Herstellungskosten, die erst beim mengenmäßigen Ausscheiden aus dem Anlagengitter herausgenommen werden. Die kumulierten Abschreibungen werden *aktivisch* abgesetzt und die Zuschreibungen wieder hinzugerechnet, somit gehen in die Endspalte Nettowerte ein. Die Reihenfolge der Spalten im Anlagengitter ist nicht vorgeschrieben. – 2. Die *Erstellung* des Anlagengitters ist für alle nicht kleinen Kapitalgesellschaften (vgl. § 274a Nr. 1 HGB und → Größenklassen) verbindlich und bezieht sich auf die einzelnen Posten des Anlagevermögens. – *Beispiel* eines Anlagengitters nach § 268 II HGB: Vgl. Abbildung „Anlagengitter".

anlagenintensiv – Kennzeichnung für die Bedeutung des Produktionsfaktors → Anlagen in einem Unternehmen bzw. Industriezweig. Anlagenintensivität spiegelt sich in der Bilanz in einem hohen Anteil des → Sachanlagevermögens wider, z.B. bei Zement-, Hütten-, Stahl- und Energiebetrieben. Anlagenintensive Produktion führt zu hohen → fixen Kosten und damit zu Inflexibilität; eine kapazitätsbewusste Unternehmenspolitik und eine laufende Kontrolle der Kapazitätsausnutzung sind deshalb notwendig. – *Anders:* → arbeitsintensiv, → lohnintensiv, → kapitalintensiv, → materialintensiv.

Anlagenkartei – 1. *Charakterisierung:* Teil der → Anlagenrechnung zur Ergänzung des Anlagennachweises in den Konten der Buchhaltung durch Eintragung der für die einzelnen → Anlagen maßgeblichen technischen und wirtschaftlichen Merkmale und zur Ermittlung der Abschreibungswerte. Zu unterscheiden: Maschinenleistungs- und Maschinenkostenkarten, Grundstücks- und Gebäudekarten u.a. Vermerk folgender wirtschaftlicher Daten, sofern → Handelsbilanz und → Steuerbilanz getrennt geführt werden: (1) handelsrechtliche und steuerliche Abschreibungen und Werte, (2) kalkulatorische Abschreibungssätze, Abschreibungsbeträge und Restwerte. – 2. *Bedeutung:* Die Anlagenkartei ersetzt bei sachgemäßer Führung das fortlaufende Bestandsverzeichnis, bei dessen Vorhandensein die jährliche körperliche Bestandsaufnahme des beweglichen Anlagevermögens für handelsrechtliche und steuerliche Zwecke (→ Buchinventur) unterbleiben kann. – 3. *Mindesterfordernisse an den Inhalt der Anlagenkartei:* Zugangstag, Höhe der Anschaffungs- oder Herstellungskosten und des Bilanzwertes, Abgangstag.

Anlagenkosten – *Maschinenkosten.* 1. *Begriff:* alle → Kosten, die für die Projektierung, Auswahl, Bereitstellung, Aufstellung, Nutzung, Bereithaltung, Verbesserung und Ausmusterung von → Anlagen anfallen. – 2. *Bestandteile:* Betragsmäßig dominieren innerhalb der Anlagenkosten die → Anschaffungskosten bzw. → Herstellungskosten, die in der → Finanzbuchhaltung und → Kostenrechnung als → Abschreibungen berücksichtigt werden. Weitere wichtige Anlagenkostenarten sind → kalkulatorische Zinsen und → Instandhaltungskosten.

Anlagenleistungen – *Innenleistungen;* vom Betrieb selbst hergestellte, nicht zum Verkauf bestimmte, in das eigene → Anlagevermögen eingehende Gegenstände wie Maschinen, Gebäude u.Ä. In der Bilanz

Anlagengitter

Anschaffungs- bzw. Herstellungskosten (historisch)	Zugänge	Abgänge	Umbuchungen	Abschreibungen (kumuliert)	Zuschreibungen	Stand am 31.12.	Buchwert am 31.12. Vorjahr
	+	–	+ –	–	+		

aktiviert zu → Herstellungskosten. – Vgl. auch → aktivierte Eigenleistungen.

Anlagenprüfung – bei jedem prüfungspflichtigen → Jahresabschluss (→ Jahresabschlussprüfung) erforderliche Prüfung des buchmäßig angewiesenen Vermögens, das dem Geschäftsbetrieb der Unternehmung auf Dauer dienen soll (→ Anlagevermögen). Zu prüfen ist die Einhaltung der Vorschriften bez. (1) der körperlichen Bestandsaufnahme (→ Inventur); (2) der Aktivierung (→ Aktivierungspflicht, → Aktivierungswahlrecht); (3) der → Bewertung und (4) der Erläuterung im → Anhang. Die Berichtspflichten des → Abschlussprüfers im → Prüfungsbericht sind zu beachten.

Anlagenrechnung – 1. *Begriff:* Teilgebiet des → internen Rechnungswesens, das Bestand und Veränderungen des Produktionsfaktors → Anlagen im Unternehmen art-, mengen- und wertmäßig erfasst. – 2. *Aufgabe:* Die Anlagenrechnung soll dem Management all jene Informationen bereitstellen, die dieses für anlagenbezogene Entscheidungen benötigt. Hierzu zählen u.a. die Auswahl zwischen unterschiedlichen Anlagen, die Festlegung der Instandhaltungsstrategie und -politik (schadensbedingte oder vorbeugende Instandhaltung) oder die Bestimmung des optimalen Ersatzzeitpunkts. – 3. *Teilgebiete:* a) *Wertrechnungen:* Die Anlagenrechnung muss sämtliche Stationen im Rahmen des Lebenszyklus von Anlagen gesondert erfassen. Damit lassen sich Rechnungen unterscheiden, die die Projektierungskosten (z.B. Kosten der Anlagenkonstruktion), Bereitstellungskosten (bes. → Anschaffungskosten oder → Herstellungskosten), Bereithaltungskosten, Nutzungskosten (z.B. Kosten laufzeitabhängiger Wartungen), → Anlagenverbesserungskosten und Ausmusterungskosten (z.B. Abbruchkosten) abbilden. – b) *Mengen- und Zeitrechnungen:* Es werden technische Daten (z.B. elektrische Anschlusswerte) und die mengenmäßig-zeitliche Inanspruchnahme der Anlagen (→ AWF-Maschinenkarten, → Grundrechnung der Potenziale) erfasst.

Anlagenstatistik – Teilgebiet der → Betriebsstatistik, basiert häufig auf der → Anlagenkartei und auf Maschinenkarten (→ AWF-Maschinenkarten). Die Anlagenstatistik soll die *wert- und mengenmäßige Zusammensetzung* der betrieblichen Sachausstattung überwachen.

Anlagenverbesserungskosten – Bestandteile der → Anlagenkosten, die für Maßnahmen anfallen, die die Leistungsfähigkeit einer Anlage verbessern, z.B. Kosten zur Erhöhung der Produktionsgeschwindigkeit, Reduzierung des Ausschusses, Verbesserung der Produktionstoleranzen.

Anlagenwagnis – Risiko, das sich für ein Unternehmen daraus ergibt, dass Teile des → Anlagevermögens aus technischen oder wirtschaftlichen Gründen vorzeitig veralten oder aus sonstigen Gründen (z.B. Brand) aus dem Produktionsprozess ausscheiden können. – In der *Kostenrechnung,* soweit nicht durch Fremdversicherung abgedeckt, im Rahmen der kalkulatorischen → Wagnisse zu verrechnen. Das spezielle Risiko von Fehlschätzungen der Nutzungsdauer von Anlagegegenständen *(Abschreibungswagnis)* wird häufig auf einem gesonderten → Anlagenwagniskonto erfasst.

Anlagenwagniskonto – *Abschreibungswagniskonto;* neutrales Erfolgskonto, das Abschreibungskorrekturen (→ Abschreibungen) aufgrund von Fehlschätzungen der Nutzungsdauer von Anlagegegenständen (Abschreibungswagnis, → Anlagenwagnis) aufnimmt.

Anlagenwirtschaft – I. Arbeitsgebiete: 1. Planung und Neubau von Gebäuden. – 2. Planung und Einrichtung des Maschinenparks (→ Gebäudelayoutplanung). – 3. Verwaltung, Erhaltung, Erneuerung und Erweiterung des Anlagenbestandes. Organisatorisch gehören neben den Instandhaltungswerkstätten auch Energie- und Verkehrsbetriebe des Unternehmens zur Anlagenwirtschaft. In großen Betrieben wird eine zusammenfassende Hauptabteilung mit der Anlagenwirtschaft beauftragt.

II. Gliederung: Die Hauptabteilung ist zweckmäßig zu gliedern nach dem → Objektprinzip in *Bauabteilung* (Gebäude) und *Maschinenabteilung* (Maschinen), u.U. ergänzt durch eine koordinierende Abteilung für *Anlagenplanung und Neubauüberwachung.* Die Funktionen der Anlagenwirtschaft sind nur in Zusammenarbeit mit der Fertigungsleitung zu erfüllen, deren Erfordernissen die Anlagenbewirtschaftung entsprechen muss.

III. Arten: 1. *Intensive Anlagenwirtschaft:* Durch laufende erhebliche Aufwendungen für Instandhaltung und Instandsetzung soll die Lebensdauer der Anlagen verlängert werden. Zweckmäßig bei langsamem technischem Fortschritt, der vorzeitiges Veralten der Anlagen unwahrscheinlich macht. – 2. *Extensive Anlagenwirtschaft:* Instandhaltung und Instandsetzung werden vernachlässigt, die Lebensdauer so nicht verlängert; zweckmäßig bei erwartetem schnellem Veralten. Extensive Anlagenwirtschaft bedeutet häufigere → Ersatzinvestitionen.

IV. Finanzierung der Anlagen: Die Finanzierung der Anlagen kann aus eigenen und fremden Mitteln erfolgen. Bei → Eigenfinanzierung können die Abschreibungsgegenwerte, die der Unternehmung jährlich zufließen, zur Finanzierung weiterer Anlagen verwendet werden; dadurch wird eine Ausweitung der Kapazität (→ Lohmann-Ruchti-Effekt), also Absatzsteigerung erforderlich, anderenfalls ist es eine Kapitalfehlleitung. Bei Finanzierung der Anlagen durch langfristiges → Fremdkapital werden die zufließenden Abschreibungsgegenwerte i.d.R. zur Amortisation verwendet. Wenn eine alte Anlage durch eine neue ersetzt werden muss und die Abschreibungsgegenwerte für die alte Anlage nicht auf einem Bankkonto angesammelt wurden, sondern zur Finanzierung neuer Anlagen oder zur Tilgung verwendet wurden, so sind folgende Finanzierungsmöglichkeiten gegeben: Erhöhung des Eigenkapitals, Zurückhaltung von Gewinnen (→ Selbstfinanzierung) oder Aufnahme von langfristigem Fremdkapital. In der Praxis überschneiden sich diese Finanzierungsmöglichkeiten oft, bes. werden auch Abschreibungsgegenwerte von den Vermögenswerten, die aus der Verwendung der Abschreibungsgegenwerte der alten Anlage entstanden sind, zur Finanzierung herangezogen.

Anlagespiegel – Darstellung der Entwicklung der einzelnen Posten des → Anlagevermögens nach überholten Vorschriften des Aktienrechts. Die heute gemäß § 268 II HGB vorgeschriebene Darstellung wird → Anlagengitter genannt.

Anlagevermögen – I. Begriff: Teile des Vermögens einer Unternehmung, die nicht zur Veräußerung bestimmt sind (irrige Bezeichnung: Anlagekapital). Die Erhaltung, Reparatur und Ersatzbeschaffung von Gegenständen des Anlagevermögens ist Aufgabe der → Anlagenwirtschaft. – Der Anteil des Anlagevermögens an der Bilanzsumme ist i.d.R. in der Industrie erheblich höher als im Handel. – Das Anlagevermögen *dient* dem Betriebszweck. – Die *Finanzierung* des Anlagevermögens sollte mit langfristig dem Betrieb zur Verfügung stehendem Kapital erfolgen (→ Eigenkapital und langfristiges → Fremdkapital). Werden kurzfristige Kredite zur Zwischenfinanzierung des Anlagevermögens herangezogen, ist auf Dauer eine → Konsolidierung anzustreben.

II. Handelsrecht: Nach § 247 II HGB nur die Gegenstände, die bestimmt sind, dauernd dem Geschäftsbetrieb zu dienen. – *Gegensatz:* → Umlaufvermögen. – *Zusammensetzung:* (1) immaterielle Vermögensgegenstände: z.B. Konzessionen, → Firmenwert, geleistete Anzahlungen; (2) Sachanlagen: z.B. Grundstücke und Bauten, technische Anlagen und Maschinen, Betriebs- und Geschäftsausstattung; (3) Finanzanlagen: z.B. → Beteiligungen, Wertpapiere des Anlagevermögen. – Das Anlagevermögen wird im Betrieb genutzt und z.T. verbraucht (→ Abschreibung und/oder Wertberichtigung). – Vgl. auch → Bewertung.

III. Steuerrecht: 1. *Steuerbilanz:* Hinsichtlich der Bewertung ist zu unterscheiden zwischen → abnutzbarem Anlagevermögen und nicht abnutzbarem Anlagevermögen (→ Bewertung und → Maßgeblichkeitsprinzip). – 2. *Erbschaftsteuer:* Das Anlagevermögen ist i.d.R. mit dem gemeinen Wert anzusetzen (§ 109 I BewG). – *Ausnahmen:* (1) Betriebsgrundstücke sind mit den Grundbesitzwerten anzusetzen (§ 12 III ErbStG), Anteile an Kapitalgesellschaften sind nach §§ 11, 12 BewG zu bewerten (→ gemeiner Wert; → Stuttgarter Verfahren).

IV. Volkswirtschaftliche Gesamtrechnung: Wert aller produzierten Vermögensgüter, die länger als ein Jahr wiederholt oder dauerhaft in der Produktion eingesetzt werden. Anlagevermögen umfasst Sachanlagen (Nutztiere, Nutzpflanzungen, Ausrüstungen, Bauten) und immaterielle Anlagegüter (Computerprogramme, Urheberrechte). Nicht zum Anlagevermögen rechnen Finanzanlagen, nichtproduzierte Sachanlagen (Grund und Boden, Bodenschätze) und Gebrauchsvermögen der privaten Haushalte. Das Anlagevermögen ist wie die → Anlageinvestitionen abgegrenzt. Es wird brutto (Bruttoanlagevermögen) und netto (Nettoanlagevermögen) dargestellt.

Anlageverordnung (AnlV) – Über die allg. Anlagevorschriften des → Versicherungsaufsichtsgesetzes (VAG) hinaus, sieht die → Bundesanstalt für Finanzdienstleistungsaufsicht (BaFin) bes. Anlagevorschriften für das gebundene Vermögen vor, die in der Verordnung über die Anlage des gebundenen Vermögens von Versicherungsunternehmen (AnlV) vom 20.12.2001, zuletzt geändert durch die Verordnung vom 11.02.2011 (BGBl. I S.250), festgelegt sind. Die Grundlage für die Anlageverordnung bildet § 54 VAG. Die Anlageverordnung listet u.a. die zulässigen Anlageformen auf (§ 2 AnlV), fordert die Beachtung spezieller Mischungsquoten (§ 3 AnlV), enthält Streuungsvorschriften (§ 4 AnlV) und verlangt die Einhaltung der Kongruenzregeln (§ 5 AnlV).

Anlastungsprinzipien → Kostenverteilungsprinzipien.

Anlaufhemmung → Festsetzungsverjährung.

Anlaufkosten – 1. *Begriff:* Kosten, die entstehen (1) nach Errichtung eines Betriebes durch Anlernen und Eingewöhnen der Belegschaft, Einrichten der Maschinen auf ein bestimmtes Fertigungsprogramm, Erschließung von Bezugsquellen und Absatzmärkten etc. (→ Lernkurven); (2) nach längerem Stillstand des Betriebes; (3) im Fall der Ausweitung des Fertigungsprogramms auf bisher nicht hergestellte Erzeugnisse. Anlaufkosten sind, wenn sie größeren Umfang annehmen, zu erfassen und auf mehrere Rechnungsabschnitte, denen die Aufwendungen zugute kommen, zu verteilen. – 2. *Handelsbilanz:* Das in § 269 HGB enthaltene Aktivierungswahlrecht, die Anlaufkosten bzw. Aufwendungen für die Ingangsetzung und Erweiterung des Geschäftsbetriebs ganz, teilweise oder gar nicht zu aktivieren, wurde durch das → Bilanzrechtsmodernisierungsgesetz (BilMoG) für Geschäftsjahre, die nach dem 31.12.2009 beginnen, aufgehoben. – 3. *Steuerbilanz:* Ein Aktivposten darf in der Steuerbilanz nicht angesetzt werden.

Anlaufstelle → einzige Anlaufstelle.

Anleger- und objektgerechte Beratung – Gem. § 31 Abs. IV und IVa des Gesetzes über den Wertpapierhandel (Kurzform: → Wertpapierhandelsgesetz, WpHG) muss ein Wertpapierdienstleistungsunternehmen, das Anlageberatung oder → Finanzportfolioverwaltung erbringt, von den Kunden alle Informationen einholen über a) Kenntnisse und Erfahrungen der Kunden in Bezug auf Geschäfte mit bestimmten Arten von Finanzinstrumenten oder Wertpapierdienstleistungen, b) über die Anlageziele der Kunden und über ihre finanziellen Verhältnisse, die erforderlich sind, um den Kunden ein für sie geeignetes Finanzinstrument oder eine für sie geeignete Wertpapierdienstleistung empfehlen zu können. Das Wertpapierdienstleistungsunternehmen darf hiernach seinen Kunden nur Finanzinstrumente und Wertpapierdienstleistungen empfehlen, die nach den eingeholten Informationen für den Kunden geeignet sind.–Vgl. → Compliance, → Produktinformationsblatt, → Beratungsprotokoll.

anlehnende Werbung → Werbung unter Nutzung des guten Rufs (→ Image, → Markenimage, → Imagemarketing) von Konkurrenzprodukten für das eigene Leistungsangebot. Anlehnende Werbung ist wettbewerbsrechtlich grundsätzlich unzulässig (→ Ausbeutung).

Anleihe – *Schuldverschreibung, Obligation, Bond.* 1. *Begriff:* Als Anleihen werden Effekten (Wertpapiere) bezeichnet, die Gläubigerrechte, insbesondere das Recht auf Verzinsung und das Recht auf Tilgung, verbriefen. Die Begebung erfolgt i.d.R. zur langfristigen Fremdkapitalaufnahme in größerem Umfang am in- und ausländischen Kapitalmarkt. – 2. *Ausstattung:* a) *Verzinsung:* Anleihen sind i.d.R. festverzinslich, daneben gibt es auch Anleiheformen mit Zinsanpassungen, d.h. mit variabler Verzinsung (Floating Rate Note). Zinszahlungen erfolgen i.d.R. jährlich. Durch Konvertierung können über dem → Marktzins verzinste Anleihen in niedriger verzinsliche umgewandelt werden. Wesentlich für den Platzierungserfolg einer Anleihe ist nicht die Nominal-, sondern die Effektivverzinsung. – b) *Laufzeit und Tilgung:* Die Laufzeit beträgt fünf bis dreißig Jahre, in Hochzinsperioden auch darunter. Die Schuldner behalten sich i.d.R. das Recht auf Kündigung vor (meist nach Ablauf einer Sperrfrist). Bei → Tilgungsanleihen erfolgt entweder die Gesamtrückzahlung am Ende der Laufzeit oder eine Rückzahlung in Teilabschnitten für einzelne Anleiheserien nach festem Plan oder durch Auslosung. Die Tilgung kann auch durch freihändigen Rückkauf durch den Emittenten erfolgen. Aktuell gewinnt eine besondere Anleiheart immer mehr an Bedeutung: die strukturierte Anleihe. Strukturierte Anleihen sind verzinsliche Wertpapiere, die sich durch individuelle Gestaltungsmerkmale auszeichnen, welche die Rückzahlung oder auch die Zinszahlung der Anleihen beeinflussen. – c) *Emissions- und Rückzahlungskurs:* Anleihen können zu pari (= 100%), aber auch mit einem Abschlag (→ Disagio) oder einem Aufschlag (Agio) emittiert werden. Die Rückzahlung erfolgt i.d.R. zum Nennwert, selten über pari. – d) *Stückelung:* Die kleinste Stückelung liegt bei 0,01 Euro. Effektive Stücke sind üblicherweise mit Zinsscheinen und Erneuerungsschein ausgestattet. Heute werden fast nur noch → Sammelurkunden ausgestellt und effektive Stücke nicht mehr ausgeliefert. – 3. *Emission:* Die Emissionen erfolgen üblicherweise in einem der drei gängigen Verfahren: das Festpreisverfahren (Vorgabe eines festen Preises für das Wertpapier), das Bookbuilding-Verfahren (Angabe von Preisspannen in einer vorgegebenen Frist, zu denen Investoren zu kaufen bereit sind) und das Auktionsverfahren (Preis wird durch Gebote der Investoren bestimmt). Die Emission bei Bundesanleihen erfolgt i.d.R. über die Deutsche Bundesbank (Bietergruppe Bundesemission) im Auftrag der Bundesrepublik Deutschland - Finanzagentur GmbH (s. → Deutsche Finanzagentur). – 4. *Arten:* a) *Anleihen der öffentlichen Hand:* Bund, Länder, Kommunen sowie Sondervermögen des Bundes geben zur Haushaltsfinanzierung Anleihen aus. Staatsanleihen sind fast immer festverzinsliche Inhaberschuldverschreibungen. Typische Arten sind → Bundesobligationen, → Bundesanleihen, Bundesschatzanweisungen (→ Schatzanweisungen) sowie inflationsindexierte Bundeswertpapiere in Form von Anleihen oder Obligationen. – b) *Schuldverschreibungen der Kreditinstitute:* Dazu gehören → Pfandbriefe und öffentliche Pfandbriefe (→ Kommunalobligationen), die bes. besichert sind; Schuldverschreibungen von Kreditinstituten mit Sonderaufgaben (z.B. → Kreditanstalt für Wiederaufbau (KfW)) sowie sonstige Bankschuldverschreibungen. – c) *Anleihen der gewerblichen Wirtschaft:* Unternehmensanleihen (Industrieobligationen), Gewinnschuldverschreibungen, Wandelschuldverschreibungen, Optionsanleihen, Schuldscheindarlehen. – d) *Internationale Anleihen:* Der internationale Kapitalmarkt ist durch eine Vielzahl von innovativen Anleihetypen gekennzeichnet: → Zerobond (Null-Coupon-Anleihe), → Floating Rate Note (FRN), → Eurobond, → Doppelwährungsanleihe, → Auslandsanleihe, → Junk Bond.

Anleihegeschäft – Übernahme und Unterbringung von → Anleihen durch eine Bank oder durch ein → Konsortium: (1) Durch feste Übernahme, wobei die sog. → Platzierung Sache der Banken ist; (2) durch kommissionsweisen Verkauf; (3) durch Vermittlung von Zeichnungen (→ Zeichnen).

Anleiheschein – verbriefter Anteil des Gläubigers an einer → Anleihe, der sich aufgrund der gewählten Stückelung ergibt. Aus Rationalisierungsgründen und aufgrund der hoch entwickelten Wertpapierabwicklung und -verwahrung wird heute häufig auf eine Verbriefung der einzelnen Anteile verzichtet und mit Global- oder Sammelurkunden gearbeitet.

Anlernausbildung – Qualifizierung eines Arbeitnehmers (Anlernling) im Rahmen einer betrieblichen Ausbildung, häufig durch Unterweisung am Arbeitsplatz, ohne dass eine umfassende berufliche Ausbildung (Beruf) erforderlich ist. Erfolgt im Rahmen eines Anlernverhältnisses, das sich vom → Berufsausbildungsverhältnis durch einen begrenzten Ausbildungszweck unterscheidet. Nach Inkrafttreten des Berufsbildungsgesetzes gelten auch für Anlernlinge mit Einschränkungen dessen Vorschriften (§ 26 BBiG). – Vgl. auch → Volontär, → Praktikant.

Anlieger – Eigentümer oder Verfügungsberechtigter eines → Grundstücks bzw. eines Gebäudes, das an eine öffentliche Straße oder an einen Wasserlauf grenzt.

Anliegerbeiträge – jetzt: → Erschließungsbeiträge.

Anlocken von Kunden → Lockvogelangebote, → Kundenfang.

Anmeldekartell – *Widerspruchskartell.* Sammelbegriff für → Normen- und Typenkartelle, → Konditionenkartelle und → Mittelstandskartelle, für die bis zur Siebten GWB-Novelle vom 1.7.2005 das Widerspruchsverfahren galt. Anmeldekartelle waren vom Verbot des § 1 GWB freigestellt, soweit die Wettbewerbsbehörde der Anmeldung innerhalb der im Gesetz bestimmten Frist nicht aufgrund wettbewerblicher Bedenken widersprach. Seit der Siebten GWB-Novelle unterliegen die ehemaligen Anmeldekartelle wie nahezu alle anderen Arten von Kartellen der Legalausnahme, d.h. sie gelten ohne gesonderten Antrag oder Anmeldung als zulässig, es sei denn, die Freistellungsvoraussetzungen des § 2 GWB bzw. Art. 101 III AEUV sind für sie nicht anwendbar.

Anmelder – Person, die eine → Zollanmeldung im eigenen Namen abgibt oder in deren Namen eine Zollanmeldung (direkte Stellvertretung) abgegeben wird, Art. 4 Nr. 18 ZK. Der Anmelder muss gem. Art. 64 II ZK regelmäßig im → Zollgebiet der EU ansässig sein. Ausnahmen sind allein das → Versandverfahren und die vorübergehende Verwendung sowie teilweise die Überführung in den zollrechtlich freien Verkehr. In Art. 4 Nr. 11 MZK wird auch die Person als Anmelder bezeichnet, die eine → summarische Anmeldung oder eine Wiederausfuhrmitteilung einreicht.

Anmeldetag – Tag, an dem ein Antrag auf Erteilung, Eintragung oder Hinterlegung eines → gewerblichen Schutzrechts bei dem jeweils zuständigen Amt eingeht. Er legt die Laufzeit des Schutzrechts und vorbehaltlich der Inanspruchnahme von → Prioritätsrechten seinen → Altersrang für die Prüfung auf → Neuheit und → Erfindungshöhe (→ Eigentümlichkeit) fest; nach dem Anmeldetag bestimmt sich i.d.R., welches kollidierende Recht sich durchsetzt (→ Altersrang).

Anmeldung – I. Öffentliche Register: 1. → Handelsregister: u.a. im HGB mehrfach ausdrücklich vorgeschrieben (z.B. Firma, Prokura etc.). – a) *Form:* Nach § 12 HGB sind Anmeldungen zur Eintragung ins Handelsregister elektronisch in öffentlich beglaubigter Form einzureichen. Der → gesetzliche Vertreter kann ohne bes. Vollmacht kraft der ihm vom Gesetz verliehenen Vertretungsmacht die Anmeldung vornehmen. Was anmeldepflichtig ist, schreibt das HGB genau vor; ebenso wer anmeldepflichtig ist (z.B. §§ 25 II, 29, 31, 53, 108, 143, 148 HGB). – b) *Anmeldezwang:* Die Anmeldung kann vom Registergericht durch Zwangsgeld erzwungen werden (§ 14 HGB, §§ 388 ff. FamFG). – c) *Ersatz der Anmeldung eines Beteiligten* ist möglich durch Vorlage der vollstreckbaren Entscheidung eines Gerichts, die die Pflicht zur Anmeldung feststellt (§ 16 I HGB). – 2. *Andere Register:* → Genossenschaftsregister, → Grundbuch, → Güterrechtsregister, → Schiffsregister, → Vereinsregister, → Unternehmensregister, → Zentrales Testamentsregister, → Zentrales Vorsorgeregister.

II. Im Insolvenzverfahren: Die → Insolvenzforderungen sind beim → Insolvenzverwalter anzumelden (§ 174 InsO). Dies kann auch elektronisch erfolgen (§ 174 IV InsO). Nur vom *Gläubiger* (oder seinem Vertreter) angemeldete Forderungen werden in die → Insolvenztabelle aufgenommen. Aufstellungen des Schuldners werden nicht berücksichtigt. *Anzugeben* sind Betrag, Grund der Forderung und beanspruchtes Vorrecht. Das Insolvenzgericht bestimmt im Eröffnungsbeschluss eine *Anmeldefrist,* die aber keine → Ausschlussfrist ist. Für die Nachzügler ist ein bes. Prüfungstermin auf deren Kosten anzuberaumen (§ 177 InsO). *Versäumt* der Gläubiger die rechtzeitige Anmeldung, verliert er seine Rechte nicht und kann nach Aufhebung des Insolvenzverfahrens Befriedigung suchen, jedoch keine Berücksichtigung bei Verteilung.

III. Straßenverkehrsrecht: → Zulassung von Kraftfahrzeugen.

IV. Steuerrecht: → Steueranmeldung, → Meldepflicht, → Anzeigepflicht, → Betriebseröffnung.

V. Gewerbeordnung: → Gewerbeanmeldung, → Gewerbeerlaubnis.

Anmusterung – Verhandlung vor dem Seemannsamt. Erforderlich, wenn ein Besatzungsmitglied oder eine sonstige Person den Dienst an Bord eines Seeschiffes antritt. Die Verhandlung wird in einer sog. Musterrolle protokolliert, die der Schiffer erhält; Eintragung der Anmusterung im *Seefahrtsbuch* des Schiffsmannes, das vor Abschluss des Heuervertrages vom Seemannsamt ausgestellt werden muss. Einzelheiten im Seemannsgesetz vom 26.7.1957 (BGBl. II 713) m.spät.Änd.

Anmutung – Eine *positive Anmutung* ist als Indikator für Antriebswirkung und Kommunikationserfolg geeignet, da mit zunehmend positiver Anmutung die Bereitschaft zur weiteren Auseinandersetzung mit dem Reiz wächst; eine *neutrale Anmutung* kennzeichnet mangelnde psychische → Aktivierung oder Verunsicherung durch konfliktäre Wahrnehmungsreize. – *Messverfahren:* Aktualgenetische Verfahren (→ Tachistoskop); Ziel ist die → Werbeerfolgsprognose, bei der die für bestimmte Werbeziele erwünschte Anmutung mit der tatsächlich realisierten verglichen wird.

Annahme – 1. *Annahme eines Vertragsangebots:* Erklärung, mit der eine Person ihr Einverständnis mit einem Angebot ausdrückt. Ein → Vertrag kommt durch zwei übereinstimmende Willenserklärungen zustande: Angebot und Annahme (§§ 145, 146 BGB). – 2. *Annahme eines Wechsels:* bei einem

→ gezogenen Wechsel die schriftliche Erklärung eines → Bezogenen, die geforderte Wechselsumme bei Fälligkeit zu zahlen (Art. 28 I WG). – Vgl. → Akzept. – 3. *Annahme einer Erbschaft:* Erklärung, eine → Erbschaft dauerhaft behalten zu wollen. Die Erklärung kann formfrei erfolgen und kann auch durch schlüssiges Verhalten zustande kommen (z.B. durch Antrag auf Erteilung eines → Erbscheins, Veräußerung von Erbschaftsgegenständen). Die Annahme darf nicht an Bedingungen geknüpft werden. Der Erbe hat sechs Wochen Zeit, ein Erbe auszuschlagen. – *Rechtsgrundlagen:* §§ 1942 ff. BGB.

Annahme als Kind – *Adoption.* 1. *Begründung:* Durch Beschluss des → Vormundschaftsgerichts (§ 1752 BGB). – 2. *Voraussetzungen:* Zulässig ist die Annahme als Kind (1) eines → Minderjährigen, wenn sie dem Wohl des Kindes dient und zu erwarten steht, dass zwischen dem Annehmenden und dem Kind ein Eltern-Kind-Verhältnis entsteht (§ 1741 BGB), (2) eines *Volljährigen,* wenn darüber hinaus die Annahme als Kind sittlich gerechtfertigt ist (§ 1767 BGB) und wenn der Annehmende das 25. Lebensjahr vollendet hat (§ 1743 BGB). – 3. *Wirkungen:* a) Durch Annahme als Kind erlangt der Angenommene die *rechtliche Stellung* eines (bei Ehegatten gemeinschaftlichen) Kindes (§ 1754 BGB). Er erhält den → Familiennamen des Annehmenden (§ 1757 BGB). – b) *Das Verwandtschaftsverhältnis* des Minderjährigen und seiner Abkömmlinge zu den bisherigen Verwandten erlischt mit der Annahme als Kind. Vor der Annahme entstandene Ansprüche bleiben mit Ausnahme von Unterhaltsansprüchen erhalten (§ 1755 BGB). – 4. *Aufhebung:* Unter bestimmten Voraussetzungen zulässig (§§ 1759 ff., 1771 BGB); sie hat zur Folge, dass alle zwischen den Beteiligten begründeten rechtlichen Verhältnisse für die Zukunft erlöschen.

Annahmepflicht → Kontrahierungszwang.

Annahmeverzug – I. Bürgerliches Recht: Der Gläubiger gerät in Annahmeverzug, wenn er die ihm vom Schuldner angebotene Leistung nicht annimmt (§ 293 BGB) oder wenn er bei einer Leistung → Zug um Zug zwar zur Annahme der Leistung bereit ist, die Gegenleistung aber nicht anbietet (§ 298 BGB). – *Voraussetzung* ist i.Allg. ein tatsächliches Angebot (§ 294 BGB); wörtliches Angebot genügt nur, wenn der Gläubiger erklärt hat, dass er die Leistung nicht annehmen werde oder eine Handlung vornehmen (z.B. eine Sache abholen) muss (§ 295 BGB). Kein Angebot ist nötig, wenn für eine vom Gläubiger vorzunehmende Handlung eine Zeit nach dem Kalender bestimmt ist (§ 296 BGB). – *Folgen:* (1) Pflicht zur Verzinsung hört auf (§ 301 BGB). (2) Wird die Leistung nach Eintritt des Annahmeverzugs unmöglich (Unmöglichkeit; → gegenseitige Verträge), so ist der Schuldner nur dann schadensersatzpflichtig, wenn er die Unmöglichkeit durch → Vorsatz oder → grobe Fahrlässigkeit verursacht hat (§ 300 BGB). (3) Geld, Wertpapiere und Kostbarkeiten kann der Schuldner hinterlegen (§ 372 BGB, → Hinterlegung).

II. Arbeitsrecht: 1. *Begriff:* Nichtannahme der ordnungsgemäß angebotenen Arbeitsleistung des Arbeitnehmers durch den Arbeitgeber (§§ 293, 194 BGB), d.h. der Arbeitgeber beschäftigt den Arbeitnehmer nicht. Auf ein Verschulden des Arbeitgebers als Gläubiger der Arbeitsleistung kommt es nicht an. Ordnungsgemäß ist das Angebot der Arbeitsleistung nur, wenn ein tatsächliches Angebot erfolgt (§ 294 BGB). Ein wörtliches Angebot genügt aber, wenn der Arbeitgeber erklärt hat, dass er die Leistung nicht annehmen werde, oder, wenn er eine erforderliche Mitwirkungshandlung nicht vornimmt (§ 295 BGB). Nach einer Kündigung des Arbeitgebers braucht der Arbeitnehmer die Arbeit nicht erneut anzubieten. – Der Annahmeverzug tritt nicht ein, wenn dem Arbeitnehmer seinerseits die Erbringung der Arbeitsleistung unmöglich ist (§ 297 BGB). – 2. *Folge des Annahmeverzugs:* Der Arbeitnehmer wird von der Verpflichtung zur Arbeit frei (§ 615 BGB). Er braucht nicht die infolge des Annahmeverzugs ausgefallene Arbeitszeit nachzuholen. – 3. Der Arbeitnehmer behält seinen *Lohnanspruch,* ohne zur Nachleistung verpflichtet zu sein, soweit die Arbeitsleistung infolge des Annahmeverzugs unterbleibt (§ 615 Satz 1 BGB). Anzurechnen ist, was er infolge des Unterbleibens der Arbeitsleistung aufgrund anderweitiger Dienste erwirbt oder zu erwerben böswillig unterlässt (§ 615 Satz 2 BGB). Böswillig handelt, wer untätig geblieben ist oder die Aufnahme einer Arbeit verhindert hat, obwohl die Möglichkeit zum Tätigwerden bestand und die Tätigkeit zumutbar war. Das kann auch eine vom Arbeitgeber angebotene Weiterbeschäftigung zu vertragswidrigen Bedingungen sein (BAG, 7.2.2007 – 5 AZR 422/06). Allerdings darf dies nicht dazu führen, dass der Arbeitgeber die Arbeitsbedingungen einseitig ändert, ohne dass er eine Änderungskündigung ausspricht. – Über den anderweitigen Verdienst ist der Arbeitnehmer auskunftspflichtig. – 4. Im gekündigten Arbeitsverhältnis ist für den Annahmeverzug nicht § 615 BGB, sondern der im Wesentlichen inhaltsgleiche § 11 KSchG maßgeblich.

Annahmezwang → Kontrahierungszwang.

Annehmlichkeit – Begriff der Rechtsprechung und Finanzverwaltung für eine Aufwendung, die der Arbeitgeber im Rahmen seiner Fürsorgepflicht oder im betrieblichen Interesse für den Arbeitnehmer erbringt. Die jüngere Rechtsprechung des Bundesverfassungshofes hat sich vom Begriff der Annehmlichkeit gelöst und stützt sich bei der Untersuchung, ob Arbeitslohn vorliegt, auf gesetzliche Tatbestandsmerkmale. Steuerpflichtiger Arbeitslohn liegt dann nicht vor, wenn die Zuwendung des Arbeitgebers ganz überwiegend im betrieblichen Interesse, d.h. nicht mit dem Ziel der Entlohnung, erbracht wird. Im Einzelfall bleibt die Abgrenzung schwierig. Kein Arbeitslohn sind bes. die Leistungen zur Verbesserung der Arbeitsbedingungen, z.B. die Gestellung von Berufskleidung, Duschräumen und Betriebskindergärten. – Vgl. auch → Aufmerksamkeit.

Annexsteuern – *Zuschlagsteuer;* Steuern, die an die Höhe einer anderen Steuer anknüpfen. Die wichtigsten Annexsteuern im dt. Recht sind → Kirchensteuer und → Solidaritätszuschlag. Die Annexsteuern haben zwar einen fest proportionalen Satz (z.B. 5,5 Prozent beim Solidaritätszuschlag), fallen in Relation zum Einkommen aber doch progressiv aus, wenn sie an die progressive Einkommensteuer anknüpfen, da dann die Belastung durch die Annexsteuer mit hohem Einkommen ebenfalls automatisch prozentual höher ist als bei niedrigem Einkommen. – Vgl. auch → Einkommensteuer.

Annexvertrieb – Vertriebsverbund, bei dem die Nachfrage nach dem Versicherungsprodukt mit dem Erwerb anderer Produkte (z.B. Kfz, Immobilien) oder mit der Nutzung anderer Dienstleistungen (z.B. Urlaubsreisen, Vermietungen) verbunden ist. Die Vertriebsform steht auch im Zusammenhang mit dem sog. → One-stop-Shopping.

Annuität – 1. *Tilgungsrechnung:* Die Annuität ist die von Zinssatz und Laufzeit abhängige jährliche Zahlungsgröße, durch die ein anfänglicher Kreditbetrag während der Darlehenslaufzeit einschließlich Zinsen getilgt wird. Annuitäten bestehen aus einem Zins- und einem Tilgungsanteil. Während Zins- und Tilgungsanteil variieren, bleibt die Höhe der Annuität über die Laufzeit konstant. Durch den jährlichen Tilgungsbetrag verringert sich die Restschuld eines Annuitätendarlehens von Jahr zu Jahr. Daher beinhaltet die Annuität anfänglich einen vergleichsweise hohen Zinsanteil, der sich in den folgenden Jahren sukzessiv zugunsten des Tilgungsanteils verringert. – Annuitätentilgungen sind z.B. bei Hypothekendarlehen üblich. Im Vergleich zu einem Kredit mit konstanten Tilgungsraten weist das Annuitätendarlehen für den Schuldner den Vorteil der konstanten Liquiditätsbelastung auf. Aufgrund der vergleichsweise späteren Kreditrückführung sind insgesamt allerdings mehr Zinsen zu zahlen als bei einem Ratenkredit. – Annuitäten können als eine → Rente aufgefasst werden. Bei einem Endwert R_n im Zeitpunkt t = n bzw. Anfangswert K_0 im Zeitpunkt t = 0 ergibt sich die zugehörige (kapitalwertgleiche) Annuität A bzw. Rente r in Form konstanter Zahlungen von t = 1 bis t = n für einen einheitlichen Kalkulationszinssatz i (mit q = 1 + i) als

$$A = r = R_n \frac{q-1}{q^n - 1} = K_0 \frac{q^n(q-1)}{q^n - 1}.$$

2. *Investitionsrechnung:* → Annuitätenmethode.

Annuitätenanleihe → Anleihe, die durch gleichbleibende → Annuitäten getilgt und verzinst wird. – *Anders:* → Ratenanleihe.

Annuitätenfaktor → Wiedergewinnungsfaktor.

Annuitätenmethode – 1. *Begriff:* Methode der → Investitionsrechnung, bei der Investitionsprojekte anhand ihrer → Annuität verglichen werden. Die Annuität ist eine in gleichmäßigen Abständen wiederkehrende Zahlung in konstanter Höhe, die durch Multiplikation des Kapitalwerts mit dem Annuitäten- bzw. → Wiedergewinnungsfaktor errechnet wird. Im Gegensatz zum → Kapitalwert handelt es sich bei der Annuität um eine periodenbezogene Größe. Der → Barwert sämtlicher über die Nutzungsdauer verrechneter Annuitäten ist äquivalent zum Kapitalwert und damit auch zur ursprünglichen Zahlungsreihe des Investitionsprojektes. – 2. *Aussagefähigkeit:* Die Annuitätenmethode führt grundsätzlich zur gleichen Investitionsentscheidung wie die → Kapitalwertmethode. Der zusätzliche Nutzen der Annuitätenmethode liegt darin, dass dieses Verfahren die finanzwirtschaftlichen Konsequenzen von Investitionsentscheidungen periodenbezogen abbildet. Anwendungsmöglichkeiten bestehen daher v.a. im Rahmen der → Finanzplanung, da die Annuität Informationen über die finanziellen Mittel bereitstellt, die in einer bestimmten Periode für Gewinnentnahmen oder Erweiterungsinvestitionen verfügbar sind.

anonymes Werk – Begriff des → Urheberrechts für ein ohne Verfassernamen erschienenes Werk, für das die Rechtsinhaberschaft des auf den Vervielfältigungsstücken angegebenen → Herausgebers, hilfsweise des Verlegers vermutet wird (§ 10 II UrhG). Die Vermutung streitet gemäß § 10 III UrhG nicht gegen den Urheber. – Zur Schutzfrist: → Pseudonym.

Anonymität – Die Anonymität der Abstimmung ist bei einem → Abstimmungsverfahren gewährleistet, wenn das Ergebnis nicht davon abhängt, von welchen Teilnehmern die einzelnen Stimmen abgegeben wurden.

an Order → Orderklausel.

Anordnung – I. Organisation: → Weisung.

II. Öffentliches Recht: im Gegensatz zur → Rechtsverordnung i.d.R. ein → Verwaltungsakt für den Einzelfall, kann aber als Zuständigkeitsanordnung auch generell abstrakter Natur sein und ist dann - wie die Rechtsverordnung – Rechtssatz (Rechtsnorm) und kann auch gerichtlich im Wege der inzidenten oder abstrakten Normenkontrolle überprüft werden.

III. Zwangsversteigerung: Bei der Zwangsversteigerung eines Grundstücks wird die Anordnung ausgelöst durch *Antrag* des → betreibenden Gläubigers beim Amtsgericht als Vollstreckungsgericht (→ Anordnungsbeschluss). Vor Anordnung der Vollstreckungsmaßnahme ist eine Prüfung der *Vollstreckungsvoraussetzungen* (→ Vollstreckungstitel, → Vollstreckungsklausel, → Zustellung) erforderlich. Daneben *bes. Voraussetzung:* Antrag (§ 15 ZVG), Vorlage der für Beginn der → Zwangsvollstreckung erforderlichen Urkunden und Bezeichnung von Grundstück, Eigentümer, Anspruch und Titel (§ 16 ZVG).

Anordnungsbefugnis → Weisungsbefugnis.

Anordnungsbeschluss – dem Antrag des Gläubigers stattgebender Beschluss des → Vollstreckungsgerichts betreffend die → Zwangsversteigerung eines Grundstücks. Der Anordnungsbeschluss *ergeht* ohne mündliche Verhandlung, wird an Gläubiger und Schuldner *zugestellt* sowie dem → Grundbuchamt zur Eintragung des → Versteigerungsvermerks mitgeteilt. *Anfechtbar* mit → Erinnerung nach § 766 ZPO, wenn Schuldner nicht gehört worden ist; andernfalls → sofortige Beschwerde nach § 95 ZVG, § 793 ZPO. Anordnungsbeschluss gilt zugunsten des → betreibenden Gläubigers als → Beschlagnahme des Grundstücks (§ 20 I ZVG).

Anpassung – Vgl. auch → Gutenberg-Produktionsfunktion. – *Grundtypen von betrieblichen Anpassungsprozessen:* 1. *Zeitliche Anpassung:* Erhöhung oder Verminderung der Ausbringung bei konstanter Kapazität und bei konstanten Leistungsgraden durch alleinige Veränderung der Arbeitszeiten (Kurzarbeit, Überstunden, zusätzliche Schichten u.Ä.). Veränderung der → variablen Kosten. – 2. *Intensitätsmäßige Anpassung:* Erhöhung oder Verminderung der Ausbringung bei konstanter Kapazität und bei unveränderter Arbeitszeit durch alleinige Veränderung der → Intensität (v.a. bei Aggregaten, Erhöhung oder Verminderung der Tourenzahl u.Ä.). Veränderung der → variablen Kosten. – 3. *Quantitative Anpassung:* Erhöhung oder Verminderung der Ausbringung bei unveränderter Arbeitszeit und konstanten Intensitäten durch Variation der Anzahl der in einem Betrieb eingesetzten, begrenzt teilbaren Produktionsfaktoreinheiten (Zu- oder Abschaltung von Maschinen u.Ä.). Veränderung der → intervallfixen Kosten. – Vgl. auch → Betriebsgrößenvariation. – 4. *Selektive Anpassung (qualitative Anpassung):* Bei veränderter Beschäftigung werden zuerst die kostenungünstigen Aggregate stillgelegt bzw. die kostengünstigsten wieder in Betrieb genommen. Die qualitative Zusammensetzung der eingesetzten Anlagen wird verändert. – 5. *Zeitlich-intensitätsmäßige Anpassung* (Kombination der zeitlichen und intensitätsmäßigen Anpassung): Bis zur Auslastung der regulären Arbeitszeit passt man sich bei optimaler Intensität zeitlich an. Für darüber liegende Beschäftigungen werden die Intensitätsgrade erhöht.

Anpassungsflexibilität → Wettbewerbsfunktionen.

Anpassungsfortbildung – eine Form der → beruflichen Weiterbildung. Aktualisierung der individuellen beruflichen Leistungspotenziale durch Erweiterung und Anpassung der Fertigkeiten und Kenntnisse an technische, wirtschaftliche und rechtliche Entwicklungen. Anpassungsfortbildung erfolgt im Rahmen betrieblicher oder überbetrieblicher Veranstaltungen. Förderung durch die Agentur für Arbeit möglich. – Vgl. auch → Aufstiegsfortbildung, → berufliche Fortbildung.

Anpassungsinvestition – liegt vor, wenn durch eine → Investition eine Anpassung an veränderte Zustandsgrößen herbeigeführt wird. – Vgl. auch → Rationalisierungsinvestition.

Anpassungskapazität – Unternehmen können ihre Anpassungsfähigkeit sicherstellen, indem sie Umfeldbedingungen wahrnehmen und antizipieren. Ihre unternehmensinternen Anpassungsprozesse können auf technologischen oder organisatorischen Entwicklungen beruhen. Unternehmenseigenschaften, die die Anpassungsfähigkeit befördern sind → organisationales Lernen, Flexibilität und die Offenheit für neue Lösungen, aber auch die Verfügbarkeit von Ressourcen. – Der Weltklimarat (Intergovernmental Panel on Climate Change) sieht die Anpassungsfähigkeit neben der Exposition gegenüber Ereignissen (z.B. Flut) und der Sensitivität (z.B. Lage am Fluss) als Komponente der Verletzlichkeit von Systemen.

Anpassungspolitik → positive Anpassungspolitik, → sektorale Strukturpolitik, → Strukturanpassungspolitik.

Anpassungsprüfung – Nach § 16 I BetrAVG hat der Arbeitgeber bei Betriebsrenten alle drei Jahre eine Entscheidung über eine Anpassung zu treffen. Dabei hat er die Belange des Betriebsrentners (Kaufkraftverlust) mit seiner eigenen wirtschaftlichen Lage abzuwägen. – Vgl. auch → betriebliche Altersversorgung (bAV), → Rentenanpassung.

Anpassungstest → statistische Testverfahren.

Anrechenbarkeit von Steuern – steuerrechtlicher und -technischer Begriff für die Möglichkeit, bereits gezahlte Steuerbeträge von der → Steuerschuld bei anderen Steuern abzuziehen. – *Beispiele:* Kapitalertragsteuer bei der Einkommensteuer (die Kapitalertragsteuer gilt als vorweg gezahlte Einkommensteuer); Ausschüttungsteuer bei der Einkommensteuer (die Ausschüttungsteuer auf die Gewinne der Anteilseigner einer Kapitalgesellschaft galt als vorweg gezahlte Einkommensteuer der Anteilseigner; → körperschaftsteuerliches Anrechnungsverfahren). – *Anders:* → Abzugsteuern, → Abzugsfähigkeit von Steuern.

Anrechnungsanspruch – *Begriff* des → körperschaftsteuerlichen Anrechnungsverfahrens zur Berechnung der Körperschaftsteuerbelastung, die auf Ausschüttungen der Körperschaft an ihre Anteilseigner entfiel. Der Anrechnungsanspruch wurde Ende 2000 abgeschafft, als das → Halbeinkünfteverfahren eingeführt wurde.

Anrechnungsguthaben – Andere Bezeichnung für → Anrechnungsanspruch.

Anrechnungsklausel → Verrechnungsklausel.

Anrechnungsmethode – *tax credit method;* 1. *Begriff:* eine Methode zur Vermeidung der → Doppelbesteuerung, bei der die im Ausland bezahlte Steuer auf die im Inland zu zahlende Steuer angerechnet wird. – 2. *Funktionsweise:* Die im Inland zu zahlende Steuer darf um den Betrag gekürzt werden, der wegen des betreffenden Vorgangs schon im Ausland an Steuer gezahlt werden musste, allerdings wird höchstens auf den Betrag an dt. Steuer verzichtet, den

Deutschland für diesen Vorfall selbst fordern würde (keine Erstattung „überschießender" ausländischer Steuern und auch keine Verrechnung mit dt. Steuern auf andere Vorfälle). – 3. *Betroffene Steuerarten*: Nach dt. Recht ist die Anrechnungsmethode bei der Einkommensteuer, Körperschaftsteuer und Erbschaftsteuer (sowie früher auch bei der Vermögensteuer) anzutreffen. Rechtsgrundlage für ihre Anwendung sind teils Bestimmungen in den betreffenden nationalen Steuergesetzen (§§ 34 c, 34 d EStG, § 26 KStG, § 21 ErbStG), teils weiter reichende Regelungen in bilateralen → Doppelbesteuerungsabkommen (DBA). – 4. *Anwendungsvoraussetzungen*: a) Die Anrechnungsmethode findet *nur bei grenzüberschreitenden Sachverhalten* Anwendung; die „Gewerbesteueranrechnung" und das frühere körperschaftsteuerliche „Anrechnungsverfahren" sind etwas Anderes. – b) *Betroffene Sachverhalte:* Im dt. Recht gibt es kein allg. Prinzip, wonach man automatisch immer dann, wenn ein Sachverhalt mit ausländischen Steuern belegt wird, auch die Anrechnungsmethode nutzen könnte; ein solches Prinzip muss auch nach dem Recht der Europäischen Union gegenwärtig noch nicht geschaffen werden. Daher muss der betroffene Steuerpflichtige für jeden einzelnen Vorgang mit Auslandsberührung im dt. Recht eine Anspruchsgrundlage finden, die ihm eine Anrechnung der im Ausland schon bezahlten Steuer auf die dt. Steuer erlaubt. Solche Regelungen können einerseits im „nationalen" dt. Recht enthalten sein (EStG, KStG, ErbStG), andererseits in zwischenstaatlichen Doppelbesteuerungsabkommen. Grundsätzlich sehen die Regelungen im „nationalen" dt. Steuerrecht (EStG, KStG, ErbStG) eine Anrechnung ausländischer Steuern nicht in allen Fällen vor, in denen ausländische Steuern erhoben werden könnten; vielmehr definiert der dt. Gesetzgeber jeweils ausdrücklich, welche Vorfälle aus seiner Sicht einen so starken Auslandsbezug haben, dass er ausländische Steueransprüche als so legitim ansieht, dass er seinerseits zu einer Einschränkung der dt. Steueransprüche durch die Anrechnungsmethode bereit ist (das erklärt sich daraus, dass der deutsche Gesetzgeber solche Einkünfte deutscher Steuerpflichtiger, die in Deutschland erwirtschaftet worden sind, für seinen eigenen Steuerzugriff reservieren möchte). Diese Festlegungen richten sich bei Einkommensteuer und Körperschaftsteuer nach einer Liste „ausländischer" Einkünfte in § 34 d EStG, bei der Erbschaftsteuer nach dem Begriff des „Auslandsvermögens" in § 21 ErbStG. Ist ein Vorgang in den entsprechenden Auflistungen nicht erwähnt, ist die Anrechnungsmethode nach dt. Recht nicht nutzbar (z.B. keine Anrechnung ausländischer Steuern bei einer nur 3 Monate unterhaltenen Baustelle im Ausland oder keine Anrechnung ausländischer Erbschaftsteuern bei einem lediglich bei einer ausländischen Bank unterhaltenen Konto), es kommt dann insoweit zu einer Doppelbesteuerung. Soweit Doppelbesteuerungsabkommen mit dem ausländischen Staat existieren, richtet sich die Frage, wann die Anrechnungsmethode genutzt werden kann, jedoch nicht mehr nach den §§ 34 c EStG, 26 KStG oder 21 ErbStG, sondern nach den Bestimmungen des jeweiligen Vertrages; diese sorgen dann dafür, dass keine Lücken im Schutz vor Doppelbesteuerung verbleiben. – c) *Betroffene ausländische Steuerarten*: Die Anrechnung der ausländischen Steuer auf die dt. Steuer setzt voraus, dass es sich bei der ausländischen Steuer um eine Steuer von derselben Art wie die dt. Steuer handelt. Die Anrechnungsmethode will nämlich nur eine zusätzliche wirtschaftliche Belastung im grenzüberschreitenden Rahmen verhindern, wie sie entstehen würde, wenn ein und dieselbe Steuerart in zwei Staaten in vollem Umfang erhoben werden würde. Eine solche Zusatzbelastung, die den Einsatz der Anrechnungsmethode erfordern würde, gibt es dagegen nicht, wenn es sich um verschiedene Steuerarten handelt (z.B. keine Anrechnung ausländischer Grundsteuer auf ein Mietgrundstück auf die dt. Einkommensteuer auf die daraus bezogenen Mieten, weil auch in Deutschland das Nebeneinander dieser zwei Steuerarten normal wäre, also keiner Abhilfe bedarf). Wo es ein Doppelbesteuerungsabkommen gibt, wird die Frage, welche Steuern des ausländischen Staates einer dt. Einkommen- bzw. Körperschaftsteuer entsprechen und daher angerechnet werden können, im betreffenden Doppelbesteuerungsabkommen selbst geregelt (vgl. Art. 2 OECD-MA), fehlt ein solches DBA, klären die dt. Behörden die Frage eigenständig (vgl. Liste ausländischer Steuerarten aus Nicht-DBA-Ländern in Anlage 6 zu den EStR). – d) Die Berechnung *der dt. Steuer*, die anteilig auf die fraglichen ausländischen Einkünfte/das ausländische Vermögen entfällt (d.h. des Betrages, auf den Deutschland max. durch Anrechnung der schon im Ausland bezahlten Steuern verzichten wird), ist bei abgeltend besteuerten Kapitaleinkünften besonders einfach: dort beträgt sie 25 Prozent (§ 32d V EStG), bei allen anderen Einkünften geschieht die Ermittlung der auf sie entfallenden deutschen Steuer in der Weise, dass man einfach die fraglichen Einkünfte (Vermögenswerte) aus dem betreffenden Land zu allen vorhandenen Einkünften (Vermögenswerten) ins Verhältnis setzt; wenn z.B. die fraglichen Einkünfte ein Drittel aller in diesem Jahr bezogenen Einkünfte darstellen, wird auch ein Drittel der in diesem Jahr zu zahlenden Einkommensteuer als die dt. Steuer angesehen, die mit diesen ausländischen Einkünften zu tun hat und auf die angerechnet werden kann. Diese Vorgehensweise ist zwar einleuchtend, kann aber in Einzelfällen Effekte haben, die mit den europäischen Grundfreiheiten nicht vereinbar sind (EuGH-Urt. *de Groot*), ob sich daraus Änderungsbedarf für die deutsche Ausgestaltung der Anrechnungsmethode ergibt, wird vermutlich demnächst durch die Rechtsprechung des EuGH geklärt werden.

Anrechnungsprinzip → Internationales Steuerrecht (IStR).

Anrechnungssystem → Körperschaftsteuersysteme.

Anrechnungsverfahren → körperschaftsteuerliches Anrechnungsverfahren, → Körperschaftsteuersystem.

Anrechnungsverfügung – auch Abrechnungsverfügung. Sie stellt einen eigenständigen, vollziehbaren Verwaltungsakt dar, auch wenn sie häufig mit dem Steuerbescheid (der Steuerfestsetzung) verbunden wird. Sie lässt erkennen, welche Beträge (Vorauszahlungen, Steuerabzugsbeträge, Anrechnungsbeträge) auf die festgesetzte Steuer angerechnet werden. Im Ergebnis führt sie zu einer Zahllast (→ Leistungsgebot) oder einer Erstattung. – Die Anrechnungsverfügung ist Teil des steuerlichen Erhebungsverfahrens. Sie ist selbstständig mit dem Einspruch (§ 347 I 1 AO) anfechtbar. Davon unberührt bleibt für den Steuerpflichtigen die Möglichkeit, bei Einwendungen gegen die Richtigkeit der Anrechnungsverfügung einen → Abrechnungsbescheid zu beantragen.

Anrechnungszeiten – ab 1.1.1992 mit dem Rentenreformgesetz 1992 (SGB VI) eingeführte neue Bezeichnung für die früheren → Ausfallzeiten. Erfasst werden Zeiten, in denen aufgrund bes. Sachverhalte Beiträge zur gesetzlichen Rentenversicherung nicht vorhanden sind. Der Katalog der Anrechnungszeiten findet sich in den §§ 58, 252, 252 a, 253 SGB VI, in § 13 des Gesetzes zur Regelung der Wiedergutmachung nationalsozialistischen Unrechts in der Sozialversicherung (WGSVG) für Verfolgte des Nationalsozialismus und in § 12 Berufliches Rehabilitierungsgesetz für Verfolgte des SED-Regimes. Zu den Anrechnungszeiten zählen jeweils unter bestimmten Voraussetzungen Zeiten der Arbeitslosigkeit, der Arbeitsunfähigkeit, der Ausbildung, des Rentenbezuges u.a., auch soweit sie vor dem 1.1.1992 liegen. Die Anrechnungszeiten werden bei der Rentenberechnung berücksichtigt. Dabei erfolgt eine einheitliche Bewertung aller Anrechnungszeiten nach dem Gesamtleistungswert (§§ 71–74 SGB VI), der sich nach der individuellen Beitragsleistung des einzelnen Versicherten während seines ganzen Versicherungslebens bestimmt.

Anrechtschein → Zwischenschein.

Anregungsinformation → stimulierende Information.

Anregungsphase – erste Entscheidungsphase (→ Entscheidungsphasen); beinhaltet Erkennen und Abgrenzen des Problems. – *Ablauf:* Die Anregungsphase beginnt mit der Kenntnisnahme von Anregungs- oder stimulierenden Signalen, die einen Impulscharakter haben (→ stimulierende Information). Häufig signalisieren sie ein Abweichen der Realität von den Zielvorstellungen. Dadurch wird die Gewinnung zusätzlicher Informationen veranlasst, die in der anschließenden Ursachenanalyse zu einer Klärung und Präzisierung der offenen Fragen beitragen. Die Anregungsphase ist abgeschlossen, wenn nach der so erfolgten Problemformulierung geklärt ist, ob eine Entscheidung zu treffen ist.

Anreiz – I. Arbeits- und Organisationspsychologie: 1. *Begriff:* Situative Bedingung, die aufgrund einer gegebenen Bedürfnisstruktur bzw. einer inhaltlichen → Motivation Aufforderungscharakter (Valenz) für die Person aufweist. – 2. Anreize, die im Tätigkeitsvollzug selbst liegen, verbinden sich mit *intrinsischer Motivation*. Anreize, die schwerpunktmäßig im Arbeitsumfeld (Kollegen) oder in den Folgen des Tätigkeitsvollzugs liegen (monetäre Anreize), verbinden sich mit *extrinsischer Motivation*.

II. Wirtschafts-/Finanzpolitik: → Incentives, → Disincentives.

III. Transaktionskostenökonomik: → punktuelle Anreize, → Sammelanreize.

Anreiz-Beitrags-Theorie – Begriff der Organisationstheorie. – 1. *Grundlagen:* Die auf March und Simon (1958) zurückgehende Anreiz-Beitrags-Theorie wird als Theorie des organisatorischen Gleichgewichts interpretiert. Es geht im Kern um die Formulierung der Bedingungen für die Existenzerhaltung einer → Unternehmung (allgemeiner einer → Organisation). Die Existenz ist gesichert, wenn es gelingt, für die Organisationsteilnehmer eine ausgeglichene Beziehung zwischen *Anreizen* (Inducements) und *Beiträgen* (Contributions) herzustellen. – 2. *Annahmen:* a) Organisationen werden als Koalitionen verstanden. Wesentliche Koalitionsteilnehmer (Organisationsteilnehmer) sind die Mitarbeiter, Kapitalgeber, Lieferanten, Kunden. – b) Organisationsteilnehmer absolvieren zwei Arten von Entscheidungen: Mit der Beitrittsentscheidung wird entschieden, ob man seine Beiträge für eine spezifische Organisation erbringen möchte. Mit der Leistungsentscheidung wird entschieden, ob man seine Beiträge tatsächlich erbringt. – c) Organisationen haben keine originären Ziele; die Organisationsziele lassen sich auf die Individualziele der Organisationsteilnehmer zurückführen. Diese benutzen gleichsam eine Organisation, um ihre individuellen Ziele zu realisieren (sog. Instrumentalthese). – d) Die Organisationsteilnehmer erbringen jeweils spezifische Beiträge für ihre Organisation (z. B. Arbeitsleistung der Mitarbeiter, Kapitalüberlassung der Investoren). Die Organisation erhält diese Beiträge allerdings nur, wenn sie dafür angemessene Anreize bieten kann (z.B. Arbeitslohn, Zinsen). – e) Es besteht eine generelle Bereitschaft, auftretende Konflikte zu lösen, Konfliktpotenzial zu reduzieren (Harmoniefiktion).

Anreizintensität → Prinzipal-Agent-Theorie.

Anreizsystem – Summe aller bewusst gestalteten Arbeitsbedingungen, um direkt oder indirekt auf die Leistungsbereitschaft der Mitarbeiter einzuwirken (→ Arbeitsleistung) bzw. gewünschte Verhaltensweisen zu verstärken. Unterscheidung zwischen Anreizobjekt (materiell, immateriell), Anreizempfänger (Individual-, Gruppen-, organisationsweite Anreize) und Anreizquellen (extrinsisch, intrinsisch). – Übergreifend i.e.S. die Lohngestaltung und die daraus abgeleiteten Entlohnungsgrundsätze, i.w.S. alle Maßnahmen, die verhaltensbeeinflussend wirken bzw. einwirken können. Sie betreffen neben dem Entgelt die Arbeit selbst, Karrieremöglichkeiten, Formen der Mitarbeiterbeteiligung sowie Weiterbildungsmöglichkeiten. Funktionsvoraussetzung ist, dass die Motivationsstrukturen der Beschäftigten angesprochen werden. Als Mittel der gezielten Beeinflussung der Motivations- und Verhaltensstruktur der Mitarbeiter sind Anreizsysteme elementare Bestandteile eines jeden Führungssystems.

Anreiz-Theorie – Der Anreiz-Theorie liegt die Annahme zugrunde, dass das Ziel des Menschen sei, Lust zu erfahren und Unlust zu vermeiden. So suche er insbesondere jene äußeren Reize, die möglichst viel Lust zu versprechen scheinen. So kann ein gebotener → Anreiz → Motive aktivieren, das Verhalten dem Lustprinzip folgend auf die Erfüllung der Bedürfnisse zu richten. Gerade in der Arbeitspsychologie spielt dies eine nicht unerhebliche Rolle. Als Anreize können gezielt Werte und Ziele der einzelnen Organisationsmitglieder eingesetzt werden, die sowohl monetärer als auch nichtmonetärer Natur sein können wie Gelderwerb, Sicherheit, Status, Entfaltung, Spaß an der Arbeit, Sinnerfüllung etc. Die Arbeit ist dabei das Mittel zum Zweck. – Vgl. auch → Anreizsystem.

Anrufungsauskunft – der gesetzliche Terminus für → Lohnsteuerauskunft.

Ansammlungsrückstellung – Begriff des Steuerbilanzrechts. Rückstellungen für Verpflichtungen, für deren Entstehung wirtschaftlich der laufende Betrieb ursächlich ist (§ 6 I Nr.3a Buchstabe d EStG). Solche Rückstellungen sind steuerlich zeitanteilig in gleichen Raten anzusammeln. Dies ist insbesondere der Fall bei Verpflichtungen, die erst nach einer gewissen Zeit einzulösen sind. – *Beispiel:* Ansammlungsrückstellung für die Verpflichtung, ein Kernkraft stillzulegen und zu entsorgen.

Ansässigkeitsstaat – 1. *Begriff:* im Sprachgebrauch der → Doppelbesteuerungsabkommen (DBA) derjenige Staat, in dem der Steuerpflichtige seinen Hauptwohnsitz hat und dem er deswegen aus der Sicht des Abkommens zugeordnet wird. – 2. *Funktion im System der Doppelbesteuerungsabkommen:* Da in den Doppelbesteuerungsabkommen die Regelungen darüber, wie die Besteuerungsrechte für die Einkünfte eines Steuerpflichtigen verteilt werden, darauf abstellen, wo der Steuerpflichtige ansässig ist und wo nicht, muss im ersten Schritt stets der Ansässigkeitsstaat eindeutig geklärt werden, bevor die Normen eines Abkommens auf einen Einzelfall überhaupt erfolgreich angewandt werden können. So ließe sich z.B. eine Regelung, wonach die Besteuerung von Lizenzeinnahmen allein dem Ansässigkeitsstaat zusteht, nicht praktizieren, wenn nicht vorab eindeutig geklärt wäre, welcher Staat dies im konkreten Einzelfall ist. – 3. *Regeln zur Festlegung des Ansässigkeitsstaates* enthält jedes Doppelbesteuerungsabkommen im Einleitungsteil (meist Art. 4). Demnach ist als Ansässigkeitsstaat meist derjenige der beiden Staaten anzusehen, in dem der Steuerpflichtige seinen Wohnsitz hat; führt dies noch zu keinem eindeutigen Ergebnis (weil z.B. in beiden Staaten ein Wohnsitz besteht), werden nach einer genau festgelegten Prüfreihenfolge weitere Kriterien solange geprüft, bis ein einziger Staat als Ansässigkeitsstaat feststeht. – 4. *Faustregeln:* Meist sind natürliche Personen an ihrem Hauptwohnsitzort ansässig, juristische Personen am Ort der Geschäftsleitung. – 5. *Unterschied zur persönlichen Steuerpflicht nach nationalem EStG/KStG:* Eine unbeschränkte Steuerpflicht bei der dt. ESt/KSt ist zwar im Regelfall Voraussetzung dafür, dass Deutschland auch als Ansässigkeitsstaat eines Steuerpflichtigen nach dem Recht eines Doppelbesteuerungsabkommens gelten kann; umgekehrt fällt die unbeschränkte Steuerpflicht aber nicht fort, wenn nach einem DBA ein anderer Staat als Deutschland als Ansässigkeitsstaat eingestuft wird. Gilt z.B. jemand mit deutschem und belgischem Wohnsitz aufgrund des maßgeblichen Abkommens als ansässig in Belgien, so wird er in Deutschland trotzdem weiterhin nach den Regeln der unbeschränkten Steuerpflicht besteuert; die Einkünfte, die das Abkommen dem anderen Staat zuspricht, werden dann lediglich im Rahmen der Veranlagung zur unbeschränkten Steuerpflicht als steuerfreie Einkünfte behandelt.

Anschaffung – jedes auf Erwerb von → Eigentum an → beweglichen Sachen (→ Waren) und an → Wertpapieren gerichtete entgeltliche Rechtsgeschäft. Die Art des entgeltlichen Erwerbes ist unwichtig, also Kauf, Tausch, Werklieferung (auch bei → Eigentumsvorbehalt). Keine Anschaffung sind Erwerb durch Schenkung, Erbschaft oder Urproduktion (Landwirtschaft, Bergbau) oder → Aneignung. Anschaffung und Weiterveräußerung bilden das handelsrechtliche → Umsatzgeschäft.

Anschaffungsdarlehen – veralteter Ausdruck für einen standardisierten → Konsumentenkredit, der in festen monatlichen Raten zurückgezahlt wird (→ Ratenkredit). Je nach Anbieter werden unterschiedliche Bezeichnungen verwendet: z.B. persönlicher Kredit, Sofortkredit, Kleinkredit, Wunschkredit oder auch Autokredit. Die Kredite werden hauptsächlich an Privatpersonen für Konsumausgaben vergeben (Auto, Möbel, Reisen). Die Laufzeiten bewegen sich meist zwischen 6 und 72 Monaten und die Höhe des Kredits beträgt üblicherweise bis 50.000 Euro. Die Bearbeitung ist standardisiert, sodass der Antrag auch online gestellt werden kann. Zur Sicherstellung des Kredits wird die persönliche Kreditwürdigkeit geprüft, häufig ergänzt durch eine Auskunft, die bei der → SCHUFA eingeholt wird, sowie eine Gehaltsabtretung und Restschuldversicherung.

Anschaffungskosten – 1. *Definition:* Aufwendungen bzw. Kosten, die geleistet werden, um einen Vermögensgegenstand zu erwerben und ihn in einen betriebsbereiten Zustand zu versetzen, soweit sie dem

Vermögensgegenstand einzeln zugeordnet werden können (§ 255 I HGB). – 2. *Bestandteile:* → Anschaffungspreis eines Vermögensgegenstands zzgl. → Anschaffungsnebenkosten (z.B. Maklergebühr, Provisionen, Eingangsfrachten einschließlich Speditionskosten, Rollgeld, Zoll, Transportkosten, bei Maschinen auch Kosten des Einbaus und der Montage, bei Grundstücken zusätzlich Vermessungs-, Notariats- und Gerichtskosten, auch Grunderwerbsteuer). Die Anschaffungskosten mindern sich um Skonti, Rabatte, Preisnachlässe, Zahlungsabzüge (für Subventionen und nicht rückzahlbare Zuschüsse der öffentlichen Hand besteht ein Wahlrecht). – *Beispiele* für nachträgliche Anschaffungskosten, die den früheren Anschaffungskosten hinzuzurechnen sind (§ 255 HGB): Erschließungsbeträge für Erstanlage einer Straße oder Erstanschluss an Kanalisation, Abbruchkosten. – 3. Anschaffungskosten sind *Grundlage* und Obergrenze für die Bewertung in der → Handelsbilanz (§ 253 I, II HGB) und der → Steuerbilanz (§ 6 EStG). Bei abnutzbaren Wirtschaftsgütern des → Anlagevermögens sind die Anschaffungskosten Ausgangspunkt und Grundlage zur Bemessung der → Abschreibungen. Werden die Anschaffungskosten um planmäßige Abschreibungen gemindert, so spricht man von fortgeführten Anschaffungskosten bzw. Anschaffungswerten.

Anschaffungskostenprinzip → Anschaffungswertprinzip.

anschaffungsnahe Herstellungskosten → anschaffungsnaher Aufwand.

anschaffungsnaher Aufwand – Im Grundstücksbereich werden Aufwendungen, die nach den allg. Kriterien → Erhaltungsaufwand und damit Periodenaufwand darstellen, nicht allein wegen ihrer Höhe oder ihrer zeitlichen Nähe zur Anschaffung eines Gebäudes als → Herstellungskosten beurteilt. Soweit sie nicht der Erstellung oder Erweiterung eines Gebäudes dienen, stellen sie nur dann Herstellungskosten dar, wenn sie zu einer wesentlichen Verbesserung gemäß § 255 II 1 HGB führen (BFH vom 12.9.2001; R 157 IV EStR).

Anschaffungsnebenkosten – Teil der → Anschaffungskosten. Anschaffungsnebenkosten umfassen a) Erwerbsnebenkosten: Provisionen, Verkehrsteuern, Notariatskosten; – b) Bezugsnebenkosten: Zölle, Transportversicherung, Verpackung, Frachten; – c) Nebenkosten der Inbetriebnahme: Fundamentierungskosten, Montagekosten u.a.

Anschaffungspreis – Bestandteil der → Anschaffungskosten; der Anschaffungspreis entspricht regelmäßig dem Kaufpreis minus abzugsfähiger Vorsteuer (§ 15 UStG).

Anschaffungswert – *Erwerbswert;* Summe der zum Erwerb eines Vermögensgegenstandes erforderlichen bzw. aufgewendeten → Anschaffungskosten. – Bilanzielle Bewertungsgrundlage: → Anschaffungswertprinzip.

Anschaffungswertprinzip – *Anschaffungskostenprinzip;* Bewertungsprinzip des Bilanzrechts. Das Anschaffungswertprinzip ist in § 253 I HGB kodifiziert. Es besagt, dass → Vermögensgegenstände höchstens mit den → Anschaffungskosten oder → Herstellungskosten, vermindert um → Abschreibungen, anzusetzen sind. Die Anschaffungs- oder Herstellungskosten bzw. bei abnutzbaren Anlagegütern die fortgeführten Anschaffungskosten (s. → fortgeführte Anschaffungs- oder Herstellungskosten) gelten damit als Bewertungsobergrenze. – Vgl. auch → Realisationsprinzip.

Anschlussberufung – Mit der Anschlussberufung kann der Berufungsbeklagte sich der Berufung des Berufungsklägers anschließen (§ 524 ZPO). Mit der Anschlussberufung kann der Berufungsbeklagte eine Korrektur der erstinstanzlichen Entscheidung zu seinen Gunsten erreichen. Sie verliert ihre Wirkung, wenn die Berufung zurückgenommen, verworfen oder durch Beschluss zurückgewiesen wird.

Anschlussbeschwerde → sofortige Beschwerde.

Anschlussexport – 1. *Begriff:* Exporteure bedienen sich zur teilweisen oder vollständigen Durchführung ihrer Exporte (→ Ausfuhr) der Exportorganisationen anderer Unternehmungen, ohne dass es dabei zur Errichtung von gemeinsamen Exportorganisationen kommen muss. Auch als *Huckepack-Export (Piggy Back, Complementary Marketing)* bezeichnet. – 2. *Grundformen:* (1) *einseitiger Anschlussexport:* Inländische Unternehmung bedient sich zum Export der Exportorganisationen eines anderen Unternehmens; (2) *wechselseitiger Anschlussexport:* Gegenseitige Zurverfügungstellung der → Vertriebsorganisationen zweier oder mehrerer Hersteller verschiedener Länder. Erfolg ist bes. bei sich ergänzenden Leistungsprogrammen zu erwarten. – Vgl. auch → Exportgemeinschaft.

Anschlussfähigkeit – Eigenschaft von Wirklichkeitsbeschreibungen. Anschlussfähig sind solche Wirklichkeitsbeschreibungen, die von den anderen Mitgliedern einer Kommunikationsgesellschaft als möglich bzw. als sinnvoll akzeptiert werden. Dies ist meistens dann der Fall, wenn diese Beschreibungen in das Weltbild und das Denken der relevanten Gemeinschaft passen. Sie ist ein wichtiges Relevanzkriterium für → Wirklichkeitskonstruktionen neben → Viabilität und → Zieldienlichkeit.

Anschlusskunde – 1. *Handel:* Mitglied einer → freiwilligen Kette auf der Einzelhandelsstufe. – 2. → Factoring: Bezeichnung für den Verkäufer einer Forderung.

Anschlusspfändung – nochmalige → Pfändung einer schon gepfändeten Sache (§§ 826, 827 ZPO). Die Anschlusspfändung verschafft dem Gläubiger ein Pfandrecht mit *Rang* nach dem schon bestehenden. Sie ist ohne Rücksicht auf einen aus der Verwertung zu erwartenden Überschuss vorzunehmen. Genügend ist Aufnahme eines Pfändungsprotokolls.

→ Verwertung der Sache durch den → Gerichtsvollzieher, der zuerst gepfändet hat, für alle beteiligten Gläubiger. – Bei *Streit* über die Rangfolge der Pfändung oder die Art der Auszahlung des Erlöses → Hinterlegung des Erlöses und Verteilungsverfahren des Vollstreckungsrichters.

Anschlussprüfung → Außenprüfung.

Anschlussrevision – entspricht nach Sinn, Zweck und Voraussetzungen der → Anschlussberufung, geregelt in § 554 ZPO. – Vgl. auch → Revision.

Anschnitt – Bereich in einer Anzeige, der über den Satzspiegel hinaus bis an den Papierrand läuft.

Anschreibeverfahren → vereinfachte Verfahren bei der Zollanmeldung.

Anschwärzung – verbotene kreditschädigende Äußerung über ein fremdes Erwerbsgeschäft zu Wettbewerbszwecken (§ 4 Nr. 8 UWG). Auch wenn die Tatsachenbehauptung wahr ist, kann die Verbreitung wettbewerbswidrig nach § 4 Nr. 8 UWG sein, wenn die Behauptung geschäftsehrverletzend ist und es an einem hinreichenden Anlass für die Verbreitung fehlt.

ANSI – Abk. für *American National Standards Institute;* Sitz in New York City, nationale Standardisierungsorganisation der USA; Nachfolgerin der ASA (American Standards Association). Bekannt u.a. durch → Standardisierung von → Programmiersprachen; die meisten auch international akzeptierten Programmiersprachenstandards sind ANSI-Standards oder ISO-Standards (→ ISO), die vom ANSI übernommen wurden.

Ansichtssendung – Eine bestellte oder unbestellte Warensendung zur Besichtigung, Auswahl und Abnahme. – 1. *Bestellte* Ansichtssendungen (→ Kauf auf Probe) sind vom Empfänger sorgfältig aufzubewahren oder zurückzuschicken, soweit er sie nicht behalten will. – 2. *Unbestellte* Ansichtssendung: a) Bei einer Lieferung durch einen → Unternehmer an einen → Verbraucher hat der Unternehmer keinen vertraglichen Zahlungsanspruch, selbst wenn der Verbraucher seinen Annahmewillen durch → konkludente Handlungen (z.B. Benutzung der Sache) äußert. Ein → Herausgabeanspruch ist ebenso wie → Schadensersatz wegen Beschädigung oder Zerstörung der gelieferten Sache grundsätzlich ausgeschlossen. Eine Ausnahme gilt nur für Fälle, in denen die Lieferung nicht für den Empfänger bestimmt war oder in der irrigen Vorstellung einer Bestellung erfolgte und der Empfänger dies erkannt hat oder hätte erkennen können (§ 241a BGB). – b) Dagegen sind im kaufmännischen Geschäftsverkehr bei dauernder Geschäftsverbindung unbestellte Ansichtssendungen i.d.R. wie bestellte zu behandeln (§ 362 II HGB).

Anspannungskoeffizient – *Fremdkapitalquote;* Bilanzkennzahl zur Analyse der Kapitalstruktur von Unternehmungen. Quotient aus Fremdkapital dividiert durch Gesamtkapital.

Ansparabschreibung – 1. *Begriff:* Möglichkeit, auf bestimmte Wirtschaftsgüter schon vor ihrer Anschaffung steuermindernde Absetzungen vorzunehmen. Die dadurch verursachten Steuervorteile sollen dem Unternehmer die Finanzierung der Anschaffung der betreffenden Wirtschaftsgüter erleichtern. Es handelt sich nicht um eine → Abschreibung, sondern um die Bildung einer steuermindernden → Rücklage. Die Regelung der Ansparabschreibung nach § 7g EStG unterlag mehrfach Gesetzesänderungen. Inzwischen ist § 7g EStG durch das Unternehmensteuerreformgesetz neu gefasst (§ 52 XXIII S. 3 i.d.F. des Gesetzes vom 14.8.2007). Die Neuregelung erfolgten durch das EStG 2008 (Investitionsabzugsbetrag), welche bereits grundsätzlich ab dem Veranlagungszeitraum 2007 anzuwenden ist. Im Rahmen der Änderungen wurden insbesondere die Voraussetzungen und die Höchstsätze geändert. – 2. *Voraussetzungen:* a) I.d.R. darf der Steuerpflichtige bis zu 40 Prozent der voraussichtlichen Anschaffungs- oder Herstellungskosten des begünstigten Wirtschaftsguts in eine Rücklage einstellen, wenn er dieses maximal bis zum Ende des übernächsten Wirtschaftsjahrs anschaffen oder herstellen wird. Das Wirtschaftsjahr muss neu sein, und der Betrieb darf bestimmte Größenmerkmale nicht überschreiten; ferner dürfen die am Bilanzstichtag gebildeten Rücklagen je Betrieb des Steuerpflichtigen nicht 154.000 Euro übersteigen (§ 7g EStG). – b) Sonderregelung für Existenzgründer: Für → Existenzgründer sind die Voraussetzungen großzügiger; hier reicht es aus, wenn das Wirtschaftsgut bis zum fünften Jahr nach Bildung der Rücklage angeschafft oder hergestellt wird; der Höchstbetrag der Rücklage liegt bei 307.000 Euro. – 3. *Auflösung der Rücklage:* Sobald für das betreffende Wirtschaftsgut Abschreibungen möglich sind, muss die Rücklage aufgelöst werden (§ 7g IV EStG). Wurde eine Ansparabschreibung gebildet, das betreffende Wirtschaftsgut später aber nicht angeschafft, so wird für jedes Jahr, in dem die Rücklage bestanden hat, der Gewinn um einen Zuschlag von 6 Prozent der Rücklage je vollem Wirtschaftsjahr erhöht.

Ansparrücklage → Ansparabschreibung.

Anspruch – I. Recht: Im Sinn des BGB „das Recht, von einem anderen ein Tun oder ein Unterlassen zu verlangen" (§ 194 I BGB). Ansprüche unterliegen der → Verjährung.

II. Marketing Ansprüche bilden die Grundlage für kundenorientiertes Marketing. Ansprüche können umschrieben werden als nahe an der Verhaltensoberfläche liegende gegenstandsgerichtete Wünsche von Stakeholdern (Anspruchsgruppen). Sie resultieren aus verhaltensprägenden Faktoren. Im Mittelpunkt stehen die Verwenderansprüche (private/gewerbliche/gesellschaftliche Verwender). Bei der Konzeption neuer Angebote müssen auch die unterschiedlichen Anspruchsgruppen berücksichtigt werden.

Anspruchsgruppen

	Anspruchsgruppen	Interessen (Ziele)
Interne Anspruchsgruppen	**1. Eigentümer** • Kapitaleigentümer • Eigentümer-Unternehmer **2. Management** (Manager-Unternehmer)	– Einkommen/Gewinn – Erhaltung, Verzinsung und Wertsteigerung des investierten Kapitals – Selbstständigkeit/Entscheidungsautonomie – Macht, Einfluss, Prestige – Entfaltung eigener Ideen und Fähigkeiten, Arbeit = Lebensinhalt
	3. Mitarbeiter	– Einkommen (Arbeitsplatz) – soziale Sicherheit – sinnvolle Betätigung, Entfaltung der eigenen Fähigkeiten – zwischenmenschliche Kontakte (Gruppenzugehörigkeit) – Status, Anerkennung, Prestige (ego-needs)
Externe Anspruchsgruppen	**4. Fremdkapitalgeber**	– sichere Kapitalanlage – befriedigende Verzinsung – Vermögenszuwachs
	5. Lieferanten	– stabile Liefermöglichkeiten – günstige Konditionen – Zahlungsfähigkeit der Abnehmer
	6. Kunden	– qualitativ und quantitativ befriedigende Marktleistung zu günstigen Preisen – Service, günstige Konditionen usw.
	7. Konkurrenz	– Einhaltung fairer Grundsätze und Spielregeln der Marktkonkurrenz – Kooperation auf branchenpolitischer Ebene
	8. Staat und Gesellschaft • lokale und nationale Behörden • ausländische und internationale Organisationen • Verbände und Interessenlobbies aller Art • politische Parteien • Bürgerinitiativen • allgemeine Öffentlichkeit	– Steuern – Sicherung der Arbeitsplätze – Sozialleistungen – positive Beiträge an die Infrastruktur – Einhalten von Rechtsvorschriften und Normen – Teilnahme an der politischen Willensbildung – Beiträge an kulturelle, wissenschaftliche und Bildungsinstitutionen – Erhaltung einer lebenswerten Umwelt

Anspruchsgruppen – *Stakeholders;* Anspruchsgruppen sind alle internen und externen Personengruppen, die von den unternehmerischen Tätigkeiten gegenwärtig oder in Zukunft direkt oder indirekt betroffen sind. Gemäß → Stakeholder-Ansatz wird ihnen – zusätzlich zu den Eigentümern (Shareholders) – das Recht zugesprochen, ihre Interessen gegenüber der Unternehmung geltend zu machen. Eine erfolgreiche Unternehmungsführung muss die Interessen aller Anspruchsgruppen bei ihren Entscheidungen berücksichtigen (→ Social Responsiveness). Die Abbildung „Anspruchsgruppen" zeigt die internen und externen Anspruchsgruppen sowie deren Ansprüche und Erwartungen an die Unternehmung.

Anspruchshäufung – mehrere, auch voneinander unabhängige → Ansprüche gegen denselben Beklagten. Die Ansprüche können in einer → Klage geltend gemacht werden, soweit für alle derselbe → Gerichtsstand gegeben und die gleiche Prozessart zulässig ist (§ 260 ZPO); z.B. Ansprüche aus einem Kauf- und einem Darlehensvertrag. – Dabei kann ein Anspruch auch als sog. *Hilfsanspruch* geltend gemacht werden, über den nur entschieden wird, wenn sich der in erster Linie geltend gemachte sog. Hauptanspruch als nicht begründet erweist. – Vgl. auch → Hilfsantrag.

Anspruchsniveau – 1. *Arbeitspsychologie:* Ausdruck der Erwartungen einer Person, entweder an die eigene Leistung oder an die Arbeitsbedingungen. Im Zusammenhang mit der Entwicklung differenzierter Formen der → Arbeitszufriedenheit spielt die Veränderung des Anspruchsniveaus von Mitarbeitern ein große Rolle. Wenn der Arbeitsplatz im Vergleich zu den individuellen Erwartungen positiv eingeschätzt wird, kann es bei den Mitarbeitern entweder zu einer Steigerung des Anspruchsniveaus kommen oder die Mitarbeiter behalten ihr Anspruchsniveau bei. Wenn sie es steigern, führt das zu progressiver Arbeitszufriedenheit, wenn sie es beibehalten, führt das zu stabilisierter Arbeitszufriedenheit. Fällt der Vergleich zwischen Arbeitsplatz und individuellen Erwartungen negativ aus, kann das zu einer Senkung des Anspruchsniveaus und infolgedessen zu resignativer Arbeitszufriedenheit führen. – 2. *Entscheidungstheorie:* Begriff zur Charakterisierung der → Zielfunktion. Anspruchsniveau liegt vor, wenn der Zielsetzende nicht nach Extremwerten der Zielvariablen (→ Variable, endogene) strebt, sondern Werte vorgibt, die von ihm als befriedigend und damit als sein Ziel erfüllend angesehen werden. Überschreiten des Anspruchsniveaus führt zum → Organizational Slack, Unterschreiten des Anspruchsniveaus zu Organizational Pressure.

Anspruchs- und Anwartschaftsüberführungsgesetz (AAÜG) – vom 25.7.1991 (BGBl. I 1677) m.spät. Änd. In diesem Gesetz wird die Überführung von Ansprüchen und Anwartschaften aus Zusatzversorgungssystemen bzw. Sonderversorgungssystemen der ehemaligen DDR in die gesetzliche Rentenversicherung geregelt.

Anstalt – I. Institution des öffentlichen Rechts: Verwaltungseinrichtung des öffentlichen Rechts, die der Erfüllung bestimmter öffentlicher Aufgaben dient, z.B. Bibliotheken, Schulen etc. – 1. Im Gegensatz zur → Körperschaft ist die Anstalt nicht mitgliedschaftlich organisiert. – 2. Die Voraussetzung für die Benutzung der Anstalt sowie das Rechtsverhältnis zwischen der Anstalt und ihren Benutzern richten sich nach der *Anstaltsordnung* oder Satzung, die meistens der Bestätigung durch die zuständige Aufsichtsbehörde bedarf. – 3. Zu unterscheiden ist zwischen *rechtsfähigen* und *nicht rechtsfähigen* Anstalten des öffentlichen Rechts. Rechtsfähige Anstalten öffentlichen Rechts sind etwa die öffentlich-rechtlichen Sparkassen. Die nicht-rechtsfähigen Anstalten sind in die Staatsorganisation eingegliedert und nicht Träger eigener Rechte und Pflichten. – 4. Zur Errichtung bundesunmittelbarer Anstalten des öffentlichen Rechts ist nach Art. 87 III GG ein Bundesgesetz erforderlich.

II. Wettbewerbsrecht: Die Benutzung der Bezeichnung Anstalt durch gewerbliche Unternehmen ist eine irreführende Angabe und damit → unlauterer Wettbewerb, wenn auf den gewerblichen Charakter nicht hingewiesen wird.

III. Steuerrecht: Eine Anstalt unterfällt nach § 1 I Nr. 5 KStG der unbeschränkten Steuerpflicht nur dann, wenn es sich um eine nicht-rechtsfähige Anstalt des privaten Rechts handelt. Sie gilt dann als Unterart der nicht rechtsfähigen → Zweckvermögen und ist körperschaftsteuerlich wie diese zu behandeln (§ 1 I 5 KStG). Was zum Einkommen einer solchen Anstalt gehört, bestimmt sich dann nach den normalen Regeln des EStG; die für bestimmte andere Rechtsformen geltende Bestimmung, dass alle Einkünfte als gewerblich zu behandeln sind, gilt hier nicht (vgl. § 8 II KStG). Ist eine Anstalt dagegen öffentlich-rechtlich, so kann man nur dann zu einer unbeschränkten Steuerpflicht kommen, wenn ein Betrieb gewerblicher Art vorliegt (§ 1 I Nr.6 KStG). Freilich kann es auch bei einer solchen Anstalt zu einer Besteuerung von Einkünften aus Deutschland kommen, z.B. wenn solche Einkünfte einem Steuerabzug unterlegen haben (§ 2 Nr. 2 KStG; „beschränkte Steuerpflicht II").

IV. Amtliche Statistik: öffentliche oder private Einrichtung, die einem sozialen oder wirtschaftlichen Zweck dient und in der Insassen und/oder Personal gemeinschaftlich wohnen, z.B. Altenheime, Klöster oder Kasernen.

Anstaltslast – rechtliche Verpflichtung des Trägers einer → Anstalt, diese juristische Person im Innenverhältnis mit den für die Funktionsfähigkeit notwendigen Mitteln auszustatten. Von der Anstaltslast ist die → Gewährträgerhaftung im Außenverhältnis zu Gläubigern zu unterscheiden.

Anstaltspflege – 1. Leistung der gesetzlichen → Unfallversicherung als sog. Heimpflege nach § 44 SGB VII und der *Kriegsopferversorgung* (§ 26c BVG) für hilflose bzw. dauernd pflegebedürftige Verletzte bzw. Beschädigte. Die Anstaltspflege umfasst Unterhalt und Pflege in einer geeigneten Pflegeeinrichtung. – 2. Maßnahme zur Hilfe behinderter Menschen im Rahmen der → Sozialhilfe (§ 55 SGB XII, Leistung der Eingliederungshilfe in einer vollstationären Einrichtung).

Anstellung von Beamten – erste Verleihung eines Amts, das in einer Besoldungsordnung aufgeführt ist. – Vgl. auch → Einstellung.

Anstiftung – Form der Teilnahme (Beteiligung) an einer Straftat. Es handelt sich um die vorsätzliche Bestimmung eines anderen (des Haupttäters) zur Begehung einer vorsätzlichen und rechtswidrigen Tat (§ 26 StGB). Die Strafe bei Anstiftung wird dem Strafrahmen der Tat des Haupttäters entnommen.

Anstoßtarif → Kurventarif.

Anteil → Beteiligung an Ergebnis und Vermögen einer → Personengesellschaft oder → Kapitalgesellschaft.

Anteil an Investmentvermögen – 1. *Begriff:* im Miteigentum des Anlegers stehender Teil des → Investmentfonds, erworben durch Zahlung des Ausgabepreises. Dieser muss dem Wert des Anteils am

Sondervermögen zzgl. eines vertraglich festgesetzten Ausgabeaufschlages entsprechen und ist an die Depotbank zu entrichten. Entsprechend wird der Rücknahmepreis gebildet aus dem Wert des Anteils am Sondervermögen abzüglich eines vertraglich festgesetzten Abschlags. Der Wert des Anteils ergibt sich aus der Teilung des Wertes des Sondervermögens, der börsentäglich zu ermitteln ist, durch die Zahl der in den Verkehr gelangten Anteile. – 2. *Form:* Die von → Kapitalanlagegesellschaften (KAG) ausgegeben Anteile an Investmentvermögen werden in Anteilscheinen (Investmentzertifikate) verbrieft. Diese können auf den Inhaber oder auf Namen lauten und über einen oder mehrere Anteile desselben Sondervermögens ausgestellt werden. Sie sind von der KAG und der Depotbank zu unterzeichnen, wobei mechanische Vervielfältigung zugelassen ist, vgl. § 33 ff. → Investmentgesetz (InvG). Zu börsennotierten Anteilen an Investmentvermögen, s. → Exchange Traded Funds.

Anteile anderer Gesellschafter – *Fremdanteile, Minderheitenanteile;* → Vollkonsolidierung.

Anteilpapiere → Beteiligungspapiere.

Anteilscheine – *Investmentzertifikate.* 1. *Begriff:* → Wertpapiere, die die Ansprüche des Anteilinhabers gegenüber dem Sondervermögen einer *Kapitalanlagegesellschaft* verbriefen. Anteilscheine können als → Inhaberpapiere ausgegeben werden oder auf Namen lauten; im letzten Fall gilt entsprechendes wie für → Namensaktien. Mit Übertragung des Anteilscheines geht der Anteil des Veräußerers an den zum Sondervermögen der Kapitalanlagegesellschaft gehörenden Gegenständen auf den Erwerber über, der damit Ansprüche auf Beteiligung am Ertrag, auf Rücknahme des Anteilscheines und auf ordnungsgemäße Verwaltung des Sondervermögens erwirbt. Rechtliche Grundlage ist das → Investmentgesetz (InvG), vgl. §§ 33 ff InvG. – 2. Der *Wert* des im Anteilschein verbrieften Anteils ergibt sich aus der Teilung des Wertes des Sondervermögens durch die Zahl der in den Verkehr gelangten Anteile. Der Wert eines Sondervermögens ist aufgrund der jeweiligen Kurswerte der zu ihm gehörenden Vermögensgegenstände abzüglich der aufgenommenen Kredite und sonstigen Verbindlichkeiten börsentäglich zu ermitteln. – 3. Der *Ausgabepreis* für einen Anteilschein muss dem Wert des Anteils am Sondervermögen zzgl. eines in den Vertragsbedingungen festzusetzenden Aufschlags entsprechen. – 4. Nach den Vertriebsvorschriften des InvG müssen Kreditinstitute den am Kauf eines Anteils Interessierten u.a. den vereinfachten Verkaufsprospekt der Kapitalanlagegesellschaft kostenlos und unaufgefordert anbieten. Dem Erwerber ist außerdem eine Durchschrift des Antrags auf Vertragsabschluss auszuhändigen oder eine Kaufabrechnung zu übersenden, die einen Hinweis auf die Höhe des Ausgabeaufschlags und des Rücknahmeabschlags und eine Belehrung über das Recht des Käufers zum Widerruf enthalten müssen. – 5. Gibt die Kapitalanlagegesellschaft oder die Depotbank den Ausgabepreis bekannt, so ist sie verpflichtet, auch den Preis bekanntzugeben, der bei der *Rücknahme* von jeweils höchstens 100 Anteilen berechnet worden ist. – Vgl. auch → Investmentfonds, → Anteile an Investmentvermögen.

Anteilseigner – Begriff im → Mitbestimmungsgesetz (MitbestG) für Aktionäre, Gesellschafter bzw. Genossen, § 2 MitbestG. – Vgl. auch → kapitalistische Unternehmensverfassung.

Anteilseignerrisiko → Ausfallrisiko.

Anteilstausch – Begriff des Einkommen- und Körperschaftsteuerrechts: 1. *I.w.S.:* Tausch von Anteilen an einer Kapitalgesellschaft gegen Anteile an einer anderen Kapitalgesellschaft. Früher (1958 bis 1999) sah das sog. Tauschgutachten den Verzicht auf Gewinnrealisierung vor, wenn Artgleichheit, Funktionsgleichheit und Nämlichkeit der getauschten Anteile gegeben waren. Seit 1999 sind Tauschvorgänge auch im Rahmen eines Anteilstausch gewinnrealisierend. Die einzige Ausnahme bildet nur noch der Anteilstausch i.e.S. – 2. *I.e.S.:* Austausch von Anteilen durch ihre Einbringung in eine andere Kapitalgesellschaft gegen Anteile an dieser anderen Gesellschaft (→ unechte Fusion). Steuerlich ohne Gewinnrealisierung möglich, wenn die andere Gesellschaft durch den Anteilstausch die Mehrheit an der erstgenannten Kapitalgesellschaft erwirbt (§ 21 UmwStG; „qualifizierter Anteilstausch"). Dann freilich muss der Anteilseigner später seinen Gewinn aus der Veräußerung der neu erhaltenen Anteile auf Basis der Anschaffungskosten der alten Anteile berechnen (→ Buchwertfortführung); die stillen Reserven, die beim Anteilstausch vorhanden waren, werden also zwar nicht sofort realisiert, gehen aber der späteren Besteuerung nicht verloren. Da dieser Gedanke der „Steuerneutralität" für die Ausnahmeregelung zentral ist, gelten in Fällen, in denen aufgrund der Regelungen des internationalen Steuerrechts Deutschland nach dem Anteilstausch die stillen Reserven nach dem Anteilstausch auch später nicht mehr besteuern dürfte, bes. Regelungen: a) In Fällen, die unter die Fusionsrichtlinie der EG fallen, wird der Anteilstausch zwar nicht aktuell besteuert, später aber eine Besteuerung des Veräußerungsgewinns der neuen Anteile auch dann vorgenommen, wenn das Internationale Steuerrecht (z.B. die Doppelbesteuerungsabkommen) dies eigentlich verbieten würden. – b) In allen anderen Fällen wird dann, wenn die Gefahr besteht, dass durch einen Verzicht auf die sofortige Besteuerung eines Anteilstauschs eine spätere Steuererhebung auf die stillen Reserven nicht mehr möglich wäre, auch beim qualifizierten Anteilstausch ausnahmsweise eine Sofortversteuerung angeordnet. – 3. *Besonderheiten:* → Buchwertverknüpfung, → Buchwertfortführung

Anteilswert – zwischen 0 und 1 gelegener Wert, der sich als Quotient a) aus der Anzahl der Elemente einer Teilmenge der Gesamtheit (z.B. der über

60-Jährigen) und der Anzahl der Elemente der → Gesamtheit (der Personengesamtheit) oder b) einer Summe ausgewählter Beobachtungswerte und der Summe aller Beobachtungswerte ergibt.

Antezedensbedingungen → Anwendungsbedingungen.

anthropozentrischer Ansatz – Der anthropozentrische Ansatz wird häufig als Bekenntnis zur rücksichtslosen Ausbeutung der Natur missverstanden. In der Umwelt- und Ressourcenökonomik wird dagegen gezeigt, dass der anthropozentrische Ansatz mit einem haushälterischen Umgang mit der Natur vereinbar ist. Häufig wird überdies übersehen, dass der anthropozentrische Ansatz nicht im Widerspruch zu einer Berücksichtigung von nicht-nutzungsabhängigen Nutzen natürlicher Ressourcen steht. Dies liegt primär daran, dass im anthropozentrischen Ansatz auch der Nutzen zukünftiger Generationen berücksichtigt wird. – *Gegensatz:* → ökozentrischer Ansatz.

Anticipatory Credit → Packing Credit.

Antidumping-Verordnung – Bei → Einfuhr von gedumpten Waren in das → Gemeinschaftsgebiet kann ein → Antidumpingzoll erhoben werden, wenn die Überführung der Ware in den zollrechtlich freien Verkehr der EU eine Schädigung verursacht. Dumping liegt nach der Antidumping-Verordnung vor, wenn der Preis bei der Ausfuhr in die EU niedriger ist als der vergleichbare Preis der zum Verbrauch im Ausfuhrland bestimmten gleichartigen Ware im normalen Handelsverkehr. Das Ausfuhrland ist normalerweise das → Ursprungsland. Liegt ein solcher Verkaufspreis für Vergleichszwecke nicht vor, so kann der Normalwert der Ware anhand der Herstellungskosten zzgl. der Vertriebs-, Verwaltungs- und Gemeinkosten und eines Gewinnaufschlages bestimmt werden.

Antidumpingzoll → Einfuhrzoll, der den im Importland eintretenden negativen Wirkungen von → Dumping eines Exportlands begegnen soll. Der Antidumpingzoll verteuert den Import und soll somit die → Einfuhr von Dumpingwaren vermindern. Nach dem internationalen Handelsrecht der WTO – vgl. → World Trade Organization (WTO) und → GATT – setzt die Einführung eines Antidumpingzolls durch das Importland die Erfüllung einiger Bedingungen voraus: (1) der Tatbestand des Antidumpingzolls im Sinn einer regionalen Preisdifferenzierung muss nachgewiesen sein; (2) im Importland muss eine signifikante Schädigung eines Wirtschaftszweiges (nicht nur eines Unternehmens) nachgewiesen werden; (3) der Zusammenhang zwischen dieser Schädigung und dem Antidumpingzoll muss nachgewiesen sein; (4) es muss auch ein volkswirtschaftliches Interesse an der Erhebung eines Antidumpingzolls bestehen. Der Nachweis dieser Kriterien bedeutet i.d.R. einen erheblichen Zeitbedarf und Kostenaufwand für den klagenden Wirtschaftssektor. Ein Antidumpingzoll kann daher von der → Europäischen Kommission auch vorläufig festgesetzt werden. Möglich ist auch die Erhebung von Sicherheiten, bis das Prüfverfahren abgeschlossen ist. Ein Antidumpingzoll darf den entstandenen Schaden nicht überkompensieren, d.h. es muss das Prinzip der Verhältnismäßigkeit zwischen Schaden und Maßnahme gewahrt bleiben. Üblicherweise wird als *Dumpingspanne* die Differenz zwischen Exportpreis und Inlandspreis im Exportland durch den Antidumpingzoll abgeschöpft. – Analog zum Antidumpingzoll kann unter ähnlichen Voraussetzungen ein sog. → Ausgleichszoll erhoben werden, wenn Güter aufgrund staatlicher → Exportsubventionen vergleichsweise zu billig exportiert werden. Während Dumping eine private Aktivität ist, sind Exportsubventionen staatliche Maßnahmen (→ tarifäre Handelshemmnisse). Antidumpingzölle zählen dagegen zu den → nicht tarifären Handelshemmnissen.

Antigleichgewichtstheorie – I. Theorie von J. Kornai: Alternativtheorie zum Gleichgewichtsparadigma (→ Gleichgewicht). Die wirtschaftliche Entwicklung ist ein sich ständig ändernder Prozess, in dem Staat, Verbände, Produzenten und Haushalte auf Informationen reagieren und schließlich unter Berücksichtigung der internen Verhältnisse (eigene Interessen, soziale Bindungen u.a.) mit ihren Entscheidungen in die Realsphäre (Produktion und Konsum) eingreifen und damit neue Entwicklungen anstoßen. Das Wirtschaftsgeschehen wird als ein in historischer (im Gegensatz zu logischer) Zeit ablaufendes System gesehen. – Kornai unterscheidet zwischen Real- und Steuerungssphäre (Informationsverarbeitung, Entscheidungsvorbereitung und Entscheidungen). Er berücksichtigt den Einfluss von Organisationen, Interdependenzen und internen Konflikten auf die Entscheidungsprozesse. – Weitgehend decken sich diese Überlegungen mit denen des Postkeynesianismus (→ Keynesianismus).

II. Sammelbezeichnung: Die Antigleichgewichtstheorie zählt zu den unorthodoxen Ansätzen von → Ungleichgewichtstheorien und kann auch als Sammelbezeichnung für im Gegensatz zur Gleichgewichtstheorie stehende Ansätze verstanden werden. Dazu zählen: a) → Spieltheorie. – b) *Verhaltenstheoretische Alternativen,* die die üblicherweise unterstellte Maximierungshypothese (Nutzen- bzw. Gewinnmaximierung) in bestimmten Situationen und/oder für bestimmte Problemstellungen ersetzt, z.B. Konzept des Satisfying Behavior (Simon), Theorie der X-Effizienz (Leibenstein), Theorie des Anspruchsniveaus (Katona). – c) → Konflikttheorien.

Antikonzentrationspolitik → Konzentration; → Antitrust-Bewegung.

antinatalistische Politik → Bevölkerungspolitik.

Antiselektion → Adverse Selection.

Antitrust-Bewegung – Bewegung, die sich gegen Machtkonzentration in der Wirtschaft richtet. – 1. *Vereinigte Staaten von Amerika:* Ursprung der Anti-Trustbewegung 1873 mit dem Verbot der offenen Monopolbildung zum Schutze der Verbraucher. Eisenbahnen und Ölleitungen standen ab 1887 unter Kontrolle der erst 1995 aufgelösten Interstate Commerce Commission; Gas, Wasser, Kraftwerke, Straßenbahnen unterlagen Sonderbestimmungen, standen aber hinsichtlich der Gewinnbildung unter Kontrolle. – 1890 wurde mit dem → Sherman Act das erste Antitrust-Gesetz erlassen; 1914 durch → Clayton Act and → Federal Trade Commission Act ergänzt. – 2. *Europa:* schwächer als in den USA. In Deutschland 1923 Verordnung über den Missbrauch wirtschaftlicher Machtstellung (Kartellgesetz), betraf Kartelle der Industrie und des Handels. Die nach 1945 erlassenen alliierten Gesetze (Potsdamer Abkommen, US-MilRegGes. Nr. 56) zur → Dekartellierung und → Entflechtung deutscher Konzerne und Kartelle wurden als Auswirkung einer Anti-Trustbewegung ausgegeben, richteten sich vielfach jedoch gegen Großunternehmungen ohne Prüfung ihres monopolistischen Charakters.

Antitrust-Gesetzgebung – Sammelbegriff für die amerik. Normen zum Kartellrecht: → Sherman Act, → Clayton Act, → Federal Trade Commission Act.

Antizipation – Vorwegnahme eines erst später zu erwartenden Ereignisses. – 1. An der *Börse:* als Zeitgeschäft (→ Termingeschäfte). – 2. Im *Handelsverkehr:* Zahlung vor dem Fälligkeitstermin; hat z.T. Zinsvergütung oder → Diskont zur Folge. – 3. *Bilanz:* rechnerische Vorwegnahme einer erst später fälligen Zahlung als „sonstige Forderungen" bzw. „sonstige Verbindlichkeiten" (→ antizipative Posten der Rechnungsabgrenzung).

antizipative Posten der Rechnungsabgrenzung – früher Bezeichnung für Bilanzpositionen zur rechnungsmäßig richtigen Abrechnung von → Aufwendungen (antizipative Passiva) und → Erträgen (antizipative Aktiva) des abgeschlossenen → Wirtschaftsjahres, die erst nach dem Bilanzstichtag zu Ausgaben bzw. Einnahmen führen. Nach § 250 HGB sind diese Posten nicht als Rechnungsabgrenzungsposten auszuweisen, sondern sowohl in der → Handelsbilanz als auch in der → Steuerbilanz unter den Positionen „Forderungen und sonstige Vermögensgegenstände" als „sonstige Vermögensgegenstände" bzw. „sonstige Verbindlichkeiten" zu bilanzieren, sofern sich aus den zugrunde liegenden Geschäftsvorfällen bereits Forderungen bzw. Verbindlichkeiten (ggf. auch → Rückstellungen) ergeben haben.

antizyklisch – 1. Gegen den Konjunkturverlauf (→ Konjunkturschwankungen, → Konjunkturzyklus) gerichtete *Bewegung ökonomischer Größen.* – 2. Gegen den Konjunkturverlauf gerichtete *Ausrichtung* und *Wirkung wirtschaftspolitischer Maßnahmen* (→ Konjunkturpolitik).

antizyklische Werbung – zeitliche Abfolge von Werbemaßnahmen, die der konjunkturellen Entwicklung entgegengerichtet ist. Bei schlechten konjunkturellen Aussichten werden die Werbemaßnahmen verstärkt, um starken Umsatzminderungen entgegenzuwirken. Das betrifft bes. die Festlegung der Höhe der Werbeausgaben. – Antizyklische Werbung kann sich auch auf die Entwicklung z.B. der unternehmensbezogenen Umsätze und auf den Ausgleich von Saisonschwankungen beziehen.

Antrag – *Zivilprozess:* Aufforderung an das Gericht oder ein Gerichtsorgan, eine inhaltlich bestimmte Entscheidung zu erlassen (z.B. den Beklagten zu verurteilen, an den Kläger 100 Euro nebst 5 Prozentpunkte über dem Basiszinssatz (vgl. § 247 BGB) seit einem bestimmten Datum, so z.B. dem Tag eines Verzugseintritts, zu zahlen) oder einen von dem Gegner gestellten Antrag zurückzuweisen. Das Gericht muss auch über unbegründete Anträge entscheiden, darf den Parteien aber nicht mehr zusprechen als beantragt. – Vgl. auch → Hilfsantrag.

Antragsgrundsatz – Begriff des Grundstücksrechts: Eintragungen im → Grundbuch erfolgen i.d.R. auf Antrag (§ 13 GBO).

Antragsveranlagung – offizieller Ausdruck für den → Lohnsteuer-Jahresausgleich durch das Finanzamt.

Antwortzeit – bei einem Dialogsystem die Zeit, die ein Endbenutzer nach Eingabe von Daten bzw. eines Kommandos auf Erledigung des Arbeitsschritts oder auf eine andere Reaktion des Systems warten muss. Kurze Antwortzeiten sind eine wichtige Voraussetzung für → Benutzerfreundlichkeit und → Akzeptanz.

Anwachsung – 1. Im *Gesellschaftsrecht* (nach HGB und BGB): Der Anteil des → ausgeschiedenen Gesellschafters am → Gesellschaftsvermögen wächst den übrigen Gesellschaftern zu (§ 738 BGB). Die Mitberechtigung an der → Gemeinschaft zur gesamten Hand steht danach nur noch diesen zu. Ein bes. Übertragungsakt ist nicht erforderlich. – 2. Im *Erbrecht* (nach §§ 2094 f. BGB): Erhöhung des Erbteils eines oder mehrerer Erben durch Wegfall eines → Miterben. Ähnliches gilt für das Vermächtnis (§§ 2158 f. BGB).

Anwaltszwang – Notwendigkeit für die an einem gerichtlichen Verfahren, v.a. als Kläger oder Beklagte Beteiligten, sich durch einen → Rechtsanwalt als → Prozessbevollmächtigten vertreten zu lassen. In Verfahren mit Anwaltszwang kann nur der Rechtsanwalt wirksam Prozesshandlungen vornehmen, z.B. Klage erheben, Rechtsmittel einlegen oder Anträge stellen. – *Anwaltszwang besteht:* (1) Im *Zivilprozess* müssen sich die → Parteien beim Land- und Oberlandesgericht durch einen Rechtsanwalt , beim BGH durch einen beim BGH zugelassenen Rechtsanwalt vertreten lassen. Vor dem Familiengericht (Amtsgericht) müssen sich die Parteien und Beteiligten von einem Rechtsanwalt vertreten lassen (§ 114 FamFG). – *Ausnahme* nur, wenn Prozesshandlungen zu Protokoll des Urkundsbeamten der Geschäftsstelle vorgenommen werden können, z.B. bei → Arrest und → Einstweiliger Verfügung, solange keine mündliche Verhandlung erforderlich wird, bei → Erinnerung, im Verfahren zur Bewilligung von → Prozesskostenhilfe, bisweilen bei der → Beschwerde. (2) im *Strafprozess* im sog. Klageerzwingungsverfahren (§ 172 StPO). – Dem Anwaltszwang ähnlich ist die *notwendige Verteidigung*, wenn gegen einen Angeklagten nur verhandelt werden darf, wenn er einen → Verteidiger hat. Das liegt u.a. vor bei allen Hauptverhandlungen im ersten Rechtszug vor dem Landgericht, bei einem → Oberlandesgericht (OLG) oder beim → Bundesgerichtshof (BGH), bei einer Anklage wegen eines Verbrechens oder bei schwieriger Sachverhaltsermittlung (vgl. dazu und zu weiteren Fällen im Einzelnen § 140 StPO). (3) in *Kartellsachen* im Beschwerdeverfahren (§ 68 GWB) sowie im Rechtsbeschwerdeverfahren (§ 76 V GWB). (4) im *arbeitsgerichtlichen Verfahren* vor den höheren Gerichten: → Arbeitsgerichtsbarkeit. (5) in der → Verwaltungsgerichtsbarkeit vor dem → Bundesverwaltungsgericht (BVerwG) und dem → Oberverwaltungsgericht (OVG), wobei in bestimmten Angelegenheiten (wie z.B. Abgabenangelegenheiten) vor dem OVG auch andere Personen zugelassen sind (im Beispiel Steuerberater und Wirtschaftsprüfer; § 67 VwGO). (6) in der mündlichen Verhandlung vor dem → Bundesverfassungsgericht (BVerfG); § 22 BVerfGG. (7) In der *Sozialgerichtsbarkeit* besteht vor dem → Bundessozialgericht (BSG) Vertretungszwang (§ 73 IV SGG) durch Rechtsanwälte und Rechtslehrer oder durch Gewerkschaften, Arbeitgebervereinigungen, Kriegsopferverbände oder andere Verbände (§ 73 II Nr. 5-9 SGG).

Anwartschaft – Recht auf eine in der Zukunft fällige einmalige oder wiederkehrende Geldleistung, die auch vom Eintritt gewisser Ereignisse abhängen kann. In der gesetzlichen Rentenversicherung (GRV) und in der betrieblichen Altersversorgung (bAV) werden die jeweils erworbenen Rentenansprüche als Anwartschaft bezeichnet. – Vgl. auch → unverfallbare Anwartschaft.

Anwartschaftsdeckungsverfahren – Das Anwartschaftsdeckungsverfahren wird v.a. im Bereich der → Lebensversicherungen, aber auch im Bereich der privaten Pensions- und Krankenversicherungen (→ private Krankenversicherung, PKV) angewendet. Es stellt eine besondere Form der Kapitaldeckung (→ Kapitaldeckungsverfahren) dar, in welcher jeweils die individuellen Ansprüche abgedeckt werden. Allgemein werden die zur späteren Leistungserfüllung benötigten → Beiträge (im Falle der Krankenversicherung zumindest zu einem Teil) vor dem Eintritt des → Versicherungsfalls (im Falle der Krankenversicherung vor dem Eintritt einer höheren Schadenswahrscheinlichkeit im Alter) nach versicherungsmathematischen Grundsätzen eingezogen. Es gilt dabei, dass in jedem Zeitpunkt der → Barwert der zu erwartenden Leistungen durch die Summe aus zukünftigen Beiträgen und bereits angesammeltem → Deckungskapital gedeckt sein muss.

Anwartschaftsrecht → Eigentumsvorbehalt.

Anwartschaftszeit → Wartezeit.

Anweisung – 1. *Begriff:* Im Sinn des BGB eine einseitige schriftliche → Willenserklärung, durch die der Anweisende den Angewiesenen ermächtigt, einem Dritten (Anweisungsempfänger) Geld, Wertpapiere oder andere → vertretbare Sachen auf Rechnung des Anweisenden zu leisten, und zugleich den Dritten ermächtigt, die Leistung im eigenen Namen zu erheben (§§ 783 ff. BGB). Die Anweisung *geschieht* durch Aushändigung der Anweisungsurkunde an den Anweisungsempfänger. Will der Anweisende mit der Anweisung gegenüber dem Anweisungsempfänger eine *Schuld* erfüllen, so wird er nicht schon durch die Aushändigung der Anweisung, sondern erst durch die Leistung des Angewiesenen von seiner Schuld befreit (§ 788 BGB). Der unmittelbare Anwendungsbereich der Anweisung nach BGB ist nur gering. *Beispiele:* Übernahmeerklärung im Rahmen der Schadensregulierung, insbesondere nach Kfz-Unfall, → Kreditbrief. – 2. *Sonderformen der Anweisung:* → Kaufmännische Anweisung, → gezogener Wechsel, → Scheck, → Reisescheck, → Orderlagerschein, für die jedoch nicht die §§ 783 ff. BGB, sondern Sondergesetze maßgebend sind. – 3. *Keine Anweisung* im Sinn des BGB: → Kreditkarte, → Electronic Cash, Überweisung an eine Bank (→ Überweisungsvertrag), Effektenscheck.

Anwendung – *Applikation;* in der → Wirtschaftsinformatik weit gefasster Oberbegriff für Problemlösungen mithilfe eines Softwaresystems; der Begriff wird im Sinn von „Anwendung der EDV" für spezielle betriebliche Probleme, bes. für Probleme der Fachabteilungen verwendet.

Anwendungsbedingungen – gelegentlich auch: *Anfangs-, Rand-* oder *Antezedensbedingungen,* neben → Gesetzesaussagen Bestandteil wissenschaftlicher → Erklärungen. Es handelt sich um eine nähere Beschreibung der Umstände, unter denen sich das zu erklärende Geschehen vollzieht (→ Existenzaussage).

Anwendungserlass zur Abgabenordnung (AEAO) – vom 2.1.2008 (BStBl. I 26) m.spät. Änd. – Interne Verwaltungsanweisung zur Auslegung der Abgabenordnung. Der Anwendungserlass bindet nur die Finanzverwaltung, nicht aber die Finanzgerichte und den Bundesfinanzhof. – Änderungen und Neufassungen der Verwaltungsanweisungen zu den einzelnen Vorschriften erfolgen regelmäßig mittels BMF-Schreiben.

Anwendungsprogramm → Programm, das eine Aufgabe aus einem Anwendungsgebiet der Informationsverarbeitung (z.B. Lagerbestandsführung, Flugreservierung, → Simulation) zu lösen hat. – Anwendungsprogramme können vom Anwender selbst erstellt oder von Softwareherstellern

(→ Softwarehaus) bezogen werden. – *Gegensatz:* → Systemprogramm.

Anwendungsprogrammierer – 1. *Begriff:* Berufsbild in der → betrieblichen Datenverarbeitung; der Anwendungsprogrammierer entwickelt oder ändert Programme für Anwendungsprobleme (→ Anwendungsprogramm) nach Vorgaben, die von einem → Systemanalytiker im Rahmen der → Systemanalyse erarbeitet wurden. – 2. *Aufgaben:* → Programmentwicklung (je nach Vorgaben manchmal nur → Codierung; vgl. → Programmierung), → Testen, → Dokumentation; ferner Programmoptimierung (z.B. in Hinblick auf → Antwortzeit, → Performance) und Zusammenarbeit mit den → Systemprogrammierern. – 3. *Anforderungen:* Sehr gute Kenntnisse einer oder mehrerer → Programmiersprachen sowie des → Betriebssystems (BS) und gewisse Kenntnisse der → Hardware des vorliegenden → Computersystems; z.T. wird ein Fachstudium verlangt.

Anwendungssoftware → Anwendungsprogramm.

Anwendungssystem → Softwaresystem, das Aufgaben aus einem Anwendungsgebiet der elektronischen Datenverarbeitung zu lösen hat. – Vgl. auch → Anwendungsprogramm. – In der betrieblichen Datenverarbeitung manchmal Oberbegriff für computergestützte → Administrationssysteme, computergestützte → Dispositionssysteme, Informationssysteme (Führungsinformationssystem) und Planungssysteme.

Anwendungsvorrang – Grundsatz, dass EU-rechtliche Normen bei einem Konflikt mit anders lautendem nationalem Recht vorrangig anzuwenden sind und dieses dann nur insoweit angewandt werden darf, als es die volle Wirkung der gemeinschaftsrechtlichen Vorschrift nicht beeinträchtigt. Gilt nach der Rechtsprechung des Europäischen Gerichtshofs auch gegenüber nationalem Verfassungsrecht.

Anwerbestopp – Verbot der Vermittlung und Anwerbung von Arbeitsuchenden aus dem Ausland (Auslandsvermittlung) durch andere Personen und Einrichtungen als die → Bundesagentur für Arbeit, also auch durch Arbeitgeber. Bedarf der Regelung durch Rechtsverordnung des Ministeriums für Arbeit und Soziales (§ 292 SGB III).

Anzahlung – Vorauszahlung des Auftraggebers an seinen Lieferanten; Form des Handelskredits (→ Teilzahlung). – 1. *Bilanzierung:* a) *Geleistete Anzahlungen:* getrennt nach Anlage- und Umlaufvermögen auszuweisen. – b) *Empfangene Anzahlungen:* gesonderter Ausweis unter der Position „Verbindlichkeiten“ als erhaltene Anzahlungen auf Bestellungen oder im Fall der Anzahlung auf Vorräte offene Absetzung von der Position „Vorräte“ (§ 268 V HGB). – 2. *Umsatzsteuer:* Anzahlungen sind beim empfangenden Unternehmer (Leistender) stets mit dem Empfang der Zahlung der → Umsatzsteuer zu unterwerfen; Anzahlungen beim zahlenden Unternehmer ermöglichen korrespondierend dazu den → Vorsteuerabzug bereits dann, wenn eine Rechnung mit gesondertem Umsatzsteuerausweis über die Anzahlung vorliegt und die Zahlung geleistet worden ist. Bei der Endabrechnung über die Leistung ist deutlich zu machen, dass bereits eine Anzahlung berechnet wurde, damit es nicht zu einem doppelten Abzug der Umsatzsteuerbeiträge als Vorsteuer kommen kann. Auch beim Reverse-Charge-Verfahren (Steuerschuldnerschaft des Leistungsempfängers) sind Anzahlungen bereits bei Zahlung zu versteuern.

Anzahlungsaval – durch ein Kreditinstitut im Auftrag eines Lieferanten gestellter → Avalkredit, bei dem sich das Kreditinstitut gegenüber einem Besteller zur Rückzahlung einer An- oder Vorauszahlung an den Lieferanten zur Vorfinanzierung von Lieferungs- oder Leistungsverträgen verpflichtet.

Anzahlungsgarantie – *Advance Payment Guarantee;* Form der → Bankgarantie, die den (eine Anzahlung leistenden) Garantiebegünstigten vor den finanziellen Folgen des Risikos schützt, dass der Anzahlungsempfänger (Garantieauftraggeber) seinen vertraglichen Verpflichtungen (Leistung- und Lieferverpflichtungen) nicht nachkommt bzw. die Rückzahlung der geleisteten Anzahlung vertragswidrig unterlässt. Anzahlungsgarantien finden auch Anwendung zur Absicherung von Vorauszahlungen. – Im Auslandsgeschäft wird die Anzahlungsgarantie i.d.R. durch eine Bank im Auftrag ihres Kunden erstellt, wenn es der ausländische Besteller fordert.

an Zahlungs Statt → an Erfüllungs Statt.

Anzeige – I. Allgemein: 1. *Aufmerksamkeitswirkung* (→ Aufmerksamkeit): entsteht durch textliche und bildliche Elemente, die an das jeweilige Trägermedium hinsichtlich redaktionellem Umfeld und Anzeigengesamtheit anzupassen sind. Erhöhung der → Werbewirkung durch Anwendung gestalterischer und sozialtechnischer (→ Sozialtechnik) Maßnahmen. – 2. *Arten:* (1) nach *Werbeträgern:* Zeitungen, Zeitschriften, Fachblätter, Gratisblätter etc.; (2) nach *Art der Gestaltung:* Bild-, Text-, Couponanzeige sowie Kombinationen aus diesen; (3) nach dem *Ort der Schaltung:* im Anzeigenteil oder Textteil; (4) nach *Berechnungsmodus:* nach Seiten, nach Zeilen oder nach Buchstaben; (5) nach dem *Werbezweck:* unmittelbares oder mittelbares Angebot; (6) nach sonstigen Gesichtspunkten: z.B. Druckart und Werbegegenstand. – 3. *Elemente:* a) Bei *Textanzeigen* zumeist → Headline (→ Blickfang), → Fließtext; → Baseline und Firmen- bzw. Markenzeichen (→ Logo, → Marke); b) Bei *Bildanzeigen* Bilder, zumeist Fotografien und kürzerer Fließtext, der wie Headline ganz fehlen kann. – 4. *Wirkungsmessung* durch Methoden der Marktforschung wie → Pretest und → Posttest, z.B. durch → Tachistoskop und → Blickregistrierung. – Vgl. auch → Anzeigenblätter.

II. Medienwirtschaftliche Perspektive: *Annonce.* 1. *Definition:* Der Begriff Anzeige im Allgemeinen bezeichnet die Bekanntmachung von Informationen.

Die Anzeige in der Funktion als Werbeinstrument meint die zielgerichtete Veröffentlichung von Werbebotschaften in einem Printmedium. – Durch die id.R. bezahlte Veröffentlichung einer Anzeige in einer Zeitschrift, einer Zeitung oder in einem sonstigen periodischen → Printmedium verspricht sich der Auftraggeber einer Anzeigenschaltung (Inserent) direkt oder indirekt eine Verbesserung seines Geschäftserfolgs. Charakteristisch für die Anzeige und zugleich Abgrenzungsmerkmal gegenüber anderen gedruckten Werbemitteln wie Plakatwerbung oder Direktwerbung mit Broschüren ist die Integration in ein bereits existierendes, zumeist redaktionell ausgerichtetes Trägermedium (→ Werbeträger). Während letztgenannte Werbemittel separat gedruckt und verteilt werden müssen, übernimmt diese Funktion bei der Anzeige das Trägermedium. – 2. *Varianten:* Anzeigen lassen sich auf vielfältige Arten kategorisieren:

a) *Nach Inhalt und Ziel:*

- Ankündigungsanzeige
- Imageanzeige
- Verkaufsförderungsanzeige
- Couponanzeige
- PR-Anzeige

b) *Nach Insertionsbranchen:*

- Markenartikelanzeige
- Einzelhandelsanzeige
- Dienstleistungsanzeige (insbesondere Banken, Versicherungen, Gesundheitswesen)
- Investitionsgüteranzeige (insbesondere Telekommunikation, Informationstechnologie)
- Unterhaltungs- und Kulturanzeige

c) *Nach Werbeträgern:*

- Publikumszeitschriftenanzeige
- Fachzeitschriftenanzeige
- Zeitungsanzeige
- Anzeigenblattanzeige
- Anzeige in sonstigen periodischen und einmaligen Druckschriften

3. *Zielsetzung und Nutzen:* Anzeigen werden entweder als einziges Werbemittel oder als Bestandteil einer integrierten Kommunikations-Kampagne eingesetzt. Entsprechend unterschiedlich kann die Zielsetzung einer Anzeige sein. Bei ausschließlichem Einsatz von Anzeigen muss jede Anzeige so gestaltet sein, dass sie ganzheitlich im Sinne der Zielsetzung wirkt. Im Falle eines Zusammenwirkens z.B. mit Fernsehspots, Direktmarketing, Internetwerbung oder Public Relation steht dagegen eine Feinjustierung auf bestimmte Teilziele im Vordergrund. Grundsätzliche Ziele von Anzeigenschaltungen sind die Bekanntmachung von Produkten, Dienstleistungen und Unternehmen, die Erhöhung des Abverkaufs von Gütern oder Dienstleistungen sowie der Aufbau und die Verbesserung des Unternehmens- bzw. Produkt- oder Dienstleistungsimage. – Anzeigenspezifische Zielsetzungen im Rahmen der integrierten Kommunikation sind häufig die Verdeutlichung eines komplexen Sachverhaltes bei erklärungsbedürftigen Produkten, die

Netto-Werbeeinnahmen erfassbarer Werbeträger in Deutschland in Mio Euro

Werbeträger	2005	Prozent	2006	Prozent	2007	Prozent	2008	Prozent
Tageszeitungen	4475,60	-0,5	4532,90	+1,3	4567,40	+0,6	4373,40	-4,2
Fernsehen	3929,55	+1,8	4114,26	+4,7	4155,82	+1,0	4036,50	-2,9
Werbung per Post	3395,12	0,0	3316,87	-2,3	3347,30	+0,9	3291,55	-1,7
Anzeigenblätter	1898,00	+3,4	1943,00	+2,4	1971,00	+1,4	2008,00	+1,9
Publikumszeitschriften	1791,40	-2,5	1655,89	+3,6	1822,46	-1,6	1693,09	-7,1
Verzeichnis-Medien	1197,00	+0,1	1198,60	+0,1	1214,33	+1,3	1224,70	+0,9
Fachzeitschriften	902,00	+4,3	956,00	+6,0	1015,00	+6,3	1031,00	+1,5
Außenwerbung	769,14	+6,8	787,43	+2,4	820,37	+4,2	805,38	-1,8
Online-Angebote	332,80	+22,5	495,00	+49,1	689,00	+39,2	754,00	+9,4
Hörfunk	663,71	+7,4	680,48	+2,5	743,33	+9,2	711,23	-4,3
Wochen-/Sonntagszeitungen	252,80	+5,6	250,20	+2,9	269,70	+3,7	255,70	-1,5
Zeitungssupplements	91,00	+1,1	89,90	-1,2	89,5	-0,4	86,80	-3,0
Filmtheater	132,39	-9,8	117,48	-11,3	105,2	-9,6	76,65	-27,5
Gesamt	**19833,71**	**+1,3**	**20350,01**	**+2,6**	**20812,43**	**-2,3**	**20357,00**	**-2,2**

Quelle: ZAW (Hrsg.): Jahrbuch Werbung in Deutschland 2010, Berlin.

Vermittlung relevanter Informationen – insbesondere von Vorteilen bei Produktneueinführungen – und die Ansprache von nicht TV-affinen Teilzielgruppen (→ Zielgruppe). – Ein bes. Nutzen von Anzeigen resultiert aus der Integration in ein Trägermedium. So kann der Inserent mit der Wahl des Trägermediums gleichzeitig die Empfänger seiner Botschaft (Leserschaft) und das Umfeld seiner Anzeige (redaktionelle Inhalte) exakt bestimmen. Mithilfe von Mediaagenturen kann der Inserent die Übereinstimmung zwischen Leserschaft und Zielgruppe optimieren und so Streuverluste verhindern (Intermediavergleich). In Zusammenarbeit mit den Kreativagenturen gestaltet der Inserent Anzeigen, die in ihrer Wirkung vom Umfeld unterstützt werden (Anzeigengestaltung, Anzeigenwirkung). – 4. *Bedeutung und Entwicklung:* Die Anzeige gilt als das klassische Werbemittel schlechthin. Die überragende Stellung in der Werbewirtschaft wurde allerdings mit Einzug des Fernsehens in die Privathaushalte durch das Werbemittel der Fernsehspots angegriffen. Insbesondere Markenartikler setzten verstärkt auf die auf diesem Wege deutlich schnellere Durchdringung ihrer Werbebotschaften in breiten Zielgruppen. Dennoch ist bis heute die Anzeige aufgrund ihrer vielfältigen Inserenten aus allen Branchen und ihrer Flexibilität in Bezug auf Gestaltung und Inhalt nach wie vor mit über 50 Prozent Marktanteil am dt. Werbeschaltvolumen das überragende Werbemittel. – Auch der Einzug des → Internets hat hier entgegen etlicher Prognosen zu keinen gravierenden Marktverlusten geführt. Es zeigte sich vielmehr, dass das neue Medium sogar auf altbewährte Medien zurückgreifen musste, um neue Kunden zu gewinnen. So nutzt mittlerweile nahezu jeder Inserent seine Printanzeige, um u.a. den eigenen Internetauftritt bekannt zu machen. – Vgl. auch Anzeigenrabatt, Anzeigensonderformen, Anzeigenteil, Anzeigenverkäufer.

Anzeigenblätter – 1. *Begriff:* periodische Druckschriften, deren Aufgabe hauptsächlich in der Verbreitung von → Anzeigen besteht. Der redaktionelle Teil fehlt oder ist nebensächlich (durchschnittlich zwei Drittel Anzeigen). Zielgruppe sind Haushalte. Die Nutzung erfolgt meist zufällig, unregelmäßig und flüchtig. – 2. *Wesentliche Merkmale:* (1) kostenlose Verteilung; (2) Finanzierung ausschließlich durch Werbung; (3) lokale/regionale Verbreitung; (4) Verteilung durch Boten; (5) Erscheinungsweise meist wöchentlich; (6) (wenn vorhanden) im redaktionellen Teil vorwiegend lokale/regionale Ereignisse.

Anzeigentest – Methode der Werbemittelanalyse, bei der eine → Anzeige auf ihre → Werbewirkung geprüft wird. In der Form des → Pretests werden meist Aufmerksamkeitswirkung und/ oder Einstellungsänderung bzw. die zum Kauf motivierende Wirkung gemessen. Dabei kommen häufig auch apparative Verfahren zum Einsatz (z.B. → Blickregistrierung, → Tachistoskop). Beim → Posttest wird – oft in Form des → Werbetrackings – die tatsächlich erreichte Aufmerksamkeitswirkung bzw. Einstellungsänderung gemessen.

Anzeigen-Wirkungs-Test – auch → Anzeigentest, Oberbegriff für verschiedene Testverfahren zur Ermittlung der Wirkung einer Printanzeige. Dabei können die Aufmerksamkeitswirkung und / oder die zum Kauf motivierende Wirkung erfasst werden. Bei manchen dieser Tests werden auch apparative Verfahren wie z.B. die → Blickregistrierung verwendet. – Vgl. auch → Folder-Test.

Anzeigepflicht – I. Handelsrecht: Die häufig erforderliche Melde- oder Rügepflicht, mit deren Unterlassen Rechtsnachteile verbunden sind. Bes. wichtig ist die Anzeigepflicht von Mängeln der Waren beim → Handelskauf.

II. Steuerrecht: Verpflichtung, bestimmte für die Besteuerung erhebliche Sachverhalte der Finanzbehörde mitzuteilen. Eine Anzeigepflicht ist u.a. vorgesehen: (1) zur Erfassung von Körperschaften, Vereinigungen und Vermögensmassen (§ 137 AO); (2) bei Eröffnung, Verlegung und Aufgabe eines Betriebs der Land- und Forstwirtschaft, eines gewerblichen Betriebes oder einer Betriebsstätte (§ 138 AO); (3) bei Aufnahme, Verlegung und Aufgabe einer freiberuflichen Tätigkeit (§ 138 AO); (4) bei Gründung und Erwerb von Betrieben und Betriebsstätten im Ausland (§ 138 II AO); (5) bei Beteiligung an ausländischen Personengesellschaften und Erwerb von größeren Beteiligungen an ausländischen Kapitalgesellschaften (§ 138 II AO); (6) für Betriebe, die verbrauchsteuerpflichtige Waren (z.B. Biersteuer, Sektsteuer, Mineralölsteuer) gewinnen oder herstellen bzw. bei denen bes. Verkehrsteuern (z.B. Versicherungsteuer, Feuerschutzsteuer) anfallen (§ 139 AO); (7) bei unrichtiger oder unvollständiger → Steuererklärung und falsch verwendeten Steuerzeichen und Steuerstemplern (§ 153 AO); (8) bei Änderung bestimmter Lohnsteuerabzugsmerkmale zu Beginn bzw. im Laufe des Kalenderjahres (§§ 39 V, VII EStG); (9) für Arbeitgeber, soweit der Arbeitgeber die vom Arbeitnehmer geschuldete Lohnsteuer nicht durch Zurückbehaltung von anderen Bezügen des Arbeitnehmers aufbringen kann und der Arbeitnehmer dem Arbeitgeber den entsprechenden Betrag nicht zur Verfügung stellt (§ 38 IV EStG) oder der Arbeitgeber von seiner Berechtigung zur nachträglichen Einbehaltung von Lohnsteuer keinen Gebrauch macht bzw. machen kann (§ 41c IV EStG); (10) für Gerichte, Behörden, Beamte und Notare (§ 34 ErbStG, § 18 GrEStG), für bestimmte, an einen erbschaftsteuerpflichtigen Erwerb oder an einen unter das Grunderwerbsteuergesetz fallenden Vorgang beteiligte Personen (§ 30 ErbStG, § 19 GrEStG) sowie für Vermögensverwahrer, Vermögensverwalter und Versicherungsunternehmen (§ 33 ErbStG).

III. Versicherungswesen: 1. *Gemäß den Versicherungsbedingungen:* (1) *Begriff:* → Obliegenheit des Versicherungsnehmers, dem Versicherer selbstständig

Informationen über risikorelevante Umstände zur Verfügung zu stellen. – (2) *Merkmale:* Innerhalb seiner Versicherungsbedingungen kann der Versicherer bestimmte Anzeigepflichten fordern, denen zufolge der Antragsteller vor dem Abschluss eines Versicherungsvertrags (vorvertragliche Anzeigepflichten), bei Änderung der Gefahrumstände oder bei einer Wiederinkraftsetzung seines Versicherungsvertrags derzeitige und vergangene Risikoumstände wahrheitsgemäß angeben muss. Verschweigt der Antragsteller im Rahmen eines Versicherungsantrags risikoerhebliche Umstände, wird von einer Verletzung der Anzeigepflichten gesprochen. In diesem Fall kann das Versicherungsunternehmen bei Verschulden des Versicherungsnehmers vom Vertrag zurücktreten oder, wenn Kausalität zwischen den nicht angezeigten Risikoumständen und dem Eintritt des → Versicherungsfalls vorliegt, die → Versicherungsleistung kürzen oder entfallen lassen. – 2. *Gemäß dem Aufsichtsrecht:*(1) *Begriff:* Pflichten der Versicherer und Nichtversicherer (z.B. Inhaber einer bedeutenden Beteiligung an einem Versicherungsunternehmen oder Versicherungs-Holdinggesellschaften) zur Information der → Aufsichtsbehörde. Die Anzeigepflichten der Versicherer sind eines der wichtigsten Aufsichtsmittel. Die große Bedeutung der Anzeigepflichten hat der Gesetzgeber durch die Sanktionsnorm des § 144 Ia Nr. 2 VAG unterstrichen. (2) *Fälle:* Das Gesetz schreibt für eine Vielzahl von Fällen vor, welche Informationen die Versicherer unverzüglich zu liefern haben. Beispiele: a) Bestellung und Ausscheiden eines Geschäftsleiters, eines → verantwortlichen Aktuars oder des Abschlussprüfers,b) Wechsel des Inhabers einer bedeutenden Beteiligung,c) Errichtung einer Niederlassung oder Aufnahme des Dienstleistungsverkehrs in Mitgliedsländern des Europäischen Wirtschaftsraums,d) Grundsätze für die Berechnung der Prämien und Deckungsrückstellungen einschließlich der verwendeten Rechnungsgrundlagen in der Lebens- und Unfallversicherung mit Prämienrückgewähr,e) in der substitutiven Krankenversicherung die beabsichtigte Verwendung neuer oder geänderter Grundsätze für die Berechnung der Prämien und mathematischen Rückstellungen einschließlich der verwendeten Rechnungsgrundlagen,f) die für Pflichtversicherungen und die substitutive Krankenversicherung beabsichtigte Verwendung allgemeiner Versicherungsbedingungen,g) der Erwerb bestimmter Vermögensanlagen, wie Beteiligungen oder Anlagen in verbundenen Unternehmen.

IV. Gewerberecht: → Gewerbeanmeldung.

V. Kartellrecht: Zu Anzeigepflicht von → Unternehmenszusammenschlüssen vgl. § 39 GWB.

AOEWL – Abk. für → Arbeitsorientierte Einzelwirtschaftslehre.

AOK – Abk. für *Allgemeine Ortskrankenkasse* (→ Ortskrankenkassen).

Apartheid – auf rassistischer Ideologie beruhende Politik der räumlichen Separation bzw. Rassentrennung, die u.a. in der Republik Südafrika zwischen 1948 und Anfang der 1990er-Jahre praktiziert wurde und der weißen gegenüber der nicht weißen Bevölkerung die totale soziale, politische und kulturelle Privilegierung gesetzlich garantierte. Die Apartheid hat auf *drei räumlichen Maßstabsebenen* gewirkt: (1) Auf *Ebene der öffentlichen Einrichtungen* (Parks, Theater, Transportmittel etc.) führte die Apartheid durch bevölkerungsgruppenspezifisch strikt getrennte und genau geregelte Zugänge zur starken Einengung und räumlichen Diskriminierung individueller → Aktionsräume. (2) *In städtischen Räumen* kam die Apartheid in → Segregation durch Umsiedlung und Zerstörung alter Stadtgebiete sowie die Errichtung abgegrenzter Wohngebiete (Townships) zum Ausdruck. (3) *Auf nationaler Ebene* wurden Sonderzonen (Homelands, Bantustans) errichtet, die sich langfristig zu unabhängigen Staaten entwickeln sollten. Aufgrund des starken außenpolitischen Drucks sowie der wirtschaftlichen Ächtung durch internationale → Embargos und → Boykotte konnte die Politik der Apartheid in den 1980er-Jahren nicht mehr in vollem Ausmaß umgesetzt werden. Sie endete faktisch mit der Freilassung von N. Mandela (1990) und offiziell mit der Verabschiedung einer neuen Verfassung (1994). Noch heute stellen die Folgen der Apartheid eine schwer zu überwindende Entwicklungshürde dar und kommen in den wirtschaftsräumlichen Strukturen des Landes (→ Wirtschaftsraum) zum Ausdruck.

APB – Abk. für → Accounting Principles Board.

APB-Opinion – zentrale Verlautbarungsart des → Accounting Principles Board (APB) und damit Teil der → US-GAAP.

aperiodische Steuern → nicht periodische Steuern.

APG – Abk. für → Ausfuhr-Pauschal-Gewährleistungen.

Apostille – vereinfachte Form der Legalisation einer Urkunde (Bestätigung, dass die Unterschrift von der ausstellenden Person stammt) zwecks Verwendung im Ausland, wobei die Echtheit der Unterschrift nur durch eine inländische Behörde bestätigt wird. Ob eine Apostille im Einzelfall ausreicht oder das ausländische Konsulat eingeschaltet werden muss, ergibt sich aus zwischenstaatlichen Abkommen.

Apotheken – Nach dem Gesetz über das Apothekenwesen (ApoG) i.d.F. vom 15.10.1980 (BGBl. I 1993) m.spät.Änd. bedarf der Betrieb von Apotheken der *Erlaubnis* der zuständigen Behörde, die auf Antrag bei Erfüllung bestimmter Voraussetzungen, v.a. Sachkunde und Zuverlässigkeit, zu erteilen ist; die Erlaubnis gilt nur für den Apotheker, dem sie erteilt ist, und für die in der Erlaubnisurkunde bezeichneten Räume (§ 1 III). Eine Apotheke darf erst eröffnet werden, nachdem die zuständige Behörde bescheinigt hat, dass die Apotheke den gesetzlichen Anforderungen entspricht (Abnahme, § 6). – Einzelheiten über Betriebsräume, Vorratshaltung, Abgabe etc. in der *Apothekenbetriebsordnung* i.d.F. vom 26.9.1995 (BGBl. I 1195) m.spät.Änd. – Das Apothekenwesen ist in Bewegung gekommen durch die niederländische „Internetapotheke" DocMorris, von der Kunden per Internet Medikamente über den Versandhandel beziehen können. DocMorris stützte diese nach dem dt. Recht ursprünglich unzulässige Vertriebsform auf die EG-rechtliche Dienstleistungsfreiheit. Der dt. Gesetzgeber hat 2004 durch eine Gesetzesänderung (§ 11a ApoG) den Versandhandel erlaubt. Gestattet ist auch die Gründung von bis zu drei Filialapotheken. Beibehalten wurde das Fremdbesitzverbot. Dies bedeutet, dass Kapitalgesellschaften keine Apotheken betreiben dürfen, sondern ausschließlich zugelassene Pharmazeuten. Durch eine Filiale im Saarland hat DocMorris gegen das Fremdbesitzverbot verstoßen. Das EuGH stellte am 19.5.2009 fest, dass das dt. Apothekengesetz mit europäischem Recht vereinbar ist. Die Filiale in Saarbrücken musste daraufhin schließen. Im Juli 2009 erfolgte die Wiedereröffnung als sog. Franchiseapotheke, die dort selbstständig tätige Apothekerin ist eine Markenpartnerschaft mit dem Unternehmen eingegangen.

apparative Verfahren – Teilbereich der → psychologischen Testverfahren und der psychobiologischen Testverfahren. Apparative Verfahren sind einmal die → aktualgenetischen Verfahren und die Verfahren zur Prüfung der Gestaltfestigkeit von Vorlagen (Firmennamen, Warenzeichen, Produktgestaltung etc., → Logo), unter Einsatz von Apparaturen zur Erschwerung der Wahrnehmung durch die Testperson (→ Tachistoskop, → Perimeter, → Anglemeter etc.). Die aus den Tests gewonnenen Informationen werden bei der Gestaltung z.B. von Anzeigen und Verpackungen eingesetzt. Darüber hinaus gibt es apparative Verfahren zur Ermittlung der Aufmerksamkeit. Dazu gehören die → Blickregistrierung und die → Hautwiderstandsmessung. Derzeit noch im Versuchsstadium ist der Einsatz der funktionellen Magnetresonanztomographen, bei der Gehirnaktivität erfasst wird.

Applet – kleines Programm, das für eine spezielle Aufgabe zuständig ist und im Rahmen eines anderen Programms läuft. Meist synonym für Java-Applet verwendet.

Application Service Provider – Dienstleistungsanbieter im → E-Commerce, bei denen Anwendungsprogramme über das Internet durch die Anwender für eine bestimmte Zeit gemietet werden können. Die Anwendungen werden vom Server des Application Service Provider aus gestartet (→ Client-/Server-Architektur). Einnahmen generiert der Application Service Provider durch zeitabhängige Gebühren, die für den Zugriff auf die Software berechnet werden.

Applied Economics → Allgemeine Wirtschaftspolitik.

Applikation → Anwendung.

Approbation – Voraussetzung für die Ausübung bestimmter Tätigkeiten, z.B. für Ärzte (Approbationsordnung für Ärzte vom 27.6.2002 – ÄAppO, BGBl. I 2405 m.spät.Änd.), Tierärzte (VO zur Approbation von Tierärzten vom 17.7.2006 -TAppV, BGBl. I 1827 m.spät.Änd.), Apotheker (Approbationsordnung für Apotheker – AAppO, vom 19.7.1989, BGBl. I 1489 m.spät.Änd.) und Zahnärzte (Approbationsordnung für Zahnärzte vom 26.1.1955 – ZAppo, BGBl. I 37 m.spät.Änd.).

Approximation – 1. *Deskriptive Statistik:* Das Vorgehen, eine bestimmte Kenngröße bei unvollständiger Information (z.B. klassierte Daten) unter Verwendung vereinfachender Annahmen näherungsweise zu bestimmen. – 2. *Inferenzstatistik:* Das Vorgehen, die → Verteilung einer Zufallsvariablen durch eine einfache Verteilung anzunähern. Bspw. kann die Verteilung einer Summe von Zufallsvariablen unter gewissen Voraussetzungen durch eine → Normalverteilung näherungsweise angegeben werden. Die Rechtfertigung für solche Approximationen liefern → Grenzwertsätze. Bei der Approximation einer diskreten durch eine stetige Verteilung ist die → Stetigkeitskorrektur durchzuführen.

APQLI – Abk. für *Augmented Physical Quality of Life Index;* → Physical Quality of Life Index (PQLI).

APS → Generalized System of Preferences (GSP); Handelspräferenzen der Europäischen Union zugunsten zahlreicher solcher → Entwicklungsländer, die nicht in eines der → Assoziierungsabkommen der EU eingebunden sind (spezifische Form von „Aid by Trade"). Dem von der EU (→ EWG) seit 1971 gewährten APS liegt eine entsprechende Empfehlung der → UNCTAD zugrunde. Andere → Industrieländer sind diesem Beispiel inzwischen gefolgt. – Das *Hauptmerkmal des APS-Konzepts* besteht darin, dass gewerbliche Erzeugnisse aus den Entwicklungsländern bei der Einfuhr in die EU ein pro Jahr mengenmäßig begrenzter Zollvorteil gewährt wird. Die Zollpräferenz wird ohne Reziprozität gewährt, d.h. Exporte aus der EU in die betreffenden Entwicklungsländer erhalten keine entsprechende Vergünstigung. Das APS stellt eine nach Art. XXIV → GATT heute unzulässige Ausnahme vom Prinzip der → Meistbegünstigung dar. Voraussetzung für die praktische Gewährung des *Präferenzzollsatzes* ist die Vorlage des *Präferenznachweises Form A* sowie der Nachweis der Beförderung aus dem betreffenden → *Ursprungsland.* Nachweis der *Direktbeförderung* ist nicht mehr erforderlich.

Äquivalente – *Äquivalenzlehre;* patentrechtlicher Begriff zur Bestimmung des Schutzumfangs von → Patenten und Gebrauchsmustern. Die Anerkennung äquivalenter Verletzungshandlungen trägt dem Umstand Rechnung, dass im Wortlaut eines Patent- oder Gebrauchsmusteranspruchs (→ Patentanspruch) die zahlreichen Möglichkeiten der technischen Ausführung einer geschützten Lehre nicht vollständig erfasst werden können. Äquivalente liegen vor, wenn der Fachmann anhand des allg. Fachwissens unter Berücksichtigung des Stands der Technik ohne erfinderisches Zutun die vom Wortlaut der Patentansprüche abweichenden Merkmale des Verletzungsgegenstandes als Lösungsmittel erkennt, die mit den im Patentanspruch genannten Merkmalen in ihrer technischen Funktion übereinstimmen und eine (im Wesentlichen) gleiche Wirkung erzielen. Äquivalente liegen im Schutzbereich, wenn sich die technische Gleichwirkung im Rahmen des im Patent offenbarten Lösungsprinzips hält. Im Erteilungs-, Einspruchs- oder Nichtigkeitsverfahren erklärte Beschränkungen oder Verzichte sind zu berücksichtigen und beschränken den Schutzumfang. Ist das als gleichwirkend angegriffene Lösungsmittel im Stand der Technik vorbekannt oder nahe gelegt, erstreckt sich der Patentschutz nicht auf dieses Mittel. Äquivalente liegen ferner nicht vor, wenn bei einem als äquivalent angegriffenen Lösungsmittel völlig oder nahezu völlig auf den mit dem Patent erstrebten Erfolg oder dessen Vorteile verzichtet wird oder das Mittel der Lösung eines anderen technischen Problems dient.

Äquivalenzkoeffizient – Kennzahl für die aktuelle → ökologische Knappheit eines Umweltgutes, das durch Input oder Output von Produktion oder Konsum beansprucht wird. – 1. Der Äquivalenzkoeffizient ist eine monoton wachsende *Funktion* der ökologischen Knappheit: Sein Wert ist bei Ratenknappheit umso größer, je mehr sich die tatsächliche Verbrauchsmenge eines Umweltguts bzw. die tatsächliche Immissionsmenge in ein Umweltgut der maximal zulässigen Verbrauchs- bzw. Immissionsmenge nähert. Bei → Kumulativknappheit ist der Äquivalenzkoeffizient umso größer, je mehr sich die Erschöpfung der Reserven nähert; er geht gegen unendlich. – 2. *Maßeinheit* (Dimension): ökologische Recheneinheiten pro physikalischer Verbrauchsgröße (bei Beanspruchung durch Input von Produktion/Konsum) bzw. pro Emissionsgröße (bei Beanspruchung durch Output von Produktion/Konsum). – 3. *Anwendung:* Bei Kenntnis der ökologischen Wirkungen einer umweltbeeinflussenden Maßnahme kann mithilfe der Äquivalenzkoeffizienten die aufgrund zusätzlichen Umweltverzehrs anzulastende bzw. aufgrund umweltschonender Effekte gutzuschreibende Anzahl an ökologischen Recheneinheiten berechnet werden; der Saldo ergibt den *ökologischen Grenzschaden* bzw. *Grenznutzen* einer umweltbeeinflussenden Maßnahme, ein mögliches Beurteilungskriterium. – Grundlage der → ökologischen Buchhaltung.

Äquivalenzprinzip – I. Besteuerung: 1. *Begriff:* → Besteuerungsprinzip, nach dem sich die Höhe der Abgaben nach den empfangenen staatlichen Leistungen durch den Staatsbürger richtet. Für den Nutzen, den die Bürger aus öffentlichen Gütern und Diensten ziehen, sollen sie aus Gründen der optimalen Allokation ein marktpreisähnliches Entgelt zahlen. – 2. *Formen:* a) *individuelle Äquivalenz:* Äquivalenz bezogen auf einzelne Personen; kaum realisierbar, bei vielen Leistungen insbesondere bei Steuern nicht gewollt. – b) *gruppenmäßige Äquivalenz:* Äquivalenz bezogen auf Gruppen, v.a. regional abgegrenzte Gruppen; wichtiges Kriterium für die Bemessung → öffentlicher Einnahmen und deren Verteilung im föderalen Finanzausgleich. – *Beurteilung:* Nach heutiger Meinung ist das Äquivalenzprinzip in der Besteuerung nicht praktikabel, da der Nutzen i.d.R. nicht operational messbar und individuell zurechenbar ist; bei der Bemessung aufkommensstarker Steuern widerspricht es außerdem dem fiskalischen Ziel der Einnahmenerhebung und vielen verteilungspolitischen Zielsetzungen. – *Gegensatz:* → Leistungsfähigkeitsprinzip.

II. Privatversicherung: grundlegendes Kalkulationsprinzip, das die Gleichheit von Leistung und Gegenleistung fordert. Demzufolge soll für ein versicherungstechnisches Risiko eine Risikoprämie (Preis für den Versicherungsschutz) entsprechend seinem Schadenerwartungswert (erwartete Versicherungsleistung) erhoben werden. Es existieren unterschiedliche versicherungsmathematische Kalkulationsverfahren in den einzelnen Versicherungssparten.

III. Sozialversicherung: In den Sozialversicherungen herrscht generell eine gruppenmäßige Äquivalenz durch die Beschränkung von Beitragspflichten und Leistungsansprüchen auf im Wesentlichen durch ihren Erwerbsstatus definierte Mitglieder sowie deren Angehörige. In der gesetzlichen Rentenversicherung gilt das Äquivalenzprinzip eingeschränkt; hier bilden die sog. persönlichen → Entgeltpunkte (§ 66 SGB VI) den individuellen Faktor der → Rentenformel. Dies garantiert, dass die Höhe der Rente auch von der Beitragsleistung des Einzelnen abhängt. – *Beurteilung:* Angesichts der wohlfahrtsstaatlichen Zielsetzung, auch bei niedrigen Erwerbseinkommen zu einer ausreichenden Altersversorgung zu kommen, wird dieser Tatbestand kritisiert, weil eine Umverteilung von den hohen zu den sehr niedrigen Renten möglich sein müsste. Dies geschieht auch, z.B. durch die Rente nach Mindesteinkommen und durch andere Formen „versicherungsfremder Leistungen" sowie außerhalb der Rentenversicherung durch die „Grundsicherung im Alter". – In der gesetzlichen Krankenversicherung und der sozialen Pflegeversicherung stellen die einheitlichen Ansprüche aller Mitglieder auf Sachleistungen sowie die beitragsfreie Mitversicherung von Familienangehörigen Abweichungen vom Äquivalenzprinzip dar. – Vgl. auch → Sozialpolitik, Gestaltungsprinzipien.

IV. Lohn und Leistung: Grundsatz des leistungsgerechten Lohns (Lohngerechtigkeit). Bezieht sich nicht auf eine Festlegung der absoluten Lohnsumme, sondern fordert, dass die relative Lohnhöhe, also die Verhältnisse der einzelnen betrieblichen Löhne zueinander, den jeweiligen Leistungen entsprechen. – Das Äquivalenzprinzip beinhaltet: a) Forderung nach *Äquivalenz von Lohn und Anforderungsgrad*

(Arbeitsschwierigkeit), errechenbar durch eine geeignete Lohnsatzdifferenzierung: Mithilfe der → Arbeitsbewertung sind die Anforderungsgrade der einzelnen Arbeitstätigkeiten als Grundlage für die arbeitsplatzweise Differenzierung der Lohnsätze auf der Basis der → Normalleistung zu bestimmen. – b) *Äquivalenz von Lohn und Leistungsgrad* (persönliche Leistung), erreichbar durch die Wahl einer geeigneten Lohnform: durch die Differenzierung des Lohns für einzelne Arbeitstätigkeiten nach dem persönlichen Arbeitsergebnis im Vergleich zur Normalleistung. Ökonomisch würde das Äquivalenzprinzip eine „marktleistungsgerechte" Entlohnung fordern, in der sich die relative Knappheit der Arbeitsleistung und des mit ihrer Hilfe erzeugten Produktes niederschlägt.

Äquivalenztheorie – *Interessentheorie;* theoretische Rechtfertigung der Besteuerung (→ Steuerrechtfertigungslehre) als eine Gegenleistung des Einzelnen für den Nutzen, den ihm staatliche Leistungen gewähren. Die Höhe der Steuer soll vom Umfang der vom Staat erbrachten Leistungen abhängen (→ Äquivalenzprinzip). – *Vertreter:* Locke, Montesquieu, Schlözer u.a.

Äquivalenzziffer – 1. *Begriff:* In der Äquivalenzziffernrechnung (→ Divisionskalkulation) und in der Kalkulation von → Kuppelprodukten angewandte Gewichtungszahl, mit deren Hilfe verschiedenartige Leistungen auf eine gleichnamige Leistung umgerechnet werden, um damit eine einheitliche Bezugsbasis zur Verrechnung von Kosten zu gewinnen (semantisch richtiger Begriff: Äquivalenzzahl). – *Beispiel:* Eine Leistung (oft → Richtsorte genannt) wird gleich 1 gesetzt, die übrigen Sorten erhalten eine proportional zur Relation der jeweiligen Sollzeiten verlaufende Äquivalenzzahl. Der sich bei Division der → Plankosten durch die gewichtete Leistungsmenge ergebende Standardkostensatz lässt sich durch Multiplikation mit der jeweiligen Äquivalenzzahl für andere Sorten errechnen. – Entsprechend erfolgt die Umrechnung der aus verschiedenen Leistungssorten zusammengesetzten Istleistung einer → Kostenstelle auf eine gleichnamige Leistungsmenge zur Ermittlung von deren → Beschäftigungsgrad. – 2. *Bedeutung:* Äquivalenzziffern streben eine Vereinfachung der Kostenerfassung und -verrechnung an, wollen jedoch trotzdem eine verursachungsgerechte Abbildung erreichen. – *Ausnahme:* Verwendung von Äquivalenzziffern im Rahmen der Kuppelproduktkalkulation.

Äquivalenzziffernrechnung → Divisionskalkulation.

Äquivalenz zwischen tarifären und nicht tarifären Handelshemmnissen – Bei vollständiger → Konkurrenz im In- und Ausland und vollständigem → Wettbewerb um die Importlizenzen (z.B. → Versteigerung) führen eine → Importquote und ein → Zoll zu derselben Preis-Mengen-Konstellation, vorausgesetzt die → Quote wird auf jener Importmenge festgelegt, zu der auch der Zollsatz führt.

AR(p)-Prozess – *autoregressiver Prozess p-ter Ordnung.* Ein stochastischer Prozess heißt AR(p), wenn seine Realisation im Zeitpunkt t linear nur von seinen p gewichteten Vergangenheitswerten und einem → weißen Rauschen abhängt. – Ein autoregressiver Prozess erster Ordnung (AR(1)), ist demzufolge ein stochastischer Prozess, dessen Realisation im Zeitpunkt t, X_t, nur von seiner mit β_1 gewichteten Realisation im Zeitpunkt t–1, X_{t-1}, und einem weißen Rauschen ε_t abhängt, d.h. $X_t = \beta_0 + \beta_1 X_{t-1} + \varepsilon_t$ gilt. Ist das Gewicht β_1 gleich eins, spricht man von einem → Random Walk. Ist zudem $\beta_0 \neq 0$, liegt ein sog. Random Walk mit → Drift vor.

Arabische Liga – 1. *Begriff und Merkmale: League of Arab States (LAS);* aus der panarabischen Bewegung entstandener Konsultativ- und Nichtangriffspakt. – *Sitz und Gründung:* 22.3.1945 in Kairo durch sieben arabische Staaten; aktuell 22 Mitgliedsstaaten. – 2. *Ziele:* Engere wirtschaftliche, militärische, politische und kulturelle Zusammenarbeit sowie Wahrung der Unabhängigkeit und Souveränität der Mitgliedsstaaten sowie der arabischen Außeninteressen. Vermeidung und Schlichtung von Streitfällen zwischen Mitgliedsländern. Anerkennung Palästinas als unabhängiger Staat. *Fernziel:* Bildung eines arabischen Staates. – 3. *Organe:* Rat der Arabischen Liga (Ligarat), sich konstituierend aus den Repräsentanten der Mitgliedsstaaten (i.d.R. Außenminister), der permanenten Kommission und dem Generalsekretariat, konferiert halbjährlich. Bei Bedarf können Gipfeltreffen der Staats- und Regierungschefs einberufen werden (zuletzt 2001). Seit 27.9.2005 existiert in Damaskus ein provisiorisches Parlament, welches nur beratende Funktion ausübt. Es besteht aus 88 Mitgliedern – je vier aus jedem Mitgliedsstaat.

Arab Monetary Fund (AMF) – Eine regionale arabische Organisation mit dem Ziel der Korrektur von Zahlungsbilanzungleichgewichten und der monetären Zusammenarbeit. Langfristiges Ziel ist die Schaffung einer gemeinsamen arabischen Währung. *Gegründet:* 1976, die Arbeit wurde 1977 aufgenommen. – *Sitz:* Abu Dhabi. – *Mitglieder:* 22 Länder.

Arbeit – I. Begriff: Zielgerichtete, soziale, planmäßige und bewusste, körperliche und geistige Tätigkeit. Ursprünglich war Arbeit der Prozess der Auseinandersetzung des Menschen mit der Natur zur unmittelbaren Existenzsicherung; wurde mit zunehmender sozialer Differenzierung und → Arbeitsteilung und der Herausbildung einer Tauschwirtschaft und → Geldwirtschaft mittelbar. – In der *Antike* und im *Mittelalter* waren die Begriffsinhalte von Arbeit negativ und abwertend: Arbeit galt als unwürdige Tätigkeit, deren sprachliche Synonyme Mühsal, Plage, Last und Not waren; sie wurde dadurch zur Angelegenheit der unteren sozialen Schichten. Erst durch die *christliche Religion* erhielt Arbeit eine positive

Bestimmung; bes. in der *protestantischen Ethik* ist Arbeit identisch mit Pflichterfüllung und gottgefälligem Tun, und in einer asketischen, durch Arbeit geprägten Lebensweise wird bereits im Diesseits die Vorbestimmtheit für die ewige Seligkeit sichtbar. Die positive Bewertung von Arbeit hat sich in den sich früh industrialisierenden westlichen Gesellschaften durchgesetzt; *Weber* (1864–1920) sah in der protestantischen Ethik die Voraussetzungen für den kapitalistischen Industrialisierungsprozess. Auch gegenwärtig wird Arbeit, auch → Arbeitseinkommen und der sich darin dokumentierende Erfolg, positiv bewertet.

II. Volkswirtschaftstheorie: → Produktionsfaktor neben → Boden und → Kapital. Arbeit ist wie Boden ein originärer Produktionsfaktor. – Problematisch ist, dass die Untrennbarkeit von Mensch und Arbeitskraft unberücksichtigt bleibt; deshalb wird Arbeit als eigentlicher Produktionsfaktor, Boden und Realkapital als Produktionsmittel bezeichnet. – Vgl. auch → Wertlehre. – Da die Person des Arbeitenden und die Abgabe von Arbeitsleistungen nicht trennbar sind, kann eine zunehmende → Arbeitsteilung (Spezialisierung) eine höhere Produktivität und Selbstentfaltung (→ Smith), aber auch eine Einschränkung der Selbstbestimmung und Selbstentfaltung bis hin zur völligen Fremdbestimmung des Arbeitnehmers (→ Marx) darstellen; sie kann Ursache sozialer Spannungen sein. Dem entgegenzuwirken, ist Zweck der Betriebsverfassungs- und Mitbestimmungsgesetze, s. → Mitbestimmungsgesetz (MitbestG). – In der kurz- und mittelfristig ausgerichteten keynesianischen → Makroökonomik stellt Arbeit der einzige variable Produktionsfaktor dar. Dabei erfolgt seine Entlohnung gemäß der → Grenzproduktivitätstheorie.

III. Ethik: 1. *Allgemein* galt Arbeit im griech. Altertum als Praxis und damit gegenüber Theorie als minderwertig, so erfährt sie durch das „Bete und arbeite" des Benedikt von Nursia eine erste Aufwertung. Seit der Reformation und bes. seit Hegel und Marx wird Arbeit zur Grundbestimmung des Menschen. – 2. *Wirtschaftsethisch* von Bedeutung ist Arbeit im Zusammenhang mit (1) einer Humanisierung der Arbeitswelt, (2) dem Gedanken der Selbstverwirklichung des Menschen durch und in Arbeit (beides zusammen führt zu neuen, modernen Formen der Arbeitsorganisation) und (3) verbreiteter Massenarbeitslosigkeit. Bei der → Arbeitslosigkeit geht es nicht nur um angemessene → soziale Sicherung der Arbeitslosen, da Arbeit zur Identität des modernen Menschen gehört. Obwohl es ein einklagbares individuelles „Recht auf Arbeit" wegen der ökonomischen Anreize zur Arbeit auch wirtschaftsethisch nicht geben kann (→ Wirtschaftsethik), bleibt Arbeitslosigkeit eine sozialpolitische Herausforderung.

IV. Soziologie: Arbeit ist ein Prozess, in dem Menschen soziale Beziehungen eingehen, die im gesamten Lebenszusammenhang von zentraler Bedeutung sind; hierzu gehören die Strukturierung der Zeit, die soziale Anerkennung und das Selbstwertgefühl. – Die Formen der Arbeit bestimmen die Art der sozialen Beziehungen auch über den Arbeitsprozess hinaus und sind Ausdruck des Entwicklungsstandes von Gesellschaften, ihrer sozialen Strukturen, Organisations- und Kooperationsformen und Herrschaftsordnungen; demzufolge stehen sozialer Wandel und die Veränderung von Arbeitsformen und Arbeitsinhalten in enger Beziehung. Arbeit und Gesellschaft sind seit der Industrialisierung einem Wandel ausgesetzt, der vorwiegend durch die Entwicklung der Technik bestimmt ist, die die Arbeit unmittelbar betrifft und zu Strukturwandlungen in Wirtschaft und Gesellschaft führt. – Ein wesentlicher Aspekt für die Zukunft der Arbeit ist die zunehmende Freizeit, durch die die zentrale Stellung der Arbeit im menschlichen Lebenszusammenhang und die Bedeutung der Arbeit für die sozialen Beziehungen berührt wird. Es ist sehr wahrscheinlich, dass ein Bedeutungswandel von Arbeit eintritt, weil Erwerbstätige im Verlauf ihres Arbeitslebens mehrfach ihren Betrieb und ggf. ihre Tätigkeit wechseln müssen. – Vgl. auch → Entfremdung, → Arbeitszufriedenheit.

V. Arbeitswissenschaft/Industriebetriebslehre: Ursprünglich wurde Arbeit nur als Ausdruck der ökonomisch relevanten Kostengütermenge Arbeit betrachtet. Die Definition ging von den ökonomischen Wirkungen der Arbeit aus, die auf Nutzung der Arbeitskraft in der Zeit beruht: Arbeit = Arbeitskraft × Arbeitszeit. – Arbeitskraft und Arbeitszeit sind jedoch keine ökonomischen Begriffe oder Tatbestände, sondern haben in Physik, Physiologie, Soziologie, Psychologie etc. ihre Wurzeln. Aus diesem Grund wird heute Arbeit wesentlich umfassender als ein Potenzial des Menschen zur Existenzsicherung verstanden, für einen Teil der Erwerbstätigen auch der Selbsterhaltung.

Arbeit auf Abruf – *kapazitätsorientierte variable Arbeitszeit (Kapovaz);* Vereinbarung zwischen Arbeitgeber und -nehmer, dass der Arbeitnehmer seine Arbeitsleistung entsprechend dem Arbeitsanfall erbringt. – *Gesetzliche Regelung:* § 12 Teilzeit- und Befristungsgesetz (TzBfG) vom 21.12.2000 (BGBl. I 1966). – *Inhalt:* 1. Die *Dauer der Arbeitszeit* ist vertraglich zu regeln; sie kann nur in geringem Umfang und bei klarer arbeitsvertraglicher Regelung (→ Allgemeine Geschäftsbedingungen im Arbeitsrecht) der Weisung des Arbeitgebers (→ Direktionsrecht) überlassen werden, nämlich im Umfang von 25 Prozent der Gesamtarbeitszeit (BAG, 7.12.2005 – 5 AZR 535/04 -, NZA 2006, 423) (→ Arbeitszeit). Ist eine bestimmte Dauer der Arbeitszeit nicht festgelegt, gilt eine *wöchentliche Arbeitszeit von zehn Stunden* als vereinbart. – 2. Es kann vereinbart werden, dass die *Lage der Arbeitszeit* am Tag (oder Woche oder Monat) nach Bedarf angesetzt wird, allerdings mit viertägiger Ankündigungsfrist. Ist die tägliche Dauer der Arbeitszeit nicht vereinbart, ist der Arbeitgeber verpflichtet, den Arbeitnehmer jeweils für mind. *drei* *aufeinander folgende Stunden* zur Arbeitsleistung in Anspruch zu nehmen.

Arbeiter – 1. *Begriff:* → Arbeitnehmer, der nicht die Merkmale des Begriffs des → Angestellten erfüllt. Eine Unterscheidung nach begrifflich eindeutigen Merkmalen ist kaum möglich; die ursprüngliche Unterscheidung nach dem Gesichtspunkt, dass Angestellte geistige, Arbeiter manuelle Arbeit verrichten, ist heute nicht aufrechtzuerhalten (Facharbeitertätigkeit mit hohen geistigen Anforderungen verbunden). Maßgebend für die Einordnung ist die Verkehrsanschauung, Beispiele: Büroarbeit, kaufmännische Tätigkeit (auch einfacher Art) sowie Verkaufstätigkeit im Warenhaus begründen Angestellteneigenschaft; Kellner und Straßenbahnschaffner sind Arbeiter. Bei gemischter Tätigkeit ist entscheidend, welche Tätigkeitsart der Arbeitsleistung das Gepräge gibt. – *Auszubildende* sind entsprechend der Gruppe des Ausbildungsberufes zuzurechnen. – Die Einstufung des Arbeitnehmers als Angestellter oder als Arbeiter richtet sich nach der tatsächlich ausgeübten Tätigkeit. – 2. *Einteilung:* Gelernte Arbeiter, → angelernte Arbeiter und → ungelernte Arbeiter; wichtig für Entlohnung. – Vgl. auch → Facharbeiter. – 3. *Bedeutung:* Die Unterscheidung von Arbeitern und Angestellten hat weitgehend an Bedeutung verloren. Sie spielt noch eine schwindende Rolle in → Tarifverträgen und in der Rentenversicherung. – Vgl. auch → Arbeiterrentenversicherung.

Arbeiterbewegung – 1. *Begriff:* zu Beginn der Industrialisierung im 19. Jh. entstandene Organisation der Lohnarbeiter zur Durchsetzung ihrer Interessen und Forderungen. – 2. *Entwicklung:* Unter radikalen Führern war Ziel der Arbeiterbewegung nicht nur die Verbesserung der sozialen Lage der Arbeiterschaft, sondern allg. das Ende des → Kapitalismus mit Mitteln des → Klassenkampfes. Der Druck durch organisierte Zusammenfassung großer Arbeitermassen führte nach schrittweiser Aufhebung der Koalitionsverbote zur Bildung von → Gewerkschaften, deren Aufgabe die Vertretung der wirtschaftlichen und politischen Arbeiterinteressen war und die nach dem Ersten Weltkrieg starke Bedeutung erlangten. Weitere Organisationsformen: Arbeiterparteien, Genossenschaften, Freizeit- und Bildungsvereine. – Seit 1945 manifestiert sich die dt. Arbeiterbewegung überwiegend in den → Gewerkschaften als verfassungsmäßig anerkannte → Sozialpartner.

Arbeiterfrage des 19. Jahrhunderts → Proletaritätsmerkmale.

arbeitergeleitete Unternehmung – Unternehmung, die sich im (überwiegenden) Eigentum der Arbeiter befindet und Leistungen für Dritte gegen Entgelt erbringt. Die Anteile an der arbeitergeleitete Unternehmung können dabei handelbar sein. Zusätzlich zu den Arbeiter-Eigentümern können Lohn beziehende Arbeitnehmer angestellt sein. Im Unterschied zur → kapitalistischen Unternehmung werden die Prinzipien der Partizipation, → Demokratie und Egalität betont. Des Weiteren spielen genossenschaftliche Prinzipien eine Rolle, soweit es sich um Produktivkooperative handelt. Die Eigentumsverhältnisse haben Auswirkungen auf die Effizienz (→ Theorie der arbeitergeleiteten Unternehmung).

Arbeiterklasse – Begriff des wissenschaftlichen → Sozialismus. Die Arbeiterklasse ist eine der beiden Hauptklassen der kapitalistischen Gesellschaft und umfasst die nicht im Besitz von Produktionsmitteln befindlichen Lohnabhängigen. – Vgl. auch → Klassentheorie.

Arbeiterrentenversicherung – früher: *Invalidenversicherung;* Zweig der gesetzlichen Rentenversicherung. Seit 2005 ist die Unterscheidung zwischen Arbeiter- und Angestelltenrentenversicherung aufgegeben worden und es existiert nur noch eine einheitliche allg. Rentenversicherung. – 1. *Rechtsgrundlage:* Ab 1.1.1900 galt das Invalidenversicherungsgesetz, das 1911 durch die Reichsversicherungsordnung (RVO) abgelöst wurde. Größere Reformen folgten 1957, 1972 und 1989 durch das SGB VI als Kernstück der Rentenreform 1992, das seit 1.1.1992 gilt und das Recht der gesetzlichen Rentenversicherung für alle Versicherungszweige umfasst. Das SGB VI wurde seit seinem Inkrafttreten mehrfach geändert. – 2. *Träger:* Träger der Rentenversicherung der Arbeiter waren die Landesversicherungsanstalten und als Sonderanstalten die Bahnversicherungsanstalt und die Seekasse (§§ 127–131 SGB VI a.F.). Die Landesversicherungsanstalten waren grundsätzlich zuständig für die als Arbeiter Beschäftigten, für selbstständige Hausgewerbetreibende und Handwerker. Träger der Rentenversicherung sind seit 1.10.2005 nur noch die Deutsche Rentenversicherung Bund, die Deutsche Rentenversicherung Knappschaft-Bahn-See und die Regionalträger, die neben der Bezeichnung Deutsche Rentenversicherung einen Zusatz für die regionale Zuständigkeit tragen (§ 125 SGB VI). – 3. *Versicherungspflicht:* Die Versicherungspflicht tritt unabhängig vom Willen der Betroffenen bei Vorliegen bestimmter Tatbestände, wie dem Vorhandensein eines abhängigen Beschäftigungsverhältnisses, ein (§§ 1–3 SGB VI). Sie kann nicht ausgeschlossen werden. Unter den Voraussetzungen des § 6 SGB VI ist ausnahmsweise die Befreiung von der Versicherungspflicht möglich. Die in § 4 SGB VI genannten Personengruppen (Entwicklungshelfer, Deutsche, die für begrenzte Zeit im Ausland beschäftigt sind, bestimmte selbstständig Tätige u.a.) können auf Antrag pflichtversichert werden. Versicherungsfrei sind die Personengruppen, die in § 5 SGB VI im Einzelnen aufgezählt sind, z.B. Beamte, Richter, geringfügig Beschäftigte, Personen, die eine Vollrente wegen Alters beziehen. → Freiwillige Versicherung ist zulässig u.a. für Zeiten nach Vollendung des 16. Lebensjahres bei Personen, die nicht versicherungspflichtig sind (§ 7 SGB VI). – 4. *Leistungen:* Die Rentenversicherung gewährt Leistungen zur → medizinischen

Rehabilitation und zur Teilhabe am Arbeitsleben, → Altersrenten, Renten wegen Erwerbsminderung, → Hinterbliebenenrenten, → Übergangsgeld. – 5. *Finanzierung:* Die gesetzliche Rentenversicherung wird im Umlageverfahren durch Versicherungsbeiträge und Zuschüsse des Bundes finanziert.

Arbeiterselbstverwaltung – Form der → laboristischen Unternehmensverfassung, bei der die unternehmerische Willensbildung durch die in dem Betrieb beschäftigten Mitarbeiter erfolgt. Diese üben gleichberechtigt und gemeinsam die Unternehmerfunktion aus, soweit sie ihre Kompetenzen nicht an einen von ihnen gewählten Ausschuss delegieren; die Unternehmerfunktion ist nicht an Vermögensanteile an dem jeweiligen Betrieb gekoppelt, sodass mit dem Prinzip der Arbeiterselbstverwaltung das → Einkommensprinzip korrespondiert. – Die Arbeiterselbstverwaltung ist Bestandteil der meisten Konzeptionen der → Rätedemokratie, wird auch in Kooperativen (Alternativbetrieben) in privatwirtschaftlichen Marktwirtschaften angewandt. Sie war bis Anfang der 1990er-Jahre das grundlegende Prinzip in der selbstverwalteten sozialistischen Marktwirtschaft des ehemaligen Jugoslawiens.

Arbeitgeber – I. Begriff: Arbeitgeber ist jeder, der einen → Arbeitnehmer beschäftigt. Wer Arbeitgeber ist, bestimmt sich danach, mit wem der → Arbeitsvertrag geschlossen wurde. Arbeitgeber kann auch eine juristische Person sein. Unter bes. arbeitsvertraglichen Verhältnissen, in denen die Arbeit einer anderen Person zu leisten ist als dem Vertragspartner (z.B. → Leiharbeitsverhältnis, → mittelbares Arbeitsverhältnis) kann eine *Aufspaltung der Arbeitgeberstellung* in Betracht kommen. Beim → Konzern kann je nach Vertragsgestaltung die Konzernobergesellschaft oder eine Tochtergesellschaft oder beide Arbeitgeber sein. Bei der (Außen-) → Gesellschaft bürgerlichen Rechts (GbR) ist seit der bahnbrechenden Entscheidung des BGH, 29.1.2001 – II ZR 331/01 – die Gesellschaft Arbeitgeber; insofern hat eine Angleichung an die übrigen → Personengesellschaften (OHG, KG) stattgefunden, bei denen ebenfalls die Gesellschaft als Arbeitgeber auftritt. – Der Begriff Arbeitgeber ist arbeitsrechtlicher Natur und zu unterscheiden vom Begriff des → Unternehmers, der wirtschaftliche und wirtschaftsrechtliche Bedeutung hat.

II. Pflichten des Arbeitgebers: 1. *Hauptpflicht:* Zahlung von → Arbeitsentgelt (§ 611 BGB). Eine Vergütung gilt als stillschweigend vereinbart, wenn die Dienstleistung den Umständen nach nur gegen eine Vergütung zu erwarten ist (§ 612 BGB). – 2. *Nebenpflichten:* Wahrung schutzwürdiger Interessen des Arbeitnehmers, die → Fürsorgepflicht des Arbeitgebers; → Gleichbehandlung der Arbeitnehmer. – 3. *Pflichten gemäß Lohnsteuerrecht:* inländische Arbeitgeber (das sind solche, die durch einen inländischen Wohnsitz oder einige ähnliche, in § 38 EStG aufgeführte Kriterien mit dem Inland verbunden sind; insbesondere ist stets inländischer Arbeitgeber, wer hier eine Betriebsstätte unterhält) und zusätzlich auch ausländische Verleiher von Arbeitskräften (ausländische Zeitarbeitsfirmen) müssen nach dem Einkommensteuergesetz für die ordnungsgemäße Zahlung der → Lohnsteuer sorgen. Die betreffenden Regelungen finden sich in § 38ff. EStG. Bes. hervorzuheben ist, dass Arbeitgeber, welche die entsprechenden Verpflichtungen nicht beachten, dem Fiskus für einen evtl. Steuerschaden haften, der Fiskus andererseits aber auch verpflichtet ist, in lohnsteuerlichen Zweifelsfragen kostenlos Auskunft über die richtige lohnsteuerliche Behandlung zu geben (sog. Anrufungsauskunft, § 42e EStG). Im Einzelnen sind u.a. folgende Verpflichtungen des Arbeitgebers zu erwähnen: (1) Aufbewahrung der → Lohnsteuerkarte; bei Beendigung des Dienstverhältnisses oder nach Ablauf des Jahres Rückgabe an Arbeitnehmer (→ Lohnsteuer-Jahresausgleich) oder Finanzamt; (2) ordnungsgemäße Berechnung der → Lohnsteuer; (3) Kontenführung zum Nachweis ordnungsgemäßer Berechnung und Abführung der einbehaltenen Steuer- und Versicherungsbeträge; (4) Anmeldung und Abführung der Lohnsteuer für jeden Lohnsteuer-Anmeldungszeitraum; (5) Ausstellung von → Lohnsteuerbescheinigungen; (6) unter bestimmten Voraussetzungen (§ 42b EStG) Durchführung des Lohnsteuer-Jahresausgleichs. – Im Einzelnen unterliegen die Modalitäten des Lohnsteuerabzugs in den letzten Jahren im Detail großen Veränderungen durch Anpassungen an den technischen Fortschritt: So wurden ab 2005 die Verpflichtungen für eine Vielzahl von Arbeitgebern durch die Pflicht zur elektronischen Abwicklung der Lohnsteuer ergänzt oder ersetzt, und ab 2011 wird das bisherige System der Lohnsteuerkartenausgabe bis auf geringe Ausnahmen nahezu vollständig durch ein elektronisches Verfahren ersetzt (§ 39e IX EStG). Die Lohnsteuerkarte wird letztmals für das Jahr 2010 von den Gemeinden ausgestellt und übermittelt.

Arbeitgeberanteil – 1. *Charakterisierung:* Teil des Beitrags zur → Sozialversicherung, der (i.d.R. neben dem → Arbeitnehmeranteil) vom Arbeitgeber für einen versicherungspflichtigen Arbeitnehmer zu entrichten ist (Beitragssatz). In der gesetzlichen Kranken- und Rentenversicherung und in der Arbeitslosenversicherung betrug der Arbeitgeberanteil viele Jahre genau 50 Prozent des allgemeinen Beitragssatzes. Die andere Hälfte war vom Arbeitnehmer zu tragen (paritätische Finanzierung). Für die Mitglieder der gesetzlichen Krankenversicherung gilt seit dem 1.7.2005 jedoch ein zusätzlicher Beitragssatz in Höhe von 0,9 Prozent der beitragspflichtigen Einnahmen. Seit dem 1.1.2011 beläuft sich der allgemeiner Beitragssatz auf 15,5 Prozent; die Arbeitgeber tragen somit 7,3 Prozentpunkte und die Arbeitnehmer 8,2 Prozentpunkte. Individuelle Zusatzbeiträge (Gesundheitsprämie) einzelner Krankenkassen, die seit 2009 erhoben werden können, werden von den Arbeitnehmern allein getragen (→ Gesundheitsreform). Seit Inkrafttreten der → Pflegeversicherung hat der Arbeitgeber grundsätzlich auch dort die Hälfte des allgemeinen Beitrags der versicherungspflichtigen Beschäftigten zu zahlen, die in der gesetzlichen Krankenversicherung pflichtversichert sind (§ 58 I SGB XI). Kinderlose Versicherte haben ab dem 23. Lebensjahr jedoch einen Beitragszuschlag zu zahlen, an dem der Arbeitgeber nicht beteiligt ist (§ 55 III SGB XI). – Der Arbeitgeber hat in bestimmten Fällen bspw. geringfügiger Beschäftigung bis 450 Euro die vollen Beiträge zu übernehmen. – Werden die Beiträge aus Verschulden des Arbeitgebers verspätet entrichtet, so hat er sie in voller Höhe einschließlich des Arbeitnehmeranteils nachzuentrichten. – 2. *Steuerliche Behandlung:* Nach § 3 Nr. 62 EStG sind gesetzliche Arbeitgeberanteile steuerfrei. – 3. In der *Kostenrechnung* wird der Arbeitgeberanteil als bes. Kostenart verrechnet. – 4. *Volkswirtschaftlich* handelt es sich bei den Arbeitgeberbeiträgen um Bestandteile der Lohnsumme und damit des Einkommens des Produktionsfaktors Arbeit. Die Zahlung der Beiträge durch die Arbeitgeber besagt nichts über die reale Belastung (→ Inzidenz) durch die Arbeitgeberbeiträge zur Sozialversicherung.

Arbeitgeberdarlehen → Darlehen eines Arbeitgebers an einen Arbeitnehmer.

I. Ertragsteuern: *Steuerliche Behandlung:* (1) Das *Kernproblem* aus steuerlicher Sicht besteht darin, dass der Arbeitgeber sich mit Hinblick auf das bestehende Arbeitsverhältnis möglicherweise mit außerordentlich günstigen Konditionen, z.B. mit einer zu geringen Verzinsung, für sein Darlehen zufrieden geben könnte (und oft auch: zufrieden geben wird). Dann spart der Arbeitgeber dem Arbeitnehmer durch dieses Verhalten Ausgaben, die dieser sonst – bei Aufnahme des Darlehens bei einem anderen, marktgerecht handelnden Darlehensgeber – tätigen müsste. In diesem Fall profitiert der Arbeitnehmer dann also finanziell von seinem bestehenden Arbeitsverhältnis, da ihm Ausgaben erspart werden; darin liegt ein geldwerter Vorteil, was nach den gesetzlichen Regeln grundsätzlich stets eine Einnahme darstellt (§ 8 I EStG). Einnahmen, die ihren Grund in einem Arbeitsverhältnis haben, sind aber grundsätzlich der Einkommensteuer zu unterwerfen(§ 19 I EStG). Bei Arbeitgeberdarlehen besteht also stets Klärungsbedarf dahingehend, ob (a) die Darlehenskonditionen marktgerecht sind oder nicht (im letzteren Fall liegt im ersparten Betrag ein geldwerter Vorteil, also eine Einnahme des Arbeitnehmers) und ggf. (b) wie hoch die betreffende Einnahme dann anzusetzen ist. (2) *Fallkonstellationen*: Bei *echten* Darlehen, bei denen eine angemessene Verzinsung und regelmäßige Rückzahlungsraten vereinbart wurden, wird demnach gar keine Lohnsteuerpflicht ausgelöst, da es an einer „Einnahme“ des Arbeitnehmers aus dem Lohnverhältnis fehlt, wenn er im Rahmen des Darlehensvertrages keine Vorteile gegenüber der marktüblichen Behandlung erfährt. Um dies beurteilen zu können, muss ein Vergleich mit der marktüblichen Ausgestaltung entsprechender Darlehen vorgenommen werden. (3) Entspricht ein Darlehen nicht den marktüblichen Gegebenheiten, sind folgende Fälle denkbar: (a) die Abweichung von den Marktkonditionen erstreckt sich nur auf den festgelegten Zinssatz, d.h. ein Arbeitnehmer erhält ein Darlehen z.B. für 3 Prozent, für das andere Darlehensnehmer gleicher Bonität 5 Prozent bezahlen müssten. Im Beispielsfall läge der geldwerte Vorteil, und damit der lohnsteuerpflichtige Betrag, offensichtlich in der Zinsersparnis von 2 Prozentpunkten. Nach allg. Prinzipien sind Einnahmen aus einem Arbeitsverhältnis bei ihrem Zufluss zu versteuern; demnach wäre die Zinsersparnis jeweils im Zeitpunkt zugeflossen, in dem die Zinszahlung üblicherweise stattfinden müsste. (b) die Abweichung von den Marktkonditionen kann aber auch darin liegen, dass der Arbeitgeber einen Betrag formal als Darlehen gewährt, mit dessen Rückzahlung er aber nicht ernsthaft rechnen kann (oder dessen Rückforderung er den Umständen nach nicht ernsthaft betreiben will). In diesem Fall besteht der geldwerte Vorteil des Arbeitnehmers in der gesamten Summe des vorgeblichen „Darlehens“. Der Zufluss des Betrages – und damit die Steuerpflicht – tritt in diesem Zeitpunkt bereits in voller Höhe bei Auszahlung des „Darlehens“-Betrages an den Arbeitnehmer ein. Eine Einstufung des Darlehens als Scheindarlehen dieser Art schließt logisch übrigens aus, auch noch angebliche Zinsvorteile der Besteuerung zu unterwerfen. Wird der Darlehensbetrag später wider Erwarten dennoch tatsächlich zurückgezahlt, ist dies konsequenterweise genau so zu behandeln wie eine Rückzahlung von Einnahmen aus der nichtselbständigen Arbeit. (c) Wird ein Darlehen dagegen zunächst ernsthaft gewährt (Rückzahlung ernsthaft gewollt), der Darlehensbetrag aber später erlassen, wird der erlassene Betrag im Zeitpunkt des Erlassens zum geldwerten Vorteil und ist daher erst dann zu versteuern. (3) *Berechnung des geldwerten Vorteils*: a) Quantifizierung der Zinsvorteile: Eine frühere Regelung, wonach als marktübliche Verzinsung ein Prozentsatz von 5 Prozent anzusehen war, ist aufgehoben worden (nicht mehr enthalten in den Lohnsteuer-Richtlinien seit 2008). Seitdem ist der Vergleich mit dem marktüblichen Zinssatz individuell zu führen. Da die Überlassung von Darlehen eine Dienstleistung des Arbeitgebers darstellt, fällt die Überlassung eines Darlehens an den Arbeitnehmer möglicherweise unter die Regelung zum Rabattfreibetrag, aber nur dann, wenn der Arbeitgeber dieselbe Dienstleistung (also hier: Darlehen) nicht nur überwiegend für Arbeitnehmer anbietet – somit findet der Rabattfreibetrag hauptsächlich nur auf Arbeitgeberdarlehen an Arbeitnehmer von Kreditinstituten Anwendung. Für Arbeitnehmer anderer Branchen gilt die allg. Regelung des § 8 II EStG, wonach Sach- und Dienstleistungen des Arbeitgebers mit ihrem Marktwert zu bewerten sind. Allerdings bleiben gemäß § 8 II EStG solche Vorteile aus Vereinfachungsgründen außer Ansatz, wenn sie 44 Euro im Monat nicht übersteigen

(→ Freigrenze). – b) bei einem Scheindarlehen (keine ernsthaft gewollte Rückzahlung) scheidet eine Bewertung nach diesen Grundsätzen dagegen aus; der Vorgang ist wie eine Bargeldzahlung zu sehen. (4) *Art der Versteuerung*: Ein geldwerter Vorteil aus einem Arbeitgeberdarlehen unterliegt, da verursacht durch die Tätigkeit als Arbeitnehmer, automatisch der → Lohnsteuer (Einkünfte aus nichtselbständiger Arbeit). Es handelt sich, da nicht regelmäßiger Arbeitslohn vorliegt, um → sonstige Bezüge. Deshalb kann auf Antrag, sofern solche Vergünstigungen einer größeren Zahl von Arbeitnehmern gewährt werden, eine Pauschalversteuerung durch den Arbeitgeber stattfinden (§ 40 I EStG); in diesem Fall bleibt der pauschal versteuerte geldwerte Vorteil dann bei einer Einkommensteuerveranlagung des Arbeitnehmers außer Ansatz. Wird dieser Weg nicht gewählt (oder ist er nicht gangbar, weil die Voraussetzungen des § 40 I EStG nicht erfüllt sind), ist die individuelle Versteuerung zu wählen und vom Arbeitgeber die Lohnsteuer individuell auf den jeweiligen geldwerten Vorteil aus dem Arbeitgeberdarlehen einzubehalten.

II. Baufinanzierung: *Arbeitgeberdarlehen über Bausparverträge:* Bei diesem Modell wird seitens des Arbeitgebers bei vergleichbarer Laufzeit weniger Liquidität gebunden als bei konventionellen Arbeitgeberdarlehen. Das Unternehmen wird Bausparer und zahlt das notwendige Bausparguthaben sofort ein (auch Auffüllkredite sind möglich), dabei verbleibt das Guthaben im Vermögen des Unternehmens. Durch die Sofortbesparung entsteht nach relativ kurzer Zeit ein Darlehensanspruch, der nach Zuteilung des Vertrages auf Mitarbeiter des Unternehmens zur Anschaffung von Wohneigentum verteilt werden kann. Diese erwerben damit alle Vorteile eines Bauspardarlehens, ohne die normalerweise notwendige Vorsparzeit. Die Bausparkasse übernimmt für den Arbeitgeber Bonitäts- und Objektprüfung und trägt das → Kreditrisiko. Die Finanzverwaltung hat bestätigt, dass diese Zusatzleistung lohnsteuer- und sozialabgabenfrei bleibt wenn der effektive Jahreszins des Bauspardarlehens mindestens 5 Prozent p.a. beträgt.

Arbeitgeberverbände – freiwillige Zusammenschlüsse von → Arbeitgebern zwecks Wahrnehmung gemeinsamer Interessen in arbeitsrechtlicher und sozialpolitischer Hinsicht. Tarifverhandlungen stellen dabei die größte und häufigste Tätigkeit dar. Art. 9 GG garantiert das Recht, zur Wahrnehmung und Förderung der Arbeits- und Wirtschaftsbedingungen Vereinigungen zu bilden. Arbeitgeberverbände können gemäß § 2 TVG – → Tarifvertragsgesetz (TVG) – wie → Gewerkschaften Tarifvertragspartei sein, wenn der Arbeitgeberverband eine Vereinigung kollektiver Arbeitgeberinteressen ist. – Arbeitgeberverbände sind i.d.R. privatrechtliche Vereine. – Arbeitgeberverbände sind fachlich und regional organisiert. Zwei Mitgliedsformen (klassisch tarifbindende Mitgliedschaft oder OT-Mitgliedschaft) haben sich im Laufe der Zeit herauskristallisiert. – In Deutschland ist die Bundesvereinigung der → Deutschen Arbeitgeberverbände e. V. (BDA) die Dachorganisation der deutschen Wirtschaft.

Arbeitgeberzuschuss – 1. *Freiwillige oder private Krankenversicherung von Beschäftigten:* Zuschuss zum Krankenversicherungsbeitrag für Beschäftigte, die wegen des Überschreitens der Jahresverdienstgrenze nicht krankenversicherungspflichtig sind, wenn sie in der gesetzlichen → Krankenversicherung freiwillig oder bei einem privaten Krankenversicherungsunternehmen versichert sind und Vertragsleistungen erhalten, die den Leistungen der Krankenhilfe entsprechen. – *Höhe:* Als Arbeitgeberzuschuss ist der Betrag zu zahlen, der als Arbeitgeberanteil bei Krankenversicherungspflicht des Beschäftigten zu zahlen wäre, höchstens jedoch die Hälfte des Beitrags, den der Beschäftigte bei der Anwendung des allg. Beitragssatzes (§ 241 SGB V) aufzuwenden hätte (§ 257 SGB V). – In dieser Höhe ist der Arbeitgeberzuschuss steuerfrei (§ 3 Nr. 62 EStG) und damit auch kein beitragspflichtiges Entgelt im Sinn der Sozialversicherung; im Fall eines höheren Arbeitgeberzuschusses ist der übersteigende Betrag steuer- und beitragspflichtig. – 2. *Private Lebensversicherung:* Die Arbeitgeberzuschüsse sind nur insoweit für die Sozialversicherung beitragspflichtiges Arbeitsentgelt, als die Arbeitgeberzuschüsse lohnsteuerpflichtiger Arbeitslohn sind. – 3. *Private Zusatzversicherung:* Der Arbeitgeberzuschuss ist grundsätzlich Arbeitsentgelt im Sinn der Sozialversicherung. – 4. *Kurzarbeitergeld:* Bei einem Zuschuss zum Kurzarbeitergeld gleicht der Arbeitgeberzuschuss meist das Nettoarbeitsentgelt auf einen bestimmten Prozentsatz aus. Die Spitzenorganisationen der Sozialversicherungsträger vertreten die Auffassung, dass der Arbeitgeberzuschuss beitragspflichtiges Entgelt darstellt. – 5. *Krankengeld:* Arbeitgeberzuschuss zum Krankengeld *(Krankenzuschuss)* unterliegen nicht der Beitragspflicht, gleichgültig, ob Krankengeld aus der gesetzlichen Krankenversicherung auf einer Pflicht- oder freiwilligen Versicherung beruht. – 6. *Mutterschaftsgeld:* Für die Dauer der Schutzfrist nach § 14 MuSchG zu zahlender Differenzbetrag zwischen dem Mutterschaftsgeld der Krankenkasse in Höhe von 13 Euro täglich und dem täglichen Nettoarbeitsentgelt. Arbeitgeberzuschuss ist kein Arbeitsentgelt im Sinn der Sozialversicherung. – 7. Arbeitgeberzuschuss zu *Darlehnszinsen:* Zuschuss zu den tatsächlich zu zahlenden → Zinsen für ein Darlehen, das der Arbeitnehmer zur Errichtung oder zum Erwerb einer eigengenutzten Wohnung in einem im Inland gelegenen Gebäude aufnimmt, sind seit 1989 zu versteuern (→ Arbeitgeberdarlehen). – 8. *Pflegeversicherung:* Arbeitgeberzuschuss erhalten Beschäftigte, die in der gesetzlichen Krankenversicherung freiwillig versichert sind. Die Höhe des Arbeitgeberzuschusses ist begrenzt auf den Betrag, der als Arbeitgeberanteil zu zahlen wäre (§ 61 I SGB XI). – Beschäftigte, die in Erfüllung der Versicherungspflicht bei einem privaten Krankenversicherungsunternehmen versichert sind, erhalten einen Arbeitgeberzuschuss, der in der Höhe begrenzt ist auf den Betrag, der als Arbeitgeberanteil bei Versicherungspflicht in der sozialen Pflegeversicherung zu zahlen wäre, höchstens jedoch auf die Hälfte des Betrages, den der Beschäftigte für seine private Pflegeversicherung zu zahlen hat (§ 61 II SGB XI). – Beschäftigte, die nur wegen Überschreitung der Jahresentgeltgrenze in der gesetzlichen Krankenversicherung versicherungsfrei und als landwirtschaftliche Unternehmer in der Krankenversicherung der Landwirte versichert sind, erhalten als Arbeitgeberzuschuss den Betrag, den der Arbeitgeber im Fall einer Pflichtversicherung bei einer Pflegekasse zu zahlen hätte (§ 57 III SGB XI). – Auch die Bezieher von Vorruhestandsgeld haben Anspruch auf den Arbeitgeberzuschuss in Höhe der Hälfte des Beitrages, der bei Versicherungspflicht vom Vorruhestandsgeldbezieher zu zahlen wäre, der jedoch höchstens die Hälfte des zu zahlenden Beitrages beträgt (§ 61 IV SGB XI). – 9. *Rentenversicherung:* Beschäftigte, die aufgrund einer Versicherung in einer berufsständischen Versicherungs- oder Versorgungseinrichtung von der Versicherungspflicht in der Rentenversicherung gemäß § 6 I Nr. 1 SGB VI befreit sind, erhalten einen Arbeitgeberzuschuss in Höhe des Beitrages zu der Versorgungseinrichtung, höchstens aber die Hälfte des Beitrages, der zu zahlen wäre, wenn der Beschäftigte nicht von der Versicherungspflicht befreit worden wäre (§ 172 II SGB VI).

Arbeitnehmer – I. Begriff: 1. *Arbeitnehmer ist,* wer aufgrund eines privatrechtlichen Vertrages (→ Arbeitsvertrag) unselbstständige, fremdbestimmte Dienstleistungen zu erbringen hat. Bedeutsam ist die Arbeitnehmereigenschaft u.a. dafür, ob Arbeitsrecht mit seinem spezifischen Kündigungsschutz anzuwenden ist. – 2. *Abgrenzungsmerkmale:* a) Durch die *persönliche Abhängigkeit* unterscheidet sich der Arbeitnehmer von sonstigen aufgrund eines Dienstvertrages (§§ 611 ff. BGB) zur Erbringung von Diensten verpflichteten Personen (z.B. Rechtsanwälte, Architekten, Ärzte); Dauer und Art der erbrachten Dienste ist nicht entscheidend. – b) *Fremdbestimmte Arbeit* (arbeitsorganisatorische Abhängigkeit): Indizien für abhängige und unselbstständige Arbeit sind die Übernahme fremdbestimmter Arbeitsleistung (vgl. § 84 I 2 HGB) und die Einbezogenheit in einen fremden Organisations- und Produktionsbereich. Kriterien sind persönliche und fachliche Weisungsgebundenheit und ausgeübte Arbeitskontrolle. Die Abgrenzung von selbstständiger Arbeit ist vielfach schwierig (→ Scheinselbstständigkeit). – c) *Formale Abgrenzungsindizien* wie die Abführung von Lohnsteuern und Sozialversicherungsbeiträgen sind für die Abgrenzung von untergeordneter Bedeutung. – 3. *Keine Arbeitnehmer:* (1) Beamte und Richter; (2) Ehegatten und Kinder, soweit sie aufgrund familienrechtlicher Grundlage Arbeit leisten; (3) Vorstandsmitglieder juristischer Personen; (4) Gesellschafter, die für die Gesellschaft tätig werden; (5) Strafgefangene (Arbeitsleistung im Rahmen eines öffentlich-rechtlichen Gewaltverhältnisses); (6) Ordensleute, deren Beschäftigung durch Gründe karitativer oder religiöser Art bestimmt ist; bei Diakonissen strittig. – Vgl. auch → arbeitnehmerähnliche Personen.

II. Arbeitnehmergruppen: (1) → Angestellte und → Arbeiter, (2) → leitende Angestellte, (3) → Auszubildende. – Nach *beruflicher Gliederung:* (1) → gewerbliche Arbeitnehmer, (2) → kaufmännische Angestellte (→ Handlungsgehilfe), (3) Bergarbeiter und Angestellte des Bergbaus, (4) Schiffsbesatzungen, (5) Arbeitnehmer des → öffentlichen Dienstes, (6) sonstige Arbeitnehmer. – Für diejenigen Arbeitnehmer, die keiner Sonderregelung unterliegen, gilt i.Allg. das Dienstvertragsrecht der §§ 611 ff. BGB.

III. Pflichten: 1. *Arbeitspflicht:* Der Arbeitnehmer ist zur Leistung der „versprochenen Dienste" verpflichtet (§ 611 I BGB). Inhalt und Umfang der Arbeitspflicht: → Direktionsrecht. Die Leistung der versprochenen Arbeit hat der Arbeitnehmer persönlich zu erbringen (§ 613 BGB). Der Arbeitnehmer kann dem Arbeitgeber keinen Ersatzmann aufdrängen. – Verletzung der Arbeitspflicht: → Vertragsbruch, → Arbeitsverhinderung, → Arbeitsversäumnis. – 2. *Nebenpflichten:* → Treuepflicht des Arbeitnehmers.

IV. Lohnsteuerrecht: 1. *Merkmale für eine Arbeitnehmereigenschaft:* Dienstverhältnis (§ 1 II LStDV), d.h. Weisungsgebundenheit hinsichtlich Ort, Zeit und Inhalt der Tätigkeit, Erhalt fester Bezüge, Anspruch auf Urlaub und sonstige Sozialleistungen, Erhalt der Bezüge im Krankheitsfall, kein Unternehmerrisiko, keine Unternehmerinitiative. Der Arbeitnehmer muss in den Betrieb eingegliedert sein, die Arbeitskraft und nicht einen speziellen Arbeitserfolg schulden. Für die abschließende Beurteilung ist auf das Gesamtbild der Verhältnisse abzustellen. – 2. *Steuerpflicht* des Arbeitnehmers wird nach Lohnsteuerrecht durch Einbehaltung der Steuer vom → Arbeitslohn durch den Arbeitgeber erfüllt. Erfassung des Steuerpflichtigen durch die → Lohnsteuerkarte, die der Arbeitnehmer selbst bei der für die Personenstandsaufnahme zuständigen Gemeindebehörde zu beantragen hat, wenn sie ihm nicht von Amts wegen zugestellt wurde oder wenn er bei Antritt eines Dienstverhältnisses keine Lohnsteuerkarte besitzt (noch bis 2010, danach elektronische Übermittlung; vgl. § 39e IX EStG). – 3. *Besonderheit:* Lohnsteuerlich gelten auch die Rechtsnachfolger eines Arbeitnehmers selbst als Arbeitnehmer, wenn sie wegen des früheren Arbeitsverhältnisses Bezüge erhalten; d.h. die Witwe, die vom Betrieb ihres früheren Gatten Betriebsrente erhält, ist lohnsteuerlich ebenfalls Arbeitnehmer (§ 1 I 2 LStDV).

V. Rechte an Erfindungen, Werken, Mustern und Halbleitern: Für → Erfindungen eines Arbeitnehmers (→ Arbeitnehmererfindung) gilt das Arbeitnehmererfindungsgesetz, das eine detaillierte Regelung trifft. Im → Urheberrecht gilt der Grundsatz, dass ein Arbeitnehmer, zu dessen vertraglichen Pflichten die Schaffung von Werken gehört, zwar Urheber ist und bleibt, dass aber infolge der vertraglichen Pflicht zur Schaffung von Werken (z.B. urheberrechtsschutzfähige Computerprogramme) die → Nutzungsrechte an ihnen in dem durch den → Zweckübertragungsgrundsatz gebotenen und begrenzten Umfang ohne weitere Vergütungspflicht auf den Arbeitgeber übergehen (§§ 43, 69b UrhG; Gegensatz: Freizeitwerke). Dadurch werden nicht eingeschränkt: Das Recht auf → Urheberbezeichnung (§ 13 UrhG) und die Rückrufrechte (§§ 41, 42 UrhG; → Rückruf); dagegen wird das → Änderungsverbot (§ 39 UrhG) durch das Weisungsrecht des Arbeitgebers überlagert. Bei im Rahmen von Arbeitsverhältnissen geschaffenen → Geschmacksmustern steht das Recht auf das Muster dem Arbeitgeber zu, falls vertraglich nichts anderes bestimmt ist (§ 7 II GeschmMG). Das Recht zur Anmeldung geht – wie im Urheberrecht das Recht zur Veröffentlichung – auf den Arbeitgeber über, Anmeldung durch den Arbeitnehmer selbst ist Anmeldung durch einen Nichtberechtigten (→ Entnahme). Persönlichkeitsrechtliche Bindungen geringeren Umfangs als im Urheberrecht bleiben erhalten (→ Urheberpersönlichkeitsrecht), v.a. das → Änderungsverbot wird vom Weisungsrecht des Arbeitgebers überlagert. – Vgl. auch → Arbeitnehmererfindung.

arbeitnehmerähnliche Personen – 1. *Begriff:* Personen, die – ohne → Arbeitnehmer zu sein – in wirtschaftlich abhängiger Stellung für andere Arbeit leisten und wegen ihrer wirtschaftlichen Abhängigkeit sozialen Schutz verdienen. Arbeitnehmerähnliche Personen im Sinn des ArbGG sind z.B. die in Heimarbeit Beschäftigten (→ Heimarbeit) und die ihnen Gleichgestellten gemäß § 1 des HAG (→ Hausgewerbetreibende) sowie selbstständige → Handelsvertreter, die Einfirmenvertreter (§ 92a HGB) sind und während der letzten sechs Monate durchschnittlich nicht mehr als 1.000 Euro monatlich bezogen haben (§ 5 III ArbGG); ggf. auch → freie Mitarbeiter z.B. des Rundfunks und Fernsehens. – 2. *Rechtliche Stellung:* Die arbeitnehmerähnlichen Personen unterstehen nach § 5 ArbGG der → Arbeitsgerichtsbarkeit. Das materielle Arbeitsrecht gilt für sie aber grundsätzlich nicht, soweit nicht einzelne arbeitsrechtliche Gesetze etwas anderes bestimmen (z.B. §§ 2, 12 BUrlG; für die tarifliche Regelung von Arbeitsbedingungen vgl. § 12a TVG).

Arbeitnehmeraktie → Belegschaftsaktie.

Arbeitnehmeranteil – Teil des Beitrags zur → Sozialversicherung, der – i.d.R. neben dem → Arbeitgeberanteil – vom Arbeitnehmer zu tragen ist. Der Arbeitnehmeranteil ist vom Arbeitgeber bei der Entgeltzahlung einzubehalten und an die Einzugsstellen abzuführen. Nur der Arbeitgeber ist gegenüber dem jeweiligen Versicherungsträger Schuldner des gesamten Beitrags. – *Rückwirkend* kann der Arbeitnehmeranteil nur abgezogen werden, wenn den Arbeitgeber am Unterbleiben des Abzugs kein Verschulden trifft. – In Ausnahmefällen trägt der Arbeitgeber den gesamten Beitrag, vgl. → Arbeitgeberanteil.

Arbeitnehmerentgelt – Bruttolohn- und -gehaltssumme sowie Sozialbeiträge der → Arbeitgeber. Die Bruttolohn- und -gehaltssumme enthält die Löhne und Gehälter (vor Abzug der Sozialbeiträge der → Arbeitnehmer und der Lohnsteuer), die Arbeitern, Angestellten, Beamten und anderen Arbeitnehmergruppen aus dem Arbeits- bzw. Dienstverhältnis zugeflossen sind. – Vgl. auch → Arbeitseinkommen.

Arbeitnehmererfindergesetz (ArbNErfG) – regelt das Rechtsverhältnis zwischen → Arbeitgeber und → Arbeitnehmer im Fall einer patent- oder gebrauchsmusterfähigen → Erfindung. Bei den vom Arbeitnehmer getätigten Erfindungen werden zwei Arten unterschieden: (1) Die Diensterfindung bzw. gebundene Erfindung und (2) die freie Erfindung bzw. ungebundene Erfindung. Die Diensterfindung resultiert aus den vom Arbeitnehmer im Betrieb ausgeführten Tätigkeiten oder entspringt maßgeblich aus den Erfahrungen und Arbeiten im Betrieb. Diensterfindungen sind dem Arbeitgeber zu melden. Der Arbeitgeber kann eine Diensterfindung für sich in Anspruch nehmen. Freie Erfindungen sind vom Arbeitnehmer während des Arbeitsverhältnis erbrachte Erfindungen. Sie stehen allerdings nicht im Zusammenhang mit dem im Betrieb ausgeführten Tätigkeiten und sind somit frei. Die → Mitteilungspflicht des Arbeitnehmers entfällt, wenn die Erfindung nicht im Arbeitsbereich des Unternehmens einsetzbar ist. Aus vom Arbeitgeber beanspruchten Erfindungen erwachsen dem Arbeitnehmer Vergütungsansprüche.

Arbeitnehmererfindung → Erfindungen und technische Verbesserungsvorschläge von → Arbeitnehmern sowie Beamten und Soldaten. – Patent- und Gebrauchsmustergesetz gehen vom Erfindergrundsatz aus, demzufolge das Recht an der Erfindung mit deren Fertigstellung in der Person des Erfinders entsteht (§ 6 PatG, § 13 III GebrMG). Trifft er keine Verfügung über sein Recht, ist er zur Anmeldung berechtigt. Eine Ausnahme davon macht das Gesetz über Arbeitnehmererfindungen (ANEG) vom 25.7.1957 (BGBl. I 756) m.spät.Änd. Es trägt dem Umstand Rechnung, dass sich die Entwicklungstätigkeit zunehmend in die Betriebe verlagert hat, Erfindungen also zunehmend von Arbeitnehmern im Rahmen des Arbeitsverhältnisses gemacht werden. – 1. *Grundzüge:* Das ANEG gilt für patent- und gebrauchsmusterfähige → Erfindungen, die von Arbeitnehmern im privaten und öffentlichen Dienst, von Beamten und Soldaten im Rahmen ihrer Arbeitsverhältnisse gemacht werden, und erfasst daneben auch technische Verbesserungsvorschläge (§§ 1–3 ANEG). Unterschieden werden gebundene und freie Erfindungen (§ 4 ANEG). *Gebundene Erfindungen* (Diensterfindungen) unterliegen der Meldepflicht des Arbeitnehmers und dem Recht des Arbeitgebers auf (beschränkte oder unbeschränkte) Inanspruchnahme, mit der die Rechte an der Erfindung je nach Art der Inanspruchnahme auf den Arbeitgeber übergehen. Beiderseits bestehen Geheimhaltungspflichten. Die Inanspruchnahme ist schriftlich und spätestens zum Ablauf von vier Monaten nach Eingang der ordnungsgemäßen Meldung zu erklären. Nimmt der Arbeitgeber die Erfindung in Anspruch, treffen ihn die Anmeldepflichten aus den §§ 13, 14 ANEG, sofern die Erfindung nicht als Betriebsgeheimnis verwertet wird, und die Pflicht zur → Erfinderbenennung. Ferner entstehen je nach Art der Inanspruchnahme sowie Art und Umfang der Verwertung Vergütungsansprüche des Arbeitnehmererfinders. *Freie Erfindungen* sind alle Erfindungen von Arbeitnehmern, die keine Diensterfindungen sind. Der Arbeitnehmer unterliegt lediglich einer Mitteilungs- und Anbietungspflicht (§§ 18, 19 ANEG). Eine Diensterfindung wird unter den Voraussetzungen des § 8 ANEG frei; über eine frei gewordene Diensterfindung kann der Arbeitnehmer ohne die Beschränkungen der §§ 18, 19 ANEG verfügen (§ 8 II ANEG). – Die Behandlung *technischer Verbesserungsvorschläge* überlässt das ANEG der Regelung durch Tarifvertrag oder Betriebsvereinbarung, sofern es sich nicht um solche technischen Verbesserungsvorschläge handelt, die dem Arbeitgeber eine ähnliche Vorzugsstellung gewähren wie ein gewerbliches Schutzrecht (sog. qualifizierte technische Verbesserungsvorschläge); qualifizierte technische Verbesserungsvorschläge unterliegen ab dem Zeitpunkt ihrer Verwertung durch den Arbeitgeber der Vergütungspflicht nach den §§ 9, 12 ANEG (§ 20 ANEG). Gemäß § 11 ANEG hat der Bundesminister für Arbeit Richtlinien für die Vergütung von Arbeitnehmererfindungen im privaten und öffentlichen Dienst erlassen (BlPMZ 1959, 300; 1983, 350; BlPMZ 1961, 69), die keine verbindliche Regelung darstellen, sondern Anhaltspunkte geben, wie die angemessene Vergütung für die Arbeitnehmererfindung berechnet werden kann. – 2. *Rechtsschutz:* In Streitfällen kann die beim → Deutschen Patent- und Markenamt (DPMA) eingerichtete → Schiedsstelle angerufen werden (§§ 28 ff. ANEG). Soweit es sich um Rechtsstreitigkeiten über Erfindungen handelt, sind die für → Patentstreitsachen zuständigen Gerichte (§ 143 PatG), d.h. Zivilkammern der Landgerichte zuständig (§ 39 I ANEG); für Vergütungsansprüche aus technischen Verbesserungsvorschlägen und Rechtsstreitigkeiten, die ausschließlich Ansprüche auf Leistung einer festgestellten oder festgesetzten Vergütung für eine Erfindung zum Gegenstand haben, sind die Arbeitsgerichte zuständig (§ 39 II ANEG, § 2 II ArbGG). – 3. *Europäische Patentanmeldungen:* Das ANEG gilt auch für Arbeitnehmererfindungen, die der Arbeitgeber beim → Europäischen Patentamt (EPA) zum → europäischen Patent anmeldet; Voraussetzung für die Anwendung des ANEG ist, dass der Arbeitnehmererfinder überwiegend in Deutschland beschäftigt ist.

Arbeitnehmer-Freibetrag – jetzt: → Arbeitnehmer-Pauschbetrag.

Arbeitnehmerhaftung → Haftung.

Arbeitnehmer-Pauschbetrag – Von den Einkünften aus nichtselbstständiger Arbeit (§ 19 EStG) abzuziehender → Pauschbetrag in Höhe von 1.000 Euro (ab dem VZ 2011, davor 920 Euro), soweit nicht höhere → Werbungskosten nachgewiesen werden können (§ 9a EStG). Der Arbeitnehmer-Pauschbetrag darf maximal bis zur Höhe der um den → Versorgungsfreibetrag und eines Zuschlags zum Versorgungsfreibetrag geminderten Einnahmen angesetzt werden. Der Arbeitnehmer-Pauschbetrag ist in die → Lohnsteuertabellen eingearbeitet.

Arbeitnehmerschutz – der treffendere, weil problemorientiertere Begriff für → Arbeitsschutz.

Arbeitnehmer-Sparzulage – Leistung des Staates an Arbeitnehmer, die Einkünfte aus nichtselbständiger Arbeit beziehen, wenn der Arbeitgeber → vermögenswirksame Leistungen im Sinn des § 2 I 1–6, II–IV des Fünften Vermögensbildungsgesetz (VermBG) für sie anlegt und ihr → zu versteuerndes Einkommen im Kalenderjahr der vermögenswirksamen Leistungen 20.000 Euro bzw. bei Zusammenveranlagung von Ehegatten 40.000 Euro nicht übersteigt. Die Höhe der Arbeitnehmer-Sparzulage beträgt 9 Prozent eines Betrags von maximal 470 Euro pro Jahr für bestimmte Aufwendungen im Zusammenhang mit der Wohnspar- und Wohnungsbauförderung (§ 2 I Nr. 4, 5 VermBG) und 20 Prozent von maximal 400 Euro für vermögenswirksame Leistungen anderer Art (§ 2 I Nr. 1–3, II–IV VermBG). – Die Arbeitnehmer-Sparzulage wird vom Finanzamt gezahlt und gilt weder als steuerpflichtige Einnahme i.S.d. Einkommensteuergesetzes noch als Einkommen, Verdienst oder Entgelt i.S.d. Sozialversicherung und des Arbeitsförderungsgesetzes noch arbeitsrechtlich als Bestandteil des Lohns oder Gehalts (§ 13 VermBG). – Die Arbeitnehmer-Sparzulage wird auf Antrag durch das für die Besteuerung des Arbeitnehmers nach dem Einkommen zuständige → Finanzamt festgesetzt. Die Festsetzung der Arbeitnehmer-Sparzulage ist regelmäßig mit der Einkommensteuererklärung zu beantragen. Der Arbeitnehmer hat den Antrag nach amtlich vorgeschriebenem Vordruck spätestens bis zum Ablauf des vierten Jahres nach dem Kalenderjahr zu stellen, in dem die vermögenswirksamen Leistungen angelegt worden sind und die vermögenswirksamen Leistungen durch eine Bescheinigung des Anlageinstituts nachzuweisen.

Arbeitnehmerüberlassung – *Personalleasing, Leiharbeit, Zeitarbeit;* 1. *Begriff:* Überlassung von Arbeitnehmern durch ihren Arbeitgeber (Verleiher) zur Arbeitsleistung an Dritte (Entleiher). Die Arbeitnehmerüberlassung ist im Gegensatz zu allen anderen ein dreiseitiges Beschäftigungs- bzw. Arbeitsverhältnis zwischen Arbeitnehmer, Verleih- und Entleihfirma. Sie ist für letztere ein Instrument zur externen Flexibilisierung des Personaleinsatzes. – 2. *Entwicklung:* Sie wurde erstmals im Gesetz zur Regelung der gewerbsmäßigen Arbeitnehmerüberlassungsgesetz (AÜG) von 1972 verankert. Der Verleiher unterliegt grundsätzlich der Erlaubnispflicht (§ 1 AÜG). – Wesentliche Änderungen erfuhr das AÜG durch das Erste Gesetz für moderne Dienstleistungen am Arbeitsmarkt vom 23.12.2002 (BGBl. I 4607) (→ Hartz-Gesetze). Mit Wirkung zum 1.1.2003 wurden das besondere Befristungsverbot (Verbot der wiederholten Befristung eines Leiharbeitsverhältnisses, ohne dass ein sachlicher Grund in der Person des Leiharbeitnehmers vorlag), das Synchronisationsverbot (Verbot der Einstellung eines Arbeitnehmers für nur eine einzelne Überlassung an einen Entleiher), das Wiedereinstellungsverbot (desselben Arbeitnehmers innerhalb von drei Monaten) und die Beschränkung der Überlassungsdauer (auf höchstens zwei Jahre) aufgehoben. Diese Änderungen haben zu einer deutlichen Ausweitung (auf die höchste, jemals erreichte Zahl von ca. 900.000 Arbeitsverhältnissen im Jahr 2010) geführt. Fast die Hälfte aller Überlassungen endet nach weniger als drei Monaten. Allerdings ist die Mehrheit der Zeitarbeitnehmer unmittelbar vor Aufnahme ihrer Tätigkeit ohne Beschäftigung, sodass keine systematische Verdrängung von Stammbelegschaften zu erkennen ist. Hingegen treten auch „Klebeeffekte" im Sinne eines Übergangs in ein unbefristetes Arbeitsverhältnis bei dem Entleihunternehmen eher selten ein, was an der deutlich prozyklischen Entwicklung der Arbeitnehmerüberlassung liegen mag. Zugunsten der Leiharbeitnehmer wurde der Gleichstellungsgrundsatz im Gesetz verankert: Leiharbeitnehmer müssen grundsätzlich zu denselben Bedingungen beschäftigt werden wie die Stammarbeitnehmer des entleihenden Unternehmens. – Aufgrund der notwendigen Umsetzung der Europäischen Richtlinie über Leiharbeit (2008/104/EG) (*EU-Leiharbeitsrichtlinie*) untersagt schließlich das neu gefasste AÜG seit dem 1.12.2011 einen *dauerhaften* Leiharbeitnehmereinsatz (Erstes Gesetz zur Änderung des Arbeitnehmerüberlassungsgesetzes – Verhinderung von Missbrauch der Arbeitnehmerüberlassung vom 28.4.2011 [BGBl. I 642]). Sein Anwendungsbereich wird ferner auf die *nicht* gewerbsmäßige Arbeitnehmerüberlassung ausgedehnt, mithin werden auch konzerninterne Personaldienstleistungsgesellschaften vom AÜG erfasst. – Auf Basis des § 3a AÜG trat schließlich am 1.1.2012 ein absoluter Mindestlohn (*Lohnuntergrenze*) in Höhe von 7,89 Euro im Westen und 7,01 Euro im Osten Deutschlands in Kraft, und zwar durch Verordnung des Bundesministeriums für Arbeit und Soziales (BMAS) nach Beteiligung des Tarifausschusses.

Arbeitnehmerverbände → Gewerkschaften.

Arbeitnehmervertreter im Aufsichtsrat → Mitbestimmungsgesetz (MitbestG).

Arbeitnehmerzulage – eine frühere Förderung für Arbeitnehmer im Rahmen der ausgelaufenen → Förderung der Wirtschaft von Berlin (West). – *Anders:* → Arbeitnehmer-Sparzulage.

Arbeitsablaufabweichung → Abweichungen.

Arbeitsablaufplanung → Produktionsprozessplanung.

Arbeitsablaufschaubild → Harmonogramm.

Arbeitsablaufstudie – *Arbeitsablaufanalyse, Ablaufanalyse;* Verfahren der Arbeitswissenschaften. Bezweckt die Untersuchung und rationelle Gestaltung des Arbeitsablaufes, d.h. das Zusammenwirken von Mensch und Betriebsmittel und dem Arbeitsgegenstand unter: (1) zeitlichen, (2) logischen, (3) räumlichen, (4) menschlichen und (5) technischen Aspekten. Für die Beschreibung des Ablaufs ist die Zerlegung in Ablaufabschnitte erforderlich. Die Arbeitsablaufstudie ist Voraussetzung für die anderen Verfahren der Arbeitswissenschaften und wichtigster Ansatzpunkt der arbeitstechnischen Rationalisierung.

Arbeitsamt → Agentur für Arbeit.

Arbeitsanalyse – Die psychologisch orientierte Arbeitsanalyse befasst sich mit der Beschreibung von Arbeitsverrichtungen und Arbeitsinhalten, wobei standardisierte Instrumente (→ Befragung, → Beobachtung) eingesetzt werden. Die Arbeitsanalyse dient u.a. zur Ermittlung der Arbeitsanforderungen, die wiederum die Grundlage für Personalauswahl und Personalentwicklungsmaßnahmen darstellen. Die Arbeitstätigkeit stellt hierbei eine psychisch regulierte Tätigkeit dar. – In der betriebswirtschaftlichen Lehre hat sich Erich Kosiol ausführlich 1976 zur Arbeitsanalyse (mit anschließender Arbeitssynthese) geäußert.

Arbeitsangebot → Arbeitsmarkttheorien, → Arbeitslosigkeit, → Arbeitsmarkt.

Arbeitsangebotskurve – analytisches Instrument der → Angebotstheorie des Haushalts. Sie gibt an, in welchem Umfang ein → Haushalt zu alternativen Reallohnsätzen pro Stunde den Faktor Arbeit anbietet. Dabei kommt das Arbeitsangebot jeweils unter Abwägung des Freizeitnutzens und dem realem → Einkommen (Güternutzen) aus Arbeit zustande.

Arbeitsanweisung – detaillierte Angaben wie z.B. spezielle Arbeitsaufgaben, die zur Herstellung von Teilen, Baugruppen oder Endprodukten erforderlich sind. Eine Arbeitsanweisung ist oftmals eine Ergänzung zu einem → Arbeitsplan. – *Beispiele:* → Konstruktionszeichnung, → Stichprobenprüfplan.

Arbeitsaufnahme → Einstellung.

Arbeitsauftrag – Veranlassung der Durchführung einer Arbeit, i.d.R. unter Festlegung von Art und Menge der zu leistenden Arbeit für einen bestimmten Zeitabschnitt.

Arbeitsberechtigung → Arbeitserlaubnis.

Arbeitsbereicherung → Jobenrichment.

Arbeitsbereitschaft – 1. Arbeitsbereitschaft liegt dann vor, wenn der Arbeitnehmer nicht seine volle, angespannte Tätigkeit entfalten braucht, sondern nur an der Arbeitsstelle anwesend ist, um jederzeit in den Arbeitsprozess einzugreifen. – 2. *Unterscheidung* von: a) Bereitschaftsdienst: Der Arbeitnehmer hat sich an einer vom Arbeitgeber bestimmten Stelle aufzuhalten, um auf Weisung sofort tätig zu werden. – b) Rufbereitschaft: Die Anwesenheit des Arbeitnehmers ist nicht erforderlich, die bloße Erreichbarkeit genügt. – 3. *Vergütung:* Arbeitsbereitschaft ist grundsätzlich wie Vollarbeit zu vergüten. – 4. *Arbeitszeit i.S.d. ArbZG:* Arbeitsbereitschaft ist grundsätzlich Arbeitszeit im Sinn der §§ 2, 3 ArbZG (→ Arbeitszeit). Arbeitsbereitschaft im Sinn von § 7 I Nr. 4 ArbZG (→ Arbeitszeit) liegt dann vor, wenn der Arbeitnehmer an der vollen Entspannung gehindert ist, aber durch die Bereitschaft erheblich weniger als bei voller Arbeitsleistung beansprucht wird (z.B. Kabinenzeit eines Fernfahrers).

Arbeitsbeschaffungsmaßnahmen – 1. *Begriff:* Arbeitsbeschaffungsmaßnahmen waren im Gegensatz zu passiven Lohnersatzleistungen Instrumente aktiver Arbeitsmarktpolitik, die v.a. in Zeiten hoher Arbeitslosigkeit zur Erhaltung und Schaffung von Arbeitsplätzen auf beruflichen und regionalen Teilarbeitsmärkten beitragen sollten. Mit dem Gesetz zur Verbesserung der Eingliederungschancen am Arbeitsmarkt vom 20.12.2011 (BGBl. I 2854) wurden diese mit Wirkung vom 1.4.2012 ersatzlos gestrichen. – 2. *Regelungen:* Die rechtliche Grundlage bildete das SGB III (§§ 260-271). Arbeitsbeschaffungsmaßnahmen waren grundsätzlich zeitlich befristet (i.d.R. bis zu zwölf Monaten, Ausnahmen für bestimmte Gruppen) und schafften Beschäftigungsmöglichkeiten für arbeitslose Arbeitnehmer mit dem Ziel der Erhaltung oder Wiedererlangung ihrer individuellen → Beschäftigungsfähigkeit. Die Förderung geschah v.a. durch die ergänzende Gewährung von pauschalierten Lohnkostenzuschüssen, jedoch auch durch Darlehen und Sachkostenzuschüsse an die Maßnahmenträger, die natürliche oder juristische Personen sein konnten (u.a. Kommunen, Wohlfahrtsverbände, Vereine, aber auch Wirtschaftsunternehmen). Die Höhe des Zuschusses bestimmte sich durch die Art der Tätigkeit sowie das Qualifikationsniveau der geförderten Teilnehmer. – 3. *Voraussetzungen:* Die zur Vergabe notwendigen Voraussetzungen wurden im Laufe der Jahre häufig, z.T. wesentlich geändert. Es musste sich grundsätzlich um „zusätzliche und im öffentlichen Interesse liegende Arbeiten" handeln, wie im Bereich sozialer Dienste oder im Umweltschutz, die sonst nicht oder erst zu einem späteren Zeitpunkt durchgeführt worden wären; eine Beeinträchtigung der örtlichen Wirtschaft durfte nicht erfolgen. – 4. *Entwicklung:* Arbeitsbeschaffungsmaßnahmen erfreuten sich im Laufe der vergangenen Jahrzehnte unterschiedlicher Beliebtheit; von einem systematischen antizyklischen Einsatz konnte nie die Rede sein. Infolge der Finanzierung aus Mitteln der Arbeitslosenversicherung wurden sie in Phasen von Haushaltsdefiziten der → Bundesagentur für Arbeit wiederholt zum bevorzugten Objekt von Sparmaßnahmen. Auch eine gewisse Abhängigkeit vom politischen (Wahl-)Zyklus war mehrfach zu konstatieren. In den 2000er-Jahren nahm ihre Bedeutung deutlich ab, nachdem sie in den 1990er-Jahren nach der Vereinigung im Rahmen spezieller, erweiterter Regelungen in den neuen Bundesländern häufig eingesetzt wurden. – 5. *Probleme:* Wirkungs- bzw. Implementationsanalysen zeigen, dass sich die Chancen der dauerhaften Eingliederung in den ersten Arbeitsmarkt für die Mehrzahl der Teilnehmer im Vergleich zu vergleichbaren Nicht-Teilnehmern nicht verbesserten, für einige sich sogar verschlechterten. Dies hängt insbesondere damit zusammen, dass die Suchintensität während der Teilnahme aufgrund von Einbindungseffekten (*Lock-in-Effekten*) sinken kann (→ Arbeitsmarkttheorien). Nur bei arbeitsmarktferneren Gruppen verbesserten sich die Integrationschancen. Unerwünschte Folgen auf Unternehmensseite bestanden u.a. in Mitnahme- und Substitutionseffekten. Zudem wurde die Etablierung eines dauerhaften zweiten Arbeitsmarktes befürchtet. – Vgl. auch → Arbeitslosenversicherung, → Arbeitsmarktpolitik.

Arbeitsbescheinigung – Bescheinigung des Arbeitgebers über alle Tatsachen, die für den Anspruch des Arbeitnehmers auf → Arbeitslosengeld, Unterhaltsgeld oder → Übergangsgeld erheblich sein können (§ 312 SGB III). Anzugeben sind bes. die Art der Tätigkeit des Arbeitnehmers, Beginn, Ende, Unterbrechungen und Grund der Beendigung des Beschäftigungsverhältnisses sowie das → Arbeitsentgelt und die sonstigen Geldleistungen, die der Arbeitnehmer erhalten oder zu beanspruchen hat. Es ist der von der Bundesagentur für Arbeit vorgesehene Vordruck zu benutzen. Die Arbeitsbescheinigung ist dem Arbeitnehmer bei Beendigung des Beschäftigungsverhältnisses auszuhändigen. – Vgl. auch → Arbeitspapiere.

Arbeitsbewertung – 1. *Begriff:* Erfassung und Messung der feststellbaren Unterschiede in der Arbeitsschwierigkeit, die durch die verschiedenen Anforderungen an einzelnen Arbeitsplätzen bzw. bei einzelnen Arbeitsvorgängen entstehen. Die Arbeitsschwierigkeit wird erfasst nach von der Person des Arbeiters und seinen Fähigkeiten unabhängigen → Anforderungsarten. – 2. *Arten/Methoden:* a) *Analytische Arbeitsbewertung* (z.B. nach den Anforderungsmerkmalen des → Genfer Schemas): (1) *Rangreihenverfahren:* Alle Arbeiten werden für jedes Anforderungsmerkmal gesondert verglichen. Im Anschluss daran wird eine Rangreihe gebildet. Die Rangreihenbildung wird erleichtert durch Heranziehung vorher analysierter und bewerteter Schlüsselarbeiten (sog. Richtbeispiele). Die Rangreihenordnung muss in einen Zahlenausdruck umgewandelt werden, der für die Ermittlung des Lohnes oder Lohnwertes verwendet werden kann.*Sonderform:* → Direkt-Geld-Methode. –(2) *Stufen(wert)zahlverfahren* (Punktbewertung): Für jedes Bewertungsmerkmal werden Anforderungsstufen verbal beschrieben und zusätzlich durch Punkte festgelegt, die die unterschiedliche Höhe der Anforderungen bez. einzelner Merkmale beschreiben. Zur Bewertung dienen z.B. Bewertungstafeln. Alle Arbeiten werden für jedes Anforderungsmerkmal gesondert eingestuft. Die Arbeitsbewertung für einen Arbeitsplatz ergibt sich aus der Summe aller Punktwerte (→ Wertzahlsumme). – Durch die Zunahme geistiger Tätigkeiten wird analytische Arbeitsbewertung zugunsten der summarischen Arbeitsbewertung zurückgedrängt. – *Lohnsatzermittlung:* Die gefundene Wertzahl wird mit einem Geldfaktor multipliziert und der sich ergebende Betrag mit einem gleichbleibenden Grundbetrag hinzugezählt. Für die am niedrigsten bewertete Arbeit (geringste Punktzahl) wird der Mindestlohn bzw. der niedrigste tarifliche Normallohn gezahlt. Der errechnete → Grundlohn kann dem Zeit- oder Akkordlohn zugrunde gelegt werden. – b) *Summarische Arbeitsbewertung:* (1) *Rangfolgeverfahren:* Eine Liste aller im Betrieb vorkommenden Arbeiten wird aufgestellt und jeder Arbeitsplatz durch Vergleich mit dem anderen in Bezug auf die Anforderungen an den Menschen summarisch bewertet und in eine Rangfolge gebracht. – *Sonderform:* Merkmalsvergleich. (2) *Lohngruppenverfahren:* Schwierigkeitsstufen werden summarisch beschrieben und in Stufen oder Lohngruppen zum Ausdruck gebracht. Diesen Stufen oder Lohngruppen werden Vergleichsarbeiten oder Richtbeispiele zugeordnet. Die zu bewertenden Arbeiten werden mit diesen Richtbeispielen verglichen und in diejenige Schwierigkeitsstufe eingestuft, deren Richtbeispiel hinsichtlich der summarisch betrachteten Anforderungshöhe am weitestgehenden mit der einzuordnenden Tätigkeit übereinstimmt. Wenn die Lohngruppen durch ein solches System von Richtbeispielen ergänzt sind, spricht man von *Katalogisierungsverfahren.* – *Lohnsatzermittlung:* Aufgrund der durch die Arbeitsbewertung abgeleiteten Rangordnung der Arbeiten werden diese mit der Aufeinanderfolge der Lohnsätze in Übereinstimmung gebracht. – c) Die *Hauptprobleme* bei allen Verfahren der Arbeitsbewertung sind die Gewichtung der Anforderungsmerkmale und die Bewertung der einzelnen Merkmale.

Arbeitsblatt – *Spreadsheet;* in einem → Tabellenkalkulationssystem das grundlegende Objekt, in dem Eintragungen, Rechenoperationen etc. durchgeführt werden und das gespeichert werden kann.

Arbeitsdirektor – 1. *Begriff:* a) *Mitbestimmungsgesetz* (§ 33): Gleichberechtigtes Mitglied des zur gesetzlichen Vertretung des Unternehmens (ausgenommen KGaA) befugten Organs, der wie die übrigen Mitglieder seine Aufgaben im engsten Einvernehmen mit dem Gesamtorgan auszuüben hat und im selben Verfahren gewählt wird. – b) *Montan-Mitbestimmungsgesetz* (§ 13): Neben dem kaufmännischen und technischen Direktor gleichberechtigtes Vorstandsmitglied in Unternehmen des Bergbaus sowie der eisen- und stahlerzeugenden Industrie in der Rechtsform einer AG, GmbH oder bergrechtlichen Gewerkschaft. – 2. *Aufgabengebiet/Zuständigkeit:* Nicht genau definiert; herkömmlicherweise Sozial- und Personalangelegenheiten. Er ist i.d.R. Vertrauensperson der Arbeitnehmer und Gewerkschaften. – 3. *Berufung* des Arbeitsdirektors nach Montan-MitbestGesetz nicht gegen die Stimmen der Arbeitnehmervertreter im → Aufsichtsrat (AR). Beim Arbeitsdirektor nach Mitbestimmungsgesetz besteht ein solches Vetorecht der Arbeitnehmervertreter zwar nicht; faktisch wird aber auch er selten gegen deren Stimmen gewählt. – 4. Auch in der → *Societas Europae* gibt es eine Art Arbeitsdirektor, § 38 SEBG.

Arbeitseinkommen – I. Volkswirtschaftstheorie: der dem Produktionsfaktor → Arbeit zuzurechnende Teil des im Zuge der Produktion von Gütern entstandenen Einkommens. Die Entstehung des Arbeitseinkommens wird durch die funktionale → Verteilungstheorie untersucht.

II. Volkswirtschaftliche Gesamtrechnung: Zusammenfassung von → Arbeitnehmerentgelt und kalkulatorischem Arbeitseinkommen der Selbstständigen (→ kalkulatorischer Unternehmerlohn). – Vgl. auch → Arbeitseinkommensquote.

III. Sozialrecht: „[...] der nach den allgemeinen Gewinnermittlungsvorschriften des Einkommensteuerrechts ermittelte Gewinn aus einer selbstständigen Tätigkeit. Einkommen ist als Arbeitseinkommen zu werten, wenn es als solches nach dem Einkommensteuerrecht zu bewerten ist." (§ 15 I SGB IV).

Arbeitseinkommensquote – Die Arbeitseinkommensquote gibt das gesamtwirtschaftliche → Arbeitseinkommen in Relation zum Volkseinkommen wieder:

$$AEQ = \frac{W/A}{Y/E} = \frac{(W/A) * E}{Y}$$

wobei AEQ: Arbeitseinkommensquote, W: Löhne, A: Anzahl der Arbeitnehmer, E: Anzahl der Erwerbstätigen, Y: Volkseinkommen. Sie entspricht damit gleichzeitig dem Verhältnis von Lohneinkommen je Arbeitnehmer zu Volkseinkommen je Erwerbstätigen, was im weitesten Sinne auch als Verhältnis von Pro-Kopf-Lohn zur Arbeitsproduktivität verstanden werden kann. Im Unterschied zur → Lohnquote werden bei der Berechnung der Arbeitseinkommensquote auch die aus Arbeit entstandenen Einkommen der Selbstständigen berücksichtigt. Bei der Berechnung der Arbeitseinkommen der Selbstständigen wird dabei in Anlehnung an Kravis (1959) häufig mit der Annahme gearbeitet, dass sich das durchschnittliche Arbeitseinkommen jedes Selbstständigen (und mithelfenden Familienangehörigen) auf den Durchschnittslohn eines abhängig Beschäftigten beläuft. Bei Verwendung der Kravis-Annahme wird Arbeitseinkommensquote durch den Wandel der Beschäftigtenstruktur (Veränderung der Arbeitnehmerquote) genau wie eine bereinigte Lohnquote nicht beeinflusst. Auch aus diesem Grund hat die Arbeitseinkommensquote die bereinigte Lohnquote in der empirischen Analyse weitgehend verdrängt. Eine solchermaßen definierte Arbeitseinkommensquote steht zur bereinigten Lohnquote in einem festen Verhältnis: die Arbeitseinkommensquote liegt immer um den Wert E/A (Kehrwert der Arbeitnehmerquote des Basisjahres) über der bereinigten Lohnquote. – In Deutschland und anderen Industrienationen ist die Arbeitseinkommensquote seit mehreren Jahren stark rückläufig. – Vgl. auch → Einkommensverteilung, → funktionale Einkommensverteilung.

Arbeitsentfremdung → Entfremdung.

Arbeitsentgelt – *Entlohnung, Vergütung, Verdienst.*

I. Charakterisierung: 1. Arbeitsentgelt im Sinn des *Arbeitsrechts:* Inbegriff aller aus nichtselbstständiger Arbeit erzielten Einkünfte, d.h. aus einem Arbeits- oder Dienstverhältnis. Arbeitsentgelt ist das Bruttoentgelt, das sich aus dem an den Arbeitnehmer auszubezahlenden Nettoentgeltbetrag und den vom Arbeitgeber einbehaltenen öffentlich-rechtlichen Lohnabzügen (Lohnsteuer und Sozialversicherungsbeiträge) zusammensetzt. – *Gegensatz:* → Besitzeinkommen, Einkünfte aus selbstständiger Arbeit. – Vgl. auch → Einkünfte. – *Grundsätze:* Für gleiche oder gleichwertige Arbeit darf nicht wegen des Geschlechts des Arbeitnehmers eine geringere Vergütung vereinbart werden (→ Gleichbehandlung). Die Höhe des Arbeitsentgelts sollte grundsätzlich dem Wert der geleisteten Arbeit entsprechen; Zuschläge (z.B. für Mehrarbeit, Sonn- und Feiertagsarbeit) sind unabhängig von diesem Grundsatz zu sehen. – *Regelung* i.d.R. im → Arbeitsvertrag. Arbeitsentgelte, die nicht üblicherweise in den → Tarifverträgen des betreffenden Wirtschaftszweiges geregelt sind, können durch → Betriebsvereinbarung geregelt werden (§ 77 III BetrVG). Auch ohne bes. Abmachung ist der → Arbeitgeber zur Zahlung des Arbeitsentgelts an den → Arbeitnehmer in Höhe des ortsüblichen Lohns (§ 612 BGB) als Entgelt für geleistete Arbeit verpflichtet. – 2. Arbeitsentgelt im Sinn des *Sozialrechts:* Alle laufenden oder einmaligen Einnahmen aus einer Beschäftigung, gleichgültig, ob ein Rechtsanspruch auf die Einnahmen besteht, unter welcher Bezeichnung oder in welcher Form sie geleistet werden und ob sie unmittelbar aus der Beschäftigung oder im Zusammenhang mit ihr erzielt werden (§ 14 SGB IV). Steuerfreie Aufwandsentschädigungen gelten nicht als Arbeitsentgelt. Ist ein Netto-Arbeitsentgelt vereinbart, gelten als Arbeitsentgelt die Einnahmen des Beschäftigten einschließlich der darauf entfallenden Steuern und der seinem gesetzlichen Anteil entsprechenden Beiträge zur Sozialversicherung und seines Beitrages zur Bundesagentur für Arbeit. Nähere Einzelheiten in der Verordnung über die Bestimmung des Arbeitsentgelt in der Sozialversicherung (Sozialversicherungsentgeltverordnung vom 21.12.2006 (BGBl. I 3385) m.spät.Änd.).

II. Formen: 1. *Lohn:* Arbeitsentgelt des Arbeiters. – 2. *Gehalt:* Arbeitsentgelt des Angestellten. – 3. *Zusätzliche Entlohnungen:* (1) Entlohnung für bes. betriebliche Leistungen: → Prämie; (2) Beteiligung am Gesamtumsatz: → Gratifikation, Sonderzuwendungen; (3) Beteiligung am Gesamtgewinn: → Tantiemen; (4) Beteiligung an dem speziell durch den Arbeitnehmer veranlassten Umsatz: → Provision; (4) Anspruch auf einen Bonus (→ Bonusanspruch) aufgrund einer individuellen → Zielvereinbarung. (5) Entgelt für früher geleistete Arbeit: → Ruhegeld. – 4. → Gewinnbeteiligung (→ Erfolgsbeteiligung) der Belegschaft als Rechtsanspruch. – 5. *Sozialversicherung:* Zum Entgelt werden außerdem → Zulagen gerechnet, nicht dagegen reine → Aufwandsentschädigungen (§ 14 SGB IV). Ob und inwieweit eine Leistung dem Arbeitsentgelt zuzurechnen ist, entscheidet über → Versicherungspflicht und/oder Beitragsberechnung.

III. Fälligkeit: Nachträglich, wenn nichts anderes vereinbart (§ 614 BGB); Gehalt monatlich, Löhne wöchentlich, für Hilfsarbeiter evtl. auch täglich.

IV. Zahlung: Arbeitsentgelt ist bar oder bargeldlos (→ bargeldloser Zahlungsverkehr) zu zahlen. Arbeitsentgelt darf nicht in Sachleistungen ausgezahlt werden; Sachleistungen (z.B. Deputate, Mittagessen, Dienstwohnung) können nur zusätzlich gewährt werden. Zahlungszeit, Zahlungsort und die Art und Weise der Lohnzahlung bestimmen sich nach den in Tarifverträgen und Arbeitsverträgen getroffenen Vereinbarungen. Besteht keine tarifvertragliche Regelung, kann eine Regelung auch vom Betriebsrat nach § 87 I Nr. 4 BetrVG im Rahmen des Mitbestimmungsrechts in → sozialen Angelegenheiten erzwungen werden. Eine → Betriebsvereinbarung kann dem Arbeitgeber die Kontoführungskosten insoweit auferlegen, als diese dadurch verursacht werden, dass das Arbeitsentgelt überwiesen wird, nicht aber die weiteren Kontoführungskosten.

V. Verjährung/Ausschlussfristen: Der Anspruch auf Arbeitsentgelt verjährt in drei Jahren (§ 195 BGB), gerechnet vom Ende des Jahres an, in dem der Anspruch entstanden ist (§ 199 I BGB). Die Verjährung gibt nur ein Leistungsverweigerungsrecht (§ 214 I BGB), bei Ablauf einer vereinbarten → Ausschlussfrist geht dagegen der Anspruch auf Arbeitsentgelt unter.

VI. Lohnschutz: Lohnbestimmungen der → Tarifverträge sowie auch die der → Mindestarbeitsbedingungen setzen *Mindestlöhne* fest. Der Arbeitgeber ist gegenüber dem Arbeitnehmer zum Nachweis der ordnungsgemäßen Berechnung des Arbeitsentgelts verpflichtet (→ Lohnbuchführung). Verbot des → Trucksystems. → Aufrechnung gegen unpfändbare Lohn- und Gehaltsforderungen des Arbeitnehmers nur dann zulässig, wenn der Arbeitnehmer vorsätzlich eine → unerlaubte Handlung begeht (z.B. mutwillige Beschädigung einer Betriebsmaschine). Schutz gegen → Pfändung des Arbeitsentgelts durch Dritte (→ Lohnpfändung). Arbeitnehmer ist Vorrechtsgläubiger beim Insolvenzverfahren. Sicherung gegen Lohnausfall infolge von → Kurzarbeit durch Kurzarbeitergeld (§§ 169 ff. SGB III), gewährt durch die Arbeitsverwaltung sowie durch Insolvenzgeld (§§ 183 ff. SGB III) im Fall von Insolvenz des Arbeitgebers.

VII. Mitbestimmung des Betriebsrats: → Betriebliche Lohngestaltung, → leistungsbezogene Entgelte.

VIII. Besteuerung: Arbeitsentgelt im Sinn des *Lohnsteuerrechts:* → Arbeitslohn; im Sinn des *Einkommensteuerrechts* gehört Arbeitsentgelt zu den → Einkünften aus nichtselbständiger Arbeit (§ 19 EStG).

IX. Amtliche Statistik: → Verdiensterhebung, → Jahresverdiensterhebung.

Arbeitsergebnis – Ist das Arbeitsergebnis eine neue bewegliche Sache, die der Arbeitnehmer durch Verarbeitung oder Umbildung von Halb- oder Fertigprodukten herstellt, gilt der Arbeitgeber als Hersteller und wird damit regelmäßig Eigentümer (§ 950 BGB).

Arbeitserlaubnis – 1. Bestimmte → Arbeitnehmer, die nicht Deutsche im Sinn des Art. 116 GG sind, bedurften zur *Ausübung einer Beschäftigung* gemäß der §§ 284 ff. SGB III a.F. einer Erlaubnis der Bundesagentur für Arbeit. Keiner Genehmigung bedurften EU-Ausländer, soweit ihnen Freizügigkeit innerhalb der EU zusteht, Ausländer mit einer unbefristeten Aufenthaltserlaubnis oder einer Aufenthaltsberechtigung und solche Ausländer, bei denen das zwischenstaatliche Recht oder die Regelung durch ein Gesetz oder eine Verordnung eine solche Ausnahme vorsieht. Die Genehmigung musste vor der Aufnahme der Beschäftigung eingeholt werden. Der mögliche Arbeitgeber hatte dabei Auskunft über das vorgesehene Arbeitsentgelt, die Arbeitszeiten und die sonstigen Arbeitsbedingungen zu erteilen (§ 284 III SGB III a.F.). Die Arbeitserlaubnis konnte nur erteilt werden, wenn sie ausländerrechtlich nicht ausgeschlossen war. Die Genehmigung wurde in Form der *Arbeitserlaubnis* oder der *Arbeitsberechtigung* erteilt. Die Arbeitserlaubnis (§ 285 SGB III a.F.) war grundsätzlich von der Lage und Entwicklung des inländischen Arbeitsmarktes abhängig und konnte befristet bzw. auf bestimmte Betriebe, Berufsgruppen, Wirtschaftszweige oder Bezirke beschränkt werden. Die Arbeitsberechtigung (§ 286 SGB III a.F.) wurde für Arbeitnehmer erteilt, die über eine *Aufenthaltserlaubnis* oder eine *Aufenthaltsbefugnis* verfügten und rechtmäßig im Bundesgebiet mind. fünf Jahre versicherungspflichtig beschäftigt waren, sich jedenfalls seit mind. sechs Jahren rechtmäßig im Bundesgebiet aufhielten. Die Arbeitsberechtigung war unbefristet und enthielt nicht die für die Arbeitserlaubnis geltenden Einschränkungen. Einzelheiten waren in der Arbeitsgenehmigungsverordnung vom 17.9.1998 (BGBl. I 2889) m.spät.Änd. und der Verordnung über die Arbeitsgenehmigung für hoch qualifizierte ausländische Fachkräfte der Informations- und Kommunikationstechnologie (IT-ArGU) vom 11.7.2000 (BGBl. I 1146) m.spät.Änd. geregelt. – 2. Seit 1.1.2005 ist die Zweigleisigkeit des Genehmigungsverfahrens, Entscheidung der Ausländerbehörde über den ausländerrechtlichen Status und Entscheidung der Bundesagentur für Arbeit über die Berechtigung zur Ausübung einer Erwerbstätigkeit, entfallen. Nunmehr entscheidet die Ausländerbehörde mit Zustimmung der Bundesagentur für Arbeit einheitlich über beide Fragen. Unionsbürger genießen grundsätzlich Freizügigkeit, die auch die Aufnahme einer Erwerbstätigkeit umfasst (Arbeitsberechtigung – EU). Lediglich für Neuunionsbürger (Beitritt zur EU ab dem Jahr 2004) gelten ähnliche Regelung wie für Ausländer vor dem 1.1.2005 (Arbeitserlaubnis – EU; präventives Beschäftigungsverbot mit Erlaubnisvorbehalt – § 284 SGB III n.F.).

Arbeitserweiterung → Jobenlargement.

Arbeitsethik – 1. *Begriff:* Ethik ist ein grundlegender Teil der praktischen Philosophie; sie fragt nach den Maximen (Normen) menschlichen Tuns. Ethische Maximen werden im Laufe der → Sozialisation und Enkulturation internalisiert. – Arbeitsethik bezeichnet die im Laufe der Geschichte entwickelten, dem Wandel unterworfenen *normativen Aussagen über die objektive Wertigkeit der Arbeit.* Unter Arbeitsethik versteht man die Einstellung zur Berufstätigkeit bzw. Arbeit. – 2. *Ursprünge:* Die unterschiedlichen inhaltlichen Deutungen der Arbeitsethik stehen in engem Zusammenhang mit religiösen, philosophischen und politischen Ideen und der Sozialstruktur der jeweiligen Gesellschaft. Die spezifischen Ausformungen der abendländischen Arbeitsethik sind in ihren Ursprüngen v.a. auf die Antike (klassische griechische Philosophie), das Christentum (Katholizismus und Calvinismus) und die Philosophie der Aufklärung (v.a. deutscher Idealismus) zurückzuführen. – 3. *Abgrenzung zur Arbeitsmoral:* Arbeitsethik ist von der Arbeitsmoral zu trennen, da Moral stets psychologisch determiniert ist. Während die Arbeitsethik nach Inhalten (Sinn des Tuns) unabhängig von den individuellen Wünschen und Bedürfnissen fragt, ist die Arbeitsmoral eine den individuellen Motiven unterliegende „subjektive" Einstellung zur Arbeit. Fazit: Arbeitsethik ist ein philosophischer, Arbeitsmoral ein psychologischer Begriff. – 4. *Formen:* protestantische Arbeitsethik, Hackerethik, destruktive Ethik. – Vgl. auch → Arbeit.

Arbeitsfähigkeit – Begriff der Sozialversicherung. – Vgl. auch → Arbeitsunfähigkeit.

Arbeitsfeldvergrößerung → Jobenlargement.

Arbeitsförderungsgesetz (AFG) – 1. *Grundlage:* Die institutionell-rechtliche Grundlage der → Arbeitsmarktpolitik war lange Jahre das 1969 (BGBl. I

582) verabschiedete Arbeitsförderungsgesetz (AFG). Das AFG bedeutete damals eine wesentliche Schwerpunktverlagerung von der reaktiv-kompensatorischen zur aktiv-gestaltenden und vorausschauenden Arbeitsmarktpolitik; das Instrumentarium und der dem Staat zugestandene Einfluss wurden erheblich ausgebaut. – 2. *Ziele:* Das übergeordnete Ziel bestand im Unterschied zu späteren Regelungen explizit darin, die Maßnahmen „im Rahmen der Sozial- und Wirtschaftspolitik der Bundesrepublik darauf auszurichten, dass ein hoher Beschäftigungsstand erzielt und aufrecht erhalten, die Beschäftigungsstruktur ständig verbessert und damit das Wachstum der Wirtschaft gefördert wird" (§ 1). Das AFG verfolgte wirtschaftspolitische und sozialpolitische, allokative und integrative Ziele. Die Reihenfolge der Maßnahmen und Instrumente zeigte eine Hierarchie der Ziele an: Vorbeugende Maßnahmen, die Arbeitslosigkeit verhindern und den Strukturwandel der Wirtschaft durch Verbesserung der beruflichen und regionalen Mobilität der Arbeitnehmer sowie durch Qualifizierungsmaßnahmen (Umschulung und Weiterbildung) fördern sollten, rangierten vor kompensatorischen Leistungen (v.a. → Arbeitslosengeld als Entgeltersatzleistung). Die Instrumente und Maßnahmen der aktiven Arbeitsmarktpolitik lassen sich zu drei Gruppen zusammenfassen: Information und Beratung, Förderung der beruflichen Aus- und Weiterbildung, Erhaltung und Schaffung von Arbeitsplätzen. – 3. *Entwicklung und Probleme:* Das grundlegende Problem bestand darin, dass das AFG in einer Zeit deutlicher Arbeitskräfteknappheit und für eine Zeit der Vollbeschäftigung sowie für die proaktive Bewältigung des Strukturwandels geschaffen war. Daraus resultierten nahezu notwendigerweise Probleme in Phasen wesentlich veränderter Arbeitsmarktbedingungen, die nicht nur durch kurzfristig-konjunkturelle sondern durch dauerhaft-strukturelle (Massen-)Arbeitslosigkeit gekennzeichnet waren. Seit Mitte der 1970er-Jahre erfolgte eine beträchtliche Zahl von Novellierungen und weiteren Änderungen (wie wiederholte Erhöhungen der Beitragssätze, mehrfache Leistungseinschränkungen bzw. Ausgabenkürzungen, erhebliche Veränderungen bei Instrumenten und Maßnahmen). In ihrer Summe führten sie zu einer Rückverlagerung von der präventiven zur reaktiven Arbeitsmarktpolitik. Außerdem geriet das AFG zunehmend in den Sog der Forderungen nach grundlegender „Flexibilisierung" des Arbeitsmarktes, für die es nicht konzipiert war. Wiederkehrende Finanzierungsprobleme resultierten aus dem Finanzierungsmodus: In konjunkturell ungünstigen Zeiten stiegen die Ausgaben für passive Lohnersatzleistungen („Muss-Leistungen"), während die Einnahmen und damit der Handlungsspielraum für die bes. wichtigen aktiven Maßnahmen („Kann-Leistungen") zurückgingen. Dieser Zusammenhang von Einnahmen und Ausgaben führt zu einer typischen, prozyklischen Stop-and-Go-Politik. Das AFG wurde schließlich mit Wirkung zum 1.1.1998 durch das Dritte Buch Sozialgesetzbuch (SGB III) – Arbeitsförderung - vom 24.3.1997 (BGBl. I 594) m.spät.Änd. abgelöst.

Arbeitsförderungsreformgesetz (AFRG) – Gesetz vom 24.3.1997 (BGBl. I 594), das zum 1.1.1998 mit dem → Arbeitsförderungsgesetz (AFG) als Drittes Buch in das → Sozialgesetzbuch (SGB) (SGB III) integriert wurde.

Arbeitsgang – in der Produktionsplanung und -steuerung ein Fertigungsschritt bei der Bearbeitung eines → Fertigungsauftrags für ein Teil, z.B. Anbringen einer Bohrung in einem Werkstück. – Mehrere Arbeitsgänge werden zu → Arbeitsplänen zusammengefasst.

Arbeitsgemeinschaft – 1. *Begriff:* a) *Zusammenschluss von Einzelpersonen, Gruppen oder Institutionen* zum Erfahrungsaustausch, zur Interessenvertretung oder zur Behandlung im gemeinsamen Interesse liegender Fragen und Probleme. Abgekürzt AG. – b) *Arbeitsorganisation in Unternehmen und Verbänden,* i.d.R. eine → Gesellschaft bürgerlichen Rechts (GbR). Abgekürzt ARGE. – c) *Baugewerbe:* Vertragliche Bindung (i.d.R. als Gesellschaft bürgerlichen Rechts (GbR)) mehrerer am Bau beteiligter Handwerksmeister oder Bauunternehmer (branchengleiche, -verwandte oder -fremde), einmalig oder auch auf gewisse Dauer zur gemeinsamen Durchführung größerer Bauvorhaben (übliche Bezeichnung „ARGE"-Arbeitsgemeinschaft). – 2. *Besteuerung:* a) *Umsatzsteuer:* (1) Die *selbstständige Arbeitsgemeinschaft,* die Verträge mit den Auftraggebern abschließt, unterliegt mit der Gesamtleistung der Umsatzsteuerpflicht. Die Einzelunternehmer sind nur insoweit gesondert zur Umsatzsteuer heranzuziehen, als sie gegen → Entgelt Lieferungen und (sonstige) Leistungen an die Arbeitsgemeinschaft bewirken (z.B. Vermietung von Geräten und Maschinen, Gestellung von Arbeitnehmern), die nicht nach Art und Umfang im Gesellschaftsvertrag festgelegt sind und nicht durch anteilmäßige Beteiligung am Gewinn und Verlust abgegolten werden. Gesellschaftsvertraglich bedingte Leistungen stellen nicht umsatzsteuerbare Gesellschafterbeiträge (Leistungsvereinigung zur Erbringung von Leistungen an Dritte) dar. (2) *Nicht selbstständige Arbeitsgemeinschaften* (Interessengemeinschaften) führen Einzelverträge zwischen dem Auftraggeber und mehreren beteiligten Unternehmern aus, die jeder für sich mit den eigenen Leistungen umsatzsteuerpflichtig sind. (3) *Generalenterprise* (Vertrag zwischen Auftraggeber und einem Unternehmer, der sich zur Erfüllung des von ihm übernommenen Auftrags anderer Unternehmer (Subunternehmer) bedient): Umsatzsteuerpflichtig ist der → Generalunternehmer mit dem Gesamtentgelt, der einzelne Unternehmer mit dem Entgelt für die von ihm geleistete Teilarbeit. (4) Ein Hauptunternehmer *als Vermittler* schließt einen Vertrag mit dem Auftraggeber und beauftragt in dessen Namen Nebenunternehmer. Umsatzsteuerpflichtig bei Haupt- und Nebenunternehmern ist das ihnen zufließende

Entgelt. – b) *Gewerbesteuer:* Arbeitsgemeinschaften sind nur als gewerbesteuerpflichtige → Personengesellschaften zu behandeln, wenn sie für eine gewisse Dauer bestehen (§ 2a GewStG).

Arbeitsgemeinschaft der Verbraucherverbände e.V. (AgV) – wurde 2000 mit dem Verbraucherschutzverein (VSV) und der Stiftung Verbraucherinstitut in den Verbraucherzentrale Bundesverband zusammengeführt.

Arbeitsgemeinschaft für das wirtschaftliche Prüfungswesen – vom → Deutschen Industrie- und Handelskammertag (DIHK) und der → Wirtschaftsprüferkammer (WPK) gemäß § 65 WPO gebildete, nicht rechtsfähige Arbeitsgemeinschaft mit gemeinsamer Geschäftsstelle. – *Aufgaben:* Behandlung von Fragen des wirtschaftlichen Prüfungs- und → Treuhandwesens, die gemeinsame Belange der Wirtschaft und der Berufe der → Wirtschaftsprüfer (WP) und der → vereidigten Buchprüfer berühren.

Arbeitsgemeinschaft Selbständiger Unternehmer e.V. (ASU) – Zusammenschluss selbstständiger Unternehmer; gegründet 1949; Sitz in Berlin. – *Ziele/ Aufgaben:* Liberalisierung von Produktion und Handel. Betonen v.a. freie Marktwirtschaft und freie Eigentumsordnung. – Angeschlossen ist der *Bundesverband Junger Unternehmer (BJU).*

Arbeitsgericht – das für Arbeitssachen im ersten Rechtszug zuständige Gericht der → Arbeitsgerichtsbarkeit (§§ 14–31 ArbGG). Arbeitsgerichte sind Gerichte der Länder; Verwaltung und Dienstaufsicht obliegt der zuständigen Landesbehörde (meist Justiz- oder Sozialministerium). – Beim Arbeitsgericht werden Kammern – z.T. für Fachgebiete – mit je einem Berufsrichter als Vorsitzenden und je einem → ehrenamtlichen Richter aus Kreisen der Arbeitnehmer und der Arbeitgeber eingerichtet. – Das Arbeitsgericht entscheidet im Urteils- oder → Beschlussverfahren. Gegen seine Entscheidung ist → Berufung oder Beschwerde zum → Landesarbeitsgericht zulässig; es kann auch unmittelbar die → Sprungrevision zum → Bundesarbeitsgericht (BAG) eingelegt werden, wenn die Voraussetzungen des § 76 ArbGG gegeben sind.

Arbeitsgerichtsbarkeit – I. Aufbau: Die Arbeitsgerichtsbarkeit wird durch die → Arbeitsgerichte, → Landesarbeitsgerichte und das → Bundesarbeitsgericht (BAG) ausgeübt (§ 1 ArbGG). Arbeitsgerichte und Landesarbeitsgerichte sind Gerichte der Länder; das Bundesarbeitsgericht ist ein oberster Gerichtshof des Bundes (Art. 95 I GG). Die Gerichte für Arbeitssachen entscheiden in allen drei Instanzen durch kollegiale Spruchkörper, die mit Berufsrichtern und ehrenamtlichen Richtern (→ Richter) aus den Kreisen der Arbeitgeber und Arbeitnehmer besetzt sind (§ 6 ArbGG).

II. Sachliche Zuständigkeit der Arbeitsgerichte: 1. Gemäß § 2 I ArbGG sind die Arbeitsgerichte *ausschließlich zuständig* ohne Rücksicht auf den Streitwert v.a. in folgenden Fällen: (1) Für bürgerlich-rechtliche Streitigkeiten zwischen Tarifvertragsparteien oder zwischen diesen und Dritten aus → Tarifverträgen; (2) für bürgerlich-rechtliche Streitigkeiten zwischen tariffähigen Parteien (→ Tariffähigkeit) aus unerlaubten Handlungen, soweit es sich um Maßnahmen zum Zwecke des → Arbeitskampfes oder um Fragen der Vereinigungsfreiheit (→ Koalitionsfreiheit) einschließlich des hiermit im Zusammenhang stehenden Betätigungsrechts der Vereinigungen handelt; (3) für bürgerlich-rechtliche Streitigkeiten zwischen Arbeitnehmern und -gebern aus dem → Arbeitsverhältnis einschließlich der Frage des Bestehens eines Arbeitsverhältnisses und aus unerlaubten Handlungen, soweit diese mit dem Arbeitsverhältnis im Zusammenhang stehen; (4) für betriebsverfassungsrechtliche Streitigkeiten, Angelegenheiten aus dem MitbestG, soweit es um die Wahl von Vertretern der Arbeitnehmer in den Aufsichtsrat geht, Streitigkeiten über die → Tariffähigkeit (§ 2a ArbGG). – Die Verfahren (1), (2) und (4) werden im → Beschlussverfahren entschieden. – 2. Die ausschließliche Zuständigkeit erstreckt sich auch auf den *Rechtsnachfolger* (§ 3 ArbGG), z.B. den Erben. Bürgerlich-rechtliche Streitigkeiten zwischen juristischen Personen des Privatrechts und ihren Vertretern (z.B. Klage einer AG gegen eines ihrer Vorstandsmitglieder) können vor die Arbeitsgerichte gebracht werden, wenn die Parteien dies zuvor *vereinbart* haben (§ 2 IV ArbGG). – 3. *Abgrenzung gegenüber dem Zuständigkeitsbereich anderer Gerichte:* Die Gerichte der Arbeitsgerichtsbarkeit entscheiden über die Zulässigkeit des zu ihnen beschrittenen Rechtswegs und können in den anderen Rechtsweg verweisen (§ 48 ArbGG, § 17a GVG).

III. Postulationsfähigkeit und Prozessvertretung: 1. Vor dem *Arbeitsgericht* können die Parteien den Prozess selbst führen. Die Parteien können sich aber auch vertreten lassen. Eine Vertretung durch Vertreter von → Gewerkschaften oder von Arbeitgebervereinigungen (→ Berufsverbände) ist zulässig, wenn diese Personen kraft Satzung oder Vollmacht zur Vertretung befugt sind und für den Verband oder deren Mitglied auftreten (§ 11 I ArbGG). – 2. Vor dem *Landesarbeitsgericht* müssen die Parteien von einem Verbandsvertreter oder einem Rechtsanwalt vertreten werden (§ 11 IV ArbGG); beim *Bundesarbeitsgericht* besteht → Anwaltszwang (§ 11 IV ArbGG).

IV. Besonderheiten im Urteilsverfahren: 1. Die *Gerichtsgebühren* sind niedriger als in der Zivilgerichtsbarkeit (§ 12 ArbGG). In 1. Instanz besteht kein Anspruch der obsiegenden Partei auf *Erstattung der Kosten* für einen Prozessvertreter (§ 12a I 1 ArbGG). – 2. In 1. Instanz ist eine → Güteverhandlung vorgesehen (§ 54 I ArbGG). – 3. Nach § 9 I 1 ist das Verfahren in allen Instanzen zu *beschleunigen* (keine Gerichtsferien, manche Fristen sind verkürzt). – 4. Urteile der Arbeitsgerichte und Landesarbeitsgerichte sind auch ohne bes. Ausspruch *vorläufig vollstreckbar* (§§ 62 I, 64 VII ArbGG). – 5. *Rechtsmittel:* a) Gegen Urteile der Arbeitsgerichte ist nach § 64 ArbGG die → Berufung an das LAG statthaft: Wenn sie in dem Urteil des Arbeitsgerichts zugelassen worden ist, wenn der Wert des Beschwerdegegenstandes 600 Euro übersteigt oder in Streitigkeiten über das Bestehen oder die Kündigung von Arbeitsverhältnissen. Ferner kommt die → Sprungrevision an das Bundesarbeitsgericht in Betracht. – b) Gegen Urteile der Landesarbeitsgerichte ist die → Revision, über die das Bundesarbeitsgericht entscheidet, zulässig, wenn das → Landesarbeitsgericht die Revision aus einem der in § 72 II ArbGG aufgeführten Gründe zugelassen hat oder das Bundesarbeitsgericht die Revision auf eine Nichtzulassungsbeschwerde hin durch Beschluss nach § 72a V ArbGG zugelassen hat (§ 72 I ArbGG).

V. **Beschlussverfahren:** dient v.a. der Entscheidung betriebsverfassungsrechtlicher Streitigkeiten (§§ 80 ff. BetrVG). Verfahrensrechtliche Besonderheiten vgl. → Beschlussverfahren.

Arbeitsgesetzbuch – Kodifikation des → Arbeitsrechts. Die Verpflichtung zur Schaffung eines einheitlichen Arbeitsgesetzbuchs enthält der → Einigungsvertrag (Art. 30 I) wie schon die Weimarer Reichsverfassung (Art. 157 II WRV).

Arbeitsgestaltung – Maßnahmen zur Anpassung der Arbeit an den Menschen mit dem Ziel, → Belastungen abzubauen sowie auf → Arbeitszufriedenheit und Leistung positiv einzuwirken. Arbeitsgestaltung bezieht sich auf die ergonomischen Bedingungen (Lärm, Beleuchtung, Bestuhlung etc.) und/oder auf inhaltliche Aspekte der Tätigkeit; vgl. → Arbeitsplatzgestaltung, → Ergonomie. Maßnahmen wie Jobenrichment oder Installierung → teilautonomer Arbeitsgruppen zielen v.a. auf eine Vergrößerung des Handlungsspielraums und des Motivationspotenzials ab. Die Arbeitsgestaltung dient neben → Zufriedenheit (→ Wohlbefinden) und positiver Einstellung zur Arbeit dem optimalen Einsatz des arbeitenden Menschen innerhalb der Grenzen der zulässigen Arbeitsbelastung (→ Ausführbarkeit, → Erträglichkeit, → Zumutbarkeit). – *Instrument der Arbeitsgestaltung:* → Job Diagnostic Survey (JDS).

Arbeitsgruppe – *Taskforce;* Mehrzahl von Personen, die über eine längere Zeitdauer zusammen an einer Aufgabe arbeitet, Rollendifferenzierung sowie Normen herausgebildet und eine Gruppenidentität entwickelt hat. – Vgl. auch Gruppenarbeit, → teilautonome Arbeitsgruppe.

Arbeitsintensität – Verhältnis von Arbeitseinsatz zu Kapitaleinsatz; Kehrwert der → Kapitalintensität.

arbeitsintensiv – Bezeichnung für die Bedeutung des Produktionsfaktors → Arbeit (auch Zahl der Beschäftigten) in einem Unternehmen oder Industriezweig, z.B. in Handwerk, Handel, noch nicht rationalisierter Landwirtschaft. – *Anders:* → anlagenintensiv, → lohnintensiv, → materialintensiv.

arbeitsintensives Gut – Gut, zu dessen Erzeugung im Vergleich zu einem anderen Gut stets weniger Kapital pro Arbeit benötigt wird, wird als *relativ* arbeitsintensiv bezeichnet. Das andere Gut ist dann *relativ* kapitalintensiv. – Vgl. auch → Heckscher-Ohlin-Handel, → Heckscher-Ohlin-Theorem.

Arbeitskampf – 1. *Begriff:* die von Arbeitnehmer- oder Arbeitgeberseite aufgrund eines Kampfbeschlusses vorgenommene Störung des Arbeitsablaufs zu dem Zweck, durch gemeinsame (kollektive) Maßnahmen die andere Seite absichtlich unter wirtschaftlichen Druck zu setzen, um ein bestimmtes Verhandlungsziel zu erreichen. – 2. *Gesetzliche Regelung:* Der Arbeitskampf ist gesetzlich nicht geregelt. Der Begriff Arbeitskampf findet sich, ohne definiert oder geregelt zu werden, in einigen Bundesgesetzen (vgl. §§ 2 I Nr. 2 ArbGG, § 74 II BetrVG, § 146 SGB III, § 174 SGB III; vgl. § 25 KSchG, § 91 SGB IX). Der Streik als Mittel des Arbeitskampfs wird in mehreren Länderverfassungen erwähnt. – 3. *Rechtmäßigkeit:* Ob das Recht der → Koalitionen, zur Wahrung und Förderung von Arbeits- und Wirtschaftsbedingungen bei Tarifkonflikten einen Arbeitskampf gegen den sozialen Gegenspieler zu führen, verfassungsrechtlich (Art. 9 III GG) gewährleistet ist, ist für die → Aussperrung umstritten. Der Arbeitskampf ist in der freiheitlichen Gesellschafts- und Wirtschaftsordnung der Bundesrepublik Deutschland ein fester Bestandteil des kollektiven Arbeitsrechts und v.a. der → Tarifautonomie. Nach der Rechtsprechung des Bundesarbeitsgerichts ist das Arbeitskampfrecht notwendiger Teil eines funktionierenden Tarifvertragssystems; es gewährleistet das erforderliche Verhandlungsgleichgewicht der sozialen Gegenspieler. Der Arbeitskampf wird i.d.R. dann geführt, nachdem Tarifvertragsverhandlungen und ein daran anschließendes Schlichtungsverfahren (→ Schlichtung) ohne Ergebnis geblieben sind. – Die nähere Ausgestaltung des Arbeitskampfs beruht überwiegend auf *Richterrecht;* v.a. das → Bundesarbeitsgericht (BAG) hat eine Reihe von Kampfregeln entwickelt, die nicht unumstritten sind; vgl. → Streik, → Aussperrung. – 4. *Erscheinungsformen:* Mittel des Arbeitskampfs (im Wesentlichen): a) → Streik bzw. Ausstand, b) → Aussperrung und c) → Boykott. – 5. *Arbeitskampf und Arbeitsverhältnis:* a) Kampfmaßnahmen im Rahmen eines rechtmäßigen Arbeitskampfs führen nicht zu einer Verletzung des → Arbeitsvertrags. Nach der Rechtsprechung werden für die Streik- bzw. Aussperrungsdauer die Rechte und Pflichten aus dem Arbeitsverhältnis lediglich suspendiert; nach Beendigung des Arbeitskampfs leben sie wieder auf. – Ob der Arbeitgeber eines nicht umkämpften Betriebs von der Beschäftigungs- und Lohnzahlungspflicht befreit ist, wenn er Arbeitseinstellungen oder -verkürzungen infolge eines Arbeitskampfs in anderen Betrieben vornimmt, hängt nach der neueren Rechtsprechung des Bundesarbeitsgerichts davon ab, ob sich das Fortbestehen dieser Pflichten auf die Verhandlungsstärke der kampfführenden Verbände auswirkt. Eine derartige Beeinflussung ist dann anzunehmen, wenn umkämpfter und mittelbar betroffener Betrieb koalitionspolitisch verbunden sind, d.h. demselben kampfführenden Verband angehören oder diesem organisatorisch eng verbunden sind. – b) Folgen der Kampfmaßnahmen im Rahmen eines rechtswidrigen Arbeitskampfs: → Streik, → Aussperrung, → Boykott. – 6. *Neutralität der Bundesagentur für Arbeit im Arbeitskampf*: Bei Arbeitskampf kann der Anspruch auf → Arbeitslosengeld sowie Kurzarbeitergeld nach den Bestimmungen der §§ 146, 174 SGB III ruhen. Durch die Leistung von Arbeitslosengeld darf nicht in einen Arbeitskampf eingegriffen werden. Ein solcher Eingriff liegt jedenfalls nicht vor, wenn der Arbeitnehmer zuletzt in einem Betrieb beschäftigt war, der nicht dem fachlichen Geltungsbereich des umkämpften Tarifvertrags zuzuordnen ist (§ 146 I SGB III). Andererseits ruht der Anspruch auf Arbeitslosengeld jedenfalls, wenn der Arbeitnehmer durch Beteiligung an einem Arbeitskampf, der die Arbeitslosigkeit verursacht, Bezug auf die für den Betrieb geltenden Tarifverträge hat (Einzelheiten in § 146 III SGB III). Ob diese Voraussetzung gegeben ist, entscheidet ein *Neutralitätsausschuss* (§§ 146, 380 SGB III).

Arbeitskampfrisiko → Betriebsrisiko.

Arbeitskleidung → Berufskleidung.

Arbeitskoeffizient – Verhältnis der Einsatzmenge an Arbeitsleistung zu dem damit erzielten Produktionsergebnis. – *Kehrwert:* → Arbeitsproduktivität.

Arbeitskosten – I. Kostenrechnung: Weitgehend durch den Terminus → Personalkosten ersetzter Sammelbegriff für alle → Aufwendungen oder → Kosten, die durch den Einsatz menschlicher Arbeitskraft im Betrieb entstehen. Außer → Löhnen und Gehältern (→ Arbeitsentgelt) umfassen Arbeitskosten die auf gesetzlichen und freiwilligen Leistungen beruhenden → Sozialkosten, → Zuschläge, → Urlaubsgelder, → Unterstützungsbeihilfen etc.

II. Amtliche Statistik: → Arbeitskostenerhebung.

Arbeitskostenerhebung – Strukturstatistik über Höhe und Zusammensetzung der Kosten der Beschäftigung von Arbeitnehmern in Deutschland. Die Arbeitskostenerhebung liefert detaillierte Informationen über alle Bestandteile der → Arbeitskosten, also die Bestandteile des → Bruttoverdienstes (z.B. vermögenswirksame Leistungen, Entgelt für die geleistete Arbeitszeit), sowie die Lohnnebenkosten. Daneben werden die Zahl der tatsächlich geleisteten Arbeitsstunden ermittelt und die Zahl der Vollzeitarbeitsplätze (Teilzeitarbeitsplätze werden in Vollzeitarbeitsplätze umgerechnet).

Arbeitskostenindex – Der Arbeitskostenindex misst vierteljährlich die Entwicklung der Arbeitskosten je geleistete Arbeitsstunde. Die Arbeitskosten werden dabei in ihre wichtigsten Hauptbestandteile, die Kosten für Bruttolöhne und -gehälter sowie die Lohnnebenkosten untergliedert. Der Arbeitskostenindex dient einem europaweiten Standortvergleich und als Indikator für Inflationsrisiken. Er ist ein → Laspeyres-Index und nutzt u.a. Daten der vierjährlichen → Arbeitskostenerhebung, der vierteljährlichen → Verdiensterhebung und der → Volkswirtschaftlichen Gesamtrechnung (VGR).

Arbeitskraft – die vom Menschen entwickelte Fähigkeit, → Arbeit zu leisten. – 1. Arbeitskraft *als elementarer* → Produktionsfaktor: → Produktionstheorie. – 2. Arbeitskraft *als Person:* → Arbeitnehmer.

Arbeitskräfteerhebung – Die Arbeitskräfteerhebung (AKE, Labour Force Survey) ist eine regelmäßig durchgeführte Stichprobenbefragung von privaten Haushalten. Erfasst werden → Erwerbstätige, → Erwerbslose und → Nichterwerbspersonen und ihre soziodemografischen Merkmale. Die Arbeitskräfteerhebung basiert auf EU-weit harmonisierten Normen zur Erwerbslosigkeit und stellt somit international vergleichbare Arbeitsmarktinformationen bereit. Sie wird in allen EU-Mitgliedsstaaten durchgeführt. In Deutschland ist die Arbeitskräfteerhebung in den → Mikrozensus integriert.

Arbeitskräftemobilität – 1. *Begriff*: potenzielle und faktische Beweglichkeit der Arbeitskräfte. – 2. Der *Grad der Arbeitskräftemobilität* beeinflusst die allokative Effizienz der Arbeitsmärkte, bes. das Ausmaß der strukturellen → Arbeitslosigkeit. Das zentrale Motiv aus Arbeitnehmersicht besteht in einer Verbesserung ihrer Chancen auf dem Arbeitsmarkt; Mobilität verursacht finanzielle und soziale Kosten. In sozialwissenschaftlicher Perspektive hängt sie wesentlich von rechtlich-institutionellen Bedingungen ab und ist von entscheidender Bedeutung für die tatsächliche Mobilität. – 3. *Inner- und zwischenbetriebliche Mobilität*: Innerbetriebliche Mobilität im Sinne von vertikaler Mobilität erfolgt traditionell v.a. über Aufstiegsleitern bzw. -ketten, die den Wettbewerbsbedingungen des externen Marktes weitgehend entzogen sind, und beginnt an bestimmten Einstiegsstellen (Ports of Entry); sie steigt (fällt) mit expandierenden (schrumpfenden) betrieblichen Arbeitsmärkten. Weiterbildungsmaßnahmen bzw. der Erwerb betriebsspezifischen Humankapitals sind ein zentrales Instrument der individuellen Anpassung bzw. der Etablierung und Stabilisierung innerbetrieblicher Arbeitsmärkte. Zwischenbetriebliche Mobilität im Sinne horizontaler Mobilität erfordert eine breite, überbetrieblich orientierte Ausbildung bzw. Qualifikation, die durch das deutsche System der „dualen" beruflichen Bildung mit allgemein-überbetrieblichen und spezifisch-betrieblichen Anteilen erleichtert wird (→ Arbeitsmarkttheorien). Die Fluktuationsraten der sozialversicherungspflichtig Beschäftigten sind – bei deutlichen sektoralen Unterschieden – im Zeitverlauf erstaunlich konstant geblieben. Neben langfristig stabilen Beschäftigungsverhältnissen bestehen in zunehmendem Maße instabile, u.a. in Form atypischer Beschäftigung. – 4.

Regionale Mobilität findet traditionell v.a. statt aus wirtschaftlich schwächeren Regionen (z.B. Ostfriesland) in prosperierende, wirtschaftsstarke Regionen (z.B. Bayerns oder Baden-Württembergs). Seit der dt. Vereinigung bestehen Wanderungsströme insbesondere zwischen alten und neuen Bundesländern; sie führten v.a. in den 1990er-Jahren zu einer spürbaren Nettoabwanderung von Arbeitskräften aus dem Osten, wobei deutliche Spannweiten zwischen den Bundesländern bestehen. Mobil sind v.a. jüngere Arbeitnehmer, wobei sämtliche Qualifikationsstufen betroffen sind (Unqualifizierte, Facharbeiter, Hochschulabsolventen). Infolge der eintretenden Verluste an Humankapital können regionale Disparitäten verstärkt sowie regionale Wachstums- und damit Entwicklungschancen eingeschränkt werden. – 5. *Grenzüberschreitende Mobilität*: Trotz der Abschaffung aller formalrechtlichen Mobilitätshemmnisse, d.h. der in den frühen 1990er-Jahren erfolgten Einführung der vollständigen und ungehinderten Freizügigkeit als einer der Grundfreiheiten des gemeinsamen Marktes, arbeiten weniger als zwei Prozent der Bevölkerung der EU-Mitgliedsstaaten in einem anderen als ihrem Herkunftsland. Als Erklärungen anzuführen sind neben der Verfassung der nationalen Arbeitsmärkte, die z.T. durch hohe Arbeitslosenquoten auch in den Aufnahmeländern gekennzeichnet sind, v.a. sprachliche und kulturelle Unterschiede. Derzeit noch nicht endgültig geklärt ist das tatsächliche Ausmaß der Mobilität von Arbeitnehmern aus den neuen Mitgliedsländern Mittel- und Osteuropas in die alten Mitgliedsländer nach Ablauf der Übergangsfristen bzw. der vollständigen Umsetzung der Arbeitnehmerfreizügigkeit im Jahr 2011. In der ersten Phase blieb die Migration deutlich hinter den ursprünglichen Erwartungen zurück. Die Quote grenzüberschreitender Mobilität, die wesentlich niedriger ist als etwa die zwischen den Bundesstaate der USA, hat sich zwischen den alten EU-Mitgliedsländern im Zeitverlauf nur unwesentlich verändert; höher ist sie in grenznahen Regionen (durch Grenzgänger und Pendler). Folglich kann trotz des Abbaus sämtlicher rechtlicher Mobilitätsschranken von einer „Europäisierung" der Arbeitsmärkte nach wie vor nicht die Rede sein. Nach Einführung der Personenfreizügigkeit mit den EU-Mitgliedsstaaten sind die aktuell zu beobachtenden Migrationsströme in die Schweiz den besseren Verdienstaussichten und der niedrigeren Arbeitslosenquote zuzuschreiben. – 6. Schließlich ist ein Unterschied des rechtlichen Rahmens zu beachten: Zwischen den EU-Mitgliedsstaaten sowie mit der Schweiz gilt das Grundrecht der Freizügigkeit. Für *Drittstaaten* gilt diese Regelung nicht, sondern das Aufenthaltsgesetz, welches bes. Regeln für bestimmte Gruppen hoch qualifizierter Arbeitnehmer formuliert. Insgesamt ist der Anteil der Ausländer an allen Beschäftigten bislang relativ gering geblieben. Eine Ausnahme bildet die Schweiz, die zu einem typischen Einwanderungsland wurde.

Arbeitskräftevolumen → Labor-Force-Konzept.

Arbeitskraftreserven → Labor-Force-Konzept.

Arbeitsleistung – im engeren, auf Entlohnungsfragen beschränkten Sinn, das von einem Arbeitnehmer in einem vorgegebenen Zeitraum erreichte mengenmäßige Arbeitsergebnis. Neben der → Arbeitszufriedenheit als personalwirtschaftliches Basiskonzept interpretiert, interessieren die Bestimmungsfaktoren der Arbeitsleistung in Form von Leistungsdisposition (angeborene körperliche und geistige Voraussetzungen), Leistungsfähigkeit (Ergebnisse individuellen Lernens) und Leistungsbereitschaft (motivationale Voraussetzungen). Neben diesen personbezogenen Determinanten hängt das Arbeitsergebnis auch von situativen Faktoren wie arbeitsorganisatorischen Regelungen, ergonomischen Zweckmäßigkeiten bei der Gestaltung des → Arbeitsplatzes, der Arbeitsumgebung und der Bewegungstechnik sowie von einer motivkongruenten, auf das individuelle „Wollen" zugeschnittenen Anreizgestaltung (→ Individualisierung) ab.

Arbeitslohn – I. Arbeits-/Sozialrecht: → Arbeitsentgelt.

II. Lohnsteuerrecht: 1. *Begriff*: Alle Einnahmen, die dem Arbeitnehmer aus dem Dienstverhältnis oder einem früheren Dienstverhältnis zufließen und die der → Lohnsteuer unterliegen. Einnahmen sind alle Güter, die in Geld oder Geldeswert bestehen (§ 8 I EStG), unabhängig davon, ob es sich um einmalige oder laufende Einnahmen handelt, ob ein Rechtsanspruch auf sie besteht und unter welcher Bezeichnung oder in welcher Form sie gewährt werden; entscheidend ist einzig und allein, dass die nichtselbständige Arbeitstätigkeit Ursache für den Erhalt der jeweiligen Einnahme ist. – 2. *Bestandteile des* Arbeitslohns (§§ 2 ff. LStDV, R 19.3 LStR 2008): (1) Gehälter, Löhne, Provisionen, Gratifikationen, Tantiemen und andere Bezüge aus einem Dienstverhältnis; (2) Wartegelder, Ruhegelder, Witwen- und Waisengelder und andere Bezüge aus früherer Dienstleistung; (3) Entschädigungen, die dem Arbeitnehmer als Ersatz für entgangenen bzw. entgehenden Arbeitslohn gewährt werden; (4) Leistungen zur → Zukunftssicherung des Arbeitnehmers unter bestimmten Voraussetzungen; (5) Zuwendungen, die aufgrund des bestehenden oder eines früheren Dienstverhältnisses gewährt werden (z.B. Zuschüsse im Krankheitsfall); (6) bes. Entlohnungen für Dienste, die über die regelmäßige Arbeitszeit hinaus geleistet werden (z.B. Entlohnungen für Überstunden, Sonntagsarbeit, soweit es sich dabei nicht um gesetzliche, tarifvertraglich vereinbarte Zuschläge oder bestimmte Höchstgrenzen nicht übersteigende Zuschläge zum Grundlohn oder -gehalt handelt; § 3b EStG); (7) Lohnzuschläge, die wegen der Besonderheit der Arbeit gewährt werden; (8) Entschädigungen für Nebenämter und Nebenbeschäftigungen im Rahmen eines Dienstverhältnisses; (9) → Sachbezüge. – 3. *Kein Arbeitslohn* (H

19.3 LStR 2008) in diesem Sinn oder durch bes. Vorschriften (meist § 3 EStG) von der Einkommensteuer befreit (und damit auch befreit vom Lohnsteuereinbehalt): (1) Der Wert unentgeltlich überlassener typischer → Berufskleidung; (2) → Fehlgeldentschädigungen der Arbeitnehmer im Kassen- oder Zähldienst bis zur Höhe von 16 Euro/Monat; (3) Werkzeuggeld für die Benutzung von Werkzeugen des Arbeitnehmers im Betrieb des Arbeitgebers; (4) aus der Arbeitslosenversicherung: → Arbeitslosengeld, → Kurzarbeitergeld, Winterausfallgeld; → Arbeitslosenhilfe; (5) → Kapitalabfindungen aufgrund der gesetzlichen Rentenversicherung aus → Knappschaftsversicherung und Beamtenpensionsgesetzen (geändert ab Veranlagungszeitraum 2006); (6) Bezüge, die aufgrund gesetzlicher Vorschriften versorgungshalber aus öffentlichen Mitteln an Kriegsbeschädigte, Kriegshinterbliebene und ihnen gleichgestellte Personen gezahlt werden; (7) Geldrenten, Kapitalentschädigungen im Heilverfahren aufgrund gesetzlicher Vorschriften zur Wiedergutmachung nationalsozialistischen Unrechts für Schäden an Leben, Körper, Gesundheit und durch Freiheitsentzug; (8) Beihilfen und Unterstützungen aus öffentlichen Kassen; (9) gesetzliche Arbeitgeber-Beiträge zur → Sozialversicherung; (10) → Wohngeld; (11) bestimmte Stipendien; (12) → Aufwandsentschädigungen, → Auslösungen; (13) → Reisekosten, → durchlaufende Gelder (soweit in den Bezügen unter (1) und (2) Verpflegungsmehraufwendungen enthalten sind, gelten Höchstbeträge); (14) → Trinkgelder (§ 3 Nr. 51 EStG, seit 2002). – Aufgehoben sind frühere Steuerbefreiungen u.a. für Abfindungen und Übergangsgelder bei Entlassung aus dem Dienstverhältnis, sodass Abfindungen heutzutage in vollem Umfang steuerpflichtig sind. – 3. *Steuersatz*: Der Arbeitslohn ist bei unbeschränkt steuerpflichtigen Arbeitnehmern nur eine Teilgröße im Rahmen der Berechnung des zu versteuernden Einkommens. Der letztendliche Steuersatz richtet sich nach der Gesamthöhe des zu versteuernden Einkommens; die beim monatlichen Lohnsteuereinbehalt zugrunde gelegten Zahlen sind im Grunde reine Prognosewerte, die auf der Annahme basieren, dass es außer dem bezogenen Lohn kein weiteres Einkommen gibt. So wie es dies auch vereinzelt bei anderen Einkunftsarten gibt, kann es jedoch auch im Fall „außerordentlicher Einkünfte" einen ermäßigten Steuersatz geben (§ 34 EStG). Bei Arbeitslohn betrifft dies v.a. Vergütungen für mehrjährige Tätigkeiten, wenn diese in geballter Form in einem einzelnen Jahr ausgezahlt werden, oder bestimmte Entschädigungen, z.B. denkbar für Abfindungen.

Arbeitslose – Arbeitslose sind Personen, die wie beim Anspruch auf Arbeitslosengeld (1) vorübergehend nicht in einem Beschäftigungsverhältnis stehen, (2) eine versicherungspflichtige Beschäftigung suchen und dabei den Vermittlungsbemühungen der Agentur für Arbeit zu Verfügung stehen und (3) sich bei der Agentur für Arbeit arbeitslos gemeldet haben (§ 16 SGB III). Sie müssen eine Beschäftigung von

	Erwerbslos (ILO)	Arbeitslos (SGB)
Erhebung	• Bevölkerungserhebung • Stichprobe • Monatsdurchschnitt • Plausibilitätsprüfung • zeitnahe Befragung duch Interviewer	• Meldung bei einer Agentur für Arbeit, einer Arbeitsgemeinschaft oder einer optierenden Kommune • Totalerhebung • Stichtagswert • Angaben von einem Vermittler geprüft und beurteilt • Gespräch mit Vermittler kann länger zurückliegen
Aktive Suche, wenn	• eine Beschäftigung von mindestens einer Wochenstunde gesucht wird und • der Arbeitsuchende in den letzten vier Wochen spezifische Suchschritte unternommen hat	• eine Beschäftigung von mindestens 15 Wochenstunden gesucht wird und • der Vermittler zu dem Ergebnis kommt, dass der Arbeitsuchende alle Möglichkeiten nutzt oder nutzen will, die Beschäftigungslosigkeit zu beenden
Verfügbarkeit, wenn	• der Arbeitsuchende in den nächsten zwei Wochen eine neue Tätigkeit aufnehmen kann	• der Arbeitsuchende arbeitsbereit und -fähig ist, insbesondere Vermittlungsvorschlägen zeit- und ortsnah Folge leisten kann
Beschäftigungslosigkeit	• es wird keine Beschäftigung ausgeübt, bzw. weniger als eine Wochenstunde	• es wird eine Beschäftigung von weniger als 15 Wochenstunden ausgeübt

mind. sieben Kalendertagen im In- oder Ausland suchen und die angestrebte Tätigkeit ausüben können und dürfen. Als beschäftigungslos zählen Personen, keine Beschäftigung oder eine weniger als 15 Stunden pro Woche umfassende Beschäftigung ausüben und eine versicherungspflichtige, mind. 15 Wochenstunden umfassende Beschäftigung suchen. Teilnehmer an Maßnahmen der aktiven Arbeitsmarktpolitik zählen nicht als arbeitslos. Ergänzend kann daher die → Unterbeschäftigung betrachtet werden, die auch über diejenigen Menschen Auskunft gibt, denen ein regulärer Arbeitsplatz fehlt, die aber aus verschiedenen Gründen nicht als Arbeitslose erfasst werden. Die Zahl der Arbeitslosen basiert auf den Meldungen bei einer Agentur für Arbeit oder einem Träger der Grundsicherung und wird monatlich als Stichtagswert von der Bundesagentur für Arbeit veröffentlicht. – Neben den Arbeitslosen werden auch die Erwerbslosen (nach dem → Labor-Force-Konzept) erfasst. Arbeitslose und → Erwerbslose weisen ähnliche Merkmale auf, sie sind ohne Arbeitsplatz, suchen Arbeit und stehen dem Arbeitsmarkt zur Verfügung. Die Erwerbslosigkeit fällt jedoch deutlich niedriger aus als die Arbeitslosigkeit, was auf Unterschiede in der Erhebung und der Konkretisierung der Merkmale zurückgeht.

Arbeitslosengeld – 1. *Begriff:* wichtigste Geldleistung aus dem Bereich des im Sozialgesetzbuch III (SGB III) geregelten Arbeitsförderungsrechts, das bes. durch die 2003 und 2004 in Kraft getretenen Gesetze für moderne Dienstleistungen am Arbeitsmarkt (BGBl. I 2002, 4607; BGBl. I 2003, 2848, 2954) (→ Hartz-Gesetze) stark verändert wurde. Das als Leistung einer Risikoversicherung gezahlte Arbeitslosengeld I (ALG I) stellt eine Entgeltersatzleistung dar, die anstelle des Arbeitsentgelts den Lebensunterhalt sichern soll; es gehört damit zum eigentlichen Bereich der → Arbeitslosenversicherung. Die Gewährung des Arbeitslosengeldes erfolgt durch die Bundesagentur für Arbeit über deren (örtliche) Agenturen für Arbeit. Daneben besteht seit 2005 das sozialhilfeähnlich ausgestaltete → Arbeitslosengeld II, welches durch Zusammenlegung die bisherige → Arbeitslosenhilfe und Sozialhilfe ablöst und z.B. nach Auslaufen der Ansprüche auf Arbeitslosengeld der im Sozialgesetzbuch II (SGB II) geregelten Grundsicherung für Arbeitsuchende dient. – 2. *Begünstigter Personenkreis:* Arbeitnehmer, die arbeitslos sind, sich bei der Agentur für Arbeit persönlich arbeitslos gemeldet (§ 141 I SGB III), die Anwartschaftszeit (→ Anwartschaft) erfüllt (§ 137 SGB III) und einen darauf gerichteten Antrag gestellt haben, ab dem Zeitpunkt der Antragstellung (§ 325 II SGB III). Als arbeitslos gilt (§ 16 SGB III), wer vorübergehend nicht in einem Beschäftigungsverhältnis steht und eine versicherungspflichtige Beschäftigung von mind. 15 Wochenstunden sucht (§ 138 V SGB III). Die gleichzeitige Ausübung einer insgesamt weniger als 15 Stunden wöchentlich umfassenden geringfügigen Beschäftigung oder geringfügigen selbstständigen Tätigkeit (§ 8 SGB IV) steht einer Anspruchsberechtigung nicht entgegen. – 3. *Bemessung:* a) *Höhe:* Das Arbeitslosengeld beträgt für Arbeitslose, die selbst oder deren Ehegatte mind. ein Kind im Sinn des § 32 EStG haben, wenn beide Ehegatten unbeschränkt einkommensteuerpflichtig sind und nicht dauernd getrennt leben, 67 Prozent und für die übrigen Arbeitslosen 60 Prozent (§ 149 SGB III) des pauschalierten Nettoentgelts (Leistungsentgelt) (§ 153 SGB III). Das pauschalierte Nettoentgelt richtet sich nach der Zuordnung des Arbeitslosen zu bestimmten Leistungsgruppen, je nach der Lohnsteuerklasse, die zu Beginn des Kalenderjahres, in dem der Anspruch auf Arbeitslosengeld entstanden ist, auf der Lohnsteuerkarte eingetragen war. Die Auszahlung erfolgt nachträglich in monatlichen Abständen (§ 337 II SGB III). Nebeneinkommen aus einer weniger als 15 Stunden wöchentlich umfassenden Beschäftigung wird nach Maßgabe des § 155 SGB III teilweise angerechnet. Im Übrigen findet eine Einkommensanrechnung nicht statt. Auch die Höhe des Vermögens des Arbeitslosen ist beim Arbeitslosengeld unbeachtlich. → Teilarbeitslosengeld gibt es für Arbeitnehmer, die sich wegen einer noch fortbestehenden versicherungspflichtigen (Neben-)Beschäftigung nur „teilarbeitslos“ gemeldet haben (§ 162 SGB III). – b) *Bemessungsgrundlage* ist das im Bemessungszeitraum durchschnittlich auf die Woche entfallende Entgelt, soweit es beitragspflichtig gewesen ist (§ 151 SGB III). *Bemessungszeitraum* sind die abgerechneten Entgeltabrechnungszeiträume des Bemessungsrahmens von einem Jahr vor der Entstehung des Anspruchs (§ 150 SGB III). – 4. *Anspruchsdauer:* Der Anspruch auf Arbeitslosengeld ist nur gegeben, wenn in der zweijährigen Rahmenfrist des § 143 SGB III eine Anwartschaft erworben wurde, also mind. eine zwölfmonatige versicherungspflichtige Beschäftigung ausgeübt wurde (§ 142 I SGB III). Bei einer Vorbeschäftigungszeit von zwölf Monaten entsteht unter bestimmten Voraussetzungen und noch bis zum 31.12.2014 ein Anspruch für die Dauer von sechs Monaten (§ 142 II SGB III). Je nach Dauer der vorangegangenen Versicherungspflicht innerhalb einer auf drei Jahre erweiterten Rahmenfrist und nach Lebensalter besteht eine Anspruchsdauer von bis zu 24 Monaten (§ 147 SGB III). Im Fall der Gewährung anderer Sozialleistungen, z.B. einer Versichertenrente wegen voller Erwerbsminderung oder einer Altersrente aus der gesetzlichen Rentenversicherung, kommt der Anspruch auf Arbeitslosengeld zum Ruhen (§ 156 SGB III). Durch die Leistung von Arbeitslosengeld darf nicht in Arbeitskämpfe eingegriffen werden, weshalb der Anspruch auf Arbeitslosengeld während eines → Arbeitskampfes ebenfalls zum Ruhen kommen kann (§ 160 SGB III). Der Anspruchsbeginn kann sich durch den Eintritt einer Sperrzeit verzögern (§ 159 SGB III). Gleichfalls kann die Zahlung einer Urlaubsabgeltung (§ 157 II SGB III) zu einem späteren Beginn des ansonsten bestehenden Leistungsanspruchs führen. – 5. *Besteuerung:*

Das Arbeitslosengeld gehört nicht zum steuerpflichtigen Arbeitslohn; es ist gemäß § 3 Nr. 2 EStG steuerfrei, hat aber Einfluss auf die Höhe des Steuersatzes bei der Einkommensteuer (→ Progressionsvorbehalt). – 6. *Wirtschaftspolitische Bedeutung:* → Arbeitsmarktpolitik.

Arbeitslosengeld I → Arbeitslosengeld.

Arbeitslosengeld II – Für erwerbsfähige Hilfebedürftige existiert seit dem 1.1.2005 die Grundsicherung für Arbeitsuchende als neue Sozialleistung; sie wurde eingeführt durch Zusammenlegung der → Arbeitslosenhilfe, die bis zum 31.12.2004 bei fortdauernder Arbeitslosigkeit im Anschluss an die Gewährung von → Arbeitslosengeld gezahlt wurde, mit der → Sozialhilfe für Erwerbsfähige; Grundlage dieses steuerfinanzierten staatlichen Unterstützungssystems ist das Vierte Gesetz für moderne Dienstleistungen am Arbeitsmarkt vom 24.12.2003 (BGBl. I 2954) (→ Hartz-Gesetze). – 1. *Rechtsgrundlage:* SGB II, neugefasst durch Bekanntmachung v. 13.05.2011 BGBl. I 850, 2094 m.spät.Änd., hier insbes. die §§ 19 ff. – 2. *Aufgabe:* Die Grundsicherung für Arbeitsuchende soll die Eigenverantwortung von erwerbsfähigen Hilfebedürftigen und Personen, die mit ihnen in einer sog. Bedarfsgemeinschaft leben, stärken und dazu beitragen, dass sie ihren Lebensunterhalt unabhängig von der Grundsicherung aus eigenen Mitteln und Kräften bestreiten können („Fördern und Fordern"). Sie soll erwerbsfähige Hilfebedürftige bei der Aufnahme oder Beibehaltung einer Erwerbstätigkeit unterstützen und den Lebensunterhalt sichern, soweit sie ihn nicht auf andere Weise bestreiten können (§ 1 SGB II). – Als erwerbsfähige Hilfebedürftige gelten Personen, die das 15. Lebensjahr vollendet und die gesetzliche Altersgrenze noch nicht erreicht haben, erwerbsfähig und hilfebedürftig sind (§§ 7 f. SGB II). Sie erhalten Arbeitslosengeld II und die Mitglieder ihrer Bedarfsgemeinschaft *Sozialgeld* (§ 19 I SGB II). Als erwerbsfähig gilt (§ 8 SGB II), wer gegenwärtig oder voraussichtlich innerhalb von sechs Monaten nicht wegen Krankheit oder Behinderung außerstande ist, mind. drei Stunden täglich zu arbeiten. Es ist dabei unerheblich, ob eine Erwerbstätigkeit vorübergehend unzumutbar ist (§ 10 SGB II). Bezieher von Arbeitslosengeld II haben kein Anrecht auf Leistungen nach dem SGB XII (→ Sozialhilfe). – 3. *Träger:* Nach der 2005 erfolgten Neuorganisation der Leistungserbringung sind Träger der Grundsicherung für Arbeitssuchende jeweils für bestimmte Leistungen grundsätzlich die → Bundesagentur für Arbeit und die kreisfreien Städte und Gemeinden (§ 6 SGB II); die Träger können diese Aufgabe in sog. Arbeitsgemeinschaften (ARGEn) oder getrennt wahrnehmen. Das BVerfG sah in seinem Urteil vom 20.12.2007 aber in den ARGEn eine unzulässige Mischverwaltung, die zudem gegen den Grundsatz der Verantwortungsklarheit verstößt; die Aufgabenverteilung war daher neu zu regeln. Mit dem Gesetz zur Änderung des Grundgesetzes (Art. 91e) vom 21.7.2010 (BGBl. I 944) schuf der Gesetzgeber die Möglichkeit, eine gemeinsame Trägerschaft zuzulassen. Die bisherige Bezeichnung ARGE wird durch die Bezeichnung *Gemeinsame Einrichtung* (§ 44b SGB II) ersetzt. Gleichzeitig bleibt unter bestimmten Voraussetzungen auch die einheitliche Übernahme der Trägerschaft für alle Leistungen ausschließlich durch die Kommune (sog. Options-Kommune) erlaubt (§ 6a SGB II). Mit dem Gesetz zur Weiterentwicklung der Organisation der Grundsicherung für Arbeitssuchende vom 3.8.2010 (BGBl. I 1112) führen die neuen Träger, die gemeinsamen Einrichtungen nach § 44b SGB II und die zugelassenen kommunalen Träger nach § 6a SGB II, die Bezeichnung → *Jobcenter.* Diese Regelungen sind am 1.1.2011 in Kraft getreten. – 4. *Leistungen:* Die Leistungen, die das soziokulturelle → Existenzminimum sichern sollen, setzen sich zusammen aus der Regelleistung, einem Mehrbedarf für bestimmte Personengruppen und der Übernahme von Kosten für Unterkunft und Heizung (§ 19 I SGB II). – Der *Regelbedarf* (§ 20 SGB II), der jährlich angepasst wird, beträgt ab 1.1.2013 für Alleinstehende 382 Euro, für erwachsene Partner 90 Prozent dieses Betrages, für Kinder bis zum 6. Lebenjahr 219 Euro, bis zum 14. Lebensjahr 251 Euro und für Kinder ab dem 15. Lebensjahr sowie für sonstige erwerbsfähige Mitglieder der Bedarfsgemeinschaft 287 Euro. – *Mehrbedarfe* (§ 21 SGB II) als Prozentsatz der Regelleistung stehen bspw. erwerbsfähigen werdenden Müttern (17 Prozent), Alleinerziehenden mit einem Kind unter sieben Jahren oder mit zwei oder drei Kindern unter 16 Jahren (12 Prozent je Kind, jedoch mind. 36 Prozent, höchstens 60 Prozent) und erwerbsfähigen behinderten Menschen mit Leistungen nach § 33 SGB IX (35 Prozent) zu. – Bezieher von Arbeitslosengeld II sind in der Kranken- und Pflegeversicherung sowie in der Renten- und Unfallversicherung pflichtversichert (§§ 25 f. SGB II). – Bei Aufnahme einer bezahlten Tätigkeit können zusätzlich z.B. ein *Einstiegsgeld* (§ 16b SGB II) oder Leistungen zur Eingliederung von Selbstständigen (§ 16c SGB II) gewährt werden. – 5. *Leistungsvoraussetzungen:* Die Leistungen setzen *Hilfebefürftigkeit* voraus. Bei ihrer Beurteilung sind Einkommen und Vermögen zu berücksichtigen (haushaltsbezogener Ansatz). Für eigenes Erwerbseinkommen bestehen Absetz- bzw. *Freibeträge* (§ 11b II, III SGB II): Anrechnungsfrei bleiben mind. 100 Euro. Darüber hinaus bleiben für Beträge über 100 Euro bis 800 Euro 20 Prozent und für Beträge über 800 Euro bis 1200 Euro (bei Beziehern mit minderjährigen Kindern: bis 1500 Euro) 10 Prozent anrechnungsfrei. Eigenes Vermögen mindert den Anspruch auf Arbeitslosengeld II, je vollendetem Lebensjahr bleiben jedoch 150 Euro (mind. 3.100 Euro) frei (§ 12 II SGB II). Es werden auch Einkommen und Vermögen eines Lebenspartners herangezogen. – 6. *Pflichtverletzungen:* Verletzt der Hilfebedürftige seine Pflichten, ist das Arbeitslosengeld II in verschiedenen Stufen zu kürzen (§ 31a SGB II).

Arbeitslosenhilfe – Leistung der → Bundesagentur für Arbeit, die bis zum 31.12.2004 gewährt wurde (vgl. §§ 190 ff. SGB III a.F. und → Arbeitslosenversicherung). Mit dem Vierten Gesetz für moderne Dienstleistungen am Arbeitsmarkt vom 1.10.2003 wurden die Arbeitslosenhilfe und die → Sozialhilfe ab dem 1.1.2005 zum → Arbeitslosengeld II zusammengefasst (→ Hartz-Gesetze).

Arbeitslosenquote – Arbeitslosenquoten berechnen – ähnlich wie die → Erwerbslosenquote – die relative Unterauslastung des Produktionsfaktors Arbeit(-skraft), indem sie die (registrierten) → Arbeitslosen in Relation zu den → Erwerbspersonen setzen. Es werden zwei Quoten ermittelt, die sich in der Abgrenzung der Erwerbspersonen unterscheiden. In Deutschland wurde lange die Arbeitslosenquote bezogen auf die *abhängigen zivilen Erwerbspersonen ermittelt.* Sie berücksichtigt lediglich die abhängigen zivilen Erwerbspersonen, also die Summe aus voll sozialversicherungspflichtig Beschäftigten inkl. der Auszubildenden, geringfügig Beschäftigten, Beamten (ohne Soldaten) und (registrierten) Arbeitslosen. Die Arbeitslosenquote bezogen auf *alle zivilen Erwerbspersonen* beinhaltet neben den abhängigen zivilen Erwerbstätigen auch die Selbstständigen sowie die mithelfenden Familienangehörigen. Diese Berechnung ist im Ausland gebräuchlicher und hat den Vorteil, auch die zunehmende Bedeutung selbstständiger Tätigkeiten zu berücksichtigen. Seit Januar 2009 wird diese Quote auch für spezielle Personengruppen errechnet und damit die statistische Berichterstattung grundsätzlich auf die Darstellung dieser Arbeitslosenquote umgestellt. – Die Bezugsgrößen für die Arbeitslosenquoten beinhalten Informationen aus verschiedenen Statistiken (z.B. Beschäftigungsstatistik, Personalstandsstatistik und → Mikrozensus), die erst mit zeitlicher Verzögerung vorliegen. Sie werden einmal jährlich, i.d.R. im April oder Mai, aktualisiert. Eine Rückrechnung erfolgt nicht. – Die Arbeitslosenquoten werden monatlich bzw. jährlich in unterschiedlichen regionalen und personellen Abgrenzungen von der → Bundesagentur für Arbeit veröffentlicht.

Arbeitslosenunterstützung → Arbeitslosengeld.

Arbeitslosenversicherung

von Dr. Fred Henneberger und Prof. Dr. Berndt Keller

I. Rechtsgrundlage und Ziele

Arbeitsförderung gemäß dem Dritten Buch des Sozialgesetzbuches (SGB III) vom 24.3.1997 (BGBl. I 594) in der Fassung vom 21.7.2012 (BGBl. I 1613) m.spät.Änd. Die Ziele der Arbeitslosenversicherung bestehen einerseits in der Sicherung der materiellen Grundlage (teil-)arbeitsloser Personen durch Zahlung eines Ersatzeinkommens während des Arbeitsausfalls oder der Suche nach einem (anderen) Arbeits- oder Ausbildungsplatz (passive → Arbeitsmarktpolitik). Andererseits sollen arbeitslos gewordene oder von Arbeitslosigkeitkeit bedrohte Personen mittels arbeitsmarktpolitischer Instrumente im Erwerbsprozess gehalten oder möglichst rasch und dauerhaft wieder in den Erwerbsprozess integriert werden (aktive Arbeitsmarktpolitik).

II. Durchführung und Aufsicht

Träger ist die Bundesagentur für Arbeit, deren Hauptstelle die Regionaldirektionen und die örtlichen Agenturen für Arbeit (→ Agentur für Arbeit) unterstellt sind. Die Aufsicht über die Bundesagentur obliegt dem Bundesministerium für Arbeit und Soziales (BMAS). Die Beiträge beider Arbeitsvertragsparteien werden vom Arbeitgeber gemeinsam mit den entsprechenden Beiträgen zur gesetzlichen Kranken-, Pflege- und Rentenversicherung abgeführt (→ Gesamtsozialversicherungsbeitrag, → Lohnabzugsverfahren, → Beitragsgruppen).

III. Versicherungspflichtiger Personenkreis

Wer nach dem SGB III versicherungspflichtig ist, regeln die §§ 24 ff. im Einzelnen. Grundsätzlich sind alle Personen pflichtversichert, die gegen Arbeitsentgelt oder zu ihrer Berufsausbildung beschäftigt sind oder für die z.B. andere Leistungen etwa in Form von Krankengeld o.Ä. gezahlt werden. Hierzu zählen auch Personen in Altersteilzeit oder Wehr- und Zivildienstleistende. Versicherungsfrei hingegen sind z.B. Beamte, Richter und Soldaten, Geistliche der als öffentlich-rechtlich anerkannten Religionsgesellschaften, Personen, die das Lebensjahr für den Anspruch auf Regelaltersrente vollendet haben, sowie Personen in einem geringfügigen Beschäftigungsverhältnis. Erst seit Februar 2006 können sich Selbstständige unter gewissen Voraussetzungen und auf Antrag *freiwillig* gegen Arbeitslosigkeit *weiter*versichern (§ 28a in Verbindung mit § 442 SGB III Beschäftigungschancengesetz). Zu diesen Voraussetzungen zählt u.a., dass die antragstellende Person eine Entgeltersatzleistung nach dem SGB III unmittelbar vor Aufnahme der selbstständigen Tätigkeit oder Beschäftigung bezogen hat, welche die Begründung eines Versicherungspflichtverhältnisses beinhaltete (*Vorversicherung*).

IV. Finanzierung

1. *Grundsätze:* Die Leistungen der Arbeitsförderung und die sonstigen Aufgaben der Bundesagentur für Arbeit werden durch *Beiträge* der versicherungspflichtigen Arbeitnehmer, der Arbeitgeber und ggf. Dritter sowie durch Umlagen, Zuschüsse des Bundes und sonstige Einnahmen finanziert. Die Beiträge werden nach einem Prozentsatz (Beitragssatz) von der Beitragsbemessungsgrundlage erhoben (§ 341 I SGB III). Dieser Satz wurde im Laufe der Jahre häufig geändert und beträgt seit 1.1.2011 3 Prozent (§ 341 II SGB III). Die *Beitragsbemessungsgrenze* entspricht derjenigen der → gesetzlichen Rentenversicherung (GRV) (§ 341 IV SGB III). Bei beschäftigten Personen ist die beitragspflichtige Einnahme das Arbeitsentgelt, bei Personen in Berufsausbildung mind. ein Arbeitsentgelt von 1 Prozent der sog. „Bezugsgröße" des § 18 SGB IV. Bei versicherungspflichtig Beschäftigten werden die Beiträge von den Beschäftigten und ihren Arbeitgebern je zur Hälfte getragen (§ 346 I SGB III). Selbstständige, die sich freiwillig weiterversichern, zahlen einen monatlichen Beitrag von 17,64 Euro in Westdeutschland, von 14,95 Euro in Ostdeutschland.

2. *Probleme:* Die *Finanzierungssituation* ist abhängig von der konjunkturellen Lage, da bei ungünstiger Entwicklung die Zahl der Beitragszahler sinkt und gleichzeitig diejenige der Anspruchsberechtigten steigt. Nachteilig wirkt auch ein Rückgang der Zahl vollzeitbeschäftigter Arbeitnehmer bzw. eine Zunahme atypischer Beschäftigungsverhältnisse (→ atypische Beschäftigung). Weiterhin kann die Verpflichtung zur Übernahme sog. originär versicherungsfremder Leistungen die Arbeitslosenversicherung belasten. Versicherungsfremd sind grundsätzlich alle Leistungen, die das Versicherungs- bzw. Äquivalenzprinzip durchbrechen. Besonders hervorzuheben sind die Maßnahmen der aktiven Arbeitsmarktpolitik, bei denen keine unmittelbare Wechselwirkung zwischen den zu zahlenden Beiträgen und der Inanspruchnahme der Leistungen erkennbar ist. Die Tatsache, dass auch Nichtversicherte, wie Schüler und Studenten, Leistungen erhalten können, wie Beratung und Vermittlung, widerspricht ebenfalls dem Äquivalenzprinzip. Leistungen, die dem Aufgabenbereich anderer Zweige der Sozialversicherung zuzuordnen sind, sollten auch von diesen getragen werden. Dies ist z.B. nicht der Fall bei einer Subventionierung des Vorruhestands (vgl. auch → Arbeitszeitpolitik). Allerdings zahlt der Bund zur Finanzierung der versicherungsfremden Aufgaben, die der Bundesagentur für Arbeit übertragen sind, einen beträchtlichen Bundeszuschuss (§ 363 SGB III).

V. Leistungen und Zuständigkeit

1. *Grundsätze:* Nach dem Recht der Arbeitsförderung können als Leistungen in Anspruch genommen werden (§ 19 Erstes Buch des Sozialgesetzbuches [SGB I] vom 11.12.1975 [BGBl. I 3015], aufgrund des Gesetzes zur Verbesserung der Eingliederungschancen am Arbeitsmarkt in der Fassung vom 10.9.2012 [BGBl. I 1878] m.spät.Änd.):

(1) Arbeitslosengeld, Teilarbeitslosengeld, Arbeitslosengeld bei Weiterbildung und Insolvenzgeld,

(2) Berufs- und Arbeitsmarktberatung, Ausbildungs- und Arbeitsvermittlung,

(3) Leistungen zur Aktivierung und beruflichen Eingliederung, zur Berufswahl und Berufsausbildung, zur beruflichen Weiterbildung, zur Aufnahme einer Erwerbstätigkeit, zum Verbleib in Beschäftigung, der Teilhabe behinderter Menschen am Arbeitsleben.

Sämtliche Leistungen bedürfen eines *Antrags* des Leistungsberechtigten, der i.d.R. vor Eintritt des leistungsbegründenden Ereignisses gestellt werden muss (§§ 323 ff. SGB III).

2. *Zuständigkeit:* Die Leistungen der Arbeitsförderung werden von den Agenturen für Arbeit und den sonstigen Dienststellen der Bundesagentur für Arbeit erbracht.

VI. Die Leistungen im Einzelnen

Wenngleich eine trennscharfe Abgrenzung zwischen den einzelnen Leistungen nicht immer möglich ist, lassen sie sich dennoch aufgrund ihrer unterschiedlichen Stoßrichtung unterteilen in (passive) Lohnersatzleistungen und Leistungen zur (aktiven) Arbeitsförderung.

1. Lohnersatzleistungen:

(1) → Arbeitslosengeld (§§ 136 ff. SGB III) bei Arbeitslosigkeit oder bei beruflicher Weiterbildung. Anspruch auf Arbeitslosengeld bei Arbeitslosigkeit hat, wer arbeitslos ist, sich bei der Agentur für Arbeit arbeitslos gemeldet und die Anwartschaftszeit erfüllt hat. Anspruch hat auch, wer die Voraussetzungen für einen Anspruch auf Arbeitslosengeld bei Arbeitslosigkeit allein wegen einer geförderten beruflichen Weiterbildung nicht erfüllt. Die Anwartschaftszeit erfüllt (§ 142 SGB III), wer innerhalb der letzten 24 Monate mindestens zwölf Monate in einem Versicherungspflichtverhältnis gestanden hat (Rahmenfrist nach § 143 SGB III). Als arbeitslos gilt (§ 16 SGB III), wer vorübergehend nicht in einem Beschäftigungsverhältnis steht und eine versicherungspflichtige Beschäftigung von mind. 15 Wochenstunden sucht (§ 138 V SGB III). Die Höhe des Arbeitslosengeldes beläuft sich für Arbeitslose, die selbst oder deren Ehegatte mind. ein Kind haben, auf 67 Prozent des pauschalierten Nettoentgelts (§ 153 SGB III) und auf 60 Prozent für die übrigen Arbeitslosen (§ 149 SGB III).

(2) *Teilarbeitslosengeld* (§ 162 SGB III) erhalten Personen, die sich wegen einer noch fortbestehenden versicherungspflichtigen (Neben-)Beschäftigung teilarbeitslos gemeldet haben. Bezüglich der Anspruchsvoraussetzungen gelten die Vorschriften über das Arbeitslosengeld grundsätzlich entsprechend. Die Dauer der Zahlung beträgt maximal sechs Monate. Der Anspruch erlischt, wenn die Person nach der Entstehung des Anspruchs eine Erwerbstätigkeit für mehr als zwei Wochen oder mit einer Arbeitszeit von mehr als fünf Stunden wöchentlich aufnimmt.

(3) → Kurzarbeitergeld (§§ 95 ff. SGB III) für Arbeitnehmer in Betrieben, bei denen ein erheblicher Arbeitsausfall eintritt, der auf wirtschaftlichen Gründen oder einem unabwendbaren Ereignis beruht, jedoch nur vorübergehend ist. Das Kurzarbeitergeld setzt eine vorherige schriftliche Anzeige des voraussichtlichen Arbeitsausfalls durch den Arbeitgeber oder die Betriebsvertretung bei der örtlichen Arbeitsagentur unter Darlegung der Voraussetzungen für den Bezug voraus. Die Bezugsfrist beträgt längstens sechs Monate (§ 104 I SGB III). Die Höhe beläuft sich auf 67 Prozent bzw. 60 Prozent der pauschalierten Nettoentgeltdifferenz im Anspruchszeitraum (§ 105 SGB III).

(4) *Leistungen für witterungsbedingte Arbeitsausfälle:* Arbeitnehmer, Arbeitgeber und die Agentur für Arbeit tragen bei Arbeitsverhältnissen, die über die Schlechtwetterzeit aufgrund tarifvertraglicher oder einzelvertraglicher Regelungen nicht gekündigt werden dürfen, die Risiken witterungsbedingter Arbeitsausfälle gemeinsam. Die Leistungen werden als Saison-Kurzarbeitergeld (§ 101 SGB III) (als Ersatz für die Winterbauförderung), als → Wintergeld (§ 102 SGB III) (Mehraufwands-Wintergeld und Zuschuss-Wintergeld) und in Form der Erstattung von Sozialversicherungsbeiträgen erbracht.

(5) Das *Transferkurzarbeitergeld* (§ 111 SGB III) wird gezahlt zur Vermeidung von Entlassungen und zur Verbesserung der Vermittlungsaussichten von Arbeitnehmern, die aufgrund betrieblicher Restrukturierungen von Arbeitslosigkeit bedroht sind. Die Agentur für Arbeit leistet Transferkurzarbeitergeld für längstens zwölf Monate. Liegt ein dauerhafter Arbeitsausfall vor, kann der Entgeltausfall auch jeweils 100 Prozent des monatlichen Bruttoentgelts betragen.

(6) → Insolvenzgeld (§§ 165 ff. SGB III): Ein Anspruch besteht für Arbeitnehmer, die bei Eröffnung des Insolvenzverfahrens über das Vermögen ihres Arbeitgebers oder der Abweisung eines darauf gerichteten Antrags mangels Masse für die dem Insolvenzfall vorausgehenden drei Monate des Arbeitsverhältnisses noch Ansprüche auf Arbeitsentgelt haben.

2. *Leistungen zur aktiven Arbeitsförderung*

(1) *Förderleistungen aus einem Vermittlungsbudget (§ 44 SGB III):* Mit dem Gesetz zur Neuausrichtung der arbeitsmarktpolitischen Instrumente vom 21.12.2008 (BGBl. I 2917) trat an die Stelle der Leistungen zur Unterstützung der Beratung und Vermittlung sowie der Mobilitätshilfen ein Vermittlungsbudget. Die Agenturen für Arbeit sind verpflichtet, einen angemessenen Anteil ihrer Eingliederungsmittel bereitzustellen. Aus diesem Vermittlungsbudget können individuelle Leistungen im Zusammenhang mit der beruflichen Eingliederung des Arbeitslosen gewährt werden.

(2) *Förderung von Maßnahmen zur Aktivierung und beruflichen Eingliederung (§ 45 SGB III):* Die Teilnahme an höchstens acht Wochen dauernden Maßnahmen zur Heranführung an den Ausbildungs- und Arbeitsmarkt, zur Feststellung, Verringerung oder Beseitigung von Vermittlungshemmnissen, zur Vermittlung in eine versicherungspflichtige Beschäftigung, zur Heranführung an eine selbstständige Tätigkeit oder zur Stabilisierung einer Beschäftigungsaufnahme kann gefördert werden. Dies kann durch Erstattung der für die Teilnahme entstehenden Kosten oder durch Vergütung eines Trägers oder des Arbeitgebers für die Durchführung der Maßnahme erfolgen. Das Gesetz zur Verbesserung der Eingliederungschancen am Arbeitsmarkt vom 20.12.2011 (BGBl. I 2854) legt fest, dass Arbeitslose nach einer Arbeitslosigkeit von sechs Wochen und soweit sie innerhalb einer Frist von drei Monaten noch nicht vermittelt werden konnten, einen Anspruch auf einen Aktivierungs- und *Vermittlungsgutschein* haben, um einen privaten Arbeitsvermittler einzuschalten (§ 45 VII SGB III).

(3) *Probebeschäftigung und Arbeitshilfe für behinderte Menschen (§ 46 SGB III):* Arbeitgebern können die Kosten für eine befristete Probebeschäftigung behinderter und schwerbehinderter Menschen bis zu einer Dauer von drei Monaten erstattet werden, wenn dadurch die Möglichkeit einer Teilhabe am Arbeitsleben verbessert wird oder eine vollständige und dauerhafte Teilhabe am Arbeitsleben zu erreichen ist. Zudem können sie Zuschüsse für eine behindertengerechte Ausgestaltung von Ausbildungs- oder Arbeitsplätzen erhalten.

(4) *Übergang von der Schule in die Berufsausbildung:* Die Agentur für Arbeit kann einerseits Schüler allgemeinbildender Schulen durch vertiefte Berufsorientierung und Berufswahlvorbereitung (*Berufsorientierungsmaßnahmen*) (§ 48 SGB III) sowie andererseits junge Menschen durch Maßnahmen der *Berufseinstiegsbegleitung* fördern, um sie beim Übergang von der allgemeinbildenden Schule in eine Berufsausbildung zu unterstützen (§ 49 SGB III).

(5) *Berufsvorbereitung (§§ 51 ff. SGB III):* Die Agentur für Arbeit kann förderungsbedürftige junge Menschen durch berufsvorbereitende Bildungsmaßnahmen fördern, um sie auf die Aufnahme einer Berufsausbildung vorzubereiten oder, wenn die Aufnahme einer Berufsausbildung wegen in ihrer Person liegender Gründe nicht möglich ist, ihnen die berufliche Eingliederung zu erleichtern. Förderungsbedürftige junge Menschen ohne Schulabschluss haben ferner einen Anspruch, im Rahmen einer berufsvorbereitenden Bildungsmaßnahme auf den nachträglichen Erwerb des Hauptschulabschlusses oder eines gleichwertigen Schulabschlusses vorbereitet zu werden.

(6) *Einstiegsqualifizierung (§ 54a SGB III):* Arbeitgeber, die eine betriebliche Einstiegsqualifizierung durchführen, können durch Zuschüsse zur Vergütung bis zu einer Höhe von 216 Euro monatlich zuzüglich eines pauschalierten Anteils am durchschnittlichen Gesamtsozialversicherungsbeitrag des Auszubildenden gefördert werden. Die betriebliche Einstiegsqualifizierung dient der Vermittlung und Vertiefung von Grundlagen für den Erwerb beruflicher Handlungsfähigkeit.

(7) *Berufsausbildungsbeihilfe* (§§ 56 ff. SGB III) für bedürftige Auszubildende und für Auszubildende, die zuvor arbeitslos waren, zur Bestreitung des Lebensunterhalts und sonstiger Aufwendungen bei Berufsausbildung und berufsvorbereitenden Bildungsmaßnahmen.

(8) *Zuschüsse für Arbeitgeber zur Ausbildungsvergütung behinderter und schwerbehinderter Menschen* (§ 73 SGB III) für die betriebliche Aus- und Weiterbildung von behinderten und schwerbehinderten Menschen.

(9) *Unterstützung und Förderung der Berufsausbildung (§ 74 SGB III):* Träger von Maßnahmen können Zuschüsse erhalten und Maßnahmekosten erstattet bekommen, wenn sie förderungsbedürftige junge Menschen mit ausbildungsbegleitenden Hilfen bei ihrer betrieblichen Berufsausbildung oder Einstiegsqualifizierung unterstützen oder ihre Eingliederungsaussichten in Berufsausbildung oder Arbeit verbessern oder anstelle einer Berufsausbildung in einem Betrieb in einer außerbetrieblichen Einrichtung ausbilden.

(10) Förderung der *beruflichen Weiterbildung* (§§ 81 ff. SGB III) durch Übernahme bestimmter *Weiterbildungskosten* (Fahrt- und Lehrgangskosten, Kosten für auswärtige Unterbringung und Verpflegung, Kinderbetreuungskosten).

(11) → Eingliederungszuschuss für Arbeitgeber (§§ 88 ff. SGB III): Arbeitgeber können zur Eingliederung von Arbeitnehmern, deren Vermittlung wegen in ihrer Person liegender Gründe erschwert ist, einen Zuschuss zum Arbeitsentgelt zum Ausgleich einer Minderleistung erhalten. Die Förderhöhe und die Förderdauer richten sich nach dem Umfang der Einschränkung der Arbeitsleistung des Arbeitnehmers und nach den Anforderungen des jeweiligen Arbeitsplatzes. Der Eingliederungszuschuss kann bis zu 50 Prozent des zu berücksichtigenden Arbeitsentgelts und die Förderdauer bis zu zwölf Monate betragen (Regelförderung). Für behinderte und schwerbehinderte Menschen (§ 90 SGB III) kann der Eingliederungszuschuss bis zu 70 Prozent des zu berücksichtigenden Arbeitsentgelts und die Förderdauer bis zu 24 Monate betragen. Die Förderdauer kann sich bei besonders betroffenen schwerbehinderten Menschen, die das 55. Lebensjahr vollendet haben, sogar auf bis zu 96 Monate belaufen.

(12) → Gründungszuschuss (§§ 93 f. SGB III) für die erste Zeit nach einer Existenzgründung als im Zeitverlauf mehrfach reduzierte Nachfolgeregelung zum *Überbrückungsgeld* und dem Existenzgründungszuschuss (→ Ich-AG). Gefördert werden Personen, die durch Aufnahme einer selbstständigen, hauptberuflichen Tätigkeit die Arbeitslosigkeit beenden, dies grundsätzlich für die Dauer von sechs Monaten im Umfang des Arbeitslosengeldes, das der Arbeitnehmer zuletzt bezogen hat, zuzüglich monatlich 300 Euro.

(13) *Transfermaßnahmen* (§ 110 SGB III): Nehmen Arbeitnehmer, die aufgrund einer *Betriebsänderung* oder im Anschluss an die Beendigung eines Berufsausbildungsverhältnisses von Arbeitslosigkeit bedroht sind, an Transfermaßnahmen teil, wird diese Teilnahme gefördert. Die Förderung wird als Zuschuss geleistet. Der Zuschuss beträgt 50 Prozent der erforderlichen und angemessenen Maßnahmekosten, jedoch höchstens 2.500 Euro je gefördertem Arbeitnehmer.

(14) *Übergangs- und Ausbildungsgeld für Behinderte* (§§ 119 ff. SGB III), die an einer Maßnahme der Berufsausbildung, der Berufsvorbereitung oder der beruflichen Weiterbildung etc. teilnehmen. – Vgl. grundlegend auch → Arbeitsmarktpolitik.

VII. Kostenrechnung

Zur Behandlung der Beiträge des Arbeitgebers in der Kostenrechnung vgl. → Arbeitgeberanteil, → Sozialversicherung.

Arbeitslosigkeit

von Dr. Fred Henneberger und Prof. Dr. Berndt Keller

I. Begriff und Wesen

Bei wenig flexiblen Löhnen oder sogar Lohnrigidität nach unten vorübergehend oder dauerhaft fehlende Beschäftigungsmöglichkeit für einen Teil der arbeitsfähigen und beim herrschenden Lohnniveau arbeitsbereiten Arbeitnehmer (lohnniveaubedingtes aggregiertes Arbeitsmarktungleichgewicht). Dieses nicht vollbeschäftigungskonforme Reallohnniveau kann z.B. durch gesetzliche oder tarifvertragliche Mindestlöhne oder durch Insider-Macht (Insider-Outsider-Theorien; vgl. → Arbeitsmarkttheorien) verursacht sein (*institutionelle Arbeitslosigkeit*).

Auftreten kann unfreiwillige Arbeitslosigkeit einerseits als gesamtwirtschaftliches, sektorales, regionales oder berufs- bzw. qualifikationsspezifisches Beschäftigungsdefizit: Die privaten Unternehmen und die öffentliche Hand fragen weniger Arbeitskräfte nach als diese unter den gegebenen Bedingungen Arbeitskraft anbieten (*niveaubedingte Arbeitslosigkeit*). Bei stark steigendem Erwerbspersonenpotenzial kann auch ein Angebotsüberschuss auf dem → Arbeitsmarkt verantwortlich sein für die Unterbeschäftigung bei sich nur langsam den neuen Gegebenheiten anpassenden Bedingungen (*arbeitskräftepotenzialbedingte Arbeitslosigkeit)*.

Selbst wenn die Zahl der Arbeitslosen mit der Zahl der offenen Stellen im Aggregat identisch ist, in diesem Fall spricht man von *gleichgewichtiger Arbeitslosigkeit*, da rein rechnerisch gesehen der Arbeitsmarkt geräumt ist, sagt dieser Sachverhalt noch nichts über eine faktische Markträumung aus: Wenn die Merkmalsprofile der Arbeitslosen nicht kompatibel mit den Anforderungsprofilen der offenen Stellen sind, bleibt *Mismatch-Arbeitslosigkeit* bestehen.

II. Definition und Probleme ihrer Erfassung

Prinzipiell lässt sich Arbeitslosigkeit definieren als die Gesamtheit der Arbeitswilligen und Arbeitsfähigen, die unter den gegebenen Marktbedingungen keine ihren Neigungen, Bedürfnissen und Fähigkeiten adäquate Beschäftigung finden. Von dieser volkswirtschaftlichen Grundsatzdefinition wird im Weiteren ausgegangen.

Sie unterscheidet sich von der Erfassung der Arbeitslosen in der amtlichen Statistik. Voraussetzung für eine Erfassung in den Registerdaten der → Bundesagentur für Arbeit ist die Meldung des Arbeitslosen bei einer → Agentur für Arbeit oder einem kommunalen Träger der Grundsicherung für Arbeitsuchende. Arbeitslose nach dem Dritten Buch des Sozialgesetzbuches (SGB III) sind Personen, die wie beim Anspruch → Arbeitslosengeld vorübergehend nicht in einem Beschäftigungsverhältnis stehen, eine versicherungspflichtige Beschäftigung suchen, den Vermittlungsbemühungen der Agentur für Arbeit zur Verfügung stehen und sich arbeitslos gemeldet haben (§ 16 I SGB III). Teilnehmer an Maßnahmen der aktiven Arbeitsmarktpolitik gelten als nicht arbeitslos (§ 16 II SGB III). Im Zweiten Buch des Sozialgesetzbuches (SGB II) ist Arbeitslosigkeit nicht explizit definiert. Grundsätzlich ist die Definition gemäß § 16 SGB III auch hier anzuwenden.

Registrierung, Beiträge zur → Arbeitslosenversicherung und Verfügbarkeit für die Arbeitsvermittlung (→ Arbeitsmarktpolitik) sind also die Voraussetzungen für den Bezug von Arbeitslosengeld oder – bei Bedürftigkeit – von → Arbeitslosengeld II (aus Bundesmitteln bzw. dem allgemeinen Steueraufkommen). Im Jahr 2011 waren von den knapp drei Mio. registrierten Arbeitslosen rund ein Viertel Arbeitslosengeld-Empfänger, ca. zwei Drittel Arbeitslosengeld II-Empfänger und etwa acht Prozent ohne Leistungsbezug. Die amtliche Statistik vermag jedoch nicht das *faktische* Ausmaß an Arbeitslosigkeit zu ermitteln: Einerseits kann die formale Meldung als Arbeitsloser lediglich mit dem Ziel erfolgen, soziale Leistungen zu beziehen. Außerdem trägt illegale Beschäftigung (in der Schattenwirtschaft) dazu bei, dass das tatsächliche Ausmaß der Arbeitslosigkeit *über*schätzt wird. Andererseits werden all jene Personen nicht als arbeitslos erfasst, die zur → stillen Reserve gehören (*verdeckte* oder *versteckte Arbeitslosigkeit*). Würde zudem der effektive Arbeitsausfall in Stunden und nicht in Personen gemessen, würde das Ausmaß an Unterbeschäftigung z.B. bei Vorliegen von → Kurzarbeit, ebenfalls höher ausfallen. Bewertet man die beiden Verzerrungen in der amtlichen Arbeitslosenstatistik gemeinsam, ist davon auszugehen, dass das tatsächliche Ausmaß der Arbeitslosigkeit deutlich *unter*schätzt wird.

Zum hier nicht weiter verfolgten Unterschied zwischen Arbeitslosigkeit und Erwerbslosigkeit vgl. ebenfalls → Arbeitslose und → Erwerbslose bzw. → Arbeitslosenquote und → Erwerbslosenquote.

III. Kosten der Arbeitslosigkeit

1. Gesamtfiskalische Kosten

Durch die direkten Zahlungen von Arbeitslosengeld (als Versicherungsleistung) und Arbeitslosengeld II (als Sozialleistung) sowie durch die Beiträge zur Kranken-, Renten- und Pflegeversicherung der Leistungsempfänger entstehen die *direkten* fiskalischen Kosten. Auch Arbeitslose ohne Leistungsansprüche verursachen Ausgaben für → Sozialgeld und → Wohngeld. Zu diesen direkten Kosten hinzugerechnet werden die Ausfälle an

Steuern (Lohn- und Einkommensteuern, Verbrauchsteuern und gegebenenfalls Gewerbesteuern) und Sozialbeiträgen (zur Kranken-, Renten-, Pflege-, Unfall- und Arbeitslosenversicherung) als *indirekte* fiskalische Kosten, die durch die Nichtarbeit von Arbeitslosen entstehen. Das Institut für Arbeitsmarkt- und Berufsforschung (IAB), die Forschungseinrichtung der Bundesagentur für Arbeit, schätzt die gesamtfiskalischen Kosten eines Arbeitslosen auf durchschnittlich knapp 19.000 Euro pro Jahr. Insgesamt beliefen sich die gesamtfiskalischen Kosten der Arbeitslosigkeit im Jahr 2011 auf über 56 Mrd. Euro. Rd. 55 Prozent entfielen auf die Zahlung von Arbeitslosengeld und Arbeitslosengeld II, rd. 45 Prozent auf die Mindereinnahmen an Steuern und Sozialbeiträgen. Die gesamtfiskalischen Kosten der Arbeitslosigkeit sind mit der Abnahme der Unterbeschäftigung mit Inkrafttreten der Hartz-IV-Reform im Jahr 2005 um fast 40 Prozent gesunken.

2. Gesamtwirtschaftliche Kosten

Neben den gesamtfiskalischen Kosten sind die Opportunitätskosten der Arbeitslosigkeit zu berücksichtigen, sodass die gesamtwirtschaftlichen Kosten weit höher als die gesamtfiskalischen ausfallen. Sie bestimmen sich aus dem entgangenen Bruttoinlandsprodukt (BIP) („Output-Lücke"), welches durch das Ausmaß an Unterbeschäftigung verursacht wird (Okun'sches Gesetz). Dieser Wohlfahrtsverlust erhöht sich noch aufgrund der Tatsache, dass nicht genutzte Humanressourcen einer Entwertung im Zeitverlauf unterliegen (→ Humankapitaltheorien) und gegebenenfalls die Abgabenbelastung in der Ökonomie steigt. Alle genannten Faktoren reduzieren das Produktionspotenzial (die potenzielle Wertschöpfung) und damit die Wachstumspotentiale der Volkswirtschaft erheblich.

3. Gesellschaftliche Kosten

Die gesamtwirtschaftlichen Kosten werden direkt oder indirekt erhöht durch die kaum quantifizierbaren individuellen und sozialen Kosten der Arbeitslosigkeit. Hierzu zählen z.B. psycho-soziale Folgen u.a. durch Stigmatisierung und soziale Ausgrenzung der Arbeitslosen, Beeinträchtigung des Selbstwertgefühls, gesellschaftlich-kulturelle Isolation und damit Verlust an sozialer Kompetenz und sozialer Anerkennung, höheres Krankheits- und Suizidrisiko, Gefahr der Verarmung, abnehmende Solidarität und damit verbunden Gefahr sozialer Unruhen sowie politischer Polarisierung, Zunahme der Kriminalität sowie des Alkohol- oder Drogenkonsums, Abnahme der Lebensqualität auch bei den noch Beschäftigten, weil deren Angst, den Arbeitsplatz zu verlieren, gerade in Zeiten hoher Arbeitslosigkeit ausgeprägter ist (Abstiegsangst). Deswegen wechseln sie seltener den Arbeitsplatz und verhindern dadurch womöglich ein besseres Matching und eine effizientere Ressourcenallokation (vgl. z.B. Suchtheorien; vgl. → Arbeitsmarkttheorien). Die negativen Konsequenzen der von Arbeitslosigkeit Betroffenen können sich verfestigen und sind z.T. sogar über Generationen hinweg sichtbar, was sich z.B. in deutlich schlechteren Bildungschancen ihrer Kinder widerspiegelt.

IV. Arten bzw. Erscheinungsformen

Obwohl sich die Arten der Arbeitslosigkeit z.T. überlappen, ist folgende Einteilung hilfreich für die Erkennung der Ursachen und die Bekämpfung unterschiedlicher Formen. 1. Niveaubedingte Arbeitslosigkeit

a) *Saisonale Arbeitslosigkeit:* Diese entsteht, wenn Produktion und Nachfrage stark von jahreszeitlichen Schwankungen abhängen. Dabei können sowohl biologische, klimatische, verhaltens- und institutionell bedingte Faktoren Unstetigkeiten in Produktion und Nachfrage verursachen. *Beispiele:* witterungsbedingte Arbeitsausfälle im Baugewerbe oder in der Landwirtschaft, Wegfall verhaltensbedingter zeitlicher Nachfrageballungen für bestimmte Dienstleistungen (Weihnachtsgeschäft, Urlaubszeit in der Tourismusbranche etc.). Das Ausmaß saisonaler Arbeitslosigkeit hängt somit zum einen vom Umfang der von ihr betroffenen Branchen, zum anderen auch davon ab, inwieweit der Einsatz arbeitsmarktpolitischer Instrumente (z.B. → Wintergeld) ihr Entstehen verhindert oder bei eingetretener Arbeitslosigkeit durch Vermittlungsaktivitäten befristete Beschäftigungsmöglichkeiten in anderen Branchen erschließt. Insgesamt ist die saisonale Arbeitslosigkeit stärker kurzzeitiger Natur, sodass ihr „Schweregrad" gering ist.

b) *Konjunkturelle Arbeitslosigkeit:* Sie entsteht durch zyklische Schwankungen im Auslastungsgrad des Produktionspotenzials und verteilt sich weitgehend gleichmäßig auf Sektoren, Regionen und Berufsgruppen. In der Tradition von John Maynard Keynes stehende Ökonomen (→ Keynesianismus, → Neue Keynesianische Makroökonomik) sehen die Ursache in einem allg. Nachfragemangel auf dem aggregierten Gütermarkt, die sich in einer Rationierung der Nachfrage auf dem nachgelagerten Arbeitsmarkt niederschlägt. Bei pessimistischen Absatzerwartungen der Unternehmen bspw. sinkt deren Investitionstätigkeit, was zu Einkommenseinbußen und geringerer Beschäftigung führt. Die Ökonomie befindet sich in einer Rezession. Der Rückgang der gesamtwirtschaftlichen Nachfrage kann prizipiell durch alle Komponenten des Bruttoinlandsproduktes hervorgerufen werden (Konsum-, Investitions-, Staatsausgaben, Außenbeitrag). Sobald die Gründe für den Nachfragerückgang beseitigt sind oder wenn die Einkommenseinbußen durch den Einsatz einer antizyklischen Geld- und Fiskalpolitik entsprechend kompensiert werden, kann die Volkswirtschaft wieder in eine Aufschwungphase treten. Die Glättung der Nachfrageschwankungen im privatwirtschaftlichen Bereich durch staatliche Stabilisierungspolitik soll zur Verstetigung der wirtschaftlichen Entwicklung und somit zur Vermeidung von Arbeitslosigkeit beitragen. Die konjunkturelle Arbeitslosigkeit sollte als kurz- bis mittelfristiges Phänomen grundsätzlich temporärer Natur sein.

c) *Wachstumsdefizitäre Arbeitslosigkeit:* Der Rückgang im Auslastungsgrad der Produktionsfaktoren kann auch durch längerfristige Nachfragedefizite gekennzeichnet sein, deren Ursachen in einem anhaltenden Anstieg der Sparquote oder einer bei abnehmender Produktinnovation zunehmenden Marktsättigung liegen können. Dieser Sachverhalt reduziert das (langfristige) Wirtschaftswachstum und senkt die Beschäftigung dauerhaft.

d) *Lohnbedingte Arbeitslosigkeit:* Die Neoklassiker (→ Monetarismus, → Neue Klassische Makroökonomik) führen die niveaubedingte Arbeitslosigkeit darauf zurück, dass der bestehende Reallohn höher als der Vollbeschäftigungs-Reallohn ist und dadurch ein Angebotsüberhang auf dem Arbeitsmarkt besteht *(klassische Arbeitslosigkeit* oder *Mindestlohnarbeitslosigkeit).* Die Ursachen liegen nach diesen Vorstellungen im zu hohen Lohnniveau und zu inflexiblen Löhnen, die die Knappheitverhältnisse nicht adäquat berücksichtigen, bzw. allg. in zu ungünstigen Produktions- und Investitionsbedingungen. Aufgrund von Sperrklinkeneffekten kann Unterbeschäftigung auch längerfristig bestehen bleiben.

e) *Technologisch bedingte Arbeitslosigkeit:* Arbeitssparender technischer Fortschritt kann dazu beitragen, dass Arbeitslosigkeit dauerhaft zum Problem wird. Dies insbes. dann, wenn das Lohngefüge nicht den veränderten Knappheitsverhältnissen angepasst wird.

f) *Effizienzlohnbedingte Arbeitslosigkeit:* Die Effizienzlohntheorien (→ Arbeitsmarkttheorien) teilen den Grundgedanke, dass höhere Löhne für Unternehmen einerseits höhere Kosten bedeuten, andererseits aber auch unterschiedliche Effizienzwirkungen entfalten können. Zur Lösung dieses Zielkonfliktes ist es für Unternehmen solange rational, die Löhne sukzessive zu erhöhen, wie die implizierten Produktivitäts- bzw. Effizienzsteigerungen größer ausfallen als die Kostensteigerungen. Durch diese innerbetriebliche Lohnpolitik werden die Löhne von denen des externen Arbeitsmarktes abgekoppelt. Selbst wenn Arbeitskräfte zu geringeren Löhnen rekrutiert werden könnten, tun es die Unternehmen nicht, denn bei einem sinkenden innerbetrieblichen Lohnniveau würden die Effizienzverluste schwerer wiegen als die Kosteneinsparungen. Mit Effizienzlöhnen kann auch *latente Arbeitslosigkeit* bekämpft werden, die besteht, wenn Arbeitskräfte unterausgelastet sind, nicht effizient eingesetzt sind oder eben wegen Kontrollproblemen seitens der Vorgesetzten die Möglichkeit haben, weniger produktiv als vereinbart zu arbeiten.

2. Mismatchbedingte Arbeitslosigkeit

a) *Friktionelle Arbeitslosigkeit:* Friktionelle oder Fluktuationsarbeitslosigkeit existiert, weil zu jedem Zeitpunkt ein Teil der Arbeitnehmer auf der Suche nach anderen Arbeitsplätzen ist (*Sucharbeitslosigkeit*). Weil am Arbeitsmarkt keine vollständige Transparenz besteht, fallen bei einem Stellenwechsel die Zeitpunkte der Beendigung der alten und der Aufnahme der neuen Tätigkeit häufig auseinander, sodass vorübergehend Arbeitslosigkeit entsteht. Denn Informationen über den neuen Arbeitgeber bzw. Arbeitsplatz müssen eingeholt sowie Bewerbungen, Vorstellungen, Eignungstests und ggf. ein Wohnortwechsel durchgeführt werden, die Zeit in Anspruch nehmen. Eine Beurteilung des „Schweregrades" dieser Form der Unterbeschäftigung hängt davon ab, von welcher Seite der Anstoß zum Stellenwechsel ausging (Kündigung seitens des Arbeitnehmers oder Entlassung durch den Arbeitgeber). Die Fluktuationsarbeitslosigkeit kann einerseits durch strukturelle Arbeitslosigkeit verstärkt werden, wenn es aufgrund von objektiven, subjektiven oder organisatorisch-institutionellen Faktoren bei den an der Vermittlung Beteiligten zu verlängerter Arbeitslosigkeit kommt (→ Beveridge-Kurve). Andererseits verläuft die Vakanzquote im Konjunkturzyklus üblicherweise weitgehend spiegelbildlich zur Arbeitslosenquote, sodass konjunkturelle Arbeitslosigkeit bei einem hohen Anspannungsgrad ebenfalls die Suchdauer z.T. deutlich verlängert. Das Ausmaß der friktionellen Arbeitslosigkeit wird also insgesamt durch den Umfang der Fluktuation und den Zeitbedarf zwischen der Aufgabe des alten und der Annahme des neuen Arbeitsplatzes bestimmt.

b) *Strukturelle Arbeitslosigkeit:* Sie liegt vor, wenn Angebot und Nachfrage nicht zusammenpassen, weil beide Seiten in Bezug auf vermittlungsrelevante Merkmale wie Alter, Qualifikation, Gesundheit, Beschäftigungsgrad, Wohnsitz und Produktionsstandort unterschiedlich zusammengesetzt (merkmalsstrukturiert) sind (→ Mismatch). Für die Höhe der strukturellen Arbeitslosigkeit ist maßgebend, aus welchen Gründen und in welchem Tempo sich die Struktur der Nachfrage und des Angebots auseinander entwickeln. Maßgebliche Faktoren für die Veränderung der Struktur der Nachfrage nach Arbeitskräften sind v.a.: (1) Struktur der Güternachfrage; diese verändert sich v.a. in sektoraler Hinsicht. In der „Drei-Sektoren-Hypothese" wird der in der Vergangenheit eingetretene Strukturwandel dahingehend interpretiert, dass auch in Zukunft die Wertschöpfungs- und Beschäftigungsanteile des primären (Land- und Forstwirtschaft) sowie des sekundären Sektors (verarbeitendes Gewerbe) ab- und die des tertiären zunehmen. Eine weitere Ursache für den Strukturwandel in der Güternachfrage resultiert aus der Globalisierung der Wirtschaft und der zunehmenden internationalen Arbeitsteilung. Sie führt zu einem zunehmenden Waren- und Finanzaustausch zwischen den Industrie-, Schwellen- und Entwicklungsländern. Aufgrund der unterschiedlich hohen Kosten für die Produktionsfaktoren Arbeit und Kapital kommt es zu einer Verlagerung der Produktion arbeitsintensiver Produkte in Länder mit niedrigerem Lohnniveau (Entwicklungs- und Schwellenländer), während sich die Industrieländer verstärkt auf kapitalintensive Produkte konzentrieren, die wiederum einen verstärkten Einsatz von qualifizierten Arbeitskräften erforderlich machen. Mit dieser Strukturänderung der Güternachfrage ändert sich somit die Qualifikationsstruktur der Arbeitskräftenachfrage. (2) → Technischer Fortschritt: verändert die Nachfrage nach Arbeitskräften in zweifacher Weise: Zum einen führt er über Produktinnovationen zu neuen Gütern und steigender Güternachfrage, zum anderen trägt er über Prozessinnovationen zur unterschiedlich starken Beschleunigung der Arbeitsproduktivität bei. Verzögerungen in der gegenseitigen Anpassung der Angebots- und der Nachfragestrukturen werden durch die Strukturanalysen der Arbeitslosen und offenen Stellen belegt. Die Streuung der Arbeitslosenquoten bei wichtigen Strukturmerkmalen (z.B. Region, Qualifikation, Beruf) ist ein Maß für die „Segmentierung" des Arbeitsmarktes und damit für die Höhe der strukturellen Arbeitslosigkeit. Ein verstärkter und differenzierter Einsatz der arbeitsmarktpolitischen Instrumente ist erforderlich, was insbesondere für Langzeit-Arbeitslosigkeit bei bestimmten Personengruppen gilt.

Friktionelle und strukturelle Arbeitslosigkeit sind eine Begleiterscheinung dynamischer Volkswirtschaften. Der Teil, der als „unvermeidbare" Arbeitslosigkeit angesehen werden kann, weil er selbst unter günstigsten konjunkturellen Bedingungen nicht abzubauen ist (*Sockelarbeitslosigkeit* oder *Bodensatzarbeitslosigkeit*), wird nach Milton Friedman, einem der Hauptvertreter des Monetarismus, auch als *natürliche Arbeitslosigkeit* bezeichnet. Diese resultiert aus Informationsmängeln, Mobilitätshemmnissen, Anpassungskosten, Zufälligkeiten und ähnlichen *Marktunvollkommenheiten.* Sie war ursprünglich als Arbeitslosenquote definiert, bei der die → Inflationsrate konstant ist (*Philipps-Kurve*), und spiegelt sich heute in der Non-Accelerating Inflation Rate of Unemployment (*NAIRU*) (vgl. weiter unten) wider.

3. Arbeitskräftepotenzialbedingte Arbeitslosigkeit

a) *Demographisch bedingte Arbeitslosigkeit:* entsteht z.B. durch den Eintritt geburtenstarker Jahrgänge in den Arbeitsmarkt, durch Erhöhung der gesetzlichen Regelaltersgrenze für den Rentenbezug oder durch einen infolge zunehmender Erwerbsbeteiligung von Frauen bedingten Anstieg des Erwerbspersonenpotenzials.

b) *Immigrationsbedingte Arbeitslosigkeit:* Durch Netto-Zuwanderung bedingte Ausweitung des Erwerbspersonenpotenzials und i.d.R. auch des Arbeitskräfteangebots. Tritt ein exogen verursachter Angebotsüberschuss am Arbeitsmarkt auf und verändert sich die Arbeitsnachfrage nicht oder nicht im gleichen Ausmaß bzw. nicht genügend schnell, muss der Gleichgewichtslohn sinken, damit Unterbeschäftigung vermieden werden kann. Sind die Löhne jedoch träge oder nach unten hin starr, entsteht bei konstanter Arbeitsnachfrage für eine bestimmte Zeit oder dauerhaft Arbeitslosigkeit exakt im Umfang der Ausweitung des Arbeitsangebots.

V. Grundlegende Strategien zur Bekämpfung der Arbeitslosigkeit

Da Arbeitslosigkeit sowohl individuelle und soziale Not als auch gesellschaftliche Probleme hervorruft und zu ökonomischen Wohlfahrtsverlusten führt, ist ihre Beseitigung ein bedeutendes Ziel der Arbeitsmarkt- und → Beschäftigungspolitik. Generalisierend lassen sich drei Strategien zur Erhöhung der Beschäftigtenzahl bzw. des Abbaus der Arbeitslosenzahl unterscheiden:

1. Erhöhung der Arbeitsnachfrage u.a. durch folgende Instrumente:

a) *Nachfrageorientierte Wirtschaftspolitik* zur Belebung der Güternachfrage: z.B. durch Senkung von Sozialversicherungsbeiträgen und Steuern, Zinssenkungen am Geld- und Kapitalmarkt, Erhöhung der Staatsausgaben.

b) *Angebotsorientierte Wirtschaftspolitik*: z.B. Verbesserung der Produktions- und Investitionsbedingungen, marktwirtschaftliche Erneuerung und Förderung des Wettbewerbs durch Deregulierung und Liberalisierung auch des Arbeits- und Sozialrechts (Abbau von Kündigungsschutz, erleichterte Zulassung von befristeten Arbeitsverträgen etc.) sowie der Arbeitnehmerüberlassung.

c) *Innovationsfördernde Technologiepolitik*: z.B. Verbesserung der internationalen Wettbewerbsfähigkeit durch Produkt- und Prozessinnovationen sowie Förderung des Humankapitalaufbaus.

d) *Arbeitszeitverkürzung und -flexibilisierung*: z.B. Verkürzung der jährlichen Arbeitszeit bei gleichzeitiger Verlängerung der Betriebszeiten, Abbau von Überstunden, Umwandlung von Voll- in Teilzeitarbeitsplätze, Umsetzung von Altersteilzeit (gleitender Übergang in den Ruhestand).

e) *Beschäftigungsorientierte Lohnpolitik*: z.B. Abschluss von Tariflohnsteigerungen unterhalb des Arbeitsproduktivitätszuwachses, Zulassung von Öffnungsklauseln in Tarifverträgen, stärkere Lohnspreizung, Reduzierung der von den Unternehmen freiwillig gezahlten Lohn- und Lohnnebenkosten, Schaffung bzw. Ausbau eines Niedriglohnsektors zur Generierung von Arbeitsplätzen v.a. im personen- und haushaltsbezogenen Dienstleistungsbereich.

2. Reduzierung des Arbeitsangebots

u.a. durch folgende Instrumente:

a) *Mobilitätspolitik*: z.B. Förderung der regionalen und beruflichen Mobilität durch Pendlerzuschüsse, Zuschüsse zu Umzugskosten und einem stärker modularen Aufbau von Ausbildungsgängen.

b) *Verkürzung der Lebenserwerbszeit*: z.B. vorzeitiger Übergang in den Ruhestand, Einführung von Langzeiturlauben (Sabbaticals), Förderung von Erwerbsunterbrechungen zur beruflichen Weiterbildung, für Zeiten der Kindererziehung oder Pflege, Verlängerung der Schul- und Studienzeiten.

c) *Immigrationspolitik*: z.B. Anreize zum Verbleib im Ursprungsland, Rückführungsangebote und Reintegration ins Herkunftsland, selektive Begrenzung der Zuwanderung.

3. Arbeitsmarkt-Ausgleichspolitik oder Arbeitsmarktpolitik i.e.S.

u.a. durch folgende Instrumente:

a) *Beratung und Arbeitsvermittlung*: z.B. Erhöhung der Markttransparenz durch Bereitstellung von Informationen, Maßnahmen zur Beschleunigung und qualitativen Verbesserung des Vermittlungserfolgs, Förderung des Wettbewerbs in und zwischen den Agenturen für Arbeit durch verstärktes Benchmarking und Zielcontrolling der regionalen Arbeitsmarktpolitik (Erstellung von Eingliederungsbilanzen usw.), Evaluation arbeitsmarktpolitischer Instrumente, verstärkte Zulassung privater Arbeitsvermittlung und Kooperation privater und öffentlicher Arbeitsvermittlung, Arbeitsvermittlung unter dem Dach des Arbeitnehmerüberlassungsgesetzes, Förderung der internationalen Berufs- und Arbeitsberatung.

b) *Einsatz neuer Job-Search-Strategien*: z.B. Internet, Talentmarketing, Selbstmarketing, Arbeitssuchvertrag, Networking, Existenzgründung, Outplacement, Personal-Leasing.

c) *Qualifizierungspolitik*: z.B. Förderung der allgemeinen und beruflichen Ausbildung sowie der beruflichen Weiterbildung mit dem Ziel des Erwerbs von Schlüssel- und Schnittstellenqualifikationen.

d) *Arbeitsgelegenheiten:* z.B. Verwirklichung struktur- und umweltpolitischer Ziele, Verbesserung der Vermittlungschancen für Langzeitarbeitslose, Umwandlung von Arbeitslosen- in Beschäftigungsgeld, z.B. via Lohnsubventionen („Make Work Pay").

e) *Lohnabstandsgebot*: Die Lohnersatzleistungen sollen so bemessen sein, dass sich die Aufnahme einer zumutbaren, aber gering bezahlten Tätigkeit lohnt.

Sockelarbeitslosigkeit baut sich seit 2008 nicht weiter auf

Arbeitslosenquoten (bezogen auf alle abhängigen zivilen Erwerbspersonen)
Deutschland, West- und Ostdeutschland
1950 bis 2010

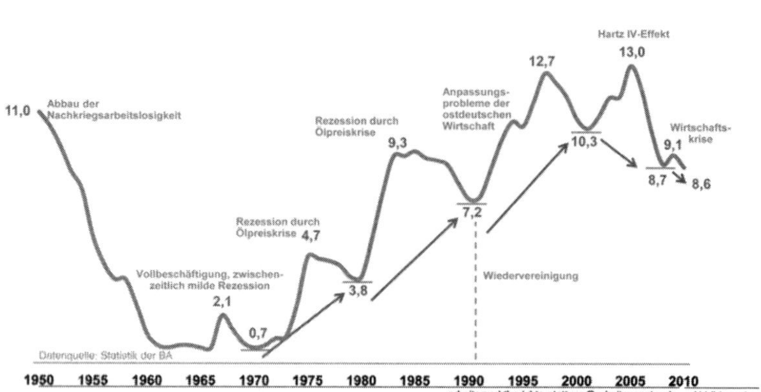

arbeitsmarktberichterstattung@arbeitsagentur.de Abbildung 1

VI. Persistenz, Hysteresis und inflationsstabile Arbeitslosenquote

Die langfristige Entwicklung der Arbeitslosigkeit war in Deutschland bis 2005 einerseits durch eine sich verfestigende Sockelarbeitslosigkeit (*Persistenz*) sowie, was noch viel problematischer ist, durch einen *treppenförmigen Anstieg* der Arbeitslosenquote gekennzeichnet, worin sich *Hysterese* widerspiegelt (vgl. Abbildung 1). Da die Arbeitslosenquote in den Rezessionsphasen Mitte der 1970er-, Anfang der 1980er- und Anfang der 1990er-Jahre sprunghaft zunahm und in den folgenden Aufschwungphasen nur ein begrenzter Abbau der Arbeitslosigkeit stattfand, stieg die Arbeitslosenquote von Rezession zu Rezession an.

Mit Hysterese wird die Tatsache umschrieben, dass sich einmal entstandene Arbeitslosigkeit nach jedem exogenen Schock bei dessen Wegfall nicht mehr auf ihr ursprüngliches endogenes Niveau zurückbildet, sondern auf ein höheres gleichgewichtiges Niveau einschwenkt (*Pfadabhängigkeitsthese*) (vgl. Abbildung 2). Begründen lässt sich diese Entwicklung wie folgt: Entsteht nach einem Angebotsschock Arbeitslosigkeit, die etwa durch eine Erhöhung der Rohölpreise ausgelöst wird, verlieren Arbeitslose sukzessive einen Teil ihres vormals aufgebauten Humankapitals. Diese Dequalifizierung registrieren auch die Arbeitgeber und verwenden die Dauer der Arbeitslosigkeit als Selektionsinstrument, indem sie jene Personen zuerst wieder beschäftigen, welche die kürzeste Phase der Erwerbslosigkeit aufweisen. Diese Auswahl wiederum demotiviert die übrigen Stellensuchenden, die ihre Such-, Weiterbildungsanstrengungen usw. stärker reduzieren. Somit wird einmal entstandene Arbeitslosigkeit selbst wieder Ursache weiterer Arbeitslosigkeit. Diese eher ernüchternde Erkenntnis bestätigt die Wichtigkeit einer möglichst frühzeitigen Bekämpfung, um das Problem der *Langzeitarbeitslosigkeit* erst gar nicht aufkommen zu lassen. Obwohl die Zahl der Langzeitarbeitslosen, der Indikator für individuell verfestigte Arbeitslosigkeit, in Deutschland seit dem Jahr 2008 abnahm, waren im Jahr 2011 immer noch rund 30% (knapp 900.000) aller registrierten Arbeitslosen betroffen. Zudem steigt aktuell die *Übergangsarbeitslosigkeit* infolge zunehmender Fluktuation am Arbeitsmarkt, was steigende Übergänge in und aus der Arbeitslosigkeit einschließt. Wie diese höhere Flexibilität und Dynamik am Arbeitsmarkt vor dem Hintergrund der Zunahme atypischer Beschäftigungsverhältnisse (→ atypische Beschäftigung) zu Lasten von Normalarbeitsverhältnissen letztlich v.a. auch im Zusammenhang mit der *Working-Poor*-Problematik (Armut in bzw. trotz Arbeit) zu bewerten ist, bleibt strittig.

Arbeitslosigkeit kann grundsätzlich durch eine Expansion der Nachfrage bekämpft werden. Problematisch an dieser Strategie ist, dass sie häufig mit Preissteigerungen und Inflation verbunden ist. Der Ausgangspunkt der Überlegungen lautet, dass es eine Arbeitslosenquote geben muss, die mit einer konstanten Inflationsrate verbunden ist. Eine Non-Accelerating Inflation Rate of Unemployment (*NAIRU*) liegt vor, wenn Arbeitgeber und Arbeitnehmer ihre Verteilungsansprüche an das zur Verfügung stehende Sozialprodukt so wählen, dass

Abbildung 2: Stilisierte Entwicklung der Arbeitslosenquote (ALQ) bei Hysterese

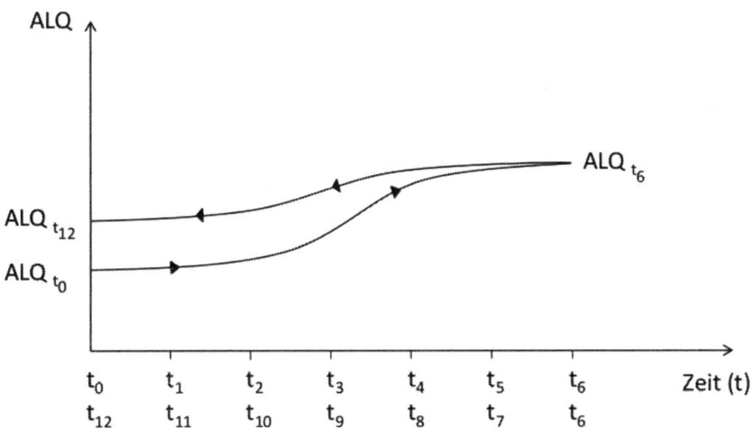

die Inflationsrate nicht tangiert wird. Versuchen jedoch die gewinnmaximierenden Unternehmen über höhere Preise bzw. die reallohnmaximierenden Arbeitnehmer(-vertretungen) über höhere Löhne autonom größere *Ansprüche* an das nur einmal verteilbare Volkseinkommen zu stellen, erfolgt zwangsläufig ein Anstieg der Inflationsrate. Soll die Inflationsrate konstant bleiben, muss die Arbeitslosenquote zunehmen, damit beide Marktseiten für ihr Handeln bestraft bzw. in Bezug auf ihre Verteilungsansprüche diszipliniert werden: Die Unternehmen müssen Absatzeinbußen, die Arbeitnehmer Unterbeschäftigung in Kauf nehmen. Sind die Ansprüche überzogen, muss die Arbeitslosigkeit steigen, um erstere wieder zu reduzieren. M.a.W.: Die Arbeitslosigkeit übernimmt eine koordinierende Aufgabe, um eine Inflationsspirale zu verhindern.

Liegt die tatsächliche Arbeitslosenquote unterhalb der NAIRU, provoziert dies Verteilungskonflikte mit der Konsequenz eines akzelerierenden Preisniveaus; daher wird für diese Situation eine restriktive Geld- bzw. Fiskalpolitik empfohlen. Eine tatsächliche Arbeitslosenquote oberhalb der NAIRU deutet hingegen auf eine zu geringe gesamtwirtschaftliche Nachfrage hin. In dieser Situation – aber nur dann – ließe sich Arbeitslosigkeit durch expansive geld- bzw. fiskalpolitische Impulse reduzieren, ohne dass ein Anstieg der Inflationsrate zu erwarten wäre. Die NAIRU muss im Zeitverlauf nicht stabil bleiben. Tatsächlich bewegte sie sich in Westdeutschland Anfang der 1970er-Jahre noch bei rund drei Prozent, wuchs aber bis zum Jahr 2007 auf ca. neun Prozent. Liegt Persistenz am Arbeitsmarkt vor, wird es bei einer exogen verursachten Störung eine gewisse Zeit dauern, bis die Arbeitslosigkeit wieder ihre alte gleichgewichtige Höhe erreicht, die NAIRU verändert sich aber nicht. Ist hingegen von Hysterese auszugehen, etwa durch Erhöhung der Mismatch-Arbeitslosigkeit oder durch höhere autonome Ansprüche einer der beiden oder beider Arbeitsmarktparteien an das Sozialprodukt, nimmt die NAIRU zu und fällt nicht wieder auf ihr ursprüngliches Niveau. Damit sinken die Chancen für eine nachfrageorientierte Wirtschaftspolitik zur Verbesserung der Situation. Die aktuelle Entwicklung ist gekennzeichnet von einem Bedeutungszuwachs sowohl der angebotsorientierten Wirtschaftspolitik als auch der Arbeitsmarkt-Ausgleichspolitik. Ein wesentliches Element dieser Ausrichtung ist die stärkere Verknüpfung von staatlichen Leistungen und individuellen Gegenleistungen (Prinzip des Förderns *und* Forderns) auf der Arbeitsangebotsseite.

Arbeitslosigkeitsdynamik – 1. *Begriff:* Die Arbeitslosigkeitsdynamik zeigt sich in der Relation zwischen den Bewegungsgrößen (Zugänge in und Abgänge aus Arbeitslosigkeit) und der Bestandsgröße der Arbeitslosigkeit, Letztere wird gemessen als durchschnittliche Anzahl Arbeitsloser in der betrachteten Zeitperiode. – 2. *Konsequenz:* Ein Quotient von z.B. 2 besagt, dass sich der Bestand in einer Periode zweimal erneuert. Je größer die Dynamik ist, desto geringer sind durchschnittliche Verweildauer (→ Arbeitsmarktrisiken) und damit „Schweregrad" der Arbeitslosigkeit.

Arbeitsmängel → Vertragsbruch.

Arbeitsmarkt – 1. *Begriff:* Zusammentreffen von Arbeitsangebot und Arbeitsnachfrage. – 2. In *traditioneller, neoklassischer Sicht* entspricht die Funktionsweise des Arbeitsmarkts der von Güter- oder anderen Märkten. Sowohl Arbeitsangebot als auch Arbeitsnachfrage sind reallohnabhängig. Das Arbeitsangebot nimmt mit steigendem Reallohn zu (Grenznutzentheorem), die Arbeitsnachfrage nimmt mit steigendem Reallohn ab (Grenzproduktivitätstheorem). Ungleichgewichte (in Form von Arbeitslosigkeit oder Überbeschäftigung) werden durch den Preismechanismus automatisch ausgeglichen (→ klassische Lehre, → Neoklassik). Grundsätzlich kommt es immer und überall zu einem Gleichgewicht, bei dem jeder Arbeitnehmer, der zum herrschenden Reallohn arbeiten will, auch tatsächlich arbeiten kann. → Arbeitslosigkeit ist aus neoklassischer Sicht grundsätzlich freiwilliger Natur (aufgrund hoher Freizeitpräferenzen der Anbieter). Arbeitskräfte, die freiwillig arbeitslos sind, empfinden den Vollbeschäftigungsreallohn als zu niedrig und sind nicht bereit, bei diesem Reallohn eine Beschäftgung aufzunehmen. – 3. Die *Keynessche und keynesianische Kritik* der neoklassischen Arbeitsmarktanalyse richtet sich vor allem gegen die Annahmen Markttransparenz und Gültigkeit des → Sayschen Theorems. Nach Keynes (→ Keynesianismus) wird die tatsächliche Höhe der Beschäftigung auf den Gütermärkten festgelegt. Die Nachfrage nach Arbeit ist eine abgeleitete Größe und wird durch die Höhe der effektiven Nachfrage bestimmt. Ist die effektive Nachfrage kleiner als das Vollbeschäftigungseinkommen (→ Unterbeschäftigungsgleichgewicht), liegt konjunkturelle Arbeitslosigkeit vor, die ursachenadäquat durch die → Konjunkturpolitik bekämpft werden muss. – Vgl. auch → Arbeitsmarkttheorien, → Arbeitsmarktpolitik, → Beschäftigungstheorie, → Beschäftigungspolitik.

Arbeitsmarktbilanz – 1. *Arbeitskräftebilanz:* Zusammentreffen bzw. Gegenüberstellung von → Erwerbspersonenpotenzial (Arbeitskräfteangebot) und → Erwerbstätigen (realisierte Arbeitskräftenachfrage). – 2. *Arbeitsvolumenbilanz:* Zusammentreffen bzw. Gegenüberstellung von angebotenem und nachgefragtem Arbeitsvolumen (Anzahl Arbeitskräfte multipliziert mit der jeweils tatsächlich geleisteten Arbeitszeit). – 3. Mit dem *Saldo* von Angebot und Nachfrage lassen sich Auslastungs- bzw. Unterauslastungsgrade (z.B. Unterbeschäftigungsquote, → Arbeitslosenquote) berechnen.

Arbeitsmarktpolitik

von Prof. Dr. Berndt Keller und Dr. Fred Henneberger

I. Begriffliche Abgrenzungen, Arten und Ziele der Arbeitsmarktpolitik

Von grundlegender Bedeutung ist zunächst die Unterscheidung zwischen Beschäftigungs- und Arbeitsmarktpolitik. *Beschäftigungspolitik* ist im Sinne einer Totalanalyse primär makroökonomisch ausgerichtet. Als umfassendere Strategie schließt sie alle Maßnahmen der allgemeinen Wirtschafts-, Geld-, Fiskal- und Lohnpolitik ein, welche auf Prozesse und Ergebnisse von Arbeitsmärkten einwirken. *Arbeitsmarktpolitik* ist im Sinne einer Partialanalyse eher mikroökonomisch orientiert. Im breiten Kontext eines notwendigen Policy-Mix hat sie als konkreteres Strategienbündel die Aufgabe, Angebot und Nachfrage nach Arbeitskräften quantitativ und qualitativ zu beeinflussen (Niveau- und Strukturdimension).

Weiterhin ist die *Arbeitsförderung* gemäß Drittem Buch des Sozialgesetzbuches (SGB III) vom 24.3.1997 (BGBl. I 594) in der Fassung vom 21.7.2012 (BGBl. I 1613) m.spät.Änd. von der *Grundsicherung für Arbeitsuchende* gemäß Zweitem Buch des Sozialgesetzbuches (SGB II) vom 24.12.2003 (BGBl. I 2954) in der Fassung der Bekanntmachung vom 13.5.2011 (BGBl. I 850 [2094]) m.spät.Änd. zu differenzieren. Während erstere auf die klassische Arbeitsmarktpolitik (Arbeitsmarktpolitik i.e.S.) gerichtet ist, lehnt sich letztere an die traditionelle → Sozialpolitik an (vgl. auch → Sozialhilfe). Aufgrund der Ausgestaltung einzelner Eingliederungsleistungen (→ Leistungen zur Eingliederung in Arbeit nach SGB II) kann sie (inzwischen) in diesem Bereich als Arbeitsmarktpolitik i.w.S. verstanden werden. Im Folgenden steht jedoch die (aktive) Arbeitsförderung nach SGB III im Zentrum der Analyse.

In quantitativer Hinsicht steht die Steigerung des Verhältnisses zwischen der Zahl der Erwerbstätigen und dem Arbeitsangebot aller Erwerbsfähigen im Vordergrund. Dieses → Erwerbspersonenpotenzial umfasst neben den aktuell Beschäftigten die registrierten Arbeitslosen, alle Teilnehmer an arbeitsmarktpolitischen Maßnahmen sowie die sog. → stille Reserve. In qualitativer Hinsicht soll die Beschäftigungsstruktur beeinflusst werden, d.h. ein regionales, qualifikatorisches, berufliches sowie in Bezug auf die Arbeitszeitwünsche beider Marktseiten verbessertes Matching zwischen Angebot und Nachfrage wird angestrebt. Arbeitsmarktpolitik soll den Unvollkommenheiten von Arbeitsmärkten (u.a. mangelnde Transparenz, eingeschränkte Mobilität der Arbeitnehmer, Existenz von → Transaktionskosten) entgegen wirken sowie die Folgen von Strukturwandel mildern. Sie ist allein nicht in der Lage, die Probleme der Unterbeschäftigung zu lösen, kann nur flankierend wirken und bedarf der aktiven Unterstützung durch andere Politiken (v.a. Finanz- und Wirtschaftspolitik); ohne gesamtwirtschaftliche Einbettung bleibt sie weitgehend wirkungslos.

Weiterhin ist zu unterscheiden zwischen *Ordnungspolitik*, welche über die Gestaltung bzw. Veränderung der Arbeitsmarktverfassung die rechtlich-institutionellen Rahmenbedingungen für einen Ausgleich von Angebot und Nachfrage vorgibt, und *Prozesspolitik*, welche durch die Setzung von Anreizen das Handeln der Akteure zu beeinflussen versucht.

Schließlich ist zu differenzieren zwischen *passiv-verwaltender* und *aktiv-gestaltender Arbeitsmarktpolitik*. Erstere umfasst die Sicherung der materiellen Existenz bei Unterbeschäftigung durch die Zahlung von Lohnersatzleistungen (wie → Arbeitslosengeld, → Kurzarbeitergeld, → Saison-Kurzarbeitergeld, → Wintergeld, → Insolvenzgeld). Vgl. auch → Arbeitslosenversicherung.

Aktiv-gestaltende Arbeitsmarktpolitik zielt auf die Beeinflussung von Ausmaß und Struktur von Angebot und Nachfrage, v.a. auf die Integration arbeits- und ausbildungsplatzsuchender Personen sowie auf die (Wieder-)Eingliederung Arbeitsloser oder von Arbeitslosigkeit bedrohter Personen in den Erwerbsprozess, konkret in den ersten Arbeitsmarkt und damit in reguläre Beschäftigung (u.a. durch Berufsorientierungsmaßnahmen, Berufseinstiegsbegleitung, Einstiegsqualifizierung, Berufsausbildungsbeihilfen, Transferleistungen). Zusätzlich sollen Aufbau, Erhalt und Erweiterung der individuellen → Beschäftigungsfähigkeit erreicht werden (u.a.

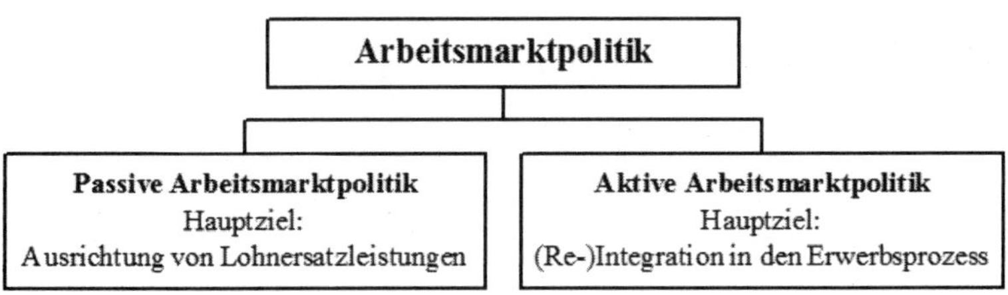

durch Förderung von Maßnahmen zur Aktivierung und beruflichen Eingliederung, Unterstützung und Förderung der Berufsausbildung, Förderung der beruflichen Weiterbildung und der Mobilität, berufliche Eingliederung benachteiligter Gruppen wie Behinderter und Schwerbehinderter). Im Sinne einer Hierarchisierung ihrer Ziele kodifizieren die gesetzlichen Regelungen des SGB III den Vorrang von Arbeitsvermittlung, Beratung und Aktivierung der Arbeitsuchenden (u.a. Förderleistungen aus einem Vermittlungsbudget, Förderung von Maßnahmen zur Aktivierung und beruflichen Eingliederung, Vermittlungsgutscheine) vor sonstigen Leistungen der aktiven Arbeitsförderung (u.a. Einstiegsqualifizierung, Eingliederungszuschüsse, Übergangsgeld für Behinderte, Gründungszuschuss) sowie v.a. vor Entgeltersatzleistungen.

Schließlich wird die Unterscheidung in *aktive* und *aktivierende Arbeitsmarktpolitik* wichtiger. Letztere betont im Rahmen eines grundlegend veränderten Verständnisses von Sozialstaat bzw. Arbeits- und Sozialpolitik das Prinzip „Fördern und Fordern" oder „Eigeninitiativen auslösen und Sicherheiten einlösen" mit dem Ziel sozialer Inklusion. Das neue Leitmotiv bzw. das neue Leistungsrecht besteht in der engeren Verbindung von staatlichen Leistungen und erwarteten individuellen Gegenleistungen im Sinne größerer Eigenverantwortung und mehr Eigeninitiative. Das Sanktionspotenzial bzw. der Druck auf Arbeitslose zur Annahme jeder angebotenen Stelle wird im Rahmen der Formel der „neuen Zumutbarkeit" gemäß regionalen, finanziellen, funktionalen und sozialen Kriterien verstärkt (u.a. neue Sperrzeitenregelung mit häufigerer Verhängung von Sperrzeiten wegen Ablehnung eines Stellenangebots, Umkehr der Beweislast) – → Agenda 2010.

II. Entwicklung der gesetzlichen Grundlagen

Grundlage der Regulierung des Arbeitsmarktes war lange Zeit das seit 1969 geltende → Arbeitsförderungsgesetz (AFG); es erfuhr infolge der grundlegenden Veränderungen des Arbeitsmarktes, v.a. der zunehmenden und anhaltenden Arbeitslosigkeit seit Mitte der 1970er-Jahre, zahlreiche Novellierungen sowie die Anpassung zum → Arbeitsförderungsreformgesetz (AFRG). 1998 wurde es schließlich durch das SGB III abgelöst. Diese veränderten Regulierungsvorgaben beinhalteten deutliche Strategiewechsel und Schwerpunktverschiebungen. War das AFG noch auf die Ziele „Erreichung und Stabilisierung eines hohen Beschäftigungsstandes" sowie „ständige Verbesserung der Beschäftigungsstruktur und Qualifikation auch der Erwerbstätigen" ausgerichtet, basiert die Arbeitsförderung gemäß SGB III in stärkerem Maße auf neoklassischem Gedankengut (→ Neoklassik): Aspekte des Arbeitsmarktausgleichs treten zulasten präventiver Maßnahmen in den Vordergrund (Erhöhung der Vermittlungseffizienz); Eigeninitiative, v.a. der Arbeitnehmer, soll durch aktivierende Maßnahmen gestärkt werden. Die gesamte Arbeitsverwaltung soll modernisiert und dezentralisiert werden.

Unregelmäßigkeiten bei der Vermittlungsstatistik der Bundesagentur für Arbeit führten 2002 zur Einsetzung der sog. → Hartz-Kommission. Sie unterbreitete „Vorschläge zum Abbau der Arbeitslosigkeit und zur Umstrukturierung der Bundesanstalt für Arbeit". Erhebliche Neuerungen beim Aufbau der Institutionen, bei der Ausgestaltung des Leistungsrechts und den Voraussetzungen des Einsatzes zahlreicher Instrumente leiteten 2003-2005 die „Gesetze für moderne Dienstleistungen am Arbeitsmarkt" ein (→ Hartz-Gesetze). Sie bedeuteten einen Paradigmenwechsel. Wichtige Instrumente aktiver Arbeitsmarktpolitik wurden modifiziert (u.a. Lohnkostenzuschüsse), andere neu eingeführt (u.a. Eingliederungsverträge, frühzeitige Meldepflicht bei drohender Arbeitslosigkeit, Anspruch auf Vermittlungs- und Bildungsgutscheine, Existenzgründungszuschüsse, Personal-Service-Agenturen). In den Folgejahren sind durch Zusammenlegung (u.a. Gründungszuschuss anstelle von Überbrückungsgeld und Existenzgründungszuschauss) und Abschaffung (u.a. Personal-Service-Agenturen) wiederug erhebliche Veränderungen eingetreten. Die Nachhaltigkeit des eingetretenen Politikwechsels ist nur in begrenztem Maße gegeben. Die Ergebnisse umfangreicher wissenschaftlicher Untersuchungen der arbeitsmarktpolitischen Instrumente sollen stärker als früher in die Reformüberlegungen eingehen.

Nach Etablierung des SGB III bleibt die „Halbwertzeit" der gesetzlichen Rahmenregelungen weiter gering. Bereits 2002 traten zwei Novellierungen des SGB III in Kraft, nämlich das „Gesetz zur Reform der arbeitsmarktpolitischen Instrumente" (→ Job-AQTIV-Gesetz) sowie das → Gesetz zur Reform der Arbeitsverwaltung und Arbeitsvermittlung. Ausländische Erfahrungen (u.a. in beschäftigungspolitisch erfolgreicheren Ländern wie Dänemark und den Niederlanden) gingen stärker als früher in die Reformüberlegungen ein. Mit dem Gesetz zur Neuausrichtung der arbeitsmarktpolitischen Instrumente vom 21.12.2008 (BGBl. I 2917) und dem Gesetz zur Verbesserung der Eingliederungschancen am Arbeitsmarkt vom 20.12.2011 (BGBl. I 2854) fanden aktuell und kurz nacheinander zwei grundlegende *Instrumentenreformen* statt. Ziele sind u.a. die Erhöhung von Effektivität und Effizienz beim Einsatz der Instrumente, mehr Dezentralität durch Stärkung der örtlichen Entscheidungskompetenzen, größere Individualität durch Verbesserung der individuellen Beratung und Unterstützung, höhere Qualität durch Stärkung der Qualitätssicherung bei Arbeitsmarktdienstleistern, höhere Flexibilität und mehr Transparenz durch überschaubare, flexibel einsetzbare Instrumente. Zudem liegt der Schwerpunkt der letzten Reform auf Maßnahmen der Qualifizierung junger Menschen im Übergang von der Schule in Ausbildung und Beruf. Gleichzeitig sollen bei der Arbeitslosenversicherung Mittel eingespart werden. Mit den beiden Instrumentenreformen wurden die Arbeitsmarktinstrumente neu geordnet und gestrafft (u.a. Abschaffung der Arbeitsbeschaffungsmaßnahmen). Als *Ziele der Arbeitsförderung* werden festgehalten: „Die Arbeitsförderung

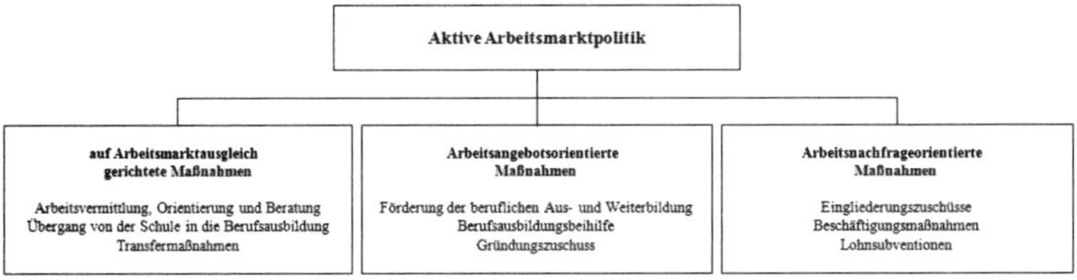

soll dem Entstehen von Arbeitslosigkeit entgegenwirken, die Dauer der Arbeitslosigkeit verkürzen und den Ausgleich von Angebot und Nachfrage auf dem Ausbildungs- und Arbeitsmarkt unterstützen. Dabei ist insbesondere durch die Verbesserung der individuellen Beschäftigungsfähigkeit Langzeitarbeitslosigkeit zu vermeiden. Die Gleichstellung von Frauen und Männern ist als durchgängiges Prinzip der Arbeitsförderung zu verfolgen. Die Arbeitsförderung soll dazu beitragen, dass ein hoher Beschäftigungsstand erreicht und die Beschäftigungsstruktur ständig verbessert wird. Sie ist so auszurichten, dass sie der beschäftigungspolitischen Zielsetzung der Sozial-, Wirtschafts- und Finanzpolitik der Bundesregierung entspricht" (§ 1 I SGB III). „Die Leistungen der Arbeitsförderung sollen insbesondere 1. die Transparenz auf dem Ausbildungs- und Arbeitsmarkt erhöhen, die berufliche und regionale Mobilität unterstützen und die zügige Besetzung offener Stellen ermöglichen, 2. die individuelle Beschäftigungsfähigkeit durch Erhalt und Ausbau von Fertigkeiten, Kenntnissen und Fähigkeiten fördern, 3. unterwertiger Beschäftigung entgegenwirken und 4. die berufliche Situation von Frauen verbessern, indem sie auf die Beseitigung bestehender Nachteile sowie auf die Überwindung eines geschlechtsspezifisch geprägten Ausbildungs- und Arbeitsmarktes hinwirken und Frauen mindestens entsprechend ihrem Anteil an den Arbeitslosen und ihrer relativen Betroffenheit von Arbeitslosigkeit gefördert werden" (§ 1 II SGB III).

III. Träger

Die *Träger der staatlichen Arbeitsmarktpolitik* sind auf drei funktionalen Ebenen angesiedelt: die Bundesagentur für Arbeit (früher Bundesanstalt für Arbeit), zehn Regionaldirektionen (früher Landesarbeitsämter) sowie 176 → Agenturen für Arbeit (früher Arbeitsämter) mit gut 610 Geschäftsstellen. Die Selbstverwaltung findet statt im Rahmen tripartistisch besetzter Gremien (Arbeitgeberverbände, Gewerkschaften, Gebietskörperschaften). Seit 2002 hat die Bundesagentur für Arbeit einen dreiköpfigen Vorstand als Leitungs- sowie einen tripartistisch besetzten Verwaltungsrat als Kontrollorgan. Es handelt sich nicht nur um die Umwandlung einer dreiin eine zweistufige Struktur funktionaler Verantwortlichkeiten sondern auch um die Umstrukturierung bzw. Neuausrichtung der Bundesagentur für Arbeit von einer öffentlichen-rechtlichen Einrichtung mit Selbstverwaltungscharakter in eine „Dienstleistungsorganisation" mit Führungsstrukturen, wie sie aus der Privatwirtschaft bekannt sind. Seit 2003 werden die Landesarbeitsämter umgestaltet und die regionale Dimension der Arbeitsmarktpolitik aufgewertet. Die Regionaldirektionen steuern die Arbeitsagenturen.

IV. Finanzierung und Aktivitätsrate

Die *Finanzierung* der passiven wie aktiven Arbeitsmarktpolitik erfolgt überwiegend und zu gleichen Anteilen aus Pflichtbeiträgen der Beschäftigten und der Arbeitgeber; einzelne Instrumente werden zusätzlich durch Umlagen der Arbeitgeber finanziert (Wintergeld und Insolvenzgeld). Außerdem beteiligt sich der Bund an den Kosten der Arbeitsförderung (§ 363 SGB III). Er hat die Verpflichtung zur Übernahme bzw. zum Ausgleich auftretender Defizite, die aus allgemeinen Steuermitteln bestritten werden. Dadurch allenfalls entstehende Rücklagen, die mittelfristig zum Ausgleich genutzt werden könnten, existieren in der Mehrzahl der Jahre nicht und sind zudem sehr gering. Die konjunkturelle Situation hat erhebliche Folgen für den Haushalt der Bundesagentur für Arbeit, da bei ungünstiger Entwicklung die Ausgaben steigen, während die Einnahmen sinken, sodass der Handlungsspielraum für aktive Arbeitsmarktpolitik eingeschränkt wird.

Die passive Arbeitsmarktpolitik folgt unterschiedlichen Organisationsprinzipien und hat mehrere Finanzierungsquellen (→ Arbeitslosenversicherung). Die Zahlung von Arbeitslosengeld, dem größten Bestandteil der Entgeltersatzleistungen, richtet sich nach dem Versicherungsprinzip. Die Quote der Lohnersatzleistungen ist langfristig gesunken und weist Unterschiede u.a. nach Geschlecht, Alter, Nationalität, Beruf sowie Familienstand auf. Sie ist in Höhe und Dauer abhängig von den individuellen Beiträgen, die während der Erwerbstätigkeit geleistet wurden sowie von der Erfüllung bestimmter Anwartschaftszeiten. Demgegenüber richtet sich das → Arbeitslosengeld II, das mit dem SGB II durch Zusammenlegung der früheren Arbeitslosenhilfe mit der Sozialhilfe eingeführt wurde, nach dem Bedürftigkeitsprinzip und zielt auf eine einheitliche Grundsicherung (Agenda 2010). Die Leistungen setzen sich zusammen aus der Regelleistung Arbeitslosengeld II, Sozialgeld für die im Haushalt der Arbeitslosengeld II-Empfänger wohnenden Nichterwerbsfähigen sowie Zahlungen für Unterkunft und Heizung (§ 20 ff. SGB II). Die Finanzierung erfolgt aus Bundesmitteln (§ 46 SGB II) und somit aus dem allgemeinen Steueraufkommen.

Die *Beitragssätze* stiegen seit Mitte der 1970er-Jahre von rund zwei Prozent im Trend auf über sechs Prozent, weil die Ausgaben infolge der zunehmenden Arbeitslosigkeit deutlich wuchsen. Hinzu kam die Finanzierung sog. versicherungsfremder Leistungen, die zwischen den 1980er- und frühen 2000er-Jahren v.a. durch umfangreiche Maßnahmen der Frühverrentung (→ Arbeitszeitpolitik) ausgelöst wurden. In den 1990er-Jahren wurde die Ausgaben durch den Sondereinfluss der deutschen Wiedervereinigung erheblich ausgeweitet. Der Beschäftigungseinbruch in den neuen Bundesländern führte zum Ausbau und massiven Einsatz sämtlicher Instrumente der Arbeitsmarktpolitik mit dem Ziel einer gewissen Stabilisierung.

Die Höhe der Beitragssätze nimmt infolge der Hartz-Gesetze deutlich ab, was politisch als Maßnahme zur „Senkung der → Lohnnebenkosten" gewollt ist. 2007 erfolgte eine Senkung von 6,5 auf 4,2 Prozent, 2008 auf 3,3 Prozent, 2009 auf 2,8 Prozent (ab 2011 wieder 3 Prozent). Die Bundesagentur für Arbeit kann sogar vereinzelt Überschüsse erzielen, nachdem sie lange Jahre stets Defizite verzeichnete. Allerdings resultieren aus diesen Absenkungen Konsequenzen für die Instrumente aktiver Arbeitsmarktpolitik (wie Förderung der beruflichen Weiterbildung oder Gründungszuschuss), deren Ausgaben bzw. Teilnehmerzahlen trotz des nachweislich vorhandenen Bedarfs erheblich reduziert oder ganz ausgesetzt werden (wie Abschaffung der Arbeitsbeschaffungsmaßnahmen). Anders formuliert: Im aktuellen Reformprozess dominieren betriebswirtschaftliche, an (Kosten-)Effizienz beim Einsatz der Instrumente orientierte Steuerungslogiken. Während die Ausrichtung der Instrumente erheblich verändert wurde, wurde die Einführung einer antizyklischen Arbeitsmarktpolitik oder zumindest konjunkturneutral ausgestalteter, stabiler Beitragssätze nicht angegangen.

Die *Aktivitätsrate*, d.h. der Anteil der Ausgaben für aktive Maßnahmen an den Gesamtausgaben ist stark konjunkturabhängig. Bei steigender (sinkender) Arbeitslosigkeit nehmen ceteris paribus die Ausgaben für Entgeltersatzleistungen (Muss-Leistungen) zu (ab). Gleichzeitig sinken (steigen) die Beitragseinnahmen. Weil auch die aktive Arbeitsmarktpolitik (Kann-Leistungen) primär aus den Beiträgen finanziert wird, sinkt (steigt) aus strukturellen Gründen der Spielraum für aktive Maßnahmen, die bei steigender (sinkender) Arbeitslosigkeit notwendiger (weniger notwendig) sind. Seit Mitte der 1980er-Jahre bis Ende der 1990er-Jahre schwankte die Aktivitätsrate deutlich zwischen knapp 30 und mehr als 45 Prozent.

V. Instrumente und ihr theoretischer Hintergrund

Die arbeitsmarktpolitischen Instrumente (*aktive Arbeitsförderung*) lassen sich in Anlehnung an die Systematik des SGB III grob unterteilen in (vgl. auch → Arbeitslosenversicherung):

- *Beratung (§§ 29 ff. SGB III) und Vermittlung (§§ 35 ff. SGB III):*

  Die Agentur für Arbeit hat jungen Menschen und Erwachsenen, die am Arbeitsleben teilnehmen oder teilnehmen wollen, *Berufsberatung* (einschließlich *Berufsorientierung*) und Arbeitgebern *Arbeitsmarktberatung* anzubieten.

  Die Agentur für Arbeit hat ferner Ausbildungsuchenden, Arbeitsuchenden und Arbeitgebern Ausbildungs- und Arbeitsvermittlung anzubieten. Die *Vermittlung* umfasst alle Tätigkeiten, die darauf gerichtet sind, Ausbildungsuchende mit Arbeitgebern zur Begründung eines Ausbildungsverhältnisses und Arbeitsuchende mit Arbeitgebern zur Begründung eines Beschäftigungsverhältnisses zusammenzuführen. Hierzu dienen auch eine → Potenzialanalyse und die *Eingliederungsvereinbarung* (§ 37 SGB III). Die Agentur für Arbeit stellt sicher, dass Ausbildungsuchende und Arbeitslose, deren berufliche Eingliederung voraussichtlich erschwert sein wird, eine verstärkte vermittlerische Unterstützung erhalten. – Die Beseitigung von Informationsdefiziten und der Abbau von Informationsasymmetrien am Ausbildungs- und Arbeitsmarkt lässt sich mithilfe der *Suchtheorien* (→ Arbeitsmarkttheorien) begründen. Die Reduktion von Vermittlungshemmnissen auf der Angebotsseite ist zudem humankapitaltheoretisch erklärbar (→ Humankapitaltheorien).

- *Aktivierung und berufliche Eingliederung (§§ 44 ff. SGB III):*

  Ausbildungsuchende, von Arbeitslosigkeit bedrohte Arbeitsuchende und Arbeitslose können aus dem *Vermittlungsbudget* der Agentur für Arbeit bei der Anbahnung oder Aufnahme einer versicherungspflichtigen Beschäftigung gefördert werden, wenn dies für die berufliche Eingliederung notwendig ist; sie sollen insbesondere bei der Erreichung der in der Eingliederungsvereinbarung festgelegten Eingliederungsziele unterstützt werden.

  Ferner können sie bei Teilnahme an Maßnahmen gefördert werden, die ihre berufliche Eingliederung durch Heranführung an den Ausbildungs- und Arbeitsmarkt, durch Feststellung, Verringerung oder Beseitigung von Vermittlungshemmnissen, durch Vermittlung in eine versicherungspflichtige Beschäftigung, durch Heranführung an eine selbstständige Tätigkeit oder durch Stabilisierung einer Beschäftigungsaufnahme unterstützen (*Maßnahmen zur Aktivierung und beruflichen Eingliederung*).

Arbeitgebern können außerdem die Kosten für eine befristete Probebeschäftigung behinderter und schwerbehinderter Menschen erstattet werden und sie können Zuschüsse für eine behindertengerechte Ausgestaltung von Ausbildungs- oder Arbeitsplätzen erhalten, wenn dadurch die Chancen einer Teilhabe am Arbeitsleben verbessert werden oder eine vollständige und dauerhafte Teilhabe am Arbeitsleben zu erreichen ist (*Probebeschäftigung und Arbeitshilfe für behinderte Menschen*).

Die Erhöhung der Transparenz am Ausbildungs- und am Arbeitsmarkt, die Beseitigung von Mismatch-Problemen (→ Beveridge-Kurve) sowie die Verringerung von Informationsdefiziten und der Abbau von Informationsasymmetrien lässt sich mithilfe der *Suchtheorien* (→ Arbeitsmarkttheorien) erklären.

- *Übergang von der Schule in die Berufsausbildung (§§ 48 ff. SGB III):*

  Die Agentur für Arbeit kann Schüler allgemeinbildender Schulen durch vertiefte Berufsorientierung und Berufswahlvorbereitung fördern (*Berufsorientierungsmaßnahmen*).

  Sie kann ferner förderungsbedürftige junge Menschen durch Maßnahmen der *Berufseinstiegsbegleitung* fördern, um sie beim Übergang von der allgemeinbildenden Schule in eine Berufsausbildung zu unterstützen. Die Erleichterung des Übergangs zwischen den verschiedenen Systemen des Ausbildungs- und Arbeitsmarktes lässt sich mithilfe der *Suchtheorien*, aber auch der *Segmentationstheorien* (→ Arbeitsmarkttheorien) begründen. Die Beseitigung von Vermittlungshemmnissen auf der Arbeitsangebotsseite ist humankapitaltheoretisch erklärbar (→ Humankapitaltheorien).

- *Berufsvorbereitung (§§ 51 ff. SGB III):*

  Die Agentur für Arbeit kann junge Menschen durch berufsvorbereitende Bildungsmaßnahmen fördern, um sie auf die Aufnahme einer Berufsausbildung vorzubereiten oder, wenn die Aufnahme einer Berufsausbildung wegen in ihrer Person liegender Gründe nicht möglich ist, ihnen die berufliche Eingliederung zu erleichtern.

  Förderungsbedürftige junge Menschen ohne Schulabschluss haben ferner einen Anspruch, im Rahmen einer berufsvorbereitenden Bildungsmaßnahme auf den nachträglichen Erwerb des Hauptschulabschlusses oder eines gleichwertigen Schulabschlusses vorbereitet zu werden.

  Daneben können Arbeitgeber, die eine betriebliche *Einstiegsqualifizierung* durchführen, durch Zuschüsse zur Vergütung zuzüglich eines pauschalierten Anteils am durchschnittlichen Gesamtsozialversicherungsbeitrag des Auszubildenden gefördert werden.

  Die Beseitigung von Vermittlungshemmnissen auf der Angebotsseite findet ihre Begründung in den → Humankapitaltheorien. Die Lohnsubventionen können Produktivitätsnachteile kompensieren, sodass Grundgedanken des *neoklassischen Basismodells* sowie der *Insider-Outsider-Theorien* und der *Segmentationstheorien* zum Tragen kommen (→ Arbeitsmarkttheorien).

- *Berufsausbildung (§§ 73 ff. SGB III) und Berufsausbildungsbeihilfe (§§ 56 ff. SGB III) sowie* berufliche Weiterbildung (§§ 81 ff. SGB III):

  Die Maßnahmen der *beruflichen Aus- und Weiterbildung*, wie die Unterstützung und Förderung der Berufsausbildung, Berufsausbildungsbeihilfen während einer berufsvorbereitenden Bildungsmaßnahme, Zuschüsse zur Ausbildungsvergütung behinderter und schwerbehinderter Menschen für die betriebliche Aus- oder Weiterbildung, Berufsausbildung in einer außerbetrieblichen Einrichtung (außerbetriebliche Berufsausbildung) etc., zielen auf den Auf- und Ausbau des Humankapitals bzw. die Verhinderung seiner Entwertung infolge von Arbeitslosigkeit *(Humankapitaltheorien).*

- *Eingliederungszuschüsse (§§ 88 ff. SGB III):*

  Arbeitgeber können zur Eingliederung von Arbeitnehmern, deren Vermittlung wegen in ihrer Person liegender Gründe erschwert ist, einen Zuschuss zum Arbeitsentgelt zum Ausgleich einer Minderleistung erhalten.

  Die finanzielle Kompensation von Produktivitätsnachteilen als Voraussetzung für die Aufnahme einer Erwerbstätigkeit findet ihre Begründung wiederum in den → Humankapitaltheorien. Außerdem fließen Erkenntnisse des *neoklassischen Basismodells*, der *Insider-Outsider-Theorien* und der *Segmentationstheorien* ein in die Begründung solcher Maßnahmen (→ Arbeitsmarkttheorien).

- → Gründungszuschuss zur Aufnahme einer selbstständigen Tätigkeit (§§ 93 f. SGB III):

  Die Unterstützungsleistungen für Existenzgründer sollen Outsider stärken, indem sie ihnen den Zutritt zum ersten Arbeitsmarkt ermöglichen, sodass Kalküle der *Insider-Outsider-Theorien* zur Anwendung kommen. Außerdem kann die Förderung der Aufnahme einer selbstständigen Tätigkeit sowohl im Sinne einer Verbesserung des Humankapitals (→ Humankapitaltheorien) wirken als auch der Beseitigung eines qualifikatorischen Mismatch im Sinne der Suchtheorien dienen. Im Kontext der *Suchtheorien* (→ Arbeitsmarkttheorien) kann das als Zuschuss gezahlte Arbeitslosengeld II den Reservationslohn bzw. das Reservationseinkommen erhöhen. Dieses Instrument trägt auch zur Förderung des Strukturwandels sowie zur Verbesserung der Ressourcenallokation bei und kann die Nachhaltigkeit von Matching-Prozessen erhöhen.

- *Transferleistungen (§§ 110 f. SGB III):*

  Um Entlassungen bei betrieblichen Restrukturierungen zu vermeiden und die Vermittlungsaussichten der von Arbeitslosigkeit bedrohten Arbeitskräfte zu verbessern, greifen Maßnahmen zur Förderung der Eingliederung.

  Diese setzen an den *Insider-Outsider-Theorien* (→ Arbeitsmarkttheorien) an. Dadurch werden einerseits die bereits Beschäftigten (Insider) bei einer Betriebsänderung geschützt; andererseits können sie als potenzielle Entrants mit den Insidern anderer Unternehmen konkurrieren.

- Im Gegensatz zur stärkeren Arbeitsmarktangebotsorientierung der bisher genannten Instrumente stand bei den lange Zeit als Instrumente der aktiven Arbeitsmarktpolitik eingesetzten Arbeitsbeschaffungs- und Strukturanpassungsmaßnahmen (→ Arbeitsbeschaffungsmaßnahmen) sowie der von 2002 bis Ende 2007 befristet eingeführten „Beschäftigung schaffenden Infrastrukturförderung" die Nachfrageorientierung im Sinne der Schaffung zusätzlicher, wenngleich nur temporärer Beschäftigungsmöglichkeiten im Vordergrund. Damit hatte die öffentlich geförderte Beschäftigung starke Bezüge zur → Beschäftigungstheorie von Keynes. Problematisch an deren Einsatz war – v.a. aufgrund der Ausgestaltung der Finanzierung der Arbeitslosenversicherung – ihre tendenziell prozyklische Wirkung. Mit der Streichung der Arbeitsbeschaffungsmaßnahmen aus dem SGB III weisen allenfalls noch die *Arbeitsgelegenheiten* (§ 16d SGB II) einen Bezug zur keynesianisch orientierten → Beschäftigungspolitik auf, allerdings im Bereich der Grundsicherung für Arbeitsuchende und damit der Arbeitsmarktpolitik i.w.S.: Erwerbsfähigen Leistungsberechtigten können zur Erhaltung oder Wiedererlangung ihrer Beschäftigungsfähigkeit, die für eine Eingliederung in Arbeit erforderlich ist, Arbeitsgelegenheiten zugewiesen werden, wenn die verrichteten Arbeiten zusätzlich sind, im öffentlichen Interesse liegen *und* wettbewerbsneutral sind (§ 16 d I SGB II).

VI. Evaluation der aktiven Arbeitsmarktpolitik

Die „traditionelle" *Wirkungs- bzw. Begleitforschung* bezog sich auf die Beurteilung der direkten Effekte einzelner Maßnahmen aktiver Arbeitsmarktpolitik nach dem jeweiligen Erfolgskriterium v.a. bei den Teilnehmern. Ausgewiesen wurden u.a.:

- Entlastungswirkungen auf den Arbeitsmarkt im Sinne vermiedener registrierter Arbeitslosigkeit, operationalisiert als Zahl der Teilnehmer an aktiven Maßnahmen;
- Vermittlungsquoten als Anteil der Vermittlungen seitens der Arbeitsämter an allen Vermittlungen oder an allen Neubesetzungen von Stellen;
- Verbleibsquoten als Anteil der Teilnehmer an allen Teilnehmern, die innerhhalb eines bestimmten Zeitraums (z.B. sechs Monate) nach Abschluss der Maßnahme nicht mehr arbeitslos gemeldet sind, wobei ihr neuer Status irrelevant ist;
- Eingliederungsquoten als Anteil der Teilnehmer, die eine bestimmte Zeit nach Maßnahmenende wieder (sozialversicherungspflichtig) beschäftigt sind.

Zu unterscheiden sind die *direkten Effekte auf Teilnehmer* von den *indirekten Effekten auf Nicht-Teilnehmer* sowie *die gesamte Volkswirtschaft* (u.a. Ausmaß der Arbeitslosigkeit bzw. Höhe der Beschäftigung). Wie zunächst die sozialwissenschaftliche Begleit- und Implementationsforschung, später die wirtschaftswissenschaftliche Evaluationsforschung belegen, hat der Einsatz arbeitsmarktpolitischer Maßnahmen und Instrumente häufig neben direkten auch indirekte, von der Arbeitsverwaltung zudem nicht-intendierte Effekte, welche die Erreichung der erhofften (Beschäftigungs-)Ziele beeinträchtigen oder verhindern können. Hierzu gehören v.a.:

- *Verdrängungseffekte*, d.h. Teilnehmer an Maßnahmen (wie Arbeitsbeschaffungs- oder Strukturanpassungsmaßnahmen, Beschäftigung schaffende Infrastrukturförderung, Arbeitsgelegenheiten) besetzen (reguläre) Arbeitsplätze, die ansonsten Nichtteilnehmer eingenommen hätten, oder subventionierte Unternehmen erhöhen ihren Marktanteil zulasten nicht-subventionierter, möglicherweise sogar wettbewerbsfähigerer Unternehmen. Die erhofften Nettoeffekte für die Beschäftigungshöhe treten nicht ein bzw. können längerfristig sogar negativ sein, wenn private Investitionen und Firmenneugründungen verhindert oder verdrängt werden.
- *Substitutionseffekte*, d.h. durch die Veränderung der Lohnrelationen (z.B. durch Eingliederungszuschüsse, Einstiegsqualifizierung, betriebliche Trainingsmaßnahmen) geht die Nachfrage nach anderen, nicht geförderten Arbeitskräften zurück. Unternehmen ersetzen vorhandene Arbeitskräfte durch staatlich geförderte Arbeitslose. Im Nettoeffekt bleibt die Beschäftigungshöhe konstant, es findet lediglich eine Umverteilung des Arbeitslosigkeitsrisikos bzw. der Arbeitsmarktchancen statt.

- *Mitnahmeeffekte*, d.h. das Ergebnis wäre auch ohne Durchführung der Maßnahme (z.B. Lohnsubventionen, Einstellungs- und Eingliederungszuschüsse, Gründungsförderung) eingetreten. Die private Arbeitsnachfrage wird finanziell unterstützt, jedoch nicht erhöht.
- *Steuereffekte*, d.h. die Maßnahmen wirken durch Beeinflussung der Abgabenbelastung auf Nicht-Teilnehmer. Diese Wirkung führt zunächst zu einem Wohlfahrtsverlust. Wenn dann der expansive Impuls auf die reguläre Beschäftigung geringer (stärker) ausfällt als die damit implizierte Arbeitskostensteigerung, verringert (verbreitert) sich die Steuerbasis.

Sämtliche Indikatoren lassen jedoch keine Aussagen zu über die kausale Wirksamkeit der Maßnahmen, da Erfolg auch bei Nicht-Teilnahme zustande kommen kann. Neuere mikroökonometrische Evaluationsstudien zur Aufdeckung kausaler Zusammenhänge versuchen, dieses grundlegende Problem der Selektionsverzerrung durch Einführung einer Kontrollgruppe zu lösen. Die Personen in der Kontrollgruppe sind im Idealfall in allen beobachtbaren und nicht beobachtbaren Charakteristika mit den Personen in der Teilnehmergruppe identisch („statistische Zwillinge"). Das einzige Unterscheidungsmerkmal ist die Teilnahme oder Nicht-Teilnahme an der Maßnahme. In der älteren Forschung dominierten dagegen einfache „Vorher-Nachher-Vergleiche", von denen nicht unbedingt auf Erfolg oder Misserfolg einer Maßnahme geschlossen werden kann, zumal der Beobachtungszeitraum sowie der Zeitpunkt der Analyse maßgeblichen Einfluss auf das Ergebnis haben.

Die „moderne" *Evaluationsforschung* analysiert die Programme bzw. Instrumente passiver sowie v.a. aktiver Arbeitsmarktpolitik im Hinblick auf den wirkungsvollen und effizienten Einsatz erheblicher, aber knapper öffentlicher Ressourcen. Im günstigsten Fall erlauben die Ergebnisse eine nachhaltige Politikberatung im Sinne abzuleitender Handlungsempfehlungen. Eine quantitativ und qualitativ neue Stufe leitete die gesetzlich vorgeschriebene, auf breiterer Datenbasis durchgeführte, methodisch innovative sowie vom Umfang bisher einmalige „Evaluation der Maßnahmen zur Umsetzung der Vorschläge der Hartz-Kommission" ein. Zu unterscheiden sind zwei Dimensionen: *Effizienz* zielt auf eine Verbesserung des Verhältnisses zwischen Mitteleinsatz und Grad der Zielerreichung im Sinne einer Kosten-Nutzen-Analyse (z.B. bei Vermittlungsleistungen der Agenturen für Arbeit oder der öffentlich geförderten Beschäftigung). *Effektivität* misst die Wirksamkeit, deren Erfolgskriterien sein können: (Wieder-)Beschäftigung bzw. Austrittswahrscheinlichkeit aus der Arbeitslosigkeit, Stabilität bzw. Dauerhaftigkeit von Beschäftigungsverhältnissen sowie Einkommen nach der Teilnahme an Maßnahmen.

Die Ergebnisse der für die 1990er- und die 2000er-Jahre vorliegenden Evaluationsstudien sind keinesfalls eindeutig bzw. einheitlich hinsichtlich der Wirkungen der vorhandenen Vielzahl von Instrumenten und Maßnahmen aktiver Arbeitsmarktpolitik. Mithin sind generalisierbare Aussagen nur schwer ableitbar. Deutliche Unterschiede bestehen u.a.

- hinsichtlich der einzelnen Maßnahmen und Instrumente,
- zwischen Gruppen von Teilnehmern und zwischen einzelnen Fördervarianten derselben Maßnahme,
- hinsichtlich der Untersuchungs- bzw. Beobachtungszeiträume (kurz- versus mittel- und langfristige Effekte),
- hinsichtlich der Zielvariablen bzw. des Erfolgsmaßstabes (u.a. rasche versus dauerhafte (Re-)Integration von Arbeitslosen in den Arbeitsmarkt),
- hinsichtlich der Folgen auf Mikro- und Makroebene, wobei letztere auch Kreislauf- und Beschäftigungseffekte einschließt, bisher aber seltener behandelt wird,
- zwischen Männern und Frauen,
- hinsichtlich verschiedener Qualifikationsgruppen,
- zwischen West- und Ostdeutschland.

Insgesamt zeigt sich, dass Niveaueffekte im Sinne eines Abbaus von Arbeitslosigkeit und Erhöhung der Beschäftigung bzw. der Schaffung zusätzlicher Arbeitsplätze eher gering sind. Aktuelle Studien geben Anlass zu einer durchaus skeptischen Beurteilung der Wirkungen bestimmter Instrumente aktiver Arbeitsmarktpolitik. – V.a. für die Arbeitsbeschaffungsmaßnahmen und Strukturanpassungsmaßnahmen sowie für die im Rahmen der Hartz-Gesetze eingeführten Arbeitsgelegenheiten (§ 16d SGB II) für erwerbsfähige Hilfebedürftige in der Mehraufwandsvariante (Zusatzjobs oder „Ein-Euro-Jobs", bei den denen die Teilnehmer ihr Arbeitslosengeld II und eine Mehraufwandsentschädigung von ein bis zwei Euro erhalten) können kaum verbesserte Chancen auf Wiedereingliederung ermittelt werden. Für Teilnehmer, die dem Arbeitsmarkt näher stehen, können sie sogar *negativ* sein. Diese Ergebnisse, welche die Wirkungen von öffentlich geförderter Beschäftigung insgesamt eher kritisch einschätzen, können allerdings zumindest z.T. dadurch zustande kommen, dass eine höhere „Passgenauigkeit" im Sinne einer verbesserten Zielgenauigkeit der Teilnehmerauswahl sowie eine größere Betriebsnähe der Maßnahmen notwendig wären. Dennoch wurden die Strukturanpassungsmaßnahmen zunächst (im Jahr 2004) noch mit den rechtlich veränderten Arbeitsbeschaffungsmaßnahmen zusammengefasst, bevor letztere schließlich zum 1.4.2012 aus dem SGB III gestrichen wurden. – Bei den Maßnahmen zur Förderung der beruflichen Weiterbildung sowie bei den Eignungsfeststellungs- und nicht-betrieblichen Trainingsmaßnahmen (als Teil der kurzen Maßnahmen der Aktivierung und beruflichen Eingliederung) sind die individuellen Wirkungen grundsätzlich *positiv* zu bewerten. Da sich die Chancen auf reguläre Beschäftigung häufig erst mit einer gewissen Zeitverzögerung erhöhen, sind die langfristigen Effekte günstiger als die kurzfristigen. – Besonders positive Resultate im Sinne der dauerhaften (Re-)Integration in den Arbeitsmarkt nach Maßnahmeende erzielen betriebsnahe Instrumente aktiver Arbeitsmarktpolitik (wie zeitlich befristete Eingliederungszuschüsse in verschiedenen Varianten trotz möglicher Mitnahme- und Substitutionseffekte, betriebliche Trainingsmaßnahmen oder die Gründungsförderung im Sinne beschäftigungsbegleitender Maßnahmen). Kurz- und mittelfristige Förderdauern von Maßnahmen aktiver Arbeitsmarktpolitik scheinen wirksamer zu sein als langfristige. – Die Beauftragung privater Träger mit der Wahrnehmung von quasi-marktlich organisierten Vermittlungsdienstleistungen zeigt ein *differenziertes* Bild: Einerseits sind Personen, die zur Unterstützung des Vermittlungsprozesses an Dritte überwiesen werden, später kaum häufiger beschäftigt als die durch die Arbeitsagentur Betreuten. Allerdings profitieren bestimmte Teilgruppen (z.B. eher schwer Vermittelbare). Insbesondere Vermittlungsgutscheine erhöhen die Wahrscheinlichkeit leicht, eine reguläre Beschäftigung aufzunehmen.

In methodischer Hinsicht ist anzumerken, dass bisher mithilfe mikroökonometrischer Verfahren v.a. die Teilnahme an bestimmten Maßnahmen, recht kurze Zeiträume sowie reine Arbeitsmarkteffekte untersucht wurden. Deshalb liegen über die direkten Wirkungen auf individueller Ebene, d.h. auf die Arbeitsmarktchancen der geförderten Teilnehmenden, mehr und validere Ergebnisse vor als über die indirekten Wirkungen für Nicht-Teilnehmer und v.a. für die anderen Akteure in einer Volkswirtschaft. Letzteres wäre nötig, um den *Netto-Effekt* einer Maßnahme bzw. der Variation ihres Umfangs für eine Region oder die Gesamtwirtschaft zu bestimmen. Bei den Zielindikatoren steht nach wie vor der Übergang in reguläre Beschäftigung im Mittelpunkt; andere Zielgrößen (wie die Verbesserung der individuellen Beschäftigungsfähigkeit oder der sozialen Teilhabe) finden hingegen weniger Beachtung. Die aktuelle Entwicklung zeigt, dass in Zukunft die Wirtschaftlichkeit des Mitteleinsatzes (Kosten-Nutzen-Analysen) sowie internationale Vergleiche der EU- bzw. OECD-Länder in Bezug auf die Effizienz und Effektivität der Instrumente aktiver Arbeitsmarktpolitik weiter an Bedeutung gewinnen werden (→ Europäische Beschäftigungspolitik).

Arbeitsmarktrisiken – 1. *Begriff:* Die Risiken am Arbeitsmarkt bestehen darin, arbeitslos zu werden und zu bleiben. – 2. *Zugangsrisiko:* Dieses wird entweder als Verhältnis von arbeitslosen Personen zu den Erwerbspersonen (Erwerbstätige + Arbeitslose) (Betroffenheitsquote) oder als Verhältnis der neu

Arbeitsmarktrisiken – Zugangs- und Verbleibsrisiken am Arbeitsmarkt

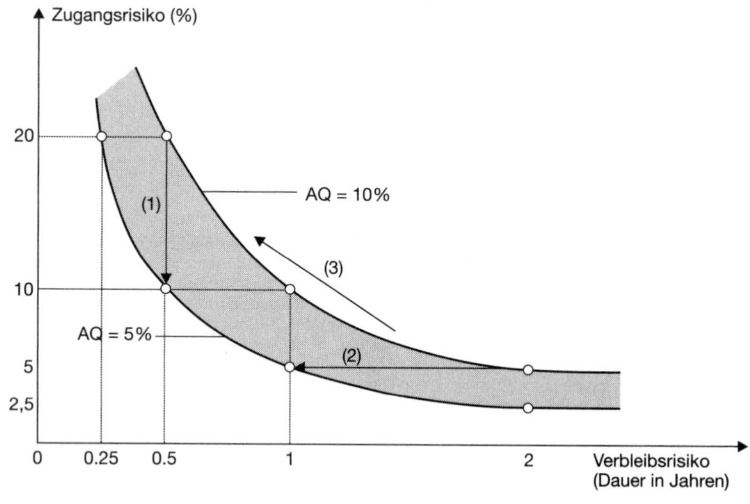

aufgetretenen Arbeitslosigkeitsfälle zu den Erwerbspersonen gemessen. – 3. *Verbleibsrisiko:* Dieses wird ausgedrückt durch die durchschnittliche (abgeschlossene) Dauer der Arbeitslosigkeit. Sie wird gemessen als Verhältnis von Durchschnittsbestand an Arbeitslosen zu Zugang an Arbeitslosen bzw. Zugang an Arbeitslosigkeitsfällen pro Periode. Zugangs- und Verbleibsrisiko ergeben zusammengenommen als Produkt die → Arbeitslosenquote. Ihre Zerlegung in die beiden Risiken erlaubt eine Differenzierung der Arbeitsmarktsituation nach dem „Schweregrad" der Arbeitslosigkeit und trägt zu einer effizienteren Arbeitsmarktpolitik bei. Die Abbildung „Arbeitsmarktrisiken – Zugangs- und Verbleibsrisiken am Arbeitsmarkt" verdeutlicht diesen Zusammenhang: Die Kurven geben den „geometrischen Ort" aller Kombinationen von Zugangs- und Verbleibsrisiko an, die zur selben Arbeitslosenquote (z.B. 10 oder 5 Prozent) führen. Arbeitsmarktpolitische Maßnahmen haben sich danach auszurichten, (1) das Zugangsrisiko zu verringern, (2) das Verbleibsrisiko zu reduzieren und (3) den „Schweregrad" der Arbeitslosigkeit zu mindern. – Vgl. auch → Arbeitsmarktpolitik.

Arbeitsmarktsegmentationstheorien → Arbeitsmarkttheorien.

Arbeitsmarktstatistik – 1. *Begriff:* I.e.S. bezeichnet der Begriff die durch Auswertung von Prozessdaten gewonnenen Statistiken der → Bundesagentur für Arbeit als Teil der → amtlichen Statistik. I.w.S. werden mit Arbeitsmarktstatistik auch alle Statistiken zur Lage und Entwicklung des Arbeitsmarktes bezeichnet; neben Arbeitsmarktstatistiken im engeren Sinne zählen hierzu v.a. Erhebungen des Statistischen Bundesamtes. – 2. *Wichtige Bestandteile* der Arbeitsmarktstatistik sind: a) die regelmäßige Berichterstattung der Bundesagentur für Arbeit: monatliche Veröffentlichung von Daten zu Beschäftigung, → Arbeitslosigkeit und offenen Stellen sowie zur Situation auf dem Ausbildungsmarkt und zur sozialen Sicherung. Insbesondere werden im Rahmen der monatlichen Berichterstattung, als Ursprungswerte und teils saisonbereinigt, Bestands- und Bewegungsinformationen zur Arbeitslosigkeit und zu → Arbeitslosenquoten sowie Daten zu den der Bundesagentur für Arbeit gemeldeten bzw. bekannten offenen Stellen bereitgestellt. – b) die Erwerbstätigenrechnung und Arbeitskräfteerhebung des Statistischen Bundesamtes zur Berichterstattung über den dt. Arbeitsmarkt nach dem → Labor-Force-Konzept der International Labour Organisation (ILO). Die Orientierung an diesem Konzept stellt eine Vergleichbarkeit mit anderen Staaten her. Vgl. hierzu auch → Arbeitskräfteerhebung, → Erwerbstätigenrechnung. – c) die Jahresstatistik zum Ende des Berufsberatungsjahres: Ende September veröffentlichte Statistik der Bundesagentur für Arbeit über die Lage auf dem Ausbildungsmarkt, die Daten zu Schulabgängern, Bewerbern um Berufsausbildungsstellen und gemeldeten Berufsausbildungsstellen bereitstellt. – d) Statistiken der Bundesagentur für Arbeit über spezielle Aspekte des Arbeitsmarktes wie bspw. ausgewählte Personengruppen, Arbeitnehmerüberlassung, Kurzarbeit oder Maßnahmen aktiver Arbeitsmarktpolitik.

Arbeitsmarktsubventionen – 1. *Begriff:* öffentliche Förderung von Beschäftigung und Qualifizierung. – 2. *Herkunft der Mittel:* erfolgt direkt oder indirekt aus Beiträgen der → Bundesagentur für Arbeit sowie aus Umlagen. – 3. *Ziele:* Die finanziellen Mittel sollen wirtschaftsnah (mit der Wirtschaftsförderung in Region und/oder Branche abgestimmt bzw. verzahnt) Arbeitgeber und institutionelle Träger unterstützen, die Zielgruppen der aktiven → Arbeitsmarktpolitik zu fördern, insbesonder zu qualifizieren und in den (ersten) Arbeitsmarkt zu (re-)integrieren. – Vgl. auch → Arbeitslosenversicherung.

Arbeitsmarkttheorien

von Dr. Fred Henneberger und Prof. Dr. Berndt Keller

I. Neoklassisches Basismodell

Annahmen: → Marktform der vollkommenen Konkurrenz (Ausschluss von Marktmacht) mit folgenden wichtigen Implikationen: Homogenität und vollständige Substituierbarkeit aller Arbeitskräfte und Arbeitsplätze (Ausschluss von Diskriminierung); vollkommene Information aller Wirtschaftssubjekte (Markttransparenz); vollständige Mobilitätsfähigkeit und -bereitschaft aller Arbeitskräfte; vollständige Flexibilität der Löhne und Preise; unendliche Geschwindigkeit der Anpassung individuellen Verhaltens an sich ändernde Knappheitsrelationen; Fehlen von → Transaktionskosten, → externen Effekten und Institutionen; Beschränkung der Rolle des Staates auf die Durchsetzung von Eigentumsrechten (→ Property Rights) (reine Ordnungs- und keine Prozesspolitik).

Zentrale Theoreme: Das → Saysche Theorem beschreibt die Einbindung des Arbeitsmarktes in die Gesamtwirtschaft: Bei Funktionsfähigkeit des Preismechanismus auf allen Märkten schafft sich jedes Angebot an Waren und Dienstleistungen seine eigene kaufkräftige Nachfrage im notwendigen Umfang; ein Gleichgewichtszustand wird also immer und überall erreicht.

Das *Grenznutzentheorem* bestimmt das Arbeitsangebot: Der Anbieter teilt sein knappes Zeitbudget zwischen den substitutiven Gütern Arbeit und Freizeit so auf, dass das Postulat des Ausgleichs der Grenznutzen erfüllt ist. Durch die Annahme der kurzfristigen Konstanz des Präferenzsystems kann das Arbeitsangebot als monoton steigende Funktion des Reallohns aufgefasst werden. Mit steigendem Reallohn steigt das Arbeitsangebot, da Freizeit relativ entwertet wird, d.h. die Opportunitätskosten von Freizeit steigen.

Das *Grenzproduktivitätstheorem* bestimmt die Arbeitsnachfrage: Der Nachfrager von Arbeitskraft ist bestrebt, seinen Gewinn zu maximieren. Aufgrund der Annahme der vollständigen Konkurrenz sind Preise und Löhne ein Datum für jeden einzelnen Unternehmer, der sich daher als Mengenanpasser verhält. Produktionshöhe und Arbeitskräftenachfrage sind abhängig von der Höhe des Lohnsatzes und dem Verlauf der Produktionsfunktion, für welche die Gültigkeit des → Ertragsgesetzes zugrunde gelegt wird: Unter der Annahme einer kurzfristig konstanten Kapital- und Bodenausstattung sowie der Vernachlässigung von technischem Fortschritt erhöht jede zusätzlich eingesetzte Arbeitseinheit die Gesamtproduktion, allerdings mit abnehmenden Zuwachsraten. Diese abgeleitete, sinkende Grenzertragskurve bildet die Nachfragekurve des Unternehmers nach Arbeit. Der gewinnmaximierende Unternehmer wird so lange zusätzliche Einheiten Arbeit einsetzen, bis das → Wertgrenzprodukt der Arbeitseinheit dem Nominallohnsatz bzw. das Grenzprodukt der Arbeitseinheit dem Reallohnsatz entspricht. Die Arbeitsnachfrage ist somit eine monoton fallende Funktion des Reallohns.

Anpassungsmechanismus: Das Zusammenwirken von Arbeitsangebot und -nachfrage erfolgt durch den flexiblen Reallohn (vgl. Abbildung „Arbeitsmarkttheorien – Arbeitsangebot und -nachfrage in Abhängigkeit vom Reallohnsatz"). Falls ein Ungleichgewicht am Arbeitsmarkt in Form von → Arbeitslosigkeit oder Arbeitskräftemangel entsteht, wird folgender Anpassungsmechanismus ausgelöst: Zuerst verändert sich der Reallohn in Richtung Gleichgewichtslohnsatz. In einem zweiten gedanklichen Anpassungsschritt revidieren die Wirtschaftssubjekte sofort ihre Mengenentscheidungen. Der Lohnsatz, dem ausschließlich eine Allokationsfunktion zukommt, sichert ein stabiles, vollbeschäftigungskonformes Gleichgewicht (Prämisse der Selbstregulierung der Märkte).

II. Wichtige Erweiterungen des neoklassischen Basismodells

1. *Suchtheorien*

Ansatz: Die Job-Search-Theorien gehen von unvollkommener Information und heterogenen Arbeitskräften und Arbeitsplätzen aus. Sie konstatieren, dass die Gewinnung von Informationen zu Erträgen führt, aber auch Aufwendungen erfordert. Die Aufgabe der bisherigen Stelle durch den Arbeitnehmer wie auch die nicht sofortige Wiederbesetzung einer vakanten Stelle durch den Arbeitgeber können als rationale Entscheidungen im

Arbeitsmarkttheorien – Arbeitsangebot und -nachfrage in Abhängigkeit vom Reallohnsatz

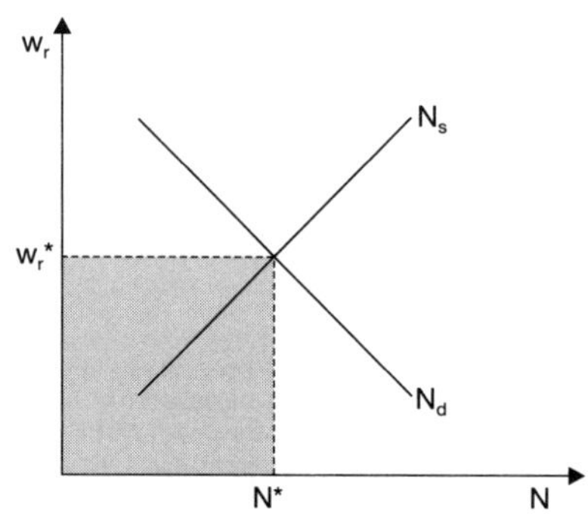

w_r = Reallohnsatz
N = Arbeits(einsatz)menge
N_s = Arbeitsangebot
N_d = Arbeitsnachfrage
w_r^* = Gleichgewichtslohnsatz (real)
N* = gleichgewichtige Arbeits(einsatz)menge

Sinne der Investition in den Aufbau einer besseren Informationsbasis angesehen werden. Damit entsteht freiwillige → Sucharbeitslosigkeit.

Verhalten der Arbeitsanbieter: Ziel des Arbeitnehmers ist die Maximierung des mit seiner Qualifikation erreichbaren Lebenseinkommens. Aufgrund der ihm bekannten Verteilung der Löhne kann es rational sein, einen anderen Arbeitsplatz mit einer höheren Entlohnung zu suchen. Ein Optimierungsproblem ergibt sich, da mit jedem Suchschritt einerseits zwar die Wahrscheinlichkeit steigt, ein höheres Lohnangebot zu erhalten. Hierbei nehmen die zu erwartenden zusätzlichen Erträge mit steigendem Anspruchslohn nur unterproportional zu. Dies liegt nicht zuletzt daran, dass je höher der angestrebte Lohn ist, desto größer ist auch die Anzahl der Bewerber, die ein etwaiges Stellenangebot akzeptieren. Andererseits steigen aber auch die Suchkosten mit jedem Suchschritt und mit steigendem Anspruchslohn überproportional. Die Suchkosten setzen sich zusammen aus den direkten Kosten der Informationsbeschaffung und den Opportunitätskosten in Form des entgangenen Einkommens während der Suche. Der Suchprozess wird solange fortgesetzt, wie der Gegenwartswert des zu erwartenden Grenzertrags in Form höherer Lohnzahlungen gerade noch größer ist als der (Gegenwarts-)Wert der jetzt aufzuwendenden Grenzkosten der Suche. Damit ist der optimale Anspruchslohn bestimmt.

Verhalten der Arbeitsnachfrager: Der Arbeitgeber versucht, offene Stellen so zu besetzen, dass er für eine geforderte Mindestqualifikation einen im Vergleich zur tatsächlichen Arbeitsproduktivität möglichst niedrigen Lohn zahlen muss. Auch er kennt die zeitinvariante Dichtefunktion der Qualifikationen. Er wird freie Stellen solange nicht besetzen, wie der Gegenwartswert der zu erwartenden zusätzlichen Erträge in Form niedrigerer Lohnzahlungen im Fall ihrer zukünftigen Besetzung gerade noch größer ist als die gegenwärtigen Kosten der Nichtbesetzung. Damit ist die optimale Mindestqualifikation bestimmt. Die Suchkosten setzen sich zusammen aus den direkten Kosten der Suche und den Opportunitätskosten in Form von entgangener Arbeitsleistung. Während die Vakanzkosten im Zeitverlauf und mit steigender Mindestqualifikation überproportional ansteigen, sinken die zusätzlichen Erträge der Nichtbesetzung kontinuierlich. Dies liegt nicht zuletzt daran, dass eine höhere Mindestqualifikation bei gegebenem Lohn die Wahrscheinlichkeit reduziert, einen entsprechenden Bewerber zu finden.

Anpassungsmechanismus: Der Allokationsprozess lässt sich als permanente stochastische Annäherung der Lohnvorstellungen von Arbeitsplatzsuchern und Arbeitsplatzanbietern auffassen. Arbeitskräfte reduzieren für eine gegebene Qualifikation mit der Zeit ihren individuellen Lohnanspruch (Minimal Reservation or Acceptance Wage) und Unternehmer erhöhen mit der Zeit ihre Lohnangebote (Maximal Reservation or Acceptance Wage) solange, bis sich die Erwartungen beider Seiten bei einem bestimmten Lohnsatz treffen und es zum Abschluss eines Arbeitsvertrages kommt.

2. Kontrakttheorien

Ansatz: In dieser Theorienfamilie wird die Annahme der vollständigen Flexibilität der Löhne und Preise aufgegeben. Erklärt werden soll, warum im Konjunkturverlauf und bei exogenen Schocks primär Beschäftigungsvariationen anstelle von Lohnanpassungen stattfinden. Das Grundmodell stellt die *Theorie impliziter Kontrakte* dar. In diesem Versicherungsmodell treten neben die explizit abgeschlossenen Arbeitsverträge juristisch nichteinklagbare Quasi-Verträge, die stillschweigende Vereinbarungen beinhalten.

Annahmen: Die Arbeitnehmer sind aufgrund ihrer Lohnabhängigkeit und ihres Strebens nach Arbeitsplatzsicherheit risikoscheu. Sie nehmen deshalb niedrigere, dafür aber stetigere Löhne in Kauf. Indem sie einen Lohnsatz akzeptieren, der geringer ist als ihre → Grenzproduktivität, entrichten sie eine Quasi-Versicherungsprämie und erwerben einen impliziten Versicherungsschutz gegen Entlassung. Die risikoneutralen Unternehmer erwarten gute und schlechte Marktergebnisse mit gleicher Wahrscheinlichkeit. Niedrigere Löhne sind für sie von Vorteil. Sie machen deshalb den implizit Versicherten die Zusage, bei Nachfrageschwankungen auf Gütermärkten nicht sofort, sondern erst verzögert mit Mengenanpassungen bei der Zahl der Beschäftigten zu reagieren. Falls die Güternachfrage sinkt, werden sie als Übergangsstrategien Kurzarbeit und Arbeitskräftehortung wählen; falls die Güternachfrage steigt, werden sie zunächst die Zahl der Überstunden erhöhen, weshalb der Abbau von → Arbeitslosigkeit verzögert wird. Die implizit getroffenen Vereinbarungen werden von beiden Seiten strikt eingehalten.

Konsequenzen: An die Stelle von Lohnsatzvariationen treten bei den implizit Versicherten verzögerte Anpassungen der Zahl der Beschäftigten. Infolge der Rigidität der Löhne nach unten reagieren Unternehmen in Rezessionsphasen zunächst mit Arbeitszeitreduktionen und nicht mit Entlassungen; in Boomphasen sind sie dagegen bereit, knapper werdende Arbeitskräfte auch mit höheren Löhnen anzuwerben. Die Rigidität v.a. der Löhne, aber auch der Beschäftigung im stabilen, implizit versicherten Arbeitsmarktsegment muss kompensiert werden durch entsprechend stärkere Lohn- und v.a. Beschäftigungsschwankungen im instabilen, sekundären Arbeitsmarktsegment (*Dualitätsannahme*). Damit lässt sich die *Senioritätsregel* (→ Senioritätsprinzip) begründen, die besagt, dass die am längsten (kürzesten) Beschäftigten auch als letzte (erste) entlassen werden (First-in-last-out- bzw. Last-in-first-out-Prinzip).

3. Humankapitaltheorien

Ansatz: Die Humankapitaltheorien gehen von Heterogenität der Arbeitskräfte aus. Die Individuen haben unterschiedliche Begabungen und Fähigkeiten, einschließlich ihrer Ausstattung mit Gesundheit. Sie tätigen im Verlauf ihres Lebens unterschiedlich hohe Investitionen in ihr Arbeitsvermögen (→ Humankapital). Diese Bildungsinvestitionen bedingen unterschiedlich hohe Arbeitsproduktivitäten, die sich in differierenden Einkommens- und Karrierechancen widerspiegeln und darüber hinaus zu Unterschieden im Arbeitsmarktverhalten und bei den Arbeitsmarktrisiken führen.

Unterscheidung zwischen allgemeinem und spezifischem Humankapital: Bildungsinvestitionen erfolgen zum einen vor dem Eintritt in den Arbeitsmarkt in Form allgemein-schulischer, zum anderen im Unternehmen in Form betriebsspezifischer Ausbildung. Diese analytisch vereinfachende Unterscheidung wird relevant für die Finanzierung der Investitionen: Die überbetriebliche Ausbildung (Schooling) vermittelt Qualifikationen für Tätigkeiten in verschiedenen Unternehmen. Soweit die Ausbildungskosten nicht aus dem allgemeinen Steueraufkommen finanziert werden, hat sie der Arbeitnehmer selbst zu tragen, da ihm auch die späteren Erträge aus der verbesserten Ausbildung zufließen. Der Unternehmer beteiligt sich nicht an der Finanzierung dieser Investition, da sie ihm keinen Nutzen in Form eines höheren Gewinns liefert. Die spezifische Ausbildung (Training on the Job) hingegen vermittelt Qualifikationen, die ex definitione nur in dem jeweiligen Betrieb Verwendung finden. Daher trägt der Arbeitgeber sämtliche Ausbildungskosten, da dem Arbeitnehmer infolge der Nicht-Transferierbarkeit der Qualifikation kein zusätzlicher Nutzen in Form eines höheren Einkommens bei einem Wechsel entsteht.

Verhalten der Arbeitsanbieter: Die Entscheidungsregel für den Homo oeconomicus lautet: Investitionen in Humankapital werden so lange getätigt, wie der Gegenwartswert der in Zukunft zu erwartenden zusätzlichen Erträge in Form höherer Lohnzahlungen gerade noch größer ist als der Gegenwartswert der jetzt aufzuwendenden Kosten der Ausbildung. Diese Kosten setzen sich zusammen aus den direkten Kosten der Ausbildung und dem entgangenen Einkommen während der Ausbildung (Opportunitätskosten der Ausbildung). Ziel ist die Maximierung der Lebenseinkommensströme, nicht des kurzfristigen Einkommens. Im Verlauf des Erwerbslebens nehmen die Humankapitalinvestitionen ab, da mit dem Näherrücken der Verrentung deren Amortisationsdauer sinkt und gleichzeitig die Opportunitätskosten der Ausbildung wegen im Erwerbsverlauf tendenziell zunehmender Löhne steigen. Die Entwertung der Humankapitalinvestitionen im Zeitverlauf impliziert ein umgekehrt u-förmiges, konkaves → Alters-Einkommens-Profil: Zu Beginn des Erwerbslebens nehmen die Lohnzahlungen mit steigendem Lebensalter zunächst mit abnehmenden Wachstumsraten zu, erreichen bei einem bestimmten Lebensalter ihr Maximum und nehmen in der Folge bis zum Ende des Erwerbslebens wieder (leicht) ab.

4. Effizienzlohntheorien

Ansatz: Die Effizienzlohntheorien gehen von Heterogenität der Arbeitskräfte, asymmetrisch zwischen beiden Marktseiten verteilter Information und der Existenz von Transaktionskosten aus. Sie liefern eine Erklärung für Lohnrigiditäten und unfreiwillige → Arbeitslosigkeit. Die Arbeitnehmer können die Qualität und das Niveau ihrer Arbeitsleistungen innerhalb bestimmter Bandbreiten variieren, ohne dass die Unternehmen derartige Verhaltensweisen genau oder nur zu prohibitiv hohen Kosten kontrollieren können (→ Prinzipal-Agent-Theorie). Daher versuchen die Arbeitgeber, die Leistungsmotivation ihrer Arbeitnehmer durch Zahlung höherer Löhne zu steigern (Anreiz- und Motivationsfunktion des Lohnaufschlags). Der lohnsetzende Unternehmer erreicht durch einen über dem markträumenden Lohn liegenden, freiwillig gezahlten Effizienzlohn eine Erhöhung der Arbeitsproduktivität, des Outputs und seines Gewinns. Diese Lohnerhöhungen finden solange statt, wie der Mehrerlös die zusätzlichen Lohnkosten gerade noch übersteigt. Die Unternehmen versuchen, die Arbeitskosten pro Effizienz-, nicht pro Arbeitseinheit zu minimieren. Die gegenwärtige Leistungsintensität bzw. Effizienz des Arbeitnehmers ist eine positive und konkave Funktion des aktuellen Lohnsatzes. Entsprechend der neoklassischen Optimalitätsbedingungen muss zum einen das Wertgrenzprodukt eines Arbeitnehmers, gemessen in Effizienzeinheiten, den Lohnkosten je Effizienzeinheit entsprechen und zum andern mit den Grenzkosten einer Erhöhung der Effizienz um eine Einheit identisch sein. Aus beiden Bedingungen ergibt sich, dass der vom Unternehmer zu setzende optimale Lohnsatz und damit gleichzeitig auch die optimale Beschäftigungsmenge dann erreicht sind, wenn die Lohnelastizität der Leistungsintensität, die Elastizität der Arbeitseffizienz in Bezug auf den Lohnsatz, den Wert 1 aufweist.

Folgerung: Die Effizienzlohntheorien basieren auf dem unterstellten Kausalzusammenhang einer positiven Korrelation zwischen Reallohn und Arbeitsproduktivität. Aus dieser Annahme folgt, dass eine Lohnkürzung zur Verminderung der Leistungsintensität und damit letztendlich zur Steigerung der Lohnstückkosten führt. Lohnsenkungsspielräume werden deshalb nicht ausgeschöpft, weil die potenzielle lohninduzierte Reduktion der Arbeitsleistung (Effizienzeinbußen), die durch Motivationsverluste hervorgerufen werden, gegenüber Einsparungen bei den Lohnkosten dominieren können. Als Folge des rationalen Verhaltens der Unternehmen lässt sich aus der Zahlung von Effizienzlöhnen das Entstehen unfreiwilliger Arbeitslosigkeit erklären. Allerdings existieren mit der → Senioritätsentlohnung und der → Tournamententlohnung kostengünstigere Alternativen zur Zahlung von Effizienzlöhnen, mit denen produktivitätsmindernde Verhaltensweisen der Arbeitnehmer verhindert werden können.

III. Segmentationstheorien

Ansatz: Diese deutlich in der Tradition der institutionalistischen Schule der Arbeitsökonomie stehenden Theorien begreifen sich zumindest implizit als Antwort auf die Defizite neoklassischer Arbeitsmarkttheorien. Die Ansätze betonen Institutionen und gesetze Regeln, interne Vergleiche (relative Gerechtigkeitsvorstellungen) und politische Einflüsse stärker als Profitmaximierungshypothesen oder Gleichgewichtsannahmen. Die Alleinherrschaft des Lohnmechanismus als Steuerungsinstrument des Arbeitsmarktes wird abgelehnt. Der gesamtwirtschaftliche Arbeitsmarkt zerfällt in mehr oder weniger voneinander abgeschottete Segmente mit unterschiedlichen Strukturen und Funktionsweisen.

1. *Duale Arbeitsmarkttheorien:* Die für US-amerikanische Bedingungen entwickelte Theorie dualer Arbeitsmärkte behauptet eine dichotome Aufspaltung des Arbeitsmarktes in ein primäres und ein sekundäres Segment. Die Arbeitsplätze *im primären Segment* sind u.a. gekennzeichnet durch höhere Löhne, relativ bessere Arbeitsbedingungen, relativ hohe Arbeitsplatzsicherheit, Beförderungs- und Karriereaussichten, Isolierung von Marktmächten und Teilhabe an Entscheidungsprozessen. Demgegenüber sind die Arbeitsplätze des *sekundären Segments* u.a. charakterisiert durch relativ niedrige Löhne, schlechte Arbeitsbedingungen, hohe Fluktuationsraten und Fehlen eines Systems von Beförderungsmechanismen. Diese spezifische Form der dichotomen Segmentation am Arbeitsmarkt wird u.a. erklärt als Folge der zunehmend dualen Struktur der Wirtschaft, insbesondere der Gütermärkte, mit einem stabilen monopolistisch-oligopolistischen Kernbereich und einem instabilen peripheren Wettbewerbssektor (Konzept der dualen Ökonomie).Mit der Theorie dualer Arbeitsmärkte weitgehend deckungsgleich ist die Unterscheidung zwischen internen und externen Märkten: (1) Der *interne Arbeitsmarkt* wird verstanden als administrative Beschäftigungseinheit. Die ansonsten vom Markt übernommenen Funktionen der Lohnbestimmung und Allokation der Arbeitskräfte werden nach institutionellen Regeln und Verfahren festgelegt. (2) Auf dem *externen Arbeitsmarkt* finden dagegen Preisbildung und Allokation wie in der neoklassischen Theorie durch Lohnwettbewerb statt. Der Austausch von Arbeitskräften zwischen den beiden Teilmärkten beschränkt sich typischerweise auf bestimmte Stellen des Ein- und Austritts für die einzelnen Qualifikationsstufen (Ports of Entry and Ports of Exit); die übrigen Positionen werden über sog. Aufstiegsleitern (Mobility Chains) besetzt und sind dadurch dem Wettbewerb auf dem externen Markt entzogen. Veränderungen auf dem externen Arbeitsmarkt bleiben daher weitgehend folgenlos für den internen Arbeitsmarkt.

2. *Theorie des dreigeteilten Arbeitsmarktes:* Idealtypisch lassen sich bei Übertragung des Segmentationskonzepts auf die andersartigen rechtlich-institutionellen Bedingungen der Bundesrepublik Deutschland drei Typen von Teilarbeitsmärkten unterscheiden: Der *(berufs-)fachliche Teilarbeitsmarkt* mit formalen Zugangsbeschränkungen erfordert hohe Investitionen in standardisierte, relativ breit angelegte fachliche Qualifikationen. Diese werden in mehrjährigen Ausbildungsgängen erworben, wobei die Regelung und Kontrolle durch überbetriebliche, halbstaatliche Instanzen erfolgt und der erfolgreiche Abschluss durch Zertifikate bestätigt wird. Dadurch wird ein individuelles Berufseintrittspotenzial geschaffen. Die erworbenen Qualifikationen können ohne Verlust zwischen Betrieben transferiert werden (z.B. bei Berufen des Handwerks). Diese Voraussetzungen ermöglichen den Arbeitnehmern eine hohe zwischenbetrieblich-horizontale Mobilität (→ Arbeitskräftemobilität) und sparen den Arbeitgebern Informations- sowie Anlern- bzw. Einarbeitungskosten. Fachliche Arbeitsmärkte haben in der Bundesrepublik Deutschland im Vergleich zu anderen Ländern eine große Bedeutung, die durch das duale System der beruflichen Bildung mit der typischen Kombination der Vermittlung von theoretischen und praktischen Fertigkeiten gebildet werden.

Der *betriebsinterne Teilarbeitsmarkt* bietet bestimmten, meist größeren Teilen der Belegschaft, der Stammbelegschaft, als Gegenleistung für eine hohe Betriebsloyalität und -bindung Qualifizierungs- und Aufstiegschancen sowie Senioritätsrechte und sichere, langfristige Beschäftigungsperspektiven. Auf diesem Teilarbeitsmarkt befinden sich betriebsspezifisch qualifizierte Arbeitskräfte ohne oder mit nur geringen überbetrieblichen Qualifikationsanteilen und damit nur einer geringen Transferierbarkeit zwischen Betrieben. Infolge der hierarchisch organisierten betriebsinternen Arbeitsmärkte besteht geringe zwischenbetrieblich-horizontale, jedoch hohe innerbetrieblich-vertikale Mobilität.

Der *unspezifische, unstrukturierte (Jedermanns-)Teilarbeitsmarkt* besteht aus Arbeitskräften mit nur generellen Mindestbefähigungen und Allgemeinkenntnissen sowie ohne (jegliche) fachliche und betriebsspezifische Qualifikationen. Der Lohn wirkt gemäß dem (Lohn-)Wettbewerbsmodell als Allokationsmechanismus. Typische Merkmale dieses Arbeitsmarkttypus sind u.a. fehlende vertikale Mobilitätschancen sowie hohe Fluktuationsraten (Markt des Heuerns und Feuerns).

IV. Insider-Outsider-Theorien

Ansatz: Die Insider-Outsider-Theorien gehen von Heterogenität der Arbeitskräfte und der Existenz von Transaktionskosten aus. Sie liefern eine Erklärung für Lohnrigiditäten und unfreiwillige → Arbeitslosigkeit. Während die Effizienzlohntheorien unterstellen, dass die Unternehmen Marktmacht besitzen, gehen die ebenfalls neoklassisch orientierten Insider-Outsider-Ansätze davon aus, dass ein Teil der Arbeitnehmerschaft über die Macht zur Lohnsetzung verfügt. 1. *Annahmen:* Es gibt *drei Gruppen von Arbeitnehmern,* die sich in Bezug auf ihre Verhandlungsposition wesentlich unterscheiden: (1) Personen in einem Beschäftigungsverhältnis *(Insider);* (2) Personen in der Einarbeitungsphase *(Entrants);* (3) derzeit nicht beschäftigte Personen *(Outsider).*Es gibt *drei Arten von Kosten:* (1) Einstellungs-, Einarbeitungs- und Entlassungskosten; (2) Kosten, welche die Insider verursachen können, indem sie den Entrants die Kooperation entziehen oder das Arbeitsklima verschlechtern; (3) Kosten, die im Fall der Entlassung von Insidern durch Demotivation der im Unternehmen verbleibenden Insider entstehen.

Folgerung: Die drei Arbeitnehmergruppen können dem Unternehmen in unterschiedlichem Ausmaß Kosten verursachen: In der einfachsten Version des Ansatzes sind die Insider dadurch gekennzeichnet, dass sie betriebsspezifisch qualifiziert sind und bei ihnen alle Einstellungs- und Einarbeitungskosten bereits getätigt wurden. Im Fall ihrer Entlassung würden u.a. die noch nicht amortisierten Teile der Humankapitalinvestitionen als verlorene Kosten (→ Sunk Costs) anfallen. Die Entrants befinden sich gerade in der Einarbeitungsphase, sodass bei ihrem Ausscheiden nur ein geringer Teil der Kosten der Insider anfallen würde. Die Outsider haben der Unternehmung noch keine Kosten verursacht und können deshalb auch keinen Druck via Verhandlungsposition ausüben.

2. *Verhalten der Arbeitsanbieter, einfache Variante:* Wenn die Insider verhindern wollen, dass auch nur einer von ihnen entlassen wird, darf ihr Lohnsatz w_I nicht höher sein als die Summe aus dem von den Outsidern geforderten Lohnsatz w_0 (Reservation Wage) und den Grenzkosten der Fluktuation (Labor Turnover Costs). Letztere setzen sich zusammen aus den Grenzkosten der Entlassung eines Insiders C'_I (Firing Costs) und den Grenzkosten der Einstellung und Einarbeitung eines Entrants C'_E (Hiring and Training Costs):

$$w_I \leq w_0 + C_I' + C_E'.$$

Auch die Entrants versuchen, einen möglichst hohen Lohnsatz unter der Nebenbedingung eines ungefährdeten Beschäftigungsverhältnisses zu erreichen. Der Lohnsatz der Entrants w_E darf deshalb um nicht mehr als die marginalen Einstellungs- und Einarbeitungskosten über den Lohnvorstellungen der Outsider liegen.

$$w_E \leq w_0 + C_E'.$$

In einer *modifizierten Variante* des Ansatzes können die Insider sowohl die Produktivität von Entrants durch Verweigerung von Kooperation senken als auch deren Arbeitsleid durch Schikanieren (Harassment) erhöhen, was deren Anspruchslohn erhöht. Dadurch entstehen ökonomische Renten, welche die Insider zusätzlich abschöpfen können. Ähnliches gilt für die Vermeidung von Produktivitätsverlusten durch Demotivation der Verbleibenden bei hoher Personalfluktuation.

3. *Verhalten der Arbeitsnachfrager:* Für die Unternehmen besteht aus Kostengründen prinzipiell kein Anreiz, die Insider gegen Outsider auszutauschen. Die Unternehmer werden zu Mengenanpassern.

4. *Verhältnis zwischen Insidern und Outsidern: a) Grundmodell:* Wesentliche Interessenkonflikte bestehen zwischen Insidern und Outsidern und nicht zwischen Unternehmen und Arbeitnehmern. Die Insider verhalten sich nutzenmaxierend und berücksichtigen die Interessen von Entrants und Outsidern nicht. Aufgrund der Existenz von Transaktionskosten können die Insider diese Konflikte zur Durchsetzung von Lohnaufschlägen nutzen. Sie können einen nicht-markträumenden Lohnsatz durchsetzen und so unfreiwillige Arbeitslosigkeit verursachen. b) Ein *erweitertes Modell* bezieht die Existenz von Arbeitnehmervertretungen in die Analyse ein. Diese richten ihre Politik hauptsächlich an den Interessen ihrer beschäftigten Mitglieder und nicht an denen der Nicht-Beschäftigten aus. Die Arbeitnehmervertretung verfügt über verschiedene Möglichkeiten, die Löhne ihres Klientels zu erhöhen, ohne dessen Aussichten auf kontinuierliche und langfristige Beschäftigung zu reduzieren: (1) Sie kann die Einstellungs- und Entlassungskosten erhöhen (z.B. durch Vereinbarung von Kündigungsfristen oder Abfindungszahlungen). (2) Sie kann die Effektivität und Vielfalt von Kooperation und Harassment erhöhen. (3) Sie kann aufgrund ihrer Organisationsmacht die Verhandlungsmacht der Insider erhöhen und diese dadurch in die Lage versetzen, einen größeren Teil der (Kartell-)Renten zu absorbieren. (4) Sie kann die Insider mit neuen Instrumenten des → Rent Seekingausstatten und ihr Drohpotenzial erhöhen (u.a. durch Streik sowie Dienst nach Vorschrift). – Kritiker dieses Ansatzes ziehen den Realitätsgehalt dieser Verhaltensannahmen von Betriebsräten und Gewerkschaften in Zweifel.

Arbeitsmedizin – Teilbereich der Arbeitswissenschaft; beschäftigt sich mit dem Einfluss der Arbeit auf den Menschen. – Ziel ist die Gesunderhaltung des Menschen am Arbeitsplatz und die Erhaltung der beruflichen Leistungsfähigkeit durch Prävention, Therapie und Rehabilitation.

Arbeitsmittel – 1. *Begriff:* Gegenstände, die unter Ausnutzung physikalischer, chemischer, biologischer oder sonstiger Naturgesetze technische Arbeit verrichten, d.h. → Betriebsmittel i.e.S. – *Beispiele:* Maschinen, Werkzeuge und Vorrichtungen. – 2. *Arbeitsrechtliche Regelungen:* Arbeitsmittel, die zur Durchführung der Arbeit benötigt werden, hat i.d.R. der Arbeitgeber dem Arbeitnehmer zur Verfügung zu stellen. – Da die Ausübung der Arbeit für den Arbeitgeber unter dessen Weisungsgewalt (→ Direktionsrecht) erfolgt, ist besitzrechtlich der Arbeitgeber Besitzer, der Arbeitnehmer Besitzdiener (§ 855 BGB). – Nach Beendigung des Arbeitsverhältnisses hat der Arbeitnehmer die ihm überlassenen Arbeitsmittel herauszugeben; er hat *kein* → Zurückbehaltungsrecht wegen etwaiger Gegenansprüche. – Vgl. auch → Arbeitsschutz.

Arbeitsmotivation – Beweggründe des Individuums zur Arbeitsleistung. – *Unterscheidungen:* 1. Arbeitsmotivation als *hypothetisches Konstrukt*, das der Erklärung der inhaltlichen Ausrichtung, der Intensität sowie der Zeitdauer des Arbeitsverhaltens dient. – 2. *Inhaltstheorien* der Arbeitsmotivation spezifizieren die Art der zugrunde liegenden Bedürfnisse (z.B. → Bedürfnishierarchie von Maslow). – 3. *Prozesstheorien* der Arbeitsmotivation thematisieren den Vorgang der Motivaktualisierung und berücksichtigen wesentlich kognitive Variablen (→ Erwartungswert-Theorie).

Arbeitsmündigkeit → Minderjährige.

Arbeitsnachfrage → Arbeitsmarkttheorien, → Arbeitslosigkeit, → Arbeitsmarkt.

Arbeitsordnung – Begriff der Praxis, der im BetrVG nicht vorkommt. Arbeitsordnung ist eine → Betriebsvereinbarung zwischen Arbeitgeber und Betriebsrat, die zur Aufrechterhaltung der → Ordnung des Betriebs erlassen wird (§ 87 I 1 BetrVG) und alle oder bestimmte Gruppen von Arbeitnehmern unmittelbar verpflichtet (z.B. Alkohol- und Rauchverbot). – Eine Arbeitsordnung wird vielfach zur betriebsinternen Regelung von Arbeitsbedingungen verwandt (z.B. Arbeitszeitregelung); dabei ist jedoch die Sperrwirkung der → Tarifverträge zu beachten (§ 77 III BetrVG).

Arbeitsorganisation – Organisatorische Gestaltung nach Art, Umfang und Bedingungen aller Elemente des Arbeitens. – Vgl. auch → Organisation, → Betriebsorganisation, → Arbeitsgestaltung, Jobenlargement, Jobenrichment, → teilautonome Arbeitsgruppe.

Arbeitsorientierte Einzelwirtschaftslehre (AO-EWL) – 1. Bezeichnung für ein *Alternativprogramm* der → Betriebswirtschaftslehre (BWL). Die Arbeitsorientierte Einzelwirtschaftslehre wurde 1974 von einer Projektgruppe des Wirtschafts- und Sozialwissenschaftlichen Instituts des Deutschen Gewerkschaftsbundes (WSI) entwickelt gegen die herrschende, als „kapitalorientiert" angeprangerte Lehre. – 2. Abgezielt wird auf die Durchsetzung von Interessen der abhängig Beschäftigten (in diesem Sinn *„arbeitsorientiert"*). Mit dem Begriff *„Einzelwirtschaftslehre"* sollen zwei terminologische Abgrenzungen vollzogen werden: a) Zur Volkswirtschaftslehre als Lehre von den gesamtwirtschaftlichen Institutionen, b) zur herkömmlichen Betriebswirtschaftslehre. – 3. *Konzeptionell* erfolgt Gegenüberstellung von einer „kapitalorientierten" und einer „emanzipatorischen Rationalität"; letztere soll auch qualitative Faktoren (z.B. im Rahmen der Arbeitsgestaltung) zu berücksichtigen erlauben. – 4. *Beurteilung:* Inhaltliche Schwächen des Ansatzes und die damit verbundenen weit reichenden ordnungspolitischen Vorstellungen (Steuerung von Produktion und Verteilung) haben zahlreiche kritische Kommentare ausgelöst.

Arbeitsortprinzip – Erfassungsprinzip im Rahmen der amtlichen Statistik, speziell der → Arbeitsmarktstatistik: Erfassung von bspw. Beschäftigten in der Gebietseinheit, in der sie arbeiten, unabhängig von ihrem Wohnort. – *Siehe auch:* → Wohnortprinzip, → Ereignisortprinzip.

Arbeitspädagogik – 1. Als *Wissenschaftsdisziplin* Teilbereich der → Berufs- und Wirtschaftspädagogik, der das Ziel verfolgt, „den Zusammenhang zwischen der Entfaltung des persönlichen Leistungsvermögens (des Leistungsantriebs und der Leistungsfähigkeit) und dem Wachstum der Persönlichkeit systematisch zu erforschen und nach den dabei gewonnenen Erkenntnissen zu gestalten" (Riedel). Kennzeichnend für die von Riedel und Dörschel geprägte Arbeitspädagogik ist der Versuch, arbeitsorganisatorisch-effektivitätsorientierte Aspekte mit erzieherischen Gesichtspunkten zu einer „Anthropologie der Arbeit" zu verbinden. In neueren Ansätzen deutet sich eine intensivere Zusammenarbeit mit der Arbeitswissenschaft, -soziologie und -psychologie an; das Forschungsanliegen ist stärker subjektbezogen auf die Gestaltung persönlichkeitsförderlicher Arbeitsformen und -bedingungen gerichtet. – 2. Im *pädagogisch-praktischen Handlungsfeld* bezeichnet Arbeitspädagogik eine auf die praktischen Bedürfnisse der → betrieblichen Ausbildung gerichtete Methodenlehre der Arbeitserziehung bzw. -unterweisung. Sie hat bes. Bedeutung durch die seit 1972 erlassenen Ausbilder-Eignungsverordnungen (AEVO) gewonnen, die den Nachweis berufs- und arbeitspädagogischer Kenntnisse verlangen.

Arbeitspapiere – Vom Arbeitnehmer bei Beginn eines Arbeitsverhältnisses vorzuweisende Unterlagen: (1) → Lohnsteuerkarte; (2) *(Sozial-)*

Versicherungsnachweisheft des Arbeitnehmers; (3) Sozialversicherungsausweis (→ Versicherungsausweis); (4) im Fall *ausländischer Arbeitnehmer:* → Arbeitserlaubnis; (5) *Unterlagen über* → vermögenswirksame Leistungen; (6) im *Baugewerbe* zusätzlich Lohnnachweiskarte für Urlaub, Lohnausgleich und Zusatzversorgung. – Sozialversicherungsausweis, Lohnsteuerkarte und ggf. Arbeitserlaubnis sind bei Dienstantritt dem Arbeitgeber vorzulegen. Bei Ausübung einer Beschäftigung im Baugewerbe, im Gaststätten- und Beherbergungsgewerbe, im Personen- und Güterbeförderungsgewerbe, im Schau- und Gebäudereinigungsgewerbe sowie bei Unternehmen, die sich am Auf- und Abbau bei Messen und Ausstellungen beteiligen, ist der Sozialversicherungsausweis (der in diesen Fällen mit einem Lichtbild versehen ist) von den Beschäftigten mitzuführen und auf Verlangen den zuständigen Prüfbehörden vorzuzeigen (§ 18h SGB IV). Im Fall der Gewährung von → Arbeitslosengeld und → Übergangsgeld ist der Sozialversicherungsausweis bei der Arbeitsagentur und beim Bezug von laufender Hilfe zum Lebensunterhalt beim zuständigen Sozialhilfeträger zu hinterlegen. Auf Wunsch des Arbeitnehmers muss der Arbeitgeber die Arbeitspapiere diesem für kurze Zeit überlassen und bei Beendigung des Arbeitsverhältnisses stets zurückgeben (kein → Zurückbehaltungsrecht). – Der Arbeitgeber hat bei Beendigung der Beschäftigungsverhältnisse eine → Arbeitsbescheinigung (§ 312 SGB III) und u.U. eine → Urlaubsbescheinigung (§ 6 II BUrlG) auszustellen. – Rechtsstreite über die Ausstellung und Herausgabe der Arbeitspapiere gehören zur Zuständigkeit der → Arbeitsgerichte (BAGE 69, 204). Für Klagen auf Berichtigung einer Arbeitsbescheinigung ist der Rechtsweg zu den → Sozialgerichten gegeben (BSG SozR 3-4100 § 133 Nr. 1).

Arbeitspausen → Pausen.

Arbeitspflichtverletzung → Vertragsbruch.

Arbeitsphysiologie – Teilbereich der → Arbeitswissenschaft, der sich mit den physiologischen Funktionen des Menschen und dessen Belastbarkeit bei der Verrichtung von Arbeit befasst. Die Forschungsergebnisse der Arbeitsphysiologie bilden u.a. die Grundlage für → Arbeitsgestaltung. – Zur *angewandten Arbeitsphysiologie* gehören u.a. Arbeitshygiene, → Arbeitsschutz, Entstaubungseinrichtungen, Arbeitsplatzbeleuchtung, Farbgestaltung der Arbeitsräume, Installation von Heizungs-, Lüftungs- und Klimaanlagen.

Arbeitsplan – Aufstellung mit Informationen über die Art, die technologische Reihenfolge der Aktionen eines jeden → Auftrages/Teilauftrages, deren Zeitbedarf (Kapazitätsbedarf ohne Periodenzuordnung, gemessen in Zeiteinheiten) und die Art der benötigten → Kapazitäten (Maschinen, Werkzeuge, Arbeitskräfte). Häufig werden in den Arbeitsplänen auch Zusatzangaben über Materialqualitäten, Ausschussvorgaben, Richtzeiten, Transporthinweise etc. gegeben.

Arbeitsplatz – I. Allgemein: 1. *Begriff:* räumlicher Bereich, in dem der Mensch innerhalb des betrieblichen Arbeitssystems mit Arbeitsmitteln und -gegenständen zusammenwirkt. Der Arbeitsplatz ist die kleinste räumliche Struktureinheit eines → Betriebs. – 2. Die *Einrichtung eines Arbeitsplatzes* erfolgt durch → Arbeitsplatzgestaltung.

II. Arbeitsrecht: 1. *Recht am Arbeitsplatz:* Es wird teilweise vertreten, das zwischen Arbeitgeber und -nehmer bestehende → Arbeitsverhältnis sei zugleich als ein absolutes Recht am Arbeitsplatz zu verstehen. Eine unrechtmäßige → Aussperrung verletze das Recht des Arbeitnehmers an seinem Arbeitsplatz und verpflichte nach § 823 I BGB zum Schadensersatz, dieselbe Rechtsfolge ergibt sich aber bereits aus der Anwendung des Arbeitsvertragsrechts (→ Aussperrung). – Vgl. auch → Arbeitsplatzschutz. – 2. *Mitbestimmung am Arbeitsplatz* (§§ 81–84 BetrVG): → Arbeitsplatzmitbestimmung. – Vgl. auch → Versetzung.

III. Behindertenrecht: Auf einem bestimmten Prozentsatz der Arbeitsplätze haben (private und öffentliche) Arbeitgeber schwerbehinderte Menschen zu beschäftigen; die Einstellung ist aber lediglich eine öffentlich-rechtliche Pflicht und gibt dem einzelnen schwerbehinderten Menschen keinen Anspruch auf Beschäftigung bei einem bestimmten Arbeitgeber (§ 71 SGB IX). Wird die Verpflichtung zur Beschäftigung schwerbehinderter Menschen nicht eingehalten, hat der Arbeitgeber eine Ausgleichsabgabe zu zahlen (§ 77 SGB IX).

Arbeitsplatzanalyse – Systematische Beschreibung eines → Arbeitsplatzes und der für ihn typischen Arbeitsvorgänge zur Bestimmung der physischen und psychischen Anforderungen, die von ihm an den Menschen gestellt werden. – *Zweck:* (1) → Arbeitsplatzbewertung; (2) Verbesserung der Arbeitsbedingungen (Erleichterung des Arbeitsvollzugs); (3) → Arbeitsbewertung im Zusammenhang mit der Lohngestaltung; (4) optimale Besetzung des Arbeitsplatzes und Mitarbeiterunterweisung.

Arbeitsplatzausschreibung → Ausschreibung von Arbeitsplätzen.

Arbeitsplatzbewertung – Bewertung sämtlicher → Arbeitsplätze des Betriebs nach einem Punktsystem aufgrund systematischer arbeitswissenschaftlicher Untersuchung des gesamten Betriebs auf die Arbeitsbedingungen und notwendigen Arbeitsleistungen hin. – *Zweck:* (1) Festlegung der Leistungsmöglichkeit der einzelnen Betriebsteile; (2) Grundlage für die Entlohnung. – Vgl. auch → Arbeitsplatzanalyse, → Arbeitsbewertung.

Arbeitsplatzdichte – Verhältnis der Erwerbspersonen zur Fläche eines Untersuchungsgebietes. – Vgl. auch → Bevölkerungsdichte.

Arbeitsplatzgestaltung – I. Allgemein: Gestaltung des → Arbeitsplatzes; umfasst: (1) *Anlage des Arbeitsplatzes,* um die zweckmäßigste Zusammenarbeit mit den vor- und nachgeordneten Plätzen zu gewährleisten; (2) *Installation von Transporteinrichtungen*, die einen leichten An- und Abtransport des Werkstücks ermöglichen; (3) *Ausstattung* des Arbeitsplatzes nach arbeitswissenschaftlichen Gesichtspunkten; u.a. Anpassung an die Maße des menschlichen Körpers (anthropometrische Arbeitsplatzgestaltung). – Im Zusammenhang mit der *Leistungsbewertung*: → Arbeitsplatzbewertung. – *Anordnung der Arbeitsplätze:* → Produktionsprozessplanung.

II. Betriebsverfassungsrecht: Hinsichtlich geplanter Änderungen von Arbeitsplatz, Arbeitsablauf und Arbeitsumgebung hat der → Betriebsrat *Unterrichtungs- und Beratungsrechte* (§ 90 BetrVG). – Stellt der Betriebsrat fest, dass Arbeitnehmer durch Änderungen der Arbeitsplätze, des Arbeitsablaufs oder der Arbeitsumgebung, die den gesicherten arbeitswissenschaftlichen Erkenntnissen über die menschengerechte Gestaltung der Arbeit offensichtlich widersprechen, in bes. Weise belastet werden, so kann er angemessene Maßnahmen zur Abwendung, Milderung oder zum Ausgleich der Belastung verlangen (§ 91 BetrVG); *„korrigierendes" Mitbestimmungsrecht.* Kommt eine Einigung nicht zustande, entscheidet die Einigungsstelle.

Arbeitsplatzmitbestimmung – 1. *Mitwirkung* einzelner oder mehrerer Arbeitnehmer an Entscheidungen ohne Einschaltung von Repräsentanten wie z.B. → Betriebsrat. – a) *Basisdemokratisches Modell:* Willensbildung von unten nach oben über eine mehrstufige Mitbestimmung (Arbeitsplatz, Arbeitsgruppe, Abteilung, Betrieb, Unternehmensführung); partiell im BetrVG: individuelle Mitwirkungs- und Beschwerderechte der Arbeitnehmer (§§ 81–86), Möglichkeit von → Abteilungsversammlungen (§ 42 II) und mögliche Errichtung zusätzlicher betriebsverfassungsrechtlicher Vertretungen der Arbeitnehmer bestimmter Beschäftigungsarten oder Arbeitsbereiche (Arbeitsgruppen) durch → Tarifvertrag (§ 3 I). – b) *Weitere Varianten* von Arbeitsplatzmitbestimmung werden in Projekten zur → Humanisierung der Arbeit erprobt und in Formen von → Partnerschaft realisiert. – 2. Arbeitsplatzmitbestimmung wird von der *Arbeitgeberseite* ausschließlich als aktive Beteiligung der Mitarbeiter an Entscheidungen in ihrem unmittelbaren Arbeitsumfeld verstanden; überwiegend als Mittel zur Motivation der Arbeitnehmer und Instrument zur Steigerung der Produktivität und Innovation in Betrieb und Unternehmen.

Arbeitsplatzrechner – *Arbeitsplatzcomputer;* → Rechner (i.d.R. PC) für den professionellen Einsatz an einem → Arbeitsplatz. Wird funktional an die Erfordernisse dieses Arbeitsplatzes (Aufgabe) angepasst. Arbeitsplatzrechner tragen zur Dezentralisierung der elektronischen Datenverarbeitung bei.

Arbeitsplatzschutz – Erhaltung und Schutz des Arbeitsplatzes bei Einberufung eines Arbeitnehmers zum → Wehrdienst und → Zivildienst.

I. Rechtsgrundlage: Arbeitsplatzschutzgesetz i.d.F. vom 14.2.2001 (BGBl. I 253) m.spät.Änd.; § 78 Zivildienstgesetz i.d.F. vom 17.5.2005 (BGBl. I 1346) m. spät.Änd.

II. Schutzbestimmungen: 1. Wenn der Arbeitnehmer zum Grundwehrdienst, zu einer Wehrübung oder dem zivilen Ersatzdienst einberufen wird, tritt ein *Ruhen des Arbeitsverhältnisses* ein; Arbeitspflicht und Lohnzahlungspflicht bestehen nicht. – 2. Für die Dauer des Wehrdienstes besteht ein *Kündigungsverbot* für den Arbeitgeber. Will er aus dringenden betrieblichen Gründen Arbeitnehmer entlassen, so darf er bei der Auswahl der zu Entlassenden die bevorstehende Einberufung eines Arbeitnehmers zum Wehrdienst nicht zu dessen Ungunsten berücksichtigen; kündigt der Arbeitgeber, nachdem er von der Einberufung Kenntnis erhalten hat, wird vermutet, dass die Kündigung aus Anlass des Wehrdienstes ausgesprochen ist. – Das Recht zur → außerordentlichen Kündigung bleibt unberührt; die Einberufung des Arbeitnehmers darf jedoch grundsätzlich (d.h. mit gewissen Ausnahmen) nicht als wichtiger Grund gewertet werden (§ 2 III). – 3. Der *Urlaubsanspruch* des Arbeitnehmers wird für jeden vollen Kalendermonat, den der Arbeitnehmer Grundwehrdienst leistet, um 1/12 gekürzt. Setzt der Arbeitnehmer im Anschluss an den Wehrdienst das Arbeitsverhältnis nicht fort, so ist der nicht gewährte Urlaub abzugelten. – 4. → Werkwohnungen sind dem Arbeitnehmer zu belassen. War die Überlassung der Wohnung im Arbeitsentgelt einbegriffen, hat der Arbeitnehmer für die Weitergewährung eine angemessene Entschädigung zu zahlen. – 5. Dem Arbeitnehmer dürfen *keine Nachteile* erwachsen, wenn er die Arbeit in seinem bisherigen Betrieb wieder aufnimmt. Die Wehrdienstzeit ist auf die Berufs- und Betriebszugehörigkeit anzurechnen, was sich auf Kündigungsfrist, Pension etc. auswirkt. Keine Anrechnung auf Probe- und Ausbildungszeiten (z.B. des Auszubildenden). – 6. Innerhalb von sechs Monaten nach Beendigung des Grundwehrdienstes werden Soldaten oder entlassene Soldaten bei einer Bewerbung um Einstellung in den *öffentlichen Dienst* bevorzugt berücksichtigt. – Ähnliche Regelung für die Einberufung zu einer *freiwilligen Eignungsübung;* Eignungsübungsgesetz vom 20.1.1956 (BGBl. I 13) m.spät.Änd.

III. Sonderregelung für befristetes Arbeitsverhältnis: Sie werden durch die Einberufung zum Wehrdienst nicht verlängert, ruhen vielmehr mit der Einberufung und enden zu dem vorgesehenen Zeitpunkt.

IV. Weitere Anwendung: des ArbPlSchG auf *Zeitsoldaten*, wenn die Dienstzeit nicht auf insgesamt mehr als zwei Jahre festgesetzt ist; vgl. § 16a ArbPlSchG.

Arbeitsplatzteilung → Job Sharing.

Arbeitsplatzwechsel – I. Arbeitsrecht: vom Arbeitnehmer herbeigeführte Beendigung des Arbeitsverhältnisses zum bisherigen Arbeitgeber und Eingehung eines neuen

Arbeitsverhältnisses (→ Arbeitsverhältnis). – 1. *Recht zum Arbeitsplatzwechsel:* Es ist durch Art. 12 I 1, II 1 GG verfassungsrechtlich gewährleistet. – *Ausnahme* für den Verteidigungsfall: Art. 12a VI GG). Zum Maß der Betriebsbindung bei Rückzahlungsklauseln vgl. → Ausbildungskosten, → Gratifikation. – 2. Zum *rechtmäßigen Arbeitsplatzwechsel* ist erforderlich: (1) *ordnungsgemäße Kündigung* des → Arbeitsvertrags und (2) *Einhaltung der* → Kündigungsfrist. Findet der Arbeitnehmer ein bes. günstiges Stellenangebot, so ist er grundsätzlich nicht zur → außerordentlichen Kündigung berechtigt; dies gilt auch dann, wenn er in der Lage ist, seinem Arbeitgeber eine gleichwertige Arbeitskraft zu stellen. Andernfalls handelt er rechtswidrig (→ Vertragsbruch) und ist dem Arbeitgeber zum Schadensersatz verpflichtet. – 3. Um zu vermeiden, dass der Arbeitnehmer einen doppelten Anspruch auf → Urlaub geltend macht, schließt § 6 BUrlG den Anspruch gegen den neuen Arbeitgeber aus, soweit der frühere bereits Urlaub gewährt hat. Hat der frühere Arbeitgeber den Urlaub noch nicht gewährt, hat der Arbeitnehmer ein Wahlrecht: Er kann sich an den alten oder neuen Arbeitgeber halten.

II. Personalmanagement: systematischer Arbeitsplatzwechsel in einer Abteilung oder zwischen Abteilungen (→ Jobrotation). Dies kann zu Ausbildungszwecken (z.B. Trainer) oder zum Zwecke der Vermeidung einseitiger Belastungen (→ Arbeitsgestaltung) geschehen.

Arbeitsplatzwettbewerbsmodell – 1. *Begriff:* nicht institutionalistische, neoklassische Variante innerhalb der Segmentationstheorien (→ Arbeitsmarkttheorien). Sie betont u.a. informelle Regeln der Kooperation und Selektion und konzipiert den → Arbeitsmarkt primär als Ausbildungsmarkt. Die Arbeitsplatzbewerber werden entsprechend ihrer relativen Position in Bezug auf die für das Unternehmen zu erwartenden Ausbildungskosten in eine Arbeitskräfteschlange eingeordnet. Originärer Träger der Produktivität ist nicht der Arbeitnehmer, sondern der Arbeitsplatz; die Produktivität und Entlohnung des Beschäftigten ist eine Funktion des besetzten Arbeitsplatzes. Die Bewerber konkurrieren mittels der Ausbildungskosten, die ihre Anpassung an die Arbeitsplatzbedingungen voraussichtlich erfordern werden. Die Annahme lautet, dass die Ausbildungskosten mit der Länge der Ausbildungsdauer steigen und mit der Höhe des Allgemeinbildungsniveaus sinken. Aus der Warteschlange werden die Bewerber bevorzugt eingestellt, die aufgrund ihrer Hintergrundmerkmale die geringsten Ausbildungskosten für das Unternehmen erwarten lassen. – 2. *Folge:* An die Stelle des Lohnwettbewerbs unter den Arbeitsanbietern tritt die Kostenkonkurrenz zwischen den Arbeitsplatzbewerbern. Unterstellt wird, dass Personen mit höherem Allgemeinbildungsniveau höhere Chancen der Rekrutierung haben. Die Außerkraftsetzung des direkten Lohnwettbewerbs und die Einschränkung der Stellenkonkurrenz zwischen bereits Beschäftigten und neu Auszubildenden sichern die Weitergabe des (betriebs-)spezifischen Wissens.

Arbeitsproduktivität – 1. *Begriff:* Verhältnis von gesamtwirtschaftlichem Produktionsergebnis und Arbeitseinsatz. Arbeitsproduktivität wird häufig mit Produktivität gleichgesetzt. – *Kehrwert:* → Arbeitskoeffizient. – 2. *Arten:* a) *Durchschnittliche* Arbeitsproduktivität (Durchschnittsproduktivität des Faktors Arbeit): die pro eingesetzter Einheit des Faktors Arbeit erzielte Produktionsmenge. – b) *Marginale* Arbeitsproduktivität (Grenzproduktivität des Faktors Arbeit): mengenmäßiger Produktionszuwachs auf den Einsatz einer zusätzlichen Einheit des Faktors Arbeit bezogen. – 3. In der → Grenzproduktivitätstheorie der Verteilung ist die Grenzproduktivität des Faktors Arbeit im Gleichgewicht dem Reallohnsatz gleich. – 4. In der → *Volkswirtschaftlichen Gesamtrechnung (VGR)* ist Arbeitsproduktivität definiert als das Verhältnis von → Bruttoinlandsprodukt (BIP) oder unbereinigter → Bruttowertschöpfung jeweils in konstanten Preisen zur Einsatzmenge an Arbeitsleistung (gemessen an der Zahl der Beschäftigten oder an den geleisteten Arbeitsstunden).

Arbeitspsychologie → Arbeits- und Organisationspsychologie.

Arbeitsraum – räumlicher Bereich, in dem Menschen innerhalb des betrieblichen Arbeitssystems arbeiten. Die Gestaltung des Arbeitsraums ist in Ergänzung der Gestaltung des Arbeitsplatzes (→ Arbeitsplatzgestaltung) Gegenstand der Arbeitswissenschaft. Es ist darauf zu achten, dass unter den Gesichtspunkten der → Arbeits- und Organisationspsychologie, → Arbeitsphysiologie und der → Arbeitsmedizin der Arbeitsraum optimal gestaltet ist, d.h. Beanspruchungen im Sinn einer Minderung der Unfallgefahr sowie der Humanisierung der Arbeit weitestgehend reduziert werden.

Arbeitsrecht – I. Begriff: Gesamtheit aller Rechtsregeln, die sich mit der unselbstständigen, abhängigen Arbeit befassen, d.h. der Arbeit, die von Personen geleistet wird, die in einem Betrieb eingegliedert fremdbestimmte Arbeit leisten und dabei an Weisungen hinsichtlich Art, Ausführung, Ort und Zeit der Arbeit gebunden sind. – Arbeitsrecht ist ein bes. Teil der Rechtsordnung. Gegenüber Privatrecht und öffentlichem Recht eigenständig; enthält beides, aber überwiegend Privatrecht.

II. Gliederung: 1. *Individuelles Arbeitsrecht:* Rechtliche Regelung der Beziehungen zwischen Arbeitgeber und -nehmern. – 2. *Kollektives Arbeitsrecht:* Rechtliche Regelung der Beziehungen zwischen den Zusammenschlüssen von Arbeitgebern und -nehmern, und zwar der Beziehungen zwischen Gewerkschaften und Arbeitgeberverbänden (→ Koalition) oder einzelnen Arbeitgebern sowie zwischen Betriebsräten und Arbeitgebern, bes. das Zustandekommen von Gesamtvereinbarungen (→ Tarifvertrag,

→ Betriebsvereinbarung). – Vgl. auch → Schlichtung, → Arbeitskampf.

III. Rechtsquellen: 1. *Allgemein:* Das Arbeitsrecht ist in viele Einzelgesetze (z.B. Betriebsverfassungs-, Kündigungsschutz-, Jugendarbeitsschutz-, Arbeitszeitgesetz) und in Einzelbestimmungen allg. Gesetze (z.B. §§ 611 ff., BGB, §§ 105 ff. GewO) zersplittert *(Rechtszersplitterung).* Ein zusammenfassendes → Arbeitsgesetzbuch existiert nicht. – In weiten Bereichen, u.a. im Recht der Verbände und Arbeitskampfrecht, fehlt es an geschriebenen Rechtssätzen überhaupt. – Aus dem Fehlen einer Kodifikation folgt, dass die maßgebenden Grundsätze nicht im Gesetzesrecht ausgeformt sind; das Arbeitsrecht ist zu einem erheblichen Teil *Richterrecht.* Die Gerichte für Arbeitssachen (→ Arbeitsgerichtsbarkeit), v.a. das → Bundesarbeitsgericht (BAG), sehen sich zur Schließung von Gesetzeslücken und zur Rechtsfortbildung veranlasst. – Arbeitsrecht ist überwiegend zwingendes Recht; abweichende Vereinbarungen sind möglich, wenn diese den Arbeitnehmer günstiger stellen (Günstigkeitsprinzip). – 2. *Rangfolge arbeitsrechtlicher Regelungen* nach dem → Rangprinzip: (1) Gesetz; (2) Tarifvertrag; (3) Betriebsvereinbarung; (4) Arbeitsvertrag; (5) Direktionsrecht. – Im Arbeitsrecht gilt das Rangprinzip nur eingeschränkt; nach dem → Günstigkeitsprinzip hat die nach dem Rangprinzip rangniedere Regelung vor der ranghöheren Vorrang, wenn diese einen für den Arbeitnehmer günstigeren Inhalt hat. – Es gelten außerdem das im gesamten Recht gültige Spezialitätsprinzip (gleichrangige, widersprechende Regelungen) und das → Ordnungsprinzip.

IV. Arbeitsrecht auf EU-Ebene: → Europäisches Arbeitsrecht.

Arbeitsrichter → ehrenamtliche Richter.

Arbeitssachen → Arbeitsgerichtsbarkeit.

Arbeitsschutz – *Arbeitnehmerschutz;* Schutz der Arbeitnehmer durch gesetzliche Regelungen (Arbeitsschutzrecht).

I. Schutzzweck: Der Arbeitnehmer hat mit technischen Einrichtungen zu tun und ist in Produktionsverfahren eingegliedert, die seine Gesundheit bedrohen können. Gefahren für den Arbeitnehmer können sich auch aus der wirtschaftlichen Überlegenheit des Arbeitgebers ergeben. Dem Schutz vor diesen Gefahren dient das gesamte → Arbeitsrecht. Auf dem Gebiete des Arbeitsschutzes hat der Gesetzgeber Vorschriften erlassen, deren Einhaltung nicht im Belieben des Arbeitgebers stehen. Die Verpflichtung zur Einhaltung der Arbeitsschutzvorschriften besteht gegenüber dem Staat. – Nach neuerer Auffassung wirkt das Arbeitsschutzrecht aber auch auf den *privatrechtlichen Inhalt des* → Arbeitsverhältnisses ein. Bei Nichteinhaltung der Arbeitsschutzvorschriften hat der Arbeitnehmer u.U. ein Leistungsverweigerungsrecht und kann bei schuldhafter Verletzung der Schutzvorschriften Schadensersatz verlangen.

II. Gliederung des Arbeitsschutzes: 1. Nach dem *geschützten Personenkreis:* a) *Allgemeiner Arbeitsschutz:* Gilt für alle Arbeitnehmer. – b) *Bes. Arbeitsschutz:* Gilt für einzelne Berufsgruppen, z.B. Bergleute (BundesbergG vom 13.8.1980, BGBl. I 1310), Seeleute (Seemannsgesetz), mit gefährlichen Stoffen Beschäftigte [→ Chemikaliengesetz (ChemG), → Gentechnikgesetz (GenTG), → Störfall-Verordnung, → Strahlen- und Röntgenschutzverordnung], → Heimarbeiter sowie für Frauen (→ Mutterschutz), für Jugendliche (→ Jugendarbeitsschutz) und für behinderte Menschen (SGB IX). – 2. Nach dem *Gegenstand:* a) *Betriebs- oder Gefahrenschutz:* Vorschriften zur Verhütung von Betriebsunfällen bilden einen wesentlichen Teil des Arbeitsschutzes. – b) *Arbeitszeitschutz:* Gesetzliche Verbote von Feiertagsarbeit und Vorschriften über die Höchstarbeitszeit schützen gegen Überanstrengung und vorzeitigen Verschleiß der Arbeitskraft (→ Arbeitszeit, → Sonntagsarbeit). – c) *Arbeitsvertragsschutz:* Schutz vor unsozialer Regelung der vertraglichen Arbeitsbedingungen. Dazu dient z.B. das → Truckverbot. Zu dem aus dem Arbeitsvertrag folgenden Arbeitsschutz vgl. → Fürsorgepflicht des Arbeitgebers.

III. Durchführung: 1. Die arbeitsschutzrechtlichen Pflichten des Arbeitgebers und die Pflichten und Rechte der Beschäftigten sind im Grundsatz im Arbeitsschutzgesetz (ArbSchG) vom 7.8.1996 (BGBl. I 1246) m.spät.Änd. geregelt. Danach ist der Arbeitgeber verpflichtet, die erforderlichen Maßnahmen des Arbeitsschutzes unter Berücksichtigung der Umstände zu treffen, die Sicherheit und Gesundheit der Beschäftigten bei der Arbeit beeinflussen. Er hat die Maßnahmen auf ihre Wirksamkeit zu prüfen und sich ändernden Gegebenheiten anzupassen (§§ 3–14 ArbSchG). Die Beschäftigten sind verpflichtet, nach ihren Möglichkeiten sowie gemäß der Unterweisung und Weisung des Arbeitgebers für ihre Sicherheit und Gesundheit bei der Arbeit Sorge zu tragen (§§ 15–17 ArbSchG). – 2. Der → Betriebsrat hat bestimmte Aufgaben auf dem Gebiet des Arbeitsschutzes. Er hat darüber zu wachen, dass die Unfallverhütungsvorschriften durchgeführt werden (§ 80 I Nr. 1 BetrVG). Er hat mitzubestimmen über Regelungen zur Verhütung von Arbeitsunfällen und Berufskrankheiten sowie über den Gesundheitsschutz im Rahmen der gesetzlichen Vorschriften und der Unfallverhütungsvorschriften (§ 87 I Nr. 7 BetrVG). *Zusätzliche Maßnahmen* zur Verhütung von Arbeitsunfällen und Gesundheitsschädigungen können im Wege freiwilliger Mitbestimmung (→ Betriebsverfassung, → Betriebsrat) in → Betriebsvereinbarungen zwischen Arbeitgeber und Betriebsrat vereinbart werden (§ 88 I Nr. 1 BetrVG). Nach § 89 BetrVG hat der Betriebsrat die Pflicht, durch Überwachung den Unfallgefahren im Betrieb entgegenzuwirken. – 3. In Unternehmen mit mehr als 20 Beschäftigten hat der Unternehmer einen oder mehrere → Sicherheitsbeauftragte zu bestellen (§ 22 SGB VII). Nach dem Gesetz über Betriebsärzte,

Sicherheitsingenieure und andere Fachkräfte für → Arbeitssicherheit vom 12.12.1973 (BGBl. I 1885) m.spät.Änd. hat der Arbeitgeber → Betriebsärzte und → Fachkräfte für Arbeitssicherheit zu bestellen. – 4. Die → Gewerbeaufsicht hat zu überwachen, dass in Betrieben die Schutzvorschriften befolgt werden. Der Zuständigkeitsbereich der Gewerbeaufsicht ist in den verschiedenen Arbeitsschutzvorschriften geregelt und erfasst auch die sonstigen Unfallschutzvorschriften, den Bereich der Gewerbehygiene, des Arbeitszeitschutzes und den Schutz der Mütter, Jugendlichen und Kinder. Für den Arbeitsschutz im Bergbau und in der Seeschifffahrt sind Sonderbehörden zuständig. Gewerbeaufsichtsbeamte haben das Recht, jederzeit – auch nachts – ohne vorherige Anmeldung die Betriebsanlagen zu kontrollieren; sie können Verbote und Auflagen bez. gefährlicher Anlagen erlassen. Als *Zwangsmittel* der Aufsichtsbehörden kommen in Betracht Ersatzvornahme (Ausführung der zu erzwingenden Maßnahme auf Kosten des Pflichtigen), die Festsetzung von Zwangsgeld und die Anwendung unmittelbaren Zwanges.a) Für die *ärztlichen Aufgaben des Gewerbeschutzes* sind die staatlichen Gewerbeärzte zuständig. – b) Nach § 139b GewO kommt neben der Gewerbeaufsicht auch eine Zuständigkeit der *Landespolizeibehörden* in Betracht. – c) Auch die *Berufsgenossenschaften* als Träger der gesetzlichen Unfallversicherung (§§ 114 ff. SGB VII) haben Kontrollrechte im Betrieb für den Aufgabenbereich Unfallverhütung.

IV. Verordnungen nach dem ArbSchG: Aufgrund des ArbSchG sind erlassen worden jeweils am 4.12.1996 die PSA-Benutzungsverordnung (PSA-BV) – BGBl. I 1841, die Lastenhandhabungsverordnung (LasthandhabV) – BGBl. I 1842 – m.spät.Änd. und die Bildschirmarbeitsverordnung (BildscharbV) - BGBl. I 1843 – m.spät.Änd.; ferner die → Baustellenverordnung (BaustellV) vom 10.6.1998 (BGBl. I 1283) m.spät.Änd.; die Lärm- und Vibrations-Arbeitsschutzverordnung (LärmvibrationsArbSchV) vom 6.3.2007 (BGBl. I 261) m.spät.Änd.; die Verordnung zur arbeitsmedizinischen Vorsorge (ArbMedVV) vom 18.12.2008 (BGBl. I 2768) m.spät.Änd.

Arbeitsschutzausschuss – hat der Arbeitgeber in Betrieben mit mehr als zwanzig Beschäftigten zu bilden. Der Arbeitsschutzausschuss hat die Aufgabe, Anliegen des Arbeitsschutzes und der Unfallverhütung zu beraten (§ 11 ASiG); vgl. auch → Arbeitssicherheit.

Arbeitsschutzrecht → Arbeitsschutz.

Arbeitssicherheit – 1. *Gesetzliche Grundlage:* Gesetz über Betriebsärzte, Sicherheitsingenieure und andere Fachkräfte für Arbeitssicherheit vom 12.12.1973 (BGBl. I 1885) m.spät.Änd. – 2. *Inhalt des ASiG:* a) Es verpflichtet den Arbeitgeber je nach Unfall- und Gesundheitsgefahren, Zahl der Mitarbeiter, Zusammensetzung der Belegschaft und Betriebsorganisation zur *Bestellung von Betriebsärzten und* → Fachkräften → für Arbeitssicherheit. Diese Personen sind mit Zustimmung des → Betriebsrats zu bestellen und abzuberufen (§ 9 III ASiG). – b) In Betrieben, in denen diese Personen bestellt sind, hat der Arbeitgeber einen *Arbeitsschutzausschuss* zu bilden. Dieser besteht aus dem Arbeitgeber oder einem von ihm Beauftragten, zwei vom Betriebsrat bestimmten Betriebsratsmitgliedern, den nach den ASiG bestellten Betriebsärzten und Fachkräften für Arbeitssicherheit und den → Sicherheitsbeauftragten nach § 22 SGB VII (§ 11 ASiG).

Arbeitssicherstellungsgesetz – Gesetz zur Sicherstellung von Arbeitsleistungen für Zwecke der Verteidigung einschließlich des Schutzes der Zivilbevölkerung (→ Notstand) vom 9.7.1968 (BGBl. I 787) m.spät.Änd. Das Arbeitssicherstellungsgesetz umfasst bestimmte, die → Berufsfreiheit einschränkende Maßnahmen (Verbot des Arbeitsplatzwechsels, Verpflichtung in ein neues Arbeitsverhältnis).

Arbeitsspeicher – *Hauptspeicher;* → Zentralspeicher, in dem die laufenden Programme und die von diesen bearbeiteten Daten gehalten werden. Aus dem Arbeitsspeicher entnimmt der → Zentralprozessor während des Programmablaufs (→ Programm) den nächsten auszuführenden → Maschinenbefehl sowie die von diesem benötigten Daten aufgrund der explizit oder implizit angegebenen → Adressen; nach Ausführung des Befehls werden die Ergebnisse im Arbeitsspeicher abgelegt. – Vgl. auch → virtueller Speicher.

Arbeitsstätte – I. Amtliche Statistik: organisatorische Einheiten, die materiell als räumlich abgegrenzte bauliche Einrichtungen in Erscheinung treten und in denen unter Einschluss des Leiters mind. eine Person haupt- oder nebenberuflich ständig tätig ist.

II. Steuerrecht: 1. *Begriff:* Grundlage für regelmäßige Arbeitsstätten ist der ortsgebundene Mittelpunkt der dauerhaft angelegten beruflichen Tätigkeit des Arbeitnehmers, also z.B. der Betrieb oder die Zweigstelle des Arbeitgebers (Definition nicht im Gesetz, sondern nur in den Lohnsteuer-Richtlinien der Finanzverwaltung, vgl. R 9.4 III LStR 2008). Ein Arbeitnehmer kann mehrere regelmäßige Arbeitsstätten gleichzeitig haben. Er muss jede aber mit einer gewissen Nachhaltigkeit immer wieder aufsuchen; bei einem Arbeitnehmer, der auch außerhalb des Betriebes tätig wird, ist der Betrieb bereits ohne Weiteres als seine regelmäßige Arbeitsstätte anzuerkennen, wenn er dort durchschnittlich einen Wochentag pro Arbeitswoche tätig wird. Nicht als die regelmäßige Arbeitsstätte angesehen wird eine Einrichtung des Arbeitgebers, der der Arbeitnehmer nur befristet zugeordnet ist (z.B. eine Baustelle). Die frühere Regelung, dass jede Auswärtstätigkeit von mehr als drei Monaten dazu führt, dass der betreffende Arbeitsort automatisch als eine regelmäßige Arbeitsstätte angesehen wird, ist entfallen (R 9.4. LStR 2008). – 2. *Steuerliche Bedeutung:* Die regelmäßige Arbeitsstätte zu bestimmen, ist Grundlage für die Berechnung der → Fahrtkosten zwischen Wohnung und Arbeitsstätte. Dies ist wichtig, da die Kosten für Fahrten zwischen Wohnung und Arbeitsstätte gemäß einer pauschalierten Regelung angesetzt werden können (Entfernungspauschale), die Kosten für die aus anderem Anlass gefahrenen betrieblichen Kilometer aber nach anderen Regeln (denen für Auswärtstätigkeiten) berechnet werden müssen (die oft günstiger für den Arbeitnehmer sind). – 3. *Gegensatz*: Auswärtstätigkeit.

Arbeitsstättenverordnung – vom 12.8.2004 (BGBl. I 2179) m.spät.Änd., regelt einheitlich die Anforderungen an Arbeitsstätten im Interesse des Arbeits- und Betriebsschutzes (→ Arbeitsschutz). Die VO gilt für Arbeitsstätten im Rahmen eines stehenden Gewerbes, ausgenommen sind Betriebe, die dem Bundesberggesetz unterliegen und öffentliche Verkehrsmittel. Sie betrifft Arbeitsräume in Gebäuden, Arbeitsplätze im Freien auf dem Betriebsgelände, Baustellen, Verkaufsstände im Zusammenhang mit Ladengeschäften einschließlich der erforderlichen Nebenräume und Verkehrswege. Im Einzelnen geregelt sind u.a. Belüftung, Beheizung und Beleuchtung, Schutz gegen Dämpfe etc. und Lärm, Raumabmessungen, Nichtraucherschutz am Arbeitsplatz sowie die Anforderungen an Sanitärräume; vgl.die Anlage zu § 3 der VO.

Arbeitsstoffe – rechtlich Ausgangs- und Hilfsstoffe einschließlich Zubereitungen, aus denen oder mit deren Hilfe Gegenstände erzeugt oder Dienstleistungen erbracht werden. – Vgl. auch → gefährliche Stoffe, → Gefahrstoffverordnung.

Arbeitsstudium – Oberbegriff für die Anwendung von Methoden und Erfahrungen zur Untersuchung und Gestaltung von Arbeitssystemen (→ Arbeitsgestaltung). – *Ziel:* Verbesserung der Wirtschaftlichkeit (→ Arbeitsbewertung) unter Beachtung der Leistungsfähigkeit (→ Eignung, Eignungsuntersuchung, → Fähigkeiten) und der Bedürfnisse der arbeitenden Menschen (→ Arbeits- und Organisationspsychologie, → Motivation). – Vgl. auch → REFA-Lehre.

Arbeitsteilung – I. Wirtschaftstheorie: 1. *Charakterisierung:* Begriff zur Kennzeichnung der Auflösung einer Arbeitsleistung in Teilverrichtungen, die von verschiedenen Wirtschaftseinheiten ausgeführt werden. Die Wirtschaftseinheiten können sein: Menschen, Unternehmungen, Gebiete, Länder. – Die *Grenzen der Arbeitsteilung* sieht Smith in der Marktausdehnung und der Kapitalausstattung der Betriebe (daher Befürwortung des → Freihandels und des Sparens im Sinn der Kapitalbildung). – 2. *Formen* (nach Bücher): (1) *Berufsbildung:* Ausgehend von der Arbeitsteilung zwischen Mann und Frau kommt es zur Ausgliederung einzelner Funktionen aus dem Haushalt, die verselbstständigt werden. (2) *Berufsspaltung:* Die in sich komplexen Berufe werden nochmals gespalten, z.B. Schmied in Hufschmied, Nagelschmied etc. (*Spezialisation*). (3) *Arbeitszerlegung:* Zerlegung eines Produktionsprozesses in mehrere, jeweils auf eine Person oder Personengruppe entfallende Teilprozesse (z.B. Stecknadelbeispiel von Smith). Die Arbeitszerlegung führt evtl. zur Zerlegung eines Betriebes in mehrere Teilbetriebe (Produktionsteilung). (4) *Territoriale Arbeitsteilung:* Jedes Gebiet (als Einheit) spezialisiert sich auf die standortmäßig günstigste Produktion. – *Spezialfall:* Internationale Arbeitsteilung. – 3. *Vor-/Nachteile:* a) *Vorteile:* Steigerung der → Produktivität durch bessere Ausnutzung der Arbeitskraft wegen der höheren Geschicklichkeit und evtl. kürzeren Lehrzeit (schon von Smith erkannt). – b) *Nachteile:* (1) Entseelung der Arbeit: wichtiger Kritikpunkt der Sozialisten; (2) Anfälligkeit der Volkswirtschaft gegenüber wirtschaftlichen Krisen; (3) teilweise verringerte Möglichkeiten des Berufswechsels.

II. Industriebetriebslehre: Begriff zur Kennzeichnung der organisatorischen Zerlegung einer Arbeitsaufgabe in Teilaufgaben (→ Taylorismus) und deren Zuweisung an einzelne Arbeitsausführende. Der personellen, zeitlichen und räumlichen Abstimmung dienen → Arbeitsvorbereitung und Maßnahmen der Harmonisierung. – *Arbeitsteilung ermöglicht:* (1) dem Arbeiter Spezialisierung und dadurch Erzielung höherer Leistungen; (2) dem Betrieb einen wirtschaftlichen Einsatz von Arbeitsmaschinen. Am gleichen Arbeitsplatz fallen stets dieselben Arbeitsvorgänge an. – *Beurteilung:* Arbeitsteilung als grundlegendes Organisationsprinzip der modernen Industrie ist nur sinnvoll, wenn die auf verschiedene Arbeiter verteilten Unteraufgaben durch entsprechende Organisation ständig aufeinander abgestimmt werden, sodass trotz der Teilung die Einheitlichkeit des Arbeitsvollzuges gesichert bleibt (Arbeitsverbindung). – Vgl. auch → Bürokratie.

Arbeitstheorie des Eigentums – von dem engl. Philosophen Locke (1632–1704) entwickelte Theorie, nach der das Privateigentum durch die Arbeit gerechtfertigt wird, die zu seiner Schaffung aufgewendet werden musste. Bei Locke dient diese Theorie als Waffe gegen die Rechte des absoluten Herrschers sowie dazu, ein Recht auf Privateigentum als Naturrecht zu begründen.

Arbeitsumgebung → Arbeitsplatzgestaltung, → Arbeitsstättenverordnung, → Gefahrstoffverordnung, → technische Arbeitsmittel.

Arbeits- und Organisationspsychologie – 1. *Begriff:* Beschreibung und Erklärung des arbeitsbezogenen Erlebens und Verhaltens von Personen in Organisationen. Der Übergang von der Arbeits- zur Organisationspsychologie ist vom Gegenstand her fließend. Früher wurden beide Bereiche in dem Begriff „Betriebspsychologie" zusammengefasst. – 2. *Arbeitspsychologie:* a) *Anpassung der Arbeit an den Menschen:* Im Vordergrund stehen → Arbeitsanalysen, die Handlungsregulation im Tätigkeitsvollzug, Fragen der → Arbeitsmotivation und

→ Arbeitszufriedenheit, Möglichkeiten der → Arbeitsgestaltung sowie Fragen der Reduktion von → Belastung. – b) *Anpassung des Menschen an die Arbeit:* Probleme der → Qualifizierungsprozesse und betrieblichen → Sozialisation sowie Fragen der Zuordnung von Personen zu Arbeitsplätzen mithilfe der Eignungsdiagnostik. – 3. *Organisationspsychologie:* a) *Schwerpunkt* ist die Anpassung des Menschen an den Menschen und die Analyse der sozialen Interaktion von Personen in Organisationen. – b) Wichtige *Forschungsgebiete:* Probleme der Gruppenarbeit, Fragen der → Führung und → Führungsstile sowie Probleme der → Kohäsion und Konformität in → Arbeitsgruppen einschließlich der Handhabung innerbetrieblicher → Konflikte (Gruppenpsychologie). – 4. *Ziel:* Während früher in der klassischen Betriebspsychologie die Steigerung von Produktivität und Leistung als Letztkriterium im Vordergrund standen, gelten heute unter dem Einfluss gesamtgesellschaftlicher Wandlungsprozesse und der humanistischen Psychologie auch die Förderung der → Arbeitszufriedenheit und Erhaltung der Gesundheit als eigenständige Kriterien. – 5. *Stellung als Disziplin:* Die *Arbeitspsychologie* berührt speziell bei der Analyse von Mensch-Maschine-Systemen Fragen der Ingenieurwissenschaften. Forschungen zur → Belastung überlappen sich mit Fragen der medizinischen Physiologie. – In der *Organisationspsychologie* ergeben sich enge Verbindungen zur Soziologie (z.B. Bürokratieforschung). Psychologische Grundlagendisziplinen der Arbeits- und Organisationspsychologie als anwendungsorientierter Wissenschaft liegen speziell in der psychologischen Diagnostik, der Sozialpsychologie sowie der Wahrnehmungs- und Lernpsychologie. – 6. *Methodik:* Die Arbeits- und Organisationspsychologie versteht sich als empirische Wissenschaft. Kennzeichnend ist ein Methodenpluralismus: Laborforschung, Feldforschung sowie Aktionsforschung auf der Basis systematischer → Beobachtung und → Befragung. Statistisch-quantitative Analysen werden zunehmend durch qualitative Methoden ergänzt.

Arbeitsunfähigkeit – 1. *Begriff:* nicht im Gesetz definierter, aber von der Rechtsprechung schon des Reichsversicherungsamts (RVA) und v.a. des Bundessozialgerichts (BSG) herausgearbeiteter Begriff. Arbeitsunfähigkeit ist ein durch Krankheit oder Unfall hervorgerufener Körper- und Geisteszustand, aufgrund dessen der Versicherte seine bisherige Erwerbstätigkeit überhaupt nicht oder nur unter der in absehbar nächster Zeit zu erwartenden Gefahr der Verschlimmerung seines Zustandes weiter ausüben kann (BSGE 19, 179). Auf eine berufsfremde Beschäftigung darf der Versicherte nicht verwiesen werden, andererseits ist die bisherige Erwerbstätigkeit nicht allein auf den letzten Arbeitsplatz zu beziehen. – Arbeitsunfähigkeit liegt *nicht* vor, wenn der Versicherte in der Lage ist, eine der bisherigen Erwerbstätigkeit ähnliche, qualitativ gleichwertige, körperlich leichtere Tätigkeit zu verrichten. – Eine *teilweise* oder *verminderte Arbeitsfähigkeit* gibt es nicht. § 74 SGB V sieht jedoch die Möglichkeit zur stufenweisen Wiedereingliederung vor, was aber keine Teil-Arbeitsunfähigkeit bedeutet. Streitig ist hier der Lohnanspruch aus der verminderten Arbeitstätigkeit. – 2. In der → Krankenversicherung und → Unfallversicherung ist Arbeitsunfähigkeit Voraussetzung für den Anspruch auf → Krankengeld bzw. → Verletztengeld. – 3. *Bescheinigung* der Arbeitsunfähigkeit durch den Vertragsarzt nur nach ärztlicher Untersuchung.

Arbeitsunfähigkeitsbescheinigung → Krankmeldung.

Arbeitsunfall – *Betriebsunfall.* 1. *Begriff* (im Sinn der gesetzlichen → Unfallversicherung): Unfall, den ein Versicherter bei einer versicherten Tätigkeit erleidet (§ 8 SGB VII). Unfälle sind danach zeitlich begrenzte, von außen auf den Körper einwirkende Ereignisse, die zu einem Gesundheitsschaden oder zum Tod führen, außerdem die sog. Wegeunfälle (§ 8 II SGB VII). – 2. Zur *Abgrenzung von Arbeitsunfall* zu nicht unfallversicherten Unfällen liegt eine umfangreiche Kasuistik der Rechtsprechung vor. – 3. Durch den Arbeitsunfall wird die *Leistungspflicht* des Unfallversicherungsträgers ausgelöst. – Vgl. auch → Haftung.

Arbeitsunzufriedenheit → Arbeitszufriedenheit.

Arbeitsverdienststatistik → Verdiensterhebung, → Jahresverdiensterhebung, → Arbeitskostenindex.

Arbeitsvereinfachung – 1. *Begriff:* a) Arbeitsvereinfachung durch *horizontale Arbeitsteilung,* wobei einzelne Tätigkeiten entstehen und Industriebetriebe in funktionelle Arbeitsgebiete unterteilt werden. – b) Arbeitsvereinfachung durch *vertikale Arbeitsteilung,* wobei eine Trennung von Planung, Ausführung und Kontrolle erfolgt. – 2. *Methoden:* (1) Mechanisierung sich wiederholender Vorgänge; (2) Normung von Geräten, Werkzeugen, Produkten; (3) Schematisierung von Routinearbeiten; (4) Verkürzung der Durchlaufzeiten eines Produktes durch genaue Planung des Arbeitsganges; (5) Verwendung aufgabengerechter Werkzeuge; (6) → Arbeitsgestaltung; (7) Aufteilung einzelner Arbeitsschritte auf mehrere Personen. – 3. *Beurteilung:* Technischer Fortschritt und gewonnener Lebensstandard beruhen auf erfolgreicher Arbeitsvereinfachung. Zu weit getriebene Arbeitsvereinfachung hat demotivierende Wirkung auf Arbeitnehmer. Heute besteht eher die Tendenz, die Folgen einer zu weit getriebenen Arbeitsvereinfachung durch Vergrößerung des Arbeitsinhalts zu korrigieren.

Arbeitsvereinigung – betriebsorganisatorisches Prinzip, anzuwenden wenn → Arbeitsteilungen dazu führen, dass spezialisierte Handlungsträger nicht voll ausgelastet sind, weil im speziellen Arbeitsbereich nicht genügend Arbeit anfällt. Der nicht ausgelasteten Spezialstelle werden ergänzende Hilfs- und Sonderarbeiten übertragen.

Arbeitsverhältnis – ein durch den → Arbeitsvertrag auf Austausch von Arbeitsleistung und Vergütung gerichtetes → Dauerschuldverhältnis, das z.T. bes. Regelungen unterliegt. Dadurch, dass der → Arbeitnehmer mit seiner Person in die Erfüllung der Vertragspflichten einbezogen ist, enthält das auf den Austausch von Arbeitsleistung und Vergütung ausgerichtete Dauerschuldverhältnis ein *personales Element*. – *Einkommen- und lohnsteuerrechtliche Behandlung:* → Dienstverhältnis. – Vgl. auch → Beendigung des Arbeitsverhältnisses, → befristeter Arbeitsvertrag, → Arbeitsverhältnis zwischen Angehörigen, → faktisches Arbeitsverhältnis.

Arbeitsverhältnis zwischen Angehörigen → Arbeitsverhältnis, bei dem Arbeitgeber und Arbeitnehmer → Angehörige sind. – Ein Arbeitsverhältnis zwischen Angehörigen wird *steuerlich anerkannt*, wenn (1) zwischen den Beteiligten ein bürgerlich-rechtlich wirksamer Arbeitsvertrag besteht und (2) dieser ernsthaft gewollt und tatsächlich durchgeführt wird (z.B. Zahlung des vereinbarten Lohns laufend und zu den üblichen Zeiten und Abführung der entsprechenden Sozialversicherungsbeträge). Die Vergütung muss grundsätzlich der tatsächlichen Leistung angemessen sein und aus der wirtschaftlichen Verfügungsmacht des Unternehmers in den Einkommens- und Vermögensbereich des Arbeitnehmer-Ehegatten übergehen. – Gemäß der Rechtsprechung des Bundesfinanzhofs wird ein Arbeitsverhältnis zwischen Ehegatten auch dann anerkannt, wenn der Arbeitslohn unüblich niedrig ist; es sei denn, der Arbeitslohn ist so niedrig bemessen, dass er nicht mehr als Gegenleistung für eine begrenzte Tätigkeit des Arbeitnehmer-Ehegatten angesehen werden kann und dass angenommen werden muss, dass die Ehegatten keine rechtsgeschäftliche Bindung eingehen wollten.

Arbeitsverhinderung – Begriff des → Arbeitsrechts. – 1. Ein Leistungshindernis, das sich nicht auf einzelne Arbeitnehmer beschränkt, sondern einen größeren Personenkreis betrifft (z.B. politische Unruhen, allg. Verkehrsstörungen, Naturereignisse); weder vom Arbeitnehmer noch Arbeitgeber zu vertreten; der Arbeitnehmer wird gemäß § 275 BGB von seiner *Arbeitsverpflichtung befreit*; er verliert aber auch nach § 326 BGB seinen *Anspruch auf das* → Arbeitsentgelt („Ohne Arbeit kein Lohn"). Kein Fall des → Betriebsrisikos. – 2. Der *Anspruch auf Arbeitsentgelt* bleibt jedoch bestehen, wenn der Arbeitnehmer für eine verhältnismäßig nicht erhebliche Zeit durch einen in seiner Person liegenden Grund ohne sein Verschulden an der Dienstleistung verhindert ist (§ 616 I BGB). – a) Wichtigster Anwendungsfall dieser Regelung ist die Entgeltfortzahlung im *Krankheitsfall* (§ 1 EntgeltfortzG), vgl. → Entgeltfortzahlung. – b) Soweit die Vorschrift des § 616 BGB, die für alle Arbeitnehmer gilt, *andere persönliche Hinderungsgründe* als die Krankheit betrifft, ist sie in → Tarifverträgen oft durch abweichende Regelungen ersetzt. Als persönliche Verhinderungsgründe gelten i.d.R. Todesfälle, Begräbnisse oder schwere Krankheitsfälle in der eigenen Familie, nicht aber, wenn ein Arbeitnehmer im Winter aus witterungsbedingten Gründen seinen Arbeitsplatz nicht erreichen kann. – *Anders:* → Arbeitsversäumnis.

Arbeitsvermittlung – *Stellenvermittlung;* 1. *Begriff:* Tätigkeit, die darauf gerichtet ist, Arbeitsuchende mit Arbeitgebern zur Begründung von Ausbildungs- und Arbeitsverhältnissen zusammenzuführen. – 2. *Regelung:* Die Arbeitsvermittlung ist eine der Hauptaufgaben der → Bundesagentur für Arbeit bzw. der → Agenturen für Arbeit. Ein Vermittlungsmonopol hat die Bundesagentur für Arbeit aber seit 1994 nicht mehr (§§ 35 ff. SGB III). Während private Arbeitsvermittler grundsätzlich gewinnorientiert arbeiten, ist die Arbeits- und Ausbildungsvermittlung durch die Bundesagentur für Arbeit eine unentgeltliche (§ 42 I SGB III), wenngleich nicht kostenlose Leistung. – *Anders:* → Arbeitnehmerüberlassung.

Arbeitsvermittlungsfähigkeit – Arbeitsvermittlungsfähigkeit ist bei Arbeitslosen gegeben, wenn sie bereit und in der Lage sind, eine zumutbare Arbeit anzunehmen (→ Verfügbarkeit). – *Voraussetzung* für den Leistungsanspruch aus der → Arbeitslosenversicherung und der Gewährung von → Arbeitslosengeld II.

Arbeitsvermögen – das gesamtwirtschaftliche → Humankapital.

Arbeitsversäumnis – 1. *Begriff:* Schuldhaftes Fernbleiben des Arbeitnehmers von der Arbeit, d.h. die Unmöglichkeit der Arbeitsleistung hat der Arbeitnehmer zu vertreten. Nach § 326 BGB entfällt der Lohnanspruch. – Vgl. auch → Vertragsbruch. – 2. *Arbeitsversäumnis als Kündigungsgrund:* → Verhaltensbedingte Kündigung, → personenbedingte Kündigung, → außerordentliche Kündigung. – *Anders:* → Arbeitsverhinderung.

Arbeitsverteilung – I. Industriebetriebslehre: detaillierte Festlegung der Durchführung bzw. Feinplanung des Produktionsprozesses im Rahmen der → Produktionsprozesssteuerung. Bei der Arbeitsverteilung geht es um die Zuordnung von Aufträgen/Arbeitsgängen zu einzelnen Kapazitätsträgern innerhalb des durch die → Produktionsprozessplanung festgelegten Rahmens. Die Kapazitätsträger sind einzelne Arbeitsstationen (Menschen, Maschinen, Mensch-Maschine-Kombinationen), sodass die Aufträge dementsprechend in Arbeitsgänge aufgeschlüsselt werden müssen.

II. Personalwirtschaft/Arbeitsrecht: → Arbeitszeit, → Arbeitszeitmodelle, → Personaleinsatz.

Arbeitsvertrag – I. Begriff/gesetzliche Regelung: Schuldrechtlicher gegenseitiger Austauschvertrag, durch den sich der Arbeitnehmer zur Leistung abhängiger Arbeit und der Arbeitgeber zur Zahlung einer Vergütung verpflichtet. Der Arbeitsvertrag ist eine bes. Art des → Dienstvertrags und ist Grundlage des → Arbeitsverhältnisses; er unterliegt den Vorschriften der §§ 611–630 BGB. Die Regeln des Allgemeinen Teils des Bürgerlichen Rechts und des Allgemeinen Teils des Rechts der Schuldverhältnisse, bes. §§ 320 ff. BGB, gelten mit Einschränkungen für den Arbeitsvertrag. Seit der Schuldrechtsreform unterliegen vorformulierte Arbeitsveräge auch einer AGB-rechtlichen Überprüfung (§§ 305 ff. BGB). – Der Arbeitsvertrag enthält zahlreiche Nebenpflichten, die über die Hauptpflichten (Arbeit gegen Entgelt) hinausgehen, v.a. die → Treuepflicht des Arbeitnehmers und die → Fürsorgepflicht des Arbeitgebers. – Der → Berufsausbildungsvertrag ist ein Arbeitsvertrag bes. Art (§ 3 II BBiG); auch der → drittfinanzierte Arbeitsvertrag ist eine Sonderform.

II. Inhalt des Arbeitsvertrags: Der Arbeitsvertrag begründet das Arbeitsverhältnis und gestaltet seinen Inhalt. Der Inhalt des Arbeitsverhältnisses wird im Arbeitsvertrag angesichts des Verhandlungsübergewichts des Arbeitgebers in aller Regel nicht im Einzelfall ausgehandelt; die Inhaltsgestaltung wird oft einseitig vom Arbeitgeber vorgenommen. Lücken des Arbeitsvertrags kann der Arbeitgeber mittels seines Direktionsrechts (→ Direktionsrecht) einseitig ausfüllen. Allerdings unterliegen solche Maßnahmen einer Ausübungskontrolle (§ 315 BGB).

III. Vertragsfreiheit: Arbeitgeber und Arbeitnehmer können Abschluss, Inhalt und Form des Arbeitsvertrags zwar grundsätzlich frei vereinbaren (§ 105 GewO). Zahlreiche Einschränkungen ergeben sich aber aus zwingenden gesetzlichen Vorschriften, Bestimmungen eines anwendbaren Tarifvertrags oder einer Betriebsvereinbarung. – 1. *Abschlussfreiheit:* Auf Seiten des Arbeitgebers ist sie mittelbar durch Regelungen des BetrVG (§§ 99 ff.) eingeschränkt, wonach der → Betriebsrat die → Einstellung von Arbeitnehmern unter bestimmten Voraussetzungen verhindern kann. Zu berücksichtigen sind auch die Diskriminierungsverbote im Allgemeinen Gleichbehandlungsgesetz (→ AGG im Arbeitsrecht), (→ Gleichbehandlung). – 2. *Formfreiheit:* Der Abschluss von Arbeitsverträgen ist grundsätzlich formfrei. Tarifverträge können aber die Schriftform vorschreiben. Für den Ausbildungsvertrag vgl. §§ 3, 4 BBiG. Das → Nachweisgesetz vom 20.7.1995 (BGBl. I 946) schreibt eine vom Arbeitgeber zu unterzeichnende Niederschrift der wesentlichen Vertragsbestimmungen binnen Monatsfrist vor, wenn kein entsprechender schriftlicher Arbeitsvertrag vorliegt. – 3. *Inhaltsfreiheit:* Die Gestaltungsfreiheit der Parteien des Arbeitsvertrags (§ 105 GewO) ist beschränkt durch zwingende gesetzliche Vorschriften, bes. durch AGB-Recht, §§ 305 ff BGB (→ Allgemeine Geschäftsbedingungen im Arbeitsrecht); daneben auch durch Vorschriften des → Arbeitsschutzes und durch die zugunsten der Arbeitnehmer zwingenden Regelungen in → Tarifverträgen und → Betriebsvereinbarungen.

IV. Nichtiger oder fehlerhafter Arbeitsvertrag: Die Geltendmachung von Willensmängeln und Gesetzesverstößen ist beim Arbeitsvertrag eingeschränkt. Die Nichtigkeit eines Arbeitsvertrags kann i.d.R. nicht für die Vergangenheit geltend gemacht werden; ist der Arbeitsvertrag nichtig oder ist der Arbeitnehmer entgegen einem bestimmten Beschäftigungsverbot eingestellt worden, behält der Arbeitnehmer für bereits geleistete Arbeit seinen Lohnanspruch (→ faktisches Arbeitsverhältnis). Auch die → Anfechtung kann entgegen § 142 BGB i.d.R. keine Rückwirkung entfalten; in den Folgen kommt die Anfechtung einer → außerordentlichen Kündigung gleich, ist aber dennoch von dieser zu unterscheiden. – Bei *Teilnichtigkeit* des Arbeitsvertrags ist entgegen § 139 BGB für das Arbeitsverhältnis vom Fortbestand des Arbeitsvertrags im Übrigen auszugehen.

Arbeitsvertragsbruch → Vertragsbruch.

Arbeitsverwaltung → Bundesagentur für Arbeit, → Arbeitsmarktpolitik.

Arbeitsverweigerung – rechtswidrige Ablehnung einer nach dem → Arbeitsvertrag zu erbringenden Leistung seitens des Arbeitnehmers. Nach den Umständen des Einzelfalles kann Arbeitsverweigerung nach → Abmahnung die → ordentliche Kündigung (→ verhaltensbedingte Kündigung), in schweren Fällen (beharrliche Arbeitsverweigerung) auch die → außerordentliche Kündigung rechtfertigen. – Die bloße *Ankündigung einer Arbeitsverweigerung* rechtfertigt i.Allg. die außerordentliche Kündigung noch nicht, es sei denn, der Arbeitnehmer zeigt keinerlei Verhandlungsbereitschaft, und dem Arbeitgeber drohen schwere Schäden.

Arbeitsvolumen – 1. *Potenzielles Arbeitsvolumen:* Gesamtzahl aller Arbeitsstunden (= Erwerbspersonenpotenzial · potenzielle jährliche Arbeitszeit), die für die Erstellung des → Bruttoinlandsproduktes (BIP) zur Verfügung steht. – 2. *Tatsächliches Arbeitsvolumen:* Gesamtzahl aller Arbeitsstunden (= Erwerbstätige · tatsächliche jährliche Arbeitszeit), die zur Erstellung des Bruttoinlandsproduktes eingesetzt wurde.

Arbeitsvorbereitung – I. Charakterisierung: *Begriff:* Ingenieurwissenschaftlicher Oberbegriff für die → Produktionsprozessplanung und die → Produktionsprozesssteuerung (einschließlich Mengen- und Zeitenkontrolle). – *Gliederung:* Auftragsvorbereitung, Beschaffung der technischen Unterlagen, Arbeitszeitermittlung, Lagervorbereitung (Materialbereitstellung), Werkstattvorbereitung, Transport- und Versandvorbereitung, Rechnungsvorbereitung. – *Arbeitsgrundlage:* Die bereits im Entstehungsstadium von der Arbeitsvorbereitung beeinflussten Konstruktionszeichnungen und Stücklisten helfen, den rationellsten Weg für die Fertigung festzulegen. Zusammenwirken von technischem und wirtschaftlichem Denken bei Festlegung des optimalen Arbeitsverfahrens.

II. **Aufgaben:** Festlegung der Reihenfolge der Bearbeitungsgänge durch das PPS-System (i.d.R. Softwaresysteme wie SAP R/3). Je nach Schwierigkeitsgrad der Arbeitsoperationen werden → Arbeitsanweisungen mit verschiedener Ausführlichkeit geschrieben. Einwandfreier und rechtzeitiger Nachschub von Rohstoffen und Teilen durch die Materialplanung, von Werkzeugen und Lehren durch die Werkzeugplanung.

III. **Durchführung:** Die Durchführung erfolgt mittels Ausarbeitung des Ablaufplanes und Ausfertigung entsprechender a) allgemeiner → Laufkarten; b) einzelner Belege, wie z.B. → Arbeitsanweisung, Lohnzettel, → Materialentnahmeschein, Terminkarte, → Werkzeugentnahmeschein; häufig auch die im Laufe der Fertigung zu verwendenden Ausschuss- und Nacharbeitsscheine. – 1. *Fertigungsvorbereitung:* Laufkarten enthalten alle Arbeitsvorgänge für das Werkstück in zeitlicher Folge und laufen mit ihm von Arbeitsplatz zu Arbeitsplatz; nach jedem Arbeitsgang sind sie vom Meister bzw. Prüfer abzuzeichnen, wodurch zwangsläufig Arbeitsverteilung, Arbeitsfolge und Arbeitskontrolle erreicht werden. Aus den Laufkarten ist zu erkennen, welche Arbeitsgänge beendet sind und wie viele brauchbare Stücke an den folgenden Arbeitsplatz weitergegeben wurden. Bei schwierigen Arbeitsvorgängen wird die Laufkarte zur Entlastung des Meisters ergänzt durch die → Arbeitsanweisung, die Angaben über Maschinendrehzahl, Vorschub, Vorrichtungen, Messwerkzeuge etc. enthält, sowie nähere Erläuterungen zu Teilebearbeitungszeichnungen und Untergliederungen der Gesamtvorgabezeit, die dem Arbeiter Selbstkontrolle gestattet. – 2. *Materialplanung* aufgrund der → Stückliste: (1) Ausstellung von Materialentnahmescheinen, die zugleich als Entnahmebeleg dienen und über das Lager an die Materialbuchhaltung laufen; (2) Sicherung der rechtzeitigen Belieferung mit Material in erforderlicher Menge und Güte. – 3. *Werkzeugplanung* stellt fest, ob Werkzeuge und Vorrichtungen, wie sie für die Aufträge benötigt werden, im Werkzeuglager vorhanden sind und erteilt ggf. einen Werkzeugfertigungsauftrag. Für die von der Fertigung benötigten Werkzeuge werden Werkzeugentnahmescheine ausgestellt, aus denen die anfordernde Kostenstelle und möglichst auch der Kostenträger hervorgehen; sie dienen als Abrechnungsunterlage und gleichzeitig zur Kontrolle des Werkzeugrücklaufes. – 4. Lohn- bzw. Zeitvorgabe erfolgt durch *Lohnzettel* bzw. *Akkordzettel*, die anhand des → Arbeitsplanes entwickelt werden. – 5. Die Termine, zu denen die Aufträge die einzelnen Werkstätten durchlaufen sollen, werden in *Terminkarten* festgehalten, die im Betriebsbüro u.U. in einen Terminverfolgungsplan übertragen werden und der Terminkontrolle dienen; zweckmäßig zu ergänzen durch Führung eines *Maschinenbelegungsplanes*.

IV. **Beurteilung:** 1. *Vorteile:* Arbeitsvorbereitung entlastet die Werkstatt von Überlegungen über Verfahrenswahl, Maschinenwahl, Materialbereitstellung etc. und ermöglicht die Konzentration aller in der Fertigung Beschäftigten auf die Fertigungsausführung. Weitere Vereinfachung wird erreicht durch Aufteilung des Arbeitsganges in Einrichte-, Zubringer- und sonstige Hilfsfunktionen und die eigentliche Fertigung des Werkstückes als Hauptfunktion. – 2. *Nachteile:* Systematische Arbeitsvorbereitung birgt die Gefahr einer sich steigernden Unelastizität und Entpersönlichung sowie einer Aufblähung des Organisations- und Verwaltungsapparates. – 3. *Ausmaß* und *Art* der Arbeitsvorbereitung sind der Betriebsgröße und dem Betriebstypus, dem Produktionsprogramm und der Erzeugnisgestaltung anzupassen.

Arbeitswert – Wert eines Gutes, der sich aus dem zur Herstellung notwendigen Arbeitseinsatz ergibt, sodass die Austauschrelationen (die relativen Preise) dem Verhältnis der in den einzelnen Gütern verkörperten Arbeitszeit entsprechen. – Vgl. auch → Arbeitswertlehre.

Arbeitswertlehre – I. **Arbeitswertlehre nach Smith und Ricardo:** Smith und Ricardo betrachten den Arbeitseinsatz nur als annähernden Bestimmungsgrund der Preisbildung für Güter und berücksichtigen neben den Lohnkosten auch das Gewinn- und Grundrenteneinkommen als Bestandteil des „natürlichen Preises“. Für Smith bestimmen sich die Güterpreise allein nach dem Arbeitseinsatz nur in einer wenig entwickelten Jäger- und Sammlergesellschaft, in der Kapital und Boden freie Güter sind. – *Gegenteil:* → subjektive Werttheorie.

II. **Arbeitswertlehre nach Marx:** Für → Marx dagegen ist alleine die menschliche Arbeitskraft, nicht jedoch Kapital und Boden wertschöpfend. – 1. Ihm zufolge beruht der Preis eines Gutes *(Tauschwert)* auch in einem hoch entwickelten Industriestaat ausschließlich auf der zu seiner Herstellung durchschnittlich notwendigen Arbeitszeit einheitlicher Qualifikationsstufe; höher qualifizierte Arbeit ist in Grundeinheiten niedrigster Qualifikation umzurechnen. Der Tauschwert (W) setzt sich zusammen aus: (1) Dem → konstanten Kapital (c), das sind im Wesentlichen Abschreibungen auf das Anlagekapital und die eingesetzten Umlaufgüter, (2) dem für Lohnzahlungen aufgewandten → variablen Kapital (v) sowie (3) dem ausschließlich durch Arbeitseinsatz erzielten Mehrwert (m), also der Wertschöpfung (W):

$$W = c + v + m.$$

Das Verhältnis m : v wird als Mehrwertrate (m'), das Verhältnis m : (c + v) als → Profitrate (p') definiert. – 2. Die von Marx im ersten Band seines Hauptwerks „Das Kapital“ abgeleitete *Preisbildungsmethode*

$$W = c + v \cdot (1 + m')$$

impliziert, dass der Unternehmer möglichst arbeitsintensiv zu produzieren versucht, um möglichst viel Wert und damit Mehrwert bei gegebenem c zu erlangen. Eine zunehmende Kapitalintensivierung der Produktion (Zunahme der → organischen

Zusammensetzung des Kapitals) als Ursache des unterstellten → tendenziellen Falls der Profitrate ist unter der Annahme, dass ausschließlich die Arbeit wertschöpfend ist, nicht ableitbar. – 3. Obwohl für Marx die Arbeitswertlehre, die er unter den impliziten Modellannahmen kapitalarmer (handwerklicher) Produktion herleitet, Grundlage seiner Theorie der → Ausbeutung ist, *modifiziert* er im dritten Band von „Das Kapital" die *Preisbildungsregel für die industrielle Güterproduktion bei hoher Kapitalbindung:* Der Unternehmer kalkuliere dann auf die insgesamt eingesetzten Geldmittel (c + v) die gesellschaftlich durchschnittliche Profitrate, die sich aus den betriebsindividuellen Raten durch Kapitalbewegung von Branchen mit unterdurchschnittlicher zu solchen mit überdurchschnittlicher Rentabilität herausbildet:

$$W = (c + v) \cdot (1 + p').$$

Dabei entsteht der Gewinn jedoch auch durch den Einsatz eines konstanten Kapitals. Dessen Wertschöpfungsbeitrag wird hier also von Marx, und zwar im Widerspruch zu seinen sonstigen Ausführungen, anerkannt. – 4. Mehrwert entsteht, weil der Gebrauchswert der Arbeit größer ist als der Tauschwert der Arbeit. Der Tauschwert der Arbeit wird bestimmt durch das Existenzminimum. – 5. Abgesehen von dieser Inkonsistenz bleibt bei der Marxschen Arbeitswertlehre ungeklärt, nach welchem Modus höher qualifizierte in einfache Arbeit umzurechnen und wie damit der Mehrwert eindeutig bestimmbar ist.

Arbeitswertzulage – freiwillige → Zulage zum Tariflohn für im Leistungs- oder im Zeitlohn tätige Arbeitnehmer, deren Lohnsätze nicht nach einem Arbeitsbewertungsverfahren (→ Arbeitsbewertung) abgestuft sind. Die Arbeitswertzulage ist an die zu leistende Arbeit gebunden (z.B. Schmutz-, Staub- und Erschwerniszulage), nicht an die Person des Arbeitnehmers.

Arbeitswissenschaft – 1. *Charakterisierung:* Inhalt der Arbeitswissenschaft ist die Analyse und Gestaltung von Arbeitssystemen, wobei der arbeitende Mensch in seinen individuellen und sozialen Beziehungen zu den technischen Elementen des Arbeitssystems Ausgang und Ziel der Betrachtungen ist (Memorandum der Gesellschaft für Arbeitswissenschaft e. V.). Arbeitswissenschaft ist somit die Wissenschaft von den Erscheinungsformen menschlicher Arbeit, speziell unter dem Gesichtspunkt der Zusammenarbeit von Menschen und des Zusammenwirkens von Menschen, Betriebsmitteln und Arbeitsgegenständen: d.h. (1) den Voraussetzungen und Bedingungen, unter denen die Arbeit sich vollzieht, (2) den Wirkungen und Folgen, die sie auf Menschen, ihr Verhalten und damit auch auf ihre Leistungsfähigkeit hat, und (3) den Faktoren, durch die Erscheinungsformen, Bedingungen und Wirkungen menschengerecht beeinflusst werden können. – 2. *Gestaltung der Arbeit* (→ Arbeitsgestaltung) nach arbeitswissenschaftlichen Erkenntnissen umfasst damit alle Maßnahmen, durch die das System Mensch und Arbeitsobjekt menschengerecht, d.h. gemessen am Maßstab Mensch und seinen Eigengesetzen, beeinflusst werden kann. Diese Aufgaben können nur durch das Zusammenwirken einschlägiger Wissenschaftsbereiche gelöst werden, bes. der Medizin, der Sozial-, Rechts- und Wirtschaftswissenschaften etc. – 3. *Entwicklung:* Erstmalig beschäftigte sich um die Jahrhundertwende Taylor sowie Gilbreth systematisch mit dem Arbeitsverhalten: Mithilfe von Zeit- und Bewegungsstudien verfolgten sie das Ziel, den Leistungsgrad des Arbeiters zu verbessern; durch konsequente → Arbeitsteilung wurde die individuelle Leistung tatsächlich nachhaltig verbessert. Die Anwendung der Prinzipien von Taylor in Industriebetrieben führte jedoch zur *Zerteilung der Arbeit* (→ Taylorismus). Im Rahmen der sog. *Hawthorne-Studien* gelangten Roethlisberger u.a. zur Erkenntnis, dass auch die sozialen Bedingungen die Leistung beeinflussen (*Human Relations*). – 4. *Institutionalisierung:* Max-Planck-Institut für Arbeitspsychologie; Ausschuss für wirtschaftliche Fertigung; REFA – Verband für Arbeitsstudien, Betriebsorganisation und Unternehmensentwicklung e. V.

Arbeitszeit – I. Arbeitsrecht: 1. *Begriff:* Die Zeit, während der ein Arbeitnehmer seine Arbeitskraft dem Arbeitgeber zur Verfügung stellen muss. Nach der formalen Definition in § 2 I ArbZG ist Arbeitszeit die Zeit vom Beginn bis zum Ende der Arbeit ohne Ruhepause. Daneben gibt es noch einige wichtige Unterscheidungen, die im Wesentlichen bei der Beanspruchung des Arbeitnehmers ansetzten: – a) *Arbeitsbereitschaft* ist die Arbeitszeit, in der der Arbeitnehmer nicht seine volle, angespannte Tätigkeit entfalten braucht, sondern an seiner Arbeitsstelle anwesend ist und jederzeit bereit sein muss, in den Arbeitsprozess einzugreifen, z.B. der Nachtportier. Regelmäßig ist sie zu vergüten, meist nach gesonderter vertraglicher oder tariflicher Regelung. – b) *Bereitschaftsdienst* zählt nach der Entscheidung des EuGH vom 9.9.2003 (C-151/02) zur Arbeitszeit im Sinn der Arbeitsschutzbestimmungen. Er liegt vor, wenn der Arbeitnehmer sich an einer vom Arbeitgeber bestimmten Stelle aufzuhalten hat, um jederzeit bereit zu sein, die Arbeit aufzunehmen, z.B. in Krankenhäusern. Auch Bereitschaftsdienst ist grundsätzlich zu vergüten, meist aufgrund bes. Regelungen. – c) *Rufbereitschaft* als die Verpflichtung des Arbeitnehmers, sich an einem von ihm selbst bestimmten Ort auf Abruf zur Arbeit bereitzuhalten, gehört nicht zur Arbeitszeit. Eine eingeschränkte Vergütung ist üblich. – 2. *Regelungen der Arbeitszeit:* Es ist zu unterscheiden, um welche *Arbeitszeit* es geht: a) Die maximal zulässige Arbeitszeit regelt das Arbeitszeitgesetz und einige andere öffentlich-rechtlichen Schutzgesetze. Dort geht es also nicht darum, zu welchen Arbeitszeiten der Arbeitnehmer verpflichtet ist und wie die Arbeitszeit vergütet wird. – b) Die wöchentliche Arbeitszeit der Arbeitnehmer ergibt sich aus dem Tarifvertrag und dem Arbeitsvertrag.

Danach bestimmt sich auch, welche Arbeitszeit wie bezahlt wird und ob der Arbeitnehmer Überstunden leisten muss. – c) Die Lage der Arbeitszeit bestimmt der Arbeitgeber mittels seines *Weisungsrechts*. Dabei ist aber das *Mitbestimmungsrecht des Betriebsrats* zu berücksichtigen. Mitzubestimmen ist über Beginn und Ende der täglichen Arbeitszeit einschließlich der Pausen, Verteilung der Arbeitszeit auf die einzelnen Wochentage (→ Lage der Arbeitszeit), vorübergehende Verkürzung oder Verlängerung der betriebsüblichen Arbeitszeit (§ 87 I Nr. 2 und 3 BetrVG; → Kurzarbeit, → Überstunden). – Vgl. auch → soziale Angelegenheiten. – 3. *Funktion des Arbeitsschutzes:* Eine Überbeanspruchung des Arbeitnehmers durch überlange Arbeitszeiten soll verhindert werden. Im Arbeitszeitgesetz sowie zahlreichen bes. Schutzgesetzen und Verordnungen (Jugendarbeitsschutzgesetz, Mutterschutzgesetz, Seemannsgesetz, Ladenschlussgesetz des Bundes, Ladenschlussgesetze der Länder, Feiertagsgesetze der Länder, Sondervorschriften über die Lenk-, Ruhe- und Schichtzeiten des Fahrpersonals bes. EWG-Verordnung Nr. 3820/85 über die Harmonisierung bestimmter Sozialvorschriften im Straßenverkehr vom 20.12.1985, die Europäische Richtlinie 2002/15/EG zur Regelung der Arbeitszeit von Fahrpersonal im Straßenverkehr u.a.) sind Höchstgrenzen oder andere Einschränkungen für die zulässige Arbeitszeit festgelegt. Bei Überschreiten dieser Grenzen sind vertragliche Abreden nach § 134 BGB nichtig. In Folge der in den letzten Jahrzehnten erfolgten tariflichen Arbeitszeitverkürzung bleibt die Arbeitspflicht des Arbeitnehmers oft hinter den durch das Arbeitszeitrecht bestehenden Grenzen zurück. – 4. *Rechtslage nach dem Arbeitszeitgesetz:* Das Arbeitszeitgesetz vom 6.6.1994 (BGBl. I 1170) m.spät. Änd. ist die allg. Rechtsgrundlage für die maximal zulässige Arbeitszeit. – a) *Geltungsbereich:* Das Arbeitszeitgesetz gilt für Arbeitnehmer über 18 Jahre in Betrieben und Verwaltungen aller Art. – Ausgenommen sind → leitende Angestellte (§ 18 ArbZG mit weiteren Ausnahmen spezieller Gruppen). Für den öffentlichen Dienst, Luftfahrt, See- und Binnenschifffahrt gelten die speziellen Regelungen. Für Personen unter 18 Jahren gilt das Jugendarbeitsschutzgesetz vom 12.4.1976 (BGBl. I 965) m.spät.Änd. – b) *Regelmäßige Arbeitszeit:* Die regelmäßige werktägliche Arbeitszeit darf die Dauer von acht Stunden nicht überschreiten. Sie kann auf bis zu zehn Stunden nur verlängert werden, wenn innerhalb von sechs Kalenderwochen oder innerhalb von 24 Wochen im Durchschnitt acht Stunden werktäglich nicht überschritten werden (§ 3 ArbZG). – c) *Pausen- und Ruhezeiten:* Nach spätestens sechs Stunden ist die Arbeitszeit durch im Voraus feststehende *Ruhepausen* von mind. 30 Minuten (bei Arbeitszeit von neun Stunden: 45 Minuten) zu unterbrechen. Die Ruhepausen können auch in Viertelstunden aufgeteilt werden (§ 4 ArbZG). Die Ruhepausen zählen – außer im Bergbau – nicht zur Arbeitszeit (§ 2 I ArbZG) und sind deshalb nicht zu vergüten, wenn tariflich oder arbeitsvertraglich nichts anderes bestimmt ist. Nach Beendigung der täglichen Arbeitszeit müssen Arbeitnehmer eine ununterbrochene Ruhezeit von mind. elf Stunden haben (§ 5 I ArbZG). Abweichende Regelungen sind für Krankenhäuser, im Beherbergungsgewerbe, Verkehrsbetriebe, Rundfunk, Landwirtschaft und Tierhaltung möglich (§ 5 II, III ArbZG). Für Kraftfahrer gelten die Vorschriften der Europäischen Gemeinschaft, soweit sie kürzere Ruhezeiten zulassen (§ 5 IV ArbZG). – d) *Nacht- und Schichtarbeit:* → Nachtarbeit ist Arbeit, die mehr als zwei Stunden der Nachtzeit (23 bis 6 Uhr) umfasst. Als Nachtarbeitnehmer gelten Arbeitnehmer, die Arbeit an mind. 48 Tagen im Kalenderjahr oder normalerweise in Wechselschicht zu leisten haben. Für Nacht- und Schichtarbeitnehmer gelten Schutzvorschriften hinsichtlich der Höchstarbeitszeit sowie des Gesundheitsschutzes, und sie haben unter bestimmten Bedingungen Anspruch auf einen geeigneten Tagesarbeitsplatz (§ 6 ArbZG). Für Nachtarbeit sind bezahlte freie Tage oder ein Zuschlag zu zahlen (§ 6 V ArbZG). – e) *Sonn- und Feiertagsarbeit:* Arbeitnehmer dürfen an Sonn- und gesetzlichen Feiertagen nicht beschäftigt werden. Für Arbeiten, die nicht an Werktagen erledigt werden können, gelten Ausnahmen in verschiedenen Bereichen, z.B. bei der Feuerwehr, Krankenhäusern, Hotels und Gaststätten, Versorgungs- und Verkehrsbetrieben, Rundfunk und Presse, Landwirtschaft und Tierhaltung zur Verhütung von Verderbnis, dem Misslingen von Arbeitsergebnissen oder der Beschädigung von Produktionseinrichtungen, bei der Vorbereitung des vollen werktätigen Betriebs und bei der Aufrechterhaltung der Funktionsfähigkeit von Datennetzen und Rechnersystemen (§ 10 I Nr. 1–16 ArbZG). Produktionsarbeiten dürfen erfolgen, wenn die infolge der Unterbrechung der Produktion noch zulässigen Arbeiten den Einsatz von mehr Arbeitnehmern als bei durch in der Produktion erforderten (§ 10 II ArbZG). Mind. 15 Sonntage im Jahr müssen beschäftigungsfrei bleiben. Für Sonn- und Feiertage muss ein Ersatzruhetag innerhalb von zwei bzw. acht Wochen gewährt werden. Vom Verbot der Sonn- und Feiertagsarbeit können durch Rechtsverordnung weitere generelle Ausnahmen zugelassen werden (§ 13 I, II ArbZG). Die Aufsichtsbehörde soll bewilligen, dass Arbeitnehmer an Sonn- und Feiertagen mit Arbeiten beschäftigt werden, die aus chemischen, biologischen, technischen oder physikalischen Gründen einen ununterbrochenen Fortgang erfordern. Sie hat die Beschäftigung von Arbeitnehmern an Sonn- und Feiertagen zu bewilligen, wenn bei längeren Betriebszeiten im Ausland die Konkurrenzfähigkeit unzumutbar beeinträchtigt ist und durch die Genehmigung von Sonn- und Feiertagsarbeit die Beschäftigung gesichert werden kann. – f) *Abweichende Regelungen* können für viele Einzelheiten des Arbeitsrechts in Tarifverträgen oder Betriebsvereinbarungen getroffen werden (§§ 7, 12 ArbZG), z.B. hinsichtlich der Höchstarbeitszeit, wenn in die Arbeitszeit regelmäßig und in erheblichem Umfang → Arbeitsbereitschaft fällt. – g)

Durchführung und Kontrolle: Den Aufsichtsbehörden (Gewerbeaufsichtsämter) obliegt die Überwachung des Arbeitszeitgesetzes. Sie haben dafür Kontrollrechte (§ 17 ArbZG). Die Aufsichtsbehörden können unter bestimmten Voraussetzungen Ausnahmen zulassen (§ 15 ArbZG). Die Vorschrift des Arbeitsschutzes sind bußgeld- und strafbewehrt (§§ 22, 23 ArbZG). – 5. *Staffelung der Arbeitszeit:* → gleitende Arbeitszeit, → Teilzeitarbeitsverhältnis.

II. Industriebetriebslehre: Arbeitszeit und Schichtzeit sind nicht gleichzusetzen: In der Industrie gilt als Arbeitszeit der Teil der Schichtzeit, zu dem üblicherweise gearbeitet wird. Werden die → Pausen in die Schichtzeit mit eingerechnet, dann entspricht die Schichtzeit der Arbeitszeit. Die Arbeitszeit wird gegliedert in → Leistungszeit, → Bereitschaftszeit, bezahlte und unbezahlte → Freizeit. – Bei *Arbeitsstudien nach REFA* wird als Arbeitszeit die Tätigkeitszeit (t_t) zugrunde gelegt.

III. Amtliche Statistik: Informationen über die geleistete Arbeitszeit werden zusammen mit Informationen über das Arbeitsvolumen im Rahmen der Volkswirtschaftlichen Gesamtrechnungen nachgewiesen. Die Ermittlung der durchschnittlichen tatsächlich geleisteten Arbeitszeit berücksichtigt dabei tarifliche Vorgaben (wie bspw. Urlaub), konjunkturelle Einflüsse (Kurzarbeit, bezahlte Überstunden, Arbeitszeitkontensalden), Teilzeit- und geringfügige Beschäftigung sowie Ausfälle durch Krankheit, Arbeitskampf oder witterungsbedingte Ausfälle. Die Daten zur Ermittlung der Arbeitszeit entstammen unterschiedlichen Quellen, u.a. dem → Mikrozensus, den Geschäftsstatistiken der → Bundesagentur für Arbeit und eigenen Erhebungen des Instituts für Arbeitsmarkt- und Berufsforschung.

Arbeitszeitabweichung → Abweichungen.

Arbeitszeitflexibilisierung – jede zeitlich befristete Veränderung der üblichen Lage und Dauer der → Arbeitszeit. Ziel dieser Veränderungen ist die Anpassung der Arbeitszeiten an Schwankungen der Kapazitätsauslastungen, nach Möglichkeit bei gleichzeitiger Berücksichtigung der individuellen Bedürfnisse der Mitarbeiter (→ Individualisierung). – *Modelle:* → Arbeitszeitmodelle.

Arbeitszeitgestaltung – Maßnahmen zur Festlegung der pro Tag zu absolvierenden Arbeitsstunden sowie der Lage der Arbeitsstunden innerhalb des Tages bei konstanter Stundenmenge (z.B. bei → gleitender Arbeitszeit). Arbeitszeitgestaltung im Rahmen der → Arbeitszeitflexibilisierung kann zur Erhöhung der Produktivität sowie Senkung der → Fehlzeiten beitragen.

Arbeitszeitkonto – Gegenüberstellung von → Sollzeit (tägliche Sollzeit × Anzahl der Arbeitstage im Abrechnungszeitraum) und Istzeit (tatsächlich geleistete Arbeitszeit im Abrechnungszeitraum) eines Arbeitnehmers. Am Ende des Abrechnungszeitraums wird ein Saldo gebildet: Zeitguthaben oder -schuld werden auf den Folgemonat gutgeschrieben bzw. abgezogen. Die Arbeitszeit kann auch auf eine andere Basis (z.B. Jahr) festgelegt werden. – Die einzelnen Verfahrensweisen sind als → Betriebsvereinbarung festzulegen. – Das Arbeitszeitkonto ist ein unerlässliches Instrument der → Arbeitszeitflexibilisierung. – Vgl. auch → Arbeit auf Abruf.

Arbeitszeitmodelle – aus verschiedenen Gründen (bessere Nutzung der betrieblichen Kapazität, Humanisierung der Arbeit, Senkung von Fehlzeiten etc.) praktizierte Arbeitszeitregelungen. Arbeitszeitmodelle reichen von der Gestaltung der täglichen bzw. wöchentlichen Arbeitszeit (→ gleitende Arbeitszeit), jährlichen Arbeitszeit (→ Sabbatical, → Jahresarbeitszeitvertrag), der Lebensarbeitszeit (→ gleitender Ruhestand) bis zu Modellen der Teilzeitarbeit (→ Job Sharing). Dabei kann die Festlegung der Arbeitszeit individuell oder gruppenbezogen erfolgen. – Vgl. auch → Arbeit auf Abruf, → Modulararbeitszeit, → Tandemarbeitszeit.

Arbeitszeitpolitik – I. Charakterisierung: Summe aller Maßnahmen, die die individuelle und betriebliche Arbeitszeit bez. Umfang (chronometrische Dimension) und Lage (chronologische Dimension) beeinflussen. – Die *Ziele* der Arbeitszeitpolitik werden im Wesentlichen zunächst freizeit- und familienpolitisch sowie später v.a. beschäftigungspolitisch und betriebswirtschaftlich begründet. – *Träger* sind Gesetzgeber, Tarifvertragsparteien, Unternehmensleitungen und betriebliche Arbeitnehmervertretungen. Arbeitszeitpolitik kann sich strategisch sowohl auf die Wochen- als auch auf die Lebensarbeitszeit beziehen.

II. Maßnahmen und Trends: 1. Die zahlreichen allgemeinen und speziellen *gesetzlichen Arbeitszeitvorschriften* in Deutschland (Arbeitszeitgesetz, Bundesurlaubsgesetz, Jugendarbeitsschutz, Frauenschutz, Mutterschutz, Ladenschlussgesetz, Bundeselterngeld- und Elternzeitgesetz), die die tägliche, wöchentliche und jährliche Arbeitszeit der Arbeitnehmer und Betriebe sowie längere Pausen im Berufsleben regulieren, formulieren allgemeine Rahmenbedingungen. Außerdem beeinflussen gesetzliche Regelungen der Schul- und (bis zum 30.6.2011) der Wehrdienstpflicht, zur Rentenversicherung etc. die Lebensarbeitszeit der → Erwerbstätigen. – 2. *Durch Arbeitszeitregelungen,* die bes. die Wochenarbeitszeit, die Sonntags-, Feiertags-, Nacht- und Mehrarbeit sowie deren monetäre und/oder zeitliche Vergütung und den Jahresurlaub betreffen, nutzen die Tarifvertragsparteien den arbeitszeitpolitischen Spielraum. – 3. Über *Betriebsvereinbarungen* und *einzelvertragliche Regelungen* versuchen Arbeitgeber und -nehmer in der jüngeren Vergangenheit, ihre weitergehenden Arbeitszeitvorstellungen zu realisieren. Die Möglichkeiten einer weitgehenden Flexibilisierung der Arbeitszeiten und damit verbunden einer Dezentralisierung der Arbeitszeitpolitik wurden verstärkt seit Mitte der 1980er-Jahre genutzt. Seit Mitte der 1990er-Jahre gewinnen neben den traditionellen kollektiven

Regelungen individuelle → Arbeitszeitkonten, Blockfreizeiten bzw. Sabbaticals und Vertrauenarbeitszeiten an Bedeutung. Seit 2000 werden wiederholt befristete Arbeitszeitverkürzungen, aber auch -verlängerungen auf Betriebsebene vereinbart, wodurch langfristige Entwicklungen umgekehrt werden. Unbezahlte Arbeitszeitverlängerungen sind inzwischen ebenfalls kein Tabu mehr. Insgesamt deuten die Entwicklungen für die Zukunft auf eine weitere Flexibilisierung bzw. sogar stärkere Individualisierung der Arbeitszeiten hin. – Vgl. auch → Arbeitszeitmodelle.

III. Grundrichtungen: 1. Die *staatliche Arbeitszeitpolitik* verfolgt vorrangig Ziele des *Arbeitsschutzes*. Zur Bekämpfung der Arbeitslosigkeit (→ Arbeitsmarktpolitik) wurde seit den frühen 1980er-Jahren die *Verkürzung der Lebensarbeitszeit* (Reduzierung des Arbeitskräfteangebots durch Vorruhestand) gefördert. Im Gegensatz zu diesem langfristigen Trend erfolgt ab dem Jahr 2012 zur Sicherung der Renten (demographischer Wandel) eine Verlängerung der Lebensarbeitszeit. Aufgrund der Alterung der Bevölkerung und der dadurch bedingten Finanzierungsprobleme der Alterssicherungssysteme wird das Renteneintrittsalter schrittweise von 65 auf 67 Jahre angehoben (→ Rentenversicherung). – 2. Aus familien- und beschäftigungspolitischen Gründen streben die *Gewerkschaften* traditionell die *Verkürzung der tariflichen Wochenarbeitszeit* an. Lange Zeit stellte die 40-Stunden-Woche den Regelfall dar. In den durch hohe Arbeitslosigkeit gekennzeichneten 1980er- und 1990er-Jahren sollte eine Verkürzung der effektiven Wochenarbeitszeit („Einstieg in die 35-Stunden-Woche") das vorhandene Arbeitsvolumen auf mehr Beschäftigte verteilen. Forderungen nach *Abbau von Überstunden* spielten ebenfalls eine Rolle. – 3. Die *Arbeitgeberverbände* lehnen Gewerkschaftsforderungen nach kollektiven Arbeitszeitverkürzungen als kostensteigernd und beschäftigungsfeindlich ab und fordern stattdessen Arbeitszeitmodelle, die Betrieben *mehr Arbeitszeitflexibilität* eröffnen. Inzwsichen ist die Flexibilisierung und Differenzierung der Arbeitszeiten weit fortgeschritten (vgl. → Arbeitszeitverkürzung). Vermehrt werden auch (befristete) Arbeitszeitverlängerungen ohne Lohnausgleich gefordert. – 4. Unabhängig von den intendierten und kontrovers diskutierten Beschäftigungseffekten arbeitszeitpolitischer Maßnahmen werden schließlich die *Sicherung der freien Arbeitszeitwahl* (Arbeitszeitsouveränität) als arbeitszeitpolitisches Ziel sowie längere Phasen der Erwerbsunterbrechung (z.B. Elternzeit, unbezahlter Urlaub) als sozial- und gesellschaftspolitische Ziele vertreten.

Arbeitszeitstudie – Verfahren der Istzeit-Ermittlung und der Ableitung von → Sollzeiten auf der Basis gemessener → Istzeiten und der Beurteilung des → Leistungsgrades. – Vgl. auch → Zeitaufnahme.

Arbeitszeitverkürzung – die lange Zeit zu beobachtende Verkürzung der Wochen-, Jahres- (durch Urlaubsverlängerung), aber auch Lebensarbeitszeit (→ gleitender Ruhestand, Senkung des Renteneintrittsalters) aus sozial-, familien-, gesundheits- oder arbeitsmarktpolitischen Gründen (→ Arbeitsmarktpolitik), die derzeit jedoch zum Stillstand gekommen ist bzw. sich sogar in die entgegengesetzte Richtung der Arbeitszeitverlängerung (insbesondere Erhöhung des Renteneintrittsalters) entwickelt. Die in den 1980er- und 1990er-Jahren zu beobachtende Verkürzung der Wochenarbeitszeit („Einstieg in die 35-Stunden-Woche") führte zu deren Flexibilisierung und Differenzierung bis hin zur Ent-Standardisierung sowie zur Delegation von Tarifkompetenz von der überbetrieblichen an die betriebliche Ebene (Dezentralisierung durch Betriebsvereinbarung). Seit Mitte der 1990er-Jahre dominierte in verschiedenen Branchen die qualitativ neuartige beschäftigungssichernde Arbeitszeitpolitik, bei der Arbeitszeitverkürzungen gegen temporäre Beschäftigungsgarantien getauscht wurden. In neuerer Zeit findet Beschäftigungssicherung auch durch Arbeitszeitverlängerungen ohne entsprechenden Lohnausgleich statt. Die Anpassung von Lage und Länge der Arbeitszeit spielt häufig eine wichtige Rolle im Rahmen betrieblicher Bündnisse für Beschäftigung und Wettbewerbsfähigkeit bzw. für Arbeit. – Vgl. auch → Arbeitszeitpolitik.

Arbeitszeugnis → Zeugnis.

Arbeitszimmer – *häusliches Arbeitszimmer;* 1. *Grundsatz:* → Aufwendungen für ein häusliches Arbeitszimmer sind bei der Einkommensteuer aufgrund einer Sonderregelung auch dann nicht abzugsfähig, wenn die normalen Voraussetzungen für das Vorliegen von → Betriebsausgaben oder → Werbungskosten eigentlich erfüllt wären (§ 4 V Nr. 6b EStG; § 9 V EStG). Lediglich dann, wenn ein häusliches Arbeitszimmer den Mittelpunkt der gesamten betrieblichen und beruflichen Betätigung bildet, bleiben die Aufwendungen abziehbar. Die Regelung betrifft nicht nur die Kosten des Arbeitszimmers selbst, sondern auch die seiner Ausstattung. – 2. *Systematischer Zusammenhang:* a) *Voraussetzung für die Anwendbarkeit der Sonderregelung* ist, dass sich die Aufwendungen für ein Arbeitszimmer nach den normalen Regelungen überhaupt als Betriebsausgaben bzw. Werbungskosten begreifen lassen könnten; wo bspw. auch eine private Mitbenutzung des betreffenden Zimmers gegeben ist, scheitert der Abzug der Kosten einkommensteuerlich schon im Vorfeld daran, dass den Kosten auch ein nicht genau identifizierbar Anteil an → Kosten der Lebensführung innewohnt und sie deshalb gar nicht erst als Betriebsausgaben oder Werbungskosten in Frage kommen (§ 12 EStG). Nur wo jede private Mitveranlassung der Kosten des Arbeitszimmers gemäß der (insoweit sehr strengen) Rechtsprechung ausgeschlossen ist, kommt es steuerlich also überhaupt auf die Sonderregelung in § 4 V Nr. 6b EStG an. – b) Die Sonderregelung ist grundsätzlich *eng auszulegen*, d.h. die dort nicht angesprochenen Fragen sind weiterhin nach den Grundregeln des EStG zu beurteilen. Dies hat z.B. zur Folge, dass die

Kosten des häuslichen Arbeitszimmers im Privathaus eines Selbständigen zwar nicht abziehbar sind, das Arbeitszimmer selbst aber → Betriebsvermögen bleibt und somit bei einer Veräußerung der Immobilie der anteilig auf das Arbeitszimmer entfallende Betrag des Veräußerungspreises unabhängig von der seit Anschaffung des Hauses verstrichenen Frist ein steuerpflichtiger Gewinn aus der Veräußerung betrieblichen Vermögens bleibt. – 3. *Voraussetzungen für die Anwendung der Sonderregelung:* Wo die Voraussetzungen für die Sonderregelung nicht erfüllt sind, aber die allg. Voraussetzungen für einen Abzug als Betriebsausgaben oder Werbungskosten erfüllt sind, bleiben die Kosten eines Arbeitszimmers abziehbar. Von daher erklärt sich, warum um die genaue Bedeutung der im Gesetz verwendeten Begriffe „Arbeitszimmer", „häuslich" und „Ausstattung" zahlreiche Rechtsstreitigkeiten geführt worden sind und hierzu eine umfangreiche Rechtsprechung vorliegt. Demnach gilt in etwa Folgendes: a) „häuslich": betroffen sind nur Räumlichkeiten in eigener oder angemieteter Wohnung, nicht außerhalb des eigenen Hauses. – b) *Arbeitszimmer* ist nicht jeglicher Raum im eigenen Haus, sondern vorrangig nur ein Raum, der vorrangig der Erledigung gedanklicher, schriftlicher, verwaltungstechnischer oder organisatorischer Arbeiten dient, – c) *Ausstattung* sind Mobiliar u.Ä., nicht aber Gegenstände, die auch als Arbeitsmittel begriffen werden können (z.B. im Arbeitszimmer aufbewahrte Fachbücher). – d) *Mittelpunkt der gesamten betrieblichen und beruflichen Tätigkeit* ist ein Arbeitszimmer nur dann, wenn hier der Schwerpunkt aller Aktivitäten liegt; es reicht also nicht aus für die Abziehbarkeit der Kosten wenn der Steuerpflichtige mehrere Tätigkeiten betreibt und das Arbeitszimmer für eine davon unverzichtbar ist. – e) *Einzelfragen* sind in vielen Fällen noch ungeklärt.

Arbeitszufriedenheit – 1. *Begriff:* positive (bei *Arbeitsunzufriedenheit* negative) Einstellung, die aus subjektiven Bewertungen der jeweiligen allg. und spezifischen Arbeitssituationen und der Erfahrung mit diesen resultiert. – 2. Die *praktische Bedeutung* der Arbeitszufriedenheit wird v.a. in ihren Beziehungen zu Motivation, Fehlzeiten- und Fluktuationsquoten, Unfallhäufigkeit, Krankheitsquoten und bestimmten Erkrankungen sowie allg. Lebenszufriedenheit gesehen. – 3. *Theoretische Erklärung:* Wichtige Impulse für die Arbeitszufriedenheitsforschung gingen von der Herzbergschen → Zweifaktorentheorie aus, die zwischen Hygienefaktoren (Verdienst, soziale Beziehungen, Arbeitsplatzsicherheit, physische Arbeitsbedingungen, Betriebspolitik, soziale Leistungen u.Ä.) und Motivationsfaktoren (Anerkennung, Verantwortung, Leistungserfolg, Vorwärtskommen u.Ä.) unterscheidet. Negative Ausprägungen der Hygienefaktoren führen zu Arbeitsunzufriedenheit, während positive Ausprägungen nicht zu Arbeitszufriedenheit führen, sondern lediglich zum Nichtvorhandensein von Unzufriedenheit; diese Faktoren stellen also eine Vorsorgeleistung dar. Motivationsfaktoren wirken motivierend und führen zu Arbeitszufriedenheit. – Hinsichtlich der Herausbildung von Arbeitszufriedenheit ist von *interindividuellen Differenzen* auszugehen. – 4. *Formen:* Angenommen wird, dass Anspruchsniveaus, d.h. Bedürfnisse und Erwartungen an die Arbeitssituation, mit der wahrgenommenen Arbeitssituation verglichen werden; Ergebnis kann sein, dass das Anspruchsniveau steigt, gleichbleibt oder sinkt (Anspruchsanpassung). – Zu *unterscheiden* sind entsprechend: a) *Progressive Arbeitszufriedenheit:* Entsteht, wenn der Vergleich von Anspruchsniveau und Realität positiv ausfällt und in der Folge davon das Anspruchsniveau erhöht wird. – b) *Stabilisierte Arbeitszufriedenheit:* entsteht bei positivem Soll-Ist-Vergleich ohne Erhöhung des Anspruchsniveaus. – c) *Resignative Arbeitszufriedenheit:* entsteht, wenn bei negativem Soll-Ist-Vergleich ein Gleichgewicht hergestellt wird, indem das Anspruchsniveau gesenkt wird. – 5. *Reaktionsmöglichkeiten* bei negativem Soll-Ist-Vergleich aber gleichzeitiger Erhaltung des Anspruchsniveaus: a) *Konstruktive Arbeitszufriedenheit,* bei der aus der subjektiv wahrgenommenen Diskrepanz von Anspruchsniveau und Arbeitssituation die Tendenz zur konstruktiven Veränderung entsteht, was i.d.R. nur durch Arbeitsplatzwechsel und Qualifizierung möglich ist. – b) *Fixierte Arbeitsunzufriedenheit,* bei der die wahrgenommene Situation hingenommen wird. – c) *Pseudo-Arbeitszufriedenheit,* die auf einer Verfälschung der Situationswahrnehmung beruht. – Es kann davon ausgegangen werden, dass die Grenzen zwischen den verschiedenen Formen der Arbeitszufriedenheit fließend sind. – 6. Die *Ergebnisse empirischer Untersuchungen* sind bisher kontrovers und unbefriedigend. Dies liegt an der Komplexität des Konstrukts Arbeitszufriedenheit, in dem soziale und psychische Faktoren einen multivarianten Zusammenhang bilden, und an der Schwierigkeit der Messung von Arbeitszufriedenheit. – Vgl. auch → Arbeit, → Entfremdung, → Betriebsklima, → Motivation.

Arbitrage – I. Bankwesen: 1. *Begriff:* → Börsengeschäfte, die Preis-, Kurs- oder Zinsunterschiede zwischen verschiedenen Märkten zum Gegenstand der Gewinnerzielung machen. Volkswirtschaftlich gesehen führen Arbitrage-Prozesse zu einem Ausgleich bestehender Preis-, Kurs- und Zinsdifferenzen zwischen den Teilmärkten und bewirken damit eine einheitliche Preis- und Zinsfeststellung. Mit der zunehmenden Ausbreitung des Computerhandels an der Börse sowie der Vernetzung der Börsenplätze werden die Möglichkeiten für Arbitragegeschäfte immer geringer. – 2. *Arten bisheriger Arbitragegeschäfte* (nach den Wirtschaftsgütern zu unterscheiden): a) *Effektenarbitrage (Wertpapierarbitrage):* Im Börsenhandel werden unterschiedliche Kurse von demselben Wertpapier an verschiedenen Börsenplätzen (Kursdifferenzen) dadurch Gewinn bringend ausgenutzt, indem an einer Börse dieses → Wertpapier billig gekauft und an einer anderen teurer verkauft wird *(Differenzarbitrage)*, bzw. das Papier wird entweder am billigsten Börsenplatz gekauft und dann gehalten, oder ein bereits im Bestand befindliches Papier wird am teuersten Börsenplatz verkauft *(Ausgleichsarbitrage)*. – b) *Devisenarbitrage:* Gewinnbringende Ausnutzung unterschiedlicher Wechselkurse einer Währung an verschiedenen Devisenplätzen, wobei zwischen Kassa- und Termingeschäften zu unterscheiden ist. Kauf von → Devisen am Platz mit den billigsten Kassakursen und Verkauf der Devisen am Platz mit den teuersten Terminkursen wird als *Devisen-Differenzarbitrage*, Verkauf einer bestehenden Fremdwährungsforderung am teuersten Platz bzw. Erfüllung einer bestehenden Fremdwährungsverbindlichkeit am billigsten Platz wird als *Devisen-Ausgleichsarbitrage* bezeichnet. – c) *Zinsarbitrage:* Geschäfte am → Geldmarkt, bei denen neben dem Ziel der Liquiditätsversorgung versucht wird, durch Ausnutzung von Zinsdifferenzen an verschiedenen Geldhandelsplätzen einen Zinsgewinn zu erzielen.

II. **Schiedsgerichtsverfahren:** Form des Schiedsgerichts oder Schiedsspruchs, auch *Arbitration* genannt. Inanspruchnahme im Außenhandel und zunehmend auch im Binnenhandel gemäß einer im Kaufvertrag bes. vereinbarten → Arbitrage-Klausel.

Arbitrage-Klausel – *Schiedsgerichtsklausel*; im Außenhandel übliche Klausel zur Vereinbarung eines bestimmten Schiedgerichts (engl. *Arbitration* = → Arbitrage) zur Vermeidung des langwierigen und kostspieligen Klageweges vor einem ordentlichen Gericht. Beide Partner unterwerfen sich bei evtl. auftretenden Streitigkeiten einer gemeinsam ausgewählten Schiedgerichtsordnung und einem Schiedsverfahren aber auch dem daraus resultierenden Schiedsspruch. – Vgl. auch → internationale Schiedsklauseln, → Schiedsklausel.

Arbitrage Pricing Theory (APT) – 1. *Begriff:* Kapitalmarkttheoretisches Modell zur Erklärung von Wertpapierrenditen und zur Ableitung von Handlungsalternativen; theoretische Alternative zum → Capital Asset Pricing Model (CAPM). – 2. *Grundlagen:* Ausgangspunkt ist die Annahme, dass die Rendite R eines Wertpapiers i von mehreren mikro- bzw. makroökonomischen Risikofaktoren F_j abhängt. Unterschiedliche Renditen der Wertpapiere resultieren aus den unterschiedlichen Sensivitäten $ß_{ij}$ gegenüber diesen Faktoren. Weitere Renditebestandteile sind eine risikounabhängige Erfolgskomponente a_i und ein Störfaktor e_i. Es gilt somit:

$$R_i = \alpha_i + F_1\beta_{i1} + F_2\beta_{i2} + F_n\beta_{in} + \epsilon_i.$$

Arbitragefreiheit wird im Marktzusammenhang dadurch erreicht, dass Wertpapiere, die dieselben Risiken aufweisen, auch dieselben Renditen erwarten lassen müssen. Die gleichgewichtige erwartete Rendite eines Wertpapieres i ergibt sich dabei aus den Risikoprämien $E(R_{Fj}) - R_f$ für die Übernahme des Risikos aus den Faktoren F_j und den zugehörigen Sensitivitäten $ß_{ij}$. Es gilt dann:

$$E(R_i) = (R_f + \sum[E(R_{Fj}) - R_f]\,\beta_{ij}),$$

wobei: R_f = risikoloser Zinssatz, $E(R_{Fj})$ = erwartete Rendite bez. des Faktors j , j = 1, . . . n. In der Renditerwartung $E(R_i)$ spiegelt sich lediglich das systematische Risiko (Marktrisiko) wider. Das unsystematische Risiko (unternehmensspezifische Risiko), repräsentiert durch den Störfaktor e_i, gilt als wegdiversifiziert. – 3. *Praktische Bedeutung:* Die Arbitrage Pricing Theory (APT) trägt der empirisch beobachtbaren Erkenntnis Rechnung, dass verschiedene Einflussfaktoren zu den Determinanten von Wertpapierrenditen zählen. Diese mehrdimensionale Risikomessung und einige gegenüber dem Capital Asset Pricing Model weniger rigide Modellannahmen wie die Nichtexistenz einer Verteilungshypothese der Wertpapierrenditen erleichtern die praktische Anwendung. Die große Schwäche der Arbitrage Pricing Theory (APT) besteht in der schwierigen Identifizierbarkeit der Risikofaktoren, was für die ökonomische Interpretierbarkeit von entscheidender Bedeutung ist. Problematisch ist u.a. auch die Annahme des vollkommenen Kapitalmarktes.

Arbitration → Arbitrage.

Arbitriumwert – *Schiedspreis, Schiedsspruchwert;* → Unternehmungswert im Sinn der Vermittlungsfunktion, der von einem unparteiischen Gutachter als angemessener Einigungswert vorgeschlagen wird. Als Einigungswerte kommen für den Fall, dass zwischen den Parteien (Käufer und Verkäufer) nur die Höhe des Unternehmungspreises strittig ist, alle Preise in Frage, die unterhalb der Preisobergrenze (Grenzpreis) des Käufers und oberhalb der Preisuntergrenze (Grenzpreis) des Verkäufers liegen, sowie die beiden Preisgrenzen selbst. Aus diesen möglichen Einigungswerten hat der unparteiische Gutachter unter Anwendung parteienbezogener Gerechtigkeitspostulate den Arbitriumwert auszuwählen. – Das Ergebnis der Vermittlung ist mithin in zweifacher Hinsicht parteienabhängig. Erstens darf der Arbitriumwert die Grenzpreise bzw. Entscheidungswerte der sich streitenden Parteien nicht verletzen. Zweitens muss der vom Gutachter ausgewählte Arbitriumwert Gerechtigkeitspostulate für eine angemessene Lösung im Sinn der Parteien erfüllen.

ARCH(p)-Modell – von Engle (1982) vorgeschlagenes Modell zur Modellierung von → Heteroskedastizität in Zeitreihen (engl. *Autoregressive Conditional Heteroscedasticity, ARCH*), bei dem angenommen wird, dass die bedingte Varianz des stochastischen Störterms ε_t in der Form

$$Var(\epsilon_t|\epsilon_{t-1},...,\epsilon_{t-p}) = \beta_0 + \beta_1\epsilon_{t-1}^2 + ... + \beta_p\epsilon_{t-p}^2$$

von p quadrierten Vorperiodenwerten abhängt, d.h. einem autoregressiven Prozess (AR(p)-Prozess) folgt. Ob eine solche Modellierung empfehlenswert ist, kann durch einen → ARCH-Test geprüft werden. – Durch eine ARCH-Modellierung der Heteroskedastizität bleibt OLS (→ Kleinstquadratemethode, gewöhnliche) ein effizienter und konsistenter (linearer) Schätzer. Es existiert jedoch ein effizienterer (nicht-linearer) GLS-Schätzer (→ Kleinstquadratemethode, verallgemeinerte), der die Parameter des gesamten ARCH-Modells (ursprüngliche Modellgleichung und störtermbestimmende Gleichung, die obige Varianz verursacht) schätzt.

Architektenwerk – kann Schutz des → Urheberrechts genießen, wenn eine ästhetische, über die technische, zweckgebundene Lösung hinausgehende persönliche geistige Schöpfung (→ Eigentümlichkeit) vorliegt, die auch bei Zweckbauten, Stadtplanung, Garten- und Landschaftsgestaltung in Betracht kommt. Erfasst werden nicht nur das Werk als solches (Gebäude etc.), sondern auch Entwurfszeichnungen, Modelle und Skizzen. Bauwerke unterliegen im Fall der Urheberrechtsverletzung nicht dem → Vernichtungsanspruch (§ 98 V UrhG).

Architektur integrierter Informationssysteme – *ARIS;* Konzept zur Beschreibung verschiedener Sichten auf ein Informationssystem. Die Beschreibungsmethodik orientiert sich an den → Geschäftsprozessen, die durch das Informationssystem unterstützt werden. Die einzelnen Sichten werden im Rahmen des → Software Engineering, ausgehend von der Ebene des Problems in der Fachabteilung (Fachkonzept), immer weiter im Hinblick auf die DV-technische Umsetzung (DV-Konzept) bis hin zur Implementierung konkretisiert. – Zu den einzelnen Sichten: (1) *Datensicht:* Die Datensicht wird konstituiert aus Zuständen und Ereignissen. In der → Datenverarbeitung werden Ereignisdaten als → Bewegungsdaten bezeichnet, während die Zustandsdaten als → Stammdaten beschrieben werden. (2) *Funktionssicht:* Die Funktionssicht enthält neben der Beschreibung der Funktion selbst die Aufzählung von Teilfunktionen sowie die zwischen den Funktionen bestehenden Anordnungsbeziehungen. (3) *Organisationssicht:* Die Organisationssicht beinhaltet sowohl die Struktur als auch die Beziehungen von Bearbeitern und Organisationseinheiten. (4) *Steuerungssicht:* Die Steuerungssicht beschreibt die Zusammenhänge zwischen den Sichten.

Archivierung – kontrollierte und systematische langfristige Speicherung von Dokumenten und Daten. – Vgl. auch → Dump.

ARCH-TEST – Test zur Prüfung, ob ARCH-Effekte (→ ARCH(p)-Modell) vorliegen. Die einfachste Möglichkeit der Testdurchführung ist ein → Lagrange-Multiplier-Test, bei dem die quadrierten → Residuen der OLS-Schätzung (→ Kleinstquadratemethode, gewöhnliche) auf eine Konstante und quadrierte verzögerte Residuen regressiert werden. Die LM-Statistik, welche sich als Produkt aus Stichprobenumfang und dem → Bestimmtheitsmaß dieser Regression ergibt, folgt asymptotisch einer Chi-Quadrat-Verteilung mit Freiheitsgraden in der Höhe der Anzahl der → Lags in der Testregression.

Arealitätsziffer → Bevölkerungsdichte.

Arellano-Bond-Schätzer für dynamische Paneldatenmodelle – von Arellano und Bond (1991) vorgeschlagener GMM-Ansatz (→ Momentenmethode, verallgemeinerte) zur Schätzung von linearen dynamischen Paneldatenmodellen (→ Paneldaten und Paneldatenmodelle), bei denen die erklärte Variable (→ Variable, endogene) in verzögerter Form als erklärende Variable auftritt. Außerdem kann das Modell weitere vorherbestimmte oder endogene Erklärungsvariablen enthalten (→ Variable, vorherbestimmte). Zudem dürfen die unbeobachtbaren Individualeffekte mit den erklärenden Variablen korreliert sein. Im Vergleich zum → Anderson-Hsiao-Schätzer für dynamische Paneldatenmodelle komplexerer aber effizienterer Schätzansatz. – Die Gleichung wird in ersten → Differenzen geschätzt, um die Individualeffekte zu eliminieren. Als Instrumente (→ Instrumentenvariable) für die verzögerte differenzierte endogene Variable werden → Lags der endogenen Niveauvariablen ab der zweiten und höherer Ordnung (soweit vorhanden) verwendet. Das Schätzverfahren berücksichtigt die differenzierte Struktur der → Störterme. Voraussetzung für die Konsistenz der Schätzung ist, dass die Störterme in der Niveaugleichung keine Autokorrelation aufweisen. Dies kann mit einem Test von Arellano und Bond (1991) überprüft werden. Außerdem ermöglicht dieser Ansatz einen → Sargan-Test oder Hansen-Test (Verallgemeinerung des Sargan-Tests) auf überidentifizierende Restriktionen. Falls die endogene Variable sehr persistent ist oder fast einem → Random Walk folgt, so ist dieser Ansatz schlecht geeignet. In diesem Fall stellen die verzögerten Niveaus nur schlechte Instrumente für die ersten Differenzen der Variablen dar. Dann eignet sich häufig der System-GMM-Schätzer von Blundell und Bond (1998) besser.

Arglist – Begriff des Zivilrechts für gegen → Treu und Glauben verstoßendes Verhalten. Die → Einrede der Arglist ist z.B. gegeben, wenn jemand sittenwidrig einem anderen dadurch Schaden zufügt, dass er sich zu Unrecht als → Kaufmann ausgibt (→ Scheinkaufmann), sich aber dann zuungunsten des Vertragspartners nicht als solcher behandeln lassen will (z.B. sich auf Unverbindlichkeit einer nur mündlich übernommenen → Bürgschaft beruft). – Der Unredliche haftet i.d.R. auf → Schadensersatz (§ 826 BGB).

arglistige Täuschung – vorsätzliches Hervorrufen, Bestärken oder u.U. auch Bestehenlassen von falschen Vorstellungen eines anderen in dem Bewusstsein, dass dieser → Irrtum für die → Willenserklärung des anderen bestimmend ist. Der Getäuschte kann die Willenserklärung, zu der er durch die arglistige Täuschung bestimmt worden ist, *anfechten*

(→ Anfechtung). Dies gilt auch dann, wenn die arglistige Täuschung nicht von dem Erklärungsgegner (Vertragspartner), sondern von einem Dritten verübt worden ist, aber der Gegner die Täuschung kannte oder aus → Fahrlässigkeit nicht kannte (§ 123 BGB). – Die *Anfechtungsfrist* beträgt ein Jahr und beginnt in dem Zeitpunkt, in dem der Getäuschte die Täuschung entdeckt (§ 124 BGB).

Argumentationsrationalität – 1. *Begriff:* Kognitive Rationalität von unstrukturierten Entscheidungen, bes. komplexen Managemententscheidungen, welche die Stichhaltigkeit und Überzeugungskraft von Argumenten bei Entscheidungen thematisiert. – 2. *Determinanten:* Die Überzeugungskraft von Argumentationen und damit das Niveau der Argumentationsrationalität hängen von der Struktur und der Substanz der vorgetragenen Begründungen ab. Dabei ist im Kern zwischen der Begründungsbreite (Zahl der Argumente pro begründeter Aussage) und der Begründungstiefe (Zahl der durchlaufenen Argumentationsrunden), der Zuverlässigkeit der vorgebrachten Argumente (wahre, bewährte, plausible und mögliche Gründe) und ihrer Ausgewogenheit (Relation von Pro- und Contra-Argumenten) sowie der Angemessenheit der Auflösung von Argumentkonflikten zu trennen.

ARIMA(p,d,q)-Prozess – Ist eine → Zeitreihe eine Realisation eines nicht stationären (→ Stationarität) → ARMA(p,q)-Prozesses, so kann untersucht werden, ob dieser Prozess nach d-maliger Differenzenbildung (→ Differenzen) stationär wird. Ist dies der Fall, so wird diese Zeitreihe als ARIMA(p,d,q)-Prozess bezeichnet, wobei p für die Ordnung des AR(p)-Teiles (→ AR(p)-Prozess), q für die Ordnung des MA(q)-Teiles (→ MA(q)-Prozess) und d für den → Integrationsgrad steht, d.h. für die Anzahl der Differenzenbildungen, die notwendig sind, um den nicht stationären Prozess in einen stationären Prozess zu überführen.

ARIMA-Modell – Modellklasse der → Zeitreihenanalyse, bei der eine beobachtete Zeitreihe unter Verwendung ihrer verzögerten Werte (*Autoregressiv, AR*) und ihrer gleitender Durchschnitte (*Moving Average, MA*) durch ökonometrische Schätzungen möglichst gut an die Empirie angepaßt wird. Ein ARIMA-Modell enthält Restriktionen auf die Residuen, um stochastische Einflüsse zu erfassen. Die Modelle dienen u.a. der Prognose der Zeitreihe z.B. im → Konjunkturzyklus.

ARIS – Abk. für → Architektur integrierter Informationssysteme.

Aristoteles – 384–322 v.Chr., einer der größten philosophischen Denker, der auf vielen Gebieten – wie der Logik, Physik, Biologie, Ethik, Politik und Ökonomik – theoretisch-systematische Untersuchungen anstellte und damit v.a. die abendländische Denktradition wie kaum ein zweiter geprägt hat. In seinen Erörterungen zu wirtschaftlichen Sachverhalten des Altertums finden sich Analysen der Produktion, der Verteilung und des Gütertausches von Haushalten. Gegen seinen Lehrer Platon (428/427–348/347) verteidigte er das Privateigentum, von dem positive Wirkungen – wie die Stärkung der Verantwortung – auf das Individuum ausgingen. In seiner Tauschlehre weist er dem Geld die „natürliche Rolle" des allg. Tauschgutes zu. Ein Geldverleih gegen Zinsen – unter den wirtschaftlichen Verhältnissen des Altertums meistens Wucher – verstoße gegen die „Natur des Geldes". Das christliche Verbot des Zinsennehmens, das bis zur Neuzeit galt, gründete neben biblischen Belegen v.a. auf Aristoteles. Die wichtigsten seiner ökonomischen Überlegungen finden sich in seinem Werk „Politik", das F. Susemihl 1879 in Griechisch und Deutsch herausgegeben hat. Eine vollständige ökonomische Theorie hat Aristoteles nicht entwickelt.

arithmetische Folge → Folge.

arithmetisches Mittel – *Durchschnitt;* gebräuchlichster → Mittelwert der Statistik, der in der Inferenzstatistik auch wünschenswerte schätztheoretische Eigenschaften besitzt (→ Erwartungstreue, → Wirksamkeit, → Konsistenz). Sind n Ausprägungen x_i (i = 1,..., n) eines → metrischen Merkmals gegeben, so ist das arithmetische Mittel definiert durch

$$\bar{x} = \frac{1}{n} \cdot \sum_{i=1}^{n} x_i$$

Das arithmetische Mittel ist also gleich dem → Gesamtmerkmalsbetrag, dividiert durch die Anzahl der → Merkmalsträger. – *Gewogenes arithmetische Mittel:* Die einzelnen Merkmalswerte werden mit Gewichten $g_1, \ldots, g_n \geq 0$ mit $g_1 + \ldots + g_n = 1$ versehen (→ Gewichtung):

$$\bar{x}_g = \sum_{i=1}^{n} g_i x_i$$

Ein Spezialfall eines gewogenen arithmetischen Mittels ist die näherungsweise Berechnung des arithmetischen Mittels bei Vorliegen von klassierten Daten (→ klassierte Verteilung). Ist v_j die Mitte der j-ten Klasse und n_j (p_j) deren absolute (relative) → Häufigkeit, j=1, ... , m, so verwendet man

$$\bar{x}_{klass} = \frac{1}{m} \sum_{j=1}^{m} v_j n_j = \sum_{j=1}^{m} v_j p_j$$

also den mit den Klassenhäufigkeiten gewogenen Durchschnitt der Klassenmitten, als → Approximation für den Gesamtdurchschnitt.

ARMA(p,q)-Prozess – Kann eine → Zeitreihe als Realisation eines stationären (→ Stationarität) stochastischen Prozesses angesehen werden, dann ist sie entweder ein schwach stationärer → AR(p)-Prozess, ein → MA(q)-Prozess oder eine Mischung daraus. Ein solcher Mischprozess heißt ARMA(p,q)-Prozess, wobei p für die Ordnung der AR(p)-Komponente und q für die Ordnung der MA(q)-Komponente steht. Die Stationarität eines ARMA(p,q)-Prozesses hängt nur von der Stationarität der AR(p)-Komponente ab, da MA(q)-Prozesse stets schwach stationär sind.

Armenrecht – jetzt: → Prozesskostenhilfe. – Vgl. auch → Beratungshilfe.

Armut – *Pauperismus, Deprivation.*

I. Sozialökonomik: 1. *Begriff:* Erscheint eine Notlage nicht mehr zeitlich begrenzt, sondern für die → Lebenslage insgesamt bestimmend, wird die Lebenssituation als Armut bezeichnet, wobei herkömmlicherweise zwischen absoluter und relativer Armut unterschieden wird. → Absolute Armut bezieht sich auf das Fehlen eines physischen → Existenzminimums. Die Grenze absoluter Armut wird für *Entwicklungsländer* anhand des Mangels lebensnotwendiger Mengen an Nährstoffen konkretisiert (und bleibt auch dabei noch „relativ", d.h. an bestimmte Umweltbedingungen gebunden). – Für → Schwellenländer und entwickelte Länder, v.a. für → Sozialstaaten und → Wohlfahrtsstaaten, kann Armut nur als *relative* Armut verstanden werden. Sie beginnt beim Fehlen eines soziokulturellen Existenzminimums, das letztlich nur durch den politischen Willensbildungsprozess oder aufgrund der zugrunde gelegten Normen und Zielvorstellungen in Bezug auf die Lebenslagen bestimmt werden kann. – 2. *Geschichte:* Massenarmut und Hunger kennzeichneten das Schicksal breiter Bevölkerungsschichten bis zur industriellen Revolution und noch *bis zum Beginn des 20. Jahrhunderts,* da das (schwankende) Verhältnis von Bevölkerungsentwicklung und Nahrungsmittelproduktion den Lebensstandard großer Teile der Bevölkerung bestimmte. Die Wirkungen ausbleibender Ernten und der dadurch ausgelösten Teuerungskrisen – in Europa zuletzt 1803/1804 und 1916/1917 – konnten im Zuge des Industrialisierungsprozesses nur allmählich gemildert werden. Zwar wurden durch die → Industrialisierung zahlreiche Arbeitsplätze geschaffen und zugleich die Produktivität in der Landwirtschaft verbessert, doch bewirkte sie zunächst auch ein rapides Bevölkerungswachstum, sodass Beschäftigungs- und Einkommensmöglichkeiten weiterhin nur zur Deckung des jeweiligen Existenzminimums ausreichten. – 3. *Armut im Sozialstaat:* Bei der gegenwärtigen wissenschaftlichen Diskussion über Armut im Sozialstaat wird Armut überwiegend als *Einkommensarmut* erfasst, aber auch auf die Teilhabe an und die Integration in nicht monetär vermittelte Bereiche des gesellschaftlichen Lebens bezogen *(Ausgrenzung).* – *Bestimmung von Armut: Einkommensarmut* wird in dt. und europäischen Armutsstudien bei einem Einkommen von 50 Prozent des Durchschnittseinkommens angenommen; 40 Prozent des Durchschnittseinkommens werden als die Grenze für starke Armut, 60 Prozent des Durchschnittseinkommens als die Grenze für schwache Einkommensarmut verwendet. Daneben werden andere (statistisch verfügbare) Einkommensschwellen, wie die Besteuerungsgrenze bei der → Einkommensteuer oder die Sozialhilfesätze als Indikatoren für Armut oder Armutsgefährdung herangezogen. – 4. *Armutsforschung:* Der gegenwärtige Stand der Armutsforschung macht die zentrale Bedeutung von Entscheidungen über die *Begriffe und Maßstäbe zur Bestimmung von* Armut für Ausmaß und Umfang der *Armutsprobleme* in einer Gesellschaft deutlich. – *Armutskonzepte:* (1) So findet sich in der Literatur als Armutsgrenze (Poverty Line) neben der verbreiteten *Einkommensgrenze* von 50 Prozent des in einer Gesellschaft erzielten Durchschnittseinkommens auch der Wert von 15 Prozent als Armutsgrenze. Andererseits könnten in der Vielfalt denkbarer Armutskonzepte die zuvor genannten 40-, 50-, oder 60-Prozent-Grenzen auch auf das Durchschnittseinkommen nur der jeweils nächsthöheren Schicht – also z.B. der ungelernten Arbeiter, die ihre Existenz aber durch eigene Arbeit sichern – bezogen werden. (2) Die in der gegenwärtigen Armutsforschung praktizierte starke Relativierung des Armutsbegriffes nähert die Vorstellung von Armut so weit an die allg. *Vorstellung von* → gesellschaftlicher Schwäche der Lebenslage an, dass alle (personenbezogenen) *„sozialen Probleme"* als Gegenstand der Sozialpolitik (→ Theorie der Sozialpolitik) weitgehend als Armutsprobleme erscheinen. (3) In der popularisierenden These von der *Zwei-Drittel-Gesellschaft* wird letztlich die Leistungsfähigkeit des Gesellschaftssystems, Massenarmut zu verhindern, in Frage gestellt. Mit diesem Ansatz werden zwar die sonst am Rande behandelten Aspekte der Fürsorge und → Sozialhilfe stärker in die allg. Behandlung der Sozialpolitik integriert. Eine Sozialpolitik als vorwiegend auf *Armutsprobleme und Ausgegrenzte* bezogene Politik würde aber den (mühsam erworbenen) Stellenwert der Sozialpolitik als grundsätzlich für alle Bürger relevante, gesellschaftsgestaltende und die grundlegenden Ordnungsregeln ergänzende Politik stark beeinträchtigen.

II. Wirtschaftsethik: Armut war in der Geschichte immer auch ein Thema der → Ethik. Von der freiwilligen Armut abgesehen, hat immer das Gebot gegolten, den Armen zu helfen. Mit der Umstellung der modernen Wirtschaft auf die Systemsteuerung seit dem 18. Jh. wird Armut zunehmend als Systemergebnis aufgefasst (Marx, → Soziale Frage, Armut in der Dritten Welt). Dies hat zur Folge, dass die normativ geforderte Bekämpfung der Armut von personalen Vorstellungen (barmherziger Samariter, hl. Martin) auf Armutsbekämpfung durch (Wirtschafts-)Politik umgestellt werden muss. → Wirtschaftsethik sieht die Bekämpfung der Armut nur im Rahmen einer geeigneten (Welt-)Ordnungs- und Sozialpolitik als Erfolg versprechend an. – Die *ethische Begründung einer Bekämpfung von* Armut zielt auf die Wirkung von Armut auf die Betroffenen ab. Sie sieht in der Armut eine Beeinträchtigung der Menschenwürde und Selbstentfaltungsmöglichkeiten und fordert normativ die Bekämpfung von Armut, wobei man oft in personale Kategorien und interventionistische Vorstellungen zurückfällt. Die ökonomisch begründete Bekämpfung der Armut geht von der Wirkung der Armut auf das Gesamtsystem, also auf Arme und Nicht-Arme, aus. Sie sieht das Bedrohungspotenzial der Armen (Kriminalität, → Migration, → Bevölkerungsexplosion, Umweltverschmutzung) und die unausgeschöpften Möglichkeiten (Potential Gains), die nicht realisiert werden können, wenn die Armen arm bleiben; sie plausibilisiert aus solchen Überlegungen die Vorzugswürdigkeit einer Ordnung, die zu einer Milderung oder Beseitigung von Armut führt.

Armutsfazilität – alternative Bezeichnung für die Poverty Reduction and Growth Facility (→ PRGF) von → IWF und Weltbank (→ IBRD).

Armutsforschung → Armut.

Armutsgrenze – *Armutsschwelle*. 1. *Konzept:* Mit der Armutsgrenze werden absolute oder relative Schwellenwerte für wirtschaftliche und soziale Indikatoren festgelegt, die Aussagen darüber zulassen, welcher Prozentsatz der Bevölkerung einer bestimmten Region, eines Landes oder einer Ländergruppe in → Armut lebt. Die Armutsgrenze wird dabei meist als Grenzwert des → verfügbaren Einkommens oder der Konsumausgaben privater Haushalte vorgegeben, lässt sich aber auch kombiniert auf der Basis ganzer Bündel soziodemographischer Indikatoren definieren. – 2. *Absolute Armut:* Absolute Schwellenwerte bspw. des standardisierten Pro-Kopf-Einkommens oder verfügbaren Einkommens. Für international vergleichende Messungen müssen die nationalen Angaben zum Einkommen zunächst unter Anwendung von → Kaufkraftparitäten (und nicht von Wechselkursen) in international vergleichbare Dollar umgerechnet werden. Ein bekanntes und auf dieser Basis berechnetes internationales Maß für die Verbreitung von monetärer „Armut" war bis vor einigen Jahren der Prozentsatz der Bevölkerung, der von weniger als 1,08 Dollar (gemessen in Kaufkraftparität zum Basisjahr 1993) pro Tag leben muss. Im Jahr 2008 kam es zu einer Anpassung dieser Armutsgrenze durch die Weltbank auf 1,25 Dollar (gemessen in Kaufkraftparität zum Basisjahr 2005) pro Tag. – 3. *Relative Armut:* Einkommen von Personen oder privaten Haushalten, bezogen auf das Durchschnitts- oder Medianeinkommen einer Vergleichsgruppe (i.d.R. die Gesamtpopulation eines Landes). Für Deutschland und andere europäische Länder wird die relative Armutsgrenze in der europäischen amtlichen Statistik offiziell bei 60 Prozent des medianen Äquivalenzeinkommens angegeben. Darüber hinaus werden dort jedoch auch zusätzliche Armutsgrenzen bei bspw. 40 Prozent des medianen oder 60 Prozent des durchschnittlichen Äquivalenzeinkommens ausgewiesen. – Vgl. auch → Armutsindikatoren.

Armutsindikatoren – 1. *Konzept:* Mit Armutsindikatoren wird versucht, das komplexe Phänomen → Armut empirisch zu erfassen und quantitativ zu messen. Im Vordergrund des Interesses stehen dabei traditionell ökonomische Indikatoren, v.a. das Pro-Kopf-Einkommen oder der Pro-Kopf-Verbrauch, die als wichtige Ressourcen für die Verwirklichung eines menschenwürdigen Daseins angesehen werden. In der neueren Armutsforschung wird jedoch deutlich gesehen, dass solche ökonomischen Indikatoren durch quantitative soziodemographische Armutsindikatoren (wie bspw. den Alphabetisierungsgrad, den Gesundheitszustand, die mittlere Lebenserwartung, den Zugang zu sauberem Wasser etc.) und auch durch qualitative Informationen (wie bspw. die Diskriminierung von Frauen, gesellschaftliche Ausgrenzung etc.) ergänzt werden müssen, wenn eine befriedigende Erfassung und Erklärung von Armut gelingen soll. – 2. *Empirische Messprobleme:* Die Messung von Armut wirft schon auf nationaler Ebene gravierende Probleme auf, da typischerweise viele der von Armut betroffenen Personen und Haushalte statistisch nicht erfasst werden, weil sie schwer erreichbar sind (wie Wohnungs- und Obdachlose), nicht befragt werden können (wie große Teile der Ausländer-, Heim- und Anstaltsbevölkerung) oder erhöhte Ausfall- und Verweigerungsquoten bei Befragungen aufweisen. Bei international vergleichenden Analysen ist darüber hinaus zu berücksichtigen, dass Aussagekraft und Vergleichbarkeit von Armutsindikatoren durch unterschiedliche Messkonzepte und Abgrenzungen der nationalen Statistiken erheblich eingeschränkt sind. – 3. *Kritik:* Die bisherige Armutsforschung zeigt, dass die vorherrschenden Armutsindikatoren kaum in der Lage sind, die Realität von Armut in ihrer ganzen Komplexität widerzuspiegeln. Sie tragen v.a. den Lebensumständen der Ärmsten, die in den Statistiken meist fehlen, sowohl in quantitativer als auch in qualitativer Hinsicht zu wenig Rechnung. – Vgl. auch → Armutsgrenze.

Armutsquote – Kennziffer, die angibt, wie viel Prozent der Bevölkerung unter der → Armutsgrenze leben.

Armutsschwelle → Armutsgrenze.

Armuts- und Reichtumsbericht – seit dem Jahr 2001 regelmäßig in der Mitte jeder Wahlperiode von der Deutschen Bundesregierung vorgelegte Studie über die Lebenslagen der Bundesbürger. Zusätzlich zur vielfach diskutierten Armutsthematik soll dabei auch explizit die in der Vergangenheit vergleichsweise wenig beachtete Reichtumsthematik behandelt werden.

ARNOVA – Abk. für → Association for Research on Nonprofit Organizations and Voluntary Action.

ARPA-Netz – von der ARPA *(Advanced Research Project Agency)*, einer zivilen Forschungsförderungsgemeinschaft in den USA, seit 1970 aufgebautes → Netz, das Vorläufer des → Internets war. Bei dem Aufbau des Netzes wurden grundlegende Ideen und Konzepte für die → Paketvermittlung entwickelt und verwirklicht.

Arrangement Fee – einmalige, vom Kreditnehmer an die kreditgebende Bank zu zahlende Provision, die auf den Kreditbetrag bezogen ist und die z.B. bei der

Aufnahme von (langfristigen) → Eurokrediten vorkommt.

Array – 1. *Begriff:* → Datenstruktur, in der → Datenelemente des *gleichen* → Datentyps unter einem gemeinsamen *Namen* zusammengefasst werden (homogene Struktur). Die Elemente des Array werden durch *Indizierung* des Arraynamens angesprochen. – 2. *Arten:* Array kann mehrere *Dimensionen* aufweisen. Sprechweise in Analogie zur linearen Algebra: (1) *Vektor* für eindimensionalen Array; (2) *Matrix* für zweidimensionalen Array

Arrest – I. Zivilrecht: Gerichtliche Anordnung im → Arrestverfahren, die bei → Glaubhaftmachung eines *Arrestanspruchs* (d.h. einer Geldforderung oder eines Anspruchs, der in eine Geldforderung übergehen kann) und eines *Arrestgrundes* (Besorgnis der Vereitelung oder wesentlichen Erschwerung der → Zwangsvollstreckung) auf Antrag erlassen werden kann und bezweckt, die künftige Zwangsvollstreckung des Gläubigers zu sichern (§§ 916 ff. ZPO). Schlechte Vermögenslage des Schuldners ist allein kein Arrestgrund; erforderlich ist z.B., dass der Schuldner Gegenstände verschleudert oder verschleppt, häufiger Aufenthaltswechsel, der seine Auffindung erschwert, oder dass das Urteil im Ausland vollstreckt werden müsste. – Zu *unterscheiden:* (1) → dinglicher Arrest (Zugriff auf das Vermögen des Schuldners); (2) → persönlicher Arrest (i.d.R. Verhaftung des Schuldners).

II. Steuerrecht: Anordnung des Arrests möglich zur Sicherung der Vollstreckung von Geldforderungen, die im Zwangsverfahren beitreibbar sind, wenn zu besorgen ist, dass sonst die Erzwingung der Leistung vereitelt oder wesentlich erschwert wird, also zur Sicherung der zukünftigen → Zwangsvollstreckung. Als *dinglicher Arrest* (gegen das Vermögen des → Vollstreckungsschuldners gerichtet) gemäß § 324 AO auf Anordnung der Finanzbehörde oder als *persönlicher Sicherheitsarrest* gemäß § 326 AO auf Antrag der Finanzbehörde und Anordnung des Amtsgerichts bei gefährdeter Vollstreckung möglich.

Arresthypothek – bes. Form einer → Sicherungshypothek, die im → Grundbuch des Schuldners eingetragen wird. Hat der Gläubiger eine Geldforderung oder einen Anspruch, der in eine Geldforderung übergehen kann, besteht die Möglichkeit einer Arresthypothek zur Sicherung einer zukünftigen → Zwangsvollstreckung (insbes. bei drohender Vollstreckungsvereitelung). Mit einem Arrest wird in einem gerichtlichen Eilverfahren ein vorläufiger Rechtsschutz im Zivilprozess erreicht, solange bis der Gläubiger über einen vollstreckbaren Titel verfügt (vgl. §§ 916-945 ZPO, hier insbes. § 932 ZPO).

Arrestverfahren – prozessuale Regelung des → Arrests.

I. Anordnung: 1. *Zuständig* ist nach Wahl des Gläubigers das Gericht, das über die Hauptsache zu entscheiden hätte, wenn Klage erhoben wäre, oder das Amtsgericht, in dessen Bezirk sich die mit dem Arrest zu belegende Sache oder die in der Freiheit zu beschränkende Person befindet. – 2. *Gesuch um Erlass* des Arrestes unterliegt nicht dem Anwaltszwang. Entscheidung i.d.R. ohne Gehör des Gegners durch → Beschluss; dagegen bei Abweisung des Gesuchs einfache → Beschwerde, bei Erlass des Arrestbefehls → Widerspruch des Antraggegners, der zu mündlicher Verhandlung (beim → Landgericht: → Anwaltszwang) und → Urteil über die Rechtmäßigkeit des Arrestes führt. – 3. → Zustellung des Arrestbefehls vom Gericht an den Gläubiger, der für Zustellung an den Schuldner zu sorgen hat.

II. Vollziehung: *Vollstreckung* des Arrestbefehls wie sonst bei → Zwangsvollstreckung wegen einer Geldforderung; führt aber nur zur Sicherung, ohne Entscheidung im ordentlichen Verfahren nicht zur Verwertung der Pfandgegenstände. – *Besonderheiten:* → Vollstreckungsklausel nicht erforderlich. – *Zustellung* des Arrestbefehls kann innerhalb einer Woche nach der Vollziehung nachgeholt werden. Die Vollziehung muss aber innerhalb eines Monats seit Verkündung des Arrestbefehls oder Zustellung an den Antragsteller vorgenommen werden.

III. Aufhebung: Aufhebung erfolgt (1) auf Antrag des Schuldners bei Veränderung der Umstände (§ 927 ZPO), z.B. bei Wegfall von Arrestforderung oder Arrestgrund; (2) wenn der Antragsteller nicht innerhalb einer ihm von dem Gericht auf Antrag gesetzten Frist Klage in der Hauptsache erhebt (§ 926 ZPO). – Erweist sich die Anordnung des Arrests als von Anfang an *ungerechtfertigt* (z.B. bei Nichtbestehen der Forderung) oder erhebt der Gläubiger nicht rechtzeitig Klage zur Hauptsache, so ist er zum Ersatz des dem Schuldner durch Vollziehung und Sicherheitsleistung entstandenen Schadens (auch z.B. der Kreditschädigung) verpflichtet (§ 945 ZPO).

Arrondierung – Zusammenlegung von Grundbesitz. Arrondierung kann auf privater Basis oder im Rahmen eines amtlich durchgeführten Flurbereinigungsverfahrens (→ Flurbereinigung) erfolgen. Eine Total-Arrondierung bedeutet, dass alle früher verstreut gelegenen Grundstücke eines landwirtschaftlichen Betriebes zu einer Einheit zusammengefasst werden. Eine Aussiedlung ist dabei nicht zwingend erforderlich.

Arrosierung – Konvertierung einer → Staatsanleihe, bei der das Schuldkapital unverändert bleibt, der Nominalzinsfuß aber eine Erhöhung erfährt. Für die Erhöhung der Verzinsung und die i.d.R. bei einer Arrosierung stattfindende Hinausschiebung der Rückzahlung leisten die Anleihebesitzer eine Zuzahlung auf ihre Stücke.

Arrow – Kenneth Joseph, geb. 1921, amerik. Nationalökonom, lehrte in Stanford; → Nobelpreis für Wirtschaftswissenschaften 1972 (zusammen mit → Hicks). Seine Dissertation „Social Choice and Individual Values" wurde rasch ein Klassiker, der zu zahlreichen Ehrungen des Autors führte. In Ausdrücken der symbolischen Logik, die seinerzeit in den Wirtschaftswissenschaften ungewöhnlich war, entwickelte er das → Arrow-Paradoxon, mit dem er nachweist, dass die soziale → Wohlfahrtsfunktion nicht aus gegebenen individuellen Präferenzen abgeleitet werden kann. In späteren Arbeiten hat er sich – zusammen zunächst mit → Debreu, später mit Hahn (geb. 1925) – mit dem → allgemeinen Gleichgewicht und dem Risiko befasst. – *Hauptwerke:* „General Competitive Analysis" (1971, zusammen mit Hahn); „Essays in the Theory of Risk-Bearing" (1971).

Arrow-Paradoxon – *Arrow-Unmöglichkeitstheorem.* 1. *Begriff:* von Arrow entwickeltes Theorem der → Wohlfahrtsökonomik und der → Theorie der Kollektiventscheidungen, wonach es nicht gewährleistet ist, dass Mehrheitsentscheidungen unabhängig von der gewählten Abstimmungsform zu eindeutigen Ergebnissen führen. Varian (Grundzüge der Mikroökonomik) stellt die folgenden Anforderungen an den gesellschaftlichen Entscheidungsprozess: (1) Vollständigkeit, Reflexivität und Transitivität der individuellen und der sozialen Präferenzen; (2) Wenn jedes Individuum eine Alternative A der Alternativen B vorzieht, sollte auch die soziale Präferenzordnung die Alternative A vor der Alternativen B präferieren; (3) Präferenzen zwischen den Alternativen A und B sollten unabhängig sein von der Bewertung anderer Alternativen. – *Beispiel:*

Person	Rangfolge der Alternativen
1	A > B > C
2	B > C > A
3	C > A > B

Im Beispiel wird jede Alternative jeweils gleich stark mit 2:1 den beiden anderen vorgezogen. Die Wahl einer bestimmten Alternative hängt damit von der Reihenfolge der Wahlgänge ab. Daraus folgt, dass die Abstimmung nach dem Mehrheitswahlprinzip nicht mit Sicherheit zu einer eindeutigen kollektiven Präferenzfolge führt. Willkürliche Abstimmungsergebnisse können nicht ausgeschlossen werden. – 2. *Bewertung:* Das von Arrow herausgearbeitete Abstimmungsparadoxon führt zu der ernüchternden Erkenntnis, dass es nicht möglich ist, mit Mehrheitsentscheidungen individuelle Präferenzen konsistent zu aggregieren und auf dieser Basis eine gesellschaftliche → Wohlfahrtsfunktion abzuleiten. – *Anders:* → Condorcet-Paradoxon.

Arrow-Unmöglichkeitstheorem → Arrow-Paradoxon.

Art Director → Werbeberufe.

Artenschutz – Schutz und Pflege der wild lebenden Tier- und Pflanzenarten in ihrer natürlichen und historisch gewachsenen Vielfalt (vgl. § 37 BNatschG vom 29.7.2009 [BGBl. I 2542] m.spät.Änd.). Im fünften Kapitel des BNatschG (§§ 37-55) ist geregelt, welche Arten mit welchen Maßnahmen zu schützen sind. Die in der BundesartenschutzVO vom 16.2.2005 (BGBl. I 258.896) m.spät.Änd. sowie im Washingtoner Artenschutzübereinkommen (WA) i.d.F. der Verordnung (EG) Nr. 338/97 enthaltenen Arten sind bes. geschützt. Vom Aussterben bedroht sind die in Anhang I des WA aufgeführten Arten. – Zu den Schutzmaßnahmen für bes. geschützte Arten gehören weitgehende Besitz-, Vermarktungs- und sonstige Verkehrsverbote. → Ein- und → Ausfuhr solcher Arten sind genehmigungspflichtig. – Die im Juni 1992 auf der UN-Konferenz für Umwelt und Entwicklung in Rio de Janeiro beschlossene Konvention zum Schutz der biologischen Vielfalt bedeutet eine verstärkte Selbstverpflichtung der Staaten zum Artenschutz; von der Bundesrepublik Deutschland gezeichnet.

Artfeststellung – Begriff des Bewertungsgesetzes: Die Zuordnung der Vermögensgegenstände zu den → wirtschaftlichen Einheiten (z.B. gewerblicher Betrieb) und von Grundstücken zu den → Grundstücksarten (z.B. Geschäftsgrundstück) bei der Feststellung von → Einheitswerten, also die Entscheidung darüber, zu welcher Art von Vermögen der Vermögensgegenstand gehört. Die Artfeststellung ist formeller Bestandteil im → Feststellungsbescheid; sie ist von bes. Bedeutung, weil je nach Zuordnung unterschiedliche Bewertungen und Freibetragsregelungen zum Zuge kommen können (§ 19 III Nr. 1 BewG). – Vgl. auch → Artfortschreibung.

Artfortschreibung – erneute → Artfeststellung: (1) wenn sich die *Art des Gegenstandes* nach dem letzten Feststellungszeitpunkt *geändert* hat und die Änderung steuerlich bedeutsam ist. Insbesondere geltend für die Grundsteuer (ggf. Anwendung anderer Steuermesszahl). – (2) zur *Beseitigung eines Fehlers* hinsichtlich der Art des Gegenstandes bei der letzten Artfeststellung; → Berichtigungsfortschreibung. – Die Artfortschreibung ist an Wertgrenzen nicht gebunden. Sie kann mit → Wertfortschreibung und mit → Zurechnungsfortschreibung verbunden sein. – Vgl. auch → Fortschreibung.

Artificial Intelligence → Künstliche Intelligenz (KI).

Artikel – 1. *Marketing:* ganz bestimmte Ausführung eines Produkttyps (Bsp. Apfelsaft der Marke XY im 0,75 l Tetrapack). Artikel einer Artikelgruppe unterscheiden sich hinsichtlich einiger Merkmale, wie z.B. Preis, Größe oder Materialien voneinander. Im Handel ist ein Artikel gemäß der → Sortimentspyramide ein Teilelement einer bestimmten Warenart. – 2. *Recht:* Kennzeichnung einer Vorschrift bzw. Regelung in Gesetzen oder Verträgen.

Artikelaufschlag → Handelsaufschlag pro → Artikel. – *Anders:* → Stückspanne (Artikelspanne).

Artikelergebnisrechnung – Teilgebiet der → Kostenrechnung, das die → Vollkosten oder

→ Teilkosten der betrachteten Produkte den für diese erzielten → Nettoerlösen gegenüberstellt.

Artikelnummernsysteme – (überbetriebliche) numerische Ordnungssysteme zur Klassifizierung *(ban-System)* oder zur Identifizierung (*EAN-System;* → EAN) von → Artikeln. Artikelnummernsysteme sind Voraussetzung für die Rationalisierung der gesamtwirtschaftlichen → Distribution und für die Steuerung betrieblicher computergestützter Warenwirtschaftssysteme. – Gebräuchlich ist heute im Lebensmittelhandel die *EAN-Nummerierung* mittels Strich-/Balkencodes, die maschinell gelesen werden kann (→ Scanner). Das Nummernsystem wird von der *Centrale für Coorganisation (CCG)* verwaltet, in der die sich Beteiligten (bes. Hersteller und Händler) zur Interessenabstimmung zusammenfinden. – Das *UPC-System* ist in den USA gebräuchlich.

Artikelrabatt → Mengenrabatt.

Artikelspanne → Stückspanne.

Arusha-Abkommen – 1. → Regionale Integration: 1969 von den Ländern Kenia, Tansania und Uganda mit der → EWG auf der Basis von Art. 238 EWGV (1958) für die Dauer von fünf Jahren geschlossenes → Assoziierungsabkommen. Dieses entsprach (mit Ausnahme der Bestimmungen über die Gewährung von finanzieller Hilfe) inhaltlich weitgehend dem zweiten → Jaunde-Abkommen. – 2. *Politik und Zeitgeschichte*: Verhandlungen über Friedensabkommen nach einem etwa zweieinhalb Jahre andauernden Bürgerkrieg in Ruanda unter Federführung der Afrikanischen Union (→ OAU).

Arzneikostengebühr → Verordnungsblattgebühr.

Arzneimittel – *Rechtsvorschriften:* Die Anforderungen an Arzneimittel, Herstellung und Vertrieb von Arzneimitteln sind eingehend geregelt im Arzneimittelgesetz i.d.F. vom 12.12.2005 – AMG (BGBl. I 3394) m.spät.Änd. – 1. Wer gewerbsmäßig Arzneimittel, Testsera, Testantigene oder Wirkstoffe, die menschlicher oder tierischer Herkunft sind oder auf genetischem Wege hergestellt werden, gewerbs- oder berufsmäßig zum Zweck der Abgabe an andere herstellen will, bedarf der *Erlaubnis.* Voraussetzung für die Erteilung ist persönliche Zuverlässigkeit und das Vorhandensein der erforderlichen Sachkenntnis. Die Erlaubnis gilt nur für die in der Erlaubnisurkunde bezeichnete Betriebsstätte; sie kann unter → Auflagen erteilt werden (§§ 13 ff. AMG). – 2. Arzneimittel dürfen grundsätzlich nur in den Verkehr gebracht werden, wenn sie durch das Bundesinstitut für Arzneimittel und Medizinprodukte zugelassen sind, es sei denn, dass das Paul–Ehrlich–Institut oder das Bundesamt für Verbraucherschutz und Lebensmittelsicherheit zuständig ist (§§ 21, 77 AMG). – 3. Arzneimittel, die nicht ausdrücklich für den Verkehr außerhalb der Apotheken zugelassen sind, dürfen im *Einzelhandel* i.Allg. nur in → Apotheken abgegeben, vorrätig gehalten oder feilgehalten werden. – 4. Das Feilbieten von Arzneimitteln und das Aufsuchen von Bestellungen auf Arzneimittel im → Reisegewerbe sind verboten; ausgenommen fabrikmäßig verpackte, nur mit ihren verkehrsüblichen dt. Namen bezeichnete, für den Verkehr außerhalb der Apotheken zugelassene und in ihrer Wirkung allg. bekannte Pflanzen, Presssäfte etc. (§ 51 AMG). Das Verbot gilt nicht, soweit ein Gewerbetreibender andere Personen im Rahmen ihres Geschäftsbetriebs aufsucht. – 5. *Preisfestsetzung:* Durch Rechtsverordnung können a) Preisspannen für Arzneimittel, die im Großhandel, in Apotheken oder von Tierärzten hergestellt oder abgegeben werden, b) Preise für die Abgabe von Arzneimitteln und für Abgabegefäße sowie c) Preise für bes. Leistungen der Apotheken bei Abgabe von Arzneimitteln festgesetzt werden. Die Preise und Preisspannen sind so festzusetzen, dass den berechtigten Interessen der Arzneimittelverbraucher, der Tierärzte, der Apotheken und des Großhandels Rechnung getragen wird (§ 78 AMG). – 6. Betriebe, in denen Arzneimittel hergestellt, geprüft, gelagert, verpackt oder in den Verkehr gebracht werden, unterliegen der *Überwachung* durch die zuständige Behörde (§ 64 AMG). – 7. *Verschreibungspflichtige Arzneimittel* dürfen nach der VO über die Verschreibungspflicht von Arzneimitteln vom 21.12.2005 – AMVV (BGBl. I 3632) m.spät. Änd. nur nach Vorlage einer ärztlichen, zahnärztlichen oder tierärztlichen Verschreibung, die den Namen, Berufsbezeichnung, Anschrift, Datum und eigenhändige Unterschrift enthalten muss, abgegeben werden. – 8. *Frischzellen* dürfen bei der Herstellung von Arzneimitteln, die zur Injektion oder Infusion bestimmt sind, nicht verwendet werden (vgl. Frischzellen-Verordnung vom 4.3.1997 [BGBl. I 432]). – 9. *Verstöße* gegen die Vorschriften des Arzneimittelgesetzes werden als → Ordnungswidrigkeit mit → Geldbuße geahndet oder sind mit Strafe bedroht. → Einziehung ist zulässig. – Vgl. auch → Arzneimittelschäden.

Arzneimittelschäden – die infolge der Anwendung eines → Arzneimittels bei dem Körper oder der Gesundheit eines Menschen eingetretenen Verletzungen. Für Arzneimittelschäden trifft den pharmazeutischen Unternehmer eine → Gefährdungshaftung (§ 84 AMG) dann, wenn das Arzneimittel bei bestimmungsgemäßem Gebrauch schädliche Wirkungen hat, die über ein nach den Erkenntnissen der medizinischen Wissenschaft vertretbares Maß hinausgehen oder wenn der Schaden infolge einer nicht den Erkenntnissen der medizinischen Wissenschaft entsprechenden Kennzeichnung, Fachinformation oder Gebrauchsinformation eingetreten ist. Ist das angewendete Arzneimittel nach den Gegebenheiten des Einzelfalls geeignet, den Schaden zu verursachen, so wird vermutet, dass der Schaden durch dieses Arzneimittel verursacht ist (vgl. § 84 II, III AMG). – Vgl. auch → Produkthaftung, → Verkehrssicherungspflicht.

Arzneimittelversorgung – 1. *Überblick:* Die Arzneimittelversorgung in Deutschland wird durch etwas mehr als 500 Hersteller, etwa 20 *Großhändler* und mehr als 20.000 Apotheken sichergestellt. Das Arzneimittelangebot umfasst mehr als 35.000 industriell hergestellte Präparate, die man in freiverkäufliche, apothekenpflichtige und verschreibungspflichtige Arzneimittel sowie Betäubungsmittel unterteilen kann. – 2. *Abgabe- und Zulassungsverfahren:* Die Arzneimittelversorgung der Versicherten der gesetzlichen Krankenkassen erfolgt in Form von Sachleistungen *(Sachleistungsprinzip).* Der vom Arzt verordnete Wirkstoff wird von Apotheken in Form von Arzneimitteln an den Patienten abgegeben. Der Apotheker rechnet das abgegebene Arzneimittel dann mit der Krankenkasse des Patienten ab. Medikamente, die nicht verschreibungspflichtig sind, werden von der Kasse nicht erstattet (§ 34 SGB V). Bei verschreibungspflichtigen Medikamenten trägt der Patient 10 Prozent (mind. fünf Euro, höchstens zehn Euro, jährlich höchstens zwei Prozent, bei chronisch Kranken höchstens ein Prozent des Bruttoeinkommens) selbst (Zuzahlung, → Gesundheitsreform, → Moral Hazard). Ärzte können lediglich Arzneimittelmuster kostenlos an Patienten abgeben. Der Bund ist für die *Zulassung* von Arzneimitteln zuständig, während die Überwachung der pharmazeutischen Unternehmen den Bundesländern obliegt. – 3. *Preisbildung:* a) *Arzneimittelverordnung:* Pharmazeutische Hersteller sind grundsätzlich frei, die Preise ihrer Arzneimittel entsprechend der Wettbewerbssituation zu bilden oder zu verändern. Um jedoch das Gebot eines in ganz Deutschland einheitlichen Apothekenverkaufspreises sicherzustellen, unterliegt die Preisbildung des Großhandels und der Apotheken der von der Bundesregierung erlassenen Arzneimittel-Preisverordnung (AMPreisV). Der Apothekenpreis ergibt sich mit der Festsetzung der Zuschläge auf den Herstellerabgabepreis („Preisbindung der zweiten Hand“) (vgl. §§ 2, 3 AMPreisV). – b) *Festbeträge:* Die grundsätzlich freie Preisbildung auf der Herstellerstufe, die für → Forschung und Entwicklung (F&E) wichtig ist, wird seit dem Gesundheits-Reformgesetz (1989) für verschreibungspflichtige Medikamente faktisch durch das Instrument der Festbeträge eingeschränkt. Die Krankenkassen erstatten für wirkungsgleiche Arzneimittel, die in der Festbetragsliste enthalten sind, nur noch einen einheitlichen, niedrigen Betrag, unabhängig von den tatsächlich divergierenden Marktpreisen der einzelnen Arzneimittel. – Festbeträge werden in einem zweistufigen Verfahren festgestellt: Im ersten Schritt bestimmt der Bundesausschuss der Ärzte und der Krankenkassen, für welche Gruppen von Arzneimitteln Festbeträge sachlich sinnvoll festgesetzt werden können. Es werden in den Gruppen jeweils Arzneimittel zusammengefasst, mit (1) identischen Wirkstoffen, (2) pharmakologisch-therapeutisch vergleichbaren Wirkstoffen und (3) therapeutisch vergleichbarer Wirkung (§ 35 I SGB V). Im zweiten Schritt setzen die Spitzenverbände der Krankenkassen gemeinsam und einheitlich den jeweiligen Festbetrag einer Arzneimittelgruppe fest. Das am 1.05.2006 in Kraft getretene *Arzneimittelversorgungs-Wirtschaftlichkeitsgesetz* (AVWG) soll die Anreize verstärken die Arzneimittelausgaben zu reduzieren. Die wesentlichen Inhalte des AVWG sind: (1) Die Festbeträge für Arzneimittel werden abgesenkt. (2) Die Krankenkassen können mit Pharma-Herstellern spezielle Rabattverträge abschließen, um dadurch Mehrkosten der Versicherten für Medikamente zu verhindern, deren Preis über dem Festbetrag liegt. (3) Die Krankenkassen können Arzneimittel von der Zuzahlung befreien, wenn der Preis des Medikaments mind. 30 Prozent unterhalb des Festbetrags liegt. (4) Für Ärzte wird eine Bonus-Malus-Regelung eingeführt. (5) Arzneimittel, die eine therapeutische Verbesserung darstellen, bleiben von Festbeträgen freigestellt. (6) Es wird ein zweijähriger Preisstopp für verordnungsfähige Arzneimittel eingeführt. (7) Die Hersteller von Generika sollen einen Abschlag von 10 Prozent des Herstellerpreises ohne Mehrwertsteuer gewähren. (8) Krankenhäuser sollen bei der Entlassmedikation nur jene Arzneimittel anwenden, die auch bei einer weiteren Medikamententherapie im Anschluss an die Klinik wirtschaftlich und zweckmäßig sind. (9) Naturalrabatte der Pharmahersteller an Apotheken werden verboten. – Vgl. auch → Gesundheitsreform, → Gesundheitswesen. – Mit dem am 1.1.2011 in Kraft getretenen Gesetz zur Neuordnung des Arzneimittelmarktes (AMNOG) kam es im Bereich der neu auf den Markt kommenden Arzneimittel zu gesetzlichen Neureglungen. – 1) Die pharmazeutischen Unternehmen sind seither verpflichtet den Krankenversicherungen für verschreibungspflichtige Arzneimittel ohne Festbeträge einen Rabatt von 16 Prozent des Verkaufspreises zu gewähren. – 2) Die bis 2011 gültige Praxis der Preisfestsetzung durch die Anbieter im Bereich neuer, innovativer Arzneimittel wurde mit Inkrafttreten des Gesetzes durch Vertragspreise ersetzt. Die Hersteller sind dazu verpflichtet dem Bundesauschus Nachweise über den Zusatznutzen neuer Medikamente bzw. deren Wirkstoffe vorzulegen. Für Arzneimittel ohne erwiesenen Zusatznutzen gelten seit dem 1.1.2011 ebenfalls Festbetragsregelungen. Anderseits vereinbaren die pharmazeutischen Unternehmen mit den Krankenversicherungen einen Erstattungsbetrag für neue Medikamente, falls ein Zusatznutzen vorliegt. Preise in anderen europäischen Ländern sollen dabei berücksichtigt werden. – Die gesetzlichen Neuregelungen basieren auf der Erkenntnis, dass die Arzneimittelausgaben bes. im Bereich der innovativen und patentgeschützten Präparate, für die bisher keine Festbeträge galten, gestiegen sind.

Arzneimittelwerbung → Heilmittelwerbung, → irreführende Werbung.

Ärztekammer – eine der beiden zentralen Organisationen zur Wahrnehmung der Aufgaben der Selbstverwaltung der niedergelassenen Ärzte und Zahnärzte: Regelung der Rechte und Pflichten der Ärzte durch Erlass einer Berufsordnung, Regelung der spezialisierenden Weiterbildung, Förderung der ärztlichen Fortbildung, Aufsicht über die Einhaltung der Berufspflichten (einschließlich der Anrufung der Berufsgerichtsbarkeit), Regelung und Überwachung der Ausbildung von Arzthelferinnen, Einrichtung von Schlichtungs- und Gutachterkommissionen für ärztliche Behandlungsfehler bzw. Arzt-Haftpflichtfragen, die der Beseitigung von Streitigkeiten zwischen Ärzten und Patienten dienen. Zusätzlich fungiert die Ärztekammer als berufspolitische Interessenvertretung ihrer Mitglieder (daneben gibt es freie Interessenvereinigungen, wie z.B. den Hartmannbund). – Die Ärztekammern sind Teil der → sozialen Sicherung und genauso wie die → Kassenärztlichen Vereinigungen (KV) „Körperschaften öffentlichen Rechts".

ASCII(-Code) – *American Standard Code of Information Interchange;* international genormter → Binärcode für die Darstellung und Übertragung von Daten. Zunächst für die Datenübertragung als 7-Bit-Code konzipiert (d.h. ein Zeichen wird durch eine 7-stellige Binärzahl dargestellt, → binäre Darstellung); Erweiterung auf 8 Bit.

ASCO – Abk. für *Association of Management Consultants Switzerland,* Verband der Unternehmensberater in der Schweiz; 1958 gegründet; Sitz in Zürich. Die ASCO begreift sich auch als Standesvertretung und dient als Plattform für Wissen und Information im → Consulting.

ASEAN – 1. *Begriff und Merkmale: Association of South East Asian Nations, Wirtschaftsgemeinschaft südostasiatischer Länder;* am 8.8.1967 in Bangkok durchgeführter Zusammenschluss. – 2. *Ziele:* Förderung der wirtschaftlichen Entwicklung der Mitgliedsstaaten und Stärkung der politischen Stabilität innerhalb der Südost-Asien-Region. – 3. *Organe:* Gipfelkonferenz (alle drei Jahre), Ministerkonferenz (jährlich), ständiger Ausschuss. – *Tätigkeiten:* Die Aktivitäten umfassen den Ausbau der Außenbeziehungen und die Formulierungen einer gemeinsamen Industrie-, Handels-, Landwirtschafts-, Bergbau-, Energie-, Verkehrs-, Forschungs-, Sozial-, Tourismus- und Kulturpolitik. – Vgl. auch → ASEAN Plus Drei.

ASEAN Plus Drei – *ASEAN plus three,* Bezeichnung für gemeinsame Konferenzen der 10 → ASEAN-Staaten sowie Japan, Südkorea und die Volksrepublik China.

AS-Fonds → Altersvorsorge-Sondervermögen.

Asienkrise – Bezeichnung für die Währungs-, Finanz- und Wirtschaftskrise mehrer ost- und südostasiatischer Staaten, welche im März 1997 in Thailand begann. Sie führte zu einem scharfen Konjunktureinbruch – ein Zusammenbruch des Bankensektors konnte nur mit Unterstützung des → IWF verhindert werden, jedoch war die Rolle des IWF umstritten. Die Ursachen der Asienkrise beruhten u.a. auf einem schwach entwickelten Finanzsektor, exzessiver Kreditaufnahme, v.a. in Fremdwährung, und starken Handelsbilanzdefiziten.

Ask → Briefkurs.

ASP – 1. Abk. für → Application Service Provider. – 2. Abk. für → Active Server Page.

Assekuranz → Versicherungswirtschaft.

Assekuranzprinzip → Besteuerungsprinzip, das die Besteuerung durch den Staat als Versicherungsprämie für den von ihm gewährten Personen- und Eigentumsschutz rechtfertigt. Assekuranzprinzip ist insoweit mit dem → Äquivalenzprinzip verwandt.

Assekuranztheorie – theoretische Rechtfertigung der Besteuerung (→ Steuerrechtfertigungslehre) durch den Staat als Versicherungsprämie für den von ihm gewährten Personen- und Eigentumsschutz (→ Assekuranzprinzip). Die Höhe der Steuer soll vom Umfang des Schutzes abhängen (Grundsatz der proportionalen Besteuerung). – *Vertreter:* Hobbes, Rotteck u.a.

Assembler – 1. Bezeichnung für *maschinenorientierte* → Programmiersprachen (eigentlich Assemblersprache); enge Bindung an einen bestimmten Computertyp, d.h. jeder Computertyp hat seinen eigenen Assembler. → Befehle und → Daten eines → Programms werden in einer der maschineninternen Darstellung nachgebildeten Form notiert. Anstelle von → Binärcode werden mnemonische Bezeichnungen verwendet, z.B. SUB für Subtraktion. – *Nachteil:* Assembler-Programme sind für den Menschen schlecht verständlich. – *Vorteil:* Assembler-Programme können sehr effizient gestaltet werden. Ein Assembler wird deshalb v.a. in effizienzkritischen Bereichen eingesetzt. – 2. Bezeichnung für das *Übersetzungsprogramm,* das ein in einer Assemblersprache geschriebenes Quellprogramm (→ Programm) in die Maschinensprache (→ Programmiersprache) überführt (→ Übersetzer).

Assemblersprache → Assembler, → Programmiersprache.

Asservatenkonto – 1. *Internes Konto,* das aus buchungstechnischen Gründen eingeschaltet wird oder der vorübergehenden Aufnahme von Beträgen dient, die noch nicht endgültig gebucht werden können. – 2. (Gesperrtes) *Sonderkonto,* dessen Guthaben bestimmten Zwecken vorbehalten ist.

Assessmentcenter – umfassend angelegtes eignungsdiagnostisches Verfahren (Eignungsdiagnostik), bei dem mehrere Kandidaten über i.d.R. ein bis drei Tage untersucht und von mehreren Beurteilern hinsichtlich ihrer → Eignung für bestimmte Positionen beurteilt werden. Eignungsdiagnostische Verfahren, die dabei zum Einsatz kommen, sind etwa Rollenspiele, Präsentationsübungen oder eine Postkorb-Übung. Wegen des Einsatzes dieser verschiedenen Instrumente kann die → Validität des Verfahrens durch einzelne Tests zur Messung allgemeiner

Fähigkeiten (Intelligenz, Intelligenztest), Arbeitsproben oder strukturierte Interviews übertroffen werden.

Asset – Vermögenswert, bspw. Aktien, Devisen, Immobilien. – Vgl. auch → Conceptual Framework.

Asset-Backed-Finanzierung → Asset Backed Securities (ABS), → Verbriefung von Kreditportfolios.

Asset Backed Securities (ABS) – spezifische Form der Verbriefung von Zahlungsansprüchen (Asset Securitisation) in handelbaren Wertpapieren gegenüber einer → Finanzierungsgesellschaft (Asset Backed Securities Corporation). Sie entstehen durch die Bündelung bestimmter Finanzaktiva von Unternehmen, zu denen bes. Finanzaktiva hoher Bonitäten und einer Laufzeit von mehr als einem Jahr (z.B. Forderungen aus Leasing-Finanzierungen, Autokrediten, gesicherten Konsumentenkrediten) zählen. Verbriefte Immobilienkredite bzw. Hypothekendarlehen auf Immobilien werden Mortgage Backed Securities (MBS) genannt und sind genauso wie Collateralized Debt Obligations (CDO) ein Unterfall der ABS. ABS erhöhen die Liquidität und können durch den Ausschluss der Banken aus der Finanzierung die Finanzierungskosten senken. Die Tilgung der verbrieften Forderungen ermöglicht die synchrone Tilgung der ABS-Papiere. – Vgl. auch → Verbriefung von Kreditportfolios.

Asset Backed Securities Corporation – Finanzierungsgesellschaft in Zusammenhang mit der Platzierung von → Asset Backed Securities (ABS). – Vgl. auch → Verbriefung von Kreditportfolios.

Asset Deal – Form eines Unternehmenskaufs, bei dem die → Wirtschaftsgüter eines Unternehmens (engl. assets), z.B. Maschinen oder Rechte, einzeln erworben und auf den Käufer übertragen werden (Einzelrechtsnachfolge bzw. Singularsukzession). Die Übertragung erfolgt an einem vertraglich vereinbarten Stichtag. Ausgenommen von der Übertragung sind Wirtschaftsgüter, die im Eigentum eines Gesellschafters stehen und von der Gesellschaft genutzt werden. – Anders: → Share Deal, bei dem Unternehmensanteile gekauft werden.

Asset Liability Management (ALM) – 1. *Begriff:* Managementansatz, bei dem die Risiken aus dem leistungswirtschaftlichen und finanzwirtschaftlichen Bereich unternehmenszielbezogen aufeinander abgestimmt werden. ALM beinhaltet im Kern die zielgerichtete Koordination der Steuerung der Aktiva und Passiva, der Abstimmung der Anlageportfolios (→ Assets) mit den durch die Versicherungsprodukte induzierten versicherungstechnischen Verpflichtungen (Liabilities). – 2. *Basisziele:* Ein ALM verfolgt zwei wesentliche Ziele: a) das Management der finanziellen Stabilität durch Kontrolle der eingegangenen Risikopositionen;b) auf das erste Ziel aufbauend das Management der Profitabilität, ggf. in Form eines Abgleichs bzw. einer Optimierung von eingegangenem Risiko und resultierender Rendite. Die evaluierten und gesteuerten Rendite-/Risiko-Positionen betreffen dabei die Produkt- bzw. Investmentebene sowie die Ebene des Gesamtunternehmens. – 3. *Interdependenzen zwischen Assets und Liabilities:* Interdependenzen bestehen auf der Produktebene. Im Bereich der → Lebensversicherung impliziert insbesondere die Produktgestaltung (z.B. Art und Umfang des Garantiezinses, Höhe und Form der Überschussbeteiligung) entsprechende Anforderungen an das Rendite-/Risiko-Profil der zu tätigenden Kapitalanlagen. Auf der anderen Seite haben Rendite-/Risiko-Verhältnisse auf den → Kapitalmärkten, die einzuhaltenden Kapitalanlagerestriktionen sowie die Kapitalanlagestrategie Rückwirkungen auf die Finanzierbarkeit und Profitabilität der Produkte. Im Bereich der → Schadenversicherung generieren die Produkte in unterschiedlichem Ausmaß Anlagekapital, das als Zinsträger zur Kapitalanlage zur Verfügung steht. Auch in der Schadenversicherung haben die Verhältnisse auf den Kapitalmärkten und die Investmentstrategie Rückwirkungen auf die Profitabilität der Produkte, daneben treten weitere Interdependenzen durch die → Preispolitik (Cash Flow Underwriting) oder gesetzliche Vorschriften (z.B. Abzinsungsgebot für Rückstellungen). – 4. *Determinanten:* Für das ALM existieren drei Hauptdeterminanten, die für die sich in praxi ergebende Ausgestaltung wesentlich sind: a) Spartenabhängigkeit des ALM, b) Produktabhängigkeit des ALM und c) Länderabhängigkeit des ALM. – 5. *Steuerungsgrößen:* Steuerungsgrößen eines ALM-Modells sind regelmäßig zentrale finanzielle Kenngrößen (Performancekennzahlen) des Versicherungsunternehmens, entweder als Relativgrößen (Renditegrößen, wie z.B. Return on Equity und Return on Risk Adjusted Capital) oder als absolute Größen (Gewinn- bzw. Erfolgsgrößen oder Bar- bzw. Endwerte). – 6. *Analyseoptionen:* Hinsichtlich der Analyseoptionen einer ALM-Untersuchung können unterschieden werden: a) Szenario-Testing (inkl. Stress-Testing), b) Evaluation von Rendite-/Risiko-Profilen und c) Optimierung.

Assistance – Leistungen in Notfallsituationen und Alltagssituationen gegenüber Privatkunden und Firmenkunden innerhalb und außerhalb der Versicherungsbranche. Wenn es sich um Leistungen gegenüber Firmenkunden handelt, dürfen diese nicht Bestandteil der herkömmlichen Wertschöpfungskette des betreffenden Unternehmens sein, sondern müssen Zusatzleistungen (Value added-Charakter) betreffen.

Association for Research on Nonprofit Organizations and Voluntary Action (ARNOVA) – *1. Begriff:* Erste US-amerikanische wissenschaftliche Vereinigung von Nonprofit-Forschern (gegründet 1971) mit Sitz in Indianapolis (Indiana, USA) und derzeit ca. 1.350 Mitgliedern (Stand: 07/2010). – 2. *Merkmale:* a) Sehr starke soziologische Ausrichtung, trotz immer wieder betonten Interdisziplinarität. – b) Herausgeberin der wissenschaftlichen Fachzeitschrift

→ Nonprofit and Voluntary Sector Quarterly (NVSQ) und Veranstalterin einer jährlichen Fachkonferenz zu Themengebieten des → Nonprofit-Sektors.

Association of European Transmission System Operaters → ETSO.

Association of South East Asian Nations → ASEAN.

Assoziation – I. Allgemein: Vereinigung bzw. Zusammenschluss wirtschaftlicher Organe zur Verfolgung bes. wirtschaftlicher Ziele.

II. Psychologie: automatischer Denkvorgang; eine gelernte Beziehung zwischen zwei kognitiven Elementen, meist einem Reiz und einer belohnten (oder bestraften) Reaktion (→ Behaviorismus). – *Bedeutung für die Werbung:* Durch Ausnutzung von Sprach- und Denkgewohnheiten werden bei den Umworbenen durch Verwendung von (1) informativen Sprachformeln bestimmte *sachbezogene Vorstellungen* ausgelöst und damit indirekt Sachinformationen vermittelt; (2) emotionalen Sprachformeln automatisch *gefühlsmäßige Vorstellungen* ausgelöst und damit indirekt emotionale Eindrücke vermittelt. – Vgl. auch → emotionale Konditionierung.

III. Soziologie: zumeist freiwillige Verbindung von Gruppen (aber auch einzelnen Personen) u.a. sozialen Gebilden (z.B. Organisationen) zu Gruppen-, Zweck-, Interessenverbänden (wie Gewerkschaften, Genossenschaften, Sportverbänden). – Der Begriff *Assoziierung* ist teilweise gebräuchlich zur Bezeichnung aller sozialen Prozesse, die zu Verbindungen unter Menschen führen im Gegensatz zu Assoziationen zur Kennzeichnung aller so zustande gekommenen Kontakte, Vereinigungen etc.

IV. Statistik: 1. Bezeichnung für den *Zusammenhang zweier nominaler Merkmale oder speziell* → dichotomer Merkmale. Die → Häufigkeitstabelle (Kontingenztafel) wird für dichotome Merkmale als Vierfeldertafel bezeichnet. Zur Quantifizierung der Assoziation werden *Assoziationsmaße* berechnet, etwa der Yule'sche Assoziationskoeffizient oder der Pearson'sche Kontingenzkoeffizient. Zur Prüfung der Existenz von Assoziationen werden → statistische Testverfahren eingesetzt. – 2. Assoziation wird auch als Oberbegriff für den *Zusammenhang von zwei Merkmalen beliebiger Skalierung* (→ Skala) verwendet, umfasst dann also auch Maß- und Rangkorrelation (→ Korrelation). – Vgl. auch → Kontingenz.

Assoziationsforschung – Teilgebiet der Psychologie, das zu erkennen sucht, inwieweit eine Vorstellung durch Außenreize (Interview, Bild, Ton u.Ä.) aufgrund des Gesetzes der Ähnlichkeit bzw. des Kontrastes andere Vorstellungen bewusst werden lässt. Zweck ist das Erforschen der unbewussten Triebkräfte menschlichen Handelns, v.a. im wirtschaftlichen Bereich (z.B. bei Kaufentscheidungen). Anwendung in der → Konsumentenforschung.

assoziatives Netz → semantisches Netz.

Assoziierte afrikanische Staaten und Madagaskar → AASM.

assoziiertes Unternehmen → Konzernabschluss, → Equity-Methode.

Assoziierung → Assoziation.

Assoziierungsabkommen – 1. *Allgemein:* Völkerrechtliche Verträge, die bes. Beziehungen zwischen einer internationalen (oder supranationalen) Organisation und einem Nichtmitgliedsstaat begründen. – 2. *Assoziierungsabkommen der EU:* Die EU-Verträge sehen *zwei verschiedene Formen* der Assoziierung Dritter vor. Hierbei handelt es sich um die nach Maßgabe von Art. 198 ff. AEUV vorgeschriebene Assoziierung sog. → Überseeischer Länder und Gebiete *(konstitutionelle Assoziierung)* sowie um die Möglichkeit einer *vertraglichen Assoziierung* nach Art. 217 → AEUV bzw. Art. 206 EAGV im Fall sonstiger Staaten oder internationaler Organisationen. a) *Inhalt:* Die Regelungsgegenstände, die gegenseitigen Rechte und Pflichten (die nicht „symmetrisch" sein müssen) sowie die Intensität der Beziehungen können sehr unterschiedlich ausgestaltet sein. – b) Die *Zielsetzungen,* welchen den von der EU abgeschlossenen Assoziierungsabkommen dienen sollen, differieren beträchtlich: (1) Vorbereitung des Partners auf einen etwaigen späteren Beitritt (z.B. Türkei); (2) intensive Förderung der wirtschaftlichen Entwicklung der Abkommenspartner (→ AKP-Staaten); (3) Förderung des gegenseitigen → Freihandels bei gleichzeitiger Anpassung der Rechtsordnung der Partner an das Gemeinschaftsrecht (EWR-Abkommen (→ EWR) mit den EFTA-Staaten, → EFTA); (4) Förderung der Systemtransformation und der Beitrittsfähigkeit (Europaabkommen mit ostmitteleuropäischen Reformstaaten); (5) Stabilisierung einer Konfliktregion (Balkanstaaten). – c) *Voraussetzungen:* Auf Seiten der Gemeinschaft erfordert der Abschluss eines Assoziierungsabkommens Einstimmigkeit im → Rat der Europäischen Union (vormals Ministerrat) sowie ein Mehrheitsvotum im → Europäischen Parlament. Soweit das Abkommen Gegenstände betrifft, welche in der Zuständigkeit der Mitgliedsstaaten liegen, bedarf es zum Inkrafttreten der Ratifizierung durch die Parlamente aller Mitgliedsstaaten der EU. – Vgl. auch → regionale Integration, → Regionalismus.

ASU – Abk. für → Arbeitsgemeinschaft Selbstständiger Unternehmer e. V.

Asunción-Abkommen – am 26.3.1991 von Argentinien, Brasilien, Paraguay und Uruguay unterzeichnetes Abkommen; Rechtsgrundlage für die Errichtung des Gemeinsamen Marktes Südamerikas – *Mercado Cumún del Sur,* → MERCOSUR.

Asyl – Schutz eines → Ausländers vor unmittelbarer Bedrohung durch Gestattung des Aufenthalts in einem fremden Staat oder auf exterritorialem Gebiet; in der Bundesrepublik Deutschland grundsätzlich durch Art. 16a I GG politisch Verfolgten garantiert. Einzelheiten vgl. Asylverfahrensgesetz (AsylVfG) i.d.F. vom 2.9.2008 (BGBl. I 1798) m.spät.Änd. sowie Asylbewerberleistungsgesetz (AsylbLG) i.d.F. vom 5.8.1997 (BGBl. I 2022) m.spät.Änd.

Asylbewerberleistungsgesetz → Sozialhilfe.

Asymetrical Digital Subscriber Line → ADSL.

asymmetrische Information → Informationsasymmetrie, → Agency-Theorie, → Spieltheorie.

Asymptote – Gerade, die sich einer Kurve immer mehr nähert, ohne sie im Endlichen zu erreichen.

asynchrone Datenübertragung – Form der Datenübertragung, bei der eine Nachricht in separaten Blöcken übertragen wird. Sender und Empfänger müssen durch eine vereinbarte Bitfolge (→ Bit) synchronisiert werden. – *Gegensatz:* → synchrone Datenübertragung.

AT-Angestellter – *außertariflicher Angestellter;* → Angestellter, der eine über die höchste tarifliche Vergütungsgruppe (→ Bundes-Angestellten-Tarifvertrag (BAT)) hinausgehende Vergütung bezieht und nicht oder nicht in vollem Umfang unter den einschlägigen Tarifvertrag fällt. Die Höhe der Vergütung richtet sich nach der Vereinbarung im → Arbeitsvertrag. – AT-Angestellte sind abzugrenzen von → leitenden Angestellte im Sinn von § 5 III BetrVG, für die das BetrVG, aber auch weitere arbeitsrechtliche Gesetze, wie das ArbZG, nicht gelten. AT-Angestellte unterfallen also in vollem Umfang dem BetrVG und anderen arbeitsrechtlichen Schutzgesetzen. Umstritten ist allerdings, inwieweit ihre Entlohnung dem Mitbestimmungsrecht des Betriebsrats nach § 87 I Nr. 10 BetrVG unterliegt. – Vgl. auch → betriebliche Lohngestaltung.

Athener Übereinkommen → Beförderung, Leistungsträger – insofern erfolgte eine Umsetzung in deutsches Recht in den §§ 664 ff HGB. Die Rechte des Seereisenden sollen gestärkt werden (Protokoll von 2002 zum Athener Übereinkommen von 1974).

ATLAS – Abk. für *Automatisiertes Tarif- und Lokales Zoll-Abwicklungs-System.* Internes Informatikverfahren der dt. Zollverwaltung auf der Grundlage von Art. 4a I ZK-DVO. Mit ATLAS werden schriftliche Zollanmeldungen und Verwaltungsakte (z.B. Einfuhrabgabenbescheide) durch elektronische Nachrichten ersetzt. Dadurch wird die Zollabfertigung und Zollsachbearbeitung automatisiert, vereinfacht und beschleunigt. Sämtliche Dienststellen der dt. Zollverwaltung sind mit den für ihre Aufgabenbereiche erforderlichen ATLAS-Fachverfahren ausgestattet. Die Anmeldedaten werden an zentraler Stelle archiviert und der Zentralstelle für Risikoanalyse (Zoll), den Prüfungsdiensten, Zollfahndungsämtern und Landesfinanzverwaltungen zur Verfügung gestellt.

ATM – Abk. für *Asynchronous Transfer Mode;* universelles, asynchrones Verfahren zur schnellen Übertragung von Daten in Computernetzwerken. Die Daten werden in Pakete aufgeteilt, wodurch eine optimale Ausnutzung der Netzkapazitäten erreicht wird.

Atomgesetz (AtG) – I. Rechtsgrundlagen: Atomgesetz (AtG) i.d.F. vom 15.7.1985 (BGBl. I 1565) m.spät. Änd.; nebst Strahlenschutzvorsorgegesetz vom 19.12.1986 (BGBl. I 2610) m.spät.Änd., Atomrechtliche DeckungsvorsorgeVO (AtDeckV) vom 25.1.1977 (BGBl. I 220) m.spät.Änd., Atomrechtliche VerfahrensVO (AtVfV) i.d.F. vom 3.2.1995 (BGBl. I 180) m.spät.Änd., Atomrechtliche Abfallverbringungs-VO (AtAV) vom 30.4.2009 (BGBl. I 1000), Atomrechtliche Zuverlässigkeitsüberprüfungs-Verordnung (AtZüV) vom 1.7.1999 (BGBl. I 1525) m.spät. Änd., StrahlenschutzVO (StrlSchVO) vom 20.7.2001 (BGBl. I 1710, 2002 I 1459) m.spät.Änd. und RöntgenVO (RöV) vom 30.4.2003 (BGBl. I 604) m.spät. Änd. sowie KostenVO (ATKostV) vom 17.12.1981 (BGBl. I 1457) m.spät.Änd.

II. Zweck: 1. *Ursprünglich:* Förderung der Erforschung, Entwicklung und Nutzung der Kernenergie zu friedlichen Zwecken; mit dem 13. Gesetz zur Änderung des Atomgesetzes vom 31.7.2011 (BGBl. I S. 1704) wurde ein zeitlich gestaffeltes Erlöschen der Betriebsgenehmigungen für die verbleibenden acht deutschen Atomkraftwerke beschlossen, sodass der Zweck jetzt die geeordnete Beendigung der Nutzung der Kernenergie zur gewerblichen Erzeugung von Elektrizität und die Sicherstellung des geordneten Betriebs bis zum Zeitpunkt der Beendigung ist (§1 Nr. 1 AtG). – 2. *Schutz* von Leben, Gesundheit und Sachgütern vor den Gefahren der Kernenergie und ionisierender Strahlen sowie Ausgleich der dadurch verursachten Schäden. – 3. *Verhinderung der Gefährdung* der Sicherheit der Bundesrepublik durch Anwendung oder Freiwerden der Kernenergie. – 4. *Gewährleistung der Erfüllung* internationaler Verpflichtungen der Bundesrepublik Deutschland auf dem Gebiet der Kernenergie und des Strahlenschutzes.

III. Begriffe: Radioaktive Stoffe sind: a) bes. spaltbare Stoffe (Kernbrennstoffe [KB]) in Form von (1) Plutonium 239 und 241, (2) mit den Isotopen 235 oder 233 angereichertes Uran, (3) Stoffe, die die vorgenannten Stoffe enthalten sowie (4) Stoffe, mit deren Hilfe in einer geeigneten Anlage eine sich selbst tragende Kettenreaktion aufrechtzuerhalten ist; b) sonstige radioaktive Stoffe (Stoffe, die, ohne KB zu sein, ionisierende Strahlen spontan aussenden).

IV. Durchführung: 1. *Vorsorge:* KB sind staatlich zu verwahren, Ausnahmegenehmigung möglich. Außerhalb der staatlichen Verwahrung und ohne Genehmigung ist der Besitz von KB verboten, es besteht Ablieferungspflicht. Die Ein- und Ausfuhr sowie Beförderung von KB ist genehmigungsbedürftig, ebenso Errichtung, Betrieb und Veränderung einer Anlage zur Erzeugung, Spaltung oder Aufarbeitung von KB. Für die Errichtung und den Betrieb von Anlagen zur Spaltung von KB zur gewerblichen Erzeugung vom Elektrizität und von Anlagen zur Aufarbeitung werden seit dem Ausstiegsgesetz keine Genehmigungen mehr erteilt (vgl. § 7 I AtG). Gleiches gilt für die Bearbeitung oder Verwendung von KB außerhalb solcher Anlagen. Durch VO können weitere Handlungen einer Genehmigungspflicht unterstellt werden. Bes. Schutzmaßnahmen, z.B. ärztliche Überwachung der Arbeitnehmer, sind vorgeschrieben. Der gesamte Umgang und Verkehr mit KB und sonstigen radioaktiven Stoffen unterliegt staatlicher Aufsicht. Im Genehmigungsverfahren sind Art, Umfang und Höhe der Vorsorge für die Erfüllung der Schadensersatzpflicht festzusetzen (Deckungsvorsorge). – 2. *Haftung:* Wird durch die Wirkung eines Kernspaltungsvorganges oder die Strahlen eines radioaktiven Stoffes einschließlich Abfallbeseitigung ein Schaden verursacht, so hat der Inhaber der betreffenden Anlage oder Besitzer des Stoffes den Schaden zu ersetzen (→ Gefährdungshaftung). Daneben Haftung nach anderen Vorschriften möglich. Anspruch verjährt in drei Jahren. Haftungsausschluss bei Anwendung radioaktiver Stoffe zu Heilzwecken und bei Rechtsverhältnis, aufgrund dessen Verletzter Gefahr in Kauf zu nehmen hat. Die Haftung ist unbeschränkt. Für die Deckung der atomrechtlichen Haftung ist eine Deckungsvorsorge festzusetzen. Haftungsausgleich im Innenverhältnis zwischen mehreren Schädigern; Pflicht des Bundes, unter bestimmten Voraussetzungen den Ersatzpflichtigen von der Schadensersatzpflicht freizustellen, soweit nicht durch Deckungsvorsorge gedeckt. – 3. *Strafvorschriften* (§§ 307 ff., 328 StGB) stellen Missbrauch der Kernenergie, Verstoß gegen das Atomgesetz und Geheimnisverrat unter Strafe.

V. Zuständige Behörden: 1. Für die staatliche Verwahrung und Genehmigung der Aufbewahrung von KB Bundesamt für Strahlenschutz (§ 23). – 2. Für die → Ausstellung von Einfuhr- und Ausfuhrgenehmigungen sowie für die Überwachung von Einfuhr und Ausfuhr das → Bundesamt für Wirtschaft und Ausfuhrkontrolle (BAFA). – 3. Für die übrigen Verwaltungsaufgaben die Länder als → Auftragsverwaltung (§ 24).

VI. Atomkontroverse im Ausland: Außer in Deutschland wurde ein Ausstieg aus der Kernenergie beschlossen in: Österreich 1978, Schweden 1980, Italien 1987, Belgien 1999 und der Schweiz 2011. Keine zusätzlichen Kraftwerke mehr in Spanien. Durch die Nuklearkatastrophe im japanischen Kernkraftwerk Fukushima in 2011 ist die Ausstiegsdebatte weltweit wieder in Gang gekommen.

atomistische Marktstruktur → polypolistische Preisbildung.

Attentismus – abwartende Haltung der Investoren, bes. der potenziellen Wertpapierkäufer, in Zeiten unsicherer Wirtschaftslage oder in Erwartung besserer Gewinnchancen.

Attest – bei krankheitsbedingtem Fernbleiben vom → Arbeitsplatz durch den → Arbeitnehmer bei seinem → Arbeitgeber vorzulegende ärztliche Bescheinigung, i.d.R. nach Arbeits- oder Tarifvertrag oder auf Verlangen des Arbeitgebers bei Krankheitsdauer über drei Tage. – *Anders:* → Gesundheitsattest.

Attraktor – abgeschlossene, beschränkte Punktmenge, die invariant gegenüber der Dynamik eines Systems ist: Wenn ein Zustand zu einem Zeitpunkt x_0 zu einem Attraktor gehört, so gilt dies auch für alle späteren Zeitpunkte. Ein Attraktor zwingt damit gleichsam ein System im Zeitablauf auf ein bestimmtes Verhaltensmuster. Der Attraktor besitzt ein Einzugsgebiet (Bassin des Attraktors), das aus den Trajektorien besteht, die sich dem Attraktor im Zeitablauf asymptotisch annähern. Attraktoren können Fixpunkte, Zyklen mit unterschiedlicher Periodenzahl, Tori oder auch sog. chaotische Attraktoren (Attraktoren, die sensitiv von den Anfangswerten abhängig sind) sein. – Vgl. auch → Bifurkation, → Chaos.

Attribute Listing – 1. *Begriff:* analytisch-systematische → Kreativitätstechnik, die eine große Ähnlichkeit mit dem morphologischen Kasten aufweist. – 2. *Ablauf:* Die Methode geht von einem bereits bestehenden Angebot (Produkt, Dienstleistung etc.) aus. Ziel ist die Verbesserung und Weiterentwicklung eines bestehenden Angebotes, nicht die Weiterentwicklung. Die Methode läuft in vier Schritten ab: 1) Zerlegung des Angebotes in seine Merkmale/Eigenschaften. 2) Beschreibung des derzeitigen Ist-Zustandes der Merkmalsausprägungen. 3) systematische Suche und Listung nach alternativen Varianten der Merkmalsausprägungen. 4) Auswahl und Umsetzung der interessanten Variantenkombinationen.

Attribution – Zuschreibung von Eigenschaften und Ursache-Wirkung-Beziehungen gegenüber der Realität durch die handelnde Person zur Erleichterung der Orientierung im Alltag. Attributionen ersetzen häufig überprüftes Wissen. – *Formen: Kausal-Attribution* liegt vor, wenn die Person spezifischen Bedingungen Ursachencharakter zuschreibt; *internale Kausal-Attribution,* wenn die Person Erfolg/Misserfolg auf Bedingungen in ihr selbst (Fähigkeiten) zurückführt; *externale Kausal-Attribution,* wenn die Person Erfolg/Misserfolg durch Bedingungen in der Umwelt (Zufall) erklärt. – Die in der Leistungsmotivation wichtige Orientierung „Hoffnung auf Erfolg“ wird attributionstheoretisch durch stabile Tendenzen der Person zu internaler Attribution gegenüber erlebtem Erfolg zu erklären versucht.

Atypische Beschäftigung

von Prof. Dr. Berndt Keller und Dr. Fred Henneberger

I. Definition und Abgrenzung zu Normalarbeitsverhältnissen

In den letzten beiden Jahrzehnten, v.a. seit Einführung der → Hartz-Gesetze ab dem Jahr 2003, haben atypische Beschäftigungsverhältnisse erheblich zugenommen. Inzwischen entfällt deutlich mehr als ein Drittel der Gesamtbeschäftigung auf diese Formen, die im Prozess der Tertiarisierung der Wirtschaft (sektoraler Strukturwandel) weiter an Bedeutung gewinnen werden. Sie stellen den zunehmenden Ausnahmefall, Normalarbeitsverhältnisse hingegen den abnehmenden Regelfall dar. Gleichzeitig nimmt aber auch die Nicht-Erwerbstätigkeit ab.

Normalarbeitsverhältnisse sind definiert als unbefristete Vollzeitarbeitsverhältnisse, die vollständig in die sozialen Sicherungssysteme integriert sind, eine Identität von Arbeits- und Beschäftigungsverhältnis aufweisen, d.h. nicht in Form von Leiharbeit ausgeübt werden, und bei denen eine Weisungsgebundenheit des Arbeitnehmers vom Arbeitgeber besteht. Atypische Beschäftigungsverhältnisse sind negativ von der Definition des Normalarbeitsverhältnisses abzugrenzen und umfassen mehrere Formen bzw. Kategorien. In der arbeits- und sozialpolitischen Diskussion wird diese Pluralisierung bzw. Differenzierung der Beschäftigungsverhältnisse nach wie vor kontrovers diskutiert: Erheblichen Flexibilisierungsvorteilen der Unternehmen und zusätzlichen Erwerbschancen bestimmter Arbeitnehmer(-gruppen) stehen deutliche soziale bzw. Prekaritätsrisiken der betroffenen Beschäftigten gegenüber, die langfristig auch die sozialen Sicherungssysteme belasten werden und die Funktionsfähigkeit des Arbeitsmarktes einschränken können.

II. Formen und Umfang

Sowohl das Ausgangsniveau als auch die Entwicklungsdynamik der verschiedenen Formen atypischer Beschäftigungsverhältnisse unterscheiden sich deutlich:

1. Teilzeitbeschäftigung: Teilzeitarbeit ist mit mehr als einem Viertel aller rund 34,2 Mio. abhängigen Beschäftigungsverhältnissen die am weitesten verbreitete Form in Deutschland. Ihr säkularer Anstieg auf über neun Mio. hängt mit der zunehmenden Erwerbstätigkeit von Frauen, fehlenden Betreuungseinrichtungen für Kinder sowie der Expansion des Dienstleistungssektors zusammen. Mehr als 80 Prozent aller Teilzeitbeschäftigten sind Frauen (Feminisierung des Arbeitsmarktes).

2. Geringfügige Beschäftigung: Die geringfügigen Beschäftigungsverhältnisse haben nach ihrer Neuregelung zu Mini-Jobs im Rahmen der Hartz-Gesetze auf mehr als 20 Prozent (über sieben Mio.) zugenommen und stellen die zweithäufigste Form dar (→ Mini-Job). Explizit zu unterscheiden ist zwischen ausschließlich ausgeübten Mini-Jobs und Mini-Jobs als Nebenerwerbstätigkeiten, wobei auf die zweite Gruppe etwa 30 Prozent entfallen.

3. Midi-Jobs: Diese, durch die Hartz-Gesetze eingeführten Beschäftigungsverhältnisse umfassen Einkommen in der „Gleitzone" zwischen 450,01 und 850 Euro (→ Midi-Job). Nach einer deutlichen Expansion üben sie knapp vier Prozent der abhängig Beschäftigten (ca. 1,3 Mio.) aus.

4. Befristete Beschäftigungsverhältnisse (ohne Auszubildende): Befristungen von Arbeitsverträgen haben allmählich auf über neun Prozent (ca. drei Mio.) zugenommen (→ befristeter Arbeitsvertrag). Diese Quote ist relativ gering; allerdings werden fast die Hälfte aller *neuen* Arbeitsverträge zunächst nur befristet abgeschlossen.

5. Leiharbeitsverhältnisse: Leiharbeit hat die höchsten Zuwachsraten zu verzeichnen und umfasst aktuell knapp drei Prozent der Gesamtbeschäftigung (ca. 1,8 Mio.) (→ Arbeitnehmerüberlassung). Leiharbeit ist die Beschäftigungsform, die am stärksten den konjunkturellen Schwankungen ausgesetzt ist.

6. Selbstständige ohne Mitarbeiter: Der Anteil der Selbstständigen an allen Erwerbstätigen stieg auf ca. elf Prozent (ca. 4,3 Mio.); diese Entwicklung wurde in den 2000er-Jahren ausschließlich durch die Zunahme der *Solo-Selbstständigen*, d.h. solchen ohne Mitarbeiter, verursacht, die etwa die Hälfte aller Selbstständigen umfassen. Formal gehören sie zwar nicht zu den atypisch Beschäftigten, sollten aber wegen ihrer häufig nur geringen Einkommen und unsicheren wirtschaftlichen Perspektiven in die Betrachtung einbezogen werden.

III. Strukturmerkmale

1. Soziodemographische Struktur: In sämtlichen Formen (mit Ausnahme der Leiharbeit) sind Frauen überrepräsentiert, sodass die Probleme atypischer Beschäftigung eine ausgeprägte geschlechtsspezifische Dimension aufweisen. Beim Familienstand sind Alleinerziehende häufiger betroffen. Bezogen auf das Ausbildungsniveau sind Personen ohne abgeschlossene Berufsausbildung überproportional vertreten. Hingegen ist das Vorliegen eines hohen Bildungsniveaus (Fachhochschul- bzw. Hochschulabschluss) bei befristet Vollzeitbeschäftigten öfter anzutreffen als bei Personen in Normalarbeitsverhältnissen. Hinsichtlich des Alters sind jüngere Arbeitnehmer (15-24 Jahre) überrepräsentiert. Ausländer arbeiten häufiger in atypischer Beschäftigung als Deutsche. Zudem sind atypische Beschäftigungsformen im Dienstleistungsbereich besonders weit verbreitet;

Einsatzschwerpunkte liegen im Handel, im Gesundheitswesen sowie im Bereich Erziehung und Unterricht. Teilweise handelt es sich um Sektoren mit niedrigem Lohnniveau. Weiterhin sinkt der Anteil atypischer Beschäftigungsverhältnisse mit steigender Betriebsgröße.

2. Profile: Abgesehen von diesen weitgehenden Gemeinsamkeiten in den Strukturmustern weisen die verschiedenen Formen atypischer Beschäftigung spezifische Profile auf. Gut die Hälfte der Midi-Jobber sind Studierende und Rentner, bei den Mini-Jobbern sind es knapp 30 Prozent. Nur wenige jüngere Beschäftigte leisten Teilzeitarbeit, relativ viele dagegen Leiharbeit. Midi-Jobber arbeiten – im Unterschied zu den anderen Gruppen atypischer Beschäftigung – relativ häufig im Verarbeitenden Gewerbe. Das Gastgewerbe wiederum beschäftigt überproportional viele Mini- und Midi-Jobber. Während der Einsatz von Leiharbeit vorrangig in Mittel- und Großbetrieben erfolgt, setzen kleine und mittlere Betriebe eher geringfügig Beschäftigte ein. Außerdem gehen Kleinstbetriebe mit befristeten Beschäftigungsverhältnissen zurückhaltender um als größere Betriebe.

IV. Atypische Beschäftigungsformen und Prekaritätsrisiken

1. Abgrenzungen und Kriterien zur Messung von Prekarität: Atypisch Beschäftigte sind wesentlich häufiger und meistens auch höheren sozialen Risiken ausgesetzt als Arbeitnehmer in Normalarbeitsverhältnissen. In der öffentlichen und wissenschaftlichen Diskussion werden die Begriffe atypische und prekäre Beschäftigung nicht selten synonym gebraucht. Tatsächlich schwankt jedoch der Grad der Prekarität sowohl zwischen den Formen atypischer Beschäftigung als auch nach den verwandten Kriterien der Prekarität und den formulierten bzw. gesetzten Grenzwerten. Zudem sind von beiden Seiten des Arbeitsmarktes gewünschte und somit freiwillig eingegangene Formen atypischer Beschäftigung von deren unfreiwilligen Varianten zu unterscheiden. Nur letztere werden vielfach als gesellschaftspolitisch ungewollt deklariert. Die notwendige Abrenzung sollte in jedem Fall sowohl kurz-, als auch mittel- und die in der aktuellen Diskussion meist vernachlässigten langfristigen Risiken berücksichtigen. Damit sind sowohl solche, die während, als auch solche, die nach der Phase der Erwerbstätigkeit Prekarität verursachen (können) gemeint:

a) Subsistenzsicherndes Einkommen (→ Existenzminimum): Um die *Working-Poor-Problematik* (Armut in bzw. trotz Arbeit) zu vermeiden, sollte das Lohneinkommen z.B. mindestens zwei Drittel des Medianlohns betragen. Gerade in Deutschland wird eine schichtenübergreifende Abstiegsangst diagnostiziert.

b) Beschäftigungsstabilität: Atypische Beschäftigung sollte immer auch die Option auf eine kontinuierliche Erwerbstätigkeit beinhalten, um nicht als prekär zu gelten. Diese Kontinuität kann sowohl auf dem betriebsinternen, berufsfachlichen als schließlich auch auf dem externen Arbeitsmarkt erreicht werden (Segmentationstheorien; vgl. → Arbeitsmarkttheorien).

c) → Beschäftigungsfähigkeit: Um einen „Teufelskreis" bzw. den „Drehtüreffekt" zwischen atypischer Beschäftigung, → Arbeitslosigkeit, Nicht-Erwerbstätigkeit, prekären Arbeitsverhältnissen und erneuter Arbeits- oder Erwerbslosigkeit etc. zu vermeiden bzw. zu durchbrechen, ist der Zugang zu überbetrieblicher, aber auch zur betrieblich-beruflichen → Weiterbildung sicherzustellen. Zur Aufrechterhaltung der individuellen Beschäftigungsfähigkeit sind neben dem Einklagen der Eigenverantwortlichkeit Maßnahmen zur Sicherung der jeweiligen gesundheitlichen Verfassung zu ergreifen.

d) Vollständige Integration in die sozialen Sicherungssysteme: Die Integration in die sozialen Sicherungssysteme sollte möglichst umfassend sein. Zur Vermeidung von *Altersarmut* sind hinreichend hohe Beitragszahlungen v.a. in die → gesetzliche Rentenversicherung (GRV) unumgänglich.

2. Prekaritätsrisiken:

a) Kurzfristige Risiken: Beim Einkommen bestehen für alle Formen atypischer Beschäftigung erhöhte Prekaritätsrisiken, die bei Mini-Jobbern und Leiharbeitnehmern besonders ausgeprägt sind. Für Letztere ist die Wahrscheinlichkeit, nur einen Niedrig- bzw. Prekaritätslohn (auf Stundenlohnbasis) zu erhalten, allein aufgrund der Beschäftigungsform bei ansonsten gleichen Merkmalen (wie Qualifikation, Alter, Geschlecht) mehr als viermal (Frauen) bzw. mehr als sechsmal (Männer) höher als bei Beschäftigten mit Normalarbeitsverhältnissen. Ein noch höheres Prekaritätsrisiko tragen Mini-Jobber. Für Teilzeitbeschäftigte ist das Risiko, lediglich einen Prekaritätslohn zu erhalten, jedoch nur unwesentlich größer als bei Normalbeschäftigten. Insgesamt betrachtet arbeiten in Deutschland überwiegend atypisch Beschäftigte im Niedriglohnsektor. Seine auch im internationalen Vergleich deutliche Ausweitung in den 2000er -Jahren ist wesentlich auf die Expansion atypischer Beschäftigung zurückzuführen.

b) Mittelfristige Risiken: Ähnliche Nachteile bei sämtlichen Formen atypischer Beschäftigung (mit Ausnahme der längeren bzw. unbefristeten Teilzeitarbeit) ergeben sich bei der Beschäftigungsstabilität. Hierbei leiden Leiharbeitnehmer besonders unter der geringen bzw. häufig unterbrochenen Beschäftigungsdauer. Für sie ist die Wahrscheinlichkeit, nach einem Jahr Beschäftigung den Arbeitsplatz zu verlieren, mehr als dreimal so hoch wie bei einer vergleichbaren Arbeitskraft in einem Normalarbeitsverhältnis. Etwa die Hälfte aller Leiharbeitsverhältnisse dauert weniger als drei Monate. Neueinstellungen erfolgen häufig befristet, sodass v.a. jüngere

Arbeitnehmer hiervon betroffen sind. Wesentlich zur Beurteilung sind die Übergangsquoten in Normalarbeitsverhältnisse, die mit zunehmendem Qualifikationsniveau steigen. Weitere Nachteile atypisch Beschäftigter ergeben sich infolge der eingeschränkten Teilnahme an betrieblich-beruflicher Weiterbildung zur Sicherung der individuellen Beschäftigungsfähigkeit. Diese Benachteiligung lässt sich kaum durch eigeninitiierte Weiterbildungsaktivitäten der Beschäftigten ausgleichen. Zum einen schränkt die hohe Beschäftigungsinstabilität den Zugang zum Lernort Betrieb ein, zum anderen fehlen aufgrund der niedrigeren Einkommen die finanziellen Ressourcen zur eigenverantwortlichen Organisation. Dadurch fällt es schwer, aus eigener Kraft aus prekären Beschäftigungsverhältnissen herauszukommen. Gesamtwirtschaftlich droht eine Unterinvestition in → Humankapital, die aufgrund des demographischen Wandels besonders problematisch ist und wachstumshemmend wirkt (→ Humankapitaltheorien, → Arbeitsmarkttheorien).

c) Langfristige Risiken: Die Integration in die sozialen Sicherungssysteme (v.a. in die gesetzliche Rentenversicherung) ist sowohl infolge der geringeren Beiträge als auch der häufigeren Unterbrechungen der Erwerbstätigkeit (u.a. durch Arbeitslosigkeit) deutlich eingeschränkt. Mittel- und langfristig wird das Risiko von Altersarmut (v.a. bei Mini- und Midi-Jobbern) wieder auf der arbeits- und sozialpolitischen Agenda stehen. Weitere Absenkungen des Rentenniveaus verstärken die durch die Ausweitung atypischer Beschäftigung verursachten Prekaritätsprobleme. Bedroht sind v.a. Frauen, die mehrfachen Prekaritätsrisiken ausgesetzt sind. Sie arbeiten überwiegend in Niedriglohnsektoren des Dienstleistungsbereiches und außerdem in atypischen Beschäftigungsformen mit Benachteiligungen bei der beruflichen Weiterbildung.

V. Langfristfolgen und Handlungsbedarf

Die Prekaritätsrisiken, die bei bestimmten Personen- bzw. Problemgruppen am Arbeitsmarkt (z.B. Frauen, Ausländer, Ältere) nicht selten kumulativ auftreten, sind gravierend, weil atypische Beschäftigung oft kein reines Übergangsphänomen in den individuellen Erwerbsbiographien darstellt. Aufwärtsmobilität (im Sinne eines Übergangs in Normalarbeitsverhältnisse) findet nur in begrenztem Maße statt; häufiger sind Wechsel zwischen verschiedenen Formen atypischer Beschäftigung (Klebeeffekt) sowie wiederholte Phasen der Arbeitslosigkeit (Prekaritätsfalle). Von der bei der Reform der Arbeitsmarktstrukturen (Hartz-Reform) vielfach erwarteten „Sprungbrett-" oder „Brückenfunktion" im Sinne eines Übergangs von atypischen in Normalarbeitsverhältnisse kann in empirischer Perspektive kaum die Rede sein. Analysen zeigen eher eine Pfadabhängigkeit. Kommt es zu Beendigungen von Arbeitsverhältnissen, münden Beschäftigte aus Normalarbeitsverhältnissen eher wieder in solche ein, atypisch Beschäftigte eher wieder in derartige Beschäftigungsformen (Segmentationstheorien; vgl. → Arbeitsmarkttheorien). Für die erste Gruppe ist nach beendeten Beschäftigungsverhältnissen auch das Risiko, arbeitslos zu werden bzw. zu bleiben, wesentlich geringer als für Beschäftigte der zweiten Gruppe.

Die in der politischen und wissenschaftlichen Debatte häufig unbeachteten langfristigen Folgen reichen über die Phase der Erwerbstätigkeit hinaus in die des Ruhestands hinein. Da das System der Alterssicherung auf kontinuierlichen Erwerbskarrieren in Normalarbeitsverhältinissen basiert, erreichen die individuell erworbenen Ansprüche an die gesetzliche Rentenversicherung bei atypischen Beschäftigungsverhältnissen häufig kein subsistenzsicherndes Niveau, sodass ergänzende Sozialleistungen notwendig werden (*Grundsicherung im Alter*). Diese müssen wiederum aus allgemeinen Steuermitteln finanziert werden. Im Übrigen ist auch der Zugang zu Systemen betrieblicher Altersvorsorge infolge durchschnittlich relativ kurzer Beschäftigungszeiten erheblich eingeschränkt. Schließlich verhindern die niedrigen Einkommen eine freiwillige Eigenvorsorge. Angesichts dieser Bedingungen ist eine alleine auf vermehrte Eigenverantwortung setzende Politik kaum geeignet, die aufgezeigten Problemsituationen zu beseitigen.

Audience-Effekt – Einfluss der → Einstellung der Empfänger (Rezipient) auf die Wirkung von Botschaften (z.B. Werbung). Botschaften, die der Empfängereinstellung entsprechen, werden als glaubwürdiger empfunden als Informationen, die ihr entgegenstehen bzw. die sogar zu → kognitiven Dissonanzen führen.

Audit Committee – in Deutschland spezieller (Fach-)Ausschuss des → Aufsichtsrats einer Aktiengesellschaft, der sich vornehmlich mit der Rechnungslegung und der → Jahresabschlussprüfung beschäftigt. Das Audit Committee dient damit praktisch als vom Aufsichtsrat beauftragter Ansprechpartner des → Wirtschaftsprüfers (WP). – In den USA hat das Audit Committee eine ähnliche Funktion. Jedoch sind dort Mitglieder des Board sowohl Vorstände als auch Outside Directors; das Audit Committee aber besteht nur aus Letzteren. – Ziel und Funktionsweise des Prüfungsausschusses als Organ des Board: Die praktische Ausgestaltung hängt stark von Rechtsrahmen und Rechtsform ab – es wird zwischen dem Unitarian-Board-Modell und den Two-Tier-Modell unterschieden – und ist allg. in den → OECD Corporate Governance Principles 2004 und im Aktionsplan Corporate Governance der EU-Kommission (COM (2003) 248 fin) umrissen.

Auditing – engl. für *revidieren, prüfen;* angloamerikanischer Fachausdruck für Revision (Prüfung), und zwar durch von dem zu prüfenden Verantwortungsbereich unabhängige Personen. – *Zu unterscheiden:*

(1) Internal Auditing (→ interne Revision) und (2) Independant Auditing (externe Revision).

Aufbauorganisation – 1. *Begriff:* Das statische System der organisatorischen Einheiten einer Unternehmung, das die Zuständigkeiten für die arbeitsteilige (→ Arbeitsteilung) Erfüllung der Unternehmungsaufgabe regelt (→ Organisation). – 2. Zur *Gestaltung der Aufbauorganisation* werden im Rahmen der → Stellenbildung bzw. Abteilungsbildung (→ Spezialisierung) die → organisatorischen Einheiten nach Maßgabe ihrer Kompetenzen voneinander abgegrenzt (→ Kompetenzabgrenzung) und durch → Handlungsbeziehungen miteinander verknüpft. Je nach Art dieser Abgrenzung und Verknüpfung (→ Leitungssystem) ergeben sich unterschiedliche → Organisationsstrukturen. – Vgl. auch → Hierarchie. – *Gegensatz:* → Ablauforganisation.

Aufbau- und Ablaufkontrolle – im Sinn der → EMAS-VO Kontrolle von Funktionen, Tätigkeiten und Verfahren, die sich auf die Umwelt auswirken oder auswirken können und für Politik und Ziele des Unternehmens relevant sind. – *Aufgabe:* Kontrolle für die Einhaltung der Anforderungen, die das Unternehmen im Rahmen seiner → Umweltpolitik, seines Umweltprogramms und seines → Umweltmanagementsystems für den Standort definiert hat, sowie die Einführung und Weiterführung von Ergebnisprotokollen.

Aufbereitung – I. Statistik: Bezeichnung für die auf die → Erhebung folgende Verarbeitung der statistischen Daten. Aufbereitung umfasst: (1) Kontrolle und Ordnung des Datenmaterials; (2) Identifizierung fehlender oder fehlerhafter Daten (3) Kodierung der → Ausprägungen der erhobenen → Merkmale; (4) Durchführung einer elementaren Datenanalyse, etwa durch Ermittlung von Kenngrößen, z.B. → Mittelwerte, und Veranschaulichung von Resultaten durch Tabellen oder Grafiken.

II. Buchführung: Aufbereitung des innerbetrieblich vorliegenden Zahlenmaterials kann für die Erstellung der → Bilanz und der → Bilanzanalyse erforderlich sein. – Vgl. auch → Bilanzaufbereitung.

auf Besicht – *nach Besicht;* → Handelsklausel in Kaufverträgen, mit der die Haftung des Verkäufers für die bei sorgfältiger Besichtigung der Ware erkennbaren (nicht jedoch für die versteckten) Mängel ausgeschlossen wird.

Aufbewahrungspflicht – I. Handelsrecht: Handelsbücher, Inventare, Eröffnungsbilanzen, Jahresabschlüsse, Lageberichte, Konzernabschlüsse, Konzernlageberichte sowie die zu ihrem Verständnis erforderlichen Arbeitsanweisungen, sonstigen Organisationsunterlagen und Buchungsbelege sind zehn Jahre nach Erstellung aufzubewahren. Empfangene Handelsbriefe und Wiedergaben der abgesandten Handelsbriefe sind sechs Jahre aufzubewahren (§ 257 HGB).

II. Steuerrecht: Bücher und Aufzeichnungen, Inventare, Jahresabschlüsse, Lageberichte, die Eröffnungsbilanz sowie die zu ihrem Verständnis erforderlichen Arbeitsanweisungen, sonstigen Organisationsunterlagen und Buchungsbelege sowie Unterlagen, die einer mit Mitteln der Datenverarbeitung abgegebenen Zollanmeldung beizufügen sind, sofern die Zollbehörde auf die Vorlage verzichtet oder sie nach erfolgter Vorlage zurückgegeben hat, sind zehn Jahre nach Erstellung, die empfangenen Handels- oder Geschäftsbriefe, Wiedergaben der abgesandten Handels- oder Geschäftsbriefe und sonstige für die Besteuerung notwendigen Unterlagen sind sechs Jahre nach Erstellung aufzubewahren (§ 147 AO). *Kürzere Fristen* können sich aus speziellen Steuergesetzen ergeben. Bis auf Eröffnungsbilanzen, Jahres- und Konzernabschlüsse können die genannten Unterlagen auch als Wiedergabe auf einem Bildträger (z.B. Fotokopien, Mikrofilme) oder auf anderen Datenträgern (z.B. Magnetbänder, Magnetplatten, Disketten, CD-ROM) aufbewahrt werden, wenn dies den → Grundsätzen ordnungsmäßiger Buchführung (GoB) entspricht und sichergestellt ist, dass die Wiedergabe mit der Urschrift übereinstimmt und die Daten während der Aufbewahrungsfrist verfügbar sind (vgl. die Mikrofilm-Grundsätze des BMF vom 1.2.1984, BStBl. I 1984 155, und die Grundsätze ordnungsmäßiger DV-gestützter Buchführungssysteme (GOBS) gemäß BMF-Schreiben vom 7.11.1995, BStBl. I 1995 738). – Nach § 147 VI AO ist der Finanzbehörde das Recht eingeräumt, die mithilfe eines DV-Systems erstellte Buchführung des Steuerpflichtigen durch Datenzugriff zu prüfen (vgl. BMF Schreiben vom 16.7.2001, BStBl. I 2001 415). Die Finanzbehörde hat das Recht, im Rahmen einer → Außenprüfung auf Kosten des Steuerpflichtigen auf die gespeicherten Daten zuzugreifen und das Datenverarbeitungssystem zu nutzen (vgl. die Grundsätze zum Datenzugriff und zur Prüfbarkeit digitaler Unterlagen (GDPdU) gemäß BMF-Schreiben vom 16.7.2001, BStBl. I 2001, 415 und BMF-Schreiben vom 28.7.2003, BStBl. 2003 I, 421).

Aufbrauchsfrist – bei Wettbewerbsverstößen (→ unlauterer Wettbewerb) und bei Verletzung → geschäftlicher Bezeichnungen kann ein sofortiges Unterlassungsgebot für den Verletzer unverhältnismäßige Nachteile mit sich bringen. Dann kann dem Verletzer eine Aufbrauchsfrist (Umstellungs-, Beseitigungsfrist) bewilligt werden, soweit der Verletzte dadurch nicht unzumutbar beeinträchtigt wird (§ 242 BGB). Im Prozess ist i.d.R. ein Hilfsantrag erforderlich, eine Aufbrauchfrist kann aber u.U. auch ohne Antrag gewährt werden, sofern der Verletzer ein berechtigtes Interesse hinreichend darlegt. Im einstweiligen Verfügungsverfahren (→ einstweilige Verfügung), bei → irreführender Werbung, die übergeordnete Allgemeininteressen berührt, und strafrechtlichen Übertretungstatbeständen kommen Aufbrauchsfristen i.d.R. ebenso wenig in Betracht wie im Fall vorsätzlicher Verletzungen.

Aufdeckungsprüfung → Prüfung.

aufeinander abgestimmte Verhaltensweisen → abgestimmtes Verhalten.

Aufenthaltserlaubnis – befristeter Aufenthaltstitel für Ausländer, § 4 I 2 Nr. 2 i.V. mit § 7 Aufenthaltsgesetz i.d.F. vom 25.2.2008 (BGBl. I 162) m.spät. Änd. Als Gründe für eine Aufenthaltserlaubnis kommen in Betracht Aufenthalt wegen Ausbildung, Erwerbstätigkeit, völkerrechtlicher, humanitärer oder politischer Gründe, familiärer Gründe. Der Zweck ist ausschlaggebend für die Dauer der Erlaubnis.

Aufenthaltsrecht – Grundfreiheit des EG-Vertrages, neu eingeführt zunächst 1990 durch drei EG-Richtlinien und 1993 durch den → Maastrichter Vertrag als Primärrecht des EG-Vertrages verankert (Art. 18 EGV). Umfasst das Recht der Unionsbürger, sich auch aus rein privaten Gründen in den anderen Mitgliedsstaaten der EU aufhalten zu dürfen, sofern ihr Unterhalt während des Aufenthalts dort gesichert erscheint. Die Vorschriften zum Aufenthaltsrecht kommen nur zum Zuge, soweit nicht die (teilweise großzügigeren) Vorschriften über die anderen Grundfreiheiten und andere Vertragsvorschriften einschlägig sind. Aufenthaltsrecht ist zu unterscheiden von der Grundfreiheit der Freizügigkeit der Arbeitnehmer (Art. 45 AEUV) und der Niederlassungsfreiheit (Art. 49 AEUV). Die Einführung des Aufenthaltsrechts hat potenzielle Auswirkungen auf viele Bereiche der Wirtschaftsgesetzgebung; sie lässt bes. steuerliche Vorschriften, die an den Wegzug aus einem Staat oft erhebliche steuerliche Lasten knüpfen, fragwürdig erscheinen. Das Aufenthaltsrecht gilt im Unterschied zu den anderen → Grundfreiheiten des EU-Rechts nicht auch im Gebiet des → EWR.

Aufenthaltstitel – für Ausländer erforderliche Berechtigung für die Einreise und den Aufenthalt im Bundesgebiet. Aufenthaltstitel werden erteilt als Visum, Aufenthaltserlaubnis, Blaue Karte EU, Niederlassungserlaubnis oder Erlaubnis zum Daueraufenthalt-EG. Der Aufenthaltstitel berechtigt zur Ausübung einer Erwerbstätigkeit, sofern dies im Aufenthaltsgesetz bestimmt ist oder der Aufenthaltstitel die Ausübung der Erwerbstätigkeit ausdrücklich erlaubt. Näheres in § 4 Aufenthaltsgesetz i.d.F. vom 25.2.2008 (BGBl. I 162) m.spät.Änd.

Auffrischungstechnik → Reminder.

Aufführungsrecht – dem Urheber eines urheberrechtsschutzfähigen Werks vorbehaltenes → Verwertungsrecht zur persönlichen Darbietung eines Musikwerks und zur bühnenmäßigen öffentlichen Darstellung eines sonstigen Werks (§ 19 II UrhG). Aufführung ist Wiedergabe des Werks in unkörperlicher Form, bühnenmäßige Darstellung ist Darstellung durch bewegtes Spiel, nicht dagegen die Lesung, die dem → Vortragsrecht unterfällt (§ 19 I UrhG).

Aufgabe – I. Organisation: Dauerhaft wirksame Aufforderung an → Handlungsträger, festgelegte Handlungen wahrzunehmen. – Vgl. auch → Aufgabenanalyse, → Aufgabensynthese.

II. Börsenwesen: → Aufgabegeschäft.

Aufgabegeschäft – Begriff des Handelsrechts und des Börsenhandels für einen nach § 95 HGB getätigten Abschluss eines Geschäftes durch den → Handelsmakler, für welches die → Schlussnote unter Vorbehalt der Bezeichnung der anderen Partei erteilt wird. V.a. im Börsenverkehr sind Aufgabegeschäfte häufig (Vermerk in der Schlussnote z.B. „Aufgabe vorbehalten", „A.v.", „für Aufgabe"). Die Börsenordnungen der einzelnen Börsen regeln Einzelheiten zur Ausführung von Aufgabegeschäften.

Aufgabemakler – freier Börsenmakler (→ freie Makler), der ein Geschäft zunächst im eigenen Namen abschließt unter dem Vorbehalt der späteren Aufgabe (→ Aufgabegeschäft) der Gegenkontrahenten.

Aufgabenanalyse – *Aufgabengliederung;* Verfahren der → Organisationsmethodik. – 1. *Begriff:* Die systematische Zerlegung einer komplexen → Aufgabe in verteilungsfähige, d.h. auf Handlungsträger übertragbare Teilaufgaben nach verschiedenen Zerlegungskriterien. – 2. *Zweck* der Aufgabenanalyse ist es, die Möglichkeiten der Bildung von Teilaufgaben zu untersuchen, die im Rahmen der anschließenden → Aufgabensynthese als „Bausteine" zu Aufgabenkomplexen für Handlungsträger zusammengefasst (→ Stellenbildung) und raum-zeitlich geordnet (→ Ablauforganisation) werden können. – 3. *Zerlegungskriterien:* Die Aufgabenanalyse kann z.B. nach den Aufgabenmerkmalen Verrichtung (→ Verrichtungsprinzip), Objekt (→ Objektprinzip) sowie Rang (→ Ranggliederung), Phase (→ Phasengliederung) und Zweck (→ Zweckgliederung) erfolgen.

Aufgabengliederung → Aufgabenanalyse.

Aufgabenhierarchie → Hierarchie.

Aufgabenorientierung – *Initiating Structure;* ist neben der Mitarbeiterorientierung eine der bekanntesten Dimensionen des → Führungsverhaltens. Aufgabenorientierung ist gekennzeichnet durch Verhaltensweisen wie dem Definieren klarer Ziele, Aufzeigen der Wege zum Ziel, Strukturieren von Aufgaben, Aktivieren durch aufmunternde bzw. drängende Worte oder Aussprechen von Anerkennung bzw. Kritik anlässlich einer Kontrolle. Aufgabenorientierung steht tendenziell im Zusammenhang mit hoher Leistung der Arbeitsgruppe.

Aufgabensynthese – Verfahren der → Organisationsmethodik. – 1. *Begriff:* Zusammenfassung der durch → Aufgabenanalyse gewonnenen Teilaufgaben. – 2. *Zweck:* → Organisationsgestaltung. – 3. *Formen:* a) Im Rahmen der *aufbauorientierten Aufgabensynthese* (Aufgabensynthese zur Gestaltung der → Aufbauorganisation) werden die Teilaufgaben zu Aufgabenkomplexen für gedachte Handlungsträger zusammengefasst (→ Stellenbildung). – b) Mithilfe der *ablauforganisatorischen Aufgabensynthese* (Aufgabensynthese zur Gestaltung der → Ablauforganisation) werden die Teilaufgaben räumlich und zeitlich unter Berücksichtigung ihrer Interdependenzen mit den Teilaufgaben anderer Handlungsträger geordnet.

Aufgabenumfeld – Das Aufgabenumfeld beinhaltet im Rahmen des → Stakeholder-Ansatzes Anspruchsgruppen, die konkrete Anforderungen an das → Unternehmen stellen können. Hierzu zählen als branchenspezifische Gruppen Lieferanten, Kunden und Wettbewerber. Anteilseigner und Kreditgeber sowie Mitarbeiter, Staat und Öffentlichkeit zählen als regulative Gruppen zum erweiterten Aufgabenumfeld.

Aufgabe zugunsten der Staatskasse – zollrechtliche Bestimmung, die für eingeführte → Nichtgemeinschaftswaren gewählt werden kann zur Vermeidung des Entstehens von Einfuhrabgaben, soweit das nationale Recht der EU-Mitgliedsstaaten diese Möglichkeit vorsieht. In Deutschland ist das momentan nicht der Fall. Mit dem → Unionszollkodex wird wohl ab dem 1.1.2015 diese Möglichkeit im gesamten → Zollgebiet der EU bestehen.

Aufgebotsverfahren – I. Allgemein: Eine in bestimmten Fällen zulässige öffentliche gerichtliche Aufforderung, Ansprüche oder Rechte, i.d.R. zwecks Vermeidung des Ausschlusses, spätestens im Aufgebotstermin anzumelden (§§ 946 ff. ZPO). – *Zweck* ist die Klärung der Rechtslage zugunsten des Antragstellers durch Ausschluss unbekannter Berechtigter oder Kraftloserklärung von Urkunden (z.B. Hypotheken- oder Grundschuldbriefen, §§ 466 ff. FamFG). – *Zuständig* für das Aufgebotsverfahren ist das Amtsgericht. – *Einleitung* des Aufgebotsverfahrens nur auf Antrag. Ist dieser zulässig, erlässt das Gericht das Aufgebot, das u.a. im → Bundesanzeiger öffentlich bekannt gemacht wird. Meldet niemand an, ergeht *Ausschließungsbeschluss*, in dem der im Aufgebot angedrohte Rechtsnachteil ausgesprochen wird. – *Dagegen* kann derjenige, der von dem *Ausschließungsbeschluss* in seinen Rechten betroffen ist, i.d.R. binnen eines Monats nach der schriftlichen Bekanntgabe des Beschlusses an die Beteiligten *Beschwerde* bei dem übergeordneten Landgericht erheben.

II. Wertpapiere: Aufgebotsverfahren bei vernichteten oder abhanden gekommenen Wertpapieren zur Erlangung eines Ausschlussurteils zwecks Kraftloserklärung von in Verlust geratenen Wertpapieren (→ Kraftloserklärung von Wertpapieren). – *Rechtsgrundlage:* Für Inhaberschuldverschreibungen § 799 BGB, Aktien § 72 AktG, die handelsrechtlichen Orderpapiere § 365 HGB, → Wechsel Art. 90 WG, Schecks Art. 59 ScheckG. – Den *Antrag* hat der bisherige Inhaber des Wertpapiers beim zuständigen Amtsgericht zu stellen. Die Aufgebotsfrist beträgt mind. sechs Wochen (beim Scheck mind. zwei Monate) bis höchstens ein Jahr. Ggf. abweichende Landesgesetzgebung gem. § 484 FamFG ist zu beachten.

Aufgeld → Agio.

aufgenommene Gelder – *Nostroverpflichtungen;* die von einem Kreditinstitut zur Verstärkung der eigenen Liquidität im Interesse vorübergehender Ausweitung des Kreditgeschäfts hereingenommenen Gelder, meist Kassenreserven anderer Banken. Die Initiative zur Aufnahme geht im Gegensatz zum normalen Einlagengeschäft vom aufnehmenden (geldsuchenden) Institut aus. – *Gegensatz:* → Nostroguthaben.

aufgerufene Wertpapiere – die in einer Sammelliste mit Opposition belegter → Wertpapiere (Wertpapier-Mitteilungen) veröffentlichten, als verloren gegangen oder gestohlen gemeldeten → Aktien oder Schuldverschreibungen.

Aufhebung des Insolvenzverfahrens – 1. Aufhebung des *Eröffnungsbeschlusses* auf sofortige Beschwerde des → Gemeinschuldners (§ 34 II InsO): Mit Rechtskraft des Beschlusses (u.U. → Rechtsbeschwerde nach §574 ZPO) treten die mit der Eröffnung verknüpften Rechtsfolgen rückwirkend außer Kraft. Die Verfügungsmacht des Schuldners lebt rückwirkend wieder auf, doch bleiben auch Rechtshandlungen des → Insolvenzverwalters wirksam und haben bei Kollision mit denen des Schuldners den Vorrang. – 2. Aufhebung des Insolvenzverfahrens *nach* Abhaltung des → Schlusstermins: → Schlussverteilung braucht nicht abgewartet zu werden. Der Beschluss ist unanfechtbar. Die → Insolvenzgläubiger können wegen ihres Ausfalls gegen den Schuldner uneingeschränkt vorgehen, wobei die Eintragung in die → Insolvenztabelle als Vollstreckungstitel verwendbar ist, sofern der Gemeinschuldner die Forderung im Prüfungstermin (→ Prüfungstermin im Insolvenzverfahren) nicht bestritten hat (Aufhebung des Insolvenzverfahrens, § 201 InsO). – 3. Aufhebung des Insolvenzverfahrens nach Bestätigung des → Insolvenzplanes durch das Gericht (§ 258 InsO). Über die Aufhebung eines Verfahrens erfolgt stets → öffentliche Bekanntmachung.

Aufhebungsversteigerung → Zwangsversteigerung zur Aufhebung einer Gemeinschaft.

Aufhebungsvertrag – I. Bürgerliches Recht und Handelsrecht: → Vertrag zur (einverständlichen) Aufhebung eines → Schuldverhältnisses.

II. Arbeitsrecht: 1. *Begriff*: Vertrag zwischen Arbeitgeber und Arbeitnehmer, mit dem ein zwischen ihnen bestehendes → Arbeitsverhältnis aufgehoben (beendet) wird. Über den Aufhebungsvertrag gibt es keine bes. Schutzvorschriften; auch das KSchG verbietet nicht die einvernehmliche Aufhebung des Arbeitsverhältnisses (→ Kündigungsschutz). – 2. *Form*: Der Aufhebungsvertrag bedarf zwingend der Schriftform (§ 623 BGB). Eine Kündigung kann ausnahmsweise *umgedeutet* werden in ein Angebot, einen Aufhebungsvertrag abzuschließen. Dieses muss aber vom anderen auch schriftlich angenommen werden, was so gut wie nie der Fall ist. – 3. *Bedingte Aufhebungsverträge* (z.B. für den Fall verspäteter Rückkehr aus dem Urlaub) sind unzulässig, da sie zwingenden

Kündigungsschutz und -fristen umgehen. – 4. Die → Anfechtung eines Aufhebungsvertrages kann v.a. wegen Drohung erfolgen, wenn diese widerrechtlich ist. Das wird bei *Drohungen mit Kündigung* dann bejaht, wenn ein verständiger Arbeitgeber eine Kündigung nicht ernsthaft erwogen hätte. – 5. Ein Aufhebungsvertrag kann aus *sonstigen Rechtsgründen* unwirksam sein, z.B. wegen Sittenwidrigkeit oder Verletzung der Fürsorgepflicht. Das wird verstärkt angenommen bei Aufhebungsverträgen, die den Arbeitnehmer grundlos grob benachteiligen und bei denen er keine gleichwertige Verhandlungschance hatte. – 6. *Inhalt/Gegenstände eines Aufhebungsvertrages:* Zeitpunkt, Grund, Veranlasser der Beendigung; Vergütungsfortzahlung, Provisionen, Gratifikationen; Freistellung, Urlaub; → Abfindung; Darlehen; Wettbewerbsverbot; Dienstwagen, sonstiges Firmeneigentum; Zeugnis, sonstige Bescheinigungen; Ausschluss sonstiger Ansprüche. – 7. *Folgen:* Beendigung der Pflichten aus dem Arbeitsverhältnis. Sozialversicherungsrechtlich sind v.a. die Folgen für das → Arbeitslosengeld zu beachten. Das Arbeitsamt kann → Sperrzeiten verhängen.

Aufkaufhandel – kollektierender Großhandel, dessen Hauptaufgabe im Beschaffen (Sammeln) von Waren und deren Zusammenstellung zu verkaufsgeeigneten → Sortimenten besteht. Manchmal sind mehrere Glieder der → Handelskette kollektierend tätig: *Detailkollekteure* sammeln nach bestimmten Auswahlgesichtspunkten kleine Mengen, nehmen eine Vorsortierung vor und verkaufen diese Mengen an *Großkollekteure*. Betriebe des *Aufkaufgroßhandels* sind tätig bei der Beschaffung landwirtschaftlicher Erzeugnisse (Eier, Obst, Gemüse, Teilen der Baumwoll- oder Kautschukernte, Häuten u.a.) und zunehmend bei den verschiedenen Formen des → Recycling: Schrott, Altpapier, Glas, Batterien, Müll und einer Vielzahl sonstiger Wertstoffe. Manche Händler haben weiträumige Aufkaufgebiete und sind dem → ambulanten Handel zuzurechnen. – Vgl. auch → Altwarenhandel, → Distributionssystem. – *Gegensatz:* → distribuierender Handel.

Aufklärungshaftung – Begriff aus der → Produkthaftung; der Hersteller muss hinreichend auf mögliche Nebenwirkungen seines Produkts hinweisen; andernfalls kann er haftbar gemacht werden.

Aufkommenselastizität – Verhältnis zwischen der relativen Aufkommensänderung einer Steuer bzw. des gesamten → Steueraufkommens und der relativen Änderung des → Nationaleinkommens. Ist die Aufkommenselastizität =1, steigen das Nationaleinkommen und das Steueraufkommen mit derselben Rate. Ist die Aufkommenselastizität >1 (<1) steigt das Steueraufkommen mehr an (weniger) als das Nationaleinkommen. Ein Wert von Aufkommenselastizität < 0 bedeutet, dass das Steueraufkommen abnimmt (zunimmt), wenn das Nationaleinkommen wächst (schrumpft). Auch die → Steuertarifform beeinflusst die Aufkommenselastizität.

Aufkommensneutralität – finanzwissenschaftlicher Begriff für die Gewährleistung des bisherigen Einnahmeaufkommens bei jeglicher Haushaltsänderung, meist angewandt auf Steuerrechtsänderungen. Aufkommensneutralität wird häufig als fiskalische Nebenbedingung bzw. Vorbedingung in eine Inzidenzanalyse (→ Inzidenz) eingebaut. – *Begriffsinterpretationen:* Änderungen (1) bei einer Steuer, (2) bei Differenzialuntersuchungen (→ differenzielle Inzidenz), (3) bei alternativen Einnahmearten (z.B. Steuern vs. Verschuldung) oder (4) der Ausgabenpositionen bei neutraler Wirkung auf der Einnahmeseite.

Auflage – I. Öffentliches Recht: Nebenbestimmung zum Verwaltungsakt, durch die dem Begünstigten ein Tun, Dulden oder Unterlassen vorgeschrieben wird (§ 36 II Nr. 4 VwVfG). Auflagen sind bes. häufig bei der Erteilung der → Bauerlaubnis.

II. Erbrecht: eine Anordnung von Todes wegen, durch die der → Erblasser einen → Erben oder Vermächtnisnehmer zu einer → Leistung verpflichtet, ohne einem anderen ein Recht auf die Leistung zuzuwenden (z.B. Anordnung über Grabpflege, Bestimmung, 1.000 Euro zu mildtätigen Zwecken zu verwenden; §§ 1940, 2192–2196 BGB).

III. Industriebetriebslehre: → Los.

IV. Druckindustrie: Oberbegriff für Exemplarmengen von Zeitungen und Zeitschriften. Grundsätzlich können gemäß IVW unterschieden werden: Druckauflage, Abo-Exemplare (→ Abonnement), Einzelverkauf, sonstiger Verkauf, Bordexemplare, Lesezirkel (LZ), Verkauf gesamt (Auflage, verkaufte), Verbreitung (Auflage, verbreitete), Freistücke. – Die Auslandsauflage wird in der jeweiligen Kategorie als „Davon-Ausweis" genannt. In der betrieblichen Praxis werden darüber hinaus häufig weitere Auflagenbegriffe verwendet (z.B. Postauflage, Speditionsauflage oder WBZ-Auflage).

V. Umweltpolitik: → Umweltauflage.

Auflagendegression → Degression.

Auflassung – die zur → Übereignung eines Grundstücks erforderliche → Einigung zwischen Veräußerer und Erwerber über den Eigentumsübergang an dem Grundstück (§ 925 BGB), → dinglicher Vertrag. – *Formstrenge:* Auflassung muss bei gleichzeitiger Anwesenheit beider Vertragsteile (Veräußerer und Erwerber) vor einem Notar erklärt werden; → Stellvertretung ist möglich. Auflassung kann nicht unter → Bedingung oder → Zeitbestimmung erklärt werden (§ 925 II BGB). – Vgl. auch → Grundstücksverkehr, → Grundstücksvollmacht.

Auflassungsvormerkung – *Allgemein:* Im Grundbuch eingetragene → Vormerkung zur Sicherung künftigen Eigentumserwerbs. Gilt auch in einem → Insolvenzverfahren (§ 106 InsO). – *Baufinanzierung:* Grundsätzlich Maßnahme zur Sicherung des schuldrechtlichen Anspruchs auf Übertragung des Eigentums an einem → Grundstück (§ 883

BGB). – Die Auflassungsvormerkung dient dem Schutz des Erwerbers, da sie verhindern soll, dass der Verkäufer das Grundstück ein weiteres Mal verkauft. Kann z.B. auch angewendet werden bei Grundstücksverkäufen wenn der Verkäufer bereits frühzeitig eine Zahlung verlangt, obwohl der Käufer erst nach Erlangung der verschiedenen Formalitäten als Eigentümer in das → Grundbuch eingetragen wird. – Die Auflassungsvormerkung ist v.a. beim Kauf von einem Bauträger ein wichtiges Sicherungsmittel. Für die Eintragung wird die Hälfte der vollen Gebühr verlangt (§§ 66 I Satz l, 60 I KO). – Die Auflassungsvormerkung ist die am häufigsten vorkommende Vormerkung in Abteilung II des Grundbuches. In der Praxis kann ein mit einer Auflassungsvormerkung belastetes Grundstück nicht beliehen werden, da der Vormerkungsberechtigte bei der Geltendmachung des Auflassungsanspruches das später eingetragene Grundpfandrecht nicht gegen sich gelten lassen braucht, sondern dessen Löschung verlangen kann (§ 888 BGB). Das Kreditinstitut muss also den Rangrücktritt der Auflassungsvormerkung hinter sein Grundpfandrecht verlangen.

Auflegungszeitpunkt – Zeitpunkt, zu dem ein → Los, eine → Serie bzw. eine → Sorte aufgelegt wird. – *Abstimmung der Auflegungszeitpunkte:* → Lossequenzenplanung.

auflösende Bedingung → Bedingung.

Auflösung – I. Allgemein: Trennung vertraglich begründeter Beziehungen.

II. Arbeitsrecht: Auflösung eines Arbeitsverhältnisses: (1) durch → ordentliche Kündigung; (2) durch → außerordentliche Kündigung; (3) im beiderseitigen Einvernehmen (→ Aufhebungsvertrag); (4) durch Zeitablauf (→ befristeter Arbeitsvertrag). – Vgl. auch → Beendigung des Arbeitsverhältnisses. (5) Durch Urteil des Arbeitsgerichts auf Antrag des Arbeitgebers oder -nehmers gemäß § 9 KSchG, wenn die Fortsetzung des Arbeitsverhältnisses nicht zumutbar ist unter gleichzeitiger Verurteilung des Arbeitgebers auf Zahlung einer → Abfindung. Ist eine außerordentliche Kündigung vorausgegangen, kann der Antrag auf Auflösung nur durch den Arbeitnehmer gestellt werden (§ 13 KSchG).

III. Handelsrecht: Auflösung einer Handelsgesellschaft. – 1. *Grund:* Ablauf der im → Gesellschaftsvertrag vorgesehenen Zeit, durch Beschluss der Gesellschafter, Eröffnung der Insolvenz über das Vermögen der Gesellschaft bzw. Abweisung mangels Masse, z.T. auch gerichtliche Entscheidung nach → Auflösungsklage. Bei Personengesellschaften noch zusätzlich denkbar: Löschung wegen Vermögenslosigkeit (§§ 131 II Nr. 2 HGB, 394 FamFG). – 2. *Wirkung:* Die Gesellschaft hört nicht auf zu bestehen, lediglich der bisherige Gesellschaftszweck fällt weg (→ Abwicklungsgesellschaft). An die Stelle der geschäftsführenden und vertretungsberechtigten Gesellschafter treten die → Abwickler bis zur Vollbeendigung (→ Vollbeendigung einer Gesellschaft). I. d. R. ist eine Anmeldung der Auflösung beim → Handelsregister erforderlich (z. B. § 143 HGB). – Die steuerliche Rechtsfähigkeit erlischt erst mit vollständiger Ausschüttung des Vermögens an die Gesellschafter, frühestens mit Ablauf des gesetzlich vorgeschriebenen → Sperrjahres. Bei Ermittlung des → gemeinen Wertes von Anteilen an Gesellschaften, die sich in Liquidation befinden, ist nur vom Vermögenswert auszugehen; Ertragsaussichten sind außer Acht zu lassen (→ Bewertung). – Vgl. auch → Abwicklung, → Liquidation.

IV. Buchführung/Bilanzierung: Berichtigung von → stillen Rücklagen. – 1. Die *Bildung* von stillen Reserven kann geschehen a) durch Unterbewertung von Aktiven (bes. im Anlage- und Vorratsvermögen) oder b) durch Überbewertung von Passiven (bes. Rückstellungen). – 2. Die *Auflösung* kann erfolgen a) durch Umwandlung in → offene Rücklagen, z.B. durch Höherbewertung der unterbewerteten Aktiven mithilfe von Zuschreibungen, z.B. bei → Ausscheiden eines Gesellschafters (Aktivum an Kapital NN); b) durch Veräußerung der Aktiven an Aktivum. Die Differenz zwischen Buch- und Veräußerungswert ist die aufgelöste stille Rücklage, die als außerordentlicher oder sonstiger betrieblicher Ertrag ergebniserhöhend zu erfassen ist. – Die Auflösung der stillen Rücklage erfolgt still, wenn sich der tatsächliche Wert des Aktivums dem → Buchwert angeglichen hat.

V. Wirtschaftsinformatik: Anzahl der für die Darstellung zur Verfügung stehenden Bildpunkte eines Bildschirms oder einer gedruckten Grafik; i.Allg. ausgewiesen durch „Anzahl horizontaler · Anzahl vertikaler Bildpunkte" (→ Pixel) pro Raumeinheit.

Auflösungsklage – Antrag eines Gesellschafters auf gerichtliche Entscheidung mit dem Ziel, die → Auflösung einer OHG oder KG herbeizuführen; bei der → Gesellschaft bürgerlichen Rechts (GbR) wird der gleiche Effekt durch eine Kündigung aus → wichtigem Grund erzielt, bei Nachweis eines wichtigen Grundes wird in dem Urteil die Auflösung ausgesprochen (§ 133 HGB). Auflösungsklage muss ohne Verzögerung erhoben werden, da ein zu langes Warten als Verzicht auf die Auflösung gewertet werden kann (→ Verwirkung). Anstelle der Auflösung kann u.U. auch → Ausschließung eines Gesellschafters verlangt werden.

Aufmerksamkeit – I. Marketing: Fähigkeit des Organismus zur selektiven Erhöhung der → Aktivierung. Konstrukt, das die Bereitschaft eines Individuums beschreibt, Reize aus seiner Umwelt wahrzunehmen. Bei Darstellung der Aufmerksamkeit geht es darum, wie stark das Verhalten überhaupt durch das Reizumfeld als Ganzes gesteuert wird und welche Elemente des Reizfeldes das Verhalten vorwiegend steuern. Aufmerksamkeit führt zur Reizauswahl, um bei der Reizüberflutung „relevante" Reize aufzunehmen. Bei einer Reizauswahl werden i.Allg. die starken Reize bevorzugt. Reize, die eine vorübergehende Aktivierung erzeugen, sind: (1) *physisch intensive Reize*: starke Farben, Gerüche, Töne; (2) *kognitiv überraschende Reize*: lösen gedankliche Konflikte durch Widersprüche und Überraschungen aus (z.B. lachende Gesichter auf einem Friedhof) und (3) *emotionale Reize*: Schlüsselreize, die biologisch vorprogrammierte Reaktionen auslösen und die Empfänger weitgehend automatisch erregen (z.B. Kindchenschema). Zusätzlich können Frequenztechniken Aufmerksamkeit erzeugen, denn je öfter eine Werbung dargeboten wird, desto besser wird sie bemerkt. – Vgl. auch → Orientierungsreaktion.

II. Steuerrecht: 1. *Lohnsteuer:* Grundsätzlich unterliegen der Lohnsteuer (bzw. Einkommensteuer) sämtliche Einnahmen aus dem Arbeitsverhältnis und als Einnahmen sind nicht nur Geld, sondern auch geldwerte Vorteile anzusehen (§ 8 I EStG); somit stellen Sachen oder Dienstleistungen, die vom Arbeitgeber den Arbeitnehmern gewährt werden, einen Teil des steuerpflichtigen Einkommens dar, selbst wenn dies freiwillig zum geschuldeten Lohn geschieht. Diese Betrachtungsweise ist jedoch überall dort unangemessen, wo der Arbeitnehmer Sachzuwendungen erhält, die bei vernünftiger wirtschaftlicher Betrachtung für ihn keinen wirtschaftlichen Vorteil bedeuten, sondern sich als Ausfluss bloßer Höflichkeit darstellen („Aufmerksamkeit"). Diese Betrachtungsweise bildet den Hintergrund dafür, dass Sachzuwendungen von geringem Wert, die als bloße Aufmerksamkeiten gegeben werden, z.B. Blumen oder Pralinen, nicht zum steuerpflichtigen → Arbeitslohn gehören. Die sog. Nichtbeanstandungsgrenze für Aufmerksamkeiten beträgt 40 Euro; bei höheren Zuwendungen muss geprüft werden, ob es sich um eine bloße Aufmerksamkeit oder um ein steuerpflichtiges Geschenk handelt. – Vgl. auch → Annehmlichkeit sowie R 19.6 LStR 2008. – 2. *Umsatzsteuer:* → Lieferungen und → sonstige Leistungen eines Unternehmers im Rahmen seines Unternehmens an seine Arbeitnehmer oder deren Angehörige aufgrund des Dienstverhältnisses, für die der Empfänger (Arbeitnehmer) kein bes. berechnetes → Entgelt aufwendet, sofern diese Leistung ohne rechtliche Verpflichtung gewährt wird und nach ihrem Wert im Verhältnis zum Gesamtlohn des Arbeitnehmers nicht ins Gewicht fällt (z.B. Betriebskindergärten, betriebsärztliche Versorgung). Aufmerksamkeiten sind nicht umsatzsteuerbar, da sie nicht gegen Entgelt erbracht werden und auch der Auffangtatbestand der „unentgeltlichen Lieferungen und Leistungen" (§ 3 Ib, § 3 IXa UStG) hier nicht eingreift. – Was im Rahmen der Lohnsteuer als nicht steuerpflichtige Leistungen oder → Annehmlichkeit angesehen wird oder innerhalb lohnsteuerlicher → Freibeträge oder → Freigrenzen bleibt, ist auch umsatzsteuerlich eine nicht umsatzsteuerbare Aufmerksamkeit (Einzelheiten: Abschn. 12 UStR).

Aufmerksamkeitsprämie → Prämie, die zusätzlich zu einer bestimmten Grundlohnform für bes. Aufmerksamkeitserfordernisse bei der Arbeit gezahlt wird (→ Prämienlohn). Aufmerksamkeitsprämie kann sowohl → Qualitätsprämie als auch Quantitätsprämie (→ Mengenleistungsprämie) sein.

Aufnahmekapazität – Umfang der Daten und Texte, die maximal auf einem → Datenträger unterzubringen sind, gemessen in Zeichen (Byte). – *Anders:* → Aufzeichnungsdichte.

Aufnahmezwang – Soweit die Aufnahme eines Unternehmens in eine Wirtschafts- und Berufsvereinigung oder Gütezeichengemeinschaft abgelehnt wird, kann die Kartellbehörde die Aufnahme dieses Unternehmens in die Vereinigung anordnen, wenn dies beantragt wird und die Ablehnung eine sachlich nicht gerechtfertigte ungleiche Behandlung darstellt und zu einer unbilligen Benachteiligung des Unternehmens im Wettbewerb führt (§ 20 V GWB); daneben Aufnahme auch unter den Voraussetzungen der §§ 19 I i.V.m. 19 II 1, 20 I GWB, falls die Wirtschafts- und Berufsvereinigung oder Gütezeichengemeinschaft auch als Anbieter oder Nachfrager von Waren tätig wird.

Aufopferungsanspruch – im Anschluss an die §§ 74 und 75 der Einleitung zum Preußischen Allgemeinen Landrecht entwickeltes Rechtsinstitut, das einen öffentlich-rechtlichen Entschädigungsanspruch für hoheitliche Eingriffe in immaterielle Rechtsgüter des Einzelnen (z.B. Gesundheit, Persönlichkeit) gewährt. Bei hoheitlichen Eingriffen in Eigentum → Enteignung, → enteignungsgleicher Eingriff. – *Voraussetzungen:* Jemand wird durch eine dem Wohl der Allgemeinheit dienende hoheitliche Zwangsmaßnahme in seinen immateriellen Rechtsgütern verletzt und ihm wird dadurch ein unzumutbares Sonderopfer auferlegt. – *Beispiel:* Bei einer Verbrecherverfolgung wird ein unbeteiligter Passant durch den Querschläger aus einer Polizeipistole verletzt. Der Anspruch geht auf angemessene Entschädigung in Geld. Aufopferungsanspruch gilt als → Gewohnheitsrecht im Bundesgebiet und ist vor den ordentlichen Gerichten geltend zu machen (§ 40 II VwGO).

Aufräumungskosten – 1. *Begriff* aus der (verbundenen Wohn-)Gebäudeversicherung. Neben dem eigentlichen Schaden entstehen Kosten am Schadenort, wenn Schutt und nicht mehr verwertbare Reste aufgeräumt und entsorgt werden müssen. Diese Kosten werden meistens in der → verbundenen Wohngebäudeversicherung zu einem bestimmten Anteil bis zu maximal 100 Prozent der → Versicherungssumme mitversichert. – 2. *Probleme:* Bei kontaminiertem Brandschutt entstehen hohe Entsorgungskosten. Aufräumungskosten unterliegen aufgrund des steigenden Umweltbewusstseins einem hohen → Änderungsrisiko.

Aufrechnung – I. Allgemein: wechselseitige Tilgung zweier sich gegenüberstehender Forderungen durch Verrechnung. Wenn zwei Personen einander gleichartige Leistungen schulden, kann jeder

Teil (→ Schuldner) mit seiner Gegenforderung gegen die Forderung (Hauptforderung) des anderen Teils (→ Gläubigers) aufrechnen (§§ 387–396 BGB). – 1. *Voraussetzung* ist Fälligkeit und Vollwirksamkeit der Gegen-, nicht notwendig der Hauptforderung. Der Gegenforderung darf grundsätzlich keine Einrede der → Verjährung entgegenstehen. – 2. Die Aufrechnung *erfolgt* durch einseitige empfangsbedürftige → Willenserklärung des Schuldners gegenüber dem Gläubiger. Sie bewirkt, dass die Forderungen, soweit sie sich decken, zu dem Zeitpunkt, zu dem frühestens hätte aufgerechnet werden können, als erloschen gelten (z.B. fallen seitdem etwa verwirkte → Vertragsstrafen und → Verzugszinsen weg). – 3. *Ausschluss* der Aufrechnung: a) Vertraglich. – b) Kraft Gesetzes ist Aufrechnung unzulässig gegen unpfändbare Forderungen und gegen Forderungen des Gläubigers aus einer vorsätzlichen → unerlaubten Handlung des Schuldners. Nach der Rechtsprechung darf aber der Schuldner (z.B. Arbeitgeber) i.d.R. auch gegen den unpfändbaren Teil einer Forderung aufrechnen, wenn seine Gegenforderung aus einer vom Gläubiger begangenen vorsätzlichen unerlaubten Handlung (z.B. Unterschlagung des Angestellten) herrührt. – 4. Die Parteien können die Aufrechnung auch *vertraglich vereinbaren;* sie sind dann an die obigen Voraussetzungen nicht gebunden. – 5. Aufrechnung der *Lohnsteuer* ist nicht erlaubt; ausgenommen ist der → Lohnsteuer-Jahresausgleich durch den Arbeitgeber. Das Finanzamt kann Steuerforderungen gegen den Anspruch auf → Arbeitnehmer-Sparzulage aufrechnen.

II. Insolvenzverfahren: Auch die Insolvenzeröffnung nimmt einem → Insolvenzgläubiger nicht die Möglichkeit der Aufrechnung; es wäre unbillig, wenn er die von ihm geschuldete Leistung zur Masse erbringen müsste, für seine Forderung aber nur Anspruch auf die → Insolvenzdividende hätte. Er braucht seine Forderung nicht anzumelden, doch kann dies mitunter ratsam sein. Die Aufrechnung ist nur zulässig, wenn die Aufrechnungslage schon vor Insolvenzeröffnung bestand (§ 94 InsO). Dadurch soll verhindert werden, dass ein Insolvenzgläubiger seine Forderung an jemand abtritt, der etwas zur Masse schuldet und sich dann durch Aufrechnung voll befriedigen kann.

III. Zivilprozess: Beklagter kann die Aufrechnung (oder der Kläger gegenüber der → Widerklage des Beklagten) erklären. – 1. Verteidigt sich der Schuldner auch noch anderweitig, ist die Aufrechnung i.d.R. als → Eventualaufrechnung anzusehen, d.h. nur für den Fall erklärt, dass sich die bestrittene Klageforderung trotz der anderweitigen Verteidigung als begründet erweist. – 2. Stehen Klageforderung und Gegenforderung nicht in rechtlichem Zusammenhang, kann das Gericht die Verhandlung über die Gegenforderung abtrennen und, wenn nur die Klageforderung zur Entscheidung reif ist, ein sog. → Vorbehaltsurteil erlassen (§ 302 ZPO); vorbehalten bleibt die Entscheidung über die Aufrechnung im → Nachverfahren. Die → Rechtskraft einer Entscheidung des Gerichts, dass die zur Aufrechnung gestellte Forderung *nicht bestanden hat* oder infolge der Aufrechnung *erloschen* ist, betrifft auch den zur Aufrechnung gestellten Anspruch (§ 322 II ZPO.)

IV. Steuerrecht: Auch nach Steuerrecht sind die Steuerpflichtigen berechtigt, gegen Steueransprüche mit unbestrittenen oder rechtskräftig festgestellten Gegenansprüchen gegen den Steuergläubiger oder die die Steuer verwaltende Körperschaft (i.d.R. das Land) mit befreiender Wirkung (§ 47 AO) aufzurechnen (§ 226 AO). Die Aufrechnung kann auch durch die Finanzbehörde erklärt werden. Sind steuerrechtliche Ansprüche durch Verjährung oder Ablauf einer → Ausschlussfrist erloschen, kann mit ihnen nicht aufgerechnet werden.

aufschiebende Bedingung → Bedingung.

aufschiebende Wirkung → Suspensiveffekt.

Aufschlagspreisbildung – in der → Makroökonomik Übertragung einzelwirtschaftlicher Preisbildungsvorstellungen auf die gesamtwirtschaftliche Ebene. Die Hypothese der Aufschlagspreisbildung geht davon aus, dass sich das Angebotspreisniveau aus dem Produkt von Stückkosten und einem Aufschlagssatz (Mark-up) ergibt. Da aus Vereinfachungsgründen meist nur die Lohnstückkosten berücksichtigt werden, muss der Aufschlagssatz neben einer Gewinnkomponente auch die übrigen Kosten umfassen.

Aufschließung – Vorbereitungsarbeiten vor Inbetriebnahme eines Bergwerks: Bei Tagebau muss das Deckgebirge abgeräumt werden, bei Untertagebau ist die Schachtanlage auszubauen.

Aufschrift – 1. Die nach außen angebrachte → Firma bzw. sonstige Kennzeichnung an der offenen Verkaufsstelle eines Gewerbetreibenden (§ 15a GewO). – Vgl. auch → Laden. – 2. Bei *Postsendungen:* Anschrift, Bezeichnung der Sendungsart (z.B. Drucksache), Versendungsform (z.B. Einschreiben) und Vorausverfügung (z.B. „nicht nachsenden“).

Aufschwung → Konjunkturphasen.

Aufsicht – Überwachung der Verwaltung durch eine übergeordnete Behörde. Die Aufsicht kann sich sowohl auf die Rechtmäßigkeit als auch auf die Zweckmäßigkeit der überprüften Verwaltungshandlungen erstrecken (→ Fachaufsicht); in bestimmten Fällen auf die Kontrolle der Rechtmäßigkeit beschränkt (→ Rechtsaufsicht). Die → Dienstaufsicht ist in erster Linie Personalaufsicht, sowohl innerhalb einer Behörde als auch im Verhältnis zu einer nachgeordneten Behörde.

Aufsichtsbehörde – 1. *Begriff:* Aus dem Begriff „Behörde“ geht bereits hervor, dass es sich um eine staatliche Einrichtung handelt. Aufsicht muss indessen nicht unbedingt von staatlichen Einrichtungen wahrgenommen werden. Auch eine Aufsicht durch Selbstregulierung ist vorstellbar. So ist eine der ältesten

Versicherungsmärkte, Lloyd's of London, erst vor relativ kurzer Zeit der im Vereinigten Königreich bestehenden üblichen Aufsicht unterworfen worden, weil die Selbstregulierungsmechanismen bei Lloyd's versagt hatten. Denkbar wäre es auch, einer privaten juristischen Person die Aufgaben der Aufsicht zu übertragen. Bspw. ist im Vereinigten Königreich die Financial Supervisory Authority (FSA) ein Verein, dem die Aufgaben der Finanzaufsicht gegeben wurden. – 2. *Bundes- und Landesaufsicht:* In Deutschland teilen sich der Bund und die Länder die Aufsicht (§§ 146 ff. VAG). Der Bund ist grundsätzlich für die Aufsicht über alle privaten Versicherungsunternehmen und → Pensionsfonds zuständig, die im Bundesgebiet ihren Sitz, eine Niederlassung oder eine Geschäftsstelle haben oder auf andere Weise das Versicherungsgeschäft betreiben. Der Bund ist ferner für die öffentlich-rechtlichen Wettbewerbsunternehmen zuständig, die über den Bereich eines Landes hinaus tätig sind. Die Länder beaufsichtigen dagegen originär die öffentlich-rechtlichen Unternehmen, die nur auf ihrem Gebiet tätig sind; diese Regelung hat viel von ihrer ursprünglichen Bedeutung verloren, da die meisten früher öffentlich-rechtlichen Versicherungsunternehmen heute privatrechtlich organisiert sind. Der Bund kann aber die Aufsicht über private Versicherungsunternehmen von geringerer wirtschaftlicher Bedeutung sowie über Pensionsfonds oder öffentlich-rechtliche Wettbewerbsunternehmen auf die zuständigen Landesbehörden mit Zustimmung der Landesregierungen übertragen. Das ist in der Vergangenheit, insbesondere in Bezug auf die kleinen → Versicherungsvereine auf Gegenseitigkeit (VVaG), häufig geschehen. Dadurch ist die Anzahl der unter Landesaufsicht stehenden Versicherer wesentlich größer als die der unter Bundesaufsicht stehenden. Die wirtschaftliche Bedeutung der unter Bundesaufsicht stehenden Versicherer ist jedoch ungleich höher; deren Prämienaufkommen liegt bei weit über 90 Prozent des Gesamtprämienvolumens. Die Bundesaufsicht wird durch die → Bundesanstalt für Finanzdienstleistungsaufsicht (BaFin) wahrgenommen, die Landesaufsicht durch die jeweils zuständigen Landesministerien.

Aufsichtsrat – Vom Gesetz (§§ 95–116 AktG, §§ 9, 36–41 GenG) zwingend vorgeschriebenes Organ einer → Aktiengesellschaft (AG) und Genossenschaft (→ Genossenschaftsorgane), auch bei GmbH, OHG, KG und KGaA möglich. Bei SE und SCE: *Verwaltungsrat.* – 1. *Aufgaben:* Überwachung der Geschäftsführung, Prüfung von → Jahresabschluss und → Lagebericht und Bericht darüber in der → Hauptversammlung. Im Fall der sog. *Führungslosigkeit* der AG kommen auf den Aufsichtsrat weitergehende Aufgaben der Passivvertretung und ggf. Insolvenzantragstellungspflicht zu, vgl. dazu näher unter → Führungslosigkeit. – 2. *Zusammensetzung:* a) Der Aufsichtsrat muss nach § 95 AktG mind. aus drei Mitgliedern bestehen; Höchstzahl: je nach Grundkapital maximal 21 Mitglieder. Ein Drittel der Aufsichtsratsmitglieder müssen (von den Betriebsangehörigen in geheimer Wahl unmittelbar gewählte) Vertreter der Arbeitnehmer (keine leitenden Angestellten) sein (§§ 4 ff. DrittelbG). Grundsätzlich keine Beteiligung der Arbeitnehmer im Aufsichtsrat, wenn die Aktiengesellschaft weniger als 500 Arbeitnehmer beschäftigt (§ 1 I Nr. 1 S. 1 DrittelbG). Nach § 100 V AktG, eingeführt aufgrund des Gesetzes zur Modernisierung des Bilanzrechts (→ Bilanzrechtsmodernisierungsgesetz (BilMoG), v. 25.5.2009, BGBl. 1102), besteht die Verpflichtung, einen „unabhängigen Finanzexperten" in den Aufsichtsrat zu wählen, sofern es sich um eine kapitalmarktorientierte Kapitalgesellschaft i.S. § 264d HGB handelt. Bei der Genossenschaft besteht der Aufsichtsrat grundsätzlich aus drei Mitgliedern, es sei denn, die Satzung legt eine höhere Zahl fest (§ 36 I S. 1 GenG). – b) In der AG (auch KGaA, GmbH, ggf. bei der KG, s.unter 14., und bei Genossenschaften; zur Genossenschaft vgl. die Besonderheiten anhand § 6 III MitbestG), die dem *Mitbestimmungsgesetz* von 1976 unterliegt (es müssen i.d.R. mehr als 2.000 Mitarbeiter beschäftigt werden, damit dieses Gesetz greift), besteht der Aufsichtsrat aus je sechs (bis 10.000), acht (bis 20.000) oder zehn (über 20.000 Arbeitnehmern) Vertretern der → Anteilseigner und der → Arbeitnehmer (einschließlich → leitender Angestellter und Vertreter von Gewerkschaften, § 7 MitbestG). – c) In der AG (auch GmbH) des *Bergbaus* und der Eisen und Stahl erzeugenden Industrie besteht (gemäß Montan-Mitbestimmungsgesetz Bergbau und Eisen vom 21.5.1951) der Aufsichtsrat aus vier Vertretern der Anteilseigner und einem weiteren Mitglied, vier Vertretern der Arbeitnehmer und einem weiteren Mitglied sowie einem weiteren Mitglied („elfter Mann"); Erhöhung auf 15 Mitglieder bei AG mit über 10 Mio. Euro Kapital, auf 21 Mitglieder bei Gesellschaften mit über 25 Mio. Euro Kapital durch Satzung zulässig. – d) In den AGs und GmbHs, die dem Mitbestimmungsergänzungsgesetz vom 7.8.1956 unterliegen, besteht der Aufsichtsrat aus 15 Mitgliedern, bei einem Gesellschaftskapital von mehr als 25 Mio. Euro – fakultativ – aus 21 Mitgliedern. Je sieben bzw. zehn Mitglieder gehören der Anteilseigner- und der Arbeitnehmerseite an. Das neutrale Mitglied wird vom Aufsichtsrat benannt und vom Wahlorgan gewählt. – e) Der Aufsichtsrat wählt aus seiner Mitte einen → Vorsitzenden und mind. einen Stellvertreter, die zum Handelsregister anzumelden sind (§ 107 I AktG). – f) Die Aufsichtsratsmitglieder dürfen nicht dem Vorstand angehören. Wer bereits in zehn AGs oder KGaAs Aufsichtsratsmitglied oder in einem von der AG → abhängigen Unternehmen → gesetzlicher Vertreter ist (→ Überkreuzverflechtung, § 100 AktG), darf einen weiteren Aufsichtsratsposten nicht übernehmen. Bei Genossenschaften vgl. auch insoweit die Besonderheiten anhand § 6 III MitbestG, wonach u.a. § 100 AktG auf sie nicht anzuwenden ist. – 3. *Wahl:* Der Aufsichtsrat wird durch die Hauptversammlung (mit Ausnahme der Arbeitnehmervertreter), der erste Aufsichtsrat durch die Gründer gewählt (→ Gründung). – 4. Bei *Streit* darüber, nach welchen gesetzlichen Vorschriften der Aufsichtsrat zu bilden ist, entscheidet das → Landgericht (§§ 98, 99 AktG). – 5. Die *Amtsdauer* darf vier Bilanzjahre nicht überschreiten. – 6. *Veränderungen* im Aufsichtsrat sind in den → Gesellschaftsblättern zu veröffentlichen und unverzüglich dem → Handelsregister einzureichen. – 7. *Abberufung:* Die Bestellung zum Mitglied des Aufsichtsrats bei einer *Genossenschaft* kann auch vor Ablauf des Zeitraums, für das es gewählt wurde, durch die Generalversammlung per Beschluss (mind. $^3/_4$ der abgegebenen Stimmen) widerrufen werden (vgl. § 36 III GenG). Zu den übrigen Gesellschaften siehe → Abberufung. – 8. Gehört dem Aufsichtsrat die zur Beschlussfähigkeit nötige Zahl von Mitgliedern nicht an (z.B. bei Abberufung oder Niederlegung des Amtes), kann das Amtsgericht den Aufsichtsrat auf Antrag auf die notwendige Zahl von Mitgliedern ergänzen (§ 104 AktG, dort auch zur Antragsbefugnis). – 9. Für seine Tätigkeit erhält der Aufsichtsrat eine *Vergütung* (→ Aufsichtsratsvergütung). Bei der Genossenschaft gilt nach § 36 II GenG die Besonderheit, dass deren Aufsichtsratsmitgleider „keine nach dem Geschäftsergebnis bemessene Vergütung beziehen dürfen". – 10. *Haftung:* Falls ein Mitglied seine Obliegenheiten nicht mit der Sorgfalt eines ordentlichen Kaufmanns wahrnimmt, kann es für Schäden von den Aktionären haftbar gemacht werden (§ 116 AktG). – 11. Der Aufsichtsrat muss mind. einmal, bei börsennotierten Gesellschaften zweimal pro Halbjahr *einberufen* werden. Mangels gesetzlicher oder Satzungsbestimmung ist der Aufsichtsrat beschlussfähig, wenn mind. die Hälfte der vorgesehenen Mitgliederzahl teilnimmt, mind. jedoch drei Mitglieder (§ 108 II AktG). – 12. *GmbH:* a) Ein Aufsichtsrat ist nur *obligatorisch,*soweit die GmbH den §§ 1 ff. DrittelbG, 1 MitbestG, 1 Montan-MitbestG unterliegt. Die Vorschriften über den Aufsichtsrat bei der Aktiengesellschaft gelten entsprechend. – b) *Fakultativer Aufsichtsrat:* Gemäß § 52 GmbHG kann ein Aufsichtsrat auch dann eingesetzt werden, wenn der Gesellschaftsvertrag dies vorsieht. Die aktienrechtlichen Vorschriften sind im Wesentlichen entsprechend anzuwenden. Im Gesellschaftsvertrag können aber dazu abweichende Bestimmungen getroffen werden. – 13. Gesetzlich nicht geregelt, jedoch zulässig, ist die Bildung eines *Aufsichtsrats bei einer KG oder OHG.* Der Gesellschaftsvertrag muss die Einzelheiten (Zulässigkeit, Bestellung, Befugnisse etc.) regeln. Eine entsprechende Anwendung der aktienrechtlichen Vorschriften findet mangels gesetzlicher Grundlage nicht statt. Befugnisse des Aufsichtsrats dürfen nicht in den Kernbereich der Geschäftsführerrechte eingreifen. – 14. Ein obligatorischer Aufsichtsrat besteht bei einer *KG* ausnahmsweise gemäß § 4 MitbestG.

Aufsichtsratsbericht – Schriftlicher Bericht des → Aufsichtsrats an die Hauptversammlung bzw. – bei der Genossenschaft – an die Generalversammlung über das Ergebnis seiner Prüfung des → Jahresabschlusses, des → Lageberichts, des Vorschlags über die → Gewinnverwendung, der → Geschäftsführung und des vom → Abschlussprüfer erstellten → Prüfungsberichts; bei Mutterunternehmen betrifft er auch den Konzernabschluss und den Konzernlagebericht (§ 171 II AktG). Ferner muss der Aufsichtsratsbericht sein Prüfungsergebnis über den Abhängigkeitsbericht (§ 312 AktG) und - ggf. dessen Stellungnahme zur Prüfung des Abhängigkeitsberichts durch den Abschlussprüfer – enthalten (§ 314 AktG). Seit dem → Bilanzrechtsmodernisierungsgesetz (BilMoG) kann nach näherer Maßgabe des § 324 HGB u.U. ein obligatorischer Prüfungsausschuss anstelle eines – nicht vorhandenen – Aufsichtsrats zur Berichterstattung aufgerufen sein. Zum Umfang der Prüfungstätigkeit des Aufsichtsrats bei der Genossenschaft vgl. § 38 I S. 5 GenG. Gehört die AG in die Klasse der großen Kapitalgesellschaften (§ 267 HGB), so muss der Aufsichtsratsbericht spätestens neun Monate nach dem Abschlussstichtag im elektronischen → Bundesanzeiger veröffentlicht und anschließend beim zuständigen → Handelsregister eingereicht werden (§ 325 I, II HGB).

Aufsichtsratsmitbestimmung → Mitbestimmung, → Mitbestimmungsgesetz (MitbestG), → Montan-Mitbestimmungsgesetz (MontanMitbestG), → Drittelbeteiligungsgesetz (DrittelbG), → Mitbestimmung im Konzern.

Aufsichtsratssystem – 1. *Charakterisierung:* Spezielle → Organisationsverfassung der Unternehmensführung. Das Aufsichtsratssystem trennt Geschäftsführung und Kontrolle *(Trennungsmodell);* klassisch in der dt. → Aktiengesellschaft (AG) geregelt mit den Organen Vorstand (Geschäftsführung und Entwicklung der langfristigen Unternehmenspolitik) und Aufsichtsrat (Überwachung und Mitwirkung an herausgehobenen unternehmenspolitischen Entscheidungen bzw. zustimmungspflichtigen Geschäften). – *Gegensatz:* → Board System. – 2. *Probleme:* Verselbstständigung des Vorstandes; → Managerherrschaft. Nach den Ergebnissen von empirischen Untersuchungen sind in der Unternehmenswirklichkeit effektive Einwirkungsmöglichkeiten des Aufsichtsrats auf die Unternehmenspolitik oft nicht festzustellen; über die Personalhoheit (Bestellungs- und Abberufungsrecht des Vorstandes) hinaus reichende Befugnisse liegen danach nicht vor. Mit ein Grund dafür kann auch die personelle Verflechtung zwischen Vorstand und Aufsichtsrat sein: Herkömmliche Praxis war, dass ehemalige Vorstandsvorsitzende im direkten Anschluss nach Beendigung dieses Amtes den Aufsichtsratsvorsitz übernehmen. Immerhin sah man sich bei der Lobby bemüßigt, gewisse Regulierungen vorzusehen, so regelt Ziff. 5.4.4 des DCGK eine zweijährige Zwangspause. Die kann freilich durch eine Aktionärsquorum von mehr als 25 Prozent der Stimmrechte vermieden werden.

Aufsichtsratsteuer – 1. *Begriff*: eine Erhebungsform der → Einkommensteuer in Form einer → Quellensteuer (→ Steuerabzug) auf Aufsichtsratsvergütungen an beschränkt steuerpflichtige Aufsichtsratsmitglieder oder beschränkt steuerpflichtige Mitglieder gleichartiger Überwachungsgremien inländischer Kapitalgesellschaften (§ 50a I Nr.4 EStG). – 2. *Bedeutung in der Praxis*: Die praktische Bedeutung steigt an, weil mit zunehmender internationaler Verflechtung auch häufiger im Ausland wohnende Vertreter ausländischer Muttergesellschaften in den Aufsichtsrat inländischer Unternehmen entsandt werden. – 3. *Betroffene Gremien, betroffene Unternehmen*: Da der Anfall der Steuer nicht von der bloßen Bezeichnung des betroffenen Gremiums abhängen kann, fällt die Steuer auch an, wenn es sich um einen Beirat oder eine ähnliche Einrichtung handelt; Voraussetzung ist jedoch in allen Fällen, dass es sich um ein Gremium handelt, dass nicht selbst die Geschäftsführung innehat, sondern die Geschäftsführung überwacht (also nicht lediglich unverbindlich berät). Weitere Voraussetzung ist, dass das Gremium für eine unbeschränkt steuerpflichtige Körperschaft (also keine Personengesellschaft) tätig ist. – 4. *Steuerschuldner*: Die Aufsichtsratsteuer ist formal eine Steuer, die das einzelne Aufsichtsratsmitglied zu tragen hat. Die Verpflichtung, die Steuer anzumelden und an die Finanzverwaltung abzuführen, trifft jedoch das inländische Unternehmen, für das das Aufsichtsratsmitglied tätig ist; die Unternehmen müssen also bei der Auszahlung einer Aufsichtsratsvergütung an ein beschränkt steuerpflichtiges Aufsichtsratmitglied die zivilrechtlich geschuldete Zahlung aufteilen in einen Steueranteil, der an die Finanzverwaltung zu überweisen ist (Modalitäten geregelt in EStDV zu § 50a EStG), und einen Restnettobetrag, der dem Aufsichtsrat auszuzahlen ist. Sofern der Steueranteil vom Unternehmen ordnungsgemäß einbehalten worden ist, kann der Aufsichtsrat selbst nicht mehr in Anspruch genommen werden (Gegenschluss aus § 50a V Satz 5 EStG); ist der Einbehalt der Aufsichtsratsteuer dagegen unterblieben, haftet das Unternehmen der Finanzverwaltung für den Betrag der Steuer. – 5. *Berechnung der Steuer: a) Steuersatz:* Der Steuersatz der Aufsichtsratsteuer beläuft sich auf 30 Prozent (§ 50 a II Satz 1 EStG 2009). – b) *Berechnungsgrundlage: aa) Regelfall:* Berechnet wird die Steuer, anders als sonst im System der ESt üblich, nicht von einer Nettogröße „Einkünfte“ (das wäre Einnahmen minus zugehörige Ausgaben), sondern von dem auszuzahlenden Betrag (das sind also lediglich die Einnahmen). Insoweit ist die Berechnungsgrundlage für die Aufsichtsratsteuer ungünstiger ausgestaltet als sonst im System der ESt üblich; das erklärt zugleich auch, warum der Steuersatz erheblich unter dem sonst für Spitzenverdiener üblichen Satz der ESt (2009: 45 Prozent) liegt. Die Berechnung der Steuer nach der Höhe des auszuzahlenden Betrages ist jedoch aus praktischen Gründen sinnvoll, da sonst nicht nur die Aufsichtsratsmitglieder dem Unternehmen ihre persönlichen Betriebsausgaben offenlegen müssten, sondern das Unternehmen gegenüber dem Aufsichtsratsmitglied auch Stellung dazu nehmen müsste, inwieweit ein Abzug der betreffenden Ausgabenposition steuerlich tatsächlich möglich ist. – bb) *Kostenübernahme*: Übernimmt das Unternehmen Ausgaben für das Aufsichtsratsmitglied, sind diese Ausgaben grundsätzlich ebenfalls als Einnahmen des Aufsichtsratsmitgliedes anzusehen (weil geldwerte Vorteile, § 8 I EStG), sodass hierfür dann ebenfalls die Aufsichtsratsteuer abzuführen ist. Eine Ausnahme ist lediglich gegeben, wenn Reisekosten übernommen oder ersetzt worden sind: In diesem Fall darf der Einbehalt der Aufsichtsratsteuer unterbleiben. Dies gilt jedoch nur für tatsächlich nachweisbar angefallene Kosten, Pauschalbeträge dürfen also nicht nach dieser Regelung behandelt werden. Ab dem Veranlagzungszeitraum 2009 dürfen Reisekosten in Höhe der für Verpflegungsmehraufwand üblichen Pauschbeträge ausgezahlt werden, ohne dass dies eine Steuer auslöst (§ 50a II Satz 2 EStG 2009). – cc) *Sonderregelung für Personen aus der EU*: Staatsangehörige eines Staates der EU oder des übrigen EWR dürfen wegen einer Sonderregelung ihre Betriebsausgaben dem Unternehmen mitteilen. Die Differenz von Auszahlungsbetrag und nachweisbaren Kosten des Aufsichtsrates dient der Berechnungsgrundlage für die Steuer (§ 50a III Satz 1, 2 EStG). – 6. *Abgeltungswirkung der Steuer: a) Regelfall:* Mit der Einbehaltung und Abführung der Aufsichtsratsteuer sind die einkommensteuerlichen Verpflichtungen des betroffenen Aufsichtsrates aus diesem Geschäftsvorfall gegenüber dem dt. Staat in pauschaler Form erledigt; eine Steuererklärung ist also hierfür nicht mehr zu erstellen (§ 50 II Satz 1 EStG 2009). – b) *Sonderregelung*: Lediglich Staatsangehörige von EU und übrigem EWR, die auch dort wohnen, haben die Möglichkeit, die Aufsichtsratsbezüge trotz der Abgeltungswirkung der Aufsichtsratsteuer in die Einkommensteuerveranlagung in Deutschland mieinzubeziehen (Wahlrecht, § 50 II Nr. 5 EStG). In diesem Fall gilt die Aufsichtsratsteuer als Vorauszahlung auf die Jahressteuerschuld. Ein Überschuss hieraus wird erstattet. – 7. *Ansprüche auf Senkung der Steuer nach Doppelbesteuerungsabkommen*: Weist das Doppelbesteuerungsabkommen Deutschland ein Recht auf Besteuerung bezogen auf die Aufsichtsratsvergütungen zu, erfolgt dies in der Regel ohne betragsmäßige Obergrenze (vgl. Art. 16 OECD-Musterabkommen). Damit wird ausgeschlossen, dass ein ausländischer Aufsichtsrat sich unter Berufung auf ein solches DBA Teile der Steuer erstatten lassen könnte. – 8. *Verhältnis zu anderen Steuerarten:* a) *Solidaritätszuschlag*: Auf die Aufsichtsratsteuer wird zusätzlich der Solidaritätszuschlag erhoben (5,5 Prozent der Einkommensteuer, also 1,65 Prozent der Vergütung). – b) *Umsatzsteuer*: Die Umsatzsteuer auf eine Aufsichtsratsvergütung einer Person, die nicht im Inland ansässig ist, ist nach § 13b UStG im Regelfall von dem inländischen Unternehmen (Leistungsempfänger) geschuldet. Da es für den ausländischen Aufsichtsrat keinen geldwerten Vorteil bedeuten kann, wenn das inländische Unternehmen USt-Schulden begleicht, die gar nicht Schulden dieses Aufsichtsrats darstellen, stellt die USt also in diesen Fällen keine Einnahme des Aufsichtsratsmitglieds dar und erhöht folglich die Berechnungsgrundlage der Aufsichtsratsteuer nicht. – c) *Körperschaftsteuer*: Die Behandlung von 50 Prozent der Aufsichtsratsvergütungen als nichtabziehbare Betriebsausgabe (§ 10 Nr. 4 KStG) ist etwas Anderes als die Aufsichtsratsteuer; jedoch liegt beiden Regelung dasselbe Verständnis des Begriffs „Aufsichtsratsvergütung" zugrunde, sodass die Erläuterungen des BMF in den KStR zu § 10 KStG als Auslegungshilfe auch für die Regelungen über die Aufsichtsratsteuer benutzt werden können.

Aufsichtsratsvergütung – 1. *Begriff*: Vergütung jeder Art, die an Mitglieder des → Aufsichtsrats gewährt wird (nicht jedoch Auslagenersatz); kann in einer festen Vergütung oder in einem Anteil am Gewinn bestehen (§ 113 AktG). – Vgl. auch → Tantieme. – 2. *Steuerliche Behandlung:* a) Aufsichtsratsvergütungen sind bei der Ermittlung des steuerpflichtigen Einkommens der *Körperschaft* zur Hälfte nicht abzugsfähig (§ 10 Nr. 4 KStG), die darauf entfallende Umsatzsteuer bleibt jedoch abziehbare Vorsteuer des Unternehmers. – b) Aufsichtsratsvergütungen gehören bei den *Aufsichtsratsmitgliedern* i.Allg. zu den Einkünften aus selbständiger Arbeit (§ 18 I Nr. 3 EStG). Steuerabzug nur bei beschränkt Steuerpflichtigen (→ Aufsichtsratsteuer). – Werden von den Arbeitnehmervertretern Teile der Aufsichtsratsvergütung für soziale Zwecke abgeführt, so können das u.U. → Betriebsausgaben sein. – Beamte, die auf Veranlassung ihrer vorgesetzten Behörde dem Aufsichtsrat angehören, haben ihre Aufsichtsratsvergütung an die Behörde abzuführen, mit Ausnahme eines Betrages, der ihnen als → Aufwandsentschädigung belassen wird.

Aufsichtsrecht → Versicherungsaufsicht (VA).

Aufspaltung → Rechtsträger, Spaltung von.

Aufstiegsfortbildung – Lehrgänge von längerer Dauer (bis zu drei Jahren) zum Erwerb höherer beruflicher Qualifikationen als Grundlage für beruflichen Aufstieg. I.d.R. mit Prüfungsabschluss vor einer → Industrie- und Handelskammer (IHK). – *Rechtliche Grundlage:* Die Teilnahme an Fortbildungsmaßnahmen, mit denen Prüfungen für Abschlüsse auf der Grundlage der §§ 53, 54 BBiG und der §§ 42a, 51a HandwO oder auf vergleichbare Abschlüsse nach bundes- und landesrechtlichen Regelungen vorbereitet werden, werden nach Maßgabe des Aufstiegsfortbildungsförderungsgesetzes (AFBG) i.d.F. vom 9.10.2012 (BGBl. I 2126) gefördert (Meister-BaföG). – Vgl. auch → Anpassungsfortbildung, → berufliche Fortbildung.

Aufstockung – Heraufsetzen eines → Festwertes.

Aufteilung der Steuerschuld → Gesamtschuldner, → Ergänzungsbescheid.

Aufteilungsverbot – gilt für nicht abziehbare Kosten der Lebensführung nach § 12 EStG, d.h. für Aufwendungen die sich der privaten und beruflichen Lebensführung nicht eindeutig zuordnen lassen.

Auftrag – I. Bürgerliches Recht: Vertrag nach §§ 662–674 BGB, durch den sich eine Partei (der Beauftragte) verpflichtet, ein ihr von der anderen Partei (dem Auftraggeber) übertragenes Geschäft für diese unentgeltlich sorgfältig auszuführen. – 1. *Annahme:* Wer zur Besorgung gewisser Geschäfte öffentlich bestellt ist oder sich erboten hat, muss, wenn er einen Auftrag nicht annimmt, Ablehnung unverzüglich dem Auftraggeber anzeigen (§ 663 BGB). – 2. *Pflichten:* a) Der *Beauftragte* ist verpflichtet, dem Auftraggeber die erforderlichen Auskünfte zu geben, über den Stand des Geschäfts zu geben und nach Beendigung des Auftrags Rechenschaft abzulegen (→ Rechenschaftslegung, § 666 BGB). Er hat dem Auftraggeber alles, was er zur Ausführung des Auftrags erhält und aus der Geschäftsbesorgung erlangt, herauszugeben (§ 667 BGB). – b) Der *Auftraggeber* muss dem Beauftragten die Aufwendungen, die er zum Zwecke der Ausführung des Auftrags gemacht hat und für erforderlich halten durfte, ersetzen (§ 670 BGB) bzw. auf Verlangen dem Beauftragten hierüber einen Vorschuss leisten (§ 669 BGB). – 3. *Beendigung:* Der Auftrag kann von dem Auftraggeber jederzeit widerrufen werden. Der Beauftragte kann jederzeit kündigen (§ 671 BGB). – Vgl. auch → Geschäftsbesorgungsvertrag, → Bankauftrag. – 4. *Sonderfall:* Der dem → Handelsvertreter erteilte Auftrag ist kein Auftrag im Sinn des BGB, sondern Annahme eines Angebots, wenn der Handelsvertreter ein → Abschlussvertreter, oder Angebot zum Vertragsschluss, wenn er → Vermittlungsvertreter ist.

II. Organisation: Organisatorisches Hilfsmittel der Betriebssteuerung: Die beauftragte Stelle wird zur Ausführung einer Leistung verpflichtet. – Bestimmte Funktionsstellen (→ Instanzen) haben dabei das Recht, Aufträge zu erteilen. Die Auftragserteilung kann sowohl schriftlich als auch mündlich erfolgen.

III. Wirtschaftsinformatik: → Job.

Auftragsabrechnung – Teilgebiet der → Kostenrechnung, das die für Produktions- und/oder Vertriebsaufträge anfallenden → Kosten kalkuliert. Die Auftragsabrechnung lässt sich der → Kostenstellenrechnung (Abrechnung von Aufträgen innerbetrieblicher Leistungen, z.B. Instandhaltungsleistungen) oder → Kostenträgerrechnung (Abrechnung von Vertriebsaufträgen) zuordnen. – Einzelne Aufträge können mehrere (z.B. gemischter Versandauftrag) oder einzelne Leistungsarten (z.B. ein einzelnes Produktionslos im Rahmen einer Serienfertigung) umfassen.

Auftragsabwicklung – *Order Process;* Prozess der Erfüllung von → Kundenaufträgen vom Zeitpunkt der Bestellaufgabe durch den Kunden bis zum Zahlungseingang des Leistungsentgelts beim

Lieferanten. – *Teilfunktionen* sind: a) *Auftragsübermittlung: Beispiele* sind die formlose Bestellung durch den Kunden, die Übermittlung von Bestellformularen per Brief oder Telefax, die telefonische Bestellung, internetbasierte Bestellung, Bestellannahme durch Außendienstmitarbeiter, elektronische Übermittlung über Mobilkommunikationstechnologien sowie automatisierte Bestellsysteme. – b) *Auftragsbearbeitung:* umfasst die Überprüfung der Kundenaufträge hinsichtlich Preiskonditionen, Liefermodalitäten und Bonität des Kunden sowie die Einplanung in das Produktions- und Logistiksystem. – c) *Fertigung und/oder Auftragszusammenstellung:* Produktion, auftragsgemäße Zusammenstellung der Güter im Lager (Kommissionierung). – d) *Verpackung und Versand:* Verpackung, Erstellung der Versandpapiere und Versand der Güter. – e) *Fakturierung:* Rechnungstellung der erbrachten Leistungen. Die Fakturierung kann vor der Kommissionierung (Vorfakturierung) oder nach der Kommissionierung (Nachfakturierung) erfolgen. – f) Zahlungstransaktion: papierbasierte oder elektronische Übermittlung der Zahlung oder Barzahlung.

Auftragsangelegenheit → Auftragsverwaltungsangelegenheiten.

Auftragsbeitrag – Überschuss der Einzelerlöse über die Einzelkosten eines Kundenauftrags, d.h. Überschuss der zusätzlich erzielten Erlöse über die infolge Annahme und Abwicklung des Auftrags zusätzlich ausgelösten Kosten, unabhängig davon, ob diese für einzelne Posten oder für den Auftrag als Ganzes (z.B. Fracht, Versandverpackung, Fakturierung, Zahlungseinzug) entstehen. – *Bedeutung:* Die Ermittlung des Auftragsbeitrags ist Ausgangsbasis von → Absatzsegmentrechnungen und sonstiger → Deckungsbeitragsrechnungen auf Teilkostenbasis. – Vgl. auch → Liquiditätsbeitrag.

Auftragsbestätigung → Bestätigungsschreiben.

Auftragseingang – 1. *Amtliche Statistik:* Wert (ohne Umsatzsteuer) der im Berichtsmonat von den Betrieben des Verarbeitenden Gewerbes bzw. des Bauhauptgewerbes fest vereinbarten Aufträge zur Lieferung selbst produzierter oder in Lohnarbeit gefertigter Erzeugnisse, differenziert nach Auftraggebern aus dem Inland und dem Ausland. Messung durch den → Auftragseingangsindex → im Verarbeitenden Gewerbe bzw. den → Auftragseingangsindex im Bauhauptgewerbe. – 2. *Betriebswirtschaftliche Statistik:* → Absatzstatistik.

Auftragseingangsindex im Bauhauptgewerbe – Index zur Messung der monatlichen Nachfrageentwicklung nach Bauleistungen. Der Index dient als wichtiger Frühindikator für die wirtschaftliche Entwicklung im Bauhauptgewerbe. Zur Darstellung der nominalen Nachfrageentwicklung werden → Wertindizes, zur Darstellung der preisbereinigten Entwicklung Volumenindizes ermittelt. Die → Auftragseingänge (die im abgelaufenen Kalendermonat eingegangenen und vom Betrieb fest akzeptierten Bauaufträge für Bauleistungen) werden durch die Statistischen Landesämter bei etwa 10 000 Baubetrieben mit mind. 20 Beschäftigten erhoben. Aus den Länderergebnissen werden im → Statistischen Bundesamt (StBA) monatlich die Wert- und Volumenindizes berechnet. Zur Preisbereinigung werden Preisindexziffern für Bauleistungen herangezogen.

Auftragseingangsindex im Verarbeitenden Gewerbe – Umsatz (Wert-)index zur Messung der Nachfrageentwicklung im Verarbeitenden Gewerbe. Er umfasst den Wert aller im jeweiligen Berichtsmonat fest akzeptierten Aufträge der berücksichtigten Betriebe. Der Auftragseingangsindex im Verarbeitenden Gewerbe ist ein wichtiger Frühindikator der konjunkturellen Entwicklung. Die Erhebung erfolgt monatlich bei Betrieben des Verarbeitenden Gewerbes mit mind. 50 Beschäftigten getrennt nach Auftragseingängen aus dem In- und aus dem Ausland. Dabei werden nicht alle → Wirtschaftszweige berücksichtigt. Wirtschaftszweige, in denen die Auftragsfertigung von geringer Bedeutung ist, wie bspw. das Ernährungsgewerbe oder der Bergbau, fließen nicht ein. – Zur Berechnung des Index wird die Wertsumme der Aufträge aus einem Wirtschaftszweig zu dem entsprechenden Ergebnis für den Monatsdurchschnitt im Basisjahr in Beziehung gesetzt. Der so gebildete → Wertindex wird mit dem Erzeugerpreis bzw. den Ausfuhrpreisindizes deflationiert, um einen Volumenindex zur Darstellung der preisbereinigten Nachfrageentwicklung zu ermitteln. Durch Aggregation der einzelnen Wirtschaftszweigindizes des Verarbeitenden Gewerbes wird der Auftragseingang im Verarbeitenden Gewerbe gesamt ermittelt. Als Gewichte fungieren dabei die Wertanteile des Auftragseingangs der einzelnen Wirtschaftszweige im Basisjahr. Der Auftragseingangsindex wird monatlich als Originalindex und in saison- bzw. arbeitstäglich bereinigter Form bereitgestellt. Die Veröffentlichung erfolgt rund fünf Wochen nach Ende des Berichtsmonats, u.a. in Fachserie 4, Reihe 2.2. – Vgl. auch → Produktionsindex, → Umsatzindex.

Auftragseingangsstatistik – systematische und zahlenmäßige Erfassung der Auftragseingänge eines Unternehmens; Teil der internen → Absatzstatistik.

Auftragsfertigung → Make to Order.

Auftragsfreigabe → Einplanung.

Auftragskartei – Teil der Betriebsbuchhaltung zur Aufnahme aller Aufträge (Kunden- und Fertigungsaufträge). Zweckmäßig ist die Kennzeichnung der einzelnen Auftragsarten durch Verwendung bes. Auftragsnummern. Die Abrechnung erfolgt mittels → Auftragsabrechnung.

Auftragsproduktion → unmittelbar kundenorientierte Produktion.

Auftragsrabatt → Mengenrabatt.

Auftragsstimmrecht → Depotstimmrecht.

Auftragsverwaltung – 1. Im Verhältnis *zwischen Bund und Ländern* die in Art. 85 GG geregelte Ausführung von Bundesgesetzen durch die Verwaltungsbehörden der Länder. Im Unterschied zur sog. landeseigenen Verwaltung im Sinn des Art. 83, 84 GG kann der Bund bei der Auftragsverwaltung einen größeren Einfluss auf den Gesetzesvollzug nehmen, etwa durch Weisungen der zuständigen → obersten Bundesbehörden an die Landesbehörden. – Die Bereiche der Auftragsverwaltung sind im Grundgesetz abschließend und ausschließlich geregelt (vgl. Art. 89 II 3, 90 II GG). – 2. Im Verhältnis *zwischen Land und Gemeinden* die Wahrnehmung staatlicher Aufgaben durch die Gemeinden. Staatliche Auftragsangelegenheiten sind z.B. die Durchführung des Personenstandsgesetzes oder des Melderechts. Die Gemeinden sind anders als bei den → Selbstverwaltungsangelegenheiten den Weisungen der übergeordneten staatlichen Fachbehörde unterworfen, die oft nicht die Gemeindeaufsichtsbehörde ist.

Auftragsverwaltungsangelegenheiten – *Auftragsangelegenheiten;* die in → Auftragsverwaltung zu erledigenden Angelegenheiten. – *Gegensatz:* → Selbstverwaltungsangelegenheiten.

Auftragszeit (T) → Vorgabezeit für das Ausführen eines Auftrags durch einen Menschen. T besteht aus → Rüstzeit (t_r) und → Ausführungszeit (t_a); Gliederung im Einzelnen vgl. Abbildung „Auftragszeit". Wichtig v.a. für Lohnformen, → Produktionsprozessplanung und → Kalkulation.

Auftragszusammensetzung → Kostenbestimmungsfaktor, der diejenigen dem Betrieb oder einer Kostenstelle erteilten Einzelaufträge innerhalb einer bestimmten Periode kennzeichnet, die zu einzelnen Serien zusammengefasst werden müssen, um eine Kostenoptimierung zu erreichen. Die Höhe der Produktionskosten hängt vom Einfluss des Betriebes auf die Auftragszusammensetzung ab. – *Zu unterscheiden:* (1) *Qualitative Auftragszusammensetzung:* Bezieht sich auf die Anzahl und Beschaffenheit der zu erstellenden Erzeugnisarten. (2) *Quantitative Auftragszusammensetzung:* Menge der zu erstellenden Erzeugnisse der jeweiligen Erzeugnisart (→ Losgrößenplanung).

Aufwand → Aufwendungen.

Aufwandsausgleichskonto – buchhalterisches Konto zur Aufnahme zeitlicher Abgrenzungen der → Aufwendungen im Rahmen der kurzfristigen Ergebnisrechnung. Das Konto wird mit dem tatsächlichen Anfall belastet (→ belasten) und bei Weiterverrechnung in die Kostenrechnung erkannt (→ erkennen).

Aufwandsentschädigung – 1. An *Abgeordnete,* u.U. auch an *leitende Beamte* gewährte Vergütung zum Ausgleich ihnen entstehender bzw. entstandener Auslagen persönlicher oder sachlicher Art, z.B. Geldentschädigung für Repräsentationszwecke. – *Steuerfrei:* Aufwandsentschädigung aus öffentlichen Kassen (§ 3 Nr. 12 EStG), soweit durch Gesetz oder Rechtsverordnung bestimmt, bei hauptamtlich Tätigen. – *Steuerpflichtig:* (1) Entschädigung für Verdienstausfall, Zeitverlust oder Haftungsrisiko; (2) Differenzbetrag zwischen Aufwand und Aufwandsentschädigung, soweit der Aufwand offenbar unter der Höhe der gewährten Aufwandsentschädigung liegt; (3) Aufwandsentschädigung an die in Kreis- und Gemeindeverwaltungen ehrenamtlich tätigen Personen zum Ausgleich des Aufwands an Zeit und Arbeitsleistung sowie des entgangenen Arbeitsverdienstes. Aus Vereinfachungsgründen bleibt dann, wenn jemand hauptamtlich tätig ist und der Betrag der aus einer öffentlichen Kasse gewährten Aufwandsentschädigung durch Gesetz oder Rechtsverordnung festgelegt ist, die Aufwandsentschädigung in voller Höhe steuerfrei, während bei ehrenamtlich tätigen Personen 1/3 der Aufwandsentschädigung, mind. aber 175 Euro pro Monat steuerfrei belassen werden. Ist dagegen der Anspruchsberechtigte, der Betrag oder der Höchstbetrag der Aufwandsentschädigung nicht durch Gesetz oder Rechtsverordnung bestimmt, so kann bei haupt- und ehrenamtlich tätigen Personen ohne weiteren Nachweis ein

Auftragszeit T

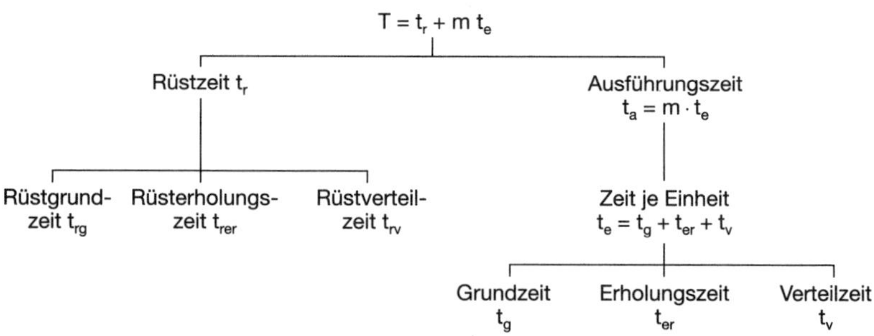

steuerlicher Aufwand von 175 Euro pro Monat unterstellt werden (R 3.12 III LStR). – Für die aus den Kassen der Berufsgenossenschaften, der Orts-, Land-, Innungs- und Ersatzkrankenkassen, der Gemeindeunfallversicherungsverbände, der Träger der gesetzlichen Rentenversicherung und der Knappschaften gewährten Aufwandsentschädigung gilt Entsprechendes. – 2. Vergütung für *nebenberufliche Tätigkeiten* als Übungsleiter, Ausbilder, Erzieher oder für eine vergleichbare nebenberufliche Tätigkeit, für nebenberufliche künstlerische Tätigkeit oder für die nebenberufliche Pflege alter, kranker oder behinderter Menschen im Dienst oder Auftrag einer inländischen juristischen Person des öffentlichen Rechts oder einer unter § 5 I Nr. 9 KStG fallenden Einrichtung zur Förderung gemeinnütziger, mildtätiger und kirchlicher Zwecke sind bis zur Höhe von insgesamt 2.100 Euro im Jahr *steuerfrei* (§ 3 Nr. 26 EStG, vgl. → Ausbildungsfreibetrag). Bestimmte andere nebenberufliche Tätigkeiten im Dienst oder im Auftrag einer juristischen Person des öffentlichen Rechts oder einer gemeinnützigen Körperschaft bleiben bis zu 500 Euro steuerfrei (§ 3 Nr. 26a EStG). Eventuelle mit diesen Tätigkeiten zusammenhängende Aufwendungen können allerdings jeweils dann ebenfalls nicht steuerlich geltend gemacht werden, es sei denn, sie übersteigen den steuerfreien Betrag der Einnahmen (§ 3 Nr. 26, 26a EStG). – 3. Mehraufwandsentschädigungen für Ein-Euro-Jobs sind steuerfrei (§ 3 Nr. 2b EStG); sie unterliegen nicht dem Progressionsvorbehalt.

aufwandsgleiche Kosten → Grundkosten.

Aufwandskonten – umfassende Bezeichnung sämtlicher Konten, die zur Erfassung und Verrechnung von → Aufwendungen dienen: (1) für *betriebliche Aufwendungen:* Konten der Kontenklasse 6 (IKR); (2) für *weitere Aufwendungen:* Konten der Klasse 7.

Aufwandskosten – kaum noch gebräuchlicher Begriff für aufwandsgleiche Kosten (→ Abgrenzung).

aufwandsorientiertes Deckungsbudget – 1. *Begriff/Charakterisierung:* Ein in Anlehnung an die Gliederung des Aufwands in der traditionellen Gewinn- und Verlustrechnung strukturiertes und um den angestrebten Jahresgewinn vor Steuern ergänztes → Deckungsbudget. Unberücksichtigt bleiben Aufwandsteile, die den einzelnen Leistungen als → Einzelkosten zugerechnet werden und bei der Ermittlung der Auftragsbeiträge bereits subtrahiert sind. Kriterien zur Gruppierung der einzelnen Aufwandsarten: a) Eindeutige Zurechenbarkeit auf das Abrechnungsjahr, b) Aktivierungspflichtigkeit und c) Belastung der Periode mit Ausgaben bzw. Auszahlungen. – Bes. gekennzeichnet werden sollten die mit dem finanzorientierten → Deckungsbudget identischen Positionen sowie Positionen, bei denen Spielräume für eine spätere Budgetanpassung durch sachliche oder finanzielle Dispositionen bestehen. – 2. *Zweck:* Das aufwandsorientierte Deckungsbudget dient in der Deckungsbeitragsrechnung zum frühzeitigen Abschätzen des Jahreserfolgs und zur Vorbereitung einer aktiven → Bilanzpolitik während des laufenden Jahres. Die Gegenüberstellung von aufwandsorientiertem Deckungsbudget und den im Anschluss an den Auftragseingang bzw. die Fakturierung fortlaufend kumulierten → Auftragsbeiträgen stellt eine als Frühwarnsystem bes. geeignete kontinuierliche Erfolgsrechnung dar.

Aufwandsrückstellungen – Bildung von → Rückstellungen für einen künftigen Aufwendungsüberschuss. Gemäß § 249 I HGB besteht → Passivierungspflicht für Rückstellungen für ungewisse Verbindlichkeiten und für drohende Verluste aus schwebenden Geschäften, für Aufwendungen für unterlassene Instandhaltung, die in den ersten drei Monaten des folgenden Jahres nachgeholt werden, für Aufwendungen für unterlassene Abraumbeseitigung, die innerhalb von zwölf Monaten nachgeholt werden, und für Aufwendungen für Gewährleistungen ohne rechtliche Verpflichtung (→ Garantieverpflichtung).

Aufwands- und Ertragskonsolidierung → Konzern-Gewinn- und Verlustrechnung (Konzern-GuV).

Aufwands- und Ertragsrechnung → Gewinn- und Verlustrechnung (GuV).

aufwandsungleiche Kosten → Anderskosten.

Aufwärtskompatibilität – Begriff für die → Kompatibilität einer älteren Version eines Softwareprodukts mit einer neueren Version oder mit einer neueren Softwareumgebung (→ Software); im Gegensatz zu „Abwärts"-Kompatibilität häufig gewährleistet. – *Beispiel:* Eine neue Version eines Betriebssystems ist aufwärts kompatibel mit der früheren, wenn alle Programme, die unter der früheren Version betrieben werden konnten, auch unter der neuen ablauffähig sind.

Aufwendungen – I. Rechnungswesen: 1. *Begriff:* periodisierte → Ausgaben einer Unternehmung für die während einer Abrechnungsperiode verbrauchten Güter, Dienstleistungen und öffentlichen Abgaben, die in der → Gewinn- und Verlustrechnung (GuV , → Erfolgsrechnung) den → Erträgen gegenübergestellt werden (*anders:* → Kosten). Aufwendungen können mit den *Ausgaben* des gleichen Zeitabschnitts übereinstimmen; falls nicht, ist eine → Abgrenzung erforderlich. – 2. *Arten:* a) Aufwendungen *für den Ge- und Verbrauch von Gütern:* (1) die verwendeten Verbrauchsgüter (Roh-, Hilfs- und Betriebsstoffe); (2) Wertminderungen an Gebrauchsgütern (abnutzbarem Anlagevermögen). – b) Aufwendungen für die *Inanspruchnahme von Leistungen:* bes. Löhne und Gehälter, auch Ausgaben für Versicherung, Zinsen, Patentgebühren und andere Entgelte für fremde Leistungen. – c) Aufwendungen für die *Außenlasten* (Steuern, öffentliche Abgaben etc.). – 3. Für Zwecke der → Gewinn- und Verlustrechnung (GuV) sind in der Buchhaltung zu trennen: a) Aufwendungen der gewöhnlichen Geschäftstätigkeit; b) → außerordentliche Aufwendungen und Steueraufwendungen

(→ Industrie-Kontenrahmen (IKR)). – 4. Für Zwecke der *Kostenrechnung* sind zu unterscheiden: a) (1) *betriebliche Aufwendungen,* die in Erfüllung des Betriebszwecks entstehen, bei Erstellung von Gütern und Diensten; (2) *betriebsfremde Aufwendungen,* die für andere Zwecke der Unternehmung entstehen. – b) (1) *Betriebliche ordentliche Aufwendungen,* der regulären Erfüllung des Betriebszwecks dienend; (2) *betriebliche außerordentliche Aufwendungen,* in Erfüllung des Betriebszwecks anfallend, jedoch nur einmal oder so unregelmäßig, dass sie den periodischen Kostenvergleich stören würden. – *Beispiel:* außerordentliche Wagnisverluste und Verluste aus bes. Schadensfällen. – c) (1) *Betriebliche ordentliche, kalkulierbare Aufwendungen,* mit denen erstellte Leistungen zu belasten sind; (2) *betriebliche ordentliche, nicht kalkulierbare* Aufwendungen dürfen das → Betriebsergebnis nicht beeinflussen (z.B. Körperschaftsteuer). – Nur die Aufwendungen unter c) (1) sind als → Kosten in die Kostenrechnung zu übernehmen. Sämtliche anderen Aufwendungen werden durch → Abgrenzung aus der Kostenrechnung ausgeschieden.

II. Steuerrecht: Es wird zwischen abzugsfähigen Aufwendungen und → nicht abzugsfähigen Aufwendungen unterschieden.

III. Handelsrecht: 1. Das dem → Handlungsgehilfen und → Handelsvertreter sowie dem *Beauftragten und Geschäftsführer* zustehende Recht auf → Aufwendungsersatz (§§ 675, 670 BGB). Für den Handelsvertreter kommt Ersatz nur infrage, wenn die Aufwendungen außerhalb des regelmäßigen Geschäftsbetriebes liegen oder der Ersatz handelsüblich ist. – 2. Die dem → Handelsmakler i.Allg. bei entsprechenden Vereinbarungen zu ersetzenden Aufwendungen (§ 652 II BGB). – 3. Das den *Gesellschaftern* einer OHG oder KG gemäß § 110 HGB zustehende Recht auf Ersatz derjenigen Aufwendungen, die ein Gesellschafter bei Anwendung der → Sorgfalt in eigenen Angelegenheiten den Umständen nach für erforderlich halten durfte.

Aufwendungen für die Ingangsetzung und Erweiterung des Geschäftsbetriebes – bis Inkrafttreten des Bilanzrechtsmodernisierungsgesetzes → (BilMOG) als → Bilanzierungshilfe in der → Handelsbilanz aktivierungsfähige, aber nicht aktivierungspflichtige → Aufwendungen (§ 269 HGB). – *Beispiele:* Aufwendungen für Probeläufe von Anlagen, für Organisationsberatung, für den erstmaligen Aufbau der Vertriebsorganisation, für Marktstudien; davon zu unterscheiden sind → Gründungskosten.

Aufwendungseigenverbrauch – früherer Begriff aus dem Bereich der Umsatzsteuer; bezeichnete die Erhebung von Umsatzsteuer auf die Tätigung von nicht abziehbaren Betriebsausgaben durch einen Unternehmer. An die Stelle der Besteuerung des Aufwendungseigenverbrauchs ist seit 1999 die Versagung des → Vorsteuerabzugs für diese Aufwendungen getreten.

Aufwendungsersatz – 1. *Begriff:* Anspruch auf Ersatz von → Aufwendungen. – 2. *Anwendungsbereich:* a) Ersatz vergeblicher Aufwendungen, die der → Gläubiger im Vertrauen auf den Erhalt einer → Leistung gemacht hat und billigerweise machen durfte (§ 284 BGB). – b) Ersatz der Aufwendungen, die der Beauftragte bzw. Geschäftsführer beim → Auftrag bzw. bei der → Geschäftsführung ohne Auftrag den Umständen nach für erforderlich halten durfte (§§ 683, 684, 670 BGB). Auf Verlangen ist dem Beauftragten bzw. Geschäftsführer ein angemessener *Vorschuss* zu leisten (§ 669 BGB). – c) Ersatz von → Verwendungen.

Aufwertung – Wertgewinn einer Währung (z.B. Euro) im Vergleich zu einer anderen Währung (z.B. US-Dollar). – Vgl. auch → Abwertung, → Wechselkurs, → Wechselkursbildung.

Aufzeichnungen – Sammlung von Daten, die alle notwendigen Angaben und Einzelheiten enthält, die den Zollbehörden die Überwachung und Kontrolle der → Zollverfahren oder der Vorgänge in → Freizonen ermöglichen.

Aufzeichnungsdichte – *Speicherungsdichte;* Kenngröße für die Speicherdichte auf den Oberflächen magnetischer → Datenträger, gemessen (i.d.R.) in bit per inch (bpi; Speicherung hintereinander) bzw. track per inch (tpi; Speicherung nebeneinander). – Vgl. auch → Aufnahmekapazität.

Aufzeichnungspflicht – I. Allgemeine Rechnungslegungspflicht: → Buchführungspflicht.

II. Umsatzsteuerrecht: Nach § 22 UStG und entsprechenden Vorschriften der UStDV ist der Unternehmer verpflichtet, zur Feststellung der → Umsatzsteuer und der Grundlagen ihrer Berechnung Aufzeichnungen zu machen. – 1. *Es müssen zu ersehen sein:* (1) die vereinbarten → Entgelte für die ausgeführten → Lieferungen und → sonstigen Leistungen, getrennt nach Steuersätzen; gesonderte Erfassung der steuerfreien Umsätze und derjenigen Umsätze, für die auf Steuerbefreiung verzichtet wurde (→ Verzicht auf Steuerbefreiung); (2) die vereinnahmten Entgelte für noch nicht ausgeführte Leistungen (→ Mindest-Ist-Besteuerung); (3) die Bemessungsgrundlagen für Leistungen an Arbeitnehmer und Gesellschafter; (4) die Bemessungsgrundlagen für → unentgeltliche Wertabgaben; (5) die Entgelte für steuerpflichtige Lieferungen und sonstige Leistungen, die an den Unternehmer für sein Unternehmen ausgeführt worden sind, die vor Ausführung dieser Umsätze gezahlten Entgelte (Vorauszahlungen) sowie die auf diese Umsätze entfallende Steuer (→ Vorsteuerabzug); (6) die Bemessungsgrundlagen für die Einfuhr von Gegenständen und die entrichtete → Einfuhrumsatzsteuer (EUSt); (7) die Bemessungsgrundlagen für den innergemeinschaftlichen Erwerb von Gegenständen sowie die darauf entfallenden

Steuerbeträge; (8) die Berechnungsgrundlage für eine spätere Vorsteuerberichtigung nach § 15a UStG; (9) unter bestimmten Bedingungen (§ 22 IVc UStG) die ins übrige Gemeinschaftsgebiet verbrachten Gegenstände (→ Verbringung); (10) Gegenstände, die der Unternehmer zur Bearbeitung, Verarbeitung oder Begutachtung von einem Unternehmer mit einer Umsatzsteuer-Identifikationsnummer aus dem übrigen Gemeinschaftsgebiet erhält. – 2. *Gewisse Vereinfachungen der* Aufzeichnungspflichten (§§ 63–68 UStDV) sind aus praktischen Erwägungen zugelassen worden (→ Trennung der Entgelte). Für land- und forstwirtschaftliche Betriebe (§ 24 UStG) und Kleinunternehmer (§ 19 UStG) ist die Aufzeichnungspflicht stark eingeschränkt. Ein Unternehmer im → Straßenhandel hat ein Steuerheft zu führen. – 3. *Bes.* Aufzeichnungspflichten für Reiseleistungen (§ 25 UStG) und Gebrauchtwagenhändler, die die → Differenzbesteuerung (§ 25a UStG) anwenden.

Aufzinsung – Begriff der Zinseszinsrechnung; Ermittlung des Endkapitals aus gegebenem Anfangskapital und einem gegebenen Zinsfuß bzw. Ermittlung des Endwertes einer Zahlungsreihe durch Multiplikation der Zahlungen mit den zugehörigen → Aufzinsungsfaktoren. – *Gegensatz:* → Diskontierung.

Aufzinsungsfaktor – Begriff der Zinseszinsrechnung. Durch Multiplikation des Kapitals mit dem Aufzinsungsfaktor erhält man das um Zinsen bzw. Zinseszinsen vermehrte Kapital. – *Gegensatz:* Diskontierungsfaktor (→ Diskontierung).

Aufzinsungspapiere → Agiopapiere.

Augenschein → Beweismittel.

Augmented Physical Quality of Life Index (APQLI) → Physical Quality of Life Index (PQLI).

Augmented Reality – 1. *Begriff:* bezeichnet eine computerunterstützte Wahrnehmung bzw. Darstellung, welche die reale Welt um virtuelle Aspekte erweitert. – 2. *Merkmale:* Mit der Integration von Kameras in immer mehr mobile Geräte können zusätzliche Informationen oder Objekte direkt in ein aktuell erfasstes Abbild der realen Welt eingearbeitet werden. Dabei kann es sich um Informationen jedweder Art (bspw. Textinformationen oder Abbildungen) handeln. Die Anwendungszwecke reichen von der Information über die unmittelbare Umgebung, über die ins Sichtfeld eingeblendete Navigation bis hin zu Spielen und Werbung.

Auktion – einmalige oder periodische Form der Marktveranstaltung, bei der die am Auktionsort oder in dessen Nähe untergebrachten Waren im öffentlichen Bieteverfahren an den Meistbietenden veräußert werden. Auf *dt. Großhandelsauktionen* werden vornehmlich leicht verderbliche Erzeugnisse (Obst, Gemüse, Fische, Schnittblumen) angeboten; weitere Auktionswaren sind: Holz, Wein, Vieh, Häute und Felle als Landesprodukte sowie Südfrüchte, Tabak, Häute, Pelze, Elfenbein u.a. als Übersee-Erzeugnisse. Daneben gibt es Auktionen, die sich auch an *Privatleute* richten. Auf ihnen werden u.a. versteigert: Briefmarken, Antiquitäten, Kunstgegenstände, ver- oder gepfändete Sachen, Gegenstände aus Insolvenzmassen, Gebrauchtwaren. Mit der Verbreitung des Internets haben sich verschiedene Formen von Auktionen entwickelt, bekannt ist v.a. die Plattform von eBay. – Vgl. → Versteigerung, → eBay-Auktion.

Auktionsverfahren → Umweltzertifikat.

Aumann – Israel Robert John, geb. 1930, israelischer Ökonom, lehrt an der Hebräischen Universität in Jerusalem; → Nobelpreis für Wirtschaftswissenschaften 2005 (zusammen mit → Schelling). Aumann hat – so das Nobelpreiskomitee – das Verständnis von Kooperationen und Konflikten durch spieltheoretische Analysen vorangebracht. Seine wichtigsten Beiträge sind gesammelt in: Robert J. Aumann, Collected Papers, 2 Bde. (2000).

Ausbesserungsverkehr – 1. *Begriff* des Zollrechts: überholte Bezeichnung für Ausbesserungen vorübergehend eingeführter drittländischer Waren im Zollgebiet der Gemeinschaft *(aktive Veredelung)* oder vorübergehend ausgeführter Gemeinschaftswaren im Drittland *(passiver Veredelung)* bei Gewährung von Zollvergünstigungen. Zum Ausbessern gehört das Wiederherstellen (z.B. Reparieren, Instandsetzen) abgenutzter oder schadhaft gewordener und das Nachbessern fehlerhaft hergestellter Waren (auch durch Auswechseln einzelner Teile), das Regulieren von Waren sowie das Reinigen verschmutzter Waren. – 2. *Voraussetzung* der Vergünstigung ist Bewilligung einer Zollstelle: a) Beim der Ausbesserung im Rahmen der → aktiven Veredelung stets vor der Einfuhr der Waren, bei einmaligem aktivem Ausbesserungsverkehr zugleich mit der Einfuhrabfertigung. – b) Bei der Ausbesserung im Rahmen der *passiven Veredelung* ist die Bewilligung regelmäßig vor der vorübergehenden Ausfuhr zu erteilen, vereinzelt, etwa bei nicht gewerblichem Warenverkehr spätestens bei Einfuhrabfertigung. Bei kostenloser Ausbesserung in Garantiefällen kommt es regelmäßig zur Einfuhrabgabenfreiheit. Im Übrigen wird auf Basis der Veredelungskosten verzollt.

Ausbeute – I. Zivilrecht: Nach § 99 BGB der über die natürlichen → Früchte einer Sache hinaus aus einer Sache bestimmungsgemäß gewonnene Ertrag.

II. Industriebetriebslehre: Relation zwischen verwertbarer Erzeugnismenge und bearbeiteter Erzeugnismenge (→ Ausbeutekoeffizient).

Ausbeuteabweichung – Begriff der Plankostenrechnung für eine Kostenabweichung (→ Abweichungen), die darauf zurückzuführen ist, dass der Ist-Ausbeutekoeffizient nicht mit dem geplanten → Ausbeutekoeffizient übereinstimmt.

Ausbeutekoeffizient → Kostenbestimmungsfaktor, der das Verhältnis von verwertbarer Erzeugnismenge zu bearbeiteter Erzeugnismenge (→ Ausbeute) angibt. Die Differenz zwischen bearbeiteter und verwertbarer Erzeugnismenge wird als → Ausschuss bezeichnet.

Ausbeutung – I. Wirtschaftstheorie: 1. *Wirtschaftstheorie des* → Marxismus: Aus → Arbeitswertlehre und → Mehrwerttheorie wird abgeleitet, dass die Arbeiter nicht den vollen Gegenwert der von ihnen erstellten Güter als Lohn erhalten, sondern nur das ausbezahlt bekommen, was sie zur Deckung des eigenen „Reproduktionsaufwands" (Miete, Ernährung, Kleidung u.a.) benötigen. Die Differenz zwischen dem Wert der produzierten Güter und Lohn (Mehrwert) würde sich der Unternehmer aneignen, d.h. er beute die Arbeiter aus. In welchem *Ausmaß* dies geschehe, soll anhand der sog. Mehrwertrate messbar sein. Die Ausbeutung führe zur fortschreitenden Verelendung der Arbeiter. – *Kritik:* Die Ausbeutungslehre lässt allerdings die produktiven Leistungen der beiden anderen Faktoren (Kapitalgüter und Boden) unberücksichtigt, wie auch der Beitrag des dispositiven Faktors durch sie nicht erklärt wird. – 2. → Pigou spricht von Ausbeutung, wenn der Lohnsatz unter dem Wertgrenzprodukt der Arbeit liegt. Sind die Faktormärkte durch Konkurrenz gekennzeichnet, kann es keine Ausbeutung geben. Der Faktorpreis kann niedriger als das Wertgrenzprodukt sein, wenn es sich bei dem Faktormarkt um ein Nachfragemonopol oder ein bilaterales Monopol handelt. – 3. *Theorie der Unterentwicklung der Entwicklungsländer:* → Dependencia-Theorien.

II. Wettbewerbsrecht: Fallgruppe unlauteren Wettbewerbs (→ unlauterer Wettbewerb), die wettbewerblich eigenartigen Gegenständen ergänzenden wettbewerbsrechtlichen Leistungsschutz gegen unlautere Nachahmung gewährt und den Ruf einer Ware oder Leistung gegen Ausbeutung schützt. – 1. *Unlautere Nachahmung (§ 4 Nr. 9 a UWG):* Leistungen, Produkte und Werbemittel, die nicht unter Sonderrechtsschutz stehen (→ gewerbliche Schutzrechte, → Urheberrechte), dürfen nachgeahmt werden, es sei denn, ihnen kommt wettbewerbliche Eigenart zu und bes. wettbewerbliche Umstände lassen die Verwertung des fremden Leistungsergebnisses als wettbewerbswidrig erscheinen, z.B. eine vermeidbare betriebliche Herkunftstäuschung. Die wettbewerbliche Eigenart folgt nicht aus der schöpferischen (erfinderischen) Qualität des Originals im Sinn der gewerblichen Schutzrechte und des Urheberrechts, sondern aus der Eignung ihrer konkreten Gestaltung, im Verkehr auf die betriebliche Herkunft hinzuweisen oder Vorstellungen von ihrer Besonderheit (Wert-, Güte-, Luxus- oder Modevorstellungen) hervorzurufen. Eignung genügt für die wettbewerbliche Eigenart, für eine vermeidbare Herkunftstäuschung ist eine gewisse Bekanntheit des Produkts Voraussetzung. Alltäglichen Gestaltungen fehlt schon die Eignung. Nichttechnische Merkmale eröffnen eine Vielzahl von Gestaltungsmöglichkeiten und wirken eher wettbewerblich eigenartig als technisch-funktionale Merkmale. – 2. *Bes. Fallgestaltungen:* Identische Übernahme einer auf Fortsetzungsbedarf angelegten Ware ist wettbewerbswidrig, Nachbau und Vertrieb von Ersatzteil-, Instandsetzungs- und Zubehörbedarf grundsätzlich wettbewerbskonform, der detailgenaue Nachbau technischer Elemente z.T. notwendig, um Kompatibilität zwischen Original und Ersatzteil sicherzustellen. – 3. *Anlehnende Rufausbeutung, § 4 Nr. 9 b UWG:* Der Schutz aus § 4 Nr. 9 UWG ist nicht auf die gegenständliche Nachahmung beschränkt, sondern erfasst auch Fälle, in denen fremde Produkte oder Leistungen zum Vorspann des Absatzes (gleichartiger oder ungleichartiger) Ware gemacht werden. Offene Anlehnung zur Empfehlung der eigenen Ware („Ersatz für ..."; „genauso gut wie ...") ist regelmäßig wettbewerbswidrig und kann zugleich unlauterer Behinderungswettbewerb gemäß § 4 Nr. 10 UWG sein. – 4. *Rechtsschutz:* Ansprüche wegen Ausbeutung stehen dem Hersteller der ausgebeuteten Leistung und seinem ausschließlich Vertriebsberechtigten zu, nicht dagegen Mitbewerbern, Verbänden oder Händlern, die nicht alleinvertriebsberechtigt oder sonst unmittelbar verletzt sind.

III. Strafrecht: 1. Missbräuchliches Ausnutzten der Zwangslage oder Schwächesituation des Opfers zur Erlangung übermäßiger Vorteile. – 2. Das Strafrecht kennt den Begriff der Ausbeutung in einer Reihe von Straftatbeständen: a) wenn jemand die Zwangslage, die Unerfahrenheit, den Mangel an Urteilsvermögen oder die erhebliche Willensschwäche eines anderen dadurch ausbeutet, dass er sich oder einem Dritten für die Vermietung von Wohnraum oder damit verbundene Nebenleistungen, für die Gewährung eines Kredits, für eine sonstige Leistung oder für die Vermittlung der vorgenannten Leistungen von diesem einen Vermögensvorteil versprechen oder gewähren lässt, der in einem auffälligen Missverhältnis zu der Leistung oder deren Vermittlung steht, ist dies als → Wucher strafbar (§ 291 StGB). – b) Der Begriff der Ausbeutung findet sich ferner in den Straftatbeständen der Zuhälterei (§§ 180a II Nr.2, 181a I Nr.1 StGB), des Menschenhandels zum Zwecke der sexuellen Ausbeutung (§ 232 StGB) und zum Zwecke der Ausbeutung der Arbeitskraft (§ 233 StGB).

Ausbeutungsmissbrauch – liegt vor, wenn ein marktbeherrschendes Unternehmen im Sinne der §§ 18, 19 GWB bzw. von Art. 102 AEUV seine Marktstellung gegenüber vor- bzw. nachgelagerten Wirtschaftsstufen dazu benutzt, um z.B. zu niedrige Einkaufspreise (Problem der sog. *Nachfragemacht* des Handels gegenüber der Industrie) oder monopolistisch überhöhte Verbraucherpreise (z.B. im Fall des Verhältnisses Industrie zu Endverbraucher) zu fordern. Im Rahmen der → Missbrauchsaufsicht der → Kartellbehörden kann ein derartiges Verhalten korrigiert werden, wobei der wettbewerbskonforme Als-ob-Preis i.d.R. mithilfe sog. → Vergleichsmärkte konkretisiert wird. – *Probleme:* Problematisch ist bei dieser korrigierenden Missbrauchsaufsicht, dass

– ähnlich wie beim → Behinderungsmissbrauch – die Ursache des Missbrauchs, d.h. die Existenz von → Marktmacht, nicht beseitigt wird. Die Missbrauchsaufsicht ist insofern nicht ursachenadäquat. Dies wäre dagegen im Fall einer → Entflechtung gegeben, die die Ursachen der Marktmacht beseitigt.

Ausbietungsgarantie – Vertrag, in welchem der eine Teil (Garant) sich dem anderen gegenüber verpflichtet, in einem → Zwangsversteigerungsverfahren eines → Grundstücks bis zu einer bestimmten Höhe mitzubieten, z.B. des Werts des → Grundpfandrechts (Hypothek, Grundschuld), damit es nicht wegen zu geringen → Gebots ausfällt. Je nach den Umständen → Garantievertrag oder → Ausfallbürgschaft.

Ausbildender – nach § 10 BBiG derjenige, der einen → Auszubildenden zur → Berufsausbildung einstellt und dazu die persönliche Eignung besitzt (§ 28 I BBiG). Bei fehlender fachlicher Eignung hat der Ausbildende einen → Ausbilder mit der Ausbildung zu beauftragen. Zu den persönlichen und fachlichen Eignungsvoraussetzungen vgl. die Ausbilder-Eignungsverordnungen (gewerbliche Wirtschaft, Landwirtschaft, öffentlicher Dienst und Hauswirtschaft). – *Pflichten des Ausbildenden* (§§ 14-16 BBiG): (1) Pflicht zur ordnungsgemäßen und planmäßigen Ausbildung auf der Grundlage der entsprechenden → Ausbildungsordnung; (2) Zurverfügungstellung geeigneter Ausbildungsmittel; (3) Gewährleistung zweckmäßiger und angemessener Ausbildungsbedingungen; (4) Freistellung des Auszubildenden für den Berufsschulunterricht, für Prüfungen sowie für Ausbildungsmaßnahmen außerhalb der Ausbildungsstätte; (5) angemessene Vergütung für den Auszubildenden; (6) Ausstellung eines → Zeugnisses nach Beendigung der Ausbildung; dies ist vom Ausbilder zu unterschreiben, wenn Ausbildender die Berufsausbildung nicht selbst durchgeführt hat.

Ausbilder – nach § 28 BBiG bzw. § 22 HandwO vom → Ausbildenden mit der Wahrnehmung der Ausbildungsfunktion ausdrücklich beauftragte Person, die dazu persönlich und fachlich geeignet sein muss. Die Ausbilder-Eignungsverordnung (AEVO) vom 21.1.09 (BGBl. I S. 88) schreibt vor, dass sich die betrieblichen Ausbilder arbeits- und berufspädagogische Kenntnisse anzueignen haben und diese in einer Prüfung nachweisen müssen. Durch die Beauftragung mit Bildungsaufgaben werden dem Ausbilder Teile des Weisungsrechts gegenüber dem → Auszubildenden übertragen. Im Handwerk besitzt die fachliche Eignung wer (1) die Meisterprüfung bestanden hat oder -(2) die Gesellen- oder eine Abschlussprüfung (z.B. an einer deutschen Hochschule) in einer dem Ausbildungsberuf entsprechenden Fachrichtung bestanden hat und eine angemessene Zeit in seinem Beruf praktisch tätig war (vgl. § 22b HandwO). Daneben badarf es einer Abschlussprüfung nach AEVO.

Ausbildereignung – Das → Berufsbildungsgesetz (BBiG) regelt in § 28, dass nur ausbilden darf, wer über die persönliche und fachliche Eignung dazu verfügt. – Die persönliche Eignung regelt § 29. Sie ist insbes. dann nicht gegeben, wenn dem Ausbilder die Beschäftigung von Kindern und Jugendlichen untersagt ist, oder wenn der Ausbilder mehrfach schwer gegen das BBiG oder Vorschriften und Bestimmungen auf Grundlage des BBiG verstoßen hat. – Die fachliche Eignung regelt § 30 BBiG. Während die beruflichen Voraussetzungen i.d.R. durch eine der Fachrichtung des Ausbildungsberufs entsprechende, bestandene Abschlussprüfung des Ausbilders und eine angemessene Zeit der Berufspraxis gegeben sind, fordert das BBiG für die berufs- und arbeitspädagogische Fähigkeit des Ausbilders eine gesonderte Qualifikation. Diese ist gemäß → Ausbilder-Eignungsverordnung (AEVO 2009) mit Zeugnis oder Nachweis zu belegen. Die geforderten berufs- und arbeitspädagogischen Voraussetzungen umfassen u.a. die Kenntnis der einschlägigen Vorschriften des BBiG, Kenntnisse über das Berufsausbildungsverhältnis, die Planung von Berufsausbildungen und die Möglichkeiten zur Förderung von Lernprozessen. – Im Handwerk ist die Ausbildereignung traditionell Teil der Meisterqualifikation. Im Bereich der zulassungspflichtigen Handwerke ist dies nach wie vor der Fall. Für die Ausbildung in zulassungsfreien Handwerken und handwerksähnlichen Gewerben ist die Ausbildereignung entsprechend AEVO nachzuweisen.

Ausbilder-Eignungsverordnung – Verordnung vom 21.1.2009 – AEVO (BGBl. I 88). Die AEVO regelt die Bestandteile und den Nachweis der berufs- und arbeitspädagogischen → Ausbildereignung. Dabei trennt die Verordnung nach vier Handlungsfeldern der Ausbildung: (1) Ausbildungsvoraussetzungen prüfen und Ausbildung planen, (2) Ausbildung vorbereiten und bei der Einstellung von Auszubildenden mitwirken, (3) Ausbildung durchführen und(4) Ausbildung abschließen. – Die AEVO gilt für Ausbilder in Gewerbebetrieben, in der Landwirtschaft, in der Hauswirtschaft, im Bergwesen und im öffentlichen Dienst, nicht jedoch für freie Berufe. Auf Beschluss der Bundesregierung kann die AEVO durch den Bundesminister für Bildung und Forschung für einen bestimmten Zeitraum außer Kraft gesetzt werden, um Berufsausbildung zu erleichtern. Nach einer solchen Aussetzung zwischen 2003 und 2009, die zu einem leichten Anwachsen der Zahl der Ausbildungsplätze, zugleich aber zu Qualitätseinbußen in der Berufsausbildung geführt hat, gilt seit dem Ausbildungsjahr 2009/2010 eine neue AEVO. Befreiungsvorschriften stellen sicher, dass Ausbilder, die vor Inkrafttreten der AEVO erfolgreich und ohne Beanstandungen ausgebildet haben, auch weiterhin kein Prüfungszeugnis vorlegen müssen. Zeugnisse nach früheren Ausbilder-Eignungsverordnungen bleiben weiterhin gültig.

Ausbildungsabgabe – Die Berufsausbildungssicherungsabgabe sollte nach dem vom Bundestag am 29.4.2004 beschlossenen

Berufsausbildungssicherungsgesetz grundsätzlich allen Arbeitgebern mit mehr als zehn sozialversicherungspflichtig Beschäftigten auferlegt werden, die im Bezugsjahr unter einer gesetzlich festgelegten sog. notwendigen Ausbildungsquote ausgebildet haben. Das Gesetz scheiterte indes am Widerstand des Bundesrats, sodass es bis heute eine solche Abgabe nicht gibt.

Ausbildungsabschlussprüfung – Abschluss der Ausbildung in einem Ausbildungsberuf. – 1. Die Ausbildungsabschlussprüfung wird in den anerkannten Ausbildungsberufen vor dem von der zuständigen Stelle errichteten *Prüfungsausschuss* (Gesellenprüfungsausschuss) durchgeführt (§§ 37 ff. BBiG). – 2. *Voraussetzungen:* (1) Erfüllung der → Ausbildungszeit (§§ 43 I Nr. 1 BBiG); (2) Teilnahme an vorgeschriebenen Zwischenprüfungen und Führung der vorgesehenen → Berichtshefte (§ 43 I Nr. 2 BBiG); (3) Eintragung in das → Verzeichnis der Berufsausbildungsverhältnisse (§ 43 I Nr. 3 BBiG); (4) ggf. bes. Leistung im Betrieb oder in der Berufsschule oder Nachweis längerer beruflicher Tätigkeit (§ 45 BBiG). – 3. *Inhalt:* Unter Zugrundelegung der Ausbildungsordnung ist in der Ausbildungsabschlussprüfung festzustellen, ob der Prüfling die erforderlichen Fertigkeiten beherrscht, die notwendigen praktischen und theoretischen Kenntnisse besitzt sowie mit dem in dem Berufsschulunterricht vermittelten Lehrstoff vertraut ist. – 4. Die Ausbildungsabschlussprüfung ist für den → Auszubildenden *gebührenfrei.* – 5. Die Ausbildungsabschlussprüfung kann zweimal wiederholt werden (§ 37 I BBiG). – 6. Dem Prüfling ist bei bestandener Ausbildungsabschlussprüfung ein → Zeugnis auszustellen (§ 37 II BBiG).

Ausbildungsbeihilfe – 1. *Charakterisierung:* Leistungen des Arbeitgebers im Zusammenhang mit der Fortbildung (nicht Berufsausbildung) des Arbeitnehmers, wie z.B. Vergütungsfortzahlung, Schulkosten, Spesen. Vereinbarungen über die Erstattung der Ausbildungsbeihilfe bei Kündigung (→ Rückzahlungsklauseln) sind nur unter bestimmten Voraussetzungen zulässig. Sie dürfen nicht das Grundrecht der freien Arbeitsplatzwahl verletzen. Sie sind dann zulässig, wenn die Ausbildung dem Arbeitnehmer im Beruf oder auf dem Arbeitsmarkt wirtschaftliche Vorteile bringt. Unzulässig sind sie z.B., wenn die Fortbildung allein im Interesse des Arbeitgebers liegt oder zum Inhalt des Arbeitsvertrages gehört. Die Bindung darf nicht übermäßig sein, i.d.R. nicht länger als drei Jahre und muss sich in vertretbaren Grenzen halten, d.h. sich jedenfalls während der Bindungsdauer mindern. Die Rückzahlung der Ausbildungsbeihilfe darf nicht unter Druck während der Ausbildung vereinbart werden und muss klar und unmissverständlich sein. – *Anders:* → Berufsausbildungsbeihilfe. – 2. *Steuerliche Behandlung:* Von einem privaten Arbeitgeber gewährte Ausbildungsbeihilfen gehören zum steuerpflichtigen → Arbeitslohn, vorausgesetzt, dass die in Aussicht genommene spätere Tätigkeit die Merkmale eines → Arbeitsverhältnisses aufweist und dass ein Zusammenhang zwischen den Arbeitgeberleistungen und dem in Aussicht genommenen Arbeitsverhältnis gegeben ist (BFH-Urt. v. 18.9.1964, BStBl. 1965 III 11); auch gegeben, wenn es nicht zum Abschluss eines späteren Arbeitsverhältnisses kommt oder ein abgeschlossenes Arbeitsverhältnis tatsächlich nicht verwirklicht wird. Von *öffentlich-rechtlichen Verwaltungen* gewährte Ausbildungsbeihilfen sind steuerfrei (BFH-Urt. v. 15.6.1973, BStBl. II 734), allerdings in voller Höhe auf den → Ausbildungsfreibetrag anzurechnen.

Ausbildungsberater – nach § 76 BBiG bzw. § 41a HandwO von den zuständigen Stellen (Kammern) zu bestellende Personen, denen die Aufgaben zukommen: (1) die an der Berufsausbildung Beteiligten zu beraten; (2) die Durchführung der Berufsausbildung zu überwachen; (3) bei der Zusammenarbeit der zuständigen Stelle mit betrieblichen und außerbetrieblichen Stellen mitzuwirken. Ausbildungsberater sind i.d.R. hauptamtlich tätig und müssen die Eignung als → Ausbilder besitzen.

Ausbildungsberuf → anerkannter Ausbildungsberuf, → Berufsausbildung, → Berufsausbildungsverhältnis.

Ausbildungsberufsbild → Ausbildungsordnung.

Ausbildungsförderung – *Berufsausbildungsförderung.* 1. *Öffentliche Aufgabe* gemäß Bundesausbildungsförderungsgesetz (BAföG) i.d.F. vom 6.6.1983 (BGBl. I 645, 1680) m.spät.Änd. durch verschiedene Rechtsverordnungen zur Ausführung des BAföG. Auf individuelle Ausbildungsförderung besteht ein Rechtsanspruch nach Maßgabe des BAföG, wenn dem Auszubildenden die für seinen Lebensunterhalt und seine Ausbildung erforderlichen Mittel anderweitig nicht zur Verfügung stehen. Ausbildungsförderung wird geleistet für den Besuch der in § 2 BAföG aufgeführten Ausbildungsstätten, wozu u.a. die weiterführenden allgemeinbildenden Schulen ab Klasse 10, Berufsfachschulen, Fach- und Fachoberschulklassen, Abendhaupt-, -realschulen oder -gymnasien und Kollegs, Höhere Fachschulen, Akademien und Hochschulen gehören. Auf die im Gesetz festgesetzten Bedarfssätze sind Einkommen und Vermögen des Auszubildenden, seines Ehegatten und seiner Eltern in dieser Reihenfolge anzurechnen (§ 11 II BAföG). Die Ausbildungsförderung wird bei Schülern als nicht rückzahlungspflichtiger Zuschuss geleistet. Bei dem Besuch von höheren Fachschulen, Akademien und Hochschulen wird der monatliche Förderungsbetrag zur Hälfte als Staats-Darlehen, in Sonderfällen als verzinsliches Bankdarlehen, und zur Hälfte als Zuschuss geleistet (vgl. §§ 18–18d BAföG). Für Ausbildungsabschnitte seit dem 28.2.2001 beträgt die Höchstgrenze der Rückzahlung 10.000 Euro. Zuständig für die Durchführung ist das → Amt für Ausbildungsförderung. – 2. Das BAföG hat nicht alle Bereiche der Ausbildungsförderung zusammengefasst.

Ausbildungsförderung zur Schulausbildung, zur betrieblichen und schulischen Berufsausbildung gibt es auch nach dem Recht der Arbeitsförderung (Sozialgesetzbuch III), nach dem Bundesversorgungsgesetz, nach der Kriegsfolgengesetzgebung, als berufsfördernde Maßnahmen zur Rehabilitation in der gesetzlichen Unfall- und Rentenversicherung sowie als bes. Erziehungsmaßnahmen der Jugendhilfe; Hochbegabtenförderung leisten privat organisierte Förderungswerke oder die graduierten Förderungsgesetze der Länder. – Vgl. auch → Sicherung der Familie und von Kindern, → Arbeitsmarktpolitik.

Ausbildungsfreibetrag – 1. *Begriff* des Einkommensteuerrechts für einen Freibetrag, der die Kosten für die Berufsausbildung eines Kindes pauschal abgelten soll und bei der Ermittlung des zu versteuernden Einkommens im Rahmen der → außergewöhnlichen Belastungen abgezogen wird. Seit 2002 kann nur noch für ein sich in Berufsausbildung befindliches, auswärtig untergebrachtes volljähriges Kind, für das Anspruch auf Kinderfreibetrag oder Kindergeld besteht, der Ausbildungsfreibetrag in Höhe von 924 Euro (77 Euro pro Monat, § 33a II, IV EStG) abgezogen werden. Dieser Freibetrag vermindert sich um die eigenen Einkünfte und Bezüge des Kindes, soweit diese 1.848 Euro im Kalenderjahr übersteigen, sowie die von dem Kind direkt oder indirekt aus öffentlichen Mitteln finanzierten Ausbildungsbeihilfen. Für dasselbe Kind kann der Ausbildungsfreibetrag insgesamt nur einmal gewährt werden: Jeder Elternteil erhält den Freibetrag zur Hälfte, es sei denn, beide beantragen gemeinsam eine andere Aufteilung. – 2. *Für alle anderen Kinder* werden die Ausbildungskosten nur noch im Rahmen des → Betreuungsfreibetrags abgegolten (1.080 Euro, § 32 VI EStG; ersatzweise durch Kindergeld, vgl. → Günstigerprüfung).

Ausbildungskosten – Teil der → Personalnebenkosten, der für die Aus- und Fortbildung der Betriebsangehörigen anfällt, z.B. für Fortbildungskurse, Umschulung und Ausbildungswerkstätten. – Vgl. auch → Berufsausbildungskosten, → immaterielle Investitionen.

Ausbildungsordnung – 1. *Begriff:* Gemäß § 5 BBiG bzw. § 26 HandwO Grundlage für eine geordnete und einheitliche → Berufsausbildung sowie zur Anpassung der Berufsausbildung an die technischen, wirtschaftlichen und gesellschaftlichen Verhältnisse und deren Entwicklung. Ausbildungsordnungen legen rechtsverbindlich die inhaltlich-curriculare Ausrichtung der Berufsausbildung in → anerkannten Ausbildungsberufen fest und sind Grundlage der → betrieblichen Ausbildungspläne. – 2. *Bestandteile:* Die Ausbildungsordnung hat mind. festzulegen (1) Bezeichnung des Ausbildungsberufs, (2) Ausbildungsdauer, (3) Fertigkeiten und Kenntnisse, die Gegenstand der Berufsausbildung sind (Ausbildungsberufsbild), (4) Ausbildungsrahmenplan als Anleitung zur sachlichen und zeitlichen Gliederung der Ausbildung sowie (5) Prüfungsanforderungen. – 3. *Verfahren:* Ausbildungsordnungen werden als Rechtsverordnung vom Bundesministerium für Wirtschaft und Arbeit oder vom sonst zuständigen Fachminister im Einvernehmen mit dem Bundesministerium für Bildung und Forschung (BMBF) erlassen. Die Entwicklung von Ausbildungsordnungen liegt in der Zuständigkeit des → Bundesinstituts für Berufsbildung.

Ausbildungspflicht – eine nach dem BBiG dem → Ausbildenden (→ Ausbilder) gegenüber dem → Auszubildenden obliegende Aufgabe (§ 14 BBiG). Dem Auszubildenden müssen die Fertigkeiten und Kenntnisse vermittelt werden, die zum Erreichen des Ausbildungszieles erforderlich sind (→ Ausbildungsabschlussprüfung). Die Ausbildung hat unter Beachtung der → Ausbildungsordnung so zu erfolgen, dass das Ausbildungsziel in der vorgesehenen → Ausbildungszeit erreicht werden kann. Der Auszubildende darf durch Heranziehung zu anderen, der Ausbildung nicht entsprechenden Dienstleistungen der Erreichung des Ausbildungszieles nicht entzogen werden.

Ausbildungsrahmenplan – für die Berufsausbildung eine Anleitung zur sachlichen und zeitlichen Gliederung der Fertigkeiten und Kenntnisse des → Auszubildenden. Er wird in der → Ausbildungsordnung festgelegt (§ 5 II BBiG).

Ausbildungsstätte – Betrieb oder Betriebsteil, in dem die Ausbildung stattfindet. – Die Ausbildungsstätte muss nach Art und Einrichtung *für die Berufsausbildung geeignet* sein; die Zahl der → Auszubildenden muss in angemessenem Verhältnis zur Zahl der Ausbildungsplätze oder zur Zahl der beschäftigten Fachkräfte stehen. Trotz fehlender Erfordernisse ist die Ausbildungsstätte geeignet, wenn Mängel durch Ausbildungsmaßnahmen außerhalb der Ausbildungsstätte behoben werden (§ 27 BBiG).

Ausbildungsvergütung – dem → Auszubildenden von dem → Ausbildenden zu zahlende Vergütung, die nach dem Lebensalter des Auszubildenden zu bemessen ist und mit fortschreitender Berufsausbildung, mind. jährlich, ansteigt (§ 17 BBiG). – *Bemessung:* Die Ausbildungsvergütung ist monatlich, spätestens am letzten Arbeitstag des Monats zu zahlen. Für die Teilnahme am Berufsschulunterricht und an Prüfungen ist die Ausbildungsvergütung weiterzuzahlen. Ferner besteht Anspruch auf Ausbildungsvergütung für die Dauer bis zu sechs Wochen bei unverschuldeter Krankheit des Auszubildenden (→ Entgeltfortzahlung), bei Ausfall der Berufsausbildung, wenn der Auszubildende sich dafür bereithält oder wenn der Auszubildende aus einem sonstigen, in seiner Person liegenden, unverschuldeten Grund an der Erfüllung seiner Pflichten aus dem → Berufsausbildungsverhältnis verhindert ist (§ 19 BBiG).

Ausbildungszeit – Dauer der für das → Berufsausbildungsverhältnis erforderlichen Zeit (§ 5 I BBig). Die Ausbildungszeit wird in der → Ausbildungsordnung festgelegt; sie soll nicht mehr als drei und nicht weniger als zwei Jahre betragen. Die Ausbildungszeit ist schriftlich in den → Berufsausbildungsvertrag aufzunehmen (§ 11 BBiG). Die Ausbildungszeit im *Handwerk* ist im Einzelnen in einer Ausbildungsordnung festzulegen (§ 26 HandwO).

Ausbreitungseffekt – *Spread Effect;* in der → Wachstumspoltheorie Effekt, der von einem → Zentrum in dessen → Peripherie wirkt und dort Wirtschaftswachstum hervorruft. Ausbreitungseffekte können über → Preise, → Innovationen und → Investitionen vermittelt werden. – *Gegensatz:* → Entzugseffekt.

Ausbringung – *Ausstoß, Output;* Produktmenge, die in einem bestimmten Zeitabschnitt durch Einsatz von → Produktionsmitteln erzielt wird. Bei Versagen anderer Maßstäbe zur Kennzeichnung der betrieblichen → Kapazität geeignet. – Vgl. auch → Produktionsertrag.

Auseinandersetzung – I. Bürgerliches Recht: Auseinandersetzung unter den Gesellschaftern einer → Gesellschaft bürgerlichen Rechts (GbR) gemäß §§ 730–735 BGB. Zum Zwecke der Auseinandersetzung ist das → Gesellschaftsvermögen, soweit erforderlich, in Geld umzusetzen. Verbleibt nach Berichtigung der → Gesellschaftsschulden und nach Rückerstattung der Einlagen der Gesellschafter ein *Überschuss,* so gebührt er den Gesellschaftern nach dem Verhältnis ihrer Anteile am Gewinn (Gewinn- und Verlustbeteiligung). Reicht das Gesellschaftsvermögen zur Schuldentilgung nicht aus, so müssen die Gesellschafter einen *Nachschuss* leisten (→ Nachschusspflicht).

II. Handelsrecht: 1. Auseinandersetzung infolge → Auflösung der Personengesellschaft oder bei → Ausscheiden eines Gesellschafters. Auseinandersetzung muss stattfinden, kann jedoch auf einen späteren Zeitpunkt verschoben werden. Die *Art der Auseinandersetzung* können die Gesellschafter frei vereinbaren: (1) Die im HGB genannte → Abwicklung, (2) Übernahme des Geschäftes mit Aktiven und Passiven durch einen oder mehrere Gesellschafter (z.B. bei Ausscheiden eines Gesellschafters), (3) Einbringung des Gesellschaftsvermögens in eine Kapitalgesellschaft, (4) Versteigerung des Geschäfts unter den Gesellschaftern etc. Ist eine bes. Art der Auseinandersetzung nicht vereinbart, findet i.Allg. die Abwicklung statt. – 2. Der Auflösung einer → stillen Gesellschaft muss auch eine Auseinandersetzung folgen, die sich jedoch nur auf die Auseinandersetzung der schuldrechtlichen Beziehungen beschränkt. Das Ergebnis des letzten Geschäftsjahres bis zur Auflösung muss festgestellt werden; ein aktives Einlagekonto muss der Geschäftsinhaber auszahlen, für ein passives muss der stille Gesellschafter, sofern er noch mit seiner → Einlage im Rückstand ist, in Höhe des Passivsaldos Zahlung leisten (§ 235 HGB). Auch hier kann eine andere Art der Auseinandersetzung vereinbart werden.

III. Eheliches Güterrecht: Auseinandersetzung nach Aufhebung eines Güterstandes. – Vgl. auch → eheliches Güterrecht.

Auseinandersetzungsbilanz – 1. *Begriff:* Bilanz einer Personengesellschaft (→ Abschichtungsbilanz), die als Grundlage für die Auszahlung eines oder mehrerer Gesellschafter dienen soll. Das Ergebnis der Auseinandersetzungsbilanz ist das → Auseinandersetzungsguthaben. – 2. *Formen:* Die Auseinandersetzungsbilanz kann eine *Sonderbilanz* sein, d.h. sie kann speziell zum Zweck einer → Auseinandersetzung aufgestellt werden. Das ist notwendig, wenn ein Gesellschafter im Laufe des Geschäftsjahres ausscheidet. Die Auseinandersetzungsbilanz kann ersetzt werden durch die Handelsbilanz am Ende des Geschäftsjahres. Im → Gesellschaftsvertrag können Richtlinien vereinbart werden, die sowohl den Aufstellungszeitpunkt als auch die Bewertungsmaßstäbe für die Auseinandersetzungsbilanz festlegen. – 3. *Bewertung/Besteuerung:* Da die Auseinandersetzungsbilanz eine interne Bilanz der Gesellschafter ist, sind die Gesellschafter in der Wahl der *Wertansätze* an keine handels- oder steuerrechtlichen Vorschriften gebunden. Vor dem Hintergrund der Unternehmungsbewertungslehre und der Rechtsprechung zur Ermittlung einer angemessenen Abfindung ist die Verwendung der Jahresbilanz problematisch. Nach heutiger Auffassung wird der Wert einer fortzuführenden Unternehmung (→ Unternehmungswert) und damit die Höhe des Auseinandersetzungsguthabens ausscheidender Gesellschafter von der Höhe der künftig erzielbaren Reinerträge bzw. Einnahmeüberschüsse bestimmt. Erhält der ausscheidende Gesellschafter mehr als den steuerlichen Buchwert seines Anteil, so erzielt er einen nach § 34 EStG ermäßigt besteuerten Gewinn (§ 16 I Nr. 2 EStG).

Auseinandersetzungsguthaben – 1. beim Ausscheiden eines Gesellschafters aus einer *Personengesellschaft* entstehendes Guthaben; Ergebnis der → Auseinandersetzungsbilanz. Der Geschäftsanteil auf dem Kapitalkonto, meist vermehrt um die Auflösung der → stillen Rücklagen (Bewertung zum Tag des Ausscheidens), wandelt sich um in ein Auseinandersetzungsguthaben, das je nach Inhalt des Gesellschaftsvertrages beim Ausscheiden oder in langfristigen Raten fällig wird. *Vor Feststellung* des Auseinandersetzungsguthabens kann ein Anspruch auf einzelne Posten grundsätzlich nicht geltend gemacht werden, außer wenn das Ergebnis der → Unternehmungsbewertung schon vorher feststeht. Der Anspruch auf das Auseinandersetzungsguthaben entsteht bereits mit Entstehen der Gesellschaft, wenn auch in unbestimmter Höhe. Er kann übertragen und gepfändet werden. – 2. Das Auseinandersetzungsguthaben des *stillen Gesellschafters* besteht aus seiner → Einlage, soweit er sie im Zeitpunkt der → Auflösung geleistet hat, vermehrt oder vermindert durch das Ergebnis des letzten Geschäftsjahres. In Höhe des Auseinandersetzungsguthabens ist der stille Gesellschafter Gläubiger des Inhabers wie jeder andere Gläubiger.

Auseinandersetzungsversteigerung – eine → Zwangsversteigerung zur Aufhebung einer Gemeinschaft.

Ausfallbürgschaft – *Schadlosbürgschaft;* Sonderform der → Bürgschaft. Der Bürge haftet nur, soweit der Gläubiger mit seiner Forderung ausfällt. Der Ausfallbürge braucht nicht erst die → Einrede der Vorausklage zu erheben, vielmehr muss der Gläubiger nachweisen, dass er erfolglos die → Zwangsvollstreckung gegen den → Hauptschuldner versucht hat. – Vgl. auch → modifizierte Ausfallbürgschaft. Zur *Förderung von Mittelstand und Existenzgründungen* werden Ausfallbürgschaften seitens → Bürgschaftsbanken übernommen. – Im *Export* gewährt der Bund unter bestimmten Voraussetzungen Ausfallbürgschaften (→ Exportkreditgarantien des Bundes).

Ausfallforderung – Forderung eines absonderungsberechtigten Gläubigers im → Insolvenzverfahren, die verbleibt, wenn der übrige Teil durch Verwertung einer Sicherheit befriedigt und damit erloschen ist. Wegen der Behandlung der Ausfallforderung vgl. → Absonderung.

Ausfallkosten → Stillstandskosten.

Ausfallrisiko – 1. *Allgemein*: Gefahr eines Verlustes, weil Gläubiger teilweise oder vollständig ihren Zahlungen nicht nachkommen oder weil Sachwerte und Wertpapiere an Wert verlieren oder wertlos werden. – 2. *Speziell im Kreditgeschäft*: die Gefahr, dass Kreditnehmer die vertraglich vereinbarten Zins- und Tilgungszahlungen nicht oder nur teilweise leisten. Darüber hinaus besteht die Gefahr, dass durch eine Verschlechterung der → Bonität des Kreditnehmers die Wahrscheinlichkeit steigt, dass der Kredit ausfällt und dass dann bereits zusätzliche Kosten bzw. Verluste entstehen (Bonitätsrisiko). Bei Aktienpositionen im Bestand eines Unternehmens können bereits Schwankungen des Aktienkurses einen Vermögensverlust nach sich ziehen (spezifisches Aktienkursrisiko oder Anteilseignerrisiko). Auch bei der Geldanlage in festverzinslichen Wertpapieren können durch eine Bonitätsverschlechterung des Emittenten Zinsen oder Rückzahlungsbeträge ganz oder teilweise ausfallen. Werden Länderkredite vergeben, so besteht außerdem die Gefahr, dass neben dem in der Person des Kreditnehmers oder Staates begründeten Bonitätsrisiko durch Beschränkungen im internationalen Zahlungsverkehr oder durch staatliche Eingriffe Zahlungen nicht geleistet werden (→ Länderrisiko). – 3. Zur *Quantifizierung des erwarteten Ausfallrisikos* führen Kreditinstitute verschiedene Berechnungen durch. Zielsetzung ist die Ermittlung der erwarteten Risikokosten, die über Risikoprämien in den Kreditpreis mit eingerechnet werden. Dabei wird zunächst die Bonität des Kreditnehmers bestimmt, insbes. durch Einsatz von → Ratings. Kreditnehmer bzw. Kredite werden zu homogenen Gruppen zusammengefasst, deren Risiko in etwa gleich eingeschätzt wird. In Abhängigkeit von dem ermittelten Risiko wird eine Risikoprämie an den Kunden weitergeben, d.h. wird das Risiko niedrig eingeschätzt, ist diese Prämie gering, bei einem hohen Risiko verteuert sich der Kredit. Entsprechend des tatsächlichen Risikoprofils fordert die Bankenaufsicht (→ Bundesanstalt für Finanzdienstleistungsaufsicht (BaFin)) von den Banken ein angemessenes Eigenkapital. Neben den Vorschriften des KWG sowie der Solvabilitätsverordnung haben Banken qualitative Mindestanforderungen an das Risikomanagement (MaRisk) zu erfüllen. – Vgl. auch → Kreditrisiko.

Ausfall-Zahlungsgarantie → Zahlungsgarantie.

Ausfallzeit – war bis 31.12.1991 in der gesetzlichen Rentenversicherung (§ 1259 RVO, § 36 AVG, § 57 RKG) die Zeit, in der der Versicherte aus bestimmten in seiner Person liegenden Gründen keine Beschäftigung ausüben konnte, z.B. Zeiten, in denen eine versicherungspflichtige Beschäftigung oder Tätigkeit wegen Arbeitsunfähigkeit, Schwangerschaft oder Wochenbett oder Arbeitslosigkeit (sofern keine Beitragszahlung durch die Bundesagentur für Arbeit) für mind. einen Kalendermonat unterbrochen worden ist, sowie Zeiten einer nach Vollendung des 16. Lebensjahres liegenden abgeschlossenen Lehrzeit ohne Beitragsleistung und einer weiteren Schulausbildung sowie einer abgeschlossenen Fach- oder Hochschulausbildung. – Seit 1.1.1992 werden die Ausfallzeiten ersetzt durch die → Anrechnungszeiten (§ 58 SGB VI).

Ausfertigung – amtliche Abschrift eines *amtlichen Schriftstückes*, die im Verkehr die Urschrift ersetzen soll, z.B. die Ausfertigung eines → Urteils; die Ausfertigung kann (anders als die → beglaubigte Abschrift) nur von der Stelle erteilt werden, welche die Urschrift verwahrt (§§ 47–49 Beurkundungsgesetz).

Ausflaggung – Registrierung eines Fahrzeugs (Schiff, Flugzeug, Kraftfahrzeug) außerhalb des Heimatstaates des Fahrzeugeigentümers. Ursachen hierfür sind niedrigere Fahrzeugeinsatzkosten aufgrund steuer-, arbeits- und anderer rechtlicher Vorschriften im Ausland. – Vgl. auch → Billigflaggen.

Ausfuhr – *Export.*

I. Begriff: 1. *Allgemein:* entgeltliche oder unentgeltliche Abgabe der in einem Wirtschaftsgebiet produzierten → Sachgüter *(Sachgüter- bzw. Warenausfuhr)* und/oder von → Dienstleistungen *(Dienstleistungsausfuhr)* in → fremde Wirtschaftsgebiete. Teil des → Außenhandels. – *Gegensatz:* → Einfuhr. – 2. *Deutsches Außenwirtschaftsrecht:* Verbringen von Sachen und Elektrizität aus dem dt. → Wirtschaftsgebiet nach → fremden Wirtschaftsgebieten (§ 4 II Nr. 4 AWG). – 3. *Zollrecht:* Verbringen von → Gemeinschaftswaren aus dem (EU-) → Zollgebiet (Art. 3 ZK) im Rahmen des Ausfuhrverfahrens (Art. 161 ZK). Beim Verbringen von → Nichtgemeinschaftswaren spricht der → Zollkodex (ZK) von → Wiederausfuhr (Art. 182 ZK).

II. Arten: 1. *Direkte Ausfuhr:* → Direktausfuhr; *indirekte Ausfuhr:* → Ausfuhrhandel. – 2. *Sichtbare Ausfuhr:* Ausfuhr von Waren (Sachgütern der Ernährungswirtschaft, Rohstoffen, Halb- und Fertigwaren); *unsichtbare Ausfuhr:* Erbringung von Dienstleistungen für ausländische Auftraggeber (z.B. Vermittlungsleistungen inländischer Banken für Ausländer, Dienstleistungen für im Inland reisende Ausländer, Vertretertätigkeit für Ausländer, Vergabe von Lizenzen an Ausländer, Versicherungsleistungen, Transportleistungen). – Vgl. auch → Auslandsgeschäft.

III. Regelungen im Außenwirtschaftsgesetz: Nach den Bestimmungen des → Außenwirtschaftsgesetzes (AWG) ist die Ausfuhr grundsätzlich genehmigungsfrei (§ 1 AWG). Allerdings sieht das Gesetz Möglichkeiten vor, dieses Prinzip einzuschränken. Nach § 5 AWG dürfen außenwirtschaftliche Aktivitäten einer Beschränkung unterworfen werden, um die Erfüllung zwischenstaatlicher Vereinbarungen zu erfüllen, denen das Parlament zugestimmt hat. Darüber hinaus darf die Warenausfuhr beschränkt werden, um die Bedarfsdeckung an lebenswichtigen Gütern im eigenen Lande sicherzustellen (§ 8 I AWG). – Vgl. auch → Ausfuhrverfahren, → Boykott, → Ausfuhrverbot, → Embargo, → Exportkontrolle.

IV. Steuerrecht: Gewinne aus der Ausfuhr von Waren werden üblicherweise nur im Land des Exporteurs den → direkten Steuern unterworfen (→ Betriebsstättenprinzip), dagegen fallen → indirekte Steuern für die ausgeführten Waren oder Dienstleistungen typischerweise im Land des Importeurs an (→ Bestimmungslandprinzip; → Ausfuhrlieferung). Ausfuhrlieferungen sind in Deutschland von der → Umsatzsteuer befreit.

V. Zollrecht: Bei der Ausfuhr von → Gemeinschaftswaren bzw. der → Wiederausfuhr von → Nichtgemeinschaftswaren geht es nur in zweiter Linie um die Erhebung von Abgaben. Denn Ausfuhrzölle würden den allseits gewünschten Export behindern. An erster Stelle steht die Frage, ob exportiert werden darf. Vielfältige → Verbote und Beschränkungen sowie handelspolitische Regelungen auf EU-Ebene und im nationalen Recht schränken die Ausfuhr ein. Im → Ausfuhrverfahren werden auch die Nachweise für die Umsatzseuer erstellt.

VI. Bedeutung/Besonderheiten: 1. *Bedeutung:* Ausprägung der → Internationalisierungsstrategie grenzüberschreitend tätiger Unternehmungen auf der Basis unterschiedlicher → Internationalisierungsmotive. – 2. *Vorteile/Nachteile:* Eine reine Ausfuhrorientierung grenzüberschreitend tätiger Unternehmungen ist weniger ressourcenaufwändig und damit risikoärmer als die Produktion im Ausland. Dem stehen jedoch die Risiken von Handelshemmnissen sowie die ausländischen Marktrisiken (z.B. Zahlungsrisiken) gegenüber. Außerdem besteht keine Möglichkeit, Faktorkostenunterschiede zwischen In- und Ausland zu nutzen. Häufig wird deshalb die Form der Ausfuhr lediglich als (frühe) Phase im Rahmen des Internationalisierungsprozesses und des internationalen Wachstums gesehen. – 3. Bei der Vorbereitung und Abwicklung von Ausfuhr kommt der *Ausfuhrfinanzierung* bes. Bedeutung zu. Im Handel mit Geschäftspartnern weniger hoch industrialisierter Länder sind nach wie vor sog. Counter-Trades (→ Kompensationsgeschäfte) verbreitet.

VI. Gesamtwirtschaftliche Bedeutung: → Außenhandel.

Ausfuhrabfertigung – zollamtliche Behandlung einer zur Ausfuhr angemeldeten Warensendung. Diese findet regelmäßig bei der → Ausfuhrzollstelle im Binnenland am Firmensitz des Ausführers oder dem Ort, an dem sich die Ware befindet, statt. In einem zweiten Schritt erfolgt die Überwachung des tatsächlichen Verlassens des Zollgebietes der Gemeinschaft bei der Ausgangszollstelle an der Grenze. Diese Zollstelle kann ebenfalls für die Anmeldung von Waren zuständig sein, die keinen → Verboten und Beschränkungen unterliegen und deren Wert 3.000 Euro nicht überschreitet.

Ausfuhrabgaben → Abgaben, insbesondere Zölle, die bei der Ausfuhr bestimmter Waren – zumeist Marktordnungswaren in Drittländer - aufgrund von Rechtsakten des Rates der Europäischen Union oder der Europäischen Kommission erhoben werden. Ausfuhrabgaben sind für Fälle vorgesehen, in denen das Preisniveau auf dem Weltmarkt höher ist als in der EU und ein Abfließen von Waren, die für die Versorgung der Mitgliedsstaaten benötigt werden, verhindert werden soll. – Vgl. auch → Abschöpfung.

Ausfuhrabschöpfung → Abschöpfung.

Ausfuhragent – *Ausfuhrvertreter, Exportagent, Exportvertreter, Exportmakler;* Vertreter, die zwischen inländischen Herstellern und den auf bestimmte Absatzgebiete, aber nicht auf bestimmte Waren spezialisierten Ausfuhrhändlern Geschäfte vermitteln. Ausfuhragenten unterhalten meist → Exportmusterlager mit den Waren der von ihnen vertretenen Fabrikanten, die den Ausfuhrhändlern und deren ausländischen Geschäftspartnern zur Information dienen. – *Anders:* → Ausfuhrhändler.

Ausfuhranmeldung → Zollanmeldung, mittels derer → Gemeinschaftswaren zum → Ausfuhrverfahren anzumelden sind. Seit dem 1.7.2009 muss grundsätzlich eine elektronische Ausfuhranmeldung bei jeder → Ausfuhr in ein sog. → Drittland, also nicht bei innergemeinschaftlichem EU-Handel, ab einem Warenwert von 1.000 Euro erstellt werden. Zur Abgabe der Ausfuhranmeldung ist grundsätzlich der Ausführer berechtigt. Das ist der Eigentümer der Waren oder eine Person, die zu dem Zeitpunkt der Annahme der Ausfuhranmeldung eine ähnliche Verfügungsberechtigung besitzt. Stellvertretung ist zulässig, bei indirekter Stellvertretung ist der Vertreter der

Anmelder. Er muss in der Lage sein, die Ware bei der zuständigen Zollstelle zu gestellen oder gestellen zu lassen und alle erforderlichen Unterlagen vorzulegen. Örtlich zuständig für die Annahme der Ausfuhranmeldung ist grundsätzlich die Zollstelle, die für den Ort zuständig ist, an dem der Ausführer ansässig ist oder die Waren zur Ausfuhr verpackt oder verladen werden. Für die letztgenannte Fallgruppe ist dies regelmäßig die Zollstelle, in deren Bezirk die Beförderung ins Ausland beginnt.

Ausführbarkeit – arbeitswissenschaftlich anerkanntes Kriterium für menschengerechte Arbeitsgestaltung: Eine Arbeit ist dann ausführbar, wenn sie so organisiert ist, dass ein Mensch ohne Gefährdung seines Lebens bei Berücksichtigung seiner biologischen Gegebenheiten tätig werden kann. Die Arbeit sollte den Körpermaßen, den Körperkräften und dem Sinnesapparat des Menschen entsprechen.

Ausfuhrbeschränkung – 1. Rechtsgeschäfte und Handlungen im → Außenwirtschaftsverkehr können beschränkt werden, um (1) die Sicherheit der Bundesrepublik Deutschland zu gewährleisten, (2) eine Störung des friedlichen Zusammenlebens der Völker zu verhüten, oder (3) zu verhüten, dass die auswärtigen Beziehungen der Bundesrepublik Deutschland erheblich gestört werden. – 2. Nach § 7 II → Außenwirtschaftsgesetz (AWG) können bes. beschränkt werden: a) die → Ausfuhr oder → Durchfuhr von (1) Waffen, Munition und Kriegsgerät, (2) Gegenständen, die bei der Entwicklung, Erzeugung oder dem Einsatz von Waffen, Munition und Kriegsgerät nützlich sind, oder (3) Konstruktionszeichnungen und sonstige Fertigungsunterlagen für die unter (1) und (2) bezeichneten Gegenstände; v.a., wenn die Beschränkung der Durchführung einer in internationaler Zusammenarbeit vereinbarten Ausfuhrkontrolle dient. – b) Die Ausfuhr von Gegenständen, die zur Durchführung militärischer Aktionen bestimmt sind. – c) Rechtsgeschäfte über gewerbliche Schutzrechte, Erfindungen, Herstellungsverfahren und Erfahrungen in Bezug auf die in a) bezeichneten Waren und sonstigen Gegenstände. – 3. Zu den in § 7 I AWG genannten Zwecken können auch Rechtsgeschäfte und Handlungen Deutscher in fremden Wirtschaftsgebieten beschränkt werden, die sich auf Waren und sonstige Gegenstände nach § 7 II Nr. 1 einschließlich ihrer Entwicklung und Herstellung beziehen, wenn der Deutsche (1) Inhaber eines Personaldokumentes der Bundesrepublik Deutschland ist oder (2) verpflichtet wäre, einen Personalausweis zu besitzen, falls er eine Wohnung im Geltungsbereich dieses Gesetzes hätte. – Dies gilt v.a., wenn die Beschränkung der in internationaler Zusammenarbeit vereinbarten Verhinderung der Verbreitung von Waren und sonstigen Gegenständen nach § 7 II Nr. 1 dient. – 4. Die Rechtsgrundlagen für Ausfuhrbeschränkungen sind vielfältig. Neben dem AWG und der → Außenwirtschaftsverordnung (AWV) kommen wegen des einheitlichen Zollgebietes der EU v.a. EU-Verordnungen in Betracht. – *Klassische Beispiele* sind die Sanktionen gegen den Irak, Iran, Liberia, Myanmar, Nordkorea, Simbabwe sowie die EU-Dual Use-VO (→ Dual-Use-Güter).

Ausfuhrbürgschaft – *Hermes-Bürgschaft;* Form der Exportkreditgarantien des Bundes, die vorliegt, wenn der ausländische Vertragspartner des dt. Deckungsnehmers oder ein für das Forderungsrisiko voll haftender Garant ein Staat, eine Gebietskörperschaft oder eine vergleichbare Institution ist. Bürgschaften des Bundes decken folglich Risiken, die im Wesentlichen politisch verursacht sind. – Vgl. auch → Ausfuhrgarantie (Hermes-Garantie), → Exportkreditgarantien des Bundes.

ausführende Arbeitsleistung → objektbezogene menschliche Arbeitsleistung.

Ausführer – Der Begriff des Ausführer wird uneinheitlich verwendet. Entscheidend ist der jeweilige Kontext. Ausführer ist im Außenwirtschaftsrecht grundsätzlich, wer Waren nach fremden Wirtschaftsgebieten verbringt oder verbringen lässt. Liegt der Ausfuhr ein Ausfuhrvertrag mit einem Gebietsfremden zugrunde, so ist nur der gebietsansässige Vertragspartner Ausführer. Wer lediglich als Spediteur oder Frachtführer oder in einer ähnlichen Stellung beim Verbringen von Waren tätig wird, ist nicht Ausführer. Ausführer ist die Person, die die Ausfuhrförmlichkeiten zu erfüllen hat, die Inhaber der festgesetzten Ausfuhrbewilligung/-lizenz ist oder sein muss oder andere bes. Anforderungen etwa Mitteilungs-oder Kennzeichnungspflichten erfüllen muss. Bei → Ausfuhrerstattungen gilt als Ausführer die Person, die Anspruch auf die Erstattung hat. – Vgl. auch → Ausfuhrhändler.

Ausfuhrerklärung – überholter Begriff für → Ausfuhranmeldung.

Ausfuhrerstattung – 1. *Begriff:* Im Marktordnungsrecht der → EU (→ Marktordnung) werden dem Erzeuger für viele Agrarwaren Mindestpreise garantiert, zu denen staatliche Stellen (meist begrenzte) Mengen aufkaufen. Diese Preise liegen i.d.R. über den → Weltmarktpreisen. Zudem werden in den Mitgliedsstaaten vielfach mehr Agrarwaren erzeugt, als in der Gemeinschaft selbst verbraucht werden können. Sofern der Erzeuger stattdessen seine Ware zum Weltmarktpreis exportiert, wird ihm die Differenz zwischen garantiertem Mindestpreis und Weltmarktpreis erstattet. – 2. *Abwicklung der Ausfuhrerstattung:* Der konkrete Warenkreis für die Ausfuhrerstattung ergibt sich aus der jeweiligen Marktorganisation, bzw. aus der Gemeinsamen Marktorganisation. Darin wird ein festgelegter EU-Binnenmarktpreis festgelegt, der höher ist als der Weltmarktpreis. Diesen Preis schützt die Marktorganisation durch die Erstattung der Differenz bei der Ausfuhr in Drittländer – die sog. *Ausfuhrerstattung.* Die Überwachung der Ausfuhr erfolgt durch die Zollverwaltung mithilfe von bes. EU-Dokumenten, den Ausfuhr-Lizenzen (AGREX), die in

Deutschland auf Antrag des → Ausführers von der → Bundesanstalt für Landwirtschaft und Ernährung (BLE) erteilt werden. Erst nach dem Nachweis der tatsächlichen Ausfuhr aus dem → Zollgebiet der EU wird die Ausfuhrerstattung von der EU ausgezahlt, in Deutschland durch das Hauptzollamt Hamburg-Jonas.

Ausfuhrfinanzierung → Außenhandelsfinanzierung.

Ausfuhrförderung → Exportförderung.

Ausfuhrgarantie – *Hermes-Garantie;* Form der Exportkreditgarantien des Bundes, die der Bund mittels Abgrenzung von den Hermes-Bürgschaften definiert: Eine Hermes-Bürgschaft (Ausfuhrbürgschaft) liegt vor, wenn der ausländische Vertragspartner des dt. Deckungsnehmers oder ein für das Forderungsrisiko voll haftender Garant ein Staat, eine Gebietskörperschaft oder eine vergleichbare Institution ist. Eine Hermes-Garantie liegt dagegen in allen Fällen anderer ausländischer Vertragspartner vor. Zu beachten ist, dass in die Hermes-Garantien i.d.R. auch die Deckung politischer Risiken einbezogen ist. – Vgl. auch → Exportkreditgarantien des Bundes.

Ausfuhrgenehmigung – Vor jedem Export prüfen die Zollstellen, ob nach nationalen oder gemeinschaftsrechtlichen Vorschriften die → Ausfuhr/ → Wiederausfuhr von Waren zulässig oder verboten ist. Die Verbote sind zumeist nicht absolut. Vielmehr wird mit Genehmigungen gearbeitet. Hauptsächlich aus außen- und sicherheitspolitischen Gründen bedarf es in vielen Fällen der vorherigen Genehmigung. Kontrolliert wird der Außenwirtschaftsverkehr mit strategisch wichtigen Gütern, v.a. Waffen, Rüstungsgütern und Gütern mit doppeltem Verwendungszweck (sog. → Dual-Use-Güter). Dies sind Waren, Software und Technologie, die für zivile und militärische Zwecke verwendet werden können. Die Exportkontrollpolitik der Bundesregierung orientiert sich im Rahmen gesetzlicher und internationaler Verpflichtungen am Sicherheitsbedürfnis und außenpolitischen Interesse der Bundesrepublik Deutschland. V.a. soll ihre Sicherheit nicht durch konventionelle Waffen oder Massenvernichtungswaffen bedroht werden. Deutsche Exporte sollen in Krisengebieten weder konfliktverstärkend wirken noch dort zu internen Repressionen oder anderen schwerwiegenden Menschenrechtsverletzungen beitragen. Die internationale Einbindung verpflichtet die Bundesrepublik Deutschland, die auswärtigen Beziehungen nicht durch kritische Exporte zu belasten. Die Ausfuhrgenehmigung kann nur vom → Ausführer beantragt werden. Zuständig für die Erteilung der Ausfuhrgenehmigung ist regelmäßig das → Bundesamt für Wirtschaft und Ausfuhrkontrolle (BAFA), bei Erzeugnissen der Land- und Forstwirtschaft die → Bundesanstalt für Landwirtschaft und Ernährung (BLE).

Ausfuhrhandel – *Exporthandel, indirekter Export;* Handel ins Ausland, bei dem Kontaktanbahnung bzw. Auftragserschließung und Lieferung über zwischengeschaltete fremde (Absatz-)Organe ohne (größere) Möglichkeiten der Einflussnahme durch die Herstellerfirma auf die Art und Weise des (Folge-)Vertriebs an die nächste(n) Abnehmer- oder Verwenderstufe(n) erfolgen. Der Ausfuhrhandel kann über die Einschaltung von inländischen oder ausländischen Fremdunternehmen (aus dem Ziel- oder Käuferland oder aus Drittländern) erfolgen. Es handelt sich bei diesen Firmen hauptsächlich um Eigenhändler, Agenturen/Vermittler oder um Generalunternehmen. Ausfuhr durch in- oder ausländische Fremdunternehmen (aus Ziel-, Kauf- oder Drittland); überwiegend Eigenhändler, Agenturen bzw. Vermittler oder Generalunternehmen. Unterscheidung in Verbringung (EU-Mitgliedsstaaten) und Ausfuhr (Nicht-EU-Mitgliedsstaaten). – *Schwerpunkt in Deutschland:* Hamburg und Bremen. – *Bedeutung:* Der Ausfuhrhandel ist wegen der → Direktausfuhr deutscher Hersteller rückläufig. – *Gegensatz:* → Einfuhrhandel. – Vgl. auch → Ausfuhr, → Außengroßhandel, → Incoterms.

Ausfuhrhändler – *Exporteur;* → Ausfuhrhandel betreibende Person. Der Ausfuhrhändler hat zusätzliche Risiken zu übernehmen, z.B. für Valutaveränderungen, lang dauernde (Schiffs-)Transporte, politische Umstürze. Überwiegend nach Absatzgebieten orientiert. Der Ausfuhrhändler tätigt Käufe und Verkäufe auf eigene Rechnung. – *Anders:* → Exportkommissionär, → Ausfuhragent. – Ausfuhrhändler können sich mit allen Geschäftsarten des Welthandels, einschließlich des → Speditionsgeschäfts *(Ausfuhrsortimentshändler, allgemeiner Ausfuhrhändler)* oder mit bestimmten Warengruppen *(Ausfuhrspezialhändler)* befassen; häufig mit Niederlassungen oder zumindest Korrespondenten in ihren Absatzgebieten. – I.d.R. unterhalten sie keine eigenen Warenlager, sondern beraten ihre Abnehmer mithilfe von Mustern und Katalogen, die sie z.T. von den Ausfuhragenten erhalten. – Bei Inanspruchnahme des Ausfuhrhändlers entlastet sich der Hersteller von zahlreichen Schwierigkeiten des Exportgeschäfts, z.B. der Unterhaltung von → Exportmusterlagern. Er kann gegen Kasse ab Werk verkaufen und erhält vom Ausfuhrhändler genaue Anweisungen bez. der Verpackung, Aufmachung und Markierung der Sendungen. Diese Arbeiten werden nur dann vom Ausfuhrhändler selbst übernommen, wenn er kleine Sendungen zu Sammelladungen aus Frachtersparnisgründen zusammenstellen will. – Ausfuhrhändler mit ausreichender Finanzbasis befassen sich darüber hinaus häufig mit Exportwerbung und den verschiedenen Aufgaben der Absatzförderung. Oft gewähren die Ausfuhrhändler den Auslandskunden Kredit, veranlassen den Binnen- und Seetransport und regeln die Weitergabe der Verschiffungsdokumente. – *Bedeutung:* Ihre reiche Erfahrung und Kenntnis der Auslandsmärkte bietet v.a. den Exportartikel erzeugenden Klein- und Mittelbetrieben große Vorteile. Ihre Zahl geht infolge der wachsenden direkten Ausfuhr (→ Direktausfuhr) zurück. – *Gegensatz:* → Einfuhrhändler.

Ausfuhrkommissionär → Exportkommissionär.

Ausfuhrkontrolle → Exportkontrolle.

Ausfuhrkosten – zusammenfassende Bezeichnung für Ausfuhr-, Einfuhrzölle (des Abnehmerlandes) und andere beim Absatz von Waren ins Ausland anfallende Kosten. – In der Kostenrechnung zu verrechnen als Kostenträgereinzelkosten bzw. -gruppenkosten (→ Einzelkosten).

Ausfuhrkreditgesellschaft mbH (AKA) – 1. *Charakterisierung:* Die AKA ist ein Gemeinschaftsinstitut von zz. 19 dt. Banken, die nahezu alle Bereiche der Kreditwirtschaft in Deutschland vertreten. 1952 als Liquiditäts- und Risikogemeinschaft „Ausfuhr-Kredit-Anstalt" gegründet, ist die AKA heute ein Anbieter von Finanzierungen und Dienstleistungen im Zusammenhang mit kurz-, mittel- und langfristigen Exportgeschäften sowie sonstigen internationalen Geschäften. Kennzeichnend für jede AKA-Finanzierung sind die enge Zusammenarbeit und die finanzielle Mitwirkung der hinter ihr stehenden Gesellschafterbanken. Es gilt das Hausbankprinzip. – 2. *Finanzierungen:* Finanziert werden von der AKA überwiegend längerfristige Zahlungsziele für Investitionsgüter in Form von liefergebundenen → Bestellerkrediten an ausländische Importeure oder deren Banken. In die Finanzierung einbezogen werden können im Einzelfall auch Aufwendungen während der Produktionszeit, örtliche Kosten, ausländische Zulieferungen sowie ungedeckte An- und Zwischenzahlungen. Eine Ausfuhrdeckung des Bundes, vertreten durch die → Euler Hermes Kreditversicherungs-AG, oder einer anderen Export Credit Agency wird, sofern es das Risiko erfordert, vorausgesetzt. – Liefergebundene Bestellerkredite werden von der AKA auch als CIRR-Kredite (CIRR = Commercial Interest Reference Rate) mit einem Festzinssatz ab Kreditvertragsabschluss sowie zur Finanzierung kleinerer Exporttransaktionen unter den Rahmenkreditdeckungen des Bundes zur Verfügung gestellt. Mit zahlreichen ausländischen Banken hat die AKA (z.T. exklusive) Grund- und Rahmenverträge abgeschlossen, die Kredite in einem standardisierten Verfahren auf Basis einer verkürzten Dokumentation vorsehen. – Darüber hinaus kann die AKA Risiken der Hausbank übernehmen, sich an Finanzierungen ihrer Gesellschafterbanken offen oder still beteiligen, größere Konsortialkredite strukturieren sowie vom Bund gedeckte Forderungen des Exporteurs ankaufen. → Lieferantenkredite, bei denen der Exporteur Kreditnehmer ist, sind sowohl für die Finanzierung einzelner Exportgeschäfte als auch – in Form von Globalkrediten – für die Finanzierung von Konsumgüterlieferungen und Abrufaufträgen erhältlich.

Ausfuhrkreditversicherung – *Exportkreditversicherung.* Versicherung gegen Verluste aus Ausfuhrgeschäften bei Kreditverkäufen. Typischerweise mit → Selbstbeteiligung des Versicherten im Schadenfall. Sichert das → Ausfallrisiko von Forderungen aus Warenlieferungen sowie Dienst- und Werkleistungen mit kurzen Laufzeiten gegenüber ausländischen gewerblichen Kunden ab. Die Kreditversicherer bieten Versicherungsschutz für Exportgeschäfte überwiegend in Länder der → OECD an. Zunehmend wird auch Versicherungsschutz gegen politische Risiken angeboten. Die Ausfuhrkreditversicherung ist vertraglich als revolvierende Deckung mit Pauschaldeckung und benannter Versicherung ausgestaltet und ist als laufende Versicherung i.S.d. §§ 53 ff. VVG einzuordnen. Sie wird teilweise als separate Police, teilweise als Bestandteil der → Warenkreditversicherung angeboten.

Ausfuhrlieferung – 1. *Begriff im* → Außenwirtschaftsrecht: Sachlich zusammengehörende Warenmenge, die über eine bestimmte → Ausfuhrzollstelle aus dem → Zollgebiet der Gemeinschaft ausgeführt und an einen bestimmten Empfänger (Importeur) im → Drittland geleitet wird. – 2. *Umsatzsteuerrecht:* a) Eine Ausfuhrlieferung im Sinn des Umsatzsteuerrechts liegt nur noch vor, wenn der Gegenstand einer → Lieferung in das → Drittlandsgebiet gelangt; bei Lieferungen in die übrigen Mitgliedsstaaten der → EU gelten andere, speziellere Regelungen. Bei entsprechendem Nachweis sind Ausfuhrlieferungen umsatzsteuerfrei (§ 4 Nr. 1a UStG); der → Vorsteuerabzug für Vorleistungen, die der Unternehmer im Zusammenhang mit der ausgeführten Ware bezogen hat, bleibt erhalten, da die Ware im → Ausland komplett ohne inländische umsatzsteuerliche Vorbelastung ankommen soll. Auf diese Art und Weise wird das → Bestimmungslandprinzip realisiert (Entlastung von der Umsatzsteuer im Inland, im Regelfall dann im Bestimmungsland Herstellung der dortigen Umsatzsteuerbelastung z.B. durch Erhebung einer Einfuhrumsatzsteuer). – b) *Arten und Voraussetzungen der Steuerbefreiung* (§§ 4 ff. UStG i.V. mit §§ 6, 6a UStG) (1) Der → Unternehmer befördert oder versendet selbst in das Drittlandsgebiet (ausgenommen Zollfreigebiete): Nur → Ausfuhrnachweis erforderlich; (2) der Abnehmer befördert oder versendet in das Drittlandsgebiet: Ausfuhrnachweis sowie Nachweis, dass der Abnehmer ein → ausländischer Abnehmer ist; (3) der Unternehmer oder der Abnehmer befördert oder versendet in ein Zollfreigebiet: Ausfuhrnachweis sowie Nachweis, dass der Empfänger ein ausländischer Abnehmer oder ein im → Inland ansässiger Unternehmer ist, der den gelieferten Gegenstand für Zwecke seines Unternehmens verwendet; (4) Für Ausfuhrlieferungen muss zusätzlich ein → Buchnachweis geführt werden, d.h. die Ausfuhr muss in den Büchern des Unternehmens nachzuvollziehen sein. – c) *Bes. Vorschriften* für Ausfuhrlieferungen im → Reiseverkehr (§ 17 UStDV). – d)

Lage in anderen EU-Mitgliedsstaaten: Die Regeln für Ausfuhrlieferungen sind innerhalb der EU praktisch vollständig harmonisiert, größere Unterschiede kann es lediglich noch bei der Art der Nachweise geben, die die einzelnen Staaten für das Vorliegen einer Ausfuhrlieferung verlangen können (vgl. Art. 145, 146 der Mehrwertsteuersystemrichtlinie).

Ausfuhrliste – Anlage AL zur → Außenwirtschaftsverordnung (AWV). Die AWV bedient sich zur Regelung der Genehmigungspflichten der Technik der Verweisung auf eine Ausfuhrliste, die als Anlage Teil der Verordnung ist. Abweichend zur → Einfuhrliste (Anlage zum AWG) beschränkt sich die Ausfuhrliste auf die Güter, für die eine der Vorschriften der AWV oder der Verordnung (EG) Nr. 428/2009 des Rates vom 5.5.2009 über eine Gemeinschaftsregelung der Ausfuhrkontrolle von Gütern mit doppeltem Verwendungszweck (ABl. EU Nr. L 134 Seite 1 EG-VO) einen Genehmigungsvorbehalt enthält. – Teil I der Ausfuhrliste besteht aus drei Abschnitten: Abschn. A: Liste für Waffen, Munition und Rüstungsmaterial; ein Teil der von Abschn. A erfassten Waren unterliegt zusätzlich der Genehmigungspflicht durch das → Kriegswaffenkontrollgesetz (KWKG).Die Dual-Use-VO wird durch die Anti-Folter-Verordnung (EG) Nr. 1236/2005 für bestimmte Güter ergänzt.Abschn. C: Gemeinsame Warenliste der EU für Güter mit doppeltem Verwendungszweck ergänzt um nationale Sonderpositionen. Mit der 88. Änderungsverordnung zur AWV wurde die gemeinsame Warenliste der Eurpäischen Union in die dt. Ausfuhrliste Teil I, Abschn. C inkorporiert. Rechtlich gesehen sind dies zwei unterschiedliche Listen. – Die *Bedeutung* der gemeinsamen Warenliste besteht darin, dass sie zusammen mit der EG-VO eine grundlegende Harmonisierung der Exportkontrollen für → Dual-Use-Güter in allen EU-Mitgliedstaaten herbeiführt. Die in der Liste genannten Güter werden von allen EU-Mitgliedsstaaten nach einheitlichen Verfahren kontrolliert. – Teil II der Ausfuhrliste führt Waren pflanzlichen Ursprungs auf, deren Ausfuhr gemäß § 6a AWV i.V. mit § 5 AWG einer Ausfuhrgenehmigungspflicht unterliegen.

Ausfuhrlizenz – *Exportlizenz;* nach EU-Recht für landwirtschaftliche Erzeugnisse erforderlich, die der Gemeinsamen Marktorganisation (GMO) unterliegen und in Länder außerhalb der EU ausgeführt werden sollen. Ausfuhrlizenzen sollen es den zuständigen Stellen ermöglichen, eine Vorausschau über die zu erwartende Ausfuhr zu erhalten, um ggf. gebotene Maßnahmen (vom → Ausfuhrzoll bis hin zur → Ausfuhrbeschränkung nach § 8 I AWV zum Zwecke der Eigenversorgung in Krisenzeiten) anzuwenden. Erteilung durch die → Bundesanstalt für Landwirtschaft und Ernährung (BLE) i.d.R. nach Stellung einer Kaution. Ausfuhrlizenzen berechtigen und verpflichten den Ausführer zur Ausfuhr der in der Lizenz genannten Waren innerhalb der Gültigkeitsdauer der Lizenz; bei nicht oder nicht fristgemäß durchgeführter Ausfuhr (außer in Fällen höherer Gewalt) verfällt die Kaution. – Teil II der → Ausfuhrliste nennt die Waren, auf die sich die in § 6a AWV angeordneten Beschränkungen beziehen.

Ausfuhrmarktforschung → Auslandsabsatzforschung, → Auslandsabsatzmarktforschung, → interkulturelle Konsumentenforschung.

Ausfuhrmusterlager → Exportmusterlager.

Ausfuhrnachweis – *Belegnachweis;* neben dem → Buchnachweis Voraussetzung für die Gewährung der Umsatzsteuerfreiheit von → Ausfuhrlieferungen und → Lohnveredelungen. Der Ausfuhrnachweis ist vom Unternehmer durch Belege im Inland zu führen. Der Ausfuhrnachweis kann im Fall der Beförderung durch bestimmte von Zollstellen ausgestellte Bescheinigungen und im Fall der Versendung durch Versendungsbelege (Frachtbriefe, Posteinlieferungsscheine, Konnossemente etc. oder deren Doppelstücke) oder, wenn diese Dokumente nicht zur Verfügung stehen, durch andere Belege, die den Tag und Ort der Versendung eindeutig erkennen lassen, geführt werden; auch eine Übernahmebescheinigung des mit der Besorgung der Beförderung in das Ausland beauftragten Spediteurs kann als Ausfuhrnachweis anerkannt werden. Der Beleg muss bzw. soll die in den §§ 8–17 UStDV aufgeführten Angaben enthalten.

Ausfuhr-Pauschal-Gewährleistungen (APG) – Form der → Exportkreditgarantien des Bundes (Hermes-Deckungen), mit der der Bund dt. Exporteuren, die mehrere Besteller in unterschiedlichen Ländern beliefern, Forderungen mit einer Kreditlaufzeit von maximal zwölf Monaten auf verfahrensmäßig einfache Weise absichert. Die APG unterliegt Besonderheiten, die von Einbeziehungspflichten und Einbeziehungsrechten über eine (begrenzte) Selbstprüfung bis hin zu Meldepflichten reichen. Die Sonderform → Ausfuhr-Pauschal-Gewährleistungen-Light (APG-Light) sichert vornehmlich kleine mittelständische dt. Exporteure auf eine verfahrensmäßig bes. einfache Weise ab.

Ausfuhr-Pauschal-Gewährleistungen-Light (APG-Light) – Form der → Exportkreditgarantien des Bundes (Hermes-Deckungen), mit der der Bund vornehmlich kleinen dt. Exporteuren, Forderungen mit einer Kreditlaufzeit von maximal vier Monaten auf verfahrensmäßig einfache Weise absichert. Die APG-Light bietet Schutz vor einem Zahlungsausfall aufgrund der Nichtzahlung der Forderung innerhalb von sechs Monaten nach Fälligkeit (Protracted Default). – Vgl. auch → Ausfuhr-Pauschal-Gewährleistung (APG).

Ausfuhrprämie – *Exportprämie;* Vergütung bei der Ausfuhr bestimmter Waren; kann vom Staat oder von privaten Vereinigungen (Syndikaten) gewährt werden. – 1. *Offene Ausfuhrprämien* sind relativ selten, da sie Dumping-Charakter haben und das Ausland leicht zu Gegenmaßnahmen anreizen. – 2. Häufiger sind *versteckte Ausfuhrprämien* in Form von

Zollrückvergütungen, Vorzugstarifen auf den Verkehrsmitteln, Steuerherabsetzungen etc. Auch der Devisenbonus stellt eine Art Ausfuhrprämie dar. – Vgl. auch → Ausfuhrerstattung.

Ausfuhrpreisbestimmung – entsprechend der im Rahmen der → OECD empfohlenen Regelung (§ 9 II AWG), dass im Ausfuhrgeschäft der → Ausführer unter Berücksichtigung der außenwirtschaftlichen Belange der Allgemeinheit die Preise so gestalten soll, dass schädliche Auswirkungen, v.a. Abwehrmaßnahmen des Käufer- oder Verbrauchslandes vermieden werden. – Vgl. auch → Ausfuhrverträge, → Exportpreisprüfung.

Ausfuhrrestriktion → Ausfuhrbeschränkung, → Ausfuhrverbot, Embargo, → Exportkontrolle, → Exportrestriktion, → Verbote und Beschränkungen.

Ausfuhrrisiko – *Exportrisiko.* Mit dem Ausfuhrgeschäft verbundene Wagnisse. Je nach Handelsrecht, Handelsbrauch oder Vertrag vom Verkäufer oder Käufer zu tragen. Bei bestimmten Ausfuhren aus Deutschland wird ein Teil der Risiken vom Bund in Form der → Exportkreditgarantien des Bundes bzw. von privaten Kreditversicherern (Kreditversicherung) getragen. – Vgl. auch → Länderrisiko, → Länderrating, → Delkredererisiko.

Ausfuhrsendung – Warenmenge, die ein → Ausführer gleichzeitig über dieselbe → Ausfuhrzollstelle nach demselben Bestimmungsland ausführt.

Ausfuhrüberschuss – *Exportüberschuss.* 1. *Begriff:* Überschuss des Wertes der Warenausfuhr über den Wert der Wareneinfuhr *(aktive* → Handelsbilanz) bzw. Überschuss der Einnahmen aus dem Export von Sachgütern und Dienstleistungen des Auslands über die Ausgaben für Importe von Waren und Dienstleistungen an das Ausland (positiver, aggregierter Saldo der Handels- und Dienstleistungsbilanz). – Vgl. auch → Außenbeitrag zum BIP, → Zahlungsbilanz. – 2. *Wirkungen:* Länder mit umfangreichen internationalen Zahlungsverpflichtungen (z.B. Bundesrepublik Deutschland: Entwicklungshilfe, Stationierungsabkommen) benötigen geplanten Ausfuhrüberschuss, um den Zahlungsverpflichtungen ohne ständigen Devisenabfluss nachkommen zu können. Ungeplanter Ausfuhrüberschuss führt zur einseitigen Exportorientierung einer Volkswirtschaft und zur Verzerrung der Produktionsstruktur. – *Gegensatz:* → Importüberschuss.

Ausfuhrüberwachung → Exportkontrolle.

Ausführungsgeschäft – Beim → Kommissionsgeschäft das vom → Kommissionär mit einem Dritten abgeschlossene Rechtsgeschäft zur Ausführung der Kommission. Beim Ausführungsgeschäft sind nur Kommissionäre und Dritter Vertragspartner. Der Kommissionär muss aber den Erfolg aus dem Ausführungsgeschäft in vollem Umfang dem → Kommittenten gutbringen (§ 384 II HGB).

Ausführungszeit (t) – Der Begriff Ausführungszeiten entstand in Verbindung mit dem REFA-Verband, gegründet 1924 (Verband für Arbeitsstudien und Betriebsorganisationen e. V.). – Die Ausführungszeit und Rüstzeit gehören zusammen zur Auftragszeit. Sie ist von der Auftragsgröße abhängig, dementsprechend handelt es sich also um eine variable Größe. – Zur Ausführungszeit zählen alle nach der Vorbereitungszeit (Rüstzeit) entstehenden Arbeitszeiten. Die Ausführungszeit und die Rüstzeit zusammen nennt man gesamte Vorgabezeit, die zur Erledigung eines gesamten Arbeitsganges an einen Auftrag benötigt wird:

$$t_a = m * t_e$$

t_a = Ausführungszeit, m = Menge, t_e = Zeiteinheit pro Menge

Ausfuhrverbindlichkeit → Forderungen Gebietsansässiger an Gebietsfremde.

Ausfuhrverbot – staatliches Verbot, gewisse Güter oder nach gewissen Ländern zu exportieren. Ausfuhrverbot besteht häufig für Rüstungsgüter, so z.B. i.d.R. für Waffenlieferungen deutscher Unternehmen in militärische Spannungsgebiete. Denkbar auch im Sinn eines → Embargos. – Nach dem dt. Außenwirtschaftsgesetz ist die Ausfuhr von Waren grundsätzlich nicht genehmigungspflichtig (§ 1 AWG), sie kann jedoch beschränkt werden, auch durch weitere Vorschriften des → Außenwirtschaftsgesetzes (AWG), der Außenwirtschaftsverordnung (→ Ausfuhrverfahren), z.B. für Waffen und Munition, Nukleartechnologie und sonstige Waren von strategischer Bedeutung [sensible Technologien, → Kriegswaffenkontrollgesetz (KWKG)] in bestimmte, als „sensibel" eingestufte Länder. – Ausfuhrverbote können sich jedoch auch aus anderen gemeinschaftsrechtlichen Regelungen (z.B. der Verordnung EG Nr. 428/2009 über Güter mit doppelten Verwendungszweck, sog. Dual-use-VO oder dem europäischen Artenschutzrecht, der Verordnung EG Nr. 338/97), oder anderen nationalen Regelungen (z.B. dem Abfallverbringungsgesetz oder dem Kulturgüterschutzgesetz) ergeben. So soll etwa Abfall grundsätzlich vor Ort entsorgt werden, um *Mülltourismus* in Entwicklungsländer zu unterbinden. – Der Anteil genehmigungspflichtiger Güter an den gesamten Ausfuhren ist gering; Ausfuhrverbote sind sehr selten. Verstöße werden äußerst streng – als Straftaten – geahndet. Zu unterscheiden ist das vollständige Ausfuhrverbot (eine Ausfuhr ist nicht möglich) von einer Ausfuhrbeschränkung mit Genehmigungsvorbehalt (eine Ausfuhr ist nach Beantragung und Erteilung der Ausfuhrgenehmigung von der zuständigen Behörde möglich, z.B. Ausfuhrgenehmigung des → Bundesamts für Wirtschaft und Ausfuhrkontrolle (BAFA).

Ausfuhrverfahren – 1. *Begriff:* Für die → Ausfuhr gelten grundsätzlich Vorschriften des Zoll- und Außenwirtschaftsrechts, der Statistik, des Umsatz- und Verbrauchsteuerrechts sowie der Verbote und

Beschränkungen im Warenverkehr über die Grenze. Nach dem dt. Zollrecht galt als Ausfuhr das Verbringen von Waren aus dem dt. Zollgebiet in das Ausland (§ 1 ZG). Seit der Vollendung des Gemeinsamen Binnenmarktes muss unterschieden werden zwischen der Ausfuhr aus dem EU-Zollgebiet in → Drittländer (Extra-Handel) und der Versendung von Waren (also nicht Ausfuhr) innerhalb der Gemeinschaft (Intra-Handel). – 2. *Merkmale:* Aus zollrechtlichen und sicherheitspolitischen Gründen ist eine Überwachung der Ausfuhr/Wiederausfuhr aus dem EU-Zollgebiet grundsätzlich durch Gestellung und Anmeldung der Ware bei der Ausfuhrstelle im Inland und dem anschließenden tatsächlichen Verbringen über die Ausgangszollstelle an der EU-Außengrenze erforderlich. – 3. *Ziele:* Außer den außenwirtschaftsrechtlichen Ausfuhrregelungen bestehen Verbote und Beschränkungen für den Warenverkehr über die Grenze, die dem Schutz der öffentlichen Ordnung, der Umwelt, der menschlichen Gesundheit sowie der Tier- und Pflanzenwelt, dem gewerblichen Rechtsschutz, dem Schutz des Kulturguts sowie der Durchführung des Branntweinmonopols dienen; sie entsprechen i.Allg. den diesbezüglichen Einfuhrregelungen im entgegengesetzten Sinn. Wegen der Ausfuhrüberwachung aufgrund der Vorschriften der Außenhandelsstatistik, der EU-Agrarmarktorganisationen und der umsatzsteuerfreien Ausfuhrlieferung wird auf die diesbezüglichen Ausführungen verwiesen.

Ausfuhrversicherung → Exporkreditgarantien des Bundes, → Ausfuhrkreditversicherung.

Ausfuhrverträge – Begriff des Außenwirtschaftsrechts: Rechtsgeschäfte, durch die sich ein → Gebietsansässiger (§ 4 I Nr. 5 AWG) zur Lieferung einer Ware nach fremden → Wirtschaftsgebieten (§ 4 I Nr. 2 AWG) verpflichtet (§ 9 AWG).

Ausfuhrvertreter → Ausfuhragent.

Ausfuhr von Arbeitslosigkeit → Beggar-my-Neighbour-Politik.

Ausfuhrzoll – der auf ausgeführte Waren (→ Ausfuhr) aufgrund von zollschuldrechtlichen Vorschriften zu erhebende → Zoll. Ausfuhrzoll dient u.a. der Erhöhung der Staatseinnahmen (→ Finanzzoll), dem Abbau eines Ausfuhrüberschusses oder der Drosselung der Exporte nicht regenerierbarer Rohstoffe bzw. der Begünstigung ihrer Verarbeitung im Inland (→ Schutzzoll). Bei Exporten aus der EU werden zumeist nur zeitweilig Ausfuhrzölle erhoben. – Vgl. auch → Einfuhrzoll.

Ausfuhrzollstelle → Zollstelle im Binnenland (meist am Sitz des → Ausführers, am Ort einer Zweigniederlassung bzw. einer → Betriebsstätte oder am Ort des werksmäßigen Verpackens bzw. Verladens der Ware), bei der das zweistufige → Ausfuhrverfahren nach dem → Zollkodex (ZK) beginnt und bei der die → Ausfuhranmeldung abzugeben ist (erste Stufe des zweistufigen Ausfuhrverfahrens). Zu unterscheiden ist die *Ausgangszollstelle* an der Grenze der EU (zweite Stufe des zweistufigen Ausfuhrverfahrens). Das Ausfuhrverfahren gilt für → Gemeinschaftswaren und sinngemäß bei der → Wiederausfuhr von unverzollten Waren (→ Nichtgemeinschaftswaren).

Ausgabegerät – technisches Gerät, das als (eine) Ausgabeeinheit eines → Computers dient, d.h. durch die die verarbeiteten Daten nach außen ausgegeben werden können, z.B. → Bildschirm, → Drucker, → Plotter und Sprachausgabegeräte. – *Gegensatz:* → Eingabegerät.

Ausgabekurs → Emissionskurs.

Ausgaben – I. Rechnungswesen: Verminderung des Geldvermögens (Geldvermögen = Zahlungsmittelbestand + Bestand an Geldforderungen – Bestand an Geldverbindlichkeiten). Eine Ausgabe liegt also beim Abfluss von Zahlungsmitteln und/oder beim Eingehen von Zahlungsverpflichtungen in Form von Geldverbindlichkeiten, z.B. beim Gütereinkauf auf Kredit, vor. – Zu unterscheiden: → Einzelausgaben, Gemeinausgaben. – *Gegensatz:* → Einnahmen. – *Anders:* → Auszahlung, → Aufwendungen, → Kosten.

II. Finanzwissenschaft: → öffentliche Ausgaben.

III. Steuerrecht: → Aufwendungen.

Ausgabenlast – Pflicht, bei Erfüllung öffentlicher Aufgaben die dabei entstehenden Ausgaben zu tragen. Grundsätzlich tragen Bund und Länder gesondert jeweils die Ausgaben, die sich aus der Wahrnehmung ihrer Aufgaben ergeben (Art. 104a I GG). Handeln die Länder im Auftrage des Bundes (→ Auftragsverwaltung), trägt der Bund grundsätzlich die sich daraus ergebenden Ausgaben (Art. 104a II und III GG); → Finanzhilfen.

Ausgabenplan – Teil des → Finanzplans einer Unternehmung, in dem die Aufstellung der in einem bestimmten Zeitraum voraussichtlich erforderlichen → Ausgaben nach dem Prinzip der kameralistischen Buchführung (→ Sollzahlen, → Istzahlen) erfolgt.

Ausgabenpolitik → Finanzpolitik.

Ausgabensteuer – 1. Nach *Nöll v.d. Nahmer:* eine andere Bezeichnung für → Verbrauchsteuern. – 2. Nach *Kaldor:* eine Steuer, die generell an die Einkommensverwendung anknüpft, aber die Sparleistung frei lässt. Die Bemessungsgrundlage der Ausgabensteuer ist der Konsum, daher wird sie auch Konsumsteuer genannt. In dem Sinn kann sie die Einkommensteuer ersetzen und zu einer Steuer werden, die das gesamte Steuersystem bestimmt, v.a. wenn sie durch Freibeträge und eine progressive Tarifgestaltung die persönliche Leistungsfähigkeit zu berücksichtigen versucht (persönliche Ausgabensteuer).

Ausgabentheorie – Theorie der → Staatsausgaben (→ öffentliche Ausgaben); Teilbereich der → Finanztheorie. Die Ausgabentheorie wurde ohne die für eine Gesamtbeurteilung der Budgetwirkungen notwendige Verbindung mit der Theorie der Staatseinnahmen

(→ Einnahmentheorie) entwickelt, um unter Beachtung der *ceteris paribus-Klausel* zu Aussagen über die *Wirkungsabläufe* und → Inzidenz von Staatsausgaben zu kommen. 2. Über den Einsatz von Staatsausgaben für bestimmte wirtschaftspolitische *Ziele* unterrichtet die Theorie der → Finanzpolitik.

ausgabenwirksame Kosten – 1. *Begriff:* Alle Kosten, die innerhalb der betreffenden Periode zu → Ausgaben führen (z.B. Löhne und Gehälter, Mieten). – 2. *Bedeutung:* Ausgabenwirksame Kosten werden oftmals zur Ableitung liquiditätspolitischer Erkenntnisse aus der Kostenrechnung herangezogen. Eine Trennung zwischen ausgabenwirksamen Kosten und ausgabenunwirksamen (ausgabenfernen) Kosten kann jedoch keine → Finanzplanung ersetzen; z.B. führen Anlagenkosten im Fall von Ersatzinvestitionen ebenso zu Auszahlungen wie umgekehrt Materialkosten bei Großbestellungen nicht in jeder Periode mit Auszahlungen verbunden sein müssen. – Vgl. auch → Abgrenzung.

Ausgabepreis – Preis, zu dem → Investmentfonds (Kapitalanlagegesellschaften) → Anteilscheine (Zertifikate) verkaufen. Der Ausgabepreis wird nach dem Inventarwert pro Anteil errechnet, börsentäglich festgestellt und in der Wirtschaftspresse veröffentlicht.

Ausgabewert – der durch den → Emissionskurs bestimmte Wert von Wertpapieren. – *Gegensatz:* → Nennwert.

Ausgangsgesamtheit → Grundgesamtheit.

Ausgangswert – Begriff des Steuerrechts für grundsteuerliche Zwecke bei der Bewertung des Grundbesitzes (→ Grundstücksbewertung): a) Summe aus Bodenwert, Gebäudewert und Wert der Außenanlagen zur Bestimmung des Grundstückswerts bei der Anwendung des Sachwertverfahrens (§ 83 BewG; vgl. → Sachwert, → Grundstücke). – b) Der Ausgangswert wird zur Angleichung an den → gemeinen Wert mit einer Wertzahl belegt, die wertbeeinflussende Umstände berücksichtigt (§ 90 BewG).

Ausgangszollstelle – Zollstelle an der Grenze, bei der das zweistufige Ausfuhrverfahren nach dem Zollkodex (ZK) endet und die Ware aus dem Zollgebiet der EU ausgeht. Das elektronisch erstellte Ausfuhrbegleitdokument (ABD) ist vorzulegen (zweite Stufe des zweistufigen Ausfuhrverfahrens). Der Export wird von der Ausgangszollstelle der → Ausfuhrzollstelle im Binnenland (erste Stufe des zweistufigen Ausfuhrverfahrens) elektronisch bestätigt. Das Ausfuhrverfahren gilt für Gemeinschaftswaren und sinngemäß bei der Wiederausfuhr von unverzollten Waren (Nichtgemeinschaftswaren).

ausgeglichener Handel – Situation, in der der → Saldo der → Handelsbilanz gleich Null ist. – Vgl. auch → Zahlungsbilanz.

ausgeschiedener Gesellschafter – Gesellschafter einer Personengesellschaft, dessen gesellschaftliche Bindung (→ Gesellschaftsvertrag) durch wirksame Kündigung, Vereinbarung, → Ausschließungsurteil etc. beendet ist. – 1. Am → Gesellschaftsvermögen ist der ausgeschiedene Gesellschafter nicht mehr beteiligt, es steht ihm aufgrund der → Auseinandersetzung nur noch ein schuldrechtlicher Anspruch auf das → Abfindungsguthaben zu. Sein Anteil am Gesellschaftsvermögen wächst den übrigen Gesellschaftern zu (→ Anwachsung); vgl. § 738 BGB. – 2. Den Gläubigern gegenüber *haftet* der ausgeschiedene Gesellschafter als → Gesamtschuldner für die bis zu seinem Ausscheiden entstandenen Forderungen weiter (längstens fünf Jahre, § 159 HGB). – Vgl. auch → Ausscheiden eines Gesellschafters.

ausgewogenes Wachstum – *Balanced Growth;* Strategie zur Förderung der Entwicklung der Dritten Welt. Sie geht von dem Grundgedanken aus, dass fehlendes Kapital den Entwicklungsrückstand verursacht. Wegen unzureichender Güternachfrage (Marktenge) fehlt es an Investitionsbereitschaft der Unternehmen. Wenn in allen Sektoren die Nachfrage gleichzeitig gefördert würde, ließe sich das Phänomen der Marktenge überwinden. – Eine Politik des ausgewogenen Wachstums erfordert eine zentrale Planung des gesamten Industriesektors analog einer Planwirtschaft. Zur Festlegung der horizontalen Produktionsstruktur müssen die Wachstumsraten aller Sektoren über die mit den Einkommenselastizitäten gewichtete volkswirtschaftliche Wachstumsrate ermittelt werden. Die vertikale Produktionsstruktur muss auch vertikale → externe Effekte erfassen, sodass zu den Einkommenselastizitäten auch die → Substitutionseffekte berücksichtigt werden müssen. Das wirtschaftspolitische Ziel des ausgewogenen Wachstums wird in der Maximierung der sozialen Grenzproduktivität gesehen. – Vgl. auch → Entwicklungspolitik.

Ausgleichsabgabe – I. Außenhandel: In der → EU früher, da die Agrarmarktordnung verändert worden ist, im Rahmen der Gemeinsamen Marktorganisation (GMO) neben dem → Zoll als zusätzlicher Schutz gegenüber störenden Weltmarkteinflüssen auf eingeführte drittländische Agrarerzeugnisse erhoben (z.B. auf Obst, Gemüse, Getreide, Zucker, Fleisch und Wein). – Als Ausgleichsabgaben werden auch Abgaben bezeichnet, die in einem oder mehreren Mitgliedsstaaten der EU erhoben werden zur Beseitigung oder Verhinderung von Wettbewerbsbeeinträchtigungen, Verkehrsverlagerungen oder sonstiger ernster Störungen einzelner Wirtschaftszweige, die durch die Errichtung von gemeinsamen Marktorganisationen oder andere Maßnahmen der Gemeinschaft bedingt sind.

II. Sozialrecht: monatliche Leistung der Arbeitgeber für jeden Arbeitsplatz, der mit einem → schwerbehinderten Menschen oder einem Gleichgestellten hätte besetzt werden müssen, § 77 SGB IX vom 19.6.2001 (BGBl. I 1046) m.spät.Änd. Sie ist vom Arbeitgeber jährlich an das für seinen Sitz zuständige → Integrationsamt abzuführen.

III. Sozialökonomik: → Lastenausgleich.

IV. Energiepolitik: Durch das Dritte Verstromungsgesetz vom 13.12.1974 eingeführte, zweckgebunde Abgabe (sog. *Kohlepfennig*), die durch Urteil des Bundesverfassungsgerichts vom 7.12.1994 als Finanzierungsinstrument zum Einsatz deutscher Steinkohle für nicht verfassungskonform befunden wurde und deshalb Ende 1995, mit dem Ende des → Jahrhundertvertrages, auslief. – Vgl. auch → Kohlepolitik.

V. Naturschutz: Nach dem Bundesnaturschutzgesetz sind Eingriffe in Natur und Landschaft zu vermeiden. Unvermeidbare Beeinträchtigungen sind auszugleichen. Nach § 15 VII BNatSchG kann das Bundesumweltministerium oder, solange und soweit es von seiner Ermächtigung keinen Gebrauch gemacht hat, können die Länder vorsehen, dass für nicht ausgleichbare Beeinträchtigungen Ersatz in Geld zu leisten ist (früherer Begriff: Ausgleichsabgabe, jetzt: Ersatzzahlung).

Ausgleichsämter – bei den unteren Verwaltungsdienststellen (Land- und Stadtkreise) gebildete Behörden, denen die Durchführung des → Lastenausgleichs (§ 306 des Lastenausgleichsgesetzes) obliegt. Bei ihnen sind Ausgleichs- und Beschwerdeausschüsse gebildet. – *Sachaufsicht* durch die *Landesausgleichsämter* und durch das → Bundesausgleichsamt (BAA).

Ausgleichsanspruch des Handelsvertreters – 1. *Begriff:* Vergütung bei Beendigung des Vertragsverhältnisses zum Ausgleich für die Vorteile, die die Tätigkeit des → Handelsvertreters dem Unternehmer gebracht hat; z.B. Schaffung des Kundenkreises (§ 89b HGB). *Hintergrund:* Trotz Tätigkeit als selbständiger Gewerbetreibender (vgl. § 84 I HGB) wird beim Handelsvertreter zumindest partiell eine arbeitnehmerähnliche Abhängigkeit vom Unternehmer und damit eine entsprechende Schutzbedürftigkeit gesehen. – 2. *Entstehung:* a) Es muss sich um erhebliche Vorteile handeln, die auch nach Beendigung des Vertragsverhältnisses fortdauern. – b) Dem Handelsvertreter muss durch die Lösung des Vertragsverhältnisses Anspruch auf → Provision entgehen, die ihm gemäß § 87 I HGB bei Fortsetzung zugestanden hätte. – c) Der Ausgleich muss der Billigkeit entsprechen. Hierbei ist die Vertragsdauer und die Schwierigkeit des Übergangs in eine neue Beschäftigung zu berücksichtigen. – 3. Die *Höhe* soll „angemessen" sein und darf die Jahresdurchschnittsprovision oder -vergütung, berechnet aus dem Durchschnitt der letzten fünf Jahre, nicht übersteigen. – 4. Ausgleichsanspruch des Handelsvertreters kann im Anstellungsvertrag oder während des Vertragsverhältnisses nicht ausgeschlossen werden, muss aber spätestens ein Jahr nach Vertragsende geltend gemacht werden. – 5. Ausgleichsanspruch des Handelsvertreters *besteht nicht,* wenn das Vertragsverhältnis von dem Unternehmer aus einem *wichtigen Grund* wegen eines schuldhaften Verhaltens des Handelsvertreters gekündigt ist oder wenn dieser, ohne dass der Unternehmer Anlass dazu gegeben hat, kündigt. – 6. Für den → Versicherungsvertreter genügt auch Abschlussvermittlung mit alten Kunden. Die Höhe des Ausgleichs kann hier höchstens bis zur dreifachen Jahresprovision gehen (§ 89b V HGB). – 7. *Einkommensteuer:* a) Ausgleichszahlungen unterliegen *beim Handelsvertreter*der Einkommensteuer (§ 24 Nr. 1c EStG); zur Vermeidung von Progressionssprüngen durch die Zahlung eines einmaligen hohen Betrags findet § 34 EStG Anwendung (→ Progressionsglättung). – b) In der Steuerbilanz der *zahlenden Unternehmung* keine → Rückstellung für künftige Ausgleichsansprüche des Handelsvertreters möglich.

Ausgleichsarbitrage → Arbitrage.

Ausgleichsfonds – **I. Auf staatlicher Ebene:** 1. *Deutschland:* → Sondervermögen des Bundes; auf staatlicher Ebene im Wege der Vorfinanzierung durch Kreditaufnahmen geschaffener → Fonds mit dem Zweck, Ausgleichsleistungen an bestimmte, gesetzlich festgelegte Empfängergruppen (z.B. schwerbehinderte Menschen) in Form von Unterhaltshilfen, Hauptentschädigungen, Entschädigungsrenten und Aufbaudarlehen zu erbringen. – *Finanzierung* wird durch Zuschüsse des Bundes und der Länder, Verschuldungen auf dem Kreditmarkt und durch Kreditrückflüsse gewährleistet. – 2. In *verschiedenen Ländern* (z.B. USA und Frankreich) existieren bzw. existierten von den Notenbanken unabhängige Ausgleichsfonds zur Regulierung der Devisenkurse (sog. Währungsausgleichsfonds).

II. Auf betrieblicher Ebene: Ausgleichskassen bei Konzernen und sonstigen → Unternehmenszusammenschlüssen zur Regulierung von Gewinnen und Verlusten, die durch die Konzern- oder Kartellpolitik bei einzelnen Betrieben entstehen.

Ausgleichsforderungen – 1. aus der → Währungsreform 1948 stammende, im Schuldbuch eingetragene Forderungen von der → Deutschen Bundesbank (bzw. Bank deutscher Länder und Landeszentralbanken), von Kreditinstituten, Post- und → Bausparkassen sowie Versicherungen gegen die öffentliche Hand (Bund, Länder). Die Eröffnungsbilanzen der Institute hatten 1948 eine Lücke bei den Aktiva, da der Großteil ihrer Forderungen (diejenigen gegen das Deutsche Reich) im Unterschied zu ihren Verbindlichkeiten nicht auf DM umgerechnet wurden. Die Ausgleichsforderungen wurden u.a. aus Mitteln des Bundesbank-Gewinns seit 1956 innerhalb von 37 Jahren getilgt. Die je nach Fristigkeit mit 3 bis 4,5 Prozent pro Jahr festverzinsten Ausgleichsforderungen waren zum Nennbetrag zwischen Kredit- und Versicherungsinstituten handelbar; wurden Schatzwechsel und unverzinsliche Schatzanweisungen umgewandelt. – 2. Auch im Zuge der Einführung der DM in der ehemaligen DDR zum 1.7.1990 wurde das Instrument der Ausgleichsforderungen verwendet. Ergab sich bei sanierungsfähigen Unternehmen (nicht Kreditinstitute, Versicherungen und

Außenhandelsbetriebe), die als bisheriges volkseigenes Vermögen unentgeltlich der Treuhandanstalt oder ihrer Tochterunternehmungen zur Privatisierung übertragen wurden, ein nicht durch Eigenkapital gedeckter Fehlbetrag, so erhielten diese eine ab 1.7.1990 verzinsliche (Treuhandanstalt 5 Prozent pro Jahr) Ausgleichsforderung gegenüber ihren vorläufigen Eignern (§ 24 DMBilG).

Ausgleichsfunktion des Preises → Tâtonnement.

Ausgleichsgeber – Artikel, deren Kalkulation einen Ausgleich für Preisnachlässe anderer Artikel ermöglicht. – Vgl. → Mischkalkulation.

Ausgleichsgemeinschaft → Lebenspartnerschaft.

Ausgleichsgesetz der Planung – 1. *Begriff*: Regel zur Berücksichtigung der Interdependenzen zwischen einzelnen Teilplänen und Beseitigung auftretender Diskrepanzen. – 2. *Merkmale*: Bestimmend für eine integrierte → Gesamtplanung ist der schwächste Teilbereich *(Minimumsektor, Engpassbereich)*, der z.B. in der Leistungserstellung, -verwertung oder im Finanzbereich liegen kann. Der Minimumsektor kann wechseln, sodass eine entsprechende Änderung der Planung erforderlich wird. Kurzfristig lässt sich der Minimumsektor nicht beseitigen, langfristig wird versucht, den Engpassbereich auf das Niveau der anderen Teilbereiche, z.B. durch Erweiterungsinvestitionen, einzuregulieren. – Vgl. auch → Plankoordination, → Unternehmensplanung.

Ausgleichskalkulation → Mischkalkulation.

Ausgleichslager → Buffer Stock.

Ausgleichsleistungen – Leistungen nach dem Gesetz zum → Lastenausgleich (LAG), die aufgrund von Vertreibungs-, Kriegssach-, Ost-, Sparer- und Zonenschäden gewährt werden (§§ 228–358 LAG).

Ausgleichsleistungsgesetz → Entschädigungs- und Ausgleichsleistungsgesetz (EALG).

Ausgleichsmesszahl – *Bedarfsmesszahl;* eine im Rahmen des → kommunalen Finanzausgleichs zwecks Berechnung der → Schlüsselzuweisungen konstruierte Größe, mit der der relative → Finanzbedarf der Gemeinden im Verhältnis zueinander ausgedrückt werden soll. – Die *Berechnungsmethode* ist in den Ländern der Bundesrepublik Deutschland unterschiedlich. Hauptbestandteil ist aber in allen Ländern die Gemeindeeinwohnerzahl (Hauptansatz), in einzelnen Gemeinden modifiziert (Hauptansatzstaffel). Z.T. werden weitere Bedarfsindikatoren, z.B. für zentralörtliche Leistungen und Grenzlandlage, ergänzend herangezogen (Ergänzungsansätze).

Ausgleichsnehmer → Mischkalkulation.

Ausgleichspflicht – Verpflichtung der anderen → Gesamtschuldner zum Ausgleich gegenüber dem allein in Anspruch genommenen, da im Verhältnis unter den Gesamtschuldnern grundsätzlich jeder den gleichen Anteil an der gemeinsamen Schuld tragen muss (§ 426 BGB). – *Anders:* → Ausgleichungspflicht (Erbrecht).

Ausgleichspolitik – Element der Politik des → kontrollierten Emissionshandels. Hier geht es darum, sicherzustellen, dass in Belastungsgebieten Wirtschaftswachstum möglich ist, ohne zusätzliche Umweltverschmutzung auszulösen. Eine neu in eine Region eintretende Firma oder eine Firma, die ihre Anlagen in dem betreffenden Belastungsgebiet erweitern will, darf dies bei Anwendung der Ausgleichspolitik nur tun, wenn die hierdurch verursachten zusätzlichen Emissionen an anderer Stelle durch Emissionsvermeidungsaktivitäten überkompensiert werden. Außerdem muss die Neuanlage den Erfordernissen des → Stands der Technik entsprechen.

Ausgleichsposten – I. Buchführung: 1. *Begriff*: alle zum Kontenausgleich auf der kleineren Seite der Konten oder einer Bilanz eingestellten Beträge, vgl. → Saldo, → Fehlbetrag. – 2. Ein steuerlicher Ausgleichsposten ersetzt in der Betriebsprüferbilanz das Kapitalkonto. Spezielle steuerliche Ausgleichsposten entstehen nach der Rücklagendotierung im Rahmen der körperschaftsteuerlichen → Organschaft sowie nach Einbringungen nach dem Umwandlungssteuergesetz.

II. Außenwirtschaft: 1. *Ausgleichsposten zur Auslandsposition der Bundesbank:* Ergänzung der Devisenbeschaffung zur Erfassung von Bewertungsveränderungen der Auslandsaktiva und -verbindlichkeiten der → Bundesbank durch Änderungen der Devisenkurse sowie Zuweisung von internationalen Forderungen durch den Internationalen Währungsfonds (→ IWF). – 2. *Saldo der statistisch nicht aufgliederbaren Transaktionen:* → Restposten der Zahlungsbilanz für aufgrund unvollständiger Erfassung nicht aufgliederbarer → Transaktionen. – Vgl. auch → Zahlungsbilanz.

Ausgleichsprinzip – Grundsatz der Unternehmenspolitik hinsichtlich der Produktionsgestaltung. Das Ausgleichsprinzip bezweckt, Absatzschwankungen und die damit verbundenen Kapazitätsschwankungen vom Produktionsgeschehen unabhängig zu machen, indem die → Kapazität des Betriebes dem Durchschnittsabsatz angepasst und nicht nach der Absatzspitze festgelegt wird. Der Betrieb produziert stets die gleiche Menge, die in absatzschwachen Zeiten auf Lager gelegt wird (→ Vorratsproduktion); in Zeiten guten Absatzes wird ab Lager geliefert. – *Vorteil:* gleichmäßige Kapazitätsausnutzung und die damit verbundenen Kostenvorteile in der Produktion. – *Nachteil:* erhöhte → Lagerkosten.

Ausgleichsquittung – 1. *Begriff*: Bes. Empfangsbekenntnis, aus der neben der bestätigten Übergabe von Geldbeträgen oder Arbeitspapieren (→ Quittung) hervorgeht, dass der Arbeitnehmer hinsichtlich aller Ansprüche aus dem Arbeitsverhältnis (Lohn, Urlaub etc.) befriedigt ist. – Enthält die Ausgleichsquittung einen Verzicht auf *tarifliche Ansprüche* oder

Ansprüche aus einer Betriebsvereinbarung, ist sie insoweit wirkungslos (§ 4 TVG, § 77 IV BetrVG). – 2. *Kündigungsrechtliche Bedeutung*: Nach Lage des Falles kann in einer Ausgleichsquittung der *Verzicht auf* die Erhebung der *Kündigungsschutzklage* (→ Kündigungsschutz) erblickt werden. Allerdings ist die Rechtsprechung sehr zurückhaltend und unterwirft vorformulierte Ausgleichsquittungen einer AGB-rechtlichen Prüfung. D.h.: Der Verzicht auf die Kündigungsschutzklage muss klar und deutlich zum Ausdruck kommen. Außerdem stellt ein Klageverzicht ohne Gegenleistung eine unangemessene Benachteiligung des Arbeitnehmers da und ist unwirksam (BAG, 6.9.2007, AZ 2 AZR 722/06). – 3. *Anfechtbarkeit*: Die Ausgleichsquittung unterliegt, wie auch eine sonstige → Willenserklärung, der → Anfechtung wegen Irrtums, Drohung oder arglistiger Täuschung. – 4. Ein *Rechtsanspruch* des Arbeitgebers auf Erteilung einer Ausgleichsquittung besteht (anders bei der → Quittung) nicht. – 5. Werden in einer Ausgleichsquittung deutlich Ansprüche auf → Ruhegeld nicht erwähnt, so werden diese nicht ausgeschlossen. Gleiches gilt für den Anspruch auf Ausstellung eines qualifizierten → Zeugnisses.

Ausgleichsrente – im Sinn des *Bundesversorgungsgesetzes* ein von der Höhe des Einkommens der Rentenempfänger abhängiger Rentenbestandteil. *Schwerbeschädigte* erhalten eine Ausgleichsrente, wenn sie infolge ihres Gesundheitszustandes oder hohen Alters oder aus einem von ihnen nicht zu vertretenden sonstigen Grund eine von ihnen zumutbare Erwerbstätigkeit nicht oder nur in beschränktem Umfang oder nur mit überdurchschnittlichem Kräfteaufwand ausüben können (§ 32 I BVG). Auch Witwen und Waisen erhalten Ausgleichsrente bei Erfüllung bestimmter Voraussetzungen (§§ 41, 47 BVG), ebenso schwerbehinderte Jugendliche nach Maßgabe von § 34 BVG.

Ausgleichstockgemeinden – Gemeinden, die ihren → Finanzbedarf nicht aus eigenen Mitteln decken können und auf → Bedarfszuweisungen aus dem „Ausgleichstock" angewiesen sind. Ausgleichstockgemeinden unterliegen einer verschärften → Haushaltskontrolle durch die Kommunalaufsicht der Länder.

Ausgleichsverfahren – I. Depotgeschäft: Bei → Insolvenzverfahren des Verwahrers gemäß § 33 DepotG: Mehrere Hinterleger von → Wertpapieren, für die eine Verpfändungsermächtigung erteilt ist, bilden eine Gefahrengemeinschaft, wenn ein Pfandgläubiger die Werte ganz oder z.T. verwertet hat; anteilige Befriedigung aus einer die in Frage stehenden Wertpapiere betreffenden Sondermasse.

II. Arbeitsrecht: → Schlichtung.

Ausgleichszahlung – 1. An *Handelsvertreter:* → Ausgleichsanspruch des Handelsvertreters. – 2. Auf Aktiennennbeträge bezogene wiederkehrende Geldleistungen *an außen stehende Aktionäre* (Minderheitsgesellschafter), wenn zwischen der Gesellschaft und einem anderen Unternehmen ein → Gewinnabführungsvertrag oder ein → Beherrschungsvertrag abgeschlossen ist (§ 304 AktG). Die Höhe der Ausgleichszahlung richtet sich u.a. nach der bisherigen Ertragslage und den zukünftigen Ertragsaussichten. – 3. Zur *steuerlichen Behandlung* der Ausgleichszahlung: → Organschaft.

Ausgleichszinsen – Bei Waren in der → aktiven Veredelung (Nichterhebungsverfahren) oder in der → vorübergehenden Verwendung sind beim Entstehen einer Zollschuld grundsätzlich sog. Ausgleichszinsen zu zahlen, um den finanziellen Vorteil auszugleichen, der durch die spätere Fälligkeit der Abgaben entstanden ist. Mit dem → Unionszollkodex (wohl ab dem 1.1.2015) fallen sie weg.

Ausgleichszoll → Zoll als Abwehrmaßnahme im Importland, durch den die → Einfuhr verteuert wird, deren Preis aufgrund staatlicher → Exportsubventionen im Ausland verbilligt wird. – Vgl. auch → Ausgleichsabgabe, → Antidumpingzoll.

Ausgleichszuweisung → Zuweisung zwischen öffentlichen Aufgabenträgern, durch die Abweichungen zwischen → Finanzbedarf und → Finanzkraft verringert bzw. beseitigt werden sollen. Im Gegensatz zu → Lenkungszuweisungen sind Ausgleichszuweisungen nicht mit (Empfangs-, Verwendungs-, Eigenbeteiligungs-)Auflagen verbunden. Ausgleichszuweisungen werden primär distributiv begründet (Angleichung der Finanzausstattung, des Leistungsangebots und damit der „Lebensverhältnisse"), aber auch allokativ (Ausgleich des Grenznutzens öffentlicher Ausgaben, erhöhte Mobilität innerhalb einer Föderation u.a.). – Vgl. auch → Bedarfszuweisung, → Ergänzungszuweisung, → Finanzzuweisung.

Ausgleichungspflicht – Pflicht, zu Lebzeiten des → Erblassers erhaltene Zuwendungen bei der → Erbauseinandersetzung in Anrechnung zu bringen (§§ 2050 ff., 2316 BGB).

Ausgliederung → Rechtsträger, Spaltung von.

Ausgründung – 1. *Begriff*: Überführung eines Teilbetriebs oder eines Betriebsteils aus einer als Einzelfirma, Personen- oder Kapitalgesellschaft bestehenden Unternehmung in eine dafür neu gegründete Gesellschaft. – 2. *Zweck der Ausgründung*: Aufgabenteilung durch Gründung einer Doppelgesellschaft (→ Betriebsaufspaltung), Erlangung steuerlicher Vorteile. – 3. *Steuerliche Auswirkungen:* a) Ob eine Ausgründung zur Auflösung → stiller Rücklagen (stiller Reserven) führt und damit *ertragsteuerliche* Konsequenzen hat, hängt von der Gestaltung ab. Die Aufdeckung und Besteuerung der stillen Reserven führen zu einer Liquiditätsbelastung, daher wird i.d.R. versucht, für die Ausgründung die steuerneutralen Möglichkeiten des Umwandlungssteuergesetzes in Anspruch zu nehmen. – b) *Umsatzsteuerrechtlich* wird die Ausgründung als → Geschäftsveräußerung im Ganzen behandelt und unterliegt daher nicht der Umsatzsteuer (§ 1 Ia UStG).

Aushang – im Rahmen der innerbetrieblichen Information Verpflichtung des Arbeitgebers, eine Reihe von Vorschriften des → Arbeitsschutzes im Betrieb zur Einsichtnahme auszulegen oder aufzuhängen. – *Beispiele:* Abdruck des Arbeitszeitgesetzes (§ 16 I ArbZG); → Ladenschlussgesetz (LadSchlG) (§ 21 LadschlG); Arbeitszeitvorschriften des Jugendarbeitsschutzgesetzes (§ 48 JArbSchG); Mutterschutzgesetz bei mehr als drei beschäftigten Frauen (§ 18 MuSchG); § 12 V AGG (AGG im Arbeitsrecht; → Gleichbehandlung); die im Betrieb geltenden → Tarifverträge (§ 8 TVG) und → Betriebsvereinbarungen (§ 77 II BetrVG). – Bei *Verletzung* der Aushang-Vorschriften ist i.d.R. Ordnungsgeld angedroht. Schuldhafte Verletzung der Pflichten (Verletzung der → Fürsorgepflicht) kann zum Schadensersatz verpflichten.

Aushilfe → Aushilfskraft.

Aushilfsarbeitsverhältnis → Arbeitsverhältnis, das dem Zweck dient, vorübergehenden Arbeitsanfall zu bewältigen. – 1. Aushilfsarbeitsverhältnisse können *befristet* oder zu einem *bestimmten Zweck* (z.B. Vertretung eines erkrankten Arbeitnehmers) abgeschlossen werden (→ befristeter Arbeitsvertrag). Während dieser Zeit ist eine → ordentliche Kündigung ausgeschlossen (§ 620 II BGB), wenn diese Möglichkeit nicht ausdrücklich vereinbart ist. – Wird das Arbeitsverhältnis nach Ablauf der vereinbarten Zeit fortgesetzt, so gilt es als *auf unbestimmte Zeit verlängert* (§ 625 BGB). – 2. Aushilfsarbeitsverhältnisse, die *nicht über drei Monate* hinaus fortgesetzt werden, können auch in der Weise begründet werden, dass die in § 622 I BGB genannte → Kündigungsfrist (vier Wochen zum 15. oder Ende eines Kalendermonats) vertraglich verkürzt wird (§ 622 V BGB). Allerdings können in → Tarifverträgen Kündigungsfristen festgelegt sein, die einzelvertraglich auch nicht bei Aushilfsarbeitsverhältnissen unterschritten werden dürfen.

Aushilfskraft – *Aushilfe;* Person, die von Fall zu Fall für eine im Voraus bestimmte Arbeit von vorübergehender Dauer in ein Dienstverhältnis (→ Aushilfsarbeitsverhältnis) tritt. – *Lohnsteuer:* → Teilzeitbeschäftigte. – *Sozialversicherung:* → Geringfügige Beschäftigung.

Auskunft – Mitteilung über Rechtsverhältnisse eines Dritten, im Handelsverkehr üblicherweise über → Kreditwürdigkeit, allg. Verhalten, Geschäftsmoral etc. Mitteilung einer Behörde über die Rechtslage.

I. Behörde: Pflicht zur Auskunftserteilung seitens einer → Behörde im Rahmen der Dienstobliegenheiten. Auskunft, auch freiwillig erteilte, muss erschöpfend und richtig sein. Bei fehlerhafter Auskunft kann die → Amtshaftung eingreifen. Für das Verwaltungsverfahren vgl. § 25 VwVfG; erweiterte Auskunftspflichten gegenüber der Presse nach den Landespressegesetzen. – *Sondervorschriften:* (1) Auskunftspflicht des *Finanzamtes* in Lohnsteuerfragen gemäß § 42e EStG: → Lohnsteuerauskunft, unter bestimmten Voraussetzungen Auskunft des Finanzamtes zu Rechtsfragen auch in anderen Fällen möglich (verbindliche Auskunft, § 89 II AO); gebührenpflichtig. (2) Auskunft der *Zollbehörde:* → verbindliche Ursprungsauskunft und → verbindliche Zolltarifauskunft sowie unverbindliche Auskünfte über sonstige zollrechtliche Fragen nach Art. 11 ZK.

II. Kaufleute: 1. *Pflicht* zur Auskunftserteilung besteht u.a. nach § 242 BGB bei solchen Rechtsverhältnissen, bei denen der Berechtigte in entschuldbarer Weise über bestimmte Umstände im ungewissen, der Verpflichtete aber unschwer in der Lage ist, hierüber Auskunft zu erteilen. – 2. Haftung für eine *falsche* Auskunft vor allem dann, wenn zwischen dem die Auskunft erteilenden und dem Empfänger eine dauernde oder auf die Dauer angelegte Geschäftsverbindung besteht und die Auskunftserteilung in einer inneren Beziehung zu der Geschäftsverbindung steht. – Vgl. auch → Auskunftspflicht, → Auskunftsrecht, → Selbstauskunft.

Auskunfteien → Wirtschaftsauskunft.

Auskunftsanspruch → Auskunftspflicht.

Auskunftsaustausch – 1. *Begriff* aus dem Gebiet des Internationalen Steuerrechts und bezeichnet den Austausch von Informationen über steuerlich relevante Sachverhalte zwischen den Finanzbehörden verschiedener Staaten. – 2. *Rechtsgrundlagen*: Die dt. Finanzbehörden dürfen mit den Finanzbehörden anderer Staaten zusammen arbeiten, wenn (1) ein Doppelbesteuerungsabkommen oder ein anderweitiger völkerrechtlicher Vertrag dies vorsieht (die meisten Verträge über zwischenstaatliche Rechts- und Amtshilfe klammern steuerliche Fragen allerdings aus, kommen hier also nur in Ausnahmefällen in Frage). – (2) Das Recht der EU, z.B. die Amtshilferichtlinie, dies verlangt oder erlaubt oder (3) auch in allen anderen Fällen, in denen sie eine Zusammenarbeit nach ihrem eigenen Ermessen für geboten halten; sie dürfen selbst andere Staaten zwar stets um Hilfe ersuchen, ihrerseits ausländischen Behörden aber nur Hilfe leisten, wenn Gegenseitigkeit verbürgt ist und der ausländische Staat gewährleistet, dass die übermittelten Informationen nur für steuerliche Zwecke verwendet werden (§117 I, 117 III AO). – 3. *Umfang der erteilten Auskünfte*: Denkbar ist sowohl, dass konkrete Anfragen zu einzelnen Steuerbürgern gestellt und beantwortet werden, als auch, dass ein Staat einem anderen ohne vorige Anfrage von sich (Spontanauskunft) aus solche Informationen übermittelt, die dieser Staat für Zwecke der Besteuerung möglicherweise benötigen könnte, z.B. wenn er von bestimmten Einkünften eines Ausländers erfährt und es ihm möglich erscheint, dass dieser diese Vorgänge in seinem Heimatstaat möglicherweise nicht den Behörden mitteilen könnte. In den Doppelbesteuerungsabkommen

(DBA) sind die Vereinbarungen über den Auskunftsaustausch unterschiedlich umfangreich: es findet sich sowohl die Variante, dass die Behörden der beteiligten Staaten Informationen untereinander austauschen sollen, die für die im Abkommen geregelten Steuern von Bedeutung sind, als auch die weitergehende Variante, die den Behörden den Informationsaustausch für jegliche steuerliche Zwecke erlaubt (also auch für Steuern, die im Abkommen selbst sonst nicht angesprochen werden). – 4. Die *Bedeutung für die Besteuerung* liegt darin, dass die Finanzbehörden eines Staates selbst regelmäßig nicht im Hoheitsgebiet eines anderen Staates Ermittlungen anstellen dürfen; dies würde die Souveränität dieses anderen Landes verletzen. Sie sind also, sofern sie Gegebenheiten auf dem Gebiet eines anderen Staates nachprüfen wollen, auf die Hilfe der Behörden dieses Staates angewiesen. Gibt es Vereinbarungen über einen Auskunftsaustausch nicht, lassen sich Vorgänge im Ausland nur extrem erschwert oder gar nicht herausfinden; das erleichtert es naturgemäß denjenigen, die Steuern hinterziehen wollen, unentdeckt zu bleiben und senkt die Hemmschwelle für entsprechende Versuche erheblich. Insbesondere Steueroasen beziehen einen Großteil ihrer Attraktivität als Kapitalanlageort für Bürger der Industriestaaten bis heute daraus, dass sie traditionell mit den Finanzbehörden anderer Länder nur wenig oder gar nicht zusammen arbeiten. – 5. *Bedeutung im Hinblick auf die Auseinandersetzung mit Steueroasen*: Die Klauseln über den Auskunftsaustausch in den Doppelbesteuerungsabkommen (DBA) gehen auf Vorschläge der OECD im OECD-Musterabkommen zurück und sind daher international mittlerweile fast zwischen allen Staaten ein üblicher Standard geworden. Vor diesem Hintergrund ergibt sich naturgemäß heute der Eindruck, dass die Steueroasen mit ihrer mangelnden Bereitschaft zum Auskunftsaustausch nicht mehr lediglich etwas tun, was ihrem Charakter als souveräner Staat entspricht (nämlich: nichts tun zu müssen, wozu sie sich nicht verpflichtet haben), sondern von einem allg. üblichen Standard des Umgangs zwischen Staaten abgehen, um die Steuerhinterziehung in anderen Ländern gezielt zu fördern und davon zu profitieren. Vor diesem Hintergrund erklärt sich die Forderung, dass auch die Steueroasen gezwungen werden sollten, am internationalen Auskunftsaustausch in Steuersachen im allg. üblichen Umfang teilzunehmen – oder aber Wirtschaftssanktionen ausgesetzt zu werden.

Auskunftspflicht – bes. gesetzliche Verpflichtung zur Erteilung von → Auskunft.

I. Arbeitsrecht: im Rahmen der nachwirkenden → Fürsorgepflicht des Arbeitgebers; vgl. → Zeugnis. Zur Anwartschaft auf → betriebliche Altersversorgung (bAV) vgl. § 2 VI → Betriebsrentengesetz (BetrAVG).

II. Steuerrecht: Auskunftspflicht gemäß § 93 AO für alle → Beteiligten am Besteuerungsverfahren und andere Personen über die für die Besteuerung erheblichen Sachverhalte, sofern keine Auskunftsverweigerungsrechte nach §§ 101–103 AO bestehen. Andere Personen trifft die Auskunftspflicht nur subsidiär, wenn die Sachverhaltsaufklärung durch die Beteiligten nicht zum Ziel führt oder keinen Erfolg verspricht.

III. Amtliche Statistik: Auskunftspflicht obliegt allen natürlichen und juristischen Personen des privaten und öffentlichen Rechts, Personenvereinigungen, Behörden des Bundes und der Länder sowie Gemeinden und Gemeindeverbänden zur Beantwortung ordnungsgemäß angeordneter Fragen gemäß dem Gesetz über die Statistik für Bundeszwecke vom 22.1.1987 (BGBl. I 462). Ob und in welchem Umfang eine Erhebung mit Auskunftspflicht erfolgen soll, wird durch die eine Statistik anordnende Rechtsvorschrift festgelegt.

IV. Versicherungswesen: 1. *Begriff*: → Obliegenheit des → Versicherungsnehmers, auf Anfrage Informationen an das → Versicherungsunternehmen zu geben. – 2. *Merkmale*: Die Auskunftspflicht dient zur ordentlichen Regulierung von Schäden. Es muss jede Auskunft erteilt werden, die zur Regulierung durch das Versicherungsunternehmen als notwendig erachtet wird (vgl. § 31 VVG). – 3. *Umgekehrt*: → Informationspflichten des Versicherungsunternehmens.

V. Außenwirtschaftsrecht: → Außenwirtschaftsgesetz (AWG).

VI. Zollrecht: → verbindliche Zolltarifauskunft, → Auskunft, → verbindliche Ursprungsauskunft.

VII. Sozialrecht → Auskunfts- und Beratungspflicht.

Auskunftsrecht – 1. *Begriff*: Recht des Aktionärs, vom Vorstand der AG in der Hauptversammlung auf Verlangen Auskunft über Angelegenheiten der Gesellschaft zu erhalten (§ 131 AktG), soweit sie zur Beurteilung des Gegenstandes der Tagesordnung erforderlich ist. Die Aktionärsrechte zur Information und überhaupt die Kommunikation vor und in der Hauptversammlung wurden durch das → Gesetz zur Umsetzung der Aktionärsrechterichtlinie (ARUG) verändert, teilweise auch reglementiert. – 2. Der Vorstand kann die Auskunft *verweigern*, wenn einer der Tatbestände im Katalog des § 131 III AktG gegeben ist, so u.a., soweit die Auskunft nach vernünftiger kaufmännischer Beurteilung geeignet ist, der Gesellschaft oder einem verbundenen Unternehmen einen nicht unerheblichen Nachteil zuzufügen. – 3. *Streitigkeiten* über das Auskunftsrecht entscheidet auf Antrag das → Landgericht am → Sitz der AG in einem bes. Spruchverfahren (§ 132 AktG).

Auskunftsstellen für den Außenhandel – gibt es laut einer Zusammenstellung der IHK-Gesellschaft zur Förderung der Außenwirtschaft und Unternehmensführung in Deutschland und weltweit mehr als 10.000. Gegliedert werden können die Auskunftsstellen nach: (1) Überregionalen, bundesweiten Kontaktstellen: Bundesministerien, → Zollbehörden,

Verbände und Vereinigungen, → Kreditinstitute, Wirtschaftsauskunfteien, Qualitäts- und Preisprüfungsgesellschaften, Messegesellschaften; (2) ausländischen Wirtschaftsförderinstitutionen in Deutschland: Botschaften und Konsulate, staatliche und halbstaatliche Außenhandelsförderinstitutionen, Banken; (3) Kontaktstellen in einzelnen Bundesländern: → Industrie- und Handelskammern (IHK), Handwerkskammern, Technische Überwachungsvereine (TÜV), Euro-Info-Center, Außenhandelszentren, Wirtschaftsfördereinrichtungen; (4) Vertretungen der dt. Wirtschaft im Ausland: Botschaften, Konsulate, Auslandshandelskammern und Delegierte der dt. Wirtschaft, Auslandsvertretungen der dt. Messegesellschaften, Banken.

Auskunftsstelle über den Versicherungs-/Bausparkassenaußendienst und Versicherungsmakler in Deutschland e.V. (AVAD) – Abk. *AVAD*; 1. *Begriff:* Selbsthilfeeinrichtung der dt. → Versicherungswirtschaft und der privaten und öffentlichen → Bausparkassen. – 2. *Ziel:* Dient der Fernhaltung unlauterer Personen vom Versicherungs- und Bausparkassen-Außendienst. Die Unternehmen sind verpflichtet, bei Beginn der Zusammenarbeit mit gebundenen Vermittlern sowie Maklern und Mehrfirmenvertretern eine Auskunft bei der AVAD einzuholen. Von den Unternehmen werden die Aufnahme und die Beendigung eines Dienst-/Agenturverhältnisses bzw. einer Courtagevereinbarung der AVAD gemeldet.

Auskunfts- und Beratungspflicht – bes. im Sozialgesetzbuch I (SGB I) festgeschriebene Verpflichtung aller für Sozialleistungen zuständigen Leistungsträger (Renten-, Unfall-, Krankenversicherungsträger, Arbeitsverwaltung, Pflegekassen, Sozialamt, Versorgungsamt etc.), über alle sozialen Angelegenheiten Auskunft zu erteilen und entsprechend beraten zu werden. Die Auskunfts- und Beratungspflicht erstreckt sich auf die Benennung der zuständigen Leistungsträger sowie auf alle Sach- und Rechtsfragen, die für die Auskunftssuchenden von Bedeutung sind (§ 15 SGB I). Bes. geregelt ist die → Rentenauskunft über bisher erworbene Anwartschaften. – Die Leistungsträger *haften* für die Richtigkeit und Vollständigkeit der Auskunft. – Erleidet ein Berechtigter aufgrund einer *Verletzung* der Auskunfts- und Beratungspflicht einen Schaden, besteht u.U. ein Schadensersatzanspruch in Form des sozialrechtlichen Herstellungsanspruches, der auf Herstellung des Zustandes gerichtet ist, wie er ohne die Pflichtverletzung der Behörde eingetreten wäre.

Auskunftsverweigerungsrecht – 1. *Auskunftsverweigerungsrecht des Beteiligten:* Der am Besteuerungsverfahren beteiligte → Steuerpflichtige hat kein Auskunftsverweigerungsrecht. Er kann daher grundsätzlich durch → Zwangsmittel zur Auskunftserteilung bzw. Mitwirkung gezwungen werden. Unzulässig sind Zwangsmittel dann, wenn der Steuerpflichtige sich selbst wegen einer von ihm begangenen → Steuerstraftat oder → Steuerordnungswidrigkeit belasten würde (§ 393 I AO). Ebensowenig kann sein Erscheinen im Rahmen der → Erörterung des Sach- und Rechtsstands im Einspruchsverfahren erzwungen werden (§ 364a IV AO). – 2. *Auskunftsverweigerungsrecht anderer Personen:* Auskunftsverweigerungsrechte stehen den → Angehörigen eines Beteiligten (§ 101 AO), bestimmten Berufsgruppen wie Geistlichen, Mitgliedern des Bundes- oder Landtags, Verteidigern, Rechts- und Patentanwälten, Notaren, Steuerberatern und -bevollmächtigten, Wirtschaftsprüfern, vereidigten Buchprüfern, Ärzten, Zahnärzten, Psychotherapeuten sowie Apothekern und Hebammen zum Schutz der jeweils insoweit bestehenden Berufsgeheimnisse und schließlich in bestimmtem Umfang Journalisten und Reportern zu (§ 102 AO). Die Auskunft verweigern können auch Personen, die nicht Beteiligte und nicht für einen Beteiligten auskunftspflichtig sind, wenn die Gefahr besteht, dass sie sich selbst oder einen ihrer Angehörigen strafrechtlicher Verfolgung oder einer Ordnungswidrigkeit aussetzen würden (§ 103 AO). – 3. *Kein Auskunftsverweigerungsrecht* besteht für andere Behörden bzw. sonstige öffentliche Stellen und die Deutsche Bundesbank sowie deren Organe und Bedienstete. Die insoweit bestehenden Geheimhaltungspflichten sind nachrangig gegenüber dem Auskunftsrecht der Finanzbehörde, es sei denn, es besteht eine Verpflichtung dieser Stellen und Personen zur Wahrung des Brief-, Post- und Fernmeldegeheimnis (§ 105 AO).

Auskunft zur Güterliste – wird vom → Bundesamt für Wirtschaft und Ausfuhrkontrolle (BAFA) in Eschborn erteilt. In bestimmten Fällen kann dort auch eine *Auskunft zur Güterliste* (*AzG*) gegeben werden. Es handelt sich um die Bestätigung, die von der deutschen Zollverwaltung nach § 10 I AWV gefordert werden kann und bestätigt, dass die Ware gemäß → Ausfuhrliste nicht genehmigungspflichtig ist. Es handelt sich um ein güterbezogenes Gutachten und um eine Einzelfallentscheidung.

Auslagenersatz – I. Zivilprozessrecht: → Gerichtskosten, → Kostentabelle für Zivilprozesse.

II. Bürgerliches Recht und Handelsrecht: → Aufwendungsersatz.

III. Lohnsteuerrecht: 1. *Begriff:* Beträge, durch die in der Vergangenheit gemachte Auslagen des Arbeitnehmers für den Arbeitgeber ersetzt werden. – 2. *Steuerpflicht:* Auslagenersatz gehört nicht zum steuerpflichtigen → Arbeitslohn; er ist gemäß § 3 Nr. 50 EStG steuerfrei. Die Ausgaben können im Namen des Arbeitgebers oder im eigenen Namen erfolgen; es darf aber kein Interesse des Arbeitnehmers an diesen Ausgaben bestehen. – Vgl. auch → durchlaufende Gelder. – Ausgaben für die Lebenshaltung des Arbeitnehmers oder der Ersatz von Werbungskosten sind kein Auslagenersatz; sie sind steuerpflichtiger Arbeitslohn. – 3. *Voraussetzungen der Steuerfreiheit:*

I. Allg. Einzelabrechnung; pauschaler Auslagenersatz ist nur steuerfrei, wenn er regelmäßig wiederkehrt und der Arbeitnehmer die wirklichen Aufwendungen für einen Zeitraum von zwölf Monaten einzeln nachweist (R 3.50 LStR 2008). Vereinfachungsregelungen gelten z.B. für den Ersatz von Telefonkosten, die der Arbeitnehmer aus betrieblichen Gründen auf sich nehmen muss (Einzelheiten ebenfalls in R 3.50 LStR 2008).

Auslagerung – 1. *Begriff*: Entnahme einer Ware aus einem → Umsatzsteuerlager. Als Auslagerung gilt es auch, wenn die Bedingungen für die Einlagerung von Waren in ein Umsatzsteuerlager verletzt werden, z.B. also, wenn gelagerte Waren einzelhandeltauglich aufbereitet werden. – 2. *Folgen*: Die Auslagerung führt zum Entstehen der Umsatzsteuer (§ 4 Nr. 4a UStG), weil die gelagerte Ware nunmehr den steuerfreien Bereich des Umsatzsteuerlagers wieder verlässt und daher die reguläre Steuerbelastung, die auf der Ware liegen würde, wenn sie seit jeher frei umlaufen würde, wieder hergestellt werden muss. Berechnet wird die Steuer auf der Grundlage des Kaufpreises für die letzte vor der Auslagerung vorgenommen Lieferung (evtl. mit bestimmten korrigierenden Zuschlägen), weil auch dann, wenn die Ware niemals im Umsatzsteuerlager gewesen wäre, die Höhe der Umsatzsteuer, die aktuell noch auf ihr liegen würde, sich allein nach dem Entgelt bei der letzten Lieferung richten würde. Die Steuer schuldet derjenige Unternehmer, der die Auslagerung vornimmt (§ 13a I Nr. 6 UStG); der Lagerhalter haftet der Finanzverwaltung gegenüber dafür, dass der Auslagerer korrekt identifiziert werden kann.

Ausland – Gebiet jenseits der Staatsgrenzen.

I. Außenwirtschaftsrecht: alle Gebiete, die nicht zum Inland gehören. Davon zu unterscheiden ist das → Zollgebiet der EU. Dadurch wird der Anwendungsbereich des EU-Zollkodexes festgelegt. Es ist nicht identisch mit dem Staatsgebiet. Gebiete außerhalb des Zollgebietes sind Drittland.

II. Steuerrecht: alle Gebiete, die nach den Maßstäben des jeweiligen Steuergesetzes nicht zum → Inland gehören. Bei den Ertragsteuern, der Erbschaftsteuer und der Umsatzsteuer ein wichtiges Abgrenzungskriterium zur Bestimmung von Art und/oder Umfang der Steuerpflicht von Personen bzw. der Steuerbarkeit von Sachverhalten.

III. Zollrecht: → Zollgebiet der EU.

Ausländer – 1. *Recht*: Nach § 2 I Aufenthaltsgesetz (v. 25.2.2008, BGBl. I S. 162) ist Ausländer jede Person, die nicht Deutscher i.S.d. Art. 116 I des Grundgesetzes ist (→ Staatsangehörigkeit, Volksdeutscher). Ausländer, die ins → Bundesgebiet einreisen und sich darin aufhalten wollen, bedürfen eines → Aufenthaltstitels. Es besteht → Ausweispflicht (Passpflicht). Ausländer können frei ausreisen. – Sonderregelungen für Exterritoriale, sonstige in diplomatischen oder konsularischen oder in internationalen Einrichtungen tätigen Personen. Für Ausländer, die nach europäischem Gemeinschaftsrecht Freizügigkeit genießen, gilt das Aufenthaltsgesetz insoweit, als das Europäische Gemeinschaftsrecht und das Freizügigkeitsgesetz/EU nicht anderes bestimmen. – Vgl. auch → Asyl, → Abschiebung, → Ausländerbehörden, → Ausweisung. – 2. *Zahlungsbilanzstatistik*: alle natürlichen und → juristischen Personen mit Wohnsitz oder gewöhnlichem Aufenthalt bzw. Sitz im Ausland. Zu den Ausländern zählen auch die Angehörigen diplomatischer Vertretungen im Inland sowie im Inland stationierter ausländischer Streitkräfte, nicht hingegen ausländische Arbeitnehmer (außer Grenzgänger).

Ausländerbehörden – Behörden, die zuständig sind für aufenthalts- und passrechtliche Maßnahmen und Entscheidungen nach dem Aufenthaltsgesetz und nach ausländerrechtlichen Bestimmungen in anderen Gesetzen (§ 71 AufenthG). In den Ländern regelmäßig auf der Ebene der Kreise und der freien Städte angesiedelt.

Ausländereffekt – Begriff des Körperschaftsteuerrechts zur Bezeichnung eines früher einmal möglichen Steuereffekts für dt. Tochtergesellschaften ausländischer Mutterkapitalgesellschaften: Als es unter dem alten Körperschaftsteuerrecht unterschiedlich hohe Steuersätze für ausgeschüttete und für thesaurierte Gewinne gab (z.B. 40 Prozent für thesaurierte, 30 Prozent für ausgeschüttete), konnten inländische Tochterunternehmen ausländischer Mutterkapitalgesellschaften unter bestimmten Umständen ihre Gewinne an ihre Muttergesellschaft ausschütten (somit die Belastung auf den niedrigeren Satz senken), und diese konnten dann, ohne in ihrem Heimatland wegen der ausgeschütteten Gewinne steuerpflichtig zu werden (→ Schachtelprivileg) eine Wiedereinlage des Geldes in die dt. Tochtergesellschaft vornehmen. Im Endeffekt konnten solche Gesellschaften ihre Gewinne also zu einer niedrigeren Steuerbelastung thesaurieren als Tochtergesellschaften inländischer Anteilseigner. Folge: günstigere Selbstfinanzierung ausländisch beherrschter Unternehmen. – Die gesamte Problematik ist entfallen, als bei der Aufgabe der körperschaftsteuerlichen Anrechnungsverfahrens (2000) der Körperschaftsteuersatz für einbehaltene und ausgeschüttete Gewinne nicht mehr unterschiedlich hoch festgesetzt wurde.

Ausländerkonten – Konten von → Gebietsfremden bei Geldinstituten im Wirtschaftsgebiet. Ausländerkonten dürfen uneingeschränkt in Euro oder in ausländischen Währungen geführt werden. Die Konten und die darüber laufenden Zahlungen unterliegen nach der AWV einer Meldepflicht. Gemäß § 23 I AWG können kontobezogene Vorgänge einer Genehmigungspflicht oder auch einem Verbot unterworfen werden.

Ausländerkonvertibilität → Konvertibilität. – *Gegenteil*: Inländerkonvertibilität.

Ausländersicherheit – die im → Zivilprozess auf Verlangen des Beklagten von einem als Kläger auftretenden Ausländer zu leistende Sicherheit für die Prozesskosten. – *Ausnahmen u.a.:* (1) Ausländer, in deren Heimatstaat Deutsche keine Ausländersicherheit zu leisten brauchen; (2) im → Urkundenprozess und → Wechselprozess; (3) bei Klagen aus im → Grundbuch eingetragenen Rechten (§ 110 ZPO); (4) Widerklagen.

Ausländerzentralregister – Mit dem Gesetz über das Ausländerzentralregister (AZR-Gesetz) vom 2.9.1994 (BGBl. I 2265) m.spät.Änd. wurde für das seit 1953 beim → Bundesverwaltungsamt geführte Ausländerzentralregister eine den Anforderungen des Volkszählungsurteils des Bundesverfassungsgerichts (BVerfGE 65, 1 ff.) entsprechende Rechtsgrundlage geschaffen. Das AZR-Gesetz regelt den Inhalt des Registers, die Datenübermittlung an und durch die Registerbehörde, den bereichsspezifischen Datenschutz sowie die Rechte der Betroffenen gegenüber der Registerbehörde. Durch das Ausländerzentralregister werden die Behörden bei der Durchführung ausländer- und asylrechtlicher Vorschriften, z.B. Identifizierung von Ausländern, unterstützt. Nach dem AZR- Änderungsgesetz vom 20.12.2012 (BGBl. I S. 2745) dürfen Daten von Unionsbürgern nur noch bei Vorliegen gesetzlich bestimmter Voraussetzungen gespeichert und genutzt werden, etwa wenn sie steckbrieflich gesucht werden oder andere schwerwiegende, die Eintragung rechtfertigende Gründe vorliegen. Ausgangspunkt für die Novellierung war eine Entscheidung des EuGH vom 16.12.2008 in der Rechtsache C-524/06 zur Frage der Registrierung von Unionsbürgern in Registern anderer Mitgliedstaaten.

Auslandinvestmentgesetz (AuslInvG) – Gesetz über den Vertrieb ausländischer Investmentanteile und über die Besteuerung der Erträge aus ausländischen Investmentanteilen vom 28.7.1969, zuletzt geändert im Dezember 1999. – 1. *Ziel:* Schutz der inländischen Anleger und Herstellung einheitlicher Wettbewerbsbedingungen. – 2. *Bes. Vertriebsvorschriften:* Ausländische, nicht an einer dt. Börse notierte Investmentgesellschaften müssen der Bankaufsichtsbehörde einen inländischen Repräsentanten benennen, die Werte ihrer Fonds bei einer Depotbank verwahren lassen, inländische Zahlstellen benennen und ihre Vertragsbedingungen nach bestimmten Normen gestalten. Für EU-Investmentanteile gelten gesonderte Vertriebsvorschriften.

ausländische Betriebsstätte – im Ausland errichtete Betriebsstätte. Abgrenzung der ausländischen Betriebsstätte für Zwecke der Besteuerung nach den gleichen Merkmalen wie inländische → Betriebsstätten. Die ausländische Betriebsstätte einer Personengesellschaft wird den Gesellschaftern (Mitunternehmern) anteilig als eigene zugerechnet. Dies gilt auch bei einer Personengesellschaft ausländischen Rechts, wenn die ausländische Personengesellschaft in ihrem im ausländischen Handelsrecht verankerten rechtlichen Aufbau und ihrer wirtschaftlichen Funktion einer dt. Personengesellschaft entspricht. Die → Doppelbesteuerungsabkommen (DBA) enthalten i.d.R. eigenständige Definitionen für ausländische Betriebsstätte, die den Begriff gegenüber der Definition in § 12 AO einengen (in diesen Fällen gilt dann: Was der Begriff „Betriebsstätte" im DBA bedeuten soll, richtet sich nach der Definition im DBA, was er in einem „nationalen" dt. Steuertext bedeuten soll, dagegen nach der AO, sofern der Kontext nicht etwas anderes erfordert). – Die ausländische Betriebsstätte hat im Außensteuerrecht eine zweifache *Bedeutung:* (1) als Steueranknüpfungspunkt für die beschränkte Steuerpflicht im Ausland. Es gilt, dass die Gewinne aus ausländischen Betriebsstätten auch bei Bestehen eines Doppelbesteuerungsabkommens regelmäßig im Ausland (also im Land der Betriebsstätte) versteuert werden müssen; (2) als Anknüpfungspunkt für dt. Maßnahmen zur Vermeidung der Doppelbesteuerung oder für Steuervergünstigungen im Zusammenhang mit Auslandsinvestitionen (meist → Freistellungsmethode, sodass der dt. Eigentümer der ausländischen Betriebsstätte nur mit den ausländischen Steuern belastet ist, selbst wenn diese niedriger sind als die dt., dadurch wird eine Gleichstellung des deutschen Betriebsstätteninhabers mit seinen Mitbewerbern vor Ort erreicht; existiert keine ausländische Betriebsstätte, sondern werden Geschäftskontakte mit dem Ausland von deutschem Boden aus abgewickelt, ist eine solche günstige Behandlung dagegen nicht möglich). – *Ausländische Betriebsstättenverluste:* vgl. → Auslandsverluste.

ausländische Einkünfte – I. Begriff: 1. *Allgemein:* Einkünfte, die im Ausland verdient worden sind. – 2. *Fachbegriff aus dem Einkommen- und Körperschaftsteuerrecht:* Einkünfte, die unbeschränkt steuerpflichtige natürliche und juristische Personen (→ unbeschränkte Steuerpflicht) aus einem ausländischen Staat beziehen; jedoch werden nicht sämtliche Einkünfte, die in irgendeiner Verbindung mit dem Ausland stehen, vom dt. Recht auch als „ausländische" Einkünfte anerkannt. Das Vorhandensein (anerkannter) „ausländischer" Einkünfte ist Voraussetzung dafür, dass von dt. Seite einseitig Maßnahmen zur Vermeidung einer Doppelbesteuerung ergriffen werden. So sind ausländische Einkünfte Voraussetzung für die Anrechnung ausländischer Steuern in Deutschland (→ Anrechnungsmethode) sowie die Pauschalierung dt. Steuern (Pauschalierungsmethode; → Doppelbesteuerung). Günstigere Regelungen sind jedoch zu erwarten, wenn mit einem anderen Staat ein Doppelbesteuerungsabkommen abgeschlossen worden ist; dann richten sich die Maßnahmen zur Beseitigung einer Doppelbesteuerung regelmäßig nicht mehr danach, was nach nationalem Recht einseitig als „ausländische Einkünfte" anerkannt ist, sondern nach den regelmäßig günstigeren Bestimmungen des jeweiligen Abkommens. – Ein Fehlschluss wäre übrigens die Vorstellung, Einkünfte, die nicht als „ausländische

Einkünfte" anerkannt seien, gehörten dann auch nicht zu den in Deutschland steuerpflichtigen Einkünften; die unbeschränkte Steuerpflicht umfasst vielmehr automatisch alle Einkünfte aus der gesamten Welt aus den in den 7 Einkunftsarten des EStG aufgezählten Aktivitäten (Welteinkommensprinzip), unabhängig von ihrer geografischen Herkunft.

II. Einkommensteuerrecht: 1. *Grundlagen:* Als ausländische Einkünfte werden nur die Einkünfte aus dem (umfangreichen) Katalog des § 34d EStG betrachtet. – 2. Zu den ausländischen Einkünften zählen *Einkünfte:* (1) Aus einer im Ausland betriebenen Land- und Forstwirtschaft; (2) aus Gewerbebetrieb, erzielt durch → Betriebsstätte oder ständigen Vertreter im Ausland, den Betrieb von Handelsschiffen im internationalen Verkehr, durch Bürgschafts- und Avalprovisionen, wenn der Schuldner Wohnsitz, Geschäftsleitung oder Sitz in einem ausländischen Staat hat; dabei richtet sich der Inhalt der Begriffe „Betriebsstätte" und „ständiger Vertreter" nach dt. Recht (§ 12, 13 AO); (3) aus selbstständiger Arbeit, die im Ausland ausgeübt oder verwertet wird oder worden ist; (4) aus Kapitalvermögen, wenn der Schuldner Wohnsitz, Geschäftsleitung oder Sitz im Ausland hat oder das Kapitalvermögen durch ausländischen Grundbesitz gesichert ist; (5) aus Vermietung und Verpachtung, soweit unbewegliches Vermögen oder Sachinbegriffe im Ausland belegen oder Nutzungsrechte im Ausland überlassen worden sind; (6) aus der Veräußerung von Wirtschaftsgütern, die zum Anlagevermögen eines Betriebs gehören, wenn die Wirtschaftsgüter in einem ausländischen Staat zu belegen sind, sowie aus der Veräußerung von Anteilen an ausländischen Kapitalgesellschaften; (7) sonstige Einkünfte, wenn der zur Leistung der wiederkehrenden Bezüge Verpflichtete Wohnsitz, Geschäftsleitung oder Sitz in einem ausländischen Staat hat, bei privaten Veräußerungsgeschäften die veräußerten Wirtschaftsgüter in einem ausländischen Staat belegen sind, oder bei Einkünften aus Leistungen der zur Vergütung der Leistung Verpflichtete Wohnsitz, Geschäftsleitung oder Sitz in einem ausländischen Staat hat; (8) Einkünfte aus nichtselbständiger Arbeit, die in einem ausländischen Staat ausgeübt wird oder verwertet wird, Einkünfte, die von inländischen öffentlichen Kassen mit Rücksicht auf ein gegenwärtiges oder früheres Dienstverhältnis gewährt werden, auch wenn sie im Ausland ausgeübt werden.

III. Körperschaftsteuerrecht: 1. *Grundlagen:* § 26 KStG. – 2. *Steuerermäßigung:* a) Die Darstellungen zur Einkommensteuer gelten entsprechend,zur Frage, was als „ausländische Einkünfte" bei der KSt anerkannt wird, verweist die Körperschaftsteuer auf das Einkommensteuerrecht. – b) Auch bei der KSt ist die Existenz „ausländischer" Einkünfte Voraussetzung für eine Anrechnung ausländischer Steuern auf die dt. KSt-Schuld, soweit kein Doppelbesteuerungsabkommen besteht.

IV. Gewerbesteuerrecht: 1. *Gesetzliche Grundlagen:* § 2 I, § 9 Nr. 2, 3, 7 und 8 GewStG. – 2. *Grundsatz:* Bei der Gewerbesteuer ist der einkommen- und körperschaftsteuerliche Begriff der „ausländische Einkünfte" ohne entscheidende Bedeutung. Da die Gewerbesteuer nur die *Erträge inländischer Gewerbebetriebe* belasten soll, werden hier vielmehr die Gewinne und Verluste aus ausländischen → Betriebsstätten und Anteilen an ausländischen Betrieben ausländischer Personengesellschaften aus der Bemessungsgrundlage der Gewerbesteuer eliminiert. – 3. *Sonderfall Dividenden:* Soweit ein Unternehmen Dividenden aus dem Ausland bezieht, werden diese ebenso wie inländische Dividenden behandelt. d.h. ab einer Beteiligungsquote von aktuell 15 Prozent (ab Erhebungszeitraum 2008) von der Gewerbesteuer freigestellt, unterhalb dieser Beteiligungsquote aber erfasst. Weitere Voraussetzung ist, dass die Dividenden nach dem Doppelbesteuerungsabkommen steuerfrei sind oder dass die ausländische Gesellschaft ihre Erträge ausschließlich oder fast ausschließlich aus aktiver Tätigkeit erzielt. Hat die ausländische Tochtergesellschaft ihren Sitz in der EU, wird auf die Aktivitätsvoraussetzung verzichtet (→ Mutter-Tochter-Richtlinie); dann sind Dividendenerträge ab aktuell 15-prozentiger Beteiligung gewerbesteuerfrei, auch wenn die Gesellschaft passiven Tätigkeiten nachgeht.

V. Besonderheiten: Für den Betrieb von Handelsschiffen im internationalen Verkehr sind die früheren Steuersatzbegünstigungen seit 1999 durch eine auf Antrag mögliche bes. Form der Gewinnermittlung (→ Tonnagesteuer) ersetzt worden.

ausländische Investitionen – Kapital- und Geldanlagen von → Gebietsfremden (früher Devisenausländer) im → Wirtschaftsgebiet. – 1. Ausländische Investitionen sind grundsätzlich *genehmigungsfrei* (§ 1 des Außenwirtschaftsgesetzes i.d.F. vom 27.5.2009 (BGBl. I 1150) m.spät.Änd.). – 2. Sie können aus allg. Gründen beschränkt werden: (1) zur Erfüllung von Pflichten aus zwischenstaatlichen Vereinbarungen (§ 5 AWG), (2) zur Abwehr schädigender Einwirkungen aus fremden Wirtschaftsgebieten (§ 6 AWG), (3) zur Gewährleistung der Sicherheit der Bundesrepublik Deutschland und zur Verhinderung einer Störung des friedlichen Zusammenlebens der Völker und einer erheblichen Störung der auswärtigen Interessen (§ 7 AWG).

ausländische Kapitalgesellschaft – 1. *Begriff:* Eine → Kapitalgesellschaft ist aus steuerlicher Sicht ausländisch, wenn sie weder Sitz noch Geschäftsleitung in Deutschland hat (→ beschränkte Steuerpflicht). – 2. Die *Qualifikation* als Kapitalgesellschaft hängt aus der Sicht des dt. Steuerrechts davon ab, ob das ausländische Gebilde nach seinem Aufbau und den für sie geltenden Regelungen des ausländischen Gesellschaftsrechts im Inland eher einer Personengesellschaft oder einer Kapitalgesellschaft gleicht (Typenvergleich zwischen der ausländischen Rechtsform und ihren inländischen Parallelen). Gesellschaften eines anderen

EU- oder EWR-Staates, denen ihr Gründungsstaat die Rechte einer juristischen Personen zuerkannt hat, müssen in Deutschland als steuerrechtlich selbstständige Gebilde (d.h. als Kapitalgesellschaft oder eigenes körperschaftsteuerpflichtiges Gebilde) anerkannt werden, wenn dies nach dem Typenvergleich nicht zwingend wäre. – 3. *Steuerpflicht der ausländischen Kapitalgesellschaften in Deutschland:* Eine ausländische Kapitalgesellschaft selbst ist in Deutschland nur mit Einkünften aus dt. Quellen steuerpflichtig (§ 49 EStG, § 8 I KStG) im Rahmen der beschränkten Steuerpflicht (§ 2 Nr. 1 KStG). Dieselben Einkünfte der ausländischen Kapitalgesellschaft werden i.d.R. auch im Heimatstaat der ausländischen Kapitalgesellschaft einem Steueranspruch unterliegen (→ Welteinkommensprinzip); zur Vermeidung einer Doppelbesteuerung gelten entsprechende → Doppelbesteuerungsabkommen (DBA). – 4. *Steuerpflicht der Gesellschafter einer ausländischen Kapitalgesellschaft in Deutschland:* Ist ein Deutscher (Steuerinländer) an einer ausländischen Kapitalgesellschaft beteiligt, so unterliegt er mit den Dividenden dieser ausländischen Kapitalgesellschaft der dt. Einkommensteuer. Eine eventuelle ausländische Quellensteuer auf die Dividende der ausländischen Kapitalgesellschaft wird auf die dt. Einkommensteuer des Gesellschafters angerechnet (§ 34c EStG), maximal in der Höhe, in der die dt. Einkommensteuer anteilig auf diese Dividende entfällt. – 5. *Bekämpfung von Steuersparmodellen* durch die Hinzurechnungsbesteuerung für Einkünfte von ausländischen Kapitalgesellschaften. – Vgl. auch → ausländische Tochtergesellschaft.

ausländische Körperschaft – 1. Ausländische Körperschaften werden hinsichtlich ihrer → Rechtsfähigkeit im Bürgerlichen Recht nach ausländischem Recht beurteilt. – 2. *Anerkennung als Körperschaften im Steuerrecht:* Für die Frage, ob ausländische Körperschaften im Inland auch bez. der → Steuerpflicht als Körperschaften zu behandeln sind (oder vielmehr stattdessen nur als bloße Zusammenschlüsse ihrer Gesellschaften, d.h. als Personengesellschaften), muss nicht nur festgestellt werden, *dass* das nach ausländischem Recht gegründete Gebilde über irgendwelche Rechte und Pflichten verfügen kann (Rechtsfähigkeit), sondern auch, *wie weit* diese Rechtsfähigkeit nach dem maßgeblichen Recht des Heimatstaates im konkreten Fall geht. Nur so lässt sich feststellen, ob die nach ausländischem Recht gegründete Körperschaft ihrer Natur nach tatsächlich einer dt. Körperschaft vergleichbar ist (dann: Körperschaftsteuerpflicht!) oder sie vielmehr eher einer dt. Personengesellschaft ähnelt (dann: Steuerpflicht der einzelnen Gesellschafter!). Diese Entscheidung, ob eine ausländische Körperschaft tatsächlich ihrer Struktur nach einer dt. Körperschaft vergleichbar ist oder vielmehr nur einer Personengesellschaft, wird als „Typenvergleich" bezeichnet. – 3. *Beispiele:* Für die allermeisten Formen ausländischer Körperschaften ist die Einordnung nach dt. Steuerrecht durch die Rechtsprechung geklärt. Insbesondere ist geklärt, dass die nach dem Recht anderer EU-Staaten oder EWR-Staaten gegründeten Kapitalgesellschaften sämtlich auch aus Sicht des dt. Steuerrechts als Körperschaften anzusehen sind. – 4. *Maßgebliche Regelungen* für die Einkommensbesteuerung von ausländischen Körperschaften: Betätigen sich ausländische Körperschaften in Deutschland wirtschaftlich, unterliegen sie der bundesdeutschen → Körperschaftsteuer, und zwar nach den Regeln der unbeschränkten Steuerpflicht, wenn sie entweder → Sitz oder → Geschäftsleitung im Inland haben; in allen anderen Fällen unterliegen sie in Deutschland nur der → beschränkten Steuerpflicht (§§ 1, 2 KStG).

ausländischer Abnehmer – 1. *Begriff* des Umsatzsteuerrechts. Als ausländischer Abnehmer gilt: ein Abnehmer, der seinen Wohnort oder Sitz im → Ausland hat (§ 6 UStG); eine ausländische Zweigniederlassung eines Unternehmers, der seinen Sitz im → Inland hat, wenn sie das Umsatzgeschäft im eigenen Namen abgeschlossen hat. – 2. *Umsatzsteuerliche Bedeutung*: Ob eine Ware an einen in- oder ausländischen Abnehmer verkauft worden ist, spielt bei der Frage, ob ein Exportumsatz steuerfrei sein wird, dann eine Rolle, wenn der Unternehmer die Ware nicht selbst ins Ausland befördert oder versendet, sondern der Abnehmer die Ware abholen kommt. Lieferungen an einen ausländischen Abnehmer sind dann, sofern weitere Voraussetzungen erfüllt sind (→ Ausfuhrlieferungen), steuerfrei (§ 6 I Nr.2 UStG), Lieferungen an inländische Abnehmer dagegen nicht. – Entsprechendes gilt für *ausländische Auftraggeber* bei → Lohnveredelungen an Gegenständen der Ausfuhr (§ 7 II UStG).

ausländischer Arbeitnehmer – 1. *Begriff*: Erwerbsperson, die in Deutschland einer entgeltlichen Beschäftigung nachgeht, ohne die dt. Staatsangehörigkeit zu besitzen (→ Ausländer). – 2. Ausländische Arbeitnehmer bedürfen zur Arbeitsaufnahme einer → Aufenthaltserlaubnis und → Arbeitserlaubnis, soweit nicht supranationale oder bilaterale Verträge (Gastarbeitnehmerabkommen) ihnen Freizügigkeit einräumen. Erwerbspersonen aus EU-Mitgliedsstaaten benötigen aufgrund der EG-Freizügigkeitsverordnung i.d.F. vom 17.7.1997 (BGBl. I 1810) keine Aufenthalts- und Arbeitsgenehmigung. Von den Vorschriften sind weiter heimatlose Ausländer befreit. Ausnahmen bestehen für Kinder und Ehefrauen. Keiner Arbeitserlaubnis bedürfen die in § 9 der VO genannten Personen (z.B. Fahrpersonal im Transitverkehr, Grenzgänger, Lehrpersonen an Hochschulen, Journalisten etc.). – 3. Für → Arbeitsvertrag und → Arbeitsverhältnis gelten grundsätzlich die allg. Vorschriften. Ein ohne Arbeitserlaubnis geschlossener Arbeitsvertrag ist nicht nichtig (→ Arbeitserlaubnis). Dem Arbeitgeber kann gegenüber dem ausländischen Arbeitnehmern eine gesteigerte → Fürsorgepflicht, bes. zur Überwindung von Sprachschwierigkeiten, obliegen. – Bei der

Betriebsratswahl (→ Betriebsrat) haben ausländische Arbeitnehmer das gleiche aktive und passive Wahlrecht wie dt. Arbeitnehmer (§§ 7, 8 BetrVG).

ausländischer Auftraggeber → ausländischer Abnehmer.

ausländisches Vermögen – gehört bei der Erbschaftsteuer: (1) bei → unbeschränkter Steuerpflicht zum (steuerpflichtigen) → Gesamtvermögen (aufgrund sachlicher → Steuerbefreiungen oder → Doppelbesteuerungsabkommen); (2) bei → beschränkter Steuerpflicht nicht zur Besteuerungsmasse. – *Bewertung ausländischer Sachvermögen* nach den Vorschriften des ersten Teils des Bewertungsgesetzes (§ 31 BewG). Danach ist das ausländische Vermögen (auch das Grundvermögen) grundsätzlich mit dem → gemeinen Wert anzusetzen.

ausländische Tochtergesellschaft – 1. *Begriff*: Beteiligung an einer ausländischen Kapitalgesellschaft, die vom Ausmaß über eine reine Kapitalanlage hinausgeht, sodass von einem unternehmerischen Engagement des Investors ausgegangen werden kann. Im Steuerrecht wird für ausländische Tochtergesellschaften bei verschiedenen Regelungen explizit eine Beteiligungsquote festgelegt, ab der eine ausländische Gesellschaft als ausländische Tochtergesellschaft angesehen wird; dies führt dann meist zu einer steuerlichen Behandlung, die günstiger ist als bei einer reinen Kapitalanlage. Diese Beteiligungsquote ist je nach Regelung und historischem Entstehungszeitpunkt oft unterschiedlich hoch (häufig 25 Prozent oder 10 Prozent). – 2. *Behandlung von ausländischen Tochtergesellschaften im Teileinkünfteverfahren:* In- und ausländische Dividenden und Veräußerungsgewinne aus Anteilen an Kapitalgesellschaften werden nach heutigem dt. Recht gleichbehandelt; es gelten also dieselben Regeln für → Dividenden wie im Inlandsfall. Nur das Gewerbesteuerrecht sieht eine Befreiung für Dividenden aus ausländischen Tochtergesellschaften nur unter leicht abweichenden Voraussetzungen vor (aktive Tätigkeit). – 3. *Regelungen für ausländische Tochtergesellschaften in Doppelbesteuerungsabkommen* (Regelfall): Dividendeneinnahmen sind freigestellt oder es erfolgt eine indirekte Anrechnung der ausländischen Körperschaftsteuer (Beteiligungsquoten vertraglich meist 25 Prozent oder 10 Prozent). In Deutschland sind Sonderregelungen zur Verwirklichung dieser Vorgaben aufgrund des → Teileinkünfteverfahrens (Gleichbehandlung aller Dividenden) nicht erforderlich. Nur das Gewerbesteuerrecht sieht eine Sondervorschrift vor: Dividendeneinnahmen eines inländischen Gewerbebetriebs aus ausländischen Tochtergesellschaften sind von der Gewerbesteuer ausgenommen, wenn ein Doppelbesteuerungsabkommen die Freistellung vorsieht oder die ausländische Tochtergesellschaft eine aktive Tätigkeit ausübt. – 4. Die *Veräußerung einer ausländischen Tochtergesellschaft* ist i.d.R. nur in Deutschland steuerpflichtig; der Veräußerungsgewinn ist nach dem Teileinkünfteverfahren bei einer natürlichen Person nur zu einer bestimmten Quote (60 Prozent, § 3 Nr. 40 EStG; vor 2009 waren es 50 Prozent), bei einer juristischen Person gar nicht steuerpflichtig (§ 8b KStG). Nach einigen wenigen Doppelbesteuerungsabkommen ist jedoch auch für Anteile an ausländischen Tochtergesellschaften eine Steuerpflicht im Land der ausländischen Tochtergesellschaft möglich. – 5. *Sonderregelungen*: a) *Relevanz der Abgeltungsteuer für Einkünfte aus ausländischen Tochtergesellschaften*: Die seit 2009 eingeführte Abgeltungsteuer auf Dividendeinkünfte bezieht sich nur auf Dividendeneinkünfte aus Anteilen, die in einem Privatvermögen gehalten werden. Der Begriff der „Tochtergesellschaft" beinhaltet im Gegensatz dazu, dass ein ausländisches Unternehmen einem inländischen Mutterunternehmen untergeordnet ist. Deshalb ist davon auszugehen, dass die Dividenden und die Veräußerungsgewinne aus Anteilen an ausländischen Tochtergesellschaften i.d.R. im Betriebsvermögen anfallen und daher die Abgeltungsteuer für diesen Bereich nur höchstens theoretisch von Interesse ist. – b) *Sonderregelungen* gelten auch, wenn die Einkünfte aus der ausländischen Tochtergesellschaft beim inländischen Gesellschafter zu einem früheren Zeitpunkt schon der Hinzurechnungsbesteuerung unterlegen haben (§ 3 Nr. 41 EStG). – 6. Im Rahmen der *Erbschaftsteuer* werden Anteile an ausländischen Tochtergesellschaften mit dem gemeinen Wert bewertet. Allerdings gibt es für den Besitz von Anteilen an Gesellschaften in anderen Staaten der EU Begünstigungen (Verschonungsabschlag, § 13a, § 13b ErbStG 2009).

ausländische Unternehmungen im Inland – Unternehmungen im → Wirtschaftsgebiet, an denen → Gebietsfremde beteiligt sind. – 1. *Meldepflichten nach der AWV*: Ausländische Unternehmungen sind nach dem → Außenwirtschaftsrecht im Wirtschaftsgebiet uneingeschränkt zulässig, es bestehen lediglich gewisse Meldepflichten gegenüber der → Deutschen Bundesbank (§ 58 AWV). – 2. *Besteuerung*: Die Besteuerung ist abhängig davon, in welcher Form ausländische Unternehmungen sich im Inland betätigen. – a) Bloße Importlieferungen unterliegen keiner Ertragsbesteuerung, können aber als Einfuhr oder als innergemeinschaftlicher Erwerb von der Umsatzsteuer erfasst werden. – b) Inländische Betriebsstätten, z.B. Zweigstellen oder Zweigniederlassungen, führen zur → beschränkten Steuerpflicht in Bezug auf die Betriebsstätteneinkünfte und das Betriebsstättenvermögen. – c) Bei Beteiligung an einer inländischen Kapitalgesellschaft (Tochtergesellschaft) unterliegt diese der unbeschränkten Körperschaftsteuerpflicht. Gewinnausschüttungen an das ausländische Mutterunternehmen unterliegen grundsätzlich der Kapitalertragsteuer, ggf. kommt jedoch eine Ermäßigung aufgrund eines Doppelbesteuerungsabkommens oder nach der → Mutter-Tochter-Richtlinie in Betracht. – d) Die Beteiligung an einer inländischen Personengesellschaft wird wie eine Betriebsstätte behandelt, soweit die Personengesellschaft im Inland tätig ist.

ausländische Werte – Rechnungsbeträge in ausländischer Währung. Ausländische Werte sind zur Berechnung der → Umsatzsteuer auf Euro-Werte umzurechnen nach dem im Bundesanzeiger bekannt gegebenen Durchschnittskurs für den Monat, in dem die Ausführung der Leistung oder die Vereinnahmung des Entgelts (→ Sollversteuerung, → Istversteuerung) erfolgt. Das Finanzamt kann zuverlässigen Unternehmern auf Antrag die Umrechnung nach dem Tageskurs gestatten, wenn die einzelnen Beträge durch Bankmitteilung oder Kurszettel belegt werden (§ 16 VI UStG).

ausländische Wertpapiere – von Ausstellern mit Sitz außerhalb Deutschlands ausgegebene → Wertpapiere. Nach dem → Außenwirtschaftsrecht sind Rechtsgeschäfte über ausländische Wertpapiere grundsätzlich unbeschränkt zulässig (→ Kapitalverkehr). Gewisse Einschränkungen bestehen bei → ausländischen Investitionen und → ausländischen Unternehmungen im Inland. – Vgl. auch → Auslandswerte.

Auslandsabsatzforschung – Teilbereich der internationalen Marktforschung, bestehend aus → Betriebsforschung und → Auslandsabsatzmarktforschung. Dient der Gewinnung von Informationen über Auslandsmärkte und (inner-)betriebliche Prozesse bez. der Auslandstätigkeit einer Unternehmung. – Vgl. auch → Auslandsabsatzmarktforschung.

Auslandsabsatzmarktforschung – 1. *Begriff:* Teilbereich der → Absatzmarktforschung bezogen auf ausländische Märkte, und zwar aus dem Blickwinkel eines Unternehmens, das bereits auf bestimmten Auslandsmärkten tätig ist oder dies beabsichtigt. Auslandsabsatzmarktforschung und → Betriebsforschung bilden die → Auslandsabsatzforschung. – 2. *Ziel der Auslandsabsatzmarktforschung* ist die systematische Suche, Sammlung, Aufbereitung und Interpretation von Informationen über Auslandmärkte und ihre Besonderheiten. Im Rahmen der Auslandsabsatzmarktforschung gewonnene Informationen dienen als Entscheidungsgrundlage für die Internationalisierungsentscheidung, für die Wahl der → Internationalisierungsstrategie, der → internationalen Marktsegmentierung, der Allokation von Marketingbudgets auf die verschiedenen Auslandsmärkte, der Selektion von Auslandsmärkten sowie der Planung und Gestaltung des internationalen → Marketing-Mix. Der Auslandsabsatzmarktforschung kommt somit eine zentrale Stellung im Rahmen der Informationsbeschaffungsfunktionen eines → internationalen Managements zu. – 3. *Probleme* können begründet sein in Sprache, kultureller Prägung der ausländischen Wirtschaftssubjekte, Wirtschaftsstruktur des Auslandsmarktes, Gepflogenheiten etc. Problematisch ist die Verfügbarkeit von aktuellen, zuverlässigen und möglichst aussagekräftigen Statistiken und sonstigen wichtigen Informationsgrundlagen bes. im Hinblick auf die Vergleichbarkeit der jeweiligen Länderdaten. – 4. *Bedeutung:* Der Auslandsabsatzmarktforschung kommt wegen des erhöhten Risikos der Auslandstätigkeit, dem Umfang der zur Verfügung stehenden bzw. zu erhebenden Informationen sowie deren Kosten eine bes. Rolle zu. – Vgl. auch → interkulturelle Konsumentenforschung.

Auslandsanleihe – 1. Im Ausland aufgelegte, auf inländische oder ausländische Währung lautende → Anleihe eines inländischen privaten oder öffentlichen Schuldners. – 2. Auf dem dt. Kapitalmarkt aufgelegte Anleihe eines ausländischen Emittenten, in deutscher Währung als DM-Auslandsanleihe bekannt geworden und als *Anleihen ausländischer Schuldner* im Kursblatt veröffentlicht. Seit dem Eintritt in die dritte Stufe der Europäischen Wirtschafts- und Währungsunion werden diese Anleihen in Euro notiert.

Auslandsbanken – Sammelbegriff für Zweigstellen ausländischer Banken in Deutschland und für inländische → Kreditinstitute, die sich im Mehrheitsbesitz ausländischer Banken befinden. – *Tätigkeiten:* Finanzierung und geldliche Abwicklung des Handelsverkehrs mit den betreffenden Ländern, aber auch sonstige Bankgeschäfte. – Hierzulande organisieren sich die Auslandsbanken im Verband der Auslandsbanken in Deutschland e. V., der die Interessen seiner Mitglieder gegenüber dem nationalen Gesetzgeber, der EU oder supranationalen Institutionen vertritt. – Die Entstehung von Auslandsbanken ist eng mit der Entwicklung des Welthandels sowie bestimmter Instrumente der → Außenhandelsfinanzierung verbunden. Auslandsbanken begleiten oftmals exportorientierte → Firmenkunden beim Eintritt in fremde Märkte. In den 1960er-Jahren begannen deutsche Kreditinstitute Kostenvorteile und den direkten Zugang zu Fremdwährungsfinanzierung über sog. → Euromärkte zu nutzen, da Beschränkungen des internationalen Geld- und Kapitalverkehrs durch staatliche Regulierungen existierten. Die Euromärkte damals entzogen sich dem hoheitlichen Einfluss der → Zentralbanken. – Mit der Liberalisierung des Geld- und Kapitalverkehrs und der Deregulierung nationaler Finanzmärkte entstanden neben den Korrespondenzbanknetzen und Repräsentanzen zahlreiche Auslandszweigstellen, ausländische Tochtergesellschaften sowie Kooperationsmodelle von Auslandsbanken wie auch → Joint Ventures. – Repräsentanzen sind kleine Büroorganisationen unter dem Namen des Mutterunternehmens, die über keine Bankkonzessionen verfügen. Auslandsfilialen sind rechtlich unselbständige → Niederlassungen des jeweiligen Mutterinstitutes im Ausland, ohne eigenständige Führungs- und Kontrollorgane, aber mit Bankkonzession. → Tochtergesellschaften sind rechtlich selbstständige Kreditinstitute, welche zur unabhängigen Tätigung von

→ Bankgeschäften autorisiert sind und ausschließlich den Bankgesetzen des Zielmarktes unterliegen. Bei Joint Ventures gründen die beteiligten Kreditinstitute eine gemeinsame Tochergesellschaft. Gemeinsame Tochtergesellschaften dienten oftmals der Erschließung bislang nicht bearbeiteter oder wenig betreuter Auslandsmärkte.

Auslandsbeschäftigung – Beschäftigung deutscher Arbeitnehmer im Ausland durch einen dt. oder ausländischen Arbeitgeber. – Das für das Arbeitsverhältnis *anzuwendende Arbeitsrecht* ist zu bestimmen. Ist keine ausdrückliche oder stillschweigende Vereinbarung getroffen, ist maßgebend, wo der Schwerpunkt des Arbeitsverhältnisses liegt: Grundsätzlich der Arbeitsort; sofern dieser ständig wechselt, der Sitz des Arbeitgebers. – Grundsätzlich kann bei Vereinbarung ausländischen Arbeitsrechts auch ein Gerichtsstand im Ausland vereinbart werden (Art. 27, 30 EG BGB).

Auslandsbeurkundung – Nicht zuletzt aus Kostenersparnisgründen bei den Notargebühren verlegen dt. Firmen Gründungsakte oder sonstige gesellschaftsrechtlichen Aktivitäten bei GmbHs, für die ein Notar benötigt wird, zuweilen ins benachbarte Ausland. Insbesondere die Schweiz wird dafür gerne aufgesucht. Nach Rechtsgrundsätzen des IPR (vgl. Art. 11 I EGBGB) gelten das sog. Wirkungsstatut bzw. die sog. Ortsform. Nach dt. GmbH-Recht bedarf es gem. §§ 2 I, 15 III zur GmbH-Gründung bzw. zur Abtretung von Geschäftsanteilen der → notariellen Beurkundung. Nach gängiger höchsrichterlicher Rechtsprechung kann die Beurkundungsform auch durch eine Auslandsbeurkundung gewahrt werden, wenn die ausländische Beurkundung der dt. gleichwertig ist. Das bemisst sich hauptsächlich nach der Vergleichbarkeit der ausländischen Urkundsperson mit dem dt. Notar (vgl. die Nachweise bei der einschlägigen Entscheidung des OLG Düsseldorf zu einem Basler Notar, Beschl. v. 2.3.2011, I-3 Wx 236/10, in: DB 2011, 808, 809 (dort FN 2, 3). Das OLG Düsseldorf hat die Vergleichbarkeit eines Basler Notars und die Zulässigkeit der Auslandsbeurkundung bei der Abtretung eines GmbH-Geschäftsanteils bejaht. Es ist dabei speziell Bedenken gegen die Zulässigkeit der Auslandsbeurkundung wegen des MoMiG (→ Gesetz zur Modernisierung des GmbH-Rechts und zur Bekämpfung von Missbräuchen (MoMiG)) aufgrund des seitdem möglichen gutgläubigen Erwerbs von Gesellschaftsanteilen ((§ 16 III GmbHG) im Zusammenhang mit der gesteigerten Bedeutung der Gesellschafterliste (§ 16 I GmbHG) entgegengetreten. Insbesondere hat es die Einreichung der Gesellschafterliste (§ 40 II GmbHG) auch durch den ausländischen Notar als gesetzeskonform angesehen.

Auslandseinsatz – *International Transfer, Overseas Assignment.* 1. *Begriff/Gründe:* Übernahme von Tätigkeiten durch ins Ausland entsandte Mitarbeiter (→ Expatriates). Je nach Dauer des Auslandseinsatzes, arbeitsvertraglichen und steuerlichen Regelungen werden unterschiedliche Formen des Auslandseinsatzes (Dienst-/Geschäftsreise, Abordnung, Delegation, Auslandstätigkeit, Versetzung) unterschieden. Die Gründe der Unternehmung, Mitarbeiter trotz hoher Kosten ins Ausland zu entsenden, sind vielfältig: Know-How-Transfer, Erwerb internationaler Erfahrung, Koordination der Austauschbeziehungen zwischen Muttergesellschaft und Auslandsgesellschaft(en), Herausbildung einer unternehmensweit einheitlichen Vision. Die Stellenbesetzung im Ausland wird durch die strategische Grundhaltung des Unternehmens stark beeinflusst (→ ethnozentrisch, → polyzentrisch, → regiozentrisch, → geozentrisch). – 2. Der *Entsendungsprozess* kann in verschiedene Phasen unterteilt werden: Suche und Selektion sowie Vorbereitung und Training des Mitarbeiters, Auslandseinsatz und → Repatriierung. – Vgl. auch → interkulturelles Management, → interkulturelles Training, → EPRG-Modell.

Auslandsgeschäft – I. Allgemein: 1. *Begriff/Formen:* Wirtschaftsbeziehungen zwischen gebietsansässigen Unternehmen und gebietsfremden Partnern, die unterschiedlichen Wirtschaftsstufen/-kreisen angehören können. Auslandsgeschäfte können direkt oder indirekt abgewickelt werden; alle Formen des Außenhandelsgeschäfts (→ Ausfuhr, → Einfuhr, → Transithandel) sowie alle Arten internationaler Betätigung, v.a. Dienstleistungen (Transport, Versicherung), Finanzierung, Beratung, gewerbliche Dienstleistungen und Service, → Kontraktmanagement etc., Vertragsproduktion (→ unmittelbar kundenorientierte Produktion), Vergabe (Nutzung) von Lizenzen an (von) ausländische(n) Partner(n) (Auslandslizenzen), → Joint Venture und sonstige Kooperationen im Auslandsgeschäft (z.B. Exportkooperation), → Montage, Formulierung und → Konfektionierung im Ausland sowie → Veredelung. Endfertigung und Produktion durch eigene Niederlassungen im Ausland. – 2. *Risiken:* Grundsätzlich bestehen die bekannten ökonomischen Risiken, v.a. bei der (Weiter-) Entwicklung eines neuen (alten) Produktes, die mit hohen Forschungs- und Entwicklungskosten verbunden ist, sowie Risiken der Markterschließung und der Lebenserwartungen eines Erzeugnisses, die mit den Maßnahmen der Konkurrenz zusammenhängen. Diese Risiken können durch eine Betätigung auf Auslandsmärkten sowohl eine Reduktion als auch eine Verstärkung erfahren. Im Auslandsgeschäft werden darüber hinaus (neben dem politischen Risiko) noch verschiedene spezielle wirtschaftliche Risiken unterschieden, wie z.B.: (1) Übertragbare (versicherbare) Risiken im Auslandsgeschäft, v.a. Transportrisiko, Wechselkurs-Risiko sowie Kredit- bzw. Finanzierungs- und Transferrisiko; (2) nicht übertragbare (nicht versicherbare) Risiken im Auslandsgeschäft, v.a. Erfüllungsrisiko (Abnahme der Ware), Marktrisiko, Zollrisiko, Standortrisiko und Preisrisiko bzw. -gefahr; (3) Risiken bei Auslandsniederlassungen, -beteiligungen und -kooperationen, die z.T. übertragbar und z.T. nicht übertragbar sind. Eine Analyse der

Risiken im Auslandsgeschäft wird im Rahmen des → Länderratings versucht.

II. Das Auslandsgeschäft in Banken: Bankgeschäfte mit dem Ausland, d.h. Kreditinstituten, Unternehmen (Firmenkunden) und in geringerem Maße auch mit Privatkunden außerhalb des Staates, in dem das jeweilige Institut seinen Sitz hat. Das Auslandsgeschäft deutscher Kreditinstitute ist durch Außenwirtschaftsrecht oder sonstige Vorschriften des öffentlichen Rechts kaum beschränkt. Zum Auslandsgeschäft der Kreditinstitute gehören v.a. der Zahlungsverkehr (Zahlungen ins Ausland, Zahlungen aus dem Ausland jeweils durch Überweisung (Clean Payment) oder Scheck), das Dokumentengeschäft (Dokumenteninkasso, Dokumentenakkreditiv), die Exportfinanzierung durch Kreditinstitute sowie Geschäfte im Devisenhandel, das Auslandskreditgeschäft und das Garantiegeschäft. Der Deutschen Bundesbank gegenüber sind Meldungen über den Außenwirtschaftsverkehr abzugeben.

Auslandsgeschäftsquote – *Außenhandelsquote;* Anteil des Umsatzes aus → Auslandsgeschäften am Gesamtumsatz eines Unternehmens. – *Anders:* → Exportquote.

Auslandsgesellschaft → Sitz.

Auslandshandelskammern (AHK) – Bezeichnung für die dt. → Industrie- und Handelskammern (IHK) im Ausland, deren genereller Auftrag in der Förderung und im Ausbau der Wirtschaftsbeziehungen mit dem jeweiligen Partnerland besteht. In 80 Ländern mit 120 Standorten sind mehr als 40.000 Unternehmen Mitglieder der AHK. Mehr als 1.600 Mitarbeiter arbeiten in diesem Netzwerk. In Deutschland werden die AHK vom → Deutschen Industrie- und Handelskammertag (DIHK) betreut. Partner der AHK sind auch die Branchenverbände der dt. Wirtschaft.

Auslandsinvestition – *Kapitalexport;* Übertragung inländischen Kapitals ins → Ausland. Zu unterscheiden sind → Direktinvestition und → Portfolio-Investition. – Vgl. auch → internationale Kapitalbewegungen; zur Besteuerung: → Ausländische Betriebsstätte, → ausländische Einkünfte, → ausländische Tochtergesellschaft, → Auslandsniederlassung.

Auslandskapital – das einer Volkswirtschaft aus anderen Ländern zugeführte Kapital durch → Direktinvestitionen, → Portfolio-Investitionen, → Auslandskredite, → Kreditderivate.

Auslandskinder → Kinder.

Auslandskonten – Konten von → Gebietsansässigen bei Banken in fremden → Wirtschaftsgebieten. Nach § 62 I AWV haben Gebietsansässige die bei gebietsfremden Geldinstituten unterhaltenen Guthaben und Verbindlichkeiten bei Überschreiten gewisser Grenzen (5 Mio. Euro oder Gegenwert) der Deutschen Bundesbank zu melden. Geldinstitute sind von dieser Meldepflicht ausgenommen. – *Gegensatz:* → Ausländerkonten.

Auslandskredite – Kredite, die bei ausländischen Kreditinstituten aufgenommen werden. Auslandskredite werden in Euro oder in fremder Währung vergeben. Der Hauptgrund für die Aufnahme von Auslandskrediten ist v.a. im unterschiedlichen Zinsniveau zu sehen. Bei Fremdwährungskrediten besteht bedingt durch Wechselkursschwankungen zusätzlich ein → Währungsrisiko. – Seit einiger Zeit werden von Privatpersonen verstärkt Auslandskredite aufgenommen, meist in der Schweiz (Schweizer Kredite). Für Kredite, die im Ausland vergeben werden, werden keine Auskünfte von Auskunfteien insbes. der → SCHUFA eingeholt und diese Kredite werden auch nicht an die SCHUFA gemeldet. Deswegen ziehen auch Kunden, die wegen negativer SCHUFA-Einträge in Deutschland nicht problemlos einen Kredit bekommen würden, einen Auslandskredit vor. Andere Kunden bevorzugen Auslandskredite wegen der größeren Diskretion. Die Vergabe erfolgt häufig über Kreditvermittler und/ oder über Onlineportale. – Vgl. auch → Konsumentenkredit.

Auslandsmarketing – über die Grenzen des Binnenmarktes hinaus auf Auslandsmärkte bzw. Auslandsengagement ausgerichtetes Marketing. Auslandsmarketing bedeutet die mit den Inlandsaktivitäten koordinierte Anwendung des Marketings im Rahmen der in unterschiedlichen Arten und Formen möglichen Betätigung auf Auslandsmärkten. – *Modifikationen:* (1) Zahl und Vielschichtigkeit der Nachfragerkreise, an denen sich die Unternehmenspolitik orientiert, nimmt zu; v.a. muss darauf geachtet werden, dass man sich in der Zielgruppenpolitik nicht auf das Vorhandensein bestimmter Grundgemeinsamkeiten stützt. (2) Die Forderung bez. einer planmäßigen, systematischen Informationsgewinnung muss im Einzelfall auf ein vertretbares Maß reduziert werden (→ Auslandsabsatzmarktforschung). (3) Eine integrierte Planung (Zielsetzung und Maßnahmen) für jeden Auslandsmarkt (unter Berücksichtigung der dort angestrebten Art und Form der Betätigung) muss separat erstellt werden, um den spezifischen Besonderheiten besser Rechnung tragen zu können (→ internationales Marketing). (4) Die zu bewältigenden Organisations-, Koordinations- und Kontrollaufgaben werden quantitativ und qualitativ zunehmen, und zwar mit steigendem Auslandsengagement und in direkter Abhängigkeit von Art, Form und Autonomiegrad des einzelnen Auslandsengagements. Von großer Bedeutung für das Auslandsmarketing ist die Beachtung interkultureller Aspekte.

Auslandsmarkt → fremde Wirtschaftsgebiete.

Auslandsmarktselektion – 1. *Charakterisierung:* a) *Länderbeurteilung bestehender Auslandsmärkte:* Beobachtung, Beurteilung und Kontrolle bestehender Auslandsmärkte. Im Vordergrund stehen bes. die Zielsetzungen: (1) Effizienzsteigerung bzw. -erhöhung der bisherigen Tätigkeit auf einem bestehenden Auslandsmarkt; (2) Expansion (z.B. durch Intensivierung oder Variation der bisherigen Art und Form des

Auslandsengagements); (3) Früherkennung von Risiken und Chancen auf bestehenden Auslandsmärkten (→ Länderrating). – b) *Beurteilung neuer Auslandsmärkte:* Selektion von Länder(gruppen) als zukünftige (zusätzliche) Auslandsmärkte. Grundsätzlich können zwei alternative Ausgangssituationen bestehen: (1) Ein Unternehmen ist bereits auf Auslandsmärkten tätig und möchte sein Auslandsgeschäft auf weitere Länder ausdehnen. (2) Ein Unternehmen ist nur auf dem Binnenmarkt tätig, möchte aber künftig auch auf Auslandsmärkten tätig werden. – 2. *Vorgehensweise/Methoden:* a) *Unternehmensanalyse:* Der Phase der Länderselektion im eigentlichen Sinn sollte eine Unternehmensanalyse, je nach angestrebter Betätigung auf Auslandsmärkten mit unterschiedlichen Inhalten, vorausgehen. Sie soll darüber Aufschluss geben, ob und inwieweit ein Unternehmen in der Lage ist, den zusätzlichen Aufgabenstellungen, die mit dem Auslandsengagement verbunden wären, gerecht zu werden. Gegenstand einer Unternehmensanalyse können sein: (1) Produkt (z.B. Anpassungsmaßnahmen); (2) produktionstechnische Gegebenheiten und technisches Entwicklungspotenzial (z.B. Kapazitätsauslastung); (3) verwaltungs- und abwicklungstechnische Kapazitäten; (4) Know-how; (5) Management-Anforderungen (Gegenüberstellung mit dem aktuellen Eignungsprofil); (6) organisatorische Anforderungen; (7) Kapital/Finanzierung; (8) Rentabilitätsauswirkungen. Einige Punkte können erst parallel zur fortschreitenden Länderselektion, d.h. mit zunehmendem Bezug auf spezielle Verhältnisse und Anforderungen einzelner Länder, detailliert analysiert werden. – b) *Selektion von Ländergruppen:* (1) Die *Formulierung der Zielsetzungen,* die der Selektion

Selektion von Auslandsmärkten – Selektionsmethoden

Selektionsebenen	Selektionsmethoden / Selektionsstufen	Heuristische Verfahren			Analytische Verfahren	
I Länderselektion	**(1) Präselektion (1. Stufe)** (Vor-/Grobauswahl) (1.1) Untersuchung der allgemeinen Nachfragevoraussetzungen	mehrstufiges Auswahlverfahren (sequenzielles Bewertungsverfahren)	Checklist-Methode Punktbewertungsmethode (Ermittlung von Risiko- und Leistungsprofilen)			
	(1.2) Untersuchung der politischen und ökonomischen Risikosituation und -entwicklung		Country-rating-Methoden (BERI-Index-mm-Ländertest, etc.)	Portfolio-Methode		
	(2) Feinauswahl (2.1) Untersuchung länderspezifischer Erfolgschancen und -voraussetzungen **(2. Stufe)**			Kombiniertes Verfahren auf der Basis des Teamwork Prinzips und teilstrukturierter Kreativitätstechniken (Brainstorming u.Ä.)	klassische Entscheidungsregeln (* Minimax- und Maximal-Regel *Hurwicz-Regel * Erwartungswert-Prinzip)	Investitionstheoretische Methoden Sensitivitätsanalyse Break-Even-Analyse Entscheidungsbaum-Methode
II Länderbezogene Detailuntersuchung	(2.2) Untersuchung segmentspezifischer Erfolgschancen und -voraussetzungen **(3. Stufe)**					Anwendung multivariater Verfahren

Quelle: Walldorf, E.G., Auslandsmarketing – Theorie und Praxis des Auslandsgeschäfts, Wiesbaden 1987, S. 306.

zugrunde gelegt werden sollen (wie z.B. Suche nach den erfolgsversprechendsten Auslandsmärkten) sollte unter Beachtung der folgenden *Nebenbedingungen* erfolgen: *Risiko:* Eingehen eines vertretbaren und zu X Prozent übertragbaren Risikos; *betriebswirtschaftliche Vorgaben:* Erwartungen (1., 2., 3. Jahr) in Bezug auf Absatz, Umsatz, Deckungsbeitrag, Auswirkungen auf Gesamt-Unternehmen (Kapazitätsauslastung, Kosten, Deckungsbeitrag, Ergebnis, Rentabilität, RoI/Return-on-Investment etc.). (2) *Selektion und Analyse der als (zusätzliche) Auslandsmärkte in Frage kommenden Länder(gruppen) sowie der Nachfragesegmente:* Die beiden ersten Selektionsstufen dienen der Bestimmung des Kreises der Länder, die als Auslandsmärkte in die engere Wahl kommen: 1. *Selektionsstufe:* Hier erfolgt durch *Grobauswahl* eine Selektion der zur detaillierteren Weiterprüfung geeigneten Länder. Diese Präselektionsschritte basieren auf zwei Hauptuntersuchungsrichtungen: a) *Untersuchung der allg. Nachfragevoraussetzungen:* „Im Rahmen einer für die Marktwahl erforderlichen systematischen Marktsegmentierung muss zunächst darauf abgestellt werden, solche Ländersegmente zu bilden, die ein jeweils homogenes Niveau der allgemeinen Kaufvoraussetzungen aufweisen. Insofern ist das erste Ziel einer stufenweisen Marktwahl, jene Ländergruppen herauszufiltern, deren Kaufvoraussetzungen für einen Markterfolg der Unternehmung nicht ausreichend erscheinen" (Meffert H./Althans, J.). – b) *Untersuchung der politischen und ökonomischen Risikosituation und -entwicklung:* Neben einer Untersuchung der allgemeinen Nachfragevoraussetzungen muss im Rahmen der Präselektion eine länderspezifische Analyse der politischen und ökonomischen Risikosituation und -entwicklung erfolgen (Länderrating). – 2. *Selektionsstufe:* Der Präselektion von Ländern schließt sich der erste *Abschnitt der Feinauswahl* an mit der *Untersuchung länderspezifischer Erfolgschancen und -voraussetzungen:* Zielsetzung ist, aus der Zahl der in der Grobauswahl selektierten Länder jene zu isolieren, in denen sich *aufgrund ökonomischer Kriterien* ein Markteintritt lohnt bzw. am lohnendsten erscheint. – 3. *Selektionsstufe:* Sie stellt – falls die verfügbaren Informationen dies gestatten – einen *zweiten Abschnitt der Feinauswahl dar.* In diesem Abschnitt erfolgt für jedes der in der 2. Stufe ausgewählten „A-Länder" eine weiterführende Analyse segmentspezifischer Erfolgschancen und -voraussetzungen. Erst diese letzte Selektionsstufe kann Aufschlüsse darüber geben, welchem Land welcher Platz in der Rangfolge zugemessen werden soll. Dem schließt sich die Erarbeitung von Entscheidungsgrundlagen für einen Auslandsmarkt an in Bezug auf Zielsetzungen und Markteintrittsalternativen (einschließlich der Art und Form der anzustrebenden Betätigung).

Auslandsmessen – allgemeiner Begriff für alle → Messen, die im Ausland abgehalten werden. Auslandsmessen sind für die Wirtschaft eines Landes, bes. für den Außenhandel, von großer Bedeutung; sie gelten als „Schaufenster" der eigenen Erzeugnisse am Weltmarkt. – *Anders:* → Internationale Messen.

Auslandsniederlassung – I. Allgemein: Grundeinheit eines grenzüberschreitend tätigen Unternehmens im Ausland, die keine eigenständige juristische Person verkörpert (→ internationale Mutter-Tochter-Beziehungen). Vorteile sind die geringeren formaljuristischen und steuerrechtlichen Auflagen, Nachteile u.a. der eingeschränkte Zugang zu den Kapitalmärkten und geringere Akzeptanz im Gastland im Vergleich zur rechtlich selbstständigen → Auslandstochtergesellschaft. Auslandsniederlassungen können sich auf einzelne betriebliche Funktionen (z.B. Vertrieb) beschränken oder auch die gesamte betriebliche Funktionspalette (einschließlich Produktion) abdecken. – *Gegensatz:* → Auslandstochtergesellschaft.

II. Außensteuerrecht: 1. *Qualifizierung:* Auslandsniederlassungen sind nach Außensteuergesetz steuerlich als → ausländische Betriebsstätten zu qualifizieren. – 2. *Meldepflicht:* Die Gründung und der Erwerb von Auslandsniederlassungen muss den Finanzbehörden mitgeteilt werden (§ 138 AO). – 3. *Einkünfte* aus Auslandsniederlassungen sowie das darin eingesetzte *Vermögen* bzw. die daran gehaltene *Beteiligung* unterliegen bei dem inländischen Stammhaus bzw. den inländischen Anteilseignern der → unbeschränkten Steuerpflicht. Für die steuerliche Berücksichtigung von → Auslandsverlusten können dabei u.U. verschärfte Anforderungen gelten. – 4. Zur *Vermeidung oder Milderung* der im Zusammenhang mit der Besteuerung im Ausland auftretenden → Doppelbesteuerung greifen verschiedene Methoden zur Vermeidung der Doppelbesteuerung ein.

Auslandsreisen – Bei Auslandsreisen können folgende Aufwendungen geltend gemacht werden: 1. *Mehraufwendungen für Verpflegung:* Vorgesehen sind Pauschbeträge pro Kalendertag in Abhängigkeit davon, wie lange der Aufenthalt im betreffenden Land an diesem Tag dauert; Kategorien: 24 Stunden, mehr als 14 Stunden, mehr als 8 Stunden. – 2. *Aufwendungen für Übernachtung:* Für Übernachtungskosten können ohne bes. Nachweis bestimmte Pauschbeträge, die sich nach Länderkategorien richten und gemeinsam mit den Verpflegungsmehraufwendungen festgesetzt werden, abgezogen werden. Weist der Steuerpflichtige die tatsächlichen Kosten nach, sind diese anzusetzen. Sofern die tatsächlichen Kosten für Übernachtung und Frühstück geltend gemacht werden, sind die Pauschbeträge für die Verpflegung um 20 Prozent zu kürzen. Ab dem Jahr 2008 wird der Abzug der Übernachtungskosten im Ausland als Werbungskosten bzw. als Betriebsausgaben nur noch bei Einzelnachweis anerkannt. – 3. *Rechtsgrundlagen:* § 4 V Nr. 5 EStG, R 9.6 ff. LStR 2008. – 4. Bei *gemischt veranlassten Reisen* ins Ausland ist eine Aufteilung der Kosten nunmehr möglich (BFH v. 18.8.2005 VI R 32/03). Betrieblich veranlasste Reisekosten können steuerlich geltend gemacht werden.

Dazu zählen Reisekosten wie Kosten für Tagungsräume, Referenten etc. Im Gegensatz hierzu könnten privat veranlasste Kosten nicht steuerliche abzgezogen werden. Hierunter fallen Aufwendungen für Ausflüge, Feiern etc. Die verbleibenden Kosten für Fahrten, Verpflegung und Unterbringung sind z.B. nach Zeitanteilen anteilig steuerlich abzugsfähig. Zu beachten ist, dass diese Neuregelung nicht für Incentive Reisen anzuwenden ist, da diese insbesondere der Entlohnung des Mitarbeiters dienen.

Auslandsreiseversicherung – auf die bes. Gefahrenlage einer Auslandsreise abgestellte Versicherung, v.a. als *Auslandsreise-Krankenversicherung*. Wegen höherer Kosten im Ausland oder fehlender Deckung u.U. notwendige Ergänzung einer normalen gesetzlichen oder privaten → Krankenversicherung.

Auslandsrente – I. Gesetzliche Rentenversicherung: Leistung aus der gesetzlichen → Rentenversicherung an Berechtigte, die sich nicht nur vorübergehend im Ausland, d.h. außerhalb des Gebietes der Bundesrepublik Deutschland aufhalten, aufgrund bes. Vorschriften der §§ 110 ff. SGB VI, wobei diese Vorschriften nur gelten, soweit nicht nach über- oder zwischenstaatlichem Recht etwas anderes bestimmt ist. Leistungen zur Rehabilitation und Krankenversicherungszuschuss und Zuschuss zur Pflegeversicherung sowie Renten wegen verminderter Erwerbsfähigkeit werden an Berechtigte im Ausland eingeschränkt bzw. gar nicht gezahlt (§§ 111, 112, 270b SGB VI). Die Rentenhöhe ist nach den §§ 113, 114, 271, 272 SGB VI festzustellen.

II. Gesetzliche Unfallversicherung: In der gesetzlichen → Unfallversicherung gewährt § 97 SGB VII Geldleistungen und für alle sonstigen zu erbringenden Leistungen eine angemessene Erstattung entstandener Kosten an Berechtigte (Deutsche und Ausländer), die ihren gewöhnlichen Aufenthalt im Ausland haben, in gleicher Höhe wie im Inland. Über- und zwischenstaatliches Recht geht der Vorschrift des § 97 SGB VII vor.

III. Steuerrecht: Ob eine Auslandsrente vom Empfänger in seinem ausländischen Ansässigkeitsstaat (Regelfall) oder in Deutschland nach dt. Steuerrecht zu versteuern ist, bestimmt sich nach dem jeweiligen → Doppelbesteuerungsabkommen (DBA) zwischen dem ausländischen Wohnsitzstaat des Rentenempfängers und der Bundesrepublik Deutschland. Sofern keine bes. Regelungen vereinbart sind, wird das Besteuerungsrecht dem Wohnsitzstaat zustehen (Art. 21 OECD-Musterabkommen).

Auslandsscheck → Scheck, der von Gebietsfremden oder Gebietsansässigen auf ausländische Kreditinstitute gezogen und an Gebietsansässige begeben wird. Dazu zählen auf ausländische Währung gezogene Schecks (Fremdwährungsschecks, Art. 36 SchG). Auslandsschecks können angekauft (Eingang-vorbehalten-(E.v.-)Gutschrift) oder zum Inkasso übernommen und nach Eingang des Gegenwertes gutgeschrieben werden. Fremdwährungsschecks zur Gutschrift in Euro werden zum Sichtkurs (Scheckankaufskurs) umgerechnet. Der im Vergleich zum Devisenkassakurs ungünstigere Sichtkurs gleicht den Zinsverlust des ankaufenden Kreditinstituts zwischen sofortiger Scheckgutschrift und späterer Deckungsanschaffung durch die bezogene Bank sowie anteilig das Kostenrisiko bei Nichteinlösung aus. – Vgl. auch → Bank-Orderscheck.

Auslandsschulden – Summe der → Verbindlichkeiten eines Landes gegenüber allen anderen. Aussagefähiger ist der → Saldo aus → Auslandsschulden und → Auslandsvermögen, weil durchaus alle Länder der Welt gleichzeitig Auslandsschulden haben können, da sie auch → Forderungen gegenüber dem Ausland besitzen. Die Bundesrepublik Deutschland ist Netto-Auslandsgläubiger, während viele → Entwicklungsländer Nettoschuldner sind. – Vgl. auch → Auslandsverschuldung, → Auslandsverschuldung der Entwicklungsländer.

Auslandstätigkeitserlass – 1. *Begriff aus dem Einkommensteuerrecht:* Erlass, wonach bestimmte Tätigkeiten von Arbeitnehmern, die in Deutschland unbeschränkt steuerpflichtig sind und von ihrem Arbeitgeber für längere Zeit in ein ausländisches Land zur Arbeit entsandt werden, in Deutschland mit den für diese Auslandstätigkeit bezogenen Vergütungen steuerfrei gestellt werden können. – 2. *Steuersystematisch* stellt der Auslandstätigkeitserlass einen Anwendungsfall für die Pauschalierungsmethode, eine recht ausgefallene Methode zur Vermeidung der Doppelbesteuerung, dar. – 3. *Rechtsgrundlage* für den Erlass ist eine Ermächtigungsregelung in § 34c V EStG. – 4. *Begünstigte Branchen*: nur ausgewählte Tätigkeiten, hauptsächlich Montage, Anlagenbau, Bodenschatzsuche, Entwicklungshilfe. – 5. *Begünstige Einsatzorte*: nur solche Länder, mit denen kein → Doppelbesteuerungsabkommen (DBA) besteht. Denn sobald ein solches Abkommen besteht, setzt es gesetzestechnisch als Spezialregelung sämtliche Regelungen außer Kraft, die sonst nach dem EStG zur Lösung der Doppelbesteuerungsproblematik bestehen würden, also auch § 34c EStG und den darauf fußenden Auslandstätigkeitserlass. Da mit den meisten wichtigen Wirtschaftspartnerländern Deutschlands solche Doppelbesteuerungsabkommen abgeschlossen worden sind, ist die praktische Bedeutung des Auslandstätigkeitserlasses auf Randfälle begrenzt. – 6. *Steuerberechnung*: Gesetzestechnisch sind die Auslandsbezüge nicht steuerfrei, sondern der auf sie anteilig entfallende Teil der dt. Steuerforderung wird lediglich erlassen (§ 34c V EStG). Somit richtet sich die Höhe des Steuersatzes (Progression) trotz der Befreiung automatisch nach der Höhe des vorhandenen Gesamteinkommens inkl. der steuerfreien Beträge (gleicher Effekt wie → Progressionsvorbehalt). – 7. *Praktische Anwendungsprobleme*: Da der Auslandstätigkeitserlass von den Behörden und Gerichten sehr restriktiv ausgelegt wird, kann die Verletzung geringster im Erlass genannter

Voraussetzungen den Verlust der Begünstigung zur Folge haben; eine sorgfältige steuerliche Beratung im Vorfeld ist daher für Betroffene unerlässlich.

Auslandstochtergesellschaft – Grundeinheit des internationalen Unternehmens im Ausland, die eine eigene Rechtspersönlichkeit verkörpert (→ internationales Management). Die Errichtung einer Auslandstochtergesellschaft kann über Neugründung im Ausland oder durch Akquisition eines ausländischen Unternehmens (→ internationale Akquisition) erfolgen. Die Auslandstochtergesellschaft muss mit Eigenkapital ausgestattet werden. Die juristische Eigenständigkeit entbindet die Muttergesellschaft nicht immer von der Haftungsverantwortung (→ globale Unternehmenshaftung). Auslandstochtergesellschaften können sowohl reine Vertriebsgesellschaften als auch produzierende Gesellschaften sein. Aufgrund geografischer Entfernung, kultureller und struktureller Unterschiede zwischen Heimat- und Gastland (→ internationales Management) entstehen im Vergleich zu nationalen Tochtergesellschaften bes. Anforderungen an das internationale Management (→ internationale Mutter-Tochter-Beziehungen). – *Gegensatz:* → Auslandsniederlassung.

Auslandsumsatz – Umsatz mit Abnehmern im Ausland und - soweit für das Ausland bestimmt – Umsatz mit dt. Exporteuren; erfasst in der → amtlichen Statistik. – *Wertansatz:* Rechnungswert ohne Umsatzsteuer.

Auslandsverluste – 1. *Einkommensteuer/ Körperschaftsteuer:* a) *Verluste aus Nicht-EU-Ausland:* (Sämtliche) Einkünfte aus dem Ausland gehören zum zu versteuernden Einkommen (→ Welteinkommensprinzip), jedoch werden Auslandsverluste in zahlreichen Fällen durch eine Sondervorschrift (§ 2a EStG) bei der Berechnung des Welteinkommens außer Acht gelassen. Solche Auslandsverluste dürfen dann lediglich mit späteren Gewinnen aus demselben Staat und meistens derselben Art von Einkommensquelle verrechnet werden, aber nicht mit inländischen Einkünften. Wirtschaftlich hat dies den Effekt, dass Auslandsverluste aus dem bereits versteuerten Nettoeinkommen getragen werden müssen, während Inlandsverluste über die steuerliche Verrechenbarkeit mit den steuerpflichtigen Gewinnen anteilig auch vom Fiskus mitgetragen werden. Das Abzugsverbot für Auslandsverluste macht die Investition im Ausland also weniger attraktiv als die Investition im Inland. – b) *Verluste aus der EU*: Ab 2009 erkennt der Gesetzgeber ausdrücklich an, dass Auslandsverluste aus Betätigungen aus dem Gebiet der EU nicht ungünstiger behandelt werden dürfen als Inlandsverluste; daher werden die vorgenannten Bestimmungen über Auslandsverluste für Verluste aus der EU nicht mehr angewandt, sondern diese wie inländische Verluste beurteilt. – c) *Verluste aus dem EWR*: Da nach dem EWR-Vertrag sämtliche Bestimmungen des Wirtschaftsrechts der EU auch für die übrigen Staaten des EWR (Island, Liechtenstein und Norwegen) gelten, dürfen Auslandsverluste auch bei Engagements in diesen Staaten grundsätzlich nicht schlechter behandelt werden als bei inländischen Betätigungen. Jedoch verweigert der dt. Gesetzgeber diese Gleichstellung mit dem EU-Gebiet für Betätigungen in Liechtenstein, mit der Begründung, dass Liechtenstein keinen Auskunftsaustausch mit der dt. Finanzverwaltung unterhält. – 2. *Modifikationen durch DBA:* Diejenigen Auslandsverluste, die nach dem Vorgesagten gemäß den *Vorschriften des EStG* noch abzugsfähig wären, werden oft durch → Doppelbesteuerungsabkommen (DBA) von der dt. Besteuerung befreit und sind in Deutschland dann nicht mehr steuerlich abzugsfähig. – 3. *Europarechtliche Bedeutung:* Die steuerlichen Regelungen Deutschlands (und teilweise auch anderer Staaten), nach denen Auslandsverluste ungünstiger behandelt werden als Verluste aus inländischen Quellen, sind mehrmals Gegenstand einer Prüfung durch den Europäischen Gerichtshof (EuGH) gewesen. Nach der Rechtsprechung des EuGH sind Regelungen, die Auslandsverluste aus der EU bei der bloßen Berechnung des Welteinkommens bereits ignorieren wollen, nicht gerechtfertigt, Regelungen, die Auslandsverluste nur deswegen aus dem steuerpflichtigen Einkommen ausklammern, weil auch die zugehörigen Gewinne aufgrund eines Doppelbesteuerungsabkommens später steuerfrei wären, dagegen europarechtlich vertretbar. Die gegenwärtigen dt. Regelungen tragen diesen Vorgaben Rechnung; lediglich hinsichtlich der Behandlung Liechtensteins könnte man noch Zweifel bez. der Rechtmäßigkeit haben. – 4. *Andere Staaten*: Die bes., ungünstigere Behandlung von Auslandsverlusten ist keine bloß dt. Besonderheit; ähnliche Regelungen finden sich auch in anderen Ländern. Hinter den Bestimmungen steht in den allermeisten Fällen das Motiv, Steuersparkonstruktionen für Investments im Ausland zu verhindern (so verhindert die gegenwärtige dt. Regelungen z.B. relativ effektiv das Angebot von Immobilienanlagekonstruktionen mit Auslandsimmobilien auf dem dt. Markt, weil anfängliche Werbungskostenüberschüsse nicht steuersparend genutzt werden könnten).

Auslandsvermögen – 1. *Begriff:* Summe der → Forderungen eines Landes gegenüber allen anderen Ländern. Durch *Saldierung* von Auslandsvermögen und → Auslandsschulden wird ersichtlich, ob das betreffende Land Nettogläubiger oder -schuldner ist. – Die *Bundesrepublik Deutschland* z.B. ist Nettogläubiger: Die Nettoauslandsposition der → Deutschen Bundesbank (→ Währungsreserven, → Reserveposition im IWF, Sonderziehungsrechte, Forderungen an die → Europäische Zentralbank (EZB), Kredite und sonstige Forderungen an das Ausland abzüglich Auslandsverbindlichkeiten) sowie die Nettoforderungen inländischer Unternehmen (einschließlich Kreditinstitute) weisen einen hohen Plus-Saldo auf. – Viele *Entwicklungsländer* sind in erheblichem Maße Nettoschuldner (→ Auslandsverschuldung der

Entwicklungsländer). – 2. *Steuerliche Behandlung:* → ausländisches Vermögen.

Auslandsverschuldung – Nettobestand an → Verbindlichkeiten des → Inlandes gegenüber dem → Ausland. Erhöht sich durch → Kapitalimporte, verringert sich durch → Kapitalexporte. Schuldner sind Private und der Staat. – Vgl. auch → Nettoauslandsaktiva, → Zahlungsbilanz.

Auslandsverschuldung der Entwicklungsländer – 1. *Ursachen:* V.a. die drastischen Ölpreissteigerungen der Jahre 1973/1974 und 1979/1980 machten Kreditaufnahmen im Ausland notwendig. Die expansive Haushaltspolitik und restriktive Geldpolitik der USA nach dem zweiten Ölpreisanstieg führten zu einem Anstieg des Dollarkurses und des internationalen Zinsniveaus. Die monetaristisch geprägte Stabilitätspolitik der USA verursachte eine weltweite Rezession, die zu einem Verfall der Rohstoffpreise und damit zu sinkenden Exporterlösen der Entwicklungsländer führte. Banken vergaben großzügige Kredite an Entwicklungsländer, wobei das Zinsrisiko aufgrund von Zinsgleitklauseln bei den Entwicklungsländern lag; der später einsetzende extreme Zinsanstieg hatte entsprechende Folgen. Zudem waren die Forderungen in Dollar nominiert, sodass die Verschuldung stark vom Wechselkurs abhängig ist. – Die aufgenommenen Kredite wurden vielfach nicht entwicklungskonform verwendet, sodass das genannte Liquiditätskriterium nicht erfüllt war. Überhöhte Staatsausgaben (Rüstungsausgaben) und eine expansive Geldpolitik führten zu einem Vertrauensverlust der Bürger der Entwicklungsländer in die eigene Währung (Kapitalflucht). – Die hohe Auslandsverschuldung der Entwicklungsländer bewirkte eine abnehmende Kreditwürdigkeit vieler Entwicklungsländer, sodass Banken sich mit weiteren Krediten zurückhielten. Der Wachstumsprozess vieler Entwicklungsländer wurde dadurch unterbrochen, sodass unternommene Investitionen sich nicht mehr amortisierten. Entwicklungsländer benötigen neue Mittel, um aus der Krise „herauszuwachsen". – 2. *Lösungsansätze:* a) *Sanierungsmaßnahmen:* Schuldnerländer müssen u.a. ihre leistungsbilanzbelastende Interventions- und → Wechselkurspolitik revidieren, für verbesserte Rahmenbedingungen bei → Direktinvestitionen sorgen, durch geldpolitische Maßnahmen die einheimische Ersparnisbildung steigern sowie die Defizite des Staatshaushaltes absenken. Auf Seiten der Industrieländer müssen andererseits verstärkt technische und finanzielle Hilfe leisten, v.a. ihre Märkte für Exporte der Entwicklungsländer öffnen (→ Baker-Plan, → Brady-Initiative, → HIPC-Initiative). – b) → Schuldenerlass. – c) *Schuldenübernahme durch eine internationale Schuldenagentur:* → Debt-Conversion-Programm. – d) *Verweigerung der Rückzahlung seitens der Schuldnerländer:* Vereinzelt wird ein sog. Schuldnerkartell gefordert, um die Rückzahlung gemeinsam zu verweigern. – e) *Ordnungspolitischer Lösungsansatz:* Zur Forcierung ihrer wirtschaftlichen Entwicklung brauchen Entwicklungsländer neue Kredite, v.a. für sozialpolitische Maßnahmen, zum Aufbau der Industriekapazität (verstärkt auch → Direktinvestitionen) und für Infrastrukturinvestitionen.

Auslandsvertretungen – 1. *Diplomatische* Vertretungen eines Landes (z.B. der Bundesrepublik Deutschland) im Ausland, wie Botschaften, Gesandtschaften, Generalkonsulate, Konsulate und Missionen. – Vgl. auch → Auswärtiger Dienst. – 2. *Kommerzielle* Vertretungen von Firmen eines Landes im Ausland, die aufgrund vertraglicher Vereinbarung gegen Entgelt (meist Provision) tätig sind. – Vgl. auch → Ausfuhragent, → Einkaufsagent.

Auslandswechsel → Wechsel, bei dem der Aussteller, der Bezogene, der Begünstigte und/oder die Zahlstelle Gebietsfremder ist. Er kann auf Euro oder über eine andere Währung (Fremdwährungswechsel) lauten. Kreditinstitute kaufen Auslandswechsel an (Diskontierung), z.B. im Rahmen eines D/A-Inkassos.

Auslandswerte – Begriff des → Außenwirtschaftsgesetzes (AWG) (§ 4 II Nr. 1). Auslandswerte sind unbewegliche Vermögenswerte in fremden → Wirtschaftsgebieten, Forderungen in Euro gegen → Gebietsfremde, auf andere Währung lautende Zahlungsmittel, Forderungen und Wertpapiere.

Auslandszahlungsverkehr – *Grenzüberschreitender Zahlungsverkehr.* 1. *Merkmale:* Im Auslandszahlungsverkehr werden grenzüberschreitende Zahlungen aus dem Kapital-, Dienstleistungs- und Güterverkehr mit dem Ausland von Kreditinstituten abgewickelt. Bei Ländern, mit denen *freier Devisenverkehr* besteht, werden die Zahlungen in konvertierbaren Währungen abgewickelt. Die Bezahlung erfolgt also in → Devisen, deren Kurs im Devisenhandel festgestellt wird. Bei *Devisenbewirtschaftung (gebundenem Zahlungsverkehr)* erfolgen die Zahlungen auf der Basis von Devisenzuteilungen oder über ein Zahlungsabkommen im Verrechnungsweg. – 2. *Bestimmungen* in Deutschland für den Auslandszahlungsverkehr: Für den Auslandszahlungsverkehr bestehen nach dem dt. → Außenwirtschaftsrecht grundsätzlich keine Beschränkungen, aber gewisse Meldepflichten gegenüber der → Deutschen Bundesbank: a) → Gebietsansässige haben Zahlungen über 12.500 Euro, die sie von → Gebietsfremden oder für deren Rechnung von Gebietsansässigen entgegennehmen oder die sie an Gebietsfremde oder für deren Rechnung an Gebietsansässige leisten, zu melden. Die Meldepflicht besteht nicht bei Ausfuhrerlösen und bei Zahlungen im Zusammenhang mit Krediten mit einer Laufzeit von bis zu zwölf Monaten (§ 59 ff. AWV). – b) Gebietsansässige mit Ausnahme der Geldinstitute haben monatlich ihre Forderungen und Verbindlichkeiten gegenüber Gebietsfremden zu melden, wenn diese zusammengerechnet mehr als 5 Mio. Euro betragen (§ 62 AWV). – c) Die Meldungen sind der Deutschen Bundesbank bzw. deren zuständiger Hauptverwaltung zu erstatten (§ 63 AWV). Mit Wirkung vom

31.12.2007 wurden die Meldevorschriften im Zahlungsverkehr im Hinblick auf die Realisierung von SEPA angepasst. Die neuen SEPA-Zahlungsinstrumente sehen keinen statistischen Meldeteil mehr vor, daher sind meldepflichtige ausgehende Zahlungen in den Euro-Zahlungsverkehrsraum grundsätzlich der Bundesbank einmal monatlich direkt vom Meldepflichtigen anzuzeigen. – Die Angaben über den Auslandszahlungsverkehr bilden eine wesentliche Grundlage der Zahlungsbilanzstatistik. Vielfach werden diese Zahlungen heute noch über Korrespondenzbankbeziehungen abgewickelt. Dabei führen inländische Korrespondenzbanken für ausländische Kreditinstitute Konten (Lorokonto) i.d.R. in Inlandswährung und/oder Korrespondenzbanken im Ausland führen für inländische Banken Konten (Nostrokonto), i.d.R. in der ausländischen Währung. Im europäischen Zahlungsverkehr werden durch die zunehmende Integration im Zuge der Währungsunion und der Errichtung des einheitlichen europäischen Zahlungsverkehrsraums (→ Single Euro Payments Area (SEPA)) vermehrt Auslandszahlungen in Euro über Zahlungssysteme geleitet (→ TARGET2 des Europäischen Systems der Zentralbanken (→ ESZB), → Euro1 und → STEP2 der → EBA). Der Nachrichtenverkehr zwischen den Korrespondenzbanken und innerhalb der Zahlungssysteme erfolgt heute überlicherweise über → SWIFT. – Bei der Abwicklung von Euro-Zahlungen (national und grenzüberschreitend) wird vielfach bewusst auf eine Unterscheidung zwischen Inlands- und Auslandszahlungen verzichtet. Zumal ab dem 1.1.2003 Zahlungen innerhalb der → EU zu Inlandskonditionen vorgenommen werden müssen. Voraussetzungen hierfür sind die Angabe des Betrages in Euro, die Benutzung der EU-Standardüberweisung, die korrekte Angabe der → IBAN und des → BICs.

Auslastungsgrad – 1. *Begriff:* (1) Auslastung des → Produktionspotenzials durch die tatsächliche gesamtwirtschaftliche Produktion in % (Kapazitätsauslastung); (2) Verhältnis von z.B. → Bruttoinlandsprodukt (BIP) zu Produktionspotenzial. – 2. *Bedeutung:* Messgröße in der → Konjunkturdiagnose (→ Bruttoinlandsprodukt-Lücke). Der Auslastungsgrad ist auf das geschlossene Intervall (0,1) normiert. Zusammen mit dem → Normalauslastungsgrad lässt sich die konjunkturelle Lage einer Volkswirtschaft ermitteln. – 3. *Anwendung:* Der Auslastungsgrad wird zur Konjunkturforschung u.a. regelmäßig verwandt von der → Deutschen Bundesbank, vom → Deutschen Institut für Wirtschaftsforschung (DIW) und vom → Sachverständigenrat zur Begutachtung der gesamtwirtschaftlichen Entwicklung (SVR) sowie von fast allen Konjunkturforschungsinstituten im Rahmen ihrer Konjunkturdiagnosen und -prognosen.

Auslegung – 1. *Bürgerliches Recht:* Einerseits Erforschung des wirklichen, in einer → Willenserklärung zum Ausdruck gekommenen Willens (§ 133 BGB), ohne am buchstäblichen Sinn des Ausdrucks zu haften. Andererseits sind → Verträge so auszulegen, wie → Treu und Glauben mit Rücksicht auf die → Verkehrssitte es erfordern (§ 157 BGB). Dieser Widerspruch zwischen Wille und Verkehrssitte löst sich durch die Unterscheidung nach empfangsbedürftigen und nicht empfangsbedürftigen Willenserklärungen auf: Eine nicht empfangsbedürftige Willenserklärung (z.B. → Testament) ist nach dem inneren Willen des Erklärenden, eine empfangsbedürftige (z.B. Angebot und Annahme beim Abschluss eines Vertrags, → Kündigung) nach dem objektivierten Horizont des Empfängers einer solchen Erklärung auszulegen. – Vgl. auch → Auslegungsregeln. – 2. *Steuerrecht:* Anwendung des Steuerrechts unter Berücksichtigung der wirtschaftlichen Bedeutung der Gesetze und der Entwicklung der Verhältnisse (§§ 41, 42 AO).

Auslegungsregeln – Bestimmte allg. Grundsätze über die → Auslegung von Rechtsnormen und Rechtsgeschäften. Herkömmlich in grammatische (Wortlaut), historische (Gesetzesgeschichte, Wille des historischen Gesetzgebers, auch subjektive Auslegung genannt), systematische (Stellung der Regelung im Zusammenhang mit anderen Normen) und teleologische (Zweck der Norm) unterschieden. Zwischen Kaufleuten spielen entsprechend den → Verkehrssitten die → Handelsbräuche als Auslegungsregeln eine bedeutende Rolle (§ 346 HGB). Auf Unkenntnis der Handelssitten kann sich ein Kaufmann nicht berufen, er muss sie gegen sich gelten lassen.

Auslieferungslager – *Distributionslager;* in der Nähe der potenziellen Abnehmer errichtetes Lager zur Sicherstellung eines hohen Lieferservice (→ Lagerarten). – *Arten:* a) typisch bei Lieferung an Endverbraucher in einem großen Distributionsgebiet. – b) Auslieferungsläger *ausländischer Produzenten* oder *Exporteure* im Inland. – c) *Handel:* regionale Auslieferungsläger, um die Filialen mit vorkommissionierter Ware innerhalb kurzer Zeit beliefern zu können. Ferner Auslieferungsläger von Anbietern großvolumiger Waren (z.B. Möbel), die ihre Sortimente an Standorten in Ballungszentren ausstellen/vorführen, während die Belieferung von einem Auslieferungslager außerhalb erfolgt. Infolge der verbesserten Leistungsfähigkeit logistischer Distributionssysteme wurde in den letzten Jahren häufig die Zahl der Auslieferungslager reduziert.

Auslieferungsprovision – Dem → Kommissionär zu zahlende Vergütung für Empfang, Verwahrung und Auslieferung der Waren. Mangels bes. Abrede ist sie nur zahlbar, wenn eine solche ortsgebräuchlich ist, also ein entsprechender → Handelsbrauch besteht, oder wenn die Ausführung des Geschäfts aus einem in der Person des Kommittenten liegenden Grund unterblieben ist (vgl. § 396 I HGB).

Auslisten – Streichen eines Artikels aus dem → Ordersatz. – Vgl. auch → Delisting.

Auslobung – öffentliches Versprechen einer Belohnung für die Vornahme einer Handlung, bes. die Herbeiführung eines Erfolgs (§ 657 BGB). – *Bes. Art der Auslobung:* → Preisausschreiben.

Auslosung – *Verlosung.* 1. *Wertpapierrecht: Form der* → Tilgung von Schuldverschreibungen (→ Anleihen) während der Laufzeit gemäß den Anleihebedingungen. Es werden nach einer tilgungsfreien Zeit jeweils zu den Zinsterminen anhand der Stücknummern Papiere ausgelost und zurückgezahlt. Man unterscheidet Serienauslosungen und Gruppenauslosungen (→ Auslosungsanleihen). – 2. *Werbung:* → Preisausschreiben als Werbemittel.

Auslösungen – 1. → Trennungsentschädigung: Pauschale Zahlungen des Arbeitgebers an private Arbeitnehmer zum Ausgleich von Mehraufwendungen bei auswärtigen Arbeiten. Häufig in Tarifverträgen arbeitsrechtlich geregelt; daher arbeitsrechtlicher Begriff. – *Steuerliche Behandlung:* → Mehraufwand bei auswärtiger Tätigkeit, → doppelte Haushaltsführung. – 2. *Entlassungsentschädigungen:* → Abfindung.

Auslosungsanleihe → Anleihe, die durch Auslosung bestimmter Beträge zu bestimmten Terminen gemäß dem Tilgungsplan zurückgezahlt wird. I.d.R. werden nicht einzelne Stücke, sondern Serien von Stücken ausgelost. Die einzelnen Stücke einer Auslosungsanleihe sind an sich nicht vertretbare → Wertpapiere, nur die zu der gleichen Serie gehörenden Stücke, die also zusammen zur Auslosung kommen, sind unter sich vertretbar und demnach zur Sammelverwahrung (§ 5 DepotG) geeignet.

ausmachender Betrag – 1. *Bei festverzinslichen Wertpapieren:* Summe von → Kurswert und Zinsen. – 2. *Bei* → Teilhaberpapieren, die i.d.R. einen veränderlichen Ertrag haben, gleich dem Kurswert.

Ausnahmeregelung – die situationsabhängige Behandlung eines Einzelfalls, die (eigentlich) den Regelungen der → Organisation zuwiderläuft.

Ausnutzungsgrad – Maßstab für die durch die Betriebsorganisation und/oder → Produktionsprozessplanung erreichte Ausnutzung der Leistungsfähigkeit sämtlicher dem Betrieb zur Verfügung stehenden Betriebsmittel und menschlichen Arbeitsleistungen. Der Ausnutzungsgrad wird durch das Produktionsvolumen (→ Ausbringung) oder in Zeiteinheiten (Maschinenstunden, Arbeitsstunden) gemessen. Ein Ausnutzungsgrad von 100 Prozent ist häufig aus technischen, organisatorischen oder absatzpolitischen Gründen nicht möglich. – Vgl. auch → Beschäftigungsgrad.

Ausprägung – *Merkmalsausprägung;* möglicher Wert eines statistischen → Merkmals, das bei einem → Merkmalsträger beobachtet werden kann. – *Beispiel:* „ledig, verheiratet, ..." beim Merkmal Familienstand (nominales Merkmal), „sehr gut, gut, ... , ungenügend" beim Merkmal Schulnote (ordinales Merkmal), „1, 2, ..." beim Merkmal Anzahl der Messebesucher (diskretes Merkmal), „12,12 mm, 12,10 mm, ... " beim Merkmal Durchmesser eines Werkstücks (stetiges Merkmal).

Ausreißer – Bezeichnung in der Statistik für einen Beobachtungswert, der scheinbar nicht zu den übrigen Beobachtungswerten in der Stichprobe (Urliste) passt. I.Allg. handelt es sich dabei um einen besonders großen oder kleinen Merkmalswert in einer → Gesamtheit. In der beschreibenden Statistik kann man „verdächtige" Beobachtungen in einem Box-Plot kenntlich machen. Ausreißer wirken sich z.B. sehr auf das → arithmetische Mittel und auf → Streuungsmaße wie die → Varianz aus. Andere Kenngrößen wie der Median sind dagegen nicht anfällig für Änderungen durch einzelne Ausreißer; sie sind robust. Dies ist der Ausgangspunkt für Untersuchungen und Verfahren der robusten Statistik. In der schließenden Statistik gibt es statistische Verfahren, mit welchen eine Entscheidung darüber herbeigeführt wird, ob ein Ausreißer vorliegt und daher aus dem Datensatz entfernt werden kann.

Ausscheiden eines Gesellschafters – Rechtsfolgen sind: 1. Bei Ausscheiden eines Gesellschafters aus einer → Gesellschaft bürgerlichen Rechts (GbR): a) *Fortsetzung der Gesellschaft* nur, wenn das im Gesellschaftsvertrag vorgesehen ist (§ 736 BGB). – b) Der *Anteil* des Ausscheidenden wächst den verbleibenden Gesellschaftern zu (§ 738 BGB). – c) Der *Ausscheidende* erhält von der Gesellschaft die von ihm zur Benutzung überlassenen Gegenstände zurück, er ist von gemeinschaftlichen Schulden zu befreien; seine Abfindung bemisst sich nach dem Betrag, den er bei einer → Auseinandersetzung erhalten würde. – 2. Bei Ausscheiden eines Gesellschafters aus einer *OHG* oder *KG* wird die Gesellschaft grundsätzlich fortgesetzt (§ 131 HGB). a) *Haftung:* → Ausgeschiedener Gesellschafter. – b) Ist der Name eines ausscheidenden Gesellschafters in der → Firma enthalten, so ist die → Firmenfortführung nur mit seiner ausdrücklichen Einwilligung gestattet (§ 22 HGB).

Ausschlagung – (§§ 1942 ff. BGB), Recht des → Erben, i.d.R. innerhalb von sechs Wochen seit Kenntnis des → Erbfalls, durch Erklärung gegenüber dem → Nachlassgericht, die → Erbschaft auszuschlagen. Die Erbschaft fällt dann an denjenigen, der berufen sein würde, wenn der Ausschlagende z.Z. des Erbfalls nicht gelebt hätte.

ausschließliche Gesetzgebungskompetenz des Bundes – ausschließliche Zuständigkeit des Bundes zum Erlass von Gesetzen, umfasst u.a. die auswärtigen Angelegenheiten, die Verteidigung, das Währungs-, Geld- und Münzwesen, gewerblichen Rechtsschutz, Zölle, Abwehr von Gefahren des internationalen Terrorismus in bes. Fällen, etc. (Art. 73 I GG). Die Länder können auf diesen Gebieten Gesetze nur erlassen, wenn und soweit sie hierzu in einem Bundesgesetz ausdrücklich ermächtigt werden (Art.

71 GG). – Vgl. auch → Gesetzgebungskompetenz, → konkurrierende Gesetzgebungskompetenz.

Ausschließlichkeitsbindung – 1. *Begriff:* Ausschließlichkeitsbindungen enthalten Beschränkungen, andere Waren oder gewerbliche Leistungen von Dritten zu beziehen oder an diese abzugeben. Ausschließlichkeitsbindungen können positiv (Gebot des Bezuges ausschließlich beim Vertragspartner bzw. der Belieferung ausschließlich des Vertragsparners) oder negativ (Verbot einer Geschäftsbeziehung mit Dritten) formuliert sein. – 2. *Wettbewerbsrechtliche Beurteilung:* Verträge mit Ausschließlichkeitsbindungen unterliegen bei hinreichender Spürbarkeit grundsätzlich dem Verbot des § 1 GWB bzw. des Art. 101 I AEUV, es sei denn, im konkreten Einzelfall sind nach § 2 GWB und Art. 101 III AEUV die Freistellungsvoraussetzungen der → Vertikal-GVO erfüllt oder eine Einzelfreistellung möglich.

Ausschließung – 1. *Ausschließung eines Gesellschafters der OHG oder KG* kann anstelle der → Auflösung der Gesellschaft bei → Ausschließungsgrund auf Antrag der übrigen Gesellschafter durch Gericht ausgesprochen werden (§ 140 HGB). Durch → Gesellschaftsvertrag kann das Ausschließungsrecht erweitert, eingeschränkt und versagt werden. Dem schuldigen Gesellschafter kann Umwandlung seiner Rechtsstellung in die eines → Kommanditisten oder → stillen Gesellschafters eingeräumt werden. Häufig findet sich eine vertragliche Regelung, dass im Fall der Ausschließung der betroffene Gesellschafter seinen Kapitalanteil den verbleibenden Gesellschaftern anzubieten oder abzutreten hat. – 2. *Ausschließung eines GmbH-Gesellschafters,* der nach Aufforderung und Terminstellung seiner Einzahlungsverpflichtung nicht nachkommt (Kaduzierung). Nach § 21 GmbHG verfällt sein Geschäftsanteil der Gesellschaft. – 3. *Ausschließung eines Mitglieds* einer Genossenschaft nach § 68 I GenG muss sich auf einen in der Satzung geregelten Ausschließungsgrund beziehen und ist nur zum Schluss des Geschäftsjahres zulässig. – 4. Ausschließung nach *Aktienrecht:* → Kaduzierung.

Ausschließungsfrist → Ausschlussfrist.

Ausschließungsgrund – Umstand in der Person eines oder mehrerer Gesellschafter einer OHG oder KG, der nach § 133 HGB die übrigen Gesellschafter berechtigt, die → Auflösung durch → Auflösungsklage herbeizuführen (§ 140 HGB). Nur persönliche Auflösungsgründe können Ausschließungsgründe sein.

Ausschließungsklage → Klage mit dem Ziel des Ausschlusses eines OHG- oder KG-Gesellschafters oder mehrerer Gesellschafter (§ 140 HGB). Die Ausschließungsklage muss von allen übrigen Gesellschaftern *erhoben* werden. Der Klageantrag geht auf → Ausschließung des betreffenden Gesellschafters. Ein erst nach → Klageerhebung entstandener weiterer Ausschließungsgrund kann zur Begründung der Ausschließungsklage nachgeschoben werden. Ggf. wird der Ausschluss durch das → Ausschließungsurteil ausgesprochen.

Ausschließungsurteil – Gerichtliche Entscheidung, mit der auf die → Ausschließungsklage die → Ausschließung des beklagten Gesellschafters aus einer OHG oder KG ausgesprochen wird (§ 140 HGB). Erst mit → Rechtskraft wird die Ausschließung wirksam. Für die → Auseinandersetzung, d.h. die Aufstellung der → Abschichtungsbilanz nach § 140 II HGB, ist aber der Zeitpunkt der → Klageerhebung maßgebend.

Ausschluss – I. Gesellschaftsrecht: Ausschluss eines oder mehrerer Gesellschafter aus einer Handelsgesellschaft: → Ausschließung. Nach Aktienrecht: → Kaduzierung.

II. Haftungsausschluss: 1. *Allgemein:* → Haftungsausschluss, → höhere Gewalt, → unabwendbares Ereignis. – 2. *Kfz-Haftung:* → Gefährdungshaftung nach § 7 I StVG des Kfz-Halters und Fahrers scheidet aus bei bestimmten langsamen Fahrzeugen. Ist der Verletzte ein Arbeitnehmer des Halters, sind Ansprüche bei einem Arbeitsunfall ausgeschlossen, es sei denn, der Halter handelt vorsätzlich. Haftungsausschluss kann auch vereinbart werden (jedoch nicht bei entgeltlicher Personenbeförderung). Ein Schild im Kraftwagen „Sie fahren in diesem Wagen auf eigene Gefahr“ befreit den Kraftwageninhaber nur dann, wenn er den Fahrgast ausdrücklich darauf aufmerksam gemacht hat.

Ausschlussfrist – *Ausschließungsfrist, Präklusionsfrist;* Zeitspanne, nach deren Ablauf die Geltendmachung eines Rechts nicht mehr statthaft ist.

I. Steuerrecht: 1. *Arten:* a) → Rechtsmittelfristen im Einspruchsverfahren (→ Einspruch): (1) *Gesetzliche Grundlage:* § 364b AO. (2) *Inhalt:* Die Finanzbehörde kann dem Einspruchsführer eine Frist setzen (a) zur Angabe der Tatsachen, durch deren Berücksichtigung oder Nichtberücksichtigung er sich *beschwert* fühlt; (b) zur Erklärung über bestimmte klärungsbedürftige Punkte und (c) zur Bezeichnung von Beweismitteln oder zur Vorlage von Urkunden, soweit er dazu verpflichtet ist. (3) *Zweck der Regelung:* Verhinderung des Missbrauchs des Einspruchsverfahrens zu rechtsbehelfsfremden Zwecken. Von der Möglichkeit der Fristsetzung nach § 364b AO sollte daher bes. in Einspruchsverfahren, die einen Schätzungsbescheid nach Nichtabgabe der Steuererklärung betreffen, Gebrauch gemacht werden. (4) *Rechtsfolgen:* Erklärungen und Beweismittel, die erst nach Ablauf der vom Finanzamt – bes. unter Beachtung des Belehrungsgebots des § 364b III AO – wirksam gesetzten Frist vorgebracht werden, können im Einspruchsverfahren allenfalls im Rahmen der → Verböserung berücksichtigt werden. – Fristverlängerung ist vor Ablauf der Ausschlussfrist auf Antrag möglich. Nach Ablauf der Frist ist nur → Wiedereinsetzung in den vorigen Stand möglich. (5) *Rechtsbehelf:* Über Einwendungen gegen die Fristsetzung ist, soweit nicht abgeholfen wird, im

Rahmen der Entscheidung über den Einspruch gegen den Steuerbescheid zu entscheiden. Zu den Wirkungen einer nach § 364b AO gesetzten Ausschlussfrist für ein nachfolgendes Klageverfahren s. § 76 FGO. – b) *Frist für die Antragsveranlagung zur Einkommensteuer*, bes. zur Anrechnung von Lohnsteuer auf die Einkommensteuer. – 2. Für Ausschlussfristen ist eine *Verlängerung* gesetzlich ausgeschlossen. – 3. Die *Versäumung* von Ausschlussfristen kann jedoch durch → Wiedereinsetzung in den vorigen Stand (antragsgebunden) rückgängig gemacht werden, wenn der Steuerpflichtige ohne eigenes Verschulden den Fristablauf versäumt hat. Der Antrag ist innerhalb eines Monats nach Wegfall des Hindernisses zu stellen; ein Jahr nach dem Ende der versäumten Frist kann die Wiedereinsetzung nicht mehr beantragt werden, außer wenn dies vor Ablauf der Jahresfrist infolge höherer Gewalt unmöglich war (§ 110 AO). – 4. Im *Finanzgerichtsverfahren* gibt es eine entsprechende Regelung (§ 56 FGO).

II. Arbeitsrecht: 1. *Verfallsfristen:* a) Frist, innerhalb derer → Ansprüche geltend zu machen sind. – b) In → Tarifverträgen sind meist Ausschlussfristen von recht kurzer Dauer (zwischen zwei und sechs Monaten) festgelegt. Diese Ausschlussfristen gelten, soweit Tarifgebundenheit besteht oder die Geltung des Tarifvertrags vereinbart ist. – c) In → Arbeitsverträgen oder → Betriebsvereinbarungen enthaltene Ausschlussfristen sind nur wirksam, soweit sie keine tariflichen Ansprüche betreffen oder keine Tarifgebundenheit besteht. Arbeitsvertragliche Ausschlussfristen müssen zudem AGB-fest sein (→ Allgemeine Geschäftsbedingungen im Arbeitsrecht). Das bedeutet, dass eine Ausschlussfrist klar und unmißverständlich formuliert, nicht nur für den Arbeitnehmer, sondern auch den Arbeitgeber gilt und nicht zu kurz ist. Das BAG geht davon aus, dass arbeitsvertragliche Ausschlussfristen nicht kürzer als 3 Monate sein dürfen (BAG, 25.5.2005 – 5 AZR 572/04). – d) Werden Ansprüche nicht innerhalb der Ausschlussfrist geltend gemacht, erlöschen sie ohne Rücksicht auf die Kenntnis der Parteien von ihnen. Für die Geltendmachung ist oft Schriftform vorgeschrieben. Einige Tarifverträge und viele Arbeitsverträge schreiben nach Ablehnung des geltendgemachten Anspruchs eine gerichtliche Geltendmachung (d.h. durch Klage beim Arbeitsgericht) innerhalb einer weiteren Ausschlussfrist vor. Mit einer Kündigungsschutzklage wird für Lohnansprüche nicht nur die Ausschlussfrist für die schriftliche Geltendmachung gewahrt, sondern auch für eine etwa erforderliche gerichtliche Geltendmachung (BAG, 19.3.2008 – 5 AZR 429/07). Das gilt zumindest bei arbeitsvertraglich vereinbarten Ausschlussfristen. In Tarifverträgen enthaltene Ausschlussfristen sind von den Gerichten von Amts wegen zu beachten. – 2. Für die Ausübung des *Rechts zur fristlosen Kündigung* (→ außerordentliche Kündigung) ist in § 626 II BGB eine zwingende Ausschlussfrist von zwei Wochen ab Kenntnis des Kündigungsgrundes festgelegt. – 3. Die *Kündigungsschutzklage* ist an eine Ausschlussfrist von drei Wochen gebunden. – Vgl. auch → Kündigungsschutz.

Ausschlussprinzip – Kriterium zur Charakterisierung privater Güter (→ Individualgut). Ein Gut erfüllt das Ausschlussprinzip, wenn ein Haushalt alle anderen vom Konsum dieses Gutes ausschließen kann (z.B. Privatauto eines Haushaltes). Bei → öffentlichen Gütern ist das Ausschlussprinzip aus verschiedenen Gründen (z.B. externe Effekte) nicht durchsetzbar. Man unterscheidet zwischen sog. geborenen öffentlichen Gütern, bei denen das Ausschlussprinzip technisch nicht mit vertretbaren Kosten angewandt werden kann, und den erkorenen öffentlichen Gütern, die auch als meritorische Güter bezeichnet werden, bei denen man das Ausschlussprinzip aus sozialen oder anderen Überlegungen nicht anwendet. – Das Ausschlussprinzip ist für die Funktionsfähigkeit des Marktmechanismus unabdingbar: Die Nutzung eines Gutes durch ein Wirtschaftssubjekt ist von der Zahlung eines bestimmten Preises (Entgelts) an den Besitzer des Gutes abhängig; wer nicht zahlt, wird von der Nutzung ausgeschlossen. – Das Ausschlussprinzip hängt von der Rechtsordnung eines Systems ab: Spezifizierte Besitz- und/oder → Verfügungsrechte werden vorausgesetzt.

Ausschlussurteil → Aufgebotsverfahren.

Ausschnittdienst – Dienstleistungsunternehmen, das im Auftrag anderer Unternehmen Printmedien entweder nach der Werbung von Konkurrenten oder nach Presseartikeln zu bestimmten Themen durchsucht und die Funde auswertet (Clipping).

Ausschöpfungsquote – Anteil der Personen, mit denen ein Interview durchgeführt werden konnte unter den Personen, die für eine Zufallsstichprobe ausgewählt wurden. Laut ZAW-Rahmenschema sollte dieser Anteil mind. 70 Prozent betragen.

Ausschöpfungstheorem → Eulersches Theorem.

Ausschreibung – *Submission, Verdingung;* öffentliche Bekanntgabe von Bedingungen, zu denen ein Vertragsangebot erwartet wird, z.B. für Bauarbeiten, Beschaffungsaufträge u.Ä. – *Formen:* offene Ausschreibung (für jeden Anbieter möglich) und beschränkte Ausschreibung (Kreis der Bieter wird nach bestimmten Kriterien begrenzt). Erfolgt keine Ausschreibung, spricht man von freihändiger Vergabe. – Die teilweise umfangreichen Bedingungen werden u.U. in einem *Lastenheft* zusammengefasst mit der Aufforderung an Interessenten, sich durch Vorlage von Offerten zu bewerben. – Die Ausschreibenden müssen häufig durch eine *Ausschreibungs-* oder *Bietungsgarantie* gesichert werden, v.a., wenn die sich bewerbende Firma fremd ist. Eine Bank übernimmt hierbei die Gewähr dafür, dass die Firma ein ernsthaftes Angebot macht und nicht zurücktritt, bevor der Vertrag zum Abschluss kommt. Die Haftung der Bank in der vereinbarten Höhe (meist 5 bis 10 Prozent des Offertpreises) gilt für die der ausschreibenden Stelle entstandenen Kosten und Nachteile. – Vgl. auch → öffentliche Auftragsvergabe.

Ausschreibungsgarantie → Ausschreibung.

Ausschreibung von Arbeitsplätzen – *innerbetriebliche Stellenausschreibung;* Begriff des Arbeitsrechts. Nach § 93 BetrVG kann der → Betriebsrat verlangen, dass Arbeitsplätze, die besetzt werden sollen, vor ihrer Besetzung innerhalb des Betriebs ausgeschrieben werden (z.B. durch Aushang am Schwarzen Brett oder Rundschreiben). – Als *Mindestinhalt* muss aus der Ausschreibung von Arbeitsplätzen hervorgehen, um welchen Arbeitsplatz es sich handelt, welche Qualifikationsanforderungen bestehen und wo und bis wann die Bewerbung zu erfolgen hat. Bei der Ausschreibung sind die Diskriminierungsverbote des AGG zu beachten (AGG im Arbeitsrecht). – Nach § 99 II Nr. 5 BetrVG kann der Betriebsrat in Betrieben mit mehr als 20 Arbeitnehmern die *Zustimmung* zu einer → Einstellung oder → Versetzung *verweigern,* wenn eine von ihm zu Recht verlangte Ausschreibung von Arbeitsplätzen im Betrieb unterblieben ist. – Ist die Ausschreibung von Arbeitsplätzen erfolgt, so ist der Arbeitgeber dennoch *nicht verpflichtet,* den Arbeitsplatz mit einem der sich meldenden Bewerber aus dem Betrieb zu besetzen.

Ausschuss – 1. *Begriff:* Erzeugnisse oder Erzeugnisteile, die für den vorgesehenen Zweck endgültig nicht mehr verwendet werden können (kein → Abfall). – 2. *Ursachen* für das Entstehen von Ausschuss: (1) fehlerhafte Lieferung durch Material- und Teile-Lieferanten; (2) Fehlleistungen in der Fertigung, etwa durch fehlerhafte Bearbeitung oder Montage, durch Konstruktions- und Zeichnungsfehler, Transportschäden oder Fehlleistungen der Arbeitsvorbereitung. – 3. *Erfassung* in Großbetrieben der Industrie mittels einer von der Fertigungskontrolle geführten Ausschussstatistik, gegliedert nach den Ursachen im Interesse der → Ausschussverhütung. – Vgl. auch → Ausschusskosten, → Ausschusswagnis, → Ausschussverwertung.

Ausschussabweichung – Kostenabweichung (→ Abweichung), die sich aus der zu → Istkosten bewerteten Differenz zwischen geplantem und tatsächlichem → Ausschuss ergibt.

Ausschuss der berufsständischen landwirtschaftlichen Organisationen → COPA.

Ausschuss der Regionen (AdR) – 1. *Charakterisierung:* Ausschuss der → EU, mit der Aufgabe, die Tätigkeit des → Rats der Europäischen Union (vormals Ministerrat) und der → Europäischen Kommission beratend zu unterstützen (Art. 13 IV EUV und Art. 305-307 AEUV). Der Sitz des AdR ist in Brüssel. Dem AdR gehören nach Art. 305 AEUV eine maximale Anzahl von 350 Mitgliedern an Vertretern der regionalen und lokalen → Gebietskörperschaften der EU-Staaten an (z.B. Länder, Provinzen, Departements, Kreise oder Gemeinden). Die Ausschussmitglieder sind an keine Weisungen gebunden, werden von den EU-Regierungen vorgeschlagen und vom Rat auf fünf Jahre ernannt. Seit dem Vertrag von Nizza müssen die AdR-Vertreter ein Wahlmandat ihrer Gebietskörperschaft innehaben oder einer gewählten Versammlung gegenüber verantwortlich sein. Die nationale Zusammensetzung ist in Art. 305 AEUV festgelegt und spiegelt in loser Form die unterschiedliche Größe der Mitgliedsländer wieder. – 2. *Bedeutung:* Die Schaffung des AdR eröffnet den regionalen und lokalen Gebietskörperschaften erstmals die Möglichkeit einer gewissen Beteiligung am Willensbildungsprozess der EU. Seine Errichtung ist im Zusammenhang mit dem Subsidiaritätsprinzip (Art. 5 EUV) zu sehen und verfolgt das Ziel, eine größere Bürgernähe der Gemeinschaftsentwicklung zu gewährleisten. Die Anhörung des AdR ist bes. bei Vorhaben der Regional- und Strukturpolitik sowie vor der Entscheidung anderer Fragen zwingend vorgeschrieben, die Zuständigkeiten bzw. zentrale Interessen der Regionen betreffen (z.B. Bildung, Umwelt und Verkehr).

Ausschuss der ständigen Vertreter (AStV) → COREPER.

Ausschuss für Kreditfragen der öffentlichen Hand – seit 1975 bestehender Ausschuss zur Koordination der Verschuldungspolitik von Bund, Ländern und Gemeinden. Als Vorgänger existierte seit 1965 der „Runde Tisch" beim Bundesminister für Wirtschaft, der beratend und empfehlend zu Reihenfolge, Umfang und Ausstattung öffentlicher Anleihen Stellung zu nehmen hatte; mit dem Stabilitätsgesetz durch den → Konjunkturrat abgelöst. Der Konjunkturrat bildet den Ausschuß für Kreditfragen der öffentlichen Hand, der unter Vorsitz des Bundesministers für Wirtschaft und Technologie nach einer von diesem zu erlassenden Geschäftsordnung berät (§18 III StabG).

Ausschusskosten – 1. *Begriff:* → Kosten, die für den → Ausschuss von der Beschaffung bis zum (misslungenen) Produktionsvorgang angefallen sind. – 2. *Erfassung:* Typischerweise werden Ausschusskosten in den → Kostenstellen, in denen der Ausschuss entsteht, erfasst und im Rahmen der Kostenträgerrechnung in den → Fertigungsgemeinkosten umgelegt. Eine genauere Berücksichtigung der Ausschusskosten muss neben der kostenstellenbezogenen Erfassung eine direkte Zuordnung der Ausschusskosten für die betroffenen Kostenträger vornehmen.

Ausschussverhütung – Maßnahmen zur Steigerung der Wirtschaftlichkeit durch Senkung des → Ausschusses auf ein Mindestmaß. Wichtig ist, den Ausschuss so frühzeitig wie möglich zu erkennen, um weiteren unproduktiven Arbeits- und Materialeinsatz zu vermeiden. – *Maßnahmen zur Ausschussverhütung:* → Wareneingangskontrolle, Ausschusskontrolle in der Fertigung, exakte Arbeitsunterlagen, intensive Mitarbeiterschulung, Konstruktionsveränderungen bei bes. ausschussgefährdeten Werkstücken und Gewährung von Ausschussprämien.

Ausschussverwertung – Maßnahmen zur zweckentsprechenden Verwertung anfallenden → Ausschusses: (1) Verkauf als Zweite Wahl; (2) Nachbearbeitung zur Herstellung des vollwertigen Zustandes; (3) Verwendung als Ausgangsmaterial für ein anderes Produkt; (4) Nachbearbeitung und Verwendung in einem anderen Erzeugnis; (5) Verschrottung und Verkauf als Schrott oder Altmaterial. – Vgl. auch → Recycling, → Entsorgung, → Ausschussverhütung.

Ausschusswagnis – das aus unvermeidlichem → Ausschuss erwachsende kalkulatorische Wagnis (→ Wagnisse). Durch seine in vielen Unternehmen vorgenommene Verrechnung erreicht der Betrieb eine Selbstversicherung gegen das nicht fremdversicherte Risiko von Mehrkosten durch unverwertbaren Ausschuss und Nacharbeit, die durch Fehler in der Leistungserstellung entstehen.

Ausschüttung → Gewinnausschüttung.

Ausschüttungsbelastung – 1. *Begriff* des → körperschaftsteuerlichen Anrechnungsverfahrens von 1977 bis 2000: Das Anrechnungsverfahren schrieb dem Empfänger einer Dividende die Körperschaftsteuer gut, die die ausschüttende Gesellschaft zuvor für den ausgeschütteten Betrag bezahlt hatte. Hierfür war es nötig bzw. zumindest erwünscht, dass auf den ausgeschütteten Gewinnen stets dieselbe Höhe an körperschaftsteuerlicher Vorbelastung (zuletzt 30 Prozent) ruhte, damit die Höhe der gutzuschreibenden Beträge sich technisch hinreichend einfach ermitteln ließ. Daher schrieb das System vor, dass bei der Ausschüttung von Gewinnen durch eine Kapitalgesellschaft grundsätzlich dieselbe Vorbelastung herzustellen war, die sog. Ausschüttungsbelastung. Bei geringer belasteten Gewinnen wurde also anlässlich der Ausschüttung eine Nachbelastung vorgenommen, um die Belastung auf die Höhe der Ausschüttungsbelastung anzuheben (Körperschaftsteuer-Erhöhung), bei höher vorbelasteten Gewinnen dagegen eine Absenkung der Belastung (Körperschaftsteuer-Minderung) durch Erstattung der überschießenden Belastung an die Gesellschaft vorgenommen. – 2. *Ausgenommen von der Herstellung der Ausschüttungsbelastung* waren zuletzt Ausschüttungen, die aus den Rücklagenbeständen EK 01 (in Deutschland steuerfreie Einkünfte ausländischer Herkunft) und EK 04 (ehemalige Einlagen der Eigentümer, z.B. Agio) erfolgten.

Ausschüttungsrate – Quotient aus der Ausschüttung auf → Stammaktien und dem Jahresüberschuss nach Dividende auf → Vorzugsaktien.

Ausschüttungssperre – Instrument zum Schutz der Gläubiger durch die Begrenzung des Ausschüttungspotenzials von Kapitalgesellschaften bei Aktivierung selbst geschaffener immaterieller Vermögensgegenstände (§ 248 II HGB) oder bei Aktivierung des Deckungsvermögens im Zusammenhang mit Altersversorgungsverpflichtungen (§ 246 II HGB). – Gemäß § 268 VIII HGB dürfen Gewinne nur in derjenigen Höhe ausgeschüttet werden, falls die nach Ausschüttung verbleibenden jederzeit auflösbaren Gewinnrücklagen zzgl. eines Gewinnvortrags und abzüglich eines Verlustvortrags den aktivierten Beträgen -korrigiert um die hierfür gebildeten latenten Steuern- mindestens entsprechen. – Vgl. auch → Abgrenzungsposten für aktive latente Steuern.

Außenanlagen – 1. *Begriff:* Grundstücksaufbauten, die weder Gebäudeteile sind noch als Betriebsvorrichtungen angesehen werden können. – *Beispiele:* Einfriedungen, Tore, Wege- und Platzbefestigungen, Entwässerungsanlagen, Gartenanlagen. – 2. *Bilanzsteuerrecht:* Außenanlagen sind eigenständige unbewegliche Wirtschaftsgüter; sie sind linear über ihre zu vermutende Nutzungsdauer abzuschreiben (§ 7 I EStG). – 3. *Grundsteuer, Bewertungsrecht:* Außenanlagen werden bei der Einheitsbewertung von bebauten Grundstücken nach dem Sachwertverfahren (→ Sachwert) gesondert berücksichtigt (§§ 83, 89 BewG).

Außenbeitrag – in der → Volkswirtschaftlichen Gesamtrechnung (VGR) und in der → Zahlungsbilanz → Saldo aus Exporten (→ Ausfuhr) und Importen (→ Einfuhr) im Waren- und Dienstleistungsverkehr.

Außendienst → Reisender, → Vertreter.

Außendienstberichtssysteme – ermöglichen Unternehmen, auf direktem Wege an Kunden- und Konkurrenzinformationen zu gelangen. Bei einem systematischen, effizienten und marketing-organisatorisch integrierten Außendienstberichtssystem können Informationen über Kundenprobleme und -anforderungen, Schwachstellen beim Einsatz der Marketinginstrumente, Entwicklungen in den Absatzmärkten etc. unmittelbar und kostengünstig eingeholt werden. Außendienstberichtssysteme werden meist nur von unternehmenseigenen Außendienstmitarbeitern getragen. – Vgl. auch → Berichtssysteme.

Außendienstpolitik – Teilbereich der Vertriebs- bzw. → Marketingpolitik. Außendienstpolitik umfasst Entscheidungen über Höhe und Verteilung des Außendienstbudgets, Zahl und Qualifikationsanforderungen an Außendienstmitarbeiter, Schulungsmaßnahmen, Einsatz des Außendienstes nach geografischen, kundenbezogenen und zeitlichen Kriterien, Steuerungs- und Kontrollfragen sowie Koordination mit den anderen → marketingpolitischen Instrumenten.

Außenfinanzierung – *Marktfinanzierung;* Art der → Finanzierung, bei der → Kapital „von außen“ über den Kapitalmarkt und nicht über Netto-Erlöse auf Güter- und Leistungsmärkten einfließt. Zu *unterscheiden* sind: (1) zusätzliche Kapitaleinlagen des oder der bisherigen Unternehmer oder Beteiligungen Dritter an der Unternehmung (→ Eigenfinanzierung); (2) Aufnahme von Krediten (→ Fremdfinanzierung). – Vgl. auch → Innenfinanzierung, → Selbstfinanzierung.

Außenfluktuation – Bezeichnung der → Preistheorie für die aus Preisgründen über die Marktgrenzen wandernde mengenmäßige → Nachfrage. Im einfachen → Monopol und bei → vollkommener Konkurrenz wird sie durch Veränderung des Marktpreises ausgelöst, auf den sonstigen Märkten mit homogener und heterogener Konkurrenz durch eine parallele Preispolitik aller Anbieter, die eine marktinterne Wanderung der Nachfrage (→ Binnenfluktuation) ausschließt. Die Außenfluktuation manifestiert sich bei → Normalreaktion (der Nachfrage) bei Preissenkungen durch eine Zunahme der Nachfrage (*positive Außenfluktuation* oder auch *preislatente Nachfrage*) und bei Preiserhöhungen durch eine Abnahme der Nachfrage (*negative Außenfluktuation*). In den enstprechenden Marktnachfrage- oder → Preisabsatzfunktionen schlägt sich der *Grad der Außenfluktuation* in dem Wert der 1. Ableitung der Nachfrage- bzw. Preisabsatzfunktion (dx/dp) nieder, welche wiederum die → Preiselastizität mitbestimmt. – *Gegensatz:* → Binnenfluktuation.

Außengebiet – früherer Begriff des Umsatzsteuerrechts: Um das Gebiet der DDR nicht als „Ausland" bezeichnen zu müssen, wurden während der Dauer der dt. Teilung im UStG das Gebiet der Bundesrepublik als „Erhebungsgebiet" und der Rest der Welt als „Außengebiet" bezeichnet. Durch die dt. Wiedervereinigung konnten diese Begriffe dann durch die Begriffe → Inland und → Ausland ersetzt werden.

Außengeld → Outside Money.

Außengesellschaft → Gesellschaft bürgerlichen Rechts (GbR) mit Außenwirkung. Nach einer inzwischen gefestigten Rechtsprechung des BGH (vgl. schon Urteil vom 29.1.2001 - BGHZ 146,341 ff.) besitzt die Außengesellschaft - wenngleich sie keine juristische Person ist - Rechtsfähigkeit, soweit sie durch Teilnahme am Rechtsverkehr eigene Rechte und Pflichten begründet. Das bedeutet, dass sie in der jeweiligen Zusammensetzung der Gesellschafter Vertragspartner werden kann und ihre Stellung als Vertragspartner durch einen Gesellschafterwechsel nicht berührt wird; in diesem Rahmen ist sie im Zivilprozess parteifähig, kann also als Gesellschaft klagen und verklagt werden. – *Gegensatz:* → Innengesellschaft.

Außengroßhandel – Betriebsform des → Großhandels, der seine Geschäfte mit dem Ausland tätigt. – 1. *Funktionaler Außengroßhandel:* Großhandelsgeschäfte, bei denen die Ware eine Grenze passiert; lediglich einer der Vertragspartner muss seinen Sitz im Ausland haben. – 2. *Institutionaler Außengroßhandel:* Großhandelsbetriebe, die ausschließlich oder überwiegend Außengroßhandel betreiben: *Ausfuhrgroßhändler* exportieren (Exportgroßhandel), *Importgroßhändler* importieren Waren (Importgroßhandel). *Transithändler* bringen Waren in- oder ausländischer Herkunft durch ein Land in ein drittes (Transitgroßhandel). Außengroßhandel kann länder- oder produktorientiert sein. – *Gegensatz:* → Binnengroßhandel.

Außenhandel – Teil des Handels, der Güter über die Grenzen eines Landes importiert (→ Einfuhr) oder exportiert (→ Ausfuhr). Träger sind → Einfuhrhändler und → Ausfuhrhändler. – *Umfang:* Außenhandel der Bundesrepublik Deutschland wird in amtlichen → Außenhandelsstatistiken nach Menge und Wert der Waren sowie nach Bezugs- und Absatzgebieten (Herstellungs- bzw. Verbrauchsländer/Einkaufs- bzw. Käuferländer) ausgewiesen. – *Gegensatz:* → Binnenhandel. – Vgl. auch → Ausfuhrhandel, → Ausfuhrverfahren, → Einfuhrhandel, → Einfuhrverfahren, → Handelsbilanz, → Handelspolitik.

Außenhandelsfinanzierung – i.w.S. Oberbegriff für die internationalen Zahlungs-, Sicherungs- und Finanzierungsinstrumente sowie die damit korrespondierenden internationalen Zahlungsbedingungen; i.e.S. Oberbegriff für Exportfinanzierung, Importfinanzierung und z.T. auch Auslandsfinanzierung. – *Einteilung der Außenhandelsfinanzierung i.w.S. nach Fristen:* 1. *Kurz- bzw. mittelfristige Zahlungsbedingungen und -instrumente:* a) *nicht dokumentäre Zahlungsbedingungen:* (1) Vorauszahlung des Käufers, häufig gegen → Anzahlungsgarantie der Bank des Verkäufers. (2) An- bzw. Zwischenzahlung(en) des Käufers, die auch als sog. Abschlagszahlungen bezeichnet werden, und i.Allg. entsprechend dem Produktions- bzw. Leistungsfortschritt (gegen entsprechende Nachweise) vom Käufer an den Verkäufer zu leisten sind. (3) Zahlung nach Lieferung, d.h. mit Zahlungsziel des Verkäufers zugunsten des Käufers (Liefervertragskredit); evtl. auf Wechselbasis. – b) *dokumentäre Zahlungsbedingungen:* (1) Dokumenteninkassi (→ Dokumenteninkasso), die unter Einschaltung von Banken gegenüber dem Importeur als Zug-um-Zug-Geschäft abgewickelt werden: Der Importeur erhält die → Exportdokumente nur ausgehändigt, wenn er – je nach Art des Inkassos – zuvor Zahlung geleistet, einen (Nachsicht-)Wechsel akzeptiert oder einen unwiderruflichen Zahlungsauftrag unterzeichnet hat. (2) Dokumentenakkreditive (→ Akkreditiv), ein unwiderrufliches Zahlungsversprechen einer Bank (der sog. eröffnenden Bank; der Hausbank des Importeurs) zugunsten eines Exporteurs umfassen. Der Akkreditivbegünstigte erhält Zahlung aus dem Akkreditiv, sofern er die Akkreditivbedingungen erfüllt, v.a. die darin geforderten Exportdokumente vorlegt. Akkreditive können zahlbar sein bei Sicht (→ Sichtzahlungsakkreditiv), nach Sicht (z.B. 90 Tage nach Verladung) als Deferred-Payment-Akkreditiv oder als Akzept-(Rembours-)Akkreditiv, wobei weitere Gestaltungsmöglichkeiten mit Sonderformen der Akkreditive bestehen. – c) *Refinanzierungsinstrumente:* Mit diesen Zahlungsbedingungen und -instrumenten korrespondieren kurz- bzw. mittelfristige Finanzierungsinstrumente, die vom → Kontokorrentkredit über → Geldmarktkredite (in Euro oder in

**Außenhandelsfinanzierung –
Kurz- bzw. mittelfristige Zahlungsbedingungen
und Refinanzierungsinstrumente**

Kurz- bzw. mittelfristige **Zahlungsbedingungen** im Außenhandel:

- **Nichtdokumentäre Zahlungsbedingungen:**
  - Vorauszahlung
  - An- bzw. Zwischenzahlung(en)
  - Zahlung bei Lieferung, evtl. durch Nachnahme
  - Zahlung nach Lieferung (Liefervertragskredit, evtl. auf Wechselbasis)
- **Dokumentäre Zahlungsbedingungen:**
  - Dokumenteninkassi
    - Dokumente gegen Zahlung
    - Dokumente gegen Akzept
    - Dokumente gegen unwiderruflichen Zahlungsauftrag
  - Dokumentenakkreditive
    - Sichtzahlungsakkreditiv
    - Deferred-Payment-Akkreditiv
    - Akzept-(Rembours-)Akkreditiv
    - Sonderformen

Kurz- bzw. mittelfristige **Refinanzierungsinstrumente** im Außenhandel:

- **Kontokorrentkredite**
- **Negoziierungskredite**
- **Wechseldiskontkredite**
- **Bankakzepte(-kredite)**
- **Geldmarktkredite** (in Euro oder Fremdwährung)
- **Exportfactoring**
- **Forfaitierungen**

Teilweise erfolgt ein kombinierter Einsatz dieser Instrumente. Grundsätzlich sind Kreditaufnahmen auch bei ausländischen Kreditgebern (z.B. als Fremdwährungskredite) möglich. Die Abgrenzung zwischen mittel- und langfristigen Instrumenten ist schwierig (z.B. bei Forfaitierungen).

**Außenhandelsfinanzierung –
Langfristige Zahlungsbedingungen
und Refinanzierungsinstrumente**

Langfristige **Zahlungsbedingungen** im Außenhandel (insbesondere bei Investitionsgütern):

- **I.d.R. werden verschiedene Zahlungsbedingungen kombiniert**
- **Beispiel für die Elemente einer kombinierten Zahlungsbedingung:**
  - Anzahlung bei Vertragsabschluss (evtl. gegen Anzahlungsgarantie, z.B. 5%)
  - Dokumenteninkasso oder Dokumentenakkreditiv auf Basis der Verschiffungsdokumente (sog. Dokumentenrate, z.B. 10%)
  - Ratenzahlung, evtl. mit Solawechseln oder Akzeptierung einer Anzahl von gezogenen Wechseln mit zeitlich gestaffelten (i.d.R. halbjährlichen) Wechselfälligkeiten (i.d.R. mit Garantie der Importeurbank, z.B. 85% des Kaufpreises)

Langfristige **Refinanzierungsinstrumente** im Außenhandel:

- **Bankkredite an Exporteure**
  - Geschäftsbankenkredite
  - AKA-Kredite
  - KfW-Kredite
- **Forfaitierungen**
- **Bestellerkredite bzw. Bank-zu-Bank-Kredite** (zugleich Zahlungsbedingung)
  - Geschäftsbankenkredite
  - AKA-Kredite
  - KfW-Kredite
- **Roll-over-Kredite (insbes. Euromarktkredite)**
- **Internationale Konsortialkredite**
- **Exportleasing** (zugleich Zahlungsbedingung)

Quelle: Häberle, S.G., Handbuch der Außenhandelsfinanzierung, 3. Aufl., München, Wien 2002, S. 5.

Fremdwährung) bis zur (kurzfristigen) → Forfaitierung reichen; vgl. Abbildung „Außenhandelsfinanzierung – Kurz- bzw. mittelfristige Zahlungsbedingungen und Refinanzierungsinstrumente". – 2. *Langfristige Zahlungsbedingungen und -instrumente:* I.d.R. werden verschiedene Elemente zu einer Zahlungsbedingung zusammengestellt; vgl. Abbildung „Außenhandelsfinanzierung – Langfristige Zahlungsbedingungen und Refinanzierungsinstrumente". a) *Anzahlung* in Höhe von z.B. 5 Prozent des Kaufpreises bei bzw. nach Vertragsabschluss, i.Allg. gegen Stellung einer → Anzahlungsgarantie. – b) *Dokumentenrate,* d.h. eine weitere Zahlung in Höhe von z.B. 10 Prozent des Kaufpreises an den Exporteur gegen Vorlage der Exportdokumente. – c) *Ratenzahlung* des Importeurs für die Restschuld, häufig in halbjährlichen Raten und i.Allg. abgesichert durch eine Zahlungsgarantie einer Bank im Land des Importeurs. Die Möglichkeiten zur Finanzierung solcher langfristigen Kreditgewährungen reichen von Bankkrediten an die Exporteure, über Besteller- und Bank-zu-Bank-Kredite bis zur (langfristigen) Forfaitierung. Möglich ist es auch, an der Stelle der Gewährung eines langfristigen Zahlungsziels, ein Exportgeschäft unter Einbeziehung von Exportleasing zu gestalten. – 3. *Reine Sicherungsbedingungen bzw. -instrumente:* Eine Anzahl der genannten Zahlungsbedingungen und -instrumente umfasst neben der Zahlung auch die Sicherstellung der Zahlung und z.T. auch die Finanzierung (eines Zahlungsziels). Daneben existieren aber auch Bedingungen und Instrumente, die keinen direkten Zahlungs- oder Finanzierungscharakter tragen, sondern (vorwiegend) der Sicherstellung von Käufer oder Verkäufer dienen: → Bankgarantien, → Exportkreditgarantien des Bundes (sog. Hermes-Deckungen), → Warenkreditversicherungen etc.

Außenhandelsgewinn → Handelsgewinn.

Außenhandelsgleichgewicht – *Tauschgleichgewicht.* 1. *Außenhandelspraxis:* Bezeichnung für eine ausgeglichene → Handelsbilanz (Außenhandelsgleichgewicht i.e.S.) bzw. ausgeglichenen → Außenbeitrag (Außenhandelsgleichgewicht i.w.S., Handelsbilanz plus Dienstleistungsbilanz). – Vgl. auch → außenwirtschaftliches Gleichgewicht, → Zahlungsbilanz. – 2. In der realen → Außenwirtschaftstheorie für den Zwei-Länder-/Zwei-Güter-Fall abgeleitete Konstellation im Außenhandel, in der es keine Möglichkeit mehr gibt, durch weiteren Güteraustausch die Wohlfahrtsposition beider Länder zu erhöhen. Das Modell definiert aus Basissicht unrealistische Voraussetzungen. – Vgl. → Tauschkurve, → Außenhandelstheorie, → Optimalzoll.

Außenhandelsmonopol – staatliche Zentralstelle, die allein den → Außenhandel abwickelt bzw. die unmittelbare Kontrolle über die außenwirtschaftlichen Beziehungen ausübt. Instrument der → Außenwirtschaftspolitik; früher im Ostblock und → Entwicklungsländern weit verbreitet, heute sehr selten.

Außenhandelspolitik → Handelspolitik.

Außenhandelsquote → Auslandsgeschäftsquote.

Außenhandelsstatistik – I. Amtliche Statistik: Gebiet der → amtlichen Statistik zur laufenden Erfassung des grenzüberschreitenden Warenverkehrs (ohne Dienstleistungen) Deutschlands (ohne das nicht zum Zollgebiet gehörende Büsingen) mit dem Ausland während der Einfuhr, Ausfuhr und Durchfuhr. Träger der Außenhandelsstatistik ist das → Statistische Bundesamt (StBA), Rechtsgrundlagen sind das Bundesstatistikgesetz, das Außenhandelsstatistikgesetz, die Außenhandelsstatistik-Durchführungsverordnung sowie verschiedene EG-Verordnungen. – Grundsätzlich werden alle körperlich ein- und ausgehenden Waren erhoben und nachgewiesen, also auch Geschäfte, die unentgeltlich oder auf ausländische Rechnung abgewickelt werden. Ausnahmen sind Warenbewegungen mit geringer wirtschaftlicher Bedeutung wie bspw. Messegut und seit Januar 2007 auch der Warenverkehr zur Reparatur. Aufgrund unterschiedlicher Erhebungskonzepte setzt sich seit 1.1.1993 die dt. Außenhandelsstatistik aus der → Extrahandelsstatistik und der → Intrahandelsstatistik zusammen, die Ergebnisse dieser beiden Teilbereiche werden in der Darstellung des Außenhandels dem Nutzer der Daten jedoch als Ganzes präsentiert. Den Ergebnissen der Außenhandelsstatistik liegen i.Allg. die Angaben der Ausführer und Einführer zugrunde, die entweder direkt beim Statistischen Bundesamt gemeldet (Intrahandelsstatistik) oder von der Zollverwaltung an das Statistische Bundesamt geleitet werden (Extrahandelsstatistik). Erhebungsmerkmale der Außenhandelsstatistik sind neben Warenart, Wert und Menge die Lieferrichtung (Ein- oder Ausfuhr), das Partnerland sowie das inländische Herkunfts- bzw. Zielbundesland. Die Untergliederung nach Einfuhr- und Ausfuhrarten (z.B. freier Verkehr, Veredelungsverkehr, Lagerverkehr) ermöglicht die Darstellung des Außenhandels nach dem System des → Generalhandels und dem des → Spezialhandels. Die Ergebnisse der Außenhandelsstatistik liefern wichtige Informationen für verschiede öffentliche oder private Entscheidungsträger und dienen als Informationsquelle für Zahlungsbilanzstatistiken, die → Volkswirtschaftliche Gesamtrechnung (VGR) oder Konjunkturanalysen. – Die Veröffentlichung erfolgt in Kapitel 18 des Statistischen Jahrbuchs und in fachlich und regional tiefer gegliederter Darstellung in Fachserie 7 des Statistischen Bundesamtes.

II. Außenwirtschaft: 1. *Begriff:* Bei der Einfuhr aus Drittländern in das EU-Zollgebiet sowie beim Export ist mit der Zollanmeldung als Mehrstück des Einheitspapiers eine statistische Einfuhranmeldung abzugeben, die für das Statistische Bundesamt bestimmt ist. Die Zollstellen sind berechtigt, die Richtigkeit und Vollständigkeit der Anmeldung durch Vergleich mit den Transport- und Zollpapieren zu prüfen und in Zweifelsfällen die Ware zu beschauen. – 2. *Merkmale:* Die statistische Anmeldung wird i.d.R. auf den Exemplaren 2 und 7 des Einheitspapiers abgegeben, die im Durchschreibeverfahren ausgefüllt werden. Dabei dient das siebte Exemplar als statistische Einfuhranmeldung, das Exemplar 2 als statistische Ausfuhranmeldung. – 3. *Unterscheidung:* Das dt. Recht berücksichtigt die Regelungen der VO (EWG) Nr. 1736/75 des Rates vom 24.6.1975 über die Statistik des Außenhandels der Gemeinschaft und des Handels zwischen ihren Mitgliedsstaaten (ABl. EG Nr. 183/75). Mit der Verwirklichung des Gemeinsamen Binnenmarktes ist für Gemeinschaftswaren an die Stelle der bisherigen Vorschriften für die Außenhandelsstatistik die „Intrahandelsstatistik" (Intrastat) getreten, die eine Direktmeldung der Unternehmen vorsieht, die unmittelbar an das Statistische Bundesamt zu leiten ist (Ziff. 21.0).

Außenhandelstheorie – 1. *Begriff/Bedeutung:* Teilbereich der → realen Außenwirtschaftstheorie (→ Außenwirtschaftstheorie). Die Außenhandelstheorie analysiert die Bestimmungsgründe für die Existenz und Struktur des internationalen Handels und der → internationalen Faktorwanderungen sowie deren Implikationen für die heimische Wohlfahrt und die heimische Einkommensverteilung. Die staatlichen Eingriffe in den internationalen Handel werden in der → Handelspolitik und der → politischen Ökonomik der Protektion untersucht. Die Außenhandelstheorie weist eine beträchtliche Distanz zu den Rahmenbedingungen des Außenhandels in der Realität auf. Sie kann die tatsächlichen Strukturen und Entwicklungen nur partiell erklären. Damit verdeutlicht sie aber in handelspolitischer Hinsicht, welchen Prämissen bes. Beachtung geschenkt werden sollte, wenn die theoretischen Erkenntnisse für die Praxis als relevant angesehen werden. – 2. *Internationale Spezialisierung und Erklärung der Handelsstruktur:* a) *Komparative Vorteile:* Eine der grundlegendsten Erkenntnisse der realen Theorie besagt, dass internationaler Handel u.a. auf → komparativen Vorteilen beruht. Komparative Vorteile kann man auf Technologieunterschiede zurückführen (→ Ricardianisches Modell), sie können aber auch bei international identischen Produktionstechnologien zustandekommen, etwa aufgrund internationaler Faktorausstattungsunterschiede (→ Heckscher-Ohlin-Handel). Sind einzelne Güter in einem Land aufgrund von natürlichen Gegebenheiten oder aufgrund mangelnden technischen Wissens gar nicht verfügbar, so kann man dies als extreme Form komparativer Nachteile (bzw. Vorteile bei den anderen Ländern) auffassen. – Wenn die Erfahrung mit der Erzeugung technologieintensiver Güter dazu führt, dass man in Zukunft leichter weitere technologische Neuerungen erzielen kann (→ dynamische Größenvorteile), dann kann ein ausstattungsbedingter Anfangsvorteil eines Landes im Verlaufe der Zeit noch stärker ausgeprägt werden (→ dynamische komparative Vorteile). – b) *Produktdifferenzierung und Größenvorteile:* Verschiedene empirische Untersuchungen haben ergeben, dass komparative Vorteile den tatsächlichen Handel nur z.T. erklären können. Es wurde beobachtet, dass einerseits die bestehenden Unterschiede zwischen verschiedenen Ländern sich nicht durchweg auf erwartete Art und Weise in der *Struktur* des internationalen Handels niederschlagen (z.B. → Leontief-Paradoxon) und dass andererseits Handel zwischen solchen Ländern sehr intensiv ist, die einander in jeder Hinsicht sehr ähnlich sind. Je ähnlicher zwei Länder in ihren Nachfragerpräferenzen, ihrem Einkommensniveau und in ihrer Faktorausstattung sind, umso mehr wird zwischen ihnen → intra-industrieller Handel zu erwarten sein. – Vgl. auch → Gains-from-Trade-Theorem, → Größenvorteile, → Linder-Hypothese, → Ricardo-Viner-Modell, → Stolper-Samuelson-Theorem, → tarifäre Handelshemmnisse. – b) *Handel ohne komparative Vorteile:* Auch internationaler Handel, der nicht auf der Grundlage komparativer Vorteile erfolgt, bringt Vorteile. Er kann die für den Nachfrager verfügbare Produktvielfalt erhöhen und eine stärkere Realisierung von → Größenvorteilen ermöglichen (*Heckscher-Ohlin-Chamberlin-Modell*). Ferner kann internationaler Handel die Marktmacht heimischer Anbieter reduzieren. Internationaler Handel verringert die Bedeutung von Ländergrenzen für die Marktabgrenzung und macht so die Märkte insgesamt wettbewerblicher. – c) *Dynamische Vorteile des internationalen Handels:* Die erwähnten Produktions- und Konsumgewinne aus internationalem Handel sind rein statischer Natur. Wenn das höhere Einkommen zu höheren Ersparnissen und höheren Investitionen führt, dann kommen dynamische Effekte dazu. Es erhöht sich dadurch die Wachstumsrate, und die Einkommenszunahme ist dann langfristig größer als der statische Produktionsgewinn. – Die *neoklassische Wachstumstheorie* besagt allerdings, dass die Wachstumsrate langfristig durch Handel nicht beeinflusst werden kann, sodass der dynamische Effekt sich auf eine Erhöhung des langfristig realisierten Einkommensniveaus beschränkt. – Die *Ergebnisse der theoretischen Forschung* sind nicht ganz einheitlich, aber es existiert unter den Ökonomen ein breiter Konsens, dass die Wachstumsraten in Ländern mit intensiven wechselseitigen Handelsbeziehungen *ceteris paribus* größer sind als in geschlossenen Ökonomien. Dies kann analog auch auf die Intensivierung dieser Handelsbeziehungen durch Handelsliberalisierung angewandt werden (→ dynamische komparative Vorteile). – Vgl. auch → Autarkie, → Faktorpreisausgleichstheorem, → Heckscher-Ohlin-Theorem, → internationale Faktorwanderungen, → kleines Land, → großes Land, → Mundell-Theorem, → Terms of Trade, → Zoll.

Außenhandelsunternehmungen – Firmen, die sich speziell mit der → Einfuhr und → Ausfuhr befassen. – Vgl. auch → Außengroßhandel, → Ausfuhrhändler.

Außenhandelsverlust → Handelsverlust.

Außenhandelsvolumen – I. Amtliche Statistik: Im Rahmen der → Außenhandelsstatistik werden neben der nominalen Entwicklung (tatsächliche Werte der Ein- und Ausfuhr) auch das Außenhandelsvolumen und Indizes berechnet. Das Volumen wird ermittelt, indem die Menge des Berichtsmonats mit dem Durchschnittswert des Basisjahres - momentan 2005 - multipliziert wird. Es gibt an, wie groß die Einfuhren bzw. Ausfuhren im Berichtszeitraum gewesen wären, wenn die Durchschnittswerte des Basisjahres konstant geblieben wären. Das Außenhandelsvolumen ist eine wichtige Grundlage für vergleichende internationale Analysen der Marktanteilsentwicklung und wird bspw. von der → Deutschen Bundesbank oder verschiedenen Wirtschaftsforschungsinstituten für außenwirtschaftliche Analysen verwendet. Die Veröffentlichung der Ergebnisse der Außenhandelsstatistik erfolgt in Fachserie 7 des Statistischen Bundesamtes.

II. Außenwirtschaft: In den → Handelsabkommen festgelegter Wert des geplanten Warenaustausches zwischen den jeweiligen Vertragsländern, auch als *Handelsvolumen* bezeichnet.

Außenmarkt – Gesamtheit fremder Volkswirtschaften, auf die sich die Außenhandelsaktivitäten der eigenen Volkswirtschaft beziehen können. Der Außenmarkt ist somit gedachter Treffpunkt von Kauf- bzw. Verkaufswünschen zwischen In- und Ausländern.

Außenmontage – industrielles Fertigungsverfahren, bei dem alle Teile und Baugruppen für Anlagen, wie Großmaschinen, Fertighäuser, Klimaanlagen etc. in einer zentralen Fabrik hergestellt werden, die endgültige Zusammensetzung zum fertigen Aggregat aber erst am Bestimmungsort erfolgt. Für Außenmontagen gelten die gleichen Gesichtspunkte wie bei der → Baustellenproduktion, wenn auch in verringertem Maße, weil bei Außenmontagen alle wesentlichen Vorarbeiten zentral erledigt werden.

Außenprüfung – I. Begriff und Rechtsgrundlagen: 1. Die Außenprüfung ist ein bes. *Sachaufklärungsverfahren* der Finanzbehörden. Im Gegensatz zur älteren Bezeichnung „Betriebsprüfung" soll in der durch die → Abgabenordnung (AO) 1977 eingeführten Bezeichnung „Außenprüfung" zum Ausdruck kommen, dass das Verfahren nicht auf „Betriebe" beschränkt ist, sondern auch bei anderen Steuerpflichtigen Anwendung finden kann. – 2. Die Außenprüfung wird in den §§ 193–207 AO umfassend *gesetzlich geregelt.* Ergänzende Vorschriften enthält die Betriebsprüfungsordnung (Steuer; BpO 2000) vom 15.3.2000 (BStBl. I 368) m.spät.Änd., die jedoch als interne Verwaltungsanweisung für den Steuerpflichtigen kein materielles Recht schafft, sondern bei Ermessensentscheidungen lediglich die Verwaltung bindet.

II. Zulässigkeit: 1. Eine Außenprüfung ist ohne Einschränkungen zulässig bei Steuerpflichtigen, die einen gewerblichen oder land- und forstwirtschaftlichen Betrieb unterhalten oder die freiberuflich tätig sind und bei Steuerpflichtigen i.S.d. § 147a AO (§ 193 I AO). – 2. Bei anderen Steuerpflichtigen ist die Außenprüfung zulässig, soweit sie die Verpflichtung dieser Steuerpflichtigen betrifft, für Rechnung eines anderen Steuern zu entrichten oder einzubehalten und abzuführen, oder wenn die für die Besteuerung erheblichen Verhältnisse der Aufklärung bedürfen und eine Prüfung an Amtsstelle nach Art und Umfang des zu prüfenden Sachverhaltes nicht zweckmäßig ist oder wenn ein Steuerpflichtiger seinen Mitwirkungspflichten nach § 90 Absatz 2 Satz 3 nicht nachkommt (§ 193 II AO). – 3. Im Rahmen der Prüfung einer Personengesellschaft ist in gewissem Umfange auch die Prüfung der Verhältnisse der Gesellschafter zulässig. – 4. Anspruch auf eine Außenprüfung besteht nicht; die Durchführung steht im → Ermessen der Behörde. Der einheitlichen Ermessensausübung dient die Einteilung der Betriebe in Größenklassen (→ Betriebsgrößenklassifikation). Anhand der von den obersten Finanzbehörden des Bundes und der Länder festgelegten Kriterien sind dabei Großbetriebe, Mittelbetriebe, Kleinbetriebe und Kleinstbetriebe zu unterscheiden.

III. Umfang: 1. Die *Finanzbehörde entscheidet* nach pflichtgemäßem Ermessen, ob zur Ermittlung der steuerlichen Verhältnisse der Steuerpflichtigen eine oder mehrere Steuerarten, ein oder mehrere Besteuerungszeiträume oder lediglich bestimmte Sachverhalte geprüft werden sollen. Bei einer Personengesellschaft erstreckt sich die Außenprüfung auch auf die steuerlichen Verhältnisse der Gesellschafter insoweit, als diese Verhältnisse für die zu überprüfenden einheitlichen Feststellungen von Bedeutung sind. Im Rahmen der Prüfung der Steuerentrichtungspflichtigen können auch die Verhältnisse der Personen geprüft werden, für deren Rechnung die Steuern entrichtet oder einbehalten und abgeführt werden (§ 194 AO). – 2. Der *Prüfungszeitraum* soll bei Großbetrieben an den vorhergehenden Prüfungszeitraum anschließen (sog. Anschlussprüfung), bei erstmaliger Prüfung bestimmt die Finanzbehörde, auf welchen Zeitraum sich die Prüfung erstreckt. Bei anderen Betrieben soll sich die Prüfung grundsätzlich nicht über mehr als drei Besteuerungszeiträume hinaus erstrecken. Dabei muss es sich nicht notwendigerweise um die letzten drei Prüfungszeiträume handeln, für die vor Bekanntgabe der Prüfungsanordnung → Steuererklärungen für die Ertragsteuern abgegeben wurden (§ 4 BpO 2000). – 3. Die Auswertung von Feststellungen, die im Rahmen der Außenprüfung über die steuerlichen Verhältnisse anderer Personen getroffen werden, durch → Kontrollmitteilungen ist zulässig, wenn die Kenntnis für die Besteuerung dieser Personen von Bedeutung ist oder die Feststellung einer unerlaubten Hilfeleistung in Steuersachen betreffen und der geprüfte Steuerpflichtige kein → Auskunftsverweigerungsrecht (§ 102 AO) zum Schutz seines Berufsgeheimnisses hat.

IV. Durchführung: 1. *Prüfungsgrundsätze* (§ 199 AO): Bei der Außenprüfung sind die → Besteuerungsgrundlagen zugunsten wie zuungunsten des Steuerpflichtigen zu überprüfen. Der Steuerpflichtige ist über die festgestellten Sachverhalte und deren Auswirkungen zu unterrichten, wenn dadurch Zweck und Ablauf der Prüfung nicht beeinträchtigt werden. Die Außenprüfung hat sich auf das Wesentliche zu beschränken, ihre Dauer soll das notwendige Maß nicht überschreiten. Sie soll sich auf solche Sachverhalte beschränken, die zu endgültigen Steuerausfällen, Steuererstattungen, Steuervergütungen oder zu nicht unbedeutenden Gewinnverlagerungen führen können (§ 7 BpO 2000). – 2. *Zuständigkeit* (§ 195 AO): Die Durchführung der Außenprüfung erfolgt grundsätzlich durch die für die Besteuerung zuständigen Finanzbehörden. Andere Finanzbehörden können jedoch mit der Durchführung beauftragt werden und dann im Namen der zuständigen Finanzbehörde die → Steuerfestsetzung vornehmen und verbindliche Zusagen erteilen. – 3. *Prüfungsanordnung* (§§ 196, 197 AO): Der Umfang der Außenprüfung ist dem Steuerpflichtigen durch eine schriftliche Prüfungsanordnung mit Rechtsbehelfsbelehrung mitzuteilen. Prüfungsanordnung sowie der voraussichtliche Prüfungsbeginn und die Namen der Prüfer sind angemessene Zeit vor Beginn der Prüfung bekanntzugeben, wenn der Prüfungszweck dadurch nicht gefährdet wird. Eine zeitliche Verlegung ist auf Antrag des Steuerpflichtigen möglich, wenn gewichtige Gründe dafür sprechen. – 4. *Prüfungsbeginn* (§ 198 AO): Die Prüfer haben sich bei Erscheinen unverzüglich auszuweisen und den Beginn der Außenprüfung unter Angabe von Datum und Uhrzeit aktenkundig zu machen. – 5. *Mitwirkungspflichten* (§ 200 AO): Der Steuerpflichtige hat während der üblichen Geschäfts- oder Arbeitszeit, grundsätzlich in seinen Geschäfts- oder Arbeitsräumen, einen geeigneten Raum zur Verfügung zu stellen (soweit ein solcher Geschäftsraum nicht vorhanden ist, hat der Steuerpflichtige die zur Außenprüfung erforderlichen Unterlagen in seinen Wohnräumen oder an Amtsstelle vorzulegen) und dem Prüfer das Betreten und die Besichtigung von Grundstücken und Betriebsräumen zu gestatten. Er ist verpflichtet, bei der Feststellung der besteuerungserheblichen Sachverhalte mitzuwirken und dabei bes. Auskünfte zu erteilen, Bücher, Geschäftspapiere und andere Aufzeichnungen vorzulegen sowie die zum Verständnis erforderlichen Erläuterungen zu geben. Er hat den Prüfern den Zugriff auf gespeicherte Daten und die Nutzung des Datenverarbeitungssystems zu gestatten (→ Aufbewahrungspflicht). – 6. *Schlussbesprechung* (§ 201 AO): Das Ergebnis der Außenprüfung wird in einer Schlussbesprechung erörtert, wenn sich eine Änderung der Besteuerungsgrundlagen ergibt und der Steuerpflichtige nicht auf die Schlussbesprechung verzichtet. Dabei sind bes. strittige Sachverhalte sowie die rechtliche Beurteilung der Prüfungsfeststellungen und ihre steuerlichen Auswirkungen zu erörtern (→ Schlussbesprechung). – 7. *Prüfungsbericht* (§ 202 AO): Das Ergebnis der Außenprüfung. wird in einem Prüfungsbericht schriftlich festgehalten. Ändern sich die Besteuerungsgrundlagen aufgrund der Prüfung nicht, so genügt eine schriftliche Mitteilung an den Steuerpflichtigen. Der Prüfungsbericht ist dem Steuerpflichtigen auf Antrag vor der Auswertung zur Stellungnahme zu übersenden.

V. Wirkungen: 1. Durch den Beginn oder die durch den Steuerpflichtigen beantragte Verschiebung einer Außenprüfung wird die → Festsetzungsverjährung gehemmt; die Festsetzungsfrist läuft für die Steuern, auf die sich die Außenprüfung erstreckt oder erstrecken sollte, nicht ab, bevor die aufgrund der Außenprüfung zu erlassenden Steuerbescheide bestandskräftig geworden sind oder bevor drei Monate nach der Mitteilung, dass die Außenprüfung zu keiner Änderung der Besteuerungsgrundlagen geführt hat, verstrichen sind (§ 171 IV AO). – 2. Steuerbescheide, die aufgrund einer Außenprüfung ergangen sind oder die durch die Prüfung bestätigt wurden, können nur aufgehoben oder geändert werden, wenn eine → Steuerhinterziehung oder leichtfertige → Steuerverkürzung begangen wurde (sog. → Änderungssperre, § 173 II AO). – 3. Steuerfestsetzung unter dem Vorbehalt der Nachprüfung ist nicht mehr möglich; ergeben sich gegenüber einer Steuerfestsetzung unter Vorbehalt der Nachprüfung keine Änderungen, so ist der Vorbehalt aufzuheben (§ 164 III AO). – 4. Nach Erscheinen des Prüfers ist bei einer Steuerhinterziehung strafbefreiende Selbstanzeige nicht mehr möglich (§ 371 II 1a AO).

VI. Verbindliche Zusage: 1. *Voraussetzung:* Im Anschluss an die Außenprüfung soll die Finanzbehörde dem Steuerpflichtigen auf Antrag verbindlich zusagen, wie ein für die Vergangenheit geprüfter und im Prüfungsbericht dargestellter Sachverhalt in Zukunft steuerrechtlich behandelt wird, wenn die Kenntnis der zukünftigen Behandlung für die geschäftlichen Maßnahmen des Steuerpflichtigen von Bedeutung ist (§ 204 AO). – 2. *Form:* Die Zusage ist schriftlich zu erteilen und als verbindlich zu kennzeichnen. Sie muss enthalten: (1) den zugrunde gelegten Sachverhalt, (2) die Entscheidung über den Antrag und die dafür maßgebliche Begründung, (3) die Angabe der betroffenen Steuern und den Bindungszeitraum (§ 205 AO). – 3. *Bindung:* Widerspricht die Zusage nicht zuungunsten des Antragstellers dem geltenden Recht, so ist sie für die Besteuerung bindend, wenn der später verwirklichte Sachverhalt mit dem der Zusage zugrunde gelegten Sachverhalt übereinstimmt (§ 206 AO). Die Zusage tritt außer Kraft, wenn die Vorschriften, auf denen sie beruht, sich ändern. Rückwirkende Aufhebung oder Änderung ist zulässig, wenn der Steuerpflichtige zustimmt, die Zusage von einer sachlich unzuständigen Behörde erlassen oder durch unlautere Mittel wie arglistige Täuschung, Drohung oder Bestechung erwirkt wurde. Aufhebung oder Änderung mit Wirkung für die Zukunft ist zulässig

(§ 207 AO). – Vgl. auch → tatsächliche Verständigung, → verbindliche Auskunft.

VII. Sonderformen: 1. Bei Steuerpflichtigen, bei denen die Finanzbehörde eine turnusmäßige Außenprüfung nicht für erforderlich hält, kann eine *abgekürzte Außenprüfung* durchgeführt werden (§ 203 AO), die sich auf die wesentlichen Besteuerungsgrundlagen zu beschränken hat. Schlussbesprechung und Prüfungsbericht sind nicht erforderlich; vor Abschluss der Prüfung ist der Steuerpflichtige lediglich darauf hinzuweisen, inwiefern von der Steuererklärung abgewichen werden soll. Spätestens mit dem Steuerbescheid sind dem Steuerpflichtigen die Prüfungsfeststellungen schriftlich mitzuteilen. – Die abgekürzte Außenprüfung kommt v.a. bei Steuerpflichtigen mit kleinen Betrieben oder ohne gewerbliche Einkünfte bzw. in den Fällen in Betracht, in denen eine Prüfung der für die Besteuerung relevanten Verhältnisse an Amtsstelle unzweckmäßig ist. – 2. *Andere gesetzliche Sonderregelungen* für die Außenprüfung sind vorgesehen in Bezug auf die → Lohnsteuer (§§ 42f EStG), die → Aufsichtsratsteuer (§ 73d EStDV) und die → Versicherungsteuer (§ 10 VersStG). 3. Sowohl die Lohnsteuer- als auch die Umsatzsteuer-Sonderprüfung stellen keine vollumfängliche Außenprüfungen dar und führen daher nicht zu einer Änderungssperre i. S. des § 173 Abs. 2 AO. 4. Daneben gibt es noch die sog. Nachschauen, die Umsatzsteuer-Nachschau § 27b UStG und die durch das Jahressteuergesetz 2013 geplante Einführung der Lohnsteuer-Nachschau im § 42g EStG – neu, die aber keine Außenprüfungen darstellen. 5. Nach der BpO 2000 sind Unternehmen, die zu einem Konzern gehören oder durch ein herrschendes Unternehmen verbunden sind, durch eine *Konzernprüfung* im Zusammenhang, unter einheitlicher Leitung und nach einheitlichen Gesichtspunkten zu prüfen, wenn die Außenumsätze der Konzernunternehmen insgesamt mind. 25 Mio. Euro im Jahr betragen (§ 13 I BpO 2000). Eine derartige Prüfung kann auch bei anderen zusammenhängenden inländischen Unternehmen und bei inländischen Unternehmen ausländischer Konzerne durchgeführt werden. Die Leitung der Konzernprüfung obliegt grundsätzlich der Finanzbehörde, die für die Prüfung des leitenden oder herrschenden Unternehmens zuständig ist. Diese Behörde regt die Konzernprüfung an, stimmt sie mit den beteiligten Finanzbehörden ab und kann Richtlinien zu ihrer Durchführung erstellen. Die Prüfungsberichte werden erst nach einer Abstimmung und der Freigabe durch die prüfungsleitende Behörde bekannt gegeben. – 4. Prüfungen zur Ermittlung von Durchschnittssätzen für Schätzungen und Verprobungen *(Richtsatzprüfungen)* oder zur Feststellung der wirtschaftlichen Verhältnisse im Zusammenhang mit Billigkeitsentscheidungen *(Liquiditätsprüfungen)* dienen bei dem geprüften Steuerpflichtigen nicht der Steuerfestsetzung. Sie sind daher keine Außenprüfungen und können nur mit dem Einverständnis des Steuerpflichtigen durchgeführt werden.

Außenseiter → Tarifautonomie, → Tarifvertrag, → Allgemeinverbindlichkeitserklärung von Tarifverträgen.

Außenstände – Summe der Forderungen aus Warenlieferungen und Leistungen. Außenstände stehen gesammelt im Kunden- oder Debitorenkonto, spezialisiert im Kontokorrentbuch oder in der Kundenkartei. Sie bedürfen einer ständigen Kontrolle, damit ggf. das → Mahnverfahren sofort einsetzen kann. Ordnungsmäßiger Eingang der Außenstände ist Voraussetzung für die → Zahlungsbereitschaft (Liquidität). – *In der Bilanz:* Saldierung mit Schulden untersagt, i.d.R. nur gestattet bei Personenidentität und Aufrechenbarkeit; → Aufrechnung. Überzahlungen der Abnehmer sind zu passivieren, nicht mit Forderungen aufzurechnen.

Außensteuergesetz (AStG) – 1. *Begriff:* Gesetz über die Besteuerung bei Auslandsbeziehungen (Außensteuergesetz) vom 8.9.1972 m.spät.Änd. dazu Schreiben des Bundesministers der Finanzen betreffend Grundsätze zur Anwendung des Außensteuergesetzes (sog. Außensteuererlass) vom 2.12.1994 (BStBl. I 1995, Sondernummer 1. Wichtige Gesetzesnorm des dt. Außensteuerrechts). – 2. *Zweck:*Verhinderung unangemessener Steuervorteile aus der Nutzung des internationalen Steuergefälles mit dem Ziel, die Gleichmäßigkeit der Besteuerung wieder herzustellen und steuerliche Wettbewerbsverzerrungen zu verhindern. – 3. *Inhalt:* a) *Berichtigung von Einkünften* bei Verrechnungspreisen zwischen international verflochtenen Unternehmen, die in einem gegenseitigen Leistungsverkehr miteinander stehen und diesen zu unangemessenen Bedingungen abwickeln. Unbeschadet der bereits bestehenden Gewinnkorrekturvorschriften können die Einkünfte eines Steuerpflichtigen aus Geschäftsbeziehungen zu nahe stehenden Personen im Ausland dann berichtigt werden, wenn die vereinbarten Bedingungen von denen abweichen, die unter unabhängigen Dritten üblich sind, und dadurch der Gewinn im Inland gemindert wurde (§ 1 AStG). Zusätzlich Dokumentationspflichten dafür, dass die Geschäftsbeziehungen zwischen verbundenen Unternehmen zu marktgerechten Konditionen abgewickelt werden. – b) *Wohnsitzwechsel in niedrigbesteuernde Gebiete:* Durch die → erweiterte beschränkte Steuerpflicht (§§ 2–5 AStG) erstreckt sich die beschränkte Steuerpflicht bei der Einkommensteuer und der Erbschaftsteuer für die Dauer von zehn Jahren auf sämtliche Einkünfte, Schenkungen und Erbschaften, soweit diese nicht ausdrücklich als ausländische Einkünfte (Katalog im § 34d EStG) oder Vermögensteile anzusehen sind. Voraussetzung ist, dass der Steuerpflichtige als deutscher Staatsangehöriger mind. fünf Jahre unbeschränkt steuerpflichtig war, seinen Wohnsitz in ein niedrigbesteuerndes Land verlegt und gleichzeitig wesentliche wirtschaftliche Interessen in Deutschland behält. – c)

Besteuerung wesentlicher Beteiligungen an Kapitalgesellschaften im Privatvermögen des Steuerpflichtigen, wenn dieser seinen Wohnsitz ins Ausland verlegt. Die in dieser Beteiligung ruhenden stillen Reserven werden bei Wegzug in das Ausland (niedrigbesteuerndes Ausland ist nicht erforderlich) auch ohne Veräußerung besteuert (§ 6 AStG), wenn die natürliche Person mind. zehn Jahre unbeschränkt einkommensteuerpflichtig war und die → unbeschränkte Steuerpflicht durch Verlegung des Wohnsitzes oder gewöhnlichen Aufenthaltes ins Ausland endet. Bei Wegzug innerhalb der EU bzw. des EWR erfolgt die Versteuerung der stillen Reserven zwar bei Wegzug, aber für den Steuerbetrag gibt es von Amts wegen eine zinslose Stundung der anfallenden Steuer, bis es im Ausland zur tatsächlichen Veräußerung der Beteiligung kommt oder der Betroffene seinen Wohnsitz in ein Land außerhalb der EU bzw. des EWR verlegt. Hintergrund ist, dass die Bestimmungen des EG-Vertrages eine sofortige Steuerzahlungsverpflichtung für einen EU-internen Umzug verbieten, da es sich um eine ungerechtfertigte Beeinträchtigung des freien Personenverkehrs innerhalb der EU handeln würde. – d) Besteuerung der Einkünfte aus ausländischen → Zwischengesellschaften: Komplizierte und in ihrer Anwendung nur schwer praktikable Vorschriften (§§ 7–14 AStG). Danach gelten die von ausländischen Zwischengesellschaften erzielten Einkünfte auch ohne Ausschüttung bei dem inländischen Gesellschafter als zugeflossen und unterliegen im Inland der Besteuerung. Dadurch wird die sog. Abschirmwirkung ausländischer Kapitalgesellschaften, wonach nur ausgeschüttete Gewinne dieser Gesellschaften der dt. Besteuerung unterliegen, aufgehoben. Der Anreiz zur Gründung von → Basisgesellschaften soll damit unter steuerlichen Aspekten weitgehend entfallen. Soweit sich die Hinzurechnungsbesteuerung auf Anteile an Kapitalgesellschaften bezieht, die in der EU oder im EWR ansässig sind, kollidieren die Bestimmungen zumindest teilweise mit den europarechtlichen Vorgaben der Niederlassungsfreiheit und der übrigen Grundfreiheiten; daher nimmt § 8 II AStG einige EU-Kapitalgesellschaften von der Hinzurechnungsbesteuerung aus. Allerdings sind die dafür aufgestellten Voraussetzungen so eng, dass weiterhin von einem fortbestehenden Konflikt zwischen der dt. Hinzurechnungsbesteuerung und den europarechtlichen Vorgaben auszugehen ist. – e) Besteuerung ausländischer *Familienstiftungen*: Eine ähnliche Zurechnungsvorschrift wie für Zwischengesellschaften enthält § 15 AStG für Stiftungen, bei denen der Stifter, seine Angehörigen und dessen Abkömmlinge zu mehr als der Hälfte bezugsberechtigt sind. Domiziliert eine solche Familienstiftung im Ausland, so wird deren Vermögen und Einkommen unabhängig von der Ausschüttung dem unbeschränkt steuerpflichtigen Stifter oder den sonst unbeschränkt steuerpflichtigen bezugsberechtigten Personen entsprechend ihrem Anteil zugerechnet. Auch hierin liegt ein Verstoß gegen die europarechtlichen Grundfreiheiten, weil ein unbeschränkt Steuerpflichtiger dann Einkommen einer solchen Stiftung als eigenes versteuern muss, obwohl ihm diese Einkünfte weder zivilrechtlich noch wirtschaftlich tatsächlich selbst gehören; es liegt auf der Hand, dass solche Regelungen die Gründung einer solchen Stiftung – und damit z.B. die Freiheit des Kapitalverkehrs – effektiv einschränken. Die EU-Kommission hat die Bundesregierung aufgefordert, den durch § 15 AStG verursachten Verstoß gegen EU-Recht zu beseitigen. Das BMF nimmt mit Schreiben vom 14.5.2008 (AZ IV B 4 – S 1361/07/0001) Stellung, wie bis zur gesetzlichen Neuregelung des § 15 AStG zu verfahren ist. Es nennt die Voraussetzungen, wann von der anteiligen Zurechnung des Einkommens einer Familienstiftung an den unbeschränkt steuerpflichtigen Stifter bzw. die unbeschränkt steuerpflichtigen Personen, die bezugs- oder anfallsberechtigt sind, abzusehen ist. – 4. *Entwicklungsperspektiven:* Im Zuge des internationalen Steuerwettbewerbs ist ein Trend zur Verschärfung des Außensteuergesetzes in der Bundesrepublik ebenso wie in anderen Staaten feststellbar. Andererseits ist bei zahlreichen Einzelbestimmungen des Außensteuergesetzes immer noch fraglich, ob sie EU-rechtlich auf Dauer zu halten sein werden. Da zugleich aber auch die Rechtsprechung des EuGH gegenüber den Mitgliedsstaaten auf dem Gebiet des Steuerrechts toleranter geworden ist als früher, ist die weitere Entwicklung offen.

Außensteuerrecht (AStR) – **I. Begriff:** Summe der nationalen Rechtsnormen eines Staates, die die Abgrenzung der Steuergewalt im Verhältnis zum Ausland zum Inhalt haben. – 1. Im Hinblick auf ihre *Wirkung* unterscheidet man zwei Kategorien von Normen des innerstaatlichen Steuerrechts: (1) Normen, die Steueransprüche gegenüber Steuerinländern bez. der im Ausland realisierten Sachverhalte oder gegenüber Steuerausländern bez. der im Inland realisierten Sachverhalte begründen *(belastende Normen);* (2) Normen, die in erster Linie zwecks Vermeidung bzw. Milderung der → Doppelbesteuerung oder aus sonstigen Gründen die aus der internationalen Wirtschaftstätigkeit resultierenden Steueransprüche selbst oder deren Wirkungen abbauen bzw. mildern *(entlastende Normen).* – 2. Im Hinblick auf ihre *Entstehung* unterscheidet man ebenfalls zwei Kategorien von Normen des innerstaatlichen Steuerrechts: (1) Normen, die bereits ihrer *Quelle nach innerstaatliches Recht* sind; (2) Normen, die ihrer *Quelle nach zum Völkerrecht* gehören, aber durch Transformation unmittelbar anzuwendendes innerstaatliches Recht werden. Vorrangstellung dieser Normen, indem sie als Spezialregelungen i.d.R. dem sonstigen nationalen Recht vorgehen. In erster Linie gehören dazu die Doppelbesteuerungsabkommen sowie sonstige bilaterale oder multilaterale Abkommen steuerlichen Inhalts (z.B. Amts- und Rechtshilfeabkommen).

II. Abgrenzung zum internationalen Steuerrecht: Unabhängig davon, ob die Normen des AStR der

Quelle nach zum Völkerrecht gehören oder nicht, sind sie ihrem Gegenstand nach stets → Internationales Steuerrecht (IStR). Auf dieser Tatsache beruht auch der Begriff des internationalen Steuerrechts i.w.S., der im Gegensatz zum internationalen Steuerrecht i.e.S. nicht nur Normen des Völkerrechts erfasst, sondern auch rein nationales Recht, das aber der Abgrenzung der Steuergewalt zum Ausland hin dient.

III. Gesetzliche Grundlagen: Das dt. AStR ist nicht in einem einheitlichen Gesetzeswerk, sondern in zahlreichen Einzelgesetzen enthalten, bes.: (1) die Vorschriften über die → unbeschränkte Steuerpflicht und die → beschränkte Steuerpflicht im EStG, KStG, VStG, ErbStG; (2) die Vorschriften über die *Anrechnung, Pauschalierung* oder *Freistellung* ausländischer Einkünfte bzw. ausländischen Vermögens im EStG, KStG, ErbStG, BewG, GewStG; (3) die Vorschriften über die *Begrenzung* der Steuerpflicht auf *inländische Verkehrs-* und *Verbrauchsvorgänge* in den verschiedenen Verkehrsteuergesetzen, bes. im UStG und in den Verbrauchsteuergesetzen; (4) dem → Außensteuergesetz (AStG); (5) den von der Bundesrepublik Deutschland mit anderen Staaten abgeschlossenen bilateralen *Doppelbesteuerungsabkommen* (→ Doppelbesteuerungsabkommen (DBA); (6) den von der Bundesrepublik Deutschland abgeschlossenen bilateralen Abkommen über *Amts-* und *Rechtshilfe* auf dem Gebiet der Steuern. Zunehmende Bedeutung als Rechtsquelle für das AStR erlangt durch die Rechtsprechung des Europäischen Gerichtshofes auch der EG-Vertrag.

IV. Ziele: 1. *Steuern vom Einkommen und Vermögen:* a) *Steuerpflicht:* (1) für *Steuerinländer* (natürliche oder juristische Personen mit Wohnsitz, gewöhnlichem Aufenthalt, Sitz oder Geschäftsleitung im Inland) nach dem *Universalitätsprinzip* (bzw. *Totalitätsprinzip*): Die aus dem weltweiten Einkommen bzw. Vermögen resultierende Leistungsfähigkeit eines Steuerpflichtigen ist bei der inländischen Besteuerung zu berücksichtigen; (2) für *Steuerausländer* (natürliche oder juristische Personen, die nicht die Voraussetzungen eines Steuerinländers erfüllen) nach dem *Territorialitätsprinzip:* Erfassung der im Inland erwirtschafteten oder im Inland belegenen Steuergüter (Besteuerungssubstanz inländischen Ursprungs) durch die inländische Besteuerung. – Da diese Grundkonzeption der Besteuerung in den meisten Staaten zugrunde liegt, wird der Steuerpflichtige bei internationaler Betätigung sowohl in seinem Wohnsitzstaat als auch in dem Staat der wirtschaftlichen Betätigung hinsichtlich derselben Einkünfte und desselben Vermögens einer mehrfachen Besteuerung unterworfen (→ Doppelbesteuerung). Durch eine nicht übereinstimmende Abgrenzung der Anknüpfungskriterien für die unbeschränkte und die beschränkte Steuerpflicht kommen ferner Fälle vor, in denen ein Steuerpflichtiger in zwei Staaten unbeschränkt oder in zwei Staaten beschränkt steuerpflichtig ist. Um die nachteiligen Folgen der Doppelbesteuerung auf die internationale Wirtschaftstätigkeit zu reduzieren, ist die *Vermeidung oder Milderung der Doppelbesteuerung* eines der wichtigsten Ziele des dt. AStR. Zur Realisierung vgl. → Doppelbesteuerung. – b) Vermeidung *steuersparender Gestaltungsmöglichkeiten,* die durch den unkoordinierten Aufbau und unterschiedliche Belastungswirkungen der einzelnen Steuersysteme entstehen: Soweit derartige Gestaltungsvorteile, bes. unter dem Aspekt der Gleichmäßigkeit der Besteuerung und der Vermeidung von Wettbewerbsverzerrungen, gesamtwirtschaftlich unerwünscht sind, ist es Ziel des AStR, diese durch kompensierende innerstaatliche Normen in ihrer Wirkung *abzuschwächen* oder *aufzuheben.* Verwirklichung v.a. durch das Außensteuergesetz. – c) Da die Vermeidung der Doppelbesteuerung häufig noch nicht ausreicht, die der internationalen Wirtschaftstätigkeit entgegenstehenden Hemmnisse zu beseitigen und/oder gesamtwirtschaftlich erwünschte Investitionsströme zu induzieren, stellen der *Abbau* der *verbleibenden Hemmnisse* sowie die *Förderung bestimmter Auslandsinvestitionen* eine weitere Zielsetzung des dt. AStR dar. – 2. *Verkehr- und Verbrauchsteuern:* Begrenzung des Steueranspruchs entsprechend dem *Territorialitätsprinzip* (→ Internationales Steuerrecht (IStR); → Bestimmungslandprinzip). Da die territoriale Begrenzung der Steueransprüche bei diesen Steuerarten internationale Praxis ist, kommen Doppelbesteuerungskonflikte so gut wie nicht vor. Das Grundproblem dieser Steuerarten besteht vielmehr in der *Behandlung der grenzüberschreitenden Vorgänge,* bes. beim Warenverkehr. Dabei besteht die Zielsetzung sowohl des dt. AStR wie der meisten ausländischen Rechtsordnungen darin, eine Verbrauchsteuerbelastung nach dem Niveau des *Bestimmungslandes* herzustellen. Im Rahmen der Realisierung des Europäischen Binnenmarktes soll allerdings bei der → Umsatzsteuer in ferner Zukunft einmal auf das *Ursprungslandprinzip* (IStR) übergegangen werden.

V. Prinzipien: 1. *Steuern vom Einkommen und Vermögen:* a) Die Unterscheidung in Steuerinländer und Steuerausländer regelt sich nach dem Wohnsitzstaatprinzip, in einigen Staaten (z.B. USA) zusätzlich nach dem Staatsangehörigkeitsprinzip. – b) *Steuerinländer* unterliegen entsprechend dem *Universalitätsprinzip* der unbeschränkten Steuerpflicht. (1) Existiert mit dem ausländischen Staat, aus dem Einkommen bezogen wird bzw. in dem Vermögen belegen ist, *kein Doppelbesteuerungsabkommen,* so erfolgt die Vermeidung bzw. Milderung der Doppelbesteuerung i.d.R. nach dem *Anrechnungsprinzip* mit seinen Unterformen *Pauschalierungsprinzip* und *Abzugsprinzip.* Ausnahmsweise kommt im Bereich der Gewerbesteuer für bestimmte Schachtelbeteiligungen das *Freistellungsprinzip* zur Anwendung. Zu den Prinzipien vgl. → Doppelbesteuerung. (2) Ist mit dem ausländischen Staat, aus dem Einkommen bezogen wird bzw. in dem Vermögen belegen ist, ein *Doppelbesteuerungsabkommen* abgeschlossen, so wird die Doppelbesteuerung für nicht schachtelbegünstigte Dividenden, Zins- und Lizenzeinkünfte, Einkünfte und Vermögen aus dem Betrieb von Seeschiffen und Luftfahrzeugen und für private Pensionen i.d.R. durch Anrechnung vermieden. Dagegen werden unbewegliches Vermögen, Betriebsstättenvermögen, Schachtelbeteiligungen und Vermögen einer festen Einrichtung zur Ausübung einer selbstständigen Arbeit sowie die daran erzielten Einkünfte regelmäßig unter → Progressionsvorbehalt von der Besteuerung freigestellt. – c) *Steuerausländer* unterliegen nach dem Territorialitätsprinzip der beschränkten Steuerpflicht. (1) Existiert mit dem Wohnsitzstaat des Steuerausländers *kein Doppelbesteuerungsabkommen,* so erfolgt in Deutschland *keine Begrenzung* der beschränkten Steuerpflicht. (2) Besteht mit dem Wohnsitzstaat des Steuerausländers dagegen *ein Doppelbesteuerungsabkommen,* so wird das Besteuerungsrecht i.d.R. für folgende Steuergüter aufgegeben: nicht schachtelbegünstigte Dividenden, Zinsen und Lizenzeinkünfte sowie Einkünfte und Vermögen aus dem Betrieb von Seeschiffen und Luftfahrzeugen. – 2. *Verkehr- und Verbrauchsteuern:* Das Besteuerungsrecht regelt sich nach dem Bestimmungslandprinzip, sodass Doppelbesteuerungskonflikte i.d.R. nicht auftreten.

Außenversicherung – Versicherung → beweglicher Sachen außerhalb des im Versicherungsvertrag benannten Versicherungsorts. Betrifft die → Sachversicherung.

Außenwanderung – von der amtlichen Statistik aufgrund von An- und Abmeldungen erfasste Zu- und Fortzüge von Personen über die Grenzen des Bundesgebietes, auch bei nur vorübergehender Wohnsitznahme. Aus melderechtlichen Gründen werden nur solche Fortzüge über die Grenzen des Bundesgebietes gezählt, die mit einer Aufgabe der Wohnung im Bundesgebiet verbunden sind. – *Gegensatz:* → Binnenwanderung.

Außenwerbung – 1. *Begriff:* Werbung an öffentlichen Straßen, Plätzen oder an für ein größeres Publikum zugänglichen Stellen mit öffentlichem Charakter. Außenwerbung i.w.S. ist alle Werbung außerhalb geschlossener Räume, Außenwerbung im klassischen Sinn nur das Plakat. – 2. *Charakterisierung:* Entscheidendes Merkmal der Außenwerbung ist die Ansprache einer großen Zahl von Umworbenen gleichzeitig bzw. nacheinander an einem bestimmten Ort. Außenwerbung zeichnet sich durch hohe → Reichweite und Kontakthäufigkeit bei verhältnismäßig geringen Kosten aus. Allerdings setzt dies eine aktivierende Gestaltung voraus, da Außenwerbung mit einer Vielzahl weiterer Reize konkurriert. – 3. *Formen:* a) *Plakatierung:* wichtigste Form der Außenwerbung, Unterscheidung nach Größe, Format und Anschlagort (→ Großfläche, → Ganzstellen, → Allgemeinstellen). – b) *Dauerwerbung:* Verwendung von Werbeflächen an feststehenden Werbeträgern wie Hauswänden, -giebeln, Ladengeschäften. – c) *Verkehrsmittelwerbung:* Verwendung von Transportmitteln des Massenverkehrs als mobile Werbeträger der Außenwerbung (Busse, Bahnen, Taxis etc.). – d) *Stadtmöblierung:* City-Lights, beleuchtete Großflächen und Säulen; bei Stadtmöblierung häufig nur Buchung von Netzen möglich; bei Großflächen: Selektionsmöglichkeiten (regional, kommunal) gegeben.Außenwerbung gilt als typisches Massenmedium, das sich an ein heterogenes Publikum wendet, da lediglich eine geografische Segmentierung möglich ist. – e) → Ambient Medien: neue planbare Werbeträger im Außenbereich in verschiedenen Arten, Formen und Größen – 4. *Rechtliche Beschränkungen:* Werbemaßnahmen auf Grundstücken und Gebäuden unterliegen den landesrechtlichen Bauordnungen, die sich im Wesentlichen auf die Abwehr von Veranstaltungen und einzelne Reklamearten (z.B. Leuchtreklame) beschränken. Beschränkungen für Kraftfahrzeuge ergeben sich aus verkehrsrechtlichen Vorschriften (§§ 33, 46 StVO, § 9 BFStrG) und für die Werbung an Außenflächen von Taxen (§ 26 BOKraft).

Außenwert – Der Außenwert einer Währung (auch: Geldwertstabilität, neben dem inneren Wert) gibt an, wie viele Einheiten ausländischer Währung(en) auf dem → Devisenmarkt für eine Einheit des inländischen Geldes gezahlt werden (Mengennotierung). Der bilaterale Außenwert ist demnach der Kehrwert des - in Preisnotierung ermittelten - → Wechselkurses, z.B. des Preises für einen Dollar in Euro.

Außenwertstabilität – Wenn die → Zentralbank als (Neben-)Ziel ihrer → Geldpolitik versucht, den → Außenwert (im Unterschied zur Stabilisierung des inneren Wertes, einer geringen und stabilen Inflation) der heimischen Währung zu stabilisieren, geht es nicht darum, die nominalen Austauschverhältnisse zwischen inländischem und ausländischem Geld konstant zu halten. Vielmehr soll die Kaufkraft der eigenen Währung in anderen Ländern erhalten bleiben. Dies wird z.B. durch Bemühungen um eine Aufwertung der eigenen Währung angestrebt, wenn ein Inflationsimport aus dem Ausland verhindert werden soll. – Vgl. auch → Stabilisierungspolitik.

außenwirtschaftliches Gleichgewicht – *externes Gleichgewicht;* 1. *Begriff:* neben der Preisniveaustabilität, dem hohen Beschäftigungsstand und dem wirtschaftlichen Wachstum eines der vier gesamtwirtschaftlichen Ziele des → Stabilitäts- und Wachstumsgesetzes (StWG). Zu unterscheiden vom definitionsgemäß immer gegebenen Ausgleich der → Zahlungsbilanz. *Zahlungsbilanzgleichgewicht* kann mit Defiziten (Überschüssen) im Außenhandel bzw. in der → Leistungsbilanz bei gleichzeitigen Überschüssen (Defiziten) in der Kapitalverkehrsbilanz einhergehen. – 2. *Merkmale:* Außenwirtschaftliches Gleichgewicht hingegen bezieht sich auf den Ausgleich des → Außenbeitrags bzw. der Leistungsbilanz. In der → monetären → Außenwirtschaftstheorie wird unterschieden zwischen dem *kurzfristigen* außenwirtschaftlichen Gleichgewicht im

Sinn eines Gleichgewichts auf dem → Devisenmarkt und dem *langfristigen* außenwirtschaftlichen Gleichgewicht, bei dem keine Veränderung der Nettoauslandsverschuldung mehr erfolgt (Leistungsbilanzausgleich). – Vgl. auch → Devisenmarkt, → Zahlungsbilanzausgleich.

Außenwirtschaftsbestimmungen – die im EU-Recht und dt. → Außenwirtschaftsgesetz (AWG) und in der → Außenwirtschaftsverordnung (AWV) enthaltenen Vorschriften über den Waren-, Dienstleistungs-, Kapital-, Zahlungs- und sonstigen Wirtschaftsverkehr mit → fremden Wirtschaftsgebieten sowie den Verkehr mit Auslandswerten und Gold zwischen → Gebietsansässigen. In Ergänzung hierzu erfolgen Bekanntmachungen des Bundesministers für Wirtschaft und Technologie sowie der Deutschen Bundesbank, die bei der Durchführung von Geschäften im Außenwirtschaftsverkehr ebenfalls zu beachten sind. Kontrolliert wird der → Außenwirtschaftsverkehr mit strategisch wichtigen Gütern, v.a. Waffen, Rüstungsgütern und Gütern mit doppeltem Verwendungszweck (sog. → Dual-Use-Güter) durch das → Bundesamt für Wirtschaft und Ausfuhrkontrolle (BAFA) und die → Zollverwaltung. Dabei handelt es sich um Waren, Software und Technologie, die für zivile und militärische Zwecke verwendet werden können.

Außenwirtschaftsgesetz (AWG) – Gesetz vom 28.4.1961 (BGBl. I 481) m.spät.Änd., ergänzt durch den Einigungsvertrag vom 31.8.1990 und die → Außenwirtschaftsverordnung (AWV). Neugefasst durch Bek. v. 26.6.2006 (BGBl. I 1386). Wichtigste nationale Gesetzesnorm des → Außenwirtschaftsrechts. Das nationale Außenwirtschaftsrecht wird teilweise überlagert vom EU-Recht, insbesondere dem *Zollkodex*, Verordnung (EWG) Nr. 2913/92 [ersetzt durch den Modernisierten Zollkodex (MZK) Verordnung EG Nr. 450/2008, ab 24.6.2010 gültig, vollst. anwendbar ab 24.6.2013; der MZK wird voraussichtl. erneut geändert und bis Mitte 2013 durch den neuen Unionszollkodex (UZK) ersetzt], der *Dual-Use-Verordnung* (EG) Nr. 428/2009, sowie den Einfuhr- und Ausfuhrregelungen der EU.

I. **Inhalt:** Das Außenwirtschaftsgesetz regelt für Deutschland nationalstaatlich den → Außenwirtschaftsverkehr und den Wirtschaftsverkehr zwischen → Gebietsansässigen und *Gebietsfremden*, ausgehend vom Prinzip des → Wirtschaftsgebiets (Hoheitsgebiet der Bundesrepublik Deutschland). Durch die Schaffung des → Einheitlichen Binnenmarktes der EG wurde das AWG um den Begriff des *Gemeinschaftsansässigen* erweitert, da das AWG nicht den Verkehr innerhalb des Binnenmarktes beschränken darf. Meldevorschriften (z.B. über den → Kapitalverkehr und → Zahlungsverkehr) sind jedoch innerhalb des EU-Binnenmarktes erlaubt.

II. **Grundsatz:** Das Außenwirtschaftsgesetz beruht auf dem Grundsatz, dass alle *Geschäfte mit dem Ausland uneingeschränkt zulässig sind,* soweit sie nicht ausdrücklich Beschränkungen unterworfen worden sind (§ 1 I AWG): *Der Waren-, Dienstleistungs-, Kapital-, Zahlungs- und sonstige Wirtschaftsverkehr mit fremden Wirtschaftsgebieten sowie der Verkehr mit Auslandswerten und Gold zwischen gebietsansässigen (Außenwirtschaftsverkehr) ist grundsätzlich frei.* – *Beschränkungen* können sich aus dem Außenwirtschaftsgesetz selbst ergeben, aber auch aus anderen Gesetzen oder Rechtsvorschriften (z.B. über → Zoll und → Verbrauchsteuern, Marktordnungsgesetze für die → Landwirtschaft, gesundheitspolizeiliche Vorschriften, Kriegswaffen-Kontrolle, Vorschriften zum Schutz dt. Kulturgutes wegen Auswanderung, Gewerberecht etc.) sowie zwischenstaatlichen Vereinbarungen (§ 1 II AWG). – Vgl. auch → Verbote und Beschränkungen.

III. **Unmittelbare gesetzliche Beschränkungen:** Diese enthält das Außenwirtschaftsgesetz für die Wareneinfuhr (§ 10 AWG), während für den übrigen Außenwirtschaftsverkehr Beschränkungen durch Verbot oder das Erfordernis einer Genehmigung angeordnet werden können (durch Verordnung der Bundesregierung; § 27 AWG). Beschränkungen sind nach Art und Umfang auf das Maß zu begrenzen, das notwendig ist, um den in der Ermächtigung angegebenen Zweck zu erreichen; in die Freiheit der wirtschaftlichen Betätigung ist so wenig wie möglich einzugreifen; abgeschlossene Verträge dürfen nur berührt werden, wenn der angestrebte Zweck erheblich gefährdet wird. Beschränkungen sind aufzuheben, sobald und soweit die Gründe, die ihre Anordnung rechtfertigen, nicht mehr vorliegen.

IV. **Genehmigung:** Bedürfen Rechtsgeschäfte oder -handlungen einer Genehmigung, so ist diese zu erteilen, wenn zu erwarten ist, dass die Vornahme den Zweck, dem die Vorschrift dient, nicht oder nur unwesentlich gefährdet; andernfalls kann die Genehmigung erteilt werden, wenn das volkswirtschaftliche Interesse an der Vornahme des Rechtsgeschäfts oder der Handlung die damit verbundene Beeinträchtigung des bezeichneten Zwecks überwiegt. Für die Erteilung von Genehmigungen sind grundsätzlich die von den Landesregierungen bestimmten Behörden zuständig, ferner die → Deutsche Bundesbank oder die Bundesministerien für Verbraucherschutz, Ernährung und Landwirtschaft, für Wirtschaft und Arbeit, für Verkehr, Bau- und Wohnungswesen sowie das → *Bundesamt für Wirtschaft und Ausfuhrkontrolle* (BAFA) und die → *Bundesanstalt für Landwirtschaft und Ernährung* (BLE) (§ 28 AWG). Die Erteilung der Genehmigung kann von sachlichen und persönlichen Voraussetzungen abhängig gemacht werden; sind nach dem Zweck einer Vorschrift nur in beschränktem Umfang Genehmigungen möglich, sind die Genehmigungen in der Weise zu erteilen, dass die gegebenen Möglichkeiten volkswirtschaftlich zweckmäßig ausgenutzt werden können. → Gebietsansässige, die durch eine Beschränkung in der Ausübung ihres Gewerbes bes. betroffen werden, können bevorzugt berücksichtigt werden. – Genehmigungen können mit → Befristungen, → Bedingungen, → Auflagen und Widerrufsvorbehalten (→ Widerruf) verbunden werden; Genehmigungen sind nicht übertragbar und können widerrufen werden, wenn ein Widerrufsvorbehalt bestand oder die persönlichen oder sachlichen Voraussetzungen für die Genehmigung nicht vorlagen oder weggefallen sind, wenn der Inhaber der Genehmigung einer Auflage nicht nachkommt oder die Genehmigung erschlichen wurde. Für die Genehmigung und ihre Ablehnung ist Schriftform vorgesehen; die Versagung oder nur beschränkte Erteilung einer Genehmigung kann nach den allg. Vorschriften im → Verwaltungsrechtsweg angegriffen werden; → Widerspruch und → Anfechtungsklage haben keine aufschiebende Wirkung (§ 30 AWG).

V. Wirksamkeit eines Rechtsgeschäfts: Ein Rechtsgeschäft, das ohne die erforderliche Genehmigung vorgenommen wird, ist unwirksam, es wird durch nachträgliche Genehmigung vom Zeitpunkt seiner Vornahme an wirksam (§ 31 AWG). Ist zur Leistung des Schuldners eine Genehmigung erforderlich, so kann ein → Urteil gegen ihn schon vor Erteilung der Genehmigung ergehen; in die Urteilsformel muss ein Vorbehalt aufgenommen werden, dass die Leistung oder → Zwangsvollstreckung erst nach Erteilung der Genehmigung erfolgen darf (§ 32 AWG); Entsprechendes gilt für andere → Vollstreckungstitel. – Zwangsvollstreckung nur, wenn und soweit Genehmigung erteilt ist.

VI. Verfahren: Durch Rechtsverordnung können Vorschriften über das Verfahren bei der Vornahme von Rechtsgeschäften oder Handlungen im Außenwirtschaftsverkehr erlassen werden, soweit solche Vorschriften zur Durchführung des Gesetzes oder zur Überprüfung der Rechtsgeschäfte oder Handlungen auf ihre Rechtmäßigkeit nach dem Außenwirtschaftsgesetz erforderlich sind. Es kann weiter angeordnet werden, dass Rechtsgeschäfte und Handlungen, bes. aus ihnen erwachsene Forderungen und Verbindlichkeiten sowie Vermögensanlagen und die Leistung und Entgegennahme von Zahlungen unter Angabe des Rechtsgrundes zu melden sind (§ 26 AWG). – Vgl. auch → Kapitalverkehr, → Auslandsniederlassungen, → ausländische Unternehmungen im Inland.

VII. Verstöße: Verstöße gegen das Außenwirtschaftsgesetz werden als → Ordnungswidrigkeiten (§ 33 AWG) oder → Straftaten (§ 34 AWG) geahndet (§§ 33 – 38 AWG). Verwaltungsbehörde für das Straf- und Ordungswidrigkeitenverfahren ist das → Hauptzollamt (38 III AWG). Strafverfolgungs- und Ermittlungsbehörden neben der → Staatsanwaltschaft sind die Hauptzollämter und Zollfahndungsämter (§ 37 AWG).

VIII. Auskunftspflicht: Im Rahmen des Außenwirtschaftsgesetzes besteht gegenüber Verwaltungsbehörden, der Bundesbank, dem → Bundesamt für Wirtschaft und Ausfuhrkontrolle (BAFA) und der → Bundesanstalt für Landwirtschaft und Ernährung (BLE) eine Auskunftspflicht (§ 44 AWG). Sachen, die ausgeführt, eingeführt oder durchgeführt werden, sind auf Verlangen darzulegen und können einer Beschauung oder einer Untersuchung unterworfen werden; Beförderungsmittel und Gepäckstücke können von den *Zollbehörden* darauf geprüft werden, ob sie Sachen enthalten, deren → Ausfuhr, → Einfuhr oder → Durchfuhr beschränkt ist. Wer nach einem fremden Wirtschaftsgebiet ausreist oder von dort einreist, hat auf Verlangen zu erklären, ob er Sachen mit sich führt, deren Verbringen nach dem Außenwirtschaftsgesetz oder den dazu erlassenen Rechtsvorschriften beschränkt ist (§ 46 AWG).

IX. Außenprüfung: Im Rahmen des Außenwirtschaftsgesetzes haben die Verwaltungsbehörden, insbesondere das Hauptzollamt und die Deutsche Bundesbank, nach § 44 I AWG die Möglichkeit Prüfungen bei den Auskunftspflichtigen vornehmen. Das BAFA und die BLE können zu den Prüfungen Beauftragte entsenden.

Außenwirtschaftspolitik – I. Begriff: Gesamtheit aller staatlichen Maßnahmen im Bereich der außenwirtschaftlichen Beziehungen eines Landes. Außenwirtschaftspolitik umfasst v.a. Außenhandels-, Währungs- und Integrationspolitik, kann aber auch in anderen Politikbereichen enthalten sein (z.B. Bildungs-, Forschungspolitik).

II. Ziele: 1. *Liberale Außenwirtschaftspolitik:* (1) Förderung des Wirtschaftswachstums bzw. der gesamtgesellschaftlichen Wohlfahrt durch Realisierung von → Handelsgewinnen; (2) Gewährleistung individueller Freiheitsrechte (Freizügigkeit); (3) Beitrag zum Abbau politischer und militärischer Spannungen bzw. zur Verwirklichung internationaler politischer → Integration; u.a. – 2. *Interventionistische Außenwirtschaftspolitik* (→ Protektionismus): (1) Schutz der einheimischen Wirtschaft vor ausländischer Konkurrenz (Förderung der Exportwirtschaft); (2) Verbesserung der → Terms of Trade; (3) Sanierung der → Zahlungsbilanz; (4) Konsumsteuerung und Einkommensnivellierung; (5) Erschließung von Einnahmequellen für den Staat durch Erhebung von → Zöllen u.Ä.; (6) im Fall von → Entwicklungsländern Vermeidung von „Abhängigkeiten“, „Ausbeutung“ und „Strukturdefekten“, die aus den Wirtschaftsbeziehungen mit den → Industrieländern resultieren sollen (→ Dependencia-Theorie), u.a.

III. Instrumente: 1. *Liberale Außenwirtschaftspolitik:* Sie vermeidet direkte staatliche Eingriffe in den Außenwirtschaftsverkehr weitgehend; beschränkt sich im Wesentlichen auf die Gestaltung und Verbesserung der Rahmenbedingungen. Ausnahmen hiervon sind eng begrenzt (z.B. Verbot von Waffen- und

Rauschgifthandel) bzw. sollten (nach der Vorstellung ihrer Vertreter) lediglich temporären Charakter haben (z.B. → Schutzzölle für bestimmte Produktionsrichtungen, die längerfristig international wettbewerbsfähig werden können; → Protektionismus) oder Kapitalexportrestriktionen in Entwicklungsländern in der Anfangsphase außenwirtschaftlicher Liberalisierung. – 2. *Interventionistische Außenwirtschaftspolitik:* (1) → Zölle; (2) Mengenbeschränkungen (→ Kontingente); (3) Im- und Exportverbote; (4) → nicht tarifäre Handelshemmnisse; (5) → Devisenbewirtschaftung; (6) → gespaltene Wechselkurse; (7) Kontrolle internationaler Faktorbewegungen; (8) Maßnahmen der → Importsubstitution und → Exportförderung, soweit es sich um direkte staatliche Eingriffe handelt; (9) → Exportkontrolle u.a.

IV. Praxis: Ein Großteil der politischen und rechtlichen Außenhandelskompetenz ist von den Mitgliedsstaaten an die EU übergeben worden, so die → Zollpolitik, die Außenhandelspolitik und die Entschlussfähigkeit über Maßnahmen von Ausfuhrverboten (→ Verbote und Beschränkungen der Ausfuhr). Einzelne Mitgliedsstaaten könnten jedoch weiterhin nationale Maßnahmen der → Exportförderung beschließen und durchführen (in Deutschland z.B. die Gewährung von Außenhandels-Bürgschaften).

Außenwirtschaftsrecht – *Begriff:* zusammenfassende Bezeichnung für die Rechtsvorschriften, welche die Wirtschaftsvorgänge, die über die Grenzen einer Volkswirtschaft hinausgreifen, betreffen. – *Grundlagen* des dt. Außenwirtschaftsrechts sind das → Außenwirtschaftsgesetz (AWG) und die → Außenwirtschaftsverordnung (AWV). Das 1961 in Kraft getretene dt. Außenwirtschaftsrecht beruht auf dem *Grundsatz,* dass alle Geschäfte mit dem Ausland zulässig sind, soweit nicht ausdrücklich Beschränkungen angeordnet sind (§ 1 S. 1 AWG, *Außenwirtschaftsfreiheit*).

Außenwirtschaftstheorie – 1. *Begriff:* Teilbereich der → Volkswirtschaftstheorie, der die internationalen Wirtschaftsbeziehungen zwischen Ländern oder Regionen zum Gegenstand hat. Die Außenwirtschaftstheorie sieht als wesentlichen Unterschied zwischen binnen- und außenwirtschaftlichen Beziehungen den Grad der Beweglichkeit von Gütern und/oder der Faktoren und die Existenz unterschiedlicher Währungen an. – 2. *Untergliederung der Außenwirtschaftstheorie:* Die verschiedenen Modelle der Außenwirtschaftstheorie lassen sich, wenngleich nicht trennscharf, in zwei große Gruppen teilen: Modelle der realen und Modelle der monetären Außenwirtschaftstheorie. Die → reale Außenwirtschaftstheorie abstrahiert von der Existenz des Geldes und demgemäß auch von der Existenz unterschiedlicher Währungen, während die → monetäre Außenwirtschaftstheorie die Rolle des Geldes ins Zentrum der Betrachtung rückt. Vereinfachend lässt sich sagen, dass die reale Theorie sich auf Fragen der Allokation, der Effizienz und der Verteilung konzentriert, während die monetäre Theorie sich vorwiegend dem Stabilitätsproblem widmet. Fragen des Wachstums werden in beiden Theorieteilen behandelt. – Vgl. auch → Außenhandelstheorie.

Außenwirtschaftsverkehr – Nach § 1 → Außenwirtschaftsgesetz (AWG) der Waren-, Dienstleistungs-, Kapital-, Zahlungs- und sonstige Wirtschaftsverkehr mit → fremden Wirtschaftsgebieten sowie der Verkehr mit → Auslandswerten und Gold zwischen → Gebietsansässigen. Der Außenwirtschaftsverkehr ist grundsätzlich frei und unterliegt aber den Beschränkungen, die das AWG, oder darauf beruhende Rechtsverordnungen (die → Außenwirtschaftsverordnung (AWV)) sowie das EU-Recht (z.B. Dual-Use-VO) vorschreiben.

Außenwirtschaftsverordnung (AWV) – VO zur Durchführung des → Außenwirtschaftsgesetz (AWG).

außerbetrieblicher Vergleich → zwischenbetrieblicher Vergleich.

äußere Institution → Institution.

äußerer Lag → Lag.

äußeres Steuersystem → Steuersystem, das sich mit der Anordnung bzw. Gliederung des → Steuerrechts in formeller Hinsicht beschäftigt. – *Gegensatz:* → inneres Steuersystem.

außergemeinschaftlicher Reiseverkehr → Reiseverkehr.

außergerichtliche Konfliktbeilegung → Mediation.

außergerichtlicher Vergleich – ein → Vergleich mit dem Zweck, im *Vereinbarungswege* mit den Gläubigern unter Ausschaltung des Gerichts Erlass oder Stundung der Schulden zu erreichen. Keine bes. gesetzliche Regelung. Wenn ein außergerichtlicher Vergleich zustande kommt, ist er als *Erlassvertrag* (§ 397 BGB) oder *Stundungsabrede* zwischen dem Schuldner und jedem einzelnen Gläubiger anzusehen. Ein außergerichtlicher Vergleich ist nur für die Gläubiger bindend, die zustimmen. – Bei AG und GmbH befreit der Versuch eines außergerichtlichen Vergleichs nicht von der Pflicht, bei → Zahlungsunfähigkeit oder → Überschuldung Insolvenzantrag zu stellen (§15a I InsO). Durch einen außergerichtlichen Vergleich können die Insolvenzgründe ausgeräumt werden.

außergerichtliches Rechtsbehelfsverfahren – Im Rechtsschutzverfahren gegen → Verwaltungsakte der Finanzbehörde ist zwischen gerichtlichem und außergerichtlichen Rechtsbehelfsverfahren zu unterscheiden. Das außergerichtliche Rechtsbehelfsverfahren ist ein Vorverfahren und stellt sich als „verlängertes Festsetzungsverfahren" dar. Es ist eng mit diesem Verfahren verbunden. Einheitlicher Rechtsbehelf ist der → Einspruch. Das Verfahren wird vom

Finanzamt durchgeführt. Es ist u.a. als Selbstkontrolle der Verwaltung gedacht und soll die Gerichte entlasten. – Anzuwenden sind im außergerichtlichen Rechtsbehelfsverfahren die Vorschriften § 347 f. AO.

außergerichtliche Streitbeilegung – Durch Landesgesetz kann die Zulässigkeit eines Zivilprozesses in bestimmten Angelegenheiten davon abhängig gemacht werden, dass vor einer von der Landesjustizverwaltung eingerichteten oder anerkannten Gütestelle versucht worden ist, die Streitigkeit gütlich zu regeln (§ 15a des Gesetzes betreffend die Einführung der Zivilprozessordnung i.d.F. vom 15.12.1999 (BGBl. I 2400)). Soll der Entlastung der Gerichte erster Instanz dienen und die Streitschlichtung stärker in die gesellschaftlichen Institutionen zurückverlagern. – Vgl. auch → Mediation. – Schlichtungsverfahren kann vom Landesgesetzgeber vorgeschrieben werden bei vermögensrechtlichen Streitigkeiten vor dem → Amtsgericht bis zu einem → Streitwert bis zu 750 Euro, ferner für bestimmte nachbarrechtliche Streitigkeiten und wegen Ehrverletzungen außerhalb des Presse- und Rundfunkbereichs sowie in Streitigkeiten über Ansprüche nach Abschnitt 3 des Allgemeinen Gleichbehandlungsgesetzes. Ausgenommen vom Erfordernis der außergerichtlichen Streitbeilegung sind Familiensachen, Streitigkeiten in Zwangsvollstreckungssachen und solche Verfahren, bei denen ein Mahnverfahren vorausgegangen ist. Siehe auch → Mediation.

außergewöhnliche Aufwendungen → außerordentliche Aufwendungen.

außergewöhnliche Belastungen – 1. *Steuerrechtlicher Begriff:* Zwangsläufig größere Aufwendungen eines Steuerpflichtigen im Vergleich zur überwiegenden Mehrzahl der Steuerpflichtigen gleicher Einkommens-, Vermögens- und Familienverhältnisse. Zwangsläufigkeit ist gegeben, wenn sich der Steuerpflichtige den Aufwendungen aus rechtlichen, tatsächlichen oder sittlichen Gründen nicht entziehen kann und soweit sie den Umständen nach notwendig sind und einen angemessenen Betrag nicht übersteigen. Aufwendungen, die schon zu den → Betriebsausgaben, → Werbungskosten oder → Sonderausgaben (Ausnahme: eigene → Berufsausbildungskosten nur insoweit, als sie als Sonderausgaben abgezogen werden können) gehören, bleiben dabei außer Betracht. – 2. Zu den außergewöhnlichen Belastungen gehören von den Lebenshaltungskosten u.a. Krankheitskosten, Entbindungskosten, Scheidungskosten und u.U. Aufwendungen für Beerdigung, Strafprozess und zur Schuldentilgung. – 3. *Berücksichtigung:* Auf Antrag wird die → Einkommensteuer dadurch ermäßigt, dass die außergewöhnlichen Belastungen, die die → zumutbare Belastung (Prozentsatz des Gesamtbetrags der Einkünfte abhängig von Familienstand und Kinderzahl) übersteigen, bei der → Einkommensermittlung vom → Gesamtbetrag der Einkünfte abgezogen werden (§ 33 I EStG). – 4. Zur Abgeltung bestimmter außergewöhnlicher Belastungen werden → Pauschbeträge gewährt (§§ 33b EStG), die bei Ausstellung der Lohnsteuerkarte als → Freibeträge eingetragen werden können bzw. von Amts wegen einzutragen sind (→ Pauschbetrag).

Außerkrafttreten von Rechtssätzen – (Gesetzen, Verordnungen) erfolgt: (1) Durch *Zeitablauf,* wenn von Anfang an eine Befristung vorgesehen war; (2) durch förmliche *Aufhebung* durch einen späteren Rechtssatz; (3) durch *Kollision* mit einer späteren Rechtsnorm gleichen oder höheren Ranges.

Außerkurssetzung → Kraftloserklärung von Wertpapieren.

außerordentliche Abschreibungen – Sie gehen i.d.R. nicht in die Kostenrechnung ein, sondern werden im Rahmen von Wagniskosten (→ Wagnisse) berücksichtigt. – *Gegensatz:* → Ordentliche Abschreibungen. – Vgl. auch → Abschreibungen, → Sonderabschreibungen.

außerordentliche Aufwendungen – 1. *Kostenrechnung:* Teil der → neutralen Aufwendungen. Aufwendungen, die im Zusammenhang mit dem Betriebszweck stehen (*anders:* → betriebsfremde Aufwendungen) und nur einmal (außergewöhnliche Aufwendungen) oder nur unregelmäßig (periodenfremde Aufwendungen) anfallen, sodass sie den periodischen Kostenvergleich stören würden. Außerordentliche Aufwendungen werden als solche nicht in die Kostenrechnung übernommen. – Vgl. auch Abgrenzungsrechnung in Kontenklasse 9 des IKR. – *Beispiel:* (1) durch Feuerversicherung nicht gedeckter Brandschaden an einem Fabrikgebäude, das vor der Vernichtung mit einem höheren als dem → Erinnerungswert zu Buch stand; (2) Steuernachzahlungen für vorangehende Perioden. – 2. *Gewinn- und Verlustrechnung* (§ 275 HGB): Als außerordentliche Aufwendungen sind solche Aufwendungen auszuweisen, die außerhalb des gewöhnlichen Geschäftsverkehrs anfallen (§ 277 IV HGB). Außerordentliche Aufwendungen sind dadurch gekennzeichnet, dass sie außerhalb der eigentlichen Geschäftstätigkeit (unternehmensfremd) und unregelmäßig (selten) anfallen. – *Beispiel:* das voranstehende Beispiel, nicht dagegen Beispiel (2). – *Gegensatz:* → außerordentliche Erträge.

außerordentliche Ausgaben → außerordentlicher Haushalt.

außerordentliche Einkünfte – I. Begriff: 1. *Außerordentliche Einkünfte gemäß § 34 II EStG:* a) → Veräußerungsgewinne aus der Veräußerung von Betrieben, → Teilbetrieben, Mitunternehmeranteilen, die unter die Einkunftsarten Land- und Forstwirtschaft, Gewerbebetrieb oder selbständige Arbeit fallen (§ 34 I und § 52 XLVII EStG). – b) Entschädigungen als Ersatz für entgangene und für entgehende Einnahmen, für Aufgabe oder Nichtausübung einer Tätigkeit, für die Aufgabe einer Gewinnbeteiligung oder einer Anwartschaft darauf oder als → Ausgleichszahlungen an Handelsvertreter nach § 89b HGB (§ 34 II

Nr. 2 EStG). – c) Bestimmte Nutzungsvergütungen und Zinsen, soweit sie für mehr als drei Jahre nachgezahlt werden (§ 34 II Nr. 3 EStG). – d) Vergütungen für mehrjährige Tätigkeiten (§ 34 II Nr. 4 EStG). – e) Einkünfte aus Holznutzungen i.S.d § 34b I EStG.

II. Steuersatzermäßigung: In den meisten Fällen beschränken sich die Besonderheiten bei außerordentlichen Einkünften auf eine → Progressionsglättung. Für außerordentliche Einkünfte aus der Veräußerung eines Betriebs oder eines Teilbetriebs kann der Steuerpflichtige für bis zu 5 Mio. Euro die Besteuerung mit 56 Prozent des durchschnittlichen Einkommensteuersatzes (bis Veranlagungszeitraum 2003 mit dem halben durchschnittlichen Steuersatz) wählen; jedoch mind. mit dem jeweils geltenden Eingangssteuersatz (aktuell 14 Prozent). Diese Steuersatzermäßigung darf jeder Steuerpflichtige jedoch nur einmal im Leben auf Antrag beanspruchen und auch nur, wenn er das 55. Lebensjahr vollendet hat oder wenn er dauernd berufsunfähig im Sinn des Sozialversicherungsrechts ist (§ 34 III EStG).

III. Fünftelregelung: Die Steuer auf die außerordentlichen Einkünfte beträgt im Rahmen der Fünftelregelung das Fünffache der Differenz zwischen der Einkommensteuer für das um diese Einkünfte verminderte zu versteuernde Einkommen und der Einkommensteuer für das verbleibende zu versteuernde Einkommen zzgl. 1/5 dieser Einkünfte. Bei negativem verbleibenden zu versteuernden Einkommen und positivem zu versteuernden Einkommen beträgt die Einkommensteuer das Fünffache der auf 1/5 des zu versteuernden Einkommens entfallenden Einkommsteuer.

außerordentliche Einnahmen → außerordentlicher Haushalt.

außerordentliche Erträge – 1. in der *Kostenrechnung* ein Teil der → neutralen Erträge. Betriebliche Erträge (*Gegensatz:* → betriebsfremde Erträge), die im Gegensatz zu den ordentlichen Erträgen nur einmal bzw. so selten (außergewöhnliche Erträge) oder unregelmäßig (periodenfremde Erträge) anfallen, dass sie den periodischen Erlös- und Erfolgsvergleich stören würden. – Vgl. auch die Abgrenzungsrechnung in Kontenklasse 9 des IKR. – 2. In der *Gewinn- und Verlustrechnung* (§ 275 HGB) sind als außerordentliche Erträge (Klasse 5 des IKR) solche Erträge auszuweisen, die außerhalb der gewöhnlichen Geschäftstätigkeit (unternehmensfremd) und unregelmäßig (selten) anfallen (§ 277 IV HGB), z.B. Gewinne aus Enteignungsentschädigungen, Forderungsverzichte bei Sanierungen u.Ä. – *Gegensatz:* → außerordentliche Aufwendungen.

außerordentliche Hauptversammlung – Außer den in Gesetz und Satzung bestimmten Fällen kann vom Vorstand oder dem Aufsichtsrat einer AG eine → Hauptversammlung einberufen werden, wenn Aktionäre, deren Anteile zusammen 5 Prozent (Satzung kann geringeren Anteil, nicht aber höheren Anteil vorsehen) des Grundkapitals oder den anteiligen Betrag von 500.000 Euro erreichen, die Einberufung schriftlich unter Angabe des Zwecks oder der Gründe verlangen (§§ 122, 124 AktG, § 375 Nr. 3 FamFG).

außerordentliche Kündigung – 1. *Begriff:* Rechtsgeschäftliche Erklärung, die es jedem Vertragsteil ermöglicht, sich von einem → Arbeitsverhältnis (auch von einem → befristeten Arbeitsvertrag) zu lösen, dessen Fortsetzung ihm unzumutbar ist. I.d.R. ist die außerordentliche Kündigung eine → fristlose Kündigung. U.U. kann eine „Sozialfrist" (außerordentliche Kündigung mit sozialer Auslauffrist) gewährt werden. – *Gegensatz:* → ordentliche Kündigung. – 2. Es gilt die *Generalklausel* des § 626 I BGB (für Berufsausbildungsverhältnisse § 15 BBiG, für Heuerverträge in der Seeschifffahrt §§ 64–68, 78 Seemannsgesetz): Das Arbeitsverhältnis kann von jedem Vertragsteil aus wichtigem Grund ohne Einhaltung einer Kündigungsfrist gekündigt werden, wenn Tatsachen vorliegen, aufgrund derer dem Kündigenden unter Berücksichtigung aller Umstände des Einzelfalls und unter Abwägung der Interessen beider Vertragsteile die Fortsetzung des Arbeitsverhältnisses bis zum Ablauf der → Kündigungsfrist oder bis zu der vereinbarten → Beendigung des Arbeitsverhältnisses nicht zugemutet werden kann. Als *wichtige Gründe* kommen v.a. in Frage: a) *Gröbliche Pflichtverletzungen* (→ Vertragsbruch), wobei nicht notwendigerweise ein → Verschulden vorliegen muss. – b) *Wiederholtes pflichtwidriges Verhalten,* auch wenn die Verfehlungen einzeln genommen nicht ausreichen. I.d.R. ist aber zumindest eine vorhergehende → Abmahnung des Arbeitnehmers erforderlich. – c) *Strafbare Handlungen,* sofern sie im Betrieb begangen wurden oder mit dem → Arbeitsverhältnis in Berührung stehen und nicht ganz unerheblich sind. Umstritten ist, inwieweit bereits der Verdacht einer strafbaren Handlung ausreicht (→ Verdachtskündigung). – 3. Die *Ausübung des Rechts zur außerordentlichen Kündigung* hat innerhalb von zwei Wochen zu erfolgen (§ 626 II BGB). Die Frist beginnt mit dem Zeitpunkt, in dem der Kündigungsberechtigte von den für die Kündigung maßgebenden Tatsachen Kenntnis erlangt. Die Kündigung bedarf zu ihrer Wirksamkeit der Schriftform. Der Kündigende muss dem anderen Teil auf Verlangen den Kündigungsgrund unverzüglich schriftlich mitteilen. – 4. Durch → Tarifvertrag und *Einzelarbeitsvertrag* (→ Arbeitsvertrag) können die gesetzlichen Möglichkeiten zur außerordentlichen Kündigung weder beseitigt noch beschränkt, aber auch nicht erweitert werden. – 5. *Unwirksamkeit der außerordentlichen Kündigung:* Fehlt ein wichtiger Grund, so ist die außerordentliche Kündigung mangels Rechtsgrundlage unwirksam. Allerdings muss der gekündigte Arbeitnehmer, wenn er dem KSchG (→ Kündigungsschutz) unterfällt, die Unwirksamkeit der außerordentlichen Kündigung binnen einer Dreiwochenfrist gerichtlich geltend machen, anderenfalls wird die Kündigung voll wirksam (§ 13 I 2

KSchG). – *Folge der Unwirksamkeit:* Die als außerordentliche Kündigung unwirksame Kündigung kann nach § 140 BGB in eine → ordentliche Kündigung zum nächstzulässigen Termin umdeutbar sein. Das ist dann anzunehmen, wenn der Wille des Kündigenden unterstellt werden kann, das Arbeitsverhältnis auf jeden Fall so bald wie möglich zu beenden. – 6. Die außerordentliche Kündigung des Arbeitgebers ist in einigen wichtigen Fällen an die *Zustimmung Dritter* gebunden: a) Die außerordentliche Kündigung des *Mitglieds eines Betriebsrats, einer Jugendvertretung, eines Wahlvorstandes oder eines Wahlbewerbers* ist erst nach Zustimmung des Betriebsrats zulässig (§ 103 BetrVG, § 15 KSchG). – b) Die außerordentliche Kündigung einer *schwangeren Arbeitnehmerin oder Auszubildenden* ist (wie die fristgemäße ordentliche Kündigung) nur nach behördlicher Zustimmung ausnahmsweise zulässig (§ 9 MuSchG). – c) Die außerordentliche Kündigung eines *anerkannten schwerbehinderten Menschen* ist nur nach Zustimmung des Integrationsamtes zulässig (§ 91 SGB IX); die Zustimmung soll erteilt werden, wenn die Kündigung aus einem Grund erfolgt, der nicht im Zusammenhang mit der Behinderung steht. – 7. Wie die fristgemäße ordentliche Kündigung ist die außerordentliche Kündigung *unwirksam,* wenn der Betriebsrat *vor* dem Ausspruch der Kündigung nicht angehört wurde (§ 102 I BetrVG). – Vgl. auch → Anhörung des Betriebsrats.

außerordentliche Kündigung mit sozialer Auslauffrist → außerordentliche Kündigung.

außerordentlicher Haushalt – der → Haushaltsplan, in dem die außerordentlichen Einnahmen (unregelmäßige Einnahmen) und die außerordentlichen Ausgaben (Ausgaben aufgrund nicht vorauszusehender Bedarfe) gegenübergestellt sind. Der außerordentliche Haushalt umfasst die Einnahmen aus Anleihen (Kreditaufnahme) und die aus ihm zu bestreitenden Ausgaben. – Trennung in außerordentlichen Haushalt und → ordentlichen Haushalt ist heute abgeschafft (→ Haushaltssystematik).

außerordentliche Zuwendungen – 1. Außerordentliche Zuwendungen eines Gesellschafters können sein: (1) → verdeckte Einlagen; diese erhöhen, sofern es sich um vom Gesellschafter gewollte Eigenkapitalaufbringung handelt, bei Kapitalgesellschaften die Kapitalrücklagen (§ 272 II Nr. 4 HGB); (2) bei Fehlen der Beteiligungsabsicht → außerordentliche Erträge (z.B. Schenkung, Schuldenerlass). – 2. *Außerordentliche Zuwendungen* der öffentlichen Hand (nicht rückzahlbare → Zuschüsse, → Subventionen): (1) können, sofern sie als Investitionszuschüsse gewährt werden, anschaffungskostenmindernd behandelt werden; (2) gehören, sofern sie als Aufwand- oder Ertragszuschüsse gewährt werden, i.d.R. zu den sonstigen betrieblichen Erträgen.

außersprachliche Kommunikation → nonverbale Kommunikation.

außertariflicher Angestellter → AT-Angestellter.

Aussetzung – I. Gerichtsverfahren: v.a. im Zivilprozess Stillstand eines Verfahrens, durch Gericht anzuordnen: (1) wenn die Entscheidung des Prozesses ganz oder z.T. von dem Bestehen oder Nichtbestehen eines Rechtsverhältnisses abhängt, über das ein bes. Rechtsstreit anhängig ist, oder von der Entscheidung einer Verwaltungsbehörde (oder des Verwaltungsgerichts) abhängt, und zwar bis zur Entscheidung des anderen Prozesses oder der Verwaltungsbehörde; (2) wenn sich im Laufe des Rechtsstreits der Verdacht einer strafbaren Handlung ergibt, deren Ermittlung auf die Entscheidung von Einfluss ist, bis zur Erledigung des Strafverfahrens (§§ 148, 149 ZPO). Im verwaltungsgerichtlichen Verfahren vgl. § 94 VwGO, im sozialgerichtlichen Verfahren vgl. § 114 SGG. Aussetzungstatbestände gibt es auch im Strafverfahren, so z.B. in § 262 II StPO (Aussetzung der Hauptverhandlung bis zur Klärung zivilrechtlicher Vorfragen). – Die *Wirkung* der Aussetzung entspricht der der Unterbrechung.

II. Steuerrecht: 1. Aussetzung der *Steuerfestsetzung* bei Ungewissheit über Grund und Umfang der Steuerentstehung (→ vorläufige Steuerfestsetzung, § 165 AO). – 2. Aussetzung der *Vollziehung eines* → Steuerbescheids, wenn der Steuerpflichtige einen Rechtsbehelf eingelegt hat und nach einer summarischen Prüfung ernstliche Zweifel an der Rechtmäßigkeit des angegriffenen Verwaltungsakts bestehen oder die sofortige Vollziehung des Bescheids unbillig wäre (§ 361 AO). Vollziehungsaussetzung kann auch durch das Finanzgericht angeordnet werden (§ 69 FGO). U.U. → Sicherheitsleistung. – 3. Aussetzung der *Verhandlung* durch das Finanzgericht unter den Voraussetzungen wie bei I.1 (§ 74 FGO). – 4. Aussetzung des *Verfahrens:* wenn die Entscheidung ganz oder z.T. vom Bestehen oder Nichtbestehen eines Rechtsverhältnisses abhängt, das den Gegenstand eines anhängigen Rechtsstreits bildet oder von einem Gericht oder einer Verwaltungsbehörde festzustellen ist. Möglich durch die Finanzbehörde bis zur Erledigung des anderen Rechtsstreits oder bis zur Entscheidung des Gerichts oder der Verwaltungsbehörde (§ 363 I AO).

Aussetzungszinsen – 1. *Tatbestand:* Hat ein → Einspruch oder eine Klage gegen einen → Steuerbescheid, eine → Steueranmeldung oder einen → Verwaltungsakt, mit dem eine → Steuervergütung aufgehoben oder geändert wird, endgültig keinen Erfolg gehabt, ist der geschuldete Betrag, hinsichtlich dessen eine Aussetzung der Vollziehung des angefochtenen Verwaltungsakts gewährt worden war, zu verzinsen (§ 237 AO). Unerheblich ist der Grund für die Erfolglosigkeit. – 2. *Zinslauf:* Der Zinslauf beginnt grundsätzlich am Tag des Eingangs des Einspruchs bzw. der Klage. Er endet mit Ablauf der gewährten Aussetzung der Vollziehung, regelmäßig einen Monat nach Bekanntgabe der Einspruchsentscheidung, der Zustellung des Urteils bzw. nach Eingang der Erklärung der Rücknahme des Einspruchs/der Klage. – 3.

Berechnungsgrundsätze: Die Zinsen betragen 0,5 Prozent für jeden vollen Monat des Zinslaufes; angefangene Monate bleiben außer Ansatz. Der zu verzinsende Betrag wird auf volle 50 Euro nach unten abgerundet (§ 238 AO). Eine Bagatellgrenze von zehn Euro ist zu beachten (§ 239 II AO). – *Gegensatz:* → Prozesszinsen auf Erstattungsbeträge.

Aussonderung – im → Insolvenzverfahren Trennung eines nicht zum Vermögen des → Gemeinschuldners gehörenden Gegenstandes von der → Insolvenzmasse (§§ 47, 48 InsO). – Die *Geltendmachung* des Anspruchs erfolgt im Streitfalle vor dem ordentlichen Gericht. – *Fälle:* 1. *Eigentumsvorbehalt* berechtigt den Verkäufer zur Aussonderung, falls der → Insolvenzverwalter sie nicht erfüllt (§ 103 InsO). – 2. *Treugut* kann der *Sicherungsgeber* im Insolvenzfall des Sicherungsnehmers aussondern, wenn er seine Leistung erbringt. Bei Insolvenz des Sicherungsgebers hat der Sicherungsnehmer nur Recht auf → Absonderung. – 3. Bei Insolvenz des *Ehegatten* kann der *andere Ehegatte* die während der Ehe erworbenen, ihm gehörenden Gegenstände aussondern. – Vgl. auch → Ersatzaussonderung.

Ausspähen von Daten – *Datendiebstahl,* Straftatbestand. Ausspähen von Daten begeht, wer unbefugt elektronisch, magnetisch oder sonst nicht unmittelbar wahrnehmbar gespeicherte oder übermittelte → Daten, die nicht für ihn bestimmt und gegen unberechtigten Zugang bes. gesichert sind, sich oder einem anderen verschafft (§ 202a StGB). – Die Verfolgung setzt die Stellung eines → Strafantrags voraus (§ 205 Abs.1 StGB). – *Strafe:* Freiheitsstrafe bis zu drei Jahren oder Geldstrafe. – Vgl. auch → Datenschutz.

Ausspannen → Abwerbung.

Aussperrung – 1. *Begriff:* Die von einem oder mehreren Arbeitgebern planmäßig vorgenommene Nichtzulassung von Arbeitnehmern zur Arbeit unter Verweigerung der Lohnzahlung. Die Aussperrung kann alle Arbeitnehmer eines Betriebs oder Wirtschaftszweigs betreffen; sie kann sich auch nur gegen die Streikenden oder arbeitsunwilligen Arbeitnehmer richten. – I.d.R. reagiert die Arbeitgeberseite mit der Aussperrung auf einen zuvor begonnenen → Streik (Abwehraussperrung). Eine Aussperrung als Angriffsaussperrung ist denkbar, nach 1945 jedoch nicht mehr erfolgt. 2. *Rechtmäßigkeit:* a) Nach der Rechtsprechung des Bundesarbeitsgerichts (bestätigt vom BVerfG, 26.6.1991, 1 BvR 779/85) ergibt sich die Befugnis für eine Abwehraussperrung aus der verfassungsrechtlich garantierten → Tarifautonomie (Art. 9 III GG) und dem zu deren Funktionieren erforderlichen Verhandlungsgleichgewicht der sozialen Gegenspieler. Im Vergleich zum Streik hat die Abwehraussperrung nur eine „begrenzte Funktion und Legitimation", doch ist sie insoweit gerechtfertigt, wie die angreifende Gewerkschaft durch bes. Kampftaktiken (z.B. eng begrenzte Teilstreiks) ein Verhandlungsübergewicht erreichen kann. – b) Im Einzelnen geltende Grundsätze für Abwehraussperrungen: (1) Ein generelles Aussperrungsverbot ist mit den Grundsätzen der Tarifautonomie nicht vereinbar. Deshalb ist Art. 29 V der Hessischen Landverfassung (generelles Aussperrungsverbot) unwirksam (Bundesrecht geht Landesrecht vor). (2) Abwehraussperrungen sind auf das *umkämpfte Tarifgebiet* zu beschränken. (3) Aussperrungen, die *gezielt* nur die Mitglieder einer streikenden Gewerkschaft erfassen, nicht organisierte Arbeitnehmer aber verschonen, sind als gegen die positive → Koalitionsfreiheit gerichtete Maßnahmen gemäß Art. 9 III GG rechtswidrig. – (4) Für eine rechtmäßige Aussperrung gelten die *Voraussetzungen,* die an einen rechtmäßigen Streik zu stellen sind: von einer Tarifvertragspartei (Arbeitgeberverband oder Arbeitgeber) beschlossen und gegen eine Gewerkschaft gerichtet; eine kollektive Regelung der Arbeitsbedingungen anstrebend; letztes Mittel (Ultima-Ratio-Prinzip); fair geführt (Übermaßverbot). – Vgl. auch → Streik. – 3. *Rechtsfolgen:* a) Eine *zulässige Aussperrung* führt zur Suspendierung des → Arbeitsverhältnisses (→ Arbeitskampf), nur ausnahmsweise zur Auflösung der Arbeitsverhältnisse. Letzteres ist dann der Fall, wenn der Arbeitgeber eindeutig erklärt, dass die Aussperrung auflösende Wirkung haben soll, und wenn darüber hinaus die auflösende Wirkung der Aussperrung als das weitergehende Kampfmittel der Arbeitgeber nach dem Grundsatz der Verhältnismäßigkeit gerechtfertigt ist, z.B. wenn sich der Arbeitskampf auf Arbeitnehmerseite zu bes. Intensität entwickelt, wenn rechtswidrig gestreikt wird oder wenn der Arbeitgeber im Verlaufe eines Arbeitskampfes Arbeitsplätze einsparen oder anderweitig besetzen will und infolgedessen Arbeitsplätze endgültig wegfallen. Gegenüber Arbeitnehmern, deren Arbeitsplätze durch bes. gesetzliche Kündigungsschutzregelungen (→ Kündigungsschutz) geschützt sind, z.B. Betriebsratsmitglieder, schwerbehinderte Menschen (§ 91 VI SGB IX) und Schwangere, ist eine Aussperrung in jedem Fall nur mit suspendierender Wirkung zulässig. – b) Bei einer *rechtswidrigen Aussperrung* bestehen alle Rechte und Pflichten von Arbeitgebern und Arbeitnehmern aus dem Arbeitsverhältnis fort; d.h. u.a., dass der Arbeitnehmer Anspruch auf Beschäftigung und Vergütung hat.

Ausspielung → Lotterievertrag, bei dem die Gewinne aus Sachwerten bestehen (§ 763 BGB). – Vgl. auch → Preisausschreiben, → Lotterie.

Ausstand → Streik.

Ausstattung – Familienrecht: nach § 1624 BGB alles, was Vater oder Mutter einem Kind für dessen Heirat (Aussteuer) bzw. zur Erlangung oder Erhaltung einer selbstständigen Lebensführung zuwenden. Sie gilt insoweit als → Schenkung (als „Versprechen" formbedürftig), als sie das den Umständen, v.a. die Vermögensverhältnisse der Eltern entsprechende Maß übersteigt.

Ausstattungskosten → Einrichtungskosten.

ausstehende Einlagen (Einzahlungen) – bei AG, KGaA, GmbH noch nicht auf das Gesellschaftskonto eingezahlter Teil des gezeichneten Kapitals der Gesellschafter, d.h. *rechtlich* Forderungen an die Gesellschafter. Eingeforderte ausstehende Einlagen (Einzahlungen) sind auch *wirtschaftlich* Forderungen der Gesellschaft an die Gesellschafter und entsprechend zu bewerten. Noch nicht eingeforderte ausstehende Einlagen (Einzahlungen) stellen wirtschaftlich betrachtet einen Korrekturposten zum gezeichneten Kapital dar. – In der *Bilanz* werden ausstehende Einlagen (Einzahlungen) gemäß § 272 I HGB auf der Passivseite von dem Posten *„Gezeichnetes Kapital"* offen abgesetzt (Nettoausweis), die eingeforderten Einlagen sind unter den Forderungen auf der Aktivseite gesondert auszuweisen und entsprechend zu bezeichnen sind. Die Posten „Gezeichnetes Kapital" und „Nicht eingeforderte ausstehende Einlagen" werden auf der Passivseite der Bilanz ausgewiesen. Der verbleibende Betrag – nach Saldierung beider Posten – ist auf der Passivseite unter dem Posten „Eingefordertes Kapital" zu zeigen. Der eingeforderte aber noch nicht gezahlte Betrag ist unter den Forderungen zu bezeichnen. Ist das „Gezeichnete Kapital" voll eingezahlt, ist dies unter dem Posten „Gezeichnetes Kapital" zu zeigen.

Aussteller eines Wertpapiers – derjenige, der die Urkunde ausfertigt und begibt oder durch einen anderen begeben lässt. Der Aussteller eines Wertpapiers muss voll geschäftsfähig sein; bei beschränkt Geschäftsfähigen ist Zustimmung des gesetzlichen Vertreters erforderlich. – 1. Der Aussteller eines → *gezogenen Wechsels* (Trassant) gibt dem → Bezogenen die Anweisung zur Zahlung des Wechselbetrages und übernimmt zugleich die wechselmäßige Rückgriffsverpflichtung. Er haftet für Annahme und Zahlung des Wechsels (Art. 9 I WG). – 2. Der Aussteller eines *eigenen Wechsels* (→ Solawechsel) gibt in der Wechselurkunde das unbedingte Versprechen, eine bestimmte Geldsumme zu zahlen. Er haftet in der gleichen Weise wie der → Wechselnehmer eines gezogenen Wechsels. – 3. Der Aussteller eines *Schecks* gibt dem Überbringer oder Einreicher des Schecks die Anweisung, die in dem Scheck genannte Summe aus dem Guthaben des Ausstellers zu zahlen. – 4. Der Aussteller von → *Effekten*, auch als Emittent bezeichnet, ist der Schuldner dieser Wertpapiere und tritt je nach Ausgestaltung des Wertpapiers für seine Pflichten (z.B. Rückzahlung, Verzinsung, Gewinnbeteiligung) ein.

Ausstellung – zeitlich begrenzte → Marktveranstaltung, auf der eine Vielzahl von Ausstellern ein repräsentatives Angebot eines oder mehrerer Wirtschaftszweige oder Wirtschaftsgebiete ausstellt und vertreibt oder über dieses Angebot zum Zweck der Absatzförderung informiert (§ 65 GewO). Zielgruppen sind neben den Fachkreisen auch die Allgemeinheit (z.B. Verbraucherausstellungen). Abgrenzung von Ausstellung und → Messe ist fließend.

Ausstellungsaufwendungen – Aufwendungen für Beschickung und Besuch von → Ausstellungen und → Messen, die der Förderung des Warenabsatzes dienen. Ausstellungsaufwendungen gehören zu den → Werbekosten.

Ausstellungsgut – im zollrechtlichen Sinn ein- oder ausgeführte Gegenstände, die bei Ausstellungen, Messen, Kongressen oder ähnlichen Veranstaltungen vorübergehend ausgestellt oder verwendet werden. In Ländern, die dem internationalen Zollübereinkommen über die vorübergehende Einfuhr derartiger Waren vom 8.6.1961 (BGBl. I 1967 II 745) beigetreten sind, bleibt Ausstellungsgut zollfrei, wenn es innerhalb von 24 Monaten wieder ausgeführt wird. – Vgl. auch → vorübergehende Verwendung.

Ausstellungskosten → Ausstellungsaufwendungen.

Ausstellungsrecht – bes. dem Urheber eines urheberrechtschutzfähigen Werks vorbehaltene Art der Veröffentlichung (§ 6 UrhG) eines Werks der bildenden Kunst oder eines → Lichtbildwerks und der Werknutzung durch öffentliche Schaustellung (§ 18 UrhG; → Verwertungsrecht). Das Recht geht mit der Veräußerung des Werks auf den Erwerber über, sofern der Urheber dies bei der Veräußerung des Originals nicht ausdrücklich ausschließt (§ 44 II UrhG).

Ausstellungsschutz – 1. *National:* Der Schutzfähigkeit technischer Erfindungen und ästhetischer Formschöpfungen können eigene Offenbarungshandlungen des Anmelders entgegenstehen. Das GebrMG schützt gegen derartige Offenbarungen seitens des Berechtigten durch eine 6-monatige Neuheitsschonfrist (§ 3 I 3 GebrMG). – 2. *International:* Im internationalen Bereich sind die Verbandsstaaten der → Pariser Verbandsübereinkunft zum Schutz des gewerblichen Eigentums (PVÜ) gehalten, Erfindungen, gewerblichen Mustern und Modellen sowie Fabrik- und Handelsnamen für Erzeugnisse, die in einem Verbandsstaat auf amtlichen oder amtlich anerkannten internationalen Ausstellungen gezeigt werden, einen zeitweiligen Schutz nach Maßgabe des innerstaatlichen Rechts zu gewähren; dieser Ausstellungsschutz setzt die Verbürgung von Gegenseitigkeit nicht voraus (Art. 11 I PVÜ).

Aussteuer → Ausstattung.

Aussteuerung – umgangssprachlicher Begriff für die zeitliche Begrenzung der Leistungspflicht auch bei Weiterbestehen der Krankheit. Aussteuerung in der gesetzlichen Krankenversicherung bedeutet das Ende der Pflicht der Krankenkasse zur Gewährung von → Krankengeld nach 78 Wochen innerhalb von drei Jahren wegen derselben Krankheit (§ 48 SGB V). Besteht dieselbe Krankheit und dadurch bedingte Arbeitsunfähigkeit über die sog. *Blockfrist* von drei Jahren hinaus, so entsteht der Anspruch auf Krankengeld für die Dauer von 78 Wochen erneut, wenn die Versicherten bei Eintritt der erneuten Arbeitsunfähigkeit krankenversichert sind und in der Zwischenzeit mind. sechs Monate erwerbstätig waren oder der

Arbeitsvermittlung zur Verfügung gestanden haben und nicht wegen derselben Krankheit arbeitsunfähig gewesen sind (§ 48 II SGB V). Auf die Fristen werden Zeiten, in denen das Krankengeld geruht hat, angerechnet. – Für die Krankenhausbehandlung gibt es eine solche zeitliche Begrenzung nicht.

Ausstoß → Ausbringung.

Ausstrahlung – sozialrechtlicher Begriff über Wirkungen eines Arbeitsverhältnisses ins Ausland. Die Vorschriften bes. über die Versicherungspflicht und die Versicherungsberechtigung aufgrund einer Beschäftigung gelten auch für Arbeitnehmer, die im Rahmen eines inländischen Beschäftigungsverhältnisses zeitlich begrenzt ins Ausland entsandt werden (§ 4 SGB IV), wenn nicht über- oder zwischenstaatliche Abkommen mit dem Ausland bestehen. Entsprechend für Personen, die eine selbstständige Tätigkeit ausüben. – *Gegensatz:* → Einstrahlung.

Ausstrahlungseffekte – 1. *Marketing:* a) *Begriff:* Beeinflussung der Reaktion auf eine absatzpolitische Maßnahme durch Wirkungen anderer → marketingpolitischer Instrumente auf das zu untersuchende Objekt. – b) *Arten:* (1) *Zeitliche Ausstrahlungseffekte* (→ Carryover-Effekt): Zeitlich vorgelagerte Maßnahmen und Ereignisse können in der Untersuchungsperiode nachwirken, z.B. wirkt Werbung häufig auch noch, nachdem sie nicht mehr geschaltet wird. (2) *Sachliche Ausstrahlungseffekte* (→ Spillover-Effekt, Inferenzprozesse): Simultane Maßnahmen und Ereignisse außerhalb einer experimentellen Anordnung können das Untersuchungsergebnis beeinflussen. *Beispiel* Produktpolitik: Schluss von einem Merkmal eines Produktes auf ein anderes Merkmal. (a) *Irradiation* (von einer Teilleistung wird auf einen Teil der Produktqualität geschlossen, z.B. Schaumbildung eines Spülmittels = Reinigungskraft); (b) *Detaildominanz* (von einem Merkmal wird auf Gesamtleistung geschlossen, z.B. Preis = Qualität); (c) → Halo-Effekt (Schluss vom Gesamtmerkmal auf Detailmerkmal, z.B. Sportwagen = hoher Benzinverbrauch); (d) *Kontext-Effekt* (Schluss vom Umfeldeindruck auf das Produkt). – 2. *Marktforschung:* Antwortverzerrungen, die bei Befragungen dadurch auftreten, dass die Beantwortung einer vorhergehenden Frage das Antwortverhalten für die nachfolgende Frage mehr oder weniger stark beeinflusst (Halo-Effekt).

Austauschpfändung – Begriff des Zwangsvollstreckungsrechts (§ 811a, b ZPO). Die Austauschpfändung soll dem Gläubiger ermöglichen, wertvolle, aber der → Unpfändbarkeit unterliegende → Sachen (z.B. Fernseher, Pelzmantel) zu pfänden und zu verwerten, wenn er dem Schuldner ein einfaches *Ersatzstück* zur Verfügung stellt. Der Gläubiger kann Ersatzstück beschaffen oder dem Schuldner den zur Beschaffung erforderlichen Geldbetrag, notfalls auch aus dem Versteigerungserlös, überlassen. – *Zulassung* der Austauschpfändung auf Antrag des Gläubigers durch → Vollstreckungsgericht, wenn zu erwarten ist, dass der Versteigerungserlös den Wert des Ersatzstückes erheblich übersteigt; das Gericht setzt auch den Wert des Ersatzstückes bzw. den zur Ersatzbeschaffung erforderlichen Geldbetrag fest.

Austauschvertrag – 1. Begriff des → Verwaltungsverfahrens: ein öffentlich-rechtlicher Vertrag, in dem sich der Vertragspartner einer Behörde zu einer Gegenleistung verpflichtet. Zulässig, wenn die Gegenleistung für einen bestimmten Zweck im Vertrag vereinbart wird und der Behörde zur Erfüllung ihrer öffentlichen Aufgabe dient (§ 56 VwVfG). – 2. Begriff des *Kartellrechts:* → Deutsches Kartellrecht.

Austauschvolumen – 1. *Mengenmäßige Ein- und Ausfuhr,* die neben den Bewegungen der Preise die Entwicklung des → Außenhandels bestimmt. Das Austauschvolumen gibt die von Preiseinflüssen bereinigte Entwicklung des Außenhandels wieder. – 2. *Wertmäßige Ein- und Ausfuhr* in einem bestimmten Zeitraum. – Vgl. auch → Terms of Trade.

Austerität – von lat. *austeritas,* dt. Strenge, Herbheit; findet im ökonomischen Sinne Verwendung als Bezeichnung für eine strenge Sparpolitik des Staates. Die strenge Reduktion auf das Notwendige im Bereich öffentlicher aber auch privater Haushalte soll einen schlanken und ausgeglichenen Staatshaushalt herbeiführen und die gesamtwirtschaftliche Situation verbessern. Eine Austeritätspolitik wird insbes. in finanziellen Krisenzeiten angestrebt.

Austeritätspolitik – vgl. → Austerität.

ausübender Künstler – 1. *Begriff* des → Urheberrechts: Ausübender Künstler ist, wer ein → Werk oder eine Ausdrucksform der Volkskunst, die keine Werkqualität im Rechtssinne aufweisen muss, darbietet oder an einer solchen Darbietung künstlerisch mitwirkt. Er hat für seine Mitwirkung ein → Leistungsschutzrecht, das durch das Gesetz zur Regelung des Urheberrechts in der Informationsgesellschaft vom 10.9.2003 (BGBl. I 1774) erheblich gestärkt wurde. Es umfasst persönlichkeitsrechtliche Befugnisse, die denen des Urhebers angenähert sind und es dem ausübenden Künstler ermöglichen, sich gegen jede Entstellung seiner Darbietung zur Wehr zu setzen (§ 75 UrhG) und ihm grundsätzlich ein Recht auf Namensnennung gewähren (§ 74 UrhG). In vermögensrechtlicher Hinsicht hat der ausübende Künstler, anders als nach früherer Rechtslage, nicht nur Einwilligungerechte, sondern, wiederum der Rechtsstellung des Urhebers angenähert, ausschließliche Verwertungsrechte. Diese umfassen das Recht, die Darbietung auf Bild- oder Tonträger aufzunehmen (§ 77 I UrhG), die Aufnahmen zu vervielfältigen (§ 77 II UrhG) und die Darbietung öffentlich wiederzugeben (§ 78 UrhG). – 2. *Sozialversicherungspflicht:* Ausübende Künstler unterliegen der → Künstlersozialversicherung. – 3. *Einkommensteuerlich* sind die Bezüge eines ausübenden Künstlers Einkünfte aus selbständiger Arbeit (§ 18 EStG). Die Vergütungen für die Darbietungen ausländischer ausübender Künstler in Deutschland unterliegen jedoch im Rahmen der Einkommensteuer einer Quellensteuer, deren Höhe bis zu 20 Prozent der Einnahmen beträgt (§ 50a IV EStG). Diese Quellensteuer ist grundsätzlich endgültig, der Künstler darf jedoch beim Bundesamt für Finanzen beantragen, dass die Quellensteuer durch eine Erstattung auf einen Betrag herabgesetzt wird, der einem individuell angemessenen Steuersatz auf den Gewinn aus der Darbietung entspricht (Modifizierte Anwendung des § 50 V Nr. 3 EStG durch entsprechenden Erlass des Bundesfinanzministeriums seit 2003. – *Umsatzsteuerlich* ist für Zahlungen an ausländische ausübende Künstler für deren Darbietungen in Deutschland außerdem das Reverse-Charge-Verfahren zu beachten.

Ausverkauf → Räumungsverkäufe, → Abschnittsschlussverkäufe.

Auswahleinheit – in der Statistik bei → Teilerhebungen Zusammenfassung mehrerer Merkmalsträger in einer → Grundgesamtheit, die zusammen in eine Erhebung eingehen können. Eine Auswahleinheit dient als Auswahlgrundlage, ist aber selbst nicht Zielgesamtheit der Untersuchung. – *Beispiel:* Haushalte bei einer Untersuchung, die auf Personen zielt, und bei der Auswahl eines Haushalts werden alle zugehörigen Personen in die Stichprobe aufgenommen.

Auswahlphase – *Optimierungsphase,* Entscheidungsphase (→ Entscheidungsphasen), mit der der Prozess der Willensbildung abgeschlossen wird. – *Ablauf:* Innerhalb der Auswahlphase sind die im Rahmen der Beschränkungen zulässigen Alternativen in eine Rangordnung zu bringen. Das Entscheidungsproblem ist gelöst, wenn eine Alternative gefunden ist, die unter Berücksichtigung des angestrebten Ausmaßes der Zielerreichung von keiner anderen übertroffen wird. Als Entscheidungshilfe dienen → Entscheidungsregeln.

Auswahlprüfung → Stichprobenprüfung.

Auswahlrichtlinien – 1. *Begriff* des Arbeitsrechts: Richtlinien des Arbeitgebers über die personelle Auswahl bei → Einstellungen, → Versetzungen, → Umgruppierungen und → Kündigungen. Regelungen, die ohne Ansehung konkreter Arbeitnehmer abstrakt für den Betrieb, bestimmte Betriebsabteilungen oder bestimmte Arten von Arbeitsplätzen festgelegt sind. – Auswahlrichtlinien können sich auf die bei den genannten personellen Einzelmaßnahmen zu beachtenden fachlichen (z.B. fachlicher Ausbildungsabschluss, praktische Beherrschung von Fertigkeiten) und persönlichen Voraussetzungen (z.B. Dauer der Betriebszugehörigkeit, Gesundheitszustand, Führungsverhalten) sowie auf soziale Gesichtspunkte beziehen (§ 95 II 1 BetrVG). – Auswahlrichtlinien dürfen keine Diskriminierungen enthalten und müssen AGG-konform sein (→ AGG im Arbeitsrecht). – Auswahlrichtlinien sind *nicht* die vom Arbeitgeber vorgenommenen → Stellenbeschreibungen und die von ihm für bestimmte Arbeitsplätze entwickelten *Anforderungsmerkmale* (s. → Anforderungsarten). – 2. *Beteiligung des Betriebsrats* bei der Schaffung von Auswahlrichtlinien (§ 95 BetrVG), um die Personalführung in den Betrieben durchschaubarer zu machen und zur Vermeidung von Streitigkeiten zwischen einzelnen Arbeitnehmern und Arbeitgebern beizutragen. – Der Betriebsrat ist auf ein *Zustimmungsrecht* beschränkt (§ 95 I BetrVG). Solange der Betriebsrat seine Zustimmung zu den Auswahlrichtlinien nicht gegeben hat und diese auch nicht von der Einigungsstelle ersetzt sind, darf der Arbeitgeber Auswahlrichtlinien nicht verwenden. – In Betrieben mit mehr als 500 Arbeitnehmern hat der Betriebsrat auch ein Initiativrecht: Er kann seinerseits die *Aufstellung von Auswahlrichtlinien verlangen* (§ 95 II BetrVG) und im Streitfall die Einigungsstelle anrufen. – 3. *Folge eines Verstoßes gegen Auswahlrichtlinien:* a) Verstößt der Arbeitgeber bei einer Einstellung, Versetzung oder Umgruppierung gegen eine Auswahlrichtlinie, so gibt dies dem Betriebsrat in Betrieben mit mehr als 20 Arbeitnehmern einen *Zustimmungsverweigerungsgrund* zur personellen Einzelmaßnahme (§ 99 II Nr. 2 BetrVG). – b) Der Verstoß gegen eine Auswahlrichtlinie für Kündigungen gibt dem Betriebsrat das Recht, der *ordentlichen Kündigung zu widersprechen* (§ 102 III Nr. 2 BetrVG). – c) Der Arbeitnehmer kann sich nach § 1 II 2 Nr. 1a KSchG *im Kündigungsschutzprozess* (→ Kündigungsschutz) auf den Verstoß gegen die Auswahlrichtlinie *berufen.* Übertragung aber beschränkt nach Maßgabe des § 1 IV KSchG.

Auswahlsatz – Verhältnis des Umfangs n einer Stichprobe zum Umfang N der → Grundgesamtheit: n/N. Der Auswahlsatz gibt den Anteil der Zielpersonen an, die zu einer Untersuchung herangezogen wurden.

Auswahlverfahren – Methoden zur Auswahl von → Teilgesamtheiten (Stichproben) aus einer → Grundgesamtheit bei statistischen Untersuchungen. – Man unterscheidet: (1) für die (uneingeschränkte) Zufallsauswahl: *Originalverfahren* (Verwendung von Zufallszahlen, s. → Zufallszahlentafel; Einsatz eines Zufallszahlengenerators) und *Ersatzverfahren* (→ systematische Auswahl mit Zufallsstart, → Schlussziffernverfahren, → Buchstabenverfahren, → Geburtstagsverfahren); (2) *nichtzufällige* oder *bewusste Auswahlverfahren* (Auswahl nach dem → Konzentrationsprinzip, → Quotenauswahlverfahren).

Auswanderer – Personen, die bei einer → Außenwanderung die Staatsgrenzen mit der Absicht überschreiten, dauernd oder länger als ein Jahr nicht zurückzukehren. – Im Rahmen der → amtlichen Statistik laufende Erfassung durch Aufbereitung der bei den für das Meldewesen zuständigen Behörden erfassten Auswanderer.

Auswanderung – die auf dauernden Wechsel des Wohnsitzes und nachfolgend der Staatsangehörigkeit gerichtete → Außenwanderung. – Vgl. auch → Auswanderer.

Auswärtiger Dienst – besteht aus dem Auswärtigen Dienst (Zentrale) und den Auslandsvertretungen, die zusammen eine einheitliche Bundesbehörde unter Leitung des Bundesministers des Auswärtigen bilden. Der Auswärtige Dienst nimmt die auswärtigen Angelegenheiten des Bundes wahr und erledigt die im Konsulargesetz geregelten Aufgaben. Im Gesetz über den Auswärtigen Dienst vom 30.8.1990 (BGBl. I 1842) m.spät.Änd. sind Aufgaben und Organisation des Auswärtigen Dienstes und v.a. die Rechtsverhältnisse der Angehörigen des Auswärtigen Dienstes geregelt.

auswärtige Tätigkeit – 1. *Begriff*: eine Tätigkeit des Steuerpflichtigen, die dieser außerhalb seiner → Arbeitsstätte (und natürlich zugleich auch: außerhalb seiner Wohnung) verrichtet. Auswärtstätigkeiten müssen vorübergehend sein, d.h. nicht auf Dauer angelegt (sonst läge eine zweite regelmäßige Arbeitsstätte vor). – 2. *Steuerliche Bedeutung*: Kosten für beruflich veranlasste Fahrten sind normalerweise Betriebsausgaben bzw. Werbungkosten (§ 9 I EStG, § 4 IV EStG), jedoch existiert nur für Fahrten zwischen Wohnung und regelmäßiger Arbeitsstätte eine Sonderregelung, wonach die Kosten nur mit einem pauschalierten Wert angesetzt werden können (die Entfernungspauschale). Aus dieser Diskrepanz folgt, dass die Fahrtkosten für alle übrigen beruflich veranlassten Fahrten (eben die Fahrten für Auswärtstätigkeiten) mit ihren wirklichen Kosten angesetzt werden können. – 3. *Gegensatz*: Fahrten zur → Arbeitsstätte, → Entfernungspauschale. – 4. *Fundstellen*: R. 9.3 LStR 2008, R 9.4 LStR 2008.

Ausweichkapazität – Produktionsvermögen eines Betriebes für Produkte, das aufgrund der Produktionsmittelausstattung bei entsprechenden Markterfordernissen statt des normalen Erzeugungsprogramms vorübergehend hergestellt werden kann, indem die Produktionsmittel entsprechend umgestellt und umorganisiert werden. – *Beispiel:* Betrieb eines Hochofens als Generator. – Vgl. auch → Kapazität.

Ausweichklausel → Schutzklausel.

Ausweispapiere → Legitimationspapiere.

Ausweispflicht – Pflicht, einen Ausweis zu besitzen und ihn auf Verlangen einer zur Feststellung der Identität berechtigten Behörde vorzulegen. Ausweispflicht *besteht* gemäß § 1 des Gesetzes über Personalausweise und den → elektronischen Identitätsnachweis (Personalausweisgesetz – PAuswG) vom 18.6.2009 (BGBl. I 1346) für alle über 16 Jahre alten Deutschen, die der allg. Meldepflicht unterliegen oder, falls sie ihr nicht unterliegen, sich überwiegend in Deutschland aufhalten. Als *Ausweis* wird nur der sog. Bundespersonalausweis oder der Pass i.S.d. § 1 II des Passgesetzes anerkannt. – *Verstöße* gegen die Ausweispflicht werden als → Ordnungswidrigkeit geahndet (§ 32). Ausweispflicht besteht auch für → Ausländer.

Ausweisung – Verweisung eines → Ausländers aus dem → Bundesgebiet. Zulässig u.a., wenn der Aufenthalt eines Ausländers die Sicherheit der Bundesrepublik Deutschland gefährdet. Einzelne Ausweisungsgründe und -beschränkungen in den §§ 53-56 AufenthG. Die Ausweisung begründet die Pflicht zur Ausreise. – Vgl. auch → Abschiebung.

Auswertung – I. Rechnungswesen: Aufdeckung vorhandener Zusammenhänge zwischen wirtschaftlicher Lage bzw. Entwicklung des Betriebes und dem Markt (→ Branchenstatistik, → Marktbeobachtung) aus *Buchhaltung* und *Bilanz* in → Prüfungsberichten u.Ä. mittels → Bilanzanalyse.

II. Statistik: Statistische Analyse von Daten (Ergebnissen statistischer Untersuchungen) mit Methoden der deskriptiven Statistik oder der induktiven Statistik im Anschluss an die → Erhebung und die → Aufbereitung.

Auswertungsrechnung – *Sonderrechnung*; 1. *Begriff*: Die für einen bestimmten Zweck erfolgende Auswahl und Verdichtung von in der → Grundrechnung laufend erfassten Kosten und Erlösdaten; in der Einzelkostenrechnung verwendeter Begriff. – 2. *Wichtige Arten von Auswertungsrechnungen:* → Auftragsabrechnung, → Verfahrensvergleiche, → Kostenträgerrechnung, → Kalkulation.

Auszahlung – I. Betriebs- und Volkswirtschaftslehre: Zahlungsmittelbetrag (Bargeld, Giralgeld), der vonseiten eines Wirtschaftssubjektes (Betrieb, Verbraucher, Gemeinde u.Ä.) an andere Wirtschaftssubjekte (der Beschaffungs-, Absatz-, Geld- und Kapitalmärkte) oder an den Staat fließt. Strömungsgröße; zugehörige Bestandsgröße: Zahlungsmittelbestand (Bestand an Kasse + Sichtguthaben bei Banken). – *Gegensatz:* Einzahlung. – *Anders:* Ausgaben, Aufwendungen, Kosten.

II. Bankgeschäft: Überweisung zur Barauszahlung eines bestimmten Betrages an einen bestimmten Empfänger gegen Legitimation.

III. Rechnungswesen: Als Auszahlung wird im Rechnungswesen ein Abfluss an Zahlungsmitteln (Bargeld, Giralgeld) verstanden. Eine Auszahlung vermindert den Zahlungsmittelbestand (Bestand an Kasse, Sichtguthaben bei Banken).

Auszahlung des Arbeitsentgelts → Arbeitsentgelt.

Auszehrungsverbot – Verbot einer Herabsetzung der erstmalig festgesetzten betrieblichen Versorgungsleistungen infolge der Berücksichtigung von Erhöhungen anderweitiger Versorgungsbezüge (§ 5 I BetrAVG).

Auszeichnungssprache → SGML.

Auszubildender – im Sinn des Berufsbildungsgesetzes bzw. der Handwerksordnung Person, die auf der Grundlage eines Berufsausbildungsvertrags eine → Berufsausbildung in einem geordneten Ausbildungsgang absolviert. – 1. *Pflichten:* Der

Auszubildende hat sich zu bemühen, die für die → Ausbildungsabschlussprüfung (Ausbildungsziel) erforderlichen Fertigkeiten und Kenntnisse zu erwerben. Er hat die ihm im Rahmen seiner Berufsausbildung übertragenen Verrichtungen sorgfältig auszuführen, den Weisungen des Ausbildenden oder Ausbilders zu folgen, über Betriebsgeheimnisse Stillschweigen zu wahren, Werkzeuge, Maschinen und sonstige Einrichtungen pfleglich zu behandeln (§ 13 BBiG). – 2. *Rechte:* a) Anspruch auf dem Lebensalter angemessene und mit fortschreitender Berufsausbildung, mind. jährlich ansteigende *Vergütung;* Mehrarbeit ist bes. zu vergüten. Anspruch auf Vergütung besteht auch für den Besuch der Berufsschule, für die Teilnahme an Prüfungen und Ausbildungsmaßnahmen außerhalb der → Ausbildungsstätte (§§ 17 ff. BBiG). Die Vergütung ist monatlich, spätestens am letzten Arbeitstag des Monats, zu zahlen. – 3. Nach Beendigung des Berufsausbildungsverhältnisses hat der Auszubildende Anspruch auf ein *Zeugnis,* welches Auskunft über Art, Dauer und Ziel der Berufsausbildung sowie über die erworbenen Fertigkeiten, Kenntnisse und Fähigkeiten des Auszubildenden geben muss. Der Auszubildende kann Erweiterung auf Angaben über Verhalten und Leistung verlangen (§ 16 BBiG). – Auszubildende werden durch die → Berufsbildungsstatistik erfasst.

Auszug – I. Bankwesen: Mitteilung über die Kontoumsätze und den *Kontostand.* – Vgl. auch → Kontoauszug.

II. Kaufmännischer Sprachgebrauch: → Buchauszug.

III. Vergleichsverfahren: Auszug aus dem → Gläubigerverzeichnis.

IV. Insolvenzordnung: → Tabellenauszug.

Autarkie – hypothetische Situation eines Landes ohne jegliche internationale Wirtschaftsbeziehungen (ein geschlossenes System, eine Volkswirtschaft, die sich vollständig selbst mit Rohstoffen versorgen kann). Bei der theoretischen Analyse internationaler Wirtschaftsbeziehungen hilfreiche Referenzsituation. In der realen Wirtschaft findet Außenhandel statt, die Volkswirtschaften sind durch internationale Wirtschaftsbeziehungen in Kontakt und tauschen Güter, Kapital und Dienstleistungen aus (ein offenes System).

Autarkiepolitik – Gesamtheit außen- und binnenwirtschaftlicher Maßnahmen, die auf Herstellung der oder zumindest auf Annäherung an die → Autarkie abzielen, z.B. Prohibitivzölle, Verwendungszwang inländischer Güter, Förderung der → Importsubstitution, Verhinderung grenzüberschreitender Faktorbewegungen. – Das Ziel der Autarkie ist nur unter *Wohlstandsverlusten* erreichbar, da viele Güter im Inland nicht oder nur mit höheren Kosten produziert werden können. Der Wohlstandsverlust des autarken Landes wirkt sich wegen der Reduzierung der → internationalen Arbeitsteilung auch auf andere Länder ungünstig aus. – Viele Länder streben trotzdem eine *Selbstversorgung* an, z.B. mit landwirtschaftlichen Erzeugnissen (partielle Autarkie), um etwa im Kriegs- oder Krisenfalle von Importen unabhängig zu sein.

Authority to Draw → Ziehungsermächtigungen.

Authority to Negotiate – „negociate“ bedeutet in der Bankenwelt, Dokumente (oder andere Werte) mit eigenem Geld anzukaufen, hat also nichts mit „verhandeln“ zu tun. Bei einem → Dokumentenakkreditiv (→ Akkreditiv) wird die → Avisbank bzw. → Einreicherbank oft ermächtigt, die vom Exporteur eingereichten Akkreditivdokumente anzukaufen, d.h. dem Exporteur den Akkreditivbetrag auszuzahlen. – Vgl. → Ziehungsermächtigungen.

Authority to Purchase → Ziehungsermächtigungen.

Authority to Take Drafts → Ziehungsermächtigungen.

Autobahnmaut → Maut.

Autohof – ursprünglich ausschließlich Station des Straßengüterverkehrs mit Serviceeinrichtungen für Fahrpersonal und Fahrzeuge. Heute allg. Bezeichnung einer Versorgungsstation für LKW und PKW in der unmittelbaren Nähe von Autobahnzufahrten und -abfahrten.

Autokorrelation – in einem → Regressionsmodell für zeitlich geordnete Daten die Erscheinung, dass Störvariablen (→ Störterme) paarweise korreliert sind. Im Zeitreihenkontext kann dies z.B. bedeuten, dass der Störterm einer Periode linear vom Störterm der Vorperiode abhängt. Man spricht dann auch von Autokorrelation erster Ordnung. Bei Korrelation des Störterms einer Periode mit dem s Perioden zurückliegenden, spricht man von Autokorrelation s-ter Ordnung. – Das Vorliegen von Autokorrelation stellt eine Verletzung der Annahmen des klassischen Modells der linearen Regression (→ Regression, lineare) dar und führt zu einem Effizienzverlust des OLS-Schätzers (→ Kleinstquadratemethode, gewöhnliche) und falsch ermittelten Standardfehlern, die Testentscheidungen mittels des → t-Tests verfälschen. Zur Verzerrung des OLS-Schätzers kommt es, wenn Autokorrelation in einem Modell auftritt, in dem z.B. die verzögerte erklärte Variable (→ Variable, endogene) als erklärende Variable auftaucht. Die Existenz der Autokorrelation ist mittels diverser → Autokorrelationstests statistisch prüfbar. Um den Folgen von Autokorrelation zu begegnen, bietet sich die Verwendung des GLS-Schätzers (→ Kleinstquadratemethode, verallgemeinerte) oder von → Newey-West-Standardfehlern an.

Autokorrelationsfunktion – Funktion, die die Autokorrelationskoeffizienten einer Variablen X in Abhängigkeit von der Zahl der → Lags angibt. Sie beginnt mit dem Korrelationskoeffizienten zwischen X_t und X_{t-1}, gefolgt vom Korrelationskoeffizienten zwischen X_t und X_{t-2}, usw. – Die Autokorrelationsfunktion ist insbesondere bei der Aufdeckung von → Autokorrelation des stochastischen → Störterms in → Regressionsmodellen hilfreich. Man kann die Autokorrelationskoeffizienten hier nämlich durch Regression der → Residuen auf ihre verzögerten Werte und daraus die Autokorrelationsfunktion schätzen. Konkret erhält man die Schätzung des Autokorrelationskoeffizienten s-ter Ordnung als Schätzung des Steigungsparameters in einer Regression der Residuen in t auf jene in t–s. – Für → MA(q)-Prozesse sollten die geschätzten Autokorrelationskoeffizienten für Lags größer als q gleich null sein, sodass man die Autokorrelationsfunktion zur Bestimmung der Ordnung eines MA-Prozesses verwenden kann. Die geschätzte Autokorrelationsfunktion kann auch zur Beurteilung der → Stationarität eingesetzt werden. Die Werte der geschätzten Autokorrelationsfunktion einer Variablen, die einem stationären Prozess entstammt, sollten nämlich mit zunehmender Zahl der Lags schnell gegen null gehen. – Vgl. auch → Autokorrelationsfunktion, partielle.

Autokorrelationsfunktion, partielle – Funktion, die die partiellen Autokorrelationskoeffizienten einer Variablen X in Abhängigkeit von der Zahl der → Lags s angibt. Im Vergleich zum regulären Autokorrelationskoeffizienten handelt es sich bei partiellen Autokorrelationskoeffizienten um solche, die den linearen Zusammenhang zwischen X_t und X_{t-s} unter Ausschaltung des Einflusses der dazwischen liegenden Variablen angeben. Die Bestimmung partieller Autokorrelationskoeffizienten erfolgt über sog. Yule-Walker-Gleichungen. – Für → AR(p)-Prozesse sollten die geschätzten partiellen Autokorrelationskoeffizienten für Lags größer als p gleich null sein, sodass man die partielle Autokorrelationsfunktion zur Bestimmung der Ordnung eines AR-Prozesses verwenden kann. – Vgl. auch → Autokorrelationsfunktion.

Autokorrelationstest – Test zur Überprüfung der Nullhypothese nicht autokorrelierter → Störterme in linearen → Regressionsmodellen. Zum Test auf Autokorrelation erster Ordnung wird in der Praxis der → Durbin-Watson-Autokorrelationstest und für höhere Ordnungen der → Breusch-Godfrey-Autokorrelationstest verwendet.

autokratischer Führungsstil → Führungsstil.

Automated Clearing House (ACH) – elektronisches Clearing-System, in dem vorrangig über Telekommunikationsnetzwerke übermittelte Zahlungsaufträge zwischen Finanzdienstleistern - in einem Rechenzentrum des Betreibers verrechnet und ausgetauscht werden. Die Verrechnung der → Zahlungen erfolgt brutto (je Datei) oder netto (nur Saldo) zu vorgegebenen Zeitpunkten über Konten der teilnehmenden Finanzdienstleister bei der Zentralbank oder einer privaten Settlement-Bank. Es handelt sich meist um eine große Anzahl von Überweisungen bzw. Lastschriften. Die Abwicklung erfolgt in Form der Stapelverarbeitung (Zusammenfassung in Dateien). – Vgl. auch → Clearing, → DTA.

Automatenladen → Betriebsform des Handels mit totaler → Selbstbedienung: Sämtliche Waren werden in Automaten präsentiert, der Kunde wählt aus und entnimmt nach Eingabe von Zahlungsmitteln (Münzen oder Scheckkarten) die gewünschte Ware. Automatenladen existieren (v.a. in den USA und Japan) an Einkaufsschwerpunkten (z.B. Bahnhöfen) mit einem begrenzten Angebot von Waren des kurzlebigen Bedarfs, wie Lebensmittel, Getränke, Zigaretten, Süßigkeiten, Filme, Schallplatten, Bücher. – Vgl. auch → Automatenverkauf.

Automatenmissbrauch – Der einschlägige Straftatbestand, das → Erschleichen von Leistungen eines Automaten oder eines öffentlichen Zwecken dienenden Telekommunikationsnetzes, der Beförderung durch ein Verkehrsmittel oder den Zutritt zu einer Veranstaltung oder einer Einrichtung in der Absicht, das Entgelt nicht zu entrichten, ist in § 265a StGB geregelt. – *Strafe:* Freiheitsstrafe bis zu einem Jahr oder Geldstrafe, soweit nicht die Tat nach anderen Vorschriften (z.B. → Betrug) mit schwererer Strafe bedroht ist. Der → Versuch ist strafbar.

Automatensteuer → Vergnügungsteuer.

Automatentheorie → Informatik.

Automatenumsätze – I. Umsatzsteuer: 1. Derjenige → Unternehmer (Automatenaufsteller, Gastwirt etc.), der Warenautomaten *selbst füllt* und für eigene Rechnung und Gefahr besorgt, ist steuerpflichtig. Der Verkaufspreis stellt das Bruttoentgelt dar. Die darin enthaltene geschuldete → Umsatzsteuer ist mit dem für den Steuersatz geltenden Divisor oder Faktor herauszurechnen. – 2. Automatenlieferungen von *Speisen*, z.B. belegte Brötchen, Milch oder andere Waren der Anlage zu § 12 Nr. 1 UStG, auch in Gebäuden, z.B. Betrieben, unterliegen dem ermäßigten Steuersatz, wenn zum Verzehr an Ort und Stelle kein hierfür geeigneter Service vorhanden ist. – 3. Bei Umsätzen aus Geldspielgeräten mit Gewinnmöglichkeit stellt der Kasseninhalt (abzüglich der darin enthaltenen Umsatzsteuer) die Bemessungsgrundlage dar. Der Kasseninhalt ist mittels Zählwerk zu ermitteln.

II. Ertragsteuer: Der Gewinn des Automatenaufstellers zählt zu den Einkünften aus Gewerbebetrieb, unterliegt also der Einkommensteuer und der Gewerbesteuer.

Automatenverkauf – Methode des Verkaufs im Handels, bei der Angebot und Absatz der Ware sowie Zahlung der Ware mittels Automaten abgewickelt wird; Form der totalen → Selbstbedienung mit dem Vorteil für den Kunden, auch außerhalb der → Ladenöffnungszeiten kaufen zu können. – *Voraussetzungen:* Automateneignung der Produkte; leicht bedienbare, wenig störanfällige Automaten; problemlose Durchführung des Inkassos (Münz-Geldwechsler, Kartenzahlung); Sicherheit vor Zerstörung, Diebstahl, Raub und Inkassobetrug (→ Automatenmissbrauch). – *Erscheinungsformen:* Einzelne Automaten am Ladenlokal und an leicht zugänglichen, stark frequentierten Orten großer potenzieller Nachfrage wie Bushaltestellen, Bahnsteigen, Einkaufspassagen, Kantinen, aber auch → Automatenläden. – *Verbreitung* bei Zigaretten, Getränken, Süßigkeiten, Blumen, Filmen, Fahrkarten. – Vgl. auch → Automatenumsätze.

Automation → Automatisierung.

automatische Stabilisierung → Built-in Stability.

automatisierter Absatz → Automatenverkauf.

Automatisierung – 1. *Begriff/Begriffsabgrenzung:* → Maschinisierung beinhaltet die Übernahme von Funktionen des Produktionsprozesses durch künstliche Systeme (Maschinen). Bei der → Mechanisierung übernehmen die Maschinen lediglich die Zufuhr der für den Produktionsprozess erforderlichen Energie. Der Begriff der Automatisierung beinhaltet dagegen auch die Übernahme von Prozesssteuerungs- und ggf. Prozessregelungsaufgaben durch künstliche Systeme. – Automatisierung ist das Ergebnis des Automatisierens, d.h. des *Einsatzes von Automaten* (DIN 19 233). Automaten sind hierbei künstliche Systeme, die selbsttätig ein Programm befolgen und dabei aufgrund des Programms Entscheidungen zur Steuerung und ggf. Regelung von Prozessen treffen (z.B. flexibles FFS). Die Entscheidungen des Systems beruhen auf der Verknüpfung von Eingaben mit den jeweiligen Zuständen eines Systems und haben Aufgaben zur Folge (DIN 19 233). Automatisch ablaufende Prozesse vollziehen sich vielfach nach dem Regelkreisprinzip – also unter zielorientierter Prozessbeeinflussung durch die Rückkoppelung von Kontrollergebnissen. – 2. *Arten:* Je nach Umfang der Übernahme von Steuerungs- und Regelungsaufgaben durch die Maschine wird von *Teil- oder Vollautomatisierung* gesprochen. – *Automatisierungsgrad/-stufe:* Der Anteil, den die automatisierten Funktionen an der Gesamtfunktion eines Produktionssystems haben, wird als Automatisierungsgrad bezeichnet (DIN 19 233). Bei einer schrittweisen Erhöhung des Einsatzes von Automaten im Produktionsprozess kann von Automatisierungsstufen gesprochen werden. – 3. *Ziele:* Während Automatisierungsbemühungen bisher darauf gerichtet waren, starre, wiederkehrende Produktionsabläufe möglichst vollständig von Maschinen durchführen zu lassen und dabei Produktivitätssteigerungen im Vordergrund standen, gehen Bestrebungen heute dahin, Arbeitsfolgen mit unterschiedlichen Aufgabenstellungen durch *flexible Fertigungssysteme* vollziehen zu lassen. Hierdurch sollen nicht nur Produktivitätssteigerung, sondern auch Flexibilisierung und insgesamt erhöhte Wirtschaftlichkeit erreicht werden. – 4. *Einsatzbereiche:* Die Automatisierung kann sich auf Be- und Verarbeitungsvorgänge, Förder-, Handhabungs- und lagertechnische Vorgänge sowie auf Entwicklungs-, Produktionsplanungs- und -steuerungsvorgänge beziehen.

Automatisierungsgrad → Automatisierung.

autonome Arbeitsgruppe → teilautonome Arbeitsgruppe.

autonome Größen – volkswirtschaftliche Größen, die von anderen Größen unabhängig sind. – *Beispiel:* Autonomer Konsum der Keynesschen Konsumfunktion als derjenige Teil der Konsumausgaben, der unabhängig von der Höhe des Volkseinkommens ist. Die Unterscheidung von autonomen Größen und → induzierten Größen hat v.a. modelltheoretische Bedeutung. In makroökonomischen Modellen stellen autonome Größen modellexogene Variablen dar, während es sich bei induzierten Größen um modellendogene Variablen handelt.

autonomer Konsum → autonome Größen, → Konsumfunktion.

autonome Satzungen – Rechtsnormen, die von öffentlich-rechtlichen Körperschaften, Anstalten und Stiftungen im Rahmen ihrer gesetzlich festgelegten Autonomie erlassen werden. – Die für das *Steuerrecht* relevante Autonomie der Gemeinden ist durch Art. 105 IIa und Art. 106 VI 2 GG begrenzt, sodass den Gemeinden nur das Recht eingeräumt wird, örtliche Verbrauch- und Aufwandsteuern (z.B. Zweitwohnungsteuer) und die Hebesätze der → Realsteuern im Rahmen der Gesetze festzusetzen. – Vgl. auch → Steuerrecht.

Autonomie(-prinzip) – I. Körperschaften: Recht staatlicher oder anderer Körperschaften (Gemeinden, Hochschulen, Kirche) zur Setzung *eigenen Rechts* in gewissen Grenzen im Rahmen ihrer *Selbstverwaltung.* Den Gemeinden und Gemeindeverbänden in Art. 28 II GG, den Hochschulen in Art. 5 III GG i.V. mit Art. 19 III GG und den Kirchen in Art. 140 G. i.V. mit Art. 137 WRV verfassungsrechtlich garantiert.

II. Unternehmungen: Anspruch auf alleinige Führung eines gewerblichen Betriebs durch den → Unternehmer; Verweigerung eines Mitspracherechts gegenüber staatlichen, wirtschaftlichen oder gewerkschaftlichen Organisationen. – *Gegensatz:* → Mitbestimmung. – Vgl. auch → betriebliche Willensbildung.

Autonomiekosten – treten auf bei prozessbedingten Interdependenzen zwischen nicht koordinierten organisatorischen Teileinheiten. Autonomiekosten beeinflussen die Effizienz autonomer Entscheidungsfindung organisatorischer Teileinheiten.

autoregressive Erwartung → Erwartung.

autoregressives Modell → AR(p)-Prozess.

autoritärer Führungsstil → Führungsstil.

Autorität – Bezeichnung für die Möglichkeiten einer Person, Gruppe oder Institution, Einfluss auf andere Personen auszuüben und ggf. den eigenen Willen gegenüber diesen durchzusetzen, wodurch sich ein Verhältnis der Über- und Unterordnung konstituiert. Mit Autorität verbinden sich Herrschaftsansprüche, die unterschiedlich begründet sind. – *Formen der*

Autorität: (1) *Personale Autorität:* Der Anspruch auf Autorität wird mit personengebundenen Merkmalen (z.B. Körperkraft, Leistung, Alter, Wissen, Erfahrung) begründet. (2) *Funktionale Autorität (professionelle Autorität):* Beruht auf überlegener und nachweisbarer Sachkunde oder Wissen. (3) *Positionale Autorität:* Leitet sich aus der Position, dem Amt oder dem Rang ab und besteht unabhängig von der Person des Positionsinhabers. – Die Formen der Autorität überlagern sich. Wesentlich für die Geltung, Reichweite, Stärke und Dauer einer Autorität und des aus ihr abgeleiteten Herrschaftsanspruchs ist, dass die Untergeordneten diesen Anspruch als legitim anerkennen. – Mit dem Begriff Autorität werden weiterhin Einrichtungen und Symbole als Repräsentanten anerkannter Werte sowie Personen, die aufgrund sittlich-moralischer Qualitäten anerkannt werden, bezeichnet. – Vgl. auch → Bürokratie.

Autotrophie → Biozönose.

autozentrierte Entwicklung – Gedanken der → Dependencia-Theorien aufgreifend sollte zur Überwindung unvollständiger Wirtschaftskreisläufe in der Dritten Welt die Entstehung lebensfähiger, auf lokal verfügbare → Ressourcen gründender Ökonomien gefördert werden. Der Aufbau eigener Industriesektoren, die Entwicklung angepasster Technologien, Produktivitätssteigerung der Landwirtschaft und die inländische Produktion von Massenkonsumgütern zur Befriedigung der Grundbedürfnisse waren das wirtschaftspolitische Ziel. Der Entwicklungserfolg der → Schwellenländer führte zur Umorientierung und zur Ablehnung der autozentrierten Entwicklung

AVAD – Abk. für → *Auskunftsstelle über Versicherungs-/Bausparkassenaußendienst und Versicherungsmakler in Deutschland e. V.*

Availability Doctrine – *Roosa Doctrine, Kreditverfügbarkeitstheorie;* theoretische Grundlage der restriktiven Geldpolitik der frühen 1950er-Jahre im amerik. → Federal Reserve System. Nach der Availability Doctrine soll es der Zentralbank möglich sein, durch eine Erhöhung der Zinssätze für Schatzwechsel das Kreditangebot der Geschäftsbanken einzuschränken. Dies geschieht über eine Umstrukturierung der Aktiva aufgrund mehrerer Portfolioeffekte, unter denen der Locking-in-Effekt (Roosa-Effekt) den Kern der Argumentation ausmacht: Danach können Wertpapiere im Portefeuille der Banken nicht als Liquiditätspotenzial angesehen werden, weil Zinserhöhungen die Banken gerade wegen der dann eintretenden Kapitalverluste (Kurssenkungen) davon abhalten, Wertpapiere zugunsten einer verstärkten Kreditgewährung abzubauen. – Für die *Bundesrepublik Deutschland* kann aufgrund empirischer Untersuchungen die Availability Doctrine nicht bestätigt werden. Im Gegenteil ist festzustellen, dass die Banken während Restriktionsphasen in deutlicher Regelmäßigkeit mit steigendem Wertpapierzins und sinkendem Kurs ihre Wertpapierbestände zugunsten von Direktkrediten tendenziell abbauten.

Available Solvency Margin – 1. *Begriff:* Die im Rahmen von → Solvency II aufsichtsrechtlich anerkannten Solvabilitätsmittel eines Versicherungsunternehmens, die als Risikopuffer dienen und ggf. Verluste auffangen können. – 2. *Merkmale:* Die im Juli 2007 veröffentlichte Rahmenrichtlinie der → EU zu Solvency II sieht zur Bestimmung der Available Solvency Margin ein dreistufiges Verfahren vor. Auf der ersten Stufe werden die verfügbaren Solvabilitätsmittel als Summe von Basiseigenmitteln (ökonomisches Eigenkapital) und ergänzenden Eigenmitteln (off-balance) bestimmt. In einem zweiten Schritt werden die Solvabilitätsmittel in drei Klassen (Tiers) entsprechend ihrer Ausgestaltung nach den Kriterien Nachrangigkeit, Verlustausgleichsfähigkeit, Permanenz, keine festgelegte Laufzeit und kein Bedienungsaufwand unterteilt. Die dritte Stufe regelt die Anerkennung der Solvabilitätsmittel entsprechend ihrer Zuordnung in die Klassen (Tiers). – 3. *Beurteilung:* Der oben beschriebene Ansatz der Rahmenrichtlinie wird in der → Versicherungswirtschaft stark kritisiert, da dieses Vorgehen im Widerspruch zum ökonomischen Ansatz von Solvency II steht. Aus ökonomischer Perspektive ergeben sich die risikotragenden Solvabilitätsmittel als Differenz der Vermögenswerte und → Verbindlichkeiten zu → Marktwerten (economic capital). In einem solchen Ansatz würden alle Risikopuffer, die zur Abdeckung von Verlusten herangezogen werden können und den Versicherungsnehmern nicht unwiderruflich zustehen, als Available Solvency Margin anrechenbar sein.

Aval – *Bankaval,* (ital. *avallo* = Bürgschaft), umfasst als Obergriff sowohl Bürgschaften als auch Garantien. Ein Aval wird immer dann vergeben, wenn ein Kunde gegenüber Dritten nachweisen muss, dass bestimmte Verbindlichkeiten bei Fälligkeit auch erfüllt und Zusagen eingehalten werden. Typische Beispiele sind: Mietaval, Gewährleistungsaval, Vertragserfüllungsaval, Anzahlungsaval, Bietungsaval oder Wechselaval. Im letzten Fall (Wechselbürgschaft) unterschreibt ein Bürge für einen Wechselschuldner mit dem Zusatz „per aval". – Vgl. auch → Avalkredit, → Bürgschaft, → Garantie.

Avalkredit – *(Bank-)Aval.* Oberbegriff von Bürgschafts- und Garantieerklärungen, die Kreditinstitute zugunsten eines Kunden abgeben. – 1. *Kennzeichen:* Haftungsübernahme durch Kreditinstitute (Avalkreditgeber) für und im Auftrag eines Kunden (Avalkreditnehmer) gegenüber Dritten im In- oder Ausland (Begünstigter). Die Bank stellt dabei keine liquiden Mittel, sondern ihre eigene Kreditwürdigkeit zur Verfügung (→ Kreditleihe). Da im Normalfall (d.h. kein Leistungsausfall des Kreditnehmers) kein Liquiditätseinsatz des Avalkreditgebers erforderlich ist, stellen Avalkredite grundsätzlich Eventualverbindlichkeiten dar, die bei Bilanzierung nach HGB als solche in der Bilanz „unter dem Strich" in der Position „Verbindlichkeiten aus Bürgschaften und Gewährleistungsverträgen" auszuweisen sind. (Bei der Bilanzierung nach IFRS sind diese Informationen in den Notes aufzuführen.) Muss ein Kreditinstitut befürchten, aus einem Avalkredit in Anspruch genommen zu werden, sind für diese drohenden Kreditausfälle Rückstellungen zu bilden. – 2. *Rechtsverhältnis:* a) Zwischen Avalkreditgeber und -nehmer liegt eine Geschäftsbesorgung (§ 675 BGB) vor. – b) Zwischen dem Avalkreditgeber und dem Begünstigten aus dem Aval wird die Rechtsbeziehung von der Art des Avales bestimmt. Grundsätzlich kommen dafür die → Bürgschaft (§§ 765 ff. BGB), der → Kreditauftrag (§ 778 BGB) – heute eher unüblich- sowie die im Auslandsgeschäft gebräuchliche → Garantie in Frage. – 3. *Formen:* Die Form des Avalkredites wird vorwiegend durch den beabsichtigten Verwendungszweck und den dadurch bedingten Haftungsumfang bestimmt. Avalkredite haben eine kurz-, mittel- oder langfristige Laufzeit; im Auslandsgeschäft sind auch unbefristete Avalkredite gebräuchlich, die grundsätzlich erst erlöschen, nachdem der Begünstigte keinerlei Anspruch mehr gegen den Avalkreditgeber geltend machen kann, d.h. nach Rückgabe der Avalurkunde oder bei Verzicht auf die aus dem Aval entstehenden Rechte und Pflichten. Die wichtigsten Avalkredite sind: Kreditbürgschaft, Frachtstundungsbürgschaft, Prozessbürgschaft, → Bietungsgarantie, → Anzahlungsgarantie, Lieferungs- und Leistungsgarantie einschließlich → Gewährleistungsgarantie, im Privatkundengeschäft auch Mietkautionsavale. Im Auslandsgeschäft ist die → Konnossementsgarantie gebräuchlich. – 4. *Kosten:* Kreditinstitute stellen dem Avalkreditnehmer die sog. Avalprovision (als Prozentsatz der Bürgschafts- bzw. Garantiesumme) in Rechnung. Sie ist u.a. abhängig von der Laufzeit des Avalkredits, der → Bonität des Kreditnehmers, der Höhe der Risiken sowie den gestellten Sicherheiten. Die Höhe des Satzes variiert normalerweise zwischen 0,5 Prozent und 10 Prozent p.a.

Avatar – Bezeichnung für eine fiktive, softwarebasierte Bildschirmgestalt eines Nutzers in virtuellen Welten und Begegnungen (z.B. Onlinerollenspiele oder → Chat).

Averaging – den Durchschnitt bildend. – Im *Bankgeschäft:* Optimierung des durchschnittlichen Einstandspreises von Wertpapieren oder Investmentzertifikaten durch regelmäßigen gleichbleibenden Zukauf.

averbale Kommunikation → nonverbale Kommunikation.

Avis – franz. für *Ankündigung, Bericht*; 1. *Allgemein:* Mitteilung an den Empfänger über voraussichtliche Ankunft einer Lieferung oder Zahlung. – 2. *Beim → Wechsel oder → Scheck:* Benachrichtigung an den Bezogenen oder an seine Hausbank, dass der Wechsel bzw. Scheck zur Einlösung vorgelegt wird. – 3. *Beim* → Akkreditiv: Mitteilung der Akkreditivstelle an den Exporteur über den Eingang eines Akkreditivs. – Vgl. auch → Bankavis.

Awareness Marketing → Marketing für ein Produkt und/ oder eine → Dienstleistung zu einem Zeitpunkt, zu dem dieses/ diese im betreffenden Land nicht oder nur in geringem Umfang verfügbar ist/ sind. In einem dem Marktzyklus vorgelagerten Stadium soll auf die Produktpalette eines Unternehmens aufmerksam gemacht werden; bei potenziellen Konsumenten werden Produkt- und Markenerwartungen bzw. -images aufgebaut. Durch Awareness Marketing können u.U. schwer und damit werbeintensiv zu überwindende Wettbewerbs- bzw. Markteintrittsbarrieren abgebaut werden. Die Nichterhältlichkeit der Produkte erklärt sich i.d.R. aus gesetzlich verankerten Importverboten oder Beschränkungen der betreffenden Länder, eine Aufhebung der Handelshemmnisse erscheint jedoch absehbar; erfolgt die Marktöffnung mit erheblicher Zeitverzögerung, sind u.U. überhöhte Werbeausgaben die Folge und/ oder Irritationen bei den Konsumenten aufgrund technischer Veralterung des Produkts. Angewandt in Entwicklungs- und Schwellenländern, bedeutsam v.a. für Markenprodukte.

Awareness Set – Begriff aus dem → Konsumentenverhalten mit dem die Menge der dem Konsumenten bekannten Produktalternativen erfasst wird. Das Awareness Set umfasst das → Evoked Set, das Inept Set (Menge der abgelehnten Produktalternativen) und das Inert Set (Menge der Produktalternativen, die weder positiv noch negativ vom Konsumenten eingeschätzt werden).

AWF-Maschinenkarten – *AWF, Abk. für Ausschuß für wirtschaftliche Fertigung*; voneinander unabhängige, sich ergänzende Vordrucke zur Überwachung der Maschinen und Betriebsmittel. – 1. Die *Leistungskarte* enthält alle Angaben, die für die Beurteilung der Einsatzmöglichkeiten der Maschinen erforderlich sind (Abmessungen, Zubehör, Antriebsverhältnisse, Drehzahlen etc.). – 2. Die *Kostenkarte* (vereinheitlichte → Anlagenkartei) dient als Nachweis des Anlagevermögens und als Unterlage für die Berechnung von kalkulatorischen und buchmäßigen → Abschreibungen. – 3. *Sonderkarten* (in einem Verzeichnis zusammengestellt) für Spezialaufgaben innerbetrieblicher Kontrolle.

AWIDAT – *Abfallwirtschaftsdatenbank;* → Datenbank, die im Rahmen des Informations- und Dokumentationssystems → UMPLIS beim → Umweltbundesamt (UBA) betrieben wird.

AWV – Abk. für *Außenwirtschaftsverordnung;* → Außenwirtschaftsgesetz (AWG).

Axiom – 1. Nach *moderner* Auffassung grundlegende → Gesetzesaussage innerhalb eines theoretischen Systems. – 2. Innerhalb der *Aristotelischen Wissenschaftsauffassung* Aussage, die keiner weiteren Prüfung bedarf, weil sie als unbezweifelbar wahr bzw. evident erscheint; der darin zum Ausdruck kommende Essentialismus ist angesichts der wissenschaftshistorisch vielfach nachgewiesenen Notwendigkeit, vormals als evident geltende Einsichten zu revidieren, nicht haltbar. – 3. Versuche, die Aussagen eines theoretischen Systems logisch zu ordnen, werden als *Axiomatisierung* bezeichnet. Wichtige Grundforderung ist dabei, dass Axiome untereinander widerspruchsfrei sein sollen (→ Konsistenzpostulat). – Vgl. auch → Methodologie.

axiomatische Methode – wird in den Wissenschaften allg. als bes. strenge Methode betrachtet. Aufspaltung der Aussagenmengen eines Theoriensystems in → Axiome und Theoreme; letztere werden aus ersteren deduziert (→ Deduktion).

B

B – lohnsteuerlicher Kennbuchstabe für Lohnbestandteile, die nach den Regeln über die → besondere Lohnsteuertabelle der Lohnsteuer unterworfen werden.

B2B – Abk. für *Business-to-Business.* – Vgl. auch → Business-to-Business-Markt, → Business-to-Business-Marketing.

B2B / B2C Pricing – Preissetzung für Geschäftskunden (Business-to-Business) bzw. Privatkunden (Business-to-Consumer). Unterscheidet sich bei nachfragebasiertem Ansatz zur Preissetzung insbesondere aufgrund der Unterschiede in Zahlungsbereitschaften und Nachfrageverhalten (Umfang, Häufigkeit).

B2C – Abk. für *Business-to-Consumer.* – Vgl. auch → Business-to-Consumer-Markt.

BA – Abk. für *Bundesagentur für Arbeit.*

BAA – Abk. für → Bundesausgleichsamt.

BAB – Abk. für → Betriebsabrechnungsbogen.

Bachelor – 1. *Begriff:* Bachelor bezeichnet den untersten akademischen Grad (undergraduate). Wird im Zusammenhang mit dem → Bologna-Prozess in Deutschland und anderen europäischen Ländern eingeführt; bes. in englischsprachigen Staaten verbreitet. – 2. *Merkmale:* Ein Bachelorstudiengang dauert i.d.R. drei bis vier Jahre, d.h. sechs bis acht Studiensemester, und gilt als berufsqualifizierender Abschluss. Je nach Angebot der Universität können Ein- oder Mehr-Fach-Studiengänge absolviert weden. Ein Masterstudium (→ Master) kann Weiterführung sein. – 3. *Mögliche Bachelorabschlüsse:* Bachelor of Arts (B.A.), Bachelor of Engineering (B.Eng.), Bachelor of Laws (LL.B.) und Bachelor of Science (B.Sc.).

Backbone – Netzwerk mit hoher Bandbreite, welches einzelne Subnetze miteinander verbindet. Der Backbone ist i.d.R. sehr viel schneller ausgelegt als die restlichen Netzverbindungen, um einen möglichst hohen Durchsatz zwischen den verschiedenen Subnetzen zu gewährleisten. – Vgl. auch → Internet.

Backstop-Ressource → Backstop-Technologie.

Backstop-Technologie – Die erschöpfliche Ressource wird durch eine in unbegrenzter Menge zur Verfügung stehende Ressource (Backstop-Ressource) substituiert. – *Beispiele:* Nutzung von Sonnenenergie und Kernfusion. In der Modellbildung der Umwelt- und Ressourcenökonomik beeinflusst die Berücksichtigung von Backstop-Technologien den gleichgewichtigen und optimalen → Abbaupfad erschöpflicher Ressourcen.

Back-to-Back-Akkreditiv → Gegenakkreditiv.

Back-to-Back Credit → Gegenakkreditiv.

Backtracking – *Suchmethode.* 1. *Prinzip:* An denjenigen Punkten des Suchvorgangs, an denen zur Fortsetzung der Suche eine Auswahlentscheidung zwischen mehreren Möglichkeiten getroffen werden muss, wird zunächst der aktuelle Zustand festgehalten, bevor man die verschiedenen Möglichkeiten verfolgt. Durch das Festhalten des Zustands ist gewährleistet, dass ein Rücksprung möglich und von den richtigen Vorbedingungen ausgegangen werden kann. – 2. *Verwendung* in der → Künstlichen Intelligenz (KI) und bei → rekursiver Programmierung.

Back-up Facility – *Stand-by Linie,* → Back-up Line; Kreditlinie, die eine Bank einem Kunden im Zusammenhang mit der Emission von Geldmarktpapieren zur Liquiditätssicherung einräumt.

Back-up Line – *Back-up Facility, Back-up-Kreditlinie, Stand-by Linie;* die von einer Bank (oder einem Bankenkonsortium) eingeräumte Höchstgrenze, bis zu der sich Kunden während der Laufzeit revolvierend Finanzmittel durch Emission von → Geldmarktpapieren (Euronotes, Commercial Papers, Medium Term Notes) beschaffen können. Je nach Finanzbedarf werden Einzeltranchen in verschiedener Höhe, unterschiedlicher Laufzeit und Währung emittiert. Die Bank fungiert zunächst dabei als Vermittler und hat für einen reibungslosen Handel dieser Papiere zu sorgen. Wenn eine Platzierung der Geldmarktpapiere am Primärmarkt nicht gelingt, so ist die Bank verpflichtet, diese Papiere in ihren eigenen Bestand zu übernehmen. Diese Platzierungs- und Übernahmeverpflichtungen haben Banken als ergänzende Angabe unter dem Strich zu bilanzieren und über die Inanspruchnahme im Anhang zu berichten (§ 27 I RechKredV).

Back-up System – 1. *Begriff:* Sicherungssystem, das es beim Betrieb eines → Computersystems (→ Systembetrieb) erlaubt, nach dem Ausfall einer Systemkomponente oder des Gesamtsystems schnell wieder einen ordnungsgemäßen Zustand zu erreichen (Wiederanlauf). – 2. *Maßnahmen:* (1) *hardwareorientiert:* Betrieb eines Parallelsystems, das beim Ausfall einer Komponente die Funktion des anderen Computersystems übernimmt; (2) *softwareorientiert:* Wiederanlaufpunkte in → Anwendungsprogrammen und → Systemprogrammen, → Programme zur Rekonstruktion verloren gegangener Daten; (3) *organisatorisch:* regelmäßige → Datensicherung (→ Dump).

Backus-Naur-Form – Beschreibungsmittel zur Definition der → Syntax einer Programmiersprache.

Backwardation – Markttendenz an → Terminmärkten, die gekennzeichnet ist durch: (1) Eine Differenz zwischen dem Preis für die Kassaware und dem (niedrigeren) Preis für Terminware im

Warentermingeschäft. (2) Niedrigere Kurse der zu einem späteren Zeitpunkt fälligen Terminkontrakte gegenüber den zu einem früheren Zeitpunkt fälligen Kontrakten. Marktteilnehmer, die auf Backwardation setzen, können durch Deckungskäufe zur Glattstellung früher verkaufter Terminkontrakte Gewinne erzielen (eine Drehung des Marktes führt demgegenüber zu Verlusten), z.B. bei der Metallgesellschaft 1993.

Backward Linkages → Verkettungseffekte.

Backwash-Effekt – zentrengerichteter Vorgang, bei dem periphere oder ländliche Räume zugunsten der → Zentren → Ressourcen abgeben. Backwash-Effekte können sich im Rahmen einer globalen, wie einer staatlichen oder regionalen Betrachtung einstellen. – Vgl. auch → Kontereffekt, → Entzugseffekt.

Bad Bank – 1. *Begriff*: Als Bad Bank (dt. „schlechte Bank“) werden Finanzinstitute bezeichnet, die in Zeiten von → Bankenkrisen (bei globaler Auswirklung auch zu Finanzkrisen führend) als reine Abwicklungsbanken gegründet werden, speziell zum Zwecke der Abwicklung bzw. Entsorgung nicht einlösbarer Kreditforderungen und schwieriger → Wertpapiere (auch „toxischer“ Papiere), die bei Ausfall in ihrer Gesamtheit die → Bonität der betroffenen Banken gefährdet hätten. Hat die sog. Bad Bank ihre Entsorgungsfunktion erfüllt, wird sie aufgelöst oder in eine „Good“ Bank umgewandelt. – 2. *Aufgabe/Funktionsweise*: Die Einrichtung von Bad Banks stellt eine Pufferlösung dar, indem sie es den Banken ermöglicht, sich von ihren zuhöchst risikobehafteten Papieren, die ihre Liquidität gefährden, zu trennen. Aufgabe der Bad Banks ist es, die Risikopapiere der anderen aufzukaufen, zu entsprechender Gelegenheit auf eigene Rechnung möglichst gut zu verkaufen oder bei Unverkäuflichkeit als Verluste abzuschreiben – sodass die „guten“ Banken bilanziell nicht mehr belastet werden. – 3. *Voraussetzung*: Ein Funktionieren der Abwicklung kann nur gewährleistet sein, wenn entweder eine Bankengruppe ihrerseits oder bei größerem Ausmaß gar der Staat mittels Einlagensicherungfonds die Haftung für die „schlechten“ Kredite etc. übernimmt. – 4. *Hintergrund*: Es geht darum, die Vertrauenswürdigkeit in die Bonität der „guten“ Banken untereinander und gegenüber potenziellen Investoren und damit den Geldfluss wiederherzustellen, um die für das Funktionieren des marktwirtschaftlichen Wirtschaftskreislaufes so notwenige Kreditvergabe an die einzelnen Wirtschaftsteilnehmer wieder in Gang zu bringen. Mit einer Bankenkrise oder gar Finanzkrise gerät stets auch die Kreditvergabe an die an der Krise unbeteiligten Wirtschaftsteilnehmer ins Stocken und führt so zu einem negativen Dominoeffekt, der auch bis dahin stabile Unternehmen mit in die Krise reißt. – 5. *Vorteile/Risiken*: Durch die vertrauensschaffende Wirkungsweise einer oder mehrerer Bad Banks kommt die für Investitionen notwendige Kreditvergabe wieder in Fluss, die Markteilnehmer und Märkte erholen sich, Chancen für eine steigende → Konjunktur werden wieder eröffnet. Doch müssen letztlich auch die Kosten dieser Form einer Kreditbereinigung von jemandem übernommen werden: im Falle dass die Banken unter sich hafteten, sind es die Banken selbst. Im Falle der Staat bietet die notwendige Sicherung, bürgt letztlich der Bürger mit seinen Steuern und es stellt sich die Frage einer allmählichen Rückverteilung der Lasten auf diejenigen, die zuvor aufgrund übersteigerter Gewinne die Finanzkrise erst auslösten. – Vgl. auch → Finanzmarktstabilisierungsfonds.

Badwill – 1. *Begriff: negativer Geschäfts- oder Firmenwert;* entsteht im Rahmen der → Kapitalkonsolidierung, wenn bei einem → Unternehmenszusammenschluss der Kaufpreis für die Beteiligung unter dem Wert des anteiligen → Eigenkapitals liegt. Ein Badwill ist entweder mit negativen künftigen Ertragsaussichten zu erklären oder als „Lucky Buy“, also günstiger Kauf, zu interpretieren. – 2. *Regelungen nach HGB:* Gemäß § 301 III HGB ist er auf der Passivseite als „Unterschiedsbetrag aus der Kapitalkonsolidierung“ nach dem Eigenkapital auszuweisen. Er darf nach § 309 II HGB nur in zwei Fällen ergebniswirksam aufgelöst werden, nämlich wenn (1) die beim Kauf erwartete ungünstige Ertragsentwicklung eingetreten ist oder (2) am Abschlussstichtag feststeht, dass er einem realisierten Gewinn entspricht. – 3. *Regelungen nach IFRS:* Gemäß IFRS 3.34-36 ist ein nach einer vorgeschriebenen Überprüfung der durchgeführten Kaufpreisverteilung hervorgehender negativer Geschäfts- oder Firmenwert als Ertrag zu realisieren.

BAFA – Abk. für → Bundesamt für Wirtschaft und Ausfuhrkontrolle.

BAFF – Abk. für → Bundesanstalt für Fleischforschung.

BaFin – Abk. für → Bundesanstalt für Finanzdienstleistungsaufsicht.

BAföG – Abk. für *Bundesausbildungsförderungsgesetz*; vgl. → Ausbildungsförderung.

BAG – 1. Abk. für → Bundesarbeitsgericht. – 2. Abk. für → Bundesamt für Güterverkehr.

Bagatellarzneimittel – umgangssprachlicher Begriff für nicht verschreibungspflichtige Arzneimittel, deren Kosten nicht mehr von der gesetzlichen Krankenversicherung übernommen werden, auch wenn sie von einem Vertragsarzt verordnet worden sind. Ausnahmen gelten für bestimmte versicherte Jugendliche bis zur Vollendung des 18. Lebensjahrs (§ 34 SGB V).

Bagatellklausel – *Franchiseklausel.* 1. *Versicherungswesen:* Versicherungsklausel, die den Versicherer von der Ersatzpflicht bei Schäden befreit, die eine bestimmte Höhe nicht überschreiten (Franchise). Üblich v.a. in der Transportversicherung, da hier häufig kleine Schäden vorkommen. – *Beispiel* für die Formulierung der Bagatellklausel: „Frei von 3 (5 oder 10) Prozent Schaden.“ – 2. *Kartellrecht:* beschreibt die Bedingungen für den Wegfall der materiellen

Untersagungsmöglichkeit eines Zusammenschlusses in der Fusionskontrolle (→ Deutsches Kartellrecht). – Vgl. auch § 36 I 2 GWB.

Bagatellsteuern – 1. *Begriff:* Steuerarten, deren Aufkommen im Verhältnis zum Gesamtsteueraufkommen der jeweiligen Gebietskörperschaft (Bund, Land, Gemeinde) gering ist. – *Beispiele:* Tee-, Leuchtmittel-, Zucker-, Salz-, Gesellschafts-, Wechselsteuer (Bundessteuern, alle diese Steuern wurden abgeschafft); Feuerschutzsteuer (Landessteuer); Jagd-, Fischerei-, Schankerlaubnis- und Hundesteuer (Gemeindesteuern). – 2. *Finanzwissenschaftliche Bedeutung:* Während die Abschaffung der Bagatellsteuern mit der Steuervereinfachung begründet wird, begründet die Finanzwissenschaft die Erhebung einer Bagatellsteuer mit dem jeweils unterschiedlich hohen Beitrag der Bagatellsteuer zum Steueraufkommen der einzelnen → Gebietskörperschaften; sie weist auf manche Ergänzungs- und Folgefunktionen der Bagatellsteuer im gesamten Steuersystem hin (→ steuerliche Beziehungslehre). Dabei wird allerdings auch offenkundig, dass der Katalog der Bagatellsteuern Lücken enthält. Das Problem der Lücken im System ist aber ein Problem der → Verbrauchsbesteuerung insgesamt.

Bahnfrachtgeschäft – Beförderung von Gütern im → Bahnverkehr. Durch den → Frachtvertrag ist der Frachtführer dazu verpflichtet, das Gut zum Bestimmungsort zu befördern und dort an den Empfänger auszuliefern. Der Absender wird verpflichtet, eine vereinbarte Fracht zu zahlen. Statt des bisherigen Formal-/Realvertrages, nach dem der Abschluss des Frachtvertrages mit der Annahme des Gutes und des zugehörigen → Frachtbriefes durch die Bahn gegeben war, gilt nunmehr der Konsensualvertrag, nach dem Absender und Bahn übereinstimmende Willenserklärungen abgeben. Seit dem 1.7.1998 gilt die → Eisenbahn-Verkehrsordnung (EVO) nicht mehr für den Güterverkehr. Das → Übereinkommen über den internationalen Eisenbahnverkehr (COTIF) gilt bei Frachtverkehr mit durchgehenden Frachtbriefen zwingend.

Bahnreform → Deutsche Bahn AG (DB).

Bahntourismus – 1. *Begriff:* Durch Schienenverkehrsunternehmen im Fern- und Nahverkehr sowie überwiegend im Linien- aber auch im Gelegenheitsverkehr (Sonderzüge) erbrachte inter- und nationale Reiseleistungen für Privatreisende mit oder ohne weitere Zusatzleistungen. Als Bahntourismus i.e.S. kann ein direkt durch ein Bahnunternehmen angebotenes, touristisches (Pauschal-)reiseangebot verstanden werden (z.B. durch AMEROPA, einer Tochtergesellschaft der Deutschen Bahn AG). – 2. *Weiteres:* Der Schienenpersonennahverkehr (SPNV) nimmt im Zusammenwirken mit dem Öffentlichen Straßenpersonennahverkehr (ÖSPV) im Rahmen des → Öffentlichen Personennahverkehrs (ÖPNV) darüber hinaus eine bedeutende Rolle bei der intermodalen Beförderung von Touristen auf der „letzten Meile" zum Reiseendziel (oder vom Reiseendziel fort) ein. Dem Bahntourismus werden in Deutschland aufgrund einer erwarteten, weiteren Nachfragesteigerung im Binnentourismus durchaus gute Marktchancen eingeräumt. – 3. *Rechtliche Grundlage:* Die Beförderung von Personen und Gepäck im Bahntourismus wird in Deutschland v.a. durch die Eisenbahn-Verkehrsordnung (EVO) geregelt. Allerdings können zunehmende Bemühungen des europäischen Gesetzgebers, auch im dt. Bahntourismus Einfluss zu erlangen, festgestellt werden.

Bahnverkehr – Beförderung von Personen und Transport von Gütern mit schienengebundenen Transportmitteln. – Vgl. auch → Eisenbahnverkehr. – *Statistische Erfassung:* → Verkehrsstatistik.

Bahnversicherungsanstalt – ehemalige Sonderanstalt für die Durchführung der Rentenversicherung der Arbeiter und Angestellten der Deutschen Bahn AG (§§ 125 Nr. 1, 135 SGB VI a.F.); seit 1.10.2005 in der Deutschen Rentenversicherung Knappschaft-Bahn-See aufgegangen (§§ 125 II, 129, 130, 132 ff. SGB VI n.F.).

Baisse – länger anhaltende Entwicklung an der Börse, die durch sinkende Börsenkurse gekennzeichnet ist. Marktteilnehmer, die eine Baisse erwarten (Baissiers), verkaufen Wertpapiere. – Vgl. auch → Baissespekulation. – *Gegensatz:* → Hausse.

Baisseklausel – Vereinbarung bzw. Vermerk auf Rechnungen, dass sich bei einem höheren Wechselkurs einer fremden Bezugswährung (z.B. US-Dollar) am Zahlungstag der Rechnungsbetrag entsprechend erhöht. Form der → Wertsicherungsklausel.

Baissespekulation – Der Baissier erwartet ein baldiges Nachgeben der Kurse und verkauft im → Termingeschäft zum noch gültigen (höheren) Kurs Papiere, die er i.d.R. noch gar nicht besitzt (→ Leerverkauf), aber bis zum Monatsende am Kassenmarkt günstig zu erwerben hofft; die Differenz aus (niedrigem) Erwerbspreis und (höherem) Verkaufspreis im Terminkontrakt ist sein Spekulationsgewinn (Agiotage des Differenzgeschäfts). Am Kassamarkt ist der Verkauf eigener Aktien in der Hoffnung auf billigen Rückkauf nach dem Kursrückgang eine mögliche Spekulationsvariante.

Bake – 1. *Seezeichen:* Kennzeichnung der Fahrrinne. – 2. *Verkehrszeichen:* Kennzeichnung von Eisenbahnübergängen.

Baker-Plan – vom Finanzminister der USA J. Baker auf der Weltwährungskonferenz im Oktober 1985 in Seoul vorgeschlagenes Lösungsmodell für die internationale Schuldenkrise (→ Auslandsverschuldung der Entwicklungsländer). Durch Strukturreformen nach marktwirtschaftlichen Prinzipien sollten die Entwicklungsländer aus der Schuldenkrise herauswachsen, wozu zusätzliche öffentliche und private Kredite geplant waren. Nachfolge des Baker-Plans war die → Brady-Initiative.

Balanced-Budget-Theorem – in seinen verschiedenen Ausprägungen ein Abbild der Diskussion um die volkswirtschaftlichen Effekte eines ausgeglichenen Budgets. Seit den Untersuchungen T. Haavelmos (→ Haavelmo-Schneider-Theorem) ist bekannt, dass auch ein ausgeglichenes Budget wegen unterschiedlicher → Multiplikatoren je nach Einnahme- und Ausgabeart zu multiplikativen Effekten führen kann.

Balanced Growth → ausgewogenes Wachstum.

Balanced Marketing – Marktbearbeitung, die mehreren Marktpartnern mit z.T. unterschiedlichen Interessen gerecht werden will. Diese Notwendigkeit ergibt sich z.B. im → Social Marketing und im → Handelsmarketing.

Balanced Scorecard

von Prof. Dr. Dr. h.c. Jürgen Weber

I. Ursprung

Vor dem Hintergrund immer lauterer Kritik an der Eindimensionalität finanzieller Kennzahlensysteme in den USA wurde Anfang der 1990er-Jahre unter der Leitung von R.S. Kaplan und D.P. Norton ein Forschungsprojekt mit zwölf US-amerikanischen Unternehmen durchgeführt. Ziel war, die vorhandenen Kennzahlensysteme den gestiegenen Anforderungen der Unternehmen anzupassen.

II. Unterschiedene Perspektiven

Im Konzept der Balanced Scorecard werden die traditionellen finanziellen Kennzahlen durch eine Kunden-, eine interne Prozess- und eine Lern- und Entwicklungsperspektive ergänzt (vgl. Abbildung „Balanced Scorecard – Perspektiven"); vorlaufende Indikatoren bzw. Leistungstreiber treten damit an die Seite von Ergebniskennzahlen:

Die *finanzielle Perspektive* zeigt, ob die Implementierung der Strategie zur Ergebnisverbesserung beiträgt. Kennzahlen der finanziellen Perspektive sind z.B. die erzielte Eigenkapitalrendite bzw. Economic Value Added. Die finanziellen Kennzahlen nehmen dabei eine Doppelrolle ein. Zum einen definieren sie die finanzielle Leistung, die von einer Strategie erwartet wird. Zum anderen fungieren sie als Endziele für die anderen Perspektiven der Balanced Scorecard. Kennzahlen der Kunden-, internen Prozess- sowie Lern- und Wachstumsperspektive

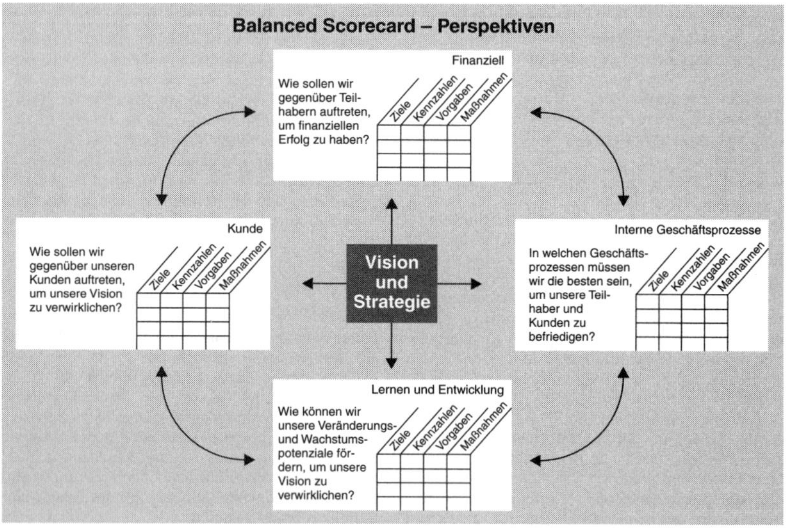

sollen grundsätzlich über Ursache-/Wirkungsbeziehungen mit den finanziellen Zielen verbunden sein.

Die *Kundenperspektive* reflektiert die strategischen Ziele des Unternehmens in Bezug auf die Kunden- und Marktsegmente, auf denen es konkurrieren möchte. Für die identifizierten Kunden- und Marktsegmente sollen Kennzahlen, Zielvorgaben und Maßnahmen entwickelt werden.

Aufgabe der *internen Prozessperspektive* ist es, diejenigen Prozesse abzubilden, die vornehmlich von Bedeutung sind, um die Ziele der finanziellen Perspektive und der Kundenperspektive zu erreichen. Hierbei ist eine Darstellung der kompletten Wertschöpfungskette hilfreich.

Die Kennzahlen der *Lern- und Wachstumsperspektive* beschreiben die Infrastruktur, die notwendig ist, um die Ziele der ersten drei Perspektiven zu erreichen. Die Notwendigkeit von Investitionen in die Zukunft wird von Kaplan und Norton bes. betont. Drei Hauptkategorien werden hierbei unterschieden: Qualifizierung von Mitarbeitern, Leistungsfähigkeit des Informationssystems sowie Motivation und Zielausrichtung von Mitarbeitern.

Die Balanced Scorecard präsentiert sich somit als strukturierte, ausgewogene Sammlung von primär diagnostisch zu verstehenden Kennzahlen.

III. Balanced Scorecard als Managementsystem

Nach Kaplan und Norton stellt die Balanced Scorecard aber nicht nur ein neues Kennzahlensystem dar; als Managementsystem soll sie vielmehr das Bindeglied zwischen der Entwicklung einer Strategie und ihrer Umsetzung sein. Auf diesem Feld konstatieren die Autoren derzeit erhebliche Defizite:

- Visionen und Strategie sind nicht umsetzbar;
- Verknüpfung der Strategie mit den Zielvorgaben der Abteilungen, der Teams und der Mitarbeiter fehlen;
- die Strategie ist nicht mit der Ressourcenallokation verbunden;
- „taktisches" herrscht anstelle von „strategischem" Feedback vor.

Alle Hindernisse sollen durch den Einsatz der Balanced Scorecard überwunden werden:

- Der Entwicklungsprozess einer Balanced Scorecard im oberen Management soll zur Klärung sowie zum Konsens im Hinblick auf die strategischen Ziele führen.
- Die Balanced Scorecard soll zur einheitlichen Zielausrichtung der Handlungsträger im Unternehmen durch drei Mechanismen beitragen: Kommunikations- und Weiterbildungsprogramme, Verknüpfung der Balanced Scorecard mit Zielen für Teams und einzelne Handlungsträger sowie die Verknüpfung mit Anreizsystemen.
- Neben den personellen Ressourcen müssen auch die finanziellen und materiellen Ressourcen auf die Unternehmensstrategie ausgerichtet werden. Vier Schritte sollen dabei helfen: Die Formulierung von hoch gesteckten Zielen, die Identifizierung und Fokussierung strategischer Initiativen, die Identifikation kritischer unternehmensweiter Strategien sowie ihre Verknüpfung mit der jährlichen Ressourcenallokation und Budgetierung.
- Der traditionell hierarchische Prozess zur Strategieformulierung und -implementierung ist nach Kaplan und Norton durch einen mangelhaften Feedback-Prozess gekennzeichnet. Die Rückkopplung erfolgt nur auf der operativen Ebene als „Single-loop-Lernen". Mithilfe der Balanced Scorecard soll dagegen die Rückkopplung auf die Strategie bezogen werden und einen durch „Double-loop-Lernen" charakterisierten strategischen Lernprozess fördern.

Die Balanced Scorecard soll nach Kaplan und Norton also den strategischen Führungsprozess im Unternehmen unterstützen bzw. als Handlungsrahmen für diesen Prozess dienen. Ihr aktuell durchschlagender Erfolg in der Unternehmenspraxis zeigt sowohl den hohen Bedarf einer Ergänzung monetärer Steuerungsgrößen als auch die erkannte Dringlichkeit, Strategien besser mit dem operativen Geschäft zu verzahnen. Für ersteren Aspekt bilden die vorgeschlagenen vier Perspektiven der Balanced Scorecard einen tragfähigen Ansatz, da sie letztlich die gesamte Wertschöpfungskette abbilden. Für den Aspekt der Strategiedurchsetzung konkurriert die Balanced Scorecard mit anderen Konzepten (z.B. Durchsetzung eines Strategic Intent, Konzentration auf eine Kernfähigkeit oder Hoshin-Planung).

Balance Sheet – engl. für *Bilanz.*

I. Aufbau: 1. Die *Aktivseite* wird mit *Assets* (Anlage- und Umlaufvermögen) bezeichnet, die *Passivseite* mit *Liabilities and Shareholders Equity* (Verbindlichkeiten und Eigenkapital). Im Gegensatz zur englischen Bilanz (→ Passiva links, → Aktiva rechts) ist die amerikanische Bilanz wie die deutsche aufgebaut. – 2. *Gliederung:* a) *Assets* (Aktiva): *Current Assets* (Umlaufvermögen), *Long-term Investments* (Wertpapiere des Anlagevermögens), *Tangible Fixed Assets* (materielle Werte des Anlagevermögens), *Intangible Fixed Assets* (immaterielle Werte des Anlagevermögens), *Deferred Charges* (aktive Rechnungsabgrenzungs-Posten, soweit sie nicht Forderungscharakter besitzen). – b) *Liabilities and Shareholders' Equity* (Passiva): *Current Liabilities* (kurzfristige Verbindlichkeiten), *Long-term Debt* (langfristige

Verbindlichkeiten), *Shareholders' Equity* (Eigenkapital), *Earnings Retained in the Business* (Gewinnvortrag).

II. Bilanz-Vorschriften: → US-GAAP.

III. Bilanztheorien: Bilanztheorien wie in der Bundesrepublik Deutschland gibt es in den USA nicht. Die in den dt. Bilanztheorien behandelten Probleme werden nicht in systematischer Weise, sondern fallbezogen gelöst. Die investitionsorientierte Information und damit die periodengerechte Erfolgsermittlung stehen im Vordergrund der Bilanzierung (dynamische Auffassung). Daneben sollen aus der Bilanz *finanzwirtschaftliche* Schlüsse zu ziehen sein (→ Working Capital); die Aussagefähigkeit der Bilanz über die Liquidität soll v.a. durch Aufstellung und Veröffentlichung von → Kapitalflussrechnungen verbessert werden.

Balkencode → Barcode.

Ballungsraum → Verdichtungsraum.

Bamako-Initiative – 1987 erfolgte Initiative der → WHO und der UNICEF für eine Beteiligung der Bevölkerung an der Finanzierung von Gesundheitsleistungen in der Dritten Welt. – Vgl. auch → Basis-Gesundheitsdienst.

BAMF – Abk. für Bundesamt für Migration und Flüchtlinge. Die Aufgaben sind aufgeführt in § 75 Aufenthaltsgesetz.

Ban – Abk. für *bundeseinheitliche Artikelnummerierung* (→ Artikelnummernsysteme).

Bancassurance – Vertrieb von Versicherungsprodukten durch → Banken und Sparkassen – neben klassischen Bankprodukten, wie z.B. Sparplänen oder → Krediten – oder durch Vertriebsmitarbeiter von → Versicherungsunternehmen in den Räumen der Banken bzw. Sparkassen. – 2. *Merkmale:* I.d.R. liegt dem Konzept eine Vertriebskooperation zwischen Bank bzw. Sparkasse und Versicherer zugrunde. Immer häufiger gehen zudem auch → Versicherungsmakler Kooperationen mit Banken bzw. Sparkassen ein, um dort Produkte zu vertreiben. Teilweise besitzen Versicherungskonzerne auch eigene Banktochtergesellschaften, oder Banken bzw. die Sparkassen haben eigene Versicherungstöchter. – 3. *Bedeutung:* Der Vertrieb von Versicherungsprodukten über Banken bzw. Sparkassen ist weit verbreitet und besonders erfolgreich im Lebensversicherungsgeschäft. Dem Gegenstück, d.h. der Vermittlung von Bankprodukten durch Versicherungsvertriebe (auch Assekuranzbanking oder Assurbanking genannt), fehlt dagegen noch der nachhaltige Erfolgsbeweis. – Vgl. auch → Allfinanz.

Bandbreite – 1. *Devisengeschäft:* i.d.R. im Zusammenhang mit flexiblen (managed floating; begrenzt flexiblen) → Wechselkursen verwendeter Begriff, z.B. im früheren *Europäischen Währungssystem* – dem heutigen → EWS II, an dem alle Länder mit Ausnahmegenehmigung mind. zwei Jahre vor der Prüfung teilzunehmen haben (vgl. Stabilitäts- und Konvergenzkriterien von Maastricht). Die Bandbreite bezeichnet die zulässige Abweichung der Devisenkassakurse (Marktkurse) von einem vertraglich vereinbarten Leitkurs. Bei drohender Überschreitung der Bandbreite sind die beteiligten Notenbanken zu Interventionen verpflichtet (→ Interventionspflicht). – Vgl. auch → Zielzonen-System. – 2. *Informatik:* max. Datenübermittlungsrate zwischen Teilen eines Computernetzwerkes gemessen in „Bits per Second" (bps).

Banded Pack – 1. *Begriff:* Maßnahme der → Verkaufsförderung. Zwei komplementäre Produkte werden in einer Verpackung angeboten, wie z.B. Hemd mit Krawatte, Schal oder Pullover; Zahnpasta mit Zahnbürste oder/und Mundwasser etc. 2. *Zweck:* Verfolgte Ziele können sein: a) stärkere Nutzung durch Zielkunden, die die Produkte bereits kaufen, – b) Gewinnung neuer Kunden, die eines der beiden Produkte bisher nicht kaufen, – c) Erhöhung der Kauf- und Zahlungsbereitschaft durch die Produktkombination, – d) Aufforderung an den Handel, das neue Produkt ebenfalls aufzunehmen. – Vgl. auch → Self Liquidation Offer.

Bandenschmuggel – Es handelt sich um ein Zoll- und Steuerdelikt (§ 373 II Nr. 3 AO). Bandenschmuggel begeht, wer als Mitglied einer Bande (mind. zwei Personen), die sich zur fortgesetzten Begehung der Hinterziehung von → Einfuhrabgaben oder → Ausfuhrabgaben oder des → Bannbruchs verbunden hat, zusammen mit einem anderen Bandenmitglied die Tat ausführt. – *Strafe:* Freiheitsstrafe von drei Monaten bis zu fünf Jahren. – Vgl. auch → Steuerhinterziehung.

Banderolensteuer – *Streifensteuer, Zeichensteuer;* mittels Verwendung von Banderolen (Papierstreifen) oder anderen Steuerzeichen erhobene Verbrauchsteuer auf ein verpacktes Konsumgut, z.B. → Tabaksteuer (auf Rauch-, Kau-, Schnupftabak, Zigarren, Zigaretten, Zigarettenpapier). Steuerschuldner ist der Hersteller.

Bandwagon-Effekt → Mitläufereffekt.

Bank – *Bankbetrieb, Kreditinstitut;* Unternehmen, das als Geschäftsbank durch Verknüpfung der bankbetrieblichen Produktionsfaktoren geld- und kreditbezogene Dienstleistungen erstellt. – 1. *Volkswirtschaftliche Funktion:* Liquiditätsausgleich innerhalb des dem Wertestrom der Sachgüter und Dienstleistungen entgegengerichteten Geldstroms durch Losgrößen-, Fristen- und Risikotransformation. – 2. *Einzelwirtschaftliche Funktionen:* (1) *Umtauschfunktion:* Schaffung von Möglichkeiten des Tauschs liquider Mittel unterschiedlicher Form und/oder Qualität. (2) *Depotfunktion:* Verwahrung liquider Mittel über bestimmte Zeiträume. (3) *Transportfunktion:* Räumliche Übertragung monetärer Mittel. (4) *Finanzierungsfunktion:* Zeitweilige Überlassung von Geld oder Kredit an Dritte. – 3. *Legaldefinition:* Nach § 1

Abs. 1 → KWG sind Kreditinstitute alle Unternehmungen, die → Bankgeschäfte gewerbsmäßig betreiben, oder wenn der Umfang dieser Geschäfte einen in kaufmännischer Weise eingerichteten Geschäftsbetrieb erfordert. Sie können auch in öffentlicher Hand sein (→ öffentliche Kreditinstitute). Kreditinstitute sind: → Kreditbanken, → Sparkassen und → Landesbanken, Genossenschaftsbanken (→ Kreditgenossenschaft) und genossenschaftliche Zentralkassen, → Realkreditinstitute, Teilzahlungskreditinstitute, → Banken mit Sonderaufgaben und → Kapitalanlagegesellschaften. Keine Geschäftsbanken sind die → Deutsche Bundesbank, Versicherungsunternehmen und Pfandleihunternehmen. – Vgl. auch → Bankbetriebslehre.

Bankaktie → Aktie einer Bank in der Rechtsform einer Aktiengesellschaft, einer Kommanditgesellschaft auf Aktien (Aktienbank), oder einer europäischen Aktiengesellschaft (Societas Europaea, SE).

Bankakzept → Wechsel, der im Rahmen eines → Akzeptkredits von einem erstklassigen Kunden auf eine Bank (bzw. Kreditinstitut) gezogen wurde und den diese akzeptiert hat. – Die Bank wird damit der → Bezogene aus dem → Wechselgeschäft und ist damit verpflichtet, an den Begünstigten (z.B. ein Lieferant des Kunden) bei Fälligkeit zu zahlen. Der Bankkunde erhält somit von der Bank einen Kredit. Bankakzepte werden v.a. im Außenhandel zur Finanzierung von Importgeschäften verwendet. Bankakzepte können aber auch als Zahlungsmittel zur Begleichung von Verbindlichkeiten im Inland oder als Kreditmittel zur Beschaffung von liquiden Mitteln (Finanzakzept) eingesetzt werden. Diese beiden Möglichkeiten haben jedoch in der Praxis kaum noch Bedeutung.

Bankanleihe – *Bankobligation, Bankschuldverschreibung;* die von einer Bank zur Fremdkapitalbeschaffung herausgegebene eigene Schuldverschreibung. Sie dient der Bank zur Refinanzierung ihres Aktivgeschäftes. Bankanleihen werden i.d.R. in Selbstemission begeben, entweder als Einmalemission oder als Daueremission, z.B. von → Pfandbriefen.

Bankassurance – Assurancebanking

von Prof. Dr. Reinhold Hölscher und Dr. Ulrike Erdmann

I. Begriff und Entwicklung

Bankassurance oder Assurancebanking bezeichnet die Zusammenarbeit und den gemeinsamen Marktauftritt von Kreditinstituten (Banken) und Versicherungsunternehmen, auch allgemein Allfinanz genannt. Ziel dabei ist es, den Kunden ein umfassendes und abgestimmtes Produktangebot an Finanzdienstleistungen zu unterbreiten und so die Kundenbindung zu stärken, um nachhaltige und regelmäßige Erträge zu erwirtschaften.

Da die Angebotspalette von Banken und Versicherungsunternehmen gleichartige, aber auch sich ergänzende Produkte umfasst, gibt es schon lange vertragliche Kooperationen und kapitalmäßige Verflechtungen zwischen Banken und Versicherungsunternehmen. Seit jedoch vor einigen Jahren dem Bereich der Altersvorsorge ein hohes Wachstumspotenzial prognostiziert wurde und da in anderen europäischen und außereuropäischen Ländern im Vergleich zum deutschen Markt die Bedeutung von Bankassurance und Assurancebanking weiter entwickelt ist, wurde das Bemühen um integrative Geschäftsmodelle intensiviert. Zwischenzeitlich haben einige Finanzhäuser von ihren umfassenden Allfinanzstrategien wieder Abstand genommen, während andere sich erfolgreich in diesem wettbewerbsintensiven Markt etabliert haben.

Historisch gesehen wurden Bank- und Versicherungsdienstleistungen grundsätzlich getrennt angeboten, verboten doch schon die Reichsgesetze von 1899 und 1901 aus Sicherheitsgründen das gemeinsame Betreiben von Bank- und Versicherungsgeschäften. Dennoch waren seit jeher Banken und Versicherungsunternehmen organisatorisch und rechtlich miteinander verbunden. So unterhielt die Bayerische Hypo- und Vereinsbank in München seit 1835 einen eigenen Bereich für Feuer- und Lebensversicherungen und der Allgemeinen Versorgungsanstalt im Großherzogthum Baden von 1835 als Vorgänger der heutigen Karlsruher Lebensversicherung war als Staatsgesellschaft die Bargeldannahme erlaubt. Bankiers der Kölner Familie Oppenheim beteiligten sich an der Gründung von Versicherungsgesellschaften wie der Colonia AG (heute: AXA Konzern), der Agrippina (heute Zürich Gruppe) und der Kölner RückversicherungsGesellschaft-AG (heute: Mehrheitsbeteiligung durch die General Reinsurance Corporation USA, gemeinsam in Deutschland als Gen Re).

Im operativen Geschäft haben Banken und Versicherungsunternehmen stets zusammengearbeitet, sei es im Bereich des Zahlungsverkehrs, der Kapitalanlage oder im Vermittlungs- und Provisionsgeschäft. So sei hier bes. auf zwei vergleichbare Verbundkonzepte hingewiesen, auf den kreditgenossenschaftlichen FinanzVerbund (Genossenschaftsbanken und R+V Versicherungen) und den Sparkassenverbund (Sparkassen, Landesbanken und Provinzial-Versicherungen), die beide dezentral aufgebaut sind und auf Kooperationsvereinbarungen basieren.

Auch die Privatbanken haben seit jeher Kooperationen mit Versicherungsgesellschaften abgeschlossen, z.T. mit kapitalmäßiger Unterlegung.

Der Trend zu Allfinanz-Instituten wurde zunächst von den Banken forciert, nun aber weiten auch die Versicherungsunternehmen ihre Allfinanz-Aktivitäten aus. Mittlerweile sind Finanzinstitute entstanden, insbesondere durch Übernahmen und Fusionen, bei denen die Bank- und Versicherungsseite nicht mehr eindeutig zu unterscheiden ist (z.B. ING-Internationale Nederlanden Groep, Talanx AG).

II. Veränderungen der Wettbewerbsbedingungen auf den Finanzmärkten

1. Verändertes Kundenverhalten und die Ursachen

Das Marktpotenzial für Finanzdienstleistungen wird maßgeblich durch die *demografische Entwicklung* beeinflusst. So sind allgemein die Bevölkerungszahlen in Europa rückläufig. Auch in Deutschland wird für die nächsten Jahrzehnte ein Rückgang der Bevölkerung erwartet (heute: etwa 82 Mio., in 2050: um 70 Mio. Menschen) und damit verbunden auch ein Rückgang von Vertragsabschlüssen und des Versicherungsbestandes.

Gleichzeitig wird sich die Altersstruktur verschieben. Aufgrund der steigenden Lebenserwartung und sinkenden Geburtenzahlen wird damit gerechnet, dass im Jahre 2050 der Anteil der über 65-jährigen auf über 50 Prozent der Gesamtbevölkerung angestiegen sein wird. Darüber hinaus wird das Erwerbspersonenpotenzial deutlich kleiner werden (heute: etwa 55 Mio.; in 2050: etwa 44 Mio. Personen). Diese Veränderungen werden sich deutlich auf die bestehenden staatlichen Sozialversicherungssysteme auswirken. Die bisherige umlagefinanzierte Staatsrente wird in ihrer derzeitigen Form nicht mehr aufrecht erhalten werden können, kapitalgedeckte Altersvorsorgesysteme wie betriebliche und private Renten werden an Bedeutung gewinnen. Diese Entwicklung wiederum eröffnet für Finanzdienstleistungsunternehmen zusätzliches Marktpotenzial. Hier sind differenzierte Versorgungsmodelle gefragt, die sowohl Elemente von Investment und Kapitalanlage – die Kernkompetenz der Banken – als auch Elemente von Lebens- und Rentenversicherungen – die Kernkompetenz der Versicherungsunternehmen – kombinieren.

Das verfügbare Einkommen und die Sparquote sind maßgebliche Einflussfaktoren auf die *Geldvermögensbildung* privater Haushalte und damit auf die Nachfrage nach Produkten der Finanzdienstleistungsunternehmen. In den nächsten Jahren werden Zuwächse des Geldvermögens aufgrund von ererbtem Vermögen erwartet. Derzeitig ist das Geldvermögen infolge der Finanzmarktkrise zurückgegangen (in 2008 um 2,5 Prozent), obwohl die Sparquote weiter angestiegen ist (in 2008: etwa 11 Prozent). Auch hat der Absturz an den Börsen das Anlageverhalten privater Haushalte beeinflusst. Während Gelder aus Anlagen in Aktien, Aktienfonds und Zertifikate sowie bei Banken abgezogen wurden, gewannen risikoarme Anlagen insbesondere bei Sparkassen und Genossenschaftsbanken an Bedeutung. Da die Anleger in unruhigen Zeiten kurzfristige Anlageformen bevorzugen, kann damit gerechnet werden, dass zukünftig die Anlageformen, die eine finanzielle Vorsorge für das Alter gewährleisten, zunehmend nachgefragt werden. Auch die Anlage in Riester-Verträge, mit denen die private Altersvorsorge staatlich gefördert wird, hat sich mittlerweile etabliert.

Finanzdienstleistungen sind komplexe und erklärungsbedürftige Produkte. Die Kunden von heute haben *hohe Ansprüche an Finanzdienstleister.* Sie erwarten umfassende Beratung bei ihren finanziellen Problemen von einem Anbieter und sind – zumindest z.T. – nicht bereit, für die verschiedenen Einzelprodukte mit unterschiedlichen Anbietern zu sprechen. Darüber hinaus sind die Kunden preissensibler sowie sicherheits- und qualitätsbewusster geworden und möchten Informationen auf den unterschiedlichen Vertriebskanälen erhalten (insbesondere durch das Internet). Allerdings treffen Kunden auch Entscheidungen, die überwiegend durch eine Convenience-Einstellung geprägt sind. Dadurch wird es für Anbieter von Finanzdienstleistungen immer schwieriger, aber auch unverzichtbar, sich auf dieses unterschiedliche Kundenverhalten einzustellen.

2. Zunehmende Wettbewerbsdynamik durch Globalisierung

In den letzten Jahren ist die Globalisierung der Finanzmärkte immer weiter vorangeschritten. Der Abbau vieler Regulierungsvorschriften, die Schaffung des europäischen Binnenmarktes sowie die Verbreitung des Euros haben den zwischenstaatlichen Kapitalverkehr erheblich vereinfacht. Informations- und Kommunikationswege sind mit dem technologischen Fortschritt schneller, einfacher und effizienter geworden. Durch Internetgeschäfte können Produkte standort- und zeitunabhängig angeboten und vertrieben werden. Diese Entwicklungen haben das Anwachsen der internationalen Kapitalströme begünstigt; die hohe Markttransparenz erhöht gleichzeitig aber auch den Wettbewerbsdruck. Der Wettbewerb zwischen den nationalen und internationalen Finanzmärkten hat zu einem Konzentrationsprozess geführt, der branchen- und grenzüberschreitende Fusionen und Übernahmen zur Folge hat.

Verstärkt wird dieser Trend durch die Reform des US-Bankensystems. Nach der Lockerung des traditionellen Trennbankensystems ist es den Banken seit einigen Jahren erlaubt, sich über Holdinggesellschaften mit Versicherungsunternehmen und Wertpapiergesellschaften zusammen zu schließen und gemeinsam ihre Produkte zu vermarkten. Dies hat dazu geführt, dass die einzelnen Institute ihre Produktpalette durch Zu- und Aufkäufe erweitert haben und so sich zu noch größeren internationalen Allfinanzkonzernen entwickelt haben.

Auf den deutschen Markt drängen immer mehr ausländische Anbieter, die über Beteiligungen, einer Ausdehnung ihres Vertriebsnetzes und strategischer Allianzen mit anderen Finanzdienstleistern oder auch den branchenfremden Einzelhandel ihre Produkte anbieten. Aber auch die deutschen Bank- und Versicherungsunternehmen sind international präsent und engagieren sich zusätzlich in neuen ausländischen Wachstumsmärkten, die sich v.a. in den osteuropäischen Ländern, Russland und Asien entwickeln.

3. Veränderungen der staatlichen Aufsicht von Finanzdienstleistern

Angesichts der Veränderungen auf den Kapitalmärkten ist auch die Aufsicht über die verschiedenen Anbieter von Finanzdienstleistungen in einer gemeinsamen staatlichen Allfinanzaufsicht, der Bundesanstalt für Finanzdienstleistungsaufsicht (BaFin), zusammengefasst worden. Mit den drei Säulen Bankenaufsicht, Versicherungsaufsicht und Wertpapieraufsicht werden etwa 2.000 Kreditinstitute, 700 Finanzdienstleistungsinstitute und 600 Versicherungsunternehmen von einer zentralen Stelle beaufsichtigt.

Mit der Zusammenfassung der drei Aufsichtsbehörden wurde der Tatsache Rechnung getragen, dass die Unternehmen dieser drei Branchen sich mit ähnlichen und sogar identischen Produkten um die Ersparnisse der privaten Haushalte bemühen. Die Angleichung ist nicht nur bei dem Produktangebot festzustellen, sondern auch bei den eingegangenen Risiken. So gehen Banken durch ihre Geschäftstätigkeit marktbedingte Erfolgsrisiken ein, insbesondere sind mit der Vergabe von Krediten Ausfallrisiken verbunden. Versicherungsunternehmen dagegen unterliegen dem Kapitalanlagerisiko, das sich grundsätzlich nicht von dem bankbetrieblichen Ausfallrisiko unterscheidet. Darüber hinaus haben Versicherungsunternehmen aufgrund des versicherungstechnischen Risikos Vorsorge dafür zu treffen, dass der Gesamtschaden einer Gruppe von Versicherungsnehmern den erwarteten Schadenswert nicht übersteigt. Durch eine einheitliche Aufsichtspraxis sollen gleiche Regeln für gleiche Risiken gelten und damit eine Wettbewerbsgleichheit auf den Finanzmärkten gewährleistet werden.

Außerdem wurden die Eigenkapitalregeln und Anforderungen für das Kreditgeschäft der Banken überarbeitet. Die neuen Eigenkapitalvorschriften aufgrund von → Basel II (insbesondere Solvabilitätsverordnung, → Solvabilität) und die Mindestanforderungen an das → Risikomanagement (MaRisk) haben die Risikovorsorge und -steuerung in den Banken auf eine neue Basis gestellt. Es ist absehbar, dass die Finanzkrise zu einer weiteren Verschärfung der Bankenaufsicht führen wird (z.B. in Bezug auf Hedge-Fonds, Verbriefungen oder Credit Default Swaps).

Auch auf Versicherungsunternehmen werden u.a. mit → Solvency II und den versicherungsspezifischen „Mindestanforderungen an das Risikomanagement" höhere Anforderungen zukommen. Mit der Reform des Versicherungsvertragsgesetzes (VVG) wurden weiterhin neue Vorschriften für das Versicherungsgeschäft festgeschrieben (z.B. in Bezug auf Rückkaufswerte, Überschussbeteiligung oder Informationspflichten).

Die Finanzkrise hat die Konsolidierungstendenzen bei den Finanzdienstleistern verstärkt. Verluste und Schieflagen sowie Staatshilfen werden zu einschneidenden Veränderungen führen. Es gibt einerseits den Trend zur Konzentration auf das Kerngeschäft, andere Wettbewerber wollen aber auch durch Beteiligungen, Übernahmen oder Fusionen ihre Marktposition nachhaltig stärken.

III. Entwicklung von Bankassurance-Strategien

Banken und Versicherungsunternehmen streben mit der Umsetzung von Allfinanzstrategien verschiedene Ziele an, bes. die Erhöhung der Kundenbindung, die Erweiterung der Kundenkreise und der Produktpalette sowie die Realisierung von Synergieeffekten im Vertrieb. Um diese Ziele zu erreichen, haben Banken und Versicherungsunternehmen viele Möglichkeiten. Es können jedoch drei grundsätzliche Vorgehensweisen unterschieden werden: die Vertriebskooperation, das Partnerschaftsmodell und das Integrationsmodell (vgl. von Hülsen/Schacht/Schulz, 2003). Diese Basisstrategien lassen sich auch als Entwicklungsstufen beschreiben, wobei im Integrationsmodell die Verschmelzung von Bank- und Versicherungsgeschäften am weitesten fortgeschritten ist.

Bei einer *Vertriebskooperation* einigen sich die Kooperationspartner auf die gemeinsame Nutzung der Vertriebswege und -kapazitäten, um die eigenen Produkte zu verkaufen. Dabei sind Kooperationen mit und ohne Exklusivität denkbar. In der einfachsten Form beinhaltet dieses Konzept den Vertrieb von Versicherungsprodukten durch Banken gegen Provision, eine Vorgehensweise, die schon lange praktiziert wird. Vertriebskooperationen lassen sich schnell und einfach umsetzen, genauso schnell aber auch wieder kündigen. Als typische Probleme bei der Zusammenarbeit sind v.a. der unzureichende Austausch der Kundendaten, eine nicht gewährleistete Qualität bei den Kooperationsprodukten und der mangelnde Zugriff auf die fremden Vertriebskanäle zu nennen. Deswegen bilden Vertriebskooperationen häufig die erste Stufe für eine Zusammenarbeit, die dann durch zunehmende Integration ausgebaut wird (vgl. Schierenbeck, 2002).

Das *Partnerschaftsmodell* umfasst weiter reichende Kooperationen, wobei diese oft durch gegenseitige Kapitalbeteiligungen unterlegt sind. Allerdings bleibt die Eigenständigkeit beider Partner erhalten. Die

Kooperationspartner einigen sich im Partnerschaftsmodell insbesondere auf eine stärkere Integration der Produktentwicklung und eine Angleichung der Geschäftsprozesse im Vertrieb. Auch hier existieren in der Praxis unterschiedliche Varianten. Bspw. plant die Allianz AG nach Verkauf der Tochter Dresdner Bank an die Commerzbank die Gründung einer Banking-Tochter mit einem Netz von Bankagenturen, die den Vertrieb der Allianz-Versicherungsprodukte unterstützen sollen (Assurancebanking). Vorteilig für eine solche Strategie ist die hohe Bankstellendichte in Deutschland, die ansonsten unter Kostengesichtspunkten eher kritisch gesehen wird.

Fehlt ein passender Kooperationspartner, sind alternativ auch Eigengründungen möglich. Während hierbei die Abstimmung von unterschiedlichen Unternehmenskulturen entfällt, wirken sich die hohen Investitionen und langen Vorlaufphasen, die i.d.R. mit Verlusten verbunden sind, negativ aus, sodass diese Vorgehensweise zur Zeit von untergeordneter Bedeutung ist.

Die intensivste Zusammenarbeit von Banken und Versicherungsunternehmen wird durch das *Integrationsmodell* erreicht. Hier entstehen, meistens durch Fusionen und Übernahmen, Allfinanzkonzerne. Je nach Marktauftritt werden die ursprünglichen Firmennamen beibehalten (z.B. bei Talanx) oder die Produkte werden unter einem einheitlichen Namen vertrieben (z.B. bei Fortis). Synergieeffekte erhofft man sich v.a. aus der Bündelung gleichartiger Produkte (z.B. Anlage von Kapital zur Altersvorsorge) und der Kombination bestehender Produkte (z.B. Kredit in Verbindung mit einer Restschuldversicherung). Weiterhin sollen auch neue integrierte Allfinanzprodukte geschaffen werden, um sich neue Geschäftsfelder zu erschließen (z.B. Verbundlösungen im Bereich der betrieblichen Altersvorsorge). Dabei ist einzuplanen, dass integrierte Allfinanzstrukturen über Jahre aufgebaut werden müssen.

IV. Erfolgsfaktoren eines Allfinanzkonzeptes

Um ein Allfinanzangebot erfolgreich vermarkten zu können, bedarf es einer systematischen Integration aller Managementbereiche (vgl. Schierenbeck, 2002). Den ersten Erfolgsfaktor bildet daher die Einbindung des Allfinanzgedankens in das *Portfolio-Management*, indem die angestrebten Geschäftsfelder festgelegt und konkrete Strategien für die Marktbearbeitung entwickelt werden. Synergien zwischen Bank- und Versicherungs-Know-how gilt es dabei zu nutzen, um ein zielgruppenspezifisches Produktportefeuille zu erstellen. Das Produktangebot muss in diesem Zusammenhang regelmäßig an ein verändertes Nachfrageverhalten angepasst werden. Gerade durch die Verschiebung der Altersstruktur in der Bevölkerung werden vormals ertragreiche Produkte an Bedeutung verlieren, was durch veränderte Geschäftsmodelle aufzufangen ist.

Den zweiten Erfolgsfaktor stellt die konsequente *Kundenorientierung im Vertrieb* dar. Eine zentrale Rolle fällt dabei qualifizierten Kundenberatern zu, die in der Lage sein müssen, branchenübergreifend Produkte zu vermarkten. Hier ist nicht nur eine kompetente Beratung sicherzustellen, sondern auch eine Koordination der Vertriebsaktivitäten zu gewährleisten. Insbesondere hängt der Erfolg von Allfinanzstrategien davon ab, ob es dem Kundenberater gelingt, den Bedarf der Kunden richtig einzuschätzen und aus der Vielzahl der Produktkombinationen das jeweils passende Angebot zu unterbreiten.

Darüber hinaus sind Entscheidungen über den gesamten Vertriebswege-Mix zu treffen. So gibt es immer mehr Kunden, die neue Technologien nutzen, um sich über Finanzdienstleistungen zu informieren und online Verträge abzuschließen und nur in ausgesuchten Fragestellungen eine umfassende Beratung vor Ort wünschen. Gerade beim Verkauf über das Internet wird ein deutlicher Zuwachs erwartet. In Hinblick auf diese Kundengruppe mit einer eher hohen Wechselbereitschaft ist die Internetpräsenz heutzutage ein wichtiger Erfolgsfaktor geworden.

Beim Verkauf von Bankleistungen ist die Pull-Strategie gebräuchlich (d.h. der Kunde wird zum Bankgeschäft „gezogen" und vor Ort bedient), im Versicherungsgeschäft dagegen wird die Push-Strategie angewendet (d.h. dem Kunden wird ein Bedarf aufgezeigt). Dies spiegelt sich auch in der jetzigen Vergütungsstruktur wider. Während in Banken Festgehälter gezahlt werden, teilweise mit erfolgsabhängigen Bestandteilen, ist die Bezahlung im Versicherungswesen abschluss- und provisionsorientiert. Eine erforderliche Angleichung der Systeme bezieht sich jedoch nicht nur auf die Vergütung, sondern auch auf die unterschiedlichen Unternehmenskulturen, was eine bes. Herausforderung darstellt und erhebliche Anstrengungen notwendig macht.

Im Bereich der *Produktion* sind drittens Kosten- und Produktivitätsvorteile im Retailgeschäft durch die integrierte Marktbearbeitung zu realisieren. An die Stelle eines breiten Produktsortiments mit einer Vielzahl von Produktvarianten sollen dabei standardisierte Kernprodukte und Lösungskonzepte, die Bank- und Versicherungsprodukte kombinieren, treten, um so Kosten einzusparen und Vertriebssynergien zu nutzen. Flankierend sind im Back-Office-Bereich Bank- und Versicherungsprozesse zu vereinfachen und die Vertriebsmitarbeiter durch gezielte Informationen über beide Sparten (z.B. Mehrfachabschlüsse von Kunden, Vertriebsmargen, regionale Schwerpunkte) zu unterstützen.

Letztendlich geht es darum, die geschäftspolitischen Entscheidungen dahingehend zu bewerten, ob und in welcher Höhe die Synergien von Bankassurance-Aktivitäten zum Erfolg eines Unternehmens beitragen.

V. Ausblick

Während noch vor einigen Jahren ein großes Marktpotenzial durch das Zusammenwachsen des Bank- und Versicherungsgeschäfts prognostiziert wurde, werden heute die Bankassurance-Strategien und ihre Ertragsaussichten sehr differenziert bewertet. Der Trend zu branchenübergreifenden Verflechtungen hat sich abgeschwächt, dennoch gibt es Finanzkonglomerate, die sehr erfolgreich über Tochtergesellschaften und Beteiligungen unterschiedliche Finanzdienstleistungen anbieten. Auf der anderen Seite stehen Finanzinstitute, die sich von ihren bisherigen Beteiligungen getrennt haben und stattdessen Formen der vertraglichen Kooperation bevorzugen. Hier ist insbesondere der erwartete Zuwachs bei den Vertragsabschlüssen ausgeblieben, darüber hinaus haben die mit dem Allfinanzkonzept verbundenen Kosten das Ergebnis erheblich belastet. Hinzu kamen die unterschiedlichen Vertriebsphilosophien, die sich in vielen Fällen nicht vereinbaren ließen.

Außerdem sind bei vielen Kooperationen zwischen Banken und Versicherungsunternehmen die Vorteile ungleich verteilt: Während sich der Verkauf von Versicherungsprodukten durch Banken etabliert hat, besitzt umgekehrt der Absatz von Bankprodukten durch Versicherungen eine eher geringe Bedeutung. Die Kunden sehen hier deutliche Unterschiede in der Beratungskompetenz und erwarten eine bessere Beratung beim Vertrieb der unterschiedlichen Bank- und Versicherungsprodukte (vgl. Mihm, 2008).

Gerade durch die anstehende Neuorientierung nach der Finanzkrise und durch den Konzentrationsprozess in der Finanzdienstleistungsbranche ist es für viele Institute sinnvoll zu überprüfen, welches Allfinanzkonzept die individuelle Wettbewerbsposition stärken kann. Auf der einen Seite werden große Finanzgruppen ihre Marktposition weiter ausbauen, auf der anderen Seite bietet die Konzentration auf die Kernkompetenzen gerade kleineren und mittleren Finanzinstituten Spezialisierungsmöglichkeiten auf bestimmte Produkte oder Kundengruppen.

Bankauftrag – 1. *Begriff*: → Geschäftsbesorgungsvertrag, der mit einer → Bank geschlossen wird, bes. geregelt in den → Allgemeinen Geschäftsbedingungen (AGB) der Banken und Sparkassen. – 2. *Abgrenzung*: Der Bankauftrag ist in §§ 675c-676c BGB für wichtige Fälle unter dem Oberbegriff Zahlungsdienstevertrag gesetzlich konkretisiert (Einzelzahlungsvertrag, Zahlungsdiensterahmenvertrag, → Zahlungsauftrag). – 3. *Wichtigste Rechtsfolgen*: Danach müssen Aufträge jeder Art den Gegenstand des Geschäfts zweifelsfrei erkennen lassen; Abänderungen, Bestätigungen oder Wiederholungen müssen als solche gekennzeichnet sein. V.a. hat der Kunde bei Aufträgen zur Gutschrift auf einem Konto (z.B. Zahlungsauftrag) auf Richtigkeit des Namens des Zahlungsempfängers und der Bankleitzahl zu achten (Nr. 11 AGB Banken). – 4. *Haftung*: Wenn aus Verzögerungen oder Fehlleitungen bei der Ausführung von Aufträgen oder von Mitteilungen hierüber ein Schaden entsteht, so haftet die Bank für jedes Verschulden ihrer Mitarbeiter und der Personen, die sie zur Erfüllung ihrer Verpflichtung hinzuzieht. Hat der Kunde durch schuldhaftes Verhalten (z.B. Verletzung der Mitwirkungspflichten (Nr. 11 AGB Banken, Nr. 20 AGB Sparkassen) zu der Entstehung des Schadens beigetragen, bestimmt sich nach den Grundsätzen des Mitverschuldens, mit welchen Umfang Bank und Kunde den Schaden zu tragen haben.

Bankauskunft – umfasst Informationen über die sog. allg. Verhältnisse, bes. aber über die Seriosität und die Kreditwürdigkeit von Bankkunden, die Dritten auf Anfrage zur Verfügung gestellt werden. Industrie- und Handelsbetriebe (sog. → Nichtbanken) können Bankauskünfte i.Allg. nur unter Einschaltung ihrer Hausbanken einholen, die das berechtigte Interesse der Anfragenden zu prüfen haben und die Anfragen sodann an die Auskunftsbanken weiterleiten. Das seit langer Zeit im nationalen wie im internationalen Geschäftsleben praktizierte Bankauskunftsverfahren trägt den Rechtscharakter einer Verkehrssitte. Bankauskünfte über Privatpersonen, Angehörige freier Berufe u.Ä. erteilen die (dt.) Banken nur noch ausnahmsweise und nur unter bestimmten engen Voraussetzungen. Die Haftung der auskunftserteilenden Banken für den Inhalt von Bankauskünften ist weitgehend ausgeschlossen. – Vgl. auch → Bankenerlass, → SCHUFA, → Bankgeheimnis.

Bankausweis – regelmäßig von einer Notenbank zu veröffentlichende Übersicht ihres → Status zur Beurteilung der Währungs- und Geldmarktlage. Auf der Aktivseite werden v.a. Gold- und Devisenbestände, Wechselportefeuille und Lombarddarlehen, Wertpapierbestand (deckungsfähige Wertpapiere), auf der Passivseite v.a. Einlagen (bspw. Sicht- und Termineinlagen) und weitere Verbindlichkeiten aufgeführt. – Bis zum Jahr 1999 erfolgte der Wochenausweis durch die → Deutschen Bundesbank. Seit dem 1.1.1999 publiziert die → Europäische Zentralbank (EZB) einen entsprechenden Bankausweis.

Bankautomation – 1. *Begriff*: Automation weiter Teile des → Bankgeschäftes durch den Einsatz von EDV. Eingesetzt sowohl im operativen Geschäft als auch in der Abwicklung, Kontrolle etc. – Frühzeitige Nutzung zunächst bei der Belegautomation und später bei der beleglosen Abwicklung des unbaren → Zahlungsverkehrs innerhalb und zwischen Kreditinstituten sowie im Verkehr mit dem Bankkunden. – 2. *Ziel der Automatisierung* des Zahlungsverkehrs ist, durch Verminderung des Personaleinsatzes im Mengengeschäft, Digitalisierung der

Belegflut und Kundenselbstbedienung die Effizienz in der Abwicklung zu steigern. – 3. *Weitere Beispiele EDV-gestützter Anwendungen:* Beispielrechnungen im Rahmen der Kundenberatung, Kreditwürdigkeitsprüfungen als Entscheidungsbasis bei Darlehenswünschen, rechnergestützte Analysen im → Controlling, elektronische Kontoführung (automatische Unterschriftsprüfung und Prüfung der Einhaltung des Verfügungsrahmens), Abstimmung von umsatzreichen Konten im Rahmen der internen Kontenkontrolle, elektronische Archivierung unter Berücksichtigung der Aufbewahrungsfristen. – 4. *Auszug eingesetzter Verfahren, Systeme, Geräte:* → E-Commerce, → Point-of-Sale-Zahlungen, → Geldausgabeautomaten (GAA), → Kontoauszugsdrucker (KAD), → Homebanking, Cash-Management-Systeme (→ Cash Management), → DTA, → Datenfernübertragung. – Vgl. auch Abkommen im Zahlungsverkehr, Deutsche Kreditwirtschaft (DK).

Bankaval – ein von Banken übernommenes → Aval. – Vgl. auch → Avalkredit.

Bankavis – bei der Abwicklung eines → Dokumentenakkreditivs: Mitteilung einer Bank (Akkreditivstelle = Bank des Exporteurs) an den Exporteur, dass zu seinen Gunsten ein Akkreditiv eröffnet wurde (Eröffnung des Akkreditivs durch die Akkreditivbank = Bank des Importeurs). Zusätzlich kann die Bank durch eine verbindliche Verpflichtungserklärung (Bestätigung) die Haftung für die Einlösung der Dokumente abgeben. Damit erhält der Exporteur Gewissheit über die Bezahlung seiner gelieferten Waren.

Bankbetrieb → Bank.

Bankbetriebslehre – Teildisziplin der → Betriebswirtschaftslehre (BWL), die das Bankensystem sowie das einzelne → Kreditinstitut mit dem Ziel untersucht, Informationen über Aufbau, Arbeitsweise und Beziehungen mit der Gesamtwirtschaft zu gewinnen und diese durch Analyse und Auswertung für die Gestaltung von Strukturen und Prozessen nutzbar zu machen. – Als institutionelle Betriebswirtschaftslehre stehen spezielle Managementprobleme von Kreditinstituten im Mittelpunkt. Die Produktions- und Abwicklungsprozesse von Bankleistungen, aber auch das Marketing und die Organisation des Angebots von → Finanzdienstleistungen insgesamt werden zwecks Optimierung von → Geschäftsmodellen unter Ertrags- und Risikoaspekten analysiert und modelliert. So werden nicht nur die institutionellen Gegebenheiten inklusive der wesentlichen rechtlichen Grundlagen betrachtet, sondern international verglichen und die Effizienz und der Wirkungsgrad von Regulierungen bewertet. Mit der Entstehung des europäischen Bankenmarktes entwickelten sich hier über zahlreiche EU-Richtlinien weitgehende Harmonisierungen der Banken- und Kapitalmarktaufsicht. Aktuelle Themen der Forschung sind weiterhin: die weltweiten Auswirkungen der Finanzmarktkrise (→ Subprime-Krise), Verbesserungen der Corporate Governance von Banken, die Risikobemessung von Bankgeschäften (→ Stresstests, Ertrags-Risikosteuerung), Trends und Wirkungen der Rechnungslegungsvorschriften für Banken, aber auch die Fortentwicklungen im internen → Risikomanagement sowie adäquate Vergütungsmodelle in den einzelnen Geschäftssparten.

Bankbilanz → Bilanz von → Banken; Übersicht über Kapital- und Vermögensstruktur, Geschäftsentwicklung, Liquidität und Rentabilität. Die Bankbilanz unterscheidet sich von sonstigen Bilanzen durch die Gliederung der Aktiva nach abnehmender Liquidität, die lediglich implizite Unterteilung in Anlage- und Umlaufvermögen, die überwiegende Zusammensetzung der aktivischen Positionen aus nominellen Rechtstiteln, die Reihenfolge der Passiva (Fremdkapital vor Eigenkapital), die relativ niedrige → Eigenkapitalquote sowie die wachsende Bedeutung der außerbilanziellen Geschäfte. Im Gegensatz zu anderen Unternehmen unterliegt die Passivseite einer Bankbilanz ebenfalls der Zielstellung nach Wachstum und Ertrag, da die Refinanzierung traditionell zentral über die Gewinnung von Kundeneinlagen erfolgt. Gliederungsrechtliche Grundlage ist das → Bilanzrichtlinien-Gesetz (BiRiLiG) vom 30.11.1990 (BGBl. I 2570) sowie die Verordnung über die Rechnungslegung der Kreditinstitute (RechKredV) vom 10.2.1992 mit Änderungen vom 9.6.1998. Am 31.5.2001 wurde die Richtlinie zur Änderung der Bankbilanzrichtlinie (Fair-Value-Richtlinie) verabschiedet. Weiterhin wurde durch die Modernisierung-Richtlinie vom 18.6.2003 die Bankbilanzrichtlinie der IAS-Verordnung angepasst. Das → Bilanzrechtsmodernisierungsgesetz (BilMoG) vom 25.5.2009 änderte zahlreiche für Kreditinstitute relevante Aspekte der Bilanzierung. Von bes. Bedeutung war hierbei der verstärkte Einsatz der Zeitwertbewertung für Finanzinstrumente. – Die *Prüfung des Jahresabschlusses* richtet sich im Fall von Kreditinstituten in der Rechtsform der AG, KGaA oder GmbH nach den Vorschriften des Handelsgesetzbuches (v.a. §§ 316–324) sowie für alle Kreditinstitute, unabhängig von ihrer Rechtsform, nach § 340k HGB. – Vgl. auch → Bankbilanzrichtlinie.

Bankbilanzrichtlinie – im Dezember 1986 verabschiedete, im Rahmen des → Bilanzrichtlinien-Gesetzes (BiRiLiG) vom 30.11.1990 (BGBl. I 2570) in nationales Recht transformierte und erstmalig auf die Rechnungslegung der Geschäftsjahre, die nach dem 31.12.1992 begannen, anzuwendende Richtlinie des Rates der EU über den Jahresabschluss und den konsolidierten Abschluss von Banken und anderen Finanzinstitutionen (→ Bankbilanz). Sie ergänzt die gemeinsamen Richtlinien über den Jahresabschluss von Kapitalgesellschaften und über die Erstellung von Konzernabschlüssen – Bilanzrichtlinien-Gesetz (BiRiLiG) – von denen Kreditinstitute bislang ausgenommen waren. Die Bankbilanzrichtlinie enthält u.a. eine Umschreibung der Begriffe „Bank“ und „Finanzinstitut“, bes. Formblätter für die Bankbilanz und die

Gewinn- und Verlustrechnung, die Ausweisvorschrift nach dem Restlaufzeitenkonzept, bewertungsrechtliche Harmonisierungsvorschriften. Eine Modernisierungs-Richtlinie der EU vom 18.6.2003 empfiehlt die Anpassung der nationalen Bankbilanzierung nach IAS/IFRS. Die Corporate-Governance-Richtlinie aus dem Jahr 2006 passt die Bankbilanzrichtlinie erneut an. Mit ihr soll u.a. die kollektive Verantwortung von Organmitgliedern verbessert werden.

Bankbilanzrichtlinie-Gesetz – Gesetz vom 30.11.1990 (BGBl. I 2570) zur Angleichung von Vorschriften des dt. Rechts an die EG-Bankbilanzrichtlinie (→ Bankbilanzrichtlinie). Aufgrund der Bankbilanzrichtlinie war die Bundesrepublik Deutschland verpflichtet, diejenigen Schutzvorschriften zu koordinieren und gleichwertig zu gestalten, die in den EU-Mitgliedsstaaten Banken und anderen Finanzinstituten (Finanzinstitute i.S.d. KWG) im Interesse der Gesellschafter sowie Dritter vorgeschrieben wurden. Das Bankbilanzrichtlinie-Gesetz dient außerdem der Umsetzung der Bankzweigniederlassungsrichtlinie. – 1. *Umsetzung der EG-Bankbilanzrichtlinie:* Nach dem Vorbild des Bilanzrichtlinien-Gesetzes ist die Anpassung des dt. Rechts an die Bankbilanzrichtlinie schwerpunktmäßig in dem durch das Bilanzrichtlinien-Gesetz neu geschaffenen 3. Buch des HGB und ergänzend durch die „Verordnung über die Rechnungslegung der Kreditinstitute" (→ Rechnungslegungsverordnung) vorgenommen worden. Das 3. Buch des HGB wurde um einen 4. Abschnitt erweitert, in dem „Ergänzende Vorschriften für Kreditinstitute" zusammengefasst wurden. Im Kreditwesengesetz sind nur noch solche Rechnungslegungsvorschriften verblieben, die in unmittelbarem Zusammenhang mit der Bankenaufsicht stehen. Die aufgrund von § 330 II HGB erlassene Rechnungslegungsverordnung trat an die Stelle der Formblattverordnung und der Bilanzierungsrichtlinien des Bundesaufsichtsamts für das Kreditwesen. – Das Bankbilanzrichtlinie-Gesetz ist auf alle *nach dem 31.12.1992 beginnenden Geschäftsjahre* anzuwenden. Auch die Konzern-Rechnungslegungsvorschriften, einschließlich der allg. Regelungen der §§ 290 ff. HGB, mit denen die Konzernbilanzrichtlinie umgesetzt worden ist, muss seit dem Geschäftsjahr 1993 beachtet werden. Damit wurde den Kreditinstituten die gleichzeitige Umstellung von Jahresabschluss und Konzernabschluss auf das neue Recht ermöglicht. – 2. *Anwendungsbereich:* Die Regelungen betreffen alle Kreditinstitute im Sinn von § 1 I KWG, und zwar unabhängig von ihrer Größe und von ihrer Rechtsform. Auch öffentlich-rechtliche Kreditinstitute und Sparkassen sind nach dem Bankbilanzrichtlinie-Gesetz und der Rechnungslegungsverordnung zur Rechnungslegung verpflichtet. Die Vorschriften sind grundsätzlich auch von Zweigstellen ausländischer Banken (→ Auslandsbanken) anzuwenden. Zweigstellen von Banken mit Hauptsitz der Zentrale in einem anderen EU-Staat müssen allerdings nicht einen auf ihre Geschäftstätigkeit in Deutschland bezogenen Jahresabschluss aufstellen, sondern haben nur die Jahresabschlussunterlagen des Gesamtinstituts offen zu legen. – 3. Die *Möglichkeit einer bankspezifischen Risikovorsorge*, d.h. die Beibehaltung stiller Reserven in der Bankenrechnungslegung, blieb nach dem 1.1.1993 zunächst erhalten. Das betrifft auch die Möglichkeit, Bewertungsaufwendungen und -erträge aus Forderungen einerseits und Wertpapieren andererseits in der Gewinn- und Verlustrechnung zu verrechnen (sog. Überkreuzkompensation). Eine Richtlinie zur Änderung der Bankbilanz-Richtlinie vom 21.5.2001 soll in den Bankbilanzen v.a. Neubewertungen und Bewertungen zum beizulegenden Zeitwert (Fair Value) ermöglichen. Eine Modernisierungsrichtlinie des Europäischen Parlamentes und des Rates der EU vom 18.6.2003 verlangt die Umsetzung entsprechender internationaler Rechnungslegungsstandards (IAS 39). Die Corporate-Governance-Richtline aus dem Jahr 2006 soll die kollektive Verantwortung von Organmitgliedern, die Transparenz der Transaktionen von außerbilanziellen Geschäften und eine Erklärung zur Corporate Governance einführen.

Bankbuch – wie das → Kassenbuch gesondertes Grundbuch in der Buchhaltung zur genauen Erfassung der Umsätze und Bestände auf den einzelnen Bank- und Postgirokonten. Wichtig v.a. zur Kontrolle des Verkehrs zwischen Kasse und Bank in Betrieben, die das Ergebnis durch Überschussrechnung (Betriebseinnahmen abzüglich Betriebsausgaben) ermitteln und bei denen die Kontrollmöglichkeiten der doppelten Buchführung nicht gegeben sind.

Bankbuchhaltung – Nach § 238 I HGB ist jeder → Kaufmann verpflichtet, Bücher zu führen und die Lage seines Vermögens nach den Grundsätzen ordnungsmäßiger Buchführung ersichtlich zu machen. Die Aufzeichnung der → Geschäftsvorfälle (Buchungen) erfolgt auf → Konten, für Kreditinstitute gibt es institutsspezifische Kontenrahmen. Jeder Geschäftsvorfall wird doppelt gebucht, jeweils im Soll und im Haben (doppelte → Buchführung). Die Buchungen bilden die Grundlage für die Erstellung des Jahresabschlusses (Bilanz und Gewinn- und Verlustrechnung), außerdem für alle internen Rechnungen (Betriebsbuchhaltung). Besonderheiten bei der Bankbuchhaltung im Vergleich zu anderen Unternehmen ergeben sich insbesondere durch bankspezifische Geschäfte. – 1. *Rechtsgrundlagen:* die für alle Kaufleute geltenden Vorschriften §§ 238–263 HGB sowie §§ 140-148 AO, die Vorschriften für Kapitalgesellschaften (§§ 264 ff. HGB), die rechtsformspezifischen Vorschriften für Genossenschaften §§ 336–339 HGB, für Aktiengesellschaften §§ 58, 150–161 AktG sowie für GmbH §§ 41–42a GmbHG und kreditinstitutspezifische Normen in §§ 340–340o HGB, die RechKredV, die §§ 26, 28, 29 KWG und die amtlichen Äußerungen der BaFin mit unterschiedlicher Rechtsverbindlichkeit. – 2. *Bes. Anforderungen:* a) *Tagfertigkeit:* Alle Geschäftsvorfälle sind am Tag des

Anfalls in sämtlichen Grundbüchern und auf allen Personen- und Sachkonten zu buchen; b) *Zuverlässigkeit und hohe Sicherheit:* Beabsichtigte und unbeabsichtigte Fehlbuchungen müssen durch automatisch wirkende Kontrollen ausgeschaltet sein; außerdem müssen Mechanismen zum Schutz vor unbefugten Zugriffen installiert sein. – Die Bankbuchhaltung wird mithilfe elektronischer Datenverarbeitungssysteme durchgeführt. Hierbei sind die vom Bundesfinanzministerium erlassenen Grundsätze ordnungsmäßiger DV-gestützter Buchführungssysteme (GoBS) zu beachten. – In der Praxis wird unter der Bankbuchhaltung häufig auch die aufbauorganisatorische Einheit (→ Aufbauorganisation) verstanden, die die Buchführungsaufgaben durchführt.

Bankcontrolling

von Prof. Dr. Dres. h. c. Henner Schierenbeck und Prof. Dr. Michael Pohl

I. Wesen des Bankcontrollings

Der Begriff des Controllings umfasst mehr als der zugrunde liegende Terminus „to control" und bedeutet so viel wie „Steuerung, Lenkung und Überwachung". Die damit im Vordergrund des Controllings stehende Steuerungsfunktion weist dabei konkret für Banken eine inhaltliche und eine formale Komponente auf.

In materieller Hinsicht steht das Bankcontrolling für eine integrierte Managementkonzeption, die eine konsequent ertragsorientierte Geschäftsphilosophie zum tragenden Fundament erhebt. Ertragsorientierung heißt in diesem Sinn, dass das Bankergebnis konsequent im Mittelpunkt aller geschäftspolitischen Überlegungen stehen muss.

Aus formaler Sicht vollzieht sich das Bankcontrolling als komplexer kybernetischer Prozess von revolvierend ablaufenden Planungs- und Kontrollaktivitäten, die in allen Phasen durch systematisches Informationsmanagement abgestützt werden. Im Mittelpunkt steht dabei die Formulierung und Abstimmung der (ertragsorientierten) Unternehmensziele auf Gesamtbankebene und die Koordination aller Einzelaktivitäten und Geschäftsbereiche im Hinblick auf diese Ziele.

II. Bausteine integrierter Controlling-Systeme in Banken

Effizientes Controlling kann seiner Steuerungsfunktion nur gerecht werden, wenn in einer Bank eine controlling-adäquate Infrastruktur geschaffen wird. Eine solche Infrastruktur bezieht sich erstens auf die Verankerung des Controlling-Gedankens auf allen Führungsebenen der Bank, zum Zweiten auf eine entsprechende organisatorische Einbindung, zum Dritten auf die Institutionalisierung eines funktionsfähigen Controlling-Zyklus sowie Viertens auf die Existenz eines steuerungsadäquaten Führungsinformationssystems.

1. Ertragsorientierte Geschäftsphilosophie

Das Konzept des Bankcontrollings zeichnet sich inhaltlich dadurch aus, dass sowohl die Gesamtbank als auch die einzelnen Geschäftseinheiten bis hin zum einzelnen Geschäft mithilfe eines integrierten Konzepts bewusst ertragsorientiert gelenkt werden. Dabei geht es im Kern um die Formulierung und Durchsetzung einer Geschäftspolitik, die ihre Philosophie aus drei Grundprinzipien herleitet:

a) Primat der Rentabilität

Alle geschäftspolitischen Entscheidungen sind stets der Frage zu unterwerfen, ob bzw. inwiefern sie zur Erzielung einer angemessenen (Mindest-)Rentabilität beitragen. Das Controlling fungiert damit als eine Art institutionalisiertes „Ertragsgewissen" der Bank.

b) Geschäftswachstum

Geschäftswachstum wird grundsätzlich nicht als Selbstzweck angestrebt, sondern ausschließlich als Mittel zur Rentabilitätsmehrung gesehen. Dabei erfolgt stets eine Abstimmung zwischen wachstumsbedingtem Rentabilitätsbedarf und den voraussichtlichen, wachstumsbedingten Rentabilitätswirkungen (ertragsorientierte Wachstumspolitik). Hierbei sind auch Effekte des Unternehmenswachstums auf den Unternehmenswert im Sinne des Shareholder-Values zu berücksichtigen. Eine erhöhte Wachstumserwartung führt hierbei bei gleichem freiem Cash Flow zu einem höheren Unternehmeswert.

c) Übernahme und Quantifizierung von Risiken

Die Übernahme von Risiken wird dem Rentabilitätsdenken insofern konsequent untergeordnet, als sie sich stets aus den dabei zu erwartenden Ertragsmöglichkeiten zu rechtfertigen hat und strikt mit der generellen Risikotragfähigkeit der Bank gekoppelt sein muss. Das Controlling impliziert also eine deutlich defensive Grundhaltung, was das Eingehen von Risiken betrifft (ertragsorientierte Risikopolitik).

Dies setzt wiederum voraus, dass das Bankcontrolling in der Lage ist, Risiken adäquat zu messen. Hierbei entstehen Überschneidungen interner Anforderungen sowie externer Vorgaben. So fordern bspw. die MaRisk (Mindestanforderungen an das Risikomanagement) gemäß AT 4.3.2, dass die Geschäftsleitung angemessene Risikosteuerungs- und -controllingprozesse einzurichten hat, die eine Identifizierung, Beurteilung, Steuerung sowie Überwachung und Kommunikation aller wesentlichen Risiken gewährleisten.

Als wesentliche Risiken sind sowohl durch die MaRisk als auch durch Basel II und deren nationale Umsetzung in Form der Solvabilitätsverordnung Marktpreisrisiken, Kreditrisiken und operationelle Risiken der Bank zu erfassen. Auf Basis der MaRisk sowie neu auch auf Basis von → Basel III mit der Liquidity Coverage Ratio (ab 2015) und der Net Stable Funding Ratio (ab 2018) sind auch Liquiditätsrisiken explizit zu berücksichtigen und zu steuern. Das Bankcontrolling muss dabei im Sinne einer ertragsorientierten Geschäftsphilosophie in der Lage sein, Risikohöhe und Ertragspotential ins Verhältnis zu setzen, um die Entscheidungsgrundlage zu liefern, ob sich die Übernahme eines spezifischen Risikos oder des einer Position inhärenten Gesamtrisikos lohnt. Hierfür können risikoadjustierte Ergebniskennzahlen wie der RORAC (return on risk adjusted capital) Anwendung finden. Nur wenn der erwartete RORAC der Risikoposition über dem Ziel-RORAC der Gesamtbank liegt, sollte das Risiko tatsächlich eingegangen werden.

2. Marktorientierte Duale Strukturorganisation

Den zweiten Baustein einer controlling-adäquaten Infrastruktur bildet die Organisationsstruktur einer Bank, die insbesondere gewährleisten soll, dass die ertragsorientierte Geschäftsphilosophie am Markt umgesetzt werden kann. Hierzu sind folgende Aspekte zu berücksichtigen:

– Eine zielgerichtete Verwirklichung dieser Marktorientierung bietet die Matrix-Organisation, welche die prinzipielle Dualität der Steuerungskreise im praktischen Bankmanagement anerkennt. Demnach ist eine saubere Trennung zwischen kundenorientierten Marktbereichen einerseits und produkt- bzw. funktionsorientierten Fachressorts der Zentrale andererseits vorzunehmen.

– Die Organisation der Marktbereiche lässt sich unter dem Begriff der kundenorientierten Profitcenterorganisation subsumieren. Kundenorientierung meint dabei speziell, dass der Kunde an sich als maßgebliche Erfolgsquelle betrachtet wird, um auf diese Weise eine verbesserte Kundenansprache und eine effektivere Ausschöpfung des jeweiligen Kundengruppenpotenzials zu erreichen. Die Organisationsform der Profitcenter bedingt eine Tendenz zu dezentralen Führungsstrukturen. Demnach sind den einzelnen Profitcentern zwecks Selbststeuerung genau zu definierende Kompetenzspielräume einzuräumen, in deren Rahmen sie ohne Rückfragen selbstständig entscheiden können. Zur so erwünschten Begrenzung der Regelungsintensität und zur Koordination der Marktbereiche „vor Ort" bietet sich dabei das Konzept der Führung durch Zielvereinbarung (→ Management by Objectives) an.

– Von den dezentralen, kundenorientierten Marktbereichen sind die zentralen Fachresorts zu unterscheiden, welche sich wiederum in zwei Gruppen untergliedern. Zum einen existieren produktorientierte Fachressorts mit struktureller Rentabilitäts- und Risikoverantwortung. Sie sind verantwortlich für alle Entscheidungstatbestände, die im Sinne des Dualen Steuerungsmodells nur zentral gesteuert werden können. Dazu zählen die Aufgaben des Portfolio-Managements und des Bilanzstruktur-Managements. Die zweite Gruppe bilden funktionsorientierte Fachressorts mit zentraler Service- und Abwicklungsverantwortung. Zu ihren Aufgaben zählen die fokussierte Betreuung für verschiedene Zielgruppen, kompetente Beratungsleistungen für Spezialprodukte und die Bearbeitung der Abwicklung von Bankgeschäften, die z.T. mit erheblichem technischen und personellen Aufwand verbunden sind.

3. Institutionalisierter Controlling-Zyklus

Controlling-Systeme sind ihrem Kern nach komplexe Steuerungssysteme, bei denen die Planungs- und Kontrollaktivitäten nicht isoliert und unverbunden vollzogen werden, sondern sich konzeptionell in ein komplexes, hierarchisch vermaschtes kybernetisches Regelkreismodell einfügen. In diesem Sinne ist in Banken ein Controlling-Zyklus zu institutionalisieren, dessen Hauptmerkmale sich dabei wie folgt charakterisieren lassen:

– Zentrales Element stellt die Organisation des Planungsprozesses nach dem Gegenstromverfahren dar. Dabei erfolgt die Planung durch eine Kombination aus „Bottom-up-" und „Top-down Approach".

– Die Ausgestaltung einer regelmäßigen Zielerreichungskontrolle und systematischen Abweichungsanalyse erfolgt nach dem Führungskonzept Management by Exception, also der Führung durch Abweichungskontrolle und Intervention in Ausnahmefällen.

– In engem Zusammenhang mit diesem Führungskonzept steht das Prinzip des Self-Controllings, durch das eine möglichst weitgehende Selbstständigkeit dezentraler Geschäftsbereiche gewährleistet werden soll.

– Die sich bereits hier andeutende Dualität der Steuerungskreise im praktischen Bankmanagement und deren integrative Verknüpfung durch entsprechende organisatorische Vorkehrungen entsprechen den konzeptionellen Hauptmerkmalen eines Steuerungsansatzes, der als Duales Steuerungsmodell bezeichnet wird.

4. Steuerungsadäquates Führungsinformationssystem

Als ein weiterer zentraler Baustein für integrierte Controlling-Systeme in Banken gilt die Existenz eines steuerungsadäquaten Führungsinformationssystems. Da jede Entscheidung nur so gut sein kann wie ihre informatorische Grundlage, ist die Qualität von Bank-Managemententscheidungen auch davon abhängig, inwieweit es gelingt, diese Entscheidungsgrundlagen zu optimieren. Informationen werden so zu einer strategischen Managementressource.

Die Anforderungen an ein Informationssystem zur Erfassung, Speicherung und Distribution von relevanten Informationen lassen sich wie folgt charakterisieren:

Ein steuerungsadäquates Informationssystem hat sicherzustellen, dass es allen Ebenen der Bank entscheidungsrelevante Ergebnisinformationen liefert. Konzeptionell muss es sich dabei um einzelgeschäftsbezogene Informationen handeln, die methodisch mithilfe der Marktzinsmethode, der prozessorientierten Standard-Einzelkostenrechnung sowie der Standard-Risikokostenrechnung zu bestimmen sind. Zu verknüpfen sind diese Informationen im so genannten dreidimensionalen Ergebniswürfel, der als Konzept einer integrierten Produkt-, Kunden- sowie Vertriebswegekalkulation zu verstehen ist und die Transparenz der Ergebnisentstehung sicherstellt. Ergänzt werden müssen Ergebnisinformationen prinzipiell durch Risikoinformationen, die die Frage nach Art und Höhe der mit konkreten Geschäften und Geschäftsstrukturen verbundenen Risiken, dem hierfür erforderlichen Risikokapital sowie den spezifischen Risiko-Ertrags-Effekten zu beantworten haben.

Das Rechnungswesen als eine Komponente des Informationssystems hat seinen Schwerpunkt naturgemäß im operativen Controlling und dort in der Bereitstellung von Informationen für die Budgetierung und den Soll-/Istvergleich.

Das Berichtswesen als weitere Komponente des Führungsinformationssystems umfasst die Auswertung aller abrufbereiten Informationen. Dies ist neben den Ergebnissen des Rechnungswesens die Gesamtheit aller relevanten (evtl. aufbereiteten) internen und externen Informationen, die den Entscheidungsträgern in bestimmten Intervallen unaufgefordert oder bei konkretem Bedarf zur Verfügung gestellt werden. Hierbei ist bes. darauf zu achten, dass jeweils nur der echte Informationsbedarf gedeckt wird.

Bank des Staates – Die → Deutsche Bundesbank kann als Hausbank des Bundes und – eingeschränkt – der Bundesländer bezeichnet werden. Die öffentliche Hand nutzt die Zentralbank für ihren Zahlungsverkehr, allerdings ab Anfang des Jahres 1994 ohne jede Überziehungsmöglichkeit (Verbot von Kassenkrediten der Bundesbank an den Staat durch den Europäischen Einigungsvertrag). Die meisten der vom Bund begebenen Schuldtitel werden durch oder unter Mitwirkung (Ausschreibung und Abwicklung) der Bundesbank verkauft.

Bank deutscher Länder – als Tochter der Landeszentralbanken nach Gesetzen der Militärregierung am 1.3.1948 gegründet. Sie war unabhängig von Weisungen der Bundesregierung seit ihrer Gründung, von Weisungen der Alliierten seit 1951. Sie bildete mit den Landeszentralbanken nach der Währungsreform ein zweistufiges Zentralbanksystem. Sie hatte darin bes. die Aufgabe der Notenemission sowie der Devisenbewirtschaftung. Gemäß Bundesbankgesetz (BBankG) 1957 verschmolz sie mit den Landeszentralbanken zur → Deutschen Bundesbank.

Bankenaufsicht (BA) – 1. *Begriff:* Überwachung der Geschäftstätigkeit von Kreditinstituten durch öffentliche Institutionen. – 2. *Ziel:* Ziel der Bankenaufsicht ist es, ein funktionsfähiges Banken- und Finanzsystem zu gewährleisten. Die Aufsicht der Banken soll dazu führen, dass dieses System effizient und stabil bleibt und seine gesamtwirtschaftliche Funktion erfüllen kann. – 3. *Gesetzliche Grundlage:* Die zentrale gesetzliche Grundlage zur Bankenaufsicht in Deutschland stellt das → Kreditwesengesetz (KWG) dar. Hierin enthalten sind die wichtigsten Regeln für Kreditinstitute, die allesamt das Ziel verfolgen, möglichen Missständen im Kreditwesen entgegenzuwirken. § 6 KWG fasst hierunter alle Sachverhalte zusammen, die die Sicherheit der den Instituten anvertrauten Vermögenswerte gefährden, die ordnungsmäßige Durchführung der → Bankgeschäfte oder → Finanzdienstleistungen beeinträchtigen oder erhebliche Nachteile für die Gesamtwirtschaft herbeiführen können. Eine Vielzahl von Vorschriften des KWG zielt v.a. darauf ab, Kundeneinlagen zu sichern, indem die Risiken, die Banken eingehen können (→ Ausfallrisiken, → Liquiditätsrisiken, Preisrisiken, operationelle Risiken) limitiert werden. Aufgabe der Bankenaufsicht ist jedoch nicht die Verhinderung einer Bankeninsolvenz in jedem Fall. Zur Gewährleistung der Sicherheit von Kundeneinlagen besteht hierfür zusätzlich ein gesetzlich verankertes System der → Einlagensicherung. Parallel hierzu existieren freiwillige, ergänzende Einlagensicherungssysteme der einzelnen Bankengruppen. – 4. *Historische Entwicklung:* Historisch betrachtet ist die Entwicklung der Bankenaufsicht in Deutschland eng mit den Geschehnissen von großen Bankenpleiten verknüpft. Im Jahre 1931 wurde die erste allg. Bankenaufsicht per Notverordnung als Reaktion auf die Schieflage der Danatbank erlassen. Unter dem Eindruck der Herstatt-Pleite im Jahre 1974 wurden zahlreiche Vorschriften ergänzt oder verschärft. Nach weiteren Änderungen zur Harmonisierung der europäischen Bankennormen in den 1980er-Jahren gehen die wesentlichen Impulse zur Fortentwicklung der Bankenaufsicht mittlerweile vom Baseler Ausschuss für Bankenaufsicht aus. Zentrale Regelungen des Baseler Ausschusses waren die „Internationale Konvergenz der Eigenkapitalbemessung und Eigenkapitalanforderungen" (Basel II), die Solvabilitätsverordnung (SolvV) und die Mindestanforderungen an das Risikomanagement (MaRisk). Jüngste Übereinkunft des Ausschusses ist das als Reaktion auf die Ereignisse der Finanzmarktkrise im Jahre 2010 beschlossene Reformpaket „Basel III", welches verschärfte Eigenkapital- und Liquiditätsvorschriften für Banken zur Folge haben wird. – 5. *Funktionsweise der Bankenaufsicht in Deutschland:* a) *Aufgabenteilung:* Zwei Institutionen teilen sich in Deutschland die Aufgaben der Bankenaufsicht: Die → Bundesanstalt für Finanzdienstleistungsaufsicht (BaFin) ist laut § 6 I KWG die zuständige Verwaltungsbehörde, die die Aufsicht über die Institute nach den Vorschriften des KWG ausübt. Als weitere Institution agiert die → Deutsche Bundesbank. § 7 I KWG regelt die Zusammenarbeit zwischen BaFin und Bundesbank bei der laufenden Überwachung der Institute. – b) *Erlaubniserteilung:* Die Erlaubniserteilung zur Betreibung von Bankgeschäften stellt den ersten Schritt zur Beaufsichtigung von Kreditinstituten dar. Erforderlich ist zunächst eine schriftliche Erlaubnis der BaFin (§§ 32, 33 KWG). So ist bspw. der Nachweis eines bestimmten Mindestanfangskapitals erforderlich. Weiterhin muss es u.a. mindestens zwei Geschäftsleiter geben, deren fachliche und charakterliche Eignung nachgewiesen ist. – c) *Laufende Aufsicht:* Im Rahmen der anschließenden laufenden Aufsicht wertet die Deutsche Bundesbank die von den Banken regelmäßig einzureichenden Meldungen und Berichte aus. Hierbei werden insbesondere die Angemessenheit der Eigenmittelausstattung (§ 10 KWG), der Liquiditätsausstattung (§ 11 KWG) und der eingesetzten Risikosteuerungsverfahren geprüft und beurteilt. Als wesentliche Informationsquelle verwendet die Bankenaufsicht bspw. → Jahresabschlüsse, Prüfungsberichte, monatlich durch die Institute einzureichende Kurzbilanzen (Monatsausweise) und Meldungen über vergebene → Groß- und → Millionenkredite. Ebenso finden angekündigte wie auch unangekündigte Sonderprüfungen vor Ort statt. Eine zunehmende Bedeutung haben die Überprüfungen der Einhaltung der MaRisk (Angemessenheit der Risikomanagementsysteme). – d) *Eingriffsmöglichkeiten:* Im Falle von festgestellten Verstößen gegen Normen des KWG verfügt die BaFin über zahlreiche und weitgehende Eingriffsmöglichkeiten in den Geschäftsbetrieb eines Institutes. Insbesondere bei drohender Insolvenz und Gefährdung von Einlagen reicht dieses Spektrum von Fristsetzungen zur Normerfüllung bis zur Schließung des betroffenen Institutes. Im Falle von wirtschaftlichen Schwierigkeiten, die mehrere oder alle Kreditinstitute betreffen (v.a. wenn schwerwiegende Gefahren für die Gesamtwirtschaft zu befürchten sind) kann die Bundesregierung per Rechtsverordnung ein allg. → Moratorium für die Verbindlichkeiten der Institute erlassen sowie Kreditinstitute für den Verkehr mit der Kundschaft vorübergehend schließen (§ 47 KWG).

Bankenerlass – Verwaltungserlass aus dem Jahr 1949, mit welchem den Finanzbehörden Zurückhaltung in der Aufdeckung von Steuertatbeständen auferlegt worden ist und der eine der Grundlagen des → Bankgeheimnisses bildete. Wurde durch ein Schreiben des Bundesministers der Finanzen vom 31.8.1979 abgelöst, das mittlerweile als § 30a Eingang in die Abgabenordnung gefunden hat. – *Ziel* des Bankenerlasses war es, die für den Wiederaufbau als notwendig erachtete Sparkapitalbildung nicht durch rigorose Steuernachforschungen zu gefährden. Auch der Bankenerlass von 1979 enthält eine Selbstbeschränkung der Finanzverwaltung: (1) Die Finanzämter dürfen von den Kreditinstituten Auskünfte über Kunden nur bei Vorliegen konkreter Anhaltspunkte verlangen; (2) die allg. Überwachung von Konten darf nicht verlangt werden; (3) Guthabenkonten und Depots, die mit Legitimationsprüfung errichtet wurden, dürfen bei Außenprüfungen nicht abgeschrieben („Kontrollmitteilungen") werden (für CpD-Konten gilt die Vorschrift des § 30a III AO allerdings nicht); (4) in amtlich vorgeschriebenen Vordrucken dürfen Angaben von Konten und Depots nicht verlangt werden; (5) Einzelauskunftsersuche an die Kreditinstitute sind im Rahmen der Abgabenordnung zulässig (§§ 93 ff. AO); (6) Möglichkeiten der Steuerfahndung nach § 208 AO. – Auch die Einführung der Quellensteuer als Zinsabschlagsteuer am 1.1.1993 brachte kaum wesentliche Änderungen. Allerdings sieht die derzeitige gesetzliche Regelung zur Besteuerung von Zinseinkünften stichprobenartige Kontrollen der von den Sparern bei den Kreditinstituten einzureichenden → Freistellungsaufträge vor.

Bankengeld → Sichteinlagen; → Giralgeld. – *Gegenteil:* → Banknoten.

Bankengesetzgebung – Gesamtheit der Normativbestimmungen und Beaufsichtigungsvorschriften für die Kreditwirtschaft. – *Ziele:* a) Sicherung der Kunden vor Schäden, b) Schutz der Gesamtheit gegenüber Funktionsstörungen im Bankwesen, c) wirtschaftspolitische Beeinflussung der Kreditfunktionen der Banken. – *Bankengesetzgebung der Bundesrepublik Deutschland:* Ein umfassendes Bankgesetzbuch ist nicht vorhanden. Bedeutendste gesetzliche Normen für die Kreditwirtschaft sind heute (1) die Regelungen des EG-Vertrags über das → Europäische System der Zentralbanken (ESZB) und die → Europäische Zentralbank (EZB) in den Art. 105 ff. EGV mit der Aufgabe, die Geldpolitik der Gemeinschaft festzulegen und auszuführen, Devisengeschäfte durchzuführen, inoffizielle Währungsreserven der Mitgliedsstaaten zu halten und reibungslose Interaktionen der Zahlungssysteme zu fördern; (2) das Gesetz über die Deutsche Bundesbank – → Bundesbankgesetz (BBankG) – i.d.F. vom 22.10.1992 (BGBl. I 1782) m.spät.Änd., das der → Deutschen Bundesbank die Aufgabe zuweist, als integraler Bestandteil des ESZB für die bankmäßige Abwicklung des Zahlungsverkehrs im Inland und mit dem Ausland zu sorgen (§ 3 BBankG); (3) das → Kreditwesengesetz (KWG) als rechtlicher Rahmen für eine dem Einzelbetrieb zugewandte Bankenaufsicht. Daneben besteht eine Fülle von Sondervorschriften für verschiedene Rechtsformen (Sparkassengesetze der Länder, → Pfandbriefgesetz (PfandBG), → Investmentgesetz (InvG), (Gesetz über Bausparkassen) und spezifische Geschäftsarten (→ Depotgesetz (DepotG), → Börsengesetz (BörsG)), → Wertpapierhandelsgesetz (WpHG).

Banken-Informationssystem – 1. *Begriff:* Computergestütztes System (→ Computersystem) zur Automatisierung des Massengeschäfts, zur dezentralen Informationsversorgung und zur Abwicklung komplexer interner (z.B. Investitionskredite) und externer Aufgaben (Wertpapiergeschäft, Devisenhandel) eines Bankbetriebs. – 2. *Ziele:* Kostensenkung, Reduktion der Bearbeitungsdauer von Vorgängen, Verbesserung des Kundenservice. – 3. *Anwendungsbereiche:* Im nationalen und internationalen Zahlungsverkehr (z.B. Scheck-, Devisenverkehr), Abrechnung von Geschäftsvorfällen, Schalterservice, POS-Banking.

Bankenkonsortium – 1. *Begriff:* zweckgebundene Vereinigung mehrerer Banken (Konsorten) zur gemeinsamen Durchführung eines → Konsortialgeschäfts, die als Gesellschaft bürgerlichen Rechts nach den §§ 705 ff. BGB qualifiziert wird. Die Regelungen zum Geschäftsgegenstand und weitere Einzelheiten werden durch den Konsortialvertrag bestimmt. Ein oder mehrere Unternehmen übernehmen als Konsortialführer die Abstimmung des Konsortialvertrages sowie die Abwicklung des eigentlichen Geschäftes. – 2. *Häufiger Zweck:* (1) Risikoverminderung und leichtere Aufbringung des benötigten Kapitals bei großen → Krediten (Konsortialkredit, syndizierter Kredit); (2) → Emission von → Aktien oder → Anleihen, hierbei kann das Konsortium unterschiedliche Aufgaben haben. – Vgl. auch → IPO, → Bookbuilding, → Emissionskonsortium.

Bankenkonzentration – Zusammenschluss mehrerer, bis dahin selbstständiger → Banken. – Die Expansion und Kapitalkonzentration im Kreditwesen ist in den westlichen Ländern weit fortgeschritten. Das dt. Bankensystem gilt im europäischen Vergleich wegen seiner Unterteilung in private Geschäftsbanken, öffentlich-rechtliche Kreditinstitute und den Genossenschaftssektor als stark zergliedert. – Zur Konzentrationsmessung wird am häufigsten der *Herfindahl-Hirschman-Index* verwendet, der anhand des Marktanteils mehrerer Marktteilnehmer u.a. die Wettbewerbsintensität in einem Markt messen kann.

Bankenkrise – krisenhafter Zustand des Geld- und Kreditwesens eines Landes, gekennzeichnet durch Illiquidität und Vertrauensverlust in Kreditinstitute. Bankenkrisen sind in den 30er-Jahren des 20. Jh. öfter, meist nach Hochkonjunkturen, aufgetreten. – 1. *Schwerste Bankenkrise* in Deutschland 1931. Sie begann mit dem Zusammenbruch der Österreichischen Credit-Anstalt. Es folgten die Danatbank und die Dresdner Bank. Außer in der allg. → Weltwirtschaftskrise hatte die dt. Bankenkrise ihre letzte Ursache in ungünstigen außenwirtschaftlichen Beziehungen (starke kurzfristige Verschuldung der Wirtschaft gegenüber dem Ausland). Aus Misstrauen in die wirtschaftliche Entwicklung wurden kurzfristige Kredite abberufen, während zugleich ein Run auf Bankschalter (Abhebung von Spareinlagen) einsetzte. Bankfeiertage, an denen die Schalter geschlossen waren, wurden eingeführt. Börsen wurden geschlossen, der Diskontsatz auf 15 Prozent erhöht und Devisenbewirtschaftung zur Verhinderung weiterer Geldabzüge eingeführt. Durch Stützung der Banken und Lösung des Geldumlaufs von stofflicher Deckung gelang es, der Krise Einhalt zu gebieten. Um künftigen Schwierigkeiten vorzubeugen, wurde die Bankenaufsicht eingeführt und das → Kreditwesengesetz (KWG) verabschiedet. – 2. *Moderne Bankenkrise:* Seit 2007 sind mehr und mehr Banken durch die von den USA ausgehende globalisierte Finanzkrise und den „credit crunch" betroffen, bzw. verursachen diese Kreditverknappung mit. Banken, insbesondere in Großbritannien und den USA werden (teil-)verstaatlicht, mehrere der größten Investmentbanken werden mit stärkeren Commercial Banks verschmolzen. Lehman Brothers wird unter Konkursrecht gestellt und abgewickelt. Die Regierungen sind angehalten, die → Einlagensicherung von Kundeneinlagen temporär zu erhöhen, um das Vertrauen der Bankkunden in die Zahlungsfähigkeit der Banken aufrechtzuerhalten. In Deutschland wurde deshalb 2008 der → Finanzmarktstabilisierungsfonds (SoFFin) gegründet, der staatliche Garantien, Eigenkapitalstärkungen und Risikoübernahmen anbietet.

Bankenliquidität → Liquidität.

Banken mit Sonderaufgaben – *Kreditinstitute mit Sonderaufgaben;* → Banken, die verschiedenartige Sonderaufgaben zu erfüllen haben und sich keiner Bankengruppe zuordnen lassen; dienen der bes. Förderung eines bestimmten Zwecks, einer Region oder eines Personenkreises, z.B.: (1) *privatrechtliche Banken mit Sonderaufgaben:* v.a. Ausfuhrkreditgesellschaft mbH (AKA), → Deutsche Industriebank AG (IKB), → Liquiditäts-Konsortialbank GmbH; (2) *öffentlich-rechtliche Banken mit Sonderaufgaben:* v.a. → Kreditanstalt für Wiederaufbau (KfW), KfW-Bankengruppe und → Landwirtschaftliche Rentenbank. – Vgl. auch → öffentliche Kreditinstitute.

Bankenstimmrecht → Depotstimmrecht.

Bankentag → Deutscher Bankentag.

Bankenverband – Abk. für → Bundesverband deutscher Banken e. V. (Bankenverband).

Bank for International Settlement (BIS) → BIZ.

Bank für Internationalen Zahlungsausgleich → BIZ.

Bankgarantie – abstraktes, d.h. unabhängig vom Grundgeschäft bestehendes Zahlungsversprechen einer Bank in Form einer Garantie, durch die diese die finanzielle Absicherung auftrags ihres Kunden übernimmt, sodass ein bestimmter Erfolg eintritt bzw. ein bestimmter Schaden nicht eintritt. Sie findet überwiegend im Außenhandelsgeschäft Anwendung und dient entweder der Absicherung der Bezahlung eines Außenhandelsgeschäfts (sog. → Zahlungsgarantie) oder begründet eine Ausfallhaftung gegenüber dem Garantiebegünstigten für verschiedene Risiken, die sich aus einer nichtplanmäßigen Abwicklung eines Geschäfts v.a. im Zusammenhang mit größeren Projekten, wie etwa der Errichtung eines umfangreichen Bauwerks, ergeben können. Insoweit stellt sie sich entweder als → Bietungsgarantie, Leistungsgarantie und → Liefergarantie, Anzahlungsgarantie und Auszahlungsgarantie oder → Gewährleistungsgarantie dar. Dabei verspricht die garantierende Bank in aller Regel, den Garantiebetrag bereits auf erstes Anfordern des Garantiebegünstigten zu zahlen, sodass dieser nur behaupten muss, der Garantiefall, also das im Garantievertrag genau bezeichnete schadensträchtige Ereignis sei eingetreten. Die Richtigkeit der Behauptung wird von der Bank nicht geprüft. Bankgarantien können als direkte Garantien erstellt werden, d.h. sie werden direkt gegenüber dem Begünstigten erstellt, oder als indirekte Garantien, bei denen die Bank den Auftrag zur Erstellung über eine andere Bank (Hausbank des Begünstigten) gibt. Die Industrie- und Handelskammer (IHK) hat zu diesem Thema die Einheitlichen Richtlinien für Garantien herausgegeben. – *Weitere Arten:* → Vertragserfüllungsgarantie, → Anzahlungsgarantie, → Kreditsicherungsgarantie, → Konnossementsgarantie, Zollgarantie, → Prozessgarantie.

Bankgeheimnis – 1. *Begriff:* Vertragspflicht der Bank, über sämtliche Tatsachen und Wertungen und somit über alle einen Kunden betreffenden Angelegenheiten Stillschweigen zu bewahren. Das Bankgeheimnis ist in Deutschland nicht als solches gesetzlich geschützt. Vielmehr handelt es sich um eine nebenvertragliche Pflicht im Verhältnis Bank – Kunde. Selbst Kenntnisse, die im Rahmen der Abwicklung eines Geschäftsvorfalls über einen Nichtkunden erlangt wurden, unterliegen dem Bankgeheimnis, sofern die Information in die Geheimhaltungspflicht einer anderen Bank fällt. Das Bankgeheimnis kann für Bankmitarbeiter im Zivilprozess gemäß § 383 I Nr. 6, § 384 Nr. 3 ZPO zu einem aus persönlichen oder sachlichen Gründen berechtigten Zeugnisverweigerungsrecht führen, im arbeits-, sozial-, verwaltungs- und insolvenzrechtlichen Verfahren gelten die zivilprozessualen Vorschriften entsprechend. – 2. Das Bankgeheimnis ist allerdings aufgrund *gesetzlicher Auskunftspflichten* durch zahlreiche weitere Vorschriften durchbrochen. So z.B. durch: a) die *Strafprozessordnung;* wenn strafprozessual ein Anfangsverdacht besteht, bestehen Auskunftspflichten gegenüber Staatsanwaltschaft, Ermittlungsrichter und Gericht (Aussagepflicht als Zeuge gemäß § 161a StPO); – b) das → *Kreditwesengesetz (KWG)* aufgrund von Meldepflichten und Auskunftsersuchen gemäß §§ 44 ff. KWG, die alle kundenbezogenen Daten erfassen; durch die Einführung des § 24c KWG im Jahr 2003, wonach die automatisierte Abrufbarkeit von wenigen, explizit aufgeführten Kontoinformationen bei Kreditinstituten für Aufsichts- und Strafverfolgungsbehörden vorgeschrieben wird; – c) das → Geldwäschegesetz (GwG), z.B. durch Verdachtsanzeigepflicht und Identifizierungspflichten – bes. des wirtschaftlich Berechtigten (§ 2 Geldwäschegesetz); – d) das *Wertpapierhandelsgesetz,* z.B. bei der Erfüllung von Meldepflichten und der laufenden Überwachung des Geschäfts in Insiderpapieren. – e) das *Steuerstrafverfahren;* Kreditinstitute sind gegenüber den Finanzbehörden auskunftspflichtig, wenn ein „hinreichender Anlass" zur Annahme von Steuerhinterziehung besteht; Umsetzung Internationaler Embargoregelungen. – f) das → *Außenwirtschaftsgesetz (AWG);* – g) → Anzeigepflicht beim Tod eines Kunden gegenüber dem für die → Erbschaftsteuer zuständigen Finanzamt, u.a. hinsichtlich der Guthabenkonten und Wertpapierdepots (§ 33 ErbStG). Bei Kenntnis vom Tode eines Kunden sind seitens der Bank alle Vermögensgegenstände dem zuständigen Finanzamt anzuzeigen, jedoch nur, sofern 1.200 Euro überschritten werden (§ 1 ErbStDV). Schrankfächer, die an den Verstorbenen vermietet waren, sowie vom Verstorbenen hereingenommene Verwahrstücke sind ebenfalls zu melden. – Aus der Auflistung wird deutlich, dass Finanzmarktaufsichts- und Ermittlungsbehörden bei der Bekämpfung der Geldwäsche und bei Strafverfahren durch das privatrechtliche Bankgeheimnis in keinem Fall behindert werden. Insofern geht die Diskussion um die Gefahr der Einschränkung oder Abschaffung des Bankgeheimnisses oft von unzutreffenden Voraussetzungen aus. – 3. Ferner ist in § 30a AO das sog. *Steuergeheimnis* normiert, welches den Steuerbehörden den systematischen Einblick in die Geschäftsbeziehungen zwischen Bank und Kunde verbietet. Auch das Steuergeheimnis unterliegt zahlreichen Durchbrechungen: a) § 30a AO hat keine Geltung im Steuerstrafverfahren und im Bußgeldverfahren wegen Steuerordnungswidrigkeiten; – b) nach § 30a i.V. mit § 93 AO sind Einzelauskunftsersuchen an Banken zulässig; – c) im Rahmen von Außenprüfungen beim Bankkunden; – d) nach §§ 93 VII, 93b AO i.V. mit § 24c KWG ist der automatisierte Abruf von gestimmten gespeicherten Konteninformatonen zulässig (sog. → Kontenabruf).

Bankgeschäfte – I. Begriff: Gesamtheit aller von → Kreditinstituten getätigten Geschäfte. Nach § 1 KWG handelt es sich hier im Wesentlichen um Kreditgeschäfte (Darlehen und Akzeptkredite,

Garantiegeschäfte etc.), Effektengeschäfte (Handel und Emission von Wertpapieren, Depotgeschäft, Investmentgeschäfte) sowie sonstige Geschäfte (Zahlungsverkehr, Einlagengeschäft, E-Geldgeschäfte). Neben den klassischen Aktiv- und Passivgeschäften (Kredit- und Einlagengeschäfte), auch als → Commercial Banking bezeichnet, erhält das → Investment Banking mit Kapitalmarktgeschäften, M&A-Transaktionen sowie derivativen Instrumenten (Financial Future, Option, Zins- und Währungsswaps), welche teilweise nicht in der Bilanz erscheinen, eine immer größere Bedeutung. Dazu gehört seit einigen Jahren auch die Verbriefung von Bankforderungen (sog. Kreditderivate: Asset Backed Securities, Mortgage Back Securities, Credit Default Swaps etc.). Nach Art der Geschäftspartner sind zu unterscheiden: Kundengeschäfte und Eigengeschäfte. Laut § 1 Abs. 1 KWG handelt es sich im einzelnen um a) *Einlagengeschäft:* die Annahme fremder Gelder als Einlage ohne Rücksicht darauf, ob Zinsen vergütet werden. – b) *Pfandbriefgeschäft.* – c) *Kreditgeschäft:* die Gewährung von Gelddarlehen und Akzeptkrediten. – d) *Diskontgeschäft:* der Ankauf von Wechseln und Schecks. – e) *Finanzkommissionsgeschäft:* die Anschaffung und Veräußerung von Finanzinstrumenten im eigenen Namen für fremde Rechnung. – f) *Depotgeschäft:* die Verwahrung und Verwaltung von Wertpapieren für andere. – g) *Revolvinggeschäft:* die Eingehung der Verpflichtung, Darlehensforderungen vor Fälligkeit zurückzuerwerben. – h) *Garantiegeschäft:* die Übernahme von Bürgschaften, Garantien und sonstigen Gewährleistungen für andere. – i) *Scheckeinzugsgeschäft, Wechseleinzugsgeschäft und Reisescheckgeschäft:* die Durchführung des bargeldlosen Scheckeinzuges, des Wechseleinzuges und die Ausgabe von Reiseschecks. – j) *Emissionsgeschäft:* die Übernahme von Finanzinstrumenten für eigenes Risiko zur Platzierung oder die Übernahme gleichwertiger Garantien. – k) *Tätigkeit als zentraler Kontrahent im Sinne von Absatz 31.*

II. Arten: 1. Nach ihrer *Bilanzwirksamkeit:* → Aktivgeschäfte, → Passivgeschäfte und Dienstleistungsgeschäfte (Zahlungs-, Effektengeschäfte und sonstige). Generell ist festzustellen, dass der Anteil bilanzunwirksamer Geschäfte durch Derivate und Verbriefungen zunimmt. Weiterhin unterscheidet man (1) *Finanzierungsleistungen: Geldleihgeschäfte* (Kontokorrentkredite, Konsumentenkredite, Realkredite, Diskontkredite, Lombardkredite, Kommunalkredite, Schuldscheindarlehen, Außenhandelskredite, Konsortialkredite); *Kreditsubstitute* (Leasing, Factoring, Kapitalbeteiligungen); *verbriefte Kreditfazilitäten* (Commercial Papers, Medium Term Notes, Euronote-Fazilitäten, Asset Backed Securities); *Kreditleihgeschäfte* (Akzeptkredite, Avalkredite); (2) *Geld- und Kapitalanlageleistungen: Einlagengeschäfte* (Sichteinlagen, Termineinlagen, Spareinlagen); *Wertpapiergeschäfte* (Emissionsgeschäft, Handelsgeschäft, Anlageberatung und Asset-Management, Research-Leistungen); *Vermögensverwaltung; Depotgeschäft;* (3) *Zahlungsverkehrleistungen* (Barzahlungsverkehr, Scheckverkehr, Überweisungsverkehr, Dauerauftrags- und Lastschriftverkehr, Cash Management, Kreditkarten, Inkassoverkehr, Sortenverkehr); (4) *Sonstige Leistungen* (Devisen- und Edelmetallhandel, Derivative Finanzprodukte, Vermittlungsgeschäfte, Immobilien, Bausparen, Versicherungen, Beteiligungen, Unternehmungsberatung, Electronic Banking). – 2. Nach *Art der Geschäftspartner:* Kundengeschäfte und Eigengeschäfte.

Bankguthaben – Einlage auf einem → Bankkonto; Forderungen von Bankkunden gegenüber → Banken. Aktivierung zum Bilanzstichtag unter Berücksichtigung von Zinsen und Gebühren für die abgeschlossene Bilanzperiode. Ein vom Bankauszug abweichender eigener Kontostand durch zeitliche Verschiebung der Buchungsvorgänge (Laufzeit von Schecks etc.) ist möglich. – Vgl. auch → Wertstellung.

Bank Identifier Code → BIC.

Bankier – 1. *Begriff:* Der → Bankgeschäfte betreibende *Einzelkaufmann* im Gegensatz zu den in Gesellschaftsform betriebenen Banken. Die *Bezeichnung* Bankier darf nur von Kreditinstituten geführt werden (§ 39 KWG). Ausnahmen sind möglich, wenn jeglicher Anschein ausgeschlossen ist, dass Bankgeschäfte betrieben werden (§ 41 KWG). – 2. Nach *Sprachgebrauch* auch Kaufleute, die für ihr Bankgeschäft die Rechtsform einer OHG oder KG gewählt haben, sowie Vorstandsmitglieder einer Aktienbank. – Vgl. auch → Privatbankier.

Banking-Theorie – Geldtheorie, nach der nicht nur Geld i.e.S., nämlich Banknoten und Münzen, Geldfunktion ausüben und somit maßgeblich das Preisniveau beeinflussen. Die von engl. Ökonomen (Mill, Fullarton, Torke) begründete Theorie bezieht auch → Geldsurrogate, wie z.B. Handelswechsel und Kredite, in die für das Preisniveau maßgeblichen monetären Größen ein. Hierüber existiert ein geldtheoretischer Streit mit der → Currency-Theorie.

Bankkapital – gesamte Kapitalkraft der Banken: eigene Mittel (offenes und stilles Eigenkapital bzw. Eigenmittel) und fremde Mittel.

Bankkonto – 1. *Begriff:* Die in Kontenform geführte Rechnungslegung einer Bank für einen Bankkunden, die dessen Geschäftsverkehr und dessen daraus sich ergebende Gesamtposition mit der Bank dokumentiert. – 2. *Arten:* Bankkunden besitzen je nach Art der Geschäfte unterschiedliche Bankkonten: für Sparbeträge ein → Sparkonto; für täglich mögliche Einzahlungen, Abhebungen, Überweisungen ein laufendes *Giro- oder Kontokorrentkonto* (→ Kontokorrent); für Gelder mit vereinbarter Kündigungsfrist oder fester Laufzeit ein *Terminkonto;* für den Geschäftsverkehr mit fremden Zahlungsmitteln ein *Fremdwährungskonto* (→ Währungskonto). – 3. *Einrichtung bzw. Eröffnung:* unter Anerkennung der Allgemeinen Geschäftsbedingungen und Schufa-Klausel sowie

Abgabe einer Unterschriftsprobe durch den Kunden, der der Bank über seine Person durch Angabe von Vor- und Zunamen sowie Wohnort Auskunft geben muss; die Bank hat sich über die Person des Verfügungsberechtigten zu vergewissern (§ 2 GwG). – 4. *Überprüfung* der Umsätze und des Kontostandes durch den Kunden anhand von → Kontoauszügen oder Bankbenachrichtigungen. – 5. *Pfändung* eines Bankguthabens möglich; auch zukünftige Forderungen des Kunden gegen die Bank, wie sie aus dem Kontokorrentvertrag entstehen, unterliegen der Pfändung eines Drittgläubigers des Kunden, soweit sie bestimmt oder bestimmbar sind. – Vgl. auch → Auslandskonten, → Ausländerkonten, → Bankguthaben, → Kontokorrent, → Überweisung.

Bankkontokorrent → Kontokorrent.

Bankkredit – Kredit, der von Banken und Sparkassen (Kreditinstitute) auf der Grundlage eines → Kreditvertrages vergeben wird. Bevor ein Kredit zugesagt wird, erfolgt eine → Kreditwürdigkeitsprüfung. Der Kreditnehmer hat innerhalb eines festglegten Zeitraumes den Kredit zurückzuzahlen und für die Kapitalüberlassung Zinsen zu zahlen. Die vielen unterschiedlichen Arten von Krediten lassen sich nach verschiedenen Kriterien systematisieren. Bei der Einteilung nach den Kreditgebern unterscheidet man Bankkredite, die von Finanzinstituten vergeben werden, und Privatkredite, zu denen Kredite von Privatpersonen und Geschäftspartnern (Lieferanten, Kunden, verbundene Unternehmen) zählen. – Vgl. auch → Kredit.

Bankkundenkarte → Debitkarte.

Bankleitzahl – *BLZ, Bankennummerierung;* achtstellige Nummerierung aller Kreditinstitute mit eigenem Zentralbankgirokonto. Sie wurde zur Automatisierung des zwischenbetrieblichen unbaren Zahlungsverkehrs zum 1.4.1971 eingeführt. Die Bankleitzahl ist Kurzzeichen und Ordnungsmerkmal. Sie erfüllt im zwischenbankbetrieblichen Zahlungsverkehr die gleichen Steuerungsfunktionen wie die → Kontonummer im innerbanklichen Rechnungswesen. Die Bundesbank vergibt die Bankleitzahl und nutzt sie ggf. als Kontonummer für die Zentralbankkonten der Kreditinstitute. Zunehmend wird die Bankleitzahl auch im inländischen Zahlungsverkehr durch die SWIFT-Adressierung (→ BIC) und die internationale Bankkontonummer (→ IBAN) ersetzt.

bankmäßige Zahlung – *unbare Zahlung,* Zahlung mittels → Scheck, → Überweisung oder → Lastschrift; bei Zahlung durch Überweisung führt die vollendete Gutschriftsbuchung, bei Lastschrift und Scheck die vorbehaltslose Kontobelastung des Zahlungspflichtigen bzw. des Scheckausstellers zum Erlöschen der Schuld.

Banknote – von einer dazu ermächtigten Bank (→ Notenbank) ausgegebenes Papiergeld. Für Banknoten als gesetzliches → Zahlungsmittel besteht unbeschränkte Annahmepflicht, z.B. für den Euro innerhalb des europäischen Währungsraums. – *Ausgabe von Banknoten* erfolgt im Eurowährungsgebiet durch das Eurosystem; in der Bundesrepublik Deutschland werden die Eurobanknoten von der → Deutschen Bundesbank ausgegeben (§ 14 BBankG bzw. Art. 106 EGV). Bis Ende 2001 wurden auf DM lautende Banknoten ausgegeben. – *Stückelung:* → Notenstückelung. – Vgl. auch → Notenumlauf.

Bankobligation – andere Bezeichnung für → Bankanleihe oder → Bankschuldverschreibung.

Bank of England – Zentralnotenbank von Großbritannien, Sitz in London. 1694 als private Aktienbank mit dem Zweck gegründet, dem Staat das Aktienkapital (1,2 Mio. Pfund) zu leihen gegen das Recht, Bankgeschäfte zu betreiben und Banknoten auszugeben; 1946 verstaatlicht.

Bank-Orderscheck → Scheck, der von einer Bank im Inland auf deren → Korrespondenzbank im Ausland in Fremdwährung gezogen und dem Auftraggeber (Zahlungspflichtigen) gegen Belastung des Gegenwertes durch seine Hausbank für Zahlungen an Gebietsfremde überlassen wird. Der Scheck kann wahlweise auch direkt an den Zahlungsempfänger oder dessen Hausbank übersandt werden. – Vgl. auch → Auslandsscheck.

Bankorganisation – Struktur eines Bankunternehmens mit der Aufgabe der Schaffung optimaler Voraussetzungen zur Erreichung der unternehmerischen Ziele. – Traditionelle Organisationsform in Banken ist die Divisional- bzw. Spartenorganisation (Abgrenzungen nach Fachgebieten: → Zahlungsverkehr, → Kreditgeschäft, Wertpapiergeschäft, → Auslandsgeschäft). – Die am Markt zu beobachtende Fokussierung hin zu einer an den Kundenbedürfnissen ausgerichteten Geschäftspolitik unterstützen objektbezogene, marktorientierte Organisationsformen, die aufgrund ihrer Struktur auf die Befriedigung der Bedürfnisse der unterschiedlichen Kundengruppen (Private Banking, Retail Banking etc.) ausgerichtet sind. Im Zuge des permanenten Rationalisierungsdrucks werden spezielle Dienstleistungen von Kreditinstituten zunehmend an externe Unternehmen oder ausgegliederte Arbeitseinheiten übertragen. Dies hat in der Zahlungsverkehrs- und Wertpapierabwicklung auch zur Gründung von → Transaktionsbanken geführt. Diese können ggf. von mehreren Banken bzw. Bankengruppen genutzt werden.

Bankplatz – Als Bankplatz galt bis zum Jahr 2002 jeder Ort, an dem sich eine → Niederlassung (Haupt oder Zweigstelle) einer Landeszentralbank (Abrechnungsstellen) befindet. Durch die Einführung des Euro und die Integration der → Deutschen Bundesbank und ihrer Landeszentralbanken in das System der Europäischen Zentralbanken wurde die Mehrzahl der Landeszentralbanken geschlossen und nicht durch eine Außenstelle der EZB ersetzt. Insofern ist der Begriff des Bankplatzes ein historischer. – Heute wird unter einem Bankplatz ein Ort verstanden, an dem sich eine Vielzahl von Banken einschließlich ihrer regionalen und zentralen Entscheidungsfunktionen konzentriert und Finanztransaktionen abgewickelt werden. – Dazu synonym wird häufig der Begriff *Finanzplatz* verwendet, wobei dann nicht nur auf Banken im Besonderen, sondern auf Finanzdienstleister fokussiert wird. Da Banken jedoch aufgrund ihrer Transformationsfunktion und Giralgeldschöpfungsmöglichkeit die bedeutendsten Finanzdienstleister sind, ist jeder Finanzplatz auch ein Bankplatz.

Bankregel → goldene Bankregel.

Bankrott – Zahlungsunfähigkeit eines Schuldners. – 1. *Wirtschaftlich:* Anlass zur Eröffnung des Insolvenzverfahrens. – 2. *Strafrecht:* Die Insolvenzstraftaten sind in den §§ 283 bis 283d StGB geregelt. – *Einzelheiten:* → Insolvenzdelikte.

Bank Run – Ansturm der Einleger auf die Kassen einer Bank, um bei wirklichen oder vermeintlichen Zahlungsschwierigkeiten der Bank die Guthaben abzuziehen.

Bankscheck – Aussteller eines Bankschecks ist (im Gegensatz zum → Privatscheck) stets ein Kreditinstitut. Bankschecks, die vorwiegend im Auslandszahlungsverkehr vorkommen, werden von den Banken im Auftrag der Zahlungspflichtigen (der Importeure) ausgestellt und häufig in deren Auftrag auch an den Scheckempfänger versandt. Die Kontobelastung des zahlungspflichtigen Importeurs erfolgt im Zeitpunkt der Scheckausstellung, d.h. der Importeur profitiert nicht von den Post- und Verrechnungslaufzeiten. Im Vergleich zum Privatscheck umfasst der Bankscheck für den Scheckempfänger ein höheres Maß an Sicherheit; er ist jedoch nicht mit einer Bankgarantie gleichzusetzen. – Vgl. auch → Auslandsscheck.

Bankschuldverschreibung – andere Bezeichnung für → Bankanleihe oder Bankobligation.

Bankspesen – Kosten bzw. Gebühren, die Kreditinstitute ihren Kunden für die Abwicklung von Bankgeschäften oder Dienstleistungen in Rechnung stellen. Entsprechend der Preisangabenverordnung (PAngV) (vgl. → Preisangaben) haben Kreditinstitute dafür ein Preisverzeichnis aufzustellen. – Vgl. → Bearbeitungsprovision; → Kreditkosten.

bankstatistische Gesamtrechnung – Die bankstatistischen Gesamtrechnungen umfassen die von der → Europäischen Zentralbank (EZB) aus den Beiträgen der einzelnen Mitgliedsländer zusammengestellte konsolidierte Bilanz des Sektors der Monetären Finanzinstitute für das Eurowährungsgebiet sowie die daraus abgeleitete Entwicklung der Geldbestände im Bilanzzusammenhang. Sie stellen eine zentrale Informations- und Entscheidungsgrundlage über den geldschöpfenden Sektor dar. – Träger der bankstatistischen Gesamtrechnung in Deutschland ist die → Deutsche Bundesbank. Die bankstatistische Gesamtrechnung wird im statistischen Teil des Monatsberichts der Bundesbank veröffentlicht und ist online verfügbar.

Bankstatus – Bezeichnung für die rechtliche und wirtschaftliche Stellung von Finanzinstituten, die gewerbsmäßig Bankgeschäfte betreiben und gemäß § 1 KWG als Kreditinstitute gelten. Sie unterliegen damit der staatlichen Bankenaufsicht durch die → Bundesanstalt für Finanzdienstleistungsaufsicht (BaFin). Nach § 1 KWG unterscheidet der Gesetzgeber zwischen Kreditinstituten, Finanzdienstleistungsinstituten und Finanzunternehmen. – Vgl. → Status.

Banküberweisung → Überweisung.

Bankumsätze – 1. *Umsatzsteuerfreie Bankumsätze* (auch wenn sie von Nichtbanken erbracht werden): (1) Gewährung, Vermittlung und Verwaltung von Krediten sowie Verwaltung von Kreditsicherheiten; (2) Umsätze und Vermittlung der Umsätze von gesetzlichen Zahlungsmitteln; das gilt nicht, wenn die Zahlungsmittel wegen ihres Metallgehaltes oder ihres Sammlerwertes umgesetzt werden; (3) Umsätze im Geschäftsverkehr mit Geldforderungen und Vermittlung dieser Umsätze, ausgenommen die Einziehung von Forderungen; (4) Umsätze im Einlagengeschäft, im Kontokorrentverkehr, im Zahlungs- und Überweisungsverkehr und das Inkasso von Handelspapieren; (5) Umsätze im Geschäft mit Wertpapieren und die Vermittlung dieser Umsätze, ausgenommen die Verwahrung und Verwaltung von Wertpapieren; (6) Umsätze und Vermittlung von Umsätzen von Anteilen an Gesellschaften und anderen Vereinigungen; (7) Übernahme von Verbindlichkeiten, von Bürgschaften und ähnlichen Sicherheiten sowie Vermittlung dieser Umsätze; (8) Verwaltung von Sondervermögen (ab 29.12.2007: Investmentvermögen) nach dem Investmentgesetz und die Verwaltung von Versorgungseinrichtungen i.S.d. Versicherungsaufsichtsgesetzes; (9) Umsätze von inländischen amtlichen Wertzeichen zum aufgedruckten Wert (§ 4 Nr. 8 UStG). → Verzicht auf Steuerbefreiung ist für (1) bis (7) möglich (§ 9 UStG). – 2. *Umsatzsteuerpflichtige Bankumsätze:* (1) Vermietung von Schrankfächern; (2) Umsätze und Vermittlung der Umsätze von Medaillen und Münzen, die wegen ihres Metallgehaltes oder Sammlerwertes erworben werden oder keine gesetzlichen Zahlungsmittel sind.

Bankvertrieb

von Prof. Dr. Detlef Hellenkamp

I. Begriff Bankgeschäfte

§ 1 Abs. 1 des Gesetzes über das Kreditwesen (kurz Kreditwesengesetz, KWG) ordnet Unternehmen als Kreditinstitute ein, wenn sie bereits eines der nachstehenden Bankgeschäfte tätigen. Bankgeschäfte sind danach

- die Annahme fremder Gelder als Einlagen oder anderer unbedingt rückzahlbarer Gelder des Publikums, sofern der Rückzahlungsanspruch nicht in Inhaber- oder Orderschuldverschreibungen verbrieft wird, ohne Rücksicht darauf, ob Zinsen vergütet werden (Einlagengeschäft),
- die in § 1, I, S.2 des Pfandbriefgesetzes bezeichneten Geschäfte (Pfandbriefgeschäft),
- die Gewährung von Gelddarlehen und Akzeptkrediten (Kreditgeschäft),
- der Ankauf von Wechseln und Schecks (Diskontgeschäft),
- die Anschaffung und die Veräußerung von Finanzinstrumenten im eigenen Namen für fremde Rechnung (Finanzkommissionsgeschäft),
- die Verwahrung und die Verwaltung von Wertpapieren für andere (Depotgeschäft),
- die Eingehung der Verpflichtung, zuvor veräußerte Darlehensforderungen vor Fälligkeit zurückzuerwerben,
- die Übernahme von Bürgschaften, Garantien und sonstigen Gewährleistungen für andere (Garantiegeschäft),
- die Durchführung des bargeldlosen Scheckeinzugs (Scheckeinzugsgeschäft), des Wechseleinzugs (Wechseleinzugsgeschäft) und die Ausgabe von Reiseschecks (Reisescheckgeschäft),
- die Übernahme von Finanzinstrumenten für eigenes Risiko zur Plazierung oder die Übernahme gleichwertiger Garantien (Emissionsgeschäft),
- die Tätigkeit als zentraler Kontrahent im Sinne von Absatz 31 KWG.

II. Rahmenfaktoren des Bankvertriebs

Kreditinstitute vollziehen seit einigen Jahren einen grundlegenden Strukturwandel, welcher sich mit Beginn der Finanzkrise im Jahr 2007 intensiviert hat.

Marktteilnehmer stehen in einem intensiven (globalen) → Wettbewerb, in welchem sowohl auf der Angebots- als auch auf der Nachfrageseite ein hohes Maß an Markttransparenz besteht. Die hohe Wettbewerbsintensität führt zu einem erhöhten Preis- und Margendruck im Bankvertrieb. Darüber verlieren die traditionellen Wertschöpfungsketten aufgrund neuer Anbieter- und Angebotsstrukturen z.B. durch → Non Banks und → Near Banks an Relevanz. Eine zunehmende internationale bankaufsichtsrechtliche Regulierung z.B. hinsichtlich der Eigenkapital- und Liquiditätsanforderungen durch → Basel III als auch Änderungen von nationalen gesetzlichen Rahmenbedingungen, z.B. → Produktinformationsblatt, → Beratungsprotokoll, → Anleger- und objektgerechte Beratung, verändern die operative Ausgestaltung des Bankvertriebs.

Da zahlreiche Bankprodukte ein hohes Maß an Homogenität ausweisen, erzeugen kompetitive Abgrenzungen der Kreditinstitute im Bankvertrieb Aufwand. Bankprodukte sind immaterielle Güter, bei denen die Leistungserstellung und -nachfrage zeitlich zusammenfallen (Uno-actu-Prinzip). Deshalb müssen die Ressourcen in den Kreditinstituten zum Zeitpunkt der Leistungserstellung abrufbar sein. Darüber hinaus sind sie gemeinhin abstrakt und nichtpatentierbar sowie einzelne Produkte als Substitutionsgut partiell austauschbar, da mitunter ähnliche Kundenbedürfnisse hinsichtlich Preis, Qualität und Leistung erfüllt werden.

Bankprodukte und -dienstleistungen werden den Kunden durch Integration nebeneinander stehender Vertriebskanäle angeboten (Multi-Channel-Vertrieb). Die Kunden können das Kreditinstitut im Rahmen ihrer persönlichen Präferenzen kontaktieren, d.h. über → stationären Bankvertrieb (z.B. Filiale), → mobilen Bankvertrieb (z.B. Außendienst, Vermittler) und → technologiegestützten Bankvertrieb (z.B. → Electronic Banking, → web 2.0-Technologie).

Die Angebots- und Nachfragestrukturen gehen einher mit einem Fortschritt der Informations- und Kommunikationstechnologie, durch die ein Multi-Channel-Vertrieb und innovative Automatisierungsprozesse erst ermöglicht werden. Hierdurch ergeben sich seitens des Kreditinstitutes unterschiedlichste Kundenkontaktpunkte (→ Customer Touch Point). Kreditinstitute sind zudem mit Veränderungen des Kundenverhaltens konfrontiert z.B. durch ein tendenziell gestiegenes Leistungs- und Preisbewußtsein sowie abnehmende Kundenbindung und –loyalität. Daneben führen (sozio-)demografische Entwicklungen bspw. der Alters- und Bildungsstruktur zu nachhaltigen Veränderungen der Kundenbedürfnisse und damit des Nachfrageverhaltens. Deshalb ist aus Sicht eines am Kunden ausgerichteten Kreditinstituts die Organisation von Kundeninformationen im Sinne eines ganzheitlichen systematischen Kundenmanagements, sog. Customer Relationship Management (CRM), ein zentraler Wettbewerbsfaktor.

Die Leistungsfähigkeit der Vertriebsmitarbeiter ist überdies von wesentlicher Bedeutung, da Kreditinstitute sich durch die Ausgestaltung Ihrer Kundenbeziehungen voneinander abgrenzen können. Insbesondere bei homogenen Gütern (z.B. Termineinlagen) wird die Qualität der Dienstleistung in hohem Maße durch personelle Faktoren bestimmt. Die Kundenbeziehung erhält neben der fachlichen Kompetenz durch die emotionale Interaktion eine langfristig nicht duplizierbare Komponente. Kundenbeziehungen sollen langfristig einen positiven Deckungsbeitrag generieren, sodass die Kreditinstitute üblicherweise eine Zuordnung ihrer Kunden durch Kundensegmentierung vornehmen. → Kundensegmente unterscheiden sich durch den Individualisierung- und Standardisierungsgrad der Beratungs- und Produktangebote, sodass Dienstleistungen, z.B. → Financial Planning, → Erb- und Stiftungsmanagement, → Vermögensverwaltung, den Kunden zielgerichtet angeboten werden können.

Der wirtschaftliche Erfolg des Bankvertriebs wird wesentlich über den Nutzen der wechselseitigen Geschäftsbeziehungen bestimmt. Hierzu sind aussagefähige Steuerungsinformationen notwendig, die neben einer Rentabilitätsorientierung auch ergänzende Informationen bspw. des Kunden- und Personalmanagements berücksichtigen. Die Steuerung des Vertriebs erfordert gemeinhin die Ausrichtung an ein kundenorientiertes → Vertriebscontrolling. Hierbei kann zwischen operativem Vertriebscontrolling und strategischem Vertriebscontrolling unterschieden werden.

Bankwochenstichtage – 7., 15., 23. und letzter Tag eines Monats. Zur Vereinfachung werden einige bankstatistische Angaben – z.B. die reservepflichtigen Verbindlichkeiten – in Deutschland nicht für jeden Geschäftstag, sondern nur für die Bankwochenstichtage ausgewiesen.

Bankziehung – *eigene Ziehung;* Form eines → Finanzwechsels, bei der ein Kreditinstitut einen Wechsel ausstellt und diesen entweder auf einen Kunden zieht (Debitorenziehung) oder auf eine andere Bank (Bank-auf-Bank-Ziehung). Bankziehungen werden zur Besicherung von Krediten verwendet. Sie haben in der heutigen Bankpraxis keine große Bedeutung mehr.

Bankzinsen → Zinsen, → Kreditkosten.

Bank-zu-Bank-Kredit – Kreditgewährung einer inländischen Bank an eine ausländische Bank zur Finanzierung eines Exportgeschäftes. Die inländische Bank zahlt den Bank-zu-Bank-Kredit i.Allg. nicht an die ausländische Bank, sondern an den Exporteur gegen entsprechende Lieferungs- oder Leistungsnachweise aus. Bank-zu-Bank-Kredite (B2B loans) sind somit ebenso wie → Bestellerkredite der Gruppe (zweck)gebundene Finanzkredite zuzuordnen. Die ausländische Bank schließt ihrerseits einen Kreditvertrag mit dem Importeur ab.

Bannbruch → Steuerstraftat. Bannbruch begeht, wer Gegenstände entgegen einem Verbot ein-, aus- oder durchführt, ohne sie der zuständigen Zollstelle ordnungsgemäß anzuzeigen (§ 372 AO). Der Täter wird wegen → Steuerhinterziehung bestraft, wenn die Tat nicht in anderen Vorschriften als Zuwiderhandlung gegen ein Einfuhr-, Ausfuhr- oder Durchfuhrverbot mit Strafe oder mit Geldbuße bedroht ist.

Banner – *Werbebanner;* rechteckige Werbeformen, die auf einer → Website geschaltet werden und per → Hyperlink mit dem Internetangebot des Werbetreibenden verknüpft sind. Banner können anhand ihrer Größe sowie ihres Interaktions- und Funktionalitätspotenzials unterschieden werden.

Banque de France – Zentralnotenbank Frankreichs, Sitz in Paris. 1800 unter staatlicher Beteiligung gegründet. 1806 der staatlichen Leitung unterstellt, seit 1848 alleinige Notenbank, am 1.1.1946 verstaatlicht, am 4.8.1993 erfolgte die Unabhängigkeit der Bank zur Sicherstellung der Preisstabilität und der Unabhängigkeit von der Politik. Seit dem 1.6.1998 gehört die Banque de France dem Europäischen System der Zentralbanken an.

Banque Européenne d'Investissement → EIB.

bar → Barzahlung.

Barabfindung – Begriff des Aktienrechts (vgl. §§ 327a,b AktG). Abfindung für ausscheidende (Minderheiten-)Aktionäre, z.B. bei → Umwandlung, bei → Eingliederung sowie bei → Verschmelzung. Die Barabfindung muss angemessen sein. Für ihre Berechnung gelten die Hinweise zur Ermittlung des Umtauschverhältnisses im Rahmen der → Verschmelzung sinngemäß.

Barcode – *Balkencode, Strichcode;* ein optischer → Datenträger zur Kennzeichnung von Objekten. Nach einer standardisierten Codiervorschrift wird eine ein- oder mehrdimensionale Sequenz von parallelen dunklen und hellen Strichen gedruckt, die von optischen Lesegeräten gelesen und anschließend dekodiert werden können. – *Beispiel:* → EAN.

Bardividende – Begriff des → körperschaftsteuerlichen Anrechnungsverfahrens, also v.a. wichtig für die ältere Fachliteratur (weil das Anrechnungsverfahren heute durch das → Halbeinkünfteverfahren und später das → Teileinkünfteverfahren bzw. die Abgeltungssteuer ersetzt worden ist). Die Bardividende entsprach dem handelsrechtlichen Dividendenbegriff (→ Dividende) und kennzeichnete den ausgeschütteten Gewinn nach Abzug der körperschaftsteuerlichen → Ausschüttungsbelastung, aber noch vor Abzug der → Kapitalertragsteuer. – Vgl. auch → Bruttodividende.

Bare Boat Charter → Charterverkehr.

Bargaining-Theorien – Gruppe von Theorien, die Gleichgewichtslösungen nicht über Marktmechanismen, sondern durch Verhandlungsstrategien erklären. – *Häufigste Anwendungen:* → Spieltheorie, → bilaterales Monopol.

Bargebot – bei der → Zwangsversteigerung Begriff für: (1) Den Teil des → geringsten Gebotes, der zur Deckung der *Gerichtskosten* des Zwangsversteigerungsverfahrens und anderer in §§ 10 und 12 ZVG näher bezeichneter Ansprüche bestimmt ist (Mindestbargebot); (2) die *Differenz* zwischen dem höchsten bei einer Versteigerung abgegebenen Gebot, dem → Meistgebot, und dem geringsten Gebot (§ 49 ZVG). – Das Bargebot kann durch Überweisung oder Einzahlung auf ein Konto der Gerichtskasse erfolgen, wobei letztere vor dem → Verteilungstermin der Gerichtskasse gutgeschrieben sein müssen (§ 49 III ZVG).

Bargeld – Geldmittel einheimischer Währung, in der Buchhaltung unter „Kasse" geführt. – Vgl. auch → Barzahlung. – Zu den *Barmitteln* rechnen als liquide Mittel erster Ordnung neben dem Bargeld noch die → Bankguthaben und → Schecks.

bargeldloser Zahlungsverkehr – *unbarer Zahlungsverkehr;* Abwicklung von Zahlungen ohne Verwendung von Bargeld, d.h. von Konto zu Konto. Buchgeldzahlungen können durch → Verrechnungsscheck, → Lastschrift oder → Überweisung erfolgen, mittels der ein Betrag dem Konto des Zahlungspflichtigen belastet und auf dem Konto des Zahlungsempfängers gutgeschrieben wird. Besitzt einer der beiden Beteiligten kein Konto, so ist eine völlige Ausschaltung der → Barzahlung nicht möglich (→ halbbarer Zahlungsverkehr). Eine weitere Form der bargeldlosen Zahlung ist die Kartenzahlung, bei der Transaktionsbelege vom Kartenakzeptanten zur Gutschrift des Rechnungsbetrages bei der Kartenorganisation eingereicht werden. Der Anteil dieser Zahlungsform am bargeldlosen Zahlungsverkehr nimmt kontinuierlich zu. – Um den aufwendigen beleggebundenen bargeldlosen Zahlungsverkehr zu rationalisieren, wird der bargeldlose Zahlungsverkehr mittlerweile zwischen den Kreditinstituten überwiegend beleglos abgewickelt (→ elektronischer Zahlungsverkehr); auch die Bankkunden reichen ihre Zahlungsaufträge zunehmend beleglos ein, z.B. im → Homebanking.

Bargeldumlauf – Umlauf von Banknoten (→ Notenumlauf) und Münzen (→ Münzumlauf) in einem Land (zu einem bestimmten Stichtag, einer bestimmten Bilanzrechnung, bzw. Bestandsgröße).

Bargeschäfte – *Barverkauf;* im Warenverkehr die Lieferung von Waren gegen → Barzahlung innerhalb einer bestimmten Zahlungsfrist im Gegensatz zu Zielkäufen bzw. -verkäufen. – *Buchungen* bei Bewirkung der Leistungen → Zug um Zug: Kassekonto an Warenverkaufskonto und Mehrwertsteuer (beim Verkäufer) bzw. Wareneingangskonto und Vorsteuer an Kassekonto (beim Käufer), d.h. ohne Einschaltung eines Kontokorrentkontos. Bei Einräumung einer Zahlungsfrist z.B. durch eine Zahlungsklausel wie „netto Kasse innerhalb 10 Tagen" ist dagegen die Zwischenschaltung von Kontokorrentkonten erforderlich.

Barge-Verkehr – *Leichter-Verkehr;* kombinierter Verkehr, bei dem Binnenschiffe ohne eigenen Antrieb (Barge, Leichter) auf Hochseeschiffen transportiert werden; die volkswirtschaftliche Bedeutung des Barge-Verkehrs ist relativ gering. – Vgl. auch → kombinierter Verkehr.

Bargründung – Form der → Gründung einer AG, bei der das Eigenkapital durch Geldeinlagen der Gründer aufgebracht wird. – *Gegensatz:* → Sachgründung, → Schein-Bargründung.

Barkauf – Übliche Form des Kaufs, wobei der Kaufpreis → Zug um Zug gegen Übereignung der Kaufsache zu zahlen ist. – Vgl. auch → Bargeschäft, → Handkauf.

Barkredit – Form eines → Ratenkredites, bei dem die Bewilligung schnell und mit vereinfachter → Bonitätsprüfung erfolgt. Barkredite wurden früher in bar ausgezahlt, heute werden die Gelder normalerweise auf dem Girokonto bereit gestellt. Barkredite werden häufig über Kreditvermittler oder über das Internet vergeben. Im Kreditwesen wird dieser Ausdruck eher selten verwendet (vgl. auch → Konsumentenkredit, → Anschaffungsdarlehen).

Barleistungen – zusammenfassende Bezeichnung für die in der Krankenversicherung nicht in Form von Sachleistungen gewährten Beihilfen, wie z.B. → Krankengeld und → Mutterschaftsgeld.

Barlohn → Geldlohn.

Barmittel → Bargeld.

Barometerdiagnose → Konjunkturdiagnose.

Barometersystem – 1. *Begriff:* Systematische Zusammenstellung ökonomischer Zeitreihen zu Zwecken der Konjunkturdiagnose (→ Konjunkturindikatoren). Der Begriff Barometersystem geht auf das → Harvard-Barometer zurück. – 2. *Entwicklung:* V.a. von Wagemann (Institut für Konjunkturforschung) entwickeltes System ökonomischer Zeitreihen *(Einzelbarometer).* Diese umfassten u.a. folgende Reihen: Produktion, Beschäftigung, Außenhandel, Kredite, Preise. – 3. *Bedeutung:* Heute nicht mehr gebräuchliche Bezeichnung für Konjunkturindikatoren. Gleichwohl werden auch in modernen Konjunkturindikatoren häufig verschiedene Reihen entprechend ihrer Vorlaufeigenschaften zur Konjunktur gebündelt, so z.B. beim Ifo-Konjunkturindikator.

Barone – Enrico, 1859–1924, ital. Nationalökonom, der als Offizier zunächst an der Militärakademie in Neapel, dann bis zum Lebensende als Professor der Wirtschaftswissenschaften in Rom lehrte. Seinen Ruhm hat ein Beitrag aus dem Jahr 1908 begründet, der in der Diskussion der dreißiger Jahre um die „Wirtschaftsrechnung in einer Wirtschaft mit zentraler Lenkung und ohne Privateigentum" entdeckt und in viele Sprachen übersetzt wurde. Unter dem Titel „The Ministry of Production in the Collectivist State" behauptet Barone, dass es möglich sei, mit Schattenpreisen ein perfektes Wettbewerbsgleichgewicht zu erreichen. Praktisch würde dies bedeuten, dass das wirtschaftliche Ergebnis in sozialistischen Regimen sich nicht von dem in Ländern mit einer Wettbewerbsordnung unterscheiden muss. Diese von Lange wiederholte Behauptung haben → Mises und → Hayek scharf angegriffen.

Barreserve – Kassenbestände der Kreditinstitute einschließlich konvertibler ausländischer Zahlungsmittel sowie → Sichteinlagen der Kreditinstitute bei einer Zentralbank. – Vgl. auch → Mindestreserve, freie Reserven, → Überschussreserve.

Barro – Robert Joseph, geb. 1944, amerik. Nationalökonom, der an der Harvard University lehrt und schon in jungen Jahren großen Einfluss auf das Fach ausübte. Mit → Lucas gehört er zu den Gründern der → Neoklassik, in der das Konzept der rationalen Erwartungen eine zentrale Rolle spielt. Eine noch andauernde Diskussion löste er 1974 mit einer Untersuchung aus, nach der es langfristig indifferent ist, ob ein Defizit im öffentlichen Haushalt durch Steuererhöhungen oder Schuldverschreibungen ausgeglichen wird. Seine Lehrbücher „Macroeconomics" (1984) und „Economic Growth" (1995, zusammen mit Sala-i-Martin) sind in alle Weltsprachen übersetzt worden. – *Weitere Werke:* „Money, Employment, and Inflation" (1979, zusammen mit Grossman), „Money, Expectations, and Business Cycles" (1981).

Barscheck → Scheck, bei dem entweder der Inhaber von Inhaber- oder Überbringerschecks oder der durch Indossierung legitimierte Inhaber von → Orderschecks Barhonorierung verlangen kann. – Jeder Barscheck kann durch einen entsprechenden Vermerk (→ nur zur Verrechnung) zum → Verrechnungsscheck gewandelt werden. Eine Rückwandlung ist ausgeschlossen.

Bartergeschäft → Kompensationshandel.

Barter Trade → Kompensationsgeschäft.

Barverkauf → Bargeschäfte.

Barvermögen – Bezeichnung für die sofort verfügbaren flüssigen Mittel eines Unternehmens: Kassenbestand, Bankguthaben und Schecks.

Barwert – 1. *Begriff:* Heutiger Wert zukünftiger Zahlungen (Cashflows) unter Annahme einer bestimmten Verzinsung (z.B. Barwert von Investitionsrückflüssen, Barwert einer Rente oder Barwert einer Anleihe). Durch die Ermittlung des Barwertes werden Zahlungen, die zu unterschiedlichen Zeitpunkten entstehen, vergleichbar gemacht. Zur Ermittlung des Barwertes eines Zahlungsstroms werden die einzelnen Ein- bzw. Auszahlungen mit einem laufzeit- und risikoäquivalenten Kalkulationszinssatz abgezinst (diskontiert). Die → Diskontierung berücksichtigt den Umstand, dass der heutige Wert einer Zahlung sowohl für den Zahlungspflichtigen als auch für den Zahlungsempfänger umso geringer ist, je später diese Zahlung fällig wird. – 2. *Bedeutung:* Der Barwert drückt den Wert eines künftigen Zahlungsstroms in der Gegenwart aus. Die Höhe des Barwertes hängt von der Höhe der zukünftigen Ein- bzw. Auszahlungen, der zeitlichen Struktur dieser Zahlungen sowie dem verwendeten Zinssatz ab. Je weiter eine Zahlung in der Zukunft liegt und je höher der Zinssatz ist, desto niedriger ist ceteris paribus der Barwert dieser Zahlung. – 3. *Ermittlung:* Der Barwert BW_0 ist die Summe der mit dem Kalkulationszinssatz i auf den heutigen Zeitpunkt diskontierten künftigen Zahlungen C_t:

$$BW_0 = \sum_{t=1}^{n} C_t \cdot (1+i)^{-t}$$

4. *Anwendungszwecke:* Der Barwert ist ein grundlegendes finanzwirtschaftliches Konzept, das bei vielfältigen Fragestellungen zum Einsatz kommt. Bei *Spar- oder Versicherungsverträgen* wird z.B. der Barwert der zukünftigen Ablaufleistungen ermittelt. Damit wird bestimmt, welcher einmalige Betrag bzw. welche regelmäßige Rate einzuzahlen ist, um nach einer festgelegten Laufzeit und unter Zugrundelegung der angenommenen Verzinsung das vorgegebene Endvermögen (Ablaufleistung) zu erreichen. – Ein weiteres Anwendungsbeispiel ist die *Bewertung von Aktien oder Anleihen.* Im Rahmen der fundamentalen Aktienanalyse werden die zukünftig erwarteten Gewinne je Aktie prognostiziert und anschließend mit einem risikoäquivalenten Kalkulationszinssatz auf den Bewertungsstichtag diskontiert. Das Ergebnis ist der rechnerische Aktienkurs als Barwert der zukünftig erwarteten Gewinne. Auch der rechnerische Wert einer festverzinslichen Anleihe lässt sich als Barwert ermitteln, wenn die zukünftig aus dieser Anleihe fließenden Zins- und Tilgungszahlungen mit einem laufzeit- und risikoäquivalenten Kapitalmarktzinssatz abgezinst werden. – In der → Investitionsrechnung werden ebenfalls Barwertmodelle genutzt. Die → Kapitalwertmethode bestimmt die Vorteilhaftigkeit von Investitionsprojekten, indem sie den Barwert sämtlicher mit der Investition verbundenen Ein- und Auszahlungen ermittelt. – Schließlich kommen Barwertmodelle im Rahmen der *Unternehmensbewertung* zum Einsatz. Die Discounted-Cashflow-Methode (→ Unternehmungsbewertung) ermittelt den Unternehmenswert als Barwert der zukünftigen freien Cashflows. – 5. *Fazit:* Zusammenfassend lässt sich festhalten, dass jeder Zahlungsstrom mithilfe seines Barwertes bewertet und mit anderen

Zahlungsströmen verglichen werden kann. – *Gegensatz:* → Endwert.

Barzahlung – Zahlungsform, bei der der Schuldner dem Gläubiger → Bargeld übergibt. Mit der Übergabe der Zahlungsmittel ist die Verpflichtung gegenüber dem Gläubiger erfüllt. Zur Barzahlung rechnen: (1) Direkte Übergabe von Bargeld, (2) Bargeldversand mittels Wertbrief, (3) Postanweisung, (4) → Wechsel, die bar eingelöst werden. Vielfach ist in → Zahlungsbedingungen bei Barzahlung Kassakonto oder Diskont vorgesehen. – Vgl. auch → Bargeschäfte.

Barzahlung bei Lieferung → Cash on Delivery (COD).

Barzahlungspreis – Begriff bei → Abzahlungsgeschäften (Teilzahlungsgeschäften), Preis der Ware, den der Käufer zu entrichten hätte, wenn spätestens bei Übergabe der Sache der Preis in voller Höhe fällig wäre (§ 502 I Nr. 1 BGB). Der Barzahlungspreis ist in Teilzahlungsverträgen grundsätzlich anzugeben. Seiner Angabe und der des effektiven Jahreszinses bedarf es nicht, wenn der Unternehmer nur, d.h. üblicherweise, gegen Teilzahlungen Sachen liefert oder Leistungen erbringt (§ 502 I Satz 2 BGB). – *Gegensatz:* → Teilzahlungspreis.

Basar – Betriebsform des Handels mit vorwiegender Verbreitung im Orient. Kennzeichen sind ein breites Warenangebot an Konsumgütern (z.B. Fleisch, Fisch, Obst, Gemüse, Gewürze, Textilien, Schuhe) durch zahlreiche Kleinhändler, die Präsentation an einzelnen Ständen in Basarhallen oder auf offener Straße und die freie wort- und gestenreiche Verhandlung der Preise. – Übernahme des Begriffs beim Verkauf von Waren zu Wohltätigkeitszwecken (z.B. Weihnachtsbasar).

Basel II

von Prof. Dr. Dres. h. c. Henner Schierenbeck und Prof. Dr. Michael Pohl

Die seit 1988 geltende und seither mehrfach ergänzte Eigenkapitalvereinbarung („Basel I") wurde zum 1.1.2007 durch die neue Eigenkapitalvereinbarung („Basel II") ersetzt. Erweiterungen soll die Vereinbarung ab 2013 durch → Basel III erfahren.

Die Empfehlungen des Basler Ausschusses stützen sich auf drei Pfeiler.

1. Pfeiler: Mindesteigenmittelanforderungen

Der erste Pfeiler wird in die drei Problemkreise „Definition des Eigenmittelbegriffs", „Messung des Risikopotentials" und „Verhältnis Risikopotential/Eigenmittel" unterteilt. Für die Bestimmung des Risikopotentials werden die drei Risikokategorien Marktpreisrisiken, Kreditrisiken und operationelle Risiken erfasst.

Bei der *Marktpreisrisikomessung* kann zwischen dem Standardansatz sowie dem internen Modellansatz unterschieden werden. Dabei sollen nach Überzeugung des Basler Ausschusses in Zukunft vornehmlich interne Modellansätze Anwendung finden.

Bedeutende Neuerungen enthielt Basel II hinsichtlich der Quantifizierung des *Kreditrisikos*, die sich jetzt näher am tatsächlichen Ausfallrisiko orientiert. Als einfachster Ansatz zur Messung der Kreditrisiken kann auf einen Standardansatz zurückgegriffen werden. Dieser zieht zur Beurteilung externe Ratings heran. Für Kredite ohne Rating – worunter auch grundsätzlich Privatkundenkredite fallen – werden → Risikogewichte angesetzt, die jenen von Unternehmen entsprechen, welche von Standard&Poor's im Bereich zwischen BBB+ und BB- geratet wurden. Daten bankinterner Modelle finden beim Standardansatz grundsätzlich keine Verwendung.

Anders verhält es sich beim internen Rating-Basisansatz und beim fortgeschrittenen internen Rating-Ansatz. Während die Bank bei ersterem lediglich die Ausfallwahrscheinlichkeit eines Engagements selbst schätzt und die restlichen standardisierten Parameter vom Basler Ausschuss übernimmt, werden bei letzterem sämtliche Parameter selbst geschätzt.

Als dritte Risikokategorie werden *operationelle Risiken* erfasst. Zur deren Messung kann auf drei Ansätze zurückgegriffen werden. Als einfachster Ansatz ist der Basisindikatoransatz postuliert, welcher die Eigenmittelunterlegung anhand des durchschnittlichen mit einem Anrechnungsfaktor gewichteten Bruttoertrags der vergangenen drei Jahre ermittelt. Beim Standardansatz wird bei gleichem Grundgedanken der Bruttoertrag der einzelnen Geschäftsfelder mit differenzierten Faktoren multipliziert. Für die Anwendung eines internen Modellansatzes muss die Bank schließlich in der Lage sein, ihr Exposure gegenüber operationellen Risiken bezüglich der einzelnen Aktivitäten, Prozesse, Produkte und Systeme zu identifizieren sowie zu aggregieren.

2. Pfeiler: Aufsichtsrechtlicher Überprüfungsprozess

Der aufsichtsrechtliche Überprüfungsprozess unterstreicht die Notwendigkeit des Aufbaus einer funktionstüchtigen Gesamtbanksteuerung und eines internen Eigenmittelmanagements. Die Basis wird durch vier

Grundsätze gelegt. Danach müssen Banken über ein Verfahren zur Beurteilung ihrer angemessenen Eigenkapitalausstattung im Verhältnis zu ihrem Risikoprofil sowie eine Strategie für den Erhalt ihres Eigenkapitalniveaus aufweisen. Diese sind durch die Aufsichtsinstanzen zu überprüfen und zu bewerten. Des Weiteren ist den Aufsichtsinstanzen die Möglichkeit gegeben, von den Banken eine höhere als die Mindesteigenkapitalausstattung zu fordern. Abschließend werden die Eingriffsmittel, welche den Aufsichtsinstanzen für ein frühzeitiges Intervenieren zur Verfügung stehen, definiert.

3. Pfeiler: Kontrolle durch den Markt

Als dritter Pfeiler dienen Offenlegungsvorschriften. Diese sollen eine komplementäre Nutzung der Marktmechanismen für bankaufsichtliche Ziele ermöglichen. Der Absicht liegt die Überlegung zugrunde, dass gut informierte Marktteilnehmer eine risikobewusste Geschäftsführung und ein wirksames Risikomanagement von Banken in ihren Anlage- und Kreditentscheidungen honorieren oder aber risikoreiches Verhalten entsprechend sanktionieren.

Um eine solche Marktdisziplin zu erreichen, können bspw. Banken mit regionaler und/oder geschäftlicher Begrenzung, die ein stabiles Risikoprofil aufweisen, eine jährliche Berichterstattung praktizieren, während grundsätzlich eine halbjährliche Veröffentlichung der vorgegebenen Berichtspunkte empfohlen wird. Auch die Unterscheidung nach zentralen und ergänzenden Informationen erlaubt eine Berichterstattung in Abhängigkeit vom eingegangenen Risikoprofil. Lediglich von großen, international tätigen Banken wird das volle Spektrum an Offenlegung erwartet.

Basel III

von Prof. Dr. Michael Pohl

Nach der Einführung von Basel I im Jahr 1988 sowie der deutlichen Überarbeitung zu → Basel II, die 2007 eingeführt wurde, ergeben sich ab 2013 materielle Änderungen, die unter Basel III firmieren. Auslöser der schnellen Überarbeitung war u.a. auch die Finanzkrise, die 2007 durch den US-Subprime Markt ausgelöst wurde (→ Subprime-Krise).

Basel III soll die Stabilität des Bankensektors stärken, was insbesondere durch folgende Maßnahmen sichergestellt werden soll: Basel III stellt gegenüber Basel II wesentlich höhere Anforderungen an Qualität und Quantität der Risikodeckungsmassen. Risiken werden wesentlich umfassender abgedeckt – insbesondere was Kapitalmarktaktivitäten betrifft. So wird für Handelsbuchpositionen etwa ein Stress Value at Risk gefordert. Banken müssen Liquiditätsanforderungen erfüllen.

I. Risikodeckungsmassen

Der Prozentsatz harten Eigenkapitals, sogenanntes „Common Equity Tier 1 (CET 1)", das im Wesentlichen aus Aktienkapital und einbehaltenen Gewinnen besteht, wird gegenüber Basel II von 2 Prozent auf 4,5 Prozent der risikogewichteten Aktiva erhöht. Zusätzlich wird ein „Capital Conservation Buffer" in Höhe von 2,5 Prozent eingeführt, wodurch sich für das notwendige harte Kernkapital ein Wert von 7 Prozent ergibt. Der „Capital Conservation Buffer" darf in Krisenzeiten jedoch unterschritten werden. Zusätzlich ist ein „Countercyclical Buffer" von 0 bis 2,5 Prozent vorgesehen, der landesspezifisch festgesetzt werden soll und bei hohem Kreditwachstum sein Maximum erreichen soll.

Für das zusätzliche Tier 1 Kapital werden neu weniger hybride Instrumente zugelassen und das gesamte Tier 1 Kapital muss 6 Prozent betragen (davon mindestens 4,5 Prozent CET 1).

	CET 1	Tier 1	Eigenmittel
Minimum	4,5 %	6,0 %	8,0 %
Conservation Buffer	2,5 %		
Minimum einschl. Conservation Buffer	7,0 %	8,5 %	10,5 %
Countercyclical Buffer	0 - 2,5 %		

Neben den höheren Anforderungen in Relation zu den risikogewichteten Aktiva wird neu auch eine Leverage Ratio vorgeschlagen, die vorgibt, dass das Tier 1 Kapital in Relation zur Bilanzsumme zuzüglich definierter Anteile für Ausserbilanzpositionen mehr als 3 Prozent ausmachen soll.

II. Liquiditätsanforderungen

Zukünftig sind durch Banken zur Überwachung der Liquiditätssituation zwei Kennzahlen, die Liquidity Coverage Ratio (LCR) und die Net Stable Funding Ratio (NSFR), zu ermitteln.

Die LCR soll sicherstellen, dass ein Institut genügend liquide Aktiva vorhält, um in einem Stressfall zu erwartende Liquiditätsabflüsse auszugleichen. Sie ist definiert als

$$LCR = \frac{Monetisierbare\ hochliquide\ Aktiva}{Netto-Zahlungsabgang\ in\ Stresssituation}$$

und muss jederzeit größer 1 sein. Hierbei wird ein Zeithorizont von 30 Tagen zugrunde gelegt, für welchen der Netto-Zahlungsabgang durch Multiplikation definierte Zu- und Abflussfaktoren mit den Aktiv- und Passivpositionen der Bank sowie Eventualverbindlichkeiten ermittelt wird.

Die NSFR soll eine möglichst stabile → Refinanzierung sicherstellen und hierdurch die betriebene → Fristentransformation begrenzen. Sie betrachtet einen Zeithorizont von einem Jahr und ist definiert als

$$NSFR = \frac{Bestand\ stabiler\ Passiva}{Erforderliche\ stabile\ Refinanzierung}$$

und muss ebenfalls jederzeit größer 1 sein. Dabei bedingt eine Aktivposition umso mehr erforderliche stabile Refinanzierung, je illiquider sie ist und umso weniger stabile Refinanzierung, je liquider sie ist.

Baseline – Schlussaussage oder Schlusszeile einer → Anzeige. Die Baseline soll die wesentliche Aussage des → Fließtextes zusammenfassen und/ oder zu weiteren Aktivitäten des Lesers (Probieren, Kaufen, Genießen) auffordern. – *Gegensatz:* → Headline.

Basic – *Beginners All Purpose Symbolic Instruction Code;* prozedurale → Programmiersprache. Aufgrund einfacher Handhabung und Erlernbarkeit ist Basic im Personal- und Hobbycomputerbereich relativ weit verbreitet. – *Moderne Variante:* → Visual Basic (VB).

Basic Sector – in der → Export-Basis-Theorie der Teil einer lokalen Wirtschaft, der für Exportmärkte produziert und damit → Wachstum in der → Region fördert.

Basisbeschäftigung – Begriff der Plankostenrechnung für die der Leistungs- und Verbrauchsplanung zugrunde gelegte → Beschäftigung. Die Basisbeschäftigung der einzelnen → Kostenstellen ist Bezugsgrundlage für die erreichte Beschäftigung (Beschäftigungsgrad in Prozent). Als Basisbeschäftigung kann gewählt werden a) die bei voller Auslastung jeder Kostenstelle unter normalen Bedingungen, d.h. bei Einrechnung aller unvermeidbaren Nebentätigkeiten und Verlustzeiten, erzielbare Leistungsmenge; vgl. → Kapazitätsplanung; b) die von der erwarteten Absatzmenge her sich ergebende Beschäftigungsgröße (Planbeschäftigung); vgl. → Absatzplanung; c) die von irgendeinem Engpass her begrenzte Menge; vgl. → Engpassplanung. – Beschäftigungsgrade, die sich auf verschiedene Basisbeschäftigungen beziehen, sind untereinander nicht vergleichbar. – Vgl. auch → Bestbeschäftigung.

Basisgesellschaften – I. Allgemeines: 1. *Begriff:* → Kapitalgesellschaften oder andere Rechtsträger in ausländischen Staaten, die als zwischengeschaltete, von der Inlandsbesteuerung losgelöste Auslandsbasen dt. Unternehmen zum verselbstständigten Träger von Einkommen und Vermögen gemacht werden (z.B. Holding-, Vermögensverwaltungs- und Finanzierungsgesellschaften etc.). – *Keine* Basisgesellschaften in diesem Sinn sind reine Betriebsgesellschaften (→ Betriebsaufspaltung), die lediglich den Standortfaktor der niedrigeren Steuern nutzen; Gesellschaften, die nur im nationalen Bereich des ausländischen Staates tätig werden, sowie Unternehmen, die ihre Erzeugnisse zwar in mehrere Länder verkaufen, aber Sitz und Geschäftsleitung in dem ausländischen Staat haben. – 2. *Bedeutung:* Funktionen der Basisgesellschaften sind sehr mannigfaltig und reichen von reinen Briefkasten- bzw. → Domizilgesellschaften über geringe eigene wirtschaftliche Geschäftstätigkeit im Basisland bis zu international bedeutsamen Koordinierungs- und Steuerungsfunktionen. – 3. *Rechtsform:* a) I.Allg. Aktiengesellschaften (AG). Diese Gesellschaftsform ist bes. in der Schweiz und Liechtenstein sehr vielseitig, mit geringer Publizität ausgestattet und lässt den Kapitalgeber weitgehend anonym. – b) Basisgesellschaften als GmbH (Gesellschaft mit beschränkter Haftung) haben offenbar wegen steuerlicher Vorteile in der Schweiz an Zahl zugenommen. – c) Die Anstalt liechtensteinischen Rechts ist selbstständige Rechtsperson, die ihre Firma i.d.R. frei wählen kann. Das Kapital bleibt ungeteilt oder ist in Anteile zerlegt. Die Anonymität des Kapitalgebers kann weitgehend gewahrt werden. – d) Seltener sind Basisgesellschaften als → Trusts. Diese rechtlich selbstständigen Treuhandgesellschaften haben eigenes, allein haftendes Vermögen und werden unter eigenem Namen betrieben. – e) → Stiftungen und Familienvereine als Basisgesellschaften nur in Ausnahmefällen.

II. Steuerrecht: 1. *Geschäftsleitung im Inland:* Ausländische Basisgesellschaften unterliegen der dt. → unbeschränkten Steuerpflicht, wenn sich der tatsächliche Ort der Geschäftsleitung (§ 10 AO) im Inland befindet. – 2. *Geschäftsleitung im Ausland:* a) Liegt der Ort der Geschäftsleitung im ausländischen Sitzstaat der Basisgesellschaft und übt die Basisgesellschaft eine → aktive Tätigkeit aus, deren Risiko sie trägt, so wird die steuerliche Abschirmwirkung der ausländischen Gesellschaft anerkannt: Das Ergebnis unterliegt nur insoweit der dt. Besteuerung, als es durch eine dt. → Betriebsstätte erzielt wird. – b) Übt eine ausländische Basisgesellschaft eine → passive Tätigkeit aus, so greift unter den Voraussetzungen des Außensteuergesetzes die Hinzurechnungsbesteuerung für → Zwischengesellschaften. – Liegen trotz passiver Tätigkeit die Voraussetzungen einer Zwischengesellschaft nicht vor, kann nur im Fall eines Scheingeschäftes (§ 41 II AO) oder eines Missbrauchs (§ 42 AO) die Abschirmwirkung der Basisgesellschaften durchbrochen werden. – 3. Zu beachten ist die weit gehende Verpflichtung von Steuerpflichtigen zur *Sachverhaltsaufklärung* bei Auslandsbeziehungen (§ 90 II, III AO).

Basis-Gesundheitsdienst – *Primary Health Care;* grundbedürfnisorientierter Ansatz nach den Prinzipien der Ursachen- und Zielgruppenorientierung, Partizipation, Eigenverantwortung und Dezentralisierung im Gesundheitssystem, der 1978 in Alma Ata initiiert wurde. Vorgesehen ist die Vorbeugung und Bekämpfung örtlich anzutreffender Gesundheitsprobleme durch die Sicherstellung von Ernährung und Trinkwasserversorgung, sanitäre Anlagen, Impfstoffe, essenzielle Arzneimittel. Anfänglich wurden die Gesundheitsleistungen (z.B. Medikamente) kostenlos verteilt. Mit der → Bamako-Initiative wurde zur Verbesserung der finanziellen Ausstattung der Gesundheitssysteme eine finanzielle Beteiligung der Bevölkerung an ihrer Finanzierung gefordert.

Basispoint → Basispunkt.

Basispunkt – *Basispoint;* Maß für Preisveränderungen auf den Finanzmärkten, wobei:

$$1\text{ B.} = \frac{1}{100}\% = 0{,}0001.$$

Basisrente – Die „Basis- bzw. Rürup-Rente" stellt ein staatlich geförderter privater Leibrentenvertrag dar. Die Basis- oder Rürup-Rente wird seit 2005 neben der → Riester-Rente als weitere Form der → Altersvorsorge vom Staat gefördert und ist daher steuerlich begünstigt. Entwickelt wurde dieses „neue" Vorsorgemodell in der Kommission zur nachhaltigen Finanzierung der Sozialversicherungssysteme. Den Vorsitz hatte Prof. Dr. Dr. h. c. Bert Rürup inne. Hierauf lässt sich auch der Name → Rürup-Rente zurückführen. – Vgl. → Alterseinkünftegesetz (AltEinkG).

Basisrisiko – Beschreibt die Möglichkeit einer negativen Abweichung zwischen der Kompensationshöhe aus einer Rückversicherungsdeckung und der tatsächlichen Schadenhöhe im zu deckenden Erst- oder Rückversicherungsportfolio. Im Rahmen einer nicht schadenbasierten Risikoverbriefung korrelieren z.B. die vereinbarten bedingten Kompensationszahlungen nicht vollständig mit dem abzusichernden Risiko, wenn im → Trigger risikorelevante Zufallsvariablen nicht berücksichtigt werden. – *Beispiel:* Bei indexbasierten Triggern kann die Schadenhöhe beim Originator von der durch den Index ermittelten Schadenhöhe abweichen.

Basistarif – 1. *Definition:* Standardisierter Krankenversicherungsschutz in der Privaten Krankenversicherung (PKV), der in Art, Umfang und Höhe mit dem Krankenversicherungsschutz in der Gesetzlichen Krankenversicherung (GKV) vergleichbar ist und seit dem 1.1.2009 von allen Versicherungsunternehmen mit Sitz in Deutschland auch als beihilfekonforme Variante angeboten werden muss, die die private Krankheitskostenvollversicherung anbieten (§ 12 VAG Ia bis Ic). Der Basistarif muss von den Versicherungsunternehmen auch mit vier Selbstbehaltstufen (300, 600, 900 und 1.200 Euro) angeboten werden. Die genaue Ausgestaltung des Versicherungsschutzes wird vom Verband der privaten Krankenversicherung e. V. festgelegt, wobei die Fachaufsicht das Bundesministerium der Finanzen (BMF) ausübt. – 2. *Versicherungsberechtigter Personenkreis im Basistarif laut GKV-Wettbewerbsstärkungsgesetz:* a) Personen, die zum Zeitpunkt der Einführung des Basistarifs am 1.1.2009 freiwillig gesetzlich versichert sind, sofern sie die Aufnahme in den Basistarif bis zum 30.6.2009 beanspruchen. – b) Personen, die erst nach dem 31.12.2008 freiwilliges Mitglied einer Krankenkasse wurden, innerhalb von sechs Monaten nach Begründung ihrer freiwilligen Mitgliedschaft. – c) Alle Personen mit Wohnsitz in Deutschland, die weder in der GKV versicherungspflichtig sind, noch Leistungen nach dem Asylbewerberleistungsgesetz beanspruchen können, noch Sozialhilfe erlangen; – d) Beihilfeberechtigte, die einen die Beihilfe ergänzenden Versicherungsschutz benötigen. – e) Privat Versicherte mit Wohnsitz in Deutschland, die ihren Versicherungsvertrag ab dem 1.1.2009 abgeschlossen haben. – f) Bestandsversicherte in der PKV, die ihren Versicherungsvertrag vor dem 1.1.2009 abgeschlossen haben, können zeitlich eingeschränkt vom 1.1. bis zum 30.6.2009 unter Anrechnung von Alterungsrückstellungen in den Basistarif des eigenen oder eines anderen Unternehmens wechseln. Nach dem 30.6.2009 können Bestandsversicherte nur noch in den Basistarif ihres eigenen Unternehmens wechseln, wenn sie das 55. Lebensjahr vollendet haben oder eine Rente der → Gesetzlichen Rentenversicherung (GRV) oder ein Ruhegehalt nach beamtenrechtlichen oder vergleichbaren Vorschriften beziehen oder hilfebedürftig i.S.d. Sozialrechts sind. – 3. *Beitragsgestaltung:* Ausschlaggebend für die Beitragshöhe ist das Eintrittsalter, nicht der Gesundheitsstatus des Versicherungsnehmers. Es existiert ein Verbot von Risikozuschlägen. Der

Antrag eines Versicherungsberechtigten auf Versicherung im Basistarif darf nicht abgelehnt werden (Kontrahierungszwang). Der Beitrag zum Basistarif ist nach § 12 Ic VAG mehrstufig limitiert. *1. Stufe:* Der pro versicherte Person zu zahlende Höchstbeitrag entspricht dem jeweils gültigen Höchstbeitrag in der GKV (2013: 610,31 Euro). Letzterer wird ab 2009 per Verordnung anhand des durch die Bundesregierung festgelegten, einheitlichen Beitragssatzes und der Beitragsbemessungsgrenze in der GKV festgesetzt. *2. Stufe:* Wenn durch die Zahlung des Höchstbeitrags Hilfebedürftigkeit entsteht, reduziert sich der Höchstbeitrag um die Hälfte. *3. Stufe:* Entsteht auch durch die Zahlung des reduzierten Beitrags Hilfebedürftigkeit, beteiligt sich der nach dem Sozialgesetzbuch zuständige Träger (Bundesagentur für Arbeit oder Sozialamt) im erforderlichen Umfang an dem Beitrag, soweit dadurch Hilfebedürftigkeit vermieden wird. *4. Stufe:* Besteht unabhängig von der Höhe des zu zahlenden Beitrags Hilfebedürftigkeit, wird der Beitrag auf die Hälfte des Höchstbeitrags (2013: 305,16 Euro) reduziert. Der Versicherte erhält in diesem Fall vom zuständigen Träger einen Betrag als Zuschuss, der auch für einen Bezieher von Arbeitslosengeld II in der GKV zu tragen ist. – 4. *Konsequenzen und Bewertung aus Sicht der PKV:* Weil es im Basistarif Beitragslimitierungen gibt und es den Unternehmen der PKV nicht erlaubt ist, im Basistarif Risikozuschläge zu erheben oder Leistungsausschlüsse zu vereinbaren, reichen die Beiträge kalkulatorisch nicht aus, um die Krankheitskostenrisiken zu decken. Im Basistarif entstehen Defizite, die auch von den Bestandsversicherten anderer PKV-Tarife mitzutragen sind (Quersubventionierung). Diese Regelungen führen aus Sicht der PKV zu erheblichen Belastungen der privaten Krankenversicherung und ihrer Versicherungsnehmer.

Basiszins – im § 247 BGB mit 3,62 Prozent festgelegter Zins, der der Umsetzung der EG-Richtlinie zur Bekämpfung von Zahlungsverzug im Geschäftsverkehr vom 29.6.2000 dient. Der → Basiszinssatz wird halbjährlich zum 1.1. und zum 1.7. an die Veränderungen des Hauptfinanzierungssatzes der EZB angepasst, er beträgt seit 1.7.2012 0,12 Prozent (Mitteilung Nr. 1001/2012; Bundesanzeiger 2012 vom 28.6.2012).

Basiszinssatz – Rechtsbegriff für Zins in Höhe von 3,62 Prozent (§ 247 I BGB). Der Basiszinssatz verändert sich zum 1.1. und 1.7. eines jeden Jahres um die Prozentpunkte, um welche der Zinssatz für Hauptrefinanzierungsgeschäfte der → Europäischen Zentralbank (EZB) seit der letzten Veränderung des Basiszinssatzes gestiegen oder gefallen ist. Die → Deutsche Bundesbank veröffentlicht den jeweils geltenden Basiszinssatz im Bundesanzeiger (§ 247 II BGB). Auf den Basiszinssatz beziehen sich u.a. die → Verzugszinsen, die dadurch variabel sind. – *Anders:* Gesetzlicher Zinssatz von vier Prozent (§ 246 BGB), z.B. für Verzinsung der nach → Abnahme fälligen Vergütung aus → Werkvertrag (§ 641 BGB).

Basket-Optionsschein – Konstruktion eines → Optionsscheines, der sich auf einen ganzen Korb (Basket) von → Wertpapieren als Basiswert bezieht.

Basler Übereinkommen – Das von der Bundesrepublik Deutschland am 23.10.1989 unterzeichnete Basler Übereinkommen vom 22.3.1989 über die Kontrolle der grenzüberschreitenden Verbringung gefährlicher Abfälle und ihrer Entsorgung (BGBl. 1994 II 2703), zuletzt geändert durch Beschluss vom 29.10.2004 (BGBl. 2005 II 1123), hat gegenwärtig 170 Staaten und die EU als Vertragsparteien. Als *Ausführungsgesetz* ist das *Abfallverbringungsgesetz (AbfVerbrG) vom 19.7.2007 (BGBl. I 1462) m.spät. Änd. verabschiedet worden.* Die *Vorschriften* des AbfVerbrG knüpfen unmittelbar an die Regelungen des Basler Übereinkommens und der EG-Abfallverbringungsverordnung (EG) Nr. 1013/2006 an. Es werden – wie auch beim Kreislaufwirtschafts/-Abfallgesetz – die Abfallbegriffe der Verordnung übernommen. – Der Grundsatz der *Beseitigungsautarkie* ist im Gesetz festgeschrieben (§ 2 AbfVerbrG). Danach hat die Abfallbeseitigung im Inland Vorrang vor der Beseitigung im Ausland und die innerhalb eines EU-Mitgliedsstaates Vorrang vor der Beseitigung in einem anderen Staat. – Das → Umweltbundesamt (UBA) erhält neben der Aufgabe als Anlaufstelle auch die Funktion einer Anlaufstelle für grenzüberschreitende Abfallverbringung. Diese Stelle sammelt und verteilt auf Anfrage die ihr von den zuständigen Landesbehörden zugeleiteten Informationen, nimmt Anfragen mit Auslandsbezug entgegen und leitet sie an die zuständigen Stellen weiter. Ferner sollen Bund und Länder über die Anlaufstelle Informationen über gescheiterte und illegale Verbringungen sowie über laufende Ermittlungs- und Strafverfahren austauschen (§ 15 AbfVerbrG).

BASt – 1. Abk. für → Bundesanstalt für Straßenwesen. – 2. Abk. für → Bauabzugsteuer.

Bastiat – Claude Frédéric, 1801–1850, franz. Geschäftsmann, Publizist und Parlamentarier, der kein eigenständiger wissenschaftlicher Ökonom war, aber wie kaum jemand vor oder nach ihm ökonomische Vorstellungen in allg. verständlicher Sprache – meistens ironisch-satirisch gewürzt – zu verbreiten wusste. Als Anhänger des → Laissez-Faire-Liberalismus hat er die → klassische Lehre in Frankreich populär gemacht und sich v.a. gegen den Protektionismus und Sozialismus seiner Zeit gewandt. Das Interesse an Bastiat war lange Zeit rückläufig, hat aber in neuerer Zeit – nach der Unzufriedenheit mit der Keynesianischen Orthodoxie und der marxistischen Utopie – wieder zugenommen. – *Hauptwerk:* „Harmonies économiques" (1850, unvollendet), engl. Übersetzung „Economic Harmonies" (1964).

BAT – Abk. für → Bundes-Angestellten-Tarifvertrag.

Batch-Verarbeitung → Stapelbetrieb.

Batteriegesetz (BattG) – i.d.F. vom 25.6.2009 (BGBl. I 1582) m.spät.Änd.; regelt die Rücknahme, Verwertung und Beseitigung gebrauchter Batterien und Akkumulatoren. – Vgl. auch → Kreislaufwirtschaftsgesetz (KrWG).

BAuA – Abk. für → Bundesanstalt für Arbeitsschutz und Arbeitsmedizin.

Bauabnahme – 1. Bauzustandsbesichtigung durch die *Baubehörde* zur Überprüfung, ob der erstellte Bau der → Bauerlaubnis entspricht; u.a. *Rohbauabnahme* nach Errichtung des Rohbaus und *Gebrauchsabnahme* vor Benutzung des vollendeten Gebäudes. – 2. Bauabnahme durch den → *Bauherrn* (→ Besteller). – Vgl. auch → Abnahme.

Bauabzugsteuer (BASt) – 1. *Begriff:* Eine Quellensteuer (→ Abzugsteuer) zur Sicherung des Steueraufkommens im Bereich der Bauwirtschaft und zur Bekämpfung der illegalen Beschäftigung im Bau. – 2. *Rechtsgrundlage:* §§ 48 ff. EStG. – 3. *Gegenstand und Höhe der Steuer:* Die Bauabzugsteuer wird auf alle Gegenleistungen für Bauleistungen erhoben. Als Bauleistungen werden alle Leistungen angesehen, die der Herstellung, Instandsetzung, Instandhaltung, Änderung oder Beseitigung von Bauwerken dienen. Die Bauabzugsteuer beläuft sich auf 15 Prozent der Gegenleistung (Bruttoentgelt inkl. → Umsatzsteuer). – 4. *Erhebung der Bauabzugsteuer:* Diese Verpflichtung zur Einbehaltung eines Steuerabzugs von 15 Prozent und Abführung an das Finanzamt des Bauunternehmers ist dann gegeben, wenn der Auftraggeber ein Unternehmen oder eine Körperschaft des öffentlichen Rechts ist. Folglich gilt dies nicht für Eigentümer von selbstgenutzten Objekten, aber Vermieter sind betroffen, sobald sie mehr als zwei Wohnungen vermieten. Der Steuerabzug kann unterbleiben, wenn das Bauunternehmen eine Freistellungsbescheinigung nach § 48b EStG vorlegt. – 5. *Fälligkeit:* Der einbehaltene Betrag ist bis zum zehnten Tag nach Ablauf des Monats, in dem die Gegenleistung (Zahlung oder Teilzahlung) erbracht wurde, auf amtlichem Vordruck gegenüber dem für den Bauleistenden zuständigen Finanzamt zu erklären und dorthin abzuführen, falls die Leistungen für ihr Unternehmen erbracht wurden. – 6. Die *Pflicht zum Einbehalt der Bauabzugsteuer* entfällt, wenn a) der Bauleistende eine Freistellungserklärung (§ 48b I S. 1 EStG) des zuständigen Finanzamts vorlegt oder b) die Bagatellgrenze nicht überschritten wird, und zwar von 15.000 Euro im Jahr, falls der Leistungsempfänger ausschließlich steuerfrei Umsätze aus Vermietung und Verpachtung (§ 4 Nr. 12 S. 1 UStG) erbringt oder von 5.000 Euro im Jahr in allen übrigen Fällen; c) nur zwei Wohnungen vermietet werden. – 7. Die einbehaltenen und angemeldeten Bauabzugsteuerbeträge werden dem Leistenden gemäß § 48c EStG angerechnet auf a) die einbehaltene und angemeldete Lohnsteuer (§ 41a I EStG), b) auf die Vorauszahlungen zur Einkommensteuer oder Kirchensteuer bzw. c) auf Einkommensteuer oder Körperschaftsteuer des Veranlagungszeitraums, in dem die Leistungen erbracht wurden. – Beim Auftraggeber wird der Steuerabzugsbetrag als → Betriebsausgabe bzw. → Werbungskosten geltend gemacht, für den Bauunternehmer stellt er einen Anrechnungsbetrag auf die von ihm zu entrichtenden Steuern dar. Gegenüber jedem betroffenen Bauunternehmer muss der → Bauherr eine formgerechte Abrechnung über den Steuerabzug (§ 48a II EStG) erstellen. Der Auftraggeber haftet für die abzuführenden Beträge, wenn er den Steuerabzug unterlassen hat.

Bauaufsichtsbehörde → Baubehörde, der es obliegt, bei Errichtung, Änderung, Abbruch und Unterhaltung baulicher Anlagen die Einhaltung der Bauvorschriften zu überwachen und erforderliche Maßnahmen zu treffen.

Baubehörden – Behörden, die sich mit der Ausführung des Bauordnungsrechts, v.a. der Erteilung der → Bauerlaubnis, befassen. Einrichtung der Baubehörden ist Ländersache. Zu den Baubehörden gehören: → Bauaufsichtsbehörden oder → Bauordnungsbehörden. – Nachstehend eine Übersicht der Behörden, die für Planung, Beantragung und Durchführung eines Bauvorhabens zuständig sind.

Stadt- oder Gemeindeplanungsamt	Überprüfung eines Entwurfs nach städtebaulichen Gesichtspunkten bzw. Übereinstimmung mit dem Bebauungsplan (Stellung des Baukörpers, regionale und/oder kommunale Bauvorschriften, Gestaltungssatzungen etc.)
Bauordnungsamt	als Bauaufsichtsbehörde zuständig für die Baugenehmigung, Überwachung und Abnahme aller genehmigungspflichtigen baulichen Anlagen, Genehmigung von Abbrüchen, Prüfung anzeigepflichtiger Vorhaben, Einleitung und Koordinierung der Anhörung bzw. Prüfung durch weitere Fachbehörden und Amtsstellen
Katasteramt, Vermessungsamt, Amt für Bodenmanagement	Ausstellen von amtlich beglaubigten Auszügen von Flurkarten und Lageplänen zum Bauantrag, Grenzfeststellungen, Baulandumlegungen und Grenzregelungen, Mitwirkung bei der Bauleitplanung, der Durchführung Bauordnung (Erteilung von Lageplänen, Absteckung von Bauvorhaben), Aufgaben der Landesvermessung, Aufgaben der Landesvermessung, der Bodenschätzung sowie der Ermittlung von Grundstückswerten (Gutachterausschuss)

Tiefbauamt	zuständig für Aufgaben des Straßenbaus, der Wasserversorgung, der Abwasserbeseitigung und des Gewässerschutzes
Feuerwehr/ Brandschutzamt	Überprüfung der Einhaltung der Brandschutzbestimmungen
Denkmalschutzamt	Zuständig bei Sanierungen, Umbauten, Veränderungen etc. von denkmalgeschützten Gebäuden oder Ensembles (Ensembleschutz)
Untere Naturschutzbehörde	Beteiligung bei zu erwartenden Eingriffen und/ oder Beeinträchtigungen der Umwelt
Wasserwirtschaftsamt	Genehmigung der Entwässerungsanlagen (Schmutz- und Regenwasser), zuständig bei Bauwerken in der Nähe von stehenden und fließenden Gewässern
Energieversorgungsunternehmen/ Stadtwerke	zuständig für die Haus-/ Gebäudeanschlüsse von Gas, Strom und Wasser
Schornsteinfeger	Abnahme der Heizungsanlage, des Schornsteins sowie der Abgasanlage, Erstellung eines Feuerstättenbescheids, Überprüfen von Abgasleitungen und Abgaswegen
TÜV	Überprüfung von Ölfeuerungsanlagen und der Brennstofflagerung (Öl, Flüssiggas)

Bauberichterstattung – neben der → Bautätigkeitsstatistik Teil der → Baustatistik. Die Bauberichterstattung dient der kurzfristigen Beurteilung der wirtschaftlichen Entwicklung auf dem Baumarkt. Sie ist in das System der Statistiken im Produzierenden Gewerbe integriert und erhebt monatlich bzw. jährlich bestimmte Konjunkturindikatoren in der Bauwirtschaft wie Beschäftigte, Umsatz, Arbeitsstunden und → Auftragseingänge.

Baubeschränkung – Einschränkung der grundsätzlich gegebenen Baufreiheit durch Vorschriften des Baurechts. So bedarf Errichtung, Änderung oder Abbruch baulicher Anlagen der → Bauerlaubnis. Neben den bauordnungsrechtlichen Vorschriften wird die Baufreiheit beschränkt durch die planungsrechtlichen Vorgaben nach dem → Baugesetzbuch (BauGB), z.B. durch den Bebauungsplan.

Bauchladenverkauf – Betriebsform des → ambulanten Handels, bei welcher der Verkäufer seinen Waren in einem Bauchladen anbietet, den er mit sich trägt. Verbreitet als Verkaufsform für Eiswaren und Getränken bei Sportveranstaltungen und Konzerten oder für Rauchwaren bei Abendveranstaltungen.

Baud – Maßeinheit für die Geschwindigkeit der → Datenübertragung über ein Übertragungsmedium; benannt nach dem franz. Physiker Baudot. Entspricht → Bps (Bits per Second).

Baudarlehen → Baufinanzierung, → Arbeitgeberdarlehen.

Baudispens – Aufhebung einer allgemeinen Baubeschränkung in einem Einzelfall, um unbillige Härten zu vermeiden oder aus Gründen des Allgemeinwohls. Ein Dispens kommt für bauordnungsrechtliche und bauplanungsrechtliche Beschränkungen in Betracht. Zum Bauplanungsrecht s. § 31 BauGB, Ausnahmen und Befreiungen von den Festsetzungen eines → Bebauungsplans.

Bauerlaubnis → Baugenehmigung.

Bauerngericht → Landwirtschaftssachen.

Bauersche Bewegungsbilanz → finanzwirtschaftliche Bewegungsbilanz.

Baufinanzierung – Finanzierung der Baukosten von Gebäuden (einschließlich der Kosten von Grund und Boden, Außenanlagen und Baunebenkosten) sowie die Vor- und Zwischenfinanzierung der endgültigen Baufinanzierungsmittel. Baufinanzierung ist i.d.R. gemischte Finanzierung durch eigene und fremde Mittel.

I. Eigenfinanzierung: Eigenes Geld- oder Sachkapital (i.d.R. eigenes Grundstück) oder Eigenleistung (persönlich oder gemeinschaftlich erbrachte Bauleistungen) bzw. angespartes Guthaben auf einen Bausparvertrag.

II. Fremdfinanzierung: 1. *Hypothekendarlehen* (→ Hypothekarkredit) gewähren Realkreditinstitute, Banken und Sparkassen, Versicherungsunternehmungen, → Bausparkassen an Bausparer und Private sowie für den sozialen und öffentlich geförderten Wohnungsbau die Sozialversicherungsträger für ihre Mitglieder. Die Darlehen betragen im ersten Rang i.d.R. 60 Prozent der Gesamtkosten, bei gewerblichen Bauvorhaben werden zudem Abschläge vorgenommen. Bei der Möglichkeit, die dingliche Sicherung durch öffentliche Bürgschaften zu ergänzen, kann sich die Beleihungsgrenze erhöhen. Laufzeiten für Hypotheken zwischen zehn und zwanzig Jahren (Annuitätentilgung) liegen bei meist 1 Prozent Tilgung und Zinsen je nach Kapitalmarktlage. – 2. *Bundesbaudarlehen* für Sonderprogramme, z.B. Bundesumsiedlungs-, Versuchs- und Vergleichsbautenprogramm. – 3. *Landesbaudarlehen* für Länder- und Bundesprogramme, z.B. Industrieschwerpunktprogramme. – 4. *Kommunaldarlehen* für Landes- und Kommunalprogramme z.B. Stadtsanierung. Anstelle von Darlehen auch öffentliche Bürgschaften mit Zinszuschüssen und Annuitätsbeihilfen (Zinssubvention statt Kapitalsubvention). – 5. *Restfinanzierungsmittel* sind bes. → Arbeitgeberdarlehen, Mieterdarlehen, → Baukostenzuschüsse, Mietvorauszahlungen oder Verwandtendarlehen.

III. Bauzwischenfinanzierung: Zwischenfinanzierungsbedarf tritt auf, wenn (1) Eigenkapital ungenügend oder nicht bei Baubeginn vorhanden ist; (2) Belastungsreife des Baugrundstückes fehlt; (3) Auszahlungsbedingungen für das Fremdkapital ungünstig sind. Bauzwischenfinanzierung wird übernommen durch bes. Kreditinstitute gegen Abtretung der Auszahlungsansprüche aus dem Darlehensvertrag, ferner durch eigene Baufinanzierungsinstitute, meist im Rahmen einer Baubetreuung (z.B. Heimstätten-Gesellschaften oder ähnliche Bauträgerunternehmen) oder durch Banken und Sparkassen, u.U. durch den Hypothekengeber selbst zu bes. Bedingungen.

Bauforderung – Forderung des → Bauunternehmers an den → Bauherrn wegen Ausführung einer Bauarbeit. – 1. Zur *Sicherung* der Bauforderung kann der Bauunternehmer Einräumung einer → Sicherungshypothek am Baugrundstück des Bestellers (§ 648 BGB) oder eine Sicherheitsleistung bis zur Höhe des voraussichtlichen Vergütungsanspruches (§ 648a BGB, Bauhandwerkersicherung) verlangen. – 2. Bes. bei Weigerung, Zweifeln an der Zahlungsfähigkeit des Bauherrn oder dem Bevorstehen weiterer Grundstücksbelastungen ist Anordnung einer → Vormerkung durch Einstweilige Verfügung des zuständigen Gerichts möglich; erfordert → Glaubhaftmachung der Höhe der Bauforderung, z.B. durch Rechnungsabschriften, Bauvertrag, eidesstattliche Versicherung.

Baugenehmigung – Die Baugenehmigung ist ein schriftlicher Genehmigungsbescheid der zuständigen → Baubehörde, dass dem Bauvorhaben nach öffentlichem Recht keine Hindernisse entgegenstehen (§ 72 MBO). Die Baugenehmigung kann einengende → Auflagen enthalten. Sie ist befristet und gebührenpflichtig. Die Gültigkeit beträgt je nach Landesbauordnung zwischen ein und vier Jahren. Die Genehmigung ergeht „unbeschadet der Rechte Dritter", d.h., dass u.U. Nachbarn Rechte gegen das Bauvorhaben geltend machen können. – Wenn eine Wohnung oder ein Gebäudeteil ohne Baugenehmigung entgegen den baurechtlichen Vorschriften errichtet wurde, war keine Beantragung der → Eigenheimzulage möglich. Wenn allerdings keine Baugenehmigung vorgeschrieben ist, kann davon ausgegangen werden, dass das Bauwerk den baurechtlichen Vorschriften entspricht. Eine vereinfachte Form der Baugenehmigung ist die Bauanzeige. Der steuerlich maßgebende Zeitpunkt für die Beantragung einer Baugenehmigung ist der Zeitpunkt, zu dem der Bauantrag bei der nach → Landesrecht zuständigen Behörde gestellt wird. Regelung im → Baugesetzbuch (BauGB). Vor der Erteilung der Bauerlaubnis darf mit der Bauausführung nicht begonnen werden. Maßgebend ist regelmäßig der Eingangsstempel dieser Behörde (7.2 EStR). – Zur Baugenehmigung zählen folgende Unterlagen, die mit dem Genehmigungsvermerk (Stempel) der Behörde (meist in grün) versehen sein müssen: Bauzeichnungen (Grundriss, Schnitt, Ansichten),Lageplan (Auszug aus dem Liegenschaftskataster),Baubeschreibung,Formblatt Baugenehmigung,Nachweis der Standsicherheit (Statik),Nachweis der Wärmeschutzberechnung,Bauzahlenberechnung (Wohn- und Nutzflächen, umbauter Raum).

Baugenossenschaft → Wohnungsgenossenschaft.

Baugesetzbuch (BauGB) – i.d.F. vom 23.9.2004 (BGBl. I 2114) m.spät.Änd., zur bundeseinheitlichen Regelung des Bauplanungs- und Städtebaurechts und damit zusammenhängender Fragen zur Ordnung der baulichen Entwicklung in Stadt und Land und der baulichen und sonstigen Nutzung der Grundstücke, fasst das frühere Bundesbaugesetz, das Baugesetzbuch-Maßnahmengesetz und das Städtebauförderungsgesetz zusammen. – 1. Die *Gemeinden* haben Bauleitpläne - → Bauleitplanung - (→ Flächennutzungsplan und → Bebauungsplan) aufzustellen. Zur Sicherung der Planung kann eine → Veränderungssperre beschlossen werden. Entstehende Vermögensnachteile werden bei Vorliegen bestimmter Voraussetzungen entschädigt. – Den Gemeinden steht ein → Vorkaufsrecht beim Kauf von Grundstücken zu, das nur zum Wohl der Allgemeinheit ausgeübt werden darf. Die Gemeinden können im Geltungsbereich eines Bebauungsplans Grundstücke umlegen, Grenzregelungen vornehmen und Grundstücke enteignen. Sie können → Erschließungsbeiträge erheben. – 2. Zur *Sanierung städtebaulicher Missstände* haben die Gemeinden verschiedene Eingriffsmöglichkeiten. – 3. *Rechtsmittel:* Verwaltungsakte nach dem Baugesetzbuch können z.T. durch Antrag auf gerichtliche Entscheidung angefochten werden in Fällen, in denen dem Verwaltungsakt enteignender Charakter zukommt oder zukommen kann (§ 217 BauGB). Über den Antrag entscheidet das Landgericht, → Kammer für Baulandsachen. Im Übrigen ist der Verwaltungsrechtsweg gegeben.

Baugewerbe – 1. Begriff in der *Winterbauförderung:* Die ehemaligen Regelungen zur Winterbauförderung in §§ 209 ff. SGB III wurden durch Regelungen für ein Saison-Kurzarbeitergeld mit ergänzendem Wintergeld (§§ 101-102 SGB III) ersetzt. Die Absicherung der Arbeitnehmer im Baugewerbe gegen witterungsbedingten Arbeitsausfall soll verhindern, dass es in der winterlichen Schlechtwetterzeit zu Kündigungen in diesen Wirtschaftsbereichen kommt; zugleich soll durch die darauf gerichteten gesetzlichen Regelungen des SGB III und in den einschlägigen Tarifverträgen erreicht werden, dass Bauarbeiten auch bei witterungsbedingten Erschwernissen fortgeführt werden. – 2. *Grundsätze:* Das Risiko witterungsbedingter Ausfallzeiten in der Schlechtwetterzeit (1. Dezember bis 31. März, vgl. § 101 I Satz 1 SGB III) für witterungsabhängige Arbeitsplätze tragen Arbeitnehmer, Arbeitgeber und die Agentur für Arbeit gemeinsam, wenn bes. durch Tarifvertrag eine witterungsbedingte Kündigung des Arbeitsverhältnisses in der Schlechtwetterzeit ausgeschlossen ist. Im Ergebnis wird dadurch in der Schlechtwetterzeit auch bei Arbeitsausfall eine kontinuierliche Lohnzahlung ermöglicht. Die Bundesagentur gewährt dazu aus Beiträgen der Arbeitslosenversicherung ein Saison-Kurzarbeitergeld (§ 101 SGB III). Der Arbeitnehmer leistet Vorarbeit, die auf einem Arbeitszeitkonto gutgeschrieben und im Winter bei witterungsbedingtem Arbeitsausfall abgebaut wird (→ Winterausfallgeld-Vorausleistung des Arbeitnehmers). Diese Vorarbeit wird von der Bundesagentur für Arbeit durch ein Zuschuss-Wintergeld (ZWG, § 102 II SGB III) gefördert, falls durch die Auflösung dieser Arbeitszeitguthaben kein Saison-Kurzarbeitergeld gezahlt werden muss. In der sog. Förderungszeit, die vom 15. Dezember bis zum letzten Kalendertag des Monats Februar reicht, wird von der Bundesagentur für Arbeit zur Abgeltung witterungsbedingter Mehraufwendungen für in dieser Zeit geleistete Arbeitsstunden ein Mehraufwands-Wintergeld (MWG) gezahlt. Diese Leistungen werden von den Arbeitgebern durch ein Umlageverfahren finanziert (§ 354 SGB III). Witterungsbedingter Arbeitsausfall liegt nur vor, wenn dieser ausschließlich durch zwingende Witterungsgründe verursacht ist und an einem Arbeitstag mind. eine Stunde der regelmäßigen betrieblichen Arbeitszeit ausfällt (§ 101 VI SGB III). – 3. *Leistungshöhe* a) *Saison-Kurzarbeitergeld* der Agentur für Arbeit: 60 Prozent des ausgefallenen Nettoarbeitsentgelts, Erhöhung auf 67 Prozent bei Arbeitnehmern mit mind. einem Kind. – b) *Zuschuss-Wintergeld* (ZWG): bis zu 2,50 Euro pro Ausfallstunde für jede zur Vermeidung der Zahlung von Sainson-Kurzarbeitergeld eingebrachte Stunde aus dem Arbeitszeitguthaben. – c) *Mehraufwands-Wintergeld* (MWG): 1,00 Euro für jede im Rahmen der tariflich zulässigen Arbeitszeit geleistete Arbeitsstunde innerhalb der Förderungszeit. – 4. *Verfahren:* Die beiden Arten des Wintergeldes (ZWG und MWG), das Sainson-Kurzarbeitergeld und die Erstattung der vom Arbeitgeber allein zu tragenden Sozialversicherungsbeiträge sind vom Arbeitgeber schriftlich innerhalb einer Ausschlussfrist von drei Monaten nach Ablauf des Monats zu beantragen, in dem die Tage liegen, für die Leistungen begehrt werden (§ 325 III SGB III). Dem Antrag ist die Stellungnahme der Betriebsvertretung beizufügen; die Betriebsvertretung kann den Antrag auch selbst stellen (§ 323 II SGB III). Saison-Kurzarbeitergeld oder ergänzende Leistungen nach § 102 SGB III sollen bis zum 15. des Monats beantragt werden, der dem Monat folgt, in dem die Tage liegen, für die die Leistungen beantragt werden. Zuständig für die Entscheidung ist diejenige Agentur für Arbeit, in deren Bezirk die für den Arbeitgeber zuständige Lohnabrechnungsstelle liegt. Im Gegensatz zur früheren Regelung bedarf es nicht mehr der unverzüglichen Mitteilung eines witterungsbedingten Arbeitsausfalls gegenüber der Agentur für Arbeit.

Baugruppe – Bezeichnung für eine Gruppe von Einzelteilen, die als Einheit in das Endprodukt eingeht. Viele Industrieprodukte bestehen aus mehreren Einzelteilen, die durch Montagearbeitsgänge zu Baugruppen und schließlich zu Endprodukten zusammengefügt werden.

Bauherr – geschlechtsneutraler Begriff: Bauherrschaft. Rechtlich und wirtschaftlich verantwortlicher Auftraggeber bei Ausführung von Bauvorhaben, übernimmt Bauten bei Fertigstellung durch → Bauabnahme. Wer als Bauherr gewerbsmäßig für eigene oder fremde Rechnung Bauvorhaben vorbereitet oder durchführt und dazu Vermögenswerte von Erwerbern, Mietern, Pächtern oder sonstigen Nutzungsberechtigten verwendet, bedarf der Erlaubnis, die bei Unzuverlässigkeit oder bei ungeordneten Vermögensverhältnissen des Bauherrn zu versagen ist (§ 34c GewO).

Bauherrenhaftpflichtversicherung – Versicherungsart in der allg. → Haftpflichtversicherung, die Haftpflichtrisiken des → Versicherungsnehmers als → Bauherr und/ oder Besitzer des zu bebauenden Grundstücks deckt. Versichert sind Ansprüche aus der Verletzung von Pflichten, die dem Versicherungsnehmer obliegen. Zusätzlich kann die gesetzliche Haftpflicht des Versicherungsnehmers aus der Ausführung der Bauarbeiten oder eines Teils dieser Arbeiten in eigener Regie versichert werden.

Bauherrnmodell – Konzept zur steuerbegünstigten Erstellung von Immobilieneigentum durch Schaffung einkommensmindernder Buchverluste (→ Verlustzuweisungsgesellschaften). Die dem Bauherrn zuzurechnenden Aufwendungen können u.U. während der Bauphase sofort als → Werbungskosten geltend gemacht werden. Je nach der persönlichen Einkommensteuerbelastung lassen sich dadurch große Teile des Eigenkapitals durch Steuervorteile finanzieren. Seit der Verschärfung der Besteuerung von Verlustzuweisungsgesellschaften 1999 sind Bauherrnmodelle weniger von Interesse. – *Sonderformen:* Bauträgermodell, Erwerbermodell.

Baukastenstückliste – in der Fertigungstechnik Zusammenfassung aller Teile bzw. Baugruppen, die direkt in eine übergeordnete Baugruppe eingehen. Je Fertigungsstufe wird eine gesonderte → Stückliste aufgestellt. Die Mengenangaben beziehen sich jeweils auf die übergeordnete Einheit.

Baukastensystem – I. Allgemein: Eine Zusammenstellung von Aggregaten (z.B. Baukastenmöbel, Maschinensysteme, wissenschaftliche und technische Lehrmittel), die durch Hinzufügung neuer Elemente in ihrer Kapazität oder Wirksamkeit erweitert werden kann.

II. Industriebetriebslehre: Verfahren zur Beschränkung des Produktionsprogramms auf große Serien zur Nutzung von Degressionseffekten (→ Degression). Dabei wird eine vom Kunden verlangte Typenvielfalt weiterhin gewährleistet (z.B. Automobilbranche). Man beschränkt die Verwendung bestimmter Bauelemente und Teilaggregate nicht nur auf einen Typ, sondern konstruiert die zum Programm gehörenden Typen in der Weise, dass möglichst viele

Bauelemente in allen Typen oder wenigstens einem Teil der Typen verwandt werden können. Die unterschiedlichen Typen sind dann baukastenmäßig aus einigen allg. Grundelementen, die in Großserien hergestellt werden können, und typencharakteristischen, den die Spezialeigenschaft bewirkenden Sonderelementen, zusammengesetzt. – Vgl. auch → Normung, → Standardisierung, → Typung.

Baukindergeld – bis 1996 eine einkommensteuerliche Begünstigung; bei Steuerpflichtigen, die die Steuerbegünstigungen nach § 10e I–V EStG in Anspruch nahmen, Ermäßigung der tariflichen Einkommensteuer um 1.000 DM (512 Euro) für jedes Kind des Steuerpflichtigen (§ 34f EStG). Diente der Förderung des selbst geschaffenen Wohneigentums. Seit 1996 ersetzt durch die → Kinderzulage, welche sich auf 767 Euro je Kind bzw. auf 800 Euro je Kind bei Anschaffung oder Herstellung nach dem 31.12.2003 beläuft. Seit dem 1.1.2006 werden die Kinderzulagen im Rahmen der Eigenheimzulage jedoch nicht mehr neu gewährt.

Baukonten – Konten der Bauindustrie, die der Kostenträgerrechnung dienen. Auf ihnen werden die gesamten Baukosten (für jeden Bauauftrag getrennt) gesammelt. – Vgl. auch → Baukontenrahmen.

Baukontenrahmen – ein für die Zwecke des Baugewerbes spezialisierter Kontenrahmen. Die Kontenklassen 0–8 bilden die sog. Geschäftsbuchführung, während die Kontenklasse 9 für die Kosten- und Leistungsrechnung vorgesehen ist (→ Zweisystem), die in der Praxis aber kaum buchungstechnisch durchgeführt wird. Die Geschäftsbuchführung ist nach dem → Abschlussgliederungsprinzip aufgebaut (Klasse 0–2 Aktiva, 3 und 4 Passiva, 5 Erträge, 6 und 7 Aufwendungen, 8 Abschlusskonten), vgl. Abbildung „Baukontenrahmen (Aktivkonten)", „Baukontenrahmen (Passivkonten)", „Baukontenrahmen (Erträge und Aufwendungen)", „Baukontenrahmen (Abschlusskonten)".

Baukostenzuschuss – 1. *Wesen:* Nicht rückzahlbare (verlorene) Zuwendung, auch Sach- und Arbeitsleistung des Mieters, die zur Deckung der Gesamtbaukosten dient. Nicht hierher rechnen sonstige Finanzierungsbeiträge wie Mieterdarlehen und Mietvorauszahlungen. – 2. *Steuerliche Behandlung:* Baukostenzuschüsse werden beim Zuschussgeber nicht als → Werbungskosten anerkannt und können i.d.R. auch nicht als → außergewöhnliche Belastung geltend gemacht werden. – Vgl. auch → Abstand.

Baulandbeschaffung → Landbeschaffung.

Baulandsachen – Streitigkeiten aus → Landbeschaffung aufgrund des Baugesetzbuchs, über die die ordentlichen Gerichte, → Kammern für Baulandsachen, entscheiden (§§ 217 ff. BauGB). Zusammensetzung der Kammer für Baulandsachen am Landgericht und des Senats für Baulandsachen am Oberlandesgericht nach den §§ 220, 229 BauGB. Auf das Verfahren sind die bei Klagen in bürgerlichen Rechtsstreitigkeiten geltenden Vorschriften entsprechend anzuwenden, soweit sich aus den §§ 217–231 BauGB nichts anderes ergibt (§ 221 BauGB).

Baulandsteuer – *Grundsteuer C;* Maßnahme im Rahmen der → Grundsteuer mit dem Ziel, eine Preissteigerung des Grund und Bodens infolge von Nutzungsumwidmungen steuerlich zu erfassen. Die Baulandsteuer wurde nur in den Jahren 1961 und 1962 erhoben. Pläne dieser Art wurden wieder in den 1970er-Jahren intensiv diskutiert; sie scheiterten vornehmlich an Zurechnungsproblemen. Mittlerweile haben sich die Schwerpunkte verschoben: Die zunehmend restriktive Baulandausweisung der Gemeinden hat die angebotssteigende Wirkung steuerlicher Pläne uninteressant werden lassen. – Vgl. auch → Planungswertausgleich.

Bauleistungspreise – Preise für Bauleistungen aus Abschlüssen zwischen Bauherren und Bauunternehmern; dienen der Berechnung von Preismessziffern für Bauleistungen als Grundlage der → Preisindizes für Bauwerke (→ Preisindex).

Bauleistungsversicherung – Versicherung von Bauteilen, Baustoffen und Bauleistungen gegen Beschädigung, Zerstörung und optional gegen → Diebstahl während der Bauphase. Zusätzlich versicherbar sind Baugrund und Bodenmassen sowie Altbauten. Die Bauleistungsversicherung wird oft in Kombination mit der → Rohbauversicherung als Paket für die Bauphase angeboten.

Bauleitplanung – 1. *Begriff:* Aufgabe der Städte und Gemeinden auf der Grundlage ihrer Bauplanungshoheit im Rahmen der Raumplanung des Bundes und der Länder zum Zweck der Flächennutzungssteuerung und der Bebauungsplanung. Im Rahmen der *Leitvorstellung* und des *Gegenstromprinzips* nach dem Raumordnungsgesetz, der *Landesentwicklungspläne* und der *Regionalpläne* der Regierungsbezirke erstellen die Kommunen *Flächennutzungspläne,* die Wohnbauflächen, gemischte Bauflächen, gewerbliche Bauflächen, Gemeinbedarfsflächen u.a. ausweisen, sowie *Bebauungspläne,* die die Flächennutzung für eine konkrete Bebauung rechtsverbindlich spezifizieren (Industrie oder Gewerbe, Produktion oder Einzelhandel, Art und Ausmaß erlaubter Emissionen, Abstände, Bauausführung, Verkehrserschließung etc.). – Unabhängig von nachträglichen planerischen Ausweisungen können Flächen *faktisch* gleichzeitig gewerblich und durch Wohnen genutzt sein, sog. *Gemengelagen;* überwiegend in Bereichen mit ausgewiesenen gemischten Bauflächen, aber auch in allg. Wohngebieten. – 2. *Bedeutung:* V.a. eine vorausschauende Bauleitplanung für Gewerbegebiete schafft ein lokales Reservoir gewerblicher Standorte (Mikrostandorte) und hat so eine wichtige Bedeutung im Rahmen der kommunalen → Wirtschaftsförderung. Bei der vorausschauenden Gewerbeflächenplanung ist der erhebliche Zeitbedarf der Bauleitplanung, bes. eines Bebauungsplanverfahrens zu berücksichtigen,

Baukontenrahmen (Aktivkonten)

Kontenklasse 0 Sachanlagen und immaterielle Vermögensgegenstände	**Kontenklasse 1** Finanzvermögen	**Kontenklasse 2** Vorräte, Forderungen und aktive Rechnungsabgrenzung
00 Ausstehende Einlagen, Aufwendungen für die Ingangsetzung und Erweiterung des Geschäftsbetriebes und immaterielle Vermögensgegenstände 01 Grundstücke und grundstücksgleiche Rechte mit Geschäfts-, Fabrik- und anderen Bauten 02 Grundstücke und grundstücksgleiche Rechte mit Wohnbauten 03 Grundstücke und grundstücksgleiche Rechte ohne (eigene) Bauten 04 Bauten auf fremden Grundstücken 05 Baugeräte 06 Technische Anlagen und stationäre Maschinen 07 Betriebs- und Geschäftsausstattung 08 Anlagen im Bau und geleistete Anzahlungen 09 Frei	10 Anteile an verbundenen Unternehmen 11 Ausleihungen an verbundene Unternehmen 12 Beteiligungen 13 Ausleihungen an Unternehmen, mit denen ein Beteiligungsverhältnis besteht 14 Wertpapiere des Anlagevermögens 15 Sonstige Ausleihungen 16 Anteile an verbundenen Unternehmen 17 Eigene Anteile 18 Sonstige Wertpapiere und Schuldscheindarlehen 19 Schecks, Kassenbestand, Bundesbank- und Postgiroguthaben, Guthaben bei Kreditinstituten	20 Roh-, Hilfs- und Betriebsstoffe, Ersatzteile 21 Nicht abgerechnete (unfertige) Bauleistungen, unfertige Erzeugnisse 22 Fertige Erzeugnisse und Waren 23 Geleistete Anzahlungen auf Vorräte 24 Forderungen aus Lieferungen und Leistungen einschließlich Wechselforderungen 25 Forderungen gegen Arbeitsgemeinschaften 26 Frei für interne Verrechnungskonten 27 Forderungen gegen verbundene Unternehmen und Beteiligungsgesellschaften 28 Sonstige Vermögensgegenstände 29 Aktive Rechnungsabgrenzungsposten, Steuerabgrenzung

Baukontenrahmen (Passivkonten)

Kontenklasse 3 Eigenkapital, Wertberichtigungen und Rückstellungen	**Kontenklasse 4** Verbindlichkeiten und passive Rechnungsabgrenzungen
30 Kapitalkosten/Gezeichnetes Kapital 31 Kapitalrücklagen 32 Gewinnrücklagen 33 Ergebnisverwendung 34 Ausgleichskosten 35 Sonderposten mit Rücklagenanteil 36 Wertberichtigungen 37 Rückstellungen für Pensionen und ähnliche Verpflichtungen 38 Steuerrückstellungen 39 Sonstige Rückstellungen	40 Anleihen und Verbindlichkeiten gegenüber Kreditinstituten 41 Erhaltene Anzahlungen auf Bestellungen 42 Verbindlichkeiten aus Lieferungen und Leistungen 43 Verbindlichkeiten gegenüber Arbeitsgemeinschaften 44 Verbindlichkeiten aus der Annahme gezogener Wechsel und der Ausstellung eigener Wechsel 45 Verbindlichkeiten gegenüber verbundenen Unternehmen und Beteiligungsgesellschaften 46 Verbindlichkeiten aus Steuern 47 Verbindlichkeiten im Rahmen der sozialen Sicherheit 48 Andere sonstige Verbindlichkeiten 49 Passive Rechnungsabgrenzungsposten

der sich aus dem Anhörungsrecht der betroffenen Bürger sowie der Träger öffentlicher Belange (Behörden und Verbände) ergibt.

Baum – I. Wirtschaftsinformatik: 1. *Begriff:* Bei der → Programmentwicklung verwendete → abstrakte Datenstruktur. – *Rekursive Definition:* Ein Baum ist entweder leer oder er besteht aus einer Wurzel, die mit endlich vielen (Teil-)Bäumen verknüpft ist. – 2. *Verwendung:* Sehr allg., in der betrieblichen Datenverarbeitung häufig benutzte Datenstruktur, z.B. für die Speicherung von Stücklisten; auch generell zur

Baukontenrahmen (Erträge und Aufwendungen)

Kontenklasse 5 Erträge	**Kontenklasse 6** Betriebliche Aufwendungen – Kostenarten	**Kontenklasse 7** Sonstige Aufwendungen
50 Umsatzerlöse aus Bauleistungen 51 Umsatzerlöse aus Lieferungen und Leistungen und Ergebnisanteile von Arbeits- und Beteiligungsgemeinschaften 52 Sonstige Umsatzerlöse 53 Erhöhung oder Verminderung des Bestandes an fertigen und unfertigen Erzeugnissen und Bauleistungen 54 Andere aktivierte Eigenleistungen 55 Erträge aus Beteiligungen und sonstigen Finanzanlagen 56 Sonstige Zinsen und ähnliche Erträge 57 Erträge aus dem Abgang von Gegenständen des Anlagevermögens und aus Zuschreibungen zu Gegenständen des Anlagevermögens 58 Erträge aus Auflösungen von Wertberechtigungen, Rückstellungen und Sonderposten mit Rücklageanteil 59 Sonstige Erträge, Erträge aus Verlustübernahme und außerordentliche Erträge	60 Personalaufwendungen für gewerbliche Arbeitnehmer, Poliere und Meister sowie Auszubildende 61 Personalaufwendungen für technische und kaufmännische Angestellte sowie Auszubildende 62 Aufwendungen für Roh-, Hilfs- und Betriebsstoffe, Ersatzteile sowie für bezogene Waren 63 Aufwendungen für Rüst- und Schalmaterial 64 Aufwendungen für Baugeräte 65 Aufwendungen für Baustellen-, Betriebs- und Geschäftsausstattung 66 Aufwendungen für bezogene Leistungen 67 Verschiedene Aufwendungen 68 Aufwendungen aus der Zuführung zu Rückstellungen 69 Frei (für innerbetriebliche Leistungsverrechnung)	70 Abschreibungen auf aktivierte Aufwendungen für die Instandsetzung und Erweiterung des Geschäftsbetriebes, auf immaterielle Vermögensgegenstände und Sachanlagen 71 Abschreibungen auf Finanzanlagen und Wertpapiere des Umlaufvermögens 72 Verluste aus Wertminderungen oder Abgang von Vorräten 73 Verluste aus Wertminderungen von Gegenständen des Umlaufvermögens außer Vorräten und Wertpapieren sowie aus der Erhöhung der Pauschalwertberichtigung zu Forderungen 74 Verluste aus dem Abgang von Gegenständen des Umlaufvermögens außer Vorräten 75 Verluste aus dem Abgang von Gegenständen des Anlagevermögens 76 Zinsen und ähnliche Aufwendungen 77 Steuern von Einkommen, vom Ertrag und sonstige Steuern 78 Einschreibungen in Sonderposten mit Rücklagenanteil 79 Andere Aufwendungen, Aufwendungen aus Verlustübernahme und außerordentliche Aufwendungen

Baukontenrahmen (Abschlusskonten)

Kontenklasse 8 Abgrenzungen und Abschluss	**Kontenklasse 9** Frei für Kosten- und Leistungsrechnung
80 Betriebsergebnisrechnung 81 Periodische Ergebnisabgrenzung 82 Kalkulatorische Ergebnisabgrenzung 83 Umwertungsabgrenzung 84 Sonstige Ergebnisrechnung 85 Kurzfristige Erfolgsrechnung (KER) 86 GuV-Rechnung 87 Bilanzrechnung 88 Frei 89 Frei	

→ grafischen Darstellung hierarchischer Zusammenhänge eingesetzt.

II. **Netzplantechnik:** Zusammenhängender, ungerichteter oder gerichteter → Graph, der keine geschlossene Folge von Kanten bzw. Pfeilen (Kette) enthält.

Baumanalyse → AID-Analyse.

Baumaschinenlärm → Lärm.

Bauordnungsbehörde → Baubehörde, der es obliegt, die örtlichen Bauvorschriften im Rahmen des Bauordnungsrechts (baupolizeiliche Vorschriften) zu überwachen.

Baupreisindex – Ein Baupreisindex ist ein → Preisindex zur Messung der Preisentwicklung für Neubau und Instandhaltung von Bauwerken. Zur Berechnung werden nicht die Preisentwicklungen für Bauwerke aus Hoch- und Tiefbau an sich herangezogen, sondern Bauleistungen, da diese besser vergleichbar sind. In einer repräsentativen Stichprobe werden die vertraglich vereinbarten Marktpreise für knapp 200 ausgewählte Bauleistungen erhoben. Hieraus wird die durchschnittliche Preisentwicklung für die jeweilige Bauleistung ermittelt. Der Preisindex für einen bestimmten Bauwerkstyp ergibt sich als gewichteter Mittelwert aus den einzelnen Messzahlen. Die Berechnung erfolgt wie bei allen dt. Preisindizes nach dem Laspeyres-Konzept (→ Laspeyres-Index). Somit werden nur die Preisentwicklungen im Zeitablauf gemessen, Mengenveränderungen werden ausgeschlossen. Die Gewichte für die Indexberechnung werden etwa alle fünf Jahre angepasst. Das aktuelle Basisjahr ist 2005. Es werden Baupreisindizes für folgende Arten von Bauwerken berechnet: konventioneller Neubau (im Hochbau, z.B. Wohngebäude, Bürogebäude), Neubau von Einfamiliengebäuden in vorgefertigter Bauart aus Holz, Neubau im Tiefbau (z.B. Straßen) und die Instandhaltung von Mehrfamiliengebäuden.

Bauprodukte – Das Bauproduktengesetz (BauPG) i.d.F. vom 28.4.1998 (BGBl. I 812) m.spät.Änd. setzt die EG-Bauproduktenrichtlinie sowie die CE-Kennzeichnungsrichtlinie und die EG-Heizkesselwirkungsgradrichtlinie in dt. Recht um. Das erfolgt umfassend hinsichtlich des Inverkehrbringens von Bauprodukten und den freien Warenverkehr mit Bauprodukten von und nach den EU-Mitgliedsstaaten. Bez. der Verwendung von Bauprodukten hingegen soll die Umsetzung in den jeweiligen, die Verwendung von Bauprodukten regelnden Rechtsvorschriften erfolgen (z.B. Landesbauordnungen Wasserhaushaltsgesetz). Die *Bauproduktenrichtlinie* bezweckt die Beseitigung technischer Hemmnisse beim Warenverkehr mit Bauprodukten innerhalb der EU. Sie legt die wesentlichen sicherheitsrelevanten Anforderungen fest, wobei die nähere Konkretisierung der Normung durch das Europäische Komitee für Normung bzw. durch das Europäische Komitee für elektrische Normung vorbehalten bleibt. Das BauPG versteht unter Bauprodukten Baustoffe, Bauteile und Anlagen, die hergestellt werden, um dauerhaft in baulichen Anlagen des Hoch- und Tiefbaus eingebaut zu werden, sowie aus Baustoffen und Bauteilen vorgefertigte Anlagen, die hergestellt werden, um mit dem Erdboden verbunden zu werden, wie Fertighäuser, Fertiggaragen und Silos. Bauprodukte dürfen nur in den Verkehr gebracht und frei gehandelt werden, wenn sie brauchbar und aufgrund nachgewiesener Konformität mit der CE-Kennzeichnung versehen sind. Für brauchbare Bauprodukte kann auf Antrag des Herstellers von der zuständigen Zulassungsstelle (das Deutsche Institut für Bautechnik, Berlin) eine europäische technische Zulassung erteilt werden. Das Inverkehrbringen von und der freie Warenverkehr mit Bauprodukten, die unberechtigt mit einem CE-Zeichen gekennzeichnet sind, kann von den nach Landesrecht zuständigen Behörden untersagt werden. Von den im BauPG enthaltenen Verordnungsermächtigungen wurde Gebrauch gemacht durch die Verordnung über die Anerkennung als Prüf-, Überwachungs- und Zertifikationsstelle (BauPG-PÜZ-Anerkennungsverordnung) vom 6.6.1996 (BGBl. I 798) und die Verordnung über das Inverkehrbringen von Heizkesseln und Geräten nach dem BauPG (BauPG HeizkesselV) vom 28.4.1998 (BGBl. I 796).

Bausicherungshypothek → Bauforderung, → Sicherungshypothek.

Bausparen – 1. *Wesen:* Steuerbegünstigtes Kollektivsparen (→ Gemeinschaftssparen) bei einer → Bausparkasse mit anschließender Gewährung eines zinsgünstigen Darlehens für Zwecke des Baus, Erwerbs oder der Renovierung von Eigenheimen und Eigentumswohnungen sowie zur Ablösung der hierzu eingegangenen Verpflichtungen. – 2. *Technik:* Nach Abschluss des Vertrages über eine bestimmte Bausparsumme leistet der Sparer Einzahlungen an die Bausparkasse. Die Sparbeträge fließen in eine gemeinsame Zuteilungsmasse und werden nach Erreichen eines Mindestguthabens (i.d.R. 40 Prozent der Bausparsumme) und einer Wartezeit nach einem bestimmten Verteilungsschlüssel (Bewertungsziffer) zugeteilt. Die ausgezahlte Bausparsumme setzt sich aus dem angesammelten Sparguthaben nebst Zinsen und eventuellen Prämien sowie einem zweitrangig gesicherten Hypothekendarlehen (i.d.R. 60 Prozent der Bausparsumme) zusammen. Es stehen verschiedene Tarifvarianten zur Verfügung, die sich hinsichtlich des Soll- und Habenzinses, der Laufzeit oder den Spar-, Tilgungs- sowie Verfügungsmodalitäten unterscheiden. – 3. *Finanzierung des Objektes:* Die Belehnungsgrenze für das Bauspardarlehen liegt bei 80 Prozent des Objekt-Beleihungswertes. Für die erste → Hypothek werden fremde Mittel herangezogen. Um Bauvorhaben schon vor der Zuteilung der Bausparsumme realisieren zu können, werden häufig Vor- und Zwischenfinanzierungen verwendet, die dann nach der Zuteilung abgelöst werden. – 4. *Förderungsmaßnahmen:* durch die Steuer- und Prämiengesetzgebung wird das Bausparen staatlich gefördert (→ Bausparkassenbeiträge,

→ Vorsorgeaufwendungen, → Wohnungsbauprämie). – Vgl. auch Bausparkollektiv.

Bausparkassen – Zwecksparkassen (privatrechtliche oder öffentlich-rechtliche; vgl. → öffentliche Kreditinstitute), die das Kollektivsparen mit dem Ziel der Finanzierung von wohnungswirtschaftlichen Maßnahmen fördern (→ Bausparen). – *Rechtsgrundlagen:* → Kreditwesengesetz (KWG) und Bausparkassengesetz i.d.F. vom 15.2. 1991 (BGBl. I 454) m.spät. Änd. – *Aufsichtsbehörde:* für öffentlich-rechtliche sowie privatrechtliche Bausparkassen die → Bundesanstalt für Finanzdienstleistungsaufsicht (BaFin). – *Rechtsformen* für private Bausparkassen: Seit 1.1.1973 nur die Rechtsform der AG; andere Rechtsformen sind nur bei zu diesem Zeitpunkt bereits bestehenden Bausparkassen zulässig.

Bausparkassenbeiträge – im Rahmen des → Bausparens an die → Bausparkasse geleistete Beiträge zur Erlangung eines Baudarlehens. – *Steuerrechtliche Behandlung:* 1. *Bausparkassenbeiträge vor Erlangung eines Baudarlehens (Zuteilung):* Behandelt der Steuerpflichtige den Bausparvertrag als → gewillkürtes Betriebsvermögen oder soll mit seiner Hilfe ein Gebäude errichtet werden, das ausschließlich und unmittelbar eigenbetrieblichen Zwecken dienen soll, sind die → Bausparkassenbeiträge → Betriebsausgaben, soll ein Mietshaus errichtet werden, liegen Werbungskosten vor. Im typischen Fall (Eigenheimfinanzierung) liegen jedoch steuerlich nicht absetzbare Lebensführungskosten vor; eine frühere Förderung durch den Abzug als Sonderausgaben ist Ende 1995 entfallen. – 2. *Bausparkassenbeiträge nach Erlangung eines Baudarlehens (Nachzuteilung):* Hinsichtlich ihrer Abzugsfähigkeit aufzuteilen: Als → Werbungskosten oder → Betriebsausgaben sind nur die in Bausparkassenbeiträgen enthaltenen Darlehenszinsen und Verwaltungskosten abzugsfähig, die Lebensversicherungsbeiträge gehören zu den Sonderausgaben. Nicht abzugsfähig sind die Tilgungsraten.

Bausperre – Versagung der → Bauerlaubnis, bes. für Bauanlagen außerhalb von Baugebieten oder geschlossenen Ortsteilen, wenn der Bau der Entwicklung der Gemeinde oder einer ordnungsmäßigen Bebauung zuwiderlaufen würde. – Vgl. auch → Veränderungssperre.

Baustatistik – erfasst das Baugeschehen von der Planung bis zum fertigen Bauergebnis. Die Konjunkturindikatoren über die Bauwirtschaft aus der Bauberichtserstattung werden ergänzt durch die → Bautätigkeitsstatistik.

Bausteinreise – 1. *Begriff:* Möglichkeit der flexiblen Bündelung von Reiseleistungen aus → Baukastensystemen durch die Kunden (personalisierte Reise). – 2. *Merkmale:* Aus den Datenbanken eines → Reiseveranstalters kann sich der Kunde Flüge, Hotelaufenthalte, Ferienwohnungen (→ Ferienhaus), Mietwagen, Rundreisen usw. nach eigenen Wünschen zusammenstellen und buchen. Bei einer solchen individuell zusammengestellten Reise handelt es sich um eine → Pauschalreise, für die der gleiche Verbraucherschutz nach §651 a-m BGB gilt wie für jede Standardpauschalreise. Der Versuch, über elektronische Medien Reise-„Pakete" in Realzeit anzubieten und durch die Kunden zusammenstellen zu lassen, wird als „Dynamic-Packaging" bezeichnet.

Baustelle → Arbeitsschutz.

Baustellenproduktion – Elementartyp der Produktion (→ Produktionstypen), der sich aus dem Merkmal der Ortsgebundenheit der Produktionsfaktoren ergibt. Bei Baustellenproduktionen sind die Produktionsfaktoren ortsungebunden, jedoch sind i.d.R. die Produkte (zumindest zeitweilig) ortsgebunden. Hier ergibt sich das Problem, dass begrenzt verfügbare Arbeitssysteme verschiedenen Produktionsstandorten zugeordnet werden müssen. – *Beispiele:* Baugewerbe, Großanlagenbau und Flugzeugmontage. – Vgl. auch → anlagengebundene Produktion, → Abbauproduktion.

Baustellenverordnung – Die Verordnung über Sicherheit und Gesundheitsschutz auf Baustellen vom 10.6.1998 (BGBl. I 1283) m.spät.Änd. regelt in acht Paragrafen die Sicherheit auf den Baustellen. Gemäß § 2 sind diese Regeln anzuwenden, wenn die Baustelle mehr als 30 Tage besteht und mehr als 20 Personen beschäftigt werden oder insgesamt 500 Personentage anfallen. Gemäß § 4 hat der Bauherr die Maßnahmen zu treffen, es sei denn, er beauftragt einen Dritten. § 7 regelt die Ordnungswidrigkeiten und Strafvorschriften. – Vgl. auch → Arbeitsschutz.

Bautätigkeitsstatistik – Statistik der Baugenehmigungen und der Baufertigstellungen im Hochbau; sie ist neben der Bauberichterstattung Teil der → Baustatistik auf Grundlage des Gesetzes über die Statistik der Bautätigkeit im Hochbau und die Fortschreibung des Wohnungsbestandes (Hochbaustatistikgesetz) vom 5.5.1998 (BGBl. I 869) m.spät.Änd. Auskunftspflichtig sind die Bauherren und die Bauaufsichtsbehörden. Gegenstand der Statistik sind Baugenehmigungen und Baufertigstellungen nach ausgewählten Merkmalen wie Fläche und Kosten sowie Abgänge und Bauüberhang.

Bauunternehmer – Der Bauunternehmer unterhält i.d.R. einen Gewerbebetrieb und ist daher nach § 1 II HGB Istkaufmann (→ Kaufmann). Der Bauunternehmer wird tätig aufgrund der mit → Bauherren abgeschlossenen Bauverträge (→ Werkvertrag), die Vorschriften der Verdingungsordnung für Bauleistungen (VOB) enthalten können; er kann die Sicherung seiner → Bauforderungen vom Bauherrn verlangen. Ausführung von Bauaufträgen durch Bauunternehmer sind bis zur Bauabnahme → schwebende Geschäfte. – *Besteuerung:* (1) *Einkommensteuer:* Von Zahlungen, die sich auf Bauleistungen beziehen, hat der Schuldner für Rechnung des Empfängers einen Abzug in Höhe von 15 Prozent, bezogen auf den Bruttowert, vorzunehmen (Bauabzugsteuer, § 48 ff.

EStG); dieser Abschlag trifft Bauunternehmer in bes. Weise, da ihnen dadurch 15 Prozent der Vergütung solange vorenthalten bleiben, bis die Verrechnung mit der persönlichen Einkommensteuerschuld oder mit bestimmten anderen steuerlichen Verpflichtungen des Bauunternehmers erfolgen kann (§ 48c EStG). Diese gravierende Belastung der Liquidität lässt sich (nur) vermeiden, wenn der Bauunternehmer seinem Geschäftspartner eine Freistellungsbescheinigung gemäß den Vorgaben von §48a EStG vorlegen kann, deren Echtheit dieser im Internet beim Bundeszentralamt für Steuern überprüfen kann. Liegt diese Bescheinigung nicht vor und unterlässt der Auftraggeber bei einer Zahlung den Abzug der Bauabzugsteuer, so haftet er für den nicht abgeführten Betrag. Mit Hinblick darauf ist es in der Praxis weit verbreitete Gepflogenheit, dass inländische Auftraggeber mit Rücksicht auf diese Verpflichtung einen Auftrag für eine Bauleistung erst dann definitiv erteilen, wenn ihnen eine gültige Freistellungsbescheinigung vorgelegt worden ist. (2) *Umsatzsteuer:* Die große Zahl der einzelnen Bauleistungen (Lieferung der Baumaterialien, Tätigkeit der Bauhandwerker) wird zu einer einheitlichen Werklieferung (→ Werklieferungsvertrag) zusammengefasst. Zuständig für die Besteuerung ist das Land, in dem die Bauleistung ausgeführt wurde (§ 3 VII UStG). (3) *Gewerbesteuer:* Wird durch Bauausführungen oder Montagen eine → Betriebsstätte begründet, was bei einer Dauer der Bauausführungen von mehr als sechs Monaten angenommen wird, so ist die betreffende Gemeinde hebeberechtigt für Gewerbesteuer nach dem Teil des Steuermessbetrages, der ihr aufgrund Zerlegungsbescheid zusteht (→ Zerlegung). (4) *Internationales Steuerrecht:* Besteht eine Baustelle oder Montage im Ausland, so ist nach den meisten Doppelbesteuerungsabkommen der Gewinn aus dieser Baustelle zu versteuern, wenn die Baustelle mehr als zwölf Monate besteht (Art. 5 OECD-Musterabkommen).

Bauverbot – Beschränkung der Baufreiheit für Grundstückseigentümer. – Vgl. auch → Bausperre, → Veränderungssperre.

Bauwerke – 1. *Begriff der amtlichen Statistik:* Die Leistungen der Bauwirtschaft (→ Baugewerbe) im Hoch- und Tiefbau. Zu Bauwerken zählen mit dem Erdboden verbundene Sachen, für die Bauleistungen erbracht werden bzw. die aus Baustoffen und -teilen hergestellt sind. – 2. *Eigentum:* Bauwerke, die Gegenstand des → Erbbaurechts sind (des veräußerlichen und vererblichen Rechts, auf einem Grundstück ein Bauwerk zu haben), sind Eigentum des Erbbauberechtigten, während ein sonstiges Bauwerk i.d.R. als → wesentlicher Bestandteil in das Eigentum des Grundstückseigentümers fällt. Wegen Besonderheiten im Gebiet der ehemaligen DDR vgl. → Sachenrechtsbereinigungsgesetz.

Bauwich – *Abstandsfläche;* seitlicher Abstand eines Gebäudes von den Nachbargrenzen u.a. im Interesse des Brandschutzes und des Lichtbedarfs der Nachbarbauten. Der Bauwich wird im Einzelnen durch die landesrechtlich geregelten Bauordnungen festgelegt.

Bauwirtschaft → Baugewerbe.

Bauzinsen → Hypothekenzinsen.

BAWV – Abk. für → Bundesamt für Wehrverwaltung.

BA-X – Stellenindex der → Bundesagentur für Arbeit. Der BA-X ist der aktuellste Stellenindex in Deutschland und bildet die Entwicklung der Arbeitskräftenachfrage am ersten Arbeitsmarkt ab. In den saisonbereinigten Index (→ Saisonbereinigung) fließen die bei der Bundesagentur für Arbeit gemeldeten ungeförderten Arbeitsstellen, die Stellen für Freiberufler und → Selbstständige sowie die gemeldeten Stellen aus der privaten Arbeitsvermittlung ein. Der BA-X wird monatlich von der Bundesagentur für Arbeit veröffentlicht.

Baxter-King-Filter – von Baxter und King (1995) vorgeschlagener → Filter, der wie der → Hodrick-Prescott-Filter zur Trendextraktion bei Zeitreihen verwendet werden kann. Im Gegensatz zu diesem zerlegt er die Zeitreihe in drei Komponenten. – Der Baxter-King-Filter unterteilt eine Zeitreihe in Zyklen unterschiedlicher Länge. Der sich ergebende Konjunkturzyklus berechnet sich aus Gesamtzeitreihe abzüglich sehr langen Zyklen (→ Trend), abzüglich sehr kurzen Zyklen (irreguläre Komponente). Die Zerlegung ist willkürlich, da die Periodenlängen für die einzelnen Komponenten einfach festgelegt werden müssen. Im Gegensatz zum Hodrick-Prescott-Filter ist er ein endlicher Filter, d.h. die Anzahl der Beobachtungen für die Berechnung der Zerlegung muss willkürlich vorgegeben werden. Es handelt sich um einen symmetrischen Filter, der somit ein Endwertproblem besitzt.

Bayesianische Schätzungen – auf dem → Bayes-Theorem gründende, meist numerisch aufwendige Schätzung von Parametern. Bayesianische Schätzungen werden bes. dann gebraucht, wenn man gewisse Vorinformationen bez. der Parameter mit in die Schätzung einbeziehen will. Ihr Einsatz erfolgt v.a. in → Vektorautoregressionsmodellen.

Bayes-Regel – *Erwartungswert-Prinzip, µ-Prinzip;* → Entscheidungsregel bei Risiko. Regel, die den → Erwartungswert E_j jeder → Aktion A_j verwendet, der auf der Basis einer Ergebnismatrix (→ Entscheidungsfeld) ermittelt wird; es gilt:

$$E_j = \sum_{i=1}^{m} p_i \cdot e_{ij}$$

wobei: p_i = Wahrscheinlichkeitsmaß (→ Wahrscheinlichkeit) für das Eintreffen des → Umweltzustands z_i; e_{ij} = Ergebnis, das durch die Aktion j (j = 1, .., n) im Fall des Umweltzustandes z_i (i = 1, ..., m) erzielt wird. Als *optimal* im Sinn der Bayes-Regel gilt die Aktion mit dem extremalen Erwartungswert: Max E_j! mit j = 1, ..., n. – *Merkmal:* Die Bayes-Regel charakterisiert risikoneutrales Verhalten (→ Sicherheitsäquivalent). – Für die Bayes-Regel wird auch die Bezeichnung → Bernoulli-Prinzip verwandt, wenn vorausgesetzt werden kann, dass die e_{ij} bereits in (Bernoulli-)Nutzeneinheiten gemessen sind.

Bayes-Theorem – Es sei f(y | ϑ) die bedingte Dichtefunktion von Y. Gemäß der baysianischen Sichtweise ist der Parameter ϑ die Realisation einer Zufallsvariablen mit einer Dichtefunktion f (ϑ), dem sog. „Prior". Der Prior kann durch eine meist subjektive Verarbeitung von Vorinformationen bestimmt werden. Die Beobachtungen erlauben dann mittels der Posteriori-Dichtefunktion die Parameter ϑ zu schätzen. Die Posteriori-Dichtefunktion ist dann nach dem Bayes-Theorem gegeben durch

$$f(\vartheta|Y) = \frac{f(Y|\vartheta) \cdot f(\vartheta)}{f(Y)} = \frac{f(Y|\vartheta) \cdot f(\vartheta)}{\int_{-\infty}^{+\infty} f(Y|\vartheta) \cdot f(\vartheta) d\vartheta},$$

wobei f(Y) die unbedingte Dichtefunktion von Y ist.

BAZ – Abk. für → Bundesamt für den Zivildienst.

BBA – Abk. für → Biologische Bundesanstalt für Land- und Forstwirtschaft.

BBankG – Abk. für *Gesetz über die Deutsche Bundesbank* (→ Bundesbankgesetz).

BBD – Abk. für → Bundesbaudirektion. Jetzt BBR (→ Bundesamt für Bauwesen und Raumordnung).

BCF – Abk. für *Brutto-Cashflow.* – Vgl. auch → Cashflow Return on Investment.

BDA – Abk. für → Bundesvereinigung der Deutschen Arbeitgeberverbände e. V.

BDI – Abk. für → Bundesverband der Deutschen Industrie.

BDizG – Abk. für *Bundesdisziplinargericht*, durch das Gesetz zur Neuordnung des Disziplinarrechts vom 9.7.2001 zum 31.12.2003 aufgelöst worden. Die gerichtlichen Verfahren wurden auf die Verwaltungsgerichte übertragen.

BdSt – Abk. für → *Bund der Steuerzahler e. V.*

BDU – Abk. für *Bundesverband Deutscher Unternehmensberater e. V.*, Wirtschafts- und Berufsverband der Management- und Personalberater in Deutschland; 1954 gegründet; Sitz in Bonn und Berlin. – 1. *Aufgaben:* Der BDU verfolgt den Zweck, die wirtschaftlichen und rechtlichen Rahmenbedingungen der Branche zu sichern, die Inanspruchnahme externer Beratung zu fördern, Qualitätsmaßstäbe durch Berufsgrundsätze durchzusetzen und so letztlich den Leistungsstandard der Consulting-Branche zu erhöhen. Daneben organisiert er u.a. Fachverbände, Arbeitskreise, Beratertage, Konferenzen und bietet Dienstleistungen wie Seminare und Workshops, die teilweise auch von Nichtmitgliedern in Anspruch genommen werden können. Der BDU ist Mitglied in der European Federation of Management Consultancies Associations (→ FEACO) und im International Council of Management Consulting Institutes (→ ICMCI). – 2. *Mitglieder:* Dem BDU gehören rund 13.000 Berater an, die sich auf 530 Mitgliedsfirmen verteilen (Stand 2006). Voraussetzungen für eine Mitgliedschaft (bei Gesellschaften für einen der Geschäftsführer) sind u.a. fünf Jahre hauptberufliche Berufserfahrung als Unternehmensberater (davon drei Jahre selbstständig oder in Leitungsfunktion) und Referenzen (drei Ansprechpartner bei Kunden und zwei Gespräche mit BDU-Mitgliedern). Die Mitgliedsunternehmen im BDU erzielen einen Marktanteil von rund 25 Prozent am Gesamtbranchenumsatz. – 3. *Geschichte:* Der BDU wurde 1954 als „Bund Deutscher Unternehmensberater" ins Vereinsregister eingetragen. Bis Ende der 1960er-Jahre entstanden in Deutschland noch etwa zehn weitere Beraterverbände, die sich aber später dem BDU anschlossen oder ihre Tätigkeit einstellten. 1974 wurde auf die „persönliche Mitgliedschaft" verzichtet, sodass neben qualifizierten Beratern auch Beratungsunternehmen Mitglied im BDU werden können. Um den Verband nach Jahren des Wachstums wieder stärker auf die Unternehmensberaterbranche auszurichten, wurde 1995 der Verband für die Softwareindustrie BVIT e. V. ausgegliedert, inzwischen Teil des Bundesverbands Informationswirtschaft, Telekommunikation und neue Medien e. V. (BITKOM).

Beamtenhandel → Behördenhandel.

Beamtenstreik → öffentlicher Dienst.

Beamtenversorgung – Die Beamtenversorgung ist nach dem Versorgungsprinzip geordnet und im Gesetz über die Versorgung der Beamten und Richter in Bund und Ländern grundlegend geregelt (BeamtVG). Sie umfasst → Ruhegehalt oder Unterhaltsbeitrag, → Hinterbliebenenversorgung, Bezüge bei Verschollenheit, Unfallfürsorge, Übergangsgeld und Ausgleich bei bes. Altersgrenzen sowie Versorgung im Krankheitsfall (→ Beihilfe).

Beamter – 1. *Im beamtenrechtlichen Sinn* Bediensteter, der zum Staat oder einer anderen öffentlich-rechtlichen Körperschaft mit Dienstherrnfähigkeit in einem bes. gesetzlich geregelten öffentlich-rechtlichen Dienst- und Treueverhältnis steht. Das Beamtenverhältnis wird begründet durch den hoheitlichen Formalakt der Ernennung, die durch Aushändigen einer Ernennungsurkunde erfolgt. Die Berufung in das Beamtenverhältnis ist nur zulässig zur Wahrnehmung hoheitsrechtlicher Aufgaben oder solcher Aufgaben, die aus Gründen der Sicherung des Staates oder des öffentlichen Lebens nicht ausschließlich Personen übertragen werden dürfen, die in einem privatrechtlichen Arbeitsverhältnis stehen. Als Statusformen des Beamtenverhältnisses kommen in Betracht: Beamter auf Widerruf, auf Probe, auf Zeit, auf Lebenszeit und als Ehrenbeamter. Das Beamtenverhältnis auf Lebenszeit bildet die Regel. Die sog. Wahlbeamten (z.B. hauptamtliche Bürgermeister) sind Beamten auf Zeit. Je nach Vorbildung oder Funktion werden die Beamten in der Regel *nach Laufbahngruppen eingestuft:*

Beamten des einfachen, des mittleren, des gehobenen und des höheren Dienstes. Anders als das privatrechtliche Vertragsverhältnis, das mit den öffentlichen Angestellten und Arbeitern besteht, ist das Beamtenverhältnis durch Rechtsvorschriften geregelt. – 2. *Rechtsgrundlagen:* Aufgrund der im Rahmen der → Föderalismusreform I vorgenommenen Änderungen des Grundgesetzes (Gesetz vom 28.8.2006 [BGBl. I 2034]) ist die Rahmenkompetenz des Bundes entfallen. Nach Art. 74 I Nr. 27 GG hat der Bund nunmehr die Kompetenz zur Regelung der Statusrechte und Pflichten der Angehörigen des öffentlichen Dienstes der Länder, Gemeinden und anderen Körperschaften des öffentlichen Rechts mit Ausnahme der Laufbahnen, Besoldung und Versorgung. Von dieser Kompetenz hat er mit der Verabschiedung des Beamtenstatusgesetzes vom 17.6.2008 (BGBl. I 1010) Gebrauch gemacht. Das Beamtenstatusgesetz ist vollständig am 1.4.2009 in Kraft getreten. Gleichzeitig trat das Beamtenrechtsrahmengesetz weitgehend außer Kraft. Die Länder mussten kurzfristig bis zum 1.4.2009 ihre Landesbeamtengesetze anpassen; ferner ist mittelfristig mit grundlegenden Reformen auf Länderebene zu rechnen (Bayern hat z.B. das Laufbahnrecht radikal vereinfacht und statt der vier Laufbahngruppen eine einzige Leistungslaufbahn eingeführt). Die Rechtsverhältnisse der Bundesbeamten werden durch das Dienstrechtsneuordnungsgesetz vom 5.2.2009 (BGBl. I S. 160) bestimmt, dessen Art. 1 eine Neufassung des Bundesbeamtengesetzes enthält; Art. 2 enthält nur für die Bundesbeamten eine Novellierung des Bundesbesoldungsgesetzes und Art. 3 – ebenfalls nur für die Bundesbeamten – eine Novellierung des Beamtenversorgungsgesetzes. – 3. Die *Besoldung in den Ländern* wird übergangsweise noch durch das Bundesbesoldungsgesetz in der Fassung vor Inkrafttreten der → Föderalismusreform I geregelt. Die Föderalismusreform I bewirkt mittelfristig ein Auseinanderdriften der Bezüge, da Bund und Länder jeweils eigenständige Regelungen erlassen dürfen. – 4. Die *Versorgung* richtet sich in den Ländern z.T. (noch) nach dem Beamtenversorgungsgesetz des Bundes in der Fassung vor Inkrafttreten der Föderalismusreform. Zur Disposition steht die Festlegung der gesetzlichen Altersgrenze. – 5. Für den Krankheitsfall gelten die Beihilfevorschriften des Bundes und der Länder. Arbeitszeitregelungen finden sich in den Arbeitszeitverordnungen des Bundes und der Länder. Teilzeitbeschäftigung und Urlaub ohne Dienstbezüge aus arbeitsmarktpolitischen Gründen, ebenso wie Ermäßigung der Arbeitszeit und Beurlaubung aus familiären Gründen ist für Männer und Frauen möglich. – 6. Das *Beamtenverhältnis* endet durch Entlassung (z.B. wenn der Beamte die Entlassung verlangt), durch den Verlust der Beamtenrechte (bei rechtskräftiger Verurteilung wegen einer vorsätzlichen Tat zu Freiheitsstrafe von mind. einem Jahr), bei Entfernung aus dem Dienst nach den Disziplinargesetzen und durch den Eintritt in den Ruhestand. Politische Beamten können in den einstweiligen Ruhestand versetzt werden. Politischer Beamter ist, wer ein Amt bekleidet, bei dessen Ausübung er in fortdauernder Übereinstimmung mit den grundsätzlichen politischen Ansichten und Zielen der Regierung stehen muss. Welche Beamten hierzu gehören, ist im Bundesbeamtengesetz und in den Länderbeamtengesetzen bes. geregelt (z.B. Staatssekretäre, Generalbundesanwalt; vgl. § 36 BBG). – 7. *Beamter im strafrechtlichen Sinn* ist, wer zum Beamten im staatsrechtlichen Sinn ernannt worden ist (§ 11 I 2a StGB). – 8. *Beamter im haftungsrechtlichen Sinn* ist jedermann, der hoheitlich tätig wird. – Vgl. auch → Amtshaftung.

Beanspruchung → Beanspruchung und Belastung.

Beanspruchung und Belastung – Unter *Belastung* versteht man objektive, von außen auf den Menschen einwirkende Faktoren wie z.B. Lärm, Zeitdruck oder widersprüchliche Erwartungen an Mitarbeiter. – Unter *Beanspruchung* versteht man die subjektiven Folgen dieser Belastungen, die sich in a) physische (z.B. Beanspruchung des Herz-Kreislaufsystems, der Muskulatur etc.) und b) psychische Beanspruchung (z.B. Beanspruchung der Aufmerksamkeit, des Gedächtnisses etc.) unterteilen lassen. Die Begriffe psychische Beanspruchung und Belastung sind in der DIN 33405 aufgeführt. Durch eine Diskrepanz zwischen der Beanspruchung einer Person und ihrer jeweiligen Bewältigungsmöglichkeit (z.B. Fähigkeiten) können sich sowohl positive (z.B. höhere Aktivierung) als auch negative Beanspruchungsfolgen (z.B. Stress, Monotonie etc.) ergeben.

Beanstandung – 1. Beim *Kauf, Werkvertrag und anderern Verträgen:* → Mängelrüge, → Mängelanzeige. – 2. Bei *Jahresabschlussprüfung* durch Abschlussprüfer: → Bestätigungsvermerk. – 3. Bei *Außenprüfung:* → Schlussbesprechung.

Bearbeiterurheberrecht – Bearbeitung, → Abhängigkeit.

Bearbeitungsprovision – Kosten bzw. Gebühren, die einmalig für die Bearbeitung eines Kredites erhoben werden. Die Bearbeitungsprovision wird prozentual vom Kreditbetrag berechnet und bei der Auszahlung des Kredites direkt vom Auszahlungsbetrag abgezogen. Bei der Ermittlung des effektiven Zinssatzes (→ Effektivzins nach → Preisangabenverordnung) wird die Bearbeitungsprovision mit einbezogen. – Vgl. auch → Kreditkosten.

Bearer Bond – amerik. Bezeichnung für → Inhaberschuldverschreibung.

Beauftragter – wettbewerbsrechtliche Haftung für Beauftragte. – Vgl. auch → Haftung.

Beauftragter für die Belange behinderter Menschen – wird von der Bundesregierung bestellt und hat die Aufgabe, darauf hinzuwirken, dass der Bund seiner Verantwortung gerecht wird, für gleichwertige Lebensbedingungen für Menschen mit und ohne Behinderung zu sorgen, und zwar in allen gesellschaftlichen Bereichen. Ferner soll sich der Beauftragte für die Belange behinderter Menschen dafür einsetzen, die unterschiedlichen Lebensbedingungen von behinderten Frauen und Männer zu berücksichtigen und geschlechtsspezifische Benachteiligungen zu beseitigen. Näheres geregelt im → Behindertengleichstellungsgesetz.

Beauty Contest – Umwerbung eines Unternehmens, das ein Initial Public Offering (→ IPO) plant, durch Banken, die das Ziel verfolgen, die Börseneinführung als Konsortialführer zu begleiten. Der Begriff kann auch die Umwerbung einer Bank durch das Unternehmen bezeichnen, um die Bank als Konsortialführer zu gewinnen.

Bebauungsplan – nach dem → Baugesetzbuch (BauGB) im Rahmen der → Bauleitplanung vorgesehene rechtsverbindliche Festsetzung für die städtebauliche Ordnung. Im Bebauungsplan können u.a. festgesetzt werden: Art und Maß der baulichen Nutzung (z.B. Fluchtlinien), Größe der Baugrundstücke, Verkehrsflächen, Flächen für Land- und Forstwirtschaft, für Gemeinbedarf und Sport- und Spielanlagen, höchstzulässige Zahl der Wohnungen in Wohngebäuden etc. Der Bebauungsplan wird durch Satzung beschlossen und stellt deshalb eine Rechtsnorm dar. Er kann im Wege der abstrakten → Normenkontrolle nach § 47 VwGO oder im Rahmen der Überprüfung von Verwaltungsakten, die auf den Bebauungsplan gestützt werden, angegriffen werden. Einzelheiten in der BaunutzungsVO i.d.F. vom 23.1.1990 (BGBl. I 132) m.spät.Änd. – Vgl. auch → Flächennutzungsplan.

Becker – Gary Stanley, geb. 1930, amerik. Nationalökonom, der seit 1970 an der University of Chicago lehrt, dort seit 1983 auch das Fach Soziologie vertritt; → Nobelpreis für Wirtschaftswissenschaften 1992. Zentrale Prämisse der Arbeiten von Becker ist, dass rationales Verhalten (basierend auf dem Selbstinteresse) weitgehend das menschliche Verhalten bestimme. Das gelte nicht nur für ökonomische Entscheidungen, die vom Rationalprinzip ausgingen. Auf diese Weise analysiert Becker so unterschiedliche Lebensbereiche wie Familie und Ehe, Ausbildung von Jugendlichen und Verbrechen. – *Wichtige wissenschaftliche Veröffentlichungen:* „Human Capital" (1964); „The Economic Approach to Human Behavior" (1976); „A Treatise on the Family" (1981).

Bedarf – 1. *Ergebnis* objektivierbarer → Bedürfnisse, die messbar und in Zahlen ausdrückbar sind. – 2. Ökonomischer *Begriff* für eine am Markt tatsächlich auftretende → Nachfrage. – 3. Objektorientierte *Handlungsabsicht,* die einem bestimmten Bedürfnis folgt. – Vgl. auch → Bedarfselastizität, → Bedarfsfaktoren.

Bedarfsauflösung – Teilschritt der → Materialbedarfsplanung. Bei der Bedarfsauflösung wird anhand der Stückliste der Primärbedarf mithilfe mathematischer Verfahren aufgelöst und der Sekundärbedarf an → Baugruppen und Einzelteilen bestimmt. Dies erfolgt zeitorientiert, d.h. der Sekundärbedarf muss gegenüber dem Primärbedarf eine → Vorlaufverschiebung aufweisen, die die → Durchlaufzeit der Teile berücksichtigt. Da die Bedarfsauflösung sehr aufwendig ist, beschränken sich viele Unternehmen auf die → ABC-Analyse.

Bedarfsdeckungsmonopol → öffentliches Unternehmen, das zwar eine (partielle) Monopolstellung besitzt (wie z.B. Straßenbahnen, Versorgungsbetriebe), diese aber aus wirtschafts- oder sozialpolitischen Gründen preispolitisch nicht ausnutzt. Da sie Kollektivbedürfnisse zu befriedigen hat, ist ihre Preispolitik i.d.R. auf Kostendeckung und möglichst auf Erzielung eines „angemessenen" Gewinns abgestellt.

Bedarfsdeckungsprinzip – Prinzip, an dem sich wirtschaftliche Aktivitäten orientieren, die allein auf die Deckung eines vorhandenen Bedarfs ausgerichtet sind. In früheren Wirtschaftssystemen und in primitiven Kulturen bestimmte das Bedarfsdeckungsprinzip das Wirtschaftsleben. Ergänzt das → erwerbswirtschaftliche Prinzip.

Bedarfselastizität – *persönliche Bedarfselastizität.* 1. *Begriff:* Vermögen eines Menschen, auf die Befriedigung einzelner → Bedürfnisse mehr oder weniger verzichten zu können (→ Bedarf). Forschungsobjekt der → Marktforschung. – 2. *Arten:* a) *Statische Bedarfselastizität,* die die Nachfrage verschiedener Käuferschichten zu einem bestimmten Zeitpunkt aufweist. Bestandteil der → Marktstruktur und Gegenstand der → Marktanalyse. – b) *Dynamische Bedarfselastizität,* die im Ablauf der Zeit sichtbar wird, wenn eine bestimmte Verbraucherschicht (oder auch gewisse Industrie- und Geschäftsbereiche) ihren Einkommensstand verändert; Gegenstand der → Marktbeobachtung.

Bedarfserkennung – Die Bedarserkennung kann auf mehreren Ebenen stattfinden. In usage- und attitude-Studien, welche die für eine Warengruppe relevanten Einstellungen und Verwendungen zum Gegenstand haben, sucht man nach sog. „white spots", d.h. Marktbereichen welche noch nicht oder erst wenig von aktuellen Angeboten bedient werden. Bei fertigen Produkten wird in der Marktuntersuchung die Aufnahmefähigkeit des Marktes (→ Marktpotenzial) für eine bestimmte Ware durch Analyse der Bedarfsfaktoren ermittelt.

Bedarfsermittlung – *Bedarfsmengenplanung, Beschaffungsdisposition, Materialbedarfsermittlung;* Verfahren zur Ermittlung der zukünftig auftretenden Materialbedarfe nach Zeit und Menge. – 1. Bei der *programmorientierten (deterministischen) Bedarfsermittlung* wird der zukünftige Bedarf anhand des vorliegenden Absatz- oder Produktionsprogramms (fest umrissene Kundenaufträge oder ein als determiniert angenommener prognostizierter Primärbedarf) ermittelt. Anhand des Absatz- oder Produktionsprogramms (→ Primärbedarf) wird unter Verwendung von Stücklisten/Rezepturen (analytische

Bedarfsauflösung) oder Teileverwendungsnachweisen (synthetische Bedarfsauflösung) sowie Arbeitsplänen das herzustellende Produkt in seine Einzelteile zerlegt und daraus der → Sekundärbedarf an Roh-, Hilfs- und Betriebsstoffen, Baugruppen und Einzelteilen errechnet (→ Bruttobedarf); sog. Bruttobedarfsermittlung. Mittels eines Abgleiches mit den bereits verfügbaren Lagerbeständen wird daraus der → Nettobedarf ermittelt (sog. Nettobedarfsermittlung). Die programmorientierte *Bedarfsermittlung* dient in erster Linie der Ermittlung des Sekundärbedarfes bei bekanntem Primärbedarf. – 2. Bei der *verbrauchsorientierten (stochastischen) Bedarfsermittlung* wird der Materialbedarf anhand des Vergangenheitsverbrauchs der betreffenden Materialien prognostiziert. Unter der Annahme, dass sich die künftige Bedarfsentwicklung analog der vergangenen Bedarfsentwicklung gestaltet, wird mithilfe statistischer Methoden aus den Bedarfswerten der Vergangenheit auf den zukünftigen Bedarf geschlossen. Dazu werden zunächst die vorliegenden Vergangenheitsbedarfe (→ Zeitreihe) auf ihre beeinflussenden Komponenten analysiert und die künftigen Bedarfe extrapoliert (→ Bedarfsprognose). – Das Verfahren der verbrauchsorientierten *Bedarfsermittlung* wird in der Konsumgüterindustrie und bei der Planung geringwertiger Güter (z.B. → Tertiärbedarf) angewandt oder wenn programmorientierte Verfahren nicht anwendbar sind (z.B. beim Ersatzteilbedarf).

Bedarfsfaktoren – Tatsachen und Kräfte, die zu einer wirksamen Bedarfsäußerung in Form marktlicher Nachfrage (→ Bedarf) führen. – Die Summe der einzelnen Bedarfsfaktoren enthält: (1) Verbrauchs- und Kaufgewohnheiten; Bedürfnisformer, z.B. Mode, Konvention, Tradition, Brauchtum, Zeitgeschmack, kultureller Stil und zivilisatorischer Standard; Kinderstube als bestimmend für den ideellen → Lebensstandard des Verbrauchers; (2) jetzige soziale Stellung der Verbrauchsträger; (3) Einkommen des Haushaltsvorstandes und der übrigen verdienenden Haushaltsmitglieder; (4) Landschaft in ihren verbrauchsbestimmenden naturräumlichen Bedingungen, z.B. Klima, Bodengestalt, Wegeart u.a.; (5) Verbrauchserfahrungen mit verschiedenen Erzeugnissen (→ Markenkenntnis). – Diese Gesamtheit veranlasst das Streben, geldliche Kaufkraft an sich zu ziehen, um in Form der → Bedarfsgestalt als marktliche → Nachfrage auftreten zu können.

Bedarfsforschung – Teilgebiet der → Marktanalyse. – 1. *Begriff:* Planvolle und systematische Erforschung latenter, aktueller und zukünftiger Bedarfe und deren Einbettung in die Wirkungskette Bedürfnis – Bedarf – Nachfrage (→ Marktvolumen, → Marktpotenzial) als Grundlage betrieblichen Handelns. – 2. *Zu ermittelnde Daten:* (1) wahrscheinliche effektive → Nachfrage (die erwartungsgemäß von selbst am Markt auftreten wird); (2) potenzielle Nachfrage des Bedarfs, der zwar existent ist, unter den gegebenen Marktbedingungen aber nicht wirksam werden kann, z.B. weil die Preise zu hoch sind oder entsprechende Produkte nicht angeboten werden. Bei Kenntnis von effektivem und potenziellem Bedarf kann durch Änderung der Marktdaten aktiv darauf hingewirkt werden, die potenzielle Nachfrage wirksam werden zu lassen. – 3. *Probleme:* nach Branchen und Unternehmen unterschiedlich. Zu berücksichtigen sind: Elastizität der Nachfrage, Stellung des anbietenden Unternehmens am Markt, mögliche Auswirkung veränderter Preisstellung auf die Nachfrage.

Bedarfsgegenstände – rechtlicher Begriff im → Lebensmittel- und Futtermittelgesetzbuch (LFGB) i.d.F. vom 22.8.2011 (BGBl. I 1770) m.spät.Änd.; Bedarfsgegenstände sind u.a. Spielwaren, Scherzartikel, Gegenstände, die zur Körperpflege bestimmt sind, Reinigungs- und Pflegemittel, Mittel und Gegenstände zur Geruchsverbesserung oder zur Insektenvertilgung in Räumen (§ 2 VI LFGB). – *Verboten* ist v.a. die Herstellung von Bedarfsgegenständen, die zu gesundheitlichen Schäden führen können (§ 30 LFGB). Verstöße werden als Straftat oder als Ordnungswidrigkeit geahndet. Näheres in der Bedarfsgegenstände VO i.d.F. vom 23.12.1997 (BGBl. I 5) m.spät.Änd.

Bedarfsgerechtigkeit → Bedarfsprinzip, → Verteilungsgerechtigkeit, → Sozialpolitik in der Marktwirtschaft.

Bedarfsgestalt – Begriff der → Marktanalyse für das Typische an den Bedarfsäußerungen verschiedener Verbraucherschichten, wobei aufgrund der in ihr wirksamen → Bedarfsfaktoren bestimmte charakteristische Bedürfnisse aus- bzw. eingeschlossen sind. Die Bedarfsgestalt dient in der Marktforschung als Unterscheidungsmerkmal der Verbraucherschichten.

Bedarfsmarktkonzept → relevanter Markt.

Bedarfsmengenplanung → Bedarfsermittlung.

Bedarfsmesszahl → Ausgleichsmesszahl.

Bedarfsplanung – I. Health Care Management: 1. *Begriff:* Instrument, mit dem der Bedarf an niedergelassenen Ärzten (Hausärzte, Fachärzte und Zahnärzte) sowie von Krankenhauskapazitäten zur Sicherstellung der Versorgung der Bevölkerung in einer Region gedeckt werden soll. – 2. *Ziel:* Die Bedarfsplanung wurde zum 1.1.1977 eingeführt und verfolgt das Ziel, Unter- und Überversorgung in bestimmten Regionen zu verhindern. Überversorgung liegt vor, wenn der allg. bedarfsgerechte Versorgungsgrad um 10 Prozent überschritten ist. In diesem Fall wird der betreffende Planungsbereich für neue Zulassungen gesperrt – solange kein existierender Vertragsarztsitz frei und zur Wiederbesetzung ausgeschrieben wird, kann sich dort kein neuer Vertragsarzt niederlassen. Ein Planungsbereich wird als unterversorgt bezeichnet wenn Vertragsarztsitze nicht nur kurzfristig unbesetzt sind. – 3. *Systematik:* Die Bedarfsplanung ist Aufgabe der → Selbstverwaltung und erfolgt auf Ebene der Bundesländer. Der § 99 SGB V schreibt vor, dass die Kassen(zahn-)ärztlichen Vereinigungen in

Einvernehmen mit den Landesverbänden der Krankenkassen und der Ersatzkassen sowie gemeinsam mit den zuständigen Landesbehörden einen Bedarfsplan aufzustellen und jeweils den Entwicklungen anzupassen haben. Bei der Bedarfsplanung sollen sie sich dabei an den Richtlinien zur Bedarfsplanung und den Maßstäben zur Festlegung von Über- und Unterversorgung der vertragsärztlichen Versorgung des Gemeinsamen Bundesausschusses orientieren. Diese Richtlinien werden durch Genehmigung durch das Bundesministerium für Gesundheit und Soziale Sicherung wirksam. Der Gemeinsame Bundesauschuss ist darüber hinaus verpflichtet, die Verhältniszahlen [(Fach-)Arzt/ Versicherte] in seinen Richtlinien so auszurichten, dass eine ausreichende Mindestanzahl an Ärzten in den einzelnen Arztgruppen und der Zugang zur vertragsärztlichen Versorgung ermöglicht wird. § 102 I SGB V („Bedarfszulassung") regelt, dass ab dem 1.1.2003 die Zulassung von Vertragsärzten aufgrund dieser Verhältniszahlen erfolgt. – 4. *Berücksichtigung regionaler Besonderheiten:* Bedarfsplanung ist die regionale Steuerung der Leistungserbringer im → Gesundheitswesen. Dabei ist der Einfluss der regionalen Unterschiede in Bevölkerungszahl und -struktur, regionalem Krankheitsgeschehen und regionaler Leistungsinanspruchnahme maßgeblich. Da die Versorgung langfristig gesichert werden muss, ist bei der Bedarfsplanung auch die zeitliche Entwicklung dieses bevölkerungsseitigen Einflusses auf den Leistungsbedarf zu berücksichtigen.

II. Logistik: vgl. Bedarfsmengenplanung (→ Bedarfsermittlung), → Bereitstellungsplanung, → Materialbedarfsplanung, → Personalbedarf, → Personalbereitstellungsplanung.

Bedarfsprinzip – Leitbild für eine → gerechte Einkommensverteilung, wonach die Verteilung der Einkommen am individuellen Bedarf bzw. an individueller Bedürftigkeit orientiert werden soll. Das Bedarfsprinzip gilt als eine die Marktverteilung korrigierende Verteilungsnorm und kommt u.a. in weiten Teilen der Sozialgesetzgebung zum Ausdruck. – Vgl. auch → Verteilungsgerechtigkeit.

Bedarfsprognose – Verfahren, mit dem im Rahmen der verbrauchsorientierten → Bedarfsermittlung aus den Bedarfswerten der Vergangenheit auf die künftigen Bedarfe geschlossen wird. Dabei werden zunächst die Vergangenheitsbedarfe (→ Zeitreihe) auf ihre beeinflussenden Komponenten analysiert (→ Zeitreihenanalyse). Folgende Komponenten werden unterschieden: Der Grundbedarf (langfristig konstant), die Trendkomponente (langfristige Entwicklung des Bedarfes), die Saisonkomponente (periodische Schwankungen um den Trend) sowie die Zufallskomponente (einmalige, zufällig verteilte Einflüsse). Daneben werden teilweise noch Strukturbrüche (nachhaltige Änderungen der langfristigen Bedarfsentwicklung) unterschieden. Drei charakteristische Bedarfsverläufe (Nachfragemodelle) sind zu unterscheiden: Der konstante Bedarfsverlauf, der trendförmige Bedarfsverlauf und der saisonal schwankende Bedarfsverlauf. Unterstellt wird ein Zusammenhang zwischen dem Verbrauch in der Vergangenheit und dem zukünftigen Bedarf. Entsprechend dem vorliegenden Nachfragemodell werden dann anhand mathematisch-statistischer Verfahren die künftigen Bedarfe extrapoliert. Dabei sind für konstante Bedarfsverläufe folgende Vorhersagemethoden vorteilhaft: → arithmetisches Mittel, → gleitender Durchschnitt und exponentielle Glättung (→ exponentielles Glätten) erster Ordnung. Bei trendförmigem Bedarfsverlauf sind die Verfahren der linearen Regression (→ Regression, lineare) und der exponenziellen Glättung erster und zweiter Ordnung anwendbar und bei saisonal schwankendem Bedarfsverlauf die multiplikative Verknüpfung und die Bildung von Saisonindizes.

bedarfssynchrone Beschaffung → Just in Time (JIT).

Bedarfsverfolgung – Verfahren der Verfolgung des Bedarfs über alle Stufen des Produktionsprozesses zur Herstellung der Beziehung zwischen Kunden- und Fertigungsauftrag. Durch die Bedarfsverfolgung kann festgestellt werden, welches Einzelteil oder welche → Baugruppe zu einem konkreten Kundenauftrag gehört. Dies ist v.a. in Unternehmen angebracht, die bei ihren Produkten auf individuelle Kundenwünsche eingehen wollen. Ferner ist man bei → Mängelrügen in der Lage zu bestimmen, welche → Baugruppen bzw. welche → Arbeitsgänge dafür verantwortlich sind. Unterschieden wird zwischen der → einstufigen Bedarfsverfolgung und der → mehrstufigen Bedarfsverfolgung.

Bedarfswert – 1. *Begriff* des Bewertungsgesetzes: so benannt, weil Bedarfswerte im Gegensatz zu den → Einheitswerten nicht turnusmäßig für alle Grundstücke erstellt werden, sondern nur bei Bedarf für das jeweilige Grundstück ermittelt werden (→ Grundstücksbewertung). Bedarfswerte sind relevant für die Bewertung von Grundbesitz für Zwecke der Erbschaftsteuer und Grunderwerbsteuer. – 2. *Rechtsgrundlagen und Verwaltungsvorschriften:* §§ 138–150 BewG; R 124–192 ErbStR. – 3. *Betroffene Grundstücke:* Bedarfswerte werden festgestellt für: a) *Land- und forstwirtschaftliches Vermögen:* Einbeziehung von Betriebsteil, Betriebswohnungen, Wohnteil, wobei der Betriebsteil mit in § 142 BewG pauschalierten Ertragswerten bewertet wird und die Betriebswohnungen und der Wohnteil nach den Vorschriften für bebaute Grundstücke angesetzt werden. – b) *Unbebaute Grundstücke:* Grundstücke, auf denen sich keine benutzbaren Gebäude befinden und auch keine zur Nutzung vorgesehenen Gebäude im Bau befindlich sind, werden nach Maßgabe derjenigen Bodenrichtwerte pro Quadratmeter bewertet (§ 196 BauGB), die für den 1.1.1996 (bis zum 31.12.2006) gelten. Seit 1.1.2007 ist der Stichtag für die Festsetzung des Bedarfswertes nun auf den jeweils 1.1. des laufenden Jahres bestimmt. Von diesem Wert ist ein Sicherheitsabschlag von 20 Prozent zu machen;

ersatzweise zählt der gemeine Wert, wenn er niedriger ist und vom Steuerpflichtigen nachgewiesen werden kann. Unbebaute Grundstücke sind auch solche, die nur in nur unbedeutendem Umfang genutzt werden können (weniger als 1 Prozent der üblichen Jahresmiete erzielbar). In einer Entscheidung (BFH-Urt. v. 11.5.2005 - II R 21/02) hat der BFH noch einmal klargestellt, dass das Finanzamt bei der Bedarfsbewertung an den vom Gutachterausschuss veröffentlichten Bodenrichtwert gebunden ist. Dem Finanzamt ist es nicht erlaubt, diesen bei der Ermittlung des Grundbesitzwertes für die Erbschaftsteuer oder für die Grunderwerbsteuer an die Größe des zu bewertenden Grundstücks anzupassen, wenn der Gutachterausschuss hierfür keine Umrechnungsfaktoren vorgegeben hat. Auch § 145 III Satz 3 BewG ermöglicht nicht den Nachweis eines niedrigeren Bodenrichtwerts, sondern nur den Nachweis eines niedrigeren gemeinen Werts des fiktiv unbebauten Grundstücks. Führt der Steuerpflichtige diesen Nachweis nicht, kann das Finanzgericht der Wertfeststellung nicht von sich aus einen wie auch immer ermittelten niedrigeren gemeinen Wert zugrunde legen. – c) *Bebaute Grundstücke:* Alle Grundstücke, die nicht unbebaut im Sinn des vorigen Abschnittes sind, werden auf Grundlage des 12,5-fachen der erzielten Jahresmiete bewertet. Von dem Wert wird ein Abschlag für die Wertminderung des Gebäude von 0,5 Prozent pro Jahr, maximal aber 25 Prozent, gemacht. Bei bebauten Grundstücken, die ausschließlich Wohnzwecken dienen und nicht mehr als zwei Wohnungen enthalten, ist auf diesen Wert ein Zuschlag von 20 Prozent vorzunehmen. Mindestwert für das bebaute Grundstück ist jedoch der Wert desselben Grundstücks in unbebautem Zustand. Kann der Steuerpflichtige nachweisen, dass der gemeine Wert niedriger ist als der so ermittelte Wert, ist dieser als Bedarfswert anzusetzen. – d) *Sonderfälle:* Bes. Bewertungsregeln gelten für die Ermittlung des Bedarfswertes bei: (1) nicht ermittelbarer üblicher Jahresmiete, z.B. Gebäude zur Durchführung von Fertigungsverfahren, Spezialnutzung, Aufnahme bestimmter technischer Einrichtungen, wenn diese Gebäude nicht oder nur unter erheblichem Aufwand für andere Zwecke nutzbar sind (Ansatz von Bodenwertrichtlinien abzüglich 30 Prozent und des Gebäudewerts nach Steuerbilanz); (2) *Erbbaurechten* (bis zum 31.12.2006): Ansatz des 18,6-fachen des Erbbauzinses zählt als Bedarfswert des Grundstückes selbst, Wert des Erbbaurechts ist die Differenz zwischen dieser Zahl und dem nach den normalen Regeln ermittelten Wert; seit dem 1.1.2007 wurde die Regelung hierzu geändert. Die Bewertung des Erbbaurechts und die des belasteten Grundstücks ist nunmehr abhängig von der Restlaufzeit des Erbbaurechts, wenn nach dem Zeitablauf (z.B. 99 Jahre) keine Entschädigung zu leisten ist. (3) Grundstücke im Zustand der Bebauung: vgl. § 149 BewG; (4) Gebäude für den Zivilschutz: bleiben unbewertet, soweit sie im Frieden nicht oder nur geringfügig für andere Zwecke nutzbar sind. – 4. *Erbschaftsteuerreform:* Vor dem Hintergrund, dass das bisherige Verfahren zur Ermittlung des Bedarfswerts nicht zu passenden Ergebnissen führte und die Bewertung nach dem Gesetz nicht dem Anspruch gerecht wurde, hat der BGH Anfang 2007 die Berechnungsgrundlagen für die Ermittlung des Bedarfswerts verworfen. Daraufhin wurden neue gesetzliche Vorschriften zur Erbschaft- und Schenkungsteuer zum 31.12.2008 erlassen. Das neue Recht kann wahlweise ab 2007 bei Erwerben von Todes wegen angewendet werden. Jedoch muss das Wahlrecht bis zur Unanfechtbarkeit der Steuerfestsetzung oder falls festgesetzt, vor Inkrafttreten des Gesetzes binnen 6 Monate nach dem Inkrafttreten, spätestens jedoch bis Ende 2008, ausgeübt werden. Die wesentlichen Änderungen umfassen die Bewertung von Grundvermögen, da hier die gleichheitsgerechte Annäherung der Bewertungsmethoden an den gemeinen Wert beabsichtigt waren. Die Bewertung soll dabei unter dem grundsätzlichen Rückgriff auf die anerkannten Verfahren zur Verkehrswertermittlung nach der Wertermittlungsverordnung (WertV vom 6.12.1988, BGBl. 1988 I S. 2209, geändert durch Art. 3 des Bau- und Raumordnungsgesetzes vom 18.8.1997, BGBl. 1997 I S. 2081) erfolgen. Je nach Grundstücksart ergibt sich folgende Zuordnung der steuerlichen Bewertungsverfahren: a) Vergleichswertverfahren für Wohnungseigentum, Teileigentum, Einfamilienhäuser, Zweifamilienhäuser, b) Ertragswertverfahren für Mietwohngrundstücke und für Geschäftsgrundstücke und gemischt genutzte Grundstücke, für die sich auf dem örtlichen Grundstücksmarkt eine übliche Miete ermitteln lässt, c) Sachwertverfahren für Wohnungseigentum, Teileigentum, Einfamilienhäuser Zweifamilienhäuser, soweit ein Vergleichswert nicht vorliegt, und für Geschäftsgrundstücke sowie gemischt genutzte Grundstücke, für die sich auf dem örtlichen Grundstücksmarkt keine übliche Miete ermitteln lässt; aber auch für sonstige bebaute Grundstücke.

Bedarfszuweisung – unter gewissen haushaltsrechtlichen Bedingungen an → Ausgleichstockgemeinden gewährte → Ausgleichszuweisung zur Deckung eines Haushaltsfehlbetrages.

Bedeutungsüberschuss – in der Theorie der → zentralen Orte die Kapazität von zentralen Versorgungs- und Dienstleistungseinrichtungen, die über den Bedarf der ortsansässigen Bevölkerung hinausgeht und dementsprechend von der Bevölkerung des Umlandes genutzt werden kann.

Bedienungsformen – Methoden des Verkaufs im Handel, die abhängig vom Grad der Beteiligung des → Abnehmers am Kaufprozess unterschieden werden: → Fremdbedienung, → Selbstauswahl, → Selbstbedienung (SB).

Bedienungspflicht → Betriebspflicht.

bedingte Kapitalerhöhung – Erhöhung des Grundkapitals einer Aktiengesellschaft (→ Kapitalerhöhung), die nur soweit durchgeführt werden soll, wie von einem Umtausch- oder Bezugsrecht Gebrauch gemacht wird, das die Gesellschaft auf die neuen Aktien (→ Bezugsaktien) einräumt (§ 192 AktG). Das Grundkapital ist erst mit der Ausgabe der Bezugsaktie erhöht. Der Nennbetrag des bedingten Kapitals darf die Höhe des Grundkapitals nicht überschreiten. Zweck der bedingten Kapitalerhöhung ist i.d.R. die Gewährung von Umtausch- und Bezugsrechten an Gläubiger von → Wandelschuldverschreibungen.

bedingtes Termingeschäft → Termingeschäfte, bei denen nicht eine feste Verpflichtung zur Abnahme oder Lieferung zugrunde gelegt wird, sondern bei denen sich der eine Vertragspartner das Recht des Rücktritts gegen Zahlung einer Prämie vorbehält. – Vgl. auch → Optionsgeschäft.

bedingte Wahrscheinlichkeit – Begriff der → Wahrscheinlichkeitsrechnung. Sind A und B zwei → Ereignisse mit den Wahrscheinlichkeiten P(A) und P(B), wobei $P(B) \neq 0$ ist, so ist $P(A \mid B) = P(A \cap B) / P(B)$ die bedingte Wahrscheinlichkeit von A unter der (Vor- oder Zusatz-) Information B (oder auch der Bedingung B). Diese gibt die Wahrscheinlichkeit für das Eintreten von A unter Berücksichtigung der Information wieder, dass Ereignis B eintritt. Als Funktion von A bildet $P(A \mid B)$ bei fest gewähltem Ereignis B wieder eine Wahrscheinlichkeitsverteilung. Der Spezialfall $P(A \mid B) = P(A)$ kennzeichnet die → stochastische Unabhängigkeit der Ereignisse A und B. Mehrere bedingende Ereignisse gehen in die Bayessche Formel ein. Allgemein betrachtet man statistische Verfahren unter Einbeziehung von Vor- oder Zusatzinformation in der Bayesschen Statistik.

Bedingtlieferung – Lieferung mit dem Vorbehalt der Rückgabe innerhalb einer bestimmten Frist; bes. im Fernabsatz (Widerrufsrecht, Rückgaberecht) und im Buchhandel üblich, wo Bestellungen i.d.R. mit dem → Remissionsrecht verbunden sind.

Bedingung – I. Bürgerliches Recht: 1. *Begriff:* Die einer → Willenserklärung eingefügte Bestimmung, die die Wirkung des → Rechtsgeschäfts von einem zukünftigen ungewissen Umstand abhängig macht (§§ 158 ff. BGB). – 2. *Arten:* a) *Auflösende Bedingung:* Die Rechtswirkungen treten sofort ein, fallen aber beim Eintritt der Bedingung wieder weg. – b) *Aufschiebende Bedingung:* Das Rechtsgeschäft wird erst mit dem Eintritt der Bedingung wirksam.

II. Bewertungsgesetz: Für die Berücksichtigung von → Wirtschaftsgütern oder Lasten bei der Ermittlung von Besteuerungsgrundlagen (z.B. → Gesamtvermögen) ist die Unterscheidung wichtig, ob der Erwerb von Wirtschaftsgütern bzw. die Entstehung einer Last unter einer Bedingung steht: (1) Die zu einem Zeitpunkt (z.B. → Feststellungszeitpunkt) unter einer *auflösenden Bedingung* stehenden Sachverhalte werden wie unbedingte Bedingungen berücksichtigt (§§ 5, 7 BewG). (2) Die unter einer *aufschiebenden Bedingung* stehenden Sachverhalte sind dagegen nicht einzubeziehen (§§ 4, 6 BewG). (3) Einer Bedingung sind bei der Beurteilung im Steuerrecht auch solche Fälle *gleichzustellen*, bei denen der Erwerb bzw. die Entstehung oder der Wegfall einer Last von einem sicheren Ereignis abhängt, bei dem lediglich der Zeitpunkt unbestimmt ist (§ 8 BewG). Die Ungewissheit muss sich dabei auf die Entstehung eines Rechts oder einer Last, nicht aber auf den Fälligkeitszeitpunkt beziehen.

Bedingungskontrolle – 1. *Begriff:* Bis zur → Deregulierung bedurften die Allgemeinen Versicherungsbedingungen (AVB) der meisten → Versicherungszweige der vorherigen aufsichtbehördlichen Genehmigung. An die Stelle der Genehmigung ist nunmehr die Möglichkeit einer nachträglichen Ad-hoc-Kontrolle im Einzelfall im Zuge der Missstandsaufsicht getreten. – 2. *Ausnahmen:* Wegen der bes. sozialpolitische Bedeutung müssen die AVB für die Krankenversicherung und die AVB für die → Pflichtversicherungen der → Aufsichtsbehörde systematisch vorgelegt werden, und zwar sowohl zusammen mit dem Antrag auf → Erlaubnis zum Geschäftsbetrieb als auch im Rahmen der laufenden Aufsicht bei Verwendung neuer oder Änderung alter AVB.

Bedürfnis – 1. *Marketing:* Wunsch, der aus dem Empfinden eines Mangels herrührt. Man unterscheidet: → natürliche Bedürfnisse, gesellschaftliche Bedürfnisse (→ Kollektivbedürfnisse) und → Grundbedürfnisse. – 2. *Marktpsychologie/Arbeits- und Organisationspsychologie:* → Motiv.

Bedürfnishierarchie – 1. *Begriff:* Hierarchische Ordnung der → Bedürfnisse in der Form einer Pyramide (Maslow); vgl. Abbildung „Bedürfnishierarchie". Die Basis der Pyramide besteht in physiologischen Bedürfnissen, während sich in der Spitze das Bedürfnis nach Selbstverwirklichung findet. Zwischen diesen Extremen liegen, von unten nach oben betrachtet, die Bedürfnisse nach Sicherheit, Zugehörigkeit und Wertschätzung. Die Hypothese der hierarchischen Motivaktivierung besagt, dass ein nächst höheres Bedürfnis erst dann aktualisiert wird, wenn das hierarchisch untergeordnete Bedürfnis befriedigt ist. Situative Bedingungen, die z.B. eine Befriedigung des Bedürfnisses nach Wertschätzung (Anerkennung) ermöglichen, gewinnen demnach erst nach der Befriedigung der untergeordneten Bedürfnisse

Bedürfnishierarchie

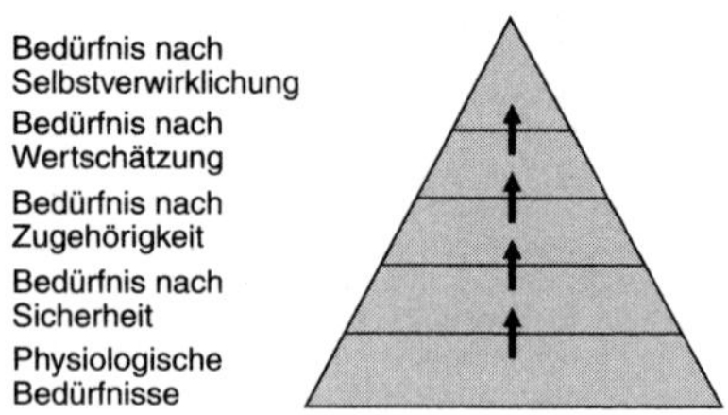

den Charakter eines → Anreizes. – 2. *Beurteilung:* Die Bedürfnishierarchie ist die bekannteste Klassifikation von Bedürfnissen; sie hat im Sinn der humanistischen Psychologie auf die Praxis der → Arbeitsgestaltung wesentlich Einfluss genommen. Theoretische Fundierung sowie empirische Evidenz für die Klassifikation der Bedürfnisse und die Hypothese der hierarchischen Motivaktivierung sind im Gegensatz zu ihrem Bekanntheitsgrad unzureichend.

Bedürfnislohn – Teil des → Arbeitsentgelts, der nicht oder nicht allein an der Leistung des Arbeitnehmers für den Betrieb ausgerichtet ist, sondern darauf, welchen Geldbetrag der Arbeitnehmer benötigt, um das → Existenzminimum (Living Wage) oder einen angemessenen Lebensstandard (Cultural Wage) finanzieren zu können. Die Berücksichtigung bes., das Existenzminimum bestimmender sozialer Verhältnisse (z.B. Kinderzahl) und die Bestrebungen, den cultural wage zu einem festen Bestandteil der Lohnbemessung zu machen, sind jüngeren Datums, z.B. Soziallohn des Bergbaus. Insgesamt hat sich jedoch eine Kombination aus Bedürfnislohn und → Leistungslohn durchgesetzt, wobei zu einem bedürfnisorientierten Basisbetrag leistungsbezogene Bestandteile hinzugerechnet werden.

Bedürfnisprüfung – 1. *Begriff:* Prüfung, ob ein Bedürfnis für die Errichtung eines bestimmten Gewerbebetriebes besteht. – 2. Nach der Rechtsprechung bes. des → Bundesverfassungsgerichts (BVerfG) zu Art. 12 GG darf der Gesetzgeber die für eine gewerbliche Betätigung erforderliche Genehmigung von dem Nachweis eines Bedürfnisses nur dann abhängig machen, wenn dies zum Schutz eines bes. wichtigen Rechtsgutes zwingend geboten ist. – 3. Zulässig ist, die Ausübung eines Berufes von der *persönlichen Zuverlässigkeit* oder (ausnahmsweise) dem Vorliegen einer bestimmten *Sachkunde* abhängig zu machen (z.B. im Einzelhandel).

Beeinflussbarkeit → Disponierbarkeit.

Beendigung des Arbeitsverhältnisses – 1. Das Arbeitsverhältnis *endet:* (1) Mit Zeitablauf, wenn eine festbestimmte Zeit vereinbart ist (→ befristeter Arbeitsvertrag) oder mit Zweckerreichung, wenn es für einen bestimmten Zweck eingegangen ist; (2) durch → Aufhebungsvertrag; (3) mit dem Tod des Arbeitnehmers, da die Dienste gemäß § 613 BGB in Person zu leisten sind; (4) durch → Kündigung; (5) nach umstrittener Ansicht durch lösende → Aussperrung im Arbeitskampf; (6) durch gerichtliche Entscheidung nach § 9 KSchG (→ Kündigungsschutz, → Auflösung des Arbeitsverhältnisses). – 2. *Keine Beendigung, aber Wechsel des Arbeitgebers:* (1) Tod des Arbeitgebers; Gesamtrechtsnachfolge der Erben; (2) Übergang des Betriebs auf einen anderen Betriebsinhaber (§ 613a BGB, → Betriebsnachfolge). – 3. Mit *Erreichung des 65. (bzw. 67.) Lebensjahres* (die Regelaltersgrenze ist ab 1.1.2008 auf 67. Lebensjahre erhöht worden, § 35 SGB VI) findet das Arbeitsverhältnis nur dann sein Ende, wenn diese Rechtsfolge ausdrücklich in einem → Tarifvertrag, einer → Betriebsvereinbarung oder im Einzelarbeitsvertrag ausgesprochen ist. Eine Vereinbarung, die die Beendigung des Arbeitsverhältnisses eines Arbeitnehmers ohne Kündigung zu einem Zeitpunkt vorsieht, in dem der Arbeitnehmer vor Vollendung des 65. (bzw. 67.) Lebensjahres Altersruhegeld der gesetzlichen Rentenversicherung beantragen kann, gilt dem Arbeitnehmer gegenüber als auf die Vollendung des 65. (bzw. 67.) Lebensjahres abgeschlossen, es sei denn, dass dieser die Vereinbarung innerhalb der letzten drei Jahre vor dem Zeitpunkt, in dem er erstmals den Antrag stellen könnte, schriftlich bestätigt; vgl. § 41 SGB VI. – 4. Die Beendigung von Arbeitsverhältnissen durch *Kündigung oder Aufhebungsvertrag* sowie die Befristung bedürfen zu ihrer Wirksamkeit der Schriftform (§ 623 BGB). – Vgl. auch → Vorruhestand.

Beerdigungskosten – *Bestattungskosten.* 1. *Begriff:* Kosten der Bestattung einschließlich der landesüblichen kirchlichen und bürgerlichen Leichenfeierlichkeiten und der Kosten eines angemessenen Grabdenkmals. – 2. *Steuerliche Behandlung:* Beerdigungskosten können von den Erben als → außergewöhnliche Belastung für die Einkommen- und Lohnsteuer geltend gemacht werden; ausgenommen: (1) Bei Ersatz der Beerdigungskosten durch eine Sterbekasse oder Krankenversicherung des Verstorbenen; (2) bei Deckung der Beerdigungskosten durch den Nachlass. Die Beerdigungskosten mindern dann als Nachlassverbindlichkeiten den erbschaftsteuerlichen Erwerb; soweit nicht höhere Kosten nachgewiesen werden, erfolgt eine pauschale Berücksichtigung in Höhe von 10.300 Euro.

Befähigung zum Richteramt → Jurist.

Befangenheit – 1. *Begriff:* Ein Richter kann wegen Besorgnis der Befangenheit abgelehnt werden. Befangenheit liegt vor, wenn Grund gegeben ist, der geeignet ist, Misstrauen gegen die Unparteilichkeit eines Richters zu rechtfertigen. Der Richter scheidet aus dem Prozess aus, wenn die Ablehnung wegen Befangenheit vom Gericht für begründet erklärt wird (z.B. §§ 42 ff. ZPO, 24 ff. StPO). – 2. *Verwaltungsverfahren:* persönliches (Verwandtschafts-, Vermögens-)Interesse des Beamten an einem von ihm vorzunehmenden → Verwaltungsakt (§ 21 VwVfG). Befangenheit ist Anfechtungsgrund.

Befehl – Anweisung in einem → Algorithmus oder in einem → Programm, mit der ein Verarbeitungsschritt veranlasst wird. – Befehl in der Maschinensprache: → Maschinenbefehl.

Befehlsgewalt – veraltet für → Weisungsbefugnis.

Befehlsprozessor → Zentralprozessor.

Befehlsweg – *Befehlskette;* veralteter Begriff der Organisation für die vertikale → Kommunikationsbeziehung zur Übermittlung von Weisungen.

Beförderung → Transport.

I. Verkehrsrecht und -politik: die durchgeführte Ortsveränderung von Personen und Sachen. – Vgl. auch → Verkehr.

II. Personalwirtschaft: i.d.R. hierarchischer Aufstieg. Mit der Beförderung wird einem Mitglied einer zivilen Organisation ein höherer Dienstgrad oder eine verantwortungsvollere Dienststellung übertragen. – Vgl. auch → Versetzung, → Karriereplanung, → Personalentwicklung, → Personalmanagement.

Beförderungsgeschäfte – *Transportgeschäfte, Verkehrsgeschäfte.*

I. Charakterisierung: Geschäfte, die der Beförderung von Gütern oder Personen gegen Entgelt dienen. Beförderungsgeschäfte sind rechtlich → Werkverträge (§§ 631–650 BGB), da sie den Erfolg der Beförderung, nämlich die Herbeiführung einer Ortsveränderung, zum Inhalt haben. Für die einzelnen Beförderungsgeschäfte meist Sonderrecht. – Zahlreiche Beförderungsgeschäfte sind *Grundhandelsgeschäfte,* z.B. alle Beförderungsgeschäfte zur See, die Beförderungsgeschäfte der → Frachtführer, der zur Personenbeförderung zu Lande oder auf Binnengewässern bestimmten Anstalten und der Schleppschifffahrtsunternehmer (§ 1 II 5 HGB). – Das Verkehrsgewerbe ist gewerbepolizeilich, verkehrswirtschaftlich und verkehrsgeschäftlich *bes. geregelt.*

II. Rechtliche Grundlagen der Teilbereiche: 1. *Güter-Beförderungsgeschäfte (Frachtgeschäfte):* a) *Landfrachtgeschäfte:* Sonderrecht für Beförderungsgeschäfte mit Kraftfahrzeugen (Güterkraftverkehrsgesetz (GüKG)); ferner gilt die Kraftverkehrsordnung (KVO) für den Güterverkehr mit Kraftfahrzeugen. – b) *Flussfrachtgeschäft:* → Binnenschiffsrecht. – c) *Seefrachtgeschäft:* In §§ 556 ff. HGB geregelt. – d) *Luftfrachtgeschäft:* → Luftrecht. – 2. *Personen-Beförderungsgeschäfte:* a) Zu Lande (mit Ausnahme der Eisenbahn): Es gilt das → Personenbeförderungsgesetz (PBefG). – b) Mit der Eisenbahn: ausführliche Regelung durch die → Eisenbahn-Verkehrsordnung (EVO). Für den internationalen Verkehr gelten bes. Abkommen (z.B. COTIF). – c) Zur See: durch Überfahrts- oder Seepassagevertrag, geregelt in §§ 664–678 HGB, die durch das Werkvertragsrecht des BGB § 631–650 ergänzt werden. – d) Auf Binnengewässern: nach Werkvertragsrecht des BGB §§ 631–650. – e) In der Luft: → Luftverkehr.

III. Umsatzsteuer: → Beförderungsleistungen.

Beförderungsleistungen – umsatzsteuerrechtlicher Begriff für → Beförderungsgeschäfte. Befördern ist jede Fortbewegung eines Gegenstandes, z.B. auch das Pumpen von Gas oder Flüssigkeiten durch eine Pipeline und die Fortbewegung eines Beförderungsmittels (z.B. Pkw) aus eigener Kraft. – 1. Beförderungsleistungen *unterliegen* als → sonstige Leistungen der → Umsatzsteuer. Ort der Beförderungsleistung (Beförderungsort) ist grundsätzlich dort, wo die Beförderung bewirkt wird (§ 3b Satz 1 UStG); bei grenzüberschreitenden Beförderungen ist daher das → Entgelt grundsätzlich aufzuteilen in den steuerbaren Teil für die Beförderungsleistungen im → Inland und den nicht steuerbaren Teil für die Beförderungsleistungen im → Ausland (Sonderregelungen in §§ 2–7 UStDV). Abweichend hiervon wird die innergemeinschaftliche Beförderung von Gegenständen grundsätzlich an dem Ort bewirkt, an dem die Beförderung der Gegenstände beginnt. Verwendet der Leistungsempfänger allerdings die Umsatzsteuer-Identifikationsnummer eines anderen Mitgliedsstaats, so gilt die innergemeinschaftliche Beförderung ab dem Gebiet dieses Mitgliedsstaats ausgeführt (§ 3b III UStG). – 2. *Umsatzsteuerfrei* sind grenzüberschreitende Beförderungen von Gegenständen, Beförderungen im internationalen Eisenbahnfrachtverkehr und andere sonstige Leistungen, wenn sie sich unmittelbar auf Gegenstände der Aus- oder Durchfuhr beziehen oder wenn sie Gegenstände der Einfuhr in das Gemeinschaftsgebiet betreffen und die Kosten der Beförderung bei der Einfuhrumsatzsteuer erfasst werden. – 3. *Ermäßigter Steuersatz* bei der Beförderung von Personen (1) mit Schiffen oder (2) bei anderen Beförderungsmitteln unter gewissen Voraussetzungen (innerhalb einer Gemeinde oder wenn die Beförderungsstrecke nicht mehr als 50 km beträgt, § 12 II Nr. 10 UStG bis 31.12.2011). – 4. Bei Beförderungen von Personen im Gelegenheitsverkehr mit nicht im Inland zugelassenen Kraftomnibussen wird die Umsatzsteuer auf die Beförderungsleistungen beim Grenzübertritt erhoben (sog. *Einzelbesteuerung;* § 16 V UStG), wenn eine Grenze zum Drittlandsgebiet überschritten wird. Bemessungsgrundlage ist dabei das *Durchschnittsbeförderungsentgelt* von zz. 4,43 Cent je Personenkilometer (§ 10 VI UStG, § 25 UStDV). – 5. Soweit *Fahrausweise* als Rechnung dienen, gelten bes. Bestimmungen (§§ 34, 35 UStDV). – 6. *Absehbare neue Rechtsentwicklungen:* Die ab 2010 beschlossene Einführung der Regelung über innergemeinschaftliche Dienstleistungen hat an der bestehenden Regelung über Beförderungsleistungen nur wenig geändert: a) Innergemeinschaftliche Beförderungen von Gütern im Auftrag einer Privatperson sind weiterhin dort zu versteuern, wo die Beförderung beginnt, b) die bisherige Sonderregelung für innergemeinschaftliche Güterbeförderungen im Auftrag eines anderen Unternehmers fällt zwar fort, diese werden aber nach der neuen Regelung über → innergemeinschaftliche Dienstleistungen weiterhin dort versteuert, wo der Auftraggeber seine USt-Identifikationsnummer erhalten hat, c) neu ist jedoch, dass in Zukunft auch grenzüberschreitende Fahrstrecken mit Anfangs- oder Zielpunkt im → Drittland formal im Land des Auftraggebers steuerbar sind, wenn dieser Auftraggeber eine USt-Identifikationsnummer hat; da diese Leistungen jedoch steuerfrei bleiben, ändert sich materiell auch insoweit nichts.

Beförderungspflicht – gemeinwirtschaftliche Auflage im Verkehr (→ Gemeinwirtschaftlichkeit im

Verkehr), bedeutet für die betroffenen Verkehrsunternehmen Kontrahierungszwang, d.h. Verpflichtung des Verkehrsunternehmens, einen Auftrag zum Transport von Personen, dann anzunehmen, wenn die Beförderung mit normalen Verkehrsmitteln durchgeführt werden kann. Als Folge der Beförderungspflicht können die Verkehrsunternehmen einzelne unrentable Beförderungen grundsätzlich nicht ablehnen. – Beförderungspflicht gilt für die → Deutsche Bahn AG (DB) im Personenverkehr, für Teile des öffentlichen Straßenpersonenverkehrs und des Fluglinienverkehrs.

Beförderungsteuer – mit Inkrafttreten des Umsatzsteuergesetzes vom 29.5.1967 zum 1.1.1968 aufgehobene Steuer; belastete bes. die Beförderung von Personen und Gütern mittels Schienenbahn oder Kraftfahrzeug innerhalb des Bundesgebietes durch einen Unternehmer im Rahmen seines Unternehmens.

Beförderungsvertrag – Werkverträge nach den §§ 631 ff. BGB. Insofern spielt es grundsätzlich keine Rolle, um welches Beförderungsmittel es sich handelt (Flugzeug, Bahn, Bus, Schiff, Taxi, Ski-Lift etc.). Zu beachten sind die Sonderbestimmungen v.a. im Haftungsbereich für die einzelnen Beförderungsarten. Zur Luftbeförderung vgl. für nationale Flüge → Luftverkehrsgesetz (LuftVG), für internationale Flüge vgl. das → Warschauer Abkommen bzw. → Montrealer Übereinkommen (MontÜbk) (in Kraft: 4.11.2003), für die Personen- und Gepäckbeförderung auf Schiffen das → Binnenschifffahrtsgesetz (BinSchG) sowie für die Beförderung auf See die §§ 664 ff. HGB (Umsetzung des Athener Übereinkommens für Personen- und Gepäckbeförderung zur See in nationales Recht), für die Beförderung mit Omnibussen das → Personenbeförderungsgesetz (PBefG) sowie internationale Übereinkommen (EG-Verordnungen), für die Bahn neben den §§ 631 ff. BGB die → Eisenbahn-Verkehrsordnung (EVO), das Haftpflichtgesetz (HPfG) und bei internationalen Bahnbeförderungen das → Übereinkommen über den internationalen Eisenbahnverkehr (COTIF). Die genannten Bestimmungen sehen v.a. im Haftungsbereich Obergrenzen für die Haftung u.a. bei Körper- und Sachschäden vor. → Reiseveranstalter können sich bei → Pauschalreisen auf diese Haftungsbestimmungen ebenfalls nach § 651h II BGB berufen.

Beförderungsweg – 1. *Güterkraftverkehr:* Beförderungsweg ist die Fahrtroute, auf der ein Transport auf der Straße durchgeführt wird; v.a. von Bedeutung im Schwerlast- und Gefahrgutverkehr. – 2. *Bahnverkehr:* Allg. wird der Beförderungsweg nach innerbetrieblichen Lade- und Leitungsvorschriften festgelegt.

Befragung – 1. *Begriff:* Informationsgewinnungsmethode zur → Erhebung von Daten. Gegenstand von Befragungen ist z.B. die Gewinnung von Informationen über bisheriges Kaufverhalten, zukünftiges Verhalten sowie über Einstellungen und Motive der Befragten. – *Anders:* → Beobachtung. – 2. *Anlässe:* a) Befragung zu wissenschaftlichen oder staatspolitischen Zwecken durch Forschungsinstitute oder freiberufliche Forscher (Enquete). – b) Befragung im Interesse der → Marktforschung bei allen Fragestellungen des Marketings, die aufgrund einer → intervenierenden Variablen oder aus wirtschaftlichen Gründen nicht durch → Beobachtungen beantwortet werden können. – 3. *Formen:* a) Nach dem *befragten Personenkreis:* → Expertenbefragung und → Abnehmerbefragung (Verbraucherbefragung, Händlerbefragung). – b) Nach den *Befragungsformen:* Persönliche Befragung (→ Interview), schriftliche Befragung, telefonische Befragung (→ Telefonbefragung) und Internetbefragung oder → Onlinebefragung. Die Auswahl der Befragungsform erfolgt u.a. nach der Länge der Befragung (persönlich: lange Befragungen möglich, telefonisch ist in der Mitte, schriftlich und online nur kurze Befragungen), nach den Kosten (persönlich: hoch, telefonisch: mittel, online und schriftlich niedrig), nach den notwendigen Stimuli (z.B. kann man Bilder persönlich und online gut zeigen) und nach der erforderlichen Schnelligkeit (persönlich und schriftlich langsam, telefonisch und online schnell). – c) Nach der *Zahl der zu untersuchenden Themen:* → Einthemenbefragung und Mehrthemenbefragung (→ Omnibus-Befragung). – d) nach der Häufigkeit der Befragung: Einmalbefragung (Befragung wird einmalig durchgeführt, auch Ad-hoc-Befragung) oder Wiederholungsbefragung (Befragung wird in regelmäßigen Abständen wiederholt, um Veränderungen zu erfassen), wobei hier unterschieden wird zwischen Panelbefragung (Fragen werden stets an die gleiche Stichprobe gerichtet) und Wellenbefragung (wechselnde Stichproben). – e) Nach den *Arten der Fragestellung (Befragungstaktik):* (1) Direkte Befragung; (2) indirekte Befragung: Die Auskunftsperson wird durch geschickte und psychologisch zweckmäßige Formulierung der Fragen veranlasst, über Sachverhalte zu berichten, die sie bei direkter Befragung aus den verschiedensten Gründen verschwiegen oder verzerrt wiedergegeben hätte, oder Zusammenhänge werden durch Korrelationsanalysen oder experimentelle Anordnungen herausgefunden, ohne dass diese Beziehungen den Auskunftspersonen selbst bewusst werden. Zu den Frageformen vgl. → Fragebogen. – 4. *Probleme:* Problematisch sind Befragungen u.U. deshalb, weil mit dieser Methode nicht das erhoben wird, was sie zu erheben beabsichtigt (→ Validität). Die Antworten können falsch oder verzerrt sein, weil die Befragten keine wahre Auskunft geben möchten, weil sie sich nicht mehr richtig erinnern, weil sie die Frage falsch verstehen oder weil durch die Art der Befragung (z.B. Reihenfolge der Fragen, Art der Antwortalternativen) das Antwortverhalten systematisch beeinflusst wird. – 5. *EDV-Einsatz bei Befragungen:* → computergestützte Datenerhebung.

befreiende Schuldübernahme → Schuldübernahme, bei der ein neuer Schuldner eintritt und der alte

Schuldner aus der Haftung entlassen wird. – *Anders:* → Schuldmitübernahme.

Befreiungsklausel → Schutzklausel.

Befriedigung des Gläubigers → Erfüllung.

befristete Einlage → Termineinlage.

befristeter Arbeitsvertrag – 1. *Begriff:* → Arbeitsvertrag, der auf bestimmte Zeit abgeschlossen ist. – *Gegensatz:* Unbefristeter Arbeitsvertrag. In einem befristeten Vertrag ist die ordentliche Kündigung ausgeschlossen, es sei denn, der Arbeitsvertrag regelt das ausdrücklich anders. – 2. *Arten der Befristung: a)* Kalendermäßig genaue Festlegung des Endes; b) nach Art, Zweck oder Beschaffenheit der Arbeitsleistung z.B. Einstellung einer Verkäuferin für die Dauer des Ausverkaufs oder zur Aushilfe für Erkrankte. – 3. Die *Zulässigkeit* ist umfassend geregelt im Teilzeit- und Befristungsgesetz (TzBfG) von 21.12.2000 (BGBl. I 1966). Die Befristung muss immer *schriftlich* erfolgen, um wirksam zu sein. – a) Die Befristung von Arbeitsverträgen ist immer zulässig, wenn sie durch einen *sachlichen Grund* gerechtfertigt ist (§ 14 I TzBfG). Als sachliche Gründe nennt das Gesetz u.a. einen nur vorübergehenden Bedarf an der Arbeitsleistung, die Vertretung anderer Arbeitnehmer, Erprobung, gerichtlichen Vergleich. – b) Nach § 14 II TzBfG ist auch *ohne sachlichen Grund* die kalendermäßige Befristung bis zur Dauer von zwei Jahren zulässig. Innerhalb dieses Zeitraums ist die dreimalige Verlängerung eines befristeten Arbeitsvertrages zulässig. Für *neu gegründete Unternehmen* verlängert sich die Höchstdauer der Befristung auf vier Jahre, innerhalb deren auch eine mehrfache Befristung möglich ist (§ 14 IIa TzBfG). Voraussetzung einer Befristung ohne Sachgrund ist stets, dass es sich um eine Neueinstellung handelt. – c) *Ältere Arbeitnehmer:* Ist der Arbeitnehmer bei Beginn des Arbeitsverhältnisses über 52 Jahre alt und mehr als 4 Monate beschäftigungslos, sind Befristungen auch ohne sachlichen Grund bis zu 5 Jahren zulässig. Ob allerdings diese erleichterte Möglichkeit, befristete Arbeitsverhältnisse mit älteren Arbeitnehmern zu schließen, europarechtskonform ist, ist umstritten. Manche sehen darin eine *unzulässige Altersdiskriminierung* (→ AGG im Arbeitsrecht). – d) *Weiter Sonderregelungen:* Für wissenschaftliche Mitarbeiter an Hochschulen und Forschungseinrichtungen gelten die Sonderregelungen des Wissenschaftszeitvertragsgesetzes vom 12.4.2007 (BGBl. I 506). – 4. *Klagefrist:* Die Unzulässigkeit einer Befristung muss vom Arbeitnehmer innerhalb von drei Wochen nach dem vereinbarten Ende durch Klage beim Arbeitsgericht geltend gemacht werden (§ 17 TzBfG). – 5. *Folgen:* Der wirksame befristete Arbeitsvertrag endet mit Fristablauf automatisch, d.h. es bedarf keiner Kündigung und deshalb greifen der → Kündigungsschutz und Kündigungsverbote nicht ein. Der befristete Arbeitsvertrag kann vor Fristablauf nur dann ordentlich gekündigt werden, wenn das vereinbart ist (§ 15 TzBfG). Wird der befristete Arbeitsvertrag über den Endzeitpunkt mit Wissen des Arbeitgebers fortgesetzt geht es in ein Arbeitsverhältnis auf unbestimmte Zeit über. War die Befristung unwirksam, gilt der befristete Arbeitsvertrag als auf unbestimmte Zeit geschlossen (§ 16 TzBfG).

befristetes Arbeitsverhältnis → befristeter Arbeitsvertrag.

Befristung – die einer → Willenserklärung eingefügte Bestimmung, die die Wirkungen eines → Rechtsgeschäfts von einem zukünftigen gewissen Umstand (auflösend oder aufschiebend) abhängig macht. Rechtlich wie → Bedingung behandelt.

Befundrechnung – Methode der Erfassung von Materialverbräuchen, v.a. für → Kostenrechnung und → kurzfristige Erfolgsrechnung. Anfangs- und Endbestände werden körperlich aufgenommen. Die Differenz gilt als Verbrauch; bei Zugängen während des betreffenden Zeitraums gilt entsprechend:

	Anfangsbestand
+	Zugänge
−	Schlussbestand
=	Verbrauch.

Begehungsgefahr – Voraussetzung des Unterlassungsanspruchs; kann in Form der → Erstbegehungsgefahr den vorbeugenden, in Form der → Wiederholungsgefahr den Verletzungsunterlassungsanspruch auslösen. Die Erstbegehungsgefahr kann durch Berühmungsaufgabe, d.h. durch eine Erklärung ausgeschlossen werden, die fragliche Handlung nicht begehen zu wollen. Die Wiederholungsgefahr kann durch Abgabe einer strafbewehrten → Unterlassungserklärung ausgeschlossen werden.

Beggar-my-Neighbour-Politik – Begriff für *„den Nachbarn ausplündern"* oder *„den Nachbarn anbetteln"*; Versuch eines Landes, Exportüberschüsse zu erzielen, um auf diese Weise im Inland Einkommen und Beschäftigung zu erhöhen (→ Exportmultiplikator). Da die Zunahme der Exporte eines Landes eine Zunahme der Importe für das Ausland darstellt, können sich durch diese Politik kontraktive Wirkungen für das Ausland (z.B. Arbeitslosigkeit) ergeben. – Vgl. auch → Importmultiplikator. – *Instrumente* der Beggar-my-Neighbour-Politik sind z.B. → Abwertung der heimischen Währung sowie sonstige Maßnahmen der → Einfuhrbeschränkung und der → Exportförderung.

beglaubigte Abschrift – die mit dem Beglaubigungsvermerk einer öffentlichen Urkundsperson versehene Abschrift einer (1) Urschrift, (2) → Ausfertigung oder (3) beglaubigten Abschrift einer Urkunde. – Vgl. auch → öffentliche Urkunden, → öffentliche Beglaubigung.

Beglaubigung → öffentliche Beglaubigung.

begleitendes Verwaltungsdokument (BVD) – Begleitdokument, das dazu dient, verbrauchsteuerpflichtige Waren (z.B. Schaumwein, Bier, Branntwein) unter Aussetzung der Steuer aus dem Verbrauchsteuergebiet der EU in ein Drittland zu befördern. Das BVD ist vom Versender auszufertigen und durch den Beförderer mitzuführen (vgl. EG-Verordnung 2719/92 und EG-Verordnung 3649/92).

Begleitpapiere – beim → Frachtgeschäft die zur Erfüllung der Zoll-, Steuer- und sonstigen Verwaltungsvorschriften vor Ablieferung des Guts an den Empfänger erforderlichen Papiere. Begleitpapiere sind im → Frachtbrief zu bezeichnen. Soweit nicht den → Frachtführer Verschulden trifft, *haftet* der Absender für alle aus dem Mangel der Unzulänglichkeit oder Unrichtigkeit der Begleitpapiere entstehenden Folgen (§§ 426 f. HGB, § 65 EVO).

Begnadigung – Es handelt sich um den Erlass, die Ermäßigung oder die Umwandlung rechtskräftig erkannter Strafen oder strafähnlicher Sanktionen. Das Gnadenrecht steht für den Bund nach Art. 60 II GG dem → Bundespräsidenten und den von ihm bestimmten Stellen zu; für die Länder dem zuständigen Landesorgan, überwiegend dem Ministerpräsidenten, der seine Gnadenbefugnis weiter übertragen kann. → Amnestie nennt man die Begnadigung, wenn es sich um eine generelle Maßnahme für eine Vielzahl von Fällen, Abolition (Niederschlagung), wenn es sich um ein noch anhängiges Strafverfahren, handelt. Beide bedürfen der gesetzlichen Regelung.

begrenzte Enumeration – *unvollständige Enumeration;* Verfahren des Operations Research (→ Entscheidungsbaumverfahren). Die Vorgehensweise entspricht der → vollständigen Enumeration, jedoch wird der Algorithmus abgebrochen, wenn ein Zeit- oder Knotenlimit erreicht ist, oder bessere als die schon bekannten Lösungen nicht zu erwarten sind.

begrenzte Rationalität → ökonomische Rationalität.

Begründungsfrist – 1. Nach der *Abgabenordnung* besteht für die Einlegung von Einsprüchen grundsätzlich weder eine Begründungsfrist noch ein → Begründungszwang (§ 357 III AO). Allerdings kann die zuständige Finanzbehörde dem Einspruchsführer eine Begründungsfrist als → Ausschlussfrist setzen (§ 364b AO „Präklusionsfrist"). – 2. Auch im *finanzgerichtlichen Verfahren* kann gemäß § 65 II FGO eine – indes nicht anfechtbare – Begründungsfrist als Ausschlussfrist gesetzt werden. – Vgl. auch → Revision. – 3. Im *Zivilprozess:* → Berufung, → Revision.

Begründungszwang – Nach der Abgabenordnung besteht für die Einlegung von Einsprüchen kein Begründungszwang. Es sollen allerdings die Tatsachen, die zur Begründung dienen, und die Beweismittel angeführt werden (§ 357 III AO). Bei Unklarheiten ist die zuständige Finanzbehörde gehalten, den angegriffenen → Verwaltungsakt und das Einspruchsbegehren durch Rückfragen zu ermitteln (§§ 88 II, 91 AO). – Die Finanzbehörde, die über den Einspruch entscheidet, hat grds. die Sache in vollem Umfang erneut zu prüfen (§ 367 II AO). Ohne konkrete Anhaltspunkte wird allerdings über die (bereits bekannte) Aktenlage hinaus nicht ermittelt.

Begünstigung – 1. *Strafrecht:* Hilfeleistung gegenüber einem anderen in der Absicht, ihm die Vorteile einer mit Strafe bedrohten Handlung zu sichern (§ 257 StGB). – *Strafe:* Geldstrafe oder Freiheitsstrafe bis zu fünf Jahren. – Vgl. auch → Strafvereitelung. – 2. Begünstigung aus *Lebensversicherungen:* Bezugsberechtigung.

Begutachtung – analytischer Prozess zur Erlangung eines fundierten Urteils über gegebene oder zukünftige Tatbestände oder Mittel zur Erreichung vorgegebener Ziele, wobei in den Wirtschaftswissenschaften entwickelte Theorien heranzuziehen sind. Die Begutachtung wird üblicherweise von einem unabhängigen Sachverständigen durchgeführt. Das fehlende Merkmal des Soll-Ist-Vergleichs grenzt die Begutachtung von einer → Prüfung ab. Im Gegensatz zur → Beratung hat die Begutachtung keine Handlungsempfehlung zum Inhalt. – *Anders:* → Gutachten.

Behavioral Accounting → verhaltensorientiertes Rechnungswesen.

Behavioral Branding – 1. *Begriff:* Umsetzung der → Markenidentität im Unternehmen nach innen bei den Mitarbeitern. – 2. Ziele: Die Mitarbeiter sollen Identifikation und Commitment zur Marke – → Markencommitment – aufbauen und zu Markenbotschaftern werden. Durch markenkonformes Verhalten der Mitarbeiter wird das → Image der Marke bei allen externen Anspruchsgruppen gestärkt. – 3. *Implementierung*: a) Aufbau von markenbezogenem Wissen bei den handelnden Personen als Grundlage für markenkonformes Durchführen von Maßnahmen im Unternehmen. – b) Identifikation der Manager und Mitarbeiter mit der Marke in Bezug auf die charakteristischen und wesensprägenden Merkmale der Marke. – c) Durch das markenkonforme Wissen und Identifikation soll → Markencommitment aufgebaut werden. – d) Auf dieser Basis soll markenkonformes Verhalten gesteigert werden, sodass dadurch die Marke stärker und aus einem Guss nach außen transportiert werden kann. – 4. *Wirkungen der Maßnahmen*: Unternehmen, deren Mitarbeiter sich committen, verzeichnen einen signifikant höheren Umsatz und Erlös als solche, bei denen Mitarbeiter sich nur wenig dem Unternehmen verbunden fühlen. Je größer das Engagement der Arbeitnehmer ist, desto größer fällt das Einnahmenwachstum des Unternehmens aus, und je geringer das Mitarbeiterengagement, desto höher sind die Kosten pro verkaufter Einheit. – 5. *Probleme*: ergeben sich aus der mangelnden Kommunikation von klaren Informationen aus dem Top-Management, mangelnder Motivation von Top-Managern und Mitarbeitern sowie fehlendem Vorleben des Top-Managements und fehlender Umsetzung von langfristigen Maßnahmen und Verhaltensweisen zur Stärkung des langfristigen Unternehmenserfolges.

Behavioral Man → Satisfizer.

Behavioral Pricing – verhaltenswissenschaftlicher Ansatz zur Erklärung beobachtbarer, (scheinbar) irrationaler preisbezogener Entscheidungen. Steht im Kontrast zum Konzept des → Homo Oeconomicus, das auf rein rationalen Verhaltensannahmen basiert.

Behaviorismus – verhaltenswissenschaftliche Forschungsrichtung. – *Kerntheorie* ist die unmittelbare Erklärbarkeit menschlichen Verhaltens durch Beobachtung der auf den Menschen einwirkenden Reize und der dadurch ausgelösten Reaktionen. Nach dieser Auffassung werden Verhaltensweisen erworben, entweder durch die Koppelung von Hinweisreizen und Verhaltensweisen oder durch die Belohnung von Verhaltensweisen. – *Grundlage* ist das Stimulus-Response-Konzept (SR-Konzept), das jedem Reiz eine bestimmte Reaktion zuordnet, ohne Berücksichtigung der Vorgänge im Organismus des Menschen (z.B. Denken, Fühlen etc.; Organismus als Blackbox); → Käufer-und Konsumentenverhalten. – *Weiterentwicklung des Behaviorismus:* → Neobehaviorismus.

Behavior Scan – experimenteller Mikrotestmarkt der GfK in Haßloch und von Mediametrie in Angers (Frankreich) und Le Mans (Frankreich), der Handels- und Haushaltspanel miteinander kombiniert. Es besteht die Möglichkeit, ausgewählten Haushalten und von diesen unbemerkt im Rahmen des laufenden Fernsehprogrammes Testwerbung vorzuführen. Die Trennung in Test- und Kontrollgruppe (mit/ohne Werbung) erlaubt Aussagen über die Verkaufswirkung der Testspots. Experimentell untersucht werden kann ebenfalls die Wirkung von Zeitschriften- und Handzettelwerbung, Produktbemusterung, Instoremaßnahmen und Plakatwerbung. – Vgl. auch → Experiment, → Handelspanel, → Haushaltspanel, → Testmarkt.

behaviouristische Standorttheorie – Ende der 1960er-Jahre von A. Pred begründeter verhaltenswissenschaftlicher Ansatz der → Standorttheorie. Im Gegensatz zu den auf dem → raumwirtschaftlichen Ansatz beruhenden Standorttheorien basiert die behaviouristische Standorttheorie auf der Annahme, dass jede Entscheidung von subjektiven Präferenzen und vom Informationsstand des Entscheidungsträgers abhängig ist (→ Satisfizer).

Beherbergungsgewerbe – 1. *Begriff:* Die Summe der Beherbergungsbetriebe bildet das Beherbergungsgewerbe. – 2. *Merkmale:* Die amtliche dt. Statistik versteht unter Beherbergungsbetrieben bzw. Beherbergungsstätten: Betriebe, die nach Einrichtung u. Zweckbestimmung dazu dienen, mehr als neun Gäste (im → Reiseverkehr) gleichzeitig zu beherbergen. Hierzu zählen auch Unterkunftsstätten, die Gästebeherbergung nicht gewerblich und/oder als Nebenzweck betreiben. Die Tourismuswissenschaft untergliedert das Beherbergungsgewerbe in die traditionelle → Hotellerie und die ergänzende Hotellerie (→ Parahotellerie).

Beherbergungsstatistik – monatliche Erhebung im Tourismus.

Beherbergungsvertrag – 1. *Rechtliche Zuordnung:* Beherbergungsverträge sind im Kern Mietverträge (Überlassung des Hotelzimmers etc. auf Zeit gegen Entgelt), auch wenn weitere Leistungen wie Verpflegung, Service etc. hinzukommen. Sie sind folglich grundsätzlich nach den §§ 535 ff. BGB zu beurteilen, sofern dt. Recht zur Anwendung gelangt. Ausnahme: nicht bei Beherbergung im Ausland – jeweiliges ausländisches Recht maßgeblich – auch grundsätzlich Gerichtsstand im Ausland. – 2. *Mängelansprüche:* Mietmängel sind nach den §§ 536 ff. BGB (→ Minderung, Schadensersatzansprüche und → Kündigung) zu beurteilen, wobei der Kenntnis des Mieters vom → Mangel (§ 536 b BGB) und der Pflicht zur → Mängelanzeige (§ 536 I, 2 BGB) bes. Bedeutung zukommt (Unterlassung führt zum Verlust der „Mängelansprüche" – keine Minderung, keine Schadensersatzansprüche, kein Kündigungsrecht). – 3. *Stornierungen:* Für Stornierungen gilt § 537 I, II BGB, wonach üblicherweise eine Entschädigung unter Berücksichtigung der Ersparnisse (20 Prozent bei Übernachtung mit Frühstück, 30 Prozent bei Halbpension und 40 Prozent bei Vollpension) anfällt, sofern das Hotelzimmer nicht weitervermietet wird. – 4. *Haftung:* Der Beherbergungswirt (Übernachtungsgäste, grundsätzlich nicht Tagesgäste) haftet für den Verlust bzw. die Beschädigung vom Gast „eingebrachter Sachen" nach den §§ 701 ff. BGB. Insofern sind in § 702 I BGB Haftungsbeschränkungen (Obergrenze 3.500 Euro, Schmuck etc. nur 800 Euro vorgesehen, sofern nicht nach § 702 II BGB die unbeschränkte Einstandspflicht infolge schuldhaften (vgl. §§ 276, 278 BGB) Verhaltens bzw. der Entgegennahme zur Verwahrung eintritt, wobei die Verwahrungspflicht besteht (Ausnahme: übermäßiger Wert, Umfang, gefährliche Sachen) – vgl. § 702 III BGB. Bei Beschädigung, Verlust etc. ist der Gast zur unverzüglichen Anzeige verpflichtet. Andernfalls entfallen die Ansprüche des Gastes. Der Beherbergungswirt ist vom Schank- und Speisenwirt (→ Gastwirt – Gastronomie) zu unterscheiden (Vertrag nach den §§ 651, 433 BGB – keine Haftung für eingebrachte Sachen). – 5. *Pfandrecht:* An den eingebrachten Sachen des Gastes steht dem Beherbergungswirt nach § 704 BGB ein → gesetzliches Pfandrecht zur Befriedigung seiner Ansprüche gegen den Gast zu (vgl. freilich insofern die §§ 562 I Satz 2, 562 a – 562d BGB). – Vgl. auch → Beherbergungsgewerbe.

Beherrschungsvertrag – 1. *Begriff:* Form des → Unternehmensvertrags. Es handelt sich um einen Vertrag, durch den eine Aktiengesellschaft die Leitung ihrer Gesellschaft einem anderen Unternehmen unterstellt. *Kein* Beherrschungsvertrag liegt vor, wenn sich Unternehmen unter einheitliche Leitung stellen, ohne dass eines vom anderen abhängig wird (vgl.

§ 291 I und II AktG). – 2. *Sondervorschriften:* §§ 304–318 AktG.

Behinderte → schwerbehinderte Menschen.

Behindertengleichstellungsgesetz – vom 27.4.2002 (BGBl. I 1468) m.spät.Änd., bezweckt die Beseitigung und Verhinderung der Benachteiligung von behinderten Menschen sowie die Gewährleistung ihrer gleichberechtigten Teilhabe am Leben in der Gesellschaft und die Ermöglichung zur selbstständigen Lebensführung. Die bes. Belange behinderter Frauen sind zu berücksichtigen und bestehende Benachteiligungen zu beseitigen. Bauliche und sonstige Anlagen, Verkehrsmittel, technische Gebrauchsgegenstände, Systeme der Informationsverarbeitung, akustische und visuelle Informationsquellen und Kommunikationseinrichtungen sowie andere gestaltete Lebensbereiche sollen barrierefrei, d.h. für behinderte Menschen in der allg. üblichen Weise ohne bes. Erschwernisse und grundsätzlich ohne fremde Hilfe zugänglich und nutzbar sein. Zur Herstellung der Barrierefreiheit sollen Zielvereinbarungen mit Unternehmen oder Unternehmensverbänden der verschiedenen Wirtschaftsbranchen getroffen werden. Von den anerkannten Verbänden behinderter Menschen kann die Aufnahme von Verhandlungen über solche Zielvereinbarungen verlangt werden. Für Träger öffentlicher Gewalt gilt ein Benachteiligungsverbot. Den Verbänden behinderter Menschen steht ein Verbandsklagerecht vor den Verwaltungs- und Sozialgerichten zu.

Behinderten-Pauschbetrag → Pauschbetrag, den Behinderte mit einem Grad der Behinderung von mehr als 50 Prozent (unter zusätzlichen Bedingungen auch schon ab 25 Prozent) einkommensteuerlich ansetzen können, um die → außergewöhnlichen Belastungen aus der Behinderung steuerlich geltend zu machen. Die Höhe des Behinderten-Pauschbetrags richtet sich nach dem Grad der Behinderung (zwischen 310 und 1.420 Euro); für hilflose Personen beträgt der Behinderten-Pauschbetrag sogar 3.700 Euro. Der Behinderten-Pauschbetrag für ein Kind kann auf die Eltern des Kindes übertragen werden. Es ist möglich, anstelle des Behinderten-Pauschbetrags die tatsächlichen Aufwendungen ansetzen zu lassen (§ 33b EStG).

Behindertenwerkstatt → Werkstatt für behinderte Menschen.

Behinderung → schwerbehinderte Menschen.

Behinderungsmissbrauch – liegt vor, wenn ein marktbeherrschendes Unternehmen im Sinne der §§ 18, 19 GWB bzw. von Art. 102 AEUV die Wettbewerbsmöglichkeiten dritter Unternehmen wesentlich beeinträchtigt. Dabei wirft die Abgrenzung zwischen einem erwünschten dynamischen Unternehmerverhalten und einem Missbrauch erhebliche Abgrenzungs- und Beweiswürdigungsprobleme auf. – *Problem:* Ähnlich wie bei dem → Ausbeutungsmissbrauch ist die Aufsicht über Behinderungsmissbrauch nicht ursachenadäquat, da die Marktmacht als Ursache für den Missbrauch durch eine von den Kartellbehörden erzwungene Korrektur des Marktverhaltens nicht beseitigt wird.

Behinderungswettbewerb – Fallgruppe unlauteren Wettbewerbs (→ unlauterer Wettbewerb; § 4 Nr. 10 UWG), bei der der Verletzer versucht, Mitbewerber vom Leistungsvergleich auszuschließen. – 1. → Absatzbehinderung: Eindringen in fremde Kundenkreise ist Wesen des Wettbewerbs und nur bei Vorliegen unlauterer Mittel unzulässig (→ Abwerbung). Werbung (Handzettel, Plakate) in der Nähe des Geschäftslokals des Mitbewerbers ist zulässig, gezieltes Ansprechen von Kunden und Passanten vor dessen Geschäft nicht. Behinderungswettbewerb sind Ausübung von Kündigungszwang (Zwang zur Lösung bestehender Verträge durch automatischen Bezug von Waren oder Leistungen mit Erwerb von Mitgliedschaften u.Ä.), Umlenken von Aufträgen durch Vermittler auf andere Unternehmen als die, deren Leistung vom Auftraggeber nachgefragt wird, Aufkauf oder physische Einwirkung auf Konkurrenzware, um durch Vernichtung, Beiseiteschaffen oder Beschädigung ihren Absatz zu stören (z.B. Beseitigung von Waren, Firmenzeichen oder Nummern zur Material- und Fertigungskontrolle). Beseitigung von Kontrollnummern zur Überwachung eines rechtswirksamen Vertriebssystems (→ Rechtsbruch) ist Behinderungswettbewerb, andernfalls ist die Entfernung zulässig, auch wenn dabei Verpackungen oder geschäftliche Bezeichnungen beschädigt werden; auf die Beschädigung muss ggf. hingewiesen werden. – 2. *Betriebsstörung:* rechtswidrige Eingriffe in den Betriebsablauf wie unlauteres Abwerben von Mitarbeitern (→ Abwerbung), rechtswidrige Verwertung von → Betriebs- und Geschäftsgeheimnissen und Betriebsspionage, ungerechtfertigte → Verwarnung aus → gewerblichen Schutzrechten. Wettbewerbsrechtliche → Abmahnungen sind wie Testkäufe nur in seltenen Ausnahmefällen Behinderungswettbewerb. Offenes Fotografieren in fremden Geschäftsräumen kann Betriebsstörung sein. – 3. *Boykott:* Aufforderung an vom Verrufenden weisungsungebundene Dritte, Waren oder Leistungen nicht vom Verrufenen abzunehmen oder an ihn zu liefern. Boykottaufrufe sind regelmäßig Behinderungswettbewerb, wenn sie nicht als Abwehr oder durch das Grundrecht der freien Meinungsäußerung (Art. 5 GG) gedeckt sind. Dem Boykott stehen Liefer- und Bezugsverweigerungen nahe, die angesichts der Vertragsfreiheit zulässig sind, soweit kein Kontrahierungszwang besteht oder aus dem Diskriminierungsverbot folgt, das den Schutz aus § 3 UWG unter institutionellen Gesichtspunkten durch die §§ 19–21 GWB ergänzt (→ Deutsches Kartellrecht): Das kartellrechtliche Diskriminierungsverbot (§ 20 GWB) gibt durch marktmächtige Unternehmen behinderten Menschen privatrechtliche Unterlassungs- und Schadensersatzansprüche (§ 33 GWB), § 32 GWB der Kartellbehörde Eingriffsmöglichkeiten gegen Behinderungen des Wettbewerbs durch marktbeherrschende Unternehmen. – 4. *Preisunterbietung:* Ausdruck des Leistungswettbewerbs und grundsätzlich nicht zu beanstanden. Ausnahme: Unlauterkeit liegt vor, wenn der angebotene Preis nicht kostendeckend ist und die Preisunterbietung geeignet ist und in gezielter Weise dazu eingesetzt wird, einen oder mehrere Mitbewerber vom Markt zu verdrängen. – 5. *Rufschädigung:* Schutz gegen Rufschädigung greift über verbotene → Anschwärzung hinaus und erfasst nach strengen Kriterien alle Herabsetzungen zu Wettbewerbszwecken. Schmähkritik ist stets unzulässig. Kritische Äußerungen bedürfen eines hinreichenden Anlasses und müssen sich im Rahmen des Erforderlichen halten, Art. 5 GG ist zu beachten. Es kommt auf die Gesamtwürdigung der Umstände sowie darauf an, ob eine Abwehrsituation besteht (→ Abwehrwerbung). – 6. *Werbebehinderung:* Gezielte Ausschaltung fremder Werbung (Vernichtung, Beschädigung, Überdeckung) ist Behinderungswettbewerb, ebenso der missbräuchliche Erwerb von Marken oder sonstigen Kennzeichnungsrechten (→ Domain). Missbrauch liegt vor, wenn ein gleiches oder verwechslungsfähiges Kennzeichen für gleiche oder gleichartige Waren in Kenntnis eines schutzwürdigen Besitzstandes des Vorbenutzers angemeldet oder erworben wird, um diesem den weiteren Vertrieb entsprechend gekennzeichneter Ware unmöglich zu machen. – 7. *Vergleichende Werbung:* kann als kritisierende vergleichende Werbung Behinderungswettbewerb sein (→ vergleichende Werbung). Ohne erkennbare Bezugnahme auf Mitbewerber ist ein Vergleich als Behinderungswettbewerb unzulässig, wenn er sich nicht im Rahmen einer wahrheitsgemäßen und sachlichen Erörterung hält, wenn er den Verbraucher entweder davon abhält, Konkurrenzangebote zu prüfen, oder wenn er jedenfalls bei ihm ungerechtfertigte Vorurteile gegenüber Konkurrenzangeboten hervorruft.

Behörde – 1. *Begriff:* staatliche Organisationseinheit, die auf gesetzlicher Grundlage in das Gefüge der äußeren Verfassung des Staates eingegliedert ist. Behörden sind Träger öffentlicher Rechte; sie haben mit staatlicher Autorität alle Angelegenheiten des Staates wahrzunehmen. Die in Behörden beschäftigten Personen können → Beamte sein oder → Angestellte und → Arbeiter des öffentlichen Dienstes. – 2. *Einteilung der Behörden:* (1) → oberste Bundesbehörden (z.B. Bundesministerium, Bundeskanzleramt, Bundesrechnungshof); (2) → Bundesoberbehörden und *obere Bundesbehörden* (z.B. Bundeskriminalamt); (3) nachgeordnete *mittlere Behörden* (Oberfinanzdirektion etc.); (4) *untere Behörden* (Kreiswehrersatzämter, Wasser- und Schifffahrtsämter etc.). – 3. *Einflüsse staatlicher Ausführungsorgane:* Das Verhalten staatlicher Behörden wird von der → ökonomischen Theorie der Bürokratie erklärt. Da Behörden (im statischen Modell) zum Budgetausgleich verpflichtet sind, haben sie kein Gewinnziel. Stattdessen strebt die Bürokratie nach der Maximierung ihres diskretionären Budgets bzw. ihrer Mitarbeiterzahl, da von deren Höhe Prestige, Macht und oft auch das Einkommen der Behördenleiter abhängen. Konsequenzen ergeben sich daraus für das Angebot staatlich produzierter Güter, das gegenüber privater Produktion zu hoch ausfällt und zu arbeitsintensiv hergestellt wird. Des Weiteren nutzt die Bürokratie ihren Informationsvorsprung gegenüber den Politikern auch bei der Formulierung politischer Themen aus (Prinzipal-Agent-Beziehung). Diese werden so gestellt, dass das zu erwartende politische Gleichgewicht mit einem möglichst großen Staatsanteil am Nationaleinkommen verbunden ist. – Vgl. auch → Neue Politische Ökonomie.

Behördenhandel – *Beamtenhandel;* Betriebsform des Handels mit dem Zweck des Verkaufs von Waren oder der Vermittlung preisgünstiger Einkaufsmöglichkeiten an Behördenangestellte; historisch gewachsene Organisationen der Beamtenschaft (z.B. Beamtenheimstättenwerk BHW, Beamtensozialwerk BSW), heute häufig nur organisierte Kundenclubs mit der Möglichkeit für werbende Unternehmen, Beamte oder Angestellte des öffentlichen Dienstes gezielt anzusprechen.

behördliche Genehmigung – 1. Rechtswirksamkeitserfordernis vieler Verträge (z.B. nach dem Grundstücksverkehrsgesetz oder dem Landpachtgesetz). Solange die behördliche Genehmigung noch nicht erteilt ist, ist der Vertrag schwebend unwirksam (→ schwebende Unwirksamkeit). – Beide Vertragspartner sind verpflichtet, das Erforderliche zur Herbeiführung der behördlichen Genehmigung zu tun und alles zu unterlassen, was die Genehmigung des Vertrages vereiteln könnte. Vereitelt ein Vertragspartner die behördliche Genehmigung böswillig, kann der andere Teil u.U. → Schadensersatz verlangen. – 2. Voraussetzung für eine Handlung, die durch Gesetz einer vorherigen behördlichen Kontrolle unterworfen ist, z.B. → Baugenehmigung.

behördliche Zusicherung – eine von der zuständigen Behörde erteilte Zusage, einen bestimmten → Verwaltungsakt später zu erlassen oder zu unterlassen; Schriftform (§ 38 VwVfG). – Vgl. auch → Verwaltungsverfahren.

Beibehaltungswahlrecht → Bewertung.

beiderseitiges Handelsgeschäft → Rechtsgeschäft, das für beide Vertragsteile ein → Handelsgeschäft ist. – *Gegensatz:* → einseitiges Handelsgeschäft.

Beihefter – Prospekte und andere Werbemittel, die fest mit einer Zeitschrift verbunden bzw. eingeheftet sind.

Beihilfe – I. **Recht des öffentlichen Dienstes:** an Beamte, Richter, teilweise auch an Angestellte und Arbeiter des Bundes, der Länder, der Gemeinden, Körperschaften und Stiftungen des öffentlichen Rechts in Krankheits-, Geburts- und Todesfällen sowie für

Aufwendungen bei Maßnahmen zur Früherkennung von Krankheiten und bei Schutzimpfungen gewährte Geldzahlung. Anspruchsberechtigt sind auch die Ehegatten, Kinder und Versorgungsempfänger. – *Gesetzliche Grundlage:* für die beamtenrechtliche Beihilfe die Fürsorgepflicht des Dienstherrn (§ 45 Beamtenstatusgesetz); genauere Ausgestaltung für den Bund in den Beihilfevorschriften des Bundes sowie Beihilfeverordnungen auf Landesebene. – *Höhe (im Bund und in den Ländern teilweise unterschiedlich geregelt):* Für Unverheiratete i.d.R. 50 Prozent, für Verheiratete 55 Prozent der beihilfefähigen (notwendigen) Aufwendungen. Die Sätze erhöhen sich für jedes Kind, für das Kindergeld zusteht, um 5 Prozent, höchstens jedoch auf 70 Prozent. Teilweise bestehen Höchstsätze wie z.B. bei Hilfsmitteln, Anstaltsunterbringung, Zahnersatz, Kur, Geburtsbeihilfe etc.

II. Strafrecht: die mit → Vorsatz dem Haupttäter geleistete Hilfe zu dessen vorsätzlich begangener rechtswidriger Tat; Neben der Anstiftung eine weitere Form der → Teilnahme. – Die *Strafe* des Gehilfen ist unter Unterschreitung des für den Haupttäter bestimmten Strafrahmens milder zu bemessen (§ 27 II Satz 2 i. V. mit § 49 I StGB).

III. EU-Recht, insbesondere Strukturpolitik: Als Beihilfe im EU-rechtlichen Sinn gilt jede staatliche Zuwendung an ein Unternehmen ohne marktadäquate Gegenleistungen. Beihilfen sind nach Art. 107 AEUV grundsätzlich untersagt. Ausnahmen sind eng umgrenzt und müssen zuvor der EU-Kommission mitgeteilt werden („Notifizierung"). – Vgl. → Subvention, → Fördermaßnahmen, → Wirtschaftsförderung.

Beihilfehöchstsätze – maximaler → Subventionswert, den eine finanzielle Fördermaßnahme für gewerbliche Unternehmen (→ Wirtschaftsförderung) erreichen darf. Beihilfehöchstsätze können für einzelne Fördermaßnahmen festgelegt werden oder auch, bei Kumulierungsmöglichkeit verschiedener Maßnahmen, als Gesamthöchstsatz. Für die Praxis der Wirtschaftsförderung spielen heute v.a. neben Beihilfehöchstsätzen, die von Bundes- oder Landesregierungen vorgegeben werden, auch solche der EU, die für alle Mitgliedsländer verbindlich sind, eine Rolle.

Beikleber – Antwortpostkarten, die auf einer → Anzeige aufgeklebt sind und als Response-Medium für den Betrachter dienen.

Beiladung – Begriff im Gerichtsverfahren. – 1. *Verwaltungsgerichtsbarkeit:* die Beteiligung einer Nichtpartei an dem Verwaltungsrechtsstreit deren rechtliche Interessen durch die Entscheidung berührt werden (sog. *einfache* Beiladung, § 65 I VwGO) oder wenn ihnen gegenüber die Entscheidung nur einheitlich ergehen kann (sog. *notwendige* Beiladung, § 65 II VwGO). – 2. *Sozialgerichtsbarkeit:* Ähnliche Regelung wie für die Verwaltungsgerichtsbarkeit gilt für → Sozialgerichte (§ 75 SGG) und → Finanzgerichte (§ 60 FGO). – 3. *Wirkung:* entsprechend der → Intervention im Zivilprozess.

Beilagen → Werbemittel, die Zeitungen und Zeitschriften beigelegt werden, vorwiegend → Prospekte und → Supplements. – *Arten:* Beilagen in Tages- oder Wochenzeitungen; Beilagen in Publikums- oder Fachzeitschriften. – *Vorteile* sind bes. schnelle Durchdringung der → Zielgruppe bei hoher → Reichweite, keine zeitliche Fehlstreuung, intensive Ansprache und leichte Steuerbarkeit in gewünschten Kontaktintervallen.

Beinahe-Geld → Geldsurrogate.

Beistand – 1. *Steuerrecht:* → Bevollmächtigter. – 2. *Verwaltungsverfahren:* Ein Beteiligter kann mit einem Beistand erscheinen (§ 14 VwVfG).

Beistandspflicht – Verpflichtung von Behörden und berufsständischen Vertretungen, den Finanzämtern jede zur Durchführung der Besteuerung, Prüfung und Aufsicht dienliche Hilfe zu leisten (§ 111 ff., § 93 AO). – Vgl. auch → Amtshilfe.

Beistellung – I. Zollrecht: Zurverfügungstellen bestimmter Waren durch ausländische Auftraggeber beim Zollverfahren der → aktiven Veredelung, damit diese in die in Auftrag gegebene Ware eingebaut oder bei ihrer Herstellung mitverwendet werden (z.B. Lieferung von Reifen für Kraftfahrzeuge). – Beigestellte Waren werden als Einfuhrwaren in das Verfahren der aktiven Veredelung übergeführt und bleiben *zollfrei,* wenn sie nach Einbau in die Veredelungserzeugnisse oder auch unbearbeitet wiederausgeführt werden. Bei umgekehrter Lieferung, etwa im Rahmen einer passiven Veredelung, kann beim Einbau von aus dem Zollgebiet der EU stammenden → Gemeinschaftswaren das Veredelungserzeugnis zollbegünstigt eingeführt werden. Stammen die Beistellungen dagegen aus Drittländern und sind als → Nichtgemeinschaftswaren dem Veredeler kostenlos zur Verfügung gestellt, müssen sie mit dem Veredelungserzeugnis verzollt werden.

II. Umsatzsteuer: 1. *Begriff:* Auch im UStG bezeichnet Beistellung die Zurverfügungstellung bestimmter Güter oder Dienstleistungen an denjenigen, der eine Leistung erbringt, durch den Auftraggeber. – 2. *Umsatzsteuerliche Behandlung:* Die Beistellung dieser Güter oder Dienstleistungen stellt keine Lieferung oder Leistung des Auftraggebers an den Unternehmer dar, der den Auftrag ausführt, weil dieser an den beigestellten Waren oder Dienstleistungen keine Verfügungsmacht erlangt; ebenso stellt die Rückgabe der beigestellten Waren durch den Auftraggeber später keine Leistung des Unternehmers dar, weil diese ja schon immer dem Auftraggeber gehört hatten. Der Umfang des Leistungsaustauschs, d.h. der Leistung, die der Unternehmer an seinen Auftraggeber erbringt, beschränkt sich also nur auf die Güter oder Arbeitsleistungen, die dieser den beigestellten Waren oder Dienstleistungen hinzugefügt hat. – 3. *Umsatzsteuerliche Problematik:* Sobald ein Auftraggeber seinem Geschäftspartner Waren oder Dienstleistungen zur Verfügung stellt, die dieser nach eigenem Belieben einsetzen kann (also nicht nur zur Erledigung des Auftrages, sondern auch anderweitig), verschafft er dem Unternehmer daran Verfügungsmacht; dann liegt sehr wohl eine Lieferung oder Dienstleistung an den Unternehmer vor, und das gesamte Geschehen ist als tauschähnlicher Vorgang einzustufen (Erledigung eines umfangreichen Auftrages des Unternehmers; Zahlung durch den Auftraggeber teils durch Barzahlung, teils durch Verschaffung von Gütern oder Dienstleistungen). Insoweit ist bei Vorgängen mit Beistellung in der Praxis darauf zu achten, dass die Bedingungen für eine bloße Beistellung (= kein Übergang von Verfügungsmacht) eingehalten werden. – 4. *Formen*: → Leistungsbeistellung, → Materialbeistellung, → Personalbeistellung.

Beiträge – I. Öffentliches Recht/Finanzwissenschaft: 1. *Begriff*: → Abgaben, die von der öffentlich-rechtlichen Körperschaft aufgrund spezieller gesetzlicher Ermächtigung zur Deckung des Aufwands für die Schaffung, Erweiterung oder Erneuerung öffentlicher Einrichtungen von demjenigen erhoben werden, dem die Möglichkeit der Inanspruchnahme dieser Einrichtungen nicht nur vorübergehende Vorteile bietet (z.B. § 8 II KAG NW). Beiträge werden neben → Gebühren als verhältnismäßige Kostenbeteiligung an im öffentlichen Interesse liegenden Vorhaben erhoben. Im Gegensatz zur Gebühr gilt jedoch nur eine Gruppe als Ganzes, nicht jedoch jedes Einzelmitglied der Gruppe als Leistungsempfänger; der Beitrag wird von jedem Gruppenmitglied erhoben, das die Möglichkeit der Leistungsinanspruchnahme hat, d.h. auch bei (nur) potenzieller Inanspruchnahme (gruppenmäßige Äquivalenz, → Äquivalenzprinzip). – 2. *Beispiele:* (1) Eine Straße in einem Wohngebiet dient der Gesamtgemeinde, da diese allgemein an einem ausgebauten kommunalen Straßensystem interessiert ist, bes. aber den Anliegern dieser Straße. (2) Ein Deich schützt das gesamte Hinterland, v.a. aber die in einem Überschwemmungsgebiet siedelnden Landwirte. – 3. *Zurechnungsmaßstäbe* können nur als Wahrscheinlichkeitsmaßstäbe formuliert werden (z.B. Frontmetermaßstab bei Straßen), weil Wirklichkeitsmaßstäbe nur unter größeren Schwierigkeiten zu finden sind. – *Anders:* Gebühren. Sie bilden eine Quelle ständiger Auseinandersetzungen zwischen Verwaltung und Bürger. – 4. *Systematik* nach Sektoren der Verwaltung; analog zur Gliederung der Gebühren.

II. Sozialversicherung: 1. *Begriff*: Geldbeträge, die von Arbeitnehmern (Arbeitnehmeranteil), deren Arbeitgebern (Arbeitgeberanteil) und sonstigen dazu verpflichteten Personengruppen an die Träger der → Sozialversicherung gezahlt werden. – 2. *Beitragszahler:* Beiträge werden von sozialversicherungspflichtig Beschäftigten, freiwillig Versicherten sowie Arbeitgebern geleistet, wobei die Entrichtung (Quellenabzug) i. Allg. dem Arbeitgeber unterliegt. – 3. *Beitragshöhe:* Die Bemessung der Beiträge erfolgt im Fall der gesetzlichen Arbeitslosenversicherung, der gesetzlichen Rentenversicherung, der gesetzlichen Krankenversicherung und der gesetzlichen Pflegeversicherung gemäß dem allgemeinen Beitragssatz multipliziert mit dem individuellen sozialversicherungspflichtigen Einkommen bis hin zu einer bestimmten → Beitragsbemessungsgrenze. Die Berechnung der Höhe des Beitragssatzes erfolgt dabei entweder nach dem → Umlageverfahren (Umlagefinanzierung) oder alternativ nach dem → Anwartschaftsdeckungsverfahren. Im Fall der gesetzlichen Unfallversicherung bezahlt allein der Arbeitgeber i.d.R. nach seiner Lohnsumme und Gefahrenklasse. – 4. *Bedeutung:* Beiträge sind die Hauptform der Finanzierung der Sozialversicherung.

III. Privatversicherung: Versicherungsentgelt bei Mitgliedern von → Versicherungsvereinen auf Gegenseitigkeit (VVaG) und den Versicherungsnehmern von öffentlich-rechtlichen Versicherungsunternehmen. Im privatwirtschaftlichen Bereich werden Beiträge auch alternativ zu → Prämien verwendet.

IV. Kostenrechnung: Beiträge werden meist in der gleichen Weise wie → Steuern und → Gebühren verrechnet und über ein bes. Beitragskonto der Kontenklasse 4 (GKR) bzw. Kontenklasse 6 (IKR) verbucht, wenn Beiträge nicht privaten Zwecken dienen oder wie die Arbeitnehmerbeiträge zur Sozialversicherung nur → durchlaufende Posten sind. Zeitliche Abgrenzung (→ Abgrenzung) für Beiträge, die für einen längeren Zeitraum im Voraus oder im Nachhinein bezahlt werden, über Kontenklasse 2 (GKR).

Beitragsbemessungsgrenze – Grenze, bis zu der eine sozialversicherungsrechtliche Heranziehung von Entgelt und Einkommen zur Erhebung von Beiträgen erfolgt. Die Beitragsbemessungsgrenze bestimmt zusammen mit der Geringfügigkeitsgrenze im Falle sozialversicherungspflichtiger Beschäftigung das versicherungspflichtige Arbeitsentgelt. Sozialversicherte, die mehr als die jährlich vom Bundesministerium für Gesundheit und Soziale Sicherung festgelegte Beitragsbemessungsgrenze verdienen, zahlen nur bis zur Beitragsbemessungsgrenze Beiträge. Sie erwerben auch nur auf dieser Grundlage Leistungsansprüche. Die Beitragsbemessungsgrenze wird für jeden Versicherungszweig getrennt gesetzlich festgelegt; vgl. auch die Sozialversicherungs-Rechengrößenverordnung 2012 vom 2.12.2012 (BGBl. I 2421).

Beitragsbezogenheit – Die Beitragsbezogenheit der Leistungen des Arbeitslosengeldes I (→ Arbeitslosenversicherung) und der → Renten der → gesetzlichen Rentenversicherung (GRV) an ihre Empfänger ergibt sich aus der Lohnbezogenheit dieser Leistungen, da die Beitragszahlungen auf einem für alle Versicherten geltenden einheitlichen, proportionalen Beitragssatz beruhen. Änderungen der Beitragssätze haben allerdings keinen Einfluss auf die Höhe der jeweiligen Leistungsansprüche. – Beitragsbezogenheit ist ein Instrument der Beitragsäquivalenz (→ Äquivalenzprinzip), des → Versicherungsprinzips und der Leistungsgerechtigkeit (→ Verteilungsgerechtigkeit).

Beitragserstattung – Leistung der gesetzlichen Rentenversicherung. Sie betrifft ausschließlich zu Recht eingezahlte Beiträge und hat Bedeutung im Wesentlichen nur noch für Ausländer, die Deutschland verlassen. Die Beitragserstattung wird durchgeführt, wenn die Versicherungspflicht in allen Zweigen der gesetzlichen Rentenversicherung entfällt, ohne dass das Recht zur → freiwilligen Versicherung besteht, und seit dem Ausscheiden aus der Versicherungspflicht 24 Kalendermonate verstrichen sind und inzwischen nicht erneut eine versicherungspflichtige Arbeit ausgeübt worden ist; auch wenn ein Anspruch auf Witwen-/Witwerrente wegen nicht erfüllter → Wartezeit nicht gegeben ist, außerdem bei Versicherten, die das 65. Lebensjahr vollendet und die allg. Wartezeit nicht erfüllt haben (§ 210 SGB VI). Die Beiträge werden nur in der Höhe erstattet, in der der Versicherte sie selbst getragen hat. Wurde eine Sach- oder Geldleistung gewährt, so sind allein die später entrichteten Beiträge zu erstatten. Die Beitragserstattung schließt Ansprüche aus dem bis zur Erstattung bestehenden Versicherungsverhältnis aus.

Beitragsfestsetzung → soziale Sicherung, → Sozialversicherung.

beitragsfreie Zeiten – Zeiten, die für die Berechnung der Rente aus der gesetzlichen Rentenversicherung von Bedeutung sind, und zwar werden hierunter Kalendermonate, die mit → Anrechnungszeiten, → Zurechnungszeiten und → Ersatzzeiten belegt sind, ohne dass Rentenversicherungsbeiträge gezahlt worden sind, verstanden (§ 54 IV SGB VI).

beitragsgeminderte Zeit – in der gesetzlichen Rentenversicherung rentenrechtlich bedeutsame Zeit (§ 54 I Nr. 1 SGB VI). Beitragsgemindert sind die Zeiten, die sowohl mit Beitragszeiten als auch mit → Anrechnungszeiten, → Zurechnungszeiten, → Ersatzzeiten oder Zeiten einer beruflichen Ausbildung mit Pflichtbeiträgen belegt sind (§ 54 II SGB VI).

Beitragsgruppen – Kombinationen der Pflichtbeiträge zur Kranken-, Renten- und Arbeitslosenversicherung im → Gesamtsozialversicherungsbeitrag. Da die Voraussetzungen für das Bestehen eines Pflichtversicherungsverhältnisses in den einzelnen Versicherungszweigen nicht einheitlich sind, gibt es entsprechend den verschiedenen Kombinationsmöglichkeiten verschiedene Beitragsgruppen, die mit unterschiedlichen Großbuchstaben bezeichnet werden (z.B. G = Krankenversicherung allein bei Entgeltfortzahlung).

Beitragshoheit → soziale Sicherung, → Sozialversicherung.

Beitragsnachentrichtung → Nachentrichtung von Beiträgen.

beitragsorientierte Leistungszusage – Zusage des Arbeitsgebers auf eine Leistung im Rahmen der → betrieblichen Altersversorgung (bAV), die sich aus bestimmten Beiträgen errechnet, etwa durch versicherungsmathematische Umrechnung oder durch Einzahlung in eine Versicherung. Die beitragsorientierte Leistungszusage gemäß § 1 II Nr. 1 BetrAVG ist im Gegensatz zur → Beitragszusage mit Mindestleistung in allen Durchführungswegen der bAV möglich.

Beitragsrückerstattung – *Beitragsrückzahlung, in der Privatversicherung auch Beitragsrückgewähr, Prämienrückgewähr.*

I. Privatversicherung: 1. *Begriff:* Form der Beitragsermäßigung, bei der Versicherte einen Rückzahlungsbetrag erhalten, wenn sie (in der vergangenen Versicherungsperiode) keine Leistungen in Anspruch genommen haben. Unterschieden wird i.d.R. zwischen erfolgsabhängiger und erfolgsunabhängiger Beitragsrückerstattung. – 2. *Erfolgsabhängige Beitragsrückerstattung:* Eine vom Geschäftsergebnis des Versicherungsunternehmens abhängige Leistung. Als Arten der erfolgsabhängigen Beitragsrückerstattung werden üblicherweise praktiziert: a) Barausschüttung an diejenigen Versicherten, die in einem Jahr keine Rechnung zur Erstattung eingereicht haben. Die Höhe der einzelnen Rückerstattung bewegt sich i.d.R. zwischen einem und sechs Monatsbeiträgen. – b) Einmalbeiträge zur dauerhaften Beitragssenkung oder zur Abwendung bzw. Minderung von notwendigen Beitragsanpassungen unabhängig von der Leistungsinanspruchnahme (Beitragslimitierung), namentlich in der privaten Krankenversicherung (PKV). Dabei werden entweder Alterungsrückstellungen aufgefüllt oder die Mittel werden mit Beitragsforderungen verrechnet. – 3. *Erfolgsunabhängige Beitragsrückerstattung:* Direkter, in den allgemeinen Versicherungsbedingungen (AVB) festgeschriebener Anspruch des Versicherten auf Beitragsrückerstattung bei Nichtinanspruchnahme von Versicherungsleistungen, und zwar unabhängig vom jeweiligen Geschäftsergebnis des → Versicherungsunternehmens. In der PKV stammen erfolgsunabhängige Beitragsrückerstattungen a) aus Zuführungen aufgrund vertraglicher Verpflichtungen; – b) aus Überschussmitteln aus der Pflegepflichtversicherung (soweit poolrelevant) und – c) aus Zuführungen nach § 12a III VAG, wonach die Zinserträge der Unternehmen, die über den jeweils geltenden Rechnungszins hinausgehen, zu 90 % den Versicherten zu Gute kommen müssen.

II. Sozialversicherung: 1. *Begriff:* In der gesetzlichen Krankenversicherung (GKV) die Zahlung einer Prämie von der → Krankenkasse an den Versicherten, wenn in einem Kalenderjahr keine Leistungen in Anspruch genommen wurden. Ausgenommen sind Vorsorgeaufwendungen und Leistungen an Mitversicherte unter einem Alter von 18 Jahren. – 2. *Merkmale:* Die Krankenkasse kann eine Prämienzahlung bis zu einem Zwölftel des Jahresbeitrags vorsehen. Versicherte sind an diesen Wahltarif mindestens drei Jahre gebunden. Finanziert werden müssen die Beitragsrückerstattungen aus Einsparungen und Effizienzsteigerungen im Leistungsbereich. Aus diesem

Grund handelt es sich streng genommen nicht um eine echte Beitragsrückerstattung, sondern um eine Prämie aus der Leistungsersparnis der Krankenkasse.

Beitragsüberwachung – in § 212 SGB VI und § 28 p SGB IV geregeltes Verfahren, nach dem die Träger der gesetzlichen Rentenversicherung bzw. die gesetzlichen → Krankenkassen als Einzugsstellen die Einzahlung der Rentenversicherungsbeiträge überwachen. Die Überwachung der Arbeitgeber soll mind. alle vier Jahre stattfinden. Das Recht zur Prüfung bei den Arbeitgebern haben allein die → Rentenversicherungsträger, die → Beitragsüberwachung und der Beitragseinzug obliegen den Krankenkassen (§ 28 h SGB IV).

Beitragszeiten – Zeiten, für die nach Bundesrecht oder früherem dt. Reichsrecht Beiträge zur gesetzlichen → Rentenversicherung wirksam entrichtet worden sind oder als entrichtet gelten. Beitragszeiten können Zeiten aus Pflichtbeiträgen oder aus freiwilligen Beiträgen sein. Pflichtbeitragszeiten sind auch Zeiten, für die Pflichtbeiträge nach bes. Vorschriften als gezahlt gelten (§ 55 SGB VI), seit 1.1.2002 auch Zeiten, für die Entgeltpunkte neben Berücksichtigungszeiten wegen Kindererziehung oder Pflege gutgeschrieben worden sind. Für Zeiten im Beitrittsgebiet ist § 248 III SGB VI anzuwenden.

Beitragszusage – Versorgungszusage, bei der sich die Verpflichtung des Arbeitgebers auf die Zahlung von Beiträgen beschränkt (→ Defined Contribution). Ein etwaiges Kapitalanlagerisiko trägt der Arbeitnehmer. Eine reine Beitragszusage ist nach dt. Recht keine → betriebliche Altersversorgung (bAV).

Beitragszusage mit Mindestleistung – im → Betriebsrentengesetz (BetrAVG) geregelte Form der → betrieblichen Altersversorgung (bAV). Bei ihr verpflichtet sich der Arbeitgeber, Beiträge zur Finanzierung von Leistungen der betrieblichen Altersversorgung an einen → Pensionsfonds, eine → Pensionskasse, oder eine → Direktversicherung zu zahlen und für Leistungen zur Altersversorgung das planmäßig zuzurechnende Versorgungskapital auf der Grundlage der gezahlten Beiträge (Beiträge und daraus erzielte Erträge) zur Verfügung zu stellen – mind. aber die Summe der zugesagten Beiträge, soweit sie nicht rechnungsmäßig für einen biometrischen Risikoausgleich verbraucht wurden (§ 1 II 2 BetrAVG). Im Unterschied zu den anderen Formen der betrieblichen Alterversorgung hat der Arbeitgeber bei einer Beitragszusage mit Mindestleistung nicht für eine zugesagte Versorgungsleistung, sondern grundsätzlich nur für die Zahlung der Beiträge einzustehen. Der Versorgungsanspruch richtet sich danach, was der eingeschaltete Versorgungsträger mit den Beiträgen erwirtschaftet. Der Arbeitnehmer trägt nicht das gesamte Risiko der Vermögensanlage. Bleibt die Versorgungsleistung (das Deckungskapital) unter der Summe der Beiträge (Mindestleistung) hat der Arbeitgeber dafür einzustehen. Diese Mindestleistung reduziert sich ggf. um die Kosten für den Ausgleich biometrischer Risiken, wenn etwa Hinterbliebenen- oder Invaliditätsschutz gewährt wurde. Bedeutsam ist das v.a. bei Pensionsfonds, die risikoreichere Anlagemöglichkeiten als Pensionskassen und Direktversicherungen nutzen können. Die Berechnung der unverfallbaren Anwartschaft nach vorzeitigen Ausscheiden erfolgt bei der Beitragszusage mit Mindestleistung nicht nach dem Quotierungsprinzip (Betriebsrentengesetz). Der Arbeitnehmer kann unverfallbar nur das verlangen was sich aus den Beiträgen bis zum Versorgungsfall ergibt. Erträge wie Wertminderungen nach dem Ausscheiden werden dem Arbeitnehmer zugerechnet. Allerdings hat der Arbeitgeber auch hier für die Mindestleistung einzustehen (§ 2 Vb BetrAVG). Beitragszusagen mit Mindestleistung unterliegen nicht der Pflicht des Arbeitgebers, die Anpassung laufender Rentenzahlungen zu überprüfen (§ 16 III BetrAVG).

Beitragszuschuss – I. Leistung des Arbeitgebers: an Beschäftigte, die wegen Überschreitens der Verdienstgrenze (→ Arbeitgeberzuschuss) nicht pflichtversichert oder wegen einer privaten Krankenversicherung von der Pflichtversicherung befreit sind. – *Voraussetzung*: freiwillige Mitgliedschaft bei einer gesetzlichen Krankenkasse oder bei einem privaten Krankenversicherungsunternehmen. – *Höhe:* Arbeitgeberanteil, der bei Pflichtversicherung zu zahlen wäre, höchstens jedoch die Hälfte des Betrages, den der Beschäftigte für seine Krankenversicherung aufzuwenden hat. – Seit 1.7.1994 muss die private Versicherung bestimmte Voraussetzungen erfüllen und Sicherheiten – bes. für ältere Versicherte – bieten. Die Leistungen müssen bes. mit den Leistungen der gesetzlichen Krankenversicherungen vergleichbar sein. Das Vorliegen der Vorraussetzungen muss bescheinigt werden, da ansonsten kein Anspruch auf Beitragszuschuss besteht. Beziehern von Vorruhestandsgeld bleibt der Beitragszuschuss erhalten, wenn bis unmittelbar vor Beginn des Vorruhestandsgeldes ein Anspruch darauf bestand (§ 257 III SGB V). – Vgl. auch → Vorruhestand.

II. Leistung des Rentenversicherungsträgers: an nicht gleichzeitig in der gesetzlichen Krankenversicherung pflichtversicherte Rentner, wenn sie bei einem privaten Versicherungsunternehmen oder einer gesetzlichen Krankenkasse freiwillig für den Fall der Krankheit versichert sind (§ 106 SGB VI). Er errechnet sich unter Zugrundelegung des durchschnittlichen allg. Beitragssatzes der Krankenkassen. Der Zuschuss nach § 106 SGB VI wird nur auf Antrag gezahlt (§§ 19 SGB IV, 115 SGB VI). Rentner, die freiwillig krankenversichert in der gesetzlichen Krankenversicherung sind, erhalten unter vergleichbaren Voraussetzungen einen Beitragszuschuss zu den Aufwendungen für die Pflegeversicherung (§ 106 II, III SGB VI). Für Rentner im Ausland wird kein Beitragszuschuss zur Kranken- und Pflegeversicherung gezahlt (§ 110 II SGB VI).

Beitreibung → Zwangsvollstreckung von öffentlich-rechtlichen Geldforderungen (Steuern und anderen aufgrund der Steuergesetze geschuldeten Geldleistungen, wie Zuschlägen, Kosten, Ordnungsstrafen, Gebühren, Beiträgen, Geldbußen etc.) im Verwaltungsweg. – *Gesetzliche Grundlagen:* Die öffentlich-rechtlichen Geldforderungen des Bundes werden nach dem Verwaltungs-Vollstreckungsgesetz vom 27.4.1953 (BGBl. I 157) m.spät.Änd. im Verwaltungswege vollstreckt, sofern nicht die Vollstreckungsvorschriften der Abgabenordnung (Steuern), des Sozialversicherungsrechts einschließlich der Arbeitslosenversicherung und der Justizbeitreibungsordnung eingreifen. Die Länder haben eigene Landesvollstreckungsgesetze. Voraussetzung für die Einleitung der Vollstreckung ist ein Leistungsbescheid, durch den der Schuldner zur Leistung aufgefordert wird, die Fälligkeit der Leistung ist der Ablauf einer Schonfrist von (meist) einer Woche (§ 3 VerwVollstrG; § 254 AO). – Vgl. auch → Beitreibungskosten.

Beitreibungskosten – Kosten, die für die → Beitreibung eines geschuldeten Betrags entstehen, z.B. Kosten für einen Mahnbescheid, Gerichtskosten, Kosten der Zwangsvollstreckung. – *Steuerliche Behandlung:* Beitreibungskosten sind steuerlich abzugsfähig, wenn sie mit dem Betrieb des Steuerpflichtigen oder seinen Einkünften zusammenhängen (→ Prozesskosten). Der spätere, vom Schuldner erlangte Ersatz der bei der Eintreibung z.B. des Verkaufspreises entstandenen Beitreibungskosten ist nicht umsatzsteuerbar, da nur Leistungsentgelte der Umsatzsteuer unterliegen. Auch die Kosten der Beitreibung abzugsfähiger Steuern (z.B. Gewerbe-, Umsatzsteuer) sind abzugsfähig.

Beitreibungsrichtlinie – Richtlinie des Rates (76/308/EWG) vom 15.3.1976 über die gegenseitige Unterstützung bei der Beitreibung von Forderungen im Zusammenhang mit Landwirtschaft, Abschöpfungen und Zöllen und bez. der Mehrwertsteuer und bestimmter Verbrauchsteuern, zuletzt geändert am 13.12.2007, ermöglicht es den Behörden der Mitgliedsstaaten, die in ihrem Gebiet ausgestellten Titel auch in einem Mitgliedsstaat vollstrecken zu lassen.

Beitritt – I. Genossenschaftsrecht: Begriff für die Beteiligung am wirtschaftlichen Zweck und Kapital einer → Genossenschaft. Der Beitritt bedarf einer schriftlichen Erklärung mit der Verpflichtung des Genossen, die im Statut bestimmten Einzahlungen auf den → Geschäftsanteil zu leisten und ggf. die zur Befriedigung der Gläubiger erforderlichen Nachschüsse bis zur festgesetzten → Haftsumme bzw. ohne Beschränkung auf eine bestimmte Summe zu erbringen (§§ 15, 15a, 15b GenG).

II. Zwangsversteigerungsverfahren: Der Beitritt ist für den Inhaber eines Rechts an einem Grundstück oder Schiff zur Vermeidung von Nachteilen *erforderlich,* wenn das Recht des → betreibenden Gläubigers seinem Recht im → Rang vorgeht und dieses damit unterzugehen droht. Der Beitritt erfolgt durch *Antrag* an das Vollstreckungsgericht; er muss die Voraussetzungen des Antrags auf → Anordnung der Zwangsversteigerung erfüllen. Das Gericht entscheidet über *Zulassung* (durch → Beitrittsbeschluss) oder Nichtzulassung des Beitritts.

III. Zivilprozessordnung: → Intervention.

IV. Finanzgerichtsordnung: Über die → Beiladung hinausgehende Möglichkeit der Beteiligung am gerichtlichen Verfahren. – *Fälle:* a) Der Bundesfinanzminister kann dem Revisionsverfahren beitreten, wenn das Verfahren eine auf → Bundesrecht beruhende → Abgabe oder eine Rechtsstreitigkeit über Bundesrecht betrifft. – b) Entsprechendes gilt für die oberste Landesbehörde bei von den Länderbehörden verwalteten Abgaben oder Rechtsstreitigkeiten über Landesrecht (§ 122 FGO).

Beitrittsbeschluss – Gerichtsbeschluss, der den → Beitritt des Gläubigers zum → Zwangsversteigerungsverfahren zulässt und ihm die Stellung eines → Gläubigers gewährt. Der Beitrittsbeschluss hat für den beitretenden Gläubiger *Wirkung* des → Anordnungsbeschlusses (§ 27 ZVG).

Beitrittsgebiet – gemäß Art. 3 des Einigungsvertrages das Gebiet der ehemaligen DDR: die Länder Brandenburg, Mecklenburg-Vorpommern, Sachsen, Sachsen-Anhalt und Thüringen. – Zur Rechtsangleichung im Beitrittsgebiet vgl. → Einigungsvertrag.

beizulegender Wert – *Tageswert, Zeitwert.* Durch das → Imparitätsprinzip (→ Niederstwertprinzip) bedingter → Bewertungsmaßstab für → Vermögensgegenstände (potenzielle Wertuntergrenze). Bei der Ermittlung des beizulegenden Werts können entsprechende Hilfswerte herangezogen werden: (1) Ermittlung des beizulegenden Werts für Gegenstände des → Anlagevermögens (§ 253 III 3 HGB): Anhaltspunkte können sein die Reproduktions- oder Wiederbeschaffungspreise, wenn möglich Börsen- oder Marktpreise, der → Ertragswert z.B. bei Beteiligungen; in jedem Fall ist aber der Einzelveräußerungswert die Untergrenze für den beizulegenden Wert. (2) Ermittlung des beizulegenden Werts für Gegenstände des → Umlaufvermögens (§ 253 IV 2 HGB): Wenn der Beschaffungsmarkt für die Bewertung maßgebend ist (z.B. Roh-, Hilfs- und Betriebsstoffe und Handelswaren ohne Überbestände), entspricht der beizulegende Wert den Wiederbeschaffungs- oder Reproduktionskosten. Bei Maßgeblichkeit des Absatzmarkts (z.B. unfertige und fertige Erzeugnisse ohne Fremdbezug) ist der beizulegende Wert gleich dem um noch anfallende Aufwendungen verminderten voraussichtlichen Verkaufserlös (sog. *retrograde Wertermittlung*).

bekannte Marke → Marke.

bekannter Versender – die EU-Verordnungen (VO EG 300/2008 und VO EU 185/2010) sollen eine sichere Lieferkette im Luftfrachtverkehr gewährleisten.

Dazu werden Unternehmen, die Fracht oder Post auf eigene Rechnung im Luftverkehr versenden, als „behördlich anerkannte bekannte Versender" durch das Luftfahrt-Bundesamt zugelassen. Luftfahrtunternehmen, Agenturen, Spediteure oder sonstige Stellen, die die Sicherheitskontrollen für Fracht oder Post gewährleisten, werden durch das Luftfahrt-Bundesamt als → reglementierter Beauftragter zugelassen.

Bekanntgabe – 1. *Allgemein:* Ein → Verwaltungsakt wird mit seiner Bekanntgabe wirksam (§ 124 I AO). Die Bekanntgabe ist Voraussetzung dafür, dass der betreffende Verwaltungsakt überhaupt Rechtswirkungen entfalten kann. Dabei umfasst die Bekanntgabe mehr als nur die technischen Abläufe bei der Übermittlung eines Schriftstücks. – 2. *Voraussetzungen:* Die wirksame Bekanntgabe setzt den sog. Bekanntgabewillen des für den Erlass des Verwaltungsakts zuständigen Bediensteten voraus („mit Wissen und Wollen der Behörde"). Der Verwaltungsakt muss dem Adressaten (dem von dem Verwaltungsakt Betroffenen) zugehen, d.h. in seinen Machtbereich gelangen, sodass er die Möglichkeit der Kenntnisnahme hat (§ 122 I AO). Der Empfänger ist eindeutig und zweifelsfrei zu bezeichnen. – 3. *Bekanntgabearten:* Verwaltungsakte können schriftlich, mündlich, konkludent oder durch öffentliche Bekanntmachung bekanntgegeben werden. Schriftliche Verwaltungsakte wie z.B. Steuerbescheide gelten bei Übermittlung im Inland am dritten Tag nach Aufgabe zur Post als bekanntgegeben, es sei denn, sie sind nicht oder zu einem späteren Zeitpunkt zugegangen (Bekanntgabefiktion des § 122 II AO). Die Beweislast für Zugang und Zugangszeitpunkt trägt grundsätzlich die Finanzbehörde. Entsprechendes gilt bei elektronischer Übermittlung eines Verwaltungsakts (§ 122 IIa AO). – 4. *Folgen fehlerhafter Bekanntgabe:* Weist der Verwaltungsakt derart gravierende Mängel auf, dass er inhaltlich nicht hinreichend bestimmt ist (z.B. wird der Empfänger nicht, falsch oder so ungenau bezeichnet, dass Verwechslungen möglich sind), ist der Verwaltungsakt nichtig und unwirksam (§ 125 i.V. mit § 124 III AO). Eine Heilung des Fehlers ist nicht möglich. Es ist ein neuer Verwaltungsakt bekanntzugeben. Bei weniger schwer wiegenden inhaltlichen Mängeln ist der Verwaltungsakt grundsätzlich wirksam, aber rechtswidrig und damit lediglich anfechtbar. Unter bestimmten Voraussetzungen können Bekanntgabemängel auch geheilt werden (vgl. AEAO zu § 122 Nr. 4).

Bekanntheit → Markenkenntnis.

Bekanntheitsgrad – Prozentsatz der potenziellen Kunden (meist Verbraucher), denen eine Marke bekannt ist. Je nach Untersuchungsmethode (→ Recalltest) werden ungestützter Bekanntheitsgrad („An welche Werbung der Warengruppe XXX können Sie sich erinnern?") und gestützter Bekanntheitsgrad („Können Sie sich an Werbung der Marke YYY erinnern?") unterschieden. Der Bekanntheitsgrad ist u.a. Ausdruck für die Effektivität von Werbemaßnahmen (→ Werbeerfolgskontrolle, → Penetration).

Bekanntmachung – 1. Form der Bekanntgabe *amtlicher Nachrichten*, weiterer Begriff gegenüber der → Verkündung (nur für Gesetze und Rechtsverordnungen). – 2. *Handelsübliche* Bekanntmachungen, z.B. der Übernahme der Geschäftsschulden bei Erwerb eines Handelsgewerbes, durch Anzeigen in Tageszeitungen, Rundschreiben. – 3. Bekanntmachung betreffend Handelsregister, Insolvenz, Strafverfahren (§ 35 StPO), unlauteren Wettbewerb: → öffentliche Bekanntmachung.

Bekräftigung – auch: eidesgleiche Bekräftigung. Beteuerung der Richtigkeit und Vollständigkeit einer Aussage. Sie steht dem → Eid gleich; hieraus ist der Zeuge hinzuweisen. Betrifft Zeugen, die aus Glaubens- oder Gewissensgründen keinen Eid leisten wollen (vgl. § 65 StPO, § 484 ZPO).

Beladung – Begriff aus dem Güterverkehr für alles, was vom Transportmittel an Gütern zur → Beförderung übernommen worden ist, also *nicht* die eigene Ausrüstung und auch nicht Personen. Neben der grundsätzlichen Einhaltung von Lademaßen und der Sicherung der Ladung gegen Verrutschen sind die gleichmäßige Belastung und die Tragfähigkeit der Transportmittel zu beachten. Besondere gesetzliche Regelungen gelten für Gefahrgüter.

Belassungsgebühr – einmalige → Gebühr, die von einem Kreditinstitut dann erhoben wird, wenn ein gewährter → Realkredit zwar zu den bisherigen Bedingungen beibehalten, aber auf einen neuen Schuldner übertragen wird, da auch das beliehene Objekt auf einen neuen Eigentümer übertragen wird (z.B. bei Hauskauf oder Schenkung).

belasten – auf der Debet-(Soll-)Seite eines Kontos buchen. – Vgl. auch → Belastung. – *Gegensatz:* → Erkennen.

Belästigung → Kundenfang.

Belastung – I. Arbeitspsychologie: → Beanspruchung und Belastung.

II. Buchführung: Die Eintragung eines Buchungspostens im Soll eines Kontos („belasten"). Das zu belastende Konto steht im → Buchungssatz der doppelten Buchführung an erster Stelle, z.B. Kassakonto an Warenverkaufskonto (Belastung Kasse). – *Gegensatz:* → Gutschrift.

III. Grundstücksrecht: In Abt. 2 und 3 des → Grundbuchs eingetragene Rechte eines Dritten an einem Grundstück; in Abt. 2 Beschränkungen des → Eigentums wie → Grunddienstbarkeiten und → Nießbrauch; in Abt. 3 die häufigeren Belastungen wie → Hypotheken und → Grundschulden.

Belastungsfunktionen – System von Funktionen, das die Beziehungen zwischen dem Verlauf der Momentanleistung (und damit der Belastung) eines → Potenzialfaktors und den Bestimmungsgrößen der

Momentanleistung (Laufgeschwindigkeit, Ausbringungsmenge, Verfahrensbedingungen) abbildet. Jeder Ausprägung dieser Bestimmungsgrößen ist eine Funktion (ein Zeitbelastungsbild) zugeordnet, welche den Verlauf der Momentanleistung im Zeitablauf wiedergibt.

belastungsorientierte Auftragsfreigabe (BOA) – Konzeption für die Produktionssteuerung in einem → PPS-System. Die anstehenden → Fertigungsaufträge werden jeweils in Abhängigkeit von der augenblicklichen Kapazitätsbelastung einer Werkstatt freigegeben und innerhalb der Werkstatt den Arbeitsplätzen bzw. Fertigungsanlagen ebenfalls nach Belastungswerten zugeteilt. Kriterium für die Einlastung eines Fertigungsauftrages ist die → Belastungsschranke, die durch den → Einlastungsprozentsatz definiert wird. Zielsetzung der belastungsorientierten Auftragsfreigabe ist das Durchbrechen des Fehlerkreises der Fertigungssteuerung. – *Voraussetzungen:* funktionierende → Primärbedarfs- und → Kapazitätsplanung, realistische → Durchlaufterminierung, aktuelle → Betriebsdatenerfassung.

Belastungsprinzip – Begriff der dt. Finanzstatistik. Beim Belastungsprinzip werden Ausgaben einer → Gebietskörperschaft von der Einnahmeseite her bereinigt, d.h. Darlehensrückzahlungen und Zuweisungen von anderen Gebietskörperschaften werden von der Ausgabensumme abgezogen (Erfüllungsprinzip); man erhält die Nettoausgaben. Die Bereinigung ist notwendig um Doppelzählungen zu vermeiden.

Belastungsschranke – Steuergröße im Rahmen der → belastungsorientierten Auftragsfreigabe (BOA). Die Belastungsschranke beschreibt, wie viele Aufträge an einer Betriebsmittelgruppe maximal eingelastet werden dürfen. Sie ist definiert als geplanter Auftragsabgang in der Planperiode plus geplantem mittleren Bestand vor der Bearbeitung (gemessen in Arbeitsstunden). Der mittlere Bestand gibt an, wie viele Aufträge über die Kapazität der Betriebsmittelgruppe hinaus eingelastet werden. Aus der Belastungsschranke lässt sich der → Einlastungsprozentsatz errechnen.

Beleg – 1. *Begriff:* in der Buchführung das für jede Buchung als Unterlage und als Beweis für ihre Richtigkeit dienende Schriftstück: Quittungen, Rechnungen, Postanweisungs- oder Zahlkartenabschnitte, Schecks, Wechsel sowie *„künstliche Belege"*. Belege sind (bes. seit handels- und steuerrechtlicher Anerkennung des Loseblattsystems in der Buchhaltung, § 146 V AO) unerlässlich, daher der Grundsatz: „Keine Buchung ohne Beleg" (→ Belegprinzip). – 2. *Einteilung:* a) *Natürliche Belege,* die durch den Geschäftsablauf entstehen, und zwar externe (aus dem Verkehr des Betriebes mit Außenstehenden) und interne (aus innerbetrieblichen Vorgängen, z.B. Rohstoffverbrauch, Fertigung für den eigenen Betrieb etc.). – b) *Künstliche Belege,* für Vorgänge, für die es keine natürlichen Belege gibt (z.B. für die außerplanmäßige Abschreibung eines Vermögensgegenstandes aufgrund eines Wertverlustes), und die über auf interne Anweisung ausgeführte Buchungen auszufertigen sind, mit Unterschrift des Verantwortlichen. – c) Bei *EDV-Buchführungen* werden Belege auch zwischen Geschäftspartnern in Form von Datenträgern ausgetauscht. Für maschinenintern erzeugte Buchungen gilt als Beleg die Programmdokumentation; dasselbe gilt für automatische Datenerfassung auf Datenträgern. – 3. *Behandlung:* Die Belege erhalten nach sorgfältiger Aufbereitung und Vorsortierung Belegnummer und Buchungsvermerk (Buchungssatz wird aufgestempelt), die Buchung erhält den entsprechenden Belegvermerk. Oft beschränkt sich die Erläuterung der Buchung auf die Belegnummer (Nummerierung). Voraussetzung ist eine sorgfältige Belegregistratur, die dezentral oder zentral geführt wird. – In der → Belegbuchhaltung ersetzen die Belege die Grundbücher. – 4. *Aufbewahrungspflicht:* zehn Jahre (§ 147 III AO, § 257 IV HGB).

Belegbuchhaltung – *Zettelbuchhaltung;* Buchhaltungsform, bei der die → Belege nicht nur als Buchungsunterlagen für die Grundbücher dienen, sondern selbst gesammelt und geordnet zu Grundbüchern zusammengefasst werden. Durch Formularsätze (bis zu acht Durchschriften) werden, wenn möglich, zweckmäßige Belege gleichzeitig mit Kundenbenachrichtigungen, Rechnung etc. hergestellt. Belege werden nummeriert (oben); die Belegnummer genügt meist zur Buchungserläuterung auf den Konten. Die Beträge der Belege werden mittels Additionsmaschine addiert; der Additionsstreifen ergänzt das Beleg-Grundbuch. Die Buchungen erfolgen unmittelbar aus dem Beleg auf die Personen- und die Sachkonten.

Belegenheitsfinanzamt → Lagefinanzamt.

Belegenheitsprinzip – ein bei der Auswertung von wirtschaftlichen Einheiten in regionaler Gliederung von der → amtlichen Statistik angewandtes Konzept, bei dem räumlich getrennte Unternehmensteile oder Flächen landwirtschaftlicher Betriebe der Gemeinde zugeordnet werden, auf deren Gebiet sie liegen, und nicht dem Sitz des Unternehmens oder Betriebs.

Belegleser → Eingabegerät, das Belege weitgehend automatisch liest. – *Arten:* Klarschriftleser, Markierungsleser, Strichcode-Leser.

belegloser Datenträgeraustausch → DTA.

belegloser Scheckeinzug (BSE) – In den vergangenen Jahren wurde die Abwicklung des Scheckeinzugs in Deutschland durch gemeinsame Anstrengungen des Kreditgewerbes und der → Deutschen Bundesbank kontinuierlich verbessert und rationeller gestaltet. Seit November 2004 werden alle → Schecks, → Reiseschecks und Zahlungsanweisungen zur Verrechnung, die auf einen Betrag von (unter) 6.000 Euro lauten, im beleglosen Scheckeinzug (BSE) abgewickelt. Die Scheckgegenwerte werden beleglos und ohne die Vorlage des Originalschecks eingezogen. Die Erfassung der Scheckdaten und damit die Umwandlung in Datensätze muss grundsätzlich durch die erste Inkassostelle erfolgen. Die erste Inkassostelle muss auch die formelle Ordnungsmäßigkeit der Schecks überprüfen. Die Gegenwerte der BSE-Schecks können die Kreditinstitute entweder im bilateralen Austausch in ihren → Gironetzen oder im → elektronischen Massenzahlungsverkehr der Deutschen Bundesbank (EMZ) einziehen lassen. – Vgl. auch Erläuterungen zur Abwicklung von Schecks ab 6.000 Euro sowie nicht BSE-fähige Papiere im → imagegestützten Scheckeinzug (ISE).

Belegnachweis – 1. *Begriff* aus dem Steuerrecht: der Nachweis einer Tatsache durch Belege (im Unterschied zum Nachweis durch Zeugenaussagen und ähnlichen anderen Beweismitteln) – 2. *Bedeutung* v.a. im Umsatzsteuerrecht im Zusammenhang mit dem → Ausfuhrnachweis.

Belegprinzip – 1. *Buchhaltung:* Grundsatz, der lautet: „Keine Buchung ohne Beleg!" – Gilt für EDV-Buchführung z.T. nur noch im Grundsatz. Zwar muss auch hier jeder Geschäftsvorfall einzeln nachgewiesen werden können, aber das Belegprinzip ist erfüllt, wenn „Listungen oder Dauerbelege in Verbindung mit Arbeitsprogrammen und Schlüsselverzeichnissen oder Sammelnachweise mit gesicherter Rückgriffsmöglichkeit auf die Belegablage eines Geschäftsfreundes [...] Belegfunktion annehmen" (vgl. FAMA 1/1975, S. 557). Maßstab für Ordnungsmäßigkeit ist § 238 I 2 HGB. – 2. *Kostenrechnung:* Das Belegprinzip wurde auch für die Kostenrechnung (der Industrie) aufgestellt: „Keine Kalkulation ohne Beleg!"

Belegschaft – Gesamtheit aller im Betrieb tätigen Arbeitnehmer: → Arbeiter und → Angestellte, einschließlich der → Auszubildenden, ausschließlich → leitende Angestellte. – Beziehung zum Arbeitgeber geregelt durch → Betriebsverfassung. – Vgl. auch → Stammbelegschaft.

Belegschaftsaktien – *Mitarbeiterkapitalbeteiligung; Arbeitnehmeraktien.*

I. Begriff: → Aktien, durch die die → Belegschaft am → Grundkapital der arbeitgebenden Unternehmung beteiligt ist. Ausgabe von Belegschaftsaktien, um die Vermögensbildung der Arbeitnehmer zu fördern. Erwerb von Belegschaftsaktien oft durch die arbeitgebende Unternehmung erleichtert, z.B. durch Stundung des marktüblichen Kaufpreises, Umwandlung eines Gewinnanteils in Belegschaftsaktien, unentgeltliche Überlassung der Belegschaftsaktien – *Vorteile:* (1) Für die Unternehmung: Stärkung der Arbeitnehmerinteressen an den Unternehmenszielen, erhöhte Identifikation mit dem Unternehmen; (2) für den Arbeitnehmer: → Erfolgsbeteiligung und → Kapitalbeteiligung am Unternehmen, Reservenbildung. – *Nachteile:* (1) Für das Unternehmen: bei schlechter Ertragslage Störungen des Betriebsklimas; (2) für den Arbeitnehmer: Risikoerhöhung in Krisenzeiten.

II. Rechtliche Behandlung: 1. Nach § 71 AktG darf eine Aktiengesellschaft → eigene Aktien bis zur Höhe von 10 Prozent des → Grundkapitals erwerben, u.a. zu dem Zweck, sie den → Arbeitnehmern der Gesellschaft zum Erwerb anzubieten. – 2. Belegschaftsaktien können auch im Weg der bedingten → Kapitalerhöhung geschaffen werden durch Gewährung von → Bezugsrechten an Arbeitnehmer der AG (§ 192 AktG). – 3. Ausgabe von Belegschaftsaktien durch → genehmigtes Kapital (§§ 202 IV, 204 III AktG) möglich.

III. Steuerliche Behandlung: Werden Belegschaftsaktien ausgegeben und wird dabei den Arbeitnehmern ein Vorzugskurs eingeräumt, so ist der für den Kauf eingeräumte Preisvorteil → Arbeitslohn, weil die Preisverbilligung einen geldwerten Vorteil darstellt, der dem Arbeitnehmer aufgrund des Arbeitsverhältnisses zufließt. Eine frühere gesetzliche Sonderregelung in § 19a EStG, wonach der Preisvorteil bereits in bestimmten (geringen) Grenzen steuerfrei bleiben konnte, ist zum 1.4.2009 aufgehoben worden und durch eine Neuregelung in § 3 Nr. 39 EStG ersetzt worden. Nach dieser Neuregelung können jetzt die geldwerten Vorteile aus der unentgeltlichen oder verbilligten Überlassung von bestimmten Vermögensbeteiligungen nach dem Fünften Vermögensbildungsgesetz bis zu einer Höhe von 360 Euro (Freibetrag, nicht nur → Freigrenze) steuerfrei bleiben, soweit der Vorteil freiwillig vom Arbeitgeber zusätzlich zum ohnehin geschuldeten Arbeitslohn gewährt wird. – Vgl. auch → Mitarbeiterkapitalbeteiligung.

Belegschaftshandel – Verkauf von gesondert bezogenen Waren (→ Betriebshandel) oder von Produkten aus eigener Produktion bzw. des eigenen Sortiments (meist mit nur geringem Aufschlag auf die Selbstkosten) an Betriebsangehörige. Der Verkauf findet zumeist in betriebseigenen Räumen statt und wird häufig vom Betriebsrat organisiert. Zum Belegschaftshandel zählt auch die Vermittlung günstiger Einkaufsmöglichkeiten (oft mittels Berechtigungsausweisen, vgl. → Kaufscheinhandel). – Vgl. auch → Personalkauf.

Belegzwang – das Recht des → Finanzamtes (§ 97 I AO), vom Steuerpflichtigen Aufzeichnungen, Bücher, Geschäftspapiere und andere Urkunden zum Nachweis geltend gemachter → Betriebsausgaben, → Werbungskosten und → Sonderausgaben, zu verlangen. Sprechen andere Tatsachen und Umstände für die Richtigkeit des Abzugs, so entfällt insoweit der Belegzwang. – Bei *fehlenden Belegen* → Schätzung nach § 162 AO möglich. Ausstellen *unrichtiger Belege* ist → Steuergefährdung (§ 379 I AO).

Beleidigung – Straftatbestand, vorsätzliche Kundgabe der Missachtung oder Nichtachtung der Ehre eines anderen (§ 185 StGB). – *Strafe:* Geldstrafe oder Freiheitsstrafe bis zu einem Jahr; wenn die Beleidigung mittels Tätlichkeiten begangen ist, Geldstrafe oder Freiheitsstrafe bis zu zwei Jahren; → Strafantrag erforderlich. – *Sonderfälle:* → üble Nachrede, → Verleumdung.

Beleihung → Pfandrecht.

Beleihungsgrenze – maximale Höhe, bis zu der Kreditinstitute Objekte beleihen (dürfen). Grundlage für die Festsetzung der Beleihungsgrenze ist der → Beleihungswert, der um einen Risikoabschlag für Wertschwankungen der beliehenen Objekte vermindert wird. Im Realkreditgeschäft (→ Realkredit) von Pfandbriefbanken ist die Beleihungsgrenze mit 60 Prozent durch das Pfandbriefgesetz vorgeschrieben (§ 14 PfandBG). Diese Regelung ist von anderen Kreditinstituten übernommen worden. → Bausparkassen dürfen Immobilien bis 80 Prozent beleihen (§ 7 I BausparkassenG). Für andere Kreditsicherheiten (z.B. Wertpapiere, Lebensversicherungen, Forderungen, Mobilien) gelten unterschiedliche Beleihungsgrenzen, die gesetzlich nicht geregelt sind. Die Ausschöpfung der Beleihungsgrenzen wird von den einzelnen Kreditinstituten je nach Objekt und Risikoeinschätzung individuell entschieden. Grundsätzlich vergeben Finanzinstitute nur Kredite unterhalb der Beleihungsgrenze. Benötigt der Kreditnehmer weitere Mittel, die über die Beleihungsgrenze hinausgehen, vergeben Banken in Einzelfällen zusätzliche Kredite, für die i.d.R. ein höherer Zinssatz zu zahlen ist und anders besichert werden (1a-Hypotheken für Kredite unterhalb der Beleihungsgrenze und erstrangiges Grundpfandrecht und 1b-Hypotheken für Kredite oberhalb der Beleihungsgrenze und nachrangiges Grundpfandrecht im → Grundbuch). Rechnerisch wird die Beleihungsgrenze durch die Multiplikation des Beleihungswertes mit dem jeweiligen → Beleihungssatz ermittelt.

Beleihungssatz – Prozentsatz vom → Beleihungswert, bis zu dem ein als Kreditsicherheit verwendetes Objekt beliehen werden kann (→ Beleihungsgrenze). Die Höhe des Beleihungssatzes richtet sich nach gesetzlichen Bestimmungen (PfandBG, BelWertV; vgl. auch → Realkredit) oder nach der Risikoeinschätzung der einzelnen Kreditinstitute.

Beleihungswert – 1. *Allgemein:* Wert, den ein Kreditgeber für eine Kreditsicherheit (Immobilien, Wertpapiere, Mobilien, aber auch Rechte, z.B. Erbbaurechte) ermittelt, die beliehen werden soll. Dabei ist die Wertermittlung (Beleihungswertermittlung) auf den während der Kreditlaufzeit erzielbaren Wiederverkaufswert ausgerichtet. Mit dem Beleihungswert wird die maximale Kredithöhe festgelegt, wobei mögliche Wertschwankungen mit einem Risikoabschlag berücksichtigt werden (→ Beleihungsgrenze). – 2. *Beleihung von Immobilien:* Vor Vergabe von → Realkrediten haben Kreditinstitute den Beleihungswert zu ermitteln. Die rechtlichen Grundlagen dafür bilden die Vorschriften des Pfandbriefgesetzes (insbesondere § 16 I und II PfandBG) sowie die Beleihungswertermittlungsverordnung (BelWertV). Darüber hinaus regelt das Kreditwesengesetz, dass diese Vorschriften für alle Kreditinstitute anzuwenden sind (§ 21 III Nr. 1 KWG). Als Beleihungswert ist der Wert anzusetzen, der während der Beleihungszeit (i.d.R. Laufzeit des Kredites) beim Verkauf des Objektes jederzeit erzielt werden kann. Damit unterscheidet sich der Beleihungswert vom Marktwert, der stichtagsbezogen in Abhängigkeit von der jeweiligen Marktlage ermittelt wird. – Für Sozialversicherungsträger ist die Besicherung einer Hypothek, Grundschuld oder Rentenschuld als sicher anzusehen, wenn die Beleihung die ersten zwei Drittel des Wertes des Grundstücks, Wohneigentums oder Erbbaurechts nicht übersteigt (§ 84 SGB IV). – 3. *Verfahren zur Ermittlung des Beleihungswertes:* Durch die Beleihungswertermittlungsverordnung werden die drei einzusetzenden Verfahren vorgegeben. – a) Vergleichswertverfahren: Hierbei wird ein Verkehrswert ermittelt, indem das zu bewertende Objekt mit den Kaufpreisen vergleichbarer Objekte verglichen wird. Es wird insbesondere für Grundstücke und bei Wohnungs- und Teileigentum angewendet, bei Gebäuden nur, sofern genügend Vergleichsobjekte zur Verfügung stehen. – b) Sachwertverfahren: Hierbei wird der Sachwert eines Beleihungsobjekts ermittelt, der sich aus dem Bodenwert (Grundstückswert) und dem Bauwert eines Gebäudes zusammensetzt. Dieses Verfahren wird bei der Bewertung von Gebäuden zur Eigennutzung wie Ein- und Zweifamilienhäusern sowie Eigentumswohnungen eingesetzt. – c) Ertragswertverfahren: Hierbei wird der Ertrag eines Beleihungsobjektes ermittelt, mit dem bei einer ordnungsgemäßen Bewirtschaftung zu rechnen ist. Dieses Verfahren wird für vermietete oder zur Vermietung vorgesehene Objekte verwendet. Zusätzlich ist für diese Objekte ein Sachwert zu berechnen. Maßgeblich für die Festsetzung des Beleihungswertes ist der Ertragswert. Liegt dieser jedoch um mehr als 20 Prozent höher als der Sachwert, so ist eine gesonderte Prüfung notwendig und der Ertragswert ggf. zu mindern. – 4. *Besonderheiten*: Für Sparkassen gibt es landesspezifische Beleihungsgrundsätze, die die Anforderungen der BelWertV konkretisieren. Im genossenschaftlichen Bankensektor orientiert man sich an den vom Bundesverband (BVR) herausgegebenen Wertermittlungsrichtlinien. Auch die Kreditinstitute des privaten Bankensektors haben institutsinterne Regelungen zur Wertermittlung. Gutachter müssen eine besondere fachliche Qualifikation nachweisen.

Beleuchtung – zu berücksichtigen wegen der Erhaltung der Sehkraft und des Leistungsvermögens der Arbeitnehmer sowie zur Vermeidung vorzeitiger → Ermüdung (Betriebsunfälle). – 1. Einlass von *Tageslicht* in die Arbeitsräume in möglichst breitem Strom, jedoch ohne direkte Sonnenbestrahlung der Arbeitsplätze oder Werkstücke. Empfohlen wird eine Kombination aus indirekter und gleichmäßiger Raumausleuchtung und geeigneten Arbeitsplatzleuchten für die individuelle Lichtgestaltung. – 2. Bei *künstlicher* Beleuchtung ist auf angemessene

Lichtstärke zu achten und auf zweckentsprechende Stellung der Lichtquelle zum Werkstück (ggf. bewegliche Aufhängung oder Blendschutz). Große Helligkeitsunterschiede sind zu vermeiden.

Beleuchtungskosten – 1. *Begriff*: In einem Betrieb durch → Beleuchtung verursachte → Kosten. – 2. *Erfassung:* a) Beim Bezug von Fremdstrom als entsprechende Primärkostenart (→ primäre Kostenarten); b) bei Eigenerzeugung des Stroms wird eine → Hilfskostenstelle eingerichtet, in der die auf die Stromerzeugung entfallenden Kosten gesammelt werden. I.d.R. wird in betriebseigenen Anlagen zugleich Kraft- und Lichtstrom erzeugt; für die Weiterverrechnung ist dann eine Aufteilung vorzunehmen. – 3. *Verrechnung:* Typischerweise werden Beleuchtungskosten als Kosten der Raumnutzung (→ Raumkosten) zunächst der Hilfskostenstelle „Gebäude" belastet und über diese auf die verursachende Kostenstelle umgelegt (→ innerbetriebliche Leistungsverrechnung, → unechte Gemeinkosten). Eine genauere Erfassung setzt entsprechende kostenstellenbezogene Verbrauchsmesseinrichtungen voraus.

Belohnungsmacht – Macht eines Individuums, die aus seiner Möglichkeit resultiert, andere zu belohnen.

Below-the-Line-Kommunikation – 1. *Begriff*: Kommunikationsmaßnahmen von Unternehmen, die überwiegend nicht die klassischen Massenmedien nutzen; Kurzform: BTL; – 2. *Merkmale*: Mittels unkonventioneller Kommunikationswege und -maßnahmen wird versucht, die Zielgruppen direkt und persönlich anzusprechen. Below-the-Line Kommunikation versucht, von den Konsumenten nicht immer direkt als Werbemaßnahmen wahrgenommen zu werden. – 3. *Ausprägungen*: Below-the-Line Kommunikation umfasst Promotion-Teams, → Event Marketing, → Sponsoring, Aktionen am Point of Sale, → Product Placement, → Direct Marketing, → Verkaufsförderung (Sales Promotion), Public Relations, Messen oder neue alternative Werbeformen wie → Viral Marketing, → Sensation Marketing, → Guerilla Marketing, → Buzz Marketing, → Ambush Marketing oder → Ambient Medien.

Bemessungsgrundlage – I. Steuerrecht: Technisch-physische oder wirtschaftlich-monetäre Größe, auf die der Steuertarif angewandt wird (→ Besteuerungsgrundlage); das quantifizierbare → Steuerobjekt bildet die Bemessungsgrundlage. Bei Anknüpfung an technisch-physische Größen (z.B. kg, Kopf, Stück, Liter) ergeben sich keine Schwierigkeiten bei der Erfassung und Abgrenzung der Bemessungsgrundlage (→ Mengensteuer); bei wirtschaftlich-monetären Größen (d.h. mit Preisen bewertet) tritt das Problem der Inflationsabhängigkeit (Nominal- oder Realwertbesteuerung) auf (→ Wertsteuer), dem mit einer Deflationierung oder Indexierung begegnet werden kann. Je umfassender die Größen werden (von einem Güterpreis zu Umsätzen, zu Einkommens- und Vermögensgrößen), desto differenzierter wird die Erfassung: Einer vollständigen Erfassung des Einkommens muss eine eindeutige Abgrenzung des Begriffs zugrunde liegen, dieser ist jedoch umstritten (→ Einkommen); Ermittlung, entsprechende Periodisierung und Bewertung (bes. bei Vermögenswerten von Bedeutung) des Einkommens führen zu Schwierigkeiten bei der Beschreibung der Bemessungsgrundlage.

II. Sozialversicherungsrecht: → Rentenbemessungsgrundlage, → Beitragsbemessungsgrenze, → Grundlohn.

Bemusterung – Probe von Produkten bei Kunden, z.B. durch Sampling (Tür zu Tür), Couponing (Versand von Coupons an Kunden und Einlösung im Geschäftslokal) etc. – Vgl. auch → Degustation.

Benachrichtigungspflicht – I. Wechselrecht: bei Unterbleiben der Annahme oder Zahlung Pflicht des Wechselinhabers zur Benachrichtigung anderer aus dem → Wechsel verpflichteter Personen (Art. 45 I WG). – 1. *Erfüllung:* Die Benachrichtigung (Notanzeige) an den unmittelbar vorhergehenden Indossanten und den Aussteller sowie Bürgen hat innerhalb von vier Tagen nach Erhebung des → Wechselprotests oder im Fall des Vermerks „ohne Kosten" nach der Vorlegung zu erfolgen (Die Frist gilt als eingehalten, wenn die Benachrichtigung am vierten Tage zur Post gegeben wird). Ist die Anschrift des Ausstellers auf dem Wechsel nicht angegeben, so entfällt Benachrichtigungspflicht. Jeder Indossant muss binnen zwei Werktagen die Nachricht weitergeben. Die Nachricht kann in jeder *Form* gegeben werden, auch durch bloße Rücksendung des Wechsels. Benachrichtigungspflicht besteht für den Inhaber auch, wenn die rechtzeitige Vorlegung oder Protesterhebung durch → höhere Gewalt nicht möglich ist, an den unmittelbaren Vormann. – 2. Wer *zu Ehren annimmt* oder zahlt, muss den Wechselverpflichteten, für den er eintritt, innerhalb zweier Werktage hiervon benachrichtigen. – 3. Wer die Benachrichtigungspflicht *versäumt*, verliert nicht seine Rechte zum → Rückgriff, haftet aber den Vormännern für dadurch entstandenen Schaden.

II. Scheckrecht: Es gelten die gleichen Regelungen (Art. 42 I ScheckG); in der Praxis wird die Benachrichtigungspflicht nach den Scheckbedingungen der Banken von der bezogenen Bank übernommen.

III. Handelsrecht: Der Handelsvertreter hat unverzügliche Mitteilung an den Unternehmer über Abschluss oder Vermittlung von Geschäften sowie über alle ihm bekannt gewordenen wesentlichen Tatsachen (z.B. über veränderte Kreditwürdigkeit des Dritten) zu machen (§ 86 II HGB).

Benachteiligung am Arbeitsplatz → Job Discrimination.

Benachteiligungsverbot → Gleichbehandlung.

Benchmark – Vergleichswert, der in einem Benchmarking-Prozess (→ Benchmarking) gewonnen wird. Benchmarks regen zum gegenseitigen Lernen an und besitzen gegenüber reinen Zielwerten zumeist Akzeptanzvorteile.

Benchmarking – Instrument der Wettbewerbsanalyse. Benchmarking ist der kontinuierliche Vergleich von Produkten, Dienstleistungen sowie Prozessen und Methoden mit (mehreren) Unternehmen, um die Leistungslücke zum sog. Klassenbesten (Unternehmen, die Prozesse, Methoden etc. hervorragend beherrschen) systematisch zu schließen. Grundidee ist es, festzustellen, welche Unterschiede bestehen, warum diese Unterschiede bestehen und welche Verbesserungsmöglichkeiten es gibt. – *Schritte:* (1) Auswahl des Objektes (Produkt, Methode, Prozess), das analysiert und verglichen werden soll. (2) Auswahl des Vergleichsunternehmens. Dabei ist wichtig, festzulegen, welche Ähnlichkeiten zur Gewährungsleistung der Vergleichbarkeit gegeben sein müssen. (3) Datengewinnung (Analyse von Sekundärinformationen; Gewinnung von Primärinformationen, z.B. im Rahmen von Betriebsbesichtigungen). (4) Feststellung der Leistungslücken und ihrer Ursachen. (5) Festlegung und Durchführung der Verbesserungsschritte. – Vgl. auch → Betriebsvergleich.

Benchmark-Test – Test des Leistungsverhaltens von Datenverarbeitungssystemen (→ Testen). Vergleichskriterium ist i.d.R. die Laufzeit eines Programmpakets, das eine bestimmte Kapazitätsbelastung des Systems erzeugt und aus → Anwendungsprogrammen oder eigens geschriebenen Testprogrammen besteht. Der Benchmark-Test wird häufig bei der Auswahl eines → Computers eingesetzt.

Benefit → Nutzen.

Benefit-Cost-Analyse → Kosten-Nutzen-Analyse.

Benefit Segmentation → Nutzensegmentierung.

Benennungsverlangen – 1. *Allgemein:* Macht der → Steuerpflichtige Schulden und andere Lasten, Betriebsausgaben, Werbungskosten und andere Ausgaben steuermindernd geltend, kann die Finanzbehörde von ihm die Benennung der jeweiligen Gläubiger bzw. Zahlungsempfänger verlangen (§ 160 AO). – 2. *Zielsetzung:* Die Vorschrift soll Steuerausfälle verhindern, die dadurch entstehen können, dass der inländische Gläubiger bzw. Empfänger der vorgenannten Leistungen diese im Rahmen seiner Steuererklärung nicht als Einnahme deklariert. – 3. *Merkmale:* Das Benennungsverlangen ist eine Ermessensentscheidung. Es muss der Verdacht bestehen, dass die geltend gemachten Ausgaben vom Empfänger nicht ordnungsgemäß versteuert werden. Die bloße Möglichkeit einer Nichtversteuerung reicht nicht aus. Soweit Anhaltspunkte für eine straf- oder bußgeldbewehrte Vorteilszuwendung vorliegen, ist die Benennung des Gläubigers bzw. Empfängers stets zu verlangen (vgl. AEAO zu § 160 AO Nr. 1). – 4. *Rechtsfolgen der Nichtbenennung:* Die geltend gemachten Ausgaben sind steuerlich nicht zu berücksichtigen. Dabei sind sie regelmäßig in der Höhe zu kürzen, wie sie dem Steuerausfall auf seiten des Leistungsempfängers entsprechen. – 5. *Domizilgesellschaften:* Bei Leistungen an Domizilgesellschaften ist - sofern nicht schon ein → Scheingeschäft vorliegt - das Benennungsverlangen nur dann erfüllt, wenn die hinter der Gesellschaft stehenden Personen benannt werden (vgl. AEAO zu § 160 Nr. 3). – 6. *Ausländische Gläubiger bzw. Zahlungsempfänger:* Soweit die Zahlung im Rahmen eines üblichen Handelsgeschäfts erfolgte, der Geldbetrag ins Ausland abgeflossen ist und der Empfänger nicht der dt. Steuerpflicht unterliegt, kann ein Benennungsverlangen unterbleiben. Es ist erforderlich, dass eine Steuerpflicht im Inland mit hinreichender Sicherheit ausgeschlossen werden kann (vgl. AEAO zu § 160 Nr. 4).

Bentham – Jeremy, 1748–1832, engl. Sozialphilosoph, dem ein ererbtes Vermögen erlaubte, keinen Beruf auszuüben und seinen Neigungen nachzugehen. Nach einem Jura-Studium in Oxford hat er v.a. Reformvorschläge zur damaligen engl. Staats- und Rechtsordnung ausgearbeitet und auf seinen Reisen durch den europäischen Kontinent bedeutende Zeitgenossen kennengelernt. Er gewann in England großen Einfluss auf die Geisteswelt und die Staatsmänner. Seine *zentrale Idee* war: Gesetze seien so zu gestalten, dass das größte Glück der größten Zahl erreicht werde (→ Utilitarismus). Auf dieser Idee hat die → Nutzentheorie und → Wohlfahrtsökonomik aufgebaut. Seine ökonomischen Überlegungen, die in seinem Gesamtwerk nur eine untergeordnete Bedeutung haben, enthalten einige moderne Elemente, so z.B., dass eine durch das Staatsverhalten herbeigeführte → Inflation eine Form der Besteuerung sei. Die Verwirklichung einiger Reformvorschläge konnte er noch erleben, andere wurden kurz nach seinem Tod umgesetzt. Zu seinen Schülern gehörten → Ricardo und → Mill. Sein schriftlicher Nachlass wird erst gegenwärtig vollständig veröffentlicht; geplant sind zunächst 36 Bde. (Oxford University Press). W. Stark hat „Jeremy Bentham's Economic Writings", 3 Bde., herausgegeben (1952–1954).

Benthamsche Nutzenfunktion → utilitaristische Wohlfahrtsfunktion. Die Soziale Wohlfahrt U wird berechnet als Summe der individuellen Nutzenfunktionen. In einer Gesellschaft mit n Individuen gilt dabei: $U = f(u1) + f(u2) + ... + f(un+1) + f(un)$.

Benutzer – 1. *Begriff:* Ungenauer, selten definierter Begriff aus der → Informatik; häufig verwendet im → Software Engineering. Allg. derjenige, der von einem Softwareprodukt oder auch nur von einer Softwarekomponente Gebrauch macht; muss nicht zwingend ein menschlicher Benutzer sein (menschliche Benutzer werden deshalb auch als → Endbenutzer bezeichnet). Der Begriff wird auch auf andere Softwarekomponenten ausgedehnt, z.B. der Benutzer eines → Moduls (i.Allg. ein anderes Modul). – 2. *Benutzertypen* (nach der Fähigkeit und Übung, mit einem Softwareprodukt umzugehen): (1) *Gelegentliche Benutzer (naive Benutzer);* (2) *Experten (Expert*

Users). Aus Sicht der → Benutzerfreundlichkeit resultieren daraus unterschiedliche Anforderungen an die → Benutzerschnittstelle.

Benutzerattraktivität – die Vorteilhaftigkeit des Leistungsangebots eines Verkehrsmittels gegenüber konkurrierenden Verkehrsmitteln aus der Sicht potenzieller Nutzer. Eine grobe Einteilung der Parameter unterscheidet nach Schnelligkeit, Bedienungshäufigkeit, Zahl der Stationen, Bequemlichkeit, Preiswürdigkeit und Umweltverträglichkeit des Verkehrsmittels.

Benutzerfreundlichkeit – auch Usability genannt. Merkmal der → Softwarequalität. Die Eigenschaft eines Softwareprodukts, bes. eines Dialogsystems, auf die Anforderung des → Endbenutzers zugeschnitten zu sein. Das Softwareprodukt soll sich den Bedürfnissen der jeweiligen Benutzerkategorie entsprechend verhalten, der Vorbildung und Intention der Benutzer angemessene Ausdrucks- und Interaktionsformen vorsehen und leicht handhabbar sein. Die Benutzerfreundlichkeit wird intensiv innerhalb der → Software-Ergonomie untersucht.

Benutzerhandbuch → Dokumentation eines → Softwaresystems für den → Endbenutzer.

Benutzeroberfläche – Begriff aus dem → Software Engineering. – 1. Synonym für → Benutzerschnittstelle. – 2. Sichtbarer Teil der Benutzerschnittstelle, z.B. Menüs (→ Menütechnik), Bildschirmmasken (→ Maske), Fenster (→ Fenstertechnik), Struktur der → Kommandos, Grafik (→ grafische Darstellung).

Benutzerschnittstelle – die → Schnittstelle zwischen einem Softwareprodukt und dem → Endbenutzer, d.h. die vonseiten des Softwareprodukts vorgegebene Art und Weise der → Interaktion (z.B. Führung des Benutzers, Möglichkeiten des Benutzers, selbst initiativ zu werden, → Menütechnik, → Maske). – Vgl. auch → Software-Ergonomie.

Benutzervorteil – 1. *Begriff:* Das Instrument der Benutzervorteile stellt ein nicht fiskalisches umweltpolitisches Instrument dar (→ Umweltpolitik). Benutzervorteile existieren, wenn den Nutzern umweltfreundlicher Produkte oder Verfahren Vorteile eingeräumt werden. Materielle, ideelle oder sonstige konsumnutzensteigernde Wirkungen sind möglich. Ob diese Vorteile genutzt werden, liegt in der Entscheidungskraft der Kunden. – 2. *Benutzervorteile im engeren und weiteren Sinne:* – Es wird in Benutzervorteile im engeren und im weiteren Sinne unterschieden: – a) Benutzervorteile i.e.S. umfassten einen Nutzen der zeitlich oder intensitätsmäßig stärker bzw. gleich ist. – b) Benutzervorteile i.w.S. umfassen ideell-umweltbezogene Vorteile. Hierzu zählen auch Kostenvorteile bei Betriebs- oder Investitionskosten. – 3. *Vor- und Nachteile:* Vorteile sind u.a. in der Marktkonformität und der Anreizwirkung zur Benutzung umweltfreundlicher Produkte und Verfahren zu sehen. Des Weiteren wird die Sensibilisierung des Produzenten bzw. des Nutzern gestärkt. Die allg. geringen Nebeneffekte und die Möglichkeit einer ideellen Nutzenstiftung (z.B. Blauer Engel) sind ebenso als positiv zu bewerten, wie die z.T. simultane Verminderung anderer Risiken und die geringe Regelungstiefe. Als nachteilig kann jedoch der freiwillige Charakter und die geringe Zielgenauigkeit hervorgehoben werden.

Benutzungsgebühr → Gebühr.

Benutzungszwang – 1. *Öffentliches Recht:* üblich Anschluss- und Benutzungszwang. Bei öffentlichem Bedürfnis kann durch kommunale → Satzung für die Grundstücke des Gemeindegebietes der Anschluss an Wasserleitung, Kanalisation, Straßenreinigung, Fernheizung und ähnliche Einrichtungen und die Benutzung dieser Einrichtungen vorgeschrieben werden. (Dieses gilt z.B. für Schlachthöfe). – 2. *Markenrecht:* Benutzungszwang besteht für die förmlichen Markenrechte gemäß der §§ 25 f. MarkenG. Die Entstehung des Markenschutzes setzt weder eine sofortige noch eine ununterbrochene Benutzung der → Marke voraus, vielmehr genießt die Marke eine fünfjährige Schonfrist, innerhalb derer sie ohne Rücksicht auf ihre tatsächliche Benutzung geschützt wird. Die Marke wird aber im Fall einer fünfjährigen Nichtbenutzung löschungsreif, es sei denn, der Markeninhaber oder ein mit seiner Zustimmung handelnder Dritter nimmt die Benutzung vor der Stellung des Löschungsantrags (Löschungsklage) auf (rechtserhaltende Benutzung). Die Löschungsreife kann nicht nur durch Löschungsantrag beim → Deutschen Patent- und Markenamt (DPMA), sondern auch durch Löschungsklage vor den ordentlichen Gerichten geltend gemacht (§§ 53 und 55 MarkenG, → Löschung) und im Fall eines Verletzungsstreits vom Verletzer eingewendet werden. Rechtserhaltend ist eine erstmalige oder wieder aufgenommene Benutzung, die funktionsgerecht, von hinreichendem Umfang und hinreichender Dauer ist und einen wirklichen Benutzungswillen dokumentiert. Eine funktionsgerechte Benutzung liegt vor, wenn die Marke in Bezug auf die Waren oder Dienstleistungen, für die sie eingetragen ist, benutzt wird. Das ist nur dann der Fall, wenn sie unmittelbar auf der Ware, deren Verpackung oder Umhüllung angebracht ist, sofern eine solche Verwendung nicht ausnahmsweise tatsächlich oder wirtschaftlich unmöglich ist. Die bloße Benutzung als Firma, Unternehmensschlagwort, Geschäftsabzeichen, in Geschäftspapieren, als Katalogbezeichnung etc. reicht nicht. Sie muss im geschäftlichen Verkehr erfolgen, die Benutzung allein im Rahmen der innerbetrieblichen Planung, des Entwerfens von Prospektmaterial und Werbung, von Entwicklungsarbeiten an der Ware, Erprobung in einem geschlossenen Adressatenkreis oder im Verkehr zwischen Mutter- und Tochterunternehmen ist nicht rechtserhaltend. Die Benutzung muss eine hinreichende Dauer und Intensität erreichen, an der es fehlen kann, wenn ein Verkaufstest von nur geringer Dauer auf einem kleinen Testmarkt stattfindet. Dabei ist die Art der gekennzeichneten Ware oder Dienstleistung im Einzelfall zu berücksichtigen, sodass z.B. in der klinischen Erprobung eines Arzneimittels bereits eine hinreichende Benutzung liegen kann. Der Benutzungszwang besteht für die Marke in der eingetragenen Form, die Benutzung abgewandelter Zeichenformen ist rechtserhaltend, solange das Zeichen in seinem Gesamteindruck durch Benutzung seiner prägenden Elemente unverändert bleibt. Der Benutzungszwang bezieht sich auf alle Waren oder Dienstleistungen, für die die Marke eingetragen ist; Benutzung für nur einen Teil führt zur teilweisen Löschungsreife für die Waren oder Dienstleistungen, für die die Marke nicht benutzt worden ist. Wird die Marke nach Eintritt völliger oder teilweiser Löschungsreife vor Stellung eines Löschungsantrags in rechtserhaltender Weise in Benutzung genommen, genießt sie von diesem Zeitpunkt an den ihr zukommenden Schutz, der aber in der Zeit der Löschungsreife entstandene → Zwischenrechte unberührt lässt. Benutzungshandlungen, die nach Eintritt der Löschungsreife drei Monate vor der Stellung des Löschungsantrags erfolgen, bleiben unberücksichtigt, wenn der Markeninhaber von der bevorstehenden Stellung des Löschungsantrags Kenntnis hatte (§ 49 I 3 MarkenG). – Vgl. auch Anschluss- und Benutzungszwang.

Beobachterperspektive – im Rahmen des → Konstruktivismus eine bestimmte Sicht auf Beschreibungen von Wirklichkeit, die deutlich macht, dass die → Selektion, die zu einer bestimmten Beschreibung führt, auch anders sein könnte, sodass die Wahrnehmung dieser → Kontingenz von Wirklichkeit zu einem integrierten Teil der Beobachtung führt. Es können zwei Perspektiven unterschieden werden: a) *Der Beobachter 1. Ordnung* beobachtet die „Welt", das „Was", d.h. das Resultat seiner Unterscheidung, die er bei der Beobachtung gemacht hat. – b) *Der Beobachter 2. Ordnung* beobachtet das Beobachten (oder den Beobachter), das „Wie", d.h. die Frage „Wie kommt eine Unterscheidung, die zu einem relevanten Unterschied führt, überhaupt zustande?". Immer dann, wenn das „Was", d.h. das Resultat einer Beobachtung vom „Wie" des Beobachtens abhängt, ist eine Beobachtung 2. Ordnung erforderlich. Die Beobachterperspektive spielt v.a. bei Interventionen (z.B. → Coaching) eine große Rolle.

Beobachtung – 1. *Begriff:* Erhebungsmethode in der → Marktforschung; systematische, planmäßige Erhebung von Daten ohne → Befragung. Bei der Beobachtung wird von einem oder mehreren Beobachtern von außen erkennbares Verhalten registriert. – 2. *Arten:* a) *Nach dem Eingreifen des Beobachters:* (1) *Teilnehmende Beobachtung:* Der Beobachter nimmt aktiv auf der gleichen Ebene wie der Beobachtete am Ablauf des Geschehens teil. Relativ selten, z.B. wenn zu beobachtendes Verhalten erst durch Versuchsleiter induziert werden muss. Stärkere Bedeutung bei der Messung von Wahrnehmung (z.B. → Blickregistrierung, → Hautwiderstandsmessung, Messung der Pupillenreaktion). (2) *Nicht-teilnehmende Beobachtung:* Der Beobachter greift nicht aktiv in das Geschehen ein. Relativ häufig; Anwendung v.a. im Einzelhandel, wobei die Beobachtung durch fotomechanische Apparate durchgeführt wird (z.B. Messung der Kundenfrequenzen und des Kundenstroms, Messung der Abverkäufe durch die Scanner-Technologie). – b) *Nach den Beobachtungsbedingungen:* (1) *Feldbeobachtungen:* Das Verhalten der Beobachtungsobjekte wird in ihrer normalen Umgebung studiert; → Beobachtungseffekte entfallen weitgehend. – Vgl. auch → Feldforschung. (2) *Laboratoriumsbeobachtungen:* Die Beobachtung erfolgt unter künstlich geschaffenen Bedingungen (→ Schnellgreifbühne); Beobachtungseffekte sind häufiger. – Vgl. auch → Laborforschung. – c) *Nach dem Beobachtenden:* Hier ist zu unterscheiden, ob die Beobachtung durch einen Menschen stattfindet oder unter Einsatz technischer Geräte erfolgt (z.B. kann die Erfassung der Verkäufe mit Scannerkassen im Supermarkt als Beobachtung aufgefasst werden). – 3. *Nachteile:* Das beobachtete Verhalten erlaubt nur begrenzt einen Rückschluss auf die dahinter liegenden Beweggründe (→ Einstellung, → Motiv, → Bedarf) des Probanden. Deshalb wird die Beobachtung häufig auch mit der Befragung verknüpft, indem z.B. ein Videofilm über die Beobachtung abgespielt und der / die Beobachtete dazu befragt wird.

Beobachtungseffekt – Änderung des Verhaltens eines Beobachtungsobjektes unter dem Einfluss der → Beobachtung. Das Beobachtungsergebnis wird dadurch verzerrt und invalide (→ sozial erwünschtes Antwortverhalten). Eine dem → Paneleffekt ähnliche Erscheinung.

beratende Ingenieure – externe Berater mit technischem und/oder wissenschaftlichem Schwerpunkt. Beratende Ingenieure verfügen über Expertenwissen, das aufgrund seiner Komplexität oder Spezialisierung in den meisten Unternehmen nicht vorgehalten werden kann und deswegen extern zugekauft wird. Als typische Beispiele für beratende Ingenieure sind Spezialisten für bestimmte Fertigungsverfahren oder Umweltschutzbestimmungen zu nennen. – Vgl. auch → Consulting, → Engineering Consulting.

Beraterausbildung – Die Ausbildung zum Unternehmensberater findet meist „on-the-Job" statt. Größere Beratungsunternehmen bieten zusätzlich eigene Ausbildungsveranstaltungen an. Seminare zu Aspekten der Unternehmensberatung werden darüber hinaus von eigenständigen Trainingsinstituten durchgeführt. Eine umfassende Weiterbildung für Berater auf Hochschulniveau, die mit dem MBA (Master of Business Administration) abschließt, bietet die Fachhochschule Nordwestschweiz an. Eine Zertifizierungsmöglichkeit besteht als Certified Management Consultant (CMC). – Vgl. → Consulting.

Beratereinsatz – 1. *Begriff:* auf einem bewussten Auswahlprozess beruhende Heranziehung eines

Beraters bzw. eines Teams von Beratern zur Lösung einer Aufgabenstellung. – 2. *Auswahl:* Die Auswahl wird durch eine Reihe von Faktoren beeinflusst. Umfasst die Aufgabenstellung z.B. rechtliche Auflagen, so sind die Kenntnisse von Wirtschaftsprüfern und Auditoren gefragt. Zur Rekrutierung von Mitarbeitern werden Personalberater herangezogen, zur Steueroptimierung Steuerberater, zur Unterstützung in Rechtsfragen Anwaltskanzleien, für technische Aufgaben Ingenieurbüros, für Fragen der Unternehmensgestaltung und -optimierung Unternehmensberater oder Investmentbanker. – 3. *Erfolgsfaktoren:* a) *Kriterien der Beraterauswahl:* Bei der Beraterauswahl sollte nicht nur auf die fachliche Kompetenz (→ Beraterausbildung), sondern auch auf das Auftreten, die soziale Kompetenz und die Bereitschaft zum Know-how-Transfer großen Wert gelegt werden. Bei Inkompatibilitäten kann bereits eine passive Resistenz der Beteiligten zur Beeinträchtigung der Beratungsergebnisse führen. – b) *Kooperation und Aufgabenverteilung:* Unternehmen, die sich für eine externe Beratung entscheiden, sollten eine klare Vorstellung von Art und Umfang der Beratungsaufgabe und von der Rolle des Beraters haben (→ Consulting). Für den Erfolg der Beratung ist es darüber hinaus ausschlaggebend, dass realistische Erwartungshaltungen die Zusammenarbeit von Beratern und Mitarbeitern fördern, die Aufgabenverteilung klar festgelegt wird und die vereinbarten Zulieferungen in Personentagen und Daten auch tatsächlich erfolgen. Frühere einseitige Berateraktivitäten sind heute generell einem integrativen Arbeitsansatz gewichen, in dem Mitarbeiter und Berater gemeinsam Lösungsverfahren entwerfen und ggf. implementieren. Die Mitarbeit von Angestellten des Unternehmens ist allerdings von der spezifischen Aufgabe der Beratung abhängig. Strategische Fragen, Änderungen des Geschäftsportfolios durch Expansion oder Schließung von Geschäftsbereichen und Kommunikationsauftritte sind i.d.R. dem Eigner, den Vorständen und/oder dessen Stabsmitgliedern vorbehalten, die Einführung von Systemen und die damit verbundene Neugestaltung von Prozessen und Schnittstellen (→ Prozessberatung) bedürfen hingegen der Mitarbeit größerer Kundengruppen. – c) *Kontinuität:* Ein allzu häufiger Beratereinsatz (oder -wechsel) kann bei den Mitarbeitern eine Abwehrhaltung erzeugen, wenn diese mehrfach ähnliche Informationen zusammenstellen müssen oder keine nachhaltigen Verbesserungen erkennen können. Dies gilt insbesondere bei Restrukturierungsprojekten, in denen ein Personalabbau absehbar und als unvermeidlich erkannt wird. Um die Zusammenarbeit mit Beratungsfirmen auf eine beständigere Basis zu stellen und um die Kostentransparenz zu erhöhen, schließen größere Unternehmen häufig ab einem bestimmten Einkaufsvolumen Rahmenverträge mit ausgewählten Beratungshäusern ab, durch die Beratungsschwerpunkte und Tagessätze festgelegt werden. Davon ausgehend werden die Fachabteilungen zur Offenlegung ihres Beraterbedarfs und -budgets veranlasst, und Beratungsaufträge werden von der Zustimmung der zentralen Einkaufsstelle abhängig gemacht.

Beraterkarriere – beruflicher Werdegang eines Beraters, idealtypisch gekennzeichnet durch fünf Beraterstufen. Die Erreichung einer Beraterstufe ist abhängig von Zielerfüllung, Projektbewährung, positivem Kundenfeedback, vorgeschriebenen Ausbildungslehrgängen zur Wissensvermittlung (→ Beraterausbildung) und einer Mindestverweildauer in der jeweiligen Stufe. Die Ernennung zum Partner, d.h. zum Berater auf der obersten Stufe, bedarf einer langjährigen erfolgreichen Tätigkeit im Beratungsgeschäft, der Genehmigung der Geschäftsleitung aufgrund einer bes. Prüfung und der Zustimmung der Partnergruppe. Experten können den Titel Prinzipal erwerben, der sie aufgrund ihres hohen Spezialistentums und der damit verbundenen Außenwirkung je nach Einzelfall von der Personalverantwortung entbindet (Chefberater). Generell sind Managementberater intern einem intensiven Wettbewerb ausgesetzt, der einen hohen Einsatz und einen starken Leistungswillen erfordert. I.d.R. führen häufige Reisen dazu, dass die freie Zeit für Partnerschaften oder Familie beschränkt wird. Eine Beratertätigkeit gilt als Sprungbrett für eine Karriere in der Industrie oder in anderen Dienstleistungszweigen, denn die Fähigkeiten, die ein Berater durch die internationale und interkulturelle Zusammenarbeit innerhalb der Beraterteams und mit Kunden erworben hat, werden auch von anderen potenziellen Arbeitgebern als Bereicherung empfunden. Dem verbreiteten Prinzip des „up or out", nach dem ein Berater in einem bestimmten Zeitraum eine nächste Karrierestufe zu erreichen hat oder ihm das Verlassen des Unternehmens nahegelegt wird, weicht zunehmend Karrieremodellen, die eine lebenslange Beraterlaufbahn ermöglichen. – Vgl. auch → Consulting.

Beraternutzen – 1. *Begriff:* Vorteile, die der Auftraggeber aus der Erfüllung des Beratungsvertrags zieht und die ggf. auch auf die Gesamtwirtschaft übergreifen. Der Beraternutzen wird neuerdings auch unter dem Begriff → Return on Consulting (RoC) diskutiert. – 2. *Bandbreite:* a) *Kundenbezogene Vorteile:* I.d.R. gewinnt der Kunde durch den → Beratereinsatz Zeit und/oder Erkenntnisse, wozu er mit der eigenen Infrastruktur nicht in der Lage wäre. Weiterhin resultiert Beraternutzen aus der Wissensübertragung während des → Consulting-Projekts (bspw. über die angewandte Methodik), dem Erfahrungszuwachs und einer i.Allg. umfänglichen Betrachtung von für die Beratung bedeutsamen Ursache-Wirkungs-Verhältnissen. Beratungsbegriffe und -konzepte wie bspw. Wertschöpfungskette (Wertschöpfungsanalyse) oder Business Process Reengineering (BPR, Prozessberatung) führen zu einer neuen betriebswirtschaftlichen Transparenz und Organisationsbetrachtung. – b) *Gesamtwirtschaftliche Effekte:* Der volkswirtschaftliche Nutzen von Beratung liegt in der Erhöhung Übertragung von Best-Practice-Beispielen.

Beratung – Abgabe und Erörterung von Handlungsempfehlungen durch Sachverständige, wobei von den Zielsetzungen des zu Beratenden und von relevanten Theorien unter Einbeziehung der individuellen Entscheidungssituation des Auftraggebers auszugehen ist. Beratung gehört auch zum Aufgabengebiet des → Wirtschaftsprüfers (WP); ein direkter Zusammenhang mit → Prüfung besteht nicht. In der Praxis sind Beratungs- und Prüfungstätigkeit gelegentlich miteinander verbunden. Dies kann dazu führen, dass der Wirtschaftsprüfer aufgrund der Beratungstätigkeit seine Unbefangenheit bei der Prüfungstätigkeit verliert. – Vgl. auch → Consulting.

Beratungsförderung – Form der → Wirtschaftsförderung, durch die bestimmten Unternehmensgruppen (z.B. kleinen und mittleren Unternehmen, Existenzgründern) oder für bestimmte Investitionsvorhaben Unternehmensberatungsleistungen zur Verfügung gestellt werden. Die Leistungen können von Wirtschaftsfördergesellschaften, Organisationen wie z.B. dem Rationalisierungskuratorium der dt. Wirtschaft e. V. (RKW) oder auch von privaten Unternehmensberatern erbracht werden. Sofern die Beratung für das Unternehmen nicht unentgeltlich ist, werden die Beratungskosten aus öffentlichen Mitteln (teilweise) erstattet.

Beratungshilfe – außerhalb eines gerichtlichen Verfahrens gewährte Hilfe für die Wahrnehmung von Rechten; geregelt im Beratungshilfegesetz vom 18.6.1980 (BGBl. I 689) m.spät.Änd. – *Anders:* → Prozesskostenhilfe.

Beratungsprodukt – standardisierte Abfolge von Beratungsschritten zur Lösung eines spezifischen Problems oder zur Schaffung eines → Beraternutzens. Ein Beratungsprodukt kann ein unternehmensspezifisches Produkt sein, das durch einen innovativen Ansatz eine Wettbewerbsdifferenzierung bewirkt, oder ein allgemein eingeführtes Consulting-Produkt wie z.B. die Gemeinkosten-Wertanalyse oder die → Due Diligence. Es umfasst i.d.R. sog. Tools (Werkzeuge), die zur Erarbeitung der Lösung des Kundenproblems herangezogen werden, wie bspw. die Bestimmung der kritischen Erfolgsfaktoren, die Berechnung eines Barwertes oder die Gestaltung eines Workshops. Beratungsprodukte erleichtern als immaterielle Vermögensgüter den Wissenstransfer innerhalb eines Beratungsunternehmens und dienen der Differenzierung des Unternehmens im Markt.

Beratungsprotokoll – 1. *Begriff:* Gem. § 34 Abs. IIa des Gesetzes über den Wertpapierhandel (Kurzform: → Wertpapierhandelsgesetz, WpHG) muss ein Wertpapierdienstleistungsunternehmen (→ Wertpapier) über jede Anlageberatung bei einem Privatkunden ein schriftliches Protokoll anfertigen. Das Protokoll ist von demjenigen zu unterzeichnen, der die Anlageberatung durchgeführt hat. Eine Ausfertigung ist dem Kunden unverzüglich nach Abschluss der Anlageberatung, jedenfalls vor einem auf der Beratung beruhenden Geschäftsabschluss, in Papierform oder auf einem anderen dauerhaften Datenträger zur Verfügung zu stellen. – 2. *Merkmale:* Der Inhalt des Beratungsprotokolls wird nach § 14 Abs. 6 der Verordnung zur Konkretisierung der Verhaltensregeln und Organisationsanforderungen für Wertpapierdienstleistungsunternehmen (WpDVerOV) bestimmt und hat vollständige Angaben zu enthalten über a) den Anlass der Anlageberatung, b) die Dauer des Beratungsgesprächs, c) die der Beratung zugrunde liegenden Informationen über die persönliche Situation des Kunden, einschließlich der nach § 31 Absatz 4 Satz 1 des Wertpapierhandelsgesetzes einzuholenden Informationen, sowie über die Finanzinstrumente und Wertpapierdienstleistungen, die Gegenstand der Anlageberatung sind, d) die vom Kunden im Zusammenhang mit der Anlageberatung geäußerten wesentlichen Anliegen und deren Gewichtung,e) die im Verlauf des Beratungsgesprächs erteilten Empfehlungen und die für diese Empfehlungen genannten wesentlichen Gründe. – Vgl. Bundesanstalt für Finanzdienstleistungsaufsicht (BaFin), → Produktinformationsblatt.

Beratungs- und Dokumentationspflicht – 1. *Begriff:* Die gewerbsmäßigen → Versicherungsvermittler (→ Versicherungsmakler und → Versicherungsvertreter) haben den Versicherungsinteressenten bzw. Versicherungsnehmer – soweit die Person und dessen Situation hierfür Anlass geben – nach seinen Wünschen zu befragen und je nach der Schwierigkeit, die angebotene Versicherung beurteilen zu können, zu beraten (sog. anlassbezogene Beratungspflicht, § 61 VVG). – 2. *Umfang:* Dabei ist auch ein angemessenes Verhältnis zwischen dem Beratungsaufwand und der vom Versicherungsnehmer zu zahlenden → Prämie zu berücksichtigen. Ferner hat der Versicherungsvermittler dem Versicherungsnehmer die Gründe für seine Empfehlung bzw. seinen Rat mitzuteilen. Der Umfang dieser Beratungspflicht orientiert sich also sowohl am Versicherungsprodukt als auch an den persönlichen Kenntnissen und Verhältnissen des Versicherungsnehmers. Während der Versicherungsmakler seiner Beratung eine hinreichende Zahl von auf dem Markt angebotenen Versicherungsverträgen zugrunde zu legen hat und auf dieser Basis eine bedarfsgerechte Empfehlung abgeben muss, ist der Vertreter nur gehalten, ein bedarfsgerechtes Versicherungsprodukt des vertretenen Versicherungsunternehmens bzw. aus der Angebotspalette mehrerer von ihm vertretener Versicherer anzubieten (§ 60 VVG). – 3. *Verpflichtungen:* Die Vermittler müssen die erteilten Informationen sowie die Gründe für ihre Empfehlungen unter Berücksichtigung der Komplexität des angebotenen Vertrags dokumentieren und dem Versicherungsnehmer vor Abschluss des Vertrags in Textform übermitteln (Dokumentationspflicht, § 61 VVG). Ausnahmsweise genügt bei entsprechendem Wunsch des Versicherungsnehmers oder bei Verträgen über eine vorläufige Deckung (außer bei → Pflichtversicherungen) zunächst die mündliche Information und Beratung; die entsprechende Dokumentation muss in diesen Fällen unverzüglich nach Vertragsschluss übermittelt werden. – 4. *Haftung:* Bei schuldhafter, schadenverursachender Verletzung der Beratungs- und/ oder Dokumentationspflicht haftet der Vermittler dem Versicherungsnehmer auf Schadenersatz (§ 63 VVG, Vermittlerhaftung). Allerdings kann der Versicherungsnehmer auf Beratung und/oder Dokumentation durch gesonderte schriftliche Erklärung verzichten, wenn er zuvor auf die Gefährdung eines eventuellen Schadenersatzanspruchs aus § 63 VVG hingewiesen worden ist. Nach § 6 VVG treffen auch den Versicherer entsprechende schadenersatzbewehrte Beratungs- und Dokumentationspflicht (außer bei Großrisiken, bei der Vermittlung durch Makler und beim Fernabsatz), weshalb auch angestellte Vermittler als Erfüllungsgehilfen des Versicherers diese Pflichten zu beachten haben.

berechtigtes Interesse – unterschiedlich verwendeter Rechtsbegriff: Ein nach vernünftiger Erwägung durch die Sachlage gerechtfertigtes Interesse tatsächlicher oder rechtlicher Art (§ 193 StGB); → Akteneinsicht setzt u.U. → Glaubhaftmachung eines berechtigten Interesses voraus. – *Anders:* → rechtliches Interesse.

Berechtsamsbuch → Bundesberggesetz (BBergG).

Bereicherung → ungerechtfertigte Bereicherung.

Bereichsbildung → Spezialisierung.

Bereichscontrolling – Die Organisation des Controllings (genauer: des Controllerbereichs) umfasst neben einem zentralen Controllingbereich unterschiedliche dezentrale Controllingstellen (dezentrales Controlling). Neben der Zulieferfunktion zum Zentralcontrolling unterstützen sie das dezentrale Management in seinen spezifischen Führungsaufgaben. So besteht der Schwerpunkt des F&E-Controllings in der Bewältigung der erheblichen Unsicherheit (z.B. bei Entscheidung, wann ein Forschungsprojekt abgebrochen werden sollte), während in der Produktion ein tragfähiges Planungsgerüst vorhanden ist. Entsprechend spezifisch sind auch die jeweils genutzten Instrumente und Prozesse. Die Nähe des Bereichscontrollings zum jeweiligen Führungsumfeld darf aber nicht bedeuten, die Gesamtunternehmensperspektive aus dem Blickfeld zu verlieren.

Bereichskostenstelle – Verrechnungskostenstelle (→ Kostenstelle), die jeweils mehreren Kostenstellen vorgeschaltet wird, damit auf ihr alle Kostenarten geplant und kontrolliert werden können, die für die ihr nachgeschalteten Kostenstellen gemeinsam entstehen (z.B. Meistergehälter, Löhne für Werkstattschreiber, Kosten für Reinigungsmaterial) und deshalb keiner von ihnen zugerechnet werden können.

Bereichsplanung und -kontrolle – 1. *Begriff:* Querschnittsorientiertes, operatives Planungs- und Kontrollsystem (→ operative Planung), das sich auf eine Vielzahl unterschiedlicher Planungsobjekte in einem Führungsbereich (z.B. ein → Profitcenter) bezieht. – 2. *Merkmale:* Als Planungsobjekte werden die einzelnen Funktionsbereiche angesehen. – *Beispiele:* → Beschaffungsplanung, → Produktionsplanung, → Absatzplanung, Forschungs- und Entwicklungsplanung (F&E). – Die Bereichsplanung und -kontrolle ist meist kurzfristig (i.d.R. bis zu einem Jahr) orientiert. – 3. *Arten:* a) Sie kann als *rein quantitative Kennzahlenplanung* betrieben werden, die gleichzeitig Budgetcharakter (→ Budget) besitzt; auch als → Wirtschaftsplanung bezeichnet. Die → Kontrolle von Planabweichungen kann in diesem Fall z.B. über ein Management by Exception erfolgen. – b) Sie kann sich aber auch auf *Maßnahmen* beziehen, die zur Erreichung bestimmter Zielvorgaben durchgeführt werden sollen. – Vgl. auch → Unternehmensplanung.

bereinigte Lohnquote – um den Wandel der Erwerbstätigenstruktur korrigierte → Lohnquote. Im Gegensatz zur Berechnung der Lohnquote wird bei der Ermittlung der bereinigten Lohnquote die Arbeitnehmerquote eines Basisjahres t = 0 konstant gehalten, sodass Aussagen bezüglich der Entwicklung der Lohnquote im Zeitverlauf nicht durch Veränderungen der Erwerbstätigenstruktur verzerrt werden. Die bereinigte Lohnquote ergibt sich durch Multiplikation der → Arbeitseinkommensquote mit der Arbeitnehmerquote im Basisjahr t = 0. Es gilt:

$$LQ_t^b = \frac{(\frac{A}{E})_0}{(\frac{A}{E})_t}\left(\frac{W}{Y}\right)_t = \frac{(\frac{W}{A})_t}{(\frac{Y}{E})_t}\left(\frac{A}{E}\right)_0 = AEQ_t\left(\frac{A}{E}\right)_0$$

wobei LQ^b: bereinigte Lohnquote, W: Löhne, A: Anzahl der Arbeitnehmer, E: Anzahl der Erwerbstätigen, Y: Volkseinkommen, A/E: Arbeitnehmerquote, W/Y: Lohnquote. – Da die Erwerbstätigenstruktur in den letzten Jahrzehnten im Vergleich zu früheren Perioden relativ stabil geblieben ist, hat die bereinigte Lohnquote in empirischen Untersuchungen an Bedeutung verloren. – Vgl. auch Arbeitseinkommensquote, Lohnquote.

bereinigter Gewinn → Betriebsergebnis.

Bereitschaftsdienst → Arbeitsbereitschaft.

Bereitschaftskosten – 1. *Begriff:* → Kosten, die unabhängig von der konkret realisierten Ausnutzung von Kapazität und Betriebsbereitschaft in gleicher Höhe anfallen und nur mittels gesonderter (Investitions- bzw. Desinvestitions-)Dispositionen verändert werden können. Der prinzipiell mit → beschäftigungsfixen Kosten deckungsgleiche Begriff wird üblicherweise nur in Systemen der → Einzelkostenrechnung verwendet. – *Gegensatz:* → Leistungskosten. – 2. *Untergliederung:* Bereitschaftskosten werden sowohl nach den für ihren Anfall verantwortlichen Kostenstellen (allgemeiner Bezugsgrößen) als auch nach ihrer zeitlichen Abbaufähigkeit (→ Abbaufähigkeit von Kosten) differenziert.

Bereitschaftskreditabkommen – *Stand-by Arrangement;* Übereinkunft, in dem der → IWF einem seiner Mitglieder innerhalb eines festgelegten Zeitraums (meistens ein Jahr) in limitiertem Ausmaß → Ziehungsrechte zur Finanzierung von Zahlungsbilanzdefiziten einräumt. Voraussetzung ist, dass das Mitglied in einer Absichtserklärung (Letter of Intent) die beabsichtigten wirtschafts- und währungspolitischen Maßnahmen zur Wiederherstellung des Zahlungsbilanzausgleichs darlegt (→ Konditionalität). Der Zahlungsbilanzbedarf braucht bei Abschluss des Bereitschaftskreditabkommens noch nicht vorzuliegen; sobald er eintritt, kann der → Kredit abgerufen werden.

Bereitschaftszeit – Teil der → Arbeitszeit, der nicht unmittelbar dem Vollbringen der Leistung (→ Leistungszeit), sondern mittelbar der Leistungserstellung gewidmet wird.

Bereitstellungskosten – 1. *I.e.S.:* Betriebsnotwendige Aufwendungen für die Unterhaltung von Bereitstellungslagern. Gelten als Nebenkosten der Materialkosten und werden typischerweise als → Materialgemeinkosten verrechnet. – 2. *I.w.S.:* → Beschaffungskosten.

Bereitstellungsplanung – Teil der → Produktionsplanung. Aufgabe ist es, die für den Vollzug der → Produktionsprogrammplanung erforderlichen Produktionsfaktoren (→ Betriebsmittel, → Arbeitskräfte und → Werkstoffe) nach Art, Menge und Zeit verfügbar zu machen. Wichtige Voraussetzung für eine wirtschaftliche Gestaltung des Produktionsprozesses und dessen planmäßiger Durchführung.

Bereitstellungsprinzipien – Lösung der Bereitstellungsaufgabe für Halbfertigungsprodukte und → Werkstoffe (→ Sekundärbedarf) durch die → Materialwirtschaft. – *Zwei Prinzipien:* a) Bedarfsdeckung *mit Vorratshaltung* (Lagermaterial). – b) Bedarfsdeckung *ohne Vorratshaltung* durch (1) Einzelbeschaffung im Bedarfsfall (Auftragsmaterial); (2) Produktionssynchrone Beschaffung: → Just in Time (JIT). – Das *anzuwendende Bereitstellungsprinzip* richtet sich nach der Bedarfsstruktur und den Bedingungen auf den Beschaffungsmärkten.

Bergbauberechtigung – Inhaber einer → Erlaubnis, bergfreie Bodenschätze aufzusuchen, einer Bewilligung, diese zu gewinnen, oder eines → Bergwerkseigentums. – Vgl. auch → Bundesberggesetz (BBergG).

Bergbaubeschäftigte – im Bergbau Beschäftigte. Es gelten bes. rechtliche Vorschriften: (1) Bundesberggesetz vom 13.8.1980 (BGBl. I 1310) m.spät.Änd., durch das die landesrechtlichen Berggesetze (Sonderrecht) aufgehoben wurden; es enthält Sondervorschriften für den → Arbeitsschutz; (2) Vorschriften des BGB (§§ 611 ff.).

Bergbaufreiheit – früher das gleiche Recht für alle auf Schürffreiheit, wobei dem ersten Finder (nicht dem Grundeigentümer) das Recht auf Verleihung des Bergwerkseigentums zustand. Nach Bundesberggesetz bedarf das Aufsuchen bergfreier Bodenschätze der Erlaubnis und die Gewinnung bergfreier Bodenschätze der Bewilligung oder der Verleihung des → Bergwerkseigentums (→ Bergbauberechtigung).

Bergbaugeografie – Zweig der Wirtschaftsgeografie, der sich mit der Generierung v.a. mineralischer Rohstoffe, den Erscheinungsformen bergbaulicher Aktivitäten sowie dem Gesamtcharakter eines vom Bergbau strukturell geprägten → Wirtschaftsraums (Bergbauregionen) befasst. Da der Bergbau infolge seiner verfahrenstechnischen Koppelung statistisch und thematisch häufig den nachgelagerten, standortgebundenen → Industrien zugeordnet wird, lässt sich die Bergbaugeografie auch der → Industriegeografie zurechnen. Die Ressourcengeografie (Geografie der Rohstoffe), welche die Verbreitung von → Ressourcen und → Rohstoffen, Welthandelsstrukturen und die Entwicklungsmöglichkeiten eines Raums durch Rohstoffe thematisiert, ist von der Bergbaugeografie inhaltlich mit eingeschlossen.

Bergbau-Kosten-Standardsystem – branchenmäßig bedingte Form der → Kostenrechnung mit dem Zweck der Standardisierung der Erfassung und Verteilung der Kosten, um einen zwischenbetrieblichen Kostenvergleich im Kohlenbergbau zu ermöglichen.

Bergbehörden – die nach Bergrecht für die Aufsicht des Bergbaus zuständigen Behörden, namentlich *Bergamt* und übergeordnetes *Oberbergamt.* An der Spitze steht der Landesressortminister.

Berggrundbuch – öffentliches Register, vom → Grundbuchamt geführt mit dem Zweck, Bergrechte (z.B. Bergwerkseigentum) und die daran bestehenden Rechte offen zu legen. Das Berggrundbuch ist landesrechtlich geregelt, die Vorschriften über das → Grundbuch finden meist entsprechende Anwendung.

Bergmannsprämien – Zahlungen des Bundes an Arbeitnehmer des Bergbaus, die unter Tage beschäftigt werden, nach dem Gesetz über Bergmannsprämien i.d.F. vom 12.5.1969 (BGBl. I 434) m.spät.Änd. Die Bergmannsprämie gilt weder als steuerpflichtiges Einkommen noch als Verdienst im Sinn der → Sozialversicherung. Der Anspruch auf Bergmannsprämie ist nicht übertragbar. Die Bergmannsprämie wird seit 2008 nicht mehr gewährt.

Bergmannsrente – heute: *Rente für Bergleute* (§ 45 SGB VI). Berechtigt sind Versicherte bis zum Erreichen der Regelaltersgrenze, die (1) vermindert im Bergbau berufsfähig sind, in den letzten fünf Jahren vor Eintritt der im Bergbau verminderten Berufsfähigkeit drei Jahre knappschaftliche Pflichtbeitragszeiten und die allg. → Wartezeit in der knappschaftlichen Rentenversicherung erfüllt haben, sowie (2) Versicherte, die das 50. Lebensjahr vollendet haben, im Vergleich zu der bisher verrichteten knappschaftlichen Arbeit keine wirtschaftlich gleichwertigen Arbeiten tatsächlich mehr ausüben können, nach Erfüllung einer 25-jährigen knappschaftlichen Wartezeit auch ohne medizinisch nachgewiesene Leistungseinschränkung.

Bergmannsversorgungsschein – Einrichtung des Arbeitsschutzes für Arbeitnehmer, die nach einer Tätigkeit unter Tage (1) berufsunfähig (→ Berufsunfähigkeit) oder (2) aus vorbeugenden Gründen durch die Knappschaft oder Bergbauberufsgenossenschaft aufgefordert worden sind, die bisherige Bergbautätigkeit aufzugeben oder nur noch staubfreie Arbeit zu verrichten.

Bergrecht → Bundesberggesetz (BBergG).

bergrechtliche Förderabgabe – *Förderzins;* an Förderländer fließende → Abgabe für das Recht zum Abbau von Bodenschätzen. In der Bundesrepublik Deutschland in nennenswertem Umfang nur für die Förderung von Erdöl und Erdgas nach Maßgabe der Marktpreise erhoben. – Nach einem Urteil des Bundesverfassungsgerichts von 1986 ist die bergrechtliche Förderabgabe vollständig in die Finanzkraftberechnung (→ Finanzkraft) des Länderfinanzausgleichs einzubeziehen.

Bergschadenshaftung – 1. Gefährdungshaftung, wenn beim Bergbaubetrieb ein Mensch getötet, der Körper oder die Gesundheit verletzt oder eine Sache beschädigt wird (§ 114 BBergG). Zum Ersatz des Bergschadens sind der Bergbaubetreiber (§ 115 BBergG) und der Bergbauberechtigte (§ 116 BBergG) verpflichtet. Sie haften als Gesamtschuldner. Die Schadensersatzpflicht ist begrenzt (§ 117 BBergG). – 2. Bergschadenshaftung ist vom Bergbauunternehmen zu erstatten. – 3. *Bilanzierung:* Es sind angemessene → Rückstellungen zu bilden (1) für bereits entstandene, aber noch nicht regulierte Bergschadenshaftung; (2) für künftige, durch den Abbau bereits verursachte, aber noch nicht erkennbar zutage getretene Bergschadenshaftung. Beide Arten sind auch steuerlich zulässig.

Bergsonsche Wohlfahrtsfunktion – 1. *Begriff:* Von Bergson entwickelte → Wohlfahrtsfunktion. Für n Gesellschaftsmitglieder mit n individuellen → Nutzenfunktionen u_i lautet die gesellschaftliche Nutzenfunktion: $U = f(u_1, u_2, \ldots, u_n)$. – 2. *Herleitung:* Das Wohlfahrtsmaximum wird grafisch dadurch ermittelt, dass die Nutzenfunktion U in Form eines gesamtwirtschaftlichen Indifferenzkurvensystems in das Diagramm der gesellschaftlichen → Wohlstandsgrenze eingezeichnet wird (vgl. Abbildung → Bergsonsche Wohlfahrtsfunktion). Der Tangentialpunkt P der Wohlstandsgrenze mit der → Indifferenzkurve I_2 der gesellschaftlichen Indifferenzkurvenschar stellt das Wohlfahrtsmaximum dar. – 3. *Erkenntnisziel:* Mit der Bergsonschen Wohlfahrtsfunktion soll das Problem gelöst werden, dass auf der → Kontraktkurve zwar ein → Wohlfahrtsoptimum jedoch kein

Bergsonsche Wohlfahrtsfunktion

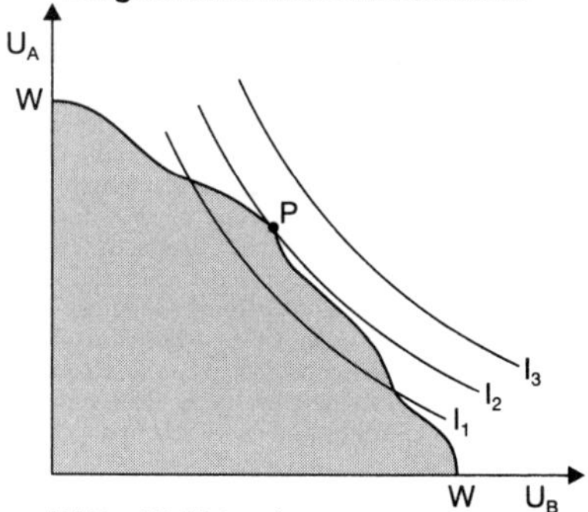

WW = Wohlstandsgrenze
U_A = Nutzen des A
U_B = Nutzen des B
I = Indifferenzkurven

optimum optimorum definiert werden kann, da eine Bewegung entlang der Kurve unter pareto-optimalen Bedingungen nicht möglich ist. – 4. *Anwendungen:* Ein Anwendungsbeispiel ist die im Rahmen der Allokationstheorie (→ Allokation) zu bestimmende Größe des öffentlichen Sektors bzw. die Entscheidung zwischen der Produktion privater und öffentlicher Güter (v.a. Samuelson und Musgrave).

Bergung – ist die Hilfeleistung bei einem in Seegewässern oder Binnengewässern in Gefahr befindlichen See- oder Binnenschiff. Der Berger ist verpflichtet, die Bergungsmaßnahmen mit der gebotenen Sorgfalt durchzuführen und Umweltschäden zu verhindern oder zu begrenzen (§§ 740, 741 HGB). Waren die Bergungsmaßnahmen erfolgreich, hat der Berger einen Anspruch auf Bergelohn. Der Bergelohn ist so festzusetzen, dass er einen Anreiz für Bergungsmaßnahmen schafft (§§ 742, 743 HGB). Bei Umweltgefährdung ggf. Anspruch auf Sondervergütung (§ 744 HGB).

Bergwerkseigentum – ein → grundstücksgleiches Recht, gerichtet auf die wirtschaftliche Auswertung eines bestimmten „Feldes“, steht neben dem Grundeigentum des Bodeneigentümers und muss nicht mit diesem zusammenfallen. Nach Inkrafttreten des Bundesberggesetzes am 1.1.1982 ist zwischen Bergwerkseigentum alten und neuen Rechts zu unterscheiden. Das nach *altem Recht* erhalten gebliebene Bergwerkseigentum ist zeitlich unbegrenzt und kann nicht mit → bergrechtlichen Förderabgaben belastet werden (§§ 149 ff., 151 BBergG). Bergwerkseigentum nach *neuem Recht,* das die Gewinnung bergfreier Bodenschätze beinhaltet, ist mit einer Förderabgabe belastet und wird i.d.R. bis zu höchstens 50 Jahren befristet verliehen. Das Bergwerkseigentum befindet sich heute weitgehend in öffentlicher Hand oder in der Hand größerer Gesellschaften.

BERI – Abk. für *Business Environment Risk Intelligence;* drei spezielle Informationsdienste der BERI S.A. (Genf): 1. *Business Risk Service (BRS):* Ein → Panel, in das ein ständiges Gremium von rund 100 internationalen Experten mit Ländererfahrung und -kontakten einbezogen wird. Beurteilt werden dreimal im Jahr die politischen und wirtschaftlichen Risiken von ca. 50 Ländern. Im Zentrum dieses Panels mit einem relativ hohen Aktualitätsgrad steht das Investitionsklima für Ausländer in bestimmten Auslandsmärkten. Zugleich lassen sich hieraus aber auch strategische Anhaltspunkte für andere Betätigungsmöglichkeiten auf Auslandsmärkten gewinnen. Die Beurteilung der 15 vorgegebenen Kriterien, erfolgt für jedes Land mittels der Noten 4 (sehr günstig) bis 0 (unerträglich). – 2. *Country Forecast Report (CFR):* detaillierte, mehrseitige Informationsreporte. – 3. *Forecast of Country Risk for International Lenders (Forelend):* Auslandsinformationen speziell für Banken und sonstige Kreditgeber bzw. Großanleger. – Vgl. auch → Länderrating.

Berichtigung – I. Buchführung: → Berichtigungsposten.

II. Steuerrecht: 1. *Steuerverwaltungsakten:* → Steuerverwaltungsakte, → Steuerbescheid. – 2. *Eingereichte Bilanzen:* → Bilanzberichtigung. – 3. *Steuererklärungen:* → Anzeigepflicht. – 4. *Umsatzsteuer:* → Vorsteuerabzug. – 5. *Einheitswert:* → Berichtigungsfortschreibung, → Berichtigungsveranlagung.

Berichtigungsaktie – *Freiaktie, Zusatzaktie,* die im Rahmen einer Kapitalerhöhung aus Gesellschaftsmitteln (§§ 207 ff. AktG) ohne Zuzahlung an die Altaktionäre ausgegebenen → Nennwertaktie. Bei der → Stückaktie ist die Kapitalerhöhung auch ohne Ausgabe neuer Aktien möglich. Die Berichtigungsaktie wird fälschlicherweise oft als → Gratisaktie bezeichnet, obwohl echte Gratisaktien aus Gewinn und nicht aus Rücklagen finanziert werden.

Berichtigungsbuchung – Korrektur fehlerhafter Buchungen nach einem zwischenzeitlich erfolgten Rechnungsabschluss. – Die Berichtigungsbuchung geht einher mit der Pflicht zur unverzüglichen Benachrichtigung. Da der → Kontoauszug ausdrücklich als Informationsträger anerkannt ist, wird dem Erfordernis der unverzüglichen Benachrichtigung auch bei unterschiedlichster Auszugsform [→ Kontoauszugsdrucker (KAD); Monatsauszüge etc.] genügt. Der Inhalt der Benachrichtigung muss informell und aussagekräftig sein. Die Berichtigungsbuchung muss hinsichtlich der → Zinsrechnung valutengerecht wirken, d.h. die Zinsrechnung so beeinflussen, als sei die fehlerhafte Buchung nicht erfolgt. – Vgl. auch → Stornierung, → Kontoabrechnung, → Kontoauszug.

Berichtigungsfeststellung → Berichtigungsveranlagung.

Berichtigungsfortschreibung – steuerliche Möglichkeit zur Beseitigung eines Fehlers, der im Rahmen der Feststellung des → Einheitswertes hinsichtlich des Wertes (→ Wertfortschreibung), der Art (→ Artfortschreibung) oder der Zurechnung (→ Zurechnungsfortschreibung) des Gegenstandes gemacht worden ist (§ 22 III BewG).

Berichtigungsposten – Richtigstellung unrichtiger Buchungen. Diese dürfen weder ausradiert noch gestrichen werden, sondern müssen durch eine Stornobuchung (i.d.R. Umkehrung des Buchungssatzes) korrigiert werden. Durch diese Stornobuchung wird die unrichtige Buchung aufgehoben. War z.B. Kasse an Kreditoren 250 Euro gebucht, während die Buchung: Bank an Debitoren heißen müsste, so hebt man die Buchung auf durch: Kreditoren an Kasse 250 Euro und bucht nun richtig: Bank an Debitoren 250 Euro.

Berichtigungsveranlagung – *Berichtigungsveranlagung.* 1. *Allgemein:* Veranlagung im Anschluss an Aufhebung und Änderung von Steuerbescheiden. – 2. *Substanzsteuern:* Durch eine Berichtigungsveranlagung können Fehler im Rahmen einer Neuveranlagung korrigiert werden, die z.B. durch Mängel bei der Freibetragsgewährung, bei den Verhältnissen zur → Zusammenveranlagung oder bei der Bestimmung der Wertverhältnisse (→ Wertfortschreibung) entstanden sind (§ 17 II Nr. 2 GrStG).

Berichtsgenerator – Computerprogramm (→ Programm), das die Ergebnisse der Anwendung eines anderen Computerprogramms oder Daten aus Dateien in verständlicher Form aufbereitet. – Vgl. auch → Reportgenerator.

Berichtsheft – vom → Auszubildenden zu führender Ausbildungs- oder Tätigkeitsnachweis, sofern dies in der → Ausbildungsordnung verlangt wird. Im Berichtsheft sind stichwortartig mind. wöchentlich die vermittelten Kenntnisse und Fähigkeiten bzw. die ausgeführten Tätigkeiten aufzuführen und durch die an der Ausbildung beteiligten Personen monatlich prüfen und abzeichnen zu lassen. Vorlage des Berichtshefts ist ggf. eine Zulassungsvoraussetzung für die → Ausbildungsabschlussprüfung (§ 43 I Nr.2 BBiG bzw. § 36 I Nr.2 HandwO).

Berichtssysteme – I. Management: Subsysteme von EDV-gestützten Management-Informationssystemen. – *Formen der Berichterstattung:* (1) Standardberichte: zeitlich und in der Form gleichförmige Abgabe (z.B. Angebotsstatistiken, Umsatzstatistiken); (2) Ausnahmeberichte: flexible Gestaltung von Form, Inhalt und Berichtszeiträumen.

II. Internationale Unternehmen: → internationales Berichtssystem.

Berichtstermin – Im → Insolvenzverfahren hat der → Insolvenzverwalter im Berichtstermin über die wirtschaftliche Situation des Schuldners und ihre Ursachen der → Gläubigerversammlung zu berichten und seine Vorstellungen über den weiteren Ablauf darzulegen, z.B. ob ein → Insolvenzplan sinnvoll ist (§ 156 InsO).

Berichtswesen – Kurzbezeichnung für alle systematisch erstellten, entscheidungs- und führungsrelevante Informationen enthaltenden Berichte in schriftlicher oder elektronischer Form. Das Berichtwesen ist eine zentrale Aufgabe des Controllings (internes Berichtswesen), zunehmend auch des → externen Rechnungswesens (Value Reporting für den Eigen- und Fremdkapitalmarkt). Ziel des Berichtswesens ist allg. die Deckung des Informationsbedarfs der Berichtsempfänger, speziell werden das Schaffen von Transparenz sowie die Vorbereitung und Kontrolle von Entscheidungen hervorgehoben.

Berichtszeit → Referenzzeit.

Berlin-Darlehen – eine 1991 ausgelaufene Maßnahme zur Förderung von Kapitalanlagen in Berlin: Nach dem Berlinförderungsgesetz (§§ 16, 17) konnte, wer Darlehensgeber eines Berlin-Darlehens war, im Jahr der Darlehensvergabe einen bestimmten Prozentsatz der Darlehenssumme von seiner Einkommen- oder Körperschaftsteuer abziehen. Dadurch sollte die Kapitalbeschaffung für Anlagen in (West-)Berlin erleichtert bzw. verbilligt werden.

Berliner Testament – gemeinschaftliches → Testament, in dem sich Eheleute gegenseitig zu → Erben einsetzen mit der Maßgabe, dass der → Nachlass nach dem Tod des Längstlebenden *als Einheit* an Dritte, z.B. die gemeinsamen Kinder, fallen soll. – *Gegensatz:* Einsetzung des überlebenden Ehegatten als → Vorerben und z.B. der → Abkömmlinge als → Nacherben. – Im Zweifel ist die gegenseitige Erbeinsetzung als Berliner Testament auszulegen (§ 2269 BGB). Lebenspartner können ebenfalls ein solches → Testament errichten (§ 10 IV LPartG).

Berliner Verfahren – I. Steuerrecht: Aktuell nicht mehr angewendetes Verfahren zur Bewertung nicht notierter Aktien und Anteile an Kapitalgesellschaften, das durch das → Stuttgarter Verfahren ersetzt wurde. Da das Stuttgarter Verfahren nach dem Urteil des Bundesverfassungsgerichts (BVerfG, 1 BvL 10/02 vom 7.11.2006) nicht mehr mit dem Grundgesetz vereinbar ist, wurden Neuregelungen zur Bewertung von von Betriebsvermögen und Beteiligungsbesitz im Rahmen der → Erbschaftsteuerreform geschaffen.

II. Amtliche Statistik: Verfahren der → Zeitreihenanalyse, das in Zusammenarbeit von → Statistischem Bundesamt (StBA), der Technischen Universität Berlin und dem Deutschen Institut für Wirtschaftsforschung (Berlin) entwickelt worden ist und zur Ausschaltung von Saisoneinflüssen bei Zeitreihen (→ Saisonbereinigung) verwendet wird. Das Statistische Bundesamt veröffentlicht seit 1972 Ergebnisse von Zeitreihenanalysen nach dem Berliner Verfahren, seit 2004 in der aktuellen Verfahrensversion BV4.1. Die Software wird für nichtgewerbliche Zwecke vom Statistischen Bundesamt zur Verfügung gestellt. Für zentrale Indikatoren veröffentlicht das Statistische Bundesamt zusätzlich auch nach dem Verfahren → X-12-ARIMA ermittelte saisonbereinigte Werte.

Berliner Zentralbank – gegründet aufgrund der VO vom 20.3.1949 (Einführung der DM-West als alleiniger Währung in West-Berlin) als Körperschaft des öffentlichen Rechts. – Seit dem 1.8.1957 mit der → Bank deutscher Länder und den Landeszentralbanken verschmolzen und in die → Deutsche Bundesbank umgewandelt.

Berlinpräferenz → Förderung der Wirtschaft von Berlin (West).

Bermudaversicherer – 1. *Begriff:* Risikoträger, die ihren Hauptsitz in Bermuda unterhalten. Meist sind damit in der → Rückversicherung Risikoträger gemeint, die schwerpunktmäßig auf das weltweite Natur-Katastrophengeschäft ausgerichtet sind. – 2. *Bedeutung:* Bermuda ist einer der größten Versicherungsstandorte weltweit. Als Offshore (Re)Insurance-Standort fördern in Bermuda günstige Rahmenbedingungen, z.B. Steuererleichterungen und -gesetzgebung bzw. vorteilhafte Solvabilitätsvorschriften, die Gründung von Rück- bzw. Erstversicherungsgesellschaften. – 3. *Entwicklungen:* Nach Gründung diverser → Captives in den 1960er-Jahren führten steigende Rückversicherungspreise insbesondere nach dem schadenintensiven Katastrophenereignis des „Hurrikan Andrew" in 1992 („Class of '93") zu einer ersten Gründungswelle von Bermuda-Rückversicherern. Mit der zweiten Welle nach den Anschlägen auf das World Trade Center in New York am 11.9.2001 („Class of 2001") kamen diejenigen Bermuda-Rückversicherer auf den Markt, die die Kapazitätsverengungen im weltweiten Rückversicherungsmarkt ausnutzten. Gleiches war nach dem Hurrikanjahr 2005 in einer dritten Welle zu beobachten. Inzwischen haben die in Bermuda ansässigen Rückversicherer einen Anteil von 10 % am weltweiten Rückversicherungsmarkt.

Berner Übereinkunft → Revidierte Berner Übereinkunft (RBÜ).

Bernoulli-Nash-Wohlfahrtsfunktion → Wohlfahrtsfunktion, die aus dem Produkt der (je nach gesellschaftspolitischem Ziel) gewichteten Individualnutzen gebildet wird: $U = g_1 \cdot u_1 \cdot g_2 \cdot u_2 \cdot ... \cdot g_n \cdot u_n$. Die Bernoulli-Nash-Wohlfahrtsfunktion wird im Rahmen der → Wohlfahrtsökonomik verwendet und trägt der Möglichkeit Rechnung, dass die bei der Ermittlung der gesellschaftlichen Wohlfahrt berücksichtigten individuellen → Nutzen nicht autonom sind.

Bernoulli-Prinzip → Entscheidungsregeln bei Risiko. Das Bernoulli-Prinzip besagt, dass es eine für jeden Entscheidungsträger charakteristische Funktion u(e) eine subjektive *Bernoulli-Nutzenfunktion* gibt, sodass der Entscheidungsträger seine Aktionen gemäß dem Erwartungswert der Nutzen der wahrscheinlichkeitsverteilten Ergebnisse ordnet. Es gilt:

$$E_j = \sum_{i=1}^{m} p_i \cdot u(e_{ij}) \rightarrow \text{Max!}$$
$$\text{mit } j = 1, \ldots, n.$$

Eine Wahrscheinlichkeitsverteilung über verschiedene Ergebnisse (w_1) wird einer anderen (w_2) dann und nur dann vorgezogen, wenn der Erwartungswert der subjektiven Nutzen der Ergebnisse gemäß der ersten Wahrscheinlichkeitsverteilung den der zweiten übersteigt. Es gilt:

$$w_1 \geq w_2 \leftrightarrow E_{w_1}(u(e)) \geq E_{w_2}(u(e)).$$

Charakterisierung: Das Bernoulli-Prinzip erfüllt einige plausible Annahmen über das Entscheidungsverhalten unter Risiko (→ Entscheidungstheorie); seine Befolgung setzen daher einige Autoren mit rationalem Verhalten gleich. Der empirische Nachweis derartiger Verhaltensannahmen steht noch aus. – Vgl. auch → Bayes-Regel.

Bernoulli-Variable → Indikatorvariable.

Bernoulli-Verteilung – Bezeichnung für → Verteilung einer → Indikatorvariablen.

Bernstein – Eduard, 1850–1932, Hauptvertreter des Revisionismus (gemäßigte Richtung des marxistischen Sozialismus, erstrebt wird eine Evolution in Form einer Revision des → Marxismus, keine Revolution). Bernstein lehnte v.a. die Verelendungstheorie von Marx ab (→ Verelendung) und setzte sich kritisch mit der Wertlehre des Marxismus auseinander.

Bertrand-Modell → Edgeworth-(Bertrand-)Modell, → oligopolistische Preisbildung.

Bertrand-Oligopol – bes. → Modell nicht kooperativen oligopolistischen Verhaltens. Jeder Anbieter wählt unter der → *Annahme* konstanter Preise für die Produkte aller Konkurrenten den für ihn optimalen Preis. Je höher die Preise der Konkurrenten, umso höher auch sein eigener Preis *(Reaktionsfunktion)*. Bieten alle Konkurrenten ein homogenes Gut an, dann entsteht de facto vollständige Konkurrenz *(Preisnehmerschaft)*. Die steigenden Reaktionsfunktionen widersprechen der seitens eines jeden Anbieters unterstellten Konstanz der Preise aller Konkurrenten. Es entsteht eine Art strategischen Irrtums, der bei einem internationalen → Oligopol die Grundlage für *strategische Handelspolitik* (→ Handelspolitik) sein kann.

Berücksichtigungszeiten – rentenrechtliche Zeiten in der gesetzlichen Rentenversicherung. Eingeführt durch das Rentenreformgesetz vom 18.12.1989 (BGBl. I 2261) mit Wirkung ab 1.1.1992. Sie erfassen zugunsten eines Elternteils rentenrechtlich die Zeit der Erziehung eines Kindes bis zu dessen vollendetem zehnten Lebensjahr, wenn in diesen Zeiten auch die Voraussetzungen für die Anrechnung einer → Kindererziehungszeit vorliegen (§ 57 SGB VI). Zeiten der nicht erwerbsmäßigen Pflege eines Pflegebedürftigen in der Zeit vom 1.1.1992 bis 31.3.1995 können nach § 249b SGB VI ebenfalls Berücksichtigungszeiten sein. – Die Berücksichtigungszeiten begründen keinen eigenständigen Rentenanspruch; sie wirken als Anwartschaftserhaltungszeit nach § 43 I SGB VI, werden angerechnet auf die Wartezeit von 35 Jahren nach § 51 III SGB VI, zählen bei der Ermittlung von Mindestentgeltpunkten bei geringer Beitragsentrichtung gemäß § 262 SGB VI. Außerdem führen sie zu einer höheren Bewertung → beitragsfreier oder → beitragsgeminderter Zeiten (§ 71 III SGB VI).

Beruf – dauerhaft angelegte, i.d.R. eine Ausbildung voraussetzende Betätigung, die → Arbeitskraft sowie → Arbeitszeit überwiegend in Anspruch nimmt. Nach Art. 12 GG besteht das Recht, den Beruf frei wählen zu können, allerdings ohne Gewährleistung der Möglichkeit zum tatsächlichen Tätigwerden. Eine Sondergruppe bilden die freien Berufe (Arzt, Architekt, Rechtsanwalt usw.). – Eine berufliche Tätigkeit kann in einem Angestelltenverhältnis oder als selbstständige Tätigkeit ausgeübt werden. Angestellt arbeiten kann man in Vollzeit oder in Teilzeit, es ist auch möglich, neben einem Hauptberuf zusätzliche → Nebentätigkeiten auszuüben. Die statistische Einordnung erfolgt mithilfe der → Klassifizierung der Berufe.

berufliche Bildung → Berufsbildung.

berufliche Fortbildung – **I. Berufsbildungsgesetz:** 1. *Begriff:* Nach § 1 III BBiG soll die berufliche Fortbildung dem einzelnen die Möglichkeit eröffnen, seine beruflichen Kenntnisse und Fertigkeiten im bisherigen Berufsfeld zu erhalten und zu erweitern, um seine Qualifikation der technischen Entwicklung anzupassen (→ Anpassungsfortbildung) oder einen beruflichen Aufstieg zu ermöglichen (→ Aufstiegsfortbildung). Bei der beruflichen Fortbildung besteht ein Berufsbildungsverhältnis, jedoch kein Berufsausbildungsverhältnis. – 2. Als *Grundlage* für eine geordnete und einheitliche berufliche Fortbildung sowie zu ihrer Anpassung an die technischen, wirtschaftlichen und gesellschaftlichen Erfordernisse und deren Entwicklung können durch Rechtsverordnung bestimmt werden: Inhalt, Ziel, Prüfungsanforderungen, Prüfungsverfahren sowie Zulassungsvoraussetzungen und Bezeichnung des Abschlusses. – 3. *Formen:* Die berufliche Fortbildung kann im Rahmen eines bestehenden Arbeitsverhältnisses im gegenseitigen Interesse von Arbeitgeber und Arbeitnehmer erfolgen. Sie kann innerhalb des Betriebes oder durch außerbetriebliche Fortbildungseinrichtungen durchgeführt werden oder auch durch Fernunterricht. – 4. Die *Kosten* der beruflichen Fortbildung trägt bei arbeitgeberinitiierter Fortbildung i.d.R. der Arbeitgeber (→ Ausbildungsbeihilfe), bei eigeninitiierter Fortbildung dagegen weitgehend der Arbeitnehmer. – Vgl. auch → berufliche Weiterbildung.

II. Sozialgesetzbuch III: s. → Berufsbildung.

berufliche Rehabilitation – Maßnahmen zur (Wieder-)Eingliederung behinderter Menschen

(→ Rehabilitation) in das Erwerbsleben (§§ 33 ff. SGB IX). Voraussetzung ist eine unfall- oder krankheitsbedingte Beeinträchtigung der Berufs- oder Ausbildungsfähigkeit, die eine bes. Hilfe zur dauerhaften Eingliederung in Arbeit und Beruf erforderlich macht. Diese erfolgt unter Einbeziehung sozialer, psychologischer und medizinischer Maßnahmen hauptsächlich als berufliche Erstausbildung behinderter Jugendlicher in Berufsbildungswerken und als → berufliche Fortbildung oder berufliche Umschulung behinderter Erwachsener in Berufsförderungswerken. Körperlich, geistig oder seelisch behinderte Menschen können auch außerhalb der Ausbildungsordnungen anerkannter Ausbildungsberufe ausgebildet werden, um die bes. Verhältnisse dieser Personengruppe zu berücksichtigen (§ 48 I BBiG). Behinderte Menschen können eine individuelle Förderung gemäß der §§ 112 ff. SGB III durch die → Bundesagentur für Arbeit sowie gemäß der §§ 35 ff. SGB IX erhalten.

berufliches Bildungswesen → Berufsbildungssystem, → Berufsausbildung, Berufsschule.

berufliches Gymnasium → Fachgymnasium.

berufliche Sozialisation → Sozialisation.

berufliche Weiterbildung – I. Definition: Berufliche Weiterbildung dient einerseits dem Ziel, aufbauend auf der Ausbildung, einer Erwerbsperson neue Qualifikationen zu vermitteln oder alte zu erhalten und aufzufrischen, um so nachhaltig die Beschäftigungschancen sicherzustellen und ein selbständiges Agieren auf dem Arbeitsmarkt zu ermöglichen. Andererseits zielt sie auf die Sicherstellung des qualitativen und quantitativen Arbeitskräftebedarfs der Betriebe oder der gesamten Volkswirtschaft. Das Lernen in der beruflichen Weiterbildung kann entweder formal in Weiterbildungseinrichtungen, nicht-formal, etwa am Arbeitsplatz, oder informell (Alltags- und Erfahrungslernen) erfolgen. Dabei wird es in Zukunft für alle Beteiligten verstärkt darauf ankommen, eine kontinuierliche Weiterbildung sicherzustellen und lebenslanges Lernen zur Selbstverständlichkeit werden zu lassen. Dabei kommt es zu einer zunehmenden Verschränkung von Aus- und Weiterbildungsaktivitäten, sodass in Zukunft eine Abgrenzungen zum Erstausbildungssystem wie auch zum tertiären Bildungsbereich (Hochschulen, Berufsakademien, etc.) immer schwieriger wird. Gleichzeitig wird auch die in der Vergangenheit geprägte Unterscheidung zwischen beruflicher und allg. Weiterbildung (Erwachsenenbildung, politische Bildung) schwierig. Im Rahmen einer zunehmenden Globalisierung und Flexibilisierung der Arbeitswelt werden vermehrt berufsübergreifende und soziale Kompetenzen, wie etwa Schlüsselqualifikationen, Lernen lernen und Teamfähigkeit, benötigt. Diese werden häufig auch in allen Arten von allg. Weiterbildungsmaßnahmen vermittelt und trainiert, sodass eine systematische Trennung zunehmend künstlich wird.

II. Kosten und Erträge der beruflichen Weiterbildung: Obwohl man sowohl aus individueller als auch aus betrieblicher Perspektive geneigt ist, die Kosten der Weiterbildung in den Vordergrund zu stellen, da sie entweder auf dem Privatkonto oder im betrieblichen Rechnungswesen direkt sichtbar werden, darf aus ökonomischer Perspektive nicht übersehen werden, dass den Kosten einer beruflichen Weiterbildung in der Zukunft Erträge gegenüberstehen. Berufliche Weiterbildungen sind insofern als Investitionen (in Humankapital) zu interpretieren, die grundsätzlich nach den gleichen Investitionskalkülen wie Sachkapitalinvestitionen zu beurteilen sind (→ Humankapitaltheorien). – Die entscheidende Frage bei Humankapitalinvestitionen ist aber, wem die Erträge einer beruflichen Weiterbildung zufallen. Bei den vermehrt benötigten berufsübergreifenden Qualifikationen handelt es sich meist um marktfähige, in vielen Unternehmen einsetzbare, allg. Qualifikationen. Die resultierenden Erträge fallen in Form von höherem Einkommen oder besseren Karriereaussichten schwerpunktmäßig den Arbeitnehmern zu, dementsprechend müssten von diesen auch die Kosten getragen werden. Umfasst die berufliche Weiterbildungsmaßnahme eher betriebs- und tätigkeitsspezifische Qualifikationen, können Unternehmen (über höhere Produktivität) und Arbeitnehmer in gleichem Maße profitieren. Analog zur Abschöpfung der Erträge müssten dementsprechend auch die Kosten aufgeteilt werden, indem die Unternehmen z.B. die direkten Kosten der Weiterbildung (Lehrgangskosten, Sach- und Overheadkosten) aber auch indirekte Kosten wie Lohnfortzahlung für in Weiterbildung befindliche Mitarbeiter übernehmen, und die Arbeitnehmer zumindest einen Teil ihrer Freizeit opfern (→ Opportunitätskosten). Da Weiterbildung aber nicht nur individuelle Erträge, sondern über externe Effekte auch wirtschaftliches Wachstum und gesellschaftliche Erträge mit sich bringt, beteiligt sich darüber hinaus der Staat über Steuererleichterungen etc. in nicht unerheblichem Ausmaß an den Weiterbildungsaufwendungen von Unternehmen und Arbeitnehmern. Außerdem gewährt er finanzielle Unterstützung z.B. im Rahmen von Arbeitsförderungsmaßnahmen, weil Individuen (oder Betriebe) aufgrund von Liquiditätsproblemen an Weiterbildungsinvestitionen gehindert werden.

III. Herausforderungen der beruflichen Weiterbildung: Die berufliche Weiterbildung sieht sich in den kommenden Jahren zahlreichen Problemen und Herausforderungen gegenüber. Die fortschreitende Globalisierung zwingt die Unternehmen zu innovativen Produkten und führt bei gleichzeitig zunehmender Informatisierung zu einer Erhöhung der Wissensintensität in den Produktionsprozessen. Die Herstellung neuer innovativer Produkte verlangt ebenso zusätzliche Qualifikationen der Mitarbeiter wie zunehmend abstrakter und komplexer werdende beschleunigte Entscheidungs- und Ablaufprozesse. Die durch möglichen Kostendruck entstehende Verringerung des Mitarbeiterstammes führt ebenfalls zu höheren Anforderungen an die Belegschaft. Der Bedarf an beruflicher Weiterbildung wird dadurch generell ansteigen. – Da in den kommenden Jahren die dt. Erwerbsbevölkerung aufgrund der demografschen Entwicklung schrumpft, wird sich darüber hinaus der Mangel an Fachkräften verschärfen. Außerdem wird der Pool an qualifizierten Nachwuchskräften dramatisch schrumpfen, sodass in Zukunft nicht mehr davon ausgegangen werden kann, dass der Fachkräftebedarf durch Einstellung von Arbeitsmarkteinsteigern gedeckt wird. Zur Sicherung und Erneuerung der Qualifikationsausstattung müssen deshalb zwingend bisher unzureichend genutzte Lern- und Leistungspotenziale v.a. älterer Arbeitnehmer und von Frauen mit Kindern zusätzlich erschlossen werden. Darüber hinaus müssen auch Erwerbspersonen mit Migrationshintergrund verstärkt in Weiterbildungsmaßnahmen einbezogen werden. – Schließlich wird sich die Art der vermittelten Qualifikationen zunehmend wandeln. Arbeit wird nicht nur wissensbasierter, sondern stellt auch zunehmend Anforderungen an theoretische und analytische Fähigkeiten. Neben rein berufs- und funktionsorientierten Qualifikationen treten daher zunehmend funktionsübergreifende Schlüsselqualifikationsanforderungen wie analytische Fähigkeiten, Kreativität, Teamfähigkeit, Selbststeuerungs- und Kommunikationsfähigkeit.

IV. **Lösungsansätze**: Die aufgezeigten Entwicklungen und Herausforderungen verlangen nach grundsätzlich modifizierten Strukturen der beruflichen Weiterbildung. Dies setzt neben einer soliden Finanzierung, Transparenz, Qualitätssicherung und auch Lernzeit voraus, sodass alle Beteiligten einerseits die Möglichkeit und andererseits einen klaren Anreiz zur Beteiligung an lebenslangem Lernen haben. So müssen Weiterbildungsangebote bspw. inhaltlich und zeitlich derart miteinander verkoppelt sein, dass die Arbeitnehmer und Unternehmen daraus kontinuierliche, durchlässige und miteinander verzahnte Bildungsgänge erkennen und wahrnehmen können. Anerkannte Qualitätssicherungsinstitutionen müssen die fachliche und didaktische Qualität der Anbieter und die Transparenz von Zertifikaten hinsichtlich ihrer Verwertbarkeit sicherstellen. Außerdem müssen verstärkt auch im betrieblichen Arbeitsablauf erworbene Kenntnisse zertifiziert werden, um die Durchlässigkeit und Anschlussfähigkeit zu weiteren Bildungsmaßnahmen sicherzustellen. Aufgrund zunehmender Komplexität wird auch eine nachfragerfreundliche Informations- und Beratungsinfrastruktur nötig, die Arbeitnehmern und Unternehmen neue Orientierungspunkte gibt.

berufliche Zusammenarbeit → Rechtsanwälte dürfen sich mit Mitgliedern einer Rechtsanwaltskammer, der → Patentanwaltskammer, mit → Steuerberatern, → Steuerbevollmächtigten, Wirtschaftsprüfern und → vereidigten Buchprüfern zur gemeinschaftlichen Berufsausübung verbinden. Dies ist auch mit Angehörigen dieser Berufsgruppen aus anderen Staaten möglich, wenn diese aufgrund ihrer jeweiligen → Berufsordnungen oder des Gesetzes über die Tätigkeit europäischer Rechtsanwälte in Deutschland zur Ausübung der Berufstätigkeit in Deutschland berechtigt sind (§ 59a der Bundesrechtsanwaltsordnung vom 1.8.1959, BGBl. I S 565 m.spät.Änd.).

Berufsakademie – Einrichtung des tertiären Bildungsbereichs außerhalb der Hochschule. Die für Abiturienten gedachten Ausbildungsgänge finden im Wechsel in betrieblichen Ausbildungsstätten und hochschulähnlichen Lehreinrichtungen (Studienakademien, Verwaltungs- und Wirtschaftsakademien) statt und sind auf sechs Studiensemester angelegt. Die wissenschafts- und berufsorientierte Ausbildung führt zu einem dem Hochschulabschluss vergleichbaren Abschluss. – *Voraussetzung* für die Aufnahme an einer Staatlichen Berufsakademie (Modell Baden-Württemberg, Sachsen, Berlin u.a. Bundesländer) erfordert einen Vertrag zwischen Studierendem und Praxispartner. Es ist jedoch kein → Berufsausbildungsvertrag i.S.d. BBiG.

Berufsaufbauschule – berufsbildende Schulform für Jugendliche, die in der Berufsausbildung stehen oder eine solche abgeschlossen haben. Aufnahmevoraussetzung ist der Hauptschulabschluss und der mind. halbjährige, erfolgreiche Besuch der → Berufsschule im Rahmen einer Berufsausbildung. Die Berufsaufbauschule vermittelt eine über das Ziel der Berufsschule hinausgehende allg. und fachtheoretische Bildung. – *Unterrichtsvarianten:* (1) *Berufsaufbauschule in Vollzeitform,* die von Schülern mit abgeschlossener Berufsausbildung (oder mehrjähriger Berufspraxis) über zwei bis drei Halbjahre mit durchschnittlich 34 Wochenstunden besucht wird; (2) *Berufsaufbauschule in Teilzeitform,* die parallel zur dualen Berufsbildung oder zur Berufstätigkeit über sechs bis sieben Halbjahre mit elf bis zwölf Wochenstunden im Abendunterricht besucht wird; (3) *kombinierte Berufsaufbauschule,* in der einem Vollzeitblock Teilzeitunterricht folgt und umgekehrt. – *Abschluss:* Der erfolgreiche Abschluss der Berufsaufbauschule führt zu einem dem Realschulabschluss gleichwertigen, allg. Bildungsabschluss.

Berufsausbildung – Ausbildung in einem staatlich → anerkannten Ausbildungsberuf. Die Berufsausbildung hat die für die Ausübung einer qualifizierten beruflichen Tätigkeit in einer sich wandelnden Arbeitswelt notwendigen beruflichen Fertigkeiten, Kenntnisse und Fähigkeiten (berufliche Handlungsfähigkeit) in einem geordneten Ausbildungsgang zu vermitteln. Sie hat ferner den Erwerb der erforderlichen Berufserfahrungen zu ermöglichen (§ 1 III BBiG). Die Berufsausbildung vollzieht sich überwiegend im dualen System (→ duale Berufsausbildung) und den Vollzeitberufsschulen (→ Berufsschule). – Vgl. auch → Berufsausbildungsverhältnis, → Berufsbildung,

→ Berufsbildungssystem, → betriebliche Ausbildung.

Berufsausbildungsbeihilfe – Maßnahme nach dem Sozialgesetzbuch III (SGB III). Zuschüsse oder Darlehen für die berufliche Ausbildung, gewährt von der → Bundesagentur für Arbeit an Jugendliche oder Erwachsene nach §§ 56 ff. SGB III, soweit hierfür die eigenen Mittel und die Mittel der Unterhaltsverpflichteten nicht ausreichen. – *Gefördert* wird die betriebliche oder überbetriebliche Ausbildung in den nach dem Berufsbildungsgesetz (BBiG) anerkannten Berufen, soweit hierfür Eignung und Neigung des Auszubildenden gegeben sind; ggf. auch berufsvorbereitende Maßnahmen für noch nicht berufsreife Jugendliche. – *Voraussetzung für die Leistung* ist, dass dem Auszubildenden die erforderlichen Mittel zur Deckung des Bedarfs für den Lebensunterhalt, die Fahrtkosten, die sonstigen Aufwendungen und die Lehrgangskosten nicht anderweitig zur Verfügung stehen. – *Steuerliche Behandlung:* Aus öffentlichen Mitteln oder von öffentlichen Stiftungen gezahlte Beihilfen sind steuerfrei (§ 3 Nr. 11 EStG). – *Anders:* → Ausbildungsbeihilfe.

Berufsausbildungsförderung → Ausbildungsförderung.

Berufsausbildungskosten – *Steuerliche Behandlung:* 1. Aufwendungen für einen später zu ergreifenden Beruf sind als → Kosten der Lebensführung, nicht als → Betriebsausgaben oder → Werbungskosten abzugsfähig, auch nicht bei Ausbildung eines bereits im Berufsleben Stehenden für einen anderen Beruf (z.B. Studienkosten eines Zahnarztes zum Überwechseln in die allg. Medizin) – 2. Berufsausbildungskosten des Steuerpflichtigen und seines Ehegatten waren bis zum Veranlagungszeitraum 2003 bis zu 920 Euro bei auswärtiger Unterbringung bis zu 1.227 Euro jährlich als → Sonderausgaben (§ 10 I Nr. 7 EStG) abzugsfähig. Seit 1.1.2004 gehören Aufwendungen für eine erstmalige Berufsausbildung oder für das Erststudium, das zugleich eine Erstausbildung vermittelt und nicht im Rahmen eines Dienstverhältnisses erfolgt, grundsätzlich zu den privaten Lebenshaltungskosten (§ 12 V EStG). Sie können jedoch bis zu 4.000 Euro im Kalenderjahr (ab dem VZ 2012 bis 6.000 Euro) als Sonderausgaben abgezogen werden. Bei Ehegatten gilt der Höchstbetrag für jeden. – 3. Berufsausbildungskosten für Personen, die gegenüber dem Steuerpflichtigen oder seinem Ehegatten gesetzlich unterhaltsberechtigt sind oder für die kein → Kinderfreibetrag oder Kindergeld gewährt wird, können aber als → außergewöhnliche Belastungen nach § 33a EStG geltend gemacht werden, höchstens jedoch bis 8.004 Euro für jede unterhaltene Person. Der Höchstbetrag erhöht sich ab dem Veranlagungszeitraum 2010 um den Betrag, der im entsprechenden Veranlagungszeitraum für die Absicherung der unterhaltsberechtigten Person aufgewandten Beiträge (§ 10 I Nr. 3 EStG) anzusetzen ist. – 4. Berufsausbildungskosten für Kinder, für die dem Steuerpflichtigen ein Kinderfreibetrag oder Kindergeld gewährt wird, können ihrer Höhe nach abhängig vom Alter des Kindes, der Art seiner Unterbringung und der Höhe seiner eigenen Einkünfte und Bezüge als außergewöhnliche Belastung geltend gemacht werden (→ Ausbildungsfreibetrag). – *Anders:* → Fortbildungskosten. – 5. *Aktuelle Rechtsprechung:* Rückwirkend ab dem Veranlagungszeitraum 2004 können Aufwendungen eines Steuerpflichtigen für seine erstmalige Berufsausbildung oder sein Erststudium, das gleichzeitig auch eine Erstausbildung vermittelt, nicht als Betriebsausgaben und nicht als Werbungskosten berücksichtigt werden, § 9 Abs. 6 EStG, § 4 Abs. 9 EStG.

Berufsausbildungsverhältnis – 1. *Begriff:* Rechtsverhältnis, das zum Zwecke der Ausbildung in einem staatlich → anerkannten Ausbildungsberuf zwischen einem → Auszubildenden und einem → Ausbildenden begründet wird (§§ 10-50 BBiG). – Vgl. auch → Berufsausbildung. – 2. *Gesetzliche Grundlage:* → Berufsbildungsgesetz (BBiG); einheitliche Regelung der Berufsausbildungsverhältnisse für alle Berufe und Wirtschaftszweige. – 3. Die zuständigen Stellen (→ Industrie- und Handelskammer (IHK), Handwerkskammer) haben für anerkannte Ausbildungsberufe ein → Verzeichnis der Berufsausbildungsverhältnisse einzurichten und zu führen, in das der wesentliche Inhalt des → Berufsausbildungsvertrags einzutragen ist. Die Eintragung ist für den Auszubildenden gebührenfrei (§§ 34ff BBiG). Die Ausbildungsverträge sind unabhängig von der Eintragung rechtswirksam. Jedoch erfolgt die Zulassung zur → Ausbildungsabschlussprüfung nur nach Eintragung bzw. dann, wenn diese ohne Verschulden des Auszubildenden und seines gesetzlichen Vertreters unterblieben ist (§ 43 BBiG). – 4. Der Bundesminister für Wirtschaft und Technologie (BMWT) erlässt im Einvernehmen mit dem Bundesminister für Bildung und durch Rechtsverordnung für die Ausbildungsberufe → Ausbildungsordnungen (§§ 4,5 BBiG, § 25 HandwO). Für einen anerkannten Ausbildungsberuf darf nur nach der Ausbildungsordnung ausgebildet werden (§ 4 II BBiG).

Berufsausbildungsvertrag – 1. *Begriff:* Vertrag zwischen → Ausbildendem und → Auszubildendem, der ein → Berufsausbildungsverhältnis begründet (§ 10 BBiG). Bei Vertragsabschluss mit einem Minderjährigen ist die Zustimmung des gesetzlichen Vertreters erforderlich. Die Vertragsvereinbarungen sind vom Ausbildenden schriftlich niederzulegen und vom Ausbildenden, dem Auszubildenden bzw. seinem gesetzlichen Vertreter zu unterzeichnen. – 2. *Mindestangaben:* Art, sachliche und zeitliche Gliederung sowie Ziel der Berufsausbildung, Beginn und Dauer der Berufsausbildung, Ausbildungsmaßnahmen außerhalb der Ausbildungsstätte, Dauer der regelmäßigen täglichen Arbeitszeit, Dauer der Probezeit, Zahlung und Höhe der Vergütung, Dauer des Urlaubs, Voraussetzungen für eine Kündigung. – 3. *Nichtig* (§12 BBiG): (1) Vereinbarungen, die den

Auszubildenden nach Beendigung des Berufsausbildungsverhältnisses in der Ausübung seiner beruflichen Tätigkeit beschränken (dies gilt nicht, wenn sich Auszubildende innerhalb der letzten sechs Monaten der Berufsausbildung verpflichten, nach deren Abschluss ein Arbeitsverhältnis mit den Ausbildenden einzugehen); (2) die Verpflichtung des Auszubildenden, für die Berufsausbildung eine Entschädigung zu zahlen; (3) → Vertragsstrafen; (4) Ausschluss oder Beschränkung von Schadensersatzansprüchen und die Festsetzung der Höhe eines Schadensersatzes in Pauschbeträgen.

Berufsausrüstung – bestimmte Gegenstände, die in einer erläuternden Liste von der EU-Kommission zusammengestellt sind, können, wenn sie Personen außerhalb des EU-Zollgebietes gehören, abgabenfrei von außerhalb der → EU ansässigen Personen zur vorübergehenden Verwendung abgefertigt und innerhalb von 24 Monaten wieder ausgeführt werden. Dazu gehören Ausrüstungsgegenstände für Presse, Funk und Fernsehen, kinematografische Ausrüstung, Werkzeuge und Ausrüstungsgegenstände von Ärzten, Archäologen, Artisten, Geschäftsleuten usw. Darüber hinaus können sowohl in der EU als auch in einer Reihe von Ländern, die dem Carnet-ATA-Abkommen beigetreten sind, Berufsausrüstungsgegenstände ohne weitere Sicherheitsleistungen nach Vorlage eines → Carnets ATA, ausgestellt im Verwendungsland, vorübergehend eingeführt werden. Beförderungsmittel fallen nicht unter den Begriff der Berufsausrüstung, sind aber als solche unter vergleichbaren Bedingungen im grenzüberschreitenden Verkehr ebenfalls abgabenfrei.

Berufsberatung – 1. *Begriff:* Erteilung von Rat und Auskunft in Fragen der Berufswahl einschließlich des Berufswechsels; ergänzt durch Berufsaufklärung, Unterrichtung über die Förderung der beruflichen Bildung im Einzelfall und Vermittlung in berufliche Ausbildungsstellen (§§ 29 ff., 35 ff. SGB III). – 2. *Regelung:* Soweit die Berufsberatung Aufgabe der → Bundesagentur für Arbeit ist, erfolgt sie grundsätzlich unentgeltlich (§ 42 I SGB III). Die Beratung steht allen Ratsuchenden offen. Ähnlich wie im Fall der Ausbildungs- und → Arbeitsvermittlung (§§ 291 ff. SGB III) kann auch die Berufsberatung inzwischen durch Private erfolgen (§§ 288a ff. SGB III).

berufsbildende Schulen → Berufsbildungssystem, → Berufsschule.

Berufsbildung – 1. *Begriff:* Berufsbildung bezeichnet jenen Sektor des Bildungssystems, der auf die Vermittlung von → Qualifikationen und normativen Orientierungen für Berufstätigkeiten in abgegrenzten Funktions- und Positionsfeldern des Beschäftigungssystems gerichtet ist. Die heute übliche Verwendung des Begriffs schließt die akademischen Ausbildungsgänge aus. Berufsbildung erfolgt außerhalb des allgemeinbildenden Schulwesens an vielfältigen Einrichtungen des → Berufsbildungssystems, v.a. als → Berufsausbildung, als → berufliche Weiterbildung und in verschiedenen Schulformen des beruflichen Schulwesens. – 2. *Rechtliche Grundlagen:* → Berufsbildungsgesetz (BBiG) und Handwerksordnung (HwO) sowie Schulgesetze und Rechtsverordnungen der einzelnen Bundesländer. – 3. *Ziel:* Entsprechend der berufsqualifikatorischen Funktion steht in den Organisationsformen der Berufsbildung die Vermittlung fachtheoretischer und fachpraktischer Inhalte im Vordergrund; sie werden in unterschiedlichem Maß durch Inhalte des allgemeinbildenden Fächerkanons ergänzt. – Wesentlich für den derzeitigen Status der Berufsbildung ist die Tatsache, dass ihre formalen Abschlüsse zwar prinzipiell den Zugang zu bestimmten Funktionen im Beschäftigungssystem eröffnen, sie jedoch traditionell nur in begrenztem Umfang Anschluss an das allg. Berechtigungswesen (allgemeinbildende Abschlüsse, bes. allg. Hochschulreife) ermöglichen. Soweit in den vergangenen Jahren die Gleichstellung beruflicher Abschlüsse mit Berechtigungen allgemeinbildender Schulen erreicht wurde, ließ sich dies nur über die verstärkte Aufnahme allgemeinbildender Fächer zulasten berufsbezogener Inhalte durchsetzen. Hintergrund dieser Problematik ist die traditionelle Diskreditierung der Berufsbildung gegenüber einer als zweckfreier Menschenbildung verstandenen „Allgemeinbildung". – 4. Im Zusammenhang der pädagogischen Theoriebildung und der bildungspolitischen Diskussion kennzeichnet der Begriff Berufsbildung eine *bestimmte Qualität personaler Entwicklung* unter dem Einfluss berufsbezogener Lerninhalte und Lernumwelten. Die Frage nach der Bestimmung und Bewertung dieser Qualität im Vergleich zur „Allgemeinbildung" ist eng verknüpft mit der Entstehung und Entwicklung des dt. Bildungsbegriffs. Sie hat die Ausformung des Bildungswesens im 19. und frühen 20 Jh. wesentlich bestimmt und war für die heutige dualistische Struktur des Bildungssystems (→ duale Berufsbildung) prägend. Zugleich bietet sie den Anknüpfungspunkt für eine umfassende Kritik an diesem Dualismus, die in der programmatischen Forderung nach „Gleichwertigkeit trotz Andersartigkeit" von Berufsbildung und „Allgemeinbildung" zum Ausdruck kommt.

Berufsbildungsausschuss – bei der jeweils zuständigen Stelle (i.d.R. Kammern) eingerichtetes Gremium, das die dort zu erlassenden Rechtsvorschriften für die Durchführung der Berufsausbildung beschließt und in allen wichtigen Angelegenheiten der beruflichen Bildung zu unterrichten und zu hören ist. Dem Berufsbildungsausschuss gehören je sechs Beauftragte der Arbeitgeber und der Arbeitnehmer sowie sechs Lehrer an berufsbildenden Schulen (mit beratender Stimme) an. – *Rechtsgrundlage:* §§ 77ff. BBiG. – In der Handwerksordnung als Gesellenprüfungsausschuss bezeichnet.

Berufsbildungsbericht – zentrales Steuerungsinstrument im Rahmen der Berufsbildungsförderung. §86 BBiG verpflichtet das Bundesministerium für

Bildung und Forschung, die Entwicklung der Berufsbildung kontinuierlich zu beobachten und bis zum 1.4. jeden Jahres an die Bundesregierung Bericht zu erstatten. Der Berufsbildungsbericht wird vom → Bundesinstitut für Berufsbildung (BIBB) erstellt. Er soll den Stand und die voraussichtliche Weiterentwicklung des Ausbildungsplatzangebotes der kommenden Jahre darstellen und bei einer Gefährdung der Sicherheit eines regional und sektoral ausgewogenen Angebots Vorschläge für deren Behebung unterbreiten. Der Berufsbildungsbericht soll daher zwei Teile haben: a) für das zurückliegende Jahr Angaben (1) zur Zahl der neu-abgeschlossenen und der noch bestehenden Berufsausbildungsverträge, (2) zur Zahl der unbesetzt gebliebenen Ausbildungsplätze sowie (3) zur Zahl der nicht vermittelten Ausbildungsplätze suchenden Personen. b) Für das laufende Jahr Einschätzungen (1) zur erwarteten Zahl der Ausbildungsplätze suchenden Personen und (2) zum erwarteten Angebot an Ausbildungsplätzen. Stichtag ist jeweils der Wechsel des Ausbildungsjahres zwischen dem 30.09. und dem 01.10.

Berufsbildungsgesetz (BBiG) – Gesetz vom 23.3.2005 (BGBl. I 931) m.spät.Änd. und zahlreichen Verordnungen zur Ausbildung bestimmter Berufe, regelt → Berufsausbildung, → berufliche Fortbildung und berufliche Umschulung. – *Ausgenommen:* (1) Berufsbildung in den berufsbildenden Schulen, die den Schulgesetzen der Länder untersteht; (2) Berufsbildung in einem öffentlich-rechtlichen Dienstverhältnis und auf Kauffahrteischiffen, soweit es sich nicht um Schiffe der kleinen Hochseefischerei oder der Küstenfischerei handelt. – Für die Berufsbildung im *Handwerk* gilt z.T. das Berufsbildungsgesetz (z.B. Vorschriften über den Berufsausbildungsvertrag), z.T. die Handwerksordnung (HandwO), die weitgehend dem Berufsbildungsgesetz angepasst ist.

Berufsbildungspass – vom Bundesausschuss für Berufsbildung durch Beschluss vom 25.10.1974 empfohlener Pass, der den Inhaber in die Lage versetzt, seine Bemühungen auf dem Sektor der beruflichen Weiterbildung übersichtlich und vollständig zu dokumentieren. Eintragung auf Wunsch des Teilnehmers durch den Veranstalter. Die Funktionen des Berufsbildungspasses scheinen vor dem Hintergrund des lebenslangen Lernens und unterschiedlich verwertbarer Zertifikate in Zukunft immer wichtiger zu werden.

Berufsbildungsstatistik – auf Grundlage des Berufsbildungsgesetzes (BBiG) vom 23.3.2005 (BGBl. I S. 931), zuletzt geändert durch Art. 9 b des Gesetzes vom 7.9.2007 (BGBl. I S. 2246), jährlich durchgeführte Erhebung über die → duale Berufsausbildung. Die Berufsbildungsstatistik erfasst Jugendliche mit Ausbildungsvertrag, die sich zum Stichtag der Erhebung in einer Ausbildung im dualen System (Betrieb, Berufsschule) befinden oder einen Ausbildungsvertrag im Berichtsjahr vorzeitig gelöst haben, sowie Teilnehmer an einer Berufsausbildungsvorbereitung, ferner → Ausbilder und Ausbildungsberater. Die Berufsbildungsstatistik liefert, bspw. für das Bundesministerium für Bildung und Forschung (BMBF) oder das → Bundesinstitut für Berufsbildung (BIBB) Informationen zu Ausbildungsanfängern und -abschlüssen. Diese Daten stellen eine wichtige Grundlage zur Planung der Berufsausbildung und für politische Entscheidungen dar.

Berufsbildungssystem – 1. *Begriff/Grundstruktur:* Unter institutionell-organisatorischem Aspekt umfasst das Berufsbildungssystem alle öffentlichen und privaten Einrichtungen von Bildungsmaßnahmen, die direkt oder indirekt an einer beruflichen Qualifizierung beteiligt sind. Die Qualifizierungsmaßnahmen zielen auf das Erreichen beruflicher Abschlüsse auf verschiedenen Stufen mit den entsprechenden formalen Berechtigungen. Daneben geht es um die Ausbildung einer kurzfristigen, tätigkeitsbezogenen Anpassung (Flexibilität) sowie einer beruflichen Beweglichkeit (Mobilität). Die Qualifizierungsmaßnahmen beziehen sich dabei auf stufenweise fortschreitend aufgebaute vorberufliche Bildung, Vorbereitung auf eine Ausbildung bzw. berufliche Tätigkeit, berufliche Erstausbildung (diese besitzt innerhalb der dualen Berufsbildung den quantitativ größten Stellenwert), Vermittlung von Studienzugangsberechtigungen, gehobene Berufsbildung (→ berufliche Weiterbildung, → berufliche Fortbildung, berufliche Umschulung). – 2. *Träger der Einrichtungen des Berufsbildungssystems* sind in den meisten Fällen öffentliche oder private Schulen, Betriebe, überbetriebliche Einrichtungen, Fortbildungszentren, Rehabilitationszentren, Wirtschaftsverbände, Gewerkschaften etc. – 3. *Zentrale rechtliche Grundlage* des Berufsbildungssystems ist das → Berufsbildungsgesetz (BBiG) vom 23.3.2005 m.spät.Änd. Nach § 1 I BBiG umfasst die Berufsbildung die „Berufsausbildungsvorbereitung, die Berufsausbildung, die berufliche Fortbildung und die berufliche Umschulung"; in der Praxis hat sich das Berufsbildungssystem jedoch wesentlich vielschichtiger entwickelt. In Bezug auf die Berufsausbildung gibt es neben dem Jugendarbeitsschutzgesetz noch andere Gesetze, die ausdrücklich die Rechte der Auszubildenden in ihren Regelungsbereich einbeziehen, z.B. Bundesurlaubs-, Tarifvertrags-, Betriebsverfassungs-, Bundespersonalvertretungs- und Kündigungsschutzgesetz. Für die Berufsausbildung gilt neben dem Berufsbildungsgesetz die Handwerksordnung (HandwO). – 4. *Problemfelder:* Nachdem in den letzten Jahren eine Reihe von Maßnahmen zur Verbesserung der beruflichen Bildung durchgeführt wurden (u.a. Ausbau des → Berufsgrundbildungsjahres, Schaffung gestufter → Ausbildungsordnungen, Modellversuche zur Ausbildung von Mädchen in gewerblich-technischen Berufen), werden heute von Berufspädagogik und Bildungspolitik folgende Problemfelder innerhalb des Berufsbildungssystems hervorgehoben: schrittweise Herstellung der Gleichwertigkeit von beruflicher und allgemeiner

Bildung (→ Berufsbildung); Stärkung und Anpassung der Berufsschule an neue Berufsbildungs- und Arbeitsmarkterfordernisse; Weiterentwicklung der Ausbildungsordnungen; Verbesserung der Abstimmung zwischen betrieblicher und schulischer Ausbildung; Integration neuer Informations- und Kommunikationstechniken in die berufliche Ausbildung; Ausbau der beruflichen Weiterbildung; Förderung der Berufsausbildung von benachteiligten Jugendlichen (Mädchen, behinderte Menschen, Ausländer); kontinuierliche fachliche und pädagogische Qualifizierung der Ausbilder. Überlagert werden diese qualitativen Probleme bes. in strukturschwachen Regionen durch den anhaltenden Mangel an qualifizierten Ausbildungsplätzen.

berufsfachlicher Teilarbeitsmarkt → Arbeitsmarkttheorien.

Berufsfachschule – Schule mit Vollzeitunterricht von mind. einjähriger Dauer, für deren Besuch keine Berufsausbildung oder berufliche Tätigkeit vorausgesetzt wird. Sie hat die Aufgabe, allg. und fachliche Inhalte zu vermitteln und den Schüler zu befähigen, den Abschluss in einem → anerkannten Ausbildungsberuf zu erlangen, einen Teil der Berufsausbildung in einem oder mehreren anerkannten Ausbildungsberufen zu ersetzen oder ihn zu einem Berufsausbildungsabschluss zu führen, der nur in Schulen erworben werden kann. – Als *Zugangsvoraussetzung* gilt i.d.R. das Abschlusszeugnis der Hauptschule. Je nach schulartenspezifischen Anforderungen können jedoch auch Realschulabschluss bzw. Reifezeugnis verlangt werden. – *Berechtigungen/Abschlüsse:* Je nach Dauer der Ausbildung wird durch den Besuch der Berufsfachschule die Berufsschulpflicht erfüllt bzw. verkürzt. Die zweijährigen Berufsfachschulen führen zu einem mittleren Bildungsabschluss als Eingangsvoraussetzung für weiterführende Bildungsgänge (→ Fachoberschule, → Fachschule, → Fachgymnasium).

Berufsfeld – zusammenfassende Bezeichnung für eine Gruppe inhaltlich oder funktional verwandter (Ausbildungs-)Berufe. Die Berufsfeldschneidung erfolgte unter stark pragmatischen Gesichtspunkten im Zusammenhang mit der Einführung des → Berufsgrundbildungsjahres. Zz. werden 13 Berufsfelder unterschieden: Wirtschaft und Verwaltung; Metalltechnik; Elektrotechnik; Bautechnik; Holztechnik; Textiltechnik und Bekleidung; Chemie, Physik, Biologie; Drucktechnik; Farbtechnik und Raumgestaltung; Gesundheit; Körperpflege; Ernährung und Hauswirtschaft; Agrarwirtschaft.

Berufsförderung – I. Bundesagentur für Arbeit (BA): Leistungen zur Förderung der beruflichen Weiterbildung in Form der *individuelle Förderung* an Einzelpersonen zu deren beruflicher Ausbildung und Weiterbildung werden von der Bundesagentur für Arbeit erbracht, z.B. Berufsausbildungsbeihilfe (§§ 56 ff. SGB III) etc.

II. Gesetzliche Rentenversicherung: Leistungen, z.B. zur → Rehabilitation (→ berufliche Rehabilitation) von Versicherten, deren Erwerbsfähigkeit wegen Krankheit erheblich gefährdet oder gemindert ist, wenn dadurch die Erwerbsfähigkeit wesentlich gebessert oder wiederhergestellt oder eine Erwerbsminderung abgewendet werden kann (§§ 9 ff. SGB VI). Bei Nichterfüllung der hierfür erforderlichen → Wartezeit ist die Bundesagentur für Arbeit zuständig.

III. Gesetzliche Unfallversicherung: Leistungen im Rahmen der berufsfördernden Leistungen zur Rehabilitation, wenn ein Versicherter aufgrund eines → Arbeitsunfalls oder einer → Berufskrankheit nicht mehr in der Lage ist, seinen Beruf auszuüben (vgl. § 35 SGB VII i.V. mit §§ 33 ff SGB IX). Es werden Leistungen zur Teilhabe am Arbeitsleben sowie in → Werkstätten für behinderte Menschen erbracht.

Berufsfreiheit – ein durch Art. 12 GG gewährleistetes → Grundrecht, nach dem alle Deutschen das Recht haben, Beruf, Arbeitsplatz und Ausbildungsstätte frei zu wählen. Die Berufsausübung kann durch Gesetz oder aufgrund Gesetzes geregelt werden. Niemand darf zu einer bestimmten Arbeit gezwungen werden mit Ausnahme einer öffentlichen → Dienstverpflichtung und bei gerichtlich angeordneter Freiheitsentziehung.

Berufsgeheimnis – Das Berufsgeheimnis bezeichnet das Recht oder die Pflicht, bes. von Ärzten, Apothekern, → Rechtsanwälten, → Notaren, Patentanwälten, → Verteidigern, → Wirtschaftsprüfern (WP), → vereidigten Buchprüfern oder → Steuerberatern und deren Gehilfen, ein bei der Ausübung ihres Berufes anvertrautes oder sonst bekannt gewordenes fremdes, bes. zum persönlichen Lebensbereich gehörendes oder Betriebs- oder Geschäftsgeheimnis, nicht zu offenbaren, auch nicht gegenüber staatlichen oder sonstigen Vertretern berechtigter Interessen. – *Verstoß* gegen das Berufsgeheimnis ist strafbar nach den §§ 203, 204 StGB mit Freiheitsstrafe bis zu einem Jahr oder Geldstrafe, bei unbefugter Verwertung des fremden Geheimnisses mit Freiheitsstrafe bis zu zwei Jahren oder Geldstrafe; Verfolgung nur auf Strafantrag (§ 205 StGB).

Berufsgenossenschaft – 1. *Begriff:* Träger der gesetzlichen → Unfallversicherung (§§ 114 ff. SGB VII). Verbände in der Form von öffentlich-rechtlichen Körperschaften mit Selbstverwaltung, mit Zwangsmitgliedschaft für die Unternehmen. Finanzierung über Mitgliederbeiträge. – 2. *Arten:* Berufsgenossenschaften für Metall, Bergbau, Steine und Erden, Gas und Wasser, Chemie, Holz- und Schnitzstoffe, Druck und Papier, Textil und Leder, Nahrungs- und Genussmittel, Bau, Seeschifffahrt, Handel und Dienstleistungen, Verkehr und Gesundheitsdienst, Landwirtschaft sowie die Unfallversicherungsträger der öffentlichen Hand. – 3. *Mitgliedschaft:* Pflichtmitglieder sind die Unternehmer der jeweiligen Berufsgruppen, deren Unternehmen ihren Sitz im örtlichen

Zuständigkeitsbereich der Berufsgenossenschaft haben. Die Mitgliedschaft beginnt mit Eröffnung des Unternehmens oder Aufnahme der vorbereitenden Arbeiten. Gegenstand und Art des Unternehmens sind der Berufsgenossenschaft anzuzeigen, die im Unternehmen Beschäftigten sind darüber zu unterrichten, welcher Berufsgenossenschaften das Unternehmen angehört. – 4. *Aufgaben:* Unfallversicherung und Unfallverhütung. Bei vorsätzlicher oder grob fahrlässiger Verletzung der Unfallverhütungsvorschriften stehen der Berufsgenossenschaft Sanktionsmittel zu, die von Geldstrafen bis zur Stilllegung von Maschinen und Anlagen reichen. – 5. *Verfassung:* Die Berufsgenossenschaften geben sich eine Satzung, die von der Vertreterversammlung beschlossen wird und u.a. Bestimmungen treffen muss über Sitz, Vertretung, Form der Willenserklärung, Aufstellung des Haushaltsplans. Die Satzung und ihre Änderungen bedürfen der Genehmigung durch die Aufsichtsbehörde. – 6. *Aufsichtsbehörde:* Bundesversicherungsamt für bundesunmittelbare Berufsgenossenschaften, Landesbehörden für landesunmittelbare Berufsgenossenschaften. – 7. *Dachverbände:* (1) gewerbliche Berufsgenossenschaften, (2) landwirtschaftliche Berufsgenossenschaften im Gesamtverband der deutschen landwirtschaftlichen Berufsgenossenschaften. – 8. Neben den Berufsgenossenschaften werden noch der Bund, die Länder, die Gemeinden und Gemeindeverbände als Versicherungsträger tätig (→ Gemeindeunfallversicherungsverband).

Berufsgerichte – früher: *Ehrengerichte*. 1. *Begriff:* Disziplinargerichte einzelner Berufsstände zur Reinhaltung des Berufsstandes und zur Ahndung eines Verhaltens, das mit einer anständigen Berufsgesinnung nicht in Einklang steht und das Ansehen des Berufsstandes zu beeinträchtigen geeignet ist. – 2. *Maßnahmen:* Die von den Berufsgerichten zu verhängenden Maßnahmen für standeswidriges Verhalten sind meist gestaffelt von Verwarnungen über Geldbußen bis zum Ausschluss aus dem Berufsstand (und damit Berufsverbot). Von den Berufsgerichten scharf zu trennen sind die Strafgerichte, die über die Strafbarkeit eines Verhaltens aufgrund der allg., für alle geltenden Gesetze entscheiden. – 3. *Verfahren:* Das Verfahren vor den Berufsgerichten ist meist der Strafprozessordnung angeglichen. Das Verfahren vor dem ordentlichen Gericht und das vor dem Berufsgericht sind unabhängig voneinander, auch im Schuldspruch, meist wird das ehrengerichtliche Verfahren bis zur Entscheidung des Strafverfahrens ausgesetzt. – 4. *Rechtliche Regelungen:* Es bestehen einerseits bundesgesetzliche Regelungen, z.B. für Steuerberater und Steuerbevollmächtigte im Steuerberatungsgesetz, andererseits landesgesetzliche Regelungen, z.B. für Ärzte, Apotheker. – 5. Für *Beamte:* → Disziplinarverfahren.

Berufsgliederung – Ordnung der Berufszugehörigkeit von Erwerbspersonen in der → amtlichen Statistik. – Vgl. auch → Berufssystematik.

Berufsgrundbildungsjahr (BGJ) – 1. *Begriff:* Organisationsform der Grundstufe der → Berufsausbildung, in der eine berufliche Grundbildung auf Berufsfeldbreite (→ Berufsfeld) vermittelt wird und zugleich die allg. Fächer der Sekundarstufe I fortgeführt werden. Es ist für Ausbildungsberufe, die dem Berufsfeld zugeordnet sind, Grundlage einer folgenden Fachbildung. Das Berufsgrundbildungsjahr dauert ein Jahr und wird in einigen Bundesländern und einigen Berufsfeldern in beruflichen Vollzeitschulen oder in der dualen Berufsbildung durchgeführt. – 2. *Ziele:* (1) Erhöhung der beruflichen Mobilität und Flexibilität durch Entspezialisierung; (2) Hinausschieben der speziellen Berufswahl durch gestufte Berufswahlentscheidung; (3) Systematisierung und Pädagogisierung durch produktionsunabhängige Grundbildung; (4) Ausgleich qualitativer und quantitativer Schwankungen im Ausbildungsplatzangebot; (5) bessere Verknüpfung von theoretischem und praktischem Lernen. – 3. *Organisation/Curriculum:* Grundlage des Berufsgrundbildungsjahrs ist die Gruppierung von Ausbildungsberufen zu einigen Berufsfeldern sowie eine weitere Schwerpunktbildung innerhalb von Berufsfeldern. Der Unterricht umfasst einen berufsfeldübergreifenden und einen berufsfeldbezogenen – fachtheoretischen und fachpraktischen – Lernbereich; im zweiten Ausbildungshalbjahr erfolgt ggf. eine Spezialisierung innerhalb der Berufsfeldschwerpunkte. Die Rahmenlehrpläne für den berufsfeldbezogenen Bereich werden von der Kultusministerkonferenz in Abstimmung mit der Bundesregierung erarbeitet. – 4. *Anrechnung:* Der erfolgreiche Besuch des Berufsgrundbildungsjahres wird: (1) mit einem Jahr auf die Ausbildungszeit angerechnet, wenn der gewählte Ausbildungsberuf dem Berufsfeld und ggf. dem Schwerpunkt innerhalb des Berufsfeldes zugeordnet ist, in dem das Berufsgrundbildungsjahr durchgeführt wurde; (2) mit einem halben Jahr angerechnet, wenn der Ausbildungsberuf innerhalb des entsprechenden Berufsfeldes, jedoch außerhalb des jeweiligen Schwerpunktes angesiedelt ist.

Berufsgrundsätze für Wirtschaftsprüfer – Grundsätze der Ausübung des Wirtschaftsprüferberufs, die → Wirtschaftsprüfer (WP) bei der Wahrnehmung ihrer Aufgaben zu beachten haben (allg. Berufspflichten gemäß §§ 43 ff. WPO): 1. *Grundsatz der Unabhängigkeit und Unbefangenheit:* Der Wirtschaftsprüfer ist unabhängig, wenn er weder rechtlichen noch wirtschaftlichen Bindungen an die zu prüfende Gesellschaft unterliegt. Er ist unbefangen, wenn er in seiner inneren Einstellung zu der zu prüfenden Gesellschaft frei ist. – 2. *Grundsatz der Gewissenhaftigkeit:* Der Wirtschaftsprüfer muss bei Erfüllung seiner Aufgaben Gesetze und fachliche Regeln beachten sowie nach seinem Gewissen handeln; er hat sich von dem Grundsatz der getreuen und sorgfältigen Rechenschaftslegung leiten zu lassen. – 3. *Grundsatz der Eigenverantwortlichkeit:* Der Wirtschaftsprüfer hat sein Handeln in eigener Verantwortung zu bestimmen. Auch angestellte Wirtschaftsprüfer haben eigenverantwortlich zu handeln; eigenverantwortliche Tätigkeit verlangt i.d.R., dass der Wirtschaftsprüfer bei einem anderen Wirtschaftsprüfer zeichnungsberechtigt ist oder bei einer Wirtschaftsprüfungsgesellschaft die Rechtsstellung eines Prokuristen hat (vgl. §§ 44 ff. WPO). – 4. *Grundsatz der Verschwiegenheit:* Der Wirtschaftsprüfer hat Kenntnisse von Tatsachen und Umständen, die ihm bei seiner Berufstätigkeit anvertraut oder bekannt werden, sorgsam zu hüten; er darf sie weder für sich auswerten noch weitergeben. Mitarbeiter hat er ebenfalls zur Verschwiegenheit zu verpflichten. – 5. *Grundsatz der Unparteilichkeit:* Der Wirtschaftsprüfer hat bei Prüfungsfeststellungen und bei der Erstattung von Gutachten alle für die Beurteilung wesentlichen Tatbestände zu erfassen und sie allein aus der Sache heraus zu werten und darzustellen. Bei Gutachten für Gerichte und öffentliche Stellen sowie bei Schiedsgutachten oder bei ähnlichen Aufgaben müssen darüber hinaus gegensätzliche Auffassungen zur Sache dargestellt und gegeneinander abgewogen werden. – 6. *Grundsatz berufswürdigen Verhaltens:* Der Wirtschaftsprüfer muss sich so verhalten, dass er das bes. Vertrauen der Öffentlichkeit rechtfertigt und seine Treuepflicht gegenüber dem Auftraggeber wahrt; das gilt auch außerhalb der Berufstätigkeit. Im Verkehr mit anderen Wirtschaftsprüfern muss er sich kollegial verhalten. – 7. *Grundsatz des Verzichts auf unlautere Werbung:* Der Wirtschaftsprüfer darf sich keiner unlauteren Werbung bedienen.

Berufshaftpflichtversicherung des Versicherungsvermittlers – 1. *Begriff:* Pflicht-Haftpflichtversicherung für Versicherungsvermittler. Nach § 34d GewO bedürfen gewerbliche → Versicherungsvermittler zur Erlangung der Gewerbeerlaubnis grundsätzlich einer Berufshaftpflichtversicherung. – 2. *Ziel:* Dadurch sollen Vermögensschäden, die einem Versicherungsnehmer infolge fehlerhafter Beratung entstehen, abgedeckt werden. – 3. *Merkmale:* Die → Haftpflichtversicherung ist bei einem in Deutschland zum Geschäftsbetrieb zugelassenen Versicherer zu nehmen. Sie muss für das gesamte Gebiet der Mitgliedsstaaten der EU und der anderen Vertragsstaaten des Abkommens über den Europäischen Wirtschaftsraum gelten und eine Mindestversicherungssumme von – derzeit – 1,13 Mio. Euro je Versicherungsfall und von 1,7 Mio. Euro für alle Versicherungsfälle eines Jahres aufweisen. Die genannten Mindestversicherungssummen erhöhen oder vermindern sich ab dem 15.1.2013 und danach regelmäßig alle fünf Jahre prozentual entsprechend des Europäischen Verbraucherpreisindexes. – 4. *Ausnahmen:* Vom Abschluss einer Berufshaftpflichtversicherung befreit sind gebundene Vermittler, soweit das vertretene Unternehmen für diese die uneingeschränkte Haftung übernimmt. Die Haftungsübernahme erfolgt durch die Anmeldung des Versicherungsvertreters zum Vermittlerregister vonseiten des Versicherers (§ 34d VII S. 3 GewO). Ebenfalls keine Berufshaftpflichtversicherung benötigen gewerbliche Vermittler, die die Vermittlungstätigkeit nur nebenberuflich ausüben und zudem die weiteren Voraussetzungen des § 34d IX Nr. 1 GewO erfüllen. Auch Bausparkassenvertreter, die nur Risiko-Lebensversicherungen im Rahmen von Bausparverträgen anbieten, und Gewerbetreibende, die zu einer Warenlieferung oder Dienstleistung im Zusammenhang mit einem Darlehens- oder Leasingvertrag Restschuldversicherungen mit einer Jahresprämie von max. 500 Euro vermitteln, müssen nicht über eine Berufshaftpflichtversicherung verfügen.

Berufskleidung – *Arbeitskleidung.* 1. *Begriff:* die während der Arbeit getragene Kleidung. – 2. *Steuerliche Behandlung, Grundsätzliches:* Im Zusammenhang mit Arbeitskleidung stellt sich ertragsteuerlich hauptsächlich die Frage, inwieweit die Aufwendungen für diese Kleidung (Beschaffung, aber auch Reinigung und ähnliche Folgekosten) steuerlich als abziehbarer Aufwand geltend gemacht werden können. Nach allg. Prinzipien kommt ein Abzug von Aufwendungen als Betriebsausgaben (Betriebsinhaber) bzw. als Werbungskosten (Arbeitnehmer) nur dann in Frage, wenn ein Bezug zur privaten Lebensführung definitiv ausscheidet; denn Aufwendungen, die sowohl beruflich wie privat nutzbar sind (gemischte Aufwendungen), sind steuerlich generell nicht abzugsfähig (§ 12 EStG, Lebensführungskosten); die Beweislast dafür, dass diese Bedingungen eingehalten sind, liegt nicht beim Finanzamt, sondern beim Steuerpflichtigen, was zur Folge hat, dass ein Abzug von Aufwendungen für während der Arbeitszeit getragene Kleidung nur dann in Frage kommt, wenn nicht nur jede private Nutzbarkeit der Kleidung im konkreten Fall fehlt, sondern der Steuerpflichtige dies darüber hinaus auch wahrscheinlich machen kann. Vor diesem gesetzlichen Hintergrund haben sich die im Folgenden aufgeführten (strengen) Unterscheidungen herausgebildet. – 3. *Vom Arbeitnehmer beschaffte Kleidung:* a) Handelt es sich um normale „bürgerliche Kleidung“, die auch außerhalb der Arbeitszeit getragen werden könnte, scheidet ein Abzug als Werbungskosten (bzw. Betriebsausgaben) schon deswegen aus, weil der Betreffende selbst dann, wenn er diese Kleidungsstücke tatsächlich ausschließlich während der Arbeitszeit tragen würde, nicht hinreichend beweisen kann, dass jeder private Nutzen fehlt; die mit dem Besitz einhergehende Möglichkeit, diese Kleidung im Bedarfsfall auch einmal privat zu tragen, ist nämlich nicht widerlegbar. Ist die Kleidung also zwar zweckmäßig, aber nicht auf einen bestimmten Beruf abgestellt, kann sie also nicht steuerlich abgesetzt werden. – b) Handelt es sich um eine *„typische Arbeitskleidung“* (z.B. Robe bei einem Richter, Arztkittel bei Arzt, Schwesterntracht bei Krankenschwester), ist ein Abzug als → Werbungskosten (oder, beim Betriebsinhaber, → Betriebsausgaben) dagegen möglich, da das Fehlen einer privaten Nutzbarkeit in solchen Fällen hinreichend klar auf der Hand liegt. – 4. *Vom Betrieb* *beschaffte und dem Arbeitnehmer überlassene Arbeitskleidung*: a) *Grundsätzliches*: Erspart ein Arbeitgeber seinem Arbeitnehmer Ausgaben, die an sich dieser tätigen müsste, stellt dies für den Arbeitnehmer nach den allg. Grundsätzen des EStG eine Einnahme (geldwerter Vorteil) dar. Steuerlich neutral kann die Zuwendung von Arbeitskleidung durch den Arbeitgeber also nur sein, wenn der Arbeitnehmer seinerseits die Aufwendungen für die betreffende Kleidung wieder steuerlich als Werbungskosten geltend machen könnte und/oder die Überlassung der betreffenden Arbeitskleidung durch gesetzliche Sonderbestimmungen zu einer steuerfreien Einnahme erklärt worden ist. – b) *Arbeitsschutzkleidung* (flammensichere Asbestanzüge, säurefeste oder wasserdichte Schürzen, Stiefel, Handschuhe, Kittel von Kaminkehrern etc.): sind steuerfreie Einnahmen. – c) *Überlassene Dienstkleidung* ist steuerfrei bei Polizisten, Soldaten und ähnlichen Berufen (§ 3 Nr. 4 ff. EStG), aber auch vom Arbeitgeber überlassene typische Berufskleidung anderer Berufsgruppen (z.B. Frack des Orchestermusikers), wenn durch Tarifvertrag oder ähnliche Regelungen die betreffenden Arbeitnehmer allg. einen Anspruch auf Gestellung dieser Kleidung haben. – d) Vom Betrieb für Zwecke der *Repräsentation* bzw. der Werbung unentgeltlich überlassene (häufig uniformierte) Arbeitskleidung: Diese Berufskleidung gehört nach den Bestimmungen des Lohn- und Sozialversicherungsrechts zu den → Sachbezügen und ist demgemäß bei Berechnung von Lohnsätzen bzw. Sozialversicherungsbeiträgen zu berücksichtigen.

Berufskolleg – Schulform in einigen Bundesländern, die in ein bis drei Jahren zu einer beruflichen Erstqualifikation und bei mind. zweijähriger Dauer unter bes. Voraussetzungen zur Fachhochschulreife führt. – *Aufnahmevoraussetzung* ist ein Realschulabschluss oder ein gleichwertiger Schulabschluss. – *Unterrichtsvarianten:* (1) Vollzeitschule (Regelfall); (2) Teilzeitunterricht bei Kooperation mit betrieblichen Ausbildungsstätten. – *Ähnlich:* → Fachakademie.

Berufskrankheit – 1. *Begriff*: Krankheit, die von der Bundesregierung durch Rechtsverordnung als Berufskrankheit bezeichnet ist und die ein Versicherter bei einer unfallversicherten Tätigkeit erleidet (§ 9 SGB VII). Im Gegensatz zum → Arbeitsunfall, bei dem die schädigende Einwirkung durch ein zeitlich begrenztes, plötzliches Ereignis erfolgt, stellt die Berufskrankheit das Ergebnis einer länger andauernden, der Gesundheit nachteiligen betrieblichen Beschäftigung dar. Als Berufskrankheit können vom Unfallversicherungsträger auch Krankheiten anerkannt werden, die nicht in der Rechtsverordnung als Berufskrankheit bezeichnet sind, sofern nach neuen Erkenntnissen der medizinischen Wissenschaft die Voraussetzungen für eine Berufskrankheit vorliegen (§ 9 II SGB VII). – 2. *Geltendes Recht:* Die aktuelle Liste der Berufskrankheit findet sich in der Anlage 1 zur Berufskrankheiten-VO vom 31.10.1997 (BGBl. I 2623) m.spät.Änd. – 3. *Verhütung:* (1) Verpflichtung des Arbeitgebers (Gesundheitsschutz), (2) Aufgabe der Gewerbeaufsicht und der → Berufsgenossenschaften durch Vorschläge und Belehrungen. – 4. *Entschädigung:* Die anerkannten Berufskrankheiten sind ein Versicherungsfall in der gesetzlichen → Unfallversicherung und lösen eine Leistungspflicht des Versicherungsträgers aus.

Berufsoberschule – berufsbildende Schulform mit Vollzeitunterricht, die eine allgemeine und fachtheoretische Bildung vermittelt und in mind. zwei Jahren zur fachgebundenen Hochschulreife führt. Durch eine Zusatzprüfung in Französisch oder Latein kann die allgemeine Hochschulreife erworben werden. – *Aufnahmevoraussetzung* ist eine abgeschlossene Berufsausbildung bzw. eine entsprechende Berufspraxis und Realschulabschluss.

Berufsordnung – I. Amtliche Statistik: Gliederungsstufe in der → Berufssystematik. Die Berufsordnung bildet die Basiseinheit des Systems, in der die nach dem Wesen ihrer Berufsaufgabe und Tätigkeit gleichartigen Berufe zusammengefasst sind.

II. Wettbewerbsrecht: Standes- und Ehrenordnungen, die teils in Gesetzen niedergelegt sind, teils kraft Gewohnheitsrecht gelten. Werbeverbote enthält bes. das Standesrecht der Ärzte und Heilberufe sowie der rechts- und steuerberatenden Berufe. Ohne Weiteres unlauter (§ 4 Nr. 11 UWG) sind Verstöße gegen gesetzliche Werbeverbote, sofern diese durch hinreichende Gründe des Gemeinwohls gerechtfertigt sind und dem Grundsatz der Verhältnismäßigkeit genügen (Art. 12 I GG). Verstöße gegen sonstiges Standesrecht können unlauterer Wettbewerb (§ 3 UWG) sein, wenn die verletzte Norm zumindest auch eine wettbewerbsbezogene, d.h. – entsprechend dem Normzweck des § 4 Nr. 11 UWG – eine auf die Lauterkeit des Wettbewerbs bezogene Schutzfunktion hat (→ Rechtsbruch).

Berufspädagogik → Berufs- und Wirtschaftspädagogik.

Berufspflichten des Wirtschaftsprüfers – Die Berufspflichten aber auch die Rechte des → Wirtschaftsprüfers (WP) werden in der → Wirtschaftsprüferordnung (WPO) formuliert. Im vierten Teil der WPO (§ 57 III WPO) wird der → Wirtschaftsprüferkammer (WPK) das Recht eingeräumt, eine Satzung über die Rechte und Pflichten bei der Ausübung der Berufe des Wirtschaftsprüfers und des vereidigten Buchprüfers (Berufssatzung) zu erlassen. – Zu den Berufspflichten (Unabhängigkeit, Unparteilichkeit, Verschwiegenheit, Gewissenhaftigkeit, Eigenverantwortlichkeit, berufswürdiges Verhalten, Verzicht auf berufswidrige Werbung) nimmt das vom IDW herausgegebene WP-Handbuch (2006), das auf die WP-Ordnung Bezug nimmt, auf den Seiten 68 ff. u.a. wie folgt Stellung: – a) *Unabhängigkeit:* „Der Beruf des WP muss unabhängig ausgeübt werden. Die Unabhängigkeit ist eine Kardinaltugend für jeden Berufsangehörigen und ihre Wahrung seine elementare

Pflicht. Nach der EU-Empfehlung zur Unabhängigkeit des Abschlussprüfers und dem IFAC Code of Ethics for Professional Accountants umfasst die Unabhängigkeit sowohl die innere als auch die äußere Unabhängigkeit. Innere Unabhängigkeit (= Unbefangenheit) meint die innere Einstellung, die ausschließlich die zur Erfüllung des vorliegenden Auftrags relevanten Aspekte in Betracht zieht. Die äußere Unabhängigkeit (das Nichtbestehen der Besorgnis der Befangenheit) wird aufgefasst als Vermeidung von Tatsachen und Umständen, die so schwer ins Gewicht fallen, dass ein sachverständiger und informierter Dritter die Fähigkeit des Abschlussprüfers zur objektiven Wahrnehmung seiner Aufgaben in Zweifel ziehen würde. Unabhängigkeit in einem umfassenden Sinne bedeutet, dass der WP in objektiver und subjektiver Hinsicht seine Feststellungen unbeeinflusst von sachfremden Erwägungen und ohne Rücksichtnahme auf eigene Belange oder Interessen Dritter treffen kann. – b) *Unparteilichkeit:* Der WP hat sich bei der Prüfungstätigkeit und der Erstellung von Gutachten unparteiisch zu verhalten, ein Gebot, das vom WP in seiner Funktion als Prüfer oder Gutachter unbedingte Neutralität verlangt. Die Neutralität muss in Prüfungsberichten und Gutachten auch zum Ausdruck kommen. Wesentliche Sachverhalte dürfen nicht verschwiegen werden oder im Rahmen der fachlichen Würdigung unberücksichtigt bleiben. Die fachliche Würdigung der ermittelten Fakten muss nachvollziehbar sein und darf nicht durch Sonderinteressen beeinflusst werden. – c) *Verschwiegenheit:* Die Verschwiegenheit bildet das Fundament für das Vertrauen, das dem WP entgegengebracht wird. Alle Tatsachen und Umstände, die WP bei ihrer Berufstätigkeit anvertraut oder bekannt werden, dürfen nicht unbefugt offenbart werden. – d) *Gewissenhaftigkeit:* WP sind bei der Durchführung ihrer Aufgaben an das Gesetz gebunden und haben die für die Berufsausübung geltenden Bestimmungen sowie die gesetzlichen Regeln zu beachten. Mandate dürfen nur übernommen werden, wenn der WP über die dafür erforderliche Sachkunde und die zur Bearbeitung erforderliche Zeit verfügt. – e) *Eigenverantwortlichkeit:* Der WP hat sein Handeln in eigener Verantwortung zu bestimmen, sich selbst ein Urteil zu bilden und seine Entscheidungen selbst zu treffen. Er muss die Tätigkeit seiner Mitarbeiter so überblicken und beurteilen können, dass er sich selbst eine auf Kenntnis beruhende eigene fachliche Überzeugung bilden kann. Er darf keinen fachlichen Weisungen unterliegen, die ihn verpflichten, insbesondere Prüfungsberichte und Gutachten auch dann zu unterzeichnen, wenn sich ihr Inhalt nicht mit seiner Überzeugung deckt. – f) *Berufswürdiges Verhalten:* Der WP hat sich sowohl innerhalb als auch außerhalb der Berufstätigkeit des Vertrauens und der Achtung würdig zu erweisen, die der Beruf erfordert, und sich der bes. Berufspflichten bewusst zu sein, die ihm aus der Befugnis erwachsen, gesetzlich vorgeschriebene Bestätigungsvermerke zu erteilen."

Berufspsychologie – Zweig der Psychologie, der die Bedingungen feststellt, unter denen ein spezieller Beruf erfolgreich ausgeführt werden kann. – Vgl. auch → Arbeits- und Organisationspsychologie.

Berufsqualifikationsfeststellungsgesetz (BQFG) – vom 6.12.2011 (BGBl. I 2515), dient der besseren Nutzung von im Ausland erworbenen Berufsqualifikationen für den deutschen Arbeitsmarkt, um eine qualifikationsnahe Beschäftigung zu ermöglichen (§ 1 BQFG). Das Gesetz regelt die Feststellung der Gleichwertigkeit im Ausland erworbener Ausbildungsnachweise für bundesrechtlich geregelte Berufe (§ 2 BQFG). Die Länder haben entsprechende Gesetze für landesrechtlich geregelte Berufe erlassen. Das BQFG unterscheidet zwischen reglementierten Berufen, d.h. solchen, bei denen der Berufszugang oder die Ausübung des Berufs durch Gesetz an den Nachweis einer bestimmten Qualifikation gebunden ist, und nicht reglementierten Berufen, bei denen der Berufszugang oder die Ausübung nicht durch Gesetz an den Nachweis einer bestimmten Qualifikation gebunden ist (z.B. die Ausbildungsberufe). Die Zuständigkeit für die Feststellung der Gleichwertigkeit bei den reglementierten Berufen richtet sich nach dem jeweiligen Fachrecht. Bei den nicht-reglementierten Berufen sind die jeweiligen Kammern zuständig.

Berufs-Rechtsschutz – 1. *Begriff:* Risikobereich in der → Rechtsschutzversicherung. Berufs-Rechtsschutz umfasst die Wahrnehmung rechtlicher Interessen des → Versicherungsnehmers im beruflichen Bereich. – 2. *Merkmale:* Als eigenständige Vertragsart wird Berufs-Rechtsschutz regelmäßig Gewerbetreibenden und Freiberuflern unter der Bezeichnung „Berufs-Rechtsschutz für Selbstständige, Rechtsschutz für Firmen" angeboten. Versichert sind dann Rechtsschutzfälle, die in sachlichem Zusammenhang mit der im Versicherungsantrag/-schein bezeichneten selbstständigen beruflichen Tätigkeit des Versicherungsnehmers stehen. Mitversichert sind alle vom Versicherungsnehmer beschäftigten Personen in Ausübung ihrer beruflichen Tätigkeit für den Versicherungsnehmer. Nicht vom Berufs-Rechtsschutz umfasst ist die Wahrnehmung rechtlicher Interessen als Eigentümer, Halter, Erwerber, Mieter, Leasingnehmer oder Fahrer von Kraftfahrzeugen (Verkehrs-Rechtsschutz) sowie als Eigentümer, (Ver-)Mieter, (Ver-)Pächter oder Nutzungsberechtigter von Immobilien. Für diese Risikobereiche ist eine gesonderte Absicherung – auch im Rahmen von Rechtsschutz-Paketlösungen – möglich. Der Berufs-Rechtsschutz umfasst meist folgende Leistungsarten: Schadenersatz-, Arbeits-, Steuer-, Sozialgerichts-, Disziplinar- und Standes-, Straf- und Ordnungswidrigkeiten-Rechtsschutz. Arbeitnehmer erhalten Berufs-Rechtsschutz i.d.R. nur im Rahmen von Rechtsschutzpaketen oder → Privat-Rechtsschutz.

Berufsregister – bei der → Wirtschaftsprüferkammer (WPK) geführtes öffentliches Register für → Wirtschaftsprüfer (WP) und

→ Wirtschaftsprüfungsgesellschaften, auch für → vereidigte Buchprüfer und → Buchprüfungsgesellschaften (§§ 37 ff., 130 WPO).

Berufsrichter – hauptamtlicher, i.d.R. auf Lebenszeit ernannter → Richter im Gegensatz zu den teilweise in gerichtlichen Verfahren zugezogenen → ehrenamtlichen Richtern. Gesetzliche Regelung im Deutschen Richtergesetz i.d.F. vom 19.4.1972 (BGBl. I 713) m.spät.Änd. und den Landesrichtergesetzen.

Berufsschadensausgleich – Leistung für Kriegsopfer gemäß § 30 III BVG an Schwerbeschädigte zum Ausgleich des schädigungsbedingten Schadens im beruflichen Fortkommen. Einzelheiten regelt die Berufsschadensausgleichsverordnung i.d.F. vom 29.6.1984 (BGBl. I 861) m.spät.Änd.

Berufsschule – 1. *Begriff:* Schule, die von Berufsschulpflichtigen/-berechtigten besucht wird, die sich in der beruflichen Ausbildung (→ Berufsausbildung) befinden oder in einem → Arbeitsverhältnis stehen und ihre Schulpflicht noch nicht erfüllt haben (→ Berufsschulpflicht). Die Berufsschule soll als → Lernort in der dualen Berufsbildung allg. und fachliche Lerninhalte unter bes. Berücksichtigung der Anforderungen der Berufsausbildung vermitteln. Der Unterricht erfolgt in Teilzeitform an einem oder zwei Wochentagen oder in zusammenhängenden Teilabschnitten als → Blockunterricht. Er steht in enger Beziehung zur betrieblichen bzw. überbetrieblichen Ausbildung. Im Rahmen einer in Grund- und Fachstufe gegliederten Berufsausbildung kann die Grundstufe als → Berufsgrundbildungsjahr (BGJ) durchgeführt werden. Daneben werden auch die Vollzeitberufsschulen als Berufsschulen bezeichnet. – 2. *Derzeitige Situation:* Die Berufsschule ist traditionell nach Fachrichtungen unterteilt in kaufmännisch-verwaltende, gewerblich-technische, hauswirtschaftlich-pflegerische, landwirtschaftliche und bergbauliche Berufsschulen. Überwiegende Träger der Berufsschulen sind die kommunalen Gebietskörperschaften. Es besteht durchweg eine Mischfinanzierung aus öffentlichen Mitteln, nach der die Schulträger die laufenden Sachausgaben sowie die Personalausgaben des nichtlehrenden Personals und die Bundesländer die Sachausgaben als Zweckzuschüsse wie auch die Personalausgaben für das lehrende Personal und anteilig die Ausbildungsförderung übernehmen. Die Gemeinden tragen nach diesem Finanzierungsmodus etwas mehr als 20 Prozent und die Länder knapp 80 Prozent der Gesamtausgaben. Teilweise werden Gebühren an den Vollzeitberufsschulen erhoben. Der Unterricht erfolgt in Einberufs- oder Berufsgruppenklassen; er beträgt zz. überwiegend acht Wochenstunden, soll jedoch auf zwölf Wochenstunden ausgeweitet werden. Das Curriculum der Berufsschule umfasst berufstheoretischen und berufspraktischen Unterricht sowie Unterricht in allgemeinbildenden Fächern. Die curriculare Regelungskompetenz für den Unterricht an Berufsschulen liegt bei den Bundesländern, die → Lehrpläne werden jedoch zwischen den Bundesländern unter Berücksichtigung der jeweiligen → Ausbildungsordnungen abgestimmt. – Vgl. auch → Berufsbildungssystem, → duale Berufsausbildung.

Berufsschulpflicht – im Rahmen der durch Ländergesetz geregelten allg. Schulpflicht i.d.R. für alle Jugendlichen bis zum vollendeten 18. Lebensjahr oder bis zum Abschluss der beruflichen Erstausbildung, sofern sie keine weiterführenden allgemeinbildenden oder beruflichen Vollzeitschulen besuchen. Die Berufschulpflicht ist grundsätzlich an öffentlichen → Berufsschulen zu erfüllen, in deren Einzugsbereich sich der Ausbildungs- oder Beschäftigungsort des Jugendlichen befindet. Ist kein Beschäftigungsverhältnis gegeben, so ist der Wohnort maßgebend.

Berufsschutz – (umgangssprachlicher) Begriff in der gesetzlichen Rentenversicherung, der ausdrückt, dass Versicherte mit einem qualifizierten Beruf nur beschränkt auf andere (einfachere) Tätigkeiten zur Vermeidung der → Berufsunfähigkeit verweisbar sind.

Berufsstandesvergessenheit → Berufsordnung.

berufsständische Vereinigung → Körperschaften des öffentlichen Rechts, in denen kraft Gesetzes Angehörige bestimmter Berufe Mitglied sind (Zwangsmitgliedschaft). Aufgaben sind Interessenvertretung und Wahrung der inneren Ordnung des Berufsstandes. – Vgl. auch Handwerksinnung, Handwerkskammer, → Industrie- und Handelskammer (IHK).

berufsständische Versorgungswerke – eigenständiges, öffentlich-rechtliches Alterssicherungssystem der → freien Berufe. Erfasst sind v.a. die Angehörigen der kammerfähigen Berufe, etwa Ärzte, Apotheker, Architekten, Notare, Rechtsanwälte, Steuerberater, Wirtschaftsprüfer. Die berufsständischen Versorgungswerke beruhen auf landesgesetzlichen Ermächtigungen. Die Rechtsformen der berufsständischen Versorgungswerke sind unterschiedlich, als rechtsfähige Anstalten oder Körperschaften öffentlichen Rechts oder als unselbstständige Sondervermögen der Kammern. Es besteht grundsätzlich Pflichtmitgliedschaft der Kammermitglieder mit Beitragspflicht, deren Höhe unterschiedlich etwa an einen Prozentsatz der Einkünfte oder die Höchstbeiträge in der gesetzlichen Rentenversicherung anknüpft.

Berufssystematik – I. Amtliche Statistik: Berufsklassifikation; für die → Volkszählung, → Arbeitsmarktstatistik, → Beschäftigungsstatistik und Personalstatistik im öffentlichen Dienst angewandtes Schema zur Gliederung der → Berufe. In Deutschland wird die → Klassifizierung der Berufe (KldB) verwendet, die internationale Klassifikation ist die → ISCO.

II. Arbeits- und Lohnsteuerrecht: → Teilzeitbeschäftigte, → Aushilfsarbeitsverhältnis.

Berufstätige → Erwerbstätige.

Berufs- und Wirtschaftspädagogik – I. Begriff: „Teildisziplin der Erziehungswissenschaft, die die pädagogischen Probleme beruflicher Bildungs- und Sozialisationsprozesse, v.a. Jugendlicher, erforscht, reflektiert und konstruktiv zu klären sucht" (Stratmann). Die Berufs- und Wirtschaftspädagogik entwickelte sich historisch aus der Berufsschullehrerausbildung. Entsprechend bezeichnet *Berufspädagogik i.e.S.* die „Wissenschaft von der Ausbildung im gewerblichen und gewerblich-technischen Bereich im Rahmen der Gewerbelehrerausbildung, in Abgrenzung von der *Wirtschaftspädagogik i.e.S.* als der Wissenschaft von der Ausbildung im kaufmännisch-verwaltenden Bereich im Rahmen der Handelslehrerausbildung" (Lipsmeier). Als weitere funktionale Teilbereiche der Berufs- und Wirtschaftspädagogik gelten Berufsschulpädagogik, → Betriebspädagogik, → Arbeitspädagogik und z.T. die allg. Wirtschaftserziehung.

II. Positionen: Entsprechend unterschiedlicher wissenstheoretischer Positionen in der Erziehungswissenschaft insgesamt lässt sich im Bereich der Berufs- und Wirtschaftspädagogik eine Vielzahl konkurrierender Ansätze unterscheiden, deren gemeinsames Merkmal in der Ablehnung der traditionellen kulturphilosophischen Berufs- und Wirtschaftspädagogik sowie in der verstärkten Hinwendung zu empirischen Verfahren zu sehen ist. In grober Klassifikation können unterschieden werden: 1. *Verhaltenstheoretische Positionen*, die Probleme der Lehrer-Schüler-Interaktion in den Mittelpunkt stellen, diese unter methodologischer Orientierung am Konzept des → Kritischen Rationalismus und verhaltenstheoretischer Konzepte der Psychologie aufzuklären versuchen und so eine sukzessive Verbesserung der Ausbildungspraxis anstreben. – 2. *Systemtheoretische Ansätze*, die unter der Leitidee gesellschaftlicher Funktionalität und unter bes. Berücksichtigung der Anforderungen des Beschäftigungssystems versuchen, ein (theoretisches) Subsystem Berufserziehung zu konstruieren, von dem her die Erziehungswirklichkeit erschlossen und beurteilt werden kann und in pragmatischer Absicht im Hinblick auf den Systemzweck optimale institutionelle und curriculare Arrangements getroffen werden können. – 3. *Handlungstheoretische Ansätze*, deren grundlegender Anspruch darin besteht, Prozesse beruflicher Sozialisation vom Subjekt her zu analysieren. Dies bedeutet bes. (1) Bezugnahme auf ein interaktionistisches Person-Umwelt-Konzept, dessen zentrales Konstrukt der Handlungsbegriff ist, (2) Orientierung an der bildungstheoretisch begründeten Leitidee der Mündigkeit des Subjekts und (3) methodologische Verknüpfung empirisch-analytischer und hermeneutisch-interpretativer Verfahren.

III. Forschungsfelder: (1) Ziel- und Normenproblematik, bes. die Frage nach dem Verhältnis von → Berufsbildung und Allgemeinbildung; (2) Evaluation und Entwicklung beruflicher Curricula (→ wirtschaftsberufliche Curriculumentwicklung); (3) Probleme der didaktisch-methodischen Gestaltung beruflicher Lernprozesse (Fachdidaktik Wirtschaftslehre); (4) Lernortproblematik bzw. Theorie und Empirie der → Lernorte der beruflichen Bildung.

Berufsunfähigkeit – I. Privatversicherung: 1. *Begriff:* voraussichtlich mindestens sechs Monate infolge von Krankheit, Körperverletzung oder „Kräfteverfalls" ununterbrochen andauernde Unfähigkeit des Versicherten, seinen Beruf oder eine andere Tätigkeit auszuüben, die er aufgrund seiner Ausbildung und Erfahrung ausüben könnte und die seiner bisherigen Lebensstellung entspricht (Definition nach den → Versicherungsbedingungen in der privaten Versicherungswirtschaft). Versicherte Gefahr in der Lebensversicherung (→ Berufsunfähigkeits-Zusatzversicherung) und in der selbstständigen → Berufsunfähigkeitsversicherung. Bei den meisten Versicherern liegt der Versicherungsfall bei mindestens 50 Prozent Berufsunfähigkeit vor. Der Eintritt der Berufsunfähigkeit wird i.d.R. durch ein ärztliches Gutachten festgestellt. – 2. *Berufsunfähigkeit aufgrund Pflegebedürftigkeit:* Ist ein Versicherter pflegebedürftig, erfüllt er aber nicht die Voraussetzungen einer Berufsunfähigkeit, leisten die Versicherer nach einem Punktesystem, in dem festgelegt ist, ab welcher Punktzahl die → Berufsunfähigkeitsrente bei → Pflegebedürftigkeit einsetzt und ggf. in welcher Höhe geleistet wird. Die Pflegebedürftigkeit kann auch an den Kriterien der Pflegepflichtversicherung gemessen werden. – 3. *Deckungsangebote:* Die am Markt tätigen Versicherungsunternehmen bieten unterschiedliche Deckungen. Auch innerhalb einer Gesellschaft werden teilweise verschiedene Tarife mit verschiedenen Leistungen angeboten. Die Produkte reichen von einer „Basis-Absicherung" bis zu einem sehr umfangreichen Versicherungsschutz. Das breite Angebots- und Bedingungsspektrum erschwert die Markttransparenz. – 4. *Abgrenzung:* Die Berufsunfähigkeit ist von der → Erwerbsunfähigkeit abzugrenzen.

II. Sozialversicherung: Berufsunfähig sind nach § 240 II SGB VI gesetzlich Versicherte, deren Erwerbsfähigkeit wegen Krankheit oder Behinderung im Vergleich zu gesunden Versicherten einer vergleichbaren Gruppe auf weniger als sechs Stunden gesunken ist. Inzwischen abgelöst durch die (teilweise) Erwerbsminderung.

III. Beamtenversorgung: Dienstunfähigkeit.

Berufsunfähigkeitsrente – bis 31.12.2000: Leistung der → gesetzlichen Rentenversicherung (GRV). Seit dem 1.1.2001 gibt es eine Berufsunfähigkeitsrente nicht mehr. Das Risiko der → Berufsunfähigkeit wird über seither für eine Übergangszeit abgesichert durch die Gewährung einer Rente wegen teilweiser Erwerbsminderung (→ Rente wegen Erwerbsminderung) bei Berufsunfähigkeit nach § 240 SGB VI bis zur Vollendung des 65. Lebensjahres bei Versicherten, die vor dem 2.1.1961 geb. sind. – 1. *Voraussetzungen:* Neben den Voraussetzungen des § 240 I SGB VI müssen Berufsunfähigkeit im Sinn des § 240 II SGB VI und eine → Wartezeit von 60 Monaten vorliegen.

Außerdem müssen während der letzten 60 Monate vor Eintritt der Berufsunfähigkeit mind. 36 Monate mit Pflichtbeiträgen belegt sein oder die Berufsunfähigkeit muss aufgrund eines Tatbestandes des § 43 V SGB VI eingetreten sein (z.B. Arbeitsunfall). Nach den §§ 43 IV, 241 SGB VI werden bestimmte Zeiten für die Ermittlung der 60 Kalendermonate, in denen 36 Pflichtbeiträge enthalten sein müssen, nicht mitgezählt (Ersatzzeiten und Zeiten des Bezugs einer Knappschaftsausgleichsleistung vor dem 1.1.1992, Rentenbezugszeiten, Anrechnungszeiten, Berücksichtigungszeiten). War die allg. Wartezeit bereits vor dem 1.1.1984 erfüllt oder war die Berufs- oder Erwerbsunfähigkeit bis zu diesem Zeitpunkt eingetreten, gelten die bes. versicherungsrechtlichen Voraussetzungen des § 241 II SGB VI. – 2. *Laufzeit:* Die Berufsunfähigkeitsrente wird bis zur Vollendung des 65. Lebensjahres gezahlt. Sie ist regelmäßig befristet für längstens drei Jahre ab Rentenbeginn zu gewähren, es sei denn, dass die Behebung der Leistungsminderung unwahrscheinlich ist (§ 102 II SGB VI). – 3. *Hinzuverdienstgrenze:* Seit 1.1.2001 gilt § 96a SGB VI, der die Hinzuverdienstgrenzen für alle Renten wegen verminderter Erwerbsfähigkeit regelt. Dem (hinzuverdienten) Arbeitsentgelt oder -einkommen werden Sozialleistungen mit Lohnersatzfunktion (z.B. Krankengeld) gleichgestellt.

Berufsunfähigkeitsversicherung – 1. *Begriff:* Versicherung gegen das Risiko einer → Berufsunfähigkeit. Bei der Berufsunfähigkeitsversicherung handelt es sich um einen → selbstständigen Versicherungszweig und nicht um eine → Zusatzversicherung. Im Versicherungsfall zahlt die Berufsunfähigkeitsversicherung dem Versicherten eine vereinbarte → Berufsunfähigkeitsrente. – 2. *Leistungsvoraussetzungen:* Nach der klassischen Berufsunfähigkeitsregelung liegt der Versicherungsfall vor, wenn eine mind. fünfzigprozentige Berufsunfähigkeit besteht. Ist dies der Fall, werden 100 Prozent der vereinbarten Versicherungsleistungen erbracht. Staffelregelungen sehen eine Berufsunfähigkeitsleistung ab einem Grad der Berufsunfähigkeit von 25 Prozent oder 33 Prozent vor. Die Berufsunfähigkeitsrente wird dann erst ab 75 Prozent bzw. 67 Prozent Berufsunfähigkeit in der vereinbarten Höhe gezahlt. Die Staffelregelungen führen nicht zu einer Reduzierung des Beitrags. Gilt die sog. 75-Prozent-Klausel, liegt eine Berufsunfähigkeit erst ab einem Berufsunfähigkeitsgrad von 75 Prozent vor. In dieser Variante ist der Beitrag geringer als in den anderen Fällen. Allerdings sind auch die Leistungsvoraussetzungen entsprechend hoch. – 3. *Schüler, Auszubildende und Studierende:* Auch Schüler, Auszubildende und Studierende können sich bereits gegen Berufsunfähigkeit versichern. Dieser Personenkreis hat im Fall einer Berufs- oder Erwerbsunfähigkeit noch gar keinen oder allenfalls einen nur minimalen gesetzlichen Versicherungsschutz. Da von Schülern, Auszubildenden und Studierenden noch kein Beruf ausgeübt wird, gelten für die Einstufung spezifische Bedingungen. Einige Versicherer bieten für die Dauer der Ausbildung nur eine Absicherung gegen → Erwerbsunfähigkeit an, andere bieten einen Berufsunfähigkeitsschutz an, machen aber die Entscheidung, auf welchen Beruf geprüft wird, von der restlichen Ausbildungszeit abhängig. D.h., je näher der Versicherungsnehmer an das Ende seiner Ausbildungszeit gelangt ist, desto eher wird auf den angestrebten Beruf geprüft. Die Regelungen sind allerdings von Versicherer zu Versicherer unterschiedlich. Da das Risiko für Schüler, Auszubildende und Studenten, berufsunfähig zu werden, niedrig ist, sind die Beiträge entsprechend günstig. Die Höhe der versicherbaren Berufsunfähigkeits- bzw. Erwerbsunfähigkeitsrente wird von Versicherer zu Versicherer unterschiedlich festgelegt. – 4. *Risikoprüfung:* Anträge auf eine Berufsunfähigkeitsversicherung bedürfen einer bes. Prüfung hinsichtlich der Versicherbarkeit des Risikos. – a) *Medizinische Risikoprüfung:* Bei Antragsaufnahme wird zunächst anhand der Gesundheitsfragen geprüft (→ Gesundheitsprüfung), ob der Antrag zu normalen Bedingungen und zum beantragten Tarifbeitrag angenommen werden kann. Im Fall von Vorerkrankungen sind medizinische Zusatzerklärungen für eine rasche Risikobeurteilung hilfreich. Ergibt die Risikoprüfung, dass ein Antrag nicht zu den angebotenen Bedingungen angenommen werden kann, wird in erster Linie geprüft, ob durch einen medizinischen Risikozuschlag ein Ausgleich für das erhöhte Risiko geschaffen werden kann. Ist dies nicht der Fall, wird versucht, über einen sinnvollen Leistungsausschluss, eine Begrenzung der Leistungsdauer u.Ä. einen Weg zu finden, dem Antragsteller einen Versicherungsschutz anzubieten. U.U. wird der Vertrag für eine bestimmte Zeit zurückgestellt oder die Übernahme des Versicherungsschutzes ganz abgelehnt. Überschreitet die beantragte Berufsunfähigkeitsrente eine vom Versicherer festgelegte Obergrenze in Abhängigkeit vom Alter des Antragstellers (Untersuchungsgrenzen), wird zusätzlich eine ärztliche Untersuchung notwendig. Für das Versichertenkollektiv ist es von wesentlicher Bedeutung, dass bei der Antragsannahme eine gründliche Risikoprüfung vorgenommen wird. Eine andere Annahmepolitik führt infolge sinkender Überschüsse zwangsläufig zu höheren Prämien. – b) *Wirtschaftliche Risikoprüfung:* Die empirischen Verhältnisse zeigen, dass das subjektive Risiko, berufsunfähig zu werden, überproportional mit der Höhe der versicherten Rente steigt. Bei der wirtschaftlichen Risikoprüfung prüft der Versicherer deshalb, ob die beantragte Rente in einem vernünftigen Verhältnis zum Einkommen des Versicherten steht. Als Obergrenze setzen viele Versicherer 60 Prozent des persönlichen Bruttojahreseinkommens unter Berücksichtigung aller privaten Berufsunfähigkeitsversorgungen – einschließlich der beantragten Berufsunfähigkeitsrente – als Jahresrente an. – Vgl. auch Höchstgrenzen, Invaliditätsversicherung.

Berufsunfähigkeitszusatzversicherung – 1. *Begriff:* Zusatzversicherung gegen das Risiko der → Berufsunfähigkeit, die in Kombination mit verschiedenen Hauptversicherungen, z.B. Risikolebens-, Renten-, Fondsgebundene Lebens-/ Rentenversicherung, abgeschlossen werden kann. Der Vertrag kann nur in Verbindung mit der Hauptversicherung bestehen. – 2. *Leistungen:* Die Berufsunfähigkeitszusatzversicherung zahlt dem Versicherten eine vereinbarte → Berufsunfähigkeitsrente und/ oder stellt ihn in der Hauptversicherung beitragsfrei, wenn er den zuletzt ausgeübten → Beruf nicht mehr dauerhaft ausüben kann.

Berufsverband – 1. *Charakterisierung:* Freie und unabhängige Interessenvertretung, deren Mitglieder Angehörige desselben Berufes oder nahe verwandter Berufe sind. – *Aufgaben:* Interessenwahrnehmung auf gesellschaftlichem, wirtschaftlichem und sozialem Gebiet. – *Organisation:* Berufsverbände sind grundsätzlich fachlich bzw. branchenmäßig organisiert, so z.B. Arbeitgeberverbände und Gewerkschaften. – *Anders:* → berufsständische Vereinigung. – 2. *Steuerliche Behandlung:* a) *Körperschaftsteuer:* Befreit gemäß § 5 I Nr. 5 KStG, sofern kein wirtschaftlicher Geschäftsbetrieb unterhalten wird und nur die ideellen und wirtschaftlichen Interessen des Berufsstandes wahrgenommen werden (Abschn. 8 KStR). Die Steuerbefreiung ist insgesamt ausgeschlossen, wenn ein Berufsverband Mittel von mehr als 10 Prozent seiner Einnahmen für die unmittelbare Unterstützung oder Förderung politischer Parteien verwendet. – b) *Einkommen-/Körperschaftsteuer:* Beiträge zu Berufsverbänden sind bei der Einkommen- bzw. Körperschaftsteuer der Mitglieder als → Betriebsausgaben oder → Werbungskosten abzugsfähig, nicht dagegen Aufwendungen des Steuerpflichtigen aus Anlass von gesellschaftlichen Veranstaltungen des Berufsverbandes; diese gelten als Lebenshaltungskosten.

Berufsverbandsprinzip – Gliederung der Vereinigungen von Arbeitnehmern und -gebern (→ Berufsverbände) nach Berufszugehörigkeit. In der Bundesrepublik Deutschland überwiegt das Industrieverbandsprinzip. Berufsverbände auf Gewerkschaftsseite sind etwa der Marburger Bund, die Gewerkschaft Deutscher Lokomotivführer (GdL) oder die Unabhängige Flugbegleiter Organisation (UFO). – Vgl. auch → Koalition, → Gewerkschaft. – *Gegensatz:* → Industrieverbandsprinzip.

Berufsverbot – I. Öffentliches Recht: das vom Staat oder von den → Berufsgerichten eines Berufsstandes gegenüber einem Berufsangehörigen bei schwerwiegendem Verstoß gegen das Gemeinwohl oder das Berufsethos ausgesprochene und die Ausübung eines bes. Vertrauen voraussetzenden Berufs untersagende Verbot.

II. Strafrecht: Das Berufsverbot ist eine sog. → Maßregel der Besserung und Sicherung (vgl. § 61 Nr. 6 StGB). Maßregeln der Besserung und Sicherung im System der Rechtsfolgen neben der Strafe begründen ein sog. zweispuriges System: Die Strafe ist an die Schuld des Täters geknüpft, Maßregeln der Besserung und Sicherung sind in die Zukunft gerichtete vorbeugende Maßnahmen, die auch ohne Schuld des Täters oder jedenfalls unabhängig vom Maß der Schuld angeordnet werden können. Ein Berufsverbot wird vom Strafgericht angeordnet wegen mit Strafe bedrohter Handlungen, die unter Missbrauch des Berufs oder Gewerbes oder unter grober Verletzung der mit ihnen verbundenen Pflichten begangen worden sind und wenn die Prognose besteht, dass der Täter auch zukünftig seinen Beruf zu Straftaten missbrauchen wird. Das Berufsverbot kann für die Dauer von einem bis zu fünf Jahren oder für immer ausgesprochen werden. Neben Aussetzung des Berufsverbotes zur Bewährung besteht auch die Möglichkeit der Verhängung eines vorläufigen Berufsverbotes (§§ 70 ff. StGB, § 132a StPO).

Berufsvorbereitungsjahr (BVJ) – 1. *Begriff:* einjähriges, vollzeitschulisches Bildungsjahr, das zur Erfüllung der allg. Schulpflicht an berufsbildenden Schulen absolviert wird. – 2. *Adressaten:* Das ursprüngliche Ziel war, Jugendliche gezielt zu fördern, die aufgrund ihrer körperlichen und/oder geistigen Entwicklung nicht oder noch nicht in der Lage sind, eine Berufswahlentscheidung zu treffen oder eine berufliche Ausbildung zu beginnen. Unter dem Einfluss von Ausbildungsplatzmangel und Jugendarbeitslosigkeit hat sich der Adressatenkreis dahin verschoben, dass Jugendliche das Berufsvorbereitungsjahr besuchen müssen, wenn sie nach Beendigung der allgemeinbildenden Schule weder einen vollzeitschulischen Bildungsgang wählen noch ein Ausbildungsverhältnis eingehen und ihre Schulpflicht noch nicht erfüllt haben. – 3. Mit dem *Abschluss des Berufsvorbereitungsjahres* ist i.d.R weder eine Qualifikation noch eine Zugangsberechtigung zu anderen Bildungseinrichtungen verbunden. – 4. *Inhalt:* Vermittlung grundlegender fachlicher Kenntnisse und Fertigkeiten aus einem oder mehreren → Berufsfeldern. Ein bes. didaktisches Gewicht soll fachpraktischen Lernprozessen zukommen. – *Anders:* → Berufsgrundbildungsjahr (BGJ).

Berufszählung – Berufszählungen erfragen den Beruf von Personen. Da dabei nicht der tatsächliche Status der Erwerbstätigkeit erhoben wird, kann das Ausmaß der Beschäftigung nicht genau festgestellt werden. Berufszählungen sind zumeist mit der → Volkszählung gekoppelte statistische Erhebungen.

Berufung – I. Zivilprozessordnung: 1. *Rechtsmittel* gegen Urteile erster Instanz (ausgenommen → Versäumnisurteile, gegen die → Einspruch gegeben ist) zwecks erneuter Verhandlung des Rechtsstreites vor dem nächst höheren Gericht (§§ 511–541 ZPO). Der gesamte von der Berufung betroffene Prozessstoff ist neu zu prüfen und zu beurteilen. Seit dem ZPO-Reformgesetz vom 27.7. 2001 (BGBl. I 1887, 3138) ist nicht mehr der gesamte von der Berufung betroffene

Prozessstoff neu zu prüfen, vielmehr sind die erstinstanzlich festgestellten Tatsachen zugrunde zu legen, wenn nicht konkrete Anhaltspunkte Zweifel an der Vollständigkeit und Richtigkeit der entscheidungserheblichen Feststellung begründen oder die Berücksichtigung neuer Tatsachen zulässig ist (§ 529 I ZPO). Die Berufung ist nur zulässig, wenn der Wert des Beschwerdegegenstands 600 Euro übersteigt oder das Gericht des ersten Rechtszugs die Berufung im Urteil zugelassen hat. Das Gericht des ersten Rechtszuges lässt die Berufung zu, wenn 1.die Rechtssache grundsätzliche Bedeutung hat oder eine Entscheidung des Berufungsgerichts zur Rechtsfortbildung oder zur Sicherung einer einheitlichen Rechtsprechung erforderlich ist und 2. die Partei durch das Urteil mit nicht mehr als 600 EURO beschwert ist (Zulassungsberufung, § 511 Abs. 4 ZPO). – 2. *Berufungsgericht* für angefochtene amtsgerichtliche Urteile ist das Landgericht, mit Ausnahme der → Familiensachen und Kindschaftssachen, bei denen die Berufung an das Oberlandesgericht geht; für landgerichtliche Urteile erster Instanz das Oberlandesgericht. – 3. *Einlegung:* Die Berufung ist innerhalb eines Monats nach → Zustellung des in vollständiger Form abgefassten Urteils durch Einreichung einer von einem Rechtsanwalt unterschriebenen Berufungsschrift beim Berufungsgericht einzulegen (§ 517 ZPO) und innerhalb von zwei Monaten nach Zustellung des in vollständiger Form abgefassten Urteils zu begründen (§ 520 ZPO). Sie kann verlängert werden. Gegen Fristversäumnis u.U. → Wiedereinsetzung in den vorigen Stand. Neue Tatsachen und → Beweismittel, die im ersten Rechtszug nicht zu Recht zurückgewiesen worden sind, können die Parteien unter einschränkenden Voraussetzungen vorbringen. Wurden sie entgegen einer im ersten Rechtszug gesetzten Frist nicht vorgebracht, sind sie nur zuzulassen, wenn nach der freien Überzeugung des Gerichts ihre Zulassung die Erledigung des Rechtsstreits nicht verzögern würde oder wenn die Partei die Verspätung genügend entschuldigt, was glaubhaft zu machen ist (§§ 530, 531 ZPO). Wurden sie unter Verletzung der allg. Prozessförderungspflicht nicht rechtzeitig vorgebracht oder mitgeteilt, so sind sie nur zuzulassen, wenn eine Verzögerung des Rechtsstreites nicht eintreten würde oder wenn die Partei das Vorbringen im ersten Rechtszug nicht aus grober Nachlässigkeit unterlassen hat. – 4. Ein Gesuch um Bewilligung von → Prozesskostenhilfe muss für jeden Rechtszug gesondert gestellt werden (§ 119 ZPO). – 5. *Zulässigkeit*: Das Berufungsgericht prüft von Amts wegen, ob die Berufung an sich statthaft und ob sie in der gesetzlichen Form und Frist eingelegt und begründet ist. Fehlt es an einem der Erfordernisse, ist die Berufung als unzulässig zu verwerfen. Dies kann durch *Beschluss* ergehen. Darüberhinaus soll die Berufung durch Beschluss *unverzüglich* zurückgewiesen werden, wenn das Berufungsgericht *einstimmig* davon überzeugt ist, dass 1. die Berufung offensichtlich keinen Erfolg hat, 2. die Rechtssache keine grundsätzliche Bedeutung hat, 3. die Rechtsfortbildung oder die Sicherung einer einheitlichen Rechtsprechung eine Entscheidung des Berufungsgerichts nicht erfordert und 4. eine mündliche Verhandlung nicht geboten ist. Auf die beabsichtigte Zurückweisung sind die Parteien vorher hinzuweisen. Gegen den Zurückweisungsbeschluss hat der Berufungsführer das Rechtsmittel, dass bei einer Entscheidung durch Urteil zulässig wäre (§ 522 ZPO). – 6. Ist die Berufung zulässig, *entscheidet* das Gericht im Rahmen der gestellten Anträge neu, kann aber das Urteil erster Instanz i. Allg. nicht zum Nachteil des Berufungsklägers ändern; ausnahmsweise (z.B. bei schweren Verfahrensfehlern) kann es den Rechtsstreit unter Aufhebung des Urteils an die erste Instanz zur nochmaligen Verhandlung zurückverweisen. – 7. Die *Kosten* der Berufung, bei Erfolg auch die des ganzen Rechtsstreits, trägt die unterliegende Partei.

II. Strafprozessordnung: (§§ 312–332 StPO): 1. gegen die Urteile der Amtsgerichte i.d.R. zulässiges *Rechtsmittel,* das zur Nachprüfung in tatsächlicher und rechtlicher Hinsicht führt. Bei einer Verurteilung zu einer Geldstrafe von nicht mehr als 15 → Tagessätzen oder einer Verwarnung mit einem Strafvorbehalt in Höhe von nicht mehr als 15 Tagessätzen oder einer Verurteilung zu einer Geldbuße ist die Berufung nur zulässig, wenn sie angenommen wird (§§ 313 I, 322a StPO). Das Gleiche gilt bei Freispruch oder Einstellung des Verfahrens, wenn die Staatsanwaltschaft nicht mehr als 30 Tagessätze beantragt hatte. Die Berufung kann auf einzelne Teile des Urteilsspruches (z.B. Strafhöhe) beschränkt werden. – 2. *Einlegung:* Die Berufung muss innerhalb einer Woche beim Amtsgericht schriftlich oder zu Protokoll der Geschäftsstelle eingelegt werden. Die Frist beginnt mit Verkündung des Urteils, ausnahmsweise erst mit dessen formeller Zustellung (1) für den bei der Verkündung des Urteils nicht anwesenden Angeklagten; (2) für andere Prozessbeteiligte, die bei der Urteilsverkündung nicht anwesend und auch nicht vertreten waren (z.B. → Nebenkläger). – 3. Berufung *bewirkt Verhandlung* vor der Strafkammer des Landgerichts und hemmt den Eintritt der → Rechtskraft des Urteils. Auf die alleinige Berufung des Angeklagten hin kann das angefochtene Urteil nicht zu seinem Nachteil geändert werden (Verbot der sog. reformatio in peius, § 331 I StPO).

III. Arbeitsgerichtsbarkeit: (§§ 64 ff. ArbGG): 1. *Rechtsmittel* gegen Urteile der → Arbeitsgerichte an das → Landesarbeitsgericht. – 2. *Zulässig:* a) Gegen *Urteile der Arbeitsgerichte* ist nach § 64 ArbGG die Berufung an das Landesarbeitsgericht statthaft. – b) In *vermögensrechtlichen Streitigkeiten* ist die Berufung nur möglich (§ 64 II): (1) wenn der Wert des Beschwerdegegenstandes 600 Euro übersteigt oder (2) wenn das Arbeitsgericht die Berufung zugelassen hat oder (3) in Streitigkeiten über das Bestehen oder die Kündigung von Arbeitsverhältnissen. – 3. *Berufungsfrist* beträgt einen Monat seit Zustellung des

Urteils und muss innerhalb von zwei Monaten seit Zustellung des Urteils begründet werden. – 4. *Vertretung* durch Rechtsanwälte oder Vertreter von Gewerkschaften oder von Arbeitgebervereinigungen (→ Koalition, → Berufsverband) erforderlich (§ 11 II ArbGG, → Arbeitsgerichtsbarkeit).

IV. Verwaltungsgerichtsbarkeit: (§§ 124–130b VwGO): 1. *Rechtsmittel* gegen Urteile der Verwaltungsgerichte an das *Oberverwaltungsgericht,* wenn sie vom Verwaltungs- oder Oberverwaltungsgericht zugelassen wird. – 2. Die Berufung ist im Fall der Zulassung durch das Verwaltungsgericht innerhalb eines Monats nach Zustellung des Urteils beim Verwaltungsgericht einzulegen. Lässt das Verwaltungsgericht die Berufung nicht zu, ist der Antrag auf Zulassung der Berufung binnen eines Monats nach Zustellung des Urteils beim Verwaltungsgericht zu beantragen; die Zulassungsgründe sind innerhalb von zwei Monaten nach Zustellung des Urteils darzulegen. – 3. Die Berufung ist nur zuzulassen, wenn ernstliche Zweifel an der Richtigkeit des Urteils bestehen, die Rechtssache bes. tatsächliche oder rechtliche Schwierigkeiten aufweist oder grundsätzliche Bedeutung hat oder das Urteil von einer Entscheidung des Bundesverwaltungsgerichts oder eines Oberverwaltungsgerichts oder des Gemeinsamen Senats der Obersten Bundesgerichtshöfe abweicht und auf dieser Abweichung beruht oder ein Verfahrensmangel vorliegt, auf dem die Entscheidung beruhen kann (§ 124 II VwGO).

V. Hochschulrecht: Nach Ausschreibung einer Stelle für Hochschullehrerinnen und Hochschullehrer erfolgt die Auswahl durch Berufung, der wiederum Berufungsverhandlungen folgen, in denen die Lehrstuhlausstattung und das Gehalt (seit 2005: W-Besoldung, aufgeteilt in Grundgehalt und variable Leistungsbezüge) verhandelt werden. Sagt die oder der Berufene zu, kommt es zur Ernennung (Beamtenverhältnis) oder zur Anstellung (Angestelltenverhältnis). Für Berufung und Ernennung waren früher die Hochschulministerien zuständig, mittlerweile sind diese Befugnisse in den meisten Bundesländern auf die Hochschulen übertragen worden (Delegation).

berührungssensitiver Bildschirm → Touch Screen.

Beschädigtenrente – an einen Kriegsbeschädigten zu zahlende Rente nach dem Bundesversorgungsgesetz (BVG). – 1. *Voraussetzung* ist eine Kriegsbeschädigung, die eine Schädigungsfolge mit einem Grad der Schädigungsfolge (GdS) von mind. 30 Prozent bedingt. – 2. *Höhe:* abhängig vom Grad der Schädigungsfolge und (je nach Art der Rente) dem Einkommen des Rentenbeziehers. – 3. *Zusammensetzung:* a) → Grundrente: einkommensunabhängig in der Höhe gestaffelt nach dem Grad der Schädigungsfolge (§ 31 BVG). Ist der Beschädigte durch die Art der Schädigungsfolgen in seinem vor der Schädigung ausgeübten oder begonnenen Beruf bes. betroffen, so ist der GdS höher zu bewerten (§ 30 II BVG). Berufsschadensausgleich erhalten Beschädigte, deren Einkommen aus gegenwärtiger oder früherer Tätigkeit durch die Schädigungsfolgen gemindert ist (§ 30 III BVG). – b) → Ausgleichsrente: für Schwerbeschädigte mit einem GdS von mind. 50 Prozent (§ 32 BVG). – c) *Ehegattenzuschlag* (§ 33a BVG) und *Kinderzuschlag* für Kinder bis zur Vollendung des 16. Lebensjahres und bei Erfüllung bestimmter Voraussetzungen bis zum 27. Lebensjahr (§ 33b BVG). – d) gestaffelte *Schwerstbeschädigtenzulage* für erwerbsunfähig Beschädigte mit einem GdS von mehr als 90 Prozent, die durch die Schädigungsfolgen gesundheitlich außergewöhnlich betroffen sind (§ 31 V BVG).

Beschaffenheitsangaben – als Kennzeichen oder Bestandteil in → geschäftlichen Bezeichnungen oder → Marken benutzte Begriffe, denen die für den Kennzeichenschutz erforderliche Unterscheidungskraft fehlt (→ Freihalteinteresse). Abwandlungen von Beschaffenheitsangaben und sonstigen warenbeschreibenden Angaben sind schutzfähig, wenn sie nicht so eng angelehnt sind, dass ihnen jede individualisierende Eigenart fehlt und der Verkehr in der Abwandlung ohne weiteres das Fachwort erkennt (→ beschreibende Angaben).

Beschaffung – Zusammenfassung aller Tätigkeiten, die der Versorgung eines Unternehmens mit Material, Dienstleistungen, Betriebs- und Arbeitsmitteln sowie Rechten und Informationen aus unternehmensexternen Quellen (Güter- und Dienstleistungsmärkte) dienen. Die Versorgung mit Kapital und Mitarbeitern wird nicht unter das Aufgabenfeld der Beschaffung integriert. – Als oberstes Ziel der Beschaffung kann die langfristige Sicherstellung der anforderungsgerechten Versorgung zu geringstmöglichen Kosten formuliert werden. Die Beschaffungsaufgaben können nach strategischen und operativen unterschieden werden. a) Wesentliche *strategische Aufgaben* sind: (1) Beschaffungsmarktforschung, (2) Festlegung über zentrale und/oder dezentrale Beschaffung, (3) Lieferantenanalyse, -bewertung und -auswahl, (4) Beziehungsmanagement zu Lieferanten, (5) Verhandlung, Abschluss sowie Kontrolle von Rahmenvereinbarungen, (6) Planung und Einsatz geeigneter informatorischer Unterstützungssysteme, (7) Erstellung von Beschaffungsportfolios. – b) Die Gliederung der *operativen Aufgaben* zerfällt in: (1) Bestandskontrolle, (2) Bedarfsermittlung und Bestellmengenplanung, (3) Lieferantenauswahl, (4) Bestellung, (5) Bestellüberwachung sowie in Zusammenarbeit mit dem Logistikbereich (6) Beschaffungslogistik. – Mit der wachsenden Verbreitung von Internettechnologien hat das → E-Procurement wachsende Bedeutung erlangt. Dabei wird unterschieden zwischen Katalog-basierten Beschaffungssystemen, elektronischen Märkten sowie direkten, elektronischen Eins-zu-eins-Beziehungen zwischen Lieferanten und Abnehmern. E-Procurement erstreckt sich heute über das gesamte

Beschaffungsportfolio. – Die betriebliche Beschaffung durchläuft z.Z. einen Wandel, indem erstens durch die Internationalisierung der Beschaffungsmärkte die Bedeutung der Beschaffung für den Unternehmenserfolg weiter steigt und zweitens internetbasierte Systeme gleichzeitig ein Reengineering der Beschaffungsprozesse ermöglichen. Neben dem Einsatz innovativer → Informations- und Kommunikationssysteme (I.u.K.) haben zukünftig Konzepte wie das Lead-Buyer-Konzept, bei dem eine Abteilung eines Unternehmens die Verantwortung für die Beschaffung definierter Produktgruppen für das Gesamtunternehmen übernimmt sowie neue Konzepte zur Gestaltung partnerschaftlicher Beziehungen mit Lieferanten wachsende Bedeutung.

Beschaffungsbudget → Budget der geplanten Aufwendungen für die zu beschaffenden Objekte (Einkaufsbudget) und für die Durchführung aller beschaffungswirtschaftlichen Aufgaben (Beschaffungskostenbudget). – *Zweck:* Vorgabe, Koordination und Kontrolle der Wirtschaftlichkeit der Beschaffungspolitik (→ Beschaffung). – 1. Das → Einkaufsbudget basiert auf den Planpreisen für das geplante Einkaufsvolumen. Unter Einbeziehung der Zahlungstermine lassen sich liquiditätswirksame Auswirkungen aufzeigen. – 2. Das *Beschaffungskostenbudget* wird verursachungsbezogen untergliedert in Bezugskosten-, Administrationskosten- und Bereitstellungskostenbudget. Die Wertansätze beruhen auf Planpreisen bzw. -kosten.

Beschaffungsdisposition – beinhaltet die → Bedarfsermittlung, Bedarfsplanung und -kontrolle sowie die Bestellabwicklung (Festlegung von Liefermengen, -terminen und -orten).

Beschaffungshelfer → Absatzhelfer.

Beschaffungskartell → Einkaufskartell.

Beschaffungskonditionenpolitik → Beschaffungspreispolitik.

Beschaffungskosten – 1. *I.w.S.:* Alle Kosten, die zur Beschaffung der notwendigen Sach- und Dienstleistungen vom Betrieb aufgewandt werden müssen. Beschaffungskosten setzen sich zusammen aus: (1) Beschaffungspreis (Preis der Güter am Markt), (2) Nebenkosten der Beschaffung, z.B. Frachtkosten, Versicherungsbeiträge, Verwaltungskosten, Kosten der Beschaffungsstelle. In diesem Sinn Synonym für → Anschaffungskosten. – 2. *I.e.S.:* Nebenkosten der Beschaffung, d.h. die Anlieferungskosten, die sich u.a. aus Fracht und Versicherung zusammensetzen. – 3. *Planung:* Das Beschaffungskostenbudget ist Teil des → Beschaffungsbudgets. – Vgl. auch → Logistikkosten.

Beschaffungskostenbudget → Beschaffungsbudget.

Beschaffungslogistik – 1. *Begriff:* logistisches Subsystem der (→ Logistik), als Bindungsglied zwischen Beschaffungsmarkt und Produktion(slogistik). – 2. *Aufgaben:* physische Bereitstellung von Einsatzgütern (Roh-, Hilfs- und Betriebsstoffe, Halbfertigprodukte, Kaufteile und Handelsware) gemäß des art- und mengenmäßigen, zeitlichen und örtlichen Bedarfs im Hinblick auf geplante Leistungsprozesse. Aufgrund der Schnittstelle zum Markt sind die Gestaltungsalternativen beschaffungslogistischer Prozesse vom Verhalten nur begrenzt beeinflussbarer Umweltparameter abhängig. Neben der Struktur der Beschaffungsmärkte determiniert zusätzlich die Güterart (wirtschaftliche, technische, physikalische und organisatorische Gütereingeschaften wie z.B. transportkostensensible Commodities, hochwertige Spezialgüter) das Erfolgspotenzial der Beschaffungslogistik. In Abhängigkeit des vereinbarten → Incoterm reicht die beschaffungslogistische Kontrollspanne von der Materialübergabe beim Zulieferanten bis zur Übergabe an den Bedarfsträger im Unternehmen. Dementsprechend zählen zu den beschaffungslogistischen Aufgaben der Transport vom Zulieferanten bis zum Wareneingang, die Warenannahme und -prüfung sowie teilweise die Eingangslagerhaltung und der innerbetriebliche Transport zum Verbrauchsort; ebenso alle damit verbundenen Planungs-, Steuerungs- und Kontrolltätigkeiten. Für die strategische Unternehmensplanung ist zu beachten, dass die Beschaffungslogistik des Abnehmers ähnliche Ziele und Aufgaben wie die Absatzlogistik des Lieferanten verfolgt.

Beschaffungsmarketing – Aufgaben des *strategischen Beschaffungsmarketings* sind die Nutzung vorleistungsspezifischer Marktchancen, die langfristige Sicherung der Bezugsquellen und die Pflege der Beziehungen zu diesen. Das *operative Beschaffungsmarketing* beschäftigt sich mit beschaffungslogistischen Problemstellungen für den Leistungserstellungsprozess. – Beschaffungsmarktforschung und -analyse, Segmentierung des → Beschaffungsmarktes, Grundsätze zum Verhalten gegenüber den Lieferanten, das beschaffungspolitische Marketing-Mix (Beschaffungs-Kontrahierungspolitik, Leistungs- und bes. Qualitätspolitik, Beschaffungswegepolitik, Beschaffungskommunikation) bilden dem Marketingkonzept entsprechend die Kernelemente des Beschaffungsmarketings.

Beschaffungsmarkt – ein der eigenen Produktions- oder Handelsstufe vorgelagerter Markt, auf dem Güter für eigene Produktions- oder Handelsprozesse beschafft werden können. – *Gegensatz:* → Absatzmarkt.

Beschaffungsmarktforschung – Teil der → Marktforschung. – 1. *Begriff:* Systematische Sammlung und Aufbereitung von Informationen über aktuelle und potenzielle Beschaffungsmärkte zur Erhöhung ihrer Transparenz (→ Marktanalyse) und zum Erkennen beschaffungsrelevanter Entwicklungen (→ Marktbeobachtung). – 2. Zentrale *Untersuchungsobjekte* der Beschaffungsmarktforschung sind die zu beschaffenden Einsatzgüter (Materialqualitäten, Werkstoffinnovationen, eingesetzte Produktionsverfahren), die Angebotsstruktur auf den Beschaffungsmärkten (geografische Streuung der Zulieferer, Konkurrenzintensität, relative Wettbewerbspositionen, Angebotsvolumen, -elastizität, Entwicklungen auf Vormärkten), die wirtschaftliche und technische Leistungsfähigkeit aktueller und potenzieller Lieferanten (Umsatz, Maschinenausstattung, Fertigungsverfahren, Gewinn, Liquidität, Mitarbeiterqualifikation, Produktqualität, Lieferservice, Konditionen, Konkurrenzbelieferung) und der Preis (Preisstrukturanalyse, -beobachtung, -vergleich). – 3. Als *Informationsquellen* der Beschaffungsmarktforschung sind neben den traditionellen Quellen (Statistiken, Branchenhandbücher, Geschäftsberichte, Kataloge) Messebesuche, Betriebsbesichtigungen und Einkaufsreisen sowie internetbasierte Informationsquellen relevant. Neben der Objektivität und Vertrauenswürdigkeit der Informationsquellen ist deren permanente Pflege und Weiterentwicklung für eine entscheidungsvorbereitende Beschaffungsmarktforschung unerlässlich.

Beschaffungsmengenpolitik → optimale Bestellmenge.

Beschaffungsnebenkosten → Beschaffungskosten.

Beschaffungsorganisation → Teilbereichsorganisation für den betrieblichen Funktionsbereich „Beschaffung". Die Hierarchieebene unterhalb der Beschaffungsleitung kann z.B. nach Beschaffungsmärkten, -handlungen (z.B. Warenannahme) oder verschiedenen mit den beschafften Produktionsfaktoren herzustellenden Produkten gegliedert werden (Segmentierung).

Beschaffungsplanung – 1. *Begriff:* Festlegung von Zielen, Maßnahmen und Ressourcen zur kostenoptimalen Bereitstellung der für eine bestimmte Planungsperiode erforderlichen Inputfaktoren aus den Beschaffungsmärkten. Objekte sind alle für den Leistungserstellungsprozess benötigten Produktionsfaktoren (→ Beschaffung). In der Praxis wird Beschaffungsplanung regelmäßig auf die Sachgüterbeschaffung beschränkt, enger noch: auf Beschaffungsgüter für die laufenden Betriebsprozesse (Roh-, Hilfs-, Betriebsstoffe; Dienstleistungen). – 2. *Ziele:* (1) Optimierung der Beschaffungskosten; (2) Verminderung der Versorgungsrisiken; (3) Verbesserung der Steuerung und Kontrolle der Beschaffungsdurchführung; (4) Einhaltung der Qualitätsstandards. – 3. *Teilbereiche:* (1) Beschaffungsmengenplanung mit den Komponenten Mengen, Zeit, Kosten (→ optimale Bestellmenge); (2) Beschaffungsvollzugsplanung (Beschaffungsweg, Lieferant, Beschaffungszeit).

Beschaffungspolitik → Beschaffung, → internationale Beschaffungspolitik.

beschaffungspolitisches Instrumentarium → Beschaffung.

Beschaffungspreis – *Einkaufsbruttopreis;* der bei der Anschaffung von Waren zu zahlende Rechnungspreis zzgl. der Beschaffungsnebenkosten (Transport, Versicherung, Verpackung und Zoll); → Beschaffungskosten. Gegenstand der → Beschaffungspreispolitik. – In der Kalkulation und Betriebsabrechnung bei der Bewertung des Verbrauchs und Bestandes von bezogenen Roh- und Hilfsstoffen verwendeter Wert.

Beschaffungspreispolitik – Instrumente des → Handelsmarketings mit zentraler Bedeutung, da die Warenkosten häufig mehr als 60 bis 70 Prozent der Kosten des Handelsbetriebes (→ Handlungskosten) betragen. – 1. *Ziel* ist der günstigste → Wareneinstandspreis unter Beachtung von Produktqualität und Beschaffungssicherheit. – 2. *Konditionen:* Die Bedingungen zu denen der Kaufpreis zu entrichten ist erstrecken sich auf Zahlungszeitpunkte (Vorauszahlungen, Kreditfristen, Stundungen, Raten) und Höhe von Skonti, Rabatten und Zinsen. Im Handel werden vom Lieferanten häufig zusätzlich einmalige Zahlungen und weitere Dienstleistungen gefordert: → Regalmiete, → Schaufenstermiete, → Werbekostenzuschüsse, → Eröffnungsrabatte, kostenlose Regalpflege, Bereitstellung von Displaymaterial oder von Propagandisten.

Beschaffungsprogramm – aus der Analyse des Absatz- und → Produktionsprogramms erstellt. Grundlage ist die → Beschaffungsplanung unter Berücksichtigung unternehmenspolitischer Ziele. Nachgeordnet ist die Beschaffungsvollzugsplanung als operativer Teil der Beschaffungsplanung.

Beschaffungsverhalten gewerblicher Nachfrager → organisationales Kaufverhalten.

Beschaffungsweg – Element des beschaffungspolitischen Instrumentariums (zu unterscheiden vom physischen Beschaffungsweg der → Beschaffungslogistik). Grundsätzlich kommen in Frage: (1) *Direkte Beschaffung:* Bezug unmittelbar beim Hersteller; (2) *indirekte Beschaffung:* Einkauf beim Handel oder unter Einschaltung elektronischer/traditioneller Intermediäre. Mit der Wahl des Beschaffungswegs wird zugleich die Lieferantenstruktur determiniert (→ Lieferantenbeurteilung). Die Usancen der Kontaktanknüpfung und des Leistungsaustausches verändern sich durch Nutzung elektronischer Medien signifikant. – Vgl. auch Beschaffungswegepolitik.

Beschaffungswerbung – Instrument des → Handelsmarketings. Die Beschaffungswerbung umfasst Einsatz unpersönlicher Kommunikationsmittel und die persönliche Kommunikation mit dem Lieferanten, z.B. über die Einhaltung von Qualitätsanforderungen oder über Konsumtrends.

Beschaffungszeit → Lieferzeit zzgl. weiterer Zeiten, so z.B. der Zeitdauer zwischen zwei Bestandsüberprüfungen oder der Zeit für die Auftragsübermittlung (→ Bestellpunktverfahren).

Beschäftigtengrößenklassen → Unternehmensgrößenstruktur.

Beschäftigung – I. Volkswirtschaftslehre: tatsächlicher Einsatz des Produktionsfaktors Arbeit in einer bestimmten Periode (z.B. in einem Jahr); Gegenstand der → Beschäftigungstheorie. – Absolut gemessen durch die in einer Volkswirtschaft geleisteten Arbeitsstunden, die zur Erstellung des Bruttoinlandsproduktes (BIP) eingesetzt wurden. Dieses → Arbeitsvolumen errechnet sich aus der Zahl der Beschäftigten (→ Erwerbstätige nach dem Beschäftigungsortskonzept) multipliziert mit der durchschnittlichen Arbeitszeit pro Beschäftigtem. – Relativ gemessen anhand des → Beschäftigungsgrades.

II. Betriebswirtschaftslehre: Ausnutzung der produktionstechnischen → Kapazität. – Die Beschäftigung kann *gemessen* werden (1) *outputorientiert* in Produkten (bzw. Leistungsmengen), (2) *inputorientiert* in Maschinenstunden, Arbeitsstunden oder anderen, die Inanspruchnahme von Produktionsfaktoren kennzeichnenden Größen, die den individuellen Verhältnissen eines Betriebes angepasst sind. – Unterschiedliche Maßgrößen ergeben zumeist unterschiedliche → Beschäftigungsgrade. Die Messung der Beschäftigung ist somit nicht unproblematisch.

Beschäftigungsabweichung → Abweichungen.

Beschäftigungsanspruch – 1. *Begriff:* Anspruch auf tatsächliche Beschäftigung mit der vertraglich vereinbarten Tätigkeit. Nach h.M. hat im Hinblick auf den Persönlichkeitsschutz der Art. 1 und Art. 2 GG jeder Arbeitnehmer einen Anspruch auf eine vertragsmäßige Beschäftigung, der nur bei Unzumutbarkeit entfällt. Schutzwerte Interessen des Arbeitgebers, die einem Anspruch auf tatsächliche Beschäftigung entgegenstehen, können etwa sein: Auftragsmangel, Verdacht einer strafbaren Handlung des Arbeitnehmers (→ Verdachtskündigung) oder Streitigkeiten mit Arbeitskollegen oder Vorgesetzten. Eine dem entgegenstehende Freistellungsklausel ist regelmäßig unwirksam (vgl. AGBG im Arbeitsrecht). – 2. *Anspruch auf Weiterbeschäftigung während einer Kündigungsschutzklage* (→ Kündigungsschutz): Der gekündigte Arbeitnehmer hat auch nach einer Kündigung einen arbeitsvertraglichen Anspruch auf vertragsmäßige Beschäftigung bis zum rechtskräftigen Abschluss des Kündigungsprozesses, wenn ein Arbeitsgericht festgestellt hat, dass die Kündigung unwirksam ist und überwiegende schutzwerte Interessen des Arbeitgebers einer solchen Beschäftigung nicht entgegenstehen (Beschluss des Großen Senats des BAG vom 27.2.1985 – GS 1/84). Bei ordnungsgemäßem Widerspruch des Betriebsrats gegen die Kündigung gemäß § 102 III BetrVG kann der Arbeitnehmer auch vor einem Urteil die Beschäftigung verlangen. Der Arbeitgeber kann sich nach § 102 V BetrVG von dieser Pflicht durch einstweilige Verfügung des Arbeitsgerichts entbinden lassen. – 3. *Durchsetzung des Beschäftigungsanspruchs*: Der arbeitsvertragliche Beschäftigungsanspruch kann im Klagewege und durch → einstweilige Verfügung geltend gemacht werden.

Beschäftigungsfähigkeit – *Employability;* 1. *Begriff:* Das Konzept betont die Notwendigkeit ständiger Weiterqualifizierung und lebenslangen Lernens sowie die Eigenverantwortung des einzelnen Arbeitnehmers für seine gesamte Erwerbsbiografie bei sich ständig wandelnden Anforderungen. – 2. *Folge:* Die in traditioneller Sicht dominierende Arbeitsplatzsicherheit (job security) soll abgelöst werden durch die genereller angelegte Beschäftigungsfähigkeit bzw. -sicherheit (employment security) des Individuums auf unterschiedlichen Arbeitsplätzen bzw. bei verschiedenen Arbeitgebern. Bei Verlust des Arbeitsplatzes soll möglichst umgehend eine alternative Beschäftigung gefunden werden können. Dieses Konzept, welches v.a. die → Europäische Kommission entwickelt und favorisiert hat, spielt zunächst neben der Förderung von Unternehmergeist, Anpassungsfähigkeit sowie Chancengleichheit eine wesentliche Rolle als eine von vier „Säulen" der in den späten 1990er-Jahren entwickelten „Europäischen Beschäftigungsstrategie" bzw. der Lissabon-Strategie der 2000er-Jahre; später ging es in die revidierten, ab 2005 geltenden „Integrierten Leitlinien für Wachstum und Beschäftigung" ein. Außerdem ist es auf EU-Ebene von zentraler Bedeutung im Rahmen von Konzepten der Flexicurity, die Flexibilität und soziale Sicherheit zu vereinbaren suchen. Auf nationaler Ebene fand es auch Eingang in das Sozialgesetzbuch III (§ 1 II). – Vgl. auch → Arbeitsmarktpolitik, → Beschäftigungspolitik, → Europäische Beschäftigungspolitik.

beschäftigungsfixe Kosten – Kosten, die unabhängig vom → Beschäftigungsgrad in konstanter Höhe anfallen. – Vgl. auch → Bereitschaftskosten, → fixe Kosten.

Beschäftigungsförderungsgesetz – 1. *Grundlage:* Das Gesetz vom 26.4.1985 (BGBl. I 710) trat zunächst befristet in Kraft, wurde mehrfach verlängert, dabei geändert und schließlich durch das am 1.1.2001 in Kraft getretene → Gesetz über Teilzeitarbeit und befristete Arbeitsverträge abgelöst. – 2. *Ziele:* Kernbestimmung des auf Liberalisierung und Deregulierung des Arbeitsmarktes ausgerichteten BeschFG war die „erleichterte Zulassung befristeter Arbeitsverträge" ohne bes. sachliche Begründung und ohne gerichtliche Missbrauchskontrolle für einen Zeitraum von zunächst 18, später bis zu 24 Monaten; außerdem wurden zwei Varianten der Teilzeitarbeit geregelt, nämlich die „Anpassung der Arbeitszeit an den Arbeitsanfall" („Arbeit auf Abruf" oder kapazitätsorientierte, variable Arbeitszeit) und das Jobsharing sowie die zulässige Höchstdauer der Überlassung eines Leiharbeitnehmers an denselben Entleiher (→ Arbeitnehmerüberlassung) verlängert. – 3. *Auswirkungen:* Es kam kaum zur Schaffung zusätzlicher Arbeitsplätze, die Niveaueffekte auf die Höhe der Beschäftigung blieben gering. Das Gesetz führte jedoch zu einem Formwandel des Beschäftigungseinstiegs: Ein zunehmender Anteil von Neueinstellungen erfolgte befristet. Die Befristungsquote erhöhte sich in unterschiedlichen Phasen des Konjunkturverlaufs kaum, da ein Teil der zunächst befristeten

Arbeitsverträge später entfristet wurde. Durch das BeschFG erhielten die Betriebe ein neues Instrument der Personalselektion und -planung bzw. zur Flexibilisierung des Personalbestandes und -einsatzes; innerhalb der betrieblichen Sozialstruktur entstanden neue Differenzierungen und Segmentierungen zwischen Beschäftigtengruppen. Das BeschFG hat zur generellen Zunahme von Arbeitsverhältnissen, die vom Prinzip der Dauer- und Vollzeitbeschäftigung abweichen, beigetragen.

Beschäftigungsgrad – I. Volkswirtschaftslehre: 1. *Begriff: Auslastungsgrad* des in einer Volkswirtschaft vorhandenen → Erwerbspersonenpotenzials, d.h. Zahl der im Inland Beschäftigten (oder Erwerbstätigen) in Prozent des Erwerbspersonenpotenzials. Umgekehrt geben eine modifizierte → Arbeitslosenquote (Zahl der registrierten Arbeitslosen und stille Reserve in Prozent des Erwerbspersonenpotenzials) bzw. eine modifizierte → Erwerbslosenquote (Erwerbslose in Prozent des Erwerbspersonenpotenzials) den Grad der → Unterbeschäftigung des Arbeitskräfteangebots an. – 2. *Bedeutung:* a) Der Beschäftigungsgrad stellt eine Maßzahl für das gesamtwirtschaftliche Beschäftigungsniveau dar. Unter Berücksichtigung nichtkonjunktureller Arbeitslosigkeit kann auch schon ein Wert unter 100 Prozent als Vollbeschäftigungsgrad angesehen werden. – b) Da der Beschäftigungsgrad den Auslastungsgrad des gesamtwirtschaftlichen Produktionspotenzials mitbestimmt, wird er zunehmend als → Beschäftigungsindikator verwendet.

II. Industriebetriebslehre: Verhältnis von Ist- zu Vollbeschäftigung, ausgedrückt durch den Koeffizienten:

$$B. = \frac{\text{Ist-Beschäftigung} \cdot 100}{\text{Vollbeschäftigung}}.$$

Vollbeschäftigung ist der Beschäftigungsstand, bei dem die Ausbringung bei gleichbleibender Anlagendimensionierung (→ Kapazität) auf Dauer nicht mehr gesteigert werden kann.

III. Plankostenrechnung: Verhältnis von Istbezugsgröße zu Planbezugsgröße. – Vgl. auch → Abweichungen.

Beschäftigungsindikatoren – 1. *Begriff:* Quantitative Größen zur Messung von Beschäftigungsniveau (Niveauindikatoren) und Beschäftigungsstruktur (Strukturindikatoren) räumlich und im Zeitablauf. – 2. *Formen:* a) *Niveauindikatoren:* (1) Absolute Zahlen von Beschäftigten, Arbeitslosen bzw. Erwerbslosen, Erwerbspersonen, Kurzarbeitern, offenen Stellen etc.; (2) Quoten wie → Arbeitslosen- bzw. → Erwerbslosenquote, → Erwerbsquote; (3) Wachstumsraten dieser und anderer Größen, die das absolute und relative Beschäftigungsniveau beeinflussen (z.B. → Bruttoinlandsprodukt (BIP), → Arbeitsproduktivität, Arbeitsvolumen und Bevölkerungszahl). – Vgl. auch → Beschäftigungsgrad. – b) *Strukturindikatoren:* U.a. geschlechts-, alters-, berufs-, branchen- und regionalspezifische Verhältniszahlen. – Vgl. auch → Beschäftigungsstruktur. – 3. Die Beschäftigungsindikatoren *dienen* der Beschäftigungspolitik zur Analyse vergangener, zur Prognose zukünftiger und zur Formulierung gewünschter Beschäftigungsentwicklungen. – Vgl. auch → soziale Indikatoren.

Beschäftigungsintensität – 1. *Begriff:* gibt an, um wie viel Prozent sich die Beschäftigung verändert, wenn die Gesamtwirtschaft um ein Prozent wächst. – 2. *Folge:* Die Beschäftigungswirksamkeit des Wirtschaftswachstums ist um so höher, je größer der relative Abstand zwischen diesem und der → Beschäftigungsschwelle ist.

Beschäftigungsniveau → Beschäftigungsgrad.

Beschäftigungsplanung → Kostenplanung.

Beschäftigungspolitik – 1. *Charakterisierung:* Das Hauptziel der Beschäftigungspolitik des Staates und der Tarifpartner liegt in der Aufrechterhaltung bzw. Wiederherstellung einer Vollbeschäftigungssituation (bzw. eines hohen Beschäftigungsstandes). In quantitativer Hinsicht ist ein hoher Beschäftigungsstand mit der Beschäftigung aller arbeitsfähigen und arbeitswilligen Erwerbspersonen gleichzusetzen. Dabei werden bestimmte Personengruppen, wie z.B. Ausländer, Ältere, Behinderte etc. nicht ausgenommen. Die Erreichung dieses Ziels bedeutet allerdings nicht, dass die Arbeitslosenquote gegen null tendieren muss, da in einem marktwirtschaftlichen System ein gewisses Ausmaß an friktioneller → Arbeitslosigkeit stets gegeben und für die Bewältigung des Strukturwandels notwendig ist. In qualitativer Hinsicht bedeutet ein hoher Beschäftigungsstand, dass die Arbeitsplätze nicht nur der Zahl nach mit dem Erwerbspersonenangebot übereinstimmen, sondern auch bestimmte qualitative Anforderungen erfüllen sollen, wie z.B. Beschäftigungsmöglichkeiten in zeitlich gewünschtem Umfang auf Teilzeitarbeitsplätzen, Beschäftigungschancen in der erworbenen Qualifikationsstufe (Vermeidung unterwertiger Beschäftigung) sowie Verbesserung der Beschäftigungsstruktur nach folgenden Gesichtspunkten: Qualifikation (Verringerung des Anteils der An- und Ungelernten) (→ Humankapitaltheorien), Risiko am Arbeitsplatz (Verringerung der Gesundheitsgefährdung und der Unfallhäufigkeit), Sektoren (Abbau von Monostrukturen und der Konzentration der Beschäftigung auf einen oder wenige Wirtschaftszweige) sowie Regionen (Herstellung der Einheitlichkeit der Lebensverhältnisse in Deutschland). – 2. Die staatliche Beschäftigungspolitik umfasst drei *Strategiebereiche:* a) *Nachfragepolitik* (Erhöhung der Nachfrage nach Erwerbspersonen) mit folgenden Instrumenten: (1) *nachfrageorientierte Wirtschaftspolitik* (→ Konjunkturpolitik), z.B. Steuer- und Zinssenkungen, Erhöhung der Staatsausgaben (→ Fiskalpolitik, → Geldpolitik). (2) *angebotsorientierte Wirtschaftspolitik,* z.B. Verbesserung der Produktions- und Investitionsbedingungen, marktwirtschaftliche Erneuerung und Förderung des Wettbewerbs durch Deregulierungsmaßnahmen, Liberalisierung des Ladenschlussgesetzes, des Arbeitsrechts und der → Arbeitnehmerüberlassung sowie Privatisierung der → Arbeitsvermittlung und → Berufsberatung. (3) *Technologiepolitik*, z.B. Verbesserung der internationalen Wettbewerbsfähigkeit durch Produkt- und Prozessinnovationen sowie der Förderung des Humankapitals der Erwerbspersonen. (4) → Arbeitszeitverkürzung und -flexibilisierung, z.B. Verkürzung der jährlichen Arbeitszeit bei gleichzeitiger Verlängerung der Betriebszeiten, Umwandlung von Voll- in Teilzeitarbeitsplätze sowie Einführung von Teilruhestandsphasen gegen Ende des Erwerbslebens (→ Arbeitszeitpolitik). (5) *beschäftigungsorientierte Lohnpolitik*, z.B. Abschluss von Tariflohnsteigerungen unterhalb des Produktivitätszuwachses, Reduzierung der Lohnnebenkosten, Förderung des Strukturwandels hin zum tertiären Sektor (Tarifpolitik). – b) *Angebotspolitik* (Anpassung des Angebots an Erwerbspersonen an die verfügbare Zahl der Arbeitsplätze) mit folgenden Instrumenten: (1) *Verkürzung der Erwerbslebensdauer*, z.B. vorzeitiges Ausscheiden aus oder späteres Eintreten in den Arbeitsmarkt durch expansive Bildungspolitik, Einführung von Sabbaticals und Langzeiturlaubsphasen, Erwerbsunterbrechung durch Mutterschafts- und Erziehungszeiten, Betreuung pflegebedürftiger Personen sowie Fortbildung und Umschulung zur Weiterbildung. (2) *Aussiedler- und Ausländerpolitik*, z.B. Maßnahmen zur Integration, Anreize zum Verbleib im Herkunftsland, wachstumsorientierte Einwanderungspolitik. (3) *Wanderungspolitik*, z.B. Förderung der regionalen und beruflichen Mobilität von Erwerbspersonen (→ Arbeitskräftemobilität). – c) *Arbeitsmarkt-Ausgleichspolitik* oder → Arbeitsmarktpolitik im engeren Sinne (Ausgleich von Angebot und Nachfrage am Arbeitsmarkt) mit folgenden Instrumenten: (1) *Arbeitsvermittlung*, z.B. Maßnahmen zur Beschleunigung des Arbeitsmarktausgleichs sowie zur qualitativen Verbesserung des Vermittlungserfolges, Kooperation privater und öffentlicher Arbeitsvermittlung, Arbeitsvermittlung unter dem Dach des Arbeitnehmerüberlassungsgesetzes, Förderung der internationalen Berufs- und Arbeitsberatung sowie der Arbeitsvermittlung. (2) *Qualifizierungspolitik*, z.B. Förderung der allg. und der beruflichen Ausbildung sowie der beruflichen Weiterbildung mit dem Ziel des Erwerbs von Schlüsselqualifikationen. Vgl. auch → Europäische Beschäftigungspolitik, → Arbeitsmarktpolitik.

Beschäftigungsquote – Anteil der sozialversicherungspflichtig beschäftigten Personen einer bestimmten Altersgruppe an der Gesamtbevölkerung desselben Alters. Im Gegensatz zur → Erwerbstätigenquote berücksichtigt die Beschäftigungsquote nur die sozialversicherungspflichtig Beschäftigten, nicht aber bspw. → Selbstständige oder Mini-Jobber; sie ist daher niedriger als die Erwerbstätigenquote.

Beschäftigungsschwelle – 1. *Begriff:* das durch die Veränderungsrate der → Arbeitsproduktivität je → Erwerbstätigen bestimmte Wirtschaftswachstum, bei der sich die Arbeitskräftenachfrage (Beschäftigung, Erwerbstätigkeit) insgesamt nicht verändert. – 2. *Folge:* Liegt das Wirtschaftswachstum über (unter) dem Produktivitätsfortschritt, steigt (sinkt) die Beschäftigung. – Vgl. auch → Beschäftigungsintensität, Arbeitslosigkeitsschwelle.

Beschäftigungsstatistik – Statistik der sozialversicherungspflichtig Beschäftigten auf der Grundlage des integrierten Meldeverfahrens (→ Sekundärstatistik) zur Sozialversicherung (gesetzliche Kranken- und Rentenversicherung) und zur → Bundesagentur für Arbeit, welche die von den Betrieben ausgehenden Meldungen personenbezogen zusammenführt und damit Auswertungen für Personen und Beschäftigungsfälle ermöglicht. Der Nachweis des Bestands an Beschäftigten erfolgt vierteljährlich, jeweils zum Quartalsende. Verfahrensbedingt kommt es dabei zu einer Wartezeit von sechs Monaten. Die sozialversicherungspflichtig Beschäftigten werden sowohl nach dem inländischen Arbeitsort als auch nach dem Wohnort im In- oder Ausland nachgewiesen. Die Beschäftigungsstatistik liefert Informationen über die Entwicklung der Anzahl sozialversicherungspflichtig Beschäftigter in wirtschaftsfachlicher, berufsfachlicher und regionaler Gliederung sowie nach weiteren sozialen Merkmalen, z.B. Alter, Geschlecht und Staatsangehörigkeit. Die Ergebnisse dienen der Analyse des Arbeitsmarkts und der Konjunktur, sowie als Planungs- und Entscheidungsgrundlage für Nutzer aus Politik (v.a. das Bundesministerium für Arbeit und Soziales Verwaltung und Wissenschaft. Die Ergebnisse der Beschäftigungsstatistik gehen u.a. in die Erwerbstätigenrechnungen ein. Außerdem werden sie im Rahmen der → Volkswirtschaftlichen Gesamtrechnungen (VGR) und für die Ermittlung des → Arbeitskostenindex verwendet. Die Beschäftigungsstatistik liefert einen wichtigen Beitrag zum Gesamtbild der Erwerbstätigkeit in Deutschland. Weitere Informationen zur Erwerbstätigkeit werden aus dem → Mikrozensus und der → Erwerbstätigenrechnung gewonnen.

Beschäftigungsstruktur – 1. *Sektorale Beschäftigungsstruktur:* Verteilung der Beschäftigten (Erwerbstätigen) nach Wirtschaftsbereichen oder → Wirtschaftszweigen; → sektoraler Strukturwandel. – 2. *Regionale Beschäftigungsstruktur:* Regionale Verteilung der Erwerbstätigkeit in einer Volkswirtschaft. – 3. *Funktionale Beschäftigungsstruktur:* Gliederung der Erwerbstätigkeit nach funktionalen Merkmalen, bes. Unterscheidung zwischen Fertigungs- und Dienstleistungstätigkeiten; → intrasektoraler Strukturwandel. – 4. *Sonstige Gliederungsmerkmale:* Geschlecht, Alter, selbstständige/unselbstständige Beschäftigung, berufliche Qualifikation, Vollzeit/Teilzeit.

Beschäftigungstheorie – 1. *Begriff:* Teil der → Volkswirtschaftstheorie, der sich mit der Bestimmung des Arbeitsvolumens (der Beschäftigung) in einer Volkswirtschaft befasst. – 2. *Kontroverse:* Während sich aus neoklassischer Sicht die Wirtschaft (abgesehen von saisonaler und friktioneller Arbeitslosigkeit) immer im Zustand eines Gleichgewichts bei Vollbeschäftigung befindet (→ klassische Lehre, → Neoklassik), zeigt die *Keynes'sche Lehre* (→ Keynes), dass es durchaus längere Zeiten größerer unfreiwilliger Arbeitslosigkeit geben kann, die i.d.R. auf einen Mangel an gesamtwirtschaftlicher Nachfrage zurückzuführen ist. Nach neoklassischer Vorstellung wird die Beschäftigung wesentlich durch die Angebotsseite (Produktion) bestimmt. Dagegen betonen Keynes und die Keynesianer die Einflüsse der gesamtwirtschaftlichen Nachfrage (Konsumausgaben + Investitionen + Staatsausgaben + Exporte – Importe) auf die Beschäftigung. Diese Kontroverse zwischen Angebots- und Nachfragetheorien ist nach wie vor aktuell und begründet die Unterschiede sowohl in Bezug auf Positionen und Forderungen von Gewerkschaften und Arbeitgeberverbänden in Tarifverhandlungen als auch hinsichtich der politischen Vorstellungen zu Maßnahmen und Instrumenten einer → Beschäftigungspolitik. Die neoklassische Sicht wird vertreten durch den → Monetarismus, die → Neue Klassische Makroökonomik, die → Angebotsökonomik; die keynesianische Sicht wird vertreten durch den → Keynesianismus, die → → Neokeynesianische Theorie und die → Neukeynesianische Makroökonomik. – Vgl. auch → Arbeitsmarkt, → Arbeitslosigkeit.

Beschäftigungsverbot → Arbeitsschutz, → Arbeitszeit, → Mutterschutz, → Jugendarbeitsschutz.

Beschäftigungsverhältnis – zweiseitiges Verhältnis, in dem sich Arbeitgeber und Arbeitnehmer in der Art gegenüberstehen, dass der Arbeitnehmer sich gegenüber dem Arbeitgeber in persönlicher und wirtschaftlicher Abhängigkeit befindet und der Arbeitgeber seinerseits Verfügungsgewalt über die Arbeitskraft des Arbeitnehmers ausübt. – Ein *abhängiges Beschäftigungsverhältnis* im Sinn der *Sozialversicherung* besteht nur dann, wenn der Arbeitnehmer gegen Entgelt arbeitet, rechtlich und tatsächlich dem Arbeitgeber zur Verfügung steht und eine wirtschaftliche und persönliche Abhängigkeit vom Arbeitgeber vorliegt.

Beschau → Zollbeschau.

Bescheid – Entscheidung einer → Behörde über einen Antrag oder auch nur Mitteilung an den Antragsteller, der i.d.R. einen öffentlich-rechtlichen Anspruch auf Bescheid hat. – Vgl. auch → Steuerbescheid.

Beschichten → Produktionstechnik.

Beschlagnahme – zwangsweise Bereitstellung einer Sache zur Verfügung einer Behörde zwecks Sicherung privater oder öffentlicher Belange. – 1. *Strafrecht:* Möglich ist eine Beschlagnahme von Gegenständen, die als *Beweismittel* für die strafrechtliche Untersuchung dienen können oder als Führerschein der → Einziehung unterliegen. Die Anordnung der Beschlagnahme erfolgt durch den Richter, bei Gefahr im Verzug auch durch die Staatsanwaltschaft oder deren Hilfsbeamte (z.B. Polizei), bei Ordnungswidrigkeiten auch durch Verwaltungsbehörden (§§ 94 ff. StPO, § 46 OWiG, §§ 399 ff. AO). – *Postsendungen* müssen zur Öffnung i.d.R. dem Richter vorgelegt werden (§§ 99 f. StPO). – Beschlagnahme von → Druckschriften richtet sich nach den §§ 111 m, n StPO (→ Presserecht). Gegenstände können ferner durch Beschlagnahme sichergestellt werden, wenn Gründe für die Annahme vorhanden sind, dass die Voraussetzungen für ihren Verfall oder ihre Einziehung vorliegen (§ 111b StPO). – 2. *Insolvenzverfahren:* Das *Insolvenzgericht* erlässt einen Sperrbeschluss, wonach alle für den → Gemeinschuldner eingehenden Sendungen zunächst dem → Insolvenzverwalter auszuhändigen sind; Postsperre, § 99 InsO. – 3. *Zwangsversteigerung:* Beschlagnahme eines Grundstücks durch Zustellung des → Anordnungsbeschlusses an den Schuldner oder Eingang beim Grundbuchamt, wenn der → Versteigerungsvermerk demnächst im Grundbuch eingetragen wird (§ 22 I ZVG). Die Beschlagnahme hat *Wirkung* eines → Veräußerungsverbotes und umfasst neben dem Grundstück auch Gegenstände, auf die sich die → Hypothek erstreckt (§§ 20 II, 23 ZVG). – 4. *Gewerblicher Rechtsschutz:* → Einziehung, → Grenzbeschlagnahme.

Beschlagnahmerisiko – bei Außenhandelsgeschäften das → Wagnis, dass Waren außerhalb der eigenen Staatsgrenzen durch den Zugriff einer fremden Macht beschlagnahmt werden. Deckung des Beschlagnahmerisikos kann durch Ausfuhrbürgschaften und -garantien im Rahmen der → Exportkreditgarantien des Bundes erfolgen.

beschleunigtes Verfahren → Schnellverfahren.

Beschleunigungsklausel – Beschleunigungsklauseln ermöglichen in bestimmten Bereichen der justiziellen Zusammenarbeit in Strafsachen eine sog. Verstärkte Zusammenarbeit von mindestens neun EU-Mitgliedstaaten. Dies betrifft Fälle, in denen ein Gesetzgebungsakt wegen fehlender Mehrheiten oder wegen der Notbremse-Klausel scheitert. Dann können mindestens neun Mitgliedstaaten gleichwohl das Gesetzgebungsverfahren im Rahmen der Verstärkten Zusammenarbeit fortsetzen und abschließen. Beschleunigungsklauseln sind vorgesehen für 1. die justizielle Zusammenarbeit in Strafsachen nach Art. 82 AEUV, 2. die Festlegung gemeinsamer Strafvorschriften nach Art. 83 AEUV, 3. die Einsetzung einer Europäischen Staatsanwaltschaft nach Art. 86 AEUV und 4. die polizeiliche Zusammenarbeit nach Art. 87 AEUV.

Beschluss – gerichtliche Entscheidung, z.B. im Zivilprozess, die (im Gegensatz zum → Urteil) meist ohne mündliche Verhandlung ergeht. Eine bestimmte *Form* ist nicht vorgeschrieben. Der Beschluss wird i.d.R., wenn dagegen → Beschwerde gegeben ist, mit *Gründen* versehen. Beschluss kann das Gericht i.d.R. *abändern*. – *Ausnahme:* Beschluss, gegen den → sofortige Beschwerde zugelassen ist.

Beschlussverfahren – 1. *Begriff:* Das Beschlussverfahren ist ein bes. gerichtliches Verfahren in der → Arbeitsgerichtsbarkeit. Es dient v.a. der Entscheidung betriebsverfassungsrechtlicher Rechtsstreitigkeiten (§§ 2 a, 80 ff. ArbGG). Auch eine → einstweilige Verfügung ist im Beschlussverfahren möglich. – 2. Die Vorschriften über das Beschlussverfahren weisen *Besonderheiten gegenüber dem arbeitsgerichtlichen Urteilsverfahren* auf: – a) Das Verfahren wird durch einen „Antrag" eingeleitet. – b) Die Parteien heißen „Beteiligte". – c) Der Sachverhalt ist im Rahmen des gestellten Antrags von Amts wegen zu erforschen. – d) Es findet keine streitige Verhandlung, sondern ein „Anhörungstermin" statt. – e) Das Gericht entscheidet nicht durch Urteil, sondern durch „Beschluss". – f) Rechtsmittel gegen einen Beschluss der ersten Instanz ist die → Beschwerde, gegen einen Beschluss der zweiten Instanz die → Rechtsbeschwerde. – g) Gerichtskosten werden im Beschlussverfahren nicht erhoben (§ 12 V ArbGG).

beschränkte Ausschreibung → Ausschreibung.

beschränkte dingliche Rechte – dingliche Rechte an einer Sache, die ihrem Inhaber nur einen Ausschnitt aus dem Eigentumsrecht gewähren: → Nießbrauch, → Grunddienstbarkeiten, → beschränkte persönliche Dienstbarkeit, → Vorkaufsrecht, → Reallasten und v.a. → Grundpfandrechte.

beschränkte Geschäftsfähigkeit – Zustand, in dem sich eine Person, bes. ein → Minderjähriger, nur unter bes. Voraussetzungen rechtlich verpflichten kann (§§ 106 ff. 1903 BGB). – *Gegensatz:* → Geschäftsfähigkeit.

beschränkte persönliche Dienstbarkeit – einer bestimmten (natürlichen oder juristischen) Person zustehendes, grundsätzlich nicht übertragbares → dingliches Recht zur beschränkten unmittelbaren Nutzung eines Grundstücks; z.B. Eintragung eines dinglichen Wohnrechts, Eintragungen zugunsten von Energieversorgungsunternehmen, Wasserversorgungsbetrieben (§§ 1090 ff. BGB). – *Anders:* → Dauerwohnrecht, → Wohnungseigentum.

beschränkte Steuerpflicht – I. Allgemein: Steuerpflicht von → natürlichen Personen, die weder → Wohnsitz noch → gewöhnlichen Aufenthalt im Inland haben und die auch keinen Antrag auf Behandlung als unbeschränkt steuerpflichtig nach § 1 III EStG (→ unbeschränkte Steuerpflicht) gestellt haben, und von Körperschaften, Personenvereinigungen und Vermögensmassen, die weder → Sitz noch → Geschäftsleitung im Inland haben (§ 2 KStG), mit den inländischen Einkünften zur Einkommen-, Lohn- oder Körperschaftsteuer, mit dem Inlandsvermögen ggf. zur Erbschaftsteuer.

II. Einkommensteuer: (Sondervorschriften; §§ 50, 50a EStG): 1. *Katalog* der beschränkt steuerpflichtigen → Einkünfte: § 49 EStG. – 2. Nur → Betriebsausgaben und → Werbungskosten im Zusammenhang mit inländischen Einkünften sind abzugsfähig. – 3. *Verlustabzug* ist möglich, aber nur zwischen den in Deutschland steuerpflichtigen Einkünften, und auch dann nur, wenn die Einkünfte nicht bereits bei Auszahlung einer pauschalen (abgeltenden) Besteuerung an der Quelle unterlegen haben. – 4. Steuerbegünstigungen für → außerordentliche Einkünfte sind gemäß § 34 EStG möglich, jedoch ist die frühere Einschränkung auf Spezialfälle durch das Gesetz vom 20.12.2007, BGBl. I S. 3150, aufgehoben worden. – 5. *Nicht anzuwenden sind* die übrigen Vorschriften über → Sonderausgaben und → außergewöhnliche Belastungen sowie die weiteren Bestimmungen zur Berücksichtigung persönlicher finanzieller Belastungen wie z.B. Splittingtarif oder Kinderfreibeträge (§ 50 I EStG). – 6. Bei *Einkünften*, die dem Steuerabzug unterliegen, ist die Besteuerung an der Quelle i.d.R. abgeltend, sodass diese Beträge i.d.R. nicht mehr bei der dt. Steuererklärung des beschränkt Steuerpflichtigen zu berücksichtigen sind. Ausnahmen in bestimmten Fällen, insbesondere bei Ausländer aus EU- oder EWR-Staaten ist möglich. Die Einzelheiten hierzu sind in § 50 II EStG geregelt. – 7. Die *Einkommensteuer bemisst sich* nach § 32a EStG; sofern es nicht um Arbeitnehmereinkünfte geht, ist die Berechnung allerdings so vorzunehmen, dass der Grundfreibetrag aus der Tabelle eliminiert wird (dies geschieht – mathematisch äquivalent dazu – dadurch, dass zum vorhandenen Einkommen der Grundfreibetrag wieder hinzuaddiert wird, die Werte der Steuertabelle bei der Anwendung auf beschränkt Steuerpflichtige also quasi „nach rechts verschoben" werden). Soweit ein Abzug von Einkommensteuer an der Quelle durch → Aufsichtsratsteuer, → Kapitalertragsteuer, → Lohnsteuer oder sonstigen Steuerabzug stattfindet, ist der dt. Steueranspruch damit i.d.R. abgegolten (§ 50 II EStG). – 8. Soweit die Steuer durch *Steuerabzug* nach § 50a EStG zu erheben ist, berechnet sich die Höhe der Steuer nach Maßgabe der Einnahmen. Als Betriebsausgaben dürfen nur Reisekosten und Verpflegungsmehraufwendungen in der Höhe der einkommensteuerlich vorgegebenen Pauschalen berücksichtigt werden; ein darüber hinaus gehender Abzug von Betriebsausgaben ist nur unter bestimmten Bedingungen und nur bei Steuerpflichtigen aus EU- oder EWR-Staaten zulässig (§ 50 III EStG). Die früheren Bestimmungen für *Künstler, Berufssportler und ähnliche Personen,* welche einen darüber hinaus gehenden Betriebsausgabenabzug im Rahmen der Quellensteuerberechnung auch für Steuerpflichtige außerhalb der EU- bzw. der EWR-Staaten erlaubten (§ 50 V Nr. 3 EStG a.F.), wurden ab dem 1.1.2009 abgeschafft. – 9. *Reform 2009:* Mit Wirkung vom 1.1.2009 sind die einkommensteuerlichen Regelungen zur beschränkten Steuerpflicht umfassend geändert worden. – *10. Einfluss der EuGH-Rechtsprechung*: Die beschränkte Steuerpflicht ist seit langem ein Thema im Rahmen von europarechtlichen Auseinandersetzungen. Der EuGH hat früh bestätigt, dass die beschränkte Steuerpflicht als bes. Besteuerungsregelung für Steuerausländer nicht grundsätzlich rechtswidrig ist. Dennoch kann es nachwievor in Einzelfällen zu unterschiedlicher Behandlung einer konkreten Situation im Rahmen der unbeschränkten und der beschränkten Steuerpflicht kommen, welche gegen das Diskriminierungsverbot der Ausländer trotz vergleichbarer steuerlicher Lage verstoßen könnte. Demnach ist auch in der Zukunft in diesen Fällen mit einer Anpassungen der geltenden Regelungen zur beschränkten Steuerpflicht aufgrund europarechtlicher Vorgaben zu rechnen.

III. Körperschaftsteuer: 1. *Arten*: Bei der Körperschaftsteuer sind, anders als bei der Einkommensteuer, zwei Unterarten der beschränkten Steuerpflicht zu unterscheiden: a) beschränkte Steuerpflicht aller Körperschaften, Personenvereinigungen und Vermögensmassen (also: aller Körperschaftsteuersubjekte), die im Inland weder ihren Sitz noch ihren Ort der Geschäftsleitung haben. Diese Form der beschränkten Steuerpflicht („Beschränkte Steuerpflicht I") umfasst die Einkünfte aus dem Inland, so wie sie sich aus § 49 EStG und einigen Ergänzungen in § 2 KStG ergeben; sie ist das Pendant zur beschränkten Steuerpflicht der natürlichen Personen bei der Einkommensteuer. – b) Eine weitere beschränkte Steuerpflicht umfasst Körperschaften, Personenvereinigungen und Vermögensmassen, die zwar ihren Sitz und/oder ihre Geschäftsleitung im Inland haben, aber dennoch – z.B. weil es sich um Körperschaften des öffentlichen Rechts oder gemeinnützige Körperschaften handelt – nicht der unbeschränkten Steuerpflicht unterliegen. Diese Form der beschränkten Steuerpflicht („Beschränkte Steuerpflicht II") bezieht sich nicht auf alle inländischen Einkünfte nach § 49 EStG, sondern nur auf solche inländischen Einkünfte, die einem Steuerabzug unterliegen. – 2. *Steuererhebung*: Die beschränkt steuerpflichtige Körperschaft (Personenvereinigung, Vermögensmasse) ist im Grundsatz für ihre inländischen Einkünfte steuererklärungspflichtig; die Steuer beträgt 15 Prozent auf das zu versteuernde Einkommen. Soweit aber ein Steuerabzug an der Quelle erhoben wird und die Einkünfte nicht zu den Einkünften eines inländischen Betriebes gehören, ist damit der dt. Steueranspruch abgegolten (§ 32 KStG); die Berücksichtigung im Rahmen einer inländischen Steuererklärung ist dann weder nötig noch gestattet, sofern nicht spezielle Ausnahmevorschriften ausnahmsweise einschlägig sind (mit der Folge, dass es bei der „beschränkten Steuerpflicht II" grundsätzlich keine Steuererklärungspflicht geben kann). – 3. *Letzte Entwicklungen*: Auch im Rahmen der Körperschaftsteuer sind die Vorschriften über die beschränkte Steuerpflicht ab 1.1.2009 einer umfassenden Reform unterzogen worden; auch hier sind Aussagen in der Literatur, die auf den früheren Regelungen basieren, also nur noch eingeschränkt verwendbar.

IV. Erbschaftsteuer: Wenn weder der Erblasser oder Schenker noch der Erwerber Inländer ist, unterliegt der Vermögensanfall, der in Inlandsvermögen (§ 121 BewG) besteht, der beschränkten Steuerpflicht (§ 2 I ErbStG).

V. EU-Recht: Soweit Unterschiede zwischen beschränkter Steuerpflicht und unbeschränkter Steuerpflicht *nur* auf fehlenden Wohnsitz und gewöhnlichen Aufenthalt im Inland zurückgehen, ohne dass eine sachliche Rechtfertigung für die Unterscheidung vorliegt, sind Regelungen der beschränkten Steuerpflicht unanwendbar (→ Diskriminierungsverbote). I.d.R. wird jedoch unterstellt, dass unbeschränkt und beschränkt Steuerpflichtige sich nicht in vergleichbarer Lage befinden. Aufgrund eines Urteils des Europäischen Gerichtshofs gelten schon seit 1996 für Staatsangehörige eines Mitgliedsstaates der EU bez. bestimmter Sonderausgaben, außergewöhnlicher Belastungen und der Veranlagung bes. Bestimmungen (§ 1a EStG). Durch die Rechtsprechung des EuGH seit 2000 ist geklärt, dass auch die Ausgestaltung der beschränkten Steuerpflicht bei der Erbschaftsteuer den Vorgaben der Diskriminierungsverbote des EG-Vertrages entsprechen muss.

beschränkte Steuerpflicht I – Im Rahmen der → Körperschaftsteuer verwendetes Schlagwort für jene Ausprägung der beschränkten Steuerpflicht, die sich auf ausländische Körperschaftsteuersubjekte bezieht, d.h. auf Körperschaften, Personenvereinigungen und Vermögensmassen, die sowohl ihren Sitz als ihren Ort der Geschäftsleitung im Inland haben (§ 2 I Nr.1 KStG; im Gegensatz zu § 2 I Nr.2 KStG). Einzelheiten vgl. → beschränkte Steuerpflicht; *Gegensatz*: → beschränkte Steuerpflicht II.

beschränkte Steuerpflicht II – Schlagwort für eine spezielle Variante der beschränkten Steuerpflicht, die sich nur bei der → Körperschaftsteuer findet, und zwar für jene Sonderform der beschränkten Steuerpflicht, die sich auf bestimmte inländische Körperschaften bezieht (§ 2 I Nr.2 KStG; vgl. → beschränkte Steuerpflicht)

beschränkt Steuerpflichtiger – Bezeichnung des Steuerrechts für natürliche oder juristische Person, bei der nur Inlandsvermögen und inländische Einkünfte der Besteuerung unterworfen werden (→ beschränkte Steuerpflicht). Beschränkt steuerpflichtig ist, wer nicht als unbeschränkt steuerpflichtig eingestuft werden kann, i.d.R. also, wer als natürliche Person im Inland weder einen Wohnsitz noch seinen gewöhnlichen Aufenthaltsort hat (§ 1 IV EStG) oder als juristische Person weder den satzungsmäßigen Sitz noch den Ort der Geschäftsleitung im Inland hat (§ 2 I Nr. 1 KStG). Auf die Staatsangehörigkeit kommt es also nicht an; die häufig synonym verwandte Bezeichnung „Steuerausländer" ist also irreführend.

Beschränkungsverbot – EU-rechtliches Verbot, die Ausübung eines bestimmten Gemeinschaftsrechts (→ Grundfreiheiten) durch nationale Vorschriften unangemessen zu behindern. Seine Einhaltung unterliegt der Kontrolle durch den Europäischen Gerichtshof, der ungerechtfertigte Beeinträchtigungen durch nationale Vorschriften ggf. für unanwendbar erklären kann. Ein Beschränkungsverbot engt den nationalen Gesetzgebungsspielraum ein, hebt ihn – im Gegensatz zur Harmonisierung durch → EG-Richtlinien – nicht völlig auf. Wirkt grundsätzlich als Grundrecht gegenüber allen Gebieten des nationalen Rechts (daher auch Begriff „allgemeines Beschränkungsverbot").

beschreibende Angaben – Bestandteile in → geschäftlichen Bezeichnungen und → Marken, denen die für den Kennzeichenschutz erforderliche Unterscheidungskraft fehlt (→ Freihalteinteresse). Zu Abwandlungen von Fachbegriffen und sonstigen Sachangaben vgl. auch → Beschaffenheitsangaben.

beschreibende Statistik → deskriptive Statistik.

Beschreibungsmodell → Modell.

Beschuldigter – Ein Beschuldigter ist jemand, gegen den ein Strafverfahren bei der Polizei oder der Staatsanwaltschaft betrieben wird. Ist gegen den Beschuldigten Anklage erhoben, so wird er als → Angeschuldigter bezeichnet, nach Eröffnung des Hauptverfahrens (→ Strafprozess) als → Angeklagter.

Beschwer – in gerichtlichen und außergerichtlichen Verfahren Voraussetzung für die Sachentscheidung über Rechtsbehelfe und Rechtsmittel. – 1. Beschwer im *Zivilprozess,* wenn die Entscheidung dem Rechtsmittelkläger etwas versagt, was er beantragt hatte. – 2. Im Verfahren der → Verwaltungsgerichtsbarkeit muss der Kläger geltend machen, durch rechtswidriges Tun oder Unterlassen der öffentlichen Hand beschwert (d.h. durch einen → Verwaltungsakt oder seine Ablehnung oder Unterlassung in seinen Rechten verletzt) zu sein. – 3. *Steuerrecht:* a) Im außergerichtlichen Rechtsbehelfsverfahren ist nur befugt, Einsprüche einzulegen, wer geltend macht, durch einen Verwaltungsakt oder dessen Unterlassung beschwert zu sein (§ 350 AO). Unterschieden wird die persönliche Beschwer („wer befugt ist") und die sachliche Beschwer. Im Rahmen der persönlichen Beschwer wird geprüft, wer überhaupt berechtigt ist, rechtswirksam Einspruch einzulegen. Dies ist grds. der Inhaltsadressat (§ 122 I, § 124 I AO), dies können aber auch andere Personen sein, so z.B. der Rechtsnachfolger (§ 353). Besonderheiten gelten bei Feststellungsbescheiden (§ 179, § 352 AO). Die sachliche Beschwer bezieht sich auf den Regelungsinhalt des Verwaltungsaktes. Bei Steuerverwaltungsakten ist dies die Steuerfestsetzung (Tenor), nicht die einzelnen Besteuerungsgrundlagen (§ 157 II AO). Bei Grundlagenbescheiden ist dieser Bescheid und nicht der Folgebescheid anzugreifen, da beim Folgebescheid insoweit keine Beschwer vorliegt (§ 351 II AO). Ein Einspruch gegen den falschen Bescheid führt zur Unzulässigkeit des Einspruchs. Bei einer zu niedrigen Festsetzung kann eine Beschwer dann bestehen, wenn eine höhere Festsetzung, z.B. aufgrund des Bilanzzusammenhangs, sich in Folgejahren günstiger auswirkt oder wenn durch die begehrte höhere Steuerfestsetzung die Anrechnung von Steuerabzugsbeträgen oder von Körperschaftsteuer ermöglicht wird und aufgrund dessen ein geringerer Betrag als bisher entrichtet werden muss. Bei einer Festsetzung von null Euro besteht grundsätzlich keine Beschwer, es sei denn, es wird eine Vergütung oder eine Steuerbefreiung wegen Gemeinnützigkeit begehrt oder die der Steuerfestsetzung zugrunde liegenden Besteuerungsgrundlagen haben außersteuerliche Bindungswirkung (z.B. BAfÖG-Leistungen, Prämien etc.). Bei → Feststellungsbescheiden wegen Höhe der Feststellung oder Entscheidung über die Art oder die Zurechnung des Gegenstandes. – b) Die Voraussetzungen für das Vorliegen einer Beschwer sind in dem Verfahren vor den Gerichten der Finanzgerichtsbarkeit dieselben wie im außergerichtlichen Rechtsbehelfsverfahren.

Beschwerde – I. Personalwirtschaft: Antrag auf Abänderung einer Maßnahme, durch welche sich der Beschwerdeführer verletzt fühlt. Die häufigsten Gegenstände von Beschwerden im Betrieb sind ungenügende Entlohnung, schlechte Arbeitsbedingungen, unzureichende Sozialleistungen, schlechte Zusammenarbeit der Kollegen, Vorgesetztenverhalten, unbefriedigende Regelung der Arbeitszeit. Generell ist jede geäußerte subjektiv empfundene Unzufriedenheit als Beschwerde zu behandeln.

II. Zivilprozessordnung: Durch das ZPO-Reformgesetz vom 27.7.2001 (BGBl. I 1887, 3138) wurde das Beschwerderecht (§§ 567–577 ZPO) neu geregelt. Die sog. einfache, an eine Frist nicht gebundene Beschwerde wurde abgeschafft und durch die → sofortige Beschwerde, die weitere Beschwerde an das nächsthöhere Gericht durch die → Rechtsbeschwerde ersetzt. Die gesetzlich nicht geregelte außerordentliche Beschwerde in Fällen *greifbarer Gesetzwidrigkeit* wird in der höchstrichterlichen Rechtsprechung nicht mehr als statthaft angesehen.

III. Strafverfahren: Beschwerde ist gegen alle von den Gerichten im ersten Rechtszug oder im Berufungsverfahren erlassenen Beschlüsse und gegen Verfügungen des Gerichts zulässig, soweit das Gesetz sie nicht ausdrücklich ausschließt und soweit sie nicht der Urteilsfällung vorausgehen (§§304, 305 StPO). Gegen Beschlüsse und Verfügungen des → Bundesgerichtshofs (BGH) ist keine Beschwerde zulässig. Dasselbe gilt für das Oberlandesgericht, allerdings nicht bei einer Reihe von Entscheidungen, die es als erstinstanzliches Gericht trifft. Hilft das Gericht, dessen Entscheidung mit der Beschwerde angefochten ist, selbst nicht ab, ist sie spätestens vor Ablauf von drei Tagen dem Beschwerdegericht vorzulegen (§ 306 II StPO). In bes. Fällen sind die *weitere* und die *sofortige Beschwerde* gegeben (§§ 310, 311 StPO).

IV. Finanzgerichtsbarkeit: 1. In der *Finanzgerichtsbarkeit* (§§ 128–133 FGO) gegen (1) Entscheidungen des → Finanzgerichts, die nicht Urteile (→ Revision) oder → Vorbescheide sind; (2) gegen Entscheidungen des Vorsitzenden des Finanzgerichts oder des Berichterstatters; (3) gegen die Nichtzulassung der Revision. In Streitigkeiten über Kosten ist die Beschwerde nicht gegeben; dies gilt nicht für die Beschwerde gegen die Nichtzulassung der Revision. Die Beschwerde ist schriftlich beim Finanzgericht binnen zwei Wochen nach Bekanntgabe der Entscheidung einzulegen. Das Finanzgericht hilft der Beschwerde ab oder legt die Sache dem → Bundesfinanzhof (BFH) zur Entscheidung vor. Die Beschwerde hat nur dann aufschiebende Wirkung, wenn sie die Festsetzung eines Ordnungs- oder Zwangsmittels zum Gegenstand hat. – 2. Die Beschwerde als frühere Form des außergerichtlichen Rechtsbehelfs ist ab 1.1.1996 aufgehoben; nur noch → Einspruch ist zulässig.

V. Verwaltungsgerichtsbarkeit: 1. *Rechtsmittel* gegen Entscheidungen des → Verwaltungsgerichts, des Vorsitzenden oder Berichterstatters, die nicht → Urteile oder → Gerichtsbescheide sind; zulässig, soweit nicht im Einzelfalle ausdrücklich ausgeschlossen (§ 146 VwGO). Die Beschwerde ist *binnen zwei Wochen* nach Bekanntgabe der Entscheidung beim Verwaltungsgericht einzulegen. Über die Beschwerde entscheidet das Oberverwaltungsgericht. Im Verfahren des vorläufigen Rechtsschutzes prüft es nur die dargelegten Gründe (§ 146 IV VwGO). – 2. Gegen Beschlüsse des *Oberverwaltungsgerichts* ist die Beschwerde an das → Bundesverwaltungsgericht (BVerwG) grundsätzlich nicht zulässig (§ 152 VwGO). – 3. Die Beschwerde hat nur dann *aufschiebende Wirkung*, wenn sie die Festsetzung eines Ordnungs- oder Zwangsmittels zum Gegenstand hat. Die unter 1. Genannten können aber auch sonst bestimmen, dass die Vollziehung der angefochtenen Entscheidung einstweilen auszusetzen ist (§ 149 VwGO).

VI. Freiwillige Gerichtsbarkeit: → freiwillige Gerichtsbarkeit.

VII. Öffentliches Recht: Die Beschwerde ist nur in bes., gesetzlich ausdrücklich zugelassenen Fällen möglich.

VIII. Anders: → Dienstaufsichtsbeschwerde.

Beschwerdemanagement

von Prof. Dr. Bernd Stauss

I. Begriff

Beschwerdemanagement umfasst die Planung, Durchführung und Kontrolle aller Maßnahmen, die ein Unternehmen im Zusammenhang mit Kundenbeschwerden ergreift.

II. Ziele des Beschwerdemanagements

Das generelle Ziel des Beschwerdemanagements liegt darin, Gewinn und Wettbewerbsfähigkeit des Unternehmens dadurch zu erhöhen, dass Kundenabwanderungen unzufriedener Kunden vermieden und die in Beschwerden enthaltenen Hinweise auf betriebliche Schwächen und Marktchancen genutzt werden.

Auf einer spezielleren Ebene lassen sich kundenbeziehungsrelevante und qualitätsrelevante Teilziele unterscheiden. Zu den wichtigsten kundenbeziehungsrelevanten Teilzielen gehören die Stabilisierung gefährdeter Kundenbeziehungen, die Förderung eines kundenorientierten Unternehmensimages und die Schaffung zusätzlicher werblicher Effekte mittels positiver Beeinflussung der Mundkommunikation. Wesentliche qualitätsrelevante Teilziele liegen in der Nutzung von Beschwerdeinformationen zur Verbesserung der Produktqualität und der Vermeidung von Fehlerkosten externer Art (z.B. Garantie- und Haftungskosten) sowie interner Art (z.B. Kosten für Nachbesserungen). Die Gewichtung der Teilziele ist unternehmensindividuell im Rahmen einer strategischen Planung für den Funktionsbereich Beschwerdemanagement vorzunehmen.

III. Aufgaben des Beschwerdemanagements

Das Beschwerdemanagement umfasst acht Aufgabenbereiche. Vier davon beeinflussen direkt das Beschwerdeerleben des Kunden. Sie gehören zum *direkten Beschwerdemanagementprozess*, der für das Kundenbeziehungsmanagement besonders bedeutsam ist: Beschwerdestimulierung, Beschwerdeannahme, Beschwerdebearbeitung und Beschwerdereaktion. Vier weitere Aufgaben machen den *indirekten Beschwerdemanagementprozess* aus, der ohne Kundenkontakt abgewickelt wird und v.a. für das Qualitätsmanagement entscheidende Relevanz besitzt: Beschwerdeauswertung, Beschwerdemanagement-Controlling, Beschwerdereporting und Beschwerdeinformationsnutzung.

1. Aufgaben des direkten Beschwerdemanagementprozesses

Da sich häufig nur ein Bruchteil enttäuschter Kunden beschwert, gilt es, im Rahmen der *Beschwerdestimulierung* unzufriedene Kunden dazu zu bewegen, ihre Probleme gegenüber dem Unternehmen zu artikulieren. Hierfür sind leicht nutzbare Beschwerdekanäle einzurichten und über verschiedene Medien bekannt zu machen. Die Phase der *Beschwerdeannahme* betrifft primär die Organisation und Handhabung des Beschwerdeeingangs. Mit ihrer unmittelbaren Reaktion auf eine Beschwerde im Erstkontakt bestimmen Unternehmen maßgeblich, ob die Unzufriedenheit des Kunden abgebaut wird. Daher kommt es darauf an, dass Mitarbeiter über Beschwerdewege und Bearbeitungsstandards informiert sind, über sozialpsychologische Kenntnisse zur Beruhigung der Situation verfügen und den unternehmerischen Willen zur angemessenen Problemlösung verdeutlichen. Darüber hinaus ist dafür Sorge zu tragen, dass bei der Annahme das vom Kunden vorgebrachte Problem vollständig, schnell und strukturiert erfasst wird. Zentrale Inhalte der *Beschwerdebearbeitung* sind die Gestaltung der internen Bearbeitungsprozesse, die Festlegung von Verantwortlichkeiten, die Definition von Bearbeitungsterminen sowie die Installation von Mechanismen zur Überwachung der Termineinhaltung (interne Mahn- und Eskalationssysteme). Im Bereich der *Beschwerdereaktion* gilt es, grundsätzliche Leitlinien und Verhaltensregeln für die Beschwerdebeantwortung zu entwickeln und zu entscheiden, welche Lösung dem Kunden im Hinblick auf seine Beschwerde angeboten werden soll. Prinzipiell kommen finanzielle (wie Preisnachlass oder Schadensersatz), materielle (wie Umtausch oder Reparatur) und immaterielle Kompensationsangebote (wie Entschuldigung oder Information) in Betracht. Hier ist einzelfallspezifisch festzulegen, welche Reaktion angemessen ist und vom Kunden als fair empfunden wird.

2. Aufgaben des indirekten Beschwerdemanagementprozesses

Beschwerden enthalten Hinweise auf Produkt- und Planungsmängel sowie Marktrisiken und -chancen. Daher ist es Aufgabe der *Beschwerdeauswertung*, die in Beschwerden enthaltenen Informationen zu analysieren und die Ergebnisse systematisch für unternehmerische Entscheidungen bereitzustellen. Im Mittelpunkt einer quantitativen Beschwerdeauswertung stehen die Überwachung des Umfangs und der Verteilung des Beschwerdeaufkommens sowie die Priorisierung der von den Kunden wahrgenommenen Probleme. Dies ist durch eine qualitative Beschwerdeauswertung zu ergänzen, die der systematischen Ursachenanalyse und der Entwicklung von Verbesserungsvorschlägen dient. Der Tätigkeitsbereich des *Beschwerdemanagement-Controllings* umfasst drei Komponenten. Das Evidenz-Controlling dient der Ermittlung, inwieweit das Beschwerdemanagement das Ausmaß der Kundenunzufriedenheit korrekt aufdeckt. Das Aufgaben-Controlling überwacht die Einhaltung von Qualitäts- und Produktivitätsstandards für die Aufgabenerfüllung. Das Kosten-Nutzen-Controlling hat die Funktion, die Kosten- und Nutzeneffekte eines Beschwerdemanagementsystems abzuschätzen und die Wirtschaftlichkeit und Rentabilität zu berechnen. Die im Rahmen von Beschwerdeauswertung und Beschwerdemanagement-Controlling gewonnenen Informationen sind im Rahmen des *Beschwerdereportings*

Ziele, Aufgaben und Rahmenfaktoren des Beschwerdemanagements

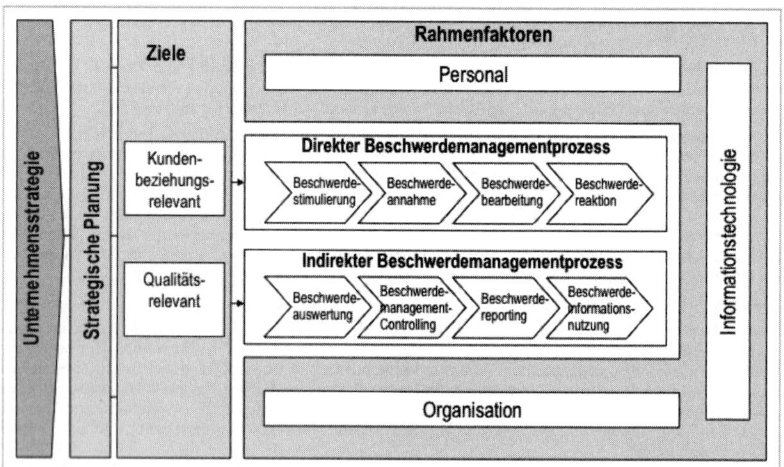

den Entscheidungsträgern zugänglich zu machen. Dazu bedarf es der Festlegung, für welche Zielgruppen (Geschäftsleitung, Qualitätssicherung, Marketingabteilung usw.), welche Auswertungen (quantitativ und qualitativ) in welchen Zeitintervallen (täglich, wöchentlich, monatlich) aufbereitet und weitergeleitet werden müssen. Durch eine systematische *Beschwerdeinformationsnutzung* ist letztlich sicherzustellen, dass die erfassten Beschwerdeinformationen auch tatsächlich für Verbesserungsmaßnahmen genutzt werden, etwa indem sie systematisch in die Arbeit von Qualitätsverbesserungsteams und Qualitätszirkeln integriert werden.

IV. Rahmenfaktoren des Beschwerdemanagements

Für eine bestmögliche Aufgabenerfüllung bedarf es einer konsistenten Gestaltung der wesentlichen personalpolitischen, informationstechnologischen und organisatorischen Rahmenbedingungen. Für die Beschwerdezufriedenheit des Kunden ist oft das Verhalten der Mitarbeiter bei der Beschwerdeannahme, -bearbeitung und -reaktion entscheidend. Daher bedarf es spezifischer *personalpolitischer Maßnahmen* (u.a. Trainings, Anreizsysteme, Übertragung von Handlungskompetenzen), um ein entsprechendes Verhalten der Kundenkontaktmitarbeiter sicherzustellen. In *informationstechnologischer Hinsicht* gilt es, geeignete Soft- und Hardware bereitzustellen und über die Einbeziehung von Intranet und Internet in die Aufgabenerfüllung zu entscheiden. Bezüglich des *organisatorischen Rahmens* ist zum einen das Ausmaß von Zentralisierung bzw. Dezentralisierung der Aufgabenerfüllung festzulegen. Zum anderen müssen die Fragen beantwortet werden, wie der Beschwerdemanagementprozess mit anderen unternehmerischen Prozessen verknüpft ist, welche Einflussrechte der Bereich haben soll und welche Art der institutionellen und hierarchischen Verankerung (Stabstelle oder Linienfunktion) sinnvoll erscheint. Abbildung 1 zeigt das Gesamtkonzept des Beschwerdemanagements im Überblick.

V. Die Beschwerdemanagement-Norm DIN ISO 10002:2010-05

Seit dem Jahre 2005 existiert eine internationale Norm zum Thema Beschwerdemanagement, die in Deutschland als *DIN ISO 10002:2010-05* unter der Bezeichnung „Qualitätsmanagement - Kundenzufriedenheit – Leitfaden für die Behandlung von Reklamationen in Organisationen" veröffentlicht wurde (DIN 2010). Es handelt sich dabei zwar um eine eigenständige Norm, sie ist aber im engen Zusammenhang mit der ISO 9001:2000 zu sehen. Sie enthält wesentliche begriffliche Festlegungen und die Beschreibung von Prinzipien, zentralen Aufgaben und konkreten Hilfsmitteln des Beschwerdemanagements. Insofern bietet die Norm einen Einstieg in die Thematik und einen ersten Überblick über die – auch internationalen – Standardanforderungen an ein Beschwerdemanagement.

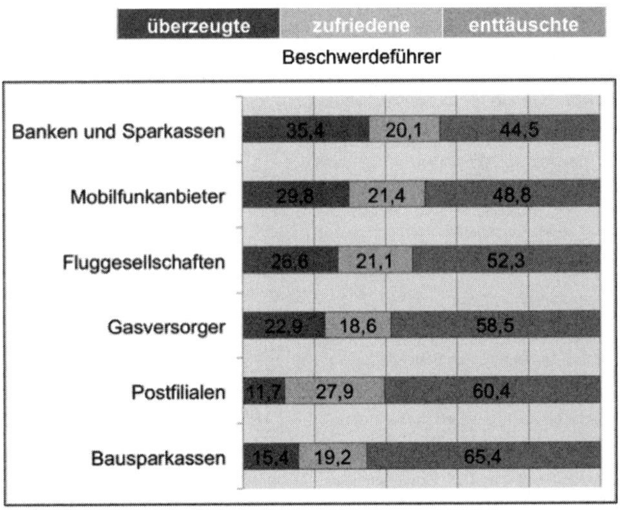

Beschwerde(un)zufriedenheit in Deutschland 2012

VI. Realisierungsgrad des Beschwerdemanagements

Empirische Studien zum Stand der Umsetzung des Beschwerdemanagements in Deutschland zeigen, dass dem Beschwerdemanagement inzwischen eine beachtliche strategische Bedeutung im Kundenbeziehungs- und Qualitätsmanagement zukommt. Sie machen aber auch deutlich, dass die Professionalität der Umsetzung aufgabenspezifisch unterschiedlich ausfällt. Großes Optimierungspotenzial zeigt sich insbesondere in Bezug auf die Beschwerdestimulierung, das Beschwerdemanagement-Controlling, den Einsatz von Informationstechnologie sowie die personalpolitische Unterstützung (Stauss/Schöler 2003; Fürst 2005). Aus Zufriedenheitsstudien ist zudem ersichtlich, dass die Ziele des Beschwerdemanagements noch keineswegs umfassend erreicht werden. So belegen die Ergebnisse der jährlich durchgeführten nationalen Kundenzufriedenheitsbefragung in Deutschland („Kundenmonitor"), dass es vielen Unternehmen misslingt, Kundenzufriedenheit wiederherzustellen und auf diese Weise die Beziehung zu den Beschwerdeführern zu stabilisieren. In einigen Branchen ist mehr als die Hälfte bzw. sogar mehr als 60 Prozent der Kunden über die Reaktion der Unternehmen auf ihre Beschwerde enttäuscht (siehe Abbildung 2).

Beseitigungsanspruch – dient der Abwehr (§ 1004 I BGB) fortdauernder Störungen, die durch Unterlassen der Verletzungshandlung allein nicht beseitigt werden können. Art und Umfang des Beseitigungsanspruchs hängen von Art und Umfang der Störung ab. Wer z.B. Ware widerrechtlich mit einer → Marke gekennzeichnet hat, kann auf Unterlassung des Kennzeichnens und Beseitigung (Entfernung) der Marke von der Ware in Anspruch genommen werden. Der Beseitigungsanspruch wird im Fall der Verletzung → gewerblicher Schutzrechte durch den → Vernichtungsanspruch ergänzt. Bedeutung kommt dem Beseitigungsanspruch bei ehrkränkenden oder kreditschädigenden Wettbewerbshandlungen sowie bei unberechtigten öffentlichen → Verwarnungen aus gewerblichen Schutzrechten in der Form des Widerrufsanspruchs zu.

Besemschon – Vergütung für Warenteilchen, die an der Verpackung haften bleiben (z.B. bei Chemikalien, Zement, Mehl, Zucker).

Besicherung – Vorkehrung, die in der Verschaffung der Verfügungsmacht besteht und den → Gläubiger in die Lage versetzt, seinen Anspruch durch Zugriff auf das Sicherungsgut zu befriedigen. – Vgl. auch → Kreditsicherheit.

Besichtigung – 1. Maßnahme im Rahmen der → *Öffentlichkeitsarbeit* eines Unternehmens: → Betriebsbesichtigung. – 2. *Zollrechtliche Maßnahme:* → Durchsuchung, Überholung, → Zollbeschau.

Besichtigungsanspruch – Nach § 809 BGB kann der Schutzrechtsinhaber bei fehlender Kenntnis über die schutzrechtsverletzende Beschaffenheit eines Gegenstandes dessen Vorlegung zur Besichtigung verlangen, wenn diese das letzte Glied in einer sonst fertigen Beweiskette ist und ein erheblicher Grad an Wahrscheinlichkeit besteht, dass das in Streit stehende Erzeugnis das Schutzrecht verletzt. Etwaigen Betriebsgeheimnissen des Vorlegungspflichtigen muss Rechnung getragen werden. Der Besichtigungsanspruch wurde bislang nur mit Zurückhaltung gewährt. Eine wesentliche Erweiterung hat der Besichtigungsanspruch mit dem Gesetz zur Verbesserung der Durchsetzung von Rechten des geistigen Eigentums vom 7.7.2008 (BGBl. I S. 1191) erfahren, mit dem die sog. „Enforcement-Richtlinie" (RL 2004/48/EG) in deutsches Recht umgesetzt wurde. Nach Art. 6 der Richtlinie genügt es, dass ein Schutzrecht mit „hinreichender Wahrscheinlichkeit" widerrechtlich – nicht unbedingt schuldhaft – verletzt wurde. Bei einer in gewerblichem Ausmaß begangenen Rechtsverletzung erstreckt sich der Anspruch auf die Vorlage von Bank- Finanz- und Handelsunterlagen. Der Besichtigungsanspruch kann sogar im Eilverfahren durchgesetzt werden. Die Regelung gilt für alle gewerblichen Schutzrechte (§§ 140c PatG, 19a MarkenG, 24c GebrMG, 46a GeschmMG, 37c SortSchG, 9 HalblSchG) und das Urheberrecht (§ 101a).

Besitz – die vom Verkehr anerkannte tatsächliche Herrschaft einer Person über eine Sache (§§ 854 ff. BGB) nicht zu verwechseln mit → Eigentum. Eigentümer ist, wem die Sache *rechtlich gehört,* Besitzer, wer sie *tatsächlich innehat* (z.B. auch der Dieb). – Der Besitz ist *vererblich* und i.Allg. durch Übergabe, bisweilen auch durch bloße Einigung *übertragbar.* – *Arten:* Besitzer ist sowohl der → unmittelbare Besitzer, der die Sachherrschaft selbst ausübt, als auch der → mittelbare Besitzer, der über ein Rechtsverhältnis einem anderen (z.B. dem Mieter) den Besitz überlassen hat, nicht aber der sog. → Besitzdiener. – Der Besitz ist ein „sonstiges Recht" im Sinn des § 823 I BGB, dessen *Verletzung* sich als → unerlaubte Handlung darstellt und zu → Schadensersatz verpflichtet. Darüber hinaus darf der Besitzer sich verbotener Eigenmacht durch → Besitzkehr und → Besitzwehr erwehren und genießt einen bes. gerichtlichen → Besitzschutz. – Besitz wird als *wirtschaftlicher* und *soziologischer Begriff* häufig gleichgesetzt mit → Vermögen, z.B. bei Grundbesitz, Hausbesitz etc. In diesem Sinn sind sog. „Besitzsteuern" zu verstehen als Steuern auf bestimmtes Vermögen. Besitz in diesem Sinn dient der Kennzeichnung der sozialen Gliederung der Bevölkerung.

Besitzdiener – nach § 855 BGB Person, die die tatsächliche Gewalt über eine Sache für einen anderen ausübt, dessen Weisungen sie zu folgen hat (z.B. der Fabrikarbeiter hinsichtlich der Werkzeuge und Maschinen, der Chauffeur hinsichtlich des Kraftwagens).

Nur der andere (z.B. der Inhaber der Fabrik) hat → Besitz an der Sache.

Besitzeinkommen – Einkommen, die Vermögensbesitzer aus ihrem finanziellen, materiellen und immateriellen Vermögen beziehen. Dazu gehören Zins, Miete, Dividende und Pacht. – Nach Preiser resultieren die Besitzeinkommen aus einer Monopol- oder Quasimonopolstellung der Bodenbesitzer bzw. der Besitzer produzierter Produktionsmittel gegenüber den besitzlosen Arbeitern. – Vgl. auch → Vermögenseinkommen.

Besitzgesellschaft → Betriebsaufspaltung.

Besitzkehr – Recht des Besitzers, die ihm durch → verbotene Eigenmacht entzogene Sache dem Täter mit Gewalt wieder abzunehmen (§ 859 II BGB). Nur unmittelbar im Anschluss an die Tat zulässig. – Vgl. auch → Besitzschutz.

Besitzkonstitut – Besitzverschaffung bei → Übereignung beweglicher Sachen (§ 930 BGB), die die nach § 929 BGB erforderliche Übergabe der Sache durch eine Vereinbarung zwischen dem bisherigen Eigentümer und dem Erwerber ersetzt, nach der der Erwerber den mittelbaren Besitz an der Sache erlangt in Form von Miete, Leihe, Verwahrung u.Ä. – Besitzkonstitut von *Bedeutung* bei der → Sicherungsübereignung, z.B. zur Kreditgewährung. Der Gläubiger wird Eigentümer und → mittelbarer Besitzer, wohingegen der Schuldner im (unmittelbaren) Besitz der Sache bleibt. – Dagegen ist der → Eigentumsvorbehalt auch ohne Besitzkonstitut voll wirksam.

Besitzmittler – Bezeichnung für denjenigen → unmittelbaren Besitzer, der einem → mittelbaren Besitzer den Besitz vermittelt.

Besitzschutz – Rechtsschutz gegenüber jedem, der durch → verbotene Eigenmacht den → Besitz eines anderen stört oder ihm den Besitz entzieht. – 1. Das Recht der *gewaltsamen Abwehr* verbotener Eigenmacht durch → Besitzwehr und → Besitzkehr. – 2. Bes. *gerichtlicher Rechtsschutz* (§§ 861 ff. BGB): Binnen eines Jahres kann der Besitzer im Besitzprozess i.d.R. auf Wiedereinräumung des Besitzes klagen gegen denjenigen, der sog. → fehlerhaften Besitz hat, oder gegen den Störer auf Unterlassung der Störung.

Besitzsteuern – steuerjuristische und finanzstatistische Gruppierung von Steuern (→ Steuerklassifikation). Besitzsteuern sind eine Gruppe von Steuern, die an Ertrag (→ Ertragsteuern), Einkommen (→ Einkommensbesteuerung) oder Vermögen (→ Vermögensbesteuerung) anknüpfen. – Zu den Besitzsteuern zählen u.a.: → Grundsteuer, → Gewerbesteuer, → Körperschaftsteuer, → Einkommensteuer, → Erbschaftsteuer, → Kirchensteuer.

Besitzwechsel – *Rimesse;* → gezogener Wechsel, der sich im Besitz des Gläubigers (z.B. eines Lieferanten) befindet.

Besitzwechselbuch → Wechselkopierbuch.

Besitzwehr – Recht des Besitzers (→ Besitz), sich → verbotener Eigenmacht mit Gewalt zu erwehren (§ 859 I BGB). – Vgl. auch → Besitzkehr.

Besoldung – Vergütung des → Beamten für seine Dienste. – *Rechtsgrundlage bis zur* Föderalismusreform I: Einheitliche Regelung in Bund und Ländern durch das Bundesbesoldungsgesetz i.d.F. vom 6.8.2002 (BGBl. I 3020) m.spät.Änd.; seit der → Föderalismusreform I sind die Länder befugt, die Besoldung eigenständig zu regeln. Sobald sie anfangen, von der Kompetenz Gebrauch zu machen, wird sich das Besoldungsniveau auseinander entwickeln und zu einer unterschiedlichen Attraktivität gleicher Dienstposten führen. Der Bund hat bereits im Dienstrechtsneuordnungsgesetz vom 5.2.2009 (BGBl. I S. 160) durch dessen Art. 2 ein nur für Bundesbeamte geltendes Bundesbesoldungsgesetz geschaffen, nunmehr i.d. F. der Bekanntmachung vom 19.06.2009 (BGBl. I 1434). Das Grundgehalt richtet sich nicht mehr nach dem Besoldungsdienstalter, sondern grundsätzlich nach „Erfahrungszeiten" (§§ 27, 28 BBesG). – *Aufbau:* Zur Besoldung gehören folgende Dienstbezüge: Grundgehalt, Leistungsbezüge für Professoren an Hochschulen, Familienzuschlag, Zulagen, Vergütungen, Auslandsdienstbezüge. Zur Besoldung gehören als sonstige Bezüge: Anwärterbezüge, jährliche Sonderzahlungen, vermögenswirksame Leistungen. Jährliche Sonderzahlungen (früher: Weihnachtsgeld und Urlaubsgeld) können gewährt werden, dürfen aber im Kalenderjahr die Bezüge eines Monats nicht übersteigen; sie hatten nur noch bis zum 31.12.2010 Geltung. – *Zu unterscheiden:* Besoldungsordnung A (für aufsteigende Gehälter); Besoldungsordnung B (für feste, vom Besoldungsdienstalter bzw. von Erfahrungszeiten unabhängige Gehälter); Besoldungsordnung W (Grundgehalt und variable Leistungsbezüge für Professoren und hauptberufliche Leiter und Mitglieder von Leitungsgremien an Hochschulen) – die in Hessen geltende Leistungsbesoldung wurde wegen der im Verhältnis zur ehemaligen C-Besoldung abgesenkten Grundgehälter vom BVerfG am 14.2.2012 aufgrund eines Vorlagebeschlusses des VG Gießen wegen Verletzung des *Alimentationsprinzips* für verfassungswidrig erklärt (verfassungskonforme Neuregelung bis 1.1.2013 erforderlich) – für Professoren usw., die vor 2005 verbeamtet wurden, gilt die W-Besoldung nur, wenn sie freiwillig von der C- Besoldung oder einer anderen Besoldung gewechselt haben; Besoldungsordnung R (für Richter und Staatsanwälte).

besondere Betriebswirtschaftslehren → spezielle Betriebswirtschaftslehren.

besondere Geschäftsbezeichnung → geschäftliche Bezeichnung, die nicht den Geschäftsinhaber, sondern den Geschäftsbetrieb als solchen bezeichnet und als Unternehmensbezeichnung geschützt wird, wenn sie Unterscheidungskraft besitzt oder kraft → Verkehrsgeltung Unterscheidungskraft erlangt hat. Für die Beurteilung der Unterscheidungskraft gelten dieselben Grundsätze wie bei der → Firma. Gegenstand einer besonderen Geschäftsbezeichnung kann auch ein Teil eines Geschäftsbetriebs sein, nicht hingegen eine bloße Dienstleistung, für die aber eine → Marke eingetragen werden kann. Die besondere Geschäftsbezeichnung kann in einem Firmenschlagwort bestehen, auch in einem unabhängig von der vollständigen Firma benutzten Firmenbestandteil oder einer Marke, wenn sie Namensfunktion für das Unternehmen hat und in Alleinstellung als Kennzeichen des Unternehmens benutzt wird. Bedeutung haben besondere Geschäftsbezeichnungen v.a. für Gaststätten, Hotels und sonstige Kleinbetriebe, die nur regional tätig sind (sog. Etablissementsbezeichnungen). Ihr Schutz beschränkt sich dann auf diesen Wirtschaftsraum. Ist das Unternehmen überregional tätig, erfasst der Schutz der besonderen Geschäftsbezeichnung das gesamte Inland.

besondere Lohnsteuertabelle → Lohnsteuertabelle für Arbeitnehmer, die in der gesetzlichen Rentenversicherung nicht versicherungspflichtig sind und denen daher eine geringere Vorsorgepauschale zusteht als anderen Arbeitnehmern (vgl. § 10c II, III EStG). Die Tabelle wird nicht mehr amtlich erstellt, sondern nach den gesetzlichen Formeln von den jeweiligen Herausgebern per EDV berechnet. Besondere Lohnsteuertabellen gelten für Arbeitnehmer, die (1) für den Fall ihres Ausscheidens aus der Beschäftigung Anspruch auf eine *lebenslängliche Versorgung* oder an deren Stelle auf eine Abfindung haben oder wenn sie in der *gesetzlichen Rentenversicherung nachzuversichern* sind (z.B. Beamte, Richter, Berufssoldaten); (2) im Zusammenhang mit ihrer Berufstätigkeit aufgrund vertraglicher Vereinbarungen *Anwartschaftsrechte auf eine Altersversorgung* ganz oder teilweise ohne eigene Beitragsleistungen erwerben (z.B. Vorstandsmitglieder einer AG, herrschende Gesellschafter-Geschäftsführer einer GmbH); (3) *Ruhegehälter, Witwen- oder Waisengelder, Unterhaltungsbeiträge oder gleichartige Bezüge* beziehen, die aufgrund beamtenrechtlicher oder entsprechender gesetzlicher Vorschriften oder nach beamtenrechtlichen Grundsätzen von Körperschaften gezahlt werden (z.B. pensionierte Beamte, Richter); (4) *Altersruhegeld* aus der gesetzlichen Rentenversicherung beziehen (z.B. weiterbeschäftigte Arbeitnehmer). – *Gegensatz:* → allgemeine Lohnsteuertabelle.

besondere Veranlagung – Form, die im Jahre der Eheschließung bei der Veranlagung vom → Ehegatten gewählt werden kann (§ 26c EStG). Die Ehegatten werden dabei steuerlich so behandelt, als ob sie unverheiratet wären. Ab dem Veranlagungszeitraum 2013 wird die besondere Veranlagung durch das Steuervereinfachungsgesetz 2011 aufgehoben. Die Ehegatten können nur noch zwischen der Zusammenveranlagung und getrennter Veranlagung bzw. Einzelveranlagung wählen.

Besondere Versicherungsbedingungen (BVB) – 1. *Begriff:* Versicherungsbedingungen, die sich auf einen einzelnen Vertrag oder auf einen bestimmten Teilbestand von Versicherungsverträgen beziehen und individuelle Gegebenheiten berücksichtigen. – *Anders:* → Allgemeine Versicherungsbedingungen (AVB). – 2. *Rechtliche Merkmale:* BVB haben Vorrang vor den AVB nach dem Grundsatz, dass die spezielle Norm der generellen vorgeht. Sie unterliegen nicht dem AGBG. BVB sind rechtlich allerdings ebenfalls AVB, wenn sie einer Vielzahl von Versicherungsverträgen zugrunde gelegt werden.

Besorgungsleistung – liegt vor, wenn ein Unternehmer im eigenen Namen eine sonstige Leistung beschafft, diese Leistung aber für einen nicht genannten Auftraggeber bestimmt ist (also ein Fall des Kommissionsgeschäfts mit Dienstleistungen, und zwar Einkaufskommission). Der Fall wird so behandelt, als hätte der Unternehmer die Leistung für sich selbst bezogen und anschließend eine Leistung der gleichen Art an seinen Auftraggeber erbracht (§ 3 XI UStG). – Vgl. → Kommissionsgeschäft über sonstige Leistungen; → Leistungskommission.

Besserungsschein – 1. *Vergleichsverfahren:* Ein nach der bis 31.12.1998 geltenden VerglO abgegebenes schriftliches Versprechen des Schuldners zur Leistung weiterer Zahlungen über die Vergleichsquote hinaus. – 2. *Einkommen-* und *Körperschaftsteuerrecht:* Verbindlichkeiten auf Besserungsschein sind nicht passivierungsfähig. Zahlungen auf Besserungsschein sind aber → Betriebsausgaben.

Beständewagnis – Es ist ein kalkulatorisches Wagnis (→ Wagnisse), das einer Selbstversicherung des Unternehmers gegen das nicht fremdversicherbare Lagerrisiko (Schwund, Veralten, Bruch u.Ä.) entspricht.

Bestandsaufnahme → Inventur.

Bestandsdifferenzen – Unterschiedsbeträge zwischen den Buchsalden und den durch → Inventur ermittelten Beständen eines Kontos (zurückzuführen z.B. auf Schwund, Diebstahl). Bestandsdifferenzen bei den Vorräten werden z.B. als Aufwendungen für Roh-, Hilfs- und Betriebsstoffe sowie bezogene Waren erfasst, Bestandsdifferenzen bei betrieblichen Anlagen als sonstige betriebliche Aufwendungen.

Bestandserfolgskonten – *gemischte Konten;* Konten, auf denen Bestand und Erfolg verbucht werden, sodass die Differenz zwischen Soll und Haben weder über Bestand noch über Erfolg Aufschluss gibt. Ein Bestandserfolgskonto ist das früher übliche „gemischte Warenkonto", auf dem im Soll der Warenanfangsbestand und die Wareneinkäufe zu Bezugspreisen und im Haben die Warenverkäufe zu Verkaufspreisen und der Endbestand gemäß → Inventur gebucht wurden. Mit der Einführung der → Kontenpläne sind die Bestandserfolgskonten weitgehend beseitigt worden.

Bestandsfunktion – Begriff aus der → Verlaufsstatistik. In der beschreibenden Statistik ordnet die Bestandsfunktion B jedem Zeitpunkt t die

Bestandsmenge B(t) zu. Bei einem Anfangsbestand $B(t_0)$ zum Zeitpunkt t_0, der Zugangsmenge Z(t) bis zum Zeitpunkt t und der Abgangsmenge A(t) bis zum Zeitpunkt t ergibt sich die Formel der Bestandsfortschreibung

$$B(t) = B(t_0) + Z(t) - A(t)\,,\ t > t_0.$$

Die Funktionen Z und A heißen (kumulierte) → Zugangsfunktion bzw. (kumulierte) → Abgangsfunktion. – Vgl. auch → Fortschreibung.

Bestandsgesamtheit – *Bestandsmasse;* in der Statistik Bezeichnung für eine → Gesamtheit, deren Abgrenzung durch Festlegung eines Zeitpunktes erfolgt. – *Beispiel:* Die Wohnbevölkerung eines Landes zu einem bestimmten Zeitpunkt; nicht jedoch die Gesamtheit der Lebendgeborenen eines Landes innerhalb eines bestimmten Zeitraumes. – *Gegensatz:* → Bewegungsgesamtheit.

Bestandsgleichgewicht – im Rahmen makroökonomischer Modelle verwendeter Gleichgewichtsbegriff, der sich auf die → Bestandsgrößen der Finanzmärkte (Geldmarkt, Märkte für Wertpapiere) bezieht. Bestandsgleichgewicht liegt vor, wenn das Bestandsangebot genau der geplanten Bestandsnachfrage entspricht, d.h. wenn die Wirtschaftssubjekte bereit sind, die tatsächlichen Bestände (an Geld, Wertpapieren) als Planbestand zu halten.

Bestandsgrößen – volkswirtschaftliche Größen, die zeitpunktbezogen zu bestimmten Stichtagen gemessen werden, z.B. Arbeitslosenzahl, Geldmenge, Kapitalstock. Bestandsgrößen können sich im Zeitablauf durch Zu- und Abgänge verändern. Solche Bestandsänderungsgrößen (wie z.B. die gesamtwirtschaftliche Nettoinvestition) sind → Stromgrößen, da sie sich auf einen ganzen Zeitraum beziehen. – *Gegensatz:* → Stromgrößen.

Bestandskonten – Konten (aktive und passive), auf denen Zu- und Abgänge eines Bestandes mit gleichem Wertansatz eingetragen werden. Innere Wertänderungen der inländischen Zahlungsmittel kommen nicht zur Geltung. Bestandskonten werden geführt für alle Bilanzpositionen. Zu den Bestandskonten gehören z.B. das Kassen-, Bank-, Besitzwechsel-, Schuldwechsel-, Debitoren-, Kreditoren- und Lagerkonto. – Der → Saldo eines reinen Bestandskontos gibt bei fehlerloser Verbuchung den Wert des Bestands des entsprechenden Vermögensteils bzw. die Höhe der noch ausstehenden Schuld im Rahmen der Bewertungsregeln (→ Bewertung) an. – *Gegensatz:* → Erfolgskonten.

Bestandskontrolle – stichprobenweiser Vergleich von Soll- und Istbeständen, um Differenzen (z.B. auf Unterschlagung beruhend) aufzudecken bzw. ihnen vorbeugend entgegenzuwirken.

Bestandskraft – Es wird zwischen der formellen und der materiellen Bestandskraft unterschieden. Die formelle Bestandskraft bedeutet Unanfechtbarkeit. Der → Verwaltungsakt kann nicht oder nicht mehr mit Rechtsbehelfen angefochten werden. Materielle Bestandskraft bedeutet die Verbindlichkeit eines Verwaltungsaktes (vgl. AEAO vor §§ 172–177 Nr. 1). Zumeist treten beide Formen der Bestandskraft bei einem Steuerverwaltungsakt gleichzeitig ein. Abweichungen können sich durch die Nebenbestimmungen des Vorbehalts der Nachprüfung (§ 164 AO) und der Vorläufigkeit (§ 165 AO) ergeben. Aufgrund dieser Nebenbestimmungen tritt zwar die formelle Bestandskraft mit Ablauf der Rechtsbehelfsmöglichkeit ein (siehe oben). Die materielle Bestandskraft mit ihrer erhöhten Rechtssicherheit tritt dann aber in Abweichungsfällen erst mit der späteren Aufhebung der genannten Nebenbestimmungen ein. – Hintergrund ist die Möglichkeit, einen Steuerbescheid, der unter dem Vorbehalt der Nachprüfung steht, jederzeit und in vollem Umfang bis zum Eintritt der Verjährung zu ändern, während ein materiell bestandskräftiger Steuerverwaltungsakt nur punktuell unter den Einzelvoraussetzungen der §§ 129 und 172 ff. AO geändert werden kann.

Bestandsmasse → Bestandsgesamtheit.

Bestandsrechnung – 1. *Allgemein:* Rechnung, die Bestandsgrößen erfasst und ausweist. Eine wichtige Bestandsrechnung ist z.B. die → Bilanz. – *Gegensatz:* → Bewegungsrechnung. – 2. Teil des → internen Rechnungswesens, der die Bestände an Material, Halbfertig- und Fertigprodukten mengen- und wertmäßig ermittelt. Die Bestandsrechnung liefert damit wesentliche Ausgangsinformationen für die → Kostenträgerrechnung. – Vgl. auch → Bestandsveränderungen.

Bestandsveränderungen – Änderungen in den Beständen des Vorratsvermögens, speziell bei Halb- und Fertigfabrikaten, Roh-, Hilfs- und Betriebsstoffen, aber auch bei Grundstücksbesitz (steuerrechtlich) von Bedeutung. – 1. *Halb- und Fertigfabrikate:* sind in der → Betriebsabrechnung zu berücksichtigen, soweit in ihr nicht nur die Kosten der umgesetzten Leistungen (nach dem → Umsatzkostenverfahren), sondern die Gesamtkosten des Rechnungszeitabschnitts (→ Gesamtkostenverfahren) zugrunde gelegt werden. Ebenso in der → Gewinn- und Verlustrechnung (GuV). – 2. *Innerbetriebliche Leistungen:* bei aktivierbaren oder abzugrenzenden innerbetrieblichen Leistungen zu berücksichtigen, soweit diese noch nicht abgerechnet sind. Eine Zunahme der Bestände ist im Betriebsergebniskonto auf der Ertragseite, eine Abnahme auf der Aufwandseite einzusetzen. Entsprechende Behandlung der Bestandsveränderungen in der nach dem Gesamtkostenverfahren aufgestellten GuV.

Bestandsverzeichnis – I. Grundstücksrecht: Teil des → Grundbuchs, in dem das Grundstück katastermäßig bezeichnet ist.

II. Einkommensteuerrecht: Erfassung des → beweglichen Anlagevermögens für Steuerzwecke (R 5.4 EStR). Aufzustellen durch jährliche körperliche

Bestandsaufnahme oder durch → laufende Inventur. – *Inhalt:* Das Bestandsverzeichnis erfasst bewegliche Anlagegüter, auch voll abgeschriebene. Das Bestandsverzeichnis muss enthalten: Genaue Bezeichnung, Bilanzwert, bei permanenter Inventur zusätzlich Tag der Anschaffung oder Herstellung, Höhe der → Anschaffungskosten oder → Herstellungskosten, Tag des Abgangs. Nicht aufgenommen werden müssen: (1) → geringwertige Wirtschaftsgüter; (2) bewegliche Anlagegüter, für die zulässigerweise ein Festwert angesetzt wird. – *Zulässige Erfassungsweise:* (1) Gesamtanlagen, auf die einheitliche Absetzung für Abnutzung (AfA) vorgenommen wird, können als Einheit eingetragen werden; (2) für gleichartige Gegenstände, die im gleichen Zeitraum angeschafft und deren Anschaffungskosten, Nutzungsdauer und Abschreibungsmethode gleich sind, ist Zusammenfassung statthaft.

bestätigter Scheck – Scheckbestätigung durch die Bundesbank gemäß § 23 BBankG. Die Filiale der Bundesbank versieht den Scheck mit einem Bestätigungsvermerk und belastet als Deckung dafür das ausstellende Kreditinstitut, das im Auftrag seines Kunden den bestätigten Scheck auf sein Bundesbank-Konto gezogen hat. Die Bundesbank verpflichtet sich durch die Bestätigung dem Inhaber gegenüber zur Einlösung und haftet auch dem Aussteller und den → Indossanten für Einlösung. Die Verpflichtung aus der Bestätigung erlischt, wenn der Scheck nicht binnen acht Tagen nach der Ausstellung zur Zahlung vorgelegt wird. Für den Nachweis der Vorlegung gilt Art. 40 ScheckG.

bestätigtes Akkreditiv → Akkreditiv.

Bestätigung – 1. *Bürgerliches Recht:* → Willenserklärung, durch die eine andere, fehlerhafte (→ Nichtigkeit, → Anfechtung) Erklärung voll wirksam gemacht werden soll. – a) Ein *anfechtbares Geschäft* wird dadurch bestätigt, dass der Anfechtungsberechtigte nach Kenntnis des Anfechtungsgrundes (Irrtum, Drohung, Täuschung) dem anderen Teil gegenüber irgendwie (z.B. durch Zinszahlung) zu erkennen gibt, dass er das Geschäft aufrechterhalten will. Folge: Anfechtungsberechtigter verliert Anfechtungsrecht (§ 144 BGB). – b) Ein *nichtiges Geschäft* (z.B. wegen Verstoßes gegen den → Formzwang) kann nur durch Neuvornahme bestätigt werden (§ 141 BGB). – 2. *Anders:* Auftragsbestätigung (→ Bestätigungsschreiben). – 3. *Insolvenzverfahren:* Beschluss des Insolvenzgerichts, erforderlich zur Wirksamkeit eines von den Gläubigern angenommenen Insolvenzplanes (§ 248 InsO). Der Beschluss wird verkündet, aber nicht öffentlich bekannt gemacht. Der Beschluss ist mit → sofortiger Beschwerde binnen zwei Wochen nach Verkündung anfechtbar (§ 253 InsO).

Bestätigungsschreiben – *Auftragsbestätigung.* 1. *Begriff:* Im Handelsverkehr ist das Bestätigungsschreiben die übliche Form der nachträglichen schriftlichen Festlegung des Vertragsinhalts, der zuvor mündlich, telefonisch oder telegrafisch abgeschlossenen wurde. Als Bestätigungsschreiben wird oft auch die schriftliche Annahme eines Vertragsangebots nach vorhergegangenen Vertragsverhandlungen bezeichnet. – 2. Unter Kaufleuten gilt die *Nichtbeantwortung eines Bestätigungsschreibens* als Einverständnis mit dem im Bestätigungsschreiben niedergelegten Vertragsinhalt, selbst wenn dieser von den mündlichen Vereinbarungen abweicht, es sei denn, dass der Absender wegen des von dem vorher Abgesprochenen weit abweichenden Inhalts mit dem Einverständnis des Empfängers nicht rechnen darf. – 3. Etwaiger → Widerspruch muss unverzüglich erfolgen. Bestätigungsschreiben sind daher stets sorgfältig vom Empfänger zu prüfen. Kreuzen sich zwei einander widersprechende Bestätigungsschreiben, so braucht keine Seite zu widersprechen.

Bestätigungsverfahren – Verfahren, nach dem die Gültigkeit einer → Umsatzsteuer-Identifikationsnummer durch Anfrage beim Bundeszentralamt für Steuern überprüft werden kann. Bestätigt werden die Gültigkeit der Nummer, des Namens und der Anschrift der zugehörigen Person; vgl. § 18e UStG. Die Bestätigung kann auch online durchgeführt werden; dies ermöglicht den betroffenen Wirtschaftskreisen, hinreichend schnell über die umsatzsteuerliche Unternehmereigenschaft ihrer Geschäftspartner Sicherheit zu bekommen.

Bestätigungsvermerk – *Testat.*

I. Begriff: Der Bestätigungsvermerk ist das abschließende Gesamturteil, das nach einer nach anerkannten Berufsgrundsätzen (→ Berufsgrundsätze für Wirtschaftsprüfer) durchgeführten ordnungsmäßigen → Prüfung abgegeben wird (§ 322 I 1, 2 HGB). Mit einem Bestätigungsvermerk bestätigt der → Abschlussprüfer, dass Jahresabschluss und Buchführung den gesetzlichen Vorschriften entsprechen und dass der Lagebericht keine falschen Vorstellungen von der Lage der Unternehmung erweckt. Ein unmittelbares Urteil über die wirtschaftliche Lage der Unternehmung ist mit dem Bestätigungsvermerk nicht verbunden. Ist der Bestätigungsvermerk versagt worden, so ist hierauf in einem bes. Vermerk (dem Versagungsvermerk) hinzuweisen (§ 322 IV 2 HGB). Der Bestätigungsvermerk ist Bestandteil des zu erstellenden → Prüfungsberichts.

II. Bedeutung: Durch den Bestätigungsvermerk sollen Adressaten, z.B. Gesellschafter, Gläubiger, Arbeitnehmer, Aufsichtsrat und Öffentlichkeit, über das Ergebnis einer Prüfung unterrichtet werden. Der volle Wortlaut des Bestätigungsvermerks ist in allen Veröffentlichungen und Vervielfältigungen des Jahresabschlusses wiederzugeben. – Die rechtliche Bedeutung des Bestätigungsvermerks liegt v.a. darin, dass ein Jahresabschluss nach HGB erst festgestellt werden kann, wenn die → Jahresabschlussprüfung stattgefunden hat (§ 316 I 2 HGB). – Die tatsächliche Bedeutung des Bestätigungsvermerks in der Praxis ist weitergehend. I.d.R. wird die Unternehmungsleitung an einem uneingeschränkten Bestätigungsvermerk interessiert sein; die Androhung der Einschränkung oder Versagung des Bestätigungsvermerks wird oft zur Beachtung der Rechnungslegungsvorschriften anreizen.

III. Inhalt: Der Bestätigungsvermerk beschreibt die Aufgabe des Abschlussprüfers und grenzt sie gegenüber der Verantwortung der gesetzlichen Vertreter der zu prüfenden Unternehmung für Buchführung, Jahresabschluss und Lagebericht bzw. Konzernabschluss und -lagebericht ab. Des Weiteren werden Gegenstand, Art und Umfang der Prüfung erläutert. In der abschließenden Beurteilung wird das Prüfungsergebnis formuliert. Nach § 322 II HGB soll die Beurteilung des Prüfungsergebnisses allg. verständlich und problemorientiert erfolgen; auf Risiken, die den Fortbestand des Unternehmens gefährden, ist gesondert einzugehen. – Vgl. auch → Prüfungsstandard IDW PS 400.

IV. Arten: 1. *Uneingeschränkter Bestätigungsvermerk:* Sind nach dem abschließenden Ergebnis der Prüfung keine Einwendungen zu erheben, so hat der Abschlussprüfer nach § 322 I 3 HGB im Bestätigungsvermerk zu erklären, dass die von ihm durchgeführte Prüfung zu keinen Einwendungen geführt hat und der Jahresabschluss bzw. Konzernabschluss aufgrund der bei der Prüfung gewonnenen Erkenntnisse unter Beachtung der Grundsätze ordnungsmäßiger Buchführung ein den tatsächlichen Verhältnissen entsprechendes Bild der Vermögens-, Finanz- und Ertragslage der Gesellschaft bzw. des Konzerns gibt. Ferner ist darauf einzugehen, ob der Lagebericht bzw. Konzernlagebericht insgesamt ein zutreffendes Bild von der Lage des Unternehmens bzw. Konzerns vermittelt und Risiken der künftigen Entwicklung richtig darstellt (§ 322 III HGB). – Einwendungen sind mehr als geringfügige Beanstandungen; unwesentliche Beanstandungen stehen der Erteilung des Bestätigungsvermerks nicht entgegen. Die Trennung von Wesentlichem und Unwesentlichem kann schwierig sein. – 2. *Einschränkung und Versagung des Bestätigungsvermerks:* Sind Einwendungen zu erheben, so ist der Bestätigungsvermerk gemäß § 322 IV HGB einzuschränken bzw. zu versagen. Einschränkung und Versagung sind zu begründen; Einschränkungen müssen so dargestellt werden, dass ihre Tragweite deutlich erkennbar wird. Die Versagung ist in den Vermerk aufzunehmen; dieser darf dann nicht als Bestätigungsvermerk bezeichnet werden; stattdessen kommt die Bezeichnung „Versagungsvermerk" in Betracht. – Die Grenzziehung zwischen Einwendungen, die zur Einschränkung führen, und Einwendungen, die die Versagung des Bestätigungsvermerks zur Folge haben müssen, ist schwierig und umstritten.

Bestattungsgeld – Leistung für Kriegsopfer, beim Tode eines rentenberechtigten Beschädigten (§ 36 BVG) oder von versorgungsberechtigten Hinterbliebenen (§ 53 BVG).

Bestattungskosten → Beerdigungskosten.

Bestbeschäftigung – Bezeichnet einen selten verwendeten Begriff der Plankostenrechnung zur Kennzeichnung einer aufgrund der → Kapazitätsplanung in jeder Kostenstelle erreichbaren (maximalen) Leistung. – Vgl. auch → Beschäftigung, → Basisbeschäftigung.

Beste – Theodor, 1894–1973, bedeutender Betriebswirtschaftler, 1920–1925 Assistent bei → Schmalenbach, Professor an den Universitäten Bonn, Dresden, Berlin und Köln. – Schwerpunkt der Arbeiten auf den Gebieten der industriellen Organisation, der Produktionsplanung und des industriellen Rechnungswesens. Beste pflegte die globale Beurteilung, die bei der Berücksichtigung aller auf den Betrieb wirkenden Einflüsse auch benachbarte Forschungsgebiete, wie z.B. Sozialwissenschaft, Arbeitsphysiologie und -psychologie und v.a. die Technik einbezieht. Aus seiner Schule kamen Betriebswirte, die für den Zusammenklang von Betriebswirtschaft und Technik, wissenschaftlichem Denken und praktischer Fertigkeit bereits während des Studiums das Fundament gelegt hatten. – *Hauptwerke:* „Die Verrechnungspreise in der Selbstkostenrechnung industrieller Betriebe" (1924); „Die kurzfristige Erfolgsrechnung" (1933); „Die Entflechtung der Eisen schaffenden Industrie" (1949); Beste/Kohlitz, „Grundlagen der Typenbeschränkung und Normung" (1956); „Die Mehrkosten bei der Herstellung ungängiger Erzeugnisse im Vergleich zur Herstellung vereinheitlichter Erzeugnisse" (1957).

beste Antwort → Spieltheorie.

Bestechlichkeit → Bestechung.

Bestechung – **I. Allgemein:** Das Anbieten, Versprechen oder Gewähren von Geschenken oder anderen Vorteilen an einen Amtsträger oder einen für den öffentlichen Dienst bes. Verpflichteten sowie einen Angestellten im Geschäftsverkehr. – *Formen:* (1) *Bestechung i.e.S.:* Vorteilsgewährung: Gewährung, Versprechen oder Anbieten von Geschenken oder anderen Vorteilen; (2) *Bestechlichkeit/Vorteilsannahme:* Gewähren- und Versprechenlassen oder Fordern von Geschenken oder Vorteilen zu bestimmten Zwecken.

II. Strafrecht: 1. *Bestechung von Amtsträgern und für den öffentlichen Dienst bes. Verpflichteten* (§§ 331 ff. StGB): Als *Vorteilsgewährung* (§ 333 StGB) strafbar, wenn Bestechung zur Herbeiführung einer im Ermessen des Amtsträgers stehenden Handlung erfolgt (Freiheitsstrafe bis drei Jahre oder Geldstrafe). – a) Als *Bestechung* (§ 334 StGB) strafbar, wenn diese zur Herbeiführung einer pflichtwidrigen Handlung des Amtsträgers vorgenommen wird (Freiheitsstrafe von drei Monaten bis zu fünf Jahren). – b) Als *Vorteilsannahme* (§ 331 StGB) strafbar, wenn die Forderung, das Sich-Versprechen-Lassen oder die Annahme einer Bestechungsleistung seitens eines Amtsträgers für eine nicht pflichtwidrige Handlung erfolgt (Freiheitsstrafe bis drei Jahre oder Geldstrafe). – c)

Als *Bestechlichkeit* (§ 332 StGB) strafbar, wenn Bestechung zur Herbeiführung einer pflichtwidrigen Amtshandlung geschieht (Freiheitsstrafe bis zehn Jahre oder Geldstrafe). – 2. *Bestechung von Abgeordneten* (§ 108e StGB): Wer es unternimmt, für eine Wahl oder Abstimmung im Europäischen Parlament oder in einer Volksvertretung des Bundes, der Länder, Gemeinden oder Gemeindeverbände eine Stimme zu kaufen oder zu verkaufen, macht sich wegen Abgeordnetenbestechung strafbar (Freiheitsstrafe bis fünf Jahre oder Geldstrafe).

III. Bestechung von Angestellten oder Beauftragten eines geschäftlichen Betriebes: Bestechung zu Wettbewerbszwecken (aktiv wie passiv) ist nach § 299 StGB strafbar. – *Strafrahmen:* Freiheitsstrafe bis zu drei Jahren oder Geldstrafe, in bes. schweren Fällen drei Monate bis zu fünf Jahren (§ 300 StGB). Die Tat wird nur auf Antrag verfolgt, es sei denn, die Staatsanwaltschaft hält ein Einschreiten von Amts wegen aufgrund eines bes. öffentlichen Interesses für geboten (§ 301 StGB). Bei gewerbs- oder bandenmäßiger Begehung können die Bestimmungen über den erweiterten Verfall angewendet werden (§ 302 StGB; → unlauterer Wettbewerb, § 3 UWG). Löst Unterlassungsansprüche der nach § 8 UWG Klagebefugten mit Ausnahme der Verbraucherschutzverbände aus. *Schmiergeldvereinbarungen* sind nichtig (§ 138 BGB). Der Geschäftsherr kann vom Bestochenen Herausgabe der Schmiergelder verlangen.

IV. Steuerrecht: 1. Wird aus betrieblichen Gründen eine Bestechung vorgenommen, sind die dadurch verursachten Betriebsausgaben nach der Sonderregelung des § 4 V Nr. 10 EStG steuerlich nicht abzugsfähig, wenn die Zuwendung der Vorteile aus Sicht des dt. Rechts eine strafbare Handlung darstellen oder mit Geldbuße bedroht sind. Die Finanzämter, die Gerichte und die Verwaltungsbehörden haben sich gegenseitig auf Verdachtsfälle hinzuweisen. Vom Abzugsverbot können auch Bestechungsgelder an ausländische Empfänger betroffen sein. – 2. Wer als Arbeitnehmer Bestechungsgelder vereinnahmt, empfängt keinen Arbeitslohn, ist mit dem fraglichen Betrag aber trotzdem steuerpflichtig (§ 22 Nr.3 EStG).

bestehen bleibende Rechte – bei → Zwangsversteigerung eines Grundstücks oder Schiffes Rechte, die dem des → betreibenden Gläubigers vorgehen und bei der Feststellung des → geringsten Gebotes zu berücksichtigen sind (§ 52 I ZVG). Diese Rechte ergeben sich im Einzelnen aus der Rangordnung der §§ 10–13 ZVG.

Besteller – 1. Beim → Werkvertrag derjenige, der ein Werk bei dem → Unternehmer gegen Vergütung bestellt. – 2. Im *wirtschaftlichen Sprachgebrauch allg.* gleichbedeutend mit Käufer.

Bestellerkredit → Kredit, der dem Besteller nicht vom Lieferanten (→ Lieferantenkredit), sondern von einer Bank gewährt wird. I.d.R. werden alle Zahlungsverpflichtungen des Kunden mit Ausnahme der An- und Zwischenzahlung durch die Bank erfüllt. Der Vorteil für den Lieferanten liegt in der Entlastung von Bilanz und Kreditlinien.

Bestellkosten – Kosten, die bei der → Bestellung anfallen. – In der Vollkostenrechnung sind die auf das Stück bezogenen Bestellkosten mit wachsender Einkaufslosgröße (→ Losgrößenplanung) degressiv, da die sich bei jeder Bestellung ergebenden → fixen Kosten (z.B. Kosten für die Bearbeitung der Bestellung, Verbuchungskosten, Kosten des Zahlungsverkehrs) bei großen Losen auf eine größere Anzahl von Stücken verteilt werden können.

Bestellmenge → optimale Bestellmenge, → Bestellpunktverfahren, → Bestellrhythmusverfahren.

Bestellmengenplanung – Ermittlung der Bestellmenge und des Bestellzeitpunkts für den im Planungszeitraum bestehenden Bedarf an Materialien, sodass die Bedarfsdeckung auf kostengünstigste Weise erfolgt und gleichzeitig angemessene Versorgungssicherheit aufrecht erhalten wird. Dazu ist die → optimale Bestellmenge (die Bestellmenge, bei der die Summe aus Bestell- und Lagerhaltungskosten minimal ist) zu errechnen. Daneben sind die Termine für die einzelnen Bestellungen festzulegen. Es stehen verschiedene Lagerhaltungsstrategien zur Verfügung zur Berechnung, wann und in welcher Höhe Bestellungen zur Auffüllung der Lagerbestände ausgelöst werden müssen. Dabei kann entweder die Erreichung bestimmter Bestandshöhen bestellauslösend sein (Meldebestands- oder → Bestellpunktverfahren) oder der Ablauf festgelegter zeitlicher Fristen (→ Bestellrhythmusverfahren). Die Bestellmengenplanung läuft heute weitestgehend IT-basiert ab.

Bestellmengenpolitik – Instrument des → Handelsmarketings. Bestellmengenpolitik legt fest, welche Waren bestellt und welche (vorübergehend) aus dem Sortiment gestrichen werden sollen. Nachbestellungen erfolgen mithilfe von → Ordersätzen. Bei geschlossenen → Warenwirtschaftssystemen (WWS) kann bei Anwendung geeigneter Methoden zur Bedarfsvorhersage die Bestellentscheidung u.U. automatisiert werden (→ optimale Bestellmenge). – Vgl. auch → Beschaffungspreispolitik, → Absatzpreispolitik.

Bestellmuster – Ausfallmuster für Waren, die erst nach Auftragseingang angefertigt werden. Nach Bestellmustern werden vorwiegend solche Massenbedarfsgüter (→ Massengüter) produziert, die modeabhängig oder Geschmacksveränderungen unterworfen sind (Textilgewebe, Tapeten etc.).

Bestellobligo – Summe aller Zahlungsverpflichtungen (einschließlich der Bezugsnebenkosten) aus offenen Bestellungen, die noch zu regulieren sind. Informationsinstrument der Finanzplanung in Unternehmen.

Bestellproduktion → unmittelbar kundenorientierte Produktion.

Bestellprozess – Prozess zur rechtlichen Absicherung der Besitzübertragung und der organisatorischen Abwicklung dieser Aufgaben auf der Basis von Informationen aus der → Bedarfsermittlung, → Beschaffungsmarktforschung und → Einkaufspolitik. Der Bestellprozess setzt sich aus mehreren Teilprozessen zusammen. Durch die Bedarfsmeldung oder Bestellanforderung wird dem Einkäufer die innerbetriebliche Nachfrage übermittelt. Die Einholung verschiedener Angebote erfolgt durch traditionelle Anfragen oder über elektronische Märkte oder elektronische Ausschreibungen. Im Rahmen der Angebotsbearbeitung werden die Angebote auf Übereinstimmung mit internen Anforderungskriterien (z.B. Qualität, Menge, Lieferzeit und Einkaufsbedingungen) geprüft, nach dem Preis-Leistungs-Verhältnis untersucht und miteinander verglichen. Vergabeverhandlungen dienen der Beseitigung von Schwachstellen in den einzelnen Angeboten und bereiten die Bestellentscheidung vor. Die schriftliche Ausführung der Bestellung ermöglicht eine zweifelsfreie, sichere und rechtlich nachweisbare Bestellübermittlung und kann gleichzeitig zur innerbetrieblichen Dokumentation der Bestellung (z.B. für andere von der Bestellung betroffene Abteilungen oder bei Nachfragen) verwendet werden. Übersendet der Lieferant eine Auftragsbestätigung, ist schließlich der Inhalt dieser Bestätigung mit der Bestellung zu vergleichen, um die inhaltlich richtige Auftragsannahme zu kontrollieren. Der Bestellvorgang hat sich durch Nutzung internetbasierter Technologien signifikant verändert. – Vgl. auch → E-Procurement.

Bestellpunktverfahren – Eines von mehreren Verfahren der → Bestellmengenplanung, bei dem eine Bestellung immer dann ausgelöst wird, wenn der Lagerbestand eine festgelegte Höhe (Meldebestand oder Bestellpunkt) erreicht bzw. unterschreitet. Im Bestellpunktverfahren mit fester Bestellmenge wird bei Erreichen des Bestellbestandes eine festgelegte Menge bestellt. Im Bestellpunktverfahren mit Höchstbestand wird bei Erreichen des Bestellpunktes diejenige Menge bestellt, die den Lagerbestand auf den festgelegten Sollbestand auffüllt. Bei beiden Verfahren sind die Bestellzeitpunkte variabel, da sie sich der Veränderung des Lagerabgangs anpassen. – Vgl. auch → Bestellrhythmusverfahren.

Bestellrhythmusverfahren – Verfahren der → Bestellmengenplanung, bei dem Bestellungen in festgelegten Bestellrhythmen erfolgen. Dabei wird entweder in festgelegten Zeitabständen eine fixe Menge bestellt (dies führt bei ungleichmäßigem Lagerabgang zu stark schwankenden Lagerbeständen) oder es wird in festgelegten Zeitabständen jeweils die Menge beschafft, die den Lagerbestand auf einen festgelegten Sollbestand auffüllt. – Vgl. auch → Bestellpunktverfahren.

Bestellschein – rechtlich entweder Vertragsantrag, an den der Käufer (Besteller) regelmäßig längere Zeit gebunden ist, oder schon Vertragsannahme (→ Vertrag). Der Bestellschein hat die tatsächliche Vermutung der Richtigkeit und Vollständigkeit für sich, alle Bedingungen, die oft auf der Rückseite abgedruckt sind, werden Vertragsinhalt. Wer sich auf mündliche Nebenabreden beruft, muss diese beweisen. – Erhält der Unterzeichner Abschrift des Bestellscheins, muss er sie durchlesen, ggf. sofort *widersprechen* und notfalls *anfechten*, sonst verliert er seine Rechte, und der Inhalt gilt als vereinbart. – Bestellscheine werden v.a. *verwendet* von Handelsvertretern und vom → Versandhandel sowie beim Abschluss von → Abzahlungsgeschäften.

Bestellung → Bestellprozess.

bestens – Bedeutet in Börsenaufträgen, dass der Verkaufsauftrag ohne → Limit, d.h. zum höchst möglichen Kurs, ausgeführt werden soll. – Vgl. auch → billigst.

bester linearer unverzerrter Schätzer – unter allen linearen unverzerrten Schätzfunktionen diejenige Schätzfunktion, welche die kleinste Varianz aufweist (engl. *Best Linear Unbiased Estimator, BLUE*). Der OLS-Schätzer (→ Kleinstquadratemethode, gewöhnliche) für ein lineares → Regressionsmodell, für welches die klassischen Modellannahmen erfüllt sind, zeichnet sich durch diese Eigenschaft aus.

Besteuerung → Besteuerungsprinzipien, → Einkommensbesteuerung, → Erbschaftsbesteuerung, → Ertragsbesteuerung, → fiskalische Besteuerung, → Gewerbebesteuerung, → Haushaltsbesteuerung, → Kraftfahrzeugbesteuerung, → nicht fiskalische Besteuerung, → Steuerarten, → Steuern, → Steuerpolitik, → Steuerrecht, → Steuerrechtfertigungslehre, → Steuersystem, → Steuertariftypen, → Umsatzbesteuerung, → Unternehmensbesteuerung, → Verbrauchsbesteuerung, → Vermögensbesteuerung, → Wertzuwachssteuer.

Besteuerung der Renten → Rentenbesteuerung.

Besteuerungseinheit – Teil oder Vielfaches der Steuerbemessungsgrundlage, auf die der Steuersatz angewandt wird (→ Bemessungsgrundlage).

Besteuerungsgrundlage – tatsächliche und rechtliche Verhältnisse, die für die Steuerpflicht und für die Bemessung der Steuer maßgebend sind (§ 199 I AO). – 1. Die *Feststellung* der Besteuerungsgrundlage bildet einen mit → Rechtsbehelfen nicht selbstständig anfechtbaren Teil des → Steuerbescheides, soweit die Besteuerungsgrundlage nicht gesondert festgestellt wird (§ 157 II AO). – 2. *Gesondert* und für mehrere Beteiligte *einheitlich* von einem Finanzamt werden die Besteuerungsgrundlagen durch → Feststellungsbescheid festgestellt (§§ 179, 180 AO).

Besteuerungsgrundsätze → Besteuerungsprinzipien.

Besteuerungsneutralität → Edinburgher Regel.

Besteuerungsprinzipien – 1. *Begriff:* steuerliche Grundsätze, die zur Realisation bestimmter Ziele bei der Ausgestaltung von → Steuersystemen zu beachten sind. Besteuerungsprinzipien ändern sich im Zeitablauf aufgrund wechselnder politischer, ökonomischer und sozialer Zielsetzungen, bes. des Verständnisses des steuerlichen Gerechtigkeitsbegriffs (→ Steuergerechtigkeit). – *Beispiele:* → Äquivalenzprinzip, → Assekuranzprinzip, → Leistungsfähigkeitsprinzip, Entscheidungsneutralität der Besteuerung. – Zu Besteuerungsprinzipien des grenzüberschreitenden Lieferungs- und Leistungsverkehrs vgl. → Bestimmungslandprinzip und → Ursprungslandprinzip. – 2. *Arten:* a) *Klassische Besteuerungsprinzipien (bzw. Smithsche Steuerregeln):* (1) Gleichmäßigkeit der Besteuerung: Gleichbehandlung der Steuerpflichtigen; (2) Bestimmtheit der Besteuerung: Vermeidung von Willkür bei der Steuererhebung; (3) Bequemlichkeit der Besteuerung (hinsichtlich der Steuerzahlungstermine und -modalitäten); (4) Billigkeit der Besteuerung: Minimierung der Steuererhebungskosten. Diese „vier Grundregeln über die Steuern i.Allg." wurden erstmals von Smith 1776 aufgestellt. – b) *Moderne Besteuerungsprinzipien:* (1) *fiskalisch-budgetäre Prinzipien:* auf eine ausreichende finanzielle Bedarfsdeckung und deckungspolitische Anpassungsfähigkeit des Steuersystems ausgerichtete Prinzipien; (2) *ethisch-soziale Prinzipien:* Die Grundsätze der Allgemeinheit, Gleichmäßigkeit und Leistungsfähigkeit beinhaltende Prinzipien (→ Leistungsfähigkeitsprinzip, → Äquivalenzprinzip, → Edinburgher Regel); (3) *wirtschaftspolitische Prinzipien:* Entscheidungsneutralität der Besteuerung mit dem Ziel der Vermeidung gesamtwirtschaftlicher Wohlfahrtsverluste durch steuerbedingte Fehlallokationen, die aktive und passive Flexibilität des Steuersystems im Hinblick auf eine moderne Konjunkturpolitik und die wachstumspolitische Ausrichtung der Besteuerung gewährleistende Prinzipien; (4) *steuertechnische Prinzipien:* die Grundsätze der Systemhaftigkeit, Transparenz, Praktikabilität, Stetigkeit und Bequemlichkeit beinhaltende Prinzipien.

bestimmte Körperschaften – Begriff des Körperschaftsteuerrechts (§ 24 KStG): Körperschaften und Personenvereinigungen, deren Leistungen beim Empfänger nicht zu Kapitaleinkünften nach § 20 I Nr.1 oder Nr.2 EStG führen, d.h. die nicht Kapitalgesellschaften, Erwerbs- und Wirtschaftsgenossenschaften, Kolonialgesellschaften oder bergbautreibende Vereinigungen mit den Rechten juristischer Personen sind. Bestimmte Körperschaften erhalten einen Freibetrag von 3.835 Euro bei der Körperschaftsteuer, maximal jedoch in Höhe des Einkommens. Die Regelung gilt nicht für Erwerbs- und Wirtschaftsgenossenschaften und Vereine, die ausschließlich Land- und Forstwirtschaft betreiben, da diese durch einen anderen Freibetrag begünstigt werden (§ 25 KStG).

Bestimmtheitsgrundsatz – 1. *Rechtsstaatlicher Grundsatz,* dass Gesetze ausreichend bestimmt sein müssen (Art. 20 III GG); seine Ausprägung findet der Bestimmtheitsgrundsatz insbesondere im Strafrecht in Form des Satzes „nulla poena sine lege" (keine Strafe ohne (bestimmtes) Gesetz), im Grundgesetz niedergelegt durch Art. 103 II. – 2. *Grundsatz des* → Grundbuches, der sich aus der Notwendigkeit ergibt, für Grundstücke klare Rechtsverhältnisse zu erhalten. Die Eintragungen müssen deshalb klar und eindeutig sein, z.B. muss bei einer Hypothek der genaue Geldbetrag eingetragen sein, für den das Grundstück haftet. Ferner unterliegen → Verfügungen dem Bestimmtheitsgrundsatz, d.h., sie können sich nur auf einzelne Gegenstände beziehen.

Bestimmtheitsmaß – Das Bestimmtheitsmaß R^2 lässt sich als Quadrat des Korrelationskoeffizienten zwischen den beobachteten und den regressionsanalytisch geschätzten Werten der erklärten Variablen angeben, hat also Werte zwischen Null und Eins. Alternativ kann eine Berechnung über $R^2 = 1 - RSS/TSS$ erfolgen, wobei RSS die Residuenquadratesumme (→ Residuen) ist und TSS die Summe der quadrierten Abweichungen der Ausprägungen der erklärten Variable von ihrem Mittelwert darstellt. Ist der Wert des Bestimmtheitsmaßes nahe bei eins, wird dies häufig als Qualitätsmerkmal eines Regressionsansatzes verstanden. – Die Hinzunahme weiterer erklärender Variablen führt i.d.R. zu einer Erhöhung des Bestimmtheitsmaßes, was scheinbar die Modellgüte steigert. Gleichzeitig ist dies aufgrund der erforderlichen Schätzung weiterer Modellparameter mit einem Verlust an Freiheitsgraden verbunden, der zu ungenaueren Schätzungen führt. Um Ansätze mit verschiedenen Anzahlen erklärender Variablen und gleicher erklärter Variable vergleichen zu können, wird daher ein korrigiertes Bestimmtheitsmaß eingesetzt, welches auch die Freiheitsgrade berücksichtigt. Dieses ergibt sich durch Modifikation der Formel des Bestimmtheitsmaßes, indem der Nenner durch die Differenz aus Stichprobenumfang und Anzahl zu schätzender Modellparameter und der Zähler durch den um eins reduzierten Stichprobenumfang dividiert wird. – Es muss vor einer in der Praxis immer wieder verbreiteten Vorgehensweise gewarnt werden, die versucht, das (korrigierte) Bestimmtheitsmaß zu maximieren, da dies i.d.R. zu keiner brauchbaren ökonometrischen Spezifikation führt. Es kann sein, dass das Bestimmtheitsmaß eine gute Beschreibung ausdrückt, obwohl der Erklärungsgehalt des Modells gering ist. Dies ist z.B. der Fall, wenn das zugrundeliegende Modell unpassend ist oder wenn die erklärte Variable und die erklärenden Variablen Realisationen von nicht stationären (→ Stationarität) stochastischen Prozessen in Form von → Random Walks sind (→ Scheinregression).

Bestimmungskauf – *Spezifikationskauf;* → Handelskauf, der einen Grundstoff zum Gegenstand hat, wobei der Käufer die zu liefernden Formen, Maße, Sorten, u.U. auch Mengen, zu bestimmen hat (§ 375 I HGB). Bestimmungskauf ist in der Eisen-, Holz-, Garn- und Papierindustrie verbreitet, z.B.

Garnhändler behält sich die Bestimmung der Garnstärken und -farben vor. Der einheitliche Abschluss sichert dem Käufer den z.Z. des Kaufabschlusses maßgebenden Preis für die ganze Lieferzeit.

Bestimmungslandprinzip – 1. *Begriff:* → Besteuerungsprinzip i.S.d. Umsatzsteuerrechts ist die Besteuerung einer Ware oder Lieferung mit der Umsatzsteuer des Bestimmungslandes. In Deutschland kommt das Bestimmungslandprinzip zur Anwendung, wenn die Lieferungen zwischen den Unternehmen der EU erfolgen. Es soll erreicht werden, dass im internationalen Wettbewerb die Steuern ihre Bedeutung als Kosten- und Preisbestandteile verlieren. – *Gegensatz:* → Ursprungslandprinzip, Herkunftslandprinzip. – 2. Bei der *Umsatzsteuer* wird in den EU-Mitgliedsstaaten bisher weitgehend am Bestimmungslandprinzip festgehalten – → Ausfuhrlieferungen, → Einfuhrumsatzsteuer (EUSt). – Vgl. auch → innergemeinschaftlicher Verkehr.

Bestimmungsort → Ablieferungsort.

Best Practice – Im betrieblichen Bereich stellen Benchmarks (→ Benchmarking) Orientierungs- oder Zielgrößen dar, die eine objektive Bewertung der eigenen Leistung im Vergleich zu anderen Unternehmen ermöglichen. Im Rahmen des Benchmarking werden jedoch nicht nur Kennzahlen miteinander verglichen und Leistungslücken quantifiziert, sondern die zugrunde liegende Vorgehensweise zur Erreichung der Benchmarks ergründet. Dabei sollen herausragende, exzellente Praktiken entdeckt und im eigenen Unternehmen umgesetzt werden, um dadurch nachhaltige Verbesserungen oder sogar Wettbewerbsvorteile zu erlangen. Im Kern beinhaltet Benchmarking damit das Streben, zum „Besten der Besten" zu werden (japanisch: Dantotsu). Best-Practice Benchmarking bedeutet die Orientierung am „Klassenbesten". Hierbei wird bewusst nach Unternehmen außerhalb der eigenen Branche gesucht, die bestimmte Prozesse oder Funktionen hervorragend beherrschen. Dem liegt die Erfahrung zugrunde, dass an sich ähnliche Prozesse in verschiedenen Branchen unterschiedlich effizient sind, da die wettbewerbsrelevanten Faktoren variieren.

Beta-Fehler – *Fehler zweiter Art;* möglicher → Entscheidungsfehler bei statistischen Testverfahren. Ein beta-Fehler liegt vor, wenn eine Nullhypothese nicht abgelehnt wird, obwohl sie falsch ist. Die Wahrscheinlichkeit eines beta-Fehlers hängt u.a. vom wahren Wert des zu prüfenden → Parameters ab. Die supremale Wahrscheinlichkeit für einen beta-Fehler heißt Schärfe oder Power des entsprechenden Tests (s. → Gütefunktion).

betagte Forderungen – Forderungen, die an einem bestimmten zukünftigen Termin fällig werden. Die Geltendmachung des Anspruches aus einer betagten Forderung ist bis zu diesem Termin aufgeschoben. – Bei Insolvenz gelten betagte Forderungen als fällig.

Beta-Koeffizient – *b-Faktor;* Ausdruck für die Relation zwischen Rendite des Marktportefeuilles (→ Capital Asset Pricing Model (CAPM)) und Rendite einer → Aktie. Der Beta-Koeffizient stellt hierbei eine prozentuale Veränderung der Rendite einer Aktie auf eine einprozentige Renditeänderung des Marktportefeuilles dar. *b* indiziert das Marktrisiko (= → Investitionsrisiko + → Finanzierungsrisiko) einer Aktie bzw. eines Investitionsobjekts. Der Beta-Koeffizient setzt sich als relativierte Risikohöhe der Aktie i (allg.: des Wertpapiers i) zum Marktportefeuille m aus der Relation der Kovarianz der Renditen i und m und der Varianz der Rendite von m zusammen:

$$\beta_i = \frac{\mathrm{cov}\,(R_j, R_m)}{\mathrm{var}\,(R_m)}.$$

Beta-Test → Produkttests, die dadurch gekennzeichnet sind, dass sie in möglichst realen Anwendungssituationen direkt beim Nachfrager durchgeführt werden. Damit können Anforderungen der Nachfrager optimal in die Produktentwicklung integriert werden.

Betäubungsmittelgesetz (BtmG) – Gesetz i.d.F. vom 1.3.1994 (BGBl. I 358) m.spät.Änd. Der Zweck des Gesetzes ist doppelter Natur: die notwendige medizinische Versorgung der Bevölkerung sicher zu stellen und daneben den Missbrauch von Betäubungsmitteln sowie das Entstehen oder Erhalten der Betäubungsmittel-Abhängigkeit soweit wie möglich auszuschließen. Das Betäubungsmittelgesetz ordnet strenge behördliche Kontrolle (Verbot mit Erlaubnisvorbehalt) für Anbau, Herstellung, Handeltreiben, Einfuhr, Ausfuhr, Abgabe, Veräußerung, Inverkehrbringen und Erwerb von Betäubungsmitteln an. Zu den Betäubungsmitteln gehören u.a. Opium, Morphine, Kokain, Cannabis (Haschisch). Erwerb, ihre Abgabe oder Veräußerung ist nur aufgrund bes. Bezugsscheine zulässig. → Arzneimittel, die Betäubungsmittel sind oder enthalten, sind verschreibungspflichtig. Zuwiderhandlungen sind als Straftaten mit Freiheitsstrafen und Geldstrafen bedroht, als Ordnungswidrigkeiten mit Geldbußen. Daneben kann auf → Einziehung erkannt werden. – *Ergänzt* wird das Betäubungsmittelgesetz durch verschiedene VO.

Beteiligte am Besteuerungsverfahren – v.a. Antragsteller und Antraggegner sowie die Adressaten von Verwaltungsakten der Finanzbehörde (§ 78 AO), in erster Linie also → Steuerpflichtige im Sinne von § 33 AO.

Beteiligung – I. Charakterisierung: 1. *Begriff:* Mitgliedschaftsrecht, das durch Kapitaleinlage (Geld- oder Sacheinlage) bei einer Gesellschaft erworben wird. – Vgl. auch → Beteiligungsfinanzierung. – 2. *Formen:* a) *Beteiligung eines Einzelnen:* (1) Beteiligung ohne Gesellschaftscharakter, juristisch nach allg. Rechtsnormen zu beurteilen: → partiarische Darlehen. (2) Beteiligung mit Gesellschaftscharakter aufgrund von bes. Gesetzesnormen (insbesondere: BGB,

HGB, AktG, GmbHG, GenG, PartnerschG): → Personengesellschaften, → Kapitalgesellschaften. – b) *Beteiligung einer Unternehmung:* Ganze Unternehmungen sind zu einem über der einzelnen Unternehmung stehenden Organismus vereinigt: (1) Beteiligung mit dem Ziel gegenseitiger wirtschaftlicher Förderung (→ Interessengemeinschaften). (2) Beteiligung zwecks Beherrschung: (a) einfache *Beteiligung* einer Unternehmung an einer anderen (z.B. Tochtergesellschaften); (b) Verflechtung mehrerer Unternehmungen (→ Konzerne). – Beherrschung bei der AG in drei *Stufen:* (1) Sperrminorität: über 25 Prozent der Stimmen (Verhindern von Hauptversammlungs-Beschlüssen, die eine 3/4-Mehrheit erfordern); (2) Majorität: über 50 Prozent (absolute Mehrheit); (3) völlige Beherrschung: 75 Prozent (Durchsetzung praktisch aller Beschlüsse der Hauptversammlung).

II. Handelsrecht: 1. *Partiarische Darlehen* werden unter Darlehen aufgeführt, die Einlage des *Stillen Gesellschafters* geht in das Vermögen des Geschäftsinhabers ein (§ 230 HGB). – 2. Beteiligung als Gesellschafter einer *Personen- oder Kapitalgesellschaft* wird als Eigen-, Stamm- oder Grundkapital ausgewiesen. – 3. *Handelsrechtlich* sind bei Kapitalgesellschaften Beteiligungen nur solche Anteile an anderen Unternehmen, die dem eigenen Geschäftsbetrieb durch Herstellung einer dauernden Verbindung zu dienen bestimmt sind; Einzelheiten in § 271 I HGB.

III. Steuerrecht: Als Beteiligung gilt der Besitz von Gesellschafts-, Bohr- und Genossenschaftsanteilen, Aktien, Einlagen etc. Als *wesentliche Beteiligung* gilt ein Anteil von mehr als 1 Prozent am Kapital einer → Kapitalgesellschaft (§ 17 I EStG; ursprünglich nur 25 Prozent, dann ab 1999 10 Prozent). – 1. a) *Beteiligung an Kapitalgesellschaften* haben allg. das Problem der → Doppelbesteuerung, was dazu führt, dass in zahlreichen Staaten für Beteiligungen bes. Bestimmungen gelten, die eine vom Rest des Kapitals und der Kapitalerträge abweichende Behandlung vorsehen. – Vgl. auch → Schachtelprivileg. – b) *Beteiligungen an Personengesellschaften* werden nach dt. Steuerrecht nicht als selbstständige Wirtschaftsgüter betrachtet, sodass es hier i.d.R. keine doppelte Erfassung auf zwei Ebenen geben kann. – 2. *Einkommen- und Körperschaftsteuer:* a) Erträge aus Beteiligung an einer Kapitalgesellschaft unterlagen bisher zur Vermeidung der Doppelbelastung dem → Halbeinkünfteverfahren. Ab dem Veranlagungszeitraum 2009 kommt jedoch bei Ausschüttungen und bei Veräußerungen von Beteiligungen im Betriebsvermögen sowie bei wesentlichen Beteiligungen im Privatvermögen anstelle des Halbeinkünfteverfahrens das → Teileinkünfteverfahren zur Anwendung. Damit wird der steuerfreie Teil von 50 Prozent auf 40 Prozent abgesenkt. Analog hierzu sind Verluste in Höhe von 60 Prozent statt bisher in Höhe von 50 Prozent zu berücksichtigen. Dividenden aus Beteiligungen im Privatvermögen unterliegen als Einkünfte aus Kapitalvermögen ab 2009 grundsätzlich der → Abgeltungsteuer (25 Prozent). Sonderregelungen sind im Rahmen der → privaten Veräußerungsgeschäfte zu berücksichtigen. – b) Erträge aus Beteiligung an einer Personengesellschaft werden bei dieser gesondert festgestellt und anschließend bei der Einkommen- bzw. Körperschaftsteuer den Einkünften der betreffenden Gesellschafter zugerechnet. – 3. *Gewerbesteuer:* Objekt der Gewerbesteuer ist idealtypisch der Ertrag des Betriebes: a) Für Erträge des Gewerbebetriebs aus *Beteiligungen an Kapitalgesellschaften* ist eine traditionelle Mindestbeteiligungsquote von 10 Prozent (ab dem Erhebungszeitraum 2008: 15 Prozent) nötig. Beträgt die Beteiligung 10 Prozent (ab dem Erhebungszeitraum 2008: 15 Prozent) und mehr, so werden die Gewinnanteile im Betrieb des Eigentümers der Beteiligung vollständig steuerbefreit; beträgt sie dagegen weniger als 10 Prozent (bzw. 15 Prozent), so wird der Ertrag aus der Beteiligung vollständig steuerpflichtig. – b) *Gewinnanteile eines stillen Gesellschafters aus seiner Beteiligung* können einkommensteuerlich unter bestimmten Umständen Betriebsausgabe des Betriebsinhabers sein, gehören aber zur Ertragskraft des gewerblichen Betriebs. Ab dem Erhebungszeitraum 2008 wird der Gewinnanteil in Höhe von 25 Prozent hinzugerechnet. – 4. *Grunderwerbsteuer:* Wer eine Beteiligung an einer Kapitalgesellschaft direkt oder indirekt auf eine Quote von 95 Prozent oder mehr aufstockt, hat für sämtliche Grundstücke dieser Gesellschaft Grunderwerbsteuer zu entrichten (§ 1 III GrEStG). – 5. *Sonstiges:* Wer eine Beteiligung an einer ausländischen Personengesellschaft erwirbt, aufgibt oder (z.B. in Hinblick auf seine Beteiligungsquote) verändert, hat dies den Finanzbehörden anzuzeigen (§ 138 II Nr.2 AO). Ebenso ist der Erwerb einer Beteiligung an einer beschränkt steuerpflichtigen juristischen Person ab einer Beteiligungsquote meldepflichtig, wenn die erreichte Beteiligung insgesamt Anschaffungskosten von mehr als 150.000 Euro hat oder die Beteiligungsquote unmittelbar 10 Prozent oder mittelbar 25 Prozent erreicht (§ 138 II Nr. 3 AO).

Beteiligungscontrolling → Controlling von → Tochtergesellschaften in einem → Konzern als Unterstützungsfunktion einer Konzernobergesellschaft hinsichtlich Planung, Steuerung und Kontrolle der dezentralen Führungen der Töchter. – Vgl. auch → einheitliche Leitung.

Beteiligungsfinanzierung – 1. *Begriff:* Sammelbezeichnung für alle Formen gesellschaftlicher Beschaffung von → Eigenkapital durch Kapitaleinlagen von Gesellschaftern der Unternehmung. Die Rechtsfolgen der Beteiligungsfinanzierung wie Mitwirkung an der Geschäftsführung, Gewinn- und Verlustbeteiligung sowie Haftung für die Verbindlichkeiten sind nach der Unternehmungsform gesetzlich geregelt oder vertraglich zu vereinbaren. – 2. *Finanzierungsmittel zur* Beteiligungsfinanzierung: (1) Einlagen, (2) Aktien, (3) Genossenschaftsanteile, (4) Bohranteile, (5) Schiffsparts des Kapitalgebers am Gewinn (bei Kapitalgesellschaften und Genossenschaften in Form der

→ Dividende, sonst als → Gewinnausschüttung) und ggf. am Liquidationserlös sind vertraglicher Vereinbarung zugänglich. – 3. *Mischformen* zwischen Beteiligungsfinanzierung und Fremdfinanzierung werden in der Gewinnobligation gesehen (d.h. Schuldverschreibungen mit erfolgsabhängiger Verzinsung) sowie in der Wandelanleihe und auch in zweckgebundenen Rücklagen für soziale Zwecke. – 4. Für die Kapitalgeber gehört die → Beteiligung zum *Finanzanlagevermögen*, sofern es sich um eine dauernde Beteiligung handelt. – 5. *Steuerrechtliche Behandlung:* → Beteiligung, → Organschaft, → Schachtelprivileg.

Beteiligungsgesellschaft → Holdinggesellschaft.

Beteiligungsgesellschaft der Gewerkschaften AG (BGAG) → Deutscher Gewerkschaftsbund (DGB).

Beteiligungskonzern → Konzern, bei dem die Konzernierung überwiegend oder ausschließlich auf kapitalmäßigen → Beteiligungen bzw. finanziellen Interessen beruht. – *Gegensatz:* → Vertragskonzern.

Beteiligungs-Management-Gesellschaft Berlin mbH (BMGB) → Treuhandanstalt.

Beteiligungspapiere – *Anteilpapiere;* Effekten, die dem Inhaber Beteiligungsrechte am → Vermögen der emittierenden Gesellschaft verbriefen. Zu den Beteiligungsrechten gehört auch ein Anteil am → Gewinn der Gesellschaft. Typische Beteiligungspapiere sind → Aktien, bes. Formen sind → Aktienzertifikate.

Beteiligungs-Sondervermögen – Ehemals Fonds nach dem seit 2004 in das → Investmentgesetz (InvG) integrierten → KAGG, bei denen das eingelegte Geld in Wertpapieren, Schuldscheindarlehn und Beteiligungen als stiller Gesellschafter an Unternehmen, die keinen Zugang zum organisierten Kapitalmarkt haben, angelegt wird (§§ 25a ff. KAGG). Das InvG hat die Unterscheidung zwischen Wertpapier-, Geldmarkt-, und Beteiligungs-Sondervermögen zugunsten eines sog. gemischten Sondervermögens aufgehoben. – Vgl. auch → Kapitalanlagegesellschaft.

Beteiligungsunternehmen → Joint Venture.

Beteiligungsverlust → Verluste aus der → Veräußerung einer Beteiligung an einer Kapitalgesellschaft oder einer Teilwertabschreibung sind bis einschließlich 2008 nach dem Halbeinkünfteverfahren bei der Einkommensteuer zur Hälfte abzugsfähig. Ab dem Veranlagungszeitraum 2009 sind Verluste aus Veräußerungen von Beteiligungen an Kapitalgesellschaften, die sich im Betriebsvermögen befinden, sowie bei wesentlichen Beteiligungen im Privatvermögen nunmehr mit 60 Prozent (→ Teileinkünfteverfahren) zu berücksichtigen. Bei allen anderen Beteiligungen im Privatvermögen (Beteiligung unter 1 Prozent) können Veräußerungsverluste bei Erwerben ab dem Veranlagungszeitraum 2009 nur mit Gewinnen aus Aktienverkäufen ab 2009 verrechnet werden. – *Ausnahme:* Kreditinstitute und Lebensversicherungsunternehmen.

Betragsspanne – *absolute Handelsspanne;* absolute Größe der → Handelsspanne in Geldeinheiten. Die Handelsspanne ist der Unterschiedsbetrag zwischen Einstandspreis (→ Wareneinstandspreis) und → Verkaufspreis im Handelsbetrieb. – *Beispiel:* Bei einem Einstandspreis von 4,- Euro und einem Verkaufspreis von 5,- Euro beträgt die Betragsspanne 1,- Euro. – *Anders:* Wird die Betragsspanne zum Einstands- oder Verkaufspreis ins Verhältnis gesetzt, ergibt sich eine → Prozentspanne.

BetrAVG – Gesetz zur Verbesserung der betrieblichen Altersversorgung – → Betriebsrentengesetz, Gesetz vom 19.12.1974, zwischenzeitlich mehrfach geändert, zuletzt durch Gesetz vom 21.12.2008.

betreibender Gläubiger – im → Zwangsversteigerungsverfahren der Gläubiger, der durch seinen Antrag das Verfahren in Gang gesetzt hat. Wichtig für Aufstellung des → geringsten Gebotes: Nur die Rechte bleiben bestehen, die dem Recht des beitreibenden Gläubigers vorgehen. Für Gläubiger mit rangmäßig schlechteren Rechten ist → Beitritt erforderlich, sonst Rechtsverlust.

Betreibermodelle – I. Infrastrukturpolitik: 1. *Begriff:* Privater Betrieb von Einrichtungen der → Infrastruktur, häufig in Form eines → Joint Ventures zwischen Privatunternehmen und öffentlicher Körperschaft (→ Public Private Partnership, → Infrastrukturpolitik). Verbreitet im kommunalen Bereich, z.B. Abfallentsorgung. – 2. *Unterscheidung:* Es kann unterschieden werden zwischen Betreibermodellen, bei denen die Infrastruktureinrichtung entweder bereits vorhanden ist oder von der öffentlichen Hand erstellt wird (öffentliche Investition – privater Betrieb), und Betreibermodellen, bei denen auch die Investition durch Private erfolgt (s. auch → BOO, → BOOT).

II. Internationales Management: 1. *Begriff:* Form des internationalen Anlagengeschäfts mit Komplettlösungen zumeist hoch technischer Systeme. Im Kern beinhaltet die Abwicklung internationaler Projekte nach dem Betreibermodell neben Planung, Bau und Finanzierung der Anlage Betrieb und Vermarktung des Outputs des Systems. Dies bedeutet für den bisherigen Anlagen- und Systemlieferanten sowie für den Generalunternehmer eine Ausweitung des Angebotsspektrums um die Funktionen Finanzierung und Betreiberschaft. – 2. *Ziele:* a) *Ziel des Anbieters* ist es, Marktanteile im internationalen Wettbewerb zu gewinnen und abzusichern (Erwerben einer Komplettlösung mit keinem oder nur geringem eigenen Kapitaleinsatz; Angebot eines neuen Produktes, d.h. Dienstleistung in Form des Betreibens einer Anlage). Ihnen stehen Risiken entgegen, die wegen der Komplexität und Ungewissheit dieser Aktivitäten einer sorgfältigen Prüfung vor Ort unterzogen werden müssen. – b) *Ziele des Nachfragers:* Aus Sicht der Nachfrager sind es neben dem Bedarf an komplexen technischen Systemen und ihrem Output bes. Fragen der Finanzierung, die Betreibermodelle attraktiv, zunehmend sogar als einzig gangbaren Weg zur Realisierung von komplexen Problemlösungen erscheinen lassen.

Betreuer – 1. *Börse:* Market Maker, Spezialisten, → Designated Sponsor, → Market Experts: Ein zum Handel an Wertpapier- oder Devisenbörsen zugelassenes Unternehmen mit zusätzlichen Aufgaben: Hauptaufgabe des Betreuers ist es, für bestimmte ihm zugewiesene Wertpapiere oder Devisen bei Bedarf für zusätzliche Liquidität zu sorgen, indem er auf Anfrage Preise für den Ankauf und Verkauf stellt. Manchmal soll der Betreuer für den Emittenten als Ansprechpartner in allen Fragen des Aktienmarktes dienen (u.a. → Investor Relations, → Kapitalerhöhungen). – 2. *Familienrecht:* Bestellt das Vormundschaftsgericht zum Betreuer eine → natürliche Person, die geeignet ist, in dem gerichtlich bestimmten Aufgabenkreis die Angelegenheiten des Betreuten zu besorgen und ihn hierbei im erforderlichen Umgang persönlich zu betreuen. Zum Betreuer kann auch bestellt werden ein Mitarbeiter eines sog. Betreuungsvereins (Vereinsbetreuer) oder ein Mitarbeiter einer Betreuungsbehörde (sog. Behördenbetreuer; § 1897 II BGB) oder der Betreuungsverein oder die zuständige Betreuungsbehörde (§ 1900 BGB). Der Betreuer hat die Angelegenheiten des Betreuten so zu besorgen, wie es dessen Wohl entspricht (§ 1901 BGB). In seinem Aufgabenkreis vertritt der Betreuer den Betreuten gerichtlich und außergerichtlich (§ 1902 BGB). Dies kann dazu führen, dass, wenn der Betreute geschäftsfähig ist, es zu Doppelverpflichtungen kommt.

Betreuung – Rechtsinstitut zur Regelung der Rechtsstellung psychisch kranker oder körperlich, seelisch oder geistig behinderter Personen (§§ 1896-1908i BGB). – 1. *Voraussetzungen:* Kann ein Volljähriger aufgrund einer psychischen Krankheit oder einer Behinderung seine Angelegenheiten nicht besorgen, so bestellt das → Vormundschaftsgericht auf seinen Antrag oder von Amts wegen für ihn einen Betreuer. Die Betreuung ist nicht erforderlich, soweit die Angelegenheiten des Volljährigen durch einen Bevollmächtigten oder durch andere Hilfen, bei denen kein → gesetzlicher Vertreter bestellt wird, ebenso gut wie durch einen Betreuer besorgt werden können (§ 1896 BGB). – 2. *Rechtliche Stellung des Betreuten:* Die Bestellung eines Betreuers schränkt die Geschäftsfähigkeit des Betreuten nicht automatisch ein. Nur dort, wo dies im Einzelfall erforderlich ist, kann das Gericht einen Einwilligungsvorbehalt anordnen, der den Betreuten einem beschränkt Geschäftsfähigen (→ beschränkte Geschäftsfähigkeit) gleichstellt (§ 1903 BGB).

Betreuungsfreibetrag – ein → Freibetrag bei der Einkommensteuer (§ 32 VI EStG), der zusätzlich zum → Kinderfreibetrag bzw. zum → Kindergeld gewährt wird, um die Aufwendungen für die notwendige Betreuung eines Kindes in pauschaler Form abzugelten. Der Betreuungsfreibetrag beträgt insgesamt 2.640 Euro (seit 2010) und wird, wenn es zwei Anspruchsberechtigte gibt, bei denen das Kind steuerlich zu berücksichtigen ist, mit je 1.320 Euro jedem Steuerpflichtigen zugerechnet. Für jeden Kalendermonat, in dem das Kind steuerlich nicht zu berücksichtigen war, verringert sich der Betreuungsfreibetrag um ein Zwölftel. Die Regelungen zur Kinderbetreuung werden in § 9c EStG zusammengefasst.

Betreuungsgeld – 1. *Begriff:* Sozialleistung nach dem Bundeselterngeld- und Elternzeitgesetz (BEEG) i.d.F. vom 15.2.2013 (BGBl. I 254) m.spät.Änd. für Eltern von Kindern im Alter von 1 bis unter 3 Jahren. Die Einführung dieses Instruments der Familienpolitik (→ Sicherung der Familie und von Kindern) war in Politik und Öffentlichkeit lange Zeit umstritten. Nach Verabschiedung der erforderlichen Gesetzesänderung durch den Bundestag im November 2012 wird das Betreuungsgeld ab August 2013 für ab dem 1.8.2012 geborene Kinder gewährt. – 2. *Voraussetzungen:* Anspruchsberechtigte müssen in der Bundesrepublik Deutschland wohnen, mit dem Kind in einem Haushalt leben und das Kind selbst betreuen oder erziehen. Entscheidend ist darüber hinaus, dass für das Kind keine öffentlich geförderte Kinderbetreuung, insbes. keine Betreuung in Tageseinrichtungen oder in Kindertagespflege nach §24 SGB VIII in Anspruch genommen wird. Ausnahmen bestehen, sofern die Eltern krank, behindert oder verstorben sind. – Für bestimmte Personengruppen besteht Anspruch auf Elterngeld auch im Ausland (z.B. bei Entsendung, Abordnung, Versetzung oder Kommandierung; Entwicklungshelfern). Für den Anspruch eines Ausländers, der nicht der EU angehört, ist weitere Voraussetzung, dass er im Besitz einer Niederlassungs- oder Aufenthaltserlaubnis ist. Anspruch besteht vom ersten Tag des 15. Lebensmonats (bzw. im Anschluss an die Gewährung von → Elterngeld) für maximal 22 Monate bis längstens zur Vollendung des 36. Lebensmonats des Kindes. – 3. *Höhe:* Die Höhe des Betreuungsgeldes beträgt 150 Euro je Kind im Monat. Bei Einführung der Leistung werden bis einschließlich Juli 2014 zunächst nur 100 Euro je Kind im Monat gewährt. Alternativ zur Inanspruchnahme als Geldleistung können die Eltern auch eine Leistung zur ergänzenden, privaten Altersvorsorge oder zur Ersparnis für die Ausbildung des Kindes wählen. In diesen Fällen erhöht sich die Leistung um 15 Euro je Kind im Monat.

Betrieb – I. Betriebswirtschaftslehre: 1. *Begriff:* örtliche, technische und organisatorische Einheit zum Zwecke der Erstellung von Gütern und Dienstleistungen, charakterisiert durch einen räumlichen Zusammenhang und eine Organisation, „die auf die Regelung des Zusammenwirkens von Menschen und Menschen, Menschen und Sachen sowie von Sachen und Sachen im Hinblick auf gesetzte Ziele gerichtet ist“ (Kosiol). – a) *Örtliche Einheit:* Betrieb ist insoweit der → Arbeitsstätte gleichzusetzen, als die Leistungserstellung und -verwertung in einem räumlich und technisch zusammengehörigen, überschaubaren Bereich erfolgt. – b) *Organisatorisch-technische Einheit:* Hilfs- und Nebenbetriebe (→ Produktionshilfsbetrieb, → Produktionsnebenbetrieb) zählen im Gegensatz zur Arbeitsstätte auch dann zur organisatorischen Einheit des Betriebes, wenn sie getrennt vom Hauptbetrieb (→ Produktionshauptbetrieb) am gleichen Ort und unter derselben technischen Leitung arbeiten. Die organisatorische Kombination des sachlichen Betriebsvermögens mit der verfügbaren Arbeitsleistung durch den Arbeitgeber vollzieht sich im Bereich des Betriebes. – 2. *Abgrenzung zu Unternehmung:* Der Begriff → Unternehmung bezeichnet die rechtliche und wirtschaftlich-finanzielle Einheit. – 3. *Arten:* a) nach der *Größe:* Unterscheidung nach der Beschäftigtenzahl, nach Umsätzen, Steuerleistung u.Ä. in Groß-, Mittel- und Kleinbetriebe. – Vgl. auch → Betriebsgrößenklasse, → Betriebsgrößenklassifikation. – b) nach *Art der (wirtschaftlichen) Leistung:* (1) Produktionsbetriebe, wie Landwirtschafts-, Handwerks-, Industrie-, Bergbau-Betriebe; (2) Dienstleistungsbetriebe, wie Verkehrs-, Handels-, Bank-, Versicherungs-Betriebe; (3) Verwaltungsbetriebe, wie organisatorisch selbstständige Stätten der Dienstleistung in der Gesundheitspflege (Krankenhäuser, Badeanstalten); (4) Arbeitsstätten der Verwaltung (umstritten).

II. Volkswirtschaftslehre: systemindifferenter Oberbegriff für Wirtschaftseinheiten, die mittels des Einsatzes von → Produktionsfaktoren für Dritte Leistungen erstellen. Betriebe in → Marktwirtschaften werden als Unternehmungen bezeichnet, wenn sie dem Autonomieprinzip, dem Prinzip des Privateigentums und dem erwerbswirtschaftlichen Prinzip gehorchen. – Der Begriff Betrieb wird umgangssprachlich oft als Synonym für → Unternehmung gebraucht. Mit Betrieb können auch nur Teilbereiche der Unternehmung bezeichnet werden.

III. Soziologie: 1. Betrieb als soziales Gebilde ist *gekennzeichnet durch:* (1) formal festgelegte betriebliche Arbeitsteilung, d.h. Zuordnung von Positionen, Stellen und Abteilungen (formale Organisation); (2) informelle Beziehungen zwischen den Betriebsmitgliedern, die unabhängig von der formalen Organisation und den Betriebszielen bestehen; (3) vertikale Ordnung der Entscheidungskompetenzen und Verantwortung; (4) Verhältnis der Über- und Unterordnung der Positionsinhaber, die aufgrund der vertikalen Ordnung von Kompetenzen und Verantwortlichkeiten entsteht (erste hierarchische Ordnung); (5) durch die gesellschaftlich determinierten Bewertungen der einzelnen Positionen (zweite hierarchische) Ordnung im Sinn von höher und niedriger (Statusorganisation). – 2. *Gegenstand* der → Betriebssoziologie.

IV. Amtliche Statistik: 1. Unterschiedlich definierter *Begriff:* a) im *produzierenden Gewerbe:* örtlich getrennte Niederlassungen der Unternehmen, die sich von → Arbeitsstätten durch Einbeziehung von nahe gelegenen Verwaltungs-, Reparatur- und Hilfsabteilungen unterscheiden. – b) im *Baugewerbe:* örtliche Einheiten (i.d.R. nicht Baustellen) mit Schwerpunkt im Baubereich. – c) in der *Land- und Forstwirtschaft:* technisch-wirtschaftliche Einheit, die für Rechnung eines Inhabers (Betriebsinhaber) bewirtschaftet wird, einer einheitlichen Betriebsführung untersteht und land- und/oder forstwirtschaftliche Erzeugnisse hervorbringt. – 2. *Erfassung:* Je nach der im Einzelfall anzutreffenden Kombination charakteristischer Merkmale können in der tabellarischen Aufbereitung technische Einheiten oder örtlich selbstständige Einzelbetriebe dargestellt werden: Vertikal als Haupt- und Nebenbetrieb oder horizontal als Haupt- und Zweigbetriebe einander zugeordnete Einheiten. Besonderheiten sind gemeindlich oder bezirklich nach dem → Belegenheitsprinzip getrennt erfasste Betriebe, wenn sie als unvollständige Betriebe (nicht nach der organisatorischen Zusammengehörigkeit der Einheiten) dargestellt werden.

V. Recht: 1. *Allgemein:* Rechtsstellung verschieden, je nach Eigenart der betrieblichen Arbeit der einzelnen Wirtschaftszweige (z.B. Handel, Landwirtschaft und Bergbau). – *Gewerbebetrieb:* allg. Vorschriften über den Betrieb eines stehenden Gewerbes in der → Gewerbeordnung (GewO) geregelt. Ausgenommene Bereiche in § 6 GewO geregelt. – *öffentlich-rechtliche Unternehmen:* → öffentliche Unternehmen. – 2. *Arbeitsrecht:* Betrieb ist die organisatorische Einheit, innerhalb derer der Arbeitgeber mit seinen Arbeitnehmern durch Einsatz technischer und immaterieller Mittel bestimmte arbeitstechnische Zwecke fortgesetzt verfolgt, die sich nicht in der Befriedigung von Eigenbedarf erschöpfen (→ Fremdbedarfsdeckung). Durch die arbeitstechnische Zweckbestimmung der organisatorischen Einheit unterscheidet sich der Betrieb von dem weiter gefassten Begriff des → Unternehmens; mehrere Unternehmen können jedoch einen → gemeinsamen Betrieb bilden; ein Unternehmen kann aber auch mehrere Betriebe umfassen. Arbeitsrechtliche Vorschriften und Gesetze (→ Betriebsverfassung, → Kündigungsschutz) beziehen sich vielfach auf den Betrieb und seine Größe (→ Kleinbetrieb). – 3. *Steuerrecht* (v.a. BewG): a) *Allgemeines:* Der Betriebsbegriff wird in vielfältiger Form verwendet. Teilweise steht und fällt die Anwendbarkeit von bestimmten (oft: günstigen) Sondervorschriften daran, dass die Voraussetzungen für das Vorliegen eines Betriebes oder einer bestimmten Sonderform von Betrieben erfüllt sind; werden sie (ggf. knapp) verfehlt, kommen u.U. ganz andere Bestimmungen auf den Sachverhalt zur Anwendung. Das macht die genaue Kenntnis der steuerlichen Betriebsbegriffe für die Praxis bes. wichtig, können geringfügige Fehlbeurteilungen doch erhebliche steuerliche Mehrbelastungen auslösen. – b) *Im Einzelnen sind v.a. zu unterscheiden:* (1) *Land- und forstwirtschaftlicher Betrieb:* die Bearbeitung und Nutzung von Grund und Boden zur Gewinnung organischer Erzeugnisse einschließlich ihrer unmittelbaren

Verwertung, steuerliche Folge: teilweise günstige Gewinnberechnungsvorschriften. (2) *Gewerblicher Betrieb:* jede selbstständige, nachhaltige Betätigung, die mit Gewinnerzielungsabsicht unternommen wird und sich als Beteiligung am allg. wirtschaftlichen Verkehr darstellt, sofern die Betätigung nicht als Land- und Forstwirtschaft oder freier Beruf anzusehen ist und keine reine Vermögensverwaltung darstellt (§ 15 EStG). Steuerliche Folge: meist auch Gewerbesteuerpflicht. (3) *Wirtschaftlicher Geschäftsbetrieb*: gemäß § 14 AO der Oberbegriff für Betriebe, Gegensatz: Vermögensverwaltung. Steuerliche Folge: Betätigungen einer steuerfreien Körperschaft sind, soweit sie einen solchen Geschäftsbetrieb bilden, grundsätzlich von der Steuerfreiheit ausgenommen. (4) V.a. im Rahmen der Regelungen über Betriebsaufgabe und im Umwandlungssteuerrecht von Bedeutung ist der Begriff des → *Teilbetriebes.* (5) → Betriebe gewerblicher Art sind der einzige Bereich, mit dem juristische Personen des öffentlichen Rechts der → Körperschaftsteuer unterliegen (§ 1 I Nr.6 KStG), wenn sie nicht ohnehin in bes. privatrechtliche Unternehmungsform gekleidet sind, wie z.B. Sparkassen (Die Eigenbetriebe der öffentlichen Hand in der Unternehmungsform einer → Kapitalgesellschaft sind ohnehin unbeschränkt steuerpflichtig.). – c) *Umsatzsteuerlich* spricht man nicht vom „Betrieb“ des Unternehmers, sondern vom „Unternehmen“, in speziellen Zusammenhängen auch vom „Geschäftsbetrieb im Ganzen“ (§ 1a UStG); der unterschiedliche Sprachgebrauch hebt hervor, dass die Abgrenzung, wann ein solcher Organismus vorliegt und wann nicht, im Umsatzsteuerrecht (das auf europäisch einheitliche Vorgaben zurückgreift) und im Ertragsteuerrecht (das weitgehend national autonom geprägt ist) unterschiedlich sein kann.

Betrieb gewerblicher Art – steuerrechtlicher Begriff für Einrichtungen von → juristischen Personen des öffentlichen Rechts, die einer nachhaltigen wirtschaftlichen Tätigkeit zur Erzielung von Einnahmen oder anderen wirtschaftlichen Vorteilen außerhalb der → Land- und Forstwirtschaft dienen und die sich innerhalb der Gesamttätigkeit der juristischen Person wirtschaftlich herausheben. Nicht erforderlich ist Gewinnerzielungsabsicht und Beteiligung am allg. wirtschaftlichen Verkehr. – *Kein* Betrieb gewerblicher Art ist ein → Hoheitsbetrieb. – Einzelheiten: § 4 KStG, Körperschaftsteuer-Richtlinien zu § 4 KStG.

betriebliche Altersversorgung (bAV) – Werden einem Arbeitnehmer Leistungen der Alters-, Invaliditäts- oder → Hinterbliebenenversorgung aus Anlass seines Arbeitsverhältnisses vom Arbeitgeber zugesagt, handelt es sich um eine bAV (§ 1 BetrAVG). Für die bAV stehen fünf Durchführungswege zur Verfügung: → Direktzusage, → Unterstützungskasse, → Pensionsfonds, → Pensionskasse und → Direktversicherung. Hinsichtlich der Leistungsplangestaltung werden Leistungszusagen, beitragsorientierte Leistungszusagen und Beitragszusagen mit Mindestleistung unterschieden. Grundsätzlich freiwillige Sozialleistung des Arbeitgebers, kann aber auch arbeitnehmerfinanziert sein (siehe → Entgeltumwandlung). Die bAV zählt im Rahmen der Schichten der Altersvorsorge zur Basisversorgung.

betriebliche Ausbildung – 1. *Begriff:* Teil der Berufsausbildung im Rahmen der → dualen Berufsausbildung, der in der Verantwortung von Betrieben der Wirtschaft und in vergleichbaren Einrichtungen außerhalb der Wirtschaft (öffentlicher Dienst, freie Berufe, Haushalte etc.) durchgeführt wird. – *Rechtsgrundlage* der betrieblichen Ausbildung ist ein → Berufsausbildungsvertrag zwischen Ausbildungseinrichtung (→ Ausbildender) und → Auszubildendem. – Die betriebliche Ausbildung soll gemäß Berufsbildungsgesetz (BBiG) grundsätzlich in → anerkannten Ausbildungsberufen nach den Regelungen der jeweiligen → Ausbildungsordnung durch persönlich und fachlich geeignete Personen (→ Ausbilder) erfolgen. Die Durchführung der betrieblichen Ausbildung erfolgt nach einem → betrieblichen Ausbildungsplan auf der Grundlage der jeweiligen Ausbildungsordnung und wird von der jeweils zuständigen Stelle (i.d.R. Kammer) geregelt und überwacht. Sie findet i.d.R. an drei bis vier Wochentagen statt und wird durch Unterricht an der → Berufsschule ergänzt und begleitet. Dieser kann auch als → Blockunterricht stattfinden. – 2. *Ziele:* Die betriebliche Ausbildung steht unter der allg. Zielsetzung, eine breit angelegte Grundbildung und die für die Ausübung einer qualifizierten beruflichen Tätigkeit notwendigen fachlichen Fertigkeiten und Kenntnisse zu vermitteln sowie den Erwerb der erforderlichen Berufserfahrung zu ermöglichen. – 3. *Formen:* (1) betriebliche Ausbildung im unmittelbaren Arbeitszusammenhang, überwiegend nach dem → Imitatio-Prinzip; (2) lehrgangsmäßige betriebliche Ausbildung, z.B. in → Lehrwerkstätten und → Übungsfirmen; (3) innerbetrieblicher Unterricht, Werkschulen. I.d.R. finden sich Kombinationen dieser Ausbildungsformen, die oft noch durch überbetriebliche Ausbildungsmaßnahmen in der Verantwortung der Ausbildungsbetriebe ergänzt werden. – 4. *Probleme* ergeben sich vorrangig aus dem Spannungsfeld von pädagogisierter und produktionsgebundener Ausbildung durch mangelnde Systematik und Vollständigkeit, unzureichende theoretische Fundierung, unzureichende Qualifikation der Ausbilder, ausbildungsfremde Tätigkeiten sowie durch ungenügende Abstimmung der betrieblichen Ausbildung mit dem Berufsschulunterricht. Ein bes. Problemfeld ist der bildungspolitisch kontrovers diskutierte Zusammenhang zwischen der einzelbetrieblichen Finanzierung und dem derzeit beobachtbaren Rückgang an betrieblichen Ausbildungsplätzen. Die Suche nach Finanzierungsalternativen hat dazu geführt, dass sich in den letzten Jahrzehnten mit der überbetrieblichen Finanzierung, Tariffondsfinanzierung und Verbundfinanzierung unterschiedliche Finanzierungsweisen der betrieblichen Ausbildung entwickelt haben, welche die einzelbetriebliche Finanzierung zunehmend ergänzen.

betriebliche Bildungsmaßnahme → betriebliche Ausbildung, → berufliche Weiterbildung.

betriebliche Datenverarbeitung – Sammelbezeichnung für den Einsatz von → Computersystemen zur Bearbeitung betriebswirtschaftlicher Problemstellungen; früher auch als Synonym für Betriebsinformatik verwendet. Im Vordergrund steht die Verarbeitung, Speicherung und Erzeugung von → Daten, bes. von großen Datenmengen. – Computer- und Anwendungssysteme im Betrieb, die sich auf technische Probleme erstrecken (z.B. Prozesssteuerung), werden traditionell nicht zur betrieblichen Datenverarbeitung gerechnet. – *Organisationsform der betrieblichen Datenverarbeitung:* → individuelle Datenverarbeitung (IDV).

betriebliche Einigung → Regelungsabrede.

betriebliche Lohngestaltung – 1. *Begriff:* Aufstellung von → Entlohnungsgrundsätzen und die Einführung und Anwendung von neuen → Entlohnungsmethoden sowie deren Änderung. Betriebliche Lohngestaltung ist die Festlegung kollektiver, abstrakter Regelungen, nach denen die Entlohnung im Betrieb vorgenommen werden soll. Es geht um die Strukturformen des Entgelts (→ Arbeitsentgelt) einschließlich ihrer näheren Vollziehungsformen (betriebliche Lohngerechtigkeit), nicht aber unmittelbar um die Lohnhöhe. – 2. Fragen der betrieblichen Lohngestaltung unterliegen dem erzwingbaren *Mitbestimmungsrecht* des Betriebsrats in → sozialen Angelegenheiten, soweit die Angelegenheit nicht durch → Tarifvertrag geregelt ist (§ 87 I Nr. 10 BetrVG). Die Mitbestimmung umfasst nicht die Festlegung der Vergütung im Einzelfall. – Der Begriff *„Lohn"* ist nach der Rechtsprechung hier weit zu verstehen, sodass auch Richtlinien über Prämien, zinsgünstige Darlehen des Arbeitgebers, Ruhegeldansprüche etc. mitbestimmungspflichtig sind. – Bei freiwilligen *zusätzlichen Leistungen* kann der Arbeitgeber aber nicht über das Mitbestimmungsrecht des Betriebsrats gezwungen werden, diese Leistungen zu erbringen. Die Mitbestimmung des Betriebsrats erstreckt sich auf den Verteilungsplan innerhalb des vom Arbeitgeber vorgegebenen Dotierungsrahmens. Der Arbeitgeber kann nach der Rechtsprechung allein darüber entscheiden, in welchem Umfang er finanzielle Mittel zur Verfügung stellen will, welchen Zweck er mit den Leistungen verfolgen will und auf welchen Personenkreis sie sich erstrecken sollen. – Hinsichtlich des *eigentlichen Arbeitsentgelts* kommt ein Mitbestimmungsrecht des Betriebsrats i.d.R. nur als Ergänzung tarifvertraglicher Regelungen in Betracht, da die Entgelthöhe meist tarifvertraglich festgelegt ist. In Frage kann nur ein Mitbestimmungsrecht kommen hinsichtlich der Grundsätze des Lohnsystems (→ Zeitlohn, → Leistungslohn) und der abstrakten Faktoren für eine gerechte betriebliche Lohngestaltung, d.h. für ein angemessenes Verhältnis von Leistung und Lohn. – 3. Für → AT-Angestellte (außertarifliche Angestellte) gibt es keinen Vorrang des Tarifvertrags (→ Betriebsvereinbarung). Deshalb besteht ein Mitbestimmungsrecht des Betriebsrats bei der Bildung von Gehaltsgruppen bei AT-Angestellten (aber nicht der Abstände zur höchsten Tarifgruppe) und der Wertunterschiede zwischen den Gruppen (umstritten).

betrieblicher Ausbildungsplan – betriebsindividuell aufzustellende sachliche und zeitliche Ordnung der Berufsausbildung, die mit dem Ausbildungsberufsbild, dem Ausbildungsrahmenplan und den Prüfungsanforderungen (→ Ausbildungsordnung) abgestimmt sein muss. Bei der Erstellung des betrieblichen Ausbildungsplans werden die Ausbildungsbetriebe nach § 45 BBiG von Ausbildungsberatern der zuständigen Stellen unterstützt und kontrolliert. – Vgl. auch → betriebliche Ausbildung.

betriebliche Ruhegeldverpflichtung → Direktzusage.

betriebliches Bündnis für Arbeit – Bezeichnung für Vereinbarungen auf betrieblicher Ebene über den Erhalt von Arbeitsplätzen durch Entgeltverzicht, Arbeitszeitverlängerung oder Flexibilisierung. Ist der Arbeitgeber an einen → Flächentarifvertrag gebunden, können dessen Normen nur durch einen speziellen → Firmentarifvertrag unterschritten werden oder wenn eine → Tariföffnungsklausel das erlaubt. – Vgl. auch → Günstigkeitsprinzip.

betriebliches Informationssystem – 1. Sammelbegriff für alle betriebswirtschaftlichen → Softwaresysteme. – 2. Oberbegriff für computergestützte → Administrationssysteme, computergestützte → Dispositionssysteme, computergestützte → Führungsinformationssysteme (FIS) und → computergestützte Planungssysteme. – 3. Bestandteile moderner betrieblicher Informationssysteme sind → Datenbanken mit auf betriebswirtschaftliche Sachverhalte ausgerichteten → Datenstrukturen, Methoden in Form von Programmalgorithmen (→ Algorithmus) und → Benutzerschnittstellen zur Gestaltung der → Benutzeroberfläche.

betriebliche Sozialpolitik – sozial ausgerichtete Institutionen und Maßnahmen, die im Rahmen der → sozialen Marktwirtschaft als Element allg. Unternehmenspolitik darauf ausgerichtet sind, den jeweiligen Betriebsangehörigen spezielle Vorteile materieller und ideeller Art zuteil werden zu lassen. Die betrieblichen Sozialleistungen haben im Zuge des Ausbaus des allg. Systems der → sozialen Sicherung relativ an Bedeutung verloren, obwohl sie im historischen Ablauf in vielen Bereichen Vorreiterfunktionen für die staatliche Sozialpolitik übernommen hatten. Gleichwohl sind sie nach wie vor beachtlich (→ Personalnebenkosten). So wird die → betriebliche Altersversorgung (bAV) als *zweite Säule* im System der Alterssicherung bezeichnet.

betriebliche Standortplanung – Teil der → Unternehmensplanung, der für jedes Unternehmen bei Neuansiedlung oder Verlagerung des → Standortes relevant ist; es handelt sich um einen individuell abgestimmten, branchenabhängigen Entscheidungsprozess, unterteilt in Analyse-, Ziel-, Strategie- und Ausführungsphase.

Betriebliches Umweltinformationssystem – Abk. *BUIS*; 1. *Begriff:* Ein Betriebliches Umweltinformationssystem (BUIS) ist ein organisatorisch-technisches System zur systematischen Erfassung, Verarbeitung und Bereitstellung umweltrelevanter → Informationen in einer → Organisation. Ziele sind die Erfassung betrieblicher → Umweltbelastungen und die Unterstützung von Umweltschutzmaßnahmen (vgl. Hilty, Kürzl u.a. 1995, S.7). BUIS können sowohl als Basis für die Informationsversorgung externer Akteure als auch zur innerbetrieblichen Entscheidungsunterstützung eingesetzt werden. – 2. *Aufbau eines BUIS:* Typischerweise werden BUIS als Erweiterungen für bestehende → Informationssysteme im Unternehmen eingesetzt. Diese Erweiterung der Input- und Outputgrößen beinhaltet → Umweltaspekte in Form von Mengen- und Qualitätskennzahlen. – 3. *Einsatzbereiche eines BUIS:* Mögliche Einsatzbereiche für BUIS sind u.a. beim → Controlling, bei der → Kommunikation der betrieblichen → Umweltleistung (→ Umweltberichterstattung), beim Abfall- und Gefahrenstoffmanagement, bei der Emission- und Abfallvermeidung und der Konstruktion.

betriebliches Vorschlagswesen – 1. *Begriff:* System der organisatorischen Behandlung und Belohnung von technischen und nichttechnischen (z.B. kaufmännischen) Verbesserungen aus dem Kreis der Arbeitnehmer mit dem Ziel, die Leistungen des Betriebs ständig zu verbessern. – 2. *Mitbestimmungsrecht:* a) Hinsichtlich der *Grundsätze über das betriebliche Vorschlagswesen* besteht ein erzwingbares Mitbestimmungsrecht des Betriebsrats in → sozialen Angelegenheiten (§ 87 I Nr. 12 BetrVG). – b) Für *technische Verbesserungsvorschläge* ist das Mitbestimmungsrecht i.d.R. auf die Regelung organisatorischer Fragen beschränkt, da im Übrigen eine gesetzliche Regelung über die → Arbeitnehmererfindung besteht. Das Mitbestimmungsrecht greift ein, sobald für eine allg. Regelung des betrieblichen Vorschlagswesens ein Bedürfnis besteht; es erstreckt sich auf Fragen der Organisation des betrieblichen Vorschlagswesens und die Aufstellung allg. Grundsätze für die Bemessung der → Prämien, nicht unmittelbar auf deren Höhe und Zahlung im Einzelfall.

betriebliche Übung – *Betriebsübung;* tatsächliche gleichmäßige Übung innerhalb eines Betriebs. Eine betriebliche Übung liegt dann vor, wenn die Arbeitnehmer aus dem Verhalten des Arbeitgebers folgern können, es handle sich um eine auf Dauer angelegte Handhabung, die auch künftig eingehalten wird. Entscheidend ist, dass der Arbeitnehmer aus dem Verhalten, bes. aus einer über längere Zeit vorbehaltlos geübten Praxis, auf das Vorliegen eines Verpflichtungswillens mit einem bestimmten Inhalt schließen durfte. – *Beispiel:* Mehrfache Gewährung gleichartiger Sozialleistungen. – Ein *Anspruch des Arbeitnehmers aus betrieblicher Übung* wird zum Inhalt des → Arbeitsvertrags und kann vom Arbeitgeber nicht wieder einseitig aufgehoben oder widerrufen werden. Sie kann aber durch eine *entgegengesetzte betriebliche Übung* wieder beseitigt werden, wenn der Arbeitnehmer nicht widerspricht (im Einzelnen umstritten). – Die betriebliche Übung ist abzugrenzen von der → Gesamtzusage. Diese beruht, anders als die betriebliche Übung, auf einer ausdrücklichen Erklärung des Arbeitgebers.

betriebliche Umweltökonomik – Hauptsächliche Fragestellungen sind: (1) warum umweltbezogene Aspekte in betriebliche Entscheidungen integriert werden sollten. Neben der Erfüllung gesetzlicher Auflagen kommen dabei eine Harmonisierung von Unternehmens- und Umweltzielen (z.B. Energieeinsparungen führen zu Emissions- und Kostenverminderungen) und die Ausschöpfung von → Marktpotenzialen infrage, sofern die Zahlungsbereitschaft von Konsumenten auch von → Umweltaspekten beeinflusst wird. Letzteres ist nach empirischen Untersuchungen nur dann in großem Ausmaß zu erwarten, wenn sich die positiven Umweltwirkungen auch im Produkt selbst ausdrücken. (2) In welcher Weise Umweltaspekte in die betriebliche Planung (→ Unternehmensplanung) integriert werden sollten. Neben der Anwendung und Fortentwicklung traditioneller betriebswirtschaftlicher Instrumente, z.B. im → Ökomarketing oder bei der Erfassung von Umweltschutzkosten, werden auch eigens entwickelte Instrumente wie das → Ökoaudit zur Früherkennung und Verminderung umweltbezogener Risiken eingesetzt.

betriebliche Willensbildung – diejenigen Anordnungen und bestimmenden Maßnahmen, die zur Erreichung der Unternehmensziele notwendig sind. Träger der betrieblichen Willensbildung sind die Eigentümer des Unternehmens oder die von ihnen mit der Geschäftsführung betrauten Manager. Die Autonomie der betrieblichen Willensbildung wird durch die vom Gesetzgeber verfassten Regelungen eingeschränkt. Dies gilt bes. für die Regelungen des BetrVG und des MitbestG.

Betriebsabrechnung – 1. *Begriff:* In der Vollkostenrechnung verwendeter Begriff für die periodenbezogene (zumeist monatliche) Verrechnung aller im Unternehmen anfallenden Kosten auf die → Hauptkostenstellen. – 2. *Zweck:* Die Betriebsabrechnung dient primär der Kostenträgerrechnung, indem sie die Ausgangsdaten zur Ermittlung der Kostenträgergemeinkosten (→ Gemeinkosten) liefert. Sie ist das Bindeglied zwischen der → Kostenartenrechnung und der → Kostenträgerrechnung bzw. → Kalkulation. – 3. *Vorgehensweise:* Ausgangspunkt der Betriebsabrechnung sind die in der Kostenartenrechnung gesammelten Kostenträgergemeinkosten,

Betriebsabrechnung

	Spalten	1	2	3	4	5	6	7	8	9
	Kostenstellen	Zahlen der Kostenarten-rechnung	Vorkostenstellen			Endkostenstellen				
			Allgemeine (Hilfs-) Kostenstellen		Fertigungs-hilfsstellen	Material-stellen	Fertigungshaupt-stellen		Verwaltungs-stellen	Vertriebs-stellen
	Kostenarten		I	II			A	B		
	I. Erfassung der primären Kostenarten (Zeilen 1–10)									
1	Gemeinkostenlöhne	4.000	400	500	1.000	800	200	200	600	300
2	Gehälter	7.500	400	300	300	1.200	500	300	2.500	200
3	Gesetzl. Sozialleistungen	1.150	80	80	130	200	70	50	310	230
4	Gemeinkostenmaterial	3.000	400	200	400	200	500	600	400	300
5	Instandhaltung	250	10	20	40	20	60	70	20	10
6	Fremdstrom	180	20	10	20	20	40	40	20	10
7	Miete	400	20	30	30	40	60	50	100	70
8	Versicherung	140	10	10	20	10	30	40	10	10
9	Kalkulatorische Abschreib.	500	30	50	60	60	100	110	50	40
10	Kalkulatorische Zinsen	130	10	20	20	10	30	20	10	10
11	Summe der primären Kostenarten (Zeilen 1–10)	17.250	1.380	1.220	2.020	2.560	1.590	1.480	4.020	2.980
	II. Umlage der Allgemeinen (Hilfs-)Kostenstellen (Zeilen 12–15)		1.380							
12	Umlage Stelle I (Spalte 2)									
13				+100	+300	+400	+200	+200	+100	+80
14	Umlage Stelle II (Spalte 3)			1.320						
15					+200	+300	+200	+220	+300	+100
16	Zwischensumme	17.250	0	0	2.520	3.260	1.990	1.900	4.420	3.160
17	III. Umlage der Fertigungs-Hilfsstellen (Zeilen 17 + 18)				2.520					
18							+1.500	+1.020		
19	Gesamtkosten der Endkostenstellen	17.250			0	3.260	3.490	2.920	4.420	3.160
	Ermittlung der Zuschlagssätze									
20	a) Materialeinzelkosten					20.000				
21	b) Fertigungslöhne						3.000	5.000		
22	c) Herstellkosten								37.670	37.670
23	Ist-Zuschlagssätze:					16,3%	116,3%	58,4%	11,7%	8,4%

die im ersten Schritt den ihren Anfall verursachenden → Hilfskostenstellen und → Hauptkostenstellen zugeordnet werden (vgl. Abbildung „Betriebsabrechnung"). – Anschließend erfolgt im Rahmen der → innerbetrieblichen Leistungsverrechnung eine mehrstufige Kostenverrechnung zwischen Hilfs- und Hauptkostenstellen (z.B. Umlage der Kosten der eigenen Stromerzeugung auf die stromverbrauchenden Kostenstellen), z.T. auch zwischen Hauptkostenstellen und anderen Haupt- bzw. Hilfskostenstellen (z.B. Verrechnung einer von der Dreherei für die Stromerzeugung erbrachten Ersatzteilfertigung). Nach diesen Verrechnungsvorgängen sind sämtliche Kostenträgergemeinkosten ausschließlich Hauptkostenstellen belastet. – Zumeist mithilfe von Zuschlagssätzen (→ Zuschlagskalkulation) werden sie abschließend in der Kostenträgerrechnung auf die Kostenträger weitergewälzt. – 4. *Durchführung*: Früher wurde die Betriebsabrechnung manuell erstellt; als Hilfsmittel diente der → Betriebsabrechnungsbogen (BAB). Heute erfolgt die Betriebsabrechnung EDV-gestützt als → Auswertungsrechnung der Kostenarten- und Kostenstellenrechnung.

Betriebsabrechnungsbogen (BAB) – Hilfsmittel zur manuellen Durchführung der → Betriebsabrechnung; heute nicht mehr gebräuchlich, da die Betriebsabrechnung i.d.R. EDV-gestützt erfolgt.

Betriebsabwicklung → Abwicklung.

Betriebsanalyse – zu einem bestimmten Zeitpunkt vorgenommene Analyse des Betriebes oder seiner Teilbereiche mit den einzelnen Funktionen auf Zustand und Zweckmäßigkeit in Ausstattung, Besetzung, Arbeitsablauf, Kostenstruktur, Wirtschaftlichkeit, Kapazität, Leistungserfolg und Konkurrenzfähigkeit sowie auf organisatorische Tatbestände (→ Gemeinkostenwertanalyse, → Wertanalyse, → Organisationsmethodik). Die Betriebsanalyse ist zusammen mit der → Produktanalyse potenzieller Ausgangspunkt für die → Arbeitsvorbereitung, das Organisationsmanagement sowie das Marketing. – Vgl. auch → Betriebsvergleich.

Betriebsänderung – 1. *Begriff*: Jede Änderung der betrieblichen Organisation, der Struktur, des Tätigkeitsbereichs, der Arbeitsweise, der Fertigung, des Standorts etc. – 2. Dem → Mitbestimmungsrecht des Betriebsrats unterliegen in Unternehmen mit i.d.R. mehr als 20 wahlberechtigten Arbeitnehmern nur solche Betriebsänderungen, die *wesentliche Nachteile* für die Belegschaft oder erhebliche Teile derselben zur Folge haben können (§§ 111–113 BetrVG): *Als Betriebsänderungen gelten* (1) Einschränkung (→ Betriebseinschränkung) und Stilllegung des ganzen Betriebs (→ Betriebsstilllegung) oder von wesentlichen Betriebsteilen, (2) Verlegung des ganzen Betriebs oder von wesentlichen Betriebsteilen (Betriebsverlegung), (3) Zusammenschluss mit anderen Betrieben (Betriebszusammenschluss) oder Spaltung von Betrieben, (4) grundlegende Änderungen von Betriebsorganisation, -zweck oder -anlagen und (5) Einführung grundlegend neuer Arbeitsmethoden und Fertigungsverfahren. – 3. An das Vorliegen einer Betriebsänderung knüpfen *Unterrichtungs- und Beratungspflichten* des Arbeitgebers und die *Pflicht zur Durchführung eines* → Interessenausgleichs und zur Aufstellung eines → Sozialplans an (§§ 111–113 BetrVG).

Betriebsarzt – 1. *Begriff*: ein durch → Dienstvertrag einem Unternehmen zur Verfügung stehender Arzt, der haupt- oder nebenberuflich oder innerhalb eines überbetrieblichen arbeitsmedizinischen Dienstes mit der gesundheitlichen Betreuung der Belegschaft beauftragt ist. – *Anders:* → Werkarzt. – 2. *Gesetzliche Grundlage:* Gesetz über Betriebsärzte, Sicherheitsingenieure und andere Fachkräfte für Arbeitssicherheit (ASiG) vom 12.12.1973 (BGBl. I 1985) m.spät. Änd. – 3. *Inhalt des ASiG:* a) Der Arbeitgeber hat den Betriebsarzt schriftlich zu bestellen. – b) Der Arbeitgeber hat Betriebsärzten die in § 3 ASiG genannten Aufgaben (bes. → Arbeitsschutz, Unfallverhütung und Gesundheitsschutz) zu übertragen, soweit dies erforderlich ist im Hinblick auf (1) die Betriebsart und die damit für die Arbeitnehmer verbundenen Unfall- und Gesundheitsgefahren, (2) die Zahl der beschäftigten Arbeitnehmer und die Zusammensetzung der Arbeitnehmerschaft und (3) die Betriebsorganisation, bes. im Hinblick auf die Zahl und die Art der für den Arbeitsschutz und die Unfallverhütung verantwortlichen Personen. Der Arbeitgeber hat dafür zu sorgen, dass die Betriebsärzte ihre Aufgaben erfüllen. – c) Der Arbeitgeber ist verpflichtet, Hilfspersonal, Räume, Einrichtungen, Geräte und Mittel zur Verfügung zu stellen. – 4. Der Betriebsarzt unterliegt der *ärztlichen Schweigepflicht,* bei deren Verletzung er sich strafbar macht (§ 203 StGB). – Vgl. auch → Sicherheitsingenieur, → Arbeitssicherheit.

Betriebsaufgabe – 1. *Begriff*: Form der Beendigung eines land- und forstwirtschaftlichen oder gewerblichen Betriebs oder der selbstständigen Tätigkeit. Eine Betriebsaufgabe ist anzunehmen, wenn (1) aufgrund eines Entschlusses des Steuerpflichtigen, den Betrieb aufzugeben, (2) die Tätigkeit endgültig eingestellt wird (sonst Betriebsunterbrechung), (3) die wesentlichen Betriebsgrundlagen (4) in einem einheitlichen Vorgang (d.h. innerhalb eines kurzen Zeitraums; sonst: → Abwicklung) (5) entweder an verschiedene Abnehmer verkauft oder ins → Privatvermögen überführt oder teilweise veräußert und teilweise ins Privatvermögen überführt werden und (6) dadurch der Betrieb als selbstständiger Organismus des Wirtschaftslebens zu bestehen aufhört. – *Gegensatz:* Betriebsveräußerung, Betriebsverlagerung. – 2. *Besonderheiten* bei Aufgabe der selbstständigen Tätigkeit (R 18.3 III EStR). – 3. *Steuerliche Behandlung*: a) *Einkommensteuerlich* gilt Betriebsaufgabe als Betriebsveräußerung (§§ 14, 14a III, 16 III, 18 III EStG). Durch das Steuervereinfachungsgesetz 2011 gilt der Betrieb so lange als fortgeführt, bis der Steuerpflichtige die

Aufgabe erklärt hat. Der im Zuge der Betriebsaufgabe erzielte Gewinn (§§ 16 und 18 III EStG i.V. mit § 34 EStG, § 52 XLVII EStG) unterliegt als → außerordentliche Einkünfte der Einkommensteuer ggf. unter Gewährung eines → Freibetrags und Anwendung eines ermäßigten Steuersatzes (→ Veräußerungsgewinn). Sowohl der Freibetrag als auch der ermäßigte Steuersatz werden jeweils nur einmal im Leben gewährt, daher ist für die Gewährung jeweils ein entsprechender Antrag erforderlich (§§ 16 IV, 34 III EStG). Zur Ermittlung des Aufgabegewinns sind veräußerte Wirtschaftsgüter mit erzielten Veräußerungspreisen, nicht veräußerte mit dem → gemeinen Wert im Zeitpunkt der Betriebsaufgabe anzusetzen und dem Buchwert des → Betriebsvermögens im Zeitpunkt der Betriebsaufgabe gegenüberzustellen. – b) Der im Zuge der Betriebsaufgabe erzielte Gewinn unterliegt bei natürlichen Personen nicht der → Gewerbesteuer, weil die Gewerbesteuer bei natürlichen Personen auf den Gewinn nur aus einem „stehenden" (= aktiven) Gewerbebetrieb erhoben wird, dies aber auf den Aufgabegewinn nicht zutrifft. Dagegen wird bei den meisten juristischen Personen der Gewinn schon aufgrund der Rechtsform als gewerblich angesehen (§ 2 III GewStG, insbesondere bei AG und GmbH), was zur Folge hat, dass auch der Gewinn aus der Aufgabe des Betriebes ebenfalls noch automatisch als gewerblich i.S.d. Gewerbesteuergesetzes gilt und daher steuerpflichtig wird. Entsprechend diesen Grundsätzen ist bei einer Personengesellschaft der Aufgabegewinn gewerbesteuerfrei nur, soweit er auf einen Gesellschafter entfällt, der eine natürliche Person ist. – c) Die im Rahmen der Betriebsaufgabe getätigten Verkäufe unterliegen als Lieferung oder sonstige Leistungen, die Überführungen von Wirtschaftsgütern in das Privatvermögen als der Lieferung gegen Entgelt gleichgestellte Entnahme (→ unentgeltliche Wertabgaben) der → Umsatzsteuer. Die Befreiungen in § 4 UStG sind zu beachten. Nicht der Umsatzsteuer unterliegt jedoch die Veräußerung eines in der Gliederung des Unternehmens gesondert geführten Betriebs, wenn sie an einen anderen Unternehmer für dessen Unternehmen erfolgt (§ 1a UStG, → Geschäftsveräußerung im Ganzen).

Betriebsaufspaltung – *Betriebsspaltung, Betriebsteilung* (Doppelgesellschaft). 1. *Begriff:* Trennung eines → Gewerbebetriebs in zwei rechtlich getrennte Unternehmungen. – 2. *Zweck:* z.B. außersteuerliche Gründe (z.B. Haftungsbeschränkung für die das Risiko tragende Betriebsgesellschaft, Nachfolgeregelung). Minderung der Gewerbeertragsteuerbelastung gegenüber einer Personengesellschaft durch Abschluss schuldrechtlicher Verträge zwischen der Kapitalgesellschaft und ihren Gesellschaftern (Geschäftsführungs-, Beratungs- und Darlehensverträge). – 3. *Formen:* a) Aufteilung in *Besitz- und Betriebsgesellschaft,* wobei letztere i.d.R. eine → Kapitalgesellschaft und erstere eine Personenunternehmung ist. – b) Aufteilung in *Produktions- und Vertriebsgesellschaft.* – c) *Echte Betriebsaufspaltung:* Aufteilung eines bisher einheitlichen Unternehmens auf zwei rechtlich selbstständige Unternehmungen. – d) *Unechte Betriebsaufspaltung:* Zwei rechtlich selbstständige Unternehmungen werden durch sachliche und personelle Verflechtung verbunden. – e) *Mitunternehmerische Betriebsaufspaltung:* Besitz- und Betriebsgesellschaft sind Personengesellschaften. – 4. *Voraussetzungen:* a) *Sachliche Verflechtung:* Der Betriebsgesellschaft muss durch das Besitzunternehmen mind. eine wesentliche Betriebsgrundlage zur Nutzung überlassen werden. – b) *Personelle Verflechtung:* Die hinter beiden Unternehmungen stehenden Personen müssen einen einheitlichen geschäftlichen Betätigungswillen haben. Dieser ist gegeben, wenn die Person/ Personen, die das Besitzunternehmen tatsächlich beherrschen, in der Lage sind, auch in der Betriebsgesellschaft ihren Willen durchzusetzen. – 5. *Rechtsfolgen:* a) Die Begründung der Betriebsaufspaltung erfolgt Gewinn neutral. – b) Die ihrer Art nach vermögensverwaltende (→ Vermögensverwaltung) und damit an sich nicht gewerbliche Tätigkeit der Besitzunternehmung wird als → Gewerbebetrieb qualifiziert. – c) Die Anteile an der Betriebskapitalgesellschaft sind notwendiges → Betriebsvermögen bzw. → Sonderbetriebsvermögen. – d) Veränderungen in den Voraussetzungen durch bestimmte Handlungen oder Geschehnisse (z.B. Erbfall) können zum Fortfall der Betriebsaufspaltung führen. Dieser ist als → Betriebsaufgabe, mit der Folge der Gewinnrealisierung, zu beurteilen, es sei denn, es finden anschließend die Grundsätze der Betriebsverpachtung (→ Pacht) Anwendung. – 6. Dem zwischen beiden Gesellschaften geschlossenen Pachtvertrag kann die *steuerliche Anerkennung* nur versagt werden, wenn einzelne Teile der Vereinbarung so ungewöhnlich sind, dass an der Ernsthaftigkeit der Betriebsüberlassung aufgrund des Pachtvertrages Zweifel bestehen. – Vgl. auch Spaltung von Kapitalgesellschaften.

Betriebsaufwand → betriebsbedingter Aufwand, → Zweckaufwand.

Betriebsausflug – meist eintägige vom Arbeitgeber geförderte betriebliche Veranstaltung (Ausflug, Reise) mit geselligem Angebot. Die Teilnahme an einem Betriebsausflug muss freiwillig sein und allen Betriebsangehörigen offen stehen; Druck, gleichgültig welcher Art, darf nicht ausgeübt werden. Zweck des Betriebsausfluges ist die Förderung der Zusammengehörigkeit („Verbesserung des Betriebsklimas"). Für die Veranstaltung eines Betriebsausfluges gibt es *keine zwingende rechtliche Grundlage.* Auch das Mitbestimmungsrecht des Betriebsrats beschränkt sich auf die vor- oder nachzuarbeitende Arbeitszeit bzw. das Ausmaß der anzurechnenden Arbeitszeit. – *Sachzuwendungen* des Arbeitgebers an die Arbeitnehmer aus Anlass eines Betriebsausfluges (z.B. Bewirtung, Geschenke, Fahrtkosten) gehören nicht zum → Arbeitsentgelt, sind daher steuer- und sozialversicherungsfrei, solange sie einen gewissen Rahmen nicht überschreiten. Zuwendungen für teilnehmende Angehörige werden den jeweiligen Arbeitnehmern zugerechnet. Auch für den Arbeitgeber sind die Sachzuwendungen steuerfrei, wenn sie sich unterhalb der gesetzlichen Obergrenzen bewegen.

Betriebsausgabe – 1. Einkommensteuerrechtlicher *Begriff* für Aufwendungen, die durch den Betrieb des Steuerpflichtigen veranlasst sind (§ 4 IV EStG). Keine Betriebsausgaben sind: Aufwendungen zur Förderung staatspolitischer Zwecke (§ 4 VI EStG), Aufwendungen für die Wege zwischen Wohnung und Betriebsstätte und für Familienheimfahrten (§ 5a EStG), Aufwendungen für die Gewerbesteuer und die darauf entfallenden Nebenleistungen (§ 5b EStG). Bei Schuldzinsen wird durch das Gesetz näher geregelt, welche als betrieblich anzuerkennen sind (§ 4 IVa EStG; Schuldzinsenabzug). – 2. Betriebsausgaben *mindern* bei der Gewinnermittlung den *Gewinn*, es sei denn, es handelt sich um nichtabzugsfähige Betriebsausgaben. – 3. *Nichtabzugsfähige Betriebsausgaben* (§ 4 V EStG) sind: (1) Aufwendungen für Geschenke an Personen, die nicht Arbeitnehmer des Steuerpflichtigen sind, es sei denn, dass die Anschaffungskosten/Herstellungskosten der dem Empfänger im Wirtschaftsjahr zugewendeten Gegenstände insgesamt 35 Euro (ab Veranlagungszeitraum 2004) nicht übersteigen; (2) Aufwendungen für die Bewirtung von Personen aus geschäftlichem Anlass, soweit sie 70 Prozent der Aufwendungen übersteigen, die nach der allg. Verkehrsauffassung als angemessen anzusehen sind und deren Höhe und betriebliche Veranlassung nachgewiesen sind (→ Geschäftsfreundebewirtung); (3) Aufwendungen für Gästehäuser, die sich außerhalb des Ortes eines Betriebs des Steuerpflichtigen befinden; (4) Aufwendungen für Jagd, Fischerei, Segel- oder Motorjachten sowie für ähnliche Zwecke und für die damit zusammenhängenden Bewirtungen; (5) → Mehraufwendungen für Verpflegung, soweit sie die festgelegten Pauschbeträge übersteigen; (6) Aufwendung für ein häusliches Arbeitszimmer und dessen Ausstattung; keine Beschränkung besteht, wenn das Arbeitszimmer Mittelpunkt der gesamten betrieblichen und beruflichen Tätigkeit ist; (7) andere als die in (1) bis (6) aufgeführten Aufwendungen, die die Lebensführung des Steuerpflichtigen oder anderer Personen berühren, soweit sie nach allg. Verkehrsauffassung als unangemessen anzusehen sind; (8) von einem Gericht oder einer Behörde oder von Organen der EU festgesetzte Geldbußen, Ordnungs- und Verwarnungsgelder; (9) Zinsen auf hinterzogene Steuern; (10) Ausgleichszahlungen, die bei Bestehen einer körperschaftsteuerlichen → Organschaft an außen stehende Anteilseigner geleistet werden; (11) Zuwendung von Vorteilen, wenn dies eine rechtswidrige Handlung darstellt, die nach Gesetz mit einer Geldbuße geahndet wird; (12) seit dem Veranlagungszeitraum 2007 auch Zuschläge nach § 162 IV AO; (13) seit dem Veranlagungszeitraum 2008 stellt die Gewerbesteuer und die darauf entfallenden Nebenleistungen keine Betriebsausgaben mehr dar. – 4. *Pauschbeträge für Betriebsausgaben:* Sie sind für bestimmte Berufsgruppen oder Aufwendungsarten möglich (→ Pauschbeträge). – *Gegensatz:* → Betriebseinnahmen.

Betriebsausgabenpauschale – 1. *Begriff*: bei der Körperschaftsteuer ein Pauschalbetrag in Höhe von 5 Prozent der in einem Jahr von einer Körperschaft bezogenen → Dividenden (§ 8b II KStG) zzgl. 5 Prozent der in einem Jahr realisierten Gewinne aus der Veräußerung von Anteilen an einer anderen Körperschaft (§ 8b III KStG). – 2. *Steuerliche Behandlung*: Bei der Gewinnermittlung der Körperschaft werden in Höhe der fünfprozentigen Betriebsausgabenpauschale nichtabziehbare Betriebsausgaben unterstellt. – 3. *Hintergründe*: a) *Zweck der Regelung:* Nach allg. Prinzipien sind bei der Einkommensbesteuerung Ausgaben häufig nicht abzugsfähig, wenn die zugehörigen Einnahmen steuerfrei sind (vgl. § 3c EStG). Nach diesem Prinzip müssten Ausgaben einer Körperschaft, die in Zusammenhang mit dem Bezug von Dividenden aus anderen Körperschaften stehen, eigentlich vom Abzug bei der Gewinnermittlung ausgeschlossen sein, z.B. Verwaltungskosten in Zusammenhang mit der Verwaltung der Beteiligung an den Tochtergesellschaften oder Zinskosten für die Fremdfinanzierung einer Beteiligung, anteilige Managementkosten der Obergesellschaft etc. Da die exakte Berechnung dieser Kosten jedoch aufwendig wäre, trägt das Körperschaftsteuergesetz den Zusammenhängen dadurch Rechnung, dass der Nichtabziehbarkeit dieser Kosten jedes Jahr, unabhängig von der wirklichen Höhe, durch einen Pauschalbetrag – eben durch die Betriebsausgabenpauschale – Rechnung getragen wird und im Gegenzug die wirklich angefallenen Kosten regulär abzugsfähige Kosten bleiben (§ 8b V Satz 2 KStG). – b) *Gründe für die Art der Berechnung*: Dadurch, dass sich die Pauschale sowohl auf laufende Dividenden bezieht (§ 8b II KStG) als auch auf Veräußerungsgewinne (§ 8b III KStG), wird verhindert, dass sich die Pauschalierung durch Thesaurierung der Gewinne in der Tochtergesellschaft umgehen lässt. Bei dem heutigen System der Betriebsausgabenpauschale wird nämlich für einen in der Tochter entstandenen Gewinn die fünfprozentige Pauschale in jedem Fall fällig: bei Ausschüttung sofort, bei Thesaurierung spätestens bei der Veräußerung der Anteile (weil durch eine Thesaurierung der Wert der Anteile entsprechend steigt und dadurch auch die spätere 5 Prozentpauschale auf den Veräußerungsgewinn entsprechend erhöht wird).

Betriebsausschuss – Organ des → Betriebsrats. Betriebsräte mit neun oder mehr Mitgliedern wählen aus ihrer Mitte drei (in größeren Betrieben fünf bis neun) Ausschussmitglieder, die zusammen mit dem Vorsitzenden und dem stellvertretenden Vorsitzenden des Betriebsrats den Betriebsausschuss bilden (§ 27 BetrVG). – *Aufgaben:* Führung der laufenden Geschäfte des Betriebsrats; das Gesetz sieht die

Möglichkeit vor, dass der Betriebsrat mit der Mehrheit seiner Mitglieder dem Betriebsausschuss auch Aufgaben zur selbstständigen Erledigung (nicht jedoch den Abschluss von → Betriebsvereinbarungen) übertragen kann.

Betriebsausstattung – 1. *Begriff:* Teil des beweglichen → Anlagevermögens, meist Zusammenfassung mit *Geschäftsausstattung*. – 2. Zur Betriebsausstattung *gehören* v.a.: Einrichtungen von Werkstätten und Büroeinrichtungen (Betriebsinventar) sowie Werkzeuge, Fahrzeuge, Geräte u.Ä. Nach der Gliederung der Anlagenwerte durch § 266 II HGB werden technische Anlagen und Maschinen *nicht* der Betriebsausstattung zugerechnet. Ob ein Gegenstand unselbstständiger Bestandteil eines Gebäudes, einer Maschine ist oder selbstständiger Bestandteil der Betriebsausstattung (Betriebsvorrichtung), richtet sich nach dem Nutzungs- und Funktionszusammenhang (→ Bewertungseinheit). – 3. *Abschreibung der Betriebs- und Geschäftsausstattung:* (1) handelsrechtlich bei Nichtkapitalgesellschaften auf den → Erinnerungswert von 1 Euro zulässig; (2) handelsrechtlich bei Kapitalgesellschaften und steuerrechtlich lineare oder degressive Abschreibung gefordert. – 4. Zum Bilanzstichtag ist ein *Verzeichnis* der Gegenstände des beweglichen Anlagevermögens aufzustellen. Körperliche Bestandsaufnahme nur, wenn → Anlagenkartei oder → Bestandsverzeichnis nicht geführt wird.

Betriebsbeauftragte – 1. *Begriff:* Die Institution des Betriebsbeauftragten wurde durch den Gesetzgeber geschaffen, um die behördliche Fremdüberwachung durch eine institutionalisierte Eigenüberwachung zu ergänzen. Hinzu kommt eine Stärkung der betrieblichen Eigeninitiative, die sich z.B. durch Schutzvorkehrungen vor potenziell schädlichen Umwelteinwirkungen äußern kann. Das Institut ist Ausdruck des (umweltpolitischen) → Kooperations- und → Vorsorgeprinzips. – Für bestimmte → Umweltmedien (Wasser, Boden, Luft) und Ereignisse (z.B. Störfälle) sind Betriebsbeauftragte u.U. als rechtlich verpflichtend gegeben. Hierzu zählen z.B. Betriebsbeauftragte für → Abfall, Betriebsbeauftragte für → Immissionsschutz, Betriebsbeauftragte für Gewässerschutz, Gefahrstoffbeauftragte, Störfallbeauftragte. Die Bestellung eines freiwilligen Umweltschutzbeauftragten ist möglich, wie ihn der Verband der Betriebsbeauftragten für Umweltschutz (VBU) vorsieht. – 2. *Aufgaben:* Gesetzlich sind den Betriebsbeauftragten folgende Kontroll-, Informations-, und Intuitivaufgaben zugeordnet: 1) *Kontrollaufgaben:* Kontrolle der Anlagen und Einhaltung von Vorschriften im Betrieb sowie Kontrolle der Rechtsverordnungen, Bedingungen und Auflagen, 2) *Informationsaufgabe:* a) Der Betriebsbeauftragte muss die Betriebsangehörigen über die von den Anlagen ausgehenden schädlichen Umwelteinwirkungen informieren. Außerdem soll er über Maßnahmen zur ihrer Verhinderung Auskunft geben. – b) Der Betriebsbeauftragte hat eine jährliche Berichtspflicht gegenüber dem Anlagenbetreiber über die beabsichtigten Maßnahmen. – 3) *Intuitivaufgaben:* a) Der Betriebsbeauftragte hat ein Vortragsrecht gegenüber dem Anlagenbetreiber bei Vorschlägen und Bedenken. – b) Initiative zur Entwicklung und Einführung umweltfreundlicher Verfahren und Erzeugnisse. – c) Der Betriebsbeauftragte hat die Aufgabe zu Investitionsentscheidungen, die für den Gewässerschutz, den Immissionsschutz und die Abfallversorgung bedeutsam seien können Stellung zu nehmen. – 3. *Organisatorische Verankerung:* Die organisatorische Stellung des Betriebsbeauftragten ist nicht durch den Gesetzgeber geregelt. Es bietet sich eine Integration in Form einer Kopplung an eine Linienstelle an, da so das Linienorgan und auch der Betriebsbeauftragte in die Pflicht genommen werden können. Bei der Integration sollte darauf geachtet werden, dass der Betriebsbeauftragte seinen Kontroll-, Informations- und Intuitivaufgaben gerecht werden kann.

Betriebsbeauftragter für Abfall – zu bestellen von Betreibern von genehmigungsbedürftigen Anlagen im Sinn des § 4 BImSchG, von Anlagen, in denen regelmäßig bes. überwachungsbedürftige Abfälle anfallen, von Betreibern ortsfester Sortier-, Verwertungs- oder Abfallbeseitigungsanlagen sowie von Besitzern im Sinn des § 27 KrWG (§ 59 KrWG). Betriebsbeauftragte für Abfall haben u.a. den Weg der Abfälle von ihrer Entstehung oder Anlieferung bis zu ihrer Verwertung oder Beseitigung und die Einhaltung der Vorschriften über Abfallentsorgung zu überwachen sowie jährlich Bericht zu erstatten (§ 60 KrWG). – Vgl. auch → Kreislaufwirtschaftsgesetz (KrWG).

Betriebsbeauftragter für Umweltschutz – gesetzlich geforderter Funktionsträger für → Immissionsschutz (BImSchG), für Gewässerschutz (Wasserhaushaltgesetz) und für → Abfall (Abfallgesetz) in bestimmten Unternehmen mit Rechten und Pflichten im Interesse des → Umweltschutzes. Schriftliche Bestellung durch den Anlagenbetreiber; Anzeigepflicht der Bestellung bei der zuständigen Behörde. – *Aufgaben:* Eintreten für Entwicklung und Einführung umweltfreundlicher Verfahren und Erzeugnisse; Überwachung von Vorschriften, Bedingungen und Auflagen im Interesse des Gewässerschutzes; Eintreten für Entwicklung und Einführung zur Vermeidung oder Verminderung des Abwasseranfalls; ordnungsgemäße und schadlose Verwertung im Betrieb entstehender Rückstände; ordnungsgemäße Entsorgung von Rückständen; Aufklärung der Betriebsangehörigen über vom Betrieb verursachte Umweltbelastungen. Vor entsprechenden Investitionsentscheidungen müssen von den Betriebsbeauftragten für Umweltschutz Stellungnahmen eingeholt werden. Betriebsbeauftragte für Umweltschutz haben Vortragsrecht bei der Geschäftsleitung und sind durch Benachteiligungsverbot geschützt. – *Neue Bereiche:* → Sicherheitsbeauftragter, → Gefahrgutbeauftragter,

→ Störfallbeauftragter, Strahlenschutzbeauftragter, Energiebeauftragter.

betriebsbedingte Kündigung → ordentliche Kündigung des Arbeitsverhältnisses, die durch dringende betriebliche Erfordernisse, die einer Weiterbeschäftigung des Arbeitnehmers entgegenstehen, bedingt ist (§ 1 II KSchG). Eine betriebsbedingte Kündigung ist gerechtfertigt, wenn eine unternehmerische Entscheidung vorliegt, wegen inner- oder außerbetrieblicher Ursachen (Rationalisierung, Auftragsmangel) Arbeiten nicht mehr im Betrieb erledigen zu lassen, und deshalb ein oder mehrere Arbeitsplätze überflüssig werden. Im Streitfall muss der Arbeitgeber dies nachvollziehbar darlegen und beweisen, auch, dass eine anderweitige Beschäftigung nicht möglich ist. Die unternehmerische Entscheidung wird vom Arbeitsgericht nicht auf ihre Zweckmäßigkeit überprüft. Die betriebsbedingte Kündigung ist trotzdem *sozial ungerechtfertigt,* wenn der Arbeitgeber bei der Auswahl des Arbeitnehmers soziale Gesichtspunkte (Betriebszugehörigkeit, Lebensalter, Unterhaltspflichten, Schwerbehinderung) nicht oder nicht ausreichend berücksichtigt hat. Die soziale Auswahlpflicht entfällt jedoch, soweit die Weiterbeschäftigung eines oder mehrerer Arbeitnehmer wegen *hervorgehobenen Kenntnissen, Fähigkeiten und Leistungen* oder zur *Sicherung einer ausgewogenen Personalstruktur* im betrieblichen Interesse liegt. Wird bei der sozialen Auswahl das Lebensalter zu stark berücksichtigt, kann das eine unzulässige Benachteiligung der jüngeren Mitarbeiter sein (BAG, 06.11.2008 – AZ 2 AZR 523/07). Im → Insolvenzverfahren sind betriebsbedingte Kündigungen nach Maßgabe der §§ 113, 125–126 InsO erleichtert. – Vgl. auch → Kündigungsschutz.

betriebsbedingter Aufwand – *Betriebsaufwand;* Aufwand (→ Aufwendungen), der durch die betriebliche Leistungserstellung entsteht. Vgl. die Abgrenzungsrechnung im → Industrie-Kontenrahmen (IKR); Kontengruppen 90 und 91. – Vgl. auch → Zweckaufwand, → neutrale Aufwendungen, → Abgrenzung.

betriebsbedingter Ertrag – *Betriebsertrag;* → Ertrag, der aus der betrieblichen Leistungserstellung resultiert. Vgl. die Abgrenzungsrechnung im → Industrie-Kontenrahmen (IKR), (Kontengruppen 90 und 91). – Vgl. auch → neutraler Ertrag, → Abgrenzung.

betriebsbedingtes Kapital → betriebsnotwendiges Kapital.

Betriebsbereitschaft – 1. *Produktion:* Bereitschaft des Betriebes, im Rahmen einer gegebenen → Kapazität eine Produktionsleistung zu erbringen. Die Gewährleistung der Betriebsbereitschaft verursacht → fixe Kosten (→ Bereitschaftskosten). Zu beachten ist die Sicherung der Betriebsbereitschaft auch aller Neben- und Hilfsbetriebe, die zur Durchführung der Hauptproduktion erforderlich sind; sie zwingt häufig zur Beibehaltung von Vor- und Hilfsbetrieben, auch wenn deren Vollausnutzung nicht sichergestellt ist und ihre Leistungen bei → Fremdbezug billiger beschafft werden könnten. – 2. *Handel:* Instrument des → Handelsmarketings. Betriebsbereitschaft ist die Zeit, während der ein Einzelhandelsunternehmen bereit ist, seine Waren zu präsentieren, zu beraten, Kaufverträge abzuschließen und gekaufte Waren zuzustellen. Es gilt abzuwägen, welche Umsätze zu bestimmten Zeiten erzielt werden können und wie hoch die entsprechenden Kosten der Betriebsbereitschaft sind. Die Betriebsbereitschaft wird durch das → Ladenschlussgesetz (LadSchlG) entscheidend eingeengt, das jedoch nur für den Warenverkauf an jedermann in öffentlich zugänglichen Verkaufsstellen gilt. Warenpräsentation und Beratung sowie Zustellung können auch außerhalb der Ladenöffnungszeiten erfolgen. → Versandhandel und → E-Commerce haben den Wettbewerbsvorteil einer unbegrenzten Betriebsbereitschaft.

Betriebsbesichtigung – in Form eines „Tages der offenen Tür" oder regelmäßig stattfindende Veranstaltung. – *Ziele:* – (1) das Unternehmen über den engen Kreis der Mitarbeiter hinaus bekannt zu machen (→ Public Relations (PR), → Personalwerbung); – (2) neue Mitarbeiter mit dem Unternehmen bekannt und vertraut zu machen; – (3) Nachwuchswerbung zu betreiben. – *Voraussetzungen:* Sorgfältige Vorbereitung und gute Organisation der Besichtigungsroute, der Darstellung des Produktionsprozesses, der Vorträge etc., Gefahrenstellen müssen bes. geschützt werden.

Betriebsbilanz – Instrument für Erfassung und Bewertung der Umweltauswirkungen → wirtschaftlicher Tätigkeiten. – *Inhalt:* (1) Inputseite: Betriebliche Inputs getrennt nach Stoffen (Materialien) und → Energie; (2) Outputseite: Produkte und stoffliche und energetische → Emissionen. Quantitativer Überblick über im Betrieb eingesetzte Stoffe und Energie (Materialstrombilanzierung innerhalb definierter Systemgrenzen).

Betriebsbuchführung → Betriebsbuchhaltung.

Betriebsbuchhaltung – *Betriebsbuchführung.*

I. Aufgaben: Im Gegensatz zur → Finanzbuchhaltung umfasst Betriebsbuchhaltung die Kosten- und Leistungsrechnung (→ Kostenrechnung) und als Nebenrechnungen: → Materialbuchhaltung, → Lohnbuchführung und → Anlagenbuchhaltung. – Im Einzelnen: a) Durchführung der *Kosten- und Leistungsrechnung* und Ermittlung des → Betriebsergebnisses, das sich aus den Erfolgskomponenten → Kosten und → Erlöse (→ Leistungen) ergibt. – b) *Kurzfristige Erfolgsrechnung,* Ermittlung des Betriebsergebnisses in meist monatlichen Perioden zur Erleichterung der laufenden Disposition der Unternehmungsleitung. – c) *Überwachung der* → Wirtschaftlichkeit der Betriebsgebarung durch weitgehende Aufgliederung der → Kostenarten, durch örtliche und sachliche Zurechnung (Kostenstellen, Kostenträger), durch Einführung von Plankosten in die Kostenrechnung. – d) *Bereitstellung von Unterlagen* für die Finanzbuchhaltung, für Kalkulation, Statistik und Planung.

II. Organisatorische Gestaltung: *Alternativen:* 1. Ein-Kreis-System: Die Betriebsbuchhaltung ist mit der Finanzbuchhaltung durch ein einheitliches Kontensystem zu einer *ungeteilten Gesamtbuchhaltung* verbunden. Die Kostenarten-, Kostenstellen-, Kostenträgerbestands- und Kostenträgererfolgsrechnung werden in ununterbrochenem Buchungsfluss kontenmäßig durchgeführt. – 2. Die Betriebsbuchhaltung ist von der *Finanzbuchhaltung organisatorisch abgetrennt.* Beide Bereiche (innerer und äußerer Kreis) bilden trotz Aufspaltung die Gesamtbuchhaltung (Ein-Kreis-System). – a) Die Betriebsbuchhaltung tritt als *Nebenbuchhaltung* neben die Hauptbuchhaltung, deren Konteninhalt (Sammelkonten) sie näher spezifiziert. Ihre Ergebnisse können kontenmäßig in die Hauptbuchhaltung übernommen werden. – b) Die isolierte Betriebsbuchhaltung wird zu einem *geschlossenen Kontensystem* weiterentwickelt. Sie ermittelt den kurzfristigen Erfolg, während die Hauptbuchhaltung völlig frei von der Buchung innerer Betriebsvorgänge bleibt. Der Kreislauf der doppelten Buchführung wird durch Übernahme der mit der Finanzbuchhaltung korrespondierenden Werte auf ein Gegenkonto geschlossen, über das auch der Abschluss der Betriebsbuchhaltung durchgeführt wird; vgl. Rechnungskreis II (Kontenklasse 9) des IKR. – c) Die Betriebsbuchhaltung wird zwar rechnungstechnisch von der Finanzbuchhaltung getrennt, beide Bereiche bleiben aber in ständiger *kontenmäßiger Verbindung* (→ Zweisystem). Der Zusammenhang wird durch → Übergangskonten hergestellt (mind. je eins in der Finanzbuchhaltung und in der Betriebsbuchhaltung), die jeweils die Gegenbuchungen für Vorfälle aufnehmen, die im anderen Teil der Buchhaltung zu buchen sind. Bei Zusammenfassung von Finanzbuchhaltung und Betriebsbuchhaltung zur Gesamtbuchhaltung werden beide Übergangskonten spiegelbildlich ausgeglichen. Diese ausgegliederte Betriebsbuchhaltung wird *Übergangssystem* genannt.

Betriebsbuße – *Betriebsstrafe.* 1. *Begriff:* Maßnahme des Arbeitgebers bei Verstoß des Arbeitnehmers gegen die betriebliche Ordnung (→ Ordnung des Betriebs). Abzugrenzen ist sie von der → Abmahnung, der verhaltensbedingten Kündigung und der Vertragsstrafe. – 2. *Mitbestimmungsrecht:* Ein Mitbestimmungsrecht des Betriebsrats besteht hinsichtlich der Aufstellung allgemeiner Grundsätze (Bußordnung) und der Verhängung der Betriebsbuße im Einzelfall. Liegen nicht beide Voraussetzungen vor, ist die Maßnahme unwirksam. – 3. *Formen der Betriebsbuße:* (1) *Zulässig:* Geldbußen bis zu einem Tagesverdienst und deren Verwendung für einen Sozialfonds (streitig), als mildere Maßnahmen auch Verwarnung oder Verweis; (2) *unzulässig:* Entlassung (→ Kündigung) oder Rückgruppierung, weil mit dem zwingenden → Kündigungsschutz nicht vereinbar. – Durch Betriebsbußen dürfen nur Verstöße gegen die betriebliche Ordnung als solche (z.B. Alkoholverbot) geahndet werden, nicht auch Straftaten, die mit dem betrieblichen Geschehen nichts zu tun haben. Insoweit ist Zuständigkeit der Organe der → Betriebsverfassung nicht gegeben. – 4. *Verfahren:* Das Verfahren, durch das eine Betriebsbuße verhängt werden soll, muss rechtsstaatlichen Grundsätzen genügen. Insbesondere ist der Betroffene vorher anzuhören und ist die Verhängung der Betriebsbuße schriftlich zu begründen. – 5. *Gerichtliche Überprüfung:* Die → Arbeitsgerichte sind befugt, die Frage der ordnungsgemäßen Verhängung einer Betriebsbuße in vollem Umfang (Wirksamkeit der Strafanordnung, Ordnungsmäßigkeit des Verfahrens, Angemessenheit der Betriebsbuße im Einzelfall) nachzuprüfen. – 6. *Rechtliche Bedenken* gegen Betriebsbußen werden v.a. aus Art. 92, 101 GG (Garantie des gesetzlichen Richters) und dem Anspruch auf → rechtliches Gehör (Art. 103 I GG) hergeleitet. Dagegen wird eingewendet, dass das GG sich nur mit den staatlichen Gerichten und der staatlichen Gewaltenteilung befasst. – Vgl. auch → Ordnung des Betriebs, → Arbeitsordnung.

Betriebsdatenerfassung – Erfassung von → Daten, die beim betrieblichen Wertschöpfungsprozess anfallen, i.d.R. mithilfe der → Informationsverarbeitung. – *Wichtige Betriebsdaten:* Maschinendaten (Belegungszeiten, Störungen etc.), Fertigungsauftragsdaten (Anfang, Ende von → Arbeitsgängen, Freigabe, Fertigstellung von → Fertigungsaufträgen; Mengen-, Qualitätsangaben u.a.); Lagerdaten (Zugänge, Abgänge, Reservierungen), Personaldaten (Anwesenheit, Akkord- u.a. Entlohnungsdaten). – Die Betriebsdatenerfassung stellt wichtige Rückmeldungen für die *Produktionsplanung und -steuerung* zur Verfügung, z.B. für die Auftragsfortschrittskontrolle (→ PPS-System). Betriebsdatenerfassungssysteme haben meist eigene → Hardware und → Software.

Betriebsdichte – Beziehungszahl, die das Verhältnis der Anzahl der Betriebe zur Fläche eines Gebietes oder zu dessen Einwohnerzahl ausdrückt. – *Ähnlich:* → Handwerksdichte.

Betriebseinnahmen – einkommensteuerrechtlicher Begriff. Betriebseinnahmen sind alle Zugänge in Geld oder Geldeswert, die durch den Betrieb veranlasst sind. – Keine Betriebseinnahmen sind → Einlagen. – *Gegensatz:* → Betriebsausgaben.

Betriebseinrichtungskosten → Gründungskosten

Betriebseinschränkung – 1. *Begriff:* Eine erhebliche, ungewöhnliche und nicht nur vorübergehende Herabsetzung der Leistungsfähigkeit eines Betriebs, gleichgültig, ob die Verminderung der Leistungsfähigkeit durch Außerbetriebsetzung von Betriebsanlagen oder durch Personalreduzierung erfolgt. – Beim *Personalabbau* liegt eine Betriebseinschränkung nur vor, wenn eine größere Anzahl von Arbeitnehmern betroffen ist: Nach der Rechtsprechung ist

Richtschnur dafür, wann erhebliche Teile der Belegschaft betroffen sind, die Zahlen und Prozentangaben in § 17 I KSchG (Anzeigepflicht bei → Massenentlassungen). – *Anders:* → Betriebsstilllegung. – 2. *Mitbestimmung* des Betriebsrats in Unternehmen mit i.d.R. mehr als 20 wahlberechtigten Arbeitnehmern (§§ 111–113 BetrVG). – Vgl. auch → Betriebsänderung. – 3. *Sozialplan:* In § 112a I BetrVG ist geregelt, unter welchen Voraussetzungen ein → Sozialplan bei bloßem Personalabbau erzwingbar ist, insoweit gilt eine andere Staffel.

Betriebserfolg → Betriebsergebnis.

Betriebserfolgselastizität – Kennzahl für die Reagibilität des ordentlichen Betriebserfolgs auf Umsatzvariationen:

$$B = \frac{\Delta \text{ ordentlicher Betriebserfolg} \cdot \text{Umsatz}}{\Delta \text{ Umsatz} \cdot \text{ordentlicher Betriebserfolg}}.$$

Betriebsergebnis – *Betriebserfolg;* im Rechnungswesen das getrennt vom Unternehmensergebnis ermittelte Ergebnis des betrieblichen Leistungsprozesses (Betriebsgewinn oder -verlust), festzustellen durch Gegenüberstellung der Kosten und Betriebserträge (→ Leistungen, → Erlöse).Das Betriebsergebnis, korrigiert um nicht pagatorische Erlöse und Kosten, bildet zusammen mit dem → neutralen Ergebnis das in der Gewinn- und Verlustrechnung auszuweisende Unternehmungsergebnis. – Vgl. auch die Abgrenzungsrechnung des → Industrie-Kontenrahmens (IKR); Kontenklasse 9. – Zu den grundsätzlichen Möglichkeiten der buchtechnischen Trennung von Betriebsergebnis und neutralem Ergebnis vgl. → Betriebsbuchhaltung.

Betriebsergebnisrechnung – 1. Synonym für → Kosten- und Leistungsrechnung. – 2. Umfassender Begriff für verschiedene Formen → kurzfristiger Erfolgsrechnung.

Betriebserlaubnis – I. Kraftverkehr: behördliche Anerkennung der Vorschriftsmäßigkeit einer Bauart eines Einzelfahrzeugs oder bes. Teile des Kraftfahrzeugs (Aufzählung in §§ 22, 22a StVZO). – *Ohne* Betriebserlaubnis oder eine EU-Typengenehmigung dürfen Kraftfahrzeuge und ihre Anhänger auf öffentlichen Straßen nicht in Betrieb gesetzt werden (§ 19 StVZO). – *Erteilung* einer Betriebserlaubnis erfolgt durch die Verwaltungsbehörde und kann für reihenweise Herstellung dem Hersteller durch allgemeine Betriebserlaubnis (§ 20 StVZO) als → Typschein erteilt werden.

II. Verkehrsbetrieb: Eine Betriebserlaubnis ist erforderlich für den Betrieb einer Eisenbahnstrecke (§ 6 Allgemeines Eisenbahngesetz), für Straßenbahnen, Omnibusse, Kraftfahrzeuge im Linienverkehr und Kraftfahrzeuge im Gelegenheitsverkehr, d.h. Taxis, Ausflugfahrten und Ferienzielreisen sowie Mietwagen (§§ 2, 46 Personenbeförderungsgesetz), Binnenhäfen. Das LKW-Mautsystem besitzt eine Betriebserlaubnis des Bundesamts für Güterverkehr.

III. Gewerbe- und Gaststättenrecht: Eine Genehmigung bzw. Erlaubnis nach den §§ 30 ff. Gewerbeordnung ist notwendig für Privatkrankenanstalten, Spielhallen, Pfandleiher, Bewachungsgewerbe, Versteigerergewerbe, Makler, Anlageberater, Bauträger, Baubetreuer, Versicherungsvermittler, Versicherungsberater. Nach § 2 Gaststättengesetz ist für den Betrieb eines Gaststättengewerbes eine Erlaubnis notwendig.

IV. Betreuung von Kindern und Jugendlichen: Nach den §§ 45, 48a SGB VIII – Kinderjugendhilfegesetz – ist eine Betriebserlaubnis zum Schutz von Kindern und Jugendlichen in erlaubnispflichtigen Einrichtungen erforderlich.

V. Apotheken: Eine Betriebserlaubnis ist erforderlich nach § 1 II Apothekengesetz.

VI. Tierschutz: Tierheime, Tierzüchter usw. brauchen eine Betriebserlaubnis nach § 11 Tierschutzgesetz.

VII. Umweltschutz: Anlagen, die schädliche Umwelteinwirkungen hervorrufen können, brauchen zusätzlich zur Errichtungsgenehmigung auch eine Betriebsgenehmigung (§ 4 BImSchG). Das Gleiche gilt nach § 7 I Atomgesetz für Atomkraftwerke; im Fall eines Störfalles kann die Betriebserlaubnis entzogen werden.

VIII. Gesundheitsschutz: Die Betriebserlaubnis für schnurlose Telefone CT+ endete Ende 2008.

Betriebseröffnung – *Geschäftseröffnung.* 1. *Allgemein:* → Gewerbeanmeldung. – 2. *Steuerrecht:* Die Betriebseröffnung muss dem Finanzamt bzw. der Gemeinde, in dessen Bezirk die Betriebseröffnung erfolgt, nach amtlichen Vordruck angezeigt werden (§ 138 I AO). – Begründung von → Betriebsvermögen: Bewertung in der → Eröffnungsbilanz nach § 6 I Nr. 6 EStG.

Betriebsertrag → betriebsbedingter Ertrag.

Betriebsferien – *Betriebsurlaub;* vom Arbeitgeber gemeinsam mit dem Betriebsrat nach § 87 I Nr. 5 BetrVG festgelegte gleiche Urlaubszeit für alle oder einen Teil der Betriebsangehörigen, während der Betrieb oder ein Teil des Betriebs geschlossen wird. Eine dahingehende → Betriebsvereinbarung bindet die Arbeitnehmer mit normativer Wirkung. – *Arbeitsbereite, noch nicht urlaubsberechtigte Arbeitnehmer* haben Ansprüche auf Lohnzahlung (→ Urlaub). Von dieser Regelung kann durch Parteivereinbarung, in der die beiderseitigen Interessen abgewogen sind, abgewichen werden.

Betriebsfinanzamt → Finanzamt, in dessen Bezirk sich bei einem inländischen gewerblichen Betrieb die Geschäftsleitung befindet oder bei ausländischen gewerblichen Betrieben eine Betriebsstätte (bei mehreren Betriebsstätten die wirtschaftlich bedeutendste) unterhalten wird (§ 18 I 2 AO). Das Betriebsfinanzamt ist insbesondere *örtlich zuständig* für die gesonderten Feststellungen.

Betriebsfläche – Begriff aus der → Landwirtschaftsstatistik; die Betriebsfläche der landwirtschaftlichen Betriebe umfasst die gesamte selbstbewirtschaftete Fläche (Eigenland und Pachtland); sie ist umfassender als die landwirtschaftliche Nutzfläche oder auch die → landwirtschaftlich genutzte Fläche, da sie auch forstwirtschaftliche Flächen und Brachen umfasst.

Betriebsfonds – erfahrungsgemäße oder errechnete Kapitalgröße, die erforderlich ist, um das Anlagevermögen stets im betriebsnotwendigen Ausmaß beschäftigt zu halten; insofern zumindest der Höhe nach anlageähnlicher Charakter. Der Betriebsfonds zählt zum betriebsnotwendigen Umlaufvermögen (→ betriebsnotwendiges Vermögen) und soll sich größenmäßig nach Anlagenintensität und Produktionsdauer des Wirtschaftszweiges richten.

Betriebsformen des Handels – 1. *Begriff:* Eine Betriebsform des Handels ist die Zusammenfassung realer Erscheinungsformen des Handels, die nach einem oder mehreren Merkmalen ähnlich sind und sich dadurch von anderen Betrieben deutlich unterscheiden. – 2. *Unterscheidungsmerkmale:* Kundenkreis (→ Einzelhandel, → Großhandel) Basisstrategie (→ Versorgungs-, → Erlebnishandel), Betätigungsfeld (→ Binnen-, → Außenhandel), Standort (City, Grüne Wiese), Sortiment (Universal-, Spezialhandel), Andienung (Bedienung, → Selbstbedienung, Katalog), Preise (Discount-, Hochpreisgeschäft), Inkasso (→ Automatenladen, persönliches Inkasso), Distanzüberwindung (→ stationärer, → ambulanter Handel), Kundenkreis (→ Belegschaftshandel, Handel für Jedermann), Integration in eine Agglomeration (→ Einkaufszentrum, Passagen), Organisationsform (→ Kooperations-, → Konzentrationsformen des Handels), Anzahl der Verkaufsstätten (Filialbetrieb, Einzelunternehmen) mit weiteren Differenzierungen nach Betriebsgröße (Umsatz, Verkaufsfläche, Mitarbeiter), Warengruppen, Bedarfen. – 3. *Zielsetzung:* Profilierung mit Merkmalskombinationen, die von den Konsumenten als Ausdruck einer eigenständigen Marketingkonzeption wahrgenommen werden. Der stete Wandel im Handel (→ Dynamik der Betriebsformen, → Ladenverschleiß) sowie vielfältige Überschneidungen der Einteilungskriterien erschweren eine eindeutige Zuordnung und führen zu einer pragmatischen, von Praxis und Wissenschaft weitgehend anerkannten Einteilung. – 4. *Bedeutung:* Einteilungen in der amtlichen Statistik (Handels- und Gaststättenzählung), bei der regionalen Einzelhandelsplanung, bei Betriebsvergleichen, in der Konkurrenzforschung sowie bei Marktanteilsberechnungen zur vereinfachten Marktabgrenzung in wettbewerbsrechtlichen Auseinandersetzungen.

Betriebsforschung – Teilbereich der → Auslandsabsatzforschung, speziell auf die Gewinnung von (inner)betrieblichen Informationsgrundlagen für Beurteilungs-, Planungs-, Entscheidungs- und Kontrollprozesse bez. einer Auslandsbestätigung ausgerichtet. Innerbetriebliche Sachverhalte z.B. Vertriebskosten, Abwicklungs-Know-how, Logistik-Grundlagen sind beim Auslandsgeschäft bes. von Bedeutung, zudem Exportsituationen aus innerbetrieblicher Sicht, Exportfähigkeit für den Fall, dass bisher noch nicht oder in bestimmte, neu vorgesehene Länder noch nicht exportiert worden ist, Möglichkeiten der Auslandsmontage oder -fertigung und Möglichkeiten der Lizenzvergabe.

betriebsfremder Aufwand → Aufwand für außerbetriebliche Zwecke, der mit der Erstellung der Betriebsleistungen nicht unmittelbar im Zusammenhang steht. Betriebsfremder Aufwand wird in der → Gewinn- und Verlustrechnung (GuV), wenn er die gewöhnliche Geschäftstätigkeit betrifft, als → sonstiger betrieblicher Aufwand, sonst als → außerordentliche Aufwendungen ausgewiesen. Aus der Kostenrechnung wird der betriebsfremde Aufwand durch → Abgrenzung (vgl. Kontengruppe 90, 91 des Industriekontenrahmens) ausgegliedert. – *Beispiele:* Spende für den Bau eines Altenwohnheims (außerordentliche Aufwendungen); Unterhaltsaufwendungen für eine den Mitarbeitern zur Verfügung stehende Freizeitanlage (sonstige betriebliche Aufwendungen).

betriebsfremder Ertrag → Ertrag, der nicht aus Betriebsleistungen stammt, sondern aus sonstiger Betätigung der Unternehmung. Betriebsfremder Ertrag ist in der Kostenrechnung ein Teil des → neutralen Ertrages, der nicht in die betriebliche Leistungsrechnung zu übernehmen ist (vgl. die Abgrenzung im Industriekontenrahmen über die Kontengruppen 90, 91). In der → Gewinn- und Verlustrechnung (GuV) werden betriebsfremde Erträge, wenn sie die gewöhnliche Geschäftstätigkeit betreffen, als → sonstiger betrieblicher Ertrag, sonst als außerordentlicher Ertrag ausgewiesen. – *Beispiele:* Erträge aus Verpachtung eines Fabrikgrundstücks, das nicht für die Produktion des eigenen Unternehmens verwendet wird (sonstige betriebliche Erträge); Veräußerungsgewinne aus dem Verkauf einer nicht dem eigentlichen Betriebszweck dienenden Beteiligung (außerordentliche Erträge).

Betriebsfrieden – Begriff des BetrVG. Arbeitgeber und Betriebsrat, die nach § 2 I BetrVG vertrauensvoll zum Wohl der Arbeitnehmer und des Betriebs zusammenarbeiten sollen, sind zur Wahrung des Betriebsfriedens verpflichtet. Beide Betriebspartner haben Betätigungen zu unterlassen, durch die der Arbeitsablauf oder der Frieden des Betriebs beeinträchtigt werden (§ 74 II 2 BetrVG); sie dürfen v.a. *keine Maßnahmen des* → Arbeitskampfes gegeneinander ergreifen (§ 74 II 1 BetrVG). Das Gebot, den Betriebsfrieden zu wahren, hat ein *ausdrückliches Verbot der parteipolitischen Betätigung* von Arbeitgeber und Betriebsrat im Betrieb zur Folge (§ 74 II 3 BetrVG). Der Betriebsrat ist bei Konflikten auf das im BetrVG vorgesehene *Einigungs- und Ausgleichsverfahren* angewiesen (Einigungsstelle).

Betriebsführung → Betriebsleitung, → Management.

Betriebsgebäude – alle Baulichkeiten, die ihrer Anlage nach für Betriebszwecke erbaut wurden, wie z.B. Fabrikhallen, Werkstätten, Lagerschuppen und Verwaltungsgebäude. – *Steuerliche Behandlung:* Betriebsgebäude gehören steuerlich bei Nutzung für den eigenen Betrieb zum → Betriebsvermögen. Eigenbetrieblich genutzte Gebäudeteile, deren Wert im Verhältnis zum ganzen Gebäude von untergeordneter Bedeutung ist, sind nicht → notwendiges Betriebsvermögen. Aufwendungen und → Absetzungen für Abnutzung (AfA) für Betriebsgebäude sind steuerlich → Betriebsausgaben. – Vgl. auch → Betriebsgrundstück, → Betriebsvorrichtungen.

Betriebsgefahr – im Straßenverkehr alle der Natur des Kraftfahrzeugs entspringenden Umstände, die bei dem Betrieb des betreffenden Fahrzeuges unter den gegebenen Umständen Gefahren für die beteiligten Personen oder Güter mit sich bringen: Die dem Verkehrsmittel latent innewohnende Gefährlichkeit. Für die aus der Betriebsgefahr entstehenden *Schäden* haftet der Halter auch ohne → Verschulden im Rahmen der sog. → Gefährdungshaftung (→ Kraftfahrzeughaftung).

Betriebsgeheimnis → Betriebs- und Geschäftsgeheimnis.

Betriebsgemeinkosten – Begriff der Vollkostenrechnung für die Zusammenfassung sämtlicher im Einkaufs- und Fertigungsbereich anfallenden Kostenträgergemeinkosten (→ Gemeinkosten). Da mit einer solchen Zusammenfassung die Abbildungsgenauigkeit der Kostenrechnung vermindert wird, findet man Betriebsgemeinkosten i.d.R. nur in kleinen Betrieben.

Betriebsgesellschaft → Betriebsaufspaltung.

Betriebsgewinn → Betriebsergebnis.

betriebsgewöhnliche Nutzungsdauer – 1. *Allgemein:* Zeitraum, in dem ein → Wirtschaftsgut voraussichtlich seiner Zweckbestimmung nach benutzt werden kann; bei gebraucht angeschafften Wirtschaftsgütern die voraussichtliche Restnutzungsdauer. Die betriebsgewöhnliche Nutzungsdauer ist unter Berücksichtigung der bes. Verhältnisse zu schätzen. Dabei ist die subjektive Ansicht der Bilanzierenden zu berücksichtigen, soweit sie nicht der allg. Erfahrung widerspricht. – 2. In der Kostenrechnung bestimmt die betriebsgewöhnliche Nutzungsdauer direkt den → Abschreibungszeitraum. – 3. *Anders:* → Technische Nutzungsdauer (Zeitraum bis zum körperlichen Verschleiß), → wirtschaftliche Nutzungsdauer (Zeitraum der rentablen Nutzung) und rechtliche Nutzungsdauer (Zeitraum, in dem das Wirtschaftsgut genutzt werden darf). – Vgl. auch → Absetzung für Abnutzung (AfA), → AfA-Tabellen.

Betriebsgliederung → Betriebsorganisation, → Organisation.

Betriebsgröße – Ausmaß der Kapazität bzw. Leistungsfähigkeit eines Betriebs. Mögliche Maßgrößen: Ausstoß, Anzahl der Beschäftigten, Anzahl der Maschinen, Lohn- und Gehaltssumme, Umsatz, Bilanzsumme etc. Wegen vieler Bestimmungsfaktoren (Standort, Produktionstiefe, Absatzvolumen, technischer Fortschritt, Bedarfsstruktur etc.) nur eine relative Größe. – *Optimale Betriebsgröße:* (1) kostenoptimale Betriebsgröße, (2) gewinnoptimale Betriebsgröße – Vgl. auch → Betriebsgrößenvariation.

Betriebsgrößenklasse – Untergliederung der statistisch erfassten Einheiten (→ Betrieb) nach der Zahl der Beschäftigten, bewirtschafteter Fläche, Höhe des Umsatzes, Bilanzsumme oder weiteren quantitativen Merkmalen.

Betriebsgrößenklassifikation – Einteilung der steuerlichen Betriebe für die → Außenprüfung. – 1. *Rechtsgrundlage:* BMF-Schreiben vom 22.6.2012 IV A 4 – S 1450/09/10001; DOK 2012/0493846 (BStBl. I 689) gemäß § 3 BpO 2000. – 2. *Änderungen der Abgrenzungsmerkmale:* Mit Wirkung vom 1.1.2013 wurden die Abgrenzungsmerkmale aktualisiert. Es sind z.B. für die Einstufung als Kleinbetrieb 170.000 Euro statt bisher 160.000 Euro Umsatz erforderlich bzw. 36.000 Euro statt bisher 34.000 Euro Gewinn. Zu beachten ist die Einstufung als sog. Einkommensmillionär. Wird von dieser Personengruppe eine Summe von positiven Überschusseinkünften von über 500.000 Euro erwirtschaftet, werden diese als Großbetriebe eingestuft. Liegt das Jahresgehalt darunter, entscheidet die Finanzverwaltung über den Anlass einer Prüfung nach eigenem Ermessen, wenn ein Aufklärungsbedürfnis besteht. Konkrete Anhaltspunkte sind hierzu nicht erforderlich. Ausreichend ist die Vermutung, die eingereichte Steuererklärung sei nicht vollständig. Gleiches gilt, wenn die Steuererklärung einen Verweis auf eine umfangreiche Belegsammlung enthält. – 3. *Bedeutung:* Die Zuordnung entscheidet v.a. über den zeitlichen Umfang der Außenprüfung. Großbetriebe werden zeitlich (fast) lückenlos, d.h. zu 80 bis 90 Prozent, geprüft, d.h. ein Prüfungszeitraum schließt an den vorangehenden an. Für die übrigen Betriebe soll der Prüfungszeitraum i.d.R. nicht über drei Besteuerungszeiträume zurückreichen (§§ 3, 4 BpO 2000).

Betriebsgrößenstruktur → Unternehmensgrößenstruktur.

Betriebsgrößenvariation – 1. *Begriff:* Langfristige Veränderung der → Betriebsgröße. – 2. *Formen:* a) *Multiple Betriebsgrößenvariation:* Bei konstantem Fertigungsverfahren wird die Anzahl der begrenzt teilbaren Produktionsfaktoren (→ Potenzialfaktoren) verändert. Änderung der → intervallfixen Kosten. Die entsprechenden Gesamtkosten verlaufen treppenförmig, wobei die proportionalen Kosten in jedem Beschäftigungsintervall den gleichen Anstieg aufweisen (vgl. Abbildung „Multiple Variation“).

Betriebsgrößenklassifikation –Abgrenzungsmerkmale für den 21. Prüfungsturnus (Merkmale für den Stichtag 1.1.2013)

	Bemessungsgrundlage (€)	Größenklassen		
Betriebsart 1)	Betriebsmerkmale	Großbetriebe (G)	Mittelbetriebe (M)	Kleinbetriebe (K)
Handelsbetriebe (H)	Umsatzerlöse oder steuerlicher Gewinn	über 7.300.000 über 280.000	über 900.000 über 56.000	über 170.000 über 36.000
Fertigungsbetriebe (F)	Umsatzerlöse oder steuerlicher Gewinn	über 4.300.000 über 250.000	über 510.000 über 56.000	über 170.000 über 36.000
Freie Berufe (FB)	Umsatzerlöse oder steuerlicher Gewinn	über 4.700.000 über 580.000	über 830.000 über 130.000	über 170.000 über 36.000
Andere Leistungsbetriebe (AL)	Umsatzerlöse oder steuerlicher Gewinn	über 5.600.000 über 330.000	über 760.000 über 63.000	über 170.000 über 36.000
Kreditinstitute (K)	Aktivvermögen oder steuerlicher Gewinn	über 140.000.000 über 560.000	über 35.000.000 über 190.000	über 11.000.000 über 46.000
Versicherungsunternehmen, Pensionskassen (V)	Jahresprämieneinnahmen	über 30.000.000	über 5.000.000	über 1.800.000
Unterstützungskassen (U)		---	---	alle
Land- und forstwirtschaftliche Betriebe (LuF)	Wirtschaftswert der selbstbewirtschafteten Fläche oder steuerlicher Gewinn	über 230.000 über 125.000	über 105.000 über 65.000	über 47.000 über 36.000
sonstige Fallart (soweit nicht unter den Betriebsarten erfasst)	Erfassungsmerkmale	Erfassung als Großbetrieb		
Verlustzuweisungsgesellschaften (VZG) und Bauherrengemeinschaften (BHG)	Personenzusammenschlüsse und Gesamtobjekte i.S.d. Nrn. 1.2 und 1.3 des BMF-Schreibens vom 13.7.1992 IV A 5 - S 0361 - 19/92 (BStBl. I 404)	alle		
Bedeutende steuerbegünstigte Körperschaften und Berufsverbände (BKÖ)	Summe der Einnahmen	über 6.000.000		
Fälle mit bedeutenden Einkünften (bE)	Summe der positiven Einkünfte gem. § 2 I Nrn. 4-7 EStG (keine Saldierung mit negativen Einkünften)	über 500.000		

1) Mittel-, Klein- und Kleinstbetriebe, die zugleich die Voraussetzungen für die Behandlung als sonstige Fallart erfüllen, sind nur dort zu erfassen.

Betriebsgrößenvariation – Multiple Variation

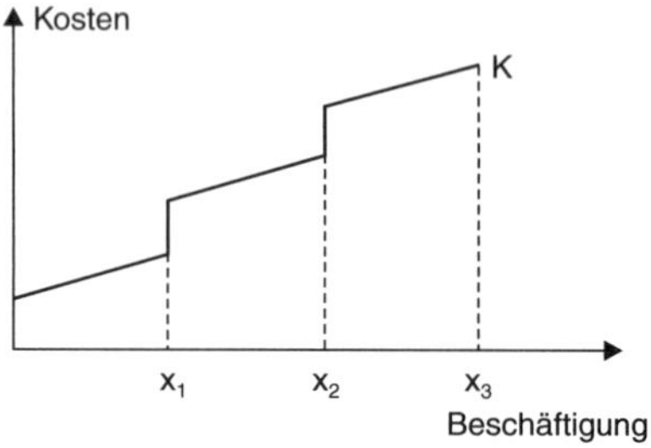

b) *Mutative Betriebsgrößenvariation:* Mit wachsender Betriebsgröße geht der Betrieb sukzessiv zu immer kapitalintensiveren Verfahren über. Dies führt zu einer Abfolge von Gesamtkostenfunktionen, deren Fixkostenbeträge immer größer werden und bei denen sich der Anstieg der proportionalen Kosten immer mehr verringert (vgl. Abbildung „Mutative Variation").

Betriebsgrößenvariation – Mutative Variation

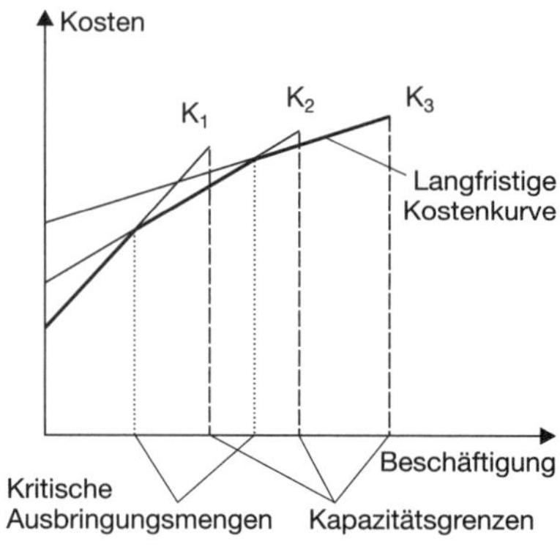

Betriebsgrundstück – I. Bilanzsteuerrecht: Grundsätzlich stellt ein Betriebsgrundstück zwei Wirtschaftsgüter dar: → Grund und Boden und Gebäude (→ Gebäudewert). Bebauter Grund und Boden teilt grundsätzlich das Schicksal des Gebäudes als → Betriebsvermögen oder → Privatvermögen: Grundstücke oder Grundstücksteile, die ausschließlich und unmittelbar für eigenbetriebliche Zwecke verwendet werden, gehören zum → notwendigen Betriebsvermögen. Sind noch andere Personen Miteigentümer, so sind Grundstücke und Grundstücksteile nur insoweit notwendiges Betriebsvermögen, als sie dem Betriebsinhaber gehören. Eigenbetrieblich genutzte Grundstücksteile brauchen nicht als → Betriebsvermögen behandelt zu werden, wenn ihr Wert im Verhältnis zum Wert des ganzen Grundstücks von untergeordneter Bedeutung ist (weder mehr als 1/5 des Wertes noch mehr als 20.500 Euro) (R 4.2 VIII EStR). Bei Gewinnermittlung durch → Betriebsvermögensvergleich können Grundstücke und Grundstücksteile, die nicht eigenbetrieblich genutzt werden und nicht eigenen Wohnzwecken dienen, als → gewillkürtes Betriebsvermögen behandelt werden, wenn sie in einem objektiven Zusammenhang mit dem Betrieb stehen und ihn zu fördern bestimmt und geeignet sind.

II. Bewertungsgesetz: 1. *Begriff:* der zu einem gewerblichen Betrieb gehörende → Grundbesitz, soweit er, losgelöst von seiner Zugehörigkeit zu dem gewerblichen Betrieb, (1) zum Grundvermögen gehört oder (2) einen Betrieb der Land- und Forstwirtschaft bilden würde (§ 99 BewG), (nicht zu verwechseln mit → Geschäftsgrundstücken). Betriebsgrundstücke sind bei der Bewertung des → Betriebsvermögens zu erfassen (→ Einheitswert). – 2. *Zuordnung zum Betriebsvermögen:* Die Zuordnung von Grundstücken zum Betriebsvermögen folgt nach Einführung der → verlängerten Maßgeblichkeit der ertragsteuerlichen Behandlung (§ 95 I BewG). – 3. *Bewertung:* Betriebsgrundstücke werden unter Beachtung gewisser Sonderermittlungsvorschriften und grundsätzlich unter Beachtung der tatsächlichen Verhältnisse zum Besteuerungszeitpunkt bewertet. Bis zum 31.12.2006 bestand ein sog. Einheitswert, der auf den Wertverhältnissen von 1964 beruht. Die Anwendung der Einheitswerte ist wegen der Ungleichbehandlung gegenüber anderen Vermögensarten als verfassungswidrig eingestuft worden. Für die Grundsteuer können die Einheitswerte jedoch weiterhin angewendet werden. Im Einheitswert des Betriebsvermögens sind Betriebsgrundstücke aber mit 140 Prozent ihres festgestellten Einheitswertes anzusetzen (§121a BewG).

Betriebsgruppe → Gruppenarbeitsverhältnisse.

Betriebshaftpflichtversicherung – 1. *Begriff:* Versicherungsdeckung von gesetzlichen → Haftpflichtansprüchen Dritter, verursacht durch die betriebliche Tätigkeit eines Unternehmens. – 2. *Merkmale:* Versicherungsnehmer sind Gewerbetreibende, Industrieunternehmen, Freiberufler und → Handwerker. Die Betriebshaftpflichtversicherung umfasst die Freistellung des Unternehmens von berechtigten Ansprüchen Dritter sowie die Prüfung der Anspruchsgrundlage bzw. die Abwehr unbegründeter Ansprüche. Versichert sind neben dem Unternehmen und dessen gesetzlichen Vertretern alle Betriebsangehörungen in Ausübung ihrer dienstlichen Tätigkeit. – 3. *Abgrenzung:* Ansprüche, die nicht im betrieblichen Umfeld, sondern im privaten Bereich entstanden sind, sind nicht durch die Betriebshaftpflichtversicherung, aber ggf. durch eine → Privathaftpflichtversicherung abgedeckt.

Betriebshandbuch – Hilfsmittel der innerbetrieblichen Information, von Großfirmen als Wegweiser für neue Mitarbeiter herausgegebene Einführungsschrift. Das Betriebshandbuch ist kein Ersatz für eine → Arbeitsordnung. – *Mögliche Inhalte:* allg. Hinweise auf Altersversorgung, Arbeitszeit, Aufstiegsmöglichkeiten, Ausbildungsfragen, Ausflüge; Beanstandungen und Beschwerden, Beförderungen, Betriebsausschüsse, Betriebsbesichtigungen, Betriebskrankenkasse, Betriebsordnung, Betriebsrat, Bezug von Werkserzeugnissen; Einstellungsuntersuchung, Erfindungen, erste Hilfe, Erzeugnisübersicht; Fahrgeldzuschuss, Feiertagsbezahlung, Feuerschutz; Geheimhaltung, Geschäftsleitung, Gesundheitsdienst, Gewerkschaft und Betrieb; Haftpflicht; Lageplan des Werkes, Leistungsprämien, Lohnabrechnung (Regelung des Systems und Berechnung der Abzüge); Notruf; Organisationsplan; Pausen, Pensionskasse; Rationalisierung, Rauchen; Sanitätsdienst, Sicherheitsvorschriften, Sonderzahlungen, soziale Einrichtungen und Maßnahmen, Sterbegeld; Torkontrolle; Überstundenregelung, Unfallschutz, Unfallverhütung, Unterstützungskasse, Urlaub; Verbesserungsvorschlagswesen; Werkarzt. Daneben sollte das Betriebshandbuch auch über die → Unternehmenskultur, → Unternehmungsgeschichte, → Unternehmensleitbilder u.Ä. informieren.

Betriebshandel – Verkauf von eigens zu diesem Zweck erworbenen Waren an Betriebsangehörige; Form des → Belegschaftshandels.

Betriebshandelsspanne – 1. *Begriff:* Von einem Handelsbetrieb innerhalb einer Rechnungsperiode im Durchschnitt aller Verkaufsakte erzielte → Handelsspanne. Betriebshandelsspanne ist damit eine → Durchschnittsspanne, meist als → Prozentspanne ausgedrückt. – 2. *Berechnung:* Warenumsatz einer Rechnungsperiode abzüglich Wareneinsatz, bewertet mit den Einstandspreisen. Der sich ergebende Rohgewinn (→ Warenrohgewinn) wird auf den Warenverkauf der Periode bezogen. – Vgl. Abbildung „Betriebshandelsspanne (Beispiel)".

Betriebshandelsspanne (Beispiel)

Warenverkauf 2009		200.000 Euro
Warenbestand 1.1.2009	40.000 Euro	
+ Wareneingänge 2009	130.000 Euro	
	170.000 Euro	
– Warenbestand 31.12.2009	35.000 Euro	
Wareneinsatz	135.000 Euro	135.000 Euro
Warenverkauf – Wareneinsatz		
= Rohgewinn		65.000 Euro

Betriebshandelsspanne

$$= \frac{\text{Rohgewinn}}{\text{Warenverkauf}} \cdot 100\% = 32{,}5\%$$

Betriebshilfe – Leistung der landwirtschaftlichen Krankenversicherung an landwirtschaftliche Unternehmer ohne fremde Arbeitskräfte während der Krankenhausbehandlung oder einer medizinischen Kurmaßnahme für längstens drei Monate. Betriebshilfe besteht in der Gestellung einer Ersatzkraft (Betriebshelfer) oder Erstattung der Kosten für eine selbst beschaffte Ersatzkraft (§ 9 des Zweiten Gesetzes über die → Krankenversicherung der Landwirte [KVLG 1989] vom 20.12.1988 [BGBl. I 2477, 2357] m.spät.Änd.).

Betriebsinhaberwechsel → Betriebsnachfolge.

betriebsinterner Teilarbeitsmarkt → Arbeitsmarkttheorien.

Betriebsjustiz → Betriebsbuße.

Betriebskapazität → Kapazität.

Betriebskapital – im kaufmännischen Sprachgebrauch anstelle des Begriffs → Umlaufvermögen verwendete Bezeichnung für diejenigen Vermögensteile, die einem laufenden Umsatz unterliegen, z.B. Roh-, Hilfs- und Betriebsstoffe, Halb- und Fertigerzeugnisse, von der Firma geleistete Anzahlungen oder Forderungen an Kunden, v.a. liquide Mittel ersten Ranges, wie Bankguthaben, Schecks.

Betriebskindergarten – Stellt ein Arbeitgeber seinen Arbeitnehmern unentgeltlich einen Betriebskindergarten zur Verfügung, so liegt darin ein geldwerter Vorteil für den Arbeitnehmer, der zum Arbeitslohn hinzugezählt werden müsste. Jedoch ist die Unterbringung, Verpflegung und Betreuung von nicht schulpflichtigen Kindern in Betriebskindergärten oder ähnlichen Einrichtungen durch gesetzliche Sonderregelung steuerfrei (§ 3 Nr. 33 EStG).

Betriebsklima – Sammelbegriff für das subjektive Erleben eines Betriebes durch seine Mitarbeiter mit Vorgängen der zwischenmenschlichen Interaktion und Kommunikation als Schwerpunkt. Betriebsklima äußert sich auch in der individuellen → Arbeitszufriedenheit und im Leistungsverhalten. Enge, wissenschaftlich wenig geklärte Beziehung zur → Organisationskultur. Maßnahmen zur Verbesserung des Betriebsklimas: Raum für eigenverantwortliches Handeln, flache Hierarchien, kooperativer Führungsstil.

Betriebskonto – bei getrennter Finanz- und Betriebsbuchhaltung Verbindungskonto (Gegenkonto) zur Betriebsbuchhaltung in der Finanzbuchhaltung. Das Betriebskonto wird mit den in die Fertigung eingehenden Kosten belastet und mit dem Kostenwert der fertigen Erzeugnisse erkannt. Korrespondierendes Konto in der Betriebsbuchhaltung: → Geschäftskonto.

Betriebskosten – *Mietrecht:* Für den frei finanzierten wie für den öffentlich geförderten Wohnungsbau gilt die Betriebskostenverordnung (BetrKV) vom 25.11.2003 (BGBl. I 2346, 2347). Sie bestimmt abschließend, welche Kosten der Vermieter auf den Mieter umlegen kann; bei frei finanzierten Wohnungen allerdings nur, sofern die Übernahme auf den Mieter vereinbart ist. Betriebskosten im Sinn der Verordnung sind die laufenden öffentlichen Kosten des Grundstücks, die Kosten der Wasserversorgung, der Entwässerung, die Heizkosten, die Warmwasserkosten, die Wartungskosten für Heiz- und Warmwasseranlagen, die Kosten der Müllabfuhr, des Betriebs der Aufzüge, Gebäudereinigung, Gartenpflege Beleuchtung, Schornsteinfeger, Sach- und Haftpflicht, Hauswart, Gemeinschaftsantenne, Verteilanlage für Breitbandkabelnetz, Einrichtungen der Wäschepflege. Nicht dazu gehören die Verwaltungskosten und die Instandhaltungs- und Instandsetzungskosten (vgl. § 1 II BetrKV). – Vgl. auch → Bereitschaftskosten.

Betriebskrankenkasse – 1. *Charakterisierung:* neben Allgemeiner Ortskrankenkasse, Innungskrankenkasse und Ersatzkassen im Rahmen der Sozialversicherung vorgesehene Versicherungsträger, ursprünglich allein auf betrieblicher Basis, deren Leistungen aus Beiträgen von Arbeitnehmern und Arbeitgebern sowie aus Zuwendungen der Unternehmung fließen. Ein Arbeitgeber kann für jeden Betrieb, in dem er regelmäßig 1.000 Versicherungspflichtige beschäftigt, eine Betriebskrankenkasse errichten. Die Betriebskrankenkasse ist für alle im Betrieb beschäftigten Versicherungspflichtigen offen; die im Betrieb beschäftigten Versicherungsberechtigten können ihr ebenfalls beitreten. Mit der Einführung des generellen Rechts der Versicherten, jeder Art von Krankenkasse beizutreten, haben die meisten Betriebskrankenkasse satzungsrechtlich die Mitgliedschaft auch anderen Versicherten eröffnet. – 2. *Rechtsstellung:* Betriebskrankenkasse sind selbstständige Körperschaften des öffentlichen Rechts. – 3. Die *Errichtung* bedarf der behördlichen Genehmigung. Weitere Voraussetzung ist, dass sich die Mehrheit der im Betrieb Beschäftigten in einer geheimen Abstimmung dafür ausgesprochen hat. – 4. Betriebskrankenkasse müssen ein selbstständiges *Rechnungswesen* aufweisen, das der Nachprüfung durch die zuständige Versicherungsaufsichtsbehörde unterliegt. – 5. *Durchführung:* Die Beiträge sind an die Betriebskrankenkasse in der gleichen Weise abzuführen wie an eine fremde Kasse. Die Einrichtung eines bes. Kontos innerhalb der Geschäftsbuchhaltung der Unternehmung, das mit den einbehaltenen Beträgen und den Arbeitgeberanteilen belastet und mit den erbrachten Leistungen der Krankenkasse erkannt würde, ist unzulässig, da eine solche Handhabung den gesetzlichen Vorschriften über das Versicherungswesen nicht entspricht. – Die Vermögensverhältnisse der Betriebskrankenkasse werden beim Jahresabschluss außerhalb der Bilanz gesondert ausgewiesen.

Betriebskredit → Betriebsmittelkredit.

Betriebsleistung → Kapazität, → Betriebsleistungsrechnung.

Betriebsleistungsrechnung – Sie ist die erste Stufe der → kurzfristigen Erfolgsrechnung, in der die nach Kostenträgergruppen (→ Kostenträger) differenzierten Ist-Grenz-Herstellkosten der Istproduktion (Betriebsleistung) als Summe aus den Soll-Grenz-Herstellkosten der Istproduktion und den Herstellkostenabweichungen ermittelt werden.

Betriebsleitung – ist die oberste Führung (→ Führungskräfte) eines Betriebes jedweder Art. – Vgl. auch → dispositive Faktoren.

Betriebsminimum – Minimum der durchschnittlichen → variable Kosten (→ Durchschnittskosten). Sinkt der Marktpreis für die Erzeugniseinheit unter das Betriebsminimum, sollte die Produktion eingestellt werden, da nicht einmal die variablen Kosten vom Preis gedeckt werden. Das Betriebsminimum gibt daher die kurzfristige bzw. absolute → Preisuntergrenze eines Betriebes an. Es entstehen Verluste in Höhe der → fixen Kosten. Auch *Produktionsschwelle* genannt, weil kurzfristig auf die Deckung der Fixkosten verzichtet werden kann, wenn Aussicht auf einen wieder steigenden Marktpreis besteht. – Vgl. auch → Kostenverlauf, → Betriebsoptimum.

Betriebsmittel – I. Betriebswirtschaftslehre: Materielle Güter, die neben anderen → Elementarfaktoren (menschliche Arbeitsleistung und Werkstoffe) zur Produktion erforderlich sind und im Zeitablauf ihr Leistungspotenzial an die Produkte abgeben, z.B. Gebäude, Maschinen, Werkzeuge, Einrichtungen (Potenzialfunktionen). Entspricht dem volkswirtschaftlichen Begriff der → Produktionsmittel. – Leistungsfähigkeit der Betriebsmittel ist abhängig: (1) von Modernität, Abnutzungsgrad und Betriebsfähigkeit, (2) vom Grad ihrer Eignung für die spezielle Produktion.

II. Steuerrecht: Unterschieden werden bei der Einheitsbewertung land- und forstwirtschaftlicher Betriebe nach § 33 BewG: (1) Stehende Betriebsmittel: Anlagegegenstände; (2) umlaufende Betriebsmittel: Verbrauchsgüter. Sämtliche Betriebsmittel sind im Normalfall mit der Ermittlung des Ertragswerts nach dem vergleichenden Verfahren (→ land- und forstwirtschaftliches Vermögen, → Wirtschaftswert) abgegolten.

Betriebsmittelkredit – *Betriebskredit; Handelskredit; Überbrückungskredit;* kurzfristiger Kredit an Unternehmen zur Finanzierung des Umlaufvermögens. Mit diesem Kredit wird der Zeitraum zwischen den Waren- und Rohstoffeinkäufen und der Absatz der Produkte überbrückt, die Rückzahlung erfolgt aus den Umsatzerlösen. Im laufenden Produktionsprozess wird dieser Kredit häufig immer wieder neu benötigt und deshalb durch Prolongationen auch länger zur Verfügung gestellt. Betriebsmittelkredite werden von Banken überwiegend als → Kontokorrentkredit auf dem laufenden Konto oder als kurzfristige → Darlehen (Betriebsmitteldarlehen) vergeben. Gewähren Handelspartner dem Unternehmen Kredite (Lieferantenkredit, Kundenanzahlung), so spricht man von Handelskrediten. – *Gegensatz:* Investitionskredit (→ Anlagekredit) zur Finanzierung des Anlagevermögens.

Betriebsmodell – 1. *Begriff:* Spezielles Input-/ Output-Modell, das innerbetriebliche Abhängigkeiten formal in Strukturmatrizen abbildet, wodurch mithilfe des Matrizenkalküls die Möglichkeit alternativer Kalkulations- und Ermittlungs- sowie periodischer Kontrollrechnungen eröffnet wird (gleichzeitige Verwendung als Richtkosten- und Mengenplanungsmodell). – 2. *Merkmale:* Die erfassten Abhängigkeiten zwischen Erzeugung, Werkstoffeinsatz, Verarbeitungszeiten und Verarbeitungskosten werden in linearen → Verbrauchsfunktionen dargestellt, deren Koeffizienten (Richteinsatz bzw. Verbrauchsstandards) die Strukturmatrix bilden. Durch die formale Matrizendarstellung können die Betriebsmodelle den Verfahren des Operations Research (→ lineare Optimierung) zugänglich gemacht werden.

Betriebsnachfolge – *Betriebsinhaberwechsel, Betriebsübergang.* 1. *Begriff:* Übergang eines → Betriebes oder eines Betriebsteils auf einen neuen Rechtsträger im Wege der → Gesamtrechtsnachfolge (z.B. durch Erbschaft oder Verschmelzung) oder der Einzelrechtsnachfolge (z.B. Kauf des Betriebes). – 2. *Auswirkungen:* Die Betriebsnachfolge ist v.a. für die Arbeitsverhältnisse bedeutsam. – a) Bei der *Gesamtrechtsnachfolge* tritt der neue Betriebsinhaber ein in die Rechtsstellung des bisherigen Rechtsträgers und damit automatisch in die Rechte und Pflichten aus dem Arbeitsverhältnis. – b) Die Betriebsnachfolge durch *Einzelrechtsnachfolge* (Übernahme eines Betriebs) führt nach § 613a BGB zum Eintritt des neuen Inhabers in die Rechte und Pflichten der bestehenden Arbeitsverhältnisse. Betriebsnachfolge wird sehr weit ausgelegt. Letzten Endes genügt nach der Rechtsprechung jede Fortführung eines Betriebes oder Betriebsteils, die nicht auf Gesamtrechtsnachfolge beruht. Auch der Begriff des Betriebes wird bereits dann bejaht, wenn ein neuer Inhaber die gleichen Aufgaben oder Funktionen erfüllt und noch sonstige Umstände für eine identische wirtschaftliche Einheit sprechen. Bisher anwendbare → Tarifverträge und → Betriebsvereinbarungen gelten i.d.R. für mind. ein Jahr als Bestandteil des Arbeitsverhältnisses fort, wenn für den neuen Inhaber kein anderer Tarifvertrag oder keine andere Betriebsvereinbarung Anwendung findet. – c) Für die *vor dem Übergang entstandenen Verpflichtungen* haftet der bisherige Arbeitgeber neben dem neuen Betriebsinhaber in bestimmtem Umfang weiter (§ 613a II, III BGB). – d) Die → Kündigung des Arbeitsverhältnisses wegen des Übergangs des Betriebs oder des Betriebsteils ist weder durch den bisherigen noch durch den neuen Arbeitgeber möglich (§ 613a IV BGB). § 613a BGB gilt grundsätzlich bei Betriebsübergang im Insolvenzverfahren, im Interesse der Gleichbehandlung der Gläubiger aber nicht bez. der Haftungsübernahme für bereits entstandene Ansprüche (in den Einzelheiten umstritten). – e) Der Arbeitgeber oder der neue Inhaber haben die betroffenen Arbeitnehmer in Textform zu *unterrichten* über Zeitpunkt, Grund, Folgen und geplante Maßnahmen. – f) Der Arbeitnehmer kann dem Übergang schriftlich *widersprechen* innerhalb eines Monats nach Zugang der Unterrichtung. Das Arbeitsverhältnis geht nicht über, wenn der Arbeitnehmer dem Übergang widerspricht. In diesem Fall kann eine → Kündigung aus betrieblichen Gründen erfolgen, wenn die Beschäftigungsmöglichkeit beim alten Arbeitgeber entfallen ist. – 3. *Haftung allgemein:* → Firmenfortführung, → Veräußerung, → Vermögensübernahme.

Betriebsnormen – Regelungen in einem → Tarifvertrag, die dem Arbeitgeber Pflichten zugunsten der gesamten Belegschaft oder einer Gruppe eines Betriebs auferlegen, z.B. Einrichtung von Umkleideräumen (§ 1 TVG). Rechtsnormen des Tarifvertrags über betriebliche Fragen gelten für alle Betriebe, deren Arbeitgeber tarifgebunden (→ Tarifgebundenheit) ist (§ 3 II TVG).

betriebsnotwendiges Kapital – *betriebsbedingtes Kapital;* Es bezeichnet das im Unternehmen eingesetzte Kapital (Fremd- und Eigenkapital), soweit es zur Erfüllung des Betriebszweckes notwendig ist (→ Betriebsnotwendigkeit). – *Ermittlung:* Das betriebsnotwendige Kapital wird ermittelt, indem vom → betriebsnotwendigen Vermögen das → Abzugskapital abgesetzt wird: a) zinsfrei zur Verfügung gestellte Kapitalbeträge (Verbindlichkeiten aus Warenlieferung und Leistungen sowie aus Anzahlungen), b) betriebsfremd eingesetztes Kapital (entsprechend den kapitalisierten Zinseinnahmen). Die Ermittlung ist Voraussetzung für die Errechnung → kalkulatorischer Zinsen.

betriebsnotwendiges Vermögen – Hilfsgröße zur Berechnung des betriebsnotwendigen Kapitals (→ Betriebsnotwendigkeit, → betriebsnotwendiges Kapital). Das betriebsnotwendige Vermögen besteht aus der Summe von Vermögensanteilen des → Anlage- und des → Umlaufvermögens, die der Leistungserstellung dienen. Diejenigen Vermögensteile, die nicht ausschließlich dem Betriebszweck dienen, werden eliminiert, z.B. landwirtschaftlich genutzte Grundstücke (bei nicht landwirtschaftlichem Betriebszweck), Wohngebäude oder langfristig stillgelegte Anlagen, Wertpapiere des Umlaufvermögens, langfristige Bankguthaben, überhöhte Liquiditätsreserven. Die Teile des Anlagevermögens werden bewertet mit den kalkulatorischen Restwerten (→ Abschreibung); das Umlaufvermögen mit dem kalkulatorischen Mittelwert (→ Buchwert). – *Anders:* → Betriebsvermögen (steuerrechtlicher Begriff).

Betriebsnotwendigkeit – 1. *I.w.S.* (entsprechend den *allg. Kostenrechnungsgrundsätzen* und den darauf beruhenden Vorschriften für die Preisermittlung): Nachweis für die nach den allg. Verhältnissen in vergleichbaren Betrieben vorhandenen bzw. erforderlichen Vermögens- und Kapitalwerte (→ betriebsnotwendiges Kapital, → betriebsnotwendiges Vermögen). – 2. *I.e.S.* (entsprechend den *Grundsätzen für das Rechnungswesen):* → Betriebsnotwendiges Kapital, maßgeblich für die Berechnung → kalkulatorischer Zinsen. Sie werden in der traditionellen Kostenrechnung unabhängig vom Anteil des zinspflichtigen → Fremdkapitals am Unternehmungskapital, also von den effektiv gezahlten Zinsen, angesetzt, setzen sich damit aus → Anderskosten und → Zusatzkosten zusammen. Die Höhe des Zinssatzes wird zunehmend aus Kapitalmarktüberlegungen abgeleitet (CAP-Modell).

Betriebsnummer – Hilfsmittel zur Kennzeichnung eines Betriebes. Betriebsnummern werden in der → amtlichen Statistik als technische Arbeitshilfe zum Aufbau von Berichtskreisen oder spezifischen Grundgesamtheiten für bestimmte abgegrenzte Wirtschaftsbereiche verwendet; sie ermöglichen ferner die betriebsweise Zusammenführung von Angaben aus verschiedenen Erhebungen und ersparen damit Doppelbefragungen.

Betriebsoptima – mikroökonomisch von der Kostenseite und von der Erlösseite bestimmte Grenzen; 1. → Betriebsminimum (kurzfristige Preisuntergrenze): bei einem ertragsgesetzlichen Kostenverlauf der Schnittpunkt von Grenzkosten und variablen Stückkosten; 2. → Betriebsoptimum (langfristige Preisuntergrenze): Intersektion von Grenzkostenkurve mit der Kurve der gesamten Stückkosten.

Betriebsoptimum – Minimum der durchschnittlichen Kosten (→ Durchschnittskosten). Im Betriebsoptimum erreicht das Verhältnis zwischen Gesamtkosten und Ausbringung den günstigsten Wert. Der Marktpreis im Betriebsoptimum deckt gerade die Gesamtkosten, daher langfristige → Preisuntergrenze. Auch *Gewinnschwelle* genannt. – Vgl. auch → Kostenverlauf, → Betriebsminimum, → Ertragsgesetz.

Betriebsordnung → Arbeitsordnung, → Ordnung des Betriebs.

Betriebsorganisation – *Betriebsgliederung;* Gestaltung des inneren Betriebsgeschehens nach bestimmten Ordnungsprinzipien. – Vgl. auch → Organisation.

Betriebspachtvertrag – Begriff des Konzernrechts: → Unternehmensvertrag, durch den eine Aktiengesellschaft den Betrieb ihres Unternehmens einem anderen verpachtet (§ 292 I Nr. 3 AktG).

Betriebspädagogik – Spezialbereich der → Berufs- und Wirtschaftspädagogik. Gegenstand der Betriebspädagogik ist die Analyse, Beschreibung, Erklärung, Kritik und Gestaltung geplanter und ungeplanter betrieblicher Lernvorgänge. Als praktisch-pädagogischer Tätigkeitsbereich umfasst die Betriebspädagogik die betriebliche Bildungsarbeit in Betrieben der Wirtschaft und der öffentlichen Verwaltung (Erstausbildung, Weiterbildung, Training, Management-Schulung). Nach ihrer Abwendung von traditionell kulturpädagogischen Ansätzen ist die wissenschaftliche Betriebspädagogik zunehmend von Forschungsvorhaben zur Humanisierung der Arbeitswelt (→ Humanisierung der Arbeit) beeinflusst worden. Die Frage nach dem Zusammenhang der Anforderungsstruktur des Arbeitshandelns mit Prozessen der Kompetenz- und Persönlichkeitsentwicklung hat an Bedeutung gewonnen. Es liegen enge Verknüpfungen mit der → Arbeits- und Organisationspsychologie, → Arbeitswissenschaft und → Arbeitspädagogik vor.

Betriebspersonengesellschaft → Produktionspersonengesellschaft.

Betriebspflicht – gemeinwirtschaftliche Auflage im Verkehrssektor (→ Gemeinwirtschaftlichkeit). Soweit die Verkehrsunternehmen der Betriebspflicht unterliegen (v.a. im Linienverkehr), sind sie gehalten, ihre Anlagen quantitativ und qualitativ ausreichend zu bemessen und nicht ohne Zustimmung der Genehmigungsbehörde abzubauen. – Betriebspflicht gilt für die → Deutsche Bahn AG (DB), für Teile des öffentlichen Straßenpersonenverkehrs sowie des Fluglinienverkehrs.

Betriebsplanung → Unternehmensplanung.

Betriebsprämie → Prämie.

Betriebspreis → Betriebswert.

Betriebsprüfung → Außenprüfung.

Betriebspsychologie → Arbeits- und Organisationspsychologie.

Betriebsrat – I. Begriff: gesetzlich berufenes Vertretungsorgan der → Belegschaft eines Betriebs innerhalb der → Betriebsverfassung. Als Organ der Betriebsverfassung wird der Betriebsrat im eigenen Namen kraft Amtes tätig. Im Rahmen der eigentlichen → Betriebsverfassung ist der Betriebsrat der hauptsächliche Träger der Mitbestimmungs- und Mitwirkungsrechte der Arbeitnehmer. Der Betriebsrat ist die gemeinsame Vertretung der → Arbeiter und → Angestellten. – Im *öffentlichen Dienst:* → Personalrat. – Auf *Konzernebene:* → Gesamtbetriebsrat, → Konzernbetriebsrat. – Im Fall *EU-weit operierender Unternehmen bzw. Unternehmensgruppen:* → europäischer Betriebsrat.

II. Gesetzliche Grundlage: Betriebsverfassungsgesetz i.d.F. vom 25.9.2001 (BGBl. I 2518) m.spät.Änd. – Für die *Wahl des Betriebsrats und der → Jugend- und Auszubildendenvertretung* gilt ergänzend die Wahlordnung vom 11.9.2001 (BGBl. I 3494); für die Wahl der Bordvertretung und des Seebetriebsrats, die auf Schiffen und im Seebetrieb die Beteiligungsrechte eines Betriebsrats ausüben, ist die Wahlordnung

Seeschifffahrt (WOS 2002) vom 7.2.2002 (BGBl. I 594) maßgebend.

III. Voraussetzung/Zusammensetzung: In allen Betrieben mit i.d.R. mind. fünf ständigen wahlberechtigten Arbeitnehmern, von denen drei wählbar sind, werden Betriebsräte gewählt (§ 1); auch die Seeschifffahrt ist in die Betriebsverfassung einbezogen (§§ 114–116). Die Belegschaft ist allerdings nicht verpflichtet, einen Betriebsrat zu wählen. Auf der anderen Seite kann auch dann ein Betriebsrat gewählt werden, wenn die Mehrheit der Belegschaft dagegen ist. – *Wahlberechtigt* zum Betriebsrat sind alle Arbeitnehmer, die das 18. Lebensjahr vollendet haben (§ 7); grundsätzlich sind alle Wahlberechtigten wählbar, sofern sie sechs Monate dem Betrieb angehören (§ 8). – Die *Anzahl der Mitglieder im Betriebsrat* ist von der Größe der Belegschaft abhängig (§ 9).

IV. Wahl: Der Betriebsrat wird in *geheimer und unmittelbarer Wahl* von den Arbeitnehmern des Betriebes aufgrund von Wahlvorschlägen gewählt (§ 14). – In Kleinbetrieben (5-50 wahlberechtigte Arbeitnehmer) gilt ein vereinfachtes Wahlverfahren nach § 14a BetrVG. – Die regelmäßigen Betriebsratswahlen finden *alle vier Jahre* in der Zeit vom 1. März bis 31. Mai statt. Die Amtszeit des Betriebsrats beträgt i.d.R. vier Jahre (§ 21). – *Vorbereitung und Durchführung* der Wahl obliegt dem → Betriebswahlvorstand. – *Anfechtung* der Wahl (§ 19 BetrVG): Bei Missachtung wesentlicher Vorschriften, die das Wahlergebnis beeinflusst haben kann, binnen zwei Wochen beim Arbeitsgericht. Unter bestimmten Voraussetzungen kann im Vorfeld auch eine einstweilige Verfügung gegen die fehlerhafte Durchführung der Wahl erwirkt werden. – Die Wahl des Betriebsrats (v.a. auch die Bildung des Wahlvorstands) ist bes. geschützt (vgl. §§ 20, 103, 119 I Nr. 1 BetrVG; § 15 III–V KSchG).

V. Geschäftsführung: (§§ 26 ff. BetrVG): 1. Besteht der Betriebsrat aus mehr als einer Person, so wählt er aus seiner Mitte den *Vorsitzenden* und dessen *Stellvertreter.* Der Vorsitzende oder im Fall seiner Verhinderung der Stellvertreter vertritt den Betriebsrat im Rahmen der von ihm gefassten Beschlüsse und ist zur Entgegennahme von Erklärungen, die gegenüber dem Betriebsrat abzugeben sind, berechtigt (§ 26). – Größere Betriebsräte (ab neun Mitglieder) müssen einen → Betriebsausschuss bilden, der die laufenden Geschäfte des Betriebsrats führt (§ 27). Besteht ein Betriebsausschuss, so kann der Betriebsrat auch weitere Ausschüsse bilden und ihnen bestimmte Aufgaben übertragen (§ 28). – 2. Die Mitglieder des Betriebsrats führen ihr Amt unentgeltlich als *Ehrenamt* (§ 37 I). Aus seiner Wahrnehmung dürfen den Betriebsratsmitgliedern keine Vor- und Nachteile entstehen. – Der Arbeitgeber ist verpflichtet, die Betriebsratsmitglieder in dem für die ordnungsgemäße Durchführung ihrer Aufgaben erforderlichen Umfang von der Arbeit *freizustellen* (§§ 37 II, 38). Er hat die für die Arbeit des Betriebsrats notwendigen Aufwendungen zu ersetzen; er hat die dafür erforderlichen sachlichen und räumlichen Mittel zur Verfügung zu stellen (§ 40). – Die Betriebsratsmitglieder sollen gegenüber dem Arbeitgeber möglichst unabhängig sein; deshalb sind sie *bes. geschützt* (u.a. §§ 37 IV und V, 38 III und IV, 78, 78a, 119 I Nr. 2 und 3) und genießen einen bes. Kündigungsschutz (§ 103 BetrVG, § 15 I, IV und V KSchG). – 3. Mitglieder des Betriebsrats können unter Fortzahlung des Arbeitsentgelts und unter Übernahme der angemessenen Kosten durch den Arbeitgeber vom Betriebsrat zur Teilnahme an solchen → Schulungs- und Bildungsveranstaltungen entsandt werden, die für die Arbeit des Betriebsrats erforderliche Kenntnisse vermitteln (§ 37 VI). Darüber hinaus hat jedes Mitglied des Betriebsrats pro Amtsperiode Anspruch auf Freistellung von der Arbeit unter Fortzahlung des Arbeitsentgelts für die Dauer von drei Wochen (bei erstmals gewählten Mitgliedern für die Dauer von vier Wochen) zur Teilnahme an solchen Schulungs- und Bildungsveranstaltungen, die von den obersten Arbeitsbehörden der Länder als geeignet anerkannt sind (§ 37 VII).

VI. Grundsätze für die Zusammenarbeit zwischen Betriebsrat und Arbeitgeber: Grundsatznorm des BetrVG ist, dass Arbeitgeber und Betriebsrat unter Beachtung der geltenden Tarifverträge und im Zusammenwirken mit den im Betrieb vertretenen Gewerkschaften und Arbeitgebervereinigungen zum Wohle der Arbeitnehmer und des Betriebes *vertrauensvoll zusammenzuarbeiten* haben (§ 2 I). Sie haben über strittige Fragen mit dem ernsten Willen zur Einigung zu verhandeln und Vorschläge für die Beilegung von Meinungsverschiedenheiten zu machen (§ 74 I). – Arbeitgeber und Betriebsrat haben Betätigungen zu unterlassen, durch die der Arbeitsablauf oder der → Betriebsfrieden beeinträchtigt werden; Maßnahmen des → Arbeitskampfes sind zwischen Arbeitgeber und Betriebsrat unzulässig (§ 74 II). Auch parteipolitische Betätigungen sind zu unterlassen; die Behandlung von Angelegenheiten tarifpolitischer, sozialpolitischer und wirtschaftlicher Fragen, die den Betrieb oder seine Arbeitnehmer unmittelbar betreffen, ist jedoch erlaubt (§ 74 II).

VII. Beteiligungsrechte des Betriebsrats: 1. *Allgemeine Aufgaben* (§ 80 I): U.a. a) darüber zu wachen, dass die zugunsten der Arbeitnehmer geltenden Gesetze, Verordnungen, Unfallverhütungsvorschriften, Tarifverträge und Betriebsvereinbarungen durchgeführt werden; b) Maßnahmen, die dem Betrieb und der Belegschaft dienen, beim Arbeitgeber zu beantragen; c) die Eingliederung Schwerbehinderter und sonstiger bes. schutzbedürftiger Personen zu fördern; d) die Beschäftigung älterer Arbeitnehmer im Betrieb zu fördern; e) die Eingliederung ausländischer Arbeitnehmer im Betrieb und das Verständnis zwischen ihnen und den dt. Arbeitnehmern zu fördern. – *Unterrichtspflicht des Arbeitgebers:* Zur Durchführung seiner Aufgaben nach dem BetrVG ist der Betriebsrat rechtzeitig und umfassend vom Arbeitgeber zu unterrichten. Ihm sind auf Verlangen jederzeit die zur

Durchführung seiner Aufgaben erforderlichen Unterlagen zur Verfügung zu stellen (§ 80 II). – Arbeitgeber und Betriebsrat haben darüber zu wachen, dass alle im Betrieb *tätigen Personen nach Recht und Billigkeit behandelt* werden, v.a. dass jede unterschiedliche Behandlung aus Gründen des Geschlechts, der Abstammung, Religion, Nationalität, Herkunft, der politischen oder gewerkschaftlichen Betätigung oder Einstellung unterbleibt (§ 75 I). Arbeitgeber und Betriebsrat haben ferner die *freie Entfaltung der Persönlichkeit des Arbeitnehmers* zu fördern (§ 75 II). – 2. *Bes. Beteiligungsrechte* (von erheblicher Bedeutung) in der Form der → Mitbestimmung oder der → Mitwirkung: a) → soziale Angelegenheiten; b) → personelle Angelegenheiten; c) → wirtschaftliche Angelegenheiten.

VIII. Haftung des Betriebsrats: Der Betriebsrat ist (mit Ausnahme seiner Beteiligungsfähigkeit im → Beschlussverfahren) im allg. Rechtsverkehr nicht rechtsfähig; er ist auch nicht vermögensfähig. Er haftet daher als solcher weder aus Rechtsgeschäft noch aus unerlaubter Handlung für Verbindlichkeiten oder Schäden, die durch seine Beschlüsse oder Erklärungen entstehen. Allenfalls eine Haftung von einzelnen Mitgliedern des Betriebsrats kann in Betracht kommen (im Einzelnen umstritten).

IX. Auflösung/Ausschluss: 1. Der Betriebsrat kann durch eine *Entscheidung des* → Arbeitsgerichts im → Beschlussverfahren (gerichtliche Auflösung) aufgelöst werden, wenn er seine gesetzlichen Pflichten grob verletzt (§ 23). Fallen die Verfehlungen nur einzelnen Betriebsratsmitgliedern zur Last, so können diese aus dem Betriebsrat ausgeschlossen werden, ohne dass der Betriebsrat selbst aufgelöst wird. Eine *Abberufung* des Betriebsrats in einer → Betriebsversammlung oder durch Mehrheitsbeschluss der Wahlberechtigten ist nach dem Gesetz nicht möglich. – 2. Die Auflösung oder der Ausschluss kann vom Arbeitgeber, von einer im Betrieb vertretenen Gewerkschaft oder von einem Viertel der wahlberechtigten Arbeitnehmer beim Arbeitsgericht *beantragt* werden. – 3. Nach der Auflösung ist der Betriebsrat *neu zu wählen*.

Betriebsratswahl → Betriebsrat, → Betriebswahlvorstand.

Betriebsrentabilität → Rentabilität.

Betriebsrente → betriebliche Altersversorgung (bAV) in Form einer Alters-, Invaliden- oder Hinterbliebenenrente.

Betriebsrentengesetz (BetrAVG) – Kurzbezeichnung für das Gesetz zur Verbesserung der betrieblichen Altersversorgung vom 19.12.1974 (BGBl. I 3610) m.spät.Änd., z.B. durch die Änderung vonArt. 4e des Gesetzes vom 21.12.2008 (BGBl. I 2940).

I. Beschreibung/Zielsetzung: Das Gesetz enthält arbeitsrechtliche und steuerrechtliche Vorschriften zur betrieblichen Altersversorgung. – 1. *Ziel der arbeitsrechtlichen Vorschriften* ist es, die betriebliche Altersversorgung für Versorgungsempfänger, Arbeitnehmer und einige durch § 17 BetrAVG Gleichgestellte (z.B. Handelsvertreter) sicherer und wirkungsvoller zu gestalten. – 2. *Ziele des steuerrechtlichen Teils* sind v.a. die Ausbreitung und Ausweitung der betrieblichen Altersversorgung.

II. Arbeitsrechtlicher Teil: (§§ 1–18 BetrAVG): 1. Nach dem BetrAVG liegt *betriebliche Altersversorgung* auch bei beitragsorientierten Leistungszusagen, Beitragszusagen mit Mindestleistung und Entgeltumwandlung vor (§ 1 I BetrAVG). – 2. *Unverfallbarkeit:* Das Gesetz bestimmt in § 1b BetrAVG zwingend, dass Versorgungsanwartschaften (Pensionsanwartschaften) mind. teilweise auch bei Beendigung des Arbeitsverhältnisses vor Eintritt des Versorgungsfalls unter folgenden Voraussetzungen erhalten bleiben: Vollendung des 30. Lebensjahres und fünfjähriges Bestehen der Versorgungszusage. Die Frist wird nicht durch die Änderung (Verbesserung) oder Übernahme durch eine andere Person unterbrochen. Bei Entgeltumwandlung besteht von Anfang an Unverfallbarkeit (§ 1b IV BetrAVG). – 3. Die *Höhe* des erhaltenen Anspruchs *(unverfallbare Anwartschaft)* wird grundsätzlich nach dem Quotierungsprinzip (ratierliche Berechnungsmethode, pro-rata-temporis-Methode) berechnet. Von der ohne das vorherige Ausscheiden zustehenden Leistung bleibt mind. der Teil erhalten, der dem Verhältnis der tatsächlich erreichten Betriebszugehörigkeit zur Betriebszugehörigkeit, die bis zur Vollendung des 65. Lebensjahres oder einer früheren Altersgrenze erreichbar gewesen wäre, entspricht (§ 2 I BetrAVG). Bei einer Beitragszusage mit Mindestleistung besteht die unverfallbare Anwartschaft des Arbeitnehmers auf das ihm planmäßig zuzurechnende Versorgungskapital auf der Grundlage der bis zu seinem Ausscheiden geleisteten Beiträge (Beiträge und die bis zum Eintritt des Versorgungsfalls erzielten Erträge), mind. aber in Höhe der Summe der bis dahin zugesagten Beiträge (§ 2 Vb BetrAVG). – Eine Abfindung ist nur unter engen Voraussetzungen möglich (§ 3 BetrAVG). Wenn ein Arbeitnehmer den Arbeitgeber wechselt, kann unter bestimmten Voraussetzungen die Anwartschaft auf den neuen Arbeitgeber übertragen werden (§ 4 BetrAVG). – 4. *Auszehrungsverbot:* Beim Eintritt des Versorgungsfalls festgesetzte Leistungen dürfen später nicht mehr gekürzt werden, wenn sich andere Versorgungsleistungen durch Anpassung an die wirtschaftliche Entwicklung erhöhen (z.B. die Renten der gesetzlichen Rentenversicherung; § 5 I BetrAVG). – 5. *Anrechnungsbegrenzungen:* Betriebliche Versorgungseinrichtungen berücksichtigen bei der Festsetzung der Leistung im Versorgungsfall vielfach anderweitige Versorgungsbezüge (v.a. Leistungen der gesetzlichen Rentenversicherung). Entweder werden die anderweitigen Bezüge der betrieblichen Versorgungsleistung angerechnet, oder die Versorgungsbezüge insgesamt sind auf eine Höchstleistung begrenzt, z.B. 75 Prozent des letzten Arbeitseinkommens

(Gesamtversorgungssysteme). Diese Anrechnung ist jedoch nur insoweit erlaubt, als es sich um Renten aus der gesetzlichen Rentenversicherung handelt, die auf Pflichtbeiträgen beruhen, sowie um sonstige Versorgungsbezüge, die mind. zur Hälfte durch Beiträge oder Zuschüsse des Arbeitgebers finanziert wurden (§ 5 BetrAVG). – 6. *Anpassungsprüfung:* Der Arbeitgeber hat gemäß § 16 BetrAVG alle drei Jahre die Anpassung der laufenden Leistungen der betrieblichen Altersversorgung zu prüfen und hierüber nach billigem Ermessen zu entscheiden (Anpassungsprüfungspflicht). Es sind dabei bes. die Belange des Versorgungsempfängers und die wirtschaftliche Lage des Arbeitgebers zu berücksichtigen. Die Verpflichtung gilt als erfüllt, wenn die Anpassung nicht geringer ist als entweder der Anstieg des Preisindexes für die Lebenshaltung von 4-Personen-Haushalten von Arbeitnehmern mit mittleren Einkommen oder der Nettolöhne vergleichbarer Arbeitnehmergruppen des Unternehmens. Sie entfällt, wenn der Arbeitgeber sich verpflichtet, die laufenden Leistungen jährlich um mind. ein Prozent anzupassen, und bei Beitragszusagen mit Mindestleistung. Für Direktversicherungen, Pensionskassen, Entgeltumwandlungen und Auszahlungspläne gelten Spezialregelungen (§ 16 III und V BetrAVG). Die Anpassungsentscheidung des Arbeitgebers kann gerichtlich nachgeprüft werden (§ 315 II BGB). – 7. *Insolvenzsicherung:* Sie gewährleistet die betriebliche Altersversorgung auch im Fall der Insolvenz des Arbeitgebers. – a) *Umfang des Schutzes:* Bei Eintritt des Sicherungsfalls sind die bereits laufenden betrieblichen Versorgungsleistungen sowie -anwartschaften, die zu diesem Zeitpunkt nach den Vorschriften des BetrAVG unverfallbar sind, geschützt. Keiner Insolvenzsicherung bedürfen Direktversicherungen, wenn spätestens mit Erfüllung der Unverfallbarkeitsvoraussetzungen das unwiderrufliche Bezugsrecht (Bezugsberechtigung) vorgesehen ist und wenn sie weder abgetreten noch beliehen sind. Bei Beleihung oder Abtretung von Direktversicherungen mit unwiderruflichem Bezugsrecht unterliegt nur der betroffene Teil der Versicherung der Insolvenzsicherung. Überdies entfällt die Insolvenzsicherung für alle Anwartschaften und Ansprüche auf Pensionskassenleistungen. Der Bund, die Länder, die Gemeinden sowie bestimmte öffentlich-rechtliche Einrichtungen sind ebenfalls von der Insolvenzsicherung befreit. – b) *Träger* der Insolvenzsicherung ist der *Pensions-Sicherungsverein a.G.* in Köln (PSVaG), der vom Verband der Lebensversicherungsunternehmen, von BDA und BDI gemeinsam getragen wird. Die Abwicklung der anfallenden Rentenleistungen überträgt der PSVaG einem Konsortium aus der Lebensversicherungswirtschaft. – c) *Leistungsumfang:* Die gesicherte Leistung ist begrenzt (Renten auf das Dreifache der im Zeitpunkt der ersten Fälligkeit maßgeblichen Bezugsgröße gemäß § 18 SGB IV. – d) Die *Mittel* für die Insolvenzsicherung werden von den Mitgliedern des PSVaG aufgebracht. Mitglieder sind Arbeitgeber mit gesetzlich unverfallbaren oder bereits laufenden Versorgungsverpflichtungen, die der Insolvenzsicherung unterliegen. – 8. *Flexible Altersgrenze:* Nimmt ein Versorgungsberechtigter die Alters-Vollrente der gesetzlichen Versicherung schon vorzeitig, d.h. vor Erreichen des Regelruhealters (Vollendung des 65. Lebensjahres), in Anspruch, so muss der Versorgungsträger nach § 6 BetrAVG auf Verlangen des Versorgungsanwärters auch die Betriebsrente vorzeitig gewähren, sofern der Berechtigte die Wartezeit und die sonstigen Leistungsvoraussetzungen erfüllt. Die Erfüllung der Unverfallbarkeitsfrist ist keine Anspruchsvoraussetzung. § 6 BetrAVG gestattet eine Kürzung des vorgezogenen betrieblichen Ruhegeldes. – 9. *Tarifdispositives Recht:* In § 17 III BetrAVG ist bestimmt, von welchen Vorschriften des Gesetzes in Tarifverträgen und bei Vereinbarungen der einschlägigen tariflichen Regelungen abgewichen werden kann. Im Übrigen kann nicht zuungunsten der Arbeitnehmer abgewichen werden.

III. Steuerrechtlicher Teil: (§§ 19–25 BetrAVG): Durch diese Vorschriften wurden das Einkommensteuer-, Körperschaftsteuer-, Gewerbesteuer-, Versicherungsteuer- und Umsatzsteuergesetz geändert bzw. angepasst und das Zuwendungsgesetz aufgehoben. Materiell bedeutsam sind die Einschränkung der Vorausfinanzierung der Unterstützungskassen, das Teilwertverfahren für die Bewertung der Pensionsrückstellungen in der Ertragsteuerbilanz (Pensionsrückstellungen) und v.a. die Pauschalierung der Lohnsteuer für bestimmte Zukunftssicherungsleistungen (Direktversicherungen und Zuwendungen an Pensionskassen unter bestimmten Voraussetzungen).

Betriebsrisiko – 1. *Begriff:* Betriebsrisiko betrifft die Frage der *Abgrenzung der Lohnzahlungspflicht*, wenn das Unterbleiben der Arbeitsleistung von keinem Teil der Parteien des Arbeitsvertrages zu vertreten ist, nämlich dann, wenn die fehlende Möglichkeit der Beschäftigung auf Betriebsstörungen zurückzuführen ist. – Zum Betriebsrisiko gehören bes. alle Fälle, in denen der Arbeitgeber ohne sein Verschulden einen funktionsfähigen Betrieb infolge fehlender Energie, Rohstoffe, Maschinen etc. nicht zur Verfügung stellen kann und die Arbeitnehmer nicht arbeiten können. – Ausgangspunkt der Lehre vom Betriebsrisiko war die Auffassung, dass die Regelung des § 615 BGB (→ Annahmeverzug) und § 323 BGB a.F. auf diese Fälle nicht passt. Das Betriebsrisiko hat nach herrschender Meinung grundsätzlich der *Arbeitgeber zu tragen;* er muss das → Arbeitsentgelt weiterzahlen, wenn z.B. eine Ölheizung infolge eines plötzlichen Kälteeinbruchs ausfällt. – 2. *Ausnahmen:* a) Wenn die Betriebsstillegung den Betrieb so schwer trifft, dass die Zahlung der vollen Löhne die Existenz des Betriebs gefährdet (streitig); b) wenn durch → Tarifvertrag, → Betriebsvereinbarung oder → Arbeitsvertrag eine abweichende Regelung hinreichend deutlich vereinbart ist; c) wenn die Störung (wie beim Teilstreik) in der *Sphäre der Arbeitnehmer* ihren Ursprung hat. Können die Fernwirkungen eines → Streiks das

Kräfteverhältnis der kampfführenden Parteien beeinflussen, so tragen beide Seiten das *Arbeitskampfrisiko.* Das bedeutet für die betroffenen Arbeitnehmer, dass sie für die Dauer der Störung keine Beschäftigungs- und Vergütungsansprüche haben; ein solcher Fall ist z.B. nach der Rechtsprechung anzunehmen, wenn die für den mittelbar betroffenen Betrieb zuständigen Verbände mit den unmittelbar kampfführenden Verbänden identisch oder doch organisatorisch eng verbunden sind. Dabei ist unerheblich, ob die Betriebsstörung auf einem rechtmäßigen Streik oder auf einer rechtmäßigen Abwehraussperrung (→ Aussperrung) beruht. – 3. Die Rechtsgrundsätze des Arbeitskampfrisikos führen nicht ohne weiteres zu einer *betrieblichen Arbeitszeitregelung.* Die Regelung der Modalitäten unterliegt gemäß § 87 I Nr. 2 und 3 BetrVG der Mitbestimmung des → Betriebsrats. – Vgl. auch → Arbeitsverhinderung.

Betriebssabotage – *Betriebsstörung;* vorsätzliche Störung oder Verhinderung des Betriebs eines öffentlichen Postdienstleistungsunternehmens, eines öffentlichen Verkehrsunternehmens, eines öffentlichen Versorgungsunternehmens oder einer anderen der öffentlichen Sicherheit und Ordnung dienenden Anlage (Feuermelder etc.) durch Zerstörung, Beschädigung, Unbrauchbarmachung oder Beseitigung einer dem Betrieb dienenden Sache (vgl. § 316b StGB). – *Strafe:* Freiheitsstrafe bis fünf Jahre oder Geldstrafe. Der → Versuch ist strafbar. – Ähnliches gilt für die Sabotage an öffentlichen Zwecken dienenden Telekommunikationsanlagen (§ 317 StGB).

Betriebsschließung → Betriebsaufgabe, → Betriebsstilllegung, → Gewerbeuntersagung.

Betriebsschulden – Begriff des Bewertungsgesetzes: Geldschulden und Lasten, die eine geldwerte Verpflichtung auf Sachleistungen darstellen, auch in Form von → Rückstellungen. – Betriebsschulden sind bereits bei *Ermittlung des Einheitswerts* des gewerblichen Betriebs vom Rohvermögen abzugsfähig, wenn sie in der → Steuerbilanz ausgewiesen werden (§ 103 I BewG). – *Gegensatz:* Privatschulden (→ Schulden); diese dürfen erst bei der Ermittlung des → Gesamtvermögens abgezogen werden (§ 10 ErbStG). – Zur *Bewertung der* Betriebsschulden vgl. §§ 10, 12 BewG.

Betriebsschutz → Arbeitsschutz.

Betriebssicherheit – I. Begriff des Straßenverkehrsrechts: für das ordnungsmäßige Arbeiten aller Vorrichtungen eines Fahrzeuges (Beleuchtung, Bremsen); Betriebssicherheit kann aber auch sowohl durch die Art der Verstauung als auch durch Art und Menge der Ladung beeinträchtigt sein (→ Beladung).

II. Begriff des → Arbeitsschutzes: Rechtsgrundlage ist die Verordnung über Sicherheit und Gesundheitsschutz bei der Bereitstellung von Arbeitsmitteln und deren Benutzung bei der Arbeit, über die Sicherheit beim Betrieb überwachungsbedürftiger Anlagen und über die Organisation des betrieblichen Arbeitsschutzes (Betriebsicherheitsverordnung – BetrSichV vom 27.9.2002, BGBl. I 3777 m.spät.Änd.). Zu den überwachungsbedürftigen Anlagen zählen u.a. Dampfkessel und Aufzüge.

Betriebssoziologie – 1. *Begriff:* Spezielle Soziologie, deren Gegenstandsbereich die Betriebe als Orte der gesellschaftlichen Produktion darstellen. Während die Betriebswirtschaftlehre i.Allg. die ökonomischen und technisch-organisatorischen Dimensionen in den Vordergrund stellt, richtet sich das Interesse der Betriebssoziologie auf die sozialen Beziehungen und den → Betrieb als soziales Gebilde sowie auf die sachlich-technische Ausstattung des Betriebs und die damit verbundenen Konsequenzen für Qualifikation, Belastung, Kooperation etc. – 2. *Gegenstand:* Struktur und Organisation des Betriebes; Betriebsverfassung, d.h. Praxis und Probleme der betrieblichen Mitbestimmung und Mitwirkung des Betriebsrats als Vertretung der Arbeitnehmer; betriebliche Strategien des Personaleinsatzes (→ Personalpolitik); Qualifikation und Aus- bzw. Weiterbildung; innerbetriebliche Mitarbeiterstruktur (Arbeiter, Angestellte, Management); Führung; Arbeitseinstellungen und -orientierungen; Folgen technologischer Veränderungen und Innovationen; Information und Kommunikation; Beziehungen zwischen Betrieb und sozialer Umwelt; Probleme von Arbeitsgruppen; Reorganisation und Humanisierung industrieller Arbeit. Die Unterschiede zwischen Betrieben je nach Wirtschaftssektoren (industrieller, handwerklicher Betrieb, Handelsbetrieb, Dienstleistungsbetrieb) und Größe führt zu differenzierten Fragestellungen der Betriebssoziologie. – 3. Die Betriebssoziologie ist eng verbunden mit *anderen Wissenschaftsdisziplinen,* z.B. mit → Arbeitswissenschaft, → Arbeits- und Organisationspsychologie, → Betriebswirtschaftslehre (BWL), → entscheidungsorientierte Betriebswirtschaftslehre und → verhaltenstheoretische Betriebswirtschaftslehre, → Arbeitsrecht. – Vgl. auch → Organisationssoziologie, → Industriesoziologie, → Arbeit, → Bürokratie, → Führungslehre.

Betriebsspaltung → Betriebsaufspaltung.

Betriebsspionage – ist durch § 17 II UWG unter Strafe gestellt. – Vgl. auch → Betriebs- und Geschäftsgeheimnis.

Betriebssport – vom Betrieb geförderte Möglichkeit der sportiven Freizeitgestaltung. Unterstützung durch Bereitstellung von Räumlichkeiten, Sportplätzen, Geräten, u.U. auch von einheitlichem Sportdress für Wettspiele und durch Gründung von Betriebssportvereinen/Betriebssportgruppen. Die Ausgestaltung des Betriebssportes ist meist Gegenstand innerbetrieblicher Vereinbarungen. – *Zweck:* a) Gesundheitsförderung durch Bewegungsausgleich und Entspannung; b) Pflege eines fairen und kameradschaftlichen Zusammenwirkens; c) Bindung an das Unternehmen. – Betriebssport unterliegt dem Schutz der *gesetzlichen* → Unfallversicherung, wenn er der allg.

körperlichen Ertüchtigung der Betriebsangehörigen dient und ihnen einen Ausgleich für die körperliche Beanspruchung während der Arbeit gibt. Allerdings besteht kein Versicherungsschutz bei Sportwettkämpfen mit betriebsfremden Mannschaften. Landesbetriebssportverbände bieten eigene auf die Belange des Betriebssports ausgerichtete Versicherung an.

Betriebsstatistik – I. Amtliche Statistik: früher übliche, zusammenfassende Bezeichnung für die Auswertung der in größeren zeitlichen Zwischenräumen durchgeführten Betriebszählungen. Das Arbeitsgebiet ist im Zuge der Systematisierung und Klassifizierung der statistischen Arbeiten zugunsten der Berechnung der → Wertschöpfung aller Wirtschaftsbereiche weiter differenziert worden in → Landwirtschaftsstatistik, Handwerksstatistik etc. (→ amtliche Statistik).

II. Rechnungswesen: → betriebswirtschaftliche Statistik.

Betriebsstätte – I. Allgemeines: Eine Betriebsstätte ist eine feste Geschäftseinrichtung oder Anlage, die dem Betrieb eines Unternehmens dient. Der Begriff findet sich sowohl in nationalen dt. Steuergesetzen als auch in den Doppelbesteuerungsabkommen. Was im Einzelnen gemeint ist, bestimmt sich bei nationalen dt. Gesetzen einheitlich nach einer Definition in der AO (§ 12 AO), bei den Texten der Doppelbesteuerungsabkommen dagegen nach den im Abkommen selbst vereinbarten Definitionen (Art. 5 OECD-MA und die ihm folgenden Abgrenzungen in den konkreten Doppelbesteuerungsabkommen Deutschlands mit anderen Ländern).

II. Nationales deutsches Recht: 1. *Begriff*: Jede feste Geschäftseinrichtung oder Anlage, die der Tätigkeit eines Unternehmens dient (§ 12 Satz 1 AO). Als Betriebsstätten gelten bes. (§ 12 Satz 2 AO): (1) Stätten, an denen sich die Geschäftsleitung befindet; (2) Zweigniederlassungen, Fabrikationsstätten, Warenlager, Ein- und Verkaufsstellen, Bergwerke, Steinbrüche, Bauausführungen oder Montagen, Landungsbrücken, Kontore und sonstige Geschäftseinrichtungen, die dem Unternehmer oder Mitunternehmer oder seinem ständigen Vertreter (z.B. einem Prokuristen) zur Ausübung des Gewerbes dienen. – 2. *Gewerbesteuerliche Bedeutung*: a) *Steuerpflicht*: Betriebsstätten im Inland unterliegen der → Gewerbesteuer. Bauausführungen und Montagen begründen auch gewerbesteuerrechtlich eine Betriebsstätte, wenn sie in einer Gemeinde länger als sechs Monate bestehen; entsprechend auch bei Straßen- und Kanalbauten sowie bergbaulichen Arbeiten. Die Sechsmonatsfrist kann den Erhebungszeitraum überschreiten. – b) *Zerlegung*: Der Gewerbesteuermessbetrag eines Unternehmens, das in Deutschland mehrere Betriebsstätten besitzt, wird durch Zerlegung auf die Gemeinden, in denen sich diese Betriebsstätten befinden, verteilt, Maßstab ist in den allermeisten Fällen das Verhältnis der Arbeitslöhne (§§ 28, 29 GewStG, Ausnahme für Betriebe mit Windkraftanlagen). – Vgl. auch → mehrgemeindliche Betriebsstätte, → ausländische Betriebsstätte. – 3. *Lohnsteuerliche Bedeutung*: Jeder Arbeitgeber, der im Inland eine Betriebsstätte unterhält, ist inländischer Arbeitgeber (§ 38 EStG) und unterliegt den Arbeitgeberpflichten im Lohnsteuerverfahren. Für das Lohnsteuerverfahren gilt ein eigener, weiter als § 12 AO gehender Betriebsstättenbegriff (§ 41 II EStG). Danach ist Betriebsstätte der Betrieb oder Teil des Betriebes, in dem der für die Durchführung des Lohnsteuerabzugs maßgebliche Arbeitslohn ermittelt wird. – 4. *Einkommensteuerliche Bedeutung im Rahmen der unbeschränkten Steuerpflicht*: Gewinne aus ausländischen Betriebsstätten eines gewerblichen Unternehmens sind als (hinreichend) → ausländische Einkünfte anerkannt, um zur Anrechnung ausländischer Steuern auf die inländische Steuerschuld zu berechtigen, auch wenn kein Doppelbesteuerungsabkommen existiert (§ 34c EStG, Anrechnungsmethode). Verluste aus einer Betriebsstätte eines gewerblichen Unternehmens, die in einem ausländischen Staat außerhalb der EU und des EWR unterhalten wird, sind unter bestimmten Bedingungen nicht mit dem Rest des Welteinkommens ausgleichbar und können dann nur auf zukünftige Gewinne aus demselben Staat vorgetragen werden (§ 2a EStG; → Auslandsverluste). Durch das Jahressteuergesetz 2009 gilt das Verlustverrechnungsverbot des § 2a EStG nur noch für Drittstaaten. Außerdem ist der positive und negative Progressionsvorbehalt nicht mehr bei bestimmten Einkünften aus Vermietung und Verpachtung aus EU- und EWR-Ländern anzuwenden, das kann sich in Ausnahmefällen auch einmal auf Einkünfte aus ausländischen Betriebsstätten beziehen. Die Möglichkeit, nach früherem ESt-Recht einmal steuermindernd im Inland abgezogene Betriebsstättenverluste bei zwischenzeitlich (insgesamt) positiven Einkünften wieder hinzuzurechnen (§ 2a IV EStG), ist über den Veranlagungszeitraum 2008 hinaus verlängert worden; diese Regelung kann jedoch nur noch eine begrenzte Anzahl von Fällen (Altfälle) betreffen, die früher einmal den seinerzeitigen § 2a III EStG für sich nutzen konnten. – 5. *Einkommensteuerliche Bedeutung im Rahmen der beschränkten Steuerpflicht*: Gewinne, die ein ausländisches gewerbliches Unternehmen durch Geschäfte mit dt. Kunden oder anderweitig im Inland macht, werden i.d.R. der beschränkten Steuerpflicht nur dann unterworfen, wenn dieses Unternehmen diese Geschäfte durch eine inländische Betriebsstätte macht (§ 49 I Nr. 2 a EStG).

III. Internationales Steuerrecht: Einkünfte aus gewerblichen Betrieben sind nach dem Doppelbesteuerungsabkommen i.d.R. nur dann im Quellenstaat zu versteuern, wenn dort eine Betriebsstätte besteht, aus der diese Einkünfte stammen (→ Betriebsstättenprinzip). Der Begriff der Betriebsstätte wird in diesem Zusammenhang meist enger definiert als im nationalen Recht.

Betriebsstättenfinanzamt – Finanzamt, in dessen Bezirk sich die → Betriebsstätte befindet.

Betriebsstättenprinzip – 1. *Begriff*: Der Grundsatz, dass Gewinne eines international Unternehmens aus Tätigkeiten, die mit einer Betriebsstätte in einem bestimmten Land zu tun haben, in dem Land dieser Betriebsstätte zu versteuern sind. Der Grundsatz betrifft nur die → direkten Steuern. Das Betriebsstättenprinzip impliziert zwei wesentliche Punkte: (1) dass ein Staat die Gewinne, die ein ausländisches Unternehmen in dem Gebiet dieses Staates erwirtschaftet, normalerweise *nur* besteuert, wenn das Unternehmen hier eine Betriebsstätte unterhält; (2) dass ein Staat, wenn ein ausländisches Unternehmen eine Betriebsstätte in seinem Gebiet Land unterhält, für die Gewinne aus dieser Betriebsstätte aber auch regelmäßig einen Steueranspruch erheben wird. – 2. *Rechtsgrundlagen und Hintergründe*: Da die Staaten bei ihrer Steuergesetzgebung im Grundsatz souverän sind, ist kein Staat rechtlich zwingend an das Betriebsstättenprinzip gebunden. Es hat sich jedoch als zweckmäßig herausgestellt, da es den Sachzwängen im internationalen Wirtschaftsverkehr optimal Rechnung trägt: a) Es wäre unpraktisch, von ausländischen Unternehmen zu verlangen, für den Gewinn aus einzelnen geschäftlichen Aktivitäten im Verkehr mit dem Inland die Erfüllung ertragsteuerlicher Verpflichtungen zu verlangen (z.B. für die Lieferung einzelner Waren vom Ausland aus ins Inland die Ermittlung eines steuerlichen Gewinns zu verlangen). – b) Andererseits kann sich aus wirtschaftspolitischen Gründen kein Staat leisten, feste Niederlassungen ausländischer Unternehmen in seinem Gebiet, die vor Ort in direkter Konkurrenz zu seinen heimatlichen Unternehmen stehen, unbesteuert zu lassen, da die Unternehmen in ausländischer Hand sonst möglicherweise gravierende Wettbewerbsvorteile haben könnten. Das Betriebsstättenprinzip ist der gebotene Kompromiss zwischen diesen beiden Sachzwängen. Daher wird das Betriebsstättenprinzip auch regelmäßig in den → Doppelbesteuerungsabkommen (DBA) als Grundsatz für die Behandlung der Unternehmensgewinne vereinbart (vgl. Art. 7 → OECD-Musterabkommen → zur Vermeidung der Doppelbesteuerung). – 3. *Einzelheiten*: *a) Umfang des Steueranspruchs:* Der Steueranspruch des Landes, in dem eine Betriebsstätte liegt, erstreckt sich regelmäßig nur auf die Gewinne, die mit der Tätigkeit dieser Betriebsstätte zu tun haben; liefert also z.B. zusätzlich auch das Stammhaus des Unternehmens vom Ausland aus Waren oder Dienstleistungen in das betreffende Land, so werden die Gewinne hieraus nach dem Betriebsstättenprinzip nicht im Land der Betriebsstätte besteuert, weil sie nichts mit der örtlichen Betriebsstätte zu tun haben. – b) Relevanter *Betriebsstättenbegriff*: Was als → Betriebsstätte gilt, kann jedes Land in seiner eigenen Gesetzgebung typischerweise selbst festlegen (in Deutschland: § 12 AO). Lediglich in internationalen Verträgen, in denen es auf eine einheitliche Sichtweise zweier Vertragspartner ankommt (Doppelbesteuerungsabkommen), müssen sich die betroffenen Vertragspartner für die Anwendung des betreffenden Vertrages dann auf eine gemeinsame Sichtweise verständigen (vgl. Art. 5 OECD-MA); diese gilt dann aber auch nur für die Lektüre des jeweiligen Abkommenstextes. In der Praxis vertreten die meisten Länder jedoch einen weitgehend ähnlichen Betriebsstättenbegriff. – c) *Ausnahmen*: Wo es wirtschaftlich nötig erscheint, machen sowohl die einzelnen Staaten als auch die Doppelbesteuerungsabkommen Ausnahmen vom Betriebsstättenprinzip. So werden bspw. im dt. EStG auch einzelne Auftritte ausländischer Künstler und die zugehörigen Gewinne der Veranstalter der Steuer unterworfen, obwohl bei einem solchen Auftritt gerade keine Betriebsstätte im Inland existiert.

Betriebsstättensteuersatz – bis 1998 geltender bes. Steuersatz bei der → Körperschaftsteuer für alle Körperschaften, die nicht in das → körperschaftsteuerliche Anrechnungsverfahren einbezogen waren. Galt in der Praxis v.a. für Betriebsstätten ausländischer Kapitalgesellschaften und wurde daher inoffiziell als Betriebsstättensteuersatz bezeichnet. Grundidee des Betriebsstättensteuersatzes war ursprünglich, für Gewinne solcher Körperschaften eine Belastungssituation herzustellen, wie sie sich ergeben hätte, wenn eine anrechnungsberechtigte Körperschaft 50 Prozent der Gewinne einbehalten und die anderen 50 Prozent an ihre Gesellschafter ausgeschüttet hätte. Von dieser Grundidee entfernte man sich bei verschiedenen Steuersenkungen jedoch immer weiter, bis sich der Betriebsstättensteuersatz dem Thesaurierungssteuersatz bei normalen Kapitalgesellschaften so weit angeglichen hatte, dass ab 1999 auf einen bes. Betriebsstättensteuersatz verzichtet wurde. Der EuGH bestätigte später (Urteil vom 23.2.2006), dass es eine Diskriminierung von ausländischen Gesellschaften aus anderen EU-Staaten darstellte, diese dem bes. Betriebsstättensteuersatz zu unterwerfen; richtig wäre es gewesen, stattdessen keinen höheren Steuersatz vorzusehen als denjenigen, der bei Gründung einer inländischen Tochterkapitalgesellschaft, die all ihre Gewinne voll ausschüttet, zu tragen gewesen wäre. Nach einer Folgeentscheidung des BFH hätte dies einem Satz von 33,5 Prozent entsprochen. Die Frage betrifft allerdings wegen des Wegfalles des Betriebsstättensteuersatzes nur noch Altfälle, und auch diese nur, soweit noch nicht Verjährung eingetreten ist.

Betriebsstilllegung – I. Betriebswirtschaftslehre: Einstellung jeglicher betrieblichen Tätigkeit. Zweckmäßig, wenn die Erlöse für die betrieblichen Leistungen die veränderlichen Stückkosten nicht mehr decken. Unterdeckung der → Gesamtkosten braucht keine Betriebsstilllegung zu bedingen (→ Betriebsminimum).

II. Arbeitsrecht: 1. *Begriff*: Aufgabe des Betriebszwecks unter gleichzeitiger Auflösung der Betriebsorganisation aufgrund eines ernstlichen und endgültigen Willensentschlusses des Unternehmers für unbestimmte, nicht nur vorübergehende Zeit. Es muss sich um eine vom Unternehmer gewollte und durch Auflösung der betrieblichen Organisation auch tatsächlich durchgeführte Maßnahme handeln, wobei es auf die Gründe für die Unternehmerentscheidung nicht ankommt. – Die Weiterbeschäftigung weniger Arbeitnehmer mit *Abwicklungsarbeiten* steht der Annahme einer Betriebsstilllegung nicht entgegen. – *Anders:* → Betriebseinschränkung. – 2. *Mitbestimmung* des Betriebsrats in Betrieben mit i.d.R. mehr als 20 wahlberechtigten Arbeitnehmern (§§ 111–113 BetrVG). – Vgl. auch → Betriebsänderung. – 3. Die Betriebsstilllegung kann Kündigung sozial rechtfertigen und hat Einfluss auf → *Kündigungsschutz* der Betriebsratsmitglieder (§ 15 IV KSchG).

Betriebsstoffe – 1. *Begriff:* Stoffe, die, ohne selbst in die Produkte direkt einzugehen (→ Rohstoffe, → Hilfsstoffe), zur Durchführung des Fertigungsprozesses benötigt werden, z.B. Schmiermittel, Reparatur- und Büromaterial. – 2. *Kostenrechnung:* Betriebsstoffe werden zumeist als Kostenträgergemeinkosten (→ Gemeinkosten) erfasst und damit für die → Kostenstellen ausgewiesen, in denen sie verbraucht werden. Eine Weiterverrechnung auf die Produkte erfolgt im Rahmen der → Betriebsabrechnung. – 3. *Buchhaltung:* Die Bestände an Betriebsstoffen werden in der Kontenklasse 2 → Industrie-Kontenrahmen (IKR) geführt, ihr Verbrauch wird laufend oder im Anschluss an eine → Inventur in der Kontenklasse 6 erfasst. Bestandserfassung erfolgt zum Jahresabschluss als Position des Umlaufvermögens. Bewertung ist zu → Anschaffungskosten oder zum niedrigeren Börsen- oder → Marktpreis, → beizulegendem Wert oder → Teilwert vorzunehmen.

Betriebsstörung → Behinderungswettbewerb.

Betriebsstrafe → Betriebsbuße.

Betriebssystem (BS) – Sammelbegriff für Programme (→ Systemprogramme), die den Betrieb eines Computers erst möglich machen; auch als *Operating System (OS)* bezeichnet. Sie steuern und überwachen das Zusammenspiel der Hardwarekomponenten im Rahmen der Auftrags-, Daten-, Arbeitsspeicher- und Programmverwaltung (bes. die Abwicklung einzelner → Anwendungsprogramme, den Zugriff von Prozessen auf bestimmte Ressourcen) sowie der Systemsicherung (Fehlererkennung und -behebung). Das Betriebssystem macht ein → Datenverarbeitungssystem erst bedienbar und beherrschbar. – *Bekannte Betriebssysteme:* → Unix, → Linux, → Windows für Personal Computer.

Betriebssystemkommando → Kommando.

Betriebstätte → Betriebsstätte.

Betriebsteile – im Sinn des BetrVG selbstständige Betriebe (d.h. für sie ist ein eigener → Betriebsrat zu bilden), wenn sie die Mindestzahl wahlberechtigter und wählbarer Arbeitnehmer erreichen (§ 1 BetrVG) und entweder räumlich weit vom Hauptbetrieb entfernt oder durch Aufgabenbereich und Organisation eigenständig sind (§ 4 BetrVG). Die Arbeitnehmer eines solchen Betriebsteils können aber mit Mehrheit beschliessen, dass sie keinen eigenen Betriebsrat haben, sondern an der Wahl des Betriebsrats im Hauptbetrieb teilnehmen.

Betriebsteilung → Betriebsaufspaltung.

Betriebsteuer – Die Bezeichnung wird mit zwei unterschiedlichen Inhalten verwendet: 1. *Einkommensteuergesetz:* Aus einkommensteuerlicher Perspektive sind Betriebsteuern Steuern, die durch die Existenz eines Betriebes verursacht bzw. durch die betrieblichen Aktivitäten ausgelöst werden. *Beispiele:* → Grundsteuer für betriebliche Grundstücke, → Kraftfahrzeugsteuer für betriebliche Fahrzeuge. – Betriebsteuern können daher einkommensteuerlich i.d.R. als → Betriebsausgaben geltend gemacht werden (§ 4 IV EStG). Eine Ausnahme bildet die Gewerbesteuer, die zwar eindeutig nur deswegen entsteht, weil ein Gewerbebetrieb unterhalten wird, d.h. eine Betriebsteuer darstellt, aber nach gesetzlicher Fiktion heute keine Betriebsausgabe mehr darstellt (§ 4 Vb EStG). Gegensatz zum Begriff der Betriebsteuer in diesem Sinne ist die → Personensteuer. – 2. *Betriebswirtschaftslehre:* eine Steuer, bei der der Gewinn eines Betriebes unabhängig von den persönlichen Eigenschaften seiner Eigentümer, d.h. insbesondere auch unabhängig von der Rechtsform, stets gleich hoch besteuert wird. Steuersubjekt wäre also nicht mehr der Unternehmer, sondern der Betrieb selbst. Die Umstellung der Gewinnbesteuerung auf das Konzept einer Betriebsteuer wird gefordert, weil dies Wettbewerbsneutralität sichern soll, wenn von gleichen Bruttogewinnen stets gleiche Nettoerträge verbleiben. Angesichts des gegenwärtigen → Körperschaftsteuersystems in Deutschland, bei dem der Satz der → Körperschaftsteuer erheblich unter dem Spitzensteuersatz der Einkommensteuer liegt, müsste die Einführung einer Betriebsteuer vermutlich mit niedrigen Steuersätzen in ähnlicher Höhe wie die heutigen Körperschaftsteuersätze einhergehen, und der Transfer der Gewinne aus dem betrieblichen in den privaten Bereich der Eigentümer, sei es durch Entnahme, sei es durch Dividendenausschüttungen, ebenfalls nach gleichen Regeln besteuert werden. Als Argument gegen die Einführung eines Betriebsteuerkonzepts wird meist auf steuertechnische Schwierigkeiten verwiesen; solche würden v.a. im Bereich der Personengesellschaften auftreten. Da eine Betriebsteuer außerdem auch mit einer Steuerpflicht selbst für solche Betriebsgewinne einhergehen würde, deren Eigentümer insgesamt kein höheres Einkommen als den Grundfreibetrag erwirtschaften können, würde das Konzept auch Schwierigkeiten in Bezug auf den verfassungsrechtlichen Grundsatz der Besteuerung nach der Leistungsfähigkeit aufwerfen. Dennoch wird eine Einführung sporadisch immer wieder diskutiert. – Mit der *Unternehmensteuerreform*

2008 wurde in das dt. EStG ein Modell eingeführt, bei dem Personenunternehmen ihre Gewinne vor der Ausschüttung zunächst nach einem festen Steuersatz versteuern lassen können, der einer grob geschätzten Standardbelastung der Gewinne bei einer Körperschaft entspricht, und bei einer späteren Entnahme der Gewinne ins Privatvermögen der Eigentümer muss der entnommene Betrag dann wie eine Dividende besteuert werden (§ 34a EStG). Dieses Konzept verwirklicht zwar Teile der Konzeption einer Betriebsteuer, unterscheidet sich davon aber insoweit wesentlich, als diese Form der Besteuerung für Personenunternehmen nicht zwingend ist, sondern lediglich wahlweise angeboten wird. – Vgl. auch → Unternehmensbesteuerung.

Betriebstreuhandversicherung – Vertragsform der Vertrauensschadenversicherung, durch die der Arbeitgeber in pauschaler Form (Pauschalversicherungssumme) gegen Vermögensverluste durch Handlungen aller Arbeitnehmer im Büro- und Verwaltungsbetrieb (ohne namentliche Nennung) geschützt ist.

Betriebstypen – 1. *Betriebstypen der Industrie:* → Unternehmungstypen. – 2. *Betriebstypen des Handels:* unternehmungsindividuelle Ausgestaltung der → Betriebsformen des Handels.

Betriebstypenmarke – Marke, die sich im rechtlichen Eigentum einer Handelsunternehmung befindet und mit der der Händler seine Betriebstypen kennzeichnet.

Betriebsübergang → Betriebsnachfolge.

Betriebsüberlassungsvertrag – *Begriff des Konzernrechts:* → Unternehmensvertrag, durch den eine Aktiengesellschaft den Betrieb ihres Unternehmens einem anderen überlässt (§ 292 I Nr. 3 AktG).

Betriebsübersicht → Hauptabschlussübersicht (HAÜ).

Betriebsübung → betriebliche Übung.

Betriebs- und Geschäftsgeheimnis – I. Begriff: Nicht offenkundiger betrieblicher Vorgang, an dem der Betriebsinhaber Geheimhaltungswillen hat, der auf einem schutzwürdigen wirtschaftlichen Interesse beruht. Dem Geheimnisschutz zugänglich sind sonderrechtlich nicht geschützte technische Leistungen (Konstruktionszeichnungen, Rezepturen, Verfahrensabläufe etc.) sowie kaufmännische Geschäftsunterlagen (Kundenlisten, Kalkulationsunterlagen, Vertragsunterlagen etc.). Sie sind nicht offenkundig, wenn sie nur einem begrenzten und verschwiegenen (ggf. zur Verschwiegenheit verpflichteten) Personenkreis zugänglich und vom Fachmann nur in mühsamer Untersuchung zu ermitteln sind. – *Betriebsgeheimnis (Dienstgeheimnis, Fabrikationsgeheimnis):* Erfindungen jeder Art (gesetzlich geschützt oder nicht), Verfahrensmethoden, Rezeptvorschriften, bes. technische Handgriffe etc. – *Geschäftsgeheimnis:* Bezugsquellenverzeichnisse, Kunden- und Preislisten, Preisberechnungen, Kalkulationen, Umsatzzahlen, Angebote, Auskünfte, technische Daten von Maschinen etc.

II. Arbeitsrecht: 1. Nebenpflicht aus dem → Arbeitsverhältnis zur Wahrung von Betriebs- und Geschäftsgeheimnis; → Treuepflicht des Arbeitnehmers, → Schweigepflicht. – 2. Die Pflicht gilt auch für den → Auszubildenden (§ 9 Nr. 6 BBiG). – 3. Alle Mitglieder des → Betriebsrats, Mitglieder des → Gesamtbetriebsrats, der Einigungsstelle, Schlichtungsstelle, Vertreter nach § 25 BetrVG sowie die Vertreter von → Gewerkschaften und → Arbeitgeberverbänden haben über Betriebs- und Geschäftsgeheimnisse Stillschweigen zu wahren, wenn der Arbeitgeber diese ausdrücklich als geheim zu halten bezeichnet. Die Schweigepflicht gilt auch nach dem Ausscheiden, aber nicht gegenüber Betriebsratsmitgliedern (§ 79 BetrVG).

III. Wettbewerbsrecht und Strafrecht: § 18 UWG *(Vorlagenfreibeuterei)* erfasst die unbefugte Weitergabe oder Verwertung von Unterlagen, die der Berechtigte anderen im geschäftlichen Verkehr anvertraut, § 17 I UWG stellt den Verrat von Betriebs- und Geschäftsgeheimnissen unter Strafe, wenn Beschäftigte des Berechtigten das Geheimnis während der Dauer des Arbeitsverhältnisses Dritten mitteilen, § 17 II UWG stellt das Ausspähen von Betriebs- und Geschäftsgeheimnissen (Betriebsspionage) sowie die Verwertung und Weitergabe von Betriebs- und Geschäftsgeheimnissen, die durch den Verrat eines Beschäftigten oder durch Betriebsspionage erlangt worden sind, unter Strafe. Verstöße gegen §§ 17, 18 UWG sind zugleich unlautere Wettbewerbshandlungen nach § 3 UWG und lösen Unterlassungs- und Schadensersatzansprüche gegen die Verletzen aus (§§ 8, 9 UWG). § 17 I UWG gilt für Beschäftigte nur bis zur Beendigung des Dienstverhältnisses. Für ehemalige Beschäftigte bejaht das Bundesarbeitsgericht nachwirkende Treuepflichten zur Geheimhaltung. Der Bundesgerichtshof hält die Verwertung redlich erlangter Kenntnisse durch frühere Arbeitnehmer für frei, sieht bei Vorliegen bes. Umstände aber einen Verstoß gegen § 3 UWG, §§ 823 f. BGB. Bes. Geheimhaltungspflichten bestehen für Diensterfindungen von Arbeitnehmern (→ Arbeitnehmererfindungen), die auch als Betriebs- und Geschäftsgeheimnisse verwertet werden können.

Betriebsunfall → Arbeitsunfall.

Betriebsunkosten – früherer Begriff für → Kosten oder → Gemeinkosten.

Betriebsunterbrechung → Betriebsstilllegung.

Betriebsunterbrechungskosten → Stillstandskosten.

Betriebsunterbrechungsversicherung – 1. *Begriff:* Sammelbezeichnung für diejenigen Versicherungsarten der → Schadenversicherung, die Versicherungsschutz für den Ausgleich planwidrig entgehender Erträge infolge einer Unterbrechung oder Beeinträchtigung im leistungswirtschaftlichen Bereich des versicherten Betriebs gewähren. Die Betriebsunterbrechungsversicherung gehört zur Gruppe der → Ertragsausfallversicherungen. – 2. *Merkmale:* a) Versichertes Interesse: Objekt des Risikos ist der versicherte Betrieb. Das versicherte Interesse ist jedoch nicht auf den Substanzwert seiner → Produktionsfaktoren, sondern auf deren Nutzungspotential bzw. Erlöskraft für den betrieblichen Leistungsprozess ausgerichtet. – b) Inhalt des Versicherungsschutzes: Unter der Bezeichnung Betriebsunterbrechungsversicherung ist eine Ansammlung vielfältiger spartenübergreifender Erscheinungsformen anzutreffen, deren mehrstufige Risikobeschreibungen üblicherweise einen Sachschaden voraussetzen. Anders: z.B. Betriebsschließungsversicherung, Betriebsunterbrechungsversicherung infolge des Ausfalls der öffentlichen Versorgung mit Gas, Strom, Wärme oder Wasser. Die Arten der Betriebsunterbrechungsversicherung differenzieren hinsichtlich der versicherten Ereignisse, die den Tatbestand der Betriebsunterbrechung auslösen, sowie der Ausgestaltung des versicherten Unterbrechungsschadens, der sich über einen mehr oder minder langen Zeitraum erstreckt (gedehnter Versicherungsfall) und dessen ersatzpflichtige Dauer durch die vereinbarte Haftzeit begrenzt wird. – c) Risiko: Aus betriebswirtschaftlicher Sicht ist das Risiko der Betriebsunterbrechung als die möglichen negativen Auswirkungen einer Betriebsstörung auf den Prozess der betrieblichen Leistungserstellung und/ oder der Leistungsverwertung zu beschreiben, dessen Tragweite sich durch geminderte Erlösströme und gesondert entstandene Kostenströme in Form von zusätzlichem Werteverzehr unmittelbar im Rechnungswesen widerspiegelt. Die Störungsursache kann sowohl in der innerbetrieblichen als auch in der außerbetrieblichen Sphäre liegen und alle Tätigkeiten unternehmerischer Beschaffungs-, Produktions- und Absatzprozesse beinträchtigen. – 3. *Arten:* Zur Betriebsunterbrechungsversicherung gehören hauptsächlich die → einfache Betriebsunterbrechungsversicherung, Feuer-Betriebsunterbrechungsversicherung (ergänzt um die Extended Coverage-Betriebsunterbrechungsversicherung), Mittlere Feuer-Betriebsunterbrechungsversicherung, Maschinen-Betriebsunterbrechungsversicherung, technische Betriebsunterbrechungsversicherung, Tierseuchen-Betriebsunterbrechungsversicherung, Transport-Betriebsunterbrechungsversicherung und All Risks-Betriebsunterbrechungsversicherung. Sonderformen sind u.a. die Filmausfallversicherung (Filmversicherung), Mehrkostenversicherung, Mietverlustversicherung und Veranstaltungsausfallversicherung.

Betriebsuntersagung → Gewerbeuntersagung.

Betriebsurlaub → Betriebsferien.

Betriebsveranstaltungen – 1. *Steuerliche Problematik:* Richtet der Arbeitgeber für seine Arbeitnehmer eine Veranstaltung aus, stellt sich grundsätzlich aus steuerlichem Blickwinkel die Grundsatzfrage, ob er damit seinen Arbeitnehmern einen geldwerten Vorteil zuwendet (d.h. ob die Veranstaltung einer Bezahlung gleichsteht, indem für die Arbeitnehmer eine Dienstleistung erbracht wird) oder nicht. Es liegt dabei auf der Hand, dass von einer Lohnzahlung durch Abhaltung einer Veranstaltung jedenfalls dann keine Rede sein kann, wenn die Veranstaltung ganz überwiegend den eigenen betrieblichen Zwecken des Arbeitgebers dient. Abgrenzungsprobleme stellen sich daher insbesondere dort, wo eine Veranstaltung auch geselligen Charakter hat (Weihnachtsfeier, im Unterschied zu z.B. einer Fortbildungsveranstaltung wesentlich weniger eindeutig!). – 2. *Steuerlicher Sprachgebrauch:* Wird von „Betriebsveranstaltung" gesprochen, sind damit jene Veranstaltungen gemeint, von denen anerkannt werden kann, dass sie keine Einnahme des Arbeitnehmers darstellen, sondern vom Arbeitgeber im überwiegend eigenen Interesse ausgerichtet werden. Zuwendungen des Arbeitgebers aus Anlass von Betriebsveranstaltungen gehören daher als Leistungen im (ganz) überwiegend eigenen betrieblichen Interesse i.d.R. nicht zum → Arbeitslohn. – 3. *Anerkennung der* Betriebsveranstaltung (statt als Dienstleistung für die eigenen Arbeitnehmer) jedoch als solche nur unproblematisch, wenn: (1) Möglichkeit der Teilnahme für alle Betriebsangehörige gleichermaßen, wobei eine Durchführung nur für eine – ganze – Abteilung unschädlich ist, (2) i.d.R eintägige Dauer, (3) höchstens zwei Veranstaltungen jährlich und (4) Beschränkung auf Gewährung der üblichen Zuwendungen, z.B. Abgabe von Speisen und Getränken, Kosten für Unterhaltungsprogramm. – Betragen die Aufwendungen des Arbeitgebers inkl. USt insgesamt mehr als 110 Euro je Arbeitnehmer und Veranstaltung, so spricht dies nach Verwaltungsmeinung für eine Einstufung als Leistung an den Arbeitnehmer (geldwerten Vorteil), also sind die Aufwendungen dann dem Arbeitslohn in voller Höhe hinzuzurechnen. – *Regelung:* R 19.5 LStR 2008.

Betriebsvereinbarung – I. Begriff: Vereinbarung auf betrieblicher Ebene zwischen Arbeitgeber und Betriebsrat, durch die Bestimmungen getroffen werden können, die unmittelbar auf das → Arbeitsverhältnis einwirken. Betriebsvereinbarungen werden als Verträge zwischen Arbeitgeber und Betriebsrat geschlossen. – *Anders:* Vom Arbeitgeber einseitig durch gleich lautende Verträge (→ vertragliche Einheitsregelungen) oder → Gesamtzusagen (z.B. Ruhegeldrichtlinien, Gratifikationsordnungen) getroffene Regelungen und → betriebliche Übung. – Im *öffentlichen Dienst:* → Dienstvereinbarung.

II. Abschluss, Inhalt und Ende von Betriebsvereinbarungen: 1. *Betriebsvereinbarungen sind schriftlich* niederzulegen (Wirksamkeitsvoraussetzung) und vom Betriebsrat und Arbeitgeber zu unterzeichnen (§ 77 II BetrVG). Betriebsvereinbarungen sind vom

Arbeitgeber an geeigneter Stelle im Betrieb auszulegen (§ 77 II 3 BetrVG; Ordnungsvorschrift). – 2. *Regelungen:* a) Regelungen organisatorischer Angelegenheiten, z.B. Sprechstunden (§ 39 I BetrVG), b) Verpflichtungen zwischen Arbeitgeber und Betriebsrat und c) zwingend und unmittelbar auf die Arbeitsverhältnisse einwirkende Regelungen, z.B. Schichtpläne, Gleitzeitordnung, Urlaubsplan, Akkordsätze (§ 77 IV 1 BetrVG). – 3. *Arten von Betriebsvereinbarungen:* (1) *Erzwingbare Betriebsvereinbarungen.:* Betriebsvereinbarungen, bei denen der Betriebsrat bei Weigerung des Arbeitgebers die → Einigungsstelle anrufen kann und deren Spruch die Einigung zwischen Arbeitgeber und Betriebsrat ersetzt (vgl. z.B. § 87 II BetrVG); (2) *freiwillige Betriebsvereinbarungen:* Die übrigen Betriebsvereinbarungen – 4. Gegenüber Gesetz und Tarifvertrag ist die Betriebsvereinbarung die *schwächere Rechtsquelle.* In den Fällen des § 87 BetrVG (→ soziale Angelegenheiten) greift die erzwingbare Mitbestimmung nur ein, soweit eine gesetzliche oder tarifliche Regelung nicht vorliegt (§ 87 Einleitungssatz BetrVG) (Sperrwirkung des Gesetzes oder des Tarifvertrages). – Im Übrigen sind gemäß § 77 III BetrVG Betriebsvereinbarungen nicht zulässig, soweit Arbeitsentgelte und sonstige Arbeitsbedingungen durch Tarifvertrag geregelt sind oder üblicherweise (in dem betreffenden Wirtschaftszweig) durch Tarifvertrag geregelt werden, es sei denn, dass ein Tarifvertrag den Abschluss ergänzender Betriebsvereinbarungen ausdrücklich zulässt *(Vorrang des Tarifvertrags).* – 5. Nach der Rechtsprechung des Bundesarbeitsgerichts unterliegen Betriebsvereinbarungen einer *Billigkeitskontrolle* durch die → Arbeitsgerichte. – 6. Die Betriebsvereinbarung tritt zu dem vereinbarten Zeitpunkt in Kraft. Von ihren Wirkungen werden alle Arbeitnehmer des Betriebs und die später eingestellten erfasst. – Die Geltung der Betriebsvereinbarung endet mit Ablauf der vereinbarten Zeit, durch Abschluss einer neuen Betriebsvereinbarung oder durch Kündigung. Betriebsvereinbarungen können, soweit nichts anderes vereinbart ist, mit einer Frist von drei Monaten gekündigt werden (§ 77 V BetrVG). Nach § 77 VI gilt eine abgelaufene Betriebsvereinbarung hinsichtlich derjenigen Regelungen, in denen der Spruch der Einigungsstelle die Einigung zwischen Arbeitgeber und Betriebsrat ersetzen kann, bis zu einer anderen Abmachung weiter. Bei anderen Regelungen in Form der Betriebsvereinbarung entfällt also jede Nachwirkung. – 7. Werden den Arbeitnehmern durch die Betriebsvereinbarung Rechte eingeräumt, so ist ein *Verzicht* auf sie nur mit Zustimmung des Betriebsrats zulässig. Die *Verwirkung* von Rechten ist ausgeschlossen. Die Vereinbarung von → Ausschlussfristen oder Abkürzung von Verjährungsfristen ist nur in einer Betriebsvereinbarung oder einem Tarifvertrag möglich (§ 77 IV BetrVG).

III. Verhältnis zum Einzelarbeitsvertrag: Bei einem Widerstreit von Betriebsvereinbarung und Einzelarbeitsvertrag gilt wie beim → Tarifvertrag das → Günstigkeitsprinzip, obgleich dies nicht ausdrücklich im BetrVG geregelt ist. Auch soweit zusätzliche Leistungen des Arbeitgebers (Gratifikationen, Ruhegelder, Jubiläumszuwendungen etc.) durch vertragliche Einheitsregelungen den Arbeitnehmern zugesagt worden sind, können sie i.d.R. nicht durch Betriebsvereinbarungen verschlechtert werden, es sei denn, Ablösungen seien von vornherein vorbehalten gewesen (Beschluss des Großen Senats des BAG vom 16.9.1986, GS 1/82). Dies kann auch dadurch geschehen, dass der Arbeitsvertrag „betriebsvereinbarungsoffen" gestaltet wird. Dies muss aber durch eine entsprechend eindeutige Klausel geregelt sein.

Betriebsverfassung – I. Begriff: Arbeitsrechtliche Grundordnung, die die Zusammenarbeit zwischen Arbeitgeber und -nehmern im Betrieb regelt. Die Zusammenarbeit zwischen Arbeitgebern und -nehmern im Betrieb wird ausgeübt durch den Arbeitgeber einerseits, den → Betriebsrat und die anderen Organe der Betriebsverfassung im Sinn des nach dem BetrVG verfassungsartig gegliederten Betriebs andererseits. Der Betriebsrat nimmt an der Willensbildung und an der Entscheidung des Arbeitgebers durch → Mitwirkung und → Mitbestimmung teil. Gemeinsames Ziel ist das Wohl des Betriebs und der Belegschaft (§ 2 I BetrVG). Die Betriebsverfassung regelt die Rechtsstellung der Organe und die Form der Zusammenarbeit zwischen den Organen. – Unberührt bleiben die Aufgaben der → Gewerkschaften und der *Arbeitgebervereinigungen* (→ Berufsverbände); vgl. § 2 III BetrVG.

II. Gesetzliche Grundlage: Betriebsverfassungsgesetz (BetrVG) i.d.F. vom 25.9.2001 (BGBl. 2518) m.spät. Änd. – Vgl. auch → Drittelbeteiligungsgesetz (DrittelbG), → betriebsverfassungsrechtliche Normen.

III. Geltungsbereich: 1. Das BetrVG regelt ausschließlich die Betriebsverfassung, nicht auch die Unternehmensverfassung (die Beteiligung der Arbeitnehmer in den Organen der Unternehmensträger). Die Unternehmensverfassung ist im → Mitbestimmungsgesetz (MitbestG) vom 4.5.1976, in den §§ 1 f. → Drittelbeteiligungsgesetz (DrittelbG) sowie im → Montan-Mitbestimmungsgesetz (MoMitbestG) geregelt. – 2. Das BetrVG gilt in der gesamten *Bundesrepublik Deutschland* (§ 133 BetrVG). – Die Vorschriften des BetrVG gelten auch für alle im Bundesgebiet errichteten Betriebe von Ausländern und für alle inländischen Zweigniederlassungen solcher ausländischer Unternehmen, die ihren Hauptsitz im Ausland haben. – 3. Das BetrVG findet *keine Anwendung* auf den öffentlichen Dienst (§ 130 BetrVG, → Personalrat), auf die Religionsgesellschaften und ihre karitativen und erzieherischen Einrichtungen (§ 118 II BetrVG), auf Kleinbetriebe (weniger als fünf wahlberechtigte Arbeitnehmer; vgl. §§ 1, 7, 8 BetrVG), und auf private Haushalte, die nicht als → Betriebe im wirtschaftlichen Sinn anzusehen sind. – Die Vorschriften des BetrVG gelten nur *eingeschränkt* für

→ Tendenzbetriebe (§ 118 I BetrVG) und für Seebetriebe (§§ 114–116 BetrVG).

IV. Inhalt: 1. Das BetrVG enthält Bestimmungen über die Zusammensetzung und Wahl des → Betriebsrats; es legt für alle Betriebe einheitlich den Zeitpunkt für die regelmäßigen Betriebsratswahlen fest, die alle vier Jahre durchgeführt werden. Besteht ein Unternehmen aus mehreren Betrieben, so haben die Betriebsräte durch Entsendung einen → Gesamtbetriebsrat zu bilden. Außerdem eröffnet das Gesetz die Möglichkeit, für einen Konzern einen → Konzernbetriebsrat zu errichten. Eine zusätzliche betriebsverfassungsrechtliche Vertretung ist die → Jugend- und Auszubildendenvertretung, deren Aufgabe es ist, die Betriebsratsarbeit in den bes. Belangen der jugendlichen Arbeitnehmer zu unterstützen. – Der Betriebsrat hat einmal in jedem Kalendervierteljahr eine → Betriebsversammlung einzuberufen und in ihr einen Tätigkeitsbericht zu erstatten. – 2. Vierter Teil des BetrVG: *Mitwirkung und Mitbestimmung der Arbeitnehmer*. Dieser Teil enthält allg. Bestimmungen für die Zusammenarbeit zwischen Arbeitgeber und Betriebsrat und Bestimmungen über die → Betriebsvereinbarung, durch die Arbeitgeber und Betriebsrat Bestimmungen mit unmittelbarer und zwingender Wirkung auf das Arbeitsverhältnis treffen können, soweit es sich nicht um Arbeitsentgelte und sonstige Arbeitsbedingungen handelt, die durch Tarifvertrag geregelt sind oder üblicherweise geregelt werden (§ 77 BetrVG). – Systematisch nicht zum Betriebsverfassungsrecht sondern zum Individualarbeitsrecht gehören die Bestimmungen über das *Mitwirkungs- und Beschwerderecht des Arbeitnehmers* (§§ 81 ff. BetrVG). – Das BetrVG regelt die Mitwirkung und Mitbestimmung des Betriebsrats in → sozialen Angelegenheiten (§ 87 BetrVG), bei der Gestaltung von Arbeitsplatz (→ Arbeitsplatzmitbestimmung, → Arbeitsplatz, → Arbeitsplatzgestaltung), Arbeitsablauf und Arbeitsumgebung (§§ 90, 91 BetrVG), in → personellen Angelegenheiten (§§ 92–105 BetrVG) und in → wirtschaftlichen Angelegenheiten (§§ 106–113 BetrVG). – 3. Mitbestimmung bedeutet, dass sie notfalls auch gegen den Willen des Arbeitgebers oder des Betriebsrats durchgesetzt werden kann, wenn eine Einigung zwischen Arbeitgeber und Betriebsrat nicht zustande kommt. – Zur Beilegung von Interessenkonflikten ist die Anrufung der betrieblichen *Einigungsstelle* (§ 76 BetrVG) möglich. – Entsteht zwischen Arbeitgeber und Betriebsrat Streit, ob und in welchem Ausmaß der Betriebsrat in einer Angelegenheit zu beteiligen ist, so entscheidet darüber auf Antrag von Arbeitgeber oder Betriebsrat das → Arbeitsgericht im → Beschlussverfahren (§ 2a I, §§ 80 ff. ArbGG). Das gilt auch, soweit der Streit um die Zuständigkeit der Einigungsstelle geführt wird. – 4. Zum Schutz der Betriebsverfassungsorgane bei der Ausübung ihrer Tätigkeit gelten die *Straf- und Bußgeldvorschriften* der §§ 119–121 BetrVG.

Betriebsverfassungsgesetz (BetrVG) → Betriebsverfassungsgesetz 1972 (BetrVG), → Drittelbeteiligungsgesetz (DrittelbG).

Betriebsverfassungsgesetz 1952 (BetrVG) – Gesetz vom 11.10.1952 (BGBl. I 681) m.spät.Änd.; in Kraft gemäß § 129 BetrVG waren zuletzt nur noch die §§ 76–77a, 81, 85 und 87. Das BetrVG 1952 wurde durch das → Drittelbeteiligungsgesetz (DrittelbG) (vom 18.5.2004, BGBl. I 974) aufgehoben.

Betriebsverfassungsgesetz 1972 (BetrVG) – Gesetz vom 15.1.1972 (BGBl. I 13), i.d.F. vom 25.9.2001 (BGBl. I 2518) m.spät.Änd., Rechtsgrundlage der → Betriebsverfassung. – Vgl. auch → Drittelbeteiligungsgesetz (DrittelbG).

betriebsverfassungsrechtliche Normen – normative Bestimmungen im → Tarifvertrag, durch die Angelegenheiten der → Betriebsverfassung geregelt werden (§ 1 TVG). Fraglich ist, ob durch das → Betriebsverfassungsgesetz 1972 (BetrVG) die Regelungskompetenz der Tarifvertragsparteien nicht zumindest in Teilen eingeschränkt worden ist. Bes. umstritten ist, ob die Beteiligungsrechte des → Betriebsrats tarifvertraglich erweitert werden können. – Rechtsnormen des Tarifvertrags über betriebsverfassungsrechtliche Fragen *gelten* für alle Betriebe, deren Arbeitgeber tarifgebunden (→ Tarifgebundenheit) ist (§ 3 II TVG).

Betriebsvergleich – I. Begriff/Aufgabe: Unter Betriebsvergleich versteht man das systematische, nach bestimmten Methoden durchgeführte Vergleichen betrieblicher Größen zur Beurteilung wirtschaftlicher Tatbestände. Der Betriebsvergleich ist ein Hilfsmittel zur Planung, Kontrolle und Steuerung des Betriebsgeschehens. Gegenstand des Betriebsvergleichs können sowohl unterschiedliche lokale Bereiche als auch einzelne betriebliche Funktionen, in Sonderfällen bestimmte Investitionen oder Branchen sein. Als aktueller Begriff für Betriebsvergleich findet sich zunehmend der des → Benchmarking.

II. Arten: 1. *Einbetrieblicher Vergleich (Selbstvergleich):* Das Vergleichsmaterial stammt aus einem Vergleichsbereich (Betrieb, Werk, Unternehmen, Betriebsteil). Er kann durchgeführt werden als: a) *Zeitvergleich:* Vergleich von Zahlen gleichen Charakters verschiedener Perioden oder Stichtage aus demselben Betrieb. – b) *Soll-Ist-Vergleich:* Verfeinerung des Zeitvergleichs; das zu vergleichende Zahlenmaterial besteht nicht nur aus Effektivgrößen verschiedener Perioden, sondern es werden geplante und geschätzte Ziffern, d.h. Sollziffern einerseits, und die effektiven Ziffern, d.h. die Istziffern andererseits, die sich beide auf dasselbe Objekt und denselben Zeitpunkt bzw. Zeitraum beziehen, verglichen. – 2. *Zwischenbetrieblicher Vergleich:* Betriebliche Größen aus verschiedenen Bereichen (Betriebsabteilungen, Werke, Unternehmen) werden verglichen. Diese haben i.Allg. die gleichen funktionalen Aufgaben, unter bestimmten Voraussetzungen können jedoch auch Unternehmen verschiedener Branchen verglichen werden. Die zwischenbetrieblichen Vergleiche umfassen alle Zahlengrößen oder verbalen Äußerungen aus unterschiedlichen Bereichen der gleichen Ebene, gleich ob Größen eines bestehenden oder solche eines gedachten, konstruierten „Betriebes". Das Zahlenmaterial braucht sich nicht nur auf eine Rechnungsperiode oder einen Zeitpunkt zu beziehen, sondern es kann sich auch auf Zahlen einer Zeitfolge oder mehrerer Zeitpunkte erstrecken. – 3. *Zwischenbetriebliche Vergleiche nach der Art des Ausgangsmaterials:* a) *Vergleiche aufgrund von Größen der laufenden Rechnung:* (1) *Vergleich konkreter Betriebe* (Zahlenmaterial aus zwei oder mehreren Betrieben, Werken, Arbeitsplätzen, Unternehmen etc.) gleicher Leistungserstellung oder unterschiedlicher Leistungserstellung, z.B. Unternehmen verwandter Branchen. – *Inhalte:* (a) Vergleiche *finanzwirtschaftlicher Art* z.B. Bilanzvergleiche, Liquiditätsvergleiche, Vergleiche der Finanzstruktur im Hinblick auf die finanzielle Stabilität (Vermögensstrukturvergleiche, Kapitalstrukturvergleiche, Vergleiche der Investition und deren Deckung); (b) Vergleiche von *Aufwands-* und *Ertragsgrößen* bzw. Konten- und Erlösgrößen wie Kostenarten-, Kostenstellen-, Kostenträgervergleiche, Ertrags-, Umsatz- und Erfolgsvergleiche; (c) Vergleiche *sonstiger wichtiger Größen* wie Produktivität, Rentabilität, Umschlagziffern, Belegschaft, Wachstum (Vergleiche der Substanz der Kapazität, der Selbstfinanzierung). – (2) *Kennziffernvergleich:* Vergleich von Zahlen eines konkreten Betriebes mit zweigwirtschaftlichen Kennziffern (z.B. Zahlen eines Betriebes A mit dem Durchschnitt aus den Zahlen der Betriebe A–Z, die der gleichen Branche angehören) oder Kennziffern einer Branche mit Kennziffern einer anderen Branche. – b) *Vergleiche mithilfe von geschätzten bzw. vorkalkulierten Größen* (bes. Struktur- und Verfahrensvergleiche, „Modellrechnungen"). Bei der Durchführung von Struktur- und Verfahrensvergleichen reichen Größen der Vergangenheit i.Allg. nicht aus. Es müssen zusätzlich geschätzte bzw. vorkalkulierte Größen eingesetzt werden. Bei einem solchen fiktiven Vergleich können Zahlen gedanklich konstruierter „Betriebe" untereinander mit geschätzten oder mit effektiven Zahlen konkreter Betriebe verglichen werden. Die Vergleichsobjekte können unterschiedlich sein. Im Mittelpunkt stehen: Vergleiche finanzwirtschaftlicher Art, Vergleiche zur Festlegung bzw. Änderung technischer und organisatorischer Maßnahmen, zur Festlegung bzw. Änderung des Produktionsprogramms, zur Feststellung der optimalen Betriebsgröße, zur Beurteilung des Standortes, Steuerbelastungsvergleiche, Investitionsvergleiche. Vergleichsrechnungen dieser Art, die nicht laufend, sondern nur ad hoc zur Fundierung wichtiger betriebspolitischer Entscheidungen durchgeführt werden, sind in vielen Fällen wichtiger als laufende Vergleichsrechnungen, die eine Vielzahl von Relationen bringen, ohne immer einen großen Aussagewert zu haben. – 4. *Zwischenbetriebliche Vergleiche nach Qualität und Kontrollmöglichkeit des Vergleichsmaterials:* a) *Interne Betriebsvergleiche* liegen vor, wenn die untersuchende Stelle Einfluss hat auf die Art der Erfassung und Zusammenstellung des Zahlenmaterials und wenn gleichzeitig auch eine Kontrolle des Zahlenmaterials ohne Einschränkung möglich ist. Typisch sind hier detaillierte Kostenstellen- und Kostenträgervergleiche. – b) Der *externe Betriebsvergleich* arbeitet entweder nur mit veröffentlichten, also jedermann zugänglichen Informationen (Bilanz, Gewinn- und Verlustrechnung, Anhang, Lagebericht, Wochenbericht, Quartalsausweise, sonstige Berichte in der Presse, Jubiläumsschriften) oder mit Informationen, die die untersuchende Stelle durch Fragebogen (Enqueten) und Rückfragen erhält, wobei die Zahlen i.d.R. freiwillig gegeben werden, in jedem Fall aber der Vergleichsstelle die Kontrollmöglichkeit fehlt. – Vgl. auch → Benchmarking.

III. Materielle/formelle Voraussetzungen: Kosten und Erlöse, Kapitalstruktur und Vermögensaufbau eines Betriebes werden durch eine Vielzahl von Faktoren beeinflusst, die z.T. ihre Wirkung im Zeitablauf ändern oder aber von Unternehmen zu Unternehmen mit unterschiedlichem Gewicht auftreten. Die Vergleichbarkeit wird durch diese Faktoren gestört. Ob sie bei betriebsvergleichenden Arbeiten als Störungsfaktoren zu eliminieren sind oder nicht, hängt vom jeweiligen Vergleichszweck ab. Würde überhaupt keine Eliminierung dieser Faktoren vorgenommen, wäre ein aussagefähiges Ergebnis bei den meisten Vergleichen nicht möglich; würde man alle Unterschiede ausschalten, wäre ein Vergleich nicht sinnvoll. Die Eliminierung der Störungsfaktoren erfolgt durch Gruppenbildung (nur Betriebe gleicher Merkmalsausprägung, z.B. gleicher Größe, werden verglichen) oder durch kalkulatorischen Ausgleich (z.B. kalkulatorische Löhne für mithelfende Angehörige). Die Möglichkeiten der Gruppenbildung sind meist durch die Anzahl der Vergleichsbetriebe eng begrenzt, der kalkulatorische Ausgleich ist mit Schätzungsproblemen verbunden (z.B. Umfang und Wert der Mithilfe von Angehörigen). – 1. *Materielle Voraussetzungen:* Was im Einzelfall als Störungsfaktor anzusehen ist, hängt vom jeweiligen Zweck des Vergleichs ab. Die Vergleichbarkeit bei zwischenbetrieblichen Vergleichen kann bes. behindert werden durch folgende Faktoren: unterschiedlicher Beschäftigungsgrad, unterschiedliche Menge einheitlicher Leistungen (Spezialisierung), unterschiedliche Preise der Verbrauchs- und Absatzgüter, unterschiedliche Produktionstechnik, unterschiedliche Belegschaftsstruktur, unterschiedliches Produktionsprogramm, unterschiedliche Produktionstiefe und Betriebsgröße, unterschiedlicher Standort und unterschiedliche Unternehmungsform und Finanzstruktur. – 2. *Formelle Voraussetzungen:* Um eine sinnvolle Vergleichstätigkeit zu ermöglichen, müssen das Prinzip gleichartiger Erfassung des Ausgangsmaterials (einheitliche Benennung und Abgrenzung der wichtigsten Begriffe, Normalisierung der formellen Gestaltung des

Werteflusses) und das Prinzip gleichartiger Bewertung soweit möglich befolgt sein. Bes. Schwierigkeiten ergeben sich bei Vergleichen von Betrieben aus verschiedenen Staaten wegen der fehlenden Einheitlichkeit der begrifflichen und inhaltlichen Abgrenzung von Vergleichsgrößen und der unterschiedlichen Bewertungsvorschriften. Störungen durch unrealistische Wechselkurse können durch den Vergleich von Verhältnisziffern ausgeräumt werden.

IV. Aussagewert/Bedeutung: 1. Das Ergebnis des Betriebsvergleichs besteht in der *Vergleichsaussage*, und zwar in einer für den jeweiligen Vergleichszweck relevanten Aussage über die Vergleichsobjekte. Man darf die Vergleichsaussage weder leichtfertig verallgemeinern und Ergebnisse herauslesen wollen, die der Vergleich nicht bietet, noch darf man wegen des begrenzten Erkenntniswertes ihren Wert überhaupt leugnen. – 2. Bei der Auswertung müssen die *speziellen Bedingungen des eigenen Betriebes* im Vergleich zu den anderen an der Erhebung beteiligten Betrieben berücksichtigt werden. Häufig wird es nicht ausreichen, eine Vergleichsziffer isoliert zu betrachten, es wird vielmehr erst durch gleichzeitigen Vergleich mehrerer Größen möglich sein, bei der Auswertung zu einem fundierten Urteil zu gelangen. Die Auswertung von Vergleichsergebnissen kann für verschiedene Stellen und Institutionen vorgenommen werden, für die Betriebsvergleiche eine Bedeutung haben. – 3. *Zu unterscheiden* ist die Auswertungsmöglichkeit: (1) *Für einen Betrieb*, der zu den Vergleichsbetrieben gehört, und zwar sowohl für die laufende Betriebsführung als auch für einmalige größere betriebspolitische Entscheidungen; (2) *für Dritte*, die mit den Betrieben in engerer Verbindung stehen: Eigen-, Fremdkapitalgeber, Lieferanten, Wirtschaftsverbände etc.; (3) *für Entscheidungen der staatlichen Wirtschafts-, Sozial-, Kapitalmarkt- und Finanzpolitik.*

V. Einfluss auf die Kostenrechnung: Das Streben nach Vergleichbarkeit mit anderen Betrieben hat auch Einfluss auf die traditionelle → Vollkostenrechnung genommen. Der Ansatz von → kalkulatorischem Unternehmerlohn und kalkulatorischen Mieten wird u.a. damit begründet, die Kostenstruktur eines entsprechenden Eigentümer-Unternehmens mit der von Kapitalgesellschaften vergleichbar zu machen.

Betriebsverlegung → Betriebsänderung.

Betriebsverlust → Betriebsergebnis.

Betriebsvermögen – I. Steuerbilanzrecht: 1. Der *Begriff* Betriebsvermögen ist gesetzlich nicht definiert. Unter Betriebsvermögen wird die Summe aller dem Unternehmer zuzurechnenden → Wirtschaftsgüter verstanden, die in einem tatsächlichen oder wirtschaftlichen Förderungszusammenhang zum Betrieb gestellt sind. Die Betriebsvermögenseigenschaft ist für jedes einzelne Wirtschaftsgut gesondert zu prüfen. – 2. Das Betriebsvermögen *dient* bei den → Einkünften aus Land- und Forstwirtschaft, Gewerbebetrieb und selbständiger Arbeit als Grundlage für die Gewinnermittlung durch → Betriebsvermögensvergleich. – 3. *Zu unterscheiden:* a) → Notwendiges Betriebsvermögen: Wirtschaftsgüter, die ihrer Art und Beschaffenheit nach objektiv erkennbar zum unmittelbaren Einsatz im Betrieb bestimmt sind, z.B. Fabrikgebäude, Maschinen, Lastkraftwagen. – b) → Gewillkürtes Betriebsvermögen: Wirtschaftsgüter, die weder notwendiges Betriebsvermögen noch → notwendiges Privatvermögen sind, z.B. Grundstücke, Wertpapiere, Beteiligungen, wenn sie objektiv geeignet und bestimmt sind, den Betrieb zu fördern. Aufnahme in das Betriebsvermögen nach subjektivem Ermessen des Steuerpflichtigen durch → Einlage. Gewillkürtes Betriebsvermögen ist nach neuerer Rechtsprechung auch für Steuerpflichtige möglich, die ihren Gewinn nicht durch Bilanzierung, sondern durch → Einnahmen-Überschuss-Rechnung ermitteln (§ 4 III EStG). Dagegen entfällt die Unterscheidung bei Kapitalgesellschaften, da Kapitalgesellschaften begrifflich kein Privatvermögen haben können. – 4. Besonderheit bei *Personengesellschaften:* a) Wirtschaftsgüter im Gesellschaftseigentum bzw. im Gesamthandseigentum sind stets notwendiges Betriebsvermögen – *Ausnahmen:* Wirtschaftsgüter, die ihrer Art nach nicht zur unmittelbaren betrieblichen Nutzung bestimmt sind und deren Erwerb nicht betrieblich veranlasst war, sowie Wirtschaftsgüter, die ausschließlich oder fast ausschließlich der privaten Lebensführung eines, mehrerer oder aller Gesellschafter dienen. Gewillkürtes Betriebsvermögen im Bereich des Gesellschaftsvermögens ist nicht möglich. – b) Wirtschaftsgüter im Eigentum der Gesellschafter sind notwendiges Sonderbetriebsvermögen, wenn sie bestimmt sind, dem Betrieb der Personengesellschaft oder der Beteiligung an der Personengesellschaft zu dienen. Bildung gewillkürten Sonderbetriebsvermögens ist möglich (→ Sonderbetriebsvermögen).

II. Bewertungsgesetz: 1. *Begriff:* Das Betriebsvermögen stellt eine der drei → Vermögensarten dar, die das Bewertungsgesetz unterscheidet (§ 18 Nr. 3 BewG). – 2. *Umfang:* Zum Betriebsvermögen gehören alle → Wirtschaftsgüter, die einem gewerblichen Betrieb als Hauptzweck dienen und dem Betriebsinhaber wirtschaftlich (u.U. unabhängig von der zivilrechtlichen Beurteilung, § 39 II AO) zuzuordnen sind. Bei Kapitalgesellschaften und Personengesellschaften sind die Wirtschaftsgüter auch ohne gewerbliche Nutzung deren Betriebsvermögen zuzurechnen; zum Betriebsvermögen einer Personengesellschaft gehört auch das → Sonderbetriebsvermögen der Gesellschafter (§§ 95, 97 BewG). – 3. *Bewertung:* Das Betriebsvermögen ist grundsätzlich mit dem gemeinen Wert anzusetzen (§§ 109, 11 II BewG).

III. Betriebswirtschaftslehre: → Anlagevermögen, → Umlaufvermögen.

Betriebsvermögensfreibetrag → Erbschaftsteuer.

Betriebsvermögensvergleich – steuerrechtlicher Begriff für eine Art der Gewinnermittlung (→ Einkünfteermittlung); vgl. § 4 I EStG. Gewinn ist der Unterschiedsbetrag zwischen dem → Betriebsvermögen am Schluss des Wirtschaftsjahres und dem Betriebsvermögen am Schluss des vorangegangen Wirtschaftsjahres, vermehrt um den Wert der → Entnahmen und vermindert um den Wert der → Einlagen. Wer nach Handelsrecht Bücher führen muss, muss den Betriebsvermögensvergleich nach den Grundsätzen ordnungsmäßiger Buchführung vornehmen (§ 5 I EStG; → Maßgeblichkeitsprinzip). Für alle anderen Steuerpflichtigen schreibt § 141 AO vor, welche Mindeststandards beim Betriebsvermögensvergleich zu beachten sind.

Betriebsversammlung – 1. *Begriff*: Nicht öffentliche Versammlung der Belegschaft eines Betriebes unter Leitung des Vorsitzenden des Betriebsrats (§§ 42 ff. BetrVG). – 2. *Befugnis:* Die Betriebsversammlung kann dem Betriebsrat Anträge unterbreiten und zu seinen Entschlüssen Stellung nehmen. Behandlung nur solcher Angelegenheiten zulässig, die die Belange des Betriebs oder seiner Arbeitnehmer berühren. Die Betriebsversammlung dient auch der Unterrichtung der Belegschaft und der allg. innerbetrieblichen Kommunikation. – 3. *Einberufung:* a) *Ordentliche Einberufung* von Betriebsversammlungen einmal im Vierteljahr vorgeschrieben, auf der der Betriebsrat Tätigkeitsbericht zu erstatten hat. Arbeitgeber ist einzuladen und auf der Betriebsversammlung zu sprechen berechtigt. – b) *Außerordentliche Einberufung* von Betriebsversammlungen im pflichtgemäßen Ermessen des Betriebsrats, der aber auf Wunsch des Arbeitgebers oder von mind. einem Viertel der wahlberechtigten Arbeitnehmer einberufen und beantragte Beratungsgegenstände auf Tagesordnung setzen muss. – Ordentliche Betriebsversammlungen und außerordentliche Betriebsversammlungen auf Wunsch des Arbeitgebers finden i.d.R. *während der Arbeitszeit* statt, sonstige Betriebsversammlungen außerhalb der Arbeitszeit. Abweichungen im Einvernehmen mit dem Arbeitgeber zulässig. Kein Lohnausfall durch Teilnahme an Betriebsversammlung. – 4. *Teilnahmeberechtigung* für Beauftragte der im Betrieb vertretenen → Gewerkschaften; der Arbeitgeber kann Beauftragte des Arbeitgeberverbandes (→ Berufsverbände) hinzuziehen. – Vgl. auch → Abteilungsversammlung.

Betriebsvorrichtungen – 1. *Begriff*: Alle Vorrichtungen einer Betriebsanlage, die in so enger Beziehung zu einem Gewerbebetrieb stehen, dass dieser unmittelbar mit ihnen betrieben wird (z.B. Fabrikschornsteine, Arbeitsbühnen zur Bedienung von Maschinen, Ziegelbrennöfen, Öltanks einer Raffinerie, Lastenaufzüge). – 2. *Zuordnung und Bewertung* nach BewG: a) Betriebsvorrichtungen werden, auch wenn sie → wesentliche Bestandteile des Grundstücks sind, nicht in das → Grundvermögen einbezogen (§ 68 II BewG), sondern gehören i.d.R. zu den Wirtschaftsgütern des → Betriebsvermögens. Das hat zur Folge, dass Betriebsvorrichtungen nicht zur Bemessungsgrundlage der Grundsteuer gehören, wohl aber bei der Erbschaftsteuer neben den → Grundbesitzwerten als → Betriebsvermögen berücksichtigt werden. – *Ausnahme:* Betriebsvorrichtungen im → land- und forstwirtschaftlichen Vermögen. – b) Die Bewertung erfolgt für das Betriebsvermögen mit dem Steuerbilanzwert (§ 109 I BewG). – Vgl. auch → verlängerte Maßgeblichkeit.

Betriebswagnis → Wagnisse.

Betriebswahlvorstand – Gremium zur Vorbereitung und Durchführung der Betriebswahl (→ Betriebsrat); bestehend aus i.d.R. drei Mitgliedern. Der Betriebswahlvorstand ist vom Betriebsrat spätestens acht Wochen vor Ablauf seiner Amtszeit zu bestellen; hilfsweise wird der Betriebswahlvorstand vom → Arbeitsgericht (§§ 16 II, 18, 23 II BetrVG), in bes. Fällen auch von einer → Betriebsversammlung (§ 17 BetrVG) bestellt. Im vereinfachten Wahlverfahren für Kleinbetriebe (5-50 wahlberechtigte Arbeitnehmer) wird der Betriebswahlvorstand in einer Wahlversammlung gewählt (§§ 14a, 17a BetrVG). – *Aufgaben:* Rechtzeitige Einleitung und Durchführung der Wahl sowie die Feststellung des Wahlergebnisses.

Betriebswert – *Betriebspreis;* selten verwendeter Begriff für den einem Gut der innerbetrieblichen Kostenverrechnung (→ innerbetriebliche Leistungsverrechnung) beigemessenen Wert z.B. bei der Verrechnung von Halbfabrikaten zwischen Abteilungen.

betriebswirtschaftliches Rechnungswesen → Rechnungswesen.

betriebswirtschaftliche Statistik – I. Begriff: Analyse und Interpretation von in- oder extern anfallendem Zahlenmaterial des Betriebs/der Unternehmung mittels statistischer Methoden und Verfahren zum Zwecke der Planung und Kontrolle unternehmerischer Dispositionen.

II. Teilbereiche: 1. *Personalstatistik:* Erfassung und Zählung der beschäftigten Arbeitnehmer a) nach Art der Tätigkeit, etwa tätige Inhaber, leitende Angestellte, gelernte, angelernte oder ungelernte Arbeiter, Anlernlinge, Auszubildende und Praktikanten; ggf. unter bes. Kennzeichnung der Spezialarbeiter; b) nach Alters- und Lohngruppen; c) nach Verteilung der Beschäftigten auf die betrieblichen Funktionsbereiche: (1) die in der Fertigung Beschäftigten auf Werkstätten, Abteilungen, Arbeitsgruppen, einzelne → Kostenstellen; (2) die kaufmännischen Angestellten auf die Kostenstellen Verwaltung, Vertrieb, Einkauf u.Ä.; d) nach Arbeitsausfällen durch Saisoneinflüsse, Betriebsunfälle, Berufskrankheiten unter Berücksichtigung der Altersgliederung und der Ergebnisse von Reihenuntersuchungen bzw. sonstiger Unterlagen über die Gesundheitsverhältnisse der Belegschaft. – 2. *Leistungsstatistik:* a) Errechnung des → Beschäftigungsgrads aufgrund der

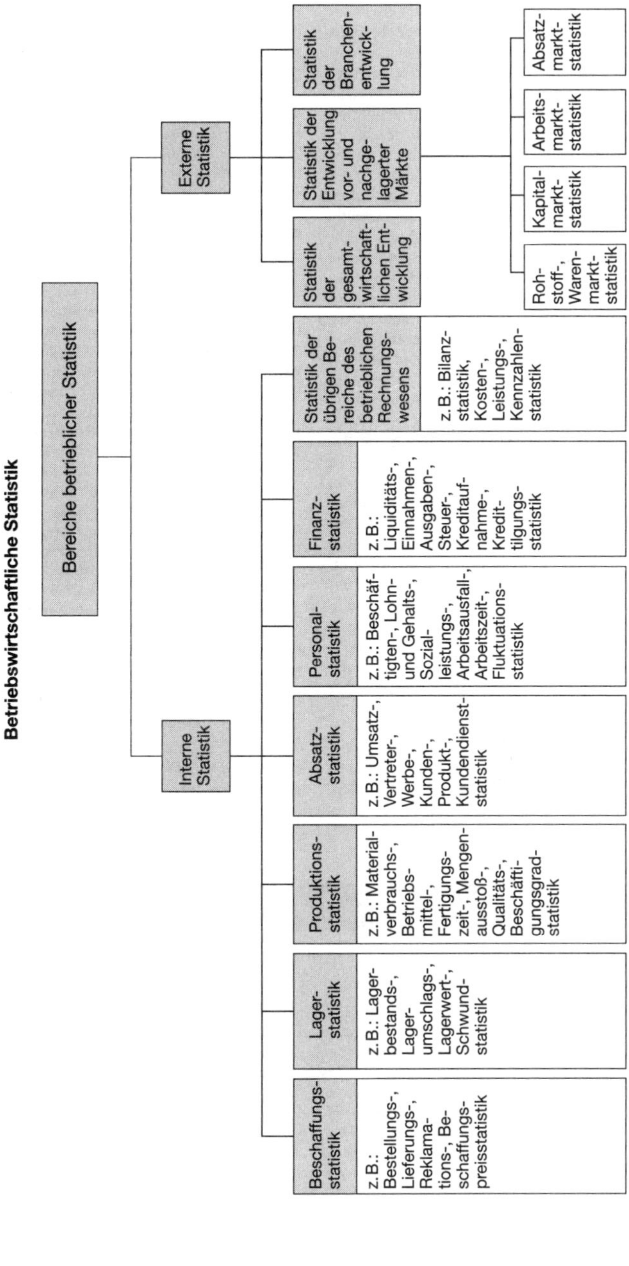
Betriebswirtschaftliche Statistik
Bereiche betrieblicher Statistik
Interne Statistik
Externe Statistik
Beschaffungs-statistik
z.B.: Bestellungs-, Lieferungs-, Reklama-tions-, Be-schaffungs-preisstatistik
Lager-statistik
z.B.: Lager-bestands-, Lager-umschlags-, Lagerwert-, Schwund-statistik
Produktions-statistik
z.B.: Material-verbrauchs-, Betriebs-mittel-, Fertigungs-zeit-, Mengen-ausstoß-, Qualitäts-, Beschäfti-gungsgrad-statistik
Absatz-statistik
z.B.: Umsatz-, Vertreter-, Werbe-, Kunden-, Produkt-, Kundendienst-statistik
Personal-statistik
z.B.: Beschäf-tigten-, Lohn- und Gehalts-, Sozial-leistungs-, Arbeitsausfall-, Arbeitszeit-, Fluktuations-statistik
Finanz-statistik
z.B.: Liquiditäts-, Einnahmen-, Ausgaben-, Steuer-, Kreditauf-nahme-, Kredit-tilgungs-statistik
Statistik der übrigen Be-reiche des betrieblichen Rechnungs-wesens
z.B.: Bilanz-statistik, Kosten-, Leistungs-, Kennzahlen-statistik
Statistik der gesamt-wirtschaft-lichen Ent-wicklung
Statistik der Entwicklung vor- und nachge-lagerter Märkte
Statistik der Branchen-entwick-lung
Roh-stoff-, Waren-markt-statistik
Kapital-markt-statistik
Arbeits-markt-statistik
Absatz-markt-statistik

Arbeitsstundenkapazität (Produkt aus betriebsüblicher, durchgehend gleichbleibender Arbeitszeit und der nach Anlagen und Einrichtungen „normalen" Beschäftigtenzahl) sowie der effektiv geleisteten Stundenzahl, die infolge periodischer Feiertage an Werktagen, Betriebsunterbrechungen, Krankheiten, Unfällen und anderen Ursachen stets gegenüber der kapazitiven Stundenzahl zurückbleibt. – b) Ermittlung der *Arbeitsintensität* durch Vergleich der Arbeitsstundenkapazität (Arbeitsplätze gewichtet mit der wöchentlichen Schichtzeit) mit der Arbeitsstundenleistung (Zahlen aus der → Lohnbuchführung). – c) Ermittlung der *Pro-Kopf-Leistung,* wobei die menschliche Arbeitsleistung mit der Arbeitsstundenleistung gleichgesetzt werden muss. Sie ist zu beziehen (1) auf die Zahl der Beschäftigten und auf die Höhe der Lohnsumme, um die relative Leistung einer Abteilung oder des Gesamtbetriebs im Zeitvergleich oder im innerbetrieblichen Vergleich zu messen, oder (2) auf den Mengenausstoß, sog. Ausbringung, zu Standardkosten. – d) Berechnung des → *Kapazitätsausnutzungsgrades:* – (1) Die Leistung der Betriebsmittel kann dabei aufgrund der Erfahrung auf die „normalen" Leistungsstunden festgelegt werden, sodass sich ein Verhältnis zwischen technisch möglichen und effektiven Leistungsstunden als prozentualer Ausnutzungsgrad ergibt. Innerbetrieblicher Vergleich von Abteilung zu Abteilung sowie auch im Zeitablauf oder durch → Betriebsvergleich. – (2) Berechnung nach der kapazitiven Ausbringung, d.h. nach den Umsätzen in Mengen oder zu Verrechnungspreisen, so z.B. zur Leistungskontrolle beim Filialvergleich. – 3. *Lagerstatistik:* a) Einkaufsstatistik für Ermittlung der Mindesteindeckung: Statistik über Lieferfristen, Umschlagsgeschwindigkeit, Bestellungen, Lieferterminverzögerungen, Fehlmengen. – b) Statistik der Absatzwirtschaft: Marktanalyse, Statistik des Auftragseingangs zur Bestimmung der optimalen Losgröße, Kundenstatistik (Zahlungsfristen, regionale Verteilung der Abnehmer für die Werbung). – c) Statistik der Vorrats- und Anlagenwirtschaft mittels (1) → Fortschreibung der Zu- und Abgänge von Anlagengegenständen; (2) Kontrolle der zeitlichen Verteilung von Reparaturen und der örtlichen Verteilung von Ausschuss durch Materialfehler; (3) Bestandsstatistik für Lehren und Werkzeuge; (4) Bezugsziffern für die durchschnittliche Lagerdauer bzw. Umschlagsgeschwindigkeit. – 4. *Statistik der Kostenstruktur und Kostenentwicklung* (u.a. für den Betriebsvergleich): a) Statistik der Kostenarten aus der Kostenrechnung; b) Bezugsziffern zwischen Einzel- und Gemeinkosten sowie zwischen Einzelkosten untereinander bei unterschiedlichem Beschäftigungsgrad; c) diverse weitere Statistiken, wie z.B. Statistik des Anteils bestimmter Kostenarten an den Gesamtkosten einzelner Erzeugnisse, Zusammensetzung der Personalkosten, Ausschuss und Nacharbeit beim Anlauf von Losfertigungen zur Ermittlung kalkulatorischer Anlaufkosten. – 5. *Bilanzstatistik* im zwischenzeitlichen und zwischenbetrieblichen Vergleich, soweit nicht durch abweichende Bewertung unmöglich. – 6. *Statistik der Preise:* → Preisstatistik. – 7. *Statistische Qualitätskontrolle:* a) Anwendung von Stichprobenverfahren (→ Zufallsstichprobenverfahren) auf die Gut-Schlechtprüfung oder auf die messende Prüfung zur Erfassung von Materialmängeln oder Fertigungsfehlern während des Produktionsprozesses, häufig mittels Kontrollkarten. – b) Prüfung der Produktionsvorgänge auf Ausschussanteil und Qualitätsmerkmale mithilfe statistischer Entscheidungsverfahren nach sog. Prüfplan und mithilfe → statistischer Testverfahren. Bereiche betrieblicher Statistik in anderer Gliederung vgl. Abbildung „Betriebswirtschaftliche Statistik".

betriebswirtschaftliche Steuerpolitik → Steuerpolitik.

betriebswirtschaftliche Vergleiche → Betriebsvergleich, → Benchmarking.

Betriebswirtschaftslehre (BWL)

von Prof. Dr. Jean-Paul Thommen

I. Geschichte der Betriebswirtschaftslehre

Erste Buchhaltungsbelege zum kaufmännischen Rechnen in Form von Tontafeln können bereits den Hochkulturen des alten Orients rund 3.000 v.Chr. zugeordnet werden. Seit dieser Zeit sind immer wieder unsystematisch aufgearbeitete kaufmännische Informationen und Kennzahlen zu technischen und wirtschaftlichen Projekten aufgetaucht. Auch Schriften zu einer Wirtschaftslehre, die einzelne betriebswirtschaftliche Aspekte behandeln, können – z.B. bei den alten Griechen im 5. und 4. Jahrhundert v.Chr. (Aristoteles) – ausgemacht werden. Einen Meilenstein stellte das Werk von → Pacioli (1445–1514) dar, das die älteste und systematischste Darstellung der doppelten Buchführung enthält. In den nachfolgenden Jahrhunderten erschienen v.a. einige beachtenswerte Schriften zum Handel bzw. für den Kaufmann, der dieses Geschäft pflegte. Im Zuge der industriellen Revolution wurden häufiger Industrieunternehmen betrachtet, während mit dem Wandel zur Dienstleistungsgesellschaft sich der Fokus in diese Richtung erweiterte. Damit stellt sich die Frage, wann die

Betriebswirtschaftslehre als wissenschaftliches Lehr- und Forschungsgebiet entstanden ist und man von eigenständigen Ansätzen oder Theorien sprechen kann. Je nach Kriterium, das der Betrachtung zugrunde liegt, wird man zu ganz unterschiedlichen Resultaten kommen:

Theorie: Liegt ein eigenständiges Paradigma (Ansatz) im Sinn Kuhns (1978) vor, mit dessen Hilfe die wesentlichen Probleme eines Fachgebiets modell- und beispielhaft gelöst werden können? Diese Bedingung erfüllt erst der faktortheoretische Ansatz von → Gutenberg (1897–1984).

Institutionelle Verankerung: Wann sind an Hochschulen und Universitäten Lehrstühle errichtet oder gar Fakultäten gegründet worden, die dieses Fachgebiet unterrichten? 1898 wurden im deutschsprachigen Raum die ersten Handelshochschulen in Aachen, Leipzig, St. Gallen und Wien gegründet. Es folgten im Jahr 1901 Frankfurt a.M. und Köln, 1906 Berlin, 1908 Mannheim, 1910 München, 1915 Königsberg und 1919 Nürnberg. In Zürich wurde im Jahr 1903 an der Universität der erste Lehrstuhl für Handelswissenschaften errichtet, der von → Schär besetzt worden ist. Im englischsprachigen Raum wurden zur selben Zeit ebenfalls Handelshochschulen und vergleichbare Institutionen eingeführt. So entstand schon im Jahre 1881 die Wharton School of Commerce and Finance, 1908 die Harvard Business School, bevor ab 1918 eine eigentliche Gründungswelle von Business Schools einsetzte.

Inhalt: Die Bezeichnung Handels-Hochschule macht deutlich, dass zu jener Zeit die Handelsbetriebe bzw. die Handelswissenschaften im Vordergrund standen. Die Probleme der industriellen Produktion heute neben den Dienstleistungsunternehmen ein Kerngebiet – fanden keinen Eingang in das Fach und wurden den Ingenieurwissenschaften zugewiesen. Eine Berücksichtigung dieser Probleme erfolgte erst mit → Schmalenbach (1873–1955) zu Beginn des 20. Jahrhunderts.

Fachbezeichnung: Schmalenbach war es denn auch, der dem Fach Betriebswirtschaftslehre den Namen gegeben hat. Er war der erste, der sich als Professor der Betriebswirtschaftslehre statt der Handelstechnik bezeichnete, wie es sonst üblich war. Dem war ein großer Streit zwischen den beiden bedeutendsten Vertretern des Fachgebiets vorausgegangen. Während Schmalenbach für den Begriff Betriebswirtschaftslehre eintrat, in der er eine praxisorientierte Kunstlehre sah, plädierte Rieger (1878–1971) für den Begriff der Privatwirtschaftslehre und eine theoretische Wissenschaft.

Damit kann die Entstehung der Betriebswirtschaftslehre als Lehr- und Forschungsdisziplin in der ersten Hälfte des 20. Jahrhunderts angesiedelt werden. Die Entwicklung ist eingebettet in die Entstehung und den Erkenntnisfortschritt anderer Sozialwissenschaften seit der Mitte des 19. Jahrhunderts, v.a. der Volkswirtschaftslehre, der Soziologie und der Psychologie. Wie auch in den anderen Sozialwissenschaften existieren verschiedene Ansätze oder Paradigmen gleichzeitig, die sich zum Teil ergänzen, zum Teil aber auch widersprechen. Dabei können zwei Grundausrichtungen unterschieden werden, denen völlig verschiedene Perspektiven in Bezug auf das Erfahrungsobjekt Unternehmen zugrunde liegen.

Die *klassische ökonomisch-rationale Perspektive* knüpft am Vorbild der klassischen Naturwissenschaften an. Das Unternehmen ist ein Homo oeconomicus, der nur die Gewinnmaximierung als Ziel hat, der vollkommene Informationen besitzt und unendlich schnell reagieren kann. Das Unternehmen wird analog zur Maschine als eine Einheit gesehen, die es zu steuern gilt, indem man an den relevanten Stellschrauben dreht. Ausgehend von einem Zielsystem sind die entsprechenden Strategien zu formulieren und die dazu notwendigen Ressourcen bereitzustellen und einzusetzen. Im Prinzip wird von einem linearen Denken ausgegangen, d.h. eindeutigen Ursache-Wirkungsketten.

Die *systemisch-evolutorische Perspektive* geht demgegenüber davon aus, dass jeder Prozess eine Eigendynamik hat, die nicht voraussehbar ist. Damit wird die Annahme der Linearität bzw. der klaren Ursache-Wirkungsbeziehungen aufgegeben. Dies hat zur Folge, dass die Steuerbarkeit von Systemen nur noch beschränkt gegeben ist.

Im Einzelnen können heute folgende wichtige Ansätze unterschieden werden: Im *entscheidungsorientierten Ansatz* stehen die betriebswirtschaftlichen Entscheidungen im Mittelpunkt des Interesses. Da die Ziel- und Mittelentscheidungen von besonderer Bedeutung für Unternehmen sind, beschäftigt sich dieser Ansatz v.a. mit Zielsetzungs- und Zielerreichungsprozessen.

Der *systemorientierte Ansatz* betrachtet das Unternehmen als ein System, das sich aus verschiedenen Subsystemen zusammensetzt, die miteinander durch vielfältige Beziehungen verknüpft sind. Der Ansatz beschäftigt sich deshalb eingehend mit dem Verhalten von Systemen auf der Grundlage der formalen Erkenntnisse der Kybernetik sowie der allgemeinen Systemtheorie.

Der *situative Ansatz* (Contingency Approach) geht davon aus, dass die jeweiligen Gegebenheiten (z.B. Umweltdynamik, Technologie, Ressourcenknappheit) einen entscheidenden Einfluss auf das Unternehmen, v.a. die Organisation, haben. Deshalb kommt den Umwelteinflüssen eine besondere Bedeutung zu.

Der *verhaltensorientierte Ansatz* (Behavioral Approach) versucht, mithilfe von allgemeinen Theorien über menschliches Verhalten soziale und soziotechnische Beziehungen auf Märkten und in Organisationen zu erklären und die wirtschaftlichen Konsequenzen aufzuzeigen.

Gemäß *institutionenökonomischen Ansätzen* lassen sich Bedingungen identifizieren, unter denen die Integration ökonomischer Aktivitäten in das Unternehmen (oder eine andere Organisationsform) der Koordination dieser Aktivitäten durch den Markt überlegen ist. Auf dieser Grundlage haben sich – je nach Perspektive – verschiedene Ansätze entwickelt (Property-Rights-Theorie, Transaktionskosten-Theorie, Prinzipal-Agent-Theorie).

Der *systemisch-konstruktivistische Ansatz* verbindet die allgemeinen Erkenntnisse der Systemtheorie sowie des Konstruktivismus und überträgt sie auf das Verhalten von Individuen, Gruppen und Organisationen. Die Organisation mit ihren Mitgliedern wird als komplexes System mit den entsprechenden Eigenschaften gesehen. Wirklichkeit ist daher nicht etwas objektives, sondern wird immer wieder von neuem konstruiert bzw. erfunden.

II. Betriebswirtschaftslehre als Wissenschaft

Im Verlauf der Zeit stellte man sich immer wieder die Frage, wie die Betriebswirtschaftslehre als Wissenschaft charakterisiert werden kann. Dabei hat sich gezeigt, dass sich diese Frage nur anhand mehrerer Kriterien beantworten lässt. Die wichtigsten sind:

1. Forschungsobjekt

Das Forschungsobjekt kann gedanklich in das Erfahrungsobjekt und das Erkenntnisobjekt unterteilt werden. Das *Erfahrungsobjekt* umschreibt den Bereich der Wirklichkeit, der in der wissenschaftlichen Arbeit betrachtet werden soll. Bei der klassischen Betrachtung geht es dabei um die Institutionen (Organisationen), welche untersucht werden sollen. In diesem Sinn hat das Erfahrungsobjekt der Betriebswirtschaftslehre bis heute eine ständige Ausweitung erfahren. War ursprünglich der Fokus auf Handelsunternehmen, kamen mit der Zeit Industrie- und jegliche Art von Dienstleistungsunternehmen hinzu. In neuerer Zeit sind v.a. auch Non-Profit-Organisationen und die öffentliche Verwaltung von großem Interesse. In der gegenwärtigen Interpretation -v.a. im Sinn einer angewandten Betriebswirtschaftslehre – versteht man unter dem Erfahrungsobjekt die Art der Probleme, die zum Gegenstand der Untersuchung gemacht werden.

Demgegenüber versteht man unter dem *Erkenntnisobjekt* denjenigen Teil des Erfahrungsobjekts, welcher mithilfe eines Auswahl- oder Abgrenzungskriteriums abgespalten und isoliert betrachtet wird. Dieses Kriterium wird auch als Identitätsprinzip bezeichnet, weil es der Wissenschaft eine eigene Identität gibt. Ein solches Prinzip ist in der traditionellen Interpretation das Gewinnprinzip bzw. das Shareholder-Prinzip, in einer neueren Interpretation die theoretische Perspektive, aus der das ausgewählte Problem betrachtet wird (z.B. institutionenökonomische oder systemisch-konstruktivistische Perspektive). Allerdings hat sich die Meinung durchgesetzt, dass bei einer realitätsnahen Bearbeitung von Problemen meist mehrere Gesichtspunkte berücksichtigt werden müssen und man deshalb auch von einer mehrdimensionalen Betriebswirtschaftslehre spricht.

2. Forschungsziel

Grundsätzlich kann das Ziel der Betriebswirtschaftslehre in ein theoretisches und praktisches unterteilt werden. Die Abbildung „Ziele der Betreibswitrtschaftslehre" zeigt die möglichen Ausrichtungen dieser beiden Zielsetzungen. Dabei sollten die beiden Ziele nicht gegeneinander ausgespielt werden, können doch Theorien die Grundlage für die Herleitung von Aussagen mit praktischer Zielsetzung sein.

3. Forschungsmethodik

Die Betriebswirtschaftslehre bedient sich der unterschiedlichsten Methoden, deren Wahl oft von der Zielsetzung abhängt. Bei einer eher theoretischen Ausrichtung steht das Testen von Hypothesen (Verifikation oder Falsifikation im Sinn von Popper) im Vordergrund, während bei einer praktischen Zielsetzung die Anwendung von Modellen auf konkrete Problemstellungen, das Ziehen von Analogien sowie die Entwicklung von Heuristiken im Vordergrund stehen.

4. Forschungsresultate

Entsprechend der gewählten Zielsetzung und der dazu passenden Methode sind die daraus resultierenden Aussagen sehr unterschiedlich. Sie reichen von rein deskriptiven, d.h. beschreibenden und systematisierenden, über explikative, d.h. erklärende und prognostische Aussagen, bis hin zu technologischen Aussagen, also solchen, mit denen die unternehmerische Wirklichkeit gestaltet werden kann. Eine spezielle Kategorie stellen die normativen Aussagen dar, die nicht in erster Linie auf objektiver, d.h. nachprüfbarer Erkenntnis, sondern auf subjektiven Annahmen und Wertungen beruhen. Allerdings sind die Grenzen zwischen nicht-normativen und normativen Aussagen fließend, v.a. dann, wenn von einem konstruktivistischen Weltbild (Konstruktivismus)

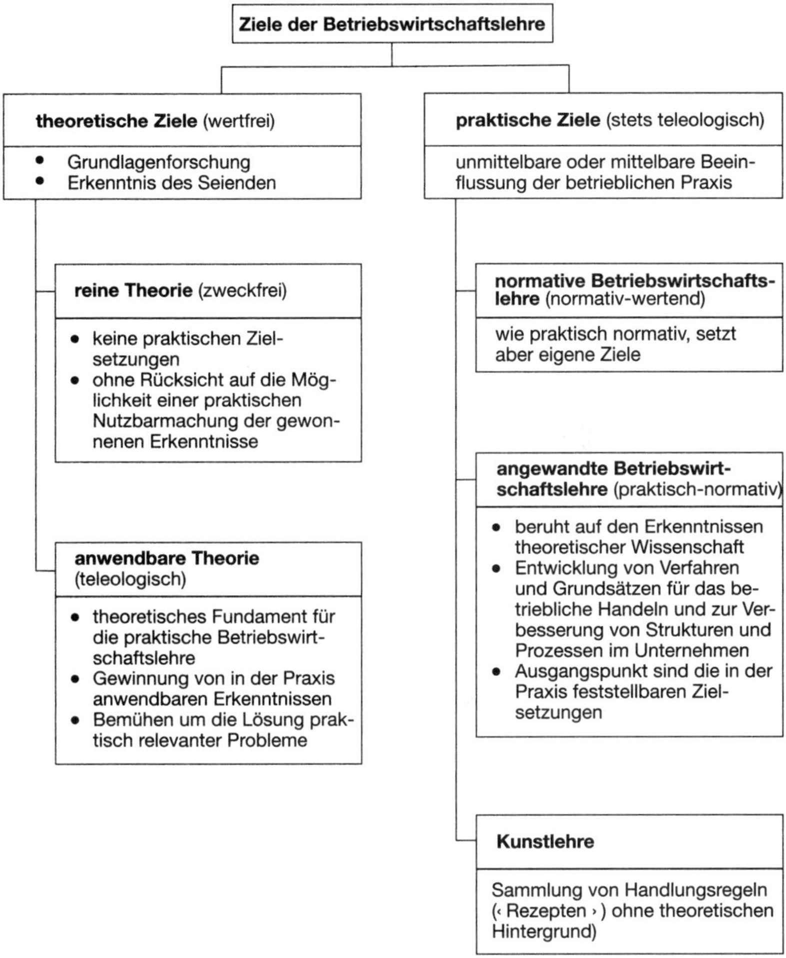

Quelle: Thommen, J.-P., Betriebswirtschaftslehre, 6. akt. Aufl., Zürich 2004, S. 124.

ausgegangen wird, gemäß dessen Annahmen die Wirklichkeit nicht objektiv wahrgenommen werden kann und der Beobachter die Realität immer mitkonstruiert.

Die Ausgestaltung der einzelnen Kriterien hängt zum einen von den persönlichen Präferenzen und dem Forschungsansatz ab, dem sich der einzelne Forscher verpflichtet fühlt, zum anderen aber auch von der jeweiligen Forschungsphase, in der die Arbeit durchgeführt wird. Denn es ist leicht einzusehen, dass in den verschiedenen Forschungsphasen unterschiedliche Forschungsziele und -methoden ausgewählt werden können und auch müssen. Dies macht die folgende Gliederung des wissenschaftlichen Forschungsprozesses deutlich:

– *Entdeckungszusammenhang*: Hier stellt sich die Frage, wie der Forscher zu sinnvollen Problemstellungen oder Arbeitshypothesen kommt.

– *Begründungszusammenhang:* Wie können wissenschaftliche Aussagen begründet, überprüft oder verallgemeinert werden?

– *Verwendungszusammenhang:* Wie können wissenschaftliche Aussagen verwertet werden bzw. wie kommt man überhaupt zu Aussagen, die in der betrieblichen Praxis zu Problemlösungen beitragen?

III. Betriebswirtschaftslehre Angewandte oder theoretische Wissenschaft?

Eine der wichtigsten Fragen, die sowohl in der Wissenschaft selbst als auch in der Praxis immer wieder gestellt worden ist und gestellt wird, ist die Frage nach der grundsätzlichen Ausrichtung. Die Beantwortung dieser Frage kann nicht objektiv erfolgen, sondern ist immer interessengeleitet. Deshalb kann es letztlich nur darum gehen eine Antwort darauf zu geben, welche Beziehungen zwischen theoretischer und angewandter Wissenschaft bestehen und v.a., welche Eigenschaften diese Beziehungen aufweisen. Auch wenn nämlich die theorieorientierte Forschung (Grundlagenforschung) und die praxisorientierte Forschung (angewandte Forschung) einander bedingen oder ergänzen, darf nicht übersehen werden, dass die beiden Forschungsarten strukturell sehr unterschiedlich sind. Wichtige Unterschiede zwischen theorie- und praxisorientierten Wissenschaften verdeutlicht die Abbildung „Merkmale theoretischer und angewandter Wissenschaften".

Während das Resultat theoretischer Wissenschaft (v.a. explikative Aussagen) aufgrund der großen Tradition dieser Ausrichtung weitgehend unumstritten ist, gehen die Meinungen bei einer angewandten Betriebswirtschaftslehre – die auch als Managementlehre bezeichnet wird – auseinander. Bei einer differenzierten Betrachtung kann in Anlehnung an Ulrich das Resultat praxisorientierter Wissenschaft auf vier verschiedenen Problemlösungsebenen gesehen werden:

– Sie kann *inhaltliche Lösungen* für konkrete Probleme anbieten, die sie selbst erarbeitet hat (z.B. ein Gutachten für eine Unternehmensbewertung).

– Statt der Lösung selbst kann sie der Praxis *Lösungsverfahren* zur Verfügung stellen, die von den Unternehmen selbst angewendet werden (z.B. Bewertungsverfahren).

Merkmale theoretischer und angewandter Wissenschaften

Merkmale \ Wissenschaft	**theoretische Wissenschaften**	**angewandte Wissenschaften**
Entstehung der Probleme	in der Wissenschaft selbst	in der Praxis
Art der Probleme	disziplinär	a-disziplinär
Forschungsziele	• Theorieentwicklung und -prüfung • Erklären der bestehenden Wirklichkeit	Entwerfen möglicher Wirklichkeiten
angestrebte Aussagen	• deskriptiv • wertfrei	• normativ • wertend
Forschungsregulativ	Wahrheit	Nützlichkeit
Forschungskriterien	• Allgemeingültigkeit • Bestätigungsgrad • Erklärungskraft • Prognosekraft von Theorien	praktische Problemlösungskraft von Modellen und Regeln

Quelle: Ulrich, H., Gesammelte Schriften. Band 5. Bern, Stuttgart 2001, S. 213.

– Sie kann *Modelle* entwickeln, mit deren Hilfe die unternehmerische Realität gestaltet und gelenkt werden kann (z.B. St. Galler Management Modell, Balanced Scorecard).

–Schließlich bleibt die Möglichkeit, nicht selbst Gestaltungsmodelle zu entwickeln, sondern *Regeln* aufzustellen, mit denen Führungskräfte selbst in der Lage sind, eigene Modelle zu entwickeln und umzusetzen (z.B. Regeln zum Organisationalen Lernen oder die Open Space Technology).

IV. Einteilung der Betriebswirtschaftslehre

Die Betriebswirtschaftslehre als Lehr- und Forschungsgebiet kann nach einem funktionalen, genetischen, institutionellen oder problemorientierten Aspekt gegliedert werden. Die *funktionale Gliederung* beruht auf der Einteilung betrieblicher Funktionen, wie sie sich aus dem Wertschöpfungsprozess ergeben. Dabei kann zwischen Kernfunktionen und Supportfunktionen unterschieden werden. Erstere erbringen einen direkten Kundennutzen, während letztere die Kernfunktionen unterstützen und nur indirekt zum Kundennutzen beitragen. Deshalb unterliegen Supportfunktionen auch häufig einem Outsourcing. Typische Kernfunktionen sind Marketing, Logistik, Produktion, Forschung und Entwicklung, typische Supportfunktionen dagegen Informatik, Facility Management, Rechtsberatung, Marktforschung. Die Gliederung nach Funktionen wird i.d.R. auch als allgemeine Betriebswirtschaftslehre bezeichnet.

Die *genetische Gliederung* geht vom Lebenslauf des Unternehmens aus. Dieser kann in die drei Phasen Gründung, Umsatz und Liquidation gegliedert werden.

– Die *Gründungs- oder Errichtungsphase* umfasst die konstitutiven Entscheidungen, die einen als langfristig gültig gedachten Rahmen für die nachfolgenden laufenden Entscheidungen zur Leistungserstellung (Produktion) und -verwertung (Marketing) abstecken. Im Vordergrund stehen die Entscheidungen über das Leistungsprogramm, das Zielsystem, die Strategie, die Rechtsform, die Finanzierung, die Organisation sowie den Standort.

– In der *Umsatzphase* stehen jene Entscheidungen im Mittelpunkt, die der Steuerung des güter- und finanzwirtschaftlichen Umsatzprozesses dienen. Es sind die Entscheidungen, die sich aus den laufenden Änderungen der Umwelt des Unternehmens, also den gesellschaftlichen, ökologischen, technologischen und ökonomischen Umweltbedingungen ergeben.

– In der *Liquidations- oder Auflösungsphase* findet die Veräußerung aller Vermögensteile eines Unternehmens statt. Ziel ist es, aus den erhaltenen flüssigen Mitteln alle Schulden zu tilgen und einen erzielten Überschuss an die Eigentümer des Unternehmens auszuzahlen.

Die *institutionelle Gliederung* der Betriebswirtschaftslehre hat die Zugehörigkeit zu einer bestimmten Art von Organisation zum Abgrenzungskriterium. Untersucht werden jeweils die betriebswirtschaftlichen Probleme eines Unternehmensclusters. Das wichtigste Abgrenzungskriterium ist die Branche. Diese Gliederung wird i.d.R. als Spezielle Betriebswirtschaftslehre bezeichnet. In neuer Zeit hat aber auch die Abgrenzung von Profit- und Non-Profit-Organisationen sowie die Unterscheidung von Unternehmen in Wachstumsbranchen und Unternehmen in etablierten Branchen eine große Bedeutung erlangt.

Neben dieser klassischen Einteilung der Betriebswirtschaftslehre findet sich aber immer häufiger eine *problemorientierte Betrachtung*, die den Fokus auf größere, das Unternehmen stark verändernde Ereignisse legt. Zu erwähnen sind in diesem Zusammenhang z.B. Unternehmenszusammenschlüsse (Mergers & Acquisitions), grundlegende Neuausrichtungen von Unternehmen (Change Management), und die Bewältigung von unvorhergesehenen großen Krisen (Krisenmanagement).

Betriebswirtschaftslehre der Nonprofit-Organisation (NPO) → Nonprofit Management.

Betriebswirtschaftslehre öffentlicher Unternehmen und Verwaltungen → öffentliche Betriebswirtschaftslehre, → New Public Management (NPM).

Betriebswohnung → Werkswohnung.

Betriebszusammenschluss → Betriebsänderung, → Fusion.

Betroffener – Im Ordnungswidrigkeitenverfahren ist der Betroffene derjenige, gegen den das Verfahren bei einem gegen ihn gerichteten Tatverdacht anhängig ist. Der Begriff bezieht sich auf alle Verfahrensstadien einschließlich der Vollstreckung (vgl. §§ 55, 66, 72 OWiG).

Betroffenheit → ökologiebedingte Betroffenheit.

Betrug – Vermögensschädigung in Bereicherungsabsicht, herbeigeführt durch eine Irrtum erregende *Täuschung:* (1) Durch Vorspiegelung falscher oder Entstellung wahrer Tatsachen (positiv) oder (2) durch Verschweigen wahrer Tatsachen (negativ) bei Rechtspflicht zur Offenbarung der Wahrheit (§ 263 StGB). – *Strafe:* Freiheitsstrafe bis zu fünf Jahren oder Geldstrafe, in bes. → schwerem Fall Freiheitsstrafe von sechs Monaten bis zu zehn Jahren. → Versuch ist strafbar. – Vgl. auch → Kreditbetrug, → Scheckbetrug, → Subventionsbetrug, → Versicherungsbetrug, → Computerbetrug, → Kapitalanlagebetrug.

Between-Schätzer für Paneldatenmodelle – Im Gegensatz zum Within-Schätzer für

Paneldatenmodelle verwendet der Between-Schätzer als Information nur die Variation der Daten zwischen den Individuen des Panels. Dazu werden von jeder Variablen die individuenspezifischen Mittelwerte berechnet und anschließend eine OLS-Schätzung (→ Kleinstquadratemethode, gewöhnliche) mit diesen Mittelwerten durchgeführt. – Verzerrungen, die auf Messfehlern beruhen, kann der Between-Schätzer evtl. aufgrund der Durchschnittsbildung reduzieren. Allerdings ist der Between-Schätzer inkonsistent, wenn unbeobachtete Individualeffekte mit den erklärenden Variablen korreliert sind.

Beugemittel → Verwaltungsakt, Zwangsmittel zur Durchsetzung von → Verfügungen. Beugemittel sind Ersatzvornahme, Zwangsgeld, unmittelbarer Zwang und - teilweise – Ersatzzwangshaft (Einzelheiten in §§ 6, 9,16 VerwVollstrG des Bundes).

Beurkundung → öffentliche Beurkundung.

Beurkundungsgesetz – Gesetz vom 28.8.1969 (BGBl. I 1513) m.spät.Änd., regelt das Beurkundungswesen. Grundsätzlich sollen nur noch die Notare für die → öffentliche Beurkundung zuständig sein. – *Inhalt:* Eingehende Regelung über Beurkundung von Willenserklärungen mit Prüfungs- und Belehrungspflichten des Notars, sonstige Beurkundungen, Zeugnisse, Beglaubigungen, Ordnungsvorschriften über die Behandlung der Urkunden, Erteilung von Ausfertigungen, Übersetzungen und Abschriften.

Beurlaubung → Urlaub.

Beurteilung des Arbeitnehmers – 1. *Rechte des Arbeitnehmers:* Der Arbeitnehmer kann verlangen, dass mit ihm die Beurteilung seiner Leistungen (→ Mitarbeiterbeurteilung) sowie die Möglichkeiten seiner beruflichen Entwicklung im Betrieb erörtert werden; er kann ein Mitglied des → Betriebsrats hinzuziehen (§ 82 II BetrVG). Der Arbeitgeber hat seine Beurteilung zu begründen (→ Personalakte). – 2. *Allgemeine Grundsätze für die Beurteilung des Arbeitnehmers* durch den Arbeitgeber bedürfen der Zustimmung des Betriebsrats (§ 94 II BetrVG). – Vgl. auch → Beurteilungsgrundsätze.

Beurteilungsbogen – standardisiertes Formblatt zur → Mitarbeiterbeurteilung; über Inhalt und Form hat der Betriebsrat mitzubestimmen. Jährlich ausgefüllter Beurteilungsbogen wird der → Personalakte beigefügt.

Beurteilungsgrundsätze – Begriff des Arbeitsrechts. Allg. Grundsätze, nach denen der Arbeitgeber bei der Beurteilung der Arbeitnehmer sowie neu einzustellender Bewerber in fachlicher oder persönlicher Hinsicht verfahren will. Beurteilungsgrundsätze sind Grundlage für die Beurteilung der Arbeitnehmer im Einzelfall. – *Keine Beurteilungsgrundsätze:* Führungsrichtlinien odeer Anforderungsprofile. – Die Aufstellung von Beurteilungsgrundsätzen (nicht die Beurteilung im Einzelfall, vgl. → Beurteilung des Arbeitnehmers) unterliegt dem Mitbestimmungsrecht des → Betriebsrats, soweit sie der Arbeitgeber einführt oder verwendet (§ 94 II BetrVG).

Beurteilungskonflikt → Konflikt.

Beurteilungskosten → Qualitätskosten.

Beveridge – William Henry, 1879–1963, engl. Sozialpolitiker, der in Großbritannien nach dem Zweiten Weltkrieg den modernen → Wohlfahrtsstaat geschaffen hat. Beveridge studierte in Oxford, war von 1919 bis 1937 Direktor der London School of Economics, danach Master of University College, Oxford. Bes. bekannt wurde Beveridge durch den sog. → Beveridge-Plan (1942) sowie durch seinen Bericht über die Vollbeschäftigung. – *Hauptwerke:* „Social Insurance and Allied Services" (1942); „Full Employment in a Free Society" (1944).

Beveridge-Kurve – 1. *Begriff:* geometrischer Ort aller quantitativen Beziehungen zwischen Arbeits- bzw. Erwerbslosigkeit und vakanten Stellen. – 2. *Erläuterung:* Dieses Instrument eignet sich zur Darstellung des strukturellen Auseinanderfallens von Angebot und Nachfrage am → Arbeitsmarkt (→ Mismatch). Der Zusammenhang wird auf der Basis von → Arbeitslosenquote bzw. Erwerbslosenquote und Vakanzquote (jeweils bezogen auf alle → Erwerbspersonen) ausgewiesen, um demografische Einflüsse auf das → Erwerbspersonenpotenzial auszuschalten. Die üblicherweise inverse Relation zwischen beiden Variablen bedingt einen streng konvexen, annähernd hyperbolischen Verlauf der Kurve. Mismatch-Probleme können verursacht sein durch Informationsdefizite, Unterschiede zwischen der Qualifikation der Bewerber und den Anforderungen der Stellen sowie durch regionale Differenzen zwischen dem Wohnort des Arbeitsanbieters und dem Ort des angebotenen Arbeitsplatzes etc. Insbesondere seit Ende der 1980er-Jahre führen Störungen im Reallokationsprozess am Arbeitsmarkt zu einer Rechtsverschiebung der Kurve: Eine gestiegene Quote an offenen Stellen korrespondiert mit einer höheren Quote an Arbeitslosen. – Vgl. auch → Arbeitslosigkeit.

Beveridge-Plan – Länder, deren System der → sozialen Sicherung auf das von W. H. Beveridge (1942) in Großbritannien entwickelte Modell zurückgeht, betreiben diese weniger durch beitragsfinanzierte → Sozialversicherungen als vorrangig durch steuerfinanzierte öffentliche Dienste und staatliche Transfers. – Vgl. auch → Bismarcksche Sozialversicherungspolitik, → Theorie der Sozialpolitik, → Wohlfahrtsstaat.

Bevölkerung – die in einer → Volkszählung oder durch laufende → Fortschreibung eingegrenzte Gesamtheit von Personen, die dem Ort (Gemeinde; Kreis; Land; Staat) der alleinigen bzw. → Hauptwohnung zugeordnet werden. Dazu zählen auch die im Bundesgebiet gemeldeten Ausländer (einschließlich Staatenlose). Nicht zur Bevölkerung gerechnet werden die Angehörigen ausländischer Streitkräfte sowie der ausländischen diplomatischen und konsularischen Vertretungen mit ihren Familienangehörigen. – *Begriffseinführung:* Mit der Einführung neuer Meldegesetze in fast allen Bundesländern wurde die Fortschreibung der Bevölkerung im April 1983 auf den Begriff der Bevölkerung am Ort der alleinigen bzw. Hauptwohnung umgestellt. Dieser stimmt, bes. wegen der anderen Zuordnung von verheirateten nicht dauernd von ihrer Familie getrennt lebenden Personen mit mehreren Wohnungen im Bundesgebiet, nicht mit dem zuvor verwendeten Begriff der Wohnbevölkerung überein.

Bevölkerungsbewegung → Bevölkerungswissenschaft.

Bevölkerungsbilanz – Verfahren zur Fortschreibung einer Bevölkerung eines Gebietes unter Berücksichtigung der seit der letzten Bilanzierung registrierten natürlichen (→ natürliche Bevölkerungsbewegung) und räumlichen Bevölkerungsbewegungen (→ Wanderung). Die Fortschreibung erfolgt, indem zum letzten Bevölkerungsstand die Lebendgeborenen und Zuzüge hinzugezählt und die Todesfälle und Abwanderungen abgezogen werden. Daneben können auch Bestandskorrekturen im Zuge nachträglicher Berichtigungen der Meldefälle vorgenommen werden.

Bevölkerungsdichte – Quotient aus der Bevölkerung eines Gebiets und der Gebietsfläche; er ergibt eine bestimmte Einwohnerzahl je Flächeneinheit (km^2).

Bevölkerungsdichte in der Bundesrepublik Deutschland			
1840	68	1960	204
1870	82	1970	218
1900	120	1980	219
1910	143	1990	222
1925	157	2000	230
1938	171	2003	231
1950	193	2008	230

2011 betrug die Bevölkerungsdichte in Deutschland 229 Einwohner je km^2. Der reziproke Wert der Bevölkerungsdichte, die *Arealitätsziffer,* bezeichnet die Fläche, die einem Einwohner in einem bezeichneten Territorium im Durchschnitt zur Verfügung steht.

Bevölkerungsexplosion – in Medien und Öffentlichkeit verwendeter Begriff für die mitunter starke Wachstumsphase einer Bevölkerung im demografischen Übergang. – Vgl. auch Übergangstheorie.

Bevölkerungsfalle – *Population Trap;* bei Gültigkeit der Annahmen der neoklassischen Produktionsfunktion und der keynesianischen Sparfunktionen einerseits und eines neomalthusianischen Bevölkerungswachstums andererseits ergeben sich folgende

Bevölkerungsfalle

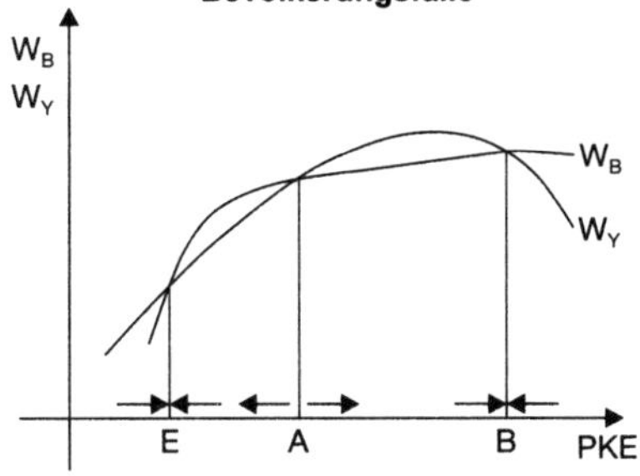

Funktionalbeziehungen zwischen dem Pro-Kopf-Einkommen (PKE) und den Wachstumsraten der Bevölkerung (w_B) bzw. des Volkseinkommens (w_Y) eines Entwicklungslandes: Von den drei möglichen *Gleichgewichten* sind nur E und B stabil. Gelingt es Entwicklungsländern, Wachstumsraten zwischen E und A zu erzielen, dann wird das höhere Bevölkerungswachstum das PKE zum Existenzminimum E zurückzwingen. Einzig ein Wachstum, das den kritischen Wert A überschreitet, bringt Entwicklungsländer auf das höhere Gleichgewicht B. Entwicklungsländer sind in einem sog. Low Level Equilibrium gefangen. Nur durch gewaltige Entwicklungsanstrengungen (Critical Minimum Effort) lässt sich die Bevölkerungsfalle überspringen. Dies führt zur Forderung nach deutlich höherer Entwicklungshilfe (→ Big Push). – Allerdings ist die Hypothese der Bevölkerungsfalle *empirisch* nicht nachweisbar, der technische Fortschritt kann die w_Y-Kurve so verlagern, dass sie kontinuierlich über der w_B-Kurve liegt; Falleneffekte sind dann nicht möglich.

Bevölkerungsfonds der Vereinten Nationen → UNFPA.

Bevölkerungsfortschreibung – jährlich vorgenommene Addition der Geburten und Zuzüge sowie Subtraktion der Sterbefälle und Fortzüge auf einem Gebiet während eines Jahres. Ihnen liegt im besten Falle eine → Volkszählung (Makrozensus) zugrunde oder die seither bereits jährlich vorgenommenen Fortschreibungen. Solche für einen bestimmten Zeitraum erstellt, ergeben eine → Bevölkerungsbilanz. – Vgl. auch → Bevölkerungsstatistik.

Bevölkerungsgesetz – 1. → Bevölkerungswissenschaft als Sozialwissenschaft unterliegt keinen strengen Gesetzesbegriffen; begründete Hypothesen können jedoch formuliert und einer empirischen Überprüfung unterzogen werden. – 2. *Bevölkerungsgesetz* ist der gebräuchliche Name für das Hauptwerk des Thomas Robert → Malthus „An Essay on the Principle of Population" (1798), das in weiteren veränderten Auflagen erschien. – 3. Der Biologie entnommene Wachstumsgesetze (logistische Wachstumskurve bei P.-F. Verhulst (1838) und A.

Lotka (1925)) werden oft für ein biologisch-mathematisches *Bevölkerungsgesetz* gehalten, d.h. außerhalb der Sozialwissenschaften. – 4. Strukturgesetzlichkeit im Altersaufbau (z.B. Echo-Effekt, demographisches Wachstumsmoment, demographische Implosion) . – Vgl. auch → Bevölkerungsmodelle.

Bevölkerungskontrolle → Bevölkerungspolitik.

Bevölkerungsmathematik → formale Demografie, → Bevölkerungswissenschaft.

Bevölkerungsmodelle – theoretische Konstrukte der Bevölkerungsentwicklung, die die Einwirkungen von unterschiedlichen Annahmen über demografische Variablen (Geburtenhäufigkeit, Sterblichkeit u.a.) beschreiben. – Bekanntestes und wichtigstes Bevölkerungsmodell ist das statistische *Modell der stabilen Bevölkerung* (A. Lotka): Eine „stabile" Bevölkerung entsteht, wenn die altersspezifische Geburtenhäufigkeit (→ Fertilitätsmaße) und die altersspezifische Sterblichkeit (→ Mortalitätsmaße) im Zeitablauf konstant bleiben; Folge ist eine (positive oder negative) konstante Zuwachsrate sowie eine konstante (stabile) Geschlechts- und Altersgliederung. – Dieses Modell ist ein Instrument zur Abschätzung der Wirkung einer Bevölkerungsdynamik. Es ist nicht zu verwechseln mit einer *stationären Bevölkerung*, die, ohne zu wachsen (Zuwachsrate Null), nur ihren Bestand hält. Neben einem statistischen Modell mit konstanten Variablen werden sie im *dynamischen Modell* im Zeitablauf verändert. Des Weiteren werden *deterministische Modelle*, *stochastische Modelle* oder *Wahrscheinlichkeitsmodelle* unterschieden. – Vgl. auch → formale Demografie.

Bevölkerungsökologie – bezeichnet eine Forschungsrichtung, welche die Bevölkerungsbewegung mit ihren existenziellen Umweltbeziehungen verknüpft. Dazu dient ihr eine sozialwissenschaftliche Umweltkonzeption (O.D. Duncan). Die Verwendung von Ressourcen und Energieformen, der technische Reifegrad und die jeweilige Raumnutzung verweisen auf den Entwicklungsstand einer Bevölkerung, welcher sich bereits in der Bevölkerungsstruktur abzeichnet (Geburtenhäufigkeit und Alterung als Indikatoren). Die Vorgehensweise der *Bevölkerungsökologie* ist interdisziplinär: Sie kombiniert die Ergebnisse der Sozialökologie (R.E. Park, E.W. Burgess) und der Kulturökologie (J. Steward). Die enge Verwobenheit von Bevölkerung mit natürlicher Umwelt (Arbeit, Produktion), sozialer Umwelt (Nachbargemeinschaften) und ihre eigenen Entwicklungsschüben (demografischer Übergang) können in einen ökologischen Zusammenhang gestellt und auf Nachhaltigkeit überprüft werden.

Bevölkerungsökonomie – *Demoökonomie;* 1. *Begriff:* bezeichnet die Erforschung des Wechselverhältnisses von Bevölkerung und Wirtschaft und fasst Arbeitsfelder und Forschungsfragen zusammen, worin Wirtschaftswissenschaft (Makro- und Mikroökonomie) zur Erklärung demografischer Phänomene Anwendung findet. Seit Beginn des nationalökonomischen Denkens ist Bevölkerung ein integraler Bestandteil. – 2. *Charakeristika:* Die Bevölkerungsfrage der jeweiligen Epoche fand ihre Entsprechung in ihren Wirtschaftsdoktrinen: Merkantilismus, Physiokratie, engl. Nationalökonomie, Keynesianismus und Neoliberalismus der Gegenwart. Sie thematisierten alle die Rolle von Bevölkerungsstruktur und -wachstum zum Erreichen von maximalem Nationalreichtum. – 3. *Zentrales Problem* ist die Einfügung der Menschen im erwerbsfähigen Alter in die Produktionssektoren und die Frage der biosozialen (Geburten, Nachwuchs) und sozio-ökonomischen (Humankapital, Qualifikation) Reproduktion. Angebots- und Nachfrageseite auf dem Arbeitsmarkt haben demografische Komponenten. Konsum- und Ersparnisbildung, technischer Fortschritt und Innovation hängen von einer günstigen Kombination von Bevölkerungsquantität und -qualität ab. Die (Mikro-)Ökonomie der Haushalte und Familien entscheidet mit über Nachwuchs, Konsum und Ausbildung der Kinder, wobei die Erwerbstätigkeit der Frau und ihr Zeitbudget in die Kosten-Nutzen Rechnng eingehen.

Bevölkerungsoptimum – Aus den Gesetz vom abnehmenden Bodenertrag (→ Ertragsgesetz) war zu folgern, dass es ein optimales Verhältnis von erwerbsfähiger Bevölkerung und Produktion geben müsse, wo auch das Nationaleinkommen sein Maximum erreicht. Dieser Grundsatz der „Optimumtheorie" entzieht sich einer exakten Bestimmung und erst recht einer politischen Verwirklichung; zumal sich die internen und externen Bedingungen für ein Nationaleinkommen ständig ändern, denen sich eine Bevölkerungszahl und ihr → Humankapital nicht im gleichen Tempo anpassen können. Bevölkerung und Wirtschaft folgen verschiedenen Änderungszeiten und können nicht streng gekoppelt werden. Bevölkerungsoptimum ist zwar ein inhaltsreicher, aber akademisch-theoretischer Gegenstand geblieben.

Bevölkerungspolitik – 1. *Begriff:* Gesamtheit zielgerichteter, staatlich-administrativer Maßnahmen, um eine Bevölkerung in ihrer Größe oder inneren Zusammensetzung zu verändern. – 2. *Maßnahmen:* Sie gliedern sich in solche mit (1) direktem Bevölkerungsbezug, mit (2) indirektem Bevölkerungsbezug und in (3) Maßnahmen mit bloßer Bevölkerungsrelevanz. Die Übergänge zwischen (2) und (3) sind fließend. Sie sind nicht Bevölkerungspolitik i.e.S., beeinflussen aber den Bevölkerungsprozess in Form von Gesundheits-, Sozial- und Familienpolitik und mit Maßnahmen der Regional- und Siedlungspolitik. Sie haben Auswirkung auf Familiengründung, Kindererziehung, Lebenserwartung, sowie auf die räumliche Verteilung der Bevölkerung (Siedlungsdichte).a) *Indirekte Maßnahmen* legen ein bestimmtes demografisches Verhalten nahe. Familienlastenausgleich, Bevorzugung von Paaren mit Kindern in Sozial- und Steuerpolitik, Politik zur Vereinbarkeit von Familie und Berufsleben für beide Elternteile,

Erziehungsgeld, Erziehungsurlaub etc. – b) *Direkte* Bevölkerungspolitik bedeutet die Absicht eines Staates, sich zur Beeinflussung des Bevölkerungsprozesses zu bekennen. Dabei soll die Bevölkerungsgröße, je nach Staatsziel, vermehrt oder verringert werden. Bevölkerungsvermehrung ist über Einwanderung und/oder Anhebung des Geburtenniveaus *(pronatalistische Politik*, z.B. die Familienpolitik Frankreichs) möglich. Bevölkerungsverringerung, eigentlich Senkung der jährlichen Zuwachsrate bzw. der Geborenenüberschüsse, ist über Familienplanungsprogramme zu erreichen, die die Paare überzeugen wollen, ihren Nachwuchs entsprechend der gesunkenen Kindersterblichkeit und den Chancen erhöhter Familieneinkommen zu senken *(antinatalistische Politik*, z.B. in Indien und bes. die Ein-Kind-Politik der Volksrepublik China). – 3. *Bevölkerungspolitik im liberalen Rechtsstaat europäischer Prägung*: Diese Staatsform (Wohlfahrts- und Sozialstaat) hat Staatsziele, die sich mit der Bevölkerungsstruktur, ihrer Quantität und Qualität verknüpfen. Hier ist es die Sorge um den Erhalt des Erwerbspotenzials, das sich nur mehr aus geburtenschwachen Jahrgängen speist und einem starken internationalen Wettbewerb gegenübersteht, sodann die Sorge um die Funktion der sozialen Sicherungssysteme angesichts wachsender Ansprüche bei rückgängigen Zahlen der Beitrags- und Kostenträger. Bevölkerungspolitik weckte in Deutschland lange die Erinnerung an die mißbräuchliche Verwendung des Wortes für negative Eugenik und Rassenpolitik. Im liberalen und sozialen Rechtsstaat ist sie nur im Rahmen verfassungsmäßig garantierter Persönlichkeits- und Freiheitsrechte denkbar. Hier sind es Familienpolitik und Zuwanderung, die Maßnahmen mit bevölkerungspolitischer Intention beinhalten. – 4. *Bevölkerungspolitik in Entwicklungsländern:* Darunter versteht man weitgehend eine quantitative, antinatalistische Politik der → Familienplanung. Bevölkerungen der Entwicklungsländer stecken i.d.R. in der mittleren Wachstumsphase des demografischen Übergangs, der umgangssprachlich als → Bevölkerungsexplosion bezeichnet wird (→ Bevölkerungswachstum). Die einzelnen Staaten begründen ihre Maßnahmen auf unterschiedliche Weise: (a) mit direkten bevölkerungspolitischen Zielen, (b) mit Gesundheit für Mutter und Kind und *Familienplanungsprogrammen*, die im Gesundheits- und Erziehungswesen installiert werden. Sodann (c) mit der Erfüllung eines Menschenrechts (Deklaration von Teheran 1967): Die Eltern haben danach das Recht, die Zahl ihrer Kinder und den Zeitpunkt ihrer Geburt zu bestimmen. Der Staat muss die Umsetzbarkeit dieses Rechts ermöglichen. Dieses Menschenrecht wirkt geburtensenkend. Eine Politik der Bevölkerungskontrolle unterstellt, dass starkes Bevölkerungswachstum ein Hemmschuh für wirtschaftliche Entwicklung wäre. Ohne eine Geburtenminderung wäre der Teufelskreis der Armut nicht zu durchbrechen. Bes. das südliche Zentralasien (Indischer Subkontinent) und Afrika sind Regionen, die sich mit ihrer hohen Fertilität in demografisch-induzierten Problemlagen befinden. Ostasien dagegen hat sich mit Geburtensenkung und gleichzeitigen Investitionen aus dem Armutskreislauf weitgehend befreit. Die Entwicklungserfolge Asiens werden auf eine demografische Dividende zurückgeführt: Ihr liegt das Kalkül zugrunde, dass mit verminderten Jugendjahrgängen Staat und Familien nun Mittel in die Hand bekämen, die für Bildungs- und Entwicklungsinvestitionen verwendet werden können. Die Erfahrungen der Entwicklungsländer selbst zeigen, dass nur dort ein Erfolg sich einstellte, wo nicht einseitig auf Bevölkerungskontrolle oder Wirtschaftsinvestitionen gesetzt wurde, sondern eine planerische Integration beider Handlungsbereiche vorgenommen wurde. Diese Feststellung wurde schon auf der → Weltbevölkerungskonferenz von Bukarest 1974 vorgebracht („Botschaft von Bukarest"). Heute hat sich durchgesetzt, dass dem exorbitanten Wachstum im demografischen Übergangsgeschehen nur mit eindämmender Familienplanung beizukommen sei und dass erst in seiner stationären Endphase mit wirtschaftlichem Aufschwung gerechnet werden könne.

Bevölkerungsprognose → Bevölkerungsvorausschätzung.

Bevölkerungsprojektion → Bevölkerungsvorausschätzung.

Bevölkerungspyramide – ist die grafische Darstellung des Altersaufbaus. Die nach männlichem und weiblichem Geschlecht getrennten Altersgruppen werden stufenförmig so angeordnet, dass die Neugeborenen am Fuße der „Pyramide" zu liegen kommen, am Kopfe die ältesten Jahrgänge. Bevölkerungspyramiden zeigen in markanten Einschnitten Krisen und Kriege (Sterbefälle, Geburtenausfälle), aber auch Zeiten hoher Heiratsneigung und Geburtenfreudigkeit (Babyboom nach dem 2. Weltkrieg). Die Bevölkerungspyramiden ändern ihre Gestalt mit der sozio-ökonomischen Entwicklung der Gesellschaft: *Dreiecksform* (= rasch wachsend, Deutschland um 1900), *Glockenform* (= typisches Bild liefern Schweden und die Schweiz, weil wenig tangiert von Krisen und Kriegen des 20. Jahrhunderts), *Pilzform* (= typische Form moderner, demografisch stark alternder Bevölkerungen). – Vgl. → Altersaufbau.

Bevölkerungsstatistik – 1. *Begriff*: Bevölkerungsstatistik hat den Umfang und die Strukturen von Bevölkerungen sowie deren Veränderungen im Zeitablauf zum Gegenstand. – 2. *Teilbereiche:* a) Die *Bevölkerungsstrukturstatistik* ist auf → Bestandsgesamtheiten ausgerichtet. In ihr wird die Gliederung einer Bevölkerung nach den sog. demografischen Merkmalen Geschlecht, Alter (→ Altersaufbau), Familienstand, Religionszugehörigkeit, regionale Zuordnung, i.w.S. auch Ausbildung, Berufszugehörigkeit, Erwerbstätigkeit und Einkommen beschrieben. – b) Die *Bevölkerungsprozessstatistik* ist auf → Bewegungsgesamtheiten ausgerichtet und hat die Veränderung von

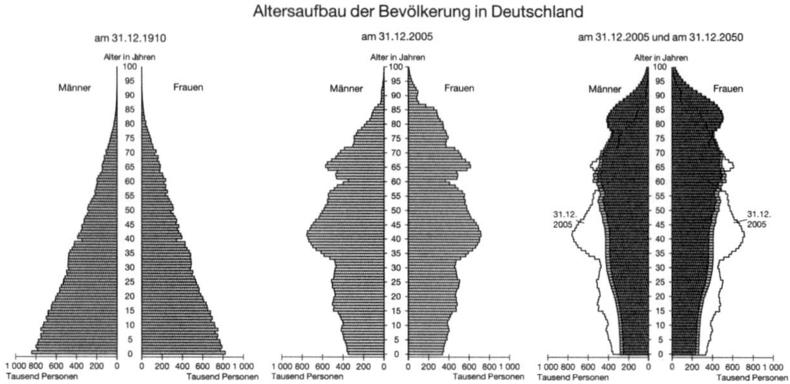

Statistisches Bundesamt 2006

Bevölkerungsstrukturen im Zeitablauf zum Gegenstand. Die Veränderungen von Umfang und Strukturen einer Bevölkerung erfolgen durch Geburten (→ Fertilität), Sterbefälle (→ Mortalität), Wanderungen (→ Migration), indirekt auch durch Eheschließungen und Ehescheidungen (Nuptialität). – 3. *Methodisches Instrumentarium:* Die Strukturstatistik besteht zu wesentlichen Teilen aus (verbundenen) → Häufigkeitsverteilungen zu den demografischen Merkmalen mit dem Zeitbezug Jahresende, weist also → Häufigkeiten von Klassen oder Kategorien aus. In der Prozessstatistik werden häufig Raten eingesetzt, etwa Sterberaten (Anzahl der Gestorbenen, bezogen auf den mittleren Bevölkerungsbestand eines Jahres) oder Geborenenraten (z.B. Anzahl der Lebendgeborenen, bezogen auf den mittleren Bestand an Frauen im Alter 15 bis 45 eines Jahres). Darüber hinaus wird das Prozessgeschehen, wie es in einer Referenzperiode (etwa der Länge drei Jahre) beobachtet wurde, in Form von Tafeln (Geburtentafeln, → Sterbetafeln, Heiratstafeln) ausgewiesen, die bes. (einjährige) Ereigniswahrscheinlichkeiten (z.B. Sterbewahrscheinlichkeiten) ausweisen. – 4. *Bevölkerungsstatistik in Deutschland:* Die wichtigsten Befunde der Bevölkerungsstatistik werden im Statistischen Jahrbuch, in der Zeitschrift Wirtschaft und Statistik und in Fachserien durch das → Statistische Bundesamt (StBA) veröffentlicht.

Bevölkerungstheorie → Bevölkerungswissenschaft.

Bevölkerungsvorausschätzung – existiert in drei Formen, denen jeweilige Ziele zugrunde liegen: 1. *Bevölkerungsprognose:* will die zukünftige Bevölkerungsentwicklung aufgrund möglichst realistischer Annahmen über die Entwicklung der → Fertilität, → Mortalität und Migration (→ Wanderung) treffen. – Neben konventionellen Methoden wie z.B. Extrapolation werden verfeinerte Methoden wie die Kohorten-Komponenten-Methode angewendet. In ihr werden alters- und geschlechtsspezifische Prognosevarianten an den einzelnen Altersstufen angebracht (→ Bevölkerungspyramide). – 2. *Bevölkerungsprojektion* will einen (meist gegenwärtigen) Zustand in die Zukunft verlängern, um seine Tendenz und Dynamik anschaulich zu machen (Querschnitt wird zu Anschauungszwecken in einen Längsschnitt verwandelt). Es ist üblich, aus der jährlichen Wachstumsrate das Bevölkerungsvolumen zu einem bestimmten künftigen Zeitpunkt oder die Verdopplungszeit einer Bevölkerung in Jahren zu errechnen. – Vgl. auch → Bevölkerungsstatistik. – 3. *Bevölkerungsvorausberechnung* ist die gebräuchlichste Vorgehensweise zur Berechnung, Festsetzung geeigneter Annahmen und Präsentation der Ergebnisse. Entscheidend sind die Annahmen zur natürlichen → Bevölkerungsbewegung (durchschnittliche Kinderzahl je Frau, Lebenserwartung der Geschlechter) und zur Zu- und Abwanderung (Wanderungssaldo). Deutschland legt unter Federführung des → Statistischen Bundesamtes (StBA) in Abständen „koordinierte" Bevölkerungsvorausberechnungen vor mit ca. 3 Varianten für jeden relevanten Bevölkerungsvorgang.

Bevölkerungswachstum – 1. *Begriff:* Veränderung der Bevölkerungsgröße zwischen zwei Stichtagen als Ergebnis eines Abgleichs der zwischen diesen Stichtagen erfolgten Geburten und Sterbefälle sowie der Zu- und Abwanderungen (→ Migration, → Wanderung). Sie kann Bevölkerungszuwachs oder -abnahme bedeuten. Das übliche Maß des Bevölkerungswachstums ist die jährliche natürliche Zuwachsrate (Nettozuwachs) in Prozent. – 2. *Weltbevölkerung:* Jährlich wächst die Weltbevölkerung laut Angaben der UN (2011) mit 1,1 Prozent, das sind rund 78 Mio. Menschen. In den von der UN regelmäßig erstellten

Bevölkerungsprojektionen erscheint eine mittlere Variante als Richtwert für die künftige Weltbevölkerung. Er liegt für das Jahr 2050 bei 9,3 Mrd. und gegen 2100 bei 10,1 Mrd. (unter Berücksichtigung eines allg. leichten Geburtenrückgangs). Die Auswirkung von AIDS, bes. in Zentralafrika, ist dabei nicht exakt zu beziffern. Die höchsten natürlichen Zuwachsraten finden sich 2012 in Afrika (2,3), die niedrigsten in Europa (0,1). Die jährliche Zuwachsrate ist ein Entwicklungsindikator: Je höher sie liegt, desto größer müssen die Anstrengungen von Entwicklungsländern sein, um soziale Fortschritte und ökonomische Erfolge zu erzielen. – 3. *Strategien/Ansätze zur Bewältigung des Bevölkerungswachstums:* (1) direkte bevölkerungspolitische Maßnahmen, die das Bevölkerungswachstum unmittelbar zu verringern suchen (z.B. Sexualaufklärung, Werbung für Familienplanung, empfängnisverhütende Mittel und Sterilisation, Stärkung der gesellschaftlichen Rolle der Frau); (2) Anstrengung der Entwicklungsländer, die wachsende junge Bevölkerung sozioökonomisch zu integrieren (z.B. über Ausbildung, Produktionsstätten, Wirtschaftsbeziehungen und Durchsetzung „fairer Bedingungen" am Weltmarkt); (3) negatives Bevölkerungswachstum, verbunden mit dem Rückgang des Jugendanteils und fortschreitender demografischer Alterung, zwingt die modernen Gesellschaften zu ständigen Reformen, um Humankapital und die Systeme sozialer Sicherung leistungsfähig zu erhalten; (4) Umsetzung von nachhaltiger Entwicklung, um ökologische Sicherheit für die zukünftigen Generationen zu gewährleisten; (5) die von 1974 bis 1994 alle zehn Jahre einberufenen *Weltbevölkerungskonferenzen* dienen der Verständigung der Völkergemeinschaft über die Bevölkerungstrends ihrer Länder und deren Zusammenhang mit Weltproblemen. Auf den Konferenzen von Bukarest (1974) und Mexiko City (1984) hat sich die Verbindung von Bevölkerungs- und Entwicklungspolitik durchgesetzt („Botschaft von Bukarest"). Die Ökologisierung dieses Komplexes im Sinn einer nachhaltigen Entwicklung für die Länder in Nord und Süd wurde erstmalig auf der Konferenz in Kairo (1994) durchgesetzt. – Vgl. auch → Bevölkerungspolitik, → Weltbevölkerungskonferenz, → demografischer Übergang.

Bevölkerungswissenschaft – *Demografie;* 1. *Begriff:* Die Bevölkerungswissenschaft ist die Lehre von den Verlaufsformen der Bevölkerungsbewegung, ihren Ursachen und Folgen. Ihnen liegt ein Zusammenwirken der Bevölkerungsvorgänge (Geburten, Sterbefälle, Wanderung) zugrunde, das mit eigenen Instrumenten, Methoden und Theorien analysiert wird. Der Begriff *Demografie* wird vielfach mit Bevölkerungswissenschaft synonym verwendet, bezeichnet im Deutschen aber mehr die quantitativen Verfahren der Bevölkerungswissenschaft. Die mathematischen Verfahren werden unter → formale Demografie gefasst. Bevölkerung (Bevölkerungsstand) bezeichnet die Anzahl von Menschen auf einem begrenzten Gebiet zu einer bestimmten Zeit. Sie bildet eine strukturierte Ganzheit, die nach demografischen, räumlichen, kulturellen und administrativen Merkmalen zu gliedern ist. – 2. *Instrumente und Methoden:* (a) → Bevölkerungsstatistik, → Fertilitätsmaße, → Mortalitätsmaße, → Migration, → Mobilitätsziffer. (b) Die *Tafelmethode* trägt von einer fiktiven Population anteilig die jährlichen Abgänge ab und errechnet (so im Fall der → Sterbetafel) die Überlebenswahrscheinlichkeit in den einzelnen Altersklassen, bis in der Anzahl der zu durchlebenden Jahre die Lebenserwartung bei Geburt erscheint. → Heiratstafeln folgen demselben Prinzip: Die Übertritte aus dem Junggesellenstand in den Stand der Ehe ergeben die Heiratswahrscheinlichkeit eines Geburtsjahrgangs. Die Tafelmethode findet auch Anwendung bei Evaluation von Familienplanungsprogrammen, indem in bestimmten Zeitabständen die Zahl der Anwenderinnen und Abbrecherinnen eruiert werden, um auf die Wirksamkeit des Programms zu schließen. (c) *Methoden der empirischen Sozialforschung* werden ausgiebig in der Bevölkerungswissenschaft angewendet, v.a. im Bereich bevölkerungssoziologischer Fragen (Einstellungen, Meinungen und Motive zum demografisch relevanten Verhalten, familienpolitische Maßnahmen etc.). – 3. *Bevölkerungstheorie:* bezeichnet einen Zusammenhang relativ dauerhafter Erkenntnis, wie sie sich aus der Erforschung des Gegenstandes Bevölkerung in Geschichte, Gesellschaft und Politik ergeben hat. Zentrales Forschungsthema ist das Verhältnis einer Bevölkerung zu ihren Existenzgrundlagen, wodurch die Ergebnisse sehr stark zeit- und problemgebunden sind. Makrosoziale Theorien zielen auf die Bewegung des Gesamtvolumens einer Bevölkerung (Theorien nach → Malthus und Theorien des demografischen Übergangs); mikrosoziale Theorien betreffen die Familien und Haushalte, in denen die Entscheidungen über Fertilität (*generatives Verhalten*) und Migration anfallen. Ein vergleichsweise großer Raum entfällt auf Theorien der Fertilität (→ Geburtenrückgang) und der Wanderungsbewegung (→ Migration, Integration), sowie auf Theorien des Alterungsprozesses. – 4. Teilbereich der Bevölkerungswissenschaft ist Bevölkerungspolitik. – Vgl. → Bevölkerungspolitik.

Bevollmächtigter – I. Bürgerliches Recht/Handelsrecht: → Vollmacht, → Prokura, → Handlungsbevollmächtigter, → Stellvertretung.

II. Zivilprozessordnung: → Prozessbevollmächtigter.

III. Steuerrecht: 1. *Erlaubnis:* Zu unbeschränkten, geschäftsmäßigen Hilfeleistungen in Steuersachen sind → Steuerberater, → Steuerbevollmächtigte, → Steuerberatungsgesellschaften, Rechtsanwälte, → Wirtschaftsprüfer (WP), → Wirtschaftsprüfungsgesellschaften, → Vereidigte Buchprüfer und → Buchprüfungsgesellschaften befugt (§ 3 Nr. 1 StBerG). Zu beschränkter geschäftsmäßiger Hilfeleistung in Steuersachen sind u.a. Notare, Patentanwälte, Lohnsteuerhilfevereine, → Arbeitgeber etc.

befugt (§ 4 StBerG). – 2. *Bestellung:* Bevollmächtigter kann sich im Steuerveranlagungsverfahren zur Erfüllung seiner Pflichten derjenige bestellen, der durch Abwesenheit oder sonst verhindert ist, diese Pflichten zu erfüllen (§ 80 AO). Im Rechtsmittelverfahren kann sich dagegen jeder Rechtsmittelführer durch einen Bevollmächtigten vertreten lassen und sich in der mündlichen Verhandlung eines Beistandes bedienen (§ 62 FGO). Die Vollmacht ermächtigt den Bevollmächtigten nicht zum Empfang von Steuererstattungen und -vergütungen.

IV. Verwaltungsrecht: Vertretung durch Bevollmächtigte ist zulässig (§ 14 VwVfG).

bevorrechtigte Gläubiger – waren im Konkursverfahren solche Gläubiger, die mit Vorrang vor den anderen Konkursgläubigern befriedigt wurden. Bevorrechtigt waren etwa: Löhne, Gehälter, soziale Abgaben für das letzte Jahr vor Konkurseröffnung und Steuern und öffentliche Abgaben. Um die durchschnittlichen Quoten der einfachen → Insolvenzgläubiger zu erhöhen, sieht die seit 1.1.1999 gültige → Insolvenzordnung (InsO) keine bevorrechtigten Gläubiger mehr vor.

Bevorschussungskredit → Packing Credit.

Bewachungsverordnung (BewachV) – i.d.F. vom 10.7.2003 (BGBl. I 1378) m.spät.Änd. Neben Zuverlässigkeit und den für den Gewerbebetrieb erforderlichen Mitteln ist als Voraussetzung für die Erteilung einer Erlaubnis ein *Unterrichtungsnachweis* der Industrie- und Handelskammer vom Antragsteller einzureichen. Auch das Bewachungspersonal hat sich einem Unterrichtungsverfahren zu unterziehen. Die BewachV regelt in Abschn. 1 das Unterrichtungsverfahren, in Abschn. 1a die Sachkundeprüfung, in Abschn. 2 die Haftpflichtversicherung und Haftungsbeschränkung sowie in Abschn. 3 die Verpflichtungen bei der Ausübung des Gewerbes.

Bewährung → Strafaussetzung zur Bewährung, → Führungsaufsicht.

Bewährungsaufstieg – Einreihung der Beschäftigten des öffentlichen Dienstes in eine höhere Vergütungsgruppe, wenn diese in der bisherigen Vergütungsgruppe eine bestimmte Zeit (Bewährungsfrist) zurückgelegt haben. Bewährungsaufstiege sind in den Tarifverträgen des öffentlichen Dienstes nicht mehr vorgesehen. Übergangsregelungen bestehen für vorhandene Beschäftigte – Vgl. auch → TVöD, → TV-L, TVG, → Bundes-Angestellten-Tarifvertrag (BAT).

bewegliche Sachen – alle → Sachen, die nicht → Grundstücke oder Bestandteile von Grundstücken sind.

bewegliches Anlagevermögen – Teil des → Sachanlagevermögens; erfasst im → Bestandsverzeichnis. Zum beweglichen Anlagevermögen gehören Maschinen einschließlich großer Spezialreserveteile, Betriebs- und Geschäftsausstattung. – Vgl. auch → Anlagevermögen. – Beleuchtungs- und Heizungsanlagen, Fahrstühle werden meist auf Unterkonten zu Gebäuden (unselbstständige Gebäudeteile) gebucht. – *Bilanzsteuerlich* ist die → Bewertung des beweglichen Anlagevermögens durch präzise Grundsätze geregelt (§ 6 EStG). Nur für bestimmte Personenkreise und bestimmte Teile des beweglichen Anlagevermögens besteht eine → Bewertungsfreiheit.

bewegte Lieferung – Begriff des Umsatzsteuerrechts: Lieferung, bei der der gelieferte Gegenstand im Zuge der Lieferung befördert oder versandt wird. Die Beförderung oder Versendung kann durch den Lieferanten oder durch den Abnehmer erfolgen (Abholung; dieser Fall war früher nicht unter einer bewegten Lieferung erfasst) oder im Auftrag einer dieser Personen durch einen beauftragten Dritten (z.B. Spediteur). Es spielt keine Rolle, ob sie an die Adresse des Kunden geht oder an einen anderen von ihm benannten beauftragten Empfänger (z.B. Reihengeschäft). Die bewegte Lieferung ist i.d.R. nach den Vorschriften desjenigen Staates zu versteuern, in dem die Beförderung bzw. Versendung der Ware beginnt (§ 3 VI UStG).

Bewegungsbilanz → Rohbilanz, die die Bewegungen des Vermögens und Kapitals (Mehrung und Minderung), Einnahmen und Ausgaben, Aufwendungen und Erträge für eine Rechnungsperiode darstellt (→ Hauptabschlussübersicht (HAÜ)). – Vgl. auch → finanzwirtschaftliche Bewegungsbilanz, → Kapitalflussrechnung.

Bewegungsdaten – in der betrieblichen Datenverarbeitung → Daten, die Veränderungen von Zuständen beschreiben und dazu herangezogen werden, → Stammdaten zu aktualisieren.

Bewegungsgesamtheit – *Bewegungsmasse, Ereignisgesamtheit, Ereignismasse;* in der Statistik Bezeichnung für eine → Gesamtheit, deren Abgrenzung durch Festlegung eines *Zeitraumes* erfolgt. – *Beispiel:* Gesamtheit der Personen, die innerhalb eines Jahres in einer Region arbeitslos werden; nicht jedoch die Gesamtheit der Arbeitslosen dieser Region zu einem bestimmten Zeitpunkt. – *Gegensatz:* → Bestandsgesamtheit.

Bewegungskomponenten – in der → Zeitreihenanalyse zusammenfassende Bezeichnung für die Bestandteile → Trend, → Konjunkturkomponente, Saison (→ Saisonschwankungen) und zufällige Restgröße einer → Zeitreihe.

Bewegungskosten – Begriff aus der → Sachversicherung. Kosten, die anfallen, weil zur Wiederherstellung oder Wiederbeschaffung beschädigter versicherter Sachen andere (auch unversicherte) Sachen bewegt, verändert oder geschützt werden müssen. – Beispiele: (De-)Montage von Maschinen; Schutz benachbarter Maschinen; Maueraufbrüche zum Aufstellen neuer Maschinen. Anwendungsgebiete: a) Industrielle Feuerversicherung; – b) Geschäftsversicherung; – c) → verbundene

Hausratversicherung; – d) → verbundene Wohngebäudeversicherung. Abzugrenzen von → Schutzkosten.

Bewegungsmasse → Bewegungsgesamtheit.

Bewegungsrechnung – Rechnung, die Bewegungsgrößen erfasst und ausweist. Eine wichtige Bewegungsrechnung ist z.B. die → Gewinn- und Verlustrechnung (GuV). – *Gegensatz:* → Bestandsrechnung.

Bewegungsstudie – Verfahren der → Arbeitsanalyse, begründet von Lillian Gilbreth: Beobachtung der körperlichen Bewegungen während der Arbeit mit Untersuchung wie die Bewegungen effektiver und kosteneffizienter gestaltet werden können. Aufgrund der Bewegungsstudie können Grundsätze über den Zusammenhang von Schnelligkeit, Bewegungsform, Wirksamkeit der Arbeitsvollzugsweise und des Fertigungsfortschrittes aufgestellt werden.

Bewegungsvergleich – in der Konjunkturforschung statistische Beobachtung der wechselseitigen Entwicklungsverläufe voneinander abhängiger statistischer Reihen. Die Erkenntnis, ob eine Gleich-, Folge- oder Gegenbewegung von Reihen zueinander vorliegt, vermittelt detaillierte Aufschlüsse bez. der inneren Kräfte und Spannungen eines → Konjunkturzyklus und erleichtert damit die → Konjunkturprognose.

Beweis – Mittel, dem Richter durch → Beweismittel im → Beweisverfahren die Überzeugung von der Wahrheit oder Unwahrheit einer Tatsache oder Behauptung zu verschaffen; keine absolute Gewissheit erforderlich, sondern nur ein so hoher Grad von *Wahrscheinlichkeit,* dass bei einem vernünftigen und lebenserfahrenen Menschen jeder Zweifel schweigt. – *Geringere Anforderung,* soweit → Glaubhaftmachung zulässig.

Beweis des ersten Anscheins – *Prima-Facie-Beweis;* Folgerung einer bestimmten Schadensursache aus dem festgestellten Tatbestand, wenn der Geschehensablauf typisch ist und nach den Erfahrungen des täglichen Lebens dies rechtfertigt. Ohne dass eine vollständige Beweisführung nach den Regeln der ZPO gegeben ist, gilt der → Beweis als erbracht, falls der Gegner keine Tatsachen beweist, die einen anderen Geschehensablauf als möglich erscheinen lassen. – Erstmals angewandt im *Seerecht:* Wird ein stilliegendes Seeschiff von einem fahrenden gerammt, so trifft nach Beweis des ersten Anscheins das fahrende Schiff die Schuld. Ebenso im *Straßenverkehr* bei Verletzung des Vorfahrtrechts etc.

Beweisgebühr → Gerichtskosten, → Prozesskosten.

Beweiskraft der Bücher – Im Zivilprozess spricht bei ordnungsgemäß geführten → Geschäftsbüchern als Urkunden (→ Beweismittel) eine hohe Wahrscheinlichkeit dafür, dass die in ihnen beurkundeten Tatsachen inhaltlich richtig sind. Das Gericht ist aber in der Beweiswürdigung frei (§ 286 I ZPO). Das Gericht kann auf Antrag oder von Amts wegen die Vorlage der Handelsbücher anordnen (§ 258 HGB). Ob und inwieweit Durchstreichung oder andere Mängel die Beweiskraft erschüttern, entscheidet das Gericht nach freier Überzeugung (§ 419 ZPO).

Beweislast – Regelung der Frage, welche Partei, um zu obsiegen, den → Beweis für vom Gegner bestrittene Tatsachen führen muss, die für die Entscheidung erheblich sind. – Grundsätzlich muss jede Partei die Tatsachen beweisen, aus denen sie das Bestehen von Rechten (oder den Wegfall eines Rechtes des Gegners) herleitet. – Nach § 309 Nr. 12 BGB sind Bestimmungen in *Allgemeinen Geschäftsbedingungen* unwirksam, durch die der Verwender die Beweislast zum Nachteil des anderen Vertragsteils ändert, bes. indem er diesem die Beweislast für Umstände auferlegt, die im Verantwortungsbereich des Verwenders liegen oder den anderen Vertragsteil bestimmte Tatsachen bestätigen lässt.

Beweismittel – I. Zivilprozess: (einschließlich des arbeitsgerichtlichen Verfahrens): Möglichkeiten, durch die dem Gericht gegenüber der → Beweis des Vorliegens oder Nichtvorliegens einer Tatsache geführt werden kann (§§ 355 ff. ZPO). – Beweismittel werden grundsätzlich nur berücksichtigt, wenn sich eine → Partei darauf beruft (den Beweis antritt). – 1. *Arten:* Augenschein: die Wahrnehmung des Richters von dem Zustand einer Person oder Sache. Die sich auf dieses Beweismittel berufende Partei muss das Augenscheinobjekt und die zu beweisende Tatsache angeben. – 2. *Zeugen:* Personen, die nicht Partei des Prozesses sind und über eigene Wahrnehmungen oder Tatsachen aussagen. Die Partei hat sie sowie die zu beweisenden Tatsachen genau zu bezeichnen. Der Zeuge ist auf Vorladung zum Erscheinen vor Gericht verpflichtet, andernfalls kann → Ordnungsgeld verhängt werden. Grundsätzlich hat er die Pflicht zur Aussage und ggf. Eidesleistung, sofern nicht eine der gesetzlichen Ausnahmen vorliegt, z.B. für Ehegatten, nahe Verwandte oder bei widerstreitenden beruflichen Pflichten, sofern der Zeuge nicht von der Schweigepflicht entbunden wird, und bei Gefährdung eigener Interessen. – 3. *Sachverständige:* Personen, die das Gericht zu seiner Unterstützung bei der Entscheidung von Fragen, die es nicht aus eigener Sachkunde beurteilen kann, zuzieht. Sie werden vom Prozessgericht ausgewählt, wobei den Parteien ein Vorschlagsrecht zusteht. – 4. *Urkunden:* Erforderlich zum Beweisantritt ist die Vorlage der Urkunde oder, falls sie der Gegner in Händen hat, der → Antrag, diesem die Vorlage der Urkunde aufzugeben. – 5. *Parteivernehmung:* Vernehmung einer oder beider Parteien des Rechtsstreits (bei juristischen Personen z.B. des Vorstands). Der Beweispflichtige kann beantragen, den Gegner als Partei zu vernehmen, sofern er den Beweis nicht mit anderen Beweismitteln vollständig geführt hat oder weitere Beweismittel nicht angeben kann. Das Gericht kann u.U. auch die beweispflichtige Partei oder beide Parteien vernehmen. Keine Partei kann zur Aussage oder Eidesleistung gezwungen werden;

Weigerung unterliegt aber der freien Würdigung des Gerichts.

II. Verwaltungs-, Finanz- und Sozialgerichtsbarkeit: Beweismittel sind entsprechend I. anwendbar. Die Parteivernehmung ist durch die Beteiligtenanhörung ersetzt.

III. Strafprozess: Beweismittel sind grundsätzlich Augenschein, Zeugen, Sachverständige, Urkunden, Aussagen des Beschuldigten und der Mitbeschuldigten.

Beweissicherung – neuer gesetzlicher Ausdruck: Selbstständiges → Beweisverfahren. Gerichtliche Beweisaufnahme im Zivilprozess zur Sicherstellung eines voraussichtlich künftig erforderlichen → Beweises, auch vor Prozessbeginn zulässig. Anordnung auf Antrag, wenn der Gegner zustimmt oder zu befürchten ist, dass das → Beweismittel verloren geht oder seine Benutzung erschwert wird. Ist ein Rechtsstreit noch nicht anhängig, kann eine Partei die schriftliche Begutachtung durch einen Sachverständigen beantragen, wenn sie ein rechtliches Interesse daran hat, dass (1) der Zustand einer Person oder der Zustand oder Wert einer Sache, (2) die Ursache eines Personenschadens, Sachschadens oder Sachmangels, (3) der Aufwand für die Beseitigung eines Personenschadens, Sachschadens oder Sachmangels festgestellt wird. Ein rechtliches Interesse ist anzunehmen, wenn die Feststellung der Vermeidung eines Rechtsstreits dienen kann. – *Zuständig* ist das Prozessgericht, vor Prozessbeginn oder bei dringender Gefahr das Amtsgericht, in dessen Bezirk sich das Objekt oder die zu vernehmenden Personen befinden. Das Ergebnis können die Parteien im Prozess verwenden (§§ 485–494a ZPO).

Beweisverfahren – durch das Gericht angeordnete Erhebung des → Beweises, i.d.R. durch Beweisbeschluss, wenn eine Partei ein → Beweismittel für die Richtigkeit einer bestrittenen Behauptung bezeichnet und sofern die bestrittene Tatsache für die Entscheidung wesentlich ist. Die Beweisaufnahme erfolgt i.Allg. durch das Prozessgericht, jedoch können auswärts wohnende Zeugen durch das Gericht ihres Wohnsitzes vernommen werden. Die Beweisaufnahme in Zivil- und Handelssachen innerhalb der EU regelt die VO(EG) Nr. 1206/2001 vom 28.5.2001 mit Ausführungsvorschriften in den §§ 1072–1075 ZPO; im Übrigen gilt für die Beweisaufnahme im Ausland § 363 ZPO. – Die Würdigung des Beweisergebnisses steht im freien Ermessen des Gerichts (Grundsatz der freien Beweiswürdigung, § 286 ZPO).

Bewerbung – 1. *Charakterisierung:* Der Bewerber wirbt in eigener Sache, d.h. für seine eigene Person, um eine Stellung, ein Amt oder eine sonstige Tätigkeit zu erlangen. Grund der Bewerbung kann im Reagieren auf ein → Stellenangebot oder im Wunsch eines Bewerbers liegen, bei einer bestimmten Unternehmung zu arbeiten (Initiativbewerbung). – *Formen:* Die Bewerbung kann mündlich, schriftlich oder wie heute üblich über elektronische Medien (E-Mail, Onlineformular, Bewerberwebsite) erfolgen. Von der Beurteilung der Bewerbung hängt es in den meisten Fällen ab, ob der Bewerber zu einer persönlichen Vorstellung eingeladen wird. – 2. *Teile:* a) *Deckblatt:* Hauptfunktionen des Deckblattes ist es einen Akzent zu setzen. Bestimmte Details der Persönlichkeit wie Name und Foto werden hervorgehoben. – b) *Anschreiben:* Dieses ist der eigentliche Werbebrief. Mit dem Anschreiben will der Bewerber die Aufmerksamkeit der umworbenen Firma auf sich lenken. Aus diesem Grund müssen im Anschreiben auch alle die Tatsachen aufgeführt sein, die den Bewerber für die Stellung geeignet machen. – c) *Lebenslauf:* Er ist eine sachliche Darstellung der bisherigen Tätigkeiten, Leistungen und Qualifikationen des Bewerbers in chronologischer oder fachbezogener Folge. Wenn ein handgeschriebener Lebenslauf verlangt wird, deutet dies auf die Erstellung eines graphologischen Gutachtens hin. – d) *Beweismittel:* Die dem Lebenslauf beigefügten Unterlagen (Zeugniskopien, Prüfungsergebnisse, Bescheinigung) sind die Beweismittel der im Lebenslauf gesondert aufgeführten Leistungen. Weitere Bestandteile einer Bewerbung können sein: die sog. Dritte Seite (zur weiteren Darstellung der eigenen Person, → Motivation, → Qualifikation), das Kompetenzprofil (gesonderte Präsentation von Fachwissen und Schlüsselqualifikation die Bezug zum Anforderungsprofil besitzen), Referenzen (in Form von Arbeitsproben oder Benennung von Projekten und ehemaligen Vorgesetzten). Obwohl ein Foto nach dem Allgemeinen Gleichbehandlungsgesetz (AGG) heute keine Bedingung mehr für eine Bewerbung sein darf, wird die Verwendung aus Darstellungsgründen dennoch weiter empfohlen. Vgl. auch → AGG im Arbeitsrecht. – 3. *Onlinebewerbung:* Bewerbung via → Internet bzw. → E-Mail durch Erstellen, Einscannen, Hochladen und Verschicken von Dateien mit persönlichen Daten mittels PCs.

bewerteter Digraph → Digraph G (V, E) mit einer reellwertigen Abbildung β ($\beta_{ij} = \beta$ (i,j)) auf der Menge der Pfeile E. – *Schreibweise:* G (V, E, β). Die Bewertung der Pfeile wird im Sinn einer Kapazitäts- (→ Flussgraph), Kosten- bzw. Längenbewertung interpretiert.

Bewertung – Verfahren zur Bestimmung des Werts von Gütern oder Handlungsalternativen. Die Höhe des Wertansatzes richtet sich nach dem Zweck oder Anlass der Bewertung.

I. Bewertung in der Bilanz: Je nach den mit der Aufstellung einer → Bilanz verfolgten Zielen sind bei der Bewertung der einzelnen Bilanzpositionen unterschiedliche Wertansätze zu wählen. So ist z.B. bei der Erstellung von sog. Sonderbilanzen, d.h. Bilanzen, die bei bestimmten Anlässen (z.B. → Gründung, → Umwandlung, → Abwicklung, → Überschuldung) aufgestellt werden, mit dem → Ertragswert, dem → Tageswert (→ Auseinandersetzungsbilanz) oder dem → Veräußerungswert statt mit → Anschaffungs- oder

Bewertung – § 252 Abs. 1 HGB

§ 252 Abs. 1 HGB	
Bilanzidentität	(Nr. 1)
Fortführung der Unternehmenstätigkeit	(Nr. 2)
Einzelbewertung	(Nr. 3)
Vorsicht	(Nr. 4)
Realisationsprinzip	(Nr. 4)
Imparitätsprinzip	(Nr. 4)
Wertaufhellung	(Nr. 4)
Periodengerechte Abgrenzung/Pagatonik	(Nr. 5)
Methodenstetigkeit	(Nr. 6)

→ Herstellungskosten oder dem Nominalwert zu bewerten.

1. *Allgemeine Bewertungsgrundsätze für die Jahresbilanz* (§§ 242 ff. HGB): Sie sind bei anderen Bilanzarten unter Beachtung des jeweiligen Bilanzierungszwecks entsprechend anzuwenden. Grundsätze im Einzelnen: a) Die Bewertung hat den → Grundsätzen ordnungsmäßiger Buchführung (GoB) zu entsprechen (§ 243 I). *V.a. gelten:* (1) Grundsatz der → Bilanzidentität (§ 252 I Nr. 1); (2) Grundsatz der *Unternehmensfortführung (Going-Concern-Prinzip),* d.h. es ist bei der Bewertung von der Fortführung der Unternehmenstätigkeit auszugehen, wenn nicht tatsächliche oder rechtliche Gegebenheiten entgegenstehen (§ 252 I Nr. 2); (3) Prinzip der → Einzelbewertung (§ 252 I Nr. 3) zum Abschlussstichtag (→ Stichtagsprinzip); (4) *Wertaufhellung* (§ 252 I Nr. 4) d.h. es sind wertbeeinflussende Tatbestände, die ihre Ursache vor oder am Abschlussstichtag haben, aber erst danach bekannt werden, zu berücksichtigen; (5) *Vorsichtsprinzip,* konkretisiert als → Realisationsprinzip und → Imparitätsprinzip (§ 252 I Nr. 4); (6) *Abgrenzungsprinzip,* d.h. Aufwands- und Ertragsbildung nach der wirtschaftlichen Verursachung und nicht nach dem Zahlungszeitpunkt (§ 252 I Nr. 5); (7) Grundsatz der *Bewertungsmethodenstetigkeit* (s. → Bewertungsstetigkeit), (§ 252 I Nr. 6). – Vgl. tabellarische Übersicht „Bewertung – § 252 I HGB“ . – b) Von den Grundsätzen (1) bis (7) darf nur in begründeten Ausnahmefällen abgewichen werden. – 2. *Bewertung in der handelsrechtlichen Jahresbilanz:* Für → Vermögensgegenstände stellen die → Anschaffungskosten oder → Herstellungskosten grundsätzlich die Wertobergrenze dar (§ 253 I HGB); eingetretene Wertsteigerungen (etwa marktbedingt) bleiben grundsätzlich außer Betracht (Anschaffungswertprinzip; Realisationsprinzip). Ausnahmen bestehen für Vermögensgegenstände, die dem Zugriff aller übrigen Gläubiger entzogen sind und ausschließlich der Erfüllung von Schulden aus Altersversorgungsverpflichtungen oder vergleichbaren langfristig fälligen Verpflichtungen dienen (§ 246 II HGB) sowie für Finanzinstrumente des Handelsbestands bei Kredit- und Finanzdienstleistungsinstituten. Nach § 340 e III HGB sind diese zum beizulegenden Zeitwert abzüglich eines Risikoabschlags zu bewerten. – Bei den abnutzbaren *Anlagegegenständen* sind

Bewertung – Bewertungsvorschriften des HGB	
§252	– allgemeine Bewertungsgrundsätze
§253 S. 1	– AK/HK Prinzip
§253 S. 2	– Verbindlichkeiten: Erfüllungsbetrag – Rückstellungen: vernünftige kfm. Beurteilung, notwendiger Erfüllungsbetrag
§253 III	– im AV: Grundsatz planmäßiger Abschreibung: Abschreibung auf niedrigeren beizulegenden Wert bei voraussichtlich dauernder Wertminderung, Abschreibungswahlrecht bei voraussichtlich nicht dauerhafter Wertminderung von Finanzanlagen
§253 IV	– im UV: Abschreibung – auf den niedrigeren Börsen- oder Marktpreis bzw. beizulegenden Wert
§255 I	– Umfang der AK
§255 II S. 2 u. 3	– Untergrenze der HK
§250 III S. 2	– planmäßige Tilgung des Disagio
AK = Anschaffungskosten, HK = Herstellungskosten, AV = Anlagevermögen, UV = Umlaufvermögen, VG = Vermögensgegenstand	

die Anschaffungs- oder Herstellungskosten um planmäßige → Abschreibungen zu verringern. Außerplanmäßige Abschreibungen (→ Sonderabschreibungen) sind grundsätzlich bei allen Gütern des Anlagevermögens vorzunehmen, um die Gegenstände mit dem niedrigeren Wert anzusetzen, der ihnen am Abschlussstichtag beizulegen ist. Sie sind vorzunehmen bei einer voraussichtlich dauernden Wertminderung (§ 253 III HGB); nur bei den Vermögensgegenständen die Finanzanlagen sind, können außerplanmäßige Abschreibungen auch bei voraussichtlich nicht dauernder Wertminderung vorgenommen werden. – Für Gegenstände des *Umlaufvermögens* gilt das (strenge) → Niederstwertprinzip, d.h. von den möglichen Wertansätzen gemäß § 253 IV HGB ist der jeweils niedrigste zu wählen. Entfällt der Grund für eine außerplanmäßige Abschreibung besteht mit Ausnahme für den entgeltlich erworbenen Geschäfts- oder Firmenwert ein Wertaufholungsgebot (§253 V HGB). – 3. *Steuerrechtliche Bewertung:* Von Bedeutung ist die Bewertung in der → Steuerbilanz für Zwecke der → Ertragsteuern und in der → Vermögensaufstellung für Zwecke der → Substanzsteuern (heute praktisch nur noch → Erbschaftsteuer). Grundsätzlich bestimmt sich die steuerliche Bewertung nach den Regelungen des Bewertungsgesetzes, soweit nicht Spezialvorschriften anderer Steuergesetze vorgehen. – a) Die *ertragsteuerlichen Bewertungsvorschriften* sind in § 6 EStG geregelt und verdrängen damit die Regelungen des Bewertungsgesetzes. Zu beachten ist, dass gemäß § 5 EStG für die Steuerbilanz grundsätzlich die GoB maßgeblich sind (→ Maßgeblichkeitsprinzip). Da dies auch für die Bewertung gilt, sind, soweit § 6 EStG nicht andere Maßstäbe bestimmt, die Wertansätze der Handelsbilanz in die Steuerbilanz zu übernehmen. Als Wertmaßstab nennt § 6 EStG neben den → Anschaffungskosten bzw. → Herstellungskosten den → Teilwert. Bei den einzelnen Bilanzpositionen sind bes. folgende steuerliche Besonderheiten zu beachten: (1) *Wirtschaftsgüter des Anlagevermögens,* die der Abnutzung unterliegen, sind mit den Anschaffungs- und Herstellungskosten, vermindert um die → Absetzungen für Abnutzung (AfA) o.Ä., anzusetzen. Ist der Teilwert aufgrund einer voraussichtlich dauernden Wertminderung niedriger, so kann dieser angesetzt werden. Fällt die Wertminderung später fort, muss eine entsprechende → Zuschreibung vorgenommen werden. (2) *Andere Wirtschaftsgüter* (Grund und Boden, immaterielle Wirtschaftsgüter, Beteiligungen, Umlaufvermögen) sind mit den Anschaffungs- oder Herstellungskosten anzusetzen. Stattdessen kann der niedrigere Teilwert angesetzt werden, wenn die Wertminderung dauerhaft ist; auch hier besteht Zuschreibungspflicht bei späterem Wegfall der Wertminderung. Diese Regelung gilt sinngemäß auch für Verbindlichkeiten. Unverzinsliche Verbindlichkeiten mit einer Restlaufzeit von weniger als zwölf Monaten sind mit 5,5 Prozent abzuzinsen. (3) → Entnahmen und → Einlagen sind grundsätzlich mit dem Teilwert zu bewerten. Entsprechendes gilt für die Bewertung von *Wirtschaftsgütern bei der Eröffnung eines Betriebes.* (4) *Wirtschaftsgüter beim entgeltlichen Erwerb eines Betriebes* sind mit dem Teilwert, höchstens jedoch mit den Anschaffungs- oder Herstellungskosten anzusetzen. – b) Die → Bewertungsmaßstäbe der Vermögensaufstellung sind im Bewertungsgesetz festgelegt. Gemäß § 109 BewG werden die zu einem → Gewerbebetrieb gehörenden Wirtschaftsgüter bei Steuerpflichtigen, die ihren Gewinn nach § 4 oder § 5 EStG ermitteln (bilanzierende Kaufleute), grundsätzlich mit dem gemeinen Wert angesetzt. Die Ermittlung des gemeinen Werts wird in § 11 II BewG normiert. – c) Neuregelungen sind im Rahmen der → Erbschaftsteuerreform zu berücksichtigen, welche auf Antrag (nur für Erbfälle) bereits ab dem 1.1.2007 angwendet werden können.

II. Bewertung in ausgewählten Sonderbilanzen: → Abwicklungsbilanz, → Gründungsbilanz, → Insolvenzstatus, → Überschuldungsbilanz, → Umwandlungsbilanzen.

III. Bewertung in der Kostenrechnung: 1. Der einem betriebszweckbezogenen Gütergebrauch oder -verbrauch zuzuordnende Kostenwert hängt grundsätzlich vom *Zweck der Verwendung der Kosteninformation* ab (→ Auswertungsrechnung). Der Verbrauch von auf Lager liegendem Material für einen Zusatzauftrag z.B. zieht dann keine Kosten nach sich, wenn das Material bei Nichtverarbeitung verderben würde; er ist mit → Wiederbeschaffungskosten zu bewerten, wenn das Lager nach der Lagerentnahme wieder auf den ursprünglichen Bestand aufgefüllt wird. – 2. Für die *laufende Kostenerfassung* erweist sich eine derartige Bewertungsvielfalt als unpraktikabel. Als Standardwert zieht man deshalb durchweg die → Anschaffungskosten bzw. → Herstellungskosten heran (wie in der externen Rechnungslegung). Auswertungen für spezielle Rechnungszwecke erfordern dann Umbewertungen. – 3. *Bewertung als Zurechnungsproblem:* I.Allg. wird gefordert, die Bewertung (als Zuordnung eines Geldbetrags auf ein Gut) am jeweiligen Zweck auszurichten. Das gilt bes. für den → wertmäßigen Kostenbegriff. Ein eindeutiger Zusammenhang zwischen Zweck und Bewertung besteht jedoch nur selten. Eine Objektivierung des Rechnungswesens verlangt Preiseindeutigkeit.

IV. Bewertung einer Unternehmung als Ganzes: → Unternehmungsbewertung.

Bewertungsabschlag – 1. Für bestimmte → Wirtschaftsgüter des Umlaufvermögens ausländischer Herkunft, deren Preise auf dem Weltmarkt wesentlichen Schwankungen unterliegen, war bis einschließlich 1998 ein Importwarenabschlag nach § 80 EStDV vorgesehen. – 2. Bei Bewertung nach normierten Verfahren im *Bewertungsrecht* wird oft ein Bewertungsabschlag vorgenommen, um Schätzunsicherheiten Rechnung zu tragen; es soll verhindert werden, dass der Schätzwert höher ausfällt als der wirkliche

Wert. – *Beispiele:* Stuttgarter Verfahren, Sachwertverfahren, Ertragswertverfahren. – Vgl. auch → Abschlag.

Bewertungsabschreibung – Ansatz eines Vermögensgegenstandes zu einem unter dem letzten Bilanzansatz liegenden Wert; bei abnutzbaren Anlagegütern Unterschreitung des um → Absetzung für Abnutzung (AfA) verringerten letzten Bilanzansatzes. I.d.R. Herabgehen auf den niedrigeren beizulegenden Wert oder den Teilwert (→ Abschreibung). Bewertungsabschreibungen sind im Gegensatz zur AfA bei allen Vermögensgegenständen möglich.

Bewertungsbeirat – beim Bundesminister der Finanzen (BMF) zur Durchführung der → Hauptfeststellung der Einheitswerte land- und forstwirtschaftlichen Vermögens gebildetes Organ mit der Aufgabe, dem BMF Vorschläge zu machen zur Festsetzung der → Ertragswerte, der → Vergleichszahlen und Vergleichswerte sowie der → Normalwerte und Ertragswerte der forstwirtschaftlichen Nutzungen. Aufgegliedert in je eine landwirtschaftliche, forstwirtschaftliche Abteilung, Weinbau- und Gartenbauabteilung (§§ 63 ff. BewG).

Bewertungsdifferenzen – Bezeichnung des internen Rechnungswesens für die zwischen bilanzieller und kalkulatorischer Rechnung auftretenden Abweichungen. Die Umwandlung von Aufwendungen und Erträgen in Kosten und Erlöse erfordert nicht nur mengenmäßig und zeitlich, sondern oftmals auch wertmäßig → Abgrenzungen.

Bewertungseinheit – Die handelsrechtlichen Bewertungsgrundsätze sind entsprechend dem Grundsatz der → Einzelbewertung auf einzelne Vermögensgegenstände und Schulden anzuwenden. Das setzt die Abgrenzung des einzelnen Vermögensgegenstands und der einzelnen Schuld (Bewertungseinheit) voraus. Abgrenzungsschwierigkeiten bestehen im → Sachanlagevermögen, weil hier vielfach Sachgesamtheiten (z.B. Gebäude und Gebäudebestandteile, Einzelteile eines Gerüstes) gegeben sind. Sie ergeben sich ferner bei der Bestimmung → geringwertiger Wirtschaftsgüter. Bei der bilanziellen Abbildung von Absicherungszusammenhängen (→ Hedging) war die Abgrenzung bzw. Bildung von Bewertungseinheiten bis zum → Bilanzrechtsmodernisierungsgesetz (BilMoG) streitig. Nun ermöglicht §254 HGB die Bildung von Bewertungseinheiten, sofern in den Dokumentations- und Effektivitätsanforderungen bez. des Absicherungszusammenhangs genügt wird. – Das Bewertungsproblem besteht bei Sachgesamtheiten z.B. darin: Werden sie als Bewertungseinheit behandelt, so werden einheitliche Abschreibungen auf die Bewertungseinheit berechnet, obgleich die einzelnen Teile der Bewertungseinheit möglicherweise unterschiedlich schnell verschleißen. Bei den geringwertigen Wirtschaftsgütern muss durch die Bestimmung der Bewertungseinheit sichergestellt werden, dass einheitliche Vermögensgegenstände nicht unzulässig in einer Vielzahl geringwertiger und daher sofort abschreibbarer Wirtschaftsgüter aufgespaltet werden. – Im Anschluss an die steuerliche Rechtsprechung werden Sachgesamtheiten als Bewertungseinheit behandelt, wenn ein einheitlicher Nutzungs- und Funktionszusammenhang erkennbar ist. Die Definition von Vermögensteilen als geringwertige Wirtschaftsgüter und damit als Bewertungseinheit verlangt, dass diese Vermögensteile einer selbstständigen Nutzung fähig sind (vgl. § 6 II EStG). Die genannten Abgrenzungskriterien sind zwar Lösungshilfen, eröffnen aber im konkreten Abgrenzungsfall erhebliche Ermessensspielräume. – Vgl. auch → Valutaschuld.

Bewertungsfreiheit – *Bewertungswahlrecht.* 1. *Begriff* des Einkommensteuerrechts für die Möglichkeit, zwischen mehreren zulässigen Wertansätzen für Zwecke der steuerlichen Gewinnermittlung zu wählen. – 2. *Bewertungsfreiheiten sind bes.:* (1) die Regelung der geringwertigen Wirtschaftsgütern, wonach die → Anschaffungskosten oder → Herstellungskosten bis zu einer bestimmten Höchstgrenze im Jahr der Anschaffung, Herstellung oder Einlage des Wirtschaftsguts oder der Betriebseröffnung in voller Höhe als → Betriebsausgaben abgesetzt werden können (§ 6 II EStG); (2) Steuervergünstigungen in Form von → Sonderabschreibungen i.e.S.

Bewertungsgesetz (BewG) – 1. *Begriff:* Gesetz i.d.F. der Bekanntmachung vom 1.2.1991 mit zahlreichen späteren Änderungen. Neben der → Abgabenordnung (AO) ist das Bewertungsgesetz (BewG) früher einmal das wichtigste Steuergesetz gewesen, in dem alle steuerlichen Bewertungsfragen geregelt waren, und das nur insoweit nicht anzuwenden war, als spezielle Steuergesetze (bes. Einkommensteuergesetze) eigene Bewertungsvorschriften aufweisen. Es hat jedoch an Bedeutung verloren, weil ein Großteil der Substanzsteuern heute abgeschafft ist (z.B. Gewerbekapitalsteuer), nicht mehr erhoben wird (Vermögensteuer) oder sich bei der Wertermittlung an der → Steuerbilanz orientiert (→ verlängerte Maßgeblichkeit; → Erbschaftsteuer). Deshalb ist das Bewertungsgesetz heute fast nur noch für die → Grundsteuer von zentraler Bedeutung. Ergänzend gelten: (1) *Durchführungsverordnung* vom 2.2.1935 (BewDV) mit zahlreichen späteren Änderungen. (2) Bestimmungen zur Gewährleistung einer einheitlichen Rechtsanwendung enthielten früher Vermögensteuer-Richtlinien, heute die *Erbschaftsteuer-Richtlinien.* – 2. *Ziel/Bedeutung:* Das Bewertungsgesetz (BewG) sollte für die → Substanzsteuern einheitliche Werte festsetzen, daher der Begriff → Einheitswert. Bis zum Erlass des Bewertungsgesetzes (BewG) bestand die Einheitlichkeit der Steuerwerte nicht; da die neuen → Bedarfswerte für Grundvermögen bei der Grundsteuer nicht gelten, ist die Einheitlichkeit der Bewertungsregeln heute aufgegeben. – 3. *Aufbau/Inhalt:* Das Bewertungsgesetz besteht aus drei Teilen und 26 Anlagen. – a) Der erste Teil enthält *allgemeine Bewertungsvorschriften* (§§ 1–16 BewG) und gilt für alle öffentlich-rechtlichen Abgaben, die durch Bundesrecht geregelt sind, soweit sie durch Bundes- oder Landesfinanzbehörden verwaltet werden; von untergeordneter Bedeutung, wenn sich aus anderen Steuergesetzen oder aus dem zweiten Teil des Bewertungsgesetzes eine andere Bewertung ergibt (§ 1 BewG). – *Beispiele* für abweichende Bewertungsansätze: §§ 6, 7 EStG (spezielle Bewertungsvorschriften für die Bewertung in der → Steuerbilanz); § 10 IV UStG (Bewertung des Eigenverbrauchs). – b) Der zweite Teil enthält *bes. Bewertungsvorschriften* (§§ 17–203): aa) Bewertung und Erfassung der zu bewertenden Einheiten mittels der Einheitsbewertung, die für das → land- und forstwirtschaftliche Vermögen, → Grundvermögen und → Betriebsvermögen durchgeführt wird (§§ 19–109a); gilt für Grund-, Gewerbe-, Erbschaft- und Grunderwerbsteuer, soweit in den betreffenden Steuergesetzen nichts Abweichendes bestimmt ist. – Die einheitliche Bewertung für verschiedene Steuerarten erfordert ein bes. Ermittlungsverfahren *(Einheitswertverfahren)*, durch das die Einheitswerte festgestellt werden. – bb) Sondervorschriften (§§ 110–124). – cc) Bewertung von Vermögen (§§ 125-137). – dd) Grundbesitzbewertung für die Grunderwerbsteuer (§§ 138–150). – ee) Vorschriften zu gesonderten Feststellungen (§§ 152-156 BewG). – ff) Bewertung von Grundbesitz, von nicht notierten Anteilen an Kapitalgesellschaften und von Betriebsvermögen für die Erbschaftsteuer (ab 1.1.2009) (§§ 157-203 BewG). – 3. Der dritte Teil enthält *Schlussbestimmungen* (§§ 204–205) und die *Anlagen zum Bewertungsgesetz:* z.B. (1) Tabellen zur Umrechnung von Tierbeständen in Vieheinheiten; (2) Vervielfältiger zur Ermittlung des Wertes von Grundstücken nach dem Ertragswertverfahren (→ Ertragswert), zur Berechnung von Kapitalwerten lebenslänglicher Nutzungen oder Leistungen und zur Berechnung von Pensionsverpflichtungen. – 4. Das Bewertungsgesetz ist durch die → Erbschaftsteuerreform (Gesetzesänderung vom 24.12.2008) in größerem Umfang geändert bzw. ergänzt worden. Die Änderungen betreffen insbesondere die Bewertung von Land- und Forstwirtschaft, Betriebsvermögen, Grundvermögen. Auf Antrag können die Neuregelungen für Erbfälle bereits ab dem 1.1.2007 angewendet werden.

Bewertungsgrundsätze → Bewertung, → Bilanzierung.

Bewertungskonflikt → Konflikt.

Bewertungskontinuität – Wertzusammenhang bei Wertansatz von Wirtschaftsgütern in aufeinander folgenden Bilanzen. Haupterfordernis der materiellen → Bilanzkontinuität. – Vgl. auch → Bewertungsstetigkeit.

Bewertungsmaßstab – **I. Handelsbilanz:** Nachdem für ein Objekt oder einen Vorgang entschieden wurde, dass es bzw. er in die Handelsbilanz aufgenommen wird *(„Ansatz dem Grunde nach")*, ist in einem zweiten Schritt zu prüfen, welcher Bewertungsmaßstab dieser Position beizulegen ist *(„Ansatz der Höhe nach")*. – 1. *Vermögensgegenstände:* a) Vermögensgegenstände sind zum Zugangszeitpunkt grundsätzlich mit dem Nominalwert (Geld), den → Anschaffungskosten oder – bei Eigenfertigung – mit den → Herstellungskosten zu bewerten *(primäre Bewertungsmaßstäbe)*. In Ausnahmefällen (z.B. bei geschenkten Vermögensgegenständen) kommt ein Ansatz mit dem Verkehrswert (→ gemeiner Wert) in Betracht. – b) Zu allen folgenden Bilanzstichtagen, zu denen der Vermögensgegenstand dem Bilanzierenden zuzurechnen ist, ist ein Vergleich des Bilanzwerts mit dem *sekundären* Bewertungsmaßstab notwendig; ist dieser niedriger, so muss bzw. kann dieser angesetzt werden (strenges bzw. gemildertes → Niederstwertprinzip). Als sekundärer Bewertungsmaßstab kommt nach Inkrafttreten des → Bilanzrechtsmodernisierungsgesetzes (BilMoG) nur noch der → beizulegende Wert in Betracht. In bestimmten Fällen ist auch eine → Zuschreibung zulässig. – 2. *Verbindlichkeiten* sind mit ihrem Erfüllungsbetrag zu bewerten. – 3. *Rückstellungen* sind in Höhe des Betrags anzusetzen, der nach vernünftiger kaufmännischer Beurteilung notwendig ist. Rückstellungen mit einer Restlaufzeit von mehr als einem Jahr sind mit dem ihrer Restlaufzeit entsprechenden Marktzinssatz der vergangenen sieben Geschäftsjahre abzuzinsen. Altersversorgungsverpflichtungen oder vergleichbare langfristige Verpflichtungen dürfen alternativ mit dem durchschnittlichen Marktzinssatz abgezinst werden, der sich bei einer angenommen Restlaufzeit von 15 Jahren ergibt. Der jeweils anzuwendende Abzinsungszinssatz wird von der Deutschen Bundesbank nach Maßgabe einer Rechtsverordnung ermittelt und monatlich bekannt gegeben (§ 253II HGB). – 4. Das *gezeichnete Kapital* ist zum → Nennwert anzusetzen.

II. Steuerbilanz: 1. Aufgrund des → Maßgeblichkeitsprinzips sind die zentralen handelsrechtlichen Bewertungsmaßstäbe Anschaffungs- und Herstellungskosten auch steuerrechtlich verbindlich. Allerdings ist zu beachten, dass stets einkommensteuerliche Vorschriften bzw. übergeordnete Bewertungsgrundsätze als Spezialvorschriften dem Maßgeblichkeitsgrundsatz vorangehen (Bewertungsvorbehalt). – 2. Wesentlichster sekundärer Bewertungsmaßstab ist der → Teilwert, der darüber hinaus im Regelfall auch für die Bewertung von Einlagen und Entnahmen zum Zuge kommt. – 3. Bei der Bewertung von Verbindlichkeiten und Rückstellungen gelten seit 1999 Besonderheiten gegenüber dem Handelsrecht, die auch mit Inkrafttreten des BilMoG grundsätzlich fortbestehen: (1) Verbindlichkeiten und Rückstellungen sind unter bestimmten Bedingungen abzuzinsen (5,5 Prozent; § 6 I Nr. 3, 3a EStG). (2) Bei gleichartigen Verpflichtungen ist zu berücksichtigen, wenn der Verpflichtete wahrscheinlich nicht für alle davon voll in Anspruch genommen wird. (3) Sachleistungsverpflichtungen sind mit Vollkosten anzusetzen. (4) Bestimmte

Rückstellungen sind zeitanteilig in Raten anzusammeln (§ 6 I Nr. 3a Buchstabe d EStG).

III. Substanzbesteuerung: 1. Das Betriebsvermögen ist gemäß § 109 BewG grundsätzlich mit dem gemeinen Wert anzusetzen. Dies gilt bes. nicht für Betriebsgrundstücke, die entsprechend dem Grundvermögen oder dem land- und forstwirtschaftlichen Vermögen bewertet werden (§ 99 BewG). – 2. Bei der Bewertung des *Grundvermögens* ist der Einheitswert Bewertungsmaßstab (§ 19 BewG). Als Bewertungsmethode kommen dabei das Ertragswertverfahren (→ Ertragswert) und das Sachwertverfahren (→ Sachwert) in Betracht. Im Rahmen der → Erbschaftsteuerreform wurden die Bewertungsvorschriften für die Zwecke der Erbschaftsteuer für Grundbesitz umfassend geändert. Demnach erfolgt die Bewertung von Grundbesitz nunmehr grundsätzlich mit dem gemeinen Wert. Unbebaute Grundstücke werden in Abhängigkeit von der Fläche und dem Bodenrichtwert bewertet. Bebaute Grundstücke sind vorrangig nach dem Vergleichswertverfahren, nachrangig nach dem Ertragswertverfahren bzw. dem Sachwertverfahren zu bewerten. – 3. Das *land- und forstwirtschaftliche Vermögen* wird ebenfalls mit dem Einheitswert angesetzt (§ 19 BewG). Für Zwecke der Erbschaftsteuer erfolgt die Bewertung nach den §§ 158-175 BewG.

Bewertungspolitik → Bilanzpolitik.

Bewertungsstetigkeit – Anwendung gleicher Bewertungsgrundsätze und -methoden (z.B. Abschreibungsverfahren, aber auch Wertansatzwahlrechte; Letzteres umstritten) in aufeinander folgenden Jahresabschlüssen. Der in § 252 I Nr. 6 HGB kodifizierte Grundsatz soll den Zeitvergleich von Jahresabschlüssen verbessern. Eine Abweichung muss bei Kapitalgesellschaften im Anhang unter gesonderter Darstellung des Einflusses auf die Vermögens-, Finanz- und Ertragslage angegeben werden (§ 284 II Nr. 3 HGB). – Vgl. auch → Bewertung, → Bewertungskontinuität.

Bewertungsstützpunkte – Begriff des Bewertungsgesetzes: Zur Sicherung einer gleichmäßigen Bewertung des → land- und forstwirtschaftlichen Vermögens werden in einzelnen typischen Betrieben mit ortsüblichen Ertragsbedingungen *(Vergleichs- bzw. Richtbetriebe)* vorweg die → Vergleichszahlen oder (für forstwirtschaftliche Nutzungen und für sonstige land- und forstwirtschaftliche Nutzungen unmittelbar) die → Vergleichswerte der Nutzungen und Nutzungsteile ermittelt *(Hauptbewertungsstützpunkte)*, durch den → Bewertungsbeirat vorgeschlagen und durch Rechtsverordnung festgesetzt (§ 39 BewG).

Bewertungsvereinfachungsverfahren – I. Handelsbilanz: Grundsätzlich gilt das Prinzip der → Einzelbewertung (§ 252 I Nr. 3 HGB). Unter bestimmten Voraussetzungen sind jedoch Vereinfachungen zugelassen: 1. Verfahren zur *vereinfachten Ermittlung* der → Anschaffungskosten bzw. → Herstellungskosten: Sachanlagevermögensgegenstände und Roh-, Hilfs- und Betriebsstoffe können u.U. mit einem → Festwert angesetzt werden (§ 240 III HGB); gleichartige Vermögensgegenstände des Vorratsvermögens und andere gleichartige oder annähernd gleichwertige bewegliche Vermögensgegenstände können gruppenweise (→ Gruppenbewertung) und mit dem gewogenen Durchschnitt (→ Durchschnittsbewertung) bewertet werden (§ 240 IV HGB); für gleichartige Gegenstände des → Vorratsvermögens kann unterstellt werden, dass die zuerst oder die zuletzt angeschafften oder hergestellten Vermögensgegenstände zuerst oder in einer sonstigen bestimmten Folge verbraucht oder veräußert worden sind (§ 256 HGB; sog. *Verbrauchsfolgeverfahren*; vgl. → Lifo, → Fifo, → Hifo, → Lofo). – 2. Sog. → geringwertige Wirtschaftsgüter des Anlagevermögens mit Anschaffungs- oder Herstellungskosten bis 150 Euro müssen zwingend sofort abgeschrieben werden (vgl. § 6 II EStG). Für abnutzbare bewegliche Vermögensgegenstände, deren Anschaffungs- oder Herstellungskosten mehr als 150 Euro, aber nicht mehr als 1000 Euro betragen, ist ein Sammelposten zu bilden, der über 5 Jahre gewinnmindernd aufzulösen ist (vgl. § 6 IIa). Auch regelmäßig wiederkehrende Rechnungsabgrenzungsposten in geringer Höhe brauchen nicht berücksichtigt zu werden.

II. Steuerbilanz: Grundsätzlich gelten die gleichen Bewertungsvereinfachungsverfahren (R 5.3, R 5.4, R 6.8, R 6.13, R 6.14 EStR), als Verbrauchsfolgeverfahren kommt gemäß § 6 I 2a EStG jedoch nur das Lifo-Verfahren unter Beachtung des Bewertungsvorbehalts in Betracht (Einzelheiten vgl. R 6.8 EStR).

Bewertungswahlrecht → Bewertungsfreiheit.

Bewilligung → Eintragungsbewilligung.

Bewirtschaftung – *staatliche Maßnahme;* Zuteilung von verbrauchseinschränkenden Teilmengen bestimmter Güter, bes. in Mangelzeiten (Kriegswirtschaft) oder auch im Zusammenhang mit staatlicher Preispolitik, i.d.R. durchgeführt als „Rationierung" mithilfe vielfältiger Bezugsschein- oder Kontingentierungsverfahren. – *Anders:* Kontingentierung (→ Kontingent).

Bewirtschaftungsgemeinschaft – *Gewannenbewirtschaftung;* Form der Kooperation unter Landwirten, die darauf abzielt, ohne Veränderung der Pacht- und Eigentumsverhältnisse die Feldstücke einer Gemarkung über die Grenzen einzelner, bestehender Parzellen und Betriebe hinweg gemeinschaftlich als größere Einheit zu bewirtschaften. Den Kern einer Bewirtschaftungsgemeinschaft bildet ein der Größe der Kooperationseinheit angepasster Maschinenpark. Die Gestaltung der Fruchtfolge und alle Bearbeitungsvorgänge werden gemeinsam geplant und durchgeführt, als ob es sich um einen großen Betrieb handelt. Durch Betriebsgrößenvorteile und Flächenstrukturverbesserungen lassen sich Degressionseffekte bei sämtlichen Kosten des Ackerbaus (Saat-, Dünge-, Pflanzenschutz-, Ernte- und Transportkosten) auch für kleine Betriebe realisieren. Zur genauen flächenanteilsmäßigen Zuordnung der Bewirtschaftungskosten (z.B. für Saat, Düngung und Pflanzenschutz) zu den einzelnen Landwirten und deren Abrechnung, aber auch im Hinblick auf den Erhalt landwirtschaftlicher Direktzahlungen, ist der Einsatz modernster Technik (z.B. GPS-Systeme) notwendig. Ferner müssen der Großteil der Flächen der beteiligten Landwirte räumlich aneinander anschließen sowie die einzelbetrieblichen Fruchtfolgen und Bewirtschaftungsformen (intensiv/extensiv, konventionell/ökologisch, pfluglos/wendend) möglichst homogen sein.

Bewirtschaftungsvorschriften – Es handelt sich um mit Androhung von Strafen oder Geldbußen versehene Straf- bzw. Ordnungswidrigkeitenvorschriften, die in den §§ 1 ff. WiStG (Wirtschaftsstrafgesetz 1954) zusammengefasst sind. Es geht dabei einmal um strafbare Verstöße gegen Sicherstellungsvorschriften (z.B. § 18 WirtschaftssicherstellungsG, § 22 ErnährungssicherstellungsG), um bußgeldbewehrte Verstöße gegen Preisregelungen (etwa die Preisangabenverordnung) oder Ordnungswidrigkeiten wegen Preisüberhöhungen in einem Beruf oder Gewerbe oder bei der Miete).

Bewirtungskosten → Geschäftsfreundebewirtung, → Betriebsausgaben.

bewusste Auswahl – zusammenfassende Bezeichnung für nichtzufällige → Auswahlverfahren. Zur bewussten Auswahl gehören bes. das → Quotenauswahlverfahren und die Auswahl nach dem → Konzentrationsprinzip. Der Einsatz von Verfahren der → Inferenzstatistik ist bei bewusster Auswahl nicht zulässig (s. → Repräsentativerhebung).

Beyond Budgeting

von Prof. Dr. Utz Schäffer

I. Grundsätzliche Charakterisierung

Die Budgetierung ist eines der zentralen Führungsinstrumente und wird daher auch vielfach als „Rückgrat der Unternehmenssteuerung" charakterisiert. Dennoch stand die Budgetierung immer wieder in der Kritik (zu starr, zu aufwendig, ohne Strategiebezug etc.) und war Ende der 1990er-Jahre erneut ins Gerede gekommen. Auslöser der damaligen Diskussion waren die Publikationen von Jeremy Hope und Robin Fraser, die auf der Basis einer Reihe von Fallstudien und ihrer Arbeit im Rahmen des Beyond Budgeting Round Table (BBRT) das Konzept des „Beyond Budgeting" propagiert haben. Der Ansatz verzichtet auf Budgets und zielt darauf ab, die traditionelle Budgetierung durch ein flexibles und dezentrale Initiative förderndes Managementmodell zu ersetzen. Dieses Modell besteht – in der zentralen Buchveröffentlichung von 2003 – aus zwölf Prinzipien: sechs Prinzipien, die die Unternehmenskultur und den organisatorischen Rahmen betreffen, und sechs weiteren Prinzipien, die sich auf den Planungs- und Steuerungsprozess selbst beziehen.

Im Einzelnen sind mit Bezug auf den Planungs- und Steuerungsprozess folgende sechs Prinzipien zu nennen:

- Relativ zum internen oder externen Wettbewerb formulierte *Ziele* sollen selbstadjustierend sein und leistungssteigernd wirken.
- *Früherkennung und rollierende Forecasts* sollen ständige Anpassungen von Strategie- und Investitionsentscheidungen an veränderte Umweltbedingungen ermöglichen.
- Ein *rollierender Strategieentwicklungs- und -durchsetzungsprozess* soll die strategiegerechte Koordination der Unternehmensaktivitäten fördern. Als Instrument wird hier v.a. die Balanced Scorecard propagiert.
- Eine *flexible Ressourcenallokation* soll durch die Vorgabe eines Kalkulationszinsfußes durch die Zentrale und autonome dezentrale Entscheidungen über die Investitionsprojekte erreicht werden.
- *Dezentrale Einheiten* sollen sich grundsätzlich selbst kontrollieren. Die Zentrale greift subsidiär nur dann ein, wenn die dezentralen Manager ein Problem nicht lösen können oder um Hilfe durch das Topmanagement bitten (Management by Exception).
- Eine *relative, teambasierte Vergütung*, die den Erfolg der Geschäftseinheit mit anderen Einheiten vergleicht, soll Teamwork und Zusammenarbeit fördern.

Auf die Unternehmenskultur und den organisatorischen Rahmen beziehen sich die verbleibenden sechs Prinzipien:

- *Führung* durch geteilte Werte und klare Führungsrichtlinien soll schnelle, dezentrale Entscheidungen innerhalb festgelegter Grenzen ermöglichen.
- *Autonome Profitcenter* sollen mehr Unternehmertum im Unternehmen schaffen.

- *Interne Märkte* zur Koordination der Profitcenter sollen Koordination durch Pläne ersetzen und schnellere Reaktionen ermöglichen.
- Überall und unmittelbar (Real Time) verfügbare *Informationen* sollen zu größtmöglicher Transparenz und verteilter Kontrolle führen.
- *Handlungsfreiräume und dezentrale Ergebnisverantwortung* sollen Leistung dezentraler Akteure ermöglichen und erzwingen.
- Ein *Coach & Support-Führungsstil* soll die Manager dabei unterstützen.

In den letzten Jahren ist eine Reihe weiterer Publikationen erschienen, die das Konzept und einzelne Facetten in verschiedene Richtungen weiterentwickelt haben (etwa Morlidge/Player, 2007 und Hope/Player, 2012).

II. Kritische Würdigung

1. Der Kern des Beyond Budgeting

Die Rhetorik des Konzepts setzt an den eingangs dargestellten Defiziten der traditionellen Budgetierung an und versucht diese zunächst auf einer instrumentellen Ebene v.a. dadurch zu beheben, dass die Funktionen der Budgetierung durch eine Kombination anderer Führungsinstrumente realisiert werden. So haben einzelne Unternehmen die bisherige Budgetierung durch Balanced Scorecards, Rollierende Prognosen und so genannte Strategic Value Agreements ersetzt. Ganz ähnlich nahm Borealis zeitweise eine instrumentelle Trennung von Steuerung und Finanzprognose vor. Das Vorgehen dieser Unternehmen lässt sich mit Röpke als Strategie zur Erhöhung der Eigenkomplexität durch instrumentelle Spezialisierung interpretieren und trägt dazu bei, dass interfunktionale Zielkonflikte vermieden werden: Trennt man z.B. instrumentell zwischen möglichst aktueller und objektiver Prognose auf der einen und möglichst nachhaltig motivierender Zielvorgabe auf der anderen Seite, werden viele dysfunktionale Konflikte und Anpassungsstrategien im Rahmen der Budgetierung unnötig. Auf der instrumentellen Ebene lässt sich damit das Entbündeln des Multifunktionsprodukts Budgetierung als ein konzeptioneller Kern des Beyond Budgeting charakterisieren.

Hope und Fraser betonen aber zu Recht, dass eine solche, rein instrumentelle Sicht zu kurz greift und dass es sich bei Beyond Budgeting um ein neues Managementmodell mit einem handlungsleitenden Bündel von Prinzipien handelt. Dieses zielt nach Hope und Fraser darauf ab, die mit der Budgetierung verbundene Command & Control-Kultur zu überwinden und die Voraussetzungen dafür zu schaffen, dass auf Adaptivität und dezentrale Initiative zielende Instrumente ihr Potenzial voll realisieren können.

An die Seite der Kritik an der Budgetierungspraxis tritt so ein zweites Argument für den Ansatz des Beyond Budgeting: Die Budgetierung ist nicht nur selbst optimierungsbedürftig, sondern blockiert auch die Realisierung des Potenzials einer Reihe von Konzepten, die in den letzten Jahren eingeführt wurden, um vor dem Hintergrund zunehmender Volatilität die Adaptivität und die dezentrale Initiative zu stärken. Als Beispiel seien etwa die strategische Früherkennung oder die Balanced Scorecard genannt. Dies kann darauf zurückgeführt werden, dass Führungsinstrumente nicht losgelöst von den internen Modellen des Managements genutzt und implementiert werden können. Diese bilden gewissermaßen die Brille, durch die wir blicken, und setzen so den Rahmen für unser Denken und Handeln. Sie umfassen zum einen (als „Selbstbild") Hypothesen über die Eigenschaftsausprägungen des Akteurs und deren Nebenbedingungen; zum anderen (als handlungsrelevantes „Weltbild") Hypothesen über die Eigenschaften der Umwelt. Interne Modelle liegen auf der Ebene einzelner Akteure im Unternehmen (Manager, Controller etc.) und auf der Ebene des Unternehmens als korporativer Akteur vor, wo sie sich u.a. in Form von organisatorischen Regeln und Routinen manifestieren.

Interne Modelle, organisatorische Regeln und Führungsinstrumente konstituieren die handlungsleitende Ordnung im Unternehmen und müssen über einen hinreichenden „Fit" verfügen. Wer – wie Hope und Fraser – eine zielgerichtete Veränderung in Richtung Adaptivität und dezentrale Initiative anstrebt, darf sich daher nicht auf den Austausch von Instrumenten beschränken. Organisatorische Regeln, die internen Modelle der beteiligten Akteure und Führungsinstrumente müssen vielmehr aufeinander abgestimmt sein. Mit dieser Einsicht hebt sich der Ansatz wohltuend von vielen beratergetriebenen Modewellen der letzten Jahre ab und ist zwingend ein Managementthema. Controller können den Prozess fördern, unterstützen und kritisch begleiten, Beyond Budgeting darf aber nicht auf ein Instrumenten-, EDV- oder Controllerthema reduziert werden. Eine technokratische Sicht, die Instrumente ohne Berücksichtigung dieser Nebenbedingungen implementiert, greift deutlich zu kurz.

2. Wann macht die Anwendung des Konzepts Sinn?

Die Sinnhaftigkeit einer Anwendung der zwölf Prinzipien ist an eine Reihe von Prämissen gebunden. So unterstellen Hope und Fraser pauschal ein Zeitalter „of discontinuous change, unpredictable competition, and fickle customers". Trotz der an vielen Stellen in der Tat zunehmenden Volatilität muss das aber nicht für jedes Unternehmen und für jede Unternehmenseinheit in gleichem Maße gelten. Folglich muss im Einzelfall geprüft werden, ob die Annahmen hoher Dynamik und hoher Wettbewerbsintensität auch gegeben sind.

Zusätzliche Prämissen ergeben sich aus der von Hope und Fraser implizit unterstellten Sinnhaftigkeit einer Strategie, die der Dynamik durch eine hohe Dezentralisierung und eine hohe Flexibilität bzw. Adaptivität der Unternehmung gerecht wird. Dabei wird u.a. vorausgesetzt, dass

- die Menschen in den dezentralen Einheiten in ausreichendem Maße willens und in der Lage sind, die gewachsene dezentrale Verantwortung auch zu realisieren;
- Verbunde und damit potenzielle Synergien zwischen den dezentralen Einheiten nicht oder nur in beschränktem Maße vorliegen bzw. auch durch horizontale Koordination der Einheiten hinlänglich realisierbar sind und
- das Unternehmen größere Flexibilitätspotenziale auch in ausreichendem Maße realisieren kann, d.h., dass bei Bedarf relevante Produktionsfaktoren kurzfristig hinzugewonnen, anderweitig ein- oder freigesetzt werden können.

Weiter gilt es, nicht die Prämissen der einzelnen Prinzipien zu vernachlässigen. So setzen z.B. wettbewerbsbezogene, relative Ziele voraus, dass ein benchmarkfähiger Wettbewerb vorhanden ist und dass dieser ausreichend gute Leistungen erbringt. Schließlich muss geprüft werden, ob der erwartete Nutzen des Ansatzes die Kosten (v.a. der Implementierung) rechtfertigt. Dies wird aber bei Weitem nicht immer der Fall sein, denn der Ansatz impliziert einen erheblichen Implementierungsaufwand. Es geht nicht um ein einzelnes Instrument, sondern um einen grundlegenden Veränderungsprozess im Management, auch mit Blick auf die Kultur des Unternehmens.

Der Begriff „Beyond Budgeting" gilt heute weitgehend als verbrannt. Auch wenn die einzelnen Bausteine des Konzepts zunehmend in der Praxis Verbreitung finden, findet das Konzept in so gut wie keinem größeren Unternehmen in vollem Umfang Anwendung, was angesichts der Radikalität des Ansatzes und der Komplexität der Unternehmenssteuerung wenig überrascht. Zudem sind die meisten Prinzipien (bei aller Plausibilität) vergleichsweise abstrakt und wenig operationalisiert: Beyond Budgeting ist kein einfach und gedankenlos umsetzbares Patentrezept, sondern der vor die Klammer gezogene kleinste gemeinsame Nenner der vom BBRT vor ca. zehn Jahren untersuchten Unternehmen. Dies zeigt sich auch in der Heterogenität der von den Befürwortern des Ansatzes angeführten Beispiele und ist per se nicht negativ zu werten – im Gegenteil: „one size fits all" kann kaum nachhaltige Wettbewerbsvorteile für Unternehmen begründen.

3. Gibt es pragmatische Alternativen?

Beyond Budgeting zielt neben der Verlagerung der Budgetierungsfunktionen auf andere Instrumente auf eine grundlegende Veränderung der handlungsleitenden Ordnung: Instrumente, interne Modelle und organisatorische Regeln müssen den veränderten Anforderungen angepasst werden. Der Weg dorthin ist aber schwierig und kann – wie viele organisatorische Veränderungsprozesse zuvor – scheitern. Dies legt die Suche nach pragmatischen Alternativen nahe. Geht die Kritik an der Budgetierung im Wesentlichen dahin, dass diese zu starr und zu zeitaufwendig ist, wird es häufig ausreichend sein, im Rahmen der etablierten handlungsleitenden Ordnung den Budgetierungsprozess zu verkürzen, Budgets flexibel zu gestalten und die Planungsinhalte zu fokussieren. Hierauf zielten vor einigen Jahren auch die Anregungen vieler Berater und das Konzept des Better Budgeting: Das bestehende Budgetierungssystem soll danach durch ein Bündel von (letztlich altbekannten) Maßnahmen zur Fokussierung der Planungsinhalte sowie zur Erhöhung der Qualität von Steuerung und Prognose optimiert werden.

Solche Konzepte stellen – anders als der Ansatz des Beyond Budgeting – die internen Steuerungsmodelle der Akteure nicht grundlegend infrage. Wenn aber die Prämissen einer budgetbasierten Koordination nicht mehr erfüllt sind, das eigentliche Problem in den Köpfen steckt und daher statt Effizienzgewinnen in der Budgetierung eher eine Veränderung der handlungsleitendenden Ordnung gefragt ist, greift der Ansatz zu kurz und es gilt, das hinter budgetbasierter Steuerung und Prognose stehende Managementmodell grundsätzlich infrage zu stellen. Genau darum geht es aber dem Konzept des Beyond Budgeting.

Beziehungshandel → direkter Vertrieb von Herstellern oder Großhändlern an bestimmte Letztverbraucher, denen sie sich bes. verpflichtet fühlen.

Beziehungslehre der Steuerformen → steuerliche Beziehungslehre.

Beziehungsmarketing – alle Unternehmensaktivitäten, die langfristige → Kundenzufriedenheit zum Ziel haben. Darin eingeschlossen sind Kundennähe, Kundenpflege, → Database Marketing und Serviceaktivitäten. Das Beziehungsmarketing setzt eine hohe Qualität der Kundenanalyse voraus und wird zunehmend zu einem entscheidenden → Wettbewerbsfaktor.

Beziehungspromotor – Person, die im Rahmen kooperativer Unternehmensstrategien die Aufgabe hat, Kooperationspartner zu finden und zusammenzuführen, den Dialog zwischen diesen zu fördern und deren Verhalten im Sinn einer gedeihlichen Zusammenarbeit zu beeinflussen. Dementsprechend werden an ihn hohe Anforderungen hinsichtlich seiner sozialen, aber auch fachlichen Kompetenz gestellt.

Beziehungszahl – in der Statistik Bezeichnung für eine → Verhältniszahl, bei der Zähler und Nenner sachlich zusammenhängende Größen sind, von denen keine eine Teilgröße der jeweils anderen ist. – *Beispiel:* Die Bevölkerungsdichte ist der Bevölkerungsumfang, dividiert durch die Fläche eines Landes.

Bezirksvertreter → Handelsvertreter, dem zur Ausübung seiner Tätigkeit ausdrücklich ein bestimmter *geografischer Bezirk* zugewiesen ist. Der Bezirksvertreter hat für die Dauer seines Vertragsverhältnisses Anspruch auf → Provision für alle Geschäfte mit Personen seines Bezirkes oder Kundenkreises. – Vgl. auch → Kundenschutz. – Dem Begriff des Bezirksvertreters *steht nicht entgegen,* dass ihm auch die Tätigkeit in anderen Bezirken gestattet ist; auch kann er ohne vertragliche Vereinbarung nicht verlangen, dass sein Geschäftsherr oder andere in seinem Bezirk nicht tätig werden. Jedoch steht ihm Provision auch aus den von anderen abgeschlossenen Geschäften zu (§ 87 II HGB). – Die gesetzlichen Vorschriften können durch *Vertrag* abgeändert werden. – Der gesetzliche Schutz gilt nicht für → Versicherungsvertreter (§ 92 III 2 HGB).

Bezogener – Hauptschuldner eines → Schecks oder → Wechsels, also derjenige, an den der unbedingte Zahlungsauftrag gerichtet ist (Adressat) und der bei Fälligkeit die Zahlung zu leisten hat. – 1. *Wechsel:* Wenn ein Aussteller (Trassant) einen Wechsel auf jemanden (Trassat) zieht, wird dieser zum Bezogenen. Erst wenn der Bezogene annimmt (akzeptiert), verpflichtet er sich, an den Begünstigten bei Fälligkeit des Wechsels zu zahlen. Dieses Zahlungsversprechen heißt → Akzept, der Bezogene wird zum Akzeptanten. Mit dem Akzept wird der Bezogene zum Hauptschuldner aus dem Wechsel (Art. 28, 1 WG). Bei Fälligkeit des Wechsels hat der Bezogene an den Wechselnehmer zu zahlen. Ist der Wechselaussteller selbst der Bezogene, handelt es sich um einen → trassiert-eigenen Wechsel. Die Angabe des Bezogenen gehört zu den gesetzlichen Bestandteilen des Wechsels (Art. 1 WG). – 2. *Scheck:* Bezogene können nur Kreditinstitute sein (Art. 3 ScheckG). Sie werden in der Urkunde über dem Schecktext genannt. Bei Einlösung eines Schecks belasten Kreditinstitute das Konto des Ausstellers (Kunde).

bezogene Teile – Bestandteile, die aus mehreren Einzelteilen bzw. aus mehreren Stoffen aufgrund eigener oder (zumeist) fremder Zeichnungen, Entwürfe etc. von anderen Herstellern gefertigt und zum Zweck der Verbindung mit eigenen Erzeugnissen erworben werden (→ Fremdbezug). – In der *Materialbuchhaltung* werden für bezogene Teile bes. Konten geführt. – *Anders:* → Werkstoffe.

bezugnehmende Werbung – bezieht persönliche Eigenschaften/Verhältnisse oder Waren/Leistungen der Mitbewerber in die Werbeaussage ein. Bezugnahme im Rechtssinne liegt erst vor, wenn der Verkehr eine individuell gezielte Bezugnahme auf einen oder mehrere Mitbewerber erkennt, namentliche Nennung ist nicht erforderlich. Bezugnehmende Werbung ist regelmäßig → vergleichende Werbung, die negativer (kritisierender) oder positiver (anlehnender) Art sein kann und im § 6 UWG geregelt ist. Bezugnehmende Werbung, nicht aber vergleichende Werbung, sind Anlehnungsfälle, bei denen zwar Waren/Leistungen einander gegenübertreten, für den Umworbenen aber keine Kaufalternativen aufgezeigt werden, sondern das fremde Produkt bspw. nur als Vorspann für den eigenen Absatz genutzt wird. → Anlehnende Werbung dieser Art ist regelmäßig nach § 4 Nr. 10 UWG (Behinderungswettbewerb) unzulässig.

Bezugsaktie → junge Aktie, die bei einer bedingten → Kapitalerhöhung ausgegeben wird (§§ 192 ff. AktG). Sie steht Gläubigern von Wandelschuldverschreibungen, Aktionären einer fremden Gesellschaft, die fusioniert werden soll, oder Arbeitnehmern und Mitgliedern der Geschäftsführung der Gesellschaft zu. Bezugsaktien dürfen nur in Erfüllung des im Beschluss über die bedingte Kapitalerhöhung festgesetzen Zweckes und nicht vor der vollen Leistung des Gegenwertes ausgegeben werden. Der Vorstand und der Aufsichtsratsvorsitzende haben spätestens innerhalb eines Monats nach Ablauf des Geschäftsjahrs den Umfang der im vorhergehenden Jahr ausgegebenen Bezugsaktien zur Eintragung ins Handelsregister *anzumelden.*

Bezugsbindung – 1. *Begriff:* Form der → Vertriebsbindung, bei der z.B. ein Händler gebunden wird, seine Waren nur bei einem bestimmten Lieferanten zu beziehen. Dadurch können Querlieferungs- oder Reimportverbote innerhalb von Vertriebsbindungssystemen überwacht werden. – Bezugsbindungen können auch *negativ formuliert* werden, indem dem Gebundenen untersagt wird, bei bestimmten Lieferanten zu beziehen oder bestimmte Waren (z.B. Konkurrenzprodukte) zu führen. Es liegt dann zugleich ein Wettbewerbsverbot vor. – 2. *Wettbewerbsrechtliche Beurteilung:* Bezugsbindungen unterliegen dem Verbot des § 1 GWB und Art. 101 I AEUV. Freistellungsmöglichkeiten sind insbesondere in der → Vertikal-GVO geregelt.

Bezugsgenossenschaft → Einkaufsgenossenschaft.

Bezugsgröße – *Bezugsobjekt.*

I. Sozialversicherung: Einheitliche Bezugsgröße (§ 18 SGB IV), eingeführt, um die bestehenden unterschiedlichen Regelungen in den einzelnen Versicherungszweigen zu beseitigen. Die Bezugsgröße ergibt sich aus dem Durchschnittsentgelt der Gesetzlichen Rentenversicherung im vorvergangenen Kalenderjahr, aufgerundet auf den nächsthöheren, durch 420 teilbaren Betrag. Sie wird jährlich durch Rechtsverordnung des Bundesministeriums für Arbeit und Soziales (BMAS) neu festgelegt. – Vgl. zuletzt die Sozialversicherungs-Rechengrößenverordnung 2012 vom 2.12.2011 (BGBl. I 2421).

II. Kostenrechnung: Qualitativ, quantitativ, räumlich und/ oder zeitlich abgegrenzte Größe, der bestimmte Kosten, Erlöse, Mengenverbräuche und andere Geld- und Mengengrößen gegenübergestellt oder zugeordnet werden. – 1. *Basis (Nenner) von Kenn- oder Beziehungszahlen* (z.B. Fracht je 100 kg Versandgewicht, Deckungsbeitrag in Prozent vom Umsatz, Gemeinkosten in Prozent der Einzelkosten); dienen auch zur Ermittlung von Verrechnungs- und Zuschlagssätzen sowie von Vorgaben in Form von Verbrauchsstandards oder Deckungssätzen (z.B. Mindest-Deckungsbeitrag je Engpassmaschinenstunde). – 2. *Maßgröße der Kostenverursachung* in den Kostenstellen für die wichtigsten → Kostenbestimmungsfaktoren. Bezugsgrößen müssen so festgelegt werden, dass sie den Einfluss der Kostenbestimmungsfaktoren auf die Kostenhöhe möglichst exakt abbilden. – *Beispiele:* Fertigungsminuten, Maschinenstunden, Durchsatzgewichte, Arbeitszeiten des Personals. – *Zweck:* Bezugsgrößen dienen der Planung und Kontrolle der → Gemeinkosten, der → Kalkulation u.a. (→ Bezugsgrößenkalkulation). – *Bezugsgröße in der Einzelkostenrechnung* wird auch als *Bezugsobjekt* bezeichnet. – Vgl. auch → Bezugsgrößenhierarchie. – 3. *Maßstab* für die Abbildung der erzeugten Leistungen, geschaffenen, bereitgehaltenen oder verfügbaren Potenziale.

Bezugsgrößenhierarchie – *Bezugsobjekthierarchie;* Grundbegriff der Einzelkostenrechnung. – 1. *Begriff:* Bezugsgrößenhierarchien ergeben sich aus dem Postulat, keine Gemeinkosten zu schlüsseln (→ Gemeinkostenschlüsselung), sondern alle Kosten als → Einzelkosten und alle Erlöse als Einzelerlöse zu erfassen. Allg. kann man Bezugsgrößenhierarchien als hierarchische Ordnung nach einem bestimmten Kriterium gebildeter → Bezugsgrößen (Zurechnungsobjekte von Einzelkosten und -erlösen) definieren. – 2. *Arten:* Es lassen sich v.a. produktbezogene, vertriebsweg- und vertriebsgebietbezogene, kundenbezogene, kostenstellenbezogene, lieferantenbezogene und zeitbezogene Bezugsgrößenhierarchien unterscheiden. – 3. *Vorgehensweise* (dargestellt am Beispiel einer produktbezogenen Bezugsgrößenhierarchie): Eine einfache produktbezogene Bezugsgrößenhierarchie enthält auf der niedrigsten Ebene die einzelnen Einheiten (z.B. Stücke) der produzierten und abgesetzten Erzeugnisse, für die sich z.B. die Materialkosten als Einzelkosten erfassen lassen. Übergeordnet sind die Bezugsgrößen „Erzeugnisse als Ganzes". Hier werden Einzelkosten ausgewiesen, die zwar nicht jeder Produkteinheit gesondert, wohl aber einem Produkt als Ganzes exakt als Einzelkosten zugeordnet werden können (z.B. Kosten einer nur für dieses Produkt verwendeten Spezialmaschine). Die nächst höhere Stufe der beispielhaft betrachteten Bezugsgrößenhierarchie fasst mehrere Produkte zu Produktgruppen zusammen, um so etwa die Kosten des für eine Gruppe zuständigen Verkaufsleiters als Einzelkosten erfassen zu können. Weitere Hierarchiestufen sind dann Erzeugnisbereiche, Sparten und schließlich das Erzeugnisprogramm insgesamt. Letzteren lassen sich z.B. die Kosten des Vertriebsvorstands als Einzelkosten zuordnen. Für jede untergeordnete Bezugsgröße (z.B. für jedes Produkt, dem sie in Systemen traditioneller → Vollkostenrechnungen zugeschlüsselt werden) stellen sie Gemeinkosten dar. – 4. *Bedeutung:* Der Aufbau paralleler Bezugsgrößenhierarchien, d.h. die gleichzeitige Zuordnung von Kosten zu unterschiedlichen Bezugsgrößen, erweitert die Aussagefähigkeit bzw. die Auswertungsmöglichkeiten der Kostenrechnung erheblich, erhöht aber auch die Kosten der Kostenerfassung und die Komplexität der Kostenrechnung. Operational durchzuführen ist ein solches Vorgehen erst durch die Verwendung von → Datenbanken.

Bezugsgrößenkalkulation → Kalkulation auf der Grundlage von → Bezugsgrößen, z.B. → Maschinenstundensatzrechnung (Bezugsgröße ist die Maschinenstunde). Die Kostenträgergemeinkosten (→ Gemeinkosten) der einzelnen Kostenstellen werden durch die Bezugsgrößen dividiert. Die damit ermittelten Kalkulationssätze dienen zur Weiterverrechnung der Gemeinkosten auf die Kostenträger. – *Beispiel:* 10 vom Produkt A in Anspruch genommene Maschinenstunden belasten dieses bei einem Maschinenstundensatz von 500 Euro mit 5.000 Euro Gemeinkosten. – In der *Plan- und Grenzkostenplanrechnung:* → Plankostenrechnung.

Bezugsgrößenplanung → Kostenplanung.

Bezugsgruppe – *Mitgliedschaftsgruppe;* → Gruppe, an deren wahrgenommenen Normen sich der Einzelne orientiert, wobei dieser kein Mitglied der Bezugsgruppe zu sein braucht. Der vom einzelnen empfundene soziale Druck der Bezugsgruppe führt nach den Vorstellungen der *Bezugstheorie* zu gruppenkonformen Wahrnehmungen und Beurteilungen und normiert das → Konsumentenverhalten.

Bezugskalkulation → Warenkalkulation.

Bezugskosten → Beschaffungskosten, → Anschaffungskosten.

Bezugskurs – der für den Bezug einer → jungen Aktie festgesetzte Preis. Zum Bezugskurs kann bei der → Emission neuer → Aktien im Fall der → Kapitalerhöhung ein → Bezugsrecht auf Aktien ausgeübt werden. Auch bei → Wandelschuldverschreibungen wird ein Bezugskurs für den etwaigen Bezug von Aktien der Gesellschaft während der vorgesehenen Bezugsfrist festgesetzt. Der Bezugskurs darf nicht unter pari liegen; er kann für die verschiedenen Termine der Bezugszeit nach oben oder unten gestaffelt sein.

Bezugsmethode → Referenzperiodensystem.

Bezugsobjekt → Bezugsgröße.

Bezugsobjekthierarchie → Bezugsgrößenhierarchie.

Bezugsobligation → Optionsanleihe.

Bezugsrecht – 1. *Aktienrecht: Begriff:* Das dem → Aktionär zustehende Recht, bei einer → Kapitalerhöhung einen seinem Anteil am bisherigen → Grundkapital entsprechenden Teil der neuen Aktien (→ junge Aktien) zu beziehen (§ 186 AktG). Wird z.B. das Aktienkapital von drei auf vier Mio. Euro erhöht, so kann den Aktionären auf drei alte eine junge Aktie angeboten werden; das Bezugsverhältnis beträgt 3 : 1. Das Bezugsrecht schützt den Altaktionär vor einer → Kapitalverwässerung. Auch auf → Wandelschuldverschreibungen, → Gewinnschuldverschreibungen und → Genussscheine haben die Aktionäre ein Bezugsrecht.–Durch Beschluss der Hauptversammlung (→ qualifizierte Mehrheit) kann das gesetzliche Bezugsrecht ausgeschlossen werden; auch zur Ausgabe von → Belegschaftsaktien. Der Bezugsrechtsausschluss bedarf nach hiesiger Meinung einer sachlichen Rechtfertigung, auch wenn der Wortlaut des § 186 AktG dies nicht ausdrücklich vorsieht. Er ist insbesondere dann zulässig, wenn eine Kapitalerhöhung gegen Bareinlage erfolgt, die 10 Prozent des Grundkapitals nicht übersteigt und der Ausgabebetrag den Börsenkurs nicht wesentlich unterschreitet (erleichterter Bezugsrechtsausschluss, § 186 III 4 AktG). Der Vorstand hat der Hauptversammlung einen schriftlichen Bericht über den Grund für den teilweisen oder vollständigen Bezugsrechtsausschluss vorzulegen, in dem auch der vorgeschlagene Ausgabebetrag zu begründen ist. Als Ausschluss des Bezugsrechtes ist es jedoch nicht anzusehen, wenn (wie i.d.R.) die neuen Aktien von einem Kreditinstitut oder einem anderen mit der Verpflichtung übernommen werden sollen, sie den Aktionären zum Bezug anzubieten. – *Ausübung:* a) Die *Aufforderung* zum Bezug der neuen Aktien ist in den → Gesellschaftsblättern unter Angabe des → Bezugskurses zu veröffentlichen. Die Frist zur Ausübung des Bezugsrechtes beträgt mind. zwei Wochen. – b) Das Bezugsrecht ist *verkäuflich.* Davon wird bes. Gebrauch gemacht, wenn ein Aktionär nicht die zur Ausübung erforderliche Zahl alter Aktien besitzt. – 3. *Bewertung* des Bezugsrechtes aufgrund der Möglichkeit, junge Aktien billiger als alte kaufen zu können, wenn z.B. auf drei alte Aktien (Kurs 140 Prozent) eine neue Aktie zum Bezugskurs von 120 Prozent angeboten wird. – 4. Die *rechnerische Bewertung* des Bezugsrechtes (Bezugsrechtwert = BRW) erfolgt nach der Formel:

$$\text{BRW} = \frac{K_a - K_n}{\frac{m}{n} + 1},$$

wobei: K_a = Kurs der alten Aktien, K_n = Kurs der neuen Aktien, m = Anzahl der alten Aktien und n = Anzahl der neuen Aktien. Davon abweichend bildet sich im Bezugsrechtshandel der Preis nach Angebot und Nachfrage. – 2. *Lebensversicherung:* Bezugsberechtigung.

Bezugs- und Absatzgenossenschaft – 1. *Begriff:* Bezugs- und Absatzgenossenschaften sind Warengenossenschaften, deren Mitglieder (Landwirte, Einzelhändler, Handwerker) sowohl die Beschaffungs- als auch die Absatzfunktion voll oder weitgehend ausgegliedert und dem genossenschaftlichen Geschäftsbetrieb übertragen haben. Charakteristisch ist, dass sie auf beiden Marktseiten sowohl das genossenschaftliche Zweckgeschäft mit den Mitgliedern, als auch das Gegengeschäft auf einem allg. Beschaffungs- oder Absatzmarkt ausüben. – 2. *Arten:* a) Die Bezugs- und Absatzgenossenschaften der Landwirtschaft kaufen für ihre landwirtschaftlichen Mitgliederbetriebe die benötigten Betriebsmittel (Saatgut, Pflanzenschutz-, Düngemittel u.a.) und Investitionsgüter (Landmaschinen, Gebäudeausstattungen u.a.) und setzen gleichzeitig die Produkte der Landwirte (Getreide, Kartoffeln, Obst u.a.) ab. – b) Gewerbliche Warengenossenschaften umfassen Lebensmittel-, Spielwaren-, Sportartikel-, Elektroartikel-Einzelhandel. – c) Bis zu einem gewissen Grade gehören auch die → Produktionsgenossenschaften zu den Bezugs- und Absatzgenossenschaften, da sie die Produkte ihrer Mitgliedsbetriebe i.d.R. als Rohstoffe beschaffen, dann verwerten und auf einem allg. Absatzmarkt weiterverkaufen. – 3. *Entwicklung:* Bei den landwirtschaftlichen Bezugs- und Absatzgenossenschaften ist die Zahl der selbstständigen Genossenschaften stark zurückgegangen, was v.a. durch Verschmelzungen sowie die vertragliche Übernahme des Warengeschäftes anderer Primärgenossenschaften oder → Hauptgenossenschaften zurückzuführen ist. Typisch ist auch die starke Diversifikation des Warensortiments, wobei v.a. allg. Verbrauchsartikel aufgenommen und somit neue Kunden im Rahmen des → Nichtmitgliedergeschäftes erschlossen wurden. Sowohl bei den landwirtschaftlichen, verstärkt jedoch bei den gewerblichen Warenhandelsgenossenschaften hat sich die Situation ergeben, dass man die einseitige Ausrichtung auf den Bezug (früher deswegen die Bezeichnung Einkaufsgenossenschaft) oder den Absatz aufgegeben hat und für die Mitgliederbetriebe beide Funktionen wahrnimmt. Der starke Einstieg in die Absatzfunktion (Sortimentsgestaltung, → Werbung, → Öffentlichkeitsarbeit u.a.) bei den gewerblichen Warenhandelsgenossenschaften resultiert v.a. daraus, dass sie sich als eine einheitliche Gruppe (Edeka, Rewe, Interfunk, Intersport, Neuform u.a.) darstellen. Gewerbliche Bezugs- und Absatzgenossenschaften erweiterten ihr Leistungsspektrum v.a. auch durch die Übernahme zusätzlicher Dienstleistungen wie Beratung, Aus- und Weiterbildung, Warenwirtschaftssysteme, Übernahme der Kreditfunktion u.a. Aus der Entwicklung eines solchen multifunktionalen Geschäftsfeldspektrums für die Mitglieder hat sich die Bezeichnung einer → Full-Service-Genossenschaft entwickelt. Im Sinn einer offensiven

Marketingstrategie haben die gewerblichen Bezugs- und Absatzgenossenschaften Regiebetriebe (Edeka-Aktivmärkte u.a.) eingerichtet oder mit anderen Warengenossenschaften Franchise-Systeme entwickelt. Dabei ist auch der Trend zu erkennen, dass nach der Etablierung des Regiebetriebes durch den genossenschaftlichen Großhandelsbetrieb die entsprechende Handelseinrichtung wieder an Mitglieder übergeben wird. Dadurch wird für die verschiedenen Regionen auch eine flächendeckende Stabilisierung des genossenschaftlichen Leistungsangebotes erreicht.

Bezugszeitpunkt – Bezeichnung des Stichtags, auf den kalkulatorische Berechnungen (z.B. in der → Investitionsrechnung) bezogen werden, d.h. Ein- bzw. Auszahlungen ab- oder aufgezinst werden. Meist fallen → Kalkulationszeitpunkt und Bezugszeitpunkt zusammen.

BfA – Abk. für → Bundesversicherungsanstalt für Angestellte.

Bfai – Abk. für → Bundesagentur für Außenwirtschaft, seit 1.1.2009 verschmolzen mit der *Invest in Germany GmbH* zur → Germany Trade and Invest – Gesellschaft für Außenhandel und Standortmarketing mbH (Gtai).

BfB – Abk. für → Bundesverband der Freien Berufe.

BfDI – Abk. für Bundesbeauftragter für den Datenschutz und die Informationsfreiheit.

BfF – früher gebräuchliche Abk. für → *Bundesamt für Finanzen,* also die Vorläuferinstitution des Bundeszentralamtes für Steuern.

BfG – Abk. für → Bundesanstalt für Gewässerkunde.

BFH – Abk. für → Bundesfinanzhof.

BfLR – Abk. für Bundesforschungsanstalt für Landeskunde und Raumordnung. Vgl. → Bundesamt für Bauwesen und Raumordnung (BBR).

bfn – Abk. für → brutto für netto.

BfV – Abk. für → Bundesamt für Verfassungsschutz.

BFW – Abk. für → Büro Führungskräfte der Wirtschaft.

BGB-Gesellschaft → Gesellschaft bürgerlichen Rechts (GbR).

BGH – Abk. für → Bundesgerichtshof.

BGHSt – Abk. für *Entscheidungen des* → Bundesgerichtshofes in Strafsachen; amtliche Sammlung.

BGHZ – Abk. für *Entscheidungen des* → Bundesgerichtshofes in Zivilsachen; amtliche Sammlung.

BGR – Abk. für → Bundesanstalt für Geowissenschaften und Rohstoffe.

BHK – Abk. für → Bundeshauptkasse.

Bias – *Verzerrung.* 1. *Inferenzstatistik:* Differenz zwischen dem → Erwartungswert einer → Schätzfunktion und dem zu schätzenden → Parameter. Wünschenswert ist ein Bias von Null; in diesem Fall liegt → Erwartungstreue (Unverzerrtheit) vor. – 2. In einem allgemeineren Sinn wird Bias in der → Meinungsforschung und → Marktforschung synonym für *Verfälschung von Umfrageergebnissen* verwendet; z.B. heißt die ungewollte Ergebnisbeeinflussung durch den Interviewer *Interviewer-Bias.* – Vgl. auch → systematischer Fehler.

BIB – 1. Abk. für → Bundesinstitut für Bevölkerungsforschung. – 2. Abk. für *Bruttoinvestitionsbasis.* vgl. dazu → Cashflow Return on Investment.

BIBB – Abk. für → Bundesinstitut für Berufsbildung.

BIC – Abk. für *Bank Identifier Code;* International standardisierter Bankcode (ISO 9362), mit dem weltweit jeder → SWIFT-Nutzer identifiziert werden kann (z.B. MARKDEFF für die → Deutsche Bundesbank). Der BIC findet weltweit insbesondere Verwendung bei Kreditinstituten. Er hat eine Länge von 8 oder 11 alphanumerischen Zeichen und folgenden Aufbau: BBBBCCLLbbb; BBBB = 4-stelliger Bankcode, vom Finanzinstitut frei wählbar, CC = 2-stelliger Ländercode (nur Alphazeichen), LL = 2-stellige Codierung des Ortes (alphanumerische Zeichen), wenn das 2. Zeichen eine „1" ist, handelt es sich um einen passiven SWIFT-Teilnehmer, wenn das 2. Zeichen eine „0" ist, handelt es sich um einen Test-BIC, bbb = optionale 3-stellige Kennzeichnung („Branch-Code") der Filiale oder Abteilung; Standard „XXX" (alphanumerische Zeichen).

Bid → Geldkurs.

Bid Bond → Bietungsgarantie.

Bierlager – Steuerlager für Bier i.S.d. Biersteuergesetzes.

Biersteuer → Verbrauchsteuer auf Bier. – 1. *Rechtsgrundlage:* Biersteuergesetz 1993 vom 21.12.1992 (BGBl. I 2150) m.spät.Änd. und die Verordnung zur Durchführung des Biersteuergesetzes (BierStV). Erhebung und Verwaltung liegen beim Bund (Art. 108 I 1 GG), der Ertrag steht den Ländern zu (Art. 106 II Nr. 5 GG). – 2. *Steuergegenstand:* Bier und Mischungen von Bier mit nichtalkoholischen Getränken im Sinn der Alkoholstrukturrichtlinie. Besteuert wird die Herstellung und Einfuhr aus Drittstaaten von Bier im Gebiet der Bundesrepublik Deutschland, aber ohne Büsingen und Helgoland. Bier, das ins Ausland gelangt, ist steuerfrei. – 3. *Steuersatz:* Die Höhe der Biersteuer bestimmt sich nach dem Stammwürzegehalt des Bieres in Gramm je 100 Gramm Bier (Grad Plato); dabei werden die Nachkommastellen des gemessenen Grades Plato außer Betracht gelassen. Der reguläre Steuersatz (2008) beträgt 0,787 Euro je Grad Plato. Ermäßigte Steuersätze sind vorgesehen für kleine unabhängige Brauereien (Gesamterzeugnismenge jährlich unter 200.000 hl Bier). Die Belastung beträgt für eine Jahresproduktion von weniger als 5.000 hl nur 56 Prozent des regulären Steuersatzes, danach steigt der Steuersatz in Stufen allmählich an (bei 40.000 hl Jahresproduktion werden 84 Prozent des regulären Steuersatzes erreicht). Es gibt auf EU-Ebene Bestrebungen, die Mindeststeuer auf Bier (derzeit 0.748 Euro/Liter) anzuheben. Dieser Wert wurde im Oktober 1992 festgelegt. – 4. *Aufkommen:* 757 Mio. Euro (2007), 779 Mio. Euro (2006), 785,9 Mio. Euro (2003), 811,5 Mio. Euro (2002), 828,5 Mio. Euro (2001), 843,5 Mio. Euro (2000), 909,5 Mio. Euro (1995), 722,5 Mio. Euro (1990), 641 Mio. Euro (1985), 645 Mio. Euro (1980), 652 Mio. Euro (1975), 601 Mio. Euro (1970), 501 Mio Euro (1965), 358 Mio. Euro (1960), 225 Mio. Euro (1955), 178 Mio. Euro (1950).

Bietergruppe Bundesemissionen – Die Bietergruppe Bundesemissionen umfasst derzeit 38 sowohl inländische als auch ausländische Geschäftsbanken. Ihre Mitglieder werden durch die Bundesrepublik Deutschland – Finanzagentur GmbH bestimmt. Diese bietet für Rechnung des Bundes über die Deutsche Bundesbank Bundesanleihen, Bundesobligationen, Bundesschatzanweisungen und unverzinsliche Schatzanweisungen im Tenderverfahren an. Die Verfahrensregeln gelten auch für inflationsindexierte Bundesanleihen und inflationsindexierte Bundesobligationen, sofern diese im Tenderverfahren begeben werden. – Von den Mitgliedern der Bietergruppe wird erwartet, dass sie mind. 0,05 Prozent der in einem Kalenderjahr in den Tendern insgesamt zugeteilten und laufzeitabhängig gewichteten Emissionsbeträge übernehmen. – Bis Ende 1997 wurden Bundesanleihen im kombinierten Konsortial- und Tenderverfahren über das Bundesanleihekonsortium begeben, während bei den → Bundesobligationen, Bundesschatzanweisungen und U-Schätzen ausschließlich das Tenderverfahren angewandt wurde, bei dem alle gebietsansässigen Kreditinstitute mit LZB-Girokonto zur Gebotsabgabe zugelassen waren. Seit Januar 1998 werden Bundesanleihen, Bundesobligationen, Bundesschatzanweisungen sowie U-Schätze einheitlich im Tenderverfahren über die neu gebildete „Bietergruppe Bundesemissionen" begeben. – Mitglied der Bietergruppe kann nur ein Kreditinstitut mit Sitz in einem Mitgliedsstaat der Europäischen Union werden. Zudem ist eine bestimmte Mindestplatzierungskraft erforderlich.

Bietungsgarantie – 1. Form einer → Bankgarantie, die den Garantienehmer vor den finanziellen Folgen des Risikos schützt, dass der Anbieter (Garantieauftraggeber) – je nach Garantietext – (1) bei Erteilung des Zuschlags die Übernahme des Auftrags ablehnt und/oder (2) sich nach Annahme des Auftrags weigert oder nicht in der Lage ist, eine geforderte/vereinbarte → Liefergarantie, Leistungsgarantie oder → Vertragserfüllungsgarantie zu erbringen. Auch als *Offertgarantie, Angebotsgarantie, Bid Bond, Tender Guarantee* bezeichnet. – 2. *Bietungsgarantien bei öffentlichen Ausschreibungen:* → Ausschreibung.

Bietungsgemeinschaft – Personengesamtheit, z.B. Gesellschaft oder Erbengemeinschaft, die im Zwangsversteigerungsverfahren Gebot abgibt. Aufschluss über das Gesellschaftsverhältnis etc. ist zu geben, damit durch den Zuschlag entsprechender Rechtserwerb eintritt.

Bietungsstunde – Begriff bei der Zwangsversteigerung von Grundstücken. Zwischen der ersten Aufforderung zur Abgabe von Geboten und dem Schluss der Versteigerung müssen mind. 30 Minuten liegen (§ 73 I ZVG).

Bifurkation – qualitative Strukturänderung des Zustandsraumes eines Systems (z.B. Änderung des → Attraktors), die auftritt, wenn kritische Werte überschritten werden. – *Beispiel für die Lösung eines dynamischen Systems:* Für die → Differenzengleichung

$$x_{t+1} = \mu \cdot x_t \cdot (1 - x_t)$$

verdoppelt sich in Abhängigkeit von m die (asymptotisch stabile) zyklische Lösung, bzw. aus der stationären Lösung wird ein Zweierzyklus; für diesen Bifurkationsprozess existieren also jeweils nach Parametergröße 2^n, mit n = 1, 2, ..., zyklische Lösungen und für n = 0 ein stationärer Lösungswert. Wird m hinreichend groß, existieren Lösungen mit beliebiger Periodenlänge. – Vgl. auch → Chaos-Theorie.

Bifurkationstheorie → Konjunkturtheorie.

Big Bang – Bezeichnung für die am 27.10.1986 in Kraft getretene → Deregulierung des britischen Investment-Banking-Sektors durch den *„Financial Services Act"*. U.a. wurde mit ihm der Londoner Finanzmarkt für ausländische Anleger geöffnet. Weiterhin wurden zuvor fixierte Handelskommissionen (sog. Mindest-Courtagen) im Wertpapierhandel aufgehoben, sodass sich die Provisionen der Makler ab nun im freien Wettbewerb befanden. Hierdurch wurde die bisherige Trennung zwischen Brokern (gewerbsmäßige Wertpapierhändler als Zwischenhändler) und Jobbern (Händler, die ausschließlich auf eigenes Risiko Wertpapiere handeln) abgeschafft. – Rückblickend ermöglichte der Big Bang den internationalen Aufstieg Londons zu einem der bedeutendsten Finanzplätze weltweit.

Big Business – 1. *Begriff:* amerikanische Bezeichnung für großbetriebliche Wirtschaftsform in → Unternehmenszusammenschlüssen und Großunternehmungen. Big Business ist Gegenstand heftiger Auseinandersetzungen in Wirtschaft und Politik. – 2. *Kritik wird vorgebracht:* (1) wegen zu starker wirtschaftlicher und politischer Machtkonzentration, (2) wegen der gesamtwirtschaftlich unerwünschten Vernichtung selbstständiger, mittelständischer Existenzen, (3) wegen der unvermeidlichen Neigung zu Bürokratisierung und Unwirtschaftlichkeit (→ X-Ineffizienz), (4) wegen der zwangsläufig erforderlichen stärkeren Beteiligung des Staates am Wirtschaftsleben zur Kontrolle der Machtstellung von Big Business und zur Unterstützung von Not leidenden Großbetrieben bei drohendem Zusammenbruch.

Big Four – Der Berufsstand der → Wirtschaftsprüfer (WP) ist geprägt durch eine erhebliche Konzentration auf wenige weltweit agierende Prüfungsgesellschaften. Die umsatzstärksten vier Gesellschaften sind Ernst & Young, Deloitte & Touche, KPMG und Price Waterhouse Coopers.

Big Push – Schlüsselbegriff der Strategie des → ausgewogenen Wachstums. Zur Erreichung eines selbsttragenden Wachstums ist ein kräftiger Investitionsimpuls notwendig, wobei gleichzeitig ein massiver Kapitaleinsatz in allen Sektoren erforderlich ist.

Bilanz – I. Kennzeichnung: im Grundsatz der Abschluss des Rechnungswesens einer Unternehmung für einen bestimmten Zeitpunkt (→ Bilanzstichtag) in Form einer Gegenüberstellung von Vermögen und Kapital. Das → Vermögen (Aktiva) zeigt die konkrete Verwendung der eingesetzten finanziellen Mittel, das Kapital (Passiva) die Ansprüche der Gläubiger (Fremdkapital) und der Unternehmer (Eigenkapital als Saldo zwischen Vermögen und Fremdkapital, also als Restanspruch) an das Vermögen. Vermögen und Kapital stellen dieselbe Wertgesamtheit dar; dies kommt in der sog. Bilanzgleichung (Aktiva = Passiva) zum Ausdruck. I.d.R. ist nur eine rein rechnerische, also keine materielle Zuordnung zwischen einzelnen Vermögens- und Kapitalteilen möglich (→ goldene Bilanzregel). Bei der Erstellung von Bilanzen sind in Abhängigkeit vom Bilanzzweck (Bilanzierungsanlass) immer drei Aufgaben zu lösen: (1) inhaltliche Bestimmung von Vermögen und Kapital (Bilanzierung dem Grunde nach; → Aktivierung, → Passivierung); (2) → Bewertung von Vermögen und Fremdkapital (Bilanzierung der Höhe nach); (3) Gliederung (Ausweis) von Vermögen und Kapital (Bilanz wird üblicherweise in der Form eines Kontos aufgestellt; Soll = Aktiva, Haben = Passiva); → Bilanzgliederung.

II. Bilanzarten: wesentliche Merkmale zur Unterscheidung von Bilanzen: 1. *Bilanzierungsanlässe:* a) *Regelbilanzen* (regelmäßig auftretend): z.B. handelsrechtliche *Jahresbilanz* (→ Jahresabschluss), → Steuerbilanz. – b) *Sonderbilanzen* (unregelmäßig, meist nur einmalig auftretend): z.B. → Gründungsbilanz, → Umwandlungsbilanz, → Sanierungsbilanz, → Auseinandersetzungsbilanz, → Abwicklungsbilanz, → Insolvenzstatus, → Überschuldungsbilanz, → Unterbilanz, Kreditstatus (→ Status). – 2. *Bilanzierungszeitraum:* a) *Totalbilanzen* (Stichtag = Ende der Lebensdauer): Aus der Gegenüberstellung mit der → Gründungsbilanz lässt sich grundsätzlich das Totalergebnis einer Unternehmung ermitteln. – b) *Partialbilanzen* (Stichtag = Zeitpunkt während der Lebensdauer): Aus der Gegenüberstellung von aufeinander folgenden Partialbilanzen ergeben sich Periodenerfolge. – *Beispiel:* Jahresbilanz (Stichtag = letzter Tag des Geschäftsjahres) oder Zwischenbilanz, die täglich, wöchentlich (z.B. → Bankausweise der Deutschen Bundesbank), monatlich oder quartalsweise aufgestellt wird und i.d.R. der → kurzfristigen Erfolgsrechnung dient. – 3. *Zeitliche Bilanzdimension:* a) *Istbilanzen* (vergangener, gegenwärtiger Stichtag): Bilanzen sind aufgrund der Bilanzanlässe ganz überwiegend Istbilanzen. – b) *Planbilanzen* (zukünftiger Stichtag): z.B. Jahres- oder Zwischenbilanzen, wenn diese als Planungs- und Entscheidungsinstrument benutzt werden. – 4. *Umfang des bilanzierten Vermögens:* a) *Gesamtvermögensbilanzen:* Einschluss des → Firmenwertes z.B. bei Auseinandersetzungsbilanzen möglich. – b) *Teilvermögensbilanzen:* ohne Firmenwert, z.B. Umwandlungsbilanz bei Buchwertverknüpfung. – 5. *Empfängerkreis:* a) *Interne Bilanzen:* für den Bilanzierenden z.B. als Planungs- oder Kontrollinstrument. – b) *Externe Bilanz:* für Außenstehende (z.B. Finanzamt, Aktionäre, Gläubiger), z.B. als Informations- oder Rechenschaftsinstrument, ferner als Basis für Abrechnungen (z.B. → Gewinnausschüttung, Einkommensbesteuerung). – 6. *Rechtsgrund:* a) *Gesetzlich vorgeschriebene Bilanzen:* z.B. handels- und steuerrechtliche Jahresbilanz, aktienrechtliche Sonderbilanzen (z.B. Abwicklungs- und Gründungsbilanz). – b) *Vertragliche Bilanzen:* z.B. Kreditstatus aufgrund eines Kreditvertrages. – c) *Freiwillig erstellte Bilanzen:* z.B. interne Planbilanzen. – 7. *Rechnungsgrundlagen:* a) *Inventurbilanz:* Die zu erstellende Bilanz baut auf einer körperlichen Bestandsaufnahme auf, z.B. grundsätzlich bei der handelsrechtlichen Jahresbilanz. – b) *Buchbilanz:* Die Bilanz wird aus dem Abschluss der Geschäftsbücher entwickelt, z.B. bei täglichen Zwischenbilanzen. – 8. *Zahl der erfassten Unternehmen:* a) *Einzelbilanz:* z.B. handelsrechtliche Jahresbilanz. – b) *Summenbilanz:* additive Zusammenfassung von Einzelbilanzen (→ Betriebsvergleich). – c) *Konzernbilanz:* Zusammenfassung der Einzelbilanzen grundsätzlich aller zu einem → Konzern gehörenden Unternehmen zum → Konzernabschluss. – Die dargestellten Bilanzarten überschneiden sich vielfach.

III. Geschichtlicher Überblick: 1. Während Handelsbücher bereits im Altertum geführt wurden, hat sich eine *einfache moderne Buchführung* wahrscheinlich erst im 14./15. Jh. entwickelt. Bilanzen wurden aber auch zu dieser Zeit nur vereinzelt aufgestellt, und zwar zunächst nur, um die Salden vollgeschriebener Bücher auf die nächsten übertragen zu können, ohne dass eine → Inventur stattfand. – 2. Mit der *doppelten Buchführung,* die Ende des 15. Jh. von Italien kommend in Deutschland bekannt wurde, finden sich auch die ersten Abschlüsse, allerdings nicht in regelmäßiger Zeitfolge und ohne dass einheitliche Abschlussregeln bekannt waren. – 3. Die ersten *gesetzlichen Abschlussvorschriften* enthalten einige städtische Partikularrechte (Nürnberg, Frankfurt a.M., Lüneburg im 16. Jh.) und die ordonnance de commerce (1673), die eine alle zwei Jahre durchzuführende Inventur vorschrieb, die alle Vermögensteile einschließlich der Forderungen und Schulden enthalten sollte. In Deutschland wurde aber noch bis zu Anfang des 19. Jh. ein Abschluss lediglich aus den Geschäftsbüchern entwickelt. – 4. Das zu dieser Zeit geltende allg. Landrecht für die preußischen Staaten stellte das Unterlassen der jährlichen „Balanceziehung“ unter

Strafandrohung (fahrlässiger Bankrott). Erst mit der Entwicklung des Handelsrechts in der Mitte des 19. Jh. wurden *Vorschriften über die Inventur und Bilanz* erlassen.

Bilanzanalyse – *Bilanzkritik.*

I. Begriff/Zweck: 1. *Begriff:* das Zerlegen und Aufgliedern des Jahresabschlusses bzw. Konzernabschlusses einschließlich des darauf aufbauenden Beurteilungsvorgangs der Lage und Entwicklung einer Unternehmung. Gegenstand der Bilanzanalyse ist nicht nur die Bilanz, sondern der (Konzern-)Jahresabschluss, bestehend aus → Bilanz, → Gewinn- und Verlustrechnung (GuV) und → Anhang, bei Kapitalgesellschaften auch dem → Lagebericht. Der Konzernabschluss besteht zusätzlich aus einer Kapitalflussrechnung und einem Eigenkapitalspiegel. Er kann um eine Segmentberichterstattung erweitert werden. Kapitalmarktorientierte Mutterunternehmen haben einen Konzerabschluss nach den in der EU anerkannten IFRS aufzustellen (§ 315 a HGB). – 2. *Aufgaben:* bes. die Beurteilung der finanziellen und ertragsmäßigen Lage und Entwicklung in der Vergangenheit und für die Zukunft, da die → Liquidität und die Rentabilität bei auf Gewinnerzielung ausgerichteten Unternehmen Existenzvoraussetzungen sind (→ Zahlungsunfähigkeit ist bei allen Unternehmensformen Insolvenzgrund, die durch Verluste entstehende → Überschuldung bei den Rechtsformen, bei denen die Haftung auf das eingelegte Kapital beschränkt ist). – 3. *Interessenten:* v.a. die bisherigen und potenziellen Eigen- und Fremdkapitalgeber, um Informationen über die Zweckmäßigkeit und Sicherheit ihrer Kapitalanlagen zu erlangen; die Arbeitnehmer wegen der Sicherheit ihrer Arbeitsplätze und den Möglichkeiten ihrer Einkommensentwicklung; der Staat zwecks Vorausschau über Steuereinnahmen und gesamtwirtschaftliche Entwicklungen.

II. Arten: 1. *Nach den Quellen* der zur Verfügung stehenden Daten: a) *Externe Bilanzanalyse:* Bilanzanalyse durch außen stehende Dritte; muss sich auf das veröffentlichte oder sonst zugängliche Material beschränken. Bei Unternehmen, die bewusst öffentliche Meinungspflege (→ Public Relations (PR)) betreiben und deshalb ihre Jahresabschlüsse entsprechend gestalten und z.B. durch Presseinformationen ergänzen, bieten sich dem Bilanzkritiker gute Grundlagen, doch kann auch hier das Ausmaß der Legung bzw. Auflösung stiller Reserven (→ stille Rücklagen) nur in sehr beschränktem Maße erkannt werden. Dasselbe gilt für stille Verluste, die nach den → Grundsätzen ordnungsmäßiger Buchführung (GoB) wegen des → Imparitätsprinzips zwar weitgehend ausgeschlossen sein sollten, erfahrungsgemäß jedoch das größte Problem einer → Insolvenzprognose darstellen (→ Bilanzpolitik). – b) *Interne Bilanzanalyse:* Bilanzanalyse durch damit beauftragte Unternehmensangehörige oder betriebsfremde Vertrauenspersonen [→ Wirtschaftsprüfer (WP)]; ihnen stehen prinzipiell alle Unterlagen zur Verfügung, die für die Beurteilung der Jahresabschlussdaten von Bedeutung sein könnten. Dadurch gewinnt die interne Bilanzanalyse gegenüber der externen erheblich an Bedeutung für das rechtzeitige Erkennen positiver oder negativer Entwicklungen und damit für die Unternehmenssteuerung und -kontrolle. – 2. *Nach dem Objekt* der Bilanzanalyse: a) *formelle Bilanzanalyse:* bezieht sich auf die Gliederung der Bilanz und der Gewinn- und Verlustrechnung. – b) *Materielle Bilanzanalyse:* bezieht sich auf die Bilanzierung dem Grunde (→ Aktivierungspflicht, → Aktivierungswahlrecht, → Passivierungspflicht, → Passivierungswahlrecht) und der Höhe nach (→ Bewertung) sowie auf die Beurteilung der Zahlungsströme und ihrer Auswirkungen auf die Lage der Unternehmung. – 3. Nach dem *zeitlichen Umfang:* a) *einperiodige Bilanzanalyse:* beschränkt sich auf einen Jahresabschluss. – b) *Mehrperiodige Bilanzanalyse:* Die Entwicklung im Zeitablauf steht im Vordergrund. – 4. Nach dem *sachlichen Umfang:* a) *einbetriebliche Bilanzanalyse,* b) *zwischenbetriebliche Bilanzanalyse:* Beurteilung der Lage und Entwicklung der Unternehmung mithilfe branchenspezifischer Vergleichsdaten (→ Betriebsvergleich).

III. Methoden und Aussagewert: Nach zweckentsprechender → Bilanzaufbereitung: 1. *Analyse der Finanzlage:* a) Aus den Bilanzdaten werden *Kennzahlen* entwickelt: (1) *Horizontale Kennzahlen* stellen eine Beziehung zwischen Vermögens- und Kapitalpositionen her (z.B. → Anlagendeckung durch langfristige Finanzierungsmittel, → Liquiditätsgrade); damit kann beurteilt werden, wie weit der Grundsatz der Fristenentsprechung (→ goldene Bilanzregel) eingehalten wurde. (2) *Vertikale Kennzahlen* sollen Einblicke in die Vermögensstruktur (z.B. Anlagenintensität) und die Kapitalstruktur (z.B. Verschuldungskoeffizient, Eigenkapitalquote) sowie ihre Entwicklung bes. auch im Vergleich mit branchentypischen Relationen eröffnen. – *Beurteilung von Kennzahlen:* Feste Relationen als Normgrößen lassen sich nicht ableiten, da die Möglichkeiten der Finanzdisposition zu vielfältig und der Vermögensaufbau der Unternehmen selbst innerhalb einer Branche zu verschieden sind. Außerdem sind Kennzahlen überwiegend stark bewertungsabhängig (→ stille Rücklagen), von den Zufälligkeiten des Bilanzstichtags geprägt oder gestaltet (→ Window Dressing), sodass sie nur vergangenheitsorientierte Aussagen zulassen. Wichtige Veränderungen der Vermögens- und Kapitalstruktur können vertraglich bereits eingeleitet sein, ohne dass sie sich in den Bilanzen und damit den Kennzahlen schon niederschlagen. Die verbreitete Verwendung in der Praxis ist v.a. darin begründet, dass mithilfe der Kennzahlen schlaglichtartig wichtige Beziehungen verdichtet wiedergegeben werden und ihnen eine Signalfunktion zugesprochen wird: Krasse Abweichungen im Zeit- und zwischenbetrieblichen Vergleich gelten als Indikator für die Notwendigkeit weitergehender Analysen. Versuche, durch Ordnung und Auswahl der Kennzahlensysteme unter Einsatz der EDV und mathematisch-statistischer Verfahren deren Aussagewert zu steigern, können die Mängel des Ausgangsmaterials kaum überwinden. – b) Bei → finanzwirtschaftlichen Bewegungsbilanzen werden die Vermögens- und Kapitalveränderungen aus den Anfangs- und Schlussbilanzdaten einer Periode als Mittelverwendung und Mittelherkunft dargestellt. – *Beurteilung:* Die Einwendungen gegen Kennzahlen treffen auch hier zu. Darüber hinaus kann zu Fehlinterpretationen Anlass geben, dass rein buchmäßige Bewertungsänderungen fälschlicherweise als Mittelfluss erscheinen. – c) Die *Gewinn- und Verlustrechnung* ist als Gegenüberstellung von Aufwendungen und Erträgen nicht unmittelbar für die Liquiditätsanalyse, die mit Einnahmen und Ausgaben rechnet, geeignet. Es ist daher eine Trennung der einnahme- und ausgabewirksamen Erträge und Aufwendungen vorzunehmen. Der *Cashflow*, eine positive Differenz zwischen Einzahlungen und Auszahlungen, ist der Zahlungsmittelzufluss der Periode, den die Unternehmung erwirtschaftet hat und der ihr für Investitionen, Tilgungen und Entnahmen zur Verfügung stand. – *Beurteilung:* Der Cashflow ist zwar im Prinzip eine bewertungsunabhängige und damit bes. geeignete Kennzahl, doch bei externen Analysen nur in beschränktem Maße zu ermitteln. Durch geltendes Handelsrecht sind die Analysemöglichkeiten eingeschränkt, da in den Gewinn- und Verlustrechnungen von Kapitalgesellschaften wichtige ausgabe- und einnahmeunwirksame Beträge (wie z.B. die Erträge aus der Auflösung von Rückstellungen) und für die Beurteilung bedeutsame einmalige, d.h. nicht wiederholbare Einnahmen (z.B. Erträge aus dem Abgang von Gegenständen des Anlagevermögens) nicht gesondert auszuweisen sind. Dieses Informationsdefizit wird dadurch gemildert, dass der Konzernabschluss um eine Kapitalflussrechnung zu erweitern ist. – d) Bei der *externen* → Kapitalflussrechnung wird eine Rekonstruktion der Zahlungsströme aus den Daten der Anfangs- und Schlussbilanz sowie der Gewinn- und Verlustrechnung vorgenommen, soweit dies die Aufgliederung des Jahresabschlusses zulässt. – *Beurteilung:* Da sie grundsätzlich alle zur Verfügung stehenden Daten verwendet, ist dieses Instrument für eine Beurteilung der Finanzlage am ehesten geeignet. Jedoch gelten auch hier die für den Cashflow genannten Einschränkungen. – Vgl. auch → Finanzanalyse. – 2. *Analyse der Ertragslage:* a) Benutzt wird v.a. die *Gewinn- und Verlustrechnung,* sofern nicht bei der internen Unternehmensanalyse auf die Daten der Kostenrechnung (→ Betriebsergebnis) zurückgegriffen werden kann. Zunächst muss versucht werden, das Unternehmensergebnis in seine Quellen aufzuspalten, v.a. alle einmaligen, nicht wiederholbaren, außerordentlichen und periodenfremden Aufwendungen und Erträge auszusondern, da für Beurteilung und Prognose der Ertragslage in erster Linie das betriebliche, ordentliche, periodeneigene Ergebnis von Bedeutung ist. Wie weit dies gelingen kann, ist abhängig von der Gliederung der Gewinn- und Verlustrechnung. Die nach dem § 275 HGB für Kapitalgesellschaften vorgesehene Gliederung lässt zwar eine Aufspaltung des Unternehmungsergebnisses in ein außerordentliches, ein Finanz- und betriebliches Ergebnis zu, doch enthält v.a. Letzteres im betriebswirtschaftlichen Sinn betriebsfremde, außerordentliche und periodenfremde Elemente, von denen nur wenige eliminiert werden können (z.B. Erträge aus → Zuschreibungen aufgrund des → Anlagegitters). V.a. das Ausmaß der Legung und Auflösung stiller Reserven, das nur in einigen Fällen durch Angabepflichten im Anhang erkennbar wird, erschwert eine Beurteilung der Ertragslage. – b) *Kennzahlen:* Neben der Untersuchung der Aufwands- und Ertragsstruktur zum Zweck der Analyse von Ursachen für Ertragsverschiebungen dienen als Maßstab im Zeit- und zwischenbetrieblichen Vergleich bes. die Kennzahlen der → Rentabilität, indem das jeweilige Ergebnis zu den (ebenfalls bewertungsabhängigen) Größen Gesamt- und Eigenkapital oder als Umsatzrentabilität zu den Umsatzerlösen in Beziehung gesetzt wird.

Bilanzänderung – I. Handelsrecht: Änderungen von Bilanzen können sich nachträglich als *zweckmäßig* erweisen, weil eine andere Ausübung von Aktivierungs-, Passivierungs- und Bewertungswahlrechten den Zielen des Bilanzierenden besser entspräche. Derartige Änderungen sind zwar nicht gesetzlich geregelt, nach herrschender Meinung aber möglich, soweit nicht Rechte Dritter oder die → Grundsätze ordnungsmäßiger Buchführung (GoB) verletzt werden. Für Kapitalgesellschaften wird eine Bilanzänderung nur bei Vorliegen gewichtiger wirtschaftlicher Gründe für zulässig gehalten. Es müssen dann die gesetzlich vorgesehenen Verfahren der Feststellung der Bilanz, der Prüfung etc. erneut durchgeführt werden. – Änderungen von Bilanzen können sich nachträglich als notwendig erweisen, weil fehlerhaft bilanziert wurde. Diese Änderung wird steuerlich als → Bilanzberichtigung bezeichnet. Soweit die Bilanzierungsfehler handelsrechtlich zur → Nichtigkeit führen, müssen sie berichtigt werden.

II. Steuerrecht: Bei der → Bewertung in der → Steuerbilanz der Ersatz eines zulässigen Bilanzansatzes durch einen anderen ebenfalls zulässigen Ansatz (R 4.4 EStR). Nach Einreichung der Bilanz ist eine Bilanzänderung mittlerweile nur noch möglich, um die Auswirkungen einer notwendigen → Bilanzberichtigung zu kompensieren. Voraussetzung ist allerdings, dass die Bilanzänderung in engem zeitlichem und sachlichem Zusammenhang mit der Bilanzberichtigung vorgenommen wird. Der Anfang 1999 unternommene Versuch, die Möglichkeit zur Bilanzänderung ganz abzuschaffen, ist durch das Steuerbereinigungsgesetz 1999 wieder aufgehoben worden. – *Anders:* → Bilanzberichtigung.

Bilanzaufbereitung – das Ordnen der einzelnen Bilanzpositionen zum Zweck der → Bilanzanalyse („aufbereitete Bilanz"). Die Bilanzpositionen werden zur Verbesserung der Übersichtlichkeit z.T. stark zusammengezogen (Strukturbilanz).

Bilanzauffassungen → Bilanztheorien.

Bilanzberichtigung – I. Handelsrecht: Änderung von Bilanzen wegen fehlerhafter Bilanzierung (→ Bilanzänderung).

II. Steuerrecht: 1. *Begriff:* der Ersatz unrichtiger Bilanzansätze durch zulässige (R 4.4 EstR). Unrichtig sind Werte, die gegen zwingende Vorschriften des Einkommensteuerrechts oder Handelsrechts oder gegen die einkommensteuerlich relevanten Grundsätze ordnungsmäßiger Buchführung (GoB) verstoßen. – Der Steuerpflichtige muss eine Bilanzberichtigung vornehmen, wenn er nachträglich erkennt, dass er falsche Bilanzansätze vorgenommen hat und es hierdurch zu einer Verkürzung der Steuern kommen könnte (§ 153 AO). – In anderen Fällen, in denen die Bilanz unrichtig ist, darf der Steuerpflichtige auch nach Einreichung beim Finanzamt Änderungen vornehmen (§ 4 II EStG). – Bilanzberichtigungen werden außerdem notwendig, wenn nicht der Steuerpflichtige, sondern die Finanzverwaltung Werte v.a. im Rahmen einer Außenprüfung in der Bilanz als unrichtig erkennt. – Die Bilanzberichtigung erfolgt möglichst rückwirkend in dem Jahr, in dem der Fehler passiert ist; hat der Fehler Auswirkungen auf Folgejahre, so werden diese entsprechend berichtigt. Ist die Steuerfestsetzung für das Jahr, in dem der Fehler unterlaufen ist, verjährt (→ Festsetzungsverjährung), erfolgt eine Berichtigung i.d.R. in der ersten Bilanz, in der die Fehlerberichtigung sich steuerlich auswirken kann. – *Anders:* → Bilanzänderung.

Bilanzbewertung – Bewertung von Wirtschaftsgütern eines gewerblichen Betriebs zwecks steuerlicher Gewinnermittlung (§ 6 EStG) bzw. von Vermögensgegenständen und Schulden bei der Erstellung der Handelsbilanz (§§ 252 ff., 279 ff. HGB). – Vgl. auch → Bewertung.

Bilanzbuch – Buch, in dem die Bilanzen aufgezeichnet werden. Erforderlich bei → Übertragungsbuchführung; empfehlenswert bei → Durchschreibebuchführung und EDV-gestützter Buchführung zur Aufgliederung und geordneten Aufbewahrung der Bilanzen mit → Gewinn- und Verlustrechnungen (GuV).

Bilanzbündeltheorie – *Bündeltheorie;* ehemals herrschende Auffassung des Steuerrechts, die besagt, dass die → Bilanz (Gesamtbilanz) einer Personengesellschaft als Bündel der Einzelbilanzen (Sonderbilanzen) der Mitunternehmer angesehen wird. Gewinnermittlung findet danach für jeden einzelnen Gesellschafter statt (vom BFH 1985 aufgegeben).

Bilanzdelikte – 1. *Begriff:* bewusst unwahre oder unterlassene Angaben in der Bilanz zum Zweck der Täuschung, z.B. → Bilanzfälschung und → Bilanzverschleierung durch irreführende Kontenbezeichnungen, durch Verstöße gegen Bilanzierungsgebote, durch Bewertungen, die den Tatsachen zuwiderlaufen, durch Errichtung fingierter Konten oder durch Luftbuchungen. – 2. Bilanzdelikte stehen unter *Strafe* nach § 331 HGB, § 400 AktG und anderen Vorschriften.

Bilanz der laufenden Übertragungen → Zahlungsbilanz. Teil der → Leistungsbilanz, in dem die regelmäßig wiederkehrenden einseitigen Übertragungen zwischen Inländern und Ausländern erfasst werden.

Bilanzfälschung → Bilanzdelikt; Verstoß gegen das Prinzip der → Bilanzwahrheit. Falsche Darstellung der Vermögens-, Finanz- und Ertragslage des bilanzierenden Unternehmens mit dem Ziel, andere (meist günstigere) Verhältnisse vorzuspiegeln, als tatsächlich gegeben. Strafbar nach § 331 HGB, § 400 AktG und anderen Vorschriften.

Bilanzgenehmigung → genehmigte Bilanz.

Bilanzgerade – *Budgetgerade, Haushaltsgerade;* Begriff aus der → Nachfragetheorie des Haushalts; gibt im Zwei-Güter-Modell den Zusammenhang zwischen dem geplanten Budget *M*, d.h. den für Konsumausgaben vorgesehenen Teil des → Einkommens eines → Haushalts, und den damit bei voller Ausschöpfung des Budgets realisierbaren Gütermengen *x* und *y* bei gegebenen Güterpreisen P_x und P_y wieder. Sie folgt aus der *Budgetrestriktion* $xP_x + yP_y \leq M$, welche besagt, dass die Summe aller mit ihren Preisen multiplizierten Konsumgütermengen nicht größer sein darf als die budgetierte Ausgabensumme des Haushalts. Wird das zur Verfügung stehende Bugdget genau verausgabt, lässt sich aus der *Budgetgleichung* $xP_x + yP_y = M$ durch Auflösung nach *y* die *Funktion y(x) der Bilanzgeraden* in der Mengenebene ermitteln:

$$y(x) = \frac{M}{P_y} - \frac{P_x}{P_y}x$$

Während die *Steigung der Bilanzgeraden* $dy/dx = -P_x/Py$ durch das negative Verhältnis der Güterpreise bestimmt wird, ergibt sich der Achsenabschnitt auf der y-Achse, d.h. der maximale *y*-Konsum bei Nichtkonsum des Gutes X ($x = 0$), durch $y^{max} = M/$

Bilanzgerade

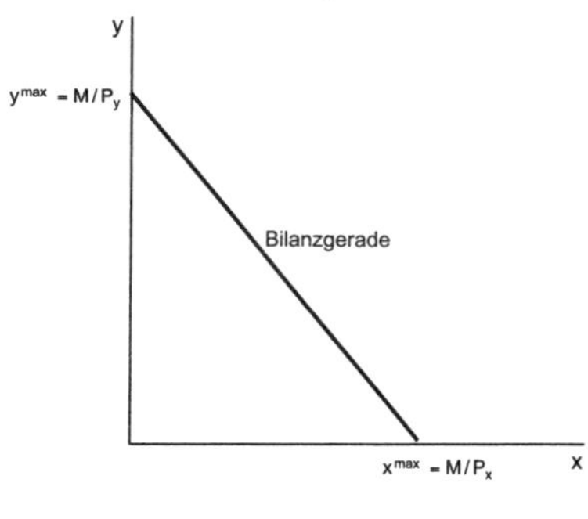

P_y. Umgekehrt wird der Achsenabschnitt auf der x-Achse, also der maxmimale x-Konsum bei Nichtkonsum des Gutes Y (y = 0), durch x^{max} = M/P_x bestimmt. – Bei der Ermittlung der optimalen (d.h. nutzenmaximalen) Konsumgütermengenkombination bildet die Bilanzgerade (vgl. Abbildung „Bilanzgerade") die rechte Grenze des Lösungsraumes für das Haushaltsgleichgewicht.

Bilanzgewinn (-verlust) – der in der → Bilanz von → Kapitalgesellschaften ausgewiesene Erfolg unter Berücksichtigung der Ergebnisverwendung. Wird die Bilanz von Kapitalgesellschaften unter Berücksichtigung der teilweisen Verwendung des Jahresergebnisses aufgestellt, so tritt an die Stelle der Posten → Jahresüberschuss/→ Jahresfehlbetrag und → Gewinnvortrag/→ Verlustvortrag der Posten Bilanzgewinn (-verlust); ein vorhandener Gewinn- oder Verlustvortrag ist in den Posten „Bilanzgewinn/Bilanzverlust" einzubeziehen und in der Bilanz oder im → Anhang gesondert anzugeben (§ 268 I HGB).

Bilanzgleichung – Grundlage der gesamten Buchführung: Aktiva = Passiva, d.h. die Summen der beiden Seiten der → Bilanz müssen immer übereinstimmen.

Bilanzgliederung – systematische Ordnung der Bilanzposten.

I. Einzelunternehmungen/Personengesellschaften: Im HGB keine detaillierten Gliederungsvorschriften. Nach § 247 I HGB sind unter Aktiva das Anlage- und Umlaufvermögen, unter Passiva das Eigenkapital, die Schulden und Rückstellungen sowie jeweils die Rechnungsabgrenzungsposten auszuweisen und hinreichend aufzugliedern. Darum findet man i.d.R. schon bei kleineren Unternehmen die in Tabelle „Bilanzgliederung" dargestellte Unterteilung.

Bilanzgliederung

Aktiva	Passiva
Immobilien Mobilien Waren Debitoren Effekten Besitzwechsel Bank Kasse Aktive Rechnungsabgrenzungsposten	Kapital Rückstellungen Hypotheken Kreditoren Schuldwechsel Passive Rechnungsabgrenzungsposten

II. Kapitalgesellschaften: Zwingend für Kapitalgesellschaften und bei zahlreichen anderen Unternehmungen gebräuchlich ist die folgende Gliederung nach §§ 265, 266, 268 ff. HGB (→ Größenklassen): 1) Die Bilanz ist in Kontoform aufzustellen. Nach § 266 I HGB haben große und mittelgroße Kapitalgesellschaften (§ 267 II u. III) auf der Aktivseite die in Absatz 2 und auf der Passivseite die in Absatz 3 bezeichneten Posten gesondert und in der vorgeschriebenen Reihenfolge auszuweisen. Kleine Kapitalgesellschaften (§ 267 I) brauchen nur eine verkürzte Bilanz aufzustellen, in die nur die in den Absätzen 2 und 3 mit Buchstaben und römischen Zahlen bezeichneten Posten gesondert und in der vorgeschriebenen Reihenfolge aufgenommen werden.

(2) Aktivseite

A. Anlagevermögen

I. Immaterielle Vermögensgegenstände

1. Selbst geschaffene gewerbliche Schutzrechte und ähnliche Rechte und Werte; 2. Entgeltlich erworbene Konzessionen, gewerbliche Schutzrechte und ähnliche Rechte und Werte sowie Lizenzen an solchen Rechten und Werten; 3. Geschäfts- oder Firmenwert; 4. geleistete Anzahlungen;

II. Sachanlagen

1. Grundstücke, grundstücksgleiche Rechte und Bauten einschließlich der Bauten auf fremden Grundstücken; 2. technische Anlagen und Maschinen; 3. andere Anlagen, Betriebs- und Geschäftsausstattung; 4. geleistete Anzahlungen und Anlagen im Bau;

III. Finanzanlagen

1. Anteile an verbundenen Unternehmen; 2. Ausleihungen an verbundenen Unternehmen; 3. Beteiligungen; 4. Ausleihungen an Unternehmen, mit denen ein Beteiligungsverhältnis besteht; 5. Wertpapiere des Anlagevermögens; 6. sonstige Ausleihungen.

B. Umlaufvermögen

I. Vorräte

1. Roh-, Hilfs- und Betriebsstoffe; 2. unfertige Erzeugnisse, unfertige Leistungen; 3. fertige Erzeugnisse und Waren; 4. geleistete Anzahlungen;

II. Forderungen und sonstige Vermögensgegenstände

1. Forderungen aus Lieferungen und Leistungen; 2. Forderungen gegen verbundene Unternehmen; 3. Forderungen gegen Unternehmen, mit denen ein Beteiligungsverhältnis besteht; 4. sonstige Vermögensgegenstände;

III. Wertpapiere

1. Anteile an verbundenen Unternehmen; 2. eigene Anteile; 3. sonstige Wertpapiere;

IV. Kassenbestand, Bundesbankguthaben, Guthaben bei Kreditinstituten und Schecks.

C. Rechnungsabgrenzungsposten

D. Aktive latente Steruern

E. Aktiver Unterschiedsbetrag aus der Vermögensverrechnung

(3) Passivseite

A. Eigenkapital

I. Gezeichnetes Kapital;

II. Kapitalrücklage;

III. Gewinnrücklagen

1. gesetzliche Rücklage; 2. Rücklage für Anteile an einem herrschenden oder mehrheitlich beteiligten Unternehmen; 3. satzungsmäßige Rücklagen; 4. andere Gewinnrücklagen;

IV. Gewinnvortrag/Verlustvortrag;

V. Jahresüberschuss/Jahresfehlbetrag.

B. Rückstellungen

1. Rückstellungen für Pensionen und ähnliche Verpflichtungen; 2. Steuerrückstellungen; 3. sonstige Rückstellungen.

C. Verbindlichkeiten

1. Anleihen, davon konvertibel; 2. Verbindlichkeiten gegenüber Kreditinstituten; 3. erhaltene Anzahlungen auf Bestellungen; 4. Verbindlichkeiten aus Lieferungen und Leistungen; 5. Verbindlichkeiten aus der Annahme gezogener Wechsel und der Ausstellung eigener Wechsel; 6. Verbindlichkeiten gegenüber verbundenen Unternehmen; 7. Verbindlichkeiten gegenüber Unternehmen, mit denen ein Beteiligungsverhältnis besteht; 8. sonstige Verbindlichkeiten, davon aus Steuern, davon im Rahmen der sozialen Sicherheit.

D. Rechnungsabgrenzungsposten

E. Passive latente Steuern.

III. Besondere Vorschriften: bestehen gemäß § 330 HGB (→ Formblätter) für Krankenhäuser, Versicherungs-, Verkehrs-, Wohnungsunternehmen, Kreditinstitute. Für kommunale Betriebe (Regiebetriebe oder Gesellschaften) gelten die Eigenbetriebsgesetze der jeweiligen Bundesländer.

Bilanzidentität – *Kongruenzprinzip;* formelle und materielle Übereinstimmung der Schlussbilanz des laufenden Geschäftsjahres mit der Anfangsbilanz des folgenden Geschäftsjahres (§ 252 I Nr. 1 HGB). Durchbrechungen führen zu Ergebnisveränderungen und sind daher unzulässig. – *Ausnahme:* z.B. Währungswechsel.

Bilanzierung – 1. Begriff für *Kontoausgleich.* Ein Konto bilanziert, wenn es im Soll und Haben die gleiche Summe aufweist. Reine → Bestandskonten bilanzieren beim Abschluss durch Abgabe ihres → Saldos an die Bilanz, reine → Erfolgskonten durch Abgabe des Saldos an das Gewinn- und Verlustkonto. – 2. Begriff für *Bilanzansatz und Bilanzbewertung.* Die Bilanzierung hat dabei den → Grundsätzen ordnungsmäßiger Buchführung (GoB) bzw. → Grundsätzen ordnungsmäßiger Bilanzierung zu entsprechen. Die Bilanzierung trennt generell zwei große Bereiche: a) Die Bilanzierung dem Grunde nach klärt die Frage, ob ein → Vermögensgegenstand, eine → Schuld

Bilanzierung – Ansatzvorschriften des HGB				
	Vorschriften für alle Kaufleute		Zusätzliche Vorschriften für Kapitalgesellschaften	
Ansatzpflichten	§246 I, II	– Vollständigkeit, Verrechnungsverbot	§274 I	– passivische latente Steuern
	§§247 I, 248	– Bilanzinhalt: Vermögensgegenstände, Eigenkapital, Schulden, RAP. aber: keine Gründungsaufwendungen, keine Aufwendungen für den Abschluss von Versicherungsverträgen		
	§249	– Verbindlichkeitsrückstellungen, Drohverlustrückstellungen, bestimmte Aufwandsrückstellungen		
	§250 I S. 1, II	– bestimmte RAP		
	(§251	– Haftungsverhältnisse*)		
	§246 I	– derivativer Firmenwert		
Ansatz	§248 II	– selbstgeschaffene immaterielle Vermögensgegenstände des Anlagevermö gens (Ausnahmen in §248 II S. 2 HGB)		
			§274 I	– aktivische latente Steuern
	§250 III S. 1	– Disagio-Aktivierung		

RAP = Rechnungsabgrenzungsposten, AV = Anlagevermögen „Diese Ansatzpflicht wurde in Klammern gesetzt, weil sie einen Ausweis unter dem Strich, d.h. unter der Bilanz verlangen".

oder ein Rechnungsabgrenzungsposten (→ Abgrenzungsposten) bilanzierungsfähig ist, d.h. ob bilanziert werden muss, bilanziert werden darf oder nicht bilanziert werden darf. – Vgl. Tabelle „Bilanzierung – Ansatzvorschriften des HGB". – b) Die Bilanzierung der Höhe nach bestimmt den Wertansatz des Vermögensgegenstandes, der Schuld oder des Rechnungsabgrenzungspostens. Dabei hat der Gesetzgeber teilweise Wahlrechte oder Ermessensspielräume bei der → Bewertung eingeräumt (→ Bewertungsmaßstab, → Bewertungsvereinfachungsverfahren). – 3. *Voraussetzungen für die Bilanzierung wirtschaftlicher Sachverhalte:* a) *Abstrakte Bilanzierungsfähigkeit:* Ein zu bilanzierender Sachverhalt muss bestimmte Merkmale erfüllen, um einem Bilanzposten abstrakt zugeordnet werden zu können. – b) *Konkrete Bilanzierungsfähigkeit:* Ist ein Sachverhalt abstrakt bilanzierungsfähig, muss überprüft werden, ob tatsächlich ein Bilanzposten angesetzt werden kann oder muss und somit kein Bilanzierungsverbot besteht.

Bilanzierungsgrundsätze → Grundsätze ordnungsmäßiger Bilanzierung, → Grundsätze ordnungsmäßiger Buchführung (GoB).

Bilanzierungshilfen – Für Geschäftsjahre, die nach dem 31.12.2009 beginnen, nach HGB nicht mehr zulässig. Es handelt sich bei Bilanzierungshilfen um bestimmte Aufwendungen ohne Vermögensgegenstands-Charakter, für die der Gesetzgeber ein Aktivierungswahlrecht zugelassen hatte. Bilanzierungshilfen waren bis zum Inkrafttreten des → Bilanzrechtsmodernisierungsgesetzes (BilMoG) im Einzelnen: → Aufwendungen für die Ingangsetzung und Erweiterung des Geschäftsbetriebes; derivativer → Firmenwert (Charakterisierung als Bilanzierungshilfe war umstritten; seit BilMoG wird der derivative Geschäfts-oder Firmenwert im Wege der Fiktion zum Vermögensgegenstand erhoben); → Abgrenzungsposten für aktive latente Steuern (seit BilMoG gelten diese als Posten eigener Art).

Bilanzierungsmethode – Grundlage der Planung und Koordination der Wirtschaftsprozesse in → staatssozialistischen Zentralplanwirtschaften. Die Bilanzierungsmethode basiert auf den Salden naturaler Planbilanzen als Anzeiger der Knappheitsgrade und als Auswahlkriterium für die Ziele der zentralen Planungsinstanz (Güterbilanzen, Arbeitskräftebilanzen etc.). Diese Ziele werden in die zu ihrer Erfüllung notwendigen Güter erster Ordnung umgerechnet (→ Mengersche Güterordnung). Diesem Bedarf (Bedarfsbilanzen) werden der vorhandene Bestand und die importierbaren Gütermengen gegenübergestellt. Ein eventueller Fehlbetrag muss entweder in der folgenden Planperiode produziert werden oder die Menge der Endprodukte wird reduziert. Auftretende Fehlbeträge für die Güter der unterschiedlichen Ordnungen werden also so lange in solche nächsthöherer Ordnung umgerechnet und dieser Bedarf gesamtwirtschaftlich aggregiert, bis das ursprüngliche zentrale Zielbündel in solchen Gütern ausgedrückt ist, die sich nicht mehr durch inländische Produktion oder Importe vermehren lassen (Güter höchster Ordnung: Arbeit und Boden, aber auch Engpassgüter im Bereich der Produktionsmittel). – Da nicht alle staatlichen Ziele mit den verfügbaren Gütern gleichzeitig erreichbar sind und Fehlbeträgen für einzelne Produkte zunächst Überschussbestände in anderen Bilanzen gegenüberstehen, werden nun so lange *Umstrukturierungen* des zentralen Zielbündels und der den Bilanzen zugrunde gelegten Produktionsverflechtungen vorgenommen, bis eine bestmögliche Anpassung der Ziele an die Produktionsmöglichkeiten und ein möglichst effizienter Mitteleinsatz erreicht sind. Allerdings gibt es keine marktliche → Allokation, d.h. dem Preismechanismus gleichwertiges Verfahren zur Ermittlung von Knappheiten.

Bilanzierungsunterschiede – *Rechnungslegungsunterschiede; Rechnungslegungsabweichungen; Abweichungen in der Rechnungslegung.* – 1. *Begriff:* sämtliche Abweichungen in der Abbildung vergleichbarer ökonomischer Sachverhalte im Rahmen der externen → Rechnungslegung. Die Ursachen für Bilanzierungsunterschiede liegen i.d.R. in Abweichungen der zugrundeliegenden → Rechnungslegungsvorschriften oder Maßnahmen der → Bilanzpolitik begründet. – 2. *Ausprägungen*: Bilanzierungsunterschiede sind möglich bei: – a) → Bilanzansatz (Was wird bilanziert?), – b) → Bilanzbewertung (In welcher Höhe wird bilanziert?) bzw. – c) → Bilanzausweis (In welcher Form und unter welcher Bezeichnung wird bilanziert?). Bei Anwendung der doppelten → Buchführung implizieren Bilanzierungsunterschiede meist auch Ergebnisunterschiede, die bei entsprechender Datenaufbereitung sichtbar gemacht werden können. – 3. *Vergleichbarkeit*: Bilanzierungsunterschiede erschweren oder verhindern insbes. die Vergleichbarkeit von Bilanzen, Jahresabschlüssen oder Geschäftsberichten im Rahmen von → Bilanzvergleich, → Betriebsvergleich oder → Bilanzanalyse. Zur Beseitigung oder Verminderung von Bilanzierungsunterschieden existiert eine Vielzahl von Ansatzpunkten und Bestrebungen, von denen nachfolgend einige exemplarisch aufgezählt werden: – a) Harmonisierungs- bzw. Konvergenzbestrebungen der handelsrechtlichen Rechnungslegung insbes. im Kontext → Internationale Rechnungslegung; – b) nationale Bestrebungen zur Ermöglichung einer → Einheitsbilanz (Identität von Handelsbilanz und Steuerbilanz). – Für → Bilanzvergleiche oder im Rahmen der → Bilanzanalyse sollte zur Erzielung aussagekräftiger Ergebnisse zunächst eine möglichst umfassende Vergleichbarkeit des zugrundeliegenden Auswertungsmaterials hergestellt werden. Hierzu ist es i.d.R. erforderlich, die zu vergleichenden Rechnungslegungsdaten durch geeignete (Um-)Gliederung und/oder (Um-)Bewertung zieladäquat aufzubereiten (→ Bilanzaufbereitung) bzw. einander anzupassen. Insbes. die Angaben im → Anhang liefern hierfür wichtige Zusatzinformationen. – 4. *Beispiele typischer*

Entstehungsursachen: – a) Unterschiede zwischen nationalen Rechnungslegungsvorschriften (z.B. HGB) und internationalen Rechnungslegungsnormen (z.B. → IFRS oder → US-GAAP), – b) Unterschiede zwischen nationalen Rechnungslegungsnormen bei zwischenstaatlichen Vergleichen (z.B. nationales Bilanzrecht in Österreich vs. nationales Bilanzrecht in Frankreich), – c) Unterschiede zwischen nationalem Handelsrecht (z.B. HGB) und nationalem → Steuerbilanzrecht (vgl. hierzu auch → latente Steuern), – d) Existenz von Wahlrechten innerhalb der Rechnungslegungsnormen, die zur Bilanzpolitik genutzt werden, – e) Unterschiede zwischen den Rechnungslegungsvorschriften für → Konzernabschluss und (Einzel-) → Jahresabschluss. – 5. *Ausgewählte Themenfelder mit wesentlichen Unterschieden zwischen IFRS und HGB:* – a) normensetzende Instanzen, – b) Zielsetzung der Rechnungslegung, – c) Abschlussbestandteile, – d) immaterielle Vermögenswerte, – e) Geschäfts- oder Firmenwert (Goodwill), – f) Sachanlagevermögen und Leasing, – g) als Finanzinvestition gehaltene Immobilien, – h) Finanzinstrumente einschließlich Forderungen und Verbindlichkeiten, – i) Bilanzierung von Sicherungszusammenhängen (Hedge-Accounting), – j) Umrechnung von Fremdwährungsforderungen und Fremdwährungsverbindlichkeiten, – k) Vorräte und Auftragsfertigung, – l) Aktienoptionspläne mit Ausgleich in Eigenkapitalinstrumenten (Reale Stock-Option-Pläne), – m) Rückstellungen.

Bilanzierungsvorschriften – gesetzliche Bestimmungen über die Pflicht zur Aufstellung, die äußere Form einer → Bilanz, den Bilanzinhalt, die Bewertung einzelner Posten und die Bilanzgliederung; z.B. die Bilanzierungsvorschriften für den → Jahresabschluss im Dritten Buch des HGB, die Bilanzierungsvorschriften für Liquidationsbilanzen in § 270 AktG.

Bilanzierung von Software – I. Grundlagen: Während für entgeltlich erworbene immaterielle Vermögensgegenstände ein Aktivierungsgebot besteht, wird für selbst geschaffene immaterielle Vermögensgegenstände des Anlagevermögens ein Aktivierungswahlrecht eingeräumt. Gemäß § 248 II HGB können immaterielle Vermögensgegenstände des Anlagevermögens, die nicht entgeltlich erworben wurden, aktiviert werden. Folglich ist zunächst zu beurteilen, ob es sich bei der Software um einen materiellen oder immateriellen Vermögensgegenstand handelt. Handelt es sich um einen immateriellen Vermögensgegenstand, ist festzustellen, ob dieser Vermögensgegenstand entgeltlich erworben wurde oder selbst geschaffen ist. – Grundsätzlich ist im Rahmen der Klassifizierung von Software für bilanzielle Zwecke zu unterscheiden zwischen (a) *Firmware* (mit dem Computer verbundene Programmbausteine, die Hardware und Software miteinander verbinden und die Elementarfunktionen des Computers steuern): ist als unselbstständiger Teil der Hardware im Sachanlagevermögen zu aktivieren. (b) *Systemsoftware* (Gesamtheit der im Betriebssystem zusammengefassten Programme): ist als immaterieller Vermögensgegenstand zu aktivieren. (c) *Anwendungssoftware* (Oberbegriff für alle Programme, die die Datenverarbeitungsaufgaben des Anwenders lösen. Hier wird zwischen Standard- und Individualsoftware unterschieden).

Überblick über bilanzierungsrelevante Kategorien von Anwendungssoftware

	Anlagevermögen	Umlaufvermögen
	für Eigenbedarf	für Fremdbedarf
Standardsoftware	selbsterstellt	selbsterstellt
	entgeltlich erworben	entgeltlich erworben
Individualsoftware	selbsterstellt	selbsterstellt
	entgeltlich erworben	entgeltlich erworben

II. Bilanzierung von Standardsoftware: 1. *Für den Eigenbedarf selbsterstellte Software:* Aktivierungswahlrecht gemäß § 248 II HGB. – 2. *Für den Eigenbedarf entgeltlich erworbene Standardsoftware:* Erwirbt der Käufer eine Lizenz zur Nutzung bestimmter Standardsoftware, ist diese mit ihren Anschaffungskosten im Anlagevermögen unter der Position „Konzessionen, gewerbliche Schutzrechte und ähnliche Rechte und Werte" zu aktivieren. Handelt es sich hingegen um ein mietähnliches Vertragsverhältnis (z.B. zeitlich begrenzte Nutzung gegen laufendes Entgelt), ist eine Aktivierung unzulässig. Das laufend zu entrichtende Entgelt ist bei Leistung als Aufwand zu verrechnen. – 3. *Für den Fremdbedarf selbsterstellte oder erworbene Software:* Grundsätzlich erfolgt eine Aktivierung im Umlaufvermögen unabhängig davon, ob die Software anonym vermarktet wird oder ob es sich um eine individuelle Auftragsfertigung handelt.

III. Bilanzierung von Individualsoftware 1. *Für den Eigenbedarf selbsterstellte Software:* Aktivierungswahlrecht gemäß § 248 II HGB. – 2. *Für den Eigenbedarf von einem Dritten erstellte Software:* Hier ist zwischen Software, die im Rahmen eines vom Software-Anwender mit einem Software-Anbieter geschlossenen Dienstvertrags, und Software, die im Rahmen eines Werkvertrags erstellt wurde, zu unterscheiden. Wird die Software im Rahmen eines Dienstvertrags erstellt, liegt eine Eigenherstellung vor. Herstellungskosten dürfen folglich aktiviert werden. Kennzeichnend für den Dienstvertrag ist, dass der Software-Anwender das wirtschaftliche Risiko einer nicht erfolgreichen Realisierung des Projekts trägt. Individualsoftware, die aufgrund eines Werkvertrags

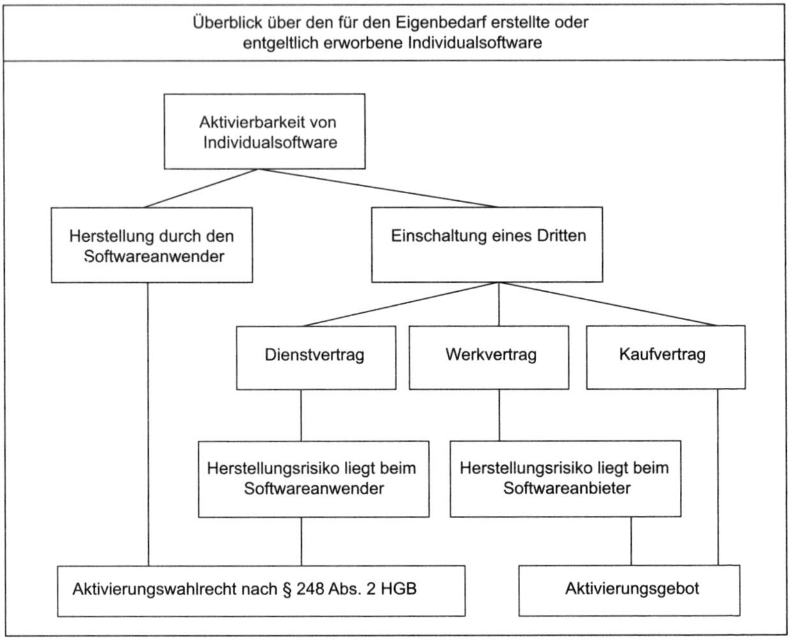

erstellt wurde, ist im Anlagevermögen zu Anschaffungskosten zu aktivieren. Zu den Anschaffungskosten zählen neben dem Entgelt für die Lieferung auch die Kosten der Implementierung, falls diese vom Hersteller oder einem anderen Software-Provider vorgenommen wurde. – 3. *Für den Fremdbedarf erstellte Individualsoftware:* Sie ist entsprechend den oben genannten Kriterien für Standardsoftware, die für den Fremdbedarf entwickelt wurde, zu behandeln.

IV. Umfang der Anschaffungskosten: Zu den Anschaffungskosten von Software gehören neben dem Kaufpreis auch Aufwendungen zur Realisierung der Betriebsbereitschaft.

V. Folgebewertung von Software: Software ist aufgrund der begrenzten zeitlichen Nutzbarkeit planmäßig abzuschreiben. Die planmäßige Abschreibung beginnt im Zeitpunkt der Herstellung der Betriebsbereitschaft. Der Zeitpunkt der tatsächlichen Ingebrauchnahme ist nicht relevant. Eine außerplanmäßige Abschreibung kommt in Betracht, wenn von einer voraussichtlich dauernden Wertminderung auszugehen ist.

VI. Einzelprobleme: 1. *Maßnahmen zur Erweiterung oder Verbesserung von Software:* Liegt das wirtschaftliche Risiko der Realisierung der Erweiterungs- oder Verbesserungsmaßnahmen beim Software-Anwender, dürfen die hierfür angefallenen nachträglichen Herstellungskosten nicht aktiviert werden. Verbleibt das Herstellungsrisiko jedoch bei einem Dritten, liegen aktivierungspflichtige (nachträgliche) Anschaffungskosten vor. – 2. *Customizing:* Customizing umfasst die Parametrisierung und weitere Maßnahmen zur Einbettung der Software in das konkrete betriebliche Umfeld. Zu unterscheiden ist zwischen Aufwendungen für Maßnahmen, die dazu dienen, Standardsoftware in einen betriebsbereiten Zustand zu versetzen, und Aufwendungen, die für eine umfangreiche Bearbeitung und Ergänzung der in der Standardkonfiguration ausgelieferten Software geleistet werden. Erstere sind als Anschaffungskosten zu aktivieren; letztere gehören nicht zu den Anschaffungskosten, solange es sich nicht um eine Erweiterung oder wesentliche Verbesserung handelt, für die ein Dritter das Herstellungsrisiko trägt. – 3. *Release-Wechsel und Updates:* Aufwendungen für Release-Wechsel und Updates, d.h. die verbilligte Überlassung der neuesten Programmversion für Anwender der Altversion, sind als laufender Erhaltungsaufwand zu erfassen, sofern die Aufrechterhaltung der Funktionsfähigkeit im Vordergrund steht. Führen Release-Wechsel und Updates hingegen zu einer tief greifenden Überarbeitung der bisherigen Programmversion, wird ein neuer Vermögensgegenstand erworben, der bei Vorliegen der Voraussetzungen mit seinen Anschaffungskosten zu aktivieren ist. Das alte Programm ist außerplanmäßig abzuschreiben.

VII. Bilanzierung von Software nach US-GAAP und IAS/IFRS: Entsprechend den Vorschriften des HGB wird nach US-GAAP und IAS/IFRS ebenfalls zwischen entgeltlich erworbener und selbsterstellter Software sowie zwischen Software, die dem Unternehmen dauerhaft dienen soll und folglich im Anlagevermögen zu aktivieren ist, und Software, die für den Verkauf bestimmt ist und folglich im Umlaufvermögen aktiviert wird, unterschieden.

Bilanzklarheit – Bilanzierungsgrundsatz (§ 243 II HGB), der sich in einem äußerlich einwandfreien, übersichtlichen Bilanzbild ausdrückt. Verschiedenartige Aktiva und Passiva dürfen nicht zusammengezogen und grundsätzlich nicht miteinander verrechnet (§ 246 II HGB), ausweispflichtige Bilanzpositionen nicht weggelassen werden. Die Bilanzklarheit fordert eine eindeutige Bezeichnung der Bilanzposten, eine übersichtlich geordnete und gegliederte Bilanz (§ 265 HGB), sonst → Bilanzverschleierung (→ Bilanzdelikte). – Vgl. auch → Bilanzwahrheit, → Bilanzgliederung.

Bilanzkontinuität – Bilanzprinzip, das eine im Zeitablauf formell und materiell gleichmäßige Bilanzierung gewährleisten soll. – 1. *Ausprägungen:* a) *Formelle Bilanzkontinuität:* gleiche Bilanzgliederung; gleiche Benennung und Reihenfolge einzelner Posten in verschiedenen Bilanzen und Gewinn- und Verlustrechnungen eines Betriebs; z.T. auch → Bilanzidentität (Schlussbilanz = Eröffnungsbilanz des folgenden Jahres). – b) *Materielle Bilanzkontinuität:* (1) *Handelsrechtlich:* → Bewertungsstetigkeit. (2) *Steuerrechtlich:* Wegen des in § 5 I EStG kodifizierten → Maßgeblichkeitsprinzips gilt Bewertungsstetigkeit grundsätzlich auch für die Steuerbilanz; – 2. *Durchbrochen* wird das Prinzip der materiellen Bilanzkontinuität durch → Bilanzberichtigungen aus rechtlichen, → Bilanzänderungen aus betrieblichen Gründen, Bilanzierung aufgrund von Steuerbegünstigungen u.Ä. Dies muss bei einem → Bilanzvergleich berücksichtigt werden.

Bilanzkonto – im Industriekontenrahmen Konto der Klasse 8. Sammlung der Anfangs- und Schlussbestände. Die Eröffnungsbuchungen lauten: Aktivkonten an Bilanzkonto, Bilanzkonto an Passivkonten und umgekehrt beim → Abschluss.

Bilanzkosmetik → Window Dressing.

Bilanzkritik → Bilanzanalyse.

Bilanzkurs – rechnerischer Wert einer Aktie. Der Bilanzkurs ergibt sich aus dem Verhältnis des bilanziell ausgewiesenen Eigenkapitals zum gezeichneten Kapital (Grundkapital). – *Beispiel:* Gezeichnetes Kapital 1,0 Mio. Euro; Eigenkapital (gezeichnetes Kapital sowie Kapital- und Gewinnrücklage) 1,5 Mio. Euro; somit gilt:

$$\text{B.} = \frac{1,5 \times 100}{1,0} = 150\%.$$

Auf das nominelle Aktienkapital entfallen weitere 50 Prozent Eigenkapital. Ohne Kenntnis der stillen Reserven ist der Aussagewert des Bilanzkurses nur gering, bei Einbeziehung ergibt sich ein *berichtigter Bilanzkurs.*

Bilanzlehre → Bilanztheorien.

Bilanzplanung → Planbilanz.

Bilanzpolitik im HGB

von Prof. Dr. Michael Hommel

I. Begriff

Unter den Begriff der Bilanzpolitik fallen alle legalen Maßnahmen, die der Bilanzierende innerhalb des Jahresabschlusses und Lageberichts ergreift, um die Informationen über die Vermögens-, Finanz- und Ertragslage des Unternehmens inhaltlich und/oder formal so zu gestalten, dass bei den Adressaten bestimmte Reaktionen hervorgerufen bzw. vermieden werden.

II. Ausnutzen expliziter Ansatz- und Bewertungswahlrechte

Explizite Ansatzwahlrechte ermöglichen dem Unternehmen eine zielgerichtete Darstellung der finanziellen Unternehmenssituation und begünstigen die Bilanzpolitik, indem sie es in das Ermessen des Unternehmens stellen, bestimmte Ausgaben erfolgsneutral zu bilanzieren oder sofort gewinnmindernd auszuweisen. Zwar wurde im HGB ihre Anzahl durch das Bilanzrechtsmodernisierungsgesetz (BilMoG) vom 25.5.2009 (BGBl. I 2009, 102 ff) erheblich reduziert; bedeutende Bilanzierungswahlrechte, wie das Aktivierungswahlrecht des Disagios (§ 250 III HGB) und der aktiven latenten Steuern (§ 274 II HGB) sowie das Passivierungswahlrecht für Pensionsverpflichtungen, die vor dem 1.1.1987 begründet wurden (Art. 28 I EGHG), bestehen aber fort. Neu hinzugekommen ist durch das BilMoG das Wahlrecht zur Aktivierung selbstgeschaffener immaterieller Anlagegegenstände (§ 248 II 1 HGB).

Explizite Bewertungswahlrechte berechtigen den Unternehmer dazu, zwischen mehreren, sich der Höhe nach unterscheidenden Werten auszuwählen. So steht es im Ermessen des Unternehmens „angemessene Teile der Kosten der allgemeinen Verwaltung sowie angemessene Aufwendungen für soziale Einrichtungen des Betriebs, für freiwillige soziale Leistungen und für die betriebliche Altersversorgung" bei der Ermittlung der Herstellungskosten der selbsterstellten Erzeugnisse und Sachanlagen zu berücksichtigen, „soweit diese auf den Zeitraum der Herstellung entfallen" (§ 255 II 3 HGB). Auch gesetzlich näher konkretisierte Finanzierungskosten (§ 255 III 2 HGB) dürfen in die Herstellungskosten einbezogen werden, müssen es aber nicht. Gestaltungsmöglichkeiten ergeben sich ferner bei der Ermittlung der Anschaffungskosten für „gleichartige Vermögensgegenstände des Vorratsvermögens sowie andere gleichartige oder annähernd gleichwertige bewegliche Vermögensgegenstände und Schulden", deren Bewertung anhand von Gruppen- und/oder Sammelverfahren erfolgen kann (§ 240 HGB), wobei das Unternehmen die Möglichkeit hat, die Folgebewertung gleichartiger Vorratsgegenstände durch die Wahl des Verbrauchsfolgeverfahrens (→ Lifo- oder → Fifo-Verfahren; § 256 HGB) zu steuern. Für die Folgebewertung ergeben sich bilanzpolitische Spielräume insbesondere aus dem gemilderten Niederstwertprinzip für Finanzanlagen (§ 253 III 4 HGB).

III. Ausnutzen faktischer Ansatz- und Bewertungswahlrechte

Auf der Aktivseite bestehen faktische Wahlrechte insbesondere bei selbstgeschaffenen immateriellen Anlagewerten. Zwar dürfen diese Bilanzobjekte nur dann aktiviert werden, wenn das Unternehmen aus ihnen einen greifbaren, selbstständig bewertbaren zukünftigen finanziellen Vorteil erwartet. Sie entziehen sich aber einer Normierung und sind hinsichtlich ihrer wirtschaftlichen Existenz nur schwer nachweisbar. Zudem sind die Aktivierungsvoraussetzungen auslegungsoffen. Bewertungsspielräume resultieren aus der Verpflichtung originäre immaterielle Anlagewerte mit ihren Entwicklungskosten zu aktivieren (§ 255 IIa HGB), während für Forschungskosten ein Aktivierungsverbot besteht (§ 255 I 4 HGB) besteht; denn die Grenze zwischen Forschung und Entwicklung verläuft fließend. Bei der Folgebewertung von Vermögensgegenständen eröffnen sich faktische Bewertungswahlrechte insbesondere bei der Bestimmung der zentralen Abschreibungsparameter (Nutzungsdauer, Abschreibungsverfahren) von Anlagegegenständen und der Ermittlung des niedrigeren, beizulegenden Wertes von Aktiva (Nachweis der gesunkenen Wertpotentiale und ggf. der Dauerhaftigkeit der Wertminderung).

Auf der Passivseite sind die faktischen Wahlrechte besonders bei der Rückstellungsbilanzierung relevant, deren Ansatz und Höhe ganz entscheidend von Annahmen über den voraussichtlichen (Nicht-)Eintritt eines bestimmten Ereignisses und den damit verbundenen finanziellen Belastungen abhängt (z.B. Schadenersatzrückstellung). Das BilMoG erweitert die bilanzpolitischen Möglichkeiten durch die Vorgabe, Sachleistungsverbindlichkeiten (z.B. Garantierückstellungen) und indexbezogene bzw. wertgesicherte Verpflichtungen (z.B. Pensionslasten) zum voraussichtlichen Erfüllungsbetrag zu bewerten und Rückstellungen mit einer (Rest-) Laufzeit von mehr als einem Jahr abzuzinsen. Bewertungsspielräume ergeben sich bei der Schätzung zukünftiger, bewertungsrelevanter Kosten- und Preisänderungen sowie bei der Abzinsung langfristiger unverzinslicher Rückstellungen, die in fremder Währung zu erfüllen sind; denn während das Unternehmen langfristige in Euro zu erfüllende Rückstellungen auf der Grundlage des von der Bundesbank zu bestimmenden durchschnittlichen Marktzinssatzes der vergangenen sieben Geschäftsjahre abzinsen muss, steht die Bestimmung des Diskontierungszinses bei den übrigen Verpflichtungen in seinem Ermessen.

IV. Formale Gestaltungsmöglichkeiten

Die formale Bilanzpolitik bezieht sich insbesondere auf die Art und Tiefe der Gliederung von Bilanz/GuV und die Zuordnung von Geschäftsvorfällen zu einzelnen Bilanz- und GuV-Positionen. Durch die entsprechenden Maßnahmen greift der Bilanzierende in die Struktur des Jahresabschlusses ein, ohne die Höhe des Nettovermögens und des Geschäftserfolgs zu verändern, mit dem Ziel, bestimmte bei der Bilanzanalyse genutzte Kennzahlen (Verschuldungsgrad, Fremdkapitalquote) zu justieren oder generell Größenmerkmale (z.B. die Bilanzsumme) so zu vermindern, dass das Unternehmen größenabhängige Erleichterungen bei der Offenlegung und Prüfung des Jahresabschlusses in Anspruch nehmen kann (§ 276 HGB). Indem der Bilanzierende über bestimmte Sachverhalte im Anhang und nicht in der Bilanz/GuV berichtet (Anlagengitter; Laufzeitbänder von Verbindlichkeiten) und bestimmte Geschäftsvorfälle in der Bilanz/GuV offen oder verdeckt mit anderen Positionen saldiert, kann er die Wahrnehmung entscheidungsrelevanter Informationen durch den Empfänger des Jahresabschlusses beeinflussen.

V. Sachverhaltsgestaltende Maßnahmen

Zu den sachverhaltsgestaltenden Maßnahmen zählen v.a. solche, die der Bilanzierende vor dem Bilanzstichtag ergreift, um die Bilanzstruktur optisch aufzuwerten, wie der Verkauf nicht betriebsnotwendiger Grundstücke oder die kurzfristige Kredittilgung bzw. -aufnahme und die zeitliche Verlagerung von Lieferungen und Leistungen in das alte (neue) Geschäftsjahr. Ferner zählen zu den sachverhaltsgestaltenden Vorgängen auch die nach dem Bilanzstichtag vorgenommenen Zuführungen oder Entnahmen aus den Rücklagen für Zwecke der Ausschüttungs- und Dividendenpolitik.

VI. Grenzen der Bilanzpolitik

Die handelsrechtlichen GoB begrenzen die Möglichkeit einer ausufernden Bilanzpolitik. So ist der Unternehmer grundsätzlich dazu verpflichtet, einmal ausgeübte Wahlrechte auch in der Folgezeit stetig auszuüben (§ 252 I Nr. 6 HGB), die angewandten Bewertungsmethoden im Anhang offen zu legen (§ 284 II Nr. 1 HGB) und Abweichungen zum Vorjahr anzugeben und zu erläutern (§ 284 II Nr. 3 HGB). Zudem muss der Unternehmer im Anhang darüber informieren, wenn die (ggf. durch Bilanzpolitik verzerrten) Wertansätze in der Bilanz/GuV kein den tatsächlichen Verhältnissen entsprechendes Bild der Unternehmenslage vermitteln (§ 284 II 2 HGB). Bedeutende faktische Grenzen ergeben sich für die Bilanzpolitik zudem daraus, dass viele der bilanzpolitischen Ansatzpunkte nur einmal grundlegend ausgeübt werden können, und eine einmal vorgenommene Bilanzpolitik (aufgrund der Totalgewinnidentität) in nachfolgenden Perioden zwingend zu gegenläufigen Effekten führt.

Bilanzprüfer → Abschlussprüfer.

Bilanzprüfung → Jahresabschlussprüfung.

Bilanzrechtsmodernisierungsgesetz (BilMoG) – 1. *Allgemein:* Das Gesetz zur Modernisierung des Bilanzrechts (Bilanzrechtsmodernisierungsgesetz – BilMoG) vom 25.5.2009 (BGBl. 1102) ist am 29.5.2009 in Kraft getreten. Es ist grundsätzlich erstmals auf das nach dem am 31.12.2009 beginnende Geschäftsjahr anzuwenden. Es soll nach dem Ziel der Bundesregierung die Wirtschaft durch Herbeiführung von Deregulierungseffekten finanziell in erheblichem Umfang entlasten und das Bilanzrecht des Handelsgesetzbuches für den Wettbewerb mit internationalen Rechnungslegungsstandards (insbes. IFRS) stärken. Die Ausschüttungsbemessung und Maßgeblichkeit der HGB-Abschlüsse für die Besteuerung bleiben als zentrale Funktionen der HGB-Rechnungslegung bestehen. Es handelt sich um ein sog. Artikelgesetz, das Neuregelungen u.a. beim AktG, EGAktG, HGB, EGHGB, GenossenschaftsG, GmbHG, GmbHG-EinführungsG, EStG, AO, PubG, SCE-AusführungsG, SE-AusführungsG und FGG-ReformG gebracht hat. Das BilMoG wird allseits als eine der tiefgreifendsten Modernisierungen des HGB-Bilanzrechts der letzten Jahre angesehen. – 2. *Inhalt:* Es soll Unternehmen von vermeidbarem Bilanzierungsaufwand entlasten. Mittelständische Einzelkaufleute, die nur einen kleinen Geschäftsbetrieb (nicht mehr als 500.000 Euro Umsatz und 50.000 Euro Gewinn pro Geschäftsjahr an den Abschlussstichtagen von zwei aufeinander folgenden Geschäftsjahren, vgl. § 241 a HGB n.F.) unterhalten, werden von der handelsrechtlichen Buchführungs-, Inventur- und Bilanzierungspflicht befreit. Für Kapitalgesellschaften wie AG und GmbH werden ebenfalls Befreiungen und Erleichterungen bei der → Bilanzierung vorgesehen. Die durch das BilMoG veränderte Bilanzierungspraxis betrifft Themengebiete wie z.B. die der sog. → latenten Steuern (jetzt gilt das sog. temporary-Konzept mit Bilanzvergleich von handelsrechtlichen mit steuerrechtlichen Wertansätzen nach § 274 HGB n.F.), Pensionsverpflichtungen (eine nach § 6a EStG nur für steuerliche Zwecke ermittelte Pensionsrückstellung darf nicht mehr für die Handelsbilanz berücksichtigt werden, Erfüllungsbetragsbetrachtung nach dem BilMoG vs. der vorherigen Rückzahlungsbetrachtung, vgl. z.B. 253 I 2 HGB n.F.) und für Forschungs- und Entwicklungsaktivitäten (Aufhebung des frühereren Verbots der Aktivierung selbstgeschaffener immaterieller Gegenstände des Anlagevermögens, vgl. § 248 II HGB n.F.; allerdings Schaffung einer → Ausschüttungssperre, § 268 VIII HGB n.F., die bspw. auch Ergebnisabführungsverträge betrifft, vgl. dazu auch § 301 AktG n.F.). Bei Ansatz-, Bewertungs-, Ausweis- und Anhangvorschriften wurden ebenfalls Änderungen eingeführt (z.B. Anhebung der Schwellenwerte bei der Einteilung in kleine, mittelgroße und große Kapitalgesellschaften, vgl. § 267 HGB n.F.). Des Weiteren wurde der handelsrechtliche Konzernabschluss durch eine Angleichung an internationale Rechnungslegungsstandards attraktiver gestaltet (u.a. durch Abschaffung des Beteiligungserfordernisses nach § 290 I 1 HGB a.F. Es genügt die Möglichkeit der → Muttergesellschaft, auf die Tochter einen beherrschenden Einfluss ausüben zu können, vgl. § 290 I 1 HGB n.F.).

Bilanzreform – Neuordnung und Internationalisierung der Bilanzierungsvorschriften, zuletzt durch → Bilanzrichtlinien-Gesetz (BiRiLiG) und das Bilanzrechtsmodernisierungsgesetz → (BilMoG).

Bilanzrichtlinie → Vierte EG-Richtlinie.

Bilanzrichtlinien-Gesetz (BiRiLiG) – Gesetz vom 19.12.1985 (BGBl. I 2355), mit dem in der Bundesrepublik Deutschland die → Vierte EG-Richtlinie (Einzelabschluss-Richtlinie), die → Siebte EG-Richtlinie (Konzern-Richtlinie) und die → Achte EG-Richtlinie (Prüfer-Richtlinie) in innerstaatliches Recht umgesetzt wurden. Das Bilanzrichtlinien-Gesetz (BiRiLiG) ist ein 13 Artikel umfassendes Änderungsgesetz, dessen wesentlicher Inhalt v.a. in das HGB eingegangen ist. – *Erstmalige Anwendung* der Vorschriften über die Aufstellung und Offenlegung des Einzelabschlusses auf das nach dem 31.12.1986 und der Vorschriften über den Konzernabschluss auf das nach dem 31.12.1989 beginnende Geschäftsjahr.

Bilanzschema – Vorschrift (teils gesetzlich, teils durch freiwillige Übernahme) für inhaltliche

Abgrenzung und Gliederung einzelner Postengruppen und Positionen in der → Bilanz. Für Kapitalgesellschaften ausführliches Bilanzschema in § 266 HGB, aufgrund dessen die Aufstellung der Handelsbilanzen erfolgt (→ Bilanzgliederung). Dieses Bilanzschema hat Bedeutung auch für andere Gesellschaftsformen (zumindest für größere Unternehmungen, vgl. → Rechnungslegung nach dem Publizitätsgesetz) als Vorbild für eine ordnungsgemäße Bilanzierung. – Auch die → Kontenrahmen der einzelnen Wirtschaftszweige enthalten vielfach Musterbeispiele für Bilanzschemata.–*Spezielle* Bilanzschemata gelten für Unternehmen bestimmter Branchen (vgl. → Bilanzgliederung). – *Im Ausland* sind z.T. ähnliche Bilanzschemata entwickelt worden, so z.B. in der Schweiz, Österreich, EU-Ländern (→ Vierte EG-Richtlinie).

Bilanzstatistik – I. Betriebswirtschaftliche Statistik: statistische Analyse von → Bilanzen, bezogen auf a) eine einzelne Bilanz (Zustandsbild einer Unternehmung zu einem bestimmten Zeitpunkt), b) mehrere zeitlich folgende Bilanzen einer Unternehmung (Entwicklung) und c) mehrere zeitpunktgleiche Bilanzen verschiedener Unternehmungen (→ Bilanzvergleich, → Betriebsvergleich). Bei der Bilanzstatistik interessieren bes. die Vermögens- (Aktivseite) und Kapitalstrukturstatistik (Passivseite), ferner die Finanzierungsart, die Liquiditätsgrade etc.

II. Amtliche Statistik: jährliche Auswertung der Jahresabschlüsse von Unternehmen und Konzernen, die aufgrund des Aktiengesetzes bzw. des Publizitätsgesetzes zur Veröffentlichung ihrer Jahresrechnung verpflichtet sind. Daneben erfasst die Statistik der Finanzen der öffentlichen Wirtschaftsunternehmen und der Zweckverbände mit wirtschaftlichen Aufgaben die Jahresabschlüsse dieser Institutionen in den Bereichen Versorgung und Verkehr sowie Entsorgung. Aussetzung der Statistik für die Jahre 1994 und 1995 im Rahmen von Einsparmaßnahmen, ab dem Jahr 1996 Einstellung gemäß Verordnung zur Änderung statistischer Rechtsvorschriften vom 20.11.1996 (BGBl. I 1804).

Bilanzsteuerrecht – rechtliche Vorschriften zur Erstellung der → Steuerbilanz.

Bilanzstichtag – Tag, auf den bezogen eine → Bilanz aufgestellt wird; beim Jahresabschluss jeweils der letzte Tag eines Abrechnungszeitraums, meist eines Geschäftsjahres bzw. → Wirtschaftsjahres.

Bilanzstrukturmanagement – Management-Teilbereich des → Controllings mit dem Ziel der Risikosteuerung und Optimierung der Bilanz- und Geschäftsstrukturen; zentrale Umsetzung der wichtigsten Unternehmensziele mithilfe von Risikostrukturkennzahlen: Dabei werden → Erfolgsrisiken und → Liquiditätsrisiken unterschieden. Zum Bilanzstrukturmanagement zählen Maßnahmen, die der risikopolitischen Optimierung der Bilanzstruktur sowie der Planung struktureller Rentabilitätsvorgaben dienen. Die Struktursteuerung wird einmal von Marktfaktoren determiniert, die eine unter Risikogesichtspunkten erlaubte Bilanzstruktur begrenzen, zum anderen von einer durch die Unternehmensleitung festgelegten Risikoobergrenze entsprechend der potenziellen Tragfähigkeit aller Risiken bei maximaler Ausschöpfung der Ertragsmöglichkeiten. Im Controlling-Zyklus werden die formulierten Bilanzstruktur- und Rentabilitätsziele mithilfe von Budgetplänen und -kontrollen in den einzelnen Geschäftsbereichen durchgesetzt. Dabei werden die Abweichungen der Istwerte von den Soll-Vorgaben regelmäßig festgestellt und auf ihre Ursachen hin überprüft. Angewendet werden vielfältige Erhebungs-, Prognose- und Bewertungstechniken der Betriebswirtschaftslehre. Das → interne Rechnungswesen als wichtiger Teil des betrieblichen Informationssystems hat dabei die Aufgabe, entscheidungsrelevante Kosten- und Ertragsinformationen für die Unternehmungssteuerung zur Verfügung zu stellen.

Bilanzsumme – *Bilanzvolumen;* die Schlusssumme der linken (→ Aktiva) bzw. rechten (→ Passiva) Seite der → Bilanz, die wertmäßig gleich hoch sind. Bei Buchungsfällen zwischen den Konten auf einer Bilanzseite bleibt die Bilanzsumme unverändert.

Bilanztabelle → Hauptabschlussübersicht (HAÜ).

Bilanztaktik – interessenausgerichtete Ausnutzung von Wahlrechten des Bilanzierenden beim → Jahresabschluss. Die Bilanztaktik umfasst Maßnahmen der → Bilanzpolitik, d.h. Bilanzen in einer zulässigen Weise auf bestimmte Zwecke auszurichten, ohne die tatsächlichen Verhältnisse unrichtig wiederzugeben. Übertreibungen können zu → Bilanzdelikten führen.

Bilanztheorien – *Bilanzauffassungen;* von der Wissenschaft aus verschiedenen Anschauungen über Inhalt und Aufgaben der → Bilanz und der → Erfolgsrechnung entwickelte Lehrmeinungen. Die ersten Bilanztheorien entstanden bereits Ende des 19. Jh., wobei u.a. der → statischen, → dynamischen und → organischen Bilanztheorie in der Literatur die größte Bedeutung zugemessen wurde. – 1. Die *statische Bilanztheorie* betont die richtige Vermögensermittlung am Bilanzstichtag. Im wissenschaftlichen Diskurs haben sich zwei Ausprägungen herausgebildet, die Fortführungs- und Zerschlagungsstatik. Während die Fortführungsstatiker von der Unternehmensfortführung ausgehen, wollen die Vertreter der Zerschlagungsstatik das Vermögen unter der Fiktion einer Unternehmenszerschlagung ermittelt wissen. – 2. Die *dynamische Bilanztheorie* sieht den entscheidenden Bilanzzweck nicht in der richtigen Darstellung des Vermögens, sondern in der Gewinnermittlung. Um den Gewinn richtig zu ermitteln wird eine verzerrte Vermögensdarstellung in Kauf genommen. – 3. Die *organische Bilanztheorie* ist im Gegensatz zur statischen und dynamischen dualistisch geprägt, da sie die Aufgabe der Bilanz sowohl in der richtigen Vermögens- als auch in der Gewinnermittlung sieht.

Bilanzumstellung – bei jeder Währungsänderung erforderliche Umstellung der Wertansätze. In der Bundesrepublik Deutschland (RM-Schlussbilanz) zum 21.6.1948, geregelt durch das Gesetz über die Eröffnungsbilanz in Deutscher Mark vom 21.8.1949 mit zahlreichen Durchführungsverordnungen, und die nach den Vorschriften des DM-Bilanzgesetzes vom 23.9.1990 per 1.7.1990 aufzustellende erste Bilanz in DM für Unternehmen der ehemaligen Deutschen Demokratischen Republik (→ DM-Eröffnungsbilanz) oder nach dem Euro-Einführungsgesetz (EuroEG) vom 9.6.1998 aufzustellende Bilanz in Euro.

Bilanzvergleich – Vergleich mehrerer → Bilanzen miteinander. Aussagefähig nur unter der Voraussetzung, dass in diesen Bilanzen gleiche Bewertungsgrundsätze (→ Bewertung) verwendet wurden und eine annähernd gleiche Gliederung vorliegt. – *Formen:* 1. *Interner (Perioden-)Bilanzvergleich:* Gegenüberstellung mehrerer Bilanzen aufeinander folgender Geschäftsjahre einer Unternehmung. Dieser Bilanzvergleich wird durchgeführt, um die sich von Periode zu Periode ergebenden Veränderungen zu erkennen und auf ihre Ursachen zu analysieren, z.B. Umsatzrückgang, Rentabilitätsverschiebungen, Aufwandssteigerungen, Änderungen in der Kapitalstruktur, Liquidität. Die Erkenntnisse, die sich aus dem Bilanzvergleich ergeben, können die Dispositionen der Geschäftsleitung in der augenblicklichen und in zukünftigen Perioden bestimmen; Hilfsmittel z.B. → finanzwirtschaftliche Bewegungsbilanz, → Kapitalflussrechnung. – 2. *Externer Bilanzvergleich:* Vergleich zweier oder mehrerer Bilanzen verschiedener Unternehmungen derselben Branche und ungefähr gleicher Größenordnung aus demselben Zeitraum. Dieser Bilanzvergleich ist weitaus schwieriger, da die veröffentlichten Bilanzen der Konkurrenzunternehmungen, entsprechend den gesetzlichen Bestimmungen, wesentlich weniger aussagefähig sind als interne Betriebsbilanzen. Jedoch lassen sich auch hier noch brauchbare Unterlagen ermitteln, mit deren Hilfe Erkenntnisse gewonnen werden können, z.B. Marktanteil der eigenen Unternehmung; Kapitalstruktur der einzelnen Unternehmungen; bei kleinen und mittelgroßen Kapitalgesellschaften (→ Größenklassen) Rückschlüsse auf den Umsatz aus den ausgewiesenen Steuern; ein wichtiger Faktor sind Löhne und Gehälter (auch im Verhältnis zu Kapazität und Umsatz). – Ziel des externen Bilanzvergleichs ist es, die Stellung zu erkennen, die das eigene Unternehmen im Hinblick auf Umsatz, Aufwendungen, Rentabilität und technische Weiterentwicklung zwischen den konkurrierenden Betrieben einnimmt. – Vgl. auch → Bilanzanalyse.

Bilanzverlust → Bilanzgewinn (-verlust).

Bilanzverschleierung → Bilanzdelikt; Verstoß gegen das Prinzip der → Bilanzklarheit. Bilanzierung, die die wirtschaftlichen Tatsachen undeutlich oder unkenntlich macht, sodass ein ungenaues oder unrichtiges Bild der wirtschaftlichen Situation des Unternehmens gegeben wird, wenn dabei gegen die Grundsätze ordnungsmäßiger Buchführung und Bilanzierung (→ Grundsätze ordnungsmäßiger Buchführung (GoB), → ordnungsmäßige Bilanzierung) verstoßen wird. – *Strafbar* nach § 331 HGB, § 400 AktG und anderen Vorschriften.

Bilanzvolumen → Bilanzsumme.

Bilanzwahrheit – neben der → Bilanzklarheit grundlegendes Gestaltungsprinzip bei Aufstellung von → Bilanzen. Bilanzwahrheit verlangt v.a. Richtigkeit und Vollständigkeit der Bilanzansätze. Bilanzwahrheit ist in der → Steuerbilanz (abgesehen von wirtschaftspolitisch motivierten Wertansätzen, z.B. → Sonderabschreibungen) stärker beachtet als in der → Handelsbilanz, da das HGB in größerem Umfang → stille Rücklagen zulässt, z.T. also → Bewertungsfreiheit einräumt; obgleich mit dem Bilanzrechtsmodernisierungsgesetz (BilMoG) die Möglichkeiten zur Legung stiller Reserven erheblich eingeschränkt wurden. Das Prinzip der Bilanzwahrheit kollidiert mit dem handelsrechtlichen Grundsatz der Bilanzvorsicht (→ Bewertung, → Aktivierungswahlrechte, jedoch seit BilMoG dauerhafte Ausschüttungssperren nach § 268 VIII HGB).

Bilanzwert – der in der Bilanz unter Berücksichtigung der handels- bzw. steuerrechtlichen Bewertungsvorschriften ausgewiesene Wert einer Bilanzposition; abhängig von dem Bilanzierungszweck (z.B. Ermittlung des ausschüttungsfähigen Gewinns oder Ermittlung des Periodenerfolgs). – *Anders:* → Einheitswert, → gemeiner Wert, → Tageswert. – Vgl. auch → Bewertung.

Bilanzzusammenhang → Bilanzidentität, → Bilanzkontinuität.

bilaterale Hilfe → Entwicklungshilfe, die ein Geberland einem Empfängerland gewährt.

bilateraler Handel – Handel zwischen zwei Volkswirtschaften; → Bilateralismus.

bilateraler Vertrag – Vertrag zwischen zwei Staaten zur Regelung bestimmter Rechtsfragen des Außenhandels, z.B. Abschluss eines → Präferenzabkommens oder eines regionalen Handelsabkommens (→ Bilateralismus).

bilaterales Monopol → Marktform, bei der ein Anbieter und ein Nachfrager einander gegenüberstehen. Näherungsweise kommt diese Marktform auf Arbeitsmärkten vor (Tarifverhandlungen). – Im Fall des bilateralen Monopols lässt sich der Preis theoretisch nicht genau bestimmen, sondern lediglich eingrenzen. Diese Grenzen erhält man, wenn man zum einen dem Anbieter die Rolle des Monopolisten und dem Nachfrager diejenige des Mengenanpassers zuordnet und zum anderen – bei der umgekehrten

Machtkonstellation – den Anbieter als Mengenanpasser und den Nachfrager als Monopsonisten betrachtet.

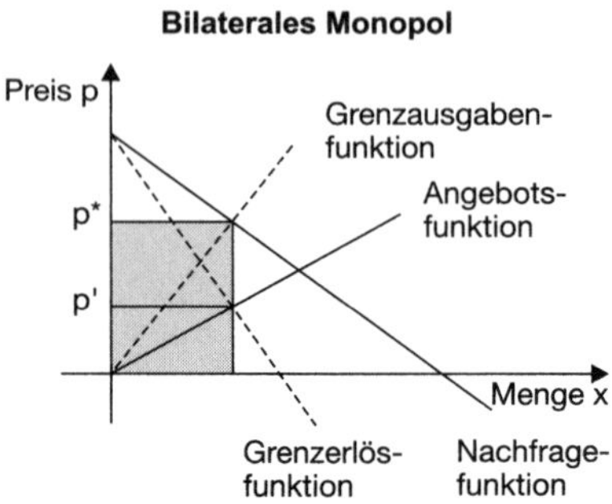

Im ersten Fall kann die Angebotsfunktion als Grenzkostenfunktion interpretiert werden, sodass ihr Schnittpunkt mit der Grenzerlös-Funktion zum Monopolpreis p* führt (→ Monopol). Im zweiten Fall kommt es zum Monopsonpreis p' (→ Monopson). Im bilateralen Monopol gilt mithin $p^* \geq p \geq p'$. In der Grafik führen p* und p' zur gleichen Menge, was i.Allg. nicht zutreffen muss. Ob der Preis näher bei p* oder p' liegt, hängt vom Verhandlungsgeschick der Kontrahenten (→ Kontraktkurve) oder sonstigen Umständen (wie z.B. Zeitdruck) ab.

bilaterales Oligopol – zweiseitiges → Oligopol. Marktform nach dem Ökonomen von Stackelberg mit jeweils einem Anbieter und Nachfrager. – *Beispiele*: Tarifverhandlungen auf dem Arbeitsmarkt.

Bilateralismus – System zweiseitiger (bilateraler) → Handelsabkommen und → Zahlungsabkommen im internationalen Wirtschaftsverkehr. Nach Ende des Zweiten Weltkriegs Abbau des Bilateralismus, vorwiegend in der westlichen Welt (→ GATT bzw. → World Trade Organization (WTO), → IWF) zugunsten von → Multilateralismus. Eine neue Tendenz der internationalen Wirtschaftsbeziehungen ist die Stärkung des → Regionalismus, also die regionale Integration, die auch von der WTO unterstützt wird (Art. XXIV GATT). Aufgrund der Stagnation der WTO (Doha-Runde) kommt dem Bilateralismus (v.a. in Asien und Ozeanien) eine weiterhin große Bedeutung zu, es kommt daher zu einer *Renaissance des Bilateralismus.*

Bild – 1. *Begriff*: Aufzeichnung eines realen oder fiktiven Gegenstandes, die dem Gegenstand ähnlich ist und deswegen wie der Gegenstand wahrgenommen werden kann. – 2. *Marketing*: Bilder weisen eine sehr hohe Beeinflussungskraft auf, da konkrete Bilder wie die Wirklichkeit wahrgenommen werden, während die Sprache ein verschlüsseltes und wirklichkeitsfremdes Zeichensystem ist. – Vgl. auch → Bildkommunikation, → Schlüsselbild. – 3. *Recht:* Recht am Bild ist Persönlichkeitsrecht, das gegen missbräuchliche Verwendung zivilrechtlich durch Schadensersatz, Unterlassungs- und Verwertungsanspruch und strafrechtlich geschützt ist. Rechtsgrundlage ist das Gesetz betreffend das Urheberrecht an Werken der bildenden Künste und der Fotographie (KUG) vom 9.1.1907 (RGBl. I S. 7) m.spät.Änd.: a) Verbreitung nur *mit Einwilligung* des Abgebildeten, die als erteilt gilt, wenn eine Entlohnung für Abbildung gezahlt wird. Bis zu zehn Jahren nach dem Tod des Abgebildeten ist die Einwilligung der Angehörigen erforderlich (§ 22 KUG). – b) *Ohne Einwilligung* dürfen u.a. verbreitet werden: (1) Bildnisse aus dem Bereich der Zeitgeschichte; (2) Bilder, auf denen die Personen nur als Beiwerk neben einer Landschaft oder Ortschaft erscheinen; (3) Bilder von Versammlungen, Aufzügen und ähnlichen Vorgängen; (4) Bildnisse, die nicht auf Bestellung angefertigt sind, sofern die Verbreitung einem höheren Interesse der Kunst dient. In allen diesen Fällen darf ein berechtigtes Interesse des Abgebildeten oder seiner Angehörigen nicht verletzt werden (z.B. regelmäßig bei Verwendung zu Werbezwecken; § 23 KUG). – Urheberrechtlich gilt § 60 UrhG: Der *Besteller* eines Bildes darf es durch Lichtbild vervielfältigen oder vervielfältigen lassen; die Vervielfältigungsstücke dürfen unentgeltlich verbreitet werden.

Bildaufnahme – 1. *Persönlichkeitsrecht*: Als Grundsatz gilt: Bildnisse dürfen nur mit Einwilligung des Abgebildeten verbreitet oder öffentlich zur Schau gestellt werden (§ 22 Satz 1 Kunsturhebergesetz). Ohne Einwilligung dürfen verbreitet und zur Schau gestellt werden u.a. Bilder einer Person der Zeitgeschichte, wer nur zufällig etwa auf einem Landschaftsbild oder als Teilnehmer einer Versammlung aufgenommen wird (§ 23 Kunsturhebergesetz). – 2. *Strafrecht*: Wer Bildaufnahmen einer Person unter Verletzung des höchstpersönlichen Lebensbereichs dieser Person herstellt, gebraucht, Dritten zugänglich macht oder überträgt, macht sich nach § 201a StGB strafbar. Die Bildaufnahmen müssen von einer Person, die sich in einer Wohnung oder einem gegen Einblick bes. geschützten Raum befinden, gemacht sein. Strafbar auch, wer entgegen den §§ 22, 23 des Kunsturhebergesetzes ein Bildnis verbreitet oder öffentlich zur Schau stellt (§ 33 Kunsturhebergesetz).

Bildenttäuschungstest – *Cartoon-Test, Rosenzweigtest, Picture Frustration Test;* Form des Persönlichkeitstests. Der Auskunftsperson werden Abbildungen mit Strichzeichnungen vorgelegt, die enttäuschende Ereignisse darstellen. Die vom Befragten zu ergänzende Antwort der vom enttäuschenden Ereignis betroffenen Person soll Anhaltspunkte über die Persönlichkeit des Befragten liefern.

Bildkommunikation – 1. *Begriff*: Teilgebiet der → nonverbalen Kommunikation und umfasst die Kommunikation mittels Bildern. – 2. *Wirkungen:* a) Durch Bilder können bei gleicher Zeit mehr Eindrücke vermittelt werden als mit einem Text. Bilder werden i.d.R. vor dem Text betrachtet. – b) Die

Bildverarbeitung erfolgt ganzheitlich analog und nicht analytisch sequenziell wie die Sprachverarbeitung. Bilder sind auch besser geeignet als Sprache, Emotionen zu vermitteln, allerdings vereinfachen sie abstrakte Informationen. Bilder werden weitgehend automatisch und ohne große gedankliche Anstrengung verarbeitet. – c) Das Bildgedächtnis ist dem Sprachgedächtnis überlegen (zentrales Thema der → Imageryforschung). Die Bildhaftigkeit einer Information ist eine Schlüsselgröße dafür, wie gut Informationen behalten werden. – d) Die Verwendung von Bildern erhöht die Durchschlagskraft der Kommunikation auf Einstellung und Verhalten. Die Einbeziehung von Bildern in eine rationale und sprachliche Argumentation verstärkt die Möglichkeit, das Verhalten zu beeinflussen. Bei emotionaler Einstellungsbildung wird die Bildkommunikation zum dominanten Weg der Verhaltensbeeinflussung. – 3. *Funktionen:* Die Bildkommunikation soll (1) für Bekanntheit der Marke innerhalb einer Zielgruppe sorgen und (2) Images und innere Bilder zu einer Marke aufbauen. – 4. *Theoretische Grundlagen:* Stammen aus der Hemisphärenforschung, der Imageryforschung und aus der Bildsemiotik.

Bildlogo → Logo.

Bildrecall → Recalltest.

Bildrecognition → Recognitiontest.

Bildschirm – *Monitor;* → Ausgabegerät (Datensichtgerät), das dem → Benutzer → Daten für das Auge sichtbar macht.

Bildschirmarbeitsplatz → Arbeitsschutz.

Bildschirmbefragungssystem – Methode der computergestützten Datenerhebung, bei der die Fragen den Probanden über einen Bildschirm eingespielt oder in ein Mikrofon gesprochen werden. Die Antworten müssen über eine Tastatur, mit Maus oder durch Berühren des Bildschirms eingegeben werden. Damit wird der gesamte Interviewablauf vom Computer gesteuert. – *Beispiel:* interaktive → Onlinebefragung mithilfe des Internets.

Bildschirmmaske → Maske.

Bildungsarmut – der – absolute oder relative – individuelle Mangel an Bildungszertifikaten und Bildungskompetenzen. Bildungsökonomisch wird der Begriff auch mit Humankapitalschwäche übersetzt. Bildungsarmut hat sowohl Auswirkungen auf das betroffene Individuum als auch auf die gesamte Volkswirtschaft. Sie korreliert mit Einkommen und sozialem Status sowie den Risiken, arbeitslos, krank oder arm zu werden. Z.T. basiert Bildungsarmut in Deutschland auf Mängeln im Bildungssystem und mangelnden Bildungsinvestitionen, was jedoch entsprechende soziale Kosten erzeugt. – Vgl. → Bildungsökonomie, → Humankapital.

Bildungsbudget – stellt die geplanten Ausgaben und geschätzten Einnahmen einer Bildungseinrichtung gegliedert nach Ausgaben- und Einnahmengruppen oder gegliedert nach einzelnen Ausgaben- und Einnahmenpositionen in einem Rechenwerk gegenüber.

Bildungserträge und -nutzen – direkte und indirekte Wirkungen von Bildungsaktivitäten auf vier Ebenen: 1. *Individueller Nutzen und Ertrag:* Aus der Perspektive der lernenden Individuen bestehen die Wirkungen von Bildungsaktivitäten darin, dass sie in Gegenwart und Zukunft ein höheres Maß an Bedürfnisbefriedigung realisieren können, sei es unmittelbar während der Bildungsaktivitäten selbst, aus der späteren Berufstätigkeit, und/oder in der gegenwärtigen oder zukünftigen Freizeit. Dieses höhere Maß an Bedürfnisbefriedigung kann durch direkte oder indirekte Nutzenstiftung von Bildungsaktivitäten erzeugt werden, wobei die indirekte Nutzenstiftung vorliegt, wenn Bildungsmaßnahmen über die höhere Produktivität zu einem gestiegenen Einkommen beitragen, das die Vermögensposition des Individuums verbessert und ein höheres Niveau des Konsums und der Bedürfnisbefriedigung erlaubt. Da die direkte Erfassung des direkten wie indirekten Bildungsnutzens kaum überwindbare konzeptuelle sowie Datenprobleme aufwirft, ist es üblich, *Ertragsindikatoren für Bildungsaktivitäten* zu verwenden: (1) Alters-Bildungsniveau-Verdienst-Kurven (erfasst werden Einkommensdifferenzen Zwischen unterschiedlichen Bildungsniveaus nach Steuern); (2) Verdienstfunktionen als Einkommensdeterminanten (erfasst werden neben Alter und Bildungsniveau Geschlecht, Berufserfolg, Rasse, Begabung, Motivation, soziale Herkunft etc.); (3) Nutzen-Kosten-Analysen (der Gegenwartswert der individuellen Bildungserträge einer bestimmten Bildungsinvestition vergleicht den abgezinsten Wert des Lebenseinkommens aus dieser Investition mit dem abgezinsten Wert des entgangenen Lebenseinkommens bzw. der Opportunitäts- oder indirekten Kosten). – 2. *Institutionelle Bildungserträge:* Sie fallen an, wenn Unternehmen selber aus- oder weiterbilden, sei es on the Job oder auch systematisch wie im Rahmen der dualen Berufsausbildung in Deutschland. Die Erträge können während der Bildungsmaßnahme durch produktive Leistungen der Lernenden am Lernort Arbeitsplatz, in Form von Opportunitätserträgen (durch das Einsparen der Kosten externer Rekrutierung) oder im Anschluss an die Bildungsmaßnahme (produktive Leistungen am Arbeitsplatz) entstehen. Die Erträge fallen nach einer Bildungsmaßnahme an, wenn die Unternehmen sich zumindest einen Teil der bildungsbedingten Produktivitätszuwächse aneignen können, was Becker (1975) zufolge bei spezifischem Training der Fall ist. In diesem Fall teilen sich Auszubildende und Unternehmen sowohl die Kosten wie auch die Erträge der Ausbildung. – 3. *Staatliche Bildungserträge:* Sie ergeben sich aus dem Umstand, dass bildungsbedingte höhere private Einkommen oder Unternehmensumsätze oder -gewinne selbst bei konstanten → Steuersätzen zu höheren Einnahmen aus Lohn-, Einkommen-, Umsatz- und Unternehmenssteuern führen. – 4. *Soziale* *bzw. gesellschaftliche Bildungserträge:* Sie umfassen die individuellen, institutionellen und staatlichen Bildungserträge sowie die → externen Erträge Dritter, die durch individuelle Bildungsinvestitionen erzeugt aber vom Investor nicht internalisiert werden können. Zu solchen durchaus umstrittenen externen Erträgen werden gezählt: Wirkungen auf Familienangehörige, Freunde, Nachbarn und Arbeitskollegen und deren Produktivität bzw. Nutzenbefriedigungsniveaus, auf Demokratiebewusstsein und Gesetzesloyalität, Innovativität, Werthaltungen und Wirtschaftswachstum. Die gesellschaftliche Vorteilhaftigkeit von Bildungsinvestitionen wird durch die soziale bzw. gesellschaftliche Rendite bzw. Nutzen-Kosten-Analyse erfasst. In diese Nutzen-Kosten-Kalkulation gehen auf der Ertragsseite die Arbeitseinkommen vor Steuer ein, während auf der Kostenseite neben den → Opportunitätskosten alle direkten Kosten (der Individuen und der Institutionen bzw. des Staates) berücksichtigt werden. Berechnungen sozialer Renditen kommen zu beachtlichen Renditewerten mit einem den privaten Bildungsrenditen ähnlichen Gefälle nach Bildungsbereichen. Die Beobachtung, dass die sozialen Renditen international durchweg unter den privaten Renditen liegen, kann mit dem Verweis auf den hohen Kostenanteil erklärt werden, der üblicherweise aus den Staatshaushalten getragen wird. – Vgl. auch → Bildungskosten.

Bildungsgutschein – Gutscheine, die vom Staat an Lernende ausgegeben werden und die einen bestimmten Geldwert repräsentieren. Die Empfänger können damit Bildungsleistungen kaufen. Die Bildungsanbieter lösen die empfangenen Gutscheine gegen Geld beim Staat ein. – Vgl. auch → berufliche Fortbildung.

Bildungsinvestitionen → Bildungsökonomie, → Bildungskosten, → Humankapitaltheorien.

Bildungskosten – 1. *Entstehung:* Bildungskosten entstehen durch den Wert des Ressourcenverbrauchs und der Ressourcennutzung, die Lernende verursachen. Dazu gehört der Wert der Zeit, welche Lernende aufbringen und in der sie auf die Erzielung von Einkommen verzichten. – 2. *Arten:* a) *Direkte Kosten:* Sie umfassen alle bewerteten laufenden Ressourcenverbräuche, welche die Vermögensposition des Kostenträgers (im Sinn der betriebswirtschaftlichen Kostenrechnung) vermindert und durch Bildungsaktivitäten verursacht werden. Kostenträger können dabei sein: Das lernende Individuum, dessen Familie, die Bildungsinstitution, der Staat, die Gesellschaft insgesamt. Direkte Kostenarten, die von den Lernenden, oder den Institutionen, oder vom Staat oder der Gesellschaft getragen werden, sind: Bildungsbedingte zusätzliche Lebenshaltungskosten, Transportkosten, Kosten für Lehr- und Lernmaterialien, Personalkosten (für Erzieherinnen, Lehrer, Ausbilder etc.), sonstige Sachkosten (Energie, Miete, Telefon, Porto etc.), Bildungsgebühren. – In den öffentlichen Finanzstatistiken werden i.d.R. die Ausgaben der öffentlichen Haushalte (untergliedert nach Ausgabenarten wie Personal-, Investitions- und Sachausgaben) pro Kalenderjahr ausgewiesen. Während *die öffentlichen Bildungsausgaben und die Ausgaben der* → Bundesagentur für Arbeit für berufliche Weiterbildung gut dokumentiert sind, liegen für die Kosten der betrieblichen Aus- und Weiterbildung Daten aus wenigen, in großem Abstand vorgenommenen große Erhebungen vor. Über die *direkten Kosten der Lernenden bzw. ihrer Familien* liegen entweder keine Daten vor (Schulbereich, Elementarbereich, Berufsausbildung) oder erste Schätzungen. Lediglich die direkten privaten Studienkosten sind durch die in Dreijahresabständen regelmäßig stattfindenden Sozialerhebungen des Deutschen Studentenwerkes gut erfasst. Ihre Aussagefähigkeit ist aber dadurch beeinträchtigt, dass die Studienkosten „brutto" und damit die studienbedingten zusätzlichen Lebenshaltungskosten nicht gesondert ausgewiesen werden. – b) *Indirekte Kosten:* Der oben gegebene Kostenbegriff beschränkt die Bildungskosten nicht auf die direkten (ausgabengleichen) Kosten, sondern schließt → Opportunitätskosten bzw. kalkulatorische Kosten mit ein. Indirekte Kosten sind somit als die nicht ausgabengleichen Kosten definiert. Die wichtigste Kategorie der Opportunitätskosten stellen die entgangenen Einkommen der Lernenden (individuelle Ebene) bzw. die entgangene Produktion (Organisationsebene) bzw. das entgangene Bruttoinlandsprodukt (gesellschaftliche Ebene) dar. – c) *Externe Kosten und Kosten nonformaler Bildung:* Externe Bildungskosten entstehen, wenn die Bildungsbemühungen Vermögensverluste außerhalb des Bildungssystems erzeugen (z.B. die Kosten von Gewalttaten in Schulen gegenüber Lehrpersonen oder Mitlernenden oder von Polizeischutz von bzw. an Schulen). Schließlich finden eine Fülle von Bildungsprozessen nonformal, d.h. außerhalb des formalen Bildungssystems z.B. in der Familie, zu Hause, am Arbeitsplatz und bei anderen Gelegenheiten statt, die ebenfalls Ressourcen – v.a. Zeit – beanspruchen. – Vgl. auch → Bildungserträge und -nutzen.

Bildungsökonomie – 1. *Begriff:* Beschreibung und Analyse, wie Individuen, Institutionen und die Gesellschaft insgesamt knappe → Ressourcen einsetzen, um verschiedene Arten von Bildung zu produzieren, d.h. die Entwicklung von Wissen, Kenntnissen, Fähigkeiten und Fertigkeiten, von Einstellungen, moralischen Normen, Werten, Orientierungen, von Charakter und geistigem Vermögen über die Zeit v.a. durch formale Institutionen anzuregen und zu fördern, und wie die knappen Ressourcen sowie die Ergebnisse ihrer Nutzung in Bildungsprozessen in Gegenwart und Zukunft zwischen den Menschen und Gruppen innerhalb einer Gesellschaft verteilt werden. – 2. *Bildung als ökonomisches Gut:* Die Tatsache, dass Schulbildung in Deutschland seitens des Staates preislos angeboten wird, verleitet häufig zu der irrigen Auffassung, Bildung sei kostenlos zu haben

(→ freies Gut). Doch in jeder Gesellschaft muss ein Teil der jeweils der Gesellschaft zur Verfügung stehenden Ressourcen aufgebracht werden, damit Bildungsleistungen bereitgestellt werden können. Bildung ist somit ein ökonomisches bzw. knappes Gut, das den Gesetzen des Wirtschaftens, der → Knappheit und dem Postulat effizienten Handelns (→ Effizienz) unterliegt. Umstritten ist bis heute, ob Bildung ein privates, ein → öffentliches Gut, ein → meritorisches Gut oder ein Mischgut ist. – 3. Die *Rolle des Staates im Bildungswesen* hängt wesentlich davon ab, ob Bildung als öffentliches Gut angesehen und wie stark das → Marktversagen gewertet wird. Die Tatsache, dass weite Bereiche des Bildungswesens in vielen Ländern staatlich organisiert sind, hat vermutlich eher politische als ökonomische Gründe, denn das staatliche Bildungsmonopol (d.h. die Einheit von staatlicher Bildungsproduktion und -finanzierung) ist nur eine und im Vergleich zu ordnungspolitischem Handeln sowie Anbieter- oder Nachfragersubvention die schärfste Interventionslösung bei vermutetem Marktversagen. Die Public-Choice-Theorie (→ Neue Politische Ökonomie) hat die Effizienz der staatlichen Bereitstellung von Gütern und der ihr zugrunde liegenden Entscheidungsprozesse in Zweifel gezogen und mit der These des → Staatsversagens oder Regierungsversagens gekontert. Wegen Wählerunwissenheit, der Dominanz spezieller politischer Interessen, politischer Kurzsichtigkeit, fehlender Stimmen für effizientes Handeln, unpräziser Reflexion der Kundenpräferenzen, politischer Handlungs- und Entscheidungslags, sowie wegen informationeller, finanzieller und legitimatorischer Handlungsrestriktionen der Politiker könnten die politischen Steuerungsprozesse keine effiziente Ressourcenallokation im Bildungssystem bewirken. – 4. *Bildung als Konsum oder Investition:* Die Frage nach dem Gutscharakter von Bildung wurde in der Phase der Renaissance der Bildungsökonomie in den 1960er-Jahren gestellt. Die Diskussion endete mit dem Ergebnis, dass weder theoretisch und noch empirisch zwischen dem Investitions- oder Konsumcharakter zu entscheiden sei oder auch zwischen entsprechenden Anteilen der Bildungsaufwendungen. Bis heute hat sich die (willkürlich getroffene) Vorstellung gehalten, dass Bildungsaufwendungen (private wie gesellschaftliche) als Investitionen zu gelten haben, während die Konsumkomponente als kostenloses Kuppelprodukt anfällt. – 5. → Humankapitaltheorien. – 6. *Makro- und Mikroökonomik der Bildung:* Der Zusammenhang von Bildung und Ökonomik wird sowohl auf der Ebene der → Makroökonomik als auch auf jener der → Mikroökonomik bearbeitet. Während die makroökonomische Perspektive den Systembezug von Bildungswesen und dem ökonomischen System in den Blick nimmt (Bildung und Einkommensverteilung, Bildung und Wirtschaftswachstum, Bildung und Beschäftigung, Bildungsfinanzierung), wählt die mikroökonomische Perspektive das Verhalten des einzelnen Bildungsanbieters und -nachfragers als Beobachtungsgegenstand.

Bildungspolitik – 1. *Begriff:* Bildungspolitik ist die Gesamtheit der Entscheidungen, Handlungen, Handlungsprogramme und Regelungen, die von öffentlichen oder privaten Organisationen getroffen werden, um die Bedingungen für das Gelingen von Lernprozessen inhaltlich, organisatorisch und ressourcenmäßig zu gestalten. 2. *Begründung staatlicher Bildungspolitik:* Am Anfang staatlicher Bildungspolitik standen das Interesse des (preußischen) Staates an einer schreib-, lese- und rechenkundigen Beamten-, Offiziers- und Soldatenschaft, sowie die Erwartung, dass eine staatlich gewährte Volksbildung einerseits produktive Kräfte freisetzen und die wirtschaftliche Entwicklung fördern, andererseits die Bevölkerung in die bestehende Gesellschaft integrieren und soziale Unruhen verhindern werde. Aus dieser historischen Entwicklung erwuchs die These, Bildung sei ein → öffentliches Gut, in gewissem Umfang gar ein → meritorisches Gut. Daher gilt heute die Sicherung eines bestimmten Bildungsniveaus als ein aus dem Grundgesetz ableitbares gesellschaftliches Ziel und als staatliche Aufgabe. Aus den historischen Anfangsbedingungen entwickelte sich ein faktisches → Monopol des Staates als Bildungsanbieter, der allein die vom Art. 72 GG geforderte Einheitlichkeit der Lebensverhältnisse gewährleisten könne. Die Zuständigkeiten für das Bildungswesen und die Kultur liegen dem Grundgesetz zufolge im Wesentlichen bei den Ländern (Kulturhoheit der Länder).

Bildungsproduktionsfunktion – Übertragung der Idee der betriebswirtschaftlichen → Produktionsfunktion auf Bildungsinstitutionen. Die Bildungsproduktionsfunktion modelliert einen vermuteten funktionalen Zusammenhang zwischen Bildungsinputs und Bildungsoutput.

Bildungsspirale – Sie beschreibt die paradoxe Situation, dass die höchsten Bildungsabschlüsse durch ihre Inflationierung entwertet werden, dass dadurch aber die Jugendlichen nicht abgeschreckt werden, sondern dass sie sich vielmehr gezwungen sehen, diese Abschlüsse (z.B. Abitur) zu erreichen, um überhaupt eine Zugangschance im Wettbewerb um die knappen, v.a. höheren Positionen zu erhalten.

Bildungsurlaub – 1. *Begriff:* Urlaub, der einem Arbeitnehmer zu Bildungszwecken für eine bestimmte Dauer während der Arbeitszeit (z.T. bei Zahlung angemessener finanzieller Leistungen) gewährt wird. Bildungsurlaub soll der Berufsbildung auf allen Stufen, der allg. und politischen Bildung und der gewerkschaftlichen Bildung dienen. – Vgl. auch → Urlaub. – 2. *Gesetzliche Grundlagen:* von der Konferenz der Internationalen Arbeitsorganisation in Genf am 24.6.1974 geschlossenes Übereinkommen, durch Gesetz vom 7.9.1976 (BGBl. II 1526) zugestimmt. Einzelheiten sind in Landesgesetzen geregelt; daneben bestehen landesgesetzliche Regelungen über

Urlaubsansprüche zu Zwecken der *Jugendpflege und -wohlfahrt.*

Bildungsveranstaltung → Schulungs- und Bildungsveranstaltung.

Bildungswesen → Bildungsökonomie.

Bildungswesen/-system – Das Bildungswesen/-system umfasst zum einen das Schulsystem mit dem Primarbereich, der die 1. bis 4. Klasse umfasst (in Berlin und Brandenburg bis zur 6. Klasse). Die Sekundarstufe I umfasst das anschließende 5. bis 9. (bzw. 10.) Schuljahr und unterliegt länderspezifischen Regelungen für die Haupt-, Real- und Gesamtschule sowie das Gymnasium. In einigen Bundesländern werden derzeit einzelne Schulformen zur Sekundarschulen zusammengefasst. Die Sekundarstufe II umfasst dabei die Klassen 11 bis 12 bzw. 13 der Gymnasien bzw. Gesamtschulen. Den Abschluss bildet die allgemeine oder fachgebundene Hochschulreife. Ferner umfasst der Sekundarbereich II auch die berufsbildenden Schulen sowie Berufskollegs oder Berufsober- oder Förderschulen als Sonderform schulische Berufsbildung. – Der sog. zweite Bildungsweg umfasst Abendschulen zur Erlangung unterschiedlicher Schulabschlüsse sowie Kollegs, auf denen die allgemeine Hochschulreife erworben werden kann. Neben den Einrichtungen der weiteren allgemeinen und beruflichen Bildung sowie dem Bereich der persönlichen Weiterbildung existiert zum andern im sogenannten tertiären Bildungsbereich das Hochschulwesen mit Universitäten, Gesamthochschulen, technischen, pädagogischen, Musik- und Filmhochschulen, theologischen Hochschulen und Fachhochschulen. – Vgl. → Bildungspolitik.

Bildzeichen → Marke in Form einer bildlichen Darstellung. Problematisch, wenn ein Bildzeichen sich in der bloßen naturgetreuen Abbildung der Ware erschöpft.

billige Flaggen – 1. Staaten, unter deren Flagge *Schiffe* (ausländischer Reeder bzw. → Reedereien) fahren, die in diesen Staaten aus steuerlichen bzw. finanziellen Gründen (Steuervorteile, Ausweichen vor kostenintensiven Sozial- und Sicherheitsvorschriften für die Besatzung) registriert sind. Ursprünglich galten als Billige-Flaggen-Staaten Panama, Honduras und Liberia (PANHOLIB); heute werden Schiffe auch in andere Länder (i.d.R. → Entwicklungsländer) ausgeflaggt. – 2. Der Begriff wird heute auch auf *andere Verkehrsmittel* angewandt (Diskussion der Lkw-Ausflaggung im EU-Bereich, wird hier aber durch Aufweichung bzw. Aufhebung des Kabotagevorbehalts weitgehend gegenstandslos).

billiges Geld – *Politik des billigen Geldes;* geldpolitisches Konzept für eine expansive → Konjunkturpolitik. Durch Maßnahmen, die den Banken liquide Mittel zuführen und die Zinssätze nach unten bewegen, soll die Bereitschaft des Bankenpublikums zur Kreditaufnahme erhöht und eine allg. Belebung der wirtschaftlichen Tätigkeit ausgelöst werden. Die Wirksamkeit der Politik des billigen Geldes ist wegen der geringen Zinselastizität v.a. der Investitionen in Rezessionsphasen als schwach einzuschätzen. – Vgl. auch → Liquiditätsfalle, → Investitionsfalle, → Geldpolitik.

Billigflagge – Staaten, unter deren Flagge Schiffe (ausländischer Reeder oder Reedereien) fahren, die in diesen Staaten registriert sind, um Kosten zu reduzieren (Steuervorteile, Sozial- und Sicherheitsvorschriften).

Billigkeitserlass → Steuererlass.

billigst – bedeutet in → Börsenaufträgen, dass der Kaufauftrag ohne Limit, d.h. zum niedrigsten vorliegenden Börsenkurs ausgeführt werden soll. – Vgl. auch → bestens.

Billings – Umsätze von → Werbeagenturen, die sich aus Honoraren und Provisionen (→ Agenturvergütung) zusammensetzen.

Bill of Lading → Konnossement.

Bill of Lading Guarantee → Konnossementgarantie.

BilMoG – Abk. für → Bilanzrechtsmodernisierungsgesetz.

BImA – Abk. für → Bundesanstalt für Immobilienaufgaben.

Bimatrixspiel → Normalform, → Spieltheorie.

Binärcode → Code, der zur Darstellung nur über die beiden Zeichen 0 und 1 verfügt. Alle Zeichen müssen als Folge mit einer festen Anzahl von Nullen und Einsen binär dargestellt werden (→ binäre Darstellung). – Vgl. auch → ASCII(-Code), → EBCDIC.

binäre Abstimmungsverfahren – 1. *Begriff:* Regeln, bei denen die Gruppenpräferenzen über einer Menge von Alternativen aus paarweisen Vergleichen gewonnen werden. – 2. *Neue Politische Ökonomie:* Unter allen Regeln zur Auswahl zwischen zwei Alternativen ragt die → einfache Mehrheitsregel in zweierlei Hinsicht heraus: (1) Sie erfüllt als Einzige eine Reihe weithin geteilter Normen demokratischen Vorgehens (Anonymität, Neutralität, positive Reaktion und eine abgeschwächte Form der Universalitätsbedingung aus dem Arrow-Paradoxon). (2) Aus der Perspektive eines repräsentativen Teilnehmers auf der Ebene der Verfassungsberatung, der hinter dem Rawlsschen Schleier der Unwissenheit über die eigenen zukünftigen Interessen verschiedene Abstimmungsregeln beurteilt, minimiert sie unter bestimmten einschränkenden Voraussetzungen den Erwartungswert der Nachteile des Überstimmtwerdens (→ Rae-Taylor-Theorem). Unter allgemeineren Voraussetzungen können auch andere Quorumregeln (→ qualifizierte Mehrheitsregeln) kostenminimierend sein. – Probleme ergeben sich dagegen, wenn es *mehr als zwei Alternativen* gibt und die paarweisen Vergleiche in einem Meta-Abstimmungsverfahren zu einer Auswahl aus der gesamten Alternativenmenge aggregiert werden sollen: (1) Tritt hierbei das → Condorcet-Paradoxon auf, so droht eine endlose Folge von Wahlgängen, die nur dadurch vermieden werden kann, dass jede Alternative nur einmal in das Abstimmungsverfahren eingebracht werden darf und unterlegene Alternativen ein für alle Mal ausscheiden. Dadurch hängt das Endergebnis jedoch von der Reihenfolge der Abstimmung ab, wodurch der → Geschäftsordnung eine ausschlaggebende Bedeutung zukommt. (2) Ein weiterer Nachteil der Mehrheitsregel wird in der Gefahr der Ausbeutung und Unterdrückung der Minderheit gesehen. Hat die Minderheit intensivere Präferenzen als die Mehrheit, so kann es dadurch insgesamt zu Wohlfahrtsverlusten kommen. Stimmt ein Gremium jedoch regelmäßig über verschiedene Angelegenheiten ab, so lassen sich Präferenzintensitäten durch Vereinbarungen über ein Logrolling ausdrücken und diese Wohlfahrtsverluste vermindern.

binäre Darstellung – *Binärdarstellung;* Form der → digitalen Darstellung, bei der der benutzte Zeichenvorrat nur zwei Zeichen umfasst, meist als 0 und 1 dargestellt. – Vgl. auch → Binärcode.

binäre Suche – 1. *Begriff:* bekannter → Algorithmus für das → Suchen. – 2. *Voraussetzung:* Der zu durchsuchende Datenbestand ist nach dem → Suchbegriff geordnet, d.h. aufsteigend (oder absteigend) sortiert. – 3. *Prinzip:* fortgesetzte Intervallhalbierung; der Datenbestand wird zunächst in der Mitte überprüft. Wenn die mittlere Komponente nicht zufällig die gesuchte ist, muss die gesuchte Komponente entweder im „linken" Teil liegen (nämlich dann, wenn bei aufsteigender Sortierung der Suchbegriff kleiner als der → Ordnungsbegriff der mittleren Komponente ist) oder im „rechten" Teil (im umgekehrten Fall). Auf das entsprechende Teilintervall wird die gleiche Vorgehensweise analog angewendet etc. – 4. *Umsetzung:* für die binäre Suche existiert eine elegante Lösung mit → rekursiver Programmierung.

Binary Digit → Bit.

Binärzeichen → Bit.

Bindungsdauer – Zeitraum, für den ein Unternehmen aufgrund irreversibel getroffener vertraglicher Vereinbarungen oder gesetzlicher Bestimmungen fest an bestimmte → Ausgaben, → Auszahlungen, → Kosten gebunden ist oder für den es Anspruch auf bestimmte → Einnahmen, → Einzahlungen, → Erlöse oder Lieferungen und Dienstleistungen (Überlassung von Nutzungspotenzialen) hat. Verlängert sich die vertragliche Bindung, wenn nicht fristgerecht gekündigt wird, automatisch um einen bestimmten Zeitraum, wird dieser Zeitraum als *Bindungsintervall* bezeichnet; Einnahmen und Ausgaben sowie Zahlungen, Kosten und Erlöse lassen sich in diesen Fällen nur der gesamten Dauer der Bindung oder des Bindungsintervalls eindeutig zurechnen. – In Bezug auf *Unterperioden* oder durch das Bindungsintervall „angeschnittene" Perioden oder die einzelnen Nutzungen handelt es sich um Periodengemeinausgaben (-kosten, -erlöse, etc.). – Zur *näheren zeitlichen Kennzeichnung* sind Beginn und Ende der Bindungsdauer oder -intervalle bzw. die Kalenderperioden, mit denen diese identisch sind, sowie die Dispositionszeitpunkte (einschließlich Kündigung oder Optionsausübung) und die Zahlungstermine anzugeben.

Bindungsintervall → Bindungsdauer.

Bindungskosten → Agency-Kosten.

Binnenfluktuation – Bezeichnung der *Preistheorie* für die aufgrund von Preisdifferenzen zwischen den Produktangeboten eines Marktes und insofern (im Unterschied zur → Außenfluktuation) ausschließlich marktintern wechselnde Nachfrage. – a) *Bei homogener Konkurrenz* wird aufgrund der Indifferenz der Nachfrager durch kleinste Preisdifferenzen eine *totale negative Binnenfluktuation* (mit vollständigem Verlust des bisherigen Absatzes) zulasten der teureren Anbieter ausgelöst, die in gleicher Höhe als *totale positive Binnenfluktuation* dem preisgünstigsten Anbieter bzw. den preisgünstigsten Anbietern zufließt. Der entsprechende Absatzverlust bzw. Absatzgewinn schlägt sich in einer sprunghaft auf Null bzw. um die (anteilige) positive Binnenfluktuation verbesserte Preis-Mengen-Kombination der betroffenen Anbieter nieder (vgl. → Preisabsatzfunktion bei konstantem Konkurrenzpreis im homogenen Oligopol). – b) *Bei heterogener Konkurrenz* verhindern die Präferenzbindungen der Nachfrager eine totale Binnenfluktuation bei kleinsten Preisdifferenzen. Je nach Verteilung der mit Preisen bewerteten Präferenzstärken der Nachfrager kann die Binnenfluktuation graduell hier stark variieren, bei Fehlen schwacher Präferenzen (*Präferenzenleerraum*) und bei insofern nur relativ starken Präferenzen sogar partiell ganz aussetzen, sodass bei alleiniger Preisvariation in einem begrenzten Preisbereich nur noch Außenfluktuation stattfindet. Dies führt aufgrund des partiellen Wegfalls der oligopolistischen → Aktions-Reaktions-Verbundenheit zu autonomen Preisintervallen (Preisautonomie) bzw. zum Phänomen der doppelt geknickten Preisabsatzkurve (→ Preisabsatzfunktion). Der Grad der Binnenfluktuation schlägt sich bei heterogener Konkurrenz in den individuellen Preisabsatzfunktionen der Anbieter im Wert und Vorzeichen spezieller *Binnenfluktuationskoeffizienten* nieder, die auch den Wert der → Kreuzpreiselastizität bzw. den → Triffinschen Substitutionskoeffizienten mitbestimmmen. – *Gegensatz:* → Außenfluktuation.

Binnengewässer – Flüsse, Kanäle, Seen, Haffe u.a. – Vgl. auch → Binnenschifffahrt.

Binnengroßhandel – Form des → Großhandels, der seine Einkaufs- und Verkaufsumsätze überwiegend im Inland erzielt. – 1. *Funktionaler Binnengroßhandel:* Die Gesamtheit aller Warenverkäufe im Inland durch hier ansässige Unternehmungen mit Ausnahme des → Einzelhandels. – 2. *Institutionaler Binnengroßhandel:* Alle Großhandelsbetriebe, die funktionalen Binnengroßhandel als Hauptgeschäftszweck betreiben. – *Gegensatz:* → Außengroßhandel.

Binnenhandel – Handel von inländischen Käufern und inländischen Verkäufern und damit jener Teil der Güterdistribution, der innerhalb der nationalen Grenzen eines Staates vollzogen wird. Träger des Binnenhandels sind → Binnengroßhandel und → Einzelhandel. – *Gegensatz:* → Außenhandel.

Binnenklassenvarianz → interne Varianz.

Binnenkonnossement – Form des → Konnossements; im Flussfrachtgeschäft angewandt. Eine Verpflichtungsurkunde des → Frachtführers, die für seine Rechtsbeziehungen zum Empfänger entscheidend ist (§ 26 BinSchG i.V. mit §§ 445 ff. HGB).

Binnenmarkt – 1. *Allgemein:* Bezeichnung für einen internen Markt mit freiem Waren- und Dienstleistungsverkehr, mit freiem → Kapitalverkehr sowie → Freizügigkeit der Arbeitnehmer und → Niederlassungsfreiheit der Selbstständigen (→ Wirtschaftsgebiet). – 2. *Außenwirtschaft:* Von der → EU verwendeter Begriff zur Kennzeichnung des gemeinsamen Marktes der EU (Integrationstheorie).

Binnenprotektion – Unterstützung (Protektion) der Unternehmen im Inland bei den Produktionsbedingungen. Erfolgt v.a. durch → Subventionen, die in vielfältigen Formen gewährt werden. – 1. Das quantitativ größte Gewicht haben die → Finanzhilfen. Oftmals wird über die Gewährung der Finanzhilfen von Fall zu Fall entschieden, sodass der Staat mit diesem Instrument tief in die unternehmerischen Entscheidungsprozesse hineinwirken kann. – 2. Das zweitwichtigste Instrument sind die → Steuervergünstigungen. Unternehmen, die die gesetzlich genannten Bedingungen erfüllen, haben i.d.R. einen Rechtsanspruch auf ihre Gewährung, sodass der Einfluss auf konkrete Unternehmensentscheidungen geringer ist als bei den Finanzhilfen. – 3. Hilfen für strukturschwache Branchen werden auch in Form von → *Ausfallbürgschaften oder zinsgünstigen Krediten* gewährt. Diese Instrumente werden v.a. dort eingesetzt, wo hohe Risiken oder niedriges Eigenkapital die Kreditaufnahme am privaten Kapitalmarkt erschweren. – 4. Schwerer fassbar sind einige *verdeckte Instrumente* der Binnenprotektion, etwa die Bevorzugung inländischer Anbieter bei der öffentlichen Auftragsvergabe oder die Verquickung von kommerziellen und politischen Interessen bei staatseigenen Unternehmen. – *Wirkungen:* → Industriepolitik.

Binnenschifffahrt – 1. *Begriff:* Beförderung von Personen und Gütern mit Schiffen auf Binnengewässern (Flüssen, Seen und Kanälen). – Zu *unterteilen* nach Gewässern (z.B. Rheinschifffahrt, Donauschifffahrt) und nach Betriebsformen (Partikulier-, Reederei- und Werkschifffahrt). – 2. *Unternehmensstruktur:* Für die Binnenschifffahrt in der Bundesrepublik Deutschland charakteristisch ist das Nebeneinander von Reedereien (Unternehmen mit eigener Landorganisation zur Akquisition und Disposition von Frachten; Durchführung des gewerbsmäßigen Transports mit eigenem oder fremdem Schiffsraum), einer Vielzahl von Partikulieren (selbstständige Schiffseigner mit höchstens drei Schiffen und ohne eigene Frachtzuführungsorganisation an Land) sowie von Industrie- und Handelsunternehmen, die sog. Werkverkehr betreiben. Letztere verlieren durch die Deregulierung des Verkehrssektors jedoch an Bedeutung, da sie sich auch gewerblich betätigen können. – 3. *Eingesetzte Schiffsarten und ihre Tragfähigkeit:* In der Binnenschifffahrt eingesetzt werden heute in Westeuropa im Wesentlichen Motorgüterschiffe, Schubverbände und Koppelverbände. Motorgüterschiffe haben meist eine Tragfähigkeit von 300–4.500 t; geeignet v.a. zum Transport von festen und flüssigen Massengütern, zunehmend aber auch zur Beförderung von Containern, Stückgütern und Anlageteilen. Bei den Schubverbänden werden zumeist vier (auf manchen Wasserwegen wie z.B. dem Niederrhein auch sechs) kastenförmige unbesetzte Schubleichter neben- und hintereinander gekoppelt und durch ein starr verbundenes Schubboot geschoben (Tragfähigkeit der typisierten Schubleichter variiert zwischen 1.250 und 2.800 t). Koppelverbände bestehen aus einem zum Schieben ausgerüsteten Motorgüterschiff und bis zu drei Schubleichtern. Daneben inzwischen auch in der dt. Binnenschifffahrt zunehmender Einsatz von Spezialschiffen (Containertransport, Lash-Leichter, Schiffe für den RoRo-Verkehr, Tankschiffe, Gasschiffe u.a.). – 4. *Probleme:* Da die Binnenschifffahrt traditionell für den Transport von Massengütern geeignet ist, wirkt sich der mengenmäßige Rückgang der Aufträge aus der Kohle- und Stahlindustrie auch auf die Binnenschifffahrt aus. Das Transportaufkommen in diesen Güterklassen geht zurück. Aber auch die verstärkte Substitution von Erdölprodukten, v.a. von Heizöl, führt zum Verlust von Transportaufkommen in der Binnenschifffahrt, die zz. noch nach neuen Produkten sucht, die die entstandene Nachfragelücke schließen. Die Binnenschifffahrt setzt daher verstärkt auf den Container- und den → Roll-on/Roll-off-Verkehr, wobei allerdings diese Verkehrsarten die Transportverluste im Massengut nur bedingt ersetzen können. Probleme ergeben sich für die dt. Binnenschifffahrt durch den hohen Wettbewerbsdruck v.a. der niederländischen Flotte. Die nationalen und supranationalen Abwrackaktionen der Vergangenheit haben das Problem der Überkapazitäten nicht beseitigt, sodass, wenn nicht in ausreichendem Maße neue Verkehre erschlossen werden können, ein weiterer Rückgang der dt. Binnenschifffahrt nicht unwahrscheinlich ist. Darüber können auch die guten Auslastungen und Betriebsergebnisse in den letzten Jahren nicht hinwegtäuschen. – Vgl. auch → Binnenschiffsrecht, → Binnenschifffahrtsgesetz (BinSchG).

Binnenschifffahrtsachen – Bürgerliche Rechtsstreitigkeiten aus der Benutzung von → Binnengewässern, soweit sie u.a. Schadensersatzansprüche aus Schifffahrtsunfällen und unerlaubten Handlungen zum Gegenstand haben, und Strafsachen aus Taten, die auf oder an Binnengewässern unter Verletzung von schifffahrtspolizeilichen Vorschriften begangen sind, sowie Bußgeldsachen wegen Zuwiderhandlungen gegen schifffahrtspolizeiliche Vorschriften. – *Zuständig:* → Schifffahrtsgerichte (Gesetz über das gerichtliche Verfahren in Binnenschifffahrtssachen vom 27.9.1952 (BGBl. I 641) m.spät.Änd.).

Binnenschifffahrtsgesetz (BinSchG) → Beförderungsvertrag; BinSchG i.d.F. vom 25.8.1998, BGBl. I, 2489; das Gesetz betrifft die Beförderung auf Flüssen und sonstigen Binnengewässern, insbesondere in §§ 4 ff. die Haftung bei Personen- und Sachschäden. – Vgl. auch → Binnenschifffahrt.

Binnenschifffahrtsstraßenordnung (BinSchStrO) – vom 8.10.1998 (BGBl. I 3148) m.spät.Änd., enthält die Rechtsvorschriften über das Verhalten der Teilnehmer am Binnenschifffahrtsverkehr auf bestimmten Bundeswasserstraßen und in den an ihnen liegenden Häfen. Bei Zuwiderhandlungen Strafe oder Geldbuße.

Binnenschiffsrecht – neben dem allg. → Schifffahrtsrecht enthält das Binnenschifffahrtsaufgabengesetz (BinSchAufgG) i.d.F. vom 5.7.2001 (BGBl. I 2026) m.spät.Änd. Regelungen des Binnenschiffsrechts. – 1. *Inhalt: Zuständigkeit des* Bundes -(1) für die Förderung der Binnenflotte und des Binnenschiffsverkehrs im allgemeinen deutschen Interesse; -(2) die Abwehr von Gefahren für die Sicherheit und Leichtigkeit des Verkehrs sowie die Verhütung von der Schifffahrt ausgehender Gefahren (Schifffahrtspolizei) und schädlicher Umwelteinwirkungen i.S.d. Bundes-Immissionsschutzgesetzes auf den Bundeswasserstraßen sowie die schifffahrtspolizeilichen Vollzugsaufgaben nach Maßgabe einer mit den Ländern zu schließenden Vereinbarung; -(3) die Schiffseichung (Schiffsvermessung) auf den Bundeswasserstraßen; -(4) die Ausstellung von Befähigungszeugnissen und von Bescheinigungen über Bau, Ausrüstung und Ausrüstungsgegenstände einschließlich Funkanlagen, Bemannung und Betrieb der Wasserfahrzeuge, Schwimmkörper und schwimmenden Anlagen auf den Bundeswasserstraßen; -(5) die Abwehr von Gefahren für Leben und Gesundheit sowie die Sicherung einer angemessenen Unterbringung der auf den Bundeswasserstraßen an Bord befindlichen Personen; -(6) die Erteilung der Erlaubnis zur Fahrt auf den Bundeswasserstraßen für Wasserfahrzeuge; -(7) die Regelung und Überwachung des im Rahmen einer wirtschaftlichen Unternehmung erfolgenden Inverkehrbringens von Wasserfahrzeugen und Schwimmkörpern, die einer technischen Zulassung zum Verkehr bedürfen, sowie deren Bauteile und Ausrüstungsgegenstände. – 2. *Wirtschaftliche Bedeutung:* Koordinierung der Verkehrsmittel durch Einwirkung des Bundesministers für Verkehr, Bau und Stadtentwicklung. Die Bundesregierung hat mit dem Ziel bester Verkehrsbedienung darauf hinzuwirken, dass die Wettbewerbsbedingungen der Verkehrsträger angeglichen werden und dass durch einen lauteren Wettbewerb der Verkehrsträger eine volkswirtschaftlich sinnvolle Aufgabenteilung ermöglicht wird (vgl. § 3c BinSchAufgG).

Binnenschiffsregister – ähnlich dem → Grundbuch als öffentliche Register von den Amtsgerichten am Heimatort der Binnenschiffe geführte → Schiffsregister.

Binnenwanderung – I. Entwicklungspolitik: Form der → Migration. – *Kennzeichen:* Im Sinn der Landflucht die rasche Abwanderung von Teilen der ländlichen Bevölkerung in Städte, was eine übersteigerte Urbanisierung bewirkt. Die Migranten versprechen sich selbst in der urbanen Marginalität Verbesserungen gegenüber den Verhältnissen auf dem Lande: Fehlender Besitz an Boden und Wasser, niedrige Produktivität, Arbeitslosigkeit, Vernachlässigung des Agrarsektors. Agrarreformen und → integrierte ländliche Entwicklung versuchen eine ursachenadäquate Bekämpfung. Analytisch wurde die Binnenwanderung durch das → Todaro-Modell modelliert.

II. Amtliche Statistik: Wanderungsbewegungen (Zu- und Fortzüge) über die Grenzen der Bundesländer innerhalb Deutschlands. Zu beachten ist die Unterscheidung der Binnenwanderung von zeitlich begrenzter Verlegung des Wohnsitzes bei Saisonwanderung und von Errichtung eines zweiten Wohnsitzes bei vorübergehender am fremden Ort ausgeübter Berufstätigkeit sowie von → Pendelwanderung. – *Gegensatz:* → Außenwanderung. – Vgl. auch → Wanderungsstatistik.

Binnenwert → Geldwert, → Inflation.

Binnenzoll – 1. Von Städten, Herzogtümern und anderen Kleinstaaten bis Mitte des 19. Jh. bei Übergang von Waren über innerdeutsche Grenzen erhobener → Finanzzoll; hemmte den natürlichen Güteraustausch. In vielen Teilen Deutschlands beseitigt durch den Deutschen Zollverein ab 1834, dem bis 1888 insgesamt 39 Staaten beitraten. – 2. Innerhalb der → EWG wurden die zwischen den Mitgliedsstaaten geltenden Zölle zwischen 1958 und 1968 schrittweise abgeschafft, wodurch 1968 der → Gemeinsame Zolltarif der Europäischen Gemeinschaften (GZT) geschaffen wurde. – 3. → Zoll, der während der Übergangsphase bei der Errichtung einer → Zollunion oder → Freihandelszone auf Erzeugnisse der Partnerländer erhoben wird.

Binomialkoeffizient – Begriff aus der → Kombinatorik. Der Binomialkoeffizient $\binom{n}{k}$ (lies: n über k) ist eine abkürzende Schreibweise für den Quotienten ($n! = n \cdot (n-1) \cdot ... \cdot 2 \cdot 1$, $0! = 1$):

$$\binom{n}{k} = \frac{n!}{(n-k)!\,k!} \qquad n, k \in \mathbb{N} \text{ und } k \leq n.$$

Vgl. auch → Kombination.

Binomialverteilung – spezielle diskrete Wahrscheinlichkeitsverteilung mit der Wahrscheinlichkeitsfunktion (Zähldichtefunktion)

$$b(k|n;p) = \{ \begin{matrix} \binom{n}{k}p^k(1-p)^{n-k}, k = 0, 1, ..., n \\ 0, sonst \end{matrix}$$

Dabei ist $\binom{n}{k}$ ein → Binomialkoeffizient.

Das bedeutet, hat die Zufallsvariable X eine Binomialverteilung mit den Parametern n (natürliche Zahl) und p mit $0 < p < 1$, dann gilt: $P(X = k) = b(k|n;p)$, $k = 0, 1, ..., n$. Der zugehörige Erwartungswert ist np und die Varianz np(1-p). Die Binomialverteilung mit → Parametern n und p erfasst folgenden Sachverhalt: In einer Grundgesamtheit befinden sich zwei Sorten von Elementen mit den → Anteilswerten p bzw. 1–p. Es werden nach dem einfachen → Urnenmodell mit Zurücklegen n Elemente entnommen. Dann gibt b(k|n;p) die → Wahrscheinlichkeit dafür an, dass genau k Elemente der ersten Sorte in die Ziehung gelangen. Für große n kann die Binomialverteilung u.a. durch die → Normalverteilung approximiert werden (→ Approximation). – *Beispiel:* Stichprobe vom Umfang n aus einer Produktion mit dem Anteil p defekter Teile; b(k|n;p) ist dann die Wahrscheinlichkeit für genau k defekte Teile in der Stichprobe.

Bioabfall → Kreislaufwirtschafts- und Abfallgesetz (KrW-/AbfG).

Bioindikatoren – messbare Anzeichen von Reaktionen ausgewählter Organismen auf Beeinträchtigungen in ihrer Umwelt, die zur Erkennung von ökologischen Belastungen verwendet werden. – Vgl. auch → Grenzwert, → kritische Belastungswerte.

Biokybernetik – Kybernetik der belebten Welt; untersucht die Regelung, Steuerung und Selbstregulation von vernetzten, ineinander greifenden Prozessen in biologischen Systemen. – Vgl. auch → Vernetzung.

biokybernetische Grundregeln – von F. Vester formulierte Prinzipien zur Beurteilung und Gestaltung des menschlichen Handelns, die er aus Erkenntnissen der → Biokybernetik ableitete.

Biologische Bundesanstalt für Land- und Forstwirtschaft (BBA) – früher → Bundesoberbehörde und Bundesforschungsanstalt im Geschäftsbereich des Bundesministeriums für Ernährung, Landwirtschaft und Verbraucherschutz (BMELV); seit dem 1.1.2008 eingegliedert in das neue Bundesforschungsinstitut für Kulturpflanzen – das Julius-Kühn-Institut; Sitz in Braunschweig. – *Aufgaben:* Prüfungs- und Zulassungsbehörde für Pflanzenschutzmittel; Einvernehmensbehörde bei der Freisetzung gentechnisch veränderter Organismen; Mitwirkung bei der Bewertung von Umweltchemikalien. – Einzelheiten der Aufgabenzuweisung im Pflanzenschutzgesetz vom 6.2.2012 (BGBl. I 148, 1281), im Gentechnikgesetz i.d.F. vom 16.12.1993 (BGBl. I 2066) und im Chemikaliengesetz i.d.F. vom 2.7.2008 (BGBl. I 1146) jeweils m.spät.Änd.

biologische Produktion – Elementartyp der Produktion (→ Produktionstypen), der sich aus dem Merkmal der naturgegebenen Prozesstechnologie ergibt. – Vgl. auch → chemische Produktion, → physikalische Produktion, → kernphysikalische Produktion.

Bionik – Wortkombination aus Biologie und Technik. Durch die Orientierung an Funktionen, Strukturen und Organisationsprinzipien von Organismen bzw. Organismensystemen, die in der Jahrmilliarden dauernden Evolution optimiert wurden, können Quellen für die Erforschung und Entwicklung von technischen Systemen erschlossen werden. – *Teilbereiche:* Chemobionik, Energetobionik, Evolutionsstrategien, Informationsbionik, Strukturbionik. – Vgl. auch → Systemmanagement.

Biosphäre – i.e.S. die Gesamtheit aller Lebewesen und ihrer Wechselbeziehungen. Die Biosphäre ist ein dissipatives, synergetisches → System (→ Synergetik), in dem → Ordnungen als → Fließgleichgewichte zu verstehen sind. Der alles aufrechterhaltende Faktor in der Biosphäre ist der Fluss der Materie in Verwertungszyklen (z.B. Atmung und Photosynthese). – Vgl. auch → Entropie, → Systemmanagement.

BiostoffVO → Arbeitsschutz.

biotechnologische Erfindungen – Zum rechtlichen Schutz biotechnologischer Erfindungen ist die EG-Richtlinie Nr. 98/44/EG vom 6.7.1998 (ABl. EG L 123, 13) erlassen worden. Ziel der Richtlinie ist es, gemeinschaftsweit harmonisierte Regelungen für die Patentierung von Erfindungen auf dem Gebiet der belebten Natur zu schaffen. Daneben sollen aber auch eindeutige Patentierungsverbote die Grenzen des Rechtsschutzes festlegen. Die Richtlinie formuliert kein neues Patentrecht für biotechnologische Erfindungen. Vielmehr baut sie auf dem Patentrecht der Mitgliedsstaaten auf, nach dem es schon bisher möglich war, biotechnologische Erfindungen zu patentieren. Es wird klar gestellt, dass Patente auch für Erfindungen erteilt werden, wenn sie ein Erzeugnis, das aus biologischem Material besteht oder dieses enthält, oder wenn sie ein Verfahren, mit dem biologisches Material hergestellt oder bearbeitet wird, zum Gegenstand haben. Biologisches Material, das mithilfe eines technischen Verfahrens aus seiner natürlichen Umgebung isoliert oder hergestellt wird, kann auch dann Gegenstand einer Erfindung sein, wenn es in der Natur schon vorhanden war (Art. 3). Grenzen der Patentierbarkeit: Der menschliche Körper in den einzelnen Phasen seiner Entstehung und Entwicklung sowie die bloße Entdeckung eines seiner Bestandteile, einschließlich der Sequenz oder Teilsequenz eines Gens, können keine patentierbaren Erfindungen sein. Allerdings kann eine patentierbare Erfindung – und nicht nur Entdeckung- vorliegen, wenn durch ein technisches Verfahren ein Bestandteil des menschlichen Körpers einschließlich einer Gensequenz gewonnen wird (Art. 5). Patente werden nicht erteilt u.a. für Verfahren zum Klonen von menschlichen Lebewesen, für Verfahren zur Veränderung der genetischen Identität der Keimbahn menschlichen Lebens, die Verwendung von menschlichen Embryonen zu industriellen oder kommerziellen Zwecken (Art. 6). – Mit dem Gesetz zur Umsetzung der Richtlinie über den rechtlichen Schutz biotechnologischer Erfindungen vom 21.1.2005 (BGBl. I 146) ist die Richtlinie durch Änderung des Patentgesetzes, des Gebrauchsmustergesetzes und des Sortenschutzgesetzes in deutsches Recht umgesetzt worden.

Biowerbung → Kundenfang; → irreführende Werbung.

Biozid-Produkte – Produkte wie z.B. Holzschutz-, Desinfektions-, Insektenvertilgungsmittel, Rattengifte, Antifoulingfarben etc., deren Zweck es ist, auf chemisch-biologischem Wege Schadorganismen zu bekämpfen. Um die unerwünschten Auswirkungen und Gefahren auf Menschen und Umwelt bei der Anwendung von Biozid-Produkten zu begrenzen, dürfen Biozid-Produkte nur in Verkehr gebracht und verwendet werden, wenn sie durch eine bei der → Bundesanstalt für Arbeitsschutz und Arbeitsmedizin (BAuA) in Dortmund eingerichtete Zulassungsstelle zugelassen sind. Geregelt im Gesetz zur Umsetzung der Richtlinie 98/8/EG des Europäischen Parlaments und des Europäischen Rates vom 16.2.1998 über das Inverkehrbringen von Biozid-Produkten (Biozidgesetz) vom 20.6.2002 (BGBl. I 2076), mit dem ein Abschn. IIa in das Chemikaliengesetz eingefügt wurde, in dem die Begriffsbestimmungen der Biozid-Produkte, die Zulassungsvoraussetzungen, der Inhalt der Zulassung, das Zulassungsverfahren, die Registrierung von Biozid-Produkten und die Anerkennung ausländischer Zulassungen sowie Zuständigkeiten geregelt sind. Näheres über die Zulassung regelt die Biozid-Zulassungsverordnung vom 4.7.2002 (BGBl. I 2514). Das Zulassungsverfahren wird zunächst nur für neue Biozid-Produkte gelten. Die Bewertung der gegenwärtig auf dem Markt befindlichen Biozid-Wirkstoffe soll während einer zehnjährigen Übergangszeit durch ein Überprüfungsprogramm der Europäischen Kommission erfolgen.

Biozönose – 1. *Begriff*: Zufällige oder zielstrebige Vergesellschaftung von Pflanzen und Tieren aufgrund ähnlicher Lebensraumansprüche. Infolgedessen entstehen einseitige oder wechselseitige, meist ernährungsbedingte Beziehungen, die sich – in einen Gleichgewichtszustand gezwängt – durch *Selbstregulation* erhalten und um einen Mittelzustand schwanken. – 2. Eine bes. wichtige *Biozönosestruktur* ist das Zusammenspiel von Produzenten, Konsumenten und Reduzenten (Destruenten). – a) Die Pflanzen entnehmen im Rahmen der Photosynthese als *Produzenten* mit ihren Wurzeln Wasser und Nährstoffe aus dem Boden und bilden mithilfe des Sonnenlichtes und CO_2 Glukose (Traubenzucker), den Ausgangsstoff für weitere organische Verbindungen. Diese Verbindungen nutzen die Pflanzen zur Erhaltung des Stoffwechsels und zum Aufbau körpereigener Substanzen; ausschließlich Produzenten können so aus anorganischen organische Stoffe aufbauen *(Autotrophie)*. – b) Die *Konsumenten* sind tierische Organismen. Sie sind von anderen Lebewesen abhängig, da sie zur Ernährung energiereiche organische Stoffe benötigen, um daraus körpereigene Substanzen aufzubauen *(Heterotrophie)*. Ein Teil der aufgenommenen Energie geht durch Atmung verloren. *Konsumenten erster Ordnung* sind Pflanzenfresser (Herbivore). Sie können *Konsumenten zweiter Ordnung*, den Fleischfressern (Carnivore), als Nahrung dienen, die wiederum Nahrung für die *Konsumenten dritter Ordnung* sind (z.B. Superraubtiere wie Bussarde). – c) Die *Destruenten* (Reduzenten), v.a. Bakterien und Pilze, bauen organische Stoffe zu anorganischen ab (Mineralisierung). – d) Produzenten und Destruenten bilden einen *kurzen Kreislauf*. Zwischen diese treten im *langen Kreislauf* die Konsumenten (verschiedener Ordnung). Die *Nahrungsketten* können sehr komplex sein, da es viele verschiedene Produzenten- und Konsumentenarten gibt, die in mehreren Abhängigkeitsverhältnissen gleichzeitig stehen. – Vgl. auch → Bionik, → biokybernetische Grundregeln, → Entropie, → Koevolution, → ökologische Kompatibilität, → Systemmanagement, → Vernetzung.

BIP – Abk. für → Bruttoinlandsprodukt.

BiRiLi – Abk. für *Bilanzrichtlinie*. – Vgl. auch → Bilanzrichtlinien-Gesetz.

BIS – Abk. für *Bank for International Settlement*. – Vgl. auch → BIZ.

Bismarcksche Sozialversicherungspolitik – Länder mit einer Orientierung am in Deutschland unter O. v. Bismarck (nach der „Kaiserlichen Botschaft“ von 1881) entwickelten System der → sozialen Sicherung konkretisieren die Gestaltungsprinzipien der Sozialpolitik ihrer Bürger gegenüber den Standardrisiken des (Erwerbs-)Lebens durch überwiegend beitragsfinanzierte, eigenständige (parafiskalische) → Sozialversicherungen, bes. für Arbeitslosigkeit, Gesundheit und Alter. – Vgl. auch → Beveridge-Plan, → Sozialstaat, → Theorie der Sozialpolitik.

Bit – *Binärzeichen, Binary Digit;* kleinste Informationseinheit zur Darstellung (bes. zur Speicherung) von → Daten in einem → Binärcode. Kann entweder den Wert „binäre Null“ oder „binäre Eins“ haben. – *Anders:* → Byte.

bivariate Analysemethoden – Methoden der statistischen Datenanalyse, die Variablen mit zwei Komponenten (zwei Merkmale bei jedem Merkmalsträger) zum Gegenstand der Analyse haben. In der → Marktforschung häufig verwendete Verfahren sind → Kreuztabellierung, → Korrelationsanalyse und einfache → Regressionsanalyse. – Vgl. auch → multivariate Statistik.

BIZ – 1. *Begriff und Merkmale: Bank für Internationalen Zahlungsausgleich (BIZ), Bank for International Settlement (BIS);* am 17.5.1930 zur Abwicklung deutscher Reparationszahlungen im Rahmen des Young-Planes gegründetes zwischenstaatliches Institut mit

Sitz in Basel mit der *Rechtsform der* AG. – 2. *Ziele und Aufgaben:* Förderung der Zusammenarbeit der Notenbanken, Erleichterung internationaler Finanzoperationen, Übernahme von Treuhandschaften oder Bevollmächtigungen bei internationalen Finanzabkommen, Zentrum für Währungs- und Wirtschaftsforschung. Als Agentin der → OEEC führte sie die Verrechnungen der Forderungen und Verpflichtungen und den Ausgleich der Salden in Gold oder Dollar innerhalb der Europäischen Zahlungsunion (EZU; OEEC) durch. In letzter Zeit hat die BIZ als Forum für den Erfahrungsaustausch nationaler Zentralbanken einen wichtigen Beitrag zur Reform des internationalen Finanzsystems geleistet. Als Teil der → Neuen Weltfinanzarchitektur wurde an der BIZ das → Forum für Finanzmarktstabilität (FSF) eingerichtet. Der Baseler Ausschuss dient insbesondere der Weiterentwicklung der Bankenaufsicht. – 3. Die *Geschäftsführung* obliegt dem Verwaltungsrat, der aus den Zentralbankpräsidenten verschiedener Staaten besteht. – 4. *Bedeutung:* Die BIZ gilt als Zentralbank der Zentralbanken. Sie bietet Zentralbanken ein breites Spektrum an speziellen Finanzdienstleistungen zur Verwaltung ihrer Devisenreserven. Aufgrund zunehmender Interdependenz der internationalen Finanzmärkte wird die BIZ als informelles Kooperations- und Koordinationsgremium von den beteiligten Zentralbanken genutzt. Zur Stabilisierung internationaler Finanzmärkte wurden vom Committee on Banking Supervision and Regulatory Practices mit dem Baseler Konkordat und dem Baseler Akkord Abkommen ausgearbeitet. Entsprechend dem Baseler Konkordat überwachen die Zentralbanken die Geschäftstätigkeit der Banken ihres Zuständigkeitsbereichs, wobei eine gegenseitige Informationspflicht besteht. Der Baseler Akkord standardisiert die Mindestkapitalausstattung international tätiger Banken der G 10. Ende 2010 veröffentlichte der Baseler Ausschuss für Bankenaufsicht neue Regelungen zur Eigenkapitalunterlegung von Bankgeschäften, die unter dem Begriff → *Basel III* Gegenstand zahlreicher Diskussion sind und insbesondere unter den Eindrücken der Finanzmarktkrise 2007 bis 2009 entstanden sind. – *Veröffentlichungen:* Annual Reports (dt., engl., franz., ital.), wissenschaftliche Working Paper und Fachaufsätze sowie allg. Wirtschaftsanalysen. – Vgl. auch → Basel II.

BKA – Abk. für → Bundeskriminalamt.

BKartA – Abk. für → Bundeskartellamt.

BKN – Abk. für → Bundesknappschaft.

Black Box – aus dem → Behaviorismus stammender, in die Wirtschaftswissenschaften übernommener Begriff, der besagt, dass man zwar die Bedingungen und die Resultate menschlicher Handlungen messen kann, aber an die dazwischenliegenden Vorgänge der Entscheidungsfindung mit empirischen Mitteln nicht herankommt.

Black-Box-Test → Testen.

Black List Certificate – Bei Exporten nach Nahost ist teilweise ein Black List Certificate erforderlich, das oft vom Konsulat des Importlandes im Exportland beglaubigt werden muss und z.B. bescheinigt, dass das benutzte Schiff ein bestimmtes Alter nicht überschreitet (Sicherheitsaspekt) und die kontrahierte Reederei oder Versicherung nicht zu den Firmen zählen, die wegen ihrer Beziehungen zu Israel auf der „schwarzen Boykottliste" (Black List) der Arabischen Liga stehen.

Blankoakzept – Annahmeerklärung auf einem unvollständig ausgefüllten → Wechsel (meist ist die Wechselsumme noch nicht eingesetzt). – Vgl. → Akzept.

Blankoindossament – *Blankogiro; Kurz-Indossament;* → Indossament auf einem → Wechsel oder → Scheck, das nur aus der Unterschrift des → Indossanten besteht (Art. 13 II WG bzw. Art. 16 II SchG) und den → Indossatar (Empfänger) nicht bezeichnet. Damit kann der Wechsel oder Scheck wie ein Inhaberpapier übertragen werden.

Blankokredit – Kredit, für den keine → Kreditsicherheiten gestellt werden, sondern der ausschließlich aufgrund der persönlichen → Kreditwürdigkeit (Bonität) des Kreditnehmers gegeben wird. Die am häufigsten vergebenen Blankokredite sind → Dispositionskredite. – Vgl. auch → Personalkredit.

Blankopapiere – frz. *blanc* = unbeschrieben, weiß, unausgefüllt; → Wertpapiere, auf denen der Name des Berechtigten oder andere wesentliche Bestandteile noch nicht eingetragen sind, z.B. → Blanko-Scheck oder → Blanko-Wechsel. Fehlt bspw. der Betrag, so kann der Inhaber jede beliebige Summe einsetzen und darüber verfügen (im Rahmen der festgelegten Verfügungsmöglichkeiten).

Blanko-Scheck – unterschriebener → Scheck, bei dem wichtige Angaben (z.B. der Betrag) noch nicht ausgefüllt sind und der i.d.R. vom Aussteller zur Vervollständigung durch den Nehmer bestimmt ist. Wird ein Blanko-Scheck später abredewidrig ausgefüllt, so kann das dem Inhaber nicht entgegengehalten werden, es sei denn, dass er den Scheck nicht gutgläubig erworben hat oder ihm beim Erwerb grobe Fahrlässigkeit zur Last fällt.

Blankourkunden – mit der Unterschrift des Ausstellers versehene Urkunden; werden erst durch Einfügen des Textes zur → Willenserklärung. Bei *abredewidriger Ausfüllung* ist der Unterzeichnende an den später eingefügten Text gebunden. Er kann sich aber vielfach durch → Anfechtung befreien, wobei er u.U. dem Geschäftsgegner den Vertrauensschaden ersetzen muss.

Blankoverkauf → Leerverkauf.

Blankowechsel → Wechsel, bei dem wichtige Angaben noch nicht ausgefüllt sind (z.B. Betrag oder Verfalltag). Akzeptiert ein → Bezogener eine nicht vollständig ausgefüllte Wechselurkunde, handelt es sich um ein Blankoakzept.

Blasenpolitik → Glockenpolitik.

Blaue Karte EU – 1. *Allgemein:* Mit dem Gesetz zur Umsetzung der Hochqualifizierten-Richtlinie der Europäischen Union vom 1.6.2012 (BGBl.I S. 1224) wird das Ziel verfolgt, einen gemeinsamen Aufenthaltstitel für Hochqualifizierte auf EU-Ebene einzuführen und damit die Migration von Hochqualifizierten zu erleichtern. Dem dient die sog. Blaue Karte EU als neuer Aufenthaltstitel im Aufenthaltsgesetz für Ausländer mit akademischem oder diesem gleichwertigen Qualifikationsniveau und einem bestimmten Mindestgehalt. – 2. *Voraussetzungen:* Bei der Blauen Karte EU handelt es sich um eine bei erstmaliger Erteilung auf höchstens vier Jahre befristete Aufenthaltserlaubnis. Voraussetzung für die Erteilung ist (1) ein deutscher oder anerkannter ausländischer oder vergleichbarer ausländischer Hochschulabschluss, (2) grundsätzlich der Nachweis eines jährlichen Mindestbruttogehalts von 46.400 Euro mit der Maßgabe, dass bei Erteilung einer Blauen Karte EU an Naturwissenschaftler, Mathematiker und Ingenieure sowie an Ärzte und IT-Fachkräfte eine Gehaltsgrenze von 36.192 Euro ausreicht und (4) die Befristung der Aufenthaltserlaubnis auf höchstens vier Jahre bei erstmaliger Erteilung mit der Maßgabe, das bei kürzerem als vierjährigem Arbeitsvertrag die Erteilung des Aufenthaltstitels auf die Dauer des Arbeitsvertrages zuzüglich drei Monate befristet wird. – 3. *Perspektiven:* Dem Inhaber einer Blaue Karte EU ist eine unbefristete Niederlassungserlaubnis zu erteilen, wenn er (1) seine Beschäftigung als Hochqualifizierter über 33 Monate ausgeübt hat, (2) in diesem Zeitraum Pflichtbeiträge oder andere Belege für Aufwendungen auf einen Anspruch auf Versicherungsleistungen, die denen aus der gesetzlichen Rentenversicherung vergleichbar sind, nachweisen kann, (3) die übrigen für die Erteilung einer Niederlassungserlaubnis allg. notwendigen Voraussetzungen vorliegen. Bei guten Sprachkenntnissen wird die Niederlassungserlaubnis bereits nach 21 Monaten erteilt.

BLE – Abk. für → Bundesanstalt für Landwirtschaft und Ernährung.

Blended Learning – 1. *Begriff:* Unter Blended Learning („blended": „gemixt, zusammengemischt") versteht man die Kombination von unterschiedlichen Methoden und Medien, etwa aus Präsenzunterricht und → E-Learning. Im wissenschaftlichen Kontext spricht man auch vom Lernen im Medienverbund oder von hybriden Lernarrangements. Die Mischung aus formellem und informellem Lernen fällt nach verbreiteter Auffassung ebenfalls unter den Begriff. Zudem gibt es Experten, die die Anreicherung von Printmedien mit 2D-Codes (v.a. QR-Codes) als Blended Learning bezeichnen. – 2. *Vorgehen:* Mittels einer geeigneten Zusammenstellung soll das Lehrziel einer Bildungsmaßnahme möglichst effizient und effektiv erreicht werden. Z.B. bauen einzelne Module bzw. verschiedene Methoden und Medien aus Präsenz- und E-Learning-Maßnahmen aufeinander auf und ergänzen sich. So findet häufig am Beginn eines Kurses eine Präsenzveranstaltung statt, bei der sich die Teilnehmerinnen und Teilnehmer kennenlernen, wodurch man eine wichtige Voraussetzung für das gemeinschaftliche Lernen und Arbeiten schafft. Alternativ werden Web-based-Trainings (WBTs) und virtuelle Klassenzimmer eingesetzt, wenn man Lernende in Vorbereitung auf den Präsenzunterricht auf einen einheitlichen Wissensstand bringen will. Durch die Stärkung des informellen Lernens kann im Arbeitsprozess und im Selbststudium in flexibler Weise gelernt werden, und das formelle Lernen wird „entlastet", z.B. von begrifflicher Arbeit und zugunsten von (vor Ort oder über das Netz geführten) Dialogen und Diskussionen. Mithilfe von QR-Codes werden physische und virtuelle Medien und Materialien miteinander verbunden. Man liest ein Buch bzw. einen Artikel, und wenn man will, „springt" man mithilfe des Smartphones oder eines Tablets über den 2D-Code zu einer online verfügbaren Ressource, einem Glossareintrag, einem Lehrvideo oder einem webbasierten Test (Mobile Tagging). Kurze Texte lassen sich direkt im Code vorhalten, sodass man offline bleiben kann. – 3. *Verbreitung:* Blended Learning ist die übliche Lehr- und Lernform an modernen Hochschulen und in großen Unternehmen. Über Lernplattformen und Lern- und Wissensportale werden nicht nur Informationen und Materialien bereitgestellt und verwaltet, sondern auch die im Regelfall komplexen Blended-Learning-Kurse organisiert. Über Smartphones und Tablets werden Studierende benachrichtigt und versorgt und Außendienstmitarbeiter angebunden (Mobile Learning). Sogar Schulen setzen mehr und mehr auf Blended Learning. Der Einsatz von Open-Source-Lernplattformen und von sozialen Medien (Social Media) ist in vielen Gymnasien und Berufsschulen selbstverständlich. Während sich reines E-Learning nur im Ausnahmefall durchgesetzt hat, ist Blended Learning in den Industriestaaten und Informationsgesellschaften zum Normalfall geworden. Der digitale Graben zwischen und in den Staaten und Gesellschaften ist ein Thema der → Informationsethik.

Blickaufzeichnung → Blickregistrierung.

Blickfang – *Eye Catcher;* werbliches Gestaltungsmittel, das → Aufmerksamkeit auf einen Gegenstand lenkt. Aktivierende Elemente (→ Aktivierung) sind eine Grundlage für eine effiziente → Werbewirkung. – Wesentliche *Gestaltungselemente* sind Größe, Form, Farbe, Dynamik, Bild sowie akustische Reize, die zu einer → Orientierungsreaktion im Sinn der Aufmerksamkeitszuwendung führen. Diese Blickfänge können z.B. bei der Laden- bzw. Schaufenstergestaltung, bei Fernsehspots, bei Anzeigenwerbung oder der Gestaltung von Messeständen zum Einsatz kommen.

Blickfangwerbung – in einer werblichen Gesamtaussage bes. (blickfangartig) herausgestellte Angabe, die die Aufmerksamkeit auf sich lenkt. Der Blickfang muss als solcher wahr sein, sonst liegt → irreführende Werbung (§ 5 UWG) vor. Die blickfangartig herausgestellte Angabe muss aber nicht zwingend vollständig sein; „halbe Wahrheiten" können durch einen Sternchenhinweis vervollständigt werden, der aber hinreichend deutlich und lesbar positioniert sein muss.

Blickregistrierung – *Blickaufzeichnung;* Verfahren der → Aktivierungsforschung zur Messung des → Blickverhaltens bzw. der visuellen → Informationsaufnahme durch Registrierung der Augenbewegung. – *Verfahrensweise:* Die Augenbewegung (Saccaden = Sprünge des Auges, Fixationen = Verweilpunkte) wird aufgezeichnet. Nur während Fixationen (Dauer ca. 300 ms) erfolgt eine Informationsaufnahme. Technisch realisiert mittels Spezialbrille und Videoaufzeichnung oder durch Beobachtung der Probanden mit versteckter Kamera. – *Anwendung:* Messung der Aufmerksamkeitswirkung von → Anzeigen oder eines → Fernsehspots sowie der Informationsaufnahme einzelner Bild- bzw. Textelemente. – Vgl. auch → Blickverhalten, → apparative Verfahren.

Blickverhalten – visuelle → Informationsaufnahme, d.h. Bewegung der Augen beim Betrachten von Vorlagen. Das Blickverhalten ist z.T. gewohnheitsmäßig bedingt, kann aber auch durch bewusste Gestaltung, d.h. durch aktivierende Reize einer Vorlage (z.B. in einer → Anzeige) gesteuert werden. Blickverhalten erfolgt meist reizgesteuert und wenig bewusst, kann aber auch bewusst kontrolliert werden. – Das Blickverhalten erlaubt Rückschlüsse auf die voraussichtliche → Werbewirkung (→ Werbeerfolgsprognose): Wird ein Element überhaupt betrachtet, wie lange, wie oft und in welcher Reihenfolge (→ hierarchische Informationsdarbietung)? – Die *Messung* des Blickverhaltens erfolgt durch Beobachtung der Augenbewegungen (→ Blickregistrierung). Hierzu werden meist Blickaufzeichnungsgeräte, d.h. Spezialbrillen, die den Blickverlauf sichtbar machen, eingesetzt.

Blindenumsatz – 1. Soweit Blinden-Beschäftigungswerkstätten, Blindenanstalten, Blindenvereine und ähnliche *Einrichtungen der Blindenfürsorge* Sachen liefern, die die von ihnen betreuten Blinden hergestellt haben (Blindenwaren), sind diese Umsätze sowie die Lieferung von Zusatzwaren und die sonstigen durch die Blinden getätigten Leistungen umsatzsteuerfrei; desgleichen die Umsätze des Bundes der Kriegsblinden Deutschland e.V. – 2. Für die Umsatzsteuerfreiheit des *Betriebs eines Blinden* ist Voraussetzung, dass nicht mehr als zwei Arbeitnehmer beschäftigt werden. – Die Ehefrau, minderjährige Abkömmlinge und Eltern des Blinden sowie Auszubildende gelten in diesem Sinn nicht als Arbeitnehmer. Ein → Verzicht auf Steuerbefreiung ist möglich (§ 9 UStG); damit kann das Recht auf den → Vorsteuerabzug erreicht werden. – 3. *Rechtsgrundlagen:* § 4 Nr. 19 UStG, Anhang X Teil B Ziff. 5 der → Mehrwertsteuersystemrichtlinie.

Blindtest – Form des → Produkttests, bei der die Herstellerbezeichnung bzw. der Produktname neutralisiert wird und somit nicht erkennbar ist, weil das Produkt unabhängig vom Einfluss der Marke beurteilt werden soll.

Blisterpackung – 1. *Begriff:* Verpackung aus einer festen und ebenen Pappunterlage und einem die Ware umhüllenden transparenten und flexiblen Kunststoff, die Raum sparend an Lochwänden in der Verkaufsstelle des Einzelhandels befestigt werden kann. – 2. *Zweck:* Blisterpackungen sind v.a. für die Selbstbedienung von Kleinteilen geeignet und sind u.a. wegen ihrer Größe ein Mittel zur Diebstahlminderung. Überdies wird durch die Verwendung von Blisterpackungen als Mehrstückpackungen die Nachfragemenge erhöht (z.B. Nägel, Schrauben etc.). – 3. *Arten:* Zu unterscheiden sind drei Arten der Blisterpackung: a) Schweißverpackung: Sowohl Vorder- als auch Rückseite bestehen aus Kunststoff und diese werden miteinander verschweißt. – b) Klemmverpackungen: Vorderseite besteht aus Kunstoff und Rückseite aus Pappe, die Folie wird an den Kanten thermisch um die Pappe herumgebogen. – c) Heftverpackung: Kunststoffvorderseite und Papprückwand werden mittels Heftklammer miteinander verbunden.

Blitzschlag – 1. *Begriff:* Während eines Gewitters stattfindende elektrische Entladung atmosphärischen Ursprungs. Der Blitzschlag ist eine versicherte Gefahr in der → Feuerversicherung. – 2. *Merkmale:* Unterschieden werden zündende und nicht zündende (kalte) Blitzschläge. Der Einschluss in der Feuerversicherung bezieht sich im Wesentlichen auf Schäden durch nicht zündende Blitze, die z.B. Sengschäden oder (durch Verdampfung von Wasser) Mauerwerksrisse bis hin zur Absprengung von Gebäudeteilen verursachen. Schäden infolge eines zündenden Blitzes sind alleine wegen des resultierenden Brands in der Feuerversicherung gedeckt.

Blockade – militärische Maßnahme, die z.B. ein (prinzipiell ziviles) → Embargo durchsetzen oder unterstützen soll.

Blockfloating → Währungsschlange, Schlange im Tunnel.

blockfreie Länder – *Non-Aligned Movement (NAM);* 1961 in Belgrad gegründeter Zusammenschluss nicht paktgebundener Länder (v.a. → Entwicklungsländer und → Schwellenländer) mit dem Anliegen, mehr Unabhängigkeit gegenüber den Machtblöcken in Ost und West zu erzielen. Die Gruppe umfasst mittlerweile 120 Mitgliedsstaaten. Merkmale sind die Ablehnung der Beteiligung an Bündnissystemen, Widerstand gegen sämtliche Formen der Fremdherrschaft und die Anerkennung friedlicher Koexistenz auf Basis von Gleichberechtigung aller Staaten. Die Organisation ist bei der → UN registriert. Neben der

Erreichung der Blockfreiheit ist die Schaffung einer → Neuen Weltwirtschaftsordnung und der Abbau des Nord-Süd-Konflikts zentraler Bestandteil der Forderungen in der Gruppe der blockfreien Länder.

Blockkostenrechnung – Teilkostenrechnungssystem (→ Teilkostenrechnung), das die → fixen Kosten en bloc in das Betriebsergebnis übernimmt, also nicht weiter z.B. nach verursachenden → Kostenstellen aufteilt. – Vgl. auch → Direct Costing.

Blockplanung – 1. *Begriff*: Verfahren zur systematischen Aktualisierung und Konkretisierung der Pläne durch Fortschreibung. – 2. *Merkmale*: Basis ist meist eine Unterteilung des langfristigen Plans in Jahresabschnitte, von denen die ersten Abschnitte (Anzahl der Abschnitte bilden einen „Block") detailliert geplant werden. Nach Ablauf des „Blocks" wird der Gesamtplan überarbeitet, wobei der nächste „Block" detailliert geplant wird. Die Revision der Periodenpläne erfolgt also nach *mehreren* Perioden. – Gibt es keine zeitliche Überlappung von Plänen gleicher und unterschiedlicher → Fristigkeit, so spricht man vom *Prinzip der Reihung*, andernfalls vom *Prinzip der Staffelung*. – *Anders:* → rollende Planung.

Blockunterricht – Zusammenfassung der Unterrichtstage der → Berufsschule zu größeren zeitlichen Einheiten (Blöcken) mit einer Dauer von zwei bis sechs Wochen.

Blog – Abk. für *Web Log*, ein Blog ist ein elektronisches Tagebuch im → Internet. Typische Anwendung des → Web 2.0. Im Gegensatz zu einer persönlichen → Homepage, die eine Art Visitenkarte des Betreibers darstellt, handelt es sich bei einem Blog um ständig aktualisierte und kommentierte Tagebuchbeiträge, die mittels der RSS-Technologie (→ RSS) abonniert werden können. Über → Permalinks und → Trackbacks können Verweise auf spezielle Beiträge anderer Seiten gesetzt und somit intensive Diskussionen geführt werden. Durch die weite Verbreitung und Fokussierung von Blogs auf unterschiedlichste Themengebiete sowie die Tendenz zu einer starken Vernetzung der Blogs untereinander lassen sich über den Vernetzungsgrad von Suchmaschinen schnell die Allgemeinheit interessierende Themen herausfinden und so Suchergebnisse verbessern.

BlPMZ – Abk. für *Blatt für Patent-, Muster- und Zeichenwesen.*

BLUE – Abk. für *Best Linear Unbiased Estimator,* vgl. → bester linearer unverzerrter Schätzer.

Blue Chips – Spitzenpapiere und Favoriten unter den börsennotierten Aktien. Dieser Begriff wurde in den USA für Titel des → Dow Jones Index geprägt, in Deutschland sind Blue Chips v.a. die im → Deutschen Aktienindex (DAX) vertretenen Aktien.

Blu-ray Disc – optisches Speichermedium, das als Nachfolger der → DVD gilt. Im Vergleich zur DVD nochmals deutlich höhere Speicherkapazität von 25 GB auf einlagigen und 50 GB auf zweilagigen Medien. Durch ständige Weiterentwicklung sind weitaus höhere Kapazitäten möglich, aber de facto am Markt nicht verfügbar.

Blutalkoholkonzentration (BAK) – 1. *Begriff*: Der in Promille ausgedrückte Alkoholgehalt im Blut; das wichtigste Indiz zum Nachweis alkoholbedingter Fahruntüchtigkeit im Straßenverkehrsrecht. – 2. *Strafbarkeit:* Von 1,1 Promille BAK aufwärts ist nach der gegenwärtigen Rechtsprechung jeder Führer eines Kfz (einschließlich Mofa) absolut fahruntüchtig und damit strafbar, ohne dass es darauf ankommt, ob der Täter andere gefährdet hat oder unsicher fährt (§ 316 StGB). Eine Strafbarkeit wegen → Trunkenheit im Verkehr (§ 316 StGB) kann aber auch schon bei einer BAK von etwa 0,3 an aufwärts gegeben sein, wenn sich aus anderen Umständen (Fahrverhalten) ergibt, dass der Fahrer wegen des BAK nicht in der Lage ist, das Fahrzeug sicher zu führen (relative Fahruntüchtigkeit). Eine → Ordnungswidrigkeit begeht, wer mit 0,5 Promille BAK und mehr ein Fahrzeug führt und eine relative Fahruntüchtigkeit nicht vorliegt (§ 24a StVG). – 3. Die Entnahme der → Alkoholblutprobe hat jeder, der einer Straftat verdächtig ist, zu dulden (§ 81a StPO). – 4. Die Wirkung des genossenen Alkohols hängt von der körperlichen Konstitution (z.B. Körpergewicht) und weiteren biologischen Vorgängen ab, sodass für die einzelnen Getränke nur *Anhaltswerte* angegeben werden können. Ebenso ist zu berücksichtigen, dass in einer Stunde etwa 0,14 bis 0,17 Promille durch Resorption abgebaut werden (Abbaufaktor). Wird eine Blutprobe nicht unmittelbar nach der Tat abgenommen, wird eine Rückrechnung auf die Tatzeit vorgenommen. Dabei muss der inzwischen abgebaute Alkohol hinzugerechnet werden. Die Rechtsprechung geht von einem stündlichen Abbauwert von 0,1 Promille aus, obwohl der tatsächliche Wert höher liegt. Bei einem Körpergewicht von 60 kg beträgt der BAK bei folgenden Getränken etwa:

Blutalkoholkonzentration (BAK)

Lagerbier	0,3 l	0,21–0,28‰
Exportbier	0,3 l	0,25–0,33‰
Doppelbock	0,3 l	0,31–0,43‰
Apfelwein	0,25 l	0,24–0,29‰
Weißwein	0,2 l	0,20–0,28‰
Sekt	0,2 l	0,26–0,34‰
Likör	2 cl	0,10–0,13‰
Korn	2 cl	0,10–0,14‰
Weinbrand	2 cl	0,12–0,17‰

Vgl. auch → Trunkenheit im Verkehr, → Trunkenheit am Arbeitsplatz, → Vollrausch.

BLZ – Abk. für → Bankleitzahl.

BMG – Abk. für → Bundesministerium für Gesundheit.

BMGB – Abk. für *Beteiligungs-Management-Gesellschaft Berlin mbH;* → Treuhandanstalt.

BMonV – Abk. für → Bundesmonopolverwaltung für Branntwein.

BMWi – Abk. für → Bundesministerium für Wirtschaft und Technologie.

BND – Abk. für → Bundesnachrichtendienst.

Bo'ao-Asien-Forum – Boao Forum for Asia, Abk. *BFA*; nicht staatliche, nicht gewinnorientierte, offene internationale Jahreskonferenz für Regierungschefs, Wirtschaftsvertreter und Wissenschaftler zur Verbesserung der innerasiatischen aber auch globalen Wirtschaftsbeziehungen. Gründung des BFA war am 21.2.2001. Seit 2002 findet das Forum in Bo'ao (China) statt.

Board of Directors → Board System, → Organisationsverfassung.

Board System – Spezifische → Organisationsverfassung der Unternehmensführung. Das Board System vereinigt Geschäftsführung und Kontrolle in einem Gremium *(Vereinigungsmodell).* – *Gegensatz:* → Aufsichtsratssystem. Neudeutsch bezeichnet man das mit den beiden Gegensatzbegriffen *One-Tier*-Modell und *Two-Tier*-Modell. – 1. *Rechtlich* vertritt der *Board of Directors* in der US-amerikanischen Corporation (→ Aktiengesellschaft (AG)) das Unternehmen nach außen; ihm obliegt: (1) Wahl und Abberufung der Officers (→ Leitende Angestellte), i.d.R. President, Vice-President, Secretary, Treasurer und Controller; (2) Verwaltung des Vermögens der Corporation im Interesse der Aktionäre; (3) Formulierung der langfristigen Unternehmenspolitik und Kontrolle der Zielerreichung; (4) Entscheidung über die Gewinnverwendung (Ausschüttung, Thesaurierung); (5) Berichterstattung an die Aktionäre. – 2. In der *Praxis* besteht der Board aus Inside-Directors (hauptberufliche Manager) und ehrenamtlichen Outside Directors; Geschäftsführung und Macht obliegen faktisch dem Inside-Director (→ Managerherrschaft). – 3. Trends zur *Trennung von Geschäftsführung und Kontrolle* kommen zum Ausdruck in Begriffen wie Audit Committee, Monitoring Model, Non-Executive Directors oder Two-Tier Board. – 4. *Gründe* für die Entwicklung: Ungelöste Kontrollprobleme des Vereinigungsmodells (keine institutionalisierte Fremdkontrolle); Professionalisierung des Managements; interessenpluralistische Öffnung des Board (→ Mitbestimmung); zunehmende → personelle Verflechtungen. Daher rechtspolitische Forderungen zur binnenorganisatorischen Aufspaltung in „Management Board“ und „Supervisory Board“, dem Kontrolle und Mitwirkung bei wichtigen unternehmenspolitischen Entscheidungen obliegt. Insofern Annäherung an das Aufsichtsratssystem.

Boden – 1. *Begriff:* Produktionsfaktor neben → Arbeit und → Kapital. Als → Produktionsfaktor dient der Boden (1) der land- und forstwirtschaftlichen Produktion (i.d.R. unter Einsatz bodengebundenen Kapitals), (2) dem Bergbau, d.h. dem Abbau von Rohstoffen, und (3) als Standortfaktor. – 2. *Charakteristische Merkmale:* a) Der Boden ist i.Allg. *nicht vermehrbar*, wenn auch Neugewinnung von Boden durch Trockenlegung sowie Schaffung von landwirtschaftlich nutzbaren Flächen durch Bodenverbesserungen (Meliorationen) möglich sind. – b) Die landwirtschaftliche nutzbare Bodensubstanz ist durch die Verwitterung von Gestein und Humusierung von organischem Material entstanden. Sie unterliegt der Erosion durch Luft sowie Wasser und ist nur *längerfristig regenerierbar.* – c) Die *Beschränktheit der Bodenressourcen* ist eine der Voraussetzungen für die Gültigkeit des (klassischen) → Ertragsgesetzes in der Landwirtschaft (Bodenertragsgesetz).

Bodenbonitierung – *Bodenschätzung;* Einteilung des Bodens in Bonitätsklassen (Beschaffenheit, Ertragsfähigkeit und Verwendungszweck) auf Basis des Gesetzes zur Schätzung des landwirtschaftlichen Kulturbodens bzw. Bodenschätzungsgesetzes (BodenSchätzG) von 1934 (neugefasst 2007). Man unterscheidet zwei Arten von Bodenbonitierung: (1) die *Schätzung des Ackerlandes* und (2) *die des Garten- und Grünlandes.* Die Schätzungen werden dabei nach dem Ackerschätzungsrahmen bzw. dem Schätzungsrahmen für Grünland (= Bodenbewertungstabelle zum Ablesen der durch die Bodenbeschaffenheit bedingten, relativen Reinertragsunterschiede für verschiedene Ackerböden sowie Garten- und Grünland) durchgeführt. – Die Festlegung der Bodengüte ist wichtige Grundlage für die Ermittlung des → Einheitswertes landwirtschaftlicher Betriebe sowie für die Wirtschaftspolitik und zu Kreditzwecken.

Bodenkreditinstitute → Realkreditinstitute, die → Hypothekarkredite gewähren und sich die Mittel dazu durch Ausgabe von → Pfandbriefen beschaffen.

Bodennutzungserhebung – Die Bodennutzungshaupterhebung gehört zum Grundprogramm der → Landwirtschaftsstatistik. Die Bodennutzungserhebung erfasst jährlich bei Betrieben mit einer Mindestgröße die selbstbewirtschaftete Gesamtfläche nach Hauptnutzungs- und Kulturarten, den Anbau nach Pflanzenarten sowie den Zwischenfruchtanbau. Die Daten der Bodennutzungshaupterhebung sind Teil der Berechnung und Vorausschätzung von Erntemengen, der Berechnung von Agrarumweltindikatoren, der land- und volkswirtschaftliche Gesamtrechnung und fließen in den Ernährungs- und Agrarpolitischen Bericht der Bundesregierung ein.

Bodennutzungssystem – Begriff der → Agrargeografie zur Klassifikation von Agrarbetrieben und Agrarräumen nach dem Anteil der einzelnen Nutzpflanzen bzw. Kulturarten an der gesamten landwirtschaftlichen Nutzfläche. Dieser Anteil wird mit einer Wägezahl gewichtet, die aus dem Arbeitsaufwand oder Ertragswert der jeweiligen Kulturart bestimmt wird. Bodennutzungssysteme werden i.d.R. nach der

Leit- und der zweitrangigen Begleitkultur benannt (in Westeuropa z.B. Futter-Getreidebausystem, Getreide-Hackfruchtbausystem, Sonderkulturen).

Bodenreform – Umgestaltung der privaten Eigentumsverhältnisse an Boden mit dem Ziel, (1) Großgrundbesitz aufzulösen oder zu verringern und (kleinere) Familienwirtschaften oder Kollektivwirtschaften (kommunistische Vorstellung) zu schaffen, oder (2) unwirtschaftliche Kleinwirtschaften in Wirtschaften mit rentablen Betriebsgrößen umzugestalten. – Vgl. auch → Agrarreform.

Bodenrente → Grundrente.

Bodensatztheorie → Liquiditätstheorie, die auf der Erkenntnis aufbaut, dass sich ökonomisch betrachtet aus de jure kurzfristigen Einlagen bei Banken ein langfristiger „Bodensatz" bildet, der ertragbringender (nicht fristenkongruent, wie es die → goldene Bankregel fordert) angelegt werden kann. Dieser Sockel an Einlagen kann bspw. für längerfristige Kredite verwendet werden, ohne dadurch die Liquidität der Bank zu gefährden. Bei einer normalen Zinsstruktur sind die Zinsen für langfristige Gelder höher als für kurzfristige Gelder. Insofern kann durch eine fristeninkongruente Anlage von Geldern ein höherer Ertrag als bei einer fristenkongruenten Anlage erzielt werden. Da der beschriebene Bodensatz jedoch nicht konstant erhalten bleiben muss, bleibt ein Abrufrisiko bestehen.

Bodenschätze – nach dem Bundesberggesetz alle mineralischen Rohstoffe in festem oder flüssigem Zustand und Gase, die in natürlichen Ablagerungen oder Ansammlungen (Lagerstätten) in oder auf der Erde, auf dem Meeresgrund, im Meeresuntergrund oder im Meerwasser vorkommen. *Grundeigene Bodenschätze* stehen im Eigentum des Grundeigentümers, auf *bergfreie Bodenschätze* erstreckt sich das Eigentum am Grundstück nicht.

Bodenschätzung → Bodenbonitierung.

Bodensonderung – im → Beitrittsgebiet geltendes Verfahren zur Festlegung von Grundstücksgrenzen durch einen Sonderungsbescheid. Rechtsgrundlage ist das Bodensonderungsgesetz vom 20.12.1993 (BGBl. I 2182, 2215) m.spät.Änd. Der Sonderungsbescheid stellt einen aus einer Karte und einer Grundstücksliste bestehenden Sonderungsplan fest (§§ 7 ff.). Damit werden Grundstücke in grundbuchtauglicher Form festgestellt, ohne dass es einer Vermessung bedarf (→ Grundstücke).

Bodenwert – 1. *Bewertungsgesetz:* Bei unbebauten Grundstücken ist der Bodenwert (§ 84 BewG) neben dem Wert der → Außenanlagen, bei bebauten Grundstücken zusätzlich neben dem Gebäudewert ein Element des nach dem Sachwertverfahren (→ Sachwert) für unbebaute bzw. bebaute Grundstücke ermittelten → Einheitswerts (→ Ausgangswert). Die Bewertung erfolgt mit dem → gemeinen Wert (→ Grundstücksbewertung). – Erlangt auch Bedeutung hinsichtlich des Mindestwertes, mit dem bebaute Grundstücke anzusetzen sind (§ 77 BewG). – 2. *Bodenschätzungsgesetz:* → Bodenbonitierung.

Bodenwertzuwachssteuer – spezielle Form einer allokationspolitisch einsetzbaren → Wertzuwachssteuer, die die Wertsteigerung von Grundstücken erfasst. – In Deutschland wurde die Bodenwertzuwachssteuer von (ca.) 1900 bis 1944 erhoben, betrug 10–30 Prozent des Veräußerungserlöses und floss zuletzt ausschließlich den Gemeinden zu. Die Bodenwertzuwachssteuer wird derzeit als echte Wertzuwachssteuer in der Bundesrepublik Deutschland nicht erhoben. Nachdem der geplante → Planungswertausgleich sich nicht einführen ließ und sich die von 1961 bis 1962 erhobene → Baulandsteuer als Fehlschlag erwies, sind im Steuersystem der Bundesrepublik Deutschland allenfalls Anklänge an eine Wertzuwachsbesteuerung im Rahmen der Einkommensbesteuerung festzustellen. Realisierte Zuwächse werden bestenfalls im Rahmen der → Einkommensteuer oder als Veräußerungsgewinne besteuert.

Bodenzahl – Maßzahl, die angibt, welcher Reinertrag auf einem Boden zu erzielen ist. Sie ergibt sich in Prozent des Reinertrages auf dem fruchtbarsten Boden in Deutschland (den Schwarzerdeböden der Magdeburger Börde), der gleich 100 gesetzt wird. Die Bewertung der Acker- und Grünlandböden in Deutschland geht zurück auf die Bodenschätzung des Deutschen Reiches 1934.--Vgl. auch → Bodenbonitierung.

Body Copy → Fließtext.

Bogen – im Bankwesen übliche Bezeichnung für Zinsscheinbogen und Dividendenscheinbogen (Gewinnanteilscheine), die dem Wertpapier zur Erhebung der → Zinsen bzw. → Dividenden beigegeben sind, im Gegensatz zum → Mantel, der eigentlichen Wertpapierurkunde. – Eine Verbriefung erfolgt heute oftmals in → Sammelurkunden und ein Anspruch auf Einzelverbriefung der Wertpapiere nebst Gewinnanteil- und Erneuerungsschein wird ausgeschlossen.

Böhm-Bawerk – Eugen von, 1851–1914, österreichischer Nationalökonom, mehrfach Finanzminister zwischen 1893–1904, lehrte ab 1904 an der Universität Wien. Mit → Menger und → Wieser ist Böhm-Bawerk Hauptvertreter der → Österreichischen Grenznutzenschule, zu deren internationaler Verbreitung er mehr als andere beigetragen hat. Im ersten Band seines Hauptwerks „Kapital und Kapitalzins" bietet Böhm-Bawerk eine gründliche und scharfsinnige Dogmengeschichte der Zinstheorie („Geschichte und Kritik der Kapitalzins-Theorien" (1884)). Im zweiten Band („Positive Theorie des Kapitals" (1889)) entwickelt er die Agiotheorie und die Subsistenzmittelfondstheorie. Mit seinem Aufsatz „Macht oder ökonomisches Gesetz?" (1914) in der „Zeitschrift für Volkswirtschaft, Socialpolitik und Verwaltung" hat Böhm-Bawerk bis in die Gegenwart für Diskussionen gesorgt, wohingegen sein zweibändiges Hauptwerk heute wenig Beachtung findet.

Bologna-Prozess – 1. *Begriff:* Im Juni 1999 wurde in der italienischen Stadt Bologna von den Bildungsministern 29 europäischer Staaten eine Erklärung unterzeichnet, die eine Angleichung der nationalen Hochschulsysteme vorsieht. – 2. *Inhalte der Vereinbarung:* Aufbau vergleichbarer Studiengänge und -abschlüsse und eines zweistufigen Systems von Studienabschlüssen (→ Bachelor und → Master), die Einführung eines „Diploma Supplement" mit Informationen über den Studienablauf, die Modularisierung des Studiums und die Einführung eines Leistungspunktesystems (ECTS) sowie eine kontinuierliche Qualitätssicherung der Hochschulausbildung, (u.a. durch Akkreditierung der Studiengänge). – In diesem bis 2010 andauernden Prozess soll ein gemeinsamer europäischer Hochschulbereich der 46 Bologna-Mitgliedsstaaten geschaffen und somit der Mobilitätsgrad in diesem Umfeld gesteigert werden.

Bolschewismus – russ. für *Mehrheitler*, die die politisch-ideologische Lehren des → Marxismus-Leninismus vertreten. Die Bezeichnung Bolschewismus geht auf ein Abstimmungsergebnis innerhalb der ehemaligen Sozialdemokratischen Arbeiterpartei Russlands (SDAPR) auf ihrem zweiten Parteitag 1903 in London zurück. Da Russland damals noch ein relativ rückständiges Agrarland mit ausgeprägt feudalen Strukturen war, fehlten dort entsprechend der Marxschen Entwicklungslehre (→ historischer Materialismus) die Voraussetzungen zur Errichtung einer kommunistischen Ordnung. Abgestimmt wurde darüber, ob dementsprechend zunächst eine *bürgerliche Revolution* den → Kapitalismus bringen müsse, der dann die notwendigen Bedingungen für den → Kommunismus schaffe (Auffassung der unterlegenen *Menschewiki*, russ. für Minderheitler), oder ob dennoch unmittelbar eine *kommunistisch-proletarische Revolution* anzustreben sei (Auffassung der von Lenin angeführten Gruppe der *Bolschewiki*). Diese Auseinandersetzungen führten zur Spaltung der Partei. Während sich die Menschewiki zu einer parlamentarisch orientierten sozialdemokratischen Partei entwickelten, wurden die Bolschewiki von Lenin zu einer Kaderpartei von Berufsrevolutionären geformt, der dann 1917 durch einen bewaffneten Aufstand in der damaligen Hauptstadt Petrograd die Machtergreifung gelang.

Bona Fide → gutgläubiger Erwerb.

Bond → Anleihe.

Bond Warrant → Optionsanleihe.

Boni → Bonus.

Bonifikation – *Vergütung, Preisnachlass.* 1. Im *Großhandel* und *Versicherungsgeschäft* in Form von Treu-Rabatten für Agenten. – 2. Im *Bankgeschäft* als *Bankier-Bonifikation* Vergütung für die Tätigkeit von Konsortialbanken bei der → Emission von → Wertpapieren. Um die Dauerhaftigkeit von Platzierungen zu erreichen, können in den Bonifikationsabkommen auch eine Sperrfrist für den Weiterverkauf und ein Kursschutz vereinbart werden. Fließt innerhalb der Sperrfrist das bonifizierte Stück an den Aussteller zurück, so ist die Bonifikation oder ein Teil davon zurückzuvergüten. Die Höhe der Bonifikation hängt u.a. ab von der Einordnung des Emittenten, der Marktlage und der Ausstattung des emittierten Wertpapiers.

Bonität – 1. *I.w.S.* Ruf und Ansehen von Personen, Unternehmen und Staaten im Geschäftsverkehr. – 2. *I.e.S.* prognostizierte Eigenschaft eines Schuldners (Kreditnehmers, Emittenten), zukünftige Zahlungsverpflichtungen vollständig und fristgerecht erfüllen zu können und zu wollen (→ Kreditwürdigkeit). Um sich vor Zahlungsausfällen zu schützen, die dadurch entstehen, dass Vertragspartner überhaupt nicht, zu spät oder auch nur teilweise ihren eingegangenen Verpflichtungen nachkommen, wird vor Vertragsabschluss üblicherweise die Bonität geprüft (→ Bonitätsprüfung). Dabei unterscheidet man zwischen der persönlichen Bonität und materiellen (wirtschaftlichen) Bonität. Die persönliche Bonität stellt dabei auf die Zuverlässigkeit und Zahlungswilligkeit eines Vertragspartners ab. Mit der materiellen Bonität wird die Einschätzung beschrieben, inwieweit ein Schuldner für wirtschaftlich fähig gehalten wird, die finanziellen Verpflichtungen zu erfüllen (z.B. Rückzahlung eines Kredites, Bezahlen von Rechnungen). Je besser die Bonität, desto wahrscheinlicher wird die ordnungsgemäße Vertragserfüllung eingeschätzt. – Vgl. auch → Ausfallrisiko.

Bonitätsprüfung – 1. *Allgemein:* Prüfung der Bonität eines Vertragspartners vor Vertragsabschluss. Wird eine Kreditbeziehung eingegangen, spricht man von einer → Kreditwürdigkeitsprüfung. Wird Kapital über den organisierten Kapitalmarkt (Börse) aufgenommen, so wird eine Prüfung zumeist extern über Ratingagenturen durchgeführt, entweder durch Beurteilung des Emittenten (Emittentenrating) oder einer einzelnen Anleihe (Emissionsrating). – 2. *Anlässe:* Kreditgeber prüfen vor Vergabe von Krediten die Bonität des Kreditnehmers. Das gilt sowohl für Unternehmen, die ihren Kunden Waren gegen Rechnung liefern bzw. ihnen → Lieferantenkredite einräumen, als auch für Kredit- und Finanzierungsinstitute, die Kreditgeschäfte als Geschäftszweck betreiben. Auch im → Emissionsgeschäft prüft ein Emissionskonsortium die Emissionswürdigkeit des Unternehmens, die für die Risikoeinschätzung von Anleihen und Geldmarktpapieren maßgebend ist. Darüber hinaus wird während der Kredit- bzw. Emissionslaufzeit die Bonität regelmäßig geprüft, um zu erkennen, ob und inwieweit sich die Wahrscheinlichkeit eines Ausfalls der Forderung erhöht. – 3. *Inhalt der Bonitätsprüfung:* Grundlage der Bonitätsprüfung sind die rechtlichen Verhältnisse (→ Kreditfähigkeit) sowie die persönlichen und wirtschaftlichen Verhältnisse

(→ Kreditwürdigkeit) des Kunden bzw. Kreditnehmers. Darüber hinaus werden gesamtwirtschaftliche und branchenspezifische Bedingungen analysiert, die das zukünftige Zahlungspotenzial des Kunden mit bestimmen. – 4. *Verfahren:* a) Die traditionelle Bonitätsprüfung basiert auf qualitativen (z.B. Integrität, Marktchancen) und quantitativen (z.B. Einkommenshöhe, Ertragskraft) Kriterien, deren Auswahl und Gewichtung durch den Beurteiler vorgenommen wird. Für die Entscheidung über einen Vertragsabschluss wird dann eine vergleichende Bewertung vorgenommen. Im Privatkundengeschäft wird routinemäßig eine Auskunft einer Auskunftei (z.B. → SCHUFA-Auskunft) eingeholt, um sich über das bisherige Zahlungsverhalten des Vertragspartners zu informieren. – b) Mit mathematisch-statistischen Methoden soll eine objektive Bonitätsbeurteilung erreicht werden. Zu diesen Verfahren zählen insbes. die → Diskriminanzanalyse, → Credit-Scoring-Verfahren (Punktbewertungsverfahren) sowie eine Analyse mithilfe künstlicher neuronaler Netze. – c) Eine Risikoeinstufung durch standardisierte Ratingsysteme kann entweder durch externe Ratings erfolgen, die von speziellen Ratingagenturen durchgeführt werden, oder durch interne Ratings, bei denen unternehmenseigene Bewertungssysteme angewendet werden. Für Kreditinstitute sind entsprechend der gesetzlichen Regelungen (MaRisk auf der Grundlage von §25a KWG) alle Kreditkunden hinsichtlich ihrer Bonität zu beurteilen, wobei insbes. eine Ausfallwahrscheinlichkeit der Forderung ermittelt wird, die wiederum maßgeblich für das benötige Risikokapital (Eigenkapital) ist. – 5. *Ergebnisse:* Grundsätzlich können zwei unterschiedliche Fehler bei der Bonitätsprüfung auftreten: Entweder wird das Geschäft mit dem Kunden getätigt, der dann allerdings Zahlungsprobleme bekommt (Fehler 1. Art) oder man lehnt ein Geschäft ab, obwohl der Kunde keine Zahlungsprobleme bekommen hätte (Fehler 2. Art). Mit einer Bonitätsprüfung wird die Gefahr eines unvorhergesehenen Zahlungsausfalls verringert. Bei unsicheren Erwartungen verlangen Kreditgeber Sicherheiten und erheben Risikoprämien in Form eines höheren Zinssatzes. Grundsätzlich gilt: Je besser die Bonität ist, desto günstiger sind die benötigten Finanzmittel und umgekehrt. – Vgl. auch → Kreditwürdigkeitsprüfung, → Rating.

Bonitätsrente → Grundrente.

Bonitierung → Bodenbonitierung.

Bonus – 1. Im *Geschäftsverkehr allgemein:* Vergütungen, die den Abnehmern als Treueprämie nachträglich (z.B. halbjährlich oder am Jahresende) vom Lieferanten gewährt werden. Die Boni können als (1) Gutschrift, (2) Auszahlung oder (3) zusätzliche Warenlieferung gegeben werden. Höhe der handels- und branchenüblichen oder vertraglich vereinbarten Boni meist prozentual gestaffelt nach dem mit der Lieferunternehmung erreichten Umsatz (daher auch *Umsatzbonus, Mengen-* oder *Treuerabatt* genannt). – *Anders:* → Skonto. – Empfangene Boni werden als Einkaufspreisminderungen, gewährte Boni als Erlösungsschmälerungen gebucht. – 2. Bei der *Aktiengesellschaft:* eine neben der → Dividende zur Ausschüttung gelangende einmalige Vergütung, die den → Aktionären in bes. günstigen Geschäftsjahren oder bei Erzielung eines außergewöhnlichen Gewinns gewährt, und entsprechend der Dividende behandelt wird. – 3. *Im Spargeschäft der Banken:* nach Ablauf einer bestimmten Anlagedauer zusätzlich gezahlter Betrag auf die eingezahlten Sparleistungen, im Bonussparvertrag geregelt. – 4. *Bestandteil des Einkommens:* in Abhängigkeit vom Unternehmensgewinn gezahlter variabler Bestandteil der Vergütung, v.a. von Managern großer Unternehmen.

Bonusaktie → Gratisaktie.

Bonusanspruch – Anspruch auf eine Sonderzahlung neben der vereinbarten Grundvergütung. I.d.R. ist der Bonus an das Erreichen von individuelle Zielen (→ Zielvereinbarung) oder von Unternehmenszielen geknüpft. In bestimmten Branchen (etwa Banken) übersteigt der Bonus bisweilen die Grundvergütung um ein Vielfaches. Die damit verbundenen Fragestellungen (etwa: Verbindung mit Freiwilligkeitsvorbehalt, Widerrufsvorbehalt, Stichtagsregelung) sind von der Rechtsprechung noch nicht hinreichend geklärt.

BOO – Abk. für *Build Own Operate;* Begriff im internationalen Anlagengeschäft bzw. im Rahmen der Erbringung von Infrastrukturleistungen durch Private (→ Betreibermodell): Ein privater Investor plant und errichtet eine Anlage (z.B. Entsorgungsanlage) und ist auch für den laufenden Betrieb verantwortlich.

Bookbuilding – Im Unterschied zu Emissionsverfahren mit Festpreisbildung wird beim Bookbuilding die Preisfindung im Dialog mit dem Anleger vorgenommen. Ein drittes Verfahren ist das in Deutschland nicht angewandte Auktionsverfahren (→ Tenderverfahren), bei dem der Emissionspreis durch konkrete Preisgebote der Anleger ermittelt wird. – 1. *Verfahren/Phasen des Bookbuilding:* Während in der Pre-Marketing-Phase zunächst große institutionelle Anleger in die Preisfindung einbezogen werden, erfolgt in der Marketing-Phase die öffentliche Bekanntgabe der Preisspanne für den Emissionspreis. Während der Order-Taking-Phase (Zeichnungsfrist) können Zeichnungswünsche mit Preisvorstellungen abgegeben werden, die vom Book Runner, i.d.R. der führenden Bank (Konsortialführer, → Lead Manager) des Emissionskonsortiums, in einem elektronischen Zeichnungsbuch gesammelt werden. Am Ende der Order-Taking-Phase kann aufgrund der Transparenz der vorliegenden Zeichnungswünsche ein marktorientierter Platzierungspreis vereinbart werden, der im Unterschied zu einem bereits bei Beginn der Emission feststehenden Festpreis das Gelingen der Platzierung begünstigt. Sodann wird die Zuteilung (Repartierung) an die einzelnen Investorengruppen abgestimmt, wobei Privatanleger i.d.R.

im Rahmen einer pauschalen Zuteilungsquote berücksichtigt werden. – Bei der Zuteilung soll der sog. Greenshoe (Mehrzuteilungsoption) den Markt unterstützen. Der Book Runner teilt i.d.R. 10 bis 15 Prozent mehr Aktien zu, als vereinbart. Um seine Short Position notfalls eindecken zu können, wird dem Konsortialführer eine Option auf zusätzliche Aktien zu Originalkonditionen erteilt. So kann eine große Nachfrage mit Aktien, die i.d.R. aus dem Bestand der Altaktionäre stammen, befriedigt werden. Bei negativer Entwicklung des Aktienkurse kann der Book Runner dagegen als Nachfrager am Aktienmarkt auftreten und die Short Position mit am Markt gekauften Aktien eindecken, ohne auf die Aktien aus der Greenshoe-Option zurückgreifen zu müssen. – 2. *Decoupled Bookbuilding:* Beim weiterentwickelten sog. Decoupled Bookbuilding (entkoppelte Preisfindung) findet die Roadshow (Marketing-Phase) ohne einen vorgegebenen Preisrahmen von Konsortialführer und Börsenkandidat statt. Das eigentliche Bookbuilding beginnt dann meist erst in den letzten drei Tagen (statt in fünf bis zehn Tagen) der Roadshow. Damit sollen Marktreaktionen noch besser berücksichtigt und vermieden werden, mit zu hohen Preisvorstellungen potenzielle Investoren abzuschrecken.

Booklet – gedruckte Werbebroschüre.

Book Runner → Bookbuilding.

Boom – 1. Eine ausgeprägte Zunahme der wirtschaftlichen Aktivität, die sich in hohen Wachstumszahlen, einer deutlich über dem Normalwert liegenden Kapazitätsauslastung, einer spürbaren Beschäftigungszunahme und i.d.R. einer erhöhten Inflationsrate niederschlägt, Hochkonjunktur, Börsenhausse. – 2. In der → Konjunkturtheorie die sich an die Erholung anschließende Phase, nahe bei, aber vor dem oberen Wendepunkt. – Vgl. auch → Konjunkturphasen.

BOOT – Abk. für *Build Own Operate Transfer;* Modell im internationalen Anlagengeschäft bzw. im Rahmen der Erbringung von Infrastrukturleistungen durch Private (→ Betreibermodell): Ein privater Investor plant und errichtet eine Anlage (z.B. Entsorgungsanlage). Für eine bestimmte Zeit übernimmt er auch den Betrieb, die Anlage geht dann aber in staatlichen Besitz über.

Booten – Vorgang des Ladens des → Betriebssystems (BS) eines Personal Computers von einem → externen Speicher (→ CD, → Diskette oder → Festplatte). Gesteuert wird dieser Prozess durch den *Bootstrap Loader,* ein → Systemprogramm, das in dem → Festwertspeicher des Rechners gespeichert ist.

BoP-Marketing → Bottom-of-the-Pyramid-Marketing.

Borda-Regel – *Rangsummenregel;* ein nach J.C. Borda benanntes Verfahren der Abstimmung (→ Abstimmungsverfahren) über n Alternativen, bei dem die Teilnehmer jeder Alternative so viele Punkte zuordnen, wie es der Rangziffer in ihrer Präferenzordnung entspricht (beste Alternative ein Punkt, zweitbeste zwei etc., schlechteste n Punkte). Gewählt ist dann die Alternative mit der geringsten Summe der Punkte.

Bordcomputer – Oberbegriff für verschiedene IKT-Systeme, mit denen Fahrzeuge ausgestattet werden können. Angefangen mit einfachen Systemen zur Erfassung von Betriebszuständen (z.B. Kraftstoffverbrauch, Geschwindigkeit, Standzeiten, Betriebszustände), über die Erfassung von Auftrags- und Lieferdaten und Navigationssysteme mit verkehrssituationsabhängiger Streckenführung bis zu Systemen zur Einsatzoptimierung in Verbindung mit betrieblichen Dispositionssystemen werden unterschiedlichste IKT-Systeme unter dem Oberbegriff Bordcomputer zusammengefasst.

Bordero – Cargo Manifest; Warenbegleitpapier, enthält Informationen (wie Empfänger, Versender, Warenbezeichnung) über die Einzelsendungen in einer Sammelladung (→ Sammelladungsverkehr).

Bordkonnossement – *Shipped on Board-Bill of Lading (B/L); -Bill of Loading (BL);* Sonderform des → Konnossements. Bestätigung des Verfrachters über die erfolgte Verladung der Ware auf dem im Konnossement genannten Schiff.

Bordvertretung – Betriebsvertretung auf Schiffen; geregelt in §§ 114, 115 BetrVG (→ Betriebsrat).

Börse – 1. *Begriff:* Börsen regeln und überwachen multilaterale Systeme, die nach festgelegten Regeln Kauf- und Verkaufsaufträge von dort zum Handel zugelassenen Wirtschaftsgütern und Rechten zusammenführen und so einen Vertragsschluss generieren (vgl. § 2 BörsG). Daneben definiert das → Börsengesetz (BörsG) – a) → Wertpapierbörsen als Börsen, an denen Wertpapiere und sich hierauf beziehende Derivate gehandelt werden und b) → Warenbörsen als Börsen, an denen Waren und Termingeschäfte in Bezug auf Waren gehandelt werden. Mit der Umsetzung der → MiFID sind jedoch weitere Möglichkeiten zur Ausführung von Kauf- oder Verkaufsaufträgen geschaffen worden. Handelsplätze sind nunmehr Börsen, multilaterale Handelssysteme (Multilateral Trading Facilities, → MTF) und → Systematische Internalisierer. Bei letzteren handelt es sich um Institute, die Aufträge ihrer eigenen Kunden zum Kauf oder Verkauf von Aktien und Aktien vertretenden Zertifikaten gegeneinander ausführen und bestimmten Verhaltenspflichten des WpHG unterliegen. MTFs sind dagegen eher mit Börsen vergleichbar und können zu diesen in Konkurrenz treten. Im Gegensatz zu MTFs handelt es sich bei Börsen um teilrechtsfähige Anstalten des öffentlichen Rechts, die erlaubnispflichtig sind und welche die nach dem Börsengesetz vorgeschriebene Börsenstruktur und Börsenorgane einrichten müssen. Der Börsenhandel erfolgt regelmäßig zu den festgelegten Börsenzeiten und nach den Regeln der → Börsenordnung der jeweiligen Börse. Eine *Systematisierung* der Börse in

Bezug auf die Geschäftsabwicklung kann erfolgen nach: (1) Art der Handelsobjekte (Waren, Wertpapiere, Derivate, Edelmetalle; daraus ergeben sich als Hauptformen Börse als Kapitalmarkt und Börsen als Warenmarkt (Wertpapier- und Warenbörsen)); (2) Geschäftsart (Kassamarkt, Terminmarkt); (3) Organisationsformen (Parketthandel, Computerhandel); (4) Handelsverfahren (Market-Maker-Prinzip, Auktionsprinzip); (5) Marktsegmentierung (→ regulierter Markt und → Freiverkehr). Die Börsen werden vom sog. *Börsenträger* betrieben. Während dafür früher v.a. Industrie- und Handelskammern und Vereine in Betracht kamen, sind es heute v.a. privatrechtliche Träger in Form von Kapitalgesellschaften. Die dt. Börsen sind Unternehmen, die im nationalen und internationalen Wettbewerb stehen. Die Deutsche Börse AG als Trägerin der Frankfurter Wertpapierbörse (FWB) bspw., ist selbst börsennotiert. Die Börsen unterliegen nach dem Börsengesetz der → Börsenaufsicht der Bundesländer. Das Börsengesetz hat den Börsenorganen, v.a. dem Börsenrat und der Börsengeschäftsführung, bestimmte hoheitliche Aufgaben wie Erlass der Börsenordnung und der Geschäftsbedingungen der Börse, übertragen. Weitere Börsenorgane sind die Handelsüberwachungsstelle und der Sanktionsausschuss. Schwerpunkt des Börsenhandels bilden die Wertpapierbörsen, heute zunehmend als → Computerbörsen organisiert. Sie sind an verschiedenen → Börsenplätzen konzentriert. In Deutschland ist der wichtigste Börsenplatz Frankfurt a.M., hier befinden sich die größte Wertpapierbörse, → Frankfurter Wertpapierbörse (FWB), und die einzige Finanzterminbörse der Bundesrepublik (→ EUREX). Für die Banken als → Börsenhandelsteilnehmer bestand bis vor kurzem faktischer Börsenzwang in dem Sinne, dass Aufträge der Kunden für den Kauf und Verkauf von zum Börsenhandel zugelassenen oder in den Freiverkehr einbezogenen Wertpapieren über die Börse auszuführen waren (§ 22 BörsG a.F.). Durch die Umsetzung der MiFID wurden sämtliche Regelungen über die Ausführung von Kundenaufträgen zur Vereinheitlichung der Gesetzessystematik umfassend in § 33a WpHG sowie einer zugehörigen Verordnung geregelt. Danach gilt nunmehr grundsätzlich das Prinzip der bestmöglichen Ausführung von Kundenaufträgen (Best Execution).

Börsenaufsicht – Die Aufsicht über das Geschäft an der Börse wird von drei Seiten her wahrgenommen: Die Handelsüberwachungsstelle ist das interne Aufsichtsorgan der Börse selbst (→ Börsenorgane). Darin zeigt sich u.a. der Selbstverwaltungscharakter der Börse. Stellt sie Unregelmäßigkeiten fest, die den Ablauf des Börsenhandels beeinträchtigen könnten, hat sie die Börsenaufsichtsbehörde zu informieren. Diese ist das Aufsichtsorgan der Börse auf Landesebene und handelt im öffentlichen Interesse (§ 3 BörsG). Die Befugnisse der Handelsüberwachungsstelle (§ 7 BörsG) und der Börsenaufsichtsbehörde regelt das Börsengesetz. Die dritte Aufsichtsbehörde für Wertpapierbörsen ist die → Bundesanstalt für Finanzdienstleistungsaufsicht (BaFin). Sie überwacht bes. die Einhaltung der Insiderregeln und der Publizitätsvorschriften gemäß → Wertpapierhandelsgesetz (WpHG).

Börsenaufträge – *Order;* die vom Kunden einem an der Börse zugelassenen Kredit- oder Finanzdienstleistungsinstitut erteilte Order zum Kauf oder Verkauf von Wertpapieren. Der Börsenauftrag kann schriftlich, mündlich, telefonisch, fernschriftlich oder per Computer erteilt werden. Er muss bestimmte Angaben zum Wertpapier, zur Geltungsdauer des Auftrages und evtl. zur Limitierung des Kurses enthalten. Ist kein Kurslimit angegeben, wird der Auftrag → bestens (Verkauf) oder → billigst (Kauf) ausgeführt.

Börsenbericht – der von Tageszeitungen und elektronischen Medien veröffentlichte Tagesbericht über Verlauf und allg. Tendenz der Börse, zur Kommentierung der → Kurszettel.

börsengängige Wertpapiere – Börsengängigkeit bedeutet die Handelbarkeit eines Wertpapiers an der Börse. Sie ist an verschiedene Voraussetzungen gebunden: (1) die Fungibilität des Wertpapiers, d.h. seine Vertretbarkeit durch ein anderes Wertpapier derselben Art und desselben Ausstellers; (2) den Umfang des an der Börse zugelassenen Kapitals, der die Liquidität des Wertpapiers beeinflusst (→ Marktkapitalisierung); (3) das Standing der emittierenden AG. – Vgl. auch → Börsennotierung.

Börsengeschäfte – alle von den → Börsenhandelsteilnehmern abgeschlossenen Käufe und Verkäufe im Auftrag ihrer Kundschaft oder auf eigene Rechnung. Nach dem Gegenstand des Geschäftes lassen sich Wertpapier-, Waren-, Geld-, Edelmetall- und Devisengeschäfte sowie Geschäfte in Derivaten (Terminbörse) unterscheiden. Nach dem Erfüllungstermin sind → Kassa- und → Termingeschäfte zu unterscheiden. Dabei vollzieht sich der Handel, indem zu den Börsenzeiten die zum Börsenhandel zugelassenen Personen (Börsenhandelsteilnehmer) entweder auf dem Börsenparkett oder über den Bildschirm die Geschäfte ihrer Kundschaft oder eigene Geschäfte ausführen. Dabei sind für die Preisbildung feste Regeln zu beachten. Die konkreten Usancen für die Durchführung der Börsengeschäfte sind in dem Regelwerk der jeweiligen Börse enthalten. – Vgl. auch → Börsenordnung.

Börsengesetz (BörsG) – Rechtsrahmen für die Organisation und die Tätigkeit der → Börsen, ursprüngliche Fassung von 1896. Bedeutende Novellierungen des Börsengesetzes erfolgten in den Jahren 1975, 1986, 1989 und v.a. 1994 im Zusammenhang mit dem Gesetz über den Wertpapierhandel und zur Änderung börsenrechtlicher und wertpapierrechtlicher Vorschriften. Größere Änderungen erfolgten durch das Vierte Finanzmarktförderungsgesetz vom 21.6.2002 (BGBl. I 2010,2316) und die Umsetzung der EU-Richtlinie über Märkte für Finanzinstrumente (→ MiFID) durch das Finanzmarktrichtlinie-Umsetzungsgesetz vom 16.7.2007 (BGBl. I 1330). Durch Art. 2 dieses Gesetzes ist das Börsengesetz konstitutiv neu gefasst worden. U.a. ist die bisherige Unterteilung in den → amtlichen Markt und → geregelten Markt zugunsten des → regulierten Marktes aufgegeben worden. Das Börsengesetz beinhaltet zum Stand 2012 sechs Hauptabschnitte: (1) Allgemeine Bestimmungen über die Börsen und ihre Organe; (2) Börsenhandel und Börsenpreisfeststellung; (3) Skontroführung und Transparenzanforderungen an Wertpapierbörsen; (4) Zulassung von → Wertpapieren zum Börsenhandel; (5) → Freiverkehr; (6) Straf- und Bußgeldvorschriften; Schlussvorschriften.

Börsenhandelsteilnehmer – die zur Teilnahme am Handel an einer Börse zugelassenen Unternehmen, → Effektenhändler (*Börsenhändler*), → Skontroführer und skontroführenden Personen. Die Zulassung wird gemäß § 19 BörsG nur erteilt, wenn der Antragsteller gewerbsmäßig bei börsenmäßig handelbaren Gegenständen entweder (1) die Anschaffung und Veräußerung für eigene Rechnung betreibt, (2) die Anschaffung und Veräußerung im eigenen Namen für fremde Rechnung betreibt oder (3) die Vermittlung von Verträgen über die Anschaffung und Veräußerung übernimmt und wenn dessen Gewerbebetrieb nach Art und Umfang einen in kaufmännischer Weise eingerichteten Geschäftsbetrieb erfordert. In § 19 IV BörsG werden die einzelnen Zulassungsbedingungen für Unternehmen, die Börsenhandelsteilnehmer werden wollen, aufgeführt. Für die Personen, die das zugelassene Unternehmen an der Börse vertreten sollen, wird gefordert, dass sie zuverlässig sind und die für den Börsenhandel erforderliche berufliche Eignung haben. Die → Börsenordnung jeder Wertpapierbörse enthält weiterführende Regelungen.

Börsenhändler → Effektenhändler.

Börsenindex → Kursindex.

Börsenkapitalisierung → Marktkapitalisierung.

Börsenkommunikation

von Dr. Perry Reisewitz

I. Zweck und Ziel

Die Börsenkommunikation gehört zu den Kommunikationsformen der → Public Relations (PR). Ihr zentraler Zweck ist es, die Wettbewerbsfähigkeit des Unternehmens am → Kapitalmarkt zu sichern. Die → Aktie wird dabei weniger als Anteilsschein am Unternehmen, sondern vielmehr als eigenständiges Produkt betrachtet, das am Markt positioniert werden kann. Vorrangiges Ziel der Börsenkommunikation ist es, durch Transparenz der Geschäftspolitik und Bereitstellung umfassender und seriöser Markt- und Unternehmensinformationen mittel- und langfristig das Vertrauen der Anleger zu erlangen, sie damit zu Aktienkäufen zu animieren und private wie institutionelle Shareholder (→ Anteilseigner) ans Unternehmen zu binden. Dazu gehört die zeitnahe und umfassende Information der Zielgruppen über Unternehmen, Management, Produkte und Dienstleistungen, über Geschäftsprozesse, Forschung und Entwicklung, Markt und Wettbewerb, Risiken und Chancen. Zu den Zielgruppen der Börsenkommunikation gehören v.a. Wirtschafts-, Finanz- und Börsenmedien (besonders große Tageszeitungen, Wirtschaftsmagazine, Börsenzeitungen und -magazine, Börsenbriefe, Onlinedienste), daneben institutionelle und große private Anleger, Communities/Newsgroups im Internet, Rating-Agenturen, Börsenmakler, Wertpapierhändler, Aufsichtsbehörden, Analysten, Fondsmanager sowie Finanzinstitute.

II. Entwicklung

Mit dem Börsengang der Deutschen Telekom AG im November 1996 und der Gründung des Neuen Marktes als Wachstumssegment der Deutschen Börse AG in Frankfurt a.M. am 10.3.1997 ist die Aktie als Anlageform in Deutschland erstmals stark ins allgemeine Interesse gerückt. Die hohe Zahl der Börsengänge in den Jahren 1999 und 2000 machten Börsen und Aktiengesellschaften darüber hinaus einer weiten Öffentlichkeit bekannt. Diese Entwicklung hat zu einer ersten Professionalisierung der Öffentlichkeitsarbeit bei börsennotierten Unternehmen geführt. Der weltweite Einbruch bei Technologie-Titeln und in der Folge an den Aktienmärkten branchen- und segmentübergreifend in den Jahren 2001 und 2002, verstärkt durch den Terroranschlag auf das World Trade Center am 11.9.2001 sowie die Skandale am Neuen Markt, haben das Interesse der Öffentlichkeit am Aktienmarkt stark gedämpft. Erst ab 2004 war wieder ein erhöhtes Engagement von Privatanlegern an den Börsen zu verzeichnen. Die Kurse fielen beim DAX von 8.136 Punkten am 7.3.2000 auf 2.519 Punkte am 9.10.2002. Am 16.10.2002 beschloss die Deutsche Börse AG auf Basis des am 1.6.2002 in Kraft getretenen Vierten Finanzmarktförderungsgesetzes, strukturelle Änderungen vorzunehmen. Seit dem 1.1.2003 gilt die neue → Börsenordnung, die auf den drei grundsätzlichen Segmenten → Prime Standard, → General Standard und Entry Standard als Segment für kleine und mittelständische Unternehmen beruht. Die in den Jahren 2006/2007 durch fallende Immobilienpreise und faule Immobilienkredite in den USA entstandene Subprime-Krise und die ab dem Jahr 2008 daraus entstandene internationale Banken- und Wirtschaftskrise hat das Interesse von Privatanlegern wie institutionellen Investoren wieder stark reduziert. Nach der ersten Aufmerksamkeitswelle 1997 kam es in den Jahren 2000 bis 2002 bei vielen Unternehmen zu einer weiteren Professionalisierung der Börsenkommunikation mit dem Ziel, durch erhöhte Transparenz einen Teil des verlorenen Anlegervertrauens zurück zu gewinnen. Auch die Börsen selbst haben auf den Vertrauensverlust reagiert und, wie z.B. die Frankfurter Wertpapierbörse, mehrfach mit verschärften Transparenzanforderungen reagiert. Insofern soll die Börsenkommunikation einerseits den Anspruch nach Seriosität vonseiten der Unternehmen erfüllen, andererseits die Forderung nach Transparenz vonseiten der Anleger, der Aktionärsschützer und der Handelsplätze.

III. Publizitätspflichten

Grundlegende Kommunikationspflichten für die Aktienmärkte regeln u.a. das Wertpapierhandelsgesetz (WpHG), das Börsengesetz und das Transparenzrichtlinie-Umsetzungsgesetz (TUG). Zusätzliche Pflichten finden sich in den jeweiligen Börsenordnungen, etwa in der online einzusehenden Börsenordnung für die Frankfurter Wertpapierbörse. Für den jeweiligen Standard gelten jeweils unterschiedliche Transparenz- und Publizitätspflichten. Diese betreffen die Veröffentlichung des Geschäftsberichts, die Quartalsberichterstattung, die Veröffentlichung von Unternehmenskennzahlen und Unternehmenskalender, die Frage nach Notwendigkeit von Bilanzpressekonferenz und Analystenveranstaltung und die Ad-hoc-Publizität, die dem Herstellen der Bereichsöffentlichkeit dient und damit dem Insiderhandel vorbeugt.

IV. Ad-hoc-Publizität

Die Ad-hoc-Publizität gehört zu den wichtigsten Veröffentlichungspflichten für Wertpapieremittenten. Sie ist im Wertpapierhandelsgesetz (§ 15 WpHG) geregelt. Emittenten, die an einer inländischen Börse zum Handel zugelassen sind, sind gesetzlich verpflichtet, kursrelevante Tatsachen unverzüglich öffentlich zu machen. Ziel ist es, durch das sog. Herstellen der Bereichsöffentlichkeit, also die Informationsweitergabe an wesentliche Informationsvermittler (überregionale Börsenpflichtblätter, elektronische Informationsverbreitungssysteme) dem Insiderhandel vorzubeugen und eine allgemeine Transparenz zu schaffen. Publizitätspflichtige Tatsachen müssen noch vor der Veröffentlichung an die → Bundesanstalt für Finanzdienstleistungsaufsicht (BaFin) und die Geschäftsführungen der jeweiligen Börsen übermittelt werden. Ein Verstoß dagegen kann mit einer erheblichen Geldbuße geahndet werden. Die BaFin prüft, ob die Emittenten ihrer Publizitätspflicht nachkommen. Die Börsen entscheiden darüber, ob die Veröffentlichung der kursbeeinflussenden Tatsache eine vorübergehende Kursaussetzung erfordert. Zu den meldepflichtigen Tatsachen können Directors' Dealings, Stimmrechtsmitteilungen, → Mergers & Acquisitions, Großaufträge, unerwartetes neues Umsatzpotenzial, Bilanzzahlen, Gewinneinbrüche, gewichtige personelle und andere einschneidende Veränderungen im Unternehmen gehören. Verwendete Kennzahlen müssen üblich sein und den Vergleich mit den zuletzt genutzten Kennzahlen ermöglichen. Nicht aufgenommen werden sollten hingegen persönliche Statements, Vermutungen und werbliche Aussagen. Ad-hoc-Mitteilungen sollen möglichst knapp gefasst werden und eine Länge von 2.400 Zeichen nicht überschreiten. Zusätzliche Informationen können über kommentierende Pressemitteilungen verbreitet werden. Über die Frage, ob es sich tatsächlich um eine kursrelevante Tatsache handelt, entscheiden die an deutschen Börsen notierten Unternehmen zunächst selbst. Erst im Nachhinein prüft die BaFin, ob ein Unternehmen den Rahmen der gesetzlichen Vorschriften verlassen hat. Eine generelle Vorab-Prüfung des Inhalts findet nicht statt. Das Fachreferat für Ad-hoc-Publizität der BaFin steht Unternehmen nach eigenen Aussagen jedoch für Auskünfte zur Verfügung. Juristisch abgesichert regeln viele Unternehmen ihre Veröffentlichungspflicht über professionelle Anbieter.

V. Veröffentlichung von Übernahmeangeboten und von Übernahmen

Nach dem Wertpapiererwerbs- und Übernahmegesetz (§§ 10, 14 WpÜG) muss ein Unternehmen die Entscheidung zur Abgabe eines Angebotes zum Erwerb von Wertpapieren der Zielgesellschaft und die Angebotsunterlage unverzüglich veröffentlichen. Nach Abgabe des Angebots sind die jeweils erworbenen Aktien wöchentlich und in der letzten Woche des Angebots täglich zu publizieren (§ 23WpÜG). Informiert werden müssen die Börsen, an denen die entsprechenden Wertpapiere bzw. deren Derivate gehandelt werden, die BaFin sowie die Bereichsöffentlichkeit (z.B. über ein überregionales Börsenpflichtblatt oder Onlinedienste).

VI. Weitere Instrumente

Um die Bekanntheit des Unternehmens in der Finanzwelt zu erhöhen, nutzt die Börsenkommunikation Mittel der klassischen Public Relations (Pressemitteilungen, Pressekonferenzen, Journalistenreisen, Hintergrundgespräche mit der Finanz- und Wirtschaftspresse, Wahrnehmen von Speaking Opportunities, Lancieren von Unternehmensportraits und Hintergrundberichten), der Investor Relations (Zielgruppe Aktionäre: entweder direkt über Hauptversammlung, Aktionärsbriefe, Mailings, Geschäftsbericht/Imagebroschüre oder indirekt durch Kontakt zu Börsenbriefen und anderen Börsenmedien, Redaktionen von Finanzseiten im Internet, Einflussnahme auf Diskussionsforen im Internet, Kontakt zu Analysten durch sog. Road Shows, daneben

Hintergrundgespräche mit Redakteuren, Analysten und Fondsmanagern) und Social-Media-Instrumente. Auch der inhaltlichen Gestaltung von Quartals- und Geschäftsbericht über den Pflichtteil hinaus kommt eine wichtige Funktion zu. Neben den Standard-Informationen zu Unternehmen, Aktie und Produkten/Dienstleistungen sollten Unternehmen auch aktuelle Daten zur Branchen- und Marktsituation publizieren. Wichtige aktuelle Unternehmensinformationen sollten an registrierte Interessenten (private wie institutionelle Anleger, Presse, ggf. Blogger) regelmäßig per E-Mail versandt und in spezialisierten Foren veröffentlicht werden. Auch Live-Übertragungen von Presse- und Analystenkonferenzen sowie Hauptversammlungen im Internet und internationale Telefonkonferenzen z.B. für Analysten und Medienvertreter ermöglichen die regelmäßige Weitergabe aktueller Informationen an bestimmte Interessengruppen.

Börsenkrach – starker Kursverfall an den Börsen, der häufig einer Wirtschaftskrise vorausgeht. Am bekanntesten ist der Zusammenbruch der New Yorker Börse 1929, der als Auslöser für die nachfolgende Weltwirtschaftskrise gilt. Der 25.10.1929 wird auch → Schwarzer Freitag genannt. Der 15.9.2008 wird teilweise schon als „Schwarzer Montag" gehandelt. An dem Tag kollabierte die viertgrößte amerikanische Investmentbank Lehman Brothers nachdem staatliche Hilfe und die Hilfe anderer Kreditinstitute verweigert wurde. Die Pleite riss die Börsen unmittelbar weltweit in die Tiefe.

Börsenkurs → Kurs.

Börsenmakler → Kursmakler, → freie Makler, → Skontroführer.

Börsennotierung – Zulassung eines → Wertpapiers zum Handel an einer → Börse. Emittenten börsennotierter Wertpapiere unterliegen den gesetzlichen Zulassungsfolgepflichten. Das beinhaltet z.B. die Pflicht zur Veröffentlichung von Ad-Hoc-Mitteilungen. In Deutschland ist damit der → regulierte Markt (früher → amtlicher und → geregelter Markt) gemeint, nicht aber Unternehmen im → Freiverkehr. – Vgl. auch → Zulassung von Wertpapieren zum Börsenhandel.

Börsenordnung – ist die → Satzung einer → Börse. Grundlegende Festlegungen dazu enthält § 16 BörsG. Danach muss die Börsenordnung die Erfüllung der Aufgaben der Börse bei Wahrung der Interessen des Publikums und des Handels gewährleisten. Dazu dienen u.a. Bestimmungen über (1) den Geschäftszweig der Börse; (2) die Organisation der Börse; (3) die Handelsarten; (4) die Veröffentlichung der Preise und → Kurse sowie der ihnen zugrunde liegenden → Umsätze; (5) eine Entgeltordnung für die Tätigkeit der Skontroführer. Bei → Wertpapierbörsen muss die Börsenordnung zusätzlich Bestimmungen enthalten über (1) die Bedeutung der → Kurszusätze und -hinweise und (2) über die Sicherstellung der Börsengeschäftsabwicklung und die zur Verfügung stehenden Abwicklungssysteme nach Maßgabe des § 21 BörsG. Die Börsenordnung erlässt der Börsenrat. Genehmigung durch die Börsenaufsichtsbehörde ist erforderlich.

Börsenorgane – Nach dem → Börsengesetz (BörsG) sind Börsenorgane der → Börsenrat (§§ 12 ff BörsG; früher: *Börsenvorstand*), die Handelsüberwachungsstelle (§ 7 BörsG), die → Geschäftsführung (§ 15), der Sanktionsausschuss (§ 22 BörsG). Die Einrichtung einer Zulassungsstelle ist nicht mehr vorgeschrieben. Über die Zulassung von → Wertpapieren zum Börsenhandel oder die Einbeziehung entscheidet nunmehr die Geschäftsführung (§ 31 ff. BörsG).

Börsenplätze – Ort, an dem sich eine → Börse befindet. Sieben inländische → Wertpapierbörsen sind in Frankfurt a.M. (Haupthandelsplatz), Düsseldorf, München, Berlin (Börse Berlin und seit Mai 2009 Tradegate Exchange), Hamburg/Hannover und Stuttgart (Regionalbörsen) tätig. Die Bremer Börse wurde zur Mitte 2007 aufgelöst. Nach der Orderbuchstatistik umfasst das Umsatzvolumen der Frankfurter Börse mehr als 90 Prozent des gesamten Umsatzvolumens für Aktien und Anleihen der dt. Wertpapierbörsen. Daneben gibt es am Börsenplatz Frankfurt eine Finanzterminbörse (→ EUREX) und am Börsenplatz Hannover eine Warenbörse (RMX). Im internationalen Vergleich wird jeweils der größte Börsenplatz eines Landes mit dem bekanntesten Börsenindex herangezogen. – Vgl. → DAX, siehe auch → Marktkapitalisierung im Vergleich.

Börsenpreis – 1. *Begriff:* im → Börsengesetz (BörsG) definiert als Preise, die während der Börsenzeit an einer → Börse festgestellt werden. Für Preise im Freiverkehr gilt dies, wenn sie während der Börsenzeit an einer → Wertpapierbörse ermittelt werden (§ 24 BörsG). Die Preise müssen ordnungsmäßig zustande kommen und der wirklichen Marktlage des Börsenhandels entsprechen. D.h. den Handelsteilnehmern müssen ausreichend Informationen vorliegen und damit Transparenz und Chancengleichheit gewahrt werden. – 2. *Börsenpreisfeststellung:* Für die Einstufung als Börsenpreis ist es unerheblich, ob der Preis durch einen Börsenmakler oder im elektronischen Handel festgestellt wurde. – 3. *Arten des Börsenpreises für Wertpapiere:* a) *Für am Kassamarkt abgeschlossene Geschäfte werden folgende* → Kassakurse gebildet: (1) *Einheitskurs:* Dieser wird vom Skontroführer im Präsenzhandel so festgelegt, dass der größte Umsatz bei größtmöglichem Ausgleich aller vorliegenden Aufträge stattfindet, er wird für wenig liquide Werte gerechnet, die nicht am fortlaufenden Handel teilnehmen. (2) *Eröffnungs- und Schlusskurse:* Diese werden für fortlaufend geltende Werte im Präsenzhandel durch den Skontroführer, im elektronischen Handel in Auktionen nach dem Prinzip des Einheitskurses (gerechnete Kurse) ermittelt. (3) *Variable Kurse:* Das sind die durch laufende Zusammenführung von Angebot und Nachfrage entstehenden Preise im fortlaufenden Handel. – b) Für die Geschäftsabschlüsse in → Termingeschäften werden Terminkurse gebildet. – Vgl. auch → Kurs, → Kursfeststellung.

Börsenrat – Organ an → Börsen, das an die Stelle des früheren Börsenvorstands getreten ist. Im Börsenrat müssen die zur Teilnahme am Börsenhandel zugelassenen Kreditinstitute einschließlich der Wertpapierhandelsbanken, die zugelassenen Finanzdienstleistungsinstitute und sonstigen zugelassenen Unternehmen, die Skontroführer, die Emittenten, die zur Teilnahme am Börsenhandel zugelassenen Kapitalanlagegesellschaften sowie die Anleger vertreten sein. Die höchstens 24 Mitglieder werden auf drei Jahre gewählt. Dem Börsenrat obliegt insbesondere (1) der Erlass der → Börsenordnung, der Bedingungen für Geschäfte an der Börse, der Gebührenordnung und der Zulassungsordnung für Börsenhändler; (2) die Bestellung und Abberufung der Geschäftsführer; (3) die Überwachung der Geschäftsführung; (4) der Erlass einer Geschäftsordnung für die Geschäftsführung; (5) die Bestellung oder Wiederbestellung des Leiters der Handelsüberwachungsstelle (vgl. § 12 BörsG).

Börsenspekulation → Spekulation.

Börsenteilnehmer → Börsenhandelsteilnehmer.

Börsentermingeschäfte → Termingeschäfte.

Börsenumsatzsteuer – eine → Kapitalverkehrsteuer, besteuerte bes. die dem Ersterwerb folgenden Umsätze von Gesellschaftsrechten an Kapitalgesellschaften (z.B. Aktienerwerb an Börsen, Erwerb von GmbH-Anteilen vom Vorbesitzer). Zur Beseitigung des Wettbewerbsnachteils der dt. Finanzmärkte wurde die Börsenumsatzsteuer zum 1.1.1991 abgeschafft. In den USA und in anderen Staaten besteht die Börsenumsatzsteuer weiterhin. Das Aufkommen der Börsenumsatzsteuer betrug 1990 (umgerechnet) 422,3 Mio. Euro.

Börsenusancen – die für die Durchführung der → Börsengeschäfte bestehenden → Handelsbräuche, die meist gewohnheitsmäßig entstanden, aber fast durchweg durch Anordnungen und Vorschriften fixiert sind. – Vgl. auch → Börsenordnung.

Börsenvorstand → Börsenrat.

Börsenzulassung von Wertpapieren → Zulassung von Wertpapieren zum Börsenhandel.

BOSeeA – Abk. für das frühere *Bundesoberseeamt*. Jetzt: → Bundesamt für Seeschifffahrt und Hydrographie.

bösgläubiger Erwerb – nach §§ 932 ff. BGB Erwerb, bei dem der Erwerber weiß oder nur infolge → grober Fahrlässigkeit nicht weiß, dass der Veräußerer nicht Eigentümer der Sache ist. – *Gegensatz:* → gutgläubiger Erwerb.

BOT → BOOT.

Botschaft → Auslandsvertretung.

Bottom-of-the-Pyramid-Marketing – *BoP-Marketing;* marktorientierte Unternehmensführung in sog. Bottom-of-the-Pyramid-Ländern, d.h. → Entwicklungs- und → Schwellenländern. Seit der Jahrtausendwende wird verstärkt darauf aufmerksam gemacht, dass es Anpassungen der → Marketingstrategien und -maßnahmen multinational tätiger Unternehmen bedarf, um die Armutsproblematik in BoP-Ländern zu lösen und damit zugleich Wachstumsmärkte der Zukunft zu erschließen. Hierdurch soll ein Wandel vom klassischen Spendenmodell in der → Entwicklungshilfe hin zu einem nachfrager- und marktbezogenen Ansatz gefördert werden. Marketingkonzepte für BoP-Märkte setzen bei der gezielten Analyse der Bedürfnisse armer Bevölkerungsgruppen und der Förderung ihrer Transaktionsfähigkeit durch Integration ärmerer Nachfrager (*empowerment of the power*) in die Wertschöpfungskette von Unternehmen an. Dies erfordert eine grundlegende Anpassung der Marketingstrategien und -instrumente.

Bottom-up-Entwurf – Entwurfsreihenfolge bei der → Systemanalyse und dem → Software Engineering nach dem → Bottom-up-Prinzip.

Bottom-up-Planung – 1. *Begriff:* Hierarchisches Planungsprinzip; von unten nach oben. – 2. *Merkmale:* Die einzelnen Organisationseinheiten stellen für ihre Verantwortungsbereiche Detailpläne aufstellen, die im Rahmen der Planung der übergeordnet Planungseinheit dann koordiniert werden. Im Gegensatz dazu steht das → Top-down-Prinzip.

Bottom-up-Prinzip – Prinzip zur Vorgehensweise bei der Problemlösung. – 1. *Grundidee:* Zunächst werden abgegrenzte, detaillierte Teilprobleme gelöst, mit deren Hilfe dann größere, darüber liegende Probleme etc. Die einzelnen Teillösungen werden von „unten" nach „oben" zusammengesetzt, bis das Gesamtproblem gelöst ist. – 2. *Anwendung:* a) Beim Entwurf von → Softwaresystemen, indem mit dem Entwurf elementarer Operationen und Funktionen zur Verwaltung der benötigten → Daten begonnen wird, diese dann auf einer höheren Abstraktionsebene für komplexere Probleme bzw. → abstrakte Datenstrukturen benutzt werden etc.; häufig in Kombination mit dem → Top-Down-Prinzip angewendet. – b) Als Vorgehensweise beim *Integrationstest* (→ Testen). – c) Als Vorgehensweise bei der → Unternehmensplanung.

Boulding – Kenneth Ewart, 1910–1993, aus England stammender, seit den 1930er-Jahren in den USA lebender Nationalökonom und Philosoph, der zuletzt an der University of Colorado lehrte. Bouldings Werke fanden v.a. in den 1980er- und 1990er-Jahren große Beachtung in der ökologischen Ökonomik (→ Raumschiff-Ökonomik). Boulding gilt unter den modernen Nationalökonomen als origineller Denker und skurriler Außenseiter zugleich, der auch als Pazifist, Ökologe und schöngeistiger Schriftsteller von sich reden machte. Einen Eindruck von seiner enormen geistigen Spannweite vermittelt sein Buch „Beyond Economics: Essays on Society, Religion, and Ethics" (1968).

Bourgeoisie – 1. Im Frankreich des 18. Jh. Bezeichnung für das städtische Bürgertum, das zugleich im Besitz des Produktivvermögens war. – 2. Bezeichnung des → Marxismus für die Unternehmer, d.h. die Eigentümer der Produktionsmittel (→ Klassentheorie).

Boutique → Betriebsform des Handels; → Laden, der auf geringer Verkaufsfläche in innerstädtischen Haupt- oder Nebenlagen mittels meist aufwendig gestalteter Ladenatmosphäre ein begrenztes, auf die jeweilige Zielgruppe ausgerichtetes Sortiment (meist Kleidung, Schmuck) anbietet. Wegen der vorwiegend modischen Ausrichtung häufiger Wechsel im Sortiment und vielfach hohes Preisniveau. – Boutiquen gibt es auch in → Warenhäusern gemäß dem Shop-in-Shop-Prinzip (→ Shop in the Shop).

Bowley's Law – In der wirtschaftswissenschaftlichen Theorie findet sich eine ganze Reihe von sog. „ökonomischen Konstanten", gelegentlich auch als „great magnitudes in economics" bezeichnet. Diese Größen werden im langfristigen empirischen Zeitablauf als relativ stabil angesehen. – Die Aufnahme der → Lohnquote in die Sammlung konstanter ökonomischer Größen lässt sich wesentlich auf die Arbeiten Arthur L. Bowleys (1869-1957) zu Beginn des 19. Jahrhunderts in Großbritannien zurückführen, der als Mathematiker, Statistiker und Ökonom in Großbritannien tätig war. Die Bezeichnung *Bowley's Law* für das Gesetz der konstanten Lohnquote findet sich erstmals 1964 in dem einflussreichen Lehrbuch *Economics* von Paul A. Samuelson. Die Existenz von Bowley's Law ist aus empirischen und methodischen Gründen jedoch fragwürdig, spielte aber dennoch eine bedeutsame Rolle bei der Herausbildung der maßgeblichen Verteilungstheorien.

Bowleysches Dyopol – oligopolistisches Preisbildungsmodell, in dem beide Anbieter die Unabhängigkeitsposition beziehen. Dieses Modell führt zu keiner Gleichgewichtslösung. Es kommt zum Machtkampf und zu ruinöser Konkurrenz. – Vgl. auch → oligopolistische Preisbildung.

Box-Cox-Transformation – von Box und Cox (1964) vorgeschlagene Transformation, die von einem Parameter, der aus den Daten geschätzt werden kann, abhängt. Box-Cox-Transformationen dienen u.a. zur → Spezifikation und Auswahl der Funktionsform ökonometrischer Modellgleichungen. Sie enthalten auch als Spezialfälle das lineare und das logarithmisch lineare → Regressionsmodell.

Box-Jenkins-Verfahren – Grundvoraussetzung für die Anwendung des Verfahrens ist → Stationarität. Sie ist ggf. durch geeignete Transformation der betrachteten Variablen Y (z.B. Bildung von → Differenzen) herzustellen, was die neue Variable Y* liefert. Das allg. Modell für Y* kann dann als

$$Y_t^* = \phi_1 Y_{t-1}^* + \phi_2 Y_{t-2}^* + \ldots + \phi_p Y_{t-p}^* + \epsilon_t + \theta_1 \epsilon_{t-1} + \theta_2 \epsilon_{t-2} + \ldots + \theta_q \epsilon_{t-q}$$

formuliert werden, wobei die f und q unbekannte Parameter und die e unabhängig und identisch normalverteilte → Störterme mit Erwartungswert null sind. Diese Form wird auch als → ARIMA(p,d,q)-Prozess (engl. *Autoregressive Integrated Moving Average, ARIMA*) bezeichnet, wobei p für die Anzahl der verzögerten Werte von Y*, d für die Anzahl der Differenzierungen zur Herstellung der Stationarität bzw. den → Integrationsgrad und q die Anzahl der verzögerten Störterme beschreiben. Aus dem Box-Jenkins-Verfahren erwachsen die → AR(p)-Prozesse, → MA(q)-Prozesse und → ARMA(p,q)-Prozesse. – In der Literatur diskutierte Vergleiche für mikro- und makroökonomische Variablen stellen die Leistungsfähigkeit und relative Treffsicherheit des Box-Jenkins-Verfahren bes. bei Kurzfristprognosen heraus.

Box-Pierce-Test – von Box und Pierce (1970) vorgeschlagenes Testverfahren zur Prüfung der Nullhypothese, dass alle Autokorrelationskoeffizienten einer Variablen bis zu einem bestimmten Lag k gleich null sind, gegenüber der Alternativhypothese, dass mind. einer von null verschieden ist. – Die Teststatistik, welche sich als Produkt aus dem Stichprobenumfang und der Quadratesumme der interessierenden k geschätzten Autokorrelationskoeffizienten ergibt, folgt bei korrekter Nullhypothese und bei großen Stichprobenumfängen approximativ einer Chi-Quadrat-Verteilung mit k Freiheitsgraden. Überschreitet der Wert der Teststatistik den kritischen Wert aus der Chi-Quadrat-Verteilung, kann die Nullhypothese abgelehnt werden.

Box-Plot – graphische Darstellung in der beschreibenden Statistik (→ deskriptive Statistik) zur Veranschaulichung von Lage- und Streuungsmaßen zu einem metrischen Datensatz (insbesondere unteres und oberes → Quartil, → Median, → arithmetisches Mittel, Quartilsabstand, → Spannweite). Box-Plots sind besonders zum schnellen und direkten Vergleich mehrerer Datensätze geeignet.

Boykott – I. Allgemein: Verabredung, Kontakte mit einer Person zu vermeiden und v.a. keine Verträge mit ihm abzuschließen.

II. Außenwirtschaft: Außenwirtschaftlich gesehen ist ein Boykott ein privatwirtschaftlich organisierter Abbruch der Wirtschaftsbeziehungen, indem bestimmte Produkte eines Herstellers oder eines Staats nicht mehr gekauft oder Kunden bzw. Länder nicht mehr beliefert oder bedient werden. Im Arabienhandel müssen Exporteure häufig eine Boykotterklärung gegen Israel abgeben (die nach dt. Außenwirtschaftsrecht nicht zulässig ist, sodass man in der Praxis als Kompromiss zu Umschreibungen greift) (sog.

Sekundärboykott). Im Sprachgebrauch wird die Abgrenzung zwischen Boykott und → Embargo oft verwischt: Ein Boykott ist privatwirtschaftlich, ein Embargo staatlich organisiert.

III. Arbeitsrecht: 1. *Begriff:* Maßnahme des → Arbeitskampfes; Aufforderung durch Arbeitgeber oder mehrere Arbeitnehmer oder deren Verbände (Boykottierer) an Dritte (Boykottanten), Vertragsabschlüsse mit einer Partei des Arbeitslebens (Boykottierter) zu meiden, damit die Boykottierer einen bestimmten Kampfzweck erreichen. – *Beispiel:* Eine Gewerkschaft fordert ihre Mitglieder auf, mit einem bestimmten Arbeitgeber keine Arbeitsverträge abzuschließen. – 2. *Rechtmäßigkeit* eines Boykotts: Es gelten dieselben Grundsätze wie für die Rechtmäßigkeit eines → Streiks oder einer → Aussperrung. – 3. *Rechtsfolge:* Ist ein Boykott rechtswidrig, kann der Boykottierte gegen schuldhaft handelnde Boykottierer Schadensersatzansprüche geltend machen.

IV. Wettbewerbsrecht: → Behinderungswettbewerb.

BPatG – Abk. für → Bundespatentgericht.

BpB – Abk. für → Bundeszentrale für politische Bildung.

BPjM – Abk für → Bundesprüfstelle für jugendgefährdende Medien.

Bps – je nach Definition Abk. für *Bytes per Second* oder *Bits per Second* (dann i.d.R. *bps*); Maß für die Geschwindigkeit der Übertragung binär dargestellter → Daten (→ binäre Darstellung). Gibt die Anzahl der in einer Sekunde übertragenen Bytes bzw. Bits an.

Brachzeit – *Stillstandzeit;* nach → REFA-Verband für Arbeitsstudien, Betriebsorganisation und Unternehmensentwicklung e. V. Teil der Betriebsmittel-Grundzeit, erfasst das planmäßige erholungsbedingte und ablaufbedingte Unterbrechen der Nutzung eines Betriebsmittels.

Brady-Initiative – Vorschlag des US-Finanzministers N. Brady vom April 1989 zur Lösung der internationalen Verschuldungskrise nach dem Scheitern des → Baker-Plans. – Die Brady-Initiative sah einen substanziellen Abbau der Altschulden bzw. des Schuldendienstes vor. Die Beteiligten konnten aus *drei Alternativen* wählen: Rückkauf von Schuldtiteln (→ Debt-Conversion-Programm), Tausch von Schuldtiteln gegen Beteiligungskapital (Debt Equity Swap) oder Tausch gegen Schuldtitel mit niedrigeren Zinsen oder längeren Laufzeiten (Debt Bond Swap). – *Bedingung für Umschuldungen* nach der Brady-Initiative war ein → Strukturanpassungsprogramm (SAP) des Schuldnerlandes. In den 1980er-Jahren wurde die Brady-Initiative durch die umfassendere → HIPC-Initiative abgelöst.

Braindrain – 1. *Begriff:* Emigration von Arbeitskräften, die dem Abwanderungsland Kenntnisse und Fertigkeiten, d.h. in den Menschen inkorporiertes → Humankapital, entzieht. Bes. in Ländern der Dritten Welt wird der Braindrain als entwicklungsbeeinträchtigender Faktor angesehen (→ Kontereffekt). – 2. *Ursachen* sind exogene Faktoren (z.B. bessere Arbeitsbedingungen und Entlohnung in den Industrieländern) und endogene Faktoren (z.B. den Opportunitätskosten nicht entsprechende Entlohnung, politische Instabilität, Diskriminierung und Unterdrückung bis hin zur Verfolgung Intellektueller). – 3. *Wirkungen* für das Abwanderungsland: a) mögliche *negative Wirkungen* u.a.: (1) Rückgang der Produktivität der verbliebenen Arbeitskräfte und sonstigen Produktionsfaktoren aufgrund gestärkter komplementärer Beziehungen; (2) Entfallen externer Erträge, die von den Emigranten erzeugt und mit der Entlohnung nicht abgegolten wurden; (3) Entfallen eventueller bisher von den Emigranten geleisteter Transferzahlungen zugunsten von Inländern; (4) nicht abgegoltene, vom Abwanderungsland getragene Ausbildungskosten, deren Erträge dem Zuwanderungsland zufallen. – b) Mögliche *positive Wirkungen* u.a.: (1) Teilhabe des Heimatlandes an von dem Abgewanderten im Ausland erzielten Forschungsergebnissen (Tropenmedizin, Agrarforschung u.a.); (2) bei temporärer Abwanderung unentgeltlicher Zustrom von Humankapital bei der Rückkehr ins Heimatland durch zusätzliche Qualifikation im Ausland; (3) im Fall der „Produktion" von Akademikerüberschüssen (wie in einigen Entwicklungsländern) Entlastung des Arbeitsmarktes, politische Stabilisierung und u.U. auch Entlastung des Staatshaushalts (z.B. wenn durch die Abwanderung überschüssige Arbeitskräfte aus dem öffentlichen Sektor abgezogen werden).

Brainstorming – 1. *Begriff:* → Kreativitätstechnik, bei der mehrere Personen nach bestimmten Regeln in einer Gruppe Lösungsalternativen sammeln. – 2. *Ablauf:* a) Dem Brainstorming wird eine Problemanalyse vorangestellt, aus der eine Fragestellung entwickelt wird. – b) Der Moderator stellt die Fragestellung vor und gibt die Regeln bekannt. – c) Während der Sitzung motiviert der Moderator die Teilnehmer zur Abgabe von Ideen, achtet auf die Einhaltung der Regeln und protokolliert die Ideen und Diskussionen. – d) Nach der Sitzung werden die gesammelten Ideen geordnet und protokolliert. Diese werden anschließend an die Gruppe oder Experten zur weiteren Entwicklung und Ausarbeitung versandt. – *3. Regeln:* a) Freies Spiel der Gedanken ist erwünscht, jede Idee ist willkommen. – b) Die Quantität und nicht die Qualität oder Realisierbarkeit der Vorschläge ist das entscheidende Kriterium. – c) Ideen der Anderen sollen aufgenommen und weiterentwickelt werden, es gibt kein Urheberrecht auf Ideen. – d) Killerphrasen, Kritik und Selbstkritik an den genannten Ideen sind streng verboten. – *4. Kritik:* Obwohl diese Methode vielfach eingesetzt wird, scheint sie doch hinsichtlich Anzahl und Qualität der gesammelten Ideen schlechter zu sein als Methoden, bei denen zunächst in Einzelarbeit Ideen gesammelt werden, mit denen dann in der Gruppe weitergearbeitet wird. Beim

Brainstorming wird gesprochen, beim Brainwriting werden schriftliche Impulse weiterentwickelt.

Branch-and-Bound-Verfahren – 1. *Begriff:* Verfahren des → Operations Research (OR) zur exakten, d.h. optimalen Lösung eines (häufig schweren) kombinatorischen Optimierungsproblems (endliche Anzahl unabhängiger Variablen mit diskretem Wertevorrat). – 2. *Vorgehensweise:* Der → Algorithmus verwendet das Prinzip der Aufteilung und Begrenzung des Lösungsraumes. Durch fortwährende Aufteilung des ursprünglichen Problems entsteht eine Baumstruktur, der Branch-and-Bound-Baum. Schritte in jedem Knoten des Baums: a) Lösung einer Relaxation, häufig der LP-Relaxation, bei der die Ganzzahligkeitsbedingungen auf den Variablen zunächst weggelassen werden. Folgende Fälle können eintreten: i) die Lösung ist ganzzahlig (dann ist ggf. eine neue beste bekannte zulässige Lösung gefunden; der Knoten muss nicht mehr weiter betrachtet werden); ii) die Lösung ist unzulässig, dann muss der Knoten nicht mehr weiter betrachtet werden; iii) die Lösung hat noch fraktionale, d.h. nicht-ganzzahlige Variablenwerte, obwohl diese ganzzahlig sein sollten. – b) *Branch (Verzweigung):* Eine fraktionale Variable wird ausgewählt und zwei neue Teilprobleme gebildet, indem dieser Variablen einmal der nächstgrößere ganzzahlige Wert zugewiesen wird und einmal der nächstkleinere ganzzahlige Wert. Die Auswahl der Variablen erfolgt durch eine Verzweigungsregel (Branchingregel). – c) *Bound (Schranke):* Falls die aus der Relaxation gewonnene (sog. duale) Schranke schlechter (d.h. bei einem Minimierungsproblem größer) ist als der Wert einer besten bisher bekannten zulässigen Lösung (sog. primale Schranke), muss der Knoten nicht mehr weiter betrachtet werden. Das Optimum ist erreicht, wenn keine Knoten des Baum mehr offen sind, d.h. noch fraktionale Variablen aufweisen, aber noch nicht verzweigt wurde. – Die *Laufzeit eines Branch-and-Bound-Verfahrens* hängt wesentlich von der Qualität der Schranken ab. Für die primale Schranke werden zusätzlich Heuristiken eingesetzt, die duale Schranke hängt von der Qualität der Relaxation ab und wird oft durch zusätzliche Schnittebenen verschärft. Im schlimmsten Fall entartet der → Algorithmus zu einer → vollständigen Enumeration. – 3. *Anwendung:* Prinzipiell ist der → Algorithmus u.a. auf alle diskreten Probleme anwendbar, v.a. auf gemischt-ganzzahlige Programme oder das Traveling-Salesperson-Problem.

Branche – Sammelbezeichnung für Unternehmen, die weitgehend substituierbare Produkte oder Dienstleistungen herstellen (bspw. Automobilbranche, Elektronik, Pharmaindustrie). Als weitere Abgrenzungskriterien können die eingesetzte Fertigungstechnik oder die verwendeten Grundmaterialien herangezogen werden. Umfängliche Branchenklassifikationen werden von verschiedenen statistischen Ämtern erstellt (vgl. → Wirtschaftszweigsystematiken). – Vgl. → Wirtschaftszweig.

Branchenabkommen – 1. *Begriff:* Kooperative, freiwillige Absprache zwischen den Unternehmen einer Branche und der Umweltbehörde, bei der Unternehmen und Verbände eigenverantwortlich Maßnahmen ergreifen, um von außen gesetzte Ziele zu erreichen; nicht-fiskalisches Instrument der → Umweltpolitik. – 2. *Vorteile:* a) Berücksichtigung der jeweiligen unternehmensspezifischen, regionalen Umweltbedingungen. – b) Vermeidung eines langwierigen Gesetzgebungs- und Verordnungsprozesses. – c) Harmonische Integration in die Handlungsabläufe der Wirtschaft. – 3. *Nachteile:* a) Gefahr einer punktuellen Umweltpolitik. – b) Mangelnde Wirksamkeit rechtlich unverbindlicher Branchenabkommen.

Branchenanalyse → Wettbewerbsstrategie.

Branchenattraktivität – *Marktattraktivität;* eine in der → Portfolio-Analyse verwendete Dimension (Marktattraktivität-Wettbewerbsvorteil-Portfolio), die zum Ausdruck bringt, wie attributiv eine Branche für Aktivitäten des Unternehmens erscheint. – *Kriterien der Branchenattraktivität:* Marktwachstum, Marktgröße, Marktqualität, Versorgungslage bez. → Ressourcen, sonstige Umweltsituation.

Branchenbeobachtung – laufende Messung der wirtschaftlichen Aktivitäten in einzelnen Branchen, wie z.B. Maschinenbau, Automobilindustrie, Bauwirtschaft etc. Dient v.a. der Konjunkturbeobachtung. – Vgl. auch → Konjunkturdienst.

Branchenkennziffer – statistische Messzahl, mit der die Leistungsfähigkeit eines Wirtschaftszweiges oder von Unternehmungen, die zu einem Marktverbund zusammengeschlossen wurden, dargestellt wird, sodass z.B. der → Marktanteil einzelner Betriebe ersichtlich ist.

Branchenlebenszyklus → Lebenszyklus.

Branchensoftware – Softwareprodukte in der betrieblichen Datenverarbeitung, die auf den Einsatz in speziellen Branchen ausgerichtet sind, z.B. Banksoftware etc.

Branchenstatistik – primär- oder sekundärstatistische (→ Primärstatistik, → Sekundärstatistik) Erfassung der Wirtschaftsvorgänge für Wirtschaftszweige (Branchen) insgesamt, die dem zwischenbetrieblichen Vergleich (→ Betriebsvergleich), bes. auch in der → Marktbeobachtung, dienen kann. – 1. *Amtliche Statistik,* bes. Statistik im Produzierenden Gewerbe in Regional- und Wirtschaftsgliederung: Für die Marktbeobachtung aufschlussreich sind v.a. Angaben über Inlands- und Auslandsumsatz und über Produktionsmengen der wichtigsten Güter. – 2. *Verbandsstatistik:* Erfassung des Gesamtangebots und (bei entsprechender Offenlegung durch die Mitglieder) des Gesamt-Auftragsbestands sowie der gesamten Nachfrage in den Wirtschaftszweigen für → Absatzmarktforschung, Konkurrenzerkundung und in Verbindung mit der betrieblichen → Marktbeobachtung auch für die Kontrolle des eigenen → Marktanteils.

Branchenstruktur → sektorale Wirtschaftsstruktur.

Branchen-Wettbewerbsvorteils-Matrix → Wettbewerbsvorteils-Matrix.

Brand → Feuer, das ohne einen bestimmungsgemäßen Herd entstanden ist oder ihn verlassen hat und das sich aus eigener Kraft auszubreiten vermag. Wesentliche versicherte Gefahr in der → Feuerversicherung.

Brand Attachement – beschreibt eine zeitlich stabile, intrinsische Bereitschaft (*trait*), sich an Marken zu binden. Diese Neigung wird über Bindungserfahrungen erworben und resultiert in spezifischen Verhaltensweisen. Diese Verhaltensweisen sind die menschliche Bemühung, Nähe von anderen Menschen zu bekommen und sie aufrechtzuerhalten. Diese Nähe kann sich neben Menschen auch auf → Objekte, → Produkte oder → Marken beziehen.

Brand Community – 1. *Begriff*: Community, bei der eine → Marke den zentralen Fokus eines organisierten, sozialen Netzwerkes bildet. – 2. *Merkmale*: Häufig nutzen die Mitglieder von Brand Communities virtuelle Kommunikationsformen, um miteinander in Interaktion zu treten. Ebenso wichtig können physische Treffen sein, die als gemeinsame → Events organisiert werden. Brand Communities treten meist als Mischform aus virtueller und physischer Gemeinschaft auf. Brand Communities können sowohl vom Unternehmen als auch von Kunden initiiert werden. Im letztgenannten Fall ist die Einflussnahme vom Unternehmen eher beschränkt. Meist wird versucht, durch bestimmte Formen der Unterstützung vonseiten der Unternehmen (z.B. Weitergabe spezifischer Informationen usw.) einen positiven Einfluss zu nehmen. Brand Communities lassen sich durch das → Internet aufbauen und gezielt steuern – 3. *Beispiel*: Harley Davidson Owners Group. – Vgl. auch → Community.

Branded Goods → Markenartikel.

Brand Identity → Markenidentität.

Brand Image → Markenimage.

Brandland – bezeichnet örtlich gebundene Zentren, Ausstellungen und Themenparks, die eine → Marke und ihre → Produkte für ihre Kunden direkt und meist interaktiv erlebbar machen. Es handelt sich um Kunstwelten, die die Möglichkeiten und Facetten einer Marke plastisch verdeutlichen. Brandlands sind im Gegensatz zu Messeständen oftmals architektonisch aufwendiger und eindrucksvoller gestaltet. – *Beispiele*: Autostadt der Volkswagen AG in Wolfsburg, Markenwelt von BMW, Swarovski-Kristallwelt, Nivea-Haus in Hamburg, Legoland, Maggi-Kochstudio. – Vgl. auch → Flagship Store.

Brand Reframing – 1. *Begriff*: Veränderung der konzeptuellen und/ oder emotionalen Sichtweise, in der eine → Marke erlebt wird. – 2. *Methodik*: Die Marke wird in einen neuen Rahmen (*frame*) gesetzt, der die Markeneigenschaften der gleichen Marke ebenso gut oder sogar besser repräsentiert und dadurch die komplette Bedeutung der Marke verändert. – 3. *Ziele*: Die Perspektivenerweiterung und der Überraschungseffekt, die durch einen Rahmenwechsel erzielt werden können, erweisen sich als wirkungsvolle Kommunikationstechnik. – 3. *Arten*: (1) *Kontext-Reframing*: geht davon aus, dass jede Markeneigenschaft nur in ihrem Kontext (Situation) eine Bedeutung erhält. Ziel hierbei ist, die Marke in einem Kontext zu kommunizieren, in dem der Betrachter ihre Bedeutung ebenso nützlich oder noch nützlicher bewertet. (2) *Bedeutungs-Reframing*: Im Gegensatz zum Kontext-Reframing wird nicht die Situation verändert, sondern die Perspektive, aus der eine bestimmte Markeneigenschaft betrachtet wird und dadurch ihre Bedeutung erhält. Der Perspektivenwechsel bietet vielfältige Möglichkeiten, Markeneigenschaften für den Betrachter als → Innovationen erlebbar zu machen und ohne den Kern der Marke zu verändern.

Brandschaden → Brand.

Brandt-Kommission – nach ihrem Vorsitzenden W. Brandt benannte *Unabhängige Kommission für internationale Entwicklungsfragen*, die 1977 auf Vorschlag des damaligen Weltbankpräsidenten R. McNamara ins Leben gerufen wurde. Sie bestand aus sieben Mitgliedern der Industrie- und zehn Mitgliedern der Entwicklungsländer. – Ihr *Auftrag* lag in der Ausarbeitung von Vorschlägen zur beschleunigten Entwicklung der Dritten Welt. Der erste Bericht (Das Überleben sichern; 1980) gab Anregungen zur Umgestaltung der internationalen Wirtschaftsbeziehungen. Der zweite Bericht (Hilfe in der Weltkrise; 1982) beschäftigte sich mit der → Auslandsverschuldung der Entwicklungsländer.

Branntwein – alkoholisches Getränk (ca. 30–60 Prozent Alkohol), gewonnen aus gegorenen Flüssigkeiten durch Destillation (Brennen). Ausgangsstoffe sind z.B. vergorene Trauben (Kognak); vergorene Obstsäfte (z.B. Kirschwasser); Zuckerrohrmelasse (Rum); Gersten-, Weizen-, Roggenmalz (Korn, Whisky). – *Branntweinbesteuerung in der Bundesrepublik Deutschland* setzt sich zusammen aus Branntweinmonopolabgabe (→ Branntweinmonopol) und → Branntweinsteuer.

Branntweinabgabe → Branntweinsteuer.

Branntweinmonopol – 1. *Begriff*: staatliches Monopol auf Übernahme, teilweise Herstellung, Einfuhr, Reinigung und Verwertung von Branntwein sowie den Handel mit unverarbeitetem → Branntwein. In der Bundesrepublik Deutschland einziges → Finanzmonopol. Branntweinmonopol und → Branntweinsteuer kennzeichnen die Branntweinbesteuerung in der Bundesrepublik Deutschland. – *Gesetzlich geregelt* im Branntweinmonopolgesetz (BranntwMonG) vom 8.4.1922 (RGBl. I 335, 405) m.spät.Änd.

und dazu erlassenen Ausführungsbestimmungen: Brennereiordnung (BO), Branntweinverwertungsordnung (VwO), Branntweinzählordnung (ZO) sowie Gesetz über Errichtung der Bundesmonopolverwaltung für Branntwein vom 8.8.1951 (BGBl. I 491). – Vgl. auch → Bundesmonopolverwaltung für Branntwein (BfB), Branntweinmonopolverordnung (BrMV) und Branntweinsteuerverordnung (BrStV). – 2. *Ziele:* Im Gegensatz zur Branntweinsteuer verfolgt das Branntweinmonopol vorwiegend keine fiskalischen, sondern agrar- und mittelstandspolitische Ziele. Damit ist das dt. Branntweinmonopol kein eigentliches Finanzmonopol, sondern eher ein Marktordnungsmonopol. Durch entsprechend hoch angesetzte Ankaufspreise (Übernahmepreise) für den ablieferungspflichtigen Branntwein erreicht die Monopolverwaltung, die jährlich aus dem Bundeshaushalt bezuschusst wird, eine Subventionierung der Ablieferer. – Beim Verkauf des Branntweins belastet die Monopolverwaltung den Käufer im Verkaufspreis mit der (nach den Verwendungsarten unterschiedlich hohen) Branntweinsteuer, die sie an die Bundeskasse abführt. Eingeführter Branntwein unterliegt dem Monopolausgleich. – 3. *Teilmonopole:* a) *Übernahmemonopol:* Ablieferungszwang für Branntwein, der im Inland in Eigenbrennereien hergestellt wird, ausgenommen: (1) Kornbranntwein, soweit er nicht in Verschlussbrennereien außerhalb des Jahreskornbrennrechts hergestellt wird, (2) Branntwein aus Obst im Sinn des § 27 BranntwMonG oder aus Stoffen im Sinn des § 21 Nr. 2 BranntwMonG, (3) der in Abfindungsbrennereien hergestellte Branntwein. (4) Branntwein aus Bier und Rückständen der Bierbereitung (§ 76 BranntwMonG). Übernahme erfolgt nach bestimmten Vorschriften durch Beamte der Zollverwaltung. – (b) *Herstellungsmonopol:* beschränkt auf Verarbeitung solcher Stoffe (Zellstoff, Ablaugen der Zellstoffgewinnung, Kalziumkarbid, Holz), für die vor dem 1.10.1914 keine gewerbliche Gewinnung von Branntwein bestand (Monopolbrennereien). – (c) *Einfuhrmonopol:* erstreckt sich auf Branntwein, ausgenommen Rum, Arrak, Kognak und Liköre; Einfuhr durch Dritte ist grundsätzlich verboten. Bei Einfuhr von Branntwein und weingeisthaltigen Erzeugnissen wird neben dem Zoll eine Einfuhrsteuer auf Branntwein und weingeisthaltige Erzeugnisse (Monopolausgleich) erhoben, deren Höhe der inländischen Steuerbelastung des Branntweins entspricht und danach gestaffelt ist, zu welchem Preis die eingeführten Erzeugnisse im Inland aus Branntwein hätten hergestellt werden können. Durch das Einfuhrmonopol kann die Monopolverwaltung ausländischen Branntwein zur Deckung des Bedarfs im Monopolgebiet heranziehen bzw. unerwünschte Einfuhr verhindern. Das Einfuhrmonopol gilt nicht für Branntwein aus dem zollrechtlich freien Verkehr eines EU-Mitgliedsstaates. – (d) *Reinigungsmonopol* mit folgenden Ausnahmen: (1) Reinigung des der Deutschen Kornbranntwein-Verwertungsstelle überlassenen Kornbranntweins sowie des selbsterzeugten ablieferungsfreien Branntweins der Brennereien, jedoch nicht zur Herstellung von neutralem Sprit; (2) Reinigung des in Verschlussbrennereien selbst gewonnenen, unter Ablieferungszwang stehenden Branntweins unter Verschluss. – (e) *Handelsmonopol:* bestimmt die Bezugsbedingungen für den der Monopolverwaltung nicht vorbehaltenen Teil der Verwertung von Branntwein, also (1) wenn er von der Monopolverwaltung geliefert oder mit ihrer Erlaubnis eingeführt wurde, bes. bez. der Einhaltung von Preisvorschriften sowie (2) Entrichtung der vollen Steuer, des Branntweinaufschlages durch Hersteller und des regelmäßigen Monopolausgleichs durch Importeure. – Vgl. auch → Branntweinsteuer.

Branntweinsteuer – im Rahmen des → Branntweinmonopols durch die Bundesmonopolverwaltung für Branntwein festgesetzte → Verbrauchsteuer, die dem Bund zufließt. Rechtsgrundlage für die Erhebung ist das Gesetz über das Branntweinmonopol. Das Branntweinsteuerrecht ist das Ergebnis des über Jahrzehnte bestehenden Branntweinmonopols in Deutschland. Die Branntweinsteuer gehört (neben der Schaumwein-, der Zwischenerzeugnis- und der Biersteuer) zu den innerhalb der EG harmonisierten Verbrauchsteuern und unterliegt der länderübergreifenden, EG-einheitlichen Überwachung. Der Regelsteuersatz für den von den Ablieferern übernommenen und an den Verwender verkauften Alkohol beträgt 1.303 Euro je hl reinen Alkohol (gemessen bei 20 °C). Ermäßigte Steuersätze u.U. für Branntwein aus Abfindungs- bzw. Verschlusskleinbrennereien (§ 131 BranntwMonG). – Keine Steuer wird erhoben auf Branntwein, der ausgeführt, zu Treibstoff verarbeitet, zu Putz-, Heizungs- und ähnlichen Zwecken verwendet oder der zur Herstellung von Arzneimitteln oder Essig benötigt wird. – *Gesetzliche Regelung:* §§ 130 ff. BranntwMonG. – *Aufkommen:* 1.900 Mio Euro (2010), rd. 2 Mrd. Euro (2007), 2.100 Mio. Euro (2005), 2.204,4 Mio. Euro (2003), 2.149,1 Mio. Euro (2002), 2.142,6 Mio. Euro (2001), 2.150,8 Mio. Euro (2000), 2.473 Mio. Euro (1995), 2.162,3 Mio. Euro (1990), 2.123 Mio. Euro (1985), 1.986 Mio. Euro (1980), 1.596 Mio. Euro (1975), 1.139 Mio. Euro (1970), 771 Mio Euro (1965), 523 Mio. Euro (1960), 296 Mio. Euro (1955), 254 Mio. Euro (1950) (bis 1970 unter der Bezeichnung Branntweinmonopol, bis 1985 Abgabe auf Branntwein).

Breadth-First-Suche – *Breitensuche;* Suchstrategie (→ Suchen) beim Durchlaufen einer Hierarchie von Objekten oder → Regeln, bei der alle Objekte bzw. Regeln einer Hierarchiestufe untersucht werden, bevor irgendein Objekt bzw. irgendeine Regel einer tieferen Stufe überprüft wird. In der → Künstlichen Intelligenz (KI) ist die Breadth-First-Suche eine mögliche Strategie für eine → Inferenzmaschine. – *Gegensatz:* → Depth-First-Suche.

Break-Even-Analyse – I. Kostenrechnung: 1. *Begriff:* Ermittlung desjenigen Gesamtumsatzes eines Produkts, Bereichs oder Unternehmens, dessen

Unterschreiten zu Verlusten, dessen Überschreiten zu Gewinnen führt (Deckungsumsatz). Im *Break-Even-Point* (Deckungs-, Gewinnpunkt, Gewinn-, Kostenschwelle, „Toter Punkt") ist die Summe aus → fixen Kosten und → variablen Kosten gleich dem Gesamterlös (→ Erlöse). – 2. *Ermittlung:* Angenommen werden gleichbleibende fixe Kosten, zur Veränderung des Umsatzes proportional verlaufende variable Kosten, konstante Preise.a) *Einproduktfall:* (1) Für den mengenmäßigen Gewinnpunkt x_{kr} gilt:

$$x_{kr} = \frac{K_F}{p - k_p},$$

wobei: p = Preis, x = umgesetzte Menge, k_p = proportionaler Selbstkostenpreis pro Stück, K_F = fixe Kosten. (2) Für den umsatzmäßigen Gewinnpunkt U_{kr} gilt:

$$U_{kr} = \frac{K_F}{1 - \frac{k_p}{p}}.$$

Break-Even-Analyse

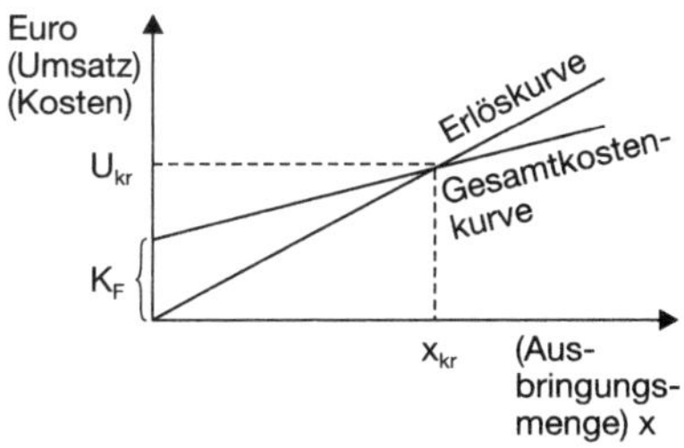

b) *Mehrproduktfall:* In Mehrproduktunternehmen gibt es eine Vielzahl von Absatzmengenkombinationen, die zum Gewinnpunkt führen. Daher ist die Ermittlung eines Deckungsumsatzes nur unter der Voraussetzung konstanter Zusammensetzung des Umsatzes möglich. – 3. *Bedeutung/Anwendung:* Instrument der produkt-, bereichs- oder gesamtunternehmensbezogenen Gewinnplanung und -kontrolle. Die Break-Even-Analyse dient als Entscheidungshilfe für das Management.

II. Investitionsrechnung: 1. *Gewinnorientierte Perspektive:* Ermittlung der Absatzmenge (Gewinnschwelle), bei der die Umsatzerlöse ebenso hoch sind wie die Gesamtkosten. Oberhalb der Gewinnschwelle ist ein Investitionsprojekt vorteilhaft, während es bei geringeren Absatzmengen Verluste erwirtschaftet. Vgl. auch → Gewinnvergleichsrechnung. – 2. *Zahlungsorientierte Perspektive:* Ermittlung des Zeitpunktes, in dem die Summe der durch eine Investition verursachten Einzahlungen erstmals die Summe der Auszahlungen übersteigt. Vgl. auch → Amortisationsrechnung.

Break-Even-Point – 1. *Begriff:* Punkt, an dem eine Ausbringungsgröße eine Einsatzgröße erstmalig im Zeitablauf überschreitet. – 2. *Kostenrechnung:* Beschäftigungsgrad, bei dem der Umsatz einer Periode gerade sämtliche → fixen Kosten der Periode und die angefallenen → variablen Kosten deckt. Wird auch als *Deckungspunkt, Gewinnpunkt, Gewinnschwelle, Kostenschwelle, Nutzschwelle* und *„Toter Punkt"* bezeichnet. – Ermittlung des Break-Even-Points: vgl. auch → Break-Even-Analyse. – 3. *Investitionsrechnung:* Break-Even-Point eines → Investitionsobjekts ist der Zeitpunkt, zu dem die kumulierten → Einzahlungen erstmals die kumulierten → Auszahlungen überschreitet. – Vgl. auch → Amortisationsdauer.

Brechtsches Gesetz – die von A. Brecht 1932 behauptete „progressive Parallelität zwischen Ausgaben und Bevölkerungsmassierung", die darauf zurückgehe, dass „fast alle öffentlichen Aufwendungen in den großen Städten erheblich teurer sind als draußen". Auf dem Brechtschen Gesetz basiert bis heute die sog. Hauptansatzstaffel, die zur Berechnung der → Schlüsselzuweisungen im kommunalen Finanzausgleich und Länderfinanzausgleich herangezogen wird. Allerdings hat sich die Begründung geändert: In Ballungsgebieten werden höherwertige und damit teurere öffentliche Leistungen produziert. Auch treten bestimmte öffentliche Leistungen gehäuft auf (v.a. → Sozialhilfe).

Breitband – Begriff der Nachrichtentechnik. Bezeichnet i.d.R. Übertragungskanäle mit einer hohen Übertragungsgeschwindigkeit. Als → Datenübertragung im Breitband bezeichnet man die gleichzeitige und unabhängige Übertragung mehrerer Nachrichten über ein Medium. – Vgl. auch Breitbandkabelverteilnetz.

Breitband-Internet – Internetzugang mit hoher Datentransferkapazität.

Breitbandnetz – Fernmeldenetz (→ Netz), das die kabelgebundene Versorgung mit Fernseh- und Hörfunkprogrammen sowie sonstigen Daten (z.B. aus dem → Internet) ermöglicht.

Breitensuche → Breadth-First-Suche.

Brentano – Lujo (Ludwig Joseph), 1844–1931, Nationalökonom und Sozialpolitiker. Brentano entstammte einer süddeutschen Familie italienischer Herkunft, die im dt. Geistesleben eine bedeutende Rolle spielte: Der Philosoph Franz Brentano war sein Bruder, der Dichter Clemens Brentano sein Onkel und die Schriftstellerin Bettina von Arnim seine Tante. Er gehörte mit → Schmoller und → Wagner zu den führenden Sozialpolitikern der damaligen Zeit. – *Hauptwerke:* „Die Arbeitergilden der Gegenwart", 2 Bde. (1871/1872); „Die deutschen Getreidezölle" (1910); „Eine Geschichte der wirtschaftlichen Entwicklung Englands", 3 Bde. (1927–1929).

Bretton-Woods-Abkommen – am 23.7.1944 in Bretton Woods (New Hampshire, USA) von 44

Ländern geschlossene Verträge über die Errichtung des Weltwährungsfonds (Internationaler Währungsfonds, → IWF) und der Weltbank (International Bank for Reconstruction und Development, → IBRD), 1946 in Kraft getreten. Die UdSSR hatte die Verträge unterzeichnet, aber nicht ratifiziert; die Bundesrepublik Deutschland trat ihnen am 14.8.1952 bei. – *Ziele:* Umfassende Neuordnung der → Weltwirtschaft nach dem aus der Weltwirtschaftskrise und dem Zweiten Weltkrieg folgenden handelspolitischen Chaos durch Ordnung und Stabilisierung des internationalen Zahlungsverkehrs und Aufbau eines neuen Weltwährungssystems zusammen mit der Havanna-Charta und in enger Zusammenarbeit mit den Sonderorganisationen der UN. – *Hauptelemente* dieses Weltwährungssystems: → feste Wechselkurse, autonome Wirtschaftspolitik der Mitgliedsländer sowie das Bestreben um Verwirklichung der vollen → Konvertibilität. – *Entwicklung:* Bis etwa 1973 (Übergang zu → flexiblen Wechselkursen durch wichtige Welthandelsländer) konnten die internationalen monetären Beziehungen nach dem Bretton-Woods-Abkommen abgewickelt werden. Danach weit gehende Modifizierung dieses Abkommens in Novellierungen (amendments). Die Aufgabe wesentlicher Elemente des Bretton-Woods-Abkommens, v.a. des Systems fester Wechselkurse, wird zurückgeführt auf die damalige Schwäche des Dollars als Leitwährung, die Aufkündigung der Bereitschaft der USA, den Dollar jederzeit in Gold umzutauschen, sowie fundamentale Zahlungsbilanzungleichgewichte wichtiger Handelsnationen.

Bretton-Woods-System → Gold-Devisen-Standard. 1. *Begriff:* → Internationales Währungssystem nach dem Zweiten Weltkrieg bis Anfang der 1970er-Jahre. Benannt nach einem am 27.7.1944 in der Stadt Bretton Woods im US-Bundesstaat New Hampshire unterzeichneten internationalen Abkommen, welches eine *umfassende Neuordnung der Weltwirtschaft* nach dem Zweiten Weltkrieg anstrebte. Zu verstehen als Reaktion auf die durch Abwertungswettläufe und → Protektionismus gekennzeichnete Periode zwischen dem ersten und dem Zweiten Weltkrieg. – *Ziel* war eine reibungslose und von Handelsbarrieren befreite Abwicklung des Welthandels unter engen Schwankungsbändern der Wechselkurse (→ Zielzonen-System). Konzipiert nach dem → Gold-Devisen Standard mit dem US-Dollar als → Leitwährung. – *Kernbestandteile* des in Bretton Woods vereinbarten Währungssystems waren: (1) Festlegung einer Parität von (damals) 35 US-Dollar pro Unze Gold und (2) Verpflichtung der USA zum An- und Verkauf von Dollar zu diesem Preis, (3) Festlegung der → Wechselkurse (Paritäten) der übrigen Währungen gegenüber dem US-Dollar, (4) Verpflichtungen der Notenbanken dieser übrigen Währungen, die Wechselkurse innerhalb einer Bandbreite von ein Prozent um diese Paritäten zu stabilisieren, (5) die Möglichkeit der Veränderung der Paritäten im Fall von fundamentalen Zahlungsbilanzproblemen einzelner Länder (→ Realignments) und schließlich (6) die Errichtung des internationalen Währungsfonds (→ IWF) zur internationalen Kreditgewährung bei vorübergehenden Zahlungsbilanzproblemen. Neben der Installation dieses Währungssystems wurde in Bretton Woods auch die *Errichtung der Weltbank* (→ IBRD) zum Zwecke der Entwicklungsländerfinanzierung beschlossen. Ergänzt wurde das Bretton-Woods-Abkommen durch die 1948 unterzeichnete *Havanna-Charta*, die die multilaterale → Handelsliberalisierung anstrebte und aus der das → GATT hervorging. – 2. *Probleme:* Das Bretton-Woods-*Währungssystem* brach in den 1970er-Jahren zusammen, und zwar im Wesentlichen aufgrund zweier Konstruktionsfehler. *Erstens* aufgrund des *Redundanzproblems*, manchmal auch das *Problem des n-ten Landes* genannt. Damit ist gemeint, dass es bei n Währungen nur n–1 voneinander unabhängige Wechselkurse, und auch nur n–1 voneinander unabhängige → Zahlungsbilanzen gibt. Wenn n–1 Länder die vorgesehenen Paritäten verteidigen und auf diese Weise ihre geldpolitische Souveränität aufgeben, so ist das n-te Land (das Leitwährungsland, in diesem Fall die USA) bei der Wahl seiner Geldpolitik von außenwirtschaftlichen Restriktionen befreit. Seine Politik hat aber gravierende Rückwirkungen auf alle anderen Länder, es beeinflusst dadurch nämlich die Entwicklung der nominelle Preise (die Inflationsraten) aller anderen Länder. Die nominelle Verankerung des Gesamtsystems durch die Gold-Dollar Parität funktionierte nur sehr begrenzt. Die USA verfolgten gegen Ende der 1960er-Jahre - u.a. bedingt durch den Vietnam Krieg - eine inflationäre Politik (Grund: öffentliche Haushaltsdefizite, expansive Geldpolitik) und waren nur sehr beschränkt zur Goldkonvertibilität des US-Dollar bereit. Die anderen Länder aber waren umgekehrt nicht mehr bereit, die so entstandene Inflationsrate der USA zu akzeptieren, wozu das Festkurssystem sie gezwungen hätte. *Das zweite Problem* war die zögerliche *Anpassung der Paritäten* auf Veränderungen fundamentaler wirtschaftlicher Einflussfaktoren in den einzelnen Ländern (u.a. Gold-unter- bzw. Dollarüberdeckung), die dem System keine Glaubwürdigkeit verleihen konnten. Als Resultat entstanden *destabilisierende Spekulationen*, und nach einigen Versuchen, das System mit Veränderungen der Paritäten (→ Realignment) und/oder erweiterten Bandbreiten zu retten, kam Anfang der 1970er-Jahre der Zusammenbruch des Bretton-Woods-Systems. – Vgl. auch → Wechselkurspolitik.

Breusch-Godfrey-Autokorrelationstest – von Breusch und Godfrey (1979) vorgeschlagener → Lagrange-Multiplier-Test zur Prüfung der Nullhypothese „keine → Autokorrelation" gegenüber der Alternativhypothese „Autokorrelation" in großen Stichproben. Anders als der → Durbin-Watson-Autokorrelationstest führt er immer zu einer Testentscheidung, ist in der Lage auch auf Autokorrelation höherer Ordnung zu testen, erfordert nicht die Annahme normalverteilter Störterme und kann außerdem auch verwendet werden, wenn die Modellgleichung nicht strikt exogene Variablen (z.B. den verzögerten Regressanden als erklärende Variable) enthält. – Zur Testdurchführung werden die → Residuen des zu untersuchenden Modells auf eine Konstante, die erklärenden Variablen des Modells und eine Anzahl s verzögerter Residuen regressiert. Welche Anzahl s von verzögerten Residuen verwendet wird, richtet sich nach dem Grad der vermuteten Autokorrelation. Meistens wird sich aber an der Periodizität (Monate, Quartale, Jahre, etc.) des vorliegenden Datenmaterials orientiert. Bei Jahresdaten wählt man häufig eins oder zwei, bei Quartalsdaten vier oder fünf. Die Teststatistik ergibt sich als Produkt aus dem Bestimmtheitsmaß dieser Regression und der Differenz aus Stichprobenumfang und s. Sie folgt bei korrekter Nullhypothese asymptotisch einer Chi-Quadrat-Verteilung mit s Freiheitsgraden. Die Nullhypothese wird abgelehnt, wenn der Wert der Teststatistik größer als der kritische Wert aus der Chi-Quadrat-Verteilung ist.

Breusch-Pagan-Heteroskedastizitätstest – von Breusch und Pagan (1979) vorgeschlagener Test zur Prüfung der Nullhypothese → Homoskedastizität gegenüber der Alternativhypothese → Heteroskedastizität in großen Stichproben. – In einer von Koenker (1981) vorgeschlagenen LM-Variante (→ Lagrange-Multiplier-Test) für große Stichproben werden hier zunächst die quadrierten → Residuen (Proxies für die Varianzen der → Störterme) aus der Schätzung des Ursprungsmodells, das auf Heteroskedastizität untersucht werden soll, auf bestimmte Variablen regressiert, von denen angenommen wird, dass diese die Varianz der Störterme bestimmen. Dies sind in der Praxis meist alle oder eine Teilmenge der erklärenden Variablen. Multipliziert man das Bestimmtheitsmaß dieser Hilfsregression mit dem Stichprobenumfang, ergibt sich die Teststatistik dieses LM-Tests. Sie folgt bei korrekter Nullhypothese asymptotisch einer Chi-Quadrat-Verteilung mit Freiheitsgraden in Höhe der Anzahl der erklärenden Variablen in der Hilfsregression. Die Nullhypothese wird gegenüber der Alternativhypothese abgelehnt, wenn die LM-Statistik den kritischen Wert aus der Chi-Quadrat-Verteilung übersteigt.

Breusch-Pagan-Random-Effects-Test – von Breusch und Godfrey (1980) vorgeschlagener → Lagrange-Multiplier-Test für Paneldatenmodelle (→ Paneldaten und Paneldatenmodelle). Er kommt bei → Random-Effects-Modellen zum Einsatz und basiert auf den → Residuen der OLS-Schätzung (→ Kleinstquadratemethode, gewöhnliche). Er testet die Nullhypothese, dass die Varianz der individuenspezifischen Komponente (Indvidualeffekte) des zusammengesetzten → Störterms null ist.

Brevi Manu Traditio → Übereignung kurzer Hand.

BRIC-Staaten – eine 2003 vom Goldman-Sachs-Chefvolkswirt O'Neill geschaffene und heute übliche Bezeichnung von vier wichtigen → Schwellenländern. BRIC steht hierbei für die Anfangsbuchstaben der Länder Brasilien, Russland, Indien und China.

Bridge – Als Bridge bezeichnet man in der Informatik die Anpassungsschaltung, die die Kopplung zweier gleichartiger → lokaler Netze und damit die Kommunikation eines Teilnehmers des einen → Netzes mit Teilnehmern des anderen ermöglicht.

Bridge-Programm – Als Bridge-Programm bezeichnet man ein → Programm für die Überbrückung zwischen inkompatiblen Softwareprodukten; in der betrieblichen Datenverarbeitung werden häufig viele verschiedene → Softwaresysteme für einzelne Funktionsbereiche eingesetzt (z.B. ein PPS-System, computergestützte Finanzbuchhaltung, Personalinformationssystem). Mangels eines integrierten Gesamtkonzepts können → Daten, die von einem Softwaresystem verwaltet werden, von einem anderen System, das sie ebenfalls benötigt, meist nicht unmittelbar benutzt werden. Ein Bridge-Programm dient dazu, Daten eines Systems so in eine Form umzusetzen, dass sie von einem anderen System verarbeitet werden können.

Briefgeheimnis – I. Allgemein: Schutz der Vertraulichkeit individueller schriftlicher Kommunikation, verfassungsrechtlich gewährleistet durch Art. 10 I GG. Beschränkungen sind nur aufgrund eines Gesetzes zulässig (z.B. Kontrolle der Briefpost von Gefangenen). Dient eine Beschränkung dem Schutz der freiheitlichen demokratischen Grundordnung oder dem Bestand oder der Sicherung des Bundes oder eines Landes, so kann dies dem Betroffenen gegenüber geheim gehalten werden. An die Stelle des Rechtsweges tritt die Nachprüfung durch von der Volksvertretung bestellte Organe (Gesetz zur Beschränkung des Brief-, Post- und Fernmeldegeheimnisses [sog. G10] vom 26.6.2001 [BGBl. I 1254, 2298] m.spät.Änd.). – *Strafrechtlicher Schutz* für verschlossene Briefe oder andere verschlossene Schriftstücke gegen vorsätzliche und unbefugte Eröffnung (§ 202 StGB). – Vgl. auch → Postgeheimnis.

II. Geschäftsbriefe: Das Briefgeheimnis gilt nicht als verletzt, wenn Geschäftsbriefe von anderen Personen als der Geschäftsleitung geöffnet werden, sofern diese dazu ermächtigt sind. Als Geschäftsbriefe sind auch solche Briefe zu bezeichnen, die an einen Angestellten einer Unternehmung gesandt werden. – *Beispiele:* „Firma X, zu Händen von Herrn/Frau Z"; daneben irrtümlich bei Sendungen an einen Mitarbeiter auch „i.Fa." (in Firma) verwendet. Bei der Fassung „Herrn/Frau Z, Firma X, Taunusstr. 1, Wiesbaden" ist es zweifelhaft, ob ein Geschäftsbrief vorliegt. Als Privatanschrift hat zu gelten: „Herrn/Frau Z, Taunusstr. 1, Wiesbaden". Derartige Briefe dürfen von der Geschäftsleitung nicht geöffnet werden. In Zweifelsfällen wird die Geschäftsleitung solche Briefe öffnen können, wenn anzunehmen ist, dass es sich um einen wichtigen geschäftlichen Inhalt handelt.

Briefgrundschuld → Grundschuld, für die zusätzlich zur Eintragung im → Grundbuch ein Grundschuldbrief ausgestellt worden ist. – *Gegensatz:* → Buchgrundschuld.

Briefhypothek → Hypothek, für die zusätzlich zur Eintragung im → Grundbuch ein Hypothekenbrief ausgestellt worden ist. – *Gegensatz:* → Buchhypothek.

Briefing – wesentliches Instrument der Zusammenarbeit zwischen Werbeagentur und Kundenfirma. – *Arten:* a) *Kundenbriefing:* In der Planungsphase einer → Werbekampagne erhält die Agentur alle Informationen über Markt, Konkurrenz, Kundenfirma, Produkt etc., d.h. eine Zusammenfassung der sachlichen Aufgabenstellung mit (1) Problemstellung, (2) Situationsdarstellung, (3) Zielsetzung, (4) Strategie, (5) Zeit- und Kostenplan und (6) Kontrolle. – b) *(Internes) Agenturbriefing:* Aufgabenstellung für die Mitarbeiter der Agentur aufgrund des Kundenbriefings.

Briefkastengesellschaft → Basisgesellschaft.

Briefkastenwerbung → Kundenfang.

Briefkurs → Kurs, zu dem ein Wertpapier oder eine Ware angeboten wird (Angebot = Brief). – *Gegensatz:* → Geldkurs (Bid). – Vgl. auch → Kurszusätze und -hinweise.

Briefschulden → öffentliche Kreditaufnahme.

Bringschuld – am → Wohnsitz des Gläubigers zu erfüllende Schuld, bei der der Wohnsitz des Gläubigers → Erfüllungsort ist. – Bringschulden beruhen meist auf Vereinbarung oder → Verkehrssitte. – *Gegensatz:* → Holschuld, → Schickschuld (kraft Gesetzes die meisten Verpflichtungen).

Bringsystem – engl. *Push-System (*inzwischen gebräuchlichere Bezeichnung*)*; 1. *Produktion:* Ablauforganisatorisches Prinzip, bei dem das zu verarbeitende Material zentral disponiert an den Arbeitsplatz geliefert wird. Dies erfordert besondere Steuerungsmaßnahmen der → Arbeitsvorbereitung und der → Produktionssteuerung sowie ein Anlieferungssystem. Auch angewendet in der überbetrieblichen Zusammenarbeit zwischen Abnehmer und Lieferant. – 2. *Entsorgungslogistik:* → Sammel- und Trennverfahren. – 3. *Gegensatz:* → Holsystem oder Pull-System.

Broker – Wertpapierdienstleistungs- bzw. Handelsunternehmen. Der Broker wirkt als Makler bei reiner Geschäftsvermittlung auf fremden Namen und auf fremde Rechnung (Abschlussvermittlung) oder als Kommissionär in eigenem Namen und auf fremde Rechnung (→ Finanzkommissionsgeschäft), vgl. § 1 I, Ia KWG und § 2 III WpHG. Die Entwicklung geht zunehmend weg vom klassischen Broker, der selbst keine eigenen Handelspositionen führt, hin zum sog. Broker-Dealer, der eigene Risikopositionen hält und die Gegenseite eines Geschäftes selbst darstellen muss. Eine weitere Entwicklung ist die Gründung sog. Discount-Broker, die als Kostenführer auftreten, dafür aber eine eingeschränkte Beratung und Leistungspalette anbieten.

Browser – 1. *Allgemein:* Der Browser ist ein Programm zur grafischen Darstellung der Inhalte des → World Wide Web (WWW), welches neben → HTTP noch andere Dienste wie → FTP unterstützt. – 2. *Merkmale:* Bezeichnung für (Hilfs-)Programme, die eine Recherche von Dateien und deren Platzierung in einer elektronisch verfügbaren Verzeichnishierarchie ermöglichen. Die Visualisierung erfolgt i.d.R. über Baumstrukturen. Wird ein Browser darüber hinaus zur audiovisuellen Darstellung von HTML-Seiten (Hypertext Markup Language, → HTML) im World Wide Web (WWW) verwendet, so spricht man von einem Webbrowser (z.B. Internet Explorer, Firefox oder Safari). Ein Webbrowser erleichtert die Navigation im World Wide Web durch bestimmte Funktionalitäten, wie z.B. Bookmarks bzw. Favoriten, Navigationsbuttons oder eine Navigationshistorie.

BRT – Abk. für → Bruttoregistertonne.

Bruchteileigentum → Miteigentum.

Bruchteilsgemeinschaft → Gemeinschaft.

Brückenklausel – 1. Brückenklauseln, auch Passerelle-Klauseln genannt, sind Regelungen, die es erlauben, dass in Fällen, in denen eine Vorschrift Einstimmigkeit verlangt, durch eine in der Vorschrift vorgesehene Ausnahmeregelung in der Weise abgewichen werden kann, dass ein niedrigeres Quorum (z.B. 2/3-Mehrheit) für die Beschlussfassung ausreichen soll. – 2. a) So sieht etwa Art. 48 Abs. 7 EUV als allgemeine Brückenklausel für alle europäischen Politikbereiche vor, dass in Fällen, in denen der Rat nach Maßgabe des AEUV oder des Titels V des EUV in einem bestimmten Bereich oder in einem bestimmten Fall einstimmig beschließt, der Europäische Rat einen Beschluss erlassen kann, wonach der Rat (Ministerrat) in diesem Bereich oder Fall mit qualifizierter Mehrheit beschließen kann. Einem solchen Beschlussvorschlag darf der deutsche Vertreter im Europäischen Rat nur zustimmen oder sich enthalten, nachdem hierzu ein Gesetz gemäß Art. 23 Abs. 1 GG in Kraft getreten ist. Ohne ein solches Gesetz muss er ablehnen (§ 4 des Integrationsverantwortungsgesetzes (IntVG) vom 22.9.2009 (BGBl.I S. 3022). Diese Regelung gewährleistet, dass Vertragsänderungen, die durch Brückenklauseln erreicht werden könnten, dem Entscheidungsbereich des deutschen Parlaments nicht entzogen werden können, sondern seinem Zustimmungsvorbehalt unterliegen. Dies gilt auch im Falle des Art. 81 Abs. 3 AEUV. – b) Neben der allgemeinen Brückenklausel und Art. 81 AEUV gibt es fünf weitere besondere Brückenklauseln, die keinen Gesetzesbeschluss des Deutschen Bundestages verlangen, wohl aber einen einen einfachen Parlamentsbeschluss nach den §§ 5 und 6 IntVG, ggf. mit einem Beschluss des Bundesrates, wenn Rechte der Länder betroffen sind (§ 5 Abs. 2 und § 6 Abs. 2 IntVG). Dies betrifft die besonderen Brückenklauseln in Art.153, 192, 312,333 AEUV und Art. 31 EUV.

Brückensprache – Sprache, die mit metadisziplinären Konzepten wie z.B. → Chaos, Dynamik, Fluktuation, Irreversibilität, → Komplexität, → Selbstorganisationstheorie, Stabilität oder → System (Autopoiese, → dissipative Strukturen, Kybernetik, → Systemmanagement, → Umweltpolitik) die Verständigung zwischen und die Zusammenarbeit von Wissenschaftlern aus verschiedenen Disziplinen ermöglichen soll (→ Interdisziplinarität).

Brundtland-Bericht – 1. *Begriff und Merkmale*: Im Herbst 1983 wurde von der UNO-Vollversammlung die World Commission on Environment and Development unter Vorsitz der Norwegerin G.H. Brundtland gebildet. Im April 1987 wurde ihr Bericht „Our Common Future" vorgelegt. – 2. *Ziele*: Der Bericht zielt auf einen globalen Bewusstseinswandel ab und legte den Schwerpunkt auf die Beziehung zwischen Wirtschaftswachstum und Umweltschutz, wobei „sustainable development" als möglicher Kompromiss der Interessen von Entwicklungsländern und Industrieländern dargestellt wurde.

Brunner – Karl, 1916–1989, schweizerischer Nationalökonom, lehrte an der University of California, Los Angeles (1951–66), Ohio State University (1966–71), University of Rochester (1971–89) und an der Universität Konstanz (1968–73) und Bern (1974–85). Brunner war neben → Friedman der führende Kopf des → Monetarismus.

brutto – (1) vor Abzug der Steuern, Abschreibungen etc. (z.B. Bruttopreis, Bruttogewinn, Bruttonationaleinkommen) oder (2) mit Verpackung (z.B. Bruttogewicht). – *Gegensatz:* → Netto.

Bruttoarbeitsentgelt – *Bruttolohn;* → Arbeitsentgelt vor Abzug von Steuern (Lohnsteuer, Solidaritätsbeitrag, ggf. Kirchensteuer) und Sozialversicherungsbeiträgen (i.d.R. Rentenversicherung, Krankenversicherung, Arbeitslosenversicherung, Pflegeversicherung) (→ Lohnabzüge). Der Bruttolohn dient als Grundlage zur Berechnung von Steuer- und Sozialversicherungsbeiträgen. Ggf. sind Lohnsteuerfreibeträge zu den Sozialversicherungsbeiträgen hinzuzurechnen. – *Berechnung:* Bruttolohnermittlung.

Bruttoaufschlag → Handelsaufschlag.

Bruttobedarf – ergibt sich in der Produktionsplanung und -steuerung durch Zusammenfassung des → Primärbedarfs, des → Sekundärbedarfs und des Zusatzbedarfs, der häufig pauschal als Prozentsatz des Primärbedarfs angesetzt wird und ein Äquivalent einer eventuellen Ausschussproduktion darstellt.

Bruttobedarfsermittlung – erster Teil der programmgebundenen Bedarfsmengenplanung (→ Bedarfsermittlung). Mithilfe von → Stücklisten und Rezepturen (Materialbedarf pro Erzeugnis) wird aus dem → Produktionsprogramm der zur Realisierung des Programms insgesamt notwendige Bedarf pro Materialart (Bruttobedarf) für die Planungsperiode errechnet. Dafür stehen verschiedene Verfahren der → Stücklistenauflösung zur Verfügung.

Bruttobetrieb – *reiner Regiebetrieb;* wirtschaftlich, technisch und sozial abgrenzbare Verwaltungseinheit, deren gesamte Einnahmen und Ausgaben im Trägerhaushalt erscheinen. Ein eigenes Vermögen sowie eine eigene Kasse bestehen nicht, sodass strittig ist, inwieweit der → Regiebetrieb als Bruttobetrieb zu den → öffentlichen Unternehmen zu rechnen ist. Als Rechnungslegungssystem kommt bisher die → Kameralistik zur Anwendung. Die enge finanzielle Verflechtung von Regiebetrieb und Trägerhaushalt erschwert eine wirtschaftliche Betriebsführung. Demgegenüber wirft die Instrumentalisierung des Regiebetriebes zur Erfüllung öffentlicher Ziele aufgrund der organisatorischen und personellen Anbindung an den Träger keine Schwierigkeiten auf. Gesonderte Rechtsvorschriften zur Führung von Bruttobetrieben bestehen nicht. Mögliche Beispiele für einen Regiebetrieb sind Friedhöfe, Bauhöfe, Museen und Schwimmbäder – *Gegensatz:* Eigenbetrieb.

Bruttobilanz – *Umsatzbilanz, Summenbilanz;* Zusammenstellung der Kontenumsätze eines Geschäftsjahres oder kürzeren Rechnungsabschnitts zur Vorbereitung des → Abschlusses. – Vgl. auch → Bilanz, → Hauptabschlussübersicht (HAÜ).

Brutto-Bodenproduktion – die aus pflanzlicher und tierischer Nahrungsmittelproduktion resultierende Bodenleistung ohne Rücksicht auf die Art ihrer Verwertung. Einbezogen sind alle landwirtschaftlich genutzten Flächen mit ihren ermittelten oder geschätzten Erträgen. Als gemeinsamer Nenner, der die Zusammenfassung zu Gesamtzahlen ermöglicht, wird die → Getreideeinheit (GE) benutzt.

Brutto-Cashflow → Cashflow Return on Investment (CFROI).

Bruttodividende – Begriff des → körperschaftsteuerlichen Anrechnungsverfahrens von 1977 bis 2000; → Dividende, die im Gegensatz zur Bardividende den körperschaftsteuerlichen Anrechnungsanspruch einschließt. Bei einer Bardividende von 70 und einem Anrechnungsanspruch von 3/7 betrug die Bruttodividende also 100.

Bruttoeinkaufspreis – der vom Lieferanten dem Händler in Rechnung gestellte Preis. – *Anders:* → Nettoeinkaufspreis.

Bruttoeinkommen – aus unselbstständiger Arbeit, → Bruttolohn- und -Gehaltssumme.

Bruttoeinkommen – ergibt sich aus den gesamten erzielten Einkünften einer Person bzw. eines Haushaltes aus unselbstständiger Arbeit (inklusive Weihnachtsgeld, 13./14. Monatsgehalt, Urlaubsgeld usw.), aus selbstständiger Arbeit, Einkünften aus Vermietung, Verpachtung, Vermögen, Sonderzahlungen und öffentlichen Transferzahlungen. Nach Abzug von Steuern, Solidaritätszuschlag und Pflichtbeiträgen zur Sozialversicherung resultiert das → Nettoeinkommen.

Bruttoerfolg – *Bruttoergebnis, Bruttogewinn, Rohgewinn.* – 1. Allgemeiner Sammelbegriff für *perioden- oder objektbezogene Überschüsse,* bei denen von der positiven Erfolgskomponente (Erlös, Ertrag, Leistung) nur bestimmte Teile der negativen Erfolgskomponente abgezogen werden. Tritt in verschiedenen Formen und Bezeichnungen auf, je nach dem, wie die gegenüberzustellenden Rechengrößen sowie der sachlich-zeitliche Bezugsrahmen abgegrenzt werden. – 2. I.e.S. oft auf die → Handelsspanne (Warenbrutto- oder Rohgewinn) sowie die Differenz zwischen Erlös bzw. Preis und (spezifizierten) → Teilkosten beschränkt; ältere Bezeichnung für → Deckungsbeitrag. – 3. Die im Rahmen der Gewinn- und Verlustrechnung ermittelten Zwischenergebnisse sind Bruttoerfolge, z.B. beim Umsatzkostenverfahren nach § 275 III HGB die Positionen 3 „Bruttoergebnis vom Umsatz" und 13 „Ergebnis der gewöhnlichen Geschäftstätigkeit". – 4. Auch → Zinsspanne und → Wertschöpfung können als Bruttoerfolge interpretiert werden.

Bruttoerfolgsrechnung – Sammelbegriff für Systeme und Verfahren zur Ermittlung und Analyse von → Bruttoerfolgen (u.a. → Bruttogewinnanalyse, → Deckungsbeitragsrechnung).

Bruttoergebnis → Bruttoerfolg.

Bruttoergebnisrechnung – kostenträgerbezogene Gegenüberstellung von den direkt zurechenbaren → Einzelkosten und/oder → variablen Kosten und den → Nettoerlösen. Die damit ermittelten → Deckungsbeiträge müssen in ihrer Gesamtsumme ausreichen, die den einzelnen Produkten nicht direkt zurechenbaren → Gemeinkosten bzw. → fixen Kosten zu decken. Kennzeichnend für Teilkostenrechnungssysteme (→ Teilkostenrechnung). – *Gegensatz:* → Nettoergebnisrechnung.

Bruttoerlös – Basiserlös (→ Erlös) zzgl. evtl. anfallender Zuschläge, z.B. für Mindermengen. – *Gegensatz:* → Nettoerlös.

Brutto-Etatisierung – *Bruttoprinzip*; unsaldierter Ausweis aller Einnahmen und Ausgaben von Verwaltungseinheiten im Trägerhaushalt (→ Bruttobetrieb, → Regiebetrieb). Brutto-Etatisierung verliert im Rahmen der → Globalbudgetierung zunehmend an Bedeutung. – *Gegensatz:* → Netto-Etatisierung, → Nettoprinzip.

brutto für netto (bfn) → Handelsklausel in Kaufverträgen, nach der der Kaufpreis entgegen § 380 HGB ohne Abzug der → Tara (Verpackungsgewicht) zu berechnen ist, d.h. der Preis versteht sich für das Gewicht der Ware einschließlich Verpackung.

Bruttogewinn – 1. *Kostenrechnung:* Synonym für → Warenrohgewinn (Warenbruttogewinn), → Bruttoerfolg oder → Deckungsbeitrag. – Vgl. auch → Bruttogewinnanalyse. – 2. *Handelsrecht:* → Rohergebnis.

Bruttogewinnanalyse – *Deckungsbeitragsanalyse;* 1. *Begriff:* Analyse des auf die produzierende Einheit bezogenen Bruttogewinns (→ Deckungsbeitrag). a) Verfahren der → kurzfristigen Erfolgsrechnung auf Grenzkostenbasis; b) → Auswertungsrechnung der → Einzelkostenrechnung (→ Deckungsbeitragsrechnung). – 2. *Durchführung:* Beim Vorliegen mehrerer Engpässe dient die Bruttogewinnanalyse als Auswahlkriterium für das Produktionsprogramm (→ engpassbezogener Deckungsbeitrag); liegt kein Kapazitätsengpass vor, so muss das Produkt mit dem größten Bruttogewinn gefördert werden. Bei Vollbeschäftigung sind die auf die Laufzeit (genauer auf die Dauer der Nutzung des maßgeblichen Engpasses) bezogenen Bruttogewinne Kriterien für die absatzpolitische Förderungswürdigkeit (→ Speed Factor). Hierzu ist es erforderlich, das gewinnmaximale Fertigungsprogramm simultan zu bestimmen, die Bruttogewinnanalyse ist z.B. mithilfe der linearen Programmierung durchzuführen.

Bruttoinlandsprodukt (BIP) – Maß für die gesamte wirtschaftliche Leistung in einer Volkswirtschaft in einer Periode. Da das BIP Auskunft über die Produktion von Waren und Dienstleistungen im Inland nach Abzug der Vorleistungen und Importe gibt, dient es als Produktionsmaß und damit als Indikator für die wirtschaftliche Leistungsfähigkeit einer Volkswirtschaft (Inlandskonzept). Zur Herleitung und Darstellung wird zwischen Entstehungs-, Verwendungs- und Verteilungsrechnung unterschieden.

I. Entstehungsrechnung

Summe der Produktionswerte

– Vorleistungen

= Bruttowertschöpfung

+ Gütersteuern

– Gütersubventionen

= *Bruttoinlandsprodukt*

II. Verwendungsrechnung

Private Konsumausgaben

+ Konsumausgaben des Staates

+ Ausrüstungsinvestitionen

+ Bauinvestitionen

+ Sonstige Anlagen

+ Vorratsveränderungen und Nettozugang an Wertsachen

+ Exporte von Waren und Dienstleistungen

– Importe von Waren und Dienstleistungen

= Bruttoinlandsprodukt

+ Saldo der Primäreinkommen mit der übrigen Welt

= Bruttonationaleinkommen

– Abschreibungen

= *Nettonationaleinkommen*

III. Verteilungsrechnung

Nettonationaleinkommen (Primäreinkommen)

– Produktions- und Importabgaben an den Staat

+ Subventionen vom Staat

= *Volkseinkommen*

– Arbeitnehmerentgelt

= Unternehmens- und Vermögenseinkommen

In der → Entstehungsrechnung wird die Summe der → Bruttowertschöpfungen der einzelnen Wirtschaftsbereiche ausgehend von den jeweiligen → Produktionswerten nach Abzug der → Vorleistungen gebildet. In der → Verwendungsrechnung werden Konsumausgaben der privaten Haushalte, der privaten Organisationen ohne Erwerbszweck und des Staates, Bruttoanlageinvestitionen, Vorratsveränderungen und der Nettozugang an Wertsachen sowie der → Außenbeitrag unterschieden. Die in der Übersicht gezeigte → Verteilungsrechnung erfolgt erst, nachdem das BIP über die Entstehungs- und Verwendungsrechnung ermittelt wurde. Vom BIP gelangt man zum → Bruttonationaleinkommen (BNE), indem der Saldo der Primäreinkommen gegenüber dem Ausland abgezogen wird. Die brutto ausgewiesenen Größen unterscheiden sich jeweils von den Nettogrößen durch die Berücksichtigung der → Abschreibungen. – Das BIP und die Teilgrößen der Entstehungsrechnung können zu aktuellen Preisen des Berichtsjahres (nominal) oder aus Gründen der intertemporalen Vergleichbarkeit zu Preisen eines Basisjahres (real) dargestellt werden. – Zur Diskussion um das BIP als geeigneten Wohlstandsindikator („Beyond GDP") siehe Volkswirtschaftliche Gesamtrechnung (VGR).

Bruttoinlandsprodukt-Lücke – 1. *Begriff*: Differenz zwischen → Bruttoinlandsprodukt (BIP) und → Produktionspotenzial. – 2. *Bedeutung*: Messzahl zur Bestimmung der konjunkturellen Lage einer Volkswirtschaft. – 3. *Anwendung*: In der Bundesrepublik Deutschland weniger bedeutsam als das Konzept des → Auslastungsgrades, stärkere Verbreitung in den USA. Im Rahmen ökonometrischer Schätzungen und Modelle wird diese Maßzahl allerdings häufig verwendet , um den konjunkturellen Einfluss auf ökonomische Größen quantitativ zu erfassen.

Bruttoinvestitionen – Summe aus Bruttoanlageinvestitionen (Ausrüstungen, Bauten, sonstige Anlagen) und Vorratsveränderungen einschließlich des Nettozugangs an Wertsachen. Die Anlageinvestitionen gelten als brutto, wenn die → Abschreibungen noch nicht abgezogen sind. – Vgl. auch: → Nettoinvestitionen.

Bruttoinvestitionsbasis (BIB) → Cashflow Return on Investment (CFROI).

Bruttokreditaufnahme – öffentliche Schuldenaufnahme am Kreditmarkt (ohne Abzug der Schuldentilgung; vgl. → öffentliche Kreditaufnahme, → Finanzierungssaldo). – *Gegensatz*: → Nettokreditaufnahme.

Bruttolohn → Bruttoarbeitsentgelt.

Bruttolohn- und -Gehaltssumme – die in der Statistik im Verarbeitenden Gewerbe und in der → Volkswirtschaftlichen Gesamtrechung (VGR) erfasste Kontrollgröße für die Beurteilung der Marktleistung und des Beschäftigungsstandes einzelner Industriegruppen. Die Bruttolohn- und -Gehaltssumme umfasst die von den im Inland ansässigen Wirtschaftseinheiten (Betrieben) geleisteten Löhne und Gehälter der beschäftigten → Arbeitnehmer vor Abzug der Sozialbeiträge der Arbeitnehmer und der → Lohnsteuer sowie Sachleistungen, die den Arbeitnehmern unentgeltlich oder verbilligt zur Verfügung gestellt werden.

Bruttonationaleinkommen (BNE) – früher: *Bruttosozialprodukt*. Das Bruttonationaleinkommen ergibt sich, indem man vom → Bruttoinlandsprodukt (BIP) die → Primäreinkommen abzieht, die an die übrige Welt geflossen sind und umgekehrt jene Primäreinkommen hinzufügt, die von inländischen Wirtschaftseinheiten aus der übrigen Welt bezogen wurden. Das Bruttonationaleinkommen stellt damit die Summe aller von inländischen Wirtschaftseinheiten per Saldo empfangenen Primäreinkommen dar. – Vgl. auch → Nationaleinkommen, → Nettonationaleinkommen.

Bruttopreisliste – Liste mit empfohlenen Richtpreisen (→ Preisempfehlung), die für die Händler eine Kalkulationshilfe darstellt und ggf. durch eine betriebsindividuelle Kalkulation (nach unten) korrigiert wird.

Bruttoprinzip → Haushaltsgrundsätze.

Bruttorechnung – 1. *I.w.S.*: In der Erfolgsrechnung werden die einzelnen Aufwendungen und Erträge unsaldiert ausgewiesen (Bruttoprinzip). Das Saldierungsverbot ist ausdrücklich im Handelsrecht (§ 246 II HGB) kodifiziert (→ Verrechnungsverbot). – 2. *I.e.S.*: Wareneinkaufskonto und Warenverkaufskonto werden nicht miteinander verrechnet, sondern über das Gewinn- und Verlustkonto abgeschlossen: Der Saldo des Wareneinkaufskontos (→ Wareneinsatz) geht direkt in die Erfolgsrechnung. Die Gegenüberstellung des Warenverkaufs und des Wareneinsatzes erfolgt im → Verlust- und Gewinnkonto bzw. im → Warenabschlusskonto (Großhandel). Der Vorteil des Bruttoabschlusses besteht darin, dass er in der Erfolgsrechnung aufzeigt, wie der Rohgewinn zustande kommt.

Bruttoregistertonne (BRT) – Veraltete Maßeinheit des Volumens aller Ladungs-, Passagier-, Personal-, Maschinen- und sonstigen Räume eines Schiffes: 1 Bruttoregistertonne (BRT) = 100 Kubik-Fuß = 2,83 m^3. Die für Passagiere und Ladung nutzbaren Räume werden in *Nettoregistertonnen (NRT)* angegeben. Beide Einheiten wurden inzwischen abgelöst duch die dimensionslosen Zahlen Bruttoraumzahl (BRZ) und Nettoraumzahl (NRZ).

Bruttoreproduktionsrate → Fertilitätsmaße.

Bruttosozialprodukt (BSP)jetzt: → Bruttonationaleinkommen (BNE).

Bruttospanne → Handelsaufschlag.

Bruttoumsatzsteuer → Umsatzsteuer, die in einem bestimmten Prozentsatz vom gesamten Entgelt, d.h. vom kumulierten Umsatzwert (eigener Umsatz + Umsatz der Vorstufen), geschuldet wird. – *Gegensatz:* → Nettoumsatzsteuer. – Vgl. auch → Umsatzbesteuerung.

Bruttoverdienst – Der Bruttoverdienst umfasst neben dem regelmäßig gezahlten steuerpflichtigen Arbeitslohn auch Sonderzahlungen sowie steuerfreie Zuschüsse und Zuschläge (bspw. für Essen, Schichtarbeit etc.). Er wird als durchschnittlicher Bruttomonats- oder Bruttostundenverdienst quartalsweise in Fachserie 16, Reihe 2.1 veröffentlicht.

Bruttoverdienstspanne → Handelsaufschlag.

Bruttoverkaufspreis – Begriff im Handel für den dem → Abnehmer in Rechnung gestellten → Verkaufspreis: Der Bruttoverkaufspreis gemindert um → Umsatzsteuer, → Boni, → Rabatte, → Skonti und sonstige Abschläge (z.B. wegen → Minderung) heißt im Handel *Nettoverkaufspreis.*

Bruttowertschöpfung – zentraler Begriff in der → Entstehungsrechnung des → Bruttoinlandsprodukts (BIP). Bruttowertschöpfung wird i.d.R. durch Abzug der Vorleistungen von den → Produktionswerten ermittelt. – Vgl. auch → Volkswirtschaftliche Gesamtrechnung (VGR).

Bruttozahlungssystem – Zahlungsverkehrssystem.

Bruttozins – 1. *Allgemein:* Jahreszins vor Abzug von Steuern. Erträge aus Kapitalvermögen unterliegen in fast allen europäischen Staaten der → Einkommensteuer. Oft wird die auf die Zinserträge anfallende Steuer direkt an der Quelle, d.h. bei Zinsgutschrift, einbehalten (Quellensteuer) und an die entsprechende Steuerbehörde abgeführt. – 2. *In Deutschland:* Die Höhe der → Kapitalertragsteuer beträgt seit 2009 einheitlich 25 Prozent (§§ 43ff. EStG). Hinzu kommt noch der → Solidaritätszuschlag zur Kapitalertragsteuer in Höhe von 5,5 Prozent der Kapitalertragsteuer, sodass insgesamt 26,375 Prozent zu zahlen sind (dazu kommen noch evtl. Kirchensteuern). Mit dieser → Abgeltungsteuer werden Kapitalerträge bei der Berechung der Einkommensteuer nicht weiter berücksichtigt. Bei Zinserträgen bis 801 Euro pro Jahr und Person fallen keine Kapitalertragsteuern an. – 3. *In Österreich:* Hier beträgt die Kapitalertragsteuer einheitlich 25 Prozent. Auch dies ist eine Abgeltungsteuer, sodass Kapitalerträge bei der Berechnung der Einkommensteuer außen vor bleiben (§ 97, 1 EStG). Für EU-Ausländern wird ab Juli 2011 eine einheitliche Zinssteuer in Höhe von 35% erhoben, von denen 75% anonymisiert an das entsprechende Heimatland überwiesen wird. – 4. *In der Schweiz:* Hier wird die Kapitalertragsteuer als Verrechnungssteuer (oder auch Zahlstellensteuer) bezeichnet. Der Steuersatz beträgt einheitlich 35 Prozent, die Kapitalertragsteuer stellt ebenfalls eine Abgeltungsteuer dar (Art.4 und 13 VStG). Im Rahmen der Steuererklärung kann die gezahlte Steuer erstattet werden. In der Schweiz wird explizit der Zinssatz vor Abzug der Verrechnungssteuer als Bruttozins, nach Abzug der Verrechnungssteuer als Nettozins bezeichnet. – 5. *Andere Bedeutung:* gelegentlich wird als Bruttozins der Zinssatz einschließlich der Bankspesen bezeichnet.

BSA – Abk. für → Bundessortenamt.

BSE – Abk. für → belegloser Scheckeinzug.

BSG – Abk. für → Bundessozialgericht.

BSH – Abk. für → Bundesamt für Seeschifffahrt und Hydrographie.

BSI – Abk. für → Bundesamt für Sicherheit in der Informationstechnik.

BSprA – Abk. für → Bundessprachenamt.

BuBaW-Verfahren – *Bestellung unter Bezugnahme auf Werbemittel;* Methode der → Werbeerfolgskontrolle, bei der die Zahl der eingegangenen Bestellungen unter Verwendung eines gestreuten Bestellscheins als Maß für den Werbeerfolg dient. – Vgl. auch → Anfragenkontrolltest, → Coupontest.

Bubble Policy → Glockenpolitik.

Buchanan – James McGill, geb. 1919, amerik. Nationalökonom, lehrt an der George Mason University in Fairfax, Virginia; → Nobelpreis für Wirtschaftswissenschaften 1986. Bekannt wurde Buchanan als Begründer der Public-Choice-Theorie, in der er zeigte, dass auch bei Nichtmarkt-Entscheidungen im öffentlichen Bereich die Standardannahmen der ökonomischen Theorie – wie rationales Verhalten und Nutzenmaximierung – gelten. Er veröffentlichte zudem Arbeiten zu einer Neuinterpretation der modernen → Finanzwissenschaft. Neben → Hayek beeinflusste Buchanan die Sozialtheorie und Staatsphilosophie, wobei er die Rolle der Institutionen für das ökonomische Handeln betonte. Von dieser Warte kritisierte er die makroökonomische Politik Keynesscher Prägung. – *Hauptwerke:* „The Calculus of Consent" (1962, zusammen mit Tullock); „The Limits of Liberty" (1975); „The Reason of Rules: Constitutional Political Economy" (1985, zusammen mit G. Brennan).

Buchauszug – 1. *Allgemein:* geordneter Auszug aus den → Geschäftsbüchern eines Kaufmanns. – 2. *Buchauszug an den Handelsvertreter:* Dem → Handelsvertreter ist auf Verlangen bei der Abrechnung ein Buchauszug zu erteilen, der alle für den Provisionsanspruch wesentlichen Umstände (auch nicht buchungspflichtige) enthält (§ 87c III HGB).

Buchbestände – die aus den Eintragungen in die Hauptbuchkonten sich ergebenden aktiven oder passiven Bestände. Die durch → Inventur aufgenommenen Bestände werden als Ist-Bestände bezeichnet. Differenzen zwischen Buch- und Ist-Beständen sind möglich durch Buchungsfehler, Diebstahl, natürliche Mengen- und Wertabnahmen innerhalb der Lagerzeit (Eintrocknen, Verderben, Verdunsten, Veralten etc.). Der Istbestand ist für die → Bilanz maßgebend, ein Minderbestand zum Buchbestand wirkt sich als Aufwand in der → Gewinn- und Verlustrechnung (GuV) aus (Mehrbestand: Ertrag). – Vgl. auch Buchinventur, effektive Inventur.

Buchbestandspreis → Durchschnittspreis von Rohstoffen und Materialien, der sich aus den Mengen und Einstandswerten des Anfangsbestandes und der Zugänge unter Berücksichtigung der Abgänge zum Einstandspreis ergibt und sich bei Preisänderungen infolgedessen bei jedem Zugang ändert.

Bucheffekten → Wertrecht-Anleihe.

Bücher – Karl Wilhelm, 1847–1930, deutscher Sozialökonom und Wirtschaftshistoriker. Bücher war zunächst Redakteur der Frankfurter Zeitung, lehrte an verschiedenen Universitäten, zuletzt an der Universität Leipzig. Er ist – mit → Schmoller und → Brentano – ein Hauptvertreter der dt. → historischen Schule, ohne sich an bestimmte Richtungen zu binden. In wirtschaftspolitischen Fragen vertrat er eine liberale Position. Bücher wurde bes. bekannt durch seine Stufentheorie zur wirtschaftlichen Entwicklung und das Gesetz der Massenproduktion. Er gehört zu den Begründern des Journalismus als akademische Disziplin. – *Hauptwerke:* „Die Entstehung der Volkswirtschaft" Band 1 (1893), Band 2 (1918); „Arbeit und Rhythmus" (1896).

Buchforderungen – die in den Geschäftsbüchern vermerkten Forderungen, in erster Linie gegenüber Warenabnehmern: „Forderungen aus Lieferungen und Leistungen", → Debitoren. Verrechnung mit → Kreditoren unzulässig. – Bei der Bilanzierung sind *uneinbringliche Forderungen* abzuschreiben, → zweifelhafte (dubiose) Forderungen mit ihrem wahrscheinlichen Wert einzusetzen (→ Delkredere). Gehen abgeschriebene Forderungen nachträglich ein, sind sie über sonstige betriebliche Erträge zu buchen. – *Gegensatz:* → Buchschulden.

Buchführung – *Buchhaltung.*

I. Geschichte: Im 14. Jh. tauchten Handelsbücher auf, die lediglich Kreditgeschäfte enthielten. Erst nach und nach erfasste man alle Geschäfte, zunächst nur getrennt nach Ein- und Verkäufen. Später wurden Leistungen und Gegenleistungen gegenübergestellt und schließlich Personenkonten gebildet. Ein weiterer Fortschritt war die Erfindung der doppelten Buchhaltung, die allg. dem Franziskanermönch F.L. Pacioli (1494) zugeschrieben wird. In dem Bestreben, die Buchführung immer mehr zu vervollkommnen, wurde diese älteste italienische Form der doppelten Buchführung weiterentwickelt über die deutsche, die französische bis zu der vorwiegend in Kleinbetrieben verwendeten Methode der amerikanischen Buchführung. Die wirtschaftliche Entwicklung machte es erforderlich, dass von staatlicher Seite Buchführungs- und Bilanzierungs-Bestimmungen ergingen und dass der Buchhaltungsaufbau der gesamten Wirtschaft schließlich 1937 durch die „Richtlinien zur Organisation der Buchführung" planvoll gestaltet und vereinheitlicht wurde. Das Streben nach Vereinheitlichung fand Ausdruck im → Kontenrahmen und → Kontenplan. Der für jeden Wirtschaftszweig gesondert ausgearbeitete Kontenrahmen bezeichnet alle Konten der Buchführung ihrem Inhalt nach und grenzt sie voneinander ab. Der Kontenplan ist eine Übersicht über alle in der Buchführung eines einzelnen Betriebs geführten Konten. Er trägt den bes. Verhältnissen jedes Betriebes Rechnung, sollte aber dem entsprechenden Kontenrahmen angepasst sein.

II. Begriff/Aufgaben: 1. *Begriff:* Unter Buchführung versteht man die planmäßige und lückenlose Aufzeichnung aller Geschäftsvorfälle, die im Unternehmen mit Werten zusammenhängen, und zwar in zeitlichem Ablauf mit inhalts- und zahlenmäßiger Wertangabe. Die Buchführung sammelt, ordnet und gruppiert dieses Zahlenwerk und entwickelt daraus in regelmäßigen Zeitabständen (monatlich, vierteljährlich) einen Abschluss, jährlich den → Jahresabschluss. Die kaufmännische Buchführung ist die Grundlage und neben → Kostenrechnung (→ Kalkulation), → betriebswirtschaftlicher Statistik (Vergleichsrechnung) und Planung (Vorschaurechnung) das Hauptglied des → Rechnungswesens der kaufmännischen Unternehmung. – 2. *Aufgaben:* a) *Hauptaufgabe* der Buchführung ist die Ermittlung des Erfolges durch Erfassung von Aufwendungen und Erträgen in der Gewinn- und Verlustrechnung und die Darstellung von Vermögens- und Finanzlage sowie ihrer Änderungen durch die Bilanz auf der Grundlage einer Inventur. – b) Daneben hat die Buchführung noch zahlreiche *Sonderaufgaben:* So ermöglicht sie die Beobachtung der Umsatzgröße und der Umsatzschnelligkeit, durchleuchtet die Kapital- und Schuldenverhältnisse, gewährt Einblick in Zahlungsbereitschaft und Risikogestaltung und liefert das Zahlenmaterial für Zwecke der Selbstkostenrechnung, Statistik und Planung. Sie ist die Unterlage für die Besteuerung. – 3. *Gliederung:* Die Buchführung gliedert sich in zwei Teilbereiche: a) *Geschäfts-* oder → Finanzbuchhaltung (pagatorische Buchführung): die offizielle Gesamtabrechnung der Unternehmung. Sie erfasst den äußeren Kreis. Ihre Zahlen liefern den periodischen Abschluss (Bilanz sowie Gewinn- und Verlustrechnung), der sich kontinuierlich in den Vorträgen auf das nächste Jahr fortsetzt. Alle Nachweise über Kapitalbewegungen, Geldverkehr, Vermögen und Schulden sind in ihr enthalten. Sie ist in ihrer Ausgestaltung zeitlich unabhängig vom Wirtschaftszweig und der Leistungsart des Betriebes. – b) *Betriebsbuchhaltung,* (→ kalkulatorische Buchführung):

Sie bildet zusammen mit der Kalkulation das Gebiet der Kostenrechnung, deren Hauptaufgabe die Erfassung, Verteilung und Zurechnung von Kosten und Leistungen ist.

III. Buchführungspflicht: Sie ergibt sich für die Geschäftsbuchführung aus den §§ 238 ff. HGB (handelsrechtlich) und §§ 140 ff. AO (steuerrechtlich) sowie diversen Sondervorschriften. Eine Betriebsbuchführung (vgl. auch Kosten- und Leistungsrechnung) ist nicht vorgeschrieben. Bei der Buchführung sind handels- und steuerrechtlich die → Grundsätze ordnungsmäßiger Buchführung (GoB) einzuhalten. Sie gelten als gewahrt, wenn die Eintragungen bes. nach Form und Inhalt fortlaufend, vollständig und richtig bewirkt werden, sodass sich ein sachverständiger Dritter innerhalb angemessener Zeit einen Überblick über die Entstehung und Abwicklung der Geschäftsvorfälle und über die Lage des Unternehmens verschaffen kann (§ 238 I HGB). – Vgl. auch → handelsrechtliche Buchführungsvorschriften. Bücher und Aufzeichnungen, die diesen Voraussetzungen entsprechen, haben die *Vermutung ordnungsmäßiger Führung* für sich und sind der Besteuerung zugrunde zu legen (§ 158 AO). Ist die Buchführung materiell *nicht ordnungsgemäß*, so hat das Finanzamt das Recht zur → Schätzung des Betriebsergebnisses (§ 162 AO). – Vgl. auch → Buchführungspflicht.

IV. Ort der Buchführung und der Aufbewahrung der Bücher: Handelsrechtlich nicht vorgeschrieben (steuerliche Ausnahme vgl. § 50 I 3 EStG). Bei → Fernbuchführung wird die Buchführung nicht im Unternehmen selbst, sondern durch betriebsfremde Dritte außerhalb des Unternehmens (z.B. Buchstelle, Steuerberater) vorgenommen; vom Buchführungspflichtigen sind lediglich fortlaufende Grundaufzeichnungen (z.B. Kassenbuch) vorzunehmen. Die Fernbuchführungsstellen ihrerseits bedienen sich z.T. berufsständischer oder privater Datenverarbeitungszentralen (z.B. → DATEV). – Vgl. auch → Aufbewahrungspflicht.

V. Systeme der Buchführung: 1. *Einfache Buchführung:* Diese Buchführung bucht nur Zu- und Abgänge in chronologischer Reihenfolge. Sie verwendet das Kassenbuch für Bargeschäfte, das Tagebuch für unbare Geschäftsvorfälle, das Wareneingangsbuch für Lieferantenrechnungen, das Geschäftsfreundebuch (Kontokorrentbuch) für Veränderungen der Forderungen u. Schulden, das Inventar- und Bilanzbuch für die jährliche Bestandsaufnahme. Die einfache Buchführung ermittelt den Erfolg durch Gegenüberstellung des Vermögens am Anfang und Schluss einer Rechnungsperiode, gibt aber keinen Aufschluss darüber, wie es über Aufwendungen und Erträge zu diesem Erfolg kommt. – 2. *Doppelte Buchführung:* Die doppelte Buchführung ermittelt den Erfolg auf doppelte Weise: durch die Bilanz und durch die Erfolgsrechnung. Dadurch ist stets die Kontrolle für die rechnerische Richtigkeit des ausgewiesenen Ergebnisses gegeben. – a) Die doppelte Buchführung geht davon aus, dass jeder Vorgang, der eine Veränderung eines in der Bilanz enthaltenen Postens zur Folge hat, notwendig auch einen zweiten Posten ändern muss, da sonst die Bilanzgleichung gestört würde. Jeder buchungsfähige Geschäftsvorfall hat also *zwei wertgleiche Buchungen* zur Folge, eine Soll- und eine Habenbuchung. Während sich bei den Aktivkonten die Vermögenszunahmen auf der Sollseite und die Vermögensabnahmen auf der Habenseite auswirken, zeigen sich bei den Schuldkonten und dem Eigenkapitalkonto (Passivseite) die Zunahmen im Haben und die Abnahmen im Soll.

Buchführung – Buchungen

Aktivkonten		Passivkonten	
Soll +	Haben –	Soll –	Haben +

b) *Bücher:* Die doppelte Buchführung verwendet das Inventar- und Bilanzbuch, das die alljährlichen Vermögensaufstellungen und Bilanzen aufnimmt, das → Grundbuch (Journal), in dem die Geschäftsvorfälle in chronologischer Reihenfolge gebucht werden, und das Hauptbuch, das alle Buchungen, sachlich und systematisch geordnet, auf den einzelnen Konten zusammenfasst. Außerhalb dieses Systems werden noch Nebenbücher geführt: das Kontokorrentbuch (Geschäftsfreundebuch), das Forderungen und Verbindlichkeiten erfasst, das Lager- oder Warenbuch für die Zu- und Abgänge der Waren, das Besitz- und das Schuldwechselbuch, das Anlagenbuch, Porto-, Nachnahmen- und Lohnbuch u.a. Sie verzeichnen alle Vorfälle im Einzelnen und können zur Kontrolle mit dem Hauptbuch abgestimmt werden. Der Begriff „Bücher" ist unabhängig von der äußeren Form zu sehen. Statt gebundener Bücher sind auch die → Loseblattbuchführung, die → Offene-Posten-Buchführung oder die EDV-Datenträger geeignet, die Funktionen der Eintragungen ordnungsgemäß zu gewährleisten (§ 239 IV HGB). – c) Die doppelte Buchführung kennt zwei *Kontenreihen:* Bestandskonten, die die in der Bilanz ausgewiesenen Vermögens- und Kapitalwerte übernehmen, weitere Zu- und Abgänge verrechnen und am Schluss der Rechnungsperiode ihren Endbestand wieder an die Bilanz abgeben, und die Erfolgskonten, die Aufwendungen (im Soll) und Erträge (im Haben) aufnehmen. Die Erfolgskonten erfassen die durch geschäftliche Betätigung entstehenden Eigenkapitaländerungen. Die Salden der Erfolgskonten werden zum Abschluss auf dem Gewinn- und Verlustkonto gesammelt. Überwiegen die Erträge, so muss der Gewinnsaldo zum Ausgleich im Soll, überwiegen die Aufwendungen, so muss der Verlustsaldo im Haben des Gewinn- und Verlustkontos erscheinen. Dieses wird bei Einzel- und Personenunternehmungen i.d.R. über das Kapitalkonto abgeschlossen. Bei Kapitalgesellschaften wird sein Saldo als Jahresüberschuss/Jahresfehlbetrag gesondert auf der Passivseite der Bilanz als Teil des Eigenkapitals ausgewiesen. – Vgl. auch → Bilanz, → Gewinn- und

Verlustrechnung (GuV), → Bilanzgewinn (-verlust). – d) Der *Ablauf* der Buchführungsarbeit gliedert sich in folgende Phasen: (1) Erstellen von Eröffnungsinventar und -bilanz; (2) Aufstellen eines Kontenplans; (3) Vorbereiten der Bücher und Konten; (4) Buchen des laufend anfallenden Buchungsstoffes; (5) Probebilanzen und kurzfristige Erfolgsrechnungen zur Kontrolle der Buchführung; (6) Aufnehmen der Bestände (Inventur); (7) Abschließen der Bücher und Konten; (8) Erstellen der Gewinn- und Verlustrechnung (Erfolgsrechnung); (9) Erstellung von Schlussinventur und -bilanz; letztere enthält die Werte für Eröffnungsinventur und -bilanz des folgenden Geschäftsjahres. – 3. *Kameralistische Buchführung*, auch *Behörden- oder Verwaltungsbuchführung* genannt: das älteste System der Buchführung, das auch zunehmend durch Einführung der doppelten Buchführung in den Behörden ersetzt wird. Ihre Aufgabe besteht darin, den durch den Voranschlag oder Etat angeordneten oder geplanten Einnahmen und Ausgaben die tatsächlichen Einnahmen und Ausgaben gegenüberzustellen. Das Ergebnis daraus sind Etatüberschüsse oder Fehlbeträge. Als *Bücher* werden meist verwendet: (1) das Kassenbuch mit Spalten zur Übertragung auf die einzelnen Etattitel; (2) das Hauptbuch, auch Manual genannt, in dem in systematischer Ordnung die Ist- und Soll-Posten der jeweiligen Etattitel gegenübergestellt sind; (3) das Bestands- oder Inventurbuch zur Darstellung der Vermögensteile und Schulden; (4) etwaige Sachtagebücher zur Kontrolle einzelner Bestände nach Art der Hilfsbücher der kaufmännischen Buchführung.

VI. Formen/Verfahren: 1. Historisch gesehen ist die erste Form der Buchführung eine *Übertragungsbuchführung*: Der in den Belegen gegebene Buchungsstoff wird zunächst im Grundbuch festgehalten und dann von hier auf die Hauptbuchkonten übertragen. – *Formen:* a) Die älteste Form ist die → italienische Buchführung, die für alle Vorgänge nur *ein* Grundbuch kannte, von dem aus täglich *direkt* in das Hauptbuch übertragen wurde. Erweiterung: Aufspaltung des Grundbuchs in Kassenbuch für bare und Tagebuch für unbare Geschäftsvorfälle. – b) Die → deutsche Buchführung entlastet das Hauptbuch, indem sie zwischen Grundbücher und Hauptbuch ein Sammelbuch einschiebt, das die Grundbuchungen sammelt und geordnet zum Hauptbuch weiterleitet. Erweiterungen neben Kassenbuch und Tagebuch als weitere Grundbücher das Einkaufs- und das Verkaufsbuch. – c) Die → französische Buchführung nimmt eine weitere Aufteilung der Grundbücher vor: zu den Grundbüchern der deutschen Form z.B. noch das Bank-, Wechsel-, Effektenbuch. – d) Die → amerikanische Buchführung, erstmals von E.D. Degrange (1804) angewandt, kennt keine Trennung von Grund- und Hauptbuch. Sie ist eine Verbindung der chronologischen (Grundbuch) und der sachlichen (Hauptbuch) Gruppierung des Buchungsstoffes in einem Arbeitsgang (einstufige Form). Dies wird durch Verwendung eines Tabellenjournals (Journal, Hauptbuch) ermöglicht, in welchem die Spalten des Grundbuches (Datum, Text, Betrag) und die Einzelkonten des Hauptbuches mit Soll- und Habenspalten nebeneinander angeordnet sind. – e) Eine Übertragungsbuchführung ist auch die → Belegbuchhaltung. Die gesammelten Belege dienen als Grundbuchersatz. Von ihnen wird der Buchungsstoff sofort auf die Hauptbuchkonten übertragen. – 2. *Durchschreibebuchführung (veraltet):* Die Durchschreibebuchführung vereinfacht die Buchungsarbeit: In einem Arbeitsgang werden Grund- und Hauptbuch beschriftet. Entweder erfolgt die Urschrift in das Grundbuch mit gleichzeitiger Durchschrift auf das darunter liegende Hauptbuchkonto oder umgekehrt. Beschriftung manuell oder maschinell. Durch Verbreitung der EDV kaum noch von Bedeutung. – 3. *Lochkartenbuchführung (veraltet):* Diese Buchführung war ein automatisiertes Buchführungsverfahren, bei dem der Inhalt der zu buchenden Belege mit einer Lochmaschine auf Lochkarten übertragen wurde. Die Lochkarten wurden mithilfe von Sortiermaschinen nach zeitlichen oder sachlichen Gesichtspunkten zusammengestellt und durch Tabelliermaschinen, den eigentlichen Buchungsmaschinen, ausgewertet, in Zahlen und Text übersetzt, addiert, saldiert und in beliebigen Kontenblättern, Listen und Formularen ausgedruckt, sodass zugleich mit den erforderlichen Buchführungsunterlagen zahlreiche für die kaufmännische Verwaltung in Einkauf, Produktion und Verkauf erforderliche Daten bereitgestellt wurden. – 4. *Elektronische Buchführung:* Diese Buchführung bewältigt die bei den halbautomatisierten Lochkartenanlagen nacheinander geschalteten Arbeitsvorgänge gewissermaßen gleichzeitig und in erheblich kürzerer Zeit auf elektronischen Datenverarbeitungsanlagen (EDV), die aus Eingabe-, Speicher-, Rechen- und Ausgabeeinheiten bestehen. – a) Kernstück der elektronischen Buchführung ist ein *Buchführungsprogramm* (→ Software; häufig ergänzt durch Zusatzprogramme, wie Fakturierung, Materialwirtschaft zum Zwecke gleichzeitiger Datenauswertung, sog. integrierte Datenverarbeitung), das die erforderliche Datenverarbeitung automatisch vollzieht, d.h. aus dem eingegebenen Buchungsstoff werden programmimmanent Buchungen abgeleitet. – b) Zwar gilt auch für EDV-Buchführung das → Belegprinzip, doch genügt für maschinenintern erzeugte Buchungen der Nachweis der Ordnungsmäßigkeit durch die *Programmdokumentation*. – c) Während bei konventioneller EDV-Buchführung die Buchungen im Anschluss an die Verarbeitung vollständig und dauerhaft lesbar gemacht werden, wird bei der sog. → Speicherbuchführung nur noch *Ausdruckbereitschaft* verlangt, d.h. der auf den Datenträgern gespeicherte Buchungsstoff braucht erst bei Bedarf ausgedruckt zu werden. – *Ausnahmen:* Eröffnungsbilanz, Jahresabschlüsse, Konzernabschlüsse. – d) *Bedeutung:* Die EDV-Buchführung hat sich weitgehend durchgesetzt. Bes. auch für Mittel- und Kleinbetriebe eröffnen sich damit

Möglichkeiten, die Daten der Buchführung preiswert und schnell für andere betriebswirtschaftliche Zwecke auszuwerten und zu nutzen. – Vgl. auch → computergestützte Finanzbuchhaltung.

Buchführungspflicht – I. Handelsrecht: 1. *Zweck der Buchführungspflicht:* systematische Dokumentation der Entstehung und Abwicklung der → Geschäftsvorfälle eines Kaufmanns, um ihm und ggf. Dritten (→ Publizität) einen Überblick über die Lage des Unternehmens zu vermitteln (§ 238 I HGB). – 2. *Buchführungspflichtig:* jeder → Kaufmann (zu den Kaufmannseigenschaften vgl. §§ 1–6 HGB) – größenabhängige Ausnahmeregelung: § 241a HGB (Bilanzrechtsmodernisierungsgesetz). – 3. *Beginn der Buchführungspflicht:* grundsätzlich mit der Aufnahme des Handelsgewerbes; für den → Kannkaufmann und den → Formkaufmann mit Eintragung ins → Handelsregister, bei der OHG ggf. auch schon vor Eintragung bei Geschäftsbeginn (§ 123 HGB). – 4. *Ende der Buchführungspflicht:* grundsätzlich mit dem Erlöschen der Kaufmannseigenschaft; beim → Istkaufmann also mit der Einstellung des Handelsgewerbes, beim Form- und Kannkaufmann sowie bei Handelsgesellschaften mit der Löschung im Handelsregister.

II. Steuerrecht: 1. *Ertrags- und Substanzsteuern:* Buchführungspflicht für Zwecke der Besteuerung erheblich erweitert. – a) Grundsätzlich gilt, dass derjenige, der bereits nach anderen Gesetzen als den Steuergesetzen Bücher und Aufzeichnungen zu führen hat (v.a. nach § 238 HGB), diese Verpflichtung auch im Interesse der Besteuerung zu erfüllen hat (*abgeleitete* oder *derivative Buchführungspflicht;* § 140 AO). – b) *Originäre Buchführungspflicht* und Verpflichtung, regelmäßige Abschlüsse aufgrund jährlicher Bestandsaufnahmen zu erstellen, besteht darüber hinaus nach § 141 AO für alle Land- und Forstwirte sowie Gewerbetreibende, die nach der letzten Veranlagung eine der folgenden Voraussetzungen erfüllen: (1) Einen Gesamtumsatz (einschließlich des steuerfreien Umsatzes) von mehr als 500.000 Euro im Kalenderjahr; (2) selbstbewirtschaftete land- und forstwirtschaftliche Flächen mit Wirtschaftswert über 25.000 Euro; (3) einen Gewinn aus Gewerbebetrieb von mehr als EUR 50.000 Euro im Wirtschaftsjahr; (4) Gewinn aus Land- und Forstwirtschaft von mehr als 50.000 Euro im Kalenderjahr. Als Mindestaufzeichnungspflicht ergibt sich für alle gewerblichen Unternehmer die Führung des → Wareneingangsbuches (§ 143 AO) und des → Warenausgangsbuches (§ 144 AO). – c) *Beginn der Buchführungspflicht:* nach Mitteilung durch das Finanzamt ab dem folgenden Wirtschaftsjahr. – d) *Ende der Buchführungspflicht:* mit Ablauf des Wirtschaftsjahrs, das auf das Wirtschaftsjahr folgt, in dem die Finanzbehörde feststellt, dass die Voraussetzungen für eine Buchführungspflicht nicht mehr vorliegen. – 2. *Umsatzsteuer:* → Aufzeichnungspflicht.

III. Verstöße/Strafen: 1. Wer in *Insolvenz* gerät und gegen die Buchführungspflicht verstoßen hat, kann wegen Bankrotts und wegen Verletzung der Buchführungspflicht mit Freiheitsstrafe oder Geldstrafe bestraft werden (§ 283 StGB). – 2. Wer die nach *Steuergesetzen* angeordnete Buchführungspflicht nicht beachtet, kann nach den §§ 369–412 AO bestraft werden.

Buchführungsrichtlinien – *Buchhaltungsrichtlinien, Organisationsrichtlinien für die Buchführung;* Vorschriften über die Buchführung im Erlass des Reichswirtschaftsministers vom 11.11.1937 (MinBlfWirtsch 1937 S. 239), der nach Auffassung des Bundeswirtschaftsministeriums (Schreiben vom 13.1.1970) nicht mehr bindend ist. Die Buchführungsrichtlinien gelten jedoch allg. als richtungweisend für die Anforderungen an eine ordnungsgemäße Buchführung. – Vgl. auch → Grundsätze ordnungsmäßiger Buchführung (GOB).

Buchgewinn – 1. der Gewinn, der sich beim → Abschluss der Geschäftsbücher in → Bilanz und → Gewinn- und Verlustrechnung (GuV) ergibt. – 2. Buchgewinn häufig verwendet im Sinn von Gewinn, der durch *Bewertungsmaßnahmen* (statt durch Kombination von Einkauf und Verkauf) entstanden ist, z.B. durch → Erträge aus → Zuschreibungen bei Aktiva, aus der Auflösung von → Rückstellungen. – 3. Buchgewinn als *Ergebnis eines rechentechnischen Vorgangs* entsteht auch bei Kapitalgesellschaften durch Herabsetzung des Nominalkapitals, bei der AG z.B. Einzug, → Denomination oder Zusammenlegung von Aktien im Rahmen der Sanierung (→ Sanierungsgewinn).

Buchgrundschuld → Grundschuld, bei der die Erteilung eines → Grundschuldbriefes vertraglich ausgeschlossen ist, die also lediglich ins → Grundbuch eingetragen wird. – *Gegensatz:* → Briefgrundschuld.

Buchhalterknie → Buchhalternase.

Buchhalternase – *Buchhalterknie, Vakatstrich;* die Sperrlinie zur Unbrauchbarmachung von leeren Zwischenräumen in den der Buchführung dienenden Büchern und Kontoblättern gemäß § 239 III HGB. Diese schräg durch den nicht benötigten Zwischenraum gehende Linie, mit der der nicht beschriftete Platz auf einer Kontoseite (z.B. der Soll- oder der Habenseite eines T-Kontos) quasi gesperrt wird, um nachträgliche Veränderungen unmöglich zu machen, wird bei elektronischer Buchführung und Konten in Tabellenform überflüssig, wenn nicht benötigte Zeilen anderweitig – z.B. durch das Einsetzen von „0"-Zahlenwerten oder durch Schreibschutz – ausgefüllt werden.

Buchhaltung – 1. Vielfach identisch mit → Buchführung verwendeter Begriff. – 2. Ein Teil der Betriebsorganisation, die *Abteilung,* in der die wichtigsten Grundlagen für das betriebliche Rechnungswesen, nämlich Buchführung und Bilanz bearbeitet werden. – 3. *Sonderform:* → Ökologische Buchhaltung.

Buchhaltungsorganisation – für jeden Betrieb nach individuellen Bedürfnissen zweckmäßig gestaltete Einrichtung der Buchhaltung unter Beachtung des

Prinzips der Wirtschaftlichkeit. Wegen notwendiger und zuverlässiger Kontrollmöglichkeit überwiegend Verwendung des Systems der doppelten Buchführung. Hinsichtlich des Buchhaltungsverfahrens vgl. → Buchführung.

Buchhaltungsrichtlinien → Buchführungsrichtlinien.

Buchhaltungstheorien – Die Buchhaltungstheorien verfolgen den Zweck, die doppelte Buchhaltung als logisch geschlossenes, zwangsläufig sich selbst kontrollierendes Verrechnungssystem zu erklären und zu begründen und darüber hinaus praktische Buchungsregeln herauszuarbeiten.

I. Personifikationstheorie: Sie knüpft an die rein formale Durchführung der Buchungsvorgänge an. Als älteste Theorie nimmt sie ihren Ausgangspunkt von den ersten buchmäßigen Aufzeichnungen zu Beginn des Kreditverkehrs. Der Geschäftsfreund wird für das, was er empfängt, belastet (er schuldet, soll zahlen), für das, was er gibt, erkannt (er hat gut). Hier haben die Ausdrücke „empfangen" und „geben" sowie „Soll" und „Haben" ihren Wortsinn. Der gleiche Erklärungsversuch wird bei der Bewegung anderer Vermögensteile angewandt. Man personifiziert die einzelnen Konten in der Art, dass man sich hinter jedem Konto eine Person denkt, der die Verwaltung eines Vermögens- oder Kapitalteils anvertraut ist. Das Kassakonto wird vom Kassierer, das Warenkonto vom Lagerhalter verwaltet etc. So entsprechen die Konten einer Reihe von Unterabteilungen des Geschäfts, die miteinander durch Geben und Empfangen in Beziehung treten. Diese auf Fiktionen beruhende formale Erklärung bietet methodische Stützen beim Lehren der Buchhaltung. Bei den „reinen Erfolgskonten" versagt sie aber.

II. Materialistische Theorien: Sie knüpfen an die zugrunde liegenden wirtschaftlichen Vorgänge der Zu- und Abnahme des Vermögens an. Je nachdem, ob alle Konten als homogene Glieder eines einheitlichen Organismus aufgefasst werden oder ob das Kontensystem in mehrere Kontengruppen mit wesentlich verschiedenen Funktionen gegliedert wird, unterscheidet man Einkontentheorien, Zweikontentheorien und Dreikontentheorien. – 1. *Einkontentheorie (Geschäftstheorie):* Die Konten der Passiva sind von rechnungsmäßig gleicher Qualität. Das Eigenkapital der Unternehmer wird als eine Schuld des Unternehmens an den Eigentümer angesehen, sodass alle Passivkonten Schulden verzeichnen: Schulden an Fremde und an die Wirtschaft der Unternehmer. Daraus folgt: Kapital und Kapitalzuwachs sind wie Schulden und Schuldenzuwachs als „ungünstige" Posten in die Habenspalte einzutragen, Verlust und Kapitalminderung gehören als für das Unternehmen „günstige" Posten in die Sollspalte, weil die Schuld an den Unternehmer abnimmt. Auch die Konten der Aktiva verzeichnen links als Zugänge günstige, rechts als Abgänge ungünstige Posten. So entsteht eine einzige Kontenreihe mit einer Einheitlichkeit des Soll- und Habenbegriffs. Die Hauptbuchungsregel lautet: Abgang vom Passivbestand = Soll, Abgang vom Aktivbestand = Haben, Zugang zum Aktivbestand = Soll, Zugang zum Passivbestand = Haben. – Vgl. Abbildung „Buchhaltungstheorien – Einkontentheorie".

Buchhaltungstheorien – Einkontentheorie

Aktiva		Passiva	
Soll	Haben	Soll	Haben
+	–	–	+

2. *Zweikontentheorie:* Der Rechnung über die Vermögensbestandteile wird eine Rechnung über das Reinvermögen gegenübergestellt, die das Kapitalkonto und seine Unterkonten (Gewinn- und Verlustkonto, Zinsenkonto, Mietekonto etc.) umfasst. – a) *Vermögensbestandskonten:* Sie enthalten in der Sollspalte den Nachweis der Vermehrung (Belastung für Zunahme), in der Habenspalte den Nachweis der Verminderungen des Vermögens (Erkennung für Abnahme). Schulden sind negative Vermögensbestandteile, für die also die gleiche Regel zutrifft: Schuldabnahme = Vermögensvermehrung im Soll, Schuldzunahme = Vermögensverminderung im Haben. – b) *Reinvermögenskonten:* Sie enthalten in der Sollspalte den Nachweis der Verminderung (Belastung für Abnahme); in der Habenspalte den Nachweis der Vermehrung (Erkennung für Zunahme). So erfährt also die Bedeutung der Worte Soll und Haben in den Konten des Reinvermögens eine Umkehrung. – Vgl. Abbildung „Buchhaltungstheorien – Zweikontentheorie".

Buchhaltungstheorien – Zweikontentheorie

Positive u. negative Vermögenskonten		Reinvermögens-konten	
Soll	Haben	Soll	Haben
+	–	–	+

c) *Gemischte Konten (Bestandserfolgskonten):* Neben den Konten des Vermögens (Vermögenstauschkonten) und den Konten des Reinvermögens (Vermögensänderungskonten) gibt es je nach dem Charakter des Geschäftes eine größere oder geringere Anzahl von Konten, welche Vermögenstausch- und Vermögensänderungsvorgänge gleichzeitig darstellen. – Die Grundlage der Zweikontentheorie bildet eine Trennung der Konten der Leistungsreihe und der Zahlungsreihe. So ergibt sich eine einfache Struktur der Geschäftsvorfälle. Den ausgehenden Leistungen stehen eingehende sofortige oder zukünftige Zahlungen,

Buchhaltungstheorien - Gemischte Konten

Vermögenskonten		Schuldkonten		Kapitalkonten	
Soll	Haben	Soll	Haben	Soll	Haben
+	–	–	+	–	+

den eingehenden Leistungen sofortige oder künftige ausgehende Zahlungen gegenüber. – Jene Fälle, die nur Zahlungen betreffen, also die Leistungsreihe nicht berühren, z.B. Darlehen, stellen doppelseitige erfolgsunwirksame Buchungsfälle dar, die nur innerhalb der *Zahlungsreihe* als durchlaufende Posten erscheinen und daher die Erfolgsrechnung nicht beeinflussen. – Zu den Konten der *Leistungsreihe* rechnen nicht nur die Konten der materiellen und immateriellen Güter, sondern auch die Konten, welche Dienstleistungen, Arbeit, Kapitalnutzung und sonstige Aufwände und Erträge verbuchen. Der Gewinn ergibt sich aus den beiden Reihen, und zwar aus jeder ursprünglich und selbstständig: in der Leistungsreihe aus der Zusammenfassung der Salden der Leistungsreihe in dem Sammelkonto derselben, der Gewinn- und Verlustrechnung, in der Zahlungsreihe durch Übertragung der Salden der Zahlungskonten auf das Sammelkonto der Ein- und Ausgabeberechnung, die Bilanz. – 3. *Dreikontentheorie:* Sie unterscheidet die Kontenreihe der *Vermögensteile* (Bestandszunahmen links, -abnahmen rechts), die Kontenreihe der *Schulden* (Bestandsabnahmen links, -zunahmen rechts) und die Kontenreihen des *Eigenkapitals* (Bestandsabnahmen links, -zunahmen rechts). – Vgl. Abbildung „Buchhaltungstheorie - Gemischte Konten". Die möglichen Geschäftsvorgänge sind reine Tauschvorgänge oder Umsatzerfolgsvorgänge. Die Erfolgskonten haben keine Selbstständigkeit; sie sind Hilfs- und Unterkonten des Eigenkapitalkontos, das selbst ein Bestandskonto darstellt.

Buchhypothek → Hypothek, bei der die Erteilung eines → Hypothekenbriefes ausgeschlossen ist, die nur ins → Grundbuch eingetragen wird, z.B. die → Sicherungshypothek. Ausschluss erfolgt vertraglich durch Einigung und Eintragung im Grundbuch.

Buchinventur – als buch- oder belegmäßige Aufnahme von Inventarbestandteilen kommt sie v.a. dann zur Anwendung, wenn eine körperliche Bestandsaufnahme durch Messen, Wiegen, Zählen (→ effektive Inventur, → Inventur) nicht möglich ist; z.B. bei immateriellen Vermögensgegenständen, Forderungen und Verbindlichkeiten. Forderungen und Verbindlichkeiten werden z.B. auf Basis der Saldenliste der Kontokorrentkonten und der Saldenbestätigungen der Geschäftsfreunde aufgenommen. Auch bei Vermögensgegenständen des beweglichen Anlagevermögens wird die Buchinventur für zulässig angesehen, wenn eine → Anlagenkartei geführt wird. Rechtliche Basis für die Buchinventur ist § 241 II HGB.

Buchkredit – Kredit an Kunden, der lediglich „in den Büchern" erfasst wird, also ohne dass der Gegenwert beurkundet wird (wie bspw. bei → Schuldscheindarlehen oder → Wechselkrediten). Die häufigste Form ist das Einräumen einer → Kreditlinie (Überziehungslimit) auf dem Kontokorrentkonto oder die Gewährung eines → Darlehens. – Die Höhe der eingeräumten Buchkredite in Deutschland wird regelmäßig in den → Monatsberichten der Deutschen Bundesbank bekannt gegeben, getrennt nach Buchkrediten an Banken und an Nichtbanken (im statistischen Teil, Rubrik IV: Banken), genauso wie die Höhe der Buchkredite im Euro-Währungsgebiet in den Monatsberichten der Europäischen Zentralbank (im statistischen Teil, Rubrik 2: Monetäre Entwicklungen, Banken und Investmentfonds - monetäre Statistik 2.3). Da Buchkredite die Hauptquelle für externe Finanzmittel des privaten Sektor sind, ist die insgesamt vergebene Höhe eine Referenzgröße zur Beurteilung der Konjunktur und Wirtschaftslage.

buchmäßiger Nachweis → Buchnachweis.

buchmäßiges Vermögen – Summe der Wertansätze für die Vermögensgegenstände eines Unternehmens vgl. → Buchwert.

Buchnachweis – 1. *Begriff:* Der Nachweis des Geschehens durch ordnungsmäßige Verbuchung in den Geschäftsbüchern. – 2. *Umsatzsteuerliche Bedeutung:* a) Buchnachweis ist neben dem → Ausfuhrnachweis (Belegnachweis) Voraussetzung für die Gewährung der Umsatzsteuerfreiheit von → Ausfuhrlieferungen und → Lohnveredelungen. Die Bücher sind im Inland zu führen, soweit gesetzlich nichts anderes erlaubt ist. I.d.R. sind aufzuzeichnen: die Menge mit handelsüblicher Bezeichnung des Liefergegenstandes oder der Umfang der Lohnveredelung, Tag der Lieferung oder Lohnveredelung, Name und Anschrift des Abnehmers oder Auftraggebers, das vereinbarte oder vereinnahmte → Entgelt sowie die Ausfuhr (§ 13 UStDV). – b) Buchnachweis ist weiterhin Voraussetzung für die Umsatzsteuerbefreiung von → innergemeinschaftlichen Lieferungen. Buchmäßig nachzuweisen sind dabei bes. die Umsatzsteuer-Identifikationsnummer des Abnehmers sowie die Beförderung oder Versendung in das übrige Gemeinschaftsgebiet; darüber hinaus Aufzeichnung entsprechend Punkt 1.

Buchprüfer → vereidigter Buchprüfer.

Buchprüfungsgesellschaft – gesetzlich geschützte Bezeichnung für die nach den Vorschriften der → Wirtschaftsprüferordnung (WPO) als Buchprüfungsgesellschaft anerkannte Prüfungsgesellschaft

(§ 133 i.V. mit § 128 I 2 WPO). Eine Buchprüfungsgesellschaft hat die Bezeichnung „Buchprüfungsgesellschaft" zu führen (§ 128 II 1 WPO). Auf Buchprüfungsgesellschaften finden die Vorschriften der WPO über die Anerkennung und die berufliche Niederlassung von → Wirtschaftsprüfungsgesellschaften, die Abschnitte über Bestellung, Wirtschaftsprüfungsgesellschaften, allg. Vorschriften für das Verwaltungsverfahren, das Berufsregister und das verwaltungsgerichtliche Verfahren sowie des Teils über die Rechte und Pflichten der Wirtschaftsprüfer entsprechende Anwendung (§ 130 II WPO). Buchprüfungsgesellschaften dürfen nach Einführung der Prüfungspflicht für bestimmte GmbHs → Jahresabschlussprüfungen als → Abschlussprüfer in beschränktem Umfang vornehmen (§ 129 I WPO).

Buchschulden – 1. *Buchschulden einer Unternehmung:* in den Geschäftsbüchern auf Kreditoren-, Gläubiger-, Lieferer- oder Kontokorrentkonten eingetragene Schulden gegenüber den Geschäftsgläubigern. – *Gegensatz:* → Buchforderungen. – 2. *Buchschulden der öffentlichen Hand:* → öffentliche Kreditaufnahme.

Buchstabenmarke – als → Marke können grundsätzlich auch einzelne Buchstaben eintragbar sein, sofern sie die Ware oder Dienstleistung nicht nur beschreiben.

Buchstabenverfahren – spezielles Ersatzverfahren zur Gewinnung einer Zufallsstichprobe (→ Auswahlverfahren) aus einer Personengesamtheit. In die Stichprobe gelangen alle Personen, deren Familienname mit einem oder mehreren bestimmten Buchstaben beginnt. – *Nachteile:* Stichprobenumfang und → Auswahlsatz können nicht von vornherein genau angegeben werden. Stehen die Untersuchungsgegenstände in einer Beziehung mit dem Familiennamen in der Personengesamtheit, kann das Buchstabenverfahren nicht eingesetzt werden.

Buchstellen – *Fernbuchstellen;* selbstständige Institutionen, die → Fernbuchführung betreiben, v.a. für die Angehörigen der freien Berufe sowie bes. für Landwirtschaft und Handwerk. – 1. *Arten:* a) *Buchstellen der Landwirtschaft:* außerbetriebliche, selbstständige Stellen, die nach der Methode der Fernbuchführung die Buchführung landwirtschaftlicher Betriebe übernehmen. Nach § 44 I StBerG können Steuerberater und Steuerbevollmächtigte, die bes. Sachkunde in Steuersachen für land- und forstwirtschaftliche Betriebe nachweisen, zur Führung der Bezeichnung „Landwirtschaftliche Buchstelle" berechtigt werden. Einzelheiten sind im StBerG und DVStB geregelt. Die Buchstellen sind zusammengeschlossen im Hauptverband für landwirtschaftliche Buchführung und Beratung e.V. – b) *Buchstellen des Handwerks:* organisationseigene und sog. Vertragsbuchstellen als Gewerbeförderungsmaßnahme, die die Betriebe des Handwerks auf dem Gebiet der Verwaltung einschließlich der Buchführung entlasten sollen. Daneben gibt es auch Buchstellen, die von selbstständigen, auf das Handwerk spezialisierten Steuerberatern betrieben werden. – c) → DATEV. – 2. *Aufgabenteilung:* a) Da eine vollkommene Ausgliederung der *Buchführungsarbeit* auf eine außenstehende Stelle mit den Grundsätzen einer kaufmännischen Betriebsführung unvereinbar ist, müssen vom Buchführungspflichtigen (auch aus steuerlichen Gründen) mind. folgende Tätigkeiten ausgeführt werden: Grundaufzeichnungen für die Kasse, im Wareneingangsbuch und sonstiger Art, z.B. die fortlaufenden umsatzsteuerlichen Entgeltaufzeichnungen; periodische (meist monatliche) Übermittlung der Grundaufzeichnungen mit Belegen an die Buchstelle. Die endgültige Buchung auf Konten, Jahresabschluss und weitere Auswertung der Buchhaltung sowie Erledigung der Steuerangelegenheiten erfolgt im Büro der Buchstelle. – b) *Weitere Aufgaben:* Schaffung betrieblicher Unterlagen; Ermittlung der Kostenstruktur; Beschaffung und Auswertung einwandfreier Kalkulationsunterlagen; Mitwirkung bei der Ermittlung der steuerlichen Gewinnrichtsätze; Aufstellen von Rentabilitäts- und Liquiditätsberechnungen als Grundlage für Kreditanträge; Auswertung der buchmäßigen Ergebnisse über die zu bildenden Kreditgarantiegemeinschaften; Ausarbeitung und Einführung möglichst einheitlicher Unterlagen für die Organisation der Buchführung; Einrichtung eines steuerlichen und organisatorischen Beratungsdienstes. – 3. Die in den Buchstellen erarbeiteten Unterlagen und Ergebnisse sollen neben der einzelbetrieblichen Förderung, z.B. bei den Buchstellen des Handwerks, in den Dienst der *Gewerbeförderung* für das gesamte Handwerk gestellt werden (→ Betriebsvergleich).

buchtechnische Kostenauflösung → Kostenauflösung.

Buch- und Betriebsprüfung – v.a. früher übliche Bezeichnung für die turnusmäßige → Außenprüfung des Finanzamts.

Buchung – Eintragung eines Geschäftsvorfalls aufgrund eines Belegs in eines der Bücher einer → Buchführung. Die Eintragungen können auch in elektronischer Form erfolgen.

Buchungsbeleg → Beleg.

Buchungsfehler – irrtümliche Buchungen, entstehen durch falsche Zahlen, Vertauschen von Zahlen, fehlerhafte Übertragungen, Verwendung nicht zutreffender Konten. Buchungsfehler sind sofort nach ihrer Entdeckung durch → Stornobuchung zu berichtigen.

Buchungsformel → Buchungssatz.

Buchungsgebühr → Gebühr, die von den Kreditinstituten im Rahmen der Kontoführung in Rechnung gestellt wird. Neben einer fixen Grundgebühr wird für jede auf dem Konto vorgenommene Buchung ein gewisser Betrag (teilweise differenziert nach dem der Buchung zugrunde liegenden Zahlungsvorgang) dem Kontoinhaber belastet. Zur Förderung der beleglosen Abwicklung differenzieren die Kreditinstitute auch zunehmend nach der Einreichungsart (beleglose Aufträge günstiger als beleghafte). Manche Banken gewähren bestimmte Freiposten pro Monat, Quartal oder Jahr, die frei von Buchungsgebühren sind. Darüber hinaus kommen Differenzierungen nach Buchungstypen wie Daueraufträgen, Überweisungen, Lastschriften etc. vor. Die Erhebung einer Buchungsgebühr ist Bestandteil der Geschäfts- und Preispolitik eines Kreditinstituts. Banken sowie Bausparkassen erheben teilweise aus Marketinggründen keine Buchungsgebühren.

Buchungssatz – *Buchungsformel, Kontenanruf;* Aussage darüber, wie ein Geschäfts(vor)fall zu buchen ist. Das Konto, auf dem die Sollbuchung erfolgen muss, wird zuerst genannt und mit dem Konto, das die Buchung im Haben (Gutschrift) erhält, durch „an" verbunden. – *Beispiele:* (1) *einfacher Buchungssatz:* „Kasse(konto) an Waren(konto)". (2) *zusammengesetzter Buchungssatz,* bei dem durch einen Geschäfts(vor)fall mehr als zwei Konten berührt werden: Verbindlichkeiten 2.000 Euro an Bank 1.600 Euro, an Kasse 400 Euro.

Buchwert – Vermögens- und Schuldteile in der Bilanz einer kaufmännischen Unternehmung, bewertet nach den → Anschaffungskosten bzw. → Herstellungskosten, korrigiert um → Abschreibungen und → Zuschreibungen entsprechend den handels- und steuerrechtlichen Bewertungsvorschriften (deshalb auch als *„Restwert"* bezeichnet). Der Buchwert kann mit dem Zeitwert übereinstimmen, wenn die Korrekturen (z.B. Abschreibungen) der tatsächlichen Wertentwicklung (z.B. durch Verschleiß) entsprechen. Sind z.B. die Abschreibungen überhöht, ist der Buchwert niedriger als der Zeitwert, umgekehrt ist der Buchwert höher. – Bei *Veräußerungen* zu einem vom Buchwert abweichenden Preis entsteht ein Gewinn oder Verlust, der als Ergebnis aus dem Umsatz unter Umsatzerlösen und Materialaufwand oder als sonstige betriebliche Erträge oder als sonstige betriebliche Aufwendungen oder (außerhalb der gewöhnlichen Geschäftstätigkeit) als außerordentliches Ergebnis gebucht wird.

Buchwertabschreibung → Abschreibung.

Buchwertfortführung – 1. *Begriff* aus dem Ertragsteuerrecht: Bewertung eines Wirtschaftsgutes bei seinem Erwerb nicht mit dem Marktwert, sondern mit dem → Buchwert des Rechtsvorgängers. – 2. *Zielsetzung*: Buchwertfortführung dient stets dazu, vorhandene stille Reserven zu einem späteren Termin noch besteuern zu können, wenn bei einem Eigentumsübergang auf Aufdeckung und Versteuerung stiller Reserven verzichtet wurde. Daher nur bei bestimmten Vermögensübergängen möglich, bei denen das Gesetz diese Vorgehensweise ausdrücklich vorsieht: Erbschaft oder Schenkung (§ 6 III EStG), Umwandlung, Fusion, Einbringung, Spaltung (Umwandlungssteuergesetz, Fusionsrichtlinie). – 3. *Ähnlich:* → Buchwertverknüpfung.

Buchwertmethode → Purchase-Methode.

Buchwertverknüpfung – 1. *Begriff* aus dem Ertragsteuerrecht, relevant v.a. im Umwandlungssteuerrecht: Die Verpflichtung, bei Hingabe eines Wirtschaftsgutes gegen ein anderes für das neu erworbene Wirtschaftsgut den Buchwert anzusetzen, mit dem vorher das bisherige Wirtschaftsgut angesetzt war. – 2. *Zielsetzung*: Zielsetzung der Buchwertverknüpfung ist es regelmäßig, dafür zu sorgen, dass der Austausch des betreffenden Wirtschaftsgutes gegen das andere steuerlich für den Besitzer keinen Gewinn abwirft (der Zufluss des „neuen" Wirtschaftsgutes wird mit demselben Wert eingebucht wie der Abfluss des „alten"!), zugleich aber sichergestellt wird, dass die stillen Reserven, die zu diesem Zeitpunkt in dem Wirtschaftsgut vorhanden sind, später noch steuerlich erfasst werden können. – 3. *Beispiel*: Ein Wirtschaftsgut mit einem aktuellen Wert von 100 und einem steuerlichen Buchwert von 10 wird gegen ein anderes ausgetauscht. Dieses wird vernünftigerweise ebenfalls einen wirklichen Wert nahe 100 haben; es wird aber jetzt mit 10 bilanziert, weil dies der Buchwert des „Vorgänger-Wirtschaftsgutes" war. Wird das neue Wirtschaftsgut im Anschluss daran verkauft, entsteht buchhalterisch automatisch ein Gewinn von 100-10 = 90, d.h. die seinerzeit verschonten stillen Reserven werden jetzt buchhalterisch automatisch aufgedeckt und der Versteuerung zugeführt. – 4. *Anwendungsgebiete*: Eine Buchwertverknüpfung ist nur zulässig, sofern sie gesetzlich ausdrücklich zugelassen bzw. angeordnet ist. Das geschieht in einigen wenigen Fällen, einschlägig ist v.a. das Umwandlungssteuergesetz. Denkbare Anwendungsgebiete sind bspw. Einbringung (→ Einbringung in eine Kapitalgesellschaft) von Unternehmensteilen und → Anteilstausch. – 5. *Unterschied zur Buchwertfortführung*: Die Technik der Buchwertverknüpfung sichert, dass der Eigentümer des alten Wirtschaftsgutes nicht durch den Ersatz des alten Wirtschaftsgutes durch das neue und anschließenden Verkauf des „neuen" Wirtschaftsgutes stille Reserven realisieren kann, ohne dass sie sich in seiner steuerlichen Gewinnermittlung zeigen und versteuert werden müssen. Eine alternative Technik, die → Buchwertfortführung, sichert dagegen, dass die stillen Reserven in dem „alten" Wirtschaftsgut nicht durch Verkauf des alten Wirtschaftsgutes bei dem neuen Eigentümer realisiert werden können, ohne dass dieser sie versteuern muss; dies geschieht dadurch, dass der neue Eigentümer den Buchwert des alten Wirschaftsgutes beim Voreigentümer übernehmen muss. Auch diese Technik ist unter bestimmten Umständen zur Verhinderung von Missbräuchen vorgeschrieben. – 6. *Problematik*: Schreibt der Gesetzgeber beide Techniken -Buchwertverknüpfung und Buchwertfortführung – kumulativ vor, um wirklich jeglichen Missbrauch auszuschließen, so werden die ursprünglich vorhandenen stillen Reserven anschließend bei zwei Steuerpflichtigen gleichzeitig erfasst; diese Verdoppelung der stillen Reserven bei gleichzeitiger Anwendung beider Techniken widerspricht dem eigentlichen Sinn beider Techniken, Vorgänge steuerneutral zu gestalten, und verstößt, wie der Europäische Gerichtshof mittlerweile bestätigt hat, in den durch die EG-Fusionsrichtlinie geregelten Fällen gegen die europäischen Vorgaben. – 7. *Abweichender Sprachgebrauch*: Teilweise verwenden einzelne Literaturquellen die Ausdrücke Buchwertfortführung und Buchwertverknüpfung im jeweils genau umgekehrten Sinne.

Budapester Vertrag – Abkommen über die internationale Anerkennung der Hinterlegung von → Mikroorganismen für die Zwecke von Patentverfahren vom 28.4.1977, transformiert für die Bundesrepublik Deutschland durch Zustimmungsgesetz vom 20.1.1981 (BGBl. 1980 II 1104), in Kraft seit 24.5.1984 (BGBl. 1984 II 679). Wesentlicher Gegenstand ist die Anerkennung einer Hinterlegung bei einer nationalen Hinterlegungsstelle für Mikroorganismen und das Verfahren für die Abgabe von Proben durch die Hinterlegungsstelle. Anerkannte Hinterlegungsstellen werden fortlaufend im ABl. EPA mitgeteilt.

Budget – I. Finanzwissenschaft: 1. *Begriff*: andere Bezeichnung für den → Haushaltsplan, den Finanzplan eines Zeitabschnitts, den Voranschlag von öffentlichen Einnahmen und Ausgaben für ein Haushaltsjahr (→ Etat). – 2. *Merkmale*: Das Budget ist *Instrument* der → Finanzpolitik. – Vgl. auch → optimales Budget. – 3. *Sprachliche Herkunft*: Wahrscheinlich kelt. für bulga, Ledermappe, die den Haushaltsplan umschloss.

II. Betriebswirtschaftslehre: 1. *Begriff*: meist kurzfristiger operativer → Plan, der die Allokation von Ressourcen steuert, z.B. Personal- oder Investitionsbudget. 2. *Merkmale*: Häufig umfasst das Budget auch Angaben über die Herkunft der Ressourcen (meist finanziell verstanden), z.B. Gewinn- und Umsatz-Budget. a) *I.e.S.* umfasst Budget nur *quantifizierbare Angaben (Vollzugsziffern-Budget)*. – b) *I.w.S.* beinhaltet Budget auch einen Katalog von in der nächsten Periode zu ergreifenden *Maßnahmen (Aktions-Budget)*. – Vgl. auch → Budgetierung, → Budgetierungsmodell. – 3. *Das Budget im innerbetrieblichen Rechnungswesen:* a) *Finanzplan:* Aufstellung sämtlicher in einem bestimmten Zeitraum zu erzielenden → Einzahlungen und der erforderlichen → Auszahlungen zur Ermittlung und Vorgabe des Kapital- und Geldbedarfs (→ Finanzplan). Die von den einzelnen mittelbewirtschaftenden Stellen einzubehaltenden Sollzahlen des Budgets müssen laufend mit den Istzahlen (laut Buchhaltung) verglichen und abgestimmt werden; ggf. sind kurzfristige Finanzierungsmaßnahmen (→ Finanzierung) erforderlich, um die → Liquidität und → Zahlungsbereitschaft des Unternehmens zu erhalten. – b) *Kostenbudget:* Neben Zahlungsgrößen werden auch → Kosten und → Erlöse budgetiert (→ Kostenbudget). – 4. *Aktuelle Diskussion*: Aufgrund der mit einer Budgetierung verbundenen Nachteile (Aufwand, Negierung aktueller Marktentwicklungen, Vergangenheitsorientierung etc.) wird unter dem Stichwort „beyond budgeting“ nach alternativen Ansätzen gesucht. So versucht man z.B. über ein → Benchmarking aktuelle Marktentwicklungen in die Budgets einfließen zu lassen.

Budgetgerade → Bilanzgerade.

Budgetierung – 1. *Begriff*: Prozess der Budgeterstellung (→ Budget). – 2. *Arten:* a) *Bereichsbezogene Budgetierung:* Es wird i.d.R. von den einzusetzenden Ressourcen *(input-orientierte Budgetierung)* ausgegangen, häufig an den Erfahrungswerten aus der Vergangenheit orientiert. Aktuell fließen wieder mehr Vergleichswerte aus Märkten in die Budgetbestimmung ein (→ Benchmarking). – b) *Programmbezogene Budgetierung:* Es wird i.d.R. an den zu erreichenden Zielen angesetzt *(output-orientierte Budgetierung);* das Maßnahmenbündel zu deren Erreichung wird geplant. Die benötigten Ressourcen werden hier erst abgeleitet. Letztgenannte Vorgehensweise liegt v.a. dem → Zero-Base-Budgeting zugrunde. – 3. *Bedeutung:* Werden bereichsbezogene Teilbudgets gebildet und zu einem Gesamtbudget integriert, nimmt die Budgetierung eine Koordinationsfunktion wahr. Insgesamt bildet die Budgetierung einen zentralen Teil der operativen Planung und hat somit v.a. für größere und große Unternehmen eine zentrale Management-Bedeutung. Budgetierungsprozesse erstrecken sich häufig über einen Zeitraum von drei bis sechs Monaten und binden erhebliche Kapazität von Managern und Controllern. – 4. *Sonderform:* → Marketingbudgetierung.

Budgetierungsmodell – 1. *Begriff*: → Planungsmodell, das den Charakter eines Simulationsmodells (→ Simulation) besitzt. – 2. *Merkmale*: Es wird nicht versucht, ein Gesamtoptimum zu ermitteln; vielmehr sollen Budgetierungsmodelle die Beziehungen zwischen verschiedenen Teilbudgets durch Gleichungssysteme abbilden und „Was wäre, wenn ...“- sowie „Was müsste geschehen, dass ...“-Fragen zulassen, mit deren Hilfe sich die Konsequenzen einzelner Parametervariationen ermitteln lassen.

Budgetinzidenz → Inzidenz.

Budgetkonzepte – Konzepte, die dazu dienen, einen Maßstab für eine zyklusunabhängige Haushaltspolitik aufzuzeigen, zumindest die → konjunkturellen Impulse unterschiedlicher → Budgets systematisch zu erfassen. – *Einzelkonzepte:* → Finanzierungssaldo, → High Employment Budget Surplus (HEBS), → konjunkturneutraler Haushalt, → konjunkturgerechter Haushalt u.a.

Budgetkosten – 1. Synonym für → Sollkosten. – 2. Synonym für → Vorgabekosten.

Budgetkostenrechnung – Kostenrechnungssystem, das für die einzelnen kostenverursachenden Stellen des Unternehmens (bes. → Kostenstellen) die für die Planungsperiode erwarteten und genehmigten Kosten (→ Sollkosten, → Vorgabekosten) ausweist.

Budgetkreislauf → Haushaltskreislauf.

Budgetmaximierung → ökonomische Theorie der Bürokratie.

Budgetpolitik → Finanzpolitik, → Finanzwissenschaft.

Budgetprinzipien → Haushaltsgrundsätze.

Budgetrestriktion → Bilanzgerade.

Budgettechnik – *Begriff*: Planungstechnik, auf dem → Budget aufbauend. – Vgl. auch → Budgetierung.

Budgettheorie – analysiert Struktur und Volumen des optimalen Budgets. Da individuelle Präferenzen nicht vorliegen, konstruiert man soziale → Wohlfahrtsfunktionen, die (in theoretisch anfechtbarer Weise) auf Annahmen über Individualpräferenzen und -zielen beruhen und unterstellen, die Individualnutzen ließen sich in Zahlenwerten ausdrücken und zu einer Gesamtfunktion addieren. Die bekanntesten Ansätze sind das wohlfahrtstheoretische Modell von Samuelson und Musgrave, die Einstimmigkeitsregeln von Wicksell und das Modell der Mehrheitswahl von Arrow. Die tatsächlichen Nutzen- und Belastungswirkungen sind aber nur durch empirische Budgetinzidenzanalysen aufzufinden. Dabei lässt sich die Budgetinzidenz methodisch nur durch eine Aufspaltung in die Ausgaben- und die Steuerinzidenz lösen. – Vgl. auch → Finanzwissenschaft.

Buffer Stock – Marktausgleichslager für Rohstoffe, die dazu dienen sollen, Rohstoffpreise zu stabilisieren, indem Angebots- und Nachfragemengen von der Buffer Stock-Verwaltung durch Käufe oder Verkäufe entsprechend dem Stabilisierungsziel beeinflusst werden. Entwicklungsländer haben ihre Einrichtung im Rahmen der Verhandlungen über eine → Neue Weltwirtschaftsordnung gefordert, wobei die Industrieländer die Finanzierung zu sichern hätten. – Industrieländer haben Buffer Stocks weitgehend abgelehnt. Die *bisherigen Erfahrungen* mit Buffer Stocks sind nicht ermutigend. Buffer Stocks wirken strukturkonservierend, verursachen Fehlallokationen und können u.U. Exporterlösschwankungen verstärken. – *Alternative:* Exporterlöse könnten auch durch eine kompensierende Finanzierung stabilisiert werden.

Build Own Operate → BOO.

Build Own Operate Transfer → BOOT.

Built-in Flexibility – Begriff der → Finanzwissenschaft im Bereich der → Fiskalpolitik; automatisch mit dem Konjunkturverlauf variierende Positionen auf der Einnahmen- oder Ausgabenseite des → Budgets. Wichtig für die Stabilisierungsfunktion der Finanzpolitik, wenn die Built-in Flexibility als → Built-in Stability genutzt werden kann. Sie erzeugt gleichsam automatisch, d.h. ohne zusätzliche wirtschaftspolitische Beschlüsse, eine antizyklische Finanzpolitik. – Vgl. auch → Formelflexibilität.

Built-in Stability – *automatische Stabilisierung;* Begriff der → Finanzwissenschaft im Bereich der → Fiskalpolitik. *Automatisch* mit dem Konjunkturverlauf variierende Positionen auf der Einnahmen- oder Ausgabenseite des → Budgets (→ Built-in Flexibility) können unter bestimmten Voraussetzungen stabilisierend genutzt werden (→ Konjunkturpolitik). „Automatisch" deshalb, da die antizyklische Wirkung ohne wirtschaftspolitische Beteiligung durch Parlament und Regierung eintritt, die bei einer diskretionären antizyklischen Finanzpolitik stets notwendig sind. Entscheidungslags (→ Lags) werden somit vermieden, für Ermessensentscheidungen bleibt im Vollzug kein Raum. – *Voraussetzung für die Wirksamkeit der automatischen Stabilisatoren* ist allerdings, dass die öffentlichen Haushalte bereit und in der Lage sind, die im Konjunkturverlauf entstehenden Defizite (Überschüsse) zu finanzieren (stillzulegen) (→ Konjunkturausgleichsrücklage). – *Beispiele für automatische Stabilisatoren:* (1) *Steuersystem:* Bei progressiver Ausgestaltung der → Einkommensteuer steigen (sinken) bei steigenden (sinkenden) Einkommen im Fall eines konjunkturellen Aufschwungs (Abschwungs) die Steuereinnahmen stärker als das Volkseinkommen (→ Aufkommenselastizität größer Eins) und bremsen dadurch die konjunkturelle Bewegungstendenz, sofern nicht durch andere Steuern oder Ausgaben gegenläufige Impulse gegegeben werden. (2) *Arbeitslosenversicherung:* Im konjunkturellen Aufschwung (Abschwung) sind die Einnahmen (Ausgaben) der Arbeitslosenversicherung relativ hoch, die Ausgaben (Einnahmen) dagegen relativ niedrig; somit wird auch hierdurch die konjunkturelle Bewegungstendenz gedämpft.

Bull & Bear-Anleihe → Aktienindex-Anleihe.

Bulletin Board → Schwarzes Brett.

Bullionismus → Merkantilismus.

Bumerangeffekt – Wirkung von Kommunikation (in erster Linie → Werbewirkung), die genau das Gegenteil von dem erreicht, was sie erreichen will. Die Gründe für dieses Phänomen liegen z.B. darin, dass die → Aktivierung nicht zielgerichtet ist oder die Werbeaussage als unglaubwürdig empfunden wird. – Vgl. auch → Ablenkungseffekt.

Bummelstreik – Streik durch Verringerung oder Verlangsamung der Arbeitsleistung. Arbeitgeber darf Gegenleistung (Arbeitsentgelt) entsprechend verringern; es bestehen i.d.R. aber erhebliche Beweisschwierigkeiten. – Vgl. auch → Arbeitskampf.

Bund – 1. in einer *bundesstaatlichen Ordnung* Bezeichnung für den Gesamtstaat („Bund und Länder"). – 2. *Werbung:* Freiraum außerhalb des → Satzspiegels in der Blattmitte oder in der Falz eines Druckwerks. Anzeigen „über Bund" füllen diesen

Freiraum aus und treffen in der Blattmitte aneinander.

Bund der Steuerzahler e.V. (BdSt) – 1949 durch Karl Bräuer gegründete unpolitische, überparteiliche Vereinigung mit derzeit ca. 400.000 Mitgliedern; Sitz früher in Wiesbaden, nun in Berlin. – *Organisation:* Im Präsidium des BdSt sind fünfzehn Landesverbände zusammengefasst. Präsidium und Landesverbände sind eingetragene Vereine, durch die Finanzbehörden als gemeinnützig anerkannt. – *Ziele:* Ein einfacheres → Steuersystem, die Verringerung der und die wirtschaftlichere Verwendung der Steuergelder, Wiederherstellung und Sicherung eines Vertrauensverhältnisses zwischen Staat und Steuerzahlern, Durchführung einer organischen Finanz- und Steuerverfassung der Bundesrepublik Deutschland, Zusammenarbeit mit den Fachleuten des Finanz- und Steuerwesens in den Parlamenten und Behörden. Unterrichtung der Öffentlichkeit durch Veranstaltung von Steuerforen, Herausgabe von Presseinformationen, Rundfunksendungen. Er ist jedoch nicht berechtigt, Steuerberatung zu leisten. – *Publikationen:* Zeitschrift „Der Steuerzahler" (monatlich) mit einer Auflage von ca. 450.000 Exemplaren , daneben Denkschriften, Einzeldarstellungen, eine Schriftenreihe sowie das Schwarzbuch „Die öffentliche Verschwendung". – Am 11.7.1965 wurde ein eigenes wissenschaftliches Institut gegründet, das → Karl-Bräuer-Institut.

Bund Deutscher Werbeberater (BDW) – jetzt: → Deutscher Kommunikationsverband.

Bündelbedingung – Begriff der → Netzplantechnik, für eine spezielle Anordnungsbeziehung zwischen einem Vorgang und seinen Vorgängern, bei der der betreffende Vorgang bereits beginnen kann, wenn nur eine gewisse Anzahl seiner Vorgänger beendet ist.

Bündeltheorie → Bilanzbündeltheorie.

Bundesagentur für Arbeit – 1. *Begriff:* zentrale Behörde der Arbeitsverwaltung. Sie ist 2004 aus der früheren Bundesanstalt für Arbeit hervorgegangen. – 2. *Aufbau:* Die Bundesagentur für Arbeit gliedert sich dreistufig in die Nürnberger Zentrale, zehn Regionaldirektionen (früher: Landesarbeitsämter) und 176 örtliche Agenturen für Arbeit (früher: Arbeitsämter) mit gut 610 Geschäftsstellen. Besondere Dienststellen, wie das Institut für Arbeitsmarkt- und Berufsforschung (IAB), die Zentrale Auslands- und Fachvermittlung (ZAV) in Bonn, die Führungsakademie der Bundesagentur für Arbeit (FBA), die Hochschule der Bundesagentur für Arbeit als staatlich anerkannte Fachhochschule für Arbeitsmarktmanagement etc., ergänzen das Dienstleistungsangebot. – 3. *Stellung:* Sie ist eine bundesunmittelbare → Körperschaft des öffentlichen Rechts mit Selbstverwaltung und steht unter der Rechtsaufsicht des Bundesministeriums für Arbeit und Soziales (BMAS). An der Spitze steht der Vorsitzende, der auf Vorschlag des Verwaltungsrats von der Bundesregierung ernannt wird. – 4. *Aufgaben:* Durchführung der passiven und der aktiven → Arbeitsmarktpolitik. – 5. *Haushalt:* a) *Haushaltsverfahren:* Der Haushaltsplan wird vom Vorstand in eigener Verantwortung aufgestellt (§ 71a I SGB IV); er bedarf der Genehmigung der Bundesregierung. Seit 1993 liegt das Recht zur Haushaltsinkraftsetzung auch gegen den Willen der Bundesagentur für Arbeit beim Bundesmininisterium für Arbeit und Soziales (BMAS), wenn Maßgaben der Bundesregierung nicht berücksichtigt werden und die geplanten Ausgaben nicht aus den Einnahmen und der Rücklage der Bundesagentur für Arbeit gedeckt werden können (§ 71a IV SGB IV). – b) *Haushaltsvolumen:* Höhe wie Struktur der Ausgaben bestimmen Bundesregierung und Parlament einerseits über das Dritte Buch des Sozialgesetzbuches (SGB III), bes. die Beitragssätze und -bemessungsgrenzen, die Leistungshöhe und -dauer einzelner Maßnahmen und andererseits über das Recht zur Haushaltsinkraftsetzung. Verbleibende Defizite der Bundesagentur für Arbeit sind aus dem Bundeshaushalt auszugleichen. – c) *Einnahmequellen:* Der größte Teil der Ausgaben wird aus Beiträgen bestritten, die Betriebe und sozialversicherungspflichtige Arbeitnehmer je zur Hälfte bis zur Beitragsbemessungsgrenze der gesetzlichen Rentenversicherung abführen (alte Bundesländer monatlich 5.600 Euro/ neue Bundesländer monatlich 4.800 Euro, jeweils ab 2012) bei einem Beitragssatz von 3 Prozent (seit 2011). Der darüber hinaus gehende Teil der Ausgaben wird als Defizit aus allg. Haushaltsmitteln, dem allg. Steueraufkommen, finanziert. Im Jahr 2011 beliefen sich die Ausgaben im Haushaltsplan der Bundesagentur für Arbeit auf ca. 37,5 Milliarden Euro. Für 2012 ist ein ähnlicher Betrag zu erwarten. Einige Ausgaben (→ Wintergeld, → Insolvenzgeld) werden durch Umlagen der Arbeitgeber finanziert. – Vgl. auch → Arbeitslosenversicherung, → Arbeitsmarktpolitik.

Bundesagentur für Außenwirtschaft (bfai) – *Zweck:* informierte als Servicestelle des Bundesministeriums für Wirtschaft und Arbeit über die aktuelle Situation auf ausländischen Märkten. Sie war entstanden aus der Bundesstelle für Außenhandelsinformation und unterstützte in deren Nachfolge seit 1951 dt. Unternehmen auf dem Weg ins Auslandsgeschäft. Die Zentrale war in Köln. – Wurde zum 1.1.2009 mit der Invest in Germany GmbH fusioniert zur → Germany Trade and Invest.

Bundesakademie für öffentliche Verwaltung – Sitz in Brühl. Träger zentraler Fortbildungsmaßnahmen der Bundesverwaltung mit der Aufgabe, Angehörige der öffentlichen Verwaltung in enger Zusammenarbeit mit Verwaltung, Wirtschaft und Wissenschaft in einem mehrstufigen Fortbildungssystem praxisnah fortzubilden. Die Bundesakademie für öffentliche Verwaltung ist organisatorischer Teil des Bundesministeriums des Innern (BMI).

Bundesamt → Bundesoberbehörde.

Bundesamt für Ausrüstung, Informationstechnik und Nutzung der Bundeswehr (BAAINBw) – Bundesoberbehörde im Geschäftsbereich des Bundesministeriums der Verteidigung (BMVg); Sitz in Koblenz. *Aufgabe:* Ausstattung der Bundeswehr mit leistungsfähigem und sicherem Gerät. Zuständig für die Entwicklung, die Erprobung, die Beschaffung und das Nutzungsmanagement von Wehrmaterial. Hervorgegangen aus dem Bundesamt für Wehrtechnik und Beschaffung (BWB) sowie dem Bundesamt für Informationsmanagement und Informationstechnik der Bundeswehr (IT-AmtBw).

Bundesamt für Bauwesen und Raumordnung – Abk. *BBR*; Bundesoberbehörde im Geschäftsbereich des Bundesministeriums für Verkehr, Bau und Stadtentwicklung (BMVBS) mit Sitz in Bonn und Berlin. Hervorgegangen aus einer Zusammenlegung der → Bundesbaudirektion (BBD) und der Bundesforschungsanstalt für Landeskunde und Raumordnung (BfLR). – a) Die Bauabteilungen betreuen seit dem 1.1.2009 unter Integration der Bundesbaugesellschaft Berlin die Bundesbauten im In- und Ausland. – b) Der wissenschaftliche Bereich ist seit dem 1.1.2009 unter Integration des Instituts für die Erhaltung und Modernisierung von Bauwerken (IEMB) zu einem Bundesinstitut für Bau-, Stadt- und Raumforschung (BBSR) im BBR zusammengefasst. Es berät die Bundesregierung bei Aufgaben der Stadt- und Raumentwicklung sowie des Wohnungs-, Immobilien- und des Bauwesens.

Bundesamt für den Bevölkerungsschutz und Katastrophenhilfe (BBK) – Das Bundesamt für Bevölkerungsschutz und Katastrophenhilfe wurde durch Gesetz vom 27.4.2004 (BGBl. I 630) als Bundesoberbehörde, die dem Bundesministerium des Innern (BMI) untersteht, errichtet. Es nimmt Aufgaben des Bundes auf den Gebieten des Bevölkerungsschutzes und der Katastrophenhilfe wahr, die ihm durch oder aufgrund des BBK-Gesetzes übertragen werden oder mit deren Durchführung es beauftragt wird. Bund und Länder haben in Vorsorge- und Sicherstellungsgesetzen, im Zivilschutzgesetz, in den Brandschutz- und Katastrophenschutzgesetzen sowie Rettungsdienstgesetzen der Länder Regelungen getroffen, die Bund, Länder und Gemeinden in einem Hilfeleistungsverbund organisieren.

Bundesamt für den Zivildienst – Mit der Aussetzung des Wehrdienstes und des Zivildienstes wurden dem Bundesamt für den Zivildienst neue Aufgaben zugewiesen und es wurde umbenannt in das → Bundesamt für Familie und zivilgesellschaftliche Aufgaben (BAFzA).

Bundesamt für Ernährung und Fortwirtschaft (BEF) → Bundesanstalt für Landwirtschaft und Ernährung (BLE).

Bundesamt für Familie und zivilgesellschaftliche Aufgaben (BAFzA) → Bundesoberbehörde im Geschäftsbereich des Bundesministeriums für Familien, Senioren, Frauen und Jugend (BMFSJ). – *Rechtsgrundlage:* § 14 Bundesfreiwilligendienstgesetz (BFDG) vom 28.3.2011 (BGBl. I S. 687). – *Aufgaben:* zuständig für den Bundesfreiwilligendienst, Kriegsdienstverweigerung, Zivildienst und Freiwilliges Soziales Jahr. Mit dem Inkrafttreten des Bundesfreiwilligendienstgesetzes hervorgegangen aus dem Bundesamt für Zivildienst.

Bundesamt für Finanzen (BfF) – ehem. dt. → Bundesoberbehörde im Geschäftsbereich des Bundesministeriums der Finanzen (BMF). Das Bundesamt für Finanzen wurde am 3.9.1971 gegründet und am 30.12.2005 aufgelöst; Sitz war in Bonn. – *Die Hauptaufgaben waren:* Mitwirkung an Außenprüfungen der Landesfinanzbehörde, die Unterstützung von Finanzämtern bei der Besteuerung von Deutschen mit Auslandseinkünften, insbesondere die Entlastung von dt. Abzugsteuern bes. aufgrund von Doppelbesteuerungsabkommen, die Entlastung bei dt. Besitz- oder Verkehrsteuern gegenüber internationalen und supranationalen Organisationen, ausländischen Missionen und deren Mitgliedern, steuerliche Auslandsbeziehungen. Vergütung von Körperschaftsteuern und Erstattung der Kapitalertragsteuer an nichtveranlagte Steuerpflichtige, Kontrolle von Freistellungsaufträgen im Rahmen der Zinsabschlagsteuer, die Vergütung von Vorsteuern an ausländische Unternehmer in bes. Fällen, die Vergabe von Umsatzsteuer-Identifikationsnummern. – *Mit Wirkung zum 1.1.2006* werden die Aufgaben des Bundesamts für Finanzen von den folgenden drei Behörden wahrgenommen: (1) dem Bundeszentralamt für Steuern (BZSt), dessen Zuständigkeit alle Aufgaben der ehemaligen Abteilungen Steuern und Bundesbetriebsprüfung des Bundesamtes für Finanzen beinhaltet; (2) dem Bundesamt für zentrale Dienste und offene Vermögensfragen (BADV), dessen Zuständigkeit alle Aufgaben der ehemaligen Abteilung Dienstleistungszentrum des Bundesamtes für Finanzen umfasst; (3) dem Zentrum für Informationsverarbeitung und Informationstechnik (ZIVIT), dessen Zuständigkeit alle Aufgaben der ehemaligen Abteilung Informationsverarbeitung des Bundesamtes für Finanzen beinhaltet. – Die Nachfolgebehörden sind wie das ehemalige Bundesamt für Finanzen direkt dem Bundesministerium unterstellt.

Bundesamt für Güterverkehr (BAG) → Bundesoberbehörde im Geschäftsbereich des Bundesministeriums für Verkehr, Bau- und Stadtentwicklung (BMVBS) mit Sitz in Köln. Erledigt Verwaltungsaufgaben nach dem Güterkraftverkehrsgesetz (GüKG) vom 22.6.1998 (BGBl. I 1485) m.spät.Änd. oder anderer Gesetze (§ 11 GüKG).

Bundesamt für Infrastruktur, Umweltschutz und Dienstleistungen der Bundeswehr → Bundesoberbehörde im Geschäftsberereich des Bundesministeriums der Verteidigung (BMVg) mit Sitz in Bonn; zuständig für Fragen der Infrastruktur, gesetzliche Schutzaufgaben, Finanzen, Controlling, Dienstleistungen und Recht im Bereich der Bundeswehr. Das

Amt nimmt nicht-ministerielle Aufgaben wahr, die vorher im BMVg erledigt wurden. Zudem wurden Aufgaben aus dem aufgelösten Bundesamt für Wehrverwaltung, dem Bundesamt für Wehrtechnik und Beschaffung, den Wehrbereichsverwaltungen, dem Streitkräfteunterstützungskommando sowie dem Streitkräfteamt übertragen. Die Aufgaben werden im Amt in zivil-militärisch gemischten Strukturen wahrgenommen. Das Amt hat rund 2.300 Mitarbeiter.

Bundesamt für Kartographie und Geodäsie → Bundesoberbehörde im Geschäftsbereich des Bundesministeriums des Innern (BMI) mit Sitz in Frankfurt am Main; errichtet durch das Bundesgeoreferenzdatengesetz (BGeoRG) vom 10.5.2012 (BGBl. I 1081). Das Bundesamt hat den Auftrag, geodätische Referenzsysteme und -netze sowie geotopographische Referenzdaten des Bundes zur Nutzung durch Bundesbehörden und zur Erfüllung der unionsrechtlichen und internationalen Verpflichtungen Deutschlands zu erheben, zu verarbeiten und zu nutzen. Zudem ist es zuständig für die Aufbereitung, Aktualisierung und Bereitstellung von orts- und raumbezogenen Daten zur Beschreibung der Objekte der Erdoberfläche sowie die Fortentwicklung der dafür erforderlichen Verfahren und Methoden und die Koordination des Auf- und Ausbaus der Geodateninfrastruktur für Deutschland (vgl. § 3 BGeoRG).

Bundesamt für Personalmanagement der Bundeswehr → Bundesoberbehörde im Geschäftsbereich des Bundesministeriums der Verteidigung (BMVg) mit Sitz in Köln; dem Bundesamt wurden durch das Wehrverwaltungsaufgabenübertragungsgesetz vom 21.7.2012 (BGBl. I 1583, 1590) die Aufgaben im Personalbereich des Bundesamtes für Wehrverwaltung und der Wehrbereichsverwaltungen übertragen. Das Bundesamt ist zuständig für die Personalgewinnung, Personalentwicklung und Personalausgliederung der militärischen und zivilen Bediensteten der Bundeswehr. Es beaufsichtigt die 16 Karrierecenter und 110 Karriereberatungsbüros der Bundeswehr.

Bundesamt für Seeschifffahrt und Hydrographie (BSH) → Bundesoberbehörde im Geschäftsbereich des Bundesministers für Verkehr, Bau- und Stadtentwicklung (BMVBS); Sitz in Hamburg, Außenstellen in Rostock und Sülldorf. – *Rechtsgrundlage:* Seeaufgabengesetz i.d.F. vom 26.7.2002 (BGBl. I 2876) m.spät.Änd. 1990 zusammengelegt aus dem Deutschen Hydrographischen Institut und dem Bundesamt für Schiffsvermessung. – *Aufgaben:* Vermessung von Seeschiffen nach nationalen und internationalen Vorschriften; Seevermessung; Zentralstelle für die Binnenschiffeichung und Fachaufsicht über Schiffseichämter des Bundes; Ausstellung von Flaggendokumenten; Ausstellung von Befähigungsnachweisen für Seeleute; Internationales Seeschifffahrtregister und Flaggenregister; Förderungsprogramme für die dt. Schifffahrt.

Bundesamt für Sicherheit in der Informationstechnik (BSI) → Bundesoberbehörde im Geschäftsbereich des Bundesministeriums des Innern (BMI), geregelt im BSI-Gesetz vom 14.8.2009 (BGBl. I 2821); Sitz in Bonn. – *Aufgaben:* Untersuchung von Sicherheitsrisiken bei der Anwendung der Informationstechnik und Entwicklung von Sicherheitsvorkehrungen im Bereich der Datenverarbeitung; Erteilung von Sicherheitszertifikaten, Unterstützung der für die Sicherheit in der Informationstechnik zuständigen Stellen des Bundes, der Polizei und der Staatsanwaltschaften, der Verfassungsschutzbehörden bei der Wahrnehmung ihrer Aufgaben. Beratung der Hersteller, Vertreiber und Anwender in Fragen der Sicherheit in der Informationstechnik. – Weitere Regelungen in der BSI-ZertifizierungsVO vom 7.7.1992 (BGBl. I 1230) und in der BSI-KostenVO vom 3.3.2005 (BGBl. I 519).

Bundesamt für Strahlenschutz (BfS) – Bundesoberbehörde im Geschäftsbereich des Bundesministers für Umwelt, Naturschutz und Reaktorsicherheit; errichtet durch Gesetz vom 9.10.1989 (BGBl. I 1830) m.spät.Änd. Beim Bundesamt für Strahlenschutz werden Vollzugsaufgaben des Bundes nach dem Atomgesetz und dem Strahlenschutzvorsorgegesetz, bes. auf dem Gebiet des Strahlenschutzes, der kerntechnischen Sicherheit und der Entsorgung radioaktiver Abfälle, hier bes. die Aufgaben zur Errichtung und zum Betrieb von Endlagern, konzentriert. Zudem unterstützt das Bundesamt für Strahlenschutz die zuständigen Länderbehörden bei gravierenden Nachsorgefällen, wenn diese nicht über eine ausreichende Ausstattung verfügen.

Bundesamt für Verbraucherschutz und Lebensmittelsicherheit (BVL) – Bundesoberbehörde im Geschäftsbereich des Bundesministeriums für Ernährung, Landwirtschaft und Verbraucherschutz; durch BVL-Gesetz vom 6.8.2002 (BGBl. I 3082, 3084) m.spät.Änd. gegründet. – *Aufgaben:* Zulassungs- und Managementbehörde für Lebensmittelsicherheit und Verbraucherschutz.

Bundesamt für Verfassungsschutz (BfV) → Bundesoberbehörde im Geschäftsbereich des Bundesministeriums des Innern (BMI); Sitz in Köln. – *Rechtsgrundlage der Tätigkeit:* Bundesverfassungsschutzgesetz vom 20.12.1990 (BGBl. I 2954) m.spät.Änd. – *Aufgabe:* Sammlung und Auswertung von Informationen, Nachrichten und Unterlagen über verfassungsfeindliche Bestrebungen sowie über sicherheitsgefährdende und geheimdienstliche Tätigkeiten in der Bundesrepublik Deutschland für eine fremde Macht sowie über Bestrebungen in der Bundesrepublik Deutschland, die durch Anwendung von Gewalt oder entsprechende Vorbereitungshandlungen auswärtige Belange der Bundesrepublik Deutschland gefährden. Es wirkt mit bei der Sicherheitsüberprüfung von Personen, die Geheimnisträger oder in sicherheitsempfindlichen Bereichen beschäftigt sind, bei technischen Sicherheitsmaßnahmen,

Überprüfung von Personen, die Zugang zu geheimhaltungsbedürftigen Informationen bei Behörden oder bei bestimmten Wirtschaftsunternehmen bekommen sowie bei der Entwicklung und Planung technischer Sicherheitsvorkehrungen. – *Befugnisse:* Das Bundesamt für Verfassungsschutz darf zur Erfüllung seiner Aufgaben nachrichtendienstliche Mittel, d.h. Einsatz von Vertrauensleuten, Observationen, Bild- und Tonaufzeichnungen, Tarnpapiere und Tarnkennzeichen anwenden; polizeiliche Befugnisse stehen ihm nicht zu (§ 8 BVerfSchG). – Die Bundesregierung unterliegt hinsichtlich der Tätigkeit des Bundesamt für Verfassungsschutz der *Kontrolle* durch das → Parlamentarische Kontrollgremium.

Bundesamt für Wehrtechnik und Beschaffung (BWB) → Bundesamt für Ausrüstung, Informationstechnik und Nutzung der Bundeswehr (BAAINBw)

Bundesamt für Wehrverwaltung (BAWV) – im Zuge der Bundeswehrreform zum 1.12.2012 aufgelöst; die Aufgaben des BAWV wurden auf das → Bundesamt für Infrastruktur, Umweltschutz und Dienstleistungen der Bundeswehr und das → Bundesamt für Personalmanagement der Bundeswehr übertragen.

Bundesamt für Wirtschaft und Ausfuhrkontrolle (BAFA) – Bundesbehörde im Geschäftsbereich des Bundesministers für Wirtschaft und Technologie (BMWT). Zum 1.1.2001 wurden das Bundesamt für Wirtschaft und das Bundesausfuhramt zum Bundesamt für Wirtschaft und Ausfuhrkontrolle (BAFA) zusammengeschlossen (Gesetz vom 21.12.2000, BGBl. I 1956). Das BAFA nimmt in den Bereichen „Außenwirtschaft", „Wirtschaftsförderung" und „Energie" wichtige administrative Aufgaben des Bundes wahr. Eine Kernaufgabe des Amtes ist die im Bereich Außenwirtschaft angesiedelte → Exportkontrolle. Das BAFA setzt als zentrale Genehmigungsbehörde die Exportkontrollpolitik der Bundesregierung administrativ um. Zusammen mit den Überwachungs- und Ermittlungsbehörden, bes. den verschiedenen Zolldienststellen, wirkt es in einem komplexen Exportkontrollsystem mit. – 1. *Zielsetzung:* Kontrolliert wird der Außenwirtschaftsverkehr mit strategisch wichtigen Gütern, v.a. Waffen, Rüstungsgütern und Gütern mit doppeltem Verwendungszweck (sog. → Dual-Use-Güter). Die Exportkontrollpolitik der Bundesregierung orientiert sich im Rahmen gesetzlicher und internationaler Verpflichtungen am Sicherheitsbedürfnis und außenpolitischen Interesse der Bundesrepublik Deutschland. Insbesondere soll ihre Sicherheit nicht durch konventionelle Waffen oder Massenvernichtungswaffen bedroht werden. Deutsche Exporte sollen in Krisengebieten weder konfliktverstärkend wirken, noch dort zu internen Repressionen oder anderen schwerwiegenden Menschenrechtsverletzungen beitragen. Die internationale Einbindung verpflichtet die Bundesrepublik Deutschland, die auswärtigen Beziehungen nicht durch kritische Exporte zu belasten. Die zunehmende Globalisierung lässt effiziente Exportkontrolle nur bei verstärkter internationaler und europäischer Zusammenarbeit zu. Die Bundesrepublik Deutschland ist zahlreichen internationalen Verträgen und Exportkontrollgremien beigetreten, die der Harmonisierung der Exportkontrollvorschriften und der Genehmigungspolitiken dienen. Von bes. Bedeutung sind die in den Exportkontrollgremien aufgestellten Güterlisten, die regelmäßig auf den neuesten technischen Stand gebracht werden. Die Ausfuhr von Dual-Use-Gütern aus der Europäischen Union wurde weitestgehend harmonisiert. Es gilt europäisches Recht. Das BAFA entsendet zu den Sitzungen der Kontrollgremien und der EU-Arbeitsgruppen regelmäßig Experten. – 2. *Genehmigungsverfahren:* Schwerpunkt der Aufgaben des BAFA ist es zu prüfen, ob die Ausfuhr eines Gutes genehmigungspflichtig und genehmigungsfähig ist. Genehmigungspflichtig ist die Ausfuhr immer dann, wenn das Gut in der europäischen oder nationalen Güterliste genannt ist. Die Spannweite der von den Listen erfassten Güter reicht von Waffen, Munition und deren Produktionseinrichtungen über Materialien, Anlagen und Ausrüstung für kerntechnische Zwecke, Hochleistungswerkstoffe, bestimmte Werkzeugmaschinen, Elektronik, Rechner, Telekommunikation bis hin zu bestimmten Chemieanlagen und Chemikalien. Neben den Genehmigungspflichten für gelistete Güter gibt es europäische und nationale Genehmigungspflichten für nichtgelistete Güter, die am Verwendungszweck der Güter anknüpfen. Diese sog. „Catch-all"-Regelungen betreffen i.d.R. nur kritische Länder. Bei bestimmten Ländern werden zusätzlich die technische Unterstützung sowie bes. Erwerbs- und Veräußerungsgeschäfte (→ Transithandelsgeschäfte) einer Kontrolle unterworfen. Genehmigungsfähig ist eine Ausfuhr, wenn die außen- und sicherheitspolitischen Interessen der Bundesrepublik Deutschland nicht gefährdet werden. Bes. komplex sind die rechtlichen und administrativen Probleme bei der Genehmigung von Dual-Use-Gütern. Diese dienen zwar überwiegend zivilen Zwecken, können aber auch im militärischen Bereich verwendet werden. Güter mit doppeltem Verwendungszweck haben den weitaus größten Anteil an den vielen Mio. Ausfuhren, die jährlich über die Grenzen gehen, ohne dass i.d.R. ihr Verwendungszweck äußerlich unmittelbar erkennbar ist. Das BAFA trifft die Entscheidung über Genehmigung oder Ablehnung unter Berücksichtigung aller zur Verfügung stehender Informationen über den beabsichtigten Verwendungszweck. In einer Reihe von Fällen trifft das BAFA die Entscheidung erst nach politischer Abwägung durch das Bundesministerium für Wirtschaft und Arbeit und das Auswärtige Amt. Die Erteilung einer Genehmigung wird auch von der Zuverlässigkeit des Ausführers abhängig gemacht. Hierzu kann das BAFA verlangen, dass der Antragsteller einen Ausfuhrverantwortlichen auf Vorstands- bzw. Geschäftsführerebene benennt. – 3. *Embargos:* Zu den Aufgaben des Bundesamtes für Wirtschaft und Ausfuhrkontrolle gehört es ebenfalls, die Embargobeschlüsse internationaler Gremien, z.B. Waffenembargos der Vereinten Nationen oder der EU, administrativ umzusetzen. – 4. *Verifikationsabkommen:* Eine Aufgabe mit wachsender Bedeutung ist die administrative Umsetzung von internationalen Verifikationsabkommen. Im Rahmen des Chemiewaffenübereinkommens (CWÜ) ist das BAFA die zuständige Genehmigungsbehörde für Ausfuhren, Einfuhren, Durchfuhren und für den Umgang mit bestimmten Chemikalien. Daneben erhebt es die erforderlichen Meldungen der Chemischen Industrie und begleitet die dort stattfindenden internationalen Inspektionen. Vergleichbare Inspektionen sind auch bei der Durchführung des Übereinkommens über das Verbot von Antipersonenminen vorgesehen. – 5. *Auskünfte zur Güterliste (AZG):* Erteilung der sog. Auskünfte zur Güterliste, die in Zweifelsfällen dem Nachweis beim Zoll dienen, dass ein Gut nicht von einer Güterliste erfasst ist. – 6. *Internationale Einfuhrbescheinigungen und Wareneingangsbestätigungen:* Das BAFA stellt die Internationalen Einfuhrbescheinigungen (IEB) und Wareneingangsbestätigungen (WEB) aus. – 7. *Kriegswaffenkontrolle:* Im Kontext zur Ausfuhrkontrolle steht die Kriegswaffenkontrolle. Zuständige Genehmigungsbehörde ist im Regelfall das Bundesministerium für Wirtschaft und Arbeit. Das BAFA überwacht sämtliche Bestände von Kriegswaffen anhand von Meldungen und Betriebsprüfungen vor Ort. – 8. *Sonstige Aufgaben:* Das BAFA unterstützt die Ermittlungsbehörden bei ihren Aufgaben: Im Rahmen von Betriebsprüfungs-, Ermittlungs- und Gerichtsverfahren gibt es Stellungnahmen über die Genehmigungspflicht und die Genehmigungsfähigkeit von Ausfuhren ab. Unter der Fachaufsicht des Bundesministeriums für Umwelt, Naturschutz und Reaktorsicherheit (BMU) ist das BAFA die zuständige Genehmigungsbehörde nach dem Atomgesetz, der Strahlenschutzverordnung und der Atomrechtlichen Abfallverbringungsverordnung für Ein- und Ausfuhren von Kernbrennstoffen, sonstigen radioaktiven Stoffen und radioaktiven Abfällen. Das BAFA erhebt die Meldungen für das Waffenregister der Vereinten Nationen.

Bundesamt für Zivilschutz (BZS) – ehemalige → Bundesoberbehörde im Bereich des Bundesministers des Innern (BMI); aufgelöst durch Gesetz vom 22.12.1999 (BGBl. I 2534). Seit dem 1.5.2004 → Bundesamt für den Bevölkerungsschutz und Katastrophenhilfe (BBK).

Bundes-Angestellten-Tarifvertrag (BAT) → Tarifvertrag vom 23.2.1961 m.spät.Änd. und Ergänzungen; regelte umfassend die Rechtsverhältnisse der → Angestellten der Bundesrepublik Deutschland, der Länder und der Stadtgemeinde Bremen und der Mitglieder der Arbeitgeberverbände, die der Vereinigung der kommunalen Arbeitgeberverbände angehören. – Der BAT wurde abgelöst durch den → TVöD und den → TV-L (in Hessen TV-H). Übergangsweise noch relevant für die → Eingruppierung. – Vgl. auch → Bewährungsaufstieg.

Bundesanleihe – spezielle Form von → Bundesschuldverschreibungen. Sie dienen der Öffentlichen Hand zur Beschaffung von langfristigen Finanzierungsmitteln. Bundesanleihen werden in den regulierten Markt an den dt. Wertpapierbörsen ohne → Prospekt eingeführt, vgl. § 37 BörsG. – Folgende Ausstattungsmerkmale können gegeben sein: (1) Feste Verzinsung; (2) jährliche Zinszahlung, Tilgung am Ende der Laufzeit; (3) i.d.R. zehn bis dreißig Jahre Laufzeit; (4) kein Mindestanlagebetrag; (5) keine effektiven Stücke, sondern → Wertrechte, eingetragen ins Schuldbuch der → Deutschen Finanzagentur (Bundesrepublik Deutschland-Finanzagentur GmbH). Für die Unterbringung der Anleihen des Bundes und seiner Sondervermögen ist die Bietergruppe Bundesemissionen zuständig, für die sich u.a. gebietsansässige Kreditinstitute, Wertpapierhandelsunternehmen und Wertpapierhandelsbanken gemäß § 1 I sowie III d Satz 2 und Satz 3 KWG und inländische Niederlassungen ausländischer Unternehmen gemäß §§ 53, 53 b, 53 c KWG, soweit sie die Erlaubnis zum Betreiben des Emissionsgeschäfts haben, bewerben können, wenn sie im Schnitt mind. 0,05 Prozent des zugeteilten Emissionsvolumens übernehmen können. (vgl. die Verfahrensregeln für Tender bei der Begebung von Bundeswertpapieren, Fassung Januar 2012). Die Begebung erfolgt im Tenderverfahren, für das seit April 2005 die Auktionsplattform Bund Bietungs-System (BBS) genutzt wird. Seit 1997 ist das Stripping der Anleihen möglich. – Vgl. → Stripped Bond.

Bundesanleihekonsortium → Bietergruppe Bundesemissionen.

Bundesanstalt → Bundesoberbehörde.

Bundesanstalt für Arbeit → Bundesagentur für Arbeit.

Bundesanstalt für Arbeitsschutz und Arbeitsmedizin (BAuA) – im Jahre 1996 durch Erlass des damaligen Bundesministeriums für Arbeit und Sozialordnung als nichtrechtsfähige Anstalt des öffentlichen Rechts errichtet. Sitz in Dortmund, Berlin und Dresden. – *Aufgaben:* u.a. Unterstützung des Bundesministeriums für Wirtschaft und Technologie (BMWi) in allen Fragen des technischen und medizinischen Arbeitsschutzes, Wahrnehmung von Aufgaben nach dem Geräte- und Produktsicherheitsgesetz, Anmeldestelle nach dem Chemikaliengesetz.

Bundesanstalt für den Digitalfunk der Behörden und Organisationen mit Sicherheitsaufgaben (BDBOS) – bundesunmittelbare rechtsfähige Anstalt des öffentlichen Rechts im Geschäftsbereich des Bundesministeriums des Innern (BMI) mit Sitz in Berlin. Errichtet durch BDBOS-Gesetz vom 28.8.2006 (BGBl. I S. 2039) m.spät.Änd. Aufgabe der Bundesanstalt ist der Aufbau und der Betrieb eines bundesweit einheitlichen digitalen Sprech- und

Datenfunksystems für Behörden und Organisationen mit Sicherheitsaufgaben (Digitalfunk BOS) in der Bundesrepublik Deutschland (§ 1 BDBOS-Gesetz).

Bundesanstalt für Finanzdienstleistungsaufsicht (BaFin) – 1. *Begriff:* Die BaFin ist die für die Bundesaufsicht über Finanzdienstleistungsunternehmen, darunter auch die Versicherungsunternehmen und Pensionsfonds, zuständige Aufsichtsbehörde. Sie wurde 2002 durch Zusammenlegung des Bundesaufsichtsamts für das Kreditwesen, des Bundesaufsichtsamts für das Versicherungswesen (BAV) und des Bundesaufsichtsamts für den Wertpapierhandel eingerichtet. Damit sollte der immer wichtiger werdenden Allfinanzaufsicht Rechnung getragen werden. Die BaFin ist eine bundesunmittelbare Anstalt des öffentlichen Rechts mit Sitz in Bonn und Frankfurt am Main. Sie untersteht der Rechts- und Fachaufsicht des Bundesministeriums der Finanzen. – 2. *Aufgaben:* Das deutsche Aufsichtssystem und die BaFin haben insbesondere zum Ziel, „die dauernde Erfüllbarkeit der Versicherungsverträge durch die Versicherungsunternehmen sicherzustellen". Zudem sollen faire und transparente Verhältnisse auf den Finanzdienstleistungsmärkten gewährleistet werden. Weitere wichtige Aufgaben liegen im Verbraucherschutz sowie in der Bekämpfung der → Geldwäsche und der Terrorismusfinanzierung. – 3. *Organisation:* Organe der BaFin sind das Direktorium, der Präsident und der Verwaltungsrat. Die Anstalt wird durch das Direktorium gesamtverantwortlich geleitet und verwaltet. Es besteht aus dem Präsidenten und vier Exekutivdirektoren (das sind die Leiter der Geschäftsbereiche Bankenaufsicht, Versicherungsaufsicht, Wertpapieraufsicht und Querschnittsaufgaben/ Innere Verwaltung). Die Beschlüsse werden mit einfacher Mehrheit der abgegebenen Stimmen gefasst; bei Stimmengleichheit gibt die Stimme des Präsidenten den Ausschlag. Der Verwaltungsrat überwacht die Geschäftsführung der Anstalt. Er besteht aus 21 Mitgliedern, darunter sechs Vertreter diverser Ministerien, fünf Bundestagsabgeordnete sowie zehn Vertreter der beaufsichtigten Unternehmen, darunter vier Vertreter der Versicherungsunternehmen. – 4. *Fachbeirat der BaFin:* Die BaFin wird von einem Fachbeirat unterstützt, der aus 24 Mitgliedern besteht. Die Mitglieder werden vom Bundesfinanzminister bestellt. Die Finanzwissenschaft, die Kredit- und Versicherungswirtschaft, die → Deutsche Bundesbank und die Verbraucherschutzvereinigungen sollen in diesem Gremium angemessen vertreten sein. – 5. *Gesetzesgrundlage und weitere Einzelheiten:*Gesetz über die Bundesanstalt für Finanzdienstleistungsaufsicht (Finanzdienstleistungsaufsichtgesetz, FinDAG) vom 22.4.2002 (BGBl. I. S.1310), zuletzt geändert durch Art. 19 d. Gesetzes v. 6.12.2011 (BGBl. I S. 248).

Bundesanstalt für Finanzmarktstabilisierung – Finanzmarktstabilisierungsanstalt, Abk. *FMSA*; → Finanzmarktstabilisierungsfonds.

Bundesanstalt für Fleischforschung (BAFF) – früher → Bundesoberbehörde im Geschäftsbereich des Bundesministeriums für Ernährung, Landwirtschaft und Verbraucherschutz (BMELV); Sitz in Kulmbach. Seit dem 1.1.2008 eingegliedert in das Bundesforschungsinstitut für Ernährung und Lebensmittel – Max Rubner-Institut. – *Aufgaben:* Forschung und Entwicklung sowie Beratung von Bundesministerien, anderen Behörden und Verbrauchern zu Versorgungsfragen hinsichtlich Fleisch und Fleischerzeugnissen; Förderung der Erzeugnisqualität.

Bundesanstalt für Geowissenschaften und Rohstoffe (BGR) → Bundesoberbehörde im Geschäftsbereich des Bundesministeriums für Wirtschaft und Technologie (BMWi); Sitz in Hannover. Errichtet durch Erlass vom 26.11.1958 (BAnZ Nr. 230 vom 29.11.1958). – *Aufgaben:* Beratung der Bundesministerien; Durchführung von geowissenschaftlichen und rohstoffwirtschaftlichen Maßnahmen der Bundesregierung; Forschungs- und Entwicklungsarbeiten im In- und Ausland einschließlich Antarktis und Meeresforschung; internationale geowissenschaftliche Kooperation.

Bundesanstalt für Gewässerkunde (BfG) → Bundesoberbehörde im Geschäftsbereich des Bundesministers für Verkehr, Bau- und Stadtentwicklung(BMVBS); Sitz in Koblenz; gegründet 1948/49. Wissenschaftliches Institut des Bundes für die Forschung auf den Gebieten Gewässerkunde, Wasserwirtschaft und Gewässerschutz. – *Aufgaben:* Beratung der Behörden der Wasser- und Schifffahrtsverwaltung im Rahmen der Planung, des Ausbaus und Neubaus sowie der Unterhaltung der Bundeswasserstraßen; Durchführung der Hauptnivellements an den Bundeswasserstraßen und an der Küste; fachliche Zentralstelle des Bundes auf dem Gebiet der Radioaktivität der Oberflächengewässer im Binnenland; Erforschung der ökologischen Wechselwirkungen im Gewässer und seinem Einflussbereich.

Bundesanstalt für Immobilienaufgaben (BImA) – bundesunmittelbare rechtsfähige Anstalt des öffentlichen Rechts mit Sitz in Bonn unter der Rechts- und Fachaufsicht des Bundesministeriums der Finanzen (BMF). Durch das Gesetz über die Bundesanstalt für Immobilienaufgaben (BImAG) vom 9.12.2004 (BGBl. I 3235) mit Wirkung zum 1.1.2005 errichtet. Einher ging die Auflösung der → Bundesvermögensverwaltung und der Bundesforstämter, deren Aufgaben und Personal übernommen wurde. *Wichtigste Aufgaben*: Verwertung von dem Bund gehörenden Grundstücken, Verwaltung der Dienstliegenschaften des BMF, Deckung des Grundstücks- und Raumbedarfs für Bundeszwecke, Wahrnehmung der Grundstücksinteressen der Gaststreitkräfte, Zahlung von Fluglärmentschädigung nach dem Allgemeinen Kriegsfolgengesetz, forstliche Bewirtschaftung der Bundesliegenschaften.

Bundesanstalt für Landwirtschaftliche Marktordnung (BALM) → Bundesanstalt für Landwirtschaft und Ernährung (BLE).

Bundesanstalt für Landwirtschaft und Ernährung (BLE) → Bundesoberbehörde im Geschäftsbereich des Bundesministeriums für Ernährung, Landwirtschaft und Verbraucherschutz (BMELV); bundesunmittelbare rechtsfähige Anstalt des öffentlichen Rechts; Sitz in Bonn. Zum 1.1.1995 errichtet durch das Gesetz vom 2.8.1994 (BGBl. I 2018) durch Zusammenlegung der ehemaligen Bundesanstalt für Landwirtschaftliche Marktordnung (BALM) und des ehemaligen Bundesamtes für Ernährung und Forstwirtschaft (BEF). – 1. *Aufgaben:* Die Bundesanstalt für Landwirtschaft und Ernährung ist → Marktordnungsstelle für die in der EU bestehenden seit 2007 gemeinsamen Organisationen für die Agrarmärkte (Getreide, Reis, Zucker, Trockenfutter, Saatgut, Hopfen, Olivenöl und Tafeloliven, Flachs und Hanf, Obst und Gemüse, verarbeitetes Obst und Gemüse, Bananen, Wein, lebende Pflanzen und Waren des Blumenhandels, Rind-, Schweine- Schaf- und Ziegenfleisch, Milch und Milcherzeugnisse, Eier, Geflügelfleisch sowie sonstige Erzeugnisse). Als Marktordnungsstelle ist sie bes. bei der Intervention von Waren, bei der privaten Lagerhaltung und bei Beihilfemaßnahmen tätig. Zur Finanzierung der gemeinsamen Agrarpolitik nimmt die Bundesanstalt für Landwirtschaft und Ernährung Kassenkredite auf, auch soweit sie für die Durchführung der Maßnahmen selbst nicht zuständig ist. Aufgrund des Ernährungssicherstellungsgesetzes und des Ernährungsvorsorgegesetzes wird die Bundesanstalt für Landwirtschaft und Ernährung bei der zentralen Planung und Feststellung von Erzeugung, Beständen und Verbrauch tätig. Im Rahmen einer allg. Vorratshaltung sowie der Zivilen Notfallreserve werden Vorräte an Ernährungsgütern und Futtermitteln beschafft, verwaltet und verwertet. – 2. *Lizenzen:* Als Genehmigungsstelle für den grenzüberschreitenden Waren- und Dienstleistungsverkehr mit Erzeugnissen der Ernährungs-, Land- und Forstwirtschaft erteilt die Bundesanstalt für Landwirtschaft und Ernährung Einfuhr- und Ausfuhrlizenzen sowie -genehmigungen. – 3. *Sonstiges:* Die Bundesanstalt für Landwirtschaft und Ernährung überwacht Embargomaßnahmen und die Einhaltung von Kontingentregelungen. Die Bundesanstalt für Landwirtschaft und Ernährung erhebt Abgaben nach dem Holzabsatzfondsgesetz. Darüber hinaus wird der Klärschlamm-Entschädigungsfonds verwaltet. Sie überwacht die Seefischerei außerhalb der Küstengewässer und die Einhaltung der von ihr verwalteten Fischfangquoten; nach § 3 des Seefischereigesetzes erteilt sie Fangerlaubnisse an die dt. Fischereiflotte. Die Fischereischutzboote und Fischereiforschungsschiffe des Bundes werden durch die Bundesanstalt für Landwirtschaft und Ernährung bereedert.

Bundesanstalt für Post- und Telekommunikation Deutsche Bundespost (BAnstPT) – juristische Person zur Wahrung der Rechte und Pflichten der Bundesrepublik Deutschland aus den Anteilen an den Aktiengesellschaften, die aus den Teilsondervermögen der Deutschen Bundespost hervorgegangen sind (→ Deutsche Post AG, → Deutsche Postbank AG, → Deutsche Telekom AG). – *Sitz:* Bonn. Die Anstalt steht nunmehr unter Fachaufsicht des Bundesministeriums der Finanzen (BMF). Neben den Aufgaben nach dem → Aktiengesetz (AktG) obliegen der Bundesanstalt u.a. folgende Aufgaben: Koordinierung der Unternehmen durch Beratung, Anregung für das äußere Erscheinungsbild der Unternehmen, Abschluss von Manteltarifverträgen, Fortführung der Sozialeinrichtungen der früheren Deutschen Bundespost. Durch die Erfüllung von Aufsichts- und Genehmigungspflicht soll die Bundesanstalt für Post- und Telekommunikation Deutsche Bundespost einen sukzessiven Übergang in eine marktorientierte Steuerung von Post- und Telekommunikationsdiensten gewährleisten; die Marktliberalisierung der Telekommunikationsdienste ist bereits realisiert.

Bundesanstalt für Straßenwesen (BASt) → Bundesoberbehörde im Geschäftsbereich des Bundesministers für Verkehr, Bau- und Stadtentwicklung; Sitz in Bergisch-Gladbach. Errichtet durch Erlass vom 8.7.1951. – *Aufgaben:* Untersuchung der Beziehungen zwischen Straße, Fahrzeug, Mensch und Umwelt; Weiterentwicklung wirtschaftlicher und verkehrssicherer Straßenkonstruktionen; Erhöhung der Leistungsfähigkeit der Straßen; Verminderung der straßenbedingten Belastungen (Lärm, Abgase, ökologische Wirkungen); zentrale Stelle für Unfallforschung; Rechenzentrum des Bundesverkehrsministeriums; rechnergestützte Dokumentation und Information über Verkehrsinfrastruktur und -forschung.

Bundesanteil – Anteil des Bundes am Gesamtaufkommen der → Gemeinschaftsteuern.

Bundesanzeiger – 1. *Allgemein:* bis Ende März 2012 täglich erscheinende Zeitung, die von der Bundesanzeiger Verlagsgesellschaft mbH in Köln herausgegeben wurde. Sie bestand aus einem amtlichen Teil, in dem Behörden Vorschriften, Mitteilungen oder Entscheidungen bekannt machten und einem nichtamtlichen Teil, der für die Veröffentlichung von Bilanzen, Jahresabschlüssen, Einladungen zu Hauptversammlungen etc. vorgesehen war, zu denen private Stellen aufgrund Gesetzes oder Satzung verpflichtet sind. Ab April 2012 wurde die Zeitung eingestellt, seit 1.4.2012 erscheint der Bundesanzeiger nur noch elektronisch im Internet. – 2. *Elektronischer Bundesanzeiger:* Durch das → Gesetz über elektronische Handelsregister und Genossenschaftsregister sowie das Unternehmensregister (EHUG) sind seit 1.1.2007 eine Reihe gesetzlicher Vorschriften im Bereich des Gesellschaftsrechts in Kraft getreten, wonach bestimmte Bekanntmachungen - statt in Papierform in der Zeitung - im elektronischen Bundesanzeiger zu veröffentlichen sind, seit 1.4.2012 sind sie nur noch dort zu veröffentlichen. Der *elektronische Bundesanzeiger* wird aufgrund gesetzlicher Regelung ab dem 1.4.2012 nur noch *Bundesanzeiger* genannt. Zu veröffentlichende Inhalte regeln z.B. die §§ 25 AktG, 12 GmbHG, indem eine aufgrund Gesetz oder Satzung notwendige → Bekanntmachung der → Aktiengesellschaft (AG) oder → Kommanditgesellschaft auf Aktien (KGaA) (bzw. GmbH) in den Bundesanzeiger einzurücken ist. Dies gilt auch für bestimmte Bekanntmachungen nach dem → Umwandlungsgesetz (UmwG), sofern eine Aktiengesellschaft oder KGaA betroffen ist. Zahlreiche Veröffentlichungspflichten im Bundesanzeiger sieht das → Investmentgesetz (InvG) vom 15.12.2003 (BGBl. I 2676) vor. Ebenso sind nach dem Spruchverfahrensgesetz Bekanntmachungen im Bundesanzeiger vorzunehmen (§§ 6 I, 14). Eintragungen im Handelsregister werden vom Registergericht in dem von der Landesjustizverwaltung bestimmten elektronischen Informations- und Kommunikationssystem bekannt gemacht (§ 10 HGB).

Bundesarbeitsgericht (BAG) – oberster Gerichtshof des Bundes im Bereich der → Arbeitsgerichtsbarkeit; Sitz in Erfurt. Die Geschäfte der Verwaltung und der Dienstaufsicht führt der Bundesminister für Arbeit und Soziales im Einvernehmen mit dem Bundesminister der Justiz (§ 40 II ArbGG). – *Besetzung:* Jeder Senat wird mit einem Vorsitzenden, zwei berufsrichterlichen Beisitzern (→ Richter) und je einem → ehrenamtlichen Richter aus den Kreisen der Arbeitnehmer und der Arbeitgeber tätig. – *Zuständigkeit:* Das Bundesarbeitsgericht entscheidet über → Revisionen gegen Urteile der → Landesarbeitsgerichte (§ 72 ArbGG), die Rechtsbeschwerden gegen Beschlüsse der Landesarbeitsgerichte (§ 92 ArbGG), → Beschlussverfahren) und über Nichtzulassungsbeschwerden (§§ 72a, 92a ArbGG).

Bundesarbeitskreis Umweltbewusstes Management B.A.U.M. – Der Bundesarbeitskreis Umweltbewusstes Management B.A.U.M. ist ein politisch neutral wirkender Arbeitskreis, der das Ziel der Sensibilisierung von Unternehmen, Institutionen, Politik und der Bevölkerung für die Probleme und Chancen des vorsorgenden Umweltschutzes sowie für Fragen einer nachhaltigen Wirtschaftsweise, der Einführung von Methoden und Maßnahmen zum Umwelt- und Nachhaltigkeitsmanagement (→ Nachhaltigkeit) von Unternehmen und der Verbreitung integrierter Systeme zur vorsorgenden Unternehmensführung verfolgt. Der 1984 gegründete Arbeitskreis besteht aus über 500 → Unternehmen aller Größen und Branchen, sowie Verbänden, Institutionen und Einzelpersonen. B.A.U.M. e.V. wirkt in zahlreichen Gremien von Verbänden, Wirtschaft, Medien und Politik beratend mit. – Jedes Mitglied erklärt mit der Unterzeichnung eines Ehrenkodex für umweltbewusstes Management, der aus zehn Verhaltensleitlinien besteht, den → Umweltschutz zur seinem vorrangigen Unternehmensziel.

Bundesarchiv – obere Bundesbehörde im Geschäftsbereich des Beauftragten der Bundesregierung für Kultur und Medien; Hauptdienststelle in Koblenz. Zentralarchiv der Bundesrepublik Deutschland mit zahlreichen Außenstellen. – *Rechtsgrundlage:* Bundesarchivgesetz vom 6.1.1988 (BGBl. I 62) m.spät. Änd. – *Aufgabe:* u.a. die Verwaltung des ausgesonderten, zur dauernden Aufbewahrung abgegebenen Schriftguts und sonstiger historischer Unterlagen von allen Bundesbehörden mit zentralem Aufgabenbereich sowie von militärischen Dienststellen und Einheiten aller Ebenen. Zentrales Teilarchiv für die Filmproduktion in der Bundesrepublik Deutschland und das Staatliche Filmarchiv der ehemaligen DDR. Im Bundesarchiv ist eine „Stiftung Archiv der Parteien und Massenorganisationen der DDR" errichtet.

Bundesaufsicht – Aufsicht des Bundes über die Ausführung der Bundesgesetze. – 1. Führen die Bundesländer die Bundesgesetze als eigene Angelegenheit aus, wie dies regelmäßig der Fall ist (Art. 83, 84 I GG), so regeln sie die Einrichtung der Behörden und den Verwaltungsaufbau, sofern durch Gesetz nichts anderes bestimmt ist. In diesen Fällen übt die Bundesregierung die Aufsicht darüber aus, dass die Länder die Bundesgesetze dem geltenden Recht gemäß ausführen (Art. 84 III GG). Wenn Bundesgesetze etwas anderes bestimmen, können Länder davon abweichende Regelungen treffen (Art.84 I GG). – 2. Führen die Länder Bundesgesetze im Auftrag des Bundes aus, so unterstehen die Länder den Weisungen der zuständigen obersten Bundesbehörden. Die Bundesaufsicht erstreckt sich auf Gesetzmäßigkeit und Zweckmäßigkeit der Ausführung (Art. 85 GG), → Auftragsverwaltung.

Bundesaufsichtsamt für das Kreditwesen (BAKred) – ehemalige → Bundesoberbehörde im Geschäftsbereich des Bundesministers der Finanzen (BMF) mit Sitz in Bonn. Aufgegangen zum 1.5.2002 in der → Bundesanstalt für Finanzdienstleistungsaufsicht (BaFin). – Vgl. auch → Bankenaufsicht (BA).

Bundesaufsichtsamt für den Wertpapierhandel (BAWe) – ehemalige Behörde des Bundes, die nach dem → Wertpapierhandelsgesetz (WpHG) die Aufsicht über den Wertpapierhandel ausübte. Aufgegangen zum 1.5.2002 in der → Bundesanstalt für Finanzdienstleistungsaufsicht (BaFin).

Bundesauftragsverwaltung → Auftragsverwaltung.

Bundesausbildungsförderungsgesetz (BAföG) → Ausbildungsförderung.

Bundesausführungsbehörde für Unfallversicherung (BAfU) → Bundesoberbehörde im Geschäftsbereich des damaligen Bundesministeriums für Arbeit und Sozialordnung; sie hatte früher die Aufgabe, die gesetzliche Unfallversicherung des Bundes durchzuführen. Seit 1.1.2003 ist sie überführt worden in die Unfallkasse des Bundes (§§ 218b I, 125 SGB VII).

Bundesausgleichsamt (BAA) → Bundesoberbehörde im Geschäftsbereich des Bundesministeriums der Finanzen (BMF); Sitz in Bad Homburg v.d. Höhe. – *Aufgaben:* Durchführung des → Lastenausgleichs, einschließlich Sachaufsicht über die Ausgleichsverwaltung (Landesausgleichsämter, Ausgleichsämter). Bildet eine Verwaltungsgemeinschaft mit dem Bundesamt für zentrale Dienste und offene Vermögensfragen.

Bundesbahn-Versicherungsanstalt → Bahnversicherungsanstalt.

Bundesbank → Deutsche Bundesbank. Oberste Währungsbehörde der Bundesrepublik Deutschland; Kapitaleigner der → Europäischen Zentralbank (EZB).

Bundesbankgesetz (BBankG) – *Gesetz über die Deutsche Bundesbank;* Gesetz vom 26.7.1957 m.spät. Änd., mit dem die → Deutsche Bundesbank errichtet wurde. Damit wurde das zweistufige Bankensystem in Deutschland beendet. Die Deutsche Bundesbank als Einheitsbank wurde geschaffen durch die Umgestaltung der Bank deutscher Länder, der Landeszentralbanken sowie der Berliner Zentralbank. Die Landeszentralbanken werden als Hauptverwaltungen der Deutschen Bundesbank verstanden. Das Bundesbankgesetz regelt die Organisation der Deutschen Bundesbank und legt die Aufgaben der Geldpolitik sowie den Rahmen für die Instrumente der Geldpolitik in Deutschland fest. Das Bundesbankgesetz ist inzwischen mehrfach novelliert worden, um es veränderten geld- und finanzwirtschaftlichen Bedingungen, aber auch politischen Veränderungen (z.B. die deutsche Einigung) anzupassen. Durch die Sechste Novelle des BBankG vom 22.12.1997 wurde die Bundesbank in das → Europäische System der Zentralbanken (ESZB) eingegliedert.

Bundesbaudirektion (BBD) – ehemalige Bundesbehörde mit Sitz in Berlin. Aufgegangen im → Bundesamt für Bauwesen und Raumordnung.

Bundesbeauftragter für den Datenschutz und die Informationsfreiheit (BfDI) – Bundesbehörde im Geschäftsbereich des Bundesministeriums des Innern (BMI), die die Einhaltung des → Datenschutzes und der Informationsfreiheit bei öffentlichen Stellen des Bundes kontrolliert; gesetzlich geregelt im Bundesdatenschutzgesetz (§§ 22 ff). Bei den Landesbehörden übernimmt diese Aufgabe der Landesdatenschutzbeauftragte bzw. eine Datenschutzkommission; in der Privatwirtschaft werden → Datenschutzbeauftragte bestellt, die wiederum von staatlichen Aufsichtsbehörden überwacht werden. Der Bundesbeauftragte für den Datenschutz und die Informationsfreiheit wird vom Bundestag auf Vorschlag der Bundesregierung für fünf Jahre gewählt; Wiederwahl ist einmal zulässig; er ist unabhängig und keinen Weisungen unterworfen. Er berät und kontrolliert Bundesbehörden, andere öffentliche Stellen des Bundes, Telekommunikations- und Postdienstunternehmen sowie private Unternehmen, die unter das Sicherheitsüberprüfungsgesetz (SÜG) fallen. Der Bundesbeauftragte für den Datenschutz und die Informationsfreiheit gibt jährlich einen Bericht über seine Aktivitäten und allg. Entwicklungen auf dem Gebiet des Datenschutzes heraus; Vorlage eines Tätigkeitsberichts beim Deutschen Bundestag alle zwei Jahre.

Bundesbeauftragter für den Zivildienst – ist gemäß § 2 Zivildienstgesetz vom Bundesminister für Familie, Senioren, Frauen und Jugend (BMFSJ) auf Vorschlag der Bundesregierung zu ernennen und war bis zur Aussetzung von Wehrpflicht und Zivildienst für Fragen des Zivildienstes beziehungsweise des zivilen Ersatzdienstes zuständig. Der Bundesbeauftragte ist ebenso wie Wehr- und Zivildienst nicht abgeschafft und kann jederzeit reaktiviert werden.

Bundesberggesetz (BBergG) – Gesetz vom 13.8.1980 (BGBl. I 1310) m.spät.Änd. – 1. *Zweck:* (1) bundesgesetzliche Regelung der Förderung und Ordnung von Aufsuchen, Gewinnen und Aufbereiten von Bodenschätzen unter Berücksichtigung ihrer Standortgebundenheit und des Lagerstättenschutzes zur Sicherung der Rohstoffversorgung; (2) Gewährleistung der Sicherheit der Betriebe und der Beschäftigen des Bergbaus; (3) Stärkung der Vorsorge gegen Gefahren, die sich aus bergbaulicher Tätigkeit für Leben, Gesundheit und Sachgüter Dritter ergeben, Verbesserung des Ausgleichs unvermeidbarer Schäden. – 2. *Bergbauberechtigung:* Das Aufsuchen bergfreier Bodenschätze bedarf der Erlaubnis, das Gewinnen bergfreier Bodenschätze der Bewilligung oder der Verleihung des Bergwerkseigentums. Der Inhaber einer Erlaubnis hat eine Feldesabgabe, der Inhaber einer Bewilligung oder eines Bergwerkeigentums eine → bergrechtliche Förderabgabe zu entrichten. – 3. Der Bergbau unterliegt der *Bergaufsicht* durch die zuständige Behörde. Er darf nur aufgrund von Plänen (Betriebsplänen) errichtet, geführt und eingestellt werden (§ 51). – 4. *Berechtsamsbuch* über Erlaubnisse, Bewilligungen, Bergwerkeigentum und alte aufrechterhaltene Bergbauberechtigungen, *Berechtsamskarte* über die von diesen Rechten betroffenen Felder; bei berechtigtem Interesse Einsicht. – 5. Ist für Errichtung oder Führung eines Bergbaubetriebes die Benutzung eines Grundstückes notwendig, so kann *Grundabtretung* gegen Entschädigung durchgeführt werden. Auch *Baubeschränkungen* sind vorgesehen. – 6. Wird durch einen Bergbaubetrieb ein Mensch getötet oder der Körper oder die Gesundheit eines Menschen verletzt oder eine Sache beschädigt (Bergschaden), so ist grundsätzlich Schadensersatz zu leisten. *Bergschadensvermutung* zugunsten des Geschädigten in bestimmten Fällen. Zur Sicherung von Schadensersatzansprüchen kann der Bundesminister für Wirtschaft und Technologie (BMWi) eine *Bergschadensausfallkasse* errichten, wenn eine vergleichbare privatrechtliche Lösung durch die Bergbauwirtschaft nicht eingerichtet wird. – 7. Für Rechtsstreitigkeiten über

Entschädigung *ordentlicher Rechtsweg*, zuständig ist das Landgericht; im Übrigen sind die Verwaltungsgerichte zuständig. – 8. Bei dem Erlass von BergVO hat der *Sachverständigenausschuss für den Bergbau* mitzuwirken. – 9. *Verstöße* werden als Ordnungswidrigkeit mit Geldbußen bis zu 25.000 Euro und als Straftat mit Freiheitsstrafe bis zu zehn Jahren oder mit Geldstrafe geahndet. – Vgl. auch → Tiefseebergbau.

Bundesbeteiligung – Beteiligung des Bundes und seines Sondervermögens an Unternehmen in privater und öffentlicher Rechtsform (→ öffentliche Unternehmen). Die einzelnen Unternehmen, an denen der Bund (mehrheitlich) beteiligt ist, werden als → Bundesunternehmen bezeichnet. – Über die unmittelbaren und bedeutenderen mittelbaren Bundesbeteiligungen wird regelmäßig vom Bundesminister der Finanzen in einem Beteiligungsbericht berichtet. – Der Bund und seine → Sondervermögen waren 2011 unmittelbar an 109 Unternehmen des öffentlichen und privaten Rechts beteiligt (vgl. Beteiligungsbericht des Bundes 2011). Die Gesamtzahl der bedeutenderen unmittelbaren und mittelbaren → Beteiligungen des Bundes betrug im selben Jahr 680. Die Zahl der unmittelbaren Beteiligungen des Bundes mit einem Nennkapital von ≥ 50.000 Euro/LW und ≥ 25 Prozent Anteilsbeteiligung des Bundes ist mit 30 Beteiligungen im Vergleich zu 2010 gleich geblieben. Die Gesamtzahl der bedeutenderen mittelbaren Beteiligungen mit einem Nennkapital von ≥ 50.000 Euro/LW und ≥ 25 Prozent Anteilsbeteiligung hat sich gegenüber dem Vorjahr 2010 auf insgesamt 650 erhöht. Von diesen 680 unmittelbaren und mittelbaren Beteiligungen fallen: (1) 65 Beteiligungen (hiervon 57 Beteiligungen im mittelbaren Bereich) in den Geschäftsbereich des Bundesministeriums der Finanzen, (2) 600 Beteiligungen (hiervon 593 Beteiligungen im mittelbaren Bereich) in den Geschäftsbereich des Bundesministeriums für Verkehr, Bau und Stadtentwicklung und (3) 15 Beteiligungen verteilen sich auf weitere 6 Bundesressorts. – Vgl. auch → Privatisierung.

Bundesbetrieb nach § 26 BHO – rechtlich unselbstständiger, organisatorisch ausgegliederter Teil der Bundesverwaltung (→ Bundesunternehmen, → öffentliche Unternehmen). Im Haushaltsplan sind nur die Zuführungen und Ablieferungen zu veranschlagen (Nettobetrieb). – *Pflichten:* Ein → Wirtschaftsplan ist aufzustellen; kaufmännisches Rechnungswesen ist anzuwenden; ein → Jahresabschluss ist aufzustellen und eine → Kosten- und Leistungsrechnung durchzuführen. Es gelten die → Haushaltsgrundsätze. – Auf *Landesebene* entspricht dem Bundesbetrieb der Landesbetrieb nach § 26 LHO.

Bundes-Bodenschutzgesetz (BBodSchG) – Das mit seinen wesentlichen Regelungen am 1.3.1999 in Kraft getretene Gesetz zum Schutz vor schädlichen Bodenveränderungen und zur Sanierung von Altlasten (BBodSchG) vom 17.3.1998 (BGBl. I 502) m.spät. Änd. schafft eine bundeseinheitliche rechtliche Grundlage zur Sicherung und Wiederherstellung der Funktionen des Bodens. Hierzu sind schädliche Bodenveränderungen abzuwehren, der Boden und Altlasten sowie hierdurch verursachte Gewässerverunreinigungen zu sanieren und Vorsorge gegen nachteilige Einwirkungen auf den Boden zu treffen (§ 1 BBodSchG). Das Bundesbodenschutzgesetz enthält in seinem ersten Teil neben der zitierten Zweckbestimmung Begriffsbestimmungen (wie Altlasten) und den Anwendungsbereich des Gesetzes. Im zweiten Teil sind v. a. allg. Pflichten zur Gefahrenabwehr und -vorsorge sowie spezielle Anforderungen an das Auf- und Einbringen von Materialien auf den Boden und die Durchführung dieser Pflichten geregelt. Der dritte Teil beinhaltet verfahrensbezogene Vorschriften zum Altlastenmanagement und der vierte Teil regelt die in der Landwirtschaft zur Vorsorge vor schädlichen Bodenveränderungen zu beachtende „gute" fachliche Praxis bei der Bodennutzung. Der fünfte Teil des Bundesbodenschutzgesetzes ist Schlussvorschriften vorbehalten (u.a. über die Einrichtung eines wissenschaftlichen Beirats, zur Datenübermittlung der Länder an den Bund, zum Verwaltungsverfahren, zu landesrechtlichen Regelungen sowie zu Kosten und Bußgeldern). – *Einzelheiten:* Bundes-Bodenschutz- und Altlastenverordnung (BBodSchV) vom 12.7.1999 (BGBl. I 1554) m.spät.Änd., die u.a. Anforderungen an die Untersuchung und Bewertung von Verdachtsflächen und altlastenverdächtige Flächen sowie an die Sanierung von schädlichen Bodenveränderungen und Altlasten, ergänzende Vorschriften für die Gefahrenabwehr von schädlichen Bodenveränderungen aufgrund von Bodenerosionen durch Wasser und Regelungen zur Vorsorge gegen das Entstehen schädlicher Bodenveränderungen enthält. Der ihr beigefügte Anhang 1 formuliert Anforderungen an die Probenentnahme, Analytik und Qualitätssicherung bei der Untersuchung und der Anhang 2 bestimmt Maßnahmen, Prüf- und Vorsorgewerte.

Bundesbürgschaft – Bürgschaftsübernahme (→ Bürgschaft), auch Garantieübernahme (→ Bundesgarantie), des Bundes für Darlehen, die für Zwecke von bes. wirtschaftlicher oder sozialpolitischer Bedeutung von Banken oder sonstigen Kapitalsammelstellen gegeben werden und die sonst nicht ordnungsgemäß gesichert werden können.

Bundesdisziplinarordnung – ersetzt durch das Bundesdisziplinargesetz vom 9.7.2001 (BGBl. I 1510) m.spät.Änd., → Disziplinarverfahren.

bundeseigene Unternehmen – Der Bund und seine Sondervermögen sind an diversen Unternehmen des öffentlichen und privaten Rechts *unmittelbar* beteiligt. Schwerpunkte der Bundesbeteiligung sind die Nachfolgeunternehmen der → Treuhandanstalt, das industrielle Bundesvermögen, der Bankenbereich, das Verkehrswesen, der Post- und Telekommunikationsbereich, die Wohnwirtschaft sowie der forschungs- und entwicklungspolitische Bereich. Die Beteiligungspolitik des Bundes ist seit einigen Jahren gekennzeichnet durch eine deutliche Privatisierungstendenz. Neben den Aktivitäten der Treuhandanstalt, die ihren gesetzlichen Auftrag zur Privatisierung der volkseigenen Kombinate und sonstigen Betriebsstätten Ende 1994 beendigt hat, ist hier v.a. die Privatisierung der Deutschen Bundesbahn und der Deutschen Bundespost zu nennen. Für die Verwaltung der Beteiligung sind aufgabenbezogen die einzelnen Fachressorts und Sondervermögen zuständig. Das Bundesministerium der Finanzen (BMF) hat darüber hinaus nach Haushaltsrecht allg. Aufgaben der Beteiligungsverwaltung wahrzunehmen. – Vgl. auch → Privatisierung, → öffentliche Unternehmen.

Bundesentschädigungsgesetz → Wiedergutmachung.

Bundesertragsabgaben – Oberbegriff für → Finanzmonopole und → Bundessteuern.

Bundeserziehungsgeldgesetz (BErzGG) – Das Bundeserziehungsgeldgesetz (BErzGG) ist zum 31.12.2008 außer Kraft getreten. Seit 1.1.2007 gilt das Bundeselterngeld- und Elternzeitgesetz i.d.F. vom 5.12.2006 (BGBl. I 2748) m.spät.Änd.

Bundesfernstraßen – öffentliche Straßen, die ein zusammenhängendes Verkehrsnetz bilden; gegliedert in Bundesautobahnen und Bundesstraßen mit Ortsdurchfahrten. – Zu den Bundesfernstraßen gehören: (1) *Straßenkörper:* Straßengrund, Unterbau, Straßendecke, Brücken, Dämme, Gräben, Böschungen, Mittel- und Sicherheitsstreifen; (2) der *Luftraum* über dem Straßenkörper; (3) *Zubehör:* Verkehrszeichen, Verkehrseinrichtungen und Bepflanzung sowie Einrichtungen zur Erhebung von Maut und zur Kontrolle der Mautpflicht; (4) *Nebenanlagen:* Straßenmeistereien, Gerätehöfe, Lagerplätze; (5) *Nebenbetriebe* (an den Bundesautobahnen): Tankstellen, Rast- und Werkstätten. – *Träger der Baulast* für offene Straßen ist der Bund, der diese auf die Länder delegiert hat; für Ortsdurchfahrten haben die Gemeinden mit mehr als 80.000 Einwohnern (Stichtag: Beginn des dritten Haushaltsjahres nach dem Jahr, in dem → Volkszählung stattfand) die → Straßenbaulast. – *Hochbauten* dürfen längs der Bundesfernstraßen bei Autobahnen bis zu 40 m, bei Bundesstraßen bis 20 m Abstand nicht errichtet werden. – *Straßenaufsicht* wird von Ländern im Auftrage des Bundes ausgeübt. – *Rechtliche Regelung* im Bundesfernstraßengesetz (FStrG) i.d.F. vom 28.6.2007 (BGBl. I S. 1206) m.spät.Änd.

Bundesfinanzakademie – aufgrund eines Bund-Länder-Abkommens gegründete verwaltungsinterne Einrichtung des Bundes, die beim Bundesminister der Finanzen ressortiert, und der Ausbildung (ergänzende Studien) sowie der Fortbildung (fortführende Studien) der Beamtinnen und Beamten des höheren Dienstes der Steuerverwaltungen der Länder dient; Sitz in Brühl. – *Gesetzliche Grundlage:* §§ 5 und 7 des Steuerbeamten-Ausbildungsgesetzes i.d.F. vom 23.6.1993 BGBl. I 944.

Bundesfinanzbehörden → Finanzverwaltung.

Bundesfinanzdirektion – die Mittelbehörde der → Finanzverwaltung des Bundes für ihren Bezirk, soweit sie eingerichtet ist (§§ 1, 7, 8 FVG).

Bundesfinanzhof (BFH) – oberster Gerichtshof des Bundes für die → Finanzgerichtsbarkeit mit Sitz in München (§ 2 FGO), bestehend aus dem Präsidenten, den Vorsitzenden Richtern und weiteren Richtern. – 1. *Organisation/Entscheidungsbefugnisse:* Er entscheidet durch *Senate* in der Besetzung von fünf Richtern, bei Beschlüssen außerhalb der mündlichen Verhandlung mit drei Richtern. Neben den einzelnen Senaten besteht ein *Großer Senat,* der sich aus dem Präsidenten und sechs Richtern der einzelnen Senate zusammensetzt. Er entscheidet, wenn (1) in einer Rechtsfrage ein Senat von der Entscheidung eines anderen Senats oder des Großen Senats abweichen will oder (2) der die betreffende Rechtssache bearbeitende Senat wegen ihrer grundsätzlichen Bedeutung die Entscheidung des Großen Senats herbeiführen möchte, weil nach seiner Auffassung die Fortbildung des Rechts oder die Sicherung einer einheitlichen Rechtsprechung es fordern (§ 11 FGO). – 2. *Sachliche Zuständigkeit:* Der Bundesfinanzhof entscheidet als Rechtsmittelinstanz über (1) die → Revision gegen Urteile der → Finanzgerichte und gegen Entscheidungen, die Urteilen der Finanzgerichte gleichstehen, (2) die → Beschwerden gegen andere Entscheidungen des Finanzgerichts oder des Vorsitzenden des Senats (§ 36 FGO). – 3. *Bedeutung:* BFH-Entscheidungen binden nur die Beteiligten und ihre Rechtsnachfolger insoweit, als über den Streitgegenstand entschieden worden ist (§ 110 I FGO). Dennoch haben sie bes. Bedeutung für die Rechtsauslegung und für die Anwendung auf parallel liegende Fälle, daher Veröffentlichung der wichtigsten Entscheidungen im → Bundessteuerblatt (BStBl), Teil II. Die Finanzbehörden halten jedoch auch nicht veröffentlichte Entscheidungen dem Steuerpflichtigen entgegen. Die Entscheidungen des früheren Reichsfinanzhofs (RFH) werden bis zur Gegenwart rechtsauslegend angewandt, soweit sie nicht durch neuere BFH-Rechtsprechung überholt sind.

Bundesforschungsanstalt für Forst- und Holzwirtschaft (BFAFH) – bis zum 31.12.2007 nicht rechtsfähige Forschungseinrichtung des Bundes im Geschäftsbereich des Bundesministeriums für Verbraucherschutz, Ernährung und Landwirtschaft (BMVEL); Sitz in Hamburg. Seit dem 1.1.2008 eingegliedert in das Bundesforschungsinstitut für ländliche Räume, Wald und Fischerei – Johann Heinrich von Thünen-Institut – *Aufgabe:* Erarbeitung wissenschaftlicher Grundlagen als Entscheidungshilfen für die Bundesregierung im Bereich der Forst- und Landwirtschaft; Beratung der Wirtschaft und Ausbildung von Fachkräften.

Bundesforschungsanstalt für Landwirtschaft (FAL) – Bis 31.12.2007 Bundesbehörde im

Geschäftsbereich des Bundesministeriums für Ernährung, Landwirtschaft und Verbraucherschutz (BMELV), Sitz in Braunschweig. Seit dem 1.1.2008 eingegliedert in drei Bundesforschungsinstitute, nämlich das Bundesforschungsinstitut für Ländliche Räume, Wald und Fischerei, Bundesforschungsinstitut für Kulturpflanzen und Bundesforschungsinstitut für Tiergesundheit.– *Aufgaben:* Forschung sowie Beratung der Bundesregierung auf dem Gebiet der Landbau- und verwandter Wissenschaften, v.a. in den Bereichen Boden, Pflanze, Tier, Technik und Ökonomik.

Bundesfreiwilligendienst – geregelt im Bundesfreiwilligendienstgesetz (BFDG) vom 28.4.2011 (BGBl. I S. 687). Dient gemäß § 1 BFDG dem Engagement von Frauen und Männern für das Allgemeinwohl. Der Bundesfreiwilligendienst wird i.d.R. ganztägig als überwiegend praktische Hilfstätigkeit in gemeinwohlorientierten Einrichtungen geleistet. Er soll zivilgesellschaftlichen Einsatz ermöglichen und das lebenslange Lernen fördern. Der Dienst dauert mindestens sechs und höchstens 18 Monate. Die Ausgestaltung des Bundesfreiwilligendienstes erfolgt arbeitsmarktneutral (§ 3 I BFDG).

Bundesfreiwilligendienstgesetz (BFDG) → Bundesfreiwilligendienst

Bundesgarantie – die von der Regierung eines Bundesstaats zulasten des Staates übernommene bes. Verpflichtung, für die Erfüllung von Verträgen einzustehen (→ Garantie): (1) *nach außen:* durch Übernahme einer Ausfallbürgschaft auf eine bundesstaatliche Anstalt mit entsprechendem Vermögen; (2) *nach innen:* durch Übertragung des Kursrisikos oder sonstiger Wagnisse auf eine entsprechende Anstalt, um einzelnen Staatsbürgern den Abschluss und die Einhaltung von zwischenstaatlichen Verträgen zu ermöglichen.

Bundesgebiet – das in der Präambel (Einleitung) zum Grundgesetz bezeichnete Staatsgebiet der Bundesrepublik Deutschland, bestehend aus den Ländern: Baden-Württemberg, Bayern, Berlin, Brandenburg, Bremen, Hamburg, Hessen, Mecklenburg-Vorpommern, Niedersachsen, Nordrhein-Westfalen, Rheinland-Pfalz, Saarland, Sachsen, Sachsen-Anhalt, Schleswig-Holstein und Thüringen.

Bundesgerichte – 1. → Bundesverfassungsgericht (BVerfG) in Karlsruhe. – 2. *Oberste Gerichtshöfe des Bundes:* → Bundesgerichtshof (BGH) in Karlsruhe, → Bundesverwaltungsgericht (BVerwG) in Leipzig, → Bundesfinanzhof (BFH) in München, → Bundesarbeitsgericht (BAG) in Kassel und → Bundessozialgericht (BSG) in Erfurt. – 3. *Bundesgerichte* können nach Art. 96 GG errichtet werden: (1) Für Angelegenheiten des gewerblichen Rechtsschutzes (→ Bundespatentgericht (BPatG) in München); (2) als Wehrstrafgerichte, die aber bisher nicht errichtet worden sind; (3) als Bundesdisziplinar- und Bundesbeschwerdegericht für Personen, die in einem öffentlich-rechtlichen Dienstverhältnis stehen (Bundesdisziplinargericht und die Wehrdienstgerichte). Oberster Gerichtshof für diese Gerichte ist der Bundesgerichtshof. – 4. Zur *Wahrung der Einheitlichkeit* der Rechtsprechung ist gemäß Art. 95 III GG ein Gemeinsamer Senat der obersten Gerichtshöfe gebildet worden.

Bundesgerichtshof (BGH) – letztinstanzlicher oberster Gerichtshof für Zivil- und Strafsachen; Sitz in Karlsruhe. Der BGH entscheidet durch die mit jeweils fünf Mitgliedern (Vorsitzenden Richtern und Richtern) besetzten Zivil- und Strafsenate. Die Richter werden durch den für das jeweilige Sachgebiet zuständigen Bundesminister gemeinsam mit einem Richterwahlausschuss berufen (§ 125 I GVG; Richterwahlgesetz) und vom Bundespräsidenten ernannt. – 1. *Sachliche Zuständigkeit:* (1) In *Zivilsachen* über das Rechtsmittel der → Revision gegen Urteile der Oberlandesgerichte – s. → Oberlandesgericht (OLG) -, und (selten) der → Sprungrevision gegen Urteile der Landgerichte; dabei müssen die Parteien durch bei dem BGH zugelassene → Rechtsanwälte vertreten sein; (2) in *Strafsachen* gemäß § 135 GVG u.a. als Rechtsmittelgericht über Revision gegen erstinstanzliche Urteile des Oberlandesgerichts und des Landgerichts (Große Strafkammer und Schwurgericht); die → Staatsanwaltschaft wird durch den Generalbundesanwalt und Bundesanwälte vertreten (§ 142 I Nr. 1 GVG); (3) in *Streitigkeiten des gewerblichen Rechtsschutzes* über die Rechtsmittel der Beschwerde und der Berufung gegen Entscheidungen des → Bundespatentgerichts (BPatG); (4) in der *Berufsgerichtsbarkeit* der → Steuerberater und → Steuerbevollmächtigten im dritten Rechtszug nach dem Steuerberatungsgesetz sowie im berufsgerichtlichen Verfahren gegen → Wirtschaftsprüfer (WP) und → vereidigte Buchprüfer im dritten Rechtszug nach der Wirtschaftsprüferordnung. – 2. *Veröffentlichung von BGH-Entscheidungen:* Bedeutsame Entscheidungen des BGH in Zivil- und Strafsachen werden in amtlicher Sammlung (BGHZ und BGHSt) veröffentlicht und sind von großem Einfluss auf Auslegung und Fortentwicklung des Rechts.

Bundesgesetz – ein nach den Vorschriften des Grundgesetzes zustande gekommenes, vom Bundespräsidenten ausgefertigtes und im Bundesgesetzblatt verkündetes Gesetz (Art. 76–78, 82 GG). – *Anders:* → Landesgesetz.

Bundesgesetzblatt (BGBl.) – amtliches Organ zur Verkündung der Bundesgesetze und anderer Rechtsvorschriften. – 1. Das BGBl. erscheint seit dem 1.1.1951 in zwei gesonderten Teilen: „Bundesgesetzblatt Teil I“ und „Bundesgesetzblatt Teil II“. In der „Sammlung des Bundesrechts, Bundesgesetzblatt Teil III“ wurden die Rechtsvorschriften, die bei der mit dem Stand 31.12.1963 abgeschlossenen Rechtsbereinigung als fortgeltendes Bundesrecht festgestellt worden sind, nach Sachgebieten geordnet neu veröffentlicht. Nicht aufgenommene Vorschriften oder Vorschriftenteile sind nach näherer Maßgabe der Gesetze vom 10.7.1958 (BGBl. I 473) und vom 28.12.1968 (BGBl. I 1451) am 31.12.1968 außer Kraft getreten. – 2. Im „Bundesgesetzblatt Teil I" werden veröffentlicht u.a.: Alle Bundesgesetze, Rechtsverordnungen von wesentlicher oder dauernder Bedeutung; die Entscheidungsformeln der Urteile des Bundesverfassungsgerichts nach § 31 II 1 BVerfGG; Anordnungen und Erlasse des Bundespräsidenten; Bekanntmachungen über innere Angelegenheiten des Bundestages und des Bundesrates. – 3. Im „Bundesgesetzblatt Teil II" werden veröffentlicht die völkerrechtlichen Vereinbarungen, die zu ihrer Inkraftsetzung oder Durchsetzung erlassenen Rechtsvorschriften sowie damit zusammenhängende Bekanntmachungen und Rechtsvorschriften auf dem Gebiet des Zolltarifwesens. Für den Spannungs- und Verteidigungsfall sieht das Gesetz vom 18.7.1975 (BGBl. I 1919) m.spät.Änd. eine vereinfachte Verkündung oder Bekanntgabe von Gesetzen durch Rundfunk, Tagespresse oder Aushang vor.

Bundesgesundheitsamt (BGA) – wurde aufgrund des Gesetzes vom 27.2.1952 (BGBl. I 121) im Geschäftsbereich des Bundesministers für Gesundheit errichtet. Das Bundesgesundheitsamt ist durch das Gesetz über Nachfolgeeinrichtungen des BGA (BGA-Nachfolgegesetz) vom 24.6.1994 (BGBl. I 1416) aufgelöst worden. An seine Stelle traten drei selbstständige, im Geschäftsbereich des für Gesundheit zuständigen Bundesministeriums errichtete → Bundesoberbehörden: (1) → Bundesinstitut für Arzneimittel und Medizinprodukte (BfArM), (2) → Robert Koch-Institut – Bundesinstitut für Infektionskrankheiten und nicht übertragbare Krankheiten sowie (3) → Bundesinstitut für gesundheitlichen Verbraucherschutz und Veterinärmedizin (BgVV).

Bundesgesundheitsrat – eingesetzt durch Beschluss der Bundesregierung vom 15.3.1963. – *Aufgabe:* Beratung der Bundesregierung in Fragen des Gesundheitswesens, v.a. zur Vorbereitung der Gesetzgebung. 1996 wurde der Bundesgesundheitsrat aufgelöst.

Bundesgrenzschutz – frühere Bezeichnung für die Bundespolizei.

Bundeshauptkasse (BHK) – Bundesbehörde im Geschäftsbereich des Bundesministers der Finanzen (BMF); Sitz in Bonn. Mit dem Gesetz zur Neuordnung der Bundesfinanzverwaltung wurden 2005 Aufgaben der Bundeshauptkasse auf das zum 1.1.2006 errichtete Kompetenzzentrum für das Kassen- und Rechnungswesen des Bundes (KKR) bei der Oberfinanzdirektion Köln übertragen.

Bundeshaushalt – 1. *Begriff:* Planmäßige Veranschlagung von Einnahmen (einschließlich der Kreditaufnahme) und Ausgaben der Bundesrepublik Deutschland für ein oder mehrere Rechnungsjahre, nach Jahren getrennt. – 2. *Rechtliche Regelungen:* a) *Art. 109–115 GG:* Wechselseitige Unabhängigkeit der Haushalte von Bund und Ländern; Bund und Länder haben aber dem gesamtwirtschaftlichen Gleichgewicht Rechnung zu tragen, → Stabilitäts- und Wachstumsgesetz (StWG). Durch Bundesgesetz, das der Zustimmung des Bundesrats bedarf, können gemeinsam geltende Grundsätze für das Haushaltsrecht, für eine konjunkturgerechte Haushaltwirtschaft und für eine mehrjährige Finanzplanung aufgestellt werden (Art. 109). Näheres findet sich im Haushaltsgrundsätzegesetz. Der Haushaltsplan ist durch Haushaltsgesetz festzustellen; er ist in Einnahme und Ausgabe auszugleichen (Art. 110). Ausmaß der Ermächtigung zur Ausgabenleistung bei nicht rechtzeitig verabschiedetem Bundeshaushalt (Art. 111). Bedingungen der Haushaltsüberschreitung bei überplanmäßigen und außerplanmäßigen Ausgaben (Art. 112). Sperrklausel bei über Regierungsvorschlag hinausgehenden Ausgabebeschlüssen von → Bundesrat und → Bundestag (Art. 113). Jährliche → Rechnungslegung des Bundesministers der Finanzen gegenüber Bundestag und Bundesrat und deren Überprüfung durch den → Bundesrechnungshof (Art. 114). Einschränkungen hinsichtlich Kreditaufnahme und Übernahme von Sicherheitsleistungen durch den Bund (Art. 115). – b) *Bundeshaushaltsrecht:* Haushaltsgrundsätzegesetz vom 19.8.1969 (BGBl. I 1273) m.spät.Änd. und die Bundeshaushaltsordnung (BHO) vom 19.8.1969 (BGBl. I 1284) m.spät.Änd. Die BHO enthält die allg. Vorschriften zum Haushaltsplan, die Aufstellung, die Ausführung des Haushaltsplanes, die Zahlungen, Buchführung und Rechnungslegung, die Rechnungsprüfung sowie die Grundsätze für bundesunmittelbare juristische Personen des öffentlichen Rechts und Sondervermögen und die Entlastung. – 3. *Planaufstellungsverfahren* (§§ 28 ff. BHO): a) Der *Entwurf* des Haushaltsgesetzes ist mit dem Entwurf des Haushaltsplanes vor Beginn des Haushaltsjahres dem Bundesrat zuzuleiten und beim Bundestag einzubringen, i.d.R. spätestens in der ersten Sitzungswoche nach dem 1. September. Die Aufstellung des Entwurfs erfolgt in Abstimmung mit den Mittel- und ggf. Oberbehörden sowie den einzelnen Fachministerien durch den Bundesminister der Finanzen, der ihn an die Bundesregierung zur Beschlussfassung weiterleitet; auf Antrag der zuständigen Bundesminister beschließt das Kabinett auch über nicht aufgenommene Einzelpositionen. – b) *Festgestellter Entwurf* geht als *Gesetzesvorlage* dem Bundesrat zu (Art. 76 II GG). Es folgt dann das normale Gesetzgebungsverfahren nach Art. 76 ff. GG.

Bundes-Immissionsschutzgesetz (BImschG) → Immissionsschutz.

Bundesinstitut für Arzneimittel und Medizinprodukte (BfArM) → Bundesoberbehörde im Geschäftsbereich des Bundesministeriums für Gesundheit (BMG); Sitz in Bonn. Das Bundesinstitut für Arzneimittel und Medizinprodukte wird v.a. tätig bei der (1) Zulassung von Fertigarzneimitteln, soweit nicht das Bundesinstitut für Arzneimittelsicherheit – Paul-Ehrlich-Institut -zuständig ist, (2) Überwachung des Verkehrs mit Betäubungsmitteln, (3) Arbeiten zur medizinischen und technischen Sicherheit, Eignung und Leistung von Medizinprodukten. Für Amtshandlungen sowie Auskünfte des Bundesinstitutes für Arzneimittel und Medizinprodukte werden Kosten (Gebühren und Auslagen) erhoben.

Bundesinstitut für Berufsbildung (BIBB) – bundesunmittelbare juristische Person des öffentlichen Rechts, die der Rechtsaufsicht des Bundesministeriums für Bildung und Forschung (BMBF) untersteht; Sitz in Bonn. – *Rechtsgrundlage:* Berufsbildungsgesetz (BBiG) vom 23.3.2005 (BGBl. I 931) m.spät. Änd. – *Aufgaben:* Berufsbildungsforschung, Berufsbildungsplanung, Vorbereitung des → Berufsbildungsberichts, Vorbereitung von Ausbildungsordnungen, Führung und Veröffentlichung des Verzeichnisses der anerkannten Ausbildungsberufe etc.

Bundesinstitut für Bevölkerungsforschung (BIB) – nicht rechtsfähige Bundesanstalt im Geschäftsbereich des Bundesministeriums des Innern (BMI); Sitz in Wiesbaden. Neu errichtet durch Erlass vom 21.11.2007. Geführt in Verwaltungsgemeinschaft mit dem → Statistischen Bundesamt (StBA). – *Aufgaben:* Forschung über Bevölkerungs- und damit zusammenhängende Familienfragen, Sammlung und Veröffentlichung entsprechender wissenschaftlicher Erkenntnisse, Beratung und Unterrichtung der Bundesregierung.

Bundesinstitut für gesundheitlichen Verbraucherschutz und Veterinärmedizin (BgVV) – 1994 gegründet im Zuge der Auflösung des Bundesgesundheitsamts, 2002 aufgelöst und zum Großteil überführt in das Bundesinstitut für Risikobewertung. Im Übrigen überführt in das Bundesamt für Verbraucherschutz und Lebensmittelsicherheit sowie in das Friedrich-Loeffler-Institut, Bundesforschungsinstitut für Tiergesundheit.

Bundeskanzler – Chef der → Bundesregierung, *gewählt* vom → Bundestag auf Vorschlag des → Bundespräsidenten. – Der Bundeskanzler bestimmt die *Richtlinien der Politik* der von ihm gebildeten Bundesregierung. Er leitet ihre Geschäfte nach der von ihr beschlossenen und vom Bundespräsidenten genehmigten Geschäftsordnung (Art. 65 GG). – Der Bundeskanzler kann nur durch ein konstruktives Misstrauensvotum vom Bundestag gestürzt werden, d.h. nur dann, wenn der Bundestag einen Nachfolger wählt und den Bundespräsidenten ersucht, den Bundeskanzler zu entlassen (Art. 67 GG).

Bundeskartellamt (BKartA) – selbstständige → Bundesoberbehörde im Geschäftsbereich des Bundesministers für Wirtschaft und Technologie (BMWi); Sitz in Bonn gemäß § 51 I GWB. → Kartellbehörde des Bundes nach dem Kartellgesetz (§§ 51–53 GWB); ausschließlich für bestimmte Kartellsachen (z.B. Fusionskontrolle) zuständig (§ 48 II Satz 1 GWB). Der Bundesminister für Wirtschaft und Technologie kann dem Bundeskartellamt lediglich allg. Weisungen erteilen (zu veröffentlichen im Bundesanzeiger gemäß § 52 GWB). – *Veröffentlichung:* alle zwei Jahre Bericht über die Tätigkeit des Bundeskartellamts sowie über Lage und Entwicklung auf seinem Aufgabengebiet (§ 53 GWB; s. auch weiterführende Web-Adresse). – Vgl. auch → Deutsches Kartellrecht.

Bundesknappschaft (BKN) – bundesunmittelbare rechtsfähige Körperschaft des öffentlichen Rechts mit Selbstverwaltung; Sitz der Hauptverwaltung in Bochum; seit 1.10.2005 in der Deutschen Rentenversicherung Knappschaft-Bahn-See aufgegangen. – *Aufgaben:* (1) ursprünglich nur Träger der gesetzlichen Rentenversicherung, Krankenversicherung und Pflegeversicherung der im Bergbau beschäftigten Arbeitnehmer. Seit 1.10.2005 Erweiterung der Aufgaben auch für die allg. Rentenversicherung. – (2) Seit dem Inkrafttreten des Zweiten Gesetzes für moderne Dienstleistungen am Arbeitsmarkt am 1.1.2003 ist die BKN ferner zuständige Stelle für das Meldeverfahren und den Einzug der einheitlichen Steuerpauschale für Lohnsteuer, Solidaritätszuschlag und Kirchensteuer für geringfügige Beschäftigungsverhältnisse (→ Mini-Jobs); zuständig ist die Verwaltungsstelle Cottbus der BKN.

Bundeskriminalamt (BKA) → Bundesoberbehörde im Geschäftsbereich des Bundesministeriums des Innern (BMI); Sitz in Wiesbaden. Zentralstelle der Verbrechensbekämpfung. – *Rechtsgrundlage:* Gesetz über das Bundeskriminalamt und die Zusammenarbeit des Bundes und der Länder in kriminalpolizeilichen Angelegenheiten – Bundeskriminalamtgesetz (BKAG) – vom 7.7.1997 (BGBl. I 1650), m.spät.Änd. – *Aufgaben:* Das Bundeskriminalamt unterstützt als Zentralstelle für das polizeiliche Auskunfts- und Nachrichtenwesen und für die Kriminalpolizei die Polizeien des Bundes und der Länder bei der Verhütung und Verfolgung von Straftaten mit länderübergreifender, internationaler oder erheblicher Bedeutung. Es unterhält als Zentralstelle u.a. ein polizeiliches Informationssystem, zentrale erkennungsdienstliche Einrichtungen und Sammlungen für die Fahndung nach Personen und Sachen etc. (§ 2 BKAG). Es ist Nationales Zentralbüro der Bundesrepublik Deutschland für Interpol (§ 3). Es nimmt v.a. in Fällen international organisierter Straftaten polizeiliche Aufgaben auf dem Gebiet der Strafverfolgung wahr (§ 4) und ihm obliegt der Personenschutz für Mitglieder der Verfassungsorgane des Bundes (§ 5). Ferner hat es Zeugenschutzaufgaben (§ 6). – Rechtspolitisch und verfassungsrechtlich umstritten ist eine in 2008 verabschiedete Gesetzesänderung zur Ausweitung der Befugnisse des Bundeskriminalamtes (Gesetz zur Abwehr von Gefahren des internationalen Terrorismus durch das Bundeskriminalamt vom 25.12.2008 – BGBl. I 3038 – betreffend §§ 20a-x BKAG). Die Befugnisse umfassen Rasterfahndung, Onlinedurchsuchung, Überwachung von Telekommunikation und die Ortung von Mobilfunkgeräten.

Bundesleistungsgesetz – Gesetz i.d.F. vom 27.9.1961 (BGBl. I 1769) m.spät.Änd.; regelt die Inanspruchnahme von Leistungen für Zwecke v.a. der Bundeswehr und der alliierten Streitkräfte.

Bundesministerien → oberste Bundesbehörden.

Bundesministerium für Gesundheit (BMG) – zuständig für Erhaltung, Sicherung und Fortentwicklung der Leistungsfähigkeit der gesetzlichen → Krankenversicherung sowie der gesetzlichen → Pflegeversicherung.

Bundesministerium für Wirtschaft und Technologie (BMWi) – zuständig für die Gestaltung der Bedingungen für wirtschaftliches Handeln auf der Basis von persönlicher und unternehmerischer Freiheit, Wettbewerb und Stabilität, Gewährleistung eines angemessenen Schutzes der Arbeitnehmer und Förderung der Beschäftigung der Arbeitnehmer.

Bundesmonopolverwaltung für Branntwein (BfB) → Bundesoberbehörde im Geschäftsbereich des Bundesministeriums der Finanzen (BMF); Sitz in Offenbach a.M. Errichtet durch Gesetz vom 8.8.1951 (BGBl. I 491). – *Aufgabe:* Verwaltung des → Branntweinmonopols nach Maßgabe des Gesetzes über das Branntweinmonopol vom 8.4.1922 und der Branntweinmonopolverordnung vom 20.2.1998 (BGBl. I 383) in der Weise, dass der im Bundesgebiet in klein- und mittelständischen Brennereien hergestellte Rohalkohol übernommen, gereinigt und verkauft wird.

Bundesnachrichtendienst (BND) → Bundesoberbehörde, dem Staatssekretär beim Bundeskanzler und dem Beauftragten für die Nachrichtendienste unterstellt; Sitz in Pullach. – *Aufgabe:* Nachrichtendienstliche Auslandsaufklärung. – *Rechtsgrundlage:* Gesetz über den Bundesnachrichtendienst vom 20.12.1990 (BGBl. I 2954) m.spät.Änd.

Bundesnetzagentur – selbstständige Bundesoberbehörde im Geschäftsbereich des Bundesministeriums für Wirtschaft und Technologie (BMWi) mit Sitz in Bonn. Vollständige Behördenbezeichnung „Bundesnetzagentur für Elektrizität, Gas, Telekommunikation, Post und Eisenbahnen". – *Aufgabe:* durch Liberalisierung und Deregulierung für einen diskriminierungsfreien Netzzugang und effiziente Netznutzungsentgelte in den genannten Bereichen zu sorgen. Die Regulierungsentscheidungen der Bundesnetzagentur werden in den Bereichen Elektrizität, Gas, Telekommunikation und Post durch Beschlusskammern gefasst. Rechtsgrundlagen sind das Telekommunikationsgesetz, das Postgesetz, das Energiewirtschaftsgesetz sowie das Allgemeine Eisenbahngesetz.

Bundesnotarkammer (BNotK) – Körperschaft des öffentlichen Rechts, Sitz in Berlin. – *Aufgaben:* Berufsständische Vertretung der Notare auf Bundesebene sowie deren Repräsentation in der Bundesrepublik Deutschland; Erstellung von Gutachten; Aufstellung von Ausbildungsrichtlinien.

Bundesoberbehörde – einer → obersten Bundesbehörde (v.a. Bundesministerium) unmittelbar nachgeordnet und für das gesamte Bundesgebiet zuständige Bundesbehörde. Bundesoberbehörden können als Verwaltungsbehörden des Bundes nach Art. 87 III GG für Angelegenheiten, für die dem Bund die Gesetzgebung zusteht, durch Gesetz errichtet werden. Ist eine Bundesoberbehörde errichtet, so führt sie (ggf. mit eigenen Mittel- und Unterbehörden) die einschlägigen Bundesgesetze aus (in Abweichung von Art. 83, 84 GG, wonach die Ausführung der Bundesgesetze grundsätzlich Sache der Länder ist). – Werden häufig unter Zusatz des Fachgebietes als *Bundesamt* (z.B. → Bundesausgleichsamt (BAA), → Bundesamt für Wirtschaft und Ausfuhrkontrolle (BAFA)) oder *Bundesagentur* bezeichnet (z.B. → Bundesanstalt für Finanzdienstleistungsaufsicht (BaFin), → Bundesagentur für Arbeit).

Bundesoberseeamt (BOSeeA) – jetzt: → Bundesamt für Seeschifffahrt und Hydrographie (BSH).

Bundesobligation – *öffentliche Anleihe;* mittelfristige Schuldverschreibungen (→ Anleihe) des Bundes, die i.d.R. als → Wertrechte und mit fester Verzinsung in Daueremissionen ausgegeben werden. Die Laufzeit beträgt fünf Jahre, die Stückelung beträgt 0,01 Euro, der erworbene Nennwert muss bei einem Direkterwerb über die → Deutsche Finanzagentur (Bundesrepublik Deutschland-Finanzagentur GmbH) mindestens 110 Euro betragen. Seit 2003 werden sie ausschließlich durch ein Tenderverfahren (vgl. → Bundesanleihe) begeben und unmittelbar danach an den → regulierten Markt der dt. Wertpapierbörsen eingeführt.

Bundespatentgericht (BPatG) – 1961 am Sitz des → Deutschen Patent- und Markenamts (DPMA) errichtet. – 1. *Verfassung und Verfahren* sind grundlegend in §§ 65 ff., 73 ff., 123 ff. PatG geregelt und werden in anderen Gesetzen, die Zuständigkeiten des BPatG begründen, teils ergänzt, teils durch Verweisung für entsprechend anwendbar erklärt, ergänzend sind GVG und ZPO anzuwenden (§ 99 I PatG, § 82 I MarkenG). – 2. *Zuständigkeiten:* (1) *Markenrecht:* Beschwerden gegen Beschlüsse der Markenstellen und Markenabteilungen des DPMA (§ 66 MarkenG); (2) *Patentrecht:* Beschwerden gegen Beschlüsse der Prüfstellen und Patentabteilungen des DPMA (§ 73 PatG), Klagen auf Erklärung der Nichtigkeit von Patenten, auf Rücknahme von Patenten und Klagen und einstweilige Verfügungen wegen Erteilung einer Zwangslizenz (§§ 81, 85 PatG); (3) *Gebrauchsmuster- und Halbleiterschutzrecht:* Beschwerden gegen Beschlüsse der Gebrauchsmusterstellen und -abteilungen des DPMA (§ 18 GebrMG), Klagen auf Erteilung einer Zwangslizenz (§ 20 GebrMG) und Beschwerden gegen die Beschlüsse der Topografiestelle und -abteilung des DPMA (§ 4 IV HalbleiterSchG); (4) *Sortenschutzrecht:* Beschwerden gegen Entscheidungen der Widerspruchsausschüsse des → Bundessortenamtes (BSA); vgl. § 34 SSchG; (5) *Geschmacksmusterrecht:*

Beschwerden gegen Beschlüsse des DPMA in Geschmacksmustersachen (§ 10a GeschmMG; § 23 GeschmMG in der ab 1.6.2004 geltenden Fassung). – 3. *Einsicht in Akten:* → Akteneinsicht. – 4. *Gebühren:* Patentkostengesetz (PatKostG) vom 13.12.2001 (BGBl. I 2001, 3656 m.spät.Änd.) – 5. *Rechtsmittelgericht:* → Bundesgerichtshof (BGH).

Bundespatent- und Markenamt → Deutsches Patent- und Markenamt (DPMA).

Bundespräsident – Staatsoberhaupt der Bundesrepublik Deutschland, von der → Bundesversammlung für fünf Jahre gewählt. – *Aufgaben:* (1) Völkerrechtliche Vertretung der Bundesrepublik Deutschland; (2) Vertragsschluss mit ausländischen Staaten; (3) Beglaubigung und Empfang der Gesandten (Art. 59 GG); (4) Ausfertigung der gegengezeichneten Gesetze (Art. 82 GG); hierbei hat der Bundespräsident zu prüfen, ob die Gesetze formell richtig zustande gekommen sind und ob ihr materieller Inhalt mit dem Grundgesetz vereinbar ist; (5) Ernennung und Entlassung der Bundesrichter, Bundesbeamten, Offiziere und Unteroffiziere, sofern gesetzlich nichts anderes bestimmt ist. Er kann die Ernennungsbefugnis auf andere Behörden übertragen. Ausübung des Begnadigungsrechts für den Bund und Verleihung von Orden und Ehrenzeichen; (6) Ernennung der Bundesminister (Art. 64 GG); (7) Auflösung des → Bundestages nach Art. 68 GG; (8) Erklärung des → Gesetzgebungsnotstands nach Art. 81 GG; kein Notverordnungsrecht.

Bundespräsidialamt → oberste Bundesbehörde, geleitet vom Chef des Bundespräsidialamtes, der den → Bundespräsidenten berät und ihn über Fragen der allg. Politik sowie über die Arbeit der → Bundesregierung und der gesetzgebenden Körperschaften unterrichtet. Er nimmt an den Sitzungen des Bundeskabinetts teil.

Bundespressekonferenz – ein von Bonner Korrespondenten geschaffener eingetragener Verein mit Sitz in Berlin (Außenstelle: Bonn). Veranstaltung von Pressekonferenzen mit Mitgliedern sowie Sprechern von Regierung, Parlament, Parteien, Verbänden für die über 900 in Berlin/Bonn tätigen Korrespondenten.

Bundesprüfstelle für jugendgefährdende Medien (BPjM) – Bundesoberbehörde im Geschäftsbereich des Bundesministeriums für Familie, Senioren, Frauen und Jugend (BMFSFJ); Sitz in Bonn. Errichtet durch das Jugendschutzgesetz vom 23.7.2002 (BGBl. I 2730) m.spät.Änd. – *Aufgaben:* Führung der Liste der jugendgefährdenden Medien. Entscheidung erfolgt auf Antrag u.a. der Jugendämter.

Bundesrat – Verfassungsorgan des Bundes, durch das die Länder gemäß Art. 50 GG bei der Gesetzgebung und Verwaltung des Bundes mitwirken.

I. Zusammensetzung: 1. Der Bundesrat besteht aus *Mitgliedern* der Regierungen oder Länder, die sie bestellen und abberufen und an deren Weisungen sie gebunden sind. – 2. Jedes Land hat mind. drei *Stimmen,* Länder mit mehr als 2 Mio. Einwohnern haben vier, solche mit mehr als 6 Mio. Einwohnern fünf, Länder mit mehr als 7 Mio. Einwohnern haben sechs Stimmen (Art. 51 II GG). Zz. verteilen sich die Stimmen der Länder wie folgt: Baden-Württemberg, Bayern, Niedersachsen und Nordrhein-Westfalen je sechs, Hessen fünf, Berlin, Brandenburg, Rheinland-Pfalz, Sachsen, Sachsen-Anhalt, Schleswig-Holstein und Thüringen je vier und Mecklenburg-Vorpommern, Saarland, Bremen und Hamburg je drei Stimmen. – 3. Der *Präsident* des Bundesrates wird auf ein Jahr gewählt. Im Fall der Verhinderung des → Bundespräsidenten oder bei vorzeitiger Erledigung seines Amtes stehen dem Präsidenten des Bundesrates die Befugnisse des Bundespräsidenten zu (Art. 57 GG). – 4. Die *Mitglieder der* → Bundesregierung haben das Recht und auf Verlangen die Pflicht, an den Verhandlungen des Bundesrates und seiner Ausschüsse teilzunehmen (Art. 53 GG).

II. Wichtige Befugnisse: 1. Stellungnahme zu den Gesetzesvorlagen der Bundesregierung in der ersten Lesung (Art. 76 II GG). – 2. Bei der zweiten Lesung und gegenüber Initiativgesetzen (→ Initiativrecht) des → Bundestags die sich aus Art. 77 GG ergebenden Rechte. Bestimmte Gruppen von Gesetzen bedürfen der Zustimmung des Bundesrates. – 3. Das Recht zur Einbringung von sog. *Initiativgesetzen,* deren Entwürfe dem Bundestag durch die Bundesregierung zuzuleiten sind, die dabei ihre Auffassung darzulegen hat. – 4. Notwendige Zustimmung zu den meisten *Rechtsverordnungen* (Art. 80 II GG). – 5. Mitwirkung bei der *Verwaltung* dadurch, dass der Bundesrat z.B. den allg. → Verwaltungsvorschriften zur Durchführung von Bundesgesetzen durch die Behörden der Länder zustimmen muss oder dass er Vertreter in Verwaltungsgremien verschiedenster Art (z.B. Verwaltungsrat der Kreditanstalt für Wiederaufbau und der Bundesagentur für Arbeit) entsendet. – Die Arbeitsweise und das Verfahren sind geregelt in der *Geschäftsordnung* i.d.F. vom 26.11.1993 (BGBl. I 2007) m.spät.Änd.

Bundesrechnungshof – 1. *Begriff:* Nach dem Bundesrechnungshofgesetz (BRHG) vom 11.7.1985 (BGBl. I 1445) m.spät.Änd. ein der → Bundesregierung gegenüber unabhängiges, nur dem Gesetz unterworfenes Organ der Finanzkontrolle. Der Bundesrechnungshof ist oberste Bundesbehörde zur Kontrolle des gesamten Finanzgebarens und der Haushalts- und Wirtschaftsführung des Bundes einschließlich seiner Sondervermögen und Betriebe (→ Bundeshaushalt). Die Stellung des Bundesrechnungshofes und seine Aufgaben sind verfassungsrechtlich garantiert (Art. 114 II GG). – 2. *Zusammensetzung/Kompetenzen:* Als Kontrollinstanz gegenüber Bundesregierung und Bundestag umfasst der Bundesrechnungshof ein Kollegium von Fachleuten ohne politische und persönliche Bindung zu

Legislative und Exekutive. Über Prüfungszuständigkeit und -umfang: §§ 88 ff. BHO. Die Mitglieder (Präsident, Vizepräsident, Leiter der Prüfungsabteilungen und Prüfungsgebietsleiter) haben richterliche Unabhängigkeit. – 3. *Aufgaben gemäß Bundeshaushaltsordnung (BHO):* Der Bundesrechnungshof prüft stichprobenweise jährliche öffentliche Ausgaben und Einnahmen. Überwachung der Haushalts- und Wirtschaftsführung der Bundesorgane und Bundesverwaltungen, der gesetzlichen Sozialversicherungsträger sofern diese Zuschüsse vom Bund erhalten, und der Arbeitslosenversicherung. Ferner kann der Bundesrechnungshof aufgrund von Prüfungserfahrungen den Bundestag, Bundesrat, die Bundesregierung und einzelne Bundesminister beraten (§ 88 II BHO).

Bundesrecht – 1. *Umfang:* (1) Die von den Rechtsetzungsorganen des Bundes erlassenen Rechtsvorschriften (Gesetze und Rechtsverordnungen); (2) dasjenige ältere Recht, das nach Art. 123 ff. GG fortgilt, soweit es dem → Grundgesetz (GG) nicht widerspricht. Bundesrecht ist nach Art. 124 GG geworden: Das sich auf Angelegenheiten aus dem Gebiet der → ausschließlichen Gesetzgebungskompetenz des Bundes (vgl. Art. 73 und Art. 105 I GG) beziehende frühere Recht sowie nach Art. 125 GG dasjenige, das sich auf das Gebiet der → konkurrierenden Gesetzgebungskompetenz des Bundes bezieht (vgl. Art. 74 und 105 II GG), vorausgesetzt, dass die Rechtsvorschrift entweder bisher innerhalb einer oder mehrerer Besatzungszonen als einheitliches Recht galt oder dass durch sie nach dem 8.5.1945 früheres Reichsrecht geändert worden ist. – 2. *Meinungsverschiedenheiten* darüber, ob eine bestimmte Rechtsvorschrift als Bundesrecht oder als Landesrecht fortgilt, entscheidet das → Bundesverfassungsgericht (BVerfG) (vgl. Art. 126 GG). – 3. Das im Rahmen der Gesetzgebungskompetenz des Bundes erlassene Bundesrecht hebt *entgegenstehendes* → Landesrecht auf (Art. 31 GG: „Bundesrecht bricht Landesrecht“). – 4. *Veröffentlichung:* Im → Bundesgesetzblatt (BGBl.) oder im → Bundesanzeiger. – 5. *Sammlung des Bundesrechts:* → Bundesgesetzblatt.

Bundesrechtsanwaltsordnung → Rechtsanwalt.

Bundesregierung – Regierung der Bundesrepublik Deutschland, bestehend aus dem → Bundeskanzler, der vom Bundestag gewählt wird, und den Bundesministern, die auf Vorschlag des Bundeskanzlers vom Bundespräsident ernannt und erlassen werden (Art. 62–64 GG). Der Bundeskanzler bestimmt nach Art. 65 GG die Richtlinien der Politik, innerhalb derer jeder Bundesminister seinen Geschäftsbereich selbstständig unter eigener Verantwortung leitet. – Die Bundesregierung kann u.a. Gesetzesvorlagen im → Bundestag einbringen (Art. 76 I GG).

Bundesschatzbrief – 1. *Charakterisierung:* a) *Begriff:* Von der Bundesrepublik Deutschland als Daueremission zur Finanzierung öffentlicher Investitionen und zur Förderung der Eigentums- und Vermögensbildung aller Bevölkerungsschichten bis 31.12.2012 begebene Schuldbuchforderung (→ Wertrecht). – b) *Ausstattung:* Mindestanlage 50 Euro, Erwerb und Rückzahlung in Höhe des Nominalbetrages. – c) *Arten:* (1) *Typ A:* Laufzeit sechs Jahre, Zahlung der Zinsen jährlich nachträglich, Rückzahlung des Nennwerts. Auf Wunsch Wiederanlage der Zinsen in neue Bundesschatzbriefe möglich. (2) *Typ B:* Laufzeit sieben Jahre, Zahlung der Zinsen mit Zinseszinsen bei Rückzahlung. Angesammelte Zinsen plus Nennwert ergeben den Rückzahlungswert. – 2. *Käufer:* Bundesschatzbriefe können nur von natürlichen Personen und von Einrichtungen, die gemeinnützigen, mildtätigen oder kirchlichen Zwecken dienen, erworben werden, nicht von Gebietsfremden (ausgenommen gebietsfremde dt. Staatsangehörige). – 3. *Übertragbarkeit:* Jederzeit auf erwerbsberechtigte Dritte. Der Käufer hat die Wahl zwischen der Gutschrift auf seinem Depotkonto bei einem Kreditinstitut oder der Eintragung auf seinen Namen im Bundesschuldbuch. Bundesschatzbriefe sind mündelsicher (→ Mündelsicherheit). – 4. *Verzinsung:* Feste jährliche Zinssätze, die im Zeitablauf ansteigen. Die Zinsen aus Bundesschatzbriefen Typ B, die nach dem 31.12.1988 erworben sind, fließen dem Schatzbriefgläubiger bei Endfälligkeit oder bei Rückgabe an die Bundesrepublik Deutschland-Finanzagentur GmbH zu. Die Konditionen orientieren sich am Kapitalmarkt. Der gestaffelte Zins soll einen Anreiz zur längerfristigen Anlage bilden. – 5. *Vorzeitige Rückgabe:* Nach Ablauf einer Sperrfrist von einem Jahr (gerechnet auf den ersten Verkaufstag einer Ausgabe) können innerhalb von 30 Zinstagen bis zu höchstens 5.000 Euro vorzeitig zurückgegeben werden (bei Gemeinschaftsdepots je Depotbeteiligten). Eine vorzeitige Kündigung durch den Bund ist ausgeschlossen. Aufgrund des Gläubigerrückgaberechts, des gestaffelten Zinses und des Verzichts auf ein Schuldnerkündigungsrecht ergeben sich bei steigenden Kapitalmarktzinsen Rückgaberisiken für den Bund. Über Rückzahlungen und Emissionen von Bundesschatzbriefen unterrichtet der elektronische Bundesanzeiger. – 6. *Abschaffung:* Um die Kreitaufnahme des Bundes möglichst kostengünstig zu gestalten, hat das Bundesministerium der Finanzen entschieden, ab 2013 keine reinen Privatkundenprodukte mehr aufzulegen und zu vertreiben. Dies betrifft neben Bundesschatzbriefen auch → Finanzierungsschätze. Bestände werden jedoch bis zum Laufzeitende gebührenfrei auf dem Einzelschuldbuchkonto fortgeführt.

Bundesschuldenverwaltung (BSV) – von 1.1.2002 bis 31.7.2006: → Bundeswertpapierverwaltung (BWpV). Diese wurde aufgelöst und wurde ab dem 1.8.2006 in die → Deutsche Finanzagentur eingegliedert.

Bundesschuldverschreibung – Oberbegriff für alle Arten von Schuldverschreibungen, die vom Bund und seinen Sondervermögen als Schuldner begeben werden. – Konkrete *Formen* dieser

Schuldverschreibungen sind (1) Bundesanleihen (kein Mindestanlagennennwert, Laufzeit überwiegend zehn Jahre); (2) → Bundesobligationen (Nennwert ab 110 Euro, Laufzeit fünf Jahre); (3) → Bundesschatzbriefe (Nennwert ab 50 Euro, bei Direkterwerb über die → Deutsche Finanzagentur (Bundesrepublik Deutschland-Finanzagentur GmbH) ab 52 Euro, Laufzeit Typ A sechs Jahre, Typ B sieben Jahre); (4) → Finanzierungsschätze (Nennwert ab 500 Euro, Abzinsung, Laufzeit ein oder zwei Jahre). Ausgabe und Vertrieb von Bundesschatzbriefen und Finanzierungsschätzen wurden zum 31.12.2012 eingestellt. – Schuldverschreibungen des Bundes sind Wertpapiere höchster Bonität und ihre Verzinsung wird als Benchmark für die Rendite risikofreier Anlagen verwendet. Bes. bekannt ist die Umlaufrendite öffentlicher Anleihen (hier wird der Begriff Anleihe synonym für alle Arten von Schuldverschreibungen gebraucht), ermittelt auf der Basis aller umlaufenden Bundesschuldverschreibungen sämtlicher Laufzeitbereiche.

Bundessondervermögen → Sondervermögen des Bundes.

Bundessortenamt (BSA) – selbstständige → Bundesoberbehörde im Geschäftsbereich des Bundesministeriums für Ernährung, Landwirtschaft und Verbraucherschutz (BMELV); Sitz in Hannover. Zuständig für die Erteilung des Sortenschutzes (→ Sortenschutzrecht), führt die Sortenschutzrolle und prüft das Fortbestehen geschützter Sorten nach § 16 des Sortenschutzgesetzes (SSchG) i.d.F. vom 19.12.1997 (BGBl. I 3164) m.spät.Änd. Beim Amt bestehen Prüfabteilungen und Widerspruchsausschüsse (§§ 18 ff. SSchG). Auf das Verfahren finden gemäß § 21 SSchG die §§ 63 bis 69, 71 VwVerfG und die Verordnung über das Verfahren vor dem Bundessortenamt (BSAVfV) vom 28.9.2004 (BGBl. I 2552) m.spät. Änd. Anwendung. – *Einsicht in Rolle und Unterlagen:* → Akteneinsicht. – *Gebühren:* Anlage zur BSAVfV. – *Rechtsmittelgericht:* → Bundespatentgericht (BPatG).

Bundessozialgericht (BSG) – oberster Gerichtshof für die → Sozialgerichtsbarkeit; Sitz in Kassel. – 1. *Aufgaben:* Als dritte Instanz entscheidet das Bundessozialgericht über die Revision gegen Urteile der → Landessozialgerichte oder in Ausnahmefällen über die zugelassenen (Sprung-)Revisionen gegen Urteile der Sozialgerichte in allen Streitigkeiten, für die die Zuständigkeit der → Sozialgerichte begründet ist (§ 51 SGG). Revision muss auch vom Landessozialgericht grundsätzlich zugelassen werden (§ 160 SGG). Bei nicht zugelassener Revision kann Nichtzulassungsbeschwerde eingelegt werden. Gibt das Bundessozialgericht der Nichtzulassungsbeschwerde statt, beginnt mit der Zustellung der Entscheidung die Revisionsfrist. – 2. *Besetzung der Senate:* ein vorsitzender Richter, zwei weitere Berufsrichter und zwei ehrenamtliche Richter. – *Großer Senat:* Präsident des Bundessozialgerichts, je ein Berufsrichter der Senate, in denen der Präsident nicht den Vorsitz führt, und sechs ehrenamtliche Richter. – 3. Anders als vor Sozial- und Landessozialgericht besteht vor dem Bundessozialgericht *Vertretungszwang* durch Rechtsanwälte, Rechtslehrer an dt. Hochschulen oder Mitglieder und Angestellte von Gewerkschaften, selbstständigen Vereinen und Arbeitnehmern mit sozial- oder berufsständischen Vereinigungen und Vereinigungen nach § 73 II Satz 2 Nr. 5-9 SGG, sofern sie kraft Satzung und Vollmacht zur Prozessvertretung befugt sind. Zugelassen ist jeder bei einem dt. Gericht zugelassene Rechtsanwalt.

Bundessozialhilfegesetz (BSHG) → Sozialhilfe.

Bundessprachenamt (BSprA) – Bundesoberbehörde im Geschäftsbereich des Bundesministeriums für Verteidigung (BMVg); Sitz in Hürth.

Bundesstaat – Zusammenschluss von Gliedstaaten zu einem bes. Gesamtstaat mit eigenen Organen und eigener Verfassung. Letzterer wird als „Bund" bezeichnet. Die Gliedstaaten verfügen über verfassungsmäßig gesicherte eigenständige und nicht beschränkbare Kompetenzbereiche und sind an der Bildung des Bundeswillens institutionell und verfassungsmäßig beteiligt. Die bundesstaatliche Gliederung der Bundesrepublik Deutschland ist in Art. 20 I GG verankert (→ Föderalismus) und in Art. 79 III GG einer Verfassungsänderung entzogen. – *Anders:* → Staatenbund.

Bundesstelle für Außenhandelsinformation → Bundesagentur für Außenwirtschaft (bfai); fusionierte 2009 mit der der Gesellschaft für Außenhandelsinformationen (GfAI) und Invest in Germany zur → Germany Trade and Invest – Gesellschaft für Außenwirtschaft und Standortmarketing mbH (GTAI).

Bundessteuerblatt (BStBl) – herausgegeben vom Bundesministerium der Finanzen (BMF); erscheint nach Bedarf in zwangloser Folge. – In zwei *Teile* gegliedert: *Teil I* enthält die Veröffentlichungen von steuerlichen Rechtsvorschriften und Verwaltungsanweisungen des Bundesministeriums der Finanzen und der obersten Finanzbehörden der Länder; *Teil II* ausgewählte Entscheidungen des Bundesfinanzhofs. Durch die Veröffentlichung von Urteilen und Beschlüssen des BFH im Bundessteuerblatt weist der Bundesfinanzminister die Finanzämter an, diese Entscheidungen in vergleichbaren Fällen anzuwenden. Dies ist deshalb wichtig, weil die im Verfahren vor dem BFH ergangenen Urteile grundsätzlich nur die Parteien des konkreten Rechtsstreits binden (§ 110 FGO).

Bundessteuern – Begriff zur Kennzeichnung der → Steuerertragshoheit des Bundes. – 1. *Bundessteuern i.e.S.:* → Steuern, deren Aufkommen allein dem Bund zufließt. Nach Art. 106 I GG stehen dem Bund zu: → Zölle, → Verbrauchsteuern, die nicht den Ländern (z.B. → Biersteuer), Bund und Ländern (z.B. → Umsatzsteuer) oder den Gemeinden (z.B. → Gewerbesteuer) zustehen: u.a. → Branntweinsteuer,

→ Energiesteuer, → Kaffeesteuer, → Schaumweinsteuer, → Solidaritätszuschlag, → Stromsteuer, → Tabaksteuer, → Versicherungsteuer, sowie Abgaben im Rahmen der EU. – 2. *Bundessteuern i.w.S.:* Gesamtheit der dem Bund zustehenden Steuereinnahmen, die aus den Bundessteuern i.e.S. und dem Bundesanteil an den → Gemeinschaftsteuern besteht. – Vgl. auch → Gemeindesteuern, → Landessteuern.

Bundesstraßen → Bundesfernstraßen.

Bundestag – Volksvertretung der Bundesrepublik Deutschland in Berlin bestehend aus 598 Abgeordneten, von denen 299 in Wahlkreisen und die Übrigen nach Landeslisten gewählt werden (§ 1 BundeswahlG). Mögliche Überhangmandate sind nicht berücksichtigt. Die → Abgeordneten werden für vier Jahre von den wahlberechtigten Deutschen nach den Grundsätzen einer mit der Personenwahl verbundenen Verhältniswahl gewählt. – Neben den ihm nach der Verfassung zugewiesenen Aufgaben und Rechten ist der Bundestag als das Repräsentationsorgan des Volkes der zentrale Ort der institutionalisierten politischen Willensbildung auf der Ebene des Bundes. Zu seinen verfassungsrechtlichen Aufgaben gehört u.a.: Die Beschlussfassung über die Bundesgesetze (Art. 77 GG); die Feststellung des Bundeshaushaltes (Art. 110 GG); die Wahl des Bundeskanzlers (Art. 63 GG); die Beteiligung bei der Wahl des Bundespräsidenten (Art. 54 GG); das konstruktive Misstrauensvotum gegenüber dem Bundeskanzler (Art. 67 GG); Große und Kleine Anfragen, Befragung der Bundesregierung; Wahl der Hälfte der Mitglieder des Bundesverfassungsgerichts (Art. 94 GG); Mitwirkung bei der Berufung der Richter der obersten Gerichtshöfe des Bundes (Art. 95 GG); Einsetzung von Untersuchungsausschüssen (Art. 44 GG). – Die Arbeitsweise des Bundestages und der → Bundestagsausschüsse ist in der Geschäftsordnung des Deutschen Bundestages i.d.F. vom 2.7.1980 (BGBl. I 1237) m.spät.Änd. näher geregelt. – Vgl. auch → Abgeordnete.

Bundestagsausschüsse – als Organe des Parlaments nach Maßgabe des Grundgesetzes und der Geschäftsordnung des Bundestages bestellt. – *Aufgaben:* Vorbereitung der Plenarsitzungen des Parlaments, v.a. durch Beratung von Gesetzesentwürfen zwischen der 1. und 2. Lesung. *Bes. Aufgaben* haben die Untersuchungsausschüsse und die Ausschüsse für auswärtige Angelegenheiten und für Verteidigung, für die Angelegenheiten der Europäischen Union , der Petitionsausschuss, das Gremium zur Kontrolle der nachrichtlichendienstlichen Tätigkeit des Bundes (Art. 44, 45, 45a, c und d GG) sowie der Wahlprüfungsausschuss (Art. 41 GG i.V. mit §3 des Wahlprüfungsgesetzes), der Wahlausschuss nach Art. 94 Abs.1 S.2 GG i. V. m. § 6 BVerfGG. Die Ausschüsse werden nach der Stärke der → Fraktionen besetzt. Einzelheiten sind in §§ 54 ff. der Geschäftsordnung des Bundestags (GOBT) geregelt.

Bundestarifordnung Elektrizität (BTO Elt) – Die BTOElt wurde durch Art. 5 des 2. EnWRNG (Zweites Gesetz zur Neuregelung des Energiewirtschaftsrechts v. 7.7.2005 BGBl. I S. 1970) aufgehoben und trat m.W.v. 1.7.2007 außer Kraft. – Insb. § 1 BTOElt zielte darauf ab, dass Elektrizitätsversorgungsunternehmen mit allgemeiner Anschluss- und Versorgungspflicht gem. § 6 EnWG für die Versorgung im Niederspannungsbereich allgemeine Tarife anzubieten haben, die eine möglichst sichere und preisgünstige Elektrizitätsversorgung, eine rationelle und sparsame Verwendung von Elektrizität sowie eine Ressourcenschonung und möglichst geringe Umweltbelastung gewährleisten und sich an den Kosten der Elektrizitätsversorgung orientieren.

Bundesumweltministerium – Das Bundesministerium für Umwelt, Naturschutz und Reaktorsicherheit (BMU) wurde 1986 als Reaktion auf den Reaktorunfall von Tschernobyl gebildet. Zuvor waren die Ministerien Inneres, Gesundheit und Landwirtschaft gemeinsam für die Belange des Umweltschutzes verantwortlich. Zu den nachgeordnete → Behörden gehören das → Umweltbundesamt (UBA), das Bundesamt für Naturschutz sowie das Bundesamt für Strahlenschutz. – Im Zuständigkeitsbereich des Bundesministerium für Umwelt, Naturschutz und Reaktorsicherheit liegen die Leitlinien der Strategien der → Umweltpolitik, der Schutz der Erdatmosphäre, die Luftreinhaltung, der Schutz der → Binnengewässer und Meere, der Grundwasserschutz, die Abwasserbehandlung, Bodenschutz und Altlastensanierung, die Vermeidung, Verwertung und → Entsorgung von → Abfällen, die Lärmbekämpfung, der Schutz der menschlichen Gesundheit vor Gefahrstoffen, die Vorsorge gegen Störfälle in Industrieanlagen, der → Naturschutz, die Landschaftspflege und -planung, die Sicherheit kerntechnischer Einrichtungen, die Förderung von → Umwelttechnologien, aber auch die Aufklärung der Bevölkerung in Umweltfragen und die internationale Zusammenarbeit.

Bundesumweltstiftung – *„Deutsche Bundesstiftung Umwelt" (DBU);* tätig seit 1991, mit Sitz in Osnabrück. Zuständig für die finanzielle Förderung von Umweltprojekten aller Art mit folgenden Aufgabenschwerpunkten: Modernisierung der mittelständischen Wirtschaft im Sinn vorsorgenden Umweltschutzes (→ präventiver Umweltschutz); Motivationsförderung zum nachsorgenden Umweltschutz (→ additiver Umweltschutz); Verbesserung der Umweltbildung; rationelle Energienutzung; Stipendien, bes. im Bereich der Förderung von Promotionen mit Umweltbezug.

Bundesunternehmen – wenig spezifizierter Sammelbegriff für alle öffentlich-rechtlichen und privatrechtlichen Unternehmen (→ öffentliche Unternehmen) des Bundes: (1) → Bundesbeteiligung mit mehr als 50 Prozent Nennkapital, (2) → Sondervermögen des Bundes und (3) → Bundesbetrieb nach § 26 BHO. – Es steht Bund und Ländern grundsätzlich frei, in welcher Organisationsform sie sich unternehmerisch betätigen, soweit sie die Voraussetzungen der (Bundes-)Haushaltsordnung erfüllen. Staatsbetriebe und → Sondervermögen sind nach den Haushaltsordnungen dazu verpflichtet, einen → Wirtschaftsplan aufzustellen. – Vgl. → Öffentliche Unternehmen

Bundesurlaubsgesetz (BUrlG) – Vollbezeichnung: Mindesturlaubsgesetz für Arbeitnehmer vom 8.1.1963 (BGBl. I 2) m.spät.Änd. Rechtsgrundlage des gesetzlichen (Mindest-) → Urlaubs für Arbeitnehmer.

Bundesverband der Deutschen Industrie (BDI) – Zentralorgan der dt. Industrie; gegründet 1949; Sitz in Berlin. – *Aufgaben:* Förderung aller gemeinsamen, v.a. wirtschaftspolitischen Belange der in ihm zusammengeschlossenen Industriezweige.

Bundesverband der Deutschen Volksbanken und Raiffeisenbanken e. V. (BVR) – 1. *Charakterisierung:* Zentrale Dachorganisation der genossenschaftlichen Bankwirtschaft in Deutschland mit Sitz in Berlin. Der BVR wurde 1972 gegründet; als Spitzenverband ist er vornehmlich bankwirtschaftlicher Fachverband, der keine Prüfungsbefugnis gegenüber den Genossenschaftsbanken hat. Der BVR ist Mitglied der Europäischen Vereinigung der Genossenschaftsbanken. – 2. *Mitglieder:* Die Mitglieder des BVR sind per 30.09.2012 die 1.121 dt. Genossenschaftsbanken (Volks- und Raiffeisenbanken, Sparda-Banken, PSD-Banken, Kirchenbanken) mit rd. 17 Mio. Mitgliedern und rd. 30 Mio. Kunden (Stand Ende 2012), die beiden genossenschaftlichen Zentralbanken (DZ Bank AG, WGZ-Bank AG), weitere Unternehmen des genossenschaftlichen Finanzverbundes (Bausparkasse Schwäbisch Hall AG, R+V-Versicherung, DG Hyp Deutsche Genossenschafts-Hypothekenbank AG, VR Leasing AG u.a.) und die genossenschaftlichen Prüfungsverbände (Baden-Württembergischer Genossenschaftsverband e. V., Genossenschaftsverband Bayern e. V. u.a.). Die Bilanzsumme der im BVR organisierten Institute beläuft sich auf über eine Mrd. Euro (Stand Ende 2012). – 3. *Organe:* Die Willensbildung des BVR erfolgt in demokratischer Form durch die Verbandsorgane des Vorstandes, des Verwaltungsrates, des Verbandsrates und der Mitgliederversammlung, die mind. einmal jährlich durchzuführen ist. Der Vorstand hat die Geschäftsführung und die Vertretung des BVR wahrzunehmen. Verwaltungsrat und Verbandsrat haben Beratungs- und Aufsichtsfunktionen gegenüber dem Vorstand und die strategische Ausrichtung des BVR inne. – 4. *Funktionen:* Der BVR verfolgt den Zweck der Förderung der genossenschaftlichen Bankwirtschaft. Er nimmt wirtschafts-, rechts-, steuer- und gesellschaftspolitische Belange der Verbandsmitglieder wahr und berät sie auf diesen Gebieten. Gegenüber der Öffentlichkeit bzw. anderen Wirtschaftsverbänden kommt dem BVR eine Informationsfunktion zu. Eine wichtige Aufgabe ist auch die Errichtung und Verwaltung der auf freiwilliger Basis entstandenen Sicherungseinrichtung des BVR, in die alle Mitglieder einbezogen sind. Hierdurch erfolgt ein Einlagenschutz der Nichtbanken ohne betragliche Begrenzung (Spareinlagen, Sparbriefe, Termineinlagen, Sichteinlagen, Inhaberschuldverschreibungen) und letztlich eine Institutssicherung für die Genossenschaftsbank. Dies bedeutet, eine genossenschaftliche Bank wird im Falle einer Krise durch die Sicherungseinrichtung saniert.

Bundesverband der Freien Berufe (BfB) – Dachverband von über 90 Spitzenvereinigungen und Landesorganisationen der Freien Berufe, Sitz in Berlin. – *Aufgaben:* Interessenvertretung der freiberuflich Schaffenden; in Bezug auf Steuern, Sozialpolitik, Berufsbildung, Umwelt. Zusammenfassung der Freien Berufe, Sicherung ihrer sozialen Grundlagen, Stärkung des Einflusses der frei und selbstverantwortlich schaffenden Persönlichkeit auf das öffentliche Leben; Pflege der Beziehungen der freien Berufe untereinander.

Bundesverband der Selbständigen e. V. (BDS) – älteste Interessenvertretung der mittelständischen Unternehmen in Deutschland; Sitz in Berlin. – *Aufgaben:* Unterstützung mittelständischer Unternehmen bei Existenzgründung, Rechtsfragen und der täglichen Unternehmenspraxis. Interessenvertretung über ihm angehörende Abgeordnete aus allen Parteien auf Landes-und Bundesebene; auf europäischer Ebene werden die Interessen des Verbandes von der europäischen Dachorganisation der Selbstständigen, UEAPME (European Association of Craft, Small and Medium-Sized Enterprises) vertreten; praxisorientierte Publikationen.

Bundesverband der vereidigten Buchprüfer e. V. (BvB) – Fachorganisation und berufsständische Vertretung der → vereidigten Buchprüfer und → Buchprüfungsgesellschaften, Sitz in Berlin; 1986 wieder gegründet. – *Aufgaben:* Der Bundesverband der vereidigten Buchprüfer vertritt die beruflichen und fachlichen Interessen der vereidigten Buchprüfer und Buchprüfungsgesellschaften und hat für die fachliche Förderung seiner Mitglieder und des beruflichen Nachwuchses zu sorgen. Zudem tritt er für einheitliche Grundsätze der unabhängigen, eigenverantwortlichen und fachgerechten Berufsausübung sowie deren Einhaltung durch die Mitglieder ein. – *Zusammenarbeit mit anderen Organisationen,* v.a. mit dem → Institut der Wirtschaftsprüfer in Deutschland e. V. (IDW).

Bundesverband deutscher Banken e. V. (Bankenverband) – Spitzenverband der in privater Rechtsform geführten Kreditinstitute; Sitz in Berlin; neu gegründet 1951. Der Bankenverband setzt die Tradition des 1901 in Berlin gegründeten Centralverbands des dt. Bank- und Bankiergewerbes fort. Er ist Dachorganisation für rund 220 private Banken und 12 regionale Verbände. – *Organe des Bankenverbandes* sind Mitgliederversammlung, Delegiertenversammlung, Vorstand und Geschäftsführung; außerdem

Arbeitsausschüsse. Am 1.1.1976 wurde zum Schutz der Einleger beim Bankenverband ein Einlagensicherungsfonds gegründet; am 4.12.1969 Gründung des Prüfungsverbandes deutscher Banken. – *Aufgaben:* Wahrung der Interessen der dt. Banken, v.a. Unterrichtung der Mitgliedsverbände und der angeschlossenen Institute; Beratung und Unterstützung der Behörden; Öffentlichkeitsarbeit; Pflege der Beziehungen zu inländischen und ausländischen Verbänden des Bankgewerbes; Ombudsverfahren für Privatkunden; → Einlagensicherung.

Bundesverband Junger Unternehmer (BJU) → Arbeitsgemeinschaft Selbständiger Unternehmer e. V. (ASU).

Bundesverband mittelständische Wirtschaft – Unternehmerverband Deutschland e. V. (BVMW) – Interessenvertretung der mittelständischen Industrie; Sitz in Berlin. – *Aufgaben:* Vertretung der Interessen der selbstständigen und mittelständischen Unternehmer, die den Mitgliedsverbänden des Bundesverbandes mittelständische Wirtschaft oder direkt dem Verband angeschlossen sind; Förderung der wirtschaftlichen Belange der Mitglieder durch Beratung sowie der Zusammenarbeit der Verbände untereinander.

Bundesverband Public Private Partnership (BPPP) – am 4.11.2003 in Hamburg gegründeter Zusammenschluss von Wissenschaftlern und Praktikern zur Weiterentwicklung und Analyse und Leistungsfähigkeit von Kooperationsmodellen zwischen privatem und öffentlichem Sektor.

Bundesvereinigung der Deutschen Arbeitgeberverbände e. V. (BDA) – Zusammenschluss von Fachspitzen- und überfachlichen Landesverbänden der dt. Privatwirtschaft; Sitz in Berlin. – *Aufgaben:* Wahrnehmung der gemeinschaftlichen sozialpolitischen Belange auf Bundes-, europäischer und internationaler Ebene; u.a. in den Bereichen Sozial- und Tarifpolitik, Arbeitsrechtspolitik, Bildungs-, Personal- und Gesellschaftspolitik.

Bundesverfassungsgericht (BVerfG) – höchstes → Bundesgericht („Hüter der Verfassung"); Sitz in Karlsruhe.

I. Rechtsgrundlage: Art. 92–94 GG, Gesetz über das BVerfG vom 11.8.1993 (BGBl. I 1473) m.spät.Änd.

II. Aufgaben: Zuständigkeit ist in Art. 93 GG und § 13 BVerfGG enumerativ festgelegt, v.a.: (1) Entscheidung in erster und letzter Instanz über *Verfassungsstreitigkeiten* zwischen → Bund und Ländern, zwischen verschiedenen Bundesorganen sowie zwischen verschiedenen Ländern über ihre gegenseitigen Rechte und Pflichten. – (2) In allen *anderen* vom Gesetz vorgesehenen *Fällen*, u.a. über Verfassungsbeschwerden, Richteranklagen, Verfassungswidrigkeit von Parteien (Art. 21 GG) und über die Verwirkung von → Grundrechten (Art. 18 GG). – (3) *Entscheidungen haben Gesetzeskraft* (§ 31 II BVerfGG) u.a. bei Streit über die Vereinbarkeit von → Bundesrecht oder von Landesgesetzen mit dem GG oder über die Vereinbarkeit von Landesgesetzen mit sonstigem Bundesrecht (→ Normenkontrolle) oder bei bestimmten Verfassungsbeschwerden.

III. Besetzung: Das BVerfG besteht aus dem Präsidenten, seinem Stellvertreter und Bundesverfassungsrichtern, die je zur Hälfte vom → Bundestag und → Bundesrat gewählt werden. Es entscheidet durch zwei Senate mit je acht Richtern, Beschlussfähigkeit besteht bei Anwesenheit von sechs Richtern. Die Zuständigkeit der Senate ist im Gesetz festgelegt, ausnahmsweise entscheidet das Plenum, wenn ein Senat in einer Rechtsfrage von der Rechtsauffassung des anderen Senats abweichen will (§ 16 BVerfGG). Bei Verfassungsbeschwerden ist ein Kammerverfahren vorgeschaltet (§§ 93a–d BVerfGG). Die Senate berufen mehrere Kammern, die jeweils aus drei Richtern bestehen (§ 15a BVerfGG).

IV. Verfahren: Weitgehend im Gesetz geregelt, ergänzend sind teilweise das Gerichtsverfassungsgesetz, die Zivilprozessordnung und die Strafprozessordnung für anwendbar erklärt. In der mündlichen Verhandlung vor dem BVerfG müssen sich die Beteiligten (mit Ausnahme der Verfassungsorgane) durch einen → Rechtsanwalt oder Hochschullehrer des Rechts vertreten lassen (→ Anwaltszwang). Das BVerfG kann vor der Entscheidung → einstweilige Anordnungen erlassen (§ 32 BVerfGG). Das Verfahren ist i.Allg. *kostenfrei*, bei missbräuchlichen Anträgen kann eine Missbrauchsgebühr bis zu 2.600 Euro im Falle von Verfassungsbeschwerden, Wahlprüfungsbeschwerden und Eilanträgen auferlegt werden. Das BVerfG kann bestimmen, wer seine Entscheidungen vollstreckt.

Bundesvermögensverwaltung – die zur Verwaltung des Bundesvermögens bei der Oberfinanzdirektion bestehenden Bundesvermögensabteilungen wurden durch das Gesetz zur Gründung einer Bundesanstalt für Immobilienaufgaben vom 9.12.2004 (BGBl. I 3235) aufgelöst und in die → Bundesanstalt für Immobilienaufgaben (BImA) überführt.

Bundesversammlung – besteht aus den Mitgliedern des → Bundestags und der gleichen Anzahl von durch die Volksvertretungen der Länder nach den Grundsätzen der → Verhältniswahl gewählten Mitgliedern (Art. 54 GG). – *Einzige Aufgabe:* Wahl des → Bundespräsidenten.

Bundesversicherungsamt (BVA) → Bundesoberbehörde im Geschäftsbereich des Bundesministeriums für Arbeit und Soziales (BMAS); Sitz in Bonn (§ 94 SGB IV). – *Rechtsgrundlage:* Bundesversicherungsamtsgesetz (BVAG) vom 9.5.1956 (BGBl. I 415) m.spät.Änd. – Vielzahl von *Aufgaben:* u.a. Rechtsaufsicht über bundesunmittelbare Sozialversicherungsträger (bspw. Deutsche Rentenversicherung Bund, Deutsche Renteversicherung Bahn-Knappschaft-See, alle großen Ersatzkassen und die bei den

Krankenkassen errichteten Träger der sozialen Pflegeversicherung, alle gewerblichen Berufsgenossenschaften, zwei landwirtschaftliche Berufsgenossenschaften, Unfallkassen des Bundes, von Post und Telekom sowie die Eisenbahnunfallkasse); Gesetzmäßigkeits- und Wirtschaftlichkeitsprüfung der bundesunmittelbaren Kranken- und Pflegekassen; Verwaltungsaufgaben im Rahmen der Finanzierung der Rentenversicherung; Bewirtschaftung der Bundeszuschüsse zur Sozialversicherung; Risikostrukturausgleich mit Verwaltung Gesundheitsfonds in der gesetzlichen Krankenversicherung; Finanzausgleich in der sozialen Pflegeversicherung; Zahlung von → Mutterschaftsgeld an nicht gesetzlich krankenversicherte Arbeitnehmerinnen; Aus- und Fortbildung von Mitarbeitern bundesunmittelbarer Sozialversicherungsträger.

Bundesversicherungsanstalt für Angestellte (BfA) – Versicherungsträger, dem die Durchführung der → Angestelltenversicherung (Rentenversicherung der Angestellten) im Bundesgebiet oblegen hat; Körperschaft des öffentlichen Rechts mit Selbstverwaltung; seit 1.10.2005 in der Deutsche Rentenversicherung Bund aufgegangen. – *Organe:* Vorstand und Vertreterversammlung, denen paritätisch Vertreter der Arbeitgeber und der Versicherten angehören. – *Aufsicht:* Seit 1.1.1957 durch das → Bundesversicherungsamt (BVA).

Bundesvertriebenengesetz – Gesetz über die Angelegenheiten der Vertriebenen und Flüchtlinge (BVFG) i.d.F. vom 10.8.2007 (BGBl. I 1902) m.spät. Änd., enthält Bestimmungen über die Abgrenzung der verschiedenen begünstigten Personengruppen, die zuständigen Behörden und die Eingliederung der Vertriebenen, Sowjetzonenflüchtlinge, Aussiedler und Umsiedler.

Bundesverwaltungsamt → Bundesoberbehörde im Geschäftsbereich des Bundesministeriums des Innern (BMI); Sitz in Köln. Errichtet durch Gesetz vom 28.12.1959 (BGBl. I 829) m.spät.Änd. – *Aufgabe:* Als zentrale Verwaltungsbehörde des Bundes erledigt das Bundesverwaltungsamt in eigener Zuständigkeit eine Vielzahl verschiedener Aufgaben, die ihm durch Gesetz zugewiesen sind, sowie Verwaltungsaufgaben, die ihm aufgrund des Errichtungsgesetzes im Erlasswege durch die Bundesministerien übertragen werden. Es werden mehr als 100 Aufgaben aus den Geschäftsbereichen der Ressorts wahrgenommen.

Bundesverwaltungsgericht (BVerwG) – oberster Gerichtshof des Bundes für die allg. → Verwaltungsgerichtsbarkeit, Sitz in Leipzig. – 1. *Besetzung:* Es besteht aus dem Präsidenten, den Vorsitzenden Richtern und weiteren Bundesrichtern und entscheidet durch Senate, in der Besetzung mit fünf Richtern, bei Beschlüssen außerhalb der mündlichen Verhandlung mit drei Richtern. – 2. *Zuständig* zur Entscheidung über: a) → Revision gegen Urteile eines → Oberverwaltungsgerichts (OVG) – → Verwaltungsgerichtshofs (VGH) -, wenn das Oberverwaltungsgericht die Revision zugelassen hat oder auf Beschwerde gegen die Nichtzulassung das Bundesverwaltungsgericht sie zugelassen hat. – b) → Sprungrevision gegen Urteile der → Verwaltungsgerichte (§ 134 VwGO). – c) *Im ersten und letzten Rechtszug* u.a. über öffentlich-rechtliche Streitigkeiten nichtverfassungsrechtlicher Art zwischen Bund und Ländern und zwischen verschiedenen Ländern. – 3. Vor dem Bundesverwaltungsgericht besteht → Anwaltszwang: Vertretung durch → Rechtsanwälte oder Rechtslehrer einer dt. Hochschule notwendig (§ 67 I VwGO).

Bundeswahlleiter – gemäß Bundeswahlgesetz i.d.F. vom 23.7.1993 (BGBl. I 1288, 1594) m.spät.Änd. vom Bundesminister des Innern zu ernennen; Sitz in Wiesbaden. – *Aufgabe:* Zusammen mit dem Bundeswahlausschuss Wahlorgan für die Bundestagswahl; obliegt Durchführung und Überwachung der Bundestagswahl.

Bundeswaldgesetz – Gesetz zur Erhaltung des Waldes und zur Förderung der Forstwirtschaft vom 2.5.1975 (BGBl. I 1037) m.spät.Änd. – *Zweck:* den Wald wegen seines wirtschaftlichen Nutzens und seiner Bedeutung für die Umwelt erhalten, erforderlichenfalls mehren und seine ordnungsgemäße Bewirtschaftung nachhaltig sichern, die Forstwirtschaft fördern und einen Ausgleich zwischen dem Interesse der Allgemeinheit und den Belangen der Waldbesitzer herbeiführen.

Bundeswasserstraßen → Wasserstraßen.

Bundeswertpapierverwaltung (BWpV) – seit 1.8.2006 → Deutsche Finanzagentur.

Bundeszentralamt für Steuern – ist eine Bundesoberbehörde (→ Finanzverwaltung); ersetzt seit dem 1.1.2006 das Bundesamt für Finanzen. Dem Bundeszentralamt für Steuern sind eine Vielzahl von Zuständigkeiten zugewiesen (vgl. im Einzelnen § 5 FVG), u.a. (1) die Mitwirkung an Außenprüfungen, (2) die Koordination von grenz- und länderübergreifenden Umsatzsteuerprüfungen, (3) die Entlastung von dt. Abzugssteuern (Erstattungen und Freistellungen) in den Fällen der §§ 43b, 50g EStG, (4) bestimmte Befugnisse auf dem Gebiet des Rechts- und Amtshilfeverkehrs mit ausländischen Behörden, (5) die Vergütung der Vorsteuerbeträge an nicht im Erhebungsgebiet ansässige Unternehmer, (6) die Durchführung des Familienleistungsausgleichs nach §§ 31, 62 bis 78 EStG, (7) die Gewährung der Altersvorsorgezulage nach §§ 79 ff. EStG, (8) die Vergabe und Verwaltung des → Identifikationsmerkmals nach §§ 139a bis 139c AO, (9) die Vergabe der → Umsatzsteuer-Identifikationsnummer, Steueridentifikationsnummer (IdNr), (10) die zentrale Sammlung und Auswertung verschiedener Informationen und Unterlagen (z.B. über Auslansdsbeziehungen, Umsatzsteuer-Betrugsfälle, Verwaltung der Versicherung- und Feuerschutzsteuer, branchenbezogene

Kennzahlen, Konzernübersichten), (11) der → Kontenabruf nach § 93b AO, § 24c I KWG, (12) die Beobachtung des elektronischen Handels zur Unterstützung der Umsatzbesteuerung.

Bundeszentrale für gesundheitliche Aufklärung (BZgA) – Bundesbehörde im Geschäftsbereich des Bundesministers für Gesundheit (BMG); Sitz in Köln. – *Aufgaben:* Information und Motivation der Bevölkerung zu gesundheitsgerechtem Verhalten und zur Krankheitsverhütung; Aus- und Fortbildung auf der Gebiet der Gesundheitserziehung; Koordinierung der gesundheitlichen Aufklärung im Bundesgebiet sowie Zusammenarbeit mit dem Ausland.

Bundeszentrale für politische Bildung (BpB) – Bundesbehörde im Geschäftsbereich des Bundesministeriums des Innern (BMI); Sitz in Bonn. – *Aufgaben:* Maßnahmen der politischen Bildung zur Förderung des Verständnisses für politische Sachverhalte und der Bereitschaft zur politischen Mitarbeit; Herausgabe der Wochenzeitung „Das Parlament".

Bundeszentralregister – Ein in Berlin vom Bundesamt für Justiz geführtes zentrales Register. – 1. *Rechtsgrundlage:* Bundeszentralregistergesetz (BZRG) i.d.F. vom 21.9.1984 (BGBl. I 1229) m.spät.Änd. – 2. *Bedeutung:* Zentrale Erfassung bes. der durch ein → Gericht der Bundesrepublik Deutschland ausgesprochenen Verurteilungen wegen einer → Straftat (nicht → Ordnungswidrigkeit) und ggf. Auskunftserteilung. – 3. *Auskünfte* werden nur bestimmten Behörden, bes. Justiz- und Polizeibehörden erteilt. Der Betroffene kann über Eintragungen bez. seiner eigenen Person ein → Führungszeugnis (§ 30 BZRG) verlangen. Im Übrigen hat eine Person über 14 Jahre Anspruch auf Mitteilung, welche Eintragungen über sie im Register enthalten sind (§ 42 BZRG). – 4. In das BZRG werden eingetragen (§ 3): Alle strafgerichtlichen Verurteilungen; Vermerke über Schuldunfähigkeit; nachträgliche Entscheidungen nach allgemeinem Strafrecht und Jugendstrafrecht; bestimmte Entscheidungen von Verwaltungsbehörden und Gerichten u.a. gegenüber → Ausländern bei Passentzug oder Widerruf eines Waffenscheins; Entscheidungen, durch die wegen Unzuverlässigkeit oder Nichteignung u.a. ein Antrag auf Zulassung zu einem Beruf oder Gewerbe abgelehnt oder eine erteilte → Erlaubnis zurückgenommen oder widerrufen, die Ausübung eines Berufes untersagt, die Befugnis zur Einstellung oder Ausbildung von Auszubildenden entzogen wird, falls die Entscheidung nicht nach § 149 der Gewerbeordnung in das → Gewerbezentralregister einzutragen ist. Beim Bundeszentralregister wird auch das Erziehungsregister geführt (§§ 59ff BZRG). – 5. *Tilgung* erfolgt nach Ablauf der Tilgungsfrist von fünf, zehn oder 15 Jahren je nach Art und Höhe der Strafe; bei Eintragung mehrerer Verurteilungen jedoch nur, wenn die Tilgungsfrist für alle abgelaufen ist. Sind die Eintragungen getilgt, so dürfen die Tat und die Verurteilung dem Betroffenen im Rechtsverkehr nicht mehr vorgehalten und nicht zu seinem Nachteil verwertet werden (Ausnahmen nach § 52 BZRG). Der Verurteilte darf sich nach der Tilgung als unbestraft bezeichnen und braucht den der Verurteilung zugrunde liegenden Sachverhalt nicht zu offenbaren. Das gilt auch in den Fällen, in denen eine noch nicht getilgte Strafe nicht in das Führungszeugnis oder nur in ein Führungszeugnis für Behörden aufzunehmen ist (§ 53 BZRG).

Bundeszuschuss – zur Finanzierung der gesetzlichen → Rentenversicherung, der → Arbeitslosenversicherung und in jüngerer Zeit auch der → Krankenversicherung aus allg. Haushaltsmitteln gezahlter Zuschuss des Bundes. Neben den Beiträgen der Arbeitgeber und Arbeitnehmer wichtigste Einnahmequelle der Rentenversicherung. Rechtfertigung findet der Bundeszuschuss v.a. durch die Übertragung von allg. sozialen Aufgaben auf die Rentenversicherung, denen keine Beitragseinnahmen gegenüberstehen (sog. versicherungsfremde Leistungen, z.B. Anrechnung von Ausbildungszeiten, Ersatzzeiten, Zahlung von → Fremdrenten). – Der allgemeine Bundeszuschuss zur Rentenversicherung ändert sich nach der Lohnentwicklung und der Entwicklung des Beitragssatzes; zudem wird ein zusätzlicher Bundeszuschuss zur Abgeltung nicht beitragsgedeckter Leistungen gezahlt (§ 213 SGB VI). Im Jahr 2011 betrug der allgemeine Bundeszuschuss zur allgemeinen Rentenversicherung 39,6 Mrd. Euro, die Summe aller Bundeszuschüsse zur allgemeinen Rentenversicherung 58,9 Mrd. Euro. – Auch an die GKV werden seit 2004 Bundeszuschüsse aus allg. Haushaltsmitteln für sog. versicherungsfremde Leistungen gezahlt (z.B. das Mutterschaftsgeld und andere Leistungen bei Schwangerschaft und Geburt). 2011 betrug der allgemeine Bundeszuschuss 13,3 Mrd. Euro. Im selben Jahr erfolgt zur Finanzierung des Sozialausgleichs im Zusammenhang mit den Zusatzbeiträgen (→ Gesundheitsreform) für die Jahre 2012 bis 2014 ein zusätzlicher Zuschuss von 2 Mrd. Euro. Ab dem Jahr 2015 wird der Bund regelmäßige Zahlungen zur Finanzierung des Sozialausgleichs leisten. Die Höhe soll 2014 gesetzlich festgesetzt werden.

Bundeszwang – Maßnahme der → Bundesregierung mit Zustimmung des → Bundesrats, wenn ein Land die ihm nach dem Grundgesetz oder einem anderen Bundesgesetz obliegenden Bundespflichten nicht erfüllt, z.B. durch Weisungen gegenüber den Ländern und ihren Behörden (Art. 37 GG).

Bund für Lebensmittelrecht und Lebensmittelkunde e.V. (BLL) – Sitz in Bonn. – *Aufgaben:* Förderung der Vereinheitlichung und Fortbildung des Lebensmittelrechts und der Lebensmittelkunde.

Bund Future – Kontrakt (→ Financial Future) über eine idealtypische Bundesanleihe mit einer Nominalverzinsung von 6 Prozent und einer Restlaufzeit von 8,5 bis 10 Jahren. Der Nominalwert eines Kontraktes beträgt 100.000 Euro. Die Laufzeiten richten sich nach den zur gleichen Zeit verfügbaren Bund-Future-Liefermonaten. Dies sind immer die drei nächstliegenden Monate aus März, Juni, September und Dezember.

Bund-Länder-Finanzausgleich – vertikaler → Finanzausgleich zwischen Bund und Ländern. Die Aufgaben von Bund und Ländern sind im Grundgesetz allg. und unvollständig aufgeführt (→ Finanzverfassung); zudem ist jede Ebene haushaltswirtschaftlich selbstständig. Daher kann ein Vergleich des → Finanzbedarfs beider Ebenen nicht quantitativ exakt erfolgen. Dasselbe gilt für einen Vergleich der → Finanzkraft. Derartige Überlegungen finden Eingang in den originären Finanzausgleich beim Aushandeln der Umsatzsteueranteile zwischen Bund und Ländern. – Ein *ergänzender aktiver Finanzausgleich* zwischen beiden Ebenen findet nach Art. 106 IV GG dann statt, wenn der Bund den Ländern durch Bundesgesetz zusätzliche Ausgaben auferlegt. Außerdem kann der Bund nach Art. 107 II Satz 3 GG leistungsschwachen Ländern Zuweisungen zur ergänzenden Deckung ihres allg. Finanzbedarfs (→ Ergänzungszuweisungen) gewähren. Bundesergänzungszuweisungen sind die dritte Stufe des Bundestaatlichen Finanzausgleichs. Sie sollen die nach dem Länderfinanzausgleich verbleibende Lücke zur durchschnittlichen Finanzkraft bei leistungsschwachen Ländern weiter verringern. Allgemeine Bundesergänzungszuweisungen erhalten Länder, deren Finanzkraft je (gewichtetem) Einwohner nach dem Länderfinanzausgleich unter 99,5 % des Durchschnitts liegt. Die nach Länderfinanzausgleich verbleibende Lücke wird zu 77,5 % aufgefüllt. – Aufgrund der veränderten föderativen Struktur und der erheblich gestiegenen Unterschiede der horizontalen und vertikalen Deckungsrelationen, die die Vereinigung Deutschlands mit sich gebracht hat, sind beim Bund-Länder-Finanzausgleich generell beträchtliche *materielle Änderungen* eingetreten. In der seit dem 1.1.1995 erfolgten Neuordnung des Bund-Länder-Finanzausgleichs sind die Bundesergänzungszuweisungen weiter gewachsen (2011: 12,2 Mrd. Euro). Gleichzeitig hat die Unsystematik weiter zugenommen. 2011 erhielten die folgenden Länder Bundesergänzungszuweisungen: Berlin 2,533 Mrd. Euro, Brandenburg 1,587 Mrd. Euro, Bremen 227 Mio. Euro, Mecklenburg-Vorpommern 1,204 Mrd. Euro, Niedersachsen 83 Mio. Euro, Rheinland-Pfalz 173 Mio. Euro, Saarland 122 Mio. Euro, Sachsen 2,814 Mrd. Euro, Sachsen-Anhalt 1,721 Mrd. Euro, Schleswig-Holstein 112 Mio. Euro sowie Thüringen 1,593 Mrd. Euro.

Bund-Länder-Kommission für Bildungsplanung und Forschungsförderung (BLK) – Abk. *BLK*; 1970 durch ein Verwaltungsabkommen zwischen Bund und Ländern gegründet. Die BLK, deren Tätigkeit auf Art. 91b GG beruhte, war das ständige Gesprächsforum für alle Bund und Länder gemeinsam berührenden Fragen des Bildungswesens und der Forschungsförderung. Beendigung der Tätigkeit zum 31.12.2007. Die Aufgaben der Wissenschafts- und Forschungsförderung wurden ab 1.1.2008 von der → Gemeinsamen Wissenschaftskonferenz (GWK) übernommen. – Vgl. auch → Bildungspolitik.

Bundling – 1. *Begriff:* Bündelung von Leistungsangeboten zu Paketen, die zu einem Gesamtpreis angeboten werden. Neben dem Bundling können die Leistungen auch weiterhin noch einzeln angeboten werden. – 2. *Zweck:* Dadurch sollen verschiedene Zielgruppen (→ Marktsegmentierung) mit differenzierten → Bedürfnissen angesprochen werden. Überdies ist dadurch auch eine → Preisdifferenzierung möglich, die das Preisimage der Einzelleistungen nicht berührt.

Bürge → Bürgschaft.

Bürger → Staatsbürger.

Bürgerinformationssystem – Unter Bürgerinformationssystem wird das über Telekommunikationsnetze und -dienste (→ Internet) erreichbare → Informationssystem einer Stadtverwaltung verstanden, das dem Ziel dient, die Zufriedenheit der Bürger mit ihrer Stadt zu erhöhen. Inhaltlich können in dem Bürgerinformationssystem aufgeführt werden: Politikinformationen (z.B. Stadtratsbeschlüsse, Verordnungen, Sitzungsprotokolle etc.), Wirtschaftsinformationen (z.B. Daten zur regionalen Wirtschaftsentwicklung, zum Leistungsangebot örtlicher Unternehmen und Gewerbebetriebe), Sozialinformationen (z.B. zu Beratungsstellen, Voraussetzungen für bestimmte soziale Leistungen, Vereine etc.), Kulturinformationen (z.B. zu Kulturveranstaltungen, Initiativen, VHS-Kursen) etc.

bürgerliche Rechtsstreitigkeiten → Rechtsweg.

Bürgerliches Gesetzbuch (BGB) – i.d.F. der Bekanntmachung vom 2.1.2002 (BGBl. I 42, 2909; ber. BGBl. I 2003 738) m.spät.Änd. Das Bürgerliche Gesetzbuch ist die wichtigste Grundlage des → Bürgerlichen Rechts. – *Inhalt:* Allg. Vorschriften, die für das gesamte Privatrecht gelten (z.B. Regeln über Rechts- und Geschäftsfähigkeit, Rechtsgeschäfte, Fristen und Verjährung), → Recht der Schuldverhältnisse (Schuldrecht) sowie das → Sachenrecht und das Familien- und Erbrecht. – Daneben gelten ergänzende *Nebengesetze:* → Bürgerliches Recht.

Bürgerliches Recht – I. Bürgerliches Recht i.w.S.: Recht, das als Teil des Privatrechts die Rechtsbeziehungen der Privatpersonen (einschließlich der → juristischen Personen) untereinander regelt. Zum Bürgerlichen Recht in diesem Sinn gehören auch das → Handelsrecht und das Recht des → gewerblichen Rechtsschutzes. – *Gegensatz:* → Öffentliches Recht.

II. Bürgerliches Recht i.e.S.: 1. im → Bürgerlichen Gesetzbuch (BGB) und dessen Nebengesetzen geregeltes Recht. Ein Teil der wichtigsten Nebengesetze wurde mit dem Gesetz zur Modernisierung des Schuldrechts in das BGB integriert: das → Verbraucherkreditgesetz (VerbrKrG), das Gesetz über den Widerruf von

Haustürgeschäften und das Fernabsatzgesetz. Das Produkthaftungsgesetz (→ Produkthaftung), das Umwelthaftungsgesetz, die Verordnung über das → Erbbaurecht, das Gesetz über Wohnungseigentum und das Einführungsgesetz zum Bürgerlichen Gesetzbuch (EGBGB) sind weiterhin außerhalb des BGB geregelt. – 2. Die Regeln des Bürgerlichen Rechts i.e.S. gelten, soweit das Handelsrecht nichts anderes bestimmt, auch für *Kaufleute.* Zum Verständnis des Handelsrechts ist jedoch eine profunde Kenntnis des Bürgerlichen Rechts nötig, da das Handelsgesetzbuch (HGB) nicht eine abgeschlossene Regelung des für die Kaufleute und den kaufmännischen Gewerbebetrieb geltenden Rechts enthält, sondern nur ergänzende und abändernde Sondernormen. So sind z.B. die Vorschriften des HGB über Handelsgeschäfte nur im Zusammenhang mit den Vorschriften des BGB über Rechtsgeschäfte und Verträge zu verstehen, die Vorschriften über den Handelskauf nur bei Berücksichtigung der Bestimmungen des BGB über den → Kaufvertrag. – Vgl. auch → Schuldrechtsreform.

III. Bundes- und Landesrecht: Das Bürgerliche Recht gehört zur → konkurrierenden Gesetzgebungskompetenz des *Bundes* (Art. 74 Nr. 1 GG).

IV. Bürgerliches Recht und öffentliches Recht: früher scharf getrennte Gebiete. Zufolge des immer stärker werdenden staatlichen Einflusses auf das Privat- und Wirtschaftsleben ist das Bürgerliche Recht heute in erheblichem Maße von öffentlich-rechtlichen Elementen durchsetzt. Es sind gemischte Rechtsverhältnisse entstanden, die z.T. nach Bürgerlichem, z.T. nach öffentlichem Recht zu beurteilen sind (z.B. das Wohnraummietrecht in der sozialen Wohnraumförderung).

V. Bürgerliches Recht und Steuerrecht: Das Steuerrecht ist eine selbstständige Rechtsmaterie und gehört zum öffentlichen Recht, es ist daher vom Bürgerlichen Recht weitgehend unabhängig. Das Bürgerliche Recht hat im Steuerrecht nur Bedeutung, soweit sich das Steuerrecht ausdrücklich auf das Bürgerliche Recht bezieht, z.B. bei den Fragen der Geschäftsfähigkeit oder der Vollmacht. Ferner können Begriffe des Bürgerlichen Rechts im Steuerrecht verwendet werden, soweit das Steuerrecht diese Begriffe eindeutig übernommen hat, wie z.B. bei der Grunderwerb-, der Kapitalverkehr- oder der Erbschaftsteuer.

bürgerlich-rechtliche Gesellschaft → Gesellschaft bürgerlichen Rechts (GbR).

Bürgerrechte → Grundrechte.

Bürgerschaft – Bezeichnung der Volksvertretung in den Hansestädten Hamburg und Bremen.

Bürgerversicherung – Vorschlag zur Reform der Finanzierung der gesetzlichen → Krankenversicherung. Anders als im gegenwärtigen System sollen in die weiterhin einkommensabhängige Beitragspflicht alle Personen, die ihren gewöhnlichen Aufenthaltsort in der Bundesrepublik Deutschland haben (d.h. auch Arbeitnehmer oberhalb der Versicherungspflichtgrenze, Selbstständige, Beamte, Rentner etc.), und alle Einkommensarten (neben den Einkommen aus unselbständiger Tätigkeit auch Einkünfte aus selbständiger Tätigkeit und alle Kapitaleinkünfte) einbezogen werden. Die Meinungen gehen darüber auseinander, ob der lohnabhängige Anteil des Beitrags weiterhin zur Hälfte vom Arbeitgeber getragen werden soll. – Vgl. auch → Rürup-Kommission, → Kopfpauschale.

Bürgschaft – 1. *Begriff:* einseitig verpflichtender Vertrag, durch den sich der Bürge gegenüber dem Gläubiger (z.B. einem Kreditinstitut) verpflichtet, für die Erfüllung einer Verbindlichkeit des Hauptschuldners (z.B. Kreditnehmer) einzustehen (§ 765 ff. BGB). Eine Bürgschaft kann auch für eine künftige oder bedingte Verbindlichkeit übernommen werden. Bei der Bürgschaft handelt es sich um eine Personalsicherheit (anders: → Sachsicherheit), mit der ein Begünstigter einen schuldrechtlichen Anspruch gegen den Bürgen erhält. – 2. *Formerfordernis:* Die Bürgschaftserklärung ist schriftlich zu erteilen (§ 766 BGB). Eine Bürgschaft per E-Mail oder sonstiger elektronischer Form ist ausgeschlossen. Nur die Bürgschaft eines Kaufmanns, der diese im Rahmen eines Handelsgeschäftes abgibt, kann mündlich erteilt werden (gemäß §§ 343, 350 HGB). – 3. *Umfang der Bürgschaftsschuld:* Der Bestand und der Umfang einer Bürgschaft sind von der besicherten Hauptschuld unmittelbar abhängig (§ 767 I BGB), d.h. wenn die zu besichernde Forderung nicht (mehr) besteht, braucht der Bürge nicht zu haften (→ Akzessorietät). Allerdings haftet der Bürge auch in dem Falle, wenn sich die Hauptschuld durch Verzug oder Verschulden des Hauptschuldners ändert. Grundsätzlich kann ein Bürge die Befriedigung des Gläubigers verweigern, solange nicht der Gläubiger eine → Zwangsvollstreckung gegen den Schuldner erfolglos versucht hat (§ 768 BGB). Diese sog. Einrede der Vorausklage steht einem Kaufmann, der bürgt, nicht zu. Kreditinstitute schließen dieses Recht der Einrede der Vorausklage regelmäßig in den Bürgschaftsverträgen aus. Damit übernimmt der Bürge eine → selbstschuldnerische Bürgschaft (§ 773 BGB), aus der er sofort in Anspruch genommen werden kann, wenn der Schuldner seinen Zahlungsverpflichtungen nicht nachkommt. Haftet ein Bürge erst nach erfolgter Zwangsvollstreckung nur für den tatsächlichen Ausfall der Forderung, handelt es sich um eine → Ausfallbürgschaft. Ein Bürge haftet gegenüber dem Gläubiger immer mit seinem gesamten persönlichen Vermögen. Mitbürgen haften als → Gesamtschuldner. – 4. *Bes. Bürgschaftsarten:* a) Höchstbetragsbürgschaft: Im Bürgschaftsvertrag begrenzt der Bürge seine Haftung auf einen maximalen Betrag. – b) Zeitbürgschaft/befristete Bürgschaft: Mit einer entsprechenden Vereinbarung erlischt die Haftung zu einem bestimmten Zeitpunkt bzw. nach Ablauf einer bestimmten Frist (§ 777 BGB. – c) Rückbürgschaft: Wenn der Bürge die Hauptschuld erfüllt hat, hat er gegenüber dem Hauptschuldner einen Rückgriffsanspruch, der durch einen weiteren Bürgen, den Rückbürgen, abgesichert werden kann. – d) Nachbürgschaft: Für den Fall, dass ein Hauptbürge nicht zahlen kann, haftet dann ein Nachbürge. – 5. *Bedeutung*: Die Bürgschaft hat in der Praxis als Kreditsicherheit einen hohen Stellenwert, insbes. durch die Bürgschaften des Bundes und der Länder. So werden Bürgschaften (und → Garantien) zur Unterstützung des Exportgeschäftes vergeben (Hermes-Bürgschaften) sowie Bürgschaftsprogramme zur Förderung und Kreditversorgung des Mittelstandes aufgelegt. Im Rahmen der Wirtschafts- und Finanzkrise hat der Bund zur Stabilisierung des Finanzmarktes Bürgschaften vergeben (z.B. an die Hypo Real Estate). Der Bund gewährt außerdem Bürgschaften in und außerhalb Europas. Aufgrund von Störungen im Wirtschaftsleben von EU-Mitgliedsstaaten wurde 2010 ein Rettungsschirm für Europa geschaffen, auch hier unterstützt die Bundesregierung andere Staaten u.a. mit Bürgschaften (so z.B. für Griechenland).

Bürgschaftsbanken – *Kreditgarantiegemeinschaften;* Selbsthilfeeinrichtungen des → Mittelstandes, an denen Handwerkskammern, Industrie- und Handelskammern, Kammern der Freien Berufe, Wirtschaftsverbände und Innungen, Banken und Sparkassen sowie Versicherungsunternehmen beteiligt sind. Sie übernehmen → Ausfallbürgschaften für kurz-, mittel- und langfristige Kredite an Unternehmen, die keine ausreichenden Kreditsicherheiten bieten können, z.B. für Existenzgründungen und Betriebsübernahmen, Investitions- und Wachstumsfinanzierungen, Betriebsmittel (auch Kontokorrentkreditrahmen), → Avale und → Garantien (auch Kreditrahmen). Ausfallbürgschaften können für ein einzelnes Unternehmen bis zu einer Gesamthöhe von 1 Mio. Euro übernommen werden. Im Rahmen des von der Bundesregierung zur Bewältigung der Finanzmarktkrise beschlossenen → Konjunkturpakets II konnten Bürgschaftsbanken in den Jahren 2009 und 2010 vorübergehend die Bürgschaftsobergrenze von 1 Mio. Euro auf 2 Mio. Euro erhöhen. Die Übernahme von Bürgschaften für Sanierungskredite ist ausgeschlossen. – Durch globale Rückbürgschaften, die vom Bund und vom betreffenden Bundesland übernommen werden, deckt die öffentliche Hand einen hohen Teil des Risikos der Bürgschaftsbanken ab. – Bürgschaftsbanken sind → Kreditinstitute im Sinn von §1 KWG. Sie betreiben mit dem Garantiegeschäft → Bankgeschäfte und unterliegen der → Bankenaufsicht (BA). – Vgl. auch → Wirtschaftsförderinstitute.

Bürgschaftskredit → Personalkredit, der zusätzlich durch eine → Bürgschaft abgesichert wird. Es werden also zwei Rechtsgeschäfte abgeschlossen: zum einen ein Kreditvertrag zwischen dem Schuldner (Kreditnehmer) und Gläubiger (Kreditgeber) und zum anderen ein Bürgschaftsvertrag zwischen dem Schuldner (Kreditnehmer) und dem Bürgen. Häufig, wenn der Kreditnehmer über nur geringe Kreditsicherheiten verfügt, wird als zusätzliche Absicherung eine Bürgschaft verlangt, die mit einer → Restschuldversicherung kombiniert wird. Tritt ein Kreditinstitut selbst als Bürge auf, handelt es sich um einen → Avalkredit. Auch der Bund, Länder und Gemeinden übernehmen im Rahmen von Förderprogrammen (Wirtschaftsförderung, Existenzgründung) Ausfallbürgschaften, die Kredite selbst werden dann von öffentlich-rechtlichen Förderbanken vergeben.

Büroarbeit – Tätigkeiten im Bürobereich, die größtenteils durch Handhabung von Informationen (Erzeugung, Bearbeitung, Übermittlung u.a.) gekennzeichnet sind. Büroarbeit besteht vorwiegend (etwa zu zwei Dritteln) aus Kommunikationsvorgängen. – In der → Bürokommunikation werden Typen der Büroarbeit z.B. nach einzelfallorientierter, sachfallorientierter und routinefallorientierter Büroarbeit unterschieden.

Büroautomation → Bürokommunikation.

Bürobedarf → Bürokosten.

Büro Führungskräfte der Wirtschaft (BFW) – der → Bundesagentur für Arbeit angeschlossene Behörde (Zentralstelle für Arbeitsvermittlung [ZAV]) mit spezieller Aufgabenstellung; Sitz in Frankfurt a.M. – *Aufgabe:* Vermittlung von Führungskräften. – *Ziel* ist es, den Besonderheiten bei der Vermittlung von Führungskräften Rechnung zu tragen. – Vgl. auch → Personalberatung, → Managementberatung.

Büro Grüne Karte e.V. – 1. *Begriff:* Staatliche anerkannte Organisation, die auf der Grundlage der Genfer Empfehlungen von 1949 von den europäischen Kraftfahrtversicherern und den Kraftfahrtversicherern in einigen Mittelmeeranrainerstaaten eingerichtet wurde. – 2. *Funktion:* Die Funktion des Büros Grüne Karte ist eine doppelte. Zum einen gibt es die Internationalen Versicherungsbestätigungen (Grüne Karte) an die inländischen Versicherer aus und garantiert gegenüber den Büros Grüne Karte in den anderen teilnehmenden Ländern für die Rückerstattung der von diesen verauslagten Aufwendungen aus der Regulierung der bearbeiteten Schadenfälle. Zum anderen übernimmt das Büro Grüne Karte bei Verkehrsunfällen, an denen ein im Ausland zugelassenes Fahrzeug beteiligt war, für den inländischen Geschädigten die Funktion des ausländischen Haftpflichtversicherers. Es ist für den ausländischen Haftpflichtversicherer passivlegitimiert, d.h. Klagen sind im Inland gegen das Büro Grüne Karte zu richten. Der inländische Geschädigte kann folglich seine Ansprüche direkt gegenüber dem Büro Grüne Karte in seinem Land geltend machen und ist nicht gezwungen, seine Ansprüche im Ausland gegenüber dem Haftpflichtversicherer des Schädigers zu verfolgen. Das Büro Grüne Karte im Inland reguliert und zahlt namens und für Rechnung des Büros Grüne Karte des Landes, in welchem der ausländische Haftpflichtversicherer seinen Sitz hat. Dieses wiederum hält sich anschließend bei dem zuständigen Haftpflichtversicherer des Schädigers schadlos und inkassiert den verauslagten Betrag. – 3. *Organisation:* Dem System Büro Grüne Karte gehören gegenwärtig 45 Länder an. Die 45 Büros Grüne Karte sind in einer Dachorganisation, dem Council of Bureaux (CoB) mit Sitz in London, zusammengeschlossen. Das System Büro Grüne Karte basiert auf verschiedenen Abkommen (Londoner Abkommen, Multilaterales Garantieabkommen, UNO-Empfehlung Nr. 5, Abkommen von Barcelona, etc.), die alle zum Ziel haben, die Abwicklung von Kfz-Unfällen mit Beteiligung eines ausländischen Fahrzeugs zu verbessern und zu vereinfachen und den grenzüberschreitenden Straßenverkehr zu erleichtern.

Bürokommunikation – 1. *Bürokommunikation i.e.S.:* Kommunikationsvorgänge (→ Kommunikation) im Bürobereich. – 2. *Bürokommunikation i.w.S.:* Forschungsgebiet, das sich mit der effizienteren Gestaltung von Büro und Verwaltungstätigkeiten durch Einsatz neuer Informations- und Kommunikationstechniken beschäftigt.

Bürokosten – Aufwendungen für Bürobedarf. Wegen der normalerweise geringen Höhe der Lagerhaltung von Bürobedarf erfasst man i.d.R. die Zugänge an Büromaterial unmittelbar unter der Kostenart Bürokosten (so auch im → Gemeinschafts-Kontenrahmen industrieller Verbände (GKR)), sonst als → Betriebsstoffe. Bürokosten werden entweder exakt für die für ihren Anfall verantwortlichen → Kostenstellen ausgewiesen oder gehen aus Vereinfachungsgründen undifferenziert in die → Verwaltungskosten ein. – *Kosten für Büromaschinen und -geräte:* → Büromaschinen.

Bürokrat → Beamter oder → Angestellter, der einem Unterordnungsprinzip, eindeutig geregelten Entscheidungsbefugnissen sowie einer Reihe von verhaltensreglementierenden Vorschriften unterliegt. Als abgeleiteter Begriff der → Bürokratie wird damit die infolge der zahlreichen Regeln sich ergebende Inflexibilität der Bürokrat im Sinn einer negativen Wortbedeutung unterstellt.

Bürokratie – legal-rationale Organisationsform, kennzeichnend für jede moderne Verwaltung im öffentlich-staatlichen Bereich sowie in Unternehmen, Betrieben, Verbänden, Parteien, Kirchen, Militärorganisationen etc. – 1. *Wesentliche Merkmale* (nach → Weber): Geordnetes System von Regeln auf der Basis einer Satzung; hierarchisch gegliederte unpersönliche Ordnung von Positionen; Abgrenzung von Komponenten und Zuordnung von Funktionen, Verantwortlichkeiten und Befugnissen; Auslese der Funktionsträger nach formalen Qualifikationen; schriftliche Erfassung und Dokumentation aller Vorgänge, Gleichbehandlung der Antragsteller. – 2. Als *Vorteil* wird i.Allg. die *technische Überlegenheit* gegenüber anderen Organisations- und Herrschaftsformen in komplexen, hocharbeitsteiligen und differenzierten Gesellschaften hervorgehoben, v.a. Objektivität, Stetigkeit, Berechenbarkeit, Planbarkeit und Zuverlässigkeit. – 3. *Probleme:* a) Da Zwecke und Ziele der Bürokratie aus individuell-subjektiver Perspektive oft *schwer überschaubar und verständlich* sind, resultiert ein Unbehagen gegenüber der Bürokratie. – b) Eine *Anpassung der internen Struktur* an Zielveränderungen in einer sich permanent wandelnden sozialen Umwelt fallen der Bürokratie schwer. Ihre Leistungsfähigkeit sinkt. Zur Erhaltung ihrer Effizienz ist sie von Reformulierungen ihrer gesetzten Ordnung abhängig. – Vgl. auch → Behörde, → Bürokrat, → Bürokratismus, → ökonomische Theorie der Bürokratie, → Gewaltenteilung, → Exekutive.

Bürokratiekosten → Normenkontrollrat.

Bürokratiekritik – 1. *Begriff und Merkmale:* Kritik am Umfang und an der Effektivität der Verwaltungstätigkeit, wobei für den Umfang Indikatoren wie etwa → Staatsquote, Ausgabenvolumen und Anteile an den Gesamtausgaben (z.B. Personalausgaben) sowie die Zahl der im öffentlichen Sektor Beschäftigten, für die Effektivität – unter Bezugnahme auf den dem Wettbewerb ausgesetzten privatwirtschaftlichen Unternehmenssektor – etwa Produktivität und Kosten herangezogen werden. So betonen v.a. die Ansätze von Ökonomen wie z.B. Niskanen, Buchanan und Tullock die Ineffizienz der bürokratischen Aktivitäten (→ rent seeking); Bürokaten werden als Nachfrager nach öffentlichen Gütern auf Seite der Anbieter bzw. der Bereitsteller angesehen. – 2. *Erkenntnisinteresse*: Bürokratiekritik spielt eine wesentliche Rolle als Argumentationsgrundlage für die Forderung nach → Privatisierung öffentlicher Leistungen sowie für neuere Ansätze (→ New Public Management (NPM)), die – als Alternative zur Privatisierung – die Voraussetzungen und Bedingungen effizienten Verwaltungshandelns zum Gegenstand haben (→ Bürokratietheorie).

Bürokratietheorie – weitgehend gleichgesetzt mit theoretischen Erklärungsansätzen für das Verhalten von Individuen in und gegenüber → Bürokratien; eine generelle Bürokratietheorie fehlt bisher. Ausgangspunkt ist das idealtypische Modell der bürokratischen Organisation von Weber als effizientes Instrument zur legalen Herrschaftsausübung, Bürokratietheorie ist daher Teil der (soziologischen) Organisationstheorie. Dem steht die ökonomische Theorie der Bürokratie gegenüber. Diese versucht, ökonomische Ineffizienzen, etwa in Form überhöhter Kosten – gemessen am privatwirtschaftlichen, dem Wettbewerb ausgesetzten Referenzsystem – und der generellen Expansion staatlicher Verwaltungen durch spezifische Verzerrungen im Verhalten der Verwaltungsmitglieder bzw. der Nutzer von Verwaltungsleistungen zu erklären. Wesentliche Erklärungshypothesen hierbei sind das budgetmaximierende Verhalten der Organisationsmitglieder sowie die Informationsasymmetrie zwischen Politik und Verwaltung. – Bürokratietheorie wird oftmals in Zusammenhang und unter dem Vorzeichen von → Bürokratiekritik diskutiert.

Bürokratieversagen → Hierarchienachteile.

bürokratischer Führungsstil → Führungsstil.

Bürokratismus – Übersteigerung der → Bürokratie, die zum Selbstzweck wird und ihre interne Organisation gegenüber den eigentlichen Zielen und Zwecken in den Vordergrund stellt.

Büromaschinen – I. Kostenrechnung: Kosten für die Wartung, für Reparaturen und → Abschreibungen bzw. Zahlungen für → Leasing der Büromaschinen werden üblicherweise den → Kostenstellen belastet, die die Büromaschinen nutzen. Ihre Weiterverrechnung erfolgt in der Vollkostenrechnung in den Gemeinkosten der entsprechenden Kostenstellen, bes. Verwaltungsgemeinkosten (→ Verwaltungskosten), aber auch → Materialgemeinkosten, → Fertigungsgemeinkosten und → Vertriebsgemeinkosten.

II. Bilanzierung: Mit Ausnahme von → geringwertigen Wirtschaftsgütern sind Büromaschinen zu aktivieren; ihre Abnutzung ist durch → Abschreibung zu erfassen.

Bus – *Datenbus;* Verbindungssystem zur Übertragung von Informationen zwischen digitalen (→ digitale Darstellung) Schaltwerken, das von allen angeschlossenen Einheiten genutzt werden kann. – *Gliederung:* a) nach der *Art der übertragenen Informationen:* (1) Daten-Bus (→ Daten), (2) Adress-Bus (→ Adresse), (3) Steuer-Bus; b) nach der *Art der verbundenen Einheiten* (→ Prozessor): (1) interner Bus und (2) externer Bus. – Vgl. auch Bus-Netzwerk (→ Netzwerktopologie).

Business AG → kleine Aktiengesellschaft.

Business Angels – vermögende Privatpersonen, die eigenes Geld, Zeit oder beruflich erworbene Kompetenzen in der Hoffnung auf einen finanziellen Gewinn in junge Unternehmen (→ Start-up-Unternehmen) investieren und damit an den Risiken und Chancen der Unternehmensentwicklung teilhaben.

Business Charter for Sustainable Development – freiwillige Erklärung der Internationalen Handelskammer (→ ICC). – *Inhalt:* Unterzeichner verpflichten sich, in Übereinstimmung mit den 16 Prinzipien der Charta ihre → Umweltleistungen zu verbessern, Führungsgrundsätze anzuwenden, die eine solche Verbesserung bewirken, ihren Fortschritt zu messen und über diesen intern und extern angemessen zu berichten. Von zahlreichen multinationalen Unternehmen unterzeichnet.

Business Continuity – Alle organisatorischen, technischen und personellen Maßnahmen, die a) zur *Fortführung der Kerngeschäfte* unmittelbar nach Eintritt des Krisenfalles und b) zur *sukzessiven Wiederaufnahme des gesamten Geschäftsbetriebs* bei länger andauernden schweren Störungen dienen. Dabei werden als Kerngeschäft diejenigen → Geschäftsprozesse bezeichnet, die für das Erreichen des/der Unternehmensziels(e) von vitaler Bedeutung sind und deren kurz- oder langfristiger Ausfall den Bestand des Unternehmens bzw. (bei Behörden) die Erfüllung hoheitlicher Aufgaben und die Stabilität des Finanzsystems existentiell gefährden könnten.

Business Development Services – Abk. *BDS*, nicht finanzielle Leistungen, die Unternehmen zur Verfügung gestellt werden. Dazu zählen Trainings und → Consulting, aber auch Marketingunterstützung und IT-Lösungen. Sog. BDS-Provider bieten Produkte an, die der Entwicklung der Klein- und Mittelindustrie dienen sollen. Das BDS-Konzept wird v.a. im Rahmen der → Entwicklungsländerberatung angewendet.

Business Environment Risk Intelligence → BERI.

Business Ethics → Unternehmensethik.

Business Intelligence – Sammelbegriff für den IT-gestützten Zugriff auf → Informationen, sowie die IT-gestützte Analyse und Aufbereitung dieser Informationen. Ziel dieses Prozesses ist es, aus dem im Unternehmen vorhandenen Wissen, neues Wissen zu generieren. Bei diesem neu gewonnenen Wissen soll es sich um relevantes, handlungsorientiertes Wissen handeln, welches Managemententscheidungen zur Steuerung des Unternehmens unterstützt.

Business Marketing → Marketing.

Business Plan – *Geschäftsplan, Geschäftskonzept;* Beschreibung von unternehmerischen Vorhaben, in denen die unternehmerischen Ziele, geplante → Strategien und Maßnahmen sowie die Rahmenbedingungen dargestellt werden. Der Business Plan soll im Wesentlichen die unterschiedlichen Phasen der Unternehmensentwicklung mit bes. strategischer Bedeutung darstellen. Typischerweise wird ein Business Plan im Rahmen von Unternehmensgründungen, bei der Einführung von neuen Produkten oder zur Einleitung von Umstrukturierungsmaßnahmen erstellt. In diesem Zusammenhang soll der Business Plan verschiedene Funktionen erfüllen, z.B. die Prüfung der Durchführbarkeit des Vorhabens, die Kommunikation mit potenziellen Finanzierungs- oder Kooperationspartnern sowie die Planung und Kontrolle des unternehmerischen Vorhabens im Rahmen eines nachträglichen → Soll-Ist-Vergleichs. Ein Business Plan besteht idealerweise zunächst aus einer Executive Summary, die in prägnanter Form komprimierte Auskunft über das Vorhaben gibt. Anschließend werden die geplanten Produkte und/oder Dienstleistungen beschrieben, das Management vorgestellt, der Markt und Wettbewerb analysiert, Aussagen zu Marketing und Vertrieb getroffen, benötigtes Personal und die Organisation skizziert, wichtige Realisierungsschritte beschrieben, Chancen und Risiken diskutiert, die Finanzplanung dargestellt und Aussagen zu Kapitalbedarf und Finanzierungsalternativen getroffen.

Business Process as a Service (BPaaS) – bedarfsorientiere Bereitstellung einer nutzerspezifischen Zusammenstellung von → IT-Ressourcen und nicht IT-unterstützten Funktionalitäten nach dem Everything as a Service (EaaS) Konzept. Diese Zusammenstellung unterstützt einen kompletten → Geschäftsprozess eines Kunden.

Business Process Redesign → Business Process Reengineering.

Business Process Reengineering – Analyse der → Ablauforganisation und der → Aufbauorganisation eines Unternehmens im Hinblick auf seine Orientierung an → Geschäftsprozessen. Dabei wird bes. das Gestaltungspotenzial der Informationstechnologie dazu genutzt, Geschäftsprozesse neu zu organisieren und massive organisatorische Änderungen vorzunehmen. Ziel ist es, die Zahl der organisatorischen Schnittstellen zu minimieren. Der Geschäftsprozess (Kernprozess) wird zum zentralen Strukturierungskriterium der Organisation. Es reicht nicht aus, vorhandene Abteilungen zu reorganisieren und überkommene Abläufe zu optimieren; vielmehr ist eine völlige Neugestaltung der wesentlichen Unternehmensprozesse notwendig, d.h. jener Tätigkeiten, die zusammengenommen einen Wert für die Kunden schaffen. Ausgangspunkt des Business Process Reengineering ist daher eine konsequente → Kundenorientierung. – Vgl. auch → Prozessorganisation.

Business Reengineering → Business Process Reengineering.

Business Rule – Beschreibung von Geschäftspolitiken, Geschäftsregeln, Usancen und grundsätzlichen Prinzipien, die unternehmensspezifisch oder branchenspezifisch ausgelegt sein können und die in betrieblichen → Informationssystemen abgelegt und überwacht werden. Hiermit wird die semantische Konsistenz der → Daten sichergestellt. Die Umsetzung in eine → Datenbank erfolgt durch Trigger, Formulare, Stored Procedures und Reports.

Business-to-Business-Marketing – engl. Bezeichnung für die kundenorientierte Gestaltung von Geschäftsbeziehungen, die zwischen Unternehmen stattfinden. Gegenstand von Business-to-Business-Geschäften sind → Investitionsgüter bzw. -dienstleistungen, die in Organisationen eingesetzt werden. Der Begriff Business-to-Business-Marketing wird auch als Synonym für die Bezeichnung *Investitionsgütermarketing* verwendet.

Business-to-Business-Markt – *B2B;* übliche Form des → Marktes, bei der das → Angebot und die Leistungserstellung von → Unternehmen an Unternehmen erfolgen. Der Begriff Business-to-Business-Markt dient zur Abgrenzung derjenigen Marktbereiche, in die häufig der → E-Commerce eingeteilt wird, um die jeweils spezifischen Gestaltungsparameter zu identifizieren. – Vgl. auch → Business-to-Business-Marketing.

Business-to-Consumer-Markt – *B2C;* übliche Form des → Marktes, bei der das → Angebot von → Unternehmen an → Konsumenten erfolgt. Der Begriff Business-to-Consumer-Markt dient zur Abgrenzung derjenigen Marktbereiche, in die der → E-Commerce häufig eingeteilt wird, um die spezifischen Gestaltungsparameter zu erkennen. – Vgl. auch → Business-to-Business-Markt, → Consumer-to-Consumer-Markt.

Business Tool → ERP.

Business Transformation – 1. *Begriff:* allg. eine fundamentale Wende in der Beziehung eines Unternehmens zu Einzelpersonen und zu seinem wirtschaftlichen und gesellschaftlichen Umfeld. In einer Business Transformation werden alle Beziehungen des Unternehmens neu definiert. In den 1990er-Jahren wurde Business Transformation von der Beratungsfirma Gemini Consulting als ganzheitliches → Beratungsprodukt entwickelt. – 2. *Grundmodell:* Das unter Anlehnung an biologische Funktionsweisen von Gemini Consulting entwickelte Modell der Business Transformation weist die folgenden vier Hauptdimensionen auf – die sog. vier „R" der Transformation: (1) Im *Reframing,* d.h. im Prozess der Einstellungsänderung, verändert das Unternehmen sein Selbstbild und seine Vorstellung von den eigenen Möglichkeiten. (2) Im *Restructuring,* d.h. in der Phase der Restrukturierung, rüstet sich das Unternehmen, damit es ein wettbewerbsfähiges Leistungsniveau erreicht. Die entsprechenden Maßnahmen folgen der Notwendigkeit, schlank und fit zu sein. (3) Das *Revitalizing* (die Revitalisierung) gilt als der bedeutendste Faktor. Er soll Wachstum bewirken. Hier unterscheidet sich die Business Transformation von einer bloßen Sanierung. (4) Das *Renewing* (die Erneuerung) beschäftigt sich mit der menschlichen Seite der Transformation. Hier sollen die Mitarbeiter motiviert werden und neue Fertigkeiten erwerben, damit sich das Unternehmen insgesamt regenerieren kann. Das Renewing ist die schwierigste Dimension in der Business Transformation Eine gelungene Business Transformation ist das Ergebnis einer Umgestaltung der genetischen Architektur eines Unternehmens, die gleichzeitig und abgestimmt – wenn auch mit unterschiedlichen Geschwindigkeiten – in allen vier genannten Dimensionen durchgeführt wird. In jüngster Zeit wird das Konzept der Business Transformation auch im IT-Consulting angewendet.

Business TV – Nutzung der Fernsehtechnik für Zwecke der Kommunikation innerhalb von Unternehmen bzw. Organisationen. Die Kommunikation erfolgt meist durch die satellitengestützte Verteilung digitalisierter und audiovisuell vermittelter Informationen. Im Unterschied zum klassischen Fernsehen sind die Informationen nicht für die Öffentlichkeit bestimmt, sondern ausschließlich für ganz bestimmte Adressaten, d.h. für geschlossene Empfängergruppen. – Business TV wird v.a. von Unternehmen praktiziert, deren Betriebsstätten bzw. Filialen geografisch breit gestreut sind. Die Anwendungsschwerpunkte liegen z.B. in der internen Aus- und Weiterbildung und in der Vermittlung von unternehmensinternen Informationen.

Business Warehouse – Synonym für → Data Warehouse.

Bus-Netzwerk → Netzwerktopologie.

Buße → Geldbuße.

Bußgeldbescheid – Rechtsgestaltender Akt der Verwaltungsbehörde im → Bußgeldverfahren, mit dem eine Ordnungswidigkeit geahndet wird. – 1. *Inhalt:* Angaben zur Person, Bezeichnung der Tat, der gesetzlichen Merkmale der → Ordnungswidrigkeit, die angewendeten Bußgeldvorschriften, die Beweismittel, Geldbuße und die → Nebenfolgen (→ Einziehung) sowie Rechtsmittelbelehrung und Zahlungsaufforderung (§ 66 OWiG). – 2. *Anfechtung* durch den Betroffenen binnen zwei Wochen seit → Zustellung durch schriftlichen oder zur Niederschrift bei der Verwaltungsbehörde erklärten → Einspruch. Auf Einspruch werden die Akten über die → Staatsanwaltschaft dem → Amtsgericht vorgelegt, das aufgrund von Hauptverhandlung entscheidet. Im Einverständnis des Betroffenen und der Staatsanwaltschaft ist eine Entscheidung durch Beschluss ohne Hauptverhandlung möglich. Gegen die Entscheidung des Amtsgerichts ist unter Einschränkungen → Rechtsbeschwerde (§§ 79 ff. OWiG) möglich. – 3. *Vollstreckung* der Bußgeldentscheidung im Betreibungsverfahren. Anordnung von Erzwingungshaft ist möglich (§ 96 OWiG).

Bußgeldkatalog – vom Bundesminister für Verkehr, Bau- und Stadtentwicklung (BMVBS) erlassene Rechtsverordnung über Regelsätze für Geldbußen wegen einer Ordnungswidrigkeit nach §§ 24, 24a StVG sowie über die Anordnung des → Fahrverbots nach § 25 StVG. Der Bußgeldkatalog bestimmt, in welchen Fällen, unter welchen Voraussetzungen und in welcher Höhe die Geldbuße festgesetzt und für welche Dauer das Fahrverbot angeordnet werden soll (§ 26a StVG).

Bußgeldverfahren – Verfahren zur Verhängung von → Geldbußen zur Ahndung von → Ordnungswidrigkeiten gemäß §§ 35 ff. OWiG oder nach Sondergesetzen. – 1. *Zuständig* ist die Verwaltungsbehörde, jedoch ist eine Übernahme durch die → Staatsanwaltschaft möglich. – 2. Das *Vorverfahren* betreibt die Polizei (§ 53 OWiG). Dem Betroffenen ist Gelegenheit zur Äußerung zu geben. Bei geringfügigen Verstößen kann eine → Verwarnung mit Verwarnungsgeld von 5 bis 35 Euro ausgesprochen werden. – 3. Nach *Abschluss* der Ermittlungen erfolgt eine → Einstellung oder der Erlass des → Bußgeldbescheides (§§ 65ff OWiG).

Bustourismus – 1. *Begriff:* Durch Reisebusunternehmen weit überwiegend im Gelegenheitsverkehr erbrachte inter- und nationale Reiseleistungen für Privatreisende, meist mit, aber auch ohne weitere Zusatzleistungen. Die Busunternehmen treten häufig gleichzeitig als → Reiseveranstalter mit eigenem Katalog auf (Bustourismus i.e.S.). – 2. *Weiteres:* Im Bustourismus werden nach dem → Personenbeförderungsgesetz (PBefG) allg. Ausflugsfahrten, Ferienziel-Reisen und Mietomnibusverkehre unterschieden. Der Busnahverkehr als Teilmarkt des Öffentlichen Straßenpersonennahverkehrs (ÖSPV) nimmt im Zusammenwirken mit dem Schienenpersonennahverkehr (SPNV) im Rahmen des → Öffentlichen Personennahverkehrs (ÖPNV) darüber hinaus eine bedeutende Rolle bei der intermodalen Beförderung von Touristen auf der „letzten Meile" zum Reiseendziel (oder vom Reiseendziel fort) ein. – Im Rahmen von Busnahverkehrsleistungen zu erbringende touristische Reiseleistungen für größere Reisegruppen sind meist dem jeweiligen befördernden Busunternehmen vor Antritt der Reise zwecks ggf. erforderlicher Kapazitätsanpassungen anzuzeigen. – Dem Bustourismus werden aufgrund des steigenden Durchschnittsalters der dt. Bevölkerung mittelfristig gute Marktchancen eingeräumt, da ältere Reisende das Hauptfahrgastaufkommen im Bustourismus stellen. Ob derartige Prognosen vor dem Hintergrund eines sich auch in den älteren Bevölkerungsgruppen abzeichnenden Wandels im Reise- und Mobilitätsverhalten der Realität entsprechen werden, kann allerdings bezweifelt werden. – 3. *Rechtliche Grundlage:* in Deutschland v.a. das Personenbeförderungsgesetz (PBefG). Zudem hat der europäische Gesetzgeber (z.B. durch die Änderung der „12-Tage-Regelung") in der jüngsten Vergangenheit zunehmend starken Einfluss auf die Bustourismusunternehmen gewonnen.

Butterfahrten – 1. *Begriff:* übliche Bezeichnung für die (früher häufig anzutreffende) Erscheinung, dass für Passagiere eine Ausflugsfahrt mit einem Schiff organisiert wurde und der hauptsächliche Zweck dieser Fahrt nur darin bestand, nach dem Verlassen der Hoheitsgewässer den Passagieren Waren verkaufen zu können, ohne dass dieser Verkauf im Inland steuerbar war. Dahinter stand der Gedanke, dass die Passagieren nach ihrer Rückkehr ins Inland die gekauften Waren im Rahmen bestimmter Freimengen steuerlich unbelastet als persönliches Reisegepäck einführen konnten, der Einkauf also endgültig unbelastet blieb. – 2. *Gründe für die heute geringe Bedeutung:* Die Butterfahrten verloren ihre Attraktivität, als mit der EG-weiten Einführung einer Neuregelung über den → Ort der Lieferung von Waren an Bord eines Schiffes in den 1990er-Jahren vorgeschrieben wurde, dass alle während einer Fahrt eines Schiffes ausgeführten Lieferungen in dem Land zu versteuern sind, in dem die Fahrt begonnen hat, wenn die Fahrt des Schiffes in der EU beginnt und auch wieder in der EU endet (§ 3e UStG, Art. 37 der → Mehrwertsteuersystemrichtlinie). Seitdem brauchen nämlich Verkäufe während einer Fahrt, die in der EU beginnt und wieder in der EU endet, nur dann nicht mehr versteuert zu werden, wenn das Schiff zum Zeitpunkt des Verkaufs der

Waren in einem Drittland im Hafen liegt oder sich in den Hoheitsgewässern eines Drittlandes befindet (Rechtsprechung des EuGH, vgl. Abschn. 42-L UStR). Das aber macht i.d.R. zu lange Fahrtstrecken erforderlich, als dass sich die Veranstaltung der Fahrten allein zum Zwecke des steuerlich unbelasteten Verkaufs noch lohnen könnte; außerdem besteht die Gefahr, dass bei einem Verkauf in den Hoheitsgebieten des Drittlandes das Umsatzsteuerrecht dieses Landes zu beachten wäre. – Für eine andere Gestaltung, die steuerfreies Einkaufen ermöglichen sollte, aber ebenfalls beachtlich an Attraktivität verloren hat, vgl. → Duty-Free-Shop.

Buy-Back-Geschäft → Kompensationshandel.

Buygrid-Modell – Kombination von Kaufphasen und → Kaufklassen als Rahmenkonzept für eine differenziertere Betrachtung des → organisationalen Kaufverhaltens. – Vgl. auch → Kaufphasen(ansatz).

Buying Center – *Einkaufsgremium, Decision Making Unit,* theoretisches Konstrukt, bedeutend für die Erklärung des → organisationalen Kaufverhaltens. Alle am Beschaffungsprozess beteiligten Personen bilden das Buying Center; die Zusammensetzung variiert mit → Kaufklassen und Kaufphasen, s. → Kaufphasen(ansatz). – *Analysekriterien* des Buying Centers: (1) nach den *Rollen der beteiligten Personen* (Benutzer, Einkäufer, Entscheidungsträger, Einflussagenten und → Gatekeeper); (2) nach *Tätigkeitsfeldern* (oberste Unternehmensleitung, technisches Personal, Entwicklungs- und Instandhaltungsbereich, Einkauf, Finanzwesen, Verkauf, andere Unternehmungsangehörige, Außenstehende); (3) nach der Art der *Kompetenz* der am Kaufprozess Beteiligten (Personen mit Machtkompetenz: Machtpromotoren, Personen mit Fachkompetenz: Fachpromotoren).

Buy-Response-Funktion → Preisresponsemessung.

Buyside-Marktplatz – Begriff aus dem → E-Commerce. Verkäufer stellen ihre Produkte über Kataloge auf der Buyside elektronisch zur Verfügung und ermöglichen einen Onlineeinkaufsprozess für Käufer. Mehrere (oder viele) Verkäufer werben um einen (oder wenige) Einkäufer. – Vgl. auch → Sellside-Marktplatz, → E-Procurement.

Buzz Marketing – 1. *Begriff*: Technik zur Erzeugung von Mundpropaganda (→ Word-of-Mouth). *To buzz*; engl. für *summen* bzw. *schwirren*; wird auch mit *Gerede* übersetzt. – 2. *Merkmale*: basiert auf der Wirkung traditioneller Mundpropaganda, der persönlichen Empfehlungen von Person zu Person. Beim Buzz Marketing sprechen Privatpersonen (sog. Buzz Agents) i.d.R. gegen ein Honorar oder die Vergabe von Gratisprodukten in ihrem sozialen Umfeld (bei Freunden und Kollegen) oder an öffentlichen Plätzen (Bushaltestellen, Warteschlangen) in einem natürlichen und ungezwungenen Kontext positiv über eine zu bewerbende Marke bzw. Produkte, Services und Unternehmen. Das Buzz Marketing kann sich zusätzlich die Wirkungsweise des → Viral Marketings und die Möglichkeiten des Informationsaustausches im Internet via E-Mail sowie Blog- und Foreneinträge zu Nutze machen. Als Multiplikator und zusätzlicher Hebel können zusätzlich unabhängige PR und Medienberichterstattung dienen. – Vgl. auch → Word-of-Mouth, → Viral Marketing, → Sensation Marketing.

BVA – 1. Abk. für → Bundesversicherungsamt. – 2. Abk. für → Bundesverwaltungsamt.

BVerfG – Abk. für → Bundesverfassungsgericht.

BVerwG – Abk. für → Bundesverwaltungsgericht.

BVR – Abk. für → Bundesverband der Deutschen Volksbanken und Raiffeisenbanken e. V.

BWB – Abk. für → Bundesamt für Wehrtechnik und Beschaffung.

BWL – Abk. für → Betriebswirtschaftslehre.

Byte – Folge von acht Datenbits (→ Bit) und evtl. einem zusätzlichen → Parity Bit. Rein binär kann damit eines von 256 (2^8) Zeichen dargestellt werden (→ Binärcode). Bildet häufig die kleinste direkte adressierbare Informationseinheit eines Computers (→ Adresse).

BzgA – Abk. für → Bundeszentrale für gesundheitliche Aufklärung.

Gabler Wirtschaftslexikon

C-F

Gabler Wirtschaftslexikon

C-F

18., aktualisierte und erweiterte Auflage

Springer Gabler

ISBN 978-3-8349-3464-2
DOI 10.1007/978-3-8349-3875-6

Die Deutsche Nationalbibliothek verzeichnet diese Publikation in der Deutschen Nationalbibliografie; detaillierte bibliografische Daten sind im Internet über http://dnb.d-nb.de abrufbar.

Springer Gabler

1. Auflage 1956, ..., 18., aktualisierte und erweiterte Auflage 2014

Redaktion: Stefanie Brich, Claudia Hasenbalg, Dr. Eggert Winter (Schriftleitung)
Korrektorat: Inge Kachel-Moosdorf
Layout und Satz: workformedia | Frankfurt am Main | München

Gedruckt auf säurefreiem und chlorfrei gebleichtem Papier

Springer Gabler ist eine Marke von Springer DE.
Springer DE ist Teil der Fachverlagsgruppe Springer Science+Business Media
www.springer-gabler.de

Verzeichnis der Abkürzungen

a. – anno (Jahr)
Abb. – Abbildung
AbfVerbG – Abfallverbringungsgesetz
AbgG – Abgeordnetengesetz
Abk. – Abkürzung
ABl – Amtsblatt
ABl EG – Amtsblatt der Europäischen Gemeinschaften
ABl EU – Amtsblatt der Europäischen Union
Abschn. – Abschnitt
Abt. – Abteilung
AbwAG – Abwasserabgabengesetz
ADSp – Allgemeine Deutsche Spediteurbedingungen
AEG – Allgemeines Eisenbahngesetz
a.F. – alte Fassung
AFB – Allgemeine Bedingungen für die Feuerversicherung
AG – Aktiengesellschaft; Amtsgericht; Ausführungsgesetz
AGB – Allgemeine Geschäftsbedingungen
AHB – Allgemeine Geschäftsbedingungen für die Haftpflichtversicherung
AKB – Allgemeine Bedingungen für die Kraftfahrtversicherung
AktG – Aktiengesetz
allg. – allgemein
amerik. – amerikanisch
AMG – Arzneimittelgesetz
AO – Abgabenordnung
AR – Aufsichtsrat
ArbGG – Arbeitsgerichtsgesetz
ArbNErfG – Arbeitnehmererfindergesetz
ArbPlSchG – Arbeitsplatzschutzgesetz
ArbStättV – Arbeitsstättenverordnung
ArbZG – Arbeitszeitgesetz
Art. – Artikel
ASiG – Gesetz über Betriebsärzte, Sicherheitsingenieure und andere Arbeitskräfte für Arbeitssicherheit
AStG – Außensteuergesetz
ATG – Altersteilzeitgesetz
AtG – Atomgesetz
AUB – Allgemeine Versicherungsbedingungen für die Unfallversicherung
Aufl. – Auflage
AÜG – Arbeitnehmerüberlassungsgesetz
AuslG – Ausländergesetz
AVB – Allgemeine Versicherungsbedingungen
AvmG – Altersvermögensgesetz
AWB – Allgemeine Bedingungen für die Leitungswasserversicherung
AWG – Außenwirtschaftsgesetz
AWV – Außenwirtschaftsverordnung
AZ – Aktenzeichen
AZO – Allgemeine Zollordnung

BaföG – Berufsausbildungsförderungsgesetz
BAG – Bundesarbeitsgericht
BAnz – Bundesanzeiger
BAT – Bundesangestelltentarif
BauGB – Baugesetzbuch
b.a.w. – bis auf weiteres
BBankG – Gesetz über die deutsche Bundesbank
BBergG – Bundesberggesetz
BBesG – Bundesbesoldungsgesetz
BBG – Bundesbeamtengesetz
BBiG – Berufsbildungsgesetz
BDSG – Bundesdatenschutzgesetz

BEG – Bundesentschädigungsgesetz
ber. – berichtigt
BerBiFG – Berufsbildungsförderungsgesetz
BErzGG – Bundeserziehungsgeldgesetz
bes. – besonders(-e, -es, -er)
BetrAVG – Gesetz zur Verbesserung der betrieblichen Altersvorsorge
BetrVG – Betriebsverfassungsgesetz
BeurkG – Beurkundungsgesetz
BewG – Bewertungsgesetz
bez. – bezüglich
BFH – Bundesfinanzhof
BGB – Bürgerliches Gesetzbuch
BGBl – Bundesgesetzblatt (I = Teil I, II = Teil II, III = Teil III)
BGH – Bundesgerichtshof
BHO – Bundeshaushaltsordnung
BImSchG – Bundes-Immissionsschutzgesetz
Bin(n)SchG – Binnenschifffahrtsgesetz
BiRiLiG – Bilanzrichtlinien-Gesetz
BM – Bundesminister(ium)
BNatSchG – Bundesnaturschutzgesetz
BOKraft – Verordnung über den Betrieb von Kraftfahrtunternehmen im Personenverkehr
BörsG – Börsengesetz
BörsZulV – Börsenzulassungsverordnung
BPatG – Bundespatentgericht
BPersVG – Bundespersonalvertretungsgesetz
BpO – Betriebsprüfungsverordnung
BRAGO – Bundesgebührenordnung für Rechtsanwälte
BranntwMonG – Branntweinmonopolgesetz
BRRG – Beamtenrechtsrahmengesetz
BSG – Bundessozialgericht
BSHG – Bundessozialhilfegesetz
bspw. – beispielsweise
BStBl – Bundessteuerblatt
BtMG – Bundesbetäubungsmittelgesetz
BUrlG – Bundesurlaubsgesetz
BVerfG – Bundesverfassungsgericht
BVerfGE – Amtliche Sammlungen von Entscheidungen des Bundesverfassungsgerichts
BVerfGG – Gesetz über das Bundesverfassungsgericht
BVerfSchG – Bundesverfassungsschutzgesetz
BVerwG – Bundesverwaltungsgericht
BVG – Bundesversorgungsgesetz
BZRG – Bundeszentralregistergesetz
bzw. – beziehungsweise

ca. – circa

DepotG – Depotgesetz
d.h. – das heißt
DPMA – Deutsches Patent- und Markenamt
DRiG – Deutsches Richtergesetz
DVO – Durchführungsverordnung

EAG – Europäische Atomgemeinschaft
EAGV – Vertrag über die Europäische Atomgemeinschaft
EEG – Erneuerbare-Energien-Gesetz
EGBGB – Einführungsgesetz zum Bürgerlichen Gesetzbuch
EGGVG – Einführungsgesetz zum Gerichtsverfassungsgesetz
EGHGB – Einführungsgesetz zum Handelsgesetzbuch
EGKS – Europäische Gemeinschaft für Kohle und Stahl
EGKSV – Vertrag über die Europäische Gemeinschaft für Kohle und Stahl

EGStGB	– Einführungsgesetz zum Strafgesetzbuch
EGV	– Vertrag zur Gründung der Europäischen Gemeinschaft
EGVVG	– Einführungsgesetz zum Versicherungsvertragsgesetz
EJG	– Eurojust-Gesetz
engl.	– englisch
EnWG	– Energiewirtschaftsgesetz
ErbStDV	– Erbschaftssteuer-Durchführungsverordnung
ErbStG	– Erbschaftssteuer- und Schenkungsgesetz
EStDV	– Einkommensteuer-Durchführungsverordnung
EStG	– Einkommensteuer-Gesetz
EStH	– Einkommensteuer-Hinweise
EStR	– Einkommensteuer-Richtlinien
etc.	– et cetera
EU	– Europäische Union
EuGH	– Europäischer Gerichtshof
EuGVÜ	– Europäisches Gerichtsstands- und Vollstreckungsabkommen
EUV	– Vertrag über die Europäische Union
e.V.	– eingetragener Verein
evtl.	– eventuell
EVO	– Eisenbahn-Verkehrsordnung
EWGV	– Vertrag über die Europäische Wirtschaftsgemeinschaft
f.	– folgende(-r/-s)
FAG	– Finanzausgleichsgesetz
ff.	– folgende
FG	– Finanzgericht
FMStG	– Finanzmarktstabilisierungsgesetz
FGG	– Gesetz über die Angelegenheiten der freiwilligen Gerichtsbarkeit
FGO	– Finanzgerichtsordnung
franz.	– französisch
FstrG	– Bundesfernstraßengesetz
FVG	– Finanzverwaltungsgesetz
GBO	– Grundbuchordnung
GbR	– Gesellschaft bürgerlichen Rechts
geb.	– geboren
GebrMG	– Gebrauchsmustergesetz
GenG	– Genossenschaftsgesetz
GeschmMG	– Geschmacksmustergesetz
GewO	– Gewerbeordnung
GewStDV	– Gewerbesteuer-Richtlinien
GKG	– Gerichtskostengesetz
ggf.	– gegebenenfalls
GmbH	– Gesellschaft mit beschränkter Haftung
GmbHG	– Gesetz betreffend die Gesellschaften mit beschränkter Haftung
GMBl	– Gemeinsames Ministerialblatt
GO-BT	– Geschäftsordnung des Bundestages
GrEStG	– Grunderwerbsteuergesetz
griech.	– griechisch
GVG	– Gerichtsverfassungsgesetz
GWB	– Gesetz gegen Wettbewerbsbeschränkungen (Kartellgesetz)
GwG	– Geldwäschegesetz
H.	– Heft
HAG	– Heimarbeitsgesetz
HandwO	– Handwerksordnung
HGB	– Handelsgesetzbuch
HGrG	– Haushaltsgrundsätzegesetz
hl.	– heilig(-e, -er)
h.M.	– herrschende Meinung

Hrsg.	–	Herausgeber
HypBankG	–	Hypothekenbankgesetz
i.Allg.	–	im Allgemeinen
i.d.F.	–	in der Fassung
i.d.R.	–	in der Regel
i.e.S.	–	im engeren Sinn
inkl.	–	inklusive
InsO	–	Insolvenzordnung
InvG	–	Investmentgesetz
i.V.	–	in Verbindung
i.w.S.	–	im weiteren Sinn
JArbSchG	–	Jugendarbeitsschutzgesetz
Jg.	–	Jahrgang
JGG	–	Jugendgerichtsgesetz
Jh.	–	Jahrhundert
KapCoRiLiG	–	Kapitalgesellschaften- und Co-Richtlinie-Gesetz
KG	–	Kommanditgesellschaft
KGaA	–	Kommanditgesellschaft auf Aktien
KMU	–	klein- und mittelständische Unternehmen
KonTraG	–	Gesetz zur Kontrolle und Transparenz im Unternehmensbereich
KostO	–	Kostenordnung
KraftStG	–	Kraftfahrzeugsteuergesetz
KrW-/AbfG	–	Kreislaufwirtschafts- und Abfallgesetz
KschG	–	Kündigungsschutzgesetz
KStDV	–	Körperschaftsteuer-Durchführungsordnung
KStG	–	Körperschaftsteuergesetz
KStR	–	Körperschaftsteuer-Richtlinien
KUG	–	Kunsturhebergesetz
KWG	–	Gesetz über das Kreditwesen
lat.	–	lateinisch
LHO	–	Landeshaushaltsordnung
LMBG	–	Lebensmittel- und Bedarfsgegenständegesetz
LPartG	–	Lebenspartnerschaftsgesetz
LStDV	–	Lohnsteuer-Durchführungsverordnung
LStR	–	Lohnsteuer-Richtlinien
LZB	–	Landeszentralbank
MarkenG	–	Gesetz über den Schutz von Marken und sonstigen Kennzeichen
MEZ	–	Mitteleuropäische Zeit
mind.	–	mindestens
MinölStG	–	Mineralölsteuergesetz
Mio.	–	Millionen
MitBestG	–	Gesetz über die Mitbestimmung der Arbeitnehmer
MOG	–	Marktordnungsgesetz
MoMitbestG	–	Montan-Mitbestimmungsgesetz
Mrd.	–	Milliarden
MRRG	–	Melderechtsrahmengesetz
m.spät.Änd.	–	mit späteren Änderungen
MuSchG	–	Mutterschutzgesetz
n.Chr.	–	nach Christus
n.F.	–	neue Fassung
Nr.	–	Nummer
o.Ä.	–	oder Ähnliches
OEG	–	Opferentschädigungsgesetz

OHG	– offene Handelsgesellschaft
OLG	– Oberlandesgericht
ÖPNV	– öffentlicher Personennahverkehr
OVG	– Oberverwaltungsgericht
OWiG	– Gesetz über Ordnungswidrigkeiten
p.a.	– per anno (pro Jahr)
PartGG	– Partnerschaftsgesellschaftsgesetz
PatG	– Patentgesetz
PAuswG	– Personalausweisgesetz
PBefG	– Personenbeförderungsgesetz
PflVG	– Pflichtversicherungsgesetz
PostG	– Postgesetz
ProdHaftG	– Produkthaftungsgesetz
PublG	– Publizitätsgesetz
PVÜ	– Pariser Verbandsübereinkommen
RfStV	– Rundfunkstaatsvertrag
RGBl	– Reichsgesetzblatt
RKG	– Reichsknappschaftsgesetz
RPflG	– Reichspflegegesetz
RVO	– Reichsversicherungsordnung
s.	– siehe
S.	– Seite
SchG, ScheckG	– Scheckgesetz
SchiffsG	– Schiffsgesetz
SchRO	– Schiffsregisterordnung
SchwbG	– Schwerbehindertengesetz
SeemG	– Seemannsgesetz
SGB	– Sozialgesetzbuch
SGG	– Sozialgerichtsgesetz
SigG	– Signaturgesetz
sog.	– sogenannte(-r, -s)
Sp.	– Spalte(-n)
StabG	– Stabilitätsgesetz
StBErG	– Steuerberatungsgesetz
Std.	– Stunde(-n)
StGB	– Strafgesetzbuch
StPO	– Strafprozessordnung
TDG	– Teledienstgesetz
TEHG	– Treibhaus-Emissionshandelsgesetz
TierSG	– Tierseuchengesetz
TKG	– Telekommunikationsgesetz
TVG	– Tarifvertragsgesetz
TzBfG	– Teilzeit- und Befristungsgesetz
u.a.	– und andere; unter anderem
u.Ä	– und Ähnliche(-s)
UBGG	– Gesetz über Unternehmensbeteiligungsgesellschaften
UKlaG	– Unterlassungsklagengesetz
UmweltHG	– Umwelthaftungsgesetz
UmwG	– Umwandlungsgesetz
UmwStG	– Umwandlungssteuergesetz
UrhRG	– Urheberrechtsgesetz
UStDV	– Umsatzsteuer-Durchführungsverordnung
UStG	– Umsatzsteuergesetz
UStR	– Umsatzsteuer-Richtlinien
usw.	– und so weiter
u.U.	– unter Umständen

UVPG	– Gesetz über die Umweltverträglichkeitsprüfung
UWG	– Gesetz gegen den unlauteren Wettbewerb
v.a.	– vor allem
VAG	– Versicherungsaufsichtsgesetz
VBL	– Versorgungsanstalt des Bundes und der Länder
v.Chr.	– vor Christus
VerbKrG	– Verbraucherkreditgesetz
VerlG	– Verlagsgesetz
VG	– Verwaltungsgericht
VGH	– Verwaltungsgerichtshof
vgl.	– vergleiche
VO	– Verordnung
VOB	– Vergabe- und Vertragsordnung für Bauleistungen
VOF	– Verdingungsordnung für freiberufliche Leistungen
VOL	– Verdingungsordnung für Leistungen
vs.	– versus
VSF	– Vorschriftensammlung der Bundesfinanzverwaltung
VStG	– Vermögenssteuergesetz
VVG	– Versicherungsvertragsgesetz
VwGO	– Verwaltungsgerichtsordnung
VwVfG	– Verwaltungsverfahrensgesetz
WaffG	– Waffengesetz
WEG	– Wohneigentumsgesetz
WeinG	– Weingesetz
WG	– Wechselgesetz
WHG	– Wasserhaushaltsgesetz
WiStG	– Wirtschaftsstrafgesetz
WoBauG	– Wohnungsbaugesetz
WoGG	– Wohngeldgesetz
WpHG	– Wertpapierhandelsgesetz
WPO	– Wirtschaftsprüferordnung
WRV	– Weimarer Reichsverfassung

Hinweise für den Benutzer

Die zahlreichen Sachgebiete des Gabler Wirtschaftslexikons sind nach Art eines Konversationslexikons in mehr als 25.000 Stichwörter gegliedert. Unter einem Stichwort ist die Erklärung zu finden, die dem Benutzer sofort erforderliches Wissen ohne mehrmaliges Nachschlagen vermittelt. Die zahlreichen Verweiszeichen (→) zielen auf Begriffe, die dem Leser zusätzliche Informationen bieten und eine Einordnung in größere Zusammenhänge ermöglichen.

Die alphabetische Reihenfolge ist – auch bei zusammengesetzten Stichwörtern – strikt eingehalten. Dies gilt für Begriffe, die durch Bindestrich verbunden sind, als auch für Begriffe, die aus mehreren durch Leerzeichen oder Kommata getrennten Wörtern bestehen. In beiden Fällen erfolgt die Sortierung als sei der Bindestrich bzw. das Leerzeichen oder das Komma nicht vorhanden. So steht z.B. „Business-to-Business-Consumer-Market" vor „Business Tool". Die Umlaute ä, ö und ü wurden bei der Einordnung in das Alphabet wie die Grundlaute a, o und u behandelt, ß ist wie ss anzusehen.

Geläufige Synonyme und anglo-amerikanische Termini werden jeweils am Anfang eines Stichwortes aufgeführt.

Rechtsvorschriften sind, soweit notwendig, angegeben. Dabei ist z.B. „§ 3 I UWG" zu lesen als „Paragraph 3 Absatz 1 des Gesetzes gegen den unlauteren Wettbewerb". „BGBl I 1414" bedeutet „Bundesgesetzblatt Teil I, Seite 1414"; das Erscheinungsjahr ergibt sich aus dem im Text angegebenen Zeitpunkt der Bekanntmachung der Rechtsvorschrift.

C

C – Prozedurale → Programmiersprache, mit der aufgrund ihrer Nähe zur → Hardware (→ Assembler) sehr schnelle Programme geschrieben werden können. Universell einsetzbar, v.a. in Zusammenhang mit dem in C geschriebenen → Betriebssystem (BS) → Unix. Durch die im ANSI-Standard C X3.159–1989 vom 31.10.1988 erfolgte Standardisierung besitzt C eine hohe Portabilität, weshalb sie eine der am weitesten verbreiteten Programmiersprachen darstellt. – Vgl. auch → C++.

C.P. → Ceteris-Paribus-Annahme.

C.R. Poensgen Stiftung (CRP) – gemeinnütziger Verein zur Förderung von Führungskräften in der Wirtschaft, gegründet 1956 von der Industrie- und Handelskammer Düsseldorf, seit 1998 ist die Stiftung Teil der Deutschen Gesellschaft für Personalführung e.V. (DGFP). – *Aufgabe:* Heranbildung von Unternehmerpersönlichkeiten als Nachwuchskräfte für leitende Positionen in den Unternehmungen. – *Methoden:* (1) Durchführung von Lehrgängen, die von Unternehmern und sonstigen Praktikern des Wirtschaftslebens sowie von Experten einzelner Gebiete abgehalten werden; (2) Zusammenkünfte von führenden Unternehmern und Nachwuchskräften zu Diskussionen und Gedankenaustausch.

C++ – objektorientierte Weiterentwicklung der Programmiersprache → C.

C2C – Abk. für *Consumer-to-Consumer.* – Vgl. auch → Consumer-to-Consumer-Markt.

Cabotage → Kabotage.

CACEU – 1. *Begriff und Merkmale:* Abk. für *Central African Customs and Economic Union, Union Douanière et Economique de l'Afrique Centrale (UDEAC), Zentralafrikanische Zoll- und Wirtschaftsunion*; am 8.12.1964 durch den Vertrag von Brazzaville gegründet. – 2. *Ziele:* Förderung der wirtschaftlichen Integration durch Zollunion und schrittweise Entwicklung eines gemeinsamen Marktes; Harmonisierung auf dem Gebiet der Entwicklungsplanung, industriellen Zusammenarbeit, Verkehrswesens, der Investitionsgesetzgebung und des Steuerwesens. Mit Frankreich bildet die UDEAC die Zentralafrikanische Währungsunion (Union Monétaire de l'Afrique Centrale).

Cache – Datenspeicher (→ Speicher) zwischen zwei unterschiedlich schnellen Datenverarbeitungselementen (→ Datenverarbeitungssystem) zur optimalen Nutzung der Leistungsfähigkeit beider Elemente. Caches bilden z.B. die Brücke zwischen den schnellen → Prozessoren und den langsameren → Arbeitsspeichern. Caches befinden sich z.B. in Peripheriegeräten wie Druckern (→ Drucker), damit der schnellere Rechner nicht auf das langsamere Peripheriegerät warten muss und somit Rechenzeit nicht genutzt werden kann, oder z.B. in Bildschirmen zur Zeichenwiederholung auf dem Bildschirm.

CACM – *Central American Common Market, Zentralamerikanischer Gemeinsamer Markt;* 1960 gegründeter wirtschaftlicher Zusammenschluss von Costa Rica, El Salvador, Guatemala, Honduras und Nicaragua mit dem Ziel der Errichtung eines gemeinsamen Marktes in diesen Staaten.

CAD – **I. Wirtschaftsinformatik/Industriebetriebslehre:** Abk. für *Computer Aided Design.* 1. *Begriff:* Computergestütztes Konstruieren, d.h. Entwurf von Produkten mit computerunterstützter Grafikerstellung. – 2. *Ziele:* (1) Kosten- und Zeitersparnis durch Automatisierung der Konstruktion und Zugriff auf genormte und bereits vorhandene Teile; (2) Erleichterung von Konstruktionsänderungen. – 3. *Prinzip:* CAD läuft in drei Phasen ab. (1) *Konzipierung* (Anforderungsanalyse, Erarbeitung von Lösungsvarianten, Bewertung von Lösungen), (2) *Gestaltung* (Konkretisierung der Lösungen, maßstablicher Entwurf, Aufstellung von Modellen), (3) *Detaillierung* (Darstellung der verwendeten Einzelteile, Detailentwurf). Der Detailentwurf mit den zugehörigen Stücklisten und Fertigungsunterlagen kann anschließend von der Arbeitsplanung (→ CAP) übernommen werden. – 4. *Arten:* (1) *2D-Geometrie-System:* zweidimensionale Darstellung in Ebenen; (2) *3D-Geometrie-System:* dreidimensionale Darstellung mithilfe von Kanten-, Flächen-, Volumenmodellen.

II. Zahlungsbedingungen: 1. *Cash Against Delivery:* → Zahlungsbedingung im Sinne von → Nachnahme: Die Auslieferung der Ware beim Käufer durch den → Frachtführer erfolgt nur gegen sofortige Bezahlung, ggf. (wenn vereinbart) gegen zahlungsnahe Instrumente (→ Scheck, → Wechsel). Der Käufer kann dabei i.d.R. die Ware nicht vorher prüfen. Im Gegensatz zu Cash Against Documents sind dabei zur Übernahme der Ware keine Dokumente erforderlich. – Neben Cash Against Delivery wird gleichbedeutend auch die Bezeichnung COD (*Cash On Delivery*) verwendet. – 2. *Cash Against Documents* (gleichbedeutend: Documents Against Payment (d/p)/ Payment Against Documents (p/d): a) Zahlungsbedingung, bei welcher der Käufer Dokumente „bezahlen" (kaufen) muss, die er für die Übernahme der Ware benötigt, wie z.B. ein → Seekonossement oder ein → Orderlagerschein). – b) Zahlungsbedingung, bei welcher der Verkäufer gegen Vorlage bestimmter Dokumente (welche den Käufer absichern, z.B. Liefernachweis, Qualitätszeugnisse) Zahlung erhält, wie z.B. beim Dokumentenakkreditiv. – Bei d/a (documents against acceptance: → Dokumente gegen

Akzept-Inkassi) muss der Käufer für den Erhalt der Dokumente einen auf ihn gezogenen Wechsel akzeptieren bzw. einen → Solawechsel ausstellen.

CAE – Abk. für *Computer Aided Engineering;* computergestützte Ingenieurtätigkeiten, bes. beim Produktentwurf.

Cafeteria-System – 1. *Begriff:* Konzept individualisierter Entgeltgestaltung. Die Arbeitnehmer erhalten die Möglichkeit, sozial- und/oder übertarifliche Leistungen aus vorgegebenen Alternativen den persönlichen Bedürfnissen und Präferenzen entsprechend auszuwählen. – Vgl. auch Individualisierung. – 2. *Ziele:* Neben der Individualisierung von Sozialleistungen, der erweiterten Selbstbestimmung am Arbeitsplatz und der Verbesserung der → Corporate Identity soll eine bessere Steuerung der Kosten der Sozialleistungen gewährleistet werden. – 3. *Formen:* Variabel wählbar sind z.B. die Art der Bezahlung, die Form einer Erfolgsbeteiligung, die Art der Sozialleistung (Zuschuss zur Lebensversicherung, Arbeitgeberdarlehen u.Ä.). Der Arbeitnehmer kann sich somit aus einem Angebot an Sozialleistungen und übertariflichen Entgeltbestandteilen sein individuelles „Menü" zusammenstellen. Da nur übertarifliche Entgeltbestandteile darunter fallen können, ist die Bedeutung in der Praxis bislang beschränkt.

Cairns Gruppe – Vereinigung agrarexportierender Länder, in der sich → Industrieländer und → Entwicklungsländer für Verhandlungen zur Liberalisierung des internationalen → Agrarhandels vor dem Hintergrund des → GATT bzw. der → World Trade Organization (WTO) zu einer gemeinsamen, starken Interessensvertretung zusammengeschlossen haben. Sie bezeichnen sich selbst als „nicht subventionierende" Freihändler und gelten als Wortführer in der Kritik an protektionistisch ausgerichteten Agrarpolitiken (→ Agrarprotektionismus) anderer Staaten, v.a. der gemeinsamen Agrarpolitik der EU (GAP). Der Cairns Gruppe gehören Argentinien, Australien, Bolivien, Brasilien, Chile, Costa-Rica, Guatemala, Indonesien, Kanada, Kolumbien, Malaysia, Neuseeland, Pakistan, Paraguay, Peru, Philippinen, Südafrika, Thailand und Uruguay an (Stand 2012).

Cake Eating Problem – Begriff aus der Umwelt- und Ressourcenökonomik, mit dem die Frage, wie ein vorgegebener Bestand einer → erschöpflichen Ressource am besten auf verschiedene Perioden aufzuteilen sei, bezeichnet wird. – Vgl. → Abbaupfad.

Call – Kurzbezeichnung für eine Call Option (Kaufoption), im Gegensatz zum → Put (Verkaufsoption). Ein Call gibt dem Inhaber (Käufer) gegen Zahlung der Optionsprämie das Recht, einen vereinbarten Geschäftsgegenstand (Basisobjekt) zum Basispreis zu einem bestimmten Termin oder in einem bestimmten Zeitraum zu kaufen. Der Verkäufer (Stillhalter) der Option hat die Pflicht, zu verkaufen, wenn der Käufer sein Recht ausübt.

Callcenter – I. **Allgemein:** Kommunikationszentren, in denen Kundenkontakte mittels moderner Kommunikationsmittel (Telefon, E-Mail, Fax, Internet, Coupon, Brief, Anrufbeantworter etc.) auf der Basis DV-gestützter Informationstechnologien, bes. von Kundendaten aus Datenbanken, abgewickelt werden. In Callcentern werden sowohl Kundenanfragen von Spezialisten bearbeitet als auch Kunden aktiv angesprochen. Callcenter sind oftmals ausgegliederte Organisationseinheiten von Unternehmen oder selbstständige Unternehmen. Ziele sind das Erreichen von Kundennähe, Kundenbindung sowie → Kundenzufriedenheit bzw. Kundenloyalität. Unternehmensziele sind Kostensenkung durch schlagkräftige Konzentration von Know-how und Technologieeinsatz sowie Erhöhung von Umsatz, Verkaufsraten und Wertschöpfung. – Vgl. auch → Telefonmarketing, → Direct Marketing, → Database Marketing, → Beziehungsmarketing.

II. **Callcenter von Banken:** telefonisch Aufträge annehmende Stelle in Banken mit ständiger Erreichbarkeit – auch außerhalb der banküblichen Öffnungszeiten; vorwiegend Nutzung bei Direktbanken. PC-gestützte Auftragsannahme unter Berücksichtigung spezieller Sicherheitserfordernisse (z.B. Kennwort des Kunden).

Call Money – 1. Engl. Bezeichnung für → Tagesgeld zwischen Kreditinstituten. Call Money wird üblicherweise über Nacht in größeren Beträgen angelegt (Overnight Money), für die Zinsberechnung wird der Referenzzinssatz → EONIA (Euro Overnight Index Average) verwendet. – 2. *Tagesgeld,* das auf unbestimmte Dauer angelegt wird, jedoch täglich (One Day Notice) oder zweitägig (Two Days Notice) vom Kreditgeber zurückgefordert oder vom Anleger zurückbezahlt werden kann.

CAM – Abk. für *Computer Aided Manufacturing.* Computergestützte Produktion, d.h. automatisierte und rechnergesteuerte Fertigung durch Steuerung von → NC-Anlage, → CNC-Anlage, → DNC-Anlage, computergestützten Transportsystemen, flexiblen Fertigungssystemen, → Industrierobotern u.a.

Cambridge-Cambridge-Kontroverse – bedeutsame Debatte in den 1950er- und 1960er-Jahren zwischen Ökonomen aus Cambridge (England) und Ökonomen des Massachusets Institutes of Technology (MIT) in Cambridge (USA). Ausgelöst durch das Buch „Warenproduktion mittels Waren" des Cambridge(England)-Ökonomen Piero Sraffa (1960) setzte eine langjährige Debatte um die logische Konsistenz von zentralen theoretischen Konzepte der neoklassischen Kapitaltheorie, insbes. der aggregierten Produktionsfunktion, und den Folgen für die makroökonomische neoklassischen Verteilungstheorie ein. – Maßgebliche Vertreter aus Cambridge (England) waren Joan Robinson, Luigi L. Pasinetti, Pierangelo Garegnani. Maßgebliche Vertreter aus Cambridge (USA) waren Paul A. Samuelson, Robert

Solow. – Vgl. → Kapitaltheoretische Kontroverse, → Verteilungstheorie.

Cambridge-Theorie der Verteilung → Keynes-Kaldor-Verteilungstheorie.

Canardsche Steuerregel – auf Canard (1755–1833) zurückgehende These, dass bei alten Steuern Überwälzungsanpassungsvorgänge abgeschlossen seien und die Steuern alle gleichmäßig belasteten: „Alte Steuern, gute Steuern". Die Canardsche Steuerregel wird als Argument für die Beibehaltung von althergebrachten Steuern in Steuerreformdiskussionen gebraucht.

Cannan – Edwin, 1861–1935, engl. Nationalökonom, dessen Name untrennbar mit → Smith und der London School of Economics verbunden ist, an der er seit ihrer Gründung im Jahre 1895 bis zu seinem Rücktritt 1926 lehrte und deren weltweite Bedeutung nicht zuletzt auf sein Wirken zurückgeht. Cannan war ein hervorragender Kenner der klassischen Dogmengeschichte wie kein Zweiter nach ihm, → Schumpeter eingeschlossen. Seinem frühen Werk „A History of Theories of Production and Distribution in English Classical Political Economy from 1776 to 1848" (1893) folgten zahlreiche Publikationen zu Einzelfragen. Er hat das Hauptwerk von Smith „Wealth of Nations", 2 Bde. (1904), herausgegeben. Für die Qualität dieser Ausgabe spricht, dass sie mit Ausnahme eines Punktes – Cannans Spekulation, ob Smith Turgots Werk kannte – bis heute Bestand hat. In seiner „Review of Economic Theory" (1929) bietet er einen jegliche Mathematik meidenden Überblick, der sich durch ökonomischen Common Sense auszeichnet.

Cantillon – Richard, 1697 (nicht 1680, wie bisher angenommen) – 1734 (ermordet), irischer, in Frankreich lebender Bankier und Nationalökonom. Von Cantillon ist nur ein Buch überkommen, das „Essai sur la nature du commerce général", das erst 21 Jahre nach seinem Tod 1755 publiziert wurde, vorher aber als Manuskript umlief. Es wurde in die wichtigsten Weltsprachen übersetzt, ins Deutsche unter dem Titel „Abhandlung über die Natur des Handels im Allgemeinen" (1931). → Hume, → Turgot und → Smith haben das Werk gelesen und sind von ihm beeinflusst worden.

Cap – 1. *Allgemein:* Der Begriff Cap wird als Bezeichnung einer Kappungs- bzw. Obergrenze verwendet. – 2. *In der Bankwirtschaft* meint Cap eine Zinsobergrenze und damit ein Hedge-Instrument zur Absicherung gegen steigende Zinsen; seit 1983 auf den internationalen Finanzmärkten eingesetzt und von zunehmender Bedeutung. Der Cap-Verkäufer garantiert dem Cap-Käufer (Schuldner) die Zahlung der Differenz zwischen dem vereinbarten Cap und dem darüber hinausgehenden realen Marktzinssatz für ein variabel verzinsliches Finanzierungsinstrument (z.B. Floating Rate Note). Der Schuldner begrenzt sein Zinsänderungsrisiko auf den Cap. Der Cap-Verkäufer erhält bei Vertragsabschluss eine einmalige Prämie; diese ist im Wesentlichen abhängig von der Höhe des Cap (je höher, um so billiger), dem aktuellen Marktzinssatz, der Laufzeit und der Volatilität (Schwankungsbreite) des → Referenzzinssatzes (z.B. Libor). – *Beispiel:* Ein Cap-Käufer vereinbart mit einem Cap-Verkäufer ein Cap von 8 Prozent; steigt der tatsächliche Marktzinssatz auf 10 Prozent, so ersetzt der Cap-Verkäufer dem Cap-Käufer die Zinsdifferenz von 2 Prozent. – *Gegensatz:* → Floor. – Vgl. auch → Collar, → Derivate.

CAP – I. Produktion: Abk. für *Computer Aided Planning, Computergestützte Arbeitsplanung.* – 1. *Aufgaben:* Erstellung von Arbeitsplänen zur Produktion eines Erzeugnisses auf der Basis geometrischer Daten von → CAD (Konstruktionszeichnungen und Stücklisten) sowie weiterer technologischer Informationen über Eigenschaften von Materialien und Baugruppen. – 2. *Ergebnisse:* Festlegung der Reihenfolge der Bearbeitungsoperationen, Zuordnung der Bearbeitungsoperationen zu Maschinen, Auswahl der Fertigungshilfsmittel, Ermittlung der Vorgabezeit für die einzelnen Bearbeitungsoperationen.

II. Internationales Rechnungswesen: Abk. für → Committee on Accounting Procedure.

CAPI – Abk. für *Computer Assisted Personal Interview;* computergestütztes persönliches Interview, bei dem der Interviewer Fragen aus dem PC (Laptop) vorliest und die Antworten direkt eingibt. – Vgl. auch → Computergestützte Datenerhebung, → Interview. Vorteile sind gegenüber der Befragung mit Papierfragebögen, dass komplexere Fragebogensteuerungen realisiert werden können und die Daten unmittelbar nach der Befragung ausgewertet werden können.

Capital Asset Pricing Model (CAPM) – 1. *Begriff:* Auf der Portefeuilletheorie (→ Portfolio Selection) basierendes Modell des → Kapitalmarktes zur Erklärung von Wertpapierrenditen und zur Ableitung von Handlungsempfehlungen; theoretische Alternative u.a. zur → Arbitrage Pricing Theory (APT). – 2. *Grundlagen:* Dem Capital Asset Pricing Model (CAPM) liegt die Erkenntnis der Portefeuilletheorie zugrunde, dass sich durch Mischung von Wertpapieren *(Diversifikation)* deren Risiko (Renditeschwankungen) reduzieren lässt, sofern die Renditen nicht vollständig positiv korreliert sind. Unter der Annahme *risikoscheuer Investoren* sind all jene Mischungen effizient, die bei gegebener Renditeerwartung ein minimales Risiko bzw. bei gegebenem Risiko eine maximale Renditeerwartung aufweisen. Die Überleitung zum Kapitalmarktmodell erfolgt durch die explizite Einbeziehung eines *vollkommenen Kapitalmarktes* an dem bes. Kapital zum gleichen Zinssatz risikolos angelegt und aufgenommen werden kann und alle Marktteilnehmer über homogene, d.h. gleichartige Erwartungen hinsichtlich aller relevanten Momente von Wertpapierrenditen verfügen. Hieraus resultiert eine einzige effiziente Struktur der Portefeuilles riskanter Wertpapiere, die im Gleichgewicht der

Struktur des Marktportefeuilles (des Gesamtangebots riskanter Wertpapiere entspricht) und unabhängig vom Grad der Risikoscheu des Investors ist *(Tobin-Separation)*. Jede andere Portefeuillestruktur riskanter Wertpapiere weist bei gleicher Renditeerwartung ein höheres Risiko auf und ist daher ineffizient. Als effizientes Gesamtportefeuille ergibt sich somit stets eine Mischung aus risikoloser Kapitalanlage und dem *Marktportefeuille*. Welche Mischung gewählt wird, ist vom Grad der Risikoscheu des Investors abhängig. Durch die Einbeziehung des Kapitalmarktes lässt sich anhand der sog. Kapitalmarktlinie ein linearer Zusammenhang zwischen dem Risiko (gemessen als Standardabweichung der Wertpapierrendite σ_p) eines effizienten Gesamtportefeuilles p und seiner Renditeerwartung E (R_p) herstellen (vgl. Abbildung „Kapitalmarktlinie").

CAPM – Kapitalmarktlinie

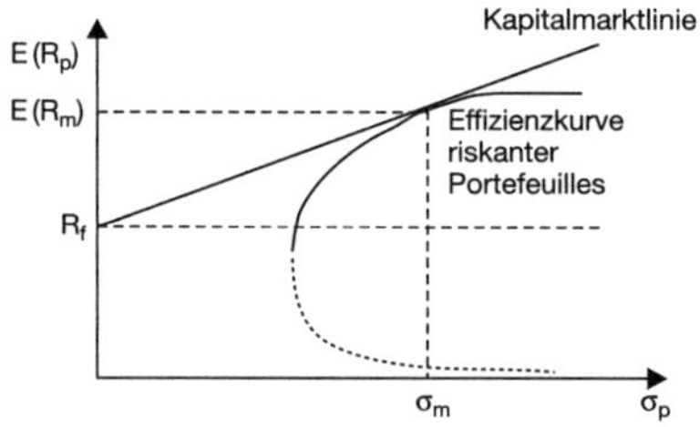

Die Steigung kann als Preis für eine Risikoeinheit, σ_p als Risikohöhe interpretiert werden. Das Produkt aus beidem gibt dabei die *Risikoprämie* für die Übernahme des Risikos an. Für die Kapitalmarktlinie gilt formal:

$$E\,(R_p) = R_f + \left(\frac{(E(R_m) - R_f)}{\sigma_m}\right)\sigma_p\,,$$

wobei: E (R_p) = Renditeerwartung eines effizienten Gesamtportefeuilles p, R_f = risikoloser Zinssatz, E (R_m) = Renditeerwartung des Marktportefeuilles, σ_m = Standardabweichung der Rendite des Marktportefeuilles, σ_p = Standardabweichung der Rendite des

CAPM – Wertpapierlinie

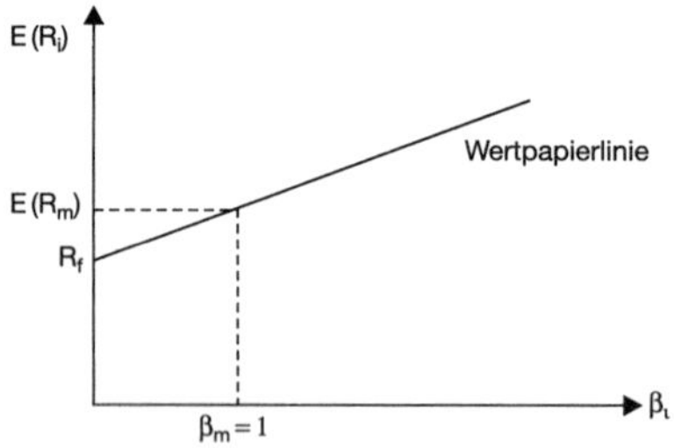

effizienten Gesamtportfeuilles p. Die Effizienzkurve riskanter Portefeuilles gibt die effiziente Mischung von Wertpapieren ohne Einbeziehung der risikolosen Geldanlage an. – Für die Bewertung eines einzelnen Wertpapiers ist deren Renditeerwartung $E(R_i)$ in Abhängigkeit von der relativierten Risikogröße $ß_i$ als Wertpapierlinie (oder Wertpapiermarktlinie) aus dem Gesamtportefeuille zu isolieren (vgl. Abbildung „Wertpapierline"). Formal gilt:

$$E\,(R_i) = R_f + (E\,(R_m) - R_f)\,ß_i$$

Die relativierte Risikohöhe $ß_i$ wird als Beta-Faktor (Beta-Koeffizient) bezeichnet und bringt das Risiko des Wertpapiers i im Verhältnis zum Marktportefeuille zum Ausdruck, gemessen als Quotient aus der Kovarianz der Renditen des Marktportefeuilles und des Wertpapiers i und der Varianz der Rendite des Marktportefeuilles (cov_{im} / σ^2_m). Im Beta-Faktor ist nur das systematische Risiko (Marktrisiko) enthalten. Das unsystematische (unternehmensspezifische) Risiko gilt als wegdiversifiziert. – 3. *Praktische Bedeutung*: Die praktische Anwendung ist durch teils restriktive Annahmen des Modells wie etwa die homogener Erwartungen erschwert. Ferner wird zur Bestimmung der Renditeerwartungswerte i.d.R. auf Vergangenheitswerte zurückgegriffen. Dies impliziert jedoch im Zeitablauf konstante Eigenschaften von Wertpapierrenditen. Real sind hier Veränderungen zu beobachten, weshalb eine Bewertung bei Verwendung historischer Daten häufig fehlerhaft ist. Infolge dieser Probleme findet der Gedanke der Risikostreuung (Diversifikation) zwar in zahlreichen Wertpapierfonds seinen Niederschlag, doch weisen diese vielfach völlig unterschiedliche Strukturen auf und weichen von einem einheitlichen Marktportefeuille ab. Als Stellvertreter für das Marktportefeuille werden häufig Indizes wie etwa der Deutsche Aktienindex (DAX) herangezogen. Auf der Grundlage einer sicheren Datenbasis stellt das Capitea Asset Pricing Model (CAPM) in der Praxis ein wichtiges Instrument zur Feststellung der Überbewertung (Renditeerwartung des Wertpapiers unterhalb der Wertpapierlinie) bzw. der Unterbewertung (Renditeerwartung oberhalb der Wertpapierlinie) eines Wertpapiers dar.

Capital Charge Formel → Economic Value Added (EVA), Wertorientierte Unternehmensführung.

Capital Flow – angloamerikanische Bezeichnung für *Kapitalwanderungen* (brutto oder netto) aus einer Industrie bzw. einem Wirtschaftsgebiet in andere. Bes. bedeutsam sind internationale Kapitalbewegungen (Kapitalzuflüsse und -abflüsse), die makroökonomisch ihren Niederschlag auf dem → Devisenmarkt finden. In makroökonomischen Modellen offener Volkswirtschaften hängen internationale Kapitalströme maßgeblich von den Renditen (Zinssätzen) in- und ausländischer Wertpapiere ab. – Vgl. → Totalmodelle offener Volkswirtschaften, Nachfrageseite.

Captive (Re)Insurance – *Captive (*Kurzform für *„Captive Insurance Company"), Deductible Funding Programs, Mutual Insurance Groups,* – 1. *Begriff:* Form des alternativen Risikotransfers zur (externen) → Selbstversicherung. Versicherungsgesellschaft, die ein nicht in der Versicherungswirtschaft tätiges Unternehmen (oder eine Gruppe) gründet. Eine Erstversicherungs-Captive (Direct Insurance Captive) übernimmt direkt die Risiken des Unternehmens bzw. Konzerns. Eine Rückversicherungs-Captive (Reinsurance Captive) übernimmt die Risiken des Unternehmens bzw. Konzerns über einen zugelassenen Erstversicherer im Rahmen eines Fronting. Eine Pure Captive deckt ausschließlich die Risiken des eigenen Unternehmens. Werden auch Risiken fremder Unternehmen versichert, so wird von einer Broad Captive bzw. Open-Market Captive gesprochen. → – 2. *Methodik:* Je nach Art der Risiken handelt es sich um eine Selbsttragung (z.B. der Frequenzrisiken) oder eine Risikofinanzierung. Geschäftsführung, Administration, Verwaltung und Rückversicherungseinkauf übernimmt teilweise eine spezialisierte Captive-Management-Gesellschaft. – 3. *Ziele*: Neben der Gewinnung von (zusätzlicher) Deckungskapazität für neuartige Risiken und eines Zugangs zum internationalen bzw. globalen Rückversicherungsmarkt als Versicherungsgesellschaft ist es vorrangiges Ziel, das Kapitalmanagement zu optimieren. Hierzu zählen Effizienzgewinne, indem das Unternehmen bestimmte Risiken selbst trägt und damit durch Preisvorteile bei der Selbstversicherung von Konzernrisiken Kosten einspart. Einbehaltende Versicherungsprämien bzw. ausgeschüttete Dividenden führen zu einer Cash-flow-Steigerung. Die Nutzung vorteilhafter steuer- bzw. aufsichtsrechtlicher Rahmenbedingungen ist durch die Sitzlandwahl beeinflussbar. Beliebte Hauptsitze für sog. Offshore (Re)Insurances sind Bermuda (Bermuda (Re)Insurance) und andere als „Offshore" bezeichnete Standorte (z.B. Cayman Islands, Barbados, Irland). – 4. *Arten:* Je nach Gestaltung und Zielsetzung lassen sich verschiedene Grundformen unterscheiden und können die Bezeichnungen variieren: a) Single-Parent Captive: Captive (Re)Insurance mit einem Gesellschafter/Eigentümer/Konzern, – b) Multi-Parent Captive/Mutual Captive: Captive (Re)Insurance im Eigentum mehrerer Gesellschafter bzw. Konzerne, – c) Group/Association Captive: Zeichnung von Risiken durch Mitglieder eines bestimmten Wirtschafts- bzw. Branchenverbands (z.B. Ärzte), – d) Rent-a-Captive: Captive (Re)Insurance-Konzept, das einem Unternehmen ohne eigene Captive (Re)Insurance gegen Gebühr den Zugang zu den Funktionen einer Erst- bzw. Rückversicherungs-Captive (Re)Insurance im Rahmen eines Vertrags bietet, – e) Protected-Cell/Segregated-Cell Captive (PCC): alternative Gesellschaftsform für die Rent-a-Captive, bestehend aus einem Kern und einer Anzahl eigenständiger Zellen, deren jeweils zugeordnete Vermögenswerte isoliert und gesetzlich vor Ansprüchen Dritter voneinander geschützt sind. Die isolierte Behandlung des Risikokapitals ermöglicht mehreren, voneinander unabhängigen Kunden, eine Captive einzurichten. – f) Onshore/Domestic Captive: wenn die Gründung der Captive im Sitzland des Unternehmens (Eigentümers) erfolgt. – g) Offshore Captive (Offshore (Re)Insurance): wenn die Gründung außerhalb des eigenen Sitzlands erfolgt.

Captive Fund – bezeichnet i.w.S. einen Venture-Capital- oder Private-Equity-Fund, der einen wesentlichen Kapitalgeber hat. Dies kann ein Corporate Fund sein, dessen Investor, z.B. ein Industrieunternehmen, i.d.R. sowohl finanzielle als auch strategische Interessen hat. Dagegen spricht man von einem Captive Fund i.e.S., wenn dessen Kapitalgeber eine Finanzinstitution ist. Im Gegensatz dazu spricht man von einem → Independent Fund, wenn dieser nicht von einem Kapitalgeber alleine finanziert und kontrolliert wird, sondern aufgrund der gestreuten Anteile unabhängig agiert.

Capture-Theorie – Begriff der Theorie der Wirtschaftspolitik und der → Neuen Politischen Ökonomie. Der Capture-Theorie zufolge gibt es in demokratisch verfassten Marktwirtschaften auch einen „Markt" für staatliche Regulierungseingriffe. „Nachfrager" sind Unternehmen bzw. deren Interessenverbände, die sich durch die Erlangung von Regulierungsprivilegien dem wettbewerblichen Anpassungszwang entziehen wollen. Hierfür sichern sie den gewählten Regierungspolitikern als den „Anbietern" staatlicher Regulierungsprivilegien politische (und/oder finanzielle) Unterstützung zu. Das Selbstinteresse der Politiker und der mit der Regulierungsaufgabe betrauten Verwaltungen (bürokratiespezifische Expansionsbestrebungen) führt zu einem tendenziellen Anwachsen von → Interventionismus und → Dirigismus und damit zu einem Absinken der gesamtwirtschaftlichen Effizienz.

CAQ – Abk. für *Computer Aided Quality Ensurance.* 1. *Begriff:* Computerunterstützte Qualitätssicherung und -kontrolle. – 2. *Aufgaben:* Mengen-, Termin- und Qualitätsprüfungen; Ursachenermittlung bei Abweichungen durch Auswertung von Basisdaten und Gegensteuerung. Dazu ist eine *Integration* der CAQ mit anderen Computersystemen im Fertigungsbereich, z.B. zum → PPS-System erforderlich.

Caravan-Test – in der → Marktforschung willkürliche Auswahl von Auskunftspersonen, vornehmlich auf Messen, Ausstellungen, bei der Verteilung von Warenproben etc. Der eigentliche Test bzw. die Befragung wird in einer mobilen Einrichtung (z.B. Wohnwagen) durchgeführt. Es wird keine repräsentative Auswahl erzielt. Daher ist die Gefahr eines → systematischen Fehlers sehr groß.

Carbon Disclosure Project – Abk. *CDP;* das Carbon Disclosure Project ist eine unabhängige und nicht kommerzielle Organisation, die im Jahr 2000 gegründet wurde. Ziel des Projektes ist, Informationen für Investoren, Gesellschaften und Regierungen bereitzustellen. Die Organisation besitzt die größte Datenbank an Treibhausemissionsdaten von Unternehmen und deren Strategien bezüglich des → Klimawandels. Zur Datensammlung werden jährlich standardisierte → Fragebögen erstellt.

Cargo – *Frachtgut;* → Ladung eines Transportfahrzeugs.

CARICOM – 1. *Begriff und Merkmale: Caribbean Community and Common Market, Karibische Gemeinschaft;* am 4.7.1973 mit dem Vertrag von Chaguaramas (Trinidad) gegründet. Die CARICOM ersetzte die Karibische Freihandelszone (CARISTA), deren Zielsetzung der Handelsliberalisierung um die ökonomische Integration erweitert wurde. – 2. *Ziele:* Gemeinsame Außenhandelspolitik und gemeinsamer Außenhandelstarif sowie eine Koordinierung der nationalen Entwicklungspläne sind vorgesehen.

Carl Duisberg Gesellschaft (CDG) – 1949 von Bund, Ländern und der dt. Wirtschaft gegründete gemeinnützige Organisation für die internationale berufliche Weiterbildung und Personalentwicklung. 2002 fusionierte die CDG mit der dt. Stiftung für internationale Entwicklung (DSE) zur InWEnt → Internationale Weiterbildung und Entwicklung gemeinnützige GmbH (InWEnt). Unter diesem Namen werden die Programme der Vorgänger-Organisationen weitergeführt. Die Programme werden meist im Auftrag des Bundesministeriums für wirtschaftliche Zusammenarbeit und Entwicklung (BMZ) im Rahmen der personellen Zusammenarbeit durchgeführt.

Carnet ATA – 1. *Begriff:* Abk. für *Admission Temporaire und Temporary Admission.* Das Carnet ATA ist ein Vordruck, der dem internationalen Zollübereinkommen von Brüssel über das Carnet ATA für die vorübergehende Einfuhr vom 6.12.1961 (BGBl. 1965 II 948) als Anlage beigefügt ist. Mittels seiner werden verschiedene Zollverfahren rund um die Verwendung abgewickelt. Dem Abkommen gehören neben den Mitgliedsstaaten der EU mehere Länder an, so u.a. Algerien, Andorra, Australien, Chile, VR China, Elfenbeinküste, Gibraltar, Herzegowina, Hongkong, Indien, Iran, Island, Israel, Japan, Kanada, Korea, Kroatien, Libanon, Macoa, Malaysia, Marokko, Mauritius, Mazedonien, Mexiko, Moldavien, Mongolei, Montenegro, Neuseeland, Norwegen, Pakistan, Russland, Schweiz, Senegal, Serbien, Singapur, Sri Lanka, Südafrika, Thailand, Türkei, Tunesien, Ukraine, USA, Vereinigte Arabische Emirate und Weißrussland an. – 2. *Anwendung:* Das Carnet ATA kann für vorübergehend eingeführte eingangsabgabenpflichtige Waren verwendet werden. Zulässig ist weiterhin die Verwendung als Versandpapier, nicht jedoch für zur Ausbesserung und Veredelung bestimmte Waren. Schließlich kann es zur Wiederausfuhr verwendet werden. Der Inhaber eines Carnet ATA ist verpflichtet, die eingeführten Waren bis zum Ablauf der Gültigkeitsdauer des Carnet ATA wieder auszuführen. In der Bundesrepublik Deutschland wird das Carnet ATA von den → Industrie- und Handelskammern (IHK) ausgegeben. Bürgender Verband ist der → Deutsche Industrie- und Handelskammertag (DIHK).

Carnet TIR – 1. *Allgemein:* Das TIR-Verfahren (Transport International des Marchandises par la Route) ermöglicht den grenzüberschreitenden Warentransport mit Straßenfahrzeugen in vier Kontinenten. Mit einem Zollpapier, einer Nämlichkeitssicherung und einer gemeinsamen Sicherheitsleistung können Waren durch mehrere Staaten befördert werden, ohne dass sie an den Grenzzollstellen beschaut werden. Das verkürzt die Abfertigungszeiten enorm. – 2. *Rechtsgrundlage* ist das Übereinkommen über den internationalen Warentransport mit Carnet TIR („TIR-Übereinkommen 1975") vom 14.11.1975 (BGBl. 1979 II 446). 68 Vertragsparteien einschließlich der 27 Mitgliedsstaaten der Gemeinschaft sind inzwischen dem Übereinkommen beigetreten. Angewendet werden die Regelungen jedoch nur in 56 Ländern, die über national zugelassene, bürgende Verbände verfügen. Das Carnet TIR findet keine Anwendung, wenn die Warentransporte ausschließlich innerhalb des → Zollgebiets der EU stattfinden. Dann sind → Nichtgemeinschaftswaren im → gemeinschaftlichen Versandverfahren zu befördern. – 3. *Ausstellung und Ausgabe:* Ausgestellt werden Carnet TIR nicht von den Zollstellen, sondern von der in Genf ansässigen internationalen Straßentransportunion (IRU-International Road Transport Union/Union Internationale des Transports Routiers). Die Wirtschaftsbeteiligten erhalten das Papier von den ihnen angeschlossenen nationalen Verbänden, die hierzu von den Zollbehörden der jeweiligen Vertragspartei ermächtigt werden. In Deutschland erfolgt die Abgabe der Carnets über die Landesorganisationen des Bundesverbandes Güterkraftverkehr, Logistik und Entsorgung (BGL) e. V. in Frankfurt a.M. und die Arbeitsgemeinschaft zur Förderung und Entwicklung des internationalen Straßenverkehrs (AIST) e. V. in Berlin. – 4. Ablauf: Das TIR-Verfahren wird bei der sog. Abgangszollstelle eröffnet. Hier werden auch die Verschlüsse angelegt. Den Durchgangszollstellen an den Grenzen ist das Beförderungsmittel mit der Warenladung und dem dazugehörigen Carnet TIR vorzuführen. Bei der Bestimmungszollstelle wird das Verfahren beendet. Ein Carnet TIR gilt jeweils nur für eine Beförderung. – 5. *Aktuelle Entwicklung:* Seit dem 1.1.2009 wird das Verfahren innerhalb der EU, des → Zollgebietes der EU, zusätzlich nach den Regeln des NCTS-Versandverfahrens zwingend elektronisch abgewickelt. – Vgl. auch → Versandverfahren.

Carriage and Insurance Paid tovgl. → CIP.

Carriage Paid to → *Named Place of Destination,* → CPT.

Carrier – Anbieter und Koordinatoren von Telekommunikationsdiensten, die als Vermittler zwischen den Anbietern spezieller Telekommunikationsdienstleistungen (z.B. Reisebuchungen per → Internet) und → Providern mit einem Angebot von Telekommunikationsdiensten am Markt auftreten.

Carry Back → Verlustrücktrag.

Carryover-Effekt – 1. *Begriff:* intertemporale Wirkungsübertragung beim Einsatz absatzpolitischer bzw. marketingpolitischer Instrumente, bes. von Werbewirkungen: Ein Teil der Werbewirkung wird nicht im Zeitraum des Instrumenteinsatzes, sondern erst in den Folgeperioden und in abnehmendem Umfang wirksam (→ Werbewirkungsfunktion). – 2. *Arten:* a) *Direkter Carryover-Effekt:* Der Absatz des beworbenen Produktes wird in späteren Perioden von den Werbeanstrengungen in den vorgelagerten Perioden beeinflusst. Nur ein Teil der Werbung wird in der Periode des Werbeeinsatzes wirksam, der andere Teil erst in nachfolgenden Perioden. – b) *Indirekter Carryover-Effekt:* Der Absatz des beworbenen Produktes in späteren Perioden wird von dem durch die Werbung beeinflussten Absatz in der Durchführungsperiode mitbestimmt. Von Bedeutung für Verbrauchs- und Gebrauchsgüterwerbung. – Vgl. Abbildung „Carryover-Effekt". – Im ersten Fall kommt der Carryover-Effekt v.a. über Wiederholungskäufe zustande, im zweiten Fall sind Imitations- und Sättigungseffekte die wichtigsten Ursachen.

Carryover-Effekt

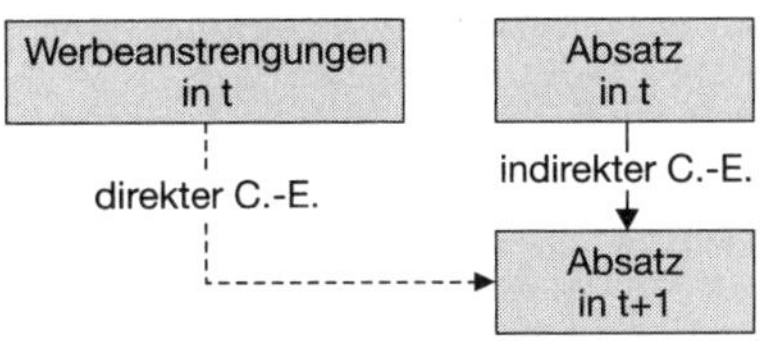

Cartoon-Test → Bildenttäuschungstest.

CAS – Abk. für *Computer Aided Selling;* computergestützte Außendienstinformationssysteme zur verbesserten Koordination und Integration von Verkaufsinnendienst und -außendienst mithilfe mobiler Computer und → Datenfernübertragung.

CASE – Abk. für *Computer Aided Software Engineering;* über den gesamten Entwicklungsprozess von Software bereitgestellte Computerunterstützung bez. Methoden und Werkzeugen. Die Unterstützung erfolgt über sog. CASE-Tools, die meist folgende Eigenschaften besitzen: Einheitliches → Data Dictionary (DD) als Grundlage, grafische Entwicklungsoberfläche, automatische Generierung von Programmcodes und Unterstützung der Dokumentation und des Projektmanagements. Unter einer einheitlichen Oberfläche werden für jede Phase des Entwicklungsprozesses unterschiedliche Werkzeuge angeboten, die die Entwickler in ihrer Teamarbeit unterstützen. Eine wichtige Anforderung an CASE-Tools besteht aufgrund der enormen Dynamik des IT-Bereichs in der Erweiterbarkeit um weitere Methoden und der Unterstützung mehrerer grundlegender Systeme.

Case Management – I. Marketing: Modell der Marketingorganisation, bei dem jeder Auftrag als ein Geschäftsvorfall behandelt wird, dessen gesamter Ablauf von einer Person (bzw. Stelle) betreut wird. Der Case Manager ist das Bindeglied zwischen dem → Kunden und der Binnenorganisation des Unternehmens. – Das Case Management als Organisationsform eignet sich für alle Unternehmen, deren Produkte bzw. Dienstleistungen eine komplexe Marktbearbeitung erforderlich machen (→ Gebrauchsgüter, → Investitionsgüter) und die durch enge, kontinuierliche Interaktionen mit den Kunden gekennzeichnet sind.

II. Health Care Management: 1. *Begriff:* Case Managament ist ein Instrument im Rahmen von → Managed Care und umfasst die gezielte und übergreifende Leistungssteuerung von der Planung bis zur Evaluation von Behandlungsmaßnahmen, sog. Hochkostenfälle im Gesundheitswesen. – 2. *Merkmale:* Case Management setzt zum einen auf der individuellen Ebene des Patienten an, wodurch das Selbstmanagement und die Eigenverantwortung des Patienten gestärkt werden soll (Empowerment und → Compliance). Zum anderen bezieht sich Case Management auf die institutionelle Ebene. Hierdurch soll die Koordination von Sach- und Dienstleistungen und Kooperationsbeziehungen zu einzelnen Leistungserbringern gefördert werden. Durch die strukturierte und kontinuierliche Begleitung einzelner Hochkostenfälle soll die Versorgungsqualität unter effizientem Ressourceneinsatz gefördert werden. Symptomverschlechterungen sollen frühzeitig erkannt und die Therapie ggf. angepasst werden. In den USA wurde das Case Management ursprünglich zur Betreuung von Kranken durch Pflegekräfte und Sozialarbeiter eingesetzt. Durch die vermehrte Etablierung von Managed Care gewinnt das Case Management zunehmend an Bedeutung. Obwohl sich das Konzept in Deutschland noch in den Anfängen befindet, sind mittlerweile in der Praxis zahlreiche, sehr unterschiedliche Modellprojekte anzutreffen: klassisches Fallmanagement in der Medizin, Pflegeprozessmanagement in der Pflege, aber auch Unterstützungsmanagement in der Sozialarbeit und Rehabilitationsmanagement in der Rehabilitation. – 3. *Unterschied zu verwandten Behandlungsformen:* a) → Disease Management: Im Gegensatz zum Disease Management liegt der Schwerpunkt nicht in der Betreuung eines Patientenkollektivs durch mehrere Betreuer, sondern in der Einzelfallbetreuung. Zusätzlich wird kein komplettes Krankheitsbild abgedeckt, sondern gezielt ein Behandlungsplan (Care Plan) an den Bedürfnissen des Patienten und den Anforderungen des Auftraggebers ausgerichtet. – b) *Gatekeeping:* Beiden Formen ist die Übernahme eines bestimmten Versorgungsprozesses durch einen Betreuer gemein. Im Gegensatz zum Gatekeeper führt der Case

Manager aber keine Diagnosen sowie Behandlungen durch und verschreibt auch keine Medikamente. – 4. *Typische Krankheitsbilder* die durch Case Management vorrangig betreut werden sind AIDS, Schlaganfall, Transplantationen, Kopfverletzungen, schwere Verbrennungen, Risikoschwangerschaften und -geburten, Rückenmarksverletzungen, neuromuskuläre und psychische Erkrankungen. Des Weiteren können Aufgreifkriterien wie überlange Liegezeiten, fehlgeschlagene Operationen, hohe Fallkosten und sich widersprechende Behandlungen oder langwierige Behandlungen mit Schmerzmitteln oder Antidepressiva Anlass zum Case Management geben. – 5. *Auftraggeber:* Der Case Manager kann im Auftrag von Leistungsfinanziers oder Leistungserbringern tätig sein. Insbesondere die nach Kopfpauschalen vergüteten Leistungserbringer haben einen großen Anreiz, eine optimale Kosten-Nutzen-Struktur im Behandlungsverlauf zu erzielen. Auch Leistungsfinanziers wie → Krankenkassen und ebenfalls der Patient bzw. dessen Angehörige können den Auftrag zum Case Management erteilen. – 6. *Wesentliche Funktionen des Case Managers:* a) *Behandlungsorientierte Aktivitäten* bilden den Schwerpunkt der Arbeit des Case Managers und umfassen alle Aktivitäten, die einen effizienten medizinischen und pflegerischen Behandlungsprozess für den Patienten sicherstellen. Inbegriffen ist hierbei die Kommunikation des Case Managers mit dem Patienten und sämtlichen Leistungserbringern. Die Kommunikation bildet die Grundlage zur Planung, Steuerung und Evaluation der Behandlung von der Erstbehandlung bis hin zum Entlassungsmanagement. Eine patientenorientierte Versorgung steht hierbei gleichrangig auf der Stufe einer effizienten Versorgung. – b) *Finanzielle Beratung:* Der Case Manager fungiert in dieser Funktion als Vermittler von kostengünstigen bis hin zu kostenlosen Versorgungsangeboten zwischen Leistungsfinanzier, -anbieter und Patient. Gespräche zur Kostenübernahme bis hin zur Haushaltsbudgetberatung bei finanziellen Engpässen des Patienten sind Teil dieser Funktion. – c) *Berufsorientierte Funktion:* Hier gilt es den Patienten gezielt ins Berufsleben zu re-integrieren. Bspw. erfolgen seitens des Case Managers Gespräche mit dem Arbeitgeber über zukünftige Erwartungen an die betreffende Person oder aber auch koordinierende Maßnahmen für Weiterbildungsaktivitäten. – 7. *Ablauf:* a) *Informationsphase:* Fallabhängig erfolgt ausgehend von den individuellen Anforderungen des Auftraggebers und in Abhängigkeit des vorliegenden Krankheitsbild eine Bestandsaufnahme. Details zur Kostenübernahme und den Einzelheiten der Behandlung werden erfasst. Zudem wird das Gespräch mit dem Patienten und sämtlichen am Behandlungsprozess beteiligten Akteuren gesucht. – b) *Planungs- und Berichtphase:* Ausgehend von den Bedürfnissen des Patienten wird ein Behandlungsplan erstellt. Dieser wird unter Wirtschaftlichkeits- und Qualitätsaspekten geplant, mit den Betroffenen diskutiert und dem Auftraggeber als Empfehlung vorgelegt. Kosten-Nutzenanalysen zur Überprüfung von Effizienzpotentialen in der Behandlung können in den Bericht integriert werden. Der Bericht ist durch den Auftraggeber zu legitimieren, ggf. anzupassen und in regelmäßigen Abständen zu aktualisieren. – c) *Implementations- und Evaluationsphase:* Nach Genehmigung des Behandlungsplans durch den Auftraggeber ist der Case Manager für die Umsetzung der Maßnahmen verantwortlich. Eine kontinuierliche Überprüfung des Behandlungsverlaufs erfolgt durch telefonische Rücksprachen mit den Leistungserbringern, regelmäßige Besuche, Evaluation von Behandlungsergebnissen als auch durch die Überprüfung des vorgegebenen Zeitplans.

Cash against Documents – *Documents against Payment*: d/p, *Documents against Acceptance*: d/a, vgl. → Dokumente gegen Zahlung-Inkassi. Vgl. auch → CAD.

Cash-and-Carry-Großhandel (CC) – *Selbstbedienungsgroßhandel;* Abk. *CC*; Betriebsform des Großhandels (→ Betriebsformen des Handels), in der nach dem Prinzip der Selbstbedienung ein großes Sortiment von Konsumgütern angeboten wird. Die Kunden (Einzelhändler, Gastwirte, Großverbraucher und sonstige gewerbliche Verwender) suchen die Waren aus, bringen sie zur Kasse, leisten Barzahlung und transportieren sie zum Ort der Verwendung. Wird der Umsatzanteil mit Letztverbrauchern (Konsumenten, Privatverbrauch der gewerblichen Käufer) zu hoch, drohen wettbewerbsrechtliche Sanktionen. Kleinflächige CC sind teilweise in → Verbrauchermärkte oder in → Selbstbedienungswarenhäuser umgewandelt worden.

Cash Cow – Eine Portfoliokategorie der Marktwachstums-Marktanteils-Matrix der Boston Consulting Group. Bei Produkten dieser Kategorie sorgen ein hoher Marktanteil und ein niedriges Marktwachstum dafür, dass das Unternehmen erarbeitete Kostenvorteile ausschöpfen kann. Wegen der geringen Wachstumsrate des Markts sollten keine neuen Investitionen in das vorhandene Produkt mehr getätigt, sondern nur noch Gewinne realisiert werden. Es liegt eine *Abschöpfungsstrategie* vor, deren hohe finanzielle Überschüsse zur Finanzierung anderer Geschäftsfelder dienen. – Vgl. auch → Stars, → Dogs und → Question Marks.

cash crops – für den Markt erzeugtes Agrarprodukt. Cash crops stehen im Gegensatz zu Erzeugnissen, die der Selbstversorgung dienen.

Cashflow – I. Begriff/Arten: 1. *Begriff:* Finanzielle Stromgröße, die den in einer Periode erfolgswirksam erwirtschafteten Zahlungsmittelüberschuss angeben soll. Er wird abgeleitet aus den Daten des → Jahresabschlusses, bes. der → Gewinn- und Verlustrechnung (GuV). Der Cashflow ist Ausdruck (Indikator) der Innenfinanzierungskraft eines Unternehmens (→ Innenfinanzierung). – 2. *Arten:* a) *Net Operating* Cashflow: misst den Einzahlungsüberschuss aus den

Produktions- und Absatztätigkeiten der Periode;- b) *gesamter* Cashflow: erfasst auch die durch Finanzierungsentscheidungen sowie durch Investitions- und Ausschüttungsentscheidungen ausgelösten Ein- und Auszahlungen.

II. Systematik der Cashflow-Analyse:

Netto-Umsatzerlöse
- Materialaufwand
- Löhne und Gehälter, einschließlich soziale Abgaben
- Steuern
- erforderliches Betriebskapital

= *Net Operating Cashflow*
- Rückzahlung von Fremdmitteln
- Zinszahlungen
+ erhaltene Rückzahlungen aus Ausleihungen
+ erhaltene Zinszahlungen, Dividendenzahlungen

= *vorläufig verfügbare Mittel für Ausschüttung und Investition*
- Investitionsauszahlungen
+ Verkauf von Gegenständen des Anlagevermögens

= *Free Cashflow*
+ Aufnahme langfristiger Fremdmittel
- Rückkauf von Obligationen
- Tilgung von Fremdmitteln
+ Ausgabe von Aktien, Obligationen etc.
- Dividendenzahlungen

= *gesamter Cashflow*
+ kurzfristige Verbindlichkeiten
- Wertpapiere des Umlaufvermögens, Forderungen an Banken etc.

= Kasse i.e.S.

III. Beurteilung: Die Cashflow-Analyse erlaubt gute Einsichten in die Aktivitäten von Unternehmen. Weil die Cashflow-Analyse aber historische Daten verarbeitet, ist ihr Prognosewert begrenzt.

Cashflow Return on Investment (CFROI) – Kennzahl, die im Rahmen eines umfassenden Performancemessungs- und Wertsteigerungskonzepts zur Anwendung kommt. Der Cashflow Return on Investment (CFROI) ist eine Renditegröße, die als → interner Zinsfuß eines Unternehmens oder Geschäftsbereichs berechnet wird. In die Berechnung des Cashflow Return on Investment (CFROI) gehen vier Größen ein: Bruttoinvestitionsbasis (BIB; inflationierte Anschaffungs- und Herstellungskosten), Brutto-Cashflow (BCF; Einzahlungsüberschuss der Periode aus dem operativen Geschäft vor Investitionen), die → Nutzungsdauer und der → Restwert am Ende der Nutzungsdauer. Unter der vereinfachenden Annahme einer unendlichen Nutzungsdauer berechnet sich der Cashflow Return on Investment (CFROI) als

$$\text{CFROI} = \frac{\text{Brutto-Cashflow}}{\text{Bruttoinvestitionsbasis}}.$$

Zur Beurteilung der Performance eines Unternehmens oder Geschäftsbereichs wird der Cashflow Return on Investment (CFROI) dem entsprechenden Gesamtkapitalkostensatz – Weighted Average Cost of Capital, → WACC – der Einheit gegenübergestellt. Ist der Cashflow Return on Investment (CFROI) größer als der Gesamtkapitalkostensatz, so ist im betrachteten Zeitraum Wert geschaffen, andernfalls ist Wert vernichtet worden. Kritik am Cashflow Return on Investment (CFROI) entfacht sich am Konzept des → internen Zinsfusses und den Annahmen bei der Berechnung des Cashflow Return on Investment (CFROI).

Cashflow Statement → Kapitalflussrechnung.

Cash Management – 1. *Begriff:* Steuerung der täglichen Gelddisposition eines Unternehmens. Als Instrument der → Finanzplanung ist das Cash Management kurzfristig mit einem Planungshorizont von wenigen Tagen ausgerichtet und plant die → Liquidität für die unmittelbar bevorstehenden Tage anhand der verfügbaren Informationen über ein- und ausgehende Zahlungsströme auf den verschiedenen, zu disponierenden Konten. – 2. *Zielsetzungen:* Hauptaufgabe ist die störungsfreie Abwicklung des → Zahlungsverkehrs auf der Grundlage der bei den einzelnen Kreditinstituten eingeräumten Kreditlinien sowie die kurzfristige Anlage überschüssiger Liquidität. Von der Kreditwirtschaft wird Cash Management im Rahmen des → Electronic Banking als Dienstleistung zur Unterstützung und Optimierung der kurzfristigen Finanzwirtschaft des Kunden angeboten. Cash Management unterstützt dabei Unternehmen bei der Planung, Steuerung, Disposition und Kontrolle kurzfristiger Finanz- und Liquiditätspositionen sowie der Kassenhaltung. Informationsmodule steuern den Zahlungsverkehrsdatenaustausch, die Darstellung aktueller Kontostände (auch valutarisch geordnet) sowie Verfügungen zulasten von Konten unter Auswahl der Zahlungsart und Währung bei Auslandstransfers. Auch die Banken und Sparkassen selbst nutzen das Cash Management für die Disposition ihrer eigenen Konten bei in- und ausländischen Kreditinstituten – bes. bei Zentralbanken. Dies hat das Ziel einer möglichst knappen Liquiditätshaltung bzw. einer günstiger Anlage liquider Mittel sowie einer zeitgerechten Abwicklung ihres Zahlungsverkehrs aus dem → Kundengeschäft und → Eigengeschäft. – Vgl. auch Optionen für das Liquiditätsmanagement in → TARGET2.

Cash on Delivery – *Barzahlung bei Lieferung;* → Handelsklausel in Kaufverträgen, nach der der Kaufpreis bei Übergabe der Ware, nicht der Dokumente, zu zahlen ist. – Vgl. auch → CAD.

Cash Pool – Zielkonto der im Rahmen des → Cash Management täglich zusammengefassten

Zahlungsverkehrskonten eines Unternehmens. Ziel der Bildung eines Cash Pools ist es, die Sollzinsen auf den Unternehmenskonten durch Saldierung aller Kontenstände auf dem Zielkonto zu reduzieren.

Cash-Pooling – Es handelt sich um ein bei der Konzernfinanzierung international gebräuchliches Steuerungsinstrument innerhalb eines Konzerns, das über das Cash-Management der Obergesellschaft abgewickelt wird. Die Konzernuntergesellschaften „pumpen" ihre Liquidität über Darlehensvergaben in die Obergesellschaft, die sie zentral – und damit kostensparend – für alle Töchter verwaltet. Nach früherer Rechtslage vor Inkrafttreten des MoMiG wurde das von der Rechtsprechung als Konflikt mit dem Grundsatz der Kapitalbindung (§ 30 I GmbHG) bzw. als Ansatz für einen Verstoß gegen § 57 I 1 AktG (Verbot der Einlagenrückgewähr) angesehen (vgl. dazu z.B. die Rechtsprechung des BGH, Urt. v. 11.1.2011, II ZR 157/09, zu einem noch nach altem Recht zu beurteilenden „Altfall", bei dem die Schuld einer Tochtergesellschaft gegenüber der Konzernobergesellschaft durch eine Enkelgesellschaft übernommen worden war). Durch das → Gesetz zur Modernisierung des GmbH-Rechts und zur Bekämpfung von Missbräuchen (MoMiG) wird diese Thematik im Hinblick auf Kapitalaufbringung und -erhaltung nun auf verlässlichere Rechtsgrundlagen gestellt (§ 30 I 2 GmbHG bzw. § 57 I 3 AktG), wodurch die früheren Rechtsunsicherheiten in diesem Bereich beseitigt werden sollen. Die Kapitalbindung (bei der Muttergesellschaft) gilt als aufgehoben, wenn diese eine Rückgewährverpflichtung gegenüber den darlehensgebenden Töchtern hat bzw. wenn ein Beherrschungs- und Gewinnabführungsvertrag zwischen ihnen besteht.

Cash Recovery Rate → Unternehmungsbewertung, wertorientierte Unternehmensführung.

Cash Value Added – Kennzahl innerhalb des Value Based Management bzw. wertorientierter Steuerungskonzepte (Wertorientierte Unternehmensführung). Ermittelt sich aus der Multiplikation des eingesetzten Kapitals mit der Differenz aus CFROI und gewichtetem Gesamtkapitalkostensatz (→ WACC).

Cassel – Gustav, 1866–1945, schwedischer Nationalökonom, der nach dem Studium der Mathematik in seinem Heimatland in Göttingen Nationalökonomie hörte. Er lebte bis zu seinem Tode in Stockholm. Der Einfluss der dt. → historischen Schule auf sein Denken blieb gering. Cassel gehört zu den Neoklassikern. Die → Marginalanalyse lehnte er jedoch ebenso ab wie die Keynessche Lehre (→ Keynesianismus). Seine → Preistheorie basiert ausschließlich auf dem Prinzip der Knappheit. Mit → Wicksell gehört er zu den Begründern der modernen schwedischen Schule der Nationalökonomie. Seine Theorie zeichnet sich durch eine starke Vereinfachung auf das Wesentliche aus, was ihn von Wicksell, der für subtile theoretische Analysen bekannt ist, deutlich abhebt. Sein bekanntestes Werk, die original in Deutsch verfasste „Theoretische Sozialökonomie" (1918), ist mehrfach aufgelegt und in viele Sprachen übersetzt worden. Zwischen den beiden Weltkriegen war es in Deutschland das am häufigsten benutzte Lehrbuch. Mit seinem Namen verbunden ist die → Kaufkraftparitätentheorie, bei der er sich auf → Ricardo stützt. Zu seinen Schülern gehörten → Myrdal und → Ohlin.

Catalog Showroom → Katalogschauraum.

Cat Bonds – *Catastrophe Bonds, Act-of-God-Bonds,* Katastrophenanleihen, Katastrophenbonds. 1. *Begriff:* Häufigste bzw. am weitesten verbreitete Form von → Insurance Linked Securities zur Verbriefung von Risiken aus i.d.R. Naturkatastrophenexponierungen (z.B. Sturm oder Erdbeben) in der Sachversicherung. Cat Bonds werden auch in anderen Bereichen eingesetzt, wie z.B. in der Lebensversicherung zur Verbriefung von Risiken aus Extremmortalität. – 2. *Methodik*: Cat Bonds werden von Unternehmen, Erst- oder Rückversicherern über ein Special Purpose Vehicle (SPV) emittiert. Das der Transaktion zugrundeliegende Risiko wird auf den Zeichner der Anleihe (Investor) übertragen. Der Investor kauft ein Wertpapier, dessen Verzinsung und Rückzahlung an das Eintreten eines im Anleihevertrag definierten Ereignisses (oder mehrerer Ereignisse) geknüpft sind (z.B. Sturm in Deutschland, Erdbeben in Japan). Durch die Vorabeinzahlung der potenziellen Haftung durch den Investor handelt es sich bei Cat Bonds um eine voll kollateralisierte Deckungsform. Für das investierte Kapital erhält der Investor einen Basiszins (meist LIBOR). Für die Übernahme des Verlustrisikos bei Eintritt eines definierten Ereignisses, das den Cat Bonds triggert, erhält er zudem eine Risikoprämie. Der Emissionserlös bzw. das bei der Emission erzielte Kapital wird durch einen vom SPV beauftragten Treuhänder (Geschäftsbank) verwaltet und zur Besicherung des in der Anleihe verbrieften Risikos in Anleihen mit hoher Bonität (bspw. Staatsanleihen) investiert. Die mögliche Verlusthöhe des Investors ist von der individuellen Strukturierung des Cat Bonds abhängig. Üblicherweise reduziert sich das Kapital der Investoren entsprechend der vom SPV an den Originator geleisteten Zahlungen. Nach einem Teilschaden werden der Basiszins und der Risikoaufschlag (nur) auf das verbleibende Kapital bezahlt. – 3. *Arten:* Unterschieden werden sog. a) Indemnity Cat Bonds: knüpfen an den individuellen Schaden bzw. das verbleibende Nettorisiko des Originators an. Das auslösende Ereignis ist ein Schadentrigger bzw. ein Indemnity Trigger. – b) Non-Indemnity Cat Bonds: die Zahlungen basieren auf objektivierbaren, nicht spezifisch auf den Originator bezogenen Schadenquantifizierungen. Diese Schadenquantifizierungen können unterschiedliche Ausprägungen haben. Häufig werden geologische oder meteorologische Parameter als Schadenzahlung auslösendes Ereignis (Parametrische Trigger) für den Cat Bonds definiert (sog. parametrische Cat Bonds). Bei sog. indexbasierten Cat Bonds können auch bestimmte branchenweite

Schadenindizes (Index- bzw. Marktschaden-Trigger) den Einsatzpunkt des Cat Bonds determinieren. Bei einem sog. Modelled Loss Cat Bond werden die Entschädigungszahlungen durch die Modellierung eines Ereignisschadens (sog. Modelled Loss Trigger) für ein vorab festgelegtes Referenzportfolio bestimmt. – 4. *Merkmale:* Neben einem SPV zur Abwicklung der Transaktion ist die Definition des auslösenden Ereignisses (Trigger) als Bezugsgröße ein wichtiges Element bei der Strukturierung eines Cat Bonds. Je näher sich die Bezugsgröße (Trigger) am tatsächlichen Portefeuille des Originators orientiert, desto geringer ist das Basisrisiko. Einer Individualisierung der Deckung und damit einer Reduzierung des Basisrisikos stehen die Erfordernisse von Standardisierung und Transparenz zur Reduzierung des Strukturierungsaufwands auf Seiten der Investoren gegenüber. – 5. *Ziele:* Die Nutzung von Cat Bonds ermöglicht den Aufbau neuer Kapazitäten außerhalb des traditionellen Rückversicherungsmarkts insbesondere für Spitzenrisiken. Aufgrund der Tatsache, dass die Investoren das (Risikodeckungs-)Kapital sofort bei Emission und Zeichnung der Cat Bonds zur Verfügung stellen, kann das Kreditrisiko für die Emittenten (Originatoren) erheblich gesenkt werden. Die individuelle Strukturierung ermöglicht es, die Deckung flexibel zu gestalten (z.B. mehrjährig). Die geringe oder nicht bestehende Korrelation zu anderen Finanzmarktrisiken ermöglicht den Investoren einen positiven Beitrag zum Risiko-/Renditeprofil ihres Portfolios.

Category Management – *Warengruppenmanagement;* Umsetzung des → Efficient Consumer Response (ECR) Ansatzes auf der Angebots- bzw. Marketing-Seite (Pendant zu → Supply Chain Management) primär im Rahmen der handelsbetrieblichen → Sortimentspolitik. Grundlage ist die Philosophie, Warengruppen als Strategische Geschäftseinheiten (→ strategisches Geschäftsfeld) zu führen. Diese sollen in einem kooperativen Prozess zwischen Handel und Hersteller optimiert werden, welcher die Verknüpfung der horizontalen Kompetenz des Handels (optimale Aussteuerung der Warengruppen untereinander) mit der vertikalen Kompetenz des Herstellers (Detailkenntnis der Produktkategorien) beinhaltet. Auf der Basis einer verbesserten Sortimentsstruktur sollen die Wünsche der Kunden besser befriedigt, und damit die → Wertschöpfung erhöht werden, um eine Umsatz- und Gewinnsteigerung für Hersteller und Händler zu erreichen. Die Optimierung erfolgt mittels strategischer und operativer Maßnahmen am → Point of Sale (POS) unter Zuhilfenahme EDV-gestützter Planungs-, Analyse-, Steuerungs- und Kontrollsysteme. Grundlage der Umsetzung auf der Handelsseite bildet die organisatorische Integration der Verantwortung für alle Einkaufs- und Merchandising-Entscheidungen einer Warenkategorie in der Stelle des Warengruppenmanagers. Dessen zentrale Zielvorgabe ist die Optimierung der Bruttospannen (Deckungsbeiträge für die gesamte Warengruppe).

Catering – Versorgung mit verzehrfertigen Speisen, die teilweise auch auf industrielle Weise vor- und zubereitet sind; beliefert werden bestimmte Einrichtungen (z.B. Kantinen, Krankenhäuser, Altenheime, Mensen, Gefängnisse, Schulküchen) oder Personengruppen (z.B. Ausrichter einer Party, alte Menschen in ihren Wohnungen).

CATI – Abk. für *Computer Assisted Telephone Interview;* computergestütztes telefonisches Interview, bei dem der Interviewer Fragen aus dem PC vorliest und die Antworten direkt eingibt. – Vgl. auch → computergestützte Datenerhebung, → Interview, → Telefonbefragung. – *Vorteile:* Es können komplexere Fragebogenabläufe realisiert werden und die Daten stehen unmittelbar nach der Erhebung in maschinenlesbarer Form zur Verfügung.

CATS – Abk. für *Certificates of Accrual on Treasury Securities;* Handelsmarke der Investmentbank Salomon Bros., seit 1998 Teil der Citigroup, für → Stripped Bonds, die aus amerik. Staatsanleihen mit unterschiedlichen Laufzeiten entwickelt wurden. Sie sind seit 1983 am US-Markt erhältlich.

Cause-Related Marketing – 1. *Begriff:* Zeitlich befristete Zusammenarbeit bzw. Kooperation zwischen einem Unternehmen und einer → Nonprofit-Organisation (NPO), wobei ein gewisser Teil der Erträge des Unternehmens während der Dauer der Kooperation an die NPO gespendet wird. – 2. *Merkmale:* Die aus der Kooperation resultierende Spende ist an ein Produkt des Unternehmens gebunden: bei jedem Verkauf dieses Produktes, fließt ein gewisser Betrag (z.B. Prozentsatz vom Umsatz oder Festbetrag je verkaufter Einheit) an die NPO. – 3. *Beurteilung des Begriffes:* a) Spezielle Facette des → Nonprofit Marketing. – b) Im weiteren Sinne ist Cause-Related Marketing auch eine Partnerschaft zwischen einem privat-erwerbswirtschaftlichen Unternehmen und einer NPO (Vgl. → Intersektorale Partnerschaften).

CBOT – Der *Chicago Board of Trade* wurde im Jahr 1848 von 82 Kaufleuten gegründet, um einen zentralisierten Handelsplatz für den stark anwachsenden Getreidehandel zu schaffen. Im Jahr 1865 begann die CBOT standardisierte Vereinbarungen über den Getreidehandel per Termin zu entwickeln, die Futures Contracts. Um den Bedürfnissen der sich wandelnden ökonomischen Umgebung nach 1970 (Zins- und Währungsvolatilität) gerecht zu werden, weitete die CBOT ihr Angebot an Finanzkonstrukten aus und gab Finanzinstitutionen die Gelegenheit zum Preisrisikomanagement. Als Resultat einer strategischen Allianz mit der → EUREX wurde 1999 der elektronische Börsenhandel eingeführt und 2001 der Parketthandel eingestellt. Das Clearing wird überwacht von der seit 1925 agierenden Trade Clearing Corporation (BOTCC). Das Clearing wird überwacht von der seit 1925 agierenden Trade Clearing Corporation (BOTCC). Im Jahre 2006 erreichte die CBOT ein Handelsvolumen von 805 Mio. Verträgen. Am

9.7.2007 schloss sich die CBOT mit der Chicago Mercantile Exchange CME Group zusammen. – Vgl. auch → Chicagoer Börsen.

CBT – Abk. für *Computer Based Training;* Lernprogramm, mit dessen Hilfe dem Anwender Sachverhalte in multimedialer Form aufbereitet verständlich gemacht werden sollen.

CCBM2 – Abk. für → *Collateral Central Bank Management.*

CCC – Abk. für *Customs Cooperation Council,* → Rat für die Zusammenarbeit auf dem Gebiet des Zollwesens (RZZ).

CC-Großhandlung → Cash-and-Carry-Großhandel (CC).

CCI – Abk. für *Chambre de Commerce International,* → ICC.

CC-Zeitschrift – Form des Vertriebs von Fachzeitschriften, bei der bestimmte Zielgruppen das Medium (und damit den → Werbeträger) kostenlos erhalten. Da der Empfängerkreis definiert und damit kontrolliert ist, spricht man auch von einer kontrollierten Verbreitung. Die CC-(„Controlled Circulation")Publikationen werden ausschließlich durch die Anzeigenwerbung finanziert. Vorteil für die Werbungtreibenden ist aufgrund der kontrollierten Verbreitung der geringe → Streuverlust.

CD – Abk. für *Certificate of Deposit, Depositenzertifikat;* eine verbriefte → Termineinlage von Nicht-Banken bei Banken. Der Anleger einer bestimmten Mindestsumme festverzinslicher Termineinlagen erhält für seine Einlagen ein Depositenzertifikat. Dieses ist ein fungibles → Geldmarktpapier mit Laufzeiten von i.d.R. ein bis sechs Monaten, es kann daher auch vor Fälligkeit veräußert werden. Die Verzinsung der Depositenzertifikate liegt aufgrund der entstehenden Ausgabekosten geringfügig unter der von vergleichbaren Termineinlagen. Erstmals 1966 von Londoner Eurobanken begeben, sind Depositenzertifikate auch in Deutschland seit 1986 zugelassen; sie unterliegen der → Mindestreserve.

CDAX – Abk. für *Composite DAX;* → Aktienindex, der von der Deutsche Börse AG berechnet und veröffentlicht wird. Im Gegensatz zum → Deutschen Aktienindex (DAX), der nur 30 Standardwerte umfasst, wird der CDAX segmentübergreifend aus allen an der Frankfurter Wertpapierbörse im Prime Standard und im General Standard notierten dt. Aktien gebildet.

CDG – Abk. für → *Carl-Duisberg-Gesellschaft.*

CDO – Abk. für *Collateralized Debt Obligation;* strukturierte Wertpapiere, die basierend auf einem Fonds, der weiterverkaufte Kredite enthält, begeben werden. – Vgl. → Verbriefung von Kreditportfolios.

CD-ROM – Abk. für *Compact Disc Read Only Memory;* Nur-Lese-Speicher (Musik, Daten, Texte, Bilder, grafische Darstellungen; → Speicher). Daten werden nach dem von Compact Disc (CD) bekannten Verfahren auf optische Speicherplatten im Format 4,75 Zoll digital aufgezeichnet. Sie dienen zur Speicherung großer Datenmengen (z.B. Datenbankinhalte, Kataloge, Softwareprogramme etc.). Heutzutage reicht die Speicherkapazität der CD-ROM vielfach nicht mehr aus, sodass → DVD oder → Blu-ray Disc verwendet werden.

CDS – Abk. für → *Credit Default Swap.*

CEA – 1. *Begriff und Merkmale: Confédération Européenne de l'Agriculture, European Confederation of Agriculture, Verband der Europäischen Landwirtschaft;* gegründet 1948 mit Sitz in Brüssel. Spitzenverband von mehreren Hundert Landwirtschafts- und Genossenschaftsverbänden in Europa und die Nachfolgeorganisation der *International Commission of Agriculture* sowie der *International Confederation of Agriculture.* – 2. *Ziele:* Vertretung und Schutz der Interessen der europäischen Landwirtschaft in wirtschaftlichen, sozialen und kulturellen Angelegenheiten; Fortentwicklung der Grundlagen der Landwirtschaft; Schutz und Unterstützung des unabhängigen landwirtschaftlichen Familienbetriebs.

CEAO – *Communauté Economique de l'Afrique de l'Ouest, Westafrikanische Wirtschaftsgemeinschaft;* am 9.6.1959 gebildet aus sieben westafrikanischen frankophonen Staaten; zz. untätig. – *Probleme:* Überschneidungen mit → ECOWAS.

CEDEAO – *Communauté Economique des Etats de l'Afrique de l'Ouest, Wirtschaftsgemeinschaft westafrikanischer Staaten;* → ECOWAS.

CEDEL – Abk. für *Centrale de Livraison de Valeurs Mobilieres S.A.;* Institut zur Verwahrung, Verwaltung und Abwicklung von international gehandelten Wertpapieren. 1970 von führenden Banken und Finanzinstituten in Luxemburg gegründet und 2002 völlig aufgegangen in der → Clearstream International S.A., einer Tochter der Deutsche Börse AG.

CEDI – Abk. für → Conféderation Europėenne des Independants.

CEEAC – Abk. für *Communauté Economique des Etats de l'Afrique Centrale;* → ECCAS.

Celler Kefauver Act → Clayton Act.

CEMAC – 1. *Begriff und Merkmale:* Abk. für *Central African Money Union;* wirtschaftliche und monetäre Gemeinschaft von Zentralafrika; Geschäftsaufnahme 1966. – 2. *Mitgliedsstaaten* sind Äquatorialguinea, Gabun, Kamerun, Kongo, Tschad und Zentralafrikanische Republik. – 3. *Ziele:* Schaffung einer immer engeren Vereinigung zwischen Völkern und Mitgliedsländern, Förderung der nationalen Märkte durch Abschaffung von Hindernissen für internationalen Handel, Entwicklung der Solidarität der Mitgliedsstaaten zugunsten der benachteiligten Länder und Regionen, Schaffung eines gemeinsamen afrikanischen Marktes.

CEN – 1. *Begriff und Merkmale:* Abk. für Comité Européen de Normalisation, European Comittee for Standardization, Europäisches Komitee für Normung; privatrechtliche, gemeinnützige Vereinigung. – 2. *Tätigkeit und Ziele:* Die Europäische Normung (→ europäische Normen) auf Basis einer freiwilligen technischen Harmonisierung in Europa.

CENELEC – 1. *Begriff und Merkmale: Comité Européen de Normalisation Electrotechnique, Europäisches Komitee für elektrotechnische Normung;* privatrechtliche, gemeinnützige Vereinigung. – 2. *Tätigkeit:* europäische Normung (→ europäische Normen).

Center Management → Einkaufszentren, → Einkaufspassagen, → Factory Outlet Center (FOC), die von Betreibergesellschaften errichtet wurden, setzen vielfach ein Center Management als Koordinierungsstelle ein, um das Zentrum als Ort des Einkaufens, Erholens, der Unterhaltung einheitlich zu profilieren. Das Center Management plant das Branchenmix eines Zentrums, kümmert sich um gemeinsame Aufgaben, wie Sicherheit, Sauberkeit, Hintergrundmusik, Frühlingsschmuck etc., und greift koordinierend in das Handelsmarketing der einzelnen Centergeschäfte ein. Diese zahlen über ihre Pacht bzw. über umsatzabhängige Abgaben die Gehälter und die Kosten des Center Managements – Vgl. auch → Stadtmarketing.

Central African Customs and Economic Union → CACEU.

Central African Money Union → CEMAC.

Central Bank and Financial Services Authority of Ireland – Sitz in Dublin, 1942 als Zentralnotenbank (Central Bank of Ireland) gegründet, seit dem 1.5.2003 umbenannt in Central Bank and Financial Services Authority of Ireland (CBFSAI). Zwei Hauptzweige:(1) *Central Bank*: verantwortlich für die Umsetzung der von der EZB festgelegten Geldpolitik, Sicherung der Finanzmarktstabilität.(2) *Financial Regulator*: Aufsicht über den Finanzsektor und Verbraucherschutz.

Central Counterparty (CCP) – *zentraler Kontrahent, zentrale Gegenpartei;* tritt auf Finanzmärkten als Vertragspartner sowohl auf der Käufer- als auch der Verkäuferseite auf. Technisch erfolgt dies dadurch, dass die ursprüngliche Vertragsbeziehung zwischen zwei Kontrahenten beendet und gleichzeitig durch zwei neue vertragliche Verbindungen mit der zentralen Gegenpartei ersetzt wird. – So fordert die 2012 erlassene European Market Infrastructure Regulation (EMIR) u.a., dass standardisierte OTC-Derivate (→ Over-the-Counter Market) zukünftig durch Zentrale Kontrahenten abgewickelt werden (Art. 4 EMIR). Ausgenommen davon sind nur bestimmte gruppeninterne Geschäfte und OTC-Geschäfte, die zur Absicherung von realwirtschaftlichen Geschäften dienen, sowie Geschäfte, deren Betrag unterhalb einer noch zu definierenden Clearingschwelle liegt. – Hintergrund für die Einführung: Die Finanzkrise 2007-2009 hat gezeigt, dass der potenzielle und effektive Ausfall eines Akteurs für große Unsicherheit und Kettenreaktionen am Derivatemarkt sorgen kann. Durch die Vielzahl an bilateralen Geschäften schwoll das Volumen der OTC-Derivate übermäßig an. Mit der Abwicklung über Zentrale Gegenparteien soll sowohl die Anzahl der Geschäfte als auch das Kontrahentenrisiko bei OTC-Derivaten gesenkt werden. Die tägliche Marktbewertung und Einforderung etwaiger Sicherheitsnachschüsse von den Vertragspartnern soll frühzeitig und indifferent der Entstehung und Ausdehnung von Risiken begegnen. Durch die gleichzeitig erfolgte Erhöhung der Eigenkapitalanforderungen für OTC-Derivate, die nicht über zentrale Kontrahenten abgewickelt werden, wird ein Anreiz zur Standardardisierung der OTC-Derivate geschaffen. – Aufgrund ihrer besonderen Position im Finanzsystem müssen Zentrale Kontrahenten strenge Wohlverhaltensregeln hinsichtlich Transparenz, Organisation und Risikomanagement sowie aufsichtsrechtliche Anforderungen hinsichtlich Liquidität und Eigenmitteln einhalten; sie gelten in Deutschland als Kreditinstitute gem. § 1 Abs. 1 KWG.

Centrale de Livraison de Valeurs Mobiliers S.A. → CEDEL.

Centrale Marketinggesellschaft der Deutschen Agrarwirtschaft mbH (CMA) – Sitz in Bonn, zentrale Einrichtung der Wirtschaft zur Förderung des Absatzes und der Verwertung von Erzeugnissen der dt. Land-, Forst- und Ernährungswirtschaft im In- und Ausland. Die Definition und Durchführung der Aufgaben war durch Richtlinien des → Absatzförderungsfonds der deutschen Land- und Ernährungswirtschaft geregelt, der auch die erforderlichen Mittel bereitstellte. Ein Hauptkritikpunkt an der CMA war die Verwendung der Fondgelder für unwirksame Werbemaßnahmen. – Mit dem Urteil des Bundesverfassungsgerichts vom 3.2.2009 wurde das Absatzförderungsgesetz für verfassungswidrig erklärt. Seitdem befindet sich die CMA in der Liquidation.

Central Processing Unit (CPU) → Zentraleinheit.

Central Product Classification → CPC.

Centronics-Schnittstelle – als Standard anerkannte parallele → Schnittstelle. Parallel bedeutet, dass mehrere → Bits gleichzeitig übertragen werden; bei der Centronics-Schnittstelle werden die Daten byteweise (→ Byte) übertragen.

CERN – *Conseil Européene pour la Recherche Nucléaire, European Organization for Nuclear Research, Europäische Organisation für Kernforschung;* gegründet am 29.9.1954 aufgrund eines Beschlusses der Generalversammlung der UNESCO (1950) und einer von ihr angeregten Regierungskonferenz (1951). – *Organe:* (1) Rat aus je zwei Vertretern der Mitgliedsstaaten; (2) Ausschüsse für Finanzen und Wissenschaftspolitik. – *Aktivitäten:* Zusammenarbeit der Mitgliedsstaaten bei der wissenschaftlichen Grundlagenforschung der Kernenergie. Sehr leistungsfähige internationale Forschungslaboratorien auf dem Gebiet der Teilchen hoher Energie. Die Forschungsergebnisse dürfen nicht militärischen Zwecken dienen und sollen veröffentlicht werden. – *Veröffentlichungen*: CERN Courrier (monatlich); Scientific Reports; Annual Reports.

Certificate of Deposit → CD.

Certificate of Origin → Ursprungszeugnis.

Certificate to be Final → Handelsklausel in Kaufverträgen, mit der verlangt wird, dass die auf Veranlassung des Verkäufers von einer Behörde oder sonstigen unabhängigen Stellen ausgestellte Bescheinigung über die Warenqualität bei Abnahme der Ware vom Käufer anzuerkennen ist. Weitere Qualitätsprüfung geht nicht zulasten des Verkäufers.

Certified Management Consultant – Abk. *CMC*, international gültiges, professionelles Gütesiegel für Unternehmensberater. Das Zertifizierungsverfahren für die Anerkennung als CMC wurde von dem International Council of Management Consulting Institute (ICMCI), der internationalen Vereinigung zur Qualitätssicherung der Unternehmensberatung, eingeführt. In Deutschland ist der Bundesverband Deutscher Unternehmensberater e. V. (→ BDU) als Mitglied des ICMCI berechtigt, das Zertifizierungsverfahren durchzuführen.

CES-Funktion – CES Abk. für *Constant Elasticity of Substitution;* aus empirischer Beobachtung entwickelte substitutionale makroökonomische → Produktionsfunktion mit konstanter, jedoch je nach Volkswirtschaft, Industrie unterschiedlicher → Substitutionselastizität, die alle Werte von null bis unendlich aufweisen kann. – *Spezifiziert* lautet die CES-Funktion:

$$Y = \gamma [\delta \cdot K^{-\rho} + (1-\delta) \cdot L^{-\rho}]^{-\frac{1}{\rho}},$$

wobei: Y = Output, γ = Effizienzparameter, δ = Distributionsparameter, K = Kapitaleinsatz; L = Arbeitseinsatz, ϱ = Substitutionsparameter (ϱ = (1/ σ) – 1), σ = Substitutionselastizität. Die CES-Funktion in dieser Form ist linear-homogen. Sie lässt sich durch Isoquanten grafisch darstellen, wobei der Substitutionsparameter die Krümmung, der Distributionsparameter die Schiefe der Isoquanten bestimmt. – *Spezialfälle:* → Cobb-Douglas-Funktion; → Leontief-Produktionsfunktion.

Ceteris-Paribus-Annahme – *Ceteris-Paribus-Klausel (c.p.);* Analyse eines Zusammenhangs unter der Annahme, dass sich nur die betrachtete Variable ändert bei gleichzeitiger Konstanz aller anderen ökonomischen Variablen.

CFA-Franc-Zone – 1. *Begriff:* Wechselkursunion zwischen der EU (früher Frankreich) und 14 west- und zentralafrikanischen Staaten. Genau genommen gibt es drei Franc-Zonen: zwei afrikanische, die zentralafrikanische BEAC (Banque des états de l'Afrique centrale) und die westafrikanische Franczone BCEAO (Banque des états de l'Afrique de l'Ouest), und eine pazifische. Dennoch spricht man meist von *der* Franc-Zone (auch nach Einführung des → Euros). – 2. *Währungen:* Die offizielle Währung der Zentralafrikanischen Wirtschafts- und Währungsgemeinschaft ist der CFA-Franc BEAC (CFA steht für Communauté Financière Africaine). – Der CFA-Franc BEAC ist verbunden mit einem festen Wechselkurs von 655,957 CFA-Franc BEAC pro Euro und mit einer 1:1-Relation zum CFA Franc BCEAO. Die → Europäische Zentralbank (EZB) und damit auch die Banque de France üben Einfluss auf die Geldpolitik der beiden Zentralbanken der Franc-Zonen aus. Der Nachteil der Kursbildung an Euro bzw. Franc sind schlechte (hohe) Exportpreise, der Vorteil eine sehr niedrige Inflation, weil die Geldpolitik der Europäischen Zentralbank stabilitätsbewusst ist. Daher, und weil die Wirtschaftskraft in Afrika relativ gering ist, stellt die CFA-Zone keine Gefahr für den Euro dar. Es ist aber anzunehmen, dass mittelfristig diese international einmalige Konstruktion zugunsten flexibler Wechselkurse aufgegeben werden wird, was den Exportbemühungen der afrikanischen Staaten sicherlich Auftrieb verleiht, aber ebenso sicher zu massiver interner Inflation führen wird.

CFR – Abk. für *Costs and Freight* = Kosten und Fracht ... (benannter Ort, d.h. Bestimmungshafen); Vertragsformel der von der → ICC entwickelten → Incoterms für Außenhandelsgeschäfte. – CFR ist eine Schiffsfrachtklausel, die auf den Hochsee- oder Binnenschiffverkehr angewendet werden kann. Bei CFR („Kosten und Fracht bis ...“ [in der Praxis auch angesprochen als C&F, C und F, C+F]) muss der Verkäufer zusätzlich zu seinen FOB-Verpflichtungen (das bedeutet u.a. exportfreie Ware) den Frachtvertrag (nicht aber einen Versicherungsvertrag) abschließen und die regulären Frachtkosten bis zum Bestimmungshafen tragen. Der Seefrachtführer ist also Beauftragter des Verkäufers. (Eine analoge Anwendung z.B. auf den Luftfrachtverkehr ist nicht möglich, weil der Verkäufer dabei nicht „on board“ eines Schiffes liefern kann; CFR aber explizit eine Schiffsklausel ist; hier bietet sich als Alternative an z.B. CPT oder FCA mit Zusatz „Fracht zulasten des Verkäufers“). Der Transport muss bei CFR auf dem üblichen Weg und in der üblichen Weise reisen (A.3), d.h. ein Anlaufen mehrerer Häfen oder auch Umladen unterwegs kann durchaus üblich sein. – Der Gefahrenübergang entspricht FOB, also bei Verladung an Bord des Schiffes im Verladehafen, d.h. der Ort ist auf dem Schiff. Der Käufer muss daher den Verladehafen kennen, damit er die Ware entsprechend von dort aus versichern kann. (Bei CIF würde dies der Verkäufer machen.) Insbesondere global agierende Importunternehmen pflegen mit ihren Versicherern Globalpolicen abzuschließen, die alle ihre Transaktionen abdecken. Dafür erhalten sie kräftige Rabatte, und sie haben kein Interesse an einer Versicherung, die der Exporteur unter → CIF oder → CIP für sie abschließen würde. – Die Importabwicklung ist Sache des Käufers. Dem Käufer ist ein Transportdokument zur Verfügung zu stellen, mit dem er die Ware während des Transports verkaufen bzw. die Herausgabe der Ware vom Frachtführer verlangen kann. Dies kann – muss aber nicht – ein → Konnossement sein. Sofern schwimmende Ware verkauft wird (*string sales*/ Verkaufsketten), gehen bis dahin eingetretene Risiken auf den neuen Käufer über. – Durch die Einbeziehung der → Transportkosten in die Pflichten des Verkäufers wird CFR – wie alle → C-Klauseln – zu einer → Zwei-Punkt-Klausel. Entladungskosten trägt der Verkäufer, wenn sie Teil der Schiffsfracht sind, also ein Seefrachtvertrag zu sog. Liner-Terms vorliegt, der Belade-, Stau- und Entladekosten einschließt. Bei einer abweichenden FIO-Vereinbarung („*free in and out*") müsste der Empfänger die Entladekosten tragen. Ggf. wäre dann besser „*CFR landed*" zu vereinbaren, wenn der Verkäufer die Entladekosten tragen soll. Es muss aber eindeutig sein, was die Parteien unter „*landed*" verstehen, weil dies in den verschiedenen Handelszweigen unterschiedlich ausgelegt wird. Alle übrigen Kosten, die nicht zur Schiffsfracht zählen, trägt der Käufer, z.B. außerordentliche Liegekosten, die durch Verzögerungen in Zwischenhäfen anfallen, oder Verzögerungen durch Eis oder Krieg (A.6/B.6). – In diesem Zusammenhang ist darauf hinzuweisen, dass eine Versicherungspolice mit „voller Deckung" (*all risks*) auch nicht alle Risiken abdeckt, sondern u.a. Schäden durch Reiseverzögerungen (→ Streiks), Piraterie sowie Kriegs- und politische Risiken ausschließt. Ein Einschluss erfordert Zusatzvereinbarungen (vgl. bei CIF). – *Praxistipp:* Oft können sich Probleme ergeben, wenn während des Transports Schäden durch den → Frachtführer verursacht werden. Während die Gefahr auf den Käufer übergegangen ist, liegt das Eigentum möglicherweise – und oft – noch beim Verkäufer, sodass der Käufer Schwierigkeiten haben kann, seine Ansprüche aus deliktischer Haftung gegenüber dem Frachtführer durchzusetzen, da der Verkäufer den Frachtvertrag abgeschlossen hat. Um dies zu vermeiden, sollte der Käufer daher eine Importschutzversicherung als Zusatzversicherung abschließen. Diese sichert den Importeur bei einem Versagen des Versicherungsschutzes ab. – Für Akkreditivzwecke ist für die Vereinbarung des „benannten Verschiffungshafens" eine Formulierung günstig wie „*any German port*" oder noch besser „*any European port*", weil dies dem Exporteur entsprechende Dispositionsfreiheit lässt. „*Any North European port*" mag gut gemeint sein, bezieht sich aber z.B. nicht auf Norddeutschland, sondern exklusiv auf Skandinavien. – Vgl. auch → EXW, → FCA, → FAS, → FOB, → CIF, → CPT, → CIP, → DAT, → DAP, → DDP.

CFROI – Abk. für → Cashflow Return on Investment.

CGB – Abk. für → Christlicher Gewerkschaftsbund Deutschlands.

CGI – Abk. für *Common Gateway Interface;* → Schnittstelle zwischen Webserver und Backend-System, mit deren Hilfe Programme, die in → HTML-Websites eingebunden sind, auf dem → Server aufgerufen werden können (z.B. Voting-Engine oder Diskussionsforum).

Chaebol – südkoreanisches Unternehmensnetzwerk, das Unternehmen aus einer Vielzahl unterschiedlicher Branchen umfasst. Insgesamt existieren in Südkorea etwa 30 große Unternehmensnetzwerke, die als Chaebol klassifiziert werden können (u.a. Hyundai, Samsung, LG). Chaebols sind grundsätzlich in Familienbesitz. Die Chaebolfamilie übt die auf Clanstrukturen und Eigentum basierende Kontrolle über das Netzwerk aus. An der Spitze steht der sog. „Chongsu" (Vorsitzende). Zahlreiche Spitzenpositionen im Chaebol werden von Familienmitgliedern eingenommen, wobei Familienzugehörigkeit im Sinne von „Blutsverwandtschaft" zu verstehen ist. Weitere Charakteristika von Chaebols sind geringe Kapitalbeteiligungen an den einzelnen Netzwerkunternehmen und eine stark kreditbasierte Kapitalstruktur. – Generell sind Transaktionen mit Unternehmungen außerhalb des Chaebols auf wenige Bereiche beschränkt. Die Kontrolle durch die Chaebolfamilie ist das wichtigste Unterscheidungskriterium zu japanischen Keiretsus, die auch von außerhalb der Familie stammenden Managern geführt werden. Chaebols sind stärker hierarchisch aufgebaut und die Entscheidundungsfindung hat ausgesprochen vertikalen Charakter. Im Gegensatz zu Keiretsus sind das Senioritätsprinzip und lebenslange Beschäftigungsverhältnisse für Beschäftige im Unternehmensnetzwerk weniger ausgeprägt. Außerdem befinden sich Keiretsus größtenteils im Besitz der Netzwerkunternehmen.––Vgl. auch → internationale Unternehmensnetzwerke.

Challenger – das als Ersatz in Erwägung gezogene Investitionsobjekt (zweite Alternative) bei → Ersatzinvestitionen. – *Gegensatz:* → Defender.

Chamberlin – Edward Hastings, 1899–1967, amerik. Nationalökonom, der in Harvard studierte, dort berufen wurde und bis zum Lebensende lehrte. Seine Dissertation aus dem Jahre 1927 enthält bereits alle Elemente des Werkes, das ihn berühmt machte: „The Theory of Monopolistic Competition" (1933). Chamberlin vertritt in diesem Buch die Auffassung, dass die Modelle des Wettbewerbs und Monopols die beiden Extreme bilden, zwischen denen sich in Wirklichkeit das Marktgeschehen abspiele. Ein ähnliches Konzept – die „Imperfect Competition" – hat unabhängig von ihm → Robinson entwickelt. Beide Gelehrte haben die neoklassische → Preistheorie revolutioniert und eine Diskussion ausgelöst, die bis heute nicht abgeschlossen ist. Seine Theorie hat Chamberlin in Neuauflagen seines klassischen Buches (achte und letzte Aufl. 1962) und in Aufsätzen ausgebaut und verfeinert, die teils der letzten Auflage des Buches beigefügt, teils unter dem Titel „Towards a More General Theory of Value" (1957) gesondert erschienen sind.

Chamberlin-Heuß-Modell → oligopolistische Preisbildung.

Chancengerechtigkeit → Verteilungsgerechtigkeit, → Sozialpolitik in der Marktwirtschaft.

Chancengleichheit → Gleichheitsprinzip, → Verteilungspolitik, → Vermögenspolitik.

Change Agent – Bezeichnung für den Berater im Prozess der → Organisationsentwicklung. Abweichend vom klassischen Klient-Berater-Verhältnis bringt sich der Change Agent in den Entwicklungsprozess ein und beeinflusst diesen, indem er forciert, steuert, bremst etc. Der Change Agent muss über die Techniken der Verhaltenssteuerung verfügen.

Change Communications – 1. *Begriff:* Change Communications bezeichnet das Kommunikations- und Verhaltensmanagement zur Unterstützung tiefgreifender Veränderungssprozesse von Unternehmensstrategien und -strukturen an aktualisierte Rahmenbedingungen (→ Change Management). – 2. *Ziel:* Das Ziel von Change Communications ist, auf weiche Faktoren von Organisationen Einfluss zunehmen. Weiche Faktoren wie Meinungen, Stimmungen und Emotionen sind das Ergebnis gruppendynamischer Prozesse, die geeignet sind, die geplante Zielerreichung des Veränderungsprozesses negativ und positiv zu beeinflussen. – 3. *Aspekte:* Die Entstehung erfolgskritischer weicher Faktoren lässt sich mit kollektivierbaren mentalen Modellen erklären. In der kognitionspsychologischen Forschung beschreiben sie als individuelle Speicher handlungsleitenden Wissens den Zusammenhang zwischen individueller Wahrnehmung, Interpretation und Handlung. Durch Sozialisierung können diese individuellen Konstrukte sich einander annähren. Sie werden so zu kollektivierten mentalen Modellen und können personenübergreifende Bewertungen von sachlichen und persönlichen Aspekten im Veränderungsprozess hervorrufen. Damit können sie konvergentes Verhalten von Promotoren und Widerständlern als Gruppen in einem Change-Prozess erklären. – 4. *Instrumente:* Durch die Handlungsrelevanz persönlicher und sachlicher Bewertungen von Veränderungsprozessen in Führungskräfte- und/oder Mitarbeitergruppen umfasst Change Communications die Einflussnahme auf informative (Wahrnehmung), edukative (Verständnis) und emotionale (Gefühle) Aspekte. Dies erfordert, Change Communications als disziplinenübergreifende Disziplin mit Kommunikation (persönliche, mediale und instrumentelle Kommunikation) und Verhaltensmanagement (Führungsstil, Anreizsetzung etc.) anzuwenden. – 5. *Abgrenzung:* Change Communications ist also eine anlassbezogene, prozessuale, interdisziplinäre und damit kampagnennahe Kommunikationsmanagementdisziplin, die Change Management mit der Einflussnahme auf weiche Faktoren unterstützt.

Change Management – laufende Anpassung von Unternehmensstrategien und -strukturen an veränderte Rahmenbedingungen. Wandel repräsentiert heute in Unternehmen nicht mehr den Sondervorgang, sondern eine häufig auftretende Regelerscheinung. Alle Prozesse der globalen Veränderung, sei es durch Revolution oder durch geplante Evolution, fallen in das Aufgabengebiet des Change Managements. – Zu den harten, revolutionären Ansätzen zählen die Modelle der Corporate Transformation und Business Transformation, die innerhalb des Reengineering propagiert werden. Weiche, stärker evolutionär angelegte Ansätze stammen aus der → Organisationsentwicklung. Sie war über Jahrzehnte das dominierende Paradigma des Change Managements. Charakteristisch für Organisationsentwicklung ist das Harmoniepostulat zwischen den Zielsetzungen des Unternehmens und der betroffenen Mitarbeiter.

Chang-Smyth-Modell – Weiterentwicklung des → Kaldor-Modells. Das Chang-Smyth-Modell beruht auf einem System zweidimensionaler nicht linearer → Differenzialgleichungen, das nach dem → Poincaré-Bendixson-Theorem einen → Grenzzyklus aufweist. Die hierdurch entstehenden Schwingungen können als Konjunkturschwankungen interpretiert werden.

Channel Encryption – Verschlüsselung von Daten, die im Internet transferiert werden. – Vgl. auch → Secure Socket Layer (SSL), → Secure Electronic Transaction (SET).

Channel Management – Funktion der → Distributionspolitik, deren Aufgabe es ist, alle Aktivitäten in den → Distributionskanälen zu planen, zu koordinieren und zu kontrollieren. Aufgrund der zunehmenden Komplexität der Distributionspolitik und der asymmetrischen Machtverteilung zwischen den Marktpartnern (Handelskonzentration, → Nachfragemacht) erweist sich das Channel Management bes. für diejenigen Industrieunternehmen als sinnvoll, die eine große Verkaufsorganisation besitzen und in starkem Maße vom Handel abhängig sind.

Chaos – 1. *Begriff:* Verhaltensweise deterministischer, nicht linearer dynamischer Systeme, bei der irreguläre, aperiodische Zeitpfade der Systemvariablen erzeugt werden, die z.T. an Zufallsprozesse erinnern. Chaotische Systeme reagieren extrem sensitiv auf Änderungen der Anfangs- und Randbedingungen, wodurch die Möglichkeiten, das Systemverhalten zu prognostizieren, zumindest stark eingeschränkt sind. – 2. *Bedeutung:* Die Möglichkeit des Entstehens chaotischer Dynamik ist sowohl in der Wirtschaftstheorie als auch in der Ökologie nachgewiesen worden (→ Chaos-Theorie). – Vgl. auch → Synergetik, → Systemmanagement.

Chaos-Theorie – 1. *Charakterisierung:* Mathematische Theorie dynamischer Systeme, die diese Systeme durch deterministische, nicht-lineare Differenzen- oder Differenzialgleichungen beschreibt. Wesentliches Charakteristikum chaotischer Systeme ist, dass die Zeitpfade der Variablen äußerst sensitiv auf Veränderungen der Anfangsbedingungen reagieren, bzw.

bei nur geringfügigen Änderungen der Anfangsbedingungen ergeben sich nach einer gewissen Zeit vollständig unterschiedliche Zeitpfade: Anschaulich darzustellen am Beispiel eines Billardspiels, bei dem bereits geringfügige Unterschiede beim Abstoß zu extremen Bahnabweichungen führen. – 2. *Bedeutung:* Die Chaos-Theorie steht noch am Anfang. Vielversprechend für eine Anwendung erscheinen Gebiete, bei denen komplizierte Bewegungsvorgänge auftreten (z.B. Wind- und Meeresströmungen, Investitionsdynamik und Konjunkturentwicklung). Durch die Chaos-Theorie hofft man auf Einsichten in Phänomene, die mit den traditionellen Ansätzen nicht gewonnen werden konnten. Werden reale Systeme tatsächlich angemessen durch die Chaos-Theorie beschrieben, so bedeutet dies, dass langfristige Vorhersagen praktisch unmöglich sind, da die → Trajektorien extrem sensitiv von den Anfangsbedingungen abhängen; langfristig orientierte strategische Maßnahmen wären sinnlos. Insbesondere ist die Konjunkturentwicklung weder eindeutig auf konkrete Ursachen zurückzuführen noch durch wirtschaftspolitsche Maßnahmen zu beeinflussen. – Vgl. auch → Chaos.

chaotische Lagerung – *freie Lagerordnung;* Prinzip der Lagerordnung, bei dem den Lagergütern keine festen Lagerplätze zugeordnet sind, sondern beliebige, zum Zeitpunkt der Einlagerung freie Plätze. Das IT-gestützte Lagerverwaltungssystem verwaltet dazu die Belegung der Lagerplätze.

charakteristische Funktion – Abstrahieren die Normalformen von Spielen nur von der natürlichen Dynamik (Zug um Zug) eines Spiels, so vernachlässigt die charakteristische Funktion darüber hinaus auch noch die strategischen Aktionen der Spieler. Es wird lediglich für jede Teilgruppe (Koalition) der Spieler spezifiziert, welche Auszahlungen diese Koalition ihren Mitgliedern garantieren kann. – Ist n die Anzahl der Spieler und $N = \{1, ..., n\}$ die Spielermenge, so wird allen nicht-leeren Teilmengen bzw. Koalitionen $C \subset N$ durch die charakteristische Funktion V die Menge V(C) der Auszahlungsvektoren

$$u = (u_i : i \in C)$$

zugeordnet, die *C* sichern kann. – Welche Auszahlungsvektoren eine Koalition sichern kann, ist leider nicht immer eindeutig feststellbar. Traditionell geht man davon aus, dass die Mitglieder von C mit dem ungünstigsten Verhalten der „Gegenkoalition" – das sind die Spieler $j \in C$ – rechnen sollten.

charakteristische Linie – Regressionsgerade, die aus Vergangenheitswerten der → Rendite einer Aktie und der Rendite des Marktportefeuilles (→ Capital Asset Pricing Model (CAPM)) abgeleitet wird. Die Steigung der charakteristischen Linie wird durch den → Beta-Koeffizienten (*b*-Faktor) repräsentiert. Die charakteristische Linie einer Aktie zeigt die typische Reaktion ihrer Rendite in Abhängigkeit der Marktentwicklung.

Chargekarte → Zahlungskarte, die zur bargeldlosen Zahlung eingesetzt wird (→ bargeldloser Zahlungsverkehr). Der Karteninhaber kann mit der Chargekarte im Rahmen seiner persönlichen Bonität oder eines vorgegebenen Limits bargeldlos zahlen. Dies setzt jedoch eine Akzeptanz durch den Händler bzw. die Gegenpartei voraus. Die Kartentransaktionen werden aufsummiert und i.d.R. einmal monatlich in Rechnung gestellt. Der Rechnungsbetrag ist bei Erhalt der Rechnung sofort fällig. Es wird über den Abrechnungsstichtag hinaus kein Kredit gewährt. Die Chargekarte ist in Deutschland aktuell die verbreiteste Art der Kreditkarte i.w.S. Das Gegenstück dazu sind revolvierende Kreditkarten. Bei diesen wird eine revolvierende Kreditfazilität eingeräumt.

Chargenkalkulation – Sonderform der → Divisionskalkulation bzw. → Auftragsabrechnung bei Chargenproduktion (→ diskontinuierliche Produktion). Wegen der oft unterschiedlichen Qualität des Rohmaterials müssen die Chargen getrennt abgerechnet werden.

$$\text{Kosten je Ausbringungseinheit} = \frac{\text{Kosten der Charge}}{\text{Anzahl der Ausbringungseinheiten}}$$

Chargenproduktion → diskontinuierliche Produktion.

charismatischer Führungsstil → Führungsstil.

Chart – grafische Darstellung einer Datenreihe, die in der traditionellen → technischen Aktienanalyse die Entwicklung der Kurse zeigt. Gebräuchliche Formen der Charts sind Liniencharts, Balkencharts, Candlestick-Charts sowie Point & Figure-Charts. Der Analyst leitet aus dem Verlauf der Charts mögliche Trends der Kursentwicklung ab.

Charta der Grundrechte – Am 7.12.2000 unterzeichneten in Nizza die Präsidenten des → Europäischen Parlaments, des → Rates der Europäischen Union und der → Europäischen Kommission die Charta der Grundrechte. Sie wurde von einem Konvent ausgearbeitet und beruht auf den gemeinsamen Verfassungstraditionen, den einschlägigen internationalen Verträgen und der Rechtssprechung des → EuGH und des Europäischen Gerichtshofs für Menschenrechte. Ihre Integration in die (nicht zustande gekommene) Verfassung der EU (→ Verfassung für Europa) wurde vom → Europäischen Konvent vorgeschlagen. In Art. 6 EUV – Lissabon erkennt die Union die Rechte, Freiheiten und Grundsätze an, die in der Charta der Grundrechte der Europäischen Union vom 7.12.2000 in der am 12.12.2007 angepassten Fassung (ABl. Nr. C 303 S. 1) niedergelegt sind. Die Charta und die Verträge sind rechtlich gleichrangig. Durch die Charta werden die in den Verträgen festgelegten Zuständigkeiten nicht erweitert (Art. 6 S. 2 EUV).

Charterpartie – Beweisurkunde über den Inhalt des → Chartervertrags (§ 557 HGB) im → Seefrachtgeschäft, entsprechend dem Frachtbrief im Landfrachtgeschäft. Jede Partei erhält ein Exemplar der „carta partita", der alten im Zickzack zerschnittenen Doppelurkunde. Maßgeblich für vereinheitlichte Ausarbeitung der Charterpartie ist die Baltic and International Maritime Conference (BIMCO).

Charterverkehr – 1. *Begriff:* Charterverkehr liegt vor, wenn ein privatrechtlicher Chartervertrag abgeschlossen wurde. Häufig werden die Begriffe Charterverkehr und Gelegenheitsverkehr synonym verwendet. Im Gegensatz zum Charterverkehr findet sich der Begriff des Gelegenheitsverkehrs (non-scheduled traffic) im dt. und internationalen Luftrecht. Im dt. → Luftverkehrsgesetz (LuftVG) ist Gelegenheitsverkehr „gewerblicher Luftverkehr, der nicht Fluglinienverkehr ist" (vgl. § 22 LuftVG). – 2. *Erscheinungsformen:* Charterverkehr ist bei allen Verkehrsträgern geläufig. Im Luftverkehr finden sich Charterverträge i.d.R. zwischen Fluggesellschaften und → Reiseveranstaltern. Reiseveranstalter kaufen Beförderungsleistungen in Form von Kontingenten von → Fluggesellschaften ein, die Beförderungsleistung wird mit weiteren Teilleistungen (insbesondere Unterkunftsleistung) zur → Pauschalreise gebündelt. – 3. *Aktuelle Entwicklungen:* Heute verlaufen die Grenzen zwischen Fluggesellschaften, die Charter- bzw. Gelegenheitsverkehr betreiben und Linien-Fluggesellschaften fließend. Einstige Charter-Fluggesellschaften vermarkten heute nennenswerte Anteile ihrer Sitzplätze im Einzelplatzverkauf. – Vgl. auch → Teilcharter, → Vollcharter.

Chartervertrag – 1. *Charakterisierung:* → Frachtvertrag des Seefrachtgeschäfts. Der Chartervertrag bezieht sich auf das Schiff im Ganzen *(Vollcharter)*, auf einen verhältnismäßigen Teil *(Teilcharter)* oder auf einen bestimmten Raum des Schiffes *(Raumcharter)* oder auf eine bestimmte Zeit *(Zeitcharter)*. Beim Chartervertrag schließt der Verfrachter mit einem oder wenigen Befrachtern ab, wobei er sich den individuellen Bedürfnissen der Gegenpartei anpassen muss. – 2. *Außenwirtschaftsrechtliche Regelungen:* a) Vercharterung von Seeschiffen unter Bundesflagge an → Gebietsfremde aus Ländern, die der → Länderliste C angehören, ist genehmigungspflichtig. – b) Das Chartern von Seeschiffen fremder Flagge ist genehmigungspflichtig, wenn der Chartervertrag zwischen Gebietsansässigen und -fremden aus einem Land, das nicht auf der → Länderliste F 2 enthalten ist, abgeschlossen werden soll (§ 46 II AWV).

Chat – Möglichkeit der synchronen, textorientierten Kommunikation mehrerer Teilnehmer über das → Internet. Für einen Chat wird ein spezielles Programm benötigt, das meist bereits in einem → Browser integriert ist. Ein Chat findet in sog. → Chatrooms statt, die unabhängig voneinander existieren.

Chatroom – virtueller Ort für Chats (→ Chat), in dem sich Teilnehmer unterhalten können. Chatrooms sind meist thematisch organisiert, sodass sich an den gleichen Themen Interessierte dort treffen und untereinander austauschen können. Die Orte können wie reale Räume von den Chatteilnehmern betreten und wieder verlassen werden.

Cheapest Cost Avoider – Die Frage, ob der (physische) Verursacher oder der Geschädigte der Cheapest Cost Avoider ist, kann nur kontextabhängig beantwortet werden. Ferner sind im Optimum häufig Maßnahmen mehrerer Beteiligter erforderlich. Das Konzept spielt eine zentrale Rolle bei der Zuweisung der Verantwortung im Rahmen der Verschuldens- und Gefährdungshaftung und ist grundlegend für die ökonomische Analyse des Rechts.

Checklistenverfahren – Methode zur systematischen Gestaltung von Entscheidungsprozessen. Alle entscheidungsrelevanten Faktoren werden übersichtlich in Listen zusammengestellt. In ähnlich gelagerten Entscheidungssituationen werden diese Checklisten wiederum als Hilfsmittel herangezogen und dabei ergänzt und korrigiert. Durch Kumulation von Erfahrungen sollen Prüflisten entstehen, die alle für die Entscheidungssituation wesentlichen Faktoren enthalten. – *Problematisch* ist die Bestimmung der jeweiligen Faktor-Entscheidungsgewichte (→ Nutzwertanalyse).

Chemikaliengesetz (ChemG) – Gesetz i.d.F. vom 2.7.2008 (BGBl. I 1146) m.spät.Änd.; grundlegende Regelung für das gesamte Recht der gefährlichen Stoffe. – *Zweck:* Schutz des Menschen und der Umwelt vor schädlichen Einwirkungen gefährlicher Stoffe (1) durch Verpflichtung zur Prüfung und Anmeldung von Stoffen, (2) durch Einstufung, Kennzeichnung und Verpackung gefährlicher Stoffe und Zubereitung, (3) durch Verbote und Beschränkungen sowie bes. gift- und arbeitsschutzrechtliche Regelungen. – *Inhalt:* Das Chemikaliengesetz (ChemG) enthält zum einen Vorschriften, die die Anmeldung neuer sowie Mitteilungen über neue und alte Stoffe beinhalten, zum anderen Bestimmungen über Vorsorge- und Schutzmaßnahmen allgemeiner und bes. Art. – *Arbeitsschutzrechtliche Bedeutung:* Das ChemG bildet auch die Grundlage für den → Arbeitsschutz beim Umgang mit Chemikalien. In § 19 ChemG wird der Begriff des „Gefahrstoffs" gesetzlich umschrieben; er enthält umfangreiche Ermächtigungen zum Erlass von Rechtsverordnungen, z.B. über die Pflicht zur Risikoermittlung und Gefahrenbewertung, zur Verwendung ungefährlicher Ersatzstoffe, zur Verhinderung von Betriebsstörungen und zur Bestellung sachkundiger Aufsichtspersonen. – *Ergänzende Verordnungen:* Chemikalien-VerbotsVO i.d.F. vom 13.6.2003 (BGBl. I 867) m.spät. Änd., GiftinformationsVO i.d.F. vom 31.7.1996 (BGBl. I 1198) m.spät.Änd., GefahrstoffVO vom 26.11.2010 (BGBl. I 1643, 1644) m.spät.Änd., Biozid-ZulassungsVO vom 4.7.2002 (BGBl. I 2541) m.spät.

Änd., Lösemittelhaltige Farben- und Lack-VO vom 16.12.2004 (BGBl. I 3508) m.spät.Änd., Biozid-MeldeVO vom 14.6.2011 (BGBl. I 1085), Chemikalien-OzonschichtVO vom 15.2.2012 (BGBl. I 409).

chemische Produktion – Elementartyp der Produktion (→ Produktionstypen). – Die chemische Produktion unterteilt sich in (1) die Stoffzerlegung, in der durch chemische Reaktion Stoffe aufgespalten werden, z.B. bei der Wein-, Bierproduktion und in (2) die Stoffverbindung, z.B. Schwefelsäureherstellung. – Vgl. auch → biologische Produktion, → physikalische Produktion, → kernphysikalische Produktion.

Chiang-Mai-Initiative – Eine am 6.5.2000 im thailändischen Chiang Mai verabschiedete Initiative, welche die Währungsswapregelungen der ASEAN-Staaten (→ ASEAN) auf die Staaten der → ASEAN Plus Drei ausweitet. Ziel ist die Schaffung eines regionalen finanziellen Reservemechanismus in Ergänzung zu den Notfallkreditregelungen des IWF zur Verhinderung bzw. Ausbreitung von Finanzkrisen wie der → Asienkrise.

Chicagoer Börsen – 1. *Chicagoer Effektenbörse (Chicago Stock Exchange):* hat nur regionalen Charakter. – 2. *Chicagoer Produktenbörsen* (Chicago Board of Trade, → CBOT) für Getreide; Chicago Mercantile Exchange (CME) für Fleisch): Sie haben Weltbedeutung für Getreide, Sojabohnen und Fleisch. Am CBOT findet ein lebhafter Handel in Anleihen-Terminkontrakten sowie in Optionen (Calls und Puts) auf Anleihen-Terminkontrakten statt. An der CME werden Terminkontrakte in Devisen, Schatzwechseln, Standard & Poors Aktienindizes und Eurodollar sowie Optionen auf diese Terminkontrakte gehandelt. Beide Börsen haben sich mittlerweile zur CME Group zusammengeschlossen. – 3. *Chicagoer Optionsbörse* (Chicago Board Options Exchange): Sie führte als erste Börse den Handel mit standardisierten Kaufoptionen Calls ein (1973). Seit 1977 werden an dieser Börse auch Verkaufsoptionen gehandelt (Puts). Mit der Idee der Standardisierung hat der Optionshandel einen großen Aufschwung genommen. Standardisiert sind Kontraktgröße (1 Option = 100 Aktien), der Basispreis (bleibt unverändert während der Laufzeit) und das Verfallsdatum (es gibt für die meisten Titel drei Verfallstermine im Abstand von drei Monaten, die gängigsten Titel aber haben jeden Monat einen Verfallstermin. Verfallstermin für Aktienoptionen ist an der CBOE der dritte Freitag im Monat).

Chicago School – ursprünglich nur mit dem → Monetarismus (→ Friedman u.a.) identifiziert, hat sie in den 1970er-Jahren auch zu wirtschaftspolitischen Fragen und Problemen der Antitrustpolitik Stellung bezogen. – Das *polit-ökonomische Vorverständnis* der Chicago School lässt sich wie folgt charakterisieren: (1) Verständnis des Marktgeschehens als eines freien Spiels der Kräfte ohne staatliche Eingriffe, in welchem die Gesündesten und Besten überleben (Stigler: „Survival of the Fittest", sog. *Sozial-Darwinismus*). (2) Zurückdrängen des Einflusses des Staates, der nur – sehr eng umgrenzte – ordnungspolitische Rahmenbedingungen setzen soll: Die wirtschaftspolitische Abstinenz des Staates soll quasi automatisch zu einem pareto-optimalen Zustand führen (→ Pareto-Optimum). (3) Übertragung ökonomischen Denkens auf alle Lebensbereiche (z.B. „Economics of Marriage", „Economics of Crime"). (4) Liberal-konservatives Selbstverständnis der Vertreter der Chicago School, welches von ihren Gegnern als unternehmerfreundlich und gewerkschaftsfeindlich kritisiert wird. – In den 1980er-Jahren hatten unter Präsident Reagan die Lehren der Chicago School großen Einfluss auf die US-amerikanische Wirtschaftspolitik gewonnen (sog. *Reaganomics* als Ausdruck einer ausschließlich *angebotsorientierten Wirtschaftspolitik* und radikaler Abschwächung der Antitrustpolitik, bes. bei der Fusionskontrolle).

Chinese Walls – im Rahmen von Compliance-Maßnahmen zu schaffende Abgrenzung zur Wahrung der Vertraulichkeit. Chinese Walls wurden verstärkt gefordert aufgrund von Interessenkonflikten zwischen → Investment Banking und Aktienanalyse. – Vgl. auch → Compliance.

Chip – Halbleiterbaustein, dessen Schaltung auf einem Halbleiterkristallplättchen (i.Allg. Silizium) aufgebracht ist; ursprünglich nur das im Bausteingehäuse eingebaute Siliziumplättchen. – Vgl. auch → Chipkarte.

Chipkarte – Die Chipkarte ist eine spezielle Plastikkarte in die ein → Chip integriert ist, der unterschiedliche Funktionen übernehmen kann. Bei reinen Speicherkarten fungiert der Chip lediglich als Speicher, der beschrieben und ausgelesen wird, so z.B. bei Telefonkarten oder Zugangskarten. – Demgegenüber kann der Chip auf Prozessorkarten selbstständig Daten verarbeiten und verwalten, sodass es möglich ist, Programme auf dem Chip selbst ausführen zu lassen. Diese Karten erlauben das Auslesen der auf dem Chip gespeicherten Daten zumeist nicht direkt, sondern nur über auf dem Prozessor des Chips laufende kryptographische Verfahren. Somit ist die Prozessorkarte vor dem unberechtigten Zugriff auf die gespeicherten Daten relativ geschützt. Diese Technologie findet z.B. seit den 1980er-Jahren bei Zahlungskarten Verwendung, da die Chips einen höheren Sicherheitsstandard bieten können als reine Magnetstreifenkarten, häufig werden auch Hybridkarten mit beiden Technologien ausgegeben. Bedeutende Anwendungsfelder von Chipkarten mit integriertem Prozessor sind daneben auch Ausweisdokumente, wie z.B. der neue Personalausweis in Deutschland, und SIM-Karten in Mobiltelefonen. – *Anders:* → Magnetstreifenkarte. Insbesondere im Euroraum werden mit Magnetstreifen ausgerüstete Zahlungskarten aus Sicherheitsgründen zunehmend durch Chipkarten abgelöst, dabei werden im Übergang i.d.R. mit beiden Elementen versehene Hybridkarten ausgegeben. – *Anwendung:* derzeit v.a. im → bargeldlosen Zahlungsverkehr z.B. zur Kontrolle der Zugriffsberechtigung und Autorisierung von Zahlungen oder als → Geldkarte sowie als Karte mit Zusatzfunktionalitäten (z.B. elektronischer Fahrschein, elektronische Signatur, Jugendschutzmerkmal). – Vgl. auch → Debitkarte, → Electronic Cash.

Chi-Quadrat-Test → statistisches Testverfahren; zentrale Anwendung: Prüfung einer Hypothese über die Verteilung eines Merkmals *(Anpassungstest)*, z.B. Prüfung einer Hypothese über die → Anteilswerte p_i (i = 1, ..., k) der Kategorien eines → qualitativen Merkmals oder Prüfung der Hypothese, die Verteilung eines → quantitativen Merkmals sei eine → Normalverteilung mit bestimmten → Parametern; in diesem Fall muss eine → Klassenbildung vorgeschaltet werden. Die Gegenüberstellung der bei Gültigkeit der → Nullhypothese in k einzelnen Kategorien oder → Klassen zu erwartenden → Häufigkeiten np_i und der in einer → Stichprobe des Umfanges n tatsächlich beobachteten Häufigkeiten n_i geschieht in Form der → Prüfgröße

$$\chi^2 = \sum_{i=1}^{k} \frac{(n_i - np_i)^2}{np_i}$$

Diese Prüfgröße hat bei Gültigkeit der Nullhypothese asymptotisch eine x^2-Verteilung mit k–1 Freiheitsgraden (→ Chi-Quadrat-Verteilung). – *Voraussetzung:* Großer Stichprobenumfang n und Einhaltung gewisser Mindestbedingungen bez. der (erwarteten) Häufigkeiten in den einzelnen Kategorien oder Klassen. – *Weitere Anwendungen:* Überprüfung der Unabhängigkeit zweier Variablen oder Vergleich zweier Verteilungen.

Chi-Quadrat-Verteilung – stetige Wahrscheinlichkeitsverteilung (→ Verteilung), die durch Helmert (1876) und Pearson (1900) als Prüfverteilung eingeführt wurde. Sind n → Zufallsvariablen $X_1, ..., X_n$ stochastisch unabhängig und jeweils standardnormalverteilt (→ Standardnormalverteilung), so ist die Summe der Quadrate dieser Zufallsvariablen χ^2-verteilt mit n Freiheitsgraden. Die Chi-Quadrat-Verteilung hat einen → Parameter, die Anzahl n der Freiheitsgrade. Sie ist eingipflig und für kleine n stark linkssteil (→ Schiefe). Die Dichtefunktion einer Chi-Quadrat-Verteilung mit n Freiheitsgraden ist gegeben durch

$$f(x) = (2^{n/2}\Gamma(n/2))^{-1}x^{n/2-1}e^{-x/2}, x > 0$$

Der zugehörige Erwartungswert ist durch n und die Varianz ist durch 2n gegeben. Die Chi-Quadrat-Verteilung ist eine spezielle gamma-Verteilung. Es gibt Tabellenwerke für Quantile der χ^2-Verteilung. Für große n kann die Verteilungsfunktion unter Verwendung der → Normalverteilung approximiert werden. Anwendung findet die Chi-Quadrat-Verteilung z.B. bei statistischen Tests für Varianzen von Normalverteilungen und beim → Chi-Quadrat-Test.

Chow-Test – von Chow (1960) vorgeschlagenes Verfahren zur Überprüfung der Hypothese beobachtungsinvarianter Koeffizienten in linearen → Einzelgleichungsmodellen (→ Strukturbruchtests). – Aufgrund der Vermutung eines Strukturbruches im Sinn einer numerischen Veränderung der Koeffizienten ab einer bestimmten Stelle wird der Stützbereich für die Schätzung in zwei Bereiche zerlegt. Mit den → Residuen der OLS-Schätzungen (→ Kleinstquadratemethode, gewöhnliche) für die Teilbereiche und den gesamten Stützbereich wird dann die Teststatistik berechnet. Sind RSS_1, RSS_2 und RSS_G die Residuenquadratesummen der Teilbereiche und des gesamten Stützbereichs, n_1, n_2 und n die Stichprobenumfänge der Teilbereiche und des Gesamtbereiches und K die Anzahl der erklärenden Variablen im zu untersuchenden Modell, so erhält man die Teststatistik als Sonderfall des → F-Tests für das multiple Regressionsmodell zu $F = [(RSS_G - RSS_1 - RSS_2)/(K+1)]/[(RSS_1 + RSS_2)/(n - 2K - 2)]$. Die Nullhypothese wird abgelehnt, wenn F größer als der kritische Wert aus der F(K + 1; n – 2K – 2)-Verteilung ist.

Christlicher Gewerkschaftsbund Deutschlands (CGB) – Bundesgeschäftsstelle mit Sitz in Berlin; gegründet 1959. – *Aufgaben:* Zusammenfassung aller dt. christlichen Gewerkschaften; Bestimmung der Ziele des Bundes auf allen Gebieten gewerkschaftlicher Betätigung; Vertretung der Mitglieder auf nationaler und internationaler Ebene. – Angeschlossen ist der *Deutsche Handels- und Industrieangestellten-Verband (DHV).*

Chronic Care Modell – 1. *Begriff:* umfasst die ganzheitlich gesteuerte Versorgung chronisch Kranker über die einzelnen Sektorengrenzen hinweg. – 2. *Merkmale:* Ein Großteil der Kosten im Gesundheitswesen entfällt auf einen lediglich kleinen Teil der Bevölkerung (10 Prozent der Versicherten verursachen 80 Prozent der Kosten). Die Konzentration auf diesen Bevölkerungsteil verspricht ein äußerst hohes Effizienzpotential. Ziel ist es, durch eine koordinierte Versorgung Krankheiten frühzeitig zu erkennen, Risikofaktoren zu senken, einen effizienten Behandlungsverlauf im Krankheitsfall zu gewährleisten und im Sinne einer kontinuierlichen Verbesserung der Versorgung durchgeführte Maßnahmen zu evaluieren und Verbesserungsmaßnahmen zu implementieren. Durch die gestiegene Lebenserwartung erhöht sich die Rate chronisch Kranker und multimorbider Krankheitsfälle. Im Zuge einer zunehmenden Multimorbidität (Vorliegen mehrerer Erkrankungen gleichzeitig) unter der Bevölkerung gewinnen Chronic Care Modelle an bes. Bedeutung im Umgang mit den zur Verfügung stehenden Ressourcen. – 3. *Formen:* Verschiedene Formen zur gezielten Behandlung chronisch Kranker sind dabei vorstellbar. Exemplarisch seien im Folgenden einige angeführt: a) → Disease Management ist die strukturierte, kontinuierliche und sektorenübergreifende Versorgung chronisch kranker Patientengruppen nach wissenschaftlich anerkannten Methoden. Die aktive Einbindung betroffener Patienten ist ein wesentlicher Bestandteil des Konzepts. – b) → Case Management: Im Gegensatz zum Disease Management liegt der Schwerpunkt nicht in der Betreuung eines Patientenkollektivs durch mehrere Betreuer, sondern in der Einzelfallbetreuung. Zusätzlich wird kein komplettes Krankheitsbild abgedeckt, sondern gezielt ein Behandlungsplan (Care Plan) an den Bedürfnissen des Patienten und den Anforderungen des Auftraggebers ausgerichtet. – c) *Gatekeeping* umfasst die gezielte Leistungssteuerung durch einen bes. qualifizierten Arzt. Der Arzt (v.a. Allgemeinmediziner oder niedergelassener Internist; im Folgenden als Hausarzt bezeichnet) ist im Krankheitsfall die erste Anlaufstelle für den Patienten und übernimmt eine Art Lotsenfunktion (Gatekeeper) entlang der Versorgungskette. Gemeinsamkeiten zwischen Gatekeeping und Case Management bestehen in der Übernahme eines bestimmten Versorgungsprozesses durch einen Betreuer. Im Gegensatz zum Case Manager führt der Gatekeeper aber Diagnosen sowie Behandlungen durch und verschreibt Medikamente. – 4. *Grundlegende Gemeinsamkeiten:* Chronic Care Modelle bauen im Wesentlichen auf drei Grundsätzen auf. Eine optimale Versorgungssituation ist zu definieren, eine effektive Verbesserungsstrategie zu entwickeln und konkrete Maßnahmen sind daraus abzuleiten und zu implementieren. Dabei dient die Berücksichtigung der in der Abbildung aufgeführten Elemente einer erfolgreichen Verbesserung der Versorgung. Leistungserbringer sind frühzeitig in die Verbesserungsstrategie mit einzubeziehen. Ein einfacher Zugang zu aktuellem Wissen sollte den Leistungserbringern ermöglicht werden und durch die Einrichtung einrichtungsübergreifender Informationstechnologie eine stets aktuelle Gesamtschau über patientenrelevante Daten zur Verfügung stehen. Zusätzlich sollte das Selbstmanagement und die Verantwortung des Patienten durch geeignete Maßnahmen gestärkt werden. – 5. *Risiken:* Bei sämtlichen Modellen stehen Kostenvorteile durch die verbesserte Behandlung den Kosten durch einen zumindest anfänglich höheren Ressourcen- und Verwaltungsaufwand gegenüber. Tiefgreifende Veränderungen im Versorgungsprozess erfordern einen aktiv begleiteten Bewusstseinswandel aller Beteiligten. Vor dem Hintergrund zunehmend multimorbider Erkrankungen sollte eine ganzheitliche Versorgung gegenüber einer Aneinanderreihung einzelner Modelle bevorzugt werden.

Churn Rate – *Abwanderungsrate, Kundenverlustrate,* Begriff aus dem Kundenbindungsmanagement, Kunstwort aus *Change* (Wechsel) und *Turn* (Abkehr); gibt den Anteil abgewanderter Kunden einer Periode an, bezogen auf den durchschnittlichen Kundenbestand in diesem Zeitraum. – *Gegensatz:* Retention Rate, Churn Rate + Retention Rate = 1. – Vgl. auch → Retention Marketing.

CIF – *Abkürzung für Cost, Insurance and Freight ... Named Port of Destination; Kosten, Versicherung, Fracht ... benannter Bestimmungshafen;* Vertragsformel der von der → ICC entwickelten → Incoterms

Elemente	Inhalte
Organisation der Gesundheitsversorgung („Organization of Health Care")	Selbstverpflichtung des Unternehmens zur Anwendung des Chronic Care Models. Kliniker werden in das entsprechende Team einbezogen.
Gestaltung der Versorgung („Delivery System Design")	Regelmäßige, geplante proaktive Besuche der Patienten durch sog. Care Teams. Sie helfen den Patienten, ihre Gesundheit zu erhalten Patientenzielsetzungen werden einbezogen.
Entscheidungsunterstützung („Decision Support")	Einfacher Zugang für Kliniker zu den aktuellsten evidenzbasierten guidelines. Regelmäßige Fortbildungen für Kliniker.
klinische Informationssysteme („Clinical Information Systems")	Kliniker erhalten eine zusammengefasste Übersicht eines jeden ihrer Patienten mit chronischen Erkrankungen. Diese beinhaltet Informationen zur Bewertung des Gesundheitszustands der Patienten und zur Minimierung von Komplikationen.
Patienten Selbst-Management („Patient Self-Management")	Motivation der Patienten, Ziele zu setzen, Barrieren und Herausforderungen zu identifizieren und ihren eigenen Gesundheitszustand zu überwachen. Instrumente und Ressourcen, um den Patienten Möglichkeiten zu geben, über z. B. visuelle Reminder ihre Gesundheit zu managen.
öffentliche und gemeinschaftliche Ressourcen („Community Ressources")	Ressourcen der Öffentlichkeit, von Schulen über Verwaltungsstellen bis hin zu gemeinnützigen Organisationen zur Förderung des empowerment von Patienten mit chronischen Erkrankungen.

für Außenhandelsgeschäfte. – CIF ist eine klassische Seefrachtklausel. CIF erweitert die CFR-Verpflichtungen des Verkäufers. Ein Vergleich von Lieferangeboten auf CIF- oder CIP-Basis ist für den Käufer oft am transparentesten, weil dabei alle transportbedingten Nebenkosten bis zum Bestimmungsort im Importland eingeschlossen sind. Der Exporteur muss die Ware in Übereinstimmung mit dem Kaufvertrag transportgerecht verpackt und termingerecht an Bord des Schiffes liefern und dem Käufer die Verladung unverzüglich mitteilen. Der Verkäufer trägt alle Gefahren für die Ware, bis sie im Abladehafen an Bord des Seeschiffs geliefert ist. Lieferort und Gefahrenübergang ist also auf dem Schiff. Neben dem Seefrachtvertrag bis zum Bestimmungshafen muss der Verkäufer auf seine Kosten, aber zugunsten des Käufers – also auf dessen Namen – eine (ggf. übertragbare) Transportversicherung zu bestimmten Mindestbedingungen abschließen, die den Käufer zur Erhebung von Ansprüchen ermächtigt (die Gefahr verbleibt beim Käufer). CIF entspricht also in etwa → FOB plus reguläre Fracht- plus Versicherungskosten bis zum Bestimmungsort. – *Praxistipp eins:* Wie bei CFR trägt der Verkäufer die Entladungskosten, wenn sie Teil der Schiffsfracht sind, also ein Seefrachtvertrag zu sog. Liner-Terms vorliegt, der Belade-, Stau- und Entladekosten einschließt. Bei einer FIO-Vereinbarung (*„free in and out“*) müsste der Empfänger die Entladekosten tragen. Ggf. wäre dann *„CIF landed“* zu vereinbaren, wenn der Käufer nicht die Entladekosten tragen soll. – Da unterschiedliche Versicherungsbedingungen zum Tragen kommen können, verpflichtet CIF – in Ermangelung anderer Vereinbarungen im Kaufvertrag – den Verkäufer zum Abschluss einer übertragbaren Seeversicherungspolice mit Mindestdeckung (der sog. Clause C der Cargo-Klauseln der International Underwriting Association of London [ehemals London Institute of Underwriters]). Damit ist die Ware zu 110 Prozent versichert (Kaufpreis plus 10 Prozent für imaginären Gewinn, in der Währung des Kaufvertrags), u.a. gegen Feuer oder Explosion, Schiffsuntergang, Auf-Grund-Laufen, Kentern oder Kollision des Schiffes, Über-Bord-Werfen, große Havarien, bei anderen Transportmitteln Umstürzen oder Entgleisen. – Für beschädigungsempfindliche (Nässe, Bruch, Verbiegen) oder diebstahlgefährdete Ware ist diese Mindestdeckung keine geeignete Versicherung. Der Käufer müsste eventuell eine Zusatzversicherung zu seinen Lasten abschließen (lassen), bspw. eine Klausel A (*„All Risks“*). *„All Risks“* klingt gut und beruhigend, doch sichert Klausel A nur die Risiken ab, die versichert sind – u.a. nicht Krieg, Streik oder Aufruhr, und bei Piraterie – wenn überhaupt – nur die direkten Schäden, keine Ausfallverluste. Hier sollte der Importeur also direkt oder indirekt über den Exporteur für entsprechende Zusatzversicherung sorgen (lassen), d.h. frühzeitig (!) mit dem Versicherer und dem Exporteur sprechen. Für → CIP gilt eine analoge Regelung bezüglich der Mindestversicherung. Grundsätzlich hat der Verkäufer bei CIF die Transportdisposition, d.h. er kann eine ihm genehme Reederei auswählen. Ebenso steht ihm die Auswahl der Seeversicherung frei, solange diese die erwähnte Mindestdeckung bedeutet. In vielen Fällen schreibt jedoch der Importeur – teilweise aufgrund gesetzlicher Bestimmungen in seinem Land – eine Reederei und/oder Versicherung vor. Man spricht dann von „unechtem CIF“. – *Praxistipp zwei:* Der (dt.) Importeur sollte unter einer CIF-Verladung darauf bestehen, dass das Versicherungsdokument den Vermerk „Prämie bezahlt“ sowie „Schäden zahlbar in Deutschland“ trägt (dies gilt analog für CIP, s. dort). – Der Verkäufer muss dem Käufer einen vollständigen Satz reiner, begebbarer Orderkonnossemente mit Vermerk *„shipped on board“* und *„freight prepaid“* beschaffen. Zudem muss er dem Importeur auf dessen Verlangen, Kosten und Gefahr Ursprungszeugnis und ggf. Konsulatsfaktura beschaffen sowie bei der Beschaffung aller für die Einfuhr im Bestimmungsland erforderlichen Dokumente behilflich sein. – Der Käufer muss die ordnungsgemäß erbrachten Dokumente aufnehmen und den vereinbarten Kaufpreis zahlen, die neben Transport und Versicherung anfallenden Kosten tragen, auch für die Beschaffung von Ursprungszeugnissen oder Konsulatsfakturen, und die Zollgebühren und sonstigen Einfuhrabgaben im Importland zahlen. – *Praxistipp drei:* Unabhängig von den tatsächlich vereinbarten Lieferklauseln werden in Zahlungsbilanzstatistiken alle Exporte fiktiv mit FOB-Werten und alle Importe mit CIF-Werten angesetzt, um jeweils den Wert der Ware „an der eigenen Außengrenze“ zu erfassen. – Wichtigste Verpflichtungen der Parteien bez. Lieferung, Gefahrenübergang und Kostenteilung den → Incoterms 2010 gemäß: (1) *Verpflichtungen des Verkäufers:* (a) Lieferung: Der Verkäufer liefert, wenn die Ware an Bord des Schiffs im benannten Verschiffungshafen geliefert wurde. – (b) Der Verkäufer hat die Kosten und die Fracht zu tragen, die erforderlich sind, um die Ware zum benannten Bestimmungshafen zu befördern. – (c) Der Verkäufer hat die Seetransportversicherung gegen die vom Käufer getragene Gefahr des Verlusts oder der Beschädigung der Ware während des Transports abzuschließen und die Versicherungsprämie zu bezahlen. Der Verkäufer ist jedoch nur verpflichtet, eine Versicherung mit Mindestdeckung abzuschließen. – (d) Die Vertragsklausel CIF verpflichtet den Verkäufer, die Ware zur Ausfuhr freizumachen. (2) *Verpflichtungen des Käufers:* Die Gefahr des Verlustes oder der Beschädigung der Ware ebenso wie zusätzliche Kosten, die auf Ereignisse nach Lieferung der Ware gemäß Punkt 1(a) zurückzuführen sind, gehen vom Verkäufer auf den Käufer über und sind ab diesem Zeitpunkt grundsätzlich vom Käufer zu tragen.(3) *Anwendung:* Diese Vertragsformel kann nur für den See- und Binnenschiffstransport verwendet werden. Falls die Parteien nicht beabsichtigen, die

Ware nicht an Bord eines Schiffs zu liefern, sollte die CIP-Klausel (→ CIP) verwendet werden, die auf alle Transportmittel anwendbar ist. – Vgl. auch → Incoterms, EXW, → FCA, → FAS, → FOB, → CFR, → CPT, → CIP, → DAT, → DAP, → DDU.

CIF-Agent → Ausfuhragent mit Sitz im Käuferland, der die Produktion der von ihm vertretenen Firmen auf CIF-Basis (→ CIF) anbietet. Er hat gewisse Vollmachten und Verantwortung bei der Berechnung der CIF-Kosten, die er aufgrund der kostenmäßig feststehenden FOB-Preise (→ FOB) übernimmt. – 1. *I.w.S.:* Vertritt einen oder mehrere überseeische Ablader (→ Abladegeschäft). – 2. *I.e.S.:* In Hansestädten ansässige Vertreter überseeischer Exporteure.

CIFCI → Incoterms, Abweichungen.

CIF Free-out → Incoterms, Abweichungen.

CIF-Geschäft – Außenhandelsgeschäft, bei dem der Lieferant die Ware frei ausländischem Bestimmungshafen (→ CIF) anbietet. Er gewinnt damit Einfluss auf Verschiffung und Versicherung der Ware und kann daraus für sich und für die jeweilige nationale Seeschifffahrt und Versicherungswirtschaft Vorteile ziehen. Dem Käufer wird Arbeit und Risiko abgenommen, wodurch sich seine Importkalkulation vereinfacht.

CIFIC → Incoterms, Abweichungen.

CIF-Kalkulation – auf der → FOB-Kalkulation aufgebaute Kalkulation unter kumulativer Zurechnung der Kosten für Seefracht und Seeversicherung. Vom CIF-Preis ausgehend, können rückläufig die Kosten für Seefracht und -versicherung abgesetzt werden, um festzustellen, ob der dadurch ermittelte FOB-Preis noch lohnend ist. – Vgl. auch → Exportkalkulation.

CIF Landed → Incoterms, Abweichungen.

CIF Liner Terms → Incoterms, Abweichungen.

CIF-Preis → CIF, → Incoterms.

CIFW → Incoterms, Abweichungen.

CIIA – Abk. für → Commission Internationale des Industries Agricoles et Alimentaires.

CIM – Abk. für *Computer Integrated Manufacturing.* 1. *Begriff:* Integrationskonzept für die Informationsverarbeitung in Produktionsunternehmen. Gemeint ist die computergestützte (→ Computersystem) Integration der betriebswirtschaftlich orientierten Planungs- und Steuerungsfunktionen mit den primär IV-technischen Funktionen in einem Fertigungsunternehmen, um so die Konsistenz, Aktualität und Qualität der Prozesse und Daten zur Auftragsplanung und -durchführung zu verbessern. – 2. *Inhalte:* CIM vereinigt die Produktionsplanung und -steuerung (→ PPS-Systeme) mit → CAD, → CAM und → CAQ. – 3. *Voraussetzung* für die konzeptionelle Integration ist die informationstechnische Integration der heterogenen → Computersysteme für die einzelnen CIM-Teilgebiete in einem übergreifenden Gesamtsystem auf der Grundlage eines → Netzes.

CIP – *Abkürzung für Carriage and Insurance Paid to ... Named Place of Destination; frachtfrei versichert ... benannter Bestimmungsort;* Vertragsformel der von der ICC entwickelten → Incoterms für Außenhandelsgeschäfte. – CIP entspricht – weitgehend wörtlich – CPT mit zusätzlicher Versicherungspflicht für den Exporteur. Die Versicherungsklausel wiederum entspricht der entsprechenden CIF-Regelung (Mindestdeckung, s. oben). CIP ist also eine CIF-analoge Klausel für Bestimmungsorte, die nicht Hafen sind, aber CIP kann ebenfalls auf Bestimmungshäfen angewendet werden, ist also für jede Transportart anwendbar. In Abhängigkeit davon, ob ein Bestimmungshafen oder ein anderer Bestimmungsort vereinbart wurde, ergibt sich folglich inhaltlich eine weitgehende Übereinstimmung von CFR/CPT bzw. von CIF/CIP. – Wichtigste Verpflichtungen der Parteien bez. Lieferung, Gefahrenübergang und Kostenteilung gemäß den Incoterms 2000: (1) *Verpflichtungen des Verkäufers:* (a) Lieferung: Diese Klausel bedeutet, dass der Verkäufer die Ware dem von ihm verpflichteten Frachtführer zur Beförderung an den benannten Bestimmungsort übergibt. (b) Der Verkäufer hat jedoch zusätzlich die Frachtkosten zu tragen, die erforderlich sind, um die Ware zum benannten Bestimmungsort zu befördern. (c) Der Verkäufer hat die Transportversicherung gegen die vom Käufer getragene Gefahr des Verlusts oder der Beschädigung der Ware während des Transports zu beschaffen und die Versicherungsprämie zu bezahlen. Der Verkäufer ist jedoch nur verpflichtet, eine Versicherung mit Mindestdeckung abzuschließen. (d) Diese Vertragsklausel verpflichtet den Verkäufer, die Ware zur Ausfuhr freizumachen. – (2) *Verpflichtungen des Käufers:* (a) Der Käufer hat alle Gefahren sowie alle zusätzlichen Kosten zu tragen, die auf Ereignisse nach Lieferung der Ware gemäß den Punkten 1(a) bzw. 1(b) zurückzuführen sind. (b) Werden mehrere aufeinander folgende Frachtführer für die Beförderung zum benannten Ort eingesetzt, geht die Gefahr auf den Käufer über, sobald die Ware dem ersten Frachtführer übergeben worden ist. – (3) *Anwendung:* Diese Vertragsformel kann für jede Transportart verwendet werden, einschließlich des → multimodalen Transports. – Vgl. auch → EXW, → FCA, → FAS, → FOB, → CFR, → CIF, → CPT, → DAT, → DAP, → DDP.

circa-Klausel (ca.) → Handelsklausel in Lieferungsverträgen, nach der auch eine Lieferung mit einer geringfügigen (nach Geschäftszweigen verschiedenen) Abweichung in Menge, Preis oder Lieferzeit als → Erfüllung gilt. – Im *Schifffahrtsbrauch* bei einer Ladungsübernahme vorkommende Klausel, unter der ein dem jeweiligen Brauch entsprechendes Mehr oder Weniger des im → Frachtbrief, → Ladeschein oder → Konnossement angegebenen Maßes, Gewichtes oder der Menge der Frachtgüter verstanden wird.

CISC – Abk. für *Complex Instruction Set Computer;* → Computer mit einem großen Satz von → Maschinenbefehlen. – Vgl. auch → RISC.

CISG – Abk. für *United Nations Convention on Contracts for the International Sale of Goods;* → Übereinkommen der Vereinten Nationen über Verträge über den internationalen Warenkauf.

Citizenship Report → Nachhaltigkeitsbericht.

City – Zentral, zumeist in der Innenstadt gelegener Teilraum einer größeren → Stadt, dessen Flächennutzung durch die räumliche Konzentration hochrangiger zentraler Einrichtungen des Handels- und Dienstleistungsgewerbes bestimmt ist (→ Flächennutzungskonkurrenz). Mit zunehmender Größe der Stadt und des Hauptgeschäftszentrums entwickeln sich funktionalräumliche Gliederungen innerhalb der City (Haupt- und Nebengeschäftstraßen, Bankenviertel, Büroviertel, Regierungsviertel u.a.). Die Spekulation auf die City-Expansion führt am Cityrand, v.a. in → Entwicklungsländern, vielfach zur Bildung von → Slums (Blight Areas).

City-Logistik – überbetriebliche Konzepte zur Versorgung und → Entsorgung von → Verdichtungsräumen mit dem Ziel der Optimierung des Liefer- und Abholverkehrs durch Vernetzung der individuellen Lieferketten von Einzelwirtschaften in Innenstädten.

City Marketing – *Begriff:* Unter City Marketing versteht man die Entwicklung eines umfassenden Marketingkonzeptes, das unter Einbindung der Anspruchsgruppen einer Stadt (z.B. Unternehmen und Bürger) die Vermarktung des Produktes „City" ermöglichen soll. Durch eine gewinnbringende Kombination der oben genannten Faktoren soll die Attraktivität der Innenstädte für unterschiedliche Zielgruppen wieder angehoben werden. – *Hintergrund:* In den letzten Jahren verloren die Zentren der Städte zunehmend an Bedeutung. V.a. das Entstehen von großen → Einkaufszentren an den Stadträndern und der zunehmende Verlust von Einwohnern und Besuchern in den Innenstädten haben zu einer Verschlechterung der Situation in der → City geführt. Auch zwischen Städten ist ein verstärkter Wettbewerb um Kaufkraftströme, → Image, Ausbau und Sicherung von Arbeitsplätzen, Industrieansiedlungen, Ansiedlung von Einwohnern etc. zu beobachten. Die Attraktivität einer Stadt hängt von der Vielfalt ihres Angebotes wie Wohnen, Einkauf, Freizeit, Kultur, Sport, Arbeitsmöglichkeiten u.Ä. ab. – Vgl. auch → Stadtmarketing.

C-Klauseln – Die C-Klauseln der → Incoterms sind – wie die → F-Klauseln – Absendeverträge (shipment contracts). Im Unterschied zu den F-Klauseln muss der Verkäufer aber bei C-Klauseln auch den Transportvertrag (ggf. auch den Versicherungsvertrag) bis zum Bestimmungsort abschließen und die entsprechenden Kosten tragen. – Alle C-Klauseln sind sog. Zwei-Punkt-Klauseln, weil der Gefahrenübergang im Abgangsort erfolgt und der Kostenübergang im Bestimmungsort. Unbeschadet des Gefahrenübergangs erfolgt der Eigentumsübergang i.d.R. erst am Bestimmungsort durch Übergabe der Ware bzw. entsprechender Papiere (z.B. → Konnossement). Die Übergabe markiert also den Lieferort. – Vgl. auch → CFR, → CIF, → CPT, → CIP, → D-Klauseln.

Clark – John Bates, 1847–1938, amerik. Nationalökonom, der in Deutschland studierte und anschließend an verschiedenen Universitäten in seiner Heimat, zuletzt an der Columbia University, lehrte. Zunächst beeinflusst durch die → historische Schule wandte sich Clark dann der → klassischen Lehre, v.a. der → Verteilungstheorie zu. In seinen beiden *Hauptwerken* „The Philosophy of Wealth: Economic Principles Newly Formulated" (1886) und „The Distribution of Wealth" (1889) entwickelte er die → Grenzproduktivitätstheorie und die Lehre über die funktionale → Einkommensverteilung, worin ihm viele spätere Autoren gefolgt sind. Kritik hat seine Auffassung erfahren, dass die Grenzproduktivitätstheorie die funktionale Einkommensverteilung im Kapitalismus ethisch rechtfertige. Clark wurde zum ersten amerik. Nationalökonomen von internationaler Bedeutung. Zu einer Zeit, in der in den Vereinigten Staaten – wie in Deutschland – die historische Schule und institutionelle Ökonomik (→ sozialrechtliche Schule) herrschte, war er ein Vertreter der Theorie in der Tradition der Klassiker. Er begründete damit die weltweite Bedeutung seines Landes in den Wirtschaftswissenschaften.

Clark – John Maurice, 1884–1963, amerik. Nationalökonom, Sohn von John Bates → Clark, dessen Lehrstuhl an der Columbia University er 1926 übernahm. Mit seinem Aufsatz „Towards a Concept of Workable Competition" (1940) löste er eine weltweite, bis heute nicht abgeschlossene Diskussion über Wettbewerbskonzepte aus. Der Aufsatz enthält bereits alle Elemente seines *Hauptwerks* „Competition as a Dynamic Process" (1961). Die Auffassung von Clark, → vollkommene Konkurrenz sei in der Wirklichkeit unerreichbar und das Fehlen von Prämissen – z.B. der vollkommenen Markttransparenz – ermögliche oft erst Wettbewerb, hat sich weitgehend durchgesetzt. Wenig erfolgreich war sein Bemühen, mit seinem Wettbewerbskonzept der Antitrust-Rechtsprechung in den Vereinigten Staaten eine Entscheidungsgrundlage an die Hand zu geben.

Classe Distributive – Klasse der Kaufleute, Gewerbetreibenden und Handwerker, die keine Werte schafft, sondern nur bestehende Werte umformt. – Vgl. auch → Physiokratie, → Quesnay.

Classe Productive – Klasse der Landwirte und Urproduzenten, die die Werte einer Volkswirtschaft schafft und Pachtzahlungen an die → Classe stérile leistet. – Vgl. auch → Physiokratie, → Quesnay.

Classe Stérile – Klasse des Adels und des Klerus, die keine Werte schafft und von den Pachteinnahmen der produktiven Klasse (→ Classe productive) lebt. – Vgl. auch → Physiokratie, → Quesnay.

Classification of Individual Consumption → COICOP.

Classification of Products by Activity → CPA.

Clausula Miquel – Regelung der Rolle der → Matrikularbeiträge der Bundesstaaten an das Deutsche Reich; Defizite des Reichshaushalts sollten so lange durch Matrikularbeiträge der Bundesstaaten gedeckt werden, bis das Reich eigene Reichssteuern einführte. Zunächst von Bedeutung für den Norddeutschen Bund (1866). Die Clausula Miquel ging bei der Gründung des Deutschen Reiches (1871) in die Reichsverfassung ein; in praxi wurde die Vormacht der Länder bis zur → Erzbergerschen Finanzreform (1919/1920) zementiert.

Clausula Rebus Sic Stantibus – Abrede, dass ein Vertrag nur so lange gelten soll, als sich nicht die zugrunde liegenden Verhältnisse tiefgreifend ändern. Auch ohne ausdrückliche Abmachung können sich infolge → Störung der Geschäftsgrundlage Vertragspflichten ändern oder wegfallen.

Clawson-Knetsch-Methode → Transportkostenansatz.

Clay-Clay-Modelle → neoklassische Wachstumstheorie.

Clayton Act – 1914 in Ergänzung zum → Sherman Act verabschiedetes US-amerikanisches Antitrust-Gesetz mit dem Ziel, durch den Sherman Act nicht erfasste Wettbewerbsbeschränkungen zu verbieten und somit die Monopolisierung im Ansatz zu unterbinden (sog. Incipiency Doctrine). – *Inhalt:* (1) Verbot kartellrechtlicher Vereinbarungen, z.B. ausschließlicher Bezugsbindungen; (2) Diskriminierungsverbot, 1936 durch den Robinson Patman Act verschärft; (3) Fusionsverbot, 1950 durch den Celler Kefauver Act verschärft. – Vgl. auch → Antitrust-Gesetzgebung.

CLC → Commercial Letter of Credit.

Clean Air Act – Der Clean Air Act (CAA) regelt die SO2-Emissionen von Kraftwerken, in denen Elektroenergie durch die thermische Umwandlung von fossilen Brennstoffen gewonnen wird. Kernstück des CAA ist der Emissionshandel, in den die Kraftwerke in unterschiedlichen zeitlichen Phasen sukzessive einbezogen wurden. Die Vermeidung regionaler Spitzenbelastungen wird durch Sonderregeln sicher gestellt. Obwohl die konkrete Ausgestaltung des CAA unterschiedlich beurteilt wird ist unstrittig, dass der Emissionshandel zur gleichzeitigen Emissionsverminderung und Kostenersparnis geführt hat.

Clean Development Mechanism – Abk. *CDM*; Methode zur internationalen Verminderung von Schadstoffen und zur umweltverträglichen Entwicklung, bei denen sich ein Land A (Industrieland) Vermeidungsmaßnahmen im Land B (weniger entwickeltes Land) unter bestimmten Umständen anrechnen lassen kann, um seine Verpflichtungen zu erfüllen. Gemäß Art. 12 des → Kyoto-Protokolls bieten sie als flexible Kyoto-Mechanismen den zu Reduktionsmaßnahmen verpflichteten Ländern, die in Anhang B des Kyoto-Protokolls aufgelistet sind, die Möglichkeit zur Reduktion von Treibhausgasen in anderen Ländern, die *nicht* im Anhang B des Kyoto-Protokolls aufgelistet sind (weniger entwickelte Länder). Auf Projektebene soll der Mechanismus für umweltverträgliche Entwicklung unter Beteiligung privater Körperschaften (insbesondere Unternehmen) erfolgen und zu einer nachhaltigen Entwicklung in den gastgebenden Ländern beitragen (Vgl. → Joint Implementation). Für die Durchführung von CDM-Projekten muss das investierende Land gemäß den Übereinkommen von Marrakesch der Vertragsstaaten folgende Kriterien erfüllen: 1. Ratifikation des Kyoto-Protokolls, 2. Vorliegende Berechnung der Ausstattung mit zugeteilten Emissionsrechten (Assigned Amount Units), 3. Etablierung eines nationalen Systems zur Abschätzung seines Treibhausgasemissionen bzw. Speicherung durch Senken (→ Senkenprojekte), 4. Etablierung eines nationalen Treibhausgasregisters, 5. Rechtzeitiges jährliches Einreichen seines Treibhausgasinventars, 6. Einreichung zusätzlicher Informationen über seine Ausstattung mit zugeteilten Emissionsrechten. – Das gastgebende Land muss lediglich das Kriterium 1 erfüllen. Eine Überwachung der CDM-Projekte erfolgt durch den CDM-Exekutivrat der bei dem Secretariat of the United Nations Framework Convention on Climate Change in Bonn angesiedelt ist.

Clearing – 1. *Allgemein:* die gegenseitige Auf- und Verrechnung von Forderungen und Verbindlichkeiten zwischen Geschäftspartnern. Grundsätzlich werden zwei Methoden unterschieden: beim Nettoclearing werden nur die Beträge zwischen den Teilnehmern ausgetauscht, die sich aus der Saldierung von Forderungen und Verbindlichkeiten ergeben; beim Bruttoclearing erfolgt eine solche Saldierung nicht, sondern jede Zahlung wird einzeln ausgeführt. – 2. *Zahlungsverkehr (Interbanken-Clearing):* Verfahren der Übermittlung, der Abstimmung und in einigen Fällen auch die Bestätigung von Zahlungsaufträgen vor dem Zahlungsausgleich; dies entspricht im dt. Sprachgebrauch dem Begriff der Zahlungsverkehrsabwicklung. Das Clearing kann auch die Aufrechnung und Saldierung der Positionen mit anschließendem Zahlungsausgleich der Nettobeträge umfassen (auch als Abrechnung, → Skontration oder Settlement bezeichnet). Für das Clearing gibt es mehrere Möglichkeiten: – (1) Beim internen Clearing (Inhouse-Zahlungen) erfolgt die Verrechnung zwischen Filialen einer Bank oder innerhalb einer Institutsgruppe (z.B. im Kreditbanken-, Sparkassen- oder Genossenschaftssektor). – (2) Im bilateralen Austausch sind zwei Kreditinstitute beteiligt, die Verrechnung erfolgt zumeist über Zentralbank-Konten. – (3) Eine Auf- und Verrechnung kann auch über Clearingsysteme erfolgen wie die Deutsche Bundesbank sie im Rahmen des Europäischen Systems der Zentralbanken (ESZB) anbietet (z.B. → TARGET2). – 3. *Industrie-Clearing:* In der klassischen Variante einigen sich zwei Industrieunternehmen über ein Vorziehen von zukünftigen Zahlungen für Lieferungen und Leistungen, um einen auftretenden Zahlungsmittelbedarf auszugleichen. Es handelt sich dabei also um kurzfristige Kredite. In der neueren Variante tauschen große Industrieunternehmen, die nicht in Geschäftsbeziehung stehen, kurzfristig Finanzmittel aus, meist zu niedrigeren Zinssätzen als im Bankenmarkt. – 4. *Wertpapierclearing/Terminhandel:* Im Wertpapierhandel findet die Abwicklung und Abrechung von Wertpapierkäufen und -verkäufen über ein Clearinghaus statt. Die Mitglieder eines Clearingsystems müssen bestimmte Anforderungen erfüllen und für die Zulassung Sicherheiten leisten. Der Clearingmarkt wird derzeit von zwei Gesellschaften dominiert, → Euroclear und Clearstream (vorher → CEDEL). Die Wertpapiere werden zumeist zentral verwahrt und die Transaktionen elektronisch durchgeführt (Clearstream International S.A.). Standardisierte Terminprodukte werden in Deutschland über die EUREX-Börsenorganisation (→ EUREX) abgewickelt. Das Clearing erfolgt dabei über die EUREX Clearing AG (Tochtergesellschaft von Clearstream).

Clearing Bank – wickelt mit anderen Instituten Geschäfte über eine Verrechnungsstelle (Clearingstelle) ab. Dabei werden verschiedene Transaktionen gegenseitig aufgerechnet, sodass nur die sich ergebenen Spitzenbeträge ausgeglichen werden müssen. Hierdurch kann die Effizienz des Bankensystems und die Geschwindigkeit des Geldflusses gesteigert werden. – Vgl. auch → Clearing.

Clearing-Stelle – 1. *Begriff:* Abrechnungsstelle, die aufgrund einer Vereinbarung zwischen den Mitgliedern im Wege der Aufrechnung (Saldierung) den Ausgleich gegenseitiger Verbindlichkeiten und Forderungen vornimmt (→ Clearing). Als Vorbild solcher Abrechnungsstellen galt das schon Mitte des 18. Jh. in England institutionalisierte Clearing-House (London-Bankers' Clearing-House). – 2. *Arten:* Man unterscheidet zwischen binnenländischen Clearing-Stellen (z.B. Landeszentralbanken) und zwischenstaatlichen Clearing-Stellen, die wiederum in bilaterale Clearing-Stellen und multilaterale Clearing-Stellen unterschieden werden.

Clearstream International S.A. – Europas führender Anbieter von → Clearing-, → Settlement- und → Custody-Dienstleistungen. Clearstream International S.A. mit Sitz in Luxemburg ist 2000 entstanden durch Fusion von CEDEL International und Deutsche Börse Clearing AG und seit 2002 100-prozentige Tochter der Deutsche Börse AG. Clearstream International S.A. verwahrt in ihren Depots auf elektronischer Basis → Aktien, → Anleihen und → Fonds und wickelt alle mit ihrem Handel erforderlichen Transaktionen auch auf internationaler Basis ab (internationaler Zentralverwahrer, International Central Securities Depository, ICSD). – National ist ihre Tochtergesellschaft, die Clearstream Banking AG, Frankfurt, die einzige → Wertpapiersammelbank im Sinne von § 1 III DepotG (Zentralverwahrer, Central Securities Depositary, CSD). Sie übernimmt die Abwicklung von börslichen und außerbörslichen Wertpapiergeschäften für die dt. Börsenplätze und weitere Wertpapiermärkte. Sie ist ebenso Zahlungs- und Wertpapierabwicklungssystem im Sinne von § 24b I KWG.

Click & Mortar – Ausdruck für eine Form des → Multi Channel Retailing, bei der mind. ein → elektronischer Absatzkanal (Click) und stationäre Geschäfte (Mortar) vorhanden sind.

Clickstream – Folge von Seitenaufrufen eines Nutzers während eines → Visits auf einer → Website. Clickstreams können zur Analyse des Verhaltens des Nutzers herangezogen werden.

Clickthrough Rate → AdClick.

Client/Server-Architektur – Konzept, nach dem in einem → Netzwerk Dienste angefordert und erbracht werden. Ein Client-Programm fordert bei einem üblicherweise entfernt installierten Server-Programm einen Telekommunikationsdienst an und wartet solange, bis der → Server den Dienst erfüllt oder (wegen Verletzung von Zugriffsrechten oder Überschreitung von Kapazitätsgrenzen) eine Absage erteilt. „Client" und „Server" bezeichnen sowohl das Programm, das einen Dienst anfordert bzw. erbringt, als auch den Rechner, auf dem das Programm installiert ist.

Clipping → Ausschnittdienst.

Clique → Gruppen, die sich durch die Häufigkeit der Interaktion, die sich auf unterschiedliche Verkehrsbereiche bezieht, abgrenzen (z.B. innerhalb einer Schulklasse). In Betrieben und Organisationen Bezeichnung für informelle Gruppenbildungen. Die Messung von Cliquen erfolgt durch die Methode der Netzwerkanalyse.

Closed Bid → Ausschreibung, die keine Nachverhandlungsphase vorsieht.

Closed Shop – Unternehmen, in dem aufgrund Vereinbarung im → Tarifvertrag nur organisierte Arbeitnehmer (Gewerkschaftsmitglieder) eingestellt werden. In der Bundesrepublik Deutschland unzulässig im Hinblick auf die negative → Koalitionsfreiheit, die gemäß Art. 9 III GG geschützt ist.

Cloud Computing

von Prof. Dr. Frank Leymann und Christoph Fehling

I. Einführung

Im Bereich der Informationstechnologie (→ IT) ermöglicht Cloud Computing neue Verfahren zur Bereitstellung von → IT-Ressourcen, d.h. solchen Ressourcen, die Unternehmen bei der elektronischen → Datenverarbeitung (EDV) unterstützen. Beispiele hierfür sind → Server oder Software-Anwendungen. Anstatt IT-Ressourcen in unternehmenseigenen → Rechenzentren zu betreiben, können diese bedarfsorientiert bei einem Cloud-Anbieter reserviert, genutzt und wieder freigegeben werden. Wie bei Gemeinschaftsrechenzentren und Lohnarbeits- bzw. Servicerechenzentren hat die bedarfsorientierte Abrechnung den Effekt, dass der Einsatz von Cloud Computing langfristige Investitionsausgaben (CAPEX) für IT-Ressourcen reduziert und die operationalen Ausgaben (OPEX) für IT-Ressourcen stärker zum Tragen kommen. Der Unterschied einer Cloud zu traditionellen → Rechenzentren ist ihre Dynamik oder → Elastizität der Ressourcennutzung. IT-Ressourcen können schnell, oft innerhalb von Minuten bereitgestellt oder freigegeben werden. Die Bereitstellung von IT-Ressourcen bezeichnet man auch als → Provisionierung (Provisioning), die Freigabe als → Deprovisionierung (Deprovisioning). Beide Vorgänge können automatisiert erfolgen und werden von Kunden eigenständig durchgeführt (→ Selbstbedienung (SB)). Cloud Computing ermöglicht diese dynamische Ressourcenverwaltung oft durch den Einsatz von → Hardware-Virtualisierung, die den Betrieb mehrerer virtualisierter Server auf einem physikalischen Server ermöglicht. Virtualisierung bildet somit auch die Grundlage für die Ausnutzung von Skaleneffekten (→ Economies of Scale) durch den Cloud-Anbieter. Im Gegensatz zu reiner Hardware-Virtualisierung verwendet Cloud Computing die Konzepte der → Virtualisierung und gemeinsamen Nutzung auch für andere IT-Ressourcen, die z.B. Anwendungsfunktionalität oder Plattformen für den Betrieb von kundeneigenen Anwendungen bereitstellen und die so in gleicher Weise von mehreren Nutzern geteilt werden können. Die wirkliche physikalische Lokation dieser IT-Ressourcen ist durch den Einsatz von Cloud Computing oft für den Nutzer nicht mehr feststellbar.

Im Folgenden werden die konkreten IT-Ressourcen, die von Clouds angeboten werden, klassifiziert und entsprechenden Geschäftsmodellen zugeordnet. Abhängigkeiten dieser Geschäftsmodelle werden erläutert sowie die allgemeinen Eigenschaften von Clouds. Abschließend wird eine Übersicht der verschiedenen Cloud-Typen und ihrer Beziehung zu traditionellen → Rechenzentren gegeben.

II. Cloud-Geschäftsmodelle (Everything as a Service)

Cloud-Anbieter verfolgen ein dienstleistungsbasiertes → Geschäftsmodell. Da bereitgestellte IT-Ressourcen unterschiedlicher Art flexibel und dienstbasiert genutzt werden, spricht man von → Everything as a Service (EaaS). Hierbei werden vier Klassen von Cloud-Diensten unterschieden. Diese sind nach der Art der IT-Ressource benannt, die vom Cloud-Anbieter bereitgestellt und verwaltet wird.

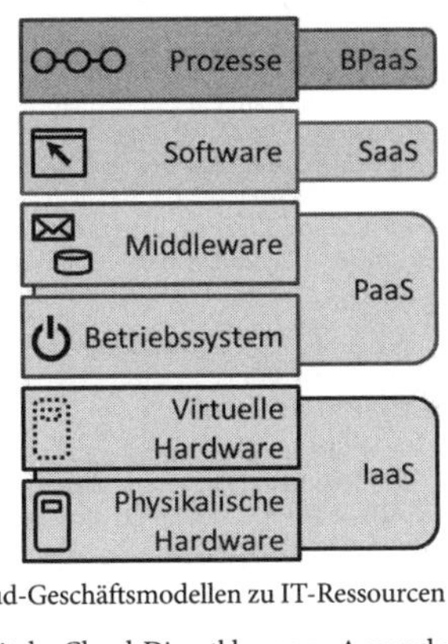

Abbildung 1: Zuordnung von Cloud-Geschäftsmodellen zu IT-Ressourcen

Abbildung 1 zeigt die Zugehörigkeit der Cloud-Dienstklassen zu Anwendungsschichten:

→ Infrastructure as a Service (IaaS) ist gewährleistet, wenn physikalische oder virtuelle Server angeboten werden. Der Cloud-Anbieter verwaltet diese Server und gewährleistet ihre Konnektivität.

Bei → Platform as a Service (PaaS) sind höherwertige Funktionalitäten verfügbar, die den Betrieb von kundenspezifischen → Anwendungen ermöglichen. Ein Beispiel wäre ein Dienst, mit dem Kunden eigene → Webseiten betreiben können. Diese Plattform für Webseiten wird angeboten, ohne dass die Nutzer des Dienstes sich mit der Verwaltung von Servern beschäftigen müssen. Solch höherwertige Dienste können bspw. auch ganze → Datenbanken, Process Engines oder Web Services umfassen. Allgemein zählt Anwendungsfunktionalität, die nicht direkt von Menschen genutzt wird, sondern die in andere Anwendungen integriert wird, zu dieser Dienstklasse.

→ Software as a Service (SaaS) umfasst das Angebot von kompletten anpassbaren Software-Anwendungen. Nutzer greifen auf diese Anwendungen über ein Netzwerk zu und teilen sich dabei Hardware- und Plattform-IT-Ressourcen, jedoch ohne dies zu bemerken oder sich gegenseitig zu beeinflussen. Viele Geschäftsbereiche, z.B. → Customer Relationship Management (CRM) oder → Enterprise Ressource Planning (ERP), können durch solche Cloud-Dienste unterstützt werden.

→ Business Process as a Service (BPaaS) erlaubt es Kunden, komplette Geschäftsprozesse zu einem Cloud-Anbieter auszulagern und durch den Einsatz von Geschäftsprozesstechnologien umzusetzen. In diesem Fall bietet der Anbieter alle IT-Ressourcen und nicht IT-basierte Dienstleistungen an, die ein Kunde für die Unterstützung seiner Geschäftsprozesse benötigt. BPaaS abstrahiert somit stärker von IT-Ressourcen und fokussiert die Geschäftsprozesse des Kunden. Für diese Prozesse stellt der Anbieter alle IT-Ressourcen, Personal etc. und führt die Prozesse für den Kunden aus. Welche konkrete Softwareanwendung, Server etc. hierfür verwendet wird, bleibt dem Kunden verborgen.

III. Abhängigkeiten von Cloud Diensten

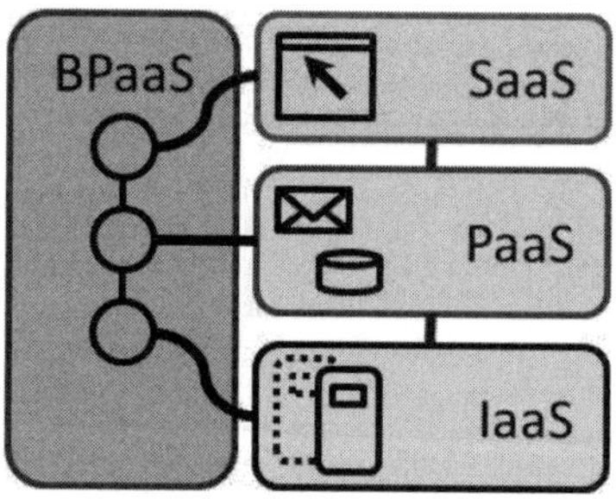

Abbildung 2: Mögliche Abhängigkeiten zwischen Cloud-Diensten

Es ist möglich, dass Cloud-Dienste wiederum auf andere Cloud-Dienste aufbauen, wie in Abbildung 2 dargestellt. Ein Platform-as-a-Service-Angebot kann z.B. auf ein Infrastructure-as-a-Service-Angebot zurückgreifen und ein Software-as-a-Service-Angebot entsprechend auf ein Platform-as-a-Service-Angebot. Business Process as a Service kombiniert IT-Ressourcen mit nicht IT-unterstützten Funktionalitäten, um komplette Geschäftsprozesse anzubieten. Das Nutzen von Cloud-Diensten für die Bereitstellung von anderen Cloud-Diensten ist dadurch zu begründen, dass die folgenden Cloud-Eigenschaften einer Anwendungsschicht oft auch entsprechende Anforderungen an darunterliegende Anwendungsschichten stellen.

IV. Eigenschaften von Clouds

IT-Ressourcen werden schon lange nach dienstbasierten Geschäftsmodellen über ein Netzwerk angeboten. Die Unterschiede zwischen Clouds und diesen, auf traditionellen Rechenzentren basierenden Diensten, lassen sich generell durch folgende Merkmale von Clouds beschreiben:

→ Selbstbedienung (SB): Kunden können IT-Ressourcen eigenständig reservieren und freigeben. Hierzu werden oft webbasierte Managementportale angeboten. Die Selbstbedienung kann aber auch automatisiert werden, sodass auch auf Kundenseite keine manuellen Aktivitäten für die Ressourcenverwaltung notwendig sind.

Schnelle Netzverbindung: Cloud-Dienste sind generell über ein Netzwerk, z.B. das → Internet oder ein → Intranet, verfügbar, wobei eine hohe Verbindungsgeschwindigkeit wesentlich ist.

→ *Elastizität*: IT-Ressourcen können in der Cloud dynamisch reserviert und wieder freigegeben werden. Kunden können dadurch die Anzahl reservierter IT-Ressourcen sehr gut an ihren Bedarf anpassen. Bedarfsschwankungen entstehen, z.B. bei Gehaltsabrechnungen am Monatsende oder beim Erstellen von rechenintensiven Statistiken zum Jahresende.

Bedarfsorientierte Abrechnung: Nur die wirklich genutzte Anzahl von IT-Ressourcen erzeugt Kosten für den Nutzer der Cloud. Technologien zur Überwachung von reservierten IT-Ressourcen und Zugriffen auf diese IT-Ressourcen schaffen dabei Transparenz für Nutzer und Anbieter. Im Gegensatz zu Rechnern von Privatanwendern, die in der Regel zu bestimmten Zeiten, z.B. in der Nacht, ungenutzt sind, werden IT-Ressourcen in der Cloud in diesen Zeiträumen freigegeben und erzeugen somit auch keine Kosten für einen Kunden. Die hierfür notwendigen Prozesse können automatisiert werden, sodass eine Anwendung bei verändertem Bedarf eigenständig die Anzahl verwendeter IT-Ressourcen anpasst.

Gemeinsame Ressourcennutzung: um Elastizität zu gewährleisten, werden IT-Ressourcen von Kunden geteilt. Das heißt, dass IT-Ressourcen, die ein Kunde nicht mehr benötigt, flexibel einem anderen Kunden zugeteilt werden können. Eine zugrundeliegende Technologie ist oft die → Virtualisierung von geteilter Hardware. Durch diese → Hardware-Virtualisierung kann z.B. ein physikalischer Server von mehreren virtuellen Serven genutzt werden. Ein Nebeneffekt dieser Virtualiserung ist die Vereinheitlichung von IT-Ressourcen. Bspw. unterscheiden sich virtualisierte Server eines IaaS-Angebots also wenig, auch wenn unterschiedliche physikalische Server für den Betrieb genutzt werden. Auf gleiche Art und Weise vereinheitlicht das Verwenden von PaaS- oder SaaS-Angeboten die in der Cloud verfügbaren Plattform und Software IT-Ressourcen.

V. Cloud Typen

Basierend auf der physikalischen Betriebsumgebung einer Cloud und der Nutzergruppe, die Zugriff auf die Cloud hat, können vier Cloud-Typen unterschieden werden. Sie sind in Abbildung 3 dargestellt.

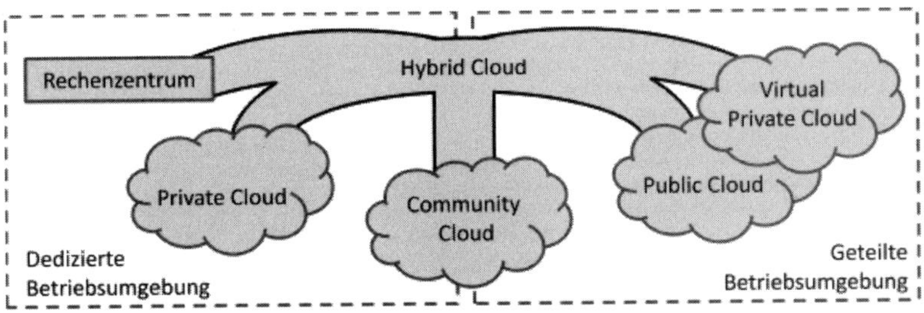

Abbildung 3: Zuordnung von Cloud-Typen zu Betriebsumgebungen

Eine → Private Cloud wird dediziert für eine bestimmte Firma betrieben, ist also fest einer Firma zugeordnet und nur Mitarbeitern dieser Firma zugänglich. Private Clouds entstehen meist durch Einsatz von Cloud-Technologien in existierenden unternehmenseigenen → Rechenzentren oder durch die dedizierte Bereitstellung der Cloud durch einen Dienstleister. Die positiven Effekte durch die Verschiebung von CAPEX zu OPEX treten oft nur bedingt auf, da Investitionen in IT-Infrastruktur notwendig sind. Weiterhin erreichen Nutzergruppen von Private Clouds nicht immer die kritische Größe, um Skaleneffekte effektiv ausnutzen zu können. Für die Elastizität der Cloud ist es notwendig, dass hoher Bedarf eines Nutzers durch gleichzeitigen geringen Bedarf anderer Nutzer abgefangen werden kann. Dies funktioniert bei kleinen Nutzergruppen ggf. nicht sehr gut, wenn die Nutzer sich ähnlich verhalten und somit gleichzeitig Last erzeugen. Oft wird die Elastizität der Private Cloud weiterhin dadurch erschwert, dass Nutzer eine starke örtliche Nähe aufweisen. Sie erzeugen somit ähnliche Arbeitslast in der Cloud, z.B. bedingt durch gleiche arbeitsfreie Zeit oder Urlaubszeiten. Dies kann zu Überkapazitäten in der Private Cloud führen. In einer Private Cloud mit einer großen und unterschiedlichen Nutzergruppe treten diese Probleme nicht auf.

Eine → Community Cloud erweitert die Zahl zugelassener Nutzer gegenüber der Private Cloud dahingehend, dass sich eine eingeschränkte Gruppe von Firmen eine Cloud teilt. Die Betriebsumgebung einer Community Cloud kann dediziert für eine Firma betrieben werden, die dann anderen Firmen Zugriff darauf gewährt. Alternativ kann auch schon die Betriebsumgebung von mehreren Firmen geteilt werden. Ersteres ist oft der Fall, wenn eine Firma eine Community Cloud für sich und ihre Zulieferer betreibt, vergleichbar mit einem → Extranet. Diese Firma behält dabei selbst die volle Kontrolle über den Zugriff auf IT-Ressourcen der Cloud. → Public Clouds sind generell jedem zugänglich, d.h. jede Firma oder Privatperson kann (virtualisierte) IT-Ressourcen in der Public Cloud reservieren und nutzen. Da die Nutzergruppe also nicht beschränkt ist, können Skaleneffekte besonders gut ausgenutzt werden, wodurch Public-Cloud-Dienste im Vergleich zu den anderen Cloud-Typen oft besonders günstig sind. Bei vielen Anbietern kann ein Bereich einer Public Cloud gegenüber anderen Nutzern abgegrenzt werden. Dieser Bereich wird dann als → Virtual Private Cloud bezeichnet. Im Gegensatz zur einer Private Cloud ist diese Trennung nicht physikalisch, sondern wird durch Zugriffsbeschränkungen erreicht.

Eine Hybrid Cloud bildet einen Zusammenschluss unterschiedlicher Cloud-Typen und anderer Rechenzentren, um unterschiedliche Anwendungsanforderungen abzudecken. Die verschiedenen Cloud-Typen unterscheiden sich bedingt durch die unterschiedlichen Nutzergruppen und die Art der Nutzertrennung maßgeblich in ihren Sicherheitseigenschaften und dem Grad der zugesicherten Privatsphäre. Diese Faktoren bestimmen meist, welche Cloud-Typen für konkrete Anwendungen einer Firma als Betriebsumgebung genutzt werden können. Es kann daher notwendig sein Anwendungslandschaften über mehrere Cloud-Typen zu verteilen, sodass kritische Anwendungen oder Anwendungskomponenten z.B. in einer Private Cloud betrieben werden, während weniger kritische Anwendungskomponenten auf IT-Ressourcen aus Public Clouds zurück greifen. Legacy-Anwendungen, die in traditionellen Rechenzentren betrieben werden, müssen gleichermaßen integriert werden.

CLS – Abk. für *Continuous Linked Settlement*. 1. *Begriff:* CLS ist ein privatwirtschaftliches, globales System zur Abwicklung und Verrechnung von Devisenhandelstransaktionen (→ Devisenhandel). – 2. *Entwicklung:* 1997 wurde die CLS Service Limited (CLSS) mit Sitz in London von 20 im Devisenhandel weltweit aktiven Banken gegründet und mit der Entwicklung des CLS-Systems und der Gründung der CLS Bank (CLSB) mit Sitz in New York betraut. Die CLS Bank war zunächst ein monofunktionales Institut, d.h. ihre Geschäftstätigkeit war allein auf die Abwicklung von → Devisengeschäften beschränkt. Im September 2002 wurde CLS in Betrieb genommen. Mit der Einführung des Systems konnten Transaktionen in den sieben Währungen (australischer Dollar, kanadischer Dollar, Euro, Yen, Pfund Sterling, Schweizer Franken sowie US-Dollar) abgewickelt werden, die weltweit den Großteil des Wertvolumens im Devisenhandel auf sich vereinigen. Seit September 2003 nehmen die dänische, schwedische und norwegische Krone sowie der Singapur Dollar an CLS teil. Im Dezember 2004 wurde der Kreis der Währungen in CLS um den Hong Kong und den New Zealand Dollar sowie um den Korean Won und den South African Rand erweitert. Seit Mai 2008 können mit dem Israel Shekel und dem Mexican Peso 17 Währungen in CLS abgewickelt werden. Mit der Entwicklung des CLS-Systems reagierte der Bankensektor auf die Forderung der Zentralbanken der Zehnergruppe (→ G 10, Group of Ten), Maßnahmen zur Reduzierung des → Erfüllungsrisikos im Devisenhandel zu ergreifen. In CLS wurden bis Ende 2007 – entsprechend ihrer Spezialbanklizenz – ausschließlich devisenhandelsbasierte Zahlungen auf Zug-um-Zug Basis abgewickelt. Seit Ende 2007 bzw. Anfang 2008 wickelt CLS auch Non-deliverable Forwards und Kredit-Derivate ab. Im Januar 2010 startete CLS in Zusammenarbeit mit Traiana den CLS Aggregation Service, um Kapazitätsproblemeen wegen gestiegenen FX-Wachstums entgegenzuwirken. – 3. *Systemdesign:* Das System basiert auf dem Verfahren „Zahlung gegen Zahlung". Dadurch wird sichergestellt, dass ein Devisenhandelsgeschäft nur dann abgewickelt wird, wenn die aus dem Geschäft resultierenden zwei Zahlungen gleichzeitig ausgeführt werden können. Die zentrale Abwicklung von Devisengeschäften bei der CLSB erfordert eine entsprechende Systeminfrastruktur. Die an CLS direkt teilnehmenden Banken unterhalten bei der CLSB ein Multiwährungskonto. Die CLSB ihrerseits hat bei den jeweiligen Zentralbanken, deren Währungen CLS-fähig sind, Konten eingerichtet, weil die Einzahlungen der Teilnehmer an die CLSB sowie die Auszahlungen der CLSB an die Teilnehmer über die nationalen RTGS-Systeme zu leisten sind. Die Devisengeschäfte der Teilnehmer werden in den Büchern der CLSB einzeln, d.h. auf Bruttobasis, abgewickelt. Gleichwohl profitieren die CLS-Teilnehmer hinsichtlich der Finanzierung ihrer Positionen von einem Netting-Effekt, da die CLSB für jeden Teilnehmer in den jeweiligen Währungen nur eine Netto-Position (d.h. Einzahlungsverpflichtung oder Auszahlungsanspruch) ermittelt. – 4. *Teilnehmerkreis:* CLS sieht unterschiedliche Teilnahmemöglichkeiten vor. Sog. Settlement Member (SM) nehmen an CLS direkt teil und unterhalten als einzige ein Multiwährungskonto bei der CLSB, über das eigene Transaktionen und Transaktionen etwaiger User Member (UM) oder Third Parties (TP) abgewickelt werden. Sie müssen Anteilseigner der CLS Group Holdings AG sein. UM sind ebenfalls Anteilseigner und reichen ihre Transaktionen direkt bei der CLSB ein. Die Abwicklung der Transaktionen erfolgt allerdings über das Konto eines von ihnen ausgewählten SM. Third Parties haben keinen direkten Zugang zur CLSB. Sie bedienen sich zur Abwicklung ihrer Transaktionen über CLS eines SM, mit dem sie in Vertragsbeziehung stehen.

Club of Rome – Der Club of Rome ist eine → Non-Profit-Organisation (NPO), die sich für eine lebenswerte und nachhaltige Zukunft der Menschheit einsetzt. Gegründet wurde der Club of Rome 1968 von Aurelio Peccei und Alexander King in Rom. Das Ziel der Gesellschaft ist der Einsatz für eine lebenswerte und nachhaltige Zukunft der Menschheit (→ Nachhaltigkeit). Die Gesellschaft veröffentlicht regelmäßig „Berichte an den Club of Rome" und bisher drei Auflagen des Buches „→ Limits to Growth" (dt. Titel: „Grenzen des Wachstums").

Clubtheorie → ökonomische Theorie des Clubs.

Cluster – I. Statistik: homogene Gruppe von bezüglich eines bestimmten Merkmals gleichartigen Elementen. – Vgl. auch → Clusteranalyse.

II. Wirtschaftsgeografie: 1. *Begriff:* räumliche Konzentration miteinander verbundener Unternehmen und Institutionen innerhalb eines bestimmten Wirtschaftszweiges. Der Cluster kann neben Unternehmen vernetzter Branchen auch weitere für den Wettbewerb relevante Organisationseinheiten (z.B. Forschungsinstitutionen, Hochschulen, Kammern, Behörden, Finanzintermediäre, Normen setzende Instanzen etc.) beinhalten. Als räumliche Zusammenballung von Menschen, Ressourcen, Ideen und Infrastruktur stellt sich ein Cluster als hoch komplexes → Netzwerk mit dynamischen internen Interaktionen dar, das nicht zwingend mit administrativen Grenzen kongruent sein muss. Die Grundüberlegung ist, dass räumliche Nähe die wirtschaftliche Entwicklung sowie die Entstehung von Wissen und → Innovationen fördert. – 2. *Dimensionen eines Clusters:* Es lassen sich folgende Dimensionen eines Clusters unterscheiden: – a) *horizontale Dimension:* Sie beschreibt die gleichzeitige Präsenz von Unternehmen, die ähnliche Produkte herstellen, und daher in Konkurrenz stehen. Zwar unterhalten sie keine intensiven Kontakte zueinander, profitieren aber von der Kopräsenz an einem → Standort, welche sie in die Lage versetzt, sich über Produkte und Produktionsbedingungen der Wettbewerber zu informieren. Dies ist v.a. bei räumlicher Nähe möglich, über längere Distanzen dagegen nur schwer zu erreichen. – b) *Vertikale Dimension:* Sie meint die Konzentration vor- und nachgelagerter Unternehmenseinheiten. Sobald ein spezifischer industrieller Cluster existiert, besteht für Zulieferer, Abnehmer und Dienstleister der Anreiz, sich in derselben Region niederzulassen, um → Agglomerationseffekte auszuschöpfen. Der Ansiedlungsanreiz ist dabei umso stärker ausgeprägt, je intensiver die Arbeitsteilung innerhalb der Wertschöpfungskette des Clusters ist. – c) *Institutionelle Dimension:* Sie bezieht sich darauf, dass regionale Konzentrationsprozesse die Bildung eines spezifischen Regel- und Normensystems begründen. So teilen die Clusterakteure dieselben bzw. sich ergänzende Technikvorstellungen und Arbeitswerte, sodass sich feste Beziehungen und Konventionen bilden, welche die Grundlage für Zuverlässigkeit und Vertrauen in die gegenseitige Leistungsfähigkeit sind. – d) *Externe Dimension:* In ihr kommt zum Ausdruck, dass die Offenheit eines Clusters nach außen von substanzieller Bedeutung ist. Die kontinuierliche Integration externer Impulse gilt als unabdingbare Voraussetzung für die Sicherstellung der Reproduktivität und die Generierung von Innovations- und Wachstumsprozessen über clusterinterne Netzwerke. Ein sog. „lock in", d.h. die kreative Austrocknung eines Clusters durch mangelnde Impulse von außen, ist zu vermeiden. – 3. *Eigenschaften und Beispiele:* Cluster divergieren hinsichtlich ihrer Größe, Bandbreite und ihres Entwicklungsstandes. Sie bestehen meist aus kleinen und mittleren Unternehmen (z.B. der italienische Schuhmodencluster oder der Möbelcluster im US-Bundesstaat North Carolina), umfassen gegebenenfalls aber auch größere Unternehmen (z.B. das Silicon Valley oder Hollywood). Die zusammengefassten Unternehmen können modernen Hochtechnologiebranchen entstammen. Beispiele sind u.a. die Route-128-Region im Raum Boston (Minicomputer, Softwareentwicklung, Bio- und Gentechnologie), Sophia Antipolis in Südfrankreich und der M4-Corridor im britischen Berkshire/Thames Valley (Informations- und Telekommunikationstechnologie), die südschwedischen Regionen Lund und Malmö sowie Martinsried bei München (Biotechnologie). Es kann sich aber auch um konventionelle Branchen, wie z.B. die Textilindustrie auf der Schwäbischen Alb, die Messerwarenindustrie in Solingen, das Fahrradhandwerk in Freiburg, die Uhrenindustrie im Schweizer Jura, den Standortverbund des kalifornischen Weinanbaus oder das → Dritte Italien (u.a. Schuhe, Textilien, Möbel, Glas in Nordostitalien), handeln. – Zu beachten ist, dass von einem Cluster auch Gefahren für die wirtschaftliche Entwicklung einer → Region ausgehen können. Dies gilt insbesondere dann, wenn der Cluster nur aus wenigen Branchen besteht, auf welche sich die Region, z.B. bei der Bereitstellung von → Infrastruktur, der Wirtschaftsförderung oder der Qualifizierung von Arbeitskräften, einseitig spezialisiert. Eine derartige, anpassungsresistente Monostruktur macht eine Region gegenüber strukturellen und konjunkturellen Krisen besonders anfällig. Als Beispiele lassen sich der Niedergang der Montanindustrie im Ruhrgebiet, die Krise des Automobilstandortes Detroit und die nachlassende Wettbewerbsfähigkeit der Schweizer Uhrenindustrie Ende der 1980er-/Anfang der 1990er-Jahre anführen. Zu beachten ist ferner, dass bei einer zu starken Ausrichtung eines Clusters auf lokale Beziehungen und Institutionen wichtige nationale oder internationale Bezügen vernachlässigt werden. Hinzu kommen klassische Agglomerationsnachteile. Denn ein clusterbedingtes Wirtschaftswachstum führt zu regionalen Belastungen durch hohe Immobilienpreise und Mieten, steigende Arbeitskosten sowie eine überlastete Infrastruktur. Ein Anstieg der Lebenshaltungskosten und Umweltbelastungen bewirkt, dass die Zuwanderung qualifizierter Arbeitskräfte und damit die Wettbewerbsfähigkeit wieder nachlassen. – Vgl. auch → Industriedistrikt.

Clusteranalyse – deskriptive Methode der → multivariaten Statistik zur Strukturierung der beobachteten Elemente durch Bildung in sich möglichst homogener und untereinander möglichst unähnlicher Gruppen oder Cluster. Die Clusteranalyse erfolgt durch Quantifizierung der Ähnlichkeit zwischen zwei (Mengen von) Elementen mittels Ähnlichkeits- oder Distanzmaßen und anschließender Clusterbildung durch geeignete Algorithmen. Hierbei werden bes. Verfahren mit Austauschalgorithmen (partitionierende Verfahren) und hierarchische Verfahren unterschieden, die sukzessive gegebene Cluster zusammenfassen (agglomerativ) oder aufteilen (divisiv). Daneben gibt es noch Verfahren, welche mit Annahmen bez. der Verteilungsform arbeiten, z.B. die Latent Class Analyse. Die Clusteranalyse wird in der Marktforschung insbesondere zur Marktsegmentierung eingesetzt. – *Grafische Darstellung von hierarchischen Verfahren:* → Dendrogramm.

CMA – Abk. für → *Centrale Marketinggesellschaft der deutschen Agrarwirtschaft;* Sitz in Bonn. Die CMA führt das Gemeinschaftsmarketing für die dt. Agrarwirtschaft durch, ohne ein eigenes erwerbswirtschaftliches Warengeschäft zu betreiben.

CML-Methode – 1. *Begriff:* Die CML-Methode ist ein mehrdimensionaler Ansatz der Ökobilanzierung (→ Ökobilanz). Entwickelt wurde die Methode am „Centrum voor Milieukunde" in Leiden (Niederlande) von Heijungs et al. (1992). Die Systemgrenze der Methode ist Cradle-to-Grave (→ Cradle-to-Cradle) mit weltweitem Geltungsbereich. Bewertungsobjekte können Produkte, Prozesse oder ganze Betriebe sein, wobei Stoff- und Energieflüsse in unterschiedlichen Wirkungskategorien bewertet werden. Das Ziel der CML-Methode ist es in quantitativer Weise alle direkten stofflichen und energetischen Austauschbeziehungen zwischen der natürlichen Umwelt und dem Produktsystem abzubilden. Der Methode liegt einerseits die Annahme zugrunde, dass → Emissionen mit gleicher Wirkung medienübergreifend zusammengefasst werden können und andererseits die auswirkungsorientierte Klassifizierung von Stoff- und Energieströmen zur → Wirkungsabschätzung. Zur Methodik gehören die fünf Schritte: Zieldefinition, Sachbilanz, Klassifizierung, Charakterisierung und Verbesserung. Als Ergebnis ergibt sich ein mehrdimensionales, ungewichtetes Wirkungsprofil. – 2. *Kritische Würdigung:* Das Verfahren entspricht den internationalen Normbemühungen, da es sowohl Zieldefinition, → Sachbilanz, Wirkungsanalyse und Bewertung abdeckt. Des Weiteren bietet die CML-Methode erhebliche Gestaltungsmöglichkeiten für die Anwendung im Unternehmen. Eine eindeutige Interpretation der Ergebnisse ist jedoch nur bei Dominanz einer Handlungsalternative möglich.

CMR – Abk. für *Convention relative au Contrat de transport international de marchandises par route.* Völkerrechtliches Übereinkommen über den Beförderungsvertrag im internationalen Straßengüterverkehr, das für Deutschland 1962 in Kraft getreten ist und im grenzüberschreitenden Transport von und nach Deutschland als zwingendes Recht, also ohne Möglichkeit der vertraglichen Abbedingung, gilt, während für die innerdeutschen Straßengütertransporte das HGB Anwendung findet (als → AGB die Allgemeine Deutsche Spediteurbedingungen (ADSp)). Der Frachtbrief gilt als Nachweis für Abschluss und Inhalt des Beförderungsvertrages (Art. 9 CMR). Der Frachtführer haftet für den gänzlichen oder teilweisen Verlust oder für die Beschädigung des Gutes von Übernahme bis Auslieferung, es sei denn, der Verfügungsberechtigte hat dies zu vertreten. CMR legt Haftungshöchstgrenzen für Güterschäden mit 8,33 → Sonderziehungsrechten (SZR) pro kg fest (Art. 23 CMR). Für Verspätungsschäden bestimmt Art. 19 CMR, was eine Überschreitung der Lieferfrist ist. Ansprüche nach CMR verjähren grundsätzlich nach einem Jahr (bei Vorsatz drei Jahre).

CN → KN.

CNC-Anlage – CNC, Abk. für *Computerized Numerical Control,* frei programmierbare (→ Programmierung), rechnergesteuerte Werkzeugmaschine. Die Steuerung der Anlage wird direkt von einem → Computersystem (meist Mikrorechner) vorgenommen. – *Anders:* → NC-Anlage. Die Konturen des zu erzeugenden Werkstücks, die Achsen und die Werkzeuge der Anlage können im Programm beliebig festgelegt werden. – *Vorteile:* höhere Flexibilität gegenüber NC-Anlagen, z.B. bei Wiederholung von Arbeitsabläufen; höhere Verarbeitungsgeschwindigkeit.

CO2-Fußabdruck – 1. *Begriff:* Der CO2-Fußabdruck ist ein eindimensionaler Ansatz der Ökobilanzierung. Er ist ein Teil des ökologischen Fußabdrucks, der von Wackernagel und Rees 1994 entwickelt wurde. Der Fokus liegt auf den Klimawirkungen menschlicher Aktivitäten. – 2. *Methodik:* Die Systemgrenze der Methode ist Cradle-to-Gate (s. → Cradle-to-Cradle) mit weltweitem Geltungsbereich. Betrachtet werden können Tätigkeiten von Individuen, Ländern, Regionen, Organisationen, Unternehmen oder Branchen, aber auch Prozesse sowie der Lebenszyklus von Produkten und Dienstleistungen. Bewertet werden direkte und indirekte Treibhausgasemissionen. Die Ergebnisse bieten eine Hilfestellung bei der Bewertung des eigenen Beitrags zum → Klimawandel. Er wird angenommen, dass Treibhausemissionen (→ Treibhauseffekt) ein Indikator für Umweltbeanspruchung sind. Bei der Methode werden folgende Verfahrensschritte durchlaufen: Bestimmung der Bewertungsmethode, Spezifizierung der Systemgrenze und des Geltungsbereichs, Erfassung der Emissionsdaten und Berechnung, Verifizierung der Ergebnisse (optional) und Offenlegung des Ergebnisses (optional). – 3. *Kritische Würdigung:* Der CO2-Fußabdruck legt den Fokus auf eine als relevant erachtete Umweltentwicklung und visualisiert die Klimawirkung von Bewertungsobjekten. Produkte bzw. Dienstleistungen können einerseits verglichen werden und andererseits können auch Verbesserungspotenziale erkannt werden. Es konnte jedoch bisher kein Konsens zur Messung des CO2-Fußabdrucks erzielt werden und die Aussagekraft einer eindimensionalen Kennzahl ist stark eingeschränkt, da weitere Auswirkungen nicht berücksichtigt werden.

Coaching – I. Personal: Personalentwicklungskonzept, bei dem ähnlich wie im Sport die Aufgabe einer Führungskraft u.a. darin gesehen wird, durch individuelle Betreuung der Mitarbeiter auf ihr Leistungsverhalten einzuwirken und einen Ausgleich zwischen Unternehmensanforderungen und Mitarbeiterbedürfnissen zu schaffen und damit Hilfestellung zur Selbstmotivation zu geben. – Vgl. auch → Counseling.

II. Health Care Management: 1. *Begriff:* Coaching ist eine spezielle Form des → Case Managements. Beim Coaching-Ansatz wird eher ein breites Behandlungsspektrum vorgehalten, wohingegen das Case Management prinzipiell ein spezielleres, tiefgründigeres Wissen erfordert. – 2. *Merkmale:* Im Coaching sind verschiedenste Berufsfelder vereint und konkretisiert, ohne diese zu ersetzen. Insbesondere in niedrigschwelligen und stärker psychosozialen Gesundheitssituationen erhält dieser Ansatz eine bes. Bedeutung. Im Gegensatz zur klassischen, hierarchisch orientierten Leistungserbringer-Patient-Beziehung, ist die Beziehung des Coachs zum Patienten gleichberechtigter. Das Coaching hat einen stark koordinierenden Charakter. Mittels Coaching soll dem Patienten eine praktikable und transparente Orientierungshilfe im Gesundheitswesen ermöglicht werden. Außerdem sollen Schnittstellen zwischen sämtlichen, an der Gesundheitsversorgung beteiligten Akteuren überwunden und gleichzeitig die Effektivität der Versorgung erhöht werden. Koordination von Terminen und Behandlungen, Suche und Zusammenstellung patientenrelevanter Informationen in laienverständlicher Sprache oder Sicherstellung der Abrechnung und Kostenerstattung von Behandlungen sind nur einige Aufgaben des Coachings. Erfolgsfaktoren des Coachings sind einerseits der Vorzug niedrigschwelliger Ressourcen in Form von speziell qualifizierten Pflegepersonals vor der Höchstressource Arzt und dadurch der Einsatz von Gesprächszeit (im Gegensatz zur hektischen Situation in einer Praxis wird hier gezielt der Zeitdruck aufgehoben) und andererseits die Nutzung moderner Informationstechnologien (elektronische Patientenakte). – 3. *Formen:* Wesentliche Formen des Coachings sind: a) *Patientencoaching,* umfasst die informationelle, transparente und koordinierende Unterstützung des Patienten im Gesundheitswesen. Von der individuellen Vorsorge (z.B. Ernährung) bis hin zu chronischen Versorgungsmaßnahmen bietet das Coaching eine individuelle Hilfestellung für den Patienten. Gleichermaßen stellt das Coaching durch seine koordinierende Funktion zwischen Patient und Leistungserbringer, aber auch zwischen den einzelnen Leistungserbringern bzw. Sektoren, eine allg. Entlastung für die Versorgungssituation dar. Das umfassende Aufgabengebiet des Coachings bedarf einer fundierten und weitreichenden Ausbildung bez. rechtlicher, organisatorischer, medizinischer und gesundheitswesenspezifischer Aspekte. Die durchaus enge Beziehung des Coachs zum Patienten bedarf darüber hinaus höchster Integrität auf der Suche nach einer angemessenen Versorgung und nicht zuletzt der Schweigepflicht.–b) *Gesundheitscoaching,* ist eine Teilaufgabe des Patientencoachings. Aufgabengebiete beider Formen gehen fließend ineinander über. Im Gegensatz zum Patientencoaching umfasst das Gesundheitscoaching jedoch sämtliche Bereiche des alltäglichen Lebens (z.B. Work-Life Balance, Ernährung, Stressmanagement). Patientencoaching konzentriert sich insbesondere auf Inhalte des medizinischen Leistungsspektrums. Verstärkt ist hier fundiertes Wissen über Krankheiten erforderlich. Demgegenüber kann Gesundheitscoaching quasi überall Anwendung finden. Vorrangig soll das Gesundheitscoaching bereits im Vorfeld einer Krankheit dem Patienten eine Hilfestellung geben, weshalb v.a. Wissen über Prävention und gesundes Leben notwendig sind. Gesundheitsschwächende Faktoren sollen aufgedeckt sowie Strategien zur Vermeidung aufgezeigt und gemeinsam erarbeitet werden.

Coase – Ronald Harry, geb. 1910, lehrte an verschiedenen engl. und amerik. Universitäten, seit 1964 an der University of Chicago, → Nobelpreis für Wirtschaftswissenschaften 1991. Zwei Aufsätze haben Coase in den Wirtschaftswissenschaften berühmt und in jüngerer Zeit auch einflussreich gemacht: „The Nature of the Firm" (1937) und „The Problem of Social Cost" (1960). In seiner Untersuchung „The Nature of the Firm" gelingt Coase eine realistische Erklärung für die zu beobachtende Vielfalt der Organisationsformen von Arbeitsteilung. Die Frage „Warum gibt es Unternehmen?" beantwortet er mit den relativen Kosten der Nutzung des Marktsystems, die über die alternative Form der Abwicklung – extern oder intern – entscheide. Im Gegensatz zu der stillschweigenden Prämisse vieler Modelle, dass Information, Kommunikation und Koordination kostenlos seien, geht er von der Existenz solcher Kosten aus. Die Kosten für Vereinbarung und Verwirklichung einer arbeitsteiligen Leistung nennt er Transaktionskosten – ein Begriff, der heute zum Bestand der ökonomischen Theorie gehört (→ Transaktionskostenökonomik). In seiner Arbeit „The Problem of Social Cost" analysiert Coase den Einfluss des Rechts auf das Funktionieren von Wirtschaftssystemen. Bei wirtschaftlichen Vorgängen gehe es um den Erwerb und die Nutzung von Rechten. Mit der Festlegung, Übertragung und Nutzung von Rechten entstünden Transaktionskosten. Die zentrale Frage laute, wie sich unterschiedliche Festlegungen und Zuordnungen von Rechten auf die Allokationseffizienz auswirken und wie das ökonomische Geschehen die Herausbildung rechtlicher Institutionen beeinflussen. Die Arbeit von Coase gehört zu den Fundamenten der → Neuen Institutionenökonomik, einer modernen Richtung der Wirtschaftswissenschaft, die sich bemüht, Entstehung, Wandel und

Wirkungen von Institutionen auf ökonomisch-theoretischer Grundlage zu erklären. – *Hauptwerke:* „The Firm, the Market, and the Law" (1988), enthält die oben genannten Aufsätze; „Essays on Economics and Economists" (1994).

Coase-Theorem – 1. *Begriff:* von → Coase begründetes Theorem der Allokationstheorie (Internalisierungskonzept), bes. der Umwelt- und Ressourcenökonomik, nach dem unter bestimmten Voraussetzungen (vollständige Informationen, klar definierte Eigentumsrechte, wenige Beteiligte) durch eine Verhandlungslösung zwischen den betroffenen Wirtschaftssubjekten ein optimales Niveau von → externen Effekten erzielt werden kann (Effizienzthese). – 2. *Funktionsweise:* Dieses Pareto-Optimum ist unabhängig davon, wem ursprünglich die Nutzungsrechte zugesprochen wurden. So können z.B. die Geschädigten eines Kohlekraftwerkes den Schadstoffausstoß beeinflussen, indem sie dem Verursacher für eine Reduktion des Ausstoßes einen Geldbetrag bezahlen, bis ihr marginaler Vorteil (= Ersparnis an Grenzkosten der Schädigung) den marginalen Kosten ihrer Zahlungen (= Grenzvermeidungskosten) entspricht (Laissez-faire-Regel). Bei der Haftungsregel zahlt der Verursacher den Geschädigten die Entschädigung in der Höhe, bei der die Grenzvermeidungskosten gleich den Grenzkosten der Schädigung sind. Während die Umweltqualität bzw. Verschmutzungsniveau identisch sind, haben die Lösungen in Abhängigkeit der definierten Eigentumsrechte unterschiedliche Wirkungen auf die Verteilung. – 3. *Kritik:* Coases gegen interventionistische Lösungen gerichtete Überlegungen sind nach seiner eigenen Aussage nur auf Problemfälle mit geringen Transaktionskosten (u.a. kleine Gruppe von Betroffenen) anwendbar. Die Verursacher der Schädigung sind ebenso deutlich erkennbar wie die Geschädigten.Die Verhandlungskosten sind niedrig. Eine Alternative zur Verhandlungslösung nach Coase ist die Pigou-Steuer, bei der der Staat eine Ökosteuer auf den Umweltverbrauch erhebt und durch den Preismechanismus des Marktes eine pareto-optimale Lösung anstrebt.

Cobb-Douglas-Funktion – substitutionale makroökonomische → Produktionsfunktion der Form:

$$Y = L^{\alpha} \cdot K^{\beta},$$

wobei: Y = Output, L = Arbeitseinsatz, K = Kapitaleinsatz, α = Elastizität des Outputs in Bezug auf den Arbeitseinsatz (partielle Produktionselastizität der Arbeit), β = Elastizität in Bezug auf den Kapitaleinsatz (partielle Produktionselastizität des Kapitals). Ist die Summe der partiellen Produktionselastizitäten ($\alpha + \beta$) größer (kleiner, gleich) eins, weist die Cobb-Douglas-Funktion steigende (sinkende, konstante) → Skalenerträge auf. – Für den Fall konstanter Skalenerträge ($\alpha + \beta = 1$) gilt:

$$Y = L^{\alpha} \cdot K^{1-\alpha}.$$

In dieser Form ist die Cobb-Douglas-Funktion linear-homogen, d.h. eine Erhöhung des Einsatzes von Arbeit und Kapital um jeweils γ Prozent führt zu einer Erhöhung des Outputs von ebenfalls γ Prozent. Sie weist eine konstante → Substitutionselastizität von eins auf, was impliziert, dass sich die → Isoquanten asymptotisch beiden Achsen nähern.

Cobol – Abk. für *Common Business Oriented Language*. 1. *Begriff:* von → CODASYL entwickelte, prozedurale → Programmiersprache, unterstützt die Bearbeitung großer Datenmengen, die Erstellung von Listen und die → Dateiorganisation; nicht geeignet für umfangreichere mathematische Berechnungen. – 2. *Einsatzgebiete/Verbreitung:* in der betrieblichen Datenverarbeitung und in der Verwaltung weltweit stark verbreitete → Programmiersprache; wird für die Entwicklung aktueller Softwareprodukte jedoch schon länger nicht mehr angewendet.

Co-Branding – Bei einer Co-Branding-Strategie wird das Leistungsangebot durch zwei oder mehr → Marken im Verbund markiert. I.d.R. bringen alle Kooperationspartner ihre Ressourcen und Kompetenzen in größerem Umfang ein. Co-Branding zeichnet sich durch vier wesentliche Merkmale aus: 1) Verbindung von mind. zwei → Marken, 2) die für den Nachfrager wahrnehmbar kooperieren, 3) um durch die Kooperation der → Marken ein gemeinsames Leistungsbündel zu schaffen, 4) um sowohl vor als auch nach der Co-Branding-Kooperation aus Sicht der Nachfrager selbstständig zu sein. – *Co-Branding-Strategien* haben in jüngster Vergangenheit an Bedeutung gewonnen, da viele Hersteller sich von diesen Kooperationen eine Imageverbesserung sowie eine Verbreiterung ihrer Markenkompetenz aus Sicht der Nachfrager erhoffen. Die Besonderheit des Co-Branding besteht in der Problematik, mind. zwei Identitäten eigenständiger Marken unter Berücksichtigung der zugrunde liegenden gemeinsamen Leistung verbinden zu müssen, ohne dass es zu Konflikten zwischen den → Markenidentitäten kommt.

Cobweb-Theorem – *Spinnweb-Theorem;* Ansatz zur Erklärung oszillatorischer Preis- und Mengenbewegungen, die auf verzögerten Angebotsanpassungen (→ Lag) beruhen. Das Modell geht von der Prämisse aus, dass sich das Angebot der Unternehmer nach den Preisen der Vorperiode richtet,

$$A_t = m\,(p_{t-1}) + B,$$

die Nachfrage jedoch vom Preis der laufenden Periode abhängt,

$$N_t = -n(p_t) + b.$$

Die Periodenlänge wird dabei durch die Produktionsdauer des herzustellenden Gutes bestimmt. Kommt es – ausgehend von einer Gleichgewichtslage – zu einer Nachfrageverschiebung, so wird der neue Gleichgewichtspreis wegen der Zeitverzögerung nicht sofort, u.U. gar nicht, erreicht. Bes. markant ist das Cobweb-Theorem beim sog.

Hopfen- oder → Schweinezyklus in Erscheinung getreten. – Je nach Konstellation der Angebots- zur Nachfragekurve sind verschiedene Fälle denkbar. In den nachfolgenden Darstellungen soll A_L die langfristige Angebotskurve, N die ursprüngliche Nachfragekurve kennzeichnen. – 1. Ist die auf die Mengenachse bezogene *Steigung der Angebotskurve größer als die der Nachfragekurve,* ergibt sich ein langfristig *stabiles Gleichgewicht* (vgl. Abbildung „Cobweb-Theorem" (1)). Unterstellt man, dass im Zeitpunkt der Gleichgewichtslage S eine dauerhafte Verschiebung der Nachfrage von N nach N_1 eintritt, wird unter Voraussetzung einer kurzfristigen Unelastizität des Angebots der Preis auf p' steigen (kurzfristige Gleichgewichtslage S'). Der hohe Preis p' und die daran geknüpften Erwartungen werden die Unternehmer zu Produktionsausweitungen veranlassen. Wird jedoch nach Abschluss der Anpassung (z.B. in einem Jahr) die Menge M' zum Preis p' im zweiten Jahr angeboten, ist die Nachfrage nur noch bereit, die Menge zum Preis p" anzukaufen. Der Preissturz auf p" wird die Unternehmer wiederum zu erneuter Anpassung veranlassen, sodass in der nächsten Periode zum Preis von p" nur noch die Menge M" angeboten wird. Diese Menge wird bei gegebener Nachfrage eine Preiserhöhung hervorrufen und kann sogar zum Preise p"' abgesetzt werden. Der Anpassungsprozess wiederholt sich von Periode zu Periode, bis der langfristige stabile Gleichgewichtszustand S_1 erreicht ist, d.h. die Menge M_1 zum Preis p_1 angeboten wird. Es kommt zur Bewegung zum neuen Gleichgewicht hin, wobei das typische „Spinngewebe" entsteht. – 2. *Ist die Steigung der Angebotskurve absolut kleiner als die der Nachfragekurve,* liegt ein *labiles Gleichgewicht* vor, d.h. bei Abweichungen vom Gleichgewicht verstärken diese sich immer mehr („explodierender Fall"; vgl. Abbildung „Cobweb-Theorem" (2)). Die jeweiligen Angebotsanpassungen setzen hier eine Preis- und Mengenentwicklung in Bewegung, die sich immer weiter vom Gleichgewichtszustand entfernt. – 3. *Ist die Steigung der Angebotskurve gleich der der Nachfragekurve,* führt die Preis- und Mengenentwicklung weder zum Gleichgewichtszustand hin noch von diesem weg, sondern pendelt zyklisch um den Gleichgewichtspunkt S_1 (vgl. Abbildung „Cobweb-Theorem" (3)). Die Bewegung zum Gleichgewicht hin kann durch *Lernprozesse* der Produzenten verstärkt oder überhaupt erst möglich werden, nämlich dann, wenn einige oder alle Produzenten mögliche zukünftige Preiserhöhungen oder -senkungen bei ihren Produktionsentscheidungen antizipieren, also ihre statischen Preiserwartungen revidieren.

Cobweb-Theorem (1)

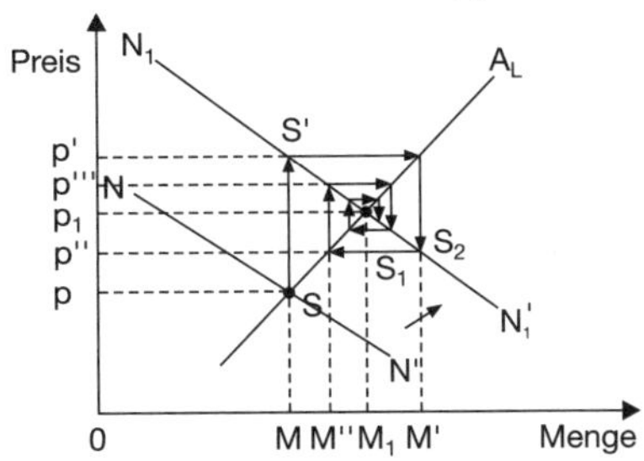

Cobweb-Theorem (2)

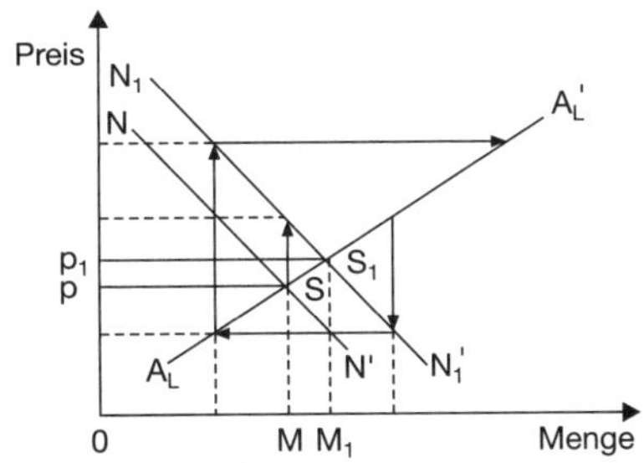

Cobweb-Theorem (3)

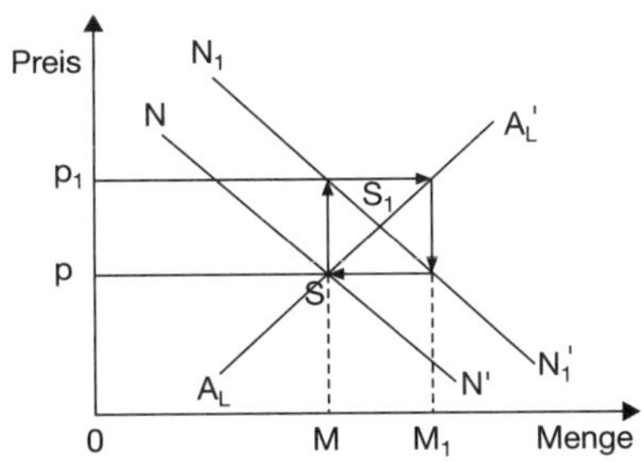

Cochrane-Orcutt-Schätzer bei Autokorrelation – von Cochrane und Orcutt (1949) vorgeschlagener Ansatz zur Schätzung von GLS-Gleichungen (→ Kleinstquadratemethode, verallgemeinerte), wenn für das autokorrelierte Modell ein AR(1)-Störterm unterstellt werden kann, der Autokorrelationskoeffizient erster Ordnung ρ jedoch unbekannt ist. – In einem ersten Schritt wird hier das autokorrelierte Modell mit OLS (→ Kleinstquadratemethode, gewöhnliche) geschätzt und die Residuen bestimmt. Im zweiten Schritt wird dann ρ geschätzt (z.B. durch Regression der → Residuen auf ihre um eine Periode verzögerten Werte). Im dritten Schritt wird der geschätzte Autokorrelationskoeffizient dann zur GLS-Transformation herangezogen und das transformierte Modell mit OLS geschätzt. Die Parameterschätzungen aus diesem Modell werden dann in das originäre Modell eingesetzt und daraus erneut die Residuen bestimmt. Aus diesen kann dann erneut eine Schätzung von r gewonnen werden. Diese Prozedur kann man beliebig oft wiederholen. Standard ist es aber, dass der Iterationsprozess gestoppt wird, wenn sich die neue Schätzung von r um weniger als 0,01 oder 0,005 von der vorhergehenden unterscheidet. Die letzte Schätzung von r und die daraus resultierenden Ergebnisse der GLS-Schätzung können dann als finale Ergebnisse betrachtet werden. Es kann aber theoretisch nicht gesagt werden, dass diese Iterationsvorgehensweise zu effizienteren Schätzungen führt als nur ein Durchlauf des Verfahrens. – Vgl. auch → Hildreth-Lu-Schätzer bei Autokorrelation, → FGLS.

COCOM – Abk. für *Coordinating Committee for Multilateral Export Control, Coordinating Committee for East-West Trade Policy;* 1949 in Paris gegründet, hat es ab Anfang der 1980er-Jahre aufgrund der technologischen und politischen Entwicklung bes. in den USA an Bedeutung gewonnen und seit Anfang der 1990er-Jahre Änderung erfahren (New Forum). Die beteiligten Staaten waren nicht an internationale Beschlüsse gebunden; es bestanden keine Regierungsabkommen in Bezug auf Organisation, Aufgabenregelung und Kompetenzen. Ziele waren die Kontrolle des Handels mit bestimmten Staaten sowie des Handels von „sensiblen"/„sensitiven" Gütern. – Das COCOM-Gremium wurde einvernehmlich am 31.3.1994 aufgelöst. Embargolisten und Genehmigungserteilung hatten keine Relevanz mehr. – *Nachfolger:* → Wassenaar Arrangement.

Cocooning – Verhaltensform, die im Rückzug von der komplexen, bedrohlichen und unkontrollierbaren Umwelt in die eigenen vier Wände besteht. Daraus resultiert für Unternehmen die Problematik, einerseits die → Bedürfnisse des Konsumenten zu ermitteln und ihn andererseits in seiner Zurückgezogenheit zu kontaktieren.

COD – Abk. für → Cash on Delivery. Vgl. auch → CAD.

CODASYL – Abk. für *Conference on Data Systems Languages;* ehemalige amerikanische Organisation von Computerherstellern und -anwendern, die bekannt wurde v.a. durch Federführung bei der Entwicklung der Programmiersprache → Cobol und durch Arbeiten über → Datenbanksysteme (z.B. → Netzwerkmodell, → Datenbeschreibungssprache, → Datenmanipulationssprache).

Code – 1. *Allgemein:* Vorschrift für die eindeutige Zuordnung der Zeichen eines Zeichenvorrats zu denjenigen eines anderen. – 2. *Datenverarbeitung:* Vorschrift für die Darstellung von Informationen in einem Computer. – Vgl. auch → Binärcode. – 3. *Zahlungsverkehr:* Persönliche Identifikationsnummer (→ PIN), → Kryptographie, → Verschlüsselung.

Code of Conduct – eine Sammlung von Richtlinien und/oder Regelungen, welche sich Unternehmen im Rahmen einer → freiwilligen Selbstbindung selbst auferlegen. Die formulierten Verhaltensanweisungen dienen als (grundlegende) Handlungsorientierung für Mitarbeiter, um erwünschtes Verhalten zu kanalisieren bzw. unerwünschte Handlungen zu vermeiden. Thematisch kann das Regelwerk sehr breit sein und von Korruption über den Umgang mit Kunden bis hin zu Arbeitszeitregelungen reichen; die Detaillierungstiefe kann dabei höchst unterschiedlich sein. Oftmals im Kontext von → Corporate Social Responsibility zu finden.

Codierung – *Kodierung;* Begriff der elektronischen Datenverarbeitung. Bei der → Programmentwicklung Vorgang der Überführung des → Algorithmus und der Datenvereinbarungen (→ Programm) in die → Programmiersprache. Es wird ein Quellprogramm (→ Programm) erzeugt, das dem → Computer ermöglichen soll, das zugrunde liegende Problem zu lösen.

COGECA – *Allgemeiner Verband des ländlichen Genossenschaftswesens;* europäische Dachorganisation der landwirtschaftlichen Genossenschaften in der EU; gegründet am 24.9.1959. – *Mitglieder:* 36 Vollmitglieder, 4 angeschlossene Mitglieder – *Sitz:* Brüssel (gemeinsames Generalsekretariat von → COPA und COGECA).

Coherence – Bezeichnung für die Zusammenarbeit und Koordination zwischen den führenden internationalen Organisation → IWF, → IBRD (Weltbank) und → World Trade Organization (WTO). Der Begriff entstand in der zweiten Hälfte der 1990er-Jahre, nachdem mit der WTO eine neue und starke internationale Organisation im Bereich des Welthandels entstanden war. Dementsprechend erfasst der Begriff in erster Linie die Problematik, wie die WTO und die Probleme des Welthandels in die seit 50 Jahren praktizierte Zusammenarbeit zwischen IWF und Weltbank integriert werden kann. Formale Grundlage für die Coherence sind Kooperationsabkommen, die die WTO mit dem IWF (1996) und der Weltbank (1997) vereinbart hat. – Vgl. auch → Cross Conditionality.

COICOP – Abk. für *Classification of Individual Consumption, Güterklassifikation für den Verbrauch der privaten Haushalte;* Güterklassifikation der Vereinten Nationen zur Klassifizierung und Analyse der Konsumausgaben des Staates, privater Haushalte und privater Organisationen.

Coinciders → ABC-Kurven, → Konjunkturindikatoren.

Colbert – Jean Baptiste, 1619–1683, franz. Staatsmann unter Ludwig XIV. Colbert war kein wissenschaftlicher Ökonom, auch gibt es – mit Ausnahme von Briefen und Erlassen – keine schriftlichen Äußerungen zu wirtschaftlichen Sachverhalten von ihm. Gleichwohl gehört er zu den bedeutendsten Wirtschaftspolitikern, die historisch bekannt sind. Wie nur wenige hat er die Wirtschaft nach seinen Ideen geformt. Colbert setzte in Frankreich den

→ Merkantilismus durch, dessen franz. Variante oft → Colbertismus genannt wird. Elemente des Colbertismus haben sich bis heute in Frankreich gehalten.

Colbertismus – von Colbert unter Ludwig XIV. in Frankreich ausgeprägte Form des → Merkantilismus.

Collaboration – Zusammenarbeit eines Unternehmens mit seinen Kunden und Lieferanten unter Einsatz von modernen Informationstechnologien zur Integration von unternehmensinternen und unternehmensübergreifenden Geschäftsprozessen.

Collaborative Engineering – wird gemeinsames Bearbeiten einer Aufgabe durch verteilte Akteure bezeichnet. Es ist eine Form der unternehmensübergreifenden integrierten Zusammenarbeit über den gesamten → Lebenszyklus eines Produktes oder einer Technologie, wobei der Schwerpunkt der Aktivitäten im Bereich der Produktentwicklung liegt. Collaborative Engineering zielt auf die gemeinsame Erarbeitung technologischer bzw. wettbewerblicher Vorteile, die durch einzelne Akteure allein nicht erreichbar wären. Die Realisierung von Collaborative Engineering bedingt u.a. intensive Kommunikation zwischen den Partnern und geeignete Organisationsformen zur Steuerung überbetrieblicher Arbeitsgruppen. Informationstechnische Konzepte wie das → Internet und begleitende personalwirtschaftliche Aktivitäten wie → Coaching können ergänzend zum Ansatz gebracht werden, um die Effektivität des Collaborative Engineering-Prozesses zu erhöhen.

Collaborative Filtering – Art der personalisierten Darstellung von Webinhalten. Aufbauend auf die Bildung von Kundengruppen auf Basis persönlicher Daten wie Shopping-Transaktionen werden Webinhalte oder Produktempfehlungen, die von Kunden der gleichen Kundengruppe konsumiert bzw. gekauft wurden, auf der → Website angezeigt. – Vgl. auch → Personalisierung.

Collar – eine vereinbarte Zinsbandbreite, die aus einer Kombination von → Cap und → Floor besteht. Damit kann ein → Hedging sowohl gegen das Steigen des Zinsniveaus über eine bestimmte Grenze als auch gegen ein entsprechendes Absinken erfolgen. Gleichzeitig dient ein Collar einer Reduzierung der Kosten eines reinen Cap: Der Käufer des Collar tritt wirtschaftlich sowohl als Käufer des Cap als auch als Verkäufer des Floor auf. Damit finanziert die Prämie aus dem Floor (zumindest teilweise) die Prämie für den Cap, bei völligem Ausgleich wird der Collar als Zero Cost Cap bezeichnet. Ein Ausgleich kann evtl. durch eine inkongruente Fristenstruktur von Cap und Floor erreicht werden, da die Höhe der Prämie beim Floor mit zunehmender Laufzeit zunimmt.

Collateral Central Bank Management (CCBM2) – 1. *Begriff*: Eurosystem-Projekt (→ Eurosystem) zur Schaffung einer harmonisierten Sicherheitenverwaltung. – 2. *Geschichte*: Während der Vorbereitung der → Währungsunion zeigte sich, dass es keinen Marktmechanismus für den grenzüberschreitenden Transfer von Sicherheiten gab. Die → Zentralbanken entschlossen sich deshalb ein eigenes Verfahren anzubieten: Correspondent Central Banking Model (CCBM). Dieses Verfahren wurde als Zwischenlösung bis zur Bereitstellung einer Marktalternative eingeführt. Im Laufe der Jahre entwickelte sich CCBM zum bedeutendsten Kanal für die grenzüberschreitende Nutzung von Sicherheiten. Allerdings leidet CCBM unter seinem dezentralen Aufbau und des Ansatzes einer minimalen Harmonisierung. Daher ist CCBM unter Effizienzgesichtspunkten eher als suboptimal anzusehen und nutzt nicht das Potenzial, das eine einheitliche Währung bietet. – 3. *Zielsetzungen*: Mit CCBM2 soll die Effizienz des Sicherheitenmanagement durch Konsolidierung der notenbankinternen Geschäftsprozesse erheblich verbessert werden. Hierzu wird eine einheitliche Abwicklungsplattform zur Verwaltung aller notenbankfähigen Sicherheiten (marktfähigen und nicht-marktfähigen, heimisch und grenzüberschreitend genutzten) geschaffen. CCBM2 optimiert die Verfahren zur Stellung von notenbankfähigen Sicherheiten durch (1) Harmonisierung des Service Levels für die Verwaltung der Sicherheiten und (2) Echtzeitverarbeitung. Die dezentrale Kreditbeziehung zwischen nationaler Zentralbank und Geschäftspartner bleibt davon unberührt. – 4. *Terminplanung*: Der Rat der → Europäischen Zentralbank (EZB) hat im Juli 2008 den Start des Projekts beschlossen und die Nationale Bank van Belgie/Banque Nationale de Belgique und die De Nederlandsche Bank mit der Entwicklung und dem Betrieb der Plattform beauftragt, deren Inbetriebnahme möglichst frühzeitig, spätestens aber mit dem Start von → TARGET2-Securities vorgesehen ist. Am 16.05.2012 entschied die EZB, die Vorbereitungen für das Projekt in der bisherigen Form nicht fortzusetzen.

Collateralized Debt Obligation – Abk. *CDO*; fondsbasierte Wertpapiere. Hierfür werden eine Vielzahl an Krediten (auch Immobilienkredite) an Fondsgesellschaften weiterverkauft, die wiederum auf der Basis der Kreditportfolios CDO-Wertpapiere begeben. CDO gelten als Mitauslöser der Finanzkrise 2008. – Vgl. → Verbriefung von Kreditportfolios.

Collective Bargaining – 1. *Begriff*: Zwischen zwei oder mehreren → Nonprofit-Organisationen (NPO), die als organisierte Gruppeninteressen fungieren, werden mittels Verhandlungen und Verträgen (Abmachungen) verbindliche Regelungen für die Leistungen und Gegenleistungen der Verhandlungspartner fixiert. – 2. *Merkmale:* a) Prozess endet mit dem Erreichen einer verbindlichen Regelung. b) Inhaltliche Konzentration auf ein bestimmtes Problemfeld. – 3. *Anwendungsbereiche:* Tarifvertrag (Gesamtarbeits-, Manteltarifverträge) zwischen Arbeitgeber- und Arbeitnehmerorganisationen. – Vgl. auch für den Kontext von Unternehmen: → Tarifvertrag, → Industrial Relations.

Collective Self-Reliance – Begriff aus der Nord-Süd-Diskussion (→ Nord-Süd-Konflikt). Entwicklungsländer begannen durch eine interne Abstimmung ihre Verhandlungspositionen gegenüber den Industrieländern und den transnationalen Konzernen zu verbessern, um in Verhandlungen eine Neue Weltwirtschaftsordnung durchzusetzen. Die Intensivierung der Süd-Süd-Beziehungen soll zu regionalen → Integrationen führen, um die Abhängigkeit von den Industrieländern zu vermindern. – Vgl. auch → G 77, → UNCTAD, → Neue Weltwirtschaftsordnung.

Collect on Delivery – im Luftfrachtgeschäft mögliche Zahlungsklausel. Die Luftverkehrsgesellschaft zieht den Rechnungsbetrag für die Sendung und den Frachtbetrag für die Beförderung beim Empfänger der Sendung ein. Möglich dort, wo in der Ratentabelle hinter dem Bestimmungsort angegeben. Ausnahmen und Besonderheiten sind entsprechend gekennzeichet.

COLOMBO-Plan – *Colombo-Plan for Cooperative Economic and Social Development in Asia and the Pacific;* im Mai 1950 von einigen Staaten des Commonwealth zur Förderung der technischen und wirtschaftlichen Entwicklung und zur Steigerung des Lebensstandards geschaffenes Instrument mit Sitz in Colombo. – *Ziel:* Förderung der wirtschaftlichen und sozialen Entwicklung in den Empfängerländern über → Kapitalhilfe durch nicht rückzahlungspflichtige Unterstützungen, Anleihen für nationale Entwicklungsvorhaben, Warenlieferungen (z.B. Getreide, Düngemittel, Verbrauchsgüter), Lieferungen von Investitionsgütern, technische Hilfeleistungen durch Experten, die Bereitstellung von Studienplätzen und den Transfer von Hochtechnologie.

COMECON – *Council für Mutual Economic Assistance, Rat für gegenseitige Wirtschaftshilfe (RGW).* 1. *Merkmale:* 1948 gegründete, 1991 aufgelöste Wirtschaftsgemeinschaft osteuropäischer Staaten mit Sitz in Moskau. Nach der Ablehnung der Teilnahme der UdSSR und ihrer Satelliten am Marshall-Plan galt er als Gegenstück zur → OECD. – 2. *Ziele:* Vernetzung der Volkswirtschaften des Ostblocks, bes. zur Rationalisierung und Optimierung der industriellen Produktion. Vorgesehen war eine interregionale Arbeitsteilung, die durch eine gemeinsame Planung der Investitionspolitik seiner Mitglieder erreicht werden sollte. Angestrebt wurde auch ein Austausch wirtschaftlicher und technischer Erfahrungen und Zusammenarbeit für spezielle Bereiche (z.B. Computertechnologie). – 3. *Organisation:* Der Rat fungierte als Oberstes Ständiges Organ unter wechselndem Vorsitz. Als nicht-ständiges Organ fungierten Gipfelkonferenzen. Neben dem Ständigen Sekretariat in Moskau gab es Ständige Kommissionen für zahlreiche Sachgebiete (Außenhandel, Energie, Finanz- und Währungsfragen). Instrumente der wirtschaftlichen Zusammenarbeit waren koordinierte Fünf-Jahres-Pläne der Mitglieder und ein Verrechnungssystem auf Basis des Transferrubels zur effektiveren Ausgestaltung des multilateralen Zahlungsverkehrs innerhalb des COMECON.

COMESA – 1. *Begriff und Merkmale: Common Market for Eastern and Southern Africa; gemeinsamer Markt im östlichen und südlichen Afrika,* gegründet 1994. – 2. *Organe:* U.a. der Ministerrat, der die politischen Entscheidungen über die Aktionsprogramme und die allg. Aktivitäten der COMESA trifft, sowie das Komitee der Zentralbankpräsidenten, welches das COMESA Clearing House betreibt und die Umsetzung der monetären und finanziellen Kooperation überwacht. Das Generalsekretariat ist die zentrale Verwaltungsinstanz der COMESA. – 3. *Mitglieder:* Ägypten, Äthiopien, Burundi, Dschibuti, Eritrea, Kenia, Komoren, Demokratische Republik Kongo, Libyen, Madagaskar, Malawi, Mauritius, Ruanda, Sambia, Seychellen, Simbabwe, Sudan, Swasiland und Uganda.

Comité des Organisations Professionelles Agricoles de la CEE → COPA.

Comité des Représentants Permanents → COREPER.

Comité Européen de Normalisation → CEN.

Comité Européen de Normalisation Electrotechnique → CENELEC.

Comité Européen Des Assurances (CEA) – Dachverband der nationalen europäischen Verbände der Versicherungsunternehmen. Gegründet 1953, Sitz in Paris.

Comité Maritime International – Vereinigung, die sich seit 1897 mit Kongressen, Gesetzentwürfen, Musterformularen Verdienste um die internationale Regelung seehandelsrechtlicher Fragen erworben hat.

Commercial → Fernsehspot, → Funkspot.

Commercial Bank – 1. *Begriff:* Aus dem amerikanischen Finanzwesen stammender Begriff, etabliert durch den „Glass-Steagall-Act" aus dem Jahr 1932, mit dem das Trennbankensystem (auch: Spezialbankensystem) in den USA eingeführt wurde. Es schreibt die Trennung des kommerziellen Bankgeschäftes (Einlagen-, kurz- und mittelfristiges Kreditgeschäft sowie Zahlungsverkehr) vom Investment Banking-Geschäft (Handelsgeschäfte einschließlich Eigenhandel, Kapitalmarktemissionsgeschäfte, M&A) vor. Das vorher bestehende Universalbankensystem wurde als mitverantwortlich für die Geschehnisse des „Black Friday" und der daraus entstandenen Weltwirtschaftskrise angesehen und daher einschneidend verändert. – 2. *Merkmale:* Commercial Banks unterliegen der Einlagensicherung durch die staatliche → Federal Deposit Insurance Corporation (FDIC), die zusammen mit dem → Office of the Comptroller of the Currency (OCC) bankaufsichtliche Verantwortung für die Commercial Banks trägt. – 3. *Entwicklung:* Im Jahr 1999 erfolgte die Aufhebung des amerikanischen Trennbankensystems durch Einführung des „Gramm-Leach-Bliley-Act". Dies ermöglichte den Commercial Banks ihren Kunden zusätzlich auch Investment-Banking-Produkte und -Dienstleistungen anzubieten, stellte also faktisch die Wiedereinführung des Universalbankensystems in den USA dar. Durch die Verabschiedung des Dodd-Frank-Acts wurden 2010 die Möglichkeiten des Eigenhandels sowie des Sponsoring von Investitionen in Hedgefonds oder Private Equity Fonds beschränkt („Voelker Rule"). – *Gegensatz:* → Investment Bank.

Commercial Letter of Credit – *Handelskreditbrief.* 1. *Begriff:* Der Commercial Letter of Credit (CLC) zählt zur Gruppe der → negoziierbaren Akkreditive. Die akkreditiveröffnende Bank verpflichtet sich im Commercial Letter of Credit, Tratten, die vom Akkreditivbegünstigten auf den im Commercial Letter of Credit benannten Bezogenen (auf die akkreditiveröffnende Bank oder auf einen Dritten) gezogen sind, ohne Rückgriff auf den Aussteller (Akkreditivbegünstigten) und/oder gutgläubigen Inhaber zu bezahlen, sofern die vorgeschriebenen Dokumente vorgelegt werden und die Akkreditivbedingungen erfüllt sind. Im Commercial Letter of Credit ist diese Akkreditivverpflichtung der akkreditiveröffnenden Bank i.Allg. als sog. Bona-Fide-Klausel aufgenommen. – 2. *Gestaltung und Abwicklung:* Die Möglichkeiten zur Ausgestaltung von Commercial Letters of Credit entsprechen grundsätzlich jenen der anderen Akkreditive: Commercial Letters of Credit sind unwiderruflich und können darüber hinaus unbestätigt oder bestätigt, übertragbar oder nicht übertragbar gestellt sein. Im Gegensatz zu anderen Akkreditivarten ist der Commercial Letter of Credit unmittelbar an den Begünstigten adressiert. Allerdings erfolgt die Zustellung des Originalkreditbriefs in der Praxis nicht direkt an den Begünstigten, sondern wird diesem von der akkreditiveröffnenden Bank über eine Korrespondenzbank im Land des Begünstigten zugestellt. – 3. *Negoziierung:* Der Commercial Letter of Credit sieht i.Allg. vor, dass der Begünstigte den Originalkreditbrief, die Tratte sowie die Dokumente bei einer beliebigen, von ihm selbst auszuwählenden Bank fristwahrend einreichen und negoziieren (bevorschussen) lassen kann. Bei unbestätigten Commercial Letters of Credit ist zu beachten, dass die vom Begünstigten zur Einreichung des Commercial Letters of Credit, der Dokumente und der Tratte ausgewählte Bank trotz der akkreditivrechtlichen Ansprüche an die Akkreditivbank nicht verpflichtet ist, einem Antrag des Akkreditivbegünstigten auf Negoziierung (im Sinn einer Kreditgewährung) zu entsprechen. – Vgl. auch → Akkreditiv.

Commercial Paper → CP.

Commission Internationale des Industries Agricoles et Alimentaires (CIIA) – *International Commission for Food Industries, Internationale Kommission der Lebensmittelindustrie;* 1936 gegründete Nachfolgeorganisation der 1905 eingesetzten internationalen Kommission auf diesem Gebiet sowie des Ständigen internationalen Büros für analytische Chemie der menschlichen und tierischen Ernährung (PIBAC). – *Sitz:* Paris. – *Tätigkeiten:* Führung eines Dokumentationszentrums der landwirtschaftliche Erzeugnisse verarbeitenden Industrien (CDIUPA), Veranstaltung von Kongressen und Symposien. – *Veröffentlichungen:* Food and Agricultures Industries; Liaison Bulletins; Proceedings of Congresses and Symposia.

Commission on European Contract Law (Lando-Kommission) → Europäisches Privatrecht.

Commission on Sustainable Development – Die Commission on Sustainable Development (CSD) mit Sitz in New York wurde im Dezember 1992 gegründet, um eine effektive Implementierung auf lokaler bis interregionaler Ebene der Ergebnisse der United Nations Conference on Environment and Development (UNCED) in Rio de Janeiro, Brasilien zu gewährleisten. Auf der Konferenz wurde der Grundstein für einen Plan zur Erreichung einer → nachhaltigen Entwicklung für das 21. Jh. (→ Agenda 21) gelegt. Entscheidungen der CSD werden in Zweijahreszyklen beschlossen. Die CSD ist eine funktionale Kommission des UN Economic and Social Council und hat 53 Länder als Mitglieder. – Vgl. auch → Nachhaltigkeitsindikatoren.

Commitment → Markencommitment.

Committee on Accounting Procedure (CAP) – Nachdem die → SEC ihre Kompetenz zur Entwicklung von → Rechnungslegungsvorschriften für börsennotierte Unternehmen an das → American Institute of Certified Public Accountants (AICPA) übertragen hatte, gründete dieses zu diesem Zweck im Jahre 1938 das Committee on Accounting Procedure (CAP). Mitglieder des Committee on Accounting Procedure waren ausschließlich ehrenamtlich tätige → Wirtschaftsprüfer (WP). Zentrale Verlautbarungsart des Committee on Accounting Procedure waren die 51 → Accounting Research Bulletins (ARB), die das Committee on Accounting Procedure bis zu seiner Auflösung im Jahre 1959 veröffentlichte. In Teilen sind diese Vorschriften, sofern sie nicht durch nachfolgende Verlautbarungen abgelöst oder verändert wurden, bis heute gültig. Aufgrund starker Kritik an seiner Arbeit wurde das Committee on Accounting Procedure 1959 vom → Accounting Principles Board (APB) abgelöst.

Commodities → Standardprodukte.

Commodity Approach – güterbezogene Betrachtungsweise des Marketings. Es werden spezifische Marketingkonzepte für unterschiedliche Gütertypen entwickelt. Bes. wird eine Unterscheidung nach → Konsumgütern (Konsumgütermarketing) und → Investitionsgütern (Investitionsmarketing) und immateriellen Dienstleistungen (→ Dienstleistungsmarketing) vorgenommen. Die zunehmende

Verbreitung sog. digitaler Güter führt zu neuen konzeptionellen Ansätzen des → Onlinemarketings.

Commodity Terms of Trade – 1. *Begriff:* Eines der Konzepte der → Terms of Trade, definiert als die Relation des Export- zum Importgüterpreisindex (als Indexveränderung ausgedrückt). Wenn ohne nähere Erläuterung von Terms of Trade die Rede ist, sind Commodity Terms of Trade gemeint (z.B. im Zusammenhang mit Verelendungswachstum). – *Kehrwert:* Net Barter Terms of Trade. – 2. *Beurteilung:* Die Aussagefähigkeit bez. der Entwicklung der Vorteilhaftigkeit des Handels sind beschränkt, da Veränderungen der Güterqualität und der Export- und Importgütermengen und -strukturen nicht berücksichtigt werden. Ein Rückgang der Commodity Terms of Trade führt selbst im Zwei-Güter-Modell nicht unbedingt zu einer Verschlechterung der Wohlfahrtsposition. Sinkt aufgrund des technischen Fortschritts (Anstieg der Faktorproduktivität) der Preis des Exportgutes, verschlechtern sich die Commodity Terms of Trade; die Wohlfahrt des Landes kann sich verbessern, wenn die Preissenkung unterhalb der Produktivitätszunahme liegt. – *Anders:* → Income Terms of Trade.

Common Gateway Interface → CGI.

Common Market for Eastern and Southern Africa → COMESA.

Common Pool Problem – Allokationsproblem bei der Nutzung einer dem gemeinsamen Zugriff mehrerer Entscheidungsträger ausgesetzten Ressource (→ Allmenderessource).

Common Pool Resource → Allmenderessource.

Common Property Resource → Allmenderessource.

Common Share – *Common Stock;* engl. Bezeichnung für → Stammaktie.

Common Stock → Common Share.

Community – bezeichnet ein organisiertes und soziales Netzwerk von miteinander in Interaktion stehenden Individuen, die sich innerhalb eines spezifischen Zeitraums auf affektive sowie auf kognitive Weise wechselseitig beeinflussen und ein Zusammengehörigkeitsgefühl entwickeln. Die soziale Interaktion zwischen den Mitgliedern einer Community unterliegt dabei i.d.R. einem gemeinsamen Ziel, geteilter Identität oder gemeinsamen Interessen. – Vgl. auch → Brand Community.

Community Cloud – Rechenzentrum, das einer bestimmten Gruppe von Unternehmen oder Privatpersonen zur Verfügung steht. Dieses Rechenzentrum stellt → IT-Ressourcen dynamisch bereit (→ Elastizität), rechnet diese bedarfsorientiert ab und vereinheitlicht IT-Ressourcen durch den Einsatz von → Virtualisierung. – Vgl. auch → Cloud Computing.

Community Development – Entwicklungsstrategie, die Eigeninitiativen im Wege einer Entwicklung von unten anstrebt. Entscheidend ist die Teilnahme der Bevölkerung an der Ausgestaltung der Maßnahmen zur Verbesserung der Lebensbedingungen (Selbst- und Nachbarschaftshilfe). Der Schwerpunkt liegt in der Förderung von Motivation und Fertigkeiten der armen Bevölkerung in der Dritten Welt, die entscheidender sei als alleinige materielle Hilfe.

Community Development Venture Capital – Sonderform der → Venture-Capital-Finanzierung. Sie zeichnet sich durch die sog. „Double Bottom Line" aus, d.h. neben der Erzielung finanzieller Ziele werden auch nicht-finanzielle Ziele verfolgt. Wenn auch der Begriff auf eine rein regionalpolitische Ausrichtung hindeutet, so können die angestrebten, nicht-finanziellen Ziele sehr vielfältig sein. Denkbar sind etwa die Schaffung von Arbeitsplätzen für bestimmte Bevölkerungsgruppen oder in wirtschaftlich rückständigen Regionen bis hin zur Förderung von umweltfreundlichen Produkten.

Community of Practice → Wissensmanagement.

Community Relations – Teil der → Öffentlichkeitsarbeit (→ Public Relations (PR)), der auf die Pflege der Beziehungen zur örtlichen Gemeinde des Unternehmensstandorts gerichtet ist.

Comovement – übereinstimmende, gleichgerichtete Bewegung unterschiedlicher ökonomischer Zeitreihen im Konjunkturverlauf. – *Beispiel:* → Bruttoinlandsprodukt (BIP) und seine Komponenten oder Produktion im Konjunkturverlauf.

Comparability – *Vergleichbarkeit;* qualitative Anforderung an Rechnungslegungsinformationen nach den → US-GAAP sowie nach den → International Financial Reporting Standards (IFRS). – Vgl. auch → Conceptual Framework und → Framework.

Competitive Bidding → Ausschreibung.

Compiler → Systemprogramm, das ein in einer höheren → Programmiersprache formuliertes Quellprogramm (→ Programm) in ein Maschinenprogramm übersetzt (→ Übersetzer). – Vgl. auch → Interpreter.

Complementary Marketing → Anschlussexport.

Completed Contract Method → Bilanzierungsmethode im Bereich der langfristigen Produktion. Bei der Bewertung des → Vorratsvermögens entsteht bei Fertigungsaufträgen, die zum → Bilanzstichtag noch nicht abgeschlossen sind, das Problem der Teilgewinnrealisation. Da das dt. Handelsrecht i.d.R. keine vorzeitige → Gewinnrealisation gestattet, dürfen nach HGB die Erlöse aus langfristigen Fertigungsprojekten erst mit Abschluss des jeweiligen Vorhabens realisiert werden. Diese Bilanzierungsweise wird als Completed Contract Method bezeichnet, ihr Gegenstück bildet die → Percentage of Completion Method. – Vgl. auch → Erlösrealisation.

Complex Instruction Set Computer → CISC.

Complex Man → Menschenbilder.

Compliance – **I. Bankwirtschaft:** Der Begriff stammt aus der amerik. Finanzbranche und betraf früher Bereiche mit hohem Risiko von Insidergeschäften und Interessenkonflikten. In Deutschland entwickelten sich Compliance-Strukturen seit den 1990er-Jahren aufgrund gesetzgeberischer Vorgaben vor allen in den Banken und Versicherungen. – Wertpapierdienstleistungsunternehmen sind gemäß §§ 31 ff. WpHG verpflichtet, dafür zu sorgen, dass Börsengeschäfte ihrer Mitarbeiter in Wertpapieren, Derivaten, Devisen oder Edelmetallen nicht gegen die eigenen Interessen und die ihrer Kunden vorgenommen werden. Dieses erfolgt innerhalb der Kreditinstitute durch Arbeitsanweisungen für solche Geschäfte und deren Überwachung durch eine eigens gebildete „Compliance-Abteilung", vgl. die detaillierten Organisationspflichten des § 33 WpHG. Compliance ist eine vertrauensbildende Maßnahme zugunsten der Kapitalmärkte und deren Marktteilnehmer. Insidergeschäfte sollen damit verhindert werden (vgl. auch → Insider-Richtlinien). – Mittlerweile dienen Compliance-Strukturen und -Prozesse zunehmend auch Industrieunternehmen zur Prävention spezieller Unternehmensrisiken im Rahmen des Risikomanagements. Aufgrund der steigenden rechtlichen Anforderungen an börsennotierte Unternehmen richten insbesondere große Industrieunternehmen zunehmend sog. Compliance-Abteilungen ein. I.d.R. sind Compliance-Abteilungen über die Überwachung der Einhaltung des Insiderhandelsverbots und das Führen von Insiderverzeichnissen hinaus z.B. auch die Bereiche Kartellrecht, Korruptionsprävention, Einhaltung umweltrechtlicher Anforderungen zugeordnet. Der Bereich Compliance umfasst dabei auch die Einhaltung eigener ethischer Verhaltenskodizes und anderer nicht-gesetzlicher Regelungen. Überschneidungen und Berührungspunke gibt es zumeist mit den Rechts- und Investor-Relations-Abteilungen (→ Investor Relations). Vergleichbar detaillierte Vorgaben wie für Kreditinstitute gibt es für Industrieunternehmen nicht. Nach § 91 II AktG hat der Vorstand jedenfalls geeignete Maßnahmen zu treffen, insbesondere ein Überwachungssystem einzurichten, damit den Fortbestand der Gesellschaft gefährdende Entwicklungen früh erkannt werden.

II. Health Care Management: 1. *Begriff:* Unter Compliance (oder Adherence) wird die Therapiemitarbeit des Patienten verstanden. Eine gute Compliance liegt vor, wenn ärztlichen Ratschlägen bez. der Einnahme von Medikamenten, Behandlungsstrategien oder Veränderungen des Lebensstils (Bewegung, Ernährung etc.) gefolgt wird. Entsprechend dem modernen Verständnis von Compliance ist damit nicht gemeint, dass Patienten Therapieanordnungen unreflektiert befolgen, sondern dass sie bereit sind, notwendige Therapieerfordernisse mitzugestalten und ihnen nachzukommen. Gerade bei chronischen Erkrankungen wird ein stärkeres Selbstmanagement der Patienten gefordert. Compliance beschreibt eine komplexe, dynamische und kontextabhängige Verhaltensweise des Patienten. Dementsprechend werden drei Grundformen der Non-Compliance (Nichtbeachtung der Therapieempfehlungen) unterschieden: (1) generelle Therapieverweigerung (z.B. aus religiösen und weltanschaulichen Gründen oder Misstrauen gegenüber der Schulmedizin), (2) Verweigerung bestimmter Therapieelemente (z.B. aus Angst vor Nebenwirkungen oder Skepsis bez. der Wirksamkeit) und die (3) Modifikation der (medikamentösen) Therapie - Veränderung der Dosierung oder Dauer der Medikation (z.B. aus Angst vor Nebenwirkungen oder Skepsis bez. der Wirksamkeit).–2. *Einflussfaktoren auf Compliance und Non-Compliance:* Es lassen sich einige Einflussfaktoren identifizieren, die die Therapiemitarbeit der Patienten beinflussen können. Die Compliance des Patienten ist umso besser, (1) je ausgeprägter die Symptome der Erkrankung und der Leidensdruck sind, (2) je höher die Effektivität der Behandlung ist (und je deutlicher die Symptome gebessert werden), (3) je geringer die Nebenwirkungen sind, (4) je einfacher das (medikamentöse) Therapieschema ist, (5) je geringer die Anforderungen an die Therapiemitarbeit des Patienten sind (z.B. keine einschneidenden Lebensstiländerungen erforderlich), (6) je besser der Patient über die Schwere der Erkrankung und die Therapieansätze informiert ist, (7) je besser die ärztliche Betreuung ist, (8) und je besser der Patient durch sein soziales Umfeld unterstützt wird.

Component – engl. für *Komponente.* – Vgl. auch → Modul.

Component Design – von bestimmten Prinzipien geleiteter Prozess im Rahmen der Erstellung von → Component Ware, der zur Generierung von Komponenten (→ Modul) führt. – *Prinzipien:* (1) *Design for Component* führt zur Entwicklung einzelner atomarer Komponenten mit dem Ziel der Bereitstellung spezifischer, gekapselter Dienste zur späteren Integration in neuen → Anwendungen. (2) *Design from Component* meint die inkrementelle Entwicklung von komplexeren Komponenten und Anwendungssystemen unter Nutzung vorhandener und noch zu erstellender Bausteine. (3) *Design to Component* bezeichnet die Anwendung von Methoden zur Transformation konventionell erstellter Anwendungssysteme in eine flexible komponentenbasierte Umgebung.

Component Ware – Realisierung von → Software gemäß dem Baukastenprinzip (→ Baukastensystem) mit der Bestrebung, die bisweilen vorherrschende monolithische Bauweise von Software abzulösen. So tritt gerade hinsichtlich der zunehmenden → Vernetzung das Bedürfnis zur weitgehenden → Modularisierung und Vereinheitlichung von → Schnittstellen in den Vordergrund. Bestrebungen richten sich damit auf die Generierung von → Modulen, die wiederum zu größeren Komponenten oder Systemen zusammengefügt werden können (→ Component Design). Motiv dieser Vorgehensweise ist es, den Vorteil der → Wiederverwendbarkeit auszunutzen, um letztendlich Zeit- und Kostenvorteile generieren zu können.

Composite DAX → CDAX.

Comprador – Erscheinungsform des Maklers, der überwiegend im Ostasien-Geschäft tätig ist. Im Zentrum seiner Tätigkeit, die sich auf seinen weit reichenden Kontakten begründet, stehen Vermittlung bzw. Verkauf von Importwaren an Wiederverkäufer (Importeure, Großhandel). Außerdem kann er noch Zahlungs- und Kreditgarantien übernehmen und umgekehrt – eine umfassenden Kontakte nutzend – Exportfunktionen ausüben (als Vermittler und/oder als Eigenhändler).

Comprehensive Income – Eigenkapitalveränderungen, die nicht durch Kapitaltransaktionen mit den Anteilseignern verursacht sind. – Vgl. auch → Conceptual Framework.

Comprehensive Tax Base – Begriff aus der modernen steuertheoretischen Diskussion. Möglichst breite Besteuerungsbasis, sowohl bei der → Einkommensbesteuerung (zur Vermeidung allokativer Verzerrungen zwischen den verschiedenen Einkunftsarten) als auch bei der → Ausgabensteuer. Wesentlich vom → Schanz-Haig-Simons-Ansatz bestimmtes Konzept.

Computational Intelligence – Methoden der → Künstlichen Intelligenz (KI), die dem Paradigma der subsymbolischen Wissensverarbeitung folgen und nicht wie die klassische Künstliche Intelligenz der Symbolverarbeitung. Ein Vertreter des Symbolverarbeitungsansatzes sind z.B. → Expertensysteme. Subsymbolische Wissensverarbeitung findet z.B. bei → neuronalen Netzen, Fuzzy-Technologien (→ Fuzzy Set) und Evolutionären Algorithmen statt. Im Zusammenhang mit Computational Intelligence wird auch der Begriff → Soft Computing verwendet, der Methoden der Künstlichen Intelligenz umfasst, die robust sind gegenüber Phänomenen wie → Unsicherheit.

Computer – aus dem Englischen übernommene Bezeichnung (*to compute* = rechnen), die in der DIN-Norm 44.300 als Synonym für → Datenverarbeitungssystem aufgeführt ist. – Vgl. auch → Computersystem, → Rechner.

Computer Aided Design → CAD.

Computer Aided Engineering → CAE.

Computer Aided Manufacturing → CAM.

Computer Aided Planning → CAP.

Computer Aided Quality Assurance → CAQ.

Computer Aided Software Engineering → CASE.

Computerbetrug – Spezieller Tatbestand des → Betruges; Vermögensschädigung mit Bereicherungsabsicht durch Beeinflussung des Ergebnisses eines Datenverarbeitungsvorgangs durch unrichtige Gestaltung des Programms, durch Verwendung unrichtiger oder unvollständiger Daten oder sonst durch unbefugte Einwirkung auf den Ablauf; auch unberechtigtes Abheben von Geld an einem EC-Geldautomaten mittels fremder EC-Scheckkarte und Eingabe der fremden Identifikationszahl. – *Strafe:* Freiheitsstrafe bis zu fünf Jahren oder Geldstrafe; der → Versuch ist strafbar (§ 263a StGB).

Computerbörse → Börse, deren Geschäftstätigkeit über ein elektronisches Handelssystem organisiert ist. Im Gegensatz zu einer Präsenzbörse ist der Zugang nicht ortsgebunden. Der Aktienhandel findet in einem offenen elektronischen Orderbuch statt. Die Marktteilnehmer treten nicht mehr persönlich oder fernmündlich in Kontakt, sondern handeln ausschließlich über den Bildschirm. Das Handelssystem übernimmt dabei die Aufgabe der Makler, indem es die Preise feststellt. Kauf- und Verkaufsorders werden durch das sog. Matching zusammengeführt. In einigen Handelsbereichen stellen Computer automatisch Orders auf Basis vorab programmierter Algorithmen in das Handelssystem ein (→ Programmhandel). Beispiele für Computerbörsen in Deutschland sind die → EUREX und das → XETRA-System der Deutsche Börse AG.

computergestützte Datenerhebung – Methode der → Befragung, bei der Daten über eine Tastatur oder per Spracherkennung in ein Computersystem eingegeben werden. Dies kann persönlich (→ CAPI), telefonisch (→ CATI) oder über das Internet (→ Onlinebefragung) erfolgen. Neben der Einsparung von Kosten für den Interviewerstab und die anschließende Umwandlung der Fragebogendaten in ein maschinenlesbares Format ist das Ziel der computergestützten Datenerhebung, eine schnelle und methodisch einwandfreie Datenerhebung zu gewährleisten. Eine Weiterentwicklung stellt das → Bildschirmbefragungssystem dar.

computergestützte Finanzbuchhaltung – 1. *Begriff:* Computergestütztes → Administrationssystem (→ Computersystem) zur Verwaltung und Darstellung der finanziellen Beziehungen einer Unternehmung mit ihrer Umwelt und den daraus resultierenden Veränderungen der Vermögens- und Kapitalverhältnisse sowie deren Buchung auf Bankkonten. Traditionelles Anwendungsgebiet der → betrieblichen Datenverarbeitung mit Massenverarbeitung und hohem Standardisierungsgrad, daher starke Rationalisierungsvorteile. – 2. *Teilbereiche:* a) *Hauptbuchhaltung:* Kreditoren-, Debitorenbuchhaltung, Zahlungsabwicklung, Liquiditätsplanung, Rechnungsprüfung, Sachkontenbuchhaltung sowie die Ermittlung von → Jahresabschluss, Steuern und die Berichtserstellung. Komfortable Systeme ermöglichen auch Mandantenführung und Konzernkonsolidierung. – b) *Nebenbuchhaltungen:* bes. computergestützte → Anlagenbuchhaltung, → computergestützte Lohn- und Gehaltsabrechnung, Materialbuchführung, → Betriebsbuchhaltung. Es besteht die Tendenz, zusätzliche Nebenbuchhaltungen aufzubauen und lediglich verdichtete Sammelbuchungen automatisch an die

Hauptbuchführung weiterzuleiten, begründet im zunehmenden → Dialogbetrieb und der Dezentralisierung der → Datenverarbeitung. – 3. *Voraussetzung:* → Datenintegration bez. der Teilgebiete auf Basis eines → Datenbanksystems; dies gilt ebenso für die Verbindung zu anderen Anwendungskreisen, z.B. zur computergestützten → Kosten- und Leistungsrechnung.

computergestützte Lohn- und Gehaltsabrechnung – in der → betrieblichen Datenverarbeitung ein → Softwaresystem für die Verwaltung von → Stammdaten der Mitarbeiter, Brutto- und Nettolohnberechnung (einschließlich Kranken-, Sozialversicherung, Steuern) sowie Betriebsrentenabrechnung (→ Pensionsrückstellungen). Die computergestützte Lohn- und Gehaltsabrechnung ist eine Nebenbuchhaltung der → computergestützten Finanzbuchhaltung; sie kann Bestandteil eines → Personalinformationssystems sein.

computergestütztes Planungssystem – in der betrieblichen Datenverarbeitung ein → Softwaresystem zur Unterstützung von Planungsprozessen in schlecht strukturierten oder komplexen Problemsituationen auf der Basis von Planungsmodellen (→ Modellbank). Computergestützte Planungssysteme ermitteln v.a. Planalternativen und liefern Vorgaben für → Administrationssysteme und → Dispositionssysteme. Computergestützte Planungssysteme stehen in enger Verbindung mit dem Einsatz von → Datenbanksystemen und → Planungssprachen. – Vgl. auch → computergestützte Unternehmensplanung.

computergestütztes Transportsystem → fahrerloses Transportsystem (FTS).

computergestützte Unternehmensplanung – 1. *Begriff:* In der betrieblichen Datenverarbeitung die integrierte Planung des Produktions-, Finanz-, Absatz-, Beschaffungs- und Personalbereichs unter Berücksichtigung der Unternehmensziele. Die Integration kann auf der Basis einer sukzessiven Planung oder einer simultanen Planung erfolgen, es werden Einzel- und Gesamtplan aufgestellt. – 2. *Datenbasis:* verdichtete Informationen (→ Führungsinformationssystem (FIS)) aus → Administrationssystemen und Dispositionssystemen. – 3. *Methodische Grundlagen:* Simulationsmodelle, Optimierungsmodelle (z.B. lineare Optimierung) u.a. – 4. *Werkzeuge:* für die Unternehmensplanung werden z.T. spezielle → Planungssprachen und → Methodenbanken eingesetzt. Daneben hat der Einsatz externer → Datenbanken zunehmend an Bedeutung gewonnen.

Computer Integrated Manufacturing → CIM.

Computerkonferenz → Telekonferenzsystem.

Computer-Missbrauch-Versicherung – Erscheinungsform der Vertrauensschadenversicherung. Bietet dem Arbeitgeber Versicherungsschutz vor den Folgen eines Vertrauensmissbrauchs seiner Mitarbeiter durch Programmmanipulation oder durch Unterdrückung, Veränderung oder Einschieben von Datenträgern. Außerdem trägt die Computer-Missbrauch-Versicherung die Kosten der Wiederherstellung bei einer vorsätzlichen Schädigung des Versicherungsnehmers durch Löschen von Daten, Beschädigen, Zerstören oder Beiseiteschaffen von Datenträgern, Programmen und Datenverarbeitungsanlagen.

Computer Network → Rechnernetz.

Computerprogramm – 1. *Begriff und Arten:* → Programm. – 2. Computerprogramme werden urheberrechtlich geschützt, wenn sie Ergebnis der eigenen geistigen Schöpfung ihres Urhebers sind. Der Schutz gilt für alle Ausdrucksformen eines Computerprogramms (Betriebssystem, Anwendungsprogramm, Hilfsprogramm, Makros, E-Mail-Software etc.) und umfasst auch das Entwurfsmaterial. Auf Computerprogrammen finden die für Sprachwerke geltenden Vorschriften Anwendung, sofern nichts anderes bestimmt ist (§ 69a UrhG). Der Kreis der dem Rechteinhaber zustehenden ausschließlichen Rechte (Vervielfältigung, Bearbeitung, Verbreitung, öffentliche Wiedergabe) wird in § 69c, die seiner Zustimmung nicht bedürftigen Nutzungen (etwa Anfertigung einer Sicherungskopie) in § 69d beschrieben. Die Zulässigkeit einer Dekompilierung, nämlich den Zugriff auf ein fremdes urheberrechtlich geschütztes Computerprogramm zur Herstellung der Interoperabilität regelt §69e UrhG. – 3. Patentschutz ist durch § 1 II Nr. 3 PatG, Art. 52 IIc EPÜ zwar für Computerprogramme „als solche" ausgeschlossen, der Ausschluss ergreift aber nicht Lehren, bei denen die Gestaltung maschineller Einrichtungen oder deren Tätigkeit durch einen Rechner erfolgt oder ausgewertet wird oder ein Einsatz neuer Steuerungsmittel vorliegt. Nach neuerer höchstrichterlicher Rechtsprechung sind Lehren, die zur Lösung eines Problems, das auf den herkömmlichen Gebieten der Technik besteht, die Verarbeitung bestimmter Verfahrensschritte durch einen Computer vorschlagen, grundsätzlich patentierbar. Soweit Sonderrechtsschutz nicht greift, können Computerprogramme von wettbewerblicher Eigenart gegen Nachahmung geschützt werden, wenn diese unter unlauterkeitsbegründenden Umständen erfolgt (→ Ausbeutung).

Computer-Reservierungs-System (CRS) – 1. *Begriff:* → Computersystem, das den Vertrieb von Reiseleistungen unterstützt. – 2. *Arten:* (a) *regionale Computer-Reservierungs-Systeme:* zumeist für das Übernachtungsangebot einer Gemeinde, (b) *reiseleistungsspezifisches Computer-Reservierungs-Systeme:* Reservierungssysteme für einzelne Reiseleistungen, z.B. Hotel oder Flug. Das Angebot ist i.d.R. global, (c) *globale Computer-Reservierungs-Systeme:* v.a. Vermittlung von → Fluggesellschaften, großen Hotels und großen Mietwagenunternehmen. Für diese Reservierungssysteme hat sich auch der Begriff des Global Distribution System (GDS) etabliert. – 3. *Funktionalitäten:* Beschreibung von Reisedienstleistungen,

Preisabfragen, Verfügbarkeitsanzeigen, Reservierungen, Buchungen, Dokumentenerstellung, Zahlungsabwicklungen und ergänzende Funktionalitäten wie z.B. die Vorgangsverwaltung und Kundenbeziehungsmanagement.

Computersabotage – Spezieller Tatbestand der → Sachbeschädigung. Computersabotage begeht, wer eine Datenverarbeitung, die für einen fremden Betrieb, ein fremdes Unternehmen oder eine Behörde von wesentlicher Bedeutung ist, durch bestimmte Sabotagehandlungen an einer Datenverarbeitungsanlage oder einem → Datenträger sowie auch durch bloße Datenveränderung stört. Die Sabotagehandlungen können in der Zerstörung, Beschädigung, Unbrauchbarmachung, Beseitigung und Veränderung einer Datenverarbeitungsanlage oder eines Datenträgers bestehen (§ 303b StGB), (vgl. dazu zuletzt 41. StÄndG zur Bekämpfung der Computerkriminalität vom 7.8.2007 (BGBl. I S.1786). – *Strafe:* Freiheitsstrafe bis zu fünf Jahren oder Geldstrafe. Der → Versuch ist strafbar.

Computer Science → Informatik.

Computer Supported Cooperative Work – *Computer Supported Collaborative Work, Workgroup Computing;* Computer Supported Cooperative Work bezeichnet die Zusammenarbeit in Teams mithilfe von → Groupware zur Erfüllung einer gemeinsamen Aufgabe. V.a. werden die Kommunikation, die Koordination, das Treffen von Gruppenentscheidungen und das gemeinsame Bearbeiten von Informationsobjekten unterstützt. – Als interdisziplinäres Forschungsgebiet aus → Wirtschaftsinformatik, → Soziologie, Psychologie etc. befasst sich CSCW mit der Fragestellung, wie die Kooperation von Menschen bei der Arbeit durch Informations- und Kommunikationstechnologien geeignet unterstützt werden kann, um die → Effizienz und → Effektivität der Zusammenarbeit zu steigern.

Computersystem → Konfiguration der → Hardware und Software eines bestimmten → Computers.

Computerverbund(-system) – *Rechnerverbund (-system), Multicomputer Network.* 1. *Begriff:* Zusammenschluss von mind. zwei autonomen → Computern über Datenübertragungswege zu einem System, in dem die zusammengeschlossenen Computer ohne manuelle Eingriffe miteinander kommunizieren können. Der Begriff Computerverbund(-system) bezieht sich im Gegensatz zum → Rechnernetz primär auf die organisatorischen (und nicht auf die technischen) Aspekte eines solchen Zusammenschlusses. – 2. *Formen:* (1) *Anwendungsverbund:* → Anwendungsprogramme verschiedener Datenverarbeitungssysteme kommunizieren miteinander; (2) *Datenverbund:* Alle Daten im Gesamtsystem können allen Benutzern zugänglich gemacht werden, und v.a. können → Datenbanken physisch getrennt gespeichert werden; (3) *Funktionsverbund:* Jedes im System vorhandene Programm und jede Gerätefunktion (z.B. von speziellen Druckern) kann von jedem Benutzer genutzt werden; (4) *Lastverbund (Kapazitätsverbund):* Die Aufträge (→ Job) werden je nach Auslastung und Ausstattung auf die verbundenen Computer verteilt, um eine optimale Kapazitätsausnutzung des Gesamtsystems zu erreichen; (5) *Sicherheitsverbund (Verfügbarkeitsverbund):* → Terminals eines gestörten Computers können auf einen anderen Computer des Systems umgeschaltet werden, über den die Programme und Datenbestände des gestörten Computers verfügbar sind.

Conceptual Framework – 1. *Begriff:* Das Conceptual Framework des → Financial Accounting Standards Board (FASB) bildet das allg., übergeordnete Rechnungslegungssystem der United States Generally Accepted Accounting Principles (→ US-GAAP). Nachdem die Versuche der Vorgängerorganisationen des FASB, ein solches konzeptionelles Grundgerüst zu entwickeln, in der Praxis nicht auf allg. Akzeptanz gestoßen waren, widmete sich das FASB ab 1973 der Erarbeitung eines allg. Rechnungslegungssystems. Das Conceptual Framework stellt einen theoretisch fundierten Bezugsrahmen als Grundlage für die Ausgestaltung noch ungeregelter Rechnungslegungsfragen und für die Ausübung von Ermessensspielräumen bereits geregelter Regelungsbereiche dar. – Das Conceptual Framework besteht aus den sieben im Folgenden aufgelisteten → Statements of Financial Accounting Concepts (SFAC), die zwischen 1978 und 2000 sukzessive herausgegeben worden waren: SFAC 1 „Objectives of Financial Reporting by Business Enterprises" (November 1978); SFAC 2 „Quantitative Characteristics of Accounting Information" (Mai 1980); SFAC 3 „Elements of Financial Statements of Business Enterprises" (Dezember 1980); SFAC 4 „Objectives of Financial Reporting by Non-Business Organizations" (Dezember 1980); SFAC 5 „Recognition and Measurement in Financial Statements of Business Enterprises" (Dezember 1984); SFAC 6 „Elements of Financial Statements" (Dezember 1985); SFAC 7 „Using Cash Flow Information and Present Value in Accounting Measurements" (Februar 2000). – SFAC 4 behandelt die Rechnungslegung von Organisationen ohne Erwerbszweck und wird daher hier nicht betrachtet. SFAC 3 wurde durch SFAC 6 ersetzt. Die einzelnen SFAC stehen nicht getrennt nebeneinander, sondern bilden in ihrer Gesamtheit das Conceptual Framework und bauen auf die in der Abbildung „Conceptual Framework – Aufbau nach FASB" dargestellte Weise aufeinander auf. Nach der in SFAC 1 geregelten übergeordneten Zielsetzung des Conceptual Framework soll die Rechnungslegung erwerbswirtschaftlicher Unternehmen der Informationsvermittlung dienen und damit unternehmensspezifische Informationen für diejenigen Personengruppen bereitstellen, die wirtschaftliche Entscheidungen hinsichtlich ihrer Zusammenarbeit mit dem Unternehmen zu treffen haben. Abgeleitet aus dieser Zielsetzung werden in der

Conceptual Framework – Aufbau nach FASB

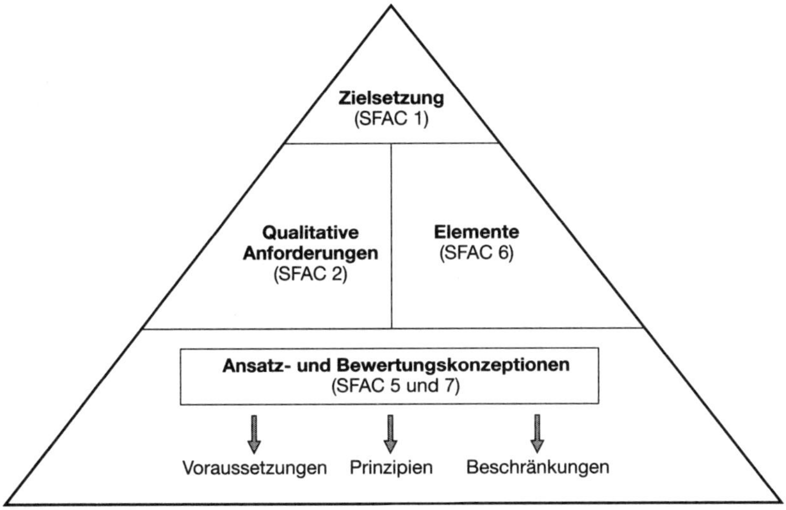

Quelle: In Anlehnung an Pellens, Internationale Rechnungslegung, 4. Aufl. 2001, S. 132.

Conceptual Framework – Qualitative Anforderungen an die Rechnungslegung

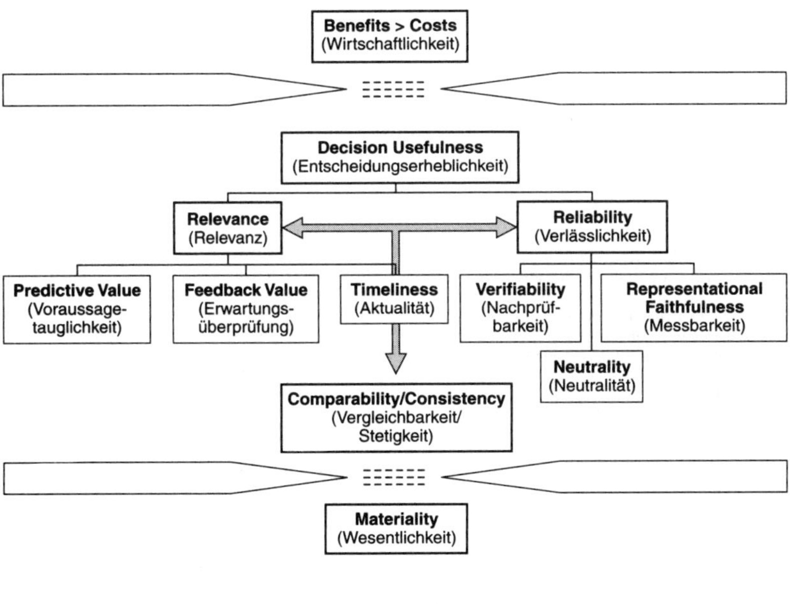

Abbildung „Conceptual Framework – Qualitative Anforderungen an die Rechnungslegung" die notwendigen Anforderungen aufgezeigt. – Hinsichtlich der Elemente des Jahresabschlusses definiert SFAC 6 insgesamt zehn Rechnungslegungsgrößen: Assets (Vermögenswerte), Liabilities (Schulden), Net Assets (Eigenkapital), Investment by Owners (Einlagen, Kapitalerhöhungen), Distributions to Owners (Entnahmen, Dividendenzahlungen, Kapitalherabsetzungen), Comprehensive Income (Eigenkapitalveränderungen, die nicht durch Kapitaltransaktionen mit den Anteilseignern verursacht sind), Revenues (betriebliche Erträge), Expenses (betriebliche Aufwendungen), Gains (außerbetriebliche Erträge), Losses (außerbetriebliche Aufwendungen). – SFAC 5 behandelt neben der Abgrenzung und Erläuterung des Begriffs Financial Statement (Jahresabschluss) und der Abgrenzung der Gewinnbegriffe Earnings und → Comprehensive Income die Ansatz- und Bewertungskriterien für den → Jahresabschluss. Um in eines der Rechenwerke des Jahresabschlusses aufgenommen zu werden, hat ein Sachverhalt folgende vier Kriterien zu erfüllen: Er muss unter eine der o.g. zehn Definitionen fallen sowie quantifizierbar, für den Jahresabschlussadressaten relevant und verlässlich feststellbar sein. – Im Rahmen der Bewertung der Jahresabschlusspositionen sind folgende Wertmaßstäbe relevant: Historical Cost (historische Anschaffungs- oder Herstellungskosten), Current Replacement Cost (Wiederbeschaffungskosten), Current Market Value (Marktwert), Net Realizable Value (zu erwartender realisierbarer Verkaufserlös) und Present Value of Future Cashflows (diskontierte Nettozahlungsüberschüsse). Zur Konkretisierung des letztgenannten Wertmaßstabs finden sich ausführliche Bestimmungen in SFAC 7.

Concurrent Engineering – *Simultaneous Engineering;* integrierende Konstruktionsmethodik, die in den letzten Jahrzehnten unter den Anforderungen kürzerer Produktlebenszyklen, der Beschleunigung und Kostenreduzierung in der Entwicklung sowie der zunehmenden IT-Integration an Bedeutung gewonnen hat. Concurrent Engineering ist im Gegensatz zur sequentiellen Vorgehensweise bei der Entwicklung auf eine weitgehende Parallelisierung der Arbeitsschritte gerichtet. Unterstützende Methoden, Techniken und Technologien sind z.B. Teamarbeit, Projektmanagement, Kundenintegration, Zuliefererintegration, Kooperation mit Systemzulieferern, FMEA, Target Costing, CAD, Rapid Prototyping, Virtual Reality und verteiltes Entwickeln.

Concurrent Validity → Validität.

Conditionality → Konditionalität.

Condorcet-Paradoxon – nach Marquis de Condorcet (1785) benanntes Paradoxon, das bei paarweiser Abstimmung zwischen mind. drei Alternativen auftreten kann. Bei einer Gruppenentscheidung über n Alternativen wird schrittweise über jeweils zwei der n Alternativen abgestimmt (paarweise Abstimmung). Als gewählt gilt eine Alternative, die gegen jede andere im paarweisen Vergleich gewinnt (→ binäre Abstimmungsverfahren). In Verbindung mit zyklischen Majoritäten kann das Paradoxon auftreten: Obwohl die individuellen Präferenzen das Kriterium der → Transitivität (der Präferenzordnung) erfüllen, kann dieses Kriterium auf aggregierter (kollektiver) Ebene verletzt sein.

Condorcet-Paradoxon

Präferenz \ Person	1	2	3
1. Rang	a	b	c
2. Rang	b	c	a
3. Rang	c	a	b

Im aufgeführten Beispiel mit drei Personen und drei Alternativen gewinnt a gegen b und b gegen c mit jeweils 2 : 1 Stimmen, a verliert jedoch gegen c mit 1 : 2 Stimmen. Keine Alternative wird mehrheitlich allen anderen vorgezogen. – Vgl. auch → Arrow-Paradoxon.

Conféderation Européenne des Indépendants (CEDI) – *Europaverband der Selbstständigen;* europäische Interessenvertretung der Selbstständigen, der Klein- und Mittelbetriebe, der freien Berufe und des übrigen Gewerbes. – In der Bundesrepublik Deutschland vertreten durch den *Conféderation Européenne des Indépendants Bundesverband Deutschland e. V.* in Bexbach.

Conference on Data Systems Languages → CODASYL.

Conjoint-Analyse → multivariate Analysemethode zur Bestimmung des Einflusses selektierter Merkmale eines Gutes auf den Gesamtnutzen des Gutes. Die Conjoint-Analyse stellt ein indirekte Art der Befragung dar (→ Conjoint Measurement), bei der Befragungsteilnehmer mehrfach jeweils mit mehreren Produktprofilen konfrontiert werden, die verschiedene Kombinationen ausgewählter Merkmalsausprägungen aufweisen. Teilnehmer geben dann ihre Präferenz für das eine oder andere Produkt ab. Auf dieser Basis entspricht die Befragungssituation eher der realen Einkaufssituation, bei der nicht die einzelnen Eigenschaften von Produkten separat ausgewertet werden, sondern Kombinationen von Eigenschaften vorliegen und eine Abwägung des Gesamtnutzens des Produkts zur Einkaufsentscheidung führt. – Die Conjoint-Analyse hat eine herausragende Bedeutung im → Preismanagement, wo der Einfluss des Preises auf die Kaufentscheidung und somit eine → Preisabsatzfunktion sehr gut ermittelt werden können. Auch in der → Produktentwicklung spielt sie eine sehr wichtige Rolle.

Conjoint Measurement – *Conjoint Analysis, Verbundmessung;* Verfahren zur Erklärung von Präferenzen aufgrund von Einzelurteilen (→ multivariate Analysemethoden). Ziel ist herauszufinden, welche Bedeutung einzelne Eigenschaften eines Produktes (z.B. Farbe, Geruch, Preis etc.) für die Gesamtbeurteilung des Produktes haben. – 1. *Formen:* (1) *Traditionelles Conjoint*: Unter der Voraussetzung der Fähigkeit der Testpersonen, Präferenzurteile (→ Ranking) abzugeben, werden den Versuchspersonen Kombinationen verschiedener Merkmalausprägungen von Objekten präsentiert, die sie nach ihren Präferenzen in eine Rangfolge oder Skala bringen sollen (z.B. ein rotes Auto mit Sportlenkrad zum Preis von 25.000 Euro vs. ein blaues Auto mit Sportlenkrad zum Preis von 24.500 Euro). Problem der Datenerhebung: Bei z.B. nur fünf Merkmalen eines Objektes mit jeweils drei möglichen Ausprägungen ergeben sich bereits 243 mögliche Kombinationen, die in eine Rangordnung gebracht werden müssten. Deshalb werden statt voller faktorieller Designs bei Problemen realistischer Größenordnung stets fraktionelle faktorielle Designs (unvollständige Designs) benutzt, also nur einzeln Kombinationen abgefragt. (2) *Hybride Methoden*: Hier wird zunächst für einzelne Eigenschaftsausprägungen abgefragt, wie vorteilhaft diese empfunden werden. Dann werden ganze Produkte zusammengestellt und miteinander verglichen. Durch diese Vorgehensweise können mehr Eigenschaften berücksichtigt werden, was für komplexe Produkte wichtig ist. Die bekanntesten hybriden Methoden sind ACA von Sawtooth und HILCA von der GfK. (3) *Choice Based Conjoint (CBC)*: Den Befragten werden mehrmals (bis etwa 20 mal) eine Auswahl von Produkten angeboten und sie werden gebeten, sich daraus jeweils das beste Produkt auszuwählen. Dieses Verfahren hat hohe *Validität*, kann aber nur wenig Produkteigenschaften berücksichtigen. – 2. *Ergebnisse*: Die Conjoint-Analyse liefert je Befragten und je Eigenschaftsausprägung einen Teilnutzenwert, der ein Maß dafür ist, wie sehr der bzw. die Befragte die Eigenschaftsausprägung bevorzugt (bei CBC erhält man individuelle Werte nur, wenn die sog. HB-Schätzung verwendet wird). Addiert man die Nutzenwerte der Eigenschaftsausprägungen eines Produkts auf, so erhält man den Gesamtnutzen des Produkts, und zwar auch für solche Produkte, die gar nicht abgefragt wurden. Eine Verwendungsmöglichkeit ist die Produktoptimierung. Da die Teilnutzenwerte auf individueller Basis vorliegen, lassen sich die Befragten nach ihren Präferenzen segementieren. – 3. *Grenzen*: Conjoint berechnet den Gesamtnutzen als Summe der Teilnutzenwerte. Es sollte also nur dann angewendet werden, wenn sich die Nutzen der Eigenschaften addieren. Dies ist z.B. nicht bei Mode der Fall, da hier einzelne Elemente nicht sinnvoll kominierbar sind.

Conseil Européen pour la Recherche Nucléaire → CERN.

Consensus Management – 1. *Allgemein:* japanische Managementtechnologie (→ Technologie), um investitionsintensive Innovationsvorhaben bezogen auf Produkte und/oder Produktionssysteme in einer mittel- und langfristigen Perspektive der Unternehmensentwicklung zu beschreiben und den einzelnen Unternehmensbereichen zu präsentieren; dabei wird das Ziel verfolgt, ausgehend von einem Konsens auf lokaler Ebene (z.B. in der Arbeitsgruppe, in welcher die Idee entstanden ist), eine stufenweise Erweiterung des Konsenses zu erreichen, und zwar zunächst in horizontaler Richtung im Bereich der eigenen Abteilung, dann in den direkt bzw. indirekt betroffenen anderen Abteilungen (Ebene der Abteilungsleiter) und anschließend in vertikaler Richtung bis zur Unternehmensleitung. – 2. *Leitideen:* a) Konsens als Zustimmung/Genehmigung darf nicht als „fauler Kompromiss" missverstanden werden. – b) Es werden die Bereiche der Planung sowie auch der Realisierung (Vollzugssystem) in den Prozess des Consensus Management einbezogen. – c) Eine Entscheidung wird erst dann zur Realisierung freigegeben, wenn alle (wichtigen) Bereiche ihre Zustimmung gegeben haben. – d) Die Ablehnung eines Vorschlages ohne detaillierte fachliche Begründung ist nicht möglich. – 3. *Funktionen:* a) *Informationsbeschaffung:* Aufgrund des Strebens nach Konsens werden Informationen (z.B. Ideen und Verbesserungsvorschläge) aus allen wichtigen Unternehmensbereichen und Ebenen erfasst und auf Realisierbarkeit und Zweckmäßigkeit geprüft. Damit wird die Gefahr reduziert, durch einseitig (z.B. technisch) orientierte Innovationsprojekte die Erfolgswahrscheinlichkeit von Haus aus zu verringern. – b) *Persönliche Information und Kommunikation:* Diskussion des Innovationsprojektes baut eventuelle Skepsis ab bzw. die Berücksichtigung von Einwänden fördert das gegenseitige Vertrauen. – c) *Motivation:* Aufgrund von a) und b) wird gleichzeitig eine hohe Motivation aller in die Entscheidungsvorbereitung einbezogenen Bereiche erreicht. – 4. *Anwendung:* Das Instrument des Consensus Management ist ebenso wie das Just-in-Time-Prinzip (→ Just in Time (JIT)) aus der Praxis der japanischen Unternehmen entwickelt worden und hat in der japanischen Geisteshaltung seine Wurzeln; obwohl eine wissenschaftliche Aufarbeitung noch aussteht, erscheint die Beschäftigung mit Consensus Management aus wissenschaftlicher und anwendungsbezogener Sicht auch in Kultur- und Wirtschaftsräumen außerhalb Japans geboten: Während nämlich die Führungskräfte in japanischen Unternehmen nur ca. 20 bis 30 Prozent ihrer Zeit für die Überwindung interner → Innovationsbarrieren aufwenden und die Innovationszeiten insgesamt um ca. 30 Prozent kürzer sind als in anderen OECD-Staaten, beträgt der hierfür erforderliche Zeitanteil der Führungskräfte in Unternehmen der Bundesrepublik Deutschland gemäß einschlägigen Studien bis zu 50 bis 80 Prozent.

Consistency – *Stetigkeit;* qualitative Anforderung an Rechnungslegungsinformationen nach den → US-GAAP sowie nach den → International Financial Reporting Standards (IFRS). – Vgl. auch → Conceptual Framework, → Framework.

Consolidator – 1. *Begriff:* Ticketgroßhändler, der eine Vermittlerposition zwischen → Reisebüros und → Fluggesellschaften einnimmt; eine Endkundenbetreuung ist nicht vorgesehen. – 2. *Merkmale:* Ohne eine IATA-Lizenz ist ein Reisebüro nicht berechtigt, Flugtickets auszustellen. Daher ist ein Anschluss an Consolidator für solche Reisebüros wichtig. Der Consolidator erstellt die Flugtickets für eine Grundgebühr, die weit unter der Provision in den Reisebüros liegt. Ein Consolidator erhält durch die hohe Anzahl der ausgestellten Flugtickets bessere Bedingungen für den Einkauf bei den Fluggesellschaften als ein Reisebüro; auch für Reisebüros mit IATA-Lizenz kann sich damit ein Vertrag mit einem Consolidator lohnen. Consolidators dienen Fluggesellschaften auch dazu, überschüssige bzw. nicht verkaufte Flugkapazitäten mit Rabatten an Reisebüros, Veranstalter und andere Vertriebsplattformen zu vertreiben.

Consols – *Konsols;* festverzinsliche Wertpapiere mit unendlicher Laufzeit; ein theoretischer Begriff, der in der Liquiditätspräferenztheorie verwendet wird.

Constantine-Methode → SD/CD-Methode.

Constant Returns to Scale → Skalenelastizität.

Constitutional Consent → Verfassungskonsens.

Constitutional Economics – Zweig der → Neuen Institutionenökonomik, der die Entstehung einer Verfassung aus der Anarchie vermittels individueller Interdependenzkostenkalküle heraus analysiert (wesentliche Begründer: Tullock und Buchanan). Gefragt wird nach den Verfassungsgrundsätzen, Wahlsystemen etc., die in einer Mehrheitsdemokratie die gesellschaftliche Koordination verbessern. Im Anschluss an Wicksells frühe Arbeiten ist die mit dem Pareto-Kriterium harmonierende Einstimmigkeitsregel ideal, da hier die Kosten des Überstimmtwerdens (Diskriminierungskosten) Null betragen, denen aber die Kosten der Entscheidungsfindung (z.B. Probleme der Einstimmigkeitsregel in der EU) gegenüber stehen. Die Lösung bieten optimale Mehrheitsregeln (z. B. Zweidrittel- oder qualifizierte Mehrheiten). Andere Themen der Constitutional Economics betreffen elementare ökonomische Themen wie die vermutete Vorteilhaftigkeit des fiskalischen Äquivalenzprinzips bis hin zur Einführung direkt-demokratischer Elemente zur Eindämmung des Staatsversagens. – Vgl. auch → Schleier der Unwissenheit.

Consulting

von Prof. Dr. Rolf-Dieter Reineke

I. Begriff und Bedeutung

1. Begriff: Consulting ist die individuelle Aufarbeitung betriebswirtschaftlicher Problemstellungen durch Interaktion zwischen externen, unabhängigen Personen oder Beratungsorganisationen und einem um Rat nachsuchenden Klienten.

Unternehmensberatung ist der Teilbereich des Consulting, der auf den speziellen Organisationstyp → Unternehmung abgestellt ist. Obwohl die Unternehmensberatung immer noch den größten Anteil an betriebswirtschaftlicher Beratung umfasst, werden entsprechende Leistungen zunehmend auch von anderen Organisationstypen in Anspruch genommen.

Im weiteren Sinn zählen auch die innerhalb einer Organisation erbrachten Beratungsleistungen (Inhouse Consulting oder interne Beratung) ebenso zum Consulting wie die Beratung, die im Geschäftsverkehr als Nebenleistung oder Service erfolgt. Ferner wird der Consulting-Begriff auch bei technischen Fragestellungen verwendet, z.B. beim Engineering Consulting.

2. Bedeutung:. In den westlichen Industrieländern ist das Consulting eine Dienstleistung, die sich seit einigen Jahrzehnten wachsender Akzeptanz und steigender Inanspruchnahme gegenübersieht. Prognosen zu Folge ist die Sättigung des Beratungsmarktes trotz des jüngsten Nachfragerückgangs noch nicht absehbar. Allerdings wird sich die Beraterlandschaft weiter ausdifferenzieren, die Grenzen zu benachbarten Dienstleistungen wie z.B. → Outsourcing werden fließend. Gleichzeitig hat der Trend zu Akquisitionen und Fusionen auch die Beraterbranche erfasst. Früher getrennte Beratungselemente wie die Organisations- und IT-Beratung wachsen weiter zusammen. Auch in den früheren Staatshandelsländern und den Entwicklungsländern besteht ein großer Beratungsbedarf, der sich jedoch aufgrund der wirtschaftlichen Schwierigkeiten und eines noch unterentwickelten Verständnisses für das Wertschöpfungspotenzial des Consulting nicht immer in monetärer Nachfrage äußert. Insgesamt wird für die Consulting-Branche ein besonders hoher Internationalisierungsgrad prognostiziert.

Consulting – Bezugsrahmen

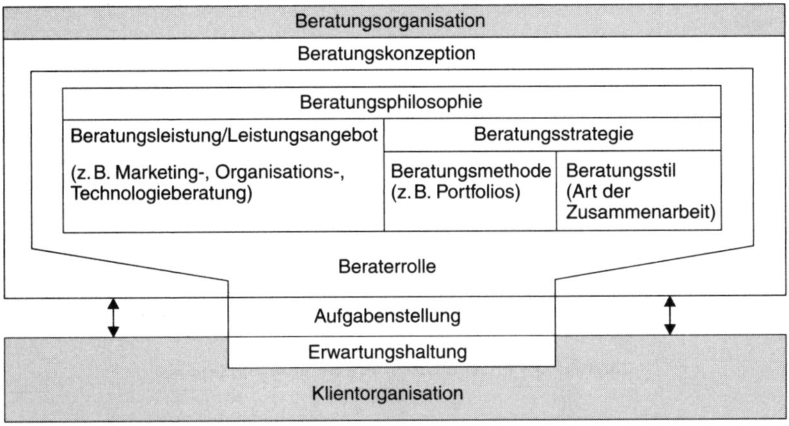

II. Beratungskonzeption

Bewusst oder unbewusst beruht jede Problemlösung auf einer Beratungskonzeption, einem umfassenden, gedanklichen Entwurf, der die Philosophie, das Leistungsangebot und die Beratungsstrategie des Beraters oder der Beratungsorganisation beinhaltet (vgl. Abbildung „Consulting – Bezugsrahmen").

Die Beratungskonzeption wird schließlich an die Aufgabenstellung und die Erwartungshaltung des Klienten angepasst.

Die *Beratungsphilosophie* umfasst die generellen Zielvorstellungen des Beraters sowie dessen Wert- und Verhaltensmuster. Ein typisches Element ist dabei häufig die Vermeidung von Abhängigkeitsverhältnissen zum Klienten zur Wahrung der Beraterneutralität.

Das *Leistungsspektrum* des Beraters kann nach den durch sein Angebot abgedeckten betriebswirtschaftlichen Funktionen sowie dem Spezialisierungsgrad der Leistungen hinsichtlich der Größe der Klientorganisation, der Branche und der Region gekennzeichnet werden. Große, international tätige Beratungsunternehmungen versuchen sich i.d.R. als Multifunktionsspezialisten zu positionieren, während sich kleinere Beraterfirmen und Einzelberater meistens durch einen hohen Spezialisierungsgrad auszeichnen.

Die *Beratungsstrategie* ist eine Synthese aus Beratungsmethode und Beratungsstil.

- Der *Beratungsstil* drückt sich im Wesentlichen in der Kommunikation im Berater-Klient-Dialog aus. Bei einem mechanistisch ausgerichteten Vorgehen entsprechend dem „Einkaufmodell" der Beratung ist die Kommunikation eher einseitig auf das Verkaufen weitgehend standardisierter Lösungen ausgerichtet. Dem „Arzt-Patienten-Modell" der Beratung folgend wird nach der bedarfsorientierten Diagnose des meistens überlegen auftretenden Beraters eine nach fachlich-funktionalen Gesichtspunkten zusammengestellte „Medizin" verschrieben, mit der der Klient dann alleine gelassen wird. Bei dem prozessorientierten Ansatz der Organisationsentwicklung erfolgt eine regelmäßige und partizipativ angelegte Interaktion zwischen Berater und Klient, der eine ganzheitliche Betrachtung der Organisation zugrunde liegt (E. Schein).
- Das eingesetzte quantitativ bzw. qualitativ angelegte Instrumentarium kennzeichnet die *Beratungsmethode.* Viele Methoden, die inzwischen Allgemeingut der Betriebswirtschaftslehre sind, sind von Beratern entwickelt oder fortentwickelt worden (z.B. Portfolio-Analyse, Gemeinkostenwertanalyse).

Die in der Klientorganisation vorhandene Problemstellung und die Erwartungshaltung des Klienten dem Berater gegenüber, aber auch die Beratungsphilosophie des Consultants prägen die *Rolle des Beraters* während seines Einsatzes. Anhand verschiedener Ausprägungen des Einflussgrades bzw. der Beteiligungsintensität von Berater und Klient im Problemlösungsprozess lässt sich ein Kontinuum konstruieren, an dem die unterschiedlichen Beraterrollen verdeutlicht werden können (A. Wohlgemuth).

- Als *Krisenmanager* bekommt der Berater von dem Klienten weit reichende Entscheidungsbefugnisse eingeräumt. Für die Zeit seines Einsatzes ist der Einfluss des Consultants dominierend.

- Der *Interventionist,* der in Abstimmung mit dem Klienten in das Organisationsgeschehen eingreift, ist eine Beraterrolle, bei der mehr oder weniger eine Gleichverteilung des Einflussgrades zwischen beiden Gruppen vorliegt.

- Der *neutrale Dritte* stellt auf dem Kontinuum der Beraterrollen den Gegenpol zum Krisenmanager dar. Der Berater versucht im Sinn einer Hilfe zur Slebsthilfe durch die Gestaltung des Problemlösungsprozesses einzugreifen. Sein Einfluss auf Entscheidungen ist jedoch gering.

In vielen Beratungsfällen wird ein auf die jeweilige Beratungssituation abgestimmter Mix verschiedener Leistungsangebote, Strategieelemente und Beraterrollen notwendig sein. Eine reine Fachberatung wird ebenso wie eine ausschließlich auf die Gestaltung des Veränderungsprozesses bezogenes Consulting eher die Ausnahme sein. Die Verknüpfung dieser beiden Beratungsformen im Sinn einer *integrativen Beratung* bietet sich bei vielen Einsätzen an.

III. Beratungsprozess

Unabhängig von der jeweiligen konkreten Ausgestaltung wird bei jedem Beratungsauftrag ein Prozess durchlaufen. In der Abbildung „Consulting-Phasenmodell des Beratungsprozesses" ist dieser Prozess modellhaft abgebildet.

Consulting – Phasenmodell des Beratungsprozesses

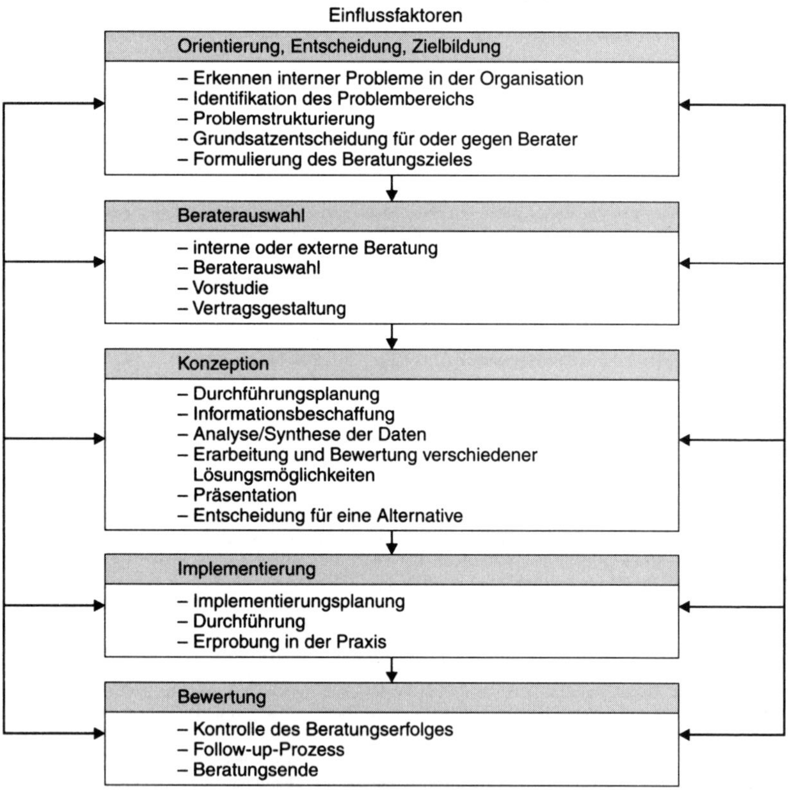

Der dargestellte idealtypische Ablauf ist nicht zwangsläufig, sondern in der Praxis durch Veränderungen in der Reihenfolge und Überlagerungen einzelner Phasen sowie durch Feedback-Wirkungen gekennzeichnet.

IV. Beratungsorganisation

Die Organisation von Beratungsunternehmen zeichnet sich generell durch eine *flexible Struktur* und *flache Hierarchien* aus.

Die meisten Beratungsaufträge sind komplex, zeitlich begrenzt, risikobehaftet und/oder innovativ, haben also *Projektcharakter.* Hinsichtlich der Einbindung des Beraters in die Organisation des Klienten sind je nach Typ des Einsatzes alle Formen der → Projektorganisation denkbar. Die Projektorganisation überlagert die Struktur des Beratungsunternehmens und regelt die Schnittstelle mit dem Klienten.

Die Organisation der Beratungsunternehmen ist *strategieabhängig.* Bei Beratungsunternehmen, die nach der One-Firm-Strategie vorgehen, erfolgt eine Ausdehnung der Geschäftstätigkeit ausschließlich über den eigenständigen Aufbau und Ausbau ihrer Gesellschaften. Viele große, international tätige Beratungsunternehmen verfolgen diese Strategie. Damit soll eine international einheitliche Organisationskultur erreicht werden, die Unternehmensgrundsätze sollen unbeeinflusst von anderen Gesellschaften bleiben.

Consulting Banking – 1. *Begriff:* junges, zu ihren originären Aufgaben komplementäres Geschäftsfeld der Banken, dessen Gegenstand die Beratung der Kapitalnehmer ist. Im Wesentlichen werden dazu die Auswirkungen der Unternehmensstrategie gewerblicher Kunden auf deren Liquiditäts-, Ertrags- und Vermögenslage simuliert, um die nachhaltige Kapitaldienstfähigkeit und die mit einer Kapitalvergabe verbundenen Risiken für die Bank bzw. für den Investor frühzeitig abschätzen zu können. – 2. *Leistungsangebot:* In der Praxis werden die folgenden Leistungen angeboten: Bilanzstruktur-, Liquiditäts- und Ertraganalysen in Verbindung mit einer Rating-Beratung (Rating), Stärken-/ Schwächen-Analysen und eine um die Leistungsbereiche des Kreditnehmers erweiterte Betrachtung des Finanzbereichs, → Gründungsberatung, Unternehmensbewertung in Verbindung mit M&A-Beratung (→ Mergers & Acquisitions) und klassische Nachfolgeberatung. – 3. *Ökonomischer und aufsichtsrechtlicher Hintergrund:* Die Schaffung des Consulting Banking geht auf vermehrte Aufgaben der Bankkunden im → Risikomanagement zurück, zu deren Erfüllung die Banken aktive Unterstützung anbieten, nicht zuletzt um sich gegen die eigenen, mit der Kundenbeziehung verbunden Risiken abzusichern. Die europäische Finanz- und Kreditwirtschaft musste ab dem Jahr 2000 immense Mittel zur Deckung von Wertberichtigungen in der Unternehmens- und Gewerbefinanzierung aufbringen. Da es auch im kostenintensiven Investmentbanking nach den Einbrüchen an den Aktienmärkten zur Jahrtausendwende zu dramatischen Ertragseinbußen kam, mussten die europäischen Banken und Sparkassen Maßnahmen in Angriff nehmen, um ihre Ertragsprobleme zu lösen und ihr Risikomanagement zu verbessern. Sie müssen Geschäfte, die keine ausreichenden Erträge bringen, möglichst schnell aufgeben, die Übernahme von Risiken durch mehr Informationen und bessere Kontrollsysteme steuern sowie angemessene Preise fordern (Risk-adjusted Pricing). Da die traditionellen Gewerbekredite an die mittelständische Kundschaft in Deutschland durchschnittlich nur zu rund 30 Prozent besichert sind – also einen Blankoanteil von 70 Prozent aufweisen – müssen sich viele Kreditnehmer auf gründliche Prüfungen ihrer Ertrags- und Finanzlage einlassen. Die von der Bankenaufsicht definierten Mindestanforderungen an das Kreditgeschäft (MaK) fordern von allen Kreditinstituten im Wesentlichen drei Punkte: (1) eine Neuausrichtung der Geschäftspraxis und der Arbeitsabläufe auch im Gewerbefinanzierungsgeschäft, d. h. die Entwicklung einer nachhaltigen Risikostrategie, die Überprüfung der → Aufbauorganisation und der → Ablauforganisation, die Professionalisierung des Managements der Kundeninformationen und der hereingenommenen Sicherheiten bzw. der internen Risikokontrolle, eine gesonderte Intensivbetreuung von Unternehmen in der Krise oder in der akuten Sanierungs- oder Abwicklungsphase sowie ein System zur präzisen Messung und Steuerung latenter und akuter Risiken; (2) die konsequente Trennung der Kundenbetreuung, der Sachbearbeitung einschließlich Rating und der Risikosteuerung und -überwachung; (3) die laufende Überprüfung und Anpassung der Qualifikationen und der Kompetenzen der Mitarbeiter. In der Praxis bedeutet dies, dass bei gewerblichen Finanzierungen die folgenden Qualitätselemente verlangt und von den Bank- und Wirtschaftsprüfern geprüft werden: (1) fest vorgegebene Standards für eine zeitnahe Informationsbeschaffung vom Kunden, (2) eine unabhängige Finanzierungskontrolle innerhalb der Bank (Vier-Augen-Prinzip), (3) interne sog. Stress-Szenario-Analysen (Szenarioanalyse) zur Erkundung möglicher Problemverläufe von Finanzierungen bzw. im Geschäft der Kreditnehmer, (4) interne Verfahren zur Aufklärung gegenteiliger Auffassungen bei der Beurteilung und Überwachung der Firmenkunden und ihrer Kapitaldienstfähigkeit, (5) klar definierte Standards bei der Umschuldung von Unternehmen und (6) Verlagerung der Betreuung problematischer Firmenkunden in Spezialistenteams.

Consulting Engineers – beratende Ingenieursfirmen, bes. im → Anlagengeschäft bzw. Systemgeschäft von wichtiger Funktion. Consulting Engineers entstehen aus Ingenieurfirmen, verselbständigten Ingenieurabteilungen von Betreiber- und Anlagenanbieterunternehmungen und Vertriebsunternehmungen (Handelsunternehmungen, Produktionsverbindungshandel) des Investitionsgütersektors; letztere erlangen durch das Lösen von Verkettungs- und Schnittstellenproblemen ergänzend zum vorhandenen Abwicklungs-Know-how erhebliches technisches Know-how. – *Funktionen:* (1) Auf *Nachfrageseite:* Planungs- und Projektierungsleistungen, Steuerung von Beschaffungsaktivitäten (Ausschreibungen, Lieferantenauswahl) und/oder Überwachung der gesamten Projektabwicklung; i.d.R. sehr großer Einfluss der Consulting Engineers auf den Kaufprozess. (2) Auf *Anbieterseite:* Anbieter von Anlagen, im Wesentlichen ohne eigene Lieferinteressen für Hardware; ihre Leistungsschwerpunkte liegen in der Projektierung, Abwicklung und im Bereich der Verfahrenstechnologie. (3) *Zwischen beiden Marktseiten* als Mittler.

Consulting Governance – Consulting Governance bezeichnet die Gesamtheit der Grundsätze für das Handeln des Beraters im Sinne eines Verhaltenskodex. Der Begriff wird häufig im normativen Sinne verwendet, wobei grundlegend auf ein effizientes und zielorientiertes Vorgehen der Berater geachtet wird. Vorschläge umfassen u.a. die Gestaltung der Zusammenarbeit mit Kunden, die Bearbeitung von Beratungsmandaten, den Umgang mit Wettbewerbern oder Wettbewerbern des Beratungskunden. Bei der Festlegung und Kontrolle der Grundsätze spielen Berufsverbände wie der Bundesverband Deutscher Unternehmensberater e. V. (→ BDU) eine wesentliche Rolle. Daneben legen größere Beratungsunternehmen z.T. auch eigene Verhaltensregeln fest, die mithilfe interner Trainingsprogramme an die Mitarbeiter vermittelt werden und integraler Bestandteil des Consulting-Angebotes für die Kunden sind.

Consumer Neuroscience – Forschungsansatz dessen Gegenstand die systematische Integration neurowissenschaftlicher Methoden, Erkenntnisse und Theorien in die Absatzwirtschaft ist.

Consumer Relations – Teil der Öffentlichkeitsarbeit (→ Public Relations (PR)), der auf die Pflege der Beziehungen zu den Konsumenten gerichtet ist.

Consumer-to-Consumer-Markt – *C2C;* Form des → Marktes, bei der das → Angebot von → Konsumenten an Konsumenten erfolgt. Durch die verschiedenen Möglichkeiten des → E-Commerce und die erleichterte Kommunikation mittels elektronischer Medien können Angebot und Nachfrage im großen Rahmen zusammengeführt und die Transaktionskosten gesenkt werden. Eine der bekanntesten Consumer-to-Consumer-Markt-Plattformen ist eBay. – Vgl. auch B2C (→ Business-to-Consumer-Markt), B2B (→ Business-to-Business-Markt).

Container – *Behälter;* genormtes, dauerhaftes Transportgefäß im Güterverkehr (→ Containerverkehr), das leicht zu be- und entladen, sicher zu verschließen und zwischen verschiedenen Transportmitteln als → Ladeeinheit umzuschlagen ist (→ kombinierter Verkehr). Größte Bedeutung haben heute die weltweit einsetzbaren Übersee-Container, auch *ISO*-Container, die für den Transport mit Schiffen, Schienen- und Straßenfahrzeugen geeignet sind. Der Standardtyp nach den Normen der ISO ist ein spritzwasserdichter Stahlkasten mit Stirnwandtür, der gefüllt mind. sechsfach stapelbar ist. Er hat genormte Eckbeschläge zur Befestigung auf Transportmitteln und als Angriffpunkte für Umschlagsgeräte und Außenmaße bei Höhe und Breite von je 8 Fuß und einer Länge von i.d.R. 20, 30 oder 40 Fuß. Spezialausführungen dieser Container sind z.B. Thermo-Container und Tank-Container. – Die nur in Europa einsetzbaren Binnen-Container sind dem innereuropäischen Schienen-, Straßen- und Binnenschiffsverkehr angepasst und ermöglichen die Füllung mit → Paletten des europäischen Palettenpools durch leichte Veränderungen der Außen- und Innenmaße bei Einhaltung der ISO-Normen für Längen und für Eckbeschläge.

Container-Terminal – räumlich begrenzte Anlage mit entsprechender Prozessorganisation, in der → Container umgeschlagen werden. Der Umschlag kann zwischen Straßen-, Schienen-, Luft- und Wasserverkehrsmitteln erfolgen. Ein Seehafenterminal ist z.B. eine Containerumschlagsanlage mit Anbindung an Straßen-, Schienen- und Wasserverkehrsmittel; ein Flughafenterminal, eine Umschlagsanlage mit Anbindung an Straßen- und Luftverkehrsmittel.

Containerverkehr – Güterverkehr unter ausschließlicher Verwendung von → Containern als → Ladeeinheiten. – *Wichtigste Systemkomponenten* des Containerverkehrs sind spezielle Containerschiffe, Containertragwagen der Eisenbahnen und Containerchassis (Sattelauflieger) für Sattelzüge sowie Containerbrücken, -kräne und -stapler für den Umschlag in Container-Terminals der Schifffahrtshäfen und der Güterbahnhöfe. Daneben werden auch universelle Transport- und Umschlagsmittel eingesetzt.

Content-Aggregation – Konzept, welches einem Content-Anbieter erlaubt, die Inhalte verschiedener Quellen bzw. Content-Partner zu übernehmen und zu einem eigenen Content-Angebot zusammenzuführen. So können z.B. in → XML formatierte Nachrichten mehrerer Nachrichtendienste auf einer eigenen übergreifenden Nachrichten-Website konsolidiert dargestellt werden.

Content Management – bezeichnet die systematische Aufbereitung von Informationen mittels Redaktionssystemen, sog. → Content Management Systemen (CMS). Anders als beim reinen Webpublishing ist hier die medienneutrale Wiederverwendung von abgelegten Informationen gewährleistet. Dies wird durch eine Trennung zwischen Inhalt und Struktur (→ HTML) ermöglicht. So werden bereits verwendete Texte, Bilder und andere Bestandteile einer → Website in einer → Datenbank abgelegt und dort verwaltet.

Content Management System (CMS) – Abk. *CMS*; Softwaresystem zur Unterstützung des → Content Managements. Aus fachlicher Sicht lässt sich ein Content Management System in drei Anwendungsmodule teilen: Das Redaktionssystem erlaubt die Bearbeitung und Verwaltung von Inhalten, im Content Repository erfolgt die Speicherung der Inhalte und das Publishing System ermöglicht die Ausgabe der Inhalte z.B. im → World Wide Web (WWW) oder in der Druckvorstufe. CMS basieren auf dem Prinzip der medienneutralen Verwaltung von Inhalten (Content). Wichtige Rollen für CMS spielen überdies die Komponenten Rechteverwaltung und → Workflow Management.

Content Provider – Anbieter von Inhalten im → World Wide Web.

Content Validity → Validität.

Contestable Markets → potenzieller Wettbewerb.

Contingent Capital – *Committed Capital*, Bedingtes Kapital. – 1. *Begriff*: Instrument des Kapitalmanagement zur Finanzierung von Versicherungsrisiken. Mittels einer vertraglichen Zusage (Option) wird nach Eintritt eines definierten Ereignisses bzw. Schadens zu einem vorab festgelegten Preis (Kurs) Kapital bereitgestellt (z.B. nachrangiges Fremdkapital, Genussrechtskapital oder Kapital gegen Vorzugsaktien). I.d.R. erfolgt eine Rückzahlung des Kapitals bei Laufzeitende der Transaktion, um eine Verwässerung des Eigenkapitals zu vermeiden. – 2. *Ziele:* Eine Contingent Capital-Lösung erlaubt dem versicherten Unternehmen, seine Finanzkraft nach einem schweren Versicherungsereignis zu sichern und seine Kreditkosten zu senken, da eine Kapitalaufnahme zu diesem Zeitpunkt (nach bestimmten Ereignissen) möglicherweise nicht oder nur zu sehr hohen Kosten möglich wäre. Ziel ist somit die Vermeidung der Insolvenz bzw. der Beeinträchtigung von geplanten Investitionen mangels verfügbarer Mittel. – 3. *Arten:* a) *(Catastrophe-/Cat-) Equity-Puts:* Dadurch erwirbt bspw. ein Erstversicherer das Recht, nach/bei Eintritt eines vorab vereinbarten (Versicherungs-) Ereignisses eine Kapitalerhöhung zu ex ante festgelegten Konditionen durchzuführen. – b) *(Contingent) Surplus Notes:* verbriefen das Recht, zu im Voraus festgelegten Konditionen Eigenkapital ersetzende Verbindlichkeiten aufzunehmen. – 4. *Schematische Darstellung:*

Contingent Credit Lines (CCL) → Neue Weltfinanzarchitektur.

Contingent Valuation – *kontingenter Bewertungsansatz;* Methode der ökonomischen Bewertung von Umweltressourcen. Bei der Contingent Valuation wird die → Zahlungsbereitschaft der Probanden für Umweltqualitätsveränderungen mithilfe von Befragungen ermittelt (direkter Bewertungsansatz). Die Contingent Valuation leidet tendenziell darunter, dass die Befragten keinen ökonomischen Anreiz haben, über ihre Zahlungsbereitschaft nachzudenken (Belohnungsproblem). Überdies ist eine Beantwortung für die Befragten schwierig, weil sie nur rudimentär auf Erfahrungen mit Märkten für Umweltqualität zurückgreifen können (Abstraktionsproblem). Ferner ist es denkbar, dass die Befragten ihre Präferenzen absichtlich verzerrt wiedergeben (Problem des strategischen Verhaltens). Die Contingent Valuation versucht, diesen Problemen bei der Gestaltung von Fragebögen entgegenzuwirken.

Continuous Linked Settlement → CLS.

Catastrophe-Equity-Put-Arrangement = Equity-Put

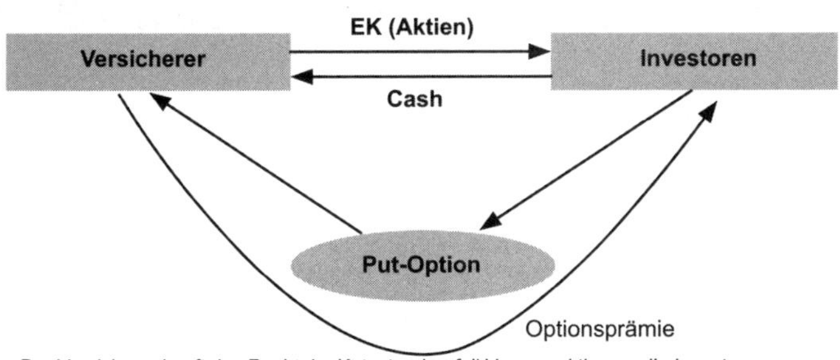

= Der Versicherer kauft das Recht, im Katastrophenfall Vorzugsaktien an die Investoren auszugeben (Put-Option).
= Die Option auf Abnahme der Aktien kann gegen eine Casheinlage ausgeübt werden.

Continuous Replenishment – kontinuierliche und nicht auftragsbezogene Versorgung des → Handels (v.a. des → Einzelhandels) mit Waren auf der Basis von permanent erhobenen und mittels Informationstechnik übermittelten Abverkaufsdaten.

Contracting Out – Mechanismus, der dann greift, wenn der Staat die Erfüllung von grundsätzlich als öffentlich anerkannte Aufgaben dem privaten → Non-Profit-Sektor überlässt bzw. überträgt. Dabei trägt der Staat jedoch gleichzeitig in wesentlichem Ausmaß zur Finanzierung dieser Aufgabenerfüllung bei. Contracting Out ist typisch v.a. im Gesundheits- und Sozial-, aber auch im Bildungsbereich.

Contracts for Difference – Abk. *CfD;* → Differenzgeschäfte.

Contribution Margin → Deckungsbeitrag.

Control-Konzept – konstituierendes Merkmal eines → Konzerns und somit Auslöser für die Verpflichtung zur Aufstellung eines → Konzernabschlusses. Nach dem Control-Konzept liegt ein Konzern dann vor, wenn die → Muttergesellschaft die *Möglichkeiten* zur Ausübung von beherrschendem Einfluss hat, z.B. durch Mehrheitsbeteiligung. – *Anders:* → einheitliche Leitung.

Controlled Ad Awareness Technique – Methode der Werbemittelforschung, die versucht, graduelle Ausprägungen des Erinnerungsvermögens dadurch festzustellen, dass Testpersonen Anzeigen identifizieren sollen, die sich hinter mehreren teil-transparenten Folien befinden. Es wird angenommen, dass sich die → Anzeige der Testperson umso mehr eingeprägt hat, je weniger Folien sie zur Identifikation entfernen muss. – Vgl. auch → Werbeerfolgsprognose.

Controlled Circulation (CC) → CC-Zeitschrift.

Controller – 1. *Begriff:* bezeichnet einen im Unternehmen weit verbreiteten Funktionsträger, der spezielle Dienstleistungen für das Management erbringt: Führungsentlastung, bes. durch die Lieferung von Faktenwissen; Führungsergänzung durch das Einbringen anderer Sichtweisen (z.B. Methodenwissen, Ergänzung einer eher intuitiv geprägten Entscheidungsfindung des Managers durch reflexive Analysen); Führungsbegrenzung durch Vermeidung opportunistischen Verhaltens der Manager. – 2. *Aufgaben:* Mitwirkung bei der Erarbeitung von Unternehmenszielen sowie einer strategischen Unternehmensplanung; Methoden- und Prozessverantwortung für die operative Planung, Durchführung des laufenden Berichtswesens, Investitions- und Wirtschaftlichkeitsberechnungen, projektbezogene Beratung des Managements, z.T. auch Steuerwesen. – 3. *Erscheinungsformen:* Je nach betrieblicher Kontextsituation (Wettbewerbsintensität, Eignerstruktur, Unternehmensgröße) finden sich in den Unternehmen sehr unterschiedliche Ausprägungen von Aufgaben und Selbstverständnis der Controller. Idealtypisch lassen sich vergangenheits- und zahlenorientierte Controller („Buchhalter", „Registrator"), planungs- und kontrollbezogene Controller („Navigator") und beratungs- und veränderungsgeprägte Controller („Innovator") unterscheiden. – *Sonderform:* → Divisionscontroller.

Controllership – Aufgaben von → Controllern.

Controllertypen – unterschiedliche Ausprägungen der Controllership haben zur Bildung plakativer Controllertypen geführt. Die des „Zahlenknechts" und „Erbsenzählers" stehen für den Anspruch der Controller, alles wirtschaftlich rechnen zu wollen. Der „Navigator" veranschaulicht den Steuerungsansatz, der „Bremser" die Aufgabe des kritischen Counterparts.

Controlling

von Prof. Dr. Dr. h.c. Jürgen Weber

Seinen Ursprung besitzt der Controllingbegriff in der Praxis. Er wurde von Deyhle in Analogie zum Begriff des Marketings gebildet und hat einen engen Bezug zu den Aufgaben von → Controllern.

Die wissenschaftliche Diskussion des Begriffs Controlling begann in breiterem Umfang in den 1970er- Jahren. Das zeitlich gesehen erste Grundverständnis des Controllings weist diesem die Aufgabe zu, betriebswirtschaftliche Informationen für Zwecke der Führung bereitzustellen. Controlling soll in diesem Sinne eine betriebswirtschaftliche Transparenzfunktion erfüllen. „Betriebswirtschaftlich" wird dabei im Sinne von „(erfolgs-)zielorientiert" bzw. „ergebnisbezogen" verstanden. Konkret handelt es sich bei den zu liefernden Informationen insbesondere um Kosten und Erlöse, also um Rechengrößen, die aus dem internen Rechnungswesen stammen. Von der → Kosten- und Leistungsrechnung unterscheidet sich das Controlling insbesondere durch den Verwendungsbezug der Informationen: Während das → interne Rechnungswesen darauf ausgerichtet ist, bspw. die richtigen Kosten einer Kostenstelle oder das richtige Ergebnis eines Produkts zu ermitteln, zielt das Controlling dieser Auffassung zu Folge darauf ab, dass mit diesen Informationen die richtigen unternehmerischen Entscheidungen getroffen werden.

Das zeitlich gesehen folgende, zweite Grundverständnis des Controllings bezieht sich ebenfalls auf Tätigkeiten im Bereich der Führung, die zuvor an anderer Stelle des betriebswirtschaftlichen Lehrgebäudes bereits diskutiert wurden. Hiernach hat das Controlling die Aufgabe, die zielbezogene, erfolgsorientierte Steuerung des Unternehmens wahrzunehmen. Dem Controlling geht es dann um die systematische Festlegung und Zuordnung („Herunterbrechen") der zu verfolgenden Ziele, die Messung ihrer Erreichung, die Feststellung von Soll-Ist-Abweichungen und die Erarbeitung von Maßnahmen zu deren Beseitigung. Mit anderen Worten zielt Controlling auf eine Führung des Unternehmens durch und mit Hilfe von Planung und daraus resultierenden Plänen ab. Letztere durchziehen das gesamte Unternehmen, von der strategischen bis zur operativen Planung. Controlling in diesem Sinne lässt sich auch als ein kybernetischer Prozess verstehen, der mit dem Regelkreis aus Planung und Kontrolle veranschaulicht wird.

Dieses zweite Grundverständnis des Controllings baut auf dem ersten auf: In diesem Sinne „planvoll" kann nur derjenige vorgehen, der die zur Planung der Ergebnisse erforderlichen Informationen besitzt und zur Kontrolle mit den benötigten Ist-Daten versorgt wird. Planung im Sinne des Controllings heißt stets auch Rechnung; zum Rechnen werden Zahlenwerte benötigt.

In dem Streben, dem Controlling eine eigenständige Funktion zuzuweisen, ist das koordinationsbezogene Grundverständnis des Controllings entstanden. Dieses sah zunächst vor, das Planungs- und Kontroll- sowie das Informationssystem miteinander zu koordinieren. Nicht die → Planung, Informationsversorgung und → Kontrolle selbst, sondern ihre → Koordination macht danach das Besondere des Controllings aus. Diese Perspektive wurde später inhaltlich erweitert um andere Teilsysteme der Führung, speziell um das Organisations- und das Personalführungssystem. Damit wird dem Controlling die Aufgabe übertragen, das gesamte Führungssystem zu koordinieren.

Nach einem vierten Begriffsverständnis hat Controlling die Aufgabe, die Rationalität der Führung zu sichern. Damit wird eine andere Abgrenzung zu bekannten Führungsfunktionen gewählt: Nicht die Funktion als solche (z.B. Planung oder Informationsversorgung), sondern der damit verbundene Zweck (Gewährleistung von Führungsqualität) macht den Kern des Controllings aus. Dieses Begriffsverständnis weicht auch in seinen Grundannahmen deutlich von den anderen Auffassungen ab. Rationalitätssicherung setzt voraus, dass es überhaupt zu Rationalitätsdefiziten kommt. Solche sind in den anderen Controlling-Auffassungen nicht vorgesehen; ihnen liegt implizit das Bild des homo oeconomicus zugrunde. Die Sicht des Controllings als Rationalitätssicherung geht dagegen explizit von kognitiv begrenzten und potenziell opportunistisch handelnden Menschen aus, ein Bild, das der Realität oftmals sehr viel näher kommt als die Annahme des homo oeconomicus. Die neueste Controlling-Auffassung ist damit als verhaltensorientiert einzuordnen.

Controlling-Informationssystem – 1. *Begriff:* → Führungsinformationssystem (FIS) zum → Controlling mit dem vorrangigen Ziel der schnellen und genauen Darstellung aller zur Deckung des strategischen, taktischen und operativen Informationsbedarfs notwendiger Controllinggrößen. – 2. *Umfang:* Ein vollständiges Controlling-Informationssystem umfasst sämtliche Unternehmensbereiche; es schließt v.a. das Kosten- und Erfolgs-, Finanz- und Investitions-, Beschaffungs-, Produktions-, Logistik- und Absatzcontrolling ein. – 3. *Aufbau:* Kennzahlensysteme, die die Datenbasis einer → Datenbank problembezogen auswerten und dabei die benötigten Informationen i.d.R. in mehreren Stufen entscheidungsträgerrelevant verdichten.

Controllingmanagementorganisation → Funktionsmanagementorganisation.

Convenience Goods – (problemlose) Güter des täglichen Bedarfs, die der Konsument möglichst bequem in der Nähe seiner Wohnung oder seines Arbeitsplatzes einkaufen möchte (→ Verbrauchsgüter), z.B. Brötchen, Milch, Zigaretten, Zeitungen. – *Gegensatz:* → Shopping Goods, → Speciality Goods.

Convenience Shopping – Form des Einkaufs zwischen → Versorgungshandel und → Erlebnishandels, bei der Konsumenten Bequemlichkeit sowohl beim Einkauf von Gütern des täglichen Bedarfs als auch bei Dienstleistungen (Reinigung, Foto-, Postservice, Geldautomaten) und gastronomischen Angeboten (Imbiss, Trinkhalle, Bistro, Getränkeautomaten) suchen. – *Voraussetzungen:* Hochfrequentierter Standort, professionelle Logistik, persönliches Engagement des Shopbetreibers, neue, intelligente Convenience-Produkte, konsequente Kundenorientierung (Nähe zum Kunden, schnelle Erreichbarkeit, One-Stop-Versorgung, überschaubare Sortimente, Freundlichkeit, Schnellverzehr, Stressvermeidung, Zeitgewinn, lange Öffnungszeiten). – Vgl. auch → Convenience Store.

Convenience Store – Laden mit begrenzter Verkaufsfläche für die kurzfristige Versorgung mit Waren des täglichen Bedarfs (Kraftstoffe, Zigaretten, Presse, Backwaren, gekühlte Getränke) sowie Dienstleistungen (Lotto, Toto, Reinigung, Foto-, Postservice, Fotokopierer, Internetanschluss, Faxgeräte, Geldautomaten und Gastronomieangebote). Convenience Stores haben oft hohe Preise, jedoch lange Öffnungszeiten, ggf. 24 Stunden. – Vgl. auch → Convenience Shopping.

Convention Relative au Contrat de Transport International de Marchandises par Route (CMR) → CMR.

Convergent Validity → Validität.

Conversion Rate – Kennzahl der Werbewirkungsanalyse. Die Conversion Rate ist durch die Anzahl der Transaktionen relativ zur Anzahl der → AdClicks definiert und beschreibt somit die direkte Wirkungskette.

Convertible Bond – in *Großbritannien* und den *USA* seit langem gebräuchliche industrielle → Wandelschuldverschreibung, deren Inhaber das Recht haben, sie von einem bestimmten Termin ab unter bestimmten Wandlungsbedingungen in → Aktien der Gesellschaft umzutauschen. – In *Deutschland* als Wandelschuldverschreibungen in den 1920er-Jahren eingeführt und in § 221 AktG geregelt.

Convertible Floating Rate Notes – Form der → Floating Rate Notes (FRN), bei denen nach Ablauf einer bestimmten Frist ein Wandlungsrecht des Emittenten in → Straight Bonds besteht. Diese Option wird dann ausgeübt werden, wenn das Zinsniveau der Straight Bonds zu dem Zeitpunkt niedriger ist als die variable Verzinsung auf Basis eines Referenzzinssatzes.

Cookie – in einer → Datei auf einem lokalen Rechner abgelegte Daten einer → Website, die den Anwender, der an diesem Rechner das → World Wide Web nutzt, eindeutig identifizieren und Informationen über sein Surf-Verhalten speichern können, sodass zwischen zwei Verbindungen des Anwenders zur Website die bisherigen Aktionen, die für die Website von Interesse sind, zwischengespeichert werden können. Ein Cookie kann dazu dienen, → HTML-Seiten individuell an den Benutzer anzupassen.

Coombs-Skalierung – *Unfolding-Technik;* Verfahren zur Erfassung von Einstellungen. Ausgangspunkt sind Daten, bei denen die Probanden zwischen verschiedenen Objekten Rangordnungen nach ihrer Bevorzugung bilden. Diese werden in einem langwierigen iterativen Prozess, der nicht immer erfolgreich ist, auf eine eindimensionale Skala umgerechnet. Das Verfahren wandelt also ordinalskalierte Daten in eine (fast) metrische Skala um.

Coopetition → Kooperation von Wettbewerbern im Sinn der Bildung von → strategischen Allianzen, um durch die Bildung von Wertschöpfungsnetzen Erträge zu stabilisieren bzw. zu optimieren. Coopetition verhindert einen ruinösen Preiswettbewerb und führt damit zu Wettbewerbsvorteilen für beide Anbieter (Win-Win-Strategie).

Coordinating Committee for East-West Trade Policy → COCOM.

Coordinating Committee for Multilateral Export Control → COCOM.

COPA – 1. *Begriff und Merkmale*: Abk. für *Comité des Organisations Professionelles Agricoles de la CEE; Ausschuss der berufsständischen landwirtschaftlichen Organisationen;* Interessenvertretung der Landwirte der EU-Mitgliedsstaaten; gegründet am 6.9.1958. – 2. *Ziele:* Sicherung der Lebens- und Arbeitsbedingungen der Landwirte in der → EU und Verbesserung von deren Einkommenssituation. – 3. *Aufgaben:* Prüfung von den in Verbindung mit der Entwicklung der gemeinsamen Agrarpolitik stehenden Fragen; Vertretung von Interessen des Agrarsektors insgesamt; Kontaktpflege mit EU-Behörden und Sozialpartnern auf Unionsebene. Enge Zusammenarbeit – auch der Organe und Gremien.

COPICS – Abk. für *Communications Oriented Production Information and Control System;* bekanntes → PPS-System von IBM, das die Terminologie und den Aufbau anderer PPS-Systeme stark beeinflusst hat.

Coprozessor → Hilfsprozessor.

Copyright – amerikanische Bezeichnung für → Urheberrecht an Werken der Literatur, Tonkunst, bildenden Kunst und Fotographie zur Erlangung des Urheberrechtsschutzes in den USA. Copyright unterliegt bestimmten Formvorschriften, u.a. erforderlich: Vermerk „Copyright" oder das Kennzeichen © mit Jahresangabe der ersten Veröffentlichung und Namen des Berechtigten auf der Titel- und ersten Textseite von Druckschriften sowie Antrag an Register of Copyrights, Copyright Office, Library of Congress, Washington 25, D. C., USA.

Copy-Strategie – *Kreativ-Strategie.* 1. *Festlegung* der Werbeinhalte entsprechend den Bedürfnissen der → Zielgruppen und der angestrebten → Positionierung. Voraussetzung ist die Planung des Werbeziels. – 2. *Kreative Umsetzung* der Werbestrategie, im Wesentlichen bestehend aus: (1) (Bild-)Motiv, (2) Produktversprechen (Formulierung des Produktnutzens), (3) Begründung des Versprechens für die Zielgruppe durch glaubwürdige, verständliche Argumentation, (4) Festlegung von Stil und Ausstrahlung der Werbung. – Vgl. auch → Werbekampagne, → Werbeplanung.

Copy-Test → psychologisches Testverfahren, bei dem den Befragten eine zu testende Vorlage, i.d.R. ein Werbemittel, eine Zeitung oder eine Zeitschrift vorgelegt wird. Copy-Tests messen bes. die Erinnerung und die Wiedererkennung der gesamten Vorlage oder auch einzelner Elemente. – Vgl. auch → Recalltest, → Recognitiontest.

COREPER – *Ausschuss der ständigen Vertreter (AStV);* Abk. für *Comité des Représentants Permanents;* Hilfsorgan des → Rats der Europäischen Union (vormals Ministerrat). Ausschussmitglieder sind bei der EU akkreditierte ständige Vertreter der Mitgliedsstaaten (im Botschafterrang). – *Aufgaben:* Vorbereitung der Sitzungen des Rats (mit Ausnahme des Rats der Landwirtschaftsminister) sowie Ausführung von Aufgaben, die ihm vom Rat übertragen wurden (Art. 240 AEUV). Zur Erfüllung seiner Aufgaben kann der COREPER Unterausschüsse oder Arbeitsgruppen einsetzen.

Corporate Advertising – gesamtheitliche Darstellung der Unternehmensleistung in der Werbung. Die

Heiko Staroßom
Corporate Finance
Teil 2:
Finanzierung in den Lebensphasen
einer Unternehmung
Springer Gabler

Produktwerbung ist diesem Konzept zu unterstellen. – *Effekte:* Stärkung des Zusammengehörigkeitsgefühls in den einzelnen Unternehmensbereichen; höhere Attraktivität im Absatz- und Personalbereich; Goodwill-Transfer für die Produkte (Position und Verhalten des Unternehmens werden zur Diskussion gestellt; Informationsbedürfnis der Öffentlichkeit befriedigt); Darstellung sozialpolitischer und wirtschaftlicher Verantwortung.

Corporate Behavior – Verhalten eines Unternehmens nach innen (Mitarbeiter) und außen (Kunden, Öffentlichkeit etc.), Teil der → Corporate Identity. Zu unterscheiden sind drei *Verhaltensbereiche:* (1) Instrumentales Unternehmensverhalten, z.B. Preispolitik, Führungsstil; (2) Personenverhalten: Verhalten der im Unternehmen tätigen Personen untereinander sowie das Verhalten dieser Personen zu Außenstehenden; (3) Medienverhalten des Unternehmens, abhängig von der politischen und ethischen Grundhaltung des Unternehmens, evtl. auch von gesetzlichen Restriktionen; es umfasst alle Formen der Kommunikationspolitik, z.B. Stil der Öffentlichkeitsarbeit, Verhältnis zu Journalisten, Werbestil, Auswahl der Werbemedien.

Corporate Citizenship – bezeichnet das gesellschaftliche Engagement von Unternehmen, wodurch sich diese als „gute Bürger" präsentieren. Typische Formen des Engagements sind Spenden- und Sponsoringmaßnahmen → Spenden, → Sponsoring – (inkl. Cause-Related Marketing), pro-bono-Aktivitäten, die Einrichtung von Stiftungen oder die Freistellung von Mitarbeitern für gemeinnützige Zwecke (→ Corporate Volunteering). Für professionell ausgestaltetes Corporate Citizenship ist zudem die strategische Zusammenarbeit mit Regierungs- oder Nicht-Regierungs-Organisationen charakteristisch, etwa in Form von Public Private Partnerships. Vielfach wird Corporate Citizenship als Teil von → Corporate Social Responsibility verstanden. Des Weiteren bestehen Überschneidungen zu den Bereichen Marketing und → Personalmanagement.

Corporate Communication – Kommunikationsstrategie, die durch eine ganzheitliche Betrachtung aller nach innen und außen gerichteten kommunikativen Aktivitäten eines Unternehmens ein klar strukturiertes Vorstellungsbild von der Unternehmung (Corporate Image) in der Öffentlichkeit und bei den Mitarbeitern des Unternehmens erreichen will. Element der → Corporate Identity.

Corporate Culture → Unternehmenskultur.

Corporate Design – visuelles Erscheinungsbild eines Unternehmens im Rahmen und zur Unterstützung der von der → Corporate Identity vorgegebenen Ziele. Das Corporate Design soll das Unternehmen nach innen und außen als Einheit erscheinen lassen, bes. durch formale Gestaltungskonstanten, z.B. Firmenzeichen (→ Logo), Typografie, Hausfarbe etc. In Gestaltungsrichtlinien („Design-Bibeln") wird festgelegt, wie diese Gestaltungskonstanten in unterschiedlichen Anwendungsbereichen einzusetzen sind, z.B. Briefbögen, Innenarchitektur, Produkt- und Verpackungsgestaltung und Anzeigen.

Corporate Finance – (angelsächsische) Bezeichnung für Unternehmensfinanzierung. Wegen der im Vergleich zur Bundesrepublik Deutschland bestehenden Dominanz von Körperschaften im angelsächsischen Raum liegt der Schwerpunkt der Corporate Finance jedoch auf den Maßnahmen der → Eigenfinanzierung. – Vgl. auch → Finanzierung, → Fremdfinanzierung.

Corporate Giving – 1. *Begriff:* Bezeichnung für Spenden, die von Unternehmen an → Nonprofit-Organisationen (NPO) fließen. – 2. *Merkmale:* a) Spenden können Geld- und Sachspenden sein. b) Es besteht ein einseitiger und zeitlich terminierter Austausch zwischen dem Unternehmen und der Nonprofit-Organisation. – 3. *Beurteilung des Begriffes:* a) Spezielle Facette des Nonprofit Marketing bzw. des Fundraising. b) Im weiteren Sinne ist Corporate Giving auch eine Partnerschaft zwischen einem privat-erwerbswirtschaftlichen Unternehmen und einer NPO.

Corporate Governance

von Prof. Dr. Axel v. Werder

I. Begriff und Bedeutung der Corporate Governance

Corporate Governance (CG) bezeichnet den rechtlichen und faktischen Ordnungsrahmen für die Leitung und Überwachung eines Unternehmens. Im Unterschied zur → Unternehmensverfassung, die primär die Binnenordnung des Unternehmens betrifft, werden unter dem Stichwort CG auch Fragen der (rechtlichen und faktischen) Einbindung des Unternehmens in sein Umfeld (wie namentlich den → Kapitalmarkt) adressiert. Dabei steht insgesamt die große börsennotierte (Aktien-)Gesellschaft im Mittelpunkt des Interesses. Allerdings werden zunehmend auch andere Rechtsformen und Unternehmen mittlerer Größenordnungen aus dem Blickwinkel ihrer spezifischen Anforderungen an die CG analysiert.

CG ist keineswegs ein neues Thema. So weist die Auseinandersetzung mit der (mangelnden) Effizienz der Führungsorgane wie namentlich dem → Aufsichtsrat, aber auch die Debatte um die → Mitbestimmung der Arbeitnehmer in Deutschland eine lange Tradition auf. In den letzten Jahren hat die Diskussion über zweckmäßige Formen der Leitung und Überwachung von Unternehmen aber sowohl national als auch international einen bislang noch nicht da gewesenen Stellenwert erlangt. Treiber dieser Entwicklung sind zum einen die bekannten zahlreichen Fälle von Missmanagement und Unternehmensschieflagen im In- und Ausland. Zum anderen verleihen die → Globalisierung der Wirtschaft und die Liberalisierung der Kapitalmärkte der Diskussion um effiziente und transparente Formen der Unternehmensführung zusätzliche Schubkraft. Im Zuge der aktuellen Finanz- und Wirtschaftskrise werden bisherige Governancemodalitäten mit besonderer Konsequenz infrage gestellt.

II. Grundtatbestände der Corporate Governance

1. Unternehmen als Netzwerke unvollständiger Verträge

Unternehmen bilden Orte der Bündelung von Beiträgen verschiedener Akteure bzw. Bezugsgruppen (z.B. Anteilseigner, Gläubiger, Arbeitnehmer und Lieferanten) zur arbeitsteiligen Wertschöpfung unter Leitung eines Topmanagements. Dabei werden die Beziehungen der Bezugsgruppen zum Unternehmen in expliziten oder impliziten Verträgen geregelt. Die Governanceproblematik des Unternehmens lässt sich im Kern darauf zurückführen, dass die geschlossenen Verträge zwangsläufig bis zu einem gewissen Grade unvollständig sind und die diversen Stakeholder teils unterschiedliche Interessen verfolgen. Je nach ihren Einflussmöglichkeiten auf das Unternehmensgeschehen können die Akteure somit versuchen, die Unvollständigkeiten der Verträge zu ihren Gunsten – und damit meist zulasten anderer Bezugsgruppen – auszunutzen. Je nach ihrer psychologischen Disposition werden sie dieser Versuchung auch tatsächlich erliegen.

Verträge sind unvollständig, da und soweit sie sich auf Transaktionen in der Zukunft beziehen und nicht alle (komplexen und unvorhersehbaren) Entwicklungen im Austauschverhältnis zwischen den Vertragsparteien im Detail richtig und fair regeln können. Die gegenseitigen Rechte und Pflichten der Vertragsparteien lassen sich daher nur (mehr oder weniger) lückenhaft vertraglich vereinbaren. Ein typisches Beispiel bildet der (implizite) Vertrag der Aktionäre mit dem Unternehmen, Eigenkapital gegen eine angemessene Rendite zur Verfügung zu stellen. Schon aufgrund der Unsicherheit der wirtschaftlichen Entwicklung des Unternehmens lässt sich die tatsächliche Höhe der erzielbaren Rendite nicht ex ante fixieren.

2. Kreis der Stakeholder

Der Begriff der Bezugsgruppen bzw. Stakeholder wird in der Literatur nicht einheitlich verwendet, sodass auch unterschiedliche Auffassungen darüber herrschen, welche Stakeholdergruppen (neben Aktionären und Management) zu berücksichtigen sind. Nach den unternehmenstheoretischen Zusammenhängen sind zu den Stakeholdern eines Unternehmens im Prinzip alle (Gruppen von) natürlichen Personen und Institutionen zu zählen, die auf der Grundlage unvollständiger Verträge Transaktionen mit dem Unternehmen durchführen und aus diesem Grund ein (im weiten Sinne) ökonomisches Interesse am Unternehmensgeschehen haben. Dabei zielt das Interesse der Stakeholder generell darauf ab, für ihre geleisteten Beiträge zur Wertschöpfung eine adäquate Gegenleistung zu erhalten. Zu denken ist namentlich an die Anteilseigner (Eigenkapital gegen Rendite), die Fremdkapitalgeber (Kredite gegen Zinsen), die Arbeitnehmer (Arbeitsleistungen gegen Entlohnung), das Management selbst (Leitung gegen Vergütung), die Lieferanten (Zulieferungen gegen Bezahlung), die Allgemeinheit in Form des Staates (Infrastrukturen gegen Steuern) sowie die Kunden (Bezahlung gegen Produkt). Hierbei nehmen die Kunden insofern eine Sonderrolle ein, als sie neben Inputfaktoren (Finanzmittel qua Bezahlung) durch die Produktabnahme zu einem bestimmten Preis auch die Bewertung der Wertschöpfung liefern. Ohne solche Kaufakte schaffen die Beiträge der übrigen Stakeholder zum Wertschöpfungsprozess streng genommen keine marktgängigen Werte.Alle Stakeholdergruppen können ohne Frage Risiken aus unvollständigen Verträgen ausgesetzt sein. Neben dem schon genannten Beispiel der Aktionäre ist etwa an Gläubiger zu denken, die im Insolvenzverfahren „freiwillig" auf einen Teil ihrer Forderungen verzichten. Auch Arbeitnehmer können durchaus in eine Situation geraten, in der das Management ihre (Vor-)Leistungen nicht erwartungsgemäß honoriert, indem sich z.B. in Aussicht gestellte Verdienst- und Karrierechancen aufgrund späterer wirtschaftlicher Schwierigkeiten des Unternehmens nicht verwirklichen. Analoge Risiken gelten nicht zuletzt auch für Kunden, die etwa nach dem Erwerb komplexer Informationssysteme gravierende Nachteile des Systems kennen lernen, aber nur zu erheblichen (oft prohibitiv hohen) Kosten in andere Systemwelten wechseln können.

Generell gilt, dass die jeweiligen Risiken der verschiedenen Stakeholder tendenziell mit der Unternehmensspezifität ihrer Beiträge steigen. Je spezifischer Investitionen auf ein bestimmtes Unternehmen zugeschnitten sind, desto wertloser sind sie tendenziell außerhalb des Unternehmens. Ferner können sich die relativen Gewichte der einzelnen Stakeholderrisiken im Zeitablauf mit den Änderungen von (Markt-)Machtverhältnissen verschieben. Sie sind bspw. für Kunden auf Verkäufermärkten und Arbeitnehmer bei hoher Arbeitslosigkeit tendenziell größer als bei gesättigten Absatzmärkten und Arbeitskräftemangel.

Die Stakeholder verfügen jeweils grundsätzlich auch über Optionen, Unvollkommenheiten ihrer Verträge mit dem Unternehmen zu ihren Gunsten zu nutzen. Bspw. können „räuberische Aktionäre" Anfechtungsklagen erheben, Arbeitnehmer mangelndes Engagement zeigen (Dienst nach Vorschrift) und Großkunden in Preisverhandlungen existentielle Abhängigkeiten ihrer Lieferanten ausnutzen.

3. Funktionen der Corporate Governance

Unvollständigkeit der Verträge und Unterschiedlichkeit der Interessenlagen bieten den Stakeholdern nach den voranstehenden Überlegungen prinzipiell Gelegenheiten wie auch Motive zu dem opportunistischen Verhalten, im Eigeninteresse Vertragslücken zulasten anderer Bezugsgruppen auszunutzen. Hiermit korrespondierend unterliegen sie zugleich den Risiken des → Opportunismus der übrigen Stakeholder. Das Unternehmensgeschehen stellt sich aus dieser Sicht somit als komplexes Geflecht von Austauschbeziehungen zahlreicher Akteure mit Opportunismusoptionen und Opportunismusrisiken dar. Die Realisierung dieser Optionen und Risiken bewirkt der Tendenz nach Wohlfahrtsverluste und Verteilungsungleichgewichte, da und soweit die Stakeholder suboptimale Beiträge zur Wertschöpfung erbringen bzw. Gegenleistungen erhalten, die ihre Beiträge (einschließlich des Opportunismusrisikos) nicht adäquat honorieren. Vor diesem Hintergrund haben Regelungen zur CG grundsätzlich die Aufgabe, durch geeignete rechtliche und faktische Arrangements die Spielräume und Motivationen der Akteure für opportunistisches Verhalten einzuschränken. Sie zielen darauf ab, unter Abwägung der Einbußen durch opportunistisches Verhalten (Opportunismuskosten) und der Aufwendungen für die Regelungen (Regulierungs- bzw. Governancekosten) möglichst günstige (Markt-)Bedingungen für eine produktive Wertschöpfung und faire Wertverteilung zu schaffen. Dabei bemisst sich die Produktivität der Wertschöpfung (und damit auch der ökonomische Unternehmenswert) letztlich nach dem Ausmaß der Fähigkeit des Unternehmens, die Ansprüche seiner Bezugsgruppen (bei gegebenen Beiträgen) nachhaltig zu erfüllen. Die Fairness der Wertverteilung kann unternehmenstheoretisch danach beurteilt werden, inwieweit sie den Relationen der Wertschöpfungsbeiträge und der Chancen bzw. Risiken aus unvollständigen Verträgen der einzelnen Stakeholder folgt.

4. Unternehmensinteresse als Leitmaxime

Regelungen der CG können Spielräume und Motivationen zu opportunistischem Verhalten zwar eindämmen, aber nicht alle denkbaren Konfliktfälle zwischen den Bezugsgruppen vorab lösen. Erforderlich ist daher eine übergeordnete Leitmaxime, die dem Topmanagement als Inhaber der obersten Verfügungsmacht im Unternehmen im Einzelfall eine Handlungsorientierung bietet. Angesprochen ist damit die – als Konsequenz der aktuellen Krise gerade gegenwärtig wieder lebhaft diskutierte – Kernfrage der CG, in wessen Interesse das Unternehmen zu führen ist.

Die diversen Bezugsgruppen eines Unternehmens haben im Grundsatz übereinstimmend Interesse an einer nachhaltigen wirtschaftlichen Prosperität des Unternehmens, da letztlich nur ein profitables Unternehmen ihre Ansprüche bedienen kann. Im Einzelnen verfolgen sie allerdings gruppenspezifische Zielsetzungen, die verschiedenartig und zumindest teilweise auch konträr zueinander sind. In bestimmten Teilen des Schrifttums wird zwar bestritten, dass zwischen den Interessen der unterschiedlichen Bezugsgruppen Zielkonflikte möglich sind. Bei Lichte besehen kann aber kein Zweifel bestehen, dass hohe Zielerreichungen bestimmter Bezugsgruppen zumindest teilweise die Interessen anderer Gruppen beeinträchtigen. So senken großzügige Lohnzugeständnisse des Topmanagements an die Arbeitnehmer c.p. die Gewinnansprüche der Aktionäre – und festigen unter (namentlich Mitbestimmungs-)Umständen zugleich die Position des Managements im Unternehmen. Die Möglichkeit (und Wahrscheinlichkeit) von Zielkonflikten wird im Übrigen nicht zuletzt auch durch den Tatbestand unterstrichen, dass selbst die Stakeholder einer Gruppe häufig verschiedene und nicht selten auch konfliktäre Einzelinteressen aufweisen. Zu denken ist bspw. an ordentliche und „räuberische" Aktionäre oder an gesicherte und ungesicherte Gläubiger.

Auf der Basis der zuvor dargelegten unternehmenstheoretischen Zusammenhänge lässt sich zunächst feststellen, dass die Interessen sämtlicher Stakeholder zumindest insoweit fraglos beachtet werden müssen, als sie vertraglich und gesetzlich fixiert sind. Offen ist damit allenfalls die Frage, inwieweit aufgrund von Regelungslücken offenstehende Opportunismusoptionen vom Management (mehr oder weniger) konsequent im Interesse der Anteilseigner ausgenutzt werden sollen.

Nach geltendem Recht sind Vorstand und Aufsichtsrat zur Wahrung des Unternehmensinteresses verpflichtet. Dabei ergibt sich das Unternehmensinteresse aus der angemessenen Berücksichtigung der diversen Einzelinteressen aller Bezugsgruppen. Die juristische Bindung der Führungsorgane der AG an das Unternehmensinteresse ist nicht nur de lege lata zu beachten, sondern durch die dargelegten unternehmenstheoretischen Zusammenhänge auch gut begründet. Geht man von der oben formulierten Zielsetzung von Governanceregelungen aus, effiziente Rahmenbedingungen für eine nachhaltig produktive Wertschöpfung und faire Wertverteilung zu etablieren, so ergibt sich zwanglos, dass eine strikt opportunistische Shareholder-Orientierung auf längere Sicht kontraproduktiv und unfair sein wird. Je mehr sich die anderen Stakeholder derartigen Verhaltensweisen des Managements (und mittelbar der Aktionäre) ausgesetzt sehen, umso eher werden sie selbst eigene Opportunismusoptionen aufbauen und ausüben. Infolgedessen sprechen gute ökonomische Gründe dafür, dass das Management Vertragsrisiken der Stakeholder nicht einseitig, sondern ausgewogen zur Steigerung des nachhaltigen Unternehmenswertes im oben umschriebenen Sinne handhabt.

III. Regelungsgegenstände und Regelungsebenen der Corporate Governance

Aus Sicht der betriebswirtschaftlichen Anforderungen guter Unternehmensführung müssen sich Regelungen zur CG auf die folgenden vier Gestaltungsfelder erstrecken: a) die Festlegung der übergeordneten Zielsetzung des Unternehmens, die dem Topmanagement eine Handlungsmaxime bietet, um Interessenkonflikte zwischen den Bezugsgruppen im Einzelfall zu bewältigen, – b) die Strukturen, Prozesse und Personen der Unternehmensführung, mit denen diese Zielsetzung erreicht werden soll, – c) die regelmäßige Evaluation der Führungsaktivitäten zur Bestandsaufnahme und kontinuierlichen Verbesserung der Modalitäten der Unternehmensführung sowie – d) die proaktive Unternehmenskommunikation, um durch Herstellung von Transparenz das Vertrauen und damit die letztlich existenznotwendige Unterstützung der relevanten Bezugsgruppen des Unternehmens zu gewinnen und zu festigen. Regelungen zur CG können auf drei verschiedenen Regulierungsebenen angesiedelt werden. Zunächst lassen sich gesetzliche Vorschriften und untergesetzliche Governancestandards unterscheiden. Gesetzliche Vorschriften sind das Ergebnis eines parlamentarischen Gesetzgebungsverfahrens und für alle Adressaten des betreffenden Gesetzes verbindlich. Untergesetzliche Governancestandards („soft law") füllen die jeweils geltenden gesetzlichen Vorschriften aus und sollen qua (mehr oder weniger freiwilliger) Selbstbindung der Unternehmen wirksam werden. Innerhalb der Gruppe untergesetzlicher Governancestandards kann nach ihrer Geltungsreichweite zwischen generellen Regelwerken für eine bestimmte, größere Gruppe von Unternehmen (z.B. Kodizes wie der → Deutsche Corporate Governance Kodex) und unternehmensindividuellen Leitlinien unterschieden werden.

IV. Gestaltungsformen der Corporate Governance

1. Mechanismen der Corporate Governance

CG-Regime können mit internen Kontrollen durch Unternehmensorgane und externen Kontrollen durch den Markt auf zwei prinzipiell unterschiedliche Mechanismen zurückgreifen, um Risiken aus unvollständigen Verträgen einzudämmen. Bei den – oft auch synonym als *interne CG* bezeichneten – Organkontrollen erhalten Stakeholder bestimmte Informations-, Überwachungs- und Entscheidungsrechte, die sie in die Lage versetzen, solche Risiken (besser) zu erkennen und im Rahmen ihrer Kompetenzen zu reduzieren. Ein prototypisches Beispiel bildet der Aufsichtsrat der AG, der es den dort vertretenen Bezugsgruppen (Aktionäre, Arbeitnehmer im Mitbestimmungsfall, ggf. Kreditgeber etc.) erlaubt, den Vorstand zu kontrollieren. Marktkontrollen hingegen setzen – als *externe CG* – auf die ‚freiwillige' Koordination unterschiedlicher Interessen durch das Spiel der Marktkräfte von Angebot und Nachfrage. Im Zentrum diesbezüglicher Governanceüberlegungen steht hier bislang der (Eigenkapital-)Markt für Unternehmenskontrolle, der unbefriedigende Leistungen des Topmanagements durch die idealtypische Sequenz von Aktienverkäufen, Kursrückgängen, feindlicher Übernahme und Auswechselung des Managements sanktioniert. Die Marktkontrolle ist als Governancemechanismus allerdings keineswegs auf den Markt für Eigenkapital beschränkt. Sie kann vielmehr durchaus auch auf anderen Märkten und damit zugunsten weiterer Stakeholder funktionieren. Zu denken ist nicht zuletzt an den Markt für Reputation, der maßgeblich von den Medien gestaltet wird.

2. Prinzipien der Corporate Governance

Ausgehend von den Ursachen der Governanceprobleme (unvollständige Verträge mit Informationsasymmetrien, unterschiedliche Interessen der Bezugsgruppen und opportunistisches Verhalten der Akteure) lassen sich bestimmte Gestaltungsprinzipien der CG identifizieren, welche die produktive Wertschöpfung und faire Wertverteilung fördern (sollen). Zu den wichtigsten Governanceprinzipien zählen die Gewaltenteilung, die Transparenz, die Reduzierung von Interessenkonflikten sowie die Sicherstellung der Qualifikation und die Motivation der Organmitglieder zu wertorientiertem Verhalten.

Durch Gewaltenteilung werden Verfügungsrechte auf mehrere Akteure verteilt und qua Etablierung von „checks and balances" Machtmonopole abgebaut, die anderenfalls zu opportunistischem Verhalten missbraucht werden könnten. Die Förderung der Transparenz des Unternehmensgeschehens zielt darauf ab, Informationsasymmetrien zwischen den verschiedenen Akteuren zu reduzieren. Im Mittelpunkt der Eindämmung von Interessenkonflikten steht bislang das Topmanagement, das aufgrund seiner privilegierten Verfügungsmacht besonders vielfältige Gelegenheiten hat, eigene Interessen über das Unternehmensinteresse zu stellen. Daneben werden aber auch andere Konfliktlagen wie etwa die von Aufsichtsratsmitgliedern und Abschlussprüfern adressiert. Eine hohe fachliche Qualifikation ist unabdingbare Voraussetzung für die kompetente Wahrnehmung der Leitungs- und Überwachungsaufgaben. Organmitglieder müssen aufgrund eigener Kenntnisse und Erfahrungen zu einer fundierten Auseinandersetzung mit den zu erörternden Sachfragen der jeweiligen Gremien beitragen können. Die Motivation der Akteure soll ihren (eventuellen) Präferenzen für opportunistische Verhaltensweisen entgegenwirken und kann an den verschiedenen Faktoren der intrinsischen und extrinsischen Motivation (z.B. materielle Anreize) anknüpfen. Nicht zuletzt zählen hierzu auch die diversen Haftungsvorschriften zivil- und strafrechtlicher Natur, die vertrags- und gesetzwidrige Formen des Opportunismus mit entsprechenden Sanktionen belegen.

3. Systeme der Corporate Governance

Systeme der CG bestehen aus diversen markanten Elementen rechtlicher und faktischer Natur, die unterschiedliche Ausprägungen annehmen können. Die jeweilige Kombination dieser Elemente führt zu spezifischen Arrangements institutioneller Regelungen und marktlicher Gegebenheiten, die insgesamt die Möglichkeiten der verschiedenen Stakeholder zur Einflussnahme auf das Unternehmensgeschehen bestimmen. Zu den wichtigsten rechtlichen Systemelementen zählen die maßgebliche übergeordnete Zielsetzung des Unternehmens (Shareholder- oder Stakeholder-Orientierung), Strukturmerkmale wie bspw. eine monistische (Board-System) oder dualistische (Two-Tier-System) Verfassung und eine direktoriale (CEO) oder kollegiale (Vorstand) Leitungsorganisation, die Verankerung der Arbeitnehmer (Partizipation durch Mitbestimmung oder Ausübung externen Arbeitsmarktdrucks) und die primäre Ausrichtung von Publizität und Prüfung nach dem Marktwert- oder dem Vorsichtsprinzip (US-GAAP bzw. IFRS/IAS vs. HGB). Die faktischen Systemelemente umfassen namentlich Indikatoren des Kapitalmarkts wie etwa die Aktionärsstrukturen (Anteilskonzentrationen oder Streubesitz), das Verhältnis von Eigen- und Fremdfinanzierung der Unternehmen, die Rolle der Banken (Universalbank- oder Trennungsprinzip) und die Existenz personeller Verflechtungen zwischen den Unternehmen. Von Bedeutung sind aber auch generellere sozio-kulturelle Faktoren wie bspw. die ‚Governanceatmosphäre', die governancerelevante Werthaltungen der jeweiligen Gesellschaft beinhaltet und z.B. bestimmt, welche Managementvergütungen noch als angemessen und inwieweit opportunistische Verhaltensweisen als verwerflich angesehen werden.

In der Realität lassen sich charakteristische Kombinationen dieser Elementausprägungen identifizieren, die als sog. Systemtypen oder Governancemodelle grundlegende Alternativen des Umgangs mit dem CG-Problem markieren. Besondere Bedeutung kommt dabei der Gegenüberstellung des angelsächsischen und des kontinentaleuropäischen Modells zu. Derartige Kontrastierungen alternativer Systemtypen laufen naturgemäß Gefahr, holzschnittartig zu überzeichnen und notwendigen Nuancierungen nicht gerecht zu werden. Sie werfen gleichwohl die interessante Frage auf, welche Governancelösung effizienter ist und sich im globalen Systemwettbewerb möglicherweise durchsetzt. Die Beantwortung dieser Frage ist – was häufig übersehen wird – ein komplexes Unterfangen, da die ökonomische Effizienz alternativer Governancesysteme von zahlreichen Faktoren abhängt wie namentlich der Komplementarität der Systemelemente und ihrer Einpassung in das jeweilige wirtschaftliche, rechtliche und sozio-kulturelle Umsystem. Hinzu kommt, dass nicht allein die ökonomische Effizienz, sondern auch andere Faktoren wie namentlich politische (Macht-)Verhältnisse darüber entscheiden, ob und welche Governancesysteme sich international durchsetzen.

V. Erfolgswirkungen der Corporate Governance

Die Governancedebatte geht grundsätzlich davon aus, dass Unternehmen mit guter CG erfolgreicher sind als solche mit unzulänglichen Führungsmodalitäten. Die Annahme eines positiven Zusammenhangs zwischen CG und Unternehmenserfolg ist zwar durchaus plausibel, empirisch aber nur schwer nachzuweisen. Die Probleme, verlässliche Aussagen zu den Erfolgswirkungen alternativer Formen der CG zu treffen, beruhen zum einen darauf, dass Governancesysteme aus zahlreichen Systemelementen bestehen, die ihrerseits ein hohes Maß an Komplexität aufweisen und miteinander in vielfältigen Wechselwirkungen stehen. Zum anderen ist zu beachten, dass der Unternehmenserfolg keineswegs ausschließlich von den Governancemodalitäten beeinflusst wird, sondern von zahlreichen weiteren Faktoren wie z.B. den Geschäftsfeld- und Wettbewerbsstrategien des Unternehmens. Die heute noch unsicheren Erkenntnisse über die Erfolgskonsequenzen der CG mahnen somit zur Vorsicht bei entsprechenden Effizienzaussagen. Sie sprechen allerdings in Anbetracht der schwierigen Beweisführung auch nicht per se gegen die Formulierung und Einhaltung von Governancestandards. Soweit die Standards plausibel sind und bereits von zahlreichen Unternehmen (ohne erkennbaren Schaden) praktiziert werden, dürfen sie als ‚Best Practice' eine gewisse Effizienzvermutung für sich beanspruchen.

Corporate-Governance-Kodex – Vorstand und Aufsichtsrat der börsennotierten Gesellschaft haben jährlich zu erklären, dass den vom Bundesjustizministerium im amtlichen Teil des elektronischen → Bundesanzeigers bekannte gemachten Empfehlungen der „Regierungskommission Deutscher Corporate-Governance-Kodex" (aktuelle Fassung des DCGK vom 26.5.2010) entsprochen wurde oder wird oder welche Empfehlungen nicht angewendet wurden oder werden. Diese „Entsprechenserklärung" ist den Aktionären dauerhaft zugänglich zu machen (§ 161 AktG). – Die

Empfehlungen als Regelungsprodukte einer nicht staatlichen Institution haben – trotz ihres „offiziösen Anstrichs" – keinen Rechtscharakter, es sind keine Rechtsnormen. Durch ihre gesetzliche Inbezugnahme über § 161 AktG erlangen sie jedoch eine wichtige praktische Bedeutung für die Unternehmen. Der BGH (BGHZ 180, 9 = NJW 2009, 2207; Leo Kirch/Deutsche Bank) hat die Bedeutung der Entsprechenserklärung gestärkt, indem eine Unrichtigkeit der Erklärung (hier: entgegen Nr. 5.5.3 DCGK nicht aufgezeigter Interessenkonflikt) eine Anfechtbarkeit von Beschlüssen bewirken kann, wenn die Organmitglieder die Unrichtigkeit kannten oder kennen mussten. – Das praktizierte Modell – der Staat überlässt es den Betroffenen, sich selbst zu regulieren – ist angesichts mancher „Wirtschaftslobby-geprägter" Inhalte der Empfehlungen nicht unumstritten.

Corporate Identity – 1. *Corporate Identity als Kommunikationskonzept:* Das Corporate Identity-Konzept kann als ein strategisches Konzept zur Positionierung der Identität oder auch eines klar strukturierten, einheitlichen Selbstverständnisses eines Unternehmens, sowohl im eigenen Unternehmen als auch in der Unternehmensumwelt, gesehen werden. Die strategische Verknüpfung eines solchen Konzepts liegt darin, dass im Rahmen einer Positionierung dieses Selbstverständnisses und Selbstbildes auch eine Reihe zentraler strategischer Elemente wie Technologieorientierung, Produkt-/Marktfelder, strategische Grundorientierungen, Beziehung zu Mitarbeitern, Abnehmern, Lieferanten und Konkurrenten, verhaltenssteuernde Normen etc. geklärt werden müssen. Über die Entwicklung eines deutlichen „Wir-Bewusstseins" soll das Corporate Identity-Konzept nach innen eine → Unternehmenskultur als Netzwerk von gelebten Verhaltensmustern und Normen etablieren und sicherstellen, dass die Vielzahl der Entscheidungsbeteiligten auf der Basis eines einheitlichen Unternehmensbildes bzw. Firmenimages und Unternehmensleitbildes entscheidet und handelt. Dadurch wird eine wesentlich höhere Kompatibilität und Synergie der Unternehmensaktivitäten ermöglicht sowie über die Identifikation mit dem Unternehmen und deren Politik erhebliches Motivationspotenzial freigesetzt (vgl. auch → Behavioral Branding). Nach außen geht es darum, dass die durch verbales und nonverbales Verhalten gesendeten Signale mit dem erarbeiteten Konzept übereinstimmen und so bei den verschiedenen Adressatenkreisen wie Öffentlichkeit, Kunden, Presse, Kapitalgeber, Lieferanten, potenzielle Arbeitnehmer etc., den Aufbau eines Firmenimages ermöglichen, die mit dem Corporate Identity-Konzept übereinstimmen; man kann hier von *Image-Fit* sprechen. – 2. *Corporate Identity als Konzept strategischer Unternehmensführung:* Das Corporate Identity-Konzept ist in diesem Sinn nicht nur ein Kommunikationskonzept, sondern ein zentraler Bestandteil der strategischen Unternehmensführung und -planung und eine wesentliche Erfolgsvoraussetzung zu einer kontinuierlichen und strategiekonformen Umsetzung strategischer Konzepte ins operative Geschäft. Die Geschlossenheit und Konsistenz der Strategieumsetzung, der Strategie-Fit ist dabei eine der Stoßrichtungen von Corporate Identity-Konzepten. – 3. *Elemente:* (1) → Corporate Behaviour, (2) → Corporate Communication und (3) → Corporate Design. – 4. Das Corporate Identity-Konzept stellt zudem den Rahmen für das Brand Identity-Konzept (→ Markenidentität). – Vgl. auch → internationale Corporate Identity.

Corporate Image → Corporate Identity.

Corporate Language – einheitliche unternehmensspezifische Sprache, die ein wesentlicher Bestandteil des → Corporate Behavior ist. Sie übt einen erheblichen Einfluss auf die → Corporate Identity (nach innen wie nach außen) und damit auf das Corporate Image aus.

Corporate Networks – unternehmensweites Kommunikationsnetz, mit dem auch räumlich getrennte Standorte (Produktionsstätten, Niederlassungen, Filialen etc.) sowie Geschäftspartner (Lieferanten) zusammengefasst werden können. – Vgl. auch → Intranet, → Business TV.

Corporate Philanthropy – Bezeichnung für unternehmerische Wohltaten wie → Spenden, → Sponsoring, pro-bono-Aktivitäten oder → Corporate Volunteering; wird bisweilen als Bestandteil von → Corporate Citizenship gesehen. Auch wenn der Term altruistische Aktivitäten suggeriert, werden hierunter auch strategische Aktivitäten subsumiert, die der Erreichung von Unternehmenszielen dienen.

Corporate Relations – Gesamtheit der Beziehungen des Unternehmens zu seiner sozialen Umwelt. – Vgl. auch → Public Relations (PR).

Corporate Responsibility Rating – 1. *Begriff:* Das Corporate Responsibility Rating wurde von der oekom research AG 1993 entworfen. Erste ökologieorientierte Ratings (→ Ökoratings) wurden 1994 durchgeführt und betrachten neben der ökologischen auch die soziale Performance. – 2. *Bewertungskriterien (Social Rating):* Mitarbeiter und Zulieferer, Gesellschaft und → Produktverantwortung, → Corporate Governance und → Wirtschaftsethik. – 3. *Bewertungskriterien (Environmental Rating):* → Umweltmanagement, → Produkte und → Dienstleistungen, → Ökoeffizienz.

Corporate Social Responsibility

von Prof. Dr. Nick Lin-Hi

I. Begriff

Abk. CSR, stellt einen aus dem Anglo-Amerikanischen kommenden (normativen) Schlüsselbegriff der → Unternehmensethik dar, welcher die Frage nach der gesellschaftlichen → Verantwortung von Unternehmen aufspannt. CSR wird dabei in Wissenschaft und Praxis höchst unterschiedlich interpretiert, sodass es sich hierbei nicht um ein klares Managementkonzept, sondern um eine Leitidee handelt, die unternehmensspezifisch zu konkretisieren ist. Die Diskussion um die gesellschaftliche Verantwortung von Unternehmen firmiert oftmals auch unter Begriffen wie → Corporate Citizenship, → Corporate Philanthropy, Stakeholdermanagement (→ Stakeholder-Ansatz), → Nachhaltigkeitsmarketing oder (unternehmerischer) → Nachhaltigkeit. Die Übergänge zwischen den Begriffen sind dabei fließend.

II. Unternehmerische Relevanz

Die Thematik CSR hat in den letzten Jahren kontinuierlich an Bedeutung gewonnen. Von Unternehmen wird heute nicht nur erwartet, dass sie sich zur ihrer gesellschaftlichen Verantwortung bekennen, sondern ebenso der Nachweis, dass sie dieser gerecht werden. Für die Unternehmensführung erwächst hieraus die Herausforderung, mit dieser Erwartung angemessen umzugehen, da anderenfalls der Verlust der unternehmerischen Akzeptanz in der Gesellschaft (licence to operate) droht. Durch die Übernahme von gesellschaftlicher Verantwortung positionieren sich Unternehmen als gute Partner in der Gesellschaft und schaffen damit Voraussetzungen für langfristigen Erfolg. CSR hat damit weniger etwas mit Gutmenschentum zu tun, sondern ist Bestandteil eines guten Managements. Mögliche Vorteile von Verantwortungsübernahme sind etwa die Verbesserung von Kundenbeziehungen, die Stärkung von Miterarbeitercommitment, die Steigerung von Energie- und Ressourceneffizienz oder die Erschließung neuer Marktsegmente.

Die zunehmende gesellschaftliche Nachfrage nach CSR sowie die steigende Relevanz für Unternehmen sind auf diverse Veränderungen von Rahmenbedingungen der unternehmerischen Wertschöpfung zurückzuführen. Diese Veränderungen können als Triebkräfte von CSR bezeichnet werden.

III. Corporate-Social-Responsibility-Triebkräfte

1. Neue Informations- und Kommunikationsbedingungen

Informations- und Kommunikationsmöglichkeiten sind in den letzten Jahren bei gleichzeitig fallenden Kosten drastisch gestiegen. Prinzipiell besteht heute die Möglichkeit, globale Informationen ortsunabhängig zu erhalten und zu verteilen. Globale unternehmerische Aktivitäten unterliegen daher einer potenziellen Transparenz und kritische Informationen können schnell sowie unkompliziert weltweit diffundieren. Entsprechend steigt die Wahrscheinlichkeit, dass unternehmerisches Fehlverhalten aufgedeckt wird, was Reputations- und Sanktionsrisiken mit sich bringt.

2. Globalisierung

Globale → Wertschöpfung eröffnet durch die damit verbundenen Möglichkeiten zur Ausweitung von Arbeitsteilung und Spezialisierung neue Kooperationspotenziale. Dies geht einher mit einer Intensivierung des Wettbewerbs, was im Zusammenspiel mit der steigenden → Komplexität und Dynamik von globalen unternehmerischen Aktivitäten neue Herausforderungen im Hinblick auf Koordinations- sowie Steuerungsleistungen mit sich bringt. Verstärkt werden diese Herausforderungen durch lückenhafte gesetzliche Rahmenbedingungen (→ Institutionen), infolgedessen die Steuerungsfähigkeit globaler Wertschöpfung sowie die wechselseitige Verlässlichkeit erschwert werden. Unternehmen müssen allerdings damit rechnen, dass ihnen Zwischenfälle in ihrer Zulieferkette negativ zugerechnet werden.

3. Vertrauensverlust in unternehmerische Aktivitäten/kritischere Öffentlichkeit

Diverse unternehmerische Skandale haben zur zunehmenden Erosion des gesellschaftlichen Vertrauens in Unternehmen und deren Aktivitäten beigetragen. Insbesondere die Gewinnorientierung von Unternehmen wird kritisch gesehen und oft als Ursache für gesellschaftlich unerwünschte Effekte der unternehmerischen Wertschöpfung erachtet. Damit verbunden ist eine verstärkte Diskussion über die gesellschaftliche Rolle von Unternehmen bzw. über die Bedingungen, unter denen unternehmerische Aktivitäten im Dienste gesellschaftlicher Interessen stehen. Infolgedessen entwickeln sich auch Fragestellungen zu ökologischen und sozialen Standards der Wertschöpfung sowie den Grenzen der Gewinnorientierung. Verstärkt wird die Diskussion durch Aktivitäten von → Interessengruppen (Pressure Groups) wie Umwelt- oder Konsumentenbewegungen, welche in gebündelter Form Forderungen an Unternehmen adressieren und in der Lage sind, kritische Massen in der Gesellschaft zu mobilisieren.

4. Kapitalmärkte

Kapitalmärkten kommt als Triebkraft für CSR eine ambivalente Rolle zu. Einerseits forcieren sie kurzfristige Gewinnstrategien, andererseits ist zu beobachten, dass der Markt für nachhaltige Geldanlagen seit Jahren wächst. Letzteres führt dazu, dass Unternehmen verstärkt darum bemüht sind, in nachhaltig orientierten Indizes und Fonds vertreten zu sein, infolgedessen Kapitalmärkte auch Anreize für verantwortliches Handeln offerieren.

IV. Inhaltliche Dimensionen

Generell werden eine Vielzahl von Aspekten und Themenfeldern mit dem Begriff CSR assoziiert. Die Konkretisierung erfolgt oftmals entlang akteursspezifischer Interessen; so fokussieren etwa Umweltorganisationen v.a. ökologische Aspekte, Kunden die Produkt- oder Servicequalität, Anwohner lokale Auswirkungen der unternehmerischen Tätigkeit usw. Hinzu kommen typische unternehmerische Konfliktfelder, welche im Kontext von CSR thematisiert werden, etwa → Kinderarbeit, → Korruption, (globale) Arbeitsbedingungen und Sozialstandards, → Umweltschutz, Entlassungen oder Standortverlagerungen. Auch wird diskutiert, ob bzw. inwieweit Unternehmen die Verantwortung haben, zur Lösung gesellschaftlicher Probleme wie → Armut oder Klimaerwärmung aktiv beizutragen. Jenseits von konkreten Themen lassen sich auf übergeordneter Ebene vier zentrale Interpretationslinien von CSR identifizieren, welche gleichwohl Überschneidungen untereinander aufweisen.

1. Corporate Social Responsibility als Wohltätigkeit

Vielfach und insbesondere in der Öffentlichkeit wird CSR mit unternehmerischen Aktivitäten jenseits des Kerngeschäfts verbunden. Gemäß dieser Sichtweise haben Unternehmen die Verantwortung, durch → Spenden, Sponsoring (Sozio-Sponsoring), → Corporate Volunteering und ähnliche Instrumente einen sichtbaren Beitrag für das Gemeinwohl zu leisten. Die Frage, ob derartige Wohltätigkeiten altruistisch oder ökonomisch motiviert sein sollten, wird unterschiedlich beantwortet. Zu kritisieren an diesem Verständnis von CSR ist die Fokussierung auf die Gewinnverwendung, wohingegen die Art und Weise der Gewinnerzielung tendenziell außen vor bleibt. Auch ist kritisch anzumerken, dass Wohltätigkeiten bisweilen als Korrekturfunktion zur Gewinnerzielung positioniert werden, was allerdings nicht mit dem Gedanken des → Leistungswettbewerbs vereinbar ist.

2. Corporate Social Responsibility als Gewinnmaximierung

In neoklassischer Tradition wird CSR bei dieser Position mit der Gewinnmaximierung gleichgesetzt. Dieser Gleichsetzung liegt die Sichtweise zugrunde, dass hinreichend definierte → Verfügungsrechte sowie die Koordination über → Märkte zur Maximierung der gesellschaftlichen Wohlfahrt (→ Wohlfahrtsoptimum) führen. Die mit Verfügungsrechten und Marktwettbewerb einhergehenden Anreize bewirken, dass Unternehmen mit ihren Ressourcen effizient umgehen. In eben diesem effizienten Umgang wird die Verantwortung von Unternehmen verortet. An dieser Sichtweise ist zu kritisieren, dass die Möglichkeit zu unverantwortlicher Gewinnerzielung durch die unterstellten Annahmen (insbesondere die Vollständigkeit der Rahmenordnung) ausgeblendet wird; faktisch bestehen stets Möglichkeiten, Gewinne zulasten Dritter zu erzielen. Ferner ist problematisch, dass diese Interpretation von CSR die gesellschaftliche Einbettung und damit auch die Bedeutung normativer Vorstellungen in der Gesellschaft vernachlässigt.

3. Corporate Social Responsibility als Stakeholderorientierung

CSR bezieht sich hier auf die Akteure, welche mit Unternehmen in Interaktion stehen (→ Anspruchsgruppen); bspw. Eigen- oder Fremdkapitalgeber (→ Eigenkapital, → Fremdkapital), → Gewerkschaften, → Kunden, Mitarbeiter oder Zulieferer. Im Sinne der Stakeholderorientierung haben Unternehmen die Verantwortung, nicht nur im Interesse der Eigentümer, sondern auch im Interesse der anderen Stakeholder zu agieren. Angestrebt wird sowohl die Ausbalancierung unterschiedlicher Interessen als auch die Generierung von Win-win-Potenzialen. Kritisch anzumerken ist hierbei, dass keine einheitliche Definition von Stakeholdern existiert, sodass im Einzelfall unklar ist, welchen Akteuren gegenüber Unternehmen Verantwortung haben. Auch ist offen, welche Stakeholderinteressen Unternehmen im Rahmen ihrer Wertschöpfung zu berücksichtigen haben und wie mit Interessenkonflikten zwischen Stakeholdern konkret zu verfahren ist.

4. Corporate Social Responsibility als Management der Wertschöpfung

Im Mittelpunkt dieser Auffassung steht die Verringerung von gesellschaftlich unerwünschten ökologischen und sozialen Auswirkungen (→ externer Effekt) im Rahmen der unternehmerischen → Wertschöpfung. CSR konkretisiert sich hierbei als Gewinnerzielung, welche nicht zulasten berechtigter Interessen Dritter geht. Hieraus erwächst auf operative Ebene die Verantwortung, grundlegende Standards im Bereich Arbeit, Umwelt und Soziales über die gesamte Wertschöpfungskette hinweg und damit auch in der Zulieferkette sicherzustellen. CSR wird damit zu einer unternehmerischen Querschnittsaufgabe und damit zu einem Kernbestandteil der Unternehmensführung (Management). Ein Problem bei dieser Position ist, dass die Einhaltung von grundlegenden Standards üblicherweise als Selbstverständlichkeit verstanden wird, sodass es schwierig für Unternehmen ist, hierüber ihre Verantwortlichkeit nachzuweisen. Zudem ist unklar, wie sich im Einzelfall berechtigte Interessen von Dritten definieren lassen und welches Niveau verantwortliche Standards aufzuweisen haben.

V. Management von Corporate Social Responsibility

Generell ist das Management abhängig von dem unternehmensspezifischen Verständnis von CSR und wird in der Praxis daher sehr unterschiedlich umgesetzt, auch um den unternehmensspezifischen Herausforderungen gerecht werden zu können. Gleichzeitig existieren Unterschiede im Hinblick auf den Grad der unternehmensinternen Verankerung, insbesondere im Hinblick auf die Verknüpfung mit der Unternehmensstrategie. Typische Instrumente des Managements sind etwa → freiwillige Selbstbindungen wie → Code of Conducts, die Anwendung von (Branchen-)Standards wie dem → SA 8000, unternehmensinterne und -externe Audits oder Risikomanagementsysteme. Flankiert werden diese vielfach durch Instrumente des klassischen Marketing- und Kommunikationsmix (→ marketingpolitische Instrumente, → Kommunikationspolitik) insbesondere einer entsprechenden Berichterstattung. Hinzu kommen Mitgliedschaften bzw. Aktivitäten in Initiativen bzw. Projekten auf internationaler und nationaler Ebene wie dem → Global Compact, dem World Business Council for Sustainable Development (WBCSD) oder → Econsense.

Eine besondere Herausforderung beim Management von CSR ist die Sicherung der unternehmerischen Wettbewerbsfähigkeit. Als Akteure des marktwirtschaftlichen Systems sind Unternehmen darauf angewiesen, ihre Verantwortung unter Wettbewerbsbedingungen wahrnehmen zu können. Entsprechend besteht die Herausforderung, die mit dem Management von CSR verbundenen Kosten in rentable Investitionen zu überführen. Zu konstatieren ist hierbei, dass das Management von CSR, insbesondere bei einer tiefen Verankerung in der Unternehmensstrategie, eines langfristigen Planungshorizonts bedarf.

VI. Zukunftsperspektiven

Angesichts der zunehmenden Kritik an Unternehmen sowie ihrer Gewinnorientierung ist davon auszugehen, dass die gesellschaftliche Nachfrage nach CSR weiter steigen wird. Aufgrund der Bedeutsamkeit der Thematik für die → licence to operate wird die Frage nach den Grenzen und Reichweiten von CSR zu einer vordringlichen Herausforderung. Hierzu bedarf es der Klärung über die gesellschaftliche Funktion von Unternehmen sowie die damit verbundenen Implikationen für die Bedingungen ihrer licence to operate. Damit einher geht die Frage nach der gesellschaftlichen Bedeutung der unternehmerischen Gewinnerzielung sowie den Bedingungen, unter welchen diese im Dienste der Gesellschaft steht. Auch gilt es, die institutionelle Einbettung (→ Institution) von Unternehmen miteinzubeziehen. Entsprechend ist der Frage um die Verantwortung von Unternehmen eine Diskussion um die → Gestaltung von (globalen) Rahmenbedingungen zur Seite zu stellen. Insgesamt handelt es sich bei CSR sowohl um eine unternehmerische als auch um eine ordnungspolitische und damit gesellschaftliche Herausforderung.

Corporate Venture Capital – durch Industrieunternehmen oder deren Tochtergesellschaften, die selber keine Finanzinstitutionen sind, hauptsächlich für junge, nicht börsennotierte Wachstumsunternehmen bereitgestelltes → Venture-Capital. Dabei verfolgen die Kapitalgeber nicht nur finanzielle Ziele, sondern auch strategische Ziele wie Stärkung von Geschäftsfeldern, Zugang zu (technischen) Innovationen und Diversifikation. Neben der Bereitstellung von Eigenkapital werden auch Ressourcen und Managementunterstützung zur Verfügung gestellt.

Corporate Volunteering – bezeichnet die Förderung gesellschaftlichen Engagements von Mitarbeitern. Unternehmen unterstützen ihre Mitarbeiter, innerhalb des Angestelltenverhältnisses ehrenamtlich für gemeinnützige Organisationen bzw. gesellschaftliche Zwecke tätig zu werden. Vielfach handelt es sich hierbei um ein Instrument im Rahmen von → Corporate Citizenship. Es dient sowohl der Demonstration von gesellschaftlichem Engagement als auch der Entwicklung von sozialer Kompetenz bei Mitarbeitern.

Corrective Action Plan – Ein Corrective Action Plan dient der zielgerichteten Behebung von Problemen in Betrieben, etwa in Bezug auf Missstände bei Arbeits- und Sozialstandards. In diesem Sinne ist ein Corrective Action Plan ein Instrument im Rahmen von → Corporate Social Responsibility zur Sicherstellung einer verantwortlichen Wertschöpfung.

Correspondent Central Banking Model (CCBM) – 1. Begriff: dient dazu sicherzustellen, dass sämtliche notenbankfähigen Sicherheiten, die für geldpolitische Geschäfte verwendet oder zur Liquiditätsbeschaffung in → TARGET2 genutzt werden können, unabhängig davon, wo die Sicherheiten verwahrt werden bzw. der Geschäftspartner seinen Sitz hat, allen Geschäftspartnern des Eurosystems zur Verfügung stehen. Das Modell wurde zu Beginn der dritten Stufe der Wirtschafts- und Währungsunion (WWU) im Januar 1999 vom Eurosystem eingeführt. – 2. *Hintergrund*: Geschäftspartner, die an den geldpolitischen Geschäften des Eurosystems teilnehmen, und TARGET2-Teilnehmer erhalten ausschließlich bei der Zentralbank des Landes, in dem sie ihren Sitz haben, durch Hinterlegung notenbankfähiger Sicherheiten Krediten. – Das CCBM ermöglicht die Verwendung marktfähiger Sicherheiten, die in anderen Ländern begeben (d.h. registriert oder hinterlegt) wurden. Hierzu müssen die Geschäftspartner mit dem Wertpapierabwicklungssystem des Emittenten (d.h. dem System, über das die Wertpapiere begeben bzw. bei dem sie verwahrt werden) vereinbaren, dass die Sicherheiten auf ein Konto der jeweils zuständigen lokalen nationalen Zentralbank übertragen werden. Die lokale NZB dient somit als Korrespondenzzentralbank (Correspondent Central Bank, CCB) und verwaltet die Sicherheiten im Auftrag der Kredit gewährenden Zentralbank. – Für die grenzüberschreitende Nutzung nicht marktfähiger Sicherheiten (z.B. Kreditforderungen) wurden spezielle CCBM-Lösungen entwickelt. Diese Sicherheiten können etwa durch Eigentumsübertragung, Abtretung oder Verpfändung im Auftrag und im Namen der Heimatzentralbank im Rahmen des CCBM genutzt werden. – Alternativ können die Geschäftspartner der EZB auch bestehende Verbindungen zwischen den Wertpapierabwicklungssystemen verschiedener Länder nutzen, soweit der EZB-Rat diese Verbindungen für die Kreditgeschäfte des Eurosystems zugelassen hat. – 3. *Ausblick*: Eine Weiterentwicklung zum Collateral Central Banking Management (CCBM2) ist geplant.

Cost-Benefit-Analyse → Kosten-Nutzen-Analyse.

Cost-Constraint-Analyse – 1. *Begriff*: Technik, mit der die Widerstände, die bei der Implementierung eines Planes oder einer Strategie bei den Betroffenen auftreten könnten, schon in der Planungs- bzw. Analysephase berücksichtigt werden können. – 2. *Merkmale*: Die Cost-Constraint-Analyse umfasst die Ermittlung der potenziellen Widerstände gegen eine bestimmte Alternative, die Bewertung der Kosten der Überwindung bzw. Neutralisierung dieser Widerstände sowie die Einschätzung des möglichen Nutzens der Überwindung bzw. Neutralisierung. Sie kann damit zu einer Veränderung in der Reihenfolge der präferierten Alternativen führen.

Cost Driver Accounting → Prozesskostenrechnung.

Cost-Plus Pricing – kostengetriebener Ansatz zur Festsetzung eines Preises. Auf die Kosten eines Gutes wird der zu erzielende Gewinn als Aufschlag addiert um den Verkaufspreis festzulegen.

Cost Plus System → Kost-Plus-System.

Cost Push Inflation – *Kostendruckinflation*; Unterteilung in Marktmacht- und Verteilungskampfinflation. Die Marktmachtinflation sieht das steigende Preisniveau als Ergebnis von Monopolen, Kartellen und den Missbrauch von Marktmacht. Die → Verteilungsinflation sieht die Auseinandersetzung zwischen Gewerkschaften und Arbeitgeber als Ursache der Inflation. – Vgl. auch → Inflationstheorien.

COTIF – Abk. für *Convention Relative aux Transports Internationaux Ferroviaires*, → Übereinkommen über den internationalen Eisenbahnverkehr.

Cotonou-Abkommen – Nachfolgeabkommen des → Lomé-Abkommens. – 1. *Begriff*: Das Cotonou-Abkommen ist ein Assoziierungsabkommen auf Basis des Art. 198 AEUV, das die EU am 23.6.2000 in Cotonou (Benin) mit 77 Staaten in Afrika, dem karibischen Raum und im Pazifischen Ozean (→ AKP-Staaten) geschlossen hat. Es ist im Jahre 2003 in Kraft getreten, hat eine Laufzeit von 20 Jahren und kann alle fünf Jahre überprüft werden. – 2. *Historischer Abriss:* Das Cotonou-Abkommen löste das Lomé-Abkommen ab, das am 29.2.2000 nach 25 Jahren abgelaufen ist. Das Lomé-Abkommen war zum vierten und letzten Mal 1989/1990 erneuert worden und hatte folgende Ziele: Handelsregelungen und handelspolitische Zusammenarbeit, industrielle Zusammenarbeit, Zusammenarbeit in der Landwirtschaft, Zusammenarbeit im kulturellen und sozialen Bereich, Menschenrechte. Im Bereich Handel hatten fast alle Ursprungswaren der AKP-Staaten freien Zugang zur Gemeinschaft. Das STABEX-System (Stabilisierung der Exporterlöse (→ STABEX)) machte die AKP-Staaten unabhängig von den Schwankungen des freien Marktes, indem es ihnen ein bestimmtes Niveau der Erlöse garantierte. Das System für Erze (→ SYSMIN) stellte Subventionen zur Verfügung, um vorübergehende Probleme bei der Produktion oder dem Export von Bergbauprodukten zu verringern. Das letzte Lomé-Abkommen enthielt außerdem erstmals die Möglichkeit, dass die Hilfe für einen AKP-Staat teilweise oder vollständig ausgesetzt werden konnte, wenn er gegen Menschenrechte und Prinzipien von Demokratie und Rechtsstaat verstieß (politische Konditionalität). Das Lomé-Abkommen war ursprünglich im Jahre 1975 unterzeichnet worden und folgte auf die Abkommen von Arusha und Jaundé. – 3. *Merkmale:* Das Cotonou-Abkommen zielt in erster Linie auf die Armutsbekämpfung ab. Insgesamt ist es weit reichender als seine Vorgänger-Abkommen, da es auch folgende Aspekte umfasst: Stärkung des politischen Dialogs (zur regionalen Zusammenarbeit, Konfliktverhütung etc.), verantwortungsvolle Regierungsführung und Einhaltung der Menschenrechte (im Sinn politischer Konditionalität), bevorzugte Handelsregelungen, die bis 2008 mit den Regeln der → World Trade Organization (WTO) in Einklang gebracht werden (bes. Ablösung der einseitigen Handelspräferenzen durch regionale Wirtschaftspartnerschaftsabkommen bis 2008), Einführung eines bilateralen freien Handels mit Waren und Dienstleistungen zwischen 2008 und 2020 sowie Rückführung von Personen, die sich illegal in der EU aufhalten. Außerdem wird die komplementäre Rolle der Zivilgesellschaft bei der Ausgestaltung der Partnerschaft anerkannt. Mit den ärmsten AKP-Staaten wurde ein zoll- und quotenfreier Zugang all ihrer Exportgüter zum europäischen

Binnenmarkt eröffnet (für bestimmte Produkte gibt es Übergangsfristen). STABEX und SYSMIN werden unter dem Cotonou-Abkommen nicht fortgeführt, sondern durch ein System der Unterstützung bei kurzfristigen Schwankungen der Ausfuhrerlöse ersetzt. – 4. *Geltungsbereich:* Das Cotonou-Abkommen umfasst im Jahre 2004 77 AKP-Staaten. Verhandlungen mit Kuba sind aufgrund politischer Divergenzen zunächst eingefroren worden. – 5. *Organe:* Das Cotonou-Abkommen errichtete einen gemeinsamen Ministerrat, den Botschafterausschuss und die Paritätische Parlamentarische Versammlung. – 6. *Finanzierung/Programmierung:* Das Cotonou-Abkommen wird in erster Linie aus dem Europäischen Entwicklungsfonds (→ EEF) finanziert, der bis 2005 13,5 Mrd. Euro zur Verfügung gestellt hat. Der EEF ist nicht Teil des → EU-Haushalts, sondern setzt sich aus Beiträgen der Mitgliedsstaaten zusammen. Hinzu kommen im gleichen Zeitraum 1,7 Mrd. Euro in Form von Krediten der Europäischen Investitionsbank (→ EIB). Die Programmierungsverfahren wurden optimiert und stärker partizipatorisch gestaltet. Die Zuweisung der Mittel beruht auf dem Bedarf der AKP-Staaten und erstmals auch auf deren Leistung bei Programmierung und Verwendung der Mittel.

Counseling – Instrument der → Personalentwicklung. Durch Counseling soll dem Mitarbeiter mittels einer geplanten und überwachten Form der Arbeitsdurchführung die Möglichkeit gegeben werden, eigene Erfahrungen zu sammeln. Die Aufgabe des Vorgesetzten ist hier darauf gerichtet, durch Hilfestellung und Anregung das Hineinwachsen in eine neue Aufgabenstellung zu erleichtern. – Vgl. auch → Coaching, → Mentoring.

Counterfeiting → Markenpiraterie, → Produktpiraterie.

Counter Trade – *Tauschhandel;* Ware gegen Ware ohne monetäre Zahlungsströme. Es gibt zahlreiche verschiedene Varianten, die u.a. als Bartergeschäft, Gegengeschäft, Gegenkauf, Kompensationsgeschäft, Parallelgeschäft etc. (→ Kompensationshandel) bezeichnet werden, wobei die Begriffsverwendung oft unscharf ist.

Counterurbanization – Phase im Urbanisierungsprozess, der durch eine Umverteilung von Bevölkerung und Arbeitsplätzen aus den → Verdichtungsräumen in die ländlichen und peripheren Gebiete (→ Peripherie) gekennzeichnet ist.

Country-by-Country-Verfahren → Produktexpansionsstrategie.

Country of Origin – 1. *Begriff:* Herkunftsland eines Produktes. Wird zumeist gleichgesetzt mit dem Herstellungsland eines Produktes, das auf der Produktverpackung angegeben ist. – 2. *Wirkung:* Die Wirkung des Herkunftslandes auf den Nachfrager wird als Country of Origin-Effekt bezeichnet und ist insb. im → internationalen Marketing relevant. Für Nachfrager ist der tatsächliche Produktionsort jedoch von eher geringer Bedeutung. Einen deutlich stärkeren Effekt auf das → Markenimage hat die wahrgenommene räumliche → Markenherkunft.

Coupon – *Kupon;* festverzinslichen Wertpapieren oder Aktien beigefügte → Zinsscheine oder → Dividendenscheine; wird auch als Synonym für *Zins-* und *Dividendenschein* verwendet. Zusammengestellt in einem Coupon-Bogen, von dem jeweils die einzelnen Coupons abgetrennt werden; Berechtigung zum Bezug eines neuen Bogens aufgrund des → Erneuerungsscheins. Gegen Einreichung des Coupons am Zinstermin wird der fällige Zinsbetrag gezahlt (meist 2.1. und 1.7. bzw. 1.4. und 1.10.). – Die Vorlegungsfrist beträgt mangels anderer Bestimmungen vier Jahre, bei Vorlegung Verjährung binnen zwei Jahren seit Ende der Vorlegungsfrist (§ 801 BGB). Im Fall der Depotverwahrung durch eine depotführende Bank gehört die Einziehung und die Auszahlung der jeweiligen Beträge zu den Depotführungsaufgaben, die ohne Einwirken des Depotkunden erledigt werden.

Couponing → Bemusterung.

Couponsteuer → Kapitalertragsteuer.

Coupontest – Instrument der → Werbeerfolgskontrolle, bei dem → Werbemittel (in erster Linie → Anzeigen und → Direct Mailings) mit Coupons ausgestattet werden (neuerdings auch gebührenfreien Telefonnummern oder Internetadressen). Anzahl und räumliche Verteilung der Rücksendungen bzw. Anfragen ermöglichen Rückschlüsse auf den Werbeerfolg, z.B. über → Reichweite und → Streuung; Zurechnung zu einzelnen Werbeträgern (→ Media) wird durch differenzierte Kennzeichnung der Coupons ermöglicht. – *Bekanntestes Verfahren:* Bestellung unter Bezugnahme auf Werbemittel (→ BuBaW-Verfahren). Zusätzlich können durch Coupons weitere Adressen für Direct Mailings generiert werden. – Vgl. auch → Anfragenkontrolltest.

Cournot – Antoine Augustin, 1801–1877. Cournot, der nur kurze Zeit als Professor für Mathematik in Lyon lehrte, war in der Schulverwaltung tätig. Er wird von Philosophen, Mathematikern und Nationalökonomen an hervorragender Stelle zu den ihren gezählt. In der Nationalökonomie gilt er als Begründer der mathematischen Schule. Sein ökonomisches *Hauptwerk* „Recherches sur les principes mathématiques de la théorie des richesses“ (1838, dt. Übersetzung 1924) enthält u.a. Konzeptionen der Angebots- und Nachfragekurven, der Preisbildung bei Konkurrenz, Monopol und Dyopol in einer Form, die sich bis heute gehalten hat (→ Preisbildungsmodelle). Cournot erkannte die Bedeutung der Wahrscheinlichkeitsrechnung für die Statistik. Seine wissenschaftlichen Leistungen und das Ausmaß der Publikationen – elf Bücher, mehrere zweibändig – sind um so erstaunlicher, weil er an einem schweren Augenleiden litt und schon in jungen Jahren von einem Vorleser abhängig war. Erst nach seinem Tod wurde sein wissenschaftliches Werk gebührend gewürdigt.

Cournot-Oligopol – bes. → Modell nicht kooperativen oligopolistischen Verhaltens. Jeder Anbieter wählt unter der Annahme konstanter Angebotsmengen aller Konkurrenten die für ihn optimale Angebotsmenge. Je mehr die Konkurrenten anbieten, umso weniger bietet der einzelne Anbieter an *(Reaktionsfunktion)*. Die Unterstellung konstanter Angebotsmengen für alle Konkurrenten widerspricht der fallenden Reaktionsfunktion, es entsteht eine Art strategischen Irrtums, der bei einem internationalen Oligopol die Grundlage für *strategische Handelspolitik* (→ Handelspolitik).

Cournotsche Kurve → monopolistische Preisbildung.

Cournotscher Punkt → monopolistische Preisbildung.

Cournotsches Dyopol → oligopolitische Preisbildung.

Courtage – *Kurtagen*. I. Börsenwesen: Gebühr, die der Börsenmakler (→ Kursmakler, → Skontroführer) für die Vermittlung der Börsengeschäfte vom Käufer und vom Verkäufer erhält. Ihre Höhe kann einheitlich festgesetzt werden, meist in Prozent oder Promille des Kurswerts, seltener in festem Satz je Stück. Die Courtage ist nach Effektengattungen (Staatspapiere, sonstige Obligationen, Dividendenpapiere), z.T. auch nach der Höhe des Kurswerts oder nach der Art des Geschäfts gestaffelt. Die Bank stellt die an den Makler entrichtete Courtage dem Kunden in Rechnung. → II. Versicherungswesen: 1. *Begriff*: Vergütung, die ein → Versicherungsmakler von Versicherungsunternehmen für die Zuführung und fortlaufende Betreuung eines Versicherungsvertrags erhält. Art und Höhe der Courtage sind üblicherweise in sog. Courtagevereinbarungen geregelt, die der Makler mit diversen Versicherungsunternehmen trifft. – 2. *Formen:* Courtagen kommen in Form von einmaligen Vergütungen für die Zuführung eines Vertrages oder als fortlaufende Vergütungen, die neben der Vermittlung auch die Vertragsbetreuung abgelten, vor. – 3. *Rechtsgrundlagen*: Teilweise finden auf Courtagevereinbarungen die Vorschriften des HGB über die Provisionsansprüche der Versicherungsvertreter und deren Abrechnung entsprechende Anwendung.

Coverage – 1. In der → Distributionspolitik die Abdeckung des Absatzmarkts (Marktabdeckung). – 2. In der → Marktforschung die repräsentative Abbildung der → Grundgesamtheit durch die Stichprobe.

Coverage-Fehler – bei statistischen → Erhebungen der → Fehler, der dadurch entsteht, dass die → Grundgesamtheit, auf die sich die Untersuchung richtet *(Zielgesamtheit)*, und die Gesamtheit, welche erhoben wird *(Erhebungsgesamtheit)*, nicht deckungsgleich sind; also der Fehler, der durch eine falsche Abgrenzung der Grundgesamtheit zustande kommt (→ Adäquation).

CP – Abk. für *Commercial Paper;* unbesicherte → Inhaberschuldverschreibungen, die ähnlich wie Sola-Wechsel Zahlungsversprechen beinhalten. Sie werden deshalb nur von ersten Adressen auf dem Banken- und dem Unternehmenssektor begeben, i.d.R. im Rahmen eines CP-Programms. Der Emittent kann je nach Kapitalbedarf daraus einzelne Tranchen abrufen, nach der Rückzahlung steht der ganze Rahmen wieder zur Verfügung. CPs werden abdiskontiert begeben und zum Nennwert zurückgezahlt. Laufzeiten können von einigen Tagen bis zu zwei Jahren reichen; der Schwerpunkt liegt bei ein bis drei Monaten. Sie werden deshalb als Geldmarktpapiere zugeordnet. – Vgl. die besicherten Asset Backed Commercial Paper (ABCP), → Verbriefung von Kreditportfolios.

CPA – Abk. für *Classification of Products by Activity* bzw. *Statistische Güterklassifikation in Verbindung mit den Wirtschaftszweigen in der Europäischen Wirtschaftsgemeinschaft;* europäische (verbindliche) Güterklassifikation, die zwar aus der Zentralen Güterklassifikation der Vereinten Nationen (→ CPC) abgeleitet ist und häufig als deren europäische Variante bezeichnet wird, jedoch z.T. eine tiefere Gliederung verwendet. Im Warenbereich erfolgt die Gliederung gemäß dem Harmonisierten System zur Bezeichnung und Codierung der Waren (→ Harmonisiertes System zur Bezeichnung und Codierung von Waren (HS)) und der → Kombinierten Nomenklatur. Außerdem ist die CPA in der Kodierung eng mit der → NACE verknüpft. Im Gegensatz zur CPC ist die CPA für die Staaten der Europäischen Union rechtsverbindlich, es besteht jedoch die Möglichkeit der Verwendung von an nationale Bedürfnisse angepassten Versionen. Eine Revision erfolgt in unregelmäßigen Abständen von ca. fünf Jahren, zuletzt anlässlich der Revision des HS zur CPA 2008. Seit 1995 wird die CPA als Erhebungs- und Darstellungsklassifikation verwendet. – Vgl. auch → Klassifikationen, → Güterklassifikationen.

CPC – Abk. für *Central Product Classification* bzw. *Zentrale Güterklassifikation;* seit 1989 Güterklassifikation der Vereinten Nationen, die alle Güter, die Gegenstand einer inländischen oder internationalen wirtschaftlichen Transaktion sein können, erfasst. Dazu gehören neben transportierbaren und nichttransportierbaren → Waren auch der Dienstleistungsbereich und materielle (Grund und Boden) und immaterielle (Patente, Copyrights) Vermögenswerte. Die CPC dient der Ermittlung verschiedenster Statistiken, denen Informationen über Produkte zugrunde liegen, bspw. Produktions-, Verbrauchs-, Handels- oder Preisstatistiken. In der CPC sind die Produkte gemäß ihren physischen Merkmalen und ihren wesentlichen Eigenschaften angeordnet. Dabei werden auch die verwendeten Rohstoffe, das Produktionsverfahren, der Verwendungszweck der Güter usw. berücksichtigt. Die Codierung erfolgt teilweise in Anlehnung an die für den Außenhandel verwendete Güterklassifikation HS → Harmonisiertes System zur Bezeichnung und Codierung von Waren (HS). Eine

Revision erfolgt in unregelmäßigen Abständen, zuletzt zur CPC Vers. 2. Aufbauend auf der CPC existiert die Güterklassifikation der Europäischen Union → CPA. – Vgl. auch → Klassifikationen, → Güterklassifikationen.

CPM – Abk. für *Critical Path Method;* spezielle → Netzplantechnik, die Vorgangspfeilnetzpläne verwendet. Sämtliche dargestellten Ablaufbeziehungen sind Normalfolgen mit Mindestabständen der Zeitdauer Null.

CPT – *Abkürzung für Carriage Paid to ... Named Place of Destination (frachtfrei ... benannter Bestimmungsort),* Vertragsformel der von der ICC entwickelten → Incoterms für Außenhandelsgeschäfte. – CPT („Fracht bezahlt bis ...") ist bei allen Transportarten anwendbar, wenn der Verkäufer – auf seine Kosten, aber auf Gefahr des Käufers – die Ware bis zu einem bestimmten Bestimmungsort im Importland liefern soll. Dieser muss – im Gegensatz zu → CIF – kein Hafen sein; für einen Hafen wäre CFR anwendbar. – Der Verkäufer kommt seiner Verpflichtung nach, wenn er exportfreie Ware liefert, den Beförderungsvertrag auf seine Kosten abschließt und die Ware dem ersten (also dem von ihm beauftragten) Frachtführer übergibt; die Gefahr geht dabei auf den Käufer über (vgl. oben die Unterscheidung von Spediteur und Frachtführer; dies ist insbesondere bei multimodalem Transport von Bedeutung). Dem Verkäufer obliegt keine Versicherungspflicht. – CPT entspricht also → CFR mit dem Unterschied, dass der Bestimmungsort nicht zwingend Hafen sein muss, bzw. → FCA plus Frachtkosten. Der Käufer trägt alle Kosten ab Gefahrenübergang (d.h. ab Übergabe an den ersten, vom Verkäufer beauftragten Frachtführer), die nicht zur Fracht gehören, also gegebenenfalls auch Entladekosten, sofern diese nicht in der Fracht enthalten sind, und ist für die Importabwicklung zuständig. CPT wird bspw. gerne bis zu einem Flughafen-Frachtterminal im Bestimmungsland gewählt. Die Klausel ist in der Praxis sehr gebräuchlich, weil der Käufer sich nicht um die organisatorische Abwicklung, sondern nur um die Einfuhrabfertigung kümmern muss. – Die in der Praxis gelegentlich verwendeten Formulierungen wie „frei Grenze ..." (*franco border, franco frontière*) sind missverständlich, da sie sich i.d.R. nur auf die Transportkosten, jedoch nicht auf die Risikoübernahme bis zur Grenze erstrecken sollen. Daher sollte man stattdessen „CPT" vereinbaren. Sofern der Verkäufer dennoch die Risiken übernehmen soll, wäre → DAP (*delivered at place*) oder DAT (delivered at Terminal) angebracht. – *Wichtigste Verpflichtungen der Parteien:* 1. *Verpflichtungen des Verkäufers:* (a) Der Verkäufer hat auf eigene Rechnung den Beförderungsvertrag abzuschließen. – (b) Lieferung: Der Verkäufer hat die Ware dem Frachtführer in dem für die Lieferung vereinbarten Zeitpunkt oder innerhalb der vereinbarten Frist zur Beförderung an die vereinbarte Stelle am benannten Bestimmungsort zu übergeben. – (c) Der Verkäufer hat die Frachtkosten zu übernehmen, die erforderlich sind, um die Ware bis zum benannten Bestimmungsort zu befördern. – (d) Der Verkäufer hat alle Gefahren des Verlustes oder der Beschädigung der Ware solange zu tragen, bis sie gemäß (b) geliefert worden ist. – e) Diese Vertragsklausel verpflichtet den Verkäufer, die Ware zur Ausfuhr freizumachen. – 2. *Verpflichtungen des Käufers:* Die Gefahr des Verlustes oder der Beschädigung der Ware ebenso wie alle anderen Kosten, die nach erfolgter Lieferung der Ware gemäß (b) auftreten, sind ab diesem Zeitpunkt grundsätzlich vom Käufer zu tragen. – 3. *Anwendung:* Diese Vertragsformel kann für jede Transportart verwendet werden, einschließlich des → multimodalen Transports. – Vgl. auch EXW, → FCA, → FAS, → FOB, → CFR, → CIF, → CIP, → DAT, → DAP, → DDP, → Incoterms, → C-Klauseln, → F-Klauseln, → D-Klauseln.

CPU – Abk. für *Central Processing Unit,* → Zentraleinheit.

Cradle-to-Cradle – 1. *Begriff:* Mithilfe des Cradle-to-Cradle-Konzepts soll die Intelligenz natürlicher Systeme für die Entwicklung neuer Produkte genutzt werden. Hierzu zählen z.B. die → Effektivität des Nährstoffkreislaufs. – 2. *Ziel:* Ziel ist es, eine friedliche Koexistenz von Wirtschaft und Natur zu ermöglichen. – Entwickelt wurde das Konzept durch Braungart und McDonough (vgl. Braungart/ McDonough 2005). Es folgt dabei dem Grundgedanken, dass → Abfall gleichbedeutend mit „Nahrung" ist. Der „Cradle-to-Cradle"-Gedanke will das „Cradle-to-Grave"-Modell ablösen, in dem Stoffströme, die mit dem Produkt zusammenhängen, als unerwünschter → Output in die Natur zurückgegeben werden, ohne je wieder für eine Nutzung vorgesehen zu sein und darüber hinaus die Umwelt mit Schadstoffen anreichern. Anstelle dessen sollen → Verbrauchsgüter in einem biologischen Nährstoffkreislauf geführt werden und → Gebrauchsgüter in technischen Kreisläufen organisiert werden.

Crawler → Roboter.

Credential – Präsentation einer Werbeagentur, in der bereits für andere Kunden realisierte Arbeiten bei einem neu zu gewinnenden Kunden vorgestellt werden. Ziel ist es, den Kunden über die eigene Arbeitsweise, die Organisation und das Dienstleistungsangebot zu informieren. – Vgl. auch → Pitch.

CREDEURO – Konvention für eine europaweite EU-Standardüberweisung, vom → EPC im November 2002 angenommen. Die CREDEURO-Konvention schafft einen Standard für die Abwicklung von EU-Standardüberweisungen; hierzu sind seitens des Bankkunden bestimmte Mindestanforderungen – wie Angabe der → IBAN und des → BIC – erforderlich. Dafür wird ihm eine maximale Abwicklungszeit von drei Tagen zugesichert (vom Tag der Auftragsannahme bis zum Tag der Gutschrift auf dem Konto des

Begünstigten). – Vgl. auch → Single Euro Payments Area (SEPA).

Credible Commitments → glaubhafte Zusicherungen.

Credit Crunch → Kreditklemme.

Credit Default Swap (CDS) – 1. *Begriff*: Kontraktform der → Kreditderivate, bei der der Sicherungsnehmer (Risikoverkäufer) nur das isolierte Kreditausfallrisiko auf den Sicherungsgeber (Risikokäufer) überträgt. Gegen den Erhalt einer einmaligen oder bei längeren Laufzeiten ggf. annualisierten Optionsprämie (*CDS-Spread*) leistet der Sicherungsgeber lediglich bei Eintritt eines vorab spezifizierten Kreditereignisses (*Credit Event*) dem Sicherungsnehmer des Referenzaktivums eine → Ausgleichszahlung (*Credit Default Payment*). – 2. *Formen der Ausgleichszahlung*: Das Credit Default Payment kann in Höhe des Nominalwertes gegen physische Lieferung des Referenzaktivums, in Form eines Differenzausgleichs zum Restwert des Referenzaktivums nach Eintritt des Kreditereignisses (*Cash Settlement*) oder als fest vereinbarter Betrag erfolgen. Die Höhe der Prämie wird im Wesentlichen von der → Bonität des Schuldners, der Definition des Kreditereignisses, der Höhe der möglichen Ausgleichszahlung sowie der Laufzeit des Vertrags bestimmt. – 3. *Kreditereignis*: Das Ereignis, bei dem der Sicherungsgeber verpflichtet wird zu leisten, wird vorab fest definiert, z.B. Zahlungsverzug, Zahlungsausfall, Antrag auf Insolvenz oder Verschlechterung des Ratings. Dabei orientiert man sich im allgemeinen an den Standards der ISDA (International Swaps and Derivate Association). – 4. *Risikoverteilung*: Mit einem CDS wird das Kreditrisiko von dem zugrunde liegenden Kreditgeschäft gelöst. CDS werden außerbörslich separat gehandelt (OTC-Geschäft) und somit das Risiko des Ausfalls verteilt. Tritt das Ereignis ein, muss der Besitzer selbst tatsächlich keinen Ausfall haben. Der Handel mit CDS unterliegt damit der Spekulation.

Credit Rating

von Dr. Oliver Everling

Rating ist eine Methode zur Einstufung von Sachverhalten, Gegenständen oder Personen. Meist wird unter Rating das Ergebnis des Beurteilungsverfahrens verstanden. Dies ist eine entsprechend der zugrunde liegenden Ratingskala als Symbol, Zeichen oder Zeichenfolge ausgedrückte „Zensur“ oder „Note“.

I. Begriffsabgrenzung

Ranking stellt ebenso wie Rating eine Methode zur Einstufung von Objekten dar. Im Gegensatz zum Rating ist hier die Zielsetzung jedoch die Einordnung der betrachteten Objekte in eine Rangfolge. Im Ergebnis kann ein Ranking maximal so viele Rangplätze vorsehen, wie es Objekte des Rankings gibt. Ein Rating kann dagegen nur in Ausnahmefällen in ein Ranking transformiert werden. Für Ratings ist die Zuweisung zu Ratingklassen bzw. Ratingkategorien elementar. Rankings dienen z.B. der Einstufung von Aktien oder Investmentfonds.

Im Zuge der Regulierung von Ratingagenturen in der Europäischen Union wurde eine gesetzliche Differenzierung von Scorings, die auf rein mathematisch-statistischen Verfahren beruhen und insbesondere in Handelsbeziehungen der Beurteilung von Lieferantenforderungen dienen, und finanzmarktoritentierten Ratings eingeführt.

II. Anwendungsbereich

Ratings werden u.a. im Bereich des Finanz- und Bankwesens, der Soziologie und Psychologie sowie im Marketing eingesetzt. Im Bereich des Finanz- und Bankwesens dienen Ratings der Beurteilung von Finanzierungstiteln oder Wirtschaftssubjekten. Das Rating eines Finanzierungstitels bzw. Wirtschaftssubjektes ist das in Form eines Symbols, eines Zeichens oder einer Zeichenfolge ausgedrückte Urteil über die Gesamtheit der betrachteten Merkmale des Finanzierungstitels bzw. Wirtschaftssubjektes. Ratings von Finanzierungstiteln können sich sowohl auf Beteiligungs- als auch Forderungstitel beziehen. Bei Beteiligungstiteln wie z.B. Aktien gibt das Rating Auskunft über die Ertragskraft oder andere Merkmale des Emittenten; oft wird auch von „Rating“ gesprochen, wenn es um bloße Kauf-, Halte- oder Verkaufsempfehlungen bei Aktien geht. Bei Forderungstiteln stellt das Rating eine Meinung hinsichtlich der wirtschaftlichen Fähigkeit und rechtlichen Bindung eines Emittenten dar, die mit dem betrachteten Forderungstitel verbundenen Zahlungsverpflichtungen vollständig und rechtzeitig zu erfüllen.

Ratings von Wirtschaftssubjekten stellen eine Meinung über deren allgemeine Zahlungsfähigkeit dar. Im Zusammenhang mit der Beurteilung von Wirtschaftssubjekten können von Ratingagenturen, d.h. auf Bonitätsanalysen spezialisierten Unternehmen, erstellte Ratings sowie von Banken erstellte sog. „interne Ratings“ unterschieden werden. Die internen Ratings der Banken stellen meist computergestützt standardisierte, gegenüber Dritten nicht offengelegte Urteile über die Kreditwürdigkeit des betrachteten Wirtschaftssubjektes vom individuellen Risikostandpunkt der jeweiligen Bank im Hinblick auf mögliche Kreditlinien und Geschäftsarten dar. Die Ratings von Ratingagenturen dagegen sind an einen breiten Adressatenkreis gerichtet und rücken die Gläubigerposition eines Investors am Finanzmarkt sowie Risikoaspekte eines Emittenten in den Vordergrund. Neben der originären Zahlungsfähigkeit des Emittenten ist zusätzlich die Qualität der Besicherung des Forderungstitels für das Rating beeinflussend. Gegenstand der folgenden Betrachtungen sind Ratings von Ratingagenturen. Sie umfassen im Wesentlichen Ratings von Wirtschaftssubjekten, auch als Emittentenrating bezeichnet, sowie von Forderungstiteln, auch Emissionsrating genannt, und werden deshalb zusammenfassend auch als Credit Rating oder Kreditrating bezeichnet.

III. Ziele und Funktionen

Voraussetzung für ein Credit Rating von Ratingagenturen ist das Vorliegen eines Forderungstitels oder einer ähnlichen Anwartschaft auf zukünftige, im Voraus in ihrer Höhe fixierte Zahlungen eines Emittenten. Ratingagenturen erstellen u.a. Ratings für kurz- und langfristige Schuldverschreibungen, Anleihen, Obligationen, Commercial Paper, Certificates of Deposit, Bankeinlagen, Forderungen aus Versicherungspolicen, Geldmarkt- und Rentenfonds, Emittentenratings sowie Länderratings. Länderratings stellen Bonitätseinstufungen von (in ausländischer Währung denominierten) Forderungen gegen einen Staat dar. In wachsendem Maße werden Ratings von Agenturen auch eingesetzt, um konsortialiter vergebene Bankdarlehen zu klassifizieren. Ratings werden i.d.R. veröffentlicht und nehmen für eine Reihe von Adressaten, besonders Anleger, Emittenten und Institutionen der Marktaufsicht, vielfältige Funktionen wahr.

1. Funktionen für Anleger

Ratings sind Meinungen über die Kreditwürdigkeit eines Emittenten und dienen Kapitalanlegern damit als wichtiges Instrument für die Unterstützung von Investitionsentscheidungen bzw. Anlagestrategien. Ratings stellen jedoch keine Empfehlung hinsichtlich des Kaufs, Verkaufs oder Haltens eines Forderungstitels dar. Zwischen Rating und Zinsstruktur von Forderungstiteln besteht ein für Finanzmärkte statistisch nachweisbarer Zusammenhang in der Form, dass ein durch ein niedrigeres Rating ausgedrücktes höheres Insolvenzrisiko eines Emittenten mit einer höheren Verzinsung des Forderungstitels einhergeht. Da im Rating z.T. auch nicht öffentlich verfügbare Daten berücksichtigt werden, trägt seine Publizierung zu einer höheren Informationseffizienz der Geld- und Kapitalmärkte bei.

2. Funktionen für Emittenten

Da zahlreiche Marktteilnehmer ihre Investition am Rating ausrichten und besonders institutionelle Investoren von Anlagen ohne Rating gänzlich absehen, erschließen sich Emittenten durch das Rating einen breiteren Anlegerkreis. Ein Rating stellt für Emittenten einen wesentlichen Bestandteil des Finanzmarketings dar und kann zu einer Reduzierung der Kapitalkosten für die Emission von Forderungstiteln, zur Verstetigung zu gewährender Risikoprämien und damit zu einer Erhöhung der finanziellen Flexibilität führen. Darüber hinaus kann Rating zur Verbesserung des Unternehmensimages beitragen. Dies wird nicht zuletzt durch die Bereitschaft der Emittenten dokumentiert, die mit der Erstellung des Ratings verbundenen Kosten auch dann zu tragen, wenn als Ergebnis kein erstklassiges Rating zu erwarten ist.

3. Funktionen für Aufsichtsinstitutionen

International setzen zahlreiche Aufsichtsinstitutionen im Bank-, Börsen- und Versicherungswesen Ratings als unterstützendes Instrument zur Wahrnehmung ihrer Aufgaben ein. So wird z.B. das zulässige Anlagespektrum mithilfe von Ratings anerkannter Ratingagenturen definiert. Darüber hinaus besteht für Emittenten teilweise als Voraussetzung für eine Börsennotierung oder die Begebung von Forderungstiteln die Verpflichtung, ein Rating beizubringen.

Gemäß der Baseler Rahmenvereinbarung „Internationale Konvergenz der Kapitalmessung und Eigenkapitalanforderungen" (Basel II) können Banken bei der Bestimmung der Risikogewichte im Standardansatz (auch bei Verbriefungspositionen) Bonitätsbeurteilungen (Ratings) externer Ratingagenturen verwenden, sofern die Ratingagenturen von der nationalen Bankenaufsicht anerkannt worden sind. Die nationalen Aufsichtsbehörden müssen dabei die Ratings der anerkannten Ratingagenturen den Risikogewichtungskategorien (Bonitätsstufen) im Standardansatz zuordnen (sog. Mapping).

Auf Basel I aufbauend zielt die zweite Baseler Rahmenvereinbarung über die Eigenkapitalempfehlung für Kreditinstitute (Basel II) auf eine Stärkung der Sicherheit und Solidität des Finanzsystems ab. Wesentliches Ziel der neuen Eigenkapitalregelung ist es, die Kapitalanforderungen an Banken stärker als bisher vom eingegangenen Risiko abhängig zu machen sowie neuere Entwicklungen an den Finanzmärkten und im Risikomanagement der Institute zu berücksichtigen.

Um dies zu erreichen, stützt sich die Baseler Rahmenvereinbarung in einer ihrer Säulen auf die Mindestkapitalanforderungen, die eine Eigenkapitalunterlegung für Kreditrisiken, Marktrisiken und operationelle Risiken beinhalten. Zur Bestimmung der Eigenkapitalanforderungen stehen für diese drei Risikobereiche im Rahmen eines evolutionären Ansatzes verschiedene Risikomessverfahren zur Wahl: einfache, standardisierte Ansätze sowie fortgeschrittenere, risikosensitivere und auf bankeigenen Verfahren beruhende Ansätze. Die fortgeschritteneren und präziseren Verfahren der Risikomessung können zu Erleichterungen bei den Kapitalanforderungen führen.

Der Baseler Ausschuss für Bankenaufsicht hat im Dezember 2010 sein neues Regelwerk, „Basel III" genannt, veröffentlicht und im Laufe der Jahre ergänzt und überarbeitet. Im Januar 2013 wurden die endgültigen Regeln zur Liquidity Coverage Ratio veröffentlicht.

Basel III im weiteren Sinne umfasst zusätzlich die Basel-II-Rahmenvereinbarung „Internationale Konvergenz der Kapitalmessung und Eigenkapitalanforderungen" von 2004 sowie weitere Beschlüsse in Reaktion auf die sogenannte „Subprime"-Krise mit strengeren Regelungen, insbesondere für Verbriefungen und das Marktrisiko. Diese Weiterentwicklung von Basel II, die aufEU-Ebene in 2010 durch die sog. „Capital Requirements DirectiveCRD III" umgesetzt wurde, wird umgangssprachlich auch „Basel II plus" oder „Basel 2.5" genannt.

Durch Basel III wird das Prinzip einer risikoorientierten Eigenmittelunterlegung im Kreditgeschäft der Banken fortgeführt und die Eigenmittelanforderungen an Banken verschärft.

IV. Geschichtlicher Hintergrund

Die ersten Ratingagenturen wurden ab 1909 in den USA gegründet. Sie erstellten Ratings von Anleihen US-amerikanischer Eisenbahnunternehmen, wenig später kamen auch Ratings von Anleihen von Industrie- und Versorgungsunternehmen sowie Obligationen der öffentlichen Hand hinzu. Zu den weltweit führenden Ratingagenturen gehören die amerikanischen Unternehmen Moody's Investor Service und Standard & Poor's. Größte rein europäische Ratingagentur war bis zu Beginn der 1990er-Jahre das englische Unternehmen IBCA Ltd. Seit der Fusion mit der amerikanischen Ratingagentur Fitch Investors hat Fitch Ratings eine internationale Ausrichtung.

Ratingagenturen werden i.d.R. als erwerbswirtschaftliche Unternehmen geführt, wobei die erhobenen Ratinggebühren als Mechanismus zur Sicherung der Unabhängigkeit der Ratingagenturen dienen. Typisch ist eine Gliederung der Unternehmen in Abteilungen, die jeweils für spezifische Branchen und Länder zuständig sind. In Japan und den USA wird die Akzeptanz schon seit den 1970er-Jahren staatlich überprüft und durch eine offizielle Anerkennung als „Nationally Recognized Statistical Rating Organization" (NRSRO) bestätigt. Diese Mindestanforderungen umfassen u.a. Hygienefaktoren wie Objektivität im Sinn von Unabhängigkeit, Verfahrenstransparenz im Sinn von Plausibilität, Qualität, d.h. Fehlerlosigkeit, und Aktualität der verwendeten Informationen, Qualität der Ratinganalysten bezüglich Ausbildung, Sorgfalt, Sachlichkeit und Verschwiegenheit sowie Kontinuität und Komparabilität der Ratings, d.h. Vergleichbarkeit in zeitlicher und sachlicher Hinsicht. Erfolgsfaktoren für Ratings sind ein klarer Zielgruppenfokus, eine eindeutige Risikodefinition, hohe Publizität, Wirtschaftlichkeit der Analyse sowie Zukunftsorientierung.

Durch den „Credit Rating Agency Reform Act of 2006" wurde in den USA der Anerkennung und Überwachung von Ratingagenturen ein neuer rechtlicher Rahmen gegeben. In Europa kam eine vergleichbare Initiative für eine EU-Verordnung über Ratingagenturen erst nach Ausbruch der Finanzkrise 2007 in Gang.

Erst nach der Finanzkrise wurde allgemein anerkannt, dass der vorhandene Rahmen für die Funktionsweise der Ratingagenturen in der EU (der sich im Wesentlichen auf den IOSCO-Verhaltenskodex für Kreditratingagenturen stützte) erheblich verschärft werden musste. Deshalb zielt die Regulierung der Ratingagenturen auf die Gewährleistung höchstmöglicher Berufsstandards für Ratingtätigkeiten ab. Sie greifen jedoch nicht in die Ratingmethoden oder –beschlüsse ein, die nach wie vor in die alleinige Zuständigkeit und Verantwortung der Ratingagenturen fallen.

Mit einer EU-Verordnung über Ratingagenturen, die unmittelbar in allen Mitgliedstaaten gilt, wurde ein gemeinsamer Regulierungsrahmen für die Abgabe von Ratings eingeführt und so der Notwendigkeit Rechnung getragen, das Marktvertrauen wiederherzustellen und den Anlegerschutz zu verbessern. Die Verordnung regelt die Tätigkeit von Ratingagenturen, die die Kreditwürdigkeit von Unternehmen, Staaten und komplexen Finanzinstrumenten beurteilen. So müssen Ratingagenturen im Hinblick auf Integrität, Qualität und Transparenz hohe Standards erfüllen und außerdem von Regulierungsbehörden laufend überwacht werden. Damit können die Nutzer von Ratings in der EU besser beurteilen, ob die Urteile einer Ratingagentur verlässlich sind und ihre Anlageentscheidungen beeinflussen sollten.

Die Verordnung (EG) Nr. 1060/2009 des Europäischen Parlaments und des Rates vom 16.9.2009 über Rating-Agenturen umfasst z.B. folgende Regelungen: Ratingagenturen dürfen keine Beratungsdienste erbringen. Sie dürfen Finanzinstrumente nur dann bewerten, wenn sie hierfür über genügend fundierte Informationen verfügen. Sie müssen die Modelle, Methoden und grundlegenden Annahmen, auf die sie ihre Ratings stützen, veröffentlichen. Sie müssen die Ratings von komplexeren Produkten mit einer speziellen Kennzeichnung versehen. Sie müssen alljährlich einen Transparenzbericht veröffentlichen. Sie müssen eine interne Kontrollstelle einrichten, die über die Qualität ihrer Ratings wacht. Sie müssen mindestens zwei unabhängige Mitglieder in ihr Verwaltungs- oder Aufsichtsorgan bestellen, deren Vergütung vom Unternehmensergebnis der Ratingagentur unabhängig sein muss. Durch die Verordnung (EU) Nr. 513/2011 des Europäischen Parlaments und des Rates vom 11.5.2011 zur Änderung der Verordnung (EG) Nr. 1060/2009 über Ratingagenturen kamen weitere Bestimmungen hinzu und durch die Delegierte Verordnung (EU) Nr. 272/2012 der Kommission vom 7.2.2012 zur Ergänzung der Verordnung in Bezug auf die Gebühren, die den Ratingagenturen von der Europäischen Wertpapier- und Marktaufsichtsbehörde in Rechnung gestellt werden, den Ratingagenturen die Kosten der Aufsicht auferlegt.

Seit Mai 2012 regeln in der Europäischen Union technische Standards die Informationen, die Ratingagenturen im Registrierungsverfahren der Europäischen Wertpapier- und Marktaufsichtsbehörde (ESMA) zur Verfügung stellen müssen; die Präsentation der Informationen, die Ratingagenturen in einem von der ESMA eingerichteten zentralen Datenspeicher (CEREP) einstellen, sodass Investoren die Leistung verschiedener Ratingagenturen miteinander vergleichen können; wie ESMA Ratingmethoden bewerten soll und Inhalt, Format und Zeitintervalle für die Übermittlung von Ratingdaten an ESMA. Die vier Regulierungsstandards, welche die geltende Ratingverordnung ergänzen, wurden von der Europäischen Wertpapier- und Marktaufsichtsbehörde (ESMA) entwickelt und von der Kommission verabschiedet. Sie sollen gleiche Wettbewerbsbedingungen, Transparenz und angemessenen Verbraucherschutz innerhalb der Europäischen Union sicherstellen und zur Entwicklung eines einheitlichen Regelwerkes für Finanzdienstleistungen in der Union beitragen.

Im Oktober 2012 kamen Verfahrensvorschriften für von der ESMA Ratingagenturen auferlegte Geldbußen, einschließlich der Vorschriften über das Recht auf Verteidigung und Fristen, hinzu. Die Regulierung der Ratingagenturen wird durch weitere Konsultationen der ESMA fortentwickelt.

V. Darstellung des zugrundeliegenden Modells

1. Ratingskalen, -symbole und -definitionen

Das Rating wird mithilfe von Ratingsymbolen einer ordinalen Skala ausgedrückt, wobei jedes Ratingsymbol durch eine spezifische Definition des Bonitätsgrades des betrachteten Emittenten bzw. des betrachteten Forderungstitels bestimmt ist. Für die Einstufung von kurz- und langfristigen Forderungstiteln werden unterschiedliche Skalen verwendet. Die Unterscheidung von kurzfristigen und langfristigen Ratings erfolgt anhand der Ursprungslaufzeit des Forderungstitels. Kurzfristige Ratings werden für Forderungstitel vergeben, die zum Begebungszeitpunkt eine Laufzeit von weniger als einem Jahr haben, langfristige Ratings für Forderungstitel mit einer Laufzeit von mindestens einem Jahr. Die Skalen für kurzfristige Ratings beinhalten weniger Symbolstufen. Beim langfristigen Rating erfolgen innerhalb der Ratingsymbole Feinabstufungen durch Plus- und Minussymbole bzw. die Ziffern 1, 2 und 3. Sie geben die relative Stellung eines Emittenten innerhalb seiner Ratingkategorie an.

Sowohl bei kurzfristigen als auch bei langfristigen Ratings werden „Investment Grade" und „Speculative Grade" unterschieden. Unter die Kategorie „Investment Grade" fallen Forderungstitel und Emittenten, bei denen

Ratingskalen

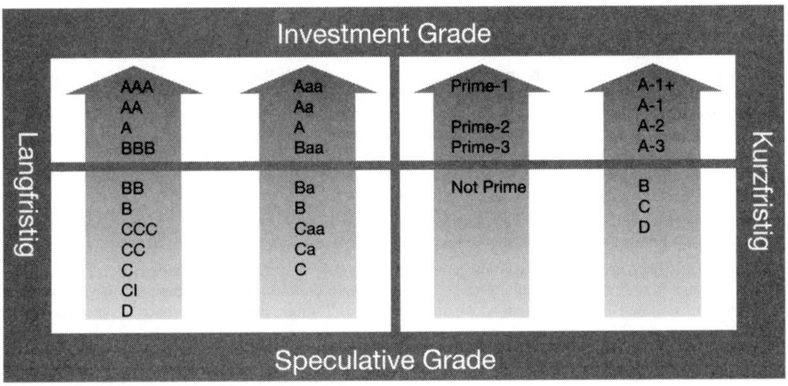

das Bonitätsrisiko als relativ gering anzusehen ist. Spekulative Ratings sind Ausdruck eines besonders hohen Maßes der Gefährdung des Kapitaldienstes und der Tilgung. Aufsichtsbehörden schließen z.T. besonders für institutionelle Anleger Anlagewürdigkeit für Forderungstitel der spekulativen Kategorie aus. In den USA ist ein „Investment Grade" Rating im kurzfristigen Anlagebereich faktisch Voraussetzung für den Eintritt in den Geldmarkt.

Das Herabsetzen eines Ratings in den spekulativen Bereich führt i.d.R. zum Ausscheiden des Emittenten aus dem Markt. Die Unterscheidung von kurz- und langfristigen Ratings ergibt sich neben Unterschieden in den Bonitätsrisiken aus den unterschiedlichen Informationsbedürfnissen von kurz- und langfristigen Investoren. Der analytische Ansatz für die Beurteilung von kurz- und langfristigen Forderungstiteln ist sehr ähnlich. Beim kurzfristigen Rating werden jedoch zusätzlich Liquiditätsaspekte und die finanzielle Flexibilität des Emittenten im betrachteten Zeitraum betont. Das langfristige Rating kann entscheidend von gewährten Sicherheiten und Schutzbestimmungen in Anleiheverträgen bestimmt sein. Das kurzfristige Rating bezieht sich dagegen meist auf eine unbesicherte, nicht nachrangige Verbindlichkeit des Emittenten. Während das langfristige Rating mehr der Beurteilung des relativen Bonitätsrisikos und der Angemessenheit des im Zins gewährten Risikoentgelts dient, zielt das kurzfristige Rating auf die Einstufung des absoluten Bonitätsrisikos. Damit liefern kurzfristige Ratings die informatorische Basis für eine risikoaverse Anlagepolitik. Zwischen kurz- und langfristigem Rating eines Emittenten besteht i.d.R. eine enge Korrelation.

2. Ratingverfahren

Das Ratingverfahren umfasst den Prozess bis zum Vorliegen eines Ratings. Die Auslösung des Ratingverfahrens ist mit und ohne Auftrag des beurteilten Emittenten möglich. Ratingagenturen fordern häufig auf eigene Initiative Emittenten auf, mit ihnen ein Ratingverfahren durchzuführen. Ratings, die ohne Auftrag und informatorische Unterstützung des Emittenten erstellt werden, basieren i.d.R. lediglich auf öffentlich zugänglichen Informationen, sodass die Agenturen eine Reihe von Kriterien nur unter vorsichtigen Annahmen beurteilen können. Dies wirkt sich tendenziell negativ auf das Rating des Emittenten aus. Da das Rating die Konditionen beeinflusst, zu denen sich der Emittent am Markt Kapital verschaffen kann, hat der Emittent u.U. spürbare Kostennachteile in Kauf zu nehmen, wenn er den Ratingagenturen seine Kooperation verweigert.

Die meisten Emittenten entschließen sich daher freiwillig dazu, mit den Agenturen zusammenzuarbeiten. Teilweise werden von den Ratingagenturen Ratings auf Basis öffentlich vorliegender Informationen durchgeführt, ohne dass der Emittent hinsichtlich einer Zusammenarbeit aufgefordert wurde. Emittenten, die ein Rating in Auftrag geben wollen, können die Unterstützung sog. Rating Advisors in Anspruch nehmen. Diese Dienstleistung wird neben den großen Investmentbanken auch von auf das Rating Advisory spezialisierten Beratungsunternehmen angeboten. Diese beraten bei der Auswahl der zu kontaktierenden Ratingagentur, leisten Unterstützung bei der Erstellung der Dokumentation für die Ratingagentur und geben Anleitung zur effizienten Durchführung des Ratingverfahrens für das Management. Wesentliche Schritte im Rahmen eines beauftragten Ratingverfahrens sind die Erteilung eines Ratingauftrages durch den Emittenten, die Durchführung des Managementgespräches, die Entscheidungsfindung durch das Risikokomitee der Ratingagentur sowie die Veröffentlichung des Ratings.

- *Ratingauftrag:* Im Vorfeld der Auftragserteilung wird der Emittent im Rahmen eines Informationsgespräches über die Vorgehensweise des Ratingverfahrens unterrichtet. Ebenso überprüft die Ratingagentur, ob der Emittent die formalen Voraussetzungen für ein Rating wie z.B. eine hinreichend spezifizierte Emission erfüllt. Mit dem Auftrag verpflichtet sich der Emittent alle für die Beurteilung erforderlichen Informationen bereitzustellen und die für das Ratingverfahren zu entrichtende Gebühr zu bezahlen, unabhängig davon, wie das Ergebnis des Ratings aussieht. Im Gegenzug verpflichtet sich die Ratingagentur, vertrauliche Informationen nicht ohne Zustimmung des Emittenten zu veröffentlichen. Sollte der Emittent im Verlauf des Ratingverfahrens seiner Verpflichtung zur Beibringung der von der Ratingagentur angeforderten Unterlagen nicht nachkommen, wird der Ratingauftrag von der Ratingagentur zurückgewiesen. In diesem Fall und auch bei Nichtveröffentlichung eines bereits erstellten Ratings hat der Emittent die Ratinggebühr zu bezahlen. Nach Annahme des Ratingauftrages durch die Ratingagentur werden Analysten für die Beurteilung des Emittenten eingesetzt.
- *Managementgespräch:* Das Managementgespräch findet zwischen den Analysten der Ratingagentur sowie den Vertretern des Emittenten, d.h. den Mitgliedern des Vorstands oder der Geschäftsführung statt.
- *Ratingkomitee:* Im Anschluss an das Managementgespräch werden die beurteilungsrelevanten Daten aufbereitet und in einem Bericht zusammengestellt. Dieser wird einem Ratingkomitee vorgelegt, das sich aus bes. erfahrenen Analysten der Ratingagentur zusammensetzt. Das Ratingkomitee stimmt nach Diskussion der Beurteilungsfaktoren über das festzusetzende Rating ab.
- *Veröffentlichung des Ratings:* Nach der Festsetzung des Ratings durch das Ratingkomitee wird dieses zunächst dem Emittenten mitgeteilt. Der Emittent hat die Möglichkeit, zum Rating Stellung zu nehmen und ggf. durch

Bereitstellung von noch nicht bei der Beurteilung berücksichtigten Datenmaterials auf eine erneute Entscheidung durch das Ratingkomitee herbeizuführen. Widerspricht der Emittent der Publizierung des Ratings nicht, so wird dieses veröffentlicht. Werden Ratingagenturen ohne Auftrag des Emittenten aktiv, so hat dieser keine Möglichkeit durch ein Veto die Veröffentlichung zu verhindern. Das veröffentlichte Rating wird von der Ratingagentur auf Basis von Jahresabschlüssen und Presseinformationen laufend überwacht.

Mindestens einmal im Jahr nehmen die Analysten der Agentur erneut das Gespräch mit dem Management des Emittenten auf, um neue Entwicklungstendenzen zu diskutieren und einen Bericht zu schreiben. Bei Auftreten von Faktoren, die auf eine Bonitätsveränderung des Emittenten hindeuten, wird dieser auf eine sog. Watchlist gesetzt. Nach einem gesonderten Überprüfungsverfahren wird das Rating vom Risikokomitee herauf- (Upgrading) oder herabgestuft (Downgrading) oder unverändert bestätigt. Der Emittent bleibt im Rahmen des Überwachungsverfahrens an sein einmal gegebenes Einverständnis der Publizierung des Ratings gebunden. Während die quantitativen Ratingkriterien in erster Linie Kennzahlen z.B. aus dem Finanzbereich umfassen, fließen mit qualitativen Ratingkriterien Informationen in die Beurteilung ein, die nicht oder nur mit unverhältnismäßigem Aufwand objektivierbar und quantifizierbar sind. Obwohl die Ratingagenturen ihre Urteile in großem Umfang auch auf quantitative Kriterien abstellen, spielen bei den angewandten Ratingsystemen qualitative Kriterien eine bedeutende Rolle. Da die Bonität von Emittenten auch von Ereignissen beeinflusst wird, die den Ratingagenturen im voraus nicht bekannt sind, bleibt eine geringe Fehlerquote der Einstufung unvermeidbar. Mit dem Ziel der Nachbildung der komplexen Urteilsfindungsmechanismen wurden in jüngster Zeit von verschiedenen Seiten mathematisch-statistische Ratingsysteme entwickelt, die eine automatisierte Schätzung der Kreditwürdigkeit auf der Basis anhand einiger Kennzahlen ermöglichen sollen. Da die für das Bonitätsrisiko relevanten Kriterien in Abhängigkeit des betrachteten Emittenten unterschiedlich ausfallen, werden unterschiedliche Ratingsysteme für die Beurteilung von Banken, Versicherungen, Industrieunternehmen und öffentlichen Körperschaften, von öffentlichen und privaten Pfandbriefen, Bankschuldverschreibungen und Industrieobligationen oder von kurz- und langfristigen Finanztiteln angewandt. Die Ratings werden auf der Basis mehrerer Analysestufen ermittelt.

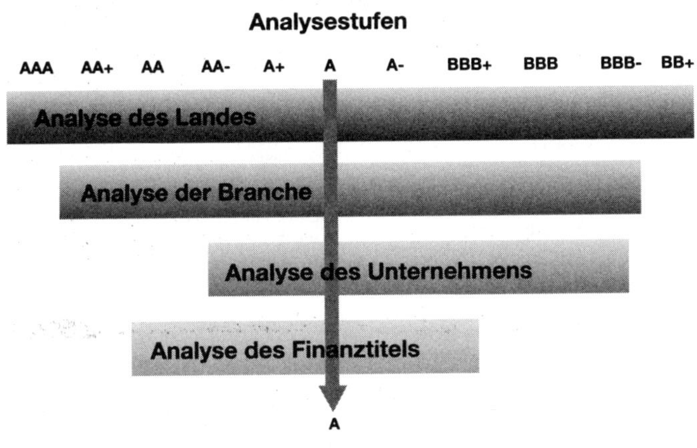

Im Rahmen der Länderrisikoanalyse wird zunächst die Obergrenze der möglichen Ratings des betrachteten Objektes bestimmt. In einem zweiten Schritt erfolgt die Branchenanalyse, die eine weitere, wenn auch weniger strikte Obergrenze für das Rating des betrachteten Objektes darstellt. Beim Emissionsrating erfolgt als letzte Analysestufe die Emissionsanalyse. Aufgrund abweichender Ausstattungsmerkmale können unterschiedliche Emissionen desselben Emittenten unterschiedliche Ratings haben. Bereits zu Beginn der 1990er-Jahre lagen mit Initiativen zur Gründung von Ratingagenturen Ansätze für die stärkere Etablierung von Ratings in Europa vor. Anders als damals führen seit dem Ende der 1990er-Jahre zahlreiche neue Fundamentalfaktoren zu einem stark wachsenden Bedarf an bonitätsbezogenen Informationen. Im Zuge der Neuordnung der Eigenkapitalunterlegung von Bankkrediten soll diese zukünftig verstärkt in Abhängigkeit von dem Risikogehalt des Kreditnehmers gestaltet sein, wobei als ein Maßstab für den Risikogehalt die Ratings von Ratingagenturen in Betracht gezogen werden.

VI. Beurteilung und Ausblick

Ratings nehmen elementare Informations- und Instrumentalfunktionen für Investoren, Emittenten und Aufsichtsbehörden wahr und stellen damit eine wesentliche informatorische Grundlage für die Aktivitäten an den Finanzmärkten dar.

Credit-Scoring-Verfahren – *Punktbewertungsverfahren;* mathematisch-statistisches Entscheidungsverfahren (häufig mittels → Diskriminanzanalyse), mit dem Merkmale eines Kreditnehmers zu einem Gesamturteil über seine → Kreditwürdigkeit zusammengefasst werden können. Mit Credit-Scoring-Verfahren lassen sich Kreditentscheidungen standardisieren und automatisieren, sodass dieses Verfahren insbesondere im Mengengeschäft angewendet wird (→ Ratenkredit, → Konsumentenkredit). – *Vorgehensweise:* Die Unterschiede zwischen guten und schlechten Kreditnehmern werden auf der Basis quantitativer (z.B. Einkommenshöhe) und qualitativer (z.B. berufliche Qualifikation) Kriterien analysiert. Die Merkmalsausprägungen werden bewertet und gewichtet zu einem Gesamtpunktwert (Scoringwert) aufaddiert. Auch qualitative Merkmale lassen sich so durch eine Transformation für Rechenoperationen nutzen. Der errechnete Punktwert wird für die Kreditentscheidung mit dem Grenzscore (Trennwert oder Cutoff Score) verglichen. Entsprechend der Vorgaben wird der Kredit letztlich vergeben oder abgelehnt. – Vgl. auch → Bonitätsprüfung; → Kreditwürdigkeitsprüfung, → Ausfallrisiko; → Kreditrisiko.

Credit Spread – engl. für *Zinsmarge*; 1. *Allgemein*: Risikoaufschlag auf einen → Referenzzinssatz, der für risikobehaftete Anlagen oder Kredite gezahlt werden muss. – 2. *Kapitalmarkt*: Risikoprämie, die für eine Unternehmensanleihe gezahlt werden muss im Vergleich zu einer risikolosen laufzeitgleichen Anleihe (z.B. Staatsanleihen der Bundesrepublik Deutschland). Die tatsächliche Höhe wird von der Ausfallwahrscheinlichkeit einer Anleihe bestimmt: je höher der Spread, desto höher die Ausfallwahrscheinlichkeit und desto niedriger die Bonität und umgekehrt. → Rating und Credit Spreads sind nicht zwangsläufig identisch. Die Höhe der Credit Spreads wird durch die Einschätzung der Marktteilnehmer gegenüber des Unternehmens mit beeinflusst. Dadurch sind Credit Spreads genauer als ein Rating als Maßstab für die Bonität eines Unternehmens anzusehen.

Creeping Commitment – Terminus aus dem Investitionsgütermarketing. Bei komplexen organisationalen Beschaffungsprozessen sind mit fortschreitender Prozessdauer die jeweiligen Entscheidungen durch vorhergehende Entscheidungen in früheren Phasen des Beschaffungsprozesses → Kaufphasen(ansatz) – zunehmend eingeschränkt.

Criterion Validity → Validität.

Critical Incident Technique (CIT) – halbstandardisiertes Verfahren zur empirischen Anforderungsanalyse. Grundidee ist es, bestimmte Verhaltensweisen (bzw. „kritische Ereignisse") als bes. erfolgreich oder nicht erfolgreich im Hinblick auf ein bestimmtes Ziel zu klassifizieren. Dazu wird die zu befragende Person aufgefordert, aus dem eigenen Erlebnisbereich über wichtige, „kritische" Ereignisse in der Vergangenheit zu berichten. – *Anwendung* u.a. bei der Erhebung von Anforderungen für die Eignungsdiagnostik oder die Gestaltung von Trainingsmaßnahmen. – Vgl. auch → Arbeitsgestaltung, → Arbeits- und Organisationspsychologie.

Critical-Levels-Konzept → kritische Belastungswerte.

Critical-Loads-Konzept → kritische Belastungswerte.

Critical Path Method → CPM.

CRM – Abk. für → Customer Relationship Management, Kundenbindungsmanagement.

Cross Border Leasing – Form der → Exportfinanzierung. Grenzüberschreitende Leasingverträge, d.h. Leasingnehmer und Leasinggeber sind in unterschiedlichen Staaten ansässig und unterliegen verschiedenen steuerlichen Rechtsordnungen. Gegenstand von Cross Border Leasings als Instrument der Absatzförderung und der Außenhandelsfinanzierung sind häufig kapitalintensive Investitionsgüter (Flugzeuge, Schiffe, Schienenfahrzeuge, Industrieanlagen etc.). Cross Border Leasing zielt auf die Ausnutzung von Unterschieden in den steuerlichen Rechtsordnungen, die zwischen den Staaten des Leasinggebers und Leasingnehmers bestehen, da bisher keine international einheitlichen Beurteilungsmaßstäbe – insbesondere in der Frage der steuerlichen Zurechnung des Leasing-Gegenstandes beim Leasingnehmer oder Leasinggeber – existieren (vgl. → Arbitrage). – *Vorteile für den ausländischen Leasingnehmer:* Gewährleistung der Finanzierung der Anschaffungskosten ohne Bereitstellung entsprechender Liquidität; langfristige Nutzung zu flexiblen Zahlungsbedingungen (z.B. Kopplung der Leasingrate an erzielte Erträge); (in vielen Ländern) Bilanzneutralität, u.U. Steuerstundungseffekt durch bilanzielle Aktivierung und Abschreibung des Leasing-Gegenstandes beim Leasinggeber und beim Leasingnehmer (Doppelaktivierungsleasing, Double Dip Leasing); geringe Leasingraten aufgrund der Verrechnung von Abschreibung und Finanzierungskosten mit der Steuerlast des Leasinggebers. – *Nachteile für den ausländischen Leasingnehmer:* Risiken ergeben sich v.a. aus den meist sehr langen Laufzeiten der Cross Border Leasings, bspw: Änderungen der steuerrechtlichen Beurteilung des Cross Border Leasings (steuererhöhende Wirkung); Instandhaltungskosten des Leasing-Gegenstandes können vorab nicht mit Sicherheit abschließend bestimmt werden; Gerichtsstand ist i.d.R.

im Sitzstaat des Leasinggebers; Verlustrisiko, wenn durch Doppelaktivierung des Leasing-Gegenstandes (Double Dip Leasing) rechtlich zwei Eigentümer existieren.

Cross Conditionality – liegt vor, wenn sich die Bedingungen und Auflagen, die → IWF und Weltbank (→ IBRD) bei ihrer Kreditgewährung machen, widersprechen und damit faktisch unerfüllbar werden. In der Praxis führt die Vermeidung von Cross Conditionality zu einer engen Koordination der Arbeit von IWF und Weltbank bei ihrer Länderarbeit. – Vgl. auch → Konditionalität.

Cross Cultural Management → interkulturelles Management.

Cross Currency Interest Rate Swap → Zins- und Währungsswap.

Cross-Default-Klausel – *Drittverzugsklausel;* Form einer → Default-Klausel, üblich in internationalen Kredit- und Anleiheverträgen (nicht aber in deutschem Recht), die den Schuldner verpflichtet, nicht nur die vertraglichen Verpflichtungen des abgeschlossenen Vertrages einzuhalten, sondern auch die vertraglichen Verpflichtungen anderer Verträge (gegenüber Dritten) und sogar zukünftige Verpflichtungen mit einschließt. Dabei können auch Tochtergesellschaften und verbundene Unternehmen mit einbezogen werden. – Bestandteil der Financial Covenants in der Unternehmensfinanzierung, zu denen verschiedene Vertragsklauseln gehören, die Nebenpflichten und Sanktionen bei Nichterfüllung beinhalten.

Cross Docking – Aufgrund der von → Supply Chain Management und ECR-Konzepten (→ Efficient Consumer Response (ECR)) induzierten Verkleinerungen der Auftragsgrößen bekommen die Distributionszentren in den absatzlogistischen Systemen der Konsumgüterwirtschaft und des Handels neue Ausrichtungen. Neben den klassischen Aufgaben wie Bestandsmanagement, Lagerhaltung und Kommissionierung sind verstärkt reine Sortier- und Umschlagsprozesse durchzuführen. Die dabei eingesetzten technisch-organisatorischen Systeme werden unter dem Schlagwort Cross Docking zusammengefasst.

Cross-Impact-Analyse – *Interaktionsanalyse;* quantitative Methode, die Wechselwirkungen zwischen den relevanten Faktoren, Trends, Ereignissen etc. eines bestimmten Problemfeldes (Interaktionseffekte) aufzeigt und damit Verständnis für Zusammenhänge schaffen soll. – *Ziel* ist die Identifikation möglicher Kettenreaktionen im Problemfeld als Basis für die Bildung von Szenarien (→ Szenario-Technik). – *Darstellungsmittel:* → Cross-Impact-Matrix.

Cross-Impact-Matrix – Darstellungsmittel im Rahmen der → Cross-Impact-Analyse. – *Vorgehensweise:* In der Kopfzeile und -spalte werden die ausgewählten Ereignisse (meist in chronologischer Reihenfolge ihres Eintretens geordnet) eingetragen. Dann werden die isolierten und konditionalen Wahrscheinlichkeiten, z.B. mithilfe der → Delphi-Technik, geschätzt.

Cross Licensing – wechselseitiges Lizenzabkommen zwischen den Inhabern voneinander unabhängiger oder abhängiger → Patente. Die Einräumung des Nutzungsrechts eines Patents kann unentgeltlich oder entgeltlich erfolgen. Cross Licensing-Maßnahmen werden vorangetrieben, um einerseits Patentstreitigkeiten zwischen Unternehmen zu vermeiden oder um andererseits bei Unternehmenskooperationen eine Know-how-Basis für die gemeinsame Arbeit zu schaffen, ohne im Gegenzug aufwendige Bewertungs- und Kompensationsaktivitäten durchführen zu müssen. Cross Licensing ist bes. in der IT-Industrie üblich und ein wichtiges Mittel, um den → Technologietransfer zu unterstützen.

Crossmedia – paralleler Einsatz mehrerer möglichst synergetisch wirkender Medien (z.B. Print und Web, oder TV, Radio und Kino) in der Mediaplanung von werbetreibenden Unternehmen.

Cross Rate – *Kreuzkurs;* → Wechselkurs zweier Währungen, die nicht die heimische Währung sind. Eine Cross Rate lässt sich errechnen, indem man z.B. Euro-US-Dollar und Euro-Yen nimmt, um den US-Dollar/Yen-Kurs zu ermitteln.

Cross Selling – *„Über Kreuz verkaufen";* Ausschöpfung vorhandener Kundenbeziehungen durch zusätzliche Angebote, insbesondere (gegenseitige) Nutzung des Adresspotenzials von vertriebsstrategischen Partnerschaften. Im Sinne der Vertriebseffizienz ist eine hohe Cross-Selling-Quote anzustreben, d.h. es soll eine hohe Produkt- bzw. Vertragszahl pro Kunde beim jeweiligen Anbieter erreicht werden, evtl. auch unterstützt durch einschlägige Preisgestaltungen (→ Rabatte). – Vgl. auch → Up Selling und → Cross Storno.

Cross Storno – Kündigung weiterer oder aller bestehenden Geschäftsverbindungen durch den Kunden nach der Kündigung einer einzelnen Geschäftsbeziehung bzw. eines einzelnen Vertrags durch den Anbieter. Kommt etwa als Reaktion des Versicherungsnehmers auf eine sanierungsbedingte Kündigung durch den Versicherer vor. Siehe auch → Cross Selling.

Crowding-out – 1. *Begriff* der Analyse allokativer Wirkungen der → öffentlichen Kreditaufnahme; Hypothese, die besagt, dass durch eine kreditfinanzierte Ausweitung der Staatsnachfrage private Nachfrage in kleinerem, gleichem oder vergrößertem Umfang verdrängt wird. Damit wird die expansive Wirkung eines → Deficit Spending reduziert, eliminiert oder sogar überkompensiert. – 2. *Wirkungsverläufe:* a) Direktes Crowding-out *(Direct Crowding-out):* Die durch Schuldaufnahme finanzierte Staatsausgabe substituiert unmittelbar eine entsprechende private Ausgabe. b) Erwartungs-Crowding-out *(Expectations Crowding-out):* Die Privaten reagieren auf das staatliche Defizit mit einer Veränderung ihrer Ertrags- und Zinserwartung, damit zusammenhängend nimmt die private Investitionsneigung ab. Das Ricardianische

Äquivalenztheorem gilt nicht (→ Ricardianische Äquivalenz). c) *Transactions, Price* und *Portfolio Crowding-out* ergeben sich aus der verschuldungsbedingten Veränderung von Transmissionsgrößen wie Zinssätzen, Vermögen, Preisen. – Vgl. auch → Quellentheorie, → Fontänentheorie.

Crowdsourcing – 1. *Begriff:* interaktive Form der Wertschöpfung unter Nutzung moderner IuK-Techniken (→ Web 2.0). Zusammengesetzt aus den Begriffen Crowd und Outsourcing. Einzelne Aufgaben, die bisher intern bearbeitet wurden, werden an eine Vielzahl von Nutzern oder Interessenten ausgelagert und häufig in Form eines Wettbewerbes ausgeführt. Die Aufgabe kann sich dabei sowohl auf eine Innovation beziehen oder aber auch bereits bestehende operative Aktivitäten oder Produkte. Bekanntester Vertreter für die Anwendung des Crowdsourcing dürfte das Online-Lexikon Wikipedia sein. – 2. *Anforderungen:* Grundlegende Anforderungen sollten erfüllt sein um crowdsourcing erfolgreich einzusetzen: a) Klare Aufgaben- und Zieldefinition, b) Auswahl der richtigen Crowd (Zielgruppe/Community) für die Bearbeitung der Aufgabe, c) Respekt vor den Bearbeitern und ihren Ergebnissen, d) Klärung der Rechtslage. – Im Innovationsbereich wird synonym von → Open Innovation gesprochen.

CRS – Abk. für → Computer-Reservierungs-System.

CSAQ – Abk. für *Computer Self Administered Questionnaire.* – Vgl. auch → Bildschirmbefragungssystem, → computergestützte Datenerhebung, → Interview.

CSCW – Abk. für → Computer Supported Cooperative Work.

CSMA/CD – Abk. für *Carrier Sense Multiple Access/Collision Detection;* häufig (z.B. bei → Ethernet) bei der Bus-Topologie (→ Netzwerktopologie) verwendetes → Zugangsverfahren. – Vorgehensweise der Netzstationen (→ Netz), die → Daten senden wollen: Nach Feststellung, dass der Übertragungskanal frei ist, wird mit der Sendung begonnen. Während der Sendung überprüft der Sender, ob Kollisionen seiner Sendung mit anderen stattfinden. Ist dies der Fall, beendet er sofort die Sendung. Nach Verstreichen einer zufallsgesteuerten Zeitspanne überprüft er, ob der Kanal frei ist, und beginnt ggf. erneut mit der Sendung.

Culpa in Contrahendo → Verschulden beim Vertragsschluss.

Currency Board System – 1. *Begriff:* Regelgebundene Geldordnung, bei der der Hauptteil der inländischen Geldbasis (→ monetäre Basis) durch internationale → Währungsreserven oder Gold gedeckt ist. Die Emission heimischer Noten und Münzen erfolgt durch ein einzurichtendes Währungsamt zu einem Fixkurs gegenüber einer international akzeptierten ausländischen Währung (Reservewährung, Leitwährung). Das Währungsamt garantiert einen freien und unbeschränkten Tausch der ausgegebenen Banknoten in die Leitwährung zu einem festen Wechselkurs. Bei einer Deckung der monetären Basis von mind. 100 Prozent spricht man von einem orthodoxen, bei geringeren Deckungsgraden von einem unorthodoxen Currency Board System. – 2. *Merkmale:* a) *Konstitutive Bestandteile:* Deckungsregel und Fixierung des Wechselkurses sowie Konvertibilität der eigenen Währung. – b) *Institutionelle Rahmenbedingungen:* Da das Währungsamt bei Liquiditätsengpässen im Bankensektor nicht stützend eingreift, kommt einer unabhängigen Bankenaufsicht sowie einem funktionierenden Einlagensicherungssystem eine hohe Bedeutung zu. Ebenso ist die Finanzierung von Staatsdefiziten gesetzlich auszuschließen, um das Ziel der Geldwertstabilität zu erreichen und beizubehalten. – 3. *Funktionsweise:* Eine Änderung der Währungsreserven bewirkt eine gleichgerichtete Änderung der Geldbasis. Die Entwicklung der umlaufenden Geldmenge wird somit durch das Angebot und die Nachfrage am → Devisenmarkt bestimmt. – *Beispiel* für den idealtypischen Ablauf der Geldschöpfung in einem Currency Board System (Kapitalbilanz unberücksichtigt): Ausgehend von einem Leistungsbilanzgleichgewicht sorgt ein steigendes inländisches Preisniveau für eine erhöhte Nachfrage nach relativ billigeren Importgütern und/oder gleichzeitig für einen Exportrückgang. Die → Leistungsbilanz wird defizitär. Aufgrund der erhöhten Devisennachfrage verringert sich der Devisenbestand der Geschäftsbanken, die ihr Kreditvolumen einschränken und damit eine Kontraktion der → Geldmenge bewirken. Damit einhergehende steigende Zinsen und Einkommensrückgänge vermindern die Güternachfrage, was wiederum zu einer sinkenden Devisennachfrage und einem sinkenden Preisniveau der inländischen Güter führt. Damit verknüpft ist eine sinkende Nachfrage nach Auslandsgütern und/oder steigende Exporte. Am Ende des Prozesses ist die Leistungsbilanz wieder ausgeglichen und die anfängliche Einschränkung des Geldangebots wird aufgehoben. – 4. *Ziele und Gründe für die Einrichtung eines Currency Board System:* Typischerweise ist die Einführung eines Currency Board Systems für Länder attraktiv, die hohe Inflationsraten haben und eine Rückkehr zur monetären Stabilität erhoffen und/oder geringe eigene geldpolitische Kompetenz aufweisen. Prinzipiell könnte das Land zwar die Reservewährung direkt als inländisches Zahlungsmittel einsetzen, jedoch können die Währungsreserven zinstragend angelegt werden und das Land kann somit Geldschöpfungsgewinne realisieren. Auch die mit der Emission einer eigenen Währung verbundenen Prestigegewinne sprechen für das Currency Board System. Ein Currency Board System verlangt eine funktionsfähige Marktwirtschaft sowie die Freiheit des Kapitalmarktes.

Currency Future → Financial Future.

Currency-Theorie – Geldtheorie, nach der im Gegensatz zur → Banking-Theorie nur Banknoten und Münzen Geld sind. Das Preisniveau kann nach Auffassung der Currency-Theorie nur von diesen beiden monetären Größen beeinflusst werden. → Geldsurrogate werden als streng proportionale Größen zur Geldmenge (Noten, Münzen) behandelt und haben von daher keine eigenständige Bedeutung für das Preisniveau. Diese Sichtweise wird damit begründet, dass eine Kreditausweitung entweder die Geldmenge oder die Umlaufgeschwindigkeit des Geldes erhöht und damit ein Preisniveaueffekt ohnedies erfasst wäre.

Current Market Value – *Marktwert;* → Conceptual Framework.

Current Ratio → Liquiditätsgrad.

Current Replacement Cost → Wiederbeschaffungskosten; → Conceptual Framework.

Curriculum – systematische Darstellung der beabsichtigten Unterrichtsziele, -inhalte und -methoden über einen bestimmten Zeitraum als konsistentes System mit mehreren Bereichen zum Zweck der optimalen Vorbereitung, Verwirklichung und Evaluation des Unterrichts (Frey). – *Relevante Elemente:* (1) *I.w.S.:* Lernziele, Lerninhalte, Prozessmerkmale des Lernens; (2) *i.e.S.:* Lernziele und -inhalte. – *Abgrenzung zum herkömmlichen Lehrplan:* Mit dem Begriff des Curriculum wird der Anspruch betont, Planungsentscheidungen für Unterricht unter Einbeziehung wissenschaftlicher Erkenntnisse und Verfahren zu begründen, bes. Ziele und Inhalte im Hinblick auf den Erwerb von → Qualifikationen zur Bewältigung gegenwärtiger und zukünftiger Lebenssituationen zu rechtfertigen und schließlich Entscheidungen über Curricula in demokratischen Konsensbildungsprozessen zu legitimieren (S.B. Robinsohn). Entgegen diesem weit gehenden Anspruch wird Curriculum in der Praxis häufig synonym für → Lehrplan, Lehrgang, Richtlinie oder auch einzelne Stundenvorbereitungen verwendet. – Vgl. auch → wirtschaftsberufliche Curriculumentwicklung.

Cursor – *Schreibmarke;* aktuelle Position auf einem → Bildschirm, z.B. die Position, an der das nächste eingetippte Zeichen erscheint. Wird i.Allg. durch Blinken o.Ä. angezeigt.

Custody → Wertpapierverwahrung, beinhaltet die Verwahrung von → Wertpapieren. I.d.R. wird dies durch eine spezielle Institution (Wertpapiersammelbank, z.B. → Clearstream International S.A.) in Verbindung mit der Verwaltung der Wertpapiere vorgenommen. Dazu gehören u.a. Dienstleistungen im steuerlichen Bereich und im Zusammenhang mit Kapitalmaßnahmen, die Ausübung von Stimmrechten und der Einzug von Kapitalerträgen.

Customer Driven Pricing → Reverse Auction.

Customer Equity – kundenbezogener Wert, der sich auf einzelne Kunden, Kundengruppen oder den gesamten Kundenstamm beziehen kann. Customer Equity wird auf der Grundlage des Customer Life Time Value und indirekten Wertgrößen (z.B. → Informationswert, Referenzwert) des Kunden ermittelt. In der → Marketingforschung lassen sich drei Typen von Customer Equity Modellen unterscheiden: *(1) Black Box-Modelle*: Berechnung auf Basis monetärer Größen; *(2) verhaltenstheoretisch orientierte Modelle*: Berechnung auf Basis psychographischer Größen; *(3) hybride Modelle*: Berechnung auf Basis sowohl monetärer als auch psychographischer Größen.

Customer Lifetime Value (CLV) – 1. *Begriff:* Kundenertragswert; investitionstheoretischer Kundenwert; Instrument zur Bestimmung der Rentabilität von Kunden. – 2. *Merkmale:* Beim Übergang vom Transaktions- zum Beziehungsmarketing (→ Relationship Marketing) steht nicht mehr die Vorteilhaftigkeit jeder einzelnen Transaktion mit dem Kunden im Vordergrund, sondern es sind investitionstheoretische Kalküle zur Bestimmung der ökonomischen Vorteilhaftigkeit einer Kundenbeziehung heranzuziehen. Hierbei werden die kundenspezifischen Ein- und Auszahlungsströme über die gesamte Dauer der Geschäftsbeziehung betrachtet. Zugunsten höherer Kundeneinzahlungen in zukünftigen Perioden können zur Kundenakquisition „Investitionen" getätigt werden, die sich erst im Laufe der Geschäftsbeziehung amortisieren. Wird bei Bestandskunden die Profitabilität für die verbleibende Dauer der Geschäftsbeziehung ermittelt, so wird hierfür der Begriff Customer Lifeshare Value verwendet. – 3. *Berechnung:* In der einfachsten Form wird zur Ermittlung des Customer Lifetime Value die Kapitalwertmethode herangezogen, bei der für die erwartete Dauer der Geschäftsbeziehung T für jede Periode t die erwarteten kundenspezifischen Einzahlungen e_t (Basisumsatz, Cross-Selling-Umsatz u.a.) den kundenspezifischen Auszahlungen a_t (Mailings, Beratung u.a.) gegenübergestellt und mit einem Kalkulationszinssatz i entsprechend der Anzahl der Perioden abgezinst werden:

$$\mathrm{CLV} = \sum_{t=0}^{t=T} \frac{e_t - a_t}{(1+i)^t}$$

In weiterführenden Ansätzen wird versucht, den Beitrag von Kundenreferenzen (Referenzwert) und Kundeninformationen (Informationswert) als ökonomische Größen bei der Kapitalwertberechnung zu berücksichtigen.

Customer Lifetime Value Management – Ausrichtung aller kundenrelevanten Schlüsselprozesse und Maßnahmen am → Kundenwert. Dazu werden Kundengewinnung, Produkt- und Dienstgestaltung, Kundenbeziehungsmanagement und Kundenmonitoring „individualisiert" ausgestaltet.

Customer Relationship Management (CRM)

von Prof. Dr. Heinrich Holland

I. Der Trend zum CRM

CRM ist zu verstehen als ein strategischer Ansatz, der zur vollständigen Planung, Steuerung und Durchführung aller interaktiven Prozesse mit den Kunden genutzt wird. CRM umfasst das gesamte Unternehmen und den gesamten Kundenlebenszyklus und beinhaltet das → Database Marketing und entsprechende CRM-Software als Steuerungsinstrument.

CRM stellt kein isoliertes Instrument dar, sondern muss als Unternehmensphilosophie in die Prozesse einfließen, um eine konsequente Kundenorientierung zu erreichen. Die Implementierung eines CRM-Software-Tools ist dafür ein wichtiges Instrument zur Sicherstellung einer optimalen Gesamtwirkung.

Die Nutzung des Internets als wichtige Schnittstelle zum Kunden und als technologische Plattform für das CRM-System wird als E-CRM bezeichnet.

Im CRM steht der Kunde im Mittelpunkt. Es geht nicht länger darum, bestimmte (auf dem Lager liegende) Produkte möglichst vielen Kunden zu verkaufen und Marktanteile zu maximieren. Das Ziel besteht jetzt darin, einem bestimmten Kunden möglichst viele Angebote zu verkaufen. Der Kunde mit seinem bisherigen Kaufverhalten und seinen Präferenzen ist durch die Kundendatenbank bekannt, sodass man ihm ein optimales Angebot machen kann.

Kernaussagen zum CRM

- CRM ist kein Modethema und kein „alter Wein in neuen Schläuchen".
- CRM ist keine Software, sondern ein ganzheitlicher Ansatz zur Unternehmensführung.
- CRM integriert und optimiert abteilungsübergreifend alle kundenbezogenen Prozesse.
- CRM basiert auf einer Database.
- CRM stellt nicht das Produkt, sondern den Kunden in den Mittelpunkt.
- CRM beinhaltet eine permanente Verbesserung der Kundenprozesse.
- CRM koordiniert die Kommunikation über alle Kanäle, Produkte und Serviceleistungen.

Quelle: Holland, 2001, S. 21

II. Charakteristika des CRM

Die wichtigsten Charakteristika und Ziele des CRM lassen sich wie folgt beschreiben:

1. Kundenorientierung

Im Zentrum von CRM steht eine konsequente Ausrichtung sämtlicher Unternehmensaktivitäten an den Bedürfnissen der Kunden im Sinn einer ganzheitlichen Kundenbearbeitung.

2. Langfristigkeit der Kundenbeziehungen

Angestrebt sind andauernde Kundenbeziehungen als Voraussetzung für eine langfristige Kundenbindung, welche primär zur Steigerung des Gewinns, des Marktanteils und des Unternehmenswachstums beitragen sollen, bspw. durch eine verringerte Preissensitivität der gebundenen Kunden, Weiterempfehlungen, Wiederholungs- und Folgekäufe, Cross- und Up-Selling oder Kosteneinsparungen durch gesunkene Marketingkosten.

3. Wirtschaftlichkeitsorientierung

Der Fokus der Kundenbearbeitung sollte hierbei auf Kunden liegen, die bes. profitabel sind. Auskunft hierüber gibt bspw. der Wert eines Kunden (Customer Lifetime Value).

4. Individualisierung durch Differenzierung der Kundenbeziehung

Eine individualisierte bzw. kundenspezifische One-to-One-Kundenbearbeitung erfordert eine Differenzierung der Kundenbeziehungen sowohl im Hinblick auf Produkte bzw. Dienstleistungen als auch den Dialog mit dem Kunden.

5. Systematisierung

Eine systematische, an den Bedürfnissen der Kunden ausgerichtete Kundenbearbeitung ist über den gesamten Kundenbeziehungslebenszyklus hinweg zu gewährleisteten.

6. IT-Anwendung/CRM-Software

Das Ziel der qualitativen Verbesserung der Kundenbeziehung durch eine auf Mehrwert fokussierte, differenzierte Kundenbearbeitung erfordert eine ganzheitliche Abbildung des Kunden und ist daher durch eine spezielle CRM-Software bzw. IT-Technologie zu unterstützen. Diese ermöglicht die systematische Zusammenführung und bedarfsspezifische Bereitstellung aller kundenbezogenen Informationen im Sinn eines integrierten Informationssystems und dient dazu, Kundenbearbeitungsprozesse schneller, effektiver und effizienter zu gestalten, was zu einer Optimierung der Relation zwischen den erzielten Umsätzen und entstandenen Kosten führen soll.

7. Effizienz- und Effektivitätssteigerungen

Die Effizienz- und Effektivitätssteigerungen resultieren bspw. aus einer Vereinfachung der täglichen administrativen Arbeit durch Prozessoptimierungen, eine systematische Datenintegration und -verteilung oder eine schnelle und gezielte Analyse dieser Daten. Eine Optimierung der internen Back-Office-Bearbeitungsprozesse, bspw. durch Workflow-Funktionalitäten zur automatisierten Verteilung von Informationen, ermöglicht an der Schnittstelle zum Kunden (Front-Office-Bereich) ein optimales, auf die Bedürfnisse des Kunden zugeschnittenes Leistungsangebot.

III. CRM-Instrumente im Marketing

Innerhalb aller Marketing-Instrumente ergeben sich Ansätze zur Gestaltung des CRM.

IV. Komponenten von CRM-Sytemen

Die CRM-Komponenten lassen sich in drei Bereiche einteilen:

1. Operative CRM-Instrumente

Das operative CRM umfasst alle CRM-Funktionalitäten, die den direkten Kundenkontakt unterstützen und somit im Front-Office-Bereich angesiedelt sind. Sie zielen darauf ab, den Dialog zwischen Kunde und Unternehmen sowie die dazu erforderlichen Geschäftsprozesse in den Bereichen Marketing, Vertrieb und Service zu optimieren. Im Mittelpunkt stehen daher Lösungen zur Marketing-Automation.

Zur Vermeidung von Insellösungen ist das operative CRM über leistungsfähige Schnittstellen an vorhandene Back-Office-Lösungen, wie ERP-Systeme (Enterprise Resource Planning), Systeme des Supply Chain Management (SCM) oder des Computer Integrated Manufacturing (CIM), anzubinden.

2. Kollaborative CRM-Instrumente

Funktionalitäten des kollaborativen CRM betreffen die Interaktion zwischen einem Unternehmen und seinen (potenziellen) Kunden im Hinblick auf eine effektive und effiziente Kundenbearbeitung. Sie dienen der Steuerung, Unterstützung und Synchronisation sämtlicher dafür erforderlicher Kommunikationskanäle. Dem wird durch den Terminus „Multi Channel Management“ Rechnung getragen.

3. Analytische CRM-Instrumente

Die Funktionalitäten des analytischen CRM zielen auf die Erfassung, Aufbereitung und anwendungsorientierte Auswertung von Kundendaten.

Das Customer Data Warehouse, in welchem alle kundenbezogenen Informationen aus den verschiedenen Geschäftsprozessen zusammengeführt und aufgezeichnet werden, bildet die Datenbasis für die einzusetzenden analytischen CRM-Funktionalitäten, zu deren Umsetzung Methoden wie Data Mining, OLAP, Business Intelligence oder Data Knowledge Management, dienen.

Customer Touch Point – Customer Touch Points meint die zahlreichen möglichen Kontaktpunkte von Kunden mit einem Unternehmen. Kunden können bspw. mit einem Kreditinstitut im stationären Bankvertrieb (→ Stationärer Bankvertrieb), mobilen Bankvertrieb (→ Mobiler Bankvertrieb) oder technologiegestützten Bankvertrieb (→ Technologiegestützter Bankvertrieb) in Verbindung treten, sodass zahlreiche Touchpoints entstehen. Die Kontakte z.B. Beratungsgespräch, Kontoauszug, → Electronic Banking, Website generieren beim Kunden sowohl kognitive als auch emotionale Wirkungen und geben dem Kreditinstitut die Möglichkeit, aus diesen Informationen, über ein aktives Customer Relationship Management (CRM), zielgerichtet Ansatzpunkte für die Geschäftsbeziehung zu erhalten. – Vgl. → Bankgeschäfte, → Kundenzufriedenheit, → Kundenbindung.

Customized Marketing – 1. *Begriff:* → Individualisierung von Massenprodukten, Services oder der Kommunikation. – 2. *Merkmale:* Die Standardausprägung eines Angebotes oder einer Kommunikation wird den individuellen Kundenwünschen angepasst. Beim Customized Marketing wird dem Kunden die Möglichkeit geboten, über einen direkten Kontakt mit dem Anbieter bzw. über interaktive Medien einen Prozess in Gang zu setzen, der eine seinen individuellen Kundenwünschen entsprechende Leistung hervorbringt. Dadurch sind sowohl im strategischen als auch im operativen Marketing Adaptionen notwendig und möglich (z.B. die Festlegung der Interaktivität bei der Geschäftsfeldwahl, die Einbeziehung interaktiver Medien im → Kommunikationsprozess, die veränderte Rolle des → Handels, eine variantenorientierte → Preispolitik etc.). – Vgl. dazu auch → Mass Customization und → Open Innovation.

Customizing – I. Management: Planung, Steuerung und Kontrolle aller auf den Markt ausgerichteten Unternehmensaktivitäten mit dem Ziel der Erlangung eines Wettbewerbsvorteils durch individuelle Befriedigung der Kundenbedürfnisse. Die Differenzierung von Produkten und Dienstleistungen ist eine Reaktion auf den gesellschaftlichen Individualisierungsprozess, der sich in zunehmendem Maße auch im individualisierten → Käufer- und Konsumentenverhalten widerspiegelt. – *Gegensatz:* → Standardisierung.

II. Wirtschaftsinformatik: Anpassung der → Standardsoftware an kundenindividuelle Anforderungen. Die Anpassung umfasst sowohl die Auswahl und Parametrisierung der Funktionen, als auch die Adaption der Daten zur Unternehmensstruktur (Organisationsstruktur). Im letzteren Fall entspricht das Customizing der Pflege bes. dauerhafter → Stammdaten in der zugrunde liegenden → Datenbank. Die Parametrisierung der vordefinierten Programmfunktionen kann auf verschiedene Arten erfolgen. Im Extremfall umfasst sie das Programmieren von Teilfunktionen mithilfe einer Metasprache (Makrosprache).

Customs Co-Operation Council (CCC) → Rat für die Zusammenarbeit auf dem Gebiet des Zollwesens (RZZ).

Customs Guarantee → Zollgarantie.

CUSUMQ-Test – mit dem → CUSUM-Test vergleichbares Verfahren zur Aufdeckung eines Strukturbruches (→ Strukturbruchtests) auf der Basis quadrierter standardisierter rekursiver Residuen (→ Residuen, rekursive) sukzessiver OLS-Schätzungen (→ Kleinstquadratemethode, gewöhnliche). – Die Testgrafik entsteht hier durch Abtragen der Anteile der sukzessiven Summen der quadrierten standardisierten rekursiven Residuen an der Quadratesumme aller standardisierten rekursiven Residuen. Edgerton und Wells (1994) liefern hierfür die kritischen Werte. Die Interpretation der Grafik erfolgt analog zum CUSUM-Test.

CUSUM-Test – von Brown, Durbin und Evans (1975) vorgeschlagenes Verfahren zur Aufdeckung eines Strukturbruches (→ Strukturbruchtests) auf der Basis standardisierter rekursiver Residuen (→ Residuen, rekursive) sukzessiver OLS-Schätzungen (→ Kleinstquadratemethode, gewöhnliche). – Der CUSUM-Test (engl. *Cumulative Sum, CUSUM*), der auch für Modelle mit verzögerten erklärten Variablen als Regressoren anwendbar ist, basiert auf einer grafischen Darstellung der sukzessiven Summe der standardisierten rekursiven Residuen, die sich für ein Regressionsmodell ermitteln lassen. Überschreitet diese Summe eine spezielle kritische Grenze, folgert man, dass ein Strukturbruch vorliegt, der zu dem Zeitpunkt begann, an dem die Summe begann, sich auf diese Grenze zuzubewegen. Vorteil einer derartigen Testvorgehensweise im Vergleich zur üblichen Berechnung einer Teststatistik ist, dass die hier verwendete Testgrafik mehr Informationen enthält als eine einzige Kennzahl.

Cutoff Point → Cutoff Rate.

Cutoff Rate – Begriff der Investitionsrechnung für die von der Unternehmensleitung gewünschte → Mindestrendite für Investitionsprojekte.

Cutoff Score → Credit-Scoring-Verfahren.

Cyberlaw – zusammenfassende Bezeichnung für eine ganze Reihe von Rechtsbereichen, die durch die neuen Geschäftsmodelle des → Electronic Business betroffen sind und z.T. durch diese Neuerungen Veränderungen unterliegen. Betroffen sind z.B. → Urheberrecht, Vertragsrecht (→ Vertrag), Verbraucherschutz, → Gewährleistung und → Haftung, → Arbeitsrecht, → Kennzeichenrecht oder Wettbewerbsrecht. Die Aufgabe des Cyberlaw besteht darin, zwischen althergebrachten Rechtsfiguren und den neuen Geschehnissen in der virtuellen Realität der Kommunikationsnetzwerke eine Verbindung herzustellen. Ein bes. Problem stellt dabei die Globalität des virtuellen Aktionsraums dar, was häufig den Souveränitätsansprüchen der staatlichen Gesetzgebung nicht entspricht. – Vgl. auch Cybercrime.

Cyberspace – *virtueller Raum.* Als Cyberspace wird jede nicht real existierende Welt bezeichnet, die nur mithilfe eines Computers virtuell betreten werden kann. *I.e.S.* bezeichnet Cyberspace eine computergenerierte dreidimensionale Welt, → Virtual Reality genannt, die unter Verwendung spezieller → Hardware von Personen, sog. Cybernauten, betreten werden kann. Diese erhalten im Cyberspace eine eigene Identität, unter der sie mit den sich im Cyberspace befindlichen virtuellen Lebewesen und anderen Cybernauten interagieren können. *I.w.S.* wird z.B. auch die Welt des → Internets als Cyberspace bezeichnet.

D

D/A – Abk. für *Documents against Acceptance (d/a)*, → Dokumente gegen Akzept-Inkassi.

D/C – Abk. für → Delivery Clause oder → Deviation Clause.

D/O – Abk. für → Delivery Order.

D/P – Abk. für *Documents against Payment*, → Dokumente gegen Zahlung-Inkassi.

D&O-Versicherung – Directors-and-Officers-Versicherung. – 1. *Begriff:* spezielle Form der → Vermögensschadenhaftpflichtversicherung, durch die ein Unternehmen die Mitglieder seiner Geschäftsleitung sowohl gegen eine Inanspruchnahme von innen (Ansprüche des Unternehmens selbst) als auch von außen (Ansprüche Dritter) aufgrund spezifischer Sorgfaltspflichtverletzung absichert. – 2. *Merkmale:* Sie umfasst die Befriedigung begründeter sowie die Abwehr unbegründeter Schadensersatzansprüche, die aus der Verletzung von Organpflichten aus gesetzlichen Haftpflichtbestimmungen hergeleitet werden. Gedeckt sein können je nach Vertragsgestaltung z.B. (1) Innenansprüche, also die Haftungsansprüche des Unternehmens gegen seine Organe, (2) privatrechtliche Haftungsansprüche, (3) öffentlich-rechtliche Haftungsansprüche, (4) Umwelt- und Produkthaftungsfälle. Es gilt das sog. „Claims-Made-Prinzip", d.h. der Versicherungsfall ist die Anspruchserhebung durch das Unternehmen/den Dritten. – 3. *Geschichte:* I.Allg. gelten die USA als Ursprungsland dieses Versicherungskonzeptes. Auf dem dt. Markt wurde erstmalig 1986 eine D-and-O-Versicherung angeboten.

DAC – Abk. für → Development Assistance Committee.

Dachfonds – *Umbrella-Fonds.* Investmentgesellschaften, die statt Aktien oder Renten Investmentzertifikate anderer Fonds kaufen und hierüber Anteile ausgeben. In den USA gibt es Dachfonds seit 1931, in der Bundesrepublik Deutschland erst seit 1994, eingeführt durch das Gesetz über Kapitalanlagegesellschaften (KAGG), abgelöst durch das → Investmentgesetz (InvG).

Dachgesellschaft → Holdinggesellschaft.

Dach-Hedge Fund → Hedge Funds.

Dachkampagne → internationales Marketing.

Dachmarke – Im Gegensatz zur Einzelmarke (Produkt bzw. Produkt-Linien z.B. Golf) werden unter einer Dachmarke (Company Brand z.B. VW) alle Produkte eines Unternehmens geführt. In einem Konzern sind mehrere Dachmarken nebeneinander möglich (z.B. VW-Konzern: VW, Audi, Skoda, Seat etc.). – Vgl. auch → Markenstrategien.

Dachmarkenstrategie → Markenstrategien.

Dachverband → Verband.

Daemon – ein → Programm, das im Hintergrund abläuft, nicht vom → Benutzer selbst aufgerufen oder beeinflusst werden kann und seine Aufgabe zyklisch oder bei Bedarf verrichtet. Ein Daemon wird meist beim Start eines Systems automatisch angestoßen. – *Verwendung:* (1) in → Betriebssystemen (BS), bes. zur Steuerung von → Netzwerken; (2) in → wissensbasierten Systemen, bes. bei → Frames.

DAF – *Abk. für Delivered at Frontier ... Named Place; geliefert Grenze ... benannter Ort;* Vertragsformel der von der ICC entwickelten → Incoterms für Außenhandelsgeschäfte. Mit Inkrafttreten der Incoterms 2010 weggefallen; würde heute eher durch → DAP oder → DAT ersetzt, kann aber dennoch vertraglich verabredet und umgesezt werden (mit Hinweis auf Incoterms 2000). – Wichtigste Verpflichtungen der Parteien unter DAF bez. Lieferung, Gefahrenübergang und Kostenteilung gemäß den Incoterms 2000: (1) *Verpflichtungen des Verkäufers:* Diese Klausel bedeutet, dass der Verkäufer liefert, wenn die zur Ausfuhr – aber nicht zur Einfuhr – freigemachte Ware dem Käufer unentladen auf dem ankommenden Beförderungsmittel an der benannten Stelle des benannten Grenzorts zur Verfügung gestellt wird, jedoch vor der Zollgrenze des benachbarten Landes. Der Begriff „Grenze" schließt jede Grenze ein, auch die Grenze des Ausfuhrlandes. Es ist daher von entscheidender Bedeutung, die betreffende Grenze genau zu bestimmen und stets Stelle und Ort in der Vertragsklausel zu benennen. (2) *Verpflichtungen des Käufers:* (a) Der Käufer hat alle Gefahren des Verlusts oder der Beschädigung der Ware sowie alle die Ware betreffenden Kosten von dem Zeitpunkt an zu tragen, in dem sie ihm gemäß 1. geliefert worden ist. – (b) Der Käufer hat auch die Kosten der Entladung zu tragen, die erforderlich ist, um die Ware von dem ankommenden Beförderungsmittel am benannten Ort an der Grenze übernehmen zu können. – (c) Der Käufer hat, falls anwendbar, die Kosten der Zollformalitäten sowie alle Zölle, Steuern und andere Abgaben, die bei der Einfuhr der Ware und bei ihrem Weitertransport anfallen, zu tragen. (3) *Anwendung:* Diese Vertragsformel kann für jede Transportart verwendet werden, wenn die Ware an eine Landesgrenze geliefert wird. Soll die Lieferung in einem Flughafen, im Bestimmungshafen, an Bord eines Schiffes oder auf dem Kai eines Hafens stattfinden, sollten die → DAT- (*delivered at terminal*) oder → DAP-Klauseln (*delivered at place*) der Incoterms 2010 verwendet werden.

DAG – Abk. für → Deutsche Angestellten-Gewerkschaft.

Damnum – *Darlehensabgeld.* 1. *Begriff:* Unterschiedsbetrag zwischen dem Nennbetrag eines Darlehens oder einer Forderung (Rückzahlungsbetrag) und dem tatsächlich an den Darlehensnehmer gezahlten Betrag (Verfügungsbetrag oder Nominalbetrag), bei Wechseln: in den Wechselbetrag eingerechneter → Diskont. Das Damnum kann in Form eines Abschlages bei Auszahlung des → Darlehens (→ Disagio), eines Zuschlages bei Rückzahlung (→ Agio) oder durch entsprechende Verbuchung der ersten Tilgungsraten (Tilgungsstreckung) vereinbart werden. – 2. *Buchung:* Das Damnum bei aufgenommenem Darlehen darf in der Handelsbilanz zusammen mit einem evtl. → Rückzahlungsagio unter den Rechnungsabgrenzungsposten aktiviert werden und ist dann während der Laufzeit des Darlehens planmäßig abzuschreiben (vgl. § 250 III HGB), z.B. Geldkonto 196.000 und Rechnungsabgrenzung 4.000 an Hypothekenkonto 200.000, gesonderter Ausweis oder Angabe im Anhang erforderlich (§ 268 VI HGB). – 3. *Steuerliche Behandlung:* a) Damnum im *außerbetrieblichen Bereich* ist beim Darlehensnehmer unter bestimmten Voraussetzungen im Jahr der Darlehensaufnahme sofort als → Werbungskosten abziehbar. Beim Darlehensgeber gehört das Damnum als Einnahme zu den → Einkünften aus Kapitalvermögen. – b) Damnum im *betrieblichen Bereich* ist als Rechnungsabgrenzungsposten zu bilanzieren (→ Rechnungsabgrenzung) und entsprechend der Laufzeit des Darlehens gewinnmindernd oder -erhöhend aufzulösen.

Dantotsu → Best Practice.

DAP – Abk. für *Delivered At Place* = Geliefert benannter Bestimmungsort. – DAP ersetzt faktisch die früheren Klauseln DES, DEQ (dafür stattdessen auch DAT), DAF und DDU. Der Verkäufer trägt alle Kosten und Gefahren bis zum vereinbarten Bestimmungsort. Er erfüllt seine Lieferverpflichtung nach A4, wenn er die Ware auf dem ankommenden Beförderungsmittel unentladen, aber entladebereit zur Verfügung stellt – bei einem Lkw muss also bspw. die Plane geöffnet sein. DAP eignet sich u.a. auch für Großtransporte (ODC: *over-dimensional consignment*), bei denen der Entlade-, d.h. Übernahmevorgang, am besten vom Empfänger organisiert werden soll. Natürlich kann hier auch DAT verwendet werden. – Die Übergabestelle (*place*) sollte bei DAP möglichst präzise bezeichnet sein, weil alle Gefahren und Kosten bis zu dieser Stelle vom Verkäufer getragen werden. Die eigentlichen Entladekosten und die Gefahr der Entladung trägt der Käufer. Es gibt aber Lieferverträge, nach denen die Beförderung erst mit der Entladung endet (oft bei Luftfracht) – dann trägt der Verkäufer dennoch die entsprechenden Kosten und Gefahren. – Sofern sich bei der Entladung oder der Einfuhrabfertigung (B2) Probleme oder Kosten ergeben, gehen sie ab dem vereinbarten Lieferzeitpunkt oder -zeitraum zulasten des Käufers (B5). – DAP entspricht faktisch CPT mit zusätzlicher Gefahr- und Kostentragung durch den Verkäufer bis zum Bestimmungsort. – Vgl. auch EXW, → FCA, → FAS, → FOB, → CFR, → CIF, → CPT, → CIP, → DAT, → DDP; → Incoterms; → C-Klauseln, → F-Klauseln, → D-Klauseln.

Darbietung – Aufführung eines Werks (→ Aufführungsrecht), Präsentation der Leistung ausübender Künstler; der Ort der Darbietung ist Anknüpfungspunkt für den Schutz der Leistungen ausübender Künstler. Deutsche ausübende Künstler sowie solche aus den Mitgliedsstaaten der EU und des EWR genießen Schutz für ihre Darbietungen unabhängig davon, wo diese stattfinden (§ 125 I i.V. mit § 120 II UrhG). Der Schutz sonstiger ausländischer ausübender Künstler richtet sich nach § 125 II–IV UrhG und in seinem Geltungsbereich nach dem → Rom-Abkommen (§ 125 V UrhG), das auf den Ort der Darbietung, ihrer Festlegung auf Ton- oder Bildträger oder Sendung abstellt.

Darlehen – (alternative Schreibweise: Darlehn); 1. *Begriff:* schuldrechtlicher Vertrag, durch den einem Darlehensnehmer Geld (Gelddarlehen §§ 488-498 BGB) oder vertretbare Sachen (Sachdarlehen (§§ 607-609 BGB) auf Zeit zum Gebrauch überlassen werden. Im allg. Sprachgebrauch werden die Begriffe Darlehen und → Kredit im gleichen Sinn gebraucht. Im Kreditgewerbe versteht man unter Darlehen mittel- und langfristige Kredite, die in einer Summe ausgezahlt und für die eine regelmäßige Tilgung vereinbart werden. Damit reicht der rechtliche Begriff des Darlehens weiter als die bankgeschäftliche Bezeichnung. Jedoch wird auch der Kreditbegriff rechtlich sehr weit gefasst (§ 19 KWG), so gibt es neben den vielen Kreditarten, die auch Darlehen sind, noch andere Formen wie → Garantien und → Bürgschaften, die keine Darlehen sind. – 2. *Gelddarlehen:* a) *Vertrag:* Mit einem Darlehensvertrag verpflichtet sich der Darlehensgeber, dem Darlehensnehmer einen Geldbetrag in vereinbarter Höhe zur Verfügung zu stellen und zur Nutzung zu überlassen (§ 488 I S. 1 BGB). Der Darlehensnehmer ist wiederum verpflichtet, den geschuldeten Zins zu entrichten und bei Fälligkeit den Geldbetrag zurückzuzahlen (§ 488 I S. 2 BGB) und sofern vereinbart, Sicherheiten zu bestellen. Darlehensverträge kommen wie andere Verträge durch zwei übereinstimmende Willenserklärungen zustande (§§ 145 ff. BGB), für → Verbraucherdarlehen ist mit Ausnahme der → Überziehungskredite die Schriftform vorgeschrieben (§ 492 I S. 1 BGB). – b) *Zinsen und Entgelte:* Im Regelfall hat der Darlehensnehmer für das Darlehen Zinsen zu zahlen. Allerdings kann ein Darlehen auch zinslos gewährt werden. Die Höhe der Zinsen richtet sich nach den getroffenen Vereinbarungen oder den Sätzen im Preisverzeichnis, fehlen solche, so ergibt sich der Zins aus § 246 BGB (gesetzlicher Zinssatz). Zulässig und banküblich ist es, neben den Zinszahlungen zusätzlich Entgelte zu verlangen (z.B. Bearbeitungsgebühren, Bereitstellungszinsen). Darüber hinaus ist die Angabe des effektiven Jahreszinses (→ Effektivzins) verpflichtend, durch den die

Gesamtbelastung als Prozentsatz ausgedrückt wird. – c) *Kündigung und Rückzahlung:* Das Darlehensverhältnis endet mit dem Ablauf der Zeit, für die es eingegangen ist oder durch Kündigung (§ 488 III BGB). Bei Darlehen mit unbestimmter Dauer beträgt die Kündigungsfrist für beide Seiten drei Monate, ansonsten ist eine ordentliche Kündigung nur durch den Darlehensnehmer in den in § 489 BGB geregelten Fällen möglich. Eine außerordentliche Kündigung ist sowohl seitens des Darlehensgebers als auch seitens des Darlehensnehmers (ggf. gegen Zahlung einer Vorfälligkeitsentschädigung) möglich (§ 490 BGB). – d) *Sondervorschriften für Verbraucher:* Gemäß §§ 491 ff. BGB gibt es zum Schutz von Verbrauchern bes. Vorschriften für Verbraucherdarlehen, worunter entgeltliche Darlehen zwischen Unternehmern und Verbrauchern zu verstehen sind, die in erster Linie für Konsumzwecke aufgenommen werden (Ausnahme: Existenzgründer gemäß § 507 BGB, die ein Darlehen bis 50.000 Euro für eine gewerbliche oder selbstständige berufliche Tätigkeit aufnehmen.). Ein Verbraucherdarlehensvertrag kommt nur bei Einhalten der Formvorschriften und Mindestangaben wirksam zustande (§ 492 I BGB). Außerdem gilt explizit das Widerrufsrecht gemäß § 355 BGB (§ 495 I BGB). Gerät ein Verbraucher in Zahlungsverzug, ist bei Teilzahlungsdarlehen das außerordentliche Kündigungsrecht des Darlehensgeber eingeschränkt (§ 498 BGB). – e) *Darlehensarten:* Nach den Tilgungsmodalitäten werden folgende Grundformen von Darlehen unterschieden: Festdarlehen (mit endfälliger Tilgung), Annuitätendarlehen (jährlich gleichbleibende Kapitaldienstleistungen, wobei der Zinsanteil während der Laufzeit sinkt und der Tilgungsanteil steigt) sowie Abzahlungs- oder Ratendarlehen (Rückzahlung in gleichbleibenden Raten, wobei für die Ermittlung der Ratenhöhe die zu zahlenden Zinsen am Anfang zur Darlehenssumme hinzugerechnet werden). Darüber hinaus gibt es noch eine Vielzahl an Varianten wie z.B. das → Schuldscheindarlehen (spezielle Form eines Großdarlehens), das → Forward-Darlehen (Darlehen, das für einen zukünftigen Zeitraum verbindlich vereinbart wird) oder Darlehen, die als Mischformen Fremd- und Eigenkapitalelemente kombinieren (nachrangiges Darlehen, → partiarisches Darlehen). – 3. *Sachdarlehen:* Form eines Darlehens, bei der sich der Darlehensgeber verpflichtet, dem Darlehensnehmer eine vertretbare Sache zu überlassen (§§ 607 ff. BGB). Der Darlehensnehmer ist verpflichtet, das vereinbarte Entgelt zu zahlen und die Sache in gleicher Art, Güte und Menge zurückzuerstatten (§ 607 I BGB). Die gesetzlichen Regelungen über Gelddarlehen finden keine Anwendung (§ 607 II BGB). Die Rückgabe der Sache erfolgt entweder bei Fälligkeit entsprechend einer Vereinbarung oder nach Kündigung (§ 608 BGB). Spätestens bei Rückzahlung ist das Darlehensentgelt zu zahlen. Sachdarlehen haben nur eine geringe praktische Bedeutung. – 4. *Steuerliche Behandlung:* Bei privaten Darlehensgebern führen Einnahmen aus der Vergabe von Darlehen (z.B. Zinsen, Disagio, Bearbeitungsgebühren) zu Einkünften aus Kapitalvermögen, für betriebliche Darlehensgeber zu → Betriebseinnahmen. Sie unterliegen damit der Einkommen- bzw. der Körperschaftsteuer. Bei Unternehmen gehören Darlehensforderungen zum → notwendigen Betriebsvermögen und sind mit den Anschaffungskosten (oder ggf. mit dem voraussichtlich dauerhaft niedrigeren → Teilwert) anzusetzen (§6 I Nr. 2 EStG). Aufgenommene Darlehen, die betrieblich veranlasst sind, sind notwendige → Betriebsschulden, die mit dem Rückzahlungsbetrag (i.d.R. der Nennbetrag oder aber ein höherer Teilwert) anzusetzen sind.

Darlehensabgeld → Damnum.

Darlehensfinanzierung – zusammenfassende Bezeichnung für die Formen der Kapitalbeschaffung durch Aufnahme von → Darlehen von externen Kapitalgebern (→ Fremdfinanzierung).

Darlehenshypothek – *Festbetragshypothek;* Form einer → Hypothek, die zur Sicherung einer bestimmten Forderung aus einem → Darlehen abgeschlossen wird (→ Verkehrshypothek). Hypotheken gehören zu den → Grundpfandrechten und werden im Grundbuch eingetragen. Wird eine Erteilung eines Hypothekenbriefes ausgeschlossen, handelt es sich um eine Darlehensbuchhypothek. In diesem Fall kann der Grundstückseigentümer, sofern das Darlehen nicht ausgezahlt wurde, der Eintragung widersprechen, sodass der Erwerb dieser Hypothek rückwirkend ausgeschlossen wird (§1139 BGB). – Vgl. auch → Höchstbetragshypothek.

Darlehensvermittlung → Darlehensvermittlungsvertrag.

Darlehensvermittlungsvertrag – 1. *Begriff:* → Verbrauchervertrag, bei dem ein Unternehmer versucht bzw. damit Erfolg hat, entweder einem → Verbraucher gegen Entgelt ein → Verbraucherdarlehen zu vermitteln oder ihm die Gelegenheit zum Abschluss eines solchen Vertrags zu geben (§§ 655a–d BGB). Im Darlehensvermittlungsvertrag, welcher der → Schriftform unterliegt, muss bes. die Vergütung des Darlehensvermittlers angegeben werden. – 2. *Rechtsfolge:* Der Verbraucher ist zur Zahlung der Vergütung nur verpflichtet, wenn das Verbraucherdarlehen an ihn ausgezahlt wird und die Frist zum Widerruf des Darlehens abgelaufen ist.

Darlehensversprechen – *veraltet:* Vertrag, mit dem die Gewährung eines Darlehens vereinbart wird. Dabei ist das Darlehen noch nicht ausgezahlt. Aufgrund des geltenden Rechts nicht mehr aktuell, da die Gewährung von Darlehen oder Krediten kein Versprechen mehr voraussetzt. – Vgl. auch → Darlehen; → Kreditvertrag.

Darlehensvertrag – Vertrag über ein → Darlehen (Geld- oder Sachdarlehen). Der Darlehensvertrag ist erst dann wirkungsvoll abgeschlossen, wenn der Darlehensgeber (zumeist ein Kreditinstitut) und Darlehensnehmer ihre Vertragserklärungen unterschrieben haben und den jeweils anderen Vertragsparteien die jeweilige Vertragserklärung zugegangen ist. Verzichtet der Darlehensnehmer bei Abgabe seiner Vertragserklärung auf den Zugang der Vertragserklärung des Kreditinstituts in Schriftform, ist der Darlehensvertrag auch dann wirksam abgeschlossen, wenn dem Darlehensnehmer die Vertragserklärung des Kreditinstituts als Abschrift zugeht. Für Verbraucherdarlehen gibt es zum Schutz der Verbraucher spezielle Regelungen, die sich insbes. auf Informationspflichten (Mindestangaben) und Formerfordernisse beziehen. – Vgl. auch → Widerrufsrecht, → Kreditvertrag.

Darlehenszins – Preis für ein → Darlehen (Gelddarlehen), den der Darlehensnehmer dem Darlehensgeber für die Überlassung eines Geldbetrages und seiner Nutzung zu entrichten hat (§ 488 I S. 2 BGB). Diese Verpflichtung besteht nur bei entsprechender Vereinbarung, andernfalls handelt es sich um ein zinsloses Darlehen. Sofern vertraglich nichts anderes bestimmt ist, sind die Darlehenszinsen jeweils am Ende eines Jahres zu bezahlen oder bei früherer Rückzahlung gemeinsam mit dem Darlehensbetrag (§ 488 II BGB). Die Höhe der Zinsen richtet sich nach den Vereinbarungen zwischen Darlehensnehmer und Darlehensgeber, orientiert sich jedoch am jeweiligen Zinsniveau. Wird zwar die Verzinslichkeit, aber keine konkrete Zinshöhe vereinbart, ergibt sich der Sollzinssatz im Zweifel aus dem Gesetz (§ 246 i.V. mit §§ 352, 354 II BGB – gesetzlicher Sollzinssatz 4 Prozent). In der bankgeschäftlichen Praxis werden die Zinsen und Entgelte für die üblichen Kredite und Leistungen im Preisaushang bzw. Preisverzeichnis angegeben.Ohne abweichende Vereinbarung im Vertrag hat der Kunde diese Sätze zu zahlen. Darüber hinaus ist bei jedem Darlehen an Letztverbraucher der → Effektivzins (PAngV) anzugeben. Ist der Zinszahlungstermin genau bestimmt, gerät der Darlehensnehmer sofort in Verzug, wenn er die vereinbarten Zinsen nicht bezahlt; der Darlehensgeber braucht dann nicht zu mahnen (§ 286 II BGB). – Vgl. auch → Zinswucher.

DAR-Test – Abk. für → Day-after-Recall-Test.

Daseinsvorsorge – klassischer, juristisch unbestimmter und wenig operabler Begriff zur Kennzeichnung der Tätigkeit von Staat und Gemeinden zur Versorgung der Bevölkerung und der Wirtschaft mit lebenswichtigen Gütern, v.a. Strom, Gas und Wasser. Zur Aufgabenabgrenzung öffentlicher Verwaltungen und Unternehmen zu unscharf. Daseinsvorsorge bezieht sich v.a. auf den Funktionswandel der öffentlichen Verwaltung von der Ordnungsverwaltung zur Leistungsverwaltung (→ Verwaltung).

DAT – Abk. für *Delivered At Terminal* = „Geliefert Terminal" (benannter Terminal im Bestimmungshafen bzw. -ort); Vertragsformel der von der → ICC entwickelten → Incoterms 2010 für Außenhandelsgeschäfte. – Unter DAT liefert der Verkäufer auf seine Kosten und sein Risiko die Ware – unabhängig von der gewählten Transportart – in einen mit dem Käufer vereinbarten Terminal, der in einem Hafen oder einem sonstigen Ort angesiedelt sein kann. Er muss die Ware vom ankommenden Beförderungsmittel im benannten Terminal entladen und dem Käufer zur Übernahme zur Verfügung stellen – sie muss also bspw. ausgesondert und eindeutig identifizierbar sein. Mit der Einfuhrabfertigung hat der Verkäufer nichts zu tun – diese ist Sache des Käufers. Allerdings muss der Verkäufer alle dazu erforderlichen Informationen bzw. Dokumente zur Verfügung stellen, abgesehen natürlich von einer eventuellen Einfuhrgenehmigung, die nur der Importeur erhalten kann. – Der Begriff „Terminal" ist dabei interpretationsfähig und muss nicht zwingend z.B. ein überdachter Ort sein, sondern kann jeder Ort sein wie z.B. ein Kai, eine Lagerhalle, ein Containerdepot oder ein Luftfracht-, Straßen- oder Bahn-Terminal. DAT ersetzt faktisch die 2010 weggefallenen Klauseln DAF, DES und DEQ. Der Verkäufer trägt alle Gefahren bis zur und bei der Entladung im Terminal. – Ratsam ist es, die „bestimmte Stelle" im Terminal sehr genau zu bezeichnen, denn bis dahin trägt der Verkäufer die Gefahr, danach – nach der dortigen Entladung – der Käufer. Der Verkäufer sollte bis zu dieser Stelle für einen geeigneten Beförderungsvertrag und für eine entsprechende Versicherung Sorge tragen. Sofern weitergehende Verpflichtungen für den Verkäufer beabsichtigt sind, wären die Klauseln DAP oder DDP zu überlegen. – Vgl. auch → EXW, → FCA, → FAS, → FOB, → CFR, → CIF, → CPT, → CIP, → DAP, → DDP; → Incoterms; → C-Klauseln, → F-Klauseln, → D-Klauseln.

Database → Datenbank.

Database/Datacommunication-System → Datenbank-/Datenkommunikationssystem.

Database Management → Direct Marketing.

Database Marketing – zielgruppenorientierte Marktbearbeitung auf der Basis detaillierter Informationen zu den Kunden. Diese Informationen werden in einer → Datenbank (Database) gespeichert. Die Kunden-Datenbank enthält als spezifische Informationen Stammdaten wie auch Transaktionsdaten (z.B. Verkaufsdaten) zu Personen bzw. Firmen, also Adressdaten, Profildaten (zur spezifischen Kennzeichnung und Klassifikation), Aktions- und Reaktionsdaten.

Data Definition Language (DDL) → Datenbeschreibungssprache.

Data Dictionary (DD) – Sammlung von „Daten über Daten" (Metadaten). Ein Data Dictionary (DD) dient der computergestützten → Dokumentation des → konzeptionellen Schemas, des → internen Schemas und/oder der externen Schemata (→ externes Schema) eines → Datenbanksystems.

Data Mart – *Abteilungsdatenbank;* physikalisch getrennter Auszug aus einem → Data Warehouse, dessen Datenbestand einer Fachabteilung für ihre spezifischen Auswertungen (z.B. durch OLAP- oder → Data Mining-Werkzeuge) zur Verfügung steht.

Data Mining

von Prof. Dr. Richard Lackes

I. Begriff und Motivation

Unter Data Mining versteht man die Anwendung von Methoden und Algorithmen zur möglichst automatischen Extraktion empirischer Zusammenhänge zwischen Planungsobjekten, deren Daten in einer hierfür aufgebauten Datenbasis bereitgestellt werden. Bspw. kann so ermittelt werden, welche Produkte häufig zusammen gekauft werden (typische Warenkörbe) oder welche Faktoren ausschlaggebend sind für die Kundentreue. Motiviert werden die Anstrengungen zum Einsatz des Data Mining durch die offenkundige Lücke zwischen den in einem Unternehmen gesammelten und verfügbaren Datenmengen, wie sie durch → ERP-Systeme und moderne integrierte Unternehmensdatenbanken möglich werden, und der Schwerfälligkeit dieses Potenzial für taktische und strategische Unternehmensentscheidungen und den Managementprozess zu nutzen. „We are drowning in data but starving for knowledge" ist eine, dieses Phänomen plastisch skizzierende Aussage. Man benötigt also effiziente Analyseinstrumente, die aus den Datenmengen die interessanten und wichtigen Aussagen „herausschürfen", um so → Wissen zu generieren, das über die im Controlling üblichen Kennzahlen als Aggregate großer Datenmengen hinausgeht.

II. Zielsetzung und Einordnung

Die Zielsetzung besteht darin, solche Zusammenhänge in den Daten aufzuspüren, die für den Entscheidungsträger interessant und nützlich sind, d.h. seine Entscheidungen verbessern helfen. Zu lösen ist hierbei das nichttriviale Problem der Operationalisierung der Interessantheit und der Nützlichkeit von Aussagen. Die Verwendung der statistischen Signifikanz reicht hierzu sicher nicht aus.

Beim Data Mining kommen integrierte Methoden und Verfahren der Künstlichen Intelligenz und der Statistik sowie Modelle des Anwendungsbereiches zum Einsatz. Im Gegensatz zu den klassischen Ansätzen aus diesen Bereichen erstreckt sich das Data Mining nicht nur auf die Prüfung manuell aufgestellter Hypothesen, sondern auf die Generierung neuer Hypothesen. Das Data Minig ist in einem umfassenden Prozess, dem sogenannten → Knowledge Discovery in Databases (KDD), eingeordnet.

III. Komponenten

Data Mining-Verfahren umfassen die folgenden Komponenten:

- *Datenzugriff:* Ein Data Mining-Verfahren muss auf die Unternehmensdaten zugreifen können. Dies geschieht im Idealfall über die → ODBC-Schnittstelle. Voraus geht üblicherweise eine Konzentration auf einen bestimmten Analysebereich (z.B. Kundensegmentierung), dessen ihn charakterisierenden Daten in einer eigens angelegten Datenbank (→ Data Warehouse) bzw. in einer Datentabelle zusammengefasst sind.
- *Modelltyp:* Der Modelltyp bestimmt einerseits die Art der generierbaren Hypothesen und andererseits die Größe des Lösungsraumes für Data Mining-Verfahren. Im Data Mining werden oft einfache Regelmodelle in Form von Wenn-dann-Aussagen verwendet. → Entscheidungsbäume sind eine häufig eingesetzte Darstellungsform spezieller Regelmengen. Komplexere Verfahren basieren auf der → Prädikatenlogik oder nutzen spezielle → neuronale Netze wie Kohonennetze.
- *Interessantheitsmaß:* Beim Data Mining ergibt sich das Problem der Bewertung der gefundenen Muster hinsichtlich ihrer Interessantheit für eine konkrete Anwendung. Man behilft sich bei diesem Messproblem durch die Separation der Interessantheitsmessung in mehrere, möglichst unabhängige Messgrößen. Hierzu zählt z.B. die Auffälligkeit: Je stärker eine Aussage von anderen (durchschnittlichen) Aussagen abweicht, desto interessanter ist sie. Außerdem ist eine Aussage umso interessanter, je allgemeingültiger sie ist. Des Weiteren hängt der Wert einer Aussage von der Zielsetzung des Entscheidungsträgers ab. Die Aussagen müssen mit einer gewissen Wahrscheinlichkeit gelten, also valide sein. Die Art der Präsentation beeinflusst die Interpretierbarkeit und damit die Verständlichkeit der Muster. Die potenzielle Nutzbarkeit einer Aussage wird schließlich durch die Operationalität ausgedrückt.
- *Suchverfahren:* Die Aufgabe des Suchverfahrens liegt darin, den Lösungsraum nach dem interessantesten Modell (d.h. nach der interessantesten Menge von Aussagen) zu durchsuchen. Je komplexer die Modelle des gewählten Modelltyps werden können, desto größer ist der Lösungsraum für das Data Mining. Ein solcher Lösungsraum kann i.d.R. nicht durch exakte Verfahren durchsucht werden, sodass ein heuristisches Suchverfahren gewählt werden muss.

IV. Anwendungsbereiche

Das Data Mining bietet eine Reihe von Anwendungspotenzialen für Beschreibungs-, Erklärungs- und Prognosemodelle. Bspw. sind die Identifikation von Käuferprofilen (z.B. für das → Cross Selling) oder die → Marktsegmentierung Anwendungsbeispiele für Beschreibungsmodelle. Assoziationsaussagen wie die Warenkorbanalyse und Charakterisierungsaussagen wie die Bestimmung von Erfolgsdeterminanten eines Web-Auftritts gehören zur Gruppe der Erklärungsmodelle. Zu den → Prognosemodellen zählen unmittelbare Prognoseaufgaben wie bspw. die Prognose von Vertragslaufzeiten von Versicherungen oder die Prognose von Devisenkursen zur Finanzplanung als auch Klassifikationsaufgaben wie bspw. die Diagnose von Fehlern oder Krankheiten und die (klassifikatorische) Beurteilung von Mitarbeitern oder die Einordnung eines Versicherungsnehmers in eine bestimmte Tarifklasse.

V. Probleme und Ausblick

Aus der Zielsetzung des Data Mining ergeben sich häufig extrem große Lösungsräume, die zusammen mit den komplexen Algorithmen zu langen Laufzeiten führen. Aus der Betrachtung der zurzeit verfügbaren Data Mining-Tools ergibt sich das Problem, dass die Komponenten des Datenzugriffs und der Interessantheitsbewertung nur rudimentär in diese Tools implementiert wurden. Die Operationalisierung des Interessantheitsaspektes und seine Messung, die ja den Extraktionsprozess steuern, sind ebenfalls häufig Gegenstand kontroverser Diskussionen. Des weiteren ist die (Ideal-)Forderung nach autonomer Extraktion von Mustern aus Datenbeständen ohne Kenntnisse des Umfelds, der potenziellen Zusammenhänge und der Verwendung der gewonnenen Aussagen nur schwer erfüllbar. In der Datenbasis selbst sind in praktischen Fällen recht häufig Defekte wie fehlende oder falsche Daten zu finden, die die Ergebnisse des Data Mining negativ beeinflussen könnten, sodass vorbereitende Datenbereinigungsmaßnahmen notwendig werden.

Kommende Data Mining-Tools werden die angesprochenen Probleme reduzieren. Es wird Weiterentwicklungen in allen vier oben genannten Komponenten geben. Interessant sind auch Versuche, das Data Mining von strukturierten auf weniger strukturierte Datenbestände, wie z.B. Texte, Bilder oder → HTML-Dokumente zu übertragen.

Data Processing → Datenverarbeitung.

Data Processing System → Datenverarbeitungssystem.

Data Warehouse – eine von den operativen Datenverarbeitungssystemen separierte → Datenbank, auf die nur Lesezugriff besteht. In regelmäßigen Abständen werden aus den operativen DV-Systemen unternehmensspezifische, historische und daher unveränderliche → Daten zusammengetragen, vereinheitlicht, nach Nutzungszusammenhängen geordnet, verdichtet und dauerhaft in der Datenbasis des Data Warehouses archiviert. Ziel ist die Verbesserung der unternehmensinternen Informationsversorgung (→ Wissensmanagement) und damit der Unterstützung strategischer Entscheidungen. Als analytisches System liefert es Informationen zur Problemanalyse → Online Analytical Processing (OLAP) -, die durch die Anwendung von Methoden (z.B. des → Data Mining) generiert werden.

Datei – I. Wirtschaftsinformatik: Menge von → Daten, die nach einem Ordnungskriterium, das sie als zusammengehörend kennzeichnet, in maschinell lesbaren externen → Speichern gespeichert sind (z.B. Kontostände aus der Kontokorrentbuchhaltung nach Kontenbezeichnung, Lagerbestände nach Artikelbezeichnungen). – Vgl. auch → Datenorganisation.

II. Bundesdatenschutzgesetz: Eine Datei ist (1) eine Sammlung personenbezogener Daten, die durch automatisierte Verfahren nach bestimmten Merkmalen ausgewertet werden kann (automatisierte Datei), oder (2) jede sonstige Sammlung personenbezogener Daten, die gleichartig aufgebaut ist und nach bestimmten Merkmalen geordnet, umgeordnet und ausgewertet werden kann (nicht-automatisierte Datei). Nicht hierzu gehören Akten und Aktensammlungen, es sei denn, dass sie durch automatisierte Verfahren umgeordnet oder ausgewertet werden können (§ 3 II BDSG). – Vgl. auch → Datenschutz.

Dateiorganisation – 1. *Begriff*: Methoden und Prinzipien zur Strukturierung einer → Datei, bes. zur Anordnung der Datensätze (→ Datensatz) und zum Wiederauffinden der Datensätze. – 2. *Aspekte:* a) Die *Zugriffsform* gibt an, in welcher Reihenfolge man die Datensätze einer Datei ansprechen (lesen oder schreiben) kann. (1) *Sequenzieller Zugriff (fortlaufender Zugriff)* bedeutet, dass die Datensätze nur in einer bestimmten Reihenfolge angesprochen werden können. Diese ist entweder durch einen auf- bzw. absteigenden → Schlüssel definiert oder durch den → Datenträger vorgegeben (z.B. ist bei einem → Magnetband nur sequenzieller Zugriff möglich). (2) *Direkter Zugriff (wahlfreier Zugriff, Random Access)* liegt vor, wenn die Sätze einer Datei in beliebiger Reihenfolge über ihre Schlüssel angesprochen werden können. Voraussetzung hierfür ist, dass die Datei auf einem Datenträger mit direkter Adressierung (z.B. → Magnetplattenspeicher, → Diskette, → CD-ROM) residiert. – b) Die *Speicherungsform* definiert die Anordnung der Datensätze in der Datei. (1) Bei *sequenzieller Speicherung (fortlaufender Speicherung)* sind die Datensätze hintereinander fortlaufend angeordnet und können auch nur in dieser Reihenfolge wieder bereitgestellt werden. (2) Bei *index-sequenzieller Speicherung* werden die Datensätze nach folgendem Prinzip zu Blöcken zusammengefasst: Innerhalb eines Blocks sind die Sätze nach ihren Schlüsseln sequenziell geordnet. Für jeden Block ist in einer Indextabelle der größte Schlüsselwert festgehalten. Soll nun auf einen bestimmten Satz zugegriffen werden, kann über die Indextabelle der richtige Datenblock identifiziert und dann (sequenziell) durchsucht werden. Auf die Indextabelle selbst wird meist das gleiche Prinzip analog angewendet; dies führt zu mehrstufigen Indextabellen. – Realisierungen der index-sequenziellen Speicherung als Dateiorganisationsform sind in der betrieblichen Datenverarbeitung unter dem Namen ISAM (Index Sequential Access Method) bzw. in fortgeschrittener Form als VSAM (Virtual Sequent Access Method) bekannt. – 3. *Zusammenhänge zwischen Speicherungsform und Zugriffsform:* Die Speicherungsform setzt Restriktionen für die Zugriffsform. Bei sequenzieller Speicherung ist nur sequenzieller Zugriff möglich; bei index-sequenzieller Speicherung ist sowohl direkter als auch sequenzieller Zugriff möglich. – 4. *Einsatzschwerpunkte:* a) *Sequenzielle Speicherung* wird v.a. dann eingesetzt, wenn große Datenbestände nach Ordnungsbegriffen sortiert zu verarbeiten sind. – b) *Index-sequenzielle Speicherung* ist in der betrieblichen Datenverarbeitung die häufigste Organisationsform, wenn sowohl sequenzieller Zugriff als auch direkter Zugriff zu Datensätzen aufgrund eines Schlüssels (z.B. aufgrund einer klassifizierenden Artikelnummer) erforderlich ist. – 5. *Probleme der Dateiorganisation:* a) Dateien werden i.d.R. aus den Anforderungen der sie verarbeitenden → Programme heraus organisiert; daher besteht eine enge Kopplung zwischen Dateien und Programmen. Als Folge müssen bei Änderungen der Dateiorganisation auch die Programme geändert werden (→ Softwarewartung). – b) Aufgrund der engen Datei-Programm-Kopplung können verschiedene Programme, die teilweise die gleichen Daten benötigen, dieselben Dateien nicht unmittelbar verarbeiten; Daten müssen vielmehr erst in eine für das andere Programm geeignete Form umgesetzt werden. Wenn z.B. ein Programm zwei Daten, die bereits in einer sequenziell organisierten Datei für Programm 1 existieren, in einer anderen Reihenfolge als Programm 1 benötigt, so muss durch → Sortieren eine neue Datei erzeugt werden. – c) *Datenredundanz:* Die gleichen Daten sind in jeweils für spezifische Programme adäquater Form *mehrfach* vorhanden. – d) *Datenkonsistenz* (→ Datenintegrität): Aufgrund der Redundanz und der jeweils isolierten Betrachtung der einzelnen Dateien ist die Widerspruchsfreiheit und Vollständigkeit der Daten nicht gesichert.

Dateizugriff → Datenorganisation.

Daten – I. Wirtschaftstheorie: Bezeichnung für volkswirtschaftliche Gegebenheiten, die den Wirtschaftsablauf beeinflussen, ohne von diesem selbst – zumindest unmittelbar und kurzfristig – beeinflusst zu werden. Diese Daten sind teils einzelwirtschaftlicher, teils gesamtwirtschaftlicher Natur (volkswirtschaftlicher Datenkranz von Eucken). – In der *Theorie der quantitativen Wirtschaftspolitik* diejenigen Größen, die weder direkt noch indirekt durch den wirtschaftspolitischen Entscheidungsträger beeinflusst werden können. Dazu zählen auch → autonome Größen wie der autonome Konsum. Größen, die lediglich in einem bestimmten Modell als vorgegeben betrachtet werden, bezeichnet man als exogene Variablen (→ Variable, exogene). Exogene Variablen, die unter direkter Kontrolle der wirtschaftspolitischen Entscheidungsträger stehen, heißen Instrumentvariablen.

II. Ökonometrie: Das zentrale Problem einer Datenbasis für → ökonometrische Modelle besteht in der Übereinstimmung der Begriffsbildungen aus der ökonomischen Theorie und der zur Verfügung stehenden wirtschaftsstatistischen Größen. Hinzu kommt, dass wegen der i.d.R. im Hinblick auf ihre asymptotischen Eigenschaften ausgewählten Schätz- und Testfunktionen möglichst große Stichprobenumfänge erwünscht und erforderlich sind. Wegen definitorischer Änderungen, Umstellungen in der Erhebung etc. sind die Daten jedoch meist nur beschränkt miteinander vergleichbar, sodass sich dadurch Restriktionen bez. der Stichprobenumfänge ergeben. – Die Daten für ökonometrische Analysen sind entweder Querschnitts- oder Zeitreihendaten: a) *Querschnittsdaten* ergeben sich aus der Beobachtung verschiedener Wirtschaftssubjekte, z.B. Haushalte oder Unternehmungen, zu einem bestimmten Zeitpunkt. – b) *Zeitreihendaten* resultieren aus der Beobachtung eines bestimmten Wirtschaftssubjektes oder eines bestimmten Aggregates, z.B. der Konsumausgaben aller privaten Haushalte, über mehrere aufeinander folgende Zeitpunkte. – c) Pooldaten bzw. Paneldaten sind miteinander *kombinierte Querschnitts- und Zeitreihendaten.* Nur in Ausnahmefällen stehen miteinander kombinierbare Querschnitts- und Zeitreihendaten zur Verfügung.

III. Wirtschaftsinformatik: 1. *Begriff:* zum Zweck der Verarbeitung zusammengefasste Zeichen, die aufgrund bekannter oder unterstellter Abmachungen Informationen (d.h. Angaben über Sachverhalte und Vorgänge) darstellen. – 2. *Arten:* a) *Eingabedaten:* Daten, die dem Programm von außen zur Verfügung gestellt werden. – b) *Ausgabedaten:* Daten, die im Wesentlichen Ergebnisse eines Programms darstellen. – c) *Stammdaten:* wichtige Grunddaten eines Betriebes, die über einen gewissen Zeitraum nicht verändert werden. – d) *Bewegungsdaten:* Daten, welche Veränderungen beschreiben und dazu herangezogen werden, Stammdaten zu aktualisieren. – e) *Numerische Daten:* Informationen werden durch Ziffern dargestellt. – f) *Alphanumerische Daten:* Informationen werden durch Ziffern, Buchstaben und Sonderzeichen dargestellt. – 3. *Darstellungsweise:* In einem → Datenmodell werden Daten und ihre Beziehungen zueinander abgebildet. Daten werden in → Dateien oder → Datenbanken gespeichert. – Vgl. auch → Bus, → Datenelement, → Datenorganisation, → Datenstruktur.

Datenabstraktion → Modularisierungsprinzip, bei dem ein Modul eine abstrakte Datenstruktur oder einen abstrakten Datentyp implementiert (datenorientiertes → Modul). Die Abstraktion besteht darin, dass von der tatsächlichen Repräsentation der Daten innerhalb des Moduls abstrahiert wird.

Datenanalyse – *statistische Datenanalyse;* statistische Methoden, mit welchen aus vorliegenden Einzeldaten zusammenfassende Informationen (Kenngrößen) gewonnen und tabellarisch oder grafisch dokumentiert werden. – 1. *Deskriptive Datenanalyse:* Liegt eine Totalerhebung oder generell ein Datensatz vor, so ist es die Aufgabe der Datenanalyse, die in den Einzeldaten enthaltene Information zu verdichten und diese so darzustellen, dass Wesentliches deutlich wird. Dazu werden Tabellen, graphische Darstellungen und charakteristische Maßzahlen verwendet. Die Datenanalyse hat ausschließlich beschreibenden Charakter (→ deskriptive Statistik). – 2. *Inferenzielle Datenanalyse:* Bei einer Stichprobenerhebung (→ Teilerhebung) liegt der Schwerpunkt der Datenanalyse auf der Übertragung der Stichprobenbefunde auf die Grundgesamtheit auf der Basis eines statistischen Modells. Wesentliche Verfahren der Inferenzstatistik sind → Punktschätzung, → Intervallschätzung und Hypothesenprüfung (→ statistische Testverfahren). Zur Datenanalyse gehört in diesem Fall z.B. die Angabe von Punktschätzwerten oder die Angabe von Konfidenzintervallen für Parameter der Grundgesamtheit. – 3. Neben der deskriptiven und inferenziellen wird auch zwischen der *explorativen* und der *konfirmatorischen* Datenanalyse unterschieden. Bei der → explorativen Datenanalyse wird die verfügbare Datenmenge verarbeitet mit der Absicht, Strukturen in den Daten oder einfache bzw. überschaubare Zusammenhänge hervortreten zu lassen oder auf diese Weise erst zu entdecken. Im Gegensatz dazu ist das Ziel der konfirmatorischen Datenanalyse die Überprüfung von Zusammenhängen (z.B. → Regressionsanalyse oder der LISREL-Ansatz (→ LISREL) der → Kausalanalyse). – 4. Bei der Datenanalyse ist bezüglich der Analyseverfahren allg. zwischen *univariater, bivariater und multivariater* Datenanalyse zu unterscheiden, je nachdem, ob ein (eindimensionales) Merkmal bzw. zwei- oder mehrdimensionale Merkmale im Vordergrund stehen (→ univariate Analysemethoden, → bivariate Analysemethoden, → multivariate Analysemethoden).

Datenbank – 1. *Begriff:* selbstständige, auf Dauer und flexiblen und sicheren Gebrauch ausgelegte → Datenorganisation, die sowohl eine Datenbasis als auch eine zugehörige Datenverwaltung → Datenbankmanagementsystem (DBMS) – umfasst. Eine Datenbank dient dazu, eine große Menge von → Daten strukturiert zu speichern und zu verwalten. – 2. *Rechtsschutz:* Das Urheberrecht unterscheidet zwischen dem Datenbankwerk (§ 4 II UrhG) und der Datenbank (§ 87a UrhG). Datenbankwerk im Sinn des UrhG ist ein Sammelwerk, dessen Elemente systematisch oder methodisch angeordnet und einzeln mithilfe elektronischer Mittel oder auf andere Weise zugänglich sind. Ein zur Schaffung des Datenbankwerkes oder zur Ermöglichung des Zugangs zu dessen Elementen verwendetes → Computerprogramm ist nicht Bestandteil des Datenbankwerkes. Datenbankwerke genießen vollen urheberrechtlichen Schutz, wenn sie eine persönliche geistige Schöpfung des Urhebers darstellen. Regelungen zur Benutzung eines Datenbankwerks trifft § 55a UrhG. – Neben den Datenbankwerken genießen auch Datenbanken nach den §§ 87a ff. UrhG einen sog. Sui-Generis-Schutz wegen der mit der Herstellung der Datenbank erforderlichen Investitionen. Dabei handelt es sich um Datenbanken, die zwar keine persönliche geistige Schöpfung verkörpern, aber deren Beschaffung, Überprüfung oder Darstellung eine nach Art und Umfang wesentliche Investition erfordern (§ 87a I UrhG). Solche Datenbanken gewähren dem Hersteller ein 15-jähriges ausschließliches Recht die Datenbanken ganz oder teilweise zu vervielfältigen, zu verbreiten oder öffentlich wiederzugeben (§ 87b UrhG).

Datenbank-/Datenkommunikationssystem – *DB/DC-System, Database/Datacommunication-System;* → Datenbanksystem, das im Transaktionsbetrieb (→ Transaktion, → aktionsorientierte Datenverarbeitung) unter einem → TP-Monitor abläuft; i.d.R. ist ein Datenbanksystem unter verschiedenen TP-Monitoren ablauffähig.

Datenbankabfrage – *Datenbankanfrage, Query;* von einem Benutzer oder einem Programm in einer vom → Datenbankmanagementsystem (DBMS) zur Verfügung gestellten → Abfragesprache formulierte Anfrage an eine → Datenbank.

Datenbankabfragesprache → Abfragesprache.

Datenbankadministrator – 1. *Begriff:* Berufsbild in der → betrieblichen Datenverarbeitung. Dem Datenbankadministrator obliegt die Organisation der Daten eines Unternehmens in einem → Datenbanksystem. – 2. *Aufgaben:* (1) Entwicklung und Pflege des → konzeptionellen Datenmodells und des → konzeptionellen Schemas in Zusammenarbeit mit den betrieblichen Fachabteilungen; (2) Entwicklung und Pflege des → internen Schemas; (3) Abstimmung der externen Schemata (→ externes Schema) mit dem konzeptionellen Schema; (4) Verwaltung des → Data Dictionary (DD), Beratung der → Systemprogrammierer und → Anwendungsprogrammierer.

Datenbankanfrage → Datenbankabfrage.

Datenbankmanagementsystem (DBMS) – *Datenbankverwaltungssystem;* der Teil eines → Datenbanksystems, der zur Verwaltung der Daten der → Datenbank dient. – *Bestandteile:* a) Ein *Programmsystem* (→ Programm), das Methoden und Werkzeuge zur Einrichtung und Pflege der Datenbank beinhaltet und alle von den → Anwendungsprogrammen verlangten Zugriffe (Lesen, Ändern, Hinzufügen, Löschen von Daten) auf der Datenbank ausführt, wobei → Datensicherheit und → Datenschutz gewährleistet sein müssen. – b) *Weitere Funktionen* können zur Verfügung gestellt werden, z.B. Abrechnung der

Leistungsinanspruchnahme durch die Benutzer, Restauration einer zerstörten Datenbank.

Datenbankorganisation – Im Gegensatz zur → Dateiorganisation auf eine strikte Trennung zwischen → Daten und → Programmen ausgelegte Organisationsform, die sowohl eine deutlich höhere Aktualität von Daten als auch eine gesicherte → Konsistenz der Daten gewährleistet. 1. *Grundidee:* Daten sollen für neue → Anwendungsprogramme und Auswertungen möglichst flexibel verfügbar und nicht starr an einzelne Programme gekoppelt sein. Alle relevanten Unternehmensdaten werden in einem zentralen „Pool" aufbewahrt und für die verschiedenen Programme bzw. → Endbenutzer in der jeweils geeigneten Form (→ Datensicht) bereitgestellt. – 2. *Voraussetzungen:* Im Idealfall sollte zur Gewährleistung der Flexibilität, bes. der physischen und logischen → Datenunabhängigkeit, eine strikte Trennung von drei Ebenen eingehalten werden: der internen, konzeptionellen und externen Ebene (→ internes Schema, → konzeptionelles Schema, → externes Schema). Daten werden auf den drei Ebenen getrennt in → Datenmodellen abgebildet. Für die Koordination der Datenmodelle ist ein → Datenbankadministrator zuständig. – 3. *Realisierung:* Die Datenmodelle werden mit → Datenbeschreibungssprachen formuliert. Zum Eintragen von Daten in die Datenbank und zur Bearbeitung der Daten dienen → Datenmanipulationssprachen, zur Benutzung der Datenbank durch → Endbenutzer, v.a. für Ad-Hoc-Abfragen und -Auswertungen, auch → Abfragesprachen. – 4. *Vorteil:* Die Organisation der Daten in einem → Datenbanksystem ist eine wesentliche Voraussetzung für den aus der → Datenintegration und → Funktionsintegration resultierenden Nutzen.

Datenbanksystem – aus einem → Datenbankmanagementsystem (DBMS) und den zu verwaltenden Daten (der Datenbasis) bestehendes System, das als zentrale Kontrolle über die verschiedenen, Benutzern zur Verfügung zu stellenden → Daten für die Datenspeicherung und → Datenorganisation zuständig ist. Für größere Datenbanksysteme liegt die Verantwortung i.d.R. bei einem → Datenbankadministrator.

Datenbankverwaltungssystem → Datenbankmanagementsystem (DBMS).

Datenbeschreibungssprache – *Datendefinitionssprache, Data Description Language (DDL), Data Definition Language (DDL);* eine Sprache, die zur Beschreibung der Struktur einer → Datenbank aus der Sicht des → konzeptionellen Datenmodells, → externen Datenmodells oder → internen Datenmodells dient. Zu einem → Datenbankmanagementsystem (DBMS) gehört stets eine Datenbeschreibungssprache. – Es existieren Sprachen, die die Funktionen einer → Datenmanipulationssprache und einer Datenbeschreibungssprache in sich vereinigen.

Datenbus → Bus.

Datendefinitionssprache → Datenbeschreibungssprache.

Datendiebstahl → Ausspähen von Daten.

Datenelement – *skalares Element;* bei der → Programmentwicklung ein Datum, das einen → Datentyp besitzt und nicht weiter unterteilt wird. – Vgl. auch → Daten, → Datenstruktur.

Datenendeinrichtung (DEE) – *Data Terminal Equipment (DTE);* nach DIN 44 302 funktionale Einheit einer Datenstation. Dient zum Senden oder Empfangen von → Daten.

Datenendgerät – Gerät für die Datenerfassung, -eingabe, -abfrage und -ausgabe (evtl. auch für die Datenspeicherung), das von der → Zentraleinheit räumlich entfernt aufgestellt, aber mit ihr durch Übertragungsleitungen verbunden ist oder verbunden (angeschaltet) werden kann.

Datenerfassungs- und -übermittlungs-Verordnung (DEÜV) – i.d.F. vom 23.1.2006 (BGBl. I 152) m.spät.Änd. Regelt den Ablauf der Meldungen, die die in § 2 DEÜV bezeichneten Meldepflichtigen (Arbeitgeber) für jeden in der Krankenversicherung versicherten Beschäftigten (§ 3 DEÜV) der Einzugsstelle zu erstatten haben (§ 28a SGB IV). Die Meldungen erfolgen regelmäßig durch Datenübermittlung (§ 16 DEÜV). Sonderregelungen finden sich in den §§ 29 ff. DEÜV.

Datenerhebung – Erhebung der interessierenden Daten, i.d.R. durch eine Stichprobe. Dies kann durch → Befragung, → Beobachtung oder Experiment geschehen. – Vgl. auch → computergestützte Datenerhebung, → Erhebung.

Datenfernübertragung – Datenübertragung über Fernmeldewege (Leitungswege, Funkstrecken) zwischen → Rechnern oder zwischen Rechnern und Datenstationen.

Datenfernverarbeitung – elektronische Verarbeitung von → Daten, die an einem vom Verarbeitungsort (→ Rechenzentrum, DV-System) entfernten Ort entstanden, erfasst und zur Verarbeitung übertragen worden sind (→ Datenübertragung). Die Verarbeitungsergebnisse werden an die anliefernde Stelle zurückübertragen. Datenfernverarbeitung kann → Echtzeitbetrieb oder → Stapelbetrieb sein.

Datenflussplan – *Blockdiagramm, Flussdiagramm.* 1. *Begriff:* grafisches Hilfsmittel zur Darstellung des Datenflusses bei der Bearbeitung einer Aufgabe mit elektronischer Datenverarbeitung. Der Datenflussplan gibt an, welche Stellen die → Daten durchlaufen, d.h., welche → Datenträger benutzt werden, von welchen → Programmen die Daten bearbeitet werden und welche Art der Bearbeitung vorgenommen wird. – 2. *Darstellungsform:* Symbole (Rechtecke, Rauten u.a.), die durch Ablauflinien miteinander verbunden werden. – 3. *Verwendung:* bei größeren Aufgaben in der → betrieblichen Datenverarbeitung, v.a. bei der

→ Systemanalyse. – 4. *Standardisierung:* genormt in den DIN-Normen 44 300 und 66 001.

Datenintegration – 1. *Begriff:* Integration von → Daten mehrerer betrieblicher Funktionsbereiche mit dem Ziel, dieselben Daten unmittelbar für verschiedene Aufgaben nutzbar zu machen. – 2. *Vorteile:* Vermeidung von → Datenredundanz und Sicherung der Konsistenz der Daten (→ Datenintegrität). Bildung von → Vorgangsketten möglich. – 3. *Voraussetzung:* Datenbankorganisation (→ Datenorganisation).

Datenintegrität – *Datenkonsistenz;* in der Datenbankorganisation (→ Datenorganisation) die Korrektheit der gespeicherten Daten im Sinn einer widerspruchsfreien und vollständigen Abbildung der relevanten Aspekte des erfassten Realitätsausschnitts.

Datenkonsistenz → Datenintegrität.

Datenmanipulationssprache – *Data Manipulation Language (DML).* 1. *Begriff:* Sprache zum Abfragen, Einfügen, Ändern und Löschen der → Daten eines → Datenbanksystems; sie wird dem → Benutzer vom → Datenbankmanagementsystem (DBMS) zur Verfügung gestellt. – 2. *Arten:* a) die in eine andere → Programmiersprache integrierte Datenmanipulationssprache, auch als *Host Language* bezeichnet, und *eigenständige Datenmanipulationssprache;* – b) *Prozedurale Datenmanipulationssprache* (→ Programmiersprache): Der Benutzer muss über die Struktur der → Datenbank informiert sein, um Daten manipulieren zu können. – c) *Deskriptive Datenmanipulationssprache:* Der Benutzer muss nur die Art der Manipulation angeben. – Vgl. auch → SQL. – 3. Viele Sprachen vereinigen die Funktionen einer → Datenbeschreibungssprache und einer Datenmanipulationssprache in sich (SQL).

Datenmodell – 1. *Begriff:* in der → Datenorganisation Modell der zu beschreibenden und verarbeitenden → Daten eines Anwendungsbereichs (z.B. Daten des Produktionsbereichs, des Rechnungswesens oder die Gesamtheit der Unternehmensdaten) und ihrer Beziehungen zueinander. – 2. *Verwendungsformen:* (1) → internes Datenmodell; (2) → konzeptionelles Datenmodell; (3) → externes Datenmodell. – 3. *Wichtigste Arten:* (1) → hierarchisches Datenmodell; (2) → Netzwerkmodell; (3) → Relationenmodell; (4) objektorientiertes Modell.

Datenmodellierung – formale Beschreibung der Informationsobjekte eines zu entwerfenden → Informationssystems. Ziel ist die eindeutige Definition und Spezifikation der in einem Informationssystem zu verwaltenden Objekte, ihrer für die Informationszwecke erforderlichen Attribute und der Zusammenhänge zwischen verschiedenen Informationsobjekten, um so einen Überblick über die Datensicht des Informationssystems erhalten zu können. Ergebnis des Modellierungsprozesses ist ein sog. Datenschema, das zumeist grafisch visualisiert wird. – Vgl. auch → Entity-Relationship-Modell, → SERM.

Datennetz → Netz.

Datenorganisation – 1. *Begriff:* I.w.S. alle Verfahren zur Anordnung und zum Wiederauffinden von → Daten. – 2. *Formen:* (1) → Dateiorganisation und (2) → Datenbankorganisation.

Datenreduktion – Komprimierung des Datenmaterials einer Erhebung mittels statistischer Methoden auf Graphiken, wenige aussagekräftige Kennwerte oder Reduktion der Anzahl der betrachteten Merkmale. Dem damit zwangsläufig verbundenen Verlust an Einzelinformationen steht die globale Charakterisierung der Gesamtheit als Vorteil gegenüber. – *Verwendete Methoden:* In erster Linie Tabellen, Maßzahlen (z.B. Mittelwerte, Verhältniszahlen, Indexzahlen), empirische Verteilungen, grafische Veranschaulichungen, aber auch → multivariate Analysemethoden, bes. → Faktorenanalyse, → Clusteranalyse und → Regressionsanalyse.

Datenredundanz – 1. *Begriff:* in der → Datenorganisation das mehrfache Führen der gleichen → Daten, also das mehrfache Vorkommen desselben Sachverhaltes, wobei die Wiederholung als nicht notwendig eingeordnet wird. Redundanz wird auch der Teil einer → Nachricht genannt, der für den Empfänger nicht neu, also keine → Information ist. – 2. *Folgen:* Mehrfachaufwand, Konsistenz der Daten (→ Datenintegrität) nicht gewährleistet; Abstimmungsprobleme, da Änderungen an verschiedenen Stellen (z.B. in mehreren Dateien) zur gleichen Zeit durchgeführt werden müssen. – 3. Datenredundanz in *kontrolliertem* Umfang wird häufig eingeplant, um z.B. bei Verlust von Daten die Rekonstruktion zu ermöglichen oder zur Verbesserung der → Performance.

Datensatz – in der → Datenorganisation eine Zusammenfassung von Daten, die zu einem Objekt gehören und in einer → Datei abgelegt sind, z.B. Artikelnummer, Bezeichnung, Verkaufspreis und Lagerbestand zu einem bestimmten Artikel. Als → Datenstruktur betrachtet stellt ein Datensatz i.Allg. einen → Record dar.

Datenschutz – **I. Allgemein:** Schutz des Einzelnen vor Beeinträchtigungen seines Rechtes auf informationelle Selbstbestimmung, kraft dessen jeder Bürger grundsätzlich selbst über die Preisgabe und Verwendung seiner → personenbezogenen Daten bestimmen darf (BVerfGE 65, 1). – *Rechtsgrundlage:* Bundesdatenschutzgesetz (BDSG) i.d.F. vom 14.1.2003 (BGBl. I 66) m.spät.Änd.; Landesdatenschutzgesetze für Datenverarbeitung der Landesbehörden. – *Inhalt des BDSG:* (1) Das Gesetz umfasst jede Erhebung, Datenverarbeitung (Speicherung, Übermittlung, Veränderung, Sperrung und Löschung) und Nutzung von personenbezogenen Daten durch öffentliche Stellen des Bundes. Für die Privatwirtschaft gilt das Gesetz nur, insoweit die Daten dort in oder aus Dateien geschäftsmäßig oder für berufliche oder gewerbliche Zwecke verarbeitet oder genutzt werden (§ 1 II). Nicht unter das Gesetz fällt somit die Verarbeitung von Daten in Akten oder zu nicht kommerziellen Zwecken. (2) Das BDSG verbietet grundsätzlich jede Verarbeitung personenbezogener Daten in oder aus Dateien (§§ 4 I, 4a). Zulässig ist die Verarbeitung nur ausnahmsweise in zwei (eng auszulegenden) Fällen: Der Betroffene hat schriftlich eingewilligt (§ 4 II) oder das BDSG bzw. eine andere Rechtsvorschrift sehen die Verarbeitung vor. (3) Der Betroffene hat ein Recht auf Auskunft über die zu seiner Person gespeicherten Daten (§§ 19, 34). (4) Daneben kann der Betroffene Berichtigungen unrichtiger Daten und Löschung unzulässig gespeicherter Daten verlangen; er kann ferner jederzeit die Sperrung von Daten verlangen (§§ 20, 35). (5) Schließlich hat der Betroffene ein Widerspruchsrecht gegenüber jeglicher Nutzung und Übermittlung seiner Daten für Zwecke der Werbung oder der Markt- und Meinungsforschung (§ 28 III). (6) Die Einhaltung datenschutzrechtlicher Bestimmungen wird durch einen innerbetrieblichen → Datenschutzbeauftragten sichergestellt, dessen Tätigkeit wiederum von einer staatlichen Aufsichtsbehörde (etwa dem Regierungspräsidenten) kontrolliert wird. (7) Unternehmen sind nach dem BDSG verpflichtet, technische und organisatorische Maßnahmen zu treffen, um personenbezogene Daten gegen Missbrauch, Fehler oder Unglücksfälle zu schützen (§ 9).

II. Strafrecht: 1. *Zuwiderhandlungen im Sinn des Bundesdatenschutzgesetzes* werden als → Straftat mit Freiheitsstrafe bis zu zwei Jahren oder als Ordnungswidrigkeit mit Geldbußen bis zu 25.000 Euro, in schweren Fällen bis zu 250.000 Euro geahndet (§§ 43, 44 BDSG). – 2. Strafbar ist ferner die → Datenveränderung (§ 303a StGB), das → Ausspähen von Daten (§ 202a StGB) und die → Computersabotage (§ 303b StGB). – 3. Mit dem 41. StrÄndG vom 7.8.2007 (BGBl. I S. 1786) sind vorstehende Vorschriften erweitert und durch neue Tatbestände ergänzt worden: Über § 202a StGB wird nunmehr auch das „*Hacking*" erfasst, wenn sich also nur der Zugang (ohne Zugriff auf die Daten selbst) unbefugt verschafft wird. Des Weiteren wurden die Tatbestände des § 202b (*Abfangen von Daten)* und des § 202c (*Vorbereiten des Ausspähens und Abfangens von Daten)* neu geschaffen.

III. Arbeitsrecht: → Personalakte, → technische Überwachungseinrichtung.

Datenschutzbeauftragter – 1. *Begriff:* Person, die die Einhaltung datenschutzrechtlicher Vorschriften zu überwachen hat. Einen Datenschutzbeauftragten haben alle Unternehmen zu bestellen, die mind. fünf Arbeitnehmer ständig mit der automatisierten oder 20 Arbeitnehmer mit der nicht automatisierten Verarbeitung → personenbezogener Daten beschäftigen. Die Nichtbestellung wird als Ordnungswidrigkeit geahndet. – 2. *Aufgabe:* ständige Kontrolle der Einhaltung des Bundesdatenschutzgesetztes (BDSG) in einem Unternehmen (→ Datenschutz); bes. durch Überwachung der verwendeten Software, Schulung der Mitarbeiter und beratende Mitwirkung bei der Personalauswahl. Der Datenschutzbeauftragte kann sich bei Zweifelsfällen an eine staatliche Aufsichtsbehörde (etwa den Regierungspräsidenten) wenden, die zugleich seine Tätigkeit kontrolliert. – 3. *Rechtsstellung:* Der Datenschutzbeauftragte ist unmittelbar der Geschäftsführung eines Unternehmens zu unterstellen. Er arbeitet weisungsfrei; seine Berufung kann nur aus wichtigem Grund widerrufen werden. – Vgl. auch Bundesbeauftragter für den Datenschutz.

Datensicherheit – in der betrieblichen Datenverarbeitung alle technischen und organisatorischen Maßnahmen zum Schutz von → Daten vor Verfälschung, Zerstörung und unzulässiger Weitergabe. – Vgl. auch → Datenschutz, → Datensicherung.

Datensicherung – 1. Synonym für → Datensicherheit. – 2. Organisatorische Bezeichnung für das Erzeugen einer oder mehrerer Kopien gespeicherter → Daten (evtl. auch → Programme) auf einem → externen Speicher, um sich vor dem Verlust der Daten (Programme) zu schützen; z.T. werden zu diesem Zweck spezielle Speichergeräte (z.B. Streamer) eingesetzt. – 3. *Methoden zur Datensicherung:* → Drei-Generationen-Prinzip.

Datensicht – *Sicht, View.* 1. *Begriff:* In der → Datenorganisation die Art und Weise, wie sich Daten für ein → Programm oder einen → Benutzer darstellen. – 2. *Arten in der Datenbankorganisation:* (1) *Externe Datensicht:* die Sicht auf die Daten, wie sie sich für den Programmierer eines → Anwendungsprogramms bzw. einen → Endbenutzer darstellen. (2) *Globale logische Datensicht:* der Überblick über alle Daten und ihre Beziehungen, wie sie der → Datenbankadministrator sieht. (3) *Interne Datensicht:* die interne Darstellung und Anordnung der Daten auf den → Datenträgern. – Die externe Datensicht wird als Datensicht i.e.S. bezeichnet; daher auch Synonym für → externes Schema. – Vgl. auch → Architektur integrierter Informationssysteme.

Datensichtgerät → Bildschirm.

Datenspeicherung → Daten, → Datenorganisation, → Speicher.

Datenstruktur – 1. *Begriff:* Bei der → Programmentwicklung Zusammenfassung von → Datenelementen und/oder Datenstrukturen, die in einem logischen Zusammenhang stehen, zu einer größeren Einheit unter einem gemeinsamen Namen. – 2. *Typen:* (1) *Standard-Datenstruktur (elementare Datenstruktur):* in einer → Programmiersprache bereits vordefinierte Datenstruktur, wichtigste Formen: → Array, → Record, → Datei; (2) → abstrakte Datenstruktur *(höhere Datenstruktur).*

Datenträger – in der Informationsverarbeitung jedes Medium, das → Daten in maschinell lesbarer Form „trägt" bzw. dafür geeignet ist. Die Daten sind auf oder in dem Datenträger (z.B. auf magnetisierbaren Datenträger wie einer Diskette oder einer → Chipkarte, einer → CD-ROM) in einem bestimmten → Code „gespeichert". Häufig werden Datenträger als sog. Datenzwischenträger zur schnellen maschinellen Dateneingabe (oder Datenausgabe) eingesetzt. – Vgl. auch → DTA (Datenträgeraustausch).

Datenträgeraustauschverfahren → DTA.

Datentyp – 1. *Begriff:* Der Datentyp gibt an, von welcher Art die → Daten sind, die mit ihm beschrieben werden (→ Datenvereinbarung), und welche Operationen auf diesen ausgeführt werden können. – 2. *Arten:* (1) → Standarddatentyp; (2) → strukturierter Datentyp; (3) → abstrakter Datentyp.

Datenübertragung – 1. *Begriff:* Transport der → Daten vom Ort der Erfassung zum Ort der Verarbeitung oder Speicherung bzw. von dort zum Empfänger (von den → Peripheriegeräten zur → Zentraleinheit und umgekehrt). – Vgl. auch → Datenfernübertragung. – 2. *Arten:* (1) → asynchrone Datenübertragung; (2) → synchrone Datenübertragung.

Datenübertragungseinheit – *Netzwerkvorrechner, Front-end-Prozessor, Front-end-Rechner;* → Computer, der zwischen → Netz und → Host geschaltet wird, um letzteren von der Netzkontrolle, der Koordination einer Anzahl von Übertragungsstrecken, von Fehlerbehandlungsroutinen etc. zu entlasten. Die Datenübertragungseinheit steuert deshalb für den angeschlossenen → Host den Verkehr über das → Netzwerk und bereitet zusätzlich auch ankommende → Daten auf.

Datenübertragungseinrichtung (DÜE) – Gerät zur Anpassung digitaler Signale zwischen → Datenendeinrichtung (DEE) und Fernmeldeweg. – *Beispiel:* → Modem.

Datenunabhängigkeit – Zielsetzung bei der → Datenorganisation. – *Arten:* (1) *Logische Datenunabhängigkeit:* Die globale logische Struktur der → Daten (Beziehungen zwischen den Daten) soll unabhängig von den → Anwendungsprogrammen organisiert werden, sodass logische Änderungen der Daten möglichst keine Auswirkungen auf die benutzenden Programme haben. (2) *Physische Datenunabhängigkeit:* Die physische Organisation der Daten (z.B. Speicherungsformen, → Datenträger) soll möglichst ohne Auswirkungen auf die globale logische Struktur der Daten und auf die Anwendungsprogramme geändert werden können.

Datenveränderung – Spezieller Tatbestand der → Sachbeschädigung. Danach macht sich strafbar, wer rechtswidrig → Daten, die nicht für ihn bestimmt und die gegen unberechtigten Zugang bes. gesichert sind, löscht, unterdrückt, unbrauchbar macht oder verändert. Daten im Sinne dieser Bestimmung sind solche, die elektronisch, magnetisch oder sonst nicht unmittelbar wahrnehmbar gespeichert sind oder übermittelt werden (§ 202a II StGB). – *Strafe:* Freiheitsstrafe bis zu zwei Jahren oder Geldstrafe. Der → Versuch ist strafbar (§ 303a StGB).

Datenverarbeitung – *Data Processing;* Erfassen, Übermitteln, Ordnen und Umformen von → Daten zur Informationsgewinnung, i.Allg. mithilfe eines → Computers. – Vgl. auch → Informatik, → Wirtschaftsinformatik.

Datenverarbeitung außer Haus → Service-Rechenzentrum, → Outsourcing.

Datenverarbeitungssystem – *Computer, Rechner, Rechenanlage, Rechensystem, (elektronische) Datenverarbeitungsanlage, Data Processing System;* nach DIN-Norm 44.300 eine Funktionseinheit zur Verarbeitung von → Daten, wobei als Verarbeitung die Durchführung mathematischer, umformender, übertragender oder speichernder Operationen definiert ist. – In der Praxis werden meist die Begriffe → Computer und → Rechner verwendet.

Datenvereinbarung – bei der → Programmentwicklung die Festlegung der → Datentypen und → Datenstrukturen für ein → Programm.

DATEV – Datenverarbeitungsorganisation für die Angehörigen der steuerberatenden Berufe in der Rechtsform einer eingetragenen Genossenschaft; Sitz in Nürnberg. DATEV bearbeitet in seinem → Rechenzentrum u.a. → Finanzbuchhaltung, → Kostenstellenrechnung, Mahnwesen, Lohnbuchhaltung und Bilanzerstellung für die Klienten seiner Mitglieder und verfügt darüber hinaus über eine Steuerrechts-→ Datenbank. Die Datenkommunikation mit den speziell ausgestatteten Datenstationen der Mitglieder erfolgt über öffentliche → Netze.

DATEX – *Data Exchange Service;* Datenübertragungsdienste bzw. -netze der Deutschen Telekom über digitales Wählnetz. – Vgl. auch → Datenübertragung, → DATEX-P, → DATEX-L, → ISDN, DSL.

DATEX-L – Abk. für *Datenaustausch (Data Exchange) mit Leitungsvermittlung;* Dienst der Deutschen Telekom (→ Kommunikationsdienst) für die protokollunabhängige Übertragung von digitalen (→ digitale Darstellung) Daten zwischen → Computern mit hoher Übertragungsgeschwindigkeit und -güte.

DATEX-P – Abk. für *Datenaustausch (Data Exchange) mit Paketvermittlung;* Dienst der Deutschen Telekom für die Übertragung von digitalen Daten (→ digitale Darstellung) zwischen → Datenendeinrichtungen (DEE) – mit möglicherweise unterschiedlichen Datenübertragungsraten – und sehr hoher Übertragungsgeschwindigkeit und -güte (extrem niedrige Fehlerrate; → Kommunikationsdienst). – Die Verbindung zweier Kommunikationspartner basiert auf dem Prinzip der *Paketvermittlung:* Die zu übertragende Nachricht wird in genormte Pakete zerlegt und paketweise an einen oder möglicherweise verschiedene Vermittlungsrechner gesendet. Dort werden die Datenpakete zwischengespeichert und dann ggf. über andere Netzknoten und mit anderen Übertragungsgeschwindigkeiten an den gewünschten Adressaten weitergeleitet.

Dato-Wechsel → Wechsel, der auf eine bestimmte Zeit nach Ausstellung (z.B. drei Monate dato) fällig ist. Andere Wechselarten sind der → Sichtwechsel, → Nachsichtwechsel und der → Tagwechsel.

Dauerakte – Teil der Arbeitspapiere (→ Jahresabschlussprüfung), der für wiederkehrende Prüfungen relevant ist. Die in der Dauerakte enthaltenen Unterlagen sind grundsätzlich mehrjährig relevant, sind aber regelmäßig zu aktualisieren.

Dauerauftrag – Auftrag für Überweisungen von regelmäßig in gleicher Höhe wiederkehrenden Zahlungen an denselben Empfänger (z.B. Mieten, Versicherungsprämien). Die Bank haftet für termingerechte Erfüllung des Dauerauftrages. Die Eröffnung, Änderung und Löschung von Daueraufträgen durch den Bankkunden wird zunehmend im Wege des Onlinebankings vorgenommen. – Vgl. auch → Homebanking,

Dauerfristverlängerung – Begriff des Umsatzsteuerrechts. Auf Antrag werden die Fristen für die Voranmeldungen (→ Umsatzsteuervoranmeldung) und → Vorauszahlungen um einen Monat verlängert. Die Gewährung der Fristenverlängerung ist verbunden mit der Sondervorauszahlung von 1/11 der Summe der Vorauszahlungen des Vorjahres (§§ 46–48 UStDV). Dauerfristverlängerung wird von vielen Unternehmen v.a. aus abrechnungstechnischen Gründen in Anspruch genommen.

Dauerlieferungsvertrag → Sukzessivlieferungsvertrag.

Dauerniedrigpreisstrategie – Preisstrategie, bei der die Preise einer bestimmten Anzahl ausgewählter Artikel dauerhaft abgesenkt werden und dies den potenziellen Kunden kommunikationspolitisch garantiert wird. Bewusste Abkehr vom Angebot wechselnder → Sonderangebote, die nach kurzer Zeit ausverkauft sein können. Ziel ist eine Annäherung an die Unternehmenspolitik der → Discountgeschäfte.

Dauernutzungsrecht → dingliches Recht auf Nutzung eines Grundstücks (§ 31 II Wohnungseigentumsgesetz – WEG). – *Ähnlich:* → Dauerwohnrecht.

Dauerqualität – zeitlicher Gesichtspunkt der → Qualität. Zeitraum, in dem ein Anlagegut (z.B. Werkzeugmaschine) die geforderte → funktionale Qualität und die → Integralqualität ohne wesentliche Beeinträchtigungen aufweist.

Dauerschuld – 1. *Begriff der Gewerbesteuer bis einschließlich Erhebungszeitraum 2007:* Als Dauerschuld galt eine Schuld (echte Verbindlichkeit), die wirtschaftlich mit der Gründung oder dem Erwerb des Betriebs oder eines Teilbetriebs oder eines Anteils am Betrieb oder mit einer Erweiterung oder Verbesserung des Betriebs zusammenhing oder sonst wie der nicht nur vorübergehenden Verstärkung (i.d.R. länger als ein Jahr) des Betriebskapitals dient (§ 8 Nr. 1 GewStG); also geliehenes Kapital, das für längere Zeit dem Betrieb diente. – *Beispiele:* Schulden mit einer Laufzeit von mehr als einem Jahr, bes. Darlehen, Bankkredite; Hypothekenschulden, ausgenommen Sicherungshypotheken; Teilschuldverschreibungen (Anleihen, Obligationen); Wechselkredite u.U., wenn aufgrund vorheriger Vereinbarung immer wieder Prolongationen erfolgen; eine jahrelang stehen bleibende, an sich kurzfristige Schuld (z.B. von Gesellschaftern einer Kapitalgesellschaft nicht abgehobene Gewinnanteile); eine kurzfristige Schuld, wenn der Schuldner sie trotz Drängens des Gläubigers nicht zurückzahlt; auch → Steuerschulden, die ein Jahr nach der ersten Zahlungsaufforderung noch nicht gezahlt sind; ferner: Anleihen, Bankschulden, (Bankkredite), Geschäftsguthaben der Genossen, Umstellungsgrundschulden, Warenschulden. – 2. *Kontokorrentschulden:* Demgegenüber waren Kotokorrentschulden abzugrenzen. Diese galten im Allgemeinen nicht als Dauerschuld, sondern als laufende Schulden (→ laufende Verbindlichkeiten); sie waren jedoch Dauerschuld insoweit, als ein bestimmter Mindestkredit dem Unternehmen dauernd gewidmet ist (Mindestbetrag, der während des gesamten Wirtschaftsjahres bestanden hat). Um Umgehungen der Steuerpflicht für Dauerschulden zu verhindern (z.B. Tilgung des Kontokorrents für einen einzigen Tag), sind die an insgesamt sieben Tagen bestehenden niedrigsten – auch positiven – Kontostände außer Acht zu lassen (Abschn. 47 VIII GewStR). – *Beispiel:* Die acht niedrigsten Kontostände lauten: (1) + 20.000; (2) 10.000; (3) 30.000; (4) 35.000; (5) 40.000; (6) 50.000; (7) 60.000; (8) 70.000. Als Mindestkredit und damit als Dauerschuld ist der Betrag von 70.000 Euro anzusetzen. – 3. *Entgelte für* Dauerschulden: In den steuerpflichtigen Gewerbeertrag wurde die Hälfte der im Veranlagungszeitraum gezahlten Entgelte für Dauerschulden einbezogen. Hierunter fielen Entgelte für Schulden, die wirtschaftlich mit Gründung, Erwerb, Erweiterung oder Verbesserung eines Betriebs zusammenhingen und nicht nur vorübergehend zur Verstärkung des Betriebskapitals dienten. – 4. Im Rahmen der *Unternehmensteuerreform 2008* wurden auch Änderungen bei den gewerbesteuerlichen Vorschriften vorgenommen, welche ab dem Erhebungszeitraum 2008 greifen. Demnach werden nunmehr Finanzierungsentgelte (alle Fremdkapitalzinsen und deren Substitute) ganz unabhängig von der Laufzeit der Verbindlichkeit mit 25 Prozent und unter Berücksichtigung eines Freibetrages von 100.000 Euro bei der Ermittlung des Gewerbeertrags hinzugerechnet. Die geänderten Vorschriften resultieren aus Vereinbarungen aus dem Koalitionsvertrag der Regierungsparteien und sollen u.a. durch die Einführung des Freibetrags von 100.000 Euro den Steuervorteil durch Verlagerung von Gewinnen ins Ausland vermindern sowie eine Abwanderung von Steuersubstraten erschweren. Darüber hinaus sollen die neuen Regelungen eine Verminderung der steuerlichen Benachteiligung der eigenkapitalfinanzierten Unternehmen gegenüber den durch kurzfristiges Fremdkapital finanzierten Unternehmen bezwecken.

Dauerschuldverhältnis – Vertragsverhältnis, bei dem die geschuldete Leistung in wiederkehrenden, sich über einen längeren Zeitraum erstreckenden Leistungen besteht, z.B. → Miete, → Pacht, → Darlehen, → Dienstverträge, → Gesellschaftsverträge, Versicherungsverträge und Schiedsverträge. Das Dauerschuldverhältnis kann aus → wichtigem Grund fristlos gekündigt werden (§ 314 BGB).

Dauerwerbesendung – sind nach § 7 V des Rundfunkstaatsvertrages zulässig, wenn der Werbecharakter erkennbar im Vordergrund steht und die → Werbung einen wesentlichen Bestandteil der Sendung darstellt. Sie müssen zu Beginn als Dauerwerbesendungen angekündigt und während ihres gesamten Verlaufs als solche gekennzeichenet werden. Nach Ziff. 3 Abs. 3 der „Gemeinsamen Richtlinien der Landesmedienanstalten für Werbung, zur Durchführung der Trennung von Werbung und Programm und für das Sponsoring im Fernsehen" vom 23.02.2010 sind Dauerwerbesendungen Sendungen von mind. 90 Sekunden Dauer.

Dauerwerbung → Außenwerbung.

Dauerwerkzeuge – Sie sind im Gegensatz zu kurzfristig verwendeten → Werkzeugen in der Kostenrechnung wie → Anlagen zu behandeln.

Dauerwohnrecht – 1. *Begriff:* auf dem Wohnungseigentumsgesetz (→ Wohnungseigentum) beruhende Belastung eines Grundstücks, die dazu berechtigt, eine bestimmte Wohnung in dem auf dem Grundstück errichteten Gebäude unter Ausschluss des Eigentümers zu bewohnen oder sonst zu nutzen (z.B. zu vermieten; § 31 I WEG). – Entsprechend bei anderen Räumen, z.B. Gewerberaum → Dauernutzungsrecht. – Das Dauerwohnrecht darf nicht verwechselt werden mit dem Wohnungsrecht als → beschränkte persönliche Dienstbarkeit nach § 1093 BGB; im Gegensatz zu diesem ist es veräußerlich und vererblich. – 2. *Anwendung:* Mithilfe des Dauerwohnrechts kann u.a. dem Genossen einer Baugenossenschaft ein → dingliches Recht auf eine Wohnung gesichert werden. Es kann auch zur Sicherung des Mieterdarlehens etc. dienen. – 3. *Grundsteuerliche Behandlung:* Dauerwohnrecht begründet i.Allg. keine Grundsteuerpflicht.

Dawes-Anleihe → Dawes-Plan.

Dawes-Plan – 1924 von einem Ausschuss (Vorsitzender Dawes) der Reparationskommission zur Regelung deutscher Reparationszahlungen aufgestellter und von Alliierten und Deutschen angenommener Plan über die Art der Aufbringung und Höhe der Reparationszahlungen (bis zu 2,5 Mrd. Goldmarkt im Jahr ohne Festsetzung der Gesamtschuldsumme). Zahlungen wurden durch Belastung der Reichsbahn und Industrie sowie durch Verpfändung gewisser Zoll- und Steuereinnahmen gesichert. – Deutschland erhielt eine Anleihe *(Dawes-Anleihe)* von 960 Mio. GM, die etwa zur Hälfte in den USA und Europa aufgelegt und mit 7 Prozent verzinst wurde; Dienst der Anleihe (Verzinsung und Amortisation) wurde nach Vereinbarung der → Londoner Schuldenabkommen von 1952 wieder aufgenommen. – Die Undurchführbarkeit des Dawes-Plans erwies sich trotz des die Transferschwierigkeiten überdeckenden Zustroms ausländischen Kapitals, als sich die Weltwirtschaftslage verschlechterte. – Der Dawes-Plan wurde 1930 durch den → Young-Plan abgelöst.

DAX → Deutscher Aktienindex.

DAX 100 – mit Neuordnung der Indexstrukturen der → Deutsche Börse AG im Jahr 2003 entfallen. An seine Stelle tritt der → HDAX, der die 110 Werte des DAX, → MDAX und → TecDAX vereint.

DAX-Future – *FDAX;* Future auf den → DAX. Er ist die vertragliche Verpflichtung, einen standardisierten Wert des DAX zu einem bestimmten Zeitpunkt und zu einem vereinbarten Indexstand zu kaufen oder zu verkaufen. Kontraktwert lautet 25 Euro pro Indexpunkt des DAX. Erfüllung erfolgt durch Barausgleich basierend auf dem Schlussabrechnungspreis, fällig am ersten Börsentag nach dem letzten Handelstag. Die Preisermittlung ist in Punkten; auf eine Dezimalstelle. Die minimale Preisveränderung beträgt 0,5 Punkte; dies entspricht einem Wert von 12,50 Euro. Verfallmonate sind die jeweils nächsten drei Quartalsmonate des Zyklus März, Juni, September und Dezember. Letzter Handelstag ist der dritte Freitag des Verfallmonats, sofern dies ein Börsentag ist, andernfalls der davor liegende Börsentag. Der Schlussabrechnungspreis ist der Wert des DAX; ermittelt auf der Grundlage der am letzten Handelstag in der untertägigen Auktion im elektronischen Handelssystem an der Frankfurter Wertpapierbörse (Xetra) um 13 Uhr MEZ zustande gekommenen Preise für die im DAX enthaltenen Werte. Der FDAX wir an der → EUREX gehandelt.

Day-after-Recall-Test – *DAR-Test;* Form eines → Werbetests, bei dem die Untersuchungspersonen einen Tag nach der Ausstrahlung des Fernsehspots bzw. einen Tag nach der Betrachtung einer → Anzeige befragt werden ob sie das entsprechende Programm gesehen haben und wenn ja, ob sie sich an die Werbung erinnern können. Das Verfahren wird heute nur noch selten angewendet; statt dessen wird → Werbetracking zur Überprüfung ganzer Werbekampagnen eingesetzt.

Day Trading → Intra-Day Trading.

DB – Abk. für → Deutsche Bahn AG.

DB/DC-System – Kurzbezeichnung für → Datenbank-/Datenkommunikationssystem.

DB2 – bekanntes, von IBM entwickeltes relationales → Datenbanksystem; → Abfragesprache ist → SQL.

DBA – Abk. für → Doppelbesteuerungsabkommen.

dBASE → Datenbanksystem für → Personal Computer (PC).

DBB – Abk. für → Deutscher Beamtenbund.

DBGM – Abk. für *Deutsches Bundesgebrauchsmuster;* zulässiger Hinweis auf bestehenden Gebrauchsmusterschutz, der den Auskunftsanspruch nach § 30 GebrMG auslöst. – Vgl. auch → Gebrauchsmusterberühmung, → gesetzlich geschützt.

DBMS – Abk. für → Datenbankmanagementsystem.

DBP – Abk. für *Deutsches Bundespatent;* zulässiger Hinweis auf bestehenden Patentschutz, der den Auskunftsanspruch nach § 146 PatG auslöst. – Vgl. auch → Patentberühmung, → gesetzlich geschützt.

DBPa – Abk. für *Deutsches Bundespatent angemeldet;* unzulässiger Hinweise auf eine Patentanmeldung, der schon der Form nach unlauterer Wettbewerb ist, solange sich der Hinweis nicht ausschließlich an patentrechtlich geschulte Kreise richtet; „Patent angemeldet" oder „DPangem." sind nach der Offenlegung der Anmeldung wettbewerbsrechtlich nicht zu beanstanden. – Vgl. auch → Patentberühmung, → gesetzlich geschützt.

DBV – Abk. für → Deutscher Bauernverband e. V.

DC – Abk. für → Developing Country.

DDL – Abk. für *Data Description Language* bzw. *Data Definition Language;* → Datenbeschreibungssprache.

DDP – **I. Außenhandel:** *Abkürzung für Delivered Duty Paid ... Named Place of Destination; geliefert verzollt ... benannter Bestimmungsort;* Vertragsformel der von der ICC entwickelten → Incoterms für Außenhandelsgeschäfte. – DDP („Verzollt ...") ist das spiegelbildliche Pendant zu EXW, indem es aus der Sicht des Verkäufers die Maximalverpflichtung darstellt. „Geliefert frei Haus" ist nur in Deutschland eine gebräuchliche Spediteursbezeichnung (und sollte möglichst zugunsten EXW vermieden werden). Nach DDP muss der Verkäufer die Ware auf eigene Kosten und Gefahr bis zu einem Bestimmungsort im Importland liefern und dabei alle anfallenden Formalitäten erledigen sowie neben allen Kosten auch alle Einfuhrabgaben tragen (*„from door to door"*). Dies setzt neben einem entsprechenden durchgehenden Frachtdokument auch voraus, dass er die Einfuhrabwicklung durchführen kann und ihm alle für den Import erforderlichen Dokumente zur Verfügung stehen. Kosten jeglicher Verzögerung – z.B. aufgrund der Zollabfertigung – gehen zulasten des Verkäufers. – DDP entspricht inhaltlich → DAP plus Zoll- und Steuerabwicklung. DDP Paris bedeutet u.a., dass die franz. Mehrwertsteuer (TVA: *Taxe de Valeur Ajoutée*) entrichtet wird. Dies erfordert für einen nicht französischen Exporteur (noch) die Einschaltung eines Fiskalvertreters in Frankreich. Wenn – theoretisch – der Verkäufer Mehrwertsteuer im Importland bezahlt, können weder Käufer noch Verkäufer diese als Vorsteuer geltend machen. Daher wäre ggf. DDP mit Zusatz „(Mehrwert- oder Einfuhrumsatz-)Steuer-Abfertigung durch Käufer" oder „DDP, (Mehrwert- oder Einfuhrumsatz-)Steuer nicht bezahlt" zu empfehlen. – Da die Lieferung erst dann vollzogen ist, wenn der Käufer die Ware erhalten hat, kann eine Kopplung von DDP mit einem Akkreditiv sehr riskant sein. – Natürlich kann man auch innerhalb eines → Binnenmarktes DDP liefern, bspw. von Italien nach Deutschland. Dann greifen aber die Klauseln A6/B6 nicht: Der Verkäufer aus Italien liefert mehrwertsteuerfrei (sofern er die „Steuer-Ident-Nummer" seines Kunden in Deutschland angeben kann). Für den Käufer entsteht dann – mit der Lieferung des Verkäufers nach A4 – eine Erwerbsteuer, genauer: eine nationale Steuerschuld aus dem „innergemeinschaftlichen Erwerb", die der nationalen Mehrwertsteuer analog ist. Da es sich dabei nicht um eine Einfuhrabgabe handelt, fällt sie nicht unter A6/B6 und ist damit nicht vom Verkäufer zu tragen. Wohlgemerkt: Dies betrifft nur eine Lieferung im Binnenmarkt, weil bei einer → Einfuhr aus einem → Drittland keine → Steuerschuld nach der Erwerbsteuer entsteht, sondern nach der Einfuhrumsatzsteuer (EUSt), und diese muss – unter DDP – dann der Verkäufer tragen. – Wichtigste Verpflichtungen der Parteien bez. Lieferung, Gefahrenübergang und Kostenteilung gemäß den Incoterms 2010: (1) *Verpflichtungen des Verkäufers:* (a) Lieferung: Der Verkäufer liefert, wenn die zur Einfuhr freigemachte Ware dem Käufer am benannten Bestimmungsort auf dem ankommenden Beförderungsmittel unentladen zur Verfügung gestellt wird. (b) Der Verkäufer hat alle Kosten und Gefahren der Beförderung der Ware bis dorthin zu tragen einschließlich jeglichen „Zolls" für die Einfuhr in das Bestimmungsland. – *Anmerkung:* Der Begriff „Zoll" umfasst in diesem Zusammenhang die Verantwortung und die Gefahr der Erledigung der Zollformalitäten sowie die Bezahlung von Formalitäten, Zöllen, Steuern und anderen Abgaben. – (2) *Verpflichtungen des Käufers:* Der Käufer hat alle Gefahren des Verlusts oder der Beschädigung der Ware sowie alle die Ware betreffenden Kosten von dem Zeitpunkt an zu tragen, in dem sie ihm gemäß 1 (a) bzw. (b) geliefert worden ist. – (3) *Modifikationen:* Wünschen die Parteien, dass von den Verpflichtungen des Verkäufers bestimmte bei der Einfuhr der Ware anfallende Abgaben ausgeschlossen werden, sollte dies durch einen entsprechenden ausdrücklichen Zusatz im Kaufvertrag deutlich gemacht werden. Wünschen die Parteien, dass der Käufer alle Gefahren und Kosten der Einfuhr trägt, sollte die DDU-Klausel (→ DDU) verwendet werden. – (4) *Anwendung:* Diese Vertragsklausel kann für jede Transportart verwendet werden; es sollte jedoch die DAP- (*delivered at place*) oder DAT-Klausel (*delivered at terminal*) verwendet werden, wenn die Lieferung am Bestimmungshafen an Bord des Schiffes oder auf dem Kai stattfinden soll. – Vgl. auch EXW, → FCA, → FAS, → FOB, → CFR, → CIF, → CPT, → CIP, → DAT, → DAP; → Incoterms; → C-Klauseln, → F-Klauseln, → D-Klauseln.

II. Informatik: Abk. für → Distributed Data Processing.

DDU – Abkürzung für *Delivered Duty Unpaid (geliefert unverzollt ... benannter Bestimmungsort)*; mit Inkrafttreten der → Incoterms 2010 weggefallene Lieferklausel, kann aber nach wie vor vertraglich vereinbart und angewendet werden. DDU würde heute eher durch → DAP oder → DAT ersetzt. – Wichtigste Verpflichtungen der Parteien unter DDU bez. Lieferung, Gefahrenübergang und Kostenteilung bei DDU gemäß den Incoterms 2000: (1) *Verpflichtungen des Verkäufers:* (a) Lieferung: Der Verkäufer liefert, wenn die nicht zur Einfuhr freigemachte Ware dem Käufer am benannten Bestimmungsort auf dem ankommenden Beförderungsmittel unentladen zur Verfügung gestellt wird. – (b) Der Verkäufer hat die Kosten und Gefahren der Beförderung der Ware bis dorthin zu tragen mit Ausnahme jeglichen „Zolls" für die Einfuhr im Bestimmungsland. Anmerkung: Der Begriff „Zoll" umfasst in diesem Zusammenhang die Verantwortung und die Gefahr der Erledigung der Zollformalitäten sowie die Bezahlung von Formalitäten, Zöllen, Steuern und anderen Abgaben. (2) *Verpflichtungen des Käufers:* (a) Dieser derart definierte „Zoll" ist vom Käufer zu tragen ebenso wie alle Kosten und Gefahren, die durch sein Unterlassen, die Ware rechtzeitig zur Einfuhr frei zu machen, entstehen. – (b) Der Käufer hat alle Gefahren des Verlusts oder der Beschädigung der Ware von dem Zeitpunkt an zu tragen, in dem sie gemäß 1(a) geliefert ist. (3) *Modifikation:* Wünschen die Parteien, dass der Verkäufer die Einfuhrzollformalitäten erledigt und die dadurch bedingten Kosten und Gefahren sowie einige der bei Einfuhr der Ware fällige Kosten trägt, sollte dies durch einen entsprechenden ausdrücklichen Zusatz im Kaufvertrag deutlich gemacht werden. (4) *Anwendung:* Diese Vertragsklausel kann für jede Transportart verwendet werden; es sollte jedoch die → DAT oder → DAP verwendet werden, wenn die Lieferung am Bestimmungshafen an Bord des Schiffes, auf dem Kai, am Sitz des Käufers oder einem anderen Ort stattfinden soll.

Deadlock – Zustand bei der Informationsverarbeitung, bei dem sich zwei ablaufende Prozesse gegenseitig blockieren. Ein → Betriebssystem (BS) oder ein → Datenbanksystem sollte so konzipiert sein, dass kein Deadlock auftreten kann oder Maßnahmen zu seiner Entdeckung und Behebung bereitstellen.

Deal → Absprachen im Strafprozess.

Dealing-at-Arm's-Length-Grundsatz – *Fremdvergleichsgrundsatz;* Grundsatz des Steuerrechts, nach dem miteinander verbundene Unternehmen Geschäfte miteinander zu solchen Konditionen eingehen müssen, wie sie auch untereinander fremden Dritten gewählt werden würden (→ Verrechnungspreis; → Fremdvergleichsgrundsatz). Die Bezeichnung beruht auf der Vorstellung, die betroffenen Unternehmen sollten bei Preisvereinbarungen trotz ihrer Verbundenheit noch den gewissen Mindestabstand zueinander einhalten, den auch einander sympathische, aber fremde Personen üblicherweise bei Gesprächen einhalten („Armeslänge", Arm's Length); daher die Bezeichnung Dealing-at-Arm's-Length-Grundsatz.

Debenture – angelsächsische Bezeichnung für verzinsliche Schuldverschreibungen (→ Anleihen, Obligationen), die nicht pfandrechtlich abgesichert sind.

Debet – linke Seite eines Kontos; andere Bezeichnung für → Soll. – *Gegensatz:* → Kredit.

Debetsaldo – *Sollsaldo;* ein auf der Habenseite bei Abschluss eines Kontos ausgewiesener Betrag, der das Konto im Fall des Überwiegens der Sollposten über die Habenposten ausgleicht. Bei Kontokorrent-Konten zeigt er gleichzeitig an, wie viel der betreffende Kunde oder Geschäftspartner nach Aufrechnung aller Last- und Gutschriften schuldet.

Debitkarte → Zahlungskarte, die i.d.R. von Kreditinstituten herausgegeben wird und v.a. bargeldlos für → Point of Sale (POS)-Zahlungen genutzt wird (→ bargeldloser Zahlungsverkehr). Nach dem Einsatz einer Debitkarte reicht der Händler die über ihn getätigten Transaktionen i.d.R. gesammelt bei seinem Kreditinstitut ein, woraufhin die Transaktionsbeträge den Konten der Karteninhaber sofort im Wege des Interbank- → Clearing belastet werden. Eine Vorfinanzierung des Transaktionsbetrags durch Kreditinstitute, der Kartenorganisationen oder Kartenakzeptanten bis zu einer späteren Rechnungsstellung, wie bei echten → Kreditkarten oder → Chargekarten findet nicht statt. – Die Debitkarten des dt. Kreditgewerbes haben sich im Laufe der Zeit zu Multifunktionskarten entwickelt: a) Durch die Kooperation mehrerer Systeme auf einer Karte (z.B. Electronic Cash und Maestro) können die Karten national wie international an einer Vielzahl von Verkaufspunkten genutzt werden. National dient die Karte auch als Grundlage für das elektronische Lastschriftverfahren. Für die internationale Nutzung stehen Maestro und V PAY zur Verfügung. b) Sie dienen in Verbindung mit der persönlichen Identifikationsnummer (→ PIN) der Autorisierung bei Bargeldabhebungen an → Geldausgabeautomaten (GAA) sowie der Nutzung von SB-Terminals der Kreditinstitute. c) Der auf der Debitkarte aufgebrachte Chip kann verschiedene (Zusatz-)Funktionen beinhalten, z.B. eine elektronische Geldbörse (→ Geldkarte), ein Jugendschutzmerkmal oder ein elektronisches Parkticket.

Debitoren – in der Buchführung gebrauchter Ausdruck für Warenschuldner oder Kunden, die die Waren vom Lieferer auf Kredit beziehen (→ Schuldner). – 1. In der *Bilanz* im Umlaufvermögen zu aktivieren: „Forderungen aus Lieferungen und Leistungen". Saldierung mit → Kreditoren oder Habenposten innerhalb der Debitoren verboten. – 2. In der *Buchhaltung* werden die Debitoren für die ihnen auf Kredit gelieferten Waren belastet (Sollbuchung) und erkannt (Habenbuchung) für ihre Zahlungen. Das Debitorenkonto ist ein Sachkonto, Sammelkonto für alle Debitoren; die Einzelbeträge stehen im

→ Kontokorrent, das als Buch (Nebenbuch) oder Kundenkartei geführt werden kann. – Vgl. auch → Offene-Posten-Buchführung, → Delkredere.

Debitorenprobe – prüfungstechnische Formel zur Verprobung der Richtigkeit der Ergebnisse der Buchführung für die → Istversteuerung des Umsatzes und als Schätzungsunterlage bei nicht ordnungsmäßiger Buchführung. – *Rechnungsschema:* Vom Warenausgang zu kürzen sind ggf. Retouren, Nachlässe, Rabatte, Skonti u.ä. Posten, Kundenwechsel und Schecks werden dem Debitorenbestand hinzugerechnet. – Vgl. Abbildung „Ansatz der Debitorenprobe".

Ansatz der Debitorenprobe

Warenausgang laut Warenverkaufskonto
\+ Erlöse aus Hilfsgeschäften
\+ Einnahmen aus abgeschriebenen Forderungen des Vorjahres
\+ Eigenverbrauch
\+ Debitoren zu Beginn des Jahres
– Debitoren zum Schluss des Jahres

= Isteinnahmen

Debitorenrisiko → Delkredererisiko.

Debitorenwagnis – kalkulatorisches Wagnis (→ Wagnisse), durch dessen Verrechnung der Betrieb eine Selbstversicherung gegen das nicht fremdversicherte Risiko von Forderungsausfällen erreicht. Die nach Erfahrungssätzen gebildeten Debitorenwagniskosten werden zumeist den Finanzierungskosten zugeschlagen. – Vgl. auch → Delkredere.

Debitorenziehung – Form eines → Finanzwechsels.

Debreu – Gerard, 1921-2004, Nationalökonom, → Nobelpreis für Wirtschaftswissenschaften 1983. Debreu studierte in seinem Heimatland Frankreich Mathematik und ging nach dem Zweiten Weltkrieg in die Vereinigten Staaten, wo er mit → Arrow zusammenarbeitete. Debreu lehrte seit 1962 an der University of California in Berkley. In seinem Hauptwerk „Theory of Value. An Axiomatic Analysis of Economic Equilibrium" (1959) – in viele Sprachen übersetzt und Grund für die Nobelpreisverleihung – entwickelte er das Modell einer → Marktwirtschaft, in der die Probleme der Existenz und der Pareto-Effizienz eines Gleichgewichts geklärt werden. Das Buch, das mehr auf die Mengenlehre und Topologie als auf die Differenzial- und Integralrechnung zurückgreift, macht keine Konzessionen an Leser, die diese Mathematik nicht beherrschen. Gleichwohl hat es einen bemerkenswerten Einfluss auf die verbale Formulierung in Textbüchern.

Debt Bond Swap → Debt-Conversion-Programm.

Debt Buy Back → Debt-Conversion-Programm.

Debt-Conversion-Programm – Umschuldungsmaßnahmen zur Lösung der Schuldenkrise: (1) Der Rückkauf von Auslandsschulden mit Abschlag gegen Devisen wird als *Debt Buy Back* bezeichnet. (2) Ein Schuldentausch mit Abschlägen gegenüber dem Nennwert der ursprünglichen Schuld wird als *Debt Bond Swap* bezeichnet. (3) Eine Umwandlung in Inlandsbeteiligungen der Entwicklungsländer wird *Debt Equity Swap* genannt, wofür es schon einen funktionierenden Sekundärmarkt gibt. Z.T. werden die Entwicklungsländer-Schuldtitel mit 90 Prozent abdiskontiert. Der Erwerber kann damit einheimische Beteiligungen erwerben; die Gläubiger senken ihre Auslandsverschuldung. (4) Werden Schuldtitel erlassen und im Gegenzug umweltpolitische Zugeständnisse gemacht, spricht man vom → Debt for Nature Swap.

Debt Equity Swap → Debt-Conversion-Programm.

Debt for Nature Swap – Beim Debt for Nature Swap treten Umweltschutzorganisationen aus Industrieländern als Käufer von Schuldtiteln der Länder der Dritten Welt auf, die mit hohen Abschlägen auf Sekundärmärkten gehandelt werden. Der Schuldenerlass (oder der Umtausch der Titel in die heimische Währung des Schuldnerlandes) erfolgt gegen die Zusicherung, bestimmte Umweltschutzprojekte durchzuführen. Der wesentliche Vorteil besteht in der Verbindung geldpolitischer Ziele mit Umweltzielen.

Debt Management – 1. *Begriff* der Finanzwissenschaft für Maßnahmen, die den stabilisierungspolitischen, allokativen und fiskalischen Zielen staatlicher → Schuldenpolitik dienen. I.e.S. Maßnahmen der Schuldenstrukturpolitik, d.h. für Veränderungen in der Zusammensetzung der öffentlichen Schuld., i.w.S. auch Schuldenniveauvariationen. – 2. *Aufgaben:* Bewegliche Anpassung von Umfang, Konditionen und Fristigkeitsstruktur der öffentlichen Schuld an die Gegebenheiten der Geld- und Kapitalmärkte; Abstimmung der schuldenpolitischen Maßnahmen mit denen der → Geldpolitik.

Debugger → Systemprogramm zur Suche von Laufzeitfehlern (Fehler bei der Programmausführung) in einem → Programm. Es gibt detaillierte Auskunft über einen aufgetretenen Fehler, z.B. die Art des Fehlers, die Stelle im Programm, welchen Wert zu diesem Zeitpunkt die → Variablen des Programms besitzen, wie die Aufrufstruktur der → Unterprogramme beschaffen ist etc. Mit einem Debugger lässt sich auch der Programmablauf kontrollieren, indem z.B. das Programm an einer bestimmten Stelle unterbrochen wird etc.

Decay-Effekt – Abnutzungseffekt, der bei Rezipienten bei sich wiederholender → Werbung auftreten kann und zu einer Verminderung der → Werbewirkung führt. – Vgl. auch → Reaktanz.

Decision-Calculus-Modelle – auf einem von Little (1970) entwickelten Konzept eines Informations- und Entscheidungssystems basierende Modelle. Angestrebt wird eine vereinfachte Nachbildung menschlichen Entscheidungsverhaltens; zugrunde gelegte

Modellanforderungen sind entsprechend: Einfachheit, Benutzersicherheit, Anpassungsfähigkeit, Vollständigkeit, Kontrollierbarkeit und Kommunikationsfreundlichkeit.

Decision Lag → Lag.

Decision Making Unit (DMU) → Buying Center.

Decision Support System (DSS) – *Entscheidungsunterstützungssystem (EUS);* 1. *Begriff:* Computergestütztes Planungs- und Informationssystem (→ computergestütztes Planungssystem, → Führungsinformationssystem (FIS)), das die Entscheidungsvorbereitung auf den Führungsebenen unterstützt, indem entscheidungsrelevante Informationen verdichtet und geeignet dargestellt werden (z.B. in Tabellen oder Grafiken). – 2. *Anwendungsbereiche:* V.a. bei schlecht strukturierbaren Problemen eines betrieblichen Funktionskreises, z.B. Werbebudgetplanung, Cashflow-Planung. – 3. *Merkmale:* Leichte Handhabbarkeit; einfache Durchführung von Alternativrechnungen und Simulationen; Berücksichtigung von Modellvarianten und -änderungen. – 4. *Hilfsmittel:* Einfache → Datenbanken; Zugriff auf umfassende → externe Datenbanken, → Planungssprachen u.a. – *Anders:* → Informationssysteme.

Decision Usefulness – *Entscheidungserheblichkeit;* qualitative Anforderung an Rechnungslegungsinformationen nach den → US-GAAP sowie nach den → International Financial Reporting Standards (IFRS). – Vgl. auch → Conceptual Framework und → Framework.

Deckname – rechtlich zulässiges Auftreten unter einem anderen als dem Familiennamen in Fällen der Teilnahme am Kunstleben u.Ä. – *Rechtsvorschriften:* → Pseudonym.

Deckung – I. Geld- und Währungspolitik: Bereithaltung von Mitteln seitens der → Notenbank zur Notendeckung, d.h. zur jederzeitigen Einlösung zurückströmender Banknoten. Um der Notenbank die Möglichkeit konjunkturpolitischer Einflussnahme zu geben, wurden Staatspapiere, für die geldpolitische Refinanzierung zugelassenen Wertpapiere sowie → Währungsreserven als vollwertige Deckungsmittel zugelassen. Mittlerweile hat sich aber die Erkenntnis durchgesetzt, dass für die Stabilität des Geldwertes keine Deckungsvorschriften notwendig sind; vielmehr kommt es darauf an, das Geld – verglichen mit der vorhandenen Gütermenge – knapp zu halten. Eine große Bedeutung kommt der Glaubwürdigkeit der Zentralbank zu, eine Geldpolitik mit niedrigen Inflationsraten zu sichern. Deshalb enthalten moderne Notenbankverfassungen keine Deckungsvorschriften mehr.

II. Zahlungsverkehr: Einer in Auftrag gegebenen Überweisung, einer bei der Zahlstelle eingehenden Lastschrift, einem ausgestellten Scheck oder Wechsel stehen ausreichende Deckungsmittel auf dem Konto des Auftraggebers, Zahlungspflichtigen, Ausstellers bzw. Bezogenen gegenüber – sei es als Kontoguthaben oder als verfügbarer Kreditlinie.

Deckungsbeitrag – Bezeichnung für die in Grenzkostenrechnungen und der → Einzelkostenrechnung ermittelten Bruttogewinne. – 1. *Begriffsinterpretationen:* a) Deckungsbeitrag im Sinn der *Grenzplankostenrechnung:* → Grenzplankostenrechnung. – b) *Überschuss der Einzelerlöse über die Einzelkosten einer Bezugsgröße:* Der Deckungsbeitrag gibt an, wie viel das Bezugsobjekt unter den jeweiligen Bedingungen zur Deckung der Gemeinkosten und damit zum Gesamterfolg beiträgt. Der Deckungsbeitrag zeigt die entscheidungsrelevanten Erfolgsänderungen unter den gegebenen Bedingungen oder Erwartungen auf. Der Stückbeitrag gibt an, um wie viel sich der Erfolg ändert, wenn unter gleich bleibenden Bedingungen eine Leistungseinheit hinzukommt oder wegfällt. – Zur Beurteilung der Erfolgswirkungen komplexer Entscheidungen bedarf es eines sequenziellen, mehrstufigen oder mehrdimensionalen Vorgehens (→ Deckungsbeitragsrechnung). – Wird die zeitliche Verteilung der Zahlungsströme der zurechenbaren Erlöse und Kosten berücksichtigt, erhält man den → Liquiditätsbeitrag. – 2. *Deckungsbeitrag bzw. Stückbeitrag als Beurteilungskriterium für alternative Leistungen:* Die Höhe des Stückbeitrags ist grundsätzlich nicht für die Beurteilung alternativer Leistungen geeignet, es sei denn, dass sich diese im Verhältnis 1:1 ersetzen und die verfügbare oder nachgefragte Menge Engpass ist. Liegt nur ein Engpass vor, sind die „spezifischen" oder → engpassbezogenen Deckungsbeiträge ein Maß für die Ergiebigkeit der Engpassnutzung und daher für den Rang im Programm maßgeblich. Bei mehreren Engpässen ist die Anwendung der mathematischen Programmierung geboten. Negative Deckungsbeiträge sollten nur in Sonderfällen bei Leistungsverbund in Kauf genommen werden. Weil sich über die erforderliche Höhe des Deckungsbeitrags einer Leistung oder sonstigen Aktivität keine zwingende Aussage machen lässt, ist zur Sicherung des kalkulatorischen Ausgleichs die Vorgabe von → Deckungsbudgets geboten. – Die Zusammenfassung der Deckungsbeiträge untergeordneter Bezugsobjekte zur Abdeckung ihrer Gemeinkosten und der Ermittlung des Deckungsbeitrags eines übergeordneten, komplexeren Bezugsobjekts ist problemlos möglich (→ Bezugsgrößenhierarchie). – 3. *Weitere Begriffsbedeutungen:* Der Begriff Deckungsbeitrag wird auch für die Bezeichnung anderer Bruttogewinne verwendet, z.B. für die Übersetzung von Profit Contribution, Marginal Income, Marginal Revenue, (Variable-)Gross-Margin sowie für das Grenzergebnis der Grenzplankostenrechnung. Dabei wird der Deckungsbeitrag als Differenz von Erlös und den als variabel (proportional) angesehenen Kosten eines Produkts ermittelt. Die Summe aller Deckungsbeiträge dient dann zur Deckung der → fixen Kosten und darüber hinaus zur Erzielung des Gesamtgewinns einer Periode.

Deckungsbeitragsanalyse → Bruttogewinnanalyse.

Deckungsbeitragsrechnung – *Betriebsergebnisrechnung;* Sammelbezeichnung für verschiedene Arten von Bruttoerfolgsrechnungen, die auf einer Trennung zwischen → fixen Kosten und → variablen Kosten in Bezug auf den Beschäftigungsgrad beruhen. Von den Umsatzerlösen eines Bezugsobjektes (Unternehmen, Abteilung, Produkt etc., vgl. Abbildung „Deckungsbeitragsrechnung – Stufenweise Ermittlung des Periodenbeitrags bei gemischten Aufträgen") werden die variablen Kosten des jeweiligen Bezugsobjekts abgezogen und der so erhaltene Bruttogewinn (→ Deckungsbeitrag) mit den Fixkosten verglichen. – Vgl. auch → Direct Costing, → Grenzplankostenrechnung, → Fixkostendeckungsrechnung, → stufenweise Fixkostendeckungsrechnung.

Deckungsbudget – periodenbezogener → Solldeckungsbeitrag. Dient als Ausrichtung der Einzelentscheidungen auf die langfristigen Gesamtziele. – Vgl. auch → aufwandsorientiertes Deckungsbudget.

Deckungsfähigkeit – Ausnahme vom Haushaltsgrundsatz der qualitativen Spezialität (→ Haushaltsgrundsätze). Sachverwandte Haushaltstitel können im → Haushaltsplan als einseitig oder gegenseitig deckungsfähig erklärt werden, d.h. die üblicherweise verbotene Übertragung von Haushaltsmitteln von einem Titel auf einen anderen wird ausnahmsweise gestattet. So können höhere Ausgaben in einer Gruppe durch Einsparungen in einer anderen Gruppe geleistet werden.

Deckungsgeschäft – I. Handelskauf: Es handelt sich um ein infolge von Nichterfüllung einer Verpflichtung eines Vertragsteils durch den „Enttäuschenden" vorgenommenes Geschäft, um seine eigenen Verpflichtungen gegenüber einem Dritten erfüllen zu können. Beim Verkäufer ist es ein Deckungsverkauf, beim Käufer ein Deckungseinkauf. – Beim Handelskauf kann das Deckungsgeschäft bei der *Berechnung des Schadensersatzes*nur zugrunde gelegt werden, wenn es sofort nach Ablauf der Lieferungsfrist mithilfe von öffentlich ermächtigten Handelsmaklern oder durch öffentliche Versteigerung erfolgt. – Bei → Annahmeverzug des Käufers besteht auch Möglichkeit des → Selbsthilfeverkaufs.

II. Kommissionsgeschäft: Vom Kommissionär beim → Selbsteintritt aus Anlass der Kommission mit einem Dritten abgeschlossenes Geschäft zur Erfüllung der Verpflichtung aus dem Selbsteintritt. Wenn der Kommissionär die Kommission zu einem günstigeren Preis ausführen konnte, darf er dem Kommittenten nur diesen in Rechnung stellen (§ 401 I HGB).

III. Börsengeschäft: Geschäft, das dem Ausgleich (Deckung) der aus einem Termingeschäft herrührenden Verpflichtungen dient, z.B. der → Leerverkauf eines Wertpapiers wird, möglichst wenn der Kurs zurückgegangen ist, durch einen Kauf des gleichen Papiers gedeckt.

Deckungsgrad – 1. *Bilanzielle Kennzahl:* Verhältnis von kurzfristigem Umlaufkapital zu kurzfristigen Verbindlichkeiten; Berechnung unter Berücksichtigung des Zeitfaktors: (1) Quotient aus Geldwerten und kurzfristigen Verbindlichkeiten; (2) Quotient aus Geldwerten, einschließlich kurzfristigen Forderungen, und kurzfristigen Verbindlichkeiten; (3) Quotient aus Geldwerten, einschließlich kurzfristigen Forderungen sowie Warenbeständen, und kurzfristigen Verbindlichkeiten. – Vgl. auch → Liquiditätsgrad. – 2. *Kostenrechnerische Kennzahl:* kennzeichnet den Grad der Deckung eines bestimmten Kostenvolumens durch Erlöse: (1) Quotient aus → Erlösen und → Vollkosten eines bestimmten Produkts; (2) Quotient aus dem → Deckungsbeitrag eines Produkts und dessen → Nettoerlös (eine spezielle Ausprägung dieser Bedeutung ist die → Handelsspanne).

Deckungsgrundsatz – I. Zwangsversteigerungsrecht: Bei der Zwangsversteigerung von Grundstücken bleiben dem Recht des betreibenden Gläubigers im Rang vorgehende Rechte bestehen und müssen vom → Ersteher übernommen werden (→ Übernahmegrundsatz). Die Sicherung der vorgehenden Rechte erfordert, dass nur ein Gebot zugelassen wird, das diese Rechte sowie die Verfahrenskosten deckt (→ geringstes Gebot). Ist es nicht erreicht, kann der → Zuschlag nicht erteilt werden.

II. Finanzwissenschaft: 1. *Begriff:* Grundsatz hinsichtlich Bedingungen und Umfang staatlicher Verschuldung (→ öffentliche Kreditaufnahme) zur Ausgabendeckung (auch als Verschuldungsregel bezeichnet). – 2. *Grundlagen:* Politisch-psychologische Argumente für die Verschuldung stellen v.a. darauf ab, dass eine Steuererhebung oder -erhöhung technisch nicht möglich oder politisch nicht tragbar oder durchsetzbar sein könnte; ökonomische Argumente leiten sich aus den wirtschaftlichen Wirkungen alternativer Finanzierungsmöglichkeiten her. – 3. *Arten:* a) *Traditionelle (objektbezogene) Deckungsgrundsätze.:* Es werden ordentliche Ausgaben und → außerordentliche Ausgaben unterschieden; Abgrenzungskriterien sind die Plan- und Vorhersehbarkeit der Ausgaben und der Beitrag zur staatlichen Kapitalbildung. Schuldaufnahme ist danach zur Überbrückung unvorhersehbarer, kurzfristig auftretender Bedarfe sowie für die Finanzierung von die staatliche Leistungsfähigkeit steigernden Investitionen zu vertreten (Self Liquidating Projects). Geht auf die Schuldentheorie von Wagner zurück. b) *Neuere Deckungsgrundsätze.:* Mit der Entwicklung einer stabilisierungsorientierten Finanzpolitik wurde auch die staatliche → Schuldenpolitik verstärkt unter konjunkturpolitischen Aspekten betrachtet; sie ergeben sich damit aus der Frage, welche Art und Höhe öffentlicher Verschuldung der jeweiligen konjunkturellen Situation angemessen ist *(situationsbezogene Verschuldungsregeln).* Das Konzept des zyklischen Budgetausgleichs

Deckungsbeitragsrechnung – Stufenweise Ermittlung des Periodenbeitrags bei gemischten Aufträgen

Geschäftsarten	Strecken-geschäft				Lagergeschäft			
Versandart			Selbst-abh.		Eigen-zust.		Fremd-transp.	
Artikelgruppen	a	b	a	b	a	b	a	b
Bruttoerlöse	....	....	....	....	....	....	....	....
– Rabatte	....	....	....	....	....	....	....	....
Nettoerlöse	....	....	....	....	....	....	....	....
– Skonti	....	....	....	....	....	....	....	....
„Bar"-Erlöse	....	....	....	....	....	....	....	....
– umsatzwert-abhängige EK	....	....	....	....	....	....	....	....
– mengen-abhängige EK	....	....	....	....	....	....	....	....
ARTIKEL-GRUPPEN-UMSATZ-BEITRÄGE	Σ		Σ		Σ		Σ	
– Fremdfrachten							....	
– Versandverpackung			....		....		....	
– sonstige Kosten der Auftragsbearbeitung	....		....		....		....	
AUFTRAGS-BEITRÄGE DER ARTIKEL-GRUPPEN								
– Toureneinzelkosten	....		....		....		....	
					....			
DECKUNGSBEITRAG ÜBER SPEZIFISCHE LEISTUNGSKOSTEN	....		....		....		....	
– Perioden-EK Fuhrpark					....			
PERIODENBEITRÄGE EIGENZUSTELLUNG					....			
					Σ			
– Perioden-EK Lagergeschäft:								
Warenannahme					....			
Lager					....			
Expedition					....			
– Perioden-EK Streckengeschäft	....							
PERIODENBEITRÄGE DER GESCHÄFTSARTEN	....				....			
			Σ					
– gemeinsame Ersparnis aus empfangenen Gesamtumsatz-rabatten usw.			....					
– gemeinsame Perioden-EK			....					
GEMEINSAMER PERIODENBEITRAG			....					

Quelle: Riebel, P., Einzelkosten- und Deckungsbeitragsordnung, 6. Aufl., Wiesbaden 1990, S. 406 und 408.

folgt der Theorie der antizyklischen Finanzpolitik: Die Schuldenaufnahme in der Rezession wird in der Hochkonjunktur wieder ausgeglichen. Prognose- und Diagnoseprobleme hinsichtlich des Konjunkturverlaufs sowie die Trägheit politischer Entscheidungsprozesse bergen die Gefahr von Fehlsteuerungen. – 4. *Deckungsgrundsatz im bundesdeutschen Recht:* Unter dem Einfluss der Fiscal Policy keynesianischer Prägung fand auch in der bundesdeutschen Finanzverfassung ein Wechsel von objekt- zu teilweise situationsbezogenen Deckungsgrundsatz statt. Art. 109 GG verlangt eine Ausrichtung der Haushaltswirtschaft von Bund und Ländern an den Erfordernissen des gesamtwirtschaftlichen Gleichgewichts. Dieser Zustand wird im → Stabilitäts- und Wachstumsgesetz (StWG) von 1967 mit den Zielen des magischen Vierecks beschrieben. Art. 115 GG gestattet ein situationsbedingtes Abweichen von den im selben Art. festgelegten → Verschuldungsgrenzen;danach darf die → Nettokreditaufnahme nicht höher sein als die im Haushaltsplan vorgesehenen Ausgaben für Investitionen. Im Zuge der Europäischen Wirtschafts- und Währungsunion sind mit den Stabilitäts- bzw. Konvergenzkriterien von Maastricht sowie mit dem → Stabilitäts- und Wachstumspaktweitere Grenzen für die Nettokreditaufnahme sowie für die Staatsverschuldung aufgestellt worden. Einfach-gesetzliche Deckungsgrundsätze finden sich in den §§ 6 III, 19 StabG und § 13 HGrG. 2009 wurde die Einführung der sog. → Schuldenbremse beschlossen, um die Staatsverschuldung zu reduzieren (2012: 80% des BIP) und somit wieder die Schuldengrenze, welche im Vertrag von Maastricht vereinbart wurde (60% des BIP), einzuhalten. Die erstmalige Anwendung der Neuregelungen in Art. 109 und Art. 115 GG ist für das Haushaltsjahr 2011 vorgesehen. Die Einhaltung des Maximums einer nicht konjunkturbedingten, jährlichen Nettokreditaufnahme von 0,35% des BIPs ist für den Bund ab 2016 zwingend erforderlich.

Deckungskapital – Begriff aus der → Lebensversicherung. Differenz aus dem erwarteten → Barwert künftiger Leistungen und dem erwarteten Barwert künftiger Beiträge. Das Deckungskapital ist eine rechnerische Größe und kann positive wie negative Werte annehmen. Das Deckungskapital ist von der Deckungsrückstellung zu unterscheiden, die als Bilanzposten nicht negativ sein kann. Bei vorzeitiger Kündigung des Versicherungsvertrags entspricht der Rückkaufswert i.d.R. dem um einen geringen Kostenabschlag verringerten Deckungskapital.

Deckungskredite → öffentliche Kreditaufnahme.

Deckungsprinzip → Tragfähigkeitsprinzip.

Deckungsprüfung – 1. *Begriff:* Prüfung der formellen und materiellen Voraussetzungen des Versicherungsschutzes eines Versicherungsnehmers in einem Schadenfall. – 2. *Merkmale:* Zu den formellen Voraussetzungen gehören die Existenz eines Versicherungsvertrags für das betroffene Risiko bei dem in Anspruch genommenen Versicherungsunternehmen, die rechtzeitige Zahlung der Erst- oder Folgeprämie und der Eintritt des → Versicherungsfalls im versicherten Zeitraum. Die materielle Deckungsprüfung umfasst die Prüfung der Frage, ob der Versicherungsvertrag inhaltlich Versicherungsschutz für den konkreten Schadenfall bietet und keine Ausschlussgründe oder Leistungsbefreiungstatbestände (z.B. Obliegenheitsverletzungen) vorliegen.

Deckungspunkt → Break-Even-Point.

Deckungspunktanalyse → Break-Even-Analyse.

Deckungsrechnung – ältere Bezeichnung für → Deckungsbeitragsrechnung.

Deckungsrelation – das für die Bemessung von → Ausgleichszuweisungen im Finanzausgleich maßgebliche Verhältnis zwischen → Finanzkraft und → Finanzbedarf öffentlicher Aufgabenträger.

Deckungsspanne – im System des → Direct Costing häufig verwendeter Begriff für → Deckungsbeitrag.

Deckungsumsatz – Begriff der → Break-Even-Analyse für denjenigen Umsatz, bei dem gerade Vollkostendeckung eintritt (Deckung der → fixen Kosten und → variablen Kosten).

Deckungsvorgabe → Solldeckungsbeitrag.

Deckungszeitpunkt – Begriff der → Break-Even-Analyse für den Zeitpunkt im Ablauf der Planungsperiode, zu dem die kumulierten → Deckungsbeiträge erstmals die kumulierten → fixen Kosten übersteigen.

Decoder – Gerät oder Programm zur Codierung und Decodierung von → Daten. Der Decoder wird integriert in die → Schnittstellen zwischen zwei Datenstationen, die verschiedene Darstellungscodes (→ Code) benutzen und Daten austauschen wollen.

Decort → Dekort.

Découvert → Leerverkauf.

Decreasing Returns to Scale → Skalenelastizität.

DED → Deutscher Entwicklungsdienst.

Deduktion – logisches Verfahren der Ableitung von weniger allgemeinen aus allgemeineren Aussagen (→ Axiom, → Theorem). Aus → Prämissen oder als allgemeingültig erkannten Tatbeständen werden Schlüsse (Konklusionen) deduziert. – Innerhalb der → Realwissenschaften kommt die deduktive Methode in dem Sinn zur *Anwendung*, dass aus allgemeinen Sätzen bes. Sätze abgeleitet und empirisch überprüft werden. – *Gegensatz:* → Induktion.

DEE – Abk. für → Datenendeinrichtung.

Deep Discount Bond → Anleihe mit einer unter dem Kapitalmarktzins zum Emissionszeitpunkt liegenden für die gesamte Laufzeit (i.d.R. 25 bis 30 Jahre) festen Nominalverzinsung (Unterverzinsung). Die Unterverzinsung wird durch ein → Disagio ausgeglichen; bestimmt durch die Differenz zwischen

Emissionsrendite und Nominalzins sowie durch die Anleihelaufzeit: Der Ausgabekurs ist umso niedriger, je länger die Laufzeit und je geringer der Nominalzins im Vergleich zur Emissionsrendite ist. Deep Discount Bonds weisen die Merkmale von → Anleihen und → Abzinsungspapieren auf.

De-Facto-Standard – ein nicht von einer offiziellen Standardisierungsorganisation definierter → Standard, der sich über die Jahre seiner Nutzung als sinnvoll erwiesen hat und aufgrund seiner Verbreitung gleichwohl weitgehend eingehalten wird. Viele De-Facto-Standards werden später durch internationale Standardisierungsorganisationen aufgenommen und in einen offiziellen Standard überführt.

Default-Klausel – Zusicherungsklausel in internationalen Kredit- und Anleiheverträgen, die den Gläubigern (Kreditgeber) die Möglichkeit einer sofortigen Kündigung einräumt, wenn der Schuldner (Kreditnehmer) seinen vertraglichen Verhaltenspflichten nicht nachkommt. Es handelt sich um eine Nebenbestimmung, die der anglo-amerikanischen Vertragspraxis entstammt (Financial Covenants), jedoch nicht im deutschen Recht verankert ist. Zu den wichtigsten Kündigungsgründen gehören das Ausbleiben fälliger Zahlungen (Zinsen, Tilgung), das Nichteinhalten von Vereinbarungen (z.B. vertragswidrige Verwendung von Kreditmitteln), die Rücknahme von staatlichen Zusicherungen sowie die erhebliche Bonitätsverschlechterung des Schuldners. Tritt ein „Default" bei einem einzelnen Kredit auf, so hat das zur Folge, dass alle ausstehenden Schulden unabhängig von dem tatsächlichen Fälligkeitstermin sofort zurückzuzahlen sind. Eine spezielle Form dieser Klausel ist die → Cross-Default-Klausel, die bereits dann eine Kündigungsmöglichkeit vorsieht, wenn der Schuldner die vertraglichen Verpflichtungen gegenüber Dritten nicht einhält.

Defender – das u.U. durch ein neues Investitionsobjekt (Challenger) zu ersetzende, bereits vorhandene Investitionsobjekt bei → Ersatzinvestitionen.

defensives Umweltmanagement – Strategie im Rahmen des → Umweltmanagements. Bei einem defensiven Umweltmanagement verhalten sich die Unternehmen gegenüber der Umweltgesetzgebung so, dass sie immer nur gerade die jeweiligen vorgeschriebenen Mindestanforderungen erfüllen. – *Gegensatz:* → offensives Umweltmanagement.

Deferred Compensation – Bezeichnet im Rahmen der → betrieblichen Altersversorgung (bAV) eine betriebliche Versorgungszusage, die durch einen Verzicht des Arbeitnehmers auf Barvergütung finanziert wird. – Vgl. auch → Entgeltumwandlung.

Deferred Payment Akkreditiv – Dokumentenakkreditiv (→ Akkreditiv), bei dem der Begünstigte (im Gegensatz zum Sichtakkreditiv) dem Akkreditiv-Auftraggeber (Importeur) ein Zahlungsziel einräumt und erst nach einer bestimmten Frist nach Dokumentenaufnahme Anspruch auf Zahlung hat, und zwar an dem nach den Akkreditivbedingungen bestimmbaren Datum (z.B. 90 Tage nach Warenversanddatum). Die Auszahlung erfolgt zu einem späteren, nach den Akkreditvbedingungen genau bestimmbaren, um die sog. Nachsichtfrist hinausgeschobenen Fälligkeitstag. Der Exporteur kann auf diese Weise dem Importeur ein Zahlungsziel gewähren ohne die Sicherheit des abstrakten Zahlungsversprechens der eröffnenden Bank zu verlieren.

Deficit Spending – 1. *Begriff:* Überschuss der Ausgaben über die Einnahmen der öffentlichen Haushalte (Haushaltsfehlbetrag), um einen expansiven Effekt im Zustand der Unterbeschäftigung zu erzielen. Der Begriff ist eng mit der Fiscal Policy in der Tradition keynesianisch orientierter antizyklischer → Finanzpolitik verbunden und bezeichnet einen aus dieser Theorie oft gefolgerten Imperativ für den Finanzpolitiker, mittels Verschuldung (→ öffentliche Kreditaufnahme) Ausgaben- bzw. Konjunkturprogramme zu finanzieren. – 2. *Arten:* a) *Defizit durch lineare oder selektive Steuersatzsenkung (Deficit Without Spending)* bei konstantem Ausgabevolumen; geringer expansiver Effekt, da der → Steuermultiplikator relativ klein ist und nicht gewährleistet ist, dass die Erhöhung des verfügbaren Einkommens zu einer entsprechenden Erhöhung der kaufkräftigen Nachfrage führt. b) *Defizit durch Ausgabenerhöhung* bei unveränderten Steuersätzen; starker expansiver Effekt wegen des relativ hohen → Staatsausgabenmultiplikators, genauere Wirkungskenntnis, da expansive Wirkung nicht vom Verhalten der Nichtunternehmer abhängt. c) *Defizit durch gleichzeitige Ausgabenerhöhung und Einnahmensenkung;* sehr starker expansiver Effekt durch hohen Multiplikator, verursacht durch eine Erhöhung des verfügbaren Einkommens. – 3. *Defizitfinanzierung:* Grundsätzlich sind alle Verschuldungsformen der öffentlichen Hand zugänglich; die Gläubiger reichen von ausländischen Staaten über ausländische „Private" bis hin zu inländischen „Privaten" (z.B. Banken, Versicherungen) oder der Notenbank. – *Hypothesen:* (1) → Crowding-out; (2) → Idle Money. – 4. In der Bundesrepublik Deutschland *rechtlich nicht vorgesehen* (bis auf eine relativ geringe Summe); theoretisch (der Bundesbank würde die Steuerung der Geldmenge wesentlich erschwert, falls der Bund sich beliebig bei der Bundesbank verschulden könnte) und politisch (mittel- oder langfristig könnte die Tendenz entstehen, politische Bedarfe über einen dann doch inflatorischen Notendruck zu finanzieren) problematisch.

Deficit Without Spending → Deficit Spending.

Defined Benefit – internationale Bezeichnung für eine Versorgungsregelung in der → betrieblichen Altersversorgung (baV), die Leistungen etwa aufgrund von Dienstzeiten und/oder Höhe des Gehalts vorsieht und bei der der Arbeitgeber ein etwaiges Investmentrisiko trägt. – *Gegenteil:* → Defined Contribution.

Defined Contribution – internationale Bezeichnung für eine Versorgungsregelung in der → betrieblichen Altersversorgung (baV), in der sich der Arbeitgeber verpflichtet, einen definierten Beitrag zugunsten einer Versorgung des Arbeitnehmers aufzuwenden. Die Verpflichtung des Arbeitgebers erschöpft sich in der Beitragszahlung (s. → Beitragszusage). In Deutschland ist dies in der reinen Form keine bAV. – *Gegenteil:* → Defined Benefit.

Definition – Festlegung der Bedeutung von in den Wissenschaften verwendeten Begriffen *(Nominaldefinition)*. In logischer Hinsicht eine sich aus zwei Gliedern zusammensetzende Verknüpfungsformel bzw. Gleichung. Der zu definierende Begriff wird als *Definiendum*, die ihn definierenden Worte werden als *Definiens* bezeichnet. Dabei wird angenommen, dass die Bedeutung des Definiens bekannt ist; das Definiendum wird als Synonym festgelegt. – Um eine → Tautologie handelt es sich, wenn das Definiendum als Bestandteil des Definiens auftaucht. – Für Nominaldefinitionen gilt, dass sie mehr oder weniger zweckmäßig, nicht jedoch wahr oder falsch sein können. Überholt ist die Auffassung, mithilfe von Definitionen könnten grundlegende Eigenschaften bzw. das Wesen der Realität (→ Essentialismus) erfasst werden *(Realdefinition)*.

Definition des Geschäfts – Erweiterung der Abgrenzungsproblematik des → strategischen Geschäftsfelds (Produkt/Markt-Orientierung). Zu berücksichtigen sind die drei Dimensionen potenzielle Nachfragesektoren, Funktionserfüllung und verwendete Technologien. Eine vertiefende Definition erfolgt über das Kaufverhalten der Abnehmer, den Ressourcenbedarf und die vorhandenen Fähigkeiten sowie die Kostensituation.

Defizit – 1. Begriff aus der *Theorie öffentlicher Haushalte* für den die laufenden Einnahmen übersteigenden Betrag der Ausgaben. Das Defizit fällt je nach dem, ob es in der Finanzstatistik oder in der Volkswirtschaftlichen Gesamtrechnung (VGR) nachgewiesen wird, unterschiedlich hoch aus. Bedeutsam ist das Defizit in Relation zum Bruttoinlandsprodukt (BIP; sog. → Defizitquote). – Vgl. auch → strukturelles Defizit, → Nettokreditaufnahme, → konjunkturelles Defizit, → Normaldefizit, → Deficit Spending. – 2. Begriff des *Rechnungswesens* für den Fehlbetrag, der sich auf einem Kassenkonto ergibt (Kassendefizit). – Vgl. auch → Kassenmanko.

Defizitquote – Verhältnis von staatlichem → Defizit (d.h. aller öffentlichen Haushalte) zum → Bruttoinlandsprodukt (BIP). Für EU-Mitglieder sieht der EG-Vertrag vor, dass die Defizitquote die Dreiprozentgrenze nicht überschreitet und mittelfristig (mind.) auf Null zurückgeführt wird.

Defizitverfahren → Stabilitäts- und Wachstumspakt. Dieser sog. Pakt gilt als völkerrechtlicher Vertrag; das Defizitverfahren wird eingeleitet, soweit nachhaltig gegen → Konvergenzkriterien verstoßen wird oder Staatsverschuldung und Nettokreditaufnahme vorliegen.

Deflation – Zeitperiode mit negativer → Inflationsrate und wirtschaftlicher Krise; im Unterschied zur → Inflation mit steigenden Inflationsraten und zur Disinflation mit abnehmenden, aber positiven Inflationsraten ist die Deflation mit Senkungen des Preisniveaus verbunden. Die Krise erklärt sich aus den folgenden Gründen: 1. Die Nachfrager rechnen mit weiteren Preissenkungen und zögern ihre Käufe noch hinaus. – 2. Die Preise auf der Ertragsseite der Unternehmen fallen, während die Kosten durch Verträge zeitlich fixiert sind. Die Folge ist ein Rückgang des Gewinnes und damit der Produktion. – 3. *Historische Erfahrung*: In der Weltwirtschaftskrise (1929) stieg die Arbeitslosigkeit, während die Aktienkurse ins Uferlose stürzten. In Japan ist in den 1990er-Jahren eine Deflation attestiert worden.

Deflationierung → reales Inlandsprodukt.

deflatorische Lücke → Gap.

Defraudation → Unterschlagung.

Defreezing → Organisationsentwicklung.

Degenerationsphase – *Niedergangsphase*. 1. *Begriff*: letzte Phase des → Lebenszyklus eines Produkts, in der die Absatzmenge zunehmend abnimmt. – 2. *Auslösende Faktoren:* Technischer Fortschritt mit der Folge der Veralterung des Produkts, stark auftretende Substitutionsgüter mit besserer Bedürfnisbefriedigung der Käufer, Bedürfniswandel etc.

deglomerative Preisdifferenzierung → monopolistische Preisbildung.

Degression – I. Kostentheorie: Rückgang der Stückkosten bei Ausweitung der Produktion. – 1. *Gesamtkostendegression:* Die → Grenzkosten liegen unter den → Durchschnittskosten, da die Ausbringung unterhalb des → Betriebsoptimums liegt.

$$\frac{dK}{dx} < \frac{K}{x}$$

2. *Stückkostendegression (Größendegression):* Mit zunehmender Ausbringung sinken die Stückkosten, da sich die fixen Kosten auf eine größere Menge verteilen (→ Gesetz der Massenproduktion). – 3. *Auflagendegression:* Mit wachsender Seriengröße sinken die auf eine Produkteinheit entfallenden Rüstkosten. – Vgl. auch → Kostenverlauf.

II. Betriebswirtschaftliche Steuerlehre/Finanzwissenschaft: → Regression.

Degressionsschwelle – Begriff der → Kostentheorie für den → Beschäftigungsgrad, bei dem die → Stückkosten ihr Minimum erreichen und gleich den → Grenzkosten sind.

degressive Abschreibung – I. Begriff: Abschreibungsmethode (→ Abschreibung), mit der Anpassung des Buchwertes eines Anlagegegenstandes an seinen jeweiligen Gebrauchswert erreicht werden soll, im Hinblick darauf, dass der Veräußerungswert eines gebrauchten Gegenstandes in den ersten Nutzungsjahren schneller sinkt als in späteren (z.B. Kraftfahrzeuge). Man unterscheidet die *arithmetisch* degressive Abschreibung *(digitale degressive Abschreibung)* von der häufiger angewendeten *geometrisch* degressiven Abschreibung *(Buchwertabschreibung)*. Dabei wird der Abschreibungssatz (in Prozent) nach der betriebsgewöhnlichen Nutzungsdauer festgelegt und die Abschreibung jeweils vom → Restwert des letzten Jahres berechnet. Der am Ende der Abschreibungsperiode verbleibende restliche Buchwert wird im letzten Jahr mit abgeschrieben. Die Entsprechungsverhältnisse von linearer und geometrisch degressiver Abschreibung gehen aus der Jahrestabelle hervor.

II. Steuerrecht: Die geometrisch degressive Abschreibung, degressive → Absetzung für Abnutzung (AfA), ist anstelle der üblichen linearen (in gleichmäßigen Jahresbeträgen) bei Anschaffung oder Herstellung von beweglichen abnutzbaren Wirtschaftsgütern ab dem 01.01.2011 in der Steuerbilanz nicht mehr zulässig. --Steuerliche Regelung bis dahin: Zulässig bei beweglichen abnutzbaren Wirtschaftsgütern des Anlagevermögens; allerdings durfte der auf den jeweiligen → Buchwert (Restwert) anzuwendende Abschreibungsprozentsatz höchstens das Doppelte des bei der AfA in gleichen Jahresbeträgen (→ lineare Abschreibung) in Betracht kommenden Höchstsatzes betragen und 20 Prozent (ab dem Veranlagungszeitraum 2006 bis 2007: 30 Prozent) nicht übersteigen (§ 7 II EStG). Die degressiven Abschreibungen sind nicht nur nach Jahren, sondern auch nach Monaten auf die Nutzungszeiten zu verteilen. Bei Anschaffung oder Herstellung von beweglichen abnutzbaren Wirtschaftsgütern ab dem 1.1.2008 bis zum 31.12.2008 war nur noch die lineare AfA möglich. Danach wurde wiederum - für zwei Jahre befristet – die degressive Abschreibung mit einem Prozentsatz von 25 gewährt. Für Invesitionen ab dem VZ 2011 ist die degressive Abschreibung nicht mehr zulässig.

degressive Kosten – *unterproportionale Kosten;* fallende Kosten (→ Gesamtkosten, → Durchschnittskosten, → Stückkosten) in Abhängigkeit von der Beschäftigung: Die Kosten steigen in geringerem Maße als die Kosteneinflussgröße Beschäftigung. – Vgl. auch → Degression.

degressiver Akkord – Sonderform des → Akkordlohns, bei der der Stundenlohn in Abhängigkeit vom Leistungsgrad degressiv verläuft. Grundgedanke ist der Schutz der Arbeitnehmer vor Überanstrengung. – *Am bekanntesten:* Rowan-Lohn. – *Gegensatz:* → Progressiver Akkord.

Degustation – Probe von Produkten (i.d.R. von Genussmitteln) in Geschäftslokalen und/oder bei Ereignissen (z.B. im Rahmen von Verkaufsförderungsaktionen). – Vgl. auch → Bemusterung.

Deindustrialisierung – 1. *Begriff:* Zur Kennzeichnung bestimmter (an sich für entwickelte Volkswirtschaften als normal erachtetes) Muster des → sektoralen Strukturwandels verwendeter Begriff. – 2. *Erklärung:* Auf hohem volkswirtschaftlichen Entwicklungsniveau verliert die industrielle Produktion im Vergleich zu den → Dienstleistungen relativ an Bedeutung. Im Zusammenhang mit dieser Beobachtung erhobene Forderungen nach einer *Erhaltungspolitik* zugunsten industrieller → Wirtschaftszweige beruhen auf der These, ein möglichst hoher Anteil industrieller Produktion sei unabdingbar für Wachstum und Wohlstand. Diese These wird häufig mit dem vermuteten Produktivitätsrückstand der Dienstleistungen gegenüber industrieller Produktion begründet, wodurch bei einem Anwachsen des → Dienstleistungssektors die gesamtwirtschaftliche Produktivität weniger stark steige. Ein zweites Argument zielt auf die Bedeutung des Außenhandels, der (noch) überwiegend Warenhandel sei, und dessen Basis bei einer Deindustrialisierung gefährdet würde. Beide Argumente sind aus empirischer Sicht nicht zutreffend. Sie gründen auch auf einer überholten Vorstellung des Dienstleistungsbegriffs, der überwiegend auf die konsumnahen (personenbezogenen) Dienstleistungen abstellt. Tatsächlich kommt den *produktions- oder unternehmensbezogenen Dienstleistungen* (→ Finanzdienstleistungen, → technische Dienstleistungen) ein wesentlich größeres und auch noch zunehmendes Gewicht bei. – 3. *Empirie:* Die Dienstleistungsunternehmen in Deutschland weisen seit Mitte der 1970er-Jahre ein gleich hohes Produktivitätswachstum auf wie Unternehmen des Produzierenden Gewerbes. Auch im internationalen Handel spielen v.a. die unternehmensbezogenen Dienstleistungen eine immer größere Rolle. – Vgl. auch → Drei-Sektoren-Hypothese.

Dekartellierung – Zerschlagung; Auflösung wirtschaftlicher Unternehmenszusammenschlüsse, die auf Wettbewerbsbeschränkungen ausgerichtet sind. – Die 1945 durch das Potsdamer Abkommen eingeführte Dekartellierung sollte die übermäßige Konzentration der Wirtschaftsmacht, bes. durch Kartelle, Syndikate, Trusts und andere monopolistische Abreden vernichten. – *Ziel* der Dekartellierung war die → Entflechtung, die vollständige Dezentralisierung der dt. Industrie sowie die Verringerung ihrer Wettbewerbsfähigkeit auf den Weltmärkten. – *Grundsatz* der Dekartellierung war das → Kartellverbot; es wurde jedoch durch eine „Rule of Reason" abgeschwächt. Der Verbotsgrundsatz wurde 1957 durch das Kartellgesetz übernommen. Anders als in den USA (Antitrust) sieht das dt. Kartellrecht zwar keine ausdrückliche Möglichkeit vor, bestehende Unternehmen zu zerschlagen. Jedoch hat der Gesetzgeber mit der Achten GWB-Novelle vom 1.1.2013 klargestellt, dass die von der Kartellbehörde zur wirksamen Abstellung von Zuwiderhandlungen festgelegten Abhilfemaßnahmen auch struktureller Art sein, d.h. wenn notwendig auch zu einer Entflechtung führen können (§ 32 II GWB). Eine konsequente Missbrauchsaufsicht über marktbeherrschende Unternehmen ist deshalb ebenso notwendig wie eine wirksame Fusionskontrolle im Sinne einer präventiven Strukturkontrolle. – Vgl. auch → Deutsches Kartellrecht, → Entflechtung.

Deklaration – *Frachtgeschäft:* Wertangabe, nach der ggf. der Schadensersatz zu bemessen ist.

Deklarationsprotest – besondere Form des → Wechselprotests, bei dem Wechselinhaber und Protestgegner identisch sind.

deklarative Programmiersprache → Programmiersprache.

deklarative Wissensrepräsentation – grundlegende Form der → Wissensrepräsentation. Kriterium: Wissen wird nur „passiv" beschrieben; d.h.es werden keine Angaben über die Art und Weise gemacht, wie das repräsentierte Wissen im Rahmen einer Problemlösung angewendet werden kann (→ logische Wissensrepräsentation). – *Gegensatz:* → Prozedurale Wissensrepräsentation.

Dekompositionsproblem → Neue klassische Makroökonomik.

Dekontaminationskosten – Infolge eines → Versicherungsfalls kann Erdreich auf dem Versicherungsgrundstück oder einem angrenzenden Grundstück kontaminiert werden. Durch behördliche Anordnung wird eine Dekontaminierung des betroffenen Erdreichs erforderlich. Die Kosten dafür sind meist in der verbundenen Wohngebäudeversicherung in den Versicherungsschutz mit eingeschlossen.

Dekort – *Decort.* 1. Zahlungsabzug für mangelhafte Ware. – 2. Kassaskonto im Großhandel. – 3. Rabatt im Auslandsgeschäft, den der Exporteur erhält, dem der Lieferer die Rechnung zu Listenpreisen ausstellt.

Del Credere Agent – spezielle Form des → Absatzmittlers, der neben der Vermittlung und dem Abschluss von Geschäften als zusätzliche Dienstleistung für seine Auftraggeber (Hersteller, Exporteur) gegen eine → Delkredereprovision das Risiko des Forderungsausfall übernimmt.

Delegation – 1. *Organisation:* Übertragung von → Kompetenz (und → Verantwortung) auf hierarchisch nachgeordnete → organisatorische Einheiten, auch als Kompetenzdelegation bezeichnet. Der Delegationsgeber hat darauf zu achten, ob der Delegationsnehmer von seiner Kompetenz und → Motivation her zur selbstständigen Erfüllung der zu übertragenden Aufgaben fähig ist. – Vgl. auch → Führungsstil. – 2. *Öffentliches Recht:* Übertragung der Zuständigkeit zur Wahrnehmung bestimmter hoheitlicher Befugnisse auf einen anderen Verwaltungsträger, z.B. kann nach Art. 60 III GG der Bundespräsident seine Befugnisse auf dem Gebiet des Begnadigungsrechts auf andere Behörden übertragen.

Delegationsbereich – *Kompetenzbereich;* Bereich, der einer → organisatorischen Einheit aufgrund der → Delegation zugewiesen worden ist.

Delegierte – Begriff im → Mitbestimmungsgesetz (MitbestG) (vgl. §§ 9 ff.). Bei Unternehmen mit i.d.R. mehr als 8.000 Arbeitnehmern sind von den Arbeitnehmer geheim und nach den Grundsätzen der Verhältniswahl, grundsätzlich sog. Delegierte zu wählen, welche wiederum die Aufsichtsratsmitglieder der Arbeitnehmer für diese wählen. Gemäß § 11 I Satz 1 MitbestG entfällt auf je 90 wahlberechtigte Arbeitnehmer in einem Betrieb ein Delegierter, das Gesetz bildet im Übrigen hiervon abweichende Fälle.

Delikt → unerlaubte Handlung.

Deliktsfähigkeit – 1. *Begriff:* Fähigkeit, sich durch das Begehen einer → unerlaubten Handlung schadensersatzpflichtig zu machen (§ 828 BGB). Neben der → Geschäftsfähigkeit Teil der → Handlungsfähigkeit. – 2. *Formen:* a) *Doppelt beschränkte Deliktsfähigkeit:* Zwischen sieben und neun Jahren mit Ausnahme von Verkehrsunfällen, soweit erforderliche Einsicht gegeben ist. – b) *Einfach beschränkte Deliktsfähigkeit:* Zwischen zehn und 18 Jahren, soweit erforderliche Einsicht gegeben ist. – c) *Volle Deliktsfähigkeit:* Mit Vollendung des 18. Lebensjahres.

Delisting – 1. *Handel*: Auslistung eines → Artikels aus dem → Sortiment eines Handelsunternehmens; quantitative Kriterien für die Auslistung eines Artikels sind sinkende/r → Umsatz, → Absatz, → Marktanteil, → Deckungsbeiträge, → Kapitalumschlag, → Rentabilität, geringer Umsatzanteil, ungünstige Umsatz-Kosten-Relation, starke Beanspruchung knapper Ressourcen, hoher Anteil an den Komplexitätskosten des Unternehmens. qualitative Kriterien für die Auslistung eines Artikels sind Einführung von besseren Konkurrenz- und/oder Substitutionsprodukten, negativer Einfluss auf das Unternehmensimage, Änderungen in der Bedarfsstruktur der bisherigen Kunden, Entstehung von Kannibalisierungseffekten zwischen den eigenen Produkten (z.B. → Handelsmarken), technische Veralterungen und Gesetzesänderungen. Die angeführten Kriterien sind keinesfalls zwingende Gründe für die Auslistung, sondern weisen lediglich auslistungsverdächtige Artikel hin. – 2. *Börse*: Neben den allg. Regelungen des Verwaltungsverfahrensgesetzes (VwVfG) über die Erledigung und Rücknahme von Verwaltungsakten und den Widerruf begünstigender Verwaltungsakte normiert das BörsG spezielle Widerrufsgründe. – Die Geschäftsführung kann die Zulassung von Wertpapieren zum Handel im → regulierten Markt *von Amts wegen* widerrufen, wenn ein ordnungsgemäßer Börsenhandel auf Dauer nicht mehr gewährleistet ist und die Geschäftsführung die Notierung im regulierten Markt eingestellt hat oder der Emittent auch nach Ablauf einer ihm gesetzten angemessenen Frist seinen

Zulassungsfolgepflichten nicht nachkommt, § 39 I BörsG. – Beim *regulären Delisting* erfolgt der Widerruf auf Antrag des Emittenten, wenn dies dem Anlegerschutz nicht widerspricht. Nach § 46 der Börsenordnung für die Frankfurter Wertpapierbörse (FWB) ist das dann nicht der Fall, wenn auch nach dem Wirksamwerden des Widerrufs die Zulassung und der Handel des Wertpapiers an einem → organisierten Markt oder an einem entsprechenden Markt in einem Drittstaat gewährleistet erscheint, oder nach der Bekanntgabe der Widerrufsentscheidung den Anlegern ausreichend Zeit verbleibt, die vom Widerruf betroffenen Wertpapiere im regulierten Markt der FWB zu veräußern. *Gesellschaftrechtlich* bedarf der beantragte Rückzug von der Börse nach der Rechtsprechung des Bundesgerichtshofs (Urt. v. 25.11.2002 – II ZR 133/01 – (BGHZ 153, 47) – „Macrotron") eines Beschlusses der Hauptversammlung und eines öffentlichen Kaufangebots an die übrigen Aktionäre durch die Gesellschaft oder den Großaktionär. Der BGH hat zwar festgestellt, dass die Einbeziehung der Aktien in den → Freiverkehr die Abfindungspflicht nicht entfallen lässt, weil die grundgesetzliche Eigentumsgarantie die Verkehrsfähigkeit des Aktieneigentums schütze. Unklar ist jedoch, ob dies auch für die Segmente des Freiverkehrs gilt, deren Regelwerke dem regulierten Markt stark angenähert und geeignet sind, dauerhaft einen funktionsfähigen Markt zu gewährleisten (dann sog. Downgrading oder Downlisting). Das Oberlandesgericht München (Urt. v. 21.05.2008 -31 Wx 62/07) hat die Verkehrsfähigkeit für das Segment M:access der Börse München bejaht. Das Bundesverfassungsgericht hat jedenfalls festgestellt (Urt. vom 11.7.2012, 1 BvR 3142/07, 1 BvR 1569/08), dass der Rückzug vom regulierten Markt das Eigentumsgrundrecht aus Art. 14 I GG nicht berührt, also hieraus etwa keine Ansprüche auf Abfindung der Aktionäre herleitbar sind. Es hat aber nicht bemängelt, wenn Instanzgerichte solche Ansprüche aufgrund einer Gesamtanalogie zu gesetzlichen Regelungen anderer gesellschaftsrechtlicher Strukturmaßnahmen herleiten. – Vgl. auch → Going Private.

Delivered at Frontier → DAF.

Delivered at Place → DAP.

Delivered at Terminal → DAT.

Delivered Duty Paid → DDP.

Delivered Duty Unpaid → DDU.

Delivered ex Quay → DEQ.

Delivered ex Ship → DES.

Delivery Clause (D/C) → Handelsklausel, in internationalen Kaufverträgen, mit der der Wareneigentümer dem Frachtführer bzw. Gewahrsamsinhaber Anweisungen erteilt, unter welchen Bedingungen die Auslieferung zu erfolgen hat; zugleich in der → Delivery Order (D/O) eine Aufforderung, die Ware einer genau bezeichneten Person oder Firma auszuhändigen. – Vgl. auch → Deviation Clause (D/C).

Delivery Guarantee → Liefergarantie.

Delivery Order (D/O) – die (meist formgebundene) Aufforderung des Wareneigentümers an den Lagerhalter oder Frachtführer, eine Ware an die in der Delivery Order (D/O) bezeichnete berechtigte Person oder Firma auszuhändigen, ggf. gebunden an bes. Bedingungen (→ Zahlungsbedingungen).

Delivery Terms → Lieferungsbedingungen, → Incoterms.

Delkredere – I. Handelsrecht: Gewährleistung für den Eingang einer Forderung. Die dem → Kommissionär gegenüber dem → Kommittenten (vgl. § 394 HGB) bzw. die dem → Handelsvertreter gegenüber seinem Geschäftsherrn obliegende unmittelbare persönliche Haftung für die Verbindlichkeiten des Vertragsgenossen aus dem von ihm abgeschlossenen Geschäft. *Haftung* nur bei ausdrücklicher Übernahme des Delkredere oder wenn dies Handelsbrauch ist (Handelsvertreter: → Schriftform). – Mit Abschluss des Geschäfts entsteht ein Anspruch auf → Delkredereprovision (vgl. § 86b HGB für den Handelsvertreter).

II. Rechnungswesen: Wertberichtigungen für voraussichtliche Ausfälle bei Forderungen. – 1. *Einzelwertberichtigung:* Nach dem Prinzip der → Einzelbewertung ist das individuelle Ausfallrisiko grundsätzlich für jede einzelne Forderung zu bestimmen. Wertberichtigungen dieser Art ergeben sich aus der Kenntnis der individuellen Lage des einzelnen Schuldners. Uneinbringliche Forderungen sind auf den → Erinnerungswert abzuschreiben. Zweifelhafte Forderungen sind mit ihrem wahrscheinlichen Wert, d.h. dem erwarteten Geldeingang anzusetzen. – 2. *Pauschalwertberichtigung:* a) Bei größerem Forderungsbestand, v.a. mit vielen kleinen Forderungen, kann das individuelle Ausfallrisiko aus Vereinfachungsgründen auch pauschal berücksichtigt werden. – b) Wegen des allg. Ausfallrisikos (z.B. unvorhersehbare Schwierigkeiten von Schuldnern mit bisher guter Bonität) kann der Forderungsbestand nur pauschal wertberichtigt werden. – 3. Einzelwertberichtigungen können nur *aktivisch abgesetzt* werden; gleiches gilt für Pauschalwertberichtigungen, zumindest für Kapitalgesellschaften. – 4. *Steuerliche Berücksichtigung:* Einzel- und Pauschalwertberichtigungen sind auch in der Steuerbilanz vorzunehmen; es handelt sich insoweit um eine Abschreibung auf den niedrigeren → Teilwert.

Delkrederegeschäft – Form des → Fremdgeschäfts im Handel: Übernahme des Delkredere (der → Ausfallbürgschaft) für alle Einkäufe der Mitglieder durch das → Einkaufskontor des Großhandels bzw. die Zentrale einer → kooperativen Gruppe des Handels. Zentrale Regulierung aller Einkäufe (→ Zentralregulierungsgeschäft) unmittelbar nach Rechnungszugang, v.a. um das Skonto auszunutzen. – *Vorteile für den*

Lieferanten: Prompte Zahlung, kein Risiko des Ausfalls einzelner Forderungen. – *Gegenleistung:* → Delkredereprovision.

Delkredereprovision – 1. *Inlandsgeschäft:* Zusätzliche Vergütung, auf welche der Handelsvertreter i.Allg. bei Übernahme des → Delkredere Anspruch hat (§ 86b HGB). Der Anspruch kann im Voraus nicht ausgeschlossen werden. – 2. *Auslandsgeschäft:* Die dem Kommissionär oder Agenten aufgrund bes. Vereinbarung zu zahlende Provision für die Gewährleistung des Eingangs von Forderungen, i.d.R. 25 Prozent Aufschlag zur Verkaufsprovision, kann aber auch in dieser enthalten sein (§ 394 II HGB).

Delkredererisiko – *Debitorenrisiko, Zahlungsausfallrisiko, Inkassorisiko.* 1. *Charakterisierung:* Das Delkredererisiko umfasst die Gefahr, dass der Käufer den im Kaufvertrag begründeten Zahlungsanspruch des Verkäufers (ganz oder teilweise) nicht bzw. nicht fristgerecht erfüllt. Neben der Hauptforderung bezieht sich das Delkredererisiko des Lieferanten auch auf eventuelle Schadensersatzforderungen und sonstige Nebenforderungen, die z.B. Verzugszinsen, Vertragsstrafen u.Ä. umfassen können. – 2. *Erscheinungsformen:* Das Delkredererisiko entsteht für den Verkäufer bei → Zahlungsunfähigkeit, bei Zahlungsverzug oder bei Zahlungsunwilligkeit des Käufers. In der Praxis bestehen Definitionsprobleme dieser Erscheinungsformen des Delkredererisikos, z.B. weil Versicherungen bzw. der Bund auf dieser Grundlage den Schadenfall zu definieren haben. – 3. *Risikobegrenzung:* Die Verkäufer suchen das Delkredererisiko durch Vereinbarung sichernder Zahlungsbedingungen zu begrenzen. Das Delkredererisiko kann jedoch auch auf Versicherungen bzw. – bei Außenhandelsgeschäften – auf den Bund (→ Exporkreditgarantien des Bundes) gegen Zahlung einer Prämie bzw. eines Entgelts überwälzt werden. Überwälzt ist das Delkredererisiko regelmäßig auch bei Verkauf der Forderungen im Rahmen der → Forfaitierung bzw. des → Factoring.

Delkredereversicherung → Kreditversicherung.

Delors-Bericht – 1996 erschienener Bericht der UESCO zur Bildung für das 21. Jh. Der Bericht ist Ergebnis weltweiter Analysen der unabhängigen Kommission „Bildung für das 21. Jahrhundert" (bestehend aus Lehrern, Forschern, Studenten, Regierungsvertretern und Nichtregierungsorganisationen; 1993 von Jacques Delors ins Leben gerufen). Der Bericht befasst sich mit den Aspekten: kulturelle Bildung, Verhältnis von Bildung und Demokratie, soziale Arbeitsprozesse, Arbeitswelt sowie Entwicklung von Forschung und Wissenschaft. U.a. empfiehlt der Bericht als Richtgröße für (nationale) Bildungsausgaben 6 Prozent des Bruttosozialprodukts (BSP).

Delphi – Entwicklungsumgebung zur Erstellung von Softwareprodukten für → Windows-basierte → Computersysteme. Delphi basiert auf der imperativen Programmiersprache → Pascal, die um objektorientierte Konstrukte (→ Objektorientierung) und grafische Oberflächenelemente erweitert wurde.

Delphi-Technik – *Delphi-Methode, Delphi-Verfahren.* 1. *Begriff:* Form der → Expertenbefragung. – 2. *Ziel/Nutzen:* Zusammenführung und Analyse von Expertenmeinungen. Ihr Nutzen ist primär heuristischer Natur. – 3. *Ablauf:* Experten werden in mehreren Durchgängen zu einer komplexen Problemstellung einzeln schriftlich befragt. Die Gesamtergebnisse jedes Durchgangs werden dabei zu Beginn des folgenden Durchgangs jedem der beteiligten Experten zur Kenntnis gegeben. Unterschiedliche Beurteilungen von Eintrittswahrscheinlichkeiten möglicher Ereignisse in der Zukunft werden miteinander konfrontiert. Mit der Zeit ergibt sich eine Konvergenz und Verengung des Bereichs der durch die Experten abgegebenen Schätzwerte, da die „überzeugendsten" Argumente langfristig in dem Kreis der Befragten diffundieren sollten. Oft konvergieren die Meinungen auch zu polarisierenden Standpunkten. – 4. *Annahmen:* Experten kennen die Zukunft besser als andere; mehrere Experten prognostizieren nicht schlechter als ein einzelner. – 5. *Probleme:* Unklar ist, ob die Meinung, gegen die die Gruppe konvergiert, einen tiefgründig reflektierten Konsens oder nur das Ergebnis der Tendenz darstellt, dass sich die weniger Überzeugten den stärker Überzeugten anpassen. Es lassen sich Tendenzen feststellen, dass Befragte sich in Richtung der Allgemeinheit korrigieren. – 6. *Anwendung:* Unterstützung der → Szenario-Technik.

De-Mail – durch das De-Mail-Gesetz vom 28.4.2011 (BGBl. I 666) m.spät.Änd. geschaffene Möglichkeit, Dienste auf einer elektronischen Kommunikationsplattform, die einen sicheren, vertraulichen und nachweisbaren Geschäftsverkehr für jedermann im Internet sicherstellen sollen, anzubieten. Ein De-Mail-Dienst muss eine sichere Anmeldung, die Nutzung eines Postfach- und Versanddienstes für sichere elektronische Post sowie die Nutzung eines Verzeichnisdienstes bieten und kann zusätzlich auch Identitätsbestätigungs- und Dokumentenablagedienste ermöglichen (vgl. § 1 De-Mail-Gesetz). Ein De-Mail-Dienst kann nur von einem nach dem De-Mail-Gesetz durch das Bundesamt für Sicherheit in der Informationstechnik akkreditierten Diensteanbieter betrieben werden.

Demand Management – 1. *Begriff:* Demand Management umfasst gezielte Leistungssteuerung der aktiven Nachfrage an ärztlicher Betreuung seitens Patienten über bestehende herkömmliche Strukturen hinaus. – 2. *Merkmale:* Im Sinne von → Managed Care setzt Demand Management dort an, wo zentrale Schwachstellen im System des Gesundheitswesens gesehen werden - bei der Kommunikation und Koordination zwischen den einzelnen Akteuren. Dadurch soll eine effizientere Versorgung vorangetrieben und einer steigenden Nachfrage nach rasch verfügbarer und einfach zugänglicher ärztlicher Betreuung begegnet werden. Bereits in einigen Ländern etabliert (z.B. Großbritannien, Niederlande, Dänemark und Schweiz), umfasst Demand Management schwerpunktmäßig telefonische und internetbasierte Informations- und Beratungsdienste. Für eine große Verfügbarkeit des Services ist Demand Management idealerweise breit aufgestellt, d.h. die Organisation erfolgt durch ein flächendeckendes Netz kooperierender Leistungserbringer. Die Betreuung erfolgt auch außerhalb der normalen Sprechzeiten oder teilweise sogar rund um die Uhr. Dadurch können Ärzte entlastet und unnötige Hausbesuche und Krankenhauseinweisungen vermieden werden. – 3. *Ausgestaltung:* Generell erfolgt beim Demand Management eine Triage. Hierunter ist eine systematische Symptombeurteilung zu verstehen, die Abklärung der weiteren Behandlungsschritte einschließlich deren Dringlichkeit. Idealerweise greift hierbei die Devise „Pflege vor Arzt", was so viel bedeutet wie, dass durch die vornehmliche Betreuung der Patienten durch speziell geschultes Pflegepersonal der Arzt weitestgehend entlastet werden soll. – a) *Telefonbetreuung:* Speziell ausgebildetes Pflegepersonal oder Ärzte nehmen eingehende Anrufe entgegen. Unter Zuhilfenahme spezieller Software und umfassender Protokolle zu wichtigen Krankheitsbildern, erfolgt eine Aufnahme der vom Patienten geschilderten Krankheitssymptome. Davon ausgehend werden Informationen zur Krankheit, Ratschläge zur Selbstbehandlung und ggf. Empfehlungen zum weiteren Behandlungsverlauf gegeben. Für schwere chronische Erkrankungen kann der Telefondienst auch zum → Case Management eingesetzt werden. Darüber hinaus kann der Service bspw. auch für Follow-up-Untersuchungen, wie zur Überprüfung der Medikamenten- → Compliance nach einer stationären Entlassung verwendet werden. Hörbehinderte Menschen können auf einen SMS-Service zurückgreifen. – b) *Internet und TV:* Durch diese Medien ist die Möglichkeit gegeben einer weiteren Nachfrage nach medizinischen Informationen und Anlaufstellen zur Behandlung zu begegnen. Mögliche Angebote durch diese Medien können z.B. laienverständlich formulierte medizinische Enzyklopädien sein. Zudem vorstellbar ist ein Selbsthilfeführer mit einfachen dichotomen Fragen zur Abklärung des weiteren Vorgehens im Krankheitsfall. – 4. *Patientennutzen:* Neben einer bequemen und niedrigschwelligen (Erst-)Kontaktaufnahme im Krankheitsfall von zu Hause aus, bietet Demand Management dem Patienten darüber hinaus die Möglichkeit eine Zweitmeinung einzuholen. – a) *Im Notfall:* Im Fall der Telefonbetreuung erfolgt eine direkte Durchstellung zur Notaufnahme. Ein Arzt oder Pflegepersonal nehmen die ersten Schritte vor. Informationen zur weiteren Vorgehensweise werden gegeben und die gespeicherten Daten für die folgende Behandlung verwendet. Informationen im Internet oder Fernsehen können im Notfall auch erste Hilfestellungen geben. – b) *Langzeitbetreuung:* Im Sinne von → Disease Management können Screenings zur Früherkennung chronischer Erkrankungen durchgeführt werden. Im Behandlungsverlauf kann durch Demand Management der Umgang des Patienten mit seiner Krankheit geschult werden. So können Informationen zur Medikamenteneinnahme oder zum Lebensstil und Präventionsmaßnahmen vermittelt werden. – c) *Stationäre Betreuung:* auch hier besteht das Potenzial durch Demand Management die Kommunikation und Koordination der Gesundheitsversorgung zu stärken; erste Vorgespräche mit dem Patienten vor einer Operation, Nachbetreuungen nach der Entlassung, aber auch das gezielte und zweckmäßige Einweisungsmanagement ermöglichen einen effizienten Umgang mit den Ressourcen des Gesundheitswesens.

Demand Pull Inflation – *Nachfragesoginflation*; die Demand Pull Inflation entsteht, wenn die gesamtwirtschaftliche Nachfrage (Staatsnachfrage, Konsumnachfrage, Investitionsnachfrage sowie Außenbeitrag) höher ist als das gesamtwirtschaftliche Produktionspotenzial. – Vgl. auch → Inflationstheorien; → Hochkonjunktur.

Demand-Reversal – Verletzung des → Heckscher-Ohlin-Theorems, die dadurch zustande kommt, dass z.B. ein relativ kapitalreiches Land eine bes. Präferenz für das → kapitalintensive Gut aufweist. Die angebotsseitige Grundlage für einen → komparativen Vorteil beim kapitalintensiven Gut wird durch die starke Nachfrage nach diesem Gut überkompensiert, sodass dieses Land dann nicht das kapitalintensive, sondern das → arbeitsintensive Gut exportiert.

Demand Shift Inflation → Demand Pull Inflation.

Demand Side Management (DSM) – Einflussnahme durch den Energieversorger bzw. Dritte auf die Energienachfrage in Haushalten oder Industrie zur Steuerung der Energiemenge oder den Zeitpunkt des Energiekonsums. Dies bildet insbesondere im Zuge einer weiteren Marktpenetration von volatiler Elektrizitätseinspeisung durch Erneuerbare Energien einen wichtigen Bestandteil eines künftigen Energiesystems. Das elektrizitätswirtschaftliche Paradigma, dass sich das Elektrizitätsangebot nach der Nachfrage richtet, ist hiermit aufgeweicht. Größere industrielle Elektrizitätskunden haben DSM bereits implementiert. Die Wirtschaftlichkeit für private Haushalte ist aufgrund des geringen Lastverschiebepotentials unklar. Elektrofahrzeuge und Wärmepumpen könnten dies in Zukunft jedoch ändern. Auf Haushaltsseite wurden bisher nur einfache Technologien wie bspw. die Regelung der Aufladung von Nachtspeicheröfen nach HT-NT-Stromtarifen umgesetzt. Die Beeinflussung der Last aufgrund eines Preissignals ist eine indirekte DSM-Maßnahme; eine direkte Maßnahme ist bspw. die Steuerung der Last (z.B. durch Fern-Ausschalten von elektrischen Geräten) durch den Energieversorger.

Demarkationsvertrag – *Abgrenzungsvertrag.* 1. *Allgemein:* Vertrag, der die Interessengebiete zweier oder mehrerer nach den gleichen Zielen strebender Subjekte abgrenzt (z.B. beim Gebietskartell). – 2. *Bei Energie- und Wasserversorgungsunternehmen:* Vertrag zwischen Versorgungsunternehmen zur Abgrenzung und Aufteilung von Versorgungsgebieten für leitungsgebundene Energie- und Wasserversorgung. Demarkationsverträge waren nach § 103 I GWB a.F. vom Kartellverbot freigestellt. Diese Freistellung ist im Rahmen der Sechsten Kartellnovelle zum 1.1.1999 zwecks wettbewerblicher Öffnung der Strom- und Gasversorgung teilweise beseitigt worden. Im Bereich der Wasserversorgung sind wettbewerbsbeschränkende Verträge hingegen weiterhin vom Verbot des § 1 GWB ausgenommen (vgl. § 31 GWB). Als Ausgleich unterliegen Wasserversorgungsunternehmen gemäß § 31 b GWB einer verschärften Missbrauchsaufsicht.

Demarketing – *Reduktionsmarketing;* Sonderform des → Social Marketings, die darauf abzielt, die → Nachfrage nach einem (z.B. umwelt- oder gesundheitsschädlichen) Produkt zu verringern, v.a. durch kommunikationspolitische Maßnahmen. Preispolitisch kann → Fiskalpolitik eingesetzt werden (z.B. Tabakwaren), distributionspolitisch die Lizensierung von Vertriebsstellen (z.B. Alkoholvertrieb in den nordeuropäischen Ländern).

Dematerialisierung – Neugestaltung von Produkten unter Betrachtung des Material- und Energieaufwands auf verschiedenen Prozessschritten des gesamten Produktlebensweges.

Demigrossist – *Halbgrossist;* Betriebsform des → Großhandels, der auch an Letztverbraucher verkauft, z.B. Baustoffgroßhändler mit angegliedertem Baumarkt. Meist in Form einer Cash-and-Carry-Großhandlung, s. → Cash-and-Carry-Großhandel (CC). Wettbewerbsrechtlich umstritten wegen möglicher Verbrauchertäuschung wie Nichteinhaltung der Preisauszeichnungsverpflichtung (mit/ohne Mehrwertsteuer) oder Einhaltung des Ladenschlussgesetzes.

Demografie → Bevölkerungswissenschaft, → formale Demografie.

Demografiefaktor – eingeführt mit dem Rentenreformgesetz 1999 vom 19.12.1997 (BGBl I 2998). Er sollte ab dem Jahre 2001 bei der Berechnung der Renten aus der gesetzlichen Rentenversicherung einbezogen werden und die ständig längeren Rentenlaufzeiten durch eine Streckung der Lebensrente ausgleichen. Das Ziel des Demografiefaktors ist, auch die derzeitigen Rentner und nicht nur die heutigen Beitragszahler in angemessener Weise an den Kosten, die durch die höhere Lebenserwartung und die dadurch verursachten längeren Rentenlaufzeiten entstehen, zu beteiligen. Nach der gegenwärtigen Rechtslage ist der Demografiefaktor als eigenständiger Faktor bei der → Rentenberechnung nicht zu berücksichtigen.

demografische Alterung – ist als Vorgang aufzufassen, der das Durchschnittsalter einer Bevölkerung (Medianalter, in dem sich eine Bevölkerung zwei gleich große Teile Älterer und Jüngerer teilt) ansteigen lässt. In jungen, wachsenden Bevölkerungen kann es bei 20 Jahren liegen, in Europa liegt es aktuell bei 40 Jahren. So gesehen altern die Bevölkerungen weltweit, jedoch von unterschiedlichen Altersstufen aus. In Europa und Ostasien ist demografische Alterung am weitesten fortgeschritten: Der Anteil älterer Menschen einer Bevölkerung (60 Jahre und älter) wächst dort vergleichsweise rasch an. Das bewirken zwei Komponenten: (a) ein Jugendrückgang wegen geburtenschwacher Jahrgänge („Alterung vom Fuße" der → Bevölkerungspyramide her), und (b) eine steigende Lebenserwartung in den hohen Altersklassen („Alterung vom Fuße" her). Der Jugendrückgang (a) ist mit zwei Dritteln an diesem Vorgang beteiligt. Beide Komponenten (a und b) erhöhen das besagte Medianalter mit folgender Wirkung: Bis 2050 wird in den modernen Gesellschaften ein Drittel der Bevölkerung 60 Jahre und älter sein.

demografische Dividende → Bevölkerungspolitik.

demografischer Übergang – *Theorie des „demografischen Übergangs"*. 1. *Begriff:* von dem engl. Demografen Warren S. Thompson 1929 entdeckt und von dem US-Demografen Frank W. Notestein 1945 weiterentwickelt. Die demografische Übergangstheorie ist die einflussreichste Theorie der neuzeitlichen Bevölkerungsentwicklung geworden. – 2. *Ablauf:* Sie belegt nach europäischem Ländervergleich, dass sich vorindustrielle Bevölkerungsstrukturen mit hohen → Geborenenziffern und fast ebenso hohen Sterbeziffern im Zuge der → Industrialisierung auf einen Transformationsprozess begaben, der sie durch ein Stadium verstärkten Wachstums führte, bis in der Schlussphase ein neues Gleichgewicht mit niedrigen Sterbeziffern und ebenso niedrigen Geborenenziffern erreicht wird. Dieses Durchschreiten des nach einem 4-Phasen-Schema geordneten Übergangs geht einher mit der Umstrukturierung der Produktion, der politischen Verhältnisse und der Familienformen. In Europa galt bis Mitte des 20. Jh. der Übergang für abgeschlossen. Nun verfolgt man die Entwicklungskontinente hinsichtlich ihres Vorrückens im Übergang, was mit Wirtschaftserfolg und Modernisierung gleichgesetzt wird. Afrika steht in der Mittelphase der → Bevölkerungsexplosion und hat den weitesten Weg vor sich gefolgt von Lateinamerika, Zentralasien (indischer Subkontinent) und schließlich Ostasien, das am weitesten fortgeschritten ist, schon europäisches Sterblichkeitsniveau erreicht hat, dem die Geburtenniveaus absehbar nachfolgen werden. – 3. *Zweiter demografischer Übergang:* Für Europa ist die Anfügung einer weiteren *Phase* aufgrund der Entwicklung seit 1965 in fast allen Industrieländern, v.a. der Bundesrepublik Deutschland, zu überlegen. Die Fachwelt ist übereingekommen, von einem *zweiten demografischen Übergang* zu sprechen. Der Geburtenrückgang hat sich auf ein Niedrigniveau begeben, da die Zahl der Geburten unterhalb der Zahl der Sterbefälle bleibt. – 4. *Bedeutung:* Die Forschung zu vielen Teilen Europas hat gezeigt, dass der demografische Übergang ein vielgestaltiger Prozess ist. Die

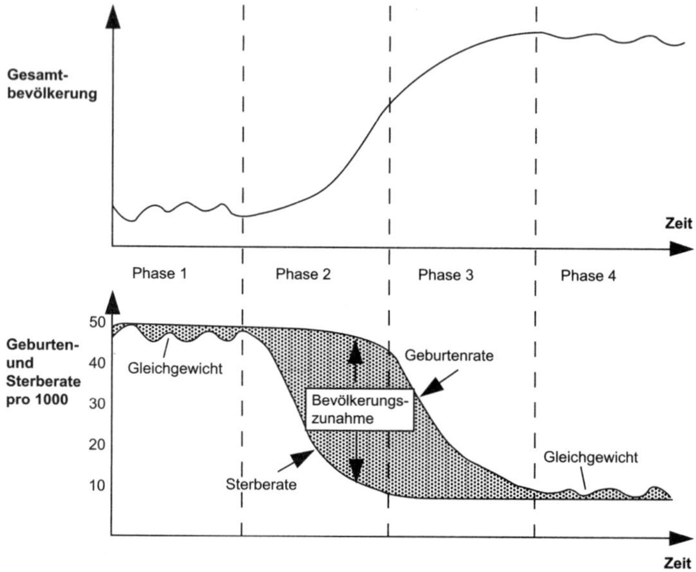
Gesamt-
bevölkerung
Zeit
Phase 1
Phase 2
Phase 3
Phase 4
Geburten-
und
Sterberate
pro 1000
50
40
30
20
10
Gleichgewicht
Geburtenrate
Bevölkerungs-
zunahme
Sterberate
Gleichgewicht
Zeit

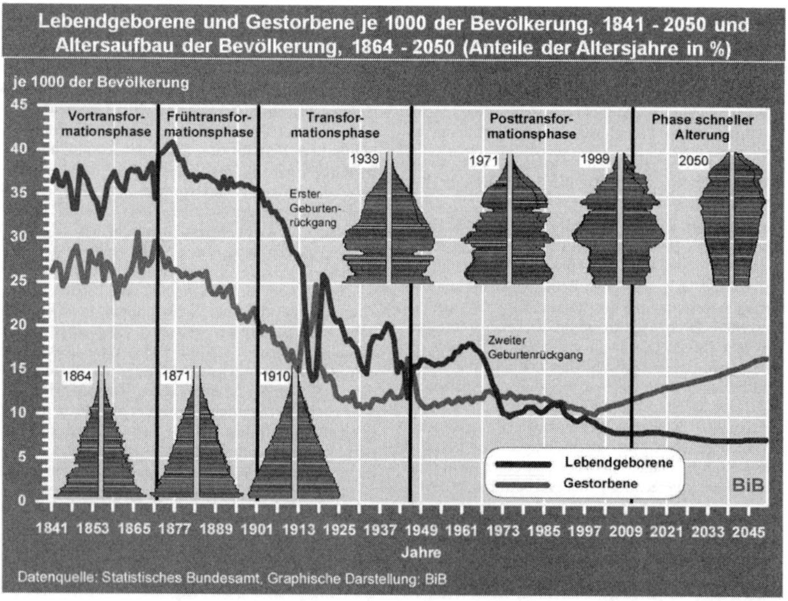
Lebendgeborene und Gestorbene je 1000 der Bevölkerung, 1841 - 2050 und Altersaufbau der Bevölkerung, 1864 - 2050 (Anteile der Altersjahre in %)
je 1000 der Bevölkerung
Vortransformationsphase
Frühtransformationsphase
Transformationsphase
Posttransformationsphase
Phase schneller Alterung
1939
1971
1999
2050
Erster Geburtenrückgang
Zweiter Geburtenrückgang
1864
1871
1910
Lebendgeborene
Gestorbene
BiB
1841 1853 1865 1877 1889 1901 1913 1925 1937 1949 1961 1973 1985 1997 2009 2021 2033 2045
Jahre
Datenquelle: Statistisches Bundesamt, Graphische Darstellung: BiB

„Übergangstheorie" ist infolgedessen als starke Verallgemeinerung wirklicher historischer Verläufe anzusehen.

Demokratie – I. Staatsrecht: Staatsform, bei der alle Staatsgewalt von der Gesamtheit des Volkes ausgeht. – 1. Der durch Abstimmung ermittelte *Mehrheitswille* gilt als Entscheidung der Gesamtheit. Es ist nicht unbedingt allg. Zustimmung zu jeder einzelnen Entscheidung erforderlich. – 2. Gesetzgebendes und regierungsbildendes *Organ* des Volkswillens in der repräsentativen Demokratie ist die Volksvertretung (Parlament, → Legislative). Die demokratische Willensbildung bei den → Wahlen zur Volksvertretung wird wesentlich durch die politischen → Parteien beeinflusst.

II. Neue Politische Ökonomie: → direkte Demokratie, → indirekte Demokratie, → Neue Politische Ökonomie.

demokratischer Führungsstil → Führungsstil.

demokratischer Zentralismus – Organisationsprinzip des → Marxismus-Leninismus; von Lenin (Revolutionstheorie) ursprünglich für den Aufbau und die Leitung der russischen kommunistischen Partei eingeführt, wurde es nach der kommunistischen Machtergreifung in Russland 1917 und später in den übrigen sozialistischen Staaten auch auf Staat und Wirtschaft übertragen. Bis zu den gesellschafts- und wirtschaftspolitischen Umgestaltungen galt er in den sozialistischen Staaten. – 1. *Elemente des parteiinternen demokratischen Zentralismus:* (1) *Wahl der Parteiorgane* von unten nach oben (primär akklamatorische Bestätigung der Personalvorschläge übergeordneter Parteiinstanzen); (2) *regelmäßige Berichterstattung* gegenüber der wählenden Instanz; (3) *Verbindlichkeit der Direktiven* übergeordneter Parteiorgane, *straffe Parteidisziplin* und *Unterordnung der Minderheit* unter die Mehrheit. Der demokratische Zentralismus dient somit der zentralistischen Ausrichtung einer Kaderpartei als der „Partei neuen Typus" (Lenin). – 2. *Im staatlichen Bereich* steht der demokratische Zentralismus ebenfalls für einen *hierarchischen Aufbau* mit zentraler Leitung durch die obersten Staatsorgane unter unmittelbarem Einfluss der kommunistischen Partei (bei enger personeller Verflechtung). Die Leiter der jeweiligen staatlichen (aber auch der wirtschaftlichen) Hierarchieebene werden von der übergeordneten Instanz eingesetzt und sind ihr gegenüber verantwortlich. Zur möglichst effizienten Verwirklichung der zentralen politischen Ziele sind die regionalen Staatsorgane mit „operativen" Entscheidungsrechten ausgestattet. – 3. *Im wirtschaftlichen Bereich* manifestiert sich der demokratische Zentralismus in der *zentralen staatlichen Leitung und Planung* der wirtschaftlichen Prozesse unter Einbeziehung der Betriebe und der Beschäftigten im Interesse der Erfüllung der zentralen Planziele bei Anwendung der wirtschaftlichen Rechnungsführung (→ staatssozialistische Zentralplanwirtschaft).

Demonstrationsstreik – Streik während der Arbeitszeit, um auf (vermeintliche) soziale Missstände hinzuweisen. Demonstrationsstreiks sind unzulässig. – Vgl. auch → Streik.

Demonstrativkonsum → Vebleneffekt.

Demoökonomie → Bevölkerungsökonomie.

Demoskopie – 1. *Allgemein:* Ergründung der öffentlichen Meinung zum Zwecke der Beeinflussung der Gesellschaft oder der Kontrolle von Auswirkungen öffentlich wirkender Maßnahmen. – Vgl. auch → Meinungsforschung. – 2. *Methode der Marktforschung:* → demoskopische Marktforschung.

demoskopische Marktforschung – Form der → Marktforschung; empirische Untersuchung der Handlungssubjekte in ihrer Funktion als Marktteilnehmer (subjektbezogen). Das menschliche Verhalten wird als Ursache der Marktverhältnisse erforscht mittels persönlicher Befragung oder Beobachtung der Marktteilnehmer, d.h. durch Einbeziehung soziologischer, psychologischer und sozialpsychologischer Gesichtspunkte. – *Gegensatz:* → ökoskopische Marktforschung.

Demutualisierung – Rechtsformwechsel eines Versicherungsunternehmens von einem → Versicherungsverein auf Gegenseitigkeit (VVaG) in eine Versicherungs-Aktiengesellschaft. Gründe für eine Demutualisierung können rechtsformbedingte Schwierigkeiten bei der Konzernbildung oder der → Kapitalbeschaffung sein.

Dendrogramm – *Baumdiagramm;* graphische Darstellung der Clusterbildung bei Einsatz von → Clusteranalysen mit hierarchischen Techniken oder → AID-Analyse. Auf jeder Stufe werden jeweils zwei Elemente oder Cluster vereinigt. Der Vorteil dieser Gruppenbildung besteht darin, dass man die Abstände der Gruppen, die zu einer neuen Gruppe zusammengefasst werden, durch die vertikalen Linienzüge verdeutlichen kann. – Vgl. Abbildung „Dendrogramm".

Dendrogramm

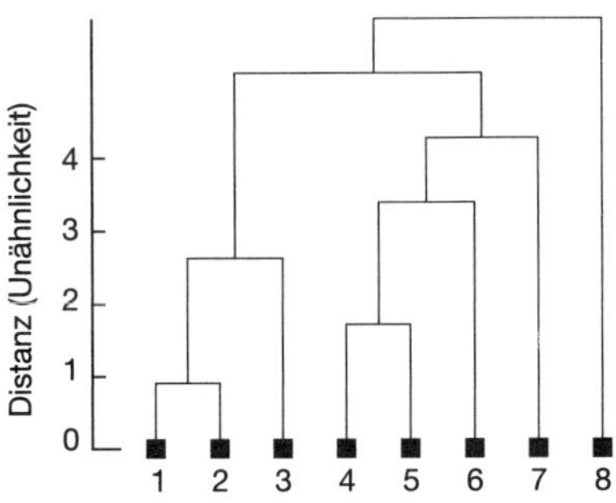

DENIC – Abk. für *Deutsches Network Information Center;* in Frankfurt a.M. ansässige zentrale Organisation, die für die Vergabe von → Domains mit der Länderkennung „.de" zuständig ist.

Denomination – Form der → Kapitalherabsetzung bei der AG: Herabsetzung des → Nennwertes der → Aktien.

Denotation – unmittelbar mit einem Objekt verbundene Merkmale (wie z.B. Farbe, Geruch). Im Vordergrund steht die Sachbedeutung der Begriffe. Die → Konotation dagegen verbindet mit den Aussagen zusätzliche Vorstellungen (z.B. → Assoziationen und gefühlsmäßige → Anmutungen).

deontologische Ethik → Ethik.

Department Store → Warenhaus.

Dependencia-Theorien – 1. *Begriff und Hintergrund:* a) Dependencia-Theorien sehen die Unterentwicklung der Dritten Welt in erster Linie als Folge ihrer unausgewogenen *Einbindung in die Weltwirtschaft.* Ihre Eingliederung in den kapitalistischen Weltmarkt, erzwungen durch Kolonialismus, Imperialismus und → Neokolonialismus war verbunden mit Ausbeutung, der Entstehung von Strukturdefekten und strukturellen Abhängigkeiten. Dependencia-Theorien entstanden Mitte der 1960er-Jahre in Lateinamerika, beherrschten in kürzester Zeit die sozialwissenschaftliche Diskussion und nahmen dort erheblichen Einfluss auf die praktische entwicklungspolitische Diskussion. Die Enttäuschung über die Ergebnisse der von den Vereinten Nationen proklamierten Entwicklungsdekade brachte die bis dahin verfolgte Modernisierungsstrategie in Misskredit. – b) Als alternatives Erklärungsmuster wird Unterentwicklung nicht als ein Zurückbleiben hinter dem Entwicklungsstand der Industrieländer gesehen, sondern als Konsequenz effizienter Weltmarktintegration. – 2. *Einordnung und methodisches Vorgehen:* Dependencia-Theorien greifen auf Ergebnisse der Imperialismustheorie, der → Prebisch-Singer-These, des Verelendungswachstums und der entwicklungspolitischen → Kontereffekte zurück. Im Gegensatz zur Modernisierungstheorie wird Unterentwicklung nicht als endogen, sondern als exogen verursacht dargestellt (→ Entwicklungstheorie). Unterentwicklung ist damit kein geschichtlicher Naturzustand, sondern das Ergebnis eines historischen Prozesses, dessen Determinanten zu untersuchen sind. – Die Dependencia-Theorien entwickelten sich in *verschiedenen Ausprägungen:* Sozialistische Autoren betonen den Gedanken der Ausbeutung und Mehrwertaneignung seitens der Industrieländer. Andere Autoren streben eine → Neue Weltwirtschaftsordnung an. Strukturelle Heterogenität galt als wichtiges Merkmal peripherer Entwicklungsgesellschaften (→ Strukturalismus). Die rasche Verschlechterung der → Terms of Trade führe zur Verschuldungskrise. Gefordert wird eine Abkoppelung aus der Weltwirtschaft (→ autozentrierte Entwicklung) und eine Politik der Importsubstitution. – 3. *Hauptkomponenten einer „abhängigen" Entwicklung:* Nach der direkten Ausbeutung während der Kolonialzeit wurden die Entwicklungsländer der klassischen internationalen Arbeitsteilung unterworfen, die nur einer kleinen metropolitanen Schicht Wohlfahrt brachte. Die Masse der Bevölkerung wurde von der Entwicklung ausgeschlossen. Entwicklungsländer wurden in zunehmendem Maße von Industrieländern abhängig: Von den importierten Investitionsgütern, von der Exportnachfrage nach ihren Rohstoffen und in ihrer Produktionsstruktur. Abhängigkeit, Strukturdefekte und Ausbeutung sind damit nicht nur Ausdruck der Unterentwicklung, sondern sie haben auch negative Entwicklungswirkungen. – *Merkmale:* Charakterisiert wird die Abhängigkeit durch Phänomene wie hoher Anteil ausländischer Investitionen im modernen Sektor, Stützung der Industrialisierung auf ausländische Technologien, Angewiesenheit des Absatzes auf einseitig vermachtete Exportmärkte, finanzielle Abhängigkeit durch z.T. hohe Auslandsverschuldung. In Entwicklungsländern bildet sich eine *strukturelle Heterogenität* heraus, deren Interpretation theoretisch kaum fundiert werden kann. Der Ausdruck Heterogenität steht oft für soziale Ungerechtigkeit, mangelnde Integration *(Partizipation)* der Masse der Bevölkerung in den Entwicklungsprozess und unzulängliche Ausschöpfung des verfügbaren Entwicklungspotenzials. *Ausbeutung* wird entweder im Marxschen Sinn als Aneignung des Mehrwerts oder im Sinn der Imperialismustheorie durch ungleichen Tausch dargestellt. Für vergleichbare Leistungen erhalten Arbeiter der Entwicklungsländer ein geringeres Entgelt als die der Industrieländer. Die Verschlechterung der Terms of Trade führt zu einem Einkommenstransfer von armen Entwicklungsländern in wohlhabende Industrieländer. Als Vehikel dazu dient der Transfer hoher Gewinne ins Ausland durch ausländische Investoren, wodurch es ggf. zu einer Dekapitalisierung der Peripherie kommt. – 4. *Beurteilung:* Bis in die 1970er-Jahre beherrschten Dependencia-Theorien die sozialwissenschaftliche Diskussion Lateinamerikas und auch die entwicklungstheoretische Debatte in Deutschland. Die Übertragung des Ansatzes auf die Afrika-Forschung blieb fast aus, obgleich der Begriff des → Neokolonialismus dort aufgegriffen wurde. Die Auswirkungen auf die asiatische Diskussion blieb unbedeutend. Die Wachstumserfolge ostasiatischer Schwellenländer mit weltmarktorientierter Industrialisierungsstrategie und unbestreitbaren Wachstumserfolgen unter Beachtung einer autozentrierten Entwicklung widersprachen den dependenztheoretischen Annahmen. Die heterogene Entwicklung der Entwicklungsländer ließ sich mithilfe der einfachen Zweiteilung der Welt in Zentrum und Peripherie nicht mehr erklären. Die starke Fixierung auf die exogene Ursache der Weltmarktintegration zeigte bei unterschiedlichen Reaktionen der Entwicklungsländer auf die Weltmarktintegrierung, dass die endogenen Ursachen der Unterentwicklung stark unterschätzt wurden. – *Modifikation:* Einige Dependencia-Theorien korrigierten ihre Konzeption (exemplarisch: D. Senghaas), sodass unterschiedliche Transformations- und Innovationsfähigkeiten der einzelnen Gesellschaften analysiert wurden. Damit wurden Gedanken der Modernisierungstheorien aufgegriffen. – *Kritik* wird an der einseitigen Analyse und unklaren *Begriffsabgrenzungen* geübt. Abhängigkeit und Unterentwicklung werden gleich definiert, obgleich Abhängigkeit für Unterentwicklung ursächlich sein soll. Auch der Begriff der Ausbeutung trifft auf die internationalen Wirtschaftsbeziehungen nicht unbedingt zu, da nicht jeder Gewinn als Ausbeutung bezeichnet werden kann. Teilweise wurde Ausbeutung auch durch die Wirtschaftspolitik der Entwicklungsländer hervorgerufen. Ebenfalls bereitet der Begriff strukturelle Heterogenität Schwierigkeiten, da sie im Grunde genommen bei jedem Wachstum auftritt, eine strukturelle Homogenität wäre bei unterschiedlicher Produktivität von Produktionsfaktoren und unterschiedlicher Verteilung von Ressourcen kaum möglich. Während die Beschreibungen der Dependencia-Theorien als Situationsanalyse für Teile der Dritten Welt nicht an Aktualität verloren hat, sind ihre *wirtschaftspolitischen Rezepte* als gescheitert anzusehen. Entwicklung wurde nicht durch Abkoppelung, sondern durch die Herausforderung des internationalen Wettbewerbs ermöglicht. Übrigens leiden Dependencia-Theorien an verschwommenen wirtschaftspolitischen Vorstellungen, die konkrete wirtschaftspolitische Maßnahmen zur Verbesserung der ökonomischen Entwicklung vermeiden und kaum auf die zu verfolgende Industrialisierungsstrategie, Außenhandels-, Währungs-, Steuerpolitik etc. eingehen.

Dependenzanalyse – Sammelbegriff für Verfahren der statistischen Datenanalyse, bei denen eine Partitionierung der Datenmatrix stattfindet. Ein Teil der Variablen wird anderen Variablen gegenübergestellt. Die Analyse zielt darauf ab, eine Abhängigkeit (Dependenz) einer oder mehrerer Größen von mehreren anderen Variablen zu analysieren. – *Gebräuchliche Verfahren:* → Varianzanalyse, → Regressionsanalyse, → Diskriminanzanalyse, → AID-Analyse. – *Gegensatz:* → Interdependenzanalyse.

Deponieverordnung – Verordnung über Deponien und Langzeitlager (DepV) vom 27.4.2009 (BGBl. I 900) m.spät.Änd., regelt die Anforderungen an die Errichtung, den Betrieb, die Stilllegung und die Nachsorge von Deponien sowie die Voraussetzungen für die Ablagerung von Abfällen. Mit der Verordnung werden die Anforderungen der Deponieverordnung, der Abfallablagerungsverordnung sowie der Deponieverwertungsverordnung in einem Regelwerk zusammengeführt. Die Regelungen der Abfallablagerungsverordnung wurden dabei inhaltsgleich übernommen, sodass der Stand der Deponietechnik beibehalten wurde, und mit den technischen Anforderungen der DepV zudem neue Impulse bekommen hat. Die Abfallablagerungsverordnung sowie die Deponieverwertungsverordnung wurden mit Erlass der DepV aufgehoben. Ebenso die TA Siedlungsabfall, die TA Abfall sowie die allgemeine Abfallverwaltungsvorschrift über Anforderungen zum Schutz des Grundwassers bei der Lagerung und Ablagerung von Abfällen.

Deport – *Terminabschlag, Kursabschlag.* 1. Bei *Wertpapiertermingeschäften:* Kursabschlag bei der Prolongation von Termingeschäften für das Leihen der Stücke *(Deportgeschäft).* Der Baissier leiht sich die zur Erfüllung eines Verkaufs erforderlichen Stücke, um eine erwartete, aber noch nicht eingetretene Kursbesserung abwarten zu können. Wenn Stückmangel besteht, d.h. allg. auf → Baisse spekuliert wird, kann Deport gewährt werden. Der Baissier gibt beim nächsten Termin die ausgeliehenen Stücke mit einem Deport zurück. – 2. Bei einem *Devisentermingeschäft:* absolute Differenz zwischen Kassakurs und niedrigerem Terminkurs. – *Beispiel:* Ein deutscher Exporteur verkauft am 1. Juli (Kassakurs: 1,15 US-Dollar für 1 Euro) eine auf Dollar lautende Forderung zum 30. September zu einem Kurs von 1,12 US-Dollar für 1 Euro (Terminkurs); der Deport beträgt 0,03 US-Dollar je Euro. Ein Depot für eine Währung entsteht durch Zinsdifferenzen, da z.B. eine Währung mit höheren Zinsen (Zinsen auf Euro größer Zinsen auf US-Dollar) per Kasse nachgefragt, aber per Termin angeboten wird. Im Beispiel liegt somit für den Euro ein Deport vor. – *Ähnlich:* → Backwardation. – *Anders:* → Swapsatz. – 3. *Gegensatz:* → Report.

Deportgeschäft → Deport.

Depositalschein → Depotschein.

Depositalzinsen – Zinsen, die vom Anleiheschuldner für verspätet erhobene Beträge von verlosten oder gekündigten Pfandbriefen und Obligationen gezahlt werden. Ein Rechtsanspruch besteht nicht. Meist zahlt der Anleiheschuldner einen Teilbetrag derjenigen Zinsen, die er selbst aus der Anlage der nicht erhobenen Barbeträge in der Zwischenzeit erzielt hat.

Depositen – Depositen zu dt. „das Hinterlegte"; im → Kreditinstitut werden darunter die kurz- und mittelfristigen Einlagen verstanden. Arten von Depositen: a) → Sichteinlagen: Sichteinlagen sind für den Kunden jederzeit (banktäglich) verfügbar. Zu Sichteinlagen werden auch Einlagen mit einer Kündigungsfrist unter 30 Tagen gezählt. b) → *Termineinlagen* (Festgelder, Kündigungsgelder): Termineinlagen sind befristete Einlagen, die dem Kreditinstitut für eine festgelegte Zeit zur Verfügung stehen. Bei den Termineinlagen wird zwischen Festgeldern und Kündigungsgeldern unterschieden.

Depositengeschäft → Einlagengeschäft.

Depositenversicherung – Versicherung zum Schutz der Kontoinhaber vor dem Verlust ihrer Einlagen. In den USA wurde durch den Banking Act von 1933 die Federal Deposit Insurance Corporation gegründet, welche die Einlagen der Kontoinhaber garantiert. – Vgl. → Einlagensicherung für die Situation in der Bundesrepublik Deutschland.

Depositenzertifikat → CD.

Depositionsklausel – *Depositenklausel;* Vermerk auf einer → Wechselabschrift oder → Wechselausfertigung, wo sich das Original des → Wechsels befindet. Der rechtmäßige Anspruchberechtigte des Wechsels kann auf die Aushändigung bestehen. Wird die Aushändigung verweigert, so könnte → Wechselprotest (Ausfolgungsprotest) erhoben und → Rückgriff genommen werden (Art. 66, 68 WG).

Depot – *Arten:* (1) In Bezug auf die unterschiedliche Verwahrung der Wertpapiere werden folgende Depotarten unterschieden: (a) *Sammeldepot* (→ Sammelverwahrung, Girosammelverwahrung): Wertpapiere der gleichen Art und Gattung unterschiedlicher Hinterleger werden in einem Depot verwahrt, ohne dass eine Trennung nach Hinterlegern erfolgt. Der Hinterleger verliert das Eigentum an „seinem" Wertpapier und wird Miteigentümer am Gesamtbestand, entsprechend seinem Anteil. Die gegenwärtige Hauptform, bei der die Wertpapiere an eine Wertpapiersammelbank zur Verwahrung weitergeleitet werden, ist das Girosammeldepot. Der Kunde der Bank erhöht hier eine Gutschrift für die Wertpapiere, die seine Bank an die → Wertpapiersammelbank (Zentralverwahrer) weitergeleitet hat und für die sie selbst ein Girosammelkonto führt. Der einzige inländische Zentralverwahrer im Sinn des Depotgesetzes ist die Clearstream Banking AG, eine Tochter der → Clearstream International S.A. (b) *Streifbanddepot* (→ Sonderverwahrung): Die Wertpapiere sind unter äußerlich erkennbarer Bezeichnung (Streifband) des Hinterlegers gesondert von den Beständen Dritter und eigenen Beständen der Depotbank zu verwahren. Der Hinterleger behält das Eigentum an seinen ursprünglich gekauften Wertpapieren und kann die Herausgabe verlangen. Diese Depotart ist heute die Ausnahme, da die meisten Wertpapiere am Girosammelverkehr teilnehmen und damit zur Sammelverwahrung zugelassen sind. – (2) Außerdem wird unterschieden zwischen *offenen* und *geschlossenen* Depots. Die hinterlegten Wertgegenstände sind der Depotbank in offenen Depots bekannt, in geschlossenen Depots nicht. Während geschlossene Depots deshalb nur der Verwahrung dienen können, wird von der Bank für die offenen Depots auch die Verwaltung übernommen. Deshalb sind diese bes. geeignet für die Verwahrung von → Effekten. Die *gesetzliche Grundlage* für den Umgang mit Wertpapierdepots bildet das Gesetz über die Verwahrung und Anschaffung von Wertpapieren, → Depotgesetz (DepotG), i.d.F. vom 11.1.1995 (BGBl. I 34) m.spät.Änd.

Depotaktien – *Deponentenaktien;* die bei Banken zur Verwahrung und Verwaltung ins → Depot gegebenen Aktien, für die die Banken das Stimmrecht (→ Depotstimmrecht) in eigenem Namen ausüben können.

Depotbuch – *Verwahrungsbuch,* das nach § 14 DepotG bei Wertpapierverwahrungsgeschäften vom Verwahrer zu führende bes. Verwahrungsbuch. Das Depotbuch gehört zu den → Geschäftsbüchern eines Kaufmanns (§§ 238 ff. HGB). Es ist ein nach Hinterlegern geordnetes sog. persönliches Depotbuch; in der Praxis wird gemäß den Richtlinien für → Depotprüfung daneben ein Sachdepot geführt. – Vgl. auch → Wertpapierverwahrung.

Depotgebühren – Entgelt für die → Verwahrung und Verwaltung der Wertpapiere und anderer Depotgüter. – Vgl. auch → Depotgeschäft.

Depotgeschäft – I. Begriff: Die gewerbsmäßige Verwahrung und Verwaltung von Wertgegenständen, bes. von Wertpapieren, durch einen Kaufmann, üblicherweise durch Banken. Das Depotgeschäft ist → Bankgeschäft im Sinn des KWG.

II. Rechtsgrundlagen: a) *Allgemein:* §§ 688 ff. BGB (→ Verwahrungsvertrag). – b) *Wertpapierverwahrung:* Gesetz über die Verwahrung und Anschaffung von Wertpapieren, → Depotgesetz (DepotG), i.d.F. vom 11.1.1995 (BGBl. I 34) m.spät.Änd.

III. Abwicklung: Das Depotgeschäft ist vielfach mit anderen Geschäften eng verknüpft. Die im Depot befindlichen Effekten können der Bank im Lombardgeschäft verpfändet werden.

Depotgesetz (DepotG) – Gesetz über die Verwahrung und Anschaffung von Wertpapieren i.d.F. vom 11.1.1995 (BGBl. I 34) m.spät.Änd.; regelt die Wertpapierverwahrungs- und Anschaffungsgeschäfte (→ Depotgeschäfte) der Banken und dient dem Schutz der Kunden durch Erhaltung des Wertpapiereigentums im Verwahrungsgeschäft und schnelle Verschaffung im Anschaffungsgeschäft. – Pflichtverletzung des Verwahrers ist im DepotG mit Strafe bedroht. Das DepotG ist nur auf offene Depots anzuwenden. – Vgl. auch → Wertpapierverwahrung. – *Weiterentwicklung:* Im Zuge der Internationalisierung des Wertpapierhandels und anlässlich des Entwurfs eines „Draft Convention on Substantive Rules Regarding Intermediated Securities" (CONF. 11 – Doc 4) des International Institute for the Unification of Private Law (UNIDROIT) vom Februar 2008 (verabschiedet Oktober 2009) soll auch das dt. Depotrecht auf längere Sicht modernisiert werden. Das Bundesministerium der Justiz (BMJ) hat im Mai 2008 ein Eckpunktepapier vorgelegt, das zum Ziel hat, ein verständliches, praxistaugliches und gut vermittelbares Recht zu schaffen. Dabei wird über eine Abkehr von der Eigentumsübertragung nach dem dt. Sachenrecht nach dem Vorbild des schweizerischen Bucheffektengesetzes nachgedacht. Durch die Reform sollen eigenständige Eigentumsübertragungstatbestände geschaffen werden.

Depotprüfung – gemäß § 29 II 2 KWG i.d.R. jährlich vorzunehmende → Prüfung (→ Wirtschaftsprüfung) bei Kreditinstituten, die das → Depotgeschäft betreiben, im Rahmen der → Jahresabschlussprüfung durchzuführen. – *Prüfungsinhalte:* Alle Teilbereiche des Depotgeschäftes und ihre ordnungs- und gesetzmäßige Handhabung. Einhaltung des § 128 AktG über die Mitteilung durch Kreditinstitute und des § 135 AktG über die Ausübung des Stimmrechts durch Kreditinstitute. – *Prüfer:* Die von Kreditinstituten bestellten Depotprüfer → (Wirtschaftsprüfer (WP), → Wirtschaftsprüfungsgesellschaften, die → Prüfungsstellen der Sparkassen- und Giroverbände und die genossenschaftlichen Prüfungsverbände der Kreditgenossenschaften (→ Prüfungsverband)) sind der → Bundesanstalt für Finanzdienstleistungsaufsicht (BaFin) anzuzeigen. Diese kann die Bestellung eines anderen Prüfers verlangen und nötigenfalls eine Bestellung durch das Amtsgericht (Registergericht) herbeiführen (§ 28 KWG). – Vgl. auch → Wirtschaftsprüfungsmethoden.

Depotschein – *Depositalschein;* beim → Depotgeschäft übliche Bescheinigung einer Bank über in Verwahrung genommene Wertpapiere. Als Depotschein wird auch das → Stückeverzeichnis bezeichnet. Der Depotschein ist ein → Legitimationspapier nach § 808 BGB.

Depotstimmrecht – *Bankenstimmrecht, Ermächtigungsstimmrecht, Legitimationsstimmrecht;* Banken können die → Stimmrechte für Aktien, die sich in ihren Depots befinden, stellvertretend für die Aktieneigentümer in Hauptversammlungen von → Aktiengesellschaften (AG) ausüben. Dazu bedarf es nach § 135 I AktG einer schriftlichen Vollmacht des Aktionärs, die jederzeit widerruflich ist (§ 135 II AktG). Mit Zusendung der Vollmachtsanforderung hat die Bank dem Aktionär die gesetzlich verfügten Veröffentlichungen des Vorstandes (Tagesordnung, Beschlussvorschläge u.a.) und ihr beabsichtigtes Abstimmungsverhalten mitzuteilen. Soweit der Aktionär dem Kreditinstitut keine Weisung für die Ausübung des Stimmrechts erteilt, hat das Kreditinstitut das Stimmrecht entsprechend seinen eigenen, den Aktionären mitgeteilten Vorschlägen auszuüben (§ 135 V AktG). – *Reform des Depotstimmrechts:* Die durch das → Gesetz zur Kontrolle und Transparenz im Unternehmensbereich (KonTraG) von 1998 eingeführte Pflicht, den Depotkunden einen im Interesse des Aktionärs liegenden und begründeten Vorschlag zur Ausübung des Stimmrechts zu unterbreiten, beruhte u.a. auf der Bankenmachtsdiskussion Ende der 1990er-Jahre. Zum Zeitpunkt der Einführung des Depotstimmrechts exitierte noch die sog. „Deutschland AG“, mit verflochtenen Überkreuzbeteiligungen von Wirtschafts- und Finanzunternehmen. Die Kosten, die mit der Erfüllung dieser Pflicht verbunden sind, haben die Institute des genossenschaftlichen Banken- und Sparkassensektors zum Rückzug aus dem Depotstimmrecht bewogen. Angesichts niedriger Hauptversammlungspräsenzen deutscher Gesellschaften ist die Bedeutung des Depotstimmrechts in den letzten Jahren jedoch gestiegen und die → Entflechtung der „Deutschland AG“ hat die Gefahr von Interessenkonflikten sinken lassen. Mit dem → Gesetz zur Umsetzung der Aktionärsrechterichtlinie (ARUG) wurden die Depotbanken von der Pflicht, einen eigenen Abstimmungsvorschlag zu unterbreiten, entbunden werden und das Depotstimmrecht entsprechend den Vorschlägen der Verwaltung der AG ausüben können, wenn sie keine anderslautende Weisung der Depotkunden erhalten.

Depot-System – vertragliche Verpflichtung eines Händlers, das Produktionsprogramm eines Herstellers unter dessen Marke und in einheitlicher Ladeneinrichtung anzubieten. Der Hersteller übernimmt die Ausbildung der Verkaufskräfte oder stellt diese dem Händler zur Verfügung. Verkauf entweder als Eigenhändler (z.B. bei Kosmetik) oder als Kommissionsagenten (z.B. bei Kaffee). – Vgl. auch → Shop in the Shop, → Agenturvertrieb.

Depotvertrag – Vertrag über Verwahrung und Verwaltung von Wertpapieren zwischen der Bank und einem Depotkunden. Die rechtlichen Grundlagen sind die §§ 688 ff. BGB, das → Depotgesetz (DepotG) sowie die Allgemeinen Geschäftsbedingungen der Banken.

Depotwechsel → Sicherheitswechsel.

Depression – Niedergangsperiode im → Konjunkturzyklus (→ Konjunkturphasen). Die Depression folgt auf die Rezession und wird – nach Durchschreiten ihres Tiefpunktes – abgelöst durch die Phase der Erholung bzw. des allmählichen Aufschwungs. In der Depression geht im Gegensatz zur Rezession das → Volkseinkommen in seiner Höhe absolut zurück und sie hält länger an . – Starke Depression wurden in den 80er- und 90er-Jahren des 19. Jh. und v.a. in den 30er-Jahren des 20. Jh. verzeichnet. Jüngst spricht man auch von Depression im Zusammenhang mit der Krise des Euroraums. Insbesondere die Wirtschcaft Griechenlands geriet als Folge einer harten Sparpolitik in eine Depression. Folgen waren Massenzusammenbrüche von Betrieben und damit verbunden hohe → Arbeitslosigkeit, augenfällige soziale Übelstände, Zusammenbruch der internationalen Währungsordnung, Autarkiepolitik sowie verhängnisvolle Stärkung radikaler politischer Strömungen. – *Gegensatz:* → Prosperität, → Boom. – Vgl. auch → Krisentheorie.

Deprivation → Armut.

DE-PRO GmbH – *Deutsche Gesellschaft zur Vereinfachung von Handelsverfahren und zur Förderung der EDI-Anwendung GmbH;* Tochterunternehmen des Deutschen Industrie- und Handelskammertages (DIHT). Die Gesellschaft verhandelt sowohl in UN- sowie in europäischen Gremien für die Bundesrepublik Deutschland im Bereich der internationalen Handelsvereinfachungen, sie unterstützt deren

Umsetzung in den elektronischen Geschäftsverkehr und hilft kleineren und mittleren Unternehmen bei der Einführung des elektronischen Geschäftsverkehrs. Sie hat ihren Sitz in Berlin.

Deprovisionierung – *engl.: Deprovisioning*; Bezeichnung für die automatisierte Freigabe von IT-Ressourcen, die zuvor durch → Provisionierung bereit gestellt wurden.

Depth-First-Suche – *Tiefensuche;* Suchstrategie (→ Suchen) beim Durchlaufen einer Hierarchie von Objekten oder → Regeln; ausgehend von einem Objekt bzw. einer Regel der höchsten Hierarchiestufe werden jeweils die unmittelbar darunter liegenden Objekte bzw. Regeln untersucht, dann die jeweils darunter liegenden Objekte bzw. Regeln etc. – In der → Künstlichen Intelligenz (KI) ist die Depth-First-Suche eine mögliche Strategie für eine → Inferenzmaschine. – *Gegensatz:* → Breadth-First-Suche.

Deputat – neben dem Barlohn gewährte, in Sachleistungen abgegoltene Gehalts- oder Lohnanteile in Form eines Naturallohns (z.B. Deputatkohle im Bergbau, Milch in der Landwirtschaft). – *Steuerliche Behandlung:* Deputate gehören als → Sachbezüge zu den einkommen- bzw. lohnsteuerpflichtigen Einkünften. Der Rabattfreibetrag (§ 8 III EStG) ist einschlägig.

DEQ – *Abkürzung für „Delivered ex Quay ... Named Port of Destination“,* → ab Kai, 2011 weggefallene Lieferklausel der von der → ICC herausgegebenen → Incoterms (aktuelle Version: 2010), kann aber vertraglich nach wie vor vereinbart und durchgeführt werden (z.B. für Großtransporte per Schiff). Der Verkäufer liefert auf seine Kosten und Gefahr die Ware bis auf den Kai des Bestimmungshafens; dort gehen Gefahr und Kosten nach Entladung und Bereitstellung zur Übernahme an den Käufer über. Nur für den Schiffstransport geeignet. Würde heute eher durch → DAT oder → DAP ersetzt werden. – Wichtigste Verpflichtungen der Parteien unter DEQ gemäß den Incoterms 2000: 1. *Verpflichtungen des Verkäufers:* a) Lieferung: Der Verkäufer liefert, wenn die nicht zur Einfuhr freigemachte Ware dem Käufer am Kai des benannten Bestimmungshafens zur Verfügung gestellt wird. b) Der Verkäufer hat die Kosten und Gefahren, die mit der Beförderung der Waren zum benannten Bestimmungsort und mit der Entladung der Ware auf den Kai verbunden sind, zu tragen. – 2. *Verpflichtungen des Käufers:* Der Käufer hat die Ware zur Einfuhr freizumachen und alle Formalitäten, Zölle, Steuern und andere Abgaben zu bezahlen. – 3. *Modifikationen:* Wünschen die Parteien, dass in die Verpflichtungen des Verkäufers alle oder Teile der bei der Einfuhr der Waren anfallenden Abgaben eingeschlossen werden, sollte dieses durch einen entsprechenden ausdrücklichen Zusatz im Kaufvertrag deutlich gemacht werden. – 4. *Anwendung:* Diese Vertragsformel kann nur verwendet werden, wenn die Ware über See oder Binnenschiff oder im → multimodalen Transport zur Entladung von einem Schiff auf den Kai im Bestimmungshafen geliefert werden soll. Wünschen die Parteien jedoch, dass in die Verpflichtungen des Verkäufers die Gefahren und Kosten des Verbringens der Ware vom Kai zu einem innerhalb oder außerhalb des Hafens befindlichen Ort (Lagerhaus, Terminal, Transportstation etc.) eingeschlossen werden, sollte die DDP-Vertragsformel (→ DDP) verwendet werden.

Deregulierung – I. Volkswirtschaftslehre: Aufhebung von Regulierungstatbeständen (→ Regulierung). In der wirtschaftspolitischen Diskussion häufig erhobene Forderung, um durch die Beseitigung einschränkender Bestimmungen für unternehmerisches Handeln und somit durch die Schaffung von mehr Wettbewerb zu höherer volkswirtschaftlicher Leistungsfähigkeit beizutragen. Diese Forderung wird insbesondere für den → Arbeitsmarkt erhoben. – Vgl. auch → Angebotsökonomik.

II. Bankwesen: Aufhebung bzw. Aufweichung gesetzlicher und bankaufsichtlicher Reglementierungen. Gebräuchlich v.a. im Zusammenhang mit der Auflösung von Trennbankensystemen bis hin zu deren Abschaffung i.e. (Wieder-) Einführung des Universalbankensystems in den USA im Jahre 1999 durch Aufhebung des Glass-Steagall Acts. Allgemein auch Wegfall bzw. Entschärfung nicht mehr als erforderlich betrachteter gesetzlicher Regelungen und Verordnungen (in Deutschland z.B. Streichung der Begrenzung von Beteiligungen an anderen Banken § 12 KWG a.F. oder der Meldepflicht für Organgkredite § 16 KWG a.F.).

Dereliktion – *Eigentumsaufgabe;* Aufgabe des → Besitzes einer → beweglichen Sache durch den Eigentümer in der Absicht, auf das → Eigentum zu verzichten. Es entsteht eine → herrenlose Sache (§ 959 BGB). Dereliktion ist (im Gegensatz zur Aneignung) ein → Rechtsgeschäft. – Auch das Eigentum an einem *Grundstück* kann durch Verzichtserklärung gegenüber dem → Grundbuchamt und Eintragung im → Grundbuch aufgegeben werden (§ 928 BGB).

Derivate – *derivative Finanzinstrumente;* → Termingeschäfte auf der Grundlage von bestimmten Basiswerten (Underlyings). Dabei kann es sich um Festgeschäfte oder Optionsgeschäfte handeln. Unter wertpapieraufsichtsrechtlichen Aspekten gemäß § 2 II im WpHG (vgl. auch bankaufsichtsrechtlich § 1 XI KWG) handelt es sich um Derivate, sofern ihr Preis unmittelbar oder mittelbar abhängt von (1) dem Börsen- oder Marktpreis von → Wertpapieren, (2) dem Börsen- oder Marktpreis von Geldmarktinstrumenten, (3) Zinssätzen oder anderen Erträgen, (4) dem Börsen- oder Marktpreis von Waren oder Edelmetallen, (5) dem Preis von → Devisen. – Auch → Financial Swaps und die von ihnen abgeleiteten Geschäfte wie → Cap, → Floor und → Collar lassen sich auf die Grundformen Festgeschäft und Option zurückführen. – Unter die derivativen Geschäfte fallen bes.: → Devisentermingeschäfte, Aktienindex-Futures, Aktienindex-Optionen, → Aktienoptionen, Caps, Collars, Edelmetall-Futures, Edelmetall-Optionen, Floors, → Forward Rate Agreements (FRA), → Swap-Geschäfte, → Swaptions, Warentermingeschäfte, Zinsoptionen, Zinstermingeschäfte einschließlich hereingenommener Forward Forward Deposits und die börsenmäßigen Zins- und Indexfutures. – Die derivativen Geschäfte sind (mit Ausnahme der Stillhalterverpflichtungen bei → Optionsgeschäften, die der Natur der Sache nach kein Adressenausfallrisiko und damit kein Kreditrisiko beinhalten) grundsätzlich als Kredite im Sinn des § 19 I 1 KWG einzustufen.––Zur Regulierung vgl. → EMIR.

derivative Finanzinstrumente → Derivate.

derivativer Firmenwert → Firmenwert.

DER MITTELSTANDSVERBUND – ZGV e.V. – mit Sitz in Berlin ist die Spitzenorganisation mittelständischer Kooperationen aus Handel, Handwerk und dem Dienstleistungsbereich. In ihm sind 2011 rund 320 Verbundgruppen mit rund 230.000 Mittelstandsunternehmen in 6 Landesverbänden vertreten. Der ZGV entstand 1992 durch Fusion des Zentralverbandes der genossenschaftlichen Großhandels- und Dienstleistungsunternehmen e. V. (ZENTGENO) und der Bundesvereinigung Deutscher Einkaufs- und Verbundgruppen des Handels e. V. (BEV) unter dem Namen Zentralverband Gewerblicher Verbundgruppen e. V., mit Beschluss der Mitgliederversammlung vom 11.5.2011 Umbenennung in DER MITTELSTANDSVERBUND – ZGV e. V. In 45 Wirtschaftszweigen wurde im Kooperationsgeschäft zwischen den Zentralen der Verbundgruppen und deren Mitgliedern ein Umsatz von über 130 Mrd. Euro (2011) erzielt. Der Gesamtumsatz der dem ZGV angeschlossenen mittelständischen Unternehmen belief sich auf rd. 350 Mrd. Euro. In seiner Funktion als Unternehmensverband nimmt der ZGV alle Verbandsfunktionen (Einflussnahme auf die Wirtschafts- und Branchenpolitik, Information für die Mitglieder, brachenbezogener Wissensaustausch in Erfa-Gruppen, Weiterbildung der Mitglieder und der Beschäftigten, Öffentlichkeitsarbeit für den gewerblichen Mittelstand u.a.) wahr. Als Arbeitgeberverband tritt der ZGV insofern auf, als seine Mitglieder freiwillig die tarifrechtlichen Leistungen der Landesverbände in Anspruch nehmen können. Eine verbandsinterne Funktion des ZGV ist auch in der Unternehmensberatung der Mitgliederbetriebe, etwa in Fragen von Fusionen, kartellrechtlichen und kooperationsstrategischen Themen und der Zentralregulierung zu sehen.

DES – *Abkürzung für Delivered ex Ship ... Named Port of Destination; geliefert ab Schiff ... benannter Bestimmungshafen, frühere* Vertragsformel der von der ICC entwickelten → Incoterms für Außenhandelsgeschäfte, seit Incoterms 2010 weggefallen. Kann aber dennoch vertraglich vereinbart und angewendet werden. Würde heute ersetzt durch → DAP oder → DAT. – Wichtigste Verpflichtungen der Parteien bez. Lieferung, Gefahrenübergang und Kostenteilung gemäß den Incoterms 2000: – 1. *Verpflichtungen des Verkäufers:* a) Lieferung: Der Verkäufer liefert, wenn die nicht zur Einfuhr freigemachte Ware dem Käufer an Bord des Schiffs im benannten Bestimmungshafen zur Verfügung gestellt wird. – b) Der Verkäufer hat bis zur Entladung alle Kosten und Gefahren der Beförderung der Ware bis zum benannten Bestimmungshafen zu tragen. – 2. *Verpflichtungen des Käufers:* a) Der Käufer hat alle Gefahren des Verlusts oder der Beschädigung der Ware sowie alle die Ware betreffenden Kosten von dem Zeitpunkt an zu tragen, in dem sie ihm gemäß 1 a) geliefert worden ist. – b) Der Käufer hat auch die Kosten für die Entladetätigkeiten zu tragen, die erforderlich sind, um die Ware vom Schiff zu übernehmen. – c) Der Käufer hat, falls anwendbar, die Kosten der Zollformalitäten sowie alle Zölle, Steuern und andere Abgaben, die bei der Einfuhr der Ware und bei ihrem Weitertransport anfallen, zu tragen. – 3. *Anwendung:* Diese Vertragsklausel kann nur verwendet werden, wenn die Ware über See oder Binnenschiff oder im → multimodalen Transport auf einem Schiff in den Bestimmungshafen geliefert werden soll.

Design – 1. *Begriff:* Gestaltung, früher: Formgebung, Formgestaltung. Im Rahmen emotionaler Kundenbindung spielt Design inzwischen eine große Rolle. Neben der gebrauchstechnischen muss die ästhetische Funktion beim Design beachtet werden. Hinzu tritt in jüngerer Zeit die semantische Funktion, der Besitzer möchte sich in seiner Welt durch Produkte ausdrücken. Neben dem Produktdesign (Sonderfälle: Mode- und Schmuckdesign) haben das Grafik- oder Kommunikationsdesign (z.B. werbliche Gestaltung, Gestaltung von Verpackungsoberflächen) und das Corporate Design (der ästhetische Auftritt von Unternehmen) an Bedeutung gewonnen. Vielfältige unterschiedliche Designstile (-prägnanzen) werden angeboten; neben Unternehmen, die sich auf einen Designstil konzentriert haben, gibt es auch solche, die mehrere gleichzeitig anbieten. – Vgl. auch → Produktgestaltung, → industrielle Formgebung. – 2. *Rechtsschutz* durch Hinterlegung als → Geschmacksmuster, im Fall einer eigenpersönlichen schöpferischen Leistung durch das → Urheberrecht als Werk der → angewandten Kunst. Liegen die Voraussetzungen für derartigen Sonderrechtsschutz nicht vor, genießt Design von wettbewerblicher Eigenart ergänzenden Leistungsschutz gegen unlautere Nachahmung (→ Ausbeutung).

Designated Sponsor – im elektronischen Handelssystem → XETRA eingesetzter Betreuer für die weniger liquiden Werte, also z.B. nicht für DAX-Titel. Designated Sponsors stellen bei Bedarf Geld- oder Briefkurse in den Werten, für die sie verantwortlich sind. Oft sind Designated Sponsors die Banken oder

Wertpapierhändler, die das Unternehmen schon bei der Emission begleitet haben. – Designated Sponsors unterliegen strengen Anforderungen und werden geratet, dabei werden z.B. das minimale Quotierungsvolumen und der maximale Spread bewertet.

Design for Environment – 1. *Begriff:* Das Design for Environment (DfE) ist ein Konzept zur Reduzierung von → Umweltauswirkungen von Produkten, Prozessen oder Dienstleistungen. – 2. *Merkmale:* Der Ansatzpunkt des DfE ist die Entwicklungs-/Designphase. Durch die Integration in frühe Entwicklungsphasen kann u.U. eine Reduzierung der Umweltauswirkungen über den gesamten → Lebenszyklus bewirkt werden. Diese Entwicklung wurde durch die Norm ISO/TR 14062:2002 (→ Umweltmanagement – Integration von Umweltaspekten in Produktdesign und -entwicklung) aufgegriffen.

Desinvestition – Freisetzung des in längerfristigen Vermögensgegenständen gebundenen Kapitals durch den Verkauf dieser Vermögensgegenstände (z.B. betrieblich nicht mehr benötigte Anlagen). Als Maßnahmen der → Innenfinanzierung haben Desinvestitionen grundsätzlich eine Finanzierungsfunktion. Die Desinvestition ist das Gegenstück zur → Investition.

Desinvestitionsstrategie – Strategie im Rahmen des Portfolio-Managements strategischer Geschäftseinheiten (SGE). Eine Desinvestitionsstrategie wird für SGE empfohlen, die auf einem Markt mit geringer Attraktivität tätig sind und zudem einen niedrigen Wettbewerbsvorteil gegenüber ihren Konkurrenten aufweisen. Da solche SGE keine positiven Zukunftsaussichten haben, ist es i.d.R. empfehlenswert, sich aus diesem Geschäftsfeld zurückzuziehen und die SGE zu liquidieren. Wenn die SGE noch positive Cashflows erwirtschaftet, ist es ratsam, eine → Abschöpfungsstrategie anzuwenden, solange sich diese positiven Cashflows ohne zusätzliche Investitionen erwirtschaften lassen. – Vgl. auch → Abschöpfungsstrategie.

Desk Research → Schreibtischforschung, d.h. Sammlung von Daten ohne eigene → Erhebung. Findet heute v.a. als Internetrecherche statt.

deskriptive Datenanalyse → Datenanalyse.

deskriptive Statistik – *beschreibende Statistik;* der Teilbereich der statistischen Methoden, der die Beschreibung von → Gesamtheiten, bes. durch Tabellen, Grafiken sowie durch Kennwerte wie → Mittelwerte und → Streuungsmaße, zum Gegenstand hat. Bei Stichproben bedarf die deskriptive Statistik der Ergänzung durch die → Inferenzstatistik, deren Gegenstand die Übertragung von Befunden aus → Zufallsstichproben auf zugehörige → Grundgesamtheiten ist.

Desktop → Benutzeroberfläche von Softwareprodukten und → Betriebssystemen (BS) im PC-Bereich. Die einzelnen Funktionen werden nicht durch Eintippen von → Kommandos oder durch bestimmte Tasten(-kombinationen) aufgerufen, sondern durch Ansteuern bestimmter Symbole auf dem Bildschirm mit dem → Cursor (komfortabel z.B. mit der → Maus). Die Bezeichnung Desktop für eine solche Benutzeroberfläche erklärt sich daher, dass ihre Art der Organisation von einem Schreibtischarbeitsplatz abgeleitet ist. – *Bekanntes Beispiel:* MS-Windows (Microsoft) – Vgl. auch → Desktop Publishing.

Desktop Publishing – 1. *Begriff:* Erzeugung druckreifer Vorlagen für Veröffentlichungen und anderer Druckerzeugnisse „am Schreibtisch“ des Autors (→ Desktop) mithilfe eines → Arbeitsplatzrechners und spezieller → Software. – 2. *Ablauf:* Aufbereitung der Vorlage am Bildschirm; Ausdruck i.Allg. über Laserdrucker; Ausgabe der satzfertigen Vorlage auf → Diskette in einem Format, das von einem herkömmlichen Satzcomputer (→ Satz, → Computer) verarbeitet werden kann. – 3. *Vorteile:* V.a. Kosten- und Zeitersparnis; niedrige Investitions- und Herstellungskosten; einfache Handhabung; kurze Durchlaufzeiten für Korrektur, Layout und Umbruch.

Destatis – Abk. für → Statistisches Bundesamt.

Destination – *Zielgebiet, Zielort;* 1. *Begriff im* → Tourismus: Unter Destination versteht man einen geografischen Raum, oft einen Ort/ eine Region, in dem alle für den Aufenthalt relevanten Elemente, wie z.B. Landschaft, Fauna, Flora, klimatische Gegebenheiten, kulturhistorische Attraktionen, Unterkunft, Freizeiteinrichtungen und sonstige Infrastruktur vorhanden sind. Sie wird aufgrund der Kombination der Angebotsfaktoren vom Gast als Reiseziel ausgewählt bzw. von → Reiseveranstaltern vermarktet. Für die Organisation und Vermarktung der Destination ist i.d.R. eine → Destinationsmanagementorganisation (DMO) zuständig. – 2. *Begriff in* → Beförderungsverträgen: Hier wird unter Destination der von Verkehrsunternehmen angesteuerte (fahrplanmäßige) Zielort, unabhängig von den vom Passagier gewählten Reisewegen, verstanden, z.B. Zielflughafen, Seehafen etc. – 3. *Begriff aus Reiseveranstaltersicht:* Als Destination wird das endgültige Reiseziel bezeichnet, das im Reisevertrag benannt wurde und in das der Reisende für seinen Urlaub „transportiert“ wird. – 4. *Merkmale:* Die Destination wird mittels des jeweiligen ursprünglichen (= Angebotsfaktoren und Merkmale einer Destination, die ohne touristische Aktivitäten vorhanden sind) und abgeleiteten Angebotes (= Angebotsfaktoren, die aufgrund touristischer Aktivitäten in erster Linie für Touristen entstanden sind) beschrieben. Unterschiedliche Leistungsträger oder auch Orte und Gemeinden innerhalb eines zusammengehörenden geografischen Raumes werden i.d.R. als zusammengehörend wahrgenommen und treten somit als Destination im Wettbewerb auf. Somit stellt die Destination eine Wettbewerbseinheit dar, die wie ein Unternehmen geführt werden sollte. Als wesentliches Merkmal der Wettbewerbseinheit Destination ist die Vielzahl von unabhängigen Leistungsträgern in der Destination hervorzuheben, die in einem kooperativen Prozess in die Wettbewerbseinheit Destination integriert werden. – 5. *Kundensicht:* Oft wird formuliert, dass die Destination aus Sicht des Kunden dem Raum entspricht, in dem alle mit der Reise verbundenen Bedürfnisse erfüllt werden können. Demnach kann auch ein Hotel (für den Besucher einer Tagung/ Konferenz) oder ein Ressort als Destination angesehen werden. Allerdings sind hier die für das → Destinationsmanagement relevanten Rahmenbedingungen insofern verändert, dass bspw. für die Führung eines Hotels oder Ressorts nur ein Unternehmen zuständig ist. – 6. *Träger:* Als Träger des Destinationsmanagements und -marketings wird eine Destinationsmanagementorganisation eingesetzt. Diese ist nicht an eine spezifische Rechtsform gebunden. Auch die wahrgenommenen Aufgaben können in Abhängigkeit der vorherrschenden politischen, wirtschaftlichen sowie juristischen Rahmenbedingungen variieren. – Vgl. auch → Destinationsprodukt.

Destinationsmanagement – 1. *Begriff:* Unter dem Begriff Destinationsmanagement wird die strategische Führung und Vermarktung touristischer → Destinationen verstanden. In diesem Kontext wird die Destination als selbstständige, marktfähige Wettbewerbseinheit gesehen, die in Konkurrenz zu anderen Destinationen steht. – 2. *Aufgaben:* Aufgabe des Destinationsmanagements ist es, die Zusammenarbeit der Leistungsträger (z.B. Beherbergungsbetriebe, Anbieter von Freizeitdienstleistungen; aber auch mehrere Orte in einer Region) zu unterstützen und zu fördern und durch → Kooperationen zwischen den Leistungsträgern durchgehende Dienstleistungsketten in den Destinationen sicherzustellen und übergreifend zu vermarkten. Dies soll möglichst ohne den Einfluss der Politik und von Einzelbetrieben erfolgen, sodass die Destination eine eigenständige Strategie entwickeln kann. In der Realität findet sich dieser Zustand kaum, da der Einfluss der Politik auf die touristische Entwicklung, oft aufgrund finanzieller Abhängigkeiten der → Destinationsmanagementorganisation (DMO), noch sehr hoch ist sowie die einzelbetrieblichen Überlegungen oft über die Ausrichtung der Destination gestellt werden. Weitere Aufgabe im Destinationsmanagement ist das Beseitigen von Interessenkonflikten der Leistungsträger und Produzenten des → Destinationsproduktes, da diese sich häufig als Konkurrenten betrachten. In der Praxis wird Destinationsmanagement oft mit Destinationsmarketing gleichgesetzt. – Das Destinationsmanagement soll unter Beachtung des Dreiecks der Nachhaltigkeit erfolgen, d.h. es soll ein adäquates Verhältnis zwischen ökologischen, ökonomischen und sozialen Faktoren herrschen. Je nachdem, in welchem Kultur- und/ oder Wirtschaftsraum (z.B. Entwicklungsland vs. Westeuropa) die Destination liegt, kann es hier zu einer Verschiebung der Schwerpunkte kommen. – 3. *Ebenen:* Das Destinationsmanagement wird in erster Linie auf kommunaler und regionaler Ebene unmittelbar mit den Leistungsträgern umgesetzt, da es sich hierbei um die tatsächlichen Reiseziele der Touristen handelt. Auf regionaler oder überregionale Ebene (gemeinsame, kooperative Vermarktung mehrerer Orte/ Regionen), auf Bundesland-Ebene (jedes Bundesland in Deutschland verfügt über eine eigene Tourismusmarketingorganisation); und auf Bundesebene (Deutsche Zentrale für Tourismus e. V. – DZT) ist Destinationsmanagement sehr oft auf Marketingaspekte reduziert. Strategische Ansätze werden stark durch die Förderpolitik (in Deutschland und auf europäischer Ebene) beeinflusst.

Destinationsmanagementorganisation (DMO) – 1. *Begriff:* Eine Destinationsmanagementorganisation (DMO) ist ein privatrechtliches Unternehmen oder eine öffentlich-rechtliche Organisationseinheit, selten ein PPP-Konstrukt (→ Public Private Partnership). – 2. *Merkmale:* Als öffentlich-rechtliche Organisationseinheit ist sie in die kommunale/ städtische Verwaltung integriert (Regiebetrieb) oder als Eigenbetrieb ausgelagert und nicht rechtsfähig. Als Bestandteil der kommunalen/städtischen Verwaltung steht die DMO dann unter dem Primat der Politik. Aber auch bei privatrechtlichen Organisationsformen ist der Einfluss der Politik i.d.R. hoch, da die jeweilige politische Ebene an der Destinationsmanagementorganisation beteiligt ist und diese (mit)finanziert. Wesentliches Merkmal der Destinationsmanagementorganisation ist, dass sie keine Weisungsbefugnisse gegenüber den Leistungsträgern hat und somit auf deren freiwillige Zusammen- und Mitarbeit angewiesen ist, was ein effizientes → Destinationsmanagement deutlich erschwert. Somit weist die DMO eine enge Verwandtschaft zur Holdingstruktur auf. Die häufigsten Rechtsformen: Eigenbetrieb, Eigengesellschaft, → eingetragener Verein (e. V.), → Gesellschaft mit beschränkter Haftung (GmbH). Aktuell sind in Deutschland noch mehr als $^2/_3$ der DMO in einer öffentlich-rechtlichen Organisationsform verankert. Eine DMO wird häufig auch als → Tourismusorganisation bezeichnet, allerdings mit einem unterschiedlichen Aufgabenspektrum; bei der Tourismusorganisation fehlt häufig der konkrete Destinationsbezug in der Aufgabenerfüllung. – 3. *Aufgaben:* Koordination des → Destinationsproduktes, Anbahnung und Unterstützung von Kooperationen unter den Leistungsträgern in der → Destination; Erstellen eines Tourismuskonzeptes für die Destination. Oft mit einem öffentlichen Auftrag verbunden (Förderung des → Tourismus im Wirkungsbereich), der eine weitgehende Gleichbehandlung der Leistungsträger erfordert und eine wirtschaftlich-gewinnorientierte Tätigkeit erschwert. In einigen Destinationen wird die (Mit-)Vermarktung von Leistungsträgern an die Zahlung eines Marketingzuschusses gekoppelt. *Weitere Aufgaben:* Ausarbeitung und Umsetzung einer Wettbewerbsstrategie sowie die Vermarktung der

Destination als Ganzes. Häufig wird auch das Computerreservierungssystem betrieben. Zunehmend werden auch Pauschalen erstellt und vermarktet; somit wird die DMO zu einem Reiseveranstalter.

Destinationsmarke – 1. *Begriff:* Die (touristische) Destinationsmarke wird als Name, Symbol, Logo, ein Begriff, eine Gestaltungsform oder eine Kombination aus diesen Bestandteilen definiert, die eine Destination im Wettbewerb differenziert und identifiziert. Sie trägt dazu bei, dem Gast ein einmaliges Urlaubserlebnis zu kommunizieren und Präferenzen aufzubauen, die die Destination in seiner Vorstellung fest verankert und im Vergleich zu anderen hervorhebt. Dabei gilt das vermittelte Leistungsversprechen für alle an der Erstellung des Destinationsproduktes beteiligten Leistungsträger, basiert aber auf dem ursprünglichen Angebot. Die Markenführung für die Destinationsmarke obliegt i.d.R. der Destinationsmanagementorganisation (DMO). – 2. *Merkmale:* Die mit der Markenführung verbundenen Mechanismen können nur bedingt auf die Destinationsmarke angewendet werden bzw. ist eine neue Art von Marke notwendig. Sowohl Einzel- als auch Dachmarke greifen nicht ausreichend, da neben der Destinationsperspektive der Auftritt der Leistungsträger (die ihre Identität i.d.R. nicht der Destination unterordnen) in der Destination beachtet werden muss. Trotz allem wird die Destinationsmarke häufig mit der Dachmarke gleichgesetzt. In der Destinationsmarke sind zwei Perspektiven miteinander verbunden: die Betrachtung der Destinationsmanagementorganisation, die die Markenführung für die gesamte Destination übernimmt und diese als Ganzes kommuniziert sowie die Perspektive der Leistungsträger innerhalb der Destination, die ihre jeweiligen Unternehmen im Wettbewerb positionieren, aber i.d.R. ein eigenes Erscheinungsbild beibehalten und sich nicht der Markenführung der DMO unterordnen. Die Destinationsmarke drückt in erster Linie das Image der Destination (basiert weitgehend auf dem ursprünglichen Angebot) aus, die den Gast auf die Destination neugierig macht sowie eine Leistungserwartung (Qualität, Erlebnis-/Urlaubsformen). Diese Aussagen werden von den Leistungsträgern aufgenommen und zur Präzisierung des eigenen Angebotes sowie zur Differenzierung zu Wettbewerbern genutzt wobei die unternehmerische Identität beibehalten wird. Somit übernimmt die Destination die allgemeine Kommunikation, die Leistungsträger konkretisieren spezifische Produkte und sprechen eigenständig Zielgruppen an.

Destinationsprodukt – Das Destinationsprodukt ist das gesamte Angebot an ursprünglichen und abgeleiteten Angebotsfaktoren, die in einem kooperativen Prozess gebündelt werden, um eine touristische → Destination im Wettbewerb zu positionieren. Ursprüngliche Angebotsfaktoren sind das natürliche Angebot (z.B. Fauna, Flora, Landschaft), das soziokulturelle Angebot (z.B. Kultur, Tradition) und die allgemeine Infrastruktur. Abgeleitete Angebotsfaktoren sind nahezu alle Angebotsbestandteile, die aufgrund der touristischen Entwicklung in einer Destination entstanden sind (u.a. touristische Infrastruktur, Beherbergungsbetriebe, Freizeitinfrastruktur, spezielle touristische Angebote). Während das ursprüngliche Angebot häufig einen starken Einfluss auf die Wahrnehmung einer Destination (Image) hat, können mithilfe spezifischer abgeleiteter Angebotsfaktoren unterschiedliche Zielgruppen angesprochen und buchbare Produkte/Pakete erstellt werden.

Deszendenten → Abkömmlinge.

Detaildominanz → Ausstrahlungseffekte.

Detailkollekteur → Aufkaufhandel.

Detailplanung → Feinplanung.

Determinismus → Freiheit.

Deutsche Angestellten-Gewerkschaft (DAG) – ehemals gewerkschaftliche Einheitsorganisation der Angestellten, konfessionell und parteipolitisch unabhängig; gegründet 1945; Sitz in Berlin. – Am 2.7.2001 ist die DAG in der → Vereinten Dienstleistungsgewerkschaft (ver.di) aufgegangen.

Deutsche Anpassungsstrategie an den Klimawandel – 1. *Begriff:* Die Deutsche Anpassungsstrategie an den → Klimawandel wurde am 17.12.2008 beschlossen. Zentrale Zielsetzung ist die Begrenzung des Anstiegs der globalen Durchschnittstemperatur auf weniger als 2° C über dem vorindustriellen Niveau. Grundlage für die Deutsche Anpassungsstrategie an den Klimawandel ist Ankündigung im Klimaschutzprogramm 2005 gemäß Art. 4 der Klimarahmenkonvention. – 2. *Ziele:* Das grundlegende und langfristige Ziel ist „… die Verminderung der Verletzlichkeit bzw. der Erhalt und die Steigerung der Anpassungsfähigkeit natürlicher, gesellschaftlicher und ökonomischer Systeme". Die Teilziele sind: Gefahren und Risiken zu benennen und zu vermitteln, Bewusstsein zu schaffen und Akteure zu sensibilisieren, Entscheidungsgrundlagen zu bieten und Handlungsmöglichkeiten aufzuzeigen, Verantwortlichkeiten abzustimmen/ festzulegen, Maßnahmen zu formulieren und umsetzen. – 3. *Auswirkungen des Klimawandels in Deutschland:* Neben den globalen Auswirkungen des Klimawandels zeigt die Strategie insbesondere Veränderungen und ihre Auswirken für einzelne Regionen der Bundesrepublik Deutschland auf. – Ein geringeres Wasserangebot wird v.a. in zentralen Teilen Ostdeutschlands, dem nordostdeutschen Tiefland und dem südostdeutschen Becken zu erwarten sein. Im Gegensatz dazu werden Niederschläge in den links- und rechtsrheinischen Mittelgebirgen zunehmen. Hitzebelastungen sind in höherem Maß für die Region Oberreihngraben zu erwarten. In Alpenregionen muss neben dem Schmelzen von Gletschern und der verringerten Schneesicherheit, auch mit einem erhöhten Gefahrenpotenzial durch Muren gerechnet werden. In

Küstenregionen ist bes. mit einem Anstieg des Meeresspiegels zu rechnen.

Deutsche Ausgleichsbank (DtA) – Durch das DtA-Vermögensübertragungsgesetz vom 15.8.2003 (BGBl. I 1657) wurde das Vermögen der Deutschen Ausgleichsbank im Wege der Gesamtrechtfolge auf die → Kreditanstalt für Wiederaufbau (KfW) übertragen und die Deutsche Ausgleichsbank aufgelöst.

Deutsche Bahn AG (DB) – I. Rechtsstellung: Am 1.1.1994 durch Umwandlung der beiden Sondervermögen des Bundes, der Deutschen Bundesbahn (DB) und der Deutschen Reichsbahn (DR), gegründete Aktiengesellschaft, deren alleiniger Aktionär die Bundesrepublik Deutschland ist. – *Rechtsgrundlage:* Änderung des Art. 87 GG und zahlreicher anderer Gesetze, v.a. das Gesetz zur Neuordnung des Eisenbahnwesens vom 27.12.1993, m.spät.Änd. (Eisenbahnneuordnungsgesetz (ENeuOG)).

II. Bahnreform: 1. *Charakterisierung:* Die beiden Sondervermögen des Bundes, die Deutsche Bundesbahn und die Deutsche Reichsbahn, wurden am 1.1.1994 zunächst zum Bundeseisenbahnvermögen (BEV) zusammengefasst, welches sich in einen Unternehmens- und einen Verwaltungsbereich gliedert. Der unternehmerische Bereich wurde im unmittelbaren Anschluss als DB ausgegliedert (1. Stufe der Bahnreform). Innerhalb der DB wurden die Geschäftsbereiche Personennahverkehr, Personenfernverkehr, Personenbahnhöfe, Ladungsverkehr, Stückgut, Netz/Infrastruktur, Bahnbau, Traktion und Instandhaltung/Werke organisatorisch und rechnerisch getrennt. Querschnittsfunktionen wurden in Zentralbereichen zusammengefasst. Am 1.6.1999 wurden die Bereiche Personennahverkehr, Personenfernverkehr, Güterverkehr, Personenbahnhöfe und Fahrweg als eigenständige Aktiengesellschaften rechtlich verselbstständigt (2. Stufe der Bahnreform). Die DB hat Holdingfunktionen. Angestrebt wird mit dieser Konzernstruktur ein marktnahes und flexibles Agieren dezentraler, eigenverantwortlicher Unternehmenseinheiten bei gleichzeitiger Nutzung von Synergieeffekten. Dem BEV (nicht rechtsfähiges Sondervermögen des Bundes) obliegen die Aufgaben der Schuldenverwaltung (sog. Altschulden der Deutschen Bundesbahn und der Deutschen Reichsbahn), der Personalverwaltung (u.a. Dienstherrenfunktion für verbeamtete Eisenbahner) und der Vermögensverwaltung von Immobilien, die nicht für den Bahnbetrieb notwendig sind. Zur Wahrnehmung hoheitlicher Aufgaben wurde das → Eisenbahn-Bundesamt (EBA) errichtet (Aufsichts- und Genehmigungsbehörde). – 2. *Europäische Grundlagen:* Aufgrund der Probleme der Leistungsfähigkeit der Eisenbahnunternehmen der Gemeinschaft und der Erfordernisse des Binnenmarktes haben die EU-Organe schon frühzeitig (u.a. 1965 und 1984) Vorschläge zur Strukturreform unterbreitet. Zentrale Bedeutung hat jedoch die Richtlinie vom 29.7.1991 zur Entwicklung der Eisenbahnunternehmen der Gemeinschaft (91/440 EWG). Ziel der Richtlinie war die Anpassung der Eisenbahnunternehmen an die Erfordernisse des Binnenmarktes. Die vier zentralen Prinzipien zur Neustrukturierung sind (1) unternehmerische Unabhängigkeit der Eisenbahnunternehmen, (2) Trennung von Eisenbahninfrastruktur und Transportbetrieb, (3) finanzielle Sanierung der Eisenbahnunternehmen und (4) Zugangs- und Transitrechte zur Eisenbahninfrastruktur der Mitgliedsstaaten, zunächst beschränkt auf internationale Gruppierungen und Eisenbahnunternehmen im grenzüberschreitenden Kombinierten Güterverkehr. – 3. *Probleme:* a) *Verkehrs- und wettbewerbspolitische Probleme:* Offene Fragen bestehen zum einen hinsichtlich der Einordnung in die allg. Verkehrspolitik (Konkurrenz des Straßenverkehrs) zum anderen hinsichtlich der Aufbrechung der Monopolstrukturen (Regionalisierung), dabei v.a. die Diskriminierung Dritter durch die Kalkulation von Trassennutzungspreisen und die Gewährung von Großkundenrabatten. – b) *Probleme der Zuständigkeit und Einflussnahme des Bundes:* Die unternehmerische Unabhängigkeit des Konzerns DB bleibt trotz der Umwandlung in eine Aktiengesellschaft fraglich, da der Bund alleiniger Eigentümer ist (organisatorische, nicht materielle Privatisierung). Offen sind v.a. Fragen der Preisgestaltung, der weiteren finanziellen Verantwortung des Bundes für anstehende Infrastrukturinvestitionen und der Einfluss des EBA. Die geplante materielle Privatisierung konnte bisher wegen der wirtschaftlichen Lage der DB noch nicht erfolgen.

Deutsche Börse AG – Holding der Gruppe Deutsche Börse. – 1. *Struktur:* Die Deutsche Börse AG ist Trägerin der öffentlich-rechtlichen Frankfurter Wertpapierbörse (FWB). Außerdem ist sie Eigentümerin folgender Unternehmen: Clearstream Holding AG (s. → Clearstream International S.A.), → Eurex Global Derivatives AG, Deutsche Börse Services s.r.o. und Market News International Inc. Zu 50 Prozent gehört ihr die Scoach Holding S.A. Nach dem Börsengang am 5.2.2001 und der DAX-Aufnahme im Dezember 2002 änderte sich die Anteilseignerstruktur von ehemals hauptsächlich Kreditinstituten zu heute vorwiegend internationalen institutionellen Investoren. – 2. *Aktivitäten:* Die Deutsche Börse AG segmentiert den Handel, d.h. jedes Wertpapier wird einem von vier Segmenten zugeordnet, die sich hinsichtlich der Transparenzanforderungen unterscheiden. Emittenten können bei einer Notierung an der FWB zwischen → General Standard, → Prime Standard und → Freiverkehr (der 2005 in Open Market umbenannt wurde) wählen. Im General Standard gelten die Anforderungen des Gesetzgebers für den → regulierten Markt (früher amtlichen Markt und geregelten Markt), im Prime Standard müssen höhere internationale Anforderungen erfüllt werden. Das am 10.3.1997 für Wachstumsunternehmen gegründete Segment Neuer Markt wurde im Zug der neuen Börsenordnung vom 1.1.2003 in den General

Standard bzw. Prime Standard überführt. Der Freiverkehr ist das Segment für Emittenten, die eine Börsennotierung ohne größere regulatorische Vorschriften anstreben, dafür jedoch auf eine breite Visibilität ihrer Aktie oder eine mögliche Indexaufnahme verzichten. Er besteht aus dem Quotation Board und dem Entry Standard. Das First Quotation Board, in das bisher alle Wertpapiere aufgenommen wurden, die ihre Erstnotiz im Open Market hatten und das die geringsten Transparenzanforderungen an Unternehmen aufstellte, wurde Ende 2012 geschlossen. Im Quotation Board (früher Second Quotation Board) werden Anleihen und Fonds gehandelt, aber Aktien nur noch, wenn sie in einen anderen, von der Deutschen Börse anerkannten börsenmäßigen Handelsplatz einbezogen sind. Ende 2012 waren ca. 10.000 Aktien im Quotation Board gelistet. Der Entry Standard wurde 25.10.2005 als neues Marktsegment im Open Market eingeführt. Er verlangt von den Unternehmen gewisse Transparenzanforderungen, die an diejenigen des regulierten Marktes angelehnt sind. Er besteht aus dem Quotation Board und dem Entry Standard. Das First Quotation Board, in das bisher alle Wertpapiere aufgenommen wurden, die ihre Erstnotiz im Open Market hatten und das die geringsten Transparenzanforderungen an Unternehmen aufstellte, wurde Ende 2012 geschlossen. Im Quotation Board (früher Second Quotation Board) werden Anleihen und Fonds gehandelt, aber Aktien nur noch, wenn sie in einem anderen, von der Deutschen Börse anerkannten, börsenmäßigen Handelsplatz einbezogen sind. Ende 2012 waren ca. 10.000 Aktien im Quotation Board gelistet. Der Entry Standard wurde 25.10.2005 als neues Marktsegment im Open Market eingeführt. Er verlangt von den Unternehmen gewisse Transparenzanforderungen, die an diejenigen des regulierten Marktes angelehnt sind. – Mit der Übernahme der ISE (International Securities Exchange Holdings, Inc.), einer der bedeutendsten Aktienoptionsbörsen der Welt, durch → Eurex am 20.12.2007 konnte die Deutsche Börse AG ihr Liquiditätsnetzwerk auf die USA und US-Dollar-Produkte ausweiten. – In den 1990er-Jahren hat sich die Deutsche Börse AG vom bloßen Betreiber eines nationalen Aktienmarktes zu einem Technologieunternehmen für internationale Transaktionsdienstleistungen fortentwickelt. Die Unternehmensgruppe bietet als integrierte Börsenorganisation alle Leistungen und Produkte für den Zugang zu globalen Märkten. Dazu gehören die Organisation des Handels auf dem Kassa- und Terminmarkt, die Abwicklung der dort geschlossenen Geschäfte, die Verwahrung der Wertpapiere (Clearstream) sowie die Entwicklung der technischen Infrastruktur, z.B. der Systeme Xetra, Eurex und Creation. Zudem erhebt und vermarktet sie Handelsdaten, die Markttendenzen widerspiegeln, wie z.B. die Indizes → DAX, → MDAX, → SDAX und → TecDAX (als Nachfolger des NEMAX 50) für den Aktienmarkt sowie den → REX für den Rentenmarkt.

Deutsche Börse Clearing AG → Clearstream International S.A.

Deutsche Bücherei → Deutsche Nationalbibliothek.

deutsche Buchführung – Art der doppelten Buchführung, (→ Buchführung) entlastet (im Gegensatz zur → italienischen Buchführung) das Hauptbuch von der großen Zahl der Verkehrsbuchungen dadurch, dass die Übertragung in das → Hauptbuch nicht direkt und nicht für jede einzelne Buchung vorgenommen wird. Es erfolgt nur periodisch (wöchentlich oder monatlich) eine Zusammenziehung und Ordnung aller gleichartigen Posten in einem Sammelbuch (Sammeljournal). Das Sammelbuch hat den Zweck festzustellen, mit welchen Gesamtbeträgen jedes Hauptbuchkonto durch Buchungen in den Grundbüchern belastet bzw. erkannt wird. Diese Summen werden auf die Hauptbuchkonten übertragen. Der Abschluss erfolgt im Hauptbuch.

Kassenbuch | Tagebuch
Sammelbuch
Hauptbuch

Richtet man für die Ein- und Verkaufsbuchungen im Kreditverkehr bes. Bücher ein, so entsteht die *erweiterte deutsche Buchhaltungsform.*

Kassenb. | Einkaufsb. | Verkaufsb. | Tageb.
Sammelbuch
Hauptbuch

Deutsche Bundesbahn (DB) → Deutsche Bahn AG (DB).

Deutsche Bundesbank – 1. *Institution:* Mit dem Gesetz über die Deutsche Bundesbank (BBankG) vom 26.7.1957 gemäß Art. 88 GG durch den Bund errichtete Währungs- und Notenbank (→ Zentralbank) der Bundesrepublik Deutschland als bundesunmittelbare juristische Person des öffentlichen Rechts. Die Deutsche Bundesbank hat ihren Sitz in Frankfurt a.M. Die Deutsche Bundesbank bildet seit 1.11.1992 mit ihren neun Hauptverwaltungen, denen 32 Filialen (Stand Ende 2012, werden weiter reduziert) nachgeordnet sind, ein einstufiges Zentralbanksystem. Sie resultiert aus der Verschmelzung der → Bank deutscher Länder und der ehemals rechtlich selbstständigen Landeszentralbanken (zweistufiges Zentralbanksystem). Am 1.1.1999 wurde die Deutsche Bundesbank in das → Europäische System der Zentralbanken (ESZB) eingegliedert und gab ihre Autonomie an dieses ab. – 2. *Aufgaben:* Oberstes Ziel aller Tätigkeiten der Deutschen Bundesbank ist es, die Stabilität des allgemeinen Preisniveaus und des Finanzsystems zu sichern. Mit dem

Beginn der Tätigkeit des ESZB sind die ursprünglich auf Bundesbankebene angesiedelten Aufgaben der Sicherung der Währung und die Verantwortung für die bankmäßige Abwicklung des Zahlungsverkehrs auf die europäische Ebene übergegangen. Die Bundesbank ist gegenüber dem ESZB weisungsgebunden und setzt dessen Ziele auf dem Gebiet der Bundesrepublik um. Die Bundesbank hat folgende Arbeitsbereiche als ihre Kerngeschäftsfelder identifiziert: stabiles Geld, ein stabiles Finanz- und Währungssystem, ein stabiles Bankensystem, sicherer Zahlungsverkehr und sicheres Bargeld. Zudem verwaltet sie die Währungsreserven und führt die Bankenstatistik. – 3. *Organisation:* Mit dem Siebten Gesetz zur Änderung des Bundesbankgesetzes vom 23.3.2002 wurde die Organisationsstruktur der Bundesbank an ihre veränderte Rolle im ESZB angepasst. Die Führungsstruktur wurde durch Abschaffung des Zentralbankrates, des Direktoriums und der Vorstände der Landeszentralbanken gestrafft. Sie besteht derzeit aus einem sechsköpfigen Vorstand (Präsident, Vizepräsident, und vier weitere Mitglieder). Der Präsident, der Vizepräsident und ein weiteres Mitglied werden von der Bundesregierung, drei weitere Vorstände vom Bundesrat im Einvernehmen mit der Bundesregierung vorgeschlagen. Die Mitglieder des Vorstandes werden vom Bundespräsidenten i.d.R. für acht Jahre bestellt. – 4. *Gewinn, Gewinnverwandlung- und -verteilung:* Der Gewinn, den die Bundesbank aus der Erfüllung ihrer währungspolitischen Aufgaben im Rahmen des ESZB erwirtschaftet, bildet einen Teil der Summe der monetären Einkünfte der nationalen Notenbanken innerhalb des ESZB. Aus dieser Summe fließt der Bundesbank der Anteil zu, der dem von der Bundesbank eingezahlten Anteil am Grundkapital der EZB entspricht (ca. 20 Prozent) und der schließlich an den Bund abgeführt wird. Im Jahr 2009 hat die Deutsche Bundesbank einen Gewinn von 4,1 Mrd. Euro erwirtschaftet. Davon flossen 3,5 Mrd. Euro in den Bundeshaushalt und 600 Mio. Euro in die Tilgung der Konjunkturpakete.

Deutsche Bundespost Postbank → Deutsche Postbank AG.

Deutsche Bundesstiftung Umwelt → Bundesumweltstiftung.

Deutsche Bundesstiftung Umwelt (DBU) – Die Deutsche Bundesstiftung Umwelt (DBU) wurde 1990 aus Mitteln des Verkaufs der bundeseigenen Salzgitter AG gegründet und ist eine der größten Stiftungen in Europa. Sie fördert Projekte aus den Bereichen Umwelttechnik, → Umweltforschung und → Naturschutz sowie Umweltkommunikation und Naturgüterschutz. Der Schwerpunkt der Förderung liegt auf kleinen und mittelständischen Unternehmen, um das Potenzial dieser Unternehmen zu nutzen und diesen finanzielle Unterstützung zu gewährleisten.

Deutsche Emissionshandelsstelle – *Begriff:* Die Deutsche Emissionshandelsstelle (DEHSt) ist die zuständige nationale → Behörde zur Umsetzung der marktwirtschaftlichen Klimaschutzinstrumente und ist eine Abteilung im → Umweltbundesamt (UBA). – *Merkmale: Die DEHSt* wurde 2004 als zuständiges Organ i.S.d. → Treibhausgas-Emissionshandelsgesetzes (TEHG) gegründet. Zu ihren Aufgaben gehören die Umsetzung der marktwirtschaftlichen Klimaschutzinstrumente des Kyoto-Protokolls sowie des Emissionshandels und der projektbasierten Mechanismen → Joint Implementation (JI) und → Clean Development Mechanism (CDM).

Deutsche Finanzagentur – Die „Bundesrepublik Deutschland-Finanzagentur GmbH" (Deutsche Finanzagentur) ist hervorgegangen aus der Bundesschuldenverwaltung (BSV), die aufgrund des Bundeswertpapierverwaltungsgesetzes vom 11.12.2001 in Bundeswertpapierverwaltung umbenannt wurde und deren Aufgaben die Deutsche Finanzagentur übernommen hat. Die Deutsche Finanzagentur ist der zentrale Dienstleister für die Kreditaufnahme und das Schuldenmanagement des Bundes. – Gegründet 2000, Sitz: Frankfurt a.M. – Nach § 1 des Bundesschuldenwesengesetzes (BSchuWG) vom 12.7.2006 (BGBl. I 1466) können der Deutschen Finanzagentur durch Rechtsverordnung des Bundesministeriums der Finanzen (BMF) u.a. übertragen werden:(1) Aufnahme von Krediten für den Bund und seine Sondervermögen und Maßnahmen der Portofoliosteuerung und zur Markpflege;(2) Verwaltung der Schulden und Finanzierungsinstrumente des Bundes;(3) Führung des Bundesschuldbuchs;(4) Abschluss von Geschäften zur Steuerung der Liquidität.

Deutsche Flugsicherung GmbH – ersetzte im Zuge der Neuorganisation der zivilen Flugsicherung die zum 31.12.1992 aufgelöste Bundesanstalt für Flugsicherung (BFS). Einziger Gesellschafter ist der Bund. Die Deutsche Flugsicherung GmbH nimmt auch die Aufgaben der überörtlichen Flugsicherung für den militärischen Flugbetrieb im Frieden wahr. Auflösung der BFS und Privatisierung erfolgte durch das Zehnte Gesetz zur Änderung des Luftverkehrsgesetzes vom 23.7.1992 (BGBl. I 1370) Sitz in Langen (Hessen).

Deutsche Forschungsgemeinschaft e.V. (DFG) – Selbstverwaltungsorganisation der dt. Wissenschaft. – *Aufgaben:* Finanzielle Förderung in allen Forschungsbereichen, Förderung der Zusammenarbeit unter den Forschern, Beratung der Parlamente und Regierungen in wissenschaftlichen Fragen, Pflege der Beziehungen zur Wissenschaft im Ausland, Nachwuchsförderung, Förderung des Bibliothekswesens und spezieller Hilfseinrichtungen der Forschung. – *Finanzierung* durch Bund, Länder und den → Stifterverband für die Deutsche Wissenschaft (SV).

Deutsche Genossenschaftsbank (DG-Bank) → DZ Bank AG (Deutsche Zentralgenossenschaftsbank).

Deutsche Gesellschaft für Internationale Zusammenarbeit (GIZ) → GIZ.

Deutsche Gesellschaft für Nachhaltiges Bauen – *Abk. DGP;* die Deutsche Gesellschaft für Nachhaltiges Bauen (DGNB) e. V. stellt sich der Aufgabe, Wege und Lösungen aufzuzeigen und zu fördern, die nachhaltiges Bauen (→ Nachhaltigkeit) ermöglichen. Dies betrifft neben der Planung von Gebäuden auch deren Ausführung und Nutzung. Im Mittelpunkt ihrer Arbeit steht die Vergabe eines → Zertifikats für nachhaltige Bauwerke.

Deutsche Gesellschaft für Technische Zusammenarbeit → GTZ.

Deutsche Industriebank AG (IKB) – Spezialkreditinstitut (→ Kreditinstitut mit Sonderaufgaben) zur Förderung der gewerblichen Wirtschaft durch mittel- und langfristige Unternehmensfinanzierungen; hervorgegangen aus der 1924 gegründeten Deutschen Industriebank AG und der 1949 gegründeten Industriekreditbank AG; Sitz ist Düsseldorf. Größter Aktionär ist seit 2008 der US-amerikanische Finanzinvestor Lone Star. Das Kerngeschäft ist die Kreditfinanzierung von mittelständischen Unternehmen, die Refinanzierung erfolgt hauptsächlich durch Emissionen am Kapitalmarkt. – Mit den Ereignissen der Finanzmarktkrise 2008 ist die IKB in Zahlungsschwierigkeiten geraten und musste erhebliche Verluste hinnehmen. Rettungsmaßnahmen des Sonderfonds Finanzmarktstabilisierung (SoFFin) haben geholfen, die Krise zu überwinden (z.B. durch Staatsgarantien bei der Emission von Schuldverschreibungen – terminiert bis 2015). Darüber hinaus gab es Auflagen der EU-Kommission (Reduktion der Geschäftsaktivitäten, Aufgabe des Geschäftsfeldes Immobilienfinanzierung, Schließung einiger ausländischen Standorte), die überwiegend bereits vorzeitig erfüllt wurden. Auch wurden SoFFin-Mittel teilweise vorzeitig zurückgegeben (durch Reduzierung des Garantierahmens). Mit der Neuausrichtung werden nunmehr v.a. Kunden mit einem Umsatz über 50 Mio. Euro im Mittelpunkt der Geschäftsaktivitäten stehen.

Deutsche Kernreaktor Versicherungsgemeinschaft → Versicherungspool der die Kernreaktor-Haftpflichtversicherung betreibenden Erst- und Rückversicherer mit Sitz in Köln. Gesellschaft des bürgerlichen Rechts, 1957 gegründet. *Zweck* ist gemäß der Satzung i.d.F. vom 9.11.1979 die Gewährung von Versicherungsschutz gegen die mit der Errichtung und dem Betrieb von Kernreaktoren und ähnlichen Anlagen verbundenen Gefahren.

Deutsche Mark (DM) – gesetzliches Zahlungsmittel in der Bundesrepublik Deutschland bis zur Einführung des → Euro am 1.1.2002.

Deutsche Nachhaltigkeitsstrategie – *Begriff:* Die Deutsche Nachhaltigkeitsstrategie „Perspektiven für Deutschland" wurde am 17.4.2002 von der Bundesregierung beschlossen. Grundlage der Strategie ist, dass Probleme wie der → Klimawandel, die Zersiedlung der Landschaft, der Verlust biologischer Vielfalt, die Rohstoffnutzung und der demografische Wandel als vorhanden anerkannt werden. Die Strategie dient einerseits als Grundlage für die Festlegung von Zielen und andererseits auch als Ausgangspunkt zur Auswahl geeigneter Maßnahmen, wobei immer die Auswirkungen auf ökologische, ökonomische und soziale Aspekte zu berücksichtigen sind. Die Strategie beinhaltet die vier zentralen Leitlinien: Generationengerechtigkeit, Lebensqualität, Sozialer Zusammenhalt und Internationale Verantwortung. – Vgl. auch → Nachhaltigkeit.

Deutsche Nationalbibliothek – zentrale Archivbibliothek und nationalbibliografisches Zentrum der Bundesrepublik Deutschland mit Sitz in Frankfurt a.M.; errichtet durch Gesetz über die Deutsche Nationalbibliothek vom 22.6.2006 (BGBl. I 1338) m.spät. Änd. Vorgängereinrichtungen: Deutsche Bücherei in Leipzig (1912), Deutsche Bibliothek in Frankfurt am Main (1947), Deutsches Musikarchiv Berlin (1970). – 1. *Aufgabe:* Sammlung aller deutschsprachigen Druckwerke (Darstellungen in Schrift, Bild und Ton, die im Vervielfältigungsverfahren hergestellt und zur Verbreitung bestimmt sind), die ab 1913 verlegt wurden oder zwischen 1933 und 1945 von deutschsprachigen Emigranten verfasst oder veröffentlicht wurden. – 2. *Ablieferungspflicht:* Von jedem verlegten oder hergestellten Druckwerk ist ein Pflichtstück vom Verleger unentgeltlich abzuliefern (§§ 14-16 Gesetz über die Deutsche Nationalbibliothek; Pflichtablieferungs-VO v. 17.10.2008, BGBl. I 2013). – 3. *Benutzung:* Bestände stehen an Ort und Stelle gemäß der Benutzungsordnung der Allgemeinheit zur Verfügung. – Vgl. auch → Bundesarchiv.

deutsche Normen – *DIN-Normen;* vom Deutschen Institut für Normung e. V. (→ DIN) aufgestellte und mit dem Zeichen DIN herausgegebene → Normen. DIN-Normen sind keine von Behörden oder Körperschaften öffentlichen Rechts erlassenen Verordnungen, sondern ihrem Charakter nach am Stand von Wissenschaft und Technik erarbeitete Empfehlungen, deren Anwendung der Entscheidung des Einzelnen unterliegt. – Als deutsche Normen können auch Normen, die in regionalen oder internationalen Normenorganisationen aufgestellt worden sind (z.B. → europäische Normen als DIN-EN-Normen, weltweite, → internationale Normen als DIN-ISO-Normen), aufgenommen werden.

Deutsche Post AG – *Deutsche Post World Net*; hervorgegangen von 1989 bis 1995 aus der Privatisierung der Bundesbehörde Deutsche Bundespost (Postdienst; gelbe Post). Gleichzeitig entstand aus dem Bereich Fernmeldedienst die Deutsche Telekom AG sowie aus dem Bereich Postbank die Postbank. Postaktien wurden erstmals im November 2000 auf dem organisierten Kapitalmarkt gehandelt. Seitdem sich

2005 die Kreditanstalt für Wiederaufbau von einen großen Teil der Postaktien trennte, ist die Post mehrheitlich in privatem Besitz. Bis Ende 2007 hatte das Postgesetz der Deutschen Post AG die Exklusivrechte gewährt. Seit dem 1.1.2008 herrscht freier Wettbewerb auf dem deutschen Postmarkt.

Deutsche Postbank AG – 1. *Begriff und Merkmale*: dt. Finanzinstitut bzw. Geschäftsbank (Kreditinstitut i.S.d. § 1 I Nr. 1 KWG) mit Sitz in Bonn. – 2. *Aktivitäten:* Spar- und Retailgeschäft sowie Hausbank der Deutschen Post. – 3. *Geschichte:* 1989 im Rahmen des Poststrukturgesetzes wurde die Deutsche Bundespost in drei eigenständige Bereiche zerlegt, einer davon die Deutsche Bundespost – Postbank. Börsengang am 23.6.2004. Seit September 2006 ist die Aktie der Deutschen Postbank Teil des → Deutschen Aktienindexes (DAX) an der Frankfurter Wertpapierbörse.

Deutscher → Staatsangehörigkeit.

Deutscher Aktienindex (DAX) – am 1.7.1988 erstmalig veröffentlichter → Aktienindex, der die 30 größten und umsatzstärksten dt. Aktien (→ Blue Chips) beinhaltet. Er repräsentiert derzeit mehr als 80 Prozent des Grundkapitals inländischer börsennotierter Gesellschaften. Wie alle Indizes der Deutschen Börse wird der DAX nach der Laspeyres-Formel berechnet, wobei die → Marktkapitalisierung eine wichtige Eingangsgröße ist. Das Gewicht jeder Aktie im Index bemisst sich nach ihrem Anteil an der gesamten Marktkapitalisierung der DAX-Titel. Um noch stärker die Handelbarkeit der DAX-Unternehmen zu berücksichtigen, wird die Marktkapitalisierung seit 2002 auf den → Freefloat (Streubesitz) bezogen. Die Marktkapitalisierung und der Börsenumsatz sind die wichtigsten Auswahlkriterien für die Aufnahme eines Unternehmens in den DAX. Berechnet wird der DAX als Real-Time-Index auf Basis der fortlaufenden Notierungen im XETRA-Handel. Als Performance-Index konzipiert, spiegelt er nur die vom Markt ausgelösten Kursveränderungen wider, da alle Dividendenauszahlungen, Bonuszahlungen, Sonderzahlungen und Bezugsrechtsgewährungen, die i.d.R. zu Kursabschlägen führen, reinvestiert werden. Zusätzlich wird ein spezieller Kursindex berechnet, der nur um die Erträge aus Bezugsrechten und Sonderzahlungen korrigiert wird und die Kursschwankungen aus Dividenden- und Bonuszahlungen enthält. – Der DAX ist für den dt. Kapitalmarkt repräsentativ, er dient als Marktbarometer, Vergleichsmaßstab (Benchmark) und als Underlying für Derivate. – Vgl. auch → CDAX, → MDAX, → SDAX, → TecDAX, → Prime Standard, → HDAX.

Deutscher Anwalt Verein e.V. (DAV) – gegründet 1871; Sitz in Berlin. – *Aufgaben:* Wahrung, Pflege und Förderung aller beruflichen und wirtschaftlichen Interessen der Rechtsanwaltschaft, v.a. durch Förderung von Rechtspflege und Gesetzgebung sowie durch Pflege des Gemeinsinns und des wissenschaftlichen Geistes der Rechtsanwaltschaft; Zusammenfassung aller dt. Rechtsanwälte. Veröffentlicht das „Anwaltsblatt" (monatlich).

Deutscher Ausschuss für das Erziehungs- und Bildungswesen → Bildungspolitik.

Deutscher Bankentag – im Abstand von i.d.R. fünf Jahren vom → Bundesverband deutscher Banken e. V. (Bankenverband) durchgeführt als Begegnungsort der Repräsentanten der dt. Banken mit Vertretern der Öffentlichkeit. Der Deutsche Bankentag dient als Forum zur Darlegung und Diskussion der Auffassungen der Banken zur Wirtschafts- und Kreditpolitik.

Deutscher Bauernverband e.V. (DBV) – Spitzenverband der Landes-Bauernverbände; gegründet 1948; Sitz in Berlin. – *Aufgaben:* Wahrnehmung und Förderung der agrar-, wirtschafts-, rechts-, steuer-, sozial-, bildungs- und gesellschaftspolitischen Interessen der in der Land- und Forstwirtschaft tätigen Menschen. – *Veröffentlichung* des „Situationsberichts zur Lage der Landwirtschaft", um die wirtschaftliche Entwicklung und Bedeutung der Landwirtschaft darzustellen. – *Mitgliedschaft* im Weltbauernverband (WFO – World Farmers' Organisation) und im Ausschuss der landwirtschaftlichen berufsständischen EU-Organisationen (→ COPA).

Deutscher Beamtenbund (DBB) – Gewerkschaftsbund der Berufsbeamten; gegründet 1918, wiedergegründet 1948; Sitz in Berlin. – *Ziele/Grundsätze:* Beteiligung an der Vertretung allg. Regelungen der beamtenrechtlichen Verhältnisse, Vertretung der Belange der Mitglieder, Stellungnahme zu allg. gesellschaftspolitischen Fragen.

Deutscher Bildungsrat → Bildungspolitik.

Deutscher Corporate Governance Kodex – ein Regelwerk für börsennotierte Gesellschaften, welches durch eine Regierungskommission des Bundesministeriums für Justiz (BMJ) erarbeitet wurde und die Förderung einer guten und verantwortungsvollen Unternehmensführung zum Ziel hat. Das Ziel des 2002 verabschiedeten Regelwerks liegt in einer Förderung von Transparenz und Nachvollziehbarkeit des dt. → Corporate Governance Systems, wobei insbes. auf Aktionäre und deren Interessen fokussiert wird. Hierfür enthält der Kodex neben einschlägigen gesetzlichen Vorschriften weitergehende Empfehlungen.

Deutsche Reichsbahn → Deutsche Bahn AG (DB).

Deutsche Rentenversicherung – Träger der → gesetzlichen Rentenversicherung (GRV). Bundesträger ist die Deutsche Rentenversicherung Bund, in der die Bundesversicherungsanstalt für Angestellte aufgegangen ist. Die Regionalträger heißen Deutsche Rentenversicherung mit einem die regionale Zuständigkeit anzeigenden Zusatz. In ihnen sind die bisherigen Landesversicherungsanstalten aufgegangen.

Deutsche Rentenversicherung Knappschaft-Bahn-See – seit 1.10.2005 aus der Fusion von Bahnversicherungsanstalt, Knappschaft und Seekasse hervorgegangener Versicherungsträger mit speziellen und allg. Aufgaben der Rentenversicherung.

Deutscher Entwicklungsdienst (DED) – Entwicklungshilfeorganisation, v.a. zur Entsendung von Entwicklungshelfern; 1963 gegründet; Sitz in Bonn. Der DED ist einer der international größten Freiwilligendienste auf dem Gebiet der → Entwicklungshilfe. Finanzierung aus dem Bundeshaushalt. Der DED ist seit 2005 Mitglied im → Global Compact der Vereinten Nationen (→ UN).

Deutscher Ethikrat – 1. *Allgemein:* Der Deutsche Ethikrat widmet sich als nationale Ethikkommission u.a. moralischen, gesellschaftlichen, medizinischen und rechtlichen Fragen sowie nach eigenem Verständnis den voraussichtlichen Folgen für Individuum und Gesellschaft, die sich insbesondere auf dem Gebiet der Lebenswissenschaften und ihrer Anwendung auf den Menschen ergeben. Er erstattet dem Deutschen Bundestag und der → Bundesregierung einmal jährlich Bericht über seine Aktivitäten und Ergebnisse und den Stand der gesellschaftlichen Debatte. – 2. *Ursprung und Geschichte:* Der Nationale Ethikrat nahm 2001 seine Arbeit auf, nach einem Beschluss der Bundesregierung unter Bundeskanzler Gerhard Schröder. Er wurde 2008 wieder aufgelöst und – auf der Grundlage des Gesetzes zur Einrichtung des Deutschen Ethikrats, in Kraft getreten am 1.8.2007 – durch den Deutschen Ethikrat ersetzt, dessen konstituierende Sitzung am 11.4.2008 stattfand. Im genannten Gesetz wird u.a. auf Aufgaben, Stellung, Mitglieder und Arbeitsweise eingegangen, zudem das Verhältnis zur Öffentlichkeit festgelegt. – 3. *Zusammensetzung und Ansatz:* Der Präsident des Deutschen Bundestags beruft die Hälfte der 26 Mitglieder auf Vorschlag des Deutschen Bundestags und der Bundesregierung. Es handelt sich teils um Wissenschaftler, unter ihnen auch professionelle Ethiker, also z.B. ausgebildete Philosophen mit entsprechenden Schwerpunkten, teils um Personen, die sich in besonderer Weise mit moralischen Fragen beschäftigen. Im Rat sollen nach dem Ethikratgesetz unterschiedliche ethische Ansätze und ein plurales Meinungsspektrum vertreten sein; dazu gehört nach Auffassung der Verantwortlichen nicht nur eine philosophische Ethik, sondern in gleicher Weise eine theonome Ethik, der – schon über die Vielzahl der berufenen Theologen – erheblicher Raum gegeben wird.

Deutscher Frauenrat – *Bundesvereinigung Deutscher Frauenverbände und Frauengruppen gemischter Verbände e.V.*, gegründet 1951; Sitz in Berlin. – *Aufgaben:* Durchsetzung der Chancengleichheit für Frauen in allen gesellschaftlichen Bereichen.

Deutscher Gebrauchs-Zolltarif (DGebrZT) → Elektronischer Zolltarif (EZT).

Deutscher Genossenschafts- und Raiffeisenverband (DGRV) – Spitzenverband der ländlichen und gewerblichen Genossenschaften in Deutschland, der durch die Zusammenführung beider Genossenschaftsorganisationen 1972 entstanden ist. – 1. *Organisation:* Er ist der Dachverband der vier Bundesverbände (→ Bundesverband der Deutschen Volksbanken und Raiffeisenbanken e.V. (BVR), des → Deutschen Raiffeisenverbandes e.V. (DRV), DES → MITTELSTANDSVERBUND – ZGV e.V. und des Zentralverbandes deutscher Konsumgenossenschaften (ZdK). Als Mitglieder des DGRV treten neben den drei Bundesverbänden die genossenschaftlichen Regionalverbände, die Fachprüfungsverbände, die genossenschaftlichen Bundeszentralen, die auf Bundesebene tätigen Spezialinstitute wie die Bausparkasse Schwäbisch Hall, die R+V Versicherungsgruppe und die Genossenschaftlichen Zentralbanken (DZ-Bank, WGZ-Bank) auf. Die Willensbildung im DGRV ist demokratisch organisiert. Sie wird von „unten nach oben" über die Delegiertenversammlung, den Verbandsrat, das Präsidium und den Vorstand des DGRV vollzogen. – 2. *Ziel:* Förderung und Vertretung der gemeinsamen Interessen der Genossenschaftsverbände, Genossenschaftsunternehmen und aller genossenschaftlichen Einrichtungen. Er nimmt v.a. die Interessen im wirtschafts-, rechts-, steuer- und bildungspolitischen Bereich wahr. Im Jahre 2012 vertritt er die Interessen von ca. 5.887 Genossenschaften mit einer Mitgliederzahl von rd. 18 Mio. natürlichen und juristischen Personen. Als Spitzenverband hat er Prüfungsrecht auf Bundesebene nach dem GenG, wobei seine Prüfungsaktivität im genossenschaftlichen Verbund auf Bundeszentralen, Zentralgeschäftsanstalten in der Rechtsform der eG und auf die Verbände ausgerichtet ist. Nach der DGRV-Satzung haben sich alle seine Mitglieder seiner Prüfung zu unterziehen, wobei er eine eigene Prüfungsabteilung unterhält, die eng mit der Deutschen Genossenschafts-Revision Prüfungsgesellschaft GmbH zusammenarbeitet. Bes. Aktivitäten entwickelte der DGRV im Bereich der Aus- und Weiterbildung – einem bereits von → Schulze-Delitzsch und → Raiffeisen geförderten Tätigkeitsbereich – wofür er auf Bundesebene die Akademie Deutscher Genossenschaften (ADG) beauftragt hat.

Deutscher Gewerkschaftsbund (DGB) – Vereinigung von Einzelgewerkschaften; nicht rechtsfähiger Verein; gegründet im Oktober 1949 in München. Sitz in Berlin. – *Zweck/Grundsätze:* Zusammenfassung aller → Gewerkschaften zu einer wirkungsvollen Einheit und Vertretung der gemeinsamen gesellschaftlichen, wirtschaftlichen, sozialen und kulturellen Interessen. – *Ziele:* (1) Im sozialpolitischen Bereich: v.a. Vertretung der Arbeitnehmerinteressen in der nationalen und internationalen Sozial- und Gesundheitspolitik (einschließlich Umweltschutz), in der Sozialversicherung (einschließlich Selbstverwaltung), in der Arbeitsmarktpolitik und Arbeitssicherheit sowie im Sozial- und Arbeitsrecht. (2) Im wirtschaftspolitischen Bereich: v.a. Ausbau der Mitbestimmung und Vertretung der Arbeitnehmerinteressen in allen politischen Bereichen. – Der DGB ist demokratisch aufgebaut. Seine Satzung legt die Unabhängigkeit gegenüber den Regierungen, Verwaltungen, Unternehmern, Konfessionen und politischen Parteien fest. Das Organisationsgebiet erstreckt sich auf das Gebiet der Bundesrepublik Deutschland (einschließlich neue Bundesländer). – Der DGB ist *Mitgliedsorganisation* des Europäischen Gewerkschaftsbundes (EGB) und des Internationalen Bundes Freier Gewerkschaften (IBFG). Der DGB vertritt außerdem die dt. Gewerkschaftsinteressen bei internationalen Organisationen wie der EU und UN. – Folgende acht *Gewerkschaften* gehören dem DGB an: IG Bauen-Agrar-Umwelt; IG Bergbau, Chemie und Energie; Gewerkschaft Erziehung und Wissenschaft; IG Metall; Gewerkschaft Nahrung-Genuss-Gaststätten; Gewerkschaft der Polizei; TRANSNET; → Vereinte Dienstleistungsgewerkschaft (ver.di). – Seit 1974 sind die gemeinwirtschaftlichen Unternehmen des DGB und seiner Einzelgewerkschaften in der *Beteiligungsgesellschaft für Gewerkschaften AG (BGAG)* vereinigt.

Deutscher Handels- und Industrieangestellten-Verband (DHV) → Christlicher Gewerkschaftsbund Deutschlands (CGB).

Deutscher Hotel- und Gaststättenverband e. V. (DEHoGA) – 1. *Begriff:* Wirtschafts- und Arbeitgeberverband des dt. Gastgewerbes. – 2. *Merkmale:* Gliedert sich als Bundesverband in 17 Landesverbände und drei Fachverbände: Hotelverband Deutschland (IHA), UNIPAS (Union der Pächter von Autobahn-Service-Betrieben) und V.I.C. (Verband der Internationalen Caterer in Deutschland). Darüber hinaus vertreten die vier Fachabteilungen im DEHOGA Bundesverband – Systemgastronomie, Gemeinschaftsgastronomie, Bahnhofsgastronomie und Diskotheken – die speziellen Belange ihrer Mitglieder.

Deutscher Industrie- und Handelskammertag (DIHK) – Spitzenorganisation der → Industrie- und Handelskammern (IHK) des Bundesgebietes; Sitz in Berlin. – 1. *Aufgaben:* (1) Förderung und Sicherung der Zusammenarbeit der Industrie- und Handelskammern; (2) Wahrung und Durchsetzung der Belange der gewerblichen Wirtschaft gegenüber den Instanzen des Bundes und der Gesetzgebung; (3) Repräsentation der dt. Wirtschaft aller Stufen und Branchen und ihrer regionalen Gliederungen; (4) Zusammenarbeit mit den Industrie- und Handelskammern des Auslandes, bes. mit den → Auslandshandelskammern (AHK). – 2. *Organe:* Mitgliederversammlung (Vollversammlung), deren Mitglieder alle 80 IHK sind; Vorstand, zusammengesetzt aus dem Präsidenten, der von der Vollversammlung jeweils für ein Jahr gewählt wird, und mind. 21, höchstens 24 Mitgliedern. – 3. *Geschäftsführung,* bestehend aus der Hauptgeschäftsführung und Abteilungen (Absatzwirtschaft, Außenwirtschaft, Verkehr, Finanzen und Steuern, Recht, Berufsbildung, Volkswirtschaft, Information, Industrie, Strukturpolitik und Umweltschutz, Weiterbildung).

Deutscher Journalisten-Verband e.V. – gegründet 1910, wiedergegründet 1949; Sitz in Berlin. – *Aufgabe:* Gewerkschaft der Journalistinnen und Journalisten sowie Interessenvertretung aller publizistischen Berufe.

Deutscher Juristentag e.V. – gegründet 1860; Sitz in Bonn. – *Aufgaben:* Förderung der Entwicklung des Rechts sowie Hinweis auf Rechtsmissstände.

Deutscher Kommunikationsverband – früher: *Bund Deutscher Werbeberater (BDW),* Sitz in Hamburg. – *Mitglieder* sind Fachleute aus den Bereichen Werbung, Öffentlichkeitsarbeit, Verkaufsförderung, Marketing, Marktforschung, Design und Medien. – *Aufgaben:* Bewusstmachung, Begründung und Durchsetzung von → Kommunikation als zentralem Steuerungsprozess in Wirtschaft, Technik, Politik und Gesellschaft. – *Tätigkeiten:* Vertretung der Mitglieder nach außen, Beratung von Politik und Verwaltung, Zusammenarbeit mit Hochschulen, Universitäten etc. zur Verbesserung des Erkenntnistransfers, Förderung des beruflichen Nachwuchses und Information der Öffentlichkeit.

Deutscher Landkreistag → Kommunalverband.

Deutscher Mieterbund e. V. – Organisation der Interessenwahrung von Wohnungsmietern; gegründet 1900; Sitz in Berlin. – *Aufgaben:* Beratung in Mietrechtsangelegenheiten; Wahrung von Mietschutzrechten; Interessenvertretung bei wohnungs- und städtebaupolitischen Entscheidungen.

Deutscher Presserat – Selbstkontrollorgan, bestehend aus Vertretern der Verlegerverbände und der Journalistenorganisationen; gegründet 1956; Sitz in Bonn. – *Aufgaben:* Schutz der Pressefreiheit; Beseitigung von Missständen.

Deutscher Qualifikationsrahmen (DQR) – Als nationale Umsetzung des Europäischen Qualifikationsrahmens für lebenslanges Lernen soll der Deutsche Qualifikationsrahmen die Besonderheiten des dt. Bildungssystems berücksichtigen. Diese bestehen in einer durch das duale Ausbildungssystem (→ duale Berufsausbildung) erworbenen breiten Berufsqualifikation. Diesem „Berufsprinzip“ droht Gefahr, wenn sich das angelsächsische Modell der „Bildung in Häppchen“ durchsetzen würde. Der Europäische Qualifikationsrahmen und das Europäische Kreditpunktesystem verfolgen das Ziel, erworbene Qualifikationen europaweit vergleichbar zu machen. Nicht nur der formale Abschluss zählt, sondern das gesamte, lebenslang erworbene Können und Wissen. In einem „Profilpass“ werden die Kompetenzen beschrieben, die im Arbeitsleben und in der Schule oder Hochschule erworben wurden. Die hergebrachte Trennung von Bildung und Beschäftigung, von hochschulischer, allgemeiner und beruflicher Bilung wird abgebaut. Der DQR soll acht Stufen haben, wobei die höchsten Stufen nicht allein auf akademischen Bildungswegen zu erreichen sind. Beruflich erworbene Fähigkeiten und Fertigkeiten können gleichwertig sein. Der DQR soll Berufe nicht zerschneiden, sondern zur Durchlässigkeit und Vergleichbarkeit beitragen.

Deutscher Raiffeisenverband e. V. (DRV) – Gegründet 1971 mit Sitz in Bonn ist der DRV die Dachorganisation der Genossenschaften der Agrar- und Ernährungswirtschaft in Deutschland. Zusammen mit dem → Bundesverband der Deutschen Volksbanken und Raiffeisenbanken e. V. (BVR), → DER MITTELSTANDSVERBUND – ZGV e. V. und dem Zentralverband deutscher Konsumgenossenschaften (ZdK) ist er Träger des → Deutschen Genossenschafts- und Raiffeisenverbandes (DGRV), des genossenschaftlichen Spitzenverbandes in Deutschland. Die 2.564 DRV-Mitgliedsunternehmen hatten einen Umsatz von rd. 50 Mrd. Euro (2011) v.a. als Bezugs- und Abatzgenossenschaften, Molkereigenossenschaften, Kreditgenossenschaften mit Warengeschäft, Winzergenossenschaften und Agrargenossenschaften. Die dt. Landwirte erzielten über 50 Prozent ihrer Umsätze in der Kooperation mit den Genossenschaften, die für sie gegenüber den häufig oligopolistischen Nachfragern im Nahrungsmittelsektor eine effiziente gegengewichtige Marktmacht bilden. Neben dieser Funktion ist der DRV mit seinen Regionalverbänden jedoch auch Einflussverband bzw. Interessensvertreter für die genossenschaftlichen Mitgliedsunternehmen des Agrarhandels und der Verarbeitung von landwirtschaftlichen Produkten und damit für die Landwirtschaft.

Deutscher Rechnungslegungs Standard (DRS) – zentrale Verlautbarungsart des → Deutschen Rechnungslegungs Standards Committee (DRSC).

Deutscher ReiseVerband e.V. (DRV) – 1. *Merkmale:* Der Deutsche ReiseVerband (DRV) repräsentiert als führende Interessenvertretung aller Unternehmen der Reisebranche in Deutschland, insbesondere die → Reiseveranstalter und → Reisebüros aller Organisationsformen und Größen, ebenso wie Leistungsträger (Anbieter von Einzelleistungen in der Reisebranche) und ausländische Fremdenverkehrsämter gegenüber der Politik und der Wirtschaft im In- und Ausland. – 2. *Aufgaben:* Der DRV informiert die Öffentlichkeit über die Vorteile der Veranstalterreise sowie des professionellen Reisevertriebs und stärkt die organisierte Urlaubsreise und die professionell vermittelte → Geschäftsreise. Er übernimmt neben der Beratung seiner Mitglieder hinsichtlich geltendem Reise- und Wettbewerbsrecht sowie Allgemeiner Geschäftsbedingungen auch die Weiterbildung durch Seminare und Schulungen. Weiterhin werden den Mitgliedern Marktforschungsdaten sowie Informationen zum Einsatz von Kommunikationstechnologien zur Verfügung gestellt. Nach eigenen Angaben werden über 80 Prozent des Umsatzes des dt. Reiseveranstalter und – Reisebüromarktes von den Mitgliedern dieser → Tourismusorganisation erwirtschaftet. Zahlreiche inhabergeführte Einzelunternehmen bis zum börsennotierten internationalen Konzern machen den DRV nach dem amerik. ASTA und der engl. ABTA zum drittgrößten Verband der Reisebranche weltweit.

Deutscher Rentenindex → REX.

Deutscher Richterbund – gegründet 1909, wiedergegründet 1949; Sitz in Berlin. – *Aufgaben:* Wahrung der richterlichen Unabhängigkeit und der unparteiischen Rechtsprechung; Förderung der beruflichen und sozialen Belange der Richter und Staatsanwälte; Förderung der Gesetzgebung, der Rechtspflege und der Rechtswissenschaft.

Deutscher Sparkassen- und Giroverband (DSGV) – 1. *Charakterisierung:* Dachverband der Sparkassen-Finanzgruppe mit Sitz in Berlin. Hierzu zählen 423 → Sparkassen, 8 → Landesbanken-Konzerne, 10 Landesbausparkassen, 11 Erstversicherergruppen und zahlreiche weitere Finanzdienstleistungsunternehmen (Stand: Ende 2012). – 2. *Aufgaben:* Der DSGV fördert und vertritt die Interessen der Sparkassen-Finanzgruppe, organisiert die Willensbildung innerhalb der Gruppe und legt die strategische Gesamtausrichtung fest. Hierzu wird der DSGV arbeitsteilig mit den Regionalverbänden und den weiteren Instituten der Sparkassen-Finanzgruppe tätig. Er verwaltet die institutssichernden Einrichtungen im Rahmen des gebildeten Haftungsverbundes sowie den Sicherungsfonds der Girozentralen und Landesbausparkassen. – 3. *Mitglieder:* Ordentliche Mitglieder des Verbandes sind die Landesbanken (Girozentralen) und die regionalen Sparkassen- und Giroverbände. Außerordentliche Mitglieder sind u.a. der Verband der Deutschen Freien Öffentlichen Sparkassen e. V., Frankfurt a.M. und der Österreichische Sparkassenverband, Wien.

Deutscher Standardisierungsrat (DRS) → Deutsches Rechnungslegungs Standards Committee.

Deutscher Tourismusverband e.V. (DTV) – ehemals Deutscher Fremdenverkehrsverband e. V.; gegründet 1947; Sitz in Bonn. – *Aufgaben:* Vertretung der Interessen der dt. Fremdenverkehrsverbände und der Mitgliedsstädte; Koordinierung der Zusammenarbeit der Mitglieder; Öffentlichkeitsarbeit und Marketing auf Bundesebene; Förderung der Aus- und Fortbildung der im Fremdenverkehr tätigen Personen sowie der Forschung.

Deutscher Umweltindex (DUX) → Umweltindikatoren.

Deutscher Weinfonds → Weingesetz (WeinG).

Deutscher Werbefachverband e.V. (DWF) – Dachverband der regionalen Werbefachverbände in der Bundesrepublik Deutschland; Sitz in Fellbach-Stuttgart. – *Aufgaben:* Koordination der überregionalen Interessen der Mitglieder; Zusammenarbeit mit dem Zentralausschuss der Werbewirtschaft (ZAW),

Behörden und anderen marktwirtschaftlichen Organisationen; Förderung der beruflichen Fort- und Weiterbildung; Öffentlichkeitsarbeit; Interessenvertretung und -wahrnehmung der Mitglieder.

Deutscher Werberat – vom → Zentralverband der deutschen Werbewirtschaft e. V. (ZAW) gegründete Institution zur freiwilligen Selbstkontrolle in der Werbewirtschaft; Sitz in Berlin. – 1. *Mitglieder:* Durch ZAW gewählte Vertreter der Werbewirtschaft – 2. *Aufgaben:* Korrektur von Fehlerscheinungen und -entwicklungen in der Werbung gemäß den gesetzlichen Regelungen (z.B. UWG, Kartellgesetzgebung, Verbraucherschutzgesetze) sowie den Richtlinien des ZAW und des Internationalen → Werbekodex; v.a. (1) Behandlung von Einzelbeschwerden aus der Bevölkerung zur Korrektur oder Verhinderung zweifelhafter Werbemaßnahmen, (2) Entwicklung von Verhaltensregeln und Entschließungen (Leitlinien) für die Werbung, (3) Information aller Gruppen der Werbewirtschaft über aktuelle Entwicklungen der Verbraucherpolitik, Rechtsprechung und eigene Aktivitäten.

Deutscher Wetterdienst (DWD) – teilrechtsfähige Anstalt des öffentlichen Rechts im Geschäftsbereich des Bundesministeriums für Verkehr, Bau- und Stadtentwicklung (BMVBS) mit Sitz in Offenbach a.M. – *Aufgaben:* u.a. Erbringung meteorologischer Dienstleistungen für die Allgemeinheit oder einzelne Kunden und Nutzer, v.a. auf den Gebieten Verkehr, der gewerblichen Wirtschaft, der Land- und Forstwirtschaft, des Bauwesens, des Gesundheitswesens, des Umwelt- und Naturschutzes und der Wissenschaft, die meteorologische Sicherung der Luft- und Seefahrt, die Herausgabe von Warnungen über gefährliche Wettererscheinungen, die Erfassung, Überwachung und Bewertung meteorologischer Prozesse, Struktur und Zusammensetzung der Atmosphäre, die Vorhersage meteorologischer Vorgänge, die Überwachung der Atmosphäre auf radioaktive Spurenstoffe und der Betrieb der erforderlichen Mess- und Beobachtungssysteme. Der Deutsche Wetterdienst erbringt seine Dienstleistungen gegen Vergütung in privatrechtlichen Handlungsformen. Er kann zur Erfüllung seiner Aufgaben mit Dritten zusammenarbeiten und zu diesem Zweck auch ein Unternehmen im Inland gründen. Einzelheiten regelt das am 1.1.1999 in Kraft getretene Gesetz über den Deutschen Wetterdienst (DWD-Gesetz) vom 10.9.1998 (BGBl. I 2871) m.spät.Änd.

Deutsches Erzeugnis → geografische Herkunftsangaben.

Deutsches Forschungsnetz → DFN.

Deutsches Institut für Bautechnik → Bauprodukte.

Deutsches Institut für Normung e.V. (DIN) – die für die → Normung zuständige nationale Normenorganisation in der Bundesrepublik Deutschland; Sitz in Berlin. – 1. *Mitgliedschaft:* Möglich für Firmen oder Verbände sowie alle an der Normung interessierten Körperschaften, Behörden und Organisationen; Einzelpersonen können nicht Mitglied werden. – 2. *Organisation:* Ca. 3.600 Arbeitsausschüsse, nach fachlichen Gesichtspunkten zusammengefasst in → Normenausschüssen (NA). Ehren- und hauptamtliche Mitarbeiter. – 3. *Ergebnisse:* → Deutsche Normen (DIN-Normen), die zusammen das → Deutsche Normenwerk bilden. – 4. *Grundsätze:* (1) Freiwilligkeit; (2) Öffentlichkeit; (3) Beteiligung aller interessierten Kreise; (4) Einheitlichkeit und Widerspruchsfreiheit; (5) Sachbezogenheit; (6) Ausrichtung am Stand der Technik; (7) Ausrichtung an den wirtschaftlichen Gegebenheiten; (8) Ausrichtung am allg. Nutzen; (9) Internationalität. – 5. *Publikationen:* DIN-Mitteilungen + elektronorm (monatlich erscheinende Zeitschrift); DIN-Katalog für technische Regeln (erscheint jährlich; monatlich mittels Ergänzungsheften aktualisiert); DIN-Taschenbücher; Beuth-Kommentare.

Deutsches Institut für Wirtschaftsforschung (DIW) – seit 1941 Name für das Institut für Konjunkturforschung; Sitz in Berlin. – *Hauptaufgaben:* Unabhängige Wirtschaftsforschung im In- und Ausland sowie Veröffentlichung der Ergebnisse; Beratung von Verwaltung und Wirtschaft in der Bundesrepublik Deutschland (→ Wirtschaftsforschungsinstitute). – *Arbeitsgebiete:* Grundlagenforschung an der Schnittstelle von Theorie und Empirie, Erstellung umfangreicher Datensätze (z.B. vierteljährliche volkswirtschaftliche Gesamtrechnungen); laufende Diagnose und Prognose des Wirtschaftsablaufs im In- und Ausland; langfristige Prognose volkswirtschaftlicher Rahmendaten sowie spezieller Daten u.a. im Industrie-, Energie-, Rohstoff- und Verkehrsbereich, Beobachtung und Analyse der Transformationsprozesse in Ostdeutschland. Von besonderer Bedeutung ist das Sozioökonomische Panel (SOEP) des DIW. Das SOEP ist die umfassenste jährlich erhobene Stichprobe über das soziale und wirtschaftliche Verhalten von Haushalten in Deutschland.

Deutsches Kartellrecht – 1. Die *Geschichte des Deutschen Kartellrechts* wird durch eine Grundsatzentscheidung des Reichsgerichts aus dem Jahr 1897 geprägt, wonach die Kartellbildung im Rahmen der Vertragsfreiheit allg. als zulässig angesehen wurde, da sich das Recht auf Gewerbefreiheit nur gegen den Staat, nicht jedoch auch gegen private wirtschaftliche Machtbildung richte. Diese Entscheidung hatte zur Folge, dass das Deutsche Reich in den folgenden Jahrzehnten zum klassischen Land der Kartelle wurde. Abgesehen von einer Kartellenquête 1903–1905 kam es erst 1923 zur Verordnung gegen Missbrauch wirtschaftlicher Machtstellungen. Die Nationalsozialisten erließen am 15.7.1933 das sog. *Zwangskartellgesetz*, um ein Instrument zur Lenkung der Wirtschaft nach ihren Vorstellungen zu gewinnen. – Nach Teil III Art. 12 des Potsdamer Abkommens sollte die dt. Wirtschaft in kürzester Zeit dezentralisiert werden, um die übermäßige → Konzentration der dt.

Wirtschaftskraft aufgrund von → Kartellen, → Syndikaten, → Trusts und anderen Monopolstellungen (→ Monopole) zu vernichten. Im Jahre 1947 erließen daher die amerikanischen, englischen und französischen Militärregierungen *Dekartellierungsgesetze* bzw. *-verordnungen,* die zwei Hauptziele verfolgten: (1) Beseitigung der dt. Wirtschaftsmacht und Rüstungskapazität (Entflechtung einzelner Wirtschaftssektoren als Ausdruck der politischen Zielsetzung); (2) Durchsetzung des Prinzips der *Wettbewerbsfreiheit* in Deutschland (wirtschaftspolitische Zielsetzung in starker Anlehnung an die amerikanische Antitrustpolitik; Wettbewerbspolitik). – 2. *Entstehungsgeschichte und Ziele des GWB:* Am 1.1.1958 ist das *Gesetz gegen Wettbewerbsbeschränkungen (GWB)* in Kraft getreten und hat die alliierten Dekartellierungsbestimmungen von 1947 abgelöst. Das GWB ist zum einen durch die ordnungspolitischen Vorstellungen des Ordoliberalismus, zum anderen durch das US-amerikanische Vorbild beeinflusst worden. Mittlerweile gehen die wohl stärksten Einflüsse auf die Weiterentwicklung des deutschen Kartellrechts vom europäischen Kartellrecht aus. Dies ist nicht zuletzt Ausdruck eines Harmonisierungsprozesses auf europäischer Ebene, von dem die Wettbewerbspolitik genauso wie auch andere Politikbereiche erfasst werden. Das Gesetz geht davon aus, dass die „Wettbewerbswirtschaft die ökonomischste und zugleich demokratischste Form der Wirtschaftsordnung" sei; insofern liegen dem GWB sowohl ökonomische als auch gesellschaftspolitische Zielfunktionen zugrunde. – *Novellierungen:* Das GWB ist seit 1958 mehrfach novelliert worden, vgl. z.B. das Änderungsgesetz vom 5.12.2012 (BGBl I 2403). Daneben gab und gibt es immer wieder kleinere Gesetzesänderungen, so etwa durch Art. 2 LXII des Gesetzes vom 22.12.2011 (BGBl I 3044). – 3. *Grobsystematik des GWB:* Das deutsche Kartellrecht ruht im Wesentlichen auf den drei Säulen Durchsetzung des Kartellverbots (Kartellbekämpfung), Missbrauchsaufsicht über marktbeherrschende und marktstarke Unternehmen sowie Zusammenschlusskontrolle, deren Bedeutung wie folgt skizziert werden kann: (1) Hauptaufgabe der → Kartellbehörde im Rahmen der *Kartellbekämpfung* ist die Beseitigung horizontaler und vertikaler Wettbewerbsbeschränkungen als Resultate von Vereinbarungen zwischen Unternehmen, Beschlüssen von Unternehmenvereinigungen oder → abgestimmtes Verhalten (vgl. → Kartell). Zu den typischen horizontalen Wettbewerbsbeschränkungen zählen Preis-, Mengen- und Gebietsabsprachen; auf vertikaler Ebene können sich insbesondere → Preisbindungen sowie → Ausschließlichkeitsbindungen wettbewerbsbeschränkend auswirken. (2) Die kartellbehördliche → Missbrauchsaufsicht bezweckt die Verhinderung bzw. Beendigung von → Behinderungs- und → Ausbeutungsmissbräuchen durch → marktbeherrschende oder zumindest marktstarke Unternehmen. (3) Im Rahmen der → Zusammenschlusskontrolle prüft das → Bundeskartellamt (BKartA) als zuständige Kartellbehörde, ob die beteiligten Unternehmen infolge des Zusammenschlusses (→ Unternehmenszusammenschluss) wettbewerblich nicht kontrollierbare Verhaltensspielräume erlangen, die zu einer erheblichen Behinderung wirksamen Wettbewerbs führen können. Das Bundeskartellamt kann die Freigabe dann mit entgegenwirkenden Auflagen und Bedingungen verknüpfen oder das Zusammenschlussvorhaben untersagen. Eine Anmelde- und Kontrollpflicht besteht jedoch nur, wenn die beteiligten Unternehmen bestimmte → Umsatzschwellen erreichen. (4) Daneben enthält das GWB u.a. verfahrensrechtliche Regelungen, so zu → Kartellverwaltungsverfahren, → Bußgeldverfahren, → Kartellzivilverfahren, zivilen → Unterlassungs- und → Schadensersatzansprüchen sowie Regelungen zum kartellrechtlichen Sanktionensystem (vgl. → Abstellungsverfügung; → Verpflichtungszusagen; → einstweilige Maßnahmen; → Entzug der Freistellung; → Vorteilsabschöpfung). – 4. *Verhältnis des deutschen zum* → europäischen Kartellrecht: a) *Durchsetzung des Kartellverbots:* Soweit Vereinbarungen zwischen Unternehmen, Beschlüsse von Unternehmensvereinigungen und aufeinander abgestimmte Verhaltensweisen geeignet sind, den Handel zwischen EU-Mitgliedsstaaten zu beeinträchtigen, ist Art. 101 I AEUV von der deutschen Kartellbehörde zwingend direkt anzuwenden. Nach § 22 I GWB kann die weitgehend korrespondierende Regelung des § 1 GWB dann parallel dazu angewandt werden. Dies darf gemäß § 22 II GWB jedoch nach deutschem Kartellrecht nicht zum Verbot einer Kartellvereinbarung führen, die bei Anwendung der entsprechenden europäischen Norm erlaubt wäre. b) *Missbrauchsaufsicht:* Art. 102 AEUV ist von der nationalen Wettbewerbsbehörde unmittelbar anzuwenden, wenn durch die missbräuchliche Verhaltensweise eine Handelsbeeinträchtigung im Gemeinsamen Markt droht. Die vergleichbaren Regelungen im deutschen Kartellrecht (hier insbesondere §§ 19, 20 GWB) können nach § 22 III GWB parallel dazu angewandt werden. Zur Unterbindung oder Ahndung entsprechender Verstöße können dabei nach nationalem Recht strengere Vorschriften erlassen werden als im europäischen Recht. c) *Zusammenschlusskontrolle:* Die Beurteilung von Zusammenschlussvorhaben mit Inlandsauswirkung erfolgt stets entweder nach deutschem Kartellrecht durch das Bundeskartellamt oder nach europäischem Kartellrecht durch die Generaldirektion Wettbewerb der Europäischen Kommission. Bei welcher Wettbewerbsbehörde der Zusammenschluss anzumelden ist, hängt insbesondere vom Zusammenschlusstatbestand sowie von den absoluten Umsätzen und der regionalen Umsatzstruktur der beteiligten Unternehmen ab. Dabei sind unter bestimmten Voraussetzungen (Teil-)Verweisungen von der eigentlich zuständigen nationalen Wettbewerbsbehörde an die Europäischen Kommission und umgekehrt möglich.

Deutsches Kreditabkommen → Stillhalteabkommen.

Deutsches Lebensmittelbuch – nach dem → Lebensmittel- und Futtermittelgesetzbuch (LFGB) eine Sammlung von Leitsätzen, in denen Herstellung, Beschaffenheit oder sonstige Merkmale von Lebensmitteln, die für die Verkehrsfähigkeit der Lebensmittel von Bedeutung sind, beschrieben werden. Die Leitsätze werden von der Deutschen Lebensmittelbuch-Kommission unter Berücksichtigung des von der Bundesregierung anerkannten internationalen Lebensmittelstandards beschlossen (§§15,16 LFGB).

Deutsches Network Information Center → DENIC.

deutsches Normenwerk – vom Deutschen Institut für Normung e. V. (→ DIN) herausgegebene Gesamtheit der → deutschen Normen; umfasst alle technischen Disziplinen.

Deutsches Patent- und Markenamt (DPMA) – selbstständige Bundesoberbehörde im Geschäftsbereich des Bundesministeriums der Justiz (BMJ), Sitz in München, zuständig für die Erledigung der ihm nach dem PatG, GebrMG, MarkenG, UrhG, GeschmMG, SchriftzeichenG und HalbleiterSchG übertragenen Aufgaben, Anmeldeamt für internationale Patentanmeldungen nach dem → Patent Cooperation Treaty (PCT), Aufsichtsbehörde für die → Verwertungsgesellschaften und zuständig für die Veröffentlichung der Übersetzungen → europäischer Patente, die nicht in deutscher Sprache vorliegen. Angegliedert sind die Schiedsstellen für → Arbeitnehmererfindungen, die Schiedsstelle für Urheberrechtstreitfälle, an denen eine Wahrnehmungsgesellschaft beteiligt ist (§ 14 WahrnehmungsG). Beim Amt bestehen Prüfstellen und -abteilungen für Patente, Gebrauchsmusterstellen und -abteilungen, Topografiestelle und -abteilung, Markenstellen und -abteilungen sowie das Musterregister. Das Amt führt die Urheberrolle. – *Einsicht in Rollen, Register und Unterlagen:* → Akteneinsicht. – *Gebühren:* Patentkostengesetz vom 13.12.2001 (BGBl. I 3656) m.spät.Änd. – *Rechtsmittelgericht:* → Bundespatentgericht (BPatG).

Deutsches Rechnungslegungs Standards Committee (DRSC) – *German Accounting Standards Committee;* ein 1998 gegründetes privates Rechnungslegungsgremium. Mit dem im April 1998 durch das → Gesetz zur Kontrolle und Transparenz im Unternehmensbereich (KonTraG) eingefügten § 342 HGB wurde die Voraussetzung für die Etablierung eines privatrechtlich organisierten Rechnungslegungs-Standard-Setters nach den Vorbildern Financial Accounting Standards Board und International Accounting Standards Board geschaffen. – Die *Aufgaben* des Deutschen Rechnungslegungs Standards Committees (DRSC) sind in § 342 I HGB niedergelegt. Sie umfassen die Entwicklung von Empfehlungen zur Anwendung der Grundsätze über die Konzernrechnungslegung (sog. Deutsche Rechnungslegungs Standards (DRS)), die Beratung des Bundesministeriums der Justiz (BMJ) bei Gesetzgebungsvorhaben zu Rechnungslegungsvorschriften, die Vertretung der Bundesrepublik Deutschland in internationalen Standardisierungsgremien und die Erarbeitung von Interpretationen der internationalen Rechnungslegungsstandards. Diesen Aufgaben widmeten sich innerhalb des Deutschen Rechnungslegungs Standards Committees insbesondere der Deutsche Standardisierungsrat (DSR) sowie zahlreiche Arbeitsgruppen. Bei der Entscheidungsfindung des Deutschen Rechnungslegungs Standards Committees ist zudem die interessierte Öffentlichkeit einzubinden. Die Autorisierung der Empfehlungen des Deutschen Rechnungslegungs Standards Committees erfolgt über die Bekanntmachung durch das BMJ. In diesem Fall existiert eine gesetzliche Ordnungsmäßigkeitsvermutung, nach der die betreffenden Regelungen mit den die Konzernrechnungslegung betreffenden → Grundsätzen ordnungsmäßiger Buchführung (GoB) übereinstimmen. Im Rahmen der Neuorganisation im Jahre 2011 hat das Deutsche Rechnungslegungs Standards Committee das Präsidium neu besetzt sowie die neu eingerichteten HGB- und IFRS-Fachausschüsse gewählt. Diese ersetzen den DSR und das Rechnungslegungs Interpretations Committee (RIC). Als Abschluss der Neuorganisation wurde zudem die Neufassung des Standardisierungsvertrags zwischen dem BMJ und dem DRSC unterzeichnet.

deutsche Staatsangehörigkeit → Staatsangehörigkeit.

Deutsche Stiftung für internationale Entwicklung (DSE) – Entwicklungshilfeorganisation; 1959 gegründet. 2002 fusionierte die DSE mit der Carl-Duisberg-Gesellschaft (CDG) zur → Internationalen Weiterbildung und Entwicklung gemeinnützige GmbH (InWEnt); Sitz in Bonn.

deutsches Vermögen im Ausland – Vermögenswerte aus der Zeit vor dem Zweiten Weltkrieg, deutscherseits auf etwa 16–20 Mrd. RM (Vorkriegswert) beziffert, ohne Patente, Firmennamen, Marken- und Warenzeichen sowie Urheberrechte (Wert mind. weitere 15–18 Mrd. RM); die von der Bundesrepublik Deutschland angestrebte Anrechnung auf die deutschen Auslandsschulden fand keine Zustimmung. – *Verfügungsrechte der Eigentümer* seit 1945 in einzelnen Ländern verschieden, in einer Reihe von meist kleinen Staaten (wo oft erhebliche deutsche Werte investiert waren) freigegeben.

Deutsches Zentrum für Luft- und Raumfahrt → DLR.

Deutsche Telekom AG – 1. *Geschichte:* 1995 gegründet infolge der Privatisierung der Telekommunikationsdienste der Deutschen Bundespost; betreibt den Aufbau und die Unterhaltung moderner Telekommunikationsnetze. Am 18.11.1996 erfolgte der Börsengang der Deutsche Telekom AG. Seit 1998 (Telekommunikationsgesetz) ist die Monopolstellung der Deutsche Telekom AG auf dem Telefonmarkt in Deutschland gefallen. – 2. *Regulierung*: Seitdem kontrolliert eine Regulierungsbehörde, die heutige → Bundesnetzagentur, den Umgang der Deutsche Telekom AG mit der Konkurrenz.

Deutsche Telekom Stiftung – gegründet am 11.2.2004 mit Sitz in Bonn. – *Aufgaben:* Förderung von Bildung, Forschung und Technologie in Deutschland. Dazu gehört auch die Unterstützung technischer und naturwissenschaftlicher Schul- (Lehreraus- und -fortbildung, Anpassung von Lernprozessen) und Hochschulprojekte (in den Natur- und Ingenieurwissenschaften sowie Ökonomik).

Deutsche Terminbörse (DTB) → EUREX.

Deutsche Vereinigung für Finanzanalyse und Anlageberatung → DVFA.

Deutsche Volkswirtschaftliche Gesellschaft e.V. – 1946 gegründete, wirtschaftlich unabhängige Vereinigung. – *Ziele:* Überbrückung sozialer Gegensätze; Mitarbeit an der Lösung aktueller wirtschafts- und sozialpolitischer Probleme. – *Lehrtätigkeit:* Unterrichtung und Weiterbildung unterer und mittlerer kaufmännischer und technischer Führungskräfte in Seminaren. – *Arbeitsgebiete:* Betriebs- und volkswirtschaftliche Grundfragen, Arbeits- und Sozialrecht, Menschenkenntnis und -führung etc. – *Methoden:* Referat und Diskussion, praktische Fallmethode und Teamarbeit.

Deutsche Welle – rechtsfähige gemeinnützige Rundfunkanstalt des öffentlichen Rechts mit dem Recht der Selbstverwaltung; Sitz in Bonn. Die Deutsche Welle veranstaltet Rundfunk (Hörfunk und Fernsehen) für das Ausland und soll dort ein umfassendes Bild des politischen, kulturellen und wirtschaftlichen Lebens in Deutschland vermitteln. – *Rechtsgrundlage:* Gesetz über den dt. Auslandsrundfunk vom 16.12.1997 (BGBl. I 3094).

Deutsche Werbewissenschaftliche Gesellschaft e.V. (DWG) – Sitz in Köln. Gemeinnütziger Verein; knüpft an die Tradition der Gelehrtengesellschaft gleichen Namens von 1919 an. – *Mitgliedschaft:* Voraussetzung sind fachliche und berufliche Qualifikation sowie Unterstützung der Gesellschaftsziele. – *Aufgaben:* Vertretung und Förderung der Werbewissenschaft unter dem Leitsatz „Wissenschaftstransfer in die Praxis, Problemtransfer in die Wissenschaft". Ziel ist die Erhöhung der Werbewirksamkeit und die Vermeidung von Missbrauch der Werbung in allen gesellschaftlichen Bereichen (→ unlautere Werbung). – *Tätigkeitsbereich:* Durchführung einer jährlichen Tagung mit Teilnehmern aus Wissenschaft und Praxis; Herausgabe der wissenschaftlichen Zeitschrift „Transfer Werbeforschung & Praxis".

Deutsche Zentrale für Tourismus e. V. (DZT) – 1. *Merkmale:* Die DZT wirbt seit 60 Jahren im Auftrag der Bundesregierung für das Reiseland Deutschland auf der ganzen Welt. Seit 1999 ist die DZT auch mit dem überregionalen Inlandsmarketing betraut, indem überregionale Urlaubsthemen nachfragegerecht in Deutschland vermarktet werden. Als Marketingorganisation für das Reiseland Deutschland ist die DZT eine der zentralen → Tourismusorganisationen. – 2. *Ihre Aufgaben* gehen von der Entwicklung eines angebots- und erlebnisorientierten Marketing über die Bündelung und Optimierung aller Marketingaktivitäten bis hin zum flächendeckenden Vertrieb in Wachstumsmärkten. – 3. *In den Zielen* der DZT (Steigerung des Reiseaufkommens, Erhöhung der Deviseneinnahmen, Stärkung des Wirtschaftsstandortes Deutschland, Positionierung Deutschlands als vielfältiges und attraktives Reiseland) wird die Nähe zur → Tourismuspolitik deutlich. – 4. *Zu den Mitgliedern* der DZT zählen Unternehmen aus der Tourismus- und Verkehrsbranche, touristische Dachverbände und Landesmarketingorganisationen. Darüber hinaus wird die DZT durch einen in der Mitgliederversammlung gewählten Beirat unterstützt und durch einen Verwaltungsrat kontrolliert.

Deutschlandvertrag – wirkungslos gewordener Generalvertrag vom 26.5.1952 über die Beziehungen zwischen der Bundesrepublik Deutschland und den Mächten USA, Großbritannien und Frankreich.

Developing Country (DC) – „normales" → Entwicklungsland, teilweise auch als LDC (Less Developed Country) bezeichnet, in Abgrenzung zu den → Least Developed Countries (LDC), den ärmsten Entwicklungsländern.

Development Assistance Committee (DAC) – Ausschuss für → Entwicklungshilfe, seit 1961 ein Sonderorgan der → OECD. – *Ziel* ist die Koordinierung und Intensivierung der Entwicklungshilfe der westlichen Industrieländer. Die DAC-Mitgliedsstaaten bringen den Großteil der Entwicklungshilfegelder (→ ODA) für die Dritte Welt auf.

Development Banks → Entwicklungsbanken.

Development Corporations → Entwicklungsbanken.

Development Finance Companies → Entwicklungsbanken.

Deviation Clause (D/C) – Klausel in internationalen Kaufverträgen, nach der gewisse Abweichungen (Toleranzen) von den vereinbarten Waren zugestanden werden. – *Andere Bedeutung:* Rechtfertigungsgründe für die Abweichung vom Reiseweg (einer Ware).

Devisen – 1. *Devisen i.w.S.:* Ansprüche auf Zahlungen in fremder Währung an einem ausländischen Platz, meist in Form von Guthaben bei ausländischen Banken sowie von auf fremde Währung lautenden, im Ausland zahlbaren Schecks und Wechseln. – 2. *Devisen i.e.S.:* von Inländern gehaltene Bestände an ausländischen Währungen bzw. bei ausländischen Banken gehaltene Guthaben; in diesem Sinn häufig in der Praxis des Devisenhandels verstanden. Im Sprachgebrauch auch auf → Sorten und → Noten (ausländisches Bargeld) angewendet, im strengen Wortsinn jedoch auf Giralgeld (→ Sichteinlagen) beschränkt. – 3. *Arten* (nach Fälligkeit): (1) → Kassadevisen; (2) → Termindevisen. – Vgl. auch → Devisenmarkt.

Devisenablieferungspflicht – bei → Devisenbewirtschaftung Verpflichtung von Deviseninländern zur Devisenanmeldung und -ablieferung.

Devisenarbitrage → Arbitrage.

Devisenbewirtschaftung – *Devisenkontrolle;* eine auf partielle oder totale Regelung des Zahlungsverkehrs mit dem Ausland gerichtete Währungspolitik des Staates (Devisenmonopol). Devisenbewirtschaftung impliziert stets eine mehr oder weniger ausgeprägte zentrale staatliche Lenkung des Außenhandels und ist i.d.R. in einem chronischen Devisenmangel begründet. – Die Devisenbewirtschaftung erfasst alle Bereiche der → Zahlungsbilanz, bes. auch den Kapitalverkehr, mit dem Ziel, eine Abstimmung der Einnahmen und Ausgaben von Devisen zu erreichen. – *Gegensatz:* → Konvertibilität.

Devisenbilanz → Zahlungsbilanz.

Devisenbörse – Teil der → Wertpapierbörse, der den Handel mit Devisen betreibt. In einigen Ländern wie z.B. den USA und der Schweiz gibt es keine Devisenbörsen und auch in Deutschland wird der größte Teil der Devisen außerbörslich gehandelt.

Devisengeschäft → Devisenhandel.

Devisenhandel – Kauf und Verkauf von → Devisen, entweder gegen die eigene Währung oder gegen eine Fremdwährung (Usancegeschäft). Trotz bestehender bankaufsichtsrechtlicher Regelungen ist der Devisenhandel kein Bankgeschäft im Sinn des KWG. Gegenstände des Devisenhandeles sind ausschließlich über fremde Währung lautende Kontoguthaben, die auch Auszahlung genannt werden. Der Handel findet statt per Telefon oder per elektronisch gesteuertem Kommunikationssystem (z.B. Reuters). Teilnehmer sind außerdem Zentralbanken und große Unternehmen außerhalb des Bankenbereichs. Im Mittelpunkt des Handels stehen die Banken, die entweder für eigene Rechnung (v.a. in Form des Arbitragegeschäftes (Arbitrage, Devisenarbitrage) oder für Rechnung ihrer Kunden (Kundengeschäft im Devisenhandel) tätig werden. Banken, die unabhängig von ihrem Kundengeschäft ständig zu Geschäftsabschlüssen bereit sind, bezeichnet man als „Marktmacher" (Market Maker). Auf Anfrage nennen sie Kauf- bzw. Verkaufskurse, zu denen sie bereit sind, bestimmte Währungen zu handeln. Der Devisenhandel ist eine stark international geprägte Tätigkeit. Sehr viele Geschäftsabschlüsse kommen mit Banken im Ausland zustande, im bes. Maße beim Handel von US-Dollar gegen Euro (früher v.a. auch DM), der nahezu an allen internationalen Devisenhandelsplätzen stattfindet und „rund um die Uhr" möglich ist. Wichtigste Handelsplätze sind die größeren Städte in Deutschland, die Hauptstädte im europäischen Ausland sowie New York, Chicago, Tokio, Singapur und Hongkong.

Deviseninland → Wirtschaftsgebiet.

Devisenkassageschäft – Geschäft in fremder Währung, das mit zweitägiger Valuta zu erfüllen ist. Devisenkassageschäfte im Auftrag von Kunden führen Kreditinstitute als Kommissionär mit Selbsteintritt unter Ausschluss der Anzeige nach § 405 HGB aus. – Vgl. auch → Devisentermingeschäft.

Devisenkonto → Währungskonto.

Devisenkontrolle → Devisenbewirtschaftung.

Devisenkurs → Preis einer z.B. inländischen Währung, der für eine bestimmte Einheit einer anderen, z.B. ausländischen Währung, zu zahlen ist. Dieser Devisenkurs beinhaltet die sog. *Preisnotierung* einer Währung, während die reziproke Betrachtung (d.h. die Feststellung, welche Menge an ausländischer Währung für den Erhalt der inländischen Währung hingegeben werden muss) als → *Mengennotierung* bezeichnet wird. Mit der Einführung des Euros dominiert im Devisenhandel in Deutschland die Mengennotierung, d.h. es werden die Kurse der wesentlichen gehandelten Währungen auf einen Euro bezogen. Mit Einführung des Euros wurden die amtlichen Devisenkurse abgeschafft. Private und genossenschaftliche Banken veröffentlichen jeweils ihre eigenen Referenzpreise. Amtlichen Charakter hat der Referenzpreis der → Europäischen Zentralbank (EZB).

Devisenmarkt → Markt, auf dem verschiedene Währungen gegeneinander getauscht werden. Aus der Sicht des Inlandes sind → *Devisen* die ausländischen Währungen bzw. auf ausländische Währung lautende Finanzaktiva. – 1. *Devisenmarktgleichgewicht:* Hier wird unterschieden zwischen zwei verschiedenen Betrachtungsweisen. a) *Stromgrößenorientierte Betrachtung:* identifiziert Leistungsbilanzüberschüsse (-defizite) abzüglich der Nettokapitalexporte (-importe; → Zahlungsbilanz) als Überschussnachfrage (-angebot) nach heimischer Währung. Devisenmarktgleichgewicht erfordert eine Überschussnachfrage von null. b) *Bestandsgrößenorientierte Betrachtung:* Danach ist der Devisenmarkt dann im Gleichgewicht, wenn die → Leistungsbilanz ausgeglichen ist (→ außenwirtschaftliches Gleichgewicht) und die internationalen Kapitalanleger die zu einem bestimmten Zeitpunkt existierenden Bestände der in verschiedenen Währungen notierten Finanzaktiva im Sinn optimaler Portfoliozusammensetzungen auch zu halten bereit sind *(Bestandsgleichgewicht* oder *Portfoliogleichgewicht).* – Vgl. auch → Portfolio-Ansatz zur Wechselkursbestimmung. Das Devisenmarktgleichgewicht wird bei → flexiblem Wechselkurs u.a. durch die Anpassung des Wechselkurses erreicht. – 2. *Devisenmarktinterventionen:* Devisenmarktgleichgewicht kann im Fall eines → fixen Wechselkurses auch durch Devisenmarktinterventionen erreicht werden. Dies sind Verkäufe oder Käufe von Devisen, welche die Zentralbank eines Landes mit der Absicht unternimmt, auf den Wechselkurs Einfluss zu nehmen. Interventionen dieser Art haben auch Auswirkungen auf die Geldmenge, sofern die → Zentralbank keine → Sterilisierung betreiben will oder bei perfekter → internationaler Kapitalmobilität nicht betreiben kann. Seit die Hauptwährungen völlig flexibel sind, hat die Bedeutung von Devisenmärkten abgenommen. – Vgl. auch → außenwirtschaftliches Gleichgewicht, → monetärer Ansatz zur Zahlungsbilanztheorie, → Wechselkurstheorie, → Zahlungsbilanzausgleich.

Devisenmarkteffizienz – soll andeuten, dass die nominellen → Wechselkurse bei vollständiger Markttransparenz, rationalen Erwartungen der Wirtschafssubjekte und Abwesenheit → spekulativer Blasen alle gegenwärtig verfügbaren Informationen bez. erwarteter künftiger Veränderungen von Fundamentaldaten bereits voll inkorporieren. Überraschende Wechselkursveränderungen können demnach nur dann eintreten, wenn neue Informationen verfügbar werden. – Vgl. auch → Vermögenspreisansatz zur Wechselkursbestimmung, → Wechselkurstheorie.

Devisenmarktgleichgewicht → Devisenmarkt.

Devisenmarktintervention → Devisenmarkt.

Devisenmonopol → Devisenbewirtschaftung. Ein Devisenmonopol ist eine Marktform mit einem staatlichen Monopol der Devisenvergabe.

Devisenoption – Recht, aber nicht Verpflichtung des Inhabers einer → Option, einen bestimmten Währungsbetrag zu einem vereinbarten Preis (Basispreis oder Strike Price) bis bzw. zu einem festgelegten Auslauftag (Expiration Date) zu kaufen bzw. zu verkaufen. Als Äquivalent für das Wahlrecht hat der Optionsinhaber an den Stillhalter eine Prämie (Optionsprämie) zu zahlen. Ob der Optionsinhaber das Recht ausübt, hängt von der jeweiligen Kursentwicklung ab. Das Risiko des Käufers ist auf die Optionsprämie beschränkt. Die Gewinnmöglichkeiten sind (theoretisch) unbegrenzt. → Call und → Put sind während ihrer Laufzeit handelbar. Devisenoptionen eignen sich zur Wechselkurssicherung, zum Hedging und zur Spekulation. Die Kaufoption wird als Call bezeichnet, die Verkaufsoption als Put.

Devisenpensionsgeschäfte – Geschäfte, die Devisenswapgeschäften entsprechen mit dem Unterschied, dass Geschäftspartner auf Kassa- und Terminmärkten identisch sind. Devisenpensionsgeschäfte werden i.d.R. von Zentralbanken zur Steuerung der Devisenmärkte verwendet. – Da die Banken für die Dauer des Geschäfts → Zentralbankgeld verlieren, wird durch Devisenpensionsgeschäfte temporär Liquidität absorbiert. Insoweit ist die *liquiditätspolitische Wirkung* dieser Maßnahme die gleiche wie bei einem kontraktiven Devisenswapgeschäft. Im Gegensatz zu letzterem bleiben die → Nettoauslandsaktiva der Bundesbank bei einem Devisenpensionsgeschäft aber unverändert. Devisenpensionsgeschäfte dienen der Feinsteuerung des Geldmarkts. – Vgl. auch → Geldpolitik; → geldpolitische Instrumente.

Devisenreserven – Im Besitz der → Zentralbank befindliche, auf ausländische Währung lautende Guthaben bzw. Finanzaktiva. Der Teil der → Währungsreserven, der für Devisenmarktinterventionen verwendet wird. – Vgl. auch → Devisenmarkt.

Devisenrestriktionen – alle staatlichen Maßnahmen, die auf eine teilweise oder völlige Regelung des Zahlungsverkehrs mit Devisen als liquide Guthaben in ausländischer Währung ausgerichtet sind und die → Konvertibilität berühren. – *Beispiele:* Bewilligungspflicht von Auslandsanleihen und Kapitalexporten; Beschränkung des Erwerbs inländischer Wertpapiere durch Ausländer; Zuteilung von Reisedevisen. – Vgl. auch → Devisenbewirtschaftung.

Devisenspekulation – 1. *Charakterisierung:* Kauf (Verkauf) ausländischer Währungen (→ Devisen) in der Erwartung, dass ihr Wechselkurs steigt (sinkt) und sie mit Gewinn wieder verkauft (zurückgekauft) werden können. Die Devisentransaktion erfolgt am Markt für Kassadevisen (→ Devisenkassageschäft), am Markt für Termindevisen (→ Devisentermingeschäft) oder in Form eines Swapgeschäfts (→ Swap). – 2. *Folgen:* a) Im System *fester Wechselkurse* kann die Devisenspekulation destabilisierend wirken, da die Notenbank aufgrund ihrer → Interventionspflicht gezwungen sein kann, in einem solchen Ausmaß Devisen gegen Hingabe inländischer Zahlungsmittel aufzukaufen oder gegen Hereinnahme inländischen Geldes abzugeben, dass die inländische Geldversorgung in einer unter binnenwirtschaftlichen Gesichtspunkten unvertretbaren oder unerwünschten Weise gestört wird. – b) Im *System freier (sog. flexibler) Wechselkurse* können durch die Devisenspekulation ausgelöste Wechselkursschwankungen zu einer Verzerrung der internationalen Handelsströme und somit der → internationalen Arbeitsteilung und Faktorallokation führen (z.B. Exporteinschränkung und Importausweitung durch spekulationsbedingte Aufwertungen oder Inflationstendenzen durch spekulationsbedingte Abwertungen). – Vgl. auch → internationale Kapitalbewegungen.

Devisenswap → Swap; gleichzeitiger Kauf bzw. Verkauf von Devisen auf dem Devisenkassamarkt und Verkauf bzw. Kauf der Devisen auf dem → Devisenterminmarkt.

Devisenswapgeschäfte → Swapgeschäfte, → Devisenswap.

Devisenswappolitik → Swappolitik.

Devisentermingeschäft – Geschäft in fremder Währung, das zu einem späteren Zeitpunkt als ein → Devisenkassageschäft erfüllt wird. Devisentermingeschäfte werden von Kreditinstituten als

Eigengeschäfte ausgeführt. Sie können zur Wechselkurssicherung, aber auch zur Spekulation genutzt werden. Das Devisentermingeschäft wird auch als Outright-Devisengeschäft bezeichnet.

Devisenterminmarkt → Markt, auf dem → Devisentermingeschäfte abgeschlossen werden, bei denen der Geschäftsabschluss und die Durchführung des Geschäftes zeitlich auseinander fallen. Zwei → Wirtschaftssubjekte vereinbaren jetzt, zu einem bestimmten *künftigen* Zeitpunkt bestimmte Mengen zweier Währungen gegeneinander zu tauschen. Der dabei zugrunde gelegte nominelle → Wechselkurs wird *Terminkurs* genannt. Aufschläge (→ Reports, wenn der Terminkurs höher ist als der Kassakurs) und Abschläge (→ Deports, wenn der Terminkurs geringer ist als der Kassakurs) leiten sich aus Zinsunterschieden in den beteiligten Ländern ab. – Vgl. auch → Zinsparität.

dezentrale Energieversorgung – Im Gegensatz zu zentraler Energieversorgung versteht man unter dezentraler Energieversorgung die Energiebereitstellung durch kleinere Anlagen in Verbrauchernähe. Diese Begriffsdefinition hat also eine geografische und eine quantitative Komponente: Die dezentralen Energieumwandlungsanlagen stehen unmittelbar dort, wo die Energie gebraucht wird und die Energiebereitstellung erfolgt durch verhältnismäßig mehr, dafür aber wesentlich kleinere Anlagen im Vergleich zur zentralen Energieversorgung. Daraus ergeben sich neue Anforderungen an Energiemanagement, Netzbetrieb und Schutztechnik. – Unter dezentralen Stromerzeugungsanlagen versteht man daher insb. solche Anlagen, die in ein öffentliches Verteilnetz, gewöhnlich ein Mittel- oder Niederspannungsnetz, einspeisen oder der Eigenversorgung dienen. Auch Inselnetze (Zusammenschaltung weniger, kleiner Stromerzeuger und -verbraucher in ländlichen Regionen ohne Anschluss an ein öffentliches Stromnetz) zählt man zur dezentralen Stromerzeugung und -versorgung. Gleichermaßen werden Wind- und Solarkraftanlagen üblicherweise zur dezentralen Stromerzeugung gezählt, wobei hier nach obiger Definition darauf geachtet werden sollte, auf welcher Netzebene die Anlagen einspeisen. Insb. im Bereich der Windkraft ist der Übergang zur zentralen Stromerzeugung fließend.

dezentrales Controlling – Bezeichnung für die nicht zum zentralen Controlling gehörenden Controllerstellen, z.B. in Geschäftsbereichen, Landesorganisationen oder Werken.

Dezentralisation – Begriff der Organisation: Die Verteilung von Teilaufgaben auf verschiedene → Stellen, die im Hinblick auf die Merkmale einer → Aufgabe, z.B. Verrichtungsaspekt (→ Verrichtungsprinzip), Objektaspekt (→ Objektprinzip) oder räumlicher Aspekt, gleichartig sind. Dezentralisation nach einem Kriterium ergibt zugleich eine Zentralisation nach einem der übrigen Aufgabenmerkmale. – *Gegensatz:* → Zentralisation.

DFG – Abk. für → Deutsche Forschungsgemeinschaft e.V. (DFG).

DFN – Abk. für *Deutsches Forschungsnetz;* Netz für die Datenkommunikation zwischen Forschungseinrichtungen.

DFÜ – Abk. für → Datenfernübertragung.

DGB – Abk. für → Deutscher Gewerkschaftsbund.

DG Bank Deutsche Genossenschaftsbank AG – bis zur Fusion mit der GZ-Bank AG im Jahr 2001 zur DZ Bank AG (Deutsche Zentral-Genossenschaftsbank) Spitzeninstitut des genossenschaftlichen Finanzverbundes und Zentralbank für die Kreditgenossenschaften in großen Teilen Deutschlands.

DGebrZT – Abk. für *Deutscher Gebrauchs-Zolltarif,* jetzt: → Elektronischer Zolltarif (EZT).

DGMA – Abk. für *Deutsches Gebrauchsmuster angemeldet;* unzulässiger Hinweis auf eine Gebrauchsmusteranmeldung. – Vgl. auch → Gebrauchsmusterberühmung, → gesetzlich geschützt.

DHV – Abk. für *Deutscher Handels- und Industrieangestellten-Verband* (→ Christlicher Gewerkschaftsbund Deutschlands (CGB)).

Diagnose – Das dt. Wort Diagnose ist aus dem griech. Begriff *diagnostikos* enstanden, der so viel besagt wie „zum Unterscheiden geschickt". So sind Diagnosen Urteilsleistungen, die sich an bestimmten vorgegebenen Kategorien orientieren. Dabei kommt es auf die Genauigkeit, Zuverlässigkeit und Gültigkeit an. – Vgl. auch → Gemeinschaftsdiagnose, → Konjunkturdiagnose, → Situationsanalyse.

Diagnostic Lag → Lag.

diagonaler Finanzausgleich → Parafisci.

diagonale Unternehmenskonzentration → Unternehmenskonzentration.

Dialektik – im antiken Griechenland Bezeichnung für eine Argumentationslehre, wie vorgetragene Meinungen auf ihre Gründe zu prüfen sind. Später erfolgte Umdeutung zu einer *Entwicklungstheorie,* speziell in Form der *dialektischen Triade* von These, Antithese und Synthese. Im → Marxismus wird Dialektik zur Wissenschaft von allg. Entwicklungsgesetzen innerhalb von Natur und Gesellschaft. – In *Deutschland* hat die Dialektik-Konzeption der → Frankfurter Schule größere Beachtung gefunden; beschränkt sich auf Analyse gesellschaftlicher Entwicklungen und Zusammenhänge.

dialektische Planung – 1. *Begriff:* Methode zur Unterstützung von Analyse- und Planungsprozessen, in denen es um schlecht strukturierte Probleme geht, für die keine operationale Problemdefinition vorliegt und die aus ganz unterschiedlichen Blickwinkeln betrachtet werden können. – 2. *Merkmale:* Die dialektische Planung kann dazu beitragen, die verschiedenen

Sichtweisen explizit darzustellen und weiterzuentwickeln. – 3. *Methodik*: Die einzelnen Argumentationen (z.B. von operativen Führungskräften) werden als „Thesen“ aufgefasst und systematisch mit „Antithesen“ (die z.B. von den Planungsstäben formuliert werden) konfrontiert. Im Idealfall können dann „Synthesen“ entwickelt werden, die die verschiedenen Sichtweisen berücksichtigen bzw. sich als nicht haltbar erweisende Aussagen eliminieren.

dialektischer Materialismus – allgemein-philosophische Grundlage des → Marxismus zur Ableitung von Entwicklungsgesetzmäßigkeiten in Natur und Gesellschaft. Dialektik als Methode bedeutet Denken in Widersprüchen. – 1. *Hegel*, auf den sich Marx methodologisch beruft, geht davon aus, dass sich die menschliche Vernunft (das Bewusstsein) dialektisch fortschreitend weiterentwickelt: Jeder Begriff *(These)* impliziert seinen Widerspruch *(Gegenthese)*, und beide verschmelzen zu einer höheren Wissensstufe *(Synthese)*, die als neue These wiederum ihre Gegenthese hervorruft. Dieser fortschreitende Erkenntnisprozess bestimmt Hegel zufolge das Denken und damit die Realität, die er aus der Natur des Geistes zu erklären versucht *(Idealismus)*. – 2. Für *Marx* dagegen basieren alle geistigen und sozialen Erscheinungen auf der objektiven Realität, die für ihn allein die Materie sein kann *(Materialismus)*, d.h. die Ideen und das Bewusstsein sind nur Reflexe der materiellen Wirklichkeit. Unter dem Materiellen versteht er die Gesamtheit aller objektiv-realen Dinge und Prozesse einschließlich der Beziehungen, Zusammenhänge und Verhältnisse in Natur und Gesellschaft. Wesentliches Merkmal dieses Materiebegriffs ist für Marx und Engels die *Bewegung* im Sinn fortschreitender dialektischer Veränderung, hervorgerufen durch die inneren Widersprüche und Spannungen. Aus der Spannung der Gegensätze und ihrer gegenseitigen Durchdringung wird die Entwicklung zu Neuem und Höherem abgeleitet *(„Einheit und Kampf der Gegensätze“)*. Sie wachsen so lange sukzessive an, bis sich die materielle Realität an einem bestimmten Punkt abrupt und radikal verändert *(„Übergang der Quantität in Qualität“)*. Die neue Qualität ruft jedoch entsprechend der dialektischen Grundthese ihren eigenen Widerspruch hervor *(„Negation der Negation“)*. – Da der Mensch durch seine Arbeit in ständigem Austausch mit der Natur steht und dabei gesellschaftliche („materielle“) Beziehungen eingeht, gilt dieses materielle Bewegungsgesetz der marxistischen Theorie zufolge auch für die Entwicklung des Gesellschaftssystems (→ historischer Materialismus).

Dialer – Anwahlprogramme, die Verbindungen zu einer Nummer herstellen, bei der neben der Telekommunikationsdienstleistung Inhalte abgerechnet werden. Wegen der Fähigkeit des Dialers, jede Telefonnummer anzuwählen, besteht die Möglichkeit, teure → Mehrwertdienste-Rufnummern ein- und zwischenzuschalten, ohne dass der Kunde dies bemerkt. Kostenpflichtige Dialer dürfen nur noch über die Rufnummerngasse 0900-9 betrieben werden. Dialer müssen nach § 66f TKG bei der → Bundesnetzagentur registriert werden.

Dialogbetrieb – *Dialogverarbeitung, interaktiver Betrieb;* in der elektronischen Datenverarbeitung Betriebsart eines Computersystems, in der ein direkter Austausch von → Daten zwischen dem Benutzer und dem System in der Art eines Dialogs stattfindet.

Dialogbuchung – in der EDV-Buchführung Bezeichnung für einzelne Buchungen, die nach Eingabe der Daten sofort auf die Konten gebucht werden. – *Gegensatz:* Stapelbuchung (→ Stapelbuchhaltung).

Dialogmarketing – Marketingstrategie, bei der die Anbieter mit ihren → Kunden bzw. → Zielgruppen in einen Dialog eintreten, der über die Marketingkommunikation hinausgeht. So können Kundenanregungen z.B. für die → Produktpolitik genutzt werden.

Dialogverarbeitung → Dialogbetrieb.

Diamond – Peter Arthur, geb. 1940, ist ein US-amerik. Wirtschaftswissenschaftler. Seit 1997 ist er Institute Professor am Massachusetts Institute of Technology (MIT). Forschung im Bereich der Sozialen Sicherheit sowie Finanzwissenschaft, Wirtschaftswachstum und Unsicherheit in der Ökonomie. Erhält 2010 den → Nobelpreis für Wirtschaftswissenschaften (zusammen mit Dale T. → Mortensen und Christopher A. → Pissarides) für bahnbrechende Analysen über Märkte, an denen Angebot und Nachfrage nicht problemlos zueinander finden.

Diamond-Modell → Generationenmodelle

Diäten – Bezeichnung für die den Abgeordneten des Bundestages und der Länderparlamente gewährten → Aufwandsentschädigungen.

dichotomes Merkmal → Merkmal, bei dem nur zwei → Ausprägungen unterschieden werden, z.B. Geschlecht oder ja/nein-Antworten. – Vgl. auch → Dichotomisierung.

Dichotomie des Geldes – Zweiteilung von monetärem und realem Sektor einer Volkswirtschaft, also Trennung von Geld- und Werttheorie. Geldpolitische Maßnahmen bewirken nach den Vorstellungen klassischer → Geldtheorien lediglich eine Änderung des Preisniveaus, nicht dagegen auch Veränderungen der wirtschaftlichen Aktivitäten, also der realen Sphäre. Diese Theorie impliziert die → Neutralität des Geldes. Sie ist überholt, in der neueren Theorien durch mannigfache monetäre Transmissionstheorien bzw. Transmissionsmechanismen (→ Geldtheorie) überwunden; doch wird sie als geldtheoretische Auffassung von grundlegender Bedeutung immer wieder diskutiert.

Dichotomisierung – in der Statistik Zerlegung einer → Gesamtheit in zwei → Teilgesamtheiten mithilfe eines Merkmals, bei dem nur zwei Ausprägungen unterschieden werden (→ dichotomes

Merkmal). – *Beispiel:* Dichotomisierung einer Personengesamtheit bezüglich des Geschlechts oder mittels des Merkmals „Alter der Person" in Personen mit höchstens 30 Jahren oder mehr als 30 Jahren.

Dichtefunktion – bei einer stetigen → Zufallsvariablen die Ableitung der → Verteilungsfunktion. Der Zusammenhang zwischen einer Verteilungsfunktion F und der zugehörigen Dichtefunktion f ist gegeben durch

$$F(x) = \int_{-\infty}^{x} f(z)dz, x \in (-\infty, \infty)$$

dichtester Wert → Modus.

Dickey-Fuller-Test – Zur Testdurchführung bestehen drei Möglichkeiten: (1) Es wird die erste → Differenz einer → Zeitreihe auf den gelagten Wert (→ Lag) der gleichen Zeitreihe regressiert. Eine Ablehnung der Nullhypothese bedeutet hier, dass die Zeitreihe einem Prozess mit Erwartungswert null entstammt. – (2) Es wird die erste Differenz einer Zeitreihe auf den gelagten Wert der gleichen Zeitreihe und eine Konstante regressiert. Wird die Nullhypothese nun abgelehnt, bedeutet dies, dass die Zeitreihe einem Prozess mit von null verschiedenem Erwartungswert entstammt. – (3) In die Testgleichung aus Möglichkeit (2) wird zusätzlich ein deterministischer → Trend integriert. Eine Ablehnung der Nullhypothese bedeutet hier, dass ein trendstationärer Prozess vorliegt, d.h. erst nach Trendbereinigung (Trendbereinigung und Stationarisierung) von einem stationären Prozess ausgegangen werden kann. – Die Testentscheidung erfolgt anhand des t-Werts (hypothetischer Parameterwert gleich null) für die gelagte erklärende Variable in den Modellen (1) bis (3). Liegt der Regressionskoeffizient nahe bei null, so kann die Hypothese des Vorhandenseins einer Einheitswurzel nicht verworfen werden. Dickey und Fuller (1979) haben für diesen Test spezielle kritische Werte tabelliert. – Sollte der Störterm der Regression autokorreliert sein, empfiehlt sich der Augmented Dickey-Fuller-Test, bei dem zusätzlich noch gelagte Differenzen der Zeitreihe in das zum Test verwendete Regressionsmodell als erklärende Variablen miteinbezogen werden. Die Lag-Anzahl wird dabei i.d.R. über das → Akaike-Informationskriterium oder das → Schwarz-Informationskriterium bestimmt. Sinnvoll ist es zudem, für die gewählte Lag-Anzahl zu prüfen, ob die → Residuen der ADF-Regression autokorreliert sind oder nicht (z.B. mit dem → Breusch-Godfrey-Autokorrelationstest). Sind sie dies nicht, ist die richtige Lag-Anzahl gefunden.

Didaktik → Wirtschaftsdidaktik, → didaktische Modelle.

didaktische Modelle – theoretisch konstruierte Gebilde, mit deren Hilfe komplexes Unterrichtsgeschehen in seiner Struktur, seinen Intentionen, seinem Ablauf und in seinen individuellen und gesellschaftlichen Implikationen als durchschaubares Beziehungsgefüge beschrieben (Explikationsmodelle) und geplant (Handlungsmodelle) werden kann (Salzmann). – Für die Unterrichtspraxis *bedeutsame Modelle:* (1) Bildungstheoretische bzw. kritisch-konstruktive Didaktik (Klafki); (2) lehrtheoretische (Heimann/Otto/Schulz) bzw. lerntheoretische Didaktik (Schulz); (3) informationstheoretische Didaktik (von Cube); (4) dialektische Didaktik (Klingenberg); konstruktive Dialektik (Arnold, Knoll).

Diebstahl – I. Begriff: Wegnahme einer fremden → beweglichen Sache in der Absicht rechtswidriger Zueignung (→ Vergehen). – 1. Eine Sache ist *fremd,* wenn sie nicht im *Alleineigentum* des Täters steht. – 2. Die Diebstahlshandlung besteht in dem *Wegnehmen,* dem Bruch fremden und der Begründung neuen Gewahrsams (anders bei der → Unterschlagung). – 3. Die *Zueignungsabsicht* ist gegeben, wenn der Wille des Täters darauf gerichtet ist, die Sache ihrem wirtschaftlichen Wert nach für sich zu gewinnen und andere davon auszuschließen. – 4. *Strafe:* Freiheitsstrafe bis zu fünf Jahren oder Geldstrafe. Auch der → Versuch ist strafbar (§ 242 StGB).

II. Sonderformen (sog. Regelbeispiele): 1. *Bes. schwerer Fall,* wenn der Diebstahl unter bestimmten in § 243 StGB aufgeführten Voraussetzungen ausgeführt wird (→ Einbruchdiebstahl) oder der auf frischer Tat ertappte Dieb Gewalt anwendet, um sich das Diebesgut zu sichern (räuberischer Diebstahl, § 252 StGB, ein Verbrechen). Nur auf *Strafantrag* hin verfolgt wird der Haus- und Familiendiebstahl (§ 247 StGB). – 2. Eine *Versicherung* deckt i.Allg. das Risiko des → einfachen Diebstahls nicht (Einbruchdiebstahlversicherung und Raubversicherung, → verbundene Hausratversicherung).

Die deutsche Kreditwirtschaft – Bankengruppenübergreifenden Interessenverband der deutschen Kreditwirtschaft. Bezeichnung bis Ende Juli 2011: Zentraler Kreditausschuss (ZKA). – 1. *Begriff und Zielsetzung:* Gremium des dt. Kreditgewerbes, in dem die gemeinsamen Interessen der dt. Kreditwirtschaft in rechtlichen, betrieblichen und politischen Fragen formuliert werden. Es setzt sich aus Vertretern der Deutschen Sparkassen- und Giroverbandes, des Bundesverbandes der Deutschen Volksbanken und Raiffeisenbanken, des Bundesverbandes deutscher Banken, des Bundesverbandes Öffentlicher Banken und des Verbandes deutscher Pfandbriefbanken zusammen. Der Vorsitz wechselt im jährlichen Turnus zwischen dem Bundesverband deutscher Banken, dem Sparkassen- und dem Genossenschaftsverband. – 2. *Abkommen im Zahlungsverkehr:* V.a. durch Verabschiedung zahlreicher Abkommen im zwischenbetrieblichen unbaren → Zahlungsverkehr (z.B. Lastschriftabkommen) hat der Verband eine sichere, schnelle und kostengünstige Abwicklung des inländischen Zahlungsverkehrs erreicht. Sie erfolgt fast vollständig beleglos. – 3. *Praktische Umsetzung von Abkommen:* Auf Expertenebene werden Verfahren und Regelungen im sog. Betriebswirtschaftlichen

Arbeitskreis des Verbands erarbeitet. Das vereinbarte Abkommen wird im sog. Unterschriftsverfahren von allen Beteiligten paraphiert; damit entfaltet es rechtlich bindende Wirkungen für alle Banken, die den Bankenverbänden, die das Abkommen unterschrieben haben, angeschlossen sind. Diese Verbindlichkeit bietet für alle Beteiligten ein hohes Maß an Verlässlichkeit und Rechtssicherheit. – 4. *Kartellaufsicht:* Die Abkommen unterliegen der Kartellaufsicht, da die getroffenen Vereinbarungen den Charakter von Leistungskartellen haben, die den Wettbewerb zwischen den Banken einschränken könnten und damit zulasten der Bankkunden gehen könnten. In der Praxis zeigte sich aber, dass die einheitliche Abwicklung die Transparenz erhöht und damit den Preiswettbewerb bzw. den Service der Banken. Die Wirksamkeit dieser hohen Wettbewerbsintensität spiegelt sich auch in den im international niedrigen Kosten der Zahlungsabwicklung in Deutschland wider. – 5. Weitere aktuelle Arbeitsschwerpunkte: Themen des Anleger- und Verbraucherschutzes; Umsetzung des Basel III-Regelwerkes (→ Basel III) in Europa zu Eigenkapital und Liquidität; wirtschaftspolitische Fragestellungen (z.B. zur europäischen Staatsschuldenkrise und zur Zukunft Europas).

Diehl – Karl, 1864–1943, deutscher Nationalökonom, der von 1908 bis zu seinem Tod in Freiburg lehrte. Diehl ist ein Hauptvertreter der → sozialrechtlichen Schule, zu der in Deutschland sein Lehrer Stammler gehört, die aber auch in den Vereinigten Staaten hervorragende Nationalökonomen aufweist, wie Commons (1862–1945), → Mitchell und → Veblen. Das Gedankengut von Diehl, dem nur noch eine dogmenhistorische Bedeutung beigemessen wurde, erlebt in der modernen → Neuen Institutionenökonomik eine gewisse Renaissance.

dienendes Grundstück → Grunddienstbarkeit.

Dienstalter – Bezeichnung für die Gesamtheit aller geleisteten Dienstjahre nach dem 21. Lebensjahr, wenn die Ernennung zum → Beamten nicht später erfolgte. Z.T. in den Bundesländern noch Grundlage für die Berechnung der Dienstbezüge (→ Besoldung) und des → Ruhegehaltes. Der Bund hat das Dienstalter als Berechnungsgrundlage inzwischen aufgegeben und Erfahrungszeiten eingeführt (§ 27 BBesG). Das Dienstalter als Grundlage für die Besoldung ist wegen einer eventuellen *Altersdiskriminierung* in die Kritik geraten.

Dienstanweisung – Hilfsmittel im Rahmen der → Organisation, mit dem die Erledigung von solchen Geschäftsvorfällen im Voraus genau festgelegt wird, die sich häufig wiederholen, sodass sich → Arbeitsanweisungen erübrigen. Meist schriftlich. Die Dienstanweisung enthält die Bestimmung von Zuständigkeit, Termin und Form der Erledigung. – Vgl. auch → Weisung.

Dienstaufsicht – 1. *Recht und Pflicht* des Dienstvorgesetzten, durch Überwachung, Belehrung, Anweisung für die ordentliche Erfüllung der Amtsgeschäfte zu sorgen. Bei Richtern eingeschränkt (§ 26 DRiG). – 2. *Aufsicht* über die fachliche Tätigkeit der nachgeordneten Behörden. – Vgl. auch → Fachaufsicht und → Rechtsaufsicht.

Dienstaufsichtsbeschwerde – nicht förmliche Beschwerdemöglichkeit, mit der sich jedermann gegen das Verhalten einer Behörde oder eines Bediensteten an die nächsthöhere Behörde desselben Verwaltungszweigs oder an den Vorgesetzten des Bediensteten wenden kann. – Die Dienstaufsichtsbeschwerde ist an *keine Frist* gebunden. – *Keine Kostenpflicht,* auch wenn sie erfolglos bleibt. – Im Unterschied zum → Widerspruch oder zur förmlichen → Beschwerde *kein Rechtsanspruch* auf eine Sachentscheidung, wohl aber ein Anspruch auf sachliche Befassung und Bescheidung.

Dienstaufwandsentschädigung – (an private Arbeitnehmer), im Sinn der Lohnsteuer grundsätzlich Teil des → Arbeitslohnes. Jedoch sind bes. Aufwendungen, die die Ausübung des Dienstes mit sich bringt, → Werbungskosten und als solche zu berücksichtigen, soweit sich ihre Trennung von den privaten Ausgaben leicht und einwandfrei durchführen lässt. Sind die Dienstaufwandsentschädigungen keine Werbungskosten, so werden sie als → Kosten der Lebensführung, die die wirtschaftliche und gesellschaftliche Stellung des Arbeitnehmers mit sich bringt, angesehen. – *Anders:* → Aufwandsentschädigung.

Dienstbarkeiten – *Servituten;* → dingliche Rechte zur Nutzung einer → Sache. Dienstbarkeiten sind: → Nießbrauch sowie (nur für Grundstücke in Betracht kommend) → beschränkte persönliche Dienstbarkeit und → Grunddienstbarkeiten.

Dienstbereitschaft → Arbeitsbereitschaft.

Dienstbezüge → Besoldung.

Dienstenthebung – Untersagung weiterer Amtstätigkeit. Die Einleitungsbehörde kann einen → Beamten vorläufig des Dienstes entheben, wenn ein förmliches → Disziplinarverfahren gegen ihn eingeleitet wird oder worden ist (z.B. § 38 Bundesdisziplinargesetz vom 9.7.2001 (BGBl. I 1510) m.spät.Änd.).

Diensterfindung → Arbeitnehmererfindung.

Dienstgeheimnis → Betriebs- und Geschäftsgeheimnis.

Dienstleistungen – I. Allgemein: In Abgrenzung zur Warenproduktion (materielle Güter) spricht man bei den Dienstleistungen von *immateriellen* → Gütern. – Als ein typisches *Merkmal von Dienstleistungen* wird die Gleichzeitigkeit von → Produktion und → Verbrauch angesehen (z.B. Taxifahrt, Haarpflege in einem Frisiersalon, Theateraufführung). Da die unmittelbare, überwiegend auch personengebundene *Arbeitsleistung* des Produzenten hier den wesentlichen Inhalt der Dienstleistungen ausmacht, werden nur geringe Möglichkeiten zur Produktivitätssteigerung gesehen. Daraus wurde die These eines generellen *Produktivitätsrückstands* der Dienstleistungen gegenüber der Warenproduktion abgeleitet (→ Drei-Sektoren-Hypothese). In modernen Volkswirtschaften haben derartige *gebundene Dienstleistungen* aber nur noch eine relativ geringe Bedeutung, vielmehr wird die Dynamik des Dienstleistungssektors insgesamt von der Entwicklung *ungebundener Dienstleistungen* bestimmt, für die eine zeitliche und räumliche Entkoppelung von Produktion und Verbrauch durchaus charakteristisch ist. Bei diesen ungebundenen Dienstleistungen, zu denen bes. die *produktions-* oder *unternehmensbezogenen Dienstleistungen* gehören (→ Finanzdienstleistungen, → technische Dienstleistungen), erlaubt der Einsatz technischer Hilfsmittel (EDV, Kommunikationstechniken) Produktivitätssteigerungen, die weit über denen der industriellen Produktion liegen können.

II. Marketing: → Dienstleistungsmarketing.

III. Außenhandel: Dienstleistungsexporte liegen vor, wenn → Inländer Dienstleistungen für → Ausländer erbringen. Von Dienstleistungsimporten spricht man, wenn die Ausländer im Inland oder im Ausland Dienstleistungen für Inländer erbringen. – Vgl. auch → Zahlungsbilanz, → Dienstleistungsbilanz.

IV. Amtliche Statistik: Statistische Informationen über Dienstleistungen werden im Rahmen der → Dienstleistungsstatistik erhoben. Dabei werden Dienstleistungsunternehmen befragt, deren Schwerpunkt der wirtschaftlichen Tätigkeit in den Wirtschaftsabschnitten Verkehr und Lagerei, Information und Kommunikation, Grundstücks- und Wohnungswesen, Erbringung von freiberuflichen, wissenschaftlichen und technischen Dienstleistungen, Erbringung von sonstigen wirtschaftlichen Dienstleistungen sowie in der Abteilung Reparatur von Datenverarbeitungsgeräten und Gebrauchsgütern nach der Wirtschaftszweigsystematik (WZ 08) liegt.

Dienstleistungsbetrieb → Dienstleistungsunternehmen.

Dienstleistungsbilanz – Bestandteil der → Zahlungsbilanz.

Dienstleistungsbörse → Börse, an der → Dienstleistungen gehandelt werden, z.B. Versicherungen oder Transportleistungen.

Dienstleistungsexport → Ausfuhr, → Dienstleistungen.

Dienstleistungsfreiheit → Grundfreiheit des EU-Rechts mit unmittelbarer Wirkung, besitzt den Charakter eines allg. → Beschränkungsverbotes (Art. 56 AEUV), gilt auch im Gebiet des → EWR. – 1. *Aktive Dienstleistungsfreiheit:* Das Recht, sich zur Einbringung einer Dienstleistung in einen anderen Mitgliedsstaat der EU (bzw. des EWR) zu begeben und dort unter den dort für die entsprechende Branche geltenden Vorschriften tätig zu werden. – 2. *Passive Dienstleistungsfreiheit:* Das Recht, sich zur Entgegennahme einer Dienstleistung in einen anderen Mitgliedsstaat (EWR-Staat) zu begeben (z.B. Tourismus). – 3. *Verwirklichung der Dienstleistungsfreiheit:* Nationale Vorschriften, die der Verwirklichung entgegenstehen, können gerichtlich auf ihre Notwendigkeit überprüft werden.

Dienstleistungsgenossenschaften – Genossenschaften, die originäre und komplementäre Dienstleistungen für ihre Mitglieder (Betriebe und Haushalte) erbringen. Bei einer originären Dienstleistung wird nur diese ohne ergänzende Leistungszugabe bzw. Verbindung zu einem vermittelten Produkt erbracht, während eine komplementäre Dienstleistung im Zusammenhang mit einer konkreten Leistungserstellung im Produktions-, Handels- oder Bankbereich steht. – a) Originäre Dienstleistungsgenossenschaften im (1) ländlichen Sektor sind Kalthaus-, Zucht-, Maschinen- und Dresch-, Elektrizitäts-, Brennerei- und Kartoffeltrocknungsgenossenschaften. Originäre Dienstleistungsgenossenschaften (2) des gewerblichen bzw. wohnungsgenossenschaftlichen Sektors sind: Taxi-Genossenschaften, Übersetzergenossenschaften, Seniorengenossenschaften mit dem Ziel der Altenberatung und -betreuung u.a. Diese Leistungen werden für die Mitglieder und bis zu einem gewissen Grad auch für Nichtmitglieder im Rahmen eines Ergänzungs- und Hilfsgeschäftes ohne Bezug auf eine andere Leistung erbracht. – b) Bei den komplementären Dienstleistungsgenossenschaften ergibt sich dem gegenüber, dass neben dem Haupt- bzw. Kerngeschäft – Bezug und Absatz von ländlichen Waren, Verwertung von Milch, Wein, Obst und Gemüse u.a. – subsidiäre Dienstleistungen erbracht werden, die dann letztlich die Gesamtleistung des genossenschaftlichen Geschäftsbetriebes gegenüber den Mitgliedern ausmachen. In diesem Sinn sind auch die → Kreditgenossenschaften einzustufen, die neben der primären Dienstleistungsfunktion einer Kreditvermittlung für die Mitglieder auch ergänzende Beratungs- und Betreuungsleistungen erbringen. Es kann davon ausgegangen werden, dass die Dienstleistungsaktivitäten der Genossenschaften zukünftig an Bedeutung gewinnen werden.

Dienstleistungsgeografie – Teilbereich der → Wirtschaftsgeografie, der mit der zunehmenden Tertiärisierung der Wirtschaft an Bedeutung gewinnt. Die Dienstleistungsgeografie befasst sich mit den räumlichen Strukturen und Entwicklungen im tertiären Sektor (→ Dienstleistungssektor). Untersucht werden Lokalisationsformen, Standortbedingungen, Organisationsformen und Raumwirksamkeit der Unternehmen dieses Wirtschaftssektors sowie das räumliche Verhalten von Beschäftigten und Kunden. I.d.R. stehen Teilbereiche der Dienstleistungsgeografie (z.B. → Handelsgeografie, → Freizeitgeografie, → Tourismusgeografie, → Verkehrsgeografie) im Mittelpunkt der Betrachtung. An Bedeutung haben Forschungen über sog. wissensintensive → Dienstleistungen („knowledge intensive business services“) sowie über die Internationalisierung von Dienstleistungen gewonnen.

Dienstleistungsgesellschaft – *postindustrielle Gesellschaft, Tertiarisierung der Wirtschaft;* die Dienstleistungsgesellschaft ist dadurch charakterisiert, dass das Wirtschaftswachstum in hoch entwickelten Volkswirtschaften überwiegend durch den Konsum und die Produktion von Dienstleistungen getragen wird. – Vgl. auch → Dienstleistungssektor, → Drei-Sektoren-Hypothese.

Dienstleistungsintensität der Produktion → intrasektoraler Strukturwandel.

Dienstleistungskommission → Leistungskommission.

Dienstleistungskosten – durch Inanspruchnahme von Dienstleistungen hervorgerufene → Kosten, z.B. Versicherungskosten, Rechts- und Beratungskosten, Frachtkosten.

Dienstleistungsmarke → Marke für → Dienstleistungen.

Dienstleistungsmarketing

von Prof. Dr. Manfred Bruhn

I. Grundlagen

1. Entwicklung

Moderne Industriestaaten vollziehen seit den 1970er-Jahren einen Strukturwandel von einer Industrie- zu einer Dienstleistungsgesellschaft. Diese so genannte Tertiarisierung geht u.a. einher mit einem Beschäftigungsanstieg im Dienstleistungssektor, sodass mittlerweile mehr als 70 Prozent der Erwerbstätigkeit in Deutschland auf Dienstleistungsberufe entfällt. Der seit Anfang der statistischen Erfassung festzustellende Bedeutungsanstieg des Dienstleistungssektors fordert auch das Marketing: Die Wissenschaftsdisziplin des Dienstleistungsmarketings findet ihren Ursprung gegen Ende der 1970er-Jahre, als festgestellt wurde, dass sich klassische Marketingkonzepte nur begrenzt zur Vermarktung von Dienstleistungen eignen. Die sprunghafte Bedeutungszunahme des Dienstleistungsmarketing zeigt sich in der Praxis v.a. an einer intensiven Auseinandersetzung mit den entsprechenden Fragestellungen (z.B. Dienstleistungsqualität, Dienstleistungsmitarbeiter) und in der Wissenschaft an einer explosionsartigen Zunahme einschlägiger Publikationen sowie der anhaltenden Neugründung dienstleistungsspezifischer Bildungs- und Forschungsinstitute.

2. Begriffsdefinition

Unter Dienstleistungsmarketing werden die Analyse, Planung, Implementierung und Kontrolle sämtlicher Aktivitäten eines Dienstleistungsunternehmens verstanden, die einer Ausrichtung des Leistungsprogramms und der Geschäftsbeziehung am Kundennutzen dienen.

3. Arten

Grundsätzlich lassen sich nach den Dienstleistungsträgern ein funktionelles und ein institutionelles Dienstleistungsmarketing unterscheiden. Während funktionelles Dienstleistungsmarketing als eine Nebenfunktion in Sachgüterunternehmen verstanden wird (Sachgüterunternehmen bieten zusätzlich Dienstleistungen an), beschäftigt sich das institutionelle Dienstleistungsmarketing mit dem Marketing von reinen Dienstleistungsunternehmen, wie bspw. Banken, Unternehmensberatungen etc.

II. Dienstleistungen als Gegenstand des Dienstleistungsmarketing

1. Begriff

Die in der Literatur vorherrschenden Definitionen von → Dienstleistungen lassen sich anhand von drei Dimensionen festmachen:

- *Potenzialdimension:* Dienstleistungen werden als die durch Menschen oder Maschinen geschaffenen Potenziale bzw. Fähigkeiten eines Dienstleistungsanbieters angesehen, spezifische Leistungen zu erbringen.
- *Prozessdimension:* Hierbei wird die Dienstleistung als eine Tätigkeit mit materieller oder immaterieller Wirkung interpretiert, die der Bedarfsdeckung Dritter dient und durch eine Synchronisation von Produktion und Absatz (Uno-Actu-Prinzip) gekennzeichnet ist.
- *Ergebnisdimension:* Dienstleistungen werden als immaterielles Ergebnis eines Prozesses der Dienstleistungserbringung verstanden.

Eine umfassende Definition des Dienstleistungsbegriffs resultiert aus der Zusammenführung dieser drei Dimensionen. Demnach sind Dienstleistungen selbstständige, marktfähige Leistungen, die mit der Bereitstellung (z.B. Versicherungsleistungen) und/oder dem Einsatz von Leistungsfähigkeiten (z.B. Friseurleistungen)

verbunden sind (Potenzialorientierung). Externe Faktoren, d.h. solche, die nicht im Einflussbereich des Dienstleisters liegen, werden im Rahmen des Erstellungsprozesses mit den internen Faktoren (z.B. Personal, Ausstattung, Geschäftsräume) kombiniert (Prozessorientierung). Die Faktorenkombination des Dienstleistungsanbieters wird mit dem Ziel eingesetzt, an den externen Faktoren, an Menschen (v.a. Kunden) und deren Objekten (z.B. Auto des Kunden), nutzenstiftende Wirkungen (z.B. Inspektion beim Auto) zu erzielen (Ergebnisorientierung).

2. Besonderheiten

Dienstleistungen weisen gegenüber Sachleistungen drei zentrale Besonderheiten auf.

- *Leistungsfähigkeit des Dienstleistungsanbieters:* Zur Erstellung einer Dienstleistung sind spezifische menschliche (z.B. Know-how oder körperliche Fähigkeiten) oder automatische Leistungsfähigkeiten (z.B. Funktion einer Autowaschanlage) erforderlich.
- *Integration des externen Faktors:* Eine Dienstleistung lässt sich nur bei Anwesenheit des Kunden oder seiner Verfügungsobjekte erstellen. Allerdings können aufgrund der Vielfältigkeit der Dienstleistungen die Art und die Intensität dieses interaktiven Geschehens zwischen Dienstleistungsanbieter und Konsument durchaus stark variieren (z.B. Teilnahme an einer Schulung versus Fast-Food-Imbiss).
- *Immaterialität:* Eine Dienstleistung ist generell nicht stofflich, nicht körperlich, folglich materiell nicht erfassbar. Aus dem Merkmal der Immaterialität ergeben sich zwei so genannte akzessorische Besonderheiten, die Nichtlagerfähigkeit und die Nichttransportfähigkeit von Dienstleistungen.

III. Messung der Dienstleistungsqualität

Aufgrund der Besonderheiten von Dienstleistungen wie die Integration des externen Faktors oder die Immaterialität haben es Dienstleistungsunternehmen im Vergleich zu Sachgüterproduzenten schwerer, eine konstant hohe Qualität zu gewährleisten. Hinzu kommt, dass bei vielen Dienstleistungen, die sich durch einen hohen Anteil an Erfahrungs- und Vertrauenseigenschaften auszeichnen, die Qualitätsbeurteilung im Vorfeld der Inanspruchnahme durch den Kunden nicht möglich ist, wodurch das wahrgenommene Kaufrisiko auf Seiten des Kunden höher im Vergleich zum Erwerb von Sachgütern ausfällt. Daher ist die Vertrauensgewinnung durch eine hohe Dienstleistungsqualität eine der zentralen Aufgaben des Dienstleistungsmarketing. Eine weitere Besonderheit besteht darin, dass die Dienstleistungsqualität durch die Integration des externen Faktors in die Leistungserstellungsprozesse zu einem gewissen Grad den Machtbereich des Anbieters verlässt und als Folge daraus durch den Anbieter nicht beeinflussbarer Schwankungen unterliegen kann.

Die Sicherstellung einer hohen Dienstleistungsqualität ist folglich eine zentrale Aufgabe des Dienstleistungsmarketing, die sich ohne eine kontinuierliche Messung nicht gewährleisten lässt. Während bei materiellen

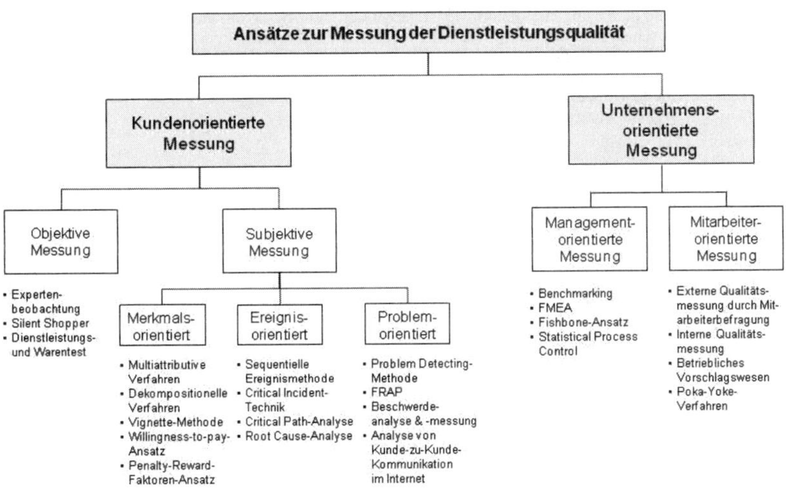

Gütern die Qualitätskonstanz durch gleiche Größe, Form, Farbe, Herstellungsverfahren etc. gewährleistet werden kann, sind bei Dienstleistungsunternehmen lediglich – wie dargestellt – die Potenzialfaktoren (z.B. die Ausstattung, Räumlichkeiten oder die Mitarbeiter) autonom kontrollierbar. In der Wissenschaft und Praxis haben sich verschiedene Ansätze zur Messung der Dienstleistungsqualität durchgesetzt, die sich in kunden- und unternehmensorientierte Messansätze differenzieren lassen.

Mittels kundenorientierter Messansätze wird eine Messung aus Sicht der Kunden vorgenommen, während unternehmensorientierte Messansätze der Messung aus Sicht von Unternehmensmitgliedern, entweder aus Sicht des Managements oder der Mitarbeiter, dienen. Da die Kunden im Mittelpunkt des Dienstleistungsmarketing stehen, kommt den kundenorientierten Messansätzen erste Priorität zu, wohingegen unternehmensorientierte Messansätze lediglich ergänzenden Charakter haben. Auf einer weiteren Ebene lassen sich objektive und subjektive Ansätze differenzieren. Die subjektiven, kundenorientierten Verfahren können darüber hinaus in merkmals-, ereignis- und problemorientierte Methoden untergliedert werden. Während merkmalsorientierte Verfahren von der Annahme ausgehen, dass die Qualitätseinschätzung von Kunden auf der Evaluierung verschiedener Qualitätsmerkmale einer Dienstleistung basieren, beziehen sich ereignisorientierte Verfahren auf die Überlegung, dass Kunden aus der Vielzahl von Situationen während eines Dienstleistungsprozesses bestimmte Erlebnisse als besonders qualitätsrelevant wahrnehmen. Problemorientierte Verfahren untersuchen die aus Kundensicht im Rahmen der Leistungserstellung kritischen Problemfelder.

IV. Instrumente des Dienstleistungsmarketing

Ebenso wie im Sachgütermarketing kann auch im Dienstleistungsmarketing eine Systematisierung der Marketinginstrumente in die vier Mixbereiche, die so genannten „4 Ps", vorgenommen werden: Leistungs-, Preis-, Distributions- und Kommunikationspolitik bzw. auf Englisch Product, Promotion, Place und Price. Darüber hinaus ist es aufgrund des intensiven Kontaktes zwischen Mitarbeiter und Kunde sinnvoll, die Personalpolitik als fünftes P in den Marketingmix zu integrieren. Die Abbildung „Dienstleistungsmarketing - Marketingmix von Dienstleistungsunternehmen" gibt einen Überblick über die Marketinginstrumente eines Dienstleistungsunternehmens, wobei es gilt, die konkrete Ausgestaltung und Koordination des Marketingmix, je nach Art der Dienstleistung und strategischer Orientierung, zu spezifizieren.

1. Leistungspolitik

Das Leistungsprogramm gilt als zentrales Element zur Profilierung eines Anbieters gegenüber den Wettbewerbern in einem sich verstärkenden Wettbewerbsumfeld. Dabei stehen die Kundenbedürfnisse im Mittelpunkt der Leistungspolitik eines Dienstleistungsanbieters. Aufgrund des prozesshaften Charakters von Dienstleistungen spielt hierbei v.a. die Frage des „wie" bei der Erstellung eine große Rolle. Schließlich bietet die markt- und kundenorientierte Ausrichtung des Dienstleistungserstellungsprozesses bereits – neben der eigentlichen Leistung - erste Ansatzpunkte zur Differenzierung gegenüber Konkurrenzunternehmen. Aufgrund der Integration des externen Faktors gilt es im Rahmen der Leistungspolitik zudem zu erwägen, welche Aktivitäten der Leistungserstellung dem Kunden abgenommen (Internalisierung) bzw. an ihn ausgelagert (Externalisierung) werden. Im Unterschied zu Sachleistungen kann dem potenziellen Kunden kein materielles und damit im Vorfeld beurteilbares Gut, sondern nur eine nicht-greifbare Leistung angeboten werden; folglich sind vertrauensbildende Maßnahmen seitens des Dienstleistungsunternehmens hilfreich für die Vermarktung. Vor diesem Hintergrund wird deutlich, dass die Marke als Vertrauensanker für den Konsumenten einen hohen Stellenwert im Dienstleistungsmarketing aufweist.

2. Preispolitik

Die Besonderheiten von Dienstleistungen haben auch einen Einfluss auf die Preispolitik. Aufgrund der Nichtlagerfähigkeit von Dienstleistungen kommt der Kapazitätsauslastung über die Preisdifferenzierung, die sich nach räumlichen, zeitlichen und abnehmerorientierten Kriterien vornehmen lässt, eine besondere Erfolgsrelevanz zu. Eine Sonderform der zeitlichen Preisdifferenzierung stellt die ertragsorientierte Preis-Mengen-Steuerung (Yield Management) dar, die Dienstleistungsanbietern mit unflexiblen Kapazitäten und hohen Fixkosten (z.B. Fluglinien, Transport- und Reiseunternehmen) Vorteile bietet: Je nach Auslastungsgrad des Dienstleistungsanbieters (z.B. Anzahl freier Sitzplätze) steigt oder fällt der aktuelle Preis der angebotenen Leistung. Ein weiteres Merkmal von Dienstleistungen, das auch die Preispolitik beeinflusst, ist die Immaterialität. Bedingt durch die schwere Beurteilbarkeit einer Leistung vor der tatsächlichen Inanspruchnahme verwenden Kunden das Preisniveau einer Leistung häufig als Qualitätsindikator. Entsprechend ist die Ermittlung einer Preis-Absatz-Funktion für Dienstleistungen besonders erfolgsrelevant.

3. Distributionspolitik

Die Distributionspolitik umfasst sämtliche Maßnahmen, die mit der Übermittlung von Dienstleistungen zum Endabnehmer in Zusammenhang stehen. Allerdings ist eine Dienstleistung aufgrund der Nichttransportfähigkeit nicht physisch handelbar, sondern erfordert i.d.R. eine Leistungserstellung vor Ort. Lediglich Leistungsversprechen können mittels eines materiellen Trägermediums (z.B. Versicherungsvertrag oder Eintrittskarte)

Dienstleistungsmarketing – Marketing-Mix von Dienstleistungsunternehmen

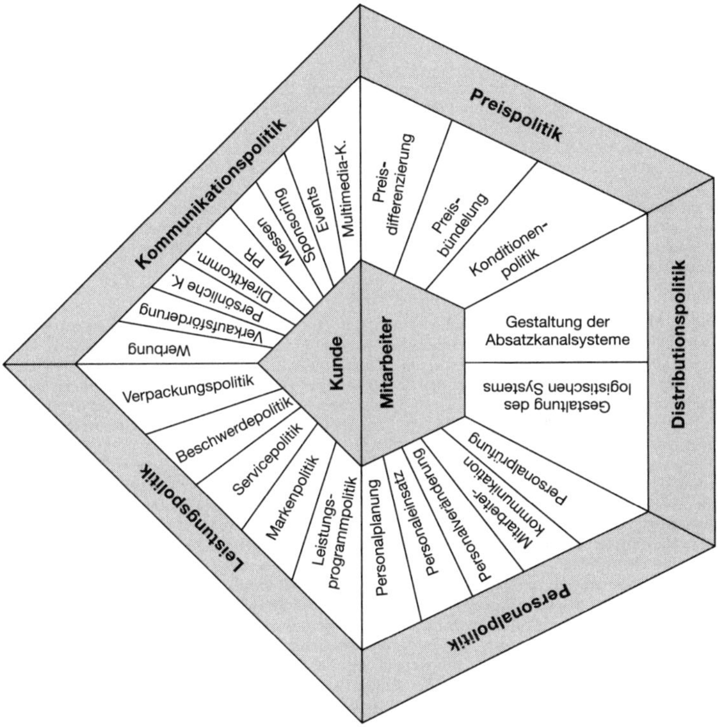

über eigene oder fremde Verkaufsorgane gehandelt werden. Demzufolge haben Entscheidungen bezüglich des Standorts und des Absatzkanalsystems im Dienstleistungsbereich eine besondere Bedeutung. In Bezug auf den Standort gilt es, insbesondere die Erreichbarkeit des Leistungserstellungsortes durch den Kunden sicherzustellen. Dabei kann die Dienstleistungserstellung beim Nachfrager (z.B. Hausbesuch), beim Anbieter (z.B. Autoreparatur) sowie an einem neutralen Ort (z.B. Konzertveranstaltung) stattfinden. In Bezug auf die Wahl der Absatzwege bestehen grundsätzlich beide Grundformen - direkt und indirekt – der Distribution zur Auswahl. Allerdings ist aufgrund der Immaterialität von Dienstleistungen bei der Wahl der Vertriebspartner (z.B. Franchise-Partner) sicherzustellen, dass diese einen einheitlichen Auftritt des Dienstleistungsanbieters gewährleisten. Schließlich tritt der Absatzvermittler in der Wahrnehmung des Kunden häufig als „Co-Producer" der Leistung auf, weshalb auf ihn zurückgehende Leistungsmängel nicht selten auf den eigentlichen Anbieter projiziert werden und dort einen Imageverlust hervorrufen können.

4. Kommunikationspolitik

Die Kommunikationspolitik eines Dienstleistungsunternehmens umfasst Maßnahmen der marktgerichteten, externen Kommunikation (z.B. Anzeigenwerbung), der innerbetrieblichen, internen Kommunikation (z.B. Mitarbeiterzeitschrift) sowie der interaktiven Kommunikation zwischen Mitarbeitern und Kunden (z.B. Beratungsgespräch). Im Rahmen des Dienstleistungsmarketing erweist es sich aufgrund der Integration des externen Faktors z.T. als schwierig, zwischen den kommunikationspolitischen Maßnahmen und der eigentlichen Leistungserstellung zu differenzieren (z.B. Bedienung-Gast-Beziehung im Restaurant). Eine Hauptaufgabe der Kommunikationspolitik im Dienstleistungsmarketing besteht darin, eine Materialisierung oder Visualisierung des Fähigkeitenpotenzials des Anbieters (z.B. Präsentation des Meisterbriefs eines Handwerkers) sowie der Dienstleistung durch Hervorhebung tangibler Elemente (z.B. Präsentation von Bildern eines Hotelzimmers im Internet) der Leistung zu erreichen sowie Vertrauen bei den Kunden aufzubauen. Letzteres lässt sich bspw. durch die Darstellung von zufriedenen Kunden in speziellen Kommunikationsmitteln (z.B. in Print-Anzeigen, auf der Webseite des Anbieters) erreichen.

5. Personalpolitik

Dem Dienstleistungspersonal kommt im Dienstleistungsmarketing eine besondere Bedeutung zu. Die Mitarbeiter eines Dienstleistungsanbieters und deren Fähigkeiten machen einen Großteil des Leistungspotenzials eines Anbieters aus. Vor allem bei Mitarbeitern von Dienstleistungsanbietern mit direkter Kundeninteraktion wird deren Bedeutung besonders deutlich. Die Wahrnehmung der Interaktionsphase zwischen Mitarbeiter und Kunde (so genannter ‚Service Encounter') steht aus Kundensicht häufig stellvertretend für die Qualitätswahrnehmung der gesamten Dienstleistung und entscheidet somit über die Zufriedenheit und das Wiederkaufverhalten der Kunden und folglich über den zukünftigen Erfolg eines Anbieters. Aufgrund des hohen Interaktionsgrades zwischen Mitarbeiter und Kunden gilt es für Dienstleistungsunternehmen, eine systematische Personalpolitik auf Basis des → Internen Marketing zur internen Absicherung der extern gerichteten Marketingaktivitäten zu verfolgen.

V. Zukunftsperspektiven des Dienstleistungsmarketing

Der Weg in die Dienstleistungsgesellschaft wird sich weiterhin fortsetzen. Gründe dafür sind u.a. gesellschaftliche Veränderungen wie der gestiegene Anteil erwerbstätiger Frauen, die tendenzielle Arbeitszeitverlängerung oder die Erhöhung der Lebenserwartung, die eine steigende Nachfrage nach Pflege- und Freizeitdienstleistungen zur Folge haben. Darüber hinaus werden auch klassische Konsum- und Industriegüterhersteller zur Individualisierung ihres Angebotes vermehrt Zusatzleistungen (so genannte Value Added Services) wie Transportdienstleistungen oder Beratungen anbieten. Entsprechend wird in Zukunft die Grenzziehung zwischen Sachgüter- und Dienstleistungsunternehmen fließender. In diesem Zusammenhang wird gegenwärtig in der Marketingwissenschaft sogar eine servicezentrierte Sichtweise des Marketings („Service Dominant Logic for Marketing") postuliert und intensiv diskutiert. Der Ausgangspunkt dieser neuen Marketingperspektive ist, dass sich die Sichtweise marktwirtschaftlicher Austauschprozesse von einem reinen Güteraustausch unter Einsatz des Marketingmix verlagert hin zu einem Austausch von Dienstleistungen in Form von Spezialfähigkeiten und Wissen, wobei physische Güter nunmehr als reine „Beiprodukte" einer Dienstleistung betrachtet werden. Auch innerhalb des Dienstleistungssektors, bspw. bei Finanz- und Versicherungsleistungen, verwässern traditionelle Branchengrenzen und die verschiedenen Branchen wachsen zusammen. Die neue Herausforderung liegt im Schnittstellen- und Netzwerkmanagement dieses neuen Leistungsangebotes. Eine weitere zentrale Herausforderung des Dienstleistungsmarketing liegt in den Integrationsmöglichkeiten des Nachfragers, die sich aus der Entwicklung neuer Kommunikations- und Informationstechnologien wie dem Internet ergeben. So lässt sich häufig bereits im Rahmen der Dienstleistungserstellung eine partielle oder vollständige Substitution der persönlichen durch elektronische Interaktionen feststellen. Hierbei bleibt zukünftig zu untersuchen, welchen Einfluss diese Substitution auf das Ergebnis und den Verlauf der Dienstleistungserstellung haben wird.

Dienstleistungsmarktforschung → Marktforschung auf Dienstleistungsmärkten, z.B. für Banken, Versicherungen, Telekommunikationsfirmen und Verkehrsbetrieben.

Dienstleistungsproduktion – 1. *Begriff:* Produktion von → Dienstleistungen im Rahmen der betrieblichen Leistungserstellung. – 2. *Merkmale:* Aufgrund der Immaterialität von Dienstleistungen lassen sich die üblichen Ansätze der Produktionstheorie, die für die Industrie entwickelt wurden, nicht ohne weiteres anwenden. – 3. *Entwicklung:* Im Zuge der Tertiarisierung der Wirtschaft sowie des zunehmenden Gewichts industrieller Dienstleistungen gewinnt die Analyse der Dienstleistungsproduktion immer mehr an Bedeutung. – 4. *Sichtweisen der Dienstleistungproduktion:* a) Bei der *potenzialorientierten Sicht* der Dienstleistungsproduktion steht die als → Vorkombination bezeichnete Bereitschaft eines Unternehmens zur Erbringung bestimmter Leistungen im Vordergrund. Die Dienstleistung selbst wird als immaterielles Leistungsversprechen aufgefasst. – b) In *prozessorientierter Sicht* wird die Dienstleistungsproduktion als Vorgang der Erstellung einer Dienstleistung, der durch das Auftreten des → externen Faktors angestoßen wird, betrachtet und die Art der Kombination des Leistungspotenzials mit weiteren → Produktionsfaktoren untersucht. – c) Die *ergebnisorientierte Sicht* der Dienstleistungsproduktion stellt auf die → Endkombination ab, bei der sich die Dienstleistung am → externen Faktor, dem Objekt der Dienstleistungsproduktion, als Veränderung oder auch Erhaltung bestimmter Eigenschaften konkretisiert. – 5. *Phasen der Dienstleistungsproduktion:* Der Ablauf der Dienstleistungsproduktion lässt sich (analog zur Sachgüterproduktion) in drei Phasen gliedern (vgl. Abbildung „Dienstleistungsproduktion – Phasen"). a) *Input:* Neben die internen → Produktionsfaktoren → Werkstoffe, → Betriebsmittel und → Arbeitskraft, durch deren zweckgerichtete Kombination die Leistungsbereitschaft des

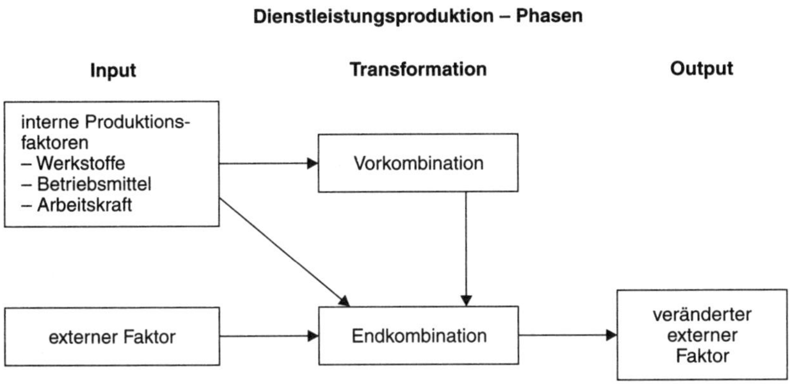

Unternehmens als Vorkombination erzeugt wird, tritt der externe Faktor als das Objekt, das die Dienstleistungsproduktion als Endkombination auslöst und das durch sie verändert wird. – b) *Transformation:* Die Dienstleistungsproduktion umfasst zum einen den auf der strategischen bzw. taktischen Planungsebene angesiedelten Aufbau der Leistungsbereitschaft in Form der Vorkombination, zum anderen die kurzfristig an die Nachfrage anzupassende Erbringung der Dienstleistung als Endkombination (→ Anpassung). Typisch für die Dienstleistungsproduktion sind dabei zum einen die hohe Personalintensität, zum anderen die Ausrichtung der Kapazität auf Spitzenbelastungen, da Dienstleistungen nicht lagerfähig sind. Beides kann zu einem hohen Fixkostenanteil der Dienstleistungsproduktion führen. – c) *Output:* Das Produkt der Dienstleistungsproduktion ist die beabsichtigte Veränderung von Eigenschaften des externen Faktors. Aufgrund der Immaterialität von Dienstleistungen lassen sich häufig weder die Menge noch ihre → Qualität eindeutig feststellen. Weiter treten Dienstleistungen wie Service, Beratung vielfach in Verbindung mit Sachgütern auf, sodass als Output ein Leistungsbündel entsteht (Kuppelproduktion, → Kuppelprodukte).

Dienstleistungsqualität → Dienstleistungsmarketing.

Dienstleistungsrichtlinie – 1. *Überblick:* Die am 28.12.2006 in Kraft getretene Richtlinie 2006/123/EG des Europäischen Parlaments und des Rates vom 12.12.2006 über Dienstleistungen im Binnenmarkt (sog. Dienstleistungsrichtlinie – ABl. L 376/36) war spätestens bis zum 28.12.2009 von den Mitgliedsstaaten umzusetzen. Die Umsetzung umfasst die Etablierung eines „Einheitlichen Ansprechpartners“ für alle Verwaltungsverfahren, die für die Aufnahme von Dienstleistungstätigkeiten erforderlich sind; die Ermöglichung der elektronischen Kommunikation mit dem Einheitlichen Ansprechpartner sowie die Normenprüfung und Normenanpassung. – 2. *Normenprüfung und -anpassung:* Als Grundlage der Normenanpassung wurde 2008 die Normenprüfung durchgeführt. Davon sind nicht nur die Gesetze und Verordnungen von Bund und Ländern erfasst, sondern auch die Satzungen der Kommunen und anderer öffentlichrechtlicher Körperschaften. Damit sind auch die Satzungen der Hochschulen und der Kammern von der Prüfungspflicht betroffen. Diskriminierende Vorschriften, also solche, die einen Dienstleistungserbringer aus einem anderen Mitgliedsstaat gegenüber einem dt. direkt oder indirekt benachteiligen, sind grundsätzlich verboten. Nicht diskriminierende Vorschriften sind daraufhin zu prüfen, ob sie wirklich notwendig sind. Für Genehmigungsverfahren sind Fristen vorzusehen, innerhalb derer die Genehmigung erteilt wird. Grundsätzlich ist eine Genehmigungsfiktion zu schaffen, wenn die Frist ohne Grund überschritten wird. Schließlich ist für eine Genehmigung grundsätzlich die bundesweite Geltung vorzusehen. – Auf Bundesebene wurden die verwaltungsverfahrensrechtlichen Bestimmungen der Dienstleistungsrichtlinie umgesetzt durch das Vierte Gesetz zur Änderung verwaltungsverfahrensrechtlicher Vorschriften vom 11.12.2008 (BGBl. I 2418). Weitere bereichsspezifische Regelungen: Gesetze zur Umsetzung der Dienstleistungsrichtlinie im Gewerberecht vom 17. 7.2009 (BGBl.I S. 2091), auf dem Gebiet des Umweltrechts vom 11.8.2010 (BGBl. I S. 1163, in der Justiz und zu Änderung weiterer Vorschriften vom 22.12.2010 (BGBl: I S. 2248). – 3. *Einheitlicher Ansprechpartner:* Wird in den Bundesländern unterschiedlich organisiert, kann z.B. in Form einer rechtsfähigen Anstalt des öffentlichen Rechts geschaffen werden. Als Träger der Anstalt kommen das Land, die Kommunen und die Kammern in Betracht. Die Zusammenarbeit der Einheitlichen Ansprechpartner der Bundesländer ist unproblematisch; dagegen erschwert das Verbot der Mischverwaltung die Einbeziehung der Bundesebene. – 4. *IT-Umsetzung:* Die Ermöglichung der elektronischen Kommunikation mit dem Einheitlichen Ansprechpartner wird in einigen Bundesländern verbunden mit den überlappenden Projekten Zuständigkeits-Finder und einheitliche Rufnummer 115.

Dienstleistungssektor – *tertiärer Sektor;* zusammenfassende Kennzeichnung derjenigen → Wirtschaftszweige, die → Dienstleistungen produzieren. – In der *institutionellen Abgrenzung* der Systematik der Wirtschaftszweige zählen dazu: Handel; Verkehr und Nachrichtenübermittlung; Kreditinstitute und Versicherungen; Wohnungsvermietung; sonstige Unternehmen oder freie Berufe, die Dienstleistungen erbringen; Organisationen ohne Erwerbscharakter und private Haushalte; Gebietskörperschaften und Sozialversicherung. – Alternativ kann der Dienstleistungssektor an Merkmalen der Berufsfunktion der Erwerbstätigen abgegrenzt werden *(funktionale Abgrenzung).* Typische Dienstleistungsberufe: Kaufleute, Techniker, Ingenieure, Verwaltungskräfte, Verkehrsberufe, Gesundheitsdienst- und Erziehungsberufe. – Statistisch stellt sich der Dienstleistungssektor bei funktionaler Abgrenzung als weitaus umfangreicher dar als bei institutioneller Abgrenzung, da Beschäftigte in Industrieunternehmen (→ sekundärer Sektor), die Dienstleistungsfunktionen ausüben, statistisch gleichwohl als Industriebeschäftigte erfasst werden. – Vgl. auch → intrasektoraler Strukturwandel.

Dienstleistungsstatistik – jährliche, dezentrale Stichprobenerhebung (→ Stichprobe) zur Erfassung von Strukturdaten von Unternehmen bzw. Einrichtungen zur Ausübung einer freiberuflichen Tätigkeit der vorwiegend unternehmensorientierten Dienstleistungsbereiche. Erfasst werden neben allg. Daten zum Unternehmen Personalinformationen, Erträge, Vorleistungen, Steuern und Subventionen sowie Daten zu Investitionen. Erhebungsgesamtheit sind Unternehmen aus den Abschnitten Verkehr und Lagerei, Information und Kommunikation, Grundstücks- und Wohnungswesen, Erbringung von freiberuflichen, wissenschaftlichen und technischen Dienstleistungen, Erbringung von sonstigen wirtschaftlichen Dienstleistungen, sowie aus der Abteilung Reparatur von Datenverarbeitungsgeräten und Gebrauchsgütern (→ Wirtschaftszweigsystematiken WZ 08). Die Einordnung eines Unternehmens in den Dienstleistungsbereich erfolgt dabei nach dem Schwerpunkt der wirtschaftlichen Tätigkeit. Zweck der Erhebung ist die Verbesserung der Datengrundlage im Dienstleistungsbereich für die → Volkswirtschaftliche Gesamtrechnung (VGR) und die Abbildung des Strukturwandels in diesem Bereich.

Dienstleistungstypologien → Dienstleistungsmarketing.

Dienstleistungsunternehmen – *Dienstleistungsbetriebe;* Unternehmen, die → Dienstleistungen erstellen und verkaufen. Sie gliedern sich in: (1) Handelsunternehmen; (2) → Verkehrsbetriebe, Telekommunikationsunternehmen; (3) → Banken; (4) → Versicherungsgesellschaften; (5) sonstige Dienstleistungsunternehmen, wie Gaststätten- und Beherbergungsgewerbe, Schneider, Friseure, Theater, Kinos, Schulen, Krankenhäuser, Wohnungsvermietungen, ferner die freien Berufe, wie Ärzte, selbstständige Wirtschaftsprüfer, Kommissionäre, Makler, Agenten.

Dienstleistungsverkehr → Außenwirtschaftsverkehr.

Dienstmädchenprivileg – bis 2001 Sonderausgabenabzug von Aufwendungen für hauswirtschaftliche Beschäftigungsverhältnisse. Dabei konnten Aufwendungen bis max. 18.000 DM (ca. 9.203 Euro) steuerlich berücksichtigt werden. Seit 2003 Steuerermäßigung bei Aufwendungen für haushaltsnahe Beschäftigungsverhältnisse und haushaltsnahe Dienstleistungen sowie für die Inanspruchnahme → haushaltsnaher Dienstleistungen; vgl. § 35a EStG.

Dienst nach Vorschrift → öffentlicher Dienst.

Dienstordnung – Vorschriften der öffentlich-rechtlichen Krankenkassen, Berufsgenossenschaften und Seekassen für ihre nichtbeamteten Angestellten (§§ 351 ff., § 414b RVO); autonomes Recht. Die Arbeitnehmer erhalten durch die Dienstordnung weitgehend eine beamtenrechtliche Rechtsstellung, ohne dass sie dadurch öffentlich-rechtliche Bedienstete im Sinn des Beamtenrechts werden. Ihr Rechtsverhältnis bleibt ein privatrechtlicher → Arbeitsvertrag.

Dienstpflichtverletzung – dasselbe wie Amtspflichtverletzung (→ Amtshaftung).

Dienstprogramm – Hilfsprogramm (→ Programm) zur Abwicklung häufig vorkommender, anwendungsneutraler Aufgaben bei der Benutzung eines → Computers, z.B. Binder, → Editor, Lader, Sortierprogramme (→ Sortieren), Testprogramme (→ Testhilfen).

Dienstreise – Begriff des Steuerrechts. Ein Ortswechsel aus Anlass einer vorübergehenden Tätigkeit des Arbeitnehmers an einem anderen Ort als seiner regelmäßigen → Arbeitsstätte; schließt Hin- und Rückfahrt mit ein (R 9.4 ff. LStR 2008). Dienstreisen werden heute generell unter dem Oberbegriff → auswärtige Tätigkeit eingeordnet. – Steuerliche Behandlung der aus Anlass der Dienstreise entstehenden und vom Arbeitgeber ersetzten *Kosten:* → Reisekosten, → Mehraufwand bei auswärtiger Tätigkeit.

Dienststrafverfahren → Disziplinarverfahren.

Dienstvereinbarung – Vertrag zwischen Dienststelle und → Personalrat im öffentlichen Dienst; entspricht der → Betriebsvereinbarung in der Privatwirtschaft.

Dienstverhältnis – Wer aus einem gegenwärtigen Dienstverhältnis, aus einem früheren Dienstverhältnis oder als Rechtsnachfolger einer anderen Person aus deren früherem Dienstverhältnis → Arbeitslohn bezieht, ist → Arbeitnehmer. Die Anstellung oder Beschäftigung kann im öffentlichen oder privaten Dienst bestehen (§ 1 I LStDV). Das typische Merkmal eines Dienstvertrags ist das Schulden der Arbeitskraft. – *Weitere Merkmale:* → Arbeitnehmer. Dienstverhältnis zwischen nahen Angehörigen werden steuerlich nur anerkannt, wenn sie ernsthaft vereinbart und entsprechend der Vereinbarung tatsächlich durchgeführt werden. Die vertragliche Gestaltung und Durchführung müssen den bei fremden Arbeitnehmern üblichen Bedingungen entsprechen. Wird das Dienstverhältnis steuerlich anerkannt, sind die dem Arbeitnehmer gewährten Vergütungen Arbeitslohn. Wird ein Dienstverhältnis steuerlich nicht anerkannt, stellen die zugeflossenen Leistungen keinen Arbeitslohn dar (→ Arbeitsverhältnis zwischen Angehörigen), aber beim Zahlenden auch keine Betriebsausgaben.

Dienstverpflichtung – gemäß Art. 12a GG zulässige Einschränkung der → Berufsfreiheit. – Männer können ab dem 18. Lebensjahr zum Dienst in den Streitkräften, im Bundesgrenzschutz oder in einem Zivilschutzverband verpflichtet werden. Kriegsdienstverweigerer können zu einem Ersatzdienst (→ Zivildienst) verpflichtet werden. Im Verteidigungsfall ist Verpflichtung zu zivilen Dienstleistungen möglich; kann der Bedarf nicht auf freiwilliger Grundlage erfüllt werden, können auch Frauen vom vollendeten 18. bis zum vollendeten 55. Lebensjahr zu derartigen Dienstleistungen herangezogen werden (Art. 12a IV GG).

Dienstverschaffung – Vertragsverhältnis zwischen Arbeitgeber und einem Dritten, wonach der Arbeitgeber einen Arbeitnehmer dem Dritten zur Verfügung stellt, ohne dass der Arbeitnehmer in den Betrieb des anderen eintritt, dort eingeliedert ist oder ein unmittelbares Arbeitsverhältnis zwischen Arbeitnehmer und Drittem zu entstehen braucht. – *Beispiel:* Taxiunternehmer vermietet Wagen mit Fahrer. – Der zur Beschaffung Verpflichtete *haftet* dem Dienstberechtigten nur für die ordnungsgemäße Vermittlung, für Verschulden bei der Auswahl des zu beschaffenden Arbeitnehmers, nicht aber für dessen Verschulden bei der Ausführung der Arbeit. – *Abgrenzung:* → Leiharbeitsverhältnis.

Dienstvertrag – **I. Begriff:** Der Dienstnehmer leistet dem Dienstberechtigten gegen eine Vergütung einen Dienst (§§ 611-630 BGB). – *Abgrenzung zum* → Werkvertrag: Es wird eine Handlung, nicht ein daraus resultierender Erfolg geschuldet.

II. Arten: 1. Dienstvertrag der *unselbstständig* Tätigen: → Arbeitsvertrag. – 2. Dienstvertrag der *selbstständig* Tätigen (*freier Dienstvertrag*): Dienstvertrag ist gekennzeichnet durch ein bestimmtes Maß persönlicher Freiheit gegenüber dem Dienstberechtigten, z.B. Art und Weise der erforderlichen Dienstleistung und Dienstzeit einzuteilen. Überwiegend Vertragsverhältnis von kurzer Dauer. Beispiele: Vertragsverhältnis des Rechtsanwalts mit seinem Klienten, des Arztes mit seinem Patienten, das Verhältnis der freien Agenten, → Heimarbeiter und übrigen → arbeitnehmerähnlichen Personen zum Unternehmer. – 3. Die Regelungen des Bürgerlichen Rechts in §§ 611 ff. BGB sind primär auf den freien Dienstvertrag zugeschnitten. Der Arbeitsvertrag wird durch spezielle Gesetze wie das Kündigungsschutzgesetz (KSchG) geregelt, s. → Kündigungsschutz.

III. Inhalt: Ein Dienstvertrag kann über Dienstleistungen jeglicher Art abgeschlossen werden. Er bestimmt i.d.R. Art, Umfang, Ort und Zeitdauer der Dienstleistung sowie das Entgelt; Schriftform nicht erforderlich.

IV. Beendigung: aus verschiedenen Gründen, z.B. durch Zeitablauf, Zweckerreichung, Aufhebungsvereinbarung oder → Kündigung möglich. Kein → Kündigungsschutz des Dienstnehmers; ausgenommen sind manche arbeitnehmerähnlichen Personen.

V. Prozessuales: Über Streitigkeiten entscheidet je nach dem Streitwert das zuständige → Amtsgericht oder → Landgericht. – *Ausnahme:* (1) Für arbeitnehmerähnliche Personen ausschließliche Zuständigkeit der Arbeitsgerichte (§ 5 ArbGG); (2) für Vorstandsmitglieder und Geschäftsführer, sofern arbeitsgerichtliche Zuständigkeit vertraglich vereinbart ist, desgleichen (§ 2 IV ArbGG).

Dienstweg – Begriff der Organisation für den meist starr vorgeschriebenen → Kommunikationsweg.

Dienstwohnung → Werkwohnung.

Differenz – Unter der ersten Differenz ΔX_t einer Variablen X versteht man die Differenz aus dem aktuellen Variablenwert X_t und den um eine Periode verzögerten Wert X_{t-1}, d.h. $\Delta X_t = X_t - X_{t-1}$. Es sind hier jedoch auch Verzögerungen um s Perioden möglich. Die zweite Differenz $\Delta\Delta X_t = \Delta^2 X_t$ einer Variablen X entsteht, wenn die erste Differenz erneut differenziert wird, d.h. $\Delta\Delta X_t = \Delta(X_t - X_{t-1}) = \Delta X_t - \Delta X_{t-1} = X_t - 2X_{t-1} + X_{t-2}$. Höhere Differenzen bzw. d-te Differenzen $\Delta^d X_t$ werden analog bestimmt.

Differenzarbitrage → Arbitrage.

Differenzbesteuerung – Begriff des Umsatzsteuerrechts. Mit § 25a UStG ist für die Besteuerung der → Lieferung und der unentgeltlichen Wertabgaben von beweglichen Gebrauchtgegenständen eine Sonderregelung eingeführt worden, mit deren Hilfe der beim Erwerb durch einen nicht zum → Vorsteuerabzug Berechtigten regelmäßig eintretende umsatzsteuerliche Kumulationseffekt beseitigt werden soll. Realisiert wird dieses Vorhaben durch eine von § 10 UStG abweichende Bemessungsgrundlage. Die Umsatzsteuer für Umsätze im Sinn des § 25a UStG bemisst sich nicht nach dem Entgelt des Leistungsempfängers, sondern nach der Differenz zwischen Verkaufspreis und dem Einkaufspreis. Der Steuersatz beträgt immer 19 Prozent (Normalsatz). Die Anwendung der Differenzbesteuerung setzt voraus, dass der Unternehmer ein Wiederverkäufer ist, die Gegenstände an ihn im Gemeinschaftsgebiet geliefert worden sind und für diese Lieferung weder Umsatzsteuer entstanden ist noch die Differenzbesteuerung vorgenommen wurde. – *Ausnahmen:* keine Differenzbesteuerung bei Lieferung von Edelsteinen oder Edelmetallen. Auf Antrag kann die Differenzbesteuerung zudem auf bestimmte vorsteuerbelastete Gegenstände ausgeweitet werden (§ 25a II UStG). Der Wiederverkäufer kann für jeden einzelnen Umsatz auf die Anwendung der Differenzbesteuerung verzichten und anstelle dessen zur Besteuerung nach den allg. Vorschriften des UStG optieren (§ 25a VIII UStG). Kommt § 25a UStG zur Anwendung, so muss das Verbot des offenen Steuerausweises und die bes. Aufzeichnungspflicht beachtet werden (§ 25a VI UStG). – *Rechtsgrundlage im EG-Recht:* Die Regelung über die Differenzbesteuerung geht zurück auf Vorgaben aus der → Mehrwertsteuersystemrichtlinie (Art. 312ff.) und ist daher europaweit weitgehend vereinheitlicht; die dt. Regelungen sind entsprechend den europäischen Vorgaben der Richtlinie auszulegen und anzuwenden.

Differenzen – Unterschiede zwischen Buch- und Inventurbeständen, z.B. in der Kasse als Mehrbetrag oder als Kassenmanko, am häufigsten bei → Debitoren und → Kreditoren. Maßgeblich sind die inventurmäßig aufgenommenen Bestände. Differenzen sind auszubuchen über das Gewinn- und Verlustkonto. Eine Ursachenerklärung ist unbedingt anzustreben und ein Erfordernis der → Grundsätze ordnungsmäßiger Buchführung (GoB).

Differenzengleichung – mathematisches Konzept zur Erfassung zeitlicher Abläufe, angewandt in der Volkswirtschaftslehre (v.a. in der → Konjunkturtheorie und → Wachstumstheorie). Die Zeit wird in Intervalle endlicher Länge aufgeteilt (Perioden) und die Veränderungen der wirtschaftlichen Variablen in aufeinander folgenden Perioden betrachtet *(diskretes Zeitkonzept).* – *Beispiel:* $x_{t+1} = f(x_t)$, mit x_t bzw. x_{t+1} als Wert der Variablen x in der Periode t bzw. t + 1. – Eine *Differenzengleichung n-ter Ordnung* liegt vor, wenn x_t auch von x_{t-n} bestimmt wird. – Vgl. auch → Differenzengleichungssystem, → Differenzialgleichung.

Differenzengleichungssystem – simultane Darstellung der gegenseitigen Beeinflussung von Variablen im diksreten Zeitablauf in Form zweier oder mehrerer Differenzengleichungen. – *Beispiel:* $x_{t+1} = f(x_t, y_t)$, $y_{t+1} = g(x_t, y_t)$, mit x_t, y_t bzw. x_{t+1}, y_{t+1} als Wert der Variablen x und y in der Periode t bzw. t + 1.

Differenzenprobe → Mehr- und Wenigerrechnung.

Differenzenschätzung – Verfahren der gebundenen → Hochrechnung, bei welchem neben der Untersuchungsvariablen (→ Merkmal) Y ein Hilfsmerkmal X ausgewertet wird. Bei bekanntem Durchschnittswert (→ arithmetisches Mittel) des Hilfsmerkmals in der Grundgesamtheit $\overline{X}$ und unter Verwendung der Durchschnittswerte in der Stichprobe $\overline{x}$ und $\overline{y}$ ergibt sich für den Durchschnittswert $\overline{y}$ der Untersuchungsvariablen in der Grundgesamtheit der → Schätzwert $\overline{Y}' = \overline{y} + B \cdot (\overline{X} - \overline{x})$. Dabei ist B eine Konstante, die häufig mit 1 angesetzt wird. Bei der → Differenzenschätzung wird davon ausgegangen, dass die Differenzen zwischen den Durchschnittswerten in der Grundgesamtheit und in der Stichprobe bei Untersuchungs- und Hilfsmerkmal proportional zueinander sind.

Differenzgeschäft – 1. *Symmetrische oder asymmetrische Risikoinstrumente,* bei denen bei Fälligkeit oder vorzeitiger Ausübung (z.B. amerikanische Optionen) eine Zahlung in Höhe der Differenz zwischen dem vereinbarten Terminkurs (z.B. Forward-(Geschäfte)), Terminrendite (Implied Yield; z.B. Forward-Swaps) oder Basiskurs (z.B. Optionen) und dem im Erfüllungszeitpunkt geltenden aktuellen Wert des Basiswertes erfolgt. Eine physische Erfüllung, d.h. Lieferung oder Abnahme, ist in den Verträgen nicht vorgesehen (Cash Settlement, Barausgleich). Sie kann aber dennoch erfolgen, wie die Übernahme der Continental AG durch die Schaeffler KG im Jahr 2008 gezeigt hat. Schaeffler hatte im Vorfeld des Übernahmeangebots mit mehreren Banken CfD mit der Aktie von Continental als Basiswert abgeschlossen (auch Cash Settled Equity → Swaps), die ihrerseits zur Absicherung (→ Hedging) die entsprechenden Aktien erwarben bzw. bereits erworben hatten. Diese wurden nach der Kündigung der CfDs durch Schaeffler – der Aktienkurs war gestiegen – der KG angeboten. – 2. *Spekulationsgeschäft:* Der Kreditnehmer nimmt in einer Fremdwährung mit niedrigem Zinsniveau (z.B. Yen, Schweizer Franken) Kredit auf und legt die Summe in einer Währung mit hohem Zinsniveau mit gleicher oder kürzerer Fristigkeit an.

Differenzial (dy) – Ist f eine an der Stelle x_0 differenzierbare → Funktion mit f(x) = y, dann ist das Differenzial $dy = f'(x_0) \cdot dx$ mit $dx = x - x_0$. Das Differenzial gibt näherungsweise an, wie sich der Funktionswert y an der Stelle x_0 ändert, wenn sich x_0 um dx ändert. – *Beispiel:* Ist $K(x) = x^2$ eine progressive Kostenfunktion, so lautet das Differenzial $dK = 2x \cdot dx$. Es soll die Änderung der Kosten K abgeschätzt werden, wenn die Produktionsmenge x von 300 auf 305 Einheiten erhöht wird: $dK = 2 \cdot 300 \cdot (305 - 300) = 3.000$; die Kostenänderung beträgt näherungsweise 3.000 Geldeinheiten (die exakte Kostenänderung beträgt 3.025 Geldeinheiten).

Differenzialeinkommen – jene → Einkommen, deren Entstehung analog der Differentialrente (→ Grundrente) bei Ricardo aus unterschiedlichen Produktionskosten erklärt werden kann, die zu unterschiedlich hohen Einkommen führen; Sammelbezeichnung für Grundrente und alle Arten von → Produzentenrenten. – Vgl. auch → Differenzialrente.

Differenzialgewinn → polypolistische Preisbildung.

Differenzialgleichung – mathematisches Konzept zur Erfassung stetiger zeitlicher Abläufe, angewandt in der Volkswirtschaftslehre (v.a. in der Konjunkturtheorie und Wachstumstheorie). Im Gegensatz zur → Differenzengleichung wird die Zeit als Kontinuum mit infinitesimal kleiner Periodenlänge aufgefasst *(stetiges Zeitkonzept)*. – *Beispiel:*

$$\frac{dx}{dt} =: x_t = f(x_t),$$

mit dx/dt als Ableitung der Variablen x_t nach der Zeit bzw. Veränderung der Variablen im Zeitpunkt t. – Eine *Differenzialgleichung n-ter Ordnung* liegt vor, wenn in ihr die n-te Ableitung (nach der Zeit) vorkommt. – Vgl. auch → Differenzialgleichungssystem, → Differenzengleichung.

Differenzialgleichungssystem – simultane Darstellung der gegenseitigen Beeinflussung von Variablen im stetigen Zeitablauf in Form zweier oder mehrerer → Differenzialgleichungen. – *Beispiel:*

$$x(t) = f(x(t), y(t)), \; y(t) = g(x(t), y(t)),$$

mit x_t bzw. y_t als Wert der Variablen x und y im Zeitpunkt t; x_t und y_t bezeichnen die Ableitungen nach der Zeit. – *Anders:* → Differenzengleichungssystem.

Differenzialquotient – Grundbegriff aus der → Differenzialrechnung. Alle → Ableitungen f' und → Differenzierungsregeln sind über den Differenzialquotienten berechnet worden.

$$f'(x_1) = \lim_{x_2 \to x_1} \frac{f(x_2) - f(x_1)}{x_2 - x_1}$$

oder

$$f'(x_1) = \lim_{\Delta x \to 0} \frac{f(x + \Delta x) - f(x)}{\Delta x} = \frac{dy}{dx}.$$

Differenzialrechnung – Teilgebiet der Mathematik, das sich mit der Steigung von → Funktionen beschäftigt. Sie stellt einfache Methoden zur Berechnung der Steigung zur Verfügung (→ Differenzierungsregeln). Ein weiteres wichtiges Anwendungsgebiet der Differenzialrechnung ist die Bestimmung von → Extremwerten und auch → Wendepunkten einer Funktion; da diese sich durch ein spezifisches Steigungsverhalten auszeichnen, kann ihre Lage mithilfe der Differenzialrechnung bestimmt werden. – Durch den → Differenzialquotienten kann die → Ableitung f „ die die Steigung der Funktion f angibt, bestimmt werden.

Differenzialrente – Einkommen, das aufgrund unterschiedlicher Produktionskosten dem Produzenten mit den geringeren Produktionskosten zufließt. Die Differenzialrente kann auf dem Rationalisierungsvorsprung eines Unternehmens gegenüber den anderen Unternehmen beruhen und besteht dann nur so lange, wie der Rationalisierungsvorsprung gehalten werden kann (→ dynamisches Einkommen). Können die eingesetzten → Produktionsfaktoren nicht beliebig vermehrt werden (z.B. der Boden in der Landwirtschaft), wird die Differenzialrente als Dauereinkommen bezogen, wenn der Grenzproduzent (Produzent mit den höchsten Kosten) seine Kosten nicht senken kann und seine Güter noch am Markt gebraucht werden. Nur der Grenzproduzent bezieht keine Differenzialrente. Alle übrigen Hersteller beziehen eine Rente in Höhe der Kostendifferenz zum Grenzproduzenten. Das Prinzip der Differenzialrente wurde erstmalig von Anderson und Ricardo vertreten. – Differenzialrente als Form der *Bodenrente:* → Grundrente. – Die → Konsumentenrente ist ebenfalls als Differenzialrente erklärbar. – Die Übertragung auf die industrielle → Produzentenrente (→ Quasirente) und auf die Konsumentenrente wurde durch Schäffle, Walker, Marshall vorgenommen.

differenzielle Inzidenz – Form der → Inzidenz. Die differenzielle Inzidenz gibt die Einkommensverteilungsänderungen an, die bei der Substitution einer Einnahme- bzw. einer Ausgabenposition durch einen anderen Einnahme- bzw. Ausgabenposten bei gleichbleibendem Aufkommen entstehen. Es werden alternative Finanzierungsarten oder Ausgabemöglichkeiten verglichen. Die Prämisse der → spezifischen Inzidenz einer einseitigen Ausgaben- oder Einnahmenänderung wird umgangen; im Gegensatz zur Budgetinzidenz wird nur *eine* Haushaltsseite betrachtet.

Differenzieren – Begriff der Mathematik. Berechnung bzw. Bildung der → Ableitung einer Funktion.

Differenzierung – 1. *Begriff:* → Wachstumsstrategie, bei der ein erfolgreiches Angebot (Produkt, Dienstleistung) genauer an die Wünsche der verschiedenen Zielgruppen angepasst wird. – 2. *Vorgehensweise:* Die Kunden werden entsprechend ihren unterschiedlichen Anspruchsschwerpunkten segmentiert. Für diese Segmente werden angepasste Produkte entwickelt, die sich in Details unterscheiden. Aus einem Einzelprodukt entsteht eine → Produktlinie. Die Differenzierung kann zur Stärkung des Marktauftritts beitragen. – Vgl. auch → Produktdifferenzierung, → Wettbewerbsstrategie, → soziale Differenzierung.

Differenzierungsklausel – Klausel in Tarifverträgen, die bezweckt, den nicht organisierten Arbeitnehmern einen Anreiz zum Beitritt zur Gewerkschaft zu geben. Differenzierungsklauseln wollen die tarifgebundenen Arbeitgeber verpflichten, den tarifgebundenen Arbeitnehmern höhere Leistungen zu gewähren als den nicht tarifgebundenen. Nach der früheren Rechtsprechung des BAG sind Differenzierungsklauseln wegen Verstoßes gegen die negative Koalitionsfreiheit generell unzulässig (BAG, 29.11.1967 – GS 1/67). Ob dies so apodiktisch auch heute noch gilt, ist strittig und wurde vom BAG in einer jüngeren Entscheidung offen gelassen (BAG, 9.5.2007 – 4 AZR 275/06). – *Arten:* → Spannenklausel;

→ Tarifausschlussklausel. – Vgl. auch → Tarifautonomie.

Differenzierungsregeln – Methoden zur Berechnung der Steigung von → Funktionen:

(1) Potenzregel:

$$f(x) = x^n \qquad f'(x) = n \cdot x^{n-1}, \text{ wobei } n \in \mathbb{Q}$$

(2) Konstantenregel:

$$f(x) = a \cdot x^n \qquad f'(x) = n \cdot a \cdot x^{n-1}$$

(3) Logarithmusfunktion:

$$f(x) = \ln x \qquad f'(x) = \frac{1}{x}$$

(4) Exponentialfunktion zur Basis e:

$$f(x) = e^x \qquad f'(x) = e^x$$

(5) Summenregel:

$$f(x) = g_1(x) \pm g_2(x) \quad f'(x) = g_1{}'(x) \pm g_2{}'(x)$$

(6) Produktregel:

$$f(x) = g_1(x) \cdot g_2(x)$$
$$f'(x) = g_1{}'(x) \cdot g_2(x) + g_1(x) \cdot g_2{}'(x)$$

(7) Quotientenregel:

$$f(x) = \frac{g_1(x)}{g_2(x)}, \text{mit } g_2(x) \neq 0$$
$$f'(x) = \frac{g_1{}'(x) \cdot g_2(x) - g_1(x) \cdot g_2{}'(x)}{(g_2(x))^2}$$

(8) Kettenregel:

$$f(x) = g(h(x)) = g(z),$$

mit

$$h(x) = z \text{ innere Funktion, } g(z) \text{ äußere Funktion}$$
$$f'(x) = g_1{}'(h(x)) \cdot h'(x) = g'(z) \cdot h'(x)$$
$$= \text{„äußere Ableitung innere Ableitung".}$$

Differenzinvestition – *Ergänzungsinvestition, Komplementärinvestition;* reale oder fiktive Ergänzungsinvestition (Investition), die die zwischen verschiedenen Investitionsalternativen existierenden Unterschiede hinsichtlich des Kapitaleinsatzes, der zwischenzeitlichen Einzahlungsüberschüsse oder der Nutzungsdauer ausgleicht. Die Bildung von Differenzinvestitionen verfolgt das Ziel, unterschiedliche Investitionsalternativen vergleichbar zu machen.

Differenzkostenrechnung – Sammelbegriff für Kostenrechnungssysteme, in denen den Kostenträgern sowie oft auch anderen Bezugsobjekten nur die zusätzlichen Kosten zugerechnet werden. Spezifischere Bezeichnung als → Teilkostenrechnung, weil dieser Begriff auch die Handels- und Zinsspannenrechnung sowie „reduzierte Vollkostenrechnungen", in denen auf die Verteilung der Verwaltungs- und Vertriebsgemeinkosten verzichtet wird, einschließt.

Diffusion – 1. *Begriff:* Aus der → Innovations- und Diffusionsforschung stammender Begriff, der den Prozess der raum-zeitlichen Ausbreitung einer → Innovation im sozial-räumlichen System beschreibt. Objekte und Einstellungen, welche die Diffusion von Innovationen verhindern, werden als *Diffusionsbarrieren* bezeichnet (natürliche, kulturelle, psychologische Diffusionsbarrieren). Die Diffusion einer Innovation findet mittels der → Adoption der Innovationen durch einzelne Individuen statt. – 2. *Phasen:* Nach dem Grad der Diffusion einer Innovation lassen sich vier Diffusionsphasen unterscheiden (Initialphase, Expansionsphase, Verdichtungsphase und Sättigungsphase). Den unterschiedlichen Diffusionsphasen werden → Adoptorkategorien zugeordnet.

Diffusionsbarriere → Diffusion.

Diffusionsforschung → Innovations- und Diffusionsforschung.

Diffusionsfunktion – Diffusionsfunktionen oder -matrizen werden benutzt, um die Auswirkungen umweltpolitischer Maßnahmen in einer Region auf die Emissions- und Immissionsbelastungen in anderen Regionen zu bestimmen. Damit sind sie bei diffundierenden Schadstoffen auch eine Voraussetzung zur Klärung der physischen Grundlagen einer Monetarisierung externer Effekte (→ ökonomische Bewertung von Umweltschäden).

Diffusionsindex – von W.C. Burns und F. Mitchell in den 1940er-Jahren für das → National Bureau of Economic Research (NBER) entwickelter → Konjunkturindikator (→ Gesamtindikator). Der einfache Diffusionsindex misst den prozentualen Anteil der in die Analyse einbezogenen Einzelreihen, die innerhalb des betrachteten Zeitraums gegenüber der entsprechenden Vorperiode gestiegen (gefallen) sind. – Hat der Diffusionsindex einen Wert zwischen 50 Prozent und 100 Prozent (0 Prozent und 50 Prozent), befindet sich die Wirtschaft in einer allg. Aufschwung-(Abschwung-)Phase.

Diffusionskurve – Der Prozess der Ausbreitung von Umweltwissen kann mithilfe einer → Diffusionskurve dargestellt werden (s. Steger 1993, S. 249 ff.). Die Anzahl der Berichte in den Medien zu einem bestimmten Thema wird als Funktion der Zeit abgebildet. Die Funktion verdeutlicht, wann und in welchem Umfang ein Thema in den Medien an Bedeutung gewinnt. Diese Informationen können für Unternehmen einen Anhaltspunkt für das → öffentliche Interesse an einem bestimmten Thema darstellen und

Grundlage für den Zeitpunkt und die Art von z.B. Strategie-, Image- und Produktveränderungen sein. Am Beispiel des Umweltthemas kann der Zeitpunkt der Reaktion wie folgt unterschieden werden. Wann ein Unternehmen zu reagieren beginnt, hängt von der gewählten Unternehmensstrategie ab. Unternehmen mit einer defensiven → Umweltstrategie warten Maßnahmen der → Behörden ab. Ökologieorientierte Unternehmen werden vor den Maßnahmen der Behörden reagieren.

Diffusionsphasen → Diffusion.

Digital Divide – digitale Polarisierung; Unterschied zwischen → Industrieländern und → Entwicklungsländern in der Nutzung und dem Zugang zur digitalen, internationalen Kommunikationsinfrastruktur. Die Menschen, die das → Internet nutzen, machen gerade einmal ein gutes Viertel der Weltbevölkerung aus. Dabei fällt der Bevölkerungsanteil mit Zugang zum Internet regional extrem unterschiedlich aus: Während in Afrika nur 13 Prozent der Bevölkerung über einen Internetzugang verfügen, sind es in Nordamerika fast 80 Prozent (bezogen auf das Jahr 2012). Die Ursachen für diese globale Wissens- und Informationskluft liegen in den mangelnden technischen Voraussetzungen für Internetanschlüsse in den Entwicklungsländern, die in einer häufig nicht gegebenen Stromversorgung mit zahlreichen Ausfällen in den Städten sowie dem oft gänzlichen Fehlen von Elektrizität in ländlichen Räumen sowie der geringen Anzahl von Telefonanschlüssen, insbesondere auf dem Land, zum Ausdruck kommen. Die – gemessen am Einkommensniveau der Entwicklungsländer – hohen Kosten für Hardware, Internetanschluss sowie Telefongebühren, aber auch mangelnde Lese- und Schreibkenntnisse tragen ihr weiteres dazu bei.

digitale Abschreibung → degressive Abschreibung.

digitale Darstellung – Darstellung der → Daten durch endliche Zeichenfolgen, wobei die benutzten Zeichen aus einer (vereinbarten) endlichen Menge stammen. – *Form:* → binäre Darstellung. – Vgl. auch → analoge Darstellung.

digitales Fernsehen – über digitale Signale ausgesendete TV-Programme. Die terrestrischen TV-Netze in der Bundesrepublik Deutschland werden sukzessive von der Analog- auf die Digitaltechnik umgestellt. In vielen Bereichen ist die Ausstrahlung analoger Signale bereits eingestellt. Der Vorteil der Digitaltechnik besteht darin, dass im Gegensatz zur Analogtechnik über einen Übertragungskanal mehrere Programme gleichzeitig gesendet werden können. Diese Eigenschaft bildet die Grundvoraussetzung für TV-Konzepte wie → Pay per View, → Near Video on Demand und → Video on Demand.

digitales Geld → E-Geld.

digitale Signatur – ein mit einem privaten Signaturschlüssel erzeugtes Siegel zu digitalen Daten, das mithilfe eines zugehörigen öffentlichen Schlüssels, der mit einem Signaturschlüssel-Zertifikat einer Zertifizierungsstelle oder Behörde versehen ist, den Inhaber des Signaturschlüssels und die Unverfälschtheit der Daten erkennen lässt. Digitale Signaturen finden Anwendung u.a. in den Bereichen der Sozialversicherungen, dem Gesundheitswesen, von Steuerdaten und Onlinediensten. – Vgl. auch → Signaturgesetz (SigG), → Verschlüsselung.

digitale Zugänglichmachung von Werken → öffentliche Zugänglichmachung.

Digitalrechner → Rechner, bei dem die Daten nicht in analogen physikalischen Größen, sondern in Bitkombinationen (→ Bit) dargestellt werden (→ digitale Darstellung). Die für die betriebliche Datenverarbeitung eingesetzten Computer sind Digitalrechner – *Gegensatz:* → Analogrechner.

Digital Rights Management (DRM) – Sammelbegriff für alle technischen Maßnahmen zur digitalen Kontrolle von Urheber- bzw. Verwertungsrechten an Content aller Art (→ Urheberrecht, → Verwertungsrecht). Grundprinzip ist die Markierung und/oder Verschlüsselung digitaler Inhalte mit der Konsequenz der Einschränkung von Nutzung und Weitergabe. Die Markierung erfolgt durch sog. digitale Wasserzeichen, die sichtbar oder unsichtbar sein können. Die Verschlüsselung geht mit einer Chiffrierung einher, die nur mit einem passenden „Schlüssel" überwunden werden kann. Entsprechende Schlüssel können soft- oder hardwarebasiert sein. Systeme für den digitalen Rechteschutz (DRM-Systeme) verfügen im Allgemeinen über vier grundlegende Funktionsbereiche: Zugangssteuerung, Nutzungssteuerung, Abrechnung sowie Verfolgung von Rechtsverletzungen. DRM-Systeme bieten den großen Vorteil, den Schutz geistigen Eigentums im Internet zu erleichtern. Gleichzeitig führen sie durch ihren teilweise sehr restriktiven Charakter aber auch zu verminderter Nutzung entsprechend geschützter Inhalte.

Digital Versatile Disc → DVD.

Digraph – endlicher, gerichteter → Graph, der weder parallele Kanten (Kanten mit gleichen Endknoten) bzw. parallele Pfeile (gleiche Anfangs- und Endknoten) noch Schlingen (übereinstimmende Endknoten bzw. übereinstimmende Anfangs- und Endknoten) hat. – Vgl. auch → bewerteter Digraph.

DIHK – Abk. für → Deutscher Industrie- und Handelskammertag.

Diktator – In der → Theorie der Kollektiventscheidungen ein Gruppenmitglied, das seine strikten Präferenzen über alle zur Wahl stehenden Alternativen der Gruppe aufzwingen kann, unabhängig davon, welche Präferenzen die übrigen Gruppenmitglieder haben. – Vgl. auch → wohlwollender Diktator.

Diktatorspiel – 1. *Begriff:* Bezeichnung für ein Spiel aus der experimentellen → Wirtschaftsforschung. – 2. Diktatorspiele weisen zwei *Akteure* (Spieler) auf, von denen einer, der Diktator, einseitig entscheiden kann, wie ein bestimmter Geldbetrag zwischen den beiden Spielern aufgeteilt wird. Der zweite Akteur nimmt somit eine rein passive Rolle ein. – 3. *Verhalten:* Im krassen Widerspruch zur ökonomischen Lehrbuchtheorie behalten die Diktatoren nicht den gesamten Geldbetrag für sich, sondern geben durchschnittlich 20 – 30 Prozent an den zweiten Spieler ab. Zur Erklärung wird häufig auf das Konzept → sozialer Präferenzen zurückgegriffen.

Diktatur des Proletariats – im → Marxismus die Herrschaftsausübung der Arbeiterklasse über die → Bourgeoisie nach der revolutionären Beseitigung des Kapitalismus im → Sozialismus (→ Klassentheorie, → Marxismus-Leninismus).

Dilemma der Kontrolle – 1. *Begriff:* Ist eine Folge zweier unterschiedlicher Zielsetzungen der → Kontrolle. – 2. *Merkmale:* Einerseits soll Kontrolle die Einhaltung des Geplanten sichern; dies ist nur möglich, wenn alle Beteiligten die Planinhalte unterstützen. Andererseits können die Pläne aber auf Prämissen beruhen, die sich als falsch erweisen. Daraus ergibt sich das Dilemma. – 3. *Problemhandhabung:* Die Möglichkeit der Planrevision muss in die Überlegungen miteinbezogen werden und im Bewusstsein der Mitarbeiter verankert sein; nur so kann die Kontrolle auch eine Lernfunktion erfüllen. Genau damit wird aber die Unterstützung der Planinhalte wieder untergraben.

Dilemmastrukturen – In Dilemmastrukturen führt individuell rationales Handeln aufgrund wechselseitiger Abhängigkeiten zum kollektiv schlechteren Ergebnis. Bei diesem Ergebnis handelt es sich um ein pareto-inferiores → Nash-Gleichgewicht. Dilemmastrukturen können durch geeignete institutionelle Arrangements (→ Regeln) überwunden werden (z.B. → Verfügungsrechte, Haftungsregeln oder → Verträge). Allerdings ist ihre Überwindung aus gesellschaftlicher Sicht keineswegs immer erwünscht. Dort, wo Dilemmastrukturen einen Leistungswettbewerb zwischen Konkurrenten konstituieren, ist dieser aufgrund der damit verbundenen Anreizwirkungen – etwa für → Forschung und Entwicklung (F&E) – gesellschaftlich erwünscht (→ Wirtschaftsethik); entsprechend gilt es hier, die Dilemmastrukturen institutionell zu erhalten.

DIN – vom → Deutschen Institut für Normung e. V. (DIN) jedermann zum Kennzeichnen genormter Gegenstände freigestellter Name. Für die Anwendung des Verbandszeichens DIN gilt dessen Zeichensatzung. – Vgl. auch → deutsche Normen, → deutsches Normenwerk.

DIN EN ISO 14001 – 1. *Begriff:* Die DIN EN ISO 14001 ermöglicht seit 1996 Organisationen bzw. Organisationseinheiten ihr → Umweltmanagementsystem zertifizieren zu lassen. – 2. *Erste Bestandsaufnahme – Überprüfung der aktuellen Situation:* Die erste Bestandsaufnahme dient zur Überprüfung der aktuellen Situation (DIN EN ISO 14001, A.1) mit dem Ziel, dass alle Umweltaspekte der Organisation als Grundlage zum Aufbau des Umweltmanagementsystems berücksichtigt werden. Die Bestandsaufnahme sollte vier wesentliche Bereiche umfassen: Ermittlung von → Umweltaspekten, Ermittlung rechtlicher Verpflichtungen und anderer Anforderungen, zu denen sich die Organisation verpflichtet , Überprüfung bestehender Umweltmanagementpraktiken und -verfahren, Auswertung früherer Unfälle. – 3. *Umweltpolitik:* Die → Umweltpolitik bietet einen Rahmen für Maßnahmen für das Festlegen umweltbezogener Zielsetzungen und Einzelziele. Sie stellt die Gesamtabsicht und Ausrichtung einer Organisation in Bezug auf ihre → Umweltleistung dar. – 4. *Organisatorische Verankerung – Umweltmanagementsystem:* Ein Umweltmanagementsystem (DIN EN ISO 14001 3.8.) ist der Teil des Managementsystems einer Organisation, der dazu dient, ihre Umweltpolitik zu entwickeln und zu verwirklichen und ihre Umweltaspekte zu handhaben. – 5. *Ziele und Maßnahmen – Programm:* Programme zum Erreichen ihrer Zielsetzung und Einzelziele müssen von der Organisation eingeführt, verwirklicht und aufrecht erhalten werden. Die Programme müssen sowohl die Festlegung der Verantwortlichkeit für das Erreichen der Zielsetzungen und Einzelziele als auch die Mittel und den Zeitrahmen für ihr Erreichen festlegen. – 6. *Dokumentation:* Die Dokumentation des Umweltmanagementsystems muss nach DIN ISO 14001 folgende Aspekte beeinhalten: Die Umweltpolitik, die Zielsetzung und die Einzelziele, die Beschreibung des Geltungsbereiches des Umweltmanagementsystems, die Beschreibung der Hauptelemente des Umweltmanagementsystems und ihrer Wechselwirkung sowie Hinweise auf zugehörige Dokumente, Dokumente, die von dieser Norm gefordert werden und Dokumente, die von der Organisation als wichtig empfunden werden. – 7. *Umweltbetriebsprüfung – Internes Audit:* Die Umweltbetriebsprüfung ist ein Prozess, der systematisch und unabhängig durchführt und dokumentiert wird. Diese internen Audits müssen in festgelegten Abständen durchgeführt werden. Die Organisation hat dies zu gewährleisten. – 8. *Bestimmung der Umweltleistung:* Die Norm definiert Umweltleistung als messbare Ergebnisse des Managements der Umweltaspekte in einer Organisation. (DIN EN ISO 14001, 3.10) – 9. *Externe Prüfung – Zertifizierung/ Registrierung:* Neben der Bestätigung der Konformität durch Dritte, die ein Interesse an der Organisation haben und der Bestätigung durch einen Externen, kann die Organisation ihr Umweltmanagementsystem durch eine externe Organisation zertifizieren lassen. Diese Organisationen sind privatwirtschaftlicher Natur und eine Veröffentlichung von Dokumenten ist nicht vorgesehen. – 10. *Ständige Verbesserung des Umweltmanagements:* In der Norm wird die ständige Verbesserung als wiederkehrender Prozess zur Weiterentwicklung, um Verbesserungen der umweltorientierten Leistung insgesamt in Übereinstimmung mit der Umweltpolitik der Organisation zu erreichen beschrieben.

DIN EN ISO 900 → ISO-Normen.

dinglicher Anspruch – zu unterscheiden vom Forderungsrecht (→ Forderung). Rechtsgrundlage des dinglichen Anspruchs sind das Recht an der Sache (z.B. Recht des Eigentümers, Einwirkungen anderer auf die Sache zu verbieten) und der → dingliche Vertrag, während das Forderungsrecht das schuldrechtliche → Rechtsgeschäft (z.B. Kauf) zur Grundlage hat.

dinglicher Arrest – vorläufiger Zugriff auf das bewegliche und unbewegliche Vermögen des → Schuldners. – Vgl. auch → Arrest.

dinglicher Vertrag → Einigung, z.B. zwischen Veräußerer und Erwerber über Eigentumsübergang. – Vgl. auch → Konsensprinzip.

dingliches Recht → Sachenrechte, welche die → Sache (das Ding) unmittelbar umfassen, gegen jedermann wirken und von jedem respektiert werden müssen (→ absolutes Recht).

dingliches Wohnrecht → beschränkte persönliche Dienstbarkeit.

DIN-Normen → deutsche Normen.

Direct Costing – *Variable Costing, Marginal Costing, Proportionalkostenrechnung.* 1. *Charakterisierung:* Einfaches Teilkostenrechnungssystem (→ Teilkostenrechnung), das in den 1930er-Jahren in den USA entwickelt wurde. Das Direct Costing basiert auf einer Spaltung der Kosten (→ Kostenauflösung) in → fixe Kosten und → variable Kosten, wobei als Kosteneinflussgröße die → Beschäftigung herangezogen wird. Die variablen Kosten werden von den → Erlösen der Produkte abgezogen (→ Deckungsspanne), die fixen Kosten in einer Summe in das → Betriebsergebnis übernommen. – Darstellung der Abrechnung:

	Erlös eines Produktes
–	variable Kosten eines Produktes
=	Deckungsspanne eines Produktes

	Summe der Deckungsspannen aller Produkte
–	Fixkosten
=	Periodengewinn

2. *Aussagefähigkeit:* a) Das Direct Costing lässt unmittelbar die erfolgsmäßigen Konsequenzen von Änderungen der Absatzmengen der Produkte erkennen. Anders als die → Vollkostenrechnung kann das Direct Costing damit wertvolle Informationen für *programmpolitische Entscheidungen* liefern. Negative Deckungsspannen legen es dann, wenn keine → Erlösverbundenheiten zu beachten sind, nahe, auf das betreffende Produkt zu verzichten, positive Deckungsspannen fordern dazu auf, das betreffende Produkt auch weiterhin anzubieten. – b) *Grenzen der Aussagefähigkeit* resultieren bes. aus der undifferenzierten Behandlung der fixen Kosten. Viele fixe Kosten lassen sich zwar nicht einer einzelnen Produkteinheit, aber einem Produkt insgesamt (→ Produkteinzelkosten, z.B. Kosten einer Spezialmaschine, auf der nur ein einziges Erzeugnis gefertigt wird), einer Produktgruppe (Produktgruppeneinzelkosten, z.B. Kosten des Produktgruppenverantwortlichen im Vertrieb) oder einer Sparte (→ Sparteneinzelkosten, z.B. Kosten des Spartenleiters) zurechnen. Eine derartige Zuordnung liefert eine bessere Informationsbasis für Programmentscheidungen (z.B. → Fixkostendeckungsrechnung).

Direct Costs – 1. ursprüngliche, auch heutige amerik. und engl. Bezeichnung für direkt erfasste → Einzelkosten. – 2. Im → Direct Costing übliche Bezeichnung der „direkt zum Ausstoß proportionalen Kosten", gleichbedeutend mit → variablen Kosten in Bezug auf die Beschäftigung; in Großbritannien auch als *Marginal Costs* bezeichnet.

Directed Technological Change – vom Ökonomen Daron Acemoglu (1998, 2002) entwickeltes Wachstumsmodell, welches der empirischen Beobachtung Rechnung trägt, dass das Verhältnis von qualifizierten zu unqualifizierten Arbeitskräften in den letzten 60 Jahren gestiegen ist, aber andererseits nicht beobachtet wurde, dass das Verhältnis der Löhne für qualifizierte und unqualifizierte Arbeit gesunken wäre. Acemoglu argumentiert anhand eines Wachstumsmodells, ähnlich zu Romer (→ Romer-Modell), dass Technologien entwickelt werden, die entweder komplementär zu qualifizierter oder unqualifizierter Arbeit eingesetzt werden können. In welchem Ausmaß Ressourcen in die Entwicklung neuer Technologien kompelementär zum jeweiligen Produktionsfaktor Arbeit gelenkt werden, hängt von den Innovationsanreizen ab. Wesentlich ist hier also die Relation der Barwerte der Profite. Diese Relation wird wiederum durch zwei Effekte beeinflusst: (1) dem Marktgrößeneffekt und (2) dem Preiseffekt. Erhöht sich das Verhältnis von qualifizierter zu unqualifizierter Arbeit, so ist der Markt für Innovationen komplementär zu qualifizierter Arbeit relativ größer geworden. Dementsprechend steigen die relativen Profite für solche Technologien. Andererseits reduziert sich der relative Preis der produzierten Güter. Gilt nun, dass die Substitutionselastizität zwischen qualifizierter und unqualifizierter Arbeit hinreichend groß ist, dominiert der Marktgrößeneffekt den Preiseffekt. Die Richtung des technischen Fortschritts verlagert sich zugunsten von qualifizierter Arbeit. Damit steigt auch die Produktivität von qualifizierter Arbeit relativ zu unqualifizierter Arbeit, sodass auch ein Anstieg des relativen Lohnes für qualifizierte Arbeit beobachtet werden kann. Als Beispiel wird oft die Entwicklung der Computertechnologie genannt, die komplementär zu qualifizierter Arbeit ist.

Directly Unproductive Activity – Oberbegriff für Ressourcenaufwand, der nicht zum Zweck der Güterproduktion erfolgt, sondern mit dem Ziel der Beeinflussung der → Handelspolitik zugunsten einzelner Interessengruppen. Der Ausdruck „Directly

Unproductive" soll andeuten, dass solche Aktivitäten zwar nicht direkt produktiv sind, aber indirekt produktiv wirken können, wenn sie Ressourcen verwenden, die einen negativen Schattenpreis haben.

Direct Mailing – werbliche Ansprache einer bestimmten → Zielgruppe, die auf der Basis einer Adressendatei (evtl. von → Adressenverlagen bezogen) selektiert wurde, d.h. durch adressierte Werbung per Brief mit (individualisiertem) Anschreiben, dem häufig ein → Prospekt beigefügt wird *(Direct Mail)*. Bekannteste Form der → Direktwerbung. – Vgl. auch → Mediaplanung.

Direct Marketing

von Dr. Heinz Dallmer

I. Begriffsbestimmungen

1. Direktwerbung

Umfasst alle Werbemaßnahmen, die den Empfänger gezielt ansprechen, indem sie ihm die Werbebotschaft in Form eines selbstständigen Werbemittels (z.B. → Direct Mailing) direkt und nicht mithilfe eines anderen Mediums übermitteln.

2. Direct Marketing

Umfasst alle marktgerichteten Aktivitäten, die sich einstufiger (direkter) Kommunikation und/oder des Direktvertriebs bzw. des Versandhandels bedienen, um Zielgruppen in individueller Einzelansprache gezielt zu erreichen, und umfasst ferner solche Aktivitäten, die sich mehrstufiger Kommunikation bedienen, um einen direkten, individuellen Kontakt herzustellen. Direct Marketing wird fälschlicherweise häufig mit Dialogmarketing bzw. One-to-One-Marketing gleichgesetzt (vergleichbar, aber mit anderem Schwerpunkt – d.h., die Form der Kommunikation wird auch dort medial vermittelt, aber personenbezogen).

II. Direct Marketing in unterschiedlichen Wirtschaftsbereichen

Die *häufigste Anwendung von Direct Marketing* kann in folgenden Branchen festgestellt werden:

- *Konventionelle Einsatzbereiche:* Produktions- und Investitionsgüterindustrie (einschließlich Pharmaindustrie), Versandhandel, Verlage.
- *Vergleichsweise neuere Einsatzbereiche:* Einzelhandel, Finanzdienstleistungen, Touristik, Konsumgüterindustrie einschließlich Kfz-Industrie, Institutionen, Behörden und Vereine.

Wie bereits festgestellt, eignen sich Methoden und Instrumente des Direct Marketing aufgrund der Dialogfähigkeit und aufgrund der relativ unbeschränkten Gestaltungsbreite u.a. für die Vermarktung erklärungsbedürftiger Produkte. Auf eine inzwischen marktübliche Unterscheidung sei hingewiesen. Man geht heute von zwei unterschiedlichen Märkten im Direct Marketing aus, die sich nicht nur durch die Zielgruppen, sondern auch durch die angewandten Methoden erheblich unterscheiden: Consumer-Markt und

Welche Aufgaben können Maßnahmen des Direct Marketing bilden?

- direkt verkaufen
- Adressen (Interessenten) produzieren
- Kundenbetreuung
- Marktforschung
- Verkaufsförderung
- Synergismus zu anderen Medien
- Musterverteilung
- Sympathien wecken und Fundraising
- Image bilden

Quelle: Dallmer, H., Das Handbuch Direct Marketing & More, 8. Aufl., Wiesbaden 2002.

Business-to-Business-Markt. Grundlage der Unterschiede sind im Wesentlichen die Merkmale der Zielgruppen, v.a. die kaufverhaltensbezogenen Merkmale. Während bei der Vermarktung an Endverbraucher Individualinformationen von Einzelpersonen bzw. Haushaltsmitgliedern entscheidend sind, sind beim Verkauf an Handel und Industrie ergänzende Kriterien über das jeweilige Unternehmen relevant.

III. Medien des Direct Marketing

Die Selektionsmöglichkeiten, der relativ hohe Aufmerksamkeitswert und der Responsecharakter haben die diesbezüglichen Medien des Direct Marketing bei vielen Unternehmen jedoch zu unverzichtbaren Informationsquellen und Direktverkaufsinstrumenten werden lassen.

Viele Einsatzbeispiele bezeugen, dass bei bestimmten Voraussetzungen (i.d.R. abgrenzbare homogene Zielgruppen, z.B. Facharzt) kein anderer Medienbereich die gleiche Aufgabe so effizient lösen kann. Der Synergismuseffekt beim Einsatz der Medien des Direct Marketing als Vor-/Nachschalt- oder Begleitmaßnahme zum Einsatz von Massenkommunikaitonsmedien ist ein weiterer Vorteil (flankierender Medieneinsatz).

Gerade in Bezug auf die Wirtschaftlichkeit sind die Vorzüge Testfähigkeit und eindeutige Erfolgskontrolle als wichtigste Merkmale des Direct Marketing zu nennen. Aufgrund dieser Eigenschaften bietet sich z.B. durch Einsatz von Direct Mail über Stichproben die Chance der gezielten Optimierung in Bezug auf fünf Einflussfaktoren des Erfolges der direkten Marketingkommunikation (Testfaktoren):

- Angebot (Produkt/Dienstleistung);
- Konditionen, Preis, Zahlungsarten;
- Zielgruppen;
- Werbemittel wie z.B. Größe, Anzahl der Teile, Farbigkeit, Gewicht, Gestaltungsmerkmale wie Text, Grafik, Fotos etc., Textlänge und Personalisierung;
- Streuzeitpunkt wie z.B. Jahreszeiten, Fest- und Feiertage, Wetterlagen, politische und konjunkturelle Bedingungen, Saisons- und Jahreswechsel. Die exakte Wiederholbarkeit der exakt gleichen Situation zum Testzeitpunkt ist nicht gegeben, daher ist dieser Testfaktor nur eingeschränkt zulässig.

IV. Zielgruppe(n)

1. Arten von Zielgruppenquellen

Wesentliche Voraussetzung für den Erfolg des Direct Marketing (das Zustandekommen eines Dialoges bzw. Response) ist die Auseinandersetzung mit den geeigneten Zielgruppen für das jeweilige Angebot.

2. Merkmale zur Zielgruppenauswahl

Bei der Ansprache von Endverbraucher-Zielgruppen haben sich die folgenden fünf Merkmalsgruppen als besonders relevant erwiesen (vgl. Tabelle „Direct Marketing – Z ielgruppenmerkmale").

3. Database Management

Bedeutung: Die Historie der Kunden- bzw. Interessenten-Lieferanten-Beziehung wird zur Grundlage des Direct Marketing-Erfolges. Im Gegensatz zur traditionellen Kunden-/Interessentenkartei erfolgt die Nutzung, Auswahl und Auswertung komplexer Daten hierbei mithilfe eines EDV-gestützten Daten-Systems, das tagesaktuelle Veränderungen berücksichtigt und selbst bei einer Vielzahl von Adressatenmerkmalen (→ Data Warehouse) eine kombinierte Auswertung aller Variablen zu jeder Zerit, von jedem Ort zulässt (→ Data Mining).

Ziel ist i.d.R. eine zielgruppen- und bedarfsgerechte Ansprache, eine Steigerung der Umwandlungsquoten, eine Auflagen- und damit verbundene Kostensenkung, eine Optimierung der Auftragsabwicklung, bzw. eine Stärkung der Kundenbindung.

4. Zielgruppenauswahl durch mikrogeografische Segmentierung

Ein Ansatz für die Auswahl von Zielgruppen ist die mikrogeografische → Marktsegmentierung, deren Ergebnisse zudem noch einen Einfluss auf die inhaltliche Gestaltung der Marketingkommunikation auszulösen vermögen, denn Ziel der Marktsegmentierung ist nicht nur das Auffinden homogener Teilmärkte im Gesamtmarkt, sondern auch die Bearbeitung ausgewählter Marktsegmente mit geeigneten produkt-, kommunikations-, preis- und distributionspolitischen Maßnahmen.

Zwei Anforderungen muss die Marktsegmentierung erfüllen: Die Konsumenten eines Segmentes sollen auf Marktinformationsimpulse ähnlicher reagieren als Konsumenten in unterschiedlichen (anderen) Segmenten. Zur Vermeidung von Streuverlusten müssen die Segmente gezielt erreichbar sein. Dies ist häufig bei konventionellen Typologien nicht der Fall.

Die Mikrogeografie basiert auf der Erkenntnis: „Je kleiner man das regionale Gebiet wählt, desto mehr entmischt sich die Bevölkerungsstruktur, desto deutlicher gilt der Grundsatz, Gleich und Gleich gesellt sich gern, und desto stärker kristallisieren sich Konsumenten mit ähnlicher demographischer Struktur, ähnlicher

Direct Marketing – Zielgruppenmerkmale

Individuelle Zielgruppen-Merkmale (Consumer)		Gruppenweise zugeordnete Merkmale
Allgemein demografische Merkmale: – Alter – Familiengröße (Haushaltstyp) – Familienphase – Familienstand – Geschlecht – Religion – Rasse – Sprache – Wohnort (-größe) – u. a. **Sozioökonomische Merkmale:** – Beruf – Berufsstellung – Bildung(sgrad) – Einkommen – Vermögen – Art des Wirtschaftszweigs, in dem der Haushaltsvorstand seinen Beruf ausübt – soziale Schicht – u. a.	**Bestands- und konsumanalytische Merkmale:** – Besitz, Vorrat an Gütern – Verbrauch, Verwendung von Gütern, Interesse daran – Konsumintensität, -wert – Konsumhäufigkeit – Konsumdauer – Konsumart – Konsumzeit – Konsumrhythmus – Konsumort/-region (!) – u. a. **Verhaltensorientierte Merkmale:** – Informationsverhalten – Mediennutzung – Freizeitverhalten – Mitgliedschaft in Organisationen, Vereinen – u. a.	– nach dem Ort, die Ortsgröße – nach dem Gebiet, der Einzugsbereich von Infrastrukturangeboten – Kaufkraftkennziffern – Bevölkerungsdichte – Verteilrouten, Besuchsrouten – nach dem Beruf, die Einstufung in Einkommensklassen

Lebensphase und letztlich ähnlichem Lebensstil heraus“ (M. Martin 1988) und sind zusätzlich operational erreichbar, z.B. über Direct Mail. Grundlage der mikrogeografischen Segmentierung ist die Aggregation homogener Wohngebietstypen unterhalb des Stadt- bzw. Stadtviertelniveaus.

V. Entwicklungstendenzen

Durch medientechnologische Entwicklungen der Marketingkommunikation eröffnen sich neue Chancen des Dialogs zwischen anbietenden Unternehmen und potenziellen Kunden. Während das Telefonmarketing sich inzwischen im Direct Marketing etabliert hat, erfuhr es durch computergestützte Abwicklung (Callcenter) ebenso eine Erweiterung wie durch die relevante Verbreitung der Internetkommunikationsmöglichkeit. Dies gilt auch für den Einsatz des Telefax als Bestandteil der Bestellabwicklung.

Zunehmende Bedeutung erhält daher die Onlinekommunikation für Zwecke der Direktvermarktung (→ E-Commerce, → Mobile Commerce). Die technologische Entwicklung und die Verbreitung der Hardware, aber auch das Anwendungsverhalten der Zielgruppen sind hierfür wesentliche Grundlagen. Die Anwendung als Direct-Marketing-Methode verlangt *neue (Added Value) medienrelevante Gestaltungsformen:* Aktualitätsbezug, Nutzenaspekte für den Verbraucher, Instant-Service-Leistungen, „Remote“-Diagnostik, Statistikfunktionen einschließlich Nutzungsintensitätsangaben, Fortschrittsmeldungen der Auftragsbearbeitung, Verfügbarkeitsinformationen, Profil-Research-Leistungen.

Durch die Umkehrung der Kommunikationsrichtung erhält der Konsument erstmals in uneingeschränkter Weise die Chance, sich das Unternehmen mit dem Angebot auszusuchen, das seinem Bedarf entspricht (ohne durch Medienzugangsbarrieren behindert zu sein) und das für ihn maßgeschneidert in Real Time zusammengestellt wird.

Zunehmen wird auch der Trend der Kommunikationsmöglichkeit über lokale Medien, sei es über Ortsteilzeitungen oder über lokale Rundfunk- bzw. TV-Sender. Hier wird ein Phänomen deutlich: Klassische

Massenkommunikationsmedien entwickeln sich zunehmend zu Direct-Marketing-Medien, während klassische Direct-Marketing-Medien aufgrund der Technik als Massenmedien eingesetzt werden können (z.B. Computerwerbemittel).

Damit verbunden ist auch eine vielfach festgestellte Entwicklungstendenz: Die Forderung nach und Verwirklichung von integrierten Marketingkonzepten, in denen je nach Aufgabenstellung die Budgetanteile von direkter und indirekter Marketingkommunikation verteilt, aber immer kombiniert eingesetzt werden. Die Grenzen zwischen beiden Kommunikationsformen werden sich zunehmend verwischen; beide Arten werden der jeweils anderen Kommunikationsaufgabe zuarbeiten und nicht gegenseitig substituieren.

Leider muss festgestellt werden, dass nicht zuletzt wegen des hohen Impacts und immer noch zu großer Fehlstreuungen, aber auch aufgrund von Einflüssen der Medienkonkurrenz, Forderungen nach Beschränkungen oder gar Verboten von Telefonmarketing, Direktwerbung und Speicherung von persönlichen Daten laut werden. Bei ausgewogener Betrachtung, die sich die Rechtsprechung und der Gesetzgeber zu Eigen gemacht haben, ist eine funktionierende Volkswirtschaft ohne direkte Marketingkommunikation nicht denkbar. Missbräuche sind durch entsprechende Gesetze (z.B. der Datenschutzgesetzgebung) eingedämmt bzw. verhindert worden ebenso wie über den Permission/Participation-Ansatz über Internetdialog, der in der Präkommunikationsphase die Zustimmung des Betroffenen zu denkbaren Handlungs- und Informationsofferten einholt.

Zu erkennen sind bereits jetzt Internationalisierungstendenzen des Direct Marketing. Die meisten Medien des Direct Marketing sind grenzüberschreitend einsetzbar, was von wachstumsorientierten internationalen Unternehmen zunehmend intensiv genutzt wird, v.a. für Markteinführungstests. Die aktuelle Entwicklung des Direct Marketing fördert IT-Tools für die integrierte ganzheitliche Konsumentensicht, aber auch die Berücksichtigung von Konsumentendaten im historischen Zeitablauf über mehrere Jahre. Ein weiterer Trend ist die Forderung nach Umsetzung von Simplicity- und Convenience-Regeln in der Dialog-Kommunikation.

Direct Numerical Control → DNC-Anlagen.

Directors-and-Officers-Versicherung → D&O-Versicherung.

Directors Dealing – I. Allgemeines: Die Meldung von → Eigengeschäften ist innerhalb von fünf Werktagen sowohl dem Unternehmen als auch der → Bundesanstalt für Finanzdienstleistungsaufsicht (BaFin) abzugeben und trifft Personen mit Führungsaufgaben. Das sind Mitglieder eines Verwaltungs-, Leitungs- oder Aufsichtsorgans, persönlich haftende Gesellschafter und sonstige Personen mit regelmäßigem Zugang zu → Insiderinformationen und Berechtigung zu wesentlichen unternehmerischen Entscheidungen. Nahe stehende Personen wie Ehepartner, eingetragene Lebenspartner, unterhaltsberechtigte Kinder und andere Verwandte, die mit den Führungspersonen in einem Haushalt leben, werden ebenfalls erfasst, um Umgehungsgeschäfte zu vermeiden. Eine Ausnahme gilt für Geschäfte, die 5.000 Euro zum Ende des Kalenderjahres nicht überschreiten. In die Berechnung sind dabei jedoch der gesamte o.g. Personenkreis, also u.a. auch nahe stehenden Personen mit einzubeziehen. – Der Entwurf einer EU-Verordnung, die wesentliche Teile der → Marktmissbrauchsrichtlinie ersetzen soll, sieht eine Verkürzung der Meldefristen für Directors' Dealings von fünf auf zwei Tage vor. Die Schwelle für die Ausnahme von der Meldepflicht wird dagegen auf 20.000 Euro heraufgesetzt. Der Entwurf wird allerdings intensiv diskutiert. Nach dem Vorschlag des → Rats der Europäischen Union v. Dezember 2012 soll die Meldefrist drei Tage betragen und die Bagatellgrenze bei 5.000 Euro bleiben, es der Aufsichtsbehörde des Mitgliedstaates aber erlaubt werden, diese auf 20.000 Euro zu erhöhen. Es ist offen, welchen Kompromiss man letztlich finden wird.

II. Veröffentlichung: Die Veröffentlichungspflicht trifft das Unternehmen: Die Mitteilung ist unverzüglich zu veröffentlichen und europaweit bekannt zumachen, die BaFin ist über die Veröffentlichung zu informieren. Außerdem muss sie dem Unternehmensregister zur Speicherung übermittelt werden.

III. Pflichtenadressaten: Mit der Umsetzung der Transparenzrichtlinie in deutsches Recht zum 20.1.2007 hat die Bestimmung der jeweiligen Pflichtenadressaten einen hohen Grad an Komplexität erreicht. Dies gilt insbesondere deswegen, weil zwei Gesetze mit unterschiedlichen Begriffsbestimmungen und Anknüpfungspunkten ausschlaggeben sind, das Wertpapierhandelsgesetz und das Wertpapierprospektgesetz. Zudem ist die Bestimmung der erfassten Aktien bzw. des Aktienemittenten und die des Unternehmens, das die Veröffentlichungspflicht trifft, nicht ganz deckungsgleich, vgl. § 15a I und IV WpHG.

IV. Sanktionen: Vorsätzliche oder leichtfertige Verstöße gegen die Mitteilungs- und Veröffentlichungspflichten können mit einer Geldbußen bis zu 100.000 Euro geahndet werden (§ 39 II Nr. 2 Buchst.d i.V. mit IV WpHG). Eine fehlende Belegübermittlung stellt ebenfalls eine Ordnungswidrigkeit dar, die mit bis zu 50.000 Euro bedroht ist.

Direct-Response-Werbung – Werbekontakt mit Kunden in mehreren aufeinander folgenden Stufen. Durch verschiedene Medien (z.B. Brief, Mail, Telefon, Katalog) werden in regelmäßigen Abständen immer wieder Kontakte hergestellt. Damit wird das Ziel verfolgt, eine dauerhafte → Kundenbindung sicherzustellen. Diese Form der Werbung ist bes. geeignet für das → Direct Marketing. Über Massenmedien wird ein Erstkontakt hergestellt, der zum Response führen soll. Die weiteren Kontakte erfolgen dann durch individuellere Ansprechformen.

Direktabsatz → direkter Vertrieb.

Direktanspruch – unmittelbarer Anspruch des geschädigten Dritten gegen den Kraftverkehrshaftpflichtversicherer, auch dann gegeben, wenn der Versicherer dem Versicherungsnehmer gegenüber leistungsfrei ist (→ Kraftfahrtversicherung).

Direktausfuhr – *Direktexport;* Absatz von Produktionsunternehmungen auf ausländischen Märkten ohne Einschaltung von Exporthandelsbetrieben, auch der Geschäftsverkehr durch Reisende, Vertreter, Kommissionäre, Verkaufsagenturen, Zweigniederlassungen und Tochterunternehmungen sowie über Exportringe und Monopolverwaltungen. Hauptmerkmal ist die Möglichkeit zur unmittelbaren Einflussnahme auf das Absatzgeschehen in einem Auslandsmarkt, bes. durch eigenständige, individuelle Kontaktanbahnung, Marktbearbeitung, Auftragsabwicklung und Kundenpflege. – Vgl. auch → Ausfuhr, → Ausfuhrhandel.

Direktbank → Kreditinstitute, die → Finanzdienstleistungen anbieten, ohne ein Filialnetz vorzuhalten. Bankgeschäfte werden zumeist per Internet, per Fax, oder telefonisch aufgegeben. Beratung findet nur geringfügig oder gar nicht statt. Durch die dadurch verringerten Verwaltungsaufwendungen können Bankgeschäfte günstiger angeboten werden. Direktbanken lassen sich durch die avisierten Zielgruppen bzw. die angebotene Produktpalette unterscheiden. Zielgruppen für den Direktvertrieb als Alternative zur klassischen Filialbank sind v.a. serviceorientierte, konditionenbewusste und bequeme Kunden. Zudem müssen die Kunden einer Direktbank den Informations- und Telekommunikationstechnologien aufgeschlossen gegenüberstehen. Universalanbieter bieten alle wichtigen Standardangebote einer → Universalbank an. Spezialanbieter hingegen vertreiben lediglich einen Teil der möglichen Finanzdienstleistungen. I.d.R. bieten Direktbanken folgende Leistungen des traditionellen Bankgeschäfts an: Zahlungsverkehrsdienstleistungen, Kreditkartengeschäft, Vergabe von Krediten, Aufnahme von Spareinlagen und Termingeldern, An- und Verkauf von Wertpapieren (Brokerage), Vorsorgedienstleistungen und Beratungsdienstleistungen (z.B. bzgl. Altersvorsorge oder Immobilienfinanzierung). – Zu den Stärken des Direktbanken-Konzeptes zählen der Verzicht auf ein kostenintensives Filialnetz, die Unabhängigkeit von Öffnungszeiten, die Ortsunabhängigkeit und die durch den intensiven Wettbewerb ausgelöste Innovationskraft. Als Schwächen gelten der mangelnde persönliche Kontakt, eine Verringerung der Kundenloyalität, ein hoher technischer Aufwand zur Gewährleistung der Sicherheit und tendenziell geringere Margen. – Klassische Kreditinstitute, die elektronische Vertriebswege im Rahmen von Multikanalaktivitäten als Ergänzung zu ihren Filialen nutzen, gelten nicht als Direktbanken. In diesem Zusammenhang spricht man von *Direct Banking* als Vertriebsweg.

Direktbedarfsmatrix → Gozinto-Graph.

direkte Abschreibung → Abschreibung, bei der der Wertansatz des abzuschreibenden Anlagegutes auf der Vermögensseite der Bilanz direkt um den Abschreibungsbetrag vermindert wird. – *Gegensatz:* → indirekte Abschreibung.

direkte Anrechnung – Normalform der → Anrechnungsmethode zur Vermeidung der → Doppelbesteuerung: Angerechnet werden die Steuern, die rechtlich der Steuerpflichtige selbst (= direkt) gezahlt hat. – *Anders*: 1. Anrechnung von Steuern, die der Steuerpflichtige rechtlich nicht gezahlt hat, die ihn aber indirekt (wirtschaftlich) belastet haben, weil sie z.B. von einer Tochtergesellschaft gezahlt wurden (→ indirekte Anrechnung) oder 2. Anrechnung von Steuern, die in dieser Höhe gar nicht bezahlt werden müssen, sondern vom Gesetz fingiert wurden (→ fiktive Anrechnung).

direkte Beschaffung → Beschaffungsweg.

direkte Demokratie – 1. *Begriff:* Staatsform, bei der im theoretischen Ideal jede einzelne öffentliche Angelegenheit durch Abstimmung aller Bürger des Gemeinwesens entschieden wird. – 2. *Theorie der direkten Demokratie:* Zweig der → Neuen Politischen Ökonomie, der sich mit den Eigenschaften von Abstimmungsregeln in (kleinen) Gruppen beschäftigt, bes. sucht man ideale Regeln (→ Abstimmungsverfahren). In der empirischen Forschung wird regelmäßig auf die Beispiele direktdemokratisch konstituierter Bundesstaaten in den USA und Kantone in der Schweiz verwiesen, wobei angenommen wird, dass die individuellen Interessen der Wähler infolge der direkten Abstimmung besser als im Falle repräsentativer Demokratien in den getroffenen Kollektiventscheidungen widergespiegelt sind.

direkte Finanzhilfen – Form von → Subventionen, durch die dem begünstigten Unternehmen für bestimmte Aufwendungen, z.B. Investitions-, Personal- oder auch Sachkosten, aus Mitteln öffentlicher Haushalte eine (teilweise) Kostenerstattung gewährt wird. – *Beispiele:* → Investitionsförderung, → Forschungs- und Entwicklungsförderung. – Vgl. auch → Wirtschaftsförderung.

direkte Kosten → Einzelkosten, → Direct Costs, → variable Kosten.

direkte Methode – im Steuerrecht eine Methode, wie der Gewinn eines rechtlich einheitlichen Gesamtunternehmens steuerlich auf seine verschiedenen Niederlassungen (→ Betriebsstätten) in verschiedenen Ländern aufzuteilen ist, um festzustellen, welches Land welche Gewinne besteuern darf. Die direkte Methode besteht darin, dass jeder Unternehmensteil seinen Gewinn so ermitteln muss, als ob er eine selbstständige Einheit gewesen wäre; der Gewinn soll durch genaue Berechnungen verursachungsgerecht auf die Orte seiner Entstehung verteilt werden. Für deutsches Einkommen- und Körperschaftsteuerrecht bedeutet die direkte Methode, dass ausländische Unternehmen für ihre dt. Betriebsstätten eine Bilanz aufzustellen haben, in der sie durch Aktivierung und Passivierung der zur Betriebsstätte gehörenden aktiven und passiven Wirtschaftsgüter und Rechnungsabgrenzungsposten sowie durch Verbuchung der durch die dt. Betriebsstätten verursachten Betriebseinnahmen und Betriebsausgaben den „Gewinn aus Gewerbebetrieb" unter Beachtung der normalen Vorschriften des EStG (§ 4 I EStG, §§ 5 ff. EStG) zu ermitteln haben (Betriebsstättenbilanz). – *Gegensatz:* → indirekte Methode. – Nach dem OECD-Musterabkommen ist die direkte Methode der indirekten Methode vorzuziehen.

direkte Preiselastizität der Nachfrage → Preiselastizität.

direkte Prüfung → Prüfung.

direkter Absatz → direkter Vertrieb.

direkter Schluss → Inklusionsschluss.

direkter Vertrieb – *Direktabsatz, Direktvertrieb, Direktverkauf, Direktgeschäft, direkter Absatz.* 1. *Vertriebssystem*, bei dem der Verkauf von Herstellern und Großhändlern direkt an Letztverbraucher erfolgt: Die produzierten Güter gelangen ohne Einschaltung des Handels vom Produzenten unmittelbar zum Endnutzer. Marketingentscheidung im Rahmen der → Absatzwegepolitik. – Der Hinweis auf die Hersteller- und Großhändlereigenschaft (entscheidendes Werbeargument) ist nach UWG nur unter bestimmten Bedingungen erlaubt. – 2. *Formen:* → Haustürgeschäfte durch den Erzeuger oder durch Haushaltsvertreter, → Fahrverkauf, Verkauf mittels eigener Stände auf → Wochenmärkten oder über eigene Einzelhandelsfilialgeschäfte (Fabrikfilialen; → Factory Outlet Center (FOC)). – Vgl. auch → Verkaufsbüro, → Verkaufskontor, → Exportmusterlager. – 3. Direkter Vertrieb auch auf dem *„grauen Markt"*: Einkauf der Konsumenten direkt beim Produzenten oder beim → Cash-and-Carry-Großhändler (CC) zwecks Einsparung einer oder mehrerer → Handelsspannen (→ Werkshandel, → Betriebshandel, → Belegschaftshandel, → Behördenhandel und → Beziehungshandel). – Vgl. auch → Demigrossist. – 4. Der direkte Vertrieb an den Letztverbraucher unterliegt u.U. *gesundheitlichen und gewerbepolizeilichen Einschränkungen*, z.B. Verbot des direkten Vertriebs von Arzneimitteln, des ambulanten Handels mit bestimmten Gegenständen; → Reisegewerbe. – *Gegensatz:* → Indirekter Vertrieb.

direkter Zugriff – Ansteuerung einer gespeicherten Information ohne Durchsuchen eines Datenbestandes, indem über eine → Adresse die benötigte Information unmittelbar ausgelesen oder geschrieben werden kann. Er setzt Speichermedien mit einer Technik zur direkten Ansteuerung von Speicherplätzen voraus (→ RAM).

direkte Steuern – Gruppe von Steuern nach der ältesten Steuereinteilung (→ Steuerklassifikation). – *Einteilungskriterien:* 1. Nach der *Steuerfestsetzungs- bzw. Veranlagungstechnik:* Die Steuerfestsetzung erfolgt im Wege der → Veranlagung bei dem Steuerpflichtigen, der als Steuerträger vermutet wird; direkte Steuern sind → Veranlagungsteuern. Kriterium von nur noch historischer Bedeutung. – 2. Nach der *Überwälzbarkeit:* Die Steuer soll nach dem Willen des Gesetzgebers vom Steuerschuldner wirtschaftlich getragen werden, keine Überwälzung; sie sind *Tragsteuern.* Es wurde jedoch nachgewiesen, dass abhängig von der wirtschaftlichen Situation auch direkte Steuern überwälzbar sind (z.B. Überwälzung der Grundsteuer auf den Mieter). – 3. Nach der steuerlichen *Leistungsfähigkeit:* Die steuerliche Leistungsfähigkeit wird unmittelbar erfasst, wobei zwischen persönlicher (natürliche/juristische Person) und sachlicher (Gewerbebetrieb/Grundvermögen) Leistungsfähigkeit unterschieden wird, d.h. Besteuerung der Einkommenserzielung und des Ertrags, z.B. Einkommensteuer, Körperschaftsteuer, Gewerbesteuer, Grundsteuer. – *Gegensatz:* → indirekte Steuern.

direkte Tarife – Begriff aus dem Eisenbahnwesen. § 12 AEG verpflichtet die öffentlichen Eisenbahnen, für die Beförderung von Personen und Gütern, die auf mehreren aneinander anschließenden Eisenbahnen des öffentlichen Verkehrs (Deutsche Bahn AG, nicht bundeseigene Eisenbahnen) erfolgt, eine direkte Abfertigung einzurichten und für den Personenverkehr durchgehende direkte Tarife aufzustellen.

Direktexport → Direktausfuhr.

Direkt-Geld-Methode – Rangreihenverfahren der → Arbeitsbewertung, bei dem die Beanspruchungshöhe durch einzelne Anforderungsarten direkt in Geld ausgedrückt wird. Geldlohnsätze werden auf die Anforderungsarten verteilt.

Direktgeschäft → direkter Vertrieb.

Direktinvestition – I. Begriff: Form der → Auslandsinvestition. – 1. *Kennzeichen:* → Kapitalexport durch Wirtschaftssubjekte eines Landes in ein anderes Land mit dem Ziel, dort Immobilien zu erwerben, Betriebsstätten oder Tochterunternehmen zu errichten, ausländische Unternehmen zu erwerben oder sich an ihnen mit einem Anteil zu beteiligen, der einen entscheidenden Einfluss auf die Unternehmenspolitik gewährleistet. – *Gegensatz:* → Portfolio-Investition, die vorrangig der Geldanlage dient. – 2. *Entscheidungskriterien:* Steuervorteile im Ausland, Abweichungen in den Faktorpreisen und den wettbewerbsrechtlichen Vorschriften, Umgehung von Handelsschranken, Sicherung der Lieferung von Rohstoffen oder Vorprodukten, Erschließung oder Erhaltung von Absatzmärkten (→ Kapitalflucht). Absicherung der politischen Risiken durch Garantien für

Kapitalanlagen im Ausland (→ Investitionsschutzabkommen). Entgegen weitverbreiteter Meinung gibt es für das Unterlaufen von Umweltvorschriften als Motiv für Direktinvestition *keine* empirischen Beweise. Eine zusammenfassende Erklärung bietet das → eklektische Paradigma. – Vgl. auch → internationale Direktinvestitionen, → Joint Venture, → Zwischenstaatliches Gemeinschaftsprogramm.

II. Wirkungen: 1. Mögliche positive Wirkungen für das Empfängerland (v.a. in Entwicklungsländern): (1) Milderung der Kapitalknappheit und dadurch Steigerung der Produktivität bzw. Beschäftigung sonstiger Produktionsfaktoren; (2) Wachstumsbeschleunigung durch Zunahme der gesamtwirtschaftlichen Investition (externe Investitionsfinanzierung); (3) Entlastung der → Zahlungsbilanz; (4) Beitrag zur Diversifizierung der Produktionsstruktur; (5) positive Beschäftigungseffekte; (6) Technologietransfer; (7) Induzierung von Investitions- bzw. Produktionsaktivitäten in vor- und nachgelagerten Produktionsstufen. – 2. Mögliche negative Wirkungen für das Empfängerland (bes. in Entwicklungsländern): (1) Verdrängung einheimischer Produzenten; (2) Wohlfahrtsverluste bzw. Einkommenstransfer zugunsten der Investoren durch staatliche Vergünstigungen (z.B. unentgeltliche Gewährung von Infrastrukturleistungen, „Schutzrente" im Weg einer Abschirmung des Marktes durch Importzölle oder subventionierte Inputs und verbilligte Kredite).

III. Meldepflicht: Die → Statistik über dt. Direktinvestitionen wird von der → Deutschen Bundesbank geführt. (Kontrolle der Ausgaben des Statistischen Bundesamtes, Wiesbaden, sowie des → EUROSTAT). Sie stützt sich dabei auf Bestandsmeldungen inländischer Unternehmen und Privatpersonen über das „Vermögen Gebietsansässiger in fremden Wirtschaftsgebieten" (dt. Direktinvestitionen im Ausland) sowie über das „Vermögen Gebietsfremder im Wirtschaftsgebiet" (ausländische Direktinvestitionen in Deutschland). Der Umfang der → Meldepflicht von Kapitalausfuhren außerhalb des dt. Wirtschaftsgebietes ergeben sich aus den Vorschriften der → Außenwirtschaftsverordnung (AWV) (§§ 56-58c AWV). Zuwiderhandlungen gegen diese Meldevorschriften stellen Ordnungswidrigkeiten nach § 70 AWV dar.

Direktinvestitionsförderung – Maßnahme der Hilfe für → Entwicklungsländer; Förderung von → Direktinvestitionen in diesen Ländern. In Deutschland wurde dafür ein differenziertes Förderinstrumentarium entwickelt. Allen Maßnahmen ist gemeinsam, dass durch sie das wirtschaftliche oder politische Risiko einer → Kooperation gemindert werden soll: Durch verlässliche Informationen, durch günstige Kredite, durch Übernahme von → Garantien und → Bürgschaften oder durch die Gewährung von Steuervorteilen. Im Einzelnen gehören zum Instrumentarium, u.a. Bundesgarantien für Kapitalanlagen im Ausland, mit denen das politische Risiko von Kapitalanlagen gedeckt werden kann, Bundesgarantien und -bürgschaften für ungebundene Finanzkredite, Kredite aus Bundeshaushaltsmitteln oder die Förderung durch die Deutsche Investitions- und Entwicklungsgesellschaft mbH (DEG). Weitere Informationen erteilen u.a die Bundesagentur für Außenwirtschaft (bfai), → Kreditanstalt für Wiederaufbau (KfW), Deutsche Investitions- und Entwicklungsgesellschaft (DEG), → UNIDO, Industrie- und Handelskammern und das Bundesministerium für wirtschaftliche Zusammenarbeit und Entwicklung (BMZ).

Direktionsrecht – *Weisungsrecht.* 1. *Begriff:* Der Arbeitgeber kann Inhalt, Ort und Zeit der Arbeitsleistung sowie Ordnung und Verhalten der Arbeitnehmer im Betrieb nach billigem Ermessen näher bestimmen, soweit die Arbeitsbedingungen nicht durch den Arbeitsvertrag, eine Betriebsvereinbarung, einen Tarifvertrag oder gesetzliche Vorschriften festgelegt sind. – Die vom → Arbeitnehmer zu leistenden Dienste sind im → Arbeitsvertrag i.d.R. nur rahmenmäßig festgelegt. Der Arbeitgeber konkretisiert die Arbeitspflicht durch seine Weisungen; diese bestimmen den Inhalt der vertraglichen Arbeitspflicht. – In Notfällen kann das Direktionsrecht ausnahmsweise auch den arbeitsvertraglichen Rahmen übersteigen. – 2. *Rechtsgrundlage:* § 106 GewO. – 3. *Grenzen:* Das Direktionsrecht des Arbeitgebers wird begrenzt durch das Arbeitsschutzrecht (→ Arbeitsschutz), durch → Tarifverträge, den → Arbeitsvertrag, den allg. Grundsatz der → Fürsorgepflicht des Arbeitgebers und den Grundsatz der → Gleichbehandlung. Auch eine → betriebliche Übung kann das Direktionsrecht begrenzen. – 4. *Vertragliche Erweiterung des Direktionsrechts:* Der Arbeitsvertrag kann das Direktionsrecht erweitern (Beispiel: Klausel, wonach auch eine Versetzung an weit entfernte Orte zulässig ist). Solche Erweiterungen unterliegen bei vorformulierten Klauseln einer AGB-Kontrolle (→ Allgemeine Geschäftsbedingungen im Arbeitsrecht). – 5. *Abgrenzung zur Änderungskündigung:* Soll dem Arbeitnehmer ein *Beschäftigungswechsel* (→ Versetzung) auferlegt werden, der die einzelvertraglichen Grenzen des Direktionsrechts überschreitet, bedarf es einer → Änderungskündigung oder einer einvernehmlichen Änderung des Arbeitsvertrags. – 6. *Mitbestimmung des Betriebsrats:* Bei der Ausübung des Direktionsrechts ist die Mitbestimmung des Betriebsrats zu beachten, soweit es sich um einen kollektiven Tatbestand handelt (Beispiel: Einführung eines Rauch- oder Alkoholverbots kraft Direktionsrechts). – 7. *Sanktionen:* Folgt der Arbeitnehmer nicht den wirksamen Weisungen des Arbeitgebers, kann er sich wegen → Arbeitsverweigerung einer → Kündigung und evtl. einer Schadensersatzpflicht aussetzen (→ Vertragsbruch).

Direkt-Kommunikation → Kommunikationspolitik.

Direktmarketing → Direct Marketing.

Direktor – in der Praxis verbreiteter, aber bez. des betroffenen Personenkreises uneinheitlich verwendeter Titel für bestimmte herausgehobene Mitglieder der → Führungshierarchie. Teils werden der Leiter der Unternehmung (→ Generaldirektor), häufiger die Handlungsträger an der Spitze größerer → organisatorischer Teilbereiche als Direktor bezeichnet, wobei zusätzliche Abstufungen (z.B. Abteilungsdirektor) weitere Statusdifferenzierungen zum Ausdruck bringen können.

Direktorialprinzip – Verfahren der hierarchischen Willensbildung (→ Hierarchie) in → organisatorischen Einheiten, in denen mehrere → Handlungsträger zusammengefasst sind. Entscheidungen, die die multipersonale Organisationseinheit als Ganzes betreffen, werden allein von der → Singularinstanz an der Spitze des → organisatorischen Teilbereichs, der die restlichen zur Einheit gehörenden Handlungsträger hierarchisch untergeordnet sind, getroffen *(Direktorialsystem)*. – Vgl. auch → Willensbildung. – *Gegensatz:* → Kollegialprinzip.

Direktorialsystem → Direktorialprinzip.

Direktverkauf → direkter Vertrieb, → Factory Outlet.

Direktversicherung – Durchführungsweg der → betrieblichen Altersversorgung (bAV). Lebensversicherungsvertrag, den der Arbeitgeber als Versicherungsnehmer auf das Leben des Arbeitnehmers abgeschlossen hat (vgl. § 1b II BetrAVG). Das Bezugsrecht haben – im Gegensatz zur Rückdeckungsversicherung – der Arbeitnehmer und ggf. seine Hinterbliebenen.

Direktvertrieb → direkter Vertrieb.

Direktwerbeunternehmen – Unternehmen, die → Direktwerbung für Anbieter durchführen. Das Leistungsangebot der Direktwerbeunternehmen beinhaltet Kreativleistungen, Mediamix-Überlegungen, Druckarbeiten und Versand (→ Werbeagentur); Leistungen können einzeln oder als umfassendes Paket in Anspruch genommen werden.

Direktwerbung – Teil des → Direct Marketing. Direktwerbung umfasst alle Formen der individuellen, nicht persönlichen Kommunikation zwischen Anbieter und ausgewählten Nachfragern, vorrangig Werbebriefe, Prospekte, Kataloge, Warenproben. – *Anwendung*: Häufigste Form der Direktwerbung ist das → Direct Mailing als gezielte, durch Post zugestellte, schriftliche Werbung. Zur Einzelwerbung notwendige Adressen können durch → Adressenverlage bezogen oder durch Außendienstmitarbeiter (Kundendatei) oder Coupon-Anzeigen beschafft werden. Zunehmende Probleme durch Datenschutz. Wer keine Direktwerbung empfangen möchte, kann sich kostenlos in die *„Robinson-Liste"* eintragen lassen. – *Vorteile* gegenüber der → Massenkommunikation: Individuelle Kommunikation, gezielte Ansprache bestimmter Marktsegmente (→ Zielgruppen, → Streuverluste) u.a.

Direktzugriffsspeicher → RAM.

Direktzusage – Durchführungswege der → betrieblichen Altersversorgung (baV). Dabei sagt der Arbeitgeber einem oder mehreren Arbeitnehmern oder der Gesamtheit der Arbeitnehmerschaft Versorgungsleistungen zu und verpflichtet sich, diese Versorgungsleistungen selbst zu erbringen. Die Mittelansammlung erfolgt intern. Die Finanzierung erfolgt durch die handels- und steuerrechtliche Bildung von → Pensionsrückstellungen gemäß § 249 HGB bzw. § 6a EStG. Direktzusagen können mit versorgungsspezifischen Mittelanlagen wie z.B. → Rückdeckungsversicherungen gekoppelt werden.

Dirigismus – interventionistische, → marktinkonforme Eingriffe (→ Interventionismus, → Marktkonformität) in privatwirtschaftliche Marktwirtschaften, die zur Erreichung gruppenbezogener, sektoraler oder struktureller wirtschaftspolitischer Ziele die Koordinationsfähigkeit des Marktwettbewerbs partiell oder total außer Kraft setzen. – *Beispiele:* Staatliche Ge- und Verbote im wirtschaftlichen Bereich. – Eine *wesentliche Gefahr* des Dirigismus besteht darin, dass aufgrund unvorhergesehener und staatlicherseits unerwünschter Ausweichreaktionen der privaten Wirtschaftssubjekte zunehmend weitere Folgeinterventionen durchgeführt werden müssen, sollen die wirtschaftspolitischen Ziele dennoch erreicht werden *(Ölflecktheorie)*. Zunehmender Dirigismus kann, wie die Erfahrungen zeigen, zum Entstehen einer → Schattenwirtschaft, im Extremfall zu einem Systemwandel führen.

Disagio – *Damnum, Diskont, Abgeld.* 1. *Begriff:* Spanne, um die der Preis oder Kurs hinter dem Nennwert eines Wertpapiers oder der Parität einer Geldsorte zurückbleibt bzw. der Unterschiedsbetrag zwischen dem Ausgabe- und dem Rückzahlungsbetrag von Verbindlichkeiten. Aktien dürfen nicht mit Disagio ausgegeben werden (§ 9 AktG). Die Vereinbarung eines Disagios findet in der Kreditwirtschaft Anwendung bei Festzinsvereinbarungen in Darlehensverträgen. Ein Disagio bedeutet für den Schuldner (Darlehensnehmer, Emittenten) eine Verteuerung der Verzinsung seiner Verbindlichkeit. Für den Gläubiger bedeutet ein vereinbartes Disagio eine Verbesserung der Verzinsung (Rendite) seiner Geldanlage oder Ausleihe gegenüber der Normalverzinsung (Nominalzins). Bei der Ermittlung des effektiven Jahreszinses ist das Disagio laufzeitanteilig auf die Zinsen zu verrechnen. Bei Privatpersonen sind Kreditinstitute verpflichtet, bei Vereinbarung eines Disagios den „anfänglichen effektiven Jahreszins" im Kredit- oder Darlehensvertrag anzugeben. – 2. *Bilanzielle Behandlung:* Handelsrechtlich ist eine Aktivierung (§ 250 III HGB) möglich, dann gesonderter Ausweis (Rechnungsabgrenzungsposten) vorgeschrieben, während der Rückzahlungszeit durch Abschreibungen zu tilgen; das Disagio kann auch als Zinsaufwand des Kreditaufnahmejahres angesetzt werden (gilt nicht für den IFRS-Jahresabschluss – nach IAS 39 Ansatz entsprechend der Methode der fortgeführten Anschaffungskosten). – *Gegensatz:* → Agio.

Disagiokonto – 1. *Begriff:* in der aktiven → Rechnungsabgrenzung für das bei der Ausgabe von Schuldverschreibungen oder Aufnahme von Hypotheken entstehende Disagio zu bildendes Konto (§ 250 III HGB). – 2. *Bilanzielle Behandlung:* → Damnum, → Disagio.

Discountbetrieb → Discounter.

Discount Brokerage – Bereitstellung von Bankdienstleistungen und Informationsmöglichkeiten überwiegend im Wertpapiergeschäft bei geringer oder ohne Beratungsleistung. Die Abwicklung der Dienstleistungen erfolgt häufig per Internet. Die Produkte erreichen einen hohen Standardisierungsgrad. – *Vorteil:* geringer Verwaltungsaufwand, günstige Konditionen. – Vgl. auch → Direktbank, → Internetbank.

Discounted Cashflow → Unternehmungsbewertung, wertorientierte Unternehmensführung.

Discounter – *Diskontladen, Disountbetrieb, Discount House,* → Discountgeschäft; Betriebsform des Einzelhandels (→ Betriebsformen des Handels). – *Merkmale:* Preisführerschaft (dauerhaft niedrige Preise) und Erzielung von Kostenvorteilen als strategische Zielgrößen; – *Instrumente:* Einfachheit des Abverkaufs (Selbstbedienung, Verkauf direkt von der Palette oder aus dem Karton), weitgehend standardisierte Filialen, hoher Anteil an Handelsmarken im Sortiment, Verkauf tendenziell grundnutzenorientierter Waren in einem begrenzten Sortiment (geringe Sortimentsbreite und -tiefe) und Erzielung großer Beschaffungsmengen. – *Entwicklung:* Wegen der Dynamik der Betriebsformen im Handel und den damit verbundenen gegenseitigen Anpassungsprozessen der Betriebsformen sind Discounter immer schwerer abgrenzbar. In den letzten Jahren ist ein beschleunigtes → Trading-up der Disounter (→ Image, Kundenschichten, Sortimentsbreite und -tiefe, bes. auch im Non-Food-Sortiment) erkennbar. – *Relevanz:* je nach Abgrenzung erzielen Disocunter 20 bis 30 Prozent des Einhandelsumsatzes in Deutschland; bes. starke Position im Lebensmitteleinzel- und Konsumelektronikhandel.

Discountgeschäft – *Diskontladen, Discountbetrieb, Discount House,* → Discounter; Betriebsform des Einzelhandels (→ Betriebsformen des Handels). Angebot eines begrenzten Sortiments von Waren mit hoher Umschlagshäufigkeit ohne großen Aufwand für die Warenpräsentation mittels aggressiver Niedrigpreispolitik und möglichst weit gehender Selbstbedienung und hoher Werbeintensität. Die Discountorientierung kommt in der permanenten Sonderangebotsstrategie oder der Dauerniedrigpreisstrategie zum Ausdruck. Discountgeschäfte werden fast ausschließlich von großen Einzelhandelsunternehmungen nach dem Filialprinzip betrieben, denn sie benötigen große, artikelspezifische Einkaufsvolumina und hohe Kundenfrequenzen. – Vgl. auch → Fachdiscounter. – Im Zug der → Dynamik der Betriebsformen im Handel finden laufend gegenseitige Anpassungsprozesse statt, sodass sich die einst klaren Unterschiede z.T. verwischen: Schnellimbissketten übertragen das Discountprinzip auf den Gastronomiesektor; → Fachmärkte und → Factory Outlets arbeiten nach dem Discountprinzip.

Discount House – *Diskonthaus.* 1. *Einzelhandel:* → Discounter. – 2. *Bankwesen:* Spezialbanken in Großbritannien, die sich hauptsächlich mit dem → Diskontgeschäft befassen. Sie bilden den sog. *Discount Market* (→ Diskontmarkt).–Vgl. auch → Diskontbanken.

Discount-Zertifikat – auf eine → Aktie oder einen Index bezogenes Finanzinstrument, für das beim Erwerb weniger zu zahlen ist als für die entsprechende Aktie oder den entsprechenden Index. Bei fallenden Kursen macht der Käufer des Zertifikats weniger Verlust als der Direktanleger, es sei denn der Basiswert fällt unter den Discount. Dann fällt das Zertifikat genauso wie der Basiswert. Der Preis für diesen Sicherheitspuffer ist die Begrenzung des möglichen Kursgewinns nach oben durch einen Deckel. Beispiel: Eine Aktie als Underlying notiert bei 90 Euro, das Zertifikat kostet 85 Euro, die Gewinngrenze liegt bei 100 Euro. Das bedeutet, dass der Anleger, wenn die Aktie auf 100 Euro steigt, einen Gewinn von 15 Euro macht. Dies ist zugleich sein möglicher Maximalgewinn. Der Aktionär macht in der gleichen Situation nur einen Gewinn von 10 Euro. Steigt die Aktie auf 120 Euro, erzielt der Aktionär 30 Euro, für den Zertifikatebsitzer bleibt es dagegen bei 15 Euro. Fällt die Aktie auf 87 Euro, entsteht für den Besitzer des Zertifikats kein Verlust, da er das Zertifikat günstiger erworben hat. Erst wenn der Rabatt aufgezehrt ist, gerät auch das Zertifikat in die Verlustzone. Bei Discount-Zertifikaten erhält der Anleger bei Laufzeitende Aktien bzw. den Index entsprechend des Bezugsverhältnisses zurück, wenn der Aktienkurs unter dem Deckel liegt. Liegt der Aktienkurs höher, erhält er den Gewinn in Geld.

Discriminant Validity → Validität.

Disease Management – 1. *Begriff:* Disease Management ist die strukturierte, kontinuierliche und sektorenübergreifende Versorgung chronisch kranker Patientengruppen nach wissenschaftlich anerkannten Methoden. Die aktive Einbindung der Patienten ist ein wesentlicher Bestandteil des Konzepts. Im Sinne eines lernenden Systems schließt Disease Management die regelmäßige Evaluation der Programme ein. – 2. *Merkmale:* Ein Großteil der Kosten im Gesundheitswesen entfällt auf einen lediglich kleinen Teil der Bevölkerung. Die Konzentration auf diesen Bevölkerungsteil verspricht ein äußerst hohes

Effizienzpotenzial. Im Gegensatz zum → Case Management gilt es, gesamte Patientengruppen mit hohen und kostenträchtigen Krankheitsrisiken, anstatt einzelne Hochkostenfälle, zu identifizieren und im Sinne des Konzepts zu behandeln. Dabei liegt dem Disease Management die Annahme zugrunde, dass jede Krankheit einen bestimmten Lebenszyklus mit einer zu klassifizierenden → Kostenstruktur besitzt. Durch die frühzeitige und ganzheitliche Behandlung des Patienten sollen Maßnahmen der Prävention und Früherkennung verstärkt zum Einsatz kommen. Der Patient soll durch Schulungsmaßnahmen einen besseren Umgang mit seiner Erkrankung erlernen (→ Empowerment) und kooperativ mit den Behandelnden zusammenarbeiten (→ Compliance). Disease Management kommt verstärkt dort zum Einsatz, wo bereits fundiertes Wissen über bestimmte Krankheiten existiert, dieses aber noch nicht konsequent eingesetzt wird. – 3. *Anforderungen:* Disease Management erfordert ein integriertes Versorgungssystem ohne traditionelle Grenzen sowie umfassendes Wissen über Prävention, Diagnose, Therapie und Beeinflussungsmöglichkeiten einer Krankheit. Für eine zeitnahe und umfassende Behandlung ist ein übergreifendes klinisches und administratives Informationssystem (inkl. Wissensbasen mit Daten über die ökonomische Struktur einer Erkrankung) notwendig. Zur Einhaltung festgelegter Behandlungspfade sind geeignete Leistungsanreize für kooperierende Leistungserbringer einzuführen. Dies ist vorrangig durch ein von Leistungserbringern akzeptiertes Vergütungssystem anzustreben, welches idealerweise die Ergebnisse (Outcomes) eines Disease-Management-Programms (DMP) berücksichtigt. Zur aktiven Teilnahme des Patienten sind ein Patienteninformationssystem und Schulungsprogramme zu implementieren. Zudem ist ein funktionierendes Qualitätsmanagement- und Evaluationssystem für die kontinuierliche Weiterentwicklung notwendig. – 4. *Rahmenbedingungen:* Die in Deutschland 1996 eingeführte Krankenkassenwahlfreiheit löste einen intensiven Wettbewerb um Versicherte zwischen den → Krankenkassen aus. Flankierende Maßnahme für einen fairen Wettbewerb war der in 1992 eingeführte Risikostrukturausgleich (RSA). Bis 2002 gab es für die Krankenkassen jedoch nur wenig Anreiz, sich gezielt um die Versorgung chronisch Kranker zu bemühen, denn die im RSA berücksichtigten Morbiditätsrisiken beschränkten sich auf die Variablen Alter, Geschlecht, Einkommen und Erwerbsunfähigkeit, wodurch eine Risikoselektion zulasten schlechter Risiken indirekt gefördert wurde. Zunehmend wurden weitere Variablen im RSA berücksichtigt, die die aktive Betreuung chronisch Kranker für die Krankenkassen attraktiver machte. Seit 2002 werden Krankenkassen, deren Versicherte in Disease-Management-Programmen gemäß § 137f SGB V eingeschrieben sind, über den RSA finanziell gefördert. Allerdings stehen DMPs in der Kritik aufgrund finanzieller Anreize einen Einschreibewettbwerb unter den Krankenkassen ausgelöst zu haben. Zudem sind die derzeit aufgestellten DMPs für lediglich sechs Krankheiten diskriminierend gegenüber anderen chronischen Krankheiten. Die Neuregelung des GKV-Wettbewerbsstärkungsgesetzes begegnet dieser Kritik durch die finanzielle Berücksichtigung von 80 vorab definierten Krankheiten. Ab 2009 werden nunmehr nicht die standardisierten Leistungsausgaben über den RSA im Nachhinein ausgeglichen. Stattdessen wird eine für die ausgewählten

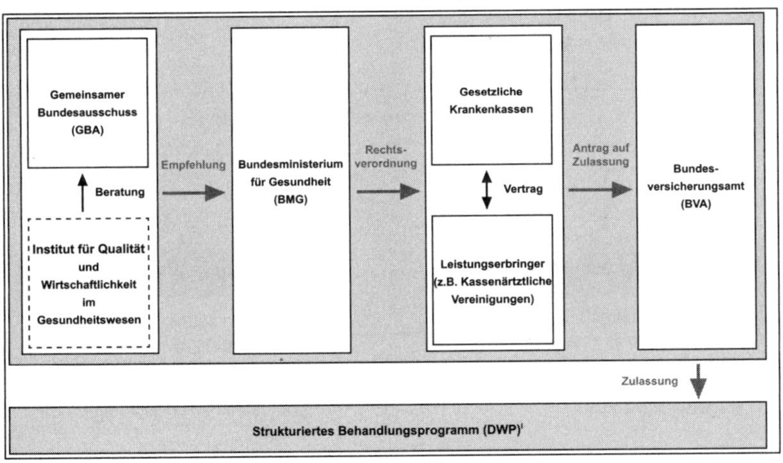

Abb. 1

Krankheiten morbiditätsadjustierte Kopfpauschale den Krankenkassen mit entsprechend eingeschriebenen Versicherten im Vorfeld zugeteilt. – 5. *Gesetzliche Vorgaben (Abb.1)*: In Deutschland hat der Gemeinsame Bundesausschuss (G-BA) dem Bundesministerium für Gesundheit (BMG) Krankheiten zu empfehlen, für die Rahmenbedingungen zu Disease-Management-Programmen zu entwickeln sind. Dabei ist die Zahl der von der Krankheit betroffenen Versicherten zu berücksichtigen, des Weiteren Möglichkeiten zur Verbesserung der Qualität der Versorgung, Verfügbarkeit von evidenzbasierten Leitlinien, sektorenübergreifender Behandlungsbedarf, Beeinflussbarkeit des Krankheitsverlaufs durch Eigeninitiative des Versicherten und hoher finanzieller Aufwand der Behandlung. Derzeitig sind Rahmenbedingungen für sechs DMPs durch Rechtsverordnung vom BMG genehmigt worden. Nach erfolgreichen Vertragsverhandlungen zwischen einzelnen Krankenkassen und Leistungserbringern wird ein Antrag auf Zulassung beim Bundesversicherungsamt (BVA) gestellt. Die Zulassung für ein konkretes Programm wird immer nur befristet erteilt, im Regelfall für fünf Jahre. Eine Verlängerung der Zulassung ist insbesondere von den Ergebnissen der Evaluation der einzelnen DMPs abhängig. – 6. *Programmentwicklung (Abb.2)*: Die konkrete Entwicklung eines DMPs entspricht einem stetig von Neuem beginnenden Kreislauf. Zu Beginn sind für die Programmentwicklung relevante Fragen zu klären: Sollen sämtliche Erscheinungsformen einer Krankheit optimiert werden oder lediglich bestimmte Schweregrade einer Krankheit? Des Weiteren ist zu klären, wo kostenträchtige Schnittstellen liegen und welche Leistungserbringer und Interventionen zur Optimierung der Versorgungs- und Kostenstruktur benötigt werden. Zur Beantwortung dieser Fragen sind umfassende Datenanalysen von z.B. bestehenden Behandlungsmustern, -ergebnissen, Kostenstrukturen und Leitlinien zu analysieren. Auf Basis dieser Ergebnisse wird in der nächsten Phase das konkrete Behandlungsprogramm entworfen. Dabei bilden Leitlinien oft die Grundlage zur Entwicklung klinischer Behandlungspfade. Diese wiederum verkörpern sämtliche im Programm enthaltene Maßnahmen und Meilensteine. Praxisnah sollten Handbücher oder Zusammenfassungen mit den wichtigsten Empfehlungen für die erfolgreiche Umsetzung implementiert werden. Regelmäßige Feedbacks ermöglichen bereits in der Umsetzungsphase rechtzeitig Abweichungen vom Programm zu ergründen und diese zu beseitigen. Die letzte Phase umfasst die Evaluation medizinischer

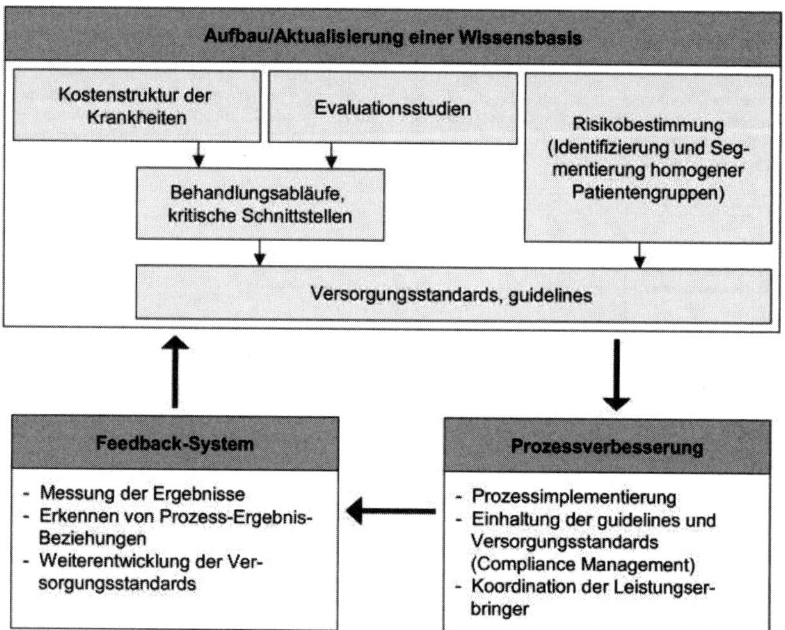

Abb. 2

und ökonomischer Prozess- und Ergebnisvariablen. Im Sinne eines lernenden Systems sind aus den Evaluationsergebnissen Verbesserungsmaßnahmen zu konzipieren und implementieren. – 7. *Risiken:* Die Entwicklung konkreter DMPs ist ebenso zeitwie kostenintensiv. Es ist außerdem schwer zu kommunizieren, dass jede Krankenkasse unterschiedliche DMPs entwickelt. Aus Sicht der Leistungserbringer kann es im Prinzip nur einen „richtigen" Behandlungspfad geben. Die tendenzielle Ablehnung durch die Ärzte beruht auf zwei Gründen: a) Der einzelne am Programm beteiligte Leistungserbringer könnte sich durch die Festlegung auf konkrete Behandlungsmuster in seiner Therapiefreiheit eingeschränkt fühlen, b) DMPs sind aufgrund ihrer Anbindung an den RSA mit erheblichen Verwaltungsaufwand verbunden. – Auch auf Patientenseite können bestimmte Aspekte eine konsequente Umsetzung des Programms behindern. Die intensive Einbindung des Patienten in ein Programm führt u.U. zur Überforderung selbigen. Bedenken zur stärkeren Konzentration auf Kostenpotenziale und Beschränkungen auf konkret im Programm festgesetzte Leistungen sowie Kontrollmechanismen sind mögliche aufkommende Risiken aus Patientensicht, die zielhemmend wirken können.

Diseconomies of Scope – *Verbundnachteile; Gegenteil:* → Economies of Scope.

Disincentives – durch wirtschafts- oder finanzpolitische (bes. steuerliche) Maßnahmen bewirkte Verringerung der (ökonomischen) Leistungsbereitschaft, die sich für die privaten Haushalte meist in einer Senkung des Arbeitsangebots und für die Unternehmen meist in einer Reduzierung der Investitionen äußert. Angenommene Disincentives der Einkommensteuer könnten durch eine Tarifsenkung beseitigt werden und so zu wirtschaftlichem Wachstum beitragen (→ Grenzen der Besteuerung). – *Gegensatz:* → Incentives.

Disintermediation – 1. *Allgemein:* Ausschalten von Zwischenstufen auf dem Weg des Produktes (Ware oder Dienstleistung) vom Hersteller zum Verbraucher. – 2. *Handel:* Direktvertrieb des Herstellers an den Verbraucher unter Umgehung des Groß- und Einzelhandels (→ Direct Marketing). – 3. *Bankwesen:* Verzicht auf Banken (Finanzintermediäre) und ihre Dienstleistungen bei der Refinanzierung der Unternehmen. Kapitalsuchende erfüllen ihre Finanzierungserfordernisse nicht mit Bankkrediten, sondern mit Wertpapieremissionen, und Kapitalanleger investieren nicht in Termin- oder Spareinlagen bzw. andere Refinanzierungsinstrumente der Banken, sondern nehmen ihre Geldanlage direkt in Wertpapieremissionen vor. Ein fortgesetztes Stadium der Disintermediation ist es, wenn die Banken bei den Emissionsgeschäften nicht mehr vermittelnd tätig sind, sondern die Wertpapiere direkt bei den Investoren platziert werden.

Diskette – *Floppy, Floppy Disk, flexible Magnetplatte;* Magnetplatte (→ Magnetplattenspeicher) in kleiner und transportabler Form. Die Diskette war der am häufigsten verwendete → Datenträger bei Personal Computern (Rechnergruppen), häufig einziges externes Speichermedium (→ externer Speicher). – Die Diskette besteht aus einer flexiblen, runden Kunststoffplatte, die mit einer magnetisierbaren Schicht bedeckt und zum Schutz in einem Hartplastikgehäuse eingeschlossen ist; die Informationen werden durch Magnetisierung in konzentrischen Kreisspuren mithilfe des Schreib-/Lesekopfs des → Diskettenlaufwerks aufgezeichnet. – Als → Industriestandard gilt die 3,5 Zoll-Diskette mit einer Speicherkapazität von 1,44 MB.

Diskettenlaufwerk – Gerät zur Nutzung von → Disketten.

Diskont – Zinsabschlag beim Ankauf von noch nicht fälligen Forderungen, insbesondere beim Ankauf von → Wechseln. Der Diskont wird für den Zeitraum zwischen Ankaufs- und Fälligkeitstag berechnet. Der Verkäufer des Wechsels enthält dann die um den Diskont gekürzte Wechselsumme ausgezahlt und kann somit bereits vor Fälligkeit über den Wechselbetrag verfügen. – Wird der Wechsel bei einem Kreditinstitut eingereicht, werden dem Einreicher außer dem Diskont noch Wechselspesen in Rechnung gestellt. Der Ankauf von Wechseln durch ein Kreditinstitut ist nicht umsatzsteuerpflichtig (gemäß § 4 Nr. 8a UStG sind Kreditgeschäfte umsatzsteuerbefreit). Erfolgt der Ankauf jedoch durch ein anderes Unternehmen, ist dieses Geschäft umsatzsteuerpflichtig. Ein Unternehmen kann den abgezogenen Diskont im Rahmen der Gewinn- und Verlustrechnung als Betriebsaufwand geltend machen, sofern ein Waren- oder Dienstleistungsgeschäft dem Wechsel zugrunde liegt.

Diskontbanken – *Wechselbanken;* → Spezialbanken, die vornehmlich im → Diskontgeschäft tätig sind. In der Bundesrepublik Deutschland sind solche Spezialbanken unüblich; in Großbritannien als → Discount Houses von Bedeutung, die ursprünglich das Monopol der Geldmarktgeschäfte mit der → Bank of England hatten.

Diskontgeschäft – Bankgeschäft nach § 1 I Nr. 3 KWG, bei dem Kreditinstitute noch nicht fällige → Wechsel und → Schecks ankaufen. Das Diskontgeschäft umfasst im Wesentlichen die Vergabe von → Diskontkrediten. Früher gehörte auch das Rediskontgeschäft dazu, bei dem Kreditinstitute von ihnen angekaufte rediskontfähige Wechsel bei der Deutschen Bundesbank zum → Diskont einreichten. Nach der Errichtung der Europäischen Zentralbank (EZB) hat die Deutsche Bundesbank zum 1.1.1999 ihr Diskontgeschäft und die Festsetzung eines hierfür erforderlichen Diskontsatzes eingestellt. Mit dem Wegfall der Refinanzierungsmöglichkeiten ist das Diskontgeschäft praktisch zum Erliegen gekommen.

Diskonthaus → Discount House.

Diskontierung – 1. *Mathematik:* Begriff aus der → Finanzmathematik. Die Bestimmung von K_0 (Anfangskapital) bei gegebenem K_n (Endkapital), q (Zinsfaktor; mit q = 1 + p/ 100) und n (Laufzeit) bezeichnet man als Bestimmung des Barwertes oder Diskontierung (Abzinsung) eines Kapitals. Es gilt:

$$K_0 = \frac{K_n}{q^n}$$

Dabei wird $1/ q^n$ Diskontierungsfaktor (Abzinsungsfaktor) genannt. – Die Diskontierung lässt Vergleiche zwischen zu verschiedenen Zeiten fälligen Kapitalen zu. – *Gegensatz:* → Aufzinsung. – 2. *Bankwesen:* → Diskontgeschäft.

Diskontierungsfaktor → Diskontierung.

diskontinuierliche Produktion – *Chargenproduktion;* Elementartyp der Produktion (→ Produktionstypen). Bei diskontinuierlicher Produktion werden die Werkstoffe mit zeitlicher Unterbrechung in das Arbeitssystem eingegeben und partieweise be- und verarbeitet. – *Beispiel:* Eine durch das Fassungsvermögen des Produktionsgefäßes nach oben begrenzte Werkstoffmenge (Charge) wird als Ganzes dem Betriebsmittel zugeführt und das Produkt nach Abschluss des Produktionsprozesses auf einmal entnommen. – Vgl. auch → kontinuierliche Produktion, → Partieproduktion.

Diskontinuität → strategische Frühaufklärung.

Diskontkredit – 1. *Begriff:* kurzfristiger Kredit, den Kreditinstitute durch den Ankauf von noch nicht fälligen → Wechseln vergeben. Dabei erhält der Kunde, der den Wechsel einreicht, den Wechselbetrag abzüglich der bis zur Fälligkeit entstehenden Zinsen (→ Diskont) und Wechselspesen ausgezahlt. Dazu wird der Wechsel durch → Indossament an das Kreditinstitut übertragen. Bei Fälligkeit zahlt der Wechselkunde den im Wechsel vereinbarten Wechselbetrag zum Nennwert zurück. Für den Ankauf von Wechseln kann das Kreditinstitut dem Kunden eine Diskontkreditlinie einräumen, innerhalb derer Wechsel angekauft werden. – 2. *Einordnung:* Die Vergabe von Diskontkrediten gehört zu den Bankgeschäften i.S.d. KWG (§ 1, 1 Nr. 3 KWG). Rechtlich gesehen ist der Diskontkredit ein Forderungsankauf und keine Kreditgewährung (außer beim → Solawechsel). Aufgrund der → Wechselstrenge und der Haftungsverpflichtung der Wechselbeteiligten ist ein Diskontkredit für die Kreditinstitute relativ risikolos. – 3. *Bedeutung:* Mit der Übertragung der geldpolitischen Befugnisse auf die → Europäische Zentralbank (EZB) wurde das Diskontgeschäft der Deutschen Bundesbank, also der Wechselankauf zum → Diskontsatz, zum 1.1.1999 eingestellt. Vorher hat die Kreditinstitute die Möglichkeit, ihre angekauften Wechsel guter Bonität bei der Bundesbank zum Diskontsatz zu rediskontieren. Da die EZB keine Rediskontgeschäfte betreibt, hat das Diskontgeschäft allgemein an Bedeutung verloren. Gelegentlich kaufen Kreditinstitute auch heute noch Wechsel an und vergeben Diskontkredite, doch dann zumeist im Auslandsgeschäft.

Diskontmarkt – Markt für Wechselkredit (→ Akzeptkredit). – Vgl. auch → Geldmarkt, → Privatdiskonten.

Diskontpapiere → Schatzwechsel.

Diskontsatz – 1. Zinssatz für *Wechselkredite* (→ Diskontkredit). Beim Ankauf von → Wechseln werden für die Zeit bis zum Fälligkeitstag Zinsen (→ Diskont) berechnet. Diese werden von der Wechselsumme abgezogen. Der Wechseleinreicher erhält dann den abgezinsten Betrag ausgezahlt und zahlt bei Fälligkeit den Nennbetrag des Wechsels zurück. – 2. Früher wurde der Diskontsatz von der → Deutschen Bundesbank festgelegt und galt wie der Lombardsatz als Leitzinssatz der Geldpolitik. Da im Rahmen der Wirtschafts- und Währungsunion die geldpolitischen Befugnisse auf die → Europäische Zentralbank (EZB) übergegangen sind, setzt die Deutsche Bundesbank seit dem 1.1.1999 keinen Diskontsatz oder Lombardsatz mehr fest. Sofern in früheren Vorschriften oder Alt-Verträgen Bezug auf den Diskontsatz genommen wird, regelt das Diskontsatz-Überleitungsgesetz (DÜG), dass als Referenzzinssatz heute ein Basiszinssatz verwendet wird, der sich am Zinssatz für längerfristige Refinanzierungsgeschäfte orientiert.

diskretes Merkmal – in der Statistik Bezeichnung für ein quantitatives (metrisches) → Merkmal mit endlich vielen oder abzählbar unendlich vielen möglichen → Ausprägungen. Bei überabzählbar vielen möglichen Ausprägungen spricht man von einem → stetigen Merkmal. – *Beispiele:* Kinderzahlen von Familien, Anzahl der Verkäufe eines Produkts in einer Woche.

diskretionäre Finanzpolitik – am Einzelfall orientierte → Finanzpolitik (Fiscal Policy), die durch eine explizite Entscheidung von Regierung und Parlament getroffen wird. In der Konjukturpolitik gehört hierzu z.B. die Entscheidung für Konjunkturprogramme in einer Rezession. Diskretionäre Finanzpolitik impliziert einen diskretionären Mittel- bzw. Instrumenteneinsatz (→ diskretionärer Mitteleinsatz). – *Gegensatz:* → Regelgebundene Finanzpolitik, automatische Stabilisierung, → Built-In Stability, → zyklusunabhängige Finanzpolitik.

diskretionärer Mitteleinsatz – ermöglicht im Vergleich zum regelgebundenen Mitteleinsatz eine größere Flexibilität der Wirtschaftspolitik, insbes. bei ungewöhnlichen und neuartigen Entscheidungsproblemen. – *Nachteile:* (a) *Time-Lag:* Verzögerungen im Entscheidungsverfahren durch höheren Informations- und Planungsaufwand; (b) *Kontrollmöglichkeiten* z.B. bez. der Angemessenheit wirtschaftspolitischer Maßnahmen eingeschränkt; (c) mangelnde Konstanz der Wirtschaftspolitik und somit steigende Unsicherheit. – *Gegensatz:* → regelgebundener Mitteleinsatz.

Diskriminanzanalyse – I. Statistik: Komplex von empirischen Methoden in der → multivariaten Statistik zur Einteilung (Klassifikation) vorliegender Einheiten (Personen; Gegenstände) in zwei oder mehrere (Teil)- → Gesamtheiten nach Maßgabe der Werte mehrerer → metrischer Merkmale oder zur Zuordnung von Einheiten zu Teilgesamtheiten. – Die Trennung der Einheiten erfolgt mithilfe einer sog. *Diskriminanzfunktion*, in die die beobachteten Merkmalswerte eingehen.

II. Kreditgeschäft: modernes Verfahren der Bonitätsprüfung, (→ Bonitätsprüfung im Firmenkundengeschäft, Bonitätsprüfung im Privatkundengeschäft) bei dem eine Beobachtungsmenge vergangener Kreditengagements mit bekanntem Ausgang in zwei Gruppen eingeteilt wird. Dabei besteht eine Gruppe aus Kreditnehmern, die sich als kreditwürdig erwiesen haben, die andere, möglichst gleich große Vergleichsgruppe aus Kreditnehmern, die ihren Kredit nicht zurückgezahlt haben. Im Rahmen der eigentlichen Diskriminanzanalyse sind dann zwei Arbeitsschritte durchzuführen: (1) Die beiden Gruppen werden empirisch darauf überprüft, durch welche Eigenschaften, Merkmale und Kennzahlen sie sich voneinander unterscheiden. (2) Anschließend wird die Trennungsqualität dieser Faktoren analysiert. Das Ziel ist dabei, eine möglichst überschneidungsfreie Zuordnung der Objekte zu den Teilgruppen vornehmen zu können. Die Trennung erfolgt mittels einer Trennfunktion, der sog. Diskriminanzfunktion, die aus einem oder mehreren Merkmalen gebildet wird, sowie der Festlegung eines Trennwertes, dem sog. Cut-off Point, dessen Über- bzw. Unterschreiten über die Zuordnung zu den Gruppen entscheidet. Stehen die zu erfassenden Einzelmerkmale, deren Ausprägungen und die Gewichtungsfaktoren (vorläufig) fest, kann die relative Häufigkeit bestimmter Diskriminanzwerte der „guten" und der „schlechten" Risiken festgestellt werden (vgl. Abbildung „Diskriminanzanalyse", Annahme von normalverteilten Werten). Trotz einer weitgehenden Trennung der „guten" und der „schlechten" Kreditengagements durch die Trenngerade Z+ verbleiben noch Bereiche (Flächen G' und S'), in denen es zu einer Fehleinschätzung kommt. Hierbei müssen zwei Arten von Fehlern berücksichtigt und minimiert werden: Einerseits kann ein schlechtes Engagement als gut (Fläche S'), andererseits kann ein gutes Kreditengagement als schlecht klassifiziert werden (Fläche G'). Gelingt eine völlige Trennung der Grundgesamtheiten, d.h. wird der durch die Flächen G' und S' dargestellte Überlappungsbereich eliminiert, werden beide Fehlerarten beseitigt. Dies gelingt umso besser, je weiter die Mittelwerte der Verteilungen auseinander liegen und je schlanker die Verteilungskurven sind. Aufgabe der Diskriminanzanalyse ist es nun, mithilfe statistisch-mathematischer Suchverfahren die Merkmale und die Gewichte so zu bestimmen, dass der Überlappungsbereich minimiert wird. Auf der Basis einer ermittelten Diskriminanzfunktion werden vorliegende Kreditanträge untersucht. Liegt die Punktzahl unter einem bestimmten Cut-off Point, wird das betrachtete Kreditengagement als „schlecht" klassifiziert, wird

Diskriminanzanalyse

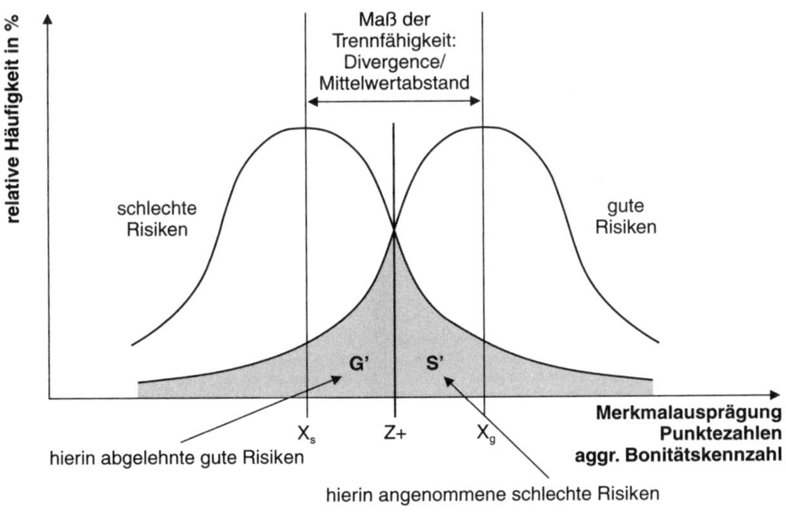

der Trennwert überschritten, handelt es sich auf Basis der Diskriminanzanalyse um ein „gutes" Kreditengagement. Ein weiterer Vorteil liegt darin, dass sich die korrekte Einordnung eines Kreditengagementes anhand der tatsächlichen erhobener Merkmale überprüft werden kann. Bei Abweichungen kann das System entsprechend kalibriert werden, es optimiert sich quasi selbst. – *Anwendungsgebiete:* → Insolvenzprognose; → Credit-Scoring-Verfahren.

Diskriminanzfunktion → Diskriminanzanalyse.

Diskriminierung – **I. Außenwirtschaft:** unterschiedliche Behandlung der einzelnen Partnerstaaten hinsichtlich des Waren-, Dienstleistungs- oder Kapitalverkehrs. Diskriminierung liegt z.B. vor bei Abweichung von der → Meistbegünstigung, bei nach Währungsräumen oder Ländern unterschiedlichen Devisenbestimmungen, bei administrativen Differenzierungen, bei differenzierenden Verkehrstarifen und zahlreichen weiteren → nicht tarifären Handelshemmnissen. Der Abbau von Diskriminierungen zählt zu den Zielen verschiedener internationaler Wirtschaftsorganisationen [→ World Trade Organization (WTO), → OECD, → IWF].

II. Wettbewerbsrecht: → Behinderungswettbewerb, → Deutsches Kartellrecht, → Europäisches Kartellrecht.

Diskriminierungstheorien – 1. Das *Präferenzmodell* als prominentestes Beispiel der neoklassischen Diskriminierungstheorien geht davon aus, dass sich Lohndifferenziale zwischen Arbeitnehmergruppen u.a. aus der Vorliebe von Unternehmern für bzw. aus dem Vorurteil von Unternehmern gegen bestimmte Gruppen erklären lassen (Taste for Discrimination). – 2. Im *Konzept der statistischen Diskriminierung* verfügen Unternehmer nur über unvollständige Informationen über die Produktivität einzelner Arbeitnehmer. Sie verwenden deshalb repräsentative, sozialstatistische Merkmale von Gruppen (z.B. Nationalität, Alter, Geschlecht, soziale Herkunft, Qualifikationsniveau) zur wahrscheinlichkeitstheoretischen Einschätzung der Eigenschaften von Gruppenmitgliedern. Gruppenmerkmale wirken damit unabhängig von ihrer tatsächlichen individuellen Ausprägung als Kosten sparende Indikatoren für die zu erwartende Produktivität des Arbeitnehmers. Arbeitnehmer, deren tatsächliche Produktivität darüber (darunter) liegt, erhalten einen zu geringen (zu hohen) Lohn. – 3. Im *Overcrowding-Ansatz* werden die unterschiedlichen Knappheitsverhältnisse in vornehmlich von Männern und Frauen besetzten Berufen für einen Teil der Lohnunterschiede verantwortlich gemacht. – Vgl. auch → Arbeitsmarkttheorien.

Diskriminierungsverbot – **I. Wettbewerbsrecht:** Verbot sachlich nicht gerechtfertigter ungleicher Behandlung (Diskriminierung) der von marktbeherrschenden und marktstarken Unternehmen abhängigen Unternehmen durch diese in einem Geschäftsverkehr, der gleichartigen Unternehmen üblicherweise zugänglich ist (§§ 19 II 1, 20 I 1 GWB). Ein allg. Diskriminierungsverbot würde die Vertragsfreiheit in zu hohem Maß einschränken, daher die Voraussetzungen (Marktbeherrschung oder relative Marktmacht).

II. Steuerrecht: Verbot, fremde Staatsangehörige bei vergleichbarer Sachlage steuerlich schlechter zu behandeln als die des eigenen Staates. – 1. *Doppelbesteuerungsabkommen (DBA):* Die DBA verbieten die Benachteiligung allein aufgrund der Staatsangehörigkeit (Art. 24 OECD-MA); andere Kriterien mit ähnlichem Resultat, etwa die Unterscheidung nach Sitz oder Wohnsitz, bleiben nach dem Recht der Doppelbesteuerungsabkommen nach allgemeiner Auffassung zulässig; insoweit ist das in den DBA enthaltene Diskriminierungsverbot praktisch nur von geringer Wirkung. Allerdings bezieht sich das Verbot, nach der Staatsangehörigkeit zu diskriminieren, in den Abkommen stets umfassend auf sämtliche Steuern, d.h. z.B. auch auf Steuerarten, für die die restlichen Bestimmungen des Abkommens sonst nicht gelten. – 2. *EG-Vertrag:* Der EG-Vertrag verbietet in den Art. 12, 39, 43, 48, 56 die Diskriminierung der Staatsangehörigen *anderer* EU-Staaten nach neuerer Rechtsprechung auch mit Wirkung für das Steuerrecht (EuGH-Urteile seit 1986). Verbotene Diskriminierung ist dabei im Unterschied zum DBA-Recht jede sachlich nicht vertretbare Ungleichbehandlung, auch wenn die steuerlichen Nachteile nicht durch offenes Abstellen auf die Staatsangehörigkeit, sondern durch Orientierung an anderen Kriterien, die aber überwiegend Ausländer erfüllen (z.B. ausländischer Wohnsitz, Sitz), zustande kommen (verdeckte Diskriminierung). Zur Beurteilung, ob eine Ungleichbehandlung diskriminierend ist, wird nur die einzelne Norm selbst betrachtet; Rechtfertigung mit Systemzwängen des Steuersystems oder an anderer Stelle gewährten Vorteilen scheidet aus, jedoch können Unterscheidungen dann gerechtfertigt werden, wenn sie aus sachlichen Gründen unverzichtbar sind (z.B. → Kohärenz des Steuersystems). Weitreichende Folgen für die → beschränkte Steuerpflicht von natürlichen und juristischen Personen innerhalb der EU.

Diskursmodell → Konstruktivismus.

Dispache – 1. *Dispache i.e.S.:* Formgerechte Schadenfeststellung und -verteilung bei der → Havarie (§§ 727 ff. HGB). – 2. *Dispache i.w.S.:* Berechnung eines Versicherungsschadens.

Disparität → Unternehmenskonzentration, Messung.

Dispens – Bewilligung einer Ausnahme von einem öffentlich-rechtlichen Verbot. Dispens kann unter bestimmten Voraussetzungen von der zuständigen Verwaltungsbehörde erteilt werden, wenn einem Antrag auf Erteilung einer Erlaubnis Beschränkungen aufgrund gesetzlicher Bestimmungen entgegenstehen (z.B. → Baudispens), § 31 BauGB.

Dispersion → Streuung.

Displacement-Effekt → Niveauverschiebungseffekt.

Display – 1. *Form der Warenauslage:* Beim *offenen* Display hat der Kunde unmittelbaren Zugriff zur Ware (→ Selbstbedienung (SB)); bei *geschlossenem* Display hat nur der Verkäufer Zugang zur Ware, um diese den Kunden zu präsentieren (→ Fremdbedienung). – 2. *Alle* im Rahmen der → Verkaufsförderung eingesetzten *Verkaufshilfen*, wie Verkaufsständer, Regalstopper, Gondeln, Dekorationsmaterial.

Display-Nachlass → Händlernachlass.

Disponibilität → Disponierbarkeit.

Disponierbarkeit – *Disponibilität, Steuerbarkeit, Beeinflussbarkeit.* Disponierbarkeit (engl. *accountability*) gibt an, ob und mit welchen Beschränkungen konkrete Handlungsalternativen der alleinigen oder mitwirkenden Bestimmung (Steuerung, Beeinflussung) durch den Handelnden unterliegen. Im → entscheidungsorientierten Rechnungswesen und → verantwortungsorientierten Rechnungswesen wichtige Kennzeichnung der Möglichkeiten, die Höhe einer bestimmten Ausgaben-, Kosten- oder Güterverbrauchsart, eines Ausstoßes oder Bestands im Hinblick auf ein bestimmtes Bezugsobjekt (→ Bezugsgröße) in einem bestimmten Zeitpunkt oder Zeitraum durch konkretes Handeln zu beeinflussen. Der Dispositionsspielraum ist zu beschreiben durch die gegebenen *Beschränkungen:* – a) *Interne Beschränkungen* können durch eigene frühere Entscheidungen und Maßnahmen oder diejenigen anderer Verantwortlicher im Rahmen der personell-zeitlichen Teilung des Entscheidungs- und Verantwortungsfeldes bedingt sein. – b) *Externe Beschränkungen* können durch die Gegebenheiten der Natur (z.B. geologische Strukturen, Wasserstände, Wetter) oder des sozio-ökonomischen Umfeldes (z.B. Gesetzgebung und Rechtsprechung, Verhalten von Kunden, Lieferanten, Konkurrenten und Medien) bedingt sein. – Vgl. auch → Kontrollierbarkeit.

Disposition – 1. *Organisation:* Die situationsabhängige Regelung eines Einzelfalls im Rahmen der dauerhaft und umfassend angelegten → Organisation (instrumentaler Organisationsbegriff). Das Verhältnis von Organisation zu Disposition bestimmt den → Organisationsgrad. – *Gegensatz:* → Improvisation, → Ausnahmeregelung. – Vgl. auch → Dispositionsfähigkeit. – 2. *Recht:* → Verfügung.

Dispositionsfähigkeit – Zielkriterium für die Messung der → organisatorischen Effizienz. Die durch die Organisation beeinflusste Fähigkeit einer Unternehmung, rechtzeitig auf Veränderungen im Entscheidungsfeld reagieren zu können.

Dispositionsfonds – *Verfügungssumme;* eine nach freiem Ermessen des Staatsoberhauptes, der Minister oder der Bürgermeister verwendbare Summe im Staats- und Gemeindehaushalt. – *Beispiel:* → Reptilienfonds.

Dispositionskartei – eine meist in Verbindung mit der Lagerbuchhaltung geführte Materialplanungskartei, die der Überwachung der Materialeindeckung (Minimal- und Maximaleindeckung) und Lagerergänzung dient. In ihr werden für jede Materialart und für jedes Roh- und Fertigteil Anforderungen, Bestellungen und Vormerkungen über verfügbare Mengen übersichtlich aufgezeichnet: (1) *Anforderungen* nach Prüfung und Genehmigung der Bedarfsmeldung durch die Materialplanung; (2) *Bestellungen* der Einkaufsabteilung (Durchschlag); (3) *Wareneingang* aufgrund eines durchlaufenden Wareneingangsscheins; (4) *Warenausgänge* und Voranmeldungen von Materialverbrauch für bestimmte Aufträge.

Dispositionskredit → Kreditlinie, die Privatkunden von Kreditinstituten auf dem Kontokorrentkonto (Girokonto) eingeräumt wird. Meist statisch in Höhe von bis zu drei Netto-Monatsgehältern. Bei moderneren Vergabeverfahren wird die Kredithöhe anhand festgelegter Bonitätskriterien automatisiert ermittelt und bei Änderungen automatisch angepasst. Geregelt für Verbraucherdarlehensverträge in § 493 BGB. – Vgl. auch → Kontokorrentkredit, → Überziehungskredit.

Dispositionsschein – spezieller Verpflichtungsschein (Wertpapier) eines Kreditinstitutes (→ Bank), mit dem dieses sich als Aussteller Dritten gegenüber zur Leistung eines bestimmten Betrages verpflichtet.

Dispositionssystem – in der betrieblichen Datenverarbeitung ein → Softwaresystem, dem neben der Verwaltung und Verarbeitung von Massendaten (→ Daten) und der rationellen Erledigung von Routineaufgaben auch dispositive Aufgaben zukommen: (1) Fällen von Routineentscheidungen in wohl definierten Situationen, die vorhersehbar und unautomatisierbar sind und immer wiederkehren, z.B. Berechnung einer Bestellmenge; (2) Vorbereitung von Entscheidungen durch Ermittlung und Bereitstellung von Entscheidungsgrundlagen für einen menschlichen Entscheidungsträger.

dispositiver Faktor – nach Gutenberg Bezeichnung für denjenigen Produktionsfaktor, der die → Elementarfaktoren menschliche Arbeitskraft, Betriebsmittel und Werkstoffe kombiniert. Die Kombination der Elementarfaktoren erfolgt durch die Geschäftsführung, wobei diese sich der Planung und Organisation als Hilfsmittel bedient. Geschäftsleitung, Planung und Organisation bilden den dispositiven Faktor.

Disproportionalitätstheorien – 1. *Begriff:* → Konjunkturtheorien, die von der Auffassung ausgehen, dass die wirtschaftlichen Bewegungsvorgänge durch falsche Größenverhältnisse innerhalb der Wirtschaftsstruktur verursacht werden, wie z.B. zwischen den Produktionskapazitäten aufeinander folgender wie gleicher Produktionsstufen, zwischen Kapitalbildung und Produktionssektor, zwischen Produktion und Konsum. Die Disproportionalität verursacht i.d.R. Kapitalfehlleitung und damit Kapitalverlust;

andererseits entstehen (im Fall produktionsmäßiger Disproportionalität) Engpässe, die eine rasche Vergrößerung des gesamtwirtschaftlichen Einkommens verhindern. – 2. *Formen:* V.a. → Überinvestitionstheorien, → Überproduktionstheorien, → Unterkonsumtionstheorien.

Dissens – Begriff der Rechtsgeschäftslehre. – 1. *Offener Dissens:* Haben sich die Parteien noch nicht über jeden Punkt geeinigt, über den nach der Erklärung einer Partei eine Vereinbarung geschlossen werden sollte, ist im Zweifel kein Vertrag geschlossen (§ 154 BGB). – 2. *Versteckter Dissens:* Haben sich die Parteien über einen Punkt, über den eine Vereinbarung geschlossen werden sollte, in Wirklichkeit nicht geeinigt, glauben sie aber, vollständig einig zu sein, gilt im Zweifel das Vereinbarte (§ 155 BGB).

Dissertation – wissenschaftliche Arbeit, Teil der → Promotion.

dissipative Strukturen – eine ursprünglich aus dem Bereich der physikalischen Chemie stammende Theorie; beschäftigt sich mit umweltoffenen, sich im thermodynamischen Ungleichgewicht befindlichen Systemen, deren Elemente durch nicht lineare Beziehungen (→ Nichtlinearität) miteinander verknüpft sind und die unter Energiezufuhr von außen geordnete Strukturen hervorbringen. – Vgl. auch → Entropie, → Synergetik, → Systemmanagement.

Distanzgeschäft – Form, in der ein Importeur seine Ware weiterverkaufen kann. Es handelt sich um einen Kaufvertrag, bei dem der Käufer die Ware i.d.R. nicht an Ort und Stelle besehen kann, sondern aufgrund eines Musters, eines Katalogs oder einer Standard-Qualität abschließt (*anders:* → Loco-Geschäft). Der Geschäftssitz des Käufers (Abnehmers) befindet sich nicht am Importplatz (*anders:* → Platzgeschäft). Distanzgeschäfte können sich auch als → Streckengeschäfte vollziehen bzw. als Versendungsverkauf.

Distanzhandel – Handel nach dem *Distanzprinzip:* Der Kaufvorgang findet weder persönlich am Standort des Käufers noch persönlich am Standort des Verkäufers statt, sondern wird bei räumlicher Trennung von Verkäufer und Käufer über unpersönliche Kommunikationsmittel abgewickelt, so beim → Telefonverkauf, → Versandhandel und → E-Commerce. – *Anders:* → Domizilhandel, → Residenzhandel, → Markthandel.

Distanzhypothese → AIDA-Regel.

Distanzprinzip → Distanzhandel.

Distanzwechsel → Wechsel mit verschiedenem Ausstellungs- und Zahlungsort. – *Gegensatz:* → Platzwechsel.

distribuierender Handel – Handelsbetriebe, die den Schwerpunkt ihrer Markttätigkeit auf der Absatzseite haben, d.h. Waren in großen Mengen aufkaufen und in kleinen Mengen an ihre Kunden weitergeben. Fast alle Handelsbetriebe sind dem distribuierenden Handel zuzuordnen, eine Ausnahme stellt der → Aufkaufhandel (kollektierender Großhandel) dar.

Distributed Data Processing (DDP) – *verteilte Datenverarbeitung.* 1. *Begriff:* In der betrieblichen Datenverarbeitung eine Verarbeitungsform, bei der logisch zusammengehörige Teilaufgaben auf mehrere → Computer verteilt werden, die über ein → Netz miteinander kommunizieren. – 2. *Ziel:* Dezentralisierung betrieblicher Aufgaben, die am Entstehungsort unmittelbar und besser gelöst werden können, ohne dass eine zentrale Verarbeitung erforderlich ist. – 3. *Einsatzbeispiele:* Banken und Sparkassen mit zahlreichen Filialen; Produktionsbetriebe mit dezentralen Fertigungsstätten und/oder Lägern.

Distribution – *Verteilung.*

I. Betriebswirtschaftslehre: Gesamtwirtschaftliche Verteilung der → Distributionsobjekte (Waren, Dienstleistungen, Rechte, Entgelte und Informationen). In der Praxis werden häufiger die (engeren) Begriffe → Absatz, → Vertrieb, Verkauf benutzt. Üblicherweise werden als Distribution alle Prozesse bezeichnet, die zwischen Produzenten und Händlern bis hin zum Letztabnehmer im → Absatzkanal ablaufen. Als → Redistribution werden die Prozesse vom Konsumenten/Verbraucher über Händler zur Warenrücknahme, zum Recycling oder zur Entsorgung bezeichnet. – Vgl. auch → Distributionswirtschaft.

II. Volkswirtschaftslehre: Verteilung von Einkommen (→ Einkommensverteilung) und von Vermögen (→ Vermögensverteilung). – Vgl. auch → Verteilungspolitik, → Verteilungstheorie.

Distributionsforschung – Teilgebiet der → Marketingforschung, das sich mit der Untersuchung der → Absatzwege beschäftigt. Hierzu zählen z.B. auch die Erfassung der Effizienz des Einsatzes verschiedener Formen von Außendienstmitarbeitern.

Distributionsfunktionen – alle Aufgaben, die → Distributionsorgane (→ Handel im funktionellen Sinn) im → Distributionssystem wahrnehmen. – Vgl. auch → Handelsfunktionen.

Distributionsgrad → Kennzahl für die Verbreitung eines Produkts im Markt. Der Distributionsgrad errechnet sich als Quotient aus der Anzahl der Einkaufsstätten, die das betreffende Produkt tatsächlich anbieten, und der Anzahl der Einkaufsstätten, die das Produkt anbieten könnten.

Distributionskanal – Teil des → Distributionssystems, über dessen Stufen (→ Absatzkanal) die Distributionsobjekte verteilt werden. – Vgl. auch → Distribution.

Distributionskosten – *Vertriebskosten, Absatzkosten.*

I. Handel: 1. *Gesamtwirtschaftlich:* die durch die Warenverteilung verursachten Kosten; also die aufaddierten Vertriebskosten sämtlicher an der Herstellung einer konsumreifen Ware beteiligten

Produktionsunternehmungen zzgl. der Kosten sowie des Gewinnaufschlags der in den Absatzweg eingeschalteten Handelsunternehmungen, der Absatzhelfer, der Handelsvermittler und der Marktveranstaltungen (→ Distribution). – 2. *Einzelwirtschaftlich:* Betriebskosten des Konsumgüter distributierenden Groß- und Einzelhandels einschließlich deren Gewinnaufschlägen (→ Distributionsspanne).

II. Verkehr: Die Kosten der akquisitorischen und physischen Distribution von Produkten. – 1. Kosten der *akquisitorischen Distribution* werden durch die Einrichtung und Nutzung betrieblicher Absatzwege und die Aktivitäten der Absatzorgane (Verkäufer) bei der Herstellung und Pflege von Kundenkontakten und der Gewinnung von Aufträgen verursacht. – 2. Kosten der *psychischen Distribution* (→ Logistikkosten) entstehen durch die Transport-, Lagerungs-, Umschlags-, Verpackungs- u.a. logistischen Einrichtungen und Vorgänge zur Überführung der Güter vom Betrieb zu den Kunden unter Beachtung räumlicher und zeitlicher Bereitstellungsbedingungen.

Distributionslager → Auslieferungslager.

Distributionslogistik – Planung, Realisierung und Kontrolle raum-zeitlicher Gütertransformation und deren informatorischer Unterstützung zwischen Lieferanten und Abnehmern. Kennzeichnend für die Distributionslogistik ist, dass es sich um ein interorganisatorisches Logistiksystem handelt. Distributionslogistik und → Beschaffungslogistik beziehen sich dabei auf den gleichen Sachverhalt aus Sicht des Lieferanten bzw. aus Sicht des Abnehmers. Die Güterbewegung im Logistikkanal besteht sowohl aus dem Warenfluss als auch aus dem Informationsfluss, der dem Warenfluss vorausläuft, ihn begleitet und ihm nachläuft. Wesentliche Aufgabe der Distributionslogistik ist, den Logistikkanal vom Lieferanten zum Abnehmer effizient hinsichtlich Kosten und Leistungen unter Berücksichtigung von Servicezielen zu gestalten.

Distributionsobjekte – Waren, Dienstleistungen, Rechte, Entgelte und Informationen, die im → Distributionssystem nach den gesamtwirtschaftlichen Dimensionen Raum, Zeit, Quantität und Qualität verteilt werden.

Distributionsorgane – die in die (gesamtwirtschaftliche) → Distribution eingeschalteten Organe. Dies sind: (1) Absatzorgane der Hersteller, z.B. Verkaufsabteilungen, Reisende, Verkaufssyndikate; (2) → Absatzmittler, z.B. Groß- und Einzelhändler, Bäcker, Gaststätten; (3) → Absatzhelfer, z.B. Handelsvertreter, Spediteure; (4) → Marktveranstaltungen, z.B. Messen, Ausstellungen, Auktionen, Börsen; (5) Beschaffungsorgane der Abnehmer, z.B. → Einkaufs-, → Konsumgenossenschaften, Einkaufsreisende.

Distributionspolitik – alle einzelwirtschaftlichen Maßnahmen zur → Distribution der Güter. Teilbereich der Absatz- bzw. → Marketingpolitik. – Vgl. auch → internationale Distributionspolitik.

Distributionsspanne – Differenz zwischen Einkaufspreis der Konsumenten und Verkaufspreis des Herstellers. – Vgl. auch → Distributionskosten.

Distributionssystem – System bestehend aus mehreren → Distributionsorganen, zwischen denen die einzelnen → Distributionsobjekte über verschiedene Stufen des → Distributionskanals verteilt werden, und zwar in den gesamtwirtschaftlichen Dimensionen Raum, Zeit, Quantität, Qualität (→ Distributions- oder → Handelsfunktionen). In einer weiterführenden Kreislaufwirtschaftsbetrachtung umfasst das Distributionssystem auch die → Redistribution. – Vgl. auch → Distribution.

Distributionstheorie → Verteilungstheorie.

Distributions to Owners – *Entnahme, Dividendenzahlung, Kapitalherabsetzung;* → Conceptual Framework.

Distributionsweg → Absatzweg.

Distributionswirtschaft – 1. Sämtliche *Institutionen,* die in die → Distribution von Waren eingeschaltet sind. – 2. Alle *Tätigkeiten* der Warendistribution. Begrifflich und inhaltlich nur unscharf von der Absatzlogistik zu differenzieren. – Vgl. auch → Handel.

Distributionszentrum – Knoten innerhalb eines logistischen Distributionsnetzes. Ein Distributionszentrum wird als → Lager oder Umschlagszentrum oder als Kombination dieser beiden konzipiert. – Vgl. auch → Cross Docking.

Disturbance Lag → Lag.

Disziplinarbefugnis – (des Arbeitgebers) vgl. → Betriebsbuße.

Disziplinargericht – zuständiges Gericht bei den Verfahren nach dem Bundesdisziplinargesetz (→ Disziplinarverfahren). Disziplinargerichte für den Bund sind das zuständige Verwaltungsgericht und das → Bundesverwaltungsgericht (BVerwG) in Berlin. Nach dem Landesdisziplinarrecht Disziplinarkammern bei den Verwaltungsgerichten und Disziplinarsenate bei dem Oberverwaltungsgericht.

Disziplinarverfahren – *Dienststrafverfahren;* bes. Verfahren zur Ahndung von Dienstvergehen der → Beamten. – *Rechtsgrundlage:* Bundesdisziplinargesetz vom 9.7.2001 (BGBl. I 1510) m.spät.Änd. für die Bundesbeamten. Für Länderbeamte entsprechende Landesdisziplinargesetze. – Als Disziplinarmaßnahmen kommen in Betracht: Verweis, Geldbuße, Gehaltskürzung, Zurückstufung, Entfernung aus dem Dienst, Kürzung des Ruhegehalts und Aberkennung des Ruhegehalts. – Disziplinarbefugnisse werden von den zuständigen Behörden, Dienstvorgesetzten und → Disziplinargerichten ausgeübt. – *Rechtsmittel:* Gegen die Disziplinarverfügung kann der Betroffene Widerspruch einlegen, nach dessen Ablehnung Klage beim Disziplinargericht.

Divergenz-Indikator → EWS, Indikator bzw. Messzahl, von dem bzw. von der die Abweichungen der

→ Wechselkurse einer Währung gegenüber anderen Währungen um einen bestimmten Prozentsatz angezeigt werden und somit die betreffende → Zentralbank zu → Interventionen verpflichtet wird.

Divergenzrevision → Revision.

Diversifikation – *Diversifizierung*. 1. *Begriff:* Ausweitung des Leistungsprogramms auf neue Produkte und neue Märkte. Diversifikation ist Mittel der Wachstums- und Risikopolitik der Unternehmung (→ Wachstumsstrategie). Weil man weder die Kunden kennt, noch über Erfahrungen mit den Produkten verfügt, gilt diese Strategie als riskant. Die Diversifikation kann entweder intern oder extern erfolgen. Interne Eintrittstrategien sind die interne Diversifikation, die Eigenentwicklung, die Lizenznahme und der Zukauf von Handelsware. Externe Eintrittsstrategien sind die Akquisition und die Kooperation (Joint Venture, Allianzen u.Ä.). – 2. *Richtungen:* a) *Horizontale Diversifikation:* Ausweitung des Produktprogramms um solche Leistungen, die mit den bisherigen Produkt-Markt-Kombinationen in einem sachlichen Zusammenhang stehen. – b) *Vertikale Diversifikation:* Aufnahme von Produkten, die zu einer vor- oder nachgelagerten Produktionsstufe gehören. – c) *Laterale Diversifikation:* Zwischen den alten und den neuen Produkt-Markt-Kombinationen besteht kein sachlicher Zusammenhang mehr. – 3. *Instrument zur Strategieauswahl:* → Produkt/Markt-Matrix. – Vgl. auch → Wertschöpfungsstrategie.

Diversifizierungsinvestition → Investition zur Herbeiführung qualitativer Veränderungen im Absatzprogramm und/oder in der Absatzorganisation. – *Beispiele:* Einführung neuer Produktarten, Erschließung neuer Absatzmärkte.

Dividende – 1. *Begriff:* der auf die einzelne → Aktie entfallende Anteil am → Bilanzgewinn. Die Anteile der Aktionäre am Gewinn bestimmen sich nach ihren Anteilen am Grundkapital (§ 60 I AktG), in Euro pro Mindestnennwert oder in Prozenten des Nennwertes ausgedrückt. Die Satzung kann eine andere Form der Gewinnverteilung vorschreiben, bes. Dividendenvorrechte für → Vorzugsaktien vorsehen. Die Dividende wird bei der AG aufgrund des → Jahresabschlusses i.d.R. vom Vorstand und Aufsichtsrat vorgeschlagen und von der Hauptversammlung beschlossen (*anders:* → Effektivzins). – Vgl. auch → Gewinnverwendung und → Abschlagsdividende. – Bei der *GmbH* wird die Dividende meist wie bei der AG verteilt. – 2. Die *Zahlung* der Dividende erfolgt gegen Aushändigung des → Dividendenscheines oder seltener gegen Vorlage der Aktie. – 3. *Verjährung:* vier Jahre, beginnend mit dem Schluss des Fälligkeitsjahres: längere Fristen zulässig. – 4. *Steuerliche Behandlung:* → Gewinnausschüttung.

Dividendengarantie – Gewährleistung einer Mindestdividende an die → Aktionäre, z.B. durch Mehrheitsbesitzer (Obergesellschaft) oder eine stark beteiligte Bank. Stimmrechtslose → Vorzugsaktien sind i.d.R. mit einer Dividendengarantie versehen, d.h. dass die → Dividende nachgezahlt werden muss, wenn in Verlustjahren keine Ausschüttung erfolgte.

Dividendenkapitalerhöhung → Schütt-aus-hol-zurück-Politik.

Dividendenkonto – Konto zur Buchung der Gewinnverteilung (→ Dividende) bei Aktiengesellschaften; nach IKR Ergebnisausschüttungskonto. – (1) Der zur Verteilung vorgesehene Gewinn wird gebucht: Bilanzergebniskonto an Ergebnisausschüttungskonto. – (2) Die Dividendenausschüttungen werden gebucht: Ergebnisausschüttungskonto an Geldkonten. – (3) Ein Haben-Saldo im Dividendenkonto zeigt den Betrag der noch nicht abgehobenen Dividenden.

Dividendenpolitik – Teil der Unternehmenspolitik, der auf die Bemessung der → Dividenden gerichtet ist. Die AG ist meist bestrebt, über einen längeren Zeitraum hinweg eine möglichst gleichmäßige Dividende zu zahlen. Sie wird hohe Gewinne günstiger Geschäftsjahre nicht voll ausschütten, sondern Reserven legen, um in mageren Jahren die gewohnte Dividende aufrechterhalten zu können. Die Dividendenpolitik bekommt im Rahmen des Shareholder-Value-Konzeptes (→ Shareholder Value) einen bes. Stellenwert, da sie als Wertsteigerung für den Aktionär einzuordnen ist. – Vgl. auch → Residualtheorie.

Dividendenrendite – Bewertungsgröße bei einer Anlageentscheidung in → Aktien durch einen ertragsorientierten Anleger unter Berücksichtigung realistischer zukünftiger Dividendenschätzungen und in der Vergangenheit nachgewiesener → Dividenden: – Dividendenrendite (in Prozent) = [(Bardividende + Körperschaftsteuer) / Aktienkurs]× 100. – Die Dividendenrendite gibt damit auch die prozentuale Ausschüttung, bezogen auf den aktuellen Kurs der Aktie, an. Sie kann unmittelbar zum Vergleich verschiedener Aktien herangezogen werden. Im langjährigen Durchschnitt hat sich gezeigt, dass die Rendite von Aktien zu etwa zwei Dritteln aus Wertzuwächsen besteht und zu einem Drittel aus Dividenden. Dividenden unterliegen beim Privatanleger der → Abgeltungsteuer, d.h. es sind 25 Prozent (zzgl. Solidaritätszuschlag und ggf. Kirchensteuer, dann ca. 28 Prozent) an den Staat abzuführen, wenn der → Sparer-Pauschbetrag von derzeit 801 Euro (bzw. 1.602 Euro bei Zusammenveranlagung) ausgeschöpft ist. Liegt der persönliche Einkommensteuersatz darunter, kann die Differenz bei der Einkommensteuererklärung (→ Steuererklärung) zurückgefordert werden. Da das → Halbeinkünfteverfahren abgeschafft worden ist, hat sich die steuerlich Bemessungsgrundlage mit der Abgeltungsteuer verdoppelt. Zwar ist im Gegenzug auch der Körperschaftsteuersatz der Unternehmen gesenkt worden. So könnte man annehmen, dass durch das Absenken der realen Gesamtbelastung der Unternehmen die Unternehmensgewinne steigen, sodass sich tendenziell die Dividendenzahlungen erhöhen oder die Kurse steigen. Allerding sind eine Reihe von Maßnahmen zur Gegenfinanzierung der Unternehmensteuerreform eingeleitet worden, sodass sich erst zeigen wird, ob diese Annahme zutrifft.

Dividendenreserven – Rücklagen, die gebildet werden, um in schlechten Geschäftsjahren → Dividenden ausschütten zu können. Bei → Vorzugsdividenden und → Dividendengarantien meist andere Gewinnrücklagen im Sinn von § 266 HGB.

Dividendenschein – *Gewinnanteilschein, Coupon;* → Aktien beigefügte rechtlich selbstständige Urkunden, die zum Bezug der → Dividende gegen Einlösung berechtigen. Zusammengestellt in einem Dividendenschein-Bogen; der letzte Abschnitt ist meist der → Erneuerungsschein. Die Dividendenschein sind → Inhaberpapiere i.w.S., nehmen jedoch wegen ihres zunächst unbestimmbaren Wertes erst nach Festsetzung der Dividende den Charakter von Handelsware an. – Veräußert der Besitzer einer Aktie seine Dividendenscheine, ohne die Aktie mitzuveräußern, so wird der Veräußerungserlös bei ihm als Teil der Einkünfte aus Kapitalvermögen zur Einkommensteuer herangezogen (§ 20 II 1 EStG). – Mit Kraftloserklärung der Aktie (→ Kraftloserklärung von Wertpapieren) erlischt auch der Anspruch aus den noch nicht fälligen Dividendenscheinen (§ 72 II AktG). – Vgl. auch → Coupon.

Dividendenscheine-Inkasso → Inkassogeschäft.

Dividendenstripping – Dividendenstripping ist eine Anlagestrategie unter Ausnutzung der steuerlich unterschiedlichen Behandlung von inländischen und ausländischen Aktionären. Durch die Einführung des → Halbeinkünfteverfahrens im Rahmen des körperschaftsteuerlichen Anrechnungsverfahrens (2001) sollte dieses Verfahren abgewendet werden. Ab dem Veranlagungszeitraum 2009 tritt an die Stelle des Halbeinkünfteverfahrens das → Teileinkünfteverfahren, welches im Rahmen der Unternehmensteuerreform 2008 eingeführt wurde und auf Beteiligungen im Betriebsvermögen und auf wesentliche Beteiligungen im Privatvermögen anzuwenden ist. Alle übrigen Beteiligungen im Privatvermögen unterliegen neuerdings der → Abgeltungsteuer.

Dividendenthese – besagt, dass der Marktwert eines Unternehmens nur von den künftigen Ausschüttungen (→ Dividende) und der Marktrendite (d.h. dem Satz, den Anleger alternativ erzielen können; → Rendite) abhängt (→ Unternehmungsbewertung). – *Gegenthese:* → Gewinnthese.

Dividendenvorrecht → Vorzugsaktie.

Division – 1. *Division i.w.S.:* → organisatorischer Teilbereich, der nach dem → Objektprinzip gebildet ist. – 2. *Division i.e.S.:* Synonym für → Sparte.

Divisionalorganisation – *divisionale Organisationsstruktur, Divisionalisierung.* 1. *Divisionalorganisation i.w.S.:* → Organisationsmodell, das nach dem → Objektprinzip gebildet ist. – 2. *Divisionalorganisation i.e.S.:* Synonym für → Spartenorganisation.

Divisionscontroller – einer → Division zugeordneter → Controller. Zumeist besteht eine disziplinarische Zuordnung zum Leiter der Division, eine fachliche Zuordnung zum zentralen Controlling.

Divisionskalkulation – *Massenkalkulation.* 1. *Begriff:* Methode der Ermittlung der → Herstellkosten oder → Selbstkosten für die Leistungseinheit eines Produkts über die → Kalkulation der Periodenerzeugung bei Massen- oder Sortenfertigung. – 2. *Formen:* a) *Einstufige Divisionskalkulation:* Erstreckt sich auf den gesamten Erzeugungsprozess ohne Unterscheidung von Produktions- und Abrechnungsstufen. Sie ist anwendbar (1) als einfache Divisionskalkulation bei kontinuierlicher Fertigung eines einzigen Masseerzeugnisses; (2) als mehrfache Divisionskalkulation bei Fertigung mehrerer Produkte nebeneinander, wenn die Möglichkeit laufender getrennter Kostenermittlung besteht und Beschäftigungsschwankungen unwesentlich sind. – *Berechnung:*

$$\text{Kosten der Produktionseinheit} = \frac{\text{Gesamtkosten}}{\text{erzeugte Menge}}.$$

I.Allg. werden die Gesamtkosten differenziert nach Werkstoff-, Fertigungs-, Verwaltungs- und Vertriebskosten; decken sich Absatz und Herstellung nicht, so müssen die Verwaltungs- und Vertriebskosten auf die abgesetzte Menge bezogen werden. – b) *Mehrstufige Divisionskalkulation:* Anwendbar, wenn der Fertigungsprozess durch nicht untereinander vergleichbare Stufenleistungen gekennzeichnet ist und/oder zwischen den Stufen Läger mit wechselndem Bestand eingeschaltet sind (Gewinnungs- und vertikal aufgebaute Betriebe, z.B. Ziegelei). Jede Abrechnungsstufe kalkuliert Stufenkosten für die jeweilige Stufenleistungsmenge. Die wechselnden Bestände der Zwischenläger und außerdem die Differenzen zwischen Einsatzmenge und Ausbringung innerhalb der Stufen müssen entsprechend berücksichtigt werden. Hierzu wurden verschiedene Rechenverfahren entwickelt, so die durchwälzende Divisionskalkulation, die über die sukzessive Kalkulation der Halbfabrikate zum Endpreis führt. – *Beispiel:* Vgl. Tabelle „Mehrstufige Kalkulation". – c) *Äquivalenzziffernrechnung:* Anwendbar, wenn mit den gleichen Einrichtungen mehrere artverwandte Produkte gefertigt werden (z.B. Drähte, Bleche in verschiedenen Stärken). Durch → Äquivalenzziffern werden die Kostenunterschiede zwischen den artverwandten Produktvarianten berücksichtigt, sodass mit dem Kalkulationsprinzip der einfachen Divisionsrechnung die Kalkulation durchgeführt werden kann. Die Festlegung der Äquivalenzziffern, d.h. das zahlenmäßige Erfassen der unterschiedlichen Grade der Kostenverursachung, erweist sich stets als schwierig. Als Anhalt dienen qualitative oder quantitative Merkmale des Produkts, der Fertigungsweise, der benutzten Maschinen etc. in ihrem Verhältnis zu

Divisionskalkulation – Mehrstufige Kalkulation (Beispiel)

	a Einsatz-menge	b Stufen-ausbrin-gungs-menge	c Stufen-gesamt-kosten	d Kosten des Einsatzes a × (f der vorher-gehenden Stufe)	e Stufen-kosten c + d	f Stufen-produkt-preis e : b
I. Stufe … Zwischenlager I	10	9	180	–	180	20
II. Stufe … Zwischenlager II	12	10	80	240	320	32
III. Stufe … Zwischenlager III	8	5	44	256	300	60
IV. Stufe …	10	8	120	600	720	90 Endpreis

Divisionskalkulation – Äquivalenzziffernrechnung (Beispiel)

Sorte	Gewicht je Maß-einheit	daraus Äqu.-Ziff.	erzeugte Menge	Rechnungs-Einheiten*	Kosten je Sorte*	Kosten je Mengen-einheit**
1	2 kg	1	100	100	400	4
2	5 kg	2,5	100	250	1.000	10
3	6 kg	3	300	900	3.600	12
				1.250*	5.000*	

* 5.000 : 1.250 = 4 Kosten je Rechnungseinheit
** Kosten je Sorte, bezogen auf die erzeugte Menge

den Kosten. – *Beispiel:* 5.000 Euro Kosten sind auf drei Sorten Draht zu verteilen. Äquivalenzziffernbildung nach Gewicht je Maßeinheit (vgl. Tabelle „Äquivalenzziffernrechnung“). Bei der Kalkulation von → Kuppelprodukten werden (als eine Kalkulationsmethode) die Äquivalenzziffern nach den Marktpreisen (→ Tragfähigkeitsprinzip) ermittelt. – 4. *Sonderformen:* → Chargenkalkulation, → Veredelungskalkulation, → Partialkostenrechnung.

Divisor-Methode – Verfahren zur Berechnung der → Gewerbesteuer-Rückstellung unter Berücksichtigung der Abzugsfähigkeit der Gewerbesteuer von der eigenen Bemessungsgrundlage. Die Anwendung der Divisor-Methode entfällt ab dem Erhebungszeitraum 2008, da die Gewerbesteuer seitdem nicht mehr von der eigenen Bemessungsgrundlage abzugsfähig ist.

DIW – Abk. für → Deutsches Institut für Wirtschaftsforschung.

DJV – Abk. für → Deutscher Journalisten-Verband e. V.

D-Klauseln – Die drei D-Klauseln der → Incoterms sind Ankunftsverträge und → Ein-Punkt-Klauseln. Sie erweitern die Verantwortung des Verkäufers neben den Kosten u.a. um die Transportgefahren bis zum Bestimmungsort (Lieferort), wo erst die Lieferung erfolgt und die Gefahr übergeht (im Gegensatz z.B. zu → CIF oder → CIP, bei denen die Gefahr beim Käufer liegt, aber der Verkäufer die Versicherungskosten bis zum Bestimmungsort trägt). Der Verkäufer muss bei D-Klauseln zwar keine Versicherung abschließen, wird dies aber aus Vorsichtsgründen sicherlich tun, weil er das Risiko trägt. Bei D-Klauseln muss der Exporteur in besonderem Maße auf die Einhaltung eines Liefertermins achten, weil er für den gesamten Transport bis zum Bestimmungsort verantwortlich ist. Im Zuge der Klausel-Revision 2010 sind vier D-Klauseln gestrichen worden, die nach Ansicht der → ICC wenig praxisrelevant waren (→ DAF: Delivered At Frontier, → DES: Delivered Ex Ship, DEQ: Delivered Ex Quai, → DDU: Delivered Duty Unpaid) und durch zwei neue „ersetzt“ worden: → DAP (für DAF und DES) und → DAT (für DEQ und DDU). – Vgl. auch → DDP, → F-Klauseln, → C-Klauseln.

DLR – Abk. für *Deutsches Zentrum für Luft- und Raumfahrt e. V.;* Forschungszentrum für Luft- und Raumfahrt sowie Raumfahrtsagentur Deutschlands.

DM – Abk. für → Deutsche Mark.

D-Mark (DM) – Abk. für → Deutsche Mark.

DM-Eröffnungsbilanz – 1. die nach den Vorschriften des DM-Bilanzgesetzes vom 21.8.1949 (Gesetz über die Eröffnungsbilanz in Deutscher Mark und die Kapitalneufestsetzung) und des DM-Bilanzergänzungsgesetzes vom 28.12.1950 sowie zahlreichen DVO aufzustellende erste Bilanz nach der → Währungsreform. Einmalige Unterbrechung der Bilanzkontinuität. Koppelung mit → Vermögensbilanz. – *Sonderbestimmung für Saarland:* Bilanz zum 6.7.1959 nach DM-Bilanzgesetz für das Saarland vom 30.6.1959 (BGBl. I 372), dessen wichtigste Bestimmungen dem DM-Bilanzgesetz der Bundesrepublik Deutschland gleichen. Keine direkte Koppelung mit Vermögensbilanz. – 2. Die nach den Vorschriften des DM-Bilanzgesetzes vom 23.9.1990 (mit Änderungen 1991) per 1.7.1990 aufzustellenden erste Bilanz in DM für Unternehmen in der ehemaligen DDR. – Vgl. auch → Bilanzumstellung.

DML – Abk. für *Data Manipulation Language,* → Datenmanipulationssprache.

DMO – Abk. für → Destinationsmanagementorganisation.

DNA-Identifizierungsmuster → genetischer Fingerabdruck.

DNC-Anlagen – DNC, Abk. für *Direct Numerical Control;* mehrere → NC-Anlagen, die mit einem → Computer verbunden sind. Die Einzelanlagen können zentral mit → NC-Programmen versorgt und koordiniert werden. – *Merkmale/Aufgaben:* Verwaltung und zeitgerechte Verteilung von Steuerinformationen an NC-Maschinen; Erfassung und Auswertung von Betriebs- und Messdaten; Änderung von Steuerdaten. – Vgl. auch → CNC-Anlagen.

DNS – Abk. für → Domain-Name-System.

Documentary Credit → Akkreditiv.

Documents against Acceptance (D/A) → Dokumente gegen Akzept-Inkassi.

Documents against Payment (D/P) → Dokumente gegen Zahlungs-Inkassi.

Dodd-Frank Act – genauer: Dodd-Frank Wall Street Reform and Consumer Protection Act; ein Bundesgesetz in den USA, welches der Finanzmarktstabilisierung nach der Finanzkrise von 2007-2009 dienen soll. Es ist nach dem damaligen Vorsitzenden des Senatsausschusses für Banken – Christopher J. Dodd – und dem ehemaligen Vorsitzenden des Ausschusses für Finanzdienstleistungen des US-Repräsentantenhauses – Barney Frank – benannt. Das Gesetz wurde im Jahr 2010 von Präsident Barack Obama unterschrieben. Ziel ist es, die Banken stärker zu regulieren, die Risikofreude der Banken zu dämpfen und Schieflagen von Finanzunternehmen, die wie in der letzten Finanzkrise aufgrund der Too-big-to-fail-Problematik vom Staat gestützt werden müssen, zukünftig zu verhindern. – Das Gesetz besteht aus insgesamt 16 Kapiteln: Zu den wesentlichen finanzmarktrelevanten Regelungsbereichen gehören (1) Etablierung eines Rats zur Überwachung der Stabilität des US-amerikanischen Finanzmarktes und zur Koordinierung der Aktivitäten der Finanzmarktaufsichtsbehörden des Bundes (Financial Stability Oversight Council). Dieser kann u.a. Finanzdienstleistungsunternehmen außerhalb des Bankensektors unter die Aufsicht der US-amerikanischen Zentralbank stellen. (2) Ermächtigung, systemrelevante Finanzdienstleistungsunternehmen unter Zwangsverwaltung zu stellen und geordnet abzuwickeln, wenn diese in finanziellen Schwierigkeiten sind. (3) Etablierung der Aufsicht über Vermögensverwalter von nicht für den öffentlichen Vertrieb in den USA zugelassenen Anlagefonds (z.B. Hedgefonds, Private Equity Fonds, etc.) durch die Wertpapier- und Börsenaufsichtsbehörde des Bundes (Securities and Exchange Commission). (4) Schaffung eines für die Überwachung (die Aufsicht bleibt in den Bundesstaaten) von bestimmten Versicherungen zuständigen Büros (Federal Insurance Office) innerhalb des Bundesfinanzministeriums (U.S. Department of the Treasury). Das Büro kann u.a. dem Financial Stability Oversight Council empfehlen, eine Versicherung zusätzlich unter die Aufsicht der US-amerikanischen Zentralbank zu stellen. (5) Eingriffe in die Finanzmarktstruktur, durch Erlass eines Moratoriums für die staatliche Einlagensicherungsgesellschaft (Federal Deposit Insurance Corporation), bestimmte Einlagen von Finanzdienstleistern zu versichern, durch Verschärfung der aufsichtsbehördliche Regulierung von Banken, Sparkassen und deren Holdinggesellschaften etwa durch Beschränkungen des Eigenhandels und des Sponsorings von Investitionen in Hedgefonds oder Private Equity Fonds für Banken (Volcker-Rule), intensiver Aufsicht über Tochtergesellschaften, die über keine Bankenlizenz verfügen, oder Limitierung von Risiken aus Derivaten und Wertpapierleihgeschäften. – Daneben enthält der Dodd-Frank-Act neben Bestimmungen zur Abwicklung des Zahlungsverkehrs und zum Verbraucherschutz auch eine Regelung, durch die die Finanzierung von ethisch fragwürdigen Rohstoffabbaumethoden in Entwicklungsländern verhindert werden soll.

Dog – In der Marktwachstums-Marktanteils-Matrix, von der Boston Consulting Group entwickelt, eine der Portfoliokategorien. Es handelt sich um Problemprodukte da sie aufgrund ihres niedrigen Marktanteils und geringen Marktwachstums nur eine schwache Wettbewerbsstellung einnehmen. Deshalb werden sie als „Dogs" oder „lahme Enten" bezeichnet. Eine Verbesserung ihrer Position könnte nur durch einen unverhältnismäßig hohen Einsatz von Ressourcen erreicht werden. Deshalb sind sie aufzulösen. Dazu empfiehlt sich eine *Desinvestitionsstragie.* – Vgl. auch → Stars, → Cash Cows und → Question Marks.

Dogmengeschichte → Volkswirtschaftstheorie, Dogmengeschichte.

Doha-Runde – Welthandelsrunde bei der → World Trade Organization (WTO). Zentrales Ziel der

Doha-Runde ist die Verbesserung der Lage der Entwicklungsländer im Welthandel, weswegen sie auch unter der Bezeichnung *Doha Development Round* und *Doha Development Agenda* firmiert. Die in der Doha-Erklärung vereinbarten Verhandlungsziele umfassen u.a. eine weitere Marktöffnung im Bereich der Landwirtschaft und die sog. Singapur-Themen (Investitionen, Wettbewerb, öffentliches Beschaffungswesen und Handelserleichterungen).

Doktor (Dr.) – akademischer Grad, nur von Universitäten und Hochschulen durch die → Promotion verliehen. – *Wettbewerbsrechtliche Beurteilung:* Wahrheitswidrige oder irreführende Führung akademischer Titel ist → unlauterer Wettbewerb (§ 5 UWG). – *Beispiele:* Verwendung in der Firma, obwohl nur ein Strohmann den Titel erworben hat; Weiterführung des Titels nach Firmenübernahme ohne Nachfolgezusatz; Führung des Titels bei Ausübung der Heilkunde erfordert den Erwerb des Dr. med. Im Ausland erworbene akademische Titel dürfen nur mit Erlaubnis der Kultusminister so geführt werden, wie sie tatsächlich verliehen sind, auf im Ausland verliehene Titel ist klarstellend hinzuweisen, u.a. wenn dort geringere Anforderungen an den Erwerb gestellt werden. Die Titel dürfen, da Staatsexamen vortäuschend, nicht privat verliehen sein.

dokumentäre Zahlungsbedingungen → Außenhandelsfinanzierung.

Dokumentation – 1. *Prozess der Erstellung von Dokumenten:* Die Dokumentation muss in allen Phasen des Software-Engineerings entwickelt und ständig aktualisiert werden. – 2. *Verschiedene Dokumente:* alle im Software Life Cycle entstehenden schriftlichen Ausarbeitungen (→ Pflichtenheft, Funktionenmodell, → Datenmodell, → Spezifikationen etc.). – 3. *Formen:* → Onlinedokumentation.

Dokumentationspflicht bei Verrechnungspreisen – Im Steuervergünstigungsabbaugesetz (StVergAbG) mit Wirkung vom 1.1.2004 wurden die Vorschriften zur Dokumentation von Verrechnungspreisen bei grenzüberschreitenden Sachverhalten gesetzlich verankert. Demnach müssen die Geschäftsbeziehungen zum Ausland mit nahe stehenden Personen gesondert aufgezeichnet werden. Einzelheiten hinsichtlich der Anforderung an den Steuerpflichtigen hat das Bundesfinanzministerium (BMF) in seinem Schreiben „Grundsätze für die Prüfung der Einkunftsabgrenzung zwischen nahestehenden Personen mit grenzüberschreitenden Geschäftsbeziehungen (Verwaltungsgrundsätze-Verfahren)" vom 12.4.2005 IV B 4 – S 1341 – 1/05 (BStBl. I 570) konkretisiert. Weitere Einzelheiten zu Art, Inhalt und Umfang der Aufzeichnungen regelt die → Gewinnabgrenzungsaufzeichnungsverordnung (GAufzV). – Hier geht es um den Fremdvergleichsgrundsatz, um eine Gewinnverlagerung über Verrechnungspreise im Konzern in Niedrigsteuerländer zu vermeiden. Aus den nach § 90 III AO zu erstellenden Aufzeichnungen muss ersichtlich sein, welchen Sachverhalt der Steuerpflichtige im Rahmen seiner Geschäftsbeziehungen i.S.d. § 1 IV AStG mit nahe stehenden Personen i.S.d. § 1 II AStG verwirklicht hat und ob und inwieweit er diesen Geschäftsbeziehungen Bedingungen einschließlich von Preisen zu Grunde gelegt hat, die erkennen lassen, dass er den Grundsatz des Fremdverhaltens (Fremdvergleichsgrundsatz) beachtet hat.

Dokumente – 1. *Außenhandel:* → Exportdokumente. – 2. *Wirtschaftsinformatik:* Momentaufnahme einer Informationssammlung. Ein Dokument kann verschiedene Medien wie Text, Grafik, Audio und Video umfassen, komplexe Informationstypen enthalten, auf verschiedene Knoten in einem Netzwerk verteilt sein, von verschiedenen Personen gleichzeitig benutzt und ggf. geändert werden sowie eng mit anderen Dokumenten zusammenhängen.

Dokumente gegen Akzept-Inkassi – *Documents against Acceptance (D/A);* Art des → Dokumenteninkassos, bei der dem Importeur die → Exportdokumente von der vorlegenden Inkassobank gegen Leistung des Akzepts auf einer vom Exporteur auf den Importeur gezogenen Nachsichttratte (selten Sichttratte) ausgehändigt werden. Der Exporteur gewährt dem Importeur bei dieser Inkassoart ein in Wechselform gekleidetes Zahlungsziel und trägt damit das → Delkredererisiko.

Dokumente gegen Kasse-Inkassi → Dokumente gegen Zahlung-Inkassi.

Dokumente gegen unwiderruflichen Zahlungsauftrag-Inkassi – *Documents against Irrevocable Payment Order;* Form des → Dokumenteninkassos, bei der dem Importeur die → Exportdokumente von der vorlegenden Inkassobank gegen Leistung seiner Unterschrift auf einem unwiderruflichen Zahlungsauftrag mit späterer Fälligkeit ausgehändigt werden. Bei dieser Inkassoart trägt der Exporteur das → Delkredererisiko. Dokumente gegen unwiderruflichen Zahlungsauftrag-Inkassi zählen wegen des Zahlungsziels für den Importeur zur Gruppe der → Nachsichtinkassi.

Dokumente gegen Zahlung-Inkassi – *Dokumente gegen Kasse, Documents against Payment (d/p), Cash against Documents;* Art des → Dokumenteninkassos, bei der dem Importeur die → Exportdokumente von der vorlegenden Inkassobank gegen Zahlung (Kontobelastung) ausgehändigt werden. Wegen der grundsätzlich sofortigen Fälligkeit zur Zahlung („bei Sicht", „bei erster Präsentation", aber auch „zahlbar bei Ankunft der Ware/des Schiffs" o.Ä.) werden diese Inkassi mit dem Oberbegriff Sichtinkassi belegt.

Dokumentenakkreditiv → Akkreditiv.

Dokumenteninkasso – I. Außenhandel: 1. *Charakterisierung:* Im Rahmen eines Inkassoauftrags übergibt der Exporteur seiner Hausbank die → Exportdokumente (Handelsrechnung, Transportdokument, Versicherungsdokument etc.) mit der Weisung, diese Dokumente dem Importeur nur auszuhändigen, wenn dieser im Gegenzug bezahlt, einen Wechsel akzeptiert oder einen unwiderruflichen Zahlungsauftrag unterzeichnet. I.Allg. schaltet die Hausbank des Exporteurs in die Abwicklung des Dokumenteninkassos eine Korrespondenzbank im Importland oder die Hausbank des Importeurs als sog. vorlegende Inkassobank ein. – 2. *Arten* (nach Merkmal der Gegenleistung des Importeurs): (1) → Dokumente gegen Zahlung-Inkassi (Dokumente gegen Kasse, Documents against Payment (D/P)); (2) → Dokumente gegen Akzept-Inkassi (Documents against Acceptance (D/A)); (3) Dokumente gegen unwiderrufliches Zahlungsversprechen (Documents against Irrevocable Undertaking to Pay). – 3. *Einheitliche Richtlinien:* Dokumenteninkassi werden weit überwiegend auf Grundlage der → Einheitlichen Richtlinien für Inkassi (ERI), (Uniform Rules for Collections, URC) der Internationalen Handelskammer (ICC) abgewickelt, die von den meisten Banken bzw. Bankenverbänden der Welt anerkannt werden. – Die Einheitlichen Richtlinien für Inkassi unterscheiden: (1) einfache Inkassi = Einzug von Zahlungspapieren ohne Begleitung von Handelspapieren (Exportdokumenten); (2) dokumentäre Inkassi = Einzug von Zahlungspapieren die von Handelspapieren begleitet sind, und Inkassi von Handelspapieren, die nicht von Zahlungspapieren begleitet sind.

II. Zahlungsverkehr: → Inkassogeschäft.

Dokumentenmanagement – Verwaltung von → Dokumenten. Das Dokumentenmanagement umfasst: Erstellung und Bearbeitung, intelligente Verteilung, die Ein- und Ausgabe sowie Archivierung von und Suche nach Dokumenten. Diese Dienste sind i.d.R. in Client-Server-Netzen (→ Client/Server-Architektur), über Standardschnittstellen und in erfolgskritische → Geschäftsprozesse eingebunden. Das Hauptziel des Dokumentenmanagements besteht darin, durch eine Verkürzung der → Durchlaufzeiten und durch eine schnelle Bereitstellung von benötigten Informationen die Arbeitsproduktivität zu erhöhen. – Vgl. auch → Dokumentenmanagementsystem.

Dokumentenmanagementsystem – Softwarepaket für das → Dokumentenmanagement. Neben den Standarddiensten des Dokumentenmanagements gelten als bes. Funktionen eines Dokumentenmanagementsystems: Realisierung eines gleichzeitigen Zugriffs mehrerer → Benutzer auf ein Dokument, Verwaltung und Prüfung von Zugriffsberechtigungen der verschiedenen Benutzer auf bestimmte → Dokumente, automatische Verteilung von Dokumenten, mehrdimensionale Klassifizierung, d.h. ein Dokument kann mehreren Dossiers zugeordnet werden, und ein leistungsfähiges → Information Retrieval durch strukturierte Deskriptoren.

Dokumentenrate – Abschlagszahlung des Importeurs bei Außenhandelsgeschäften mit langfristigen Zahlungszielen (z.B. 10 Promille des Kaufpreises), die der Exporteur gegen Vorlage der → Exportdokumente, bes. des Transportdokuments erhält. Teilweise werden Dokumentenraten im Rahmen von Dokumenteninkassi (→ Dokumenteninkasso) oder Dokumentenakkreditiven (→ Akkreditiv) abgewickelt.

Dokumententratte – im Außenhandelsgeschäft vorkommende Form der Sicherung des Rembourskredits (→ Remboursgeschäft). Gegen die das Recht an der Ware verbriefenden Dokumente akzeptiert die Remboursbank die Dokumententratte.

Dollar – Gesetzliches Zahlungsmittel, v.a. in den Vereinigten Staaten, Kanada und Australien. – *Im Sprachgebrauch* wird i.d.R. US-Dollar gemeint.

Dollaranleihen – *Dollarbonds;* auf den Kapitalmärkten emittierte → Anleihen in US-Dollar. Bei Emission auf dem → Euromarkt lautet die Bezeichnung Eurodollaranleihen. – Vgl. auch → Auslandsanleihe.

Dollarraum – alle Länder deren Währungen direkt (als Zahlungsmittel, sog. *Fremdwährung*) oder indirekt (als → Leitwährung oder als Verrechnungsbasis) mit dem US-Dollar (US$) verbunden sind: dies sind gegenwärtig eine Anzahl mittel- und südamerikanischer Länder (z.B. Ecuador, El Salvador, Panama), aber auch einige asiatische und afrikanische Staaten (z.B. Liberia, Osttimor, Mikronesien, Palau).

Dolus – Aus dem Lateinischen übernommener Betriff im Strafrecht, bedeutet → *Vorsatz; Dolus Directus:* direkter Vorsatz; *Dolus Eventualis:* bedingter Vorsatz. – Nach einer etwas ungenauen, aber griffigen Formel geht es beim Vorsatz um das Wissen und Wollen der Begehung der objektiven Tatbestandsmerkmale einer Norm. Der Vorsatz wird beim sog. subjektiven Tatbestand geprüft (anders nach der sog. Schuldtheorie, hier Prüfung bei der Schuld). Beim direkten Vorsatz hat der Handelnde den gewollten Erfolg als sicheres Ereignis in seine Vorstellung aufgenommen. Beim bedingten oder Eventualvorsatz hält der Täter den Erfolg nur für möglich, er nimmt ihn aber billigend in Kauf. Die *Absicht*, auch dolus directus 1. Grades genannt, ist eine Steigerung. Hier strebt der Täter die Tatbestandsverwirklichung an, sein Wille ist auf diesen Erfolg ausdrücklich ausgerichtet, vgl. dazu etwa beim Betrug, § 263 StGB, rechtswidrige Vermögensvorteilsverschaffungsabsicht. – Fragen des Vorsatzes bei der Strafbarkeit können der Ausgangspunkt zu weiteren Thematiken und strafrechtlichen Figuren sein, so etwa zum *Irrtum* in seinen verschiedenen Ausprägungen als Tatbestands- oder als Verbotsirrtum (vgl. z.B. §§ 16, 17 StGB) und zur aberratio ictus (Abweichung des Ergebnisses der Handlung vom vorgestellten Kausalverlauf: Schuss tötet A statt B), error in objecto (Irrtum über das angezielte Objekt: A tötet B in der Annahme, es sei C) und dolus generalis (Täter nimmt alle möglichen Folgen in Kauf).

Domain – *Domäne;* Gliederungseinheit im → Internet bez. der hierarchisch aufgebauten Rechnernamen.

Eine Domain besteht stets aus der Top-Level-Domain (z.B. dem sog. Länderkürzel wie „de"), der Secondary-Domain, z.B. „gabler", und ein bis mehreren Dienstenamen, z.B. „www". Die Domain ist Teil des → URL einer → HTML-Seite. Domains werden in Deutschland von der → DENIC Verwaltungs- und Betriebsgesellschaft eG in Frankfurt a.M. verwaltet und registriert. Gegen die unbefugte Benutzung des gleichen Namens im Privatverkehr gibt § 12 BGB einen Unterlassungsanspruch. Bei Namensidentität verschiedener Benutzer gilt nach aktueller Rechtsprechung des Bundesgerichtshofes der Grundsatz der Priorität (anders beim sog. Domain-Grabbing, wenn jemand sittenwidrig auf Vorrat Domains auf sich registriert, um sie hinterher möglichst teuer an andere verkaufen zu können). – *Bilanzsteuerlich* ist die Domain als → immaterielles Wirtschaftsgut anzusehen, d.h. werden Ausgaben geleistet, um eine bestimmte Domain als Internetadresse zu erlangen, sind diese Ausgaben zu aktivieren.

Domain Grabbing – missbräuchliches Reservieren einer Domain; betrifft v.a. den Fall, dass eine Marke oder ein Unternehmenskennzeichen als → Domain von einem Dritten registriert wird und dieser für die Übertragung der Domain versteckt oder offen ein „Lösegeld" fordert. Betroffene können Unterlassungs- und Schadensersatzansprüche je nach Sachlage aus Namens-, Marken- oder Wettbewerbsrecht, aus § 823 oder 826 BGB (sittenwidrige Schädigung) geltend machen.

Domain-Name-System – auch *Domain-Name-Service;* Internetservice, welcher den Namensraum im Internet verwaltet und den Namen einer Domain in numerische → IP-Adressen übersetzt.

Domäne – I. Finanzwissenschaft/öffentliche Betriebswirtschaftslehre: Land- und forstwirtschaftlicher Grundbesitz der öffentlichen Hand, in der Rechtsform des → Regiebetriebes oder der → Anstalt bewirtschaftet. Domänen waren im Mittelalter wichtigste Einnahmequelle der fürstlichen Schatzkammer, woraus die Gleichsetzung öffentlicher Wirtschaft mit Domänenwirtschaft resultierte. Domänen sind als Quelle erwerbswirtschaftlicher Einkünfte seit Entwicklung des modernen Steuersystems von geringer Bedeutung. Heute ist der Domänenbesitz größtenteils verpachtet oder wird als Lehr- und Versuchsgut (Land, Weinbau und Forstwirtschaft) von der öffentlichen Hand bewirtschaftet.

II. Künstliche Intelligenz: → Wissensdomäne.

Domänenwirtschaft → Domäne.

Domar – Evsey David, 1914–1997, aus Polen stammender amerik. Nationalökonom, der bis zu seiner Emeritierung 1984 am Massachusetts Institute of Technology in Boston lehrte. Domar ist ein Vertreter der → postkeynesianischen Wachstumstheorie. Wie → Harrod erweiterte er die kurzfristige Keynessche Lehre um langfristige Aspekte (1946), indem er Einkommens- und Kapazitätseffekte von Investitionen berücksichtigte. Bes. bekannt wurde das nach ihm benannte Domar-Modell und das Harrod-Domar-Modell (→ Wachstumstheorie).

Domestic Bonds – Sammelbegriff für → Anleihen, die von öffentlichen Stellen der USA (→ Treasury Bonds) und privaten US-Schuldnern emittiert wurden.

Domestic Marketing – Marketingkonzept (→ Marketing), in dessen Mittelpunkt die Bearbeitung des Heimmarktes steht. Der Begriff Domestic Marketing dient lediglich der Abgrenzung gegenüber den auf das Ausland abzielenden Strategien bzw. Konzepten (→ internationales Marketing).

Dominanzprinzip – allg. gültiges → Entscheidungsprinzip: Unter mehreren zur Verfügung stehenden Handlungsalternativen wird eine Alternative einer anderen dann vorgezogen, wenn sie in jeder ihrer möglichen Konsequenzen zu einem Ergebnis führt, das zumindest nicht schlechter ist als das der anderen. Führen beide Alternativen in jeder möglichen Konsequenz zu einander entsprechenden Ergebnissen, so sind sie zueinander indifferent.

dominierte Strategie → Spieltheorie.

Domizil – 1. *Allgemein:* → Wohnsitz einer Person oder → Sitz eines Unternehmens. – 2. *Wechsel- und Scheckrecht:* Zahlstelle (eine Bank), bei der der Wechsel oder Scheck zahlbar gestellt ist (→ Domizilwechsel).

Domizilgesellschaften – üben in ihrem Sitzstaat regelmäßig keine – nennenswerte – eigene wirtschaftliche Tätigkeit (→ aktive Tätigkeit) aus, sie sind vielmehr vornehmlich im Ausland tätig. In ihrem Sitzstaat, in dessen Handelsregister sie eingetragen sind, unterliegen sie oft keiner oder nur einer niedrigen Besteuerung. Domizilgesellschaften befinden sich v.a. in der Schweiz, in Liechtenstein, auf den Kanalinseln sowie in verschiedenen kleineren exotischen Staaten. Anhaltspunkte für das Vorliegen von Domizilgesellschaften sind das Fehlen eigener Geschäftsräume, eines eigenen Telefonanschlusses sowie eigenen Personals. Denn sie domilizieren i.d.R. bei einem Treuhänder, Repräsentanten oder Angehörigen des Verwaltungsrats, der eine Vielzahl von Gesellschaften dieser Art unter einer Adresse und einer Telefonnummer vertritt. Domizilgesellschaften haben den Zweck, die hinter ihnen stehenden Personen und damit die tatsächlichen Zahlungsempfänger anonym zu halten. Sie sind sog. zwischengeschaltete Gesellschaften,weil sie vertragliche Leistungen aufgrund fehlender eigener wirtschafticher Betätigung gar nicht erbringen können bzw. weil sie aus anderen Gründen die erteilten Aufträge und erhaltenen Gelder an Dritte weiterleiten. Gesellschaften, deren Tätigkeit ausschließlich darin besteht, als Adresse zu fungieren, werden als *Briefkastengesellschaften* bezeichnet. – Vgl. auch → Basisgesellschaften, → Benennungsverlangen, → Steuerumgehung.

Domizilhandel – Handel nach dem *Domizilprinzip:* Der Kaufvorgang findet am Standort des Käufers (dessen Domizil) statt, bei Endverbrauchern in der Wohnung und bei gewerblichen Abnehmern am Gewerbestandort, so beim → Hausierhandel. Der Verkäufer bewegt sich zum Käufer. – *Anders:* → Distanzhandel, → Residenzhandel, → Markthandel.

Domizilwechsel → Wechsel, der an einer bes. Zahlstelle (→ Domizil), durchweg einer Bank, zahlbar gestellt ist. Der Domizilvermerk („Zahlbar bei ...") steht links unten auf dem Vordruck. Er bezieht sich nur auf die Zahlung der Wechselsumme. Den Zahlungsort hat der Aussteller anzugeben, die Zahlstelle kann sowohl der Aussteller oder als auch der Bezogene bezeichnen (Art. 27 WG). – *Unechter Domizilwechsel:* → Zahlstellenwechsel.

Donaukommission – internationaler Zusammenschluss der Donauanliegerstaaten, errichtet 1949. – *Ziele:* Durchführung von Großprojekten zur Verbesserung der Donauschifffahrtsbedingungen, Entwicklung einheitlicher Navigationssysteme, Zollregelungen, gesundheitlicher Bestimmungen, Bereitstellung eines hydrometeorologischen Dienstes, Aufbau einer Donaustatistik.

Donor Lifetime Value – 1. *Begriff:* Der Donor Lifetime Value (Spenderlebenswert) ist ein Erfolgsmaß für das → Relationship Fundraising einer → Nonprofit-Organisation (NPO), mit dem der zukünftige monetäre Wert der Spender für die NPO ermittelt werden kann. – 2. *Merkmale:* a) Bei der Berechnung werden die Spendenerlöse über den kompletten Spenderlebenszyklus den Kosten für den Aufbau und den Erhalt der Spenderbeziehungen gegenübergestellt und anschließend auf den gegenwärtigen Zeitpunkt diskontiert. b) Die Spendenerlöse werden anhand der Dauer der Spenderbeziehung, der Spendenhäufigkeit und der Spendenhöhe ermittelt. c) Die Kosten werden oftmals in Rekrutierungskosten (z.B. Kampagnen, Spendenevents) und Kommunikationskosten (z.B. Anzeigen, Mailings) unterteilt. – 3. *Formel:* Die Formel zur Berechnung des Spenderlebenswertes ergibt sich wie folgt: E = Nettospendenerlöse (Spendenerlöse minus Spendenkosten) pro Jahr; i = Diskontierungsrate; n = Erwartete Dauer der Spenderbeziehung in Jahren; t = Jahr

$$Spenderlebenswert = \sum_{t-1}^{n} E(1+i)^{-t}$$

Doppelbelastung → Doppelbesteuerung, → wirtschaftliche Doppelbelastung.

Doppelbesteuerung – 1. *Begriff:* Doppelbesteuerung ist gegeben, wenn mehrere selbstständige Steuerhoheitsträger (Staaten) aufgrund desselben Steuertatbestandes dieselben Steuerpflichtigen für den gleichen Zeitraum zu einer gleichartigen Steuer heranziehen. Definitionsmerkmale sind somit: (1) Erhebung von Steuer durch verschiedene Staaten sowie die vier Identitätsmerkmale: (2) Steuerobjektidentität, (3) Steuersubjektidentität im juristischen oder wirtschaftlichen Sinn, (4) Zeitraumidentität und (5) Steuerartenidentität. – *Anders:* → wirtschaftliche Doppelbelastung. – 2. *Arten:* a) *Reale oder virtuelle Doppelbesteuerung:* (1) Reale Doppelbesteuerung ist eine tatsächlich eintretende Doppelbesteuerung. (2) Virtuelle Doppelbesteuerung ist eine theoretisch mögliche, aber aufgrund der vorhandenen Steuergesetze und/oder ihrer Auslegung nicht real eintretende Doppelbesteuerung. – b) *Juristische* oder *wirtschaftliche Doppelbesteuerung:* (1) Juristische Doppelbesteuerung liegt vor, wenn neben den unter I angeführten übrigen Merkmalen die Steuersubjektidentität im juristischen Sinn gegeben ist. (2) Wirtschaftliche Doppelbesteuerung tritt ein, wenn zwar keine Steuersubjektidentität im juristischen, wohl aber im wirtschaftlichen Sinn vorliegt (z.B. bilden die verschiedenen rechtlich selbstständigen Gesellschaften eines Konzerns ein Steuersubjekt im wirtschaftlichen Sinn). – c) *Formelle* oder *materielle Doppelbesteuerung:* (1) Bei der formellen Doppelbesteuerung erstreckt sich die Doppelbesteuerung auf formelle Steuerpflichten, (2) bei der materiellen Doppelbesteuerung dagegen auf die Erfüllung materieller Steuerpflichten. – 3. *Ursachen:* a) Die *Steueransprüche* der beteiligten Staaten *überschneiden* sich *objektiv*, da der juristisch oder wirtschaftlich identische Steuerpflichtige für den gleichen Zeitraum einer gleichartigen Besteuerung bez. des gleichen Steuerobjekts (z.B. Einkommen, Vermögen) unterliegt. Folgende *Kombinationen* von Steuerpflichten kommen vor: (1) Staat X: unbeschränkte Steuerpflicht, Staat Y: beschränkte Steuerpflicht; (2) Staat X: unbeschränkte Steuerpflicht, Staat Y: unbeschränkte Steuerpflicht; (3) Staat X: beschränkte Steuerpflicht, Staat Y: beschränkte Steuerpflicht. Die Kombination (1) tritt am häufigsten auf. – b) Die Steueransprüche der beteiligten Staaten sind zwar bei Vorhandensein eines → Doppelbesteuerungsabkommens (DBA) so gegeneinander abgegrenzt, dass *Überschneidungen nicht mehr* vorkommen sollten; dennoch kommt es in einzelnen Fällen zur Doppelbesteuerung, nämlich bei: (1) Überschneidungen bei der Ermittlung der jedem Staat zustehenden Bemessungsgrundlagen (z.B. Einkommen, Vermögen) oder (2) positiven Qualifikationskonflikten (Fälle, in denen Regeln zur Vermeidung der Doppelbesteuerung bestehen, aber beide Staaten sich aus ihrer Sicht nach diesen Regeln für qualifiziert halten, eine Besteuerung vorzunehmen). – 4. *Relevante Steuerarten:* Doppelbesteuerungen können prinzipiell bei allen Steuerarten vorkommen. Die Staatenpraxis zeigt aber, dass Doppelbesteuerungen bei der Gruppe der → Verkehrsteuern selten sind, da sich hier eine Begrenzung des Steueranspruchs auf das eigene Staatsgebiet von vornherein anbietet. Dagegen sind Doppelbesteuerungen bei den Steuern vom Einkommen und Vermögen der Regelfall. – 5. *Ökonomische Wirkungen:* a) *Betriebswirtschaftlich* verringert Doppelbesteuerung die Rentabilität einer Investition.

Auslandsinvestitionen müssen daher i.d.R. eine wesentlich höhere Rentabilität vor Steuern aufweisen als vergleichbare Inlandsinvestitionen. – b) *Volkswirtschaftlich* wirkt die Doppelbesteuerung wettbewerbsverzerrend und hemmt die Mobilität der Produktionsfaktoren sowie die internationale Arbeitsteilung. Da die betriebswirtschaftlich notwendigen erhöhten Ausgangsrentabilitäten häufig nicht gegeben sind, unterbleiben dann volkswirtschaftlich wünschenswerte Direktinvestitionen im Ausland. – c) *Finanzwirtschaftlich* führt die Doppelbesteuerung bei kurzfristiger Betrachtung zu einer Erhaltung inländischer Besteuerungssubstanz. Langfristig überwiegen jedoch die negativen Aspekte in Form eines geringeren gesamtwirtschaftlichen Wachstums und damit geringerer besteuerungsfähiger Erträge. Die Finanzwissenschaft unterscheidet von der Doppelbesteuerung die Doppelbelastung (besser: Mehrfachbelastung), d.h. die mehrfache steuerliche Belastung desselben Besteuerungsgutes durch verschiedene Steuerarten desselben Hoheitsträgers. – 6. *Konsequenzen:* Die Doppelbesteuerung gehört zu den wichtigsten Hemmnissen einer internationalen wirtschaftlichen Betätigung. Da dies aus betriebswirtschaftlicher, volkswirtschaftlicher und finanzwirtschaftlicher Sicht gleichermaßen negativ zu beurteilen ist, haben nicht nur die Steuerpflichtigen, sondern auch die beteiligten Staaten ein elementares Interesse an der Vermeidung der Doppelbesteuerung durch geeignete Maßnahmen. – 7. *Vermeidung der Doppelbesteuerung:* a) *Unilaterale Maßnahmen:* autonome Maßnahmen des → Wohnsitzstaates eines Steuersubjektes, die durch einseitigen Steuerverzicht dieses Staates eine Doppelbesteuerung im juristischen und/oder wirtschaftlichen Sinn vermeiden oder mildern. In der Bundesrepublik Deutschland existieren unilaterale Maßnahmen bei allen relevanten Steuerarten. – *Methoden:* (1) *Freistellungsmethoden (Exemption Systems):* (a) *Volle Freistellung:* Das Besteuerungsrecht liegt ausschließlich beim → Quellenstaat. Im Wohnsitzstaat bleiben die ausländischen Einkünfte bzw. Vermögensteile bei der Ermittlung der Steuerbemessungsgrundlage und des Steuersatzes außer Betracht. – (b) *Freistellung mit* → Progressionsvorbehalt: Die ausländischen Einkünfte bzw. Vermögensteile bleiben im Wohnsitzstaat nur bei der Ermittlung der Bemessungsgrundlage außer Ansatz, werden aber bei der Ermittlung des Steuersatzes berücksichtigt. (2) *Anrechnungsmethoden (Tax Credit Systems):* Die ausländischen Einkünfte bzw. Vermögensteile werden bei der Ermittlung der inländischen Steuerbemessungsgrundlage und des Steuersatzes berücksichtigt. Auf die inländische Steuer werden allerdings die im Ausland gezahlten Steuern angerechnet. (a) *Direkte Anrechnung:* Angerechnet werden die von demselben juristischen Steuersubjekt im Ausland gezahlten Steuern: (aa) *Volle Anrechnung:* in voller Höhe, also auch über die inländische Steuer hinaus, sodass es theoretisch zu einer Erstattung ausländischer Steuer durch den inländischen Fiskus kommen kann. (ab) *Begrenzte Anrechnung:* Wie (aa), der Wohnsitzstaat rechnet jedoch nicht in unbegrenzter Höhe an, sondern begrenzt die Anrechnung auf den Steuerbetrag, der im Inland auf die ausländischen Einkünfte bzw. Vermögensteile entfällt. Die Begrenzung kann für alle ausländischen Einkünfte bzw. Vermögensteile gemeinsam gelten (Over-All-Limitation) oder pro Land, aus dem ausländische Einkünfte bezogen werden, erfolgen (Per-Country-Limitation). (ac) *Fiktive Anrechnung:* Wie (aa), jedoch wird im Wohnsitzstaat nicht die tatsächlich im Ausland entrichtete Steuer angerechnet, sondern eine fiktive Steuer. Diese Methode wird vorzugsweise zur Erhöhung des Anrechnungspotenzials bei niedrig besteuernden Quellenstaaten, bes. Entwicklungsländern, angewandt. (b) *Indirekte Anrechnung:* Angerechnet werden die von dem wirtschaftlich identischen Steuersubjekt im Ausland entrichteten Steuern (z.B. die von der ausländischen Tochtergesellschaft im Ausland entrichtete Körperschaftsteuer). Die Ausgestaltung der indirekten Anrechnung kann in der gleichen Weise erfolgen wie die Ausgestaltung der direkten Anrechnung. (3) *Pauschalierungsmethode:* Die ausländischen Einkünfte bzw. Vermögensteile werden im Quellenstaat und Wohnsitzstaat voll besteuert. Der Wohnsitzstaat wendet auf die ausländischen Einkünfte bzw. Vermögensteile jedoch nicht den normalen Steuersatz an, sondern einen i.d.R. niedrigeren Pauschalsteuersatz. (4) *Abzugsmethode:* Die ausländischen Einkünfte bzw. Vermögensteile werden im Wohnsitzstaat und Quellenstaat voll besteuert. Der Wohnsitzstaat erlaubt lediglich den Abzug der im Ausland gezahlten Steuern von der inländischen Bemessungsgrundlage. – b) *Bilaterale Maßnahmen* sind Abkommen zur Vermeidung der Doppelbesteuerung, die zwischen zwei selbstständigen Staaten zur Vermeidung oder Milderung der Doppelbesteuerung abgeschlossen werden (→ Doppelbesteuerungsabkommen (DBA)). In den DBA werden je nach Einkunftsart und Vermögensart die Freistellung mit Progressionsvorbehalt oder die direkte Anrechnung, mit einer Begrenzung pro Land, angewandt. Im Verhältnis zu Entwicklungsländern kommt auch die direkte fiktive Anrechnung vor. – c) *Multilaterale Maßnahmen:* DBA, die nicht nur von zwei, sondern von einer Vielzahl von Staaten unterzeichnet werden. Multilaterale Abkommen sind bis heute wegen des schwierigen Interessenausgleichs und der unterschiedlichen Steuersysteme weitgehend ungebräuchlich. In Deutschland werden folgende Methoden je nach Steuerart und der Erfüllung sonstiger Bedingungen angewandt: (1) volle Freistellung (selten); (2) direkte Anrechnung mit einer Begrenzung der Anrechnung pro Land (Regelfall); (3) bei Dividendeneinkünften von Kapitalgesellschaften, die an ausländischen Tochtergesellschaften beteiligt sind, Freistellung, wenn keine Hinzurechnungsbesteuerung erfolgt; (4) unter bestimmten Voraussetzungen die Pauschalierungsmethode; (5) soweit die anderen Methoden unter (1) bis (4) nicht anwendbar sind: die Abzugsmethode.

Doppelbesteuerungsabkommen (DBA) – Kurzbezeichnung für Abkommen zur Vermeidung der Doppelbesteuerung. – 1. *Begriff:* Völkerrechtliche Verträge, die als *bilaterale* DBA zwischen zwei Staaten (→ Wohnsitzstaat und → Quellenstaat) oder als *multilaterale* Verträge zwischen mehr als zwei Staaten in der Absicht ausgehandelt werden, in einem gegenseitig geregelten System von Steuerverzichten die Steuerobjekte so gegeneinander abzugrenzen, dass eine → Doppelbesteuerung im juristischen und/oder wirtschaftlichen Sinn weitgehend oder vollständig vermieden wird. – Vgl. auch → Schachtelprivileg. – 2. *DBA als nationales Recht:* Doppelbesteuerungsabkommen werden als völkerrechtliche Verträge gemäß Art. 59 II GG in nationales Recht transformiert. Sie sind dem einfachen nationalen (Bundes-)Recht gleichrangig, gehen ihm als Spezialnormen jedoch regelmäßig vor (vgl. § 2 AO). Nach herrschender Ansicht kann dieser Vorrang durch eine ausdrücklich speziellere gesetzliche Vorschrift vom Gesetzgeber ganz oder teilweise wieder eingeschränkt werden. – 3. *Geltungsbereich:* a) *Allgemeine DBA* der Bundesrepublik Deutschland erstrecken sich i.d.R. auf die Einkommen-, Körperschaft- und Gewerbesteuer. – b) Daneben gelten *Teilabkommen*, die sich bez. der oben genannten Steuern auf die Vermeidung der Doppelbesteuerung bei Einkünften/Vermögen der Seeschifffahrt und/oder Luftfahrt erstrecken. – c) Ferner existieren *Spezialabkommen*, die sich auf die Erbschaft- und Schenkungsteuer erstrecken. – 4. *Aufbau und Inhalt* der von der Bundesrepublik Deutschland unterzeichneten DBA sind i.d.R. sehr eng an die → OECD-Musterabkommen zur Vermeidung der Doppelbesteuerung angelehnt. – 5. *Verpflichtung zum Abschluss von Doppelbesteuerungsabkommen: a) weltweit:* Ein Völkergewohnheitsrecht, wonach Staaten zur Vermeidung einer Doppelbesteuerung untereinander Verträge abschließen müssten, gibt es nicht. – b) *EU-intern:* Für die Staaten der EU sieht der EG-Vertrag (Art. 293 EG) eine Verpflichtung vor, untereinander Verhandlungen über einen Abschluss von Doppelbesteuerungsabkommen aufzunehmen; ein erfolgreicher Abschluss solcher Verhandlungen ist aber nicht Verpflichtung und es wird vom EuGH auch nicht sanktioniert, wenn die Mitgliedsstaaten zwar seit mehreren Jahrzehnten der EU angehören, trotzdem aber nachweislich noch nicht einmal Verhandlungen aufgenommen haben. Versuchen, eine Verpflichtung zur Vermeidung einer Doppelbesteuerung zusätzlich auch direkt aus den Grundfreiheiten des EG-Vertrages herzuleiten, hat der EuGH in mittlerweile gefestigter Rechtsprechung eine Absage erteilt. – c) *Situation in der Bundesrepublik:* Bez. der Ertragsteuern hat die Bundesrepublik ihre EG-vertragliche Verpflichtung, DBA abzuschließen, umfassend erfüllt, da mit sämtlichen EU-Staaten solche Abkommen bestehen; darüber hinaus bestehen auch mit nahezu allen übrigen wichtigen Handelspartnerländern DBA über die Ertragsbesteuerung. Hinsichtlich der Erbschaftsteuer ist das Abkommensnetz der Bundesrepublik jedoch extrem spärlich, hier ist insbesondere auch EU-intern das Ideal, dass mit allen EU-Staaten wenigstens Verhandlungen über ein Erbschaftsteuer-DBA geführt werden müssten, noch bei weitem verfehlt. – 6. *Bestehende Abkommen:* Zum 1. Januar eines jeden Jahres wird eine Liste der für dieses Jahr anzuwendenden DBA amtlich veröffentlicht.

Doppelgesellschaft → Betriebsaufspaltung.

Doppelleser – die Leser einer Zeitung oder Zeitschrift, die zusätzlich auch *eine* andere Publikation lesen, die sich an die gleiche Zielgruppe richtet. – Vgl. auch → Exklusivleser, → Mehrfachleser.

Doppelnatur der Genossenschaften – ist in der Genossenschaftstheorie eine spezifische Charakterisierung der Genossenschaft. Nach G. Draheim (1955) wird ihr Wesen im Sinne einer Doppelnatur bestimmt; einerseits ist sie eine freiwillige Personenvereinigung im Sinne einer soziologischen Gruppe und andererseits ein von dieser Gruppe getragener gemeinschaftlicher Geschäftsbetrieb, der auf Dauer angelegt ist und der sich organisatorisch und im Rechtsverkehr verselbstständigt hat. So besteht etwa eine Volksbank aus 28.000 Mitgliedern und einem Geschäftsbetrieb, der einen zentralen Standort und mehrere Filialen in einer Stadt sowie in den umliegenden Gemeinden hat. Bei den für Deutschland typischen → Förderungsgenossenschaften ist durch den Geschäftsbetrieb für die Mitgliederwirtschaften eine Nutzenstiftung zu erbringen.

Doppelschöpfung – seltener Fall, dass zwei Urheber voneinander unabhängig zwei gleiche oder doch so ähnliche Werke geschaffen haben, dass das eine als Bearbeitung oder Umgestaltung des anderen erscheint. Da das Urheberrecht keinen Prioritätsgrundsatz (→ Prioritätsrecht) kennt, werden in diesem Fall beide Werke unabhängig voneinander geschützt.

doppelseitige Treuhandschaft → Treuhandschaft.

Doppelsitz – doppelter → Sitz einer Handelsgesellschaft (einer juristischen Person), war nach altem Recht (vgl. etwa für die GmbH § 4a II GmbHG a.F.) rechtlich nur in Ausnahmefällen möglich. Durch das „Gesetz zur Modernisierung des GmbH-Rechts und zur Bekämpfung von Missbräuchen“, MoMiG (vom 23.10.2008), wurde eine Deregulierung vorgenommen, §§ 4a II GmbHG a.F. und 5 II AktG a.F. wurden ersatzlos gestrichen (vgl. auch → Gesetz zur Modernisierung des GmbH-Rechts und zur Bekämpfung von Missbräuchen (MoMiG)). Nunmehr können Handelsgesellschaften einen Verwaltungssitz wählen, der nicht notwendig mit dem Satzungssitz übereinstimmt. Dieser Verwaltungssitz kann auch im Ausland liegen. Damit soll der Spielraum deutscher Gesellschaften, ihre Geschäftstätigkeit auch außerhalb Deutschlands auszuüben, erweitert werden.

doppelstöckige GmbH & Co. KG – Es handelt sich dabei um eine → Kommanditgesellschaft (KG), deren Komplementär eine → GmbH & Co. KG ist.

Doppeltarif → Mischzoll.

doppelte Auktion – 1. *Begriff:* Eine bes. in der experimentellen → Wirtschaftsforschung eingesetzte Form der Marktorganisation, die dem Vorbild einiger Börsen nachempfunden ist. – 2. *Charakterisierung:* In einer doppelten Auktion erhalten die Marktteilnehmer, i.Allg. jeweils vier bis zehn Anbieter und Nachfrager, die Möglichkeit, ein fiktives Gut zu handeln. Den Nachfragern werden für die einzelnen Konsummengen bestimmte Nutzenwerte zugeordnet. Falls es ihnen gelingt, das Gut zu einem Preis unterhalb dieses Wertes zu kaufen, so bekommen sie den Überschuss bar ausgezahlt. Entsprechend werden den Anbietern Kosten für unterschiedliche Verkaufsmengen zugeordnet. Gelingt es ihnen, die Produkte zu einem Preis über den Kosten zu verkaufen, wird der entsprechende Überschuss ebenfalls ausgezahlt. Ordnet man die verschiedenen Werte (Kosten) in absteigender (aufsteigender) Folge an, so ergibt sich ein übliches Angebots-Nachfrage-Kurvenschema. – 3. Der *Handelsverlauf* gestaltet sich wie folgt: *Für alle Marktteilnehmer sichtbar* können Anbieter verbindliche Verkaufspreise (jeweils für eine Einheit des Gutes) und Nachfrager verbindliche Kaufpreise abgeben. Diese Angebote können von jedem Teilnehmer der Marktgegenseite angenommen werden. Kommt keine Einigung zustande, so können verbessernde Angebote gemacht werden, d.h. Anbieter können das bestehende Angebot unterbieten, Nachfrager können die aktuelle Kaufofferte überbieten. Dieser Prozess wird solange fortgeführt, bis es schließlich zur Einigung zwischen zwei Marktteilnehmern kommt oder bis die Handelszeit abgelaufen ist. – 4. Die doppelte Auktion hat in zahlreichen experimentellen Studien in einer Vielzahl von unterschiedlichen Variationen eine *herausragende Effizienzeigenschaft* gezeigt. I.Allg. werden Effizienzgrade von über 95 Prozent erreicht, d.h. die Marktteilnehmer realisieren einen entsprechenden Prozentsatz der theoretisch überhaupt erzielbaren Handelsgewinne. – 5. In doppelten Auktionen für Vermögensmärkte wurde wiederholt das *Phänomen spekulativer Blasen* konstatiert. Offenbar funktionieren Märkte für Vermögensobjekte anders als solche für Konsumgüter.

Doppelte Buchhaltung

von Dr. Barbara Wischermann

Die Verpflichtung zur *doppelten* Buchhaltung lässt sich aus § 242 III HGB herleiten.

Das *Verfahren der doppelten Buchhaltung* ist ausgehend von der Bilanz zu Beginn des Geschäftsjahres erklärbar. Statt jeden zu buchenden Geschäftsvorfall sofort in der Bilanz zu erfassen, wird auf den zu jedem Bilanzposten zu bildenden Konten gebucht. Am Geschäftsjahresende erfolgt wieder die Zusammenfassung aller Konten (Kontensalden) zur Schlussbilanz.

Eröffnung von Aktiv-und Passivkonten

Aktiva	Bilanz		Passiva
BGA	70	Eigenkapital	50
Vorräte	20	Verbindlichkeiten	80
Kasse	40		
	130		130

Aktivkonten

Passivkonten

Soll	BGA		Haben
AB	70		

Soll	Vorräte		Haben
AB	20		

Soll	Kasse		Haben
AB	40		

Soll	Eigenkapital		Haben
		AB	50

Soll	Verbindlichkeiten		Haben
		AB	80

Eröffnung von Aktiv- und Passivkonten: Zu den in der Bilanz ausgewiesenen Beständen werden, getrennt nach Aktiva und Passiva, Konten eröffnet (mindestens ein Konto je Bilanzposten, weitere Differenzierung möglich). Bei *Aktivkonten*, die von der *linken Seite der Bilanz* stammen, bucht man den aus der Bilanz zu übernehmenden *Anfangsbestand (AB)* ebenfalls auf die *linke Seite des Kontos* (Sollseite). Bei den von der *rechten Seite der Bilanz* stammenden *Passivkonten* wird der *Anfangsbestand ebenfalls rechts* gebucht (Habenseite). – Vgl. Abbildung „Eröffnung von Aktiv und Passivkonten".

Die Bezeichnungen „Soll" und „Haben" für die Kontenseiten sind am einfachsten als Vokabeln für „links" und „rechts" zu begreifen. Semantische Erklärungsversuche sind häufig schwierig oder sogar verwirrend.

Buchung von Geschäftsvorfällen auf Bestandskonten (Aktiv- und Passivkonten): Geschäftsvorfälle, die den Bestand eines Kontos erhöhen (verringern), werden als Zugang (Abgang) auf dieselbe Seite des Kontos gebucht, auf der der zu erhöhende Bestand steht (auf die dem zu verringernden Bestand gegenüberliegende Kontoseite gebucht).

1. Beispiel: Kauf von Betriebs- und Geschäftsausstattung für 10 Euro in bar (Kassenentnahme).

2. Beispiel: Kauf von Vorräten für 15 Euro auf Kredit (Verbindlichkeiten nehmen zu). – Vgl. Abbildung „Buchungen auf Bestandskonten (1)".

Ein → Buchungssatz gibt quasi formelmäßig wieder, was die Konten bildlich zeigen. Eine Erhöhung des Vorratsbestandes durch Kauf auf Kredit führt bspw. zu einer Zunahme auf dem Aktivkonto „Vorräte" (links, Sollseite) und erhöht zugleich den Schuldenbestand auf dem Passivkonto „Verbindlichkeiten" (rechts, Habenseite). Diese Veränderung einer linken und einer rechten Kontenseite lässt sich in einem geschriebenen Satz

Buchungen auf Bestandskonten (1)

Aktivkonten

Soll	BGA		Haben
AB	70		
1. Zugang	**10**		

Soll	Vorräte		Haben
AB	20		
2. **Zugang**	**15**		

Soll	Kasse		Haben
AB	40	1. Ab**gang**	10

Passivkonten

Soll	Eigenkapital		Haben
		AB	50

Soll	Verbindlichkeiten		Haben
		AB	80
		2. **Zugang**	**15**

Buchungen auf Bestandskonten (2)

Aktivkonten

Soll	BGA		Haben
AB	70		
1. Zugang	10		

Soll	Vorräte		Haben
AB	20		
2. Zugang	15		

Soll	Kasse		Haben
AB	40	1. Abgang	10
		4. Abgang	5

Passivkonten

Soll	Eigenkapital		Haben
		AB	50
		3. Zugang	20

Soll	Verbindlichkeiten		Haben
3. Abgang	20	AB	80
4. Abgang	5	2. Zugang	15

wiedergeben, der der deutschen Schrift entsprechend ebenfalls von links nach rechts aufgebaut ist. Links wird das Konto genannt, bei dem auch links gebucht wird (Sollkonto); rechts das Konto, bei dem rechts gebucht wird (Habenkonto). Verbunden wird beides durch das Wort „an", welches eher als bedeutungslose Verknüpfung zu verstehen ist und nicht mit dem üblichen Sinngehalt. Der Buchungssatz „Vorräte an Verbindlichkeiten" bedeutet sowohl Zunahme beim Konto „Vorräte" als auch Zunahme beim Konto „Verbindlichkeiten".

Das System der doppelten Buchhaltung mit spiegelbildlichem Aufbau von Aktiv- und Passivkonten gewährleistet, dass jeder Geschäftsvorfall in voller Höhe im Soll eines Kontos und zugleich im Haben eines Kontos erfasst wird. Dadurch wird letztlich auch das Gleichgewicht zwischen Aktiv- und Passivseite der Bilanz gewahrt. Das lässt sich für alle vier Grundtypen der Buchungen feststellen:

- → Aktivtausch (1. Beispiel) tauscht einen Wert nur zwischen Konten der Aktivseite und lässt die Bilanzsumme unverändert;
- *Bilanzverlängerung* (2. Beispiel) erhöht Aktiv- und Passivseite der Bilanz um den gleichen Betrag;
- → Passivtausch (dazu ein 3. Beispiel: Umwandlung eines Gesellschafterdarlehens in Höhe von 20 Euro in Eigenkapital mit dem Buchungssatz „Verbindlichkeiten an Eigenkapital 20") tauscht nur zwischen Passivkonten;
- *Bilanzverkürzung* (dazu ein 4. Beispiel: Rückzahlung eines Kredites in bar mit 5 Euro mit dem Buchungsssatz „Verbindlichkeiten an Kasse 5") verringert Passiv- und Aktivseite der Bilanz gleichermaßen.
- Vgl. zu den Beipielen die Abbildung „Buchungen auf Bestandskonten (2)".

Erfolgswirksame Buchungen

Soll	Vorräte		Haben
AB	20	5. Abgang	10
2. Zugang	15		

Soll	Kasse		Haben
AB	40	1. Abgang	10
6. Zugang	30	4. Abgang	5

Soll	Eigenkapital		Haben
		AB	50
		3. Zugang	20

↑

Unterkonten

Soll	Materialaufwand		Haben
5. Aufwand	10		

Soll	Umsatzerlöse		Haben
		6. Ertrag	30

Abschluss des Aktivkontos „Vorräte"

Soll	**Vorräte**		**Haben**
AB	20	**Abgang**	10
Zugang	15	7. **Endbestand**	25
	35		35

→

Soll	**Schlussbilanzkonto**		**Haben**
7. **Vorräte**	25		

Abschluss des Passivkontos „Verbindlichkeiten"

Soll	**Schlussbilanzkonto**		**Haben**
Vorräte	25	8. **Verbindlichkeiten**	70

←

Soll	**Verbindlichkeiten**		**Haben**
3. **Abgang**	20	**AB**	80
4. **Abgang**	5	2. **Zugang**	15
8. **Endbestand**	70		
	95		95

Abschluss aller Bestands- und Erfolgskonten

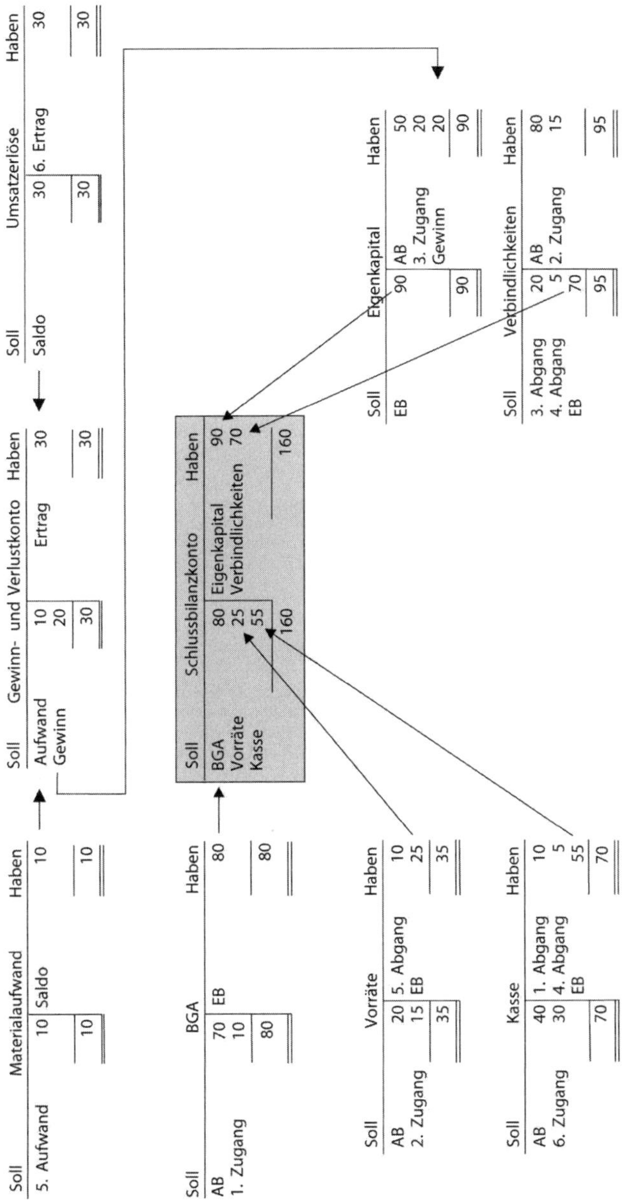

Erfolgswirksame Buchungen: Güterverbrauch *(Aufwand)* und Güterentstehung sowie Güterverkauf *(Ertrag)* führen zum positiven oder negativen Erfolg, d.h. Gewinn oder Verlust. Gewinn oder Verlust gehören den Eigentümern. Erfolgswirksame Vorgänge direkt auf dem Konto „Eigenkapital" zu erfassen, wäre jedoch zu unübersichtlich und zu wenig informativ. Stattdessen sind für Aufwendungen und Erträge eigene Konten einzurichten, die als Unterkonten des Eigenkapitalkontos interpretiert werden können. Sie haben keinen Anfangsbestand, Erträge (Aufwendungen), die zur Gewinnerhöhung (Gewinnminderung, Verlusterhöhung) und damit Eigenkapitalmehrung (Eigenkapitalminderung) beitragen, werden auf dem Ertragskonto (Aufwandskonto) auf der Habenseite (Sollseite) erfasst - analog zu sonstigen Mehrungen (Minderungen) beim Eigenkapitalkonto. Korrekturen, d.h. Abbuchungen bzw. Stornierungen z.B. aufgrund vorheriger fehlerhafter Buchungen, werden auf der jeweiligen Gegenseite vorgenommen.

5. *Beispiel:* Materialverbrauch im Werte von 10 Euro wird als Aufwand auf der Sollseite des Kontos „Materialaufwand" gebucht. Die Gegenbuchung ist auf der Habenseite des Bestandskontos „Vorräte" vorzunehmen, da diese durch den Güterverbrauch abnehmen (Buchungssatz: „Materialaufwand an Vorräte 10").

6. *Beispiel:* Barverkauf der entstandenen Leistungen für 30 Euro führt zum Verkaufsertrag, der auf dem Konto „Umsatzerlöse" auf der Habenseite gebucht wird. Die Gegenbuchung auf der Sollseite des Kontos „Kasse" zeigt die damit verbundene Mehrung des Kassenbestandes (Buchungssatz: „Kasse an Umsatzerlöse 30").

– Vgl. Abbildung „Erfolgwirksame Buchungen" (dort die Geschäftsvorfälle 5. und 6. – Buchungen 1. bis 4. stammen aus den vorherigen Buchungsbeispielen und sind übernommen worden)

Am Periodenende werden alle Aufwendungen und Erträge im Gewinn- und Verlustkonto gesammelt und miteinander verrechnet. Sind die Erträge größer als die Aufwendungen, liegt ein Gewinn vor, der dann als Zugang auf dem Eigenkapitalkonto gegengebucht wird; sind die Aufwendungen größer als die Erträge, entsteht ein Verlust, der als Minderung in das Eigenkapitalkonto eingeht. – Vgl. auch Abbildung „Abschluss der Konten".

Abschluss der Konten: Der am Periodenende auf einem Bestandskonto *(Aktiv- bzw. Passivkonto)* festzustellende Endbestand (= Anfangsbestand + Zugänge – Abgänge) wird als Restgröße („Saldo") ermittelt und auf die wertmäßig niedrigere Seite des abzuschließenden Kontos gebucht, sodass dann Soll und Haben dieses Kontos ausgeglichen sind. Die Gegenbuchung erfolgt auf dem alle Endbestände (EB) sammelnden Schlussbilanzkonto.

7. *Beispiel:* Abschluss des Aktivkontos „Vorräte"

8. *Beispiel:* Abschluss des Passivkontos „Verbindlichkeiten"

Aufwands- und Ertragskonten werden abgeschlossen, indem ihr Saldo zunächst auf dem Gewinn- und Verlustkonto gegengebucht wird. Ein sich dort als Saldo ergebender Gewinn (Verlust) wird im Eigenkapitalkonto als Mehrung (Minderung) auf der Habenseite (Sollseite) gegengebucht. Der sich dann dort ergebende Endbestand des Eigenkapitals wird schließlich auch auf dem Schlussbilanzkonto gegengebucht, worin letztlich alle Buchungen münden. Unter Berücksichtigung der oben vorgestellten Beispiele eins bis sechs ergibt sich damit nach Abschluss der Aufwands- und Ertragskonten sowie aller Aktiv- und Passivkonten die Schlussbilanz mit einer Bilanzsumme von 160 Euro (vgl. Abbildung „Abschluss aller Bestands- und Erfolgskonten"). Soll- und Habenseite der Schlussbilanz müssen (korrekte Buchungen vorausgesetzt) zwangsläufig wertgleich sein, da zu Beginn des Geschäftsjahres von einer ausgeglichenen Bilanz ausgegangen wurde (vgl. Abbildung „Eröffnung von Aktiv- und Passivkonten"), deren Gleichgewicht bei jeder Buchung durch gleichhohe Soll- und Habenveränderung gewahrt wurde. Das gilt sowohl für die Bestandskonten, die direkt ins Schlussbilanzkonto abgeschlossen werden, als auch für die Erfolgskonten, die über das Gewinn- und Verlustkonto ins Eigenkapitalkonto und dann in die Schlussbilanz abzuschließen sind.

doppelte Haushaltsführung – 1. *Begriff* des Einkommensteuerrechts: die aus betrieblichem Anlass notwendige Begründung eines zweiten Haushalts. – 2. *Voraussetzungen:* Begrifflich setzt eine doppelte Haushaltsführung voraus, dass der Steuerpflichtige einen eigenen Hausstand hat, aber außerhalb seines Wohnorts aus beruflichen Gründen in der Nähe seines Beschäftigungsorts noch eine Zweitwohnung unterhält. Nähere Voraussetzungen regeln § 9 I Nr. 5 EStG und R 9.11 LStR 2008. – 3. *Steuerliche Behandlung:* Die Kosten für doppelte Haushaltsführung sind steuerlich abzugsfähig als → Betriebsausgabe oder → Werbungskosten; die Regelung, dass sie nach mehr als zweijähriger Dauer der doppelten Haushaltsführung als nicht-abzugsfähige Betriebsausgaben einzustufen sind, ist seit 2004 aufgehoben (§ 4 V Nr. 6a EStG a.F.); seitdem gilt, dass die Kosten für das Unterhalten eines zweiten Haushalts aus beruflichen Gründen zeitlich unbefristet als Betriebsausgaben/Werbungskosten absetzbar sind. Voraussetzung ist aber, dass die Kosten des zweiten Haushalts „notwendige" Mehraufwendungen darstellen; es wird also nicht etwa der Aufwand für eine Wohnung mit luxuriösen Ausmaßen unter dem Etikett der doppelten Haushaltsführung als akzeptiert oder die Kosten für sonstige vermeidbare, privat veranlasste Aufwendungen.

doppelt geknickte Preisabsatzfunktion → monopolistische Konkurrenz.

Doppelverdienerehe – neben → Haushaltsführungsehe und Zuverdienstehe im Familienrecht vorgesehenes Ehemodell (§ 1356 II BGB).

Doppelversicherung – Der Begriff Doppelversicherung wurde im Zuge der Reform des → Versicherungsvertragsgesetzes (VVG) durch den präziseren Begriff der → Mehrfachversicherung ersetzt und ist nunmehr in §§ 78, 79 VVG geregelt. Sachlich stimmt § 78 VVG mit § 59 VVG a.F. überein.

Doppelwährung → Währungssystem.

Doppelwährungsanleihe – *Hybridanleihe;* festverzinsliche → Anleihe, bei der die Einzahlung der Käufer und die laufende Zinszahlung durch den Emittenten in einer anderen Währung als die Rückzahlung erfolgen. Der Emittent kann somit das niedrigere Zinsniveau einer ausländischen Währung nutzen, in der die Anleihe begeben wird. Gleichzeitig sichert er sich gegen das Währungsrisiko durch eine Rückzahlung in inländischer Währung zu einer bereits bei der Emission festgelegten Parität. Darüber hinaus können für beide Seiten Kündigungs- bzw. vorzeitige Rückzahlungsrechte in Form von Put-Optionen (Anleihegläubiger) und Call-Optionen (Anleiheschuldner) gewährt werden. Eine andere Variante der Doppelwährungsanleihe besteht darin, den Emissionsbetrag in einer Währung aufzubringen, Zins und Tilgung durch den Emittenten jedoch in einer anderen Währung zu leisten. Dies ist dann günstig, wenn das Zinsniveau der Tilgungswährung niedriger ist als das Zinsniveau der Emissionswährung. – Vgl. auch → Put und → Call.

Doppik – Abk. für *doppelte Buchhaltung.*

Dornbusch-Modell – von R. Dornbusch entwickeltes, mittlerweile klassisches → Modell zur Erklärung für das → Überschießen des nominellen Wechselkurses im Anschluss an monetäre Schocks. – *Annahmen:* Unterstellt permanentes → Gleichgewicht in Geld- und Assetmärkten, lässt aber mit träger Preisanpassung verbundene temporäre Ungleichgewichte auf dem Gütermarkt zu. Langfristig erfolgt Gütermarkträumung bei → Kaufkraftparität. – *Störung:* Steigt die heimische Geldmenge, so erfordert Geldmarktgleichgewicht die sofortige Anpassung der nominellen Geldnachfrage. Bei kurzfristig trägen Güterpreisen kann diese Anpassung nur über ein sinkendes Inlandszinsniveau erfolgen. Bei *perfekter* → internationaler Kapitalmobilität kann sich der Inlandszins aber nur vom Auslandszins lösen, wenn die Zinsdifferenz durch *Wechselkursänderungserwartungen* kompensiert wird. Der Wechselkurs wird daher sein neues langfristiges Gleichgewicht überschießen *(Overshooting)*, und die daraus resultierende Aufwertungserwartung bringt den Geldmarkt kurzfristig ins Gleichgewicht. Durch das Überschießen des Wechselkurses entsteht auf dem Gütermarkt eine Überschussnachfrage nach heimischen Gütern, die Güterpreise beginnen zu steigen. Dies erhöht seinerseits wiederum die Geldnachfrage, der Inlandszins steigt, und der nominelle Wechselkurs sinkt allmählich auf sein gegenüber der Ausgangssituation abgewertetes neues langfristiges Gleichgewichtsniveau. – Vgl. auch → Wechselkurstheorie.

Dosis-Wirkungs-Beziehung – Zusammenhang zwischen der Menge des Eintrags eines bestimmten Schadstoffs und dem damit verursachten (meist physischen) Effekt.

Dotationen – geldliche Zuwendungen (Überweisungen) von übergeordneten an untergeordnete öffentliche Verbände und Kirchen, und zwar im Gegensatz zu → Subventionen ohne bestimmte Zweckbindung und in meist für längere Zeit festgesetzter Höhe.

Dotationskapital – Teil des → Eigenkapitals von Kreditinstituten des öffentlichen Rechts i.S.d. § 10 IIa Nr. 5 KWG. Das vom Gewährsträger eingezahlte Dotationskapital und die Rücklagen bilden bei diesen Kreditinstituten als Kernkapital ein wesentliches Element des haftenden Eigenkapitals. Seit dem Wegfall der Gewährträgerhaftung (Haftung des Trägers einer Anstalt des öffentlichen Rechts) ab dem 18.7.2005 haben → Sparkassen und → Landesbanken mit erhöhten Refinanzierungskosten zu rechnen, was letztlich zu einer Angleichung der Kreditkonditionen an die der privaten Banken führte.

Dotcom Business – aus der Top-Level-Domain „.com" abgeleitete Bezeichnung für → E-Commerce.

Double-Loop-Lernen – Lernprozess des → organisationalen Lernens, der die Werte und Ziele – zusätzlich zum → Single-Loop-Lernen – kritisch hinterfragt. Falls diese nicht mehr geeignet sind, wird ein neuer Bezugsrahmen geschaffen. Das Double-Loop-Lernen setzt bei den Tiefenstrukturen an, dem „organisatorischen Unbewussten", das sich aus Unternehmenskultur, kognitiven Strukturen und etablierten Individual- und Gruppeninteressen zusammensetzt. – Vgl. auch → Balanced Scorecard.

Dow Jones Index – *Dow Jones Industrial Average;* Index, der 1896 vom US-amerikanischen Verlagshaus Dow Jones & Co erstmalig berechnet wurde. Der Dow Jones Index ist der wichtigste und bekannteste → Aktienindex der USA. Seit 1928 enthält er die 30 wichtigsten Industrieunternehmen, inzwischen auch bedeutende Aktien anderer Branchen. Die Zusammensetzung wurde bisher mehr als 40 mal geändert. Der Dow Jones Index ist preisgewichtet, deshalb wird der relative Anteil einer Aktie am Index ausschließlich durch ihren Kurs bestimmt. Der als arithmetischer Mittelwert der Aktienkurse ermittelte Index wird aber durch einen Korrekturfaktor um die Auswirkungen von stock splits und veränderten Indexzusammensetzungen bereinigt. Der Dow Jones Index wird wie der DAX als Real-Time-Index laufend ermittelt.

Dow Jones STOXX – *STOXX Limited;* das Gemeinschaftsunternehmen von Deutsche Börse, Dow Jones, SBF – Bourse de Paris und SIX – Swiss Exchange, hat Anfang 1998 die Dow Jones STOXX Indexfamilie gegründet, die aus vier Haupt- und 19 Branchenindizes besteht. Diese Indizes werden sowohl für Länder aus dem europäischen Raum als auch für das Eurowährungsgebiet berechnet. Die Berechnung findet jeweils in Euro und US-Dollar statt. Als Basiszeitpunkt ist der 31.12.1991 gewählt worden. Dabei sind die Blue Chip Indizes auf 1.000 und alle anderen Indizes auf 100 Punkte basiert. Für alle Indizes wird eine Kurshistorie ab dem 31.12.1991 angeboten. Alle Indizes sind kapitalisierungsgewichtet und werden als Kurs- sowie als Performanceindizes berechnet. Die Berechnung findet dabei sowohl auf Grundlage von Euro als auch von US-Dollar statt. Alle in Euro berechneten Kursindizes werden Real Time ermittelt und 15-sekündlich verteilt. Die Performanceindizes und alle in US Dollar basierten Indizes werden auf Schlusskursbasis einmal am Tag nach Handelsende berechnet. Das Konzept der Indizes fußt auf dem → Laspeyres-Index. – *Hauptindizes:* (1) Dow Jones STOXX Europäischer Benchmark Index (umfasste bei der Einführung 666 Titel aus 16 europäischen Aktienmärkten); (2) Dow Jones STOXX 50 Europäischer Blue Chip Index (umfasst 50 Aktien aus dem Dow Jones STOXX); (3) Dow Jones EURO STOXX Euro Benchmark Index (enthält alle Gesellschaften des Dow Jones STOXX aus Ländern der EWU); (4) Dow Jones EURO STOXX 50 Euro Blue Chip Index (umfasst 50 Aktien aus dem Dow Jones EURO STOXX); – *Branchenindizes* existieren für 19 Branchen: Auto, Bank, Basic Resources, Chemical, Conglomerate, Construction, Consumer Cyclical, Consumer Non-cyclical, Energy, Financial Services, Food & Beverage, Industrial, Insurance, Media, Pharmaceutical, Retail, Technology, Telecom, Utility.

Dow Jones Sustainability Indexes – 1. *Begriff:* Die Dow Jones Sustainability Indexes, die sich in globale (DJSI Word) und europäische Indizes (DSJI STOXX) untergliedern, enthalten die besten Unternehmen einer Branche bezüglich ihrer Nachhaltigkeitsleistung. – 2. *Aufnahmekriterien:* Unternehmen können nur in die Dow Jones Sustainability Indexes aufgenommen werden, falls sie sowohl erfolgreich Chancen umsetzen als auch Risiken reduzieren hinsichtlich einer nachhaltigen Unternehmensführung. – 3. *Bewertungskriterien:* Die Bewertungskriterien der Dow Jones Sustainability Indexes unterteilen sich in globale Bewertungskriterien und branchenspezifische Kriterien: a) Die globalen Bewertungskriterien sind für alle Industriezweige identisch. Hierzu gehören globale Nachhaltigkeitsaspekte in Bereichen wie Unternehmensführung, → Umweltmanagement, Menschenrechte, Versorgungskettenmanagement, → Risikomanagement oder Arbeitspraktiken. Die einzelnen Kriterien werden gewichtet, um die Bedeutungen der einzelnen Kategorien hervorzuheben. b) Branchenspezifische Kriterien beziehen sich auf spezielle Sektoren und werden im gesamten Analyseprozess mit 50 Prozent gewichtet. – Vgl. auch → Nachhaltigkeit, → Dow Jones Index.

Dow Jones Sustainability Indizes – Aktienindizes, welche die nachhaltigsten Unternehmen aus bestehenden Dow Jones Indizes beinhalten. Der Dow Jones Sustainability (DJSI) World stellt einen der weltweit bedeutendsten Nachhaltigkeitsindizes dar. – Vgl. → ethisches Investment.

Downcycling – Bei vielen Recyclingkreisläufen sinkt mit jeder Verarbeitungsstufe das Wertniveau des Recyclats (z.B. Fasern werden kürzer, Kunststoffmoleküle werden brüchig). Mit fortschreitender Anzahl der Wiederverwertungszyklen verschlechtert sich so die Qualität oder müssen vermehrt Primärrohstoffe zugegeben werden (Kaskadenprinzip). – Vgl. auch → Recycling.

Download – engl. für *herunterladen.* Übertragung von → Daten oder → Programmen von einem → Computer zu einem anderen über ein → Rechnernetz (z.B. → Internet). – *Gegensatz:* → Upload.

DP – Abk. für *Deutsches Patent* (→ DBP).

DPa – Abk. für *Deutsches Patent angemeldet* (→ DBPa).

DPangem – Abk. für *Deutsches Patent angemeldet* (→ DBPa).

DPMA – Abk. für → Deutsches Patent- und Markenamt.

Drachenstaaten → Tigerstaaten.

Draft Common Frame of Reference (DCFR) → Europäisches Privatrecht.

Draufgabe – im Warengeschäft die Gewichtsmenge, die als Zugabe zum vertraglichen Gewicht gewährt wird, während die Dreingabe in einem Preisabschlag in Höhe des Wertes des zu gewährenden Übergewichts besteht.

Dread Disease – *Critical Illness.* – 1. *Begriff:* Schwere Krankheit, im deutschen Sprachgebrauch i.d.R. im Zusammenhang mit einer gleichnamigen → Lebensversicherung verwendet, deren → Versicherungssumme (oder Teile davon) nicht nur im Todesfall der versicherten Person, sondern auch bereits bei der Diagnose einer im Vertrag beschriebenen schweren Erkrankung auf einmal ausgezahlt wird. Die Grundidee der Dread Disease-Versicherung stammt aus dem angelsächsischen Raum und sollte für einen schwer Erkrankten die Möglichkeit schaffen, sich die angemessene ärztliche Behandlung leisten zu können. Die Dread-Disease-Versicherung kann als Haupt- oder Zusatzversicherung abgeschlossen werden. – 2. *Versicherungsfall:* Der Versicherer leistet, wenn der Versicherte eine von mehreren definierten Krankheiten erleidet. Welche Krankheiten versichert sind, ist je nach Anbieter und Tarif sehr unterschiedlich. Zu den klassischen Krankheiten zählen insbesondere Erblindung, Herzinfarkt, Krebs, Lähmungen, Multiple Sklerose, Nierenversagen, Organtransplantation und Schlaganfall. Die Anzahl, Arten und versicherungsrelevanten Definitionen der versicherten Risiken variieren demnach und sind von Gesellschaft zu Gesellschaft unterschiedlich. Manche Tarife enthalten bspw. lediglich fünf Krankheitsbilder, andere bis über 40. Im Gegensatz zur → Berufsunfähigkeitsversicherung, bei der ein Anspruch auf Leistung geprüft werden muss, leistet die Dread Disease-Versicherung automatisch bei Vorliegen des ärztlichen Befunds. Dabei ist es nicht relevant, ob der Versicherte nach seiner Genesung wieder voll berufsfähig oder in seiner Arbeitskraft eingeschränkt ist. – 3. *Versicherungsleistungen:* Im Gegensatz zu einer Berufsunfähigkeitsversicherung oder einer → Erwerbsunfähigkeitsversicherung wird keine monatliche Rente ausgezahlt, sondern i.d.R. eine fest vereinbarte Versicherungssumme einmalig nach der Diagnosestellung, unabhängig davon, ob die Arbeitskraft der versicherten Person eingeschränkt ist oder nicht. – 4. *Marktverhältnisse:* Die Dread Disease-Versicherung ist besonders in angelsächsischen Märkten und generell in Ländern ohne flächendeckende Gesundheitsversorgung verbreitet. Es existieren zahlreiche verschiedene Produkte, die sich primär in der Anzahl der versicherten Krankheitsbilder, in den Leistungen, Beiträgen und in den → Versicherungsbedingungen unterscheiden (z.B. Wartezeiten, Karenzzeiten u.a.). – 5. *Würdigung:* Da die Diagnose einer der o.a. schweren Erkrankungen oftmals zum Tod führt und erhebliche finanzielle Belastungen zur Folge haben kann, die u.U. nicht von einer → Krankenversicherung abgedeckt sind, ist die vorzeitige (Teil-)Leistung aus einem Lebensversicherungsvertrag durchaus sinnvoll. Als alleinige Absicherung wird die Dread Disease-Versicherung allerdings nicht allen Bedarfssituationen gerecht. So sichert sie z.B. nicht alle Ursachen ab, die zu einer Berufsunfähigkeit führen können. Schädigungen des Bewegungsapparats, allgemeine Herz-Kreislauferkrankungen oder seelische Störungen bleiben unversichert. Ideal ist es deshalb, sie in Kombination mit einer Berufsunfähigkeitsversicherung abzuschließen.

Drei-Ebenen-Konzept – *3-E-Konzept;* ein aus dem New Public Management abgeleiteter Ansatz zur Operationalisierung von Formalzielen in öffentlichen Verwaltungen auf den Ebenen (1) Zielebene, (2) Maßnahmenebene und (3) Umsetzungsprozess. Das Verhältnis von geplanten Zielen zur Zielerreichung (Outcome) umfasst die Effektivität. Das Verhältnis von Maßnahmen und Ressourceneinsatz zur Zielerreichung umfasst die Ebene der Effizienz. Der konkrete Umsetzungsprozess zur Realisierung vorgegebener Maßnahmen bezieht sich auf die Wirtschaftlichkeit im Sinn von Kostenwirtschaftlichkeit (Kostenminimierung) bzw. Economy (Sparsamkeit). – Auf der Ebene der → Effektivität (Wirksamkeit) geht es um die Abstimmung zwischen Politik und Verwaltung durch Ziele. Größtmögliche Wirksamkeit wird dann erreicht, wenn vorgegebene Wirkungen mit dem kleinstmöglichen Leistungsvolumen ausgelöst werden. → Effektivität beschreibt

Drei-Ebenen-Konzept

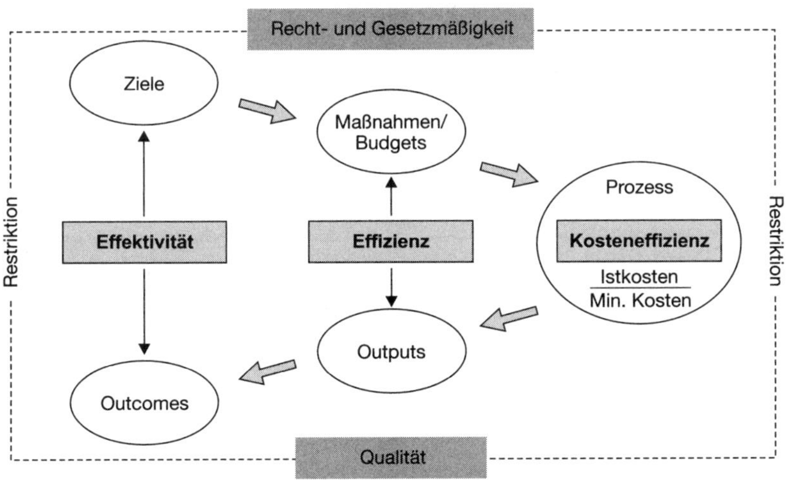

somit das Verhältnis geplanter Ziele zum tatsächlich realisierten Zielerreichungsgrad und damit der Wirkung des Verwaltungshandelns (Outcome). Die Messung der Wirksamkeit erfordert daher die Festlegung von Maßgrößen, mit denen der Zielerreichungsgrad erfasst werden kann. – Bei der Ermittlung der Effektivität spielt die sukzessive Entwicklung von Zielindikatoren eine große Rolle, da es sich oftmals um schlecht strukturierte Probleme handelt, die stark von politischen Rationalitäten (z.B. Machterhaltungsstrategien) beeinflusst werden. – Auf der Ebene der Effizienz (→ Wirtschaftlichkeit) sind die Ziele bereits vorgegeben, und es werden die geeigneten Maßnahmen in Form von Input und Output (Produkten) festgelegt. Wirtschaftlichkeit wird dann erreicht, wenn vorgegebene Leistungen mit dem kleinstmöglichen Ressourceneinsatz erstellt werden. Die Effizienz bezieht sich damit auf die Relation eines Outputs und die hierfür erforderlichen Ressourcen (z.B. Kosten). – Auf der Prozess- bzw. Ressourcenebene steht die Kostenwirtschaftlichkeit bzw. Sparsamkeit (Economy) im Mittelpunkt. Hier steht neben dem Outcome auch der Output z.B. in Form der zu erstellenden Produkte fest. Economy wird dann erreicht, wenn mit kleinstmöglichem Mitteleinsatz die notwendigen Ressourcen beschafft werden. – Damit geht es rein operativ um die konkrete Ausgestaltung des Leistungsprozesses. Bewertungskriterium ist der Ressourcenverbrauch, d.h. es geht um die wirtschaftliche Steuerung des Ressourceneinsatzes i.S.d. ökonomischen Prinzips (eine vorgegebene Leistung mit möglichst geringem Ressourceneinsatz erzielen). Ergänzt um die Ebene der Ordnungsmäßigkeit in Bezug auf die Frage nach Gesetzes- und Vorschriftskonformität (Efficacy) wird das vorgestellte Modell auch als 4-E-Modell bezeichnet. – Vgl. auch Abbildung „Drei-Ebenen-Konzept".

Dreiecksgeschäft – I. Umsatzsteuer: 1. *Begriff*: Bei der Umsatzsteuer eine spezielle Sonderform eines → Reihengeschäfts (§ 25b UStG), an dem drei Personen (A, B und C) beteiligt sind und die Ware von einem EU-Staat in einen anderen befördert wird. Einzelheiten s. weiter unten. – 2. *Umsatzsteuerliche Bedeutung*: Je nach Konstellation des Geschehens kann es bei einem solchen Reihengeschäft dazu kommen, dass der mittlere Beteiligte (=B) im Zielland der Ware (Land der C) Erwerbsteuer auf den Ankauf dieser Ware (Ankauf durch B vom Vorlieferanten A!) und Umsatzsteuer für eine innerstaatliche Weiterlieferung (durch B an den Endkunden C) zu zahlen hat. Dies würde diesen Beteiligten (B) dazu zwingen, sich im Bestimmungsland der Ware umsatzsteuerlich registrieren zu lassen und dort USt zu zahlen; dies ist mit erheblichen Kosten verbunden. Daher sieht der Gemeinschaftsgesetzgeber für diese Sachverhaltskonstellation eine Vereinfachungsregelung vor, die auf zwei einfachen Grundgedanken beruht: (a) da B wegen der steuerpflichtigen Weiterlieferung der Ware für die anfallende Erwerbsteuer ohnehin Vorsteuer geltend machen kann, werden Erwerbsteuer und Vorsteueranspruch gegeneinander saldiert und ihre steuerliche Anmeldung dem B erlassen; (b) die Zahlung der Steuer für die Weiterlieferung der Ware von B an C an das Land des C wird dem Endkunden C übertragen, wenn dieser in diesem Land ohnehin schon steuerpflichtig ist. Auf diese Art und Weise kann eine Steuererklärungspflicht für B in einem für ihn fremden Land vermieden werden, ohne dass es steuerlich zu irgendwelchen Steuerausfällen kommen könnte. – 3. *Die genaue Begriffsabgrenzung* des Gesetzes in § 25b UStG orientiert sich an diesen Gegebenheiten: Nach dem gesetzlichen Sprachgebrauch liegt ein Dreiecksgeschäft nur vor, wenn drei umsatzsteuerpflichtige Personen (mind. zwei Unternehmer; der Letzte in der Kette kann auch ein → Halbunternehmer sein), die aus drei unterschiedlichen EU-Staaten stammen, über den selben Gegenstand ein Umsatzgeschäft abschließen und der Gegenstand vom ersten Lieferer an den letzten in der Reihe befördert wird und dabei von einem EU-Staat in einen anderen gelangt. Voraussetzung ist ferner, dass der Mittlere in der Reihe (erster Abnehmer) in dem Mitgliedsstaat, in den der Gegenstand gelangt, nicht umsatzsteuerlich ansässig ist, er gegenüber den anderen Beteiligten die selbe Umsatzsteuer-Identifikationsnummer verwendet (die nicht von dem Staat stammen darf, in den der Gegenstand gelangt) und der Letzte in der Reihe eine Umsatzsteuer-Identifikationsnummer aus dem Staat verwendet, in den der Gegenstand bei dem Dreiecksgeschäft gelangt. Dann gilt bei entsprechender Rechnungsausstellung durch den mittleren in der Reihe dessen innergemeinschaftlicher Erwerb als besteuert und die Steuer auf die Lieferung von ihm an den letzten in der Reihe ist von diesem Abnehmer zu zahlen. – 4. *Nähere Einzelheiten*: § 25b UStG, Abschn. 276b UStR, Art. 141 und 197 → Mehrwertsteuersystemrichtlinie.

II. Außenwirtschaft: Eine Erscheinungsform von → Kompensationshandel.

dreifache Dividende – Mit der Einführung von Ökosteuern (→ ökologische Steuerreform) verbundene Hoffnung, dass diese (1) zu einer Verbesserung der → Umweltqualität, (2) zu einer Verminderung der → Arbeitslosigkeit und (3) zu einer Reduzierung der → Excess Burden des Steuersystems führen.

Drei-Generationen-Prinzip – organisatorisches Prinzip für die → Datensicherung, bei dem von allen Datenbeständen die Sicherungskopien der drei letzten Sicherungsläufe (z.B. diese, letzte, vorletzte Woche) aufbewahrt und an unterschiedlichen Orten gelagert werden, sodass bei einem Datenverlust (durch fehlerhafte Bedienung, im Katastrophenfall o.Ä.) verlorene Daten nur in beschränktem Umfang rekonstruiert oder neu erfasst werden müssen.

dreigeteilter Arbeitsmarkt → Arbeitsmarkttheorien.

Dreikontentheorie → Buchhaltungstheorien.

Dreimeilenzone – Dreiseemeilengebiet vor der Küste eines Staates, das als dessen Hoheitsgewässer beansprucht wird. An der Dreimeilenzone wird gegenwärtig nur noch von wenigen Staaten (z.B. USA) festgehalten. Nach Art. 3 des Seerechtsübereinkommens der Vereinten Nationen vom 10.12.1982, dem die Bundesrepublik Deutschland mit Vertragsgesetz vom 2.9.1994 (BGBl. II 1798) beigetreten ist, wird die Küstenmeerbreite auf zwölf Seemeilen begrenzt; vgl. das Ausführungsgesetz Seerechtsübereinkommen 1982/1994 vom 6.6.1995 (BGBl. I 778).

Dreimonatsgeld – Zentralbankguthaben, die unter Banken zur Standardlaufzeit von drei Monaten verliehen werden.

Drei-Objekte-Grenze – 1. *Begriff* des Einkommensteuerrechts zur Abgrenzung von gewerblichen und privaten Grundstücksverkäufen. – Die Veräußerung von Grundvermögen ist bei Privatpersonen steuerfrei, wenn sie außerhalb der sog. Spekulationsfrist erfolgt, bei Gewerbetreibenden, die mit Grundstücken handeln, ist der Gewinn aus der Veräußerung von Grundstücken steuerpflichtig. – 2. *Grundsatz:* Wenn jemand nur bis zu drei Objekte innerhalb eines Zeitraums von zehn Jahren veräußert, wird vermutet, dass dies im Rahmen privater Vermögensverwaltung erfolgt ist. Folglich bleiben die Veräußerungsgewinne steuerfrei. Werden dagegen innerhalb der Frist mehr als drei Objekte veräußert, wird gewerbliches Handeln vermutet, mit der Folge, dass der Veräußerungsgewinn aus den Veräußerungsgeschäften steuerpflichtig ist.

Drei-Säulen-Modell – I. Altersvorsorge: 1. *Begriff:* Bezeichnung für das traditionelle Konzept zur Klassifizierung der deutschen → Altersvorsorge. – 2. *Struktur:* Das Drei-Säulen-Modell teilt einzelne Instrumente der Altersvorsorge nach den Trägern in einzelne Säulen auf. Als erste Säule fungieren alle Instrumente der staatlichen Altersvorsorge, also v.a. die → gesetzliche Rentenversicherung, die → Beamtenversorgung und die berufsständischen Versorgungswerke, während die zweite Säule alle Vorsorgebemühungen im Rahmen der betrieblichen Altersvorsorge umfasst. Die dritte Säule wird durch alle Formen der privaten, individuellen Altersvorsorge gebildet. So gehört ein Vertrag im Rahmen der → Riester-Rente zur zweiten Säule, wenn er über den Arbeitgeber abgeschlossen wurde, jedoch zur dritten Säule, wenn der Vertragsabschluss persönlich bei einem Finanzdienstleister getätigt wurde. Somit lässt sich das Drei-Säulen-Modell auch nach der Trägerschaft ordnen. Die erste Säule wird von staatlichen Organisationen bzw. Körperschaften des öffentlichen Rechts getragen, während die zweite Säule von Arbeitgebern und die dritte Säule von privatwirtschaftlichen Anbietern bzw. den sparenden Individuen selbst gebildet werden.

II. Versicherungsaufsicht: → Solvency II.

Drei-Schichten-Modell – 1. *Begriff:* Einteilung der → Altersvorsorge nach dem im Jahr 2005 in Kraft getretenen → Alterseinkünftegesetz in drei Schichten: Basisversorgung, Zusatzversorgung und private Altersvorsorge, letztere mit privaten Kapitalanlageprodukten. (Früher: Drei-Säulen-Modell). Das Alterseinkünftegesetz geht auf ein Urteil des Bundesverfassungsgerichts vom März 2002 zurück, das die unterschiedliche Besteuerung von Renten und Pensionen für verfassungswidrig erklärt hat. Die drei Schichten der Altersvorsorge unterscheiden sich nunmehr hinsichtlich ihrer staatlichen Förderung, insbesondere der steuerrechtlichen Behandlung, sowie ihrer vorzeitigen Liquidierbarkeit. – 2. *Struktur:* Die einzelnen Schichten sind wie folgt zusammengesetzt: (1) Die erste Schicht umfasst Produkte der Basisversorgung. Dazu gehören Leistungen aus der gesetzlichen Rentenversicherung, aus berufsständischen Versorgungswerken, aus landwirtschaftlichen Alterskassen und aus der kapitalgedeckten Basisrente (→ Rürup-Rente), die nicht beleihbar, nicht vererbbar, nicht veräußerbar, nicht übertragbar und nicht kapitalisierbar sind. Diese Produkte unterliegen vollständig der nachgelagerten Besteuerung. – (2) Die zweite Schicht ist die kapitalgedeckte Zusatzversorgung. Sie umfasst die → betriebliche Altersversorgung (bAV) und die staatlich geförderte private Zusatzvorsorge (→ Riester-Rente). Auch auf dieser zweiten Schicht greift die nachgelagerte Besteuerung. – (3) Die dritte Schicht ist die private Vorsorge. Dazu gehören weitere, nicht unter die staatliche Förderung fallende private Kapitalanlageprodukte, wie die klassische private Rentenversicherung, die Kapitallebensversicherung und Fondssparpläne (vgl. auch fondsgebundene Lebensversicherung, fondsgebundene Rentenversicherung). Beiträge zu diesen Produkten werden aus bereits versteuertem Einkommen gezahlt (vgl. auch → vorgelagerte Besteuerung).

Drei-Sektoren-Hypothese – 1. *Begriff:* Von Clark und Fourastié begründete These über den langfristigen → sektoralen Strukturwandel zwischen *primärem, sekundärem* und *tertiärem* Sektor. Auf niedrigem Entwicklungsstand, gemessen am Volkseinkommen, dominiert der primäre Sektor (Landwirtschaft). Ein fortgeschrittener Entwicklungsstand ist durch Dominanz des sekundären Sektors (industrielle Produktion) gekennzeichnet. Auf hohem Entwicklungsniveau verlagern sich Produktion und Konsum dann überwiegend auf die → Dienstleistungen (tertiärer Sektor). – 2. *Begründungen:* a) *Einkommenselastizität der Nachfrage:* Auf niedrigem Einkommensniveau ist die Nachfrage nach Gütern des primären Sektors relativ unelastisch und konzentriert sich auf die Deckung des Grundbedarfs. Mit steigenden Einkommen nimmt die Elastizität der Nachfrage zu, und dies begünstigt zunächst industriell hergestellte Güter und im weiteren Entwicklungsverlauf Dienstleistungen. – b) Produktionsseitig führt der *technische*

Fortschritt zu unterschiedlichen Wachstumsmustern der Sektoren. Während im sekundären Sektor (kapitalintensive Produktion) der technische Fortschritt arbeitssparend wirkt und somit zu einem relativen Rückgang der Beschäftigung führt (→ Deindustrialisierung), werden die Möglichkeiten zur Produktivitätssteigerung im tertiären Sektor als begrenzt angesehen, was einen steigenden Erwerbsanteil dieses Sektors zur Folge hat. – 3. *Empirische Relevanz:* Das Verlaufsmuster des Strukturwandels nach der Drei-Sektoren-Hypothese ist empirisch gut zu bestätigen (→ sektoraler Strukturwandel). Allerdings hat sich die Vermutung eines generellen Produktivitätsrückstands des Dienstleistungssektors als nicht zutreffend erwiesen. Bes. die elektronische Datenverarbeitung, aber auch die Entwicklung moderner Kommunikationstechniken haben zu erheblichen Produktivitätszuwächsen bei vielen Dienstleistungsproduktionen geführt, sodass der dominierende Erklärungsfaktor für den Bedeutungsgewinn der Dienstleistungen in Verschiebungen der Nachfrage zu sehen ist.

Dreißigster – Begriff des Erbrechts. Verpflichtung des → Erben, Familienangehörigen des → Erblassers, die zu dessen Hausstand gehört und von ihm Unterhalt bezogen haben, in den ersten 30 Tagen nach Eintritt des → Erbfalls → Unterhalt zu gewähren und die Benutzung der Wohnung zu gestatten (§ 1969 BGB).

Drei-Tage-Markt → Partieverkauf.

dreizehnter Buchungsmonat – 1. *Begriff:* Eine fiktive Verrechnungsperiode, die nach Ablauf des Geschäftsjahres bei Vorhandensein einer kurzfristigen Erfolgsrechnung alle diejenigen Aufwendungen und Erträge sowie diejenigen Abschlussbuchungen aufnimmt, die erst bei den Vorarbeiten für den Jahresabschluss sicher bekannt oder feststellbar werden oder bei denen eine Änderung der im Zuge der kurzfristigen Erfolgsrechnung verwendeten Standardwerte, Verrechnungspreise, Aufwand- und Ertragsschätzungen erforderlich wird. Würde man die „Nach-Jahresschluss"-Aufwendungen und -Erträge dem zwölften Abrechnungsmonat (bzw. bei vierteljährlicher Erfolgsrechnung dem vierten Abrechnungsquartal) zurechnen, so würde das Erfolgsergebnis dieser letzten kurzfristigen Erfolgsperiode nicht mehr mit den Erfolgsergebnissen der vorhergehenden anderen Erfolgs-Kurzperioden vergleichbar sein, auch dann nicht, wenn der Geschäftsverlauf kontinuierlich wäre und nicht von Saisonschwankungen gestört würde. – Die Bezeichnung ist irreführend, da es sich nicht um einen „Monat", sondern um einen nicht präzise abgegrenzten Zeitraum handelt. – 2. Der dreizehnte Buchungsmonat kann im Wesentlichen zwei grundverschiedene *Aufgaben* erfüllen: a) Er berücksichtigt *am Jahresende* sämtliche Korrekturen zu den im Verlauf des Jahres vorerst z.T. mit Schätzwerten verrechneten Positionen. Damit können die kurzfristigen Erfolgsrechnungen des betreffenden Jahres in einer Art „Jahres-Hausbilanz" vervollständigt werden, die Zuverlässigkeit der kurzfristigen Erfolgsrechnung wird erhöht. – b) Die ursprünglich auf die Verfolgung von mehr innerbetrieblichen Kontrollzwecken gerichtete *kurzfristige Erfolgsrechnung* kann durch im dreizehnten Buchungsmonat auch erfolgende bilanzpolitisch orientierte Umbuchungen, v.a. die Bewertung betreffend, zur offiziellen Jahresbilanz und -erfolgsrechnung weiterentwickelt werden.

Dresdner VO – Bezeichnung für die Verordnung über die Führung eines Wareneingangsbuches vom 20.6.1935. – Vgl. auch → Wareneingangsbuch.

Drift – Konstante, die ein nicht stationärer (→ Stationarität) stochastischer Prozess enthält. – Wird z.B. ein → Random Walk $X_t = X_{t-1} + \varepsilon_t$, um eine Konstante bzw. den Drift $d \neq 0$ ergänzt, so ergibt sich ein sog. Random Walk mit Drift $X_t = d + X_{t-1} + \varepsilon_t$. Man sagt dann auch, der Random Walk besitzt einen stochastischen → Trend.

Drittaufwand – bei der → Einkommensteuer die Bezeichnung für Aufwendungen, die zwar mit der Erzielung von → Einkünften in Verbindung stehen, die aber nicht der Steuerpflichtige selbst, sondern ein Dritter getragen hat. Während → Wirtschaftsgüter, die dem Steuerpflichtigen unentgeltlich übereignet wurden, steuerlich bei diesem mit ihrem Wert im Zeitpunkt der Schenkung angesetzt werden können und daher die darauf entfallenden Abschreibungen als eigener Aufwand des Steuerpflichtigen berücksichtigt werden können, kann echter Drittaufwand einkommensteuerlich nicht geltend gemacht werden. Drittaufwand spielt in der Praxis oft eine Rolle, wenn Ehegatten ein Wirtschaftsgut gemeinsam besitzen und einer von ihnen ohne Vergütung das gesamte Wirtschaftsgut für seine betrieblichen oder beruflichen Zwecke nutzen darf; dann sind die auf den anderen Ehegatten entfallenden Aufwendungen echter Drittaufwand.

Drittauskunft – Auskunft über Lieferanten, Vorbesitzer und gewerbliche Abnehmer von Ware, die → gewerbliche Schutzrechte oder → Urheberrechte verletzt; Drittauskunftsansprüche kommen auch bei → unlauterem Wettbewerb in Betracht, bes. in Fällen ergänzenden wettbewerbsrechtlichen Leistungsschutzes (→ Ausbeutung, → Auskunftspflicht).

Drittelbeteiligungsgesetz (DrittelbG) – 1. *Geltungsbereich:* Das Drittelbeteiligungsgesetz (DrittelbG) trifft im Unterschied zum Betriebsverfassungsgesetz Regelungen der Unternehmensverfassung, nicht der Betriebsverfassung. Danach unterstehen Unternehmen in der Rechtsform einer AG, KGaA, GmbH, VVaG und Erwerbs- und Wirtschaftsgenossenschaft mit i.d.R. mehr als 500 Arbeitnehmern der Aufsichtsratsmitbestimmung; keine Anwendung auf → Tendenzbetriebe. Die Regelungen des DrittelbG finden keine Anwendung auf die in § 1 I des Mitbestimmungsgesetzes, § 1 des Montan-Mitbestimmungsgesetzes und § 1 und 3 I des Mitbestimmungsergänzungsgesetz bezeichneten Unternehmen

(§ 1 II DrittelbG). Insgesamt werden nach Schätzungen derzeit ca. 3.000 Unternehmen durch das Gesetz erfasst. – 2. *Inhalt:* Alle unter das Gesetz fallenden Gesellschaften bilden einen Aufsichtsrat, der aus mind. drei oder höchstens 21 Personen in Abhängigkeit von der Unternehmensgröße (gemessen am Grund- bzw. Stammkapital) besteht. Der Aufsichtrat muss zu einem Drittel aus Vertretern der Arbeitnehmer bestehen (§ 4 I DrittelbG). Die Wahl der Arbeitnehmervertreter erfolgt durch die Gesamtbelegschaft des Unternehmens in Urwahl. Die → Mitbestimmung ist unterparitätisch; sie soll der Information der Arbeitnehmer über unternehmenspolitische Angelegenheiten dienen. – Das DrittelbG sieht im Gegensatz zum → Montan-Mitbestimmungsgesetz (MoMitbestG) und → Mitbestimmungsgesetz (MitbestG) keinen → Arbeitsdirektor im Vorstand vor.

Dritte-Person-Technik – *Third Person Technique;* → psychologisches Testverfahren, bei dem der Testperson unterschiedliche Interpretationen zulassende Situationen vorgegeben werden, für die sie die Reaktion Dritter zu erfinden hat. Es wird angenommen, dass die Testperson dabei ihre eigenen individuellen Einstellungen in die Situation hineinprojiziert (→ projektive Verfahren).

Dritter Sektor – 1. *Begriff:* Überbegriff für die Gesamtheit jener Organisationen, die in einer strikten Auseinandersetzung weder dem idealtypischen Pol „Markt" noch „Staat" zugeordnet werden können. – 2. *Merkmale der idealtypischen Pole:* a) Markt: gewinnorientierte und generell über den Markt finanzierte Tätigkeit. b) Staat: Handeln aller Gebietskörperschaften (Bund, Länder, Gemeinden bzw. Kommunen); Erfüllung hoheitlicher Aufgaben durch die primäre Finanzierung über Steuern und Abgaben. c) Dritter Sektor: Handeln der zugeordneten Organisationen ist durch eine Mischung aus den Regulationsmechanismen Vorsorge, Fürsorge, Vertrag und Solidarität charakterisiert. – 3. *Unterscheidung zu anderen Begriffen:* a) Im deutschen Sprachgebrauch häufige Gleichsetzung des Begriffes mit → Nonprofit-Sektor. b) Der Begriff des Nonprofit-Sektors wird häufig in der Betriebswirtschaftslehre verwendet, der Begriff des „Third Sector" eher in der Volkswirtschaftslehre und der Politikwissenschaft. c) In der Öffentlichkeit findet der Begriff des Third Sector im hier interessierenden Kontext eher weniger Verwendung, vornehmlich deshalb, weil darunter der Dienstleistungssektor und nicht derjenige der → Nonprofit-Organisation (NPO) verstanden wird. – Vgl. → Nonprofit Management.

Drittes Italien – Bezeichnung für Teile Mittelitaliens, v.a. den Nordosten Italiens, in dem sich seit den 1970er-Jahren eine vom altindustrialisierten Nordwesten (→ Altindustrieregion) und dem peripheren Süden Italiens (Mezzogiorno) abweichende Wirtschaftsstruktur in kleinräumig und territorial abgrenzbaren → Industriedistrikten (→ Cluster) entwickelt hat. Diese ist durch eine flexible Produktionsorganisation von spezialisierten, kooperierenden kleinen und mittelständischen Unternehmen geprägt, die sich als relativ unempfindlich gegenüber externen Einflüssen erwiesen hat. Beispiele sind u.a. Prato (Textilien), Como (Seide), Cantù (Möbel), Murano (Glas), Belluno (Brillen), Montebelluna (Sportschuhe), Riviera del Brenta (Schuhe).

Dritte Welt → Bevölkerungspolitik, → Entwicklungsländer.

Dritte-Welt-Laden → Betriebsform des Handels mit einer Spezialisierung auf Produkte aus der *„Dritten Welt":* Textilien, Keramik, Holzschnitzereien, Teppiche, Schmuck, Gewürze, Tee, Kaffee. Oft Produkte aus sog. *„Fair-Trade-Geschäften"*, bei denen ein erhöhter Erlösanteil an die kleinbetrieblichen Erzeuger zur Stärkung deren Selbstständigkeit direkt überwiesen wird. Eng verbunden mit dem Aspekt des → Cause-Related Marketing.

drittfinanzierter Arbeitsvertrag → Arbeitsvertrag, bei dem der Arbeitgeber die vollen Arbeitgeberpflichten gegenüber dem Arbeitnehmer übernimmt, aber die finanziellen Belastungen ausschließlich oder überwiegend von einem Dritten getragen werden. Drittfinanzierte Arbeitsverträge finden sich v.a. im Hochschul- und Forschungsbereich, wenn eine Förderungsinstitution die Personalkosten trägt (Drittmittelforschung). Oft liegt ein → befristeter Arbeitsvertrag vor. Umstritten ist, ob die Streichung der Mittel zur → betriebsbedingten Kündigung berechtigt.

Drittland – Begriff des Integrations- und Zollrechts. Als Drittländer werden alle Nicht-Mitglieder eines Integrationsraums bezeichnet (z.B. alle Nichtmitgliedsstaaten aus der Sicht der → EU, hier: USA, China, Japan). – Vgl. auch → regionale Integration.

Drittlandsgebiet – 1. *Begriff:* Gebietsbezeichnung aus dem Umsatzsteuerrecht, für alle Territorien, die umsatzsteuerlich nicht zum Inland eines Mitgliedstaates gezählt werden. – 2. *Umfang des Drittlandsgebiets gemäß EU-Recht:* (1) diejenigen Gebiete, die zu keinem EU-Staat gehören (mit Ausnahme von Monaco und der Insel Man); (2) die Gebiete, die zwar zum Hoheitsgebiet eines EU-Staates gehören, aber nicht Teil des Zollgebiets der Gemeinschaft sind (z.B. Helgoland, Niederländische Antillen, Färöer); (3) Gebiete, die für umsatzsteuerliche Zwecke bes. aus dem Gemeinschaftsgebiet ausgenommen sind (z.B. Kanarische Inseln, Berg Athos, überseeische franz. Departements). – 3. *Allein aus deutscher Sicht gehören zusätzlich zum Drittlandsgebiet:* die dt. → Freihäfen des Kontrolltyps I.

Drittlandszollsatz – Zollsätze, die auf Einfuhren von Drittlandswaren in einen Integrationsraum (z.B. Freihandelszone, → Zollunion) erhoben werden (→ regionale Integration). Drittlandszollsätze sind die „normalen", höchsten Zollsätze, in Abgrenzung zu den „besonderen", geringeren → Präferenzzöllen. Drittlandszollsätze werden etwas missverständlich auch als *MFN-Zollsätze* bezeichnet (Most Favoured

Nations [MFN]), d.h. die nach dem GATT-Prinzip der → Meistbegünstigung auf Einfuhren aus Drittländern angewendet werden. Faktisch sind Drittlandszollsätze ungünstiger, weil höher als Präferenzzölle.

Drittleistungs-NPO – 1. *Begriff:* Ein Typ von privaten → Nonprofit-Organisationen (NPO), deren Arbeitsinhalt die Erstellung von Leistungen für Dritte ist. – 2. *Merkmale:* a) Leistungen der NPO werden an Dritten und für Dritte erstellt. b) Träger der NPO ist nicht gleich deren Nutznießer bzw. Kunde. c) Erbringung von Leistungen an Dritte im Sinne von Hilfe, Unterstützung und/oder Förderung. d) Die Leistungen basieren i.d.R. auf einem ethisch, religiös oder ideologisch begründeten Leistungsauftrag (z.B. Wohlfahrts- bzw. karitative Organisationen) oder auf dem Auftrag der Verbreitung einer Idee bzw. der Beeinflussung des Verhaltens anderer. – *Anders:* Eigenleistungs-NPO.

Drittpfändung → Wertpapierverwahrung.

Drittschaden – Schaden, der einem Dritten entstanden ist, in dessen Interesse der an sich Ersatzberechtigte (z.B. bei → verdeckter Stellvertretung) gehandelt hat. – Während i.d.R. nur der unmittelbar Verletzte → Schadensersatz verlangen kann, ist v.a. beim Vertragsabschluss für fremde Rechnung (→ Kommissionär, → Spediteur) i.Allg. der Vertragsschließende berechtigt, auch Ersatz des Drittschadens zu verlangen. Im Übrigen berechtigt Drittschaden denjenigen, bei dem die haftungsbegründenden Voraussetzungen vorliegen, nur im Rahmen der Drittschadensliquidation zum Schadensersatz. Voraussetzung ist eine zufällige Schadensverlagerung aus der Sicht des Schädigers. Der unmittelbar Geschädigte hat dann von demjenigen, der zur Drittschadensliquidation berechtigt ist, Anspruch auf Herausgabe und Abtretung des Anspruchs.

Drittschuldner – I. Zivilprozessordnung: Bei der Zwangsvollstreckung durch Forderungspfändung derjenige, der seinerseits dem Schuldner etwas schuldet, z.B. bei der Zwangsvollstreckung in die Lohnforderung des Schuldners der Arbeitgeber. – *Pfändung:* Zur → Pfändung der gegen den Drittschuldner bestehenden Forderung des Schuldners erlässt das Amtsgericht auf Antrag des Gläubigers, wenn die sonstigen Voraussetzungen der Zwangsvollstreckung vorliegen, einen → Pfändungs- und Überweisungsbeschluss, der mit → Zustellung an den Drittschuldner wirksam wird (§§ 829, 835 ZPO). Der Drittschuldner darf dann an den Schuldner i.Allg. nicht mehr zahlen (bei → Lohnpfändung nur die pfändungsfreien Beträge), sonst muss er etwa gezahlte Beträge nochmals an den Gläubiger abführen. – Auf Verlangen des Gläubigers muss der Drittschuldner binnen zwei Wochen nach Zustellung des Beschlusses auch über das Bestehen der Forderung und etwaige andere Pfändungen *Auskunft* geben (§ 840 ZPO); Verweigerung kann Pflicht zu → Schadensersatz nach sich ziehen).

II. Abgabenordnung: Begriff des Vollstreckungsverfahrens. Der Drittschuldner ist der Schuldner des → Vollstreckungsschuldners. Die Forderung, die der Vollstreckungsschuldner gegenüber dem Drittschuldner hat, kann eine Geldforderung, ein Anspruch auf Leistung oder Herausgabe von Sachen oder ein sonstiges Vermögensrecht (z.B. Anteilsrecht, Grundpfandrecht, Nießbrauch, Grund- und Rentenschuld, Patentrecht) sein. Vollstreckt das Finanzamt in eine solche Forderung, ist zur Wirksamkeit der Maßnahme dem Drittschuldner die Pfändungs- und Einziehungsverfügung zuzustellen (§§ 309 II, 318, 321 AO). Der Drittschuldner ist zur Abgabe der sog. → Drittschuldnererklärung verpflichtet (§ 316 I AO).

Drittschuldnererklärung – Auf Verlangen der Finanzbehörde hat der Drittschuldner innerhalb von zwei Wochen ab Zustellung der Pfändungs- und Einziehungsverfügung die Drittschuldnererklärung abzugeben. Er hat zu erklären, (1) ob und inwieweit er die Forderung als begründet anerkenne und zur Zahlung bereit sei (gilt nicht als Schuldanerkenntnis), (2) ob und welche Ansprüche von dritter Seite an die Forderung erhoben werden, (3) ob und wegen welcher Ansprüche die Forderung bereits für andere Gläubiger gepfändet sei (§ 316 I AO). Die Abgabe der Drittschuldnererklärung kann erzwungen werden. Der Drittschuldner haftet der Vollstreckungsbehörde für evtl. Schäden, die aus der Nichterfüllung seiner Verpflichtung entstehen (§ 316 II AO).

Drittunterwerfung – Wettbewerbsverstöße lösen i.d.R. Unterlassungsansprüche einer Vielzahl von Unterlassungsgläubigern (Mitbewerbern, Verbänden) aus, sodass der Verletzer häufig von verschiedenen Seiten abgemahnt wird (→ Abmahnung). Hat er sich bereits einem Unterlassungsgläubiger hinreichend strafbewehrt unterworfen (→ Unterlassungserklärung), entfällt im Regelfall die → Wiederholungsgefahr als materielle Voraussetzung des Unterlassungsanspruchs im Verhältnis auch zu den anderen Unterlassungsgläubigern. Den Abgemahnten trifft die Pflicht, in Antwortschreiben an die weiteren Unterlassungsgläubiger darauf hinzuweisen, wem gegenüber er bereits die Unterlassungserklärung (Drittunterwerfung) abgegeben hat.

Drittvergleich – *Begriff aus dem Körperschaftsteuerrecht:* Ein Begriff im Zusammenhang mit der früheren Regelung der Gesellschafterfremdfinanzierung: Überstieg ein Gesellschafterdarlehen bei einer Kapitalgesellschaft einen gesetzlich anerkannten Toleranzbereich (Safe Heaven), wurde bei der Frage, ob das Darlehen steuerlich anerkannt oder aufgrund der Sonderregelungen über die → Gesellschafterfremdfinanzierung (§ 8a KStG) als Umgehung der Gewinnbesteuerung eingestuft werden sollte, der Vergleich zu fremden Dritten herangezogen. Es wurde darauf abgestellt, ob ein fremder Dritter das Darlehen zu vergleichbaren Konditionen gegeben hätte oder ob ohne die Kreditgewährung durch den Gesellschafter Eigenkapital hätte aufgenommen werden müssen.

– Die Regelung ist obsolet geworden durch die neu eingeführte Regelung über die → Zinsschranke. – *Anders*: Dealing-at-Arm's-length-Grundsatz, → Fremdvergleichsgrundsatz. – *Vgl. auch*: → verdeckte Gewinnausschüttungen, → verdeckte Einlage.

Drittverwahrung – 1. *Begriff*: → Wertpapierverwahrung für einen anderen Verwahrer (Zwischenverwahrer), d.h. der Verwahrer vertraut die Papiere unter seinem Namen einem anderen (Drittverwahrer) zur Verwahrung an. Der Zwischenverwahrer haftet für eigenes Verschulden und Verschulden des Drittverwahrers bzw. bei vertraglichem Haftungsausschluss für sorgfältige Auswahl des Drittverwahrers (§ 3 DepotG). Die Papiere gelten kraft gesetzlicher Vermutung als Kundenwerte. Pfand- und Zurückbehaltungsrecht des Drittverwahrers ist beschränkt. Diese Fremdvermutung „wird beseitigt" durch die ausdrückliche und schriftliche Nachricht des Zwischenverwahrers, dass er Eigentümer sei (Eigenanzeige), oder wenn der Zwischenverwahrer keine Bankgeschäfte betreibt (§ 4 DepotG). – 2. *Depotbezeichnungen* für Drittverwahrer (gemäß Depotrichtlinien): *Depot A* (→ Eigendepot), *Depot B* (→ Anderdepot), *Depot C (Pfanddepot), Depot D (Sonderpfanddepot).*

Drittwiderspruchsklage – 1. *Begriff*: Klage gegen die Zulässigkeit einzelner Vollstreckungsakte mit dem Zweck die → Zwangsvollstreckung in das Vermögen eines Dritten zu verhindern (§ 771 ZPO). Drittwiderspruchsklage steht jedem zu, der ein „die Veräußerung hinderndes Recht" an einem von der Zwangsvollstreckung betroffenen Gegenstand hat. – 2. *Klageberechtigt* sind i.d.R. der Eigentümer, auch bei Verkauf unter → Eigentumsvorbehalt (der vollstreckende Gläubiger kann aber i.d.R. den Verkäufer durch Zahlung befriedigen) und bei → Sicherungsübereignung (strittig), i.Allg. auch der Inhaber anderer → dinglicher Rechte sowie der unmittelbare und mittelbare Besitzer; bei Treuhand-Verhältnissen kommt es darauf an, zu wessen Vermögen der Gegenstand wirtschaftlich gehört. Wer lediglich → Pfandrecht oder andere Vorzugsrechte hat, kann *nicht* Drittwiderspruchsklage erheben, sondern gemäß § 805 ZPO bevorzugte Befriedigung aus dem Erlös verlangen. – 3. Der *Antrag* ist bei Drittwiderspruchsklage darauf zu richten, die Zwangsvollstreckung in den betreffenden Gegenstand für unzulässig zu erklären. Um → Anerkenntnisurteil und ggf. nachteilige → Kostenentscheidung zu vermeiden, muss der Dritte den vollstreckenden Gläubiger vor → Klageerhebung unter Beifügung ausreichender Nachweise zur *Freigabe auffordern*. – 4. Örtlich *zuständig* ist das Gericht, in dessen Bezirk die Zwangsvollstreckung betrieben wird; sachliche → Zuständigkeit richtet sich nach dem → Streitwert. Das Gericht kann bis zur Entscheidung → Einstellung der Zwangsvollstreckung mit oder ohne Sicherheitsleistung anordnen. – 5. In *dringenden Fällen* kann auch das Vollstreckungsgericht *einstweilige* Einstellung der Vollstreckung anordnen (§ 769 ZPO).

Drive-in-Prinzip – Betriebsform im → Einzelhandel, bei der die Angebote von den Kunden nachgefragt und bezahlt werden können, ohne dass sie das Auto verlassen müssen, mit dem sie zum Ladenlokal gelangt sind (z.B. Fast-Food-Restaurants, Freilichtkinos).

Drive-in Stores – Betriebsform des → Einzelhandels, bei welcher der in seinem Fahrzeug sitzende Abnehmer das Auto nicht verlassen muss, um einzukaufen. Heute auch Begriff für Baumärkte, bei denen der Kunde direkt mit seinem Fahrzeug in das Lager mit den Waren fahren kann. – Unter demselben Gesichtspunkt: *Drive-in-Banken* (mit einem Schalter auf dem Bürgersteig am Straßenrand, der außerhalb der Geschäftszeiten versenkt werden kann) und *Drive-in-Restaurants*.

DRM – Abk. für → Digital Rights Management.

Drohung – Ausübung psychischen Zwangs, die beabsichtigte Erregung von Furcht vor einem künftigen Übel (§ 123 I BGB). Wer zur Abgabe einer → Willenserklärung durch widerrechtliche Drohung bestimmt worden ist, kann die Erklärung anfechten (→ Anfechtung). Drohung kann auch als → Nötigung (§ 240 StGB) oder als Bedrohung (§ 241 StGB), sofern jemand mit der Begehung eines gegen ihn gerichteten Verbrechens bedroht wird, strafbar sein. Ferner ist die Drohung mit Gewalt oder mit der Zufügung eines empfindlichen Übels, mit dem Tod oder einer schweren Körperverletzung des entführten Opfers in einer Reihe weiterer Delikte wie Menschenhandel zum Zweck der sexuellen Ausbeutung (§ 332 StGB), der Förderung des Menschenhandels (§ 233a StGB), des Menschenraubs (§ 234 StGB), der Verschleppung (§ 234a StGB), der Geiselnahme (§ 239b StGB), des Raubes (§ 249 StGB), der → Erpressung (§ 253 StGB) und der räuberischen Erpressung (§ 255 StGB) bei Hinzutreten weiterer Voraussetzungen *strafbar*.

Droit Moral → Urheberpersönlichkeitsrecht.

Drop-Lock Floating Rate Notes → Floating Rate Notes (FRN) mit einer Festverzinsung im Fall im Voraus vereinbarter Umstände, z.B. Erreichung einer Mindestverzinsung.

Drop-out-Rate – Ausfallrate, d.h. Anteil der Stichprobe, der die Antwort verweigert. Bei der Panelforschung ist dies die → Panelsterblichkeit.

DRS – Abk. für *Deutscher Rechnungslegungs Standard*, → Deutsches Rechnungslegungs Standard Committee.

DRSC – Abk. für → Deutsches Rechnungslegungs Standards Committee.

Drucker → Ausgabegerät eines Computers. Typen nach der Drucktechnik: (1) *Mechanische Drucker:* Nadeldrucker, → Matrixdrucker; (2) *nicht mechanische Drucker (Non-Impact-Drucker):* → Tintenstrahldrucker, Thermodrucker und Laserdrucker. – Vgl. auch → Druckertreiber.

Druckertreiber → Programm, das die Anpassung von Ausgabedaten (→ Daten) aus der internen

Darstellung (→ Code) an den verfügbaren Zeichensatz eines bestimmten → Druckers vornimmt.

Druckkündigung → Kündigung eines Arbeitsverhältnisses, die der Arbeitgeber auf Druck eines Dritten (Belegschaft, Betriebsrat, Behörde, Kunden) ausspricht. In aller Regel kommt nur eine ordentliche Kündigung in Betracht, ggf. in Verbindung mit einer → Freistellung. Allerdings darf der Arbeitgeber nicht jedem Druck nachgeben, sondern ist aufgrund der → Fürsorgepflicht verpflichtet, erkennbar unangemessenen und ungerechtfertigten Forderungen einen zumutbaren Widerstand entgegenzusetzen. Bei einem unzulässigen Druck auf den Arbeitgeber kann dem Arbeitnehmer gegen den Dritten u.U. ein Schadensersatzanspruch (→ Schadensersatz) zustehen.

Druckschriften – 1. *Begriff:* alle Druckerzeugnisse sowie andere zur Verbreitung bestimmte Vervielfältigungen von Schriften und bildlichen Darstellungen mit oder ohne Schrift und von Musikalien mit oder ohne Text. – *Periodische Druckschriften:* Zeitungen oder Zeitschriften, die in ständiger, wenn auch unregelmäßiger Folge erscheinen. – 2. *Presserecht:* Druckschriften unterliegen dem → Presserecht und müssen grundsätzlich eine Herkunftsangabe enthalten (→ Impressum). Das gilt nicht für die *harmlosen Druckschriften:* (1) *amtliche Druckschriften,* soweit sie ausschließlich amtliche Mitteilungen enthalten, und (2) die nur den *Zwecken* des *Gewerbes* und des *Verkehrs,* des *häuslichen* und *geselligen Lebens dienenden Druckschriften* (z.B. Vordrucke, Preislisten, Familienanzeigen). – 3. Die Verbreitung von Druckschriften *strafbaren Inhalts* sowie die Veröffentlichung von Druckschriften unter Missachtung der *Ordnungsvorschriften* des Presserechts sind mit Strafe bzw. als → Ordnungswidrigkeit mit → Geldbuße bedroht. Zu Strafvorschriften vgl. etwa § 86 StGB (Verbreiten von Propagandamitteln verfassungswidriger Organisationen, § 130a StGB (Anleitung zur Störung des öffentlichen Friedens in Schriften), §131 StGB (Verherrlichung von Gewalttaten in Schriften), § 184 (Verbreitung pornographischer Schriften). – 4. Ablieferung eines *Pflichtstückes* jeder Druckschrift an die → Deutsche Nationalbibliothek.

Druckschriftenermittlung → Recherche.

Druckverfahren – technische Methode zur Übertragung von Druckfarbe auf das Druckmedium. Man unterscheidet: (1) *Hochdruck,* bei dem die zu druckenden Stellen in der Druckform erhaben sind; (2) *Tiefdruck,* bei dem die zu druckenden Stellen in der Druckform vertieft sind; (3) *Offsetdruck* (Flachdruck), bei dem sich die zu druckenden Stellen auf der Druckform mit den nicht zu druckenden Stellen annähernd auf einer Ebene befinden; die zu druckenden Stellen werden zuvor chemisch behandelt; (4) *Siebdruck,* bei dem die Farbe durch eine Schablone auf die zu druckenden Stellen aufgetragen wird; (5) *Digitaldruck,* der teilweise traditionelle Druckverfahren anwendet, jedoch durch verschiedene Techniken auf Belichtungsfilme oder Druckplatten verzichtet. – Vgl. auch → Drucker, → Druckschriften.

Drugstore → Betriebsform des → Einzelhandels, die als Mischform aus → Gemischtwarengeschäft und → Kiosk v.a. in den USA weit verbreitet ist: → Nachbarschaftsgeschäfte, die neben Drogeriewaren auch Süßwaren, Bücher, Zeitungen, Zeitschriften, Schreibwaren, Spielzeug, Geschenkartikel sowie einfache Schmuckwaren führen. Zumeist mit Imbissecke und Getränkebar.

DSD – Abk. für → Duales System Deutschland.

DSE – Abk. für → Deutsche Stiftung für internationale Entwicklung.

DSGE-Modelle – a) *Charakterisierung:* Es handelt sich hierbei um dynamische stochastische allgemeine Gleichgewichtsmodelle (Dynamic Stochastic General Equilibrium Models), die vollständig mikrofundiert sind, d.h. aus intertemporalen Optimierungsansätzen eines repräsentativen Haushalts und einer repräsentativen Unternehmung abgeleitet werden. Dabei wird – entsprechend der neoclassischen Gleichgewichtstheorie (→ Neue Klassische Makroökonomik) – das Prinzip des allgemeinen Gleichgewichts auf allen Märkten betont. Ein Handel zu falschen (nicht markträumenden) Preisen – was ein charakteristisches Kennzeichen der → Neokeynesianischen Theorie ist – ist in diesen Ansätzen nicht vorgesehen. Durch die Berücksichtigung von Schocks (wie z.B. Technologieschocks), die einem autoregressiven Prozess erster Ordnung folgen, handelt es sich um stochastische Gleichgewichtsmodelle. Dadurch wird in diesen Modellen eine exogene Dynamik erzeugt, während eine endogene (intrinsische) Dynamik durch das intertemporale Konsumglättungsverhalten der Haushalte (→ Euler-Gleichung des Konsums), aber auch durch die Berücksichtigung des Kapitalwachstums, hervorgerufen wird. – b) *Ausprägungen:* Die bekantesten DSGE-Modelle sind die Gleichgewichtsmodelle der realen Konjunkturtheorie (RBC-Modelle) und die dynamischen Gleichgewichtsmodelle der Neukeynesianischen Makroökonomik (→ Neukeynesianische Makroökonomik, dynamisches Grundmodell). Während Modelle der realen Konjunkturtheorie der Neuen Klassischen Makroökonomik zugeordnet sind und von völliger Preis- und Lohnflexibilität ausgehen, berücksichtigen neukeynesianische DSGE-Modelle nominale Rigiditäten auf Güter- und/oder Faktormärkten. Bei Zugrundelegung der Modellwelt der monopolistischen Konkurrenz ist die Preisbildung auf diesen Märkten Friktionen unterworfen, sodass sich als Resultat eine vorausschauende Inflationsgleichung vom Phillips-Kurven-Typ (→ Phillips-Kurve) ergibt, die von den zukünftig erwarteten Grenzkosten bzw. der Outputlücke abhängig ist. Während in RBC-Modellen die Neutralität des Geldes gilt und Konjunkturschwankungen nur durch reale Schocks (insbesondere temporäre Technologieschocks) erzeugt werden, kann in neukeynesianischen dynamischen allgemeinen Gleichgewichtsmodellen eine zyklische Dynamik auch durch monetäre Störungen (insbesondere Zinsschocks) hervorgerufen werden.

DSGV – Abk. für → Deutscher Sparkassen- und Giroverband.

DSR – Abk. für *Deutscher Standardisierungsrat*, → Deutsches Rechnungslegungs Standards Committee.

DSS – Abk. für → Decision Support System.

DTA – Abk. für *Datenträgeraustauschverfahren, belegloser Datenträgeraustausch.* Belegloser Austausch von → Datenträgern, auf denen Zahlungsdateien gespeichert sind (Magnetbänder, Kassetten, Disketten, Streamer). Austauschbeteiligte sind Kontrahenten im Interbankenverkehr und Kunden. Datenquellen sind durch → Datenfernübertragung (DFÜ) oder per Datenträger erhaltene Dateien, aber auch durch Umwandlung von papierhaften Aufträgen in digitale → Datensätze erzeugte Dateien. Die Datensätze der Quelldateien werden nach den Vorgaben der Leitwegsteuerung sortiert und an den Schnittstellen zu fremden Institutsgruppen mittels vorhandener Technik entweder per DFÜ oder auf Datenträgern konzentriert übergeben. Datensätze, die das eigene Institut betreffen, fließen in die hauseigene Datenverarbeitung ein. Für Kunden bestimmte Dateien werden, je nach vorhandener Technik und Vereinbarung, auf Datenträgern gespeichert übergeben oder an den Rechner des Kunden übertragen. Auch die Übermittlung der Tagesauszugsinhalte kann digital vorgenommen werden (→ Cash Management). Rückrufe sind nach einer Vereinbarung der Spitzenverbände der Kreditinstitute außerhalb des DTA vorzunehmen. – Vgl. auch Abkommen im Zahlungsverkehr, → Bankautomation, → Clearing, → Zentraler Kreditausschuss (ZKA).

DTB – Abk. für *Deutsche Terminbörse*, seit 1998 → EUREX.

DTC – engl. für *Double Taxation Convention*, also → Doppelbesteuerungsabkommen (DBA).

DTP – Abk. für → Desktop Publishing.

DTT – engl. Abk. für *Double Taxation Treaty*, also → Doppelbesteuerungsabkommen (DBA).

DTV – Abk. für → Deutscher Tourismusverband e. V.

duale Berufsausbildung – 1. *Begriff:* in der Bundesrepublik Deutschland übliches Berufsausbildungssystem mit dualer Struktur; berufliche Erstausbildung Jugendlicher, die an zwei → Lernorten (→ Berufsschule und Betrieb) mit unterschiedlichen Ausrichtungen durchgeführt wird. – 2. *Merkmale:* inhaltlich-zeitliche Verknüpfung einer überwiegend fachpraktischen Ausbildung im Betrieb (→ betriebliche Ausbildung) und/oder in einer überbetrieblichen Ausbildungsstätte mit einer fachtheoretisch-allgemeinen Bildung in der Berufsschule. – 3. *Rechtliche Regelungen:* Zweiteilung der Zuständigkeiten für die rechtliche Regelung der betrieblichen und schulischen Berufsausbildung: (1) Die Ausbildung in den Betrieben wird bundeseinheitlich durch das → Berufsbildungsgesetz (BBiG) geregelt. – (2) Kultusminister und -senatoren der Länder sind für den Unterricht an den berufsbildenden Schulen zuständig. Es werden vom Bund einheitliche → Ausbildungsordnungen erstellt, während die Länder gesondert Lehrpläne bzw. Richtlinien für die Berufsschulen erlassen. Der Kultusministerkonferenz der Länder (KMK) obliegt die vorbereitende Koordination der einzelnen Lehrpläne durch die Erarbeitung gemeinsamer Rahmenlehrpläne. – Die Durchführung der Berufsausbildung regeln, soweit detaillierte Vorschriften nicht bestehen, die *„zuständigen Stellen"*, z.B. Industrie- und Handelskammern, Handwerkskammern, Landwirtschaftskammern, Ärztekammern. Sie führen ein → Verzeichnis der Berufsausbildungsverhältnisse (Lehrlingsrolle), bilden Prüfungsausschüsse und erlassen Prüfungsordnungen für die Ausbildungsabschluss- und -zwischenprüfungen und stellen zur Beratung und Kontrolle der Ausbildungsbetriebe einen Ausbildungsberater. – 4. *Finanzierung:* Es ist eine Mischfinanzierung in öffentlicher (Berufsschule) und privatwirtschaftlicher (Betrieb) Verantwortung. I.d.R. werden die Personalausgaben für die Lehrer an öffentlichen Berufsschulen von den Ländern getragen; der jeweilige Schulträger (kreisfreie Städte, Landkreise) übernimmt die Sachausgaben sowie die Ausgaben für das Verwaltungspersonal. Die anerkannten privaten Berufsschulen erhalten je nach Länderregelung Finanzhilfen zu den Sach- und Personalausgaben. Die Ausbildungsbetriebe finanzieren die Kosten der betrieblichen Ausbildung (Personalkosten, Sachkosten) eigenständig (einzelbetriebliche Finanzierung). Durch die Kritik an dem einzelbetrieblichen Finanzierungsmodus haben sich eigenständige Organisations- und Finanzierungsweisen von betrieblicher Ausbildung entwickelt. So werden die überbetrieblichen Ausbildungsstätten (z.B. Lehrwerkstätten) zumeist durch Zuschüsse des Bundes sowie der jeweiligen Bundesländer finanziert. Die Tariffondfinanzierung erfolgt über ein Umlagesystem und die Verbundfinanzierung je nach Kooperationsform im Sinn eines Ausgleichsprinzips. – 5. *Probleme:* Aufgrund der unterschiedlichen Zuständigkeiten bei der Planung und Durchführung der Berufsausbildung weichen die Ausbildungspläne für den schulischen und betrieblichen Teil der Ausbildung z.T. erheblich voneinander ab; zudem sind die betriebliche und schulische Ausbildung sachlich und zeitlich nur wenig aufeinander abgestimmt. Zur Behebung dieses Problems wurde von der Kultusministerkonferenz der Länder ein Koordinierungsausschuss eingesetzt, der u.a. die Aufgabe hat, die Abstimmung der Ausbildungsordnungen und Rahmenlehrpläne vorzunehmen. – Vgl. auch → Bildungspolitik und den umfangreichen von der Bundesregierung jährlich vorgelegten Berufsbildungsbericht.

duale Finanzierung – Form der → Finanzierung im öffentlichen Bereich, bei der mehrere Finanzierungsträger jeweils bestimmte Kostenarten finanzieren. I.d.R. erfolgt eine duale Finanzierung derart, dass von den öffentlichen Haushalten die Investitionen finanziert werden und von den Leistungsabnehmern bzw. den Versicherungen die Kosten des laufenden Betriebs zu tragen sind.

dualer Arbeitsmarkt → Arbeitsmarkttheorien.

Duales System Deutschland (DSD) – von beteiligten Gruppen (Industrie, Handwerk, Handel, Entsorger) in eigener Verantwortung privatwirtschaftlich geschaffenes flächendeckendes Wertstoff-Sammelsystem. „Dual" heißt private Entsorgung und Verwertung des Verpackungsabfalls, der restliche Hausmüll bleibt weiterhin kommunale Entsorgungsaufgabe. Recyclingfähige Produkte sind an einem → Grünen Punkt zu erkennen. Ähnliche Initiativen in zahlreichen anderen Ländern.

Dualismus-Theorien – Erklärungsansätze der → Entwicklungstheorie, die von Ungleichheiten in der Sozial- und Wirtschaftsstruktur (Dualismus) von Entwicklungsländern ausgehen. Die Gesellschaft ist in zwei Sektoren gespalten, in einen modernen, dynamischen, in die Weltwirtschaft integrierten und in einen traditionellen, stagnierenden, oft isolierten Sektor, wobei sich beide Sektoren unabhängig voneinander nach eigenen Gesetzmäßigkeiten entwickeln. Je nach Fragestellung werden verschiedene Dualismen unterschieden: (1) sozialer Dualismus (entsteht durch das Aufeinandertreffen eines fremden, meist westlich importierten Sozialsystems auf das traditionelle Sozialsystem von Entwicklungsländern; (2) technologischer Dualismus (unterschiedliche Produktionstechniken); (3) regionaler Dualismus (entwickelte und zurückgebliebene Regionen mit geringen wirtschaftlichen Austauschbeziehungen).

dualistisches Steuersystem – Sonderform des → pluralistischen Steuersystems.

dualistisches System → Zweisystem.

Dual-Use-Güter – *Güter mit doppeltem Verwendungszweck;* Gegenstände, Technologien und Kenntnisse, die i.d.R. zivilen Zwecken dienen, die aber auch für militärische Zwecke verwendet werden können. Frühere Regelung war u.a. die VO (EG) Nr. 1334/2000 des Rates vom 22.6.2000 über eine Gemeinschaftsregelung der Kontrolle der → Ausfuhr von Gütern und Technologien mit doppeltem Verwendungszweck (ABl. EG 2000 Nr. L 159, S. 1) ist die Ausfuhr von Dual-Use-Gütern, die in Anhang I aufgeführt sind, genehmigungspflichtig. Die Europäische Union (→ EU) hat im Zuge ihrer gemeinsamen Handelspolitik die EG-Dual-use-VO erlassen. Die Aktuelle Fassung ist die Verordnung (EG) Nr. 428/2009 vom 5.5.2009 (ABl. EU Nr. L 134/1). Die Dual-Use-VO besteht aus 28 Artikeln und sechs römisch bezifferten Anhängen. Im Anhang I sind alle Güter nach Art. 3 aufgeführt, welche als Dual-Use-Güter gelten. Für sie gelten bes. Exportbestimmungen. Dual-Use-Güter, die in diesem Anhang aufgeführt sind, sind genehmigungspflichtig, wenn diese Güter ganz oder teilweise für militärische Zwecke bestimmt sind oder bestimmt sein können. Die → Ausfuhrgenehmigungen werden durch das → Bundesamt für Wirtschaft und Ausfuhrkontrolle (BAFA) erteilt, sofern nicht bereits Allgemeine (Ausfuhr-)Genehmigungen bestehen. Ausfuhrgenehmigungen gelten in der gesamten EU, so gelten in Deutschland auch Ausfuhrgenehmigungen der belgischen oder bulgarischen Ausfuhrkontrollbehörde. Den Mitgliedsstaaten der Europäischen Union bleibt es unbenommen, für Dual-Use-Güter, die nicht im Anhang I aufgenommen sind, gleichwohl eine Genehmigung vorzusehen oder die Ausfuhr ganz zu untersagen. Das ist in Deutschland in der → Außenwirtschaftsverordnung (AWV) geschehen, die auch die nationale Straf- und Bußgeldbewehrung für die EU-Regelung enthält. Anhang II enthält eine *Allgemeine Ausfuhrgenehmigung EU001* nach Art. 9 der Dual-Use-VO. Anhang IIIA enthält das Musterformblatt für Einzel- oder Globalgenehmigungen für die Ausfuhr nach Art. 14 I Dual-Use-VO. Mit der Dual-Use-VO setzt die EU verschiedene völkervertragsrechtliche Verpflichtung zur Überwachung der Warenausfuhr um, u.a. des Wassenaar Arrangement. – „Anhang I: *Liste der Güter mit doppeltem Verwendungszweck:* Mit dieser Liste werden die international vereinbarten Kontrollen für Dual-Use-Güter – einschließlich des → Wassenaar Arrangement, des Missile Technology Control Regime (MTCR), der Nuclear Suppliers' Group (NSG), der Australischen Gruppe und des Chemiewaffen-Übereinkommens (CWÜ) – umgesetzt." Die Gliederung des Anhangs ist komplex. Hier ein kleiner Eindruck der zehn Kategorien:

Kategorie 0: Kerntechnische Materialien, Anlagen und Ausrüstung,

Kategorie 1: Besondere Werkstoffe und Materialien und zugehörige Ausrüstung,

Kategorie 2: Werkstoffbearbeitung,

Kategorie 3: Allgemeine Elektronik,

Kategorie 4: Rechner,

Kategorie 5: Telekommunikation und Informationssicherheit,

Kategorie 6: Sensoren und Laser,

Kategorie 7: Luftfahrtelektronik und Navigation,

Kategorie 8: Meeres- und Schiffstechnik,

Kategorie 9: Raumfahrzeuge und Antriebssysteme.

dubiose Forderungen → zweifelhafte (dubiose) Forderungen.

Dublin Docks → Finanzierungsgesellschaft.

DÜE – Abk. für → Datenübertragungseinrichtung.

Due Diligence – engl. für *gebührende Sorgfalt;* 1. *Begriff:* sorgfältige Prüfung und Analyse eines

Unternehmens, insbesondere im Hinblick auf seine wirtschaftlichen, rechtlichen, steuerlichen und finanziellen Verhältnisse, die durch einen potenziellen Käufer eines Unternehmens vorgenommen wird. – 2. *Ziel* einer Due Diligence ist es, sich so weit wie möglich abzusichern, dass die Annahmen und Voraussetzungen, auf die sich ein Kaufangebot für ein Unternehmen bezieht, zutreffen und alle relevanten → Risiken identifiziert worden sind. – 3. Die *Durchführung* einer Due Diligence wird grundsätzlich von Fachleuten vonseiten des Käuferunternehmens und unter Zuhilfenahme von externen Beratern vorgenommen. Im Rahmen dieser Prüfung werden verschiedene Informationsquellen genutzt, wobei insbesondere Unternehmensunterlagen bzw. -daten analysiert und Gespräche mit dem → Management des Zielunternehmens geführt werden. Eine Due Diligence bezieht sich dabei i.d.R. auf verschiedene Teilbereiche, von denen v.a. die Financial Due Diligence (Prüfung der finanziellen Lage), Market bzw. Commercial Due Diligence (Marktanalyse, Analyse des Geschäftsmodells), Legal Due Diligence (Prüfung rechtlicher Aspekte) und Tax Due Diligence (Prüfung steuerlicher Aspekte) von hoher Bedeutung sind. Darüber hinaus werden Formen der kulturellen, technischen, mitarbeiterbezogenen sowie der umweltbezogenen Due Diligence von immer größerer Bedeutung. Eine Due Diligence findet insbesondere vor Abschluss des Unternehmenskaufvertrages statt, wobei manche Teilaspekte auch danach durchgeführt werden können. – Vgl. auch → Market Due Diligence, → Umwelt-Due-Diligence.

Due Process → Financial Accounting Standards Board (FASB), → International Accounting Standards Board (IASB).

Dulden oder Unterlassen – umsatzsteuerliche Behandlung: Dulden oder Unterlassen einer Handlung oder Dulden eines Zustandes durch einen Unternehmer im → Inland gegen → Entgelt kann zu den der Umsatzsteuer unterliegenden → sonstigen Leistungen (§ 3 IX UStG) gehören. – *Beispiel:* Ein ausländischer Unternehmer duldet die Nutzung seines im Inland geschützten Patents durch einen anderen Unternehmer gegen Entgelt.

Duldungsbescheid – ist das verfahrenrechtliche Mittel, mit dem die → Duldungspflicht gegenüber dem → Duldungsschuldner geltend gemacht wird (§ 191 AO). Er ist ein schriftlich zu erteilender sonstiger → Verwaltungsakt, der mit dem → Einspruch anfechtbar ist. Da es sich um einen allgemeinen Verwaltungsakt, keinen Steuerverwaltungsakt, handelt, gelten für Korrekturen hier die §§ 129 bis 131 AO.

Duldungspflicht – ergibt sich aus steuer- und privatrechtlichen Normen. – 1. *Steuerrecht:* a) Wer kraft Gesetzes verpflichtet ist, eine Steuer aus Mitteln, die seiner Verwaltung unterliegen, zu entrichten, hat die Vollstreckung in dieses Vermögen zu dulden (§ 77 I AO). Davon betroffener Personenkreis: gesetzliche Vertreter, Vermögensverwalter und Verfügungsberechtigte (§§ 34, 35 AO). – b) Der Eigentümer von Grundbesitz hat die Vollstreckung in den Grundbesitz wegen Steuern zu dulden, die als öffentliche Last auf dem Grundbesitz ruhen (§ 77 II AO). Regelmäßig hat der Eigentümer die Vollstreckung wegen rückständiger Grundsteuer des Rechtsvorgängers zu dulden. – 2. *Privatrecht:* Regelmäßig ist derjenige zur Duldung verpflichtet, der fremdes Vermögen verwaltet oder nutzt, z.B. Nießbraucher, Anfechtungsgegner, Testamentsvollstrecker und Nachlassverwalter.

Duldungsschuldner – ist, wer die Zwangsvollstreckung in von ihm verwaltetes Vermögen hinnehmen muss. Der Duldungsschuldner hat somit die Stellung eines → Vollstreckungsschuldners und nicht die eines → Haftungsschuldners. – Vgl. auch → Duldungspflicht.

Dummie – erklärende Variable in einem → Regressionsmodell, die nur fest vorgegebene Werte (z.B. null oder eins) annehmen kann. – Dummies dienen dazu, exogene Strukturveränderungen zu berücksichtigen, die nicht von den anderen erklärenden Variablen aufgefangen werden. Typisches Anwendungsgebiet stellen saisonale Dummies dar. Sie werden benutzt, um saisonalen Schwankungen in Zeitreihendaten Rechnung zu tragen. In ein typisches Quartalsmodell werden drei Dummie-Variablen integriert, wobei die erste den Wert eins annimmt, wenn die Beobachtung aus dem ersten Quartal stammt, und andernfalls null ist. Analoges gilt für die anderen Dummies. Nehmen alle drei Dummies den Wert null an, ist die Beobachtung aus dem vierten Quartal. Ergibt ein F-Test (→ F-Test für das multiple Regressionsmodell) der Nullhypothese, dass die Koeffizienten der Dummies alle null sind, eine Ablehnung selbiger, kann davon ausgegangen werden, dass die erklärte Variable von saisonalen Effekten beeinflusst wird. Würde in einem solchen Fall auf die Dummies im Modell verzichtet, würden Veränderungen der erklärten Variable Y, die rein saisonbedingt sind, auf Veränderungen der erklärenden Variablen $X_1, \ldots, X_K$ zurückgeführt werden, was zu einer Fehleinschätzung des Einflusses der $X_1, \ldots, X_K$ auf Y bzw. einer Verzerrung der OLS-Schätzer (→ Kleinstquadratemethode, gewöhnliche) der Parameter von $X_1, \ldots, X_K$ führen kann.

Dump – vollständige Sicherung der → Daten eines Systems zu einem bestimmten Zeitpunkt mit dem Ziel, einen möglichst aktuellen, vollständigen und konsistenten Systemzustand wiederherstellen zu können.

Dumping – 1. *Allgemeine Bedeutung:* Verkauf von Waren „unter Preis“, d.h. unter einem Referenzpreis. Dieser Referenzpreis kann aus dem → Preis für Inlandsverkäufe desselben Gutes (oder vergleichbarer Güter), korrigiert um → Transportkosten, oder auch aus den → Grenzkosten bzw. den → Durchschnittskosten abgeleitet werden. – 2. *Spezielle Bedeutungen:* a) Verkauf zu nicht kostendeckenden Preisen, wobei die tatsächliche → Kostenstruktur und der damit richtige Preis kaum zu ermitteln sind. b) Verkauf von Waren im Export zu niedrigeren Preisen als im Inlandsmarkt (regionale → Preisdifferenzierung) (Definition nach EG-Recht). Dadurch entsteht im Importland unerwünschter Konkurrenzdruck, dem ggf. durch einen → Antidumpingzoll begegnet werden kann. Zu Differenzen zwischen den Inlands- und Exportpreisen kann es immer dann kommen, wenn die Anbieter im Inland oder Ausland → Marktmacht haben, wenn die Inlands- und Exportmärkte segmentiert sind und wenn die von den Anbietern wahrgenommenen Preiselastizitäten der → Nachfrage von → Markt zu Markt variieren. c) Beim Wechselkursdumping werden durch eine bewusst unterbewertete Währung Exporthilfen gewährt. d) Als *Umweltdumping* wird oft der Umstand bezeichnet, dass wegen mangelnder Umweltschutzauflagen Unternehmen aus bestimmten Ländern kostengünstiger anbieten können als andere. e) Als → Sozial-Dumping wird der Umstand bezeichnet, dass in bestimmten Ländern die Arbeitskosten niedriger sind aufgrund des Fehlens sozialer Absicherung (Kranken- und → Arbeitslosenversicherung, Unfallschutz) oder gar wegen erlaubter → Kinderarbeit. – Vgl. auch → Antidumpingzoll.

Dumpingpreis – Preis eines Gutes, der unterhalb der → Herstellkosten bzw. des Einkaufspreises liegt. Im internationalen Kontext handelt es sich um Dumping wenn ein Gut mit geringerem Preis im Ausland als im Inland oder mit einem ausländischen Preis unterhalb der Herstellkosten verkauft wird. Geahndet wird Dumping aber lediglich dann, wenn der Wirtschaft im Zielland dadurch nachweisbar ein Schaden entsteht oder droht. In diesem Fall können Anti-Dumping-Zölle erhoben werden.

Dumpingspanne → Antidumpingzoll.

Düngemittel – zulassungspflichtig nach Düngemittelgesetz vom 15.11.1977 (BGBl. I 2134) m.spät.Änd. Vorschriften über Kennzeichnung und Verpackung: Verkehrsbeschränkungen können zulassungspflichtig erlassen werden. *Zuwiderhandlungen* werden als Ordnungswidrigkeit mit Geldbußen bis zu 15.000 Euro geahndet. – Über zugelassene Düngemittel vgl. DüngemittelVO i.d.F. vom 16.12.2008 (BGBl. I 2524) m.spät.Änd.

Duopol → Oligopol.

Duplex – *Vollduplex;* Art der → Datenübertragung, bei der gleichzeitig Daten in beide Richtungen über das Übertragungsmedium übertragen werden können. – *Gegensatz:* → Simplex. – Vgl. auch → Halbduplex.

Duplikat – Abschrift eines Dokuments, z.B. eines Frachtbriefes, auch eines Wechsels (→ Wechselabschrift).

Duplikatfrachtbrief → Eisenbahnfrachtbrief (CIM).

Duplikation → Reichweitenüberschneidung.

Durbin-Watson-Autokorrelationstest – Das Testverfahren bedient sich der → Residuen eines geschätzten Modells, um festzustellen, ob Autokorrelation erster Ordnung vorliegt. Autokorrelation höherer Ordnung vermag er nicht aufzudecken. Voraussetzungen für seine Anwendung sind, dass das Regressionsmodell eine Konstante beinhaltet, der stochastische Störterm normalverteilt ist und in der Modellgleichung keine verzögerte erklärte Variable als erklärende Variable auftaucht. – Bildet man die Differenzen zwischen den Residuen und ihrem Vorperiodenwert und dividiert die damit berechenbare Quadratesumme der Differenzen durch die Residuenquadratesumme, so erhält man die zur Testentscheidung notwendige Teststatistik. Sie nimmt im Falle extremer positiver Autokorrelation ($\rho = 1$) genau den Wert null, bei extremer negativer Autokorrelation ($\rho = -1$) einen Wert nahe vier und bei absenter Autokorrelation ($\rho = 0$) einen Wert nahe zwei an. Da die exakte Verteilung dieser Teststatistik vom jeweiligen Modell abhängt, haben Durbin und Watson (1951) Abschätzungen der tatsächlichen Verteilung nach unten und oben gemacht, die nur vom Stichprobenumfang und der Anzahl der zu schätzenden Koeffizienten abhängen. Diese Abschätzungen für die kritischen Werte dieses Testes sind tabelliert und erleichtern so die Testdurchführung. Die Testentscheidungsprozedur ist vergleichsweise umständlich. Außerdem gibt es Fälle, bei denen der Test zu keiner Entscheidung kommt. In der Praxis hat sich daher die Daumenregel bewährt, dass beim Auftreten eines Teststatistikwerts nahe zwei davon ausgegangen werden kann, dass weder positive noch negative Autokorrelation erster Ordnung vorliegt. – Eine in der Praxis häufig verwendete Alternative zum Durbin-Watson- ist der → Breusch-Godfrey-Autokorrelationstest. Er kann auch im Falle verzögerter erklärter Variablen im Modell und zum Test auf Autokorrelation höherer Ordnung eingesetzt werden.

Durchfuhr – Beförderung von Waren aus Drittländern oder → fremden Wirtschaftsgebieten durch das → Zollgebiet oder → Wirtschaftsgebiet, ohne dass die Waren in den zollrechtlich freien Verkehr übergeführt werden; als Durchfuhr gilt auch die Beförderung von Waren des zollrechtlich freien Verkehrs aus einem anderen EU-Mitgliedsstaat durch das Wirtschaftsgebiet (§ 4 II AWG). – Vgl. auch → Transithandel.

Durchführbarkeitsstudie → Feasibility-Studie.

Durchfuhrhandel → Transithandel.

Durchführungsbestimmungen – 1. die Rechtsvorschrift erläuternde oder ausführende → Verwaltungsvorschriften. – 2. aufgrund einer gesetzlichen Ermächtigung im Wege der → Rechtsverordnung erlassene Vorschriften.

Durchführungskontrolle – Teilgebiet der strategischen Kontrolle; überprüft den Realisierungsstand verabschiedeter Strategien.

Durchführungspflicht → Tarifvertrag; → Betriebsvereinbarung.

Durchführungsverzögerung → Lag.

Durchführungswege – Varianten der → betrieblichen Altersversorgung (baV).

Durchgangsarzt – der von den → Versicherungsträgern der gesetzlichen Unfallversicherung zwecks Erzielung der bestmöglichen Heilergebnisse bei Unfallverletzten benannte Facharzt, den die Unfallverletzten vor der ersten Inanspruchnahme eines Vertragsarztes (→ Kassenarztes) zu Rate ziehen sollen. Der Durchgangsarzt prüft bei leichten oder anscheinend leichteren Verletzungen, ob durch eine allgemeinärztliche Behandlung der gleiche Erfolg wie bei Inanspruchnahme eines Facharztes erzielt werden kann. – Bei schweren Verletzungen: → Verletzungsartenverfahren. Der Versicherte kann unter den Durchgangsärzten des Bezirkes frei wählen.

Durchgangsposten → transitorische Posten der Rechnungsabgrenzung.

Durchgangsverkehr → Verkehrsstatistik.

durchgeleiteter Kredit – *Durchleitungskredit, Weiterleitungskredit;* Investitionskredit, der von Banken und Sparkassen durch Weitergabe von zweckgebundenen fremden Mitteln an einen Endkreditnehmer bereitgestellt wird, wobei das durchleitende Kreditinstitut im eigenen Namen und für eigene Rechnung handelt und im Unterschied zu → durchlaufenden Krediten das Kreditrisiko ganz oder teilweise trägt. – *Beispiel:* ERP-Förderkredite der → KfW Mittelstandsbank (KfW Bankengruppe).

Durchgriffshaftung – Begriff des Gesellschaftsrechts. Von Lehre und Rechtsprechung entwickelte Haftung von Gesellschaftern juristischer Personen (insbes. bei GmbH) für Verbindlichkeiten der juristischen Person bei absichtlichem Missbrauch der juristischen Person zur Haftungsbeschränkung, bei Verwendung der juristischen Person entgegen dem Zweck der Rechtsordnung oder wenn das Festhalten an dem Grundsatz der rechtlichen Trennung zwischen Gesellschaft und Alleingesellschafter zu Ergebnissen führt, die Treu und Glauben (§ 242 BGB) widersprechen. Nach der Rechtsprechung kommt eine Durchgriffshaftung nur ausnahmsweise in Betracht, z.B. bei der Vermögensvermischung, wenn Gesellschaftsvermögen und sonstiges Vermögen ununterscheidbar vermischt wird. Durchgriffshaftung führt zur vollen persönlichen Haftung.

durchlaufende Gelder – Begriff des Lohnsteuerrechts: Beträge, die ein Arbeitnehmer bei Ausübung seines Berufs von seinem Arbeitgeber zur Begleichung künftiger Aufwendungen für Rechnung des Arbeitgebers erhält. Die durchlaufenden Gelder gehören nicht zum → Arbeitslohn; sie sind gemäß § 3 Nr. 50 EStG steuerfrei. – Vgl. auch → Auslagenersatz.

durchlaufende Posten – I. Buchhaltung: Beträge, die zwar im Betrieb eingehen, jedoch in gleicher Höhe an einen Dritten weitergegeben werden, ohne den eigentlichen Betriebszweck zu berühren, z.B. einem Rechtsanwalt werden die für einen Mandanten eingeklagten Forderungsbeträge überwiesen, er gibt sie an seinen Mandanten weiter. Durchlaufende Posten gehen in die → Betriebsbuchhaltung nicht ein.

II. Umsatzsteuer: Durchlaufende Posten sind nicht zum umsatzsteuerpflichtigen → Entgelt gehörende Beträge, die der → Unternehmer (offensichtlich) im Namen und für Rechnung eines anderen vereinnahmt oder verausgabt (§ 10 I UStG). Der Unternehmer hat auf Verlangen des Finanzamts Angaben über die bei ihm durchlaufenden Posten zu machen. – *Keine* durchlaufenden Posten sind z.B. Telefongebühren, die ein Vertreter von seinem Auftraggeber ersetzt erhält, da hier keine unmittelbaren Rechtsbeziehungen zwischen Auftraggeber und Kunden entstanden sind, sondern zwischen dem Vertreter und der Post (der Vertreter schuldet der Telefongesellschaft seine Telefongebühren im eigenen Namen, nicht im Namen seines Auftraggebers, wenn er vom eigenen Telefonanschluss telefoniert hat – daran scheitert die Einstufung als „durchlaufender Posten", da der Vertreter bei Zahlung seiner Telefonrechnung nun nicht mehr Zahlungen „in fremdem Namen" leistet, die er sich ersetzen lässt, sondern eigene Kosten hat, für die er vertragsgemäß Ersatz fordern kann).

durchlaufender Kredit – *Treuhandkredit;* Ausleihung von zweckgebundenen Mitteln, die von der öffentlichen Hand oder sonstigen Stellen zur Verfügung gestellt und von den Kreditinstituten weitergeleitet und treuhänderisch verwaltet werden. Die Kreditinstitute haften für die durchlaufenden Kredite nur treuhänderisch (anders: → durchgeleiteter Kredit).

Durchlaufterminierung → PPS-System.

Durchlaufzeit – Zeitspanne, die bei der Produktion eines Gutes zwischen dem Beginn des ersten Arbeitsvorganges und dem Abschluss des letzten Arbeitsvorganges verstreicht. Die Durchlaufzeit eines Auftrages ist definiert als die Summe der Bearbeitungs-, Transport- und Wartezeiten auf allen Produktionsstufen. – Vgl. auch → Durchlaufzeitminimierung, → Vorlaufverschiebung.

Durchlaufzeitminimierung – *Wartezeitminimierung.* Eine Verkürzung der Durchlaufzeit kann wegen der i.Allg. technisch vorgegebenen Bearbeitungs- und Transportzeiten nur durch eine Minimierung der Wartezeiten erreicht werden. – *Ziel:* Senkung der Kapitalbindungskosten durch eine Minimierung der Durchlaufzeit.

Durchleitungskredit → durchgeleiteter Kredit.

Durchschnitt → arithmetisches Mittel.

durchschnittliche (mittlere) Verweildauer – in der → Verlaufsstatistik das → arithmetische Mittel der individuellen → Verweildauern der Elemente einer Beobachtungsgesamtheit (eines Bestandes) im Beobachtungsintervall $(t_0,t_1]$. Die durchschnittliche (mittlere) Verweildauer ist oft nicht präzise berechenbar, da einzelne Verweildauern unbekannt sind (Eintritt in die Bestandsmasse vor t_0, Austritt nach t_1). Ist die Beobachtungsgesamtheit geschlossen, sind also Anfangsbestand und Endbestand jeweils Null, so kann bei bekannter kumulierter → Zugangsfunktion und → Abgangsfunktion die durchschnittliche Verweildauer als Quotient aus der Maßzahl der → Verweilfläche und der Anzahl der insgesamt zugegangenen Elemente errechnet werden.

durchschnittliche absolute Abweichung – in der beschreibenden Statistik ein → Streuungsmaß mit der Definition

$$d = \frac{1}{n} \sum_{i=1}^{n} |x_i - m|$$

Dabei bezeichnet n die Anzahl der Beobachtungswerte und m den → Median im Datensatz $x_1, \dots, x_n$; d ist also der Durchschnitt der ohne Vorzeichen ermittelten Abweichungen der Werte von ihrem Median. Betrachtet man d als Funktion von m, so wird d beim Median minimal. Die mittlere absolute Abweichung ist für einen Datensatz stets kleiner oder gleich der empirischen Standardabweichung. Statt des Medians m wird auch das → arithmetische Mittel als Lagemaß verwendet. Bei → Häufigkeitsverteilungen müssen die Abweichungen mit den entsprechenden Häufigkeiten gewichtet werden (→ Gewichtung).

durchschnittliche Sparquote – misst den Anteil des → Sparens der privaten Haushalte am → verfügbaren Einkommen dieses Sektors. – Vgl. auch → marginale Sparquote, → Konsumquote.

Durchschnittsätze – I. Einkommensteuer: bes. Form der Gewinnermittlung bei Land- und Forstwirten. Ziel der Durchschnittsätze ist es, Kleinbetrieben eine umfangreiche Buchhaltung zu ersparen. Voraussetzung für die Anwendung der Durchschnittsätze ist daher, dass der Steuerpflichtige nicht zur Buchführung verpflichtet ist, die selbstbewirtschaftete Nutzung ohne Sonderkulturen 20 Hektar nicht überschreitet, die Tierbestände 50 Vieheinheiten nicht überschreitet und der Wert der selbstbewirtschafteten Sondernutzungen pro Sondernutzung maximal 2.000 DM (maßgeblich sind hier in der Tat auch heute – 2009 – noch in DM ausgedrückte alte Schätzwerte; der Betrag entspricht heute ca. 1.005 Euro) beträgt. Der Durchschnittsatzgewinn wird ermittelt nach einem Grundbetrag pro Hektar, Zuschlägen für Sondernutzungen und bestimmten gesondert zu ermittelnden Gewinnbestandteilen und Absetzungen (§ 13a EStG).

II. Umsatzsteuer: Bei der Umsatzsteuer existieren Durchschnittsätze für den → Vorsteuerabzug bestimmter Berufsgruppen. Eine bes. Form der pauschalen Besteuerung, die ebenfalls in einer gewissen Weise auf einer extrem pauschalierten Durchschnittsbetrachtung basiert, gilt außerdem für → land- und forstwirtschaftliche Umsätze.

Durchschnittsbeförderungsentgelt → Beförderungsleistungen.

Durchschnittsbestand – I. Betriebswirtschaftslehre: 1. *Begriff:* Mittelwert einer Reihe von gemessenen Beständen, bes. von Waren und Materialien sowie Forderungen und Verbindlichkeiten. Wichtige Größen bei Bewertungen, Planungsarbeiten (Errechnung des → Kapitalbedarfs, der → Umschlagshäufigkeit bzw. → Umschlagsdauer etc.). – 2. *Berechnung:* a) *Arithmetisches Mittel aus den Eckbeständen eines Gesamtzeitraumes:*

$$\text{DB} = \frac{\text{Anfangsbestand} + \text{Endbestand}}{2};$$

Dies ist ein oberflächliches Verfahren; es führt zu falschen Ergebnissen, wenn die Zwischenbestände stark schwanken. b) *Arithmetisches Mittel aus den Eckbeständen gleich großer Teilzeiträume:*

$$\text{DB} = \frac{\text{Summe der Teilzeit-Eckbestände}}{\text{Anzahl der Teilzeit-Eckbestände}}.$$

Es handelt sich im Vergleich zu a) um eine Verfeinerung des Verfahrens; es kann jedoch ebenfalls zu falschen Ergebnissen führen. c) *Arithmetisches Mittel aus tatsächlichen Beständen zwischen den einzelnen Bestandsveränderungen:*

$$\text{DB} = \frac{\text{Summe der Einzelbestände}}{\text{Anzahl der Einzelbestände}},$$

Es handelt sich um eine Verfeinerung des erstgenannten Verfahrens, ebenfalls noch nicht fehlerfrei. d) *Gewogenes arithmetisches Mittel aller tatsächlichen Bestände:*

$$\begin{array}{l}\text{Summe aller}\\ \text{Produkte aus DB}\end{array} = \frac{\begin{array}{c}\text{Teilzeitbestände}\\ \text{und Teilzeitraum}\end{array}}{\text{Gesamtzeit}}.$$

Dies Verfahren entspricht dem bei der Zinsberechnung üblichen Verfahren (Zinsstaffel; → Zinsrechnung) und liefert immer richtige Ergebnisse.

II. Statistik: In der → Verlaufsstatistik die durchschnittliche Bestandsmenge in einem Beobachtungsintervall $(t_0, t_1]$. Der Durchschnittsbestand lässt sich errechnen als Quotient aus der → Verweilfläche

$$\int_{t_0}^{t_1} B(t)dt$$

und der Länge $t_1 - t_0$ des Beobachtungsintervalls.

Durchschnittsbesteuerung → Vorsteuerabzug.

Durchschnittsbewertung – *Durchschnittspreisrechnung.*

I. Handelsrecht: Verfahren der Ermittlung von → Durchschnittspreisen bei gleichartigen, beweglichen Vermögensgegenständen des Anlage- und Umlaufvermögens (§ 240 IV HGB), v.a. des

→ Vorratsvermögens zur Berücksichtigung von Zeit- und Kapitalgebundenheit bzw. Preis- und Wertänderungen der Lagervorräte. Aus den zu unterschiedlichen Preisen erworbenen Waren wird entweder einmal zum Jahresende ein Durchschnittswert gebildet oder es werden während des Jahres laufende Durchschnitte errechnet.

II. Steuerrecht: Die Durchschnittsbewertung stellt ein geeignetes Schätzungsverfahren zur Bewertung vertretbarer Wirtschaftsgüter des Vorratsvermögens dar, bei denen die → Anschaffungskosten oder → Herstellungskosten wegen schwankender Einstandspreise im Einzelnen nicht mehr einwandfrei feststellbar sind (R 6.8 EstR). Die Bewertung hat nach dem gewogenen Mittel der im Laufe des Wirtschaftsjahres erworbenen und ggf. zu Beginn des Wirtschaftsjahres vorhandenen Wirtschaftsgüter zu erfolgen.

Durchschnittserlös – Begriff der → Kostentheorie für den auf die verkaufte Leistungseinheit durchschnittlich entfallenden Stückerlös.

$$\text{Durchschnittserlös} = \frac{\text{Gesamterlös in Geldeinheiten}}{\text{Umsatz in Stück- bzw. Leistungseinheiten}}$$

Durchschnittsertrag – *Durchschnittsprodukt*, → Produktivität; Verhältnis von Ausbringungsmenge x zur zugehörigen Einsatzmenge r_j der Faktorart j:

$$e_j = \frac{x}{r_j}.$$

Reziproker Wert: → Produktionskoeffizienten.

Durchschnittskosten – 1. *Begriff:* Durchschnittskosten sind die durchschnittlich auf eine Leistungseinheit entfallenden Gesamtkosten (→ Kosten). Betrachtungsobjekt kann dabei ein einzelner → Auftrag, → Kostenplatz, eine einzelne Charge, → Serie oder → Kostenstelle, aber auch das Gesamtunternehmen sein. – 2. *Ermittlung:* Liegt nur *eine Leistungsart* vor, lassen sich die Durchschnittskosten durch eine einfache Division ermitteln (→ Divisionskalkulation). Werden *mehrere Leistungsarten* nebeneinander erstellt, muss man diese rechnerisch vergleichbar machen, etwa indem man die Durchschnittskosten einer Beschäftigungseinheit (→ Beschäftigung) ermittelt und damit die leistungsartspezifische Inanspruchnahme der Beschäftigung gewichtet. – 3. *Bedeutung:* Die Ermittlung von Durchschnittskosten, d.h. die gleichmäßige Belastung einzelner Kalkulationsobjekte, ist vom Grundsatz her das beherrschende Verteilungsprinzip der traditionellen → Vollkostenrechnung. Es findet sich in allen gebräuchlichen Kalkulationsverfahren (→ Kalkulation) und Verfahren zur Verrechnung innerbetrieblicher Leistungen (→ innerbetriebliche Leistungsverrechnung) wieder. Aufgrund der „Gerechtigkeit“ der Kostenverteilung werden die Preise vieler öffentlicher Leistungen in Höhe der Durchschnittskosten festgelegt. – 4. *Kritik:* Zur Ermittlung der Durchschnittskosten werden neben → variablen Kosten (bzw. → Einzelkosten) auch → fixe Kosten (bzw. → Gemeinkosten) den einzelnen Leistungseinheiten zugerechnet. Dies bedeutet jedoch eine Kostenschlüsselung (→ Gemeinkostenschlüsselung).

Durchschnittskostendeckung – Grundsatz der langfristigen → Preispolitik, wonach die Preise stets so zu stellen sind, dass sie die zugehörigen → Durchschnittskosten je Einheit decken. Wegen der in solchen → Vollkosten enthaltenen, mit abnehmender Beschäftigung ansteigenden Anteile an → fixen Kosten verstärkt die Zielsetzung der Durchschnittskostendeckung häufig eine ohnehin vorhandene Unterbeschäftigung. Kurzfristig ist Durchschnittskostendeckung als Preispolitik vielfach durch andere preispolitische Ziele zu ersetzen. – Vgl. auch → Preisuntergrenze.

Durchschnittsmenge → Schnittmenge.

Durchschnittspreis – Durchschnitt einer Vielzahl von Einstandspreisen; bei der Wertermittlung des Verbrauchs und Bestandes von bezogenen Rohstoffen und Hilfsmaterialien (→ bezogene Teile) verwendet. – 1. Die *Bewertung* erfolgt nach dem durchschnittlichen Einstandspreis aller Anschaffungen, ohne Rücksicht darauf, aus welcher Anschaffung der jeweilige Verbrauch bzw. Bestand tatsächlich stammt. Durchschnittspreise können als → Buchbestandspreise oder → Eingangsdurchschnittspreise ermittelt werden. – 2. In der *Kostenrechnung* wird aus Vereinfachungsgründen teilweise mit Durchschnittspreisen gearbeitet, z.B. zur Ermittlung eines einheitlichen Verrechnungspreises für Material bei schwankenden → Anschaffungskosten.

Durchschnittsprinzip – in der Praxis häufig anzutreffendes → Kostenverteilungsprinzip. Die Kosten werden mittels einer Division gleichmäßig auf eine bestimmte Leistungsmenge (Menge einer einzelnen Bezugsgröße) verteilt. – Vgl. auch → Durchschnittskosten.

Durchschnittsspanne – durchschnittliche Höhe der → Handelsspanne. – 1. *Einzelbetriebliche* Durchschnittsspanne (→ Betriebshandelsspanne): (1) Bezogen auf einen Artikel bei Spannenänderungen im *Zeitablauf;* (2) bezogen auf die Spannen mehrerer Artikel (Artikelgruppen) oder Warengruppen (→ Mischkalkulation). – 2. *Überbetriebliche Durchschnittsspanne:* Ermittlung in → Betriebsvergleichen, manchmal sogar für unterschiedliche Betriebsformen oder ganze Handelsbranchen.

Durchschnittssteuersatz – Verhältnis zwischen Steuerbetrag und → Bemessungsgrundlage. Der Durchschnittssteuersatz bezeichnet somit die Belastung der gesamten Besteuerungsmenge. – *Anders:* → Grenzsteuersatz. – Vgl. auch → Steuertarifformen.

Durchschnittsziel → Geldmengenziel.

Durchschreibebuchführung – Verfahren der doppelten → Buchführung, bei dem die Eintragungen auf dem Sachkonto oder Kontokorrentkonto und im Grundbuch (→ Journal genannt) in einem Arbeitsgang mithilfe von Faltblättern oder auch selbstschreibenden Papieren in Durchschrift erfolgen. – *Zu unterscheiden:* (1) *Manuelle Durchschreibebuchführung:* wie bei der Übertragungsbuchführung ein oder mehrere Journale. Es können zwei Blätter (Konto, Journal) oder mehr Blätter (z.B. Konto, Journal, Sammelkontoblatt) mit Zwischenlagen von Durchschreibpapier untereinander auf eine Platte mit Klemm-Mechanik gelegt werden.(2) *Maschinelle Durchschreibebuchführung:* Journal bzw. Journale, Haupt- und Kontokorrentbuch sind in lose Blätter aufgelöst (Loseblattbuchführung). Die Journalblätter werden nach Beschriftung in ein Loseblattbuch geheftet, die Sach- und Personenkontenkarten werden in Kästen aufbewahrt. Die Buchungsmaschinen sind aus den schreibenden Addiermaschinen entwickelt, sie schreiben Volltext oder Kurzzeichen. – Heute ist die Durchschreibebuchführung weitgehend durch die *EDV-Buchführung* (→ Buchführung) ersetzt; mithilfe der → Datenfernverarbeitung auch bei Kleinbetrieben.

Durchsetzungsrichtlinie → Enforcement-Richtlinie.

Durchsickereffekte → Trickle-down-Effekte.

Durchsuchung – 1. *Begriff:* behördliches Suchen nach Personen, Sachen oder z.B. Beweismitteln wegen einer Straftat, v.a. in der Wohnung, in Geschäftsräumen oder anderen Räumen sowie Behältnissen (Haussuchung). Da Freiheit und Wohnung des Einzelnen vom Grundgesetz (Art. 13 GG) geschützt werden, kann eine Durchsuchung gegen oder ohne den Willen des Betroffenen nur bei Vorliegen gesetzlicher Voraussetzungen durch den Richter oder bes. ermächtigte Behörden angeordnet werden. – 2. Im *Strafprozess:* Anordnung durch den Richter, bei Gefahr im Verzug durch Staatsanwaltschaft und bes. ermächtigte Polizeibeamte (§ 102 StPO). – 3. In der *Zwangsvollstreckung:* Der Gerichtsvollzieher ist nach vorheriger richterlicher Genehmigung befugt, die Wohnung und die Behältnisse des Schuldners zu durchsuchen, soweit der Zweck der Vollstreckung dies erfordert (§ 758, 758a ZPO). Antragsformular für Erlass einer Durchsuchungsanordnung nach § 758a ZPO nach der Zwangsvollstreckungsformular-Verordnung vom 23.8.2012 (BGBl. I S. 1822). – 4. Nach der *Abgabenordnung* (§ 399 II AO) kann im Rahmen eines Steuerstrafverfahrens (→ Steuerstrafverfahrensrecht) unter den Voraussetzungen der Strafprozessordung durchsucht werden. Bei Gefahr im Verzug kann auch die Finanzbehörde die Anordnung treffen. Im finanzamtlichen Vollstreckungsverfahren darf der Vollziehungsbeamte die Wohn- und Geschäftsräume – ggf. aufgrund einer richterlichen Durchsuchungsermächtigung - durchsuchen (§ 287 AO). – 5. Im Rahmen *zollamtlicher Überwachung* körperliche Durchsuchungen bei Vorliegen zureichender tatsächlicher Anhaltspunkte, dass vorschriftswidrig Nichtgemeinschaftswaren, verbrauchsteuerpflichtige Waren oder Waren, die Verboten und Beschränkungen unterliegen, mitgeführt werden, an einem geeigneten Ort (§ 10 III ZollverwaltungsG). Die Grundrechte nach Art. 2 II GG sind insoweit eingeschränkt. – Vgl. auch → Beschlagnahme, → Leibesvisitation.

Dustbin Check – Form der → Beobachtung, bei der Haushaltsmüll auf die Verwendung bestimmter Produkte bzw. Marken untersucht wird. Der Dustbin Check kann auch im Haushaltspanel durchgeführt werden. Die Methode wird angewendet bei Untersuchungspersonen, die sich einer Befragung entziehen oder einer solchen nicht gewachsen sind.

Duty-free-Shop – Einzelhandelsgeschäft in → Zollausschlüssen (z.B. Freihäfen, Helgoland) und auf Flughäfen jenseits der Zollkontrolle. Es werden vornehmlich Waren verkauft, deren Einfuhr zwar grundsätzlich hohen Zöllen oder Verbrauchsteuern (Tabakwaren, Alkoholika, Kosmetika) unterliegt, die aber im nicht kommerziellen Reiseverkehr unterhalb bestimmter Mengen- oder Wertgrenzen zoll- und steuerfrei eingeführt werden können. Die Waren sind demgemäß gegenüber den Preisen im Zollgebiet verbilligt. – Das Prinzip des Duty-free-Shop wird auch beim Verkauf derartiger Waren auf Schiffen oder in Flugzeugen bei Reisen über die Zollgrenze genutzt (→ Butterfahrten). – Für *Reisen innerhalb der EU* ist die Möglichkeit zum Einkauf in Duty-free-Shops 1999 ausgelaufen. – *Anders:* → Tax-Free Shopping.

DV-Audit – 1. *Begriff:* Methode zur strategischen Planung von → betrieblichen Informationssystemen. – 2. *Ziel:* Kritische Situationsanalyse der elektronischen Datenverarbeitung in einem Unternehmen durch Vergleich von Kosten- und Leistungskriterien. – 3. *Untersuchungsfelder:* → DV-Aufbauorganisation, → DV-Kosten, Hardware und Systemsoftwareausstattung (→ Hardware, → Software, → Systemprogramm) sowie Status der → Anwendungen. – 4. *Methoden:* → Informationsbedarfsanalyse, → Informationsportfolio, Branchen- und Betriebsvergleiche u.a. – Vgl. auch → DV-Rahmenkonzeption, → DV-Revision.

DV-Aufbauorganisation → Aufbauorganisation für den Bereich „Organisation und Datenverarbeitung," bes. die Eingliederung in die Unternehmensorganisation, die räumliche, organisatorische und technische Zentralisierung bzw. Dezentralisierung und damit verbunden die Verteilung der Hardware-Ressourcen (→ Hardware), ferner die Innenorganisation der → Org/DV-Abteilung, ggf. der Aufbau eines → Information Centers sowie die Festlegung des Rahmens für Projektdurchführung und Personaleinsatz.

DV-Controlling – 1. *Begriff:* → Controlling für den Datenverarbeitungsbereich eines Unternehmens. – 2. *Ziele:* Aufbau eines Berichtsystems für die Unternehmensführung und das DV-Management; Schaffung eines Koordinierungsinstruments zur operativen Steuerung des DV-Bereichs. – 3. *Aufgaben:*

Investitionsplanung und -rechnung für → Computersysteme, Wirtschaftlichkeitsprüfung bei Entwicklung von → Anwendungen, Projektplanung und Projektergebniskontrolle, Kapazitätskontrolle, → Job Accounting sowie die Fortschreibung der → DV-Rahmenkonzeption durch strategisches DV-Controlling. Teilweise stehen computergestützte Hilfsmittel zur Verfügung.

DVD – Abk. für *Digital Versatile Disc;* Weiterentwicklung der Compact Disc (CD) zur Speicherung von Videomaterial im MPEG-2 Format (Moving Pictures Expert Group, → MPEG) und großer Datenmengen im PC-Bereich. Standardisiert seit 1996. Die Abmessungen und die prinzipielle Funktionsweise sind identisch zur CD. Im Vergleich zeichnet sich die DVD durch eine größere Datendichte und durch die Möglichkeit aus, zwei → Layer übereinander anzuordnen. Der obere Layer ist teildurchlässig und ermöglicht dadurch den Zugriff auf den unteren Layer. Häufig enthalten beide Seiten der DVD Daten, sodass durch zwei Seiten mit je zwei Layern eine maximale Kapazität von 17 GByte entsteht. Allerdings handelt es sich bei doppelseitigen DVDs um zwei unabhängige Speichermedien, auf denen keine zusammenhängenden Dateien gespeichert werden können. Laufwerke, die beide Seiten lesen können, existieren nicht. Zum Lesen einer DVD wird aufgrund der im Vergleich zur CD kleineren Pits (Länge 0,4 bis 1,14 µm) und dem engeren Spurabstand (0,74 µm) ein Laser mit einer kürzeren Wellenlänge (650 oder 635 nm) benötigt. Die Drehzahl liegt bei einer Video-DVD zwischen 570 und 1390 U/min. – Eine Video-DVD kann bis zu acht Tonspuren mit je bis zu acht Kanälen, maximal 32 Untertitel sowie verschiedene Kameraperspektiven enthalten. Die Datenrate ist variabel und liegt meist zwischen 3 und 10 Mbit/s. Ein Regionalcode verhindert das Abspielen einer DVD von anderen Kontinenten, um den Import von DVDs in Länder zu verhindern, in denen der Film noch nicht im Kino zu sehen war. Zusätzlich enthält eine DVD häufig einen Kopierschutz, um unberechtigte Vervielfältigungen zu unterbinden. Zur Wiedergabe einer Video-DVD wird ein DVD-Abspielgerät benötigt. – Durch den Anwender selber beschreibbare Daten-DVD lassen sich unterteilen in „-" (DVD-Forum) und „+"-Varianten (DVD+RW Alliance). Es gibt einfach beschreibbare Varianten „R" und mehrfach (circa 1000 mal) beschreibbare Varianten „RW", die jeweils eine Kapazität von 4,7 GByte besitzen. „DL" Varianten bieten mit 8,5 GByte die doppelte Speicherkapazität. DVD-RAM-Varinaten weisen zudem einen bes. hohe Datensicherheit auf, da sie ein → Festplatten ähnliches Defektmanagement besitzen.

DVFA – Abk. für *Deutsche Vereinigung für Finanzanalyse und Asset Management;* früher: *Deutsche Vereinigung für Finanzanalyse und Anlageberatung;* Berufsverband der Kapitalmarktexperten, Gründung im Jahr 1960, 1.100 persönliche Mitglieder, von ca. 400 Investmenthäusern, Banken Fondsgesellschaften oder unabhängigen Kapitalmarktdienstleistern. – *International verankerter Berufsverband:* European Fereration of Financial Analysts Societies (EFFAS), über 17.000 Investmentspezialisten europaweit. ACIIA – Association of Certified International Investment Analysts: Netzwerk mit über 50.000 Investment Professionals weltweit. Die Umbenennung erfolgte im Jahr 2000, um der Weiterentwicklung der Vermögensmanagements in den 1990er-Jahren auch sprachlich Rechnung zu tragen. – *Aufgaben:* Die DVFA sichert die Wettbewerbsfähigkeit der Berufsangehörigen durch eine internationalen Standards entsprechende Aus- und Weiterbildung, durch die Bereitstellung von Plattformen für die optimierte Finanzkommunikation sowie durch effektive Selbstregulierung. Wichtigster Veranstalter von Analystenkonferenzen in Deutschland. Ende 2002 Kodex für Finanzanalyse als Weiterentwicklung der seit 1995 gültigen Standesrichtlinien. Dazu gehören neben Sorgfaltspflicht bei Erstellung einer Analyse auch die Eigenanzeige von Interessenkonflikten, Untersagung von Eigengeschäften in Wertpapieren für den Analysten sowie für seine nächsten Angehörigen und ein Vier-Augen-Prinzip mit einem qualifizierten Kollegen vor der Veröffentlichung.

DVFA/SG-Ergebnis – Indikator für die Ertragslage des Gesamtunternehmens, der auf dem → Konzernabschluss basiert. – 1. *Begriff:* Die Deutsche Vereinigung für Finanzanalyse und Anlageberatung e. V. (→ DVFA) und der Arbeitskreis Externe Unternehmensrechnung der Schmalenbach-Gesellschaft – Deutsche Gesellschaft für Betriebswirtschaft (SG) haben eine gemeinsame Empfehlung zur Ermittlung eines Ergebnisses nach DVFA/SG erarbeitet, die die bilanziellen Ermessensspielräume durch die Fiktion einer Normalbilanzierung einschränken will. Die Verlautbarungen der DVFA/SG haben ausschließlich Empfehlungscharakter und sind nicht direkter Bestandteil der handelsrechtlichen Rechnungslegungspflicht. Indes kommt es aufgrund des zunehmenden Kapitalmarktdrucks zu einer faktischen Angabepflicht innerhalb des → Geschäftsberichts. Die Verlautbarung ist primär auf Industrie- und Handelsunternehmen zugeschnitten. Für Banken und Versicherungen wurden abgewandelte Schemata entwickelt, um deren Besonderheiten berücksichtigen zu können. – 2. *Zweck:* Bei der Ermittlung des → Bilanzgewinns und des aus ihm abgeleiteten Ergebnisses je Aktie bestehen vielfältige Wahlrechte und Ermessensspielräume. Diese in der Rechnungslegungspraxis unterschiedlich genutzten Bilanzierungsmöglichkeiten (Wahlrechte) sollen durch das DVFA/SG-Ergebnis in Richtung auf eine größtmögliche Gemeinsamkeit zwischen den Vorschriften des dt. Handelsrechts, den → International Financial Reporting Standards (IFRS) und den United States-General Accepted Accounting Principles (→ US-GAAP) eingeengt werden. Die Kennziffer des Ergebnisses je Aktie ermöglicht es, den Ergebnistrend eines Unternehmens im Zeitablauf aufzuzeigen, und schafft eine zuverlässige Ausgangsposition für die Schätzung der zukünftigen Ergebnisentwicklung. Anhand des DVFA/SG-Ergebnises ist der wirtschaftliche Erfolg zwischen verschiedenen Unternehmen vergleichbar.

DV-Konzept → Architektur integrierter Informationssysteme.

DV-Kosten – 1. *Begriff:* die durch die DV (→ Datenverarbeitung) verursachten → Kosten eines Betriebs. – 2. *Wichtigste Kostenarten:* Personalkosten (größter Anteil an den DV-Kosten), Betriebsmittelkosten (v.a. Abschreibungen auf → Hardware und → Software), Werkstoffkosten (z.B. Papier, Strom), Mietkosten (Hardware-, Softwaremiete), Fremdleistungs-, Datenübertragungs-, Aus- und Weiterbildungskosten. – 3. *Kostenverursachung* im Software Life Cycle: überwiegend durch → Softwarewartung, geringer Anteil durch den eigentlichen → Softwareeinsatz. Größenordnungen (in Prozent) ca. 20 : 35 : 45 (Entwicklung : Einsatz : Wartung).

DV-Organisator – Berufsbild in der betrieblichen Datenverarbeitung. Der DV-Organisator ist im Rahmen der → Systemanalyse für die betriebswirtschaftliche und DV-technische Konzeption und für die Einführung neuer oder zu verändernder Informationssysteme in die Organisation der Unternehmung zuständig.

DV-Rahmenkonzeption – Methode zur langfristigen Planung betrieblicher Informationssysteme im Rahmen des Information Ressource Managements. Ausgehend von den Unternehmenszielen wird auf Basis eines → DV-Audits die Planung der betrieblichen → Anwendungen (→ Informationsbedarfsanalyse), der personellen sowie der hardware- und softwaretechnischen Ressourcen (→ Hardware, → Software) und der organisatorischen Strukturen durchgeführt. Darauf baut eine Wirtschaftlichkeitsstudie auf, aus der der Planungsrahmen mit Projekten und Realisierungsprioritäten abgeleitet wird.

DV-Revision – 1. *Begriff:* formale Prüfung der Wirtschaftlichkeit, Sicherheit und Ordnungsmäßigkeit der elektronischen → Datenverarbeitung einer Unternehmung. – 2. *Untersuchungsbereiche:* DV-Abteilung, → Rechenzentrum und betroffene Fachabteilungen. – 3. *Aufgaben:* Überprüfung (1) der Wirtschaftlichkeit und Methodik der → Systemanalyse, (2) des Sicherheitskonzepts in physischer (Sicherung des Rechenzentrums) und organisatorischer (z.B. → Datensicherheit, Datensicherung, → Dokumentation) Hinsicht, (3) des → Datenschutzes; (4) der Einhaltung der Grundsätze der Ordnungsmäßigkeit der Datenverarbeitung (gesetzliche Vorschriften, z.B. bei computergestützter → Finanzbuchhaltung, hausinterne Richtlinien). DV-Revision ist verwandt mit dem → DV-Audit, das sich primär auf inhaltliche Prüfungen erstreckt.

DWF – Abk. für → Deutscher Werbefachverband e. V.

DWG – Abk. für → Deutsche Werbewissenschaftliche Gesellschaft e. V.

Dynamik der Betriebsformen im Handel – 1. *Begriff:* Anpassung etablierter und Herausbildung neuer → Betriebsformen des Handels wegen Veränderungen der gesellschaftlichen, ökonomischen und wettbewerblichen Umweltbedingungen. – 2. *Zwei Phasen* der Entwicklung neuer Betriebsformen: a) *Erste Phase:* Pionierunternehmer entwerfen das *neue Konzept* mit dem Ziel der Leistungssteigerung und Rationalisierung der Warendistribution durch neuartige Kombination handelsbetrieblicher Einsatzfaktoren (→ Produktionsfaktoren des Handels). Wichtige Ansatzpunkte: Gezielte Sortimentsbegrenzung auf Waren mit hohem Lagerumschlag, Auffinden preisgünstiger Bezugsmöglichkeiten, drastische Reduzierung bzw. vollständiger Verzicht auf Kundendienstleistungen, starke Verminderung des Personaleinsatzes, funktionelle Bauweise bei einfacher Ladenausstattung, rationeller Einsatz der übrigen Betriebsmittel (Kasse, Lager, Fuhrpark etc.). Dies ermöglicht den Pionierunternehmern so stark ermäßigte Preise, dass wegen der davon ausgehenden Anziehungskraft auf den Einsatz teurer Werbemittel verzichtet werden kann. – b) *Zweite Phase: Wandel der Ziele* bei den Pionierunternehmern: Schrittweises Trading-up aus Furcht, die vornehmlich auf niedrigen Preisen beruhende Anziehungskraft könne nachlassen. Dadurch entsteht unmittelbare Konkurrenzsituation zu den etablierten Betriebsformen, die sich im Zug des Trading-down angepasst und manche Elemente der neuen Betriebsformen kopiert haben. Damit eröffnet der Markt wieder Chancen für das Vordringen neuer, preisaggressiver Betriebsformen. – *Beispiel:* Die Abfolge des Eindringens von → Supermärkten, → Discountgeschäften, → Verbrauchermärkten, → Selbstbedienungswarenhäusern, → Fachmärkten. – Vgl. auch → Ladenverschleiß.

dynamische Analyse → Analyse-Methoden.

dynamische Anreizwirkung – Fähigkeit umweltpolitischer Instrumente, → umwelttechnischen Fortschritt zu induzieren (→ Umweltpolitik).

dynamische Auftragsfreigabe → dynamische Einplanung.

dynamische Bilanztheorie – Theorie über Inhalt und Zweck einer → Bilanz. – 1. *Begründet und entwickelt* durch *Schmalenbach* (Dynamische Bilanz, 1919, 13. Aufl., Köln und Opladen 1962). Da der Wert der Unternehmungen von ihrer Ertragskraft bestimmt wird, gilt es, den während der Lebensdauer des Unternehmens erzielten Totalerfolg (Gesamteinnahmen – Gesamtausgaben – Kapitaleinlagen + Kapitalentnahmen) zu ermitteln, wobei die jährliche Bilanz nur den Periodenerfolg für noch nicht abgeschlossene Erfolgsvorgänge (Ausgaben, Einnahmen, Aufwendungen, Leistungen) darstellt. Die Bilanz enthält demnach *nur transitorische oder antizipative*

Dynamische Bilanz

Verrechnungsfall	Bilanz	Gewinn- und Verlust-Konto
Aufwand jetzt – Ausgabe später	Passivum entsteht	Sollposten
Aufwand jetzt – Ausgabe früher	Aktivum verschwindet	Sollposten
Ausgabe jetzt – Aufwand später	Aktivum entsteht	–
Ausgabe jetzt – Aufwand früher	Passivum verschwindet	–
Leistung jetzt – Einnahme später	Aktivum entsteht	Habenposten
Leistung jetzt – Einnahme früher	Passivum verschwindet	Habenposten
Einnahme jetzt – Leistung später	Passivum entsteht	–
Einnahme jetzt – Leistung früher	Aktivum verschwindet	–
Aufwand jetzt – Leistung später	Passivum entsteht	Sollposten
Aufwand jetzt – Leistung früher	Aktivum verschwindet	Sollposten
Leistung jetzt – Aufwand später	Aktivum entsteht	Habenposten
Leistung jetzt – Aufwand früher	Passivum entsteht	Habenposten

Posten. – *Schema:* Jedes Aktivum wird danach als künftige Einnahme oder künftiger Aufwand (Vorleistungen) und jedes Passivum als künftige Ausgabe oder als künftige Leistung (Nachleistungen) erklärt; Vermögens- und Schuldbestände gibt es in der dynamischen Bilanzinterpretation nicht, sondern nur schwebende Posten, die erst in späteren Perioden in den Erfolgsbildungsprozess eingehen. – Die Bilanz dient der Ermittlung des wirtschaftlichen Erfolgs einer Periode, des Jahresgewinns, der sich aus der Differenz von Ertrag und Aufwand ergibt. Diese beiden sind von der Bewertung der Bilanzaktiven und -passiven am Stichtag abhängig, die grundsätzlich zu Anschaffungswerten angesetzt werden. – 2. *Weiterentwicklung* der dynamischen Bilanz durch *Walb* (Finanzwirtschaftliche Bilanz, 1943, 3. Aufl., Wiesbaden 1966): Unterscheidung von Konten der Zahlungsreihe (Buchung aller baren und unbaren Zahlungen) und Konten der Leistungsreihe (Buchung aller Sachgüter, Arbeits- und Dienstleistungen). Abschluss der Zahlungsreihe: Die Bilanz, die auf der Aktivseite die Summe aller Einnahmen und auf der Passivseite die Summe aller Ausgaben enthält. Abschluss der Leistungsreihe: Gewinn- und Verlustrechnung, die auf der Sollseite alle Leistungseingänge (Aufwand) und auf der Habenseite alle Leistungsausgänge (Erträge) enthält. Beide Abschlüsse ergeben erst durch Rückverrechnung in Höhe des periodengerechten Aufwands bzw. Ertrags den Periodengewinn. – Vgl. auch Abbildung „Dynamische Bilanz“.

dynamische Einkommen – 1. Begriff: Einkommen, die nicht in einem statischen Zustand, sondern im dynamischen Prozess der wirtschaftlichen Entwicklung entstehen. Dazu gehören: Pioniergewinn (Vorsprungsgewinn) und Marktlagengewinn. – Gegensatz: → Statische Einkommen. – 2. Entstehungsursachen nach Erich Preiser: a) Pioniergewinn: beruht in Anlehnung an Schumpeter auf dem Gewinn des Schumpeterschen Unternehmers aus Innovationen im Prozess der „schöpferischen Zerstörung“, bei dem alte Produktionsverfahren durch neue ersetzt werden und neue Produkte entstehen. Preiser bezeichnet den Pioniergewinn daher auch als „Fortschrittsprämie“. b) Marktlagengewinn (Q-Gewinn): Werden in einer Wirtschaft Investitionen durch Kredite und Geldschöpfung finanziert, entstehen dynamische Marktlagengewinne, von Preiser in Anlehnung an Keynes‘ *Treatise on Money* mit Q bezeichnet. Sie bilden zusammen mit der freiwilligen Ersparnis (S) den Gegenposten zur Investition (I=S+Q). Die Investitionen lösen in einer unterbeschäftigten Wirtschaft bei steigender Nachfrage und kurzfristig unelastischem Angebot Preissteigerungen in der Konsumgüterindustrie auf, die die Marktlagengewinne entstehen lassen. Im Laufe des Anpassungsprozesses (d.h. bei der Bewegung zu einem neuen Gleichgewicht hin) werden Multiplikatoreffekte ausgelöst durch die die Marktlagengewinne zugunsten der freiwilligen Ersparnis immer kleiner werden, bis sie im neuen kurzfristigen Gleichgewicht schließlich ganz verschwinden (I=S).

dynamische Einplanung – *dynamische Auftragsfreigabe;* Verfahren zur Einplanung von Produktionsaufträgen auf den Betriebsmittelgruppen. Weiterentwicklung der → statischen Einplanung. Bei der dynamischen Einplanung wird ein Produktionsauftrag freigegeben, wenn zwar noch nicht alle Ressourcen verfügbar sind, aber durch Simulation der Feinterminierung und Maschinenbelegungsplanung zu erwarten ist, dass die Ressourcen jeweils zu Beginn der sie benötigenden Arbeitsgänge zur Verfügung stehen.

dynamische Größenvorteile – bes. Form von → Größenvorteilen, die bei der Bestimmung → dynamischer komparativer Vorteile eine wichtige Rolle spielen. Wenn eine ökonomische Aktivität unter dynamischen Größenvorteilen steht, dann hängt deren Effizienz nicht vom Niveau dieser Aktivität zu jedem Zeitpunkt ab, sondern davon, in welchem Ausmaß diese Aktivität in der Vergangenheit bis zu diesem Zeitpunkt durchgeführt wurde. – *Bekanntestes Beispiel:* Learning by Doing. Mit jeder Einheit, die zu einem bestimmten Zeitpunkt erzeugt wird, wird der Erfahrungsschatz vergrößert und damit die Effizienz künftiger → Produktion gesteigert. Die Gesamtheit der vergangenen Produktion bestimmt dann zu jedem Zeitpunkt den verfügbaren Bestand an Erfahrungen und Kenntnissen, und je größer dieser Bestand ist, desto geringer sind unter sonst gleichen Bedingungen die Stückkosten der Produktion.

dynamische komparative Vorteile – Verallgemeinerung des Konzepts → komparativer Vorteile auf Situationen, in denen die Produktionstechnologie nicht exogen gegeben, sondern durch endogene Innovationen im Zeitablauf veränderbar ist. Endogene Innovation wird hier als Entwicklung neuer Produktvarianten oder als Verbesserung bestehender Prozesse bzw. Produkte aufgefasst, die einem ökonomischen Anreiz unterliegt. In Übereinstimmung mit der neueren Wachstumstheorie unterstellt die moderne → Außenwirtschaftstheorie eine Art → dynamischer Größenvorteile in der Innovations- oder F&E-Aktivität.

dynamische Makroökonomik – 1. *Begriff:* Analyse der zeitlichen Entwicklung makroökonomischer Größen (z.B. Realeinkommen, Beschäftigung, Preise, Löhne) in Form einer diskreten (formal beschrieben durch ein → Differenzengleichungssystem) oder einer kontinuierlichen Betrachtungsweise (→ Differenzialgleichungssystem). I.S.d. Korrespondenzprinzips von Samuelson wird sie häufig als notwendige Ergänzung der statischen bzw. komparativ-statischen Analyse gesehen. – 2. *Formen:* a) Die *neoklassische Dynamik* unterstellt schnelle Preisflexibilität, sodass in Expansions- und Kontraktionsphasen die Preiseffekte den Mengeneffekten vorangehen. Nach Störungen findet das Wirtschaftssystem daher sehr schnell zu seinem Gleichgewicht zurück. – b) Die *Keynessche Dynamik* kehrt die Abfolge zumindest für die Kontraktionsphase um, die Mengeneffekte eilen den Preiseffekten voran. Dadurch kommt es zu Abweichungen vom Gleichgewicht und es besteht die Gefahr → kumulativer Kontraktionen und anhaltender → Stabilisierungskrisen. – c) Die *Ungleichgewichtsökonomik* erweitert die dynamische Analyse nochmals, indem sie Anpassungsprozesse nicht nur auf dem Weg von Gleichgewicht zu Gleichgewicht untersucht. Es kann vielmehr zu Quasigleichgewichten kommen. – d) Schließlich geben einige Vertreter der *postkeynesianischen Ökonomik* und der → neokeynesianischen Theorie die Gleichgewichtsorientierung der Dynamik völlig auf und betrachten den langfristigen Trend als Abfolge temporärer, kurzfristiger Gleichgewichte, Ungleichgewichte oder Quasigleichgewichte. – e) In *keynesianischen Makromodellen offener Volkswirtschaften* wird häufig von einer verzögerten Preis- und Lohnanpassung auf dem Güter- und Arbeitsmarkt sowie von rationalen Preis- und Wechselkursänderungserwartungen ausgegangen; man erhält dann ein dynamisches sattelpunktstabiles ökonomisches System (→ Sattelpunktstabilität), auf dessen Grundlage sich die intertemporalen Wirkungen antizipierter geld- und fiskalpolitischer Maßnahmen analysieren lassen. – f) In vollständig mikrofundierten neukeynesianischen Makromodellen (→ Neukeynesianische Makroökonomik, dynamisches Grundmodell) wird neben einer verzögerten Preisanpassung in Form einer vorausschauenden, von der zukünftig erwarteten Inflationsrate abhängigen → Phillips-Kurve von einer dynamischen, realzinsabhängigen → IS-Gleichung, die das intertemporale Konsumglättungsverhalten der privaten Haushalte betont, ausgegangen. Mithilfe eines solchen dynamischen Modells in diskreter Zeit lassen sich insbesondere die dynamischen Effekte von temporären Kostenschocks und die geeignete geldpolitische Reaktion auf solche Schocks analysieren. – Vgl. auch → Neuer Keynesianismus.

dynamische Muskelarbeit – rascher Wechsel von Kontraktion und Erschlaffung der Muskeln. Dynamische Muskelarbeit ist weniger ermüdend als die → statische Muskelarbeit wegen besserer Durchblutung.

dynamische Optimierung – *dynamische Programmierung.* 1. *Begriff:* Verfahren des → Operations Research (OR), das mehrstufige Entscheidungsprozesse in eine rekursive Form überführt. Hierbei werden parallel stufenweise Teillösungen gebildet, die dann ausgeschieden („dominiert") werden, wenn sie nicht eindeutig zu einer besseren Lösung führen als eine bereits vorhandene Teillösung. Damit wird die simultane Optimierung eines Prozesses, der von mehreren Parametern abhängig ist, auf die rekursive Optimierung jeweils nur eines Parameters zurückgeführt. – 2. *Vorgehensweise:* Der zu optimierende Prozess sei abhängig von n Parametern. Legt man von einigen dieser Parameter die Werte im Voraus fest, so liefert die passende Wahl der restlichen ein bedingtes Optimum, dessen Wert von den festgelegten Parametern abhängt. Es ergibt sich somit eine Hierarchie von Optima, je nachdem wie viele der Parameter festgelegt sind. In Stufe 0 der Hierarchie sind alle Parameter frei; in Stufe n sind alle Parameter festgelegt. Zunächst werden die bedingten Optima der höchsten Stufe bestimmt; ein Parameter wird freigegeben. Unter denjenigen Optima der höchsten Stufe, für die alle übrigen Parameter die gleichen festen Werte besitzen, wird das günstigste ausgewählt und stellt das bedingte Optimum der nächst-niedrigeren Stufe dar. Entsprechend werden stufenweise alle weiteren Parameter freigegeben. Auf der Stufe 0 wird so das Gesamtoptimum gefunden. – 3. *Anwendung:* Im Vordergrund der Anwendungen stehen Lagerhaltungs- und Produktionsprobleme, die in zeitlicher Abhängigkeit stufenweise über den Planungszeitraum gerechnet werden müssen.

dynamische Prinzipal-Agent-Theorie → Prinzipal-Agent-Theorie.

dynamische Programmierung → dynamische Optimierung.

dynamische Rente – bei den Beratungen um die Rentenreform aufgekommener Begriff, der besagt, dass eine Rente nicht ein für alle Mal in einem bestimmten Betrag festgelegt wird, sondern der Lohnentwicklung angepasst sein soll. Der Begriff der dynamischen Rente wurde mit der Rentenreform abgewandelt in den der → Produktivitätsrente. – Vgl. auch → Generationenvertrag, → Rentenformel.

dynamischer Verschuldungsgrad → Verschuldungsgrad.

dynamisches Modell → Lag-Modell.

Dynamisches Pricing → Revenue Management.

dynamisch-evolutorische Theorien der Unternehmung – Gegenstand sind Unternehmungen als Verursacher endogenen wirtschaftlichen und strukturellen Wandels und als eine Determinante von Veränderungen von Wirtschaftssystemen. Es erfolgt eine Abkehr vom Gleichgewicht und der statisch effizienten Allokation. – *Theorien:* (1) *Schumpeter* betont die Rolle der Unternehmer für den Prozess der schöpferischen Zerstörung, den Innovationsprozess. (2) Die → Wachstumstheorie der Unternehmung von *Penrose* betont die Verfügbarkeit der Ressource Management als zentrale Restriktion realisierbarer Neuerungen, der Unternehmungsgröße bzw. -grenzen. (3) *Chandlers* Entwicklungstheorie der Unternehmung bezieht sich auf die Ko-Evolution von technischen und organisatorischen Innovationen und bestimmt die Unternehmensgrenzen u.a. durch die Nachfrageentwicklung (Massenmärkte) und die Kapitalintensität bzw. Investitionserfordernisse in bestimmten Branchen. (4) Der Ansatz von *Richardson* bestimmt die Unternehmensgrenzen mithilfe der Ähnlichkeit von Aktivitäten und durch das Ausmaß der erforderlichen Koordination (Komplementarität). Ähnliche Aktivitäten werden integriert, unähnliche, komplementäre werden mit Kooperationen oder dem Markt koordiniert. (5) *Demsetz* geht davon aus, dass die Unternehmensgrenzen grob durch eine Ökonomisierung der Ausgaben für Wissen bestimmt werden, wobei das Produkt als Vehikel der Wissensübertragung und damit der Spezialisierung dient. (6) *Silver* betont, dass vertikale Integration die Koordination von neuem Wissen erleichtere. Anstatt kostspieliger Informationsübertragung auf potenzielle, selbstständige Vertragspartner schließt der Unternehmer Arbeitsverträge, die eine billigere Informationsübertragung erlauben bzw. erwirbt Unternehmungen. Da der → Unternehmer nicht über alle Fähigkeiten verfügt, um ein Produkt vollständig zu produzieren und außerdem Organisationskosten entstehen, sucht er die Arbeitsteilung. Dabei nimmt er Produktionskostennachteile in Höhe der vermiedenen Informationsübertragungskosten in Kauf. Der so bestimmte Integrationsgrad minimiert (ex post) die Produktions- und Informationsübertragungskosten. Er verändere sich in der Zeit mit den (relativen) Lernprozessen. Silver hebt also auf dynamische Transaktionskosten ab. (7) *Langlois* führt die Entwicklung der Unternehmensgrenzen auf die innovationsbedingte Marktwachstumsrate, die Aneigenbarkeit von Innovationsrenten und die Informationsübertragungskosten zurück, wobei die historische Ausgangssituation ebenfalls eine Rolle spielt (Pfadabhängigkeit). Unternehmungen sind ceteris paribus vertikal um so integrierter, je höher die Marktwachstumsrate ist und umso weniger potenzielle Vertragspartner bereits vorhanden sind. (8) Die Theorie der dynamischen Unternehmensfähigkeiten *(R. Dosi* u.a.) erklärt die Unternehmensgrenzen mit dem relativen firmenspezifischen organisatorischen und technischen Wissen, seiner pfadabhängigen Weiterentwicklung (Lernen) in den Unternehmungen, der selektierenden Umwelt (stark/schwach) und damit mit den Handelnsmöglichkeiten. Dabei stehen die Kohärenz von Fähigkeiten und die Strategie im Mittelpunkt. Aber auch die Transaktionskosten spielen eine Rolle.

dynamische Wohlfahrtswirkungen des internationalen Handels – Wohlfahrtswirkungen des internationalen Handels (→ Gains-from-Trade-Theorem), die dadurch entstehen, dass das → Wachstum (des Nationaleinkommens pro Kopf) eines Landes bedingt durch internationalen Handel entweder vorübergehend oder nachhaltig erhöht wird. Hängt von den Spar- und Investitionsentscheidungen ab. Im *neoklassischen Wachstumsmodell* mit konstanter Spar- und Investitionsquote entsteht im Anschluss an einen statischen Effizienzeffekt (→ Produktionsgewinn aus internationalem Handel) ein Prozess der vorübergehenden Erhöhung der Wachstumsrate des Nationaleinkommens, weil ein Teil des zusätzlichen Einkommens gespart und investiert wird. Langfristig sinkt diese Wachstumsrate jedoch wieder auf die als exogen betrachtete Rate des Bevölkerungswachstums, abgesehen von ebenfalls exogenen technologischen Verbesserungen. Bei optimalem Wachstum beinhaltet diese langfristige Erhöhung des Einkommensniveaus keine zusätzlichen Wohlfahrtseffekte, es sei denn, es liegen Distorsionen vor. Bei *endogenem Wachstum* ist jedoch vorstellbar, dass Handel auch die Wachstumsrate des Pro-Kopf-Einkommens nachhaltig erhöht. – Vgl. auch → Wachstumstheorie.

dynamische Zinstheorie – von → Schumpeter entwickelte → Zinstheorie im Sinn einer dynamischen Theorie. Der → Zins ist derjenige Gewinn, den der Unternehmer („Pionier") aus der Durchsetzung neuer Kombinationen von Produktionsfaktoren zieht, solange die anderen Unternehmer („Imitatoren") noch nicht auf diesen neuen Stand der Wirtschaft nachgerückt sind. Daher gibt es nur in einer fortschreitenden, evolutorischen Wirtschaft einen Zins, nicht aber in einer stationären Wirtschaft.

Dyopol → Oligopol.

DZ Bank AG Deutsche Zentral-Genossenschaftsbank – mit Sitz in Frankfurt am Main ist als Spitzeninstitut der deutschen Genossenschaftsbanken die Nachfolgeeinrichtung der Preußischen Central-Genossenschafts-Kasse (gegründet 1895), der Deutschen Zentralgenossenschaftskasse (1932), der Deutschen Genossenschaftskasse (1949) und der DG-Bank (1975). Sie hatte zum 31.12.2010 bei einem Grundkapital von 3.160 Mio. Euro als Eigentümer die mehr als 900 deutschen Kreditgenossenschaften mit 82,1 Prozent, die WGZ Bank AG Westdeutschen Genossenschafts-Zentralbank mit 6,7 Prozent und sonstige Genossenschaften mit 7,0 Prozent. Die DZ Bank AG hatte 2011 bei fast 28 000 Beschäftigten, 12 000 Geschäftsstellen und 120 Mrd. Euro Kundenkrediten eine Bilanzsumme von 406 Mrd. Euro. Sie nimmt den genossenschaftlichen Förderauftrag im Sinne der Wettbewerbsstärkung gegenüber den mit ihr verbundenen Primärbanken (Volks- und Raiffeisenbanken, Sparda-Banken, PSD-Banken und Kirchenbanken) wahr. Sie hat dabei die Aufgabe, den Liquiditätsausgleich im Finanzverbund zu gewährleisten und spezifische subsidiäre Leistungen im Bereich des Wertpapiergeschäfts, der Vermögensberatung, dem Auslandsgeschäft und dem Devisenhandel zu erbringen. Zu den Verbundunternehmen gehören u.a. die Bausparkasse Schwäbisch Hall AG, die DG Hyp Deutsche Genossenschafts-Hypothekenbank AG, Hamburg, die R + V Versicherungen AG, Wiesbaden und die VR-Leasing AG, Eschborn. Damit ist die DZ Bank AG eine der größten deutschen Finanzdienstleistungsorganisation und Allfinanzdienstleister. Letztlich hat in gewissem Umfange die DZ Bank AG auch die Funktion einer Geschäftsbank, die das gesamte Portfolio eines international tätigen Finanzinstituts direkt gegenüber ihren Kunden, insbes. für mittelständische Unternehmen anbietet.

DZI-Spendensiegel – 1. *Begriff:* Das Deutsche Zentralinstitut für soziale Fragen (DZI) prüft seit 1992 Spendenorganisationen, die hierfür einen Antrag stellen und vergibt das DZI-Spendensiegel an solche Organisationen, die ihr Handeln selbstverpflichtend, vergangenheitsbezogen und zukünftig nach den vom DZI erarbeiteten Kriterien richten. – 2. *Merkmale:* NPO müssen folgende Punkte nachweisen, um das Spendensiegel zu erhalten: a) eine zweckgerichtete, sparsame Verwendung der Spendenmittel, b) eine eindeutige und nachvollziehbare Rechnungslegung, c) eine sachgerechte Prüfung der Rechnungslegung, d) eine wahre, eindeutige und sachliche Spendenwerbung. e) die interne Überwachung des Leitungsgremiums durch ein unabhängiges Aufsichtsorgan, f) die Vorlage, Überprüfung und Beurteilung aller

E

e.V. – 1. Abk. für → eingetragener Verein. – 2. Abk. für → einstweilige Verfügung.

EAG – *EURATOM;* Abk. für *Europäische Atomgemeinschaft.* 1. *Begriff:* Von einigen europäischen Staaten durch Vertrag vom 25.3.1957 gegründet, der gleichzeitig mit dem EWG-Vertrag am 1.1.1958 in Kraft trat. Mit dem → Maastrichter Vertrag durch die Gründung der → EU in die erste Säule der EU gerückt (sog. → Drei-Säulen-Modell). Seit dem → Vertrag von Lissabon wurden die drei Säulen aufgelöst und in das Gemeinsame Haus der Europäischen Union überführt (sog. Gemeinsames-Haus-Modell). Die EAG besteht neben dem → EUV und dem → AEUV weiter. – 2. *Ziele:* Förderung von Kernforschung und Nutzung der Kernenergie. – 3. *Organe:* Aufgrund der Fusionsverträge vom 8.4.1965 hat die EAG – bei Fortbestand des EURATOM-Vertrages (→ EAGV) – seit 1.7.1967 gemeinsame Organe (Versammlung, Ministerrat, Kommission, Gerichtshof) mit der → EWG und → EGKS. – 4. *Aufgaben:* Durch Förderung der Forschung, Verbreitung technischer Kenntnisse, Entwicklung von Sicherheitsnormen für den Gesundheitsschutz der Bevölkerung und der Arbeitskräfte, Erleichterung der Investitionen, Zusammenarbeit mit anderen Ländern und zwischenstaatlichen Einrichtungen soll zugleich zur Hebung des Lebensstandards in den Mitgliedsstaaten und zur Entwicklung der Beziehungen mit anderen Ländern beigetragen werden. Durch eine Diversifikation der Versorgungsgebiete und die Kontrolle von Verträgen (Importe müssen gemeldet werden) soll die Versorgungssicherheit erhöht werden. – 5. *Ein gemeinsamer Markt für Kernbrennstoffe und Ausrüstung* bereits am 1.1.1959 verwirklicht. – 6. Enge *Zusammenarbeit* mit der internationalen Energie-Agentur (→ IEA), der Kernenergieagentur (→ NEA), der OECD und der Internationalen Atomenergie-Organisation (→ IAEA).

EAGFL – Abk. für *Europäischer Ausrichtungs- und Garantiefonds für die Landwirtschaft,* GAP, → Strukturpolitik der Europäischen Union.

EAGV – Abk. für *Vertrag über die Europäische Atomgemeinschaft;* der Gründungsvertrag der → EAG (EURATOM-Vertrag) wurde am 25.3.1957 in Rom unterzeichnet (einer der sog. Römischen Verträge) und ist am 1.1.1958 zusammen mit dem → EWGV in Kraft getreten. Nach dem → Vertrag von Lissabon die letzte noch bestehende Gründungsgemeinschaft der Europäischen Gemeinschaften. Der EAGV besteht neben dem → EUV und dem → AEUV.

EAN – Abk. ursprünglich für *Europaeinheitliche Artikelnummer,* heute: *Internationale Artikelnummer;* für den Nahrungsmittelbereich international genormte → Schnittstelle zwischen der artikelbezogenen Datenverarbeitung der verschiedenen Handelsstufen. 1977 von zwölf Staaten (darunter alle EG-Staaten) vereinbart; inzwischen haben sich mehr als 48 Länder, u.a. die USA und Japan angeschlossen. – *Bestandteile:* Ein zweistelliges *Länderkennzeichen* (für Deutschland: 20, 28, 40 bis 44), eine fünfstellige *Betriebsnummer des Herstellers* (national vergeben), eine fünfstellige *Artikelnummer* (in der Verantwortung des Herstellers) und eine *Prüfziffer.* – Für die maschinelle Erkennung wird die EAN durch einen genormten → Barcode (DIN-Norm 66 236) codiert; ein EAN-Symbol besteht jeweils aus der Darstellung der EAN durch das entsprechende *Strichcodesymbol* (parallele Blöcke unterschiedlicher Breite) und der *Zifferndarstellung* in OCR-B-Schrift (→ optische Zeichenerkennung) für manuelle Eingabe. – Vgl. auch → Warenwirtschaftssysteme (WWS).

EA-Prozessor → Ein-/Ausgabe-Prozessor.

EAPS – Abk. für *Euro Alliance of Payment Schemes.*

Early Bird – bis zu einem festgelegten Termin befristetes Angebot, sodass sich der potenzielle Käufer rasch entscheiden muss, ob er das Angebot annehmen möchte („Der frühe Vogel fängt den Wurm.“).

Early Stage – Begriff aus der Venture-Capital-Finanzierung. Umfasst im Rahmen des chronologischen Phasenmodells die frühen Unternehmensphasen → Seed Stage und → Start-up, d.h. von der Forschung und Produktkonzeption über die Unternehmensgründung bis hin zur Aufnahme der operativen Geschäftstätigkeit. Aufgrund des frühen Stadiums ist eine Innenfinanzierung aus Umsätzen für die Unternehmen in diesen Phasen meist nur eingeschränkt möglich.

EARN – Abk. für *European Academic Research Network;* EARN war ein von IBM unterstütztes, geschlossenes → Rechnernetz (→ geschlossenes Netz). Es verband fast alle europäischen Universitäten und bot zusätzlich Kommunikationsmöglichkeiten mit nordamerikanischen und südostasiatischen Forschungsstätten. Den dt. Teil des EARN bildete das → DFN (Deutsches Forschungsnetz).

Earnings before Depreciation, Interest, Tax and Amortisation (EBDITA oder EBITDA) – um Geschäftswertabschreibungen (Amortisation) gemindertes → Earnings before Depreciation, Interest and Tax (EBDIT).

Earnings before Depreciation, Interest and Tax (EBDIT) – Gewinn (Ergebnis der gewöhnlichen Geschäftstätigkeit) vor dem Abzug von Abschreibungen, Zinsen und Steuern. Das Earnings before Depreciation, Interest and Tax soll Abschreibungspolitik, Verschuldungsgrad und Steuereffekte (u.a. latente

Steuern) ausschalten und dadurch bessere Vergleiche erlauben.

Earnings before Interest and Tax (EBIT) – *Operating Income, Operating Profit;* Gewinn (Ergebnis der gewöhnlichen Geschäftstätigkeit) vor Zinsen (Finanzergebnis) und Ertragsteuern. Earnings before Interest and Tax (EBIT) ist eine im angelsächsischen Raum gebräuchliche Kennzahl, die eine von der Finanzstruktur des Unternehmens unabhängige Beurteilung der Ertragskraft aus der operativen Geschäftstätigkeit ermöglicht (ähnlich dem in Deutschland üblichen → Betriebsergebnis). Dadurch kann zwischen Unternehmen mit unterschiedlichen Fremdkapitalanteilen Vergleichbarkeit hergestellt werden.

Earnings before Tax (EBT) – Kennzahl, die den Vergleich der Ertragskraft von Unternehmen bereinigt von den Verzerrungen unterschiedlicher (Erfolgs-) Steuersysteme ermöglicht. Das Earnings before Tax (EBT) wird errechnet, indem von den → Earnings before Interest and Tax (EBIT) der Saldo aus Zinserträgen und Zinsaufwendungen abgezogen wird.

Earnings per Share (EPS) – 1. *Begriff:* Gewinn je Aktie. Quotient aus dem (Konzern-)Jahresergebnis der Gewinn- und Verlustrechnung und der Anzahl der residualanspruchsberechtigten ausstehenden Aktien eines Unternehmens. – 2. *Merkmale:* Die Earnings per share ist eine Kernkennzahl der externen Finanzanalyse und ermöglicht den unmittelbaren Unternehmensvergleich. Durch Multiplikation zukünftig erwarteter Earnings per share mit einem prognostizierten branchendurchschnittlichen → Kurs-Gewinn-Verhältnis lassen sich Aussagen zur Aktienkursprognose treffen und entsprechende Kauf- bzw. Verkaufempfehlungen geben. Die Ermittlung der Earnings per share ist in der IAS/IFRS-Rechnungslegung in IAS 33 „Ergebnis je Aktie" standardisiert.

EASDAQ – Abk. für *European Association of Securities Dealers Automated Quotation;* elektronischer europäischer Aktienmarkt mit Hauptsitz in Brüssel für Investoren, Mitglieder und deren Unternehmen mit Fokussierung auf bestimmte Branchensegmente wie z.B. Biotechnologie, Pharma, Telekommunikation bzw. Computertechnologie. Mitgliedsstaaten sind u.a. Großbritannien, Frankreich und Deutschland. Sitz der Börse ist Brüssel, sie wurde 1995 gegründet. Die Regeln für die Mitglieder bzw. die gehandelten Unternehmen orientieren sich v.a. an der → NASDAQ, da ein Dual Listing an beiden Börsen gefördert werden soll. Die EASDAQ wurde im Jahre 2001 von der NASDAQ mit einem Schuldenberg von über 15 Mio. US-Dollar übernommen, in NASDAQ Europe umbenannt und 2003 geschlossen.

EBA – Abk. für *Euro Banking Association.* Die EBA (bis 1997 firmierte sie als ECU Banking Association) wurde 1985 auf Initiative europäischer Geschäftsbanken für die Verrechnung und den Saldenausgleich in privaten ECU über das von ihr betriebene ECU Clearing und Settlement System gegründet. Die EBA ist als Non-Profit-Verbund unter franz. Recht konstituiert. Geschäftszweck ist gemäß der Präambel der EBA die Entwicklung, Organisation und der Betrieb von Euro-Zahlungsverkehrsmechanismen sowie die Erbringung von damit im Zusammenhang stehenden Dienstleistungen für die EBA-Mitglieder. Der EBA gehören mehr als 200 Mitgliedsbanken an, die größtenteils in der EU domiziliert sind. Die EBA ist Eigentümer des Euro-Individualzahlungssystems → EURO1; seit April 2003 betreibt sie mit → STEP2 ein paneuropäisches → Automated Clearing House (ACH) im grenzüberschreitenden Euromassenzahlungsverkehr.

eBay-Auktion – Auktion über die elektronische Handelsplattform 'eBay', die Onlineauktionen ausrichtet, an denen sowohl private als auch gewerbliche Anbieter und Nachfrager miteinander handeln. – *Rechtsprobleme:* Nach Feststellung des BGH aus dem Jahre 2001 können Willenserklärungen auf den Abschluss eines Vertrages auch durch elektronische Übermittlung rechtsgültig abgegeben werden. Durch eine eBay-Onlineauktion betreffende Folgeentscheidung des VIII. Zivilsenats aus dem Jahre 2004 wurde näher festgestellt, dass allerdings im Gegensatz zur Versteigerung nach § 156 BGB der so geschlossene Vertrag nicht durch Zuschlag sondern durch übereinstimmende Willenserklärung der Handelspartner entsprechend §§ 145 ff. BGB zustande kommt. Ebenso gibt der Verkäufer allein durch Feilbieten seines Angebotes auf der eBay-Website ein verbindliches Verkaufsangebot ab, das sich an den Höchstbieter innerhalb der Laufzeit der Onlineauktion richtet. – Vgl. → Versteigerung.

EBCDIC – Abk. für *Extended Binary Coded Decimal Intercharge Code, EBCDI-Code;* manchmal *IBM-Code;* international verwendeter → Code für die Darstellung und Übertragung von → Daten. Ein Zeichen wird durch acht → Bits dargestellt; die Darstellungskapazität von 256 verschlüsselbaren Zeichen wird bei weitem nicht ausgenutzt, wodurch der Code individuell erweiterbar ist.

EBDIT – Abk. für → Earnings before Depreciation, Interest and Tax.

EBDITA – Abk. für → Earnings before Depreciation, Interest, Tax and Amortisation.

EBIL – Abk. für → Einzelbilanzanalyse.

E-Bilanz – Bezeichnung für die elektronische Übermittlung von Bilanzen und Gewinn- und Verlustrechnungen an das Finanzamt. Die entsprechende gesetzliche Verpflichtung hierfür findet sich in § 5b EStG. Betroffen von dieser Verpflichtung sind buchführungspflichtige Steuerpflichtige. Die Übermittlung von Bilanzen und Gewinn- und Verlustrechnungen auf elektronischem Wege hat erstmals für Wirtschaftsjahre zu erfolgen, die nach dem 31.12.2011 beginnen; also typischerweise ab Veranlagungszeitraum 2012. Die Übermittlung der erforderlichen Bilanzen und Gewinn- und Verlustrechnungen hat nach amtlich vorgeschriebenem Gliederungsschema zu erfolgen (sog. Steuer- → Taxonomie). Für die Übermittlung wird dabei auf das XBRL (Extensible Business Reporting Language)-Datenformat zurück gegriffen. – Für das Erstanwendungsjahr 2012 wird es vonseiten der Finanzämter nicht beanstandet, wenn die erforderlichen Bilanzen und Gewinn- und Verlustrechnungen noch nicht nach amtlich vorgeschriebenem Datensatz durch Datenfernübertragung übermittelt werden (Nichtbeanstandungsregelung, BMF-Schreiben vom 28.9.2011). In diesem Fall müssen die geforderten Unterlagen aber in Papierform eingereicht werden. – Regelungen zur Übermittlung von Jahresabschlussinformationen finden sich auch an anderen Stellen. Bspw. bei der Einreichung von Daten zur Offenlegung beim elektronischen Bundesanzeiger in Deutschland sowie der Offenlegung bei der US-amerikanischen Börsenaufsichtsbehörde (→ Securities and Exchange Commission). Auch hierfür gibt es regelmäßig eigene Taxonomien für die Datengliederung und es wird dabei ebenfalls auf das XBRL-Datenformat für die Fernübermittlung zurück gegriffen. Auch beim → IASB gibt es seit längerem Bestrebungen zur Festlegung einheitlicher IFRS-Taxonomien.

EBIT – Abk. für → Earnings before Interest and Tax.

EBITDA – Abk. für → Earnings before Deprecation, Interest, Tax and Amortisation.

E-Book – 1. *Allgemein:* Ein E-Book ist ein elektronisches Buch. Es wird mit einem Handy, Smartphone, Reader, Tablet oder einem anderen elektronischen Gerät, das mit einem → Display ausgestattet ist, gelesen und betrachtet. Man kann es multimedial aufbereiten und mit Links ergänzen, sodass es zum Enhanced oder Enriched E-Book wird, also zum erweiterten oder angereicherten elektronischen Buch. Bei einem klassischen E-Book, etwa im PDF- oder EPUB-Format, bleibt das Buchhafte erhalten; es besteht zwar kein Buch als Ding, aber als Werk. Handyromane und Enriched Books vermögen selbst Werkgrenzen aufzulösen. – 2. *Produktion:* Das elektronische Dokument, das dem konventionellen Buch vorausgeht, ist meist auch der Ausgangspunkt beim E-Book. Es wird in geeignete Formate überführt, mit Metadaten und Zugriffsrechten versehen sowie – bei Enriched E-Books – mit Grafiken, Fotos, Videos und Links angereichert. Handyromane werden speziell für das Handy bzw. Smartphone konzipiert. Sie sind oft von geringem Umfang oder in Folgen aufgeteilt und werden von einzelnen Autoren oder → Communities geschrieben. Spezialisierte und etablierte → Verlage drucken sie im Erfolgsfalle nach, gerade im Ursprungsland Japan. Deshalb und wegen ihrer Besonderheit als Genre können sie nicht ohne weiteres unter den Begriff des E-Books subsumiert werden. Übersetzungshilfen und Leserkommentare sowie → Augmented Reality erweitern das E-Book weiter. – 3. *Vertrieb:* E-Books werden über Online-Händler vertrieben, über spezielle Plattformen im Web oder über mobile Shops. Manche Plattformen ermöglichen zusätzlich die → Produktion der Bücher bzw. die Umwandlung von Vorlagen in geeignete Formate, decken also wesentliche Teile der → Wertschöpfungskette ab. Die Titel werden vom → Benutzer auf das mobile Gerät heruntergeladen. Je nach → Geschäftsmodell können Anbieter und Benutzer in unterschiedlicher Freiheit über sie verfügen; manche Anbieter erlauben sich den Remotezugriff und die nachträgliche Anpassung und Löschung. Immer mehr Autoren verzichten auf die althergebrachten Mittler und bringen Werke – die sie mithilfe von Grafikern, Lektoren und Korrektoren professionalisieren – selbst auf den → Markt. – 4. *Diskussion:* Verlagswesen, Buchhandel und Literaturbetrieb im deutschsprachigen Raum standen dem E-Book lange skeptisch gegenüber. Nach dem Boom von Readern und Tablets gehörte es zum guten Ton, zum gedruckten Buch eine elektronische Alternative anzubieten. Mediale Möglichkeiten wurden dabei selten ausgereizt, vielversprechende Geschäftsmodelle kaum umgesetzt. Lange Zeit waren E-Books zu Literaturwettbewerben nicht zugelassen. Inzwischen gibt es spezielle Preise und Förderungen. Es werden Werke angeboten, die menschlichem Ungenügen oder automatisierter Produktion entspringen, oder aber trotz bzw. wegen ihrer Einzigartigkeit von keinem etablierten Verlag akzeptiert worden wären. Zwischen der Rezeption traditioneller Bücher und klassischer E-Books existieren kaum Unterschiede. Bei zunehmender Multimedialisierung und Hypertextifizierung treten allerdings diejenigen Mechanismen in Kraft, die man von → Internet und WWW her kennt. Die Benutzer werden daran gewöhnt, kurze Einheiten ohne ausreichenden Kontext zu konsumieren, durch Bilder, Videos, Kommentare und verlinkte Ressourcen abgelenkt sowie im schlimmsten Fall in ihrer Vorstellungskraft geschwächt.

EBRD – Abk. für *European Bank for Reconstruction and Development,* Europäische Bank für Wiederaufbau und Entwicklung, sog. *Osteuropabank.* – 1. *Charakterisierung:* Die EBRD ist eine internationale Organisation mit Sitz in London; wurde am 15.4.1991 errichtet. Mitglieder dieser regionalen Entwicklungsbank sind 61 Staaten und zwei zwischenstaatliche Institutionen (→ EU und → EIB). – 2. *Aufgaben:* Förderung des Übergangs zur offenen Marktwirtschaft in jenen Ländern Mittel- und Osteuropas sowie Zentralasiens, welche den Prinzipien der Mehrparteiendemokratie, des Pluralismus und der Marktwirtschaft verpflichtet sind und sich von diesen Prinzipien leiten lassen. Im Gegensatz zur Weltbank → IBRD und zum → IWF hat die EBRD also ein politisches Mandat: Unterstützungen erhalten nur solche Länder, die den Demokratisierungsprozess (Mehrparteiensystem) vorantreiben. Zu ihrer Rolle als Katalysator des Wandels arbeitet die EBRD eng mit internationalen Finanzinstitutionen und anderen internationalen und nationalen Organisationen zusammen. Die Hauptformen der EBRD-Finanzhilfen sind Darlehen, Kapitalanlagen und Garantien. Außerdem leistet die EBRD Regierungsberatung bei Programmen zur Re-Strukturierung der Wirtschaft. Höchstens 40 Prozent ihrer Mittel dürfen in öffentliche Projekte fließen, angestrebt werden Kofinanzierungen. Bei Kofinanzierungen im privaten Sektor übernimmt die EBRD bis zu mehr als einem Drittel der Projektkosten bei einer maximalen Laufzeit von zehn Jahren zu Marktkonditionen. Die EBRD refinanziert sich über den freien Kapitalmarkt. – 3. *Organisation und Finanzierung:* Oberstes Organ der EBRD ist der Gouverneursrat, in den jedes Mitglied einen Minister (i.d.R. Finanzminister) und einen Vertreter entsendet. Ihm unterliegen die Grundlagenentscheidungen, z.B. Aufnahme neuer Mitglieder, Kapitalmaßnahmen, Wahl des Direktoriums und des Präsidenten. Die Gouverneure wählen ein Exekutivdirektorium, das aus „hoch qualifizierten Wirtschafts- und Finanzleuten" besteht, die nicht Mitglied des Gouverneursrats sein dürfen. Das Direktorium entscheidet mit einfacher Stimmenmehrheit. Die laufenden Geschäfte obliegen dem Exekutivkommittee, dem Präsidenten, Vizepräsidenten, Chefökonomen, Justiziar und Generalsekretär.

EBT – Abk. für → Earnings before Tax.

E-Business → Electronic Business.

ECA → UN.

E-Cash → Electronic Cash.

ECBS – Abk. für → European Committee for Banking Standards.

ECCAS – 1. *Begriff und Merkmale:* Abk. für *Economic Community of Central African States, Communauté Economique des Etats de l'Afrique Centrale (CEEAC), Zentralafrikanische Wirtschaftsgemeinschaft;* 1983 gegründet. – 2. *Ziele:* Förderung der ökonomischen, sozialen, kulturellen, technischen und wissenschaftlichen Entwicklung der Mitgliedsstaaten und des afrikanischen Kontinents durch → Zollunion. Des Weiteren wird eine gemeinsame Handelspolitik mit dem Ziel des Abbaus aller Beschränkungen des Verkehrs von Personen, Gütern, Dienstleistungen und des Kapitals. – 3. *Mitglieder:* Angola, Äquatorialguinea, Burundi, Gabun, Kamerun, Demokratische Republik Kongo, Republik Kongo, Sao Tome und Proncipe, Tschad und Zentralafrikansiche Republik.

ECE-Lieferbedingungen – von der ECE entwickelte Bedingungen bez. Maschinen, Anlagen und langlebiger Konsumgüter.

echte Einzelerlöse → Einzelerlöse.

echte Einzelkosten → Einzelkosten.

echte Entscheidung → nicht programmierbare Entscheidung.

echtes Factoring – liegt vor, wenn ein Factor beim Ankauf von Forderungen die Delkrederefunktion übernimmt. Praktisch entspricht das echte Factoring dem → Standardfactoring, weil (von Ausnahmen abgesehen) bei echtem Factoring ebenfalls die Übernahme der Finanzierungs- sowie der Dienstleistungsfunktion durch den Factor eingeschlossen ist. – *Gegensatz:* → unechtes Factoring. – Vgl. auch → Factoring.

Echtzeitbetrieb – *Echtzeitverarbeitung, Realzeitbetrieb, Realzeitverfahren, Real Time Processing;* Betriebsart eines Computers, bei der im Gegensatz zum → Stapelbetrieb der Verarbeitungszeitpunkt von der Aufgabe selbst bestimmt wird. Jeder Bearbeitungsfall wird unmittelbar nach seinem Eintreten in einer in Abhängigkeit von der Aufgabe festgelegten (kurzen) Zeit bearbeitet. Echtzeitbetrieb ist i.d.R. die Betriebsart von → Prozessrechnern und findet hauptsächlich in automatisierten technischen Abläufen Anwendung. – Vgl. auch → Prozesssteuerung.

Echtzeitverarbeitung → Echtzeitbetrieb.

EC-Karte – vielfach genutzte Bezeichnung für die vom dt. Kreditgewerbe gemeinsam herausgegebenen → Debitkarten (Bankkundenkarten). Bis zum Jahresende 2001 war die EC-Karte auch als Eurocheque-Karte nutzbar, mit der eine Bankgarantie für ausgestellte Eurocheques bis zu einem bestimmten Höchstbetrag verbunden war.

Ecklohn – tariflich festgesetzter Stundenlohn für eine mittlere Facharbeitergruppe, aus dem sich durch prozentualen Zu- oder Abschlag die Tariflöhne für die übrigen Gruppen errechnen lassen, wenn deren Verhältnis untereinander durch → Arbeitsbewertung exakt festgelegt ist. Im Rahmen von Lohnverhandlungen geht es i.d.R. nur um die Neufestsetzung des Ecklohns.

Eckrentner – *Standardrentner;* „standardisierter" Musterfall eines Beziehers einer Altersrente, der während seines gesamten Arbeitslebens mit einer Dauer von 40 oder 45 Jahren durchgängig ein durchschnittliches versicherungspflichtiges Arbeitsentgelt erzielt hat. Das Verhältnis seiner Rente zum Durchschnittseinkommen wird als (Eck- oder Standard-) *Rentenniveau* bezeichnet.

Eco-Balanced Scorecard – Das Konzept der Eco-Balanced Scorecard wurde zum Beginn der 1990er-Jahre von Kaplan und Norton (s. Kaplan/ Norton 1996) entwickelt. Ihr liegt die Corporate Scorecard von Schneideman zugrunde. Zu den Anwendungsbereichen der Eco-Balanced Scorecard gehören die Bewertung von Organisationen, Standorten und einzelnen Mitarbeitern. Sie zielt dabei auf die Bereitstellung eines strategischen Managementsystems mit Kommunikations-, Koordinations-, und Steuerungsaufgaben, das zur Umsetzung der Vision, des Leitbildes (→ Unternehmensleitbild) sowie der → Strategien eines Unternehmens dient ab. Insbesondere ihre Flexibilität und die Möglichkeit der Einbeziehung weicher Faktoren (z.B. Kundenorientierung) in die Bewertung einzubeziehen erhöht das Potenzial der Eco-Balanced Scorecard. – Vgl. → Balanced Scorecard.

ECOFIN – Kurzbezeichnung für den → Rat der Europäischen Union (vormals Ministerrat), wenn dieser in Gestalt der Wirtschafts- und Finanzminister der Mitgliedsstaaten zusammentritt.

Eco-Indicator 99 – 1. *Begriff:* Eco-Indicator 99 ist ein Verfahren zur Ökobilanzierung (→ Ökobilanz). Über den gesamten Lebenszyklus sollen Schädigungen der natürlichen Umwelt bewertet werden. Bewertungskategorien sind dabei die menschliche Gesundheit, die Qualität der → Ökosysteme und natürliche → Ressourcen (vgl. Müller-Wenk 2000, S. 11). Das Verfahren wird auch von Software-Lösungen, wie z.B. von Umberto, SimaPro und Eco-It, angewendet. – 2. *Entwicklung:* Der Eco-Indicator 99 ist eine Weiterentwicklung des Eco-Indicators 95 aus dem Jahre 1995. Entwickelt wurde er im Auftrag des Niederländischen Umweltministeriums von Pré Consultants zur Unterstützung der Produktentwicklung. – 3. *Geltungsbereich und Systemgrenze:* Der Geltungsbereich ist durch die verwendete Datengrundlage auf Europa beschränkt, jedoch ist die Methodik grundsätzlich weltweit anwendbar. Da es sich bei dem Eco-Indicator 99 um ein lebenszyklusorientiertes Konzept handelt, ist die Systemgrenze „Cradle-to-Grave" (s. → Cradle-to-Cradle). – 4. *Bewertungsobjekt und Bewertungsgröße:* Der Eco-Indicator 99 untersucht Produkte über ihren gesamten Lebenszyklus und bewertet dabei die gesamten Stoff- und Energieflüsse (Elementarflüsse). – 5. *Ziele und Annahmen:* Durch den Einsatz des Eco-Indicator 99 kann der aus den Wirkungen eines Produktes resultierender Schaden bewertet werden. Beeinträchtigungen der Humangesundheit, der Ökosystemqualität und des Ressourcenvorrats können aufgezeigt werden. Es wird dabei grundsätzlich von der Annahme ausgegangen, dass die Ergebnisse der einzelnen Wirkungskategorien aggregiert werden können. – 6. *Vorgehensweise:* – a) Abschätzung der unmittelbaren Wirkungen der Stoff- und Energieflüsse, – b) Abschätzung des Schadens dieser Wirkung auf die Schutzobjekte, – c) Normalisierung und Gewichtung, – d) Berücksichtigung von Unsicherheiten. – 7. *Ergebnis:* Der Eco-Indicator 99 liefert als Ergebnis eine Punktzahl in Form einer aggregierten Kennzahl (Eco-Indicator Points). – 8. *Kritische Würdigung:* Die offen dokumentierte und nachprüfbare Abschätzung der Wirkungen und Schäden und die Orientierung an der ISO 14040 sind positive Merkmale der Methode. Ebenso kann die einfache und transparente Anwendung für häufig verwendete Stoff- und Energieflüsse hervorgehoben werden. Insbesondere die Einbindung in verschiedene Softwarelösungen erhöht die praktische Relevanz der Methode. Inwieweit die subjektive Gewichtungen und der teilweise Ausschluss von räumlichen und zeitlichen Aspekten von Bedeutung ist wird stark durch den konkreten Anwendungsfall bestimmt. Zweifelsfrei ist jedoch, dass die Aussagekraft einer eindimensionalen Kennzahl stark eingeschränkt ist.

E-Commerce – *Electronic Commerce, elektronische Geschäftsabwicklung;* 1. *Allgemein:* Teil des → Electronic Business, der den Kauf und Verkauf von Waren und Leistungen über elektronische Verbindungen umfasst. – 2. *Merkmale:* jede Art von geschäftlichen Transaktionen (z.B. Verkauf oder Kauf von Waren und Dienstleistungen) sowie elektronisch abgewickelte Geschäftsprozesse (z.B. Werbung, „After-Sales-Services", Onlinebanking), bei denen die Beteiligten auf elektronischem Wege (z.B. über das → Internet oder Netzwerke von Mobilfunkanbietern) miteinander verkehren und nicht durch physischen Austausch in indirektem physischen Kontakt stehen.

E-Commerce-Richtlinie 2000 – Richtlinie 2000/31 EG über den → elektronischen Geschäftsverkehr vom 8.6.2000 (ABl. EG Nr. L 178 S.1). – *Zielsetzung:* EU-weite Angleichung bestimmter für die Dienste der Informationsgesellschaft geltender innerstaatlicher Regelungen. Es soll der freie Verkehr mit Waren und Dienstleistungen im E-Commerce zwischen den Mitgliedsstaaten gewährleistet werden. Gegenstand der E-Commerce-Richtlinie 2000 sind auf individuellen Abruf im Fernabsatz und auf elektronischem Weg angebotene und erbrachte Waren und Dienstleistungen. Die E-Commerce-Richtlinie 2000 wurde in deutsches Recht umgesetzt v.a. in §§ 312e, 312f BGB, im Unterlassungsklagengesetz i.d.F. vom 27.8.2002 (BGBl. I 3422, 4346), im Telemediengesetz vom 26.2.2007 (BGBl. I 179).

E-Community – *virtuelle Community;* die E-Community steht allg. als Begriff für die organisierte Kommunikation innerhalb eines elektronischen Kontaktnetzwerkes und damit für die Bereitstellung einer technischen Plattform für die Zusammenkunft einer Gruppe von Individuen, die in einer bestimmten Beziehung zueinander stehen bzw. zueinander stehen wollen. Diese Beziehung kann thematisch durch die Kommunikationsinhalte, aber auch über den sozialen oder beruflichen Status der Community-Teilnehmer bestimmt werden. Im Mittelpunkt steht dabei jedoch immer die soziale Interaktion und damit der Austausch selbst geschaffener entweder inhaltlich oder personenbezogener Informationen (sog. User-generated Content). Entsprechend weisen die Individuen gemeinsame Bindungen in Hinblick auf Interessen, Ziele oder Aktivitäten auf und besuchen zumindest zeitweise einen gemeinsamen Ort. Im Falle der E-Community stellt dieser gemeinsame Ort eine elektronische Plattform, insbesondere im Internet, aber verstärkt auch im Mobilfunk-Bereich dar, über die die Individuen über einen längeren Zeitraum und wechselseitig miteinander kommunizieren. Diese Kommunikation ist dabei insbesondere geprägt von dem asynchronen und ortsunabhängigen Charakter des elektronischen Informationsaustausches. Die Möglichkeiten hinsichtlich der Form und des Inhalts der Kommunikation sind dabei mehr oder weniger grenzenlos. – Als elektronisches Kontaktnetzwerk dient die E-Community ihren Mitgliedern insbesondere in zweierlei Richtung: Zum einen soll der Informations- und Kommunikationsaustausch zwischen bereits einander bekannten aber auch unbekannten Teilnehmern unterstützt werden, zum anderen soll das entstehende Beziehungsgeflecht zwischen den Teilnehmern mithilfe elektronischer Funktionen verwaltet und gepflegt werden können.

E-Company – Unter dem Begriff E-Company wird der Einsatz innovativer Informations- und Kommunikationstechnologien zur Verknüpfung von Unternehmen zwecks Kooperation zu einem virtuellen Unternehmen verstanden. Dabei entsteht ein gemeinsames, über digitale Wertschöpfungsnetze erstelltes Transaktionsangebot. Häufig stehen bei solchen virtuellen Unternehmen die Sammlung, Aufbewahrung und neue Aufbereitung von Informationen im Vordergrund.

Economic Community of Central African States → ECCAS.

Economic Diversification Index (EDI) – Indikator der ökonomischen Strukturschwäche eines Landes (kleinere Werte zeigen zunehmende Strukturprobleme an). Er wird aus folgenden Teilindizes zusammengesetzt: (1) Anteil der verarbeitenden Industrie am Bruttoinlandsprodukt (BIP), (2) Beschäftigtenanteil in der Industrie, (3) Elektrizitätsverbrauch pro Kopf und (4) Exportkonzentrationsindex (ein Maß für die Abhängigkeit eines Landes vom Export eines Gutes bzw. eines Rohstoffs).

Economic Exposure → Exposure.

Economic Policy → Allgemeine Wirtschaftspolitik.

Economic Value Added (EVA) – Kennzahl, die im Rahmen eines umfassenden Performancemessungs- und Wertsteigerungskonzepts zur Anwendung kommt. Der Economic Value Added-Ansatz errechnet ein wertorientiertes Residualeinkommen der zu bewertenden Investition. Eine Investition ist nach diesem Ansatz dann wertschaffend, wenn sie einen positiven „Spread" (Differenz) zwischen tatsächlicher Rendite und den geforderten Kapitalkosten erwirtschaftet. Das Residualeinkommen errechnet sich als: Residualeinkommen (EVA)

= (realisierte Rendite – Kapitalkosten) x eingesetzes Kapital.

Die realisierte Rendite wird errechnet als das Verhältnis von operativem Ergebnis zu eingesetztem Kapital. Die geforderten Kapitalkosten errechnen sich unter Rekurs auf das → Capital Asset Pricing Model (CAPM) aus den gewogenen Gesamtkapitalkosten. Bei der Bestimmung des eingesetzten Kapitals wird auf die Aktivagrößen abzüglich nichtverzinsbarer Fremdkapitalgrößen zurückgegriffen.

Economies of Information → neoklassische Theorien der Unternehmung.

Economies of Scale – *Größenkostenersparnisse, Skalenerträge;* Kostenersparnisse, die bei gegebener → Produktionsfunktion (Produktionstechnik) infolge konstanter Fixkosten auftreten, wenn die Ausbringungsmenge wächst, da bei wachsender Betriebsgröße die durchschnittlichen totalen Kosten (DTK) bis zur sog. mindestoptimalen technischen Betriebs- bzw. Unternehmensgröße (MOS) sinken (der Anteil der fixen Kosten je produzierter Einheit wird immer kleiner). Economies of Scale sind daher eine Ursache für → Unternehmenskonzentration. – *Ursachen:* (1) Spezialisierungsvorteile aus Arbeitsteilung; (2) Kostenersparnisse, die sich aus einer Vergrößerung von Produktionsmitteln ergeben, deren Kapazität vom Fassungs- oder Durchsatzvermögen bestimmt wird; (3) Ersparnisse aus zentralisierter Reservehaltung; (4) das Prinzip des kleinsten gemeinsamen Vielfachen bei aufeinander folgenden Fertigungsstufen mit unterschiedlicher optimaler Kapazität oder (5) Losgrößenersparnisse.

Economies of Scale

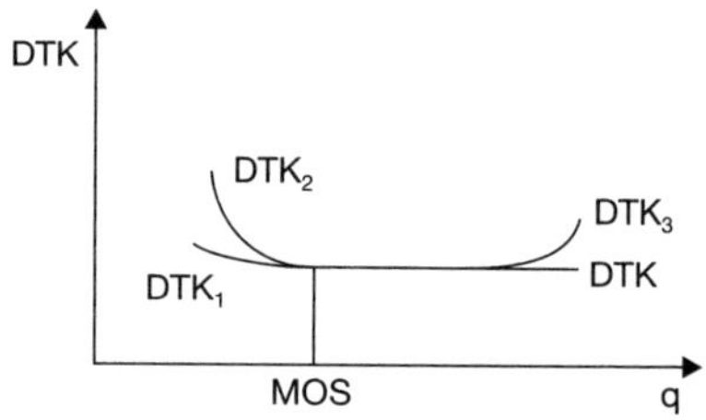

Economies of Scope – *Verbundvorteile;* wirtschaftliche Vorteile, die bei diversifizierten Unternehmen auftreten können, die auf verschiedenen Märkten tätig sind (→ Mehrprodukt-Unternehmung). Sie können in bestimmten Funktionsbereichen *synergetische Effekte* im Sinn von Kostenersparnissen erzielen, die sich daraus ergeben, dass z.B. die Kosten (K) für → Forschung und Entwicklung (F&E) von zwei verschiedenen und getrennt herstellbaren Produkten a und b durch ein diversifiziertes Unternehmen günstiger sind als durch zwei Einprodukt-Unternehmen: – $K(a, b) << K_1 (a) + K_2 (b)$. – Synergetische Effekte sind im Fall *reiner Konglomerate* bes. beim Einsatz von finanziellen, technologischen oder unternehmerischen Ressourcen möglich: (1) Finanzierungsvorteile infolge des geringeren Insolvenzrisikos von Konglomeraten und damit niedrigere Fremdkapitalzinsen sowie erweiterter Kreditrahmen. Dabei unterscheidet man zwischen realen und pekuniären Kostenersparnissen; Letztere sind Ausdruck von Nachfragemacht und einer Einkommensumverteilung zugunsten des Konglomerats; (2) Kostenersparnisse bei F&E im Fall verwandter Produktionen sowie sog. Abfallerfindungen; Ersparnisse von Such- und Informationskosten bei den Verwendungsmöglichkeiten von Erfindungen; (3) Kostenersparnisse beim Einsatz des dispositiven Faktors durch gemeinsame Stabsabteilungen sowie bessere Ausnutzung der Führungsqualitäten des Managements für verschiedene Produkte. – Diesen Möglichkeiten der Erzielung von Kostenersparnissen steht allerdings die *Gefahr* von *Diseconomies of Scope* infolge der Bürokratie von Großunternehmen und der damit verbundenen mangelnden Motivation gegenüber. Die Chancen der Realisierung von Verbundvorteilen werden daher häufig überschätzt. – Economies of Scope sind Ursache für → Unternehmenskonzentrationen. – *Anders:* → Economies of Scale.

ECONSENSE – Arbeitskreis des „Forum Nachhaltige Entwicklung", gegründet 2001 (auf Anregung des Bundesverbands der Deutschen Industrie (BDI)). – *Mitglieder:* zwei Dutzend Unternehmen (z.B. Allianz, BASF, BMW bis VW), die das Leitbild der → nachhaltigen Entwicklung in ihre Unternehmensstrategien integriert haben.

E-Consulting – *Electronic Consulting;* Abwicklung von Beratungsleistungen mithilfe von elektronischen Kommunikationsmedien anstelle einer persönlichen Beratung vor Ort. E-Consulting kann in Form einer individuellen Onlineberatung realisiert werden, bei dem ein Kunde seine Fragen und Anliegen elektronisch an einen Berater weiterleitet, der nach kurzer Zeit antwortet und damit eine klassische Beratungsleistung für einen bestimmten Kunden erbringt. Der Begriff wird darüber hinaus auch auf die Nutzung von elektronischen Trainingsprogrammen zu grundlegenden Beratungsthemen bezogen, die den Kunden von Beratungsunternehmen zur Verfügung gestellt bzw. verkauft werden. I.d.R. wird eine ergänzende Onlineberatung angeboten, sodass sich diese Beratungsform von reinen Trainings- und Fortbildungsprogrammen in elektronischer Form klar unterscheidet.

ECOSOC – Abk. für *Economic and Social Council* (Wirtschafts- und Sozialrat), → UN.

ECOWAS – 1. *Begriff und Merkmale:* Abk. für *Economic Community of West African States, Communauté Economique des Etats de l'Afrique de l'Ouest (CEDEAO), Wirtschaftsgemeinschaft westafrikanischer Staaten*, gegründet: 28.5.1975, Lagos. – 2. *Ziele:* Stufenweise Integration (→ Zollunion, → Wirtschaftsunion, → Währungsunion) und wirtschaftliche Zusammenarbeit mit der langfristigen Perspektive einer politischen Vereinigung; Vorreiter der afrikanischen Einheit → OAU. – 3. *Organe:* Als höchstes Entscheidungsorgan Konferenz der Staatschefs, Ministerrat, 4 Fachkommissionen. – 4. *Mitglieder:* setzen sich zusammen aus Staaten der Westafrikanischen Wirtschafts- und Währungsunion sowie der Westafrikanischen Währungsunion. Benin, Burkina Faso, Gambia, Ghana, Guinea, Guinea-Bissau, Elfenbeinküste, Kap Verde, Liberia, Mali, Niger, Senegal, Sierra Leone und Togo. – Vgl. auch Westafrikanische Wirtschaftsgemeinschaft (→ CEAO).

ECR – Abk. für → Efficient Consumer Response.

ECU – Abk. für *European Currency Unit, Europäische Währungseinheit.* – *Begriff:* Währungskorb vor Einführung des Euros, der die Währungen aller Mitgliedsländer der → EU enthielt (seit Einführung des → Euro weggefallen); die anteilmäßige *Zusammensetzung* wurde wiederholt angepasst. Die Schaffung von ECU erfolgte im → EWS dadurch, dass die Mitgliedsländer einen bestimmten Prozentsatz ihrer Währungsreserven beim Europäischen Fonds für Währungspolitische Zusammenarbeit (→ EFWZ) zu hinterlegen hatten und im Gegenzug dafür ein entsprechend großes Guthaben in ECU eingeräumt bekamen.

EDEKA – wurde nach schon existierenden Zusammenschlüssen selbstständiger Lebensmittelhändler 1907 in Leipzig mit der damaligen Abkürzug EdK für *Einkaufsgenossenschaften deutscher Kolonialwaren- und Lebensmittel-Einzelhändler* gegründet. Sie ist 2012 mit 4.500 EDEKA-Kaufleuten die an Genossenschaftsgrundsätzen orientierte größte Einkaufsorganisation des Lebensmitteleinzelhandels in Deutschland mit Sitz in Hamburg. – 1. *Unternehmensstruktur:* Die EDEKA-Gruppe besteht aus drei Bereichen: der EDEKA-Zentrale AG & Co. KG, die die strategische Unternehmenskonzeption bestimmt und entwickelt und die Beteiligungen an verschiedenen Handelsunternehmen (z.B. SPAR Handelsgesellschaft mbH, Marktkauf Holding GmbH) hält. Das operative Geschäft wird von 7 Regionalgesellschaften durchgeführt, an denen zu je 50 Prozent die EDEKA-Zentrale und 9 EDEKA-Genossenschaften beteiligt sind. Den Genossenschaften sind die selbstständigen Einzelhändler als Mitglieder angeschlossen. Sie sind auch Eigentümer von Produktionsbetrieben (Fleisch- und Backbetriebe, EDEKA-Fruchtkonto), von Supermärkten, SB-Warenhäusern u.a. Zur EDEKA-Gruppe gehört auch die → EDEKABANK AG und der EDEKA-Fachprüfungsverband. – 2. *Unternehmensgröße und Geschäftsfelder:* Die gesamte EDEKA-Organisation erreichte 2011 einen Umsatz von 45,6 Mrd. Euro mit über 306.000 Beschäftigten. Nach wie vor ist das zentrale Geschäftsfeld der EDEKA das von den Genossenschaftsmitgliedern als selbstständige Einzelhändler angebotene Vollsortiment im Lebensmittelsektor. Eine neuere strategische Geschäftsfeldentwicklung ist der Einstieg in das Discountgeschäft. Dies wird durch die Übernahme des bislang zur Tengelmann-Handelsgruppe gehörenden Unternehmen *Plus* (ab 2009) bestätigt, wobei firmenpolitisch eine Fusion mit dem schon im EDEKA-Eigentum befindlichen Discounter Netto erfolgt. – 3. *Funktion der EDEKA-Organisation:* Stärkung der Marktstellung ihrer Mitglieder durch gemeinschaftlichen Einkauf, die Standortsicherung des mittelständischen kooperativen Lebensmitteleinzelhandels, Unternehmensberatungen, gemeinschaftliche Werbung und Entwicklung von Markenartikeln sowie Erfahrungsaustausch und Fortbildung von Beschäftigten und Genossenschaftsmitgliedern.

EDEKABANK AG – zentrales Finanzierungsinstitut der EDEKA-Handelsgruppe mit Sitz in Hamburg. Sie führt alle Bankgeschäfte im Sinn einer Universalbank auch außerhalb des EDEKA-Bereichs durch, wobei ihre Haupttätigkeit in der Finanzierung von Investitionen bei Mitgliedern und Geschäftsbetrieben der EDEKA-Gruppe sowie der Förderung von Existenzgründern liegt.

Edgeworth – Francis Ysidro, 1845–1926, aus Irland stammender Nationalökonom, der zunächst in London und von 1891 bis 1922 in Oxford lehrte. Wie sein Zeitgenosse → Marshall in Cambridge kam er von der Ethik zur Wirtschaftstheorie. Edgeworth hat im Gegensatz zu Marshall, dessen „Principles of Economics“ als systematisches Werk bis heute nachwirkt, niemals den Versuch gemacht, seine originellen Beiträge zu Einzelfragen zusammenhängend darzustellen. Zu Lebzeiten verkannt oder nicht voll gewürdigt, wird Edgeworth heute als einer der bedeutendsten Nationalökonomen angesehen. Er entwickelte u.a. zum ersten Mal Indifferenz- und Kontraktkurven (→ Edgeworth-Box), die algebraische und grafische Bestimmung des wirtschaftlichen → Gleichgewichtes und die Indexzahlen als Maßstab für den wirtschaftlichen Wert. Seine theoretischen Ansätze und Verfahren sind von vielen Nachfolgern – wie → Hicks, → Pareto und → Samuelson – übernommen und weiterentwickelt worden, sodass sie zum Standard der modernen Wirtschaftstheorie gehören. Als seine *Hauptwerke* – mehr Ansammlungen von Einzelbeiträgen – gelten: „New and Old Methods of Ethics“ (1877); „Mathematical Psychics“ (1881) und „Papers Relating to Political Economy“ (3 Bde., 1925). Er war der erste Herausgeber des „Economic Journal“, für das er – ab 1911 gemeinsam mit → Keynes – bis in seine letzten Tage tätig war. Dass diese Zeitschrift weltweit einen der vorderen Plätze einnimmt, ist v.a. sein Verdienst.

Edgeworth-(Bertrand-)Modell – oligopolistisches Dyopolmodell, in dem beide Anbieter autonome Preisstrategie auf einem vollkommenen Markt betreiben (→ Oligopol, → oligopolistische Preisbildung). Edgeworth arbeitet im Gegensatz zu Bertrand mit

Edgeworth-Box – Entstehung

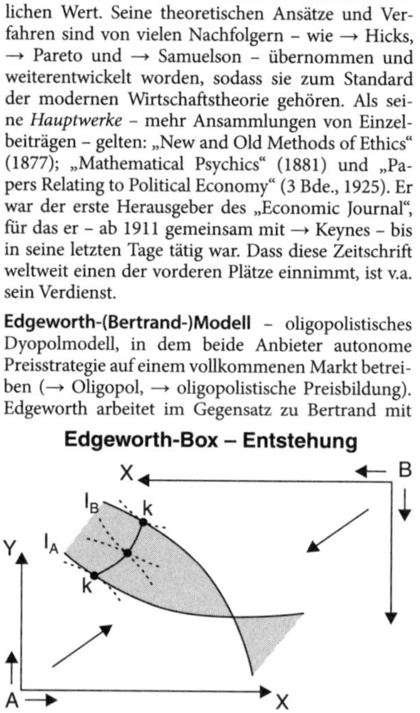

kk = Kontraktkurve
I_A = Indifferenzkurve des A
I_B = Indifferenzkurve des B
x = Gut x, y = Gut y

Kapazitätsbeschränkungen. Durch dauernde Preisunterbietungen und Preisheraufsetzungen entsteht ein Oszillationsmodell. Das Modell führt zu einer „Irrtumslösung“.

Edgeworth-Box – analytisches Hilfsmittel zur Ermittlung der in der Wohlfahrtsökonomik verwendeten → Kontraktkurve. Sie entsteht durch die Kombination der Indifferenzkurvensysteme zweier Tauschpartner (vgl. Abbildung „Edgeworth-Box – Entstehung“). Dazu müssen die beiden Systeme so angeordnet werden, dass sich ein Rechteck bildet, d.h., das Indifferenzkurvensystem des B wird um 180° gedreht und auf das des A gesetzt. Die Kantenlängen des so entstandenen Rechtecks entsprechen dem verfügbaren Faktor- bzw. Güterbestand. Innerhalb der so entstandenen Edgeworth-Box schneiden sich nun einige → Indifferenzkurven, während andere sich tangieren. Die Punkte, die sich tangieren, bilden die Kontraktkurve. – Vgl. auch → Tauschgleichgewicht.

EDI – 1. Abk. für → Electronic Data Interchange. – 2. Abk. für → Economic Diversification Index.

EDIFACT – Abk. für *Electronic Data Interchange for Administration, Commerce and Transport;* unter Federführung der → UN entstandener internationaler Standard für den elektronischen Austausch kommerzieller Daten in einheitlichen Formaten für die üblichen Geschäftsvorgänge, wie z.B. Bestellungen, Rechnungen, Lieferscheine, Zollerklärungen, Zahlungsaufträge etc. (Umsetzung von → Electronic Data Interchange in ein anwendbares Protokoll).

EDIFOR – Abk. für *Electronic Data Interchange for the Forwarding Community,* Subset des → EDIFACT-Standards für speditionelle und logistische Abwicklungen. Enthält nur die Datensegmente und Datenelemente für die branchentypischen Geschäftsprozesse. EDIFOR wird getragen von den Speditionsverbänden Deutschlands (BSL, Bonn), Österreichs (ZV, Wien) und der Schweiz (SPEDLOGSWISS, Basel).

Edinburgher Regel – Grundsatz, nach dem die relative ökonomisch-finanzielle Lage der Steuerpflichtigen zueinander durch die Besteuerung nicht geändert werden soll („leave them as you find them“); ein Postulat der Besteuerungsneutralität. Es wird damit v.a. gefordert, die Steuern so zu erheben, dass sie die Präferenzen und damit die Entscheidungen der Wirtschaftssubjekte möglichst wenig ändern, weil dann die Kosten der Besteuerung für den Einzelnen ebenso wie für die Gemeinschaft möglichst gering sind. Benannt nach einem Artikel in der „Edinburgh Review“ (1833). Heute gilt die Edinburgher Regel allenfalls für die wettbewerbsneutrale Besteuerung.

Editor → Dienstprogramm zum Erstellen, Lesen und Ändern von Dateien, grundsätzlich im → Dialogbetrieb. Die Dateien können formatierte → Daten, (Quell-)Programme, Texte aller Art sowie sprachliche oder bildliche Daten enthalten. – *Arten:* 1.

Text-Editor: Editor, der für das komfortable Erstellen (und evtl. → Formatieren) von Texten ausgelegt ist (→ Textverarbeitung). *Grafik-Editor:* Editor, der das Zeichnen und Ändern von grafischen Darstellungen ermöglicht. – 2. *Seitenorientierter Editor (Fullscreen-Editor):* Editor, bei dem mit einem Zugriff ganze Bildschirmseiten einer Datei betrachtet und geändert werden können. *Zeilenorientierter Editor:* auf die Bearbeitung einer „aktuellen" Zeile beschränkter Editor.

E-DRS – Abk. für → Entwurf eines Deutschen Rechnungslegungs Standards.

Educational Governance – 1. *Begriff:* die Lenkung/ Beeinflussung von Strukturen und Prozessen der Bildung durch eine Gesellschaft, einen Staat, eine internationale Gemeinschaft. Unter den Begriff Educational Governance fallen die Handlungsstrukturen eines Bildungssystems, in denen Prozesse und Maßnahmen von Akteuren umgesetzt werden (kollektive Regelung gesellschaftlicher Sachverhalte im Bereich Bildung). Das Governance-Konzept ist ein jüngerer Ansatz in der sozialwissenschaftlichen Forschung zur Modernisierung und Steuerung sozialer Systeme, mit dem Ziel der Etablierung nachhaltiger Wirksamkeit und Qualität. – 2. *Merkmale:* a) Zu Educational Governance gehören sowohl Formen institutionalisierter zivilgesellschaftlicher Selbstregulierung als auch das Zusammenwirken staatlicher sowie zivilgesellschaftlicher und marktlicher Akteure als auch das hoheitliche Handeln staatlicher Akteure. Aus analytischer Sicht wird der Governance-Begriff als Oberbegriff aller sozialen Handlungskoordination genutzt und ist in diesem Sinne ein Gegenbegriff zu hierarchischer Steuerung, in der einem einzelnen Akteur die Macht zur Steuerung zugeschrieben wird. – b) Das Konzept stützt sich auf die Beobachtung, dass die von modernen, international vernetzten Gesellschaften aufgeworfenen bildungsbezogenen Probleme häufig Querschnittsprobleme sind, die bereichsübergreifende Kooperation erfordern. – c) Der Begriff Governance kommt ursprünglich aus der Politikwissenschaft, ist von dort in die Verwaltungslehre eingewandert, etwa als *New Public Management* bzw. als *Neues Steuerungsmodell* und wird neuerdings auch in den Bildungswissenschaften verwendet, um die Steuerung bildungspolitischer Zusammenhänge zu analysieren. – d) In der international vergleichenden Forschung wurde die Etablierung von Governance-Regimen u.a. am Beispiel der managerialen Umsteuerung des englischen Schulsystems in der Thatcher-Ära untersucht, bei der Außensteuerung durch substantielle Zielvorgaben, die Hierarchisierung schulinterner Steuerung und die Erhöhung des Konkurrenzdrucks durch die Etablierung von Quasi-Märkten kombiniert wurden. Weitere Studien beschäftigen sich mit der Kooperation von Staat und Schule im Spannungsfeld von Hierarchie und Autonomie, mit der Steuerung der Hochschule zwischen staatlicher Regulierung, akademischer Selbstverwaltung und leistungsorientiertem New Public Management oder der Re-Kontextualisierung verordneter Schulautonomie durch Lehrkräfte. Auch in der (Weiter-)Bildungsforschung wird das Governance-Konzept inzwischen aufgegriffen, so etwa wenn der Einfluss supra- und internationaler Organisationen wie der OECD, der EU oder der Weltbank auf nationale Entwicklungen in den Blick genommen wird.

Educentives – Wortzusammensetzung aus *Education* und → Incentives; Motivationsprogramme mit Eventcharakter, die eine Verknüpfung von Bildung und Wissen mit Spaß und Unterhaltung zum Ziel haben und sowohl für Mitarbeiter als auch Kunden eingesetzt werden können.

Edutainment – Kombination der Wörter *Education* und *Entertainment.* – Spielerische Vermittlung von Wissen bei gleichzeitigem großen Unterhaltungswert. Anwendung in der Aus-, Fort- und Weiterbildung sowie im Marketing, z.B. bei Unternehmenspräsentationen.

EDV – Abk. für *elektronische Datenverarbeitung,* → Datenverarbeitung.

EDV-Buchführung → Buchführung.

EDV-Systemprüfung – 1. *Bedeutung:* Methode zur indirekten → Prüfung der Funktionsfähigkeit der Buchführung. Bei Verwendung von EDV-Anlagen in der Buchführung, u.a. aufgrund automatisierter Buchungsabläufe, resultiert eine erheblich geringere Fehlerhäufigkeit, es sei denn, das Verarbeitungsverfahren selbst ist fehlerhaft. Die EDV dient der Beurteilung, inwieweit die vom Prüfer vorgefundenen, elektronisch verarbeiteten Informationen verläßlich sind bzw. inwiefern systemimmanente fehlerhafte Verarbeitungs- und Korrekturregeln die Verläßlichkeit der ausgewiesenen Daten beeinträchtigen. Gegenstand der EDV-Systemprüfung sind die automatisierten Verarbeitungs- und Kontrollregeln. Bei fortschreitendem Einsatz von EDV-Standardanwendungen mit unternehmensindividuellen Anpassungsmöglichkeiten liegt das Prüferaugenmerk weniger auf den Kernelementen der Software als vielmehr auf den durch das zu prüfende Unternehmen vorgenommenen spezifischen Modifikationen. – 2. *Prüfungsinhalte:* a) Prüfung der *Programmdokumentation:* Ob die EDV-Dokumentation geeignet ist, die Datenverarbeitung in der Unternehmung genügend nachzuweisen; ob sie über den Inhalt der Verarbeitungsprozesse informiert, damit die EDV-Buchführung unter Einbeziehung von Ein- und Ausgabedaten verständlich wird. – b) Prüfung des *Verarbeitungsverfahrens,* d.h. ob die der Verarbeitung zugrunde liegenden Regeln korrekt sind, anhand folgender Techniken: (1) *Arbeitswiederholung:* Für einzelne in sich geschlossene Arbeitsgebiete werden Programmabläufe wiederholt. Damit kann jedoch weder die Richtigkeit noch die effektive Verwendung des Programms bestätigt werden; nicht erklärbar ist auch, ob die Daten der Urbelege richtig und vollzählig auf die Datenträger übertragen wurden. Außerdem können Probleme technischer Art bedeutungsvoll sein, wenn z.B. bei integrierter Datenverarbeitung die gespeicherten Daten ohne Zwischenausdruck fortgeschrieben werden. (2) *Testfallverfahren:* Statt der tatsächlichen Eingabedaten werden konstruierte Abrechnungsdaten verarbeitet. Stimmen die dabei gewonnenen Ergebnisse mit den Ergebnissen einer Vorberechnung überein, so hat ordnungsmäßige Verarbeitung des Zahlenmaterials durch die Anlage stattgefunden. Der → Prüfer muss die konstruierten Eingabedaten so aufbauen, dass die Funktionsfähigkeit der einzelnen Programminstruktionen sowie der sachliche Inhalt eines Programms und der Zusammenhang mit anderen Programmen des gleichen Arbeitsgebiets geprüft werden. Der Beweis der vollständigen Richtigkeit des Programms kann nicht erbracht werden, sondern nur der Nachweis, dass die konstruierten Eingabedaten nicht falsch verarbeitet wurden. Nicht alle möglichen Eingabedatenkombinationen können aufgrund der großen Anzahl durch Testfälle abgedeckt werden. (3) *Sachlogische Programmprüfung:* Verfolgung von einzelnen Programmschritten in Programmablaufplänen und -listen (kodierten Programmen). Aus dem detaillierten Programmablaufplan erfolgt i.d.R. das technische Programmieren (Kodieren); deshalb führen mit hoher Wahrscheinlichkeit alle logischen Fehler auch zu Fehlern im Programm. Notwendig ist, den Programmablauf für verschiedene Eingabedatenkombinationen zu verfolgen und zu beurteilen, ob alle praktisch denkbaren Buchungsfälle berücksichtigt sind und ob der Programmablauf einen geschlossenen Kreislauf darstellt. Voraussetzung für die Anwendung dieser Technik ist, dass der Prüfer über die erforderlichen Kenntnisse verfügt und dass der Zeitaufwand nicht unangemessen hoch ist. – 3. *Prüfungszeitpunkte:* a) Prüfung *bei* Programmerstellung: Einbeziehung des Abschlussprüfers bereits bei der Konzipierung. – b) Prüfung *vor* Programmübernahme: Der Abschlussprüfer prüft vor der Übernahme eines Arbeitsgebietes in die EDV. – c) Prüfung *nach* Programmübernahme: Aufgrund eventueller Beanstandungen durch den Prüfer können bei Prüfung nach Einbeziehung eines Arbeitsgebietes in die EDV aufwendige Systemänderungen erforderlich werden. Deshalb i.d.R. weniger sinnvoll.

EEA – Abk. für *Einheitliche Europäische Akte.* 1. *Charakterisierung:* Die Vollendung der Zollunion (1.7.1968) zwischen den Mitgliedsstaaten der → EWG machte es erforderlich, weitergehende Ziele im Sinn einer Vertiefung des Integrationsprozesses vertraglich zu vereinbaren. Die in den 1970er- und frühen 1980er-Jahren unternommenen Initiativen für eine Reform der drei Gemeinschaften (EWG, → EGKS, → EAG) führten jedoch nicht zu dem gewünschten Ergebnis. Die Gesamtheit der zwischen den seinerzeit zwölf EG-Mitgliedsstaaten (→ EG) vereinbarten Änderungen der drei Gemeinschaftsverträge (→ EGKSV, → EWGV, → EAGV) wird als EEA bezeichnet. Nach Ratifizierung durch alle Mitgliedsstaaten trat die EEA am 1.7.1987 in Kraft. – 2. *Inhalt:* a) *Kernelement der EEA* war die vertragliche Festlegung, die bestehende → Zollunion bis zum 31.12.1992 durch eine schrittweise Reduzierung der wichtigsten innergemeinschaftlichen → nicht tarifären Handelshemmnisse zum sog. → Einheitlichen Binnenmarkt (*Gemeinsamer Binnenmarkt*) auszubauen. – b) Die *Mitwirkungsmöglichkeiten des* → Europäischen Parlamentes (EP) im Rahmen der gemeinschaftlichen Entscheidungsprozesse wurden durch die Schaffung des sog. *Kooperationsverfahrens* (Art. 294 AEUV) verstärkt. – c) Die EEA hat ferner eine explizite Vertragsgrundlage für eine Reihe sog. *flankierender Gemeinschaftspolitiken* geschaffen. Hierbei handelt es sich v.a. um Möglichkeiten zur Ergänzung der nationalen Sozialpolitik (Art. 151–161 AEUV), der Umweltpolitik (Art. 191–193 AEUV) sowie der Forschungs- und Technologiepolitik (Art. 179–190 AEUV). Die Erweiterung der Integrationsziele spiegelte sich ferner in der Einfügung eines neuen Titels in den → EGV; (Art. 174–178 AEUV), welcher der EG und den Mitgliedsländern die Aufgabe der Förderung des „wirtschaftlichen und sozialen Zusammenhalts" der Gemeinschaft (→ Kohäsion) zuweist. Außerdem verpflichteten sich die Mitgliedsstaaten in der EEA (Art. 120 AEUV), auf ein hohes Maß an Konvergenz in der Wirtschafts- und Währungspolitik hinzuwirken. – d) Die EEA beinhaltete weiterhin eine grundlegende *Reform der Arbeitsweise der Strukturfonds der EU* (→ Strukturpolitik der Europäischen Union). – e) Außerdem wurde durch die EEA zur Arbeitsentlastung des Europäischen Gerichtshofs (→ EuGH) und zur Beschleunigung der Rechtssprechung wurde ein für bestimmte Arten von Klagen zuständiges sog. → Europäisches Gericht Erster Instanz (EuG) dem EuGH vorgeschaltet (Art. 256 AEUV). – f) Schließlich wurde durch die EEA ein vertraglicher Rahmen für die (bis dahin ohne Rechtsgrundlage im EWGV praktizierte) Kooperation der Mitgliedsländer auf dem Gebiet der *Außenpolitik* geschaffen (sog. *Europäische Politische Zusammenarbeit (EPZ)*). – 4. *Fazit:* Insgesamt gesehen hat die EEA durch die Schaffung des Einheitlichen Binnenmarkts, die Ausweitung der Anwendungsmöglichkeiten des Mehrheitsprinzips und durch den Ausbau der außenpolitischen Zusammenarbeit dem europäischen Einigungsprozess in nachhaltiger Weise neue wirtschaftliche und politische Dynamik verliehen.

EEF – Abk. für *Europäischer Entwicklungsfonds.* 1. *Gegenstand:* Ein EEF umfasst die Finanzmittel, welche die Europäische Union (→ EU) während der jeweiligen Laufzeit eines solchen Fonds für die wirtschaftliche und soziale Entwicklung der mit der Gemeinschaft nach Art. 198 AEUV assoziierten außereuropäischen Staaten (→ Assoziierungsabkommen) zur Verfügung stellen kann. – 2. *Finanzierung:* Die Mittel des EEF werden von den Mitgliedsstaaten der EU nach einem jeweils vereinbarten Schlüssel außerhalb des Gemeinschaftshaushalts aufgebracht und von der → Europäischen Kommission verwaltet. Zur Ergänzung des EEF stellt die Europäische Investitionsbank (→ EIB) zinsverbilligte Kredite zur Verfügung.

EEG → Erneuerbare-Energien-Gesetz.

Effective Competition → wirksamer Wettbewerb.

Effectuation – *Herbeiführung.* 1. *Begriff:* Ausdruck aus dem Bereich der Entrepreneurship-Forschung geprägt durch die ursprüngliche Forschungsarbeit von Saras D. Sarasvathy. Der Effectuation-Ansatz beschreibt eine von (erfahrenen) Entrepreneuren eingesetzte Vorgehensweise zur Lösung von Problemen und zur Entscheidungsfindung. Bietet ein Entrepreneur a) neue Produkte in einem neuen → Markt, oder – b) ein neues → Produkt in einem etablierten Markt, oder – c) ein etabliertes Produkt in einem neuen Markt an, erhält er die Möglichkeit, den Markt zu gestalten bzw. zu steuern. – 2. *Merkmale:* Der Effectuation-Ansatz basiert auf der Annahme, dass → Marktprognosen für die in a) bis c) beschriebenen Szenarien nicht getroffen werden können, da die Zukunft nicht vorhersehbar, wohl aber gestaltbar ist. Effectuation beschreibt einen dynamischen und interaktiven Prozess, der es erlaubt, neue Artefakte (künstlich herbeigeführte Veränderungen oder Bedingungen) zu erschaffen. Weitere Merkmale des Effectuation-Ansatzes sind, dass der Entrepreneur seine Entscheidungen aufgrund der ihm zur Verfügung stehenden → Ressourcen trifft und gezielt versucht, Partnerschaften mit Stakeholdern einzugehen, um seine Geschäftsidee umzusetzen. Entscheidungen trifft er nicht im Hinblick auf eine zu erwartende Rendite, sondern abhängig von seiner Verlusterwartung im Rahmen einer vorher definierten individuellen Grenze. Unwägbarkeiten versucht er nicht durch strikte Planung zu vermeiden, sondern für sich und seine Geschäftsidee gewinnbringend zu nutzen und reagiert dementsprechend flexibel auf Veränderungen. – 3. *Einschränkungen:* In etablierten Märkten mit etablierten Produkten ist der Effectuation-Ansatz quasi bedeutungslos, bzw. kommt nicht zur Anwendung, da in einem solchen Umfeld → Marktprognosen von ausreichender Verlässlichkeit getroffen werden können, die Gestaltungs- und Steuerungsmöglichkeiten jedoch als gering angesehen werden müssen. Der Effectuation-Ansatz bildet somit einen Gegenpol zur → strategischen Planung. – Vgl. auch → Entrepreneurship.

Effekten – 1. *Begriff:* vertretbare, d.h. fungible → Wertpapiere (zur Kapitalanlage geeignet). Die häufigsten Arten sind: → Aktien und Obligationen (→ Anleihen), → Pfandbriefe, Investmentzertifikate, Optionsscheine. – 2. *Buchung und Bilanzierung:* Aktivierung unter Finanzanlagen, wenn die Effekten dauernd oder langfristig dem Geschäftsbetrieb dienen (ggf. unter → Beteiligungen, Wertpapiere des Anlagevermögens, Anteile an verbundenen Unternehmen), andernfalls im Umlaufvermögen. Buchung von Gewinnen vor Realisierung, also lediglich nach der Kursnotierung, verstößt gegen das → Anschaffungswertprinzip nach HGB und ist daher unzulässig (→ ordnungsmäßige Bilanzierung). Mit Inkrafttreten des → Bilanzrechtsmodernisierungsgesetzes (BilMoG) wurde für Kredit-und Finanzdienstleistungsinstitute allerdings eine branchenspezifische Bewertungsvorschrift für Finanzinstrumente des Handelsbestands eingeführt: Finanzinstrumente des Handelsbestands sind zum beizulegenden Zeitwert abzüglich eines Risikoabschlags zu bewerten (§ 340 3 III HGB). Für Unternehmen, die einen Konzernabschluss nach international anerkannten Rechnungslegungsgrundsätzen aufstellen, erfolgt die Bilanzierung in Abhängigkeit der Kategorisierung nach IAS 39 u.a. auch zum Fair Value, d.h. zum aktuellen → Marktwert der Effekten.

Effektenabteilung – eine der Leistungsabteilungen von Bankbetrieben mit folgenden *Aufgaben:* An- und Verkauf von → Effekten; ihre Verwaltung, d.h. Dienstleistung gegenüber dem Wertpapiereigentümer hinsichtlich Überwachung der Zinstermine, der Auslosung, Besorgung von neuen Bogen, Anmeldung und Hinterlegung von Stücken zur Hauptversammlung, Ausübung von Bezugsrechten. Die Effektenabteilung ist meist verbunden mit Depotabteilung und Depotbuchhaltung.

Effektenarbitrage → Arbitrage.

Effektenbanken – *Emissionsbanken;* → Spezialbanken, die sich ausschließlich mit dem Geschäft der Finanzierung, Gründung und Emission befassen.

Effektenbörse → Wertpapierbörse.

Effektendepot → Depotgeschäft, → Wertpapierverwahrung.

Effektendiskont – Abschlag als → Diskont beim Ankauf ausgeloster Wertpapiere vor dem Rückzahlungstermin durch eine Bank.

Effektengeschäft – i.w.S. verschiedenartige Geschäfte mit Wertpapieren. Dazu gehören: (1) der kommissionsweise An- und Verkauf von Effekten (→ Effektenkommissionsgeschäft), (2) der → Eigenhandel mit Effekten im → Tafelgeschäft und im Spekulationsgeschäft für eigene Rechnung, (3) die auftragsweise Effektenverwahrung und -verwaltung (→ Depotgeschäft) und (4) das → Emissionsgeschäft. – I.e.S. nur das Effektenkommissionsgeschäft, definiert als Bankgeschäft im KWG. Es wird heute als → Finanzkommissionsgeschäft bezeichnet, weil es nicht nur den Handel mit → Wertpapieren, sondern mit → Finanzinstrumenten umfasst.

Effektengiroverkehr – stückelose Eigentumsübertragung von → Effekten durch Vermittlung von Effektengirobanken oder → Wertpapiersammelbanken. Die Kreditinstitute geben den größten Teil ihrer Effekten an eine Wertpapiersammelbank (Drittverwahrer) in → Sammelverwahrung (Miteigentum am Bestand). Für Übertragungen zwischen verschiedenen

Börsenplätzen ist *Effektenferngiroverkehr* durch Zusammenschluss der Wertpapiersammelbanken eingerichtet.

Effektenhändler – *Börsenhändler;* Personen, die berechtigt sind, für ein zur Teilnahme am Börsenhandel zugelassenes Unternehmen zu handeln; insbesondere also Angestellte von Kredit- und Finanzdienstleistungsinstituten an der Börse oder im OTC-Handel (→ Over-the-Counter Market), die → Effektengeschäfte abschließen dürfen. Jedem Effektenhändler sind bestimmte Papiere oder Papiergattungen zugewiesen.

Effektenkommissionsgeschäft – bevorzugte Art der Abwicklung von Kundenaufträgen zum An- und Verkauf von Wertpapieren. Bei Aufträgen in amtlich notierten Wertpapieren treten Banken als *Effektenkommissionär* auf (im eigenen Namen für Rechnung eines anderen). Die Rechtsstellung der Bank als → Kommissionär wird nicht durch den Vorbehalt des → Selbsteintritts (möglich nach § 400 HGB) berührt. Die Bank ist zur unverzüglichen Ausführungsanzeige verpflichtet, braucht aber nicht den Dritten, mit dem das Geschäft abgeschlossen wurde, namhaft zu machen, wie sonst beim Kommissionsgeschäft (§ 384 HGB). – Effektenkommissionsgeschäft wird nur bei Papieren im → regulierten Markt *angewandt,* während Freiverkehrswerte im Eigengeschäft (→ Eigenhandel) gehandelt werden.

Effektenkurs → Kurs.

Effektenlombard – Beleihung von bestimmten Wertpapieren, heute veraltet: im Rahmen des Lombardgeschäfts der → Deutschen Bundesbank mit Kreditinstituten wurden die im Lombardverzeichnis aufgeführten Papiere beliehen, wofür der jeweils festgesetzte Lombardsatz galt, der stets höher als der → Diskontsatz war. An die Stelle des Effektenlombards ist ab dem 1.1.1999 die → Spitzenrefinanzierungsfazilität der Europäischen Zentralbank getreten--*vgl. auch* → Europäisches System der Zentralbanken (ESZB).

Effektenmakler → Handelsmakler. – Vgl. auch → Skontroführer, → Kursmakler.

Effektenpensionierung → Wertpapierpensionsgeschäft.

Effektenplatzierung – die Unterbringung von → Effekten im Publikum durch freihändigen Verkauf oder Auflegung zur Zeichnung. – Vgl. auch → Emission.

Effektenverwahrung → Depotgeschäft, → Wertpapierverwahrung.

effektive Inventur – *Lageraufnahme.* 1. *Begriff:* bewegliches Anlagevermögen, Finanzanlagevermögen, Warenvorräte, Bargeldmittel, Wertpapiere etc. werden körperlich an Ort und Stelle aufgenommen (→ Inventur). Die Uraufzeichnungen sind v.a. für → Außenprüfungen aufzubewahren. Bestandsmäßige Erfassung des beweglichen Anlagevermögens vgl. R 5.4 EStR. – 2. *Vorteile:* Genauigkeit, die bei entsprechender Organisation der Aufnahme, v.a. durch zweckmäßige Kontrollen, weitgehend sichergestellt ist. – 3. *Nachteile:* großer Zeitaufwand und teilweise nicht zu umgehende Behinderung des Arbeitsprozesses. – 4. *Formen:* → Stichtagsinventur, → laufende Inventur, vor- oder nachverlegte Stichtagsinventur gemäß § 241 III HGB. – *Gegensatz:* → Buchinventur.

effektive Inzidenz → Inzidenz.

effektive Nachfrage – auf → Keynes zurückgehendes Konzept, nach dem zumindest kurzfristig das Niveau der gesamtwirtschaftlichen Produktion durch die Höhe der am Gütermarkt auftretenden aggregierten Nachfrage bestimmt wird. Zur Vermeidung unerwünschter Lagerbestandsänderungen produzieren die Unternehmen nur so viel, wie sie aufgrund der von ihnen erwarteten Nachfrage auch absetzen können. Dies setzt die genaue Kenntnis der effektiven Nachfrage voraus. Entsprechend passen sie die Höhe ihrer Arbeitsnachfrage an. Daher kann es auf dem Arbeitsmarkt zu Arbeitslosigkeit kommen, obwohl auf dem Güter- und Geldmarkt Gleichgewicht herrscht. – Vgl. auch → Keynesianismus, → Neokeynesianische Theorie.

effektive Protektion – Konzept zur Berücksichtigung der importierten Zwischenprodukte bei der Ermittlung der sektoralen Schutzeffekte eines gegebenen Systems von Zollsätzen. Sofern die Zollsätze (→ Zolltarife) mit zunehmendem Verarbeitungsgrad steigen (Tarif-Eskalation; z.B.: Rohstoff = zollfrei, Halbfertigprodukt 5 Prozent, Fertigprodukt 10 Prozent), ist der tatsächliche Zollschutz für die inländischen Wertschöpfungsprozesse (effektive Protektion) höher als der „angebliche" nominale Zollschutz von 10 Prozent. Schreibt man t_i für den → Zoll auf das Gut i, und a_{ij} für den Anteil des importierten Zwischenprodukts j an den Stückkosten des Gutes i, dann ergibt sich die Rate der effektiven Protektion als

$$\frac{t_i - \sum_{j=1}^{n} a_{ij} t_j}{1 - \sum_{j=1}^{n} a_{ij}}.$$

Man nennt dies auch den *Effektivzoll* im Unterschied zum *Nominalzoll* t_i. Unter bestimmten Voraussetzungen kann dieser Effektivzoll ganz analog zu den Nominalzollsätzen im Fall ohne Zwischenprodukte interpretiert werden, und zwar als die durch das Zollsystem ermöglichte relative Veränderung der Wertschöpfung im Sektor i. – Vgl. auch → Handelspolitik.

Effektivgeschäft – 1. *An Warenbörsen:* Das Geschäft mit Waren, die dem Verkäufer bereits tatsächlich zur Verfügung stehen. Zum Effektivgeschäft *gehören:* Lokogeschäfte (am gleichen oder nächsten Tag zu erfüllen), Abschlüsse „auf Abladung" (die Ware ist binnen einer festgesetzten Frist zu verladen) oder Abschlüsse in „rollender" und „schwimmender" Ware (die Ware ist noch auf dem Transport). – 2. *Im Wertpapierhandel:* Geschäft, das auf konkrete Erfüllung abzielt. – *Gegensatz:* → Differenzgeschäft.

Effektivität – I. Allgemein: Beurteilungskriterium, mit dem sich beschreiben lässt, ob eine Maßnahme geeignet ist, ein vorgegebenes Ziel zu erreichen. Über die Art und Weise der Zielerreichung werden bei der Betrachtung unter Effektivitätsgesichtspunkten keine Aussagen getroffen. – Vgl. auch → Effizienz.

II. Health Care Management: In der Gesundheitsökonomie bezeichnet Effektivität die Fähigkeit einer medizinischen Technologie, den Gesundheitszustand eines Patienten gezielt positiv zu beeinflussen. Kriterium für die Effektivität einer Technologie ist der Zielerreichungsgrad (realisierter Gesundheitszustand zu angestrebtem Gesundheitszustand). Im Unterschied zu Effizienz ist die Zielerreichung unabhängig vom erforderlichen Aufwand (Ressourceneinsatz). In der gesundheitsökonomischen Evaluation wird - wie in der evidenzbasierten Medizin – zwischen efficacy und community effectiveness (unterschieden. Dabei bezeichnet efficacy die Wirksamkeit einer Gesundheitstechnologie unter Idealbedingungen einer klinischen Studie und community effectiveness beschreibt die Wirksamkeit unter Alltagsbedingungen. Gesundheitsökonomische Evaluation ist insbesondere an der community effectiveness interessiert. Klinische Studien basieren grundsätzlich auf einem willkürlich kontrollierten Studiendesign (randomised controlled trial – RCT). In RCTs sind Effekte am eindeutigsten der Intervention zurechenbar und dementsprechend stellen RCTs den Goldstandard des Wirksamkeitsnachweises dar. Klinische Studien unterliegen jedoch häufig Sonderbedingungen. Die Patienten werden nach sehr restriktiven Einschlusskriterien in die Studie einbezogen (z.B. ohne Begleiterkrankungen), die Leistungserbringer sind hochmotiviert und die Patienten häufig bes. compliant (vgl. → Compliance). Die Evaluierung der Community Effectiveness wird sich häufig nicht auf RCTs stützen können, sondern auf Beobachtungsstudien mit Kontrollgruppen, bei denen die Zuweisung der Patienten zu der Interventions- oder Kontrollgruppe nicht zufällig erfolgt, sondern durch die Entscheidung von Arzt oder Patient. Durch geeignete, multivariate statistische Verfahren soll die Vergleichbarkeit nachträglich hergestellt werden. Häufig werden die Ergebnisse von RCTs durch epidemiologisch gestützte Modelle auf die Alltagsbedingungen extrapoliert werden.

Effektivklausel – I. Wirtschaftsrecht: Klausel neben einer Schuldsumme in ausländischer Währung, die im Inland zahlbar ist. Erforderlich, wenn die Zahlung in effektiver Auslandsvaluta erfolgen soll. Ist die Zahlung in ausländischer Währung nicht ausdrücklich (durch eine Effektivklausel) vereinbart, so kann sie in Landeswährung erfolgen (§ 244 BGB, Art. 41 WG, Art. 36 ScheckG).

II. Arbeits-/Tarifrecht: Vereinbarung in → Tarifverträgen, dass Tariflohnerhöhungen dadurch effektiv werden, dass bisherige übertarifliche Leistungen unberührt bleiben. Nach der Effektivklausel wird der vom Arbeitnehmer effektiv bezogene Lohn um den Betrag, ggf. auch um den Prozentsatz erhöht, um den der Tarifsatz erhöht worden ist. Nach der umstrittenen Rechtsprechung des BAG ist jede Form der Effektivklausel unwirksam, da es unzulässig ist, dass durch einen Tarifvertrag bei gleicher Arbeit unterschiedliche Tariflöhne zustande kommen (Verstoß gegen Art. 3 I GG); der Bereich übertariflicher Löhne bleibt damit dem Tarifvertrag entzogen.

Effektivlohn – volkswirtschaftliche Bezeichnung für den im Unternehmen tatsächlich ausbezahlten Lohn. Während der → Tariflohn im Tarifvertrag für einen bestimmten Zeitraum festgelegt wird, ist der Effektivlohn reagibel gegenüber den sich wandelnden Bedingungen am Arbeitsmarkt. Der Effektivlohnsatz übersteigt i.d.R. den Tariflohnsatz. Die Veränderungsrate zwischen Effektivlohnsatz und Tariflohnsatz bezeichnet man als *Lohn-Drift*. – In Deutschland sorgte bis zu Beginn der 1990er-Jahre der Anstieg der übertariflichen Leistungen noch für einen verstärkten, wenn auch moderaten Zuwachs der Effektivlöhne. Danach reduzierte die negative Lohn-Drift die Effektivverdienste. Hier schlugen sich zum einen der Abbau von übertariflichen Leistungen im Zuge der anhaltend hohen Arbeitslosigkeit nieder. Zum anderen verringert sich die Lohn-Drift rechnerisch durch einen Anstieg des Anteils von Teilzeitbeschäftigten an allen Erwerbstätigen, was in den 2000er-Jahren in relevantem Maße der Fall war. In dieselbe Richtung wirkte der Anstieg des Anteils der unterdurchschnittlich entlohnten Beschäftigten im Dienstleistungssektor. Keine Rolle für die Lohn-Drift spielte hingegen in dieser Periode – im Unterschied zur Vergangenheit – die Verringerung der tariflich vereinbarten Wochenarbeitszeit. – Vgl. auch → Lohn-Gap.

Effektivwert – der tatsächlich zu erzielende Preis, v.a. für → Effekten (i.Allg. Börsenkurs abzüglich Spesen). – *Anders:* → Kurswert.

Effektivzins – Zinsgröße in Prozenten, welche die mit einem Kapitaleinsatz erzielte → Rentabilität bzw. die mit einer Kapitalaufnahme verbundenen Kosten wiedergibt. Hierzu sind die jeweiligen Bestimmungsfaktoren des Effektivzinses wie → Nominalzins, → Gebühren, Laufzeit, Zinszahlungs- und Verrechnungstermine, → Agio bzw. → Disagio, Tilgungsmodalitäten etc. zu einer Größe zu verdichten. Laut § 6 Preisangabenverordnung (PAngV) ist seit dem 1.9.1985 bei Krediten an Letztverbraucher der Effektivzins anzugeben, bei Festkonditionen der „effektive Jahreszins", bei variablen Konditionen der „anfängliche effektive Jahreszins".

Effektivzoll → effektive Protektion.

Efficient Consumer Response (ECR) – 1. *Begriff:* Strategisches Konzept in der Konsumgüterindustrie, in dem alle Partner zur Optimierung der Wertschöpfungskette zusammenarbeiten. Unter Efficient Consumer Response (ECR), d.h. der effizienten Reaktion auf die Kundennachfrage, werden verschiedene Managementmethoden zusammengefasst, die darauf abzielen, die Versorgungsketten effizient und an den Bedürfnissen der Verbraucher orientiert zu gestalten. Konkret agieren Hersteller und Handel gemeinschaftlich mit dem Kunden als Ausgangs- und Orientierungspunkt sowie unter dem Motto „Kooperation statt Konfrontation". Auf diese Weise sollen sich für alle Beteiligten Nutzenpotenziale erschließen, die im Alleingang nicht zu erreichen gewesen wären. – 2. *Ziel:* Abbau von Ineffizienzen entlang der Wertschöpfungskette (logistischer Aspekt), Erschließung von Umsatzpotenzial (Marketingaspekt). – 3. *Elemente:* a) → Electronic Data Interchange (EDI), d.h. ein automatisierter, genormter, zeitgerechter, präziser und papierloser Informationsaustausch zwischen Hersteller, Handelszentrale (Zentrallager), Filiale inkl. Point of Sale (POS); – b) Kooperation in der Logistik (→ Supply Chain Management): exakt auf den Abverkauf abgestimmter, gleichmäßiger Warennachschub aufgrund automatischer Disposition (etwa durch Vendor Managed Inventory = lieferantengeführte Bestände), synchronisierte Produktion, Just-in-Time-Belieferung, Anlieferung an Zentrallager und dort Sortierung vorbereiteter Filialkommissionierungen und Auslieferung (→ Cross Docking), Optimierung der Transport- und Ladekapazitäten durch aufeinander abgestimmte Ladeeinheiten, Lager- und Transporttechnik (Efficient Unit Load) und dadurch Senkung der Logistikkosten (durch optimale Nutzung der Transportkapazitäten, Reduzierung von Prozesszeiten und -aufwand) sowie der Kapitalbindungskosten durch Reduzierung der Warenbestände (Continuous Replenishment) beim Hersteller, in Distributionszentren und beim Händler sowie Erhöhung der Produktverfügbarkeit am Point-of-Sale; Kooperation im Marketing durch kunden- und renditeorientierte Sortimentsgestaltung und Produktpräsentation (Efficient Assortment), Optimierung der Produkteinführungen durch umfassenden Informationsaustausch bei der Neuproduktplanung, den Produkttests und bei der Produkteinführung (Efficient Product Introduction), gemeinsame, zielorientierte Planung von Verkaufsförderungsaktionen (Efficient Promotions) sowie – c) eine Organisation, die eine wertschöpfungsorientierte, partnerschaftliche Abstimmung der Interessen der Produktgruppen-Manager der Industrie und der Warengruppenmanager des Handels (→ Category Management) ermöglicht. – 4. *Probleme:* relativ hohe Investitionen in IT-Systeme, Offenlegung von (bisher unternehmensinternen) Daten mit dem Risiko des Datenmissbrauchs, Qualifikation des Personals, Anerkennung von Synergieeffekten der Teamarbeit sowohl der Warengruppenmanager untereinander als auch der Warengruppenmanager des Handels mit den Produktmanagern und Key Account Managern der Industrie, nie aufzulösendes systemimmanentes Konfliktpotenzial zwischen Industrie und Handel. – 5. *Perspektiven:* → Kundendatenmanagement, → Data Warehouse.

effiziente Firmengrenze – Konzept im Rahmen der → Transaktionskostenökonomik bzw. Beitrag v.a. von R. → Coase zur Frage, welche Transaktionen in die Firmenhierarchie zu integrieren und welche besser über den Markt abzuwickeln sind (Make-or-Buy-Entscheidungen; Insourcing vs. Outsourcing). Sind im Rahmen einer Transaktionsbeziehung → spezifische Investitionen unerheblich, so sprechen → Economies of Scale, die ein spezialisierter externer Anbieter durch Bündelung der Nachfrage wahrnehmen kann, und → Hierarchienachteile der unternehmensinternen Organisation für eine marktliche Koordination von Transaktionen. Mit steigendem Spezifitätsgrad der eingesetzten Produktionsfaktoren und deshalb zunehmenden → Quasirenten entstehen zwischen den Transaktionspartnern jedoch Abhängigkeiten, die institutionell abgesichert werden müssen. Dadurch steigen die Transaktionskosten der marktlichen Koordination. Gleichzeitig sinken mit steigendem Spezifitätsgrad der eingesetzten Faktoren die Kostenvorteile eines externen Anbieters. Ab einem bestimmten Grad der Faktorspezifität ist die Integration der sensitiven Transaktionen in die Unternehmenshierarchie sinnvoll, da die Kosten der institutionellen Absicherung auf dem Markt zu hoch werden. – Zwischen den Polen Markt und Hierarchie sind → hybride Organisationsformen angesiedelt.

effiziente Produktion – Zustand, in dem es bei gegebener Ressourcenausstattung und Technologie nicht möglich ist, von mind. einem Gut mehr und von allen anderen Güter mind. genauso viel herzustellen (→ Pareto-Optimum). Mikroökonomisch gesehen bedeutet dies, dass die → Minimalkostenkombination erfüllt ist.

effizienter Algorithmus → Algorithmus, der für jede Probleminstanz nach einer polynomialen Anzahl von elementaren Rechenschritten eine Lösung erreicht.

Effizienz – I. Allgemein: Beurteilungskriterium, mit dem sich beschreiben lässt, ob eine Maßnahme geeignet ist, ein vorgegebenes Ziel in einer bestimmten Art und Weise (z.B. unter Wahrung der → Wirtschaftlichkeit) zu erreichen. – Vgl. auch → Effektivität.

II. Produktion: technisches Kriterium, nach dem Güterbündel partiell geordnet werden. Ein Güterbündel $(x_1, ..., x_n)$ heißt effizient, wenn es kein weiteres Güterbündel $(y_1, ..., y_n)$ gibt, sodass gilt $y_i \geq x_i$ für alle i=1, ..., n und $y_j > x_j$ für mind. ein $1 \leq j \leq n$. Findet Anwendung bei der Beurteilung der Produktion (→ effiziente Produktion).

III. Umweltökonomik: Entscheidungskriterium, das von mehreren ökologisch gleich wirksamen Maßnahmen diejenige auswählt, die mit den geringsten volkswirtschaftlichen Kosten verbunden ist (ökonomisches Prinzip). – Vgl. auch → Kosteneffizienz, → Umweltpolitik.

IV. Informatik: Merkmal der → Softwarequalität, v.a. auf Inanspruchnahme der Hardware-Ressourcen (→ Hardware) bezogen. – *Arten:* (1) *Laufzeit-Effizienz:* Ist gegeben, wenn ein Softwareprodukt möglichst geringe Rechenzeiten im Computer verursacht (hohe Ausführungsgeschwindigkeit der Programme). – (2) *Speicher-Effizienz:* Möglichst geringer Speicherbedarf im → Arbeitsspeicher.

V. Statistik: → Wirksamkeit.

Effizienz der Organisation → organisatorische Effizienz.

Effizienz des Kapitalmarkts – 1. *Dimensionen:* Kapitalmarkteffizienz ist zu untergliedern in Marktorganisationseffizienz, Informationseffizienz und Allokationseffizienz. In dieser Reihenfolge ist die Erfüllung der einzelnen Subkategorien als notwendige, nicht aber hinreichende Bedingung für die Erfüllung der nächsthöheren → Effizienz anzusehen. – 2. *Definition:* Als Kapitalmarkteffizienz i.e.S. kann die *Informationseffizienzhypothese,*zurückgehend auf Eugene F. Fama (1965), angesehen werden. Ein Kapitalmarkt ist in diesem Sinne bez. einer Informationsmenge effizient, wenn basierend auf diesen Informationen durch Anlagestrategien keine dauerhaften Gewinne (Überrenditen) zu erzielen sind. Dies erfordert die unverzügliche Einpreisung neuer Informationen in den → Marktpreis und impliziert die Unmöglichkeit von Prognosen über zukünftige Kursverläufe auf Basis dieser Informationsmenge. – 3. *Informationseffizienzhypothesen:* a) *Schwache Informationseffizienzhypothese:* Sämtliche historischen marktrelevanten Informationen sind in dem aktuellen Marktpreis berücksichtigt. – b) *Mittelstrenge Informationseffizienzhypothese:* Sämtliche öffentlich verfügbaren marktrelevanten Informationen sind in dem aktuellen Marktpreis eingepreist. – c) *Strenge Informationseffizienzhypothese:*Zusätzlich sind auch nicht öffentlich zugängliche marktrelevante Informationen bereits in dem aktuellen Marktpreis antizipiert. Die Erfüllung der jeweils schwächeren Formen der Informationseffizienz ist wiederum Voraussetzung für die Erfüllung der nächsthöheren Effizienzstufe. – 4. *Bedeutung:* Der Informationseffizienz eines Kapitalmarktes kam seither in den Bereichen der Wertpapieranalyse (technisch vs. fundamental), Wertpapierbewertung und der Performanceanalyse eine entscheidende Rolle zu. Ihre hohe Relevanz beweist sich in zahlreichen empirischen Studien zu dieser Fragestellung (bspw. Event Studies).

Effizienzlohn → Arbeitsmarkttheorien.

Effizienzlohntheorien → Arbeitsmarkttheorien.

EFRE – Abk. für *Europäischer Fonds für Regionale Entwicklung.* 1. *Gegenstand:* Der EFRE ist das zentrale Element der → Regionalpolitik bzw. → Strukturpolitik der Europäischen Union (→ EU). Der EFRE ist 1975 errichtet worden und hat seine Rechtsgrundlage in Art. 176 AEUV. Die Verwaltung des Fonds obliegt der → Europäischen Kommission. Die Fondsmittel sind i.Allg. im → Haushaltsplan der Europäischen Union ausgewiesen. – 2. Die *Zielsetzung des EFRE* besteht gemäß Art. 176 AEUV darin, durch die Verringerung des wirtschaftlichen Rückstands der am stärksten zurückgebliebenen Gebiete sowie durch Förderung des Strukturwandels der „Industriegebiete mit rückläufiger Entwicklung" zu einem Abbau der „wichtigsten regionalen Ungleichgewichte in der Gemeinschaft [Union] beizutragen". Dadurch soll der „wirtschaftliche und soziale Zusammenhalt" der Union (→ Kohäsion) gestärkt und einer harmonischen weiteren Vertiefung der Integration der Weg geebnet werden. – 3. *Mittelverwendung:* Alle Strukturfonds sind in der Förderperiode 2007-2013 an die Prioritäten der EU im Bereich der Förderung von Wachstum und Beschäftigung (→ Lissabon-Strategie) gebunden, indem 60 Prozent der Ausgaben dem Ziel *„Konvergenz"* und 75 Prozent der Ausgaben dem Ziel „Regionale Wettbewerbsfähigkeit und Beschäftigung" zugute kommen sollen. Zuschüsse aus den Mitteln des EFRE können v.a. für direkte Hilfen bei Unternehmensinvestitionen (bes. von KMU) und für Maßnahmen zur Verbesserung der → Infrastruktur (Forschung, → Innovation, → Telekommunikation, → Umwelt, → Energie, → Transport) gewährt werden. – b) *Merkmale:* Die Gewährung von Finanzhilfen durch den EFRE erfolgt stets als ergänzende Unterstützung im Rahmen der mitgliedstaatlichen → Regionalförderung (Prinzip der sog. *Additionalität*). Die Zuteilung der Mittel erfolgt nach quantifizierbaren Kriterien, die Ausmaß und Stärke der regionalen Disparitäten zwischen den Teilräumen der Gemeinschaft widerspiegeln. – 5. *Mittelvolumen:* Wegen des Bestehens intraregionaler Pro-Kopf-Einkommensunterschiede von bis zu 1:4 ist die mit der Einheitlichen Europäischen Akte (→ EEA) verfolgte Zielsetzung der Schaffung eines → Einheitlichen Binnenmarkts von einer beträchtlichen Aufwertung der gemeinschaftlichen Regionalpolitik flankiert worden. Der Anteil der Strukturfonds (EFRE, ESF und → Kohäsionsfonds) am → EU-Haushalt im Finanzierungszeitraum 2007-2013 liegt bei 35,7 Prozent (347,41 Mrd. Euro). Für Deutschland sind hiervon 26,34 Mrd. Euro vorgesehen.

EFTA – Abk. für *European Free Trade Association, Europäische Freihandelsassoziation.* 1. *Charakterisierung:* → Freihandelszone. Das am 4.1.1960 unterzeichnete „Übereinkommen zur Errichtung der Europäischen Freihandels-Assoziation" (sog. → Stockholmer Konvention) ist am 3.5.1960 formal in Kraft getreten. Amtssitz der EFTA ist Genf. – 2. *Organe und Arbeitsweise:* In Genf residiert ein sog. *Sekretariat* zur Verwaltung der EFTA, soweit es sich um EWR-Angelegenheiten handelt in Brüssel; die Regierungen der Mitgliedsländer unterhalten in Genf *ständige Delegationen.* Die EFTA-Konvention beinhaltet keine supranationalen Instanzen oder Befugnisse. Oberstes formelles Organ ist der sog. *Rat.* In diesem Lenkungsgremium sind alle Mitgliedsländer gleichberechtigt vertreten. Der Ratsvorsitz wechselt alle sechs Monate. Auf Ministerebene kommt der Rat jährlich zweimal zusammen. Der Rat besitzt in allen von der Konvention bestimmten Fragen umfassende Entscheidungsvollmachten. Beschlüsse des Rats sind für die Mitgliedsländer bindend. Daneben gibt es die Überwachungsbehörde ESA (→ EWR) und den EFTA-Gerichtshof. – 3. *Ziele und spezifische Merkmale:* a) *Überblick:* Die EFTA verfolgt explizit nur *wirtschaftspolitische Ziele.* Diese sind weniger weitreichend als diejenigen der Europäischen Union (EU). Neben dem Ziel der Verwirklichung des *Freihandels* bei industriellen Produkten enthält der EFTA-Vertrag *Wettbewerbsregeln* sowie Vorschriften zum Abbau technischer Handelshemmnisse. Die meisten Agrar- und Fischerei-Erzeugnisse bleiben vom innergemeinschaftlichen Freihandel und den gemeinsamen Wettbewerbsregeln weitgehend ausgenommen. Zum Zweck der Förderung des Austauschs solcher Waren bestehen mehrere *bilaterale Abmachungen* zwischen einzelnen EFTA-Staaten. – b) Seit Ende 1966 ist der *Handel zwischen den EFTA-Staaten mit gewerblichen Produkten* (mit „Ursprung" aus einem Mitgliedsland) von allen Zöllen und auch von den meisten mengenmäßigen Importbeschränkungen befreit. Gegenüber der restlichen Welt unterhalten die EFTA-Länder jedoch uneinheitliche Handelsschranken. Dies verhindert nicht nur den Abbau der innergemeinschaftlichen Grenzkontrollen, sondern hat außerdem noch zeit- und kostenaufwändige Abfertigungsprozeduren zur Folge (z.B. kompliziert zu handhabende Ursprungsregeln; kompensatorische Nacherhebung von Zöllen auf Drittlandsgüter oder deren Anteil an weiterverarbeiteten Produkten, um Zollumgehungen zu vermeiden). – c) Anders als bei der EU sind die *Wettbewerbsregeln* der EFTA-Konvention nicht auf eine *Harmonisierung des Wettbewerbsrecht* gerichtet. Die gemeinsamen Wettbewerbsbestimmungen betreffen ein Verbot bestimmter Arten von → Subventionen, ein Verbot von wettbewerbsbeschränkenden Unternehmensabsprachen, Antidumping-Bestimmungen, Vorschriften hinsichtlich des öffentlichen Auftragswesens sowie Einschränkungen der Diskriminierungsmöglichkeiten im Zusammenhang mit dem Niederlassungsrecht. – 4. *Beziehungen zur EU:* Drei der vier verbliebenen EFTA-Mitgliedsstaaten bilden gemeinsam mit der → EU den → EWR (→ EFTA-EU-Beziehungen). – 5. *Geschichte der EFTA:* Gründungsmitglieder der EFTA (1960) waren Dänemark, Norwegen, Österreich, Portugal, Schweden, die Schweiz und das Vereinigte Königreich. Es folgten Finnland (assoziiertes Mitglied 1961, Vollmitglied 1986), Island (1970) und Liechtenstein (1991). Zunächst standen → EWG und EFTA in großer Konkurrenz. Nach dem Beitritt von Dänemark und dem Vereinigten Königreich (1973), Portugal (1986) sowie Finnland, Österreich und Schweden (1995) zur → EG und dem damit einhergehenden Austritt aus der EFTA umfasst diese *Rest-EFTA* nur noch vier Staaten: Island, Norwegen, die Schweiz und Liechtenstein. Island hat im Jahr 2010 Beitrittsverhandlungen mit der EU aufgenommen.

EFTA-EU-Beziehungen – 1. Weil die → EU mit großem Abstand der größte Handelspartner der EFTA-Staaten (→ EFTA) ist bzw. die → EG war, haben diese stets eine *enge Kooperation mit der EG bzw. EU* angestrebt. – 2. In den vergangenen Jahrzehnten fanden parallel zur *Entwicklung des Konzepts für die Errichtung eines* → Einheitlichen Binnenmarkts der EG verschiedene Zusammenkünfte der EFTA- und der EG-Staaten auf Regierungsebene statt, um die *Zusammenarbeit von EG und EFTA* über die bestehenden Freihandelsverträge hinaus zu intensivieren. Im Mai 1992 erfolgte *die Unterzeichnung des Vertrags über den* → EWR (Europäischer Wirtschaftsraum). Der EWR ist am 1.1.1994 im Verhältnis zwischen der EU und – mit Ausnahme der Schweiz – den EFTA-Staaten rechtswirksam geworden.

EFWZ – Abk. für *Europäischer Fonds für Währungspolitische Zusammenarbeit;* von den Mitgliedsstaaten der → EG nach dem Zusammenbruch des globalen Festkurssystems (→ Bretton-Woods-System) im Zuge der Errichtung des Europäischen Währungsverbunds im April 1973 geschaffener Fonds. Aufgabe des EFWZ war es, den vereinbarten Stützungskreditmechanismus zu handhaben. Als Folge des im EU-Vertrag bestimmten Wegs zur Errichtung einer Europäischen Währungsunion (→ EWWU) wurde der EFWZ zum 1.1.1994 (Beginn der zweiten Stufe der Währungsunion) aufgelöst; seine Aufgaben wurden dem gleichzeitig neu errichteten → EWI (Europäisches Währungsinstitut) übertragen.

eG – Abk. für → eingetragene Genossenschaft.

EG – Abk. für *Europäische Gemeinschaften oder Europäische Gemeinschaft.* 1. *Begriff:* Der EG lagen zwei rechtlich selbstständige Gemeinschaften zugrunde: Die → EWG (Europäische Wirtschaftsgemeinschaft, seit 1.11.1993: Europäische Gemeinschaft) und die → EAG (bzw. EURATOM, Europäische Atomgemeinschaft). Während sowohl die fühere (seit dem 24.7.2002 außer Kraft getretene) Montanunion als auch EURATOM jeweils nur die Integration eng abgegrenzter Wirtschaftszweige bezweckten, zielt die EWG (EG) auf eine allumfassende wirtschaftliche Integration der Mitgliedsstaaten ab (Schaffung eines → gemeinsamen Marktes und schrittweise Harmonisierung aller für das Funktionieren des gemeinsamen Marktes wichtigen Wirtschaftspolitikbereiche). Ungeachtet ihrer rechtlichen Eigenständigkeit sind die zwei Gemeinschaften durch vielfältige gemeinsame vertragliche Bestimmungen, allg. Rechtsgrundsätze, einen gemeinsamen Haushalt sowie durch gemeinsame Organe eng verbunden. – 2. Neben dem (bes. im politischen Bereich) üblich gewordenen Sprachgebrauch „Europäische Gemeinschaften" zur

Kennzeichnung der Gesamtheit der zwei Gemeinschaften ist durch ex-Art. 8 EUV die bis dahin als „Europäische Wirtschaftsgemeinschaft" benannte Teilgemeinschaft mit Wirkung vom 1.11.1993 in *„Europäische Gemeinschaft"* umbenannt worden; der reformierte (ehemalige) EWG-Vertrag (→ EWGV) wurde unter der (neuen) Bezeichnung EG-Vertrag (Vertrag zur Gründung der Europäischen Gemeinschaft, → EGV) Bestandteil des Vertrags über die Europäische Union. Mit dem Mantelvertrag über die Europäische Union (→ Maastrichter Vertrag) wurden die damals noch drei, jetzt zwei Gemeinschaften zur sog. Ersten Säule der → EU. Die völkerrechtliche Selbstständigkeit der Gemeinschaften wurde dadurch zu diesem Zeitpunkt jedoch nicht aufgehoben. Die EG hat ihre Rechtspersönlichkeit am 30.11.2009 verloren und ist in der EU aufgegangen. Der bisherige EGV wurde mit dem → Vertrag von Lissabon am 1.12.2009 umbenannt in den „Vertrag über die Arbeitsweise der Europäischen Union" (→ AEUV). Die → EAG bleibt weiter mit eigener Rechtspersönlichkeit neben der EU bestehen.

Egalitarismus → Gleichheitsprinzip.

E-Geld – *elektronisches Geld, digitales Geld.* Eine auf einem Medium elektronisch gespeicherte Werteinheit, die allg. genutzt werden kann, um Zahlungen an Unternehmen zu leisten, die nicht die Emittenten sind. Dabei erfolgt die Transaktion nicht notwendigerweise über Bankkonten, sondern die Werteinheiten auf dem Speichermedium fungieren als vorausbezahltes Inhaberinstrument. Daher sind die elektronischen Werteinheiten mit Bargeld vergleichbar. E-Geld kann z.B. auf einer → Chipkarte (kartengestützte Systeme) oder einem PC (softwaregestützte Systeme) gespeichert werden. In Europa darf E-Geld nur von Kreditinstituten und sog. Electronic Monetary Institutions (ELMIS) begeben werden; auch die letztgenannten Institute fallen in Deutschland unter die Finanzaufsicht nach dem → Kreditwesengesetz (KWG), da die Herausgabe von E-Geld als Bankgeschäft definiert worden ist. – International hat sich das E-Geld in den letzten Jahren nicht in der erwarteten Weise etablieren können. In Deutschland gibt es mit der → Geldkarte ein von der dt. Kreditwirtschaft gemeinsam betriebenes E-Geld-System.

EGKS – Abk. für *Europäische Gemeinschaft für Kohle und Stahl, Montanunion.* 1. *Überblick:* EGKS war die älteste der drei (Teil)-Gemeinschaften im Rahmen der Europäischen Gemeinschaften (→ EG). Der EGKS-Vertrag (EGKSV) trat am 23.7.1952 in Kraft; nach Ablauf der vereinbarten 50-jährigen Vertragsdauer trat er am 23.7.2002 außer Kraft. Seitdem galten für den Kohle- und Stahlsektor die allg. Bestimmungen des EG-Vertrages. Die EGKS besaß – wie → E(W)G und → EAG – eine eigene völkerrechtliche Rechtspersönlichkeit. – *Mitglieder* waren alle EU-Mitgliedsstaaten. – 2. *Ziele:* Mit der Errichtung der EGKS wurde u.a. das Ziel der Errichtung eines Gemeinsamen Marktes im Montanbereich verfolgt. Außerdem beinhaltete der EGKSV Vorschriften zur Förderung des Wettbewerbs, der Einführung durchgehender Transporttarife, Finanzhilfen für Rationalisierungsinvestitionen sowie die Freizügigkeit der Arbeitnehmer. Das strikte Subventionierungsverbot für den Kohle- und Stahlbereich (Art. 4c EGKSV) wurde Anfang der 1980er-Jahre durch die Inkraftsetzung eines sog. Subventionskodex für den Stahlbereich erheblich relativiert worden. – 3. Die EGKS verfügte bis zur Fusion der *Organe* der Gemeinschaften (1.7.1967) über eine eigenständige Exekutive (sog. Hohe Behörde) und ein spezielles Entscheidungsorgan (sog. Besonderer Ministerrat). Mit der Fusion gingen diese beiden Organe der EGKS in der EG-Kommission (heute: → Europäische Kommission) bzw. im EG-Ministerrat (heute: → Rat der Europäischen Union) auf. Im Unterschied zu den Bestimmungen des EWG- und des EAG-Vertrags war die Hohe Behörde/Europäische Kommission ermächtigt, durch Stellungnahmen zu Investitionsplänen einzelner Unternehmen unmittelbar auf die Investitionstätigkeit der Montanunternehmen in der Gemeinschaft Einfluss zu nehmen (Art. 54 EGKSV).

EGKSV – *Vertrag über die Gründung der Europäischen Gemeinschaft für Kohle und Stahl* (auch *Montanunion* genannt), erster Gründungsvertrag der später drei Europäischen Gemeinschaften → EGKS, → EAG und → EWG. Der EGKSV galt für eine Laufzeit von 50 Jahren und endete am 23.06.2002.

Egonomics – Verhaltenstrend, der die Abgrenzung zu anderen Personen durch differenzierten Konsum zum Ziel hat. Aus dem Trend resultiert eine → Fraktalisierung der Zielgruppen und ihrer → Bedürfnisse mit der Chance für Anbieter zur → Marktsegmentierung und zum Nischenmarketing. Hierbei kann ein wichtiges Strategieelement die Personifizierung des Angebots durch interaktive Produktgestaltung (→ Mass Customization) sein.

E-Government → Electronic Government.

EG-Richtlinien – Rechtsakte der → EG, → EAG und bis 2002 der → EGKS; wesentliches Mittel zur Harmonisierung innerhalb der EU; sie ist für jeden Mitgliedsstaat, an den sie gerichtet ist, verbindlich. Es wird jedoch den innerstaatlichen Stellen die Wahl und Form der Mittel bei der *Umsetzung* der Richtlinie überlassen. – *Rechtsgrundlage* für den Erlass von Richtlinien ist der Art. 249 EGV. Aus diesem Grund ist die Bezeichnung EG-Richtlinien korrekt und nicht EU-Richtlinien, obwohl der Geltungsbereich der erlassenen Richtlinien die gesamt EU umfasst. – Die EG-Richtlinien werden im *Amtsblatt der Europäischen Union* (bis 2002: Amtsblatt der Europäischen Gemeinschaften) veröffentlicht.

EGV – Abk. für *Vertrag über die Europäische Gemeinschaft*; durch den → Maastrichter Vertrag erfolgte Umbenennung des Vertrag über die Europäische Wirtschaftsgemeinschaft (→ EWGV). Alle Artikel des → EWGV wurden mit dem EGV neu nummeriert und ggf. neu gefasst. Mit dem → Vertrag von Lissabon ist der EGV umbenannt worden in *Vertrag über die Arbeitsweise der Europäischen Union* (→ AEUV), die EG hat am 1.12.2009 ihre Rechtspersönlichkeit verloren und die EU hat zu diesem Zeitpunkt eigenständige Rechtspersönlichkeit gewonnen, vgl. → EUV.

EG-Verordnungen → EU-Gesetzgebung.

Ehe – 1. *Wesen:* rechtlich anerkannte und geschützte Verbindung von Mann und Frau zu lebenslanger Lebensgemeinschaft. (1) Im Gegensatz zu vielen anderen Rechtsordnungen billigt das dt. Recht nur der vor dem Standesbeamten geschlossenen Ehe allg. rechtliche Wirkung zu (obligatorische, konfessionslose Zivilehe). (2) Die kirchliche Eheschließung hat grundsätzlich nur für den Bereich des Kirchenrechts Bedeutung. Ab 1.1.2009 darf sie aber bereits vor der standesamtlichen Trauung vorgenommen werden. – 2. *Gesetzliche Regelung der Eheschließung:* §§ 1303 ff. BGB. – 3. Die Auswirkungen der Eheschließung auf die *vermögensrechtlichen* Beziehungen der Ehegatten regelt das → eheliche Güterrecht. – Vgl. auch → eheähnliche Gemeinschaft, → Ehemündigkeit, → Ehevertrag, → Gleichberechtigung, → Güterrechtsregister, → Schlüsselgewalt, → Haushaltsführungsehe, → Doppelverdienerehe.

eheähnliche Gemeinschaft – auch: *nicht eheliche Lebensgemeinschaft.*

I. Begriff: *Ehe ohne Trauschein.* Dauerndes Zusammenleben, Wirtschaften und Wohnen von Mann und Frau auf der Grundlage einer persönlichen Bindung ohne Eingehung einer → Ehe. Die gesetzlichen Regelungen des Ehe- und Familienrechts werden auf die eheähnliche Gemeinschaft i.Allg. nicht angewendet. Bei Scheitern einer solchen Gemeinschaft stehen den Partnern im Einzelfall Ausgleichsansprüche allgemeiner Natur, z.B. aus BGB-Gesellschaft, → Störung der Geschäftsgrundlage oder → ungerechtfertigter Bereicherung zu.

II. Sozialrecht: 1. *Sozialversicherung:* Eheähnliche Gemeinschaft begründet keinen Anspruch auf Witwen-/ → Witwerrente. – 2. Grundsicherung für Arbeitsuchende *(Arbeitslosengeld II):* Bei dem von der Bedürftigkeit abhängigen Arbeitslosengeld II wird das Einkommen des Partners einer sog. „Bedarfsgemeinschaft" in gleicher Weise angerechnet wie dasjenige von nicht getrennt lebenden Ehegatten (§ 9 SGB II). – 3. *Sozialhilfe:* In eheähnlicher Gemeinschafte lebende Personen dürfen nicht besser gestellt werden als Ehegatten (§ 20 SGB XII). Sozialhilfe ist daher zu versagen, wenn das Einkommen oder das Vermögen des Partners geeignet ist, die Hilfsbedürftigkeit zu beseitigen. – Vgl. auch § 18 WoGG.

eheähnliche Lebensgemeinschaft → eheähnliche Gemeinschaft.

E-Health – bezeichnet die Verwendung elektronischer Medien im → Gesundheitswesen. Die Begriffsdefinition ist bisher noch nicht abgeschlossen und reicht von Expertensystemen bei der Diagnostik, über die elektronische Patientenakte bis hin zu einer Vernetzung im gesamten Gesundheitswesen.

Ehebewegung – zusammenfassende Bezeichnung für die Statistik der Eheschließungen und Ehelösungen.

Ehefähigkeitszeugnis – bei Eheschließungen zwischen Deutschen und Ausländern von letzteren dem dt. Standesbeamten vorzulegendes Dokument (§ 1309 BGB).

Ehegatten – I. Rechtsgeschäfte: eines Ehegatten bedürfen grundsätzlich nicht der Zustimmung des anderen Ehegatten; Ausnahmen bestehen nach → ehelichem Güterrecht, v.a. bei Gütergemeinschaft. Im gesetzlichen Güterstand der Zugewinngemeinschaft Verfügungsbeschränkungen nur hinsichtlich des Vermögens im Ganzen und des Hausrats. – Vgl. → Schlüsselgewalt.

II. Handelsrecht: Nach § 1356 BGB sind beide Ehegatten berechtigt, erwerbstätig zu sein. Deshalb kann ein Ehegatte, der im Handelsgeschäft des anderen Ehegatten mitarbeitet, Handlungsgehilfe sein sowie Handlungsbevollmächtigter oder Prokurist. Je nach dem Willen der Ehegatten kann (auch stillschweigend) ein Geschäftsverhältnis vereinbart sein, z.B. eine → offene Handelsgesellschaft (OHG) oder eine bloße → Innengesellschaft vorliegen.

III. Zwangsvollstreckungsrecht: Erleichternde Bestimmungen gelten für die Zwangsvollstreckung durch → Pfändung beweglicher Sachen. – 1. *Eigentumsvermutung:* Zugunsten des Gläubigers von nicht getrennt lebenden Ehegatten wird vermutet, dass bewegliche Sachen, Inhaberpapiere, Orderpapiere mit Blankoindossament gerade dem Ehegatten gehören, gegen den vollstreckt wird; ausgenommen sind Sachen, die nur zum persönlichen Gebrauch bestimmt sind (§ 1362 BGB). Bei → Drittwiderspruchsklage muss der klagende Ehegatte deshalb sein Eigentum nachweisen. – 2. Soweit die Eigentumsvermutung reicht, kann ein Ehegatte die → Erinnerung nicht mit Verletzung des → Besitzes oder → Gewahrsams begründen (§ 739 ZPO).

IV. Besteuerung: 1. *Begriff:* Ehegatten gelten als → Angehörige im Sinn der Steuergesetze (§ 15 AO). Eingetragene Lebenspartner sind den Ehegatten steuerlich nicht gleichgestellt. – 2. *Einkommensteuer:* a) *Veranlagung:* Ehegatten, die beide unbeschränkt steuerpflichtig sind und nicht dauernd getrennt leben, können zwischen getrennter Veranlagung (ab VZ 2011 Umbenenung in Einzelveranlagung, § 26a EStG) und Zusammenveranlagung (§ 26b EStG) wählen (§ 26 I EStG). Ab dem VZ 2011 ist die besondere Veranlagung im Jahr der Eheschließung nicht mehr zulässig. Eine getrennte oder Einzelveranlagung erfolgt, wenn einer der Ehegatten diese Veranlagung wählt.

Ab dem VZ 2013 ist die Wahl der Veranlagungsart mit der Abgabe der Steuererklärung für den entsprechenden VAZ zu treffen. Die erforderlichen Erklärungen sind beim Finanzamt schriftlich oder zu Protokoll abzugeben. Werden keine Erklärungen abgegeben, wird unterstellt, dass die Ehegatten die Zusammenveranlagung wählen (§ 26 III EStG). – b) *Arten der Veranlagung:* (1) *Getrennte Veranlagung:* Jeder Ehegatte hat die von ihm bezogenen → Einkünfte zu versteuern. → Sonderausgaben werden seit 1990 bei dem Ehegatten angesetzt, der sie tatsächlich geleistet hat. → Außergewöhnliche Belastungen werden je zur Hälfte bei der Veranlagung der Ehegatten abgezogen, wenn nicht die Ehegatten gemeinsam eine andere Aufteilung beantragen (§ 26a EStG). (2) *Zusammenveranlagung:* Die Einkünfte beider Ehegatten werden zusammengerechnet; die Ehegatten werden, soweit nichts anderes vorgeschrieben ist, als ein Steuerpflichtiger behandelt (§ 26b EStG). (3) *Bes. Veranlagung:* Die Ehegatten werden für den Veranlagungszeitraum der Eheschließung so behandelt, als ob sie unverheiratet wären. Die Vorschriften der getrennten Veranlagung gelten sinngemäß (§ 26c EStG). Diese Form der Veranlagung ist ab dem VZ 2011 aufgehoben. – b) *Tarif:* Bei zusammen veranlagten Ehegatten ermittelt sich die tarifliche Einkommensteuer nach dem → Splitting-Verfahren. – c) *Geschiedene Ehegatten:* → Unterhaltsleistungen an den geschiedenen Ehegatten werden beim Leistenden auf Antrag als → Sonderausgaben abgezogen. Beim empfangenden Ehegatten stellen die Leistungen dann → sonstige Einkünfte dar. – d) *Ehegatten-Verträge:* Ernstlich gemeinte und tatsächlich durchgeführte Verträge werden auch steuerlich anerkannt. – Vgl. auch → mithelfende Familienangehörige.

Ehegatten-Arbeitsverhältnis → Arbeitsverhältnis zwischen Angehörigen.

Ehegattenbesteuerung → Ehegatten.

eheliches Güterrecht – I. Begriff: gesetzliche Regelung der vermögensrechtlichen Beziehungen der Ehegatten (§§ 1363–1563 BGB). Das BGB kennt verschiedene Güterrechtsformen, und zwar den gesetzlichen Güterstand und die vertraglichen Güterstände. Da auch auf dem Gebiet des ehelichen Güterrechts → Vertragsfreiheit herrscht, können Eheleute durch → Ehevertrag Vereinbarungen über ihre güterrechtlichen Verhältnisse treffen oder einen der vom BGB vertragsmäßigen Güterstände vereinbaren, nämlich Gütertrennung oder Gütergemeinschaft.

II. Gesetzlicher Güterstand (gilt mangels Ehevertrag): 1. Die Ehegatten leben im Güterstand der *Zugewinngemeinschaft* (§ 1363 I BGB). Dabei bleiben die Vermögen der Ehegatten rechtlich völlig getrennt. Das gilt auch für das nach der Eheschließung erworbene Vermögen. Der Zustimmung des anderen Ehegatten bedarf es nur, wenn ein Ehegatte sein Vermögen im ganzen oder Gegenstände des ehelichen Hausrats veräußern will (§§ 1363–1369 BGB). – 2. Erst bei *Beendigung* des Güterstandes wird ein Ausgleich des Zugewinns vorgenommen. – 3. *Endet* der Güterstand durch den Tod *eines Ehegatten,* wird der Ausgleich des Zugewinns ganz schematisch dadurch verwirklicht, dass sich der gesetzliche → Erbteil des überlebenden Ehegatten um 1/4 der Erbschaft erhöht (§ 1371 BGB). Diese Erhöhung des Erbteils ist unabhängig vom ggf. erzielten Zugewinn (→ Erbfolge). – 4. *Endet* der Güterstand nicht durch Tod des Ehegatten, sondern *auf andere Weise,* z.B. durch Scheidung, so ist der Zugewinn zu errechnen: a) *Zugewinn* ist der Betrag, um den jeweils das Endvermögen eines Ehegatten das Anfangsvermögen übersteigt (§ 1373 BGB). Übersteigt der Zugewinn des einen Ehegatten den Zugewinn des anderen, so steht die Hälfte des Überschusses dem anderen Ehegatten als Ausgleichsforderung zu (§ 1378 BGB). – b) Werte, die ein Ehegatte während der Ehe *ererbt* oder mit Rücksicht auf ein künftiges Erbrecht erhalten hat, werden ebenso wie eine → Ausstattung bei der Berechnung des Zugewinns außer Ansatz gelassen (§ 1374 BGB). – c) Wie die *Ausgleichsforderung* zu tilgen ist, bestimmt im Streitfall das Familiengericht (§§ 1382 f. BGB). – 5. → Erbschaftsteuer: Wenn Ehegatten (oder Lebenspartner) im Güterstand der Zugewinngemeinschaft gelebt haben, wäre die Zahlung, die einer der beiden bei Beendigung der Zugewinngemeinschaft an den anderen leisten müsste, keine Schenkung, sondern nur Erfüllung eines gesetzlichen Anspruchs. Im Erbfall kann das nicht anders gesehen werden: Daher unterliegt dann, wenn durch den Tod eines Ehegatten oder Lebenspartners eine Zugewinngemeinschaft endet, auch dann derjenige Betrag, der der Ausgleichsforderung entspricht, nicht der Erbschaftsteuer, sondern nur der darüber hinausgehende Teil des Erbes (§ 5 ErbStG). Freilich übernimmt das Steuerrecht solche pauschalierenden Regelungen des BGB nicht, die steuerlich zu Missbräuchen einladen könnten: a) so gilt die Vermutung, dass beide Ehegatten zu Beginn der Ehe ein Vermögen von Null hatten, wenn nichts Anderes bewiesen wird, nicht steuerlich (man könnte sonst durch Vernichten von Unterlagen über den Vermögensbestand die Höhe der steuerfreien Ausgleichsforderung im Erbfall erhöhen!) und b) der pauschale Ansatz der Ausgleichsforderung mit 1/4 der Erbschaft wird steuerlich nicht übernommen, sondern auch in solchen Fällen muss steuerlich möglichst exakt die wirkliche Höhe der Ausgleichsforderung berechnet werden.

III. Vertragsmäßige Güterstände: Gütertrennung und Gütergemeinschaft bedürfen der Vereinbarung durch einen gerichtlichen oder notariellen → Ehevertrag. – 1. *Gütertrennung:* Die Vermögen der beiden Ehegatten bleiben getrennt. Jeder Ehegatte bleibt Eigentümer seines Vermögens und haftet für die von ihm eingegangenen Verbindlichkeiten allein. Schließen die Ehegatten den gesetzlichen Güterstand (Zugewinngemeinschaft) aus oder heben sie ihn auf, so tritt Gütertrennung ein, wenn sich aus dem

Ehevertrag nichts anderes ergibt. – 2. *Gütergemeinschaft* (§§ 1415–1518 BGB): a) *Arten der Gütermassen:* Fünf verschiedene Gütermassen sind denkbar: Gesamtgut, Sondergut beider Ehegatten und Vorbehaltsgut beider Ehegatten. (1) *Gesamtgut:* Sämtliches Vermögen jedes der beiden Ehegatten wird gemeinschaftliches Eigentum, ohne dass es eines bes. Übertragungsaktes bedarf. Enthält der Ehevertrag keine Bestimmung, darüber, wer das Gesamtgut verwaltet, verwalten es die Ehegatten gemeinschaftlich. Wird über das Vermögen des Ehegatten, der das Gesamtgut allein verwaltet, das → Insolvenzverfahren eröffnet, gehört das Gesamtgut zur → Insolvenzmasse (§ 37 InsO); wird es von beiden Ehegatten verwaltet, ist ein selbstständiges Insolvenzverfahren über das Gesamtgut zulässig (§ 333 InsO). Zur → Zwangsvollstreckung in das Gesamtgut muss ein Titel gegen den oder die verwaltenden Ehegatten erwirkt werden (§ 740 ZPO). (2) *Sondergut* der Ehegatten sind diejenigen Vermögensteile, die nicht durch Rechtsgeschäft übertragen werden können, z.B. unpfändbare Gehaltsansprüche. Sondergut bleibt Eigentum des Ehegatten, dem es gehört, und unterliegt auch dessen Verwaltung, jedoch für Rechnung des Gesamtgutes. (3) *Vorbehaltsgut* der Ehegatten (§ 1418 BGB) umfasst, was durch → Ehevertrag zum Vorbehaltsgut erklärt worden ist; was einem Ehegatten von Todes wegen oder unter Lebenden mit der Bestimmung als Vorbehaltsgut unentgeltlich zugewendet wird. Vorbehaltsgut bleibt freies Eigentum der Ehegatten, jeder von ihnen kann darüber verfügen. – b) *Beendigung* der Gütergemeinschaft: durch *Aufhebungsklage,* Scheidung oder Tod. – c) *Nach Beendigung* der Gütergemeinschaft findet Auseinandersetzung über das Gesamtgut statt (§§ 1471 ff. BGB). Nach Bereinigung der Schulden wird ein Überschuss unter Eheleuten zu gleichen Teilen, bei Auseinandersetzung mit Abkömmlingen je zur Hälfte zwischen dem überlebenden Ehegatten und den Abkömmlingen geteilt. – *Erbschaftsteuer*: Bei Gütergemeinschaft gehört jedem der Ehegatten am Gesamtgut bereits vor dem Erbfall ein entsprechender Anteil (1/2), im Todesfall wird also nur die übrige Hälfte überhaupt vererbt (und ist daher zu versteuern). Wird die Gütergemeinschaft mit den überlebenden Abkömmlingen fortgesetzt, erbt die Hälfte des Verstorbenen nicht der andere Ehegatte, sondern dessen Abkömmlinge; also ist dieses Vermögen dann auch erbschaftsteuerlich nicht vom Ehegatten (Lebenspartner), sondern von den Abkömmlingen zu versteuern (§ 4 ErbStG).

eheliches Kind → nicht eheliches Kind.

Ehemündigkeit – Recht, eine → Ehe eingehen zu können. Ehemündigkeit tritt ein mit → Volljährigkeit (§ 1303 BGB). Minderjährige können mit Vollendung des 16. Lebensjahres auf Antrag durch ein → Familiengericht Befreiung von der Volljährigkeit erhalten, wenn der künftige Ehegatte volljährig ist.

Ehename – der von → Ehegatten gemeinsam geführte → Familienname (§ 1355 BGB).

ehernes Lohngesetz – 1. *Begriff:* Lohntheorie von Ferdinand Lassalle, auf Vorstellungen von Ricardo und anderen Klassikern zurückgehend (→ Subsistenzmittelfondstheorie, → Existenzminimum-Theorien des Lohns). Dem ehernen Lohngesetz zufolge kann der durchschnittliche Arbeitslohn längerfristig das Subsistenzniveau nicht über- oder unterschreiten. Liegt der Arbeitslohn über dem Subsistenzniveau, steigt durch Vermehrung der Arbeiterbevölkerung das Arbeitsangebot, sodass der Lohn sinkt; sinkt der Arbeitslohn unter das Subsistenzniveau, führt eine Verminderung des Arbeitsangebots zu seinem Wiederanstieg. Die Vermehrungsrate ist durch die Lohnhöhe mibestimmt. – 2. *Auffassung von Karl Marx:* Marx verneinte einen sofortigen Einfluss von Veränderungen der Lohnhöhe auf die Vermehrungsrate mit dem Hinweis auf die Aufwuchszeit der Kinder, die bis zu deren Eintritt in den Produktionsprozess vergehe. Die Eigenschaft der Lohnhöhe, in Richtung des Subsistenzniveaus zu tendieren, begründete Marx mit der Tendenz des technischen Fortschritts, Arbeitskräfte freizusetzen und eine industrielle Reservearmee zu schaffen. (vgl. → Verteilungstheorie). – 3. *Bedeutung:* Das eherne Lohngesetz hatte entscheidenden Einfluss auf Gewerkschaften und Sozialdemokratie v.a. wegen der aus ihm abgeleiteten Konsequenzen für die Politik der Arbeiterbewegung. Eine nachhaltige Veränderung der gesellschaftlichen Verhältnisse wurde nicht durch Arbeitskampf im Produktionsbereich erwartet, sondern durch Erringung der parlamentarischen Mehrheit durch die Arbeiterklasse (Kampf um das allg. und direkte Wahlrecht).

Eheschließung → Eheschließungsrate, → Heiratsgut, → Heiratsraten.

Eheschließungsrate – in der → Bevölkerungsstatistik die Anzahl der Eheschließungen, bezogen auf den mittleren Bevölkerungsbestand, evtl. des Bestandes der Nichtverheirateten, eines Jahres.

Ehevertrag – notarieller Vertrag, durch den die Ehegatten oder Verlobten ihre güterrechtlichen Verhältnisse während der Ehe regeln oder ändern, den → Versorgungsausgleich oder den Ausgleich des Zugewinns ausschließen (§§ 1408–1413 BGB). – *Inhalt des Ehevertrags:* → eheliches Güterrecht. – Zur Wirksamkeit gegenüber Dritten bedarf der Ehevertrag der *Eintragung in das* → Güterrechtsregister.

EHPI – Abk. für → Index der Einzelhandelspreise.

Ehrbarer Kaufmann – Leitbild für verantwortliches Handeln in der Wirtschaft. Ein ehrbarer Kaufmann zeichnet sich dadurch aus, dass Werte und Tugenden wie Ehrlichkeit, Verlässiglichkeit oder → Integrität die Basis für das eigene Handeln darstellen. Das Leitbild des Ehrbaren Kaufmanns hat in jüngster Zeit in der Praxis stark an Popularität gewonnen und steht in enger Beziehung zur gesellschaftlichen Verantwortung von Unternehmen (→ Corporate Social Responsibility).

Ehrenakzept → Ehreneintritt.

Ehrenamt – *Begriff:* a) Im juristischen/verwaltungsbezogenen Kontext: unbesoldetes, meist nur gegen Aufwandentschädigung ausgeübtes öffentliches Amt, verbunden mit beamtenähnlichen Rechten und Pflichten, z.B. Amt des Schöffen, Handelsrichters, Gemeinderates etc. – b) Im weiten gesellschaftlichen Kontext: Funktionsübernahme durch nicht hauptamtlich beschäftigte Mitglieder in den Kontroll-, Beratungs- und Entscheidungsorganen von → Genossenschaften, → Verbänden, → Vereinen, wobei darin keine öffentliche Amtsfunktion liegt. – Vgl. auch → ehrenamtlicher Mitarbeiter.

Ehrenamtlicher → Ehrenamtlicher Mitarbeiter.

ehrenamtliche Richter → Laienrichter, die zusammen mit Berufsrichtern in der Straf-, Verwaltungs-, Finanz-, Arbeits- und Sozialgerichtbarkeit sowie als Handelsrichter bei der → Kammer für Handelssachen eingesetzt werden, wobei jedem Spruchkörper zwei ehrenamtliche Richter zugeordnet sind. Sie haben bei ihrer Amtstätigkeit alle Rechten und Pflichten eines Berufsrichters und werden nach dem Gesetz über die Vergütung von Sachverständigen, Dolmetschern, Übersetzern sowie über die Entschädigung von ehrenamtlichen Richtern und Zeugen vom entschädigt. Ehrenamtliche Richter müssen Deutsche sein (z.B. §§ 31, 109 GVG, 21 ArbGG, 20 VwGO). Weitere Voraussetzungen sind u.a., dass die Fähigkeit, öffentliche Ämter zu bekleiden, ihnen nicht aberkannt ist und sie nicht in der Verfügung über ihr Vermögen gerichtlich angeordneten Beschränkungen unterliegen.

ehrenamtlicher Mitarbeiter – 1. *Begriff:* Mitarbeiter einer Organisation, der nicht gegen Entgelt, sondern meist aus altruistischen Motiven heraus arbeitet. – 2. *Merkmale:* a) Ein ehrenamtlicher Mitarbeiter wird für einen bestimmten Zeitraum i.d.R. demokratisch (z.B. in der Mitgliederversammlung) in ein Amt (z.B. Präsident, Vorstandsmitglied) gewählt (oder für dieses bestellt). – b) Übernahme von strategischen Führungsaufgaben der Organisation. – Vgl. auch → Ehrenamt.

Ehrenannahme → Ehreneintritt.

Ehreneintritt – 1. *Begriff:* Das wechselrechtliche Eintreten für einen notleidenden Wechsel, um → Rückgriff, bes. mangels Annahme oder mangels Zahlung, zu vermeiden (Art. 55 ff. WG). Ehreneintritt erfolgt zugunsten eines bestimmten Rückgriffsschuldners, und zwar durch die in der Notadresse angegebene oder (selten) eine andere Person. – 2. *Formen:* a) *Ehrenannahme (Ehrenakzept):* In allen Fällen zulässig, in denen der Inhaber vor → Verfall Rückgriff nehmen kann, wenn nicht Vorlegung zur Annahme untersagt ist. Die Ehrenannahme ist von demjenigen, der zu Ehren annimmt (dem Honoranten), unter Angabe des Geehrten (des Honoraten) auf dem Wechsel unterschriftlich zu vermerken. Der Honorant haftet dem Inhaber und den Nachmännern des Honoraten wie dieser selbst (Art. 56 ff. WG). – b) *Ehrenzahlung:* In allen Fällen zulässig, in denen der Inhaber vor oder bei Verfall Rückgriff nehmen kann. Sie muss den vollen Betrag umfassen, den der Honorat zu zahlen hat, und muss spätestens am Tag nach Ablauf der Frist für die Erhebung des Protestes mangels Zahlung stattfinden. Durch ordnungsgemäße Ehrenzahlung erwirbt der Honorant alle Rechte aus dem Wechsel gegen den Honoraten und dessen Vormänner (Art. 59 ff. WG).

Ehrengerichte – 1. → Berufsgerichte einzelner Berufszweige. – 2. Bezeichnung für den Börsenehrenausschuss.

Ehrenwort – im Rechtsverkehr kein Ersatz für die vom Gesetz geforderte Form; so ausdrücklich in § 74a II HGB für die → Wettbewerbsklausel. Verpflichtungen unter Ehrenwort sind meist wegen Verstoßes gegen die guten Sitten nichtig (§ 138 BGB).

Ehrenzahlung → Ehreneintritt.

EHUG – Abk. für → Gesetz über elektronische Handelsregister und Genossenschaftsregister sowie das Unternehmensregister (EHUG).

EIB – Abk. für *Europäische Investitionsbank.* 1. *Überblick:* Die EIB ist die „Hausbank" der Europäischen Union und 1958 als öffentlich-rechtliches Finanzinstitut mit eigener Rechtspersönlichkeit und Sitz in Luxemburg gegründet worden. Die Satzung der Bank ist dem E(W)G-Vertrag (inzwischen umbenannt in → AEUV) in Form eines Protokolls beigefügt. Sie ist eine der Institutionen der EU. Die EIB verfolgt keinen Erwerbszweck. – 2. *Mitglieder und Anteilseigner:* Alle EU-Mitgliedsstaaten (→ EU) sind Mitglied und Anteilseigner. Die Anteile der Mitgliedsstaaten am Kapital der EIB werden entsprechend des wirtschaftlichen Gewichts des jeweiligen Landes innerhalb der EU (gemessen am BIP) zum Beitrittszeitpunkt ermittelt. Ende 2011 belief sich das gezeichnete Kapital der EIB auf mehr als 232 Mrd. Euro. Nach Satzung der Bank darf der Betrag aller ausstehenden Darlehen 250 Prozent des gezeichneten Kapitals nicht überschreiten. Zur Erfüllung ihrer politischen Aufgaben soll die EIB dadurch auf eine bes. solide wirtschaftliche Basis gestellt sein. – 3. *Aufgaben:* a) Art. 309 AEUV weist der EIB die generelle Aufgaben zu, im Wege der Gewährung von Darlehen und Garantien für Infrastruktur- und Unternehmensinvestitionen zu einer ausgewogenen Entwicklung und zum wirtschaftlichen und sozialen Zusammenhalt der EU-Mitgliedsstaaten beizutragen und dadurch dem Integrationsfortschritt zu dienen. Innerhalb der EU werden mit Vorrang Vorhaben in solchen Regionen finanziert, die den Förderungskriterien der Strukturfonds der Europäischen Union genügen. – b) Als EU-Institution passt die EIB ihre Aktivitäten den Entwicklungen der Gemeinschaftspolitiken an. Die Prioritäten der Darlehensgewährung innerhalb der EU betreffen die Förderung der Entwicklung wirtschaftlich schwacher EU-Regionen, die Stärkung der → internationalen Wettbewerbsfähigkeit von Industrie, Landwirtschaft und Dienstleistungssektor, den Auf- und Ausbau transeuropäischer Verkehrs- und Kommunikationsnetze, die Sicherung der Energieversorgung sowie Maßnahmen zur Erhaltung oder Verbesserung der Umwelt und des architektonischen Erbes. – Neben den Förderungsaktivitäten innerhalb der Gemeinschaft gewährt die EIB aber auch Kredite für Projekte in solchen Drittländern, mit denen die EU Abkommen über wirtschaftliche und finanzielle Kooperation geschlossen hat. – 4. *Vergabekriterien*: Das jeweilige Projekt muss zur europäischen Integration beitragen, volkswirtschaftlich vernünftig und technisch sinnvoll konzipiert sein, den Vorschriften über den Umweltschutz und über die Vergabe öffentlicher Aufträge entsprechen und sich – im Fall von Unternehmensinvestitionen – selbst tragen. Der Beschlussfassung liegen sowohl die Ergebnisse der Projektprüfung zugrunde, als auch die Stellungnahmen der Europäischen Kommission sowie des Mitgliedsstaats, in welchem die Investition erfolgen soll. – 5. *Refinanzierung*: Die EIB finanziert ihre Kreditvergabetätigkeit hauptsächlich durch Anleiheemissionen auf den internationalen Kapitalmärkten. Ihre Anleiheprodukte werden international sowohl von institutionellen als auch privaten Anlegern erworben. Da sämtliche EU-Mitgliedsstaaten Anteilseigner der EIB sind, erhalten ihre Anleihen entsprechend sehr gute Ratings auf Staatsanleiheniveau. Dieser Refinanzierungsvorteil ermöglicht die günstigen Finanzierungsprodukte und Dienstleistungen der EIB. – 6. *Reaktionen der EIB auf die Finanzkrise:* Die EIB leistete in der jüngsten Finanzkrise schnelle und zusätzliche Unterstützung für die europäische Wirtschaft. Die gesamten Darlehensauszahlungen stiegen auch 2011 auf 59 Mrd. Euro (zum Vergleich 2008: 48,6 Mrd. Euro). Der Betrag der unterzeichneten Darlehen betrug 2011 60 Mrd. Euro. Zudem wurden Bemühungen angestellt, den Darlehensvergabeprozess einfacher und flexibler zu gestalten. Zur Krisenbewältigung wurde zusätzlich ein Maßnahmenpaket der Bank bestimmt, das zusätzliche Finanzierungen in der EU im Umfang von 50 Mrd. Euro vorsieht. Hierunter fallen insbesondere Unterstützungen für KMU, Mitgliedstaaten und Regionen, die bes. hart von der Krise getroffen wurden, sowie Operationen in den Bereichen Energie, Klimaschutz und Infrastruktur (einschließlich spezifischer Unterstützung zur Emissionsreduzierung).

Eichbehörden – Behörden zur Durchführung der → Eichung. – 1. *Oberbehörde:* → Physikalisch-Technische Bundesanstalt (PTB). – 2. *Landesbehörden* sind die von den Landesregierungen bestimmten Behörden, die Eichdirektionen und Landesämter für Maße und Gewichte, denen die Überwachung der Eichämter obliegt; Eichämter führen die Eichung durch.

Eichgesetz – Gesetz über das Mess- und Eichwesen i.d.F. vom 23.3.1992 (BGBl. I 711) m.spät.Änd. nebst Eichordnung vom 12.8.1988 (BGBl. I 1657) m.spät.Änd., Messgeräte, die im geschäftlichen oder amtlichen Verkehr, im Gesundheitsschutz, Arbeitsschutz, Umweltschutz oder Strahlenschutz oder im Verkehrswesen verwendet werden, müssen zugelassen und geeicht sein, sofern dies zur Gewährleistung der Maßstäblichkeit erforderlich ist. Welche Messgeräte nur in den Verkehr gebracht, in Betrieb genommen, bereitgehalten und verwendet werden dürfen, wenn sie zugelassen und geeicht sind, bestimmt die Bundesregierung durch Rechtsverordnung (§ 2). Die Eichung wird, sofern nichts anderes durch Verordnung bestimmt ist, von den zuständigen → Eichbehörden und von der staatlich anerkannten Prüfstelle für Messgeräte für Elektrizität, Gas, Wasser oder Wärme vorgenommen (amtliche Eichung). Die Eichung neuer Messgeräte kann auch nach näherer Regelung vom Hersteller vorgenommen werden (Eichung durch den Hersteller). – Vgl. auch → Eichbehörden, → Eichung.

Eichung – amtliche Prüfung der Richtigkeit von Maßen, Gewichten, Waagen und Messwerkzeugen gemäß Maß- und Gewichtsgesetz, durchgeführt durch → Eichbehörden. – *Prüfzeichen:* Eichstempel.

Eid – Beteuerung der Richtigkeit und Vollständigkeit einer Aussage. Im Strafverfahren werden Zeugen vereidigt, wenn es das Gericht wegen der ausschlaggebenden Bedeutung der Aussage oder zur Herbeiführung einer wahrheitsgemäßen Aussage für geboten erachtet, ebenso im Zivil- und im Verwaltungsprozeßverfahren (§§ 59 ff. StPO, § 391 ff., 478 ff. ZPO, § 98 VwGO). – Wer *vorsätzlich falsch schwört*, wird wegen → Meineids mit Freiheitsstrafe nicht unter einem Jahr bestraft; bei *fahrlässiger Begehung* Freiheitsstrafe bis zu einem Jahr (§§ 154, 163 StGB). – Neben der Eidesleistung mit und ohne religiöser Beteuerung besteht für Personen, die aus Glaubens- oder Gewissensgründen keinen Eid leisten wollen, als dritte Form die → Bekräftigung der Wahrheit, die einer Eidesleistung gleichsteht (§ 155 StGB).

eidesstattliche Versicherung – Form der Beteuerung der Richtigkeit einer Erklärung. Die eidesstattliche Versicherung ist in vielen Fällen gesetzlich vorgeschrieben oder zugelassen, kann aber auch sonst in einem förmlichen Beweisverfahren vor einer Behörde als Grundlage für eine Entscheidung abgegeben werden.

I. Zivilprozess: Mittel der → Glaubhaftmachung (z.B. beim Arrest, der einstweiligen Verfügung, dem Prozesskostenhilfeverfahren), jedoch ist sie i.d.R. kein zulässiges → Beweismittel.

II. Zwangsvollstreckung wegen Geldforderungen: Geregelt in § 802c Abs. 3 ZPO. – 1. Der Schuldner ist zu einer eidesstattlichen Versicherung (früher: *Offenbarungseid*) gegenüber dem Gerichtsvollzieher verpflichtet, wenn der die → Vermögensauskunft nach § 802c Abs. 1 und 2 ZPO erteilt. Der Schuldner muss ein Verzeichnis seines gesamten pfändbaren und unpfändbaren Vermögens vorlegen und zu Protokoll die eidesstattliche Versicherung abgeben, dass er die

Angaben nach bestem Wissen und Gewissen richtig und vollständig gemacht habe. Näheres siehe → Vermögensauskunft, → Vermögensverzeichnis.

III. Zwangsvollstreckung wegen Herausgabe einer beweglichen Sache: Hat der Schuldner eine bestimmte → bewegliche Sache herauszugeben und wird diese vom Gerichtsvollzieher nicht vorgefunden, so hat er auf Antrag des Gläubigers zu Protokoll an Eides statt zu versichern, dass er die Sache nicht besitze und auch nicht wisse, wo sie sich befinde (§ 883 ZPO).

IV. Bürgerliches Recht (§§ 259, 260 BGB): 1. Die eidesstattliche Versicherung *muss abgeben*, wer a) zur → Rechnungslegung verpflichtet war, b) über einen Bestand an Gegenständen → Auskunft zu geben hatte, in beiden Fällen jedoch nur, wenn Grund zu Annahme besteht, dass Angaben über Einnahmen bzw. Auskunft nicht mit der erforderlichen Sorgfalt gegeben wurden. – 2. Die eidesstattliche Versicherung ist *bei freiwilliger Abgabe* beim → Amtsgericht im Verfahren der → Freiwilligen Gerichtsbarkeit (§§ 410 ff FamFG).

V. Insolvenzrecht: Der → Gemeinschuldner hat auf Antrag des → Insolvenzverwalters die Richtigkeit und Vollständigkeit des Inventarverzeichnisses (nur der Aktiva) an Eides statt zu versichern (§ 153 InsO). Maßgebend ist der Zeitpunkt der Insolvenzeröffnung (nicht der Abgabe der eidesstattlichen Versicherung). Keine Eintragung in das Schuldnerverzeichnis (§ 915 ZPO). Erzwingbar nach §§ 900 ff. ZPO.

VI. Steuerrecht: Nach § 284 AO kann die Behörde nach erfolglosem Vollstreckungsversuch in das bewegliche Vermögen des Vollstreckungsschuldners, nach Verweigerung der Durchsuchung durch den Vollstreckungsschuldner oder wenn der → Vollziehungsbeamteden Vollstreckungsschuldner bei seinen Besuchen wiederholt nicht angetroffen hat, von dem Vollstreckungsschuldner verlangen, dass er an Eides Statt die Richtigkeit des aufzustellenden Vermögensverzeichnisses versichert. Das Finanzamt nimmt die eidesstattliche Versicherung selbst ab, wenn sich der Schuldner dazu bereit erklärt, andernfalls ersucht es das zuständige Amtsgericht um Vornahme. Eintragung der steuerlichen eidesstattlichen Versicherung in das beim Amtsgericht geführte Schuldnerverzeichnis. – Das Finanzamt kann eine eidesstattliche Versicherung auch über Tatsachen verlangen, die der Steuerpflichtige behauptet (§ 95 I AO). Die Versicherung an Eides statt kann nur von Beteiligten verlangt werden. Bei anderen Personen als Beteiligten → eidliche Vernehmung. Die eidesstattliche Versicherung ist dem Vorsteher des Finanzamts abzugeben. Auch in Ausübung der Steueraufsicht können eidesstattliche Versicherungen von den Finanzämtern verlangt werden; wird die eidesstattliche Versicherung in diesem Fall verweigert, dürfen die Finanzämter hieraus Schlüsse ziehen, die zur Änderung einer rechtskräftigen Veranlagung führen können.

VII. Freiwillige Gerichtsbarkeit: Zur Glaubhaftmachung ist die eidesstattliche Versicherung in der Freiwilligen Gerichtsbarkeit (§ 31 FamGG) ebenso wie im Verwaltungsverfahren, so im Aufgebotsverfahren vor dem Standesamt (§ 5 III PersonenstandsG) zugelassen.

VIII. Strafbestimmungen: Die Abgabe einer falschen eidesstattlichen Versicherung vor einer zuständigen Behörde (dazu gehören auch Gerichte) ist nach §§ 156, 163 StGB strafbar; bei Vorsatz Freiheitsstrafe bis zu drei Jahren oder Geldstrafe, bei Fahrlässigkeit Freiheitsstrafe bis zu einem Jahr oder Geldstrafe. „Vor einer zuständigen Behörde" bedeutet, dass die Behörde überhaupt befugt ist, eidesstattliche Versicherung abzunehmen, und dass ferner die gesetzlichen Vorschriften die Abgabe einer eidesstattlichen Versicherung nach Gegenstand und Verfahren vorsehen. Straflosigkeit tritt bei rechtzeitiger Berichtigung ein.

eidliche Vernehmung – kommt nur bei anderen Personen (§ 33 II AO) als den Beteiligten (§ 78 AO) in Betracht (§ 94 AO). Eidliche Vernehmung kann durchgeführt werden, wenn die Behörde mit Rücksicht auf die Bedeutung der Auskunft oder zur Herbeiführung einer wahrheitsgemäßen Auskunft die Beeidigung für geboten hält. – *Anders:* → Eidesstattliche Versicherung.

Eigenanzeige → Selbstanzeige.

Eigenbedarfsdeckung – Beschreibungsmerkmal von Haushalten (gelegentlich auch Haushaltungen). Dient v.a. der Abgrenzung von Unternehmen bzw. Betrieben, in denen zum Zweck der Fremdbedarfsdeckung gewirtschaftet wird. – Vgl. auch → Betriebswirtschaftslehre (BWL).

Eigenbesitzer – Person, die eine Sache als ihr gehörend besitzt (§ 872 BGB), d.h. die Sache wie ein Eigentümer beherrschen will. Eigenbesitzer ist auch der Dieb und der Finder, der die gefundene Sache behalten will. – Vgl. auch → Besitz. – *Steuerlich* werden die Wirtschaftsgüter, die jemand in Eigenbesitz hat, dem Eigenbesitzer zugerechnet (§ 39 AO). – *Gegensatz:* → Fremdbesitzer.

Eigenbetrieb – 1. *Begriff:* Teil der allg. Hoheitsverwaltung ohne eigene Rechtspersönlichkeit (vgl. auch → Kommunale Unternehmen). Im Gegensatz zum → Regiebetrieb oder → Bruttobetrieb stellt der Eigenbetrieb ein → Sondervermögen dar, das gesondert vom Kommunalhaushalt zu verwalten ist und eine eigene Wirtschafts-, Erfolgs-, Finanz- und Vermögensplanung besitzt. In der Bilanz eines Eigenbetriebs werden Forderungen und Verbindlichkeiten gegenüber der Trägerkommune aktiviert bzw. passiviert, obwohl diese innerhalb derselben Rechtsperson nicht entstehen können. – 2. *Organe:* Betriebsleitung und Betriebsausschuss. – 3. *Vorteile des Eigenbetriebs gegenüber dem* → Regiebetrieb/ → Bruttobetrieb: größere Flexibilität in Bezug auf investive Maßnahmen und Personalausstattung, Verkürzung von Entscheidungswegen, erleichterte

Transparenz und Erfolgskontrolle durch Sonderrechnung, Ermöglichung einer wirtschaftlichen Geschäftsführung unter Beibehaltung einer weitgehenden Kontrolle durch die Trägerverwaltung.

Eigendepot – 1. Im *Verkehr der Banken* untereinander der Bestand an Wertpapieren oder Sammeldepotanteilen, über den der Zwischenverwahrer nach § 13 DepotG oder durch Übereignung (§ 15 DepotG) bzw. Verpfändung zu verfügen berechtigt ist. Die auf dem Eigendepot (Depot A) verbuchten Wertpapiere und Sammeldepotanteile haften den verwahrenden Banken (Zentralbankiers) unterschiedslos und unbeschränkt als Pfand für alle Verbindlichkeiten der hinterlegenden Banken (Provinzbankiers). – Vgl. auch → Drittverwahrung. – 2. Beim *Kundendepot* wird zwischen dem Eigendepot und → Anderdepot unterschieden, soweit für einen Kunden (Rechtsanwälte etc.) neben seinen eigenen Wertpapieren auch dritten Personen gehörende Wertpapiere gesondert verwahrt werden.

eigene Aktien – 1. *Begriff:* von einer → Aktiengesellschaft (AG) selbst erworbene → Aktien des eigenen Unternehmens. Zu den Beweggründen zum Erwerb eigener Aktien s. → Aktienrückkauf. Eigene Aktien sind ein gesonderter Posten auf der Vermögensseite der Bilanz und müssen durch eine Gewinnrücklage für eigene Anteile gedeckt sein. Rechte, insbesondere das Stimmrecht, stehen der Gesellschaft aus eigenen Aktien nicht zu, § 71b AktG. – 2. *Rechtliche Regelungen:* Der Erwerb eigener Aktien durch die Aktiengesellschaft ist grundsätzlich verboten, weil dies dem Verbot der Rückgewähr der Einlage an den Aktionär (§ 57 I AktG) widerspricht. Allerdings normiert § 71 AktG eine Reihe von Ausnahmen, die den Erwerb eigener Aktien zulassen: a) Wenn der Erwerb notwendig ist, um einen schweren unmittelbar bevorstehenden Schaden von der Gesellschaft abzuwenden; b) bei Belegschaftsaktien; c) wenn der Erwerb geschieht, um Aktionäre im Fall von → Beherrschungs- und → Gewinnabführungsverträgen oder bei → Eingliederungen abzufinden; d) wenn der Erwerb unentgeltlich geschieht oder ein Kreditinstitut mit dem Erwerb eine Einkaufskommission ausführt; e) durch Gesamtrechtsnachfolge; f) durch Beschluss der Hauptversammlung zur Einziehung bei Herabsetzung des Grundkapitals; g) bei einem Kredit- oder Finanzdienstleistungsinstitut auch zum Zweck des Wertpapierhandels; h) aufgrund zweckfreier, höchstens fünf Jahre geltender Ermächtigung der Hauptversammlung, soweit ein Anteil von 10 Prozent des Grundkapitals nicht überschritten wird, vgl. → Aktienrückkauf. – Ein Verstoß gegen das Verbot des Erwerbs eigener Aktien macht den Erwerb nicht unwirksam, die Gesellschaft muss die Aktien aber wieder verkaufen (§§ 71c, 71 IV AktG). Näheres über Verfahren, Umgehungsgeschäfte, Inpfandnahme eigener Aktien in den §§ 71–71e AktG.

eigene Akzepte → Bankakzepte (Wechsel), die im Rahmen eines → Akzeptkredits vom Kreditnehmer ausgestellt und auf ein Kreditinstitut gezogen werden. Eigenen Akzepten liegt die Bedingung zugrunde, dass der Kunde die Wechselsumme vor Fälligkeit des Wechsels zur Verfügung stellt. Für Kreditinstitute stellen eigene Akzepte Eventualverbindlichkeiten dar.

eigene Leistungen → innerbetriebliche Leistungen.

eigene Mittel → Eigenkapital.

Eigenerstellung → Eigenproduktion.

eigener Wechsel → Solawechsel; Eigenwechsel, → Wechsel, bei dem sich der Aussteller selbst zur Zahlung des Wechselbetrags verpflichtet. Damit ist der Aussteller Hauptschuldner des Wechsels (im Gegensatz zum → gezogenen Wechsel). Die rechtlichen Grundlagen für den eigenen Wechsel regelt das Wechselgesetz (Art 75 ff. WG). Eigene Wechsel werden z.B. zur Sicherung von Forderungen und Leistungen eingesetzt (→ Sicherheitswechsel bzw. Depotwechsel). Nicht mehr üblich sind Schatz- und Vorratsstellenwechsel, die von Bund und Ländern für vorübergehende Finanzierungszwecke verwendet wurden.

Eigenerzeuger – Begriff des Stromsteuergesetzes: Jemand, der Strom zum Selbstverbrauch erzeugt (§ 2 StromStG; so definiert seit 2007; zuvor gab es ausführlicher formulierte Regelungen).

Eigenfinanzierung – Finanzierung, die der Beschaffung von → Eigenkapital dient. Der Kapitalüberlassungsvertrag sieht dabei periodische, aber erfolgsabhängige Zahlungen des Unternehmens an den Kapitalgeber vor, deren Rang den Ansprüchen der Fremdkapitalgeber (→ Fremdfinanzierung) nachgeordnet ist. An die Stelle von Tilgungsvereinbarungen treten Vereinbarungen über Abfindungen beim Ausscheiden des Eigenkapitalgebers bzw. den Ansprüchen der Fremdkapitalgeber nachgeordnete Ansprüche auf Teile des Liquidationserlöses. Aufgrund des höheren Risikos wegen der ausgeprägten Erfolgsabhängigkeit der Zahlungen (Dividenden, Ausschüttungen, Gewinnentnahmen) fordern Eigenkapitalgeber bei der Eigenfinanzierung einen höheren Erwartungswert der → Rendite als Fremdkapitalgeber. – Vgl. auch → Selbstfinanzierung, → Finanzierung.

Eigengeschäft – *Propergeschäft.* 1. *Begriff:* Geschäfte im eigenen Namen und auf eigene Rechnung, z.B. bei Importen; getätigt von → Einkaufskontoren des Großhandels, von Zentralen → kooperativer Gruppen (→ kooperative Gruppen des Handels) oder → Filialunternehmungen. Der Warenstrom wird als → Lagergeschäft oder → Streckengeschäft abgewickelt. – 2. *Funktionsweise:* Die einkaufende Organisation trägt das volle Absatzrisiko; bei Handelskooperationen sind Verhandlungen mit ihren Mitgliedern über Abnahmemengen und Preise erforderlich. Zentralen von Filialunternehmungen können die eingekauften Waren auf die Filialen verteilen und deren

Verkauf mittels zentralen Handelsmarketings fördern. – *Gegensatz:* → Fremdgeschäft.

Eigengruppe → Gruppenarbeitsverhältnisse.

Eigenhandel → Finanzdienstleistung im Sinn des § 1 Ia 2 Nr. 4 KWG, welche die Anschaffung und die Veräußerung von Finanzinstrumenten im Wege des Eigenhandels für andere zum Gegenstand hat. Der Handel in Wertpapieren und anderen Finanzinstrumenten ist jeweils einer der drei folgenden Kategorien zuzuordnen: (1) Der Handel im fremden Namen für fremde Rechnung (offene Stellvertretung) ist Finanzdienstleistung im Sinn des § 1 Ia 2 Nr. 2 KWG (Abschlussvermittlung); (2) der Handel im eigenen Namen für fremde Rechnung (verdeckte Stellvertretung) ist → Bankgeschäft im Sinn des § 1 I 2 Nr. 4 KWG (→ Finanzkommissionsgeschäft); (3) der Handel im eigenen Namen für eigene Rechnung, ist (sofern er als Dienstleistung für andere zu begreifen ist) Finanzdienstleistung im Sinn des § 1 Ia 2 Nr. 4 KWG (Eigenhandel). – Beim Handel im Auftrag eines Kunden als Eigenhändler tritt das Institut seinem Kunden nicht als Kommissionär, sondern als Käufer oder Verkäufer gegenüber. Auch wenn es sich zivilrechtlich hierbei um einen reinen Kaufvertrag handelt, ist das Geschäft Dienstleistung im Sinn der EG-Wertpapierdienstleistungsrichtlinie (→ MiFID). – *Steuerliche Behandlung:* a) *Eigenhandel der Banken:* Eigenhändler führen umsatzsteuerbare → Lieferungen und → sonstige Leistungen aus. Der Eigenhändler handelt im eigenen Namen für eigene Rechnung. Die Tätigkeit einer Bank im Eigenhandel ist allerdings umsatzsteuerfrei (§ 4 Nr. 8 UStG). – Körperschaftsteuerlich sind Gewinne und Verluste aus dem Eigenhandel mit Anteilen an Kapitalgesellschaften steuerpflichtig (§ 8b VII KStG). – Vgl. auch → Bankumsätze. – b) *Anders:* Im umsatzsteuerlichen Sprachgebrauch wird das Wort „Eigenhandel" gelegentlich auch als Gegenstück zu „Kommissionsgeschäft" und „Vermittlung" benutzt, d.h. für alle jene Umsätze, die jemand – egal, mit welchen Waren – im eigenen Namen und für eigene Rechnung tätigt.

Eigenhändler → Alleinvertreter.

Eigenheim – ein im Eigentum einer natürlichen Person stehendes Grundstück mit einem Wohngebäude, das nicht mehr als zwei Wohnungen enthält, von denen eine Wohnung zum Bewohnen durch den Eigentümer oder seine Angehörigen bestimmt ist. Die zweite Wohnung kann eine gleichwertige Wohnung oder eine Einliegerwohnung sein. – Vgl. auch → Wohnungsbau.

Eigenheimzulage – 1. *Begriff:* Eigenheimzulage ist eine staatliche, steuerfreie → Zulage, die für Neufälle nach dem 31.12.2005 gestrichen wurde. Das bisherige Gesetz findet nur noch Anwendung, wenn vor dem 1.1.2006 mit der Herstellung des Objekts begonnen, die Anschaffung aufgrund eines rechtswirksamen abgeschlossenen Vertrages getätigt oder einer Genossenschaft beibetreten wurde. – 2. *Anspruchsberechtigte und geförderte Objekte:* Eigenheimzulage kann in Altfällen von unbeschränkt steuerpflichtigen Personen beantragt werden, wenn sie eine → Wohnung in einem im Inland belegenen Haus oder in einer im Inland belegenen eigenen → Eigentumswohnung anschaffen (Erwerber) oder herstellen (Bauherr) (§§ 1,2 EigZulG). Die Förderung wird auch bei Ausbauten und bei Erweiterungen bei Nutzung zu eigenen Wohnzwecken oder bei unentgeltlicher Überlassung an einen → Angehörigen (§ 15 AO) gewährt. – 3. *Förderzeitraum:* Die Förderung wird über das Jahr der Fertigstellung/ Anschaffung und die sieben folgenden Jahre verteilt ausgezahlt. Bei Nichtausnutzung des Förderzeitraums kann die Eigenheimzulage für ein weiteres Objekt für die restliche Zeit gewährt werden. Die Förderung kann nur einmal (bei Ehegatten zweimal) in Anspruch genommen werden – 4. *Höhe der Eigenheimzulage:* Die Eigenheimzulage setzt sich seit 2003 zusammen aus einem → Fördergrundbetrag und einer → Kinderzulage. Der Fördergrundbetrag beträgt (2004) jährlich 1 Prozent der Anschaffungs- und Herstellungskosten der Wohnung und des zugehörigen Grund und Bodens sowie der innerhalb von zwei Jahren nach der Anschaffung notwendigen Instandhaltungs- und Modernisierungsaufwendungen. Maximal beträgt der Fördergrundbetrag jährlich 1.250 Euro. Die Kinderzulage beträgt für jedes Kind, für das der Antragsteller oder sein Ehegatte im fraglichen Jahr einen Kinderfreibetrag oder Kindergeld erhält, 800 Euro (seit 2004). – 5. *Einkunftsgrenze:* Inanspruchnahme ab dem Jahr (Erstjahr), in dem der Gesamtbetrag der Einkünfte des Erstjahres und des Vorjahres zusammen nicht mehr als 81.807 Euro (bei Zusammenveranlagung 163.614 Euro) und bei Bauantrag oder Kaufvertrag nach dem 31.12.1999 zzgl. 30.678 Euro je Kind beträgt. Die Einkunftsgrenze ist auf 70.000 Euro (bei Zusammenveranlagung 140.000 Euro) zzgl. 30.000 Euro je Kind bei Anschaffung oder Herstellung nach dem 31.12.2003 abgesenkt. – 6. *Die Auszahlung* erfolgt einen Monat nach Bekanntgabe des Bescheides; für jedes weitere Jahr im Förderzeitraum am 15. März. – 7. *EuGH-Recht:* Im BMF-Schreiben vom 13.3.2008 (AZ IV C 1 – EZ 1000/08/10001) wurde entschieden, dass für bestimmte unbeschränkt einkommensteuerpflichtige Anspruchsberechtigte (i.S.d. § 1 II und III EStG oder i.S.d. Artikels 14 des EG-Privilegien-Protokolls, BGBl. II 1965, 1482 und 1967, 2156) für die Herstellung oder Anschaffung eines in einem anderen EU-Mitgliedsstaat belegenen eigenen Hauses oder einer in einem anderen EU-Mitgliedsstaat belegenen Eigentumswohnung i.S.d. Eigenheimzulagengesetzes die Eigenheimzulage gewährt werden kann. Diese Begünstigung gilt auch für Häuser oder Eigentumswohnungen, die in Mitgliedsstaaten des EWR belegen sind. Die Gewährung der Eigenheimzulage ist jedoch nur der Bedingung möglich, dass zwischen der Bundesrepublik Deutschland und dem anderen Staat aufgrund der Amtshilfe-Richtlinie (77/799/EWG) in der jeweils geltenden

Fassung oder einer vergleichbaren zwei- oder mehrseitigen Vereinbarung Auskünfte erteilt werden, die zur Durchführung der Besteuerung erforderlich sind. Die Kinderzulage wird nur dann gewährt, wenn das Kind im Förderzeitraum zum Haushalt des Anspruchsberechtigten gehört bzw. gehört hat. Das Schreiben ist in allen noch offenen Fällen anzuwenden (BMF-Schreiben: Eigenheimzulagengesetz; Reaktion auf das EuGH-Urt. v. 17.1.2008 in der Rechtssache C-152/05).

Eigeninteresse – 1. *Allgemein:* Eigeninteresse wird oft mit Egoismus oder Opportunismus gleichgesetzt. *Normativ* dominiert in der Tradition der Ökonomik allerdings die Bedeutung des *wohlverstandenen bzw. aufgeklärten Eigeninteresses:* „Die Lehre vom wohlverstandenen Interesse bewirkt keine restlose Selbstaufgabe, regt aber täglich zu kleinen Opfern an", deren Grund in ihrer (ggf. langfristigen) Nützlichkeit für einen selbst liegen (Tocqueville). Mit Mandeville und v.a. → Smith wird die Idee populär, dass die Verfolgung des Eigeninteresses bei geeigneten Rahmenbedingungen das allg. Wohlergehen fördern kann. Die ethisch relevante Unterscheidung lautet danach nicht Eigeninteresse vs. Moral, sondern (Verfolgung des) Eigeninteresse(s) zugunsten vs. zulasten Dritter. – 2. *In der ökonomischen Modellbildung* ist mit der Annahme des Eigeninteresses in formaler Hinsicht (→ homo oeconomicus) nur die analytische Aussage formuliert, dass Menschen das was sie tun, unter den gegebenen Umständen auch am ehesten wollen. Dies ist eine unverzichtbare Voraussetzung für die Aufstellung von Hypothesen über vermutliche Reaktionen auf Situationsänderungen. Dieses Verständnis von Eigeninteresse spielt u.a. in der → Wirtschaftsethik eine Rolle, indem bei empfohlenen Maßnahmen auf Kompatibilität mit dem so verstandenen Eigeninteresse zu achten ist.

Eigeninvestition → Investition im eigenen Unternehmen. – *Gegensatz:* → Fremdinvestition.

Eigenkapital – im Gegensatz zum → Fremdkapital jene Mittel, die von den Eigentümern einer Unternehmung zu deren → Finanzierung aufgebracht oder als erwirtschafteter Gewinn im Unternehmen belassen wurden (→ Selbstfinanzierung). – 1. *Buchmäßiges Eigenkapital:* Es ergibt sich in der → Bilanz als Differenz zwischen den Aktivposten (→ Vermögen, → Rechnungsabgrenzung) und den → Verbindlichkeiten, → Rückstellungen und passiven Rechnungsabgrenzungsposten. Unterbewertungen (Überbewertungen) von Aktivposten und Überbewertungen (Unterbewertungen) von Passivposten mindern (erhöhen) das ausgewiesene Eigenkapital. Das *effektive* Eigenkapital ist wegen der → stillen Reserven bzw. stillen Verluste nur bei Verkauf bzw. Liquidation feststellbar. – 2. *Reales Eigenkapital:* Es wird erhöht durch Einlagen der Eigentümer bzw. Kapitalerhöhungen durch Beschluss der Anteilseigner (bei Kapitalgesellschaften und Kommanditeinlagen) oder durch erzielte Gewinne; vermindert durch Entnahmen bzw. Kapitalherabsetzungen oder Verluste. – 3. *Ausweis in der Bilanz:* a) Bei *Einzelunternehmen* und den vollhaftenden Gesellschaftern von *Personengesellschaften* werden Gewinne, Verluste, Einlagen und Entnahmen auf den (variablen) Eigenkapitalkonten erfasst. Soweit in den Gesellschaftsverträgen feste Kapitalanteile (Festkonten) vereinbart sind, werden Kapitalveränderungen über andere Gesellschafterkonten (Privatkonto, Darlehenskonto u.Ä.) erfasst. Solange die Pflichteinlage des Kommanditisten nicht eingezahlt ist, sind Gewinnanteile diesem Eigenkapitalkonto gutzuschreiben, darüber hinausgehende einem Darlehenskonto als Verbindlichkeit. Ein → negatives Kapitalkonto entsteht, wenn die Kommanditeinlage durch Verluste oder (verbotene) Entnahmen mehr als verbraucht ist. – b) Bei *Kapitalgesellschaften* ist gemäß § 266 III HGB eine Gliederung wie folgt vorgesehen:

I. Gezeichnetes Kapital (nominelles Haftungskapital)

II. Kapitalrücklagen (aus Agio, Zuzahlungen u.Ä.)

III. Gewinnrücklagen (aus dem Ergebnis gebildete) 1. Gesetzliche Rücklage (§ 150 AktG), 2. Rücklage für Anteile an einem herrschenden oder mehrheitlich beteiligten Unternehmen, 3. satzungsmäßige Rücklagen, 4. andere Gewinnrücklagen

IV. Gewinnvortrag/Verlustvortrag

V. Jahresüberschuss/Jahresfehlbetrag.

Nicht eingeforderte ausstehende Einlagen sind gemäß § 272 I HGB offen vom gezeichneten Kapital abzusetzen. Der verbleibende Betrag ist als eingefordertes Kapital in der Passivseite der Bilanz auszuweisen, eingeforderter aber noch nicht eingezahlter Betrag ist gesondert als Forderung auszuweisen. Ist das Eigenkapital durch Verluste aufgebraucht und ergibt sich durch weitere Verluste eine → Unterbilanz, so ist ein „nicht durch Eigenkapital gedeckter Fehlbetrag" (§ 268 III HGB) auszuweisen. – Die Abk. *EK* wird für die Teilbeträge des → verwendbaren Eigenkapitals verwendet. – 4. *Eigenkapital als Finanzierungsmittel:* Eigenkapital steht dem Unternehmen im Gegensatz zum Fremdkapital im Prinzip unbefristet zur Verfügung. Es sollte nach der → goldenen Bilanzregel in Höhe des langfristig gebundenen Vermögens vorhanden sein. Unter dem Gesichtspunkt seiner Funktion als haftendes Kapital (Garantiekapital) ist Eigenkapital eine Voraussetzung für die Möglichkeiten der Aufnahme von Fremdkapital. – *Kreditinstitute* müssen im Interesse der Erfüllung ihrer Verpflichtungen gegenüber den Gläubigern, bes. zur Sicherheit der ihnen anvertrauten Vermögenswerte, ein angemessenes haftendes Eigenkapital haben (§ 10 KWG) (Grundsätze über das Eigenkapital und die Liquidität der Institute). – 5. *Eigenkapitalbeschaffung:* Voraussetzung ist, dass der Eigenkapitalgeber im Gewinn (Ausschüttungen und Substanzsteigerungen bzw. Wertsteigerungen der Anteile) eine ausreichende Verzinsung seines eingesetzten Eigenkapitals und eine als angemessen empfundene Vergütung für die Übernahme der unternehmerischen Risiken erwarten kann.

Eigenkapitalbedarf – Notwendigkeit der Beschaffung von → Eigenkapital (Eigenkapitalfinanzierung). Eigenkapitalbedarf besteht bei Unternehmensgründungen (Ingangsetzungsfunktion von Eigenkapital), aber auch bei bestehenden Unternehmen, wenn aufgrund eines hohen Verschuldungsgrades kein weiteres → Fremdkapital beschafft werden kann, weil die Gläubiger nicht bereit sind, (weiteres) Risiko zu übernehmen (Funktion der Risikoübernahme von Eigenkapital). – Vgl. auch → Finanzierung.

eigenkapitalersetzende Gesellschafterleistungen – Leistungen, die ein Gesellschafter der → GmbH als Darlehen oder in wirtschaftlich entsprechender Form (etwa als Bürgschaft) anstelle von → Eigenkapital zur Verfügung stellt. Der Grund für einen solchen Eigenkapitalersatz besteht oft darin, dass die GmbH von dritter Seite zu marktüblichen Bedingungen keinen Kredit (mehr) hätte erhalten können und eine Rückgewähr nur zulasten des → Stammkapitals der GmbH möglich ist oder deren Überschuldung noch vertiefen würde. – Seit der Reform des GmbH-Rechts durch das → Gesetz zur Modernisierung des GmbH-Rechts und zur Bekämpfung von Missbräuchen (MoMiG) vom 23.10.2008 (BGBl. I, 2026) ist das Kriterium des Eigenkapitalersatzes entbehrlich geworden. Statt dessen findet sich nunmehr eine weitergehende Regelung in § 39 I Nr. 5 InsO, wonach Forderungen aus Gesellschafterdarlehen und wirtschaftlich entsprechenden Leistungen in der Insolvenz stets nachrangig befriedigt werden, d.h. unabhängig vom Zeitpunkt der Gewährung durch den Gesellschafter. Ausnahmen gelten nur für Sanierungsdarlehen (§ 39 V InsO) und Darlehen durch nicht geschäftsführende Gesellschafter, die mit höchstens 10 Prozent am Stammkapital beteiligt sind (§ 35 V InsO). – Zudem gelten diese Vorschriften nicht mehr nur für die GmbH, sondern vielmehr für alle Gesellschaften, in denen keine natürliche Person unmittelbar als Gesellschafter oder mittelbar als Gesellschafter einer beteiligten Gesellschaft persönlich haftet (§ 39 IV InsO). – Hat ein Gesellschafter ein Darlehen eines Dritten besichert oder sich für den Rückzahlungsanspruch verbürgt, so muss der Drittgläubiger gemäß § 44a InsO in der Insolvenz der Gesellschaft zunächst versuchen, Befriedigung aus der Sicherheit oder Bürgschaft zu erlangen.

Eigenkapitalquote – Anteil des Eigenkapitals am Gesamtkapital, stark branchen- und bewertungsabhängige Kennzahl zur Beurteilung der finanziellen Stabilität und Unabhängigkeit eines Unternehmens.

Eigenkapitalrentabilität → Rentabilität.

Eigenkapitalzinsen – zu den → Zusatzkosten zählende Kostenart. – Eigenkapitalzinsen werden in der Vollkostenrechnung angesetzt, um den Nutzenausfall des dem Unternehmen von den Anteilseignern zur Verfügung gestellten Kapitals in einer anderen Verwendung (z.B. Anlage als Festgeld) zu erfassen. Den Eigenkapitalzinsen entsprechen damit keine → Aufwendungen. Eigenkapitalzinsen werden typischerweise nicht gesondert angesetzt; sie werden als kalkulatorische Zinsen auf das gesamte → betriebsnotwendige Kapital ermittelt, ohne in einen Fremd- und einen Eigenkapitalanteil zu unterteilen. Zunehmend werden Eigenkapitalzinsen aus Informationen des Kapitalmarktes abgeleitet (risikoadjustierter Zinssatz). – Vgl. auch → Zinsen.

Eigenleistungen – Begriff der handelsbilanziellen → Gewinn- und Verlustrechnung (GuV); umfasst alle selbst hergestellten Leistungen. Zu unterscheiden: (1) *Nicht aktivierbare* Eigenleistungen, z.B. selbst ausgeführte Reparaturen; (2) *aktivierungspflichtige* Eigenleistungen, das sind spätere Marktleistungen (Halb- und Fertigfabrikate) oder primär innerbetrieblich zu nutzende Vermögensgegenstände des Anlagevermögens (→ innerbetriebliche Leistungen), die bei Anwendung des → Gesamtkostenverfahrens in der Gewinn- und Verlustrechnung als „andere aktivierte Eigenleistungen", einem Teil der Gesamterträge des Betriebes (Gesamtleistung), auszuweisen sind.

Eigenleistungs-NPO – 1. *Begriff:* Ein Typ von privaten → Nonprofit-Organisationen (NPO), deren Arbeitsinhalt die Erstellung von Leistungen ausschließlich für eigene Mitglieder beinhaltet. – 2. *Formen:* → Vereine und → Verbände. – 3. *Ausblick:* Im Englischen wird dieser Typ der Nonprofit-Organisation als „Mutual Benefit Organizations" (MBOs) bzw. als Teil des „Member-Benefit Sectors" bezeichnet. – *Anders:* Drittleistungs-NPO.

Eigenmarke → Marke.

Eigenmiete – zu den → Zusatzkosten zählende Kostenart. – Eigenmieten werden in der Vollkostenrechnung angesetzt, um den Nutzenausfall des dem Unternehmen von den Anteilseignern zur Verfügung gestellten Raumes (Gebäudes, Gebäudeteils) in einer anderen Verwendung (Vermietung an Dritte) zu erfassen. Der Eigenmiete entsprechen damit keine → Aufwendungen.

Eigennutz – 1. *Allgemeines Strafrecht:* Erstreben eines Vorteils unter Missachtung der gebührenden Rücksichtnahme auf die Interessen anderer (vgl. auch → Bestechung). – 2. *Wirtschafts- und Steuerstrafrecht:* Grober Eigennutz relevant u.a. beim → Subventionsbetrug (§ 264 StGB) und bei der → Steuerhinterziehung (§ 370 III AO); dazu siehe im Einzelnen die AStBV 2012 (Anweisungen für das Straf- und Bußgeldverfahren (Steuer) 2012), Nummer 77. Aber auch in den §§ 15 und 15a AÜG (Gesetz zur Regelung der Arbeitnehmerüberlassung) wird der Begriff in Zusammenhang mit der Strafbemessung genannt.

eigennütziges Treuhandverhältnis – Treuhandverhältnis (→ Treuhandschaft), das im Interesse des Treunehmers begründet ist, bes. → Sicherungsübereignung und → Sicherungsabtretung. – 1. Vollstreckt ein Gläubiger des *Treugebers* in das in dessen *unmittelbarem Besitz* befindliche Treugut, kann der Treuhänder → Drittwiderspruchsklage gemäß § 771 ZPO erheben; bei Insolvenz des Treugebers steht ihm aber nur ein Recht auf → Absonderung zu. – 2. Ist der *Treuhänder* → unmittelbarer Besitzer, kann der Treugeber gegenüber Zwangsvollstreckungsmaßnahmen durch Gläubiger des Treuhänders und bei Insolvenz des Treuhänders keine Rechte geltend machen, solange die zu sichernde Schuld noch besteht (strittig); ist sie getilgt, wird das eigennützige Treuhandverhältnis zum → uneigennützigen Treuhandverhältnis mit den entsprechenden Rechten des Treugebers.

Eigenproduktion – Herstellung aller Einzelteile, die in das Endprodukt eingehen sowie aller Artikel, die zum Verkaufsprogramm gehören, im eigenen Unternehmen. – Vgl. auch → Make or Buy.

Eigenschaftstheorie der Führung – Theorie, die auf den Ansätzen der Great-Man-Theroy (Anfang des 20. Jahrhunderts) basiert und die den Führungserfolg eines Vorgesetzten aus bestimmten persönlichen Fähigkeiten und Eigenschaften abzuleiten versucht. Solche Eigenschaften sind in unterschiedlicher Ausprägung vorhandene, physische (wie Größe, Statur, Konstitution, Gesundheit etc.) und psychische (wie Durchsetzungsvermögen, Leistungsbereitschaft, Intelligenz, Initiative etc.) Persönlichkeitsmerkmale, die zeitlich stabil sind und in unterschiedlichen Situationen zum Ausdruck kommen. Der klassische Ansatz der Eigenschaftstheorie der Führung ging soweit, ein einziges Merkmal (oder eine Merkmalskombination) zu finden, die über den Führungserfolg entscheidet. Zwar gibt es Persönlichkeitseigenschaften, die den Führungserfolg generell oder in bestimmten Situationen begünstigen (→ Führungseigenschaften), insgesamt wird der Ansatz, nicht zuletzt aufgrund seiner einseitigen Betrachtungsweise, jedoch stark kritisiert und als überholt betrachtet; Partielle Rehabilitation der Eigenschaftstheorie der Führung in Gestalt der charismatischen Führung (→ Führungsstil). – *Gegensatz:* → Interaktionstheorie der Führung

Eigentum – **I. Begriff**: Zu unterscheiden ist der verfassungsrechtliche Begriff und der bürgerlich-rechtliche Begriff des Eigentums. – 1. *Verfassungsrechtlicher Eigentumsbegriff:* Eigentum im Sinn des Art. 14 I GG ist jedes vermögenswerte Recht, jedes vermögenswerte Gut. Seinem rechtlichen Gehalt nach ist es gekennzeichnet durch Privatnützigkeit, d.h. durch die Zuordnung zu einem Rechtsträger, in dessen Hand es als Grundlage privater Initiative und im eigenverantwortlichen Interesse „von Nutzen sein soll", und durch die grundsätzliche Verfügungsbefugnis über den Eigentumsgegenstand. Art. 14 GG gewährleistet Eigentum sowohl als Rechtsinstitut wie auch in seiner konkreten Gestalt in der Hand des einzelnen Eigentümers. Unter die Garantie des Eigentums nach Art. 14 I 1 GG fallen neben dem Sacheigentum des Bürgerlichen Rechts z.B. Forderungen, Aktien, Urheberrechte, Versicherungsrenten oder Rentenanwartschaften, nicht aber das Vermögen als solches, Geld im Sinn einer Wertgarantie, Gewinnchancen, Verdienstmöglichkeiten. Inhalt und Schranken des Eigentums werden durch die Gesetze bestimmt (Art. 14 I 2 GG). Sein Gebrauch soll zugleich dem Wohl der Allgemeinheit dienen (Art. 14 II GG). Die Sozialpflichtigkeit enthält die verfassungsrechtliche Legitimation für Eigentumsbeschränkungen. – 2. *Bürgerlich-rechtlicher Eigentumsbegriff:* a) Bürgerlich-rechtliches Eigentum ist das umfassende (absolute, dingliche) Herrschaftsrecht über bewegliche und unbewegliche Sachen im Sinn des § 90 BGB. – *Anders:* → Besitz. – b) *Beschränkungen* der Ausübung des Eigentums durch das → Schikaneverbot und das Verbot der → unzulässigen Rechtsausübung sowie durch das → Nachbarrecht oder die Beschränkungen durch → Notwehr und → Notstand.

II. Erwerb: 1. An *beweglichen Sachen:* (1) durch Rechtsgeschäft (Übereignung); (2) durch lang dauernden Eigenbesitz (→ Ersitzung); (3) durch → Verarbeitung, → Verbindung und → Vermischung mit eigenen Sachen; (4) durch → Aneignung herrenloser Sachen. – 2. An *Grundstücken:* Ebenfalls gemäß (1) (→ Grundstücksverkehr), (2) und (3).

III. Schutz: 1. *Formen:* a) V.a. durch Eigentumsklagen; b) gegen gegenwärtige rechtswidrige Angriffe durch das Recht der → Notwehr; c) gegen Eingriffe der öffentlichen Gewalt: (1) Durch Verwaltungsverfahren und verwaltungsgerichtliches Verfahren (Widerspruch, Anfechtungsklage), (2) durch Geltendmachung von Ansprüchen aus Staatshaftung (enteignungsgleiche Eingriffe), Aufopferung (enteignender Eingriff) und Enteignungsentschädigung nach Art. 14 III GG (→ Enteignung). – 2. Zum → Schadensersatz verpflichtet ist (nach § 823 I BGB), wer schuldhaft das Eigentum eines anderen verletzt (→ unerlaubte Handlung).

IV. Eigentumsklagen: Rechtsmittel des Eigentümers zum Schutz seines Eigentums. – 1. Der Eigentümer kann von dem Besitzer *Herausgabe der Sache* verlangen (§ 985 BGB). Der Besitzer kann die Herausgabe verweigern, wenn er oder der betreffende → mittelbare Besitzer (z.B. der Mieter bei Untervermietung) dem Eigentümer gegenüber zum Besitz berechtigt ist (§ 986 I BGB). Bes. Regelung gilt im Verhältnis Eigentümer-Besitzer wegen der beiderseitigen Ansprüche auf Herausgabe der → Nutzungen, Ersatz von → Verwendungen und → Schadensersatz. Einzelheiten: §§ 987–1003 BGB. – 2. Wird das Eigentum in anderer Weise als durch Entziehung oder Vorenthaltung des Besitzes beeinträchtigt, so kann der Eigentümer von dem Störer die *Beseitigung der Beeinträchtigung* bzw. Unterlassung verlangen (§ 1004 BGB).

V. Steuerrecht: → wirtschaftliches Eigentum.

Eigentümergrundschuld → Grundschuld, die für den Grundstückseigentümer bestellt ist (§ 1196 BGB). – 1. *Zweck:* Freihaltung der besseren Rangstelle für spätere Belastungen (dasselbe kann durch → Rangvorbehalt erreicht werden). – 2. Gelangt die *Forderung,* für welche eine → Hypothek bestellt ist, *nicht zur Entstehung,* so steht die Hypothek dem

Eigentümer zu (§ 1163 BGB), verwandelt sich aber gemäß § 1177 BGB in eine Eigentümergrundschuld; desgleichen, wenn die Forderung erlischt. – 3. In gewissen Fällen (§ 1177 II BGB) findet die *Verwandlung* der Eigentümerhypothek in eine Eigentümergrundschuld *nur so lange* statt, wie die Vereinigung der Forderung und der Hypothek in der Person des Grundstückseigentümers besteht; die Eigentümergrundschuld wird Fremdgrundschuld, sobald der Grundstückseigentümer das Grundstück veräußert oder sobald sie auf einen anderen übergeht und der Grundstückseigentümer das Grundstück behält.

Eigentümerhypothek – nur in Ausnahmefällen mögliche Form der → Hypothek, da ein Grundstückseigentümer keine persönliche Forderung gegen sich selbst haben und auf seinem Grundstück keine Hypothek für sich bestellen kann. Die Eigentümerhypothek kommt vor, wenn der Eigentümer die hypothekarisch gesicherte Forderung erwirbt, ohne dass diese infolgedessen untergegangen ist, andernfalls verwandelt sie sich in eine → Eigentümergrundschuld (§ 1177 BGB).

Eigentümlichkeit – 1. Das → Urheberrecht schützt Werke, die eine persönliche geistige Schöpfung darstellen (§ 2 II UrhG). Maßgebend ist, ob der in dem Werk zum Ausdruck kommende geistig-ästhetische Gesamteindruck gegenüber vorbekannten Gestaltungen einen für den Urheberrechtsschutz hinreichenden schöpferischen Eigentümlichkeitsgrad aufweist. Auf die → Neuheit des Werks kommt es im Unterschied zu den → gewerblichen Schutzrechten grundsätzlich nicht an, wohl aber darauf, ob sich das Werk gegenüber dem Vorbekannten durch einen schöpferischen Eigentümlichkeitsgrad (Gestaltungshöhe) abhebt, der eine schöpferische geistige Leistung des Urhebers erkennen lässt. Eine absolute Grenze dafür gibt es nicht; welcher Grad der Eigentümlichkeit für die Zubilligung des Urheberrechtsschutzes erforderlich ist, richtet sich nach der Auffassung der mit literarischen und künstlerischen Fragen einigermaßen vertrauten und hierfür aufgeschlossenen Verkehrskreise und damit auch nach den einzelnen Werkarten, für die Urheberrechtsschutz in Betracht kommt. Grundsätzlich unerheblich ist der künstlerische oder wissenschaftliche Wert eines Werks, künstlerische Werke benötigen aber einen hinreichenden ästhetischen Gehalt, andere Werke individuelle Eigenart in der Darstellung ihrer geistigen Leistung. – 2. Der Begriff der Eigentümlichkeit ist im *GeschMG* durch den der Eigenart ersetzt (§ 2 I, III), der eine bestimmte Gestaltungshöhe nicht voraussetzt, sondern nur Unterscheidbarkeit von bekannten Mustern (→ Geschmacksmuster). – 3. Einen gegenüber vorbekannten Gestaltungen hinreichenden Grad an *Eigenart,* die weder eine geistige persönliche Schöpfung im Sinn des Urheberrechts noch eine Erfindung im Sinn der technischen Schutzrechte voraussetzt, erfordert auch der Halbleiterschutz (→ Halbleiterschutzrecht), für den es aber genügt, wenn die Topografie keine Wiederholung bekannter Topografien, sondern Ergebnis geistiger (und nicht nur mechanischer) Arbeit ist.

Eigentumsaufgabe → Dereliktion.

Eigentumsrecht → Verfügungsrechte.

Eigentumsvermutung – gesetzliche Vermutung nach § 1006 BGB, dass der → Eigenbesitzer einer Sache auch deren Eigentümer sei. Im Streitfall muss also der Gegner des Eigenbesitzers beweisen, dass dieser kein → Eigentum hat.

Eigentumsverzicht → Dereliktion.

Eigentumsvorbehalt – I. Begriff: Bes. Abrede beim → Kaufvertrag über bewegliche Sachen, durch die sich der Verkäufer das → Eigentum an der verkauften Sache bis zur vollständigen Bezahlung des Kaufpreises vorbehält. Der Verkäufer ist zum → Rücktritt vom Vertrag berechtigt, wenn der Käufer mit der Zahlung in Verzug kommt (§ 449 II BGB). Eigentumsvorbehalt ist nichtig, wenn der Eigentumsübergang davon abhängig gemacht wird, dass der Käufer Forderungen eines mit dem Verkäufer verbundenen Unternehmens erfüllt (§ 449 III BGB). Sondervorschriften beim → Abzahlungsgeschäft.

II. Entstehung: Der Eigentumsvorbehalt setzt nicht notwendig einen Vertrag voraus; es genügt auch die bei der → Übergabe der Ware abgegebene Erklärung des Verkäufers, dass er sich das Eigentum vorbehalte; der Eigentumsvorbehalt kann daher auch noch wirksam durch einen Vermerk auf der Rechnung erklärt werden, wenn diese gleichzeitig mit oder vor der Ware beim Käufer eingeht.

III. Folgen: 1. *Veräußert* der Käufer die gekaufte Sache an einen gutgläubigen Dritten, so geht i.d.R. das Eigentum des Verkäufers unter (→ gutgläubiger Erwerb), ebenso wenn der Käufer die gekaufte Sache verarbeitet (→ Verarbeitung). Um sich in diesen Fällen zu sichern, ist die Vereinbarung des → verlängerten Eigentumsvorbehalts üblich und zweckmäßig. – Vgl. auch → erweiterter Eigentumsvorbehalt, → weitergeleiteter Eigentumsvorbehalt. – 2. Ist dem Käufer die *Weiterveräußerung nicht* gestattet, so kann er sich bei Zuwiderhandlung einer Unterschlagung (§ 246 StGB) schuldig machen. – 3. Solange der Verkäufer Eigentümer ist, kann er einer → Zwangsvollstreckung in die Sache durch Gläubiger des Käufers mit der → Drittwiderspruchsklage *entgegentreten.*

IV. Anwartschaftsrecht: 1. Durch den Kauf unter Eigentumsvorbehalt erlangt der *Käufer* aufschiebend bedingtes Eigentum, das mit Bedingungseintritt voll auf ihn übergeht, ohne dass es weiterer Erklärungen des Verkäufers bedarf. Diese Anwartschaft auf den Erwerb des Volleigentums ist ein Recht des Käufers, über das er verfügen kann, bes. durch Übertragung oder Verpfändung. Die Übertragung erfolgt nach den für die Übertragung des Eigentums geltenden Vorschriften (→ Übereignung), ein → gutgläubiger Erwerb ist möglich. – Vgl. auch

→ Raumsicherungsvertrag. – 2. Der *Verkäufer* als auflösend bedingter Eigentümer braucht der Übertragung des Anwartschaftsrechts nicht zuzustimmen. Der Erwerber des Anwartschaftsrechts wird mit Bedingungseintritt unmittelbar Eigentümer der Sache, ohne dass das Eigentum erst in der Person des Vorbehaltskäufers entstünde und dann erst auf ihn überginge. Das Anwartschaftsrecht ist pfändbar und muss bei Ableistung der → eidesstattlichen Versicherung angegeben werden.

Eigentumswohnung – eine Wohnung, an der → Wohnungseigentum begründet ist. – Vgl. auch → Wohnungsbau, Wohnungseigentum.

Eigenumsatz – Teil des → Umsatzes neben dem → Kundenumsatz und dem → Eigenverbrauch: Lieferungen und Leistungen innerhalb des Betriebes. Zum Eigenumsatz gehören: Verbrauch eigener Fertigfabrikate (Maschinen in Maschinenfabrik), eigene Reparaturen, eigene Neubauten etc.; Abgabe von Waren an eigene Verkaufsstellen. Eigenumsätze sind grundsätzlich im Umsatzsteuerrecht nicht steuerbar, außer im speziellen Fall der → Verbringung von Gegenständen in einen anderen Mitgliedsstaat der EU. – *Umsätze zwischen Konzernbetrieben* zählen grundsätzlich nicht zum Eigenumsatz (Ausnahme: → Organschaft), sondern zum Kundenumsatz, da Konzernbetriebe rechtlich selbstständig sind.

Eigenunfallversicherung – Durchführung der gesetzlichen → Unfallversicherung in eigener Zuständigkeit für die bei Bund, Ländern und Gemeinden Beschäftigten und für bes., im Gesetz aufgezählte Tätigkeiten. Die mit der Durchführung der Eigenunfallversicherung im Einzelnen betrauten *Einrichtungen* haben Rechtsfähigkeit und eigene Selbstverwaltungsorgane; sie führen die Bezeichnung → Gebietskörperschaft mit dem Zusatz „Eigenunfallversicherung“ oder die Bezeichnung „Ausführungsbehörde für Unfallversicherung“, ergänzt durch Zusätze zur Kennzeichnung des bes. Arbeitsgebiets. – *Durchführung* der Eigenunfallversicherung bei Gemeinden und Gemeindeverbänden: Unfallkasse für den Landes- und kommunalen Bereich (§§ 116, 117 SGB VII) oder → Gemeindeunfallversicherungsverband.

Eigenverantwortlichkeit – I. Organisationsmanagement: ist dadurch gekennzeichnet, dass jeder Handlungs- bzw. Entscheidungsträger nur für seine eigenen Handlungen bzw. Entscheidungen verantwortlich ist. Auf den Ebenen unterhalb der Spitze der → Hierarchie entsteht Eigenverantwortlichkeit durch → Delegation von Handlungs- und Entscheidungskompetenzen.

II. Wirtschaftsprüfung: → Eigenverantwortlichkeit des Wirtschaftsprüfers.

Eigenverantwortlichkeit des Wirtschaftsprüfers

von Dr. Werner Krommes

I. Position und Wesen der Eigenverantwortlichkeit

Die Berufspflichten des Wirtschaftsprüfers (WP) sind umfangreich und bedeutend. Folgt man der Wirtschaftsprüferordnung (WPO) und dem Katalog des vom Institut der Wirtschaftsprüfer (IDW) herausgegebenen Wirtschaftsprüferhandbuches (WPH), der sich an der WPO orientiert, dann gehören hauptsächlich dazu: Eigenverantwortlichkeit, Gewissenhaftigkeit, Unabhängigkeit (mit ihrer wichtigen Komponente der Unbefangenheit), Unparteilichkeit und Verschwiegenheit.

„Der WP ist gehalten, seinen Beruf *eigenverantwortlich* auszuüben. Er hat sein Handeln in eigener Verantwortung zu bestimmen, sich selbst ein Urteil zu bilden und seine Entscheidungen selbst zu treffen. Er muss die Tätigkeit seiner Mitarbeiter so überblicken und beurteilen können, dass er sich selbst eine auf Kenntnis beruhende eigene fachliche Überzeugung bilden kann .... Der WP darf keinen fachlichen Weisungen unterliegen, die ihn verpflichten, insbesondere Prüfungsberichte und Gutachten auch dann zu unterzeichnen, wenn sich ihr Inhalt nicht mit seiner Überzeugung deckt.“ (WPH 2012, S. 96)

Im Hinblick auf die Aufgabenstellung des Wirtschaftsprüfers, die hohen öffentlichen Erwartungen und die Stärke ihrer Bindungswirkung darf man der Eigenverantwortlichkeit die Stellung einer „prima inter pares“ unter den Berufspflichten einräumen. Dass ihr eine *Leitfunktion* zukommt, ist auch daran zu erkennen, dass in jeden Vorspann für die einzelnen IDW-Prüfungsstandards, die als Richtlinien für die Behandlung bestimmter Themen durch Wirtschaftsprüfer gelten, eine besondere Vorbehaltsklausel mit dem Titel aufgenommen wurde „Unbeschadet ihrer Eigenverantwortlichkeit“.

II. Pflichtverletzungen und Kritik

1. Nicht erkannte Verstöße gegen Rechnungslegungsvorschriften

Bereits seit vielen Jahren gerät der Berufsstand regelmäßig unter starke Kritik, weil die Öffentlichkeit, im Wesentlichen aber diejenigen, die als Anteilseigner, Mitarbeiter und Lieferanten ein unmittelbares Interesse an einem Unternehmen haben, kein Verständnis dafür aufbringen können, dass *bewusst* falsche Angaben in Jahres- oder Zwischenabschlüssen von den zuständigen Prüfern nur verspätet oder überhaupt nicht aufgedeckt wurden.

Erst mit der Betrachtung einer weltweiten Zeitreihe, die bereits Ende der 1980er-Jahre beginnt, wird deutlich, dass die Öffentlichkeit immer wieder mit gravierenden Vorfällen (bis hin zur schadensbedingten Auflösung einer großen WP-Gesellschaft) konfrontiert wurde. Laut Presseinformationen handelte es sich um:

Scheingeschäfte

- Fiktive Umsätze: Beluga, Biodata, BMS, CA, Enron, Flowtex, Merck, Phönix, Reliant, Thielert
- Andere Scheingeschäfte: Ision, Parmalat (fiktive Finanzanlagen), Refugium.

Sonstige Verstöße

- Aufwand falsch behandelt: CA, Dell, RIM, Worldcom,
- Einnahmen falsch dargestellt: AOL,
- Erträge zu hoch ausgewiesen: Ahold,
- Umsätze zu früh gebucht: EM.TV, Kmart, Xerox, Qwest,
- Verluste zu niedrig ausgewiesen: Alstom,
- Vorräte teilweise falsch bilanziert: Boss.

2. Ursachen für pflichtwidriges Verhalten

a. Die Anfälligkeit von Prüfungskonzepten

Wer sich mit den einzelnen Verstößen beschäftigt, wird sich die Frage stellen, wie es geschehen konnte, dass Fehler mit einer großen Dimension lange Zeit unerkannt blieben. Ein ganzes *Bündel* von Faktoren mit jeweils unterschiedlichen Ausprägungen, bspw.

- die Förderung des Karrieredenkens, die zu einem *Abbau* des qualifizierten Mittelbaus in den WP-Gesellschaften geführt hat,
- eine zunehmende *Befangenheit* durch den starken Einfluss des Beratungsgeschäftes,
- ein fehlgeleitetes Denken in *Dokumentationsformalismen,*
- ein enormer *Honorardruck*, ausgelöst durch einen zunehmenden Wettbewerb,
- vorauseilende *Reviews* von Quartalsabschlüssen, die der eigentlichen Jahresabschlussprüfung die Kraft rauben und ihr damit ihr ureigenes Profil nehmen und
- ein ausgeprägtes *Wachstumsdenken*, das regelmäßig zu einer Ausdünnung von Prüfungsteams führt, weil erfahrene Mitarbeiter bei neuen Mandanten benötigt werden,

war der Grund dafür, dass die Einstellung zur Eigenverantwortlichkeit erheblich an Bedeutung verloren hat.

Man versucht zwar, unterstützt durch modifizierte nationale und internationale Standards, sich stärker auf veränderte Risikoprofile und die Risikovernetzung zu konzentrieren, aber *neue* Gefahren drohen, wenn man erfährt, dass Forderungen nach einer „höheren Geschwindigkeit der Prüfung" diskutiert werden. Wenn das Management der Mandanten dann aus Erfahrung weiß, dass

- Abschlussprüfer nach bestimmten Themen (z.B. nach Länderrisiken) gar nicht mehr *fragen*,
- man ein Team, seine Unerfahrenheit und Zeitnot ausnutzend, leicht mit *überredenden*, aber keineswegs zwingenden Unterlagen und Informationen über Prüfungsdifferenzen zufriedenstellen kann oder dass
- sich dieses leicht durch Spielen auf *Zeit* oder durch *Einschüchterung* von problembehafteten Feldern fernhalten lässt und mit kleineren Feststellungen bereits zufrieden ist,

dann werden bereits die ersten Weichen für das Unheil gestellt. Es bedarf dann nur noch besonderer Umstände – i.d.R. ausgelöst durch die Erkenntnis, dass ein intern gefordertes und extern (häufig zu früh) „propagiertes Jahresergebnis" nicht durch den sich abzeichnenden Geschäftsgang zu erreichen sein wird -, um den bereits vorhandenen Gedanken an eine *Bilanzmanipulation* in die Tat umzusetzen.

b. Konsultationsresistenz

Selbstüberschätzung und Budgetdiktate haben in vielen Fällen dazu geführt, dass auf eine *Konsultation* ganz oder teilweise verzichtet wurde. Das ist umso erstaunlicher, als technologische Entwicklungen (z.B. die Auswirkung von Innovationen), Marktvolumina (z.B. Verbreitung bestimmter Produkte) oder spezifische Sachverhalte (z.B. der Stand eines Gerichtsverfahrens) in Anbetracht ihrer enormen Komplexität die Einholung von externem Rat geradezu herausforderten. Außerdem darf nicht übersehen werden, dass auf Dauer fehlende bzw. unzureichende Konsultation die *Unabhängigkeit* des Wirtschaftsprüfers gefährdet.

c. Das Beharrungsvermögen

Prüfungsschwerpunkte haben immer wieder ein merkwürdiges *Beharrungsvermögen*. Man wird der dynamischen Entwicklung eines Unternehmens aber nicht gerecht, wenn man das i.d.R. knappe Zeitbudget unverändert auf die einzelnen Abschlusspositionen verteilt. Die *Zuordnung* ist unter dem Gesichtspunkt der → *Wesentlichkeit* (u.U. jährlich) anzupassen.

d. Reduzierte Signalfunktionen

Auf den einzelnen Plattformen (Verwaltungsräte, Wirtschaftspresse, Hochschulen und Verbände) herrschen neue Bedingungen.

- *Abweichungen* von bewährten → Geschäftsmodellen (insbesondere bei Banken) und die damit verbundenen Risiken werden nur unzureichend untersucht (dazu gehört auch eine Stellungnahme von H.P. Naumann auf der Arbeitstagung des IDW, der in 2010 darauf hingewiesen hat, man müsse auch bereit sein, „gegen" ein bestimmtes Geschäftsmodell zu prüfen, und sich nicht mit Nachweisen zu begnügen, die allein das bestehende Modell bestätigen!),
- die Wirtschaftspresse hat sich, lediglich Schlagworte benutzend, weitestgehend abgewöhnt, die *Aufgaben* der Abschlussprüfer und die erforderliche Sicherheit ihrer Aussagen zur Diskussion zu stellen,
- Hochschulaktivitäten – z.T. von Wirtschaftsprüfungsgesellschaften finanziell unterstützt – und die Berufsverbände, auf die Justierung *theoretischer* Anforderungen spezialisiert und vor *Fehleranalysen* häufig zurückschreckend, lassen eine auffällige Scheu erkennen, sich mit der *Verantwortung* der Abschlussprüfer insbesondere im Zusammenhang mit der sich 2007 anbahnenden Finanzkrise auseinanderzusetzen bzw. Gerichtsurteile über Fehlverhalten (siehe dazu die Stellungnahme des OLG Düsseldorf zur Geschäftsführung und Überwachung der IKB Industriekreditbank) kritisch zu würdigen.

Prüfungskonzepte unterliegen keinem (ehrlichen) *Anpassungszwang*, wenn private und öffentliche Monita fehlen bzw. unberücksichtigt bleiben. Die Eigenverantwortlichkeit leidet, wenn über *bedeutende* Maßstäbe für die Berufsausübung nicht mehr diskutiert wird.

III. Komponenten der Eigenverantwortlichkeit

1. Kenntnisse über die Geschäftstätigkeit

a. Selbstbestimmung materieller Prüfungshandlungen

Wenn ein Unternehmen einen ungeprüften Abschluss vorlegt, dann erklären seine Repräsentanten, dass alle Positionen *vollständig* sind, dem Unternehmen (rechtlich oder wirtschaftlich) gehören (Eigentum), *bestehen* (also tatsächlich existieren), richtig *bewertet*, korrekt *ausgewiesen* und *genau* ermittelt wurden. Es ist nun ein wesentliches Merkmal einer kritischen Grundhaltung, dass der Abschlussprüfer diese Erklärungen zunächst einmal als „reine Behauptungen" auffasst. *Persönliche* Verantwortung wird dann deutlich, wenn er

- sich auf der Grundlage *eigener*, durch Sorgfalt erarbeiteter Kenntnisse über die Geschäftstätigkeit ausreichende und angemessene, d.h. Scheingenauigkeit verhindernde *Nachweise* dafür verschafft, dass *alle* (durch das Interne Kontrollsystem angeblich gestützten) Erklärungen stimmen, und
- aufgrund *eigener* Überzeugung ein *Prüfungskonzept* entwickelt, in dem auf Behauptungen zugeschnittene *Prüfungsziele* sachgerecht gewichtet sind, und der Einsatz der *Prüfungstechnik* (Vergleich, Augenscheinnahme, Befragung, Beobachtung, Bestätigung, Einsichtnahme, Nachrechnen und aus Gründen der Vorsicht eine nochmalige Einsichtnahme) der Lage und der Entwicklung des Unternehmens gerecht wird.

Stehen Unternehmen unter Ertragsdruck, lässt sich ihr Management regelmäßig verführen, z.B. Forderungen auszuweisen, die de jure (noch) gar *nicht existieren*. Ohne die *Einsichtnahme* in Originaldokumente und die Prüfung der dort *behaupteten* Vorgänge (z.B. Auftrag, Versand, Rechnung und Bezahlung) sind aber *Täuschungen* (z.B. fiktiver Umsatz und angeblicher Gewinn) nicht zu erkennen. Es ist allein die systematisch strenge Koppelung der Prüfungstechnik (z.B. die Einsichtnahme in Dokumente) an das jeweilige Prüfungsziel (z.B. der Nachweis, dass eine Forderung auch besteht), die ein wirkungsvolles Arbeitskonzept auszeichnet.

b. Identifizierung von Schlüsselelementen

Um aus Dokumenten des Rechnungswesens die notwendigen Schlüsse ziehen zu können, benötigt man *solide* Firmen- und Branchenkenntnisse. In vielen Fällen wären von den internen und externen Prüfern umfangreiche Unterlagen (z.B. zum Übergang vom reinen Liefer- zum → Systemgeschäft oder zu Art und Umfang von Garantievereinbarungen) zu analysieren gewesen, und es besteht Verdacht, dass

- eine sorgfältige *Analyse* entweder gar nicht stattgefunden hat – Vieles lässt sich ja nach Meinung sogenannter Experten bereits mit Plausibilitätsprüfungen und offenen Gesprächen mit dem Management schnell klären –,
- die vorgesehene *Prüfungszeit* – gemessen am Umfang des Geschäftsvolumens – zu kurz war oder dass

- die Prüfungen von Mitarbeitern durchgeführt wurden, die aufgrund ihrer Vorkenntnisse gar nicht in der Lage waren, Risiken zu erkennen und das notwendige *Problembewusstsein* zu entwickeln.

Zu Recht haben daher Arricale/Bell/Solomon/Wessels in ihrer Abhandlung „Strategic-Systems Auditing" auf Folgendes hingewiesen: „Note that in many cases of alleged audit failure, the reported facts and circumstances suggest that the auditor did not fully understand the client's business, the productive capacity for the industry, or other key elements of the business environment comprising the organisation's value chain." Und es ist sicherlich kein Zufall, dass die japanische „Financial Services Agency" im Jahre 2006 der dortigen Tochter einer international tätigen WP-Gesellschaft die Berufsausübung für zwei Monate mit der Begründung verbot, im Rahmen ihrer Abschlussprüfungen keine ausreichenden Kontrollen zur *Verhinderung* von Bilanzmanipulationen installiert zu haben.

c. Berücksichtigung von Verfallzeiten

Eng verbunden mit den Kenntnissen über die Geschäftstätigkeit ist das Bewusstsein, dass sich Geschäftsmodelle, Technologien und Abläufe in dynamischen, insbesondere von der Globalisierung geprägten Unternehmen schnell ändern. Die Geschwindigkeit dieser Veränderung bestimmt die → *Verfallzeit* der im Rahmen früherer Prüfungen gewonnenen Erkenntnisse. Es muss dann auch zu den Grundsätzen einer *gewissenhaften* Planung gehören, im Budget *stets* einen Posten für die Prüfung (von Teilen) des Internen Kontrollsystems vorzusehen, um schwierige Nachverhandlungen zu vermeiden, und die (u.U. deutlich geäußerten) *Erwartungen* des Managements, das Prüfungsvolumen könne nun aufgrund zunehmender Erfahrung sukzessive abgebaut werden, rechtzeitig zu zerstreuen. Der Abschlussprüfer muss – ggf. auch unter Inkaufnahme eines *Verlustauftrages* – von Jahr zu Jahr *selbst* entscheiden, wie viel Zeit er für seine Arbeit mit wechselnden Perspektiven benötigt.

2. Schaffung von Transparenz

Ein wesentliches Element der Eigenverantwortlichkeit ist die *Bestimmtheit*, d.h. der eindeutige Wille, den Dingen *wirklich* auf den Grund zu gehen und einen Honorarzwang nicht zu akzeptieren. Die Erfahrung der vergangenen 20 Jahre hat gezeigt, dass dieser Wille regelmäßig durch Kontrollillusionen und den opportunistischen Gedanken: 'Es wird schon stimmen', außer Kraft gesetzt wurde. Das war hauptsächlich dann der Fall, wenn sich dem Abschlussprüfer bei seiner Arbeit → Black Boxes in den Weg gestellt haben, (nach Brockhaus) Zellen, bei denen „vorwiegend das Zusammenwirken mit anderen ähnlichen Teilen betrachtet wird, während an ihrem inneren Aufbau kein wesentliches Interesse besteht oder dieser sogar unbekannt ist". Bei diesen Zellen handelte es sich u.a. um

- das Arbeitsgerüst von *Rating-Agenturen* (Bewertung strukturierter Finanzprodukte),
- die externe *Verwaltung* von großen Vermögen (Madoff, Stanford),
- den *Marktmechanismus* beim Absatz von Spezialprodukten (Flowtex),
- das *Interne Kontrollsystem* für Termingeschäfte (Barings),
- die *eigentümergeprägte* Unternehmenshierarchie (Satyam),
- den logistischen *Rahmen* von Geldtransporten und seine juristische *Basis* (Heros),
- den *Beschaffungsapparat* gesundheitsgefährdender Spielzeuge (Matel).

Der Verzicht auf eine Zell-Analyse und der dadurch verursachte Verlust an Reichweite führten dazu, dass die Überbewertung von Vermögensgegenständen verkannt, die

Unvollständigkeit von Rückstellungen übersehen und Unterschlagungen zu spät entdeckt wurden. Dass dieser Verzicht auch eine unerlaubte Delegation von Vertrauen bedeutete, ist im Grunde genommen gar nicht zur Sprache gekommen.

3. Egalisierung von Machtverhältnissen

Wenn Fehlprognosen, risikoreiche Geschäfte, dubiose Zahlungen, Quersubventionierungen zwischen Geschäftsfeldern oder Spannungen zwischen Vorstand und Aufsichtsrat unter Ausblendung moralischer Kategorien verschwiegen werden, dann arbeitet der Abschlussprüfer unter höchst komplizierten Bedingungen. Er kann sich aber dadurch in eine solide Stellung bringen, indem er das Management auf *Unternehmens- und Prozessebene* (vgl. mit → Unternehmung und → Prozess) aufgrund seiner Sachkunde, Skepsis und Ausdauer mit einer Reihe von (protokollierten) Fragen konfrontiert und es damit entweder zu einer umgehenden Offenlegung von Daten oder zur bewussten Täuschung zwingt. Es ist nämlich ein großer Unterschied, ob man sich *gegenstandslos* nach Verträgen oder Sachverhalten erkundigt oder ob man *gezielt* z.B.

- nach wettbewerbsbeeinflussenden Absprachen (im Rahmen von Zusatzvereinbarungen) fragt, wenn man weiß, dass *Bußgelder* (z.B. von der EU-Kommission verhängt) eine nicht zu unterschätzende Bedeutung haben (s. auch → Bußgeldverfahren),

- Details einer Gewinn- und Verlustanalyse von Verträgen mit (ausländischen) *Subunternehmern* wissen will, wenn man die Struktur so genannter *Vergabelisten* (insbesondere im Anlagenbau) kennt oder
- *Liquiditätsgarantien* (s. → Liquidität) und *Kooperationsrisiken* zur Sprache bringt, die im Rahmen bestimmter Geschäfte eine entscheidende Rolle spielen können.

Mit dieser *Konfrontation* ist das Gleichgewicht der Positionen grundsätzlich wiederhergestellt. Eigenverantwortlichkeit entfaltet nur durch *Bestimmtheit* Kraft, akzeptiert keine Unterbrechung von *Kausalketten* (s. → Erklärung) und schließt jede Form von *Kollusion* im Sinne eines „geheimen Einverständnisses" mit Unregelmäßigkeiten aus.

4. Einbindung von Mitarbeitern

Wer über die *Dimensionen* der Eigenverantwortlichkeit nachdenkt, wird V.H. Peemüller folgen müssen, der nicht nur auf den Berufsträger selbst und die Übernahme von Ergebnissen Dritter, sondern insbesondere auf den *Einsatz* qualifizierter Mitarbeiter verweist.

„In der WP-Praxis muss eine angemessene praktische und theoretische Ausbildung des Berufsnachwuchses und Fortbildung der fachlichen Mitarbeiter nach Maßgabe der spezifischen Anforderungen der WP-Praxis organisiert werden". (Punkt 4.3.2 der „Gemeinsamen Stellungnahme der Wirtschaftsprüferkammer und des IDW: Anforderungen an die Qualitätssicherung in der Wirtschaftsprüferpraxis")

Die *Fürsorge* für seine Mitarbeiter ragt in die Eigenverantwortung des Abschlussprüfers hinein. Auch an deren fachlicher und persönlicher Eignung wird er sozusagen im *Durchgriff* gemessen. „Ihre Tätigkeit muss immer noch den Stempel der Persönlichkeit des WP tragen". (WPH 2012, S. 97). Er kann sich nur unter der Voraussetzung auf sie verlassen, dass er sie

- rechtzeitig mit der Überlegenheit *strategischer Einheiten* (Verbindung zwischen Prüfungszielen und Prüfungstechnik) und deren innerer Ordnung vertraut macht und damit ihre *Diagnosefähigkeit* (s. → Diagnose) insbesondere in Krisen schult,
- unter Betonung des *Systemdenkens* gezielt auf ein Informationsniveau hebt, das seinem eigenen entspricht. *Informationssymmetrie* (s. → Informationsasymmetrie) ist aber nur gewährleistet, wenn der Abschlussprüfer die Ergebnisse seiner Aufklärungsarbeit, die bei Beginn der Prüfung vorliegen, im Verlaufe der Arbeiten erweitert werden und bei Beendigung des Auftrages die Berichterstattung prägen, dem Team zeitnah zur Verfügung stellt,
- bei der Überwindung von *Sprachbarrieren* (nach H.J. Meyer: „beim Lesen und verstehenden Hören anspruchsvoller Texte in anderen Sprachen") und bei der *Datenentschlüsselung* (z.B. bei der Zuordnung von Ergebniskomponenten) kollegial unterstützt, und sie
- nachhaltig insbesondere dann kontrolliert, wenn sie im *Ausland* (z.B. bei einer Tochtergesellschaft) arbeiten.

5. Bündelung der Berufspflichten

In ihrer Rolle als „prima inter pares" dirigiert die Eigenverantwortlichkeit die *konzertierte Aktion* der → Berufspflichten des Wirtschaftsprüfers. Die Unabhängigkeit verhindert fremden Einfluss auf die Verfolgung von Prüfungszielen und garantiert deren sachgerechte Gewichtung. Die Gewissenhaftigkeit erzeugt den Mut zur (mehrfachen) Einsichtnahme in Dokumente und zur hierarchieunabhängigen Befragung. Die Unparteilichkeit filtert Informationen zugunsten eines Urteils, das mit hinreichender Sicherheit zu formulieren ist. Die Verschwiegenheit schützt die Stabilität des kenntnisreich-eigenen Prüfungskonzeptes. Auf diese Weise entsteht ein *geschichteter* Maßstab, der von der Eigenverantwortlichkeit geprägt ist. Diese liefert auch das Bindemittel in Form der entsprechenden *Ethik*.

IV. Sicherung einer freien Berufsausübung

Ein Bestätigungsvermerk setzt im Sinne eines „nomen actionis" eine eigenverantwortliche Arbeit voraus. Das *Urteil* des Abschlussprüfers, in dem kategorisch die Frage beantwortet wird, ob der Abschluss korrekt erstellt wurde und durch das in besonderer Form versichert wird, dass er aufgrund gewissenhafter Analysen zu wesentlichen Erkenntnissen gekommen ist, schafft dann auch eine solide Basis für individuelle Entscheidungen der *Abschlussadressaten*. Es macht zugleich die Probleme deutlich, die dann entstehen, wenn diese Basis durch leichtsinnig verursachte *Fehltestate* zerstört wird.

Die oben dargelegten Verstöße gegen Vorschriften der Rechnungslegung sind um so erstaunlicher, als die amerikanische Börsenaufsichtsbehörde SEC (Securities & Exchange Commission) sich bereits seit vielen Jahren mit Bilanzmanipulationen beschäftigte, deren Zweck es war, dem Anleger eine „stetige und berechenbare Ergebnisentwicklung" zu präsentieren. *Appelle* an die Eigenverantwortung, Hinweise auf steigende Regressvolumina und deutliche Warnungen der SEC haben offensichtlich nicht ausgereicht, nationale und internationale Abschlussprüfer für die Raffinesse des Managements zu sensibilisieren, Bilanzpolitik in der Absicht zu missbrauchen, gesetzte Ziele (z.B. bei Umsatz oder Ergebnis) „unter allen Umständen" zu erreichen. Wer aber die

Eigenverantwortlichkeit und die durch sie gebündelten Berufspflichten missachtet, ruft in zunehmendem Umfang den Gesetzgeber auf den Plan (siehe dazu insbesondere das Grün-Buch der EU-Kommission von 2010) und setzt eine dauerhaft *freie Berufsausübung* leichtfertig aufs Spiel.

Eigenverbrauch – früherer, in der Literatur immer noch geläufiger Begriff aus dem Umsatzsteuerrecht, mit dem v.a. die Entnahme von Gegenständen und Leistungen aus dem Unternehmen durch den → Unternehmer zu unternehmensfremden Zwecken bezeichnet wurde. Der Eigenverbrauch wird seit 1999 unter dem neuen Sammelbegriff → unentgeltliche Wertabgaben (inzwischen: der Lieferung gegen Entgelt gleichgestellte Entnahmen) mit erfasst, ohne dass hiermit eine wesentliche Rechtsänderung gegenüber dem früheren Rechtszustand verbunden wäre.

Eigenveredelung → aktive Veredelung.

Eigenwechsel → Solawechsel.

Eigenwirtschaftlichkeit – Begriff zur Kennzeichnung der Finanzsituation eines → öffentlichen Unternehmens. Eigenwirtschaftlichkeit ist dann gegeben, wenn Einnahmen und Ausgaben ausgeglichen sind und damit kein Defizit vorliegt. – Vgl. auch → Kostendeckungsprinzip, → Versorgungssicherheit. – *Anders*: → erwerbswirtschaftliches Prinzip, → Gewinnmaximierung.

Eignung – Gesamtheit aller Merkmale und Eigenschaften, die einen Menschen befähigen, eine bestimmte Tätigkeit erfolgreich auszuüben. Hierbei stehen diese Merkmale oder Eigenschaften immer nur in Bezug auf eine bestimmte Tätigkeit. Geeignet ist eine Person in dem Umfang, in dem ihre Merkmale und Eigenschaften den Anforderungen einer bestimmten Tätigkeit entsprechen (z.B. Schreibmaschine schreiben können, CAD-System bedienen, Buchhaltung führen etc.). Häufig Eignungsmerkmale: Wissen, Können, Erfahrung, körperliche Leistungsfähigkeit. Feststellung mittels diverser Verfahren der Eignungsdiagnostik. – Der Begriff der Eignung wird oftmals auch darüber hinaus auf das Ausmaß angewendet, in dem die Interessen, Bedürfnisse und Wertvorstellungen einer Person dem Befriedigungspotenzial des Arbeitsplatzes entsprechen.

Eignungsübung → Arbeitsplatzschutz.

Ein-/Ausgabe-Kanal – Kanal zur Übertragung von Daten zwischen → Arbeitsspeicher und → Peripheriegeräten. Der Begriff Kanal umfasst den eigentlichen Übertragungsweg und die Funktionseinheiten, die ihm die selbstständige Steuerung und Überwachung von Ein-/Ausgabe-Vorgängen ermöglichen.

Ein-/Ausgabe-Prozessor – *EA-Prozessor;* → Hilfsprozessor, der für den → Zentralprozessor die Verwaltung der Datenübertragungen zwischen dem → Zentralspeicher und den → Peripheriegeräten übernimmt, sowie ggf. notwendige Modifikationen der Daten durchführt.

Einberufung zum Wehrdienst → Arbeitsplatzschutz.

Einbringung in eine Kapitalgesellschaft – 1. *Begriff, Allgemeines*: a) Die Einbringung in eine Kapitalgesellschaft (gesellschaftsrechtlich: → Sacheinlage, Ausgliederung) ist ein Vorgang, durch den jemand einer Kapitalgesellschaft Vermögen überträgt und im Gegenzug von dieser Gesellschaft dafür Anteile als Gegenleistung erhält; der Einbringende wird also durch die Einbringung der Vermögenswerte entweder zu einem neuen Gesellschafter der Kapitalgesellschaft oder er stockt eine schon bestehende eigene Beteiligung an der Gesellschaft durch den Vorgang auf. – b) Daraus ergibt sich zwangsläufig, dass man zu einer Analyse der steuerlichen Folgen sowohl die Behandlung des Vorgangs bei der Kapitalgesellschaft (die das einzubringende Vermögen übernimmt, daher „übernehmende Gesellschaft") als auch die Behandlung bei demjenigen, der das Vermögen vorher besaß und nunmehr zum Anteilseigner wird („Einbringender") betrachten muss. – c) Nach den allg. Grundsätzen stellt der Vorgang im Grunde einen Tausch dar: Der Einbringende übergibt sein Vermögen der Kapitalgesellschaft im Tausch gegen gleichwertige Anteile; somit hat er im Grundsatz sein Vermögen veräußert zum (wirklichen) Wert der erhaltenen Anteile, und die Kapitalgesellschaft hat das eingebrachte Vermögen zum gleichen (wirklichen) Wert erworben. Diese Behandlung nach allg. Grundsätzen würde jedoch für den Einbringenden zu einer Aufdeckung stiller Reserven führen, die jedenfalls bei einer Einbringung großer Einheiten (Betriebe, Teilbetriebe, Mitunternehme i.d.R. unterbleiben müsste; denn der Einbringende erhält ja im Gegenzug Anteilsrechte, besitzt also nicht die zur Zahlung evtl. Steuerlasten nötige Liquidität. Das erklärt die Notwendigkeit bes. Ausnahmeregeln. – d) Bes. Ausnahmeregelungen bestehen für die Einbringung von Betrieben, Teilbetrieben und Mitunternehmeranteilen, soweit das Umwandlungssteuergesetz dies im Einzelnen vorsieht (§ 1 und § 20 ff. UmwStG). – 2. *Durch Sonderregeln begünstigte Vorgänge*: Durch steuerliche Sonderregelungen erleichtert werden prinzipiell nur Einbringungen, bei denen a) die Kapitalgesellschaft, auf die Vermögen übertragen werden soll, eine Gesellschaft aus Deutschland, der EU oder dem EWR ist und b) die Person, die das Vermögen einbringt, entweder ebenfalls eine Gesellschaft aus Deutschland/der EU/dem EWR oder wenigstens das Besteuerungsrecht der Bundesrepublik hinsichtlich der Veräußerung der Anteile nicht eingeschränkt ist (§1 UmwStG). – 3. *Prinzip der steuerlichen Vergünstigung*: Auf die sofortige Aufdeckung der stillen Reserven wird verzichtet, soweit eine Versteuerung auch später noch erfolgen könnte. Technisch wird dies dadurch gesichert, dass die bisherigen Buchwerte der eingebrachten Wirtschaftsgüter beibehalten werden, sodass bei einer späteren Veräußerung der Gewinn entsprechend höher ausfällt. Es wird also Steuerneutralität angestrebt: Der Fiskus soll durch die Einbringung keine Steuern verlangen, aber auch kein Steueraufkommen verlieren. – 4. *Behandlung der Einbringung bei der Kapitalgesellschaft*: Die Kapitalgesellschaft kann bei Wirtschaftsgütern, die sie im Zuge der Einbringung erhält, auf Antrag statt der gemeinen Werte die bisherigen Buchwerte des Einbringenden als Anschaffungskosten ansetzen und dadurch sicherstellen, dass die vorhandenen stillen Reserven auch in Zukunft weiterhin – nunmehr bei ihr statt beim Vorbesitzer der Wirtschaftsgüter – der Besteuerung unterliegen. Dementsprechend kann sie dieses Wahlrecht jedoch nur für solche Wirtschaftsgüter nutzen, bei denen eine spätere Veräußerung der eingebrachten Wirtschaftsgüter weiterhin der dt. Besteuerung unterliegt (§ 20 II UmwStG). – 5. *Behandlung des Vorgangs beim Einbringenden*: Der Einbringende muss die Anteile, die er durch die Einbringung erhält, mit dem Wert bewerten, mit dem bisher bei ihm das eingebrachte Betriebsvermögen steuerlich angesetzt war, sodass sich die bislang vorhandenen stillen Reserven in seinem Vermögen auch zukünftig weiter in der steuerlichen Bewertung seiner Anteilsrechte widerspiegeln; lediglich die stillen Reserven, auf die Deutschland ohnehin keinen Steueranspruch hätte geltend machen können, darf er aus Anlass der Einbringung auflösen (§ 20 III S.1, 2 UmwStG). Somit kommt es nach der Einbringung zu einer Verdoppelung der stillen Reserven: Sowohl in den eingebrachten Wirtschaftsgütern als auch in der Bewertung der Anteilsrechte sind die bisher vorhandenen stillen Reserven nunmehr buchhalterisch nahezu in vollem Umfang abgebildet. Dadurch soll verhindert werden, dass die Einbringung dazu benutzt wird, stille Reserven vom bisherigen Vermögensbesitzer auf die Kapitalgesellschaft zu verschieben und dadurch – z.B. wegen unterschiedlicher persönlicher Steuersätze – Steuervorteile zu erzielen. Da jedoch der Gewinn aus dem Verkauf von Anteilen an einer Kapitalgesellschaften häufig günstiger besteuert wird als die Veräußerung von anderen Wirtschaftsgütern, fürchtet der Gesetzgeber selbst unter diesen Bedingungen noch einen Missbrauch und ordnet daher an, dass die Einbringung rückwirkend nicht steuerneutral erfolgen kann, wenn die Anteile zeitnah nach der Einbringung verkauft werden: Während einer 7-Jahres-Frist nach der Einbringung sind die stillen Reserven für jedes noch nicht abgelaufene Jahr zu 1/7 zu versteuern (§ 22 UmwStG). – 6. *Praxisprobleme*: a) Da nur die Einbringung ganz bestimmter Einheiten begünstigt ist, scheitert die Inanspruchnahme der Begünstigung in vollem Umfang, wenn sich im Nachhinein herausstellen sollte, dass die eingebrachten Wirtschaftsgüter die Voraussetzungen nicht erfüllen, um als „Betrieb" oder „Teilbetrieb" qualifiziert werden zu können; Fehler bei der Durchführung der Einbringung können hier also zu massiven steuerlichen Konsequenzen führen (mit entsprechendem Haftungsrisiko für Berater). – b) Die Regelungen sind extrem kompliziert. – c) Die Verdoppelung stiller Reserven dürfte in ihrer gegenwärtigen Form vermutlich europarechtswidrig ausgestaltet sein. – 7. *Anders* zu behandeln sind die Einbringung in eine Personengesellschaft, der → Formwechsel und der → Anteilstausch.

Einbringung in eine Personengesellschaft – 1. *Begriff/Allgemeines*: Mit dem Begriff der Einbringung von Wirtschaftsgütern in eine Personengesellschaft bezeichnet man steuerlich die Übertragung von Wirtschaftsgütern auf eine Personengesellschaft durch eine Person, die im Gegenzug dafür eine Beteiligung an dieser Personengesellschaft erhält (oder deren Beteiligung sich dadurch erhöht). Kennzeichen des Vorgangs ist jedenfalls, dass die Übertragung von Vermögenswerten auf die Personengesellschaft durch einen Gesellschafter nur gegen die Gewährung von Gesellschaftsrechten (oder sogar unentgeltlich), nicht aber gegen Zahlung eines Kaufpreises erfolgt. – 2. *Einkommensteuerliche Problematik*: Da die Personengesellschaft im Einkommensteuerrecht für Zwecke der Gewinnermittlung zwar teilweise als verselbständigte Einheit angesehen wird, aber nicht vollständig einer juristischen Person gleich gestellt ist (Mitunternehmerprinzip), muss das Gesetz eine Entscheidung darüber treffen, inwieweit die Übertragung von Vermögenswerten durch den Gesellschafter auf seine Personengesellschaft einer Veräußerung an einen Fremden gleichgestellt werden soll oder nicht; es ist also zu entscheiden, inwieweit bei der Einbringung von Vermögen in eine Personengesellschaft die im übertragenen Vermögen schon liegenden stillen Reserven aufgedeckt und der Besteuerung zugeführt werden sollen oder nicht. Dabei sieht der Gesetzgeber unterschiedliche Regelungen vor, je nachdem, ob es sich um die Übertragung einzelner Wirtschaftsgüter oder ganzer Betriebe (bzw. Teilbetriebe) handelt. – 3. *Grundsatz*: Grundsätzlich ist es möglich, dass ein Gesellschafter einer Personengesellschaft mit seiner eigenen Personengesellschaft Geschäfte macht und dadurch Gewinne realisiert; daher wird eine Übertragung von Wirtschaftsgütern immer dann gewinnrealisierend sein, wenn nicht eine Spezialregelung das Gegenteil vorsieht. Das freilich ist häufig der Fall. – 4. Werden *einzelne Wirtschaftsgüter in eine Personengesellschaft* eingebracht, ist entscheidend, ob die Wirtschaftsgüter vorher schon einem Betriebsvermögen oder im Privatvermögen des Gesellschafters gehalten wurden: a) Bei Einbringung aus einem Betriebsvermögen heraus ist zwingend der bisherige Buchwert fortzusetzen (eine Versteuerung der schon bestehenden stillen Reserven unterbleibt also), sofern die zukünftige Besteuerung der stillen Reserven nach der Einbringung weiterhin sicher gestellt ist (§ 6 V EStG). Da das Wirtschaftsgut nach der Einbringung nunmehr aber der Personengesellschaft gehört und damit auch die stillen Reserven in Zukunft nicht mehr nur dem bisherigen Eigentümer, sondern anteilig auch den anderen Gesellschaftern gehören werden, verschieben sich durch diese Regelung die stillen Reserven teilweise auf andere Steuerpflichtige als bisher. Um zu verhindern, dass dieser Effekt missbräuchlich ausgenutzt werden kann, sieht das Gesetz vor, dass entweder (a) durch Erstellung von Ergänzungsbilanzen die richtige personelle Zuordnung der stillen Reserven gesichert bleibt, oder (b) noch drei Jahre lang nach der Einbringung der Vorgang rückwirkend als gewinnrealisierend eingestuft werden kann, wenn die Gesellschaft das Wirtschaftsgut z.B. weiter veräußert und (c) immer dann, wenn ein höherer Anteil der vorhandenen stillen Reserven als bislang auf eine Kapitalgesellschaft entfallen wird, die stillen Reserven insoweit ohnehin aufgedeckt und versteuert werden müssen (§ 6 V S.4 ff. EStG). – b) Bei Einbringung einzelner Wirtschaftsgüter, die bislang in einem Privatvermögen gehalten werden, wird der Vorgang dagegen als Veräußerung durch den Gesellschafter an die Gesellschaft angesehen; die Gesellschaft „zahlt" mit dem Gesellschaftsanteil (Tausch). Das kann den Vorteil haben, dass die aufgedeckten stillen Reserven unter bestimmten Umständen beim Gesellschafter sogar steuerfrei bleiben können, sofern die Behaltefristen für private Veräußerungsgeschäfte (§ 23 EStG) abgelaufen sind. – 5. Für eine *Einbringung ganzer Betriebe oder Teilbetriebe* in eine Personengesellschaft gelten Sondervorschriften in § 20 des Umwandlungssteuergesetzes: Demnach gilt auch hier die Grundregel, dass die Übertragung auf die Personengesellschaft als gewinnrealisierende Veräußerung zu werten ist (§ 24 II S.1 UmwStG), jedoch kann die Gesellschaft auch die Fortführung der Buchwerte wählen (und so eine Versteuerung der Reserven beim einbringenden Gesellschafter vermeiden, § 24 II S.2 UmwStG), wenn auch in Zukunft die Versteuerung der stillen Reserven in Deutschland sicher gestellt ist. Es kann auch ein Wert zwischen Buchwert und aktuellem Wert gewählt werden, d.h. es ist möglich, die stillen Reserven nur teilweise aufzudecken. Sofern die gewinnrealisierende Behandlung gewählt wird (Veräußerung), erhält der einbringende Gesellschafter die steuerlichen Vergünstigungen, die für den Verkauf eines ganzen Betriebes vorgesehen sind, aber nur, wenn tatsächlich auch alle vorhandenen stillen Reserven aufgedeckt werden (§ 24 III S. 2 UmwStG). In der Praxis muss daher bei Einbringung eines ganzen Betriebes regelmäßig steuerlicher Rat eingeholt werden, da die Möglichkeiten, bei der steuerlichen Behandlung Wahlrechte ungünstig auszuüben und dadurch finanzielle Nachteile zu erleiden, erheblich sind. – 6. *Gewerbesteuerliche Behandlung*: folgt der einkommensteuerlichen Würdigung. – 7. *Umsatzsteuer*: Umsatzsteuerlich werden Personengesellschaft und Gesellschafter als zwei unterschiedliche Personen angesehen; ist der Gesellschafter selbst ebenfalls umsatzsteuerlicher Unternehmer und überträgt er Gegenstände, die bisher zu seinem eigenen Unternehmensvermögen gehört haben, auf seine Personengesellschaft, ist das aus umsatzsteuerlicher Sicht also eine Lieferung oder (bei Übertragung von Rechten) eine sonstige Leistung. Für die Übertragung ganzer Unternehmen oder selbständiger Unternehmensteile können die Mitgliedsstaaten der EU vorsehen, dass der Vorgang umsatzsteuerlich aus Vereinfachungsgründen keine Besteuerung auslöst; Deutschland hat von dieser Ermächtigung Gebrauch gemacht (Geschäftsveräußerung im Ganzen, § 1 Ia UStG).

einbringungsgeborene Anteile – *Begriff des Steuerrechts*: Anteile, die der Anteilseigner als Gegenleistung für die Einbringung eines Betriebs, Teilbetriebs oder Mitunternehmeranteils in eine Kapitalgesellschaft erhalten hat, wenn die Kapitalgesellschaft das eingebrachte Betriebsvermögen nicht mit dem → Teilwert ansetzt (§ 21 I, IV UmwStG a.F., §§ 20 ff. UmwStG n.F.). Einbringungsgeborene Anteile sind bei einer Veräußerung in jedem Fall einkommensteuerpflichtig, auch wenn sie nicht zu einer → wesentlichen Beteiligung gehören; dem kann der Steuerpflichtige nur dadurch ausweichen, dass er freiwillig zu einem früheren Zeitpunkt die in den einbringungsgeborenen Anteilen enthaltenen stillen Reserven versteuert. – Änderungen durch → SEStEG: Mit Einführung des SEStEG, welches am 13.12.2006 in Kraft getreten ist, hat der Gesetzgeber dem Steuerpflichtigen umfangreiche Nachweispflichten für den Zeitraum innerhalb dieser Sieben-Jahres-Frist auferlegt. Demnach hat der Steuerpflichtige innerhalb dieses Zeitraums jährlich zum 31. Mai den Nachweis zu erbringen, dass keine schädliche Anteilsübertragung oder kein der Anteilsübertragung gleichgestellter Vorgang (vgl. oben) erfolgt ist, welche zu einer rückwirkenden Besteuerung des Einbringungsgewinns führt. Zu einer rückwirkenden Besteuerung des Einbringungsgewinns kommt es nach dem Wortlaut des Gesetzes aber auch bereits dann, wenn der Einbringende den Nachweis nicht fristgerecht zum 31. Mai eines jeden Jahres erbringt und zwar ungeachtet dessen, ob die Tatbestandsvoraussetzungen für die Buchwertfortführung, insbesondere o.g. Haltedauer, erfüllt sind oder nicht (§ 22 UmwStG).

Einbruchdiebstahl – I. Strafrecht: Bezeichnung für eine Form des bes. schweren Fall eines → Diebstahls, wenn eines der sog. Regelbeispiele des § 243 StGB erfüllt ist: (1) aus einem Gebäude oder umschlossenen Raum mittels Einbruchs, Einsteigens oder Aufbrechens von Behältnissen gestohlen (Einbruchdiebstahl i.e.S.) oder (2) der Diebstahl dadurch bewirkt wird, dass zur Öffnung der im Inneren befindlichen Türen oder Behältnisse falsche Schlüssel oder andere zur ordnungsgemäßen Öffnung nicht bestimmte Werkzeuge angewendet werden *(Nachschlüssel-Diebstahl)*. (3) Weitere Regelbeispiele des § 243 StGB betreffen gewerbsmäßige Verübung, Diebstahl in Kirchen und öffentlich zugänglichen Kunst- und Wissenschaftssammlungen, Diebstahl gefährlicher Gegenstände (u.a. Sprengstoff) und Diebstahl unter Ausnutzung von besonderen Situationen (z.B. Hilflosigkeit des Opfers). – *Strafe:* Freiheitsstrafe von drei Monaten bis zu zehn Jahren (§ 243 StGB).

II. Versicherungswirtschaft → Variante des → Versicherungsfalls unter der versicherten Gefahr „Einbruchdiebstahl und Raub", z.B. im Rahmen der → verbundenen Hausratversicherung. Konstituierende Merkmale sind das Einbrechen, Einsteigen oder Eindringen mittels falscher Schlüssel oder anderer Werkzeuge in die versicherte Wohnung mit nachfolgendem Diebstahl. Dem Grundtatbestand des Einbruchdiebstahls ist das Öffnen bzw. Aufbrechen eines Behältnisses innerhalb der versicherten Wohnung mittels falscher Schlüssel oder anderer Werkzeuge gleichgestellt. Besondere Regelungen gelten, wenn sich der Täter mittels der richtigen Schlüssel Zutritt zur versicherten Wohnung verschafft oder dort ein Behältnis öffnet. In diesen Fällen muss sich der Täter im Regelfall den richtigen Schlüssel durch Einbruchdiebstahl, Raub oder einfachen Diebstahl verschafft haben, ohne dass dies durch fahrlässiges Verhalten der berechtigten Schlüsselinhaber begünstigt worden ist.

Einbruchdiebstahl- und Raubversicherung – Spezielle Sachversicherung gegen Schäden durch Einbruchdiebstahl, Vandalismus nach Einbruch und Raub. Als eigenständiger → Versicherungszweig findet die Einbruchdiebstahl- und Raubversicherung insbesondere bei industriellen und gewerblichen Risiken Verwendung. Darüber hinaus ist die Gefahr „Einbruchdiebstahl und Raub" im Rahmen der → verbundenen Hausratversicherung mit gedeckt.

Einbürgerung – *Naturalisation;* Erwerb der → Staatsangehörigkeit durch Aushändigung einer Einbürgerungs-Urkunde. – Nach der geltenden Rechtslage (§§ 10 ff. StAG) ist ein *Ausländer,* der seit acht Jahren rechtmäßig seinen gewöhnlichen Aufenthalt im Inland hat, auf Antrag einzubürgern, wenn er (1) ein positives Verhältnis zur freiheitlich demokratischen Grundordnung hat; (2) ein unbefristetes → Aufenthaltsrecht besitzt; (3) seinen Lebensunterhalt und den seiner Familienangehörigen ohne Inanspruchnahme von Leistungen nach dem Zweiten oder Zwölften Buch des Sozialgesetzbuchs bestreiten kann; (4) seine bisherige Staatsangehörigkeit aufgibt oder verliert (Ausnahmen in § 12), (5) nicht wegen einer Straftat verurteilt worden ist, (6) über ausreichende Kenntnisse der dt. Sprache verfügt und (7) über Kenntnisse der Rechts- und Gesellschaftsordnung und der Lebensverhältnisse in Deutschland verfügt („Einbürgerungstest"). – Die „doppelte Staatsbürgerschaft" von Migranten ist nicht dauerhaft geltendes Recht geworden; stattdessen erwerben Kinder ausländischer Eltern nach § 4 III zunächst die dt. Staatsangehörigkeit (zusätzlich), müssen aber bei Volljährigkeit sich gemäß § 29 zwischen der dt. und der ausländischen Staatsangehörigkeit entscheiden. – *Steuerrecht:* Kosten eines Ausländers für seine Einbürgerung in der Bundesrepublik, wie z.B. Kosten für den Erwerb der dt. Sprache, Kosten der privaten Lebensführung sind keine → Werbungskosten oder → Betriebsausgaben. Nur in Ausnahmefällen werden andere Beurteilungen für möglich gehalten.

eindimensionale Organisationsstruktur → Organisationsstruktur, bei der durch Verwendung nur eines Kriteriums für die → Kompetenzabgrenzung auf einer Hierarchieebene → organisatorische Teilbereiche gebildet werden, die nur auf einen Handlungsaspekt ausgerichtet sind. – *Gegensatz:* → mehrdimensionale Organisationsstruktur.

einfache Betriebsunterbrechungsversicherung – *Klein-Betriebsunterbrechungsversicherung.* – 1. *Begriff:* → Zusatzversicherung zu einer Sachversicherung. Erweitert den Versicherungsschutz um den Ausgleich des eingetretenen Unterbrechungsschadens, der als Folge eines versicherten Sachschadens entstanden ist. Der Begriff des Unterbrechungsschadens ist inhaltsgleich mit dem nach den Allgemeinen Bedingungen zur Feuer-Betriebsunterbrechungsversicherung (FBUB 2010). – 2. *Merkmale:* Die einfache Betriebsunterbrechungsversicherung wird für kleinere Gewerbebetriebe angeboten, deren → Versicherungssumme i.d.R. einen Betrag von 500.000 Euro nicht überschreiten soll. Neben der fehlenden rechtlichen Selbstständigkeit besteht der wesentliche Unterschied zur Feuer-Betriebsunterbrechungsversicherung in der Bildung der Versicherungssumme. Die einfache Betriebsunterbrechungsversicherung sieht hier eine vereinfachte Form vor, indem die Versicherungssumme analog der Sachversicherungssumme für die Positionen Betriebseinrichtung und Vorräte dokumentiert wird. Rechtsgrundlagen bilden die Zusatzbedingungen für die einfache Betriebsunterbrechungsversicherung (ZKBU 2010) sowie die Allgemeinen Versicherungsbedingungen (AVB) der vereinbarten Sachversicherung, die insbesondere den Umfang der versicherten Gefahren bestimmen.

einfache Buchführung → Buchführung.

einfache Mehrheitsregel – *Pluralitätsregel;* → Abstimmungsverfahren, bei dem eine Alternative als beschlossen gilt, wenn sie mehr Stimmen erhalten hat als jede andere Alternative bzw. wenn sie als einzige zur Wahl stand und mehr Ja- als Nein-Stimmen erhalten hat. – Vgl. auch → binäre Abstimmungsverfahren, → Rae-Taylor-Theorem. – *Anders:* → absolute Mehrheit, → relatives Mehrheitswahlrecht, → qualifizierte Mehrheit.

einfache Prüfung → Prüfung.

einfacher Diebstahl – Wegnahme fremder beweglicher Sachen in der Absicht, sich diese rechtswidrig anzueignen oder diese einem dritten anzueignen. Die bes. Merkmale des → → Einbruchdiebstahls sind dabei nicht erfüllt. – Vgl. auch → Diebstahl.

Einfallsklasse – in der Statistik Bezeichnung für die → Klasse, der ein Element einer → Gesamtheit nach Maßgabe seines Merkmalswertes zugehört.

Einfamilienhaus → Grundstücksart im Sinn des Bewertungsgesetzes, von Bedeutung v.a. für die Grundsteuer. – 1. *Begriff:* Wohngrundstück, das nicht mehr als eine Wohnung enthält. Als Wohnung gilt dabei eine in sich abgeschlossene Zusammenfassung von Wohnräumen mit eigenem Zugang. Wohnungen des Hauspersonals sind nicht mitzurechnen. – Die Eigenschaft als Einfamilienhaus geht nicht verloren, wenn ein Grundstück teilweise unmittelbar eigenen oder fremden *gewerblichen oder öffentlichen Zwecken* dient und dadurch die Eigenart des Einfamilienhauses nicht wesentlich beeinträchtigt wird (§ 75 V BewG). – *Anders:* → gemischtgenutztes Grundstück. Eine weitere Wohnung (z.B. Einliegerwohnung, Notwohnung) steht der Grundstücksart Einfamilienhaus entgegen (→ Zweifamilienhaus). – 2. *Einheitswert (Grundsteuer):* Grundsätzlich nach dem Ertragswertverfahren (§§ 76 I, 78 ff. BewG; → Ertragswert), ausnahmsweise nach dem Sachwertverfahren (§§ 76 III, 83 ff. BewG; → Sachwert). Das Ergebnis der Bewertung wird in einem → Einheitswert festgestellt. – 3. Einfamilienhäuser werden zur → Grundsteuer differenziert herangezogen, denn die → Steuermesszahl (und Steuerhöhe) variiert anteilig mit der Höhe des Einheitswerts (ermäßigte Messzahl für die ersten 38.346,89 Euro des Einheitswerts; § 15 II GrStG). – 4. *Erbschaftsteuer:* a) *Bewertung:* Bisher erfolgte die Bewertung als bebautes Grundstück mit Zuschlag von 20 Prozent (→ Bedarfswert). Dieser ist jedoch nach der → Erbschaftsteuerreform nicht mehr vorgesehen. Der Wert von bebauten Grundstücken wird künftig vorrangig nach dem Vergleichswertverfahren, nachrrangig nach dem Ertragswertverfahren oder dem Sachwertverfahren bewertet. Die unterschiedlichen Verfahren sind im geänderten Bewertungsgesetz geregelt. Die Neuregelungen können auf Antrag (für Erbfälle) bereits ab dem 1.1.2007 angewendet werden. – b) *Steuerbefreiungen und -begünstigungen* bei der Erbschaftsteuer: durch §13 Nr. 4a, 4b, 4c des ErbStG sind erbschaftsteuerliche Begünstigungen in Form von Steuerbefreiungen eingeführt worden, soweit es sich bei dem betroffenen bebauten Grundstück um ein sog. Familienheim handelt. – 5. *Einkommensteuer:* (1) Bei *Fremdvermietung:* → Einkünfte aus Vermietung und Verpachtung. (2) Bei *Selbstnutzung* oder *unentgeltlicher Überlassung:* Steuerlich irrelevant, eine evtl. steuerliche Förderung des Erwerbs (zuletzt: Eigenheimzulage) ist seit 2006 nicht mehr vorgesehen.

Einfirmenvertreter – 1. *Begriff:* → Versicherungsvertreter (bzw. → Handelsvertreter), die nach den Regelungen im Vertretervertrag die Vermittlungstätigkeit nur für ein Versicherungsunternehmen bzw. nur für die Unternehmen eines Versicherungskonzerns ausüben dürfen. – 2. *Merkmale:* Für diese einem Konkurrenzverbot unterliegenden und daher wirtschaftlich von „ihrem“ Versicherungsunternehmen/-konzern stark abhängigen Vertreter kann das Bundesministerium der Justiz (BMJ) bei entsprechendem Bedarf durch Rechtsverordnung Mindesteinkommen festlegen (s. § 92a HGB). Die bloße Bindung an ein Versicherungsunternehmen bzw. einen Versicherungskonzern führt nicht zu einer arbeitnehmertypischen persönlichen Abhängigkeit des selbstständigen Vertreters und begründet mithin kein Arbeitsverhältnis.

Einflussgröße → Kostenbestimmungsfaktoren.

Einfriedung → Nachbarrecht.

Einfuhr – *Import.*

I. Allgemein: 1. *Begriff:* entgeltlicher und unentgeltlicher Bezug von → Waren und/oder → Dienstleistungen aus dem Ausland. – 2. *Arten:* a) *direkte Einfuhr (unmittelbare Einfuhr):* Einfuhr der Selbstverbraucher, z.B. der weiterverarbeitenden Industrie, die (teils durch Vermittlung von Agenten) mit den ausländischen Lieferanten direkt abschließen.*Indirekte Einfuhr (mittelbare Einfuhr):* Einfuhr durch → Einfuhrhändler, die ihrerseits die nachgeordneten Handelsstufen und die weiterverarbeitenden Betriebe beliefern (→ Einfuhrhandel). – b) *Sichtbare Einfuhr:* Warenimporte, also Güter der Ernährungswirtschaft, → Rohstoffe, Halb- u. Fertigwaren.*Unsichtbare Einfuhr:* Einfuhr von entgeltlichen Dienstleistungen, also z.B. Leistungen ausländischer Schiffe beim Transport → FOB (Free on Board) gekaufter oder → CIF (Costs, Insurance, Freight; ausschreiben besser, vgl. → INCOTERMS) verkaufter Waren, Vermittlungsleistungen ausländischer Banken, Dienstleistungen im Ausland für inländische Reisende etc.

II. Außenwirtschaftsgesetz: Verbringen von Waren aus → fremden Wirtschaftsgebieten in das → Wirtschaftsgebiet. Wenn sie aus → Drittländern in eine → Freizone oder ein → Nichterhebungsverfahren übergeführt werden, liegt eine Einfuhr erst vor, wenn sie in der Freizone des Kontrolltyps I verbraucht, gebraucht, bearbeitet oder verarbeitet oder wenn sie in den zollrechtlich freien Verkehr übergeführt werden (§ 4 II Nr. 6 AWG).

III. Zollrecht: Verbringen von Waren, d.h. von allen beweglichen Sachen, sowie die Lieferung von elektrischer Energie in das → Zollgebiet der EU. Es ist ein *Realakt*, kein → Zollverfahren. Bes. bedeutet Einfuhr nicht die Überführung in ein Zollverfahren, etwa in den freien Verkehr. Das Entstehen der → Zollschuld ist bei ordnungsgemäßem Verhalten (kein Einfuhrschmuggel) nicht an den Zeitpunkt der Einfuhr geknüpft, sondern hängt von der Überführung der Ware in den zollrechtlich freien Verkehrs ab, der sich je nach dem vom *Zollbeteiligten* gewählten Zollverfahren ergibt. Das Gleiche gilt für → Einfuhrumsatzsteuer (EUSt) und die anderen nach Steuergesetzen für eingeführte Waren zu erhebenden → Verbrauchsteuern, für die i.Allg. die Bestimmungen des Zollrechts sinngemäß anzuwenden sind.

IV. Umfang: → Außenhandel.

Einfuhrabfertigung → Einfuhrverfahren.

Einfuhrabgaben – Sammelbegriff für alle bei der → Einfuhr von Waren in das → Zollgebiet ggf. zu entrichtenden → Abgaben. Einfuhrabgaben sind der → Zoll, die → Einfuhrumsatzsteuer (EUSt) und andere für eingeführte Waren zu erhebende → Verbrauchsteuern (§ 1 III ZollVG).

Einfuhranmeldung – Zollanmeldung zur Überführung in den zollrechtlich freien Verkehr oder ein anders Verfahren nach dem Import. – *Gegensatz:* → Ausfuhranmeldung.

Einfuhrausschreibungen – Hinweise auf Einfuhrmöglichkeiten und -kriterien gemäß § 12 II → Außenwirtschaftsgesetz (AWG) durch die zuständigen Genehmigungsbehörden hinsichtlich Waren, deren Einfuhr genehmigungspflichtig ist (→ Einfuhrliste) oder mengenmäßigen Beschränkungen unterliegt; wird im *Bundesanzeiger* veröffentlicht. Sobald das Einfuhrkontingent feststeht, kann die Einfuhrausschreibung erfolgen, u.a. mit der Publikation von: Höhe des Kontingents, Verfahren der Kontingentverteilung (→ Verteilungsverfahren), Antragshöchstgrenze, Voraussetzungen für die Antragsstellung, Antragsunterlagen, Art und Weise, mit der die Antragstellung erfolgen kann oder muss (EG-DAT), Ausschreibungsfrist.

Einfuhrbeschränkung – *Einfuhrrestriktion, Importbeschränkung, Importrestriktion;* Beschränkung (1) der → Einfuhr i.Allg., (2) der Einfuhr bestimmter Waren und → Dienstleistungen, (3) der Einfuhr aus bestimmten *Drittländern.* Beschränkungen innerhalb des EU-Binnenmarktes sind seit 1.1.1993 nicht mehr möglich. Nicht zur eigentlichen Einfuhrbeschränkung rechnen allg. Maßnahmen zur Wiederherstellung des Gleichgewichts der → Zahlungsbilanz. (4) Beschränkungen unterliegen normalerweise den *Genehmigungsvorbehalt* (bei Erteilung der → Einfuhrgenehmigung ist die Einfuhr möglich). Zu unterscheiden sind Verbote, bei denen die Einfuhr immer untersagt bleibt; → Verbot, → Verbringungsverbot, → Einfuhrverbot. – Vgl. auch → tarifäre Handelshemmnisse, → nicht tarifäre Handelshemmnisse, → Importkontingentierung, → Einfuhrverbot, → Einfuhrzoll, → Protektion, → Binnenmarkt.

Einführer – 1. *Außenwirtschaftsrecht:* Einführer ist, wer Waren in das dt. → Wirtschaftsgebiet verbringt oder verbringen lässt. Liegt der Einfuhr ein → Einfuhrvertrag zugrunde, so ist nur der → Gebietsansässige Einführer. Wer lediglich als → Spediteur oder → Frachtführer oder in einer ähnlichen Stellung mit dem Verbringen der Ware tätig wird, ist nicht Einführer (§ 23 AWV). Für diesen Titel gilt der Begriff „Einführer" nach § 21b I AWV mit der Maßgabe, dass nur Einfuhren aus Drittländern erfasst werden und Gemeinschaftsansässige Gebietsansässige gleichstehen. – Vgl. auch → Einfuhrhändler. – 2. *EU-Zollrecht:* → Verbringer.

Einfuhrfinanzierung → Außenhandelsfinanzierung.

Einfuhrgenehmigung – nach Außenwirtschaftsrecht, dem Recht der Verbote und Beschränkungen im grenzüberschreitenden Warenverkehr oder sonstigen Normen erforderliche Genehmigung für die Einfuhr von Waren. Dabei kann es einmal um eine Genehmigung gehen, die Voraussetzung für jedes Verbringen ist. Vereinzelt sind Genehmigungen erst bei Überführung in den zollrechtlich freien Verkehr erforderlich. Bezugsgebiet ist zumeist das → Zollgebiet der EU. Zuständig für die Erteilung sind das → Bundesamt für Wirtschaft und Ausfuhrkontrolle (BAFA) oder die → Bundesanstalt für Landwirtschaft und Ernährung (BLE). Einfuhrgenehmigungen müssen der → Zollverwaltung mit der → Zollabfertigung vorgelegt werden (heute nicht mehr als Papier sondern als elektronischer Datensatz über → ATLAS).

Einfuhrhandel – *Importhandel;* von spezialisierten Handelsunternehmungen betriebene Einfuhr von im Ausland erworbenen Waren zum Zweck des Weiterverkaufs an inländische Fabrikanten und Händler. Einfuhrhandel bildet eine Stufe der → Handelskette. Als Branchenbezeichnung gebräuchlich, z.B. in der Statistik. – *Gegensatz:* → Ausfuhrhandel.

Einfuhrhändler – *Importeur;* Person oder Unternehmung, die → Einfuhrhandel betreibt. Der Einfuhrhändler hat ähnliche Funktionen wie der → Binnengroßhändler, trägt jedoch zusätzliche Risiken, z.B. für Valutaveränderungen (→ Valuta), Überschreitung der vereinbarten Transportzeit, politische Umstürze. Im Gegensatz zu den Ausfuhrhändlern sind Einfuhrhändler überwiegend nach Waren, nur selten nach Ländern spezialisiert. – *Anders:* → Einführer.

Einfuhrkontingent → Importkontingentierung.

Einfuhrkontrollmeldung – Abk. *EKM*; mit der → Zollanmeldung bei Beantragung der Einfuhrabfertigung bestimmter Waren ist die EKM vorzulegen, v.a. für lizenzfreie Marktordnungswaren. Die rechtlichen Regelungen sind in § 27 II Nr. 3 → Außenwirtschaftsverordnung (AWV) und § 27 a AWV enthalten. Bei der elektronischen Zollanmeldung mit dem IT-Verfahren → ATLAS ist die papiermäßige EKM durch eine elektronische Weitergabe der Daten an die zuständigen Behörden ersetzt worden (§ 27 II UA 2 S. 1 AWV). – Vgl. auch → Einfuhrverfahren.

Einfuhrliste – 1. *Bedeutung*: Anlage zum → Außenwirtschaftsgesetz (AWG), aus der entnommen werden kann, ob die → Einfuhr einer Ware genehmigungsfrei oder -bedürftig ist. Die Genehmigungsfreiheit oder -bedürftigkeit ergibt sich aus der Warenliste in Verbindung mit den Länderlisten und den Anwendungsvorschriften zur Einfuhrliste. – Obwohl die Einfuhrliste als Anhang des AWG deren Bestandteil ist, kann sie kraft der Ermächtigung in § 10 II AWG durch Rechtsverordnung ohne Zustimmung des Bundesrates (§ 27 I AWG) geändert werden. Änderungen werden im Bundesanzeiger veröffentlicht. – 2. *Aufbau:* Teil I: Allgemeine Vorschriften und Hinweise zur Anwendung der Einfuhrliste; Teil II: Warenliste. – 3. *Aktuelle Entwicklung*: Seit dem Jahr 2006 ist die Warenliste dahingehend geändert worden, dass nicht mehr alle Waren aufgelistet werden, sondern nur noch Waren für die eine Beschränkung (Einfuhrgenehmigung, Überwachungsdokument, Ursprungszeugnis, Ursprungserklärung, Marktordnungsrechtliche Beschränkungen) besteht, wodurch der Umfang stark reduziert wurde. – 4. *Elektronischer Weg*: Einführer nutzen meist elektronische Ausgaben, da hier die Änderungen jeweils zentral eingepflegt werden und diese stets auf dem aktuellen Stand sind. Die Vorschriften der Einfuhrliste sind Teil des → elektronischen Zolltarifs (EZT), welcher von der Homepage der deutschen Zollverwaltung kostenlos abgerufen werden kann.

Einfuhrlizenz – *Importlizenz;* nach EU-Recht zur Gewährleistung einer ordnungsgemäßen Verwaltung der gemeinsamen Marktorganisation für Marktordnungswaren erforderlich, die in den zollrechtlich freien Verkehr übergeführt werden. Einfuhrlizenzen berechtigen und verpflichten zugleich den Inhaber zur → Einfuhr innerhalb der Gültigkeitsdauer der Einfuhrlizenz. Bei nicht durchgeführter Einfuhr – außer in Fällen höherer Gewalt – verfällt die Kaution. – *Ziele*: Marktbeobachtung; erforderlichenfalls Ermöglichung der Anwendung von Schutzmaßnahmen gegenüber Drittländern. – *Zuständigkeit:* Zur Erteilung von Einfuhrlizenzen in der Bundesrepublik Deutschland ist das → Bundesamt für Wirtschaft und Ausfuhrkontrolle (BAFA) oder die → Bundesanstalt für Landwirtschaft und Ernährung (BLE) zuständig. – Vgl. auch → Importquote.

Einfuhrquote → Verteilungsverfahren.

Einfuhrrestriktion → Einfuhrverbot, → Einfuhrbeschränkung.

Einfuhrsendung – Warenmenge, die an demselben Tag von demselben Lieferer an denselben → Einführer (§ 21b I 1 AWV) abgesandt worden ist und von derselben → Zollstelle abgefertigt wird (§ 23 III AWV).

Einfuhrumsatzsteuer (EUSt) – I. Grundsätzliches: Eine Verbrauchsteuer im Sinn der AO (§ 21 I UStG), die an den Tatbestand der → Einfuhr anknüpft; sie wird von der Bundeszollverwaltung erhoben (Art. 108 I GG). Ihr Aufkommen steht dem Bund und den Ländern gemeinsam zu. Durch die Belastung der aus Drittländern eingeführten Waren mit der Einfuhrumsatzsteuer (EUSt) wird ein umsatzsteuerlicher Grenzausgleich erreicht. Das Ursprungsland (→ Ursprungslandprinzip) entlastet die Ware bei der Ausfuhr von der Umsatzsteuer; das Bestimmungsland (→ Bestimmungslandprinzip) belastet die Ware, sodass das inländische Umsatzsteuerniveau erreicht ist. – Die EUSt ist innerhalb der EU seit dem 1.1.1993 durch die Umsatzsteuer auf den innergemeinschaftlichen Erwerb (§ 1 I 5 UStG) ersetzt worden; sie wird seitdem nur noch für Einfuhren aus dem Drittlandsgebiet erhoben. – Vgl. auch → Einfuhrzoll.

II. Im Einzelnen gilt: 1. *Begriff:* Der Ausdruck „Einfuhrumsatzsteuer“ (EUSt) ist Bezeichnung für eine bes. Erhebungsform der → Umsatzsteuer, nämlich für jene Umsatzsteuer, die nicht von den Finanzämtern, sondern den Zollbehörden erhoben wird, und zwar nicht bei der Lieferung von Gegenständen, sondern wenn Gegenstände ins Inland verbracht werden, die bislang noch nicht einer inländischen Umsatzsteuerbelastung unterlegen haben. EUSt wird erhoben auf die Einfuhr von Gegenständen aus dem → Drittlandsgebiet in das Zollgebiet der EU-Staaten, und zwar nach den Gesetzen desjenigen Staates, in den die Einfuhr erfolgt. Dies ist entweder der Staat, wo der Gegenstand zum ersten Mal in das Zollgebiet gelangt (Regelfall), oder der Staat, in dem er aus bes. zollrechtlichen Verfahren (z.B. externes Versandverfahren) ausscheidet und in den freien Verkehr überführt wird. – 2. *Steuerpflichtiger* kann, anders als bei der Normalform der Umsatzsteuer, jede Person sein, nicht nur ein Unternehmer. – 3. *Deutschland* erhebt EUSt für die Einfuhr in das umsatzsteuerliche → Inland und, aufgrund zollrechtlicher Verträge mit Österreich, auch in die österreichischen Gebiete von Jungholz und Mittelberg. – 4. *Steuerbefreiungen:* Von der EUSt befreit sind: (1) Bestimmte in § 5 UStG genannte Gegenstände, teilweise nur unter bestimmten bes. Voraussetzungen; (2) nach der Einfuhrumsatzsteuerbefreiungsverordnung u.a. Gegenstände, die auch nach dem → Zollkodex (ZK) abgabenfrei eingeführt werden können und nicht-gewerbliche Gelegenheitseinfuhren sowie Einfuhren von Gegenständen, die in ein Umsatzsteuerlager verbracht werden sollen. – 5. *Bemessungsgrundlage* für die EUSt ist der Zollwert, und zwar einschließlich eventueller Einfuhrabgaben, Zöllen und anderer Verbrauchsteuern; die Bemessungsgrundlage ist jedoch - wie auch sonst im Umsatzsteuerrecht üblich – aber eine Nettobemessungsgrundlage, d.h. die zu zahlende Einfuhrumsatzsteuer (EUSt) bildet keinen Teil der Bemessungsgrundlage. – 6. *Steuersatz* ist der für den Gegenstand jeweils geltende Umsatzsteuersatz des Einfuhrlandes. – 7. *Vorsteuerabzug:* Fällt bei einem → Unternehmer EUSt für die Einfuhr von Gegenständen an, die er für umsatzsteuerpflichtige Zwecke verwendet, kann er die Einfuhrumsatzsteuer (EUSt) als Vorsteuer abziehen (→ Vorsteuerabzug); hierdurch wird eine systemwidrige Mehrfachbelastung mit Umsatzsteuer vermieden. Welcher Unternehmer zum Abzug der EUSt berechtigt ist, bestimmt sich danach, wer im Einfuhrzeitpunkt die Verfügungsgewalt über die Ware besitzt. – 8. *Aufkommen:* 42,1 Mrd. Euro (2007), 35,4 Mrd. Euro (2006), 33.824,2 Mio. Euro (2003), 32.732, 3 Mio. Euro (2002), 34.472,1 Mio. Euro (2001), 33.731,7 Mio. Euro (2000), 18.470, 9 Mio. Euro (1995), 35.764,4 Mio. Euro (1990), 29.858 Mio. Euro (1985), 20.757 Mio. Euro (1980), 9.388 Mio. Euro (1975), 5.795 Mio. Euro (1970, gekürzt um

10,2 Mio. Euro Vergütungen an Importeure), 3.310 Mio. Euro (1968).

Einfuhr- und Vorratsstellen (EVSt) – Einrichtung zum Zwecke der Stabilisierung von Inlandspreisen wichtiger landwirtschaftlicher Güter und zur Bevorratung wichtiger Grundnahrungsmittel für Krisenzeiten. Einfuhr- und Vorratsstellen sind jetzt in der → Bundesanstalt für Landwirtschaft und Ernährung (BLE) in einer Anstalt des öffentlichen Rechts zusammengefasst. – Vgl. auch → Marktordnungsstellen.

Einführungsphase – erste Phase im Lebenszyklus, die auf die Angebotsentwicklung folgt. Der Absatz wächst langsam, da das Angebot eventuell noch unbekannt ist und neu am Markt eingeführt wird. Gewinne können noch nicht realisiert werden, da die Ausgaben für die Markteinführung noch über den Einnahmen aus dem Angebotsverkauf liegen. – Vgl. → Lebenszyklus.

Einführungspreise → Preisgegenüberstellung.

Einführungswerbung – Werbung zwecks Einführung eines neuartigen Produkts, einer neuen → Marke oder einer neuen Dienstleistung. – *Zweck:* Die Einführungswerbung soll zuerst Aktualität für das Angebot erzeugen. Des Weiteren übernimmt die Einführungswerbung die Aufgabe, die Wahrnehmbarkeit und Eigenständigkeit der Positionierungsbotschaft sicherzustellen und integriert zu vermitteln. – Vgl. auch → Erhaltungswerbung, → Erinnerungswerbung, → Werbeziele.

Einfuhrverbot – *Importverbot;* Verbot, das jeglichem Verbringen von Waren in das Zollgebiet der Gemeinschaft entgegensteht (→ Embargo) oder der Überführung von Waren in den zollrechtrechtlich freien Verkehr. Das Einfuhrverbot kann *absolut* sein oder *relativ* und damit *Ausnahmen* zulassen (Verbot mit Genehmigungs- oder Befreiungsvorbehalt, sog. → Einfuhrbeschränkung). Die Gründe sind vielfältig. Grundsätzlich kann sich ein Einfuhrverbot aus dem EU-Recht oder aus § 2 → Außenwirtschaftsgesetz (AWG) des → Außenwirtschaftsrechts ergeben. Darüber hinaus sind wichtige Bereiche der Schutz der öffentlichen Sittlichkeit, Ordnung und Sicherheit, der Schutz der Gesundheit und des Lebens von Menschen, Tieren und Pflanzen, der Schutz des nationalen Kulturguts von künstlerischem, geschichtlichen oder archäologischem Wert, sowie der Schutz des gewerblichen und kommerziellen Eigentums sog. → Verbote und Beschränkungen. – Zur *volkswirtschaftlichen Wirkung:* → Zoll, → Einfuhrbeschränkung, → tarifäre Handelshemmnisse, → nicht tarifäre Handelshemmnisse.

Einfuhrverfahren – Das Einfuhrverfahren beginnt schon vor dem Verbringen der Waren ins Zollgebiet der Gemeinschaft. Seit dem 1.1.2011 ist grundsätzlich vor jeder Einfuhr vom → Verbringer der Waren eine summarische Eingangsanmeldung (ESumA) bei der geplanten Einfuhrzollstelle abzugeben, Art. 36a ZK, Art. 181b ZK-DVO. Der Betreiber des aktiven Beförderungsmittels muss alsdann kurz vor dem Erreichen dieser Zollstelle die Ankunft melden, Arrt. 184g ZK-DVO. Grundsätzlich unterliegen sämtliche in das EU-Zollgebiet verbrachten Waren der zollamtlichen Überwachung, Art. 37 ZK. Sie sind vom → Verbringer unverzüglich zu den vorgeschriebenen Zollstellen zu befördern bzw. zu gestellen. Dabei ist auf eine zweite summarische Anmeldung zur vorübergehenden Verwahrung (VVSumA) Bezug zu nehmen. Diese muss die tatsächlich gestellten Waren auflisten. Für den See- und Luftverkehr bedeutet das, dass in dieser Anmeldung nur die entladenen Waren aufzulisten sind. Die VVSumA kann durch Erweiterung der ESumA erstellt werden. Regelmäßig wird jedoch eine neue VVSumA erstellt, die allein auf die Registrierungsnummer der ESumA Bezug nimmt. – Innerhalb von 20 Tagen (Seeverkehr 45 Tage) müssen die gestellten → Nichtgemeinschaftswaren dann eine der für Nichtgemeinschaftswaren zulässigen zollrechtlichen Bestimmung (z.B. Überführung in den zollrechtlich freien Verkehr, Zolllagerverfahren, aktive Veredelung, Versandverfahren, Umwandlungsverfaren usw.) erhalten. Dazu bedarf es zumeist einer → Zollanmeldung. Nach Abschluss der Prüfung und ggf. Entrichtung der Eingangsabgaben werden die Waren dem Anmelder überlassen. Damit endet das Einfuhrverfahren. Die zollamtliche Überwachung dauert in vielen Fällen jedoch weiter an. Nur beim Statuswechsel durch Überführung in den zollrechtlich freien Verkehr bedarf es zumeist keiner weiteren Überachung mehr.

Einfuhrvertrag – Begriff des Außenwirtschaftsrechts für den Vertrag eines → Gebietsansässigen (§ 4 I Nr. 5 AWG) mit einem → Gebietsfremden (§ 4 I Nr. 7 AWG) über den Erwerb von Waren (§ 4 II Nr. 2 AWG) zum Zwecke der Einfuhr (§ 4 II Nr. 6 AWG). Für den Abschluss von Einfuhrverträgen bestehen grundsätzlich keine Beschränkungen.

Einfuhrzertifikat → internationale Einfuhrbescheinigung.

Einfuhrzoll – der für eingeführte Waren (→ Einfuhr) aufgrund von zollrechtlichen Vorschriften auf Grundlage des → Zolltarifs zu erhebende → Zoll, Art. 4 Nr. 10 ZK. Dieser fällt einmal an bei Überführung in das *Zollverfahren* des *zollrechtlich freien Verkehrs.* Durch Überführung in ein → Nichterhebungsverfahren (z.B. → *aktive Veredelung,* → *Umwandlungsverfahren,* → *vorübergehende Verwendung,* → *Versandverfahren,* → *Zolllagerverfahren*) kann die *Zollschuldentstehung* vermieden oder herausgezögert werden. Ein Einfuhrzoll entsteht aber auch, wenn es für → Nichtgemeinschaftswaren bei oder nach der Einfuhr zu Pflichtverletzungen kommt, etwa Einfuhrschmuggel, Verstöße in Zollverfahren oder die Ware der zollamtlichen Überwachung entzogen wird. – Vgl. auch → Ausfuhrzoll.

Einfuhrzollschuld – Verpflichtung zur Entrichtung der im geltenden Gemeinschaftsrecht vorgesehenen

→ Einfuhrabgaben. Einfuhrzollschuld entsteht, wenn einfuhrabgabepflichtige Waren ordnungsgemäß in den zollrechtlichen freien Verkehr überführt werden bzw. wenn eine solche Ware in das Verfahren der vorübergehenden Verwendung unter teilweiser Befreiung von der Einfuhrabgabe überführt wird (Art. 201 ZK). Daneben kann es bei Unregelmäßigkeiten zur Zollschuldenstehung kommen, etwa bei Einfuhrschmuggel (Art. 202 ZK), Entziehen von Waren aus der zollamtlichen Überwachung (Art. 203 ZK) oder sonstigen Verfehlungen (Art. 204 ZK).

Eingabe → Petition, → Dienstaufsichtsbeschwerde.

Eingabegerät – technisches Gerät, das als eine Eingabeeinheit eines → Computers dienen kann, d.h. durch das → Daten in diesen von außen eingegeben werden können, u.a. Abtastgerät, → Belegleser, → Grafiktablett, → Scanner, → Tastatur, → Maus, Datenhandschuh, Mikrofon.

Eingangsabgabenbefreiung – Befreiung von der Verpflichtung, für eingeführte Waren Zölle, Einfuhrumsatzsteuer oder Verbrauchsteuern zahlen zu müssen. – Vgl. auch → Freimengen.

Eingangsdurchschnittspreis – ein → Durchschnittspreis von Rohstoffen und Materialien, der wie der → Buchbestandspreis errechnet wird, jedoch ohne Berücksichtigung des Anfangsbestandes des Rechnungszeitraums, also nur aus den jeweiligen Zugängen. Die Bewertung nach dem Eingangsdurchschnittspreis hat für die Kostenrechnung den Vorteil, dass sie zu Werten führt, die den gegenwartsnahen Preisverhältnissen besser angepasst sind.

Eingangskontrolle → Wareneingangskontrolle.

Eingangssteuersatz – Steuersatz, mit dem nach dem Grundfreibetrag der Einkommensteuertarif beginnt. Werte: aktuell 14 Prozent, 15 Prozent (2005), 16 Prozent (2004), 19,9 Prozent (bis 2003), 22,9 Prozent (2000).

Eingangsvermerk – rechtlich wichtig, weil beim → Grundbuchamt dadurch der Zeitpunkt des Antragseingangs festgehalten wird, nach dem sich die Reihenfolge der Erledigung und damit der → Rang richtet, den das einzutragende Recht erhält (§ 3 II GBO).

Eingang vorbehalten (E.V.) – Vorbehaltsklausel bei Gutschriftsanzeigen im Rahmen der Inkassi von → Wechsel, → Schecks, → Lastschriften. Die Gutschrift steht nach Nr. 9 – (1) AGB Banken unter dem Vorbehalt, dass die Bank den Betrag erhält. Werden die Einzugspapiere nicht eingelöst, macht die Bank die Vorbehaltsgutschrift wieder rückgängig. Grundsätzlich gelten Lastschriften und Schecks als eingelöst, wenn die Belastungsbuchung nicht spätestens am zweiten Bankarbeitstag nach ihrer Vornahme rückgängig gemacht wird (Nr. 9 – (2) AGB Banken).

eingebrachte Sachen des Arbeitnehmers → Fürsorgepflicht.

Eingemeindung – Erweiterung des Gemeindegebiets durch Eingliederung benachbarter Gebiete. Die zwischen den beteiligten Gemeinden abgeschlossenen Vereinbarungen (Eingemeindungsverträge) bedürfen i.d.R. der Bestätigung durch die Gemeindeaufsichtsbehörde.

eingetragene Genossenschaft (eG) – Die eingetragene Genossenschaft ist eine juristische Person, die mit Satzungsunterzeichnung durch mind. drei Mitglieder (Genossenschaftsrechtsnovelle 2006) entstanden ist, jedoch erst die Rechtsfähigkeit durch Eintragung in das Genossenschaftsregister erreicht. Für sie maßgebendes Gesetz ist das GenG (vom 16.10.2006, BGBl. I 2230). Sie wird als Gesellschaft von nicht geschlossener Mitgliederzahl definiert, deren Ziel es ist, den Erwerb oder die Wirtschaft der Mitglieder oder deren soziale oder gesellschaftliche Belange durch einen gemeinschaftlichen Geschäftsbetrieb zu fördern. Als eG erlangt sie die volle Rechtsfähigkeit und hat eigenständige Rechte und Pflichten entsprechend dem → Genossenschaftsgesetz (GenG). Solange die Eintragung in das Genossenschaftsregister nicht erfolgt ist, handelt es sich um eine Vorgenossenschaft oder eben um eine nicht eingetragene Genossenschaft. Diese kann durch ihre Unternehmensmerkmale durchaus eine Genossenschaft sein, ihre Rechtseinstufung erfolgt jedoch nicht nach dem Genossenschaftsrecht, sondern ggf. nach den Regelungen einer BGB-Gesellschaft, einer Personengesellschaft oder eines rechtsfähigen Vereins.

eingetragener Kaufmann (e.K.) – *e.Kfm.*, *e.Kfr.*, *e.K*, gemäß § 19 I Nr. 1 HGB erforderlicher Zusatz zur → Firma eines → Einzelkaufmanns. Statt eingetragener Kaufmann kann auch eine allg. verständliche Abkürzung verwandt werden.

eingetragener Verein (e.V.) – im → Vereinsregister eingetragener Verein (§§ 21 ff. BGB). Der eingetragene Verein ist → juristische Person und besitzt → Rechtsfähigkeit. Er muss einen → Vorstand haben; er kann unter seinem Namen klagen und verklagt werden. Den Gläubigern haftet nur das Vereinsvermögen.

Eingipfligkeit – liegt bei einer Gruppe von Abstimmenden dann vor, wenn sich die zur Abstimmung stehenden Alternativen entlang einer Achse so anordnen lassen, dass für jeden Wähler die Punkte, die seine Nutzenhöhe für jede Alternative angeben, durch einen Linienzug mit nur einem (lokalen) Gipfel verbunden werden können. – Vgl. Abbildung „Eingipfligkeit".

Eingliederung – Die → Hauptversammlung einer → Aktiengesellschaft (AG) kann die Eingliederung der Gesellschaft in eine andere Aktiengesellschaft mit Sitz im Inland (Hauptgesellschaft) beschließen, (1) wenn sich alle Aktien der Gesellschaft in der Hand der zukünftigen Hauptgesellschaft befinden. Der Beschluss wird wirksam, wenn die Hauptversammlung der zukünftigen Hauptgesellschaft mit mind. $^3/_4$ des

Eingipfligkeit

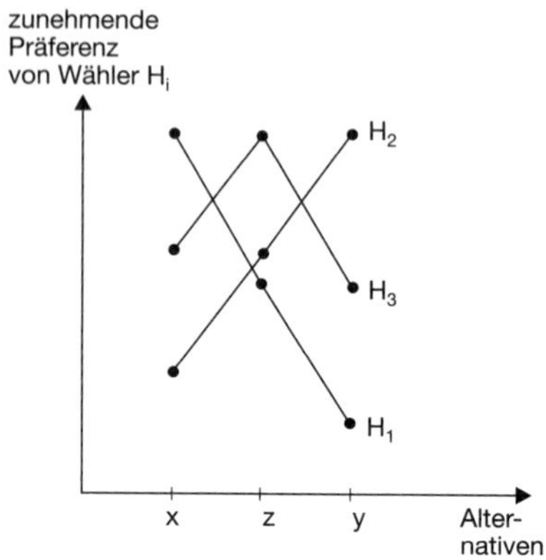

vertreteten Grundkapitals beschließt (§ 319 AktG); (2) wenn sich 95 Prozent der Aktien in der Hand der zukünftigen Hauptgesellschaft befinden; in diesem Fall haben die ausgeschiedenen Aktionäre Anspruch auf angemessene Abfindung. Als Abfindung sind ihnen eigene Aktien der Hauptgesellschaft zu gewähren, Näheres dazu in § 320 AktG. Endet die Eingliederung, so haftet die frühere Hauptgesellschaft für die bis dahin begründeten Verbindlichkeiten der bisher eingegliederten Gesellschaft, wenn sie vor Ablauf von fünf Jahren nach dem Ende der Eingliederung fällig und daraus Ansprüche gegen die frühere Hauptgesellschaft in einer in § 197 I Nr. 3 bis 5 des Bürgerlichen Gesetzbuchs bezeichneten Art festgestellt sind oder eine gerichtliche oder behördliche Vollstreckungshandlung vorgenommen oder beantragt wird, bei öffentlich-rechtlichen Verbindlichkeiten genügt der Erlass eines Verwaltungsakts (so § 327 IV 1 AktG).

Eingliederung behinderter Menschen – 1. *Begriff:* Körperlich, geistig oder seelisch behinderte Menschen und von Behinderung bedrohte Personen können zunächst die gleichen Leistungen des Systems der → sozialen Sicherung in Anspruch nehmen wie andere Bürger auch. Darüber hinaus besteht unabhängig von der Ursache der Behinderung ein soziales Recht auf die Hilfe, die notwendig ist, um die Behinderung abzuwenden, zu beseitigen, zu bessern, ihre Verschlimmerung zu verhüten oder ihre Folgen zu mindern und um einen den Neigungen und Fähigkeiten entsprechenden Platz in der Gemeinschaft, bes. im Arbeitsleben, zu sichern. – 2. *Träger und Leistungen:* Die notwendigen Leistungen sind nicht einem eigenständigen Sozialleistungsbereich übertragen, sondern eingebettet in die sonstigen Aufgaben einer Vielzahl von Trägern der sozialen Sicherung. – a) *Medizinische Leistungen* zur → Rehabilitation werden durch die gesetzliche → Krankenversicherung, die gesetzliche → Rentenversicherung und die gesetzliche → Unfallversicherung sowie die Träger der sozialen Entschädigung bei Gesundheitsschäden erbracht. – b) *Berufsfördernde Leistungen* der Rehabilitation werden durch die Arbeitsförderung (→ Arbeitslosenversicherung), die Renten- und die Unfallversicherung sowie die Träger der sozialen Entschädigung bei Gesundheitsschäden erbracht. – c) *Leistungen zur allg. sozialen Eingliederung* im Zuge der Rehabilitation werden durch die Unfallversicherung, die Träger der sozialen Entschädigung bei Gesundheitsschäden und die → Sozialhilfe erbracht, die aufgrund ihrer umfassenden Aufgabenstellung auch als Ausfallbürgschaft eintritt, wenn benötigte medizinische, bildungsbezogene oder berufliche Hilfen zur Eingliederung von vorrangigen Trägern nicht in Anspruch genommen werden können. – d) *Weitere Leistungen im Einzelnen:* Vorsorge, Früherkennung, Frühförderung, Rehabilitationssport und Versehrtenleibesübungen, (berufliche) Bildung für behinderte Menschen, Berufsberatung, Führung von Werkstätten für behinderte Menschen, Aufklärung, Auskunft und Beratung.

Eingliederungsgeld → Arbeitslosenversicherung.

Eingliederungshilfe – 1. *Arbeitsförderungsrecht:* Leistung in Form von Zuschüssen der BA an Arbeitgeber nach den §§ 73 ff. SGB III zur Eingliederung von Arbeitnehmern mit Vermittlungshemmnissen. – 2. → Rentenversicherung: Hilfe zur Wiedereingliederung in das Berufsleben als Maßnahme der beruflichen Rehabilitation (§ 31 SGB VI).

Eingliederungshilfe für behinderte Menschen – Leistung der → Sozialhilfe für Personen, die nicht nur vorübergehend körperlich, geistig oder seelisch wesentlich behindert sind oder von einer solchen wesentlichen Behinderung bedroht sind, um eine drohende Behinderung zu verhüten oder eine vorhandene Behinderung oder deren Folgen zu beseitigen oder zu mildern und den behinderten Menschen in die Gesellschaft einzugliedern (§ 53 SGB XII). – Außer Leistungen zur medizinischen und beruflichen Rehabilitation sind behinderten Menschen Hilfen zur angemessenen Schulbildung und beruflichen Ausbildung und Hilfen in anerkannten Werkstätten für behinderte Menschen zu geben (§§ 54, 56 SGB XII). In bes. Fällen → Anstaltspflege. – Die Träger der Sozialhilfe haben *vorläufig* die notwendigen Maßnahmen durchzuführen, wenn die Leistungspflicht eines anderen Trägers noch nicht feststeht. Neben Maßnahmen zur → Rehabilitation durch die → Rentenversicherung, → Unfallversicherung, Bundesagentur für Arbeit, Kriegsopferversorgung und Kriegsopferfürsorge ist der Sozialhilfeträger *nur subsidiär* leistungspflichtig.

Eingliederungsvertrag – für Arbeitslose, → Arbeitslosenversicherung.

Eingliederungszuschüsse – 1. *Begriff*: Zuschuss an den Arbeitgeber zum Ausgleich von Minderleistungen förderungsbedürftiger Arbeitnehmer als Ermessensleistung der aktiven Arbeitsförderung. – 2. *Rechtliche Grundlage*: §§ 88–92 SGB III. Förderungsbedürftig sind Arbeitnehmer, die ohne die Leistung nicht oder nicht dauerhaft in den Arbeitsmarkt eingegliedert werden können (erschwert Vermittelbare und bes. betroffene schwerbehinderte Menschen). – 3. *Umfang*: Förderhöhe und Förderdauer richten sich nach dem Umfang der Einschränkung der Arbeitsleistung des Arbeitnehmers sowie nach den Anforderungen des jeweiligen Arbeitsplatzes (Minderleistung). Die Förderung kann als monatlicher Zuschuss bis zur Höhe von 50 Prozent des regelmäßig gezahlten Arbeitsentgelts sowie des pauschalierten Arbeitgeberanteils am Gesamtsozialversicherungsbeitrag für die Dauer von längstens zwölf Monaten geleistet werden. Bei Eingliederungszuschüssen für schwerbehinderte oder sonstige behinderte Menschen kann die Förderhöhe bis zu 70 Prozent des berücksichtigungsfähigen Arbeitsentgelts und die Förderdauer bis zu 24 Monate betragen. Für bes. betroffene schwerbehinderte Menschen kann die Förderdauer bis zu 60 Monate betragen, ab dem vollendeten 55. Lebensjahr bis zu acht Jahre.

Eingruppierung – 1. *Begriff* des Arbeitsrechts: Einreihung des Arbeitnehmers in eine bestimmte Vergütungsgruppe. Soweit Lohn- und Gehaltsgruppen nach der Art der ausgeübten Tätigkeit gebildet werden, beschreiben die Tarifvertragsparteien in Tarifverträgen auch die Tätigkeitsmerkmale, die für die Eingruppierung des Arbeitnehmers maßgeblich sind (→ Tarifvertrag). Erfüllt die von einem Arbeitnehmer erbrachte Arbeitsleistung die Tätigkeitsmerkmale einer bestimmten Lohn- oder Gehaltsgruppe, so hat der Arbeitnehmer Anspruch auf Vergütung nach dieser Gruppe. – 2. *Mitbestimmung des Betriebsrats*: In Betrieben mit mehr als 20 wahlberechtigten Arbeitnehmern hat der Betriebsrat bei Eingruppierungen ein *Mitbestimmungsrecht* gemäß §§ 99–101 BetrVG. Die Eingruppierung des Arbeitnehmers durch den → Arbeitgeber ist aber Rechtanwendung und kein Akt rechtlicher Gestaltung; das Mitbestimmungsrecht ist deshalb nach der Rechtsprechung kein Mitgestaltungs-, sondern nur ein Mitbeurteilungsrecht, das der Richtigkeitskontrolle dient. Der Betriebsrat kann im Mitbestimmungssicherungsverfahren nach § 101 BetrVG (→ Beschlussverfahren) nicht die Aufhebung der Eingruppierung, sondern die nachträgliche Einholung seiner Zustimmung (§ 99 I BetrVG) und bei Verweigerung die Durchführung des arbeitsgerichtlichen Zustimmungsersetzungsverfahrens (§ 99 IV BetrVG) verlangen. – 3. Das Zustimmungsverweigerungsrecht des Betriebsrats aus den in § 99 II BetrVG im Einzelnen aufgeführten Gründen ändert aber nichts an dem bestehenden *Anspruch des Arbeitnehmers auf die richtige Entlohnung*. Diese kann der Arbeitnehmer unabhängig von dem Verfahren nach §§ 99–101 BetrVG im Urteilsverfahren vor den Arbeitsgerichten einklagen.

Einheit – 1. *Organisation*: → organisatorische Einheit. – 2. *Statistik*: → Erhebungseinheit.

Einheitenlager → Lagerbereich.

Einheitensystem – System mit wenigen Basiseinheiten, aus denen die übrigen Einheiten systematisch abgeleitet werden können. Eine Festlegung bes. Einheiten für jede physikalische Größe ist unnötig. Heute wird das → Internationale Einheitensystem (SI) zur allg. Verwendung empfohlen.

Einheitliche Europäische Akte → EEA.

einheitliche Gewinnfeststellung → Gewinnfeststellung.

einheitliche Leitung – Gemäß § 18 AktG konstituierendes Merkmal eines aktienrechtlichen → Konzerns; einheitliche Leitung liegt dann vor, wenn ein → Beherrschungsvertrag oder eine → Eingliederung (Vertragskonzern) vorliegt, oder wenn die Konzernleitung aufgrund einer → Mehrheitsbeteiligung kontinuierlich oberste Führungsaufgaben in der Beteiligungsgesellschaft tatsächlich wahrnimmt (faktischer Konzern). – *Anders*: → Control-Konzept.

einheitlicher Ansprechpartner → Dienstleistungsrichtlinie.

Einheitlicher Binnenmarkt – Der mit der → EEA (Einheitliche Europäische Akte) geschaffene Art. 26 II AEUV definiert den Einheitlichen Binnenmarkt als einen „Raum ohne Binnengrenzen", in welchem die vier sog. → Grundfreiheiten (freier Verkehr von „Waren, Personen, Dienstleistungen und Kapital") gewährleistet sind. Der Binnenmarkt wurde mit Wirkung vom 1.1.1993 verwirklicht. Der Binnenmarkt ist das Herzstück der europäischen Integration und hat dank seiner Freiheiten und offenen Grenzen zu wichtigen Wachstums- und Beschäftigungsschüben geführt. Die → Kommission (Generaldirektion → Binnenmarkt) ist bemüht den Binnenmarkt immer weiter zu vereinheitlichen, denn trotz stetiger Bemühungen ist der Binnenmarkt noch unvollständig.

Einheitliche Richtlinien für Inkassi (ERI) – *Uniform Rules for Collections (URC)*; von der Internationalen Handelskammer (→ ICC) entwickeltes Regelwerk, auf dessen Grundlage Inkassi (→ Dokumenteninkasso) abgewickelt werden.

Einheitliche Richtlinien und Gebräuche für Dokumenten-Akkreditive (ERA) – *Uniform Customs and Practice for Documentary Credits*; Regelwerk für die Eröffnung und Abwicklung von Dokumentenakkreditiven (→ Akkreditiv), das unter der Federführung der Internationalen Handelskammer Paris (→ ICC) entwickelt worden ist. Die ERA sind – von wenigen Ausnahmen abgesehen – weltweit von den Banken bzw. Bankenverbänden anerkannt.

Einheitliches Gesetz über den internationalen Kauf beweglicher Sachen (EKG) – *Haager*

Einheitliches Kaufgesetz; Gesetz zur Regelung sowohl des Zustandekommens von Kaufverträgen als auch der Rechte und Pflichten von Käufer und Verkäufer sowie der Rechtsfolgen, die eintreten, wenn der Käufer bzw. Verkäufer die ihm obliegenden Pflichten nicht ordnungsgemäß erfüllt. Es ist durch das → Übereinkommen der Vereinten Nationen über Verträge über den internationalen Warenkauf (CISG, UN-Kaufrecht, Wiener Kaufrechtsübereinkommen) ersetzt worden.

Einheitliches Güterverzeichnis für die Verkehrsstatistik der EU – *Nomenclature Uniforme de Marchandises pour les Statistiques de Transport (NST);* gehört zu den Internationalen Waren- und Güterverzeichnissen. Die NST dient als Grundlage für die Gliederung der gemeinschaftlichen Güterverkehrsstatistiken und basiert auf der → CPA. Damit ist sichergestellt, dass Statistiken aus dem Verkehrsbereich mit anderen Statistikbereichen vergleichbar sind, deren Gliederung sich ebenfalls an der CPA orientiert. Seit dem Berichtsjahr 2008 wird die NST-2007 verwendet.

Einheitlichkeit der Lebensbedingungen – Herstellung der Einheitlichkeit der Lebensbedingungen ist eine Zielsetzung der regionalen Strukturpolitik (→ Regionalpolitik).

Einheitsbewertung → Einheitswert.

Einheitsbilanz – angestrebtes Ziel der Vereinheitlichung von → Handelsbilanz und → Steuerbilanz. Bis heute mit Ausnahme der → DM-Eröffnungsbilanz zum 21.6.1948 (die darin eingestellten Werte sind auch für die Steuern vom Einkommen und Ertrag zugrunde gelegt worden) nicht erreicht, da v.a. handels- und steuerrechtliche Bewertungsvorschriften z.T. zwingend verschiedene Bilanzierungen vorschreiben (z.B. hinsichtlich des → Teilwertes). Weiterhin zeigen Änderungen im EStG, die als Sondervorschriften dem Maßgeblichkeitsprinzip vorangehen, eine tendenzielle Entwicklung hinweg von einer Einheitsbilanz (z.B. Verbot von Drohverlustrückstellungen gemäß § 5 IVa EStG). Nicht publizitätspflichtige Unternehmen (→ Publizität) stellen i.d.R. unter Beachtung des → Maßgeblichkeitsprinzips eine Einheitsbilanz auf.

Einheitsbudget – Zusammenstellung sämtlicher veranschlagter Einnahmen und Ausgaben einer Gebietskörperschaft in einem einzigen → Haushaltsplan zur Erhöhung der Übersichtlichkeit des Haushaltsgebarens. Das Einheitsbudget ist Ausdruck des Haushaltsgrundsatzes der Einheit (→ Haushaltsgrundsätze). – Als *Verstoß* gegen dieses Prinzip ist die Aufstellung eines (früher üblichen) → außerordentlichen Haushalts neben dem ordentlichen Budget anzusehen.

Einheitsfiktion → Konzernabschluss.

Einheitsgründung – *Simultangründung, Übernahmegründung;* Form der → Gründung einer AG, bei der die Gründer das gesamte Grundkapital (Aktien) übernehmen.

Einheitskosten → Stückkosten.

Einheitskurs → Kurs.

Einheitsmarkt – an den dt. Wertpapierbörsen der Markt derjenigen Wertpapiere, für die nur ein Einheitskurs (→ Kurs) festgestellt wird. Mit zunehmender Liquidität werden immer mehr Wertpapiere fortlaufend gehandelt (variabler Markt), sodass der Einheitsmarkt auf dem Parkett an Bedeutung verliert. Im elektronischen Handel gibt es für illiquide Werte die untertägige Auktion. – *Gegensatz:* → variabler Markt.

Einheitspapier – 1. *Begriff:* ein für die schriftliche Zollanmeldung bei der Überführung in ein → Zollverfahren zu verwendendes Papier. Der achtfache Vordrucksatz (Anhang 11), der je nach Verfahren nur teilweise benötigt wird, weist insgesamt 54 Nummernfelder auf, die zumeist unter Benutzung eines Codeschlüssels vom Anmelder auszufüllen sind. Bes. Bedeutung kommt dabei den Feldern 1 und 37 zu. Darin wählt der Anmelder das gewünschte Zollverfahren und macht so aus einem Blankovordruck ein Versandpapier, eine Ausfuhranmeldung usw. – 2. *Internetzollanmeldung:* In Deutschland kann das Papier auch mittels einer sog. Internetzollanmeldung erstellt werden. Dabei werden die Daten vorab der Zollstelle elektronisch übermittelt, alsdann aber schriftlich vorgelegt. – 3. *Elektronische Anmeldung:* Künftig wird die elektronische Vorlage der Zollanmeldung und des Begleitpapiers zur Regel werden. Damit soll den Veränderungen im Umfeld von Zollbehörden und Wirtschaft inbesondere mit der Einführung des elektronischen Datenaustauschs Rechnung getragen werden. Bereits seit 2004 müssen Versandzollanmeldungen und ab dem 1.7.2009 Ausfuhrzollanmeldungen elektronisch abgeben werden. Das Einheitspapier ist nur noch im Rahmen des Ausfallkonzepts zu verwenden. Mit dem → Unionszollkodex wird die elektronische Anmeldung der Regelfall, voraussichtlich ab 2015.

Einheitspreis – Verkauf eines Gutes an alle Kunden über alle → Absatzkanäle zum gleichen Preis, Gegenteil der → Preisdifferenzierung.

Einheitswert – 1. *Begriff:* Der Einheitswert ist der nach den Vorschriften des Ersten Abschnitts des Zweiten Teils des Bewertungsgesetzes für die dort bezeichneten Bewertungsgegenstände einheitlich für mehrere Steuerarten und in einem gesonderten, von der Steuerfestsetzung unabhängigen Verfahren (§ 180 II Nr. 1 AO, § 19 BewG) ermittelte Wert für → wirtschaftliche Einheiten. Die Feststellung von Einheitswerten erfolgt unabhängig von der → Steuerfestsetzung. – *Ziel:* Harmonisierung des Zugriffs verschiedener (einheitswertabhängiger) → Steuerarten auf identische Güter (z.B. Grundstücke); es entfällt dadurch die mehrfache und u.U. unterschiedliche Bewertung für verschiedene Steuern. – 2. *Bezug/Bewertung:* a) Einheitswerte werden festgestellt für:

(1) inländische *Betriebe der Land- und Forstwirtschaft* (i.d.R. → land- und forstwirtschaftliches Vermögen), mit Wirkung für → Grundsteuer und → Erbschaftsteuer; (2) inländische → Grundstücke und → Betriebsgrundstücke mit Wirkung für Grundsteuer und → Gewerbesteuer. – Vgl. auch → Einheitswertzuschlag. (3) *Einheitswerte für Betriebsvermögen* werden nicht mehr festgestellt; hier wird der substanzsteuerliche Wert nur noch bei konkretem Bedarf für Zwecke der Erbschaftsteuer oder des → Stuttgarter Verfahrens ermittelt. – b) Die wertmäßige Konkretisierung eines Einheitswertes erfolgt für die unter a) (1) und (2) aufgeführten wirtschaftlichen Einheiten (bzw. Untereinheiten) nach unterschiedlichen → Bewertungsmaßstäben und -methoden: (1) Für *land- und forstwirtschaftliche Betriebe* bilden der → Wirtschaftswert und der → Wohnungswert (jeweils ermittelt nach dem Ertragswertverfahren; → Ertragswert) den Einheitswert der gesamten wirtschaftlichen Einheit (§ 48 BewG). (2) Für *Grundstücke und Betriebsgrundstücke* (sofern letztere nicht einen Betrieb der Land- und Forstwirtschaft darstellen) erfolgt die Bewertung für die Grundsteuer i.d.R. mit dem Ertragswert nach dem Ertragswertverfahren (§§ 76 I, 78 ff. BewG). Bei bestimmten → Grundstücksarten und zusätzlichen anderen Kriterien muss zur Bewertung das *Sachwertverfahren* (→ Sachwert) herangezogen werden (§§ 76 II, III, 83 ff. BewG). – Diese beiden Bewertungsverfahren bilden auch die Wertbasis für die gesondert geregelte Ermittlung (bzw. Aufteilung) von Einheitswerten bei Grundstücken im Zustand der Bebauung, → Erbbaurechten, Wohnungseigentum/Teileigentum und Gebäuden auf fremdem Grund und Boden (§§ 91–94 BewG). Für die Erbschaftsteuer und Grunderwerbsteuer gelten nicht die Einheitswerte, sondern hier werden bei Bedarf individuelle Werte festgestellt (→ Bedarfswert). – 3. *Feststellung:* a) Allgemeine → Hauptfeststellung von Einheitswerten auf den Beginn eines Kalenderjahres (§ 21 II BewG). Der zeitliche Abstand zwischen zwei Hauptfeststellungszeitpunkten sollte sechs Jahre betragen (§ 21 I BewG). Dieser Regel-Turnus wird allerdings nicht konsequent eingehalten. Die letzte Hauptfeststellung (§ 21 BewG) wurde für den unter (1) bezeichneten → Grundbesitz mit den Wertverhältnissen vom 1.1.1964 durchgeführt und erstmals zum 1.1.1974 angewandt (→ Einheitswertzuschlag). – b) → Nachfeststellung von Einheitswerten auf den Beginn eines Kalenderjahres, wenn (1) eine → wirtschaftliche Einheit (Untereinheit) neu entsteht oder (2) eine bereits bestehende Einheit (Untereinheit) erstmals zu einer Steuer herangezogen werden soll. – *Besonderheit:* Für den Grundbesitz in den alten Bundesländern gelten zu jedem Nachfeststellungszeitpunkt die Wertverhältnisse der letzten Hauptfeststellung (d.h. 1.1.1964), während für Nachfeststellungen von Einheitswerten gewerblicher Betriebe die Bestands- und Wertverhältnisse vom Nachfeststellungszeitpunkt maßgebend sind (§§ 23, 27 BewG). – c) → Fortschreibungen: Für bereits festgestellte Einheitswerte auf einen früheren Zeitpunkt werden zu einem → Fortschreibungszeitpunkt die Einheitswerte neu festgestellt: (1) → Wertfortschreibung bei Überschreiten bestimmter Schwankungsgrenzen gemessen am letzten festgestellten Einheitswert (§ 22 I BewG). (2) → Artfortschreibung bei steuerlich bedeutsamen Änderungen hinsichtlich der bewertungsrechtlichen Einordnung der wirtschaftlichen Einheit (z.B. Grundstücksart, § 22 II BewG). (3) → Zurechnungsfortschreibung bei Wechsel der Eigentumsverhältnisse (§ 22 II BewG). (4) → Berichtigungsfortschreibung zur Beseitigung von Fehlern bei der letzten Einheitswert-Feststellung, die aus fehlerhafter Bewertung, Artenzuordnung oder Zurechnung entstanden sind; die berichtigende Fortschreibung muss einer der drei originären Fortschreibungsarten c) (1) bis (3) zugeordnet werden, sodass z.B. bei Bewertungsberichtigungen gleichfalls die Anforderungen an das Überschreiten der Wertgrenzen im Sinn einer einfachen Wertfortschreibung geknüpft sind. Es gelten dann allerdings die Bestands- und Wertverhältnisse im (fehlerbehafteten) Feststellungszeitpunkt. – d) *Aufhebung von Einheitswerten* auf den Beginn eines Kalenderjahres, wenn (1) die wirtschaftliche Einheit (Untereinheit) wegfällt oder (2) das Objekt, für das ein Einheitswert gebildet wurde, von jeglicher Besteuerung befreit wird. – Hauptfeststellung, Nachfeststellung, Fortschreibung und Aufhebung von Einheitswerten schließen sich zu einem Feststellungszeitpunkt gegenseitig aus. Wert-, Art- und Zurechnungsfortschreibung können dagegen zu einem Fortschreibungszeitpunkt nebeneinander bestehen. – e) *Aufteilung des Einheitswertes,* wenn Einheitswertfeststellung bei mehreren Beteiligten erforderlich ist. Die Höhe der Anteile am Einheitswert wird im Einheitswert-Bescheid neben der Artenzuordnung der wirtschaftlichen Einheit bekannt gegeben (§ 19 III Nr. 2 BewG). – 4. *Regelungen für die neuen Bundesländer:* a) Für das in den neuen Bundesländern gelegene land- und forstwirtschaftliche Vermögen wird kein Einheitswert, sondern ein Ersatzwirtschaftswert festgestellt (§ 125 BewG). – b) Für Grundstücke gelten die Einheitswerte, die nach den Wertverhältnissen am 1.1.1935 festgestellt sind oder noch festgestellt werden. Anstelle der in den alten Bundesländern üblichen Bewertungsverfahren werden die entsprechenden Vorschriften des Bewertungsgesetzes der ehemaligen Deutschen Demokratischen Republik sowie der Durchführungsverordnung zum Reichsbewertungsgesetz vom 2.2.1935 angewandt (§ 129 BewG). – c) Fortschreibungen und Nachfeststellungen der Einheitswerte 1935 werden grundsätzlich erstmals auf den 1.1.1991 vorgenommen; für Mietwohngrundstücke und Einfamilienhäuser jedoch dann nicht, wenn die Einheitswerte ausschließlich für die Grundsteuer bedeutsam sind (§ 132 BewG). – d) Der Einheitswert 1935 ist mit einem Faktor zu multiplizieren, der – je nach Grundstücksart – zwischen 100 Prozent und 600 Prozent beträgt (→ Grundbesitz). – 5. *Verfassungswidrigkeit der Einheitswerte für Grundvermögen:* Durch Urteile des

Bundesverfassungsgerichts vom 22.6.1995 ist die Bewertung von Grundvermögen mit den Einheitswerten von 1964 z.B. für die Erbschaftsteuer für verfassungswidrig erklärt worden. Im Gefolge dieser Entscheidungen wurde die Bewertung von Grundstücken allerdings nur für Erbschaftsteuer und Grunderwerbsteuer neu geregelt; für die Grundsteuer blieb es bei den alten Einheitswerten. Die Grundkonzeption des Bewertungsgesetzes, Einheitswerte für verschiedene Steuern festzusetzen, ist dadurch (und durch die weitgehende Abschaffung der Substanzsteuern) im Grunde zerstört. – 6. *Finanzwissenschaftliche Beurteilung:* Das bei seiner Einführung in den 1920er-Jahren als steuertechnischer Fortschritt gelobte Einheitswertverfahren wird seit Jahrzehnten scharf kritisiert. Es verstößt mehrfach gegen den Grundsatz der Gleichmäßigkeit der Besteuerung: *in zeitlicher Hinsicht,* weil Einheitswerte wegen der Zahl und der Kompliziertheit des Bewertungsverfahrens verzögert festgestellt werden (der Einheitswertzuschlag von 1974 hat hieran wenig ändern können). *In sachlicher Hinsicht,* weil Einheitswerte i.d.R. unter dem Marktwert liegen, sodass z.B. bei der Vermögensteuer der Grundbesitz im Vergleich zu anderen Vermögensarten steuerlich begünstigt ist. Das Bundesverfassungsgericht hat diesen Tatbestand moniert (Urt. v. 22.6.1995, AZ 2 BvR 552/91) und den Gesetzgeber zur Abhilfe aufgefordert. Dies hat zur Folge, dass die Vermögenssteuer seit dem 1.1.1997 nicht mehr erhoben werden darf.

Einheitswertverfahren → Einheitswert.

Einheitswertzuschlag – Begriff des Bewertungsgesetzes: pauschaler Zuschlag in Höhe von 40 Prozent des festgestellten → Einheitswertes (§ 121a BewG), um die auf den 1.1.1964 festgestellten Einheitswerte von → Grundstücken, bes. → Betriebsgrundstücken, bei ihrer Anwendung ab 1974 den geänderten Wertverhältnissen anzupassen (→ Grundbesitz). – *Regelung für die neuen Bundesländer:* In den neuen Bundesländern beträgt der Zuschlag – je nach Grundstücksart – bis zu 500 Prozent, allerdings bezogen auf die Einheitswerte zum 1.1.1935 (→ Einheitswert). Bedeutung hat der Einheitswertzuschlag heute nur noch für eine Kürzungsvorschrift bei der Gewerbesteuer (§ 9 Nr. 1 GewStG), nicht dagegen für die Grundsteuer.

Einheitswurzeltest – Ein → AR(p)-Prozess ist dann stationär (→ Stationarität), wenn die Wurzeln seines charakteristischen Polynoms, d.h. des Polynoms, das durch die p Gewichtungsfaktoren plus eins gegeben ist, alle außerhalb des Einheitskreises liegen. Liegen die Wurzeln des charakteristischen Polynoms innerhalb oder auf dem Einheitskreis, so ist der Prozess nicht stationär. Problematisch ist es, wenn Wurzeln des charakteristischen Polynoms nahe bei eins liegen, weil dann der Entscheid, ob ein Prozess stationär ist oder nicht, schwer zu treffen ist. Zu diesem Zweck wurden Einheitswurzeltests entwickelt. Am gebräuchlichsten sind dabei der → Dickey-Fuller-Test und der → KPSS-Stationaritätstest.

Einigung – Grundelement des Rechtserwerbs und feststehender juristischer Begriff aus dem → Sachenrecht. Zur Übereignung sind Einigung und Übergabe, bei Grundstücken → Auflassung und Eintragung im Grundbuch erforderlich (§§ 929, 873, 925 BGB). Einigung betrifft nicht das schuldrechtliche Geschäft (Kaufvertrag etc.), sondern ist das hiervon losgelöste „Einigsein" der Vertragspartner, dass die vereinbarte Rechtsänderung eintreten, etwa das → Eigentum übergehen soll (→ Abstraktionsprinzip). – Im *Grundstücksverkehr* ist eine Einigung i.d.R. nur bindend, wenn → öffentliche Beurkundung vorgenommen wurde oder öffentlich beglaubigte (→ öffentliche Beglaubigung) → Eintragungsbewilligung dem → Grundbuchamt eingereicht oder dem Erwerber ausgehändigt ist.

Einigungsmangel → Dissens.

Einigungsstelle – I. Arbeitsrecht: im Betriebsverfassungsgesetz (§ 76) vorgesehene privatrechtliche, innerbetriebliche Schlichtungsstelle zur Beilegung von Meinungsverschiedenheiten zwischen → Betriebsrat und → Arbeitgeber (→ Betriebsverfassung). – 1. *Aufgabe:* Arbeitgeber und Betriebsrat sollen nach dem Gesetz (§ 71 I BetrVG) über strittige Fragen mit ernsten Willen zur Einigung verhandeln. In mitbestimmungspflichtigen Angelegenheiten (erzwingbare Mitbestimmung) z.B. in → sozialen Angelegenheiten und → wirtschaftlichen Angelegenheiten (Sozialplan) ist ohne eine Einigung zwischen Arbeitgeber und Betriebsrat keine wirksame Regelung möglich. Der Auflösung dieser Konflikte dient das Einigungsstellenverfahren. In ihm soll nach Möglichkeit eine Einigung herbeigeführt werden. Ist das nicht möglich, so entscheidet sie in den Fällen erzwingbarer Mitbestimmung verbindlich – ihr Spruch ersetzt die fehlende Einigung. – 2. *Bildung:* Die Einigungsstelle ist i.d.R. keine Dauereinrichtung, sondern wird bei Bedarf gebildet. Durch – nicht erzwingbare – Betriebsvereinbarungen kann aber auch eine ständige Einigungsstellen gebildet werden. Durch Tarifvertrag kann bestimmt werden, dass die tarifliche Schlichtungsstelle die Einigungsstelle ganz oder teilweise ersetzt (§ 76 VIII BetrVG). – 3. *Zusammensetzung:* Die Einigungsstelle besteht je zur Hälfte aus vom Arbeitgeber und vom Betriebsrat gestellten Beisitzern und einem unparteiischen Vorsitzenden, auf dessen Person sich beide Seiten einigen müssen. In der Praxis ist das meist ein Richter der Arbeitsgerichtbarkeit, weil bei einem solchen Neutralität und Sachkunde angenommen wird. Kommt eine Einigung über die Person des Vorsitzenden nicht zustande, so bestellt ihn das Arbeitsrecht im → Beschlussverfahren. – 4. *Zuständigkeit:* a) Bei *erzwingbarer Mitbestimmung:* (1) In → sozialen Angelegenheiten; (2) bei wirtschaftlicher Mitbestimmung, → Interessenausgleich, → Sozialplan; (3) über Fassung und Inhalt von Personalfragebogen, Formularverträgen und Beurteilungsgrundsätzen (§ 94 BetrVG); (4) über Richtlinien zur Personalauswahl (§ 95 BetrVG); (5) in Fragen der Berufsausbildung (§ 98 BetrVG); (6) über die Auskunftserteilung an den Wirtschaftsausschuss (§ 109 BetrVG); (7) in einer Reihe organisatorischer Fragen des Betriebsverfassungsgesetzes z.B. Festlegung von Zeit und Ort der Sprechstunden des Betriebsrates. – b) *Freiwillige Einigungsstellen:* Im Übrigen wird die Einigungsstelle nur tätig, wenn beide Seiten es beantragen oder mit ihrem Tätigwerden einverstanden sind (§ 76 VI BetrVG). – 5. *Verfahren:* In den Fällen der erzwingbaren Mitbestimmung (4a) wird die Einigungsstelle auf Antrag einer Seite tätig. Benennt eine Seite keine Mitglieder oder bleiben die von einer Seite genannten Mitglieder trotz rechtzeitiger Einladung der Sitzung fern, so wird ohne sie entschieden. Gesetzlich vorgeschrieben ist ansonsten für das Verfahren nur, dass die Beschlüsse nach mündlicher Beratung mit Stimmenmehrheit gefasst werden und sich der Vorsitzende zunächst der Stimme zu enthalten hat und erst an der Beschlussfassung teilnimmt, wenn eine Stimmenmehrheit nicht zustande gekommen ist (§ 76 III BetrVG). Ansonsten bestimmt die Einigungsstelle ihr Verfahren nach pflichtgemäßem Ermessen. Einzuhalten sind jedenfalls rechtsstaatliche Grundsätze wie die des rechtlichen Gehörs der Betriebsparteien vor der Einigungsstelle. Die Beratung selbst ist nicht öffentlich. Die Beschlüsse der Einigungsstelle sind unter angemessener Berücksichtigung der Belange des Betriebs und der betroffenen Arbeitnehmer nach billigem Ermessen zu fassen und schriftlich niederzulegen und vom Vorsitzenden zu unterschreiben. – 6. *Wirkung:* In den Fällen der erzwingbaren Mitbestimmung (4a) ersetzt der Spruch der Einigungsstelle die Einigung zwischen Betriebspartei, d.h. er hat die Wirkung einer → Betriebsvereinbarung. Bei freiwilligen Einigungsstellen (4b) ersetzt der Spruch der Einigungsstelle die Einigung der Betriebsparteien nur, wenn beide Seiten sich dem Spruch im Voraus unterworfen oder ihn nachträglich angenommen haben. – 7. *Rechtsmittel:* In den Fällen der erzwingbaren Mitbestimmung (4a) können Arbeitgeber oder Betriebsrat in einer Frist von zwei Wochen seit Zuleitung des Beschlusses der Einigungsstelle geltend machen, dass diese die Grenzen des Ermessens überschritten hat. Das kann dazu führen, dass der Spruch für unwirksam erklärt wird und ein neuer Beschluss gefasst werden muss. Allerdings ist der Ermessensspielraum der Einigungsstelle sehr groß. Jederzeit kann die Unwirksamkeit des Spruchs der Einigungsstelle wegen Verkennung ihrer Zuständigkeit oder sonstiger Rechtsmängel geltend gemacht werden. Soweit nach anderen Vorschriften der Rechtsweg gegeben ist, wird er durch den Spruch der Einigungsstelle nicht ausgeschlossen. – 8. Die *Kosten der Einigungsstelle* trägt der Arbeitgeber. Der Vorsitzende und die Beisitzer der Einigungsstelle, die nicht dem Unternehmen angehören, haben gegen den Arbeitgeber Anspruch auf Vergütung. Eine Rechtsverordnung gemäß § 76a IV BetrVG über die Bemessung der Vergütung ist bislang nicht ergangen. Als üblich und angemessen ist anerkannt, dass die außerbetrieblichen Besitzer sieben Zehntel des dem Vorsitzenden zu zahlenden Honorars erhalten. Der Vorsitzende kann, wenn keine vorherige Vereinbarung erfolgt, ein Honorar nach billigem Ermessen verlangen. Ob sich dabei, wie vor der Einfügung des § 76a BetrVG anerkannt, das Honorar entsprechend der RVG am Streitwert ausrichten kann, ist nicht mehr unumstritten. Gebräuchlich ist jedenfalls eine nach üblichen Zeithonoraren der Rechtsanwälte bemessene Vergütung.

II. Wettbewerbsrecht: bei den Industrie- und Handelskammern errichtete Stellen zur Beilegung von Wettbewerbsstreitigkeiten durch Vergleich (Vollstreckungstitel nach § 797a ZPO), die auch nach Klageerhebung noch angerufen werden können. Anrufung unterbricht die Verjährung bis zur Beendigung des Einigungsverfahrens. Errichtung, Besetzung und Verfahren sind in § 15 UWG geregelt.

Einigungsvertrag – Vertrag zwischen der Bundesrepublik Deutschland und der Deutschen Demokratischen Republik über die Herstellung der Einheit Deutschlands vom 31.8.1990 (BGBl. II 889). Mit dem Einigungsvertrag, dem der Bundestag mit Vertragsgesetz vom 23.9.1990 (BGBl. II 885) zugestimmt hat und der am 29.9.1990 in Kraft getreten ist (BGBl. II 1360), ist die Einheit Deutschlands wiederhergestellt worden. Der Einigungsvertrag regelt im Wesentlichen die Auswirkungen des von der Volkskammer der DDR am 23.8.1990 beschlossenen Beitritts der DDR zur Bundesrepublik Deutschland nach Art. 23 a.F. des Grundgesetzes zum 3.10.1990. Der Einigungsvertrag ist die Grundlage für die Rechtsangleichung zwischen der früheren Bundesrepublik Deutschland und dem sog. → Beitrittsgebiet (Art. 3 des Einigungsvertrages), d.h. dem Gebiet der alten DDR. Von Bedeutung für die Rechtsangleichung waren zudem (1) Der Vertrag über die Schaffung einer → Währungs-, Wirtschafts- und Sozialunion zwischen der Bundesrepublik Deutschland und der Deutschen Demokratischen Republik vom 18.5.1990 (BGBl. II 537), der zum 1.7.1990 in Kraft getreten ist und der durch den Einigungsvertrag weitgehend gegenstandslos geworden ist; (2) der Vertrag über die abschließende Regelung in Bezug auf Deutschland vom 12.9.1990 (BGBl. II 1318; sog. → Zwei-plus-Vier-Vertrag, der die außenpolitische Basis des Einigungsvertrages bildet); (3) die EG-Recht-Überleitungsverordnung vom 28.9.1990 (BGBl. I 2117), mit der das Recht der Europäischen Gemeinschaften auf das Beitrittsgebiet übergeleitet wird. – Der Einigungsvertrag besteht aus der Präambel, 45 Artikeln und einem klarstellenden Protokoll zu einzelnen Regelungen des Vertrages sowie aus drei Anlagen und der Zusatzvereinbarung vom 18.9.1990. Anlage 1 enthält bes. Bestimmungen zur Überleitung von Bundesrecht, Anlage 2 bes. Bestimmungen für die Fortgeltung von Recht der DDR und Anlage 3 die gemeinsame Erklärung der beiden Regierungen vom

15.6.1990 zur Regelung offener Vermögensfragen. Die Zusatzvereinbarung enthält u.a. Erklärungen zur Behandlung der Stasi-Akten.

Einkauf – Summe aller operativen Tätigkeiten eines privaten oder öffentlichen Unternehmens, die mit der Bestellung im Rahmen der Versorgung mit Werkstoffen, Waren und Betriebsmitteln verbunden sind. Der Begriff Einkauf wird häufig enger verstanden als der Begriff → Beschaffung, da sich die Beschaffung zusätzlich mit Tätigkeiten der → Beschaffungslogistik beschäftigt. Zielsetzung des Einkaufs ist die Optimierung des Preis-Leistungsverhältnisses der Beschaffungsgüter. Tätigkeiten des Einkaufs sind die Abwicklung des Bestellvorganges, die Festlegung der → Einkaufspolitik und die → Beschaffungsmarktforschung. – *Buchführung:* Buchung des Eingangs an Roh-, Hilfs- und Betriebsstoffen oder Handelswaren auf die entsprechenden Bestandskonten (Konto der Klasse 2 des IKR an Verbindlichkeiten aus Lieferungen und Leistungen, Klasse 4); Erfassung des Verbrauchs laufend aufgrund von Materialentnahmebuchungen oder periodisch aufgrund von Inventuren (Einbuchung des Endbestands und Ermittlung des Verbrauchs durch Saldierung). Durch die Verwendung von *IT-Buchführungssystemen* wird auch in Mittel- und Kleinbetrieben die Erfassung der Einkaufsdaten gleichzeitig zur Fortschreibung der Materialbestände für die Kostenrechnung und die Erfassung der Verbrauchsdaten in der Materialbuchführung für die Geschäftsbuchführung zur kurzfristigen Erfolgsermittlung genutzt.

Einkaufsagent – im Außenhandelsgeschäft tätiger Vertreter mit der Aufgabe, aufgrund seiner bes. Kenntnis des Marktes im Einkaufsland für den ausländischen Auftraggeber günstige Einkaufsmöglichkeiten zu erschließen und entsprechende Verträge mit den Abladern zu vermitteln.

Einkaufsausweis → Hersteller- und Großhändlerwerbung, → Kaufscheinhandel.

Einkaufsbedingungen – Im Sprachgebrauch sämtliche Voraussetzungen und Gegebenheiten, unter denen ein Kauf erfolgt. In der kaufmännischen Praxis → Lieferungsbedingungen und bes. → Zahlungsbedingungen bei → Kaufverträgen. – Vgl. auch → Allgemeine Geschäftsbedingungen (AGB).

Einkaufsbruttopreis → Beschaffungspreis.

Einkaufsbudget – bewerteter Einkaufsplan als Bestandteil des → Finanzplanes eines Unternehmens. Das Einkaufsbudget ist zusammen mit dem → Bestellobligo ein Lenkungs- und Kontrollinstrument des → Einkaufs. Es beschreibt den finanziellen Rahmen, in dem sich Kaufabschlüsse bewegen können. – Vgl. auch → Beschaffungsbudget.

Einkaufsgemeinschaft – 1. *Zusammenschluss* von Unternehmungen zu gemeinschaftlichem Einkauf mit dem Zweck, die durch Großeinkauf erzielbaren Preisvorteile auszunutzen. Für mittelständische Betriebe des Einzelhandels sind Einkaufsgemeinschaften ein Mittel im Konkurrenzkampf mit den großen Filialunternehmungen. Rechtsform häufig die Genossenschaft (→ Einkaufsgenossenschaft), auch AG und GmbH. Teilweise weiterentwickelt zur → Full-Service-Kooperation. – 2. *Erscheinungsformen: horizontale* Kooperation oder *vertikale* Form als sog. *freiwillige Kette* zwischen einem Leitgroßhändler und dessen Anschlusskunden. – 3. *Aufgaben:* Einkauf häufig auf Einkaufstagungen, Musterungen, → Mustermessen, wo die Herstellerangebote ausgestellt werden. Der Einkauf kann erfolgen im: (1) → Eigengeschäft; (2) Vermittlungsgeschäft. – Vgl. auch → Einkaufskontor.

Einkaufsgenossenschaft – *Bezugsgenossenschaft.* Genossenschaftlich organisiertes Beschaffungsunternehmen von Einzelhändlern, Handwerkern oder Landwirten mit der Absicht eines koordinierten oder gemeinsamen Einkaufs von → Rohstoffen, → Hilfsstoffen und → Betriebsstoffen, → Handelswaren, → Anlagen u.Ä. (z.B. Einzelhandels-, Metzger- und Bäckereinkaufsgenossenschaften, landwirtschaftliche Bezugsgenossenschaften, s. → Genossenschaft). Durch die Zusammenfassung der Nachfrage ergeben sich für das Genossenschaftsmitglied günstigere Einkaufskonditionen und Lagerkosten. Durch die Bildung von gegengewichtiger Marktmacht auf der Nachfrageseite wird die Wettbewerbsposition der Mitglieder der Genossenschaft gestärkt. Die reinen Einkaufsgenossenschaften haben an Bedeutung verloren, da der genossenschaftliche Geschäftsbetrieb immer mehr an Förderungsleistungen im Absatz- und Servicebereich übernommen hat (→ Bezugs- und Absatzgenossenschaft).

Einkaufsgremium → Buying Center.

Einkaufskartell – *Einkaufskooperation, Beschaffungskartell.* Soweit die mit einer Einkaufskooperation verbundene Nachfragebündelung und Koordination des Nachfrageverhaltens der Beteiligten zu einer Wettbewerbsbeschränkung führen, könnte ein Verstoß gegen das Verbot des § 1 GWB und des Art. 101 I AEUV vorliegen. Die Freistellungsfähigkeit von Einkaufskooperationen nach § 2 GWB und Art. 101 III AEUV ist insbesondere anhand der „Leitlinien zur Anwendbarkeit von Art. 101 AEUV auf Vereinbarungen über horizontale Zusammenarbeit" der Europäischen Kommission (ABl. C 11 vom 14.1.2011, S. 1) zu prüfen (s. dort, Rn. 194-224). Demnach werden Einkaufskooperationen mit kumulierten Marktanteilen der Beteiligten auf den relevanten Beschaffungs- und Absatzmärkten von jeweils unter 15 Prozent als wettbewerblich unproblematisch erachtet. Bei darüber liegenden Marktanteilen sind die aus der Kooperation entstehenden Leistungsgewinne sorgsam mit den beschränkenden Marktauswirkungen abzuwägen. Hierfür geben die Leitlinien Beurteilungskriterien vor.

Einkaufskontor – 1. *Begriff:* Horizontale Kooperation zwischen selbstständigen Großhandelsunternehmungen zum Zweck des gemeinsamen Warenbezugs. Hauptziel ist die Senkung der Einstandspreise durch Mengenbündelung (→ Mengenrabatt) und Rationalisierung der Beschaffungstätigkeiten. – 2. *Aufgaben:* (1) Bei der Geschäftsanbahnung: Abhaltung von → Mustermessen sowie Information der Mitglieder über das Warenangebot mittels Rundschreiben oder → Ordersätzen. (2) Bei der Geschäftsabwicklung: → Zentralregulierungsgeschäfte, → Delkrederegeschäfte, → Abschlussgeschäfte, → Eigengeschäfte. (3) Schulung, Beratung der Mitglieder. – 3. *Leistungen der Kontormitglieder:* Möglichst hohe → Einkaufskonzentration, die wegen der fehlenden Bezugsverpflichtungen sowie der üblichen Doppel- bzw. Mehrfachmitgliedschaft in verschiedenen Einkaufskontoren nur schwer zu erreichen ist; aktive Förderung des Verkaufs der über das Kontor bezogenen Produkte; Ausbau eines leistungsfähigen Vertriebsstellennetzes.

Einkaufskonzentration – Konzentration der Warenbeschaffung von der Einzelhandels- auf die Großhandelsstufe in einer vertikal gegliederten Handelsorganisation. Voraussetzung ist hohe Sortimentskongruenz. – *Vorteile:* hoher Lagerumschlag auf der Großhandelsstufe, Verringerung der Lager-, Transport- und Bestellabwicklungskosten. Die Einkaufskonzentration, gemessen auf der Basis des Großhandelssortiments, liegt bei kooperativen Gruppen (→ kooperative Gruppen des Handels) zwischen 50–80 Prozent; bei → Filialunternehmungen kann sie 100 Prozent erreichen.

Einkaufsland – Begriff des Außenwirtschaftsrechts (Legaldefinition in § 21 b II AWV). Land, in dem der → Gebietsfremde ansässig ist, von dem der → Gebietsansässige die Waren erwirbt. Dieses Land gilt auch dann als Einkaufsland, wenn die Waren an einen anderen Gebietsansässigen weiterveräußert werden. Liegt kein Rechtsgeschäft über den Erwerb von Waren zwischen einem Gebietsansässigen und einem Gebietsfremden vor, so gilt als Einkaufsland das Land, in dem die verfügungsberechtigte Person, die die Waren in das → Wirtschaftsgebiet verbringt oder verbringen lässt, ansässig ist oder ihren gewöhnlichen Aufenthalt hat. Das Versendungsland gilt dann als Einkaufsland, wenn die verfügungsberechtigte Person im Wirtschaftsgebiet ansässig ist, sowie bei Waren, die nach vorheriger Ausfuhr zurückgesandt werden oder deren Einkaufsland nicht bekannt ist.

Einkaufsnetzwerk – 1. *I.e.S.:* die elektronische gestützte Vernetzung von Lieferanten und Abnehmern im Rahmen elektronischer Märkte. – 2. *I.w.S.:* jede administrativ-organisatorische Zusammenarbeit von Lieferanten und Abnehmern.

Einkaufspassage – räumlich konzentrierte Zusammenballung von Handels- und Dienstleistungsbetrieben unterschiedlicher Branchen in einem (zumeist überdachten) Durchgang durch bzw. zwischen Gebäudekomplexen an i.d.R. verkehrs- und passantenreichen Straßen. Einkaufspassagen werden zur Revitalisierung von Innenstädten gebaut, um Menschen das Flanieren in angenehmer Atmosphäre zu ermöglichen, Schaufensterauslagen zu betrachten, (Erlebnis-)Käufe und/ oder Umsätze in (oft offen gestalteter) Gastronomie zu tätigen. – Vgl. auch → Einkaufszentrum, → Erlebnishandel.

Einkaufspolitik – Teilgebiet der Unternehmenspolitik, das sich mit der Bestimmung von Zielen des → Einkaufs und der Festlegung von Instrumenten zur Zielverwirklichung befasst. Wesentliche Ziele der Einkaufspolitik sind die Sicherung der Versorgung mit dem in quantitativer und qualitativer Hinsicht richtigen Material sowie die Minimierung der damit verbundenen Kosten. Die Gewichtung der einzelnen Ziele erfolgt in Abstimmung mit der Unternehmenspolitik. – *Teilbereiche:* a) Die *Kontraktpolitik* beinhaltet die vertragliche Ausgestaltung des Einkaufs sowie die Festlegung von Preisen, Konditionen und Gewährleistungsansprüchen. Mögliche Vertragsformen sind → Rahmenverträge, → Abrufverträge und → Sukzessivlieferungsverträge. Während bei Rahmenverträgen die Qualität der Ware und die Liefer- und Zahlungsbedingungen festgelegt werden, beinhalten Abrufverträge zusätzlich Spannbreiten bez. des Preises und der Liefermenge, die innerhalb eines festgelegten Zeitraumes abgenommen werden muss. Darüber hinausgehende Vereinbarungen bez. der Lieferzeitpunkte werden in Sukzessivlieferungsverträgen getroffen. Inhalt der Preisgestaltung ist die Bildung fixer oder variabler Preise. Variable Preise können sich z.B. an den tagesüblichen Listen- bzw. Börsenpreisen orientieren oder durch Bindung an Lohn- oder Rohstoffindizes an Veränderungen in der Kostenstruktur der Lieferanten. Eine weitere Einflussmöglichkeit auf den Einkaufspreis ist die Vereinbarung von Preiskonditionen, wie die Gewährung von Rabatten, Boni oder Skonti sowie die Vereinbarung der Lieferkonditionen wie z.B. „frei Haus" oder „ab Werk". Gewährleistungsansprüche beschreiben das Recht auf Wandlung, Lieferung mangelfreier Ware, Preisminderung oder Schadensersatz, soweit die Ware zum Zeitpunkt des Gefahrenüberganges fehlerbehaftet war. – b) *Lieferantenpolitik:* Teilbereiche sind die Lieferantenauswahl, die Lieferantenbeeinflussung und die Festlegung der Form organisatorischer Zusammenarbeit mit dem Lieferanten. (1) Einflussfaktoren auf die *Lieferantenauswahl* sind Preis und Qualität der Ware, Preis- und Lieferkonditionen, der → Lieferservice und die Möglichkeit zu Gegengeschäften. Entscheidungstatbestände der Lieferantenauswahl sind Anzahl und Größe der Lieferanten. Während ein Lieferant (single sourcing) i.d.R. gleichbleibende Qualität der eingekauften Waren und eine reibungslose Abwicklung des Bestellvorganges ermöglicht, liegen die Vorteile bei der Wahl mehrerer Lieferanten (multible sourcing) v.a. in der besseren Markt- und

Preistransparenz, sowie in einer gesicherteren Beschaffung. Einflussfaktoren auf Entscheidungen bez. der Lieferantengröße bilden neben Preis, Qualität und Konditionen die Flexibilität des Lieferanten und das zu erwartende Abhängigkeitsverhältnis voneinander. (2) Ein Aufgabenbereich der *Lieferantenbeeinflussung* ist die *Lieferantenpflege.* Sie befasst sich mit der Unterhaltung guter Beziehungen zum Lieferanten sowie mit dem Aufbau bzw. der Erhaltung eines guten Lieferanten-Images (SRM – Supplier Relationship Management). (3) Die Gestaltung der *Form organisatorischer Zusammenarbeit mit dem Lieferanten* im Rahmen der Lieferantenpolitik beinhaltet Maßnahmen der Lieferantenförderung und -entwicklung. Die *Lieferantenförderung* ist die aktive Unterstützung des Lieferanten bei der Lösung betrieblicher Probleme (z.B. durch Schulungen oder Beratungen). Die *Lieferantenentwicklung* befasst sich dagegen mit dem Aufbau neuer Anbieter zur Deckung einer bisher nicht oder unbefriedigend erfüllten Nachfrage. – c) Die Anpassung der Einkaufspolitik an wirtschaftliche Schwankungen des Beschaffungsmarktes erfolgt im Rahmen der *Marktanpassung.* Sich wandelnde konjunkturelle Entwicklungen führen zu wechselnder Aufteilung der Verhandlungsmacht auf dem Markt. So können z.B. durch antizyklisches Einkaufsverhalten Preisvorteile genutzt und kurzfristig auftretende Angebotslücken abgedeckt werden.

Einkaufsprämie – *Dealer Loader;* (Sach-)Prämie bei Überschreitung einer vorgegebenen Bestellmenge. – *Arten:* (1) *Buying Loader:* Geschenk, das nach dem Bestelleingang zugesandt wird; (2) *Display Loader:* Das vom Hersteller zur Verfügung gestellte Display-Material geht in das Eigentum des Händlers über. – Einkaufsprämien werden als Maßnahmen der → Verkaufsförderung eingesetzt.

Einkaufspreis → Bruttoeinkaufspreis, → Nettoeinkaufspreis.

Einkaufsring – Einkaufsgemeinschaft von Handelsunternehmen als horizontale Kooperation. Der Einkauf wird durch ein Ringmitglied für die übrigen Mitglieder zentral getätigt. Die einkaufende Unternehmung tritt entweder im eigenen Namen und für eigene Rechnung oder im Namen und für Rechnung der Ringunternehmen auf.

Einkaufsstatistik → betriebswirtschaftliche Statistik.

Einkaufsstätte → Laden.

Einkaufsstättentreue – Begriff aus der → Marktforschung zur Systematisierung der Kunden hinsichtlich des Erwerbs gleichartiger Waren in einem, zwei oder mehreren Geschäften. Ziel des → Handelsmarketings ist häufig das Erreichen einer hohen Einkaufsstättentreue (→ Stammkunden). Bei → Handelsmarken kann Markentreue zur Erzielung von Einkaufsstättentreue genutzt werden.

Einkaufsstättenwahl – Entscheidung des Konsumenten bzw. des Kunden in sachlicher Hinsicht für eine bestimmte Betriebsform, in räumlicher Hinsicht für eine bestimmte Verkaufsstelle. – Grundlagen der *Theorien zur Erklärung der bevorzugten Betriebsform:* (1) Vergleich der von den einzelnen Betriebsformen angebotenen Leistungen (die sich bes. in den Sortimenten und der Preispolitik unterscheiden); (2) Anforderungen einzelner Konsumentengruppen; (3) die von den Konsumenten zurückzulegenden Entfernungen, deren Einfluss auf die Einkaufsstättenwahl im Rahmen der → Standorttheorie untersucht wird. – Vgl. auch → Kaufverhalten, → Konsumentenverhalten.

Einkaufsverband → Einkaufsgemeinschaft.

Einkaufsvereinigung → Einkaufsgemeinschaft (Einzelhandel), → Einkaufskontor (Großhandel).

Einkaufszentrum – *Shoppingcenter;* räumliche Konzentration von Einzelhandels- und Dienstleistungsbetrieben (z.B. Warenhaus, Supermarkt, Textilgeschäft, Bankfiliale, Reiseveranstalter, Gaststätte, Reinigung, Kino, Arztpraxis u.a.); in Europa – amerik. Vorbild folgend – seit etwa 1960. Planung meist von öffentlichen oder privaten Trägergesellschaften gemeinsam mit den kommunalen Verwaltungen als Zentren von Trabantenstädten oder sonstigen Stadtteilen; im Raum zwischen großen Städten zur Versorgung neu entstandener Randsiedlungen; an zentralen Orten in Innenstädten im Zug von Sanierungen, hier meist gruppiert um attraktive → Einkaufspassagen. Ansammlung von bis zu 20 Betrieben: *Nachbarschaftszentrum;* von über 100 Betrieben: *Gebietszentrum.* – Manche zentralen Aufgaben werden von der Trägergesellschaft für alle Betriebe wahrgenommen, z.B. Gemeinschaftswerbung, Reinigung, Bepflanzung, Bewachung, Aktionsplanung, ggf. sogar die Abrechnung über zentrale Rechenanlagen. Einkaufszentren werden zumeist von Centermanagern nach einem klaren Marketingkonzept zur Profilierung als einzigartige Einkaufsstätte geführt. – Vgl. auch → Factory Outlet Center (FOC), → Stadtmarketing.

Einkommen – I. Mikroökonomik: Stromgröße im Rahmen der → Haushaltstheorie, die einem → Haushalt innerhalb einer Periode zufließt. Dabei stehen dem Haushalt i.Allg. *vier Einkommensarten* zur Verfügung: (1) Einkommen aus Arbeitsleistung in Form von Lohnzahlungen, indem der Haushalt im Produktionsprozess den Unternehmen verwertbare Leistungen anbietet (Arbeits-Einkommen); (2) Einkommen aus Vermögen in Form von Zinsen bzw. Grundrente durch die Bereitstellung von Kapital oder Boden (Besitz-Einkommen); (3) Einkommen aufgrund rechtlicher Ansprüche oder freiwilliger Zuwendungen (Transfer-Einkommen); (4) Einkommen als Residualgewinn aus unternehmerischer Tätigkeit (Unternehmer-Einkommen). Für die Mehrzahl der Haushalte ist das Arbeitseinkommen von maßgebender Bedeutung. (5) Zu ergänzen sind Differenzialeinkommen, die sich aus Leistungsdifferenzen von Faktoren ergeben. – *Verwendung:* Sein Nettoeinkommen führt der Haushalt einerseits der Vermögensanlage (→ Sparen) und andererseits dem Kauf von Gütern (→ Konsum) zu. Den zum Konsum bestimmten Teil des Einkommens verwendet er optimal für die in seinen Begehrskreis fallenden → Güter, wenn für ihn das zweite → Gossensche Gesetz erfüllt ist (Haushaltsoptimum). – Vgl. auch → permanentes Einkommen.

II. Makroökonomik: → Volkseinkommen.

III. Finanzwissenschaft: 1. *Allgemein:* Im Rahmen der → Einkommensbesteuerung wird diskutiert, welche Einkommensbegriffe am besten die steuerliche Leistungsfähigkeit des Individuums (→ Leistungsfähigkeitsprinzip) repräsentieren. Die Finanzwissenschaft stützt sich dabei auf die Ergebnisse der Wirtschaftstheorie. – 2. *Definitionen* (nach dem theoretischen Ansatz unterschiedlich): a) Nach der → Quellentheorie (B. Fuisting): Zum Einkommen zählen nur die ständig fließenden Zugänge; wegen des Ausschlusses aller aperiodischen Zugänge an ökonomischen Größen der engste Einkommensbegriff. – b) Nach der → Reinvermögenszugangstheorie: Zum Einkommen gehören neben den ständig fließenden Zugängen v.a. auch aperiodische Zugänge und Vermögenswertzuwächse. Damit wird dem Steuergrundsatz der sachlichen „Allgemeinheit" schon besser entsprochen als bei a). – c) Nach dem → Schanz-Haig-Simons-Ansatz: Mit der → Comprehensive Tax Base versucht dieser Ansatz, dem Ideal der Allgemeinheit der Besteuerung bes. nahe zu kommen; er repräsentiert die gegenwärtige Diskussionsgrundlage. – d) *Umfassende Systematik des Einkommens:* (1) *Geldeinkommen:* (a) Faktorentlohnung: Arbeit, Kapital, einschließlich Gewinnausschüttung und -entnahme sowie realisierte Kapital-Wertsteigerungen; (b) Geldzugänge aus der Auflösung und dem Zugang von privatem Vermögen: Entsparen, Erbschaften, Schenkungen, Vermögensveräußerungen; (c) Zugänge aus Transfers: individuelle Transfers, z.B. Unterstützungen, Abfindungen; kollektive Transfers, z.B. Versicherungsleistungen, öffentliche Transfers wie Sozialrenten, Sozialhilfe, Kindergeld. (2) *Gütereinkommen:* (a) Naturalzugänge: Deputate, Dienstwohnung, Ausbildung, Gesundheitsdienste im Unternehmen; (b) Nutzung des (selbst erworbenen oder ererbten) Sachvermögens; (c) private Realtransfers, z.B. Wohnrechte, Vorteile aus gemeinsamem Haushalt, Nachbarschaftshilfe; öffentliche Realtransfers, z.B. Kuren, Heilverfahren, Heimunterbringung. – Diese Systematik enthält allerdings nur pekuniär erfassbare Elemente, eliminiert demnach rein „psychisches" Einkommen (Bedürfnisbefriedigung); sie enthält nur messbare Zugänge, grenzt demnach häusliche Dienste und Freizeit aus. Inwieweit alle Zugangselemente auch der Besteuerung zu unterwerfen wären, müsste eigens entschieden werden.

IV. Steuerrecht der Bundesrepublik Deutschland: 1. Einkommen als *Grundlage der Steuerpflicht* vom Standpunkt der Steuergerechtigkeit: Gesamtbetrag der einer Person in bestimmter Zeiteinheit (Woche, Monat, Jahr) zufließenden Überschüsse der Wirtschaftsführung, also auch Naturalerträge.a) *Einkommen i.e.S.* (sog. *Quellentheorie*): Nur solche Reineinnahmen, die aus dauernden Quellen, also regelmäßig fließen: (1) → fundiertes Einkommen, (2) unfundiertes Einkommen. – b) *Einkommen i.w.S.* (sog. *Reinvermögenszugangstheorie*): Sämtliche, also auch einmalige Einnahmen, wie z.B. Lotteriegewinn. – 2. Das dt. *Einkommensteuerrecht* enthält Teile der Quellen- und der Reinvermögenszugangstheorie. Dieser *synthetische Einkommensbegriff* folgte zunächst im Grundsatz – mit Ausnahme der Heranziehung weniger privater Veräußerungsgewinne (§ 23 EStG) – dem Begriff i.e.S. Die historische Entwicklung hat dann aber, gerade in letzter Zeit (ab 2009) zu einer stärkeren Ausweitung des steuerlichen Einkommensbegriffs in Richtung auf den Begriff des Einkommens i.w.S. mit sich gebracht, da heutzutage nur noch wenige private Veräußerungsgewinne aus dem steuerlichen Einkommensbegriff ausgegrenzt bleiben (§ 20, § 23 EStG). Ausgangspunkt der → Einkommensermittlung sind die Einkünfte. Nur Bezüge und Verluste, die innerhalb einer der sieben Einkunftsarten (→ Einkünfte) anfallen, sind steuerlich relevant. Von der Summe der Einkünfte sind zur Ermittlung des Einkommens bestimmte Aufwendungen und → Freibeträge in Abzug zu bringen. Nach der herrschenden verfassungsrechtlichen Lehre hat der Einkommensteuergesetzgeber zwar bei der Ausgestaltung der steuerlichen Einkommensermittlung einen Ermessensspielraum, ist aber nicht völlig frei, sondern hat bestimmte Grundregeln, z.B. das objektive und das subjektive Nettoprinzip, zu beachten. – Vgl. auch → Einkommensermittlung, → Einkünfteermittlung. – 3. *Körperschaftsteuer:* Was als Einkommen gilt und wie es zu ermitteln ist, bestimmt sich grundsätzlich nach den Vorschriften des EStG, wenn nicht das KStG bes. Regelungen enthält (§ 8 I KStG). Damit können bei einer Körperschaft im Grundsatz alle Einkunftsarten anfallen. – *Ausnahme:* Bei Buchführungspflicht nach HGB sind alle Einkünfte als Einkünfte aus Gewerbebetrieb zu behandeln (§ 8 II KStG). Ausgangspunkt der Ermittlung ist hier das Steuerbilanzergebnis, das aufgrund einkommen- und körperschaftsteuerlicher Vorschriften zu korrigieren ist (→ Einkommensermittlung).

Einkommen-Ausgaben-Modell – makroökonomisches Gütermarktmodell zur Bestimmung des gleichgewichtigen Nationaleinkommens. Das gesamtwirtschaftliche Güterangebot entspricht dem → Volkseinkommen und ist bis zur Kapazitätsgrenze vollkommen elastisch in Bezug auf die Preise. Das Gleichgewichtseinkommen wird allein von der → effektiven Nachfrage bestimmt, die sich im einfachsten Fall aus der einkommensabhängigen Konsumgüternachfrage und der autonomen Investitionsnachfrage zusammensetzt. Das Einkommen-Ausgaben-Modell lässt sich durch das folgende Gleichungssystem beschreiben:

$Y^s = Y$;

$Y^s = Y^d$;

$Y^d = C + I$;

$C = C_0 + c \cdot Y \ (0 < c < 1)$;

$I = I_0$;

wobei: Y^s = geplantes Güterangebot; Y^d = geplante Güternachfrage; Y = realisierte Güterproduktion (gesamtwirtschaftliches Einkommen); C = Konsumgüternachfrage; C_0 = autonomer Konsum; c = marginale Konsumquote; I_0 = autonome Investition. Grafisch ergibt sich das Gleichgewichtseinkommen

$$Y^G = 1/(1 - c) \cdot (C_0 + I_0)$$

im Schnittpunkt von Güterangebots- und -nachfragekurve (vgl. Abbildung „Einkommen-Ausgaben-Modell"). Die Güterangebotsfunktion stimmt dabei grafisch mit der 45°-Linie überein, während die aggregierte Nachfragekurve durch vertikale Aggregation der Konsumfunktion und der horizontalen Investitionsfunktion resultiert. Da die marginale Konsumquote c kleiner eins ist, weist die aggregierte Nachfragekurve eine kleinere Steigung auf als die gesamtwirtschaftliche Güterangebotsfunktion, sodass ein gesamtwirtschaftliches Gleichgewicht existiert. Im Unterschied zur → klassischen Lehre wird das Gleichgewichtseinkommen Y^G nur von den autonomen Nachfragekomponenten bestimmt und braucht sich nicht notwendigerweise bei Vollbeschäftigung der Erwerbspersonen einzustellen. Es kann also mit einem Zustand der Unterbeschäftigung auf dem Arbeitsmarkt vereinbar sein. Da die vertikale Differenz zwischen Angebots- und Konsumfunktion mit dem gesamtwirtschaftlichen Sparen S und die vertikale Differenz zwischen Nachfrage- und Konsumfunktion mit der gesamtwirtschaftlichen Investition I übereinstimmt, gilt beim Gleichgewichtseinkommen Y^G die Gleichheit von geplantem gesamtwirtschaftlichen Sparen und geplanter Investitionsnachfrage: $S(Y^G) = I_0$.

Die Haushalte planen bei Vorliegen des Gleichgewichts Y^G gerade so viel Einkommen nicht zu konsumieren, wie die Unternehmen zu investieren beabsichtigen. Die Bedingung S = I lässt sich daher auch als Gleichgewichtsbedingung des Gütermarktes (oder eines dazu spiegelbildlichen Kapitalmarktes) auffassen. Dies setzt allerdings voraus, dass die Planungen der Marktteilnehmer auf korrekten Erwartungen basieren. Planen z.B. die Unternehmen ein Angebot, das größer als das gleichgewichtige Nationaleinkommen Y^G ausfällt, so liegt die geplante und realisierte Produktion über der effektiven Nachfrage; ein Teil der Produktion ist dann nicht absetzbar und führt zu einer ungeplanten Lageraufstockung, die wiederum eine ungeplante Investition darstellt. Die Bedingung S = I gilt dann nur noch ex post (im Sinne der Übereinstimmung von realisierten Größen), während sie ex ante verletzt ist, da das geplante Sparen der Haushalte – sofern sie mit dem höheren Güterangebot und Einkommen rechnen – jetzt größer ausfällt als die geplante Investition.

Einkommen-Ausgaben-Modell

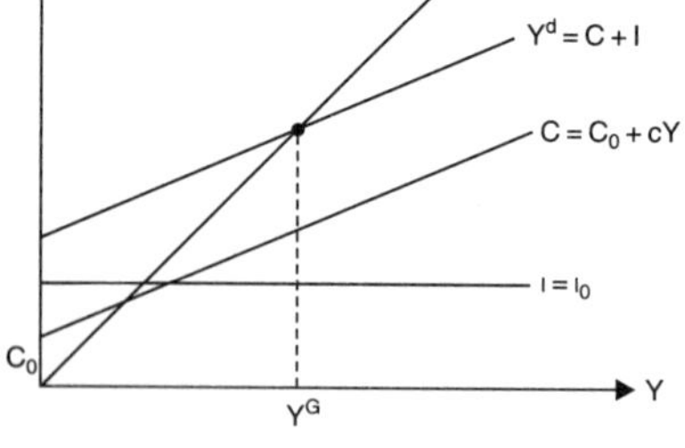

Einkommensbesteuerung – I. Grundsätzliches: 1. *Begriff:* grundlegende Besteuerungsweise, die am Ort des Eintreffens des Einkommensstromes bei den privaten Personen bzw. Haushalten Steuern erhebt, dabei die persönlichen Lebensverhältnisse des Steuerpflichtigen berücksichtigt und das → Leistungsfähigkeitsprinzip in der Besteuerung verwirklicht. – *Gegensatz:* → Ertragsbesteuerung, → Verbrauchsbesteuerung. – 2. *Steuerarten:* a) → Einkommensteuer: Wesentliche Elemente unter dem Aspekt einer vollständigen Erfassung der Leistungsfähigkeit sind: (1) Gestaltung eines breiten Einkommensbegriffes (→ Comprehensive Tax Base) nach dem → Schanz-Haig-Simons-Ansatz, (2) steuerlastvermindernde Freibetragsregelung (→ Freibetrag) und (3) → Steuerprogression. – b) → Lohnsteuer (bes. Erhebungsform der Einkommensteuer): Die Einkommensteuer als → mehrgliedrige Steuer kennt die Lohnsteuer als Quellensteuer für abhängig Beschäftigte. – c) → Kirchensteuer als „Satellitensteuer" oder „Zuschlagsteuer" zu einer „Materialsteuer"; hauptsächliche Materialsteuer der Kirchensteuer ist die Einkommen- bzw. Lohnsteuer („Kircheneinkommen-" bzw. „Kirchenlohnsteuer"), seltener werden Zuschläge zur Grundsteuer erhoben. – 3. *Berücksichtigung der persönlichen Leistungsfähigkeit:* Die Einkommensbesteuerung geht von der Tatsache aus, dass die steuerliche Leistungsfähigkeit eines Pflichtigen letztlich von der Summe seiner Reineinnahmen (Höhe des → Einkommens) bestimmt wird. Die Einkommensbesteuerung ermöglicht prinzipiell die optimale Anpassung der Steuer an individuelle Verhältnisse und gestattet grundsätzlich die Verwirklichung der → Steuergerechtigkeit, im Einzelnen durch (1) Freilassung eines steuerfreien → Existenzminimums, (2) progressive Staffelung der Steuersätze (→ Steuerprogression), (3) Mehrbelastung → fundierten Einkommens, (4) Berücksichtigung → außergewöhnlicher Belastungen, (5) Berücksichtigung der

→ Sonderausgaben, (6) Berücksichtigung der Familiengröße bzw. des Familienstandes.

II. Formen: 1. *einstufige Besteuerung*, in der ein einheitlich gestalteter – i.d.R. progressiver – Tarif auf das Gesamteinkommen angewendet wird (nach F. Neumark: „Germanischer Typ" der Einkommensbesteuerung). – 2. *Mehrstufige Besteuerung*, wobei das Einkommen zuerst einer proportionalen „Normalsteuer", danach bei Übersteigen eines festgelegten Betrages einer progressiven „Übersteuer" unterworfen wird („britischer" oder „angelsächsischer Typ"). – 3. „*Schedulenbesteuerung*", in der die Einkünfte je für sich einer teils proportionalen, teils degressiven Schedulensteuer, danach insgesamt – evtl. zzgl. weiterer Einkünfte – einer „ergänzenden Progressionssteuer unterliegen (*„romanischer Typ"*). – In der steuerlichen Praxis sind *Mischformen* üblich; in der dt. Einkommensteuer wird einstufige Besteuerung angewendet.

III. Ziele: 1. *Fiskalisches Ziel:* Die Einkommensbesteuerung ist eine sehr ertragreiche Besteuerungsweise; sie erbringt zwischen 40 Prozent und 50 Prozent des Gesamtaufkommens aller Gebietskörperschaften. – Nettoergiebigkeit der Einkommensbesteuerung: Die unvermeidliche Mitwirkung der selbstständigen Einkommensteuerpflichtigen bei der Feststellung ihres Einkommens (veranlagte Einkommensbesteuerung) erfordert unverhältnismäßigen Verwaltungsaufwand. Maßgeblich beteiligt an diesem Missverhältnis sind die Kosten der gegen schwache Steuermoral (Steuerabwehr, -hinterziehung) zwangsläufig erforderlichen Außenprüfungen durch die Finanzämter. – 2. *Steuerlastverteilung:* Die wesentlichen Möglichkeiten der Einkommensbesteuerung liegen in der vollständigen Erfassung des Einkommens (Einkommensbegriff mit den Steuerpostulaten der Allgemeinheit und Gleichmäßigkeit; vgl. → Einkommen), der Freibetragsregelung und der Gestaltung des Progressionstarifs. – a) Nachteilig wirkt sich aus, dass die tatsächliche Einkommenshöhe nur ungenau zu ermitteln ist, z.B. bei Landwirten, deren Einkommen im Wege des Selbstverbrauchs z.T. verzehrt wird, ohne einen Geldwert angenommen zu haben; ferner bei Unternehmern, wo sich Kosten und Abschreibungen nicht immer scharf trennen lassen. – b) Eine Ungleichbehandlung der Lohn- und Gehaltsbezieher mit dem „gläsernen Portemonnaie" (Schmölders) liegt darin, dass sie dem Quellenabzug (Abzug ihrer Lohnsteuern beim Arbeitgeber) unterliegen und nicht die verschiedenen „Gestaltungsmöglichkeiten" in den steuerlichen Tatbeständen haben wie die Einkommensteuerpflichtigen (Bewertungsfreiheiten, Gewinnverlagerungen und Periodenabgrenzung). – c) Wegen der progressiven Tarifgestaltung ergeben sich bei inflationären Tendenzen unbeabsichtigte Verschiebungen in der Steuerbelastung, da die nominal gestiegenen Einkommen real nicht in demselben Ausmaß gewachsen sind („kalte Progression"). – 3. *Einkommensumverteilung:* Da die Einkommensbesteuerung das Nettoeinkommen beeinflusst, ist sie sowohl als Mittel der Verteilung der Steuerlast als auch in Verbindung mit Staatsausgaben als redistributives Mittel geeignet. Problematisch wird sie unter diesem Gesichtspunkt, wenn eine Überwälzbarkeit möglich wäre (→ Steuerparadoxon). – 4. *Strukturpolitik:* Die Einkommensbesteuerung enthält Möglichkeiten, v.a. in den Abschreibungserleichterungen der §§ 7 ff. EStG, die branchenmäßige und regionale Struktur zu beeinflussen. – 5. *Konjunkturpolitik:* Geeignetes Instrument zur Verfolgung konjunkturpolitischer Ziele im Rahmen der → Steuerpolitik, und zwar wegen der fallweisen Steuersatzvariation und der → Built-in Flexibility.

IV. Steuersystematik: 1. *Personalsteuercharakter:* Die Einkommensbesteuerung ist dadurch gekennzeichnet, dass sie wegen der Berücksichtigung der persönlichen Verhältnisse sehr stark in die private Sphäre des Steuerpflichtigen eindringen muss. Dadurch erreicht sie einen hohen Grad der Merklichkeit der Besteuerung, zu dem die Mitwirkung des Steuerpflichtigen durch die Abgabe einer Steuererklärung beiträgt. – 2. *Dualismus:* Die Einkommensbesteuerung setzt an demselben ökonomischen Wertestrom der Einkommensentstehung im Kreislauf an, an dem auch die Ertragsbesteuerung anknüpft. Dadurch kommt es zur → Steueraushöhlung in der Einkommensbesteuerung. – Eine weitere Form des Dualismus ergibt sich dadurch, dass der Einkommensverwendungsstrom im Kreislauf von der → Verbrauchsbesteuerung erfasst wird. Diese Besteuerungsweise der Entstehung und der Verwendung von Einkommen hat den Vorteil, dass sich die Steuerlast auf zwei unterschiedliche Entscheidungsbereiche des Steuerpflichtigen verteilt und demnach ein nur „einseitiger" Steuerzugriff bei der Einkommensentstehung mit den allokativ nachteilig hohen und leistungshemmenden Steuersätzen (→ Disincentives) vermieden wird. – 3. *Besteuerung der Kapitalgesellschaften:* Diese unterliegen der → Körperschaftsteuer. Obwohl die Steuerrechtswissenschaft die Gewinne der Kapitalgesellschaften als „Einkommen der juristischen Personen" bezeichnet, herrscht in der Finanzwissenschaft in Übereinstimmung mit der allg. Wirtschaftstheorie die Ansicht vor, dass Einkommen allein von natürlichen Personen bezogen werden können und demnach körperschaftliche Gewinne nicht Einkommen sind. Die Körperschaftsteuer wäre mithin eine Form der → Ertragsbesteuerung.

Einkommensdisparität – *Einkommensunterschiede, Einkommensdifferenzen, Einkommensungleichheit;* ungleiche Verteilung von → Einkommen in der Bevölkerung. Die Einkommensdisparität kann auch für verschiedene Teilgruppen in der Bevölkerung ermittelt werden. Dazu gehören bspw. Einkommensunterschiede zwischen den Beschäftigten verschiedener Sektoren (sektorale Einkommensdisparität), zwischen den Bewohnern verschiedener Regionen (regionale Einkommensdisparität) oder zwischen den Angehörigen verschiedener sozialer Gruppen (bspw.

Männer-Frauen). – Ein weit verbreitetes statistisches Maß zur Quantifizierung der Einkommensdisparität ist der → Gini-Koeffizient.

Einkommenseffekt – *Kaufkrafteffekt, Realeinkommenseffekt.* 1. *Begriff:* Teileffekt der → Slutsky-Hicks-Gleichung. Beschreibt die Reaktion eines → Haushalts auf eine Preisänderung für ein → Gut, die aufgrund der damit ceteris paribus einhergehenden Realeinkommensveränderung bewirkt wird. Der Einkommenseffekt bewirkt, dass der Haushalt bei einer Preissenkung mehr als bisher von den meisten Gütern nachfragen kann und umgekehrt. Die Richtung und Stärke des Einkommenseffekts wird durch die → Einkommenselastizität der Nachfrage des betreffenden Gutes angegeben. Dem Einkommenseffekt entgegengesetzt wirkt i.d.R. der → Substitutionseffekt. – 2. *Einkommenseffekt der Investitionen:* → Wachstumstheorie.

Einkommenselastizität der Nachfrage → Elastizität, die den Zusammenhang zwischen der relativen mengenmäßigen Nachfrage x eines → Haushalts nach einem → Gut und einer Veränderung seines → Einkommens Y angibt:

$$\eta_{x,Y} = \frac{\frac{dx}{x}}{\frac{dY}{Y}} = \frac{dx}{dY} \cdot \frac{Y}{x}$$

Als ein Maß der Bedürfnisdringlichkeit interpretiert ist sie umso kleiner, je höher die Dringlichkeit ist. → Superiore Güter weisen eine Einkommenselastizität der Nachfrage größer Eins auf, bei relativ → inferioren Gütern ist die Einkommenselastizität der Nachfrage kleiner Eins und bei absolut inferioren Gütern kleiner Null.

Einkommensermittlung – Begriff des Steuerrechts für die Berechnung des → zu versteuernden Einkommens (Bemessungsgrundlage) für die → Einkommensteuer und → Körperschaftsteuer.

I. Einkommensteuer: Die maßgebliche Größe für die Einkommensteuer ist das „zu versteuernde Einkommen". Die Vorgehensweise, in der dieses berechnet werden muss, ist nicht beliebig, sondern gesetzlich genormt. Das liegt daran, dass sich bei unterschiedlicher Reihenfolge der Abzugspositionen andere Ergebnisse einstellen könnten; denn teilweise kann die Höhe bestimmter Abzugspositionen an vorangehende Zwischensummen der Einkommensberechnung anknüpfen, oder es kann auch sein, dass einzelne Abzugspositionen, wenn sie zu einem negativen Gesamtergebnis führen würden, wirtschaftlich für den Steuerpflichtigen verloren gehen, andere dagegen nicht. So lassen sich z.B. Sonderausgaben, wenn sie zu einem negativen Gesamteinkommen führen, nicht ins Folgejahr vortragen, Verluste aus den 7 Einkunftsarten dagegen schon, und es liegt auf der Hand, dass die → Steuerpflichtigen somit am liebsten versuchen würden, zunächst die → Sonderausgaben als Abzugsposten zu berücksichtigen und dann erst ihre Verluste aus den anderen Einkunftsarten (was aber verboten ist). – Kommt es somit auf das genaue Berechnungsschema an, so ist klar, dass dieses weitgehend im Gesetz selbst festgelegt sein muss (§ 2 EStG). Soweit in diesem Schema Zwischensummen erforderlich sind, war es für den Gesetzgeber wichtig, diese eindeutig zu bezeichnen; allein der Zwang, dabei immer wieder neue Bezeichnungen zu finden, hat zu der Kuriosität geführt, dass Bezeichnungen wie „Summe der Einkünfte" und „Gesamtbetrag der Einkünfte" für unterschiedliche Größen stehen, obwohl sie vom Wortsinn her natürlich eigentlich dasselbe bezeichnen müssten. – Eine Übersicht, die alle Einzelheiten in der richtigen Reihenfolge aufzählt und dadurch nicht nur materielle Fehler vermeiden hilft, sondern auch dafür sorgt, dass keine Positionen vergessen werden, enthalten die Einkommensteuer-Hinweise üblicherweise unter H2 EStH. Die dortige Übersicht wird jährlich aktualisiert, sofern Positionen hinzukommen oder entfallen.

II. Körperschaftsteuer: Das zu versteuernde Einkommen bildet auch körperschaftsteuerlich die Bemessungsgrundlage. Auch hier ist die Berechnungsweise genormt, allerdings ist das Berechnungsschema hier in vielen Punkten anders als bei der Einkommensteuer, da insbesondere die Abzugspositionen mit subjektivem Bezug (z.B. außergewöhnliche Belastungen, Sonderausgaben etc.) bei Körperschaften fehlen. Welche einkommensteuerlichen Regelungen auch körperschaftsteuerlich gelten, findet sich in den KStR/KStH aufgelistet (zu § 8 KStG).

Einkommensfonds → Investmentfonds, bei denen die Erträge ausgeschüttet werden. – *Gegensatz:* → Thesaurierungsfonds.

Einkommensgrenzen – Begriff des Steuerrechts. Verschiedene staatliche Fördermaßnahmen sollen nur denjenigen Personenkreisen offen stehen, die einer finanziellen Förderung tatsächlich bedürfen. Der Gesetzgeber knüpft dabei an das zu versteuernde → Einkommen nach dem Einkommensteuergesetz an. Von Einkommensgrenzen abhängig sind z.B. die → Wohnungsbauprämie und die → Arbeitnehmer-Sparzulage, ferner auch die → Eigenheimzulage, die jedoch seit dem seit 1.1.2006 nur noch für Altfälle Anwendung findet.

Einkommenshypothesen → Konsumfunktion, Lebenszyklus-Hypothese, → permanentes Einkommen, → relative Einkommenshypothese.

Einkommensklassen – Begriff bei der Betrachtung der → Einkommensverteilung zwischen bestimmten sozialen Gruppen. Die Klasseneinteilung orientiert sich dabei in erster Linie an der Person des Einkommensempfängers bzw. bei der Betrachtung von Haushalten am Haushaltsvorstand und nicht an der Einkommensherkunft (→ Gewinneinkommen, → Lohneinkommen). Am gebräuchlichsten ist die Aufteilung in Arbeitnehmer und Selbstständige. Verbreitet ist jedoch auch die Bildung von Arbeiter-,

Angestellten-, Beamten-, Landwirten-, Selbstständigen- und Nichterwerbstätigenklassen.

Einkommenskonsumkurve – analytisches Instrument der → Nachfragetheorie des Haushalts. Beschreibt die Anpassung der optimalen Konsumgütermengen an Einkommensänderungen des → Haushalts (Voraussetzung: gegebene Güter bei konstanten Preisen und Präferenzen). Darstellung erfolgt in Form eines Einkommensexpansionspfades bzw. -kontraktionspfades oder als Kammlinie über die verschiedenen Haushaltsoptima, die sich aufgrund der einkommensinduzierten Parallelverschiebung der → Bilanzgeraden ergeben. Aus den unterschiedlichen Einkommenskonsumkurven können für separate → Güter → Einkommensnachfragefunktionen abgeleitet werden.

Einkommenskonten – in der Volkswirtschaftlichen Gesamtrechnung (VGR) werden vier Phasen der Einkommensverteilung und -verwendung unterschieden: Einkommensentstehung, primäre Einkommensverteilung, sekundäre Einkommensverteilung nach Ausgabenkonzept und sekundäre Einkommensverteilung nach Verbrauchskonzept sowie Einkommensverwendung. – Vgl. auch → Volkswirtschaftliche Gesamtrechnung (VGR).

Einkommensmechanismus → Zahlungsbilanzausgleich.

Einkommensnachfragefunktion – *partielle Konsumfunktion, Engelkurve;* beschreibt in der → Nachfragetheorie des Haushalts die Nachfrage- bzw. Konsumreaktion eines privaten → Haushalts bez. eines Konsumgutes auf Einkommensänderungen bei konstanten Preisen. Die Einkommensnachfragefunktion lässt sich aus der → Einkommenskonsumkurve ableiten. – Bei → superioren Gütern liegt eine positive Beziehung zwischen Einkommen und Nachfrage und ein steigener Verlauf der Engelkurve vor, während sich für absolut → inferiore Güter ein fallender Verlauf ableiten lässt (anomale oder inverse Reaktion).

Einkommenspolitik – 1. *Neoklassisch-monetaristischer Ansatz:* Anhaltende Arbeitslosigkeit ist nach dieser Lehre immer und überall auf ein zu hohes Reallohnniveau zurückzuführen. Bei Vollbeschäftigung dagegen führen Lohnerhöhungen über die Produktivitätsentwicklung hinaus zu Kostensteigerungen und damit zu Inflation. Konsequenterweise werden je nach Lage kostenniveauneutrale Lohnregeln (→ kostenniveauneutrale Lohnpolitik) bzw. vollbeschäftigungskonforme Richtlinien (vollbeschäftigungskonforme Lohnpolitik) empfohlen. Diese stellen die Einkommenspolitik in den Dienst der → Konjunkturpolitik. Aktive Umverteilungsbemühungen werden abgelehnt, weil der Marktmechanismus auch das Ziel der verteilenden Gerechtigkeit erfüllt. Lohnregeln und -empfehlungen sollen lediglich die sowieso stattfindende marktmäßige Entwicklung vorwegnehmen und beschleunigen. Es geht den Verfechtern der Regeln nicht um die Lösung des Verteilungskonflikts, da es diesen nach ihrer Lehre eigentlich gar nicht gibt, sondern darum, die Gegenseite (Arbeitnehmer, Gewerkschaften) davon zu überzeugen, ihre autonomen Verteilungspläne aufzugeben. – 2. *Ansätze keynesianischer Prägung:* Auch nach keynesianischer und postkeynesianischer Argumentation versagt die traditionelle Konjunkturpolitik mit den Zielen Preisstabilität und Vollbeschäftigung teilweise wegen des Verteilungskonflikts zwischen den Gruppen. Nach keynesianischer und postkeynesianischer Sicht dient Einkommens- bzw. Lohnpolitik nicht nur zur konjunkturpolitischen Absicherung, sondern hat immer auch Umverteilungscharakter, jedenfalls solange ungerechtfertigte Ungleichheiten vorliegen. – Vgl. auch → einkommenspolitische Empfehlungen.

einkommenspolitische Empfehlungen – *Lohnleitlinien.* 1. *Begriff:* Mithilfe von einkommenspolitischen Empfehlungen soll versucht werden, Verteilungskonflikte als potenzielle Ursache gesamtwirtschaftlicher Instabilität zu entschärfen. Die Palette dieser Art von einkommenspolitischer Absicherung der → Konjunkturpolitik ist vielfältig und umfasst Forderungen nach Lohnkontrollen und Lohnstopps, Indexierungsvorschläge, → Lohnleitlinien in verschiedenen Varianten, Verstetigungskonzepte und Ad-hoc-Empfehlungen. – 2. *Probleme:* Die Reproduktion der Lohn- und Preismechanismen eines marktwirtschaftlich organisierten Wirtschaftssystems zur Festlegung des „richtigen" Lohnniveaus und der „richtigen" Lohnrelationen bei Gleichgewicht auf allen Märkten ist nicht möglich. Ihr steht die Kenntnis der zahlreichen lohnbestimmenden Faktoren (um nur einige zu nennen: die Produktionsbedingungen, die Präferenzordnungen der Haushalte, die Marktbedingungen, die Verteilung der Faktoren) nicht zur Verfügung, die der generelle Preismechanismus einer Marktwirtschaft berücksichtigt. Wenn trotzdem der Versuch gemacht wird, lohnpolitische Empfehlungen bzw. Leitlinien zu entwickeln, kann das nur auf vereinfachte makroökonomische Weise geschehen. Zu nennen sind produktivitätsorientierte, kostenniveauneutrale und vollbeschäftigungskonforme Lohnpolitik (→ produktivitätsorientierte Lohnpolitik, → kostenniveauneutrale Lohnpolitik, vollbeschäftigungskonforme Lohnpolitik).

Einkommensprinzip – unternehmerisches Formalziel u.a. der Familienbetriebe und Genossenschaften in den privatwirtschaftlichen Marktwirtschaften. Der wesentliche Unterschied zum Gewinnprinzip besteht darin, dass die Bezüge der Mitarbeiter nicht als Kosten angesehen werden, sondern Zielgröße der unternehmerischen Disposition sind. Das Unternehmenseinkommen, definiert als Gewinn plus Löhnen, wird verwandt zur (1) Finanzierung von Investitionen und (2) Ausschüttung von persönlichen Einkommen der Betriebsangehörigen, wofür Steuern sowie Sozialbeiträge abzuführen sind.

Einkommensquoten – Maße der quotalen (→ funktionalen) Einkommensverteilung. Vgl. → Gewinnquote, → Lohnquote.

Einkommensstreuung – Begriff der → personellen Einkommensverteilung. Dabei geht es um die Verteilung des Einkommens zwischen, v.a. aber auch innerhalb bestimmter sozialer Gruppen (→ Einkommensklassen).

Einkommensteuer – I. Rechtsquellen: Einkommensteuergesetz 2009 (EStG 2009) i.d.F. vom 08.10.2009 und Einkommensteuer-DurchführungsVO 2000 (EStDV 2000) i.d.F. vom 10.5.2000, jeweils mit zahlreichen späteren Änderungen.

II. Ertragshoheit: Die Einkommensteuer ist eine Gemeinschaftsteuer, d.h. ihr Aufkommen steht Bund und Ländern gemeinsam zu (Art. 106 Grundgesetz). Aus dem Aufkommen der Einkommensteuer wird vorab ein bestimmter Anteil für die Gemeinden reserviert, der durch Bundesgesetz festgelegt wird (Art. 106 V GG). Gegenwärtig beläuft sich dieser unverändert auf 15 Prozent der → Lohnsteuer und veranlagten Einkommensteuer sowie 12 Prozent des Aufkommens aus der Zinsabschlagsteuer (Gemeindefinanzreformgesetz 2001). Das restliche Aufkommen der Einkommensteuer wird zwischen Bund und Ländern hälftig geteilt.

III. Wesen: 1. Besteuerung des → Einkommens natürlicher Personen nach dem → Leistungsfähigkeitsprinzip. – Vgl. auch → Einkommensbesteuerung. – 2. *Tarifgestaltung:* → Einkommensteuertarif.

IV. Steuerpflicht: Die Einkommensteuer erfasst nur natürliche Personen (Einzelpersonen und Mitunternehmer von Personengesellschaften. – a) *Unbeschränkte Steuerpflicht:* natürliche Personen, die einen Wohnsitz oder ihren gewöhnlichen Aufenthalt im Inland haben. – b) *Beschränkte Steuerpflicht:* natürliche Personen, die im Inland weder einen Wohnsitz noch einen gewöhnlichen Aufenthalt, aber inländische Einkünfte im Sinn des § 49 EStG haben. – Der Unterschied in der Theorie besteht darin, dass bei unbeschränkter Steuerpflicht das gesamte Welteinkommen in Deutschland zu versteuern ist, bei beschränkter Steuerpflicht jedoch nur das in Deutschland erzielte Einkommen. In der Praxis kann es aber wegen Sonderregelungen beim Doppelbesteuerungsabkommen dazu kommen, dass auch unbeschränkt Steuerpflichtige nur ihr inländisches Einkommen in Deutschland zu versteuern haben. – c) *Sonderfälle:* Sonderregelungen bestehen z.B. für Grenzpendler; vgl. §§ 1 II, III, 1a EStG, § 2 AStG.

V. Besteuerungsgrundlage: Das → Einkommen ermittelt sich additiv aus den → Einkünften der im Einkommensteuergesetz aufgezählten sieben Einkunftsarten, unter Abzug bestimmter → Freibeträge und persönlicher Aufwendungen des Steuerpflichtigen, die seine Leistungsfähigkeit beeinflussen. – Vgl. auch → Einkommensermittlung.

VI. Steuerhöhe und Steuertarif: Besteuerungsgrundlage ist das → zu versteuernde Einkommen (§ 2 V EStG), auf das der → Einkommensteuertarif angewendet wird: Ein Grundfreibetrag in Höhe des Existenzminimums bleibt unbelastet, danach beginnt eine untere Proportionalzone mit einem festen Steuersatz von aktuell 14 Prozent; danach steigt der Steuersatz, allmählich an (Progressionszone), um schließlich einen Spitzensteuersatz 42 Prozent bzw. 45 Prozent (= → Reichensteuer seit 2007) ab einem Einkommen von über 250.731 Euro bzw. 501.462 Euro zu erreichen, der von da an konstant bleibt (obere Proportionalzone). – Vgl. auch → Einkommensteuer-Grundtabelle, → Einkommensteuer-Splittingtabelle, → Lohnsteuerklassen.

VII. Zuschlagsteuern: Die Einkommensteuer ist, teilweise modifiziert um bestimmte Korrekturposten, Bemessungsgrundlage für → Kirchensteuer und → Solidaritätszuschlag. Diese Annexsteuern haben proportionale Sätze (Solidaritätszuschlag: 5,5 Prozent), wirken jedoch ebenfalls progressiv, da die Einkommensteuer, auf die sie erhoben werden, mit steigendem Einkommen immer stärker ansteigt.

VIII. Steuerbefreiung: Es existieren nur sachliche Steuerbefreiungen: Katalog der steuerfreien Einnahmen in §§ 3 ff. EStG.

IX. Verfahren: 1. *Grundsätzlich:* a) Die Einkommensteuer wird nach Ablauf des Kalenderjahres (Veranlagungszeitraum) nach dem Einkommen *veranlagt*, das während dieser Zeit bezogen wurde (§ 25 I EStG). – b) Die Einkommensteuer *entsteht* mit Ablauf des Veranlagungszeitraums (§ 36 I EStG). – c) Auf die Einkommensteuer werden *angerechnet* (§ 36 II EStG): entrichtete → Vorauszahlungen, durch Steuerabzug erhobene Einkommensteuer (Lohnsteuer, Kapitalertragsteuer), anrechenbare → Körperschaftsteuer. Der sich hiernach ergebende Differenzbetrag (Abschlusszahlung oder Erstattungsbetrag) ist zu entrichten oder wird ausgezahlt (§ 36 IV EStG). – 2. *Bes. Erhebungsform:* Steuerabzug für → Einkünfte aus nichtselbständiger Arbeit (→ Lohnsteuer) und für bestimmte Kapitalerträge (→ Kapitalertragsteuer, → Abgeltungsteuer).

X. Finanzwissenschaftliche Beurteilung: 1. *Charakterisierung:* a) Die Einkommensteuer ist der Hauptpfeiler des modernen Personalsteuersystems. Sie ist diejenige Steuerart, die in direkter Weise auf die persönlichen Lebensumstände des Steuerpflichtigen eingeht und seine individuelle *Leistungsfähigkeit* berücksichtigt (→ Leistungsfähigkeitsprinzip, → Einkommensbesteuerung). – b) Deshalb überrascht es, dass die Einkommensteuer keinen einheitlichen und theoretisch fundierten *Einkommensbegriff* kennt: (1) Allein die Existenz von sieben Einkunftsarten mit unterschiedlichen Feststellungsmethoden (Gewinne bzw. Überschüsse) und Freibeträgen demonstriert eine „Zerklüftung" des Einkommensbegriffs (Schmölders: „Zerfall" der Einkommensteuer in ein Bündel von Sondersteuern). (2) Wegen vieler Befreiungen und Nichterfassungen (z.B. der Transfereinkommen) ist der Einkommensbegriff unvollständig *(Erosion der Bemessungsgrundlage).* Er steht formal der → Quellentheorie nahe, materiell eher der → Reinvermögenszugangstheorie, ohne jedoch den totalen Einkommensbegriff des → Schanz-Haig-Simons-Ansatzes zu realisieren. – Vgl. auch → Einkommen. Die Einkommensteuer besteuert das Einkommen der Nichtunternehmer sowie das bestimmter Unternehmer. Für Nichtunternehmer ist sie eine Besteuerung ihrer persönlichen Leistungsfähigkeit; für die Einzelunternehmer und Mitgesellschafter von Personengesellschaften ist sie zugleich → Unternehmensbesteuerung und → Haushaltsbesteuerung. Daneben besteht für Unternehmen in der Rechtsform der Kapitalgesellschaft eine Sonderbesteuerung in Form der → Körperschaftsteuer. Demnach ist die Einkommensteuer eine *allokativ-distributive „Mischbesteuerung"* und zugleich eine partielle Unternehmensteuer. – 2. *Steuersystematik:* a) Die Einkommensteuer wird für unselbständig Beschäftigte in der Form der → Lohnsteuer erhoben; diese ist eine Gliedsteuer (→ mehrgliedrige Steuer) der Einkommensteuer, die zugleich Quellensteuer ist. Eine mehrgliedrige Steuer ist die Einkommensteuer aber auch deshalb, weil die → Kapitalertragsteuer ebenfalls im Quellenabzug erhoben und auf die Einkommensteuer angerechnet wird. – b) Ferner ist die Einkommensteuer die *„Maßstabsteuer" für die* → Kirchensteuer, da diese sich nach der Einkommensteuerschuld berechnet. – c) Die *„dualistische"* Besteuerung des Einkommensentstehungsstromes im Leistungskreislauf durch → Ertragsbesteuerung und → Einkommensbesteuerung führt zur → Steueraushöhlung der Einkommensteuer. – Die neben der Einkommensbesteuerung durchgeführte → Umsatzbesteuerung und → Verbrauchsbesteuerung als Belastung der Einkommensverwendung erlaubt dagegen eine steuerpsychologisch schonende Besteuerung der Einkommensentstehungsphase. – 3. *Ziele und Wirkungen:* a) *Fiskalisch* ist die Einkommensteuer sowohl für den Bund als auch für die Gruppe der Länder die tragende Säule ihres Einnahmensystems. Dem Bund erbringt sie 42,5 Prozent seines Steueraufkommens, den Ländern gemeinsam ebenso 42,5 Prozent ihrer Gesamtsteuern. Eine Verbreiterung des Einkommensbegriffes könnte das Aufkommen erhöhen oder zu einer Tarifsenkung Anlass geben, um andere Ziele zu realisieren. – b) *Distributive Ziele und Wirkungen:* (1) Mithilfe der → Sonderausgaben und der *Ausgaben für* → außergewöhnliche Belastungen sollen die individuellen Notwendigkeiten einer *Existenz- und Vorsorgesicherung* steuerlich entlastend berücksichtigt werden, obwohl sie steuersystematisch als Komponenten der Einkommensverwendung nicht abzugsfähig wären. Es erhebt sich jedoch die Frage, ob die Abzugsbeträge ausreichend hoch bemessen sind, um das Ziel einer „gerechten" steuerlichen Lastverteilung zu erreichen. Ferner sind die Abzugsbeträge mit keiner Anpassung an die Geldentwertungsrate ausgestattet, sodass das Lastverteilungsziel verfehlt werden kann. (2) Eine existenzsichernde Funktion bei der Gestaltung des Tarifs (→ Einkommensteuertarif) hat der *Grundfreibetrag,* der laut Bundesverfassungsgericht das Existenzminimum abdecken muss. Aus der *Proportionalzone* des Tarifs sind viele Steuerpflichtige kraft gestiegener Einkommen herausgewachsen, sodass sie ihre ehemals steuerschonende und Verwaltungskosten sparende Wirkung weitgehend verloren hat. Der *obere Plafond* im Tarifverlauf wird mit der leistungshemmenden und steuerfluchtauslösenden Wirkung begründet, doch lässt sich mit Blick auf seine mehrmalige Erhöhung dies nicht schlüssig nachweisen. Das Phänomen des Abwanderns in die → Schattenwirtschaft wird zu einem Teil mit der Gesamtbelastung durch Steuern erklärt. Das *Splittingsystem* dient einer steuerlichen Schonung der Ehegatten (→ Haushaltsbesteuerung), um dem im Grundgesetz verankerten Grundsatz des Schutzes von Ehe und Familie zu entsprechen. – c) *Allokative Ziele und Wirkungen:* Aufgrund der „Mischbesteuerung" von einkommensbeziehenden Personen und gewinnerzielenden Unternehmern in derselben Steuer ist die Einkommensteuer auch mit einer Vielzahl von *produktions- und strukturbeeinflussenden Abzugsregeln* versehen: (1) Der Abzug von → Betriebsausgaben und → Werbungskosten (Kosten der Einkunftserzielung) dient der Erhaltung der Erwerbsquelle (der beruflichen und unternehmerischen Tätigkeit einschließlich des Kapitaleinsatzes). (2) Im Bündel der *Sonderabschreibungen* kommt ein ganzes Strukturprogramm der Wirtschaftspolitik mithilfe der Steuerpolitik zum Ausdruck (Wohnungsbau, Umweltschutz, Krankenhausförderung, Mittelstandsförderung). (3) Ein Inflationsausgleich ist nicht vorgesehen, sodass auch *Scheingewinne* besteuert werden (Grundsatz der Nominalbesteuerung). (4) In der *Durchschnittsatz- und Richtsatzbesteuerung* sind weitere Maßnahmen für die Begünstigung bestimmter Strukturen, wie der Land- und Forstwirtschaft sowie des Kleingewerbes zu sehen. – d) *Konjunkturpolitik:* Nach dem Stabilitätsgesetz lässt sich die Einkommensteuer als nachfragesteuerndes Instrument einsetzen. Neben einer Variation der Abschreibungssätze und Bewertungsfreiheiten sind dies auch Variationen der Steuerschuld bis zu 10 Prozent. Außerdem ist in der Vergangenheit vielfach von Sondermaßnahmen Gebrauch gemacht worden, die die Erhebung der Einkommensteuer zur Voraussetzung haben: Konjunkturzuschlag, Stabilitätsabgabe (1.8.1970 – 31.6.1971); die Ergänzungsabgabe verfolgte demgegenüber fiskalische Zwecke und wurde 1975 in den Einkommensteuer-Tarif und den Körperschaftsteuertarif eingearbeitet. – 4. *Reform:* Die Diskussion um die Reform der Einkommensteuer wird unter den Aspekten der Vereinfachung, der Gerechtigkeit in der Lasterteilung, der Sparanreize und der Leistungshemmung bzw. -motivation geführt. Damit sind alle bisher relevanten steuersystematischen, distributiven und allokativen Ziele und Wirkungen relevant. – a) Die *Maßnahmen von 1986/1988* haben die → Steuerquote auf 23,0 Prozent (1988) zurückgeführt. Die Senkung der Bemessungsgrundlage und des Tarifs im ersten Reformschritt entlasten vorwiegend kleinere und mittlere Einkommensbezieher; der zweite Reformschritt von 1990 brachte eine durchschnittliche Tarifsenkung von 5 Prozent-Punkten und sollte wegen seiner Entlastungswirkung im mittleren Bereich v.a. leistungsmotivierende Wirkung haben. Zwischenzeitlich hat sich die Steuerquote durch die Erhöhung der Verbrauchsteuern wieder erhöht. – b) Die *Reform von 1990* führte einen linear-progressiven Tarif ein, wie er im EStG seit langem vorgesehen war; dieser soll die „kalte Progression" im Bereich der unteren Proportionalzone entschärfen, die Belastungssprünge vermeiden und somit distributive und allokative Vorteile haben. – c) Seit dem 1.1.1995 erhebt der Bund, wie schon vom 1.7.1991 bis zum 30.6.1992, einen „Solidaritätszuschlag" auf die Einkommen- und Körperschaftsteuer. Diese Ergänzungsabgabe beträgt 5,5 Prozent auf den jeweils zu zahlenden Steuerbetrag. – d) Senkungen des Grenzsteuer- bzw. Spitzensteuersatzes bewirken *allg.* einen Verzicht im verteilungspolitischen Ziel, dem Gewinne im Allokationsziel gegenüberstehen. – e) In absehbarer Zeit wohl kaum durchsetzbar erscheint die *Abkoppelung der Einkommensbesteuerung von der Unternehmensbesteuerung*, d.h. die Verwirklichung der Konzepte der rechtsform- und tätigkeitsneutralen Besteuerung ohne störende distributive Nebeneffekte.

XI. Aufkommen: Lohnsteuer, veranlagte Einkommensteuer und ab 1993 Zinsabschlag: 154.560 Mio. Euro (2007), 145.340 Mio. Euro (2006), 142.720 Mio. Euro (2005), 147.430 Mio. Euro (2004), 145.290,7 Mio. Euro (2003), 148.208,4 Mio. Euro (2002), 150.358,3 Mio. Euro (2001), 155.292 Mio. Euro (2000), 158.247,2 Mio. Euro (1995), 111.253,2 Mio. Euro (1990), 90.089 Mio. Euro (1985), 75.852 Mio. Euro (1980), 50.716 Mio. Euro (1975), 26.120 Mio. Euro (1970), 16.124 Mio. Euro (1965), 8.725 Mio. Euro (1960), 4.476 Mio. Euro (1955), 1.991 Mio. Euro (1950).

Einkommensteuer-Grundtabelle – im Einkommensteuerrecht die Bezeichnung für eine → Steuertabelle, aus der sich die tarifliche (Jahres-)Einkommensteuer für einen unverheirateten Steuerpflichtigen in Abhängigkeit von dessen zu versteuerndem Einkommen ablesen lässt. – Bei der Zusammenveranlagung von Ehegatten ergibt sich die Steuerbelastung aus der Einkommensteuer-Splittingtabelle. Die für lohnsteuerliche Zwecke benötigte Höhe der monatlichen Steuerbelastung (→ Lohnsteuertabellen) wird mathematisch aus der Einkommensteuer-Grundtabelle (Lohnsteuerklassen I, II und IV) oder der Einkommensteuer-Splittingtabelle hergeleitet. – Anders als früher müssen die Einkommensteuer-Grundtabellen und die übrigen Tabellen nicht mehr amtlich berechnet und bekannt gegeben werden; im EDV-Zeitalter wird die Veröffentlichung der Berechnungsformel in § 32a I EStG für ausreichend gehalten.

Einkommensteuer-Hinweise (EStH) → Hinweise (H), → Einkommensteuer-Richtlinien (EStR).

Einkommensteuer-Richtlinien (EStR) – Verwaltungsanordnung, die in der Hauptsache Anweisungen zur Beachtung durch die Finanzverwaltung bei Zweifelsfragen enthält. Die Finanzverwaltung ist im Gegensatz zu den Finanzgerichten und den Einkommensteuerpflichtigen an die Auslegung in den Einkommensteuer-Richtlinien gebunden. – *Derzeitige Fassung:* EStR 2008 vom 31.8.2008 mit amtlichen Bearbeitungshinweisen 2011. – *Ergänzung der Einkommensteuer-Richtlinien:* Einkommensteuer-Hinweise, → Hinweise (H).

Einkommensteuer-Splittingtabelle – eine Tabelle, aus der sich die tarifliche Einkommensteuer für das zu versteuernde Einkommen bei → Zusammenveranlagung ergibt. Zu den Voraussetzungen vgl. § 26 EStG, ferner § 32a VI EStG. – Anders als früher müssen die Einkommensteuer-Splittingtabellen nicht mehr amtlich berechnet und bekannt gegeben werden; im EDV-Zeitalter wird die Veröffentlichung der Berechnungsformel in § 32a I EStG für ausreichend gehalten.

Einkommensteuerstatistik – Teil des Systems der → Steuerstatistiken; die jährliche Einkommensteuerstatistik dient der Beurteilung der Struktur und Wirkungsweise der → Einkommensteuer. Neben rein steuerlichen Betrachtungen können mit ihr auch Untersuchungen der Einkommensverteilung durchgeführt werden. Erhoben werden von den steuerpflichtigen natürlichen Personen Variablen wie Bruttolohn, Einkünfte, (zu versteuerndes) Einkommen, Sondervergünstigungen, Lohn-, Einkommen- und Kirchensteuer und vermögenswirksame Leistungen einschließlich Arbeitnehmer-Sparzulage und unterschiedliche soziodemografische Merkmale sowie Angaben zur Riester-Förderung. Die Ergebnisse der Einkommensteuerstatistik und die Daten zur → Riester-Rente werden u.a. auch zur Vervollständigung und Revision der → Volkswirtschaftlichen Gesamtrechnungen (VGR) verwendet. Neben der jährlichen Einkommensteuerstatistik existiert eine dreijährliche → Lohn- und Einkommensteuerstatistik. Die beiden sind eng miteinander verbunden. Unterschiede bestehen in der Periodizität und im Berichtsweg. Daneben enthält die dreijährliche Lohn- und Einkommensteuerstatistik Angaben zu Steuerpflichtigen ohne Einkommensteuerveranlagung und führt eine detailliertere Plausibilitätskontrolle durch als die jährliche Einkommensteuerstatistik.

Einkommensteuertabellen → Einkommensteuer-Grundtabelle, → Einkommensteuer-Splittingtabelle.

Einkommensteuertarif – 1. Die tarifliche → Einkommensteuer bemisst sich nach dem → zu versteuernden Einkommen (§ 32a EStG). Sie ermittelt sich ohne Berücksichtigung des

→ Progressionsvorbehalts, der → außerordentlichen Einkünfte und der → ausländischen Einkünfte gemäß der Steuerberechnungsformel. - Vgl. Abbildungen „Einkommensteuertarif - Steuerberechnungsformel (2008)". Als zu versteuerndes Einkommen gilt das → Einkommen nach Abzug des → Kinderfreibetrags, des → Haushaltsfreibetrags und der sonstigen vom Einkommen abzuziehenden Beträge (→ Einkommensermittlung). - 2. Für *zusammen zu veranlagende* → Ehegatten sowie für die ihnen nach § 32a VI EStG gleichgestellten Personen beträgt die tarifliche Einkommensteuer das Zweifache des Steuerbetrags, der sich für die Hälfte des zu versteuernden Einkommens ergibt (→ Splitting-Verfahren). - 3. *Aufbau:* (1) steuerfreier Grundfreibetrag bis zum zu versteuernden Einkommen von 7.664/ 15.328 Euro (bei Anwendung des Splitting-Verfahrens); der Grundfreitag beläuft sich ab dem Jahr 2010 auf 8.004/ 16.007 Euro (2) erste Progressionszone bis 13.469/ 26.938 Euro mit einem linearen Anstieg des Grenzsteuersatzes; (3) zweite Progressionsstufe bis 52.881/ 105.762 Euro mit kontinuierlich ansteigendem Grenzsteuersatz bis 42 Prozent, wobei der Verlauf der Anstiegskurve steiler als in der ersten Progressionszone ist; (4) obere Proportionalzone (ab 52.881/ 105.762 Euro) mit gleichbleibendem Steuersatz von 42 Prozent (Spitzensteuersatz). - 4. Seit dem *Veranlagungszeitraum (VZ) 2007* gibt es die sog. → Reichensteuer für Überschusseinkünfte (ab 2008 gilt diese für alle Einkunftsarten) zur Anwendung: Ab einem zu versteuernden Einkommen von 250.731 Euro (Ledige) bzw. von 501.462 Euro (Verheiratete) beträgt der Spitzensteuersatz 45 Prozent, d.h. von jedem Euro, um den sich das zu versteuernde Einkommen in dieser Zone erhöht, wird - ohne Berücksichtigung der Rundungsregelung - eine Steuer von 0,45 Euro fällig. Letztmals anzuwenden im VZ 2007 war die Regelung, dass sich für Gewinneinkünfte der Spitzensteuersatz um 3 Prozent auf 42 Prozent mindert (Entlastungsbetrag nach § 32c EStG). - 5. Die dem Einkommensteuergesetz beigefügten *Tabellen* geben die tarifliche Einkommensteuer nach den Errechnungsmethoden an. - 6. *Einstiegssteuersatz/ Spitzensteuersatz/ Höchstsatz:* Der Einstiegssteuersatz beträgt zz. 14 Prozent (seit 2009; in 2008 lag er bei 15 Prozent); der Spitzensteuersatz 42 Prozent (seit 2005; in 2004 lag er bei 45 Prozent) und der Höchstsatz (Reichensteuer) 45 Prozent (seit 2007). - Vgl. auch → Einkommensteuer-Grundtabelle, → Einkommensteuer-Splittingtabelle.

Einkommensteuer – Steuerberechnungsformel (2010)

Einkommensteuertarif	Anzuwendende Formel
0-8.004	0
8.005-13.469	(912,17 y + 1.400) y
13.470-52.881	(228,74 z + 2.397) z + 1.038
52.882-250.730	0,42 x - 8.172
ab 250.731	0,45 x - 15.694

Einkommensträger - Bezeichnung für Personen, die durch → Arbeitseinkommen, durch Rente bzw. Unterstützungsleistungen dem Haushalt ein Einkommen zuführen und sich selbst bzw. ihre Angehörigen daraus unterhalten können.

Einkommensumverteilung - *Einkommensredistribution;* Korrektur der aus dem Produktionsprozess entstandenen → primären Einkommensverteilung durch → Transfers, → Steuern, → Abgaben und die Zurverfügungstellung → öffentlicher Güter. - Vgl. auch → sekundäre Einkommensverteilung

Einkommens- und Verbrauchsstichprobe (EVS) - Teil der → amtlichen Statistik, bildet zusammen mit den → laufenden Wirtschaftsrechnungen privater Haushalte das System der → Wirtschaftsrechnungen privater Haushalte. Erstmals 1962/1963, dann 1969 und seit 1973 in fünfjährigem Turnus auf freiwilliger Basis durchgeführte Repräsentativstatistik über die Einnahmen und Ausgaben von rund 60.000 Haushalten sämtlicher Bevölkerungsschichten mit Ausnahme der Bezieher bes. hoher Einkommen und Personen in Gemeinschaftsunterkünften und Anstalten. Seit 1993 erfolgt die Einkommens- und Verbrauchsstichprobe (EVS) für das gesamte Bundesgebiet und berücksichtigt auch Ausländerhaushalte. Sie liefert Angaben über die wirtschaftliche und soziale Situation der Haushalte, Einnahmen nach Quellen und Ausgaben nach Art und Verwendungszweck sowie Wohnverhältnisse und Vermögen. Damit ist die EVS eine wichtige Datenquelle für Steuer-, Sozial- und Familienpolitik. Innerhalb des Systems der amtlichen Statistik werden die Ergebnisse der EVS für die Bestimmung des → Wägungsschemas der Verbraucherpreisstatistik verwendet; daneben fließen sie in Schätzungen im Rahmen der → Volkswirtschaftlichen Gesamtrechnungen → (VGR) ein. Die detaillierten Ergebnisse über die Aufwendungen für Nahrungsmittel, Getränke und Tabakwaren bilden eine Informationsquelle für ernährungswissenschaftliche Fragestellungen. - Die EVS ist eine freiwillige → Stichprobe bei ungefähr 60.000 Haushalten (ca. 0,2 Prozent aller privaten Haushalte). Die Durchführung erfolgt in Form einer Quotenstichprobe. Die Grundgesamtheit der Haushalte wird dabei anhand bestimmter Quotierungsmerkmale (Bundesländer, Haushaltstyp, soziale

Stellung des Haupteinkommensbeziehers, Haushaltsnettoeinkommen) in Gruppen aufgeteilt. Für die so gebildeten Quotierungszellen wird die jeweils zu befragende Anzahl von Privathaushalten ermittelt. Die Erhebung gliedert sich in drei Teile: (1) allg. Angaben und Informationen über das Geld- und Sachvermögen zur Erfassung von soziodemografischen und -ökonomischen Grundinformationen; (2) Haushaltsbuch, zur Erfassung (jeweils ein Quartal) der Einnahmen und Ausgaben aller beteiligten Haushalte; (3) Feinaufzeichnungsheft für Nahrungsmittel, Getränke und Tabakwaren zur Erfassung von allen Ausgaben für und Mengen von Nahrungsmitteln, Getränken und Tabakwaren während eines Monats (20 Prozent der ausgewählten Haushalte). Neben der EVS werden jährlich im Rahmen der → laufenden Wirtschaftsrechnungen privater Haushalte Informationen über die Einkommens- und Verbrauchssituation erhoben. – Die Veröffentlichung erfolgt in Fachserie 15 des → Statistischen Bundesamtes (StBA).

Einkommensverteilung

von Prof. Dr. Robert K. Frhr. von Weizsäcker und Michael Horvath

Die Einkommensverteilung zählt zu den Hauptmerkmalen jedes sozialen Systems. Während es zu Zeiten von David Ricardo und später bei Karl Marx um die Frage der Entlohnung der aggregierten Produktionsfaktoren Arbeit, Kapital und Boden ging, steht heute die personelle Einkommensverteilung im Mittelpunkt des verteilungspolitischen Interesses. Das hat einen einfachen Grund: Die Faktoreinkommensverteilung ist nicht mehr relevant für das soziale Problem der Einkommensungleichheit. Es ist freilich kein einfacher Schritt von der Ermittlung bestimmter Einkommensunterschiede zur Feststellung eines gerechten oder ungerechten Zustands. Trotz ihrer großen politischen Relevanz ist die Verteilungstheorie immer noch ein Randgebiet der Wirtschaftswissenschaften.

I. Empirische Bestandsaufnahme

1. Funktionale Einkommensverteilung

Die Aufteilung des volkswirtschaftlichen Gesamteinkommens auf die Produktionsfaktoren Arbeit und Kapital wird im Allgemeinen durch die → Lohnquote erfasst. Diese setzt die Bruttolohn- und Gehaltssumme sowie die Sozialbeiträge der Arbeitgeber in Relation zum Volkseinkommen. In Deutschland entfallen etwa zwei Drittel des Volkseinkommens auf den Faktor Arbeit und ein Drittel auf den Faktor Kapital.

2. Personelle Einkommensverteilung

Die Verteilung der Einkommen zwischen Personen weist national und international eine Reihe von empirischen Regelmäßigkeiten auf. Das hervorstechendste und über die Zeit höchst stabile Merkmal ist die Rechtsschiefe der Verteilung – die relative Häufigkeitsverteilung der Einkommen ist also asymmetrisch und weist ein langes rechtes Ende auf. Das Durchschnittseinkommen übersteigt stets das Medianeinkommen. Insbes. die Arbeitseinkommensverteilung kann approximativ durch die Log-Normalverteilung beschrieben werden. Das obere Ende der Einkommensverteilung genügt in vielen Fällen dem Pareto-Gesetz.

II. Ökonomische Ursachen

Zu den Hauptursachen der beobachteten Einkommensstreuung zählen zum einen Unterschiede in den Grundausstattungen an produktiven Ressourcen und zum anderen die Struktur der Faktorpreise, bestimmt durch eine Kombination aus institutionellen, marktbezogenen und sozialen Einflüssen.

1. Arbeitseinkommen

Die beiden prinzipiellen Einkommensquellen sind das → Arbeitseinkommen und das Kapitaleinkommen. Das Arbeitseinkommen stellt für die meisten Individuen die mit Abstand wichtigste Einkommensquelle dar. Darüber hinaus macht die Ungleichheit der Arbeitseinkommen auch den größten Teil der Einkommensstreuung aus. Zur Ergründung der ökonomischen Ursachen der Ungleichheit der Arbeitseinkommen ist es konzeptionell sinnvoll, zwischen persönlichen Merkmalen (Arbeitsangebotsseite) und der Funktionsweise des Arbeitsmarktes (Arbeitsnachfrageseite) zu unterscheiden. Zu den wesentlichen empirisch identifizierten Bestimmungsfaktoren der persönlichen Merkmale zählen Unterschiede in den produktiven Fähigkeiten (welche das genau sein sollen, ist unter Ökonomen, Soziologen und Psychologen durchaus umstritten), Unterschiede in der Arbeitsintensität, der Risikobereitschaft, in Schule und Ausbildung oder der Berufserfahrung. Auch Erbschaften (hier ist kein finanzielles Vermögen gemeint, sondern Humankapital; dieses ist z.T. eine Folge genetischer Erbanlagen, aber auch ein Resultat familiärer Umstände), kulturelle Einflüsse und nicht zuletzt der Zufall sind zu berücksichtigen.

Der Prozess individueller Entscheidungen, das mikroökonomische Optimierungsverhalten, spielt bei der Analyse der personellen Einkommensverteilung eine bedeutende Rolle. Individuelle Möglichkeiten und Resultate werden dadurch voneinander getrennt. Neben dem Prozess der Entscheidungen führt auch der Zufall zu einer solchen Trennung. Wichtige aggregierte Ursachenkategorien der Arbeitseinkommensstreuung sind daher die drei Komponenten Entscheidung, Zufall und Option, wobei ungleiche Optionen (Chancenungleichheit) auf Unterschiede in der genetischen Grundausstattung, dem Familienhintergrund und kulturellen Einflüssen zurückgeführt werden können.

Die Angebotssicht der persönlichen Merkmale geht von einem kompetitiven und perfekt funktionierenden Arbeitsmarkt aus, sodass Individuen mit identischen Qualifikationen auch das gleiche Arbeitseinkommen erhalten. Aber natürlich gibt es darüber hinaus viele Gründe für ein mögliches Ungleichgewicht im Arbeitsmarkt, sodass Individuen trotz gleicher Angebotsmerkmale unterschiedliche Arbeitseinkommen erzielen. Zu den weiteren Ursachen der Einkommensstreuung zählen damit Themen der unvollständigen Information seitens der Unternehmen, sehr langsame Anpassungsprozesse, staatliche Einmischung, institutionelle Hemmnisse, Diskriminierung, Gewerkschaften sowie interne Arbeitsmärkte.

2. Kapitaleinkommen

Die Streuung der Kapitaleinkommen ist zurückzuführen auf die ungleiche Verteilung der Vermögen. Empirischen Untersuchungen zufolge gehören unternehmerisches Geschick, Risikobereitschaft, Erbvorgänge sowie das individuelle Sparverhalten zu den wichtigsten Bestimmungsfaktoren hoher Vermögen.

III. Theoretische Ansätze

Eine einheitliche Theorie der Einkommensverteilung existiert bis heute nicht. Es gibt jedoch einige gut entwickelte Bausteine der Verteilungstheorie. Das gilt insbes. für die Verteilung der Arbeitseinkommen, auf die sich daher die nachfolgende knappe Übersicht beschränkt. Zur Verteilung der Kapitaleinkommen sei auf die Stichworte → Vermögen und → Vermögensverteilung verwiesen.

1. Stochastische Theorien

Alle theoretischen Ansätze verfolgen das Ziel, die in I.2 beschriebenen empirischen Regelmäßigkeiten zu erklären. Die stochastischen Ansätze beginnen dabei mit Verteilungsannahmen zu den produktiven Grundausstattungen der Erwerbstätigen und studieren dann solche stochastischen Strukturen, die etwa die Rechtsschiefe oder sogar die funktionale Form der beobachteten Verteilung generieren können. Es werden Erkenntnisse der Wahrscheinlichkeitstheorie herangezogen und empirische Gesetzmäßigkeiten formuliert, etwa das Gesetz des proportionalen Effekts. Stochastische Modelle sind im deskriptiven Sinne zwar relativ erfolgreich, enthalten aber keinerlei strukturelle Hinweise zur Entstehung und Verteilung der individuellen Einkommen. Ihnen fehlt der ökonomische Inhalt.

2. Selektionsmodelle

Auch diese Ansätze beginnen mit Annahmen zur Produktivitätsverteilung der Erwerbstätigen. Doch wird hier die Verteilung der Arbeitseinkommen durch die Entscheidung der Erwerbstätigen bestimmt, wie sie ihre Fähigkeiten einer spezifischen Erwerbstätigkeit bestmöglich zuordnen können. Auf diese Weise werden die Determinanten und Verteilungen ökonomischer → Renten auf dem Arbeitsmarkt beleuchtet und die Entstehung asymmetrischer Verteilungen mit langem rechten Ende aufgrund von Selektionsmechanismen erklärt.

3. Unvollständige Information

Die in diese Kategorie fallenden Sortierungsmodelle stellen eine dynamische Erweiterung der Selektionsmodelle dar. Sie beschreiben wie die Erwerbstätigen im Zeitverlauf die gewählten Tätigkeiten ändern, wenn sie mehr über ihre eigenen Fähigkeiten gelernt haben. Die zunächst bestehende Unsicherheit über Begabungen und produktive Fähigkeiten der Erwerbstätigen geht im Laufe der Beobachtung der erbrachten Leistung zurück und nähert sich einer erwarteten Arbeitsproduktivität, die dann eine wesentliche Rolle bei der Bestimmung des Lohnwachstums, der Arbeitsmobilität sowie des Arbeitseinkommens und seiner Verteilung (insbes. innerhalb einer Kohorte) spielt.

4. Humankapitaltheorie

Ging es bisher um die Zuteilung unterschiedlicher Erwerbstätiger auf unterschiedliche Aufgaben sowie um eine Betrachtung der Zuteilungsänderung, wenn der Markt Informationen über die tatsächlichen Begabungen offenlegt, beschreibt die Humankapitaltheorie den Prozess der Aneignung produktiver Fähigkeiten. Sie demonstriert, dass die Ungleichheit der Arbeitseinkommen eine Notwendigkeit darstellt, wenn bestimmte berufliche Tätigkeiten eine höhere und teurere Investition in das eigene Humankapital erfordern als andere. Die humankapitaltheoretischen Ansätze führen Differenzen der Arbeitseinkommen auf unterschiedlich hohe Ausbildungskosten zurück, die ihrerseits wiederum in Verbindung gebracht werden mit genetisch bedingten Talenten, dem Familienhintergrund sowie den Besonderheiten des Kapitalmarkts. Selbst bei identischer Anfangsausstattung an produktiver Kapazität legen Investitionen in die Ausbildung Produktivitätsunterschiede und damit auch Einkommensunterschiede zwischen den Erwerbstätigen fest.

5. Agency-Theorie

Statt eine Theorie der Arbeitseinkommensverteilung auf eine Erklärung der Verteilung der individuellen Produktivität zu gründen und sich ferner auf einen vollständigen Wettbewerb zu berufen, der sicherstellt, dass das Arbeitseinkommen die individuelle Produktivität korrekt widerspiegelt, kehren Agency-Modelle die Kausalitäten um. Sie beschreiben, wie Unternehmen eine Arbeitseinkommensverteilung wählen, um die gewünschte Höhe der individuellen Produktivität herbeizuführen. Rechtsschiefe Lohnverteilungen erweisen sich somit als effiziente Anreizmechanismen innerhalb eines Unternehmens. Agency-Modelle beschreiben interne Kompensationsmechanismen, die unterschiedliche Anreizprobleme zwischen Arbeitgebern und Arbeitnehmern zu lösen versuchen. Auch dieser Ansatz vermag eine rechtsschiefe Lohnverteilung zu begründen.

IV. Ökonomische Ungleichheit und soziale Wohlfahrt

Die Einkommensverteilung einer Volkswirtschaft stellt sowohl das Endergebnis als auch den Input eines komplexen ökonomischen Prozesses dar. Zwischen der deskriptiven Ermittlung der Einkommensstreuung und ihrer normativen Bewertung liegt das weite Feld der Moralphilosophie. Die Wirtschaftswissenschaft verwendet die Konstruktion einer sozialen Wohlfahrtsfunktion, um den Brückenschlag zwischen positiver und normativer Theorie sichtbar zu machen – ein Brückenschlag, den die praktische Politik häufig übersieht. Die Wünschbarkeit verschiedener Effekte staatlicher Verteilungspolitik wird anhand ihrer Einflüsse auf die gesellschaftliche Wohlfahrt bewertet. Letztere wird durch die soziale Wohlfahrtsfunktion, die auf ein explizites Werturteil zu gründen ist, erfasst, indem sie die Politikeffekte über alle Individuen einer Bevölkerung aggregiert. Die praktische Politik unterstellt dabei einen quantitativen Zusammenhang zwischen der Einkommensverteilung und der sozialen Wohlfahrt. Diesen gibt es, doch kann das Ausmaß der ökonomischen Ungleichheit ohne eine explizite Einführung von Werturteilen über die Verteilung nicht ermittelt werden.

V. Die Rolle des Staates

Wettbewerbsmärkte sind im Idealfall besonders geeignet, die bestmögliche Allokation der Ressourcen zu finden sowie die Entscheidung über das zweckmäßigste Produktionsverfahren für die Herstellung bestimmter Güter zu treffen. Weniger hilfreich sind Märkte dagegen bei der Suche nach Lösungen, wie die erwirtschafteten Güter und Erträge aufgeteilt werden sollen. Eine effiziente Volkswirtschaft kann durchaus zu einer höchst ungleichen Verteilung der Einkommen und Vermögen führen.

Ein wie auch immer begründeter Eingriff des Staates in die personelle Einkommensverteilung führt in aller Regel zu einem Konflikt zwischen Effizienz und Gerechtigkeit. Nur in wenigen Fällen ist eine Umverteilung mit einer Paretoverbesserung (vgl. → Pareto-Optimum) vereinbar – etwa im Falle altruistischer Präferenzen, der Interpretation der Einkommensverteilung als öffentliches Gut, der Assekuranztheorie des Staates oder der Sicherung sozialer Stabilität. Die staatliche Umverteilungspolitik befasst sich mit der Wirkung der Einkommens- und Vermögensbesteuerung, den Effekten des sozialen Sicherungssystems oder ganz generell der Reform des Steuer- und Transfersystems. Dabei überdeckt die positive Frage, wer gewinnt und wer verliert, die zwingend zu stellende normative Frage, ob die Einkommensverteilung durch staatliche Eingriffe geändert werden sollte.

Neueren Erkenntnissen der Public-Choice-Theorie (vgl. → Neue Politische Ökonomie) zufolge sind staatliche Umverteilungsmotive weniger durch wohlfahrtsorientierte als vielmehr durch politökonomische Ziele beeinflusst. Strategisches Verhalten und die Sicherung der politischen Macht prägen Verteilungsszenarien offenbar weit stärker als das Ziel einer Maximierung der sozialen Wohlfahrt. Das liefert eine teilweise Erklärung der empirischen Beobachtung, dass sich die staatlichen Umverteilungsmaßnahmen v.a. auf die Mitte der Verteilung (in der Nähe des Medianeinkommens) und weniger auf das untere Ende konzentrieren.

Die Standardantwort der Verteilungspolitik auf Einkommensungleichheit sind Steuern und Transfers. Die auf diesen Instrumenten basierenden Umverteilungsprogramme haben zwar einen sehr hohen Anteil an den Staatsausgaben und dem Sozialprodukt, doch ist der quantitative Verteilungseffekt in fast allen entwickelten Volkswirtschaften eher gering. Wesentlich effektiver als Steuern und Transfers sind neueren empirischen Erkenntnissen zufolge staatliche Investitionen in bestimmte öffentliche Güter, insbes. in Bildung und Gesundheit. Im Sinne einer Reduzierung der ökonomischen Ungleichheit hat sich zudem eine Umverteilung der Vermögen als effektiver erwiesen als eine Umverteilung der Einkommen.

Einkommensverteilungstheorien → Verteilungstheorie.

Einkontentheorie → Buchhaltungstheorien.

Einkreissystem → Einsystem.

Einkünfte – Begriff des Einkommensteuerrechts. Einkünfte sind der Gewinn (§§ 4–7k EStG) oder

der Überschuss der Einnahmen über die → Werbungskosten (§§ 8–9a EStG), die der Steuerpflichtige im Rahmen der sieben Einkunftsarten erzielt (§ 2 II EStG). Danach sind zu unterscheiden: I. Einkünfte aus Land- und Forstwirtschaft: Dazu gehören nach den §§ 13–14a EStG: (1) Einkünfte aus dem Betrieb von Land- und Forstwirtschaft, Wein-, Garten-, Obst- und Gemüsebau, Baumschulen und aus allen Betrieben, die Pflanzen und Pflanzenteile mithilfe der Naturkräfte gewinnen; weiterhin Einkünfte aus Tierzucht und Tierhaltung, wenn im Wirtschaftsjahr die nach der landwirtschaftlich genutzten Fläche gestaffelten Höchstzahlen für Vieheinheiten nicht überschritten werden; (2) Einkünfte aus Binnenfischerei, Teichwirtschaft, Fischzucht für Binnenfischerei und Teichwirtschaft, Imkerei, Saatzucht und Wanderschäferei; (3) Einkünfte aus Jagd, wenn diese mit dem Betrieb einer Land- oder Forstwirtschaft im Zusammenhang steht; (4) Einkünfte von Hauberg-, Wald-, Forst- und Laubgenossenschaften und ähnlichen → Realgemeinden; (5) Einkünfte aus einem land- und forstwirtschaftlichen → Nebenbetrieb; (6) Gewinne aus Veräußerung oder Aufgabe eines land- oder forstwirtschaftlichen Betriebs oder → Teilbetriebs oder eines Anteils an einem land- und forstwirtschaftlichen Betriebsvermögen (→ Veräußerungsgewinn gemäß §§ 14, 14a EStG). – 2. *Gewinnermittlungszeitraum* ist das → Wirtschaftsjahr (1. Juli bis 30. Juni; Ausnahmen für einzelne Gruppen von Land- und Forstwirten). Mit Ausnahme der Veräußerungsgewinne ist der Gewinn entsprechend dem zeitlichen Anteil aufzuteilen auf das Kalenderjahr, in dem das Wirtschaftsjahr beginnt, und auf das Kalenderjahr, in dem das Wirtschaftsjahr endet. – 3. *Gewinnermittlungsarten:* a) Bei buchführungspflichtigen land- und forstwirtschaftlichen Betrieben durch → Betriebsvermögensvergleich nach § 4 I EStG (→ Einkünfteermittlung). Buchführungspflicht bei Umsätzen von mehr als 500.000 Euro im Kalenderjahr oder einem Gewinn von über 50.000 Euro oder einem Wirtschaftswert (§ 46 BewG) von mehr als 50.000 Euro (§ 141 AO). – b) Bei nichtbuchführungspflichtigen Betrieben nach Durchschnittssätzen (§ 13a EStG), wenn die Voraussetzungen erfüllt sind und kein Antrag auf Ermittlung des Gewinns nach § 4 I oder § 4 III EStG gestellt wurde. – c) Bei nicht buchführungspflichtigen land- und forstwirtschaftlichen Betrieben, die auch nicht unter die Regelung der Durchschnittssatzgewinnermittlung fallen, durch → Überschussrechnung nach § 4 III EStG (→ Einkünfteermittlung). – 4. Freibetrag von 670 Euro, bei → Zusammenveranlagung von Ehegatten 1.340 Euro (§ 13 III EStG), dies gilt nur, wenn die Summe der Einkünfte 30.700 Euro (bzw. 61.400 Euro) nicht übersteigt.

II. Einkünfte aus Gewerbebetrieb: Dazu gehören nach den §§ 15–17 EStG: (1) Einkünfte aus gewerblichen Unternehmen; (2) Gewinnanteile der Gesellschafter einer OHG, KG oder einer anderen Gesellschaft, bei der die Gesellschafter als Mitunternehmer anzusehen sind; (3) Gewinnanteile der persönlich haftenden Gesellschafter einer KGaA, soweit sie nicht auf Anteile am Grundkapital entfallen; (4) Vergütungen, die Gesellschafter einer Personengesellschaft und persönlich haftende Gesellschafter einer KGaA für ihre Tätigkeit im Dienst der Gesellschaft, für die Hingabe von Darlehen oder für die Überlassung von Wirtschaftsgütern beziehen; (5) Gewinne aus Betriebsveräußerung, → Betriebsaufgabe oder Veräußerung eines Teilbetriebs sowie Gewinne aus Veräußerung von Mitunternehmeranteilen oder des Anteils eines Komplementärs einer KGaA und bei Ausscheiden von Gesellschaftern (→ Veräußerungsgewinn); (6) Gewinne aus Veräußerung von Anteilen an einer Kapitalgesellschaft bei → wesentlicher Beteiligung. – 2. Berücksichtigung von *Verlusten:* (1) Verluste aus gewerblicher Tierzucht oder gewerblicher Tierhaltung dürfen weder mit anderen Einkünften aus Gewerbebetrieb noch mit Einkünften aus anderen Einkunftsarten ausgeglichen werden (§ 15 IV 1 EStG). Ein Verlustabzug ist ebenfalls nicht möglich, sondern lediglich ein Ausgleich mit Gewinnen aus gewerblicher Tierzucht oder gewerblicher Tierhaltung nach Maßgabe des § 10d EStG; dieselbe Verlustregelung gilt auch für Termingeschäfte. (2) Für Verluste aus Termingeschäften gilt dasselbe, soweit sie nicht der Absicherung von Geschäften des gewöhnlichen Geschäftsbetriebs dienen. (3) Verluste, die bei beschränkt haftenden Personengesellschaftern ein → negatives Kapitalkonto entstehen lassen oder erhöhen, sind bei der Einkommensermittlung nicht ausgleichs- oder abzugsfähig, sondern lediglich in späteren Wirtschaftsjahren verrechenbar (→ negatives Kapitalkonto). – 3. *Gewinnermittlung:* (1) bei buchführungspflichtigen Betrieben (→ Buchführungspflicht) durch → Betriebsvermögensvergleich nach § 5 I EStG (→ Einkünfteermittlung); (2) bei nicht buchführungspflichtigen und nicht freiwillig Bücher führenden Betrieben durch → Überschussrechnung nach § 4 III EStG.

III. Einkünfte aus selbstständiger Arbeit: Dazu gehören nach § 18 EStG: (1) Einkünfte aus der Tätigkeit der → freien Berufe; (2) Einkünfte staatlicher Lotterieeinnehmer, wenn sie nicht Einkünfte aus Gewerbebetrieb sind; (3) Einkünfte aus sonstiger selbständiger Arbeit (Vermögensverwaltung; Aufsichtsratstätigkeit); (4) zu ihnen gehört auch der Gewinn aus Veräußerung oder Aufgabe des der selbständigen Arbeit dienenden Vermögens (→ Veräußerungsgewinn). – *Ermittlung der Einkünfte:* Die Einkünfte aus selbständiger Arbeit können durch Bilanzierung (Betriebsvermögensvergleich) ermittelt werden, es besteht hierzu jedoch keine Pflicht, da weder das Handelsgesetzbuch noch die Abgabenordnung (§ 141 AO) für die freien Berufe eine Buchführungspflicht vorsehen. Es kann daher stets mit → Einnahmen-Überschuss-Rechnung (§ 4 III EStG) gearbeitet werden.

IV. Einkünfte aus nichtselbstständiger Arbeit: Nach § 19 EStG: 1. Hierzu gehören *Bezüge und Vorteile*, die aus einem jetzigen oder früheren Dienstverhältnis herrühren, wie Gehälter, Löhne, Provisionen, Gratifikationen, Tantiemen, Wartegelder, Ruhegelder, Witwen- und Waisengelder. – 2. Zur *Ermittlung der Einkünfte* ist von den Einnahmen der → Arbeitnehmer-Pauschbetrag in Höhe von aktuell 1.000 Euro abzuziehen, soweit nicht höhere → Werbungskosten nachgewiesen werden (§ 9a EStG). U.U. können auch ein → Versorgungsfreibetrag und ein Zuschlag angesetzt werden.

V. Einkünfte aus Kapitalvermögen: Nach § 20 EStG: 1. *Zu den Einkünften rechnen:*(1) Gewinnanteile (Dividenden), Ausbeuten und sonstige Bezüge aus Aktien, Kuxen, → Genussrechten, Anteilen an GmbHs, an Erwerbs- und Wirtschaftsgenossenschaften, Kolonialgesellschaften und bergbautreibenden Vereinigungen, die die Rechte einer juristischen Person haben (seit 2001 unter Anwendung des → Halbeinkünfteverfahrens bis 2008); (2) Bezüge, die aufgrund einer → Kapitalherabsetzung oder nach der Auflösung unbeschränkt steuerpflichtiger Körperschaften oder Personenvereinigungen im Sinn von (1) anfallen, soweit es sich nicht um Nennkapital oder Teile des steuerlichen Einlagekontos der Kapitalgesellschaft handelt, (3) Zinsen aus Hypotheken und Grundschulden und Renten aus Rentenschulden. Bei Tilgungshypotheken und Tilgungsgrundschulden ist nur der Teil der Zahlung steuerpflichtig, der als Zins auf den jeweiligen Kapitalrest entfällt. (4) Zinsen aus sonstigen Kapitalforderungen jeder Art, also aus Darlehen, Anleihen, Einlagen und Guthaben bei Kreditinstituten; (5) Diskontbeträge von Wechseln und Anweisungen einschließlich der Schatzwechsel; (6) außerrechnungsmäßige und rechnungsmäßige Zinsen aus den Sparanteilen, die in den Beiträgen zu Versicherungen auf den Erlebens- oder Todesfall enthalten sind; (7) bes. Entgelte oder Vorteile, die neben den zuvor genannten Einnahmen (1) bis (7) oder an deren Stelle gewährt werden; (8) Einnahmen aus der Veräußerung von Dividendenscheinen, Zinsscheinen und sonstigen Ansprüchen, wenn die dazugehörigen Aktien, Schuldverschreibungen oder sonstigen Anteile nicht mitveräußert werden; (9) Einnahmen aus der Veräußerung von Zinsscheinen, wenn die dazugehörigen Schuldverschreibungen mitveräußert und Stückzinsen berechnet werden, (10) Einnahmen aus der Veräußerung von abgezinsten oder aufgezinsten Kapitalforderungen, soweit sie der auf die Besitzzeit entfallenden Emissionsrendite entsprechen. (11) Durch die Unternehmensteuerreform 2008 sind für Erträge, die nach dem 31.12.2008 zufließen, weitere Tatbestandsvoraussetzungen in § 20 I EStG 2008 berücksichtigt worden. § 20 II EStG ist außerdem neu gefasst. Demnach sind zukünftige Wertzuwächse von Kapitalanlagen (z.B. Verkauf von festverzinslichen Wertpapieren, Aktien oder GmbH-Anteilen unter 1 Prozent-Beteiligung) unabhängig von der Haltedauer steuerlich zu berücksichtigen. (12) Zu den Erträgen aus sonstigen Kapitalforderungen fallen nach neuem Recht auch Erträge aus Kapitalforderungen, deren Rückzahlung ungewiss ist (z.B. DAX-Zertifikate ohne Kapitalrückzahlungsgarantie). (13) Mit der Unternehmensteuerreform 2008 wurde ein gesonderter Steuertarif (§ 32 d EStG) eingeführt, wodurch bestimmte Einkünfte aus Kapitalvermögen dem einheitlichen Steuersatz von 25 Prozent unterliegen. Mit dem Einbehalt dieses Sondertarifes gilt die Einkommensteuer als abgegolten (→ Abgeltungsteuer). Kapitalerträge, die unter die Abgeltungsteuer fallen, sind nicht mehr im Rahmen der Einkommensteuerveranlagung zu berücksichtigen. Die neue Regelung gilt für Zinsen ab 2009 sowie für Kursgewinne und -verluste bei Erwerb ab 2009. – 2. Bei der *Ermittlung der Einkünfte* aus Kapitalvermögen ist nach Abzug der → Werbungskosten ein → Sparer-Freibetrag (bis Veranlagungszeitraum 2008) abzuziehen (§ 20 IV EStG). Ab dem Veranlagungszeitraum 2009 können die tatsächlichen Werbungskosten nicht mehr geltend gemacht werden. Es kommt nur der Abzug des → Sparer-Pauschbetrags zur Anwendung.

VI. Einkünfte aus Vermietung und Verpachtung: Dazu gehören nach § 21 EStG: (1) Einkünfte aus Vermietung und Verpachtung von unbeweglichem Vermögen, bes. von Grundstücken, Gebäuden, Gebäudeteilen, Schiffen und → grundstücksgleichen Rechten (z.B. Erbbaurecht); (2) Einkünfte aus Vermietung und Verpachtung von Sachinbegriffen, bes. von beweglichem Betriebsvermögen; (3) Einkünfte aus zeitlich begrenzter Überlassung von Rechten (z.B. künstlerische, schriftstellerische und gewerbliche Urheberrechte); (4) Einkünfte aus Veräußerung von Miet- und Pachtzinsforderungen, auch wenn sie im Veräußerungspreis von Grundstücken enthalten sind. – 2. Zur *Ermittlung der Einkünfte* sind von den Einnahmen die → Werbungskosten abzuziehen.

VII. Sonstige Einkünfte (§§ 22, 23 EStG): 1. Einkünfte *aus Rentenbezügen* (§ 22 Nr. 1 EStG), solange sie nicht zu einer der Einkunftsarten I – VI gehören; Hierunter fallen Renten aus der gesetzlichen Rentenversicherung, Renten aus landwirtschaftlichen Alterskassen, Renten aus berufsständigen Versorgungseinrichtungen sowie Renten aus einer privaten Rentenversicherung, die nach dem 31.12.2004 abgeschlossen worden sind (Basis- oder Rürup-Rente). Ab dem Veranlagungszeitraum 2005 werden diese Rentenleistungen nicht mehr mit dem Ertragsanteil besteuert. Der Besteuerungsanteil richtet sich nunmehr nach dem Jahr des Beginns der Rente. Der steuerfreie Teil der Rente wird vom Finanzamt als Rentenfreibetrag für die gesamte Laufzeit der Rente festgeschrieben. Renten, die in 2005 beginnen, werden einheitlich mit 50 Prozent besteuert. Der Besteuerungsanteil steigt stufenweise an auf 100 Prozent im Veranlagungszeitraum 2040, vgl. → nachgelagerte Besteuerung. Alle anderen Renten werden weiterhin mit dem Ertragsanteil besteuert. Hierunter fallen Renten aus der privaten

Rentenversicherung (nicht → Riester- oder → Rürup-Rente), Renten aus der Lebensversicherung, die nicht die Voraussetzungen des § 10 I Nr. 2b EStG (Basisrenten) erfüllen, Renten aus Vermögensübertragungen gegen Versorgungsleistungen zur vorweggenommenen Erbfolge, soweit es sich nicht um dauernde Lasten handelt, Veräußerungsleibrenten, Renten aus der Zusatzversicherung des Bundes und der Länder (VBL), deren Finanzierung nach dem Umlageverfahren und deren Besteuerung während der Berufstätigkeit und danach als Arbeitslohn erfolgte. Der steuerpflichtige Ertragsanteil wurde ab 2005 gesenkt. Erfolgt jedoch die Auszahlung des Kapitals nach der Vollendung des 60. Lebensjahrs und nach einer Laufzeit von 12 Jahren, sind nur 50 Prozent der Erträge steuerpflichtig. – 2. Einkünfte aus → Unterhaltsleistungen (§ 22 Nr. 1a EStG) vom geschiedenen oder dauernd getrennt lebenden Ehegatten werden als sonstige Einkünfte erfasst, wenn sie vom Geber als → Sonderausgaben abgezogen werden können. – 3. Einkünfte aus → privaten Veräußerungsgeschäften im Sinn des § 23 EStG werden als sonstige Einkünfte erfasst (§ 22 Nr. 2 EStG). Ab dem Veranlagungszeitraum 2009 wird die Besteuerung von privaten Veräußerungsgeschäften aus Kapitalanlagen nunmehr einheitlich nach § 20 EStG (Einkünfte aus Kapitalvermögen) vorgenommen. – 4. *Einkünfte aus sonstigen Leistungen* (z.B. aus gelegentlicher Vermittlung und Vermietung beweglicher Gegenstände) sind als sonstige Einkünfte zu versteuern, wenn sie die Freigrenze von 256 Euro im Kalenderjahr erreichen bzw. übersteigen (§ 22 Nr. 3 EStG). – 5. Entschädigungen, Zuschüsse zu Krankenversicherungen, Übergangsgelder oder andere Versorgungsbezüge, die *Bundestags-, Landtags- oder andere Abgeordnete* erhalten (§ 22 Nr. 4 EStG). – 6. Leistungen aus *Altersvorsorgeverträgen* (§ 1 I AltZertG), Pensionsfonds, Pensionskassen und Direktversicherungen: Die Höhe der Besteuerung bemisst sich hierbei danach, ob und inwieweit die Beiträge in der Ansparphase steuerfrei gestellt bzw. als Sonderausgaben abzugsfähig waren, durch Alterszulage gefördert worden sind oder durch steuerfreie Zuwendung erworben wurden.

Einkünfte aus Gewerbebetrieb → Einkünfte.

Einkünfte aus Kapitalvermögen → Einkünfte.

Einkünfte aus Land- und Forstwirtschaft → Einkünfte.

Einkünfte aus nichtselbständiger Arbeit → Einkünfte.

Einkünfte aus selbständiger Arbeit → Einkünfte.

Einkünfte aus Vermietung und Verpachtung → Einkünfte.

Einkünfteermittlung – Begriff des Einkommensteuerrechts. Ermittlung des Ergebnisses (→ Einkünfte) aus den einzelnen Einkunftsarten. Die Summe der Einkünfte bildet die Ausgangsgröße bei der → Einkommensermittlung. – Es existieren *verschiedene Methoden* je nach Art der Einkünfte: (1) Bei *Überschusseinkunftsarten* ermitteln sich die → Einkünfte als Überschuss der Einnahmen über die → Werbungskosten (§ 2 II Nr. 2 EStG); anzuwenden bei Einkünften aus nichtselbständiger Arbeit, aus Kapitalvermögen, aus Vermietung und Verpachtung, sonstigen Einkünften.(2) Bei den *Gewinneinkunftsarten* (Einkünfte aus Land- und Forstwirtschaft, aus Gewerbebetrieb, aus selbständiger Arbeit) sind die Einkünfte der Gewinn (§ 2 II Nr. 1 EStG). Hinsichtlich der Gewinnermittlungsmethoden ist zu unterscheiden: (a) Ermittlung des *Überschusses der Betriebseinnahmen über die* → Betriebsausgaben nach § 4 III EStG (→ Einnahmen-Überschuss-Rechnung); angewandt von Gewerbetreibenden und Land- und Forstwirten, die gesetzlich zur Führung und Erstellung von Abschlüssen nicht verpflichtet sind und dies auch freiwillig nicht tun, sowie von Steuerpflichtigen mit Einkünften aus selbständiger Arbeit. (b) → Betriebsvermögensvergleich: Ermittlung des Unterschiedsbetrags zwischen dem → Betriebsvermögen am Schluss des Wirtschaftsjahres und dem Betriebsvermögen am Schluss des vorangegangenen Wirtschaftsjahres, vermehrt um den Wert der Entnahmen, vermindert um den Wert der Einlagen (§§ 4 I und 5 I EStG); anzuwenden von Steuerpflichtigen, die nach Handels- oder Steuerrecht verpflichtet sind, Bücher zu führen und regelmäßig Abschlüsse zu machen (§§ 140, 141 AO; → Buchführungspflicht) oder die dies freiwillig tun: Land- und Forstwirte, Selbstständige, Nichtkaufleute nach § 4 I EStG, Kaufleute nach § 5 I EStG. (c) Ermittlung des *Gewinns aus Land- und Forstwirtschaft* nach → Durchschnittssätzen. (d) Ermittlung des Gewinns aus dem Betrieb von Seeschiffen im internationalen Verkehr nach pauschalierten Sätzen (→ Tonnagesteuer; § 5a EStG).

Einkünfteerzielungsabsicht – 1. *Begriff:* Die Absicht, mit einer Tätigkeit bzw. Kapitalanlage über eine Periode hinweg einen (steuerpflichtigen) Überschuss zu erzielen. – 2. *Steuerliche Bedeutung* hat die Einkünfteerzielungsabsicht v.a. für die Frage, ob Verluste aus einer wirtschaftlichen Betätigung steuerlich geltend gemacht werden können. Denn Einkünfteerzielungsabsicht ist Voraussetzung für die Steuerpflicht; fehlt sie, ist die Tätigkeit steuerlich ohne Bedeutung, mit der Folge, dass entsprechende Verluste nicht steuerlich abziehbar sind. – Vgl. auch → Liebhaberei.

Einkunftsarten → Einkünfte.

Einlagefazilität – Die Geschäftsbanken können die Einlagefazilität nutzen, um bei den nationalen Zentralbanken Guthaben bis zum nächsten Geschäftstag anzulegen. I.d.R. gibt es keine Betragsbegrenzungen für die Einlagekonten. Die Inanspruchnahme dieser Fazilität durch die Geschäftsbanken unterliegt keinen sonstigen Beschränkungen. Der Zinssatz für die Einlagefazilität bildet i.Allg. die Untergrenze des Tagesgeldsatzes.

Einlagekonto – Konto des → stillen Gesellschafters, das den jeweiligen Stand seiner Beteiligung ausweist, also nur die geleisteten → Einlagen umfasst. Etwaige Verlustanteile sind von dem Einlagekonto abzuschreiben; nicht entnommener Gewinn ist dagegen grundsätzlich nicht dem Einlagekonto, sondern dem Privatkonto gutzuschreiben. Ein *aktives* Einlagekonto braucht der stille Gesellschafter nur insoweit abzudecken, als er noch zur Leistung der Einlage verpflichtet ist (§ 232 HGB). – *Rechtlich* hat der stille Gesellschafter in Höhe seines Einlagekontos vermindert um auf ihn entfallende Verluste eine Gläubigerforderung gegen den Geschäftsinhaber (§§ 230, 236 HGB); grundlegender Unterschied zum → Kapitalkonto des OHG-Gesellschafters. – *Anders:* → steuerliches Einlagekonto.

Einlagen – I. Handelsrecht: die Bar- oder Sachleistungen, mit denen sich ein Gesellschafter an einer Handelsgesellschaft beteiligt. – 1. *Aktiengesellschaft:* Dem → Nennwert bzw. höheren Ausgabebetrag der Aktien entsprechende Beträge, evtl. auch → Sacheinlagen. Einlagen dürfen nicht zurückgewährt werden; bei verbotswidriger Rückgewähr tritt persönliche Haftung des Aktionärs gegenüber den Gesellschaftsgläubigern und Ersatzpflicht des Vorstandes ein (§§ 57 I S. 1, 62, 93 III Nr. 1 AktG). – 2. *GmbH:* Der Nennbetrag jedes Geschäftsanteils (vor dem → Gesetz zur Modernisierung des GmbH-Rechts und zur Bekämpfung von Missbräuchen (MoMiG): → Stammeinlage) muss auf volle Euro lauten, ein Gesellschafter kann bei Errichtung der Gesellschaft mehrere Geschäftsanteile übernehmen (§ 5 II GmbHG). Die Höhe der Nennbeträge der einzelnen Geschäftsanteile kann verschieden bestimmt werden (§ 5 III 1 GmbHG). Die Summe der Nennbeträge aller Geschäftsanteile muss mit dem → Stammkapital übereinstimmen (§ 5 III 2 GmbHG). – 3. *Offene Handelsgesellschaft:* der sich nach dem Gesellschaftsvertrag bestimmende → Gesellschaftsbeitrag. – Mangels einer Vereinbarung im Gesellschaftsvertrag sind die Einlagen in gleichen Anteilen zu erbringen (§ 706 I BGB). Zur Erhöhung der versicherten Einlage ist ein Gesellschafter nicht verpflichtet (§ 707 BGB), der Gesellschaftsvertrag kann aber in angemessener Grenze eine allg. Kapitalerhöhung durch Beschlussfassung der Gesellschafter zulassen. – 4. *Kommanditgesellschaft:* Man hat bei den Kommanditisten mit Bezug auf ihre Haftung im Außenverhältnis zunächst die Einlage nach § 171 I HGB (im Sprachgebrauch oft auch oft → Haftsumme genannt) zu betrachten. Danach haftet der Kommanditist den Gläubigern der KG gegenüber mit seinem Privatvermögen, doch nur bis zur Höhe der nach § 162 I 1 HGB im Handelsregister zu veröffentlichenden Haftsumme. Er haftet nicht (mehr), soweit er diese Einlage schon geleistet hat. Im Innenverhältnis der Gesellschafter untereinander kann für den Kommanditisten die Verpflichtung bestehen, einen über die Haftsumme hinausgehenden Betrag (auch → Pflichteinlage genannt) einzulegen. – 5. *Stille Gesellschaft:* Die Einlage des stillen Gesellschafters geht in das Vermögen des Geschäftsinhabers über (§ 230 HGB) und wird dem → Einlagekonto gutgeschrieben. Als Einlage kann jeder Vermögenswert eingebracht werden, selbst eigene Forderungen und Leistungen von Diensten. Bei Insolvenz des Geschäftsinhabers kann der stille Gesellschafter ggf. den seinen Verlustanteil überschießenden Einlageteil als Insolvenzgläubiger geltend machen; hatte er seine Einlagen noch nicht eingezahlt, so muss er den zur Deckung seines Verlustanteiles erforderlichen Betrag zur Insolvenzmasse geben (§ 236 HGB). – Vgl. Abbildung „Einlagen – Arten".

II. Steuerrecht: 1. *Begriff:* Einlagen sind alle Wirtschaftsgüter, die der Steuerpflichtige dem Betrieb zuführt (§§ 4 I, 5 I EStG). Hierzu gehören → Wirtschaftsgüter aller Art (z.B. Geld, Waren, Grundstücke, Forderungen, Patente), Nutzungen und Leistungen nur, wenn ein einlagenfähiges Wirtschaftsgut vorliegt (z.B. hinsichtlich des Nutzungsrechts eine gesicherte Rechtsposition). – *Nicht* einlagefähige oder andere Dienstleistungen sind die persönliche Arbeitskraft des Unternehmers (keine Wirtschaftsgüter) sowie Wirtschaftsgüter des → notwendigen Privatvermögens, da keine Nutzung im Betrieb erfolgt. – 2. *Gewinnauswirkung:* Einlagen dürfen gemäß § 4 I 1 EStG den Gewinn nicht beeinflussen. Soweit sie bei der Gewinnermittlung durch → Betriebsvermögensvergleich nach §§ 4 I, 5 I EStG das → Betriebsvermögen erhöht haben, ist der Gewinn um den Wert der Einlagen zu vermindern. – 3. *Bewertung:* Einlagen sind mit dem → Teilwert für den Zeitpunkt der Zuführung anzusetzen, jedoch höchstens mit den → Anschaffungskosten oder → Herstellungskosten, wenn das Wirtschaftsgut (1) innerhalb von drei Jahren vor der Zuführung angeschafft oder hergestellt worden oder (2) ein Anteil an einer Kapitalgesellschaft ist und der Steuerpflichtige an der Gesellschaft wesentlich beteiligt (§ 17 I EStG) ist (§ 6 I 5 EStG). – Vgl. auch → verdeckte Einlagen. – *Gegensatz:* → Entnahmen.

III. Bankwesen: 1. *Begriff:* Zahlungsmittel aus dem Nichtbankenbereich, die bei Banken deponiert werden (Zahlungsmittel aus dem Bankenbereich, aufgenommene Gelder und Darlehen). Die Begründung einer Einlage, deren Begriff gesetzlich nicht definiert ist, setzt einen schuldrechtlichten Vertrag in Form eines Darlehensvertrags gemäß § 488 BGB oder eines unregelmäßigen Verwahrungsvertrages gemäß § 700 BGB (auch als „Summenverwahrung" oder „depositum irregulare" bezeichnet) voraus. – 2. *Arten:* a) Nach der *Art der Einlagen:* (1) → Sichteinlagen, (2) → Termineinlagen und (3) → Spareinlagen. – Sicht- und Termineinlagen werden auch unter dem Begriff *Depositen* subsumiert. – b) Nach den *Einlegern:* (1) Nichtbankeneinlagen und (2) Bankeneinlagen. – Vgl. auch → Einlagengeschäft.

Einlagenfazilitäten des ESZB – Möglichkeit der Kreditinstitute, kurzfristige (Übernacht-)Sichteinlagen

Einlagen – Arten

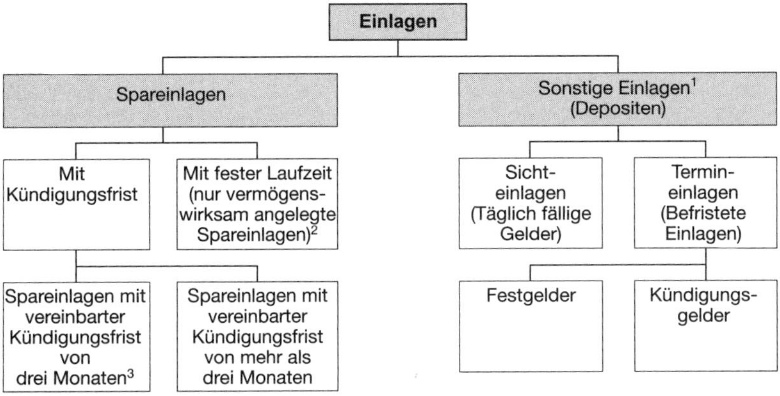

1 Im Sparkassenrecht auch als „Andere Einlagen" bezeichnet.
2 Mit Ablauf der im 5. VermBG geregelten Festlegungsfristen sind zwar vermögenswirksame Spareinlagen zur Rückzahlung fällig. Sie verlieren aber – soweit nichts anderes vereinbart ist – nicht ihren Spareinlagencharakter.
3 Definition der Spareinlage ab 1.7.1993 gem. § 21 Abs. 4 RechKredV.

Quelle: Platz, S., Fachwissen Passivgeschäft, Teil 1, Stuttgart 1994, S. 32.

bei der EZB zu unterhalten; verzinst mit dem Einlagensatz von 1 Prozent (Januar 2009). – Vgl. auch → Europäisches System der Zentralbanken (ESZB), → Geldpolitik.

Einlagengeschäft → Bankgeschäft im Sinn des § 1 I Nr. 1 Gesetz über das Kreditwesen (KWG). Das Einlagengeschäft beinhaltet die Annahme fremder Gelder als verzinsliche oder unverzinsliche → Einlagen. Bei der Annahme von → Sichteinlagen und → Termineinlagen (unter dem Begriff Depositen subsumiert) als *Depositengeschäft* bezeichnet. – § 3 KWG verbietet das Einlagengeschäft für Werksparkassen und Zwecksparunternehmen (ausgenommen → Bausparkassen) oder wenn durch Vereinbarung oder geschäftliche Gepflogenheiten die Verfügung über die Einlagen durch Barabhebung ausgeschlossen oder erheblich erschwert wird.

Einlagensicherung – 1. *Direkte Einlagensicherung*: Verpflichtung der Institute durch das Einlagensicherungs- und Anlegerentschädigungsgesetz (EAEG) vom 16.7.1998, ihre Einlagen und → Verbindlichkeiten aus Wertpapiergeschäften durch Zugehörigkeit zu einer Entschädigungseinrichtung zu sichern. Die gesetzliche Einlagensicherung begrenzte die Entschädigung in der Vergangenheit auf 90 Prozent der Forderung bzw. 20.000 Euro je Kunden. Unter dem Eindruck der jüngsten Finanzmarktkrise (→ Subprime-Krise) wurde im Juli 2009 die dt. Einlagensicherung auf 50.000 Euro je Kunde erhöht. Zusätzlich wurde die Verlustbeteiligung für Einleger i.H.v. 10 Prozent abgeschafft. Seit dem 31.12.2010 ist der Betrag im Rahmen des Einlagensicherungsgesetzes auf 100.000 Euro je Kunde erhöht worden. Die Auszahlungsfrist wurde auf maximal 30 Arbeitstage reduziert. – Zusätzlich existieren in Deutschland folgende freiwillige Einlagensicherungseinrichtungen: a) Einlagensicherungsfonds des → V. (Bankenverband) „Durch den Einlagensicherungsfonds des Bundesverbandes deutscher Banken sind die Guthaben jedes einzelnen Kunden bei den privaten Banken bis zu einer Höhe von 30 Prozent des maßgeblichen haftenden → Eigenkapitals der jeweiligen Bank zum Zeitpunkt des letzten veröffentlichten Jahresabschlusses voll gesichert. Dieser Schutz umfasst alle „Nichtbankeneinlagen", also die Guthaben von Privatpersonen, Wirtschaftsunternehmen und öffentlichen Stellen. Für die kommenden Jahre ist eine Absenkung beschlossen worden: zum 1.1.2015 auf 20 Prozent, zum 1.1.2020 auf 15 Prozent und zum 1.1.2025 auf 8,75 Prozent. – b) Einlagensicherungsfonds des Bundesverbandes Öffentlicher Banken Deutschlands (VÖB): Der 1994 gegründete freiwillige VÖB-Einlagensicherungsfonds schützt Nichtbankeneinlagen, die den gesetzlichen Entschädigungsanspruch von 100.000 Euro nach EAEG übersteigen. Hierdurch werden alle Einlagen eines Kunden unabhängig von der Anzahl der bei einer Bank unterhaltenen Konten und unter Einschluss eventueller Zinsansprüche bis maximal 100.000 Euro geschützt. – c) Haftungsverbund der Sparkassen-Finanzgruppe: Die Kunden der → Sparkassen in Deutschland werden vom Haftungsverbund der Sparkassen-Finanzgruppe weit über die gesetzlichen Vorgaben hinaus geschützt. Seit dem Wegfall der → Gewährträgerhaftung im Jahre 2005 schützt der Haftungsverbund die Einlagen aller Kunden zu 100 Prozent ohne betragsmäßige Begrenzung. – d) Sicherungseinrichtung des → V. (BVR)" Die Sicherungseinrichtung des BVR schützt bei den ihr angeschlossenen genossenschaftlichen Banken stets zu 100 Prozent und ohne betragliche Begrenzung die Einlagen und Inhaberschuldverschreibungen der Kunden. – e) Bausparkassen-Einlagensicherungsfonds e. V.: Schutz von Bauspareinlagen und Zinsen zu 100 Prozent sowie von Festgeldanlagen und Sparbriefen bis zu 250.000 Euro pro Anleger. – 2. *Indirekte Einlagensicherung:* präventive Einlagensicherung, z.B. durch die Bestimmungen des → Kreditwesengesetz (KWG) insbes. in Bezug auf die Geschäftsaufnahme, Eigenkapital-, Kredit- und Liquiditätsnormen sowie der Sicherungsvorkehrungen des Wirtschaftszweiges.

Einlagenzertifikat → CD.

Einlagerungsinventur → laufende Inventur.

Einlassungsfrist – Frist, die im Zivilprozess zwischen → Zustellung der Klageschrift und dem Verhandlungstermin liegen soll. Sie beträgt bei Prozessen im Anwaltszwang zwei Wochen (§ 274 ZPO); sonst entspricht sie i.d.R., auch wegen der Folgen ihrer Nichteinhaltung, der → Ladungsfrist.

Einlastungsprozentsatz – Steuergröße im Rahmen der → belastungsorientierten Auftragsfreigabe (BOA). Der Einlastungsprozentsatz dient als Steuerparameter für die Kapazitätseinlastung an einem Betriebsmittel.

$$E. = \frac{\text{Belastungsschranke} \cdot 100}{\text{geplanterAuftragsabgang}}.$$

Einliegerwohnung – eine in einem → Eigenheim, einem Kaufeigenheim oder einer Kleinsiedlung enthaltene abgeschlossene oder nicht abgeschlossene zweite Wohnung, die gegenüber der Hauptwohnung von untergeordneter Bedeutung ist. – *Steuerliche Behandlung:* → Zweifamilienhaus. – Vgl. auch → Wohnungsbau.

Einlinienprinzip → Einliniensystem.

Einliniensystem – 1. *Begriff:* Grundform eines → Leitungssystems, bei der hierarchisch untergeordnete organisatorische Einheiten → Weisungen nur von jeweils einer übergeordneten → Instanz erhalten (Einlinienprinzip, Instanzenweg). Das Einliniensystem geht zurück auf das von Fayol geprägte Prinzip der Einheit der Auftragserteilung. – Vgl. auch → Fayol-Brücke. – 2. *Vorteile:* Klare Unterstellungsverhältnisse; eindeutige und übersichtliche Abgrenzung von → Kompetenz und Festlegung von → Kommunikationswegen. – *Nachteile:* Evtl. Überlastungen, mangelnde Spezialisierung der Zwischeninstanzen, Schwerfälligkeiten im Kommunikations- und Entscheidungsprozess (→ Dispositionsfähigkeit), Informationsfilterung.

einmalige Bezüge → sonstige Bezüge.

einmalige Vermögensanfälle – Begriff für Schenkungen, Erbschaften, Lotteriegewinne etc. – *Steuerliche Behandlung:* – 1. *Einkommensteuer:* Einmalige Vermögensanfälle fallen unter keine Einkunftsart, unterliegen nicht der Einkommensteuer. – 2. *Körperschaftsteuer:* Einmalige Vermögensanfälle unterliegen i.d.R. auch nicht der Körperschaftsteuer; Ausnahmefall: → Betriebseinnahme bei betrieblicher Veranlassung. – 3. *Erbschaftsteuer:* Erbschaften und Schenkungen unterliegen der → Erbschaftsteuer. – 4. Für *Lotteriegewinne* → Rennwett- und Lotteriesteuer.

Einmanngesellschaft – *Einpersonengesellschaft.*

I. Begriff/Arten: 1. *Begriff:* → Kapitalgesellschaft, bei der alle Geschäftsanteile in einer Hand vereinigt sind. – 2. *Arten:* a) *Einmann-GmbH:*Beschlussfassung anstelle der Gesellschafterversammlung durch den alleinigen Eigner sämtlicher Anteile; zumeist ist er gleichzeitig der alleinige Geschäftsführer. § 1 GmbHG lässt die Gründung einer Einmann-GmbH zu; die nach altem Recht (§ 7 II 3 GmbHG a.F.) im Zuge der Anmeldung ggf. notwendige Sicherungsleistung ist nicht mehr erforderlich, da diese Vorschrift durch das → Gesetz zur Modernisierung des GmbH-Rechts und zur Bekämpfung von Missbräuchen (MoMiG) aufgehoben wurde. Für ein → Insichgeschäft des Gesellschafter-Geschäftsführers bedarf es Regelung in der → Satzung oder Satzungsänderung. Ein Beschluss der Einmanngesellschaft ist unverzüglich durch eine unterzeichnete Niederschrift zu beurkunden. – b) *Einmann-AG:* Form der AG, in der sich alle Aktien in der Hand einer Person befinden. Sie kann bei Gründung oder zu einem späteren Zeitpunkt durch Erwerb sämtlicher Aktien entstehen. Auch die Einmanngesellschaft ist → juristische Person; den Gläubigern haftet dementsprechend nur das Gesellschaftsvermögen. Die Einmann-AG muss → Vorstand und → Aufsichtsrat (AR) haben, wobei der Einmann-Aktionär sich nur zum einen oder dem anderen bestellen kann. Bei der Verletzung seiner Pflichten haftet der Einmann-Aktionär u. U. den Gläubigern persönlich mit seinem sonstigen Vermögen. Gründung/Entstehung sowie Name, Vorname, Beruf und Wohnort des alleinigen Aktionärs sind unverzüglich beim Gericht anzumelden (§ 42 AktG).

II. Steuerrecht: Die Einmanngesellschaft wird trotz der Künstlichkeit in der Unterscheidung zwischen Gesellschaft und Gesellschafter mit allen Konsequenzen anerkannt, bes. im Hinblick auf Bewilligungen und Auszahlung von Gehalt an den geschäftsführenden Gesellschafter und dessen Angemessenheit (→ verdeckte Gewinnausschüttung); Einschränkungen jedoch bei Pensionszusagen (→ Pensionsrückstellung).

Einmarkenstrategie → Markenstrategien.

Einnahmen – I. Rechnungswesen: Strömungsgröße zu Geldvermögensbestand (Zahlungsmittelbestand zzgl. Bestand an Forderungen abzüglich Bestand an Verbindlichkeiten), also Zufluss von Zahlungsmitteln und/oder Erlangung von Forderungen eines Wirtschaftssubjekts. – *Gegensatz:* → Ausgaben. – Nicht zu verwechseln mit → betriebsbedingtem Ertrag, → Einzahlung, → Erlös, → Ertrag.

II. Finanzwissenschaft: → Öffentliche Einnahmen, → Staatseinnahmen. – *Anders:* → Einkünfte.

Einnahmenpolitik → Finanzpolitik.

Einnahmentheorie – Theorie der → öffentlichen Einnahmen, bestehend aus der Lehre von den Gebühren und Beiträgen, der → Steuertheorie und der Theorie der öffentlichen Verschuldung (→ Staatsschulden). Die Einnahmentheorie wurde getrennt von der Staatsausgabentheorie (→ Ausgabentheorie) entwickelt. Sie ist Teilbereich der → Finanztheorie und wichtiges Lehrgebiet der → Finanzwissenschaft. – Über den zielorientierten Einsatz der steuerlichen Instrumente unterrichtet die → Finanzpolitik.

Einnahmen-Überschuss-Rechnung – I. Steuerrecht: Form der Gewinnermittlung nach § 4 III EStG. Anwendbar für Steuerpflichtige, die nicht aufgrund gesetzlicher Vorschriften verpflichtet sind, Bücher zu führen und Abschlüsse zu machen, und die auch nicht freiwillig Bücher führen und Abschlüsse machen (Kleingewerbetreibende, freiberuflich Tätige, nicht Buch führende Land- und Forstwirte). Gewinn ist der Überschuss der → Betriebseinnahmen über die → Betriebsausgaben. Die Einnahmen-Überschuss-Rechnung ist seit 2005 nach amtlichem Vordruck vorzunehmen. Liegen die Betriebseinnahmen jedoch unter der Grenze von 17.500 Euro, ist es nicht zu beanstanden, wenn anstelle des Vordrucks der Steuererklärung eine formlose Gewinnermittlung beigefügt wird.

II. Rechnungswesen: Teilgebiet des betriebswirtschaftlichen → Rechnungswesens, das → Einnahmen und → Ausgaben aufzeichnet.

Einnahmeplan – Teil des → Finanzplans der Unternehmung, in dem für einen Zeitraum sämtliche zu erwartenden → Einnahmen als → Sollzahlen aufgestellt werden.

einnahmewirksame Erträge – alle Erträge, die innerhalb der betreffenden Periode zu → Einnahmen führen (z.B. Umsatzerlöse, Erträge aus Anlageverkäufen; nicht dagegen Bucherträge wie z.B. Erträge aus der Auflösung von Rückstellungen).

Einpersonengesellschaft → Einmanngesellschaft.

Einphasenumsatzsteuer – Umsatzsteuersystem (→ Umsatzbesteuerung), bei dem nur auf einer Phase der Leistungskette → Umsatzsteuer erhoben wird. – *Anders:* → Einzelhandelsumsatzsteuer. – *Gegensatz:* → Allphasenumsatzsteuer, → Mehrphasenumsatzsteuer.

Einplanung – *Auftragsfreigabe.* Schnittstelle zwischen Produktionsplanung und -steuerung. Hier erfolgt die Umsetzung der geplanten Losgrößen, Bestellmengen, Fertigungsaufträge und Arbeitsgänge. Die Einplanung übernimmt von der Durchlaufterminierung und → Kapazitätsterminierung alle Auftragsdaten. Unterschieden wird zwischen der → statischen Einplanung, der → dynamischen Einplanung, der belastungsorientierten Einplanung (→ belastungsorientierte Auftragsfreigabe (BOA)) und der → engpassorientieren Einplanung.

Einproduktbetrieb → Einproduktproduktion.

Einproduktproduktion – Elementartyp der Produktion (→ Produktionstypen). Bei Einproduktproduktionen wird nur eine Produktart produziert, die in Varianten erstellt werden kann, die sich nur in Einzelheiten voneinander unterscheiden. – *Gegensatz:* → Mehrproduktproduktion.

Ein-Prozent-Regelung – *Grundsätzliches:* Eine einkommensteuerliche Regelung, um die Kosten der privaten Nutzung eines (betrieblichen) Pkw zu schätzen. Die Regelung wird sowohl für Unternehmer als auch für Arbeitnehmer in gleicher Weise angewandt. – Dabei ist zu unterscheiden zwischen der allg. Privatnutzung und der Nutzung des Pkw für Fahrten zwischen Wohnung und Arbeitsstätte. Die allg. Privatnutzung wird gesetzlich geschätzt mit einem Wert von 1 Prozent des inländischen Bruttolistenpreises im Zeitpunkt der Erstzulassung des Kfz; zu diesem → Listenpreismüssen Kosten für Sonderausstattungen etc. hinzuaddiert werden. Der Wert der Nutzung für Fahrten zwischen Wohnung und Arbeitsstätte wird geschätzt mit zusätzlichen 0,03 Prozent je Entfernungskilometer. Darüber hinaus wird auch für den Vorteil aus Familienheimfahrten ein Vorteil von 0,02 Prozent des Listenpreises zusätzlich angesetzt. – Die nach der Ein-Prozent-Regelung geschätzten Werte beziehen sich jeweils auf einen Monat, sind also aufs Jahr gerechnet zu verzwölffachen. – Bei *Arbeitnehmern* wird die Ein-Prozent-Regelung bei der Schätzung des → geldwerten Vorteilsin einem einzigen Schritt verwirklicht (§ 8 II EStG), bei *Unternehmern* wird dagegen zersplittert vorgegangen: Der 1-prozentige Anteil gilt als Schätzung für die Entnahme (§ 6 I Nr. 4 EStG), die 0,03-Prozent- und 0,02-Prozent-Werte werden über die Schätzung nicht abziehbarer Betriebsausgaben umgesetzt (§ 4 V Nr. 6 EStG). – Für *Wirtschaftsjahre, die nach dem 31.12.2005 beginnen:*Beschränkung der Anwendung der 1 Prozent Regelung auf Fahrzeuge mit betrieblicher Nutzung von mehr als 50 Prozent (§ 6 I Nr. 4 EStG, BMF-Schreiben vom 7.7.2006). Ab dem Veranlagungszeitraum 2007 sind Aufwendungen für Wege zwischen Wohnung und Betriebsstätten und für Familienheimfahrten keine → Betriebsausgabenmehr. Die nicht abzugsfähigen Betriebsausgaben sind nach der bisherigen Methode mit 0,03 Prozent des inländischen Listenpreises je Monat und je Entfernungskilometer bzw. 0,002 Prozent je

Entfernungskilometer zu ermitteln oder die tatsächlichen Aufwendungen maßgebend (§ 4 V Nr. 6 EStG wurde aufgehoben und durch § 4 V Nr. 5a EStG). Ab dem Veranlagungszeitraum 2007 wurde die Entfernungspauschale ursprünglich nur noch ab dem 21. Entfernungskilometer gewährt. Durch das Urteil des Bundesverfassungsgerichts ist diese Regelung jedoch als verfassungswidrig anzusehen, sodass die Pendlerpauschale wieder rückwirkend ab dem ersten Entfernungskilometer gewährt wird. Gehört ein Kraftfahrzeug dem gewillkürten Betriebsvermögen bzw. dem geduldeten Betriebsvermögen an (10 Prozent bis 50 Prozent betriebliche Nutzung), ist der private Nutzungsanteil mit den tatsächlichen Selbstkosten für diesen Anteil zu bewerten. Für Fahrten zwischen Wohnung und Betriebsstätte oder für Familienheimfahrten sind die nicht abzugsfähigen Betriebsausgaben mit den auf diese Fahrten tatsächlich entfallenden Aufwendungen zu ermitteln.

Ein-Punkt-Klauseln – Form einer → Handelsklausel, wonach die Zeitpunkte bzw. Orte für den Gefahrenübergang und die Kostenteilung zwischen Verkäufer und Käufer beisammen liegen, z.B. → Ankunftsvertrag. – *Gegensatz:* → Zwei-Punkt-Klausel. – Vgl. auch → Incoterms.

Einrede der Arglist – Begriff des Bürgerlichen Rechts. Die Einrede der Arglist kann einem Anspruch entgegengesetzt werden, wenn dieser auf arglistige Weise erworben ist oder seine Geltendmachung eine sittenwidrige Schädigung des Verpflichteten darstellt. – Vgl. auch → unzulässige Rechtsausübung.

Einrede der Verjährung → Verjährung.

Einrede der Vorausklage – Dem Bürgen eingeräumtes Recht, die Befriedigung des Gläubigers so lange zu verweigern, als dieser nicht die Zwangsvollstreckung gegen den Hauptschuldner ohne Erfolg versucht hat (§ 771 BGB). Der Bürge kann auf die Einrede der Vorausklage verzichten (→ selbstschuldnerische Bürgschaft). Der Einrede der Vorausklage bedarf es nicht bei der → Ausfallbürgschaft. – *Keine* Einrede der Vorausklage (1) hat der Kaufmann, wenn die Bürgschaft für ihn ein Handelsgeschäft ist (§ 349 HGB); (2) bei → Insolvenzverfahren des → Hauptschuldners; (3) wenn Zwangsvollstreckung gegen Hauptschuldner keine Erfolgsaussicht bietet oder die Rechtsverfolgung wesentlich erschwert ist (§ 773 BGB).

Einrede des nichterfüllten Vertrags – bei einem → gegenseitigen Vertrag jedem Vertragsteil eingeräumtes Recht, seine Leistung bis zur Bewirkung der Gegenleistung zu verweigern, sofern er nicht vorleistungspflichtig ist (§ 320 BGB). – Vgl. auch → Leistungsverweigerungsrecht.

Einreichungsverzeichnis – *Diskontnota;* bei der Diskontierung von → Wechseln oder → Schecks mit diesen einzureichender Vordruck, auf dem in der Reihenfolge der Verfallzeit die Wechsel unter Angabe des Wechselbetrages, Zahlungsorts, Verfalldatums, der Tage und Zinszahlen aufgeführt sind und der Diskontbetrag errechnet ist; entsprechendes gilt für Schecks (heute nicht mehr üblich).

Einreihung in den Zolltarif – im Sinn des Zollrechts die Zuordnung der angemeldeten Ware zu einer Codenummer des Zolltarifs. Die Einreihung ist als Bestandteil der → Zollanmeldung zunächst vom Anmelder vorzunehmen, kann alsdann als ein Teil der Zollabfertigung von der Zollbehörden überprüft und ggf. neu vorgenommen werden. Um Rechtssicherheit zu erhalten, kann jeder Wirtschaftsbeteiligte im Vorfeld eine → verbindliche Zolltarifauskunft einholen. Sie gilt EU-weit.

Einreisebestimmungen – 1. *Begriff:* Bestimmungen, die Reisende für die Einreise in andere Länder oder für kurze Aufenthalte in Transitländern beachten müssen. – 2. *Merkmale:* Einreisebestimmungen beziehen sich insbesondere auf Ausweisdokumente, Beförderungsdokumente, Gesundheitsvorsorgemaßnahmen, Zölle und Devisenverkehr. – 3. *Recht:* → Reisevertrag, → Verordnung über Informationspflichten nach bürgerlichem Recht (BGBInfVO).

Einreise-Freimengen-Verordnung → Freimengen.

Einrichtelöhne – Bestandteil der → Einrichtungskosten. Einrichtelöhne entstehen bei Umstellung von Arbeitsmaschinen auf neue Formen, Verrichtungen etc. – *Kostenmäßige Erfassung und Verrechnung:* Die Einrichtelöhne sollen nach Möglichkeit den → Kostenstellen belastet werden, in denen sie anfallen. Die Verrechnung auf → Kostenträger ist nur möglich, wenn die Einrichtelöhne bestimmte Aufträge (Einzelfertigung) betreffen; bei der Serienproduktion müssen die Einrichtelöhne wie die übrigen Stellenkosten im Gemeinkostenzuschlag bzw. im Maschinenstundensatz (→ Gemeinkostenschlüsselung) berücksichtigt werden.

Einrichtezeit → Rüstzeit (t_r).

Einrichtungskosten – *Ausstattungskosten.* 1. *Begriff:* → Aufwendungen für die Errichtung eines Betriebes, soweit → Vermögensgegenstand aktivierungspflichtig, ansonsten Aktivierungsverbot. Vor → Bilanzrechtsmodernisierungsgesetz (BilMoG) Aktivierungswahlrecht für Aufwendungen für die Ingangsetzung und Erweiterung des Geschäftsbetriebes (Bilanzierungshilfe nach § 269 HGB a.F.). – Vgl. dagegen → Gründungskosten. – 2. *Steuerlich* sind Einrichtungskosten nur dann zu aktivieren, wenn ihnen ein aktivierungsfähiges Wirtschaftsgut gegenübersteht (vgl. § 6 EStG).

Einrichtungszuschuss – Fordern oder Gewähren von Zuschüssen für eine (bes.) Ladeneinrichtung; den Leistungswettbewerb im Handel gefährdend (gemeinsame Erklärung).

Einsatzergebnis – 1. *Begriff* der Plankostenrechnung für den Unterschied zwischen Einkaufspreis und → Planpreis. – 2. *Abweichungen:* a) Abweichungen aus Preisschwankungen (Unterschied zwischen Plan- und Tagespreis) und b) Einkaufsabweichungen.

Letztere dienen u.a. als Maßstab für die Leistungen der Einkaufsabteilung. – Wegen Abgrenzungsschwierigkeiten wird in der Praxis das Einsatzergebnis meist nur als Abweichung zwischen → Anschaffungskosten und Planpreis ermittelt. – Basiert der Planpreis auf Wiederbeschaffungspreisen, dann stellt das Einsatzergebnis einen aus den Preisschwankungen herrührenden Konjunkturgewinn oder -verlust dar.

Einsatzfaktor – Faktor zur Berücksichtigung des Mengengefälles und des daraus sich ergebenden → Ausschusses zwischen aufeinander folgenden Produktionsstufen bzw. Kostenstellen (v.a. bei Großserien- und Massenproduktion). Der Einsatzfaktor gibt das Verhältnis von Einsatzmenge einer Kostenstelle zu ihrer Ausbringungsmenge an. – *Reziproker Wert:* → Ausbeute. – In der *Plankostenrechnung* werden Einsatzfaktoren für artähnliche Produktgruppen geplant und mit der Bezugsgröße des Mengenverbrauchs pro Produkteinheit multipliziert. Damit sind die geplanten → Ausschusskosten (→ Plankosten) in der Plankalkulation berücksichtigt.

einsatzsynchrone Beschaffung → Just in Time (JIT).

Einschaltquote – Anteil der zu einem Zeitpunkt oder in einem Zeitraum auf einen bestimmten Sender eingeschalteten Radio- bzw. Fernsehgeräte an der Gesamtzahl der im Empfangsgebiet vorhandenen Radio- bzw. Fernsehgeräte. Gemessen werden die Einschaltquote für das Fernsehen in ausgewählten Haushalten (→ Panel), für Radio durch Befragung.

Einschieben in fremde Serie, Ersatzteil- und Zubehörgeschäft → Ausbeutung.

Einschreibung – eine der → Auktion verwandte → Marktveranstaltung. Der Anbieter unterbreitet den Nachfragern ein Angebot und fordert diese mittels eines öffentlich annoncierten Aufrufs auf, bis zu einem bestimmten Zeitpunkt dieses Angebot schriftlich anzunehmen oder ein höheres Angebot abzugeben. Die Nachfrager bewerben sich also nicht in öffentlicher Konkurrenz, bei der sie sich an den Angeboten der Konkurrenten orientieren könnten. Dadurch sollen Absprachen der Nachfrager untereinander, z.B. über Höchstgebote, verhindert werden. – Vgl. auch → Ausschreibung.

Einschuss – 1. *Börsengeschäfte:* a) Geldbetrag, der bei Effektenkaufaufträgen auf Kredit vom Auftraggeber eingezahlt wird; für den über den Einschuss hinausgehenden Teil der Kaufsumme haften den Banken die gekauften Effekten. – b) An Terminbörsen Anzahlung, die der Käufer auf den laufenden Kontrakt leisten muss, um die Erfüllung sicherzustellen (→ Margin). – 2. *Außenhandel:* Bardepots, die auf Anordnung der Devisenbehörde auf beantragten Einfuhren kontingentierter Waren zu leisten sind. – Vgl. auch → Asservatenkonto.

einseitige Fragestellung – bei der statistischen Hypothesenprüfung (→ statistische Testverfahren) der Fall der Prüfung einer *Höchst-* oder *Mindesthypothese* über den Wert eines → Parameters der Grundgesamtheit. Die → kritische Region, die mithilfe einer geeigneten → Prüfgröße abgegrenzt wird, besteht aus einem zusammenhängenden Intervall. – *Gegensatz:* → zweiseitige Fragestellung, zwei Teilintervalle. – Abgelehnt wird bei einer Mindesthypothese, wenn ein bes. niedriger Wert der Prüfgröße resultiert; bei einer Höchsthypothese, wenn ein bes. hoher Wert auftritt.

einseitige Handelsliberalisierung – *Asymmetrisches* Handelsabkommen, das Vergünstigungen nur von einer Vertragspartei beinhaltet; → Handelsliberalisierung. Im Gegensatz dazu beinhalten *symmetrische* bilaterale Handelsabkommen Handelsvergünstigungen für beide Vertragsparteien (→ Bilateralisums). Das → Präferenzabkommen der → EU mit den → AKP-Staaten ist ein Beispiel für die einseitige Handelsliberalisierung.

einseitige Leistungsbestimmung – im Arbeitsverhältnis vgl. → Direktionsrecht, → vertragliche Einheitsregelung.

einseitige Rechtsgeschäfte → Rechtsgeschäfte, die nur aus einer → Willenserklärung bestehen. Empfangsbedürftige einseitige Rechtsgeschäfte werden nur wirksam, wenn sie dem Erklärungsgegner zugehen, z.B. → Kündigung, → Anfechtung, → Rücktritt; nicht empfangsbedürftiges einseitiges Rechtsgeschäft ist z.B. Errichtung eines Testaments. – *Gegensatz:* → Vertrag.

einseitiges Handelsgeschäft → Rechtsgeschäfte, die nur für einen der Vertragspartner → Handelsgeschäfte sind (Rechtsfolge vgl. § 345 HGB). – *Gegensatz:* → beiderseitiges Handelsgeschäft.

einseitige Übertragung – *unentgeltliche Übertragung;* ohne unmittelbare ökonomische Gegenleistung erbrachte bzw. empfangene Güter- und/oder Geldleistungen an das Ausland bzw. aus dem Ausland. Zu den einseitigen Übertragungen zählen v.a. die in Form von verlorenen Zuschüssen geleistete Entwicklungshilfe, Gastarbeiterüberweisungen und Beiträge zu internationalen Organisationen. Die Gegenüberstellung der einseitigen Übertragungen einer Periode erfolgt in der Übertragungs- bzw. Transferbilanz (→ Zahlungsbilanz).

Einsicht → Akteneinsicht.

Einspaltenjournal – kaum noch gebräuchliche Einrichtung der → Durchschreibebuchführung. Im

Einspaltenjournal

Datum	Text	Belastung	Gutschrift	Kontenbezeichnung
3.1.	Ausgangsrechnung Nr. 4		255,–	81
3.1.	Verkauf	255,–		140

Journal finden alle Betriebsvorfälle entweder in Urschrift oder in Durchschrift in *einem* Spaltenpaar („Soll und Haben" oder „Belastung und Gutschrift") Aufnahme. – Vgl. Abbildung „Einspaltenjournal".

Einspeisevergütung – *Stromeinspeisungsvergütung;* von Netzbetreibern gezahlte Vergütung für die Einspeisung regenerativ erzeugten elektrischen Stroms in das allg. Stromnetz, gestaffelt nach Größe und Technologie, gemäß des → Erneuerbare-Energien-Gesetz (EEG).

Einspruch – I. Zivilprozess: 1. Einspruch *gegen Versäumnisurteil:* einzig zulässiger Rechtsbehelf gegen → Versäumnisurteile (§ 338 ZPO). – *Frist:* Der Einspruch muss bei einem vom Amtsgericht und Landgericht erlassenen Versäumnisurteil binnen zwei Wochen (§ 339 ZPO) und bei einem vom Arbeitsgericht und Landesarbeitsgericht erlassenen Versäumnisurteil binnen einer Woche (§§ 59, 64 VII ArbGG) nach → Zustellung des Urteils schriftlich bei Gericht eingehen. Bei Fristversäumung ohne Verschulden ist → Wiedereinsetzung in den vorigen Stand möglich. – *Wirkung:* Der Einspruch hat auf Zwangsvollstreckung keinen Einfluss, das Gericht kann aber auf Antrag → Einstellung anordnen. – Bei zulässigem Einspruch wird der Prozess fortgesetzt, bei der Entscheidung wird das Versäumnisurteil aufrechterhalten oder aufgehoben. – Erscheint die säumige Partei nach Einspruch im ersten Termin nicht, wird der Einspruch durch *weiteres* (zweites) *Versäumnisurteil* verworfen; dagegen lediglich Berufung mit der Begründung, dass keine Säumnis vorlag (z.B. mangelnde Ladung), möglich. – 2. *Einspruch gegen Vollstreckungsbescheid im Mahnverfahren:* entsprechend zu erheben (§ 700 ZPO).

II. Verwaltungsrecht: → Widerspruch.

III. Steuerrecht: 1. Außergerichtlicher → Rechtsbehelf: gesetzliche Grundlage §§ 347 ff. AO. Einspruch ist statthaft gegen Verwaltungsakte in → Abgabenangelegenheiten und in den sonstigen in § 347 I 2–4 AO genannten Angelegenheiten. Er ist *nicht* statthaft u.a. gegen Einspruchsentscheidungen (§ 348 Nr. 1, § 367 AO), bei Nichtentscheidung über einen Einspruch sowie gegen Verwaltungsakte der obersten Finanzbehörden des Bundes und der Länder (§ 348 Nr. 2 bis 6 AO). – 2. Zur Einlegung *ist befugt,* wer geltend macht, durch einen Verwaltungsakt oder dessen Unterlassung beschwert zu sein (§ 350 AO). Sonderregelungen gelten bei einheitlichen → Feststellungsbescheiden und bei der Rechtsnachfolge (§§ 352, 353 AO). – 3. Der Einspruch ist *binnen eines Monats* nach → Bekanntgabe des Verwaltungsakts (§ 122 AO) schriftlich oder zur Niederschrift bei der Finanzbehörde einzulegen, deren Verwaltungsakt angefochten wird oder bei der ein Antrag auf Erlass eines Verwaltungsakts gestellt worden ist (§§ 355, 357 AO). Einlegung per Telefax oder E-Mail ist formgerecht. – 4. Durch die Einlegung des Einspruchs wird die *Vollziehung* des angegriffenen Verwaltungsaktes *nicht gehemmt;* die → Aussetzung der Vollziehung ist möglich im Gegensatz zum Antrag auf schlichte Änderung. – 5. Art, Frist und Adressat des Einspruchs müssen sich bei schriftlichen Verwaltungsakten aus der *Rechtsbehelfsbelehrung* ergeben (§ 356 AO). – 6. Über den Einspruch *entscheidet* die Finanzbehörde, die den Verwaltungsakt erlassen oder den Erlass abgelehnt hat, durch Einspruchsentscheidung, wenn sie dem Einspruch nicht abhilft. Sie hat die Sache im Rahmen des Einspruchs in vollem Umfang erneut zu überprüfen. Die Einspruchsentscheidung kann den Verwaltungsakt auch zum Nachteil des Einspruchführers ändern (→ Verböserung), wenn der Steuerpflichtige zuvor auf die Möglichkeit der verbösernden Entscheidung unter Angabe von Gründen hingewiesen und ihm Gelegenheit gegeben worden ist, sich hierzu zu äußern. Gegen die Einspruchsentscheidung ist Klage beim → Finanzgericht zulässig. – 7. *Kosten* entstehen nicht. – 8. *Rechtsfolgen:* a) Einspruch hindert den Eintritt der formellen und materiellen → Bestandskraft. – b) Er kann zur Verböserung führen; der Verböserungsgefahr kann der Steuerpflichtige grundsätzlich aber durch rechtzeitige Rücknahme des Einspruch entgehen (§§ 367 II, 362 AO). – c) Einspruch ermöglicht die Aussetzung der Vollziehung. – In Zweifelsfällen ist ein Einspruch anzunehmen, da er die Rechte des Steuerpflichtigen umfassender wahrt als ein Korrekturantrag.

IV. Arbeitsrecht: → Kündigungsschutz.

V. Strafrecht: → Strafbefehl.

VI. Patentrecht: 1. *Nationales Patentrecht:* Weil sich der Kreis der von der Erteilung eines → Patents Betroffenen nicht abgrenzen lässt, ist jedermann die Möglichkeit eröffnet, innerhalb von drei Monaten nach der Veröffentlichung der Erteilung eines Patents mit der Begründung Einspruch einzulegen, dass einer der in § 21 PatG genannten Widerrufsgründe vorliegt (Populareinspruch). Ausgenommen ist der Fall widerrechtlicher → Entnahme, in dem lediglich dem Verletzten das Einspruchsrecht zusteht (§ 59 I PatG). Wer wegen Patentverletzung verklagt ist oder nach Verwarnung aus dem Patent negative Feststellungsklage erhoben hat, kann innerhalb von drei Monaten nach Erhebung der Klage dem Einspruchsverfahren beitreten, auch wenn die Einspruchsfrist bereits abgelaufen ist (§ 59 II PatG). – 2. *Europäisches Patentrecht:* Einspruch kann von jedermann innerhalb von neun Monaten nach Bekanntmachung des Hinweises auf die Erteilung des europäischen Patents beim → Europäischen Patentamt (EPA) eingelegt werden (Art. 99 → Europäisches Patentübereinkommen (EPÜ)). – *Einspruchsgründe:* Art. 100 EPÜ. – *Beitritt des vermeintlichen Patentverletzers:* Art. 105 EPÜ.

Einspruchsentscheidung – 1. Die Finanzbehörde entscheidet über einen → Einspruch mittels Einspruchsentscheidung, wenn dem Einspruch nicht abgeholfen wird (§ 367 AO). Die Einspruchsentscheidung ist schriftlich zu erteilen, zu begründen, mit einer Rechtsbehelfsbelehrung zu versehen und dem oder den Beteiligten bekannt zu geben (§ 366 AO). – 2. Die Streitsache ist in vollem Umfang erneut zu prüfen. → Verböserung ist möglich. In sachdienlichen Fällen kann die Finanzbehörde nach pflichtgemäßem Ermessen vorab über Teile des Einspruchs entscheiden. Dabei ist zu bestimmen, hinsichtlich welcher Teile keine Bestandskraft eintreten soll. – 3. *Aufbau:* In Anlehnung an die Formvorschriften für Urteile (§ 105 FGO) enthält eine Einspruchsentscheidung regelmäßig die folgenden Bestandteile: (1) Rubrum (Aufschrift): Bezeichnung des Rechtsbehelfs, die die Entscheidung erlassende Finanzbehörde, Datum und Gegenstand der Entscheidung und den Beteiligten (Einspruchsführer); (2) Tenor (Entscheidungsformel): der wichtigste Teil der Einspruchsentscheidung, weil allein er Rechtswirkung entfaltet; (3) Rechtsbehelfsbelehrung: Hinweis auf die → Klage und ihren Inhalt, Angabe des zuständigen Gerichts und seines Sitzes sowie der → Klagefrist; (4) Begründung: Darstellung des entscheidungserheblichen Sachverhalts (Tatbestand) und seine rechtliche Würdigung (Entscheidungsgründe).

Einspruchsverfahren → Einspruch, → außergerichtliches Rechtsbehelfsverfahren.

Einstandspreis – *Einstandswert.* 1. *Allgemein:* → Anschaffungskosten. – 2. *Handelsunternehmen:* → Wareneinstandspreis.

Einstandswert → Anschaffungskosten.

Einstellplätze – Begriff des Bauordnungsrechts für unbebaute oder mit Schutzdächern versehene, weder dem ruhenden noch dem fließenden öffentlichen Verkehr dienende Flächen, die zum Einstellen von Kraftfahrzeugen bestimmt sind. – Vgl. auch → Garagen.

Einstellung – **I. Käuferverhalten:** 1. *Begriff:* subjektiv wahrgenommene Eignung eines Gegenstands (Produkt, Person, Situation etc.) zur Befriedigung von Bedürfnissen (→ Motivation; → Motiv). Wird auch als → *Image* bezeichnet. – Einstellung gilt als *„hypothetisches Konstrukt“*, das nicht direkt und unmittelbar beobachtet werden kann, sondern i.d.R. aus verbalen Stellungnahmen oder offenem Verhalten erschlossen wird (→ Neobehaviorismus); ein Subjekt besitzt einem Objekt gegenüber eine positive, negative oder neutrale Einstellung. – Das *Einstellungskonzept* geht dabei vom Individuum zum Gegenstand in subjektiv-individualisierter Form (Subjektperspektive) aus; Gegenstände können interpersonell unterschiedlich eingeschätzt werden. – Das *Imagekonzept* geht dagegen vom Gegenstand (Objektperspektive) in objektivierter Beurteilung aus (Personen-, Kaufstätten-, Unternehmens-, Länderimages der öffentlichen Meinung, → Imagetransfer); mehrere Personen (im Grenzfall alle) besitzen einem Objekt gegenüber die gleiche oder zumindest ähnliche Einstellung, weil vom Objekt ein bestimmtes, intersubjektives Image ausgeht. Image kann mithin als generalisierte, stereotype Einstellung des betreffenden Objekts angesehen werden. – 2. *Komponenten:* (1) *kognitive (erkenntnismäßige) Komponente,* die sich in den Vorstellungen, Kenntnissen und Meinungen gegenüber einem Objekt äußert; (2) *affektive (emotionale) Komponente,* die sich auf eine gefühlsmäßige, mit dem Objekt verbundene Haltung bezieht; (3) *konative (handlungsbezogene) Komponente,* die sich auf eine grundsätzliche Handlungstendenz (z.B. Kaufhandlung) bezieht. I.d.R. sind alle drei Komponenten konsistent aufeinander abgestimmt: Die Konsistenz von Denken, Fühlen und Handeln gegenüber einem Objekt kennzeichnet eine Einstellung – Vgl. auch → kognitive Dissonanz. – 3. *Messprobleme:* Im Rahmen der Erforschung des Käuferverhaltens geht es v.a. um die Frage, ob aus positiven Einstellungen gegenüber einem Kaufobjekt → Kaufabsichten oder -handlungen gefolgert bzw. prognostiziert werden können; hierzu liegt eine Vielzahl von Studien vor, die z.T. widersprüchliche Ergebnisse liefern. Experimentelle (z.B. Störfaktoren) und messmethodische Schwierigkeiten (z.B. Ein- oder Mehrdimensionalität) sind hierfür verantwortlich. – Vgl. auch → Werbeforschung.

II. Arbeitsrecht: 1. *Begriff:* (1) Abschluss eines → Arbeitsvertrages; (2) die damit zusammenhängende Eingliederung des Arbeitnehmers in den Betrieb, d.h. die *Arbeitsaufnahme.* Wenn Abschluss des Arbeitsvertrags und Arbeitsaufnahme zeitlich auseinander fallen, ist auf den ersten Zeitpunkt abzustellen. – 2. Die Einstellung unterliegt nach den §§ 99–101 BetrVG der *Mitbestimmung des Betriebsrats* in Betrieben mit mehr als 20 wahlberechtigten Arbeitnehmern. Einstellung im Sinn von § 99 BetrVG ist auch die Weiterbeschäftigung über die vereinbarte Altersgrenze hinaus, die Weiterführung eines → befristeten Arbeitsvertrag und die Beschäftigung von Leiharbeitnehmern im Entleiherbetrieb (§ 14 III AÜG). – 3. Der Arbeitgeber hat den Betriebsrat rechtzeitig über die geplante Einstellung zu unterrichten, ihm die erforderlichen Bewerbungsunterlagen vorzulegen und Auskunft über die Person der Beteiligten zu geben. Er hat die Zustimmung des Betriebsrats zu der geplanten Einstellung einzuholen und dabei auch Auskunft über die Auswirkungen der Einstellung zu geben. – 4. *Zustimmung des Betriebsrats:* Der Betriebsrat kann seine Zustimmung gemäß § 99 II BetrVG aus fünf im Einzelnen aufgeführten Gründen (z.B. Einstellung verstößt gegen ein Gesetz) verweigern. Die Zustimmungsverweigerung hat schriftlich unter Angabe von Gründen binnen einer Woche nach Unterrichtung durch den Arbeitgeber zu erfolgen; anderenfalls gilt die Zustimmung als erteilt. Der Arbeitgeber kann beim → Arbeitsgericht beantragen, die *Zustimmung zu ersetzen* (§ 99 IV BetrVG). Die Entscheidung ergeht im → Beschlussverfahren. – 5. Der Arbeitgeber darf, wenn dies aus sachlichen Gründen dringend erforderlich ist, die Einstellung *vorläufig durchführen;* bei Widerspruch des Betriebsrats muss er jedoch innerhalb von drei Tagen das Arbeitsgericht anrufen und neben der Ersetzung der Zustimmung die Feststellung beantragen, dass die Einstellung aus sachlichen Gründen dringend erforderlich war (§ 100 BetrVG). – 6. Führt der Arbeitgeber die Einstellung ohne die erforderliche Zustimmung des Betriebsrats durch, so hat das Arbeitsgericht dem Arbeitgeber auf Antrag des Betriebsrats aufzugeben, die *Einstellung auch tatsächlich aufzuheben*. Handelt der Arbeitgeber einer solchen Entscheidung zuwider, kann gegen ihn ein Zwangsgeld verhängt werden (§ 101 BetrVG).

III. **Handelsrecht**: Einstellung des Geschäftsbetriebs: Einstellung durch die *Erben* ist bei → Firmenfortführung notwendig, wenn die *Haftung* für die früheren Geschäftsverbindlichkeiten ausgeschlossen werden soll. Es muss deutlich erkennbar sein, dass eine Fortführung nicht beabsichtigt ist, z.B. durch Veräußerung des Unternehmens *ohne* Firma. Eine Einstellung liegt nicht vor, wenn das Geschäft zunächst unter der alten Firma weitergeführt und dann ohne Firma verkauft oder unter einer neuen Firma fortgeführt wird. Für die ausscheidenden Erben liegt Einstellung bereits in der → Erbauseinandersetzung.

IV. **Zwangsvollstreckung**: Einstellung bedeutet, dass die Vollstreckung nicht fortgesetzt wird, bereits vorgenommene Vollstreckungsakte aber bestehen bleiben können (§ 775 ZPO). – 1. Einstellung und Aufhebung *findet statt*: (1) wenn die Vollstreckung ausdrücklich für unzulässig erklärt oder deren endgültige Einstellung durch gerichtliche Entscheidung angeordnet ist; (2) wenn eine Entscheidung vorgelegt wird, durch die der → Vollstreckungstitel aufgehoben ist; (3) wenn der Schuldner eine öffentliche Urkunde über die zur Abwendung der Vollstreckung erforderliche Sicherheitsleistung vorlegt; (4) Die Zwangsvollstreckung ist ferner einzustellen, wenn der Schuldner eine öffentliche oder von dem Gläubiger ausgestellte Urkunde über die erfolgte Befriedigung des Gläubigers oder eine Stundungsbewilligung oder einen Einzahlungsnachweis einer Bank oder Sparkasse über die Einzahlung des geschuldeten Betrages vorlegt. – 2. *Einstweilige Einstellung*: kann in einer Reihe von Fällen als vorläufige Maßnahme gegen oder ohne Sicherheitsleistung angeordnet werden, z.B. bei Einspruch, Erinnerung, Berufung, Vollstreckungsgegenklage und Drittwiderspruchsklage (§§ 707, 719, 732, 769 ZPO). – Vgl. auch → Vollstreckungsschutz. – 3. *Einstellung des Zwangsversteigerungsverfahrens*: zulässig a) bei Bewilligung des Gläubigers; b) auf Antrag des Schuldners bis zu sechs Monaten, wenn (1) die Aussicht besteht, dass durch die Einstellung die Versteigerung eines Grundstücks vermieden wird, (2) die Nichterfüllung der Verbindlichkeit auf Umständen beruht, die in allg. wirtschaftlichen Verhältnissen begründet sind und (3) die Einstellung dem Gläubiger zuzumuten ist (§§ 30 ff. ZVG).

V. **Insolvenzrecht**: Einstellung des Insolvenzverfahrens, durch Beschluss des Gerichts angeordnete vorzeitige Beendigung des Verfahrens: (1) auf Antrag des → Gemeinschuldners mit Zustimmung aller Insolvenzgläubiger nach Ablauf der Anmeldefrist oder vor deren Ablauf, wenn der Gemeinschuldner versichert, dass außer den zustimmenden Gläubigern keine weiteren vorhanden sind (§ 213 InsO); (2) sobald sich ergibt, dass eine die Kosten des Verfahrens deckende → Insolvenzmasse nicht vorhanden ist, es sei denn, dass ein ausreichender Vorschuss geleistet wird (§ 207 InsO). Die Einstellung wird wirksam mit dem Vollzug der → öffentlichen Bekanntmachung. Die gegen den Beschluss zulässige Beschwerde (zwei Wochen) hemmt die Wirksamkeit nicht. Die Einstellung beendet die Insolvenz, macht die Eröffnung aber nicht rückgängig.

VI. **Beamtenrecht**: Begründung eines Beamtenverhältnisses. Dazu bedarf es der Ernennung. Die Ernennung erfolgt durch Aushändigen einer Ernennungsurkunde (§ 8 II Beamtenstatusgesetz).

Einstellungsforschung – *Imageforschung*; Teilgebiet der → Marktforschung bzw. der → Konsumentenforschung, das die Erfassung der Einstellung zu einem Unternehmen oder zu einem Produkt bei einer bestimmten Zielgruppe zum Gegenstand hat. Problematisch ist die Messung der Einstellung. Im Rahmen der Einstellungsforschung kommt u.a. das Verfahren der → multidimensionalen Skalierung (MDS) zum Einsatz.

Einstellungsfragebogen → Personalfragebogen.

Einstellungskonzept → Einstellung.

Einsteuer → Alleinsteuer.

Einstimmigkeitsregel – 1. *Begriff und Merkmale*: Demokratisches → Abstimmungsverfahren, bei dem eine Alternative nur dann als beschlossen gilt, wenn alle Teilnehmer der Abstimmung (bzw. alle Abstimmungsberechtigten) ihr zustimmen. Voraussetzung ist die Kenntnis der Konsequenzen, wenn keine Alternative die erforderliche Stimmenzahl erhält. Typischerweise gilt dann der Status Quo als beschlossen. – 2. *Bedeutung und Kritik*: Wie v.a. K. Wicksell gezeigt hat, ist die Einstimmigkeitsregel vereinbar mit dem Pareto-Optimum in gesellschaftlichen Entscheidungssituationen. Andere Autoren kritisieren, dass es bei der Einstimmigkeitsregel zwar keine Kosten eines Überstimmtwerdens gibt, dafür aber prohibitiv hohe Konsensbildungskosten. – Vgl. auch → Kassationskollegialität, → Mehrheitsprinzip.

Einstoffsammlung → Sammel- und Trennverfahren.

Einstrahlung – Nichterfassung von Beschäftigten in der Bundesrepublik Deutschland durch die Sozialversicherungspflicht, wenn der Schwerpunkt des Beschäftigungsverhältnisses im Ausland liegt und die Beschäftigung in der Bundesrepublik Deutschland infolge ihrer Eigenart oder vertraglich im Voraus zeitlich begrenzt ist (§ 5 SGB IV), vorbehaltlich anderer Bestimmungen durch über- oder zwischenstaatliche → Sozialversicherungsabkommen. Für Personen, die eine selbstständige Tätigkeit ausüben, gilt dies entsprechend. – *Gegensatz:* → Ausstrahlung.

einstufige Bedarfsverfolgung – Verfahren der Verfolgung des Bedarfs über alle Stufen des Produktionsprozesses zur Herstellung der Beziehung zwischen Kunden- und Fertigungsauftrag. Spezieller Fall der → Bedarfsverfolgung. Bei der einstufigen Bedarfsverfolgung werden jeweils zwei benachbarte Dispositionsstufen miteinander verbunden. Dies geschieht durch Bedarfsableitung und Bedarfsdeckung in Verbindung mit dem Auftrag. Dabei wird definiert, welcher Auftrag welchen Sekundärbedarf verursacht (Bedarfsableitung) und welcher Produktionsauftrag welchen Bedarf deckt (Bedarfsdeckung).

einstufige Produktion – Elementartyp der Produktion (→ Produktionstypen). Die einstufige Produktion ist dadurch gekennzeichnet, dass nur ein Arbeitssystem an der Produktion eines Produktes bzw. Teiles beteiligt ist. – *Gegensatz:* → mehrstufige Produktion.

einstweilige Anordnung – vorläufige Regelung in Bezug auf den Streitgegenstand eines gerichtlichen Verfahrens (→ einstweilige Verfügung). – 1. *Verfassungsgerichtsbarkeit:* Vor dem Bundesverfassungsgericht (§ 32 BVerfGG) im Streitfalle zur Abwehr schwerer Nachteile, zur Verhinderung drohender Gewalt oder aus einem anderen wichtigen Grund zum gemeinen Wohl. – 2. *Ordentliche Gerichtsbarkeit:* v.a. in Ehesachen zur Regelung von Getrenntleben, Unterhalt, Personensorge und Prozesskostenvorschüssen (§ 620 ZPO) oder bei Rechtsbehelfen zur Aussetzung des Vollzugs oder Zwangsvollstreckung der angefochtenen Entscheidung (§§ 707, 719 ZPO). – 3. *Verwaltungsgerichtsbarkeit:* Das Gericht kann auch schon vor Klageerhebung einstweilige Anordnungen in Bezug auf den Streitgegenstand treffen, wenn die Gefahr besteht, dass durch eine Veränderung des bestehenden Zustandes die Verwirklichung eines Rechts des Antragstellers vereitelt oder wesentlich erschwert werden könnte (§ 123 VwGO). Einstweilige Anordnungen sind auch zur Regelung eines vorläufigen Zustandes zulässig. Zuständig ist das Gericht des ersten Rechtszuges und, wenn das Berufungsverfahren anhängig ist, das Berufungsgericht. Die Vorschriften der ZPO über die einstweilige Verfügung gelten entsprechend. – 4. *Finanzgerichtsbarkeit:* Das Gericht kann auch schon vor → Klageerhebung eine einstweilige Anordnung in Bezug auf den Streitgegenstand treffen, wenn die Gefahr besteht, dass durch eine Veränderung des bestehenden Zustandes die Verwirklichung eines Rechts des Antragstellers vereitelt oder wesentlich erschwert werden könne. Einstweilige Anordnungen sind auch zur Regelung eines vorläufigen Zustandes in Bezug auf ein streitiges Rechtsverhältnis zulässig. Zuständig für den Erlass der einstweiligen Anordnung ist das Gericht der Hauptsache. Die Vorschriften der ZPO finden entsprechende Anwendung (§ 114 FGO).

einstweilige Kostenbefreiung → Prozesskostenhilfe.

einstweilige Maßnahmen – Anordnung der Kartellbehörde im laufenden → Kartellverwaltungsverfahren, um in dringenden Fällen bereits vor einer endgültigen Entscheidung einen ernsten, nicht wieder gutzumachenden Schaden für den Wettbewerb abzuwenden (§ 32a GWB). Voraussetzung ist, dass die vorläufige wettbewerbliche Beurteilung darauf schließen lässt, dass ein Verstoß gegen das Kartell- oder Missbrauchsverbot vorliegt. Die Anordnung ist auf maximal ein Jahr zu befristen. Als einstweilige Maßnahme kommen zwar grundsätzlich dieselben Maßnahmen in Betracht wie bei einer Entscheidung nach § 32 GWB, jedoch dürften (zumeist irreversible) strukturelle Eingriffe in das betroffene Unternehmen zum Zwecke einer vorläufigen Sicherung nicht infrage kommen.

einstweilige Verfügung – I. Zivilprozess: vorläufige gerichtliche Anordnung (1) zur Sicherung von Ansprüchen (ausgenommen Geldforderungen: → Arrest), deren Durchsetzung durch Veränderung des bestehenden Zustandes vereitelt oder wesentlich erschwert werden könnte, sowie (2) zur Regelung eines streitigen Rechtsverhältnisses (§§ 935–945 ZPO). – *Anordnung/Vollziehung:* i.d.R. nach den Bestimmungen des → Arrestverfahrens. Das Gericht bestimmt die Maßnahmen, die zur Erreichung des Zwecks der einstweiligen Verfügung erforderlich sind, z.B. Veräußerungsverbot, Herausgabe einer Sache an einen Sequester (§ 938 ZPO); sie dürfen grundsätzlich nur vorläufigen Charakter haben. – *Zuständigkeit:* Zuständig ist abweichend vom Arrestverfahren das Gericht, das zur Entscheidung im ordentlichen Verfahren zuständig wäre; in dringenden Fällen kann das Amtsgericht, in dessen Bezirk sich der Streitgegenstand befindet, eine vorläufige einstweilige Verfügung erlassen. Einstweilige Verfügung kann nur bei bes. Dringlichkeit *ohne mündliche Verhandlung* ergehen. – Einstweilige Verfügung ist → Vollstreckungstitel, doch soll die Vollstreckung grundsätzlich nicht zur vollen Befriedigung des Gläubigers führen. Ausnahmsweise kann sie auch Zahlungen (z.B. zum Unterhalt) anordnen. – Die *Räumung von Wohnraum* darf nur wegen → verbotener Eigenmacht, z.B. bei Hausbesetzungen, angeordnet werden (§ 940a ZPO).

II. Handelsrecht: In Handelssachen genügt die einstweilige Verfügung nach § 16 HGB zur Eintragung in das Handelsregister (→ Handelsregistereintragung). Sie kann die → Anmeldung betreffen, einem Gesellschafter die Ausübung der Geschäftsführung untersagen, die Vertretung der Gesellschaft regeln oder auch einen Dritten bevollmächtigen, für die Gesellschaft einstweilen zu handeln. – Nicht zulässig ist einstweilige Verfügung auf → Auflösung einer Gesellschaft oder → Löschung einer Firma.

III. Wettbewerbsrecht: Zur Durchsetzung wettbewerbsrechtlicher Unterlassungsansprüche wird Dringlichkeit vermutet (§ 12 II UWG). Die Vermutung wird durch zögerliche Rechtsverfolgung widerlegt. Der Zeitraum, innerhalb dessen die Vermutung greift, wird von den OLG unterschiedlich bemessen; nach überwiegender Meinung kommt es auf die Umstände des Einzelfalls an, sechs Monate nach Kenntniserlangung von der Verletzungshandlung sind Obergrenze. Ist beim Verletzten die Dringlichkeit entfallen, kann sich ein vorgeschobener klagebefugter Verband nicht auf § 12 UWG berufen. Es gelten die allg. Verfahrensregeln für die einstweilige Verfügung; Verfahrensverzögerungen durch den Antragsteller, die über die Ausschöpfung gesetzlicher Fristen hinausgehen, können die Dringlichkeit entfallen lassen. Durch einstweilige Verfügung wird die Verjährung nicht unterbrochen. Zur Vermeidung kostspieliger Verfahren zur Hauptsache, die wegen der kurzen Verjährungsfristen im Wettbewerbsrecht schnell eingeleitet werden müssen, hat sich das → Abschlussverfahren herausgebildet, in dem durch Abschlusserklärung der durch einstweilige Verfügung ergangene Titel einem Hauptsachetitel gleichgestellt werden kann.

IV. Öffentliches Recht: Bundesverfassungs-, Verwaltungs- und Finanzgerichtsbarkeit: → einstweilige Anordnung.

V. Arbeitsrecht: Einstweilige Verfügungen können bei Eilbedürftigkeit auch im arbeitsgerichtlichen Verfahren ergehen. *Einzelfälle*: Einstweilige Verfügung auf Beschäftigung (Weiterbeschäftigung) setzt i.d.R. voraus, dass ein Arbeitsverhältnis unstreitig besteht oder eine Kündigung offensichtlich unwirksam ist oder der Betriebsrat der Kündigung gemäß § 102 III BetrVG ordnungsgemäß widersprochen hat. Für die Entbindung des Arbeitgebers von der Beschäftigungspflicht nach § 102 V BetrVG ist dort die einstweilige Verfügung vorgesehen. Auf Unterlassung von Arbeitskämpfen gerichtete einstweilige Verfügungen sind unter sehr engem, im Einzelnen sehr umstrittenen Voraussetzungen möglich. Einzelne rechtswidrige Kampfmaßnahmen können durch einstweilige Verfügung untersagt werden. In betriebsverfassungsrechtlichen Streitigkeiten sind einstweilige Verfügungen im → Beschlussverfahren zu beantragen. Umstritten ist, in welchem Umfang Beteiligungsrechte des Betriebsrates durch einstweilige Verfügung auf Unterlassen mitbestimmungswidriger Maßnahmen gesichert werden können. Eine Reihe von Landesarbeitsgerichten geben die Möglichkeit, die Beratungsrechte des Betriebsrats bei → Betriebsänderungen durch einstweilige Verfügung auf Unterlassen der geplanten Betriebsänderung bis zur Durchführung eines → Interessenausgleichs zu sichern.

Einsystem – *Einkreissystem;* Buchhaltungsorganisation, bei der → Finanzbuchhaltung und → Betriebsbuchhaltung eine geschlossene Einheit mit durchgehender Kontensystematik bilden. Alle Buchungen, auch die des innerbetrieblichen Abrechnungsverkehrs, werden im Grund- und Hauptbuch vorgenommen. Abschluss wie bei jeder doppelten Buchführung. – *Variante:* Einsystem mit Nebenbuchhaltung, bei dem die der Betriebsbuchhaltung dienenden Eintragungen in Sammelkonten erfolgen, die durch Nebenbücher ihre Aufgliederung oder Spezialisierung erfahren. – *Beispiel:* Buchung in der Hauptbuchführung: Gemeinkosten an Verschiedene = 11.745 Euro; in der Nebenbuchhaltung vgl. Tabelle „Einsystem".

Einthemenbefragung – Form der → Befragung, bei der nur ein Thema untersucht wird. – *Gegensatz:* → Omnibus-Befragung (Mehrthemenbefragung).

Eintragung im Grundbuch → Grundbuch.

Eintragungsbewilligung – vielfach wesentliches, aber auch ausreichendes Erfordernis für eine Eintragung im → Grundbuch. Das Grundbuchamt soll eine Eintragung (Belastung) nur vornehmen, wenn der davon Betroffene (meist der Eigentümer) damit einverstanden ist und dies durch Eintragungsbewilligung zum Ausdruck gebracht hat. Die Eintragungsbewilligung bedarf der → öffentlichen Beglaubigung.

Eintragungsbewilligungsklage – gibt dem im markenrechtlichen Widerspruchsverfahren (→ Widerspruch) unterlegenen Anmelder einer → Marke die Möglichkeit, die Anmeldung unter Wahrung ihrer ursprünglichen → Priorität doch noch zur Eintragung zu bringen (§ 44 MarkenG). Sie dient nicht der Überprüfung der Richtigkeit der Entscheidung im Widerspruchsverfahren, sondern der umfassenden Würdigung der Markenkollision auch unter den Gesichtspunkten, die nicht oder nur eingeschränkt im Widerspruchsverfahren berücksichtigt werden können. Die Klage kann daher nicht auf fehlende Übereinstimmung der kollidierenden Marken gestützt werden, wohl aber z.B. auf ein älteres Kennzeichenrecht (→ Marke, → geschäftliche Bezeichnung, → Ausstattung) des Anmelders, vertragliche oder sonstige Ansprüche gegen den Widersprechenden. Die Klage kann bereits vor der Beendigung des

Einsystem

Kontenarten	Kl. 4	Allg. Ko.-St.	Fert.-St.	Fert. Hi.-St.	Mat.-St.	Verw.-St.	Vert. St.	Summe
	11.745	–	6.200	1.200	1.075	1.170	2.100	11.745

Widerspruchsverfahrens durch den Anmelder oder seinen Rechtsnachfolger gegen den Widersprechenden oder dessen Rechtsnachfolger erhoben werden. Zuständig sind die Landgerichte (§ 140 MarkenG, → Kennzeichenstreitsache).

Eintragungsfähigkeit – Sie ist Voraussetzung für eine Eintragung im Handelsregister oder im Grundbuch. – 1. *Handelsregister:* Eintragungsfähig sind u.a. Firma, Errichtung und Aufhebung einer Zweigniederlassung, Erteilung, Beschränkungen und Widerruf der Prokura, die Bezeichnung der Kommanditisten und ihrer Haftsummen, Bezeichnung der gesetzlichen Vertreter einer Kapitalgesellschaft; bei GmbH und Aktiengesellschaft Firma, Sitz, → Unternehmensgegenstand, → Stammkapital, Prokura und die gesetzlichen Vertreter sowie ihre Vertretungsbefugnis. – 2. *Grundbuch:* Eintragungsfähig sind u.a. Eigentum, Wohnungseigentum, Dauerwohnrecht, Erbbaurecht, Grunddienstbarkeiten, Nießbrauch, beschränkt persönliche Dienstbarkeit, Vorkaufsrecht, Reallast, Hypothek, Grundschuld, Rentenschuld; dazu Vormerkung und Widerspruch sowie gewisse Verfügungsbeschränkungen (z.B. bei Insolvenz).

Eintragungsgrundsatz – *Eintragungsprinzip;* im Grundbuchverfahren geltender Grundsatz, der bedeutet, dass zu Entstehung, Aufhebung oder Änderung eines → dinglichen Rechts an einem Grundstück die Eintragung im → Grundbuch erforderlich ist (§ 873 BGB). Eintragungsgrundsatz hängt mit → Publizitätsprinzip eng zusammen. – Vgl. auch → Einigung.

Eintragungspflichtigkeit – Im Handelsregister eintragungsfähige Tatsachen, deren Eintragung das Gesetz vorschreibt, z.B. Firma und Ort der Niederlassung (§ 29 HGB), Erteilung und Erlöschen der Prokura (§ 53 HGB), Gründung einer Aktiengesellschaft oder GmbH (§§ 36 AktG, 7 GmbHG). – Vgl. auch → Eintragungsfähigkeit.

Eintragungsprinzip → Eintragungsgrundsatz.

Eintrittsgelder → Eröffnungsrabatt.

Eintrittsstrategien → Markteintrittsstrategien.

Einwegverfahren → Sammel- und Trennverfahren.

Einwegverpackung → Verpackung zur einmaligen Nutzung mit anschließender → Entsorgung (z.B. Einwegflaschen, Getränkedosen, Behältnisse aus Pappe und Papier). Gemäß Abfallgesetz ist die Bundesregierung durch Rechtsversorgung zur Einschränkung der Verwendung von Einwegverpackung und Einführung einer Rücknahmepflicht für Mehrwegverpackungen ermächtigt. – *Gegensatz:* → Mehrwegverpackung.

Einwilligung – Begriff des BGB für die vor Abschluss eines → Rechtsgeschäfts erforderliche → Zustimmung eines Anderen (andernfalls → Genehmigung).

Einwohnersteuer – Vorschlag zur Gemeindefinanzreform, um die Steuerkraftunterschiede der Wohngemeinden gegenüber den Erwerbsgemeinden auszugleichen. Als dritte Steuersäule neben der Grund- und Gewerbesteuer sollte diese Form der Personenbesteuerung als Steueranteil auf das Einkommen oder auf die Einkommensteuer der Einwohner erhoben werden. Steuertechnisch wäre eine solche Zuschlagsteuer zur Einkommensteuer jedenfalls dann nicht einfach zu verwirklichen, wenn den Gemeinden ein Hebesatzrecht zustünde; denn dann wären entweder – wenn der Zuschlag sich für das gesamte Einkommen nach der Wohnsitzgemeinde richten würde – genaue Regeln darüber nötig, wie im Falle von Zweitwohnsitzen oder Scheinwohnsitzen zu verfahren wäre (mit allen Problemen, dies zu kontrollieren!) oder es müsste eine Zerlegung der erzielten Einkünfte auf verschiedene Gemeinden nach der Herkunft der Einkünfte stattfinden (was ebenfalls kompliziert und streitanfällig wäre). – Heute ist die gemeindliche Personenbesteuerung indirekt verwirklicht durch den 15-prozentigen Anteil der Gemeinden am Aufkommen der Lohn- und der veranlagten Einkommensteuer sowie den 12-prozentigen Anteil am Aufkommen aus dem Zinsabschlag, die ca. 40 Prozent des durchschnittlichen Gesamtsteueraufkommens der Gemeinden ausmachen (→ Gemeinschaftsteuern).

Einzahlung – Zahlungsmittelbetrag (Bargeld, Giralgeld), der einem Wirtschaftssubjekt von anderen Wirtschaftssubjekten (Beschaffungs-, Absatz-, Geld- und Kapitalmärkten sowie vom „Staat") zufließt (Strömungsgröße). Zugehörige Bestandsgröße: Zahlungsmittelbestand (Bestand an Kasse + Sichtguthaben bei Banken). – *Gegensatz:* → Auszahlungen. – *Anders:* → Einnahmen, → Ertrag, → betriebsbedingter Ertrag.

Einzahlungspflicht – 1. *Einzahlungspflicht der Aktionäre:* Verpflichtung der Aktionäre zur Leistung der → Einlagen (§ 54 AktG) in Höhe des Nennbetrags der von ihnen übernommenen Aktien. Von der Einzahlungspflicht können die Aktionäre oder Vormänner (→ Zwischenaktionäre) nicht befreit werden, auch ist keine → Aufrechnung möglich (§ 66 AktG). – Vgl. auch → Kaduzierung. – 2. *Einzahlungspflicht der Gesellschafter einer GmbH:* Es gilt § 19 GmbHG.

Einzelabschreibung – die auf den einzelnen Anlagegegenstand (→ Anlagen) bezogene, individuelle → Abschreibung: → Einzelbewertung wird vorausgesetzt. Einzelabschreibung ist die beste Grundlage der → kalkulatorischen Abschreibung, da sie die Berücksichtigung der Anlagennutzung ermöglicht. – *Gegensatz:* → Pauschalabschreibung. – *Steuerlich:* → Einzelbewertung.

Einzelakkord – Form des → Akkordlohns, bei der sich das Entgelt im Gegensatz zum → Gruppenakkord nicht auf die Leistung einer Gruppe von Arbeitnehmern, sondern auf die eines einzelnen Arbeitnehmers bezieht.

Einzelakt – behördliche Maßnahme, durch die in die rechtlich geschützte Sphäre des einzelnen Staatsbürgers durch Gebot, Verbot etc. eingegriffen wird. – Vgl. auch → Verwaltungsakt.

Einzel-Arbeitsvertrag – einzelner zwischen Arbeitnehmer und Arbeitgeber geschlossener → Arbeitsvertrag. Im Einzelarbeitsvertrag ist notwendig geregelt, dass der Arbeitnehmer eingestellt wird, wann er eingestellt wird und als was er eingestellt wird. Der Umfang gegenseitiger Rechte und Pflichten im → Arbeitsverhältnis ergibt sich aus den arbeitsrechtlichen Gesetzen, → Tarifverträgen, → Betriebsvereinbarungen, auch aus → vertraglichen Einheitsregelungen. Im Einzelarbeitsvertrag sind oft zusätzliche Leistungen des Arbeitgebers (z.B. Gratifikationen, Prämien, Zulagen) geregelt. In aller Regel ist der Einzelarbeitsvertrag nicht zwischen den Parteien ausgehandelt, sondern vom Arbeitgeber vorformuliert. Deshalb unterliegt er regelmäßig einer AGB-Kontrolle (→ Allgemeine Geschäftsbedingungen im Arbeitsrecht).

Einzelausgaben – genauer: *echte Einzelausgaben, spezifische Ausgaben;* → Ausgaben, die dem betrachteten Bezugsobjekt (z.B. Einheit eines beschafften Gutes) nach dem → Identitätsprinzip eindeutig zugeordnet werden können. Das ist unter der Voraussetzung möglich, dass (1) die beschaffte „ausgabenwirksame“ Menge wenigstens in so kleinen „Portionen“ unabhängig von anderen Bestellungen disponiert werden kann wie das betrachtete Bezugsobjekt oder die dafür benötigten Mengeneinheiten dieses Gutes, (2) die Höhe der Ausgaben für die jeweilige beschaffte Einheit unabhängig von anderen Beschaffungsumsätzen gleicher oder andersartiger Güter ist. Zu den Einzelausgaben gehören auch die unechten Gemeinausgaben. – *Gegensatz:* Gemeinausgaben. – Vgl. auch → relative Einzelkosten, → Schein-Einzelkosten.

Einzelausgebot – Begriff aus dem → Zwangsversteigerungsverfahren, nach dem auch bei der Versteigerung mehrerer Grundstücke diese grundsätzlich einzeln auszubieten sind. Die Beteiligten können jedoch verlangen, dass daneben alle oder eine bestimmte Gruppe der Grundstücke zusammen ausgeboten werden *(Gesamt- bzw. Gruppenausgebot)*. Dabei darf → Zuschlag nicht erteilt werden, wenn Meistgebot geringer ist als die Summe der Einzelausgebot (§ 63 ZVG).

Einzelbesteuerung → Beförderungsleistungen.

Einzelbewertung – Bewertungsgrundsatz (§ 252 HGB); jeder Vermögensgegenstand, jede Schuld etc. muss bei der Bilanzaufstellung einzeln bewertet werden. Nur in Ausnahmefällen → Gruppenbewertung oder → Pauschalbewertung.

Einzelbilanzanalyse (EBIL) – von Sparkassen eingesetztes, computerunterstütztes Verfahren der Bilanzaufbereitung, Bilanzanalyse und Bilanzdokumentation sowie der für die Beratung von Firmen- und Gewerbekunden.

Einzeleinnahmen – genauer: *echte Einzeleinnahmen, spezifische Einnahmen;* analog zu → Einzelausgaben definierter Begriff.

Einzelerlöse – *spezifische Erlöse.* → Erlöse, die einem sachlich und zeitlich abgegrenzten Bezugsobjekt (z.B. einem Kunden oder einem Produkt) eindeutig zugeordnet werden können. Entspricht von der Zurechenbarkeit her dem Begriff der → Einzelkosten. Aufgrund der vielfältigen Erlösverbundenheiten lassen sich bei hohen Ansprüchen an die Erfassungsgenauigkeit nur wenige Erlöse als Einzelerlöse Produkten und Kunden zuordnen. In der Praxis jedoch wird ein großer Teil der Umsatzerlöse als Einzelerlöse behandelt.

Einzelfertigung → Einzelproduktion.

Einzelfirma → Einzelkaufmann.

Einzelgeschäftsführung – Selbstständige Handlungsfähigkeit jedes geschäftsführenden Gesellschafters einer OHG und KG, soweit sie nicht durch → Gesellschaftsvertrag ausgeschlossen ist. Ein Widerspruch eines anderen geschäftsführenden Gesellschafters gegen bestimmte Handlungen ist möglich (§ 115 HGB). – Eine Einzelgeschäftsführung bei einer GmbH erfordert eine entsprechende Vereinbarung (§ 35 GmbHG). – *Gegensatz:* → Gesamtgeschäftsführung.

Einzelgleichungsmodell – 1. *Lineare Funktionalform*: Eine endogene Variable wird linear durch eine bestimmte Anzahl exogener Variablen erklärt. Die Diskrepanz zwischen Modell und Beobachtung wird dabei durch identisch verteilte und stochastisch unabhängige Zufallsvariablen erfasst. Der Erwartungswert dieser als Störvariablen in die Modellspezifikation aufgenommenen Zufallsvariablen wird als null angenommen. Die Beobachtungswerte für die Modellvariablen können → Zeitreihendaten oder → Querschnittsdaten sein. Die unbekannten Koeffizienten werden i.d.R. als beobachtungsinvariant vorausgesetzt. Unter der Annahme, dass das betrachtete Modell korrekt spezifiziert ist und die Daten frei von Mess- oder Beobachtungsfehlern sind, ergibt OLS (→ Kleinstquadratemethode, gewöhnliche) für die unbekannten Koeffizienten der linearen Modellgleichung erwartungstreue und unter allen linearen Schätzfunktionen auch effiziente Schätzfunktionen. Zu den gleichen Schätzfunktionen für die Koeffizienten führt unter diesen Annahmen die → Maximum-Likelihood-Methode. Treffen nicht alle dieser gemachten Annahmen zu, ergeben sich je nach der jeweiligen Annahmenkonstellation spezifische Schätzprobleme. – 2. *Nicht lineare Funktionalform*: In diesem Fall muss entweder ein für ein nicht lineares Modell geeignetes Schätzverfahren verwendet (z.B. Nonlinear Least Squares, NLS) oder das nicht lineare Modell so transformiert werden, dass sich ein linearer Schätzansatz ergibt. Dabei ist aber darauf zu achten, ob und inwieweit die stochastischen Spezifikationen der Störvariablen im Ausgangsmodell und im Schätzansatz miteinander kompatibel sind. – 3. *Dynamische Modelle*: Tritt die endogene Variable bei einem auf Zeitreihendaten basierenden Modell verzögert unter den erklärenden Variablen auf, dann sind zwangsläufig nicht mehr alle erklärenden Variablen exogener Natur (→ Endogenität) und es ergibt sich ein dynamisches Modell (→ Lag-Modell). Eine eigene Klasse von Modellen bilden dabei solche dynamischen Modelle, bei denen die vom Modell zu erklärenden Variablen nur durch die verzögerten Werte der endogenen Variablen beschrieben werden (→ Zeitreihenmodelle).

Einzelhandel – 1. *Institutionelle Interpretation:* Absatz von Waren an Letztverbraucher durch → Einzelhandelsunternehmungen. – 2. *Funktionale Interpretation:* Absatz von Waren und sonstigen Leistungen an Letztverbraucher, z.B. → direkter Vertrieb landwirtschaftlicher Erzeuger, industrieller Hersteller, Groß- oder Einzelhändler an Konsumenten. – Vgl. auch → Handel, → Einzelhandelsstatistik.

Einzelhandelskontenrahmen (EKR) – ein für die Zwecke des Einzelhandels spezialisierter Kontenrahmen. Die Kontenklassen 0–8 bilden die sog. Geschäftsbuchführung, während die Kontenklasse 9 für die Kosten- und Leistungsrechnung vorgesehen ist (→ Zweisystem), die in der Praxis aber kaum buchungstechnisch durchgeführt wird. Die Geschäftsbuchführung ist nach dem

Einzelhandelskontenrahmen (EKR) – Aufbau[1]

Kontenklasse 0	Kontenklasse 1	Kontenklasse 2
Aktiva		
Anlagevermögen		Umlaufvermögen
0 Immaterielle Vermögensgegenstände und Sachanlagen	1 Finanzanlagen	2 Umlaufvermögen und aktive Rechnungsabgrenzung
00 Frei 01 Frei 02 Konzessionen, gewerbliche Schutzrechte und Lizenzen 020 Konzessionen, gewerbliche Schutzrechte und Lizenzen 03 Frei 04 Frei 05 Grundstücke und Bauten 050 Unbebaute Grundstücke 051 Bebaute Grundstücke (z.B. Verwaltungsgebäude) 056 Grundstückseinrichtungen (z.B. Zaun) 06 Frei 07 Frei 08 Andere Anlagen, Betriebs- und Geschäftsausstattung 080 Andere Anlagen 081 Ladenausstattung 082 Kassensystem 083 Lagerausstattung 084 Fuhrpark 086 Büromaschinen, Organisationsmittel 087 Büromöbel 089 Geringwertige Wirtschaftsgüter 09 Frei	10 Frei 11 Frei 12 Frei 13 Beteiligungen 130 Beteiligungen 14 Frei 15 Wertpapiere des Anlagevermögens 150 Wertpapiere des Anlagevermögens 16 Sonstige Finanzanlagen 160 Ausleihungen 17 Frei	20 Waren/Bestände 200 Waren (Gruppe 1) 201 Waren (Gruppe 2) 21 Betriebsstoffe (Bestände) 210 Betriebsstoffe (z.B. Heizöl) 22 Sonstiges Material 220 Verpackungsmaterial 221 Leergut 23 Geleistete Anzahlungen auf Vorräte 230 Geleistete Anzahlungen auf Vorräte 24 Forderungen aus Lieferungen und Leistungen 240 Forderungen aus Lieferungen und Leistungen 245 Besitzwechsel 25 Frei 26 Sonstige Vermögensgegenstände 260 Vorsteuer 263 Sonstige Forderungen an Finanzbehörden 265 Forderungen an Mitarbeiter 269 Übrige sonstige Forderungen (U.s. Ford.) 27 Wertpapiere des Umlaufvermögens 270 Wertpapiere des Umlaufvermögens 28 Flüssige Mittel 280 Kreditinstitute (Bank) 285 Postgiro 286 Schecks 288 Kasse 289 Nebenkassen 29 Aktive Rechnungsabgrenzung 290 Aktive Rechnungsabgrenzung

[1] gemäß Fassung für die Ausbildung des Hauptverbands des Deutschen Einzelhandels (HDE) – Juni 1990.

Einzelhandelskontenrahmen (EKR) – Aufbau[1] (Fortsetzung)

Kontenklasse 3	Kontenklasse 4	Kontenklasse 5
Passiva		Erträge
3 Eigenkapital und Rückstellungen	4 Verbindlichkeiten und passive Rechnungsabgrenzungen	5 Erträge
30 Eigenkapital Bei Einzelkaufleuten: 300 Eigenkapital 3001 Privatkonto Bei Personalgesellschaften: 300 Kapital Gesellschafter A 3001 Privatkonto A 301 Kapital Gesellschafter B 3011 Privatkonto B 307 Kommanditkapital Gesellschafter C 308 Kommanditkapital Gesellschafter D Bei Kapitalgesellschaften: 300 Gezeichnetes Kapital (Grundkapital/Stammkapital) 31 Kapitalrücklage 310 Kapitalrücklage 32 Gewinnrücklage 321 Gesetzliche Rücklagen 423 Andere Gewinnrücklagen 33 Ergebnisverwendung 331 Gewinn-/Verlustvortrag 34 Jahresüberschuss/Jahresfehlbetrag 340 Jahresüberschuss/Jahresfehlbetrag 35 Frei 36 Frei 37 Rückstellungen für Pensionen und ähnliche Verpflichtungen* 370 Rückstellungen für Pensionen und ähnliche Verpflichtungen* 38 Frei 39 Frei * Ähnliche Verpflichtungen sind z.B. Rückstellungen für Steuern, Prozesskosten, Garantieverpflichtungen, Gewährleistungen infolge Mängelrügen.	40 Frei 41 Anleihen 410 Anleihen 42 Verbindlichkeiten gegenüber Kreditinstituten 420 Kurzfristige Bankverbindlichkeiten (Gruppe 2) 425 Langfristige Bankverbindlichkeiten (z.B. Grund-, Hypotheken- und Darlehensschulden) 43 Erhaltene Anzahlungen auf Bestellungen 430 Erhaltene Anzahlungen auf Bestellungen 44 Verbindlichkeiten aus Lieferungen und Leistungen 440 Verbindlichkeiten aus Lieferungen und Leistungen 45 Wechselverbindlichkeiten 450 Schuldwechsel 46 Frei 47 Frei 48 Sonstige Verbindlichkeiten 480 Umsatzsteuer 483 Sonstige Verbindlichkeiten gegenüber Finanzbehörden (VerbFB) 484 Verbindlichkeiten gegenüber Sozialversicherungsträger (VerbSV) 485 Verbindlichkeiten gegenüber Mitarbeitern (VerbMA) 486 Verbindlichkeiten aus vermögenswirksamen Leistungen (VerbVL) 489 Übrige sonstige Verbindlichkeiten (U. s. Verb.) 49 Passive Rechnungsabgrenzung 490 Passive Rechnungsabgrenzung	50 Umsatzerlöse 500 Umsatzerlöse für Waren (Gruppe 1) 5001 Erlösberichtigungen 501 Umsatzerlöse für Waren (Gruppe 2) 5011 Erlösberichtigungen 51 Sonstige Umsatzerlöse 510 Sonstige Umsatzerlöse (aus Dienstleistungen) 5101 Erlösberichtigungen 52 Frei 53 Frei 54 Sonstige betriebliche Erträge 540 Nebenerlös aus Vermietung und Verpachtung (Mieterträge) 541 Sonstige Erlöse (z.B. Provisionserträge) 542 Eigenverbrauch 543 Andere sonstige betriebliche Erträge (A. s. b. Erträge) 544 Erträge aus der Auflösung von Rückstellungen 55 Erträge aus Beteiligungen 550 Erträge aus Beteiligungen 56 Erträge aus Wertpapieren und Ausleihungen 560 Erträge aus Wertpapieren 57 Sonstige Zinsen und ähnliche Erträge 571 Zinserträge 573 Diskonterträge 58 Außerordentliche Erträge 580 Außerordentliche Erträge 59 Frei

[1] gemäß Fassung für die Ausbildung des Hauptverbands des Deutschen Einzelhandels (HDE) – Juni 1990.

→ Abschlussgliederungsprinzip aufgebaut (Klasse 0–2 Aktiva, 3 und 4 Passiva, 5 Erträge, 6 und 7 Aufwendungen, 8 Abschlusskonten; vgl. Abbildung „Einzelhandelskontenrahmen (EKR) – Aufbau"). Bei den Warenkonten wird als Erläuterung zu den einzelnen Positionen darauf hingewiesen, dass der Bezug von Waren sofort als Aufwand auf dem Konto 600 „Aufwendungen für Waren" zu buchen ist und das Konto 200 als Bestandskonto nur den Anfangsbestand, den Endbestand laut Inventur und die Umbuchung des Mehr- bzw. Minderbestandes (Gegenbuchung auf dem Konto 600) aufnehmen soll. Eine Buchungsskizze (vgl. Abbildung „Einzelhandelskontenrahmen – Buchungsskizze") verdeutlicht den Buchungsablauf (für den Fall einer Bestandsminderung). Diese Aufspaltung des Wareneinkaufskontos in ein Warenbestandskonto und ein Warenaufwandskonto stellt nur scheinbar eine Trennung gemischter Konten

Einzelhandelskontenrahmen (EKR) – Aufbau[1] (Fortsetzung)

Kontenklasse 6

Aufwendungen

6 Betriebliche Aufwendungen

- 60 Aufwendungen für Waren
  - 600 Aufwendungen für Waren (Gruppe 1)
    - 6001 Bezugskosten
    - 6002 Nachlässe
  - 601 Aufwendungen für Waren (Gruppe 2)
    - 6011 Bezugskosten
    - 6012 Nachlässe
- 61 Aufwendungen für Material und für bezogene Leistungen
  - 610 Aufwendungen für Material
    - 6101 Aufwendungen für Betriebsstoffe (z. B. Heizöl, Benzin)
    - 6101 Aufwendungen für Verpackungsmaterial
    - 6103 Aufwendungen für Leergut
    - 6104 Aufwendungen für Energie (z. B. Strom)
    - 6105 Aufwendungen für Reparaturmaterial
    - 6106 Aufwendungen für Reinigungsmaterial
    - 6107 Aufwendungen für sonstiges Material
  - 611 Aufwendungen für bezogene Leistungen
    - 6111 Frachten und Fremdlager
    - 6112 Vertriebsprovisionen
    - 6113 Fremdinstandhaltung (z. B. Kfz-Reparaturen)
    - 6114 Abfallentsorgung
    - 6115 Reinigung
- 62 Löhne
  - 620 Löhne für geleistete Arbeit
  - 621 Sonstige Lohnaufwendungen
- 63 Gehälter
  - 630 Gehälter
  - 631 Sonstige Gehaltsaufwendungen
- 64 Soziale Abgaben und Aufwendungen für Altersversorgung und für Unterstützung
  - 640 Arbeitgeberanteil zur Sozialversicherung (SV-AG)
  - 642 Beiträge zur Berufsgenossenschaft
- 65 Abschreibungen
  - 652 Abschreibungen auf Sachanlagen
  - 654 Abschreibungen auf geringwertige Wirtschaftsgüter
- 66 Sonstige Personalaufwendungen
  - 660 Sonstige Personalaufwendungen (auch vermögenswirksame Leistungen)
- 67 Aufwendungen für die Inanspruchnahme von Rechten und Diensten
  - 670 Mieten (Mietaufwand), Pachten
  - 671 Leasing
  - 673 Gebühren
  - 675 Aufwendungen des Geldverkehrs
  - 677 Rechts- und Beratungsaufwendungen
- 68 Aufwendungen für Kommunikation (Dokumentation, Information, Reisen, Werbung)
  - 680 Büromaterial
  - 681 Zeitungen, Fachliteratur
  - 682 Postgebühren (auch Telekom)
  - 685 Reisekosten
  - 686 Bewirtung und Präsentation
  - 687 Werbung, Dekoration
  - 688 Spenden
- 69 Aufwendungen für Beiträge und Wertkorrekturen
  - 690 Versicherungsbeiträge
  - 692 Beiträge zu Wirtschaftsverbänden und Berufsvertretungen
  - 693 Andere sonstige betriebliche Aufwendungen (A. s. b. Aufw.)
  - 694 Verluste aus Schadensfällen
  - 695 Abschreibungen auf Forderungen

[1] gemäß Fassung für die Ausbildung des Hauptverbands des Deutschen Einzelhandels (HDE) – Juni 1990.

dar. Das so geführte Warenbestandskonto ist nämlich nur ein Waren*inventur*bestandskonto. In Wirklichkeit aber erhöht jeder Einkauf zunächst den Warenbestand und dürfte nicht immer sofort als Warenverbrauch gebucht werden. Der Grund für diese Gleichsetzung Wareneinkauf = Warenverbrauch liegt darin, dass man im Einzelhandel früher nicht in der Lage oder aus Kostengründen nicht gewillt war, den Warenverbrauch laufend zu erfassen. Man nimmt bei dieser Vorgehensweise jedoch in Kauf, dass bei der kurzfristigen Ergebnisrechnung, die ohne → Inventur bes. bei Einsatz der Datenverarbeitung monatlich durchgeführt wird, möglicherweise Bestandsdifferenzen in erheblichem Umfang das Ergebnis verfälschen. Durch die Einführung moderner Kassensysteme ist eine laufende Erfassung des Warenverbrauchs jedoch kein Problem mehr.

Einzelhandelspanel → Handelspanel.

Einzelhandelspreisindex → Index der Einzelhandelspreise (EHI).

Einzelhandelsstatistik – Das → Statistische Bundesamt (StBA) errechnet aus den monatlichen Umsatzmeldungen der Unternehmen einen Indikator für den Umsatz des → Einzelhandels in Form von nominalen und realen → Messzahlen und deren Veränderungsraten, wegen starker saisonaler Schwankungen auch kalender- und saisonbereinigt. Der Indikator errechnet sich als Quotient aus dem gemeldeten Monatsumsatz und einem Basiswert, dem arithmetischen Mittel der zwölf Umsatz-Monatswerte des Basisjahres (momentan 2005) multipliziert mit 100. Deflationierung mit dem entsprechenden Preisindex und Bezug auf den preisbereinigten Basiswert ergibt eine Messzahl für den realen Umsatz. Die Kalender- und Saisonbereinigung der Daten erfolgt mittels des Verfahrens → X12-Arima. Die Veränderungsraten

Einzelhandelskontenrahmen (EKR) – Aufbau[1] (Fortsetzung)

Kontenklasse 7	Kontenklasse 8	Kontenklasse 9
Aufwendungen	Ergebnisrechnung	Kosten- und Leistungsrechnung
7 weitere Aufwendungen	8 Ergebnisrechnung	9 Kosten- und Leistungsrechnung
70 Betriebliche Steuern 700 Gewerbekapitalsteuer 701 Vermögenssteuer 702 Grundsteuer 703 Kraftfahrzeugsteuer 709 Sonstige betriebliche Steuern 71 Frei 72 Frei 73 Frei 74 Abschreibungen auf Finanzanlagen und auf Wertpapiere des Umlaufvermögens 742 Abschreibungen auf Wertpapiere des Umlaufvermögens 75 Zinsen und ähnliche Aufwendungen 751 Zinsaufwendungen 753 Diskontaufwendungen 76 Außerordentliche Aufwendungen 760 Außerordentliche Aufwendungen 77 Steuern vom Einkommen und Ertrag 770 Gewerbeertragsteuer 771 Körperschaftsteuer 772 Kapitalertragsteuer 78 Frei 79 Frei	80 Eröffnung/Abschluss 800 Eröffnungsbilanz 801 Schlussbilanz 802 Gewinn und Verlust	In der Praxis wird die Kosten- und Leistungsrechnung gewöhnlich tabellarisch durchgeführt.

Erläuterungen zu den einzelnen Positionen

- Kontengruppen – Die zweiziffrigen Kontengruppen entsprechen den ausweispflichtigen Bilanz- und GuV-Positionen gemäß §§ 266 und 275 HGB.
- Waren-Konten – Der Bezug von Waren ist sofort als Aufwand auf dem Konto 600 „Aufwendungen für Waren" zu buchen.
  Dementsprechend sind Anschaffungsnebenkosten (Bezugskosten) und Anschaffungspreisminderungen – Nachlässe (Boni, Skonti) auf den „Unterkonten" 6001 und 6002 zu erfassen.
  Das Konto 500 „Umsatzerlöse für Waren" – mit dem entsprechenden „Unterkonto" 5001 „Erlösberichtigungen" für Boni und Skonti – ist für den Verkauf von Waren vorgesehen.
  Das Waren-Bestandskonto (200) wird während der Abrechnungsperiode nicht angesprochen. Die Gegenbuchung von Inventur-Differenzen (Mehr- und Minderbestände an Waren) ist auf dem Konto 600 „Aufwendungen für Waren" vorzunehmen.
- Konto 541 „Sonstige Erlöse" – Vorgesehen z. B. für die Erfassung von Erlösen aus Anlagenverkäufen.
- Konto 543 „Andere sonstige betriebliche Erträge " – Vorgesehen z. B. für Kassenüberschüsse und Anlagenverkäufe über Buchwert.
- Konto 580 „Außerordentliche Erträge" – Erträge gemäß §277 Abs. 4 HGB
- Konto 6106 „Aufwendungen für sonstiges Material" – Vorgesehen für Materialaufwendungen, die z. B. im Zusammenhang mit der Erbringung von Dienstleistungen anfallen.
- Konto 693 „Andere sonstige betriebliche Aufwendungen" – Vorgesehen z. B. für Kassenmanko und Anlagenverkäufe unter Buchwert.
- Konto 760 „Außerordentliche Aufwendungen" – Aufwendungen gemäß §277 Abs. 4 HGB.

[1] gemäß Fassung für die Ausbildung des Hauptverbands des Deutschen Einzelhandels (HDE) – Juni 1990.

ergeben sich durch Bezug der Messzahl auf die Messzahl des Vorjahresmonates. Die Ergebnisse werden für den Einzelhandel insgesamt und für dessen einzelne Wirtschaftszweige gemäß der Klassifikation der Wirtschaftszweige ausgewiesen. Die Aktualisierung des Basisjahres erfolgt alle fünf Jahre, die Ziehung einer neuen Stichprobe von Unternehmen etwa alle zehn Jahre; es wird jedoch eine Verkürzung dieses Intervalls angestrebt.

Einzelhandelsumsatzsteuer – Form der → Einphasenumsatzsteuer, bei der die Steuer nur auf der letzten Stufe (Einzelhandel) erhoben wird. Wegen der benötigten Höhe des Steuersatzes besteht große Gefahr von Steuerhinterziehung. – Finanzwissenschaftlich besteht hinsichtlich der *Gesamtbelastungswirkung* – wenn man davon absieht, dass die Steuererhebung nicht auf der letzten, sondern auf sämtlichen

Einzelhandelskontenrahmen – Buchungsskizze

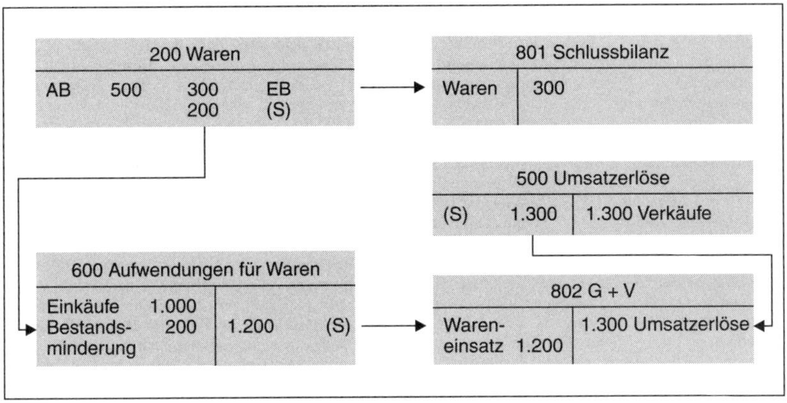

Umsatzstufen vorgenommen wird – kein Unterschied zur heutigen → Umsatzsteuer.

Einzelhandelsunternehmung – 1. *Begriff:* Unternehmung, deren Schwerpunkt ihrer wirtschaftlichen Tätigkeit der An- und Verkauf von Handelswaren ist. In Einzelhandelsunternehmungen werden nur handelsübliche Be- und Verarbeitungsprozesse ausgeübt (Sortieren, Mischen, Verpacken, Reparieren, Ändern etc.) sowie mit Dienstleistungen das Warenangebot verkaufsfähig für den Letztverbraucher gemacht (Lagern, Präsentieren, Beraten, Transportieren, Finanzieren etc). – 2. *Merkmale:* Abgabe von Gütern in kleinen und kleinsten Mengen an Letztverbraucher, Zusammenstellung von Waren zu Sortimenten. – 3. *Formen:* In der Realität existieren vielfältige → Betriebsformen des Handels, die durch den Wettbewerb zu permanenten Anpassungsprozessen gezwungen werden (→ Dynamik der Betriebsformen im Handel). – 4. *Bedeutung:* Die Zahl der selbstständigen Einzelhandelsunternehmungen nimmt ab; hingegen steigt die Anzahl der Verkaufsstätten aufgrund zunehmender Filialisierung (→ Filialunternehmung), ebenso steigt die durchschnittliche Verkaufsfläche pro Verkaufsstätte (→ Handelsstatistik). Aufgrund zunehmender Mobilität vergrößern sich die → Einzugsgebiete der einzelnen Verkaufsstellen von Einzelhandelsunternehmungen; daraus kann eine lokale Unterversorgung resultieren (Geschäftsaufgabe wegen mangelnder Nachfrage).

Einzelinanspruchnahme → Einzelverbrauch.

Einzelkaufmann – *Einzelfirma, Einzelunternehmung.* 1. *Begriff:* Unternehmungsform mit einem das → Handelsgewerbe als Alleininhaber betreibendem → Kaufmann. – *Gegensatz:* → Handelsgesellschaft. – 2. *Charakterisierung:* Die → Firma des Einzelkaufmann muss den Zusatz → eingetragener Kaufmann (e.K.) enthalten, § 19 HGB. Zweigniederlassung ist möglich. Auflösung durch Liquidation formlos, kein Abwickler. – 3. *Haftung:* (1) Der Einzelkaufmann haftet mit seinem gesamten, d.h. auch mit seinem privaten Vermögen; (2) der Erwerber haftet für die Verbindlichkeiten, wenn der Ausschluss nicht ins Handelsregister eingetragen wird; (3) Erben haften, wenn sie die Firma der Einzelunternehmung fortführen und die Erbschaft nicht ausschlagen. – 4. *Besteuerung:* die bloße Errichtung einer Einzelunternehmung als solche unterliegt keiner Steuer, Abgaben wie z.B. die frühere Gesellschaftsteuer, bei denen die bloße Aufbringung des Kapitals für eine Kapitalgesellschaft schon Steuern auslöste, sind hier also unbekannt; jedoch muss die Eröffnung des Unternehmens den Finanzbehörden angezeigt werden (§ 138 AO). Der laufende Geschäftsbetrieb löst dann aber anschließend infolge der anfallenden Umsätze und Gewinne i.d.R. Einkommen-, Gewerbe- und Umsatzsteuer aus. – 5. *Buchführung:* Einzelkaufmann ist von der Buchführung und Inventaraufstellung befreit, wenn er an den Abschlussstichtagen von zwei aufeinanderfolgenden Geschäftsjahren nicht mehr als 500.000 Euro Umsatz und 50.000 Euro Gewinn aufzuweisen hat, vgl. Bilanzrechtsmodernisierungsgesetz.

Einzelkosten – *Identifiable Costs, identifizierbare Kosten, spezifische Kosten.* 1. *Allgemein:* → Kosten, die einem bestimmten Bezugsobjekt (→ Bezugsgröße, z.B. Kunden oder Produkt) direkt zugerechnet werden bzw. zugerechnet werden können. – 2. Die → Vollkostenrechnung bezieht die Unterscheidung zwischen Einzelkosten und → Gemeinkosten allein auf die Produkte (Kostenträger). Aus diesem Grund wird, wenn mehrere unterschiedliche Bezugsgrößen Berücksichtigung finden, auch die Bezeichnung Kostenträgereinzelkosten verwendet. In der

→ Kostenartenrechnung werden die Primärkosten daraufhin untersucht, ob sie sich nach dem → Verursachungsprinzip direkt den einzelnen → Kostenträgern zurechnen lassen. Falls dies zutrifft, werden sie direkt in die → Kostenträgerrechnung übernommen, falls nicht, einer → Kostenstelle zugeordnet und in der → Kostenstellenrechnung weiterverrechnet. Als typische Einzelkosten gelten Einzelmaterialkosten und Fertigungslöhne. Bes. für letztere Kostenart erweist sich eine direkte Zuordnung zu einzelnen Produkten jedoch bei genauer Kostenanalyse als Schlüsselung von Gemeinkosten. – Zuweilen wird der Begriff der Einzelkosten in der Vollkostenrechnung auch auf das Bezugsobjekt Kostenstelle bezogen. – 3. In der → Einzelkostenrechnung erfolgt keinerlei Eingrenzung des Begriffs Einzelkosten auf spezielle Bezugsobjekte. Dort werden z.B. parallel Kostenträger-, Kostenstellen-, Sparten- und Perioden-Einzelkosten erfasst und ausgewiesen. Die Zuordnung erfolgt stets nach dem → Identitätsprinzip. Einzelkosten liegen danach nur dann vor, wenn der entsprechende Kostenbetrag (z.B. Gehalt eines Kostenstellenleiters) genau dann wegfällt, wenn auch das betreffende Bezugsobjekt (z.B. Kostenstelle) wegfällt bzw. zusätzlich anfällt, wenn das betreffende Bezugsobjekt zusätzlich anfällt.

Einzelkostenabweichungen → Abweichungen.

Einzelkostenmaterial → Einzelmaterial.

Einzelkosten offener Perioden – in der Einzelkostenrechnung gebräuchlicher Begriff für Kosten, an die das Unternehmen mehrere Perioden gebunden ist, für die die genaue → Bindungsdauer der Kosten im Vorhinein jedoch nicht exakt bekannt ist. – *Beispiel:* Kosten für gekaufte Anlagen, deren Nutzungsdauer zum Zeitpunkt der Anlagenbereitstellung nicht exakt vorhergesehen werden kann.

Einzelkostenplanung → Kostenplanung.

Einzelkostenrechnung – 1. *Begriff:* Teilkostenrechnungssystem (→ Teilkostenrechnung), das durch das Bestreben gekennzeichnet ist, die Realität des Kostenanfalls möglichst wirklichkeitsnah abzubilden. – 2. *Charakterisierung:* a) → Kosten und → Erlöse werden in der Einzelkostenrechnung nur dann erfasst, wenn sie mit → Auszahlungen bzw. → Einzahlungen verbunden sind. Die Einzelkostenrechnung verwendet damit den → entscheidungsorientierten Kostenbegriff. – b) Als entscheidungsorientiertes Kostenrechnungssystem soll die Einzelkostenrechnung die auf das Durchführen bzw. Unterlassen bestimmter Handlungen zurückzuführenden kosten- und erlösmäßigen Konsequenzen bestimmen. Hieraus folgt unmittelbar die Notwendigkeit, *alle Kosten und Erlöse als* → Einzelkosten bzw. → Einzelerlöse zu erfassen. Zugleich führt die Vielzahl, Heterogenität und Interdependenz betrieblicher Entscheidungen zu einem Nebeneinander mehrerer → Bezugsgrößenhierarchien, z.B. lassen sich Kosten der Versandpackung eines bestimmten Produkts parallel zumindest dem betreffenden Produkt, dem gewählten Vertriebsweg, dem belieferten Kunden und dem entsprechenden Absatzgebiet als Einzelkosten zurechnen. Nimmt man alle derartigen Zurechnungen gleichzeitig vor (→ Mehrfachzuordnung von Kosten), erhält man eine von den verschiedensten Fragestellungen her auswertbare Datenbasis. – c) Die mit der multidimensionalen Erfassung von Einzelkosten verbundenen Abbildungs- und Speicherungsprobleme lassen sich am besten lösen, indem man die zweckneutrale Kosten- und Erlöserfassung von den zweckbezogenen Auswertungen trennt. Dies führt zur Unterscheidung von → Grundrechnungen und → Auswertungsrechnungen. Mit dieser Trennung weicht der Aufbau der Einzelkostenrechnung vom Aufbau aller sonstigen gebräuchlichen Kostenrechnungssysteme stark ab. Das andere Teilkostenrechnungssysteme (→ Direct Costing, → Fixkostendeckungsrechnung, → Plankostenrechnung) wie auch die → Vollkostenrechnung kennzeichnende Neben- und Nacheinander einer Kostenarten-, Kostenstellen- und Kostenträgerrechnung wird ersetzt durch eine nicht weiter strukturierte Sammlung von Kosten- und Erlösdaten, für die man neben dem entsprechenden Betrag noch eine Vielzahl von Merkmalen (v.a. ihre jeweilige Einordnung in die unterschiedenen Bezugsgrößenhierarchien) festhält sowie durch die auf dieser Sammlung aufbauenden Auswertungen, zu denen z.B. auch eine traditionelle Kostenstellenrechnung zählt. – d) Auch in Auswertungsrechnungen werden keinerlei Kosten und Erlöse geschlüsselt (→ Gemeinkostenschlüsselung). Hieraus folgt häufig ein retrograder, von Erlösen ausgehender und schichtenweise Kosten abziehender Aufbau der Auswertungsrechnungen. – Daher bezeichnet man die Einzelkostenrechnung häufig auch als → Deckungsbeitragsrechnung. – 3. *Realisierung:* Das Bemühen um eine möglichst wirklichkeitsnahe Abbildung des Kostenanfalls führt zu einem sehr komplexen Rechenwerk, das hohe Anforderungen stellt: – a) Hinsichtlich der *Genauigkeit der Kostenerfassung,* die im Vergleich zu traditionellen Kostenrechnungssystemen mitunter erheblich höhere Erfassungskosten nach sich zieht, und – b) hinsichtlich der *Speicherung* der Kosten- und Erlösdaten, die eine universelle Auswertung, d.h. Kombination und/oder Verdichtung, zulässt. Operational kann diese Anforderung nur unter Verwendung von (relationalen) Datenbanken (→ Relationenmodell) erfüllt werden. Derzeit findet sich diese Datenorganisation jedoch nur ansatzweise in gebräuchlichen Kostenrechnungs-Softwaresystemen (→ Kostenrechnungssoftware) verwirklicht. Schließlich muss gewährleistet sein, die gespeicherten Kosten- und Erlösdaten in akzeptabler Zeit für beliebige Rechnungszwecke auswerten zu können. Auch diese Anforderung lässt sich umfassend nur mithilfe (relationaler) Datenbanken realisieren. – 4. *Anwendungsprobleme:* Angesichts der skizzierten hohen Anforderungen verwundert es nicht, dass das Konzept einer Einzelkostenrechnung bislang in der Praxis nicht weit verbreitet ist und nur ausschnittweise, z.T. sehr vereinfacht verwirklicht wurde. Hinzu kommt, dass durch die möglichst wirklichkeitsnahe Abbildung der Realität auch die Auswertungsrechnungen vergleichsweise komplexe Lösungen liefern. Hieraus resultieren erhebliche Anwendungsgefahren.

Einzellöhne → Fertigungslöhne.

Einzellohnkosten → Fertigungslöhne.

Einzelmachtkonzept → Macht.

Einzelmaterial – *Einzelkostenmaterial;* Material, das sich in der Kostenrechnung dem einzelnen → Kostenträger direkt, d.h. einzeln zurechnen lässt; Komponente des → Fertigungsmaterials. Die Erfassung von Einzelmaterial erfolgt typischerweise exakt mithilfe von → Materialentnahmescheinen; nicht gebrauchtes Material wird der entnehmenden Stelle aufgrund von → Materialrückgabescheinen gutgeschrieben. – *Gegensatz:* → Gemeinkostenmaterial. – Vgl. auch → Einzelmaterialplanung.

Einzelmaterialplanung – in der Plankostenrechnung Festlegung der Mengen der Einzelmaterialarten bei planmäßiger Fertigung, planmäßiger Produktgestaltung und planmäßigen Materialeigenschaften für jede einzelne Kostenträger- und für jede einzelne Materialart. Zu diesen *Nettoplaneinzelmaterialmengen,* differenziert nach Materialarten, werden die *Planabfallmengen,* die sich (differenziert nach Materialarten und Abfallursachen) aus der Abfallmengenplanung ergeben, hinzugerechnet. Die Summe aus diesen Nettoplaneinzelmaterial- und Planabfallmengen ergibt die *Bruttoeinzelmaterialmengen,* differenziert nach Materialarten. Multipliziert man diese Summe mit den Planpreisen der entsprechenden Materialarten, dann erhält man die *Bruttoeinzelmaterialkosten* der zugehörigen Materialarten; diese sind Grundlage der Einzelmaterialkontrolle und der Plankalkulation. – Vgl. auch → Kostenplanung, → Plankostenrechnung.

Einzelmaterial-Verbrauchsabweichung → Abweichungen.

Einzelnachfolge → Rechtsnachfolge.

Einzelplan → Haushaltssystematik.

Einzelproduktion – Elementartyp der Produktion (→ Produktionstypen). Die Einzelproduktion ist die typische Form der Auftragsfertigung, bei der jedes produzierte Stück auf die Wünsche der Kunden zugeschnitten ist. – Vgl. auch → Serienproduktion, → Sortenproduktion, → Massenproduktion.

Einzelprokura – Es handelt sich um die einer Einzelperson erteilte → Prokura, der dadurch allein entsprechende Vertretungsbefugnisse zukommen. Soweit aus dem → Handelsregister keine Gesamtprokura ersichtlich ist, dürfen Dritte eine eingetragene Prokura als Einzelprokura auffassen. – *Gegensatz:* → Gesamtprokura.

Einzelprüfer → Prüfer.

Einzelrechtsnachfolge → Rechtsnachfolge.

Einzelschadenexzedent – 1. *Begriff:* Durch den Einzelschadenexzedent übernimmt der Rückversicherer für ein einzelnes Originalrisiko die Haftung ab dem Eintritt einer gewissen Schadenhöhe (Fallpriorität) oder den darüber hinaus gehenden Schaden bis zur Haftungshöchstgrenze (Teilhaftung). – 2. *Einordnung:* Übliche Form des → nicht proportionalen Rückversicherungsvertrags.

Einzelstoffsammlung → Sammel- und Trennverfahren.

Einzelverbrauch – genauer: *echter Einzelverbrauch; Einzelinanspruchnahme, spezifischer Verbrauch;* Verbrauch eines dabei untergehenden Verbrauchsguts bzw. Inanspruchnahme eines Menschen (der gleichzeitig keine andere Tätigkeit ausüben kann) oder räumlich-zeitliche-intensitätsmäßige Inanspruchnahme eines Potenzials (Gebrauchs- oder Nutzungsgut), dessen „Nutzungsvorrat“ dabei quantitativ oder qualitativ verringert werden kann, aber nicht muss. Differenzierungen analog zu → Einzelkosten.

Einzelvertretung → Alleinvertretung.

Einzelvollmacht → Spezialvollmacht.

Einzelwirtschaftslehre → Privatwirtschaftslehre, → Arbeitsorientierte Einzelwirtschaftslehre (AO-EWL).

Einzelwirtschaftstypen → Unternehmungstypen.

Einziehung – I. Strafrecht: Enteignung und Eigentumsübergang auf den Staat durch rechtsgestaltenden Akt (Urteil, → Bußgeldbescheid). Rechte Dritter an dem Gegenstand bleiben bestehen. Jedoch ist die Anordnung des Erlöschens dieser Rechte regelmäßig mit der Einziehung verbunden (§ 74e StGB, § 26 OWiG). Einziehung ist in verschiedenen strafrechtlichen Vorschriften teils fakultativ („kann“), teils obligatorisch („ist“) vorgesehen. Sie trägt den Charakter teils einer Nebenstrafe, teils einer vorbeugenden Sicherungsmaßnahme. – a) Einziehung ist nach §§ 74 ff. StGB *generell möglich* mit Bezug auf Gegenstände, die durch Straftaten hervorgebracht wurden (z.B. Falschgeld) oder die zur Begehung von Straftaten benutzt oder bestimmt sind (z.B. Falschgeldgerät, Beförderungsmittel); im *Wirtschaftsstrafrecht* auch von Gegenständen, auf die sich die Verfehlung bezieht (§ 7 WiStG 1954); im *Steuerstrafrecht* von den steuerpflichtigen Erzeugnissen und zollpflichtigen Waren, hinsichtlich deren ein Steuer- oder Zolldelikt begangen worden ist sowie der Beförderungsmittel, die zur Tat benutzt worden sind (§ 375 AO); ähnlich im → Außenwirtschaftsrecht (§ 36 AWG). Ausnahmsweise ist Einziehung auch solcher Sachen möglich, die nicht dem Täter oder Teilnehmer gehören (§ 74a StGB, § 23 OWiG). – b) *Selbstständige Einziehung,* wenn im Übrigen keine Verfolgung stattfindet, möglich, vgl. § 76a StGB, § 27 OWiG, § 55 Lebensmittel- und Bedarfsgegenständegesetz. – c) *Ersatzeinziehung* (§ 74c StGB, § 25 OWiG) bedeutet Einziehung eines

Geldbetrages, der dem Wert des Gegenstandes entspricht, dessen Einziehung nicht möglich ist; ähnlich: Einziehung des → Wertersatzes des Steuerstrafrechts und Außenwirtschaftsrechts.

II. **Aktienrecht**: Form der Vernichtung von Anteilsrechten an Kapitalgesellschaften, vornehmlich von Aktien, auch von GmbH-Geschäftsanteilen, oft im Interesse einer Sanierung angewandte Maßnahme zur → Kapitalherabsetzung (bzw. des Stammkapitals bei GmbH). – Vgl. auch → Aktieneinziehung.

III. **Gewerblicher Rechtsschutz und Urheberrecht**: Die Verletzung → gewerblicher Schutzrechte und → Urheberrechte ist durchweg ein Straftatbestand (§ 143 MarkenG, § 142 PatG, § 25 GebrMG, § 10 HalblSchG, § 39 SortSchG, § 110 UrhG, § 51 GeschmMG). Gegenstände, die zu einer vorsätzlichen Verletzung gebraucht, bestimmt oder durch sie hervorgebracht sind, können nach § 74 StGB eingezogen werden, ebenso sonstige Gegenstände, auf die sich die Straftat bezieht.

IV. **Zahlungsverkehr**: → Inkasso.

Einziehungsverfahren → Einziehung.

Einziehungsverfügung – Mittel zur Befriedigung der Finanzbehörde aus einer Forderungspfändungsverfügung. Sie bewirkt, dass die gepfändete Forderung beim → Drittschuldner eingezogen werden kann (§§ 314 f. AO). Sie versetzt die vollstreckende Behörde in die Lage, die Forderung im eigenen Namen – durch Kündigung, Aufrechnung oder Leistungsklage – geltend zu machen. Der Drittschuldner hat die gepfändete Forderung im Fälligkeitszeitpunkt an den Pfändungsgläubiger auszuzahlen. Regelmäßig wird die Einziehungsverfügung mit der → Pfändungsverfügung verbunden und ist dem Drittschuldner zuzustellen. Der → Vollstreckungsschuldner ist zu unterrichten. Er ist verpflichtet, die zur Geltendmachung der gepfändeten Forderung erforderlichen Auskünfte zu erteilen und über die Forderung vorhandene Urkunden herauszugeben (§ 315 II AO).

einzige Anlaufstelle – 1. *Begriff* aus dem Umsatzsteuerrecht im Zusammenhang mit international tätigen Unternehmen: Das „Konzept der einzigen Anlaufstelle" bezeichnet ein System der Umsatzbesteuerung, bei dem ein Unternehmen trotz geschäftlicher Aktivität im gesamten Binnenmarkt seine umsatzsteuerlichen Verpflichtungen gegenüber allen Staaten der EU durch den Kontakt mit einer einzigen Behörde erledigen können soll. – 2. *Hintergründe:* Gegenwärtig gilt als Grundsatz, dass ein Unternehmer in einem Land, wo er steuerbare Umsätze ausführt, im Regelfall (außer wenn er infolge des → Reverse-Charge-Verfahrens nicht der Steuerschuldner ist) auch eine Steuererklärung abgeben muss. Dies kann im Extremfall zu monatlichen Steuererklärungspflichten in bis zu 27 EU-Ländern führen, ein Zustand, der allg. mittlerweile als ein massives Hindernis für das Funktionieren des Europäischen Binnenmarktes angesehen wird, zumal damit erhebliche Kommunikations- und Steuerberatungskosten verbunden sind. Das angestrebte Konzept einer „einzigen Anlaufstelle" sieht als Abhilfe für diese Situation vor, dass das Unternehmen zwar weiterhin seine Steuern an die verschiedenen EU-Staaten zahlen muss, es aber nur eine einzige, umfassende Steuererklärung erstellen soll, in der die Umsätze nach Ländern geordnet aufgeführt sind. Diese Steuererklärung soll dann von dem Finanzamt eines einzigen EU-Landes – typischerweise: dem Heimatstaat des Unternehmens – entgegengenommen und bearbeitet werden, und dieses Finanzamt soll auch die Verteilung des Geldes an die Empfängerstaaten übernehmen. Dieses Konzept hat den Vorteil, die Abgabe der Steuererklärung, ihre Berichtigung und die Beantwortung von Nachfragen naturgemäß erheblich zu erleichtern. Nachteil des Konzepts ist freilich, dass sich hierdurch die einzelnen EU-Staaten hinsichtlich eines Teils ihrer Umsatzsteuereinnahmen von der Arbeit der Steuerbeamten anderer Länder und der pünktlichen Zahlung der vereinnahmten Steuereinnahmen durch diese abhängig machen. – 3. *Gegenwärtige Einsatzgebiete:* „Konzept der einzigen Anlaufstelle" ist bislang von der EU nur getestet worden im Zusammenhang mit der Besteuerung von Dienstleistern aus dem Drittland, die elektronische Dienstleistungen an private Abnehmer in der EU anbieten und deshalb in jedem Mitgliedsstaat der Steuer unterliegen können. Für sie besteht als Wahlrecht die Möglichkeit, sich in nur einem einzigen Mitgliedsstaat umsatzsteuerlich registrieren zu lassen, der dann die Bearbeitung der Steuererklärung und die Weiterleitung der Gelder übernimmt. Ab 2015 wird sie auf alle Unternehmen ausgeweitet werden, die elektronische Dienstleistungen an Private erbringen; das hängt damit zusammen, dass auch EU-Unternehmen, die solche Dienstleistungen anbieten, ab 2015 im Land des jeweiligen Kunden steuerbar werden, möglicherweise also ebenfalls in 27 Mitgliedsstaaten. Eine Bereitschaft, das Konzept der einzigen Anlaufstelle nicht mehr nur als Pilotprojekt für diese einzelne Branche einzusetzen, sondern generell auf alle Branchen auszuweiten, bestand jedoch bislang offenbar noch nicht. – 4. *Entwicklungsperspektiven:* Das Konzept der einzigen Anlaufstelle könnte langfristig, weil die Erledigung steuerlicher Verpflichtungen gegenüber anderen Ländern wesentlich einfacher werden würde, zu weiteren Vereinfachungen im Umsatzsteuerrecht Anlass geben, z.B. würde man die → Lieferschwellen in der → Versandhandelsregelung vermutlich dann streichen können.

einzige Steuer → Alleinsteuer.

Einzugsermächtigungsverfahren → Lastschriftverfahren.

Einzugsgebiet – räumlich umgrenzter Bereich, aus dem die Kunden stammen, die üblicherweise einen Handelsbetrieb aufsuchen. Die Abgrenzung von Einzugsgebieten ist Voraussetzung für die Errechnung der potenziellen Kaufkraft möglicher Standorte von Handelsbetrieben (→ Standortpolitik) sowie für die regionale Streuung der vom Handelsbetrieb einzusetzenden → Werbeträger bzw. Werbemittel (Absatzreichweite).

Einzugsstelle – Träger der gesetzlichen → Krankenversicherung, der für den Einzug der Sozialversicherungsbeiträge (→ Gesamtsozialversicherungsbeiträge) zuständig ist. – a) Ist ein Arbeitnehmer für den Fall der Krankheit *pflichtversichert,* so ist Einzugsstelle auch für die Beiträge zur Rentenversicherung und Arbeitslosenversicherung die Krankenkasse, die für die Erhebung der Beiträge zur gesetzlichen Krankenversicherung zuständig ist (§ 28i SGB IV). – b) Ist der Arbeitnehmer *nicht* für den Fall der Krankheit *pflichtversichert,* so sind die Beiträge zur Rentenversicherung und zur Arbeitslosenversicherung an die Krankenkasse abzuführen, die der Arbeitgeber entsprechend § 175 II 2 SGB V gewählt hat (§ 28 i SGB IV). – Die Einzugsstelle entscheidet über die Versicherungspflicht und Beitragshöhe in der Kranken-, Pflege- und Rentenversicherung und über die Beitragspflicht und -höhe nach dem SGB III (§ 28h SGB IV).

Einzugsverfahren – kaum noch gebräuchliche Form der → Durchschreibebuchführung, bei der Belastung und Gutschrift gleichzeitig erfolgen. Dann wird zweckmäßig als Journal ein Zwei- bis Mehrspaltenbogen verwandt, bei dem Personen-, Sach- und evtl. noch Erfolgskonten bes. Spaltenpaare erhalten. – Vgl. Abbildung „Einzugsverfahren".

Einzugswechsel → Inkassowechsel.

Eisbrecher – *Kontaktfrage;* Bezeichnung der Meinungsforschung für eine geeignete Einstiegsfrage bei einer Befragung. – Dabei soll durch eine geschickte Frage, die leicht zu beantworten ist, das Interesse des/der Befragten geweckt und gleichzeitig zum Thema hingeführt werden.

Eisenbahnaufsicht → Eisenbahn-Bundesamt (EBA).

Eisenbahn-Bundesamt (EBA) – 1. *Begriff und Merkmale*: Aufsichts- und Genehmigungsbehörde für die Eisenbahnen des Bundes und Eisenbahnunternehmen mit Sitz im Ausland für das Gebiet der Bundesrepublik Deutschland sowie für die Magnetschwebebahnen. – 2. *Geschichte:* Das Eisenbahn-Bundesamt (EBA) wurde im Zuge der Strukturreform der Bundeseisenbahnen mit Wirkung vom 1.1.1994 als selbstständige Bundesoberbehörde errichtet und gehört zum Geschäftsbereich des Bundesministeriums für Verkehr, Bau- und Wohnungswesen (BMVBW). Seit dem 1.1.2006 ist die Bundesnetzagentur zuständig für den Zugang zur Eisenbahninfrastruktur. – 3. *Aufgaben:* Das Eisenbahn-Bundesamt (EBA) hat darüber zu wachen, dass das Verhalten der Eisenbahnunternehmen den rechtlichen Vorgaben entspricht und der Eisenbahnbetrieb den Anforderungen der Sicherheit genügend geordnet durchgeführt wird. Die Kontrollmaßstäbe hierfür sind in erster Linie in den Vorschriften des Allgemeinen Eisenbahngesetzes und der auf seiner Grundlage erlassenen (oder fortgeltenden) Rechtsverordnungen enthalten.

Eisenbahnfrachtbrief (CIM) – *Duplikatfrachtbrief;* wird beim Bahntransport auf der Grundlage der „Convention International concernant le transport des Merchandises par chemin de fer" ausgestellt. Er erfüllt zunächst eine Beweisfunktion über den vom Absender erteilten Beförderungsauftrag. Das von der Deutschen Bahn AG mit dem Abfertigungsvermerk versehene Frachtbriefduplikat beinhaltet ein nachträgliches Verfügungsrecht (Dispositionsrecht) über die beförderten Waren, solange sie dem Empfänger noch nicht zur Verfügung gestellt wurden.

Eisenbahngesetze – Gesetzgebung in Ausübung der Eisenbahnhoheit, die für die Bundeseisenbahnen (Art. 73 Nr. 6a GG) und als konkurrierende Gesetzgebung über die Schienenbahnen, die nicht Bundesbahnen sind, mit Ausnahme der Bergbahnen, beim Bund liegt (Art. 74 Nr. 23 GG). Die durch die Bahnstrukturreform notwendige Änderung hat sich in Art. 87e GG niedergeschlagen, der die Eisenbahnverkehrsverwaltung neu regelte und festschrieb, dass die Eisenbahnen des Bundes in privat-rechtlicher Form geführt werden. Entsprechend sind das Gesetz zur Zusammenführung und Neugliederung der Bundeseisenbahn (BENeuglG) vom 27.12.1993 (BGBl. I 2378) entstanden und das Allgemeine Eisenbahngesetz (AEG) vom 27.12.1993 (BGBl. I 2378) m.spät. Änd. neu formuliert worden. Zur Regelung der hoheitlichen Aufgaben auf dem Gebiet des Eisenbahnwesens entstand das Gesetz über die Eisenbahnverkehrsverwaltung des Bundes (EVerkVerwG) vom 27.12.1993 (BGBl. I 2378), in dem Bildung und Aufgabenbeschreibung des → Eisenbahn-Bundesamtes (EBA) geregelt sind. – Vgl. auch → Übereinkommen über den internationalen Eisenbahnverkehr (COTIF).

Eisenbahn-Haftpflicht → Haftpflichtgesetz.

Eisenbahn-Tarif – Zusammenstellung sämtlicher für den → Beförderungsvertrag im Bahnverkehr festgesetzter oder genehmigter Bedingungen, die veröffentlicht und gleichmäßig gegenüber allen Interessenten angewandt werden müssen; neben Annahmepflicht,

Einzugsverfahren

Datum	Text	Pers.-Konto		Sachkonto		Konto
		S	H	S	H	
3.4.	A. R. Nr. 157	248,30			248,30	14/80

Transportzwang etc. v.a. die von der Bahn für ihre Leistungen geforderten Beförderungsentgelte und Beförderungsbedingungen im Personenverkehr. Durch die Tarifliberalisierung und Privatisierung der DB AG weitgehend gegenstandslos geworden.

Eisenbahnverkehr – 1. *Begriff:* Eisenbahnverkehr ist die Beförderung von Personen und Gütern auf einer Eisenbahninfrastruktur, durchgeführt von Eisenbahnverkehrsunternehmen. Eisenbahnverkehr ist von anderen schienengebundenen Verkehren zu unterscheiden. Nach § 1 AEG sind dies z.B. „Magnetschwebebahnen, Straßenbahnen und die nach ihrer Bau- oder Betriebsweise ähnlichen Bahnen, Bergbahnen und sonstige Bahnen besonderer Bauart". Eisenbahnverkehr wird in Deutschland von der → Deutschen Bahn AG (DB) und den privaten Bahngesellschaften betrieben; da die Privatwagengesellschaften lediglich Transportmittel bereithalten, nicht jedoch die Zugförderung sicherstellen, zählen sie nicht zu den Eisenbahnen. Im Güterverkehr wird zwischen Ganzzug-, Einzelwagen- und → kombiniertem Verkehr unterschieden. – 2. *Probleme:* Die Bedeutung des Eisenbahnverkehrs ist seit den 1950er-Jahren ständig gesunken, die finanzielle Belastung der öffentlichen Haushalte dagegen seit Mitte der 1960er-Jahre ständig gestiegen. Das traf v.a. auf die Deutsche Bundesbahn zu. Alle Versuche, die Entwicklung zu stoppen, schlugen fehl. Das Problem verschärfte sich noch durch die Deutsche Reichsbahn, deren Anlagevermögen völlig unzulänglich war und dringend unter großen Aufwendungen modernisiert werden musste. Schließlich wurde Ende der 1980er-Jahre eine Kommission eingesetzt, die sich mit der Reform der Deutschen Bundesbahn, dann auch der Deutschen Reichsbahn befassen sollte. Die Vorschläge der Kommission bildeten die Grundlage für die Bahnstrukturreform, die zum 1.1.1994 in Kraft getreten ist. Begünstigt wurde die Bahnstrukturreform durch die EG-Eisenbahnpolitik, die durch die verbindliche Richtlinie 91/440/EWG eine nachhaltige Änderung der Eisenbahnpolitik der EG-Mitgliedsstaaten forderte.

Eisenbahn-Verkehrsordnung (EVO) – Eisenbahnverkehrsordnung (EVO) vom 20.3.1999, BGBl. I, 782 – zuletzt geändert durch Art. 3 des Gesetzes Gesetzes vom 26.5.2009, BGBl. I, 1146 – vgl. auch Zweites Gesetz zur Änderung schadensersatzrechtlicher Vorschriften vom 19.7.2002, BGBl. I, 2674. – Vgl. auch → Beförderungsvertrag.

Eisen- und Stahlstatistik – befristete amtliche → Fachstatistik zur Beobachtung der Marktentwicklung über Rohstoff- und Produktionswirtschaft bei den Unternehmen und Betrieben, die Roheisen, Stahl oder Ferrolegierungen erzeugen sowie → Absatz und Bestand bei den Unternehmen, die Lager haltenden Stahlhandel betreiben.

eiserner Bestand – veraltet; → Sicherheitsbestand.

EK – früher gebräuchliche Abkürzung für die steuerrechtlichen Teilbeträge des → verwendbaren Eigenkapitals im Rahmen des alten → körperschaftsteuerlichen Anrechnungsverfahrens. Je nach der Vorbelastung, der die Eigenkapitalbeträge bei ihrer Bildung unterworfen worden waren, unterschied man EK 56 (mit 56 Prozent KSt vorbelastet), EK 50 (mit 50 Prozent vorbelastet), etc. und verschiedene Arten von EK 0 (nicht vorbelastet, aber aus unterschiedlichen Gründen). – Die EK-Einteilung wurde beim Übergang zum → Halbeinkünfteverfahren überflüssig und abgeschafft.

eklektisches Paradigma – Ansatz von J.H. Dunning zur Erklärung der Bestimmungsgründe von → Direktinvestitionen. Dunning unterscheidet drei potenzielle Determinanten unternehmerischer Standortwahl: (1) Standortvorteile (Location Advantages), (2) Eigentumsvorteile (Ownership Advantages) und (3) Internalisierungsvorteilen (Internalization Advantages). Standortvorteile ergeben sich aus den Eigenschaften des anvisierten Standorts (z.B. günstige Löhne, Nähe zum Absatzmarkt). Eigentumsvorteile ergeben sich aus den Eigenschaften der Unternehmens selbst (z.B. unternehmensinternes Know-how). Internalisierungsvorteile schließlich ergeben sich dann, wenn die unternehmensspezifischen Vorteile am anvisierten Standort nicht durch Lizensierung oder ähnliche Kooperationsformen direkt vermarktet werden können. Dann bleibt nur die Gründung einer Tochtergesellschaft vor Ort oder die Übernahme eines vor Ort ansässigen Unternehmens. Für das Zustandekommen von Direktinvestitionen müssen also alle drei Vorteile in hinreichendem Ausmaß vorliegen. Ist dies nicht der Fall, so wird das Unternehmen für seine Internationalisierung andere Strategien wählen, z.B. Exporte, Lizensierung oder Kooperation im Rahmen internationaler Unternehmensnetzwerke.

EKS – Abk. für *energo-kybernetisches System, engpassorientiertes System;* Managementlehre, der eine Sicht von Manager, Umwelt und zu steuerndem Unternehmen als System zugrunde liegt. D.h., dass die Elemente sich nur in gemeinsamer Abstimmung miteinander entwickeln können. Die Beseitigung von Engpässen (Bedürfnisbefriedigung oder Problemlösung auf der Seite des Kunden und Kräftekonzentration auf der Seite des Unternehmens) wird somit zum Ziel von → Management. Die EKS wird bereits in verschiedenen Problemfeldern erfolgreich angewandt.

Elastizität – I. Cloud Computing: Bezeichnung für die Fähigkeit eines → Rechenzentrums, → IT-Ressourcen flexibel und in kurzer Zeit bereitzustellen und wieder freigeben zu können. – Vgl. auch → Cloud Computing.

II. Preis- und Markttheorie: wichtiges Instrument der ökonomischen Wirkungsanalyse: Verhältnis der relativen (prozentualen) Veränderung der abhängigen

Variablen y (Wirkung) zur relativen Änderung der unabhängigen Variablen x (Ursache):

$$\eta_{y,x} = \frac{\frac{\Delta y}{y}}{\frac{\Delta x}{x}} = \frac{\Delta y}{\Delta x}\frac{x}{y}$$

Der Elastizitätskoeefizient gibt dabei mit dem Vorzeichen die *Wirkungsrichtung* und mit seinem absoluten Wert die *Wirkungsstärke* an. Ein Wert von $\eta_{y,x} = -2$ bedeutet z. B., dass y um 2 Prozent abnimmt, wenn x um 1 Prozent zunimmt. Da in diese in der Empirie verwendeten Kennzifferndefinition diskrete Änderungen (Δy und Δx) eingehen, wird sie auch als *Bogen- oder Streckenelastizität* bezeichnet. Als x- und y-Werte werden dabei entweder

(a) die Ausgangswerte x_1 und y_1 oder

(b) die mittleren Werte

$$\overline{x} = 1/2(x_1 + x_2)$$

bzw.

$$\overline{y} = 1/2(y_1 + y_2)$$

eingesetzt.

In theoretischen Untersuchungen wird i.d.R. auf die *Punktelastizität*

$$\eta_{y,x} = \frac{dy}{dx}\frac{x}{y}$$

abgestellt. Hier gilt $\Delta x \rightarrow 0$ und damit $\Delta y \rightarrow 0$ (vgl. Abbildung „Elastizität"). – *Häufig verwendete Elastizitäten:* → Preiselastizität, Einkommenselastizität, → Angebotselastizität, → Produktionselastizität, → Skalenelastizität, → Substitutionselastizität etc.

Elastizitätsansatz – theoretischer Ansatz zur Erklärung der Veränderungen der Leistungsbilanz als Folge von Veränderungen des realen Wechselkurses. Am einfachsten darstellbar im Zwei-Güter-Fall. Die ausländische Nachfrage nach dem im Inland erzeugten Gut (Exportnachfrage) hängt ab vom relativen Preis dieses Gutes X = X(R), wobei $R = w \cdot P^*/ P$ der reale → Wechselkurs, und W der nominelle Wechselkurs

Elastizität

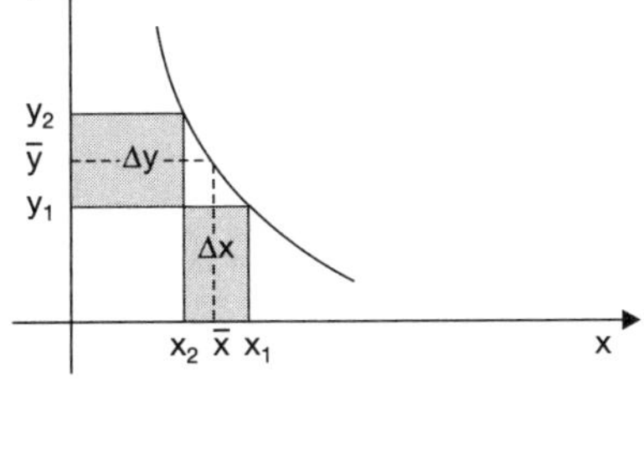

in Preisnotierung ist. Die Ableitung dieser Exportnachfragefunktion nach dem realen Wechselkurs ist: X' > 0.

Analog dazu sei die Importnachfrage (ausgedrückt in Einheiten des Importgutes): M = M(R), wobei M' < 0.

In Einheiten des heimischen Gutes ausgedrückt ergibt sich dann die Leistungsbilanz als: B = X(1 / R) – RM(R).

Nun verändert sich die Leistungsbilanz gemäß: $\partial B / \partial R = X' - RM' - M$.

Die Reaktion der Leistungsbilanz ist also bestimmt durch die Ableitungen X' bzw. M', die ihrerseits die Mengenreaktionen der Handelsströme auf die Preisveränderung determinieren. Die Marshall-Lerner-Bedingung gibt nun an, wie die Preiselastizitäten der Export- bzw. Importnachfrage beschaffen sein müssen, damit $\partial B / \partial R > 0$. Wenn man unterstellt, dass die Leistungsbilanz ursprünglich ausgeglichen war (X = RM), dann erhält man diese Bedingung als: $X' R / X - M' R / M > 1$.

Dies lässt sich schreiben als: $|\eta_X| + |\eta_M| > 1$,

wobei η_X bzw. η_M die Elastizitäten der Export- bzw. Importnachfragefunktionen darstellen. Diese Preiselastizitäten müssen sich dem Betrag nach auf mehr als eins addieren *(Marshall-Lerner-Bedingung).* Bei der Ableitung dieser Bedingungen wird allerdings eine perfekt preiselastische Güterangebotsproduktion und somit unendlich große Angebotselastizitäten der Produktion des Ex- und Importgutes unterstellt. Wird die Vorstellung des perfekt preiselastischen Güterangebots aufgehoben, so gilt es, die Angebotselastizitäten bei der Ableitung der Bedingung einer normalen Reaktion der Leistungsbilanz zu berücksichtigen *(Robinson-Bedingung).* Sind die Elastizitätsbedingungen hingegen nicht erfüllt, so verschlechtert sich die Leistungsbilanz als Resultat einer Abwertung der heimischen Währung. Für den Fall, dass das Devisenmarktgeschehen von den Handelsströme dominiert wird, würde Instabilität des Devisenmarktes resultieren. – Vgl. auch → Elastizitätspessimismus, → J-Kurven-Effekt.

Elastizitätsoptimismus – Begriff der monetären → Außenwirtschaftstheorie. Erwartung einer Konstellation aus Nachfrage- und Angebotselastizitäten (→ Elastizitätsansatz), die bei → Abwertung der Inlandswährung zu einer Aktivierung (bei → Aufwertung zu einer Passivierung) der → Leistungsbilanz führt *(normale Reaktion).* – *Gegensatz:* → Elastizitätspessimismus.

Elastizitätspessimismus – auf empirische Untersuchungen der 1950er- und 1960er-Jahre gegründete Skepsis bez. der Erfüllung der Elastizitätsbedingungen (→ Elastizitätsansatz) für die normale Reaktion der → Leistungsbilanz auf relative Güterpreisveränderungen. Mündete v.a. auch in Skepsis bez. der Erreichung des → außenwirtschaftlichen Gleichgewichts über flexible Wechselkurse. Aufgrund jüngerer empirischer Untersuchungen scheint jedoch eher ein → Elastizitätsoptimismus als ein Elastizitätspessimismus gerechtfertigt zu sein. Danach variieren „typische" → Nachfrageelastizitäten zwischen -0,5 und -1,5 für Importgüter und zwischen 0,5 und 2 für Exportgüter. – *Gegensatz:* → Elastizitätsoptimismus.

E-Learning – Unterstützung von Lernprozessen durch den Einsatz von Informations- und Kommunikationstechnologien.

Electronic Banking – 1. *Begriff:* Ausübung von Bankgeschäften unter Nutzung von Informations- und Kommunikationstechnologien. Die → EDV wird genutzt, um Daten zu erfassen, zu verarbeiten, zu transportieren und wieder zur Verfügung zu stellen, etwa über Terminals, → Computer, Leitungsnetze etc., um diese Funktionen beleglos und automatisch zu erfüllen. – 2. *Einsatzbereiche:* a) im *Interbankenverkehr* bes. zur Abwicklung des Zahlungsverkehrs (→ elektronischer Zahlungsverkehr, Datenträgeraustauschverfahren). – b) im *Kundenverkehr* durch (1) Bereitstellung von Selbstbedienungsautomaten [→ Geldausgabeautomaten (GAA), → Kontoauszugsdrucker (KAD)]; (2) Unterstützung von bargeldlosen Zahlungsvorgängen (→ Point of Sale Banking, kartengesteuertes Zahlungssystem); (3) Nutzung von Datennetzen (→ Internet) zur Kommunikation mit Privat- und Geschäftskunden (→ Homebanking, → Cash Management). – Vgl. auch → Bankautomation, → E-Commerce.

Electronic Business

von Prof. Dr. Tobias Kollmann

I. Begriff

Electronic Business (E-Business) bezeichnet die wirtschaftlichen Möglichkeiten im Zusammenhang mit den globalen digitalen Netzen (Net Economy), womit die Nutzung von digitalen Informationstechnologien zur Unterstützung von Geschäftsprozessen in der Vorbereitungs-, Verhandlungs- und Durchführungsphase gemeint ist. Dabei werden die notwendigen Bausteine Information, Kommunikation und Transaktion zwischen den beteiligten ökonomischen Partnern über digitale Netzwerke transferiert bzw. abgewickelt. Als Basis für diese elektronischen Geschäftsprozesse haben sich fünf zentrale Plattformen im E-Business gebildet, die den Austausch aller fünf Bausteine zum Inhalt haben (s. Abb. 1).

1. E-Procurement: Das Electronic Procurement (→ E-Procurement) ermöglicht den elektronischen Einkauf von Produkten bzw. Dienstleistungen durch ein Unternehmen über digitale Netzwerke. Damit erfolgt eine Integration von innovativen Informations- und Kommunikationstechnologien zur Unterstützung bzw. Abwicklung von operativen und strategischen Aufgaben im Beschaffungsbereich.

2. E-Shop: Ein → Electronic Shop (E-Shop) ermöglicht den elektronischen Verkauf von Produkten bzw. Dienstleistungen durch ein Unternehmen über digitale Netzwerke. Damit erfolgt eine Integration von innovativen Informations- und Kommunikationstechnologien zur Unterstützung bzw. Abwicklung von operativen und strategischen Aufgaben im Absatzbereich (auch als → E-Commerce bezeichnet).

3. E-Marketplace: Ein Electronic Marketplace (→ E-Marketplace) ermöglicht den elektronischen Handel mit Produkten bzw. Dienstleistungen über digitale Netzwerke. Damit erfolgt eine Integration von innovativen Informations- und Kommunikationstechnologien zur Unterstützung bzw. Abwicklung einer Zusammenführung von Angebot und Nachfrage durch den Marktplatz-Betreiber.

4. E-Community: Eine Electronic Community (→ E-Community) ermöglicht den elektronischen Kontakt zwischen Personen bzw. Institutionen über digitale Netzwerke. Damit erfolgt eine Integration von innovativen Informations- und Kommunikationstechnologien sowohl zur Unterstützung des Daten- bzw. Wissensaustausches als auch zur Vorbereitung transaktionsrelevanter Entscheidungen.

5. E-Company: Eine Electronic Company (→ E-Company) ermöglicht die elektronische Kooperation zwischen Unternehmen über digitale Netzwerke. Damit erfolgt eine Integration von innovativen Informations- und Kommunikationstechnologien zur Verknüpfung von einzelnen Unternehmensleistungen im Hinblick auf die Bildung eines virtuellen Unternehmens mit einem zusammengesetzten Transaktionsangebot.

II. Merkmale: Net Economy und E-Business

Der wirtschaftlich genutzte Bereich elektronischer Datennetze wird als Net Economy (Netzwerkökonomie) bezeichnet, welche über verschiedene elektronische Plattformen die Abwicklung von Informations-, Kommunikations- und Transaktionsprozessen erlaubt. Ausgangspunkt ist die allgemeine Entwicklung zur Informationsgesellschaft. Spätestens seit Beginn der 1990er-Jahre induziert eine innovative Informationstechnik, insbesondere über die Möglichkeiten einer Digitalisierung von Informationen und Vernetzung von

Computern, einen Strukturwandel im gesellschaftlichen und wirtschaftlichen Bereich (s. Abb. 1). Waren noch vor wenigen Jahren Computer und Netzwerke nur einigen Spezialisten vorbehalten, sind sie heute bereits allgegenwärtig.

Im Ergebnis stehen innovative Informationstechnologien wie Internet, Mobilfunk und Interaktives Fernsehen. Die Informationsgesellschaft ist geprägt durch den intensiven Umgang mit Informationstechnologien und dem damit einhergehenden Wandel von einer Industrie- zu einer Wissensgesellschaft. Analog lässt sich gesamtwirtschaftlich eine Verschiebung von den traditionellen Wirtschaftssektoren Landwirtschaft, Produktion und (reale) Dienstleistung hin zum Sektor Information feststellen. Eine der zentralen Charakteristiken der postindustriellen Computer-Gesellschaft ist die systematische Nutzung von Informationstechnologien (IT) sowie die Aneignung und Anwendung von Informationen, wodurch Arbeit und Kapital als ausschließliche Wert-, Produktions- und Profitquelle komplementiert werden (s. Abb. 1).

Informationen werden zum eigenständigen Produktionsfaktor und begründen somit die Informationsökonomie. Die Informationstechnologien haben nun dazu geführt, dass Informationen einfacher zugänglich und verstärkt auf wirtschaftliche Art und Weise genutzt werden können. Die Quelle für den Wettbewerbsvorteil in der Zukunft wird aufgrund der dargestellten technologischen Entwicklung die Wissens- und Informationsüberlegenheit gegenüber der Konkurrenz sein (Informationsführerschaft). Unternehmen, die bessere Informationen zum Markt und ihren (potenziellen) Kunden besitzen, setzen sich folglich im Wettbewerb durch. Während Informationen bisher lediglich eine unterstützende Funktion für physische Produktionsprozesse übernahmen, werden sie daher in Zukunft zu einem eigenständigen Produktions- und Wettbewerbsfaktor. Die wachsende Bedeutung der Informationstechnologie und der Ausbau von elektronischen Datennetzen führen so zu einer neuen wirtschaftlichen Dimension, die auch als Netzwerkökonomie bzw. Net Economy bezeichnet werden kann.

Aufgrund der Bedeutung von Informationen als unterstützenden und eigenständigen Wettbewerbsfaktor sowie der Zunahme an digitalen Datennetzen, muss in Zukunft von einer Zweiteilung relevanter Handelsebenen für die Möglichkeit des Wirtschaftens ausgegangen werden: Neben der realen Ebene der physischen Produkte bzw. Dienstleistungen (Real Economy) wird eine elektronische Ebene digitaler Daten- bzw. Kommunikationsnetze (Net Economy) entstehen. Die zugehörigen wirtschaftlichen Möglichkeiten werden in diesem Zusammenhang auch als E-Business bezeichnet. Erfolg im E-Business ist dabei zu großen Teilen von einer gelungenen elektronischen Wertschöpfung abhängig.

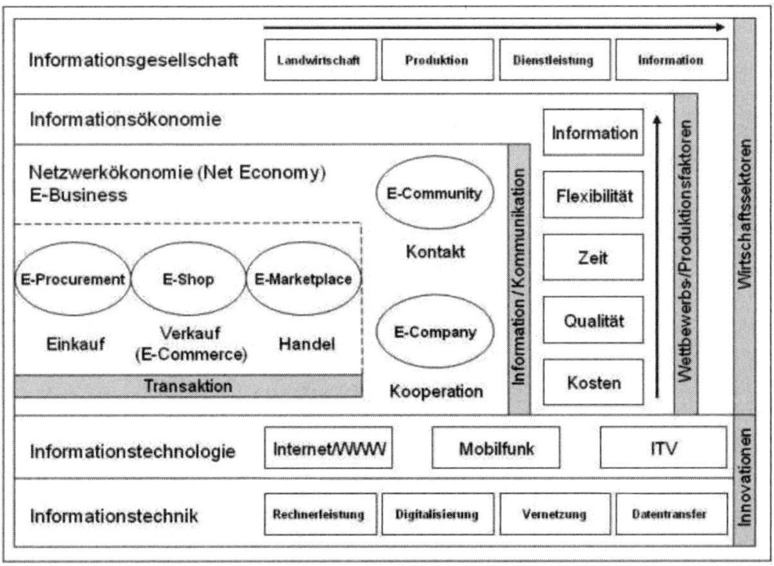

Abb. 1

Mit dem Entstehen der Net Economy ergaben sich neue Möglichkeiten hinsichtlich der Wertschöpfung mit und durch digitale Innovationen. Ein Unternehmen kann somit nicht nur durch physische Aktivitäten Kundenwerte auf der realen Ebene erzeugen, sondern auch über eine Wertschöpfung auf der elektronischen Ebene. Die Wertschöpfungskette in der Real Economy gliedert dabei ein Unternehmen in strategisch relevante Tätigkeiten und identifiziert physisch und technologisch unterscheidbare Wertaktivitäten, für die der Kunde zu zahlen bereit ist. Die Wertaktivitäten sind demnach die Bausteine, aus denen das Unternehmen für seine Abnehmer ein wertvolles Produkt schafft. Die Rolle der Information ist in diesem Modell bisher nur als unterstützendes Element, nicht aber als eine eigenständige Quelle des Abnehmer- bzw. Unternehmenswertes angesehen worden.

Die elektronische Wertschöpfung: Ausgehend von der grundsätzlichen Möglichkeit Innovationen in der Net Economy zu schaffen, muss vorab geklärt werden, welcher elektronische Wert durch das elektronische Innovationsprodukt für den Kunden überhaupt geschöpft wird (s. Abb. 2). Für eine elektronische Wertschöpfung können dies z.B. folgende Aspekte sein:

1. Überblick:

In diesem Fall schafft ein Onlineangebot einen Überblick über eine Vielzahl von Informationen, die sonst nur sehr mühselig zu beschaffen wären. Damit wird ein Strukturierungswert geschöpft.

2. Auswahl:

In diesem Fall schafft ein Onlineangebot die Möglichkeit, über Datenbank-Abfragen für die Nachfrager die gewünschten Informationen/ Produkte/ Dienstleistungen gezielter und effizienter zu identifizieren. Damit wird ein Selektionswert geschöpft.

3. Vermittlung:

In diesem Fall schafft ein Onlineangebot die Möglichkeit, Anfragen von Anbietern und Nachfragern effizienter und effektiver zusammenzuführen. Damit wird ein Matchingwert geschöpft.

4. Abwicklung:

In diesem Fall schafft ein Onlineangebot die Möglichkeit, ein Geschäft effizienter und effektiver zu gestalten (z.B. Kostenaspekt oder Bezahlmöglichkeit). Damit wird ein Transaktionswert geschöpft.

5. Kooperation:

In diesem Fall schafft ein Onlineangebot die Möglichkeit, dass verschiedene Anbieter ihr Leistungsangebot effizienter und effektiver miteinander verzahnen können. Damit wird ein Abstimmungswert geschöpft.

6. Austausch:

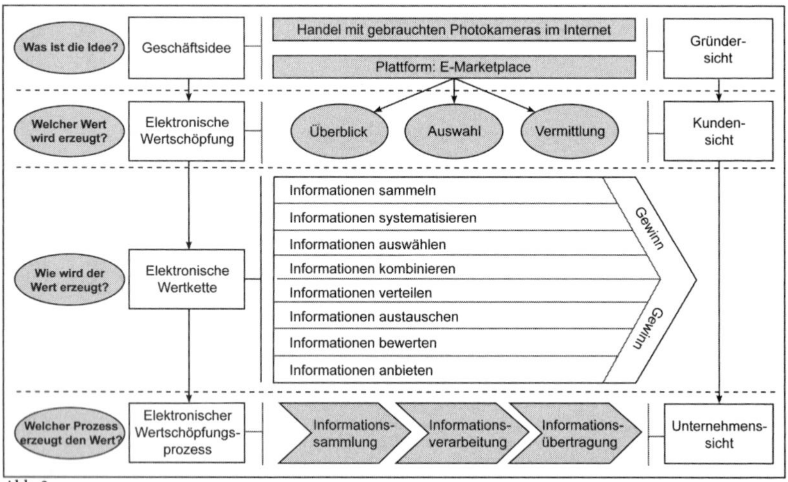

Abb. 2

In diesem Fall schafft ein Onlineangebot die Möglichkeit, dass verschiedene Nachfrager effizienter und effektiver miteinander kommunizieren können. Damit wird ein Kommunikationswert geschöpft.

Dabei ist es durchaus möglich, dass durch die elektronische Innovation auch eine multiple Wertschöpfung stattfindet und sowohl ein Strukturierungswert als auch ein Auswahl- und Vermittlungswert erzeugt werden. Nach der Identifikation der Wertschöpfung wechselt die Perspektive und es stellt sich sodann die Frage: Wie wird der Wert erzeugt? Hierzu kann die elektronische Wertschöpfungskette angeführt werden. Diese gliedert ein Unternehmen der Net Economy in strategisch relevante Tätigkeiten, um dadurch Kostenverhalten sowie vorhandene und potenzielle Differenzierungsquellen zu verstehen. Dabei stellt die elektronische Wertschöpfungskette entsprechende Wertaktivitäten dar, die sich bspw. auf die Sammlung, Systematisierung und Verteilung von Informationen beziehen. Über diese spezifischen Wertaktivitäten innerhalb von digitalen Datennetzen resultiert sodann ein elektronisches Informationsprodukt, für dessen Wert der Kunde über die zugehörige Wertschöpfung möglicherweise zu zahlen bereit ist. Die elektronische Wertschöpfungskette zeigt somit den Gesamtwert, der sich aus einzelnen elektronischen Wertaktivitäten und der Gewinnspanne zusammensetzt. Innerhalb der Wertschöpfungskette werden nun insbesondere die Wertaktivitäten identifiziert, die für die Wertschöpfung eine besondere Relevanz aufweisen. Diese identifizierten Wertaktivitäten sind dann auch die Basis für den elektronischen Wertschöpfungsprozess innerhalb eines Unternehmens, für den dann wiederum reale Arbeitsprozesse konzipiert werden müssen.

Die elektronische Wertschöpfungskette: Die Wertschöpfungskette in der Net Economy greift auf die neue Dimension von Informationen als eigenständige Quelle von Wettbewerbsvorteilen zurück. Damit können unabhängig von einer physischen Wertschöpfungskette auch elektronische Wertaktivitäten in digitalen Datennetzen entstehen. Diese elektronischen Wertaktivitäten sind jedoch nicht mit den in der Real Economy herausgestellten physischen Wertaktivitäten vergleichbar, sondern liegen im besonderen Umgang mit Informationen. Die entsprechenden Wertaktivitäten können bspw. in der Sammlung, Systematisierung, Auswahl, Zusammenfügung und Verteilung von Informationen liegen. Durch diese spezifischen Wertaktivitäten innerhalb von digitalen Datennetzen manifestiert sich eine elektronische Wertschöpfungskette, deren Ursprung und Auswirkung allein in der Net Economy zu finden ist. Im Resultat ergibt sich auf Basis dieser neuen Wertschöpfungsebene ein elektronisches Innovationsprodukt, für dessen Wert der Kunde zu zahlen bereit ist. Dieses Produkt kann dann entsprechend auch die Basis einer Unternehmensgründung in der Net Economy sein.

Der elektronische Wertschöpfungsprozess: Der elektronische Wertschöpfungsprozess beschreibt insbesondere die Informationsaktivitäten bzw. die Abfolge von Informationstätigkeiten, die zusammengenommen einen Mehrwert für den Kunden schaffen. Dabei gibt es Kern- und Serviceprozesse. Die Kernprozesse haben eine echte Wertschöpfungsfunktion, während die Serviceprozesse die Abläufe in der Wertschöpfungskette unterstützen. Der elektronische Wertschöpfungsprozess beginnt i.d.R. mit dem Informationsinput. Um den anvisierten Mehrwert anbieten zu können, müssen zunächst die benötigten Informationen gesammelt werden. In einem zweiten Schritt werden die Informationen intern so bearbeitet, dass sie in gewünschter Form als Informationsoutput wieder an den Kunden mehrwertorientiert übertragen werden können. Dieser Vorgang kann als elektronischer Wertschöpfungsprozess bezeichnet werden und beschreibt somit den Kernprozess der meisten elektronischen Innovationen. Somit kann hinsichtlich von Innovationen in der Net Economy ein idealtypischer elektronischer Wertschöpfungsprozess unterstellt werden:

Der erste Schritt umfasst die Informationssammlung, bei der es darum geht, relevante Daten als Informationsinput für die weitere Wertschöpfung zu identifizieren.

Der zweite Schritt umfasst die Informationsverarbeitung. Zielsetzung dabei ist die Umwandlung des recherchierten Datenbestandes in ein Informationsprodukt für den Kunden.

Der dritte Schritt umfasst schließlich die Informationsübertragung. Im Kern steht der Transfer des neu erlangten oder bestätigten Wissens über die gesammelten, gespeicherten, verarbeiteten und ausgewerteten Daten zum Kunden. Im Resultat findet sich dann ein Wert schaffender Informationsoutput.

Wichtig bei dieser Betrachtung ist die Erkenntnis, dass ein einmaliger Durchlauf durch diesen idealtypischen elektronischen Wertschöpfungsprozess nicht ausreichend ist. Vielmehr ist ein permanenter Durchlauf durch Informationsgewinnung, -verarbeitung und -übertragung notwendig. Dies gilt umso mehr, als die Daten, aus denen Informationen gewonnen werden, der Änderung unterliegen.

Electronic Cash – deutsches Zahlungsverfahren, bei dem der Käufer den Kaufpreis mittels Bankkundenkarte und Eingabe der persönlichen Identifikationsnummer (→ PIN) am → Point of Sale (POS)-Terminal bezahlt. Die positive Onlineautorisierung durch die Autorisierungszentrale, welche die Prüfung der PIN, der Echtheit der Karte, einer evtl. Sperre und der Deckung umfasst, garantiert dem Händler die unbedingte Zahlung. Die endgültige Belastung erfolgt im Interbank-Clearing zwischen Händlerbank und kartenausgebender Bank. Eine Sonderform des Electronic Cash ist das Electronic Cash Offline-Verfahren. Im Gegensatz zum „echten" Electronic Cash findet hier grundsätzlich keine Onlineautorisierung statt. Vielmehr wird anhand des Chips auf der Bankkundenkarte nach einer PIN-Identifikation abgeprüft, ob durch die aktuell vorliegende Zahlung ein vorher festgesetzter Höchstbetrag (z.B. 1.500 Euro) und ein ebenfalls vorher festgesetzter Zeitraum (z.B. 90 Tage) überschritten werden. Ist eine der beiden Voraussetzungen erfüllt, erfolgt eine Onlineautorisierung durch die Autorisierungszentrale. – Vgl. auch → POZ, → ELV.

Electronic Collaboration – netzwerkbasierte, interaktive, intra- und/oder interorganisationale Zusammenarbeit.

Electronic Commerce → E-Commerce.

Electronic Data Interchange (EDI) – papierloser, z.T. automatisierter, auf elektronischem Weg erfolgender Datenaustausch zwischen verschiedenen Unternehmen (externer Austausch) bzw. einzelnen Unternehmensteilen (interner Austausch). Für die elektronische Übertragung sind die → Daten nach einheitlichen internationalen Standards strukturiert und formatiert (z.B. → EDIFACT, EANCON-, SINFOS-Nachrichten-Standards, SINFOS-Stammdatenpool). Die Daten enthalten detaillierte produkt- und prozessbezogene Informationen. Nutzen und Ziel der elektronischen Datenübertragung ist ein zeitreduzierter und verlässlicher Informationsfluss, der eine Beschleunigung der Geschäftsprozesse ermöglicht sowie die Logistikkosten senkt und den Servicegrad erhöht. Basisfunktion der EDI-Software im Unternehmen ist der Transfer unternehmensinterner Daten in den Nachrichtenstandard und umgekehrt. EDI bietet folgende Vorteile: Vermeidung der Mehrfacherfassung bereits vorliegender Daten und damit verbundener Erfassungsfehler, automatische Weiterverarbeitung eingehender Daten, schnellere Informationsweitergabe und damit verbundener geringere Bearbeitungszeiten sowie herstellerunabhängige Datenübermittlung durch eine einheitliche normierte → Schnittstelle.

Electronic Democracy – engl. für *elektronische Demokratie*. Es umfasst alle über das → Internet vermittelten Austauschbeziehungen zwischen Bürgerschaft und Politik. Die Einsatzmöglichkeiten erstrecken sich von der Einbindung des Bürgers in politische Meinungsbildungs- und Selbstorganisationsprozesse mithilfe von Diskussionsforen bis hin zur Durchführung von Onlinewahlen.

Electronic Government – *E-Government*. 1. *Begriff*: Abwicklung geschäftlicher Prozesse im Zusammenhang mit Regieren und Verwalten mithilfe von Informations- und Kommunikationstechniken über elektronische Medien. Electronic Government ist eine Sonderform des → Electronic Business, wobei ein Amt oder eine Behörde als Partei in Erscheinung tritt und mit Bürgern oder Unternehmen interagiert (z.B. Durchführung von Steuererklärung oder Kfz-Zulassung). – 2. *Ziele*: Verbesserung der Wirtschaftlichkeit im öffentlichen Sektor (Allokationsfunktion); Organisation von Austauschprozessen mit dem Verwaltungsumfeld (sog. virtuelles Rathaus); Verbesserung der Standortbedingungen; gesellschaftspolitische Mitgestaltung der Beziehungen Bürger und Staat (spiegelt sich in Begriffen wie z.B. elektronische Demokratie (→ Electronic Democracy) und elektronische Briefwahl; gesellschaftspolitische Gestaltungsfunktion). – 3. *Ausdifferenzierung von Electronic Government* in systemsteuernde und systembildende Funktion: Systemsteuernde Funktion bezieht sich auf die Standardisierung und Verbesserung bisheriger Problemlösungs- und Wertschöpfungsprozesse mithilfe der IuK-Technik. Systembildende Funktion bezieht sich auf ganz neue Formen und Strukturen öffentlicher Leistungsprozesse und deren Wertschöpfung, etwa durch Verlagerung einzelner Aktivitäten auf den Bürger, durch Vernetzung sowie durch Schaffung bisher nicht möglicher Mitwirkungen und Einflussnahme auf öffentliche Informationsverarbeitungsprozesse.

Electronic Mail → E-Mail.

Electronic Mall – *Shopping Mall*, virtuelles Shopping- und Dienstleistungszentrum, in dem mehrere voneinander unabhängige Anbieter unter einer einheitlichen → Benutzeroberfläche und Bedienungslogik erreichbar sind.

Electronic Payment Systems Observatory (ePSO) – Ursprünglich von der Europäischen Kommission im Jahr 2000 ins Leben gerufene Initiative zum besseren Informationsaustausch über den elektronischen Zahlungsverkehr, die im Frühjahr 2003 von der → Europäischen Zentralbank (EZB) fortgeführt wurde. Bei ePSO handelt es sich um eine offene Infrastruktur zum gegenseitigen Informationsaustausch über den elektronischen Zahlungsverkehr. Das Ziel von ePSO ist es, den Meinungsaustausch zwischen den Marktteilnehmern zu fördern und als Informationsquelle zu dienen.

Electronic Procurement → E-Procurement.

Electronic Publishing – Veröffentlichen von digitalen Inhalten im → Internet oder auf digitalen Medien wie z.B. einer → CD-ROM.

Electronic Retailing – Form des → Distanzhandels. Der Einzelhändler nutzt einen → elektronischen Absatzkanal (Internet, Mobilfunk, interaktives Fernsehen etc.), um den Kontakt mit seinen Kunden anzubahnen, den Verkauf zu unterstützen, den Geschäftsabschluss zu tätigen und die Nachkaufphase zu betreuen.

Electronic Shop – Electronic Shops bieten eine Möglichkeit, die Anbahnung von Transaktionen (aus den Teilbereichen Information, Vereinbarung, Abwicklung und Service bestehend) zu initiieren und zu unterstützen bzw. gänzlich elektronisch abzuwickeln. Dabei wird eine Plattform geschaffen, auf der Anbieter ihre Waren oder Dienstleistungen präsentieren und der Interessent die Handhabe besitzt, Produktinformationen einzuholen. Ähnlich wie bei bisherigen Einkaufshäusern wird dem Kunden ein umfassendes Warenangebot unterbreitet, wodurch die Suchkosten seitens der Nachfragerseite reduziert werden. Ist diese Informationsphase abgeschlossen, kann bei der Produktspezifizierung bzw. Preisvereinbarung (Vereinbarungsphase) der Kunde einen direkten und interaktiven Einfluss nehmen. Kommt es zu einem Vertragsabschluss, bieten sich im Rahmen der Abwicklungsphase vielfältige Unterstützungsfunktionen. So lassen sich digitale Produkte direkt über das Internet zum Kunden transportieren bzw. kann der Kunde über den Status seiner Warenlieferung auf dem Laufenden gehalten werden (Track and Tracing). Je nach Art des Gutes lassen sich unterschiedliche After-Sale Services etablieren. Darunter können etwa Installations-, Update- oder Beratungsleistungen verstanden werden. – Electronic Shops sind in großem Maße mit dem Teilbereich des E-Business (→ Electronic Business) verbunden, der den elektronischen Absatz bezeichnet, der insbesondere durch die digitale Abwicklung des Transaktionsprozesses zwischen Anbieter und Nachfrager charakterisiert ist und üblicherweise als → E-Commerce etikettiert wird. Diese Transaktionen bestehen aus dem Austausch der Leistungserbringung und Zahlungsverpflichtung; aber auch die Anbahnung, Aushandlung und zusätzliche Serviceleistungen nach dem Erwerb können in der digitalen Umgebung im Rahmen des E-Commerce vonstatten gehen.

Electronic Shopping – *Onlineshopping*, Abwicklung von Kauftransaktionen (v.a. Konsum- und Gebrauchsgüter) mithilfe von Internettechnologien. Wichtiger Teilbereich des → E-Commerce. – Vgl. auch → Electronic Shop, → Electronic Cash, → Electronic Mall.

elektrische Anlagen – I. Bilanzierung: Elektrische Anlagen bilden einen Teil des → Anlagevermögens. Ob sie als unselbstständige Bestandteile von Gebäuden, technischen Anlagen oder Maschinen oder als selbstständige Vermögensgegenstände auszuweisen und zu bewerten sind, hängt vom Nutzungs- und Funktionszusammenhang im konkreten Fall ab. Eine Abgrenzung ist schwierig.

II. Kostenrechnung: I.d.R. als Bestandteil der → Raumkosten erfasst.

III. Haftpflichtversicherung: Der Inhaber ist zur gesetzlichen Haftpflicht u.a. nach § 2 Haftpflichtgesetz verpflichtet. – Vgl. auch Gasanlagen.

elektrodermale Reaktion → Hautwiderstandsmessung.

elektromagnetische Verträglichkeit von Betriebsmitteln – Fähigkeit eines Gerätes, in der elektromagnetischen Umwelt zufrieden stellend zu arbeiten, ohne dabei selbst (unannehmbare) elektromagnetische Störungen für andere Geräte zu verursachen; gilt aber auch für Betriebsmittel, deren Betrieb durch elektromagnetische Störungen beeinträchtigt werden kann. Die elektromagnetische Verträglichkeit von Betriebsmitteln hat nichts mit der Problematik des sog. „Elektro-Smog" zu tun. Einzelheiten sind im Gesetz über die elektromagnetische Verträglichkeit von Betriebsmitteln (EMVG) vom 26.2.2008 (BGBl. I 220) und in der VO über das Nachweisverfahren zur Begrenzung elektromagnetischer Felder (BEMFV) vom 20.8.2002 (BGBl. I 3366) m.spät.Änd. geregelt. Das Gesetz dient auch der Umsetzung verschiedener → EG-Richtlinien. – Vgl. auch → Elektrosmogverordnung.

Elektromobilität – der Teil der Mobilität, für den elektrische Energie genutzt wird. I.w.S. sind dies sowohl Eisenbahnfahrten, Transporte mit einem elektrischen Gabelstapler als auch elektrisch unterstützte Fahrräder (Pedelec), Golfcarts, etc. Im heutigen Kontext sind i.d.R. aber elektrisch angetriebene Pkw im Fokus. Hierunter fallen Brennstoffzellenfahrzeuge (FCEV), batterieelektrische Fahrzeuge (BEV) aber auch sog. Hybride (Fahrzeuge mit Verbrennungs- und kleinem Elektromotor) und Plug-in-Hybride (PHEV, Hybride mit der Möglichkeit, die Batterie am Elektrizitätsnetz zu laden und damit eine höhere Reichweite im elektrischen Fahrmodus zu realisieren).

elektronische Datenverarbeitung (EDV) → Datenverarbeitung.

elektronische Datenverarbeitungsanlage (EDVA) – *EDV-Anlage;* veraltete Bezeichnung für → Computer bzw. Großrechner.

elektronische Dienstleistung – Dienstleistungen, die durch das Internet oder ähnliche elektronische Medien bestellt und erbracht werden, z.B. Onlinezugriff auf Datenbanken, Programmdownloads. – *Umsatzsteuerliche Behandlung:* → elektronischer Geschäftsverkehr.

elektronische Form – qualifizierte elektronische Signatur nach dem Signaturgesetz (SigG) vom 16.5.2001 (BGBl. I 876) soll die gesetzlich vorgesehene schriftliche Form durch elektronische Form ersetzen; der Aussteller der Erklärung muss dieser seinen Namen hinzufügen und das elektronische Dokument mit einer qualifizierten elektronischen Signatur nach dem SigG versehen (§ 126a I BGB).

elektronische Geldbörse – Speichermedium für elektronisches Geld (→ E-Geld). – Vgl. auch → Debitkarte, → E-Commerce, → GeldKarte.

elektronische Lohnsteuerbescheinigung – 1. *Begriff:* vom Arbeitgeber am Ende des Dienstverhältnisses oder am Ende des Kalenderjahres auszufertigende Bescheinigung (§ 41b EStG). Die elektronische Lohnsteuerbescheinigung muss auf elektronischem Weg an eine amtlich vorgeschriebene Stelle übermittelt werden; diese Übermittlung muss bis spätestens zum 28. Februar des Folgejahres durchgeführt worden sein. – 2. *Inhalt:* In der elektronischen Lohnsteuerbescheinigung müssen alle für die Lohnsteuererhebung wichtigen Daten übermittelt werden: a) Name, Vorname, Geburtsdatum und Anschrift des Arbeitnehmers, die auf der → Lohnsteuerkarte eingetragenen Besteuerungsmerkmale, der amtliche Gemeindeschlüssel, Bezeichnung und Nummer des Finanzamts, an das die Steuer abgeführt worden ist, und die Steuernummer des Arbeitgebers. – b) Angaben zur Dauer des Kalenderjahres und die Anzahl der U-Vermerke im Lohnkonto (Vermerk für Arbeitsperioden von mind. fünf Tagen, für die der Lohnanspruch im Wesentlichen weggefallen ist). – c) Art und Höhe des gezahlten Arbeitslohnes und ggf. den Großbuchstaben S (den Vermerk für sonstige Bezüge). – d) Höhe der einbehaltenen → Lohnsteuer, der → Solidaritätszuschlag und die → Kirchensteuer, sowie zusätzlich den Großbuchstaben, wenn das Dienstverhältnis vor Ablauf des Kalenderjahres endet und der Arbeitnehmer für einen abgelaufenen Lohnzahlungszeitraum oder -abrechnungszeitraum des Kalenderjahrs nach Maßgabe der Vorsorgepauschale nach § 10 c EStG zu besteuern war (d.h. nach der bes. Lohnsteuertabelle). – e) bezogenes → Kurzarbeitergeld, → Schlechtwettergeld, Winterausfallgeld, Zuschuss zum → Mutterschaftsgeld und ähnliche Bezüge. – f) auf die → Entfernungspauschale anzurechnende steuerfreie oder pauschal besteuerte Leistungen des Arbeitgebers für Fahrten zwischen Wohnung und Arbeitsstätte. – g) die nach § 3 Nr. 63 steuerfrei gezahlten Bezüge für → Altersvorsorge (Beiträge an Pensionskasse oder Pensionsfonds). – h) der Großbuchstabe F für die Durchführung steuerfreier Sammelbeförderung nach § 3 Nr. 32 EStG. – i) die steuerfrei ausgezahlten Verpflegungszuschüsse und Vergütungen für → doppelte Haushaltsführung. – j) die steuerfrei gezahlten Zuschüsse zu freiwilligen Kranken- und Pflegeversicherungen. – k) der Arbeitnehmeranteil am Gesamtsozialversicherungsbeitrag. – 3. *Verfahren:* Neben der Übermittlung der elektronischen Lohnsteuerbescheinigung ist dem → Arbeitnehmer ein nach amtlichen Muster gefertigter Ausdruck der elektronischen Lohnsteuerbescheinigung auszuhändigen oder zum Zugriff auf elektronischem Weg bereitzustellen. – 4. *Lohnsteuerliches Ordnungsmerkmal:* Zur Datenübermittlung muss der Arbeitgeber aus Name, Vorname und Geburtsdatum des Arbeitnehmers nach amtlich festgelegter Regel ein Ordnungsmerkmal (Schlüsselzahl) für den Arbeitnehmer bilden. Dieses Merkmal darf nur verwendet werden für die Zuordnung der elektronischen Lohnsteuerbescheinigung oder für sonstige steuerliche Zwecke. Sobald die Identifikationsnummern eingeführt worden sind (§ 139b AO), werden anstelle der lohnsteuerlichen Ordnungsmerkmale (eTIN) in Zukunft dann nur noch diese verwendet werden (§ 41b II EStG). – 5. *Ausnahmen von der elektronischen Lohnsteuerbescheinigung:* Arbeitgeber, die keine maschinelle Lohnabrechnung besitzen und auch keine elektronische Lohnsteuerbescheinigung erteilen, dürfen in bestimmten Ausnahmefällen noch eine traditionelle Lohnsteuerbescheinigung auf der Lohnsteuerkarte erteilen und zwar,wenn sie ausschließlich geringfügig beschäftigte Arbeitnehmer im eigenen Privathaushalt beschäftigen (§ 41b III EStG). – Vgl. auch → elektronisches Lohnsteuerverfahren.

elektronische Patientenakte – 1. *Begriff:* Die elektronische Patientenakte ist ein Medium der Informationsspeicherung und → Kommunikation. Sie erfasst alle Patientendaten (Diagnosen, Therapieempfehlungen, unverträgliche Medikamente etc.) in elektronischer Form. – 2. *Merkmale:* Die elektronische Patientenakte ist ein bedeutendes Instrument zur Überwindung der sog. Schnittstellenproblematik im Gesundheitswesen. Mittels ihrer Einführung können Schnittstellen zwischen den einzelnen sektorenübergreifenden und interdisziplinär-fachübergreifenden Akteuren im Gesundheitswesen harmonisiert werden und somit fragmentierte Versorgungsstrukturen aufgehoben werden. Zur Verbesserung der Integration der Gesundheitsversorgung ist eine vernetzte und einheitliche Informationsaufbereitung, -speicherung und -kommunikation ausschlaggebend. Erfasste Patienteninformationen werden in der elektronischen Patientenakte zusammengefasst und sind für jeden legitimierten, am Versorgungsprozess Beteiligten zugänglich. Zudem kann durch die Vorgabe bestimmter Standards zur Informationsaufbereitung und -speicherung gezielt auf die professionelle Praxis einzelner Leistungserbringer eingewirkt werden. Die Prozessqualität kann hierdurch erhöht und letztendlich ein einheitlicher Behandlungsfluss des Patienten gewährleistet werden. Dadurch eröffnet die elektronische Patientenakte die Chance eine Reihe aktueller Herausforderungen gezielt anzugehen. Infolgedessen gewinnt sie im internationalen Umfeld zunehmend an praktischer Relevanz. Es können nicht nur Versorgungsschnittstellen überwunden werden, sondern auch das Versorgungsmanagement chronisch Kranker und Multimorbider durch den ganzheitlichen Ansatz weiter professionalisiert werden. – 3. *Gesetzliche Rahmenbedingungen:* Im Zuge des GKV-Modernisierungsgesetzes 2004 soll gemäß § 67 SGB V zur Verbesserung der → Qualität und → Wirtschaftlichkeit der Versorgung die papiergebundene Kommunikation unter den Leistungserbringern so bald und so umfassend wie möglich durch die elektronische und maschinell verwertbare Übermittlung von Befunden, Diagnosen, Therapieempfehlungen und Behandlungsberichten, die sich auch für eine einrichtungsübergreifende fallbezogene Zusammenarbeit eignet, ersetzt werden. Die → Krankenkassen und Leistungserbringer sowie ihre Verbände sollen den Übergang zur elektronischen Kommunikation finanziell unterstützen. Des Weiteren können nach § 68 SGB V die Krankenkassen ihren Versicherten finanzielle Unterstützung bei von Dritten angebotenen

Dienstleistungen der elektronischen Speicherung und Übermittlung patientenbezogener Gesundheitsdaten gewähren. Näheres ist durch die Satzung der einzelnen Krankenkassen zu regeln. – 4. *Vorteile:* a) *Kostenvorteile:* Kommunikationsstandards ermöglichen eine aktive Kostensteuerung. Die interne und interorganisatorische Effizienz kann hierdurch gesteigert werden. – b) *Qualitätsvorteile:* einrichtungsübergreifende Kommunikationslösungen begünstigen einen lückenlosen auf den Patienten abgestimmten Behandlungsfluss und erhöhen somit die Qualität der Behandlung. Den Behandlungsablauf dokumentierende Daten können in regelmäßigen Abständen unter Berücksichtigung medizinischer und gesundheitsökonomischer Gesichtspunkte evaluiert werden. – c) Zudem kann durch die transparente Informationsvermittlung das Vertrauen der Beteiligten erhöht werden und gleichzeitig wird eine erhöhte Kontrollmöglichkeit ermöglicht. – 5. *Anforderungen:* a) *technische Integration:* Damit die elektronische Patientenakte ihr Potenzial entfalten kann, sind alle an der Gesundheitsversorgung beteiligten Akteure über ein elektronisches Netzwerk miteinander verbunden. Eine systematische Planung, Steuerung und Überwachung der Informationseinrichtung ist hierfür unerlässlich. Die Datenübermittlung muss unter strengsten Datenschutzbestimmungen (→ Datenschutz) erfolgen. Eine bes. Herausforderung stellt hierbei die ausgesprochene Heterogenität bestehender Informationsarchitekturen dar. Weitere Herausforderungen ergeben sich durch den Anspruch der eindeutigen Patientenidentifikation und dessen Behandlungsdokumentation auf Lebenszeit. – b) *Organisatorische Integration:* Neben der technischen Integration erfordert die Einrichtung einrichtungsübergreifender Informationsarchitekturen organisatorische Maßnahmen. Es stellt sich die Frage nach der inhaltlichen und infrastrukturellen Verantwortlichkeit für die Informationsarchitekturen; hierbei sind die Einzelinteressen der Akteure zu berücksichtigen und Insellösungen zu vermeiden. – 6. *Entwicklungstendenzen:* Es gibt eine Vielzahl von Initiativen, die eine Standardisierung der intersektoralen Kommunikation zum Ziel haben. Beispiele sind die Clinical Document Architecture (CDA) von HL7, das IHE Cross-enterprise Document Sharing (IHE XDS) oder das EHRcom bzw. der CEN prEN 13606 Standard (CEN). Das Potenzial der elektronischen Patientenakte kann letztlich nur vollends zur Entfaltung kommen, wenn sich regionale Standards durchsetzen und Insellösungen vermieden werden.

elektronische Post → E-Mail.

elektronischer Absatzkanal → Absatzkanal, bei dem die Realgüter-, Nominalgüter- und Informationsströme (→ Handelsfunktionen) elektronisch unterstützt werden, z.B. durch Internet, Mobilfunk oder interaktives Fernsehen. Während sich Nominal- und Informationsströme vollständig elektronisch abwickeln lassen, finden Realgüterströme ihre Grenzen bei nicht-digitalisierbaren Gütern.

elektronischer Bundesanzeiger → Bundesanzeiger.

elektronische Rechnung → Rechnung im Sinn des Umsatzsteuergesetzes (§§ 14 ff. UStG), die nicht auf Papier erstellt und ausgedruckt, sondern auf elektronischem Wege erstellt und übermittelt wird. Die elektronische Rechnung muss mit einer qualifizierten elektronischen Signatur oder einer qualifizierten elektronischen Signatur mit Anbieter-Akkreditierung versehen sein oder bestimmten Anforderungen an den elektronischen Datenaustausch genügen (die genauen Anforderungen normiert § 14 III UStG). Sie gilt als vollwertige Rechnung, die ihrem Empfänger insbesondere den Vorsteuerabzug ermöglicht. – 2. Die Vorgaben dafür, was als elektronische Rechnung anzuerkennen ist, sind EU-weit harmonisiert (insbesondere Art. 233 der → Mehrwertsteuersystemrichtlinie). – 3. Die EU-Mitgliedsstaaten können den in ihrem Hoheitsgebiet ansässigen Steuerpflichtigen zur Auflage machen, einen vollständigen Onlinezugriff auf die Daten der elektronischen Rechnung zu gewährleisten (vgl. Art. 245 Mehrwertsteuersystemrichtlinie).

elektronischer Geschäftsverkehr – 1. Zur Umsetzung der → E-Commerce-Richtlinie 2000 ist in § 312e BGB bestimmt, dass der Unternehmer, der sich zum Zwecke des Abschlusses von Verträgen über die Lieferung von Waren oder die Erbringung von Dienstleistungen eines Tele- oder Mediendienstes bedient, bestimmte Pflichten gegenüber dem Kunden hat. Er muss (1) angemessene, wirksame und zugängliche Mittel zur Verfügung stellen, damit der Kunde Eingabefehler vor der Abgabe der Bestellung korrigieren kann; (2) nach der BGB-Informationspflichten-Verordnung i.d.F. vom 5.8.2002 (BGBl. I 3002) bestimmte Informationen über Vertragsschluss, Datenspeicherung, Sprachen und Verhaltensregelwerke geben; (3) den Zugang der Bestellung unverzüglich auf elektronischem Weg bestätigen und (4) Abruf und Speicherung der Vertragsbestimmungen ermöglichen. – 2. *Umsatzsteuerliche Behandlung:Grundsätzliches:* Bei der Umsatzsteuer ist zunächst zu unterscheiden, ob lediglich der Vertragsabschluss auf elektronischem Wege erfolgt, anschließend dann aber eine Lieferung bestellter Ware auf traditionellem Wege, oder ob nicht nur die Bestellung, sondern auch die Ausführung der Leistung auf dem Weg über das Internet erfolgt (nur Letzteres ist „auf elektronischem Wege erbrachte Dienstleistung" im Sinne der Umsatzsteuer). – a) Erfolgt nur der Abschluss der Ware auf elektronischem Wege, die Auslieferung aber traditionell, gelten die ganz normalen umsatzsteuerlichen Regeln: → Lieferung, → sonstige Leistung, → Ort der Lieferung, → Ort der sonstigen Leistung. – b) Für auf elektronischem Wege erbrachte Leistungen gelten dagegen folgende Besonderheiten: – a) Es handelt sich in allen Fällen um sonstige Leistungen, nicht um Lieferungen (da über das Netz keine Verfügungsmacht über einen Gegenstand verschafft, sondern nur Daten transferiert und Rechte eingeräumt werden können). – b) Leistungen zwischen Unternehmen werden nicht in dem Land des Anbieters, sondern im Land des Kunden der Besteuerung unterworfen (§ 3a IV UStG bis Ende 2009, danach mit gleichem Ergebnis § 3a II UStG 2010). Ist der Anbieter ein ausländischer Unternehmer, hat im Regelfall der Kunde für die Zahlung der Steuer zu sorgen, zahlt also nur einen Nettopreis, und der Anbieter darf keine Umsatzsteuer in Rechnung stellen (§ 13b UStG; → Reverse-Charge-Verfahren). – c) elektronisch erbrachte Umsätze eines Unternehmers an private Abnehmer werden nach Ablauf einer Übergangsfrist (bis 2015) jeweils am Wohnort des privaten Kunden der Besteuerung unterworfen werden; das wird dazu führen, dass Unternehmer, die solche Dienstleistungen anbieten, relativ leicht gleichzeitig in allen 27 Mitgliedsstaaten der EU der Umsatzsteuer unterliegen können. Geplant ist, dieser Problematik im Zusammenhang mit den Steuererklärungspflichten dadurch Rechnung zu tragen, dass die betroffenen Unternehmen in einem einzigen Staat der EU eine Steuererklärung über all ihre steuerlichen Verpflichtungen gegenüber den 27 Mitgliedsstaaten abgeben können und dass dieser Mitgliedsstaat dann die weitere Bearbeitung des Falles und die Verteilung des Geldes gegenüber allen übrigen Staaten übernimmt (Konzept der → einzigen Anlaufstelle). Gegenwärtig wird diese Regelung bereits gegenüber Drittstaatenanbietern praktiziert (§ 3a IIIa UStG bis Ende 2009), während EU-Unternehmen noch für eine Übergangszeit eine Versteuerung der an privat erbrachten Umsätze in ihrem Sitzstaat durchführen können (§ 3a I UStG). Administratives Hauptproblem an der Versteuerung im Land des privaten Kunden wird für alle betroffenen Unternehmer sein, den Wohnort des Kunden überhaupt hinreichend rechtssicher feststellen zu können; das erklärt und rechtfertigt die Einräumung einer Übergangsfrist bis 2015. – 3. Bei der *Einkommen-/Körperschaftsteuer* gelten für den elektronischen Geschäftsverkehr bislang keine bes. Regelungen. Ausschlagend dafür, wo Steuern zu zahlen sind, ist also letztlich das → Betriebsstättenprinzip, und zwar sowohl für die lediglich auf elektronischem Wege angebahnten wie auch für die auch auf elektronischem Wege ausgeführten Leistungen. Allerdings ist beim elektronischen Geschäftsverkehr zu beachten, dass die Standortwahl bei Unternehmen hier kaum von den natürlichen Gegebenheiten der jeweiligen Länder abhängt; hier ist es also möglich, dass Steuerunterschiede einen erheblichen Einfluss auf die Standortwahl haben und der internationale Steuerwettbewerb deshalb erhebliche Bedeutung erlangt.

elektronischer Identitätsnachweis – Ein Personalausweisinhaber kann seinen Personalausweis dazu verwenden, seine Identität gegenüber öffentlichen und nicht öffentlichen Stellen elektronisch nachzuweisen. Voraussetzung ist, dass der Personalausweis ein elektronisches Speicher- und Verarbeitungsmedium enthält. Dies ist in dem am dem 1.11.2010 in Kraft getretenen Personalausweisgesetz -PAuswG- vom 18.6.2009 (BGBl. I 1346) für die neu auszustellenden Personalausweise vorgesehen. Ob der Personalausweisinhaber den elektronischen Identitätsnachweis nutzten will, hat er bei Aushändigung zu erklären. Verneint er dies, schaltet die Personalausweisbehörde diese Funktion ab (§ 10 PAuswG). Zur Identitätsfeststellung berechtigte Behörden dürfen allerdings die im elektronischen Speicher- und Verarbeitungsmedium gespeicherten Daten zum Zwecke der Überprüfung der Echtheit und der Identität des Ausweisinhabers auslesen und verwenden (Näheres in § 17 PAuswG; vgl. auch → Ausweispflicht).

elektronischer Markt – virtueller Markt, der auf Internettechnologien basiert und zur Durchführung von Markttransaktionen dient. Bes. Vorteile liegen in der Reduktion der Transaktionskosten und der erhöhten Markttransparenz. – Vgl. auch → E-Marketplace, → Buyside-Marktplatz, → Sellside-Marktplatz.

elektronischer Massenzahlungsverkehr der Deutschen Bundesbank (EMZ) – Das EMZ-Verfahren der Bundesbank ist als Massenzahlungssystem konzipiert, d.h. v.a. für Zahlungen, die keiner bes. zeitlichen Priorität bedürfen. Der EMZ verarbeitet → Überweisungen, Lastschrift- und → Scheckeinzüge im nationalen deutschen Zahlungsverfahren und außerdem auch SEPA-Überweisungen und SEPA- → Lastschriften seit dem jeweiligen Verfahrensstart. Er wird im deutschen Interbanken-Clearing (→ Clearing) v.a. dann genutzt, wenn andere, kostengünstigere Abwicklungswege wie das bilaterale Interbanken-Clearing nicht zur Verfügung stehen. Im Massenzahlungsverkehr ist die → Deutsche Bundesbank einer von mehreren Anbietern. Das EMZ-Verfahren entspricht somit der ordnungspolitischen Ausrichtung der Bundesbank, wonach sie im Massenzahlungsverkehr als komplementärer, wettbewerbsneutraler Anbieter auftritt. Hauptsächlich kleinere und mittelgroße Institute wählen die Abwicklung über den EMZ aufgrund der wettbewerbspolitischen Neutralität der Zentralbank, während größere Institute den EMZ wegen dessen umfassender Flächendeckung für Restmengen nutzen. – Beleglose Überweisungen und Lastschriften werden jeweils ohne Betragsbegrenzung abgewickelt. Schecks können dagegen nur bis unter 6.000 Euro – → belegsloser Scheckeinzug (BSE) – beleglos eingereicht und abgewickelt werden, Schecks mit Beträgen von 6.000 Euro und mehr – → imagebasierter Scheckeinzug (ISE) – wandelt die Bundesbank in Datensätze um und zieht die Gegenwerte beleglos ein. – Die Leistungs- und Entgeltstruktur im Massenzahlungsverkehr basiert auf dem Prinzip, rationelle beleglose Verfahren zu fördern, und trägt auch den international vereinbarten Anforderungen Rechnung, dass die EU-Zentralbanken für alle Dienstleistungen im Zahlungsverkehr vereinbart haben, kostendeckende Preise zu erheben. – Die Zahlungsverarbeitung erfolgt in mehreren Verarbeitungsfenstern. Alle Beträge werden brutto über TARGET2-Konten verrechnet und zwar jeweils die Summen der einzelnen ein- oder ausgelieferten Dateien.

elektronischer Rechts- und Geschäftsverkehr → elektronische Signatur.

elektronischer Zahlungsverkehr – 1. *Begriff:* beleglose Erfassung und Abwicklung des bargeldlosen Zahlungsverkehrs. – 2. *Verfahren:* a) Im zwischenbetrieblichen Zahlungsverkehr mit Banken, bei dem die Daten beleghaft eingereichter Zahlungsaufträge beim erstbeauftragten Kreditinstitut über Eingabeterminals auf elektronische Datenträger übertragen und anschließend im Datenträgeraustauschverfahren oder mittels → Datenfernübertragung an das endbegünstigte Institut weitergeleitet werden, das die eingehenden Aufträge ohne Erstellung eines Beleges auf dem Konto des Zahlungsempfängers gutschreibt. – b) Im zwischenbetrieblichen Zahlungsverkehr mit Nichtbanken i.w.S., (1) bei dem der Bankkunde Lastschriften und Überweisungen in elektronischer Form ausstellt (→ Homebanking, Selbstbedienungsbank, Onlinedienste) und anschließend an die Kreditwirtschaft mittels Datenträgeraustausch oder Datenfernübertragung zur weiteren beleglosen Bearbeitung etc. leitet, (2) bei dem der Handel (Kartenakzeptant) die mit einer → Zahlungskarte ausgelösten Zahlungsvorgänge bereits an entsprechenden Terminals elektronisch erfasst (→ Point of Sale Banking, → Electronic Cash) und anschließend, wie oben beschrieben, an die Kreditwirtschaft zur Ausführung weiterleitet.

elektronischer Zahlungsverkehr/Lastschrift (EZL) – Per Beleg bei Banken eingereichte → Lastschriften werden durch Datenerkennungs- und Interpretationssysteme in Datensätze umgewandelt. Zusammen mit den beleglos eingereichten Lastschriften (→ Datenfernübertragung- und Datenträgeraustausch-Eingänge) werden die Daten im Rahmen der Leitwegsteuerung im Interbanken-Clearing eingezogen. – Vgl. auch → elektronischer Massenzahlungsverkehr der Deutschen Bundesbank (EMZ).

elektronischer Zahlungsverkehr/Überweisung (EZÜ) – Per Beleg eingereichte Überweisungsaufträge werden durch Datenerkennungs- und Interpretationssysteme in Datensätze umgewandelt. Zusammen mit den beleglos eingegangenen Gutschriften (→ Datenfernübertragung- und Datenträgeraustausch-Eingänge) werden die für fremde Institutsgruppen bestimmten Daten im Rahmen der Leitwegsteuerung im Interbanken-Clearing weitergeleitet und verrechnet. – Vgl. auch → elektronischer Massenzahlungsverkehr der Deutschen Bundesbank (EMZ).

Elektronischer Zolltarif (EZT) – Die Druckausgabe des Deutschen Gebrauchs-Zolltarifs (DGebrZT) wurde eingestellt und zum 1.1.1999 durch den Elektronischen Zolltarif ersetzt. Der Elektronische Zolltarif ist eine nationale Zusammenstellung vielfältiger Rechtsquellen. Ausgangspunkt ist der gemeinsame Zolltarif der EU (s. hierzu → Einreihung in den Zolltarif). Eingearbeitet sind die vielfältigen durch Präferenzen ermäßigten Abgabensätze, Hinweise auf Verbote und Beschränkungen, Genehmigungen, Steuersätze usw. Die deutsche Zollverwaltung bietet den EZT online an.

elektronisches Geld → E-Geld.

elektronische Signatur – 1. *Begriff:* Authentifikation des Urhebers eines in elektronischer Form vorliegenden Objekts. Das größte Problem elektronisch vorliegender Unterlagen besteht in der Ungewissheit ihrer Herkunft, die mithilfe der elektronische Signatur bestätigt werden soll. Zu diesem Zweck werden Verfahren der → Kryptographie angewendet, indem mittels eines privaten, nur dem Sender bekannten Schlüssels algorithmisch festlegbare Teile der zu zertifizierenden Nachricht verschlüsselt werden. Zur Authentifizierung der Nachricht entschlüsselt der Empfänger mittels eines allg. bekannten, öffentlichen Schlüssels diese elektronische Signatur und kann so bei Gleichheit des entschlüsselten Teils mit der erhaltenen Nachricht von der Authentizität der Nachricht ausgehen. – 2. *Rechtsvorschriften:* a) Das *Signaturgesetz (SigG)* vom 16.5.2001 (BGBl. I 876) hat den Zweck, Rahmenbedingungen für die elektronische Signatur zu schaffen. Die Verwendung der elektronischen Signatur ist freigestellt, sofern nicht bestimmte elektronische Signaturen durch Rechtsvorschrift vorgeschrieben sind. Es regelt die Anforderungen an Zertifizierungsdienste, deren Betrieb im Rahmen des Signaturgesetzes genehmigungsfrei ist. Danach darf einen Zertifizierungsdienst nur betreiben, wer die für den Betrieb erforderliche Zuverlässigkeit und Fachkunde sowie eine Deckungsvorsorge (je Schadensfall eine Mindestsumme von 250.000 Euro) nachweist und die weiteren gesetzlichen Voraussetzungen gewährleistet (§ 4 SigG). Die Aufnahme des Betriebs ist der zuständigen Behörde unter Darlegung der Erfüllung der gesetzlichen Voraussetzungen anzuzeigen. Die Zertifizierungsdiensteanbieter können sich von den zuständigen Behörden akkreditieren lassen, wofür sie ein Gütezeichen erhalten, mit dem der Nachweis der umfassend geprüften technischen und administrativen Sicherheit zum Ausdruck gebracht wird. Die Zertifizierungsdiensteanbieter können Zertifikate für qualifizierte elektronische Signaturen ausstellen, deren Inhalte in § 7 SigG festgelegt sind. Die näheren Anforderungen an den Betrieb eines Zertifizierungsdienstes regelt die Signaturverordnung (SigV) vom 16.11.2001 (BGBl. I 3074). – b) Sofern im *Bürgerlichen Recht* eine Willenserklärung gesetzlich der Schriftform bedarf, kann sie durch die elektronische Form ersetzt werden. In einem solchen Fall muss der Aussteller der Erklärung dieser seinen Namen hinzufügen und das elektronische Dokument mit einer qualifizierten elektronische Signatur nach dem Signaturgesetz versehen (§ 126a BGB). Ähnliches sieht § 130a ZPO im Zivilverfahren für vorbereitende

Schriftsätze, für Anträge, Aussagen, Gutachten und Erklärungen Dritter vor, sofern die entsprechenen Voraussetzungen, ein elektronisches Dokument, das mit einer qualifizierten elektronischen Signatur versehen ist, bei Gericht entgegen zu nehmen, gegeben sind.

elektronisches Lastschriftverfahren → ELV.

elektronisches Lohnsteuerverfahren – Die Erhebung der Lohnsteuer wird seit etwa 2005 zunehmend auf elektronische Verfahren umgestellt. So gilt – 1. seit 2005, dass die *Lohnsteuer-Anmeldung*, also die Mitteilung des Arbeitgebers an die Finanzverwaltung über die Höhe der von ihm abzuführenden Lohnsteuerbeträge (→ Lohnsteueranmeldung) auf elektronischem Wege durchzuführen ist (§ 41a I EStG). Dabei ergibt sich das Format der Daten und die sonstige notwendige Technik aus der Steuerdaten-Übermittlungsverordnung. Nur in Härtefällen kann das Finanzamt auf eine elektronische Lohnsteueranmeldung verzichten; in diesem Fall ist die Lohnsteuer-Anmeldung vom Arbeitgeber selbst oder einer zu seiner Vertretung berechtigten Person zu unterschreiben. – 2. Die *Übermittlung aller relevanten Daten* an das Finanzamt hat durch die elektronische Lohnsteuerbescheinigung zu erfolgen; dabei hat der Arbeitgeber ein nach amtlichen Vorgaben gebildetes lohnsteuerliches Ordnungsmerkmal zu verwenden, mit dem der Arbeitnehmer identifiziert werden kann (sog. eTIN), § 41b EStG. Nach Einführung der Identifikationsnummern fällt dieses bes. lohnsteuerliche Merkmal zugunsten der allg. Identifikationsnummer weg (§ 41b II EStG).–3. Ab 2011 soll außerdem die bisherige Lohnsteuerkarte durch eine *elektronische Vorhaltung der Lohnsteuerabzugsmerkmale* beim Bundeszentralamt für Steuern ersetzt werden (§ 39e EStG; elektronische Lohnsteuerabzugsmerkmale), diese Merkmale soll der Arbeitgeber dann auf elektronischem Wege abrufen können (Abrufverfahren). Dem Arbeitgeber wird beim Antritt eines Dienstverhältnisses vom Arbeitnehmer dann in Zukunft – statt der bisherigen Übergabe der Lohnsteuerkarte – nur noch seine Idenfikationsnummer und sein Geburtsdatum mitgeteilt.–4. In *Ausnahmefällen* ist es denkbar, sich als Arbeitgeber von der Teilnahme am elektronischen Verfahren befreien zu lassen; bspw. besteht diese Möglichkeit für Personen, die lediglich als Arbeitgeber von geringfügig besteuerten Arbeitnehmern im Privathaushalt lohnsteuerabzugspflichtig sind (§ 41b III EStG, § 39e EStG).–5. *Ausblick:* Aus technischen Gründen wird es für möglich gehalten, dass sich die Einführung des elektronischen Verfahrens zum Ersatz der Lohnsteuerkarten noch über das Jahr 2011 hinaus verzögert.

elektronisches Orderbuch – Die Entwicklung in Richtung einer elektronischen Börse führte zur Weiterentwicklung des Maklerbuches. Derzeit finden an den meisten Börsen auch für den Parketthandel elektronische offene Orderbücher Anwendung. Diese sind für alle Handelsteilnehmer einzusehen. Eingaben können von Börsenteilnehmern auch von außerhalb vorgenommen werden. Aufgabe des Orderbuches ist neben der Möglichkeit, Orders von unterschiedlichen Standorten einzugeben, auch das Sortieren nach Menge und Preislimiten. Den eigentlichen Abschluss (→ Matching) nimmt der Makler dann jedoch selbst vor, somit wird der Makler lediglich unterstützt und nicht wie im vollelektronischen System ersetzt.

elektronisches Papier – Anzeigegerät, das in seiner Form herkömmlichem Papier ähnlich ist. Es besteht aus einer dünnen, flexiblen Folie, die farbige Pigmente enthält. Die Pigmente werden mithilfe elektrischer Felder ausgerichtet, sodass Bilder oder Texte auf der Folie entstehen.

elektronische Unterschrift → elektronische Signatur.

elektronische Versteigerung – *Auction*, internetbasierte Auktion. Güter und Dienstleistungen werden hierbei über einen virtuellen Marktplatz an den Meistbietenden verkauft oder im Beschaffungsbereich vom Niedrigstbietenden beschafft. – Vgl. auch → eBay-Auktion.

elektronische Warensicherung – Systeme zur Diebstahlssicherung von Waren im Einzelhandel. Als die wesentlichen Systemtypen werden Raumüberwachungssysteme (Videokameras), Direktsicherungssysteme (Farbpatronen, die bei gewaltsamer Entfernung den Gegenstand einfärben) und elektronische Sicherungssysteme (Signalgeber am Produkt, die an der Kasse entfernt bzw. entwertet werden) unterschieden.

elektronische Werbung – Werbebotschaften unter Einsatz von → Media des elektronischen Bereichs, z.B. Funk (→ Funkwerbung), Fernsehen (→ Fernsehwerbung) und Kino. Die Übermittlung erfolgt visuell und auditiv. – *Werbemittel:* → Funkspot, → Fernsehspot, Werbefilm, → Banner im Internet. – Neue → Werbeträger elektronischer Werbung wie CD-ROM, DVD, Bildschirmtext, → digitales Fernsehen oder das → Internet setzen sich zunehmend durch und werden künftig stärkere Relevanz erhalten. – Vgl. auch → Mediaselektion, → Mediaplanung, → Streuung, → Massenmedien.

Elektrosmogverordnung – Die am 1.1.1997 in Kraft getretene Verordnung über elektromagnetische Felder (26. BImSchV) vom 16.12.1996 (BGBl. I 1966) – sog. Elektrosmogverordnung – bildet ein Regelwerk mit verbindlichen Grenzwerten zum Schutz gegen die Wirkungen elektromagnetischer Felder (sog. Elektrosmog) auf den Menschen. Sie findet Anwendung für die Errichtung und den Betrieb von Hoch- und Niederfrequenzanlagen, die gewerblichen Zwecken dienen oder im Rahmen wirtschaftlicher Unternehmungen Verwendung finden; nicht erfasst sind die nach § 4 BImSchG genehmigungspflichtigen Anlagen. Die Hochfrequenzanlagen, die in § 1 II der 26. BImSchV legal definiert sind, dürfen bei Betrieb die im Anhang 1 zu dieser Verordnung festgelegten

Grenzwerte auch bei höchster betrieblicher Auslastung nicht überschreiten; für die ebenfalls in § 1 II definierten Niederfrequenzanlagen gelten insoweit die in Anhang 2 bestimmten Grenzwerte. Der Betreiber einer Hochfrequenzanlage hat die Inbetriebnahme oder eine wesentliche Änderung der Anlage zwei Wochen im Voraus bei der zuständigen Behörde unter Beifügung der von der → Bundesnetzagentur nach telekommunikationsrechtlichen Vorschriften zu erstellenden Standortbescheinigung anzuzeigen. Demgegenüber beschränkt sich die Anzeigepflicht bei Niederfrequenzanlagen auf Fälle, in denen nicht bereits im Rahmen eines anderen behördlichen Entscheidungsverfahrens Aspekte des Immissionsschutzes geprüft werden; einer Bescheinigung der Bundesnetzagentur bedarf es nicht. Für vor Inkrafttreten der Elektrosmogverordnung bereits errichtete Anlagen müssen die vorbereitenden Maßnahmen zur Einhaltung der Anforderungen der Verordnung unverzüglich eingeleitet werden. – Vgl. auch → Elektromagnetische Verträglichkeit von Geräten.

elementare Datenstruktur → Datenstruktur.

elementarer Multiplikator → Investitionsmultiplikator.

Elementarfaktoren – diejenigen → Produktionsfaktoren, die nicht dem → dispositiven Faktor (durch diesen erfolgt die Kombination der Elementarfaktoren) angehören. Zu den Elementarfaktoren zählen im Wesentlichen: (1) *objektbezogene menschliche* → Arbeitskraft; (2) → Betriebsmittel: Gebäude, Maschinen, maschinelle Anlagen, Werkzeuge, Büroeinrichtung; (3) → Werkstoffe: Roh-, Hilfs- und Betriebsstoffe.

Elementarschadenversicherung – *Elementargefahrenversicherung*. – 1. *Begriff:* Versicherungen gegen Schäden aus Naturereignissen, wie Sturm, Hagel, Blitzschlag, Überschwemmung, Erdbeben, Seebeben, Sturmflut, Erdrutsch, Erdsenkung, Dürre, Hitze, Kälte, Frost, Schneedruck und Lawinen. – 2. *Elementarschadenversicherung in der Praxis:* Zahlreiche Versicherungsarten enthalten entweder durch expliziten Einschluss oder durch die Deckung unbenannter Gefahren einen mehr oder minder umfassenden Versicherungsschutz gegen Elementargefahren. Ergänzend zur → verbundenen Hausratversicherung, → verbundenen Wohngebäudeversicherung und gebündelten Geschäftsversicherung, die standardmäßig die Elementargefahren Sturm, Hagel, Blitzschlag und Frost abdecken, kann zusätzlich eine Elementargefahrenversicherung gegen die Gefahren Überschwemmung, Erdbeben, Erdsenkung, Erdrutsch, Schneedruck und Lawinen abgeschlossen werden. Bei industriellen Risiken kann die Abdeckung der Elementargefahren über die Extended-Coverage-Versicherung erfolgen. – 3. *Probleme:* Die hauptsächlichen versicherungstechnischen Herausforderungen bei der Elementargefahrenversicherung liegen in der möglichen Kumulierung von Schäden aus einem Schadenereignis und in der hohen → Volatilität des Schadenverlaufs über die Zeit.

Elementarzeitverfahren → Systeme vorbestimmter Zeiten (SvZ).

Element einer Gesamtheit → Merkmalsträger.

ELENA – Durch die Einführung des Elektronischen Entgeltnachweises (ELENA) mussten alle → Arbeitgeber seit 1.1.2010 monatlich die Entgeltdaten ihrer Beschäftigten elektronisch an die Zentrale Speicherstelle (ZSS), die bei der Datenstelle der Träger der Rentenversicherung (DSRV) eingerichtet war, übermitteln. – Die elektronische Übermittlung der Entgeltdaten sollte Verwaltungskosten senken und die Bewilligung von → Sozialleistungen vereinfachen. – Ab 2012 sollte für die Arbeitgeber die Pflicht entfallen, für gesetzlich geregelte Bescheinigungsarten (Sozialleistungen: zz. → Arbeitslosengeld, → Elterngeld, → Wohngeld) Bescheinigungen auszustellen, im Gegenzug sollten die Leistungsträger die Daten verschlüsselt direkt bei der ZSS abrufen können. – Der Leistungsempfänger erteilte seine Erlaubnis zum Datenabruf mittels einer → Signaturkarte. – Wie die erforderlichen Daten gemeldet, gespeichert und abgerufen werden, war im ELENA - Verfahrensgesetz vom 28.3.2009 geregelt. – Das ELENA-Verfahren wurde am 03.12.2011 per Gesetz aufgehoben und die bisher gespeicherten Daten wurden gelöscht. Hintergrund der Aufhebung sind die unverhältnismäßigen Kosten, die für alle Beteiligten entstehen, um das Sicherheitsniveau der Datenschutzanforderungen zu garantieren, da Probleme mit der dafür erforderlichen qualifizierten elektronischen Signatur auftraten.

Elimination → Falsifikation.

E-Logistik – 1. *Begriff:* E-Logistik als deutschsprachige Adaption des Begriffs Electronic Logistics ist teilweise in den allg. wirtschaftlichen Sprachgebrauch übernommen worden; hat sich als Begriff jedoch bisher nicht umfänglich durchgesetzt. E-Logistik steht neben den betrieblichen Funktionen → E-Commerce und → E-Procurement und ist Teil des sog. E-Business (→ Electronic Business). – 2. *Merkmale:* E-Logistik ermöglicht es, Planung, Aufgabenerfüllung und Kontrolle logistischer Aufgaben durch Nutzung von Internettechnologien wirtschaftlicher zu gestalten, Logistikservices zu verbessern und die Kollaboration zwischen den Partnern in der Supply Chain zu intensivieren. – 3. *Voraussetzung* zur Implementierung von E-Logistik ist neben der Integration der internetbasierten Systeme in die vorhandenen IT-Systeme eine Weiterentwicklung der organisatorischen Abläufe und Prozesse sowie eine klare Zielfokussierung aller Supply Chain Partner auf die Überwindung von Informationsbarrieren zwischen den Unternehmen. Limitierende Faktoren sind die unterschätzte Komplexität der Integration von E-Logistik-Lösungen in bestehende Anwendungsarchitekturen, die mangelnde Ausbildung in der Anwendung dieser Technologien sowie die unzureichende Bereitschaft zur unternehmensübergreifenden Zusammenarbeit. – Vgl. auch → Supply Chain Management (SCM).

ELSTER – amtliche Abk. für das Programm *Elektronische Steuererklärung* der dt. Finanzverwaltung. Ziel von ELSTER ist es, zur Verwaltungsvereinfachung die Abgabe von Steuererklärungen über das Internet zu ermöglichen.

elterliche Sorge – Recht und Pflicht, für die Person (→ Personensorge) und das Vermögen (→ Vermögensverwaltung) eines Kindes zu sorgen; die Vertretung des Kindes in diesen Angelegenheiten. Nach §§ 1626 ff. BGB steht elterliche Sorge einschließlich der gesetzlichen Vertretung (→ gesetzlicher Vertreter) den Eltern zu. Für nicht miteinander verheiratete Eltern gelten Sonderregeln (§ 1626a BGB)

Elterngeld – Sozialleistung nach dem Bundeselterngeld- und Elternzeitgesetz (BEEG) i.d.F. vom 5.12.2006 (BGBl. I 2748) m.spät.Änd. für alle Mütter oder Väter für die Dauer von bis zu 14 Monaten nach der Geburt des Kindes (→ Sicherung der Familie und von Kindern). Die Regelungen über das Elterngeld, die am 1.1.2007 in Kraft getreten sind, lösen die Regelungen über das Erziehungsgeld (→ Bundeserziehungsgeldgesetz (BErzGG) i.d.F. vom 9.2.2004 (BGBl. I 206) m.spät.Änd. ab. – 1. *Voraussetzungen für das Elterngeld:* a) Anspruchsberechtigte(r) muss in der Bundesrepublik Deutschland wohnen, mit dem Kind in einem Haushalt leben, das Kind selbst betreuen oder erziehen und keine oder keine volle (bis maximal 30 Wochenstunden) Erwerbstätigkeit ausüben. Für bestimmte Personengruppen besteht Anspruch auf Elterngeld auch im Ausland (z.B. bei Entsendung, Abordnung, Versetzung oder Kommandierung; Entwicklungshelfern). – Für den Anspruch eines Ausländers, der nicht der EU angehört, ist weitere Voraussetzung, dass er im Besitz einer Niederlassungs- oder Aufenthaltserlaubnis ist. Anspruchsberechtigung nur, solange diese Voraussetzungen auch vorliegen. Anspruch besteht vom Tag der Geburt bis längstens zur Vollendung des 14. Lebensmonats des Kindes. Die einzelnen Monatsbeträge des Elterngeldes werden nur *einem* Anspruchsberechtigten gewährt (Ehegatten können bestimmen, wer für welche Monate Elterngeld erhalten soll; Wechsel der Anspruchsberechtigung möglich). – b) *Höhe:* Die Höhe des Elterngeldes beträgt zwischen 65 und 67 Prozent des in den letzten zwölf Monaten vor dem Monat der Geburt erzielten durchschnittlichen monatlichen Einkommens aus Erwerbstätigkeit oder des Differenzbetrages aus dem nach der Geburt durchschnittlich erzielten Einkommens aus Erwerbstätigkeit im Vergleich zu dem vor der Geburt durchschnittlich erzielten Einkommen aus Erwerbstätigkeit, mindestens aber 300 Euro und höchstens 1.800 Euro. Das Mutterschaftsgeld wird auf das Elterngeld angerechnet. Bei mehreren Kindern kann sich das Elterngeld erhöhen. – 2. *Sozialversicherung:* Vor der Geburt des Kindes in der gesetzlichen Krankenversicherung Versicherte bleiben während des Bezuges von Elterngeld beitragsfrei weiterversichert. Die Beitragsfreiheit erstreckt sich jedoch nicht auf weitere Einnahmen, aus denen bereits vor dem Elterngeldbezug Beiträge zur gesetzlichen Krankenversicherung zu entrichten waren. Sicherung in der Rentenversicherung durch die → Kindererziehungszeit. – 3. Elterngeld wird *nur auf Antrag* gewährt. Die Leistung erfolgt höchstens für drei Monate vor der jeweiligen Antragstellung. – 4. *Rechtsweg für Streitigkeiten* eröffnet zu den Gerichten der → Sozialgerichtsbarkeit.

Elternrente – 1. → Unfallversicherung: Elternrente, wenn der Verstorbene an einem → Arbeitsunfall gestorben ist und er den Begünstigten aus seinem Arbeitsverdienst wesentlich unterhalten hat (§ 69 SGB VII). Anspruchsberechtigt sind Verwandte der aufsteigenden Linie, Stiefeltern und Pflegeeltern. Die Elternrente beträgt für einen Elternteil 1/5 des Jahresarbeitsverdienstes, für das Elternpaar 3/10, solange sie ohne den Arbeitsunfall gegen den Verstorbenen einen Anspruch auf Unterhalt hätten geltend machen können. – 2. *Bundesversorgungsgesetz:* Elternrente, wenn der Beschädigte an den Folgen einer Schädigung gestorben ist (§§ 49–51 BVG). Begünstigt sind die Eltern des Beschädigten, seine Adoptiveltern, wenn die Adoption vor der Schädigung erfolgte, Stief- oder Pflegeeltern, wenn sie den Verstorbenen vor der Schädigung unentgeltlich unterhalten haben, und Großeltern, wenn der Verstorbene ihnen Unterhalt geleistet hat oder geleistet hätte. Elternrente erhält, wer erwerbsunfähig ist oder eine zumutbare Erwerbstätigkeit nicht ausüben kann oder das 60. Lebensjahr vollendet hat. – Vgl. auch → Hinterbliebenenrente.

Elternzeit – früher: *Erziehungsurlaub.* Arbeitsrechtlicher Anspruch des Arbeitnehmers auf Freistellung von der Arbeit nach dem Bundeselterngeld- und Elternzeitgesetz (BEEG) vom 5.7.2007 (BGBl. l 2748) m.spät.Änd. im Anschluss an die nachgeburtliche Schutzfrist (→ Sicherung der Familie und von Kindern). – 1. *Rechtsnatur:* Sonderurlaub privatrechtlicher Natur ohne den üblichen urlaubsrechtlichen Charakter; die Vorschriften des → Bundesurlaubsgesetz (BUrlG) sind auf Elternzeit nicht ohne weiteres anwendbar. – 2. *Anspruchsberechtigte:* Arbeitnehmer einschließlich zur Berufsbildung Beschäftigte und Heimarbeiter, die mit einem eigenem Kind oder dem des Ehegatten oder Lebenspartners in einem Haushalt leben und dieses selbst betreuen und erziehen (§§ 15 ff. BEEG). – 3. *Lage und Dauer:* Höchstens bis zur Vollendung des dritten Lebensjahres des Kindes. Ein Anteil bis zu zwölf Monaten ist mit Zustimmung des Arbeitgebers bis zu Vollendung des achten Lebensjahres übertragbar. Die Elternzeit kann, auch anteilig, von jedem Elternteil allein oder gemeinsam genommen werden. Sie ist aber auf insgesamt drei Jahre pro Kind begrenzt. Sie darf auf insgesamt vier Zeitabschnitte verteilt werden. Die Elternzeit kann vorzeitig beendet oder verlängert werden, wenn der Arbeitgeber zustimmt. – 4. *Erwerbstätigkeit:* Während der Elternzeit ist Erwerbstätigkeit bis zu 30 Stunden wöchentlich zulässig. Bei einem anderen Arbeitgeber oder als Selbstständiger bedarf sie der Zustimmung des Arbeitgebers. Diese kann innerhalb von vier Wochen schriftlich aus dringenden betrieblichen Erfordernissen abgelehnt werden (§ 15 IV BEEG). – 5. *Verringerung der Arbeitszeit (Teilzeitarbeit):* Der Arbeitnehmer kann vom Arbeitgeber während der Elternzeit zweimal eine Verringerung der Arbeitszeit beanspruchen unter folgenden Voraussetzungen: a) Der Arbeitgeber beschäftigt i.d.R. mehr als 15 Arbeitnehmer; b) das Arbeitsverhältnis besteht länger als sechs Monate; c) die Arbeitszeit soll für mind. drei Monate auf 15 bis 30 Wochenstunden verringert werden; d) dem Anspruch stehen keine dringenden betrieblichen Gründe entgegen und e) er wurde dem Arbeitgeber acht Wochen vorher schriftlich mitgeteilt. Eine Ablehnung muss innerhalb von vier Wochen mit schriftlicher Begründung erfolgen. Der Arbeitnehmer kann seine Anspruch vor dem Arbeitsgericht einklagen (§ 15 VII BEEG). – 6. *Inanspruchnahme:* Die Elternzeit muss bei Beginn unmittelbar nach Geburt oder Mutterschutzfrist spätestens sechs Wochen, sonst acht Wochen vor Beginn schriftlich vom Arbeitgeber verlangt werden. Der Anspruch kann nicht vertraglich eingeschränkt oder ausgeschlossen werden. – 7. *Arbeitsrechtliche Wirkung:* Unbefristetes Arbeitsverhältnis bleibt während der Elternzeit unverändert bestehen; befristetes läuft zum vereinbarten Termin aus und wird durch Elternzeit nicht verlängert. Arbeitgeber kann den Erholungsurlaub kürzen (1/12) je vollen Kalendermonat. Arbeitgeber darf das Arbeitsverhältnis während der Elternzeit nicht kündigen; in bes. Fällen nur mit Zustimmung der zuständigen obersten Landesbehörde im Rahmen der zu § 18 BEEG ergangenen allg. Verwaltungsvorschriften vom 2.1.1986 (Bundesanzeiger 1986 Nr. 1 S. 4). Der Erziehungsurlaubsberechtigte kann das Arbeitsverhältnis unter Einhaltung einer dreimonatigen Kündigungsfrist zum Ende der Elternzeit kündigen. – Vgl. auch → Elterngeld, → Mutterschutz.

ELV – Das elektronische Lastschriftverfahren wurde von deutschen Handels- und Dienstleistungsunternehmen unabhängig von der Kreditwirtschaft entwickelt. Es besteht keine Verbindung zu den kartenausgebenden Instituten. Beim ELV liest das Händlerterminal die Kontoinformationen für eine Einzugsermächtigungslastschrift aus dem Magnetstreifen der Bankkundenkarte (→ Debitkarte). Die Lastschriftdateien werden dann über den Netzbetreiber zur Verrechnung bei der Händlerbank eingereicht. Um den Händler zur Einziehung des Betrages zu autorisieren, muss der Kunde ein Lastschriftmandat unterschreiben. Dies befindet sich meist auf der Rückseite des Kassenzettels und ist durch den Händler für den Fall der Lastschriftrückgabe durch den Kunden aufzubewahren. – Kostenseitig ist das ELV meist günstiger als eine übliche → electronic cash-Transaktion da nur die Kosten für die Zahlungsverkehrstransaktion anfallen, jedoch keine weiteren Gebühren. Der Nachteil des Verfahrens, im Gegensatz zur electronic cash-Transaktion ist, dass der Händler keine Zahlungsgarantie erhält. Der Händler trägt das Risiko der unzureichenden Kontodeckung auf Kundenseite und der Lastschriftrückgabe durch den Kunden. Die Netzbetreiber bieten dem Händler gegen eine Gebühr jedoch unterschiedliche Risikominimierungsmodelle (z.B. Sperrdatei des Netzbetreibers) an. – Das ELV hat keine Anbindung an die Sperrdatei des electronic cash-Verfahrens und basiert nach wie vor auf Magnetstreifen. Es war daher in der Vergangenheit stärker betrugsanfällig. Durch die Einführung von „Kriminalitätsbekämpfung im Unbaren Zahlungsverkehr unter Nutzung nichtpolizeilicher Organisationsformen (KUNO)" als Projekt des EHI in Zusammenarbeit mit HDE und Polizei konnte der Betrug jedoch stark reduziert werden. – Mit der Einführung der → SEPA-Lastschrift muss auch das ELV umgestellt werden. Die SEPA-Verordnung (EU-Verordnung Nr. 260/2012) enthält aber eine Ausnahmeoption für das dt. ELV, womit das System in jetziger Form bis Februar 2016 mit der Unterstützung des deutschen Gesetzgebers weiterbetrieben werden kann. Danach ist eine Anpassung an die geltenden SEPA-Standards nötig, wenn das System weiterbetrieben werden soll.

E-Mail – I. Allgemein: Abk. für *Electronic Mail*, weit verbreiteter Dienst im → Internet, mit dessen Hilfe Textnachrichten und digitale Daten (in Form eines Attachments) an einen bestimmten Empfänger versendet werden können. Eine E-Mail-Anwendung besteht aus einem Mailing Server, der die Nachrichten archiviert und den Versand steuert sowie einem client-seitigen Mailing-Programm zur Erstellung und zum Transfer von elektronischen Nachrichten. – Vgl. auch → Mailbox.

II. Funktionsweise: Elektronischer Dienst zum Nachrichtenaustausch über elektronische Kommunikationsnetze. Die Nachrichten sind an einzelne oder mehrere Empfänger adressierbar. Der Aufbau einer E-Mail Nachricht richtet sich nach dem MIME-Standard (Multipurpose Internet Mail Extensions). Hierdurch wird es möglich, neben reinen Textnachrichten auch HTML-Nachrichten (Hypertext Markup Language, → HTML) sowie Dateianhänge zu versenden. Als grundlegende Protokolle kommen für den Versand SMTP (Simple Mail Transfer Protocol) und für den Empfang IMAP (Internet Message Protocol) sowie POP3 (Post Office Protocol Version 3) zum Einsatz. Den Vorteilen der Universalität und Geschwindigkeit des E-Mail Dienstes stehen mangelnde Sicherheit und häufiger Missbrauch gegenüber. E-Mail ist noch vor dem → World Wide Web (WWW) der meistgenutzte Dienst des Internets.

E-Marketplace – *virtueller Marktplatz*; 1. *Begriff*: E-Marketplaces sind elektronisch unterstützte Institutionen zum Austausch von Leistungen. Sie stellen den institutionellen Rahmen für Transaktionsprozesse dar und stehen als selbstständiges Vermittlungsangebot in Konkurrenz zu anderen Distributions- und Kommunikationsmedien. Diese Marktplätze können somit als Räume interpretiert werden, in denen Anbieter und Nachfrager zusammengeführt und ihre Transaktionsanfragen koordiniert werden (Koordinationsfunktion). Die Marktplatzbetreiber sind bei der Durchführung von Transaktionen durch die Bereitstellung virtuellen Handelsraums behilflich. Sie beeinflussen aber die hier stattfindenden Käufe und Verkäufe nicht. Im Gegensatz zu realen Märkten, die auch selbstständig entstehen können, werden E-Marketplaces immer über einen Betreiber zur Verfügung gestellt. – 2. *Vorteile:* Ein E-Marketplace begründet sich gegenüber dem realen Marktplatz allein aufgrund der Möglichkeiten der Computer- und Informationstechnik. Waren reale Marktplätze noch von örtlichen und zeitlichen Restriktionen gekennzeichnet, so ermöglichen E-Marketplaces einen uneingeschränkten Handel ohne physische und temporale Einschränkungen. Anbieter und Nachfrager treffen nicht mehr persönlich zwecks Abwicklung einer Transaktion aufeinander, sondern finden sich über die Datenwege im Medium Internet bzw. dessen grafischer Applikation → World Wide Web (WWW) unter einer bestimmten Adresse zusammen. Über diese werden nun Geschäftspartner gesucht (→ Information), wird das Handelsdesign bestimmt (→ Kommunikation) und der Geschäftsabschluss formuliert (→ Transaktion). Jeder Teilnehmer kann dabei von jedem beliebigen Punkt im Datennetz auf diesen Marktplatz treten (z.B. per Mausklick am heimischen Computer), ohne sich real zu einem bestimmten Ort zu begeben. Dieser Zutritt kann ferner zu jedem Zeitpunkt erfolgen, da der E-Marketplace zu einer permanent vorhandenen und geöffneten Einrichtung wird. Die Möglichkeiten der Computer- und Informationstechnik erlauben dem Marktplatzbetreiber eine aktivere Stellung im Koordinationsprozess zu übernehmen. Während Betreiber realer Marktplätze nur einen anonymen Handelsraum für ein Treffen von Angebot und Nachfrage zur Verfügung stellen konnten, kann der Betreiber eines E-Marketplace darüber hinaus eine Unterstützung für jede einzelne Transaktion offerieren. – 3. *Mehrwert:* Sind diese Rahmenbedingungen gegeben, führen E-Marketplaces zu einer → Markttransparenz (Preis- und Produktfindung) für den Nachfrager und zu einem neuen → Absatzweg bzw. zur Chance einer Marktausweitung für den Anbieter. Für beide kommt es durch die elektronische Prozessabwicklung von Käufen und Verkäufen insbesondere zur Senkung der → Transaktionskosten. Dies sind die Mehrwerte, die E-Marketplaces gegenüber der singulären Suche nach Geschäftspartnern im WWW bieten können und für die die Marktplatzbetreiber entweder über fixe Teilnahme- oder variable Vermittlungsgebühr bezahlt werden.

EMAS-VO – seit April 1995 unmittelbare Rechtskraft in allen Mitgliedsländern der EU; dt. Kurzform: *„EG-Öko-Audit-Verordnung"* (→ Ökoaudit) oder *„EMAS"* (Environmental Management and Audit Scheme). – *Inhalt:* (1) Weiterentwicklung aus der finanziellen Abschlussprüfung nach dem Rechnungslegungsgesetz und der Zertifizierung nach der ISO 9000 Serie zur Qualitätssicherung, jedoch mit dem Schwerpunkt „Verbesserung der betrieblichen → Umweltleistung". (2) Werkzeug für die systematische, periodische und objektive Erfassung der Umweltfolgen bestimmter Unternehmenstätigkeiten, mit dem die Einhaltung der Umweltgesetze (→ Umweltgesetzgebung), der selbst gesetzten Ziele im Rahmen des Umweltprogramms sowie die organisatorische Verankerung überprüft wird. – *Formen:* Art. 12 EMAS-VO schafft die Möglichkeit zweier unterschiedlicher Systeme: Mit und ohne Zertifizierung über eine Norm für → Umweltmanagementsysteme. – *Ablauf:* (1) Erste → Umweltprüfung (wesentliche umweltbezogenen Daten des Unternehmens, → Energie, → Rohstoffe, → Emissionen, → Abfall, → Lärm, Basisinformationen über Umweltorganisation und → Unternehmensleitbild); (2) betriebliche Umweltplanung (Ziele der verbindlich formulierten Umweltpolitik zu definieren und ein darauf bezogenes Maßnahmenpaket zu erstellen); (3) Aufbau eines Umweltmanagementsystems (Verankerung einer leistungsfähigen Organisation des betrieblichen Umweltschutzes); (4) Umweltbetriebsprüfung (regelmäßige Überprüfung der umweltbezogenen Daten, der Erreichung der Umweltziele und der Erfüllung des Umweltprogramms, der Eignung der Organisation des Umweltmanagements und der technischen Umweltschutzeinrichtungen); (5) → Umwelterklärung (zu veröffentlichen; beschreibt die wesentlichen Daten, Leistungen und Absichten des Unternehmens); (6) Umweltbegutachtung von einem externen, unabhängigen → Umweltgutachter; (7) Umweltaudit-Teilnahmebestätigung (für den jeweiligen Standort, Verwendung der Teilnahmeerklärung in der Öffentlichkeitsarbeit). – *Novellierung:* Die EMAS wurde 2001 erneuert (jetzt: EMAS II); Veränderungen: Organisation statt Standortbezug, neues Logo, Festlegungen an ein Managementsystem dürfen von der → DIN EN ISO 14001 übernommen werden.

Embargo – 1. *Begriff:* Eine staatlich angeordnete Zwangsmaßnahme, mit der der Güterhandel mit einem bestimmten Staat unterbunden wird, i.d.R. als Repressalie gegen Völkerrechtsverletzungen oder um das betreffende Land zu bestimmten Handlungen zu zwingen bzw. es davon abzuhalten. – 2. *Bedeutung/Begriffsdifferenzierung:* Im Sprachgebrauch wird die Abgrenzung zwischen → Boykott und Embargo oft verwischt: Ein Boykott ist privatwirtschaftlich und eher passiv (freiwilliger Verzicht), ein Embargo staatlich und auch aktiv organisiert (Verbot und Durchsetzung). Je nach Ausmaß unterscheidet man *Total-*, *Partial-* oder *Selektivembargo.* Wirken dabei mehrere Staaten zusammen, spricht man auch von *Kollektivembargo.* Das Embargo ist inhaltlich eng verwandt mit drei anderen völkerrechtlichen Begriffen. Bei einer *Sanktion* handelt es sich um eine Reaktion eines Staates auf völkerrechtswidriges Verhalten eines anderen Staates. Der Begriff *Retorsion* (Vergeltung) wird meist im Zusammenhang mit handelspolitischen Sanktionen verwendet; dies kann also auch ein Embargo sein oder ein Retorsionszoll (→ Zoll). Eine → Blockade ist eine militärische Maßnahme, die z.B. ein (prinzipiell ziviles) Embargo durchsetzen oder unterstützen soll. – 3. *Handelsembargos* wurden in der jüngeren Vergangenheit vom UN-Sicherheitsrat verhängt (u.a. gegen Irak, Iran, Elfenbeinküste). In der EU werden diese Beschlüsse umgehend im Rahmen der Gemeinsamen Außen- und Sicherheitspolitik (→ GASP) mithilfe von Verordnungen in Gemeinschaftsrecht, parallel dazu und zumeist überflüssig in nationales Recht – in den §§ 69a ff. der → Außenwirtschaftsverordnung (AWV) umgesetzt, um ggf. auch strafrechtliche nationale Sanktionen zu ermöglichen. – 4. *Eigenständige Embargos:* werden von der EU im Rahmen der GASP verhängt (z.B. gegenüber Birma/Myanmar, Demokrat. Republik Kongo, Libanon, Liberia, Nordkorea, Sierra Leone, Simbabwe, Somalia, Sudan, Usbekistan, Weißrussland). Die Überwachung solcher Restriktionen obliegt im Rahmen der Zollabfertigung bei Ein- und Ausfuhr den Zollstellen. Nachteile, die bspw. Exporteuren durch Handelsembargos entstehen (Lieferverbot, Zahlungsverbot) gehen zulasten des Betroffenen, da → Außenwirtschaftsgesetz (AWG) und AWV keine Entschädigungen vorsehen. Man kann sich gegen solche politischen Risiken (weitgehend) bei der → Euler Hermes Kreditversicherungs-AG versichern.

Embargowaren – Güter, deren → Ausfuhr aufgrund eines → Embargos beschränkt oder verboten sind; → Exportkontrolle.

Embeddedness – in der relationalen Wirtschaftsgeographie verwendeter Begriff für die Einbettung ökonomischer Aktivitäten in soziokulturelle Beziehungssysteme bzw. eines Unternehmens in sein soziokulturelles Umfeld. – Vgl. auch → kreatives Milieu.

Embryonenschutzgesetz – 1. Gesetz vom 13.12.1990 (BGBl. I 2746) m.spät.Änd. – *Zweck:* Festlegung der Grenzen der Fortpflanzungsmedizin (In-Vitro-Fertilisation, Embryo-Transfer, Konservierung von Keimzellen und Embryonen) und der Gentechnik in der Anwendung auf den Menschen durch strafbewährte Handlungsverbote. Nach dem Embryonenschutzgesetz ist strafbar u.a. die gezielte Erzeugung menschlicher Embryonen zu Forschungszwecken, jegliche Verwendung menschlicher Embryonen zu fremdnützigen Zwecken, der Gentransfer in menschliche Keimbahnzellen, das Klonen, d.h. die gezielte Erzeugung genetisch identischer Menschen, die gezielte Erzeugung von Chimär- und Hybridwesen aus Mensch und Tier, die gezielte Festlegung des Geschlechts des künftigen Kindes. Ferner strafbar ist die sog. Leihmutterschaft, d.h. die Durchführung einer künstlichen Befruchtung bei einer Frau, die als sog. Ersatzmutter bereit ist, ihr Kind nach der Geburt Dritten auf Dauer zu übertragen und die Mitwirkung an der Entstehung sog. gespaltener Mutterschaften, bei denen genetische und austragende Mutter nicht identisch sind. Das Gesetz sieht Freiheitsstrafen bis zu fünf Jahren vor. – 2. Durch das Gesetz zur Regelung der Präimplantationsdiagnostik vom 21.11.2011 (BGBl. I S. 2228) ist das Embryonenschutzgesetz um das grundsätzliche Verbot der Präimplantationsdiagnostik ergänzt worden. Danach wird mit Freiheitsstrafe bis zu einem Jahr oder mit Geldstrafe bestraft, wer Zellen eines Embryos in vitro vor seinem intrauterinen Transfer genetisch untersucht. Nicht rechtswidrig handelt u.a., wer mit Einwilligung der Frau, von der die Eizelle stammt, zur Feststellung einer schwerwiegenden Schädigung des Embryos, die mit hoher Wahrscheinlichkeit zum Tod oder zu einer Fehlgeburt führt, eine Präimplantationsdiagnostik durchführt. Besteht aufgrund einer genetischen Disposition bei der Frau, von der die Eizelle stammt, oder bei dem Mann, von dem die Samenzelle stammt, für deren Nachkommen das hohe Risiko einer schwerwiegenden Erbkrankheit, handelt ebenfalls nicht rechtswidrig, wer zur Herbeiführung einer Schwangerschaft Zellen des Embryos bei Vorliegen weiterer enger Voraussetzungen untersucht. Näheres in § 3a des Embryonenschutzgesetzes.

Emergenz – Sammelbezeichnung für das Auftauchen neuer Eigenschaften und Phänomene (z.B. Macht, Konflikt) im Zuge von Interaktionsbeziehungen.

Emerging Markets – Als Emerging Markets werden oftmals die Aktienmärkte in → Schwellenländer bezeichnet. Ein wichtiges Merkmal stellen der Anstieg von sowohl inländischen als auch ausländischen Investitionen (Portfolio- und Direkt-) dar. – *Beispiele* für Emerging Markets sind die Länder Osteuropas, China oder Indien.

EMIR – Abk. f. *European Market Infrastructure Regulation.* Verordnung (EU) Nr. 648/2012 über OTC-Derivate, zentrale Gegenparteien und Transaktionsregister v. 4.7.2012 (ABl. L 201 vom 27.7.2012, S. 1), die dazu dienen soll, die systemischen Risiken des außerbörslichen Derivatehandels zu minimieren. Durch die Verordnung wird für standardisierte außerbörslich gehandelte Finanzderivate eine Clearingpflicht eingeführt, die für finanzielle Gegenparteien gilt, die in der EU beaufsichtigt werden. Für nichtfinanzielle Gegenparteien gilt die Clearingpflicht, wenn sie in einem größeren Umfang Derivate einsetzen, die nicht zur Absicherung der wirtschaftlichen Risiken ihrer Geschäftstätigkeit dienen. Die Regelung betrifft also auch die → Hedging-Geschäfte der Unternehmen der Realwirtschaft, die sie etwa zur Absicherung von Währungsrisiken bei internationalen Geschäftenn abschließen. Bei Geschäften, die sich strukturell bedingt nicht für das zentrale Clearing eignen, gelten für die Vertragsparteien besondere Anforderungen an das Risikomanagement. Die Derivategeschäfte sind an ein Transaktionsregister zu melden, das von der Europäischen Wertpapier- und Marktaufsichtsbehörde (ESMA) beaufsichtigt wird. Die Zulassungsvoraussetzungen und laufende Beaufsichtigung von zentralen Gegenparteien und die verstärkte Zusammenarbeit der europ. Aufsichtsbehörden sind ebenfalls Gegenstand der Verordnung.– Obwohl die Bestimmungen der *EMIR* direkt anwendbar sind, haben die Mitgliedstaaten die zuständigen nationalen Behörden festzulegen und geeignete Maßnahmen und Sanktionen vorzusehen, um die Einhaltung der Regeln sicherzustellen. Dem dient der Regierungsentwurf eines Ausführungsgesetzes zur Verordnung (EU) Nr. 648/2012 (EMIR-Ausführungsgesetz) v. 10.10.2012.

Emission – I. Umweltpolitik: an die → Umweltmedien abgegebene → Abfälle aus Produktion, Distribution und Konsum. Häufig auf → Schadstoffe (Schadstoffemissionen) beschränkt. – Nach Bundes-Immissionsschutzgesetz (BImSchG) von Anlagen (Betriebsstätten, Maschinen, Geräte, Grundstücke) ausgehende Luftverunreinigungen, Geräusche, Erschütterungen, Licht, Wärme, Strahlen und ähnliche Umwelteinwirkungen. – *Anders:* → Immissionen.

II. Bank- und Börsenwesen: Ausgabe von → Aktien und anderen → Wertpapieren, d.h. ihre Unterbringung im Publikum und Einführung in den Verkehr. Die Schaffung von Wertpapieren, ihre Herstellung und Vollziehung durch den Aussteller ist noch keine Emission. Während eine Selbstemission nur für Kredit- und Finanzdienstleistungsinstitute selbst in Frage kommt, ist die Regel eine Fremdemission. Dabei übernimmt ein Konsortium professioneller Finanzdienstleister die Abwicklung der Emission, meist in Form eines Übernahmekonsortiums (→ Emissionsgeschäft) oder in Form eines Begebungskonsortiums. Im letztgenannten Fall wird für den Emittenten kein Risiko übernommen. – Das gegenwärtig bevorzugte Emissionsverfahren ist das → Bookbuilding. – Vgl. auch → Internetemission.

Emissionsabgabe – *Emissionssteuer.* 1. *Begriff:* Bestimmter, für jede emittierte Einheit des betreffenden Schadstoffes an den Staat zu entrichtender Geldbetrag. – 2. *Beurteilung:* Ein rationaler Emittent wird reagieren, indem er seine Emissionen des betreffenden Schadstoffes so weit zurückführt, bis seine Grenzvermeidungskosten auf den Steuersatz angestiegen sind. Ist der Steuersatz für alle Emittenten gleich, ergibt sich im Anpassungsgleichgewicht eine Situation, in der die Grenzvermeidungskosten der verschiedenen Emittenten einander gleich sind. In dem an die Abgabe angepassten Gleichgewicht vermeidet ein Emittent (ceteris paribus) umso mehr Emissionen, je günstiger seine Grenzkostenfunktion der Emissionsvermeidung verläuft. Damit wird erreicht, dass das insgesamt vorgegebene Emissionsvermeidungsziel zu gesamtwirtschaftlich minimalen Vermeidungskosten realisiert wird. – Für die Verursacher besteht ein stetiger Anreiz zur Einführung → umwelttechnischen Fortschritts, da die Einführung eines Verfahrens zur Emissionsvermeidung durch Steuerersparnis belohnt wird. – Die Emissionsabgabe leidet darunter, dass die politiktreibende Instanz nicht genau vorhersehen kann, welches Emissionsniveau sich nach Anpassung der Verursacher an den Steuersatz einstellen wird. – Vgl. auch → Umweltabgabe.

Emissionsauflage → Umweltauflage.

Emissionsbanken – Banken, die Wertpapieremissionen (→ Emission) für die Emittenten übernehmen und auf den Wertpapiermärkten platzieren.

Emissionsbanking – Element des → kontrollierten Emissionshandels, welches Unternehmen ermöglicht, sich Emissionsüberschussminderungen bei einer Umweltbank (Emissionsbank) gutschreiben zu lassen. Diese Guthaben können angespart oder an andere Emittenten verkauft bzw. verliehen werden.

Emissionsbedingungen → Zeichnungsbedingungen.

Emissionsdisagio → Disagio.

Emissionsgeschäft – Bankgeschäft in Form der Übernahme von Finanzinstrumenten für eigenes Risiko zur → Platzierung oder in Form der Übernahme gleichwertiger Garantien (§ 1 I 2 Nr. 10 KWG). Erfasst sind damit die Fälle des Übernahmekonsortiums und der sog. Übernahmegarantien (→ Backup Line). – Ein Bankgeschäft liegt im ersten Fall vor, wenn mehrere Banken eine → Emission zu einem festen Kurs in den eigenen Bestand übernehmen, dem Emittenten sofort den Gegenwert vergüten und die übernommenen → Effekten anschließend im eigenen Namen und für eigene Rechnung platzieren (→ Underwriting). Das Übernahmekonsortium trägt das volle Absatzrisiko: Nicht absetzbare Effekten müssen ggf. auf längere Frist oder auf Dauer in den Eigenbestand übernommen werden. – Im zweiten Fall liegt ein Bankgeschäft insofern vor, als zwar bei Geldmarktemissionen von Großunternehmungen die Banken nicht die Primärplatzierung übernehmen, sondern der Kunde sie selbst durchführt. Für den Fall der nicht vollständigen Platzierung am Markt übernehmen die Garantiebanken aber diesen Teil der Emission. Nicht unter § 1 I 2 Nr. 10 KWG fallen die Begebungskonsortien.

Emissionshandel – 1. *Ziel* des Emissionshandels ist, die Atmosphäre im Hinblick auf die → Emission von Treibhausgasen in ein kostenpflichtiges Gut zu verwandeln, indem die Emission solcher Gase an den Besitz von Berechtigungen zur Emission von Treibhausgasen geknüpft wird. – *Das Konzept:* Jeder Emittent von Treibhausgasen darf nur die Menge an → Schadstoffen in einer Periode freisetzen, für die er über Emissionsrechte verfügt. Dem Emittenten steht es frei, ob der die höchstens zugelassene Menge an Schadstoffen freisetzt oder versucht, die Schadstoffmenge durch technische Innovationen oder Installation von Filtern etc. zu verringern. Erreicht er eine Reduktion der Emissionsmenge, verfügt er über überschüssige Emissionsrechte. Diese kann er an solche Emittenten weiterveräußern, für die etwa eine Nachrüstung der Anlagen höhere Kosten verursacht als der Erwerb zusätzlicher Emissionsrechte. Auf diese Weise bildet sich ein Markt für Emissionsrechte. Verantwortliche haben die Wahl, entweder im Bereich der eigenen Anlage Emissionen zu reduzieren oder Berechtigungen von anderen Verantwortlichen zuzukaufen. Der → Emissionshandel ist ein kosteneffizientes Instrument, mit dem genau definierte Reduktionsziele erreicht werden können: Es wird für die betroffenen Unternehmen eine wirtschaftliche Anreizstruktur geschaffen, ihre Emissionen zu verringern oder zu vermeiden, um durch Emissionen veranlasste Betriebskosten zu vermeiden. – 2. *Duchführung*: a) Der Emissionshandel basiert auf einem sog. Cap-and-Trade-System, also ein Emissionshandel mit absoluter Mengenbegrenzung. Dabei wird die Gesamtzahl der vom Staat ausgegebenen Berechtigungen im Hinblick auf ein verfolgtes Emissionsziel festgesetzt (Cap); beim Emissionshandel in der → EU ergeben sich die nationalen Reduktionsziele aus den Vorgaben des → Kyoto-Protokolls, aufgeschlüsselt für die Mitgliedsstaaten durch eine Lastenverteilungsvereinbarung des Ministerrats (*Burden Sharing*). Um die Belastung für Unternehmen durch den Emissionshandel zu reduzieren, sieht das europäische Emissionshandel-System eine weitgehend kostenfreie Grundausstattung von Emittenten mit Berechtigungen bis zum Jahre 2012 vor. Soweit diese Grundausstattung die Emissionen eines Unternehmens jedoch nicht vollständig abdeckt, ist das Unternehmen entweder zur Reduzierung seiner Emissionen oder zum Zukauf von Berechtigungen verpflichtet die auf dem Markt angeboten werden (Trade). – b) Nach der Richtlinie 2003/87/EG des Europäischen Parlaments und des Rates über ein System für den Handel mit Treibhausgasemissionszertifikaten in der Gemeinschaft (ABl. EG Nr. L 275, S. 32), die am 25.10.2003 in Kraft getreten ist, ist seit dem 1.1.2005 ein gemeinschaftsweites Emissionshandel-Systems eingerichtet. Dadurch sollen Verpflichtungen aus dem Protokoll von Kyoto zum Rahmenabkommen der Vereinten Nationen über Klimaveränderungen vom 11.12.1997 (BGBl. 2002 II 966) erfüllt werden. Das Emissionshandel-System soll zunächst nur die Emission von CO_2 erfassen. Seit 2008 können die Mitgliedsstaaten daneben auch die übrigen im Kyoto-Protokoll erfassten Gase einbeziehen. Erfasst sind zunächst nur die Emissionen von Anlagen in den durch Anhang I der Richtlinie bestimmten bes. emissionsintensiven Sektoren. Die Richtlinie sieht u.a. vor, dass den Unternehmen von 2008 bis 2012 mind. 90 Prozent der Berechtigungen kostenlos zugeteilt werden (Art. 10 der Richtlinie). Ziel ist, dass die EU und ihre Mitgliedsstaaten in dieser Periode ihre Treibhausgasemissionen gegenüber dem Stand von 1990 um 8 Prozent senken. Die Festsetzung der Gesamtmenge der in einem Mitgliedsstaat zuzuteilenden Berechtigungen obliegt den Mitgliedsstaaten, die auch die Verteilung des nationalen Kontingents zu regeln haben. In dem Treibhausgas-Emissionshandelsgesetz (TEHG) vom 21.7.2011 (BGBl. I 1475) m.spät.Änd., mit dem die Richtlinie in dt. Recht umgesetzt worden ist, werden den Unternehmen nach Maßgabe des Zuteilungsgesetzes 2012 (ZuG 2012) vom 7.8.2007 (BGBl. I 1788) Berechtigungen in einer gewissen Höhe zugeteilt. Das TEHG regelt die Handelsperioden ab 2013. Ab dem 1.1.2012 sind auch für Luftverkehrstätigkeiten Berechtigungen erforderlich. Das TEHG enthält die Grundlinien des Emissionshandelssystems und regelt im Detail alle Fragen der Zuteilung (§§ 7 ff. TEHG) und des Handels von Berechtigungen (§ 8 TEHG) sowie die darauf bezogenen Sanktionen (§§ 29 ff. TEHG). Es wird ein Emissionshandelsregister eingeführt, das die Konten für Berechtigungen und ein Verzeichnis der geprüften und berichteten Emissionen enthält (§ 17 TEHG). – Vgl. dazu auch die Zuteilungsverordnung 2012 (ZuV 2012) vom 13.8.2007 (BGBl. I 1941).

Emissionshandelsregister → Emissionshandel.

Emissionskataster – Register mit Angaben über Art, Menge, räumliche und zeitliche Verteilung und die Austrittsbedingungen von Luftverunreinigungen bestimmter Anlagen und Fahrzeuge (§ 46 BImSchG). Die Einrichtung des Emissionskatasters obliegt den nach Landesrecht zuständigen Behörden. – Vgl. auch → Immissionsschutz.

Emissionskonsortium – Gemeinschaft von Kreditinstituten zur festen oder kommissionsweisen Übernahme einer Wertpapieremission (→ Emission). – Vgl. auch → Konsortium.

Emissionskredit – Ein *Kredit*, den die Emissionsbank durch die feste Übernahme der Wertpapiere (→ Aktien, → Anleihen) dem Ausgeber gewährt.

Emissionskurs → Kurs, zu dem neu ausgegebene → Wertpapiere dem Publikum angeboten werden. – a) *Anleihen* werden meist mit einem → Disagio (Emissionsdisagio) von 2 bis 3 Prozent (selten mehr) zum Anreiz der Käufer ausgegeben (Unterpari-Emission). – b) → Aktien dürfen nicht mit Disagio ausgegeben werden, wohl aber mit einem → Agio (Überpari-Emission, § 9 AktG).

Emissionsmonopol – ausschließliches Recht der Zentralbank zur Ausgabe (Emission) von gesetzlichen Zahlungsmitteln. – Vgl. auch → Notenmonopol.

Emissionsrecht → Emissionshandel, → Umweltzertifikat.

Emissionsrechtehandel → Emissionshandel.

Emissionsrendite → Rendite von festverzinslichen Wertpapieren bei erstmaliger Abgabe (→ Emission).

Emissionssteuer → Emissionsabgabe.

Emissionszertifikat → Umweltzertifikat.

Emoticon – Kunstwort aus Emotion (engl. für *Gefühl*) und Icon (engl. für *Symbol*). Emoticons sind ASCII-Zeichen (z.B. :-) oder :-()), die in textbasierten Kommunikationsmedien wie → E-Mail oder → Chat die Gestik und Mimik, wie sie in der direkten Kommunikation existieren, ersetzen.

Emotion – *Affekt, Gefühl, psychische Erregung;* innere Empfindung, die angenehm oder unangenehm empfunden und mehr oder weniger bewusst erlebt wird, z.B. Freude, Angst, Kummer, Überraschung. Die Emotion ist ein komplexes Muster aus physiologischen Reaktionen (z.B. Steigerung des Blutdrucks), Gefühlen (z.B. Liebe, Wut), kognitiven Prozessen (Interpretation, Erinnerung und Erwartung einer Person) sowie Verhaltensreaktionen (z.B. lachen, weinen). – Als individueller Aspekt des → Konsumentenverhaltens vielfältige Einsatzmöglichkeiten in der *Werbung*, u.a. zur Steigerung der Aufmerksamkeitswirkung von → Werbemitteln durch emotionale Bilder, Texte etc. – Vgl. auch → Aktivierung, → emotionale Konditionierung.

emotionale Intelligenz – Fähigkeit eines Menschen, die → Emotionen eines anderen zu erkennen und in adäquater Weise darauf zu reagieren. In Managemententscheidungen fließen zwangsläufig neben rationalen Elementen auch Elemente einer emotionalen Vernunft ein. Die stark emotionsgetönte Intuition wird daher zu einer eigenen produktiven Managementkompetenz. Die Emotionsarbeit lässt sich über vier Grunddimensionen beschreiben: (1) Die Notwendigkeit subjektiver Aufmerksamkeit, die beim Zurschaustellen des emotionalen Ausdrucksverhaltens aufgebracht werden muss; (2) die Häufigkeit des (erwünschten) emotionalen Ausdrucksverhaltens; (3) die Vielfalt unterschiedlicher Emotionen, die im Rahmen einer Arbeitsrolle erwartet werden; (4) der Grad empfundener Dissonanz. – Es gibt Versuche, den Grad der emotionalen Intelligenz mithilfe → psychologischer Testverfahren zu erfassen und in Parallelität zum Intelligenzquotienten (IQ) eine Kennziffer für die emotionale Intelligenz (EQ) zu erarbeiten. Die emotionale Intelligenz ist nahe verwandt mit dem Konzept der sozialen Kompetenz.

emotionale Kompetenz → emotionale Intelligenz.

emotionale Konditionierung – Lernvorgang, der eine emotionale Reaktion auf bislang neutral empfundene Reize hervorruft: Ein neutraler Reiz (z.B. Markenname) wird wiederholt mit einem emotionalen Reiz (z.B. emotionales Bild) gekoppelt, bis der vormals neutrale Reiz in der Lage ist, die beabsichtigte emotionale Reaktion (→ Emotion) hervorzurufen. – *Einsatz* v.a. bei Werbung auf gesättigten Märkten.

emotionale Produktdifferenzierung – Erweiterung des Absatzprogramms um Produkte, die sich weniger über funktional-sachliche Unterschiede vom eigenen und vom Konkurrenzangebot unterscheiden, als vielmehr durch eine emotional-psychologische Ansprache des Käufers. Dies entspricht einer → Marktsegmentierung nach Erlebniswelten und erweitert die Möglichkeiten zur gezielten → Markterschließung. Die Werbung muss dabei den emotionalen Mehrwert des Produktes überzeugend kommunizieren. Mit dieser Differenzierung kann eine hohe Bindungswirkung erzielt werden.

emotionale Werbung – 1. *Begriff:* Werbung unter Bezugnahme auf die → Emotionen der Zielperson. Emotionale Werbung dient entweder der Schaffung eines positiven Wahrnehmungsklimas, das zur besseren Verarbeitung und Beurteilung dargebotener Informationen führt oder der Vermittlung spezifischer Erlebnisse für Marken und Unternehmen. Emotionale Werbung ist Teil erlebnisbezogener Marketingmaßnahmen (→ Erlebnismarketing) und übernimmt die Aufgabe, das Angebot in der emotionalen Erfahrungs- und Erlebniswelt der Konsumenten zu verankern. – 2. *Ziel erlebnisbetonter Werbung:* Vermittlung präferenzprägender Erlebnisse zum Aufbau eines erlebnisbezogenen Marken- bzw. Unternehmensimages. – 3. *Aufgabe:* Aus Unternehmenssicht kann mit emotionaler Werbung eine emotionale Positionierung (Werbeziel) erreicht werden, wenn sich die vermittelten Emotionen von den konkurrierenden Angeboten abheben und für die Konsumenten relevant sind. Aus Konsumentensicht wird aufgrund der emotionalen Werbung das Angebot emotional erlebt und leistet einen Beitrag zum Lebensgefühl und zur emotionalen Lebensqualität. – 4. *Wirkungszusammenhang:* Die Erlebnisvermittlung erfolgt v.a. durch die Sozialtechnik der → emotionalen Konditionierung. – 5. *Bedeutung:* Der emotionale Eindruck eines Angebots beeinflusst die meisten Konsumentscheidungen. Erlebnisbetonte Werbung wird v.a. auf gesättigten Märkten mit funktional ausgereiften und austauschbaren Produkten immer wichtiger. Eine Profilierung von Angeboten ist auf solchen Märkten kaum noch durch sachorientierte Werbung möglich. Vielmehr sind erlebnisbetonte Werbeauftritte notwendig, um bei den zunehmend sensualistischen Konsumenten unter Low-Involvement-Bedingungen Angebotspräferenzen aufzubauen.

Empathie – *Einfühlungsvermögen;* beschreibt die Fähigkeit einer Person, sich in die Gedanken und Gefühle anderer Personen hinein zu versetzen. Beim Verkaufs- und Servicepersonal werden entsprechende Fähigkeiten bes. gefordert. Auch von den Beteiligten in der → Produktentwicklung oder → Marktforschung ist ein hohes Einfühlungsvermögen zur Erfassung von Kundenbedürfnissen notwendig.

Empfang erklärt → Handelsklausel, nach der die → Sachmängelhaftung für bei Besichtigung erkennbare Mängel ausgeschlossen wird.

Empfangsspediteur → Sammelladungsverkehr.

Empfehlung – I. Handels- und Gesellschaftsrecht/ Zivilrecht: → Auskunft, → Preisempfehlung, → Rat, → Referenz.

II. Europäisches Gemeinschaftsrecht: Handlungsform der Europäischen Union. Eine Empfehlung auf Grundlage des AEUV ist ein → Rechtsakt, mit welchem dem Adressaten ein bestimmtes Verhalten nahe gelegt wird, der aber nicht verbindlich ist. Gesetzlich geregelt in Art. 288 AEUV.

Empfehlungsgeschäft – *Vermittlungsgeschäft;* Form des → Fremdgeschäfts im Handel: Das → Einkaufskontor des Großhandels oder die Zentrale der kooperativen Gruppe (→ kooperative Gruppen des Handels) empfiehlt den Mitgliedern geeignete Lieferanten, mit denen zuvor Preise für ihre Produkte ausgehandelt wurden. Da die zukünftig möglichen Absatzmengen nicht zuverlässig abgeschätzt werden können, ist die Erzielung hoher → Mengenrabatte allerdings kaum möglich.

empfohlene Preise → Preisempfehlung.

Empire Building → Unternehmenskonzentration.

empirische Verteilungsfunktion – Bezeichnung für eine relative → Summenfunktion.

empirische Wirtschaftsforschung – 1. *Begriff:* Im Rahmen der Volkswirtschaftslehre die Anwendung bzw. Entwicklung von Methoden zur empirischen Überprüfung ökonomischer Hypothesen sowie zur Analyse der Effizienz des wirtschaftspolitischen Instrumentariums. – 2. *Ziele:* a) Empirisch tragfähige Theorien von nicht tragfähigen zu unterscheiden b) Sammlung und Aufbereitung wirtschaftlicher Daten als Grundlage erklärender Analysen des Wirtschaftsablaufs (→ Wirtschaftsstatistik, → Konjunkturdiagnose) und als Basis wirtschafts-, finanz-, sozial- u.a. politischer Meinungsbildung. – c) Prognosen und Szenarien der wirtschaftlichen Entwicklung zu erstellen (→ Wirtschaftswissenschaften, → Popper-Kriterium). – 3. *Methoden:* a) Zählungen und Befragungen (→ Wirtschaftsstatistik, → Konjunkturtest, → Konsumklimaindex). – b) Empirische Analyse statistischer Reihen (→ Konjunkturindikatoren). – c) Aufstellung und Auswertung formaler Modelle (→ Ökonometrie). – 4. *(Häufig) angewandte mathematische Verfahren:* → Schätzung ökonometrischer Modelle, → Zeitreihenanalyse, → Input-Output-Analyse.

empirische Wissenschaft → Realwissenschaft.

empirisch-induktive Methode – Bezeichnung für eine Vorgehensweise, bei der von empirisch feststellbaren Sachverhalten ausgegangen werden soll (→ Induktion). – *Gegensatz:* mathematisch-deduktive Methode (→ Deduktion). – Vgl. auch → Methodenstreit.

Empirismus – erkenntnistheoretische Lehre, die den Ursprung aller Erkenntnis in Beobachtungen bzw. Sinneswahrnehmungen (in diesem Fall: *Sensualismus*) erblickt. Nach radikal-empiristischer Vorstellung ist es notwendig, vorurteilsfrei an die interessierenden Sachverhalte heranzutreten, die beobachtbaren Tatbestände zu sammeln und zu verallgemeinern (→ Induktion). – Eine Abschwächung dieser Position brachte der *Neoempirismus* bzw. *Neopositivismus* (R. Carnap u.a.) durch Differenzierung zwischen einer Beobachtungssprache und einer theoretischen Sprache, was die Einführung von Begriffen ermöglichte, die sich auf nicht direkt zu beobachtende Tatbestände beziehen. – *Beispiele:* Marktgleichgewicht, Nutzen. – Vgl. auch → Positivismus.

empiristische Methodologie → Methodologie.

Employer Branding – 1. *Begriff:* Employer Branding kennzeichnet den Aufbau und die Pflege von Unternehmen als Arbeitgebermarke. – 2. *Ziel:* Angesichts des zunehmenden Personal- und Fachkräftemangels sowie Talentwettbewerbs vieler Branchen und Unternehmen, dienen der Aufbau und die Pflege einer Arbeitgebermarke dazu, sich gegenüber Mitarbeitern und möglichen Bewerbern als attraktiver Arbeitgeber zu positionieren, um so einen Beitrag zur Mitarbeitergewinnung und –bindung zu leisten. – 3. *Aspekte:* Die Anwendung des Markenmanagements als Employer Branding findet sich in der Literatur einschlägig seit Mitte der 1990er-Jahre. Betont wird hierbei die nachhaltige Formulierung und Einlösung von Leistungsversprechungen für aktuelle und künftige Arbeitnehmer. Mit der Ausweitung des Markenkonzepts findet zugleich eine Debatte von Gemeinsamkeiten und Unterschieden der Arbeitgebermarkenbildung und des → Personalmarketings statt. Wenn man Personalmarketing in Anlehnung an das Marketingverständnis als marktorientierte Unternehmensführung bezeichnet, so ist das Personalmarketing eine arbeitsmarktorientierte Managementdisziplin mit dem Ziel, Mitarbeiter für eine Organisation zu gewinnen. In Theorie und Praxis wird aber die Personalbindung z.T. zum Personalmarketing hinzugerechnet, sodass es über die eigentliche Personalrekrutierung am Arbeitsmarkt hinausreicht. Man könnte daher die Arbeitgebermarkenbildung als Instrument des Personalmarketings verstehen, das in Form des Arbeitgebermarkenversprechens die Ausgestaltung des Personalmarketingmix prägt.

Empowerment – 1. *Begriff:* engl. für *Bevollmächtigung;* in den USA gebräuchliche Bezeichnung für vom Management initiierte Maßnahmen, die die Autonomie und Mitbestimmungsmöglichkeiten von Mitarbeitern rund um ihren Arbeitsplatz erweitern. Empowerment bezeichnet somit die Weitergabe von Entscheidungsbefugnissen und Verantwortung durch Vorgesetzte an Mitarbeiter. Empowerment konkretisiert sich u.a. in einer (weitgehend) selbstbestimmten Gestaltung des Arbeitsablaufs, dem Zugang zu gewünschten Informationen und intensivierter (aufgabenbezogener) Kommunikation mit Kollegen und Vorgesetzten. – 2. *Vorteile* des Empowerments sind auf organisationaler Ebene der Abbau von Hierarchie, weniger Bürokratie und Leistungsoptimierung sowie auf Mitarbeiterebene motivationale Effekte. Mit Ansätzen zur → Mitbestimmung und zur → Humanisierung der Arbeit ist Empowerment nur bedingt vergleichbar.

EMRK – Abk. für *Europäische Menschenrechtskonvention.*

Emulation – *Terminalemulation;* → Systemprogramm, das einem „fremden" → Rechner oder Terminal erlaubt, die Ressourcen eines bestimmten Rechners zu nutzen, indem das Kommunikationsverhalten eines anschließbaren Terminals nachgebildet wird.

EMZ – Abk. für → Elektronischer Massenzahlungsverkehr der Deutschen Bundesbank.

en bloc – Kauf von Waren, bei denen der Käufer nach Abschluss des Vertrages keine Gewährleistungsansprüche geltend machen kann, wenn sich Mängel der Ware herausstellen.

Encodierung – Verschlüsselung von (Werbe-)Botschaften in Form von Worten, Bildern und Zeichen. Die Verschlüsselung muss so erfolgen, dass die Nachrichten von den Rezipienten in der beabsichtigten Weise verstanden werden (Decodierung). Um Fehlinterpretationen von Werbebotschaften zu vermeiden bzw. einzuschränken, empfehlen sich → Pretests und die Berücksichtigung der Erkenntnisse der → Semiotik.

Endanwender-Kontrolle → End User Control (EUC).

Endbenutzer – der menschliche → Benutzer eines Softwareprodukts, bes. derjenige, der von einem Dialogsystem zur Erfüllung von Fachaufgaben am Arbeitsplatz Gebrauch macht.

Endbenutzersystem → Softwaresystem, das zum Einsatz durch → Endbenutzer vorgesehen ist.

Endbenutzerwerkzeug → Softwarewerkzeuge, mit denen der → Endbenutzer fachspezifische Aufgaben bearbeiten kann, ohne konventionell programmieren (→ Programmentwicklung) zu müssen. – *Beispiele:* → Tabellenkalkulationssystem, (Datenbank-) → Abfragesprachen.

Endfertigung → Konfektionierung, → Montage.

Endkombination – Begriff aus der → Dienstleistungsproduktion. Bei der Endkombination wird der durch die → Vorkombination vorbereitete Dienstleistungsprozess vollzogen. – *Merkmale:* Die Endkombination wird ausgelöst durch das Hinzutreten des → externen Faktors, an dem die Dienstleistung vollzogen wird.

Endkostenstelle → Kostenstelle, auf der in der → innerbetrieblichen Leistungsverrechnung gesammelte Beträge nicht auf weitere Kostenstellen verrechnet, sondern in die → Kalkulation übernommen werden (abrechnungstechnischer Aspekt). Es kann sich um → Hauptkostenstellen und → Hilfskostenstellen handeln. – *Gegensatz:* → Hilfskostenstelle.

End-of-the-Pipe-Technologien – Abk. *EOP*; 1. *Begriff:* End-of-the-Pipe-Technologien sind additive ökologieorientierte → Verfahrensinnovationen. EOP-Technologien sind dem eigentlichen Leistungserstellungsprozess nachgeschaltet. Häufige Einsatzbereiche sind z.B. bei der Luftreinhaltung, der Abwasserbehandlung, der Abfallbeseitigung und dem Lärmschutz zu finden. – 2. *Abgrenzung IUT- von EOP-Technologien:* EOP-Technologien reduzieren nicht die Entstehung von Umweltbelastungen. Dadurch grenzen sie sich von den → integrierten Technologien ab. Diese berücksichtigen ebenfalls inputrelevante Vorstufen und outputrelevante Folgestufen. Der Übergang zwischen den beiden Technologieausprägungen kann jedoch fließend sein.

endogene Handelsvorteile – Vorteile, die sich die Unternehmen selbst schaffen, z.B. durch Forschungs- und Entwicklungsaktivitäten oder auch eine erfolgreiche Vermarktungsstrategie. – *Anders:* → exogene Handelsvorteile.

endogene Konjunkturmodelle – Klasse von meist nicht linearen → Konjunkturmodellen, die bei der Erklärung von → Konjunkturschwankungen nicht auf das Vorhandensein von exogenen Störfaktoren angewiesen sind, sondern eine inhärente Schwankungsanfälligkeit aufweisen. Tritt eine Abweichung vom stationären → Gleichgewicht auf, führen diese Modelle zu persistierenden → Oszillationen. – Am bekanntesten sind die Modelle von Kaldor (1940), → Kaldor-Modell, und Goodwin (1951), → Goodwin-Modell. – *Gegensatz:* → exogene Konjunkturmodelle.

endogenes Wachstum – Schlüsselbegriff der neuen Wachstumstheorie. In neoklassischen Modellen kommt der Wachstumsprozess in Pro-Kopf-Größen langfristig, d.h. im Steady State, zum Erliegen. Wachstum in Pro-Kopf-Größen kann hier nur durch exogenen technischen Fortschritt generiert werden. Die endogene Wachstumstheorie erklärt demgegenüber das Zustandekommen von langfristigem Wachstum aus dem Modell heraus, d.h. endogen. Endogenes Wachstum kann sich durch vielerlei Einflüsse ergeben. Bes. Aufmerksamkeit fand in der Literatur der Einflusskanal, bei dem hohe Investitionen in Realkapital zu verstärkter Akkumulation von industriellem Know-how bei den Arbeitskräften führt, was seinerseits die Grenzproduktivität des Realkapitals erhöht und Anreize zu weiteren Investitionen schafft. Durch diesen Effekt haben die Investitionen eines einzelnen Unternehmens einen positiven externen Effekt auf die Investitionsanreize der anderen Unternehmen. Daraus ergibt sich, dass die Investitionsrate in einem Gleichgewicht ohne staatliche Subventionen i.Allg. suboptimal ist und dass richtig angesetzte staatliche Subventionen eine Wohlfahrtsverbesserung erreichen können. Als weitere Triebfeder endogenen

Wachstums können Humankapitalakkumulation und Forschung und Entwicklung angesehen werden (s. Romer-Modell). Ferner versuchen jüngere Ansätze die Interaktion zwischen demografischen Variablen, wie Bevölerungswachstum und dem Wachstumsprozess zu durchleuchten, d.h. in diesen Modellen ist sogar das Bevölkerungswachstum endogen (s. Unified Growth Theory).

endogene Wachstumstheorie → neue Wachstumstheorie.

Endogenität – Bei einer endogenen erklärenden Variable (→ Variable, endogene) in einem → Regressionsmodell ist der bedingte Erwartungswert des → Störterms der Regressionsbeziehung gegeben, der jeweils betrachteten Beobachtung der erklärenden Variable von der betrachteten erklärenden Variable abhängig. Folge der Endogenität ist die Korreliertheit der erklärenden Variable mit dem Störterm, was zu einer Verzerrung der OLS-Schätzer (→ Kleinstquadratemethode, gewöhnliche) im linearen Regressionsmodell führt. Ursachen von Endogenität sind im Regressionsmodell vernachlässigte Variablen, falsche funktionale Form der Regressionsgleichung, Messfehler bei den erklärenden Variablen, Simultanitäten (→ simultanes System) und verzögerte erklärte Variablen als erklärende Variablen im Regressionsmodell. – *Gegensatz:* → Exogenität.

Endorsement – gesteigerte Form des → Product Placement, bei der neben der Nennung oder dem Zeigen des zu bewerbenden Objektes dieses auch noch wertend hervorgehoben wird.

Endrechnung → Rechnung (oder ggf. → Gutschrift) über einen Liefer- oder Leistungsvorgang, für den zuvor bereits eine Anzahlung verlangt wurde. Da auch für die Anzahlung bereits eine Rechnung mit Umsatzsteuerausweis ausgestellt werden durfte, muss in der Gestaltung der Endrechnung gesichert sein, dass der Empfänger der Endrechnung nicht irrtümlich nochmals die Vorsteuer für den gesamten Rechnungsbetrag geltend machen kann. Daher wird gesetzlich verlangt, dass in einer Endrechnung die vor Ausführung der Leistung vereinnahmten Teilentgelte und Vorsteuerbeträge offen abzusetzen sind (§ 14 V UStG). Einzelheiten, was die Finanzverwaltung an Vorgaben für die konkrete Ausgestaltung einer Endrechnung verlangt, enthält Abschn. 187 UStR.

End User Control (EUC) – *Endanwender-Kontrolle, Endverbleibs-Kontrolle, Re-Export-Kontrolle, Wiederausfuhrkontrolle;* Kontrollpflicht, bestehend bez. Waren einschließlich Fertigungsunterlagen, deren → Ausfuhr aufgrund von COCOM-Beschlüssen, UN-Embargobeschlüssen und des Vertrages über die Nichtverbreitung von Kernwaffen oder sonstiger Regelungen in bestimmte Länder genehmigungspflichtig ist. Der Endverbleib der mit einer → Ausfuhrgenehmigung exportierten Waren in dem in Aussicht genommenen Empfängerland ist sicherzustellen. Das für die Beantragung einer Ausfuhrgenehmigung für Embargowaren maßgebliche Verfahren richtet sich nach Bestimmungsort/-land und ggf. dem Empfänger der auszuführenden Waren. Mit festgelegten Formularen ist der Endverbleib der Genehmigungsbehörde nachzuweisen, in Deutschland nach Beteiligung der Zollbehörden dem → Bundesamt für Wirtschaft und Ausfuhrkontrolle (BAFA).

Endverbleibs-Kontrolle → End User Control (EUC).

Endverbraucherpreis – Preis eines Gutes, den der Konsument bezahlt. Dieser entspricht dem Einzelhandelspreis inkl. Mehrwertsteuer.

Endvermögensmaximierung – Zielsetzung bei der Bewertung von Investitionsprojekten (→ Investitionsrechnung). Nach dieser Entscheidungsregel wird das Investitionsprojekt ausgewählt, das den Wert des Vermögens am Ende der Planungsperiode (Endvermögen) maximiert. – Vgl. auch → Endwert, → Vermögensendwertmethode. – *Anders:* → Entnahmemaximierung.

Endwert – 1. *Begriff:* zukünftiger Wert von Zahlungen unter Annahme einer bestimmten Verzinsung. Der Endwert ist der Wert einer Zahlung, die für n Jahre zum → Zinssatz i angelegt worden ist. – 2. *Bedeutung:* Der Endwert umfasst den Betrag der ursprünglichen Zahlung zuzüglich Zinsen und Zinseszinsen (z.B. bei Geldanlage auf einem Sparkonto). – *Gegensatz:* → Barwert.

Energie – Fähigkeit, physikalische Arbeit zu leisten und damit Veränderungen im oder am Stoff zu bewirken; für Produktion notwendig. Energie ist an das Vorhandensein eines → Energieträgers gebunden; in der Natur isoliert in gespeicherter Form nicht möglich. – Es gilt: Energie = → Exergie + → Anergie (1. Hauptsatz der Thermodynamik).

Energieaufsicht – Die Elektrizitäts- und Gasversorgungsunternehmen unterstehen der staatlichen Aufsicht, die die Einhaltung des → Energiewirtschaftsgesetzes (EnWG) überwacht. Zu den Aufgaben der Energieaufsicht gehört u.a. die Genehmigung der Betriebsaufnahme von Energieversorgungsunternehmen (§ 4 EnWG), ungehinderten Zugang zu den Netzen zu gewährleisten, Beschränkungen des Wettbewerbs vorzubeugen (§ 29 GWB), die Überwachung der Sicherstellung der allg. Versorgung der Letztverbraucher mit möglichst sicherer, effizienter, preiswerter und umweltverträglicher Energie. Die Zuständigkeit für die Energieaufsicht liegt bei der → Bundesnetzagentur, den Kartellbehörden und der Energieaufsicht der Länder (vgl. § 54 EnWG).

Energie-Autarkie – Energieautarkie ist ein Konzept, das, anstatt einer zentralen Energieversorgung durch großtechnische Anlagen, die Energiebereitstellung dezentral, nahe am Endverbraucher vorsieht. Die dezentrale Energieversorgung einer Gemeinde, Region oder dem Verbraucher selbst mithilfe von erneuerbaren Energien trägt global gesehen zur Unabhängigkeit von der Bereitstellung der Energie aus dem Ausland sowie einer verminderten Nutzung von fossilen Energieträgern bei. Im Freistaat Bayern ist bspw. Energieautarkie ein politisches Ziel.

Energiebesteuerung – Erhebung von indirekten Steuern auf → Energieträger. In der Bundesrepublik Deutschland ist die bedeutendste Besteuerung im Energiesteuergesetz (EnergieStG), welches 2006 das Mineralölsteuergesetz ablöste, geregelt. Die Steuersätze und die zu besteuernden Energieträger sind in §2 des EnergieStG definiert (insb. Erdgas, Heizöl und Kraftstoffe). Ein Teil des Steueraufkommens kann als Ersatz für eine Straßenbenutzungsgebühr angesehen werden. Ein weiteres Gesetz ist das Stromsteuergesetz (StromStG), ebenfalls eine Verbrauchssteuer, welches den Bezug von elektrischem Strom besteuert und einerseits fiskalischen Zwecken dient (insb. zur Finanzierung der Rentenzahlungen), andererseits einen Anreiz zum sparsamen Umgang mit Elektrizität schaffen soll.

Energiebilanz – Mit einer Energiebilanz kann die Bereitstellung, die Umwandlung und die Verwendung von → Energieträgern in einem beliebigen Energiesystem dargestellt werden. Die Aufstellung einer Energiebilanz ermöglicht eine Bestimmung des energetischen Wirkungsgrads eines Systems, wodurch mögliche Energieeffizienzverbesserungen identifiziert werden können. Energiebilanzen werden für Energiesysteme aller Größenordnungen (Gebäude bis Volkswirtschaften) über unterschiedliche Zeithorizonte aufgestellt.

Energiedienstleistung – funktionell betrachtete Leistung, für die neben → Energieträgern auch Sachkapital eingesetzt wird. Die hierbei in Anspruch genommene Energiemenge wird auch Nutzenergie genannt. Die Nachfrage nach Beleuchtung, Transport von Personen und Gütern, nach warmem Wasser oder warmen Räumen, nach stationärem Antrieb von Motoren, nach elektrochemischen Reaktionen, nach hohen Temperaturen zum Schmelzen von Metall etc. wird in einer Kombination von Umwandlungsgeräten (Pkw) und → Energieträgern (Kraftstoff) auf einer geeigneten → Infrastruktur (Straßennetz) erbracht.

Energieeinsparung – die Reduktion des (spezifischen) Energieverbrauchs einer Anwendung, Branche oder eines Energiesystems im Vergleich zu einem Referenzfall. Der Energieverbrauch wird dabei i.d.R. auf den Output des Systems bezogen, wie bspw. in Form einer Energieintensität oder eines spezifischen Energieverbrauchs.

Energieintensität – Relation zwischen Energieverbrauch und Wertschöpfung in einem Sektor oder in der Gesamtwirtschaft, gemessen z.B. durch Primär- oder Endenergieverbrauch je Einheit → Bruttoinlandsprodukt (BIP). Typischerweise nimmt die Energieintensität einer Volkswirtschaft in den frühen Entwicklungsstadien (Industrialisierung) zu und sinkt später durch den steigenden Anteil der Wirtschaftsleistung im tertiären Sektor. – Energieelastizität des Wirtschaftswachstums (Erhöhung des Energieverbrauchs je Erhöhung des realen BIP [in Prozent]) ist im weltweiten Durchschnitt von 0,7 in den 1970er-Jahren auf 0,4 in den 1990er-Jahren bis 2002 gesunken. Die Energieelastizität des Wirtschaftswachstums in den Industrieländern ist heute allg. niedriger als in den Entwicklungsländern.

Energiekosten – Kosten der Energieerzeugung oder des Fremdenergiebezugs; möglichst als Kostenstelleneinzelkosten zu erfassen, soweit der Energieverbrauch technisch messbar ist. In den einzelnen Kostenstellen, u.U. sogar an einzelnen Maschinenaggregaten (Kostenplätze), können Messinstrumente für den Verbrauch angebracht werden. Falls Gemeinkostenschlüsselung notwendig wird, kommen z.B. bei Strom die installierte Wattzahl, bei Energie für Heizzwecke die m^3 des umbauten Raumes als Verteilungsgrundlage in Frage.

Energieleitungsausbaugesetz (EnLAG) – vom 21.8.2009 (BGBl. I 2870), ist der hauptsächliche Gegenstand des Gesetzes zur Beschleunigung des Ausbaus der Höchstspannungsnetze (BGBl. I ebenda). Das EnLAG dient der Beschleunigung des Baus von 24 Leitungsbauvorhaben im Höchstspannungs-Übertragungsnetz (380 kV). Diese Leitungen sind für die Einspeisung des Stroms aus Windenergie und konventionellen Kraftwerken sowie für den EU-weiten Stromhandel erforderlich. Ebenso ermöglicht das Gesetz den Einsatz von Erdkabeln auf der Höchstspannungsebene als Pilotvorhaben.

Energiepolitik – 1. *Allgemein:* In der → Energiewirtschaft zeigen sich spezifische Eigenheiten wie Umwelteffekte, leitungsgebundene Systeme, asymmetrische Informationen, spezielle Marktrisiken (u.a. Monopolbildung) und sehr lange Planungshorizonte, die energiepolitische Flankierung (und sei es nur zur Sicherstellung von mehr „funktionsfähigem Markt") erforderlich machen können. Zum zweiten sind seit jeher zahlreiche Teile von Energiemärkten durch ihre Grundversorgungseigenschaft politischer Einflussnahme ausgesetzt, entsprechen also nicht immer dem hehren Ziel der reinen Marktwirtschaft. – 2. *Instrumente:* Die Instrumente der Energiepolitik lassen sich in ordnungsrechtliche Vorgaben über die Spielregeln einerseits und direkte Intervention in die Märkte andererseits einordnen. Die Energiebesteuerung kann sowohl energiepolitische als auch fiskalische Zwecke verfolgen. – Obwohl die Europäische Union (EU) keine direkte Kompetenz für Energiepolitik hat, verlagern sich zunehmend energiepolitische Entscheidungen zur EU: Aus ihrer Zuständigkeit für Wettbewerbsfragen oder Umweltpolitik kann die EU zahlreiche Begründungen für Vorgaben für energiepolitische Maßnahmen der Mitgliedstaaten ableiten. Dies betrifft z.B. die Ausgestaltung der Klimapolitik durch Einführung des Emissionshandels für CO_2 oder die Öffnung der Netze für Elektrizität oder

Energiepolitik – Ziele

Ziele der Energiepolitik	Beispiele
Senkung von Substitutionskosten	– Information als öffentliches Gut (Bauherren, Verbraucher etc.) – technisch-organisatorische Barrieren (Prämie für Backstop-Entwicklung)[1] – Markteinführung für neue Technologien (Senkung von Umstellungskosten, Standardisierungsvorteile, Realisierung von Skaleneffekten)
Wettbewerbsförderung	– Öffnung von Netzen[2] – Regulierung natürlicher Monopole bzw. monopolistischer Bottlenecks
Infrastrukturbereitstellung	– Schutz spezifischer Investitionen versus Verhinderung regionaler oder lokaler Monopole
Umweltnutzung (Internalisierung externer Effekte)	– Umweltpolitik für klassische Schadstoffe zur Erreichung optimaler Emissionsmengen auf Angebots- und Nachfrageseite (Ist Strom die „sauberste" Energiequelle?) – Vertragsgestaltung für internationale Kooperation bei globalen Schadstoffen (Klimaproblem)
Entwicklung und Wachstum	– Versorgungssicherheit, d.h. Vermeidung von Mengenverknappungen und drastischen Preisausschlägen (Clubgut); – Bevorratung für Krisenzeiten, Pools gegen Marktrisiken bilden
gesellschaftliche Integration	– Akzeptanz von Energiesystemen fördern – Sozialverträglichkeit sichern

[1] Backstop-Techniken werden sehr langfristig benötigt (Wasserstoff-Technik, Solarsysteme etc.), sind aber im Zeitrahmen von geltenden Patentschutzregeln nicht rentabel zu realisieren. In diesem Sinn ist ihre Entwicklung „Grundlagenforschung" mit sehr langfristigem Nutzen.

[2] Der Zugang zu Netzen oder Netzkomponenten kann in einer Wertschöpfungskette ein strategisches Hindernis für Wettbewerb aus vor- und nachgelagerten Stufen (Stromerzeugung – Stromverkauf) sein. Im Sinn einer Steigerung des Wettbewerbs auf diesen Stufen ist dann die staatliche Intervention in die Öffnung der Netze paradoxerweise begründet: Mehr Wettbewerb (auf anderen Stufen) durch staatlichen Eingriff (in die Netze).

Erdgas für einen großen Kreis von Akteuren. – Vgl. Abbildung „Energiepolitik – Ziele".

Energiepreisaufsicht → Energieaufsicht.

Energiesicherung – 1. *Begriff:* die langfristige Sicherung der Energieversorgung auf verschiedenen Ebenen: regional, nationalstaatlich, europäisch und global. Energiesicherung gehört zu den wichtigsten gesellschaftlichen und gesamtwirtschaftlichen Herausforderungen. Ihre Nachhaltigkeit und Langfristigkeit haben maßgeblichen Einfluss auf die ökonomische, soziale und ökologische Entwicklung auf den genannten Ebenen. Ein wesentlicher Bestandteil der Energiesicherung besteht in einer ausgewogenen Energieträgerstruktur, wobei verschiedene Ebenen zu unterscheiden sind: (1) Verhältnis von inländischen zu importierten Energieträgern; (2) geografische Diversifizierung der Importquellen; (3) Diversifizierung der Energieträger, d.h. Verhältnis Kernenergie und konventionelle, fossile Energieträger (insb. Steinkohle, Braunkohle, Erdgas, Öl) zu erneuerbaren Energien (insb. Wind, Solarenergie, Biomasse, Geothermie). Neben der genutzten Energieträgerstruktur sind die Energieeffizienz sowie die

Energiebevorratung bzw. –speicherung weitere wichtige Bestandteile der Energiesicherung. – 2. *Maßnahmen:* Allgemein lassen sich verschiedene Maßnahmen zur Energiesicherung unterscheiden: a) *Politische Maßnahmen:* Nutzung der wechselseitigen Abhängigkeit zwischen Energie-(Öl-)Exportländern und Importländern im Sinne einer Kooperation statt Konfrontation durch die Internationale Energieagentur und die Europäische Union. – b) *Strategische energiepolitische Sicherungsmaßnahmen:* Diversifizierung der Importquellen, Aufbau von Vorratslagern (Energiebevorratung), Diversifizierung der Energieträgerstruktur. – c) *Maßnahmen zur Beherrschung aktueller Versorgungskrisen:* Aktionsprogramm der Internationalen Energieagentur, EG-Richtlinien (1968, 1975), in der Bundesrepublik Deutschland Energiesicherungsgesetz. – 3. *Energiesicherungsgesetz:* Eingriffsmöglichkeiten zur Gewährleistung der Deckung des lebenswichtigen Bedarfs an Energie sind im Energiesicherungsgesetz vom 20.12.1974 (BGBl. I S. 3681) m.spät.Änd. geregelt. Als lebenswichtig ist in diesem Zusammenhang gem. Gesetzestext auch der Bedarf zur Erfüllung öffentlicher Aufgaben und internationaler Verpflichtungen zu verstehen. – a) *Regelung:* Können bei Gefährdung oder Störung der Einfuhren von Mineralöl oder Erdgas (ziviler Notstand) durch Rechtsverordnungen Vorschriften erlassen werden über die Produktion, den Transport, die Lagerung, die Verteilung, die Abgabe, den Bezug, die Verwendung sowie die Höchstpreise von Erdöl, Erdölerzeugnissen, festen, flüssigen, gasförmigen Energieträgern, von elektrischer Energie sowie von sonstigen Energien sowie über Buchführung-, Nachweis- u. Meldepflichten hinsichtl. dieser Güter; z.B. Einführung eines Sonntagsfahrverbotes und einer Geschwindigkeitsbegrenzung für Kraftfahrzeuge. – b) *Verstöße* gegen erlassene Rechtsverordnungen können als Ordnungswidrigkeit oder Straftat geahndet werden. Die Maßnahmen reichen von Appellen und Empfehlungen zur Energieeinsparung bis zur Zwangsbewirtschaftung von Energieträgern.––Vgl. auch Energiewirtschaftsgesetz (EnWG).

Energiesteuer – 1. *Begriff:* Die Energiesteuer gehört zu den bundesgesetzlich geregelten → Verbrauchsteuern und ist damit eine → indirekte Steuer. Mit ihr wird die Verwendung der unten genannten Stoffe als Kraft- und Heizstoffe innerhalb des dt. Steuergebiets (Bundesrepublik Deutschland ohne das Gebiet von Büsingen und ohne die Insel Helgoland) besteuert. – 2. *Rechtsgrundlage*: Das Energiesteuergesetz (EnergieStG) und die Energiesteuer-Durchführungsverordnung (EnergieStV). – 3. Die Steuer wird von der Zollverwaltung verwaltet, die Einnahmen stehen dem Bund zu. Die Energiesteuer gehört zu den innerhalb der EG harmonisierten Verbrauchsteuern und unterliegt der länderübergreifenden, EG-einheitlichen Überwachung. – 4. *Steuergegenstand*: Energiearten fossiler Herkunft (Mineralöle, Erdgas, Flüssiggase) sowie nachwachsende Energiearten wie Pflanzenöle oder Alkohole als Heiz- oder Kraftstoff in der Bundesrepublik Deutschland. Daneben wurden die weiteren fossilen Energieträger Steinkohle und Braunkohle sowie Koks als auch Schmierstoffe aufgenommen. Die Höhe der Steuer ist in § 2 EnergieStG für jedes der unterschiedlichen Energieerzeugnisse einzeln festgelegt; dort nicht ausdrücklich aufgeführte Energieerzeugnisse unterliegen dem Steuersatz für dasjenige Energieerzeugnis, dem sie nach Beschaffenheit und Verwendungszweck am nächsten stehen (§ 2 IV EnergieStG). Für die Verwendung in bestimmten begünstigten Anlagen fällt die Steuer geringer aus (§ 2 II, § 3, 3a EnergieStG). – 5. *Verfahren*: Energieerzeugnisse dürfen nach ihrer Herstellung solange noch steuerfrei belassen bleiben, wie sie in einem von der Finanzverwaltung zugelassenen Steuerlager (Betrieb, z.B. Großhandel, Großhandelsvertrieb etc.) verbleiben. Die Steuer fällt an, wenn sie aus einem Steuerlager ausgelagert werden, ohne erneut in ein Verfahren der Steueraussetzung überführt zu werden, oder bei anderweitiger Überführung in den freien Verkehr. Steuerschuldner ist normalerweise der Inhaber des Steuerlagers. – 6. *Grenzüberschreitende Aspekte*: Das Verfahren der Steueraussetzung (d.h. einstweiliges Nichtanfallen der Steuer) kann fortgesetzt werden, bis Energieerzeugnisse aus dem Gebiet der EU ausgeführt worden sind (§ 13), d.h. Ausfuhren können unbelastet erfolgen. Innerhalb der EU können Energieerzeugnisse unter Steueraussetzung (im Wesentlichen: nur) an die Inhaber anderer zugelassener Steuerlager und ihnen gleichgestellte Empfänger geliefert werden, d.h. grenzüberschreitende Lieferungen an Private wären zu versteuern. – 7. *Aufkommen:* 39,8 Mrd. Euro (2009). – 8. *Auswirkungen, Hintergründe*: Die Einführung der Energiesteuer geht zurück auf die Energiesteuer-Richtlinie der EU (RL 2003/96 zur Restrukturierung der gemeinschaftlichen Rahmenvorschriften zur Besteuerung von Energieerzeugnissen und elektrischem Strom (EnergieStRL). Sie hat u.a. das frühere deutsche Mineralölsteuergesetz abgelöst (seit 1.8.2006).

Energiesteuerrichtlinie – 1. *Begriff:* Richtlinie (EG) 2003/96 des Rates zur Restrukturierung der gemeinschaftlichen Rahmenvorschriften zur Besteuerung von Energieerzeugnissen und elektrischem Strom vom 27.10.2003 (EG-Amtsblatt Nr. L 283, S. 51ff.). Eine Richtlinie der → EU mit umfassenden Vorgaben darüber, wie die Mitgliedsstaaten der EU die Besteuerung von Energieerzeugnissen auszugestalten haben. Die Vorgaben dieser Richtlinie sind daher maßgeblich bei allen Zweifelsfragen, die das Energiesteuergesetz aufwerfen könnte, da im Zweifelsfall davon auszugehen ist, dass der dt. Gesetzgeber durch das Energiesteuergesetz den Vorgaben dieser Richtlinie folgen wollte (gemeinschaftsrechtskonforme Auslegung). Rechtsgrundlage ist Art. 93 EG-Vertrag, der eine Harmonisierung indirekter Steuern gestattet, wenn zu unterschiedliche Regelungen das

Funktionieren des Binnenmarktes beeinträchtigen könnten. Die Richtlinie hat die früheren Richtlinien der EU über die Mineralölsteuer abgelöst. – 2. *Inhalt*: Die Richtlinie setzt voraus, dass die Energiesteuererhebung dem allg. System über die Erhebung der → Verbrauchsteuern, das die EU festgelegt hat (→ Verbrauchsteuersystemrichtlinie) folgt und legt fest, was Energieerzeugnisse sind (Struktur der Steuer) und wie hoch die Mindeststeuerbelastung in den Mitgliedsstaaten sein muss. Die Mitgliedsstaaten haben jedoch die Wahl, ob sie die vorgeschriebene Mindestbelastung mit Verbrauchsteuern durch die Erhebung einer einzigen Steuer verwirklichen wollen oder ob sie verschiedene Steuerarten nebeneinander erheben wollen. – 3. *Steuerbefreiungen:* Die Richtlinie enthält Steuerbefreiungen und -begünstigungen teils obligatorisch, teils als Mitgliedsstaatenwahlrecht, teils als Übergangsregelungen für einzelne Mitgliedsstaaten. Als für alle Mitgliedsstaaten obligatorische Befreiungen sind insbesondere zu nennen: a) Verwendung als Kraftstoff für die Luftfahrt, sofern es nicht um nichtgewerbliche private Luftfahrt geht; – b) Verwendung als Kraftstoff für die Schifffahrt in Meeresgewässern der Gemeinschaft, wiederum mit Ausnahme der privaten nichtgewerblichen Schifffahrt. Mitgliedsstaatenwahlrechte sind dagegen Grundlage für mögliche Steuerbefreiungen oder -ermäßigungen bei Solarstrom, Kraft-Wärme-Kopplungsanlagen und bestimmten anderen umweltpolitischen förderungswürdigen Konstellationen.

Energiesystemanalyse – Die Energiesystemanalyse dient der Analyse eines Energiesystems, wobei dieses System unterschiedliche Systemgrenzen haben kann; so kann es sich bei dem zu betrachtenden Energiesystem etwa um das globale Energiesystem, das europäische, ein nationales oder regionales System sowie das eines Industriestandortes handeln. Mithilfe modellgestützter Ansätze sucht die Energiesystemanalyse nach Antworten bspw. auf Fragen zum zukünftigen Energiesystem bzw. zur ganzheitlichen Bewertung unterschiedlicher Technologien. Die Energiesystemanalyse will helfen Entscheidungen in Energiepolitik, Energieforschung und Energiewirtschaft im Hinblick auf Technologien und Infrastrukturen für Energiebereitstellung und Energieumwandlung wissensbasiert und systematisch zu unterstützen. Dazu bedarf es je nach Fragestellung der Berücksichtigung unterschiedlichster Faktoren und Rahmenbedingungen.

Energietechnik → Produktionstechnik.

Energieträger – Stoffe oder andere Kräfte, die geeignet sind, im physikalischen Sinn Arbeit zu leisten. Man unterscheidet *Primärenergieträger,* die in natürlicher Form gewonnen werden können wie etwa Stein- und Braunkohle, Mineralöl, Erdgas, aber auch Holz, Torf und Sonnenlicht oder Wind. Uran und Thorium sind als spaltbare Atome für die Stromerzeugung in Kernkraftwerken geeignet. Die in der Natur gefundenen Energieträger sind i.d.R. nicht homogen; so unterscheiden sich die in Deutschland gefundenen Erdgasvorkommen erheblich in ihrer chemischen Zusammensetzung und damit auch im Brennwert. Um den Endnutzer die gewünschte Homogenität und auch überhaupt eine einfache Einsetzbarkeit zu ermöglichen, werden die Primärenergieträger in andere Energieträger umgewandelt: Kraftstoffe, Heizöl oder im Brennwert homogenes Erdgas, elektrischer Strom u.Ä. sind als Sekundärenergieträger für die Endnutzer besser geeignete *Endenergieträger.* Durch den Umwandlungsprozess entstehen energetische Verluste. – Für eine vergangene Periode werden die Umwandlungsprozesse vom Primärenergieeinsatz bis hin zum letzten Einsatz der Endenergieträger in der → Energiebilanz ausgewiesen. – Vgl. auch → fossile Energieträger, → regenerative Energieträger.

Energie- und Klimafonds – zum 1.1.2011 durch das Gesetz zur Errichtung eines Sondervermögens „Energie- und Klimafonds" (EKFG) vom 8.12.2010 (BGBl. I 1807) m.spät.Änd. eingerichtet. Der Fonds ermöglicht gemäß § 2 EKFG Programmausgaben zur Förderung einer umweltschonenden, zuverlässigen und bezahlbaren Energieversorgung sowie zum Klimaschutz. Im Fonds werden zudem alle Programmausgaben des Bundes für die Entwicklung der Elektromobilität zusammengefasst. Aus dem Fonds können Maßnahmen in folgenden Bereichen finanziert werden: Energieeffizienz, erneuerbare Energien, Energiespeicher- und Netztechnologien, energetische Gebäudesanierung, nationaler Klimaschutz, internationaler Klima- und Umweltschutz und Entwicklung der Elektromobilität. Zudem können aus dem Sondervermögen ab 2013 Zuschüsse in Höhe von bis zu 500 Millionen Euro jährlich an stromintensive Unternehmen zum Ausgleich von emissionshandelsbedingten Strompreiserhöhungen gezahlt werden.

Energieverbrauchskennzeichnungsgesetz – vom 10.5.2012 (BGBl. I 1070) regelt eine Kennzeichnungspflicht für Produkte hinsichtlich von Angaben über den Verbrauch an Energie und an anderen wichtigen Ressourcen sowie CO_2-Emissionen. Die Kennzeichnungspflicht erstreckt sich auch auf Angaben in der Werbung. Ebenso sind verpflichtende Angaben über die Auswirkungen von Produkten auf den Verbrauch an Energie vom Gesetz erfasst. Produkte i.S.d. Gesetzes sind alle energieverbrauchsrelevanten Produkte, eingeschlossen Kraftfahrzeuge und Reifen. Einzelheiten kann das Bundesministerium für Wirtschaft und Technologie mit Zustimmung des Bundesrates in Rechtsverordnungen regeln. Die nach Landesrecht zuständigen Marktüberwachungsbehörden kontrollieren die Einhaltung der Kennzeichnungspflichten. Zuwiderhandlungen sind nach § 15 des Gesetzes Ordnungswidrigkeiten.

Energiewende

von Prof. Dr. Claudia Kemfert

I. Ausgangslage und Ziele

Die Energiewende, die Realisierung eines Konzepts für ein Energieversorgungssystem in der Bundesrepublik Deutschland, das auf erneuerbaren Energien basiert, sieht vor, den Anteil dieser erneuerbaren Energien an der Stromerzeugung von knapp 20 Prozent im Jahr 2011 auf 80 Prozent im Jahr 2050 zu erhöhen. Unter erneuerbaren Energiequellen werden solche verstanden, deren Nutzung nicht zu einer Erschöpfung der Quelle führt oder die sich in kurzer Zeit selbst erneuern. Die Energieversorgung erfolgt nachhaltig durch Nutzung von Sonnen-, Wind-, Wasser- oder Meeresenergie, von Biomasse oder Geothermie.

Bruttostromerzeugung in Deutschland von 1990 bis 2011 nach Energieträgern

Energieträger	1990	1991	1992	1993	1994	1995	1996	1997	1998	1999	2000	2001	2002	2003	2004	2005	2006	2007	2008	2009	2010	2011[1]
											Mrd. kWh											
Braunkohle	170,9	158,3	154,5	147,5	146,1	142,6	144,3	141,7	139,4	136,0	148,3	154,8	158,0	158,2	158,0	154,1	151,1	155,1	150,6	145,6	145,9	150,1
Kernenergie	152,5	147,4	158,8	153,5	151,2	154,1	161,6	170,3	161,6	170,0	169,6	171,3	164,8	165,1	167,1	163,0	167,4	140,5	148,8	134,9	140,5	108,0
Steinkohle	140,8	149,8	141,9	146,2	144,6	147,1	152,7	143,1	153,4	143,1	143,1	138,4	134,6	146,5	140,8	134,1	137,9	142,0	124,6	107,9	117,0	111,6
Erdgas	35,9	36,3	33,0	32,8	36,1	41,1	45,6	48,1	50,7	51,8	49,2	55,5	56,3	61,4	61,4	71,0	73,4	75,9	86,7	78,8	86,8	84,9
Mineralölprodukte	10,8	14,6	13,2	10,1	10,1	9,1	8,1	7,4	6,7	6,3	5,9	6,1	8,7	9,9	10,3	11,6	10,5	9,6	9,2	9,6	8,4	6,6
Erneuerbare darunter	19.7	17.5	20.5	21.2	23.0	25.1	23.0	24.2	26.3	29,1	37,8	38,9	46,1	45,4	56,5	63,2	71,4	87,5	92,4	94,1	102,8	123,2
- Windkraft	k.A.	0,1	0,3	0,6	0,9	1,5	2,0	3,0	4,5	5,5	9,5	10,5	15,8	18,7	25,5	27,2	30,7	39,7	40,6	38,6	37,8	48,9
- Wasserkraft[2]	19,7	15,9	18,6	19,0	20,2	21,6	18,8	19,0	19,0	20,7	24,9	23,2	23,7	17,7	19,9	19,6	20,0	21,2	20,4	19,1	21,0	18,1
- Biomasse	k.A.	0,3	0,3	0,4	0,6	0,7	0,8	0,9	1,1	1,2	1,6	3,3	4,5	6,5	8,4	12,0	14,5	19,1	22,3	25,5	27,6	31,9
- Photovoltaik	k.A.	0,0	0,0	0,0	0,0	0,0	0,0	0,0	0,0	0,0	0,0	0,1	0,2	0,3	0,6	1,3	2,2	3,1	4,4	6,6	11,7	19,3
- Geothermie	k.A.	0,0	0,0	0,0	0,0	0,0	0,0	0,0	0,0	0,0	0,0	0,0	0,0	0,0	0,0	0,0	0,0	0,0	0,0	0,0	0,0	0,0
- Hausmüll[3]	k.A.	1,2	1,3	1,3	1,3	1,3	1,3	1,4	1,6	1,7	1,8	1,9	1,9	2,2	2,1	3,0	3,9	4,5	4,7	4,4	4,8	5,0
Übrige Energieträger	19,3	16,2	16,3	15,8	17,4	17,7	17,4	17,4	19,1	20,0	22,6	21,4	18,2	20,4	21,2	23,6	25,3	26,6	24,7	21,5	26,7	27,6
Bruttoerzeugung insgesamt	549,9	540,2	538,2	527,1	526,5	536,8	552,7	552,3	557,3	556,3	576,5	586,4	586,7	606,7	615,3	620,6	636,9	637,2	637,1	592,4	628,1	612,1
Stromflüsse aus dem Ausland	31,9	30,4	28,4	33,6	35,9	39,7	37,4	38,0	38,3	40,6	45,1	43,5	46,2	45,8	44,2	53,4	46,1	44,3	40,2	40,6	42,2	49,7
Stromflüsse in das Ausland	31,1	31,0	33,7	32,8	33,6	34,9	42,7	40,4	38,9	39,6	42,1	44,8	45,5	53,8	51,5	61,9	65,9	63,4	62,7	54,9	58,9	56,0
Stromaustauschsaldo Ausland	+ 0,8	- 0,6	- 5,3	+ 0,9	+ 2,3	+ 4,8	- 5,3	- 2,3	- 0,6	+ 1,0	+ 3,1	- 1,3	+ 0,7	- 8,1	- 7,3	- 8,5	- 19,8	- 19,1	- 22,4	- 14,3	- 17,7	- 6,3
Brutto-Inlandsstromverbrauch[4]	550,7	539,6	532,9	528,0	530,8	541,6	547,4	550,0	556,7	557,3	579,6	585,1	587,4	598,6	608,0	612,1	617,2	618,1	614,6	578,1	610,4	605,8
Veränderung gegenüber Vorjahr in %	X	-2,0	- 1,3	-0,9	+ 0,5	+ 2,0	+ 1,1	+ 0,5	+ 1,2	+ 0,1	X	+ 1,0	+ 0,4	+ 1,9	+ 1,6	+ 0,7	+ 0,8	+ 0,2	- 0,6	- 6,0	+ 5,6	- 0,7
											Struktur der Bruttostromerzeugung in %											
Braunkohle	31,1	29,4	28,7	28,0	27,6	26,6	26,1	25,7	25,0	24,4	25,7	26,4	26,9	26,1	25,7	24,8	23,7	24,4	23,6	24,6	23,2	24,5
Kernenergie	27,7	27,3	29,5	29,2	28,6	28,7	29,2	30,8	29,1	30,7	29,5	29,3	28,1	27,2	27,2	26,3	26,4	22,0	23,4	22,8	22,4	17,6
Steinkohle	25,6	27,7	26,4	27,7	27,4	27,4	27,6	25,9	27,5	25,7	24,8	23,6	22,9	24,1	22,9	21,6	21,6	22,3	19,6	18,2	18,6	18,3
Erdgas	6,5	6,7	6,1	6,2	6,8	7,7	8,3	8,7	9,1	9,3	8,5	9,5	9,6	10,1	10,0	11,4	11,5	11,9	13,6	13,3	13,8	13,9
Mineralölprodukte	2,0	2,7	2,5	1,9	1,9	1,7	1,5	1,3	1,2	1,1	1,0	1,0	1,5	1,6	1,7	1,9	1,6	1,5	1,4	1,6	1,3	1,1
Erneuerbare darunter	3,6	3,2	3,8	4,0	4,4	4,7	4,2	4,4	4,7	5,2	6,6	6,6	7,9	7,5	9,2	10,2	11,2	13,7	14,5	15,9	16,4	20,1
- Wasserkraft[2]	3,6	2,9	3,5	3,6	3,8	4,0	3,4	3,4	3,4	3,7	4,3	4,0	4,0	2,9	3,2	3,2	3,1	3,3	3,2	3,2	3,3	3,0
- Windkraft	k.A.	0,0	0,1	0,1	0,2	0,3	0,4	0,5	0,8	1,0	1,6	1,8	2,7	3,1	4,1	4,4	4,8	6,2	6,4	6,5	6,0	8,0
- Biomasse	k.A.	0,1	0,1	0,1	0,1	0,1	0,1	0,2	0,2	0,2	0,3	0,6	0,8	1,1	1,4	1,9	2,3	3,0	3,5	4,3	4,4	5,2
- Photovoltaik	k.A.	0,0	0,0	0,0	0,0	0,0	0,0	0,0	0,0	0,0	0,0	0,0	0,0	0,1	0,1	0,2	0,3	0,5	0,7	1,1	1,9	3,2
- Geothermie	k.A.	0,0	0,0	0,0	0,0	0,0	0,0	0,0	0,0	0,0	0,0	0,0	0,0	0,0	0,0	0,0	0,0	0,0	0,0	0,0	0,0	0,0
- Hausmüll[3]	k.A.	0,2	0,2	0,2	0,2	0,3	0,2	0,3	0,3	0,3	0,3	0,3	0,3	0,4	0,3	0,5	0,6	0,7	0,7	0,7	0,8	0,8
Übrige Energieträger	3,5	3,0	3,0	3,0	3,3	3,2	3,1	3,2	3,4	3,6	3,9	3,8	3,1	3,4	3,3	3,8	4,0	4,2	3,9	3,6	4,3	4,5
Bruttoerzeugung insgesamt	100,0	100,0	100,0	100,0	100,0	100,0	100,0	100,0	100,0	100,0	100,0	100,0	100,0	100,0	100,0	100,0	100,0	100,0	100,0	100,0	100,0	100,0
											in %											
nachrichtlich: Anteil der erneuerbaren Energieträger an der Deckung des Stromverbrauchs	X	3,2	3,8	4,0	4,6	4,9	4,4	4,7	5,0	5,7	6,6	6,7	7,8	7,6	9,3	10,3	11,6	14,2	15,0	16,3	16,8	20,3

Abweichungen in den Summen durch Rundungen — Stand: 1. August 2012

[1] Vorläufige Angaben, z.T. geschätzt.- [2] Erzeugung in Lauf- und Speicherwasserkraftwerken sowie Erzeugung aus natürlichem Zufluss in Pumpspeicherkraftwerken.- [3] Nur Erzeugung aus biogenem Anteil des Hausmülls (ca. 50 %). -
[4] Einschließlich Netzverluste und Eigenverbrauch.

Quellen: Statistisches Bundesamt; Bundesministerium für Wirtschaft und Technologie; BDEW Bundesverband der Energie- und Wasserwirtschaft e.V.; Statistik der Kohlenwirtschaft e.V.; AG Energiebilanzen e.V.

Mit der Umsetzung dieses Ziels folgt Deutschland den Zielen der EU Energy Roadmap 2050, mit deren Maßnahmenkatalog für den Umbau der Energieversorgung in Europa eine Reduzierung der Treibhausgasemission im gleichen Zeitraum von 80 bis 95 Prozent erreicht werden soll. Dies soll v.a. durch eine sogenannte „De-Karbonisierung" der Stromerzeugung erfolgen, d.h. durch deutlichen Zubau erneuerbarer Energien sowie durch Verbesserung der Energieeffizienz.

Deutschland hat beschlossen, die Treibhausgase bis zum Jahre 2020 um 40 Prozent im Vergleich zum Jahr 1990 zu senken. Bis zum Jahre 2010 sind die Emissionen bereits um 25 Prozent gesunken, obwohl die Stromerzeugung in Deutschland in erster Linie in Kohlekraftwerken (knapp 43 Prozent) und durch Gaskraftwerke (knapp 14 Prozent) erfolgt. Der Ausbau der erneuerbaren Energien und die Verbesserung der Energieeffizienz insbesondere im Mobilitäts- und Verkehrsbereich sowie bei der Gebäudeenergie waren und sind dabei die tragenden Säulen zur Erreichung der Klimaziele.

Im Gegensatz zum in der Energy Roadmap 2050 vorgestellten Energiefahrplan, der verschiedene Szenarien der Energiewende auch mit Berücksichtigung der Kernenergie berechnet, hat die Bundesregierung den

Atomausstieg beschlossen, der vorsieht, bis zum Jahre 2022 alle derzeit noch in Betrieb befindlichen Atomkraftwerke sukzessive abzuschalten.

Nachdem zunächst die Bundesregierung unter Bundeskanzlerin Angela Merkel im Jahre 2010 die Laufzeiten der Atomkraftwerke um durchschnittlich etwa 8 Jahre verlängerte, hat der im Frühjahr 2011 durch das Erdbeben verursachte Atomunfall in Japan in Deutschland zu einem Umdenken in der deutschen Atompolitik und zu der oben genannten Konsequenz geführt. Im Rahmen eines → Moratoriums wurden bereits im Frühjahr 2011 acht Atomkraftwerke unmittelbar und irreversibel vom Netz genommen. Damit ist man zu dem ursprünglichen Beschluss aus dem Jahre 2000 zurückgekehrt, welcher ebenso im Rahmen eines Atomkonsenses den Ausstieg aus der Kernenergie durch eine Novellierung des Atomgesetzes festgelegte. Im Jahre 2002 wurde bereits durch die Änderung des Atomgesetztes bestimmt, dass die Atomkraftwerke nur noch begrenzte Strommengen produzieren dürfen, was bei normaler Betriebsdauer ebenso ein sukzessives Abschalten der Atomkraftwerke bis zum Jahre 2022 bewirkt hätte.

Bei der Energiewende in der Bundesrepublik geht es somit um den Komplettumbau der deutschen Energieversorgung durch Ausstieg aus der Kernenergie und die stetig zunehmende Nutzung umwelt- und klimafreundlicher erneuerbarer Energien, die sich auch einer großen gesellschaftlichen Akzeptanz sicher sind.

Die Nutzung heimischer Energiequellen reduziert die Abhängigkeit von Energieimporten wie Gas und Erdöl und die Nutzung von Kohle und es werden Arbeitsplätze geschaffen.

Für die Übergangszeit zwischen Atomausstieg und den vermehrten Einsatz von erneuerbaren Energien sind Gaskraftwerke deutlich besser geeignet als die bis zum Jahr 2017 noch geplanten oder schon im Bau befindlichen Kohlekraftwerke. Sie sind nicht nur emissionsärmer, sondern auch besser mit den fluktuierenden erneuerbaren Energien kombinierbar, weil man Gasanlagen flexibel hoch und runter fahren kann. Gas ist für die Stromerzeugung, insbesondere in Kombination mit Kraft-Wärme-Kopplung (KWK) die effizienteste und auch eine klimaschonende Form der Energiebereitstellung. Zudem ist Gas für die Mobilität als Alternative zum Öl interessant. Erdgasfahrzeuge werden geringer besteuert, sie wären also durchaus wirtschaftlich attraktiv.

II. Herausforderungen

Erneuerbare Energien weisen hohe Volatilitäten auf. In Zeiten eines hohen Angebots erneuerbarer Energien reichen oftmals die Stromnetze nicht aus, um den überschüssigen Strom ins Inland oder Ausland weiterzuleiten. Mit dem Ausbau der erneuerbaren Energien steigt der Bedarf an der Erweiterung, Ausbau und Optimierung der Energienetze. Zum einen werden Stromnetze vom Norden Deutschlands in den Süden benötigt, um insbesondere den aus Offshorewindanlagen erzeugten Strom in die Regionen zu transportieren, wo Atom- und Kohlekraftwerke mehr und mehr abgeschaltet werden, demnach in den Westen und Süden der Republik. Weiterhin ist eine Erweiterung des europäischen Stromnetzes notwendig, insbesondere um geologische Vorteile bei der Stromproduktion aus erneuerbaren Energien auszuschöpfen, den Handel zu verbessern und eine Netzoptimierung herzustellen. Zum anderen werden intelligente → Verteilnetze benötigt, die das volatile Stromangebot und die Stromnachfrage optimieren. Neben der verstärkten Stromspeicherung spielt ebenso die Nachfragesteuerung eine wichtige Rolle. Bspw. könnten auch energieintensive Industrien ihr Nachfrageverhalten so steuern, dass es besser kombinierbar ist mit einem immer volatiler werdenden Stromangebot durch den steigenden Anteil erneuerbarer Energien.

Mit dem zunehmenden Anteil erneuerbarer Energien ist es unerlässlich, dass mehr Speichermöglichkeiten geschaffen werden. Pumpspeicherkraftwerke sind derzeit allerdings die einzig wirtschaftliche Form der Stromspeicherung. Da die Optionen für Pumpspeicherkraftwerke in Deutschland begrenzt sind, sind die deutschen Stromerzeuger auf andere EU-Länder (Alpenregion, Skandinavien) angewiesen. Um auch diese Potenziale nutzen zu können, ist der Ausbau der Stromleitungen und Infrastruktur notwendig. Zusätzlich sind völlig neue Formen der Stromspeicherung derzeit in der Forschungsphase. So können etwa Batterien von Elektrofahrzeugen als Speicher genutzt werden, wenn sie gleichzeitig die „Vehicle-to-grid"-Option umsetzen, also gespeicherten Strom zurück in das Netz einspeisen können. Dazu wäre allerdings ein Umbau der Infrastruktur notwendig. Auch neue Kraftstoffe taugen für die Energiespeicherung. In Spitzenangebotszeiten erneuerbarer Energien könnte Wasserstoff oder Methan produziert werden, etwa zum Einsatz in der Mobilität. Diese Form der Speicherung ist derzeit allerdings noch nicht wirtschaftlich. Bei steigenden Preisen für fossile Energien und sinkende Kosten für erneuerbare Energien können diese innovativen Techniken in 20 bis 25 Jahren zum Einsatz kommen.

Mit dem Zubau erneuerbarer Energien sinkt die wirtschaftliche Attraktivität von konventionellen Kraftwerken. Da erneuerbare Energien einen Einspeisevorrang genießen und immer mehr Strom produzieren, vermindern sich die Produktionszeiten herkömmlicher Kraftwerke. Zum anderen führt der Zuwachs erneuerbarer Energien zu sinkenden Strompreisen an der Börse, durch den so genannten Merit-Order-Effekt. Kraftwerke, die zu Spitzenlast eingesetzt werden, wie bspw. Gaskraftwerke, verlieren so an wirtschaftlicher Attraktivität.

Damit die wirtschaftlichen Anreize für den Bau und Einsatz von konventionellen Kraftwerken als Brücken- und Reservekraftwerke steigen, muss somit das Marktsystem angepasst und das Marktdesign verändert werden. Eine kluge → Regulierung kann helfen, die Kapazitäten zu fördern, die für ein nachhaltiges Energiesystem notwendig sind. Vor allem sollte eine erfolgreiche Anpassung der Nachfrage auf Volatilitäten ermöglicht werden. Um die Investitionen zu beschleunigen, sollten die Rahmenbedingungen insbesondere bei der Vergütung der → Infrastruktur und Stromspeicher sowie Reservekapazitäten so angepasst werden, dass Versorgungssicherheit und dynamischer Ausbau rasch zu schaffen sind. Geeignete finanzielle Anreize für Stromnetze sowie Speicher, aber auch notwendige Stromkapazitäten zum Ausgleich von Angebot und Nachfrage gehören genauso dazu wie die rasche Umsetzung aller Energiesparaktivitäten. Daher müssen nicht nur möglichst rasch die finanziellen Mittel zur Unterstützung der energetischen Gebäudesanierung aufgestockt werden, sondern jegliche Sparpotentiale v.a. auch im Bereich der Mobilität ausgeschöpft werden.

Genauso wichtig wie das Angebot ist jedoch die Nachfrage. Je weniger → Energie verbraucht wird, je höher die → Energieeinsparung, desto geringer sind die Energieimport- und Energiepreisabhängigkeiten – und desto mehr Energiekosten können eingespart werden. Neben dem Mobilitätssektor liegen die größten Einsparpotenziale v.a. im Immobilienbereich, genauer: in der Gebäudehülle. Es könnte knapp ein Fünftel des Energiebedarfs von Immobilien allein durch den Einsatz effizienter Dämm- und Klimatechnik eingespart werden. Die Bürger können dadurch entlastet werden. Dazu bedarf es jedoch ausreichender finanzieller Mittel, die derzeit von der Kreditanstalt für Wiederaufbau (KfW) zur Finanzierung bereitgestellt werden.

Ein wichtige Dimension neben der technischen, wirtschaftlichen und politischen ist die gesellschaftliche: die → Akzeptanz der Bevölkerung wird davon abhängen, wie gut man den Menschen erklärt, um was es genau geht, welche Schritte notwendig sind und wie hoch die Belastungen und Entlastungen (Gebäudesanierung) ausfallen werden. Daher ist es notwendig, dass nicht nur auf Bundes- und Landesebene, sondern v.a. auf kommunaler Ebene viel Transparenz, Information und Partizipation geschaffen werden.

III. Notwendige Investitionen

Wird der Anteil erneuerbarer Energien verdoppelt, müssen laut Schätzung des Bundesministeriums für Umwelt, Naturschutz und Reaktorsicherheit (BMU) kumulierte Investitionen von bis zu etwa 200 Mrd. Euro in

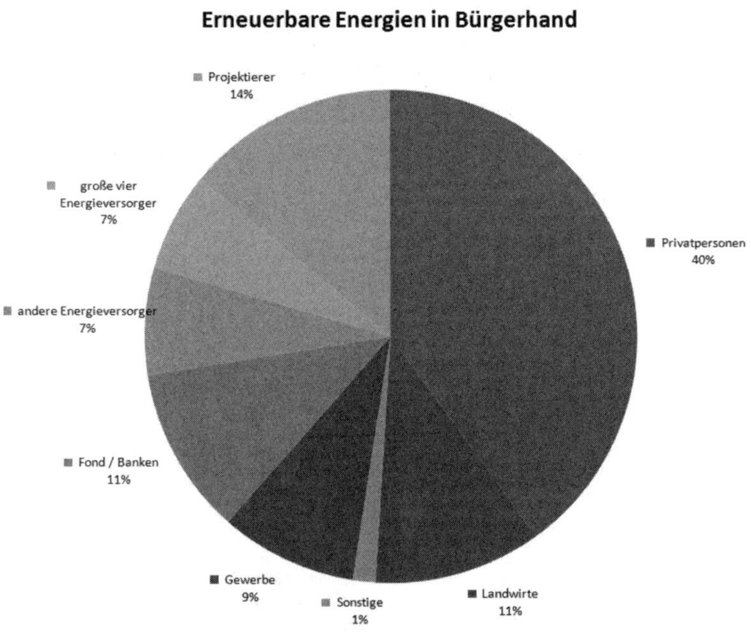

den kommenden zehn Jahren getätigt werden. Andere Studien weisen notwendige kumulierte Investitionen von bis zu 235 Mrd. Euro über einen Zeitraum von mehreren Jahrzehnten aus. Das Hamburgische WeltWirtschaftsInstitut (HWWI) hat jüngst den Barwert der Kosten der Energiewende bis zum Jahr 2030 auf insgesamt 335 Mrd. Euro geschätzt. Dabei werden 250 Mrd. Euro für die Förderung der erneuerbaren Energien veranschlagt und 85 Mrd. Euro für zusätzliche Investitionen, Anlagen, Leitungen, Speicher und Kraftwerkskapazitäten.

Allein für den Netzausbau geht die Bundesnetzagentur (BNA) von einer Größenordnung von 20 bis zu 25 Mrd. Euro in den kommenden 15 Jahren aus. Für die energetische Gebäudesanierung beziffert die Kreditanstalt für Wiederaufbau (KfW) die notwendigen Investitionen in den kommenden 10 Jahren auf bis zu 75 Mrd. Euro. Für zusätzliche Gaskraftwerkskapazitäten von bis zu 10 Gigawatt werden Investitionen von bis zu 15 Mrd. Euro getätigt werden müssen. Dabei muss berücksichtigt werden, dass nicht alle der genannten Investitionen der Energiewende allein zugeordnet werden können. Viele Kraftwerksneubauten, Netzerneuerungen und -instandhaltungen würden auch ohne eine Energiewende stattfinden.

Die Förderung erneuerbarer Energien erfolgt über das → Erneuerbare-Energien-Gesetz (EEG), welches eine garantierte Einspeisevergütung sowie der Vorrang der Einspeisung ermöglichen. Beides vermindert die Risiken für Investoren. Die EEG-Umlage soll nach einem Vorschlag von Bundesumweltminister Altmaier in den Jahren 2013 und 2014 auf 5,28 Cent/kWh und in den folgenden Jahren der Anstieg auf max. 2,5 Prozent /Jahr begrenzt werden. Damit soll die Höhe der EEG-Umlage erstmals gesetzlich festgeschrieben und begrenzt werden zur Sicherung der Berechenbarkeit, Bezahlbarkeit und Verlässlichkeit der EEG-bedingten Stromkosten.

Da jedoch nicht von einer Änderung des grundsätzlichen EEG-Konzepts auszugehen ist, sind die weiteren Investitionen mit geringen Risiken verbunden. Dabei zeigt sich, dass ein Großteil der Investitionen von Privatpersonen mit 40 Prozent der installierten Leistung getätigt werden, gefolgt von Banken (14 Prozent) und Landwirten (11 Prozent) (vgl. Abbildung Erneuerbare Energien in Bürgerhand).

Die Finanzierung der Gebäudesanierung erfolgt zu größten Teilen durch private Investitionen, unterstützt durch die zinsgünstigen Kredite aus dem KfW Gebäudesanierungsprogramm. Die Gelder wurden von knapp 900 Mio. Euro auf 1,5 Mrd. Euro pro Jahr aufgestockt. Die erhöhten Gelder des KfW-Gebäudesanierungsprogramms sollen zum größten Teil aus dem Energie- und Klimafond gezahlt werden. Dieser speist sich wiederum schwerpunktmäßig aus dem Verkauf der CO2-Emissionszertifikate aus dem → Emissionshandel. Der Preis der CO2-Zertifikate ist jedoch aufgrund der Wirtschaftskrise stark gesunken, somit können mit dem derzeitigen Preis die gewünschten Gelder zumindest nicht aus dem Verkauf generiert werden.

Die → Investitionen in die Stromnetze werden ebenso von Unternehmen getätigt und diese können auf die Netzentgelte überwälzt werden. Allerdings kann die derzeitige Anreizregulierung durchaus zu Hemmnissen führen, da Investoren keine ausreichende finanzielle Abdeckung befürchten.

IV. Chancen der Energiewende

Eine kluge Energiewende kann zum Konjunkturmotor werden. Es werden enorme Investitionen getätigt werden, die wiederum Wertschöpfung und Arbeitsplätze schaffen werden. Es werden Investitionen in erneuerbare Energien, in neue Kraftwerke, Energieeffizienz und nachhaltige Gebäude und Mobilität getätigt werden. Die deutsche Wirtschaft kann dabei wie keine andere von dem Boom profitieren, denn insbesondere die deutsche Industrie kann durch Anlagen-, Infrastruktur- und auch Kraftwerksbau enorm profitieren. Hunderttausende Arbeitsplätze können so neu geschaffen werden.

Im Jahre 2011 waren bereits knapp 400.000 Beschäftigte in dem Bereich der erneuerbaren Energien tätig, es werden weitere hinzukommen. In der Vergangenheit sind insbesondere Jobs in den Bereichen Photovoltaik, Biogas und feste und flüssige Biomasse entstanden. Die Jobchancen sind riesig: Im Jahre 2020 könnten – bei einem boomenden Weltmarkt – allein im Bereich erneuerbarer Energien schon 500.000 Beschäftigte tätig sein. Der Großteil der Beschäftigten wird dann in den Bereichen der Windenergie und der Stromerzeugung aus Photovoltaik und Biomasse tätig, gefolgt von der Solarwirtschaft und Geothermie. Der klassische Umweltschutztechnik-Bereich weist nach wie vor eine hohe Beschäftigung auf, welche sogar in den letzten Jahren auch wieder etwas gesteigert werden konnte. In eben diesen Bereichen könnten deutlich höhere Zuwachsraten erzielt werden, wenn eine konsequente weitere Förderung und ein Ausbau von Umweltschutzmaßnahmen fortgeführt werden würden.

Zudem wird die Baubranche durch die verstärkte Gebäudesanierung profitieren. Außerdem werden Energieberatung und Energiedienstleistungen eine zunehmend wichtigere Rolle spielen, wodurch der Dienstleistungssektor insgesamt deutliche Beschäftigenzuwachsraten aufweisen wird. Und die Zuwachsraten werden sich noch erhöhen, denn auch andere Sektoren werden von der Öko- Industrie profitieren, wie z.B. das Gastgewerbe, der Finanzsektor, öffentliche Dienstleitungen oder der Bereich der Ausbildung und Erziehung. Die Finanzbranchen haben das Thema Nachhaltigkeit und Umweltschutz schon vor einiger Zeit erkannt, schon heute werden neben Energieexperten v.a. Umwelt- und Nachhaltigkeitsexperten gesucht und ausgebildet, welche bspw.

das Thema Emissionshandel und Klimaschutz für die Kapitalmärkte richtig bewerten können. Energie- und Klimaschutzexperten können auch im Bereich der öffentlichen Dienstleistungen eingesetzt werden, denn jede Nachfrage nach einem neu zu bauenden, energiesparenden Gebäude oder einer umzubauende Wohnung kann durch öffentliche Beratung unterstützt werden. Auch gerade im Bereich der Ausbildung, sowohl in der Kinder- als auch Erwachsenenbildung, werden die Themen der nachhaltigen Energieversorgung und des Klimaschutzes immer bedeutender. Es werden verstärkt Lehrer eingesetzt werden, welche diese Themen abdecken können. Aus diesem Grund ist es wichtig, auch weiterhin auf den Ausbau der Umweltschutzberufe zu setzen, den Klimaschutz voranzubringen und die erneuerbaren Energien, zumindest bis sie sich selbst am Markt behaupten können, weiter zu fördern.

Schon seit längerem werden Unternehmen nach ihren mittel- bis langfristigen Zielen und dem nachhaltigen Umgang mit Energie und Umwelt bewertet. Neben direktem Klimaschutz werden Unternehmen auch nach ihrer sozialen Verantwortung und ethischen Unternehmensführungen bewertet. Unternehmen, wie sie den zentralen Herausforderungen des Klimaschutzes und des nachhaltigen Umgangs mit Energie und Rohstoffen stellen, werden ohnehin marktwirtschaftlich die Nase vorn haben.

Eine kluge Energiewende kann somit Arbeitsplätze schaffen, wie bspw. im Bereich emissionsarmer Energietechniken, der Energieherstellung wie die Branche der erneuerbaren Energien zeigt, aber auch in den Bereichen nachhaltige Mobilität, Klimaschutztechniken, Energie- oder Finanzdienstleistungen.

Energiewirtschaft – 1. *Begriff:* Auf der Angebotsseite umfasst die Energiewirtschaft diejenigen Sektoren der Wirtschaft, die mit der Förderung bzw. dem Import von → Energieträgern, deren Umwandlung, Lagerung und Transport befasst sind. Die Energienachfrage von Haushalten, Industrie und Gewerbe richtet sich auf die nutzbaren Endenergieträger wie etwa Strom, Kraftstoffe, Erdgas oder Heizöl, die zusammen mit den entsprechenden Anlagen geeignet sind, die gewünschten Energiedienstleistungen zu erbringen. Sie umfassen Hochtemperaturwärme etwa für das Schmelzen von Metallerzen, Niedertemperaturwärme etwa für Heizung und Warmwasserbereitung, Transport von Gütern und Personen, elektrochemische Reaktionen wie Elektrolyse, weiterhin Beleuchtung und Telekommunikation, Antrieb stationärer Motoren. Im Sinn der Ressourcenökonomik ist Energie eine unverzichtbare Ressource: Ohne Energieeinsatz ist praktisch kein Produktionsprozess, v.a. nicht im industriellen Maßstab, denkbar. – 2. *Geschichtliche Entwicklung:* Aus historischer Sicht wurden derartige Energiedienstleistungen bis weit in das 19. Jh. hinein im Wesentlichen durch regenerative Energieträger erbracht. Die Erzeugung von Wärme für Heizung oder Kochen basierte auf der Verbrennung von Holz oder anderer Biomasse, ebenso die Verhüttung von Metallerzen (Holzkohle). Wind und Wasserkraft lieferten mechanische Energie ebenso wie Tierfutter Energie für Pferde und andere Zugtiere. Durch großflächige Abholzungen um die jeweiligen Standorte von Hochöfen (bspw. im Raum Lüneburg) wurden die ersten Energiekrisen wegen Holzknappheit im Mittelalter ausgelöst. Mit dem Bau des ersten Hochofens auf Steinkohlebasis 1709 in Wales durch A. Darby begann das industrielle Zeitalter auf der Basis der Steinkohlenutzung. Die Industrialisierung in England und Mitteleuropa im 19. Jh. basierte praktisch vollständig auf Kohle. Mit der kommerziellen Förderung des Mineralöls im Elsass (Peschelbronn) im 18. Jh. und 1859 in Pennsylvania (USA) begann ein rasches Vordringen von Mineralölprodukten zunächst für Beleuchtung (Petroleum) und dann als Kraftstoff für Fahrzeuge. Während in den USA bereits nach dem Ersten Weltkrieg als dritter wichtiger Energieträger Erdgas verwendet wurde, begann dessen Expansion in Europa erst in den 1960er-Jahren ebenso wie die zivile und kommerzielle Nutzung der Kernspaltungstechnik in den Industriestaaten Amerikas, Japan und Europas inkl. der damaligen Sowjetunion. Um die Jahrhundertwende zum 21. Jh. basierte die (kommerzielle) Weltenergieversorgung größtenteils auf Verbrennung → fossiler Energieträger und jeweils zu rund 5 Prozent auf der Nutzung regenerativer Energie sowie nuklearer Energie in → Kernkraftwerken, Tendenz steigend. Daneben gibt es in weiten Gebieten v.a. nahe des Äquators noch zahlreiche Energieeinsätze durch Brennholz, die statistisch nur unzureichend erfasst werden. – 3. *Moderne Energiewirtschaft:* Die Energiewirtschaft in den Industrieländern lässt sich heute als ein miteinander verflochtenes und gegenseitig abhängiges System von Märkten für die verschiedenen Primärenergieträger (bspw. Mineralöl und Erdgas) und Sekundärenergieträger (bspw. Diesel und Elektrizität) beschreiben. Die Energieträger haben jeweils spezifische Vor- und Nachteile, die ihre Einsatzmöglichkeiten und Marktchancen abgrenzen. So wird bspw. für den Antrieb nicht-schienengebundener Fahrzeuge offensichtlich ein Energieträger mit hoher Energiedichte benötigt, was bisher in Form flüssiger Kraftstoffe realisiert wurde. Beleuchtung und Telekommunikation mit den heutigen Standards sowie der Antrieb unterschiedlich großer stationärer Motoren werden heute größtenteils durch elektrische Lösungen dargestellt. Die Erzeugung von hohen Temperaturen in der Grundstoffindustrie kann hingegen oftmals durch einen breiten Mix von Energieträgern wie Heizöl, Erdgas, Kohle, aber auch Altreifen etc. erfolgen. Dafür sind entsprechend ausgelegte technische Anlagen erforderlich. Die Transport- und

Lagermöglichkeiten der Energieträger sind sehr unterschiedlich. Aufgrund der geringen Energiedichte und den dadurch hohen spezifischen Transportkosten für Braunkohle wird diese i.d.R. nahe der Förderstellen sofort in Elektrizität umgewandelt bzw. in geringem Umfang zu Briketts verarbeitet. Die spezifischen Transportkosten für Steinkohle sind zwar ebenfalls hoch, aufgrund der höheren Energiedichte/Brennwerts wird Steinkohle international gehandelt und mit Schiffen über die Meere transportiert. Ebenfalls weltweit gehandelt wird Mineralöl, dessen Transportkosten in Tankern und Pipelines deutlich niedriger liegen als für Kohle. Während man also bei Steinkohle und Mineralöl von einem Weltmarkt sprechen kann, sind die Transportkosten für Erdgas nur bei Pipeline-Transport bis zu wenigen tausend Kilometern noch günstig auf weiteren Entfernungen (und für Inseln) ist der Transport in Form von tiefgekühltem (verflüssigtem) Erdgas (Liquefied Natural Gas (LNG)) wirtschaftlicher. Dementsprechend gibt es jeweils regional separierte Märkte für Erdgas in Nordamerika oder in Europa (im Verbund mit Russland und Nordafrika) mit lediglich geringen Ex- und Importmöglichkeiten. Die sog. leitungsgebundenen Energieträger (Strom, Fernwärme und teilweise Erdgas) benötigen i.d.R. für den wirtschaftlichen Transport Leitungsnetze. Deren Ausbau und Unterhaltung ist für die Versorgungssicherheit bei diesen Energieträgern notwendig. Ein einfacher Zugang für Dritte zu derartigen Netzen wird aus Wettbewerbsgründen gefordert, sodass hier i.d.R. staatliche Regulierung des Netzzugangs und der Konditionen dafür stattfindet. Die fossilen Brennstoffe Kohle, Mineralöl und Erdgas bestehen zu unterschiedlichen Anteilen aus Kohlenstoff und anderen brennbaren Anteilen wie etwa Schwefel oder Wasserstoff. Bei Verbrennung fossiler Energieträger entstehen i.d.R. auch Schadstoffemissionen. Je nach Bestandteile von Schwefel oder anderen Stoffen entstehen die „klassischen" → Emissionen SO_2 oder Staubpartikel, welche heute durch moderne Filter- oder Abscheidetechniken aus dem Abgas getrennt werden können. Der Luftstickstoff reagiert zudem bei bestimmten Temperaturen zu NOx (Abk. für die verschiedenen gasförmigen Oxide des Stickstoffs), was heute durch Katalysatoren in der Abgasanlage wieder rückgängig gemacht werden kann. Auch wenn heute CO_2-Emissionen bei der Verbrennung fossiler Brennstoffe unvermeidlich ist, kann es technisch durch die Carbon Capture Storage (CCS) Technologie in den Abgasen gebunden und unterirdisch gespeichert werden. Jedoch ist das Verfahren bisher zu teuer und wird nur in Demonstrationsanlagen eingesetzt. Die CO_2-Emissionsintensität richtet sich nach dem Kohlenstoffanteil des Energieträgers: Braunkohle emittiert am meisten, Erdgas aufgrund seines hohen brennbaren Wasserstoffanteils am wenigsten CO_2 pro Energieeinheit. Die CO_2-Emissionen der Kernenergienutzung und bei der Nutzung regenerativer Energien entstehen v.a. auf den vor- und nachgelagerten Stufen im Gesamtsystem und sind im Vergleich zu den fossilen Energieträgern deutlich geringer. Die weltweite Beschränkung von CO_2-Emissionen ist Gegenstand der Klimapolitik. – Vgl. auch → Emissionshandel.

Energiewirtschaftsgesetz (EnWG) – trat erstmals 1935 in Kraft und enthält grundlegende Regelungen zur leitungsgebundenen Energieversorgung. Heute bezieht sich das Energiewirtschaftsgesetz (EnWG) üblicherweise auf die konstitutive Neufassung vom 7.7.2005 (BGBl. I S. 1970, 3621) m.spät.Änd. Nach dem Gesetzestext in seiner aktuellen Fassung (Änderungsgesetz vom 20.12.2012 [BGBl.I S. 2730]) ist der Zweck eine möglichst sichere, preisgünstige, verbraucherfreundliche, effiziente und umweltverträgliche leitungsgebundene Versorgung der Allgemeinheit mit Elektrizität und Gas, die zunehmend auf erneuerbaren Energien beruht. Neben allgemeinen Vorschriften enthält das Gesetz insb. Regelungen zur Entflechtung, zur Regulierung des Netzbetriebes, zur Energielieferung an Letztverbraucher, zur Planfeststellung und Wegenutzung, zur Sicherheit und Zuverlässigkeit der Energieversorgung, zu Behörden sowie zu Verfahren und Rechtsschutz bei überlangen Gerichtsverfahren. Das EnWG verpflichtet die Elektrizitätsversorgungsunternehmen (EVU) und Gasversorgungsunternehmen (GVU) im Rahmen der Vorschriften des Energiewirtschaftsgesetzes die Versorgung sicherzustellen (§2 I EnWG). Die mit dem Gesetz bezweckte Regulierung der Elektrizitäts- und Gasversorgungsnetze soll den Zielen der Sicherstellung eines wirksamen und unverfälschten Wettbewerbs bei der Versorgung und der Sicherung eines langfristig angelegten leistungsfähigen und zuverlässigen Betriebs von Energieversorgungsnetzen dienen (§ 1 II EnWG). – Vgl. auch Energiesicherung.

energo-kybernetisches System → EKS.

Enforcement-Richtlinie – Richtlinie 2004/48/EG vom 29.4.2004 zur Durchsetzung der Rechte des geistigen Eigentums (ABl. EU Nr. L 195 S. 16), die durch das Gesetz zur Durchsetzung von Rechten des geistigen Eigentums vom 7.7.2008 (BGBl. I 1191, 2070) in nationales Recht umgesetzt wurde. Die Richtlinie enthält Regelungen der zivilrechtlichen Durchsetzung der Rechte des geistigen Eigentums. Sie sieht eine Mindestharmonisierung vor. Art. 6 regelt die Pflicht zur Vorlage von Beweismitteln durch den Prozessgegner und durchbricht den im dt. Zivilprozessrecht geltenden Beibringungsgrundsatz. Die Vorschrift veranlasste den dt. Gesetzgeber die bis dahin geltenden Ansprüche auf Besichtigung von Sachen und Vorlage von Urkunden zu erweitern; die Ansprüche sind ggf. im Wege der → einstweiligen Verfügung durchsetzbar (§§ 140c PatG, 24c GebrMG, 19a MarkenG, 101a UrhG, 46a GeschmMG). – Art. 8 der Richtlinie erstreckt die Pflicht zur Auskunftserteilung auf Dritte (nicht zu verwechseln mit der → Drittauskunft, die die Pflicht des als Verletzer in Anspruch Genommenen meint, über Herkunft und Vertriebsweg Auskunft zu erteilen). Demgegenüber konnte nach bis dahin geltenden dt. Recht nur der Verletzer auf Auskunft in Anspruch genommen werden. Die Auskunftspflicht Dritter besteht in Fällen offensichtlicher Rechtsverletzung und kann auch im Wege der einstweiligen Verfügung durchgesetzt werden. Sie ist nunmehr in §§ 140b PatG, 24b GebrMG, 19 MarkenG, 101 II UrhG, 46 GeschmMG enthalten. – Art. 9 II der Richtlinie sieht die Sicherung von Schadensersatzansprüchen durch Vorlage von Bank-, Finanz- oder Handelsunterlagen sowie der Verschaffung eines Zuganges hierzu vor; die Ansprüche sollen in Fällen offensichtlicher Rechtsverletzung auch im Wege der einstweiligen Verfügung durchsetzbar sein. Die Regelung ist in §§ 140d PatG, 24d GerbMG, 19b MarkenG, 101b UrhG, 46b GeschmMG umgesetzt.

Engagement – 1. *Allgemein:* Einstellung, Dienst. – 2. *Kaufmännischer Sprachgebrauch:* Verbindlichkeit, die aus der Beteiligung an einem Geschäft hervorgeht. – 3. *Börsensprachgebrauch:* Höhe der Verpflichtungen aus → Termingeschäften, die ein Investor an der Börse abgeschlossen hat.

Engelkurve → Einkommensnachfragefunktion.

Engels – Friedrich, 1820–1895, deutscher Industrieller und engster Mitarbeiter von → Marx, dessen Lebensunterhalt er seit 1850 mit höheren Beträgen bestritt, als er für sich selbst ausgab. Mit seinem Buch „Die Lage der arbeitenden Klasse in England" (1845) schuf er ein grundlegendes Werk des wissenschaftlichen → Sozialismus. Zusammen mit Marx verfasste er 1848 das „Kommunistische Manifest". Er hat viel zur Popularisierung des → historischen Materialismus beigetragen. Nach dem Tod von Marx im Jahr 1883 gab er den zweiten und dritten Band von dessen „Kapital" heraus. Welchen Anteil Engels an der Ausarbeitung der Theorie des Marxismus hat, ist nicht völlig geklärt.

enger Markt – Begriff aus dem Wertpapierhandel für den Fall, dass nur wenige Aktien für den Handel verfügbar sind (→ Freefloat), da sich viele in festem Dauerbesitz befinden. Bereits relativ wenige Kauf- oder Verkaufsaufträge können zu starken Kursschwankungen führen. – Vgl. auch → Leerverkauf, Short Squeeze.

enges Oligopol – Von E. Kantzenbach vorgestellte Marktform eines Oligopols mit einer geringen Anzahl an Anbietern und einer hohen (potenziellen) Wettbewerbsintensität. Die effektive Wettbewerbsintensität ist hingegen gering, da die Oligopolisten aufgrund der hohen Verhaltensinterdependenz zu wettbewerblichem Parallelverhalten oder sogar zu einer Verhaltensabstimmung neigen.

Engineering Consulting – 1. *Begriff:* Beratung in Bezug auf technische Fragestellungen und Aspekte, Teilgebiet des → Consultings. – 2. *Inhalte:* Engineering Consulting kann sowohl Fragen des Product Engineering als auch des Process Engineering umfassen. Dabei bedient man sich externer Hilfe zur Abdeckung spezifischen Know-hows oder spezieller Expertise, die im eigenen Unternehmen aus Gründen der technischen Komplexität nicht vorhanden ist, aus finanziellen Gründen nicht ständig vorgehalten werden kann oder aus Kapazitätsgründen die internen technischen Ressourcen unterstützen soll. – 3. *Anwendungsmöglichkeiten:* Konkrete Anlässe für den Einsatz des Engineering Consultings können notwendige Kostensenkungen des Produkts oder seiner Produktion sein, aber auch die Entwicklung neuer Produkte oder neuer Produktionsverfahren, notwendige Verbesserungen bei Fertigungsdurchlaufzeiten oder anderen Leistungsparametern rund um das Produkt oder seine Produktion. – Vgl. auch → beratende Ingenieure.

Engineering Data Management – *Product Data Management;* Planung, Steuerung und Kontrolle der Datenhaltung und -verwaltung bei einer → Produktentwicklung von der Produktidee bis zum Markteintritt, teilweise auch darüber hinaus während des gesamten Produktlebenszyklus.

Engineering Production Function – Vorläufer der → Verbrauchsfunktionen bei → limitationalen Produktionsfunktionen. Die Engineering Production Function wird aus technologischen Beziehungen, die auf physikalischen, chemischen oder biologischen Gesetzmäßigkeiten oder technologisch-empirischen Erfahrungen beruhen, hergeleitet.

Engle – Robert F., geb. 1942, amerik. Ökonometriker, der an der New York University lehrt; → Nobelpreis für Wirtschaftswissenschaften 2003 (zusammen mit → Granger). Engle hat sich v.a. mit ökonomischen Zeitreihen befasst. Er entwickelte ein Modell für zeitlich veränderte Schwankungen („Volatilität") von Finanzdaten (ARCH), das sich in der Praxis bei der Bewertung von Risiken durch Finanzanalysten durchgesetzt hat. Von seinen Beiträgen sei der Übersichtsartikel genannt: „Applications of spectral analysis in econometrics" (mit Granger), in: The Handbook of Statistics, Vol. III, Time Series and the Frequency Domain, herausgegeben von Krishniah und Brillinger (1983).

Engle-Granger-Kointegrationstest – von Engle und Granger (1987) vorgeschlagenes Testverfahren zur Prüfung der Nullhypothese fehlender → Kointegration gegenüber der Alternativhypothese Kointegration zweier oder mehrerer Variablen. – Das Testverfahren beruht auf einem → Dickey-Fuller-Test (Testgleichung ohne Konstante) der Residuen einer Regression der zu untersuchenden Variablen. Zur Testentscheidung sind allerdings nicht die von Dickey und Fuller (1979), sondern spezielle, von Engle und Granger, tabellierte kritische Werte zu verwenden. Sind die → Residuen stationär, sind die Variablen kointegiert. Sind sie nicht stationär, liegt keine Kointegrationsbeziehung zwischen den Variablen vor und eine Regression dieser Variablen wäre eine typische → Scheinregression.–Zu den wichtigsten modernen Kointegrationstests für multiple

Regressionsmodelle zählt der → Johansen-Kointegrationstest. Er besitzt anders als das Verfahren nach Engle und Granger den Vorteil, auf mehr als eine Kointegrationsbeziehung unter mehr als zwei Variablen zu testen.

englische Klausel → Europäisches Kartellrecht.

Engpass – 1. *Begriff*: Auftreten knapper → Kapazitäten i.w.S., z.B. Absatz, Finanzen, Maschinenkapazitäten, Beschaffung, Organisation, dispositiver Faktor. – 2. *Merkmale*: Aufgabe der Unternehmensplanung ist es u.a., Engpässe durch Anpassungsprozesse zu beseitigen mit dem Ziel der Harmonisierung der betrieblichen Teilbereiche. – Vgl. auch → Ausgleichsgesetz der Planung.

Engpassbereich → Ausgleichsgesetz der Planung; → Engpass.

engpassbezogener Deckungsbeitrag – *spezifischer Deckungsbeitrag*; → absoluter Deckungsbeitrag bezogen auf die relevante Nutzung eines betrieblichen Engpasses, z.B. Deckungsbeitrag eines Erzeugnisses pro Minute Laufzeit einer Maschine mit knapper Kapazität, auf der alternativ auch andere Produkte gefertigt werden können. Engpassbezogene Deckungsbeiträge werden häufig zur Festlegung des Produktions- und Absatzprogramms benötigt; ist nur ein einziger Engpass relevant, liefert der engpassbezogene Deckungsbeitrag das maßgebliche Kriterium für die Rangfolge der Leistungs- und Verwendungsarten in der Programmplanung.

Engpassfaktor → Potenzialfaktor, dessen unzureichendes Vorhandensein die Nutzung anderer vorhandener Potenzialfaktoren verhindert.

engpassorientierte Auftragsfreigabe → engpassorientierte Einplanung.

engpassorientierte Einplanung – *engpassorientierte Auftragsfreigabe*; Verfahren zur Einplanung von Produktionsaufträgen auf den Betriebsmittelgruppen, Weiterentwicklung der belastungsorientierten Einplanung – *Hauptmerkmale*: Es werden → Belastungsschranken für die Betriebsmittelgruppen festgelegt, die in der Zeit- und Kapazitätsplanung als Engpässe identifiziert wurden. Die Belastungsschranken werden für jede Engpass-Betriebsmittelgruppe individuell, gemäß ihrer Belastung in der Kapazitätsplanung, festgelegt.

engpassorientiertes System → EKS.

Engpassplanung – 1. *Unternehmensplanung*: Ausrichtung des Gesamtplanes auf den Teilbereich, der den → Engpass in der Unternehmung darstellt. (→ Ausgleichsgesetz der Planung). – 2. *Grenzkostenrechnung*: Verfahren zur Bestimmung der Planbezugsgrößen unter Beachtung der Interdependenzen aller betrieblichen Teilpläne und damit des → Engpasses (Minimumsektors). Die Beschäftigung der Kostenstelle wird aus dem Fertigungsprogrammplan abgeleitet; als Planbezugsgröße wird die unter Berücksichtigung aller möglichen Engpässe zu erwartende Durchschnittsproduktion in der Planperiode gewählt. Der Vorteil dieser Methode im Gegensatz zur → Kapazitätsplanung liegt in der Einbettung in die betriebliche Gesamtplanung und damit der Berücksichtigung aller bekannten Engpässe.

EN ISO 14005 – 1. *Begriff*: Die → Norm EN ISO 14005 „Environmental management system – Guide to the phased implementation of an environmental management system including the use of environmental performance evaluation“, zeigt Möglichkeiten auf wie Umweltmanagementansätze eingeführt werden können. – 2. *Abgrenzung*: Im Gegensatz zu einem → Umweltmanagementsystem sind diese Ansätze weniger umfassend und einfacher umzusetzen. Dadurch können diese insbesondere für kleine und mittelständische Unternehmen interessant sein. Außerdem können Umweltmanagementansätze, im Sinne eines Stufenansatzes, den Einstieg in ein Umweltmanagementsystem nach → EMAS-VO bzw. → DIN EN ISO 14001 dienen.

Enkelgesellschaft – 1. *Begriff*: (Kapital-)Gesellschaft, die einer Tochtergesellschaft des eigenen Unternehmens gehört. – 2. *Steuerliche Behandlung*: a) *Inland*: Eine Enkelgesellschaft kann Organgesellschaft (ihrer Großmuttergesellschaft) sein, wenn finanzielle Eingliederung (über Mehrheitsbeteiligung an der Tochterkapitalgesellschaft) und Gewinnabführungsvertrag gegeben sind (steuerliche Behandlung vgl. → Organschaft). Wenn die Beteiligung an der Enkelgesellschaft über eine Tochtergesellschaft im EU-Ausland gehalten wird, ist das für die Organschaft unschädlich (EuGH). – b) *Ausland*: Wenn Dividenden aus einer Tochterkapitalgesellschaft in der EU einer europäischen Mutterkapitalgesellschaft in einem anderen EU-Staat zufließen und dieser Staat die emfangenen Dividenden nicht ohnehin von seiner KSt befreit, muss er neben der Vorbelastung durch Körperschaftsteuer im Staat der Tochter auch eine eventuelle Vorbelastung im Staat der hinter dieser stehenden Enkelgesellschaft auf seine eigenen Steuerforderung anrechnen, sofern auch die Enkelgesellschaft die Voraussetzungen der Mutter-Tochter-Richtlinie erfüllt (Art. 4 MTRL). – Obwohl die Hinzurechnungsbesteuerung im Grundsatz nach den Einkünften ausländischer Tochterkapitalgesellschaften inländischer Steuerpflichtiger fragt, kann gleichwohl durch die Gründung einer ausländischen Enkelgesellschaft die Hinzurechnungsbesteuerung für Zwischengesellschaften nicht umgangen werden, da die Regelungen über die Hinzurechnungsbeteuerung auch für Einkünfte aus Enkelgesellschaften, Urenkelgesellschaften etc. sinngemäß gelten (§ 14 AStG).

EN-Normen → europäische Normen.

Enquete-Kommission Schutz des Menschen und der Umwelt – 1. *Begriff*: Die Enquete-Kommission „Schutz des Menschen und der Umwelt – Ziele und Rahmenbedingungen einer nachhaltig (→ Nachhaltigkeit) zukunftsverträglichen Entwicklung“ des

Deutschen Bundestages definierte 1998 vier ökologische Kernregeln. – 2. *Ökologische Kernregeln:* (1) Regeneration: Erneuerbare Naturgüter, wie z. B. Holz oder Fischbestände, dürfen nur im Rahmen ihrer Regenerationsfähigkeit genutzt werden. (2) → Substitution: Nicht erneuerbare Naturgüter, wie → Energieträger und Materialien, dürfen nur in dem Umfang genutzt werden, in dem ein gleichwertiger Ersatz geschaffen wird. (3) Anpassungsfähigkeit: Schadstoffe und andere Substanzen dürfen nur im Rahmen der Anpassungsfähigkeit der → Ökosysteme freigesetzt werden. (4) *Vermeidung unvertretbarer Risiken:* Technische Großrisiken mit möglicherweise katastrophalen Auswirkungen auf die → Umwelt sind zu vermeiden.

Entbindungsbeihilfen → Geburtsbeihilfe.

enteignender Eingriff – Entschädigungsanspruch in Fällen, in denen jemand durch die unmittelbaren Auswirkungen einer rechtmäßigen hoheitlichen Maßnahme, die im Interesse der Allgemeinheit erfolgt ist, in einer durch Art. 14 GG geschützten Eigentumsposition verletzt wird und ihm dadurch ein Sonderopfer auferlegt wird. – *Beispiel:* Eigentümer wird durch Geruchsimmissionen aus einer Kläranlage der Gemeinde belästigt. Wie bei der → Enteignung und dem → enteignungsgleichen Eingriff Anspruch auf angemessene Entschädigung. Der Anspruch ist vor den ordentlichen Gerichten geltend zu machen.

Enteignung – die vollständige oder teilweise Entziehung vermögenswerter Rechtspositionen im Sinn des Art. 14 I 1 GG (→ Eigentum) durch einen gezielten hoheitlichen Rechtsakt zum Wohl der Allgemeinheit, d.h. zur Erfüllung bestimmter öffentlichen Aufgaben. Die Enteignung erfolgt durch Verwaltungsakt aufgrund eines Gesetzes (Administrativenteignung) oder unmittelbar durch Gesetz (Legalenteignung), das Art und Ausmaß der Entschädigung regelt. Die Entschädigung ist unter gerechter Abwägung der Interessen der Allgemeinheit von den Beteiligten zu bestimmen (Art. 14 III GG). Wichtige Enteignungsgesetze sind z.B. das → Baugesetzbuch (BauGB), das → Bundesleistungsgesetz und die Enteignungsgesetze der Länder.

enteignungsgleicher Eingriff – Anspruch auf angemessene Entschädigung nach Enteignungsgrundsätzen in Fällen, in denen durch die unmittelbaren Auswirkungen einer im öffentlichen Interesse erfolgenden hoheitlichen Maßnahme eine durch Art. 14 GG geschützte Eigentumsposition rechtswidrig verletzt wird. – *Beispiel:* Haus wird rechtswidrig unter Denkmalschutz gestellt und der Eigentümer kann deshalb seine Absicht, ein Geschäftsgebäude zu errichten, nicht realisieren. – *Anders:* → Enteignung, die einen gezielten rechtmäßigen Eingriff auf gesetzlicher Grundlage verlangt, der mit einer Entschädigungsregelung verknüpft ist. Der Anspruch aus enteignungsgleichem Eingriff kann aber ausgeschlossen oder beschränkt sein, wenn der Betroffene es versäumt hat, die ihm möglichen und zumutbaren verwaltungsrechtlichen Rechtsbehelfe zur Abwehr des Eingriffs zu ergreifen. Handelt es sich um einen rechtswidrigen und schuldhaften Eingriff, kann der Anspruch aus enteignungsgleichem Eingriff in Anspruchskonkurrenz zur → Amtshaftung treten.

Enterprise JavaBean – wiederverwendbares → Modul einer auf der → Enterprise JavaBeans Architektur basierenden, in → Java geschriebenen Anwendungssoftware. Ein Enterprise JavaBean stellt innerhalb der betrieblichen Anwendungsdomäne ein Geschäftsobjekt, ein sog. Business Object (z.B. Kunden, Aufträge, Artikel) der jeweiligen Anwendungsdomäne dar und repräsentiert ausschließlich Fachkonzepte, die technische Realisierung erfolgt getrennt. – Vgl. auch → Applet, → Servlet.

Enterprise JavaBeans Architektur – auf → Enterprise JavaBeans bauendes Architekturkonzept für webbasierte, betriebliche → Informationssysteme, bei dem eine Trennung von fachlichen Komponenten und technischen Aspekten vorgenommen wird und das standardisierte → Schnittstellen definiert, damit Anwendungen hersteller- und produktunabhängig erstellt werden können. – Vgl. auch → Java, → Applet, → Servlet.

Enterprise Resource Planning → ERP.

Enterprise-Resource-Planning-System

von Prof. Dr. Richard Vahrenkamp und Dr. Christoph Siepermann

I. Begriff

Ein Enterprise-Resource-Planning-System oder kurz ERP-System dient der funktionsbereichsübergreifenden Unterstützung sämtlicher in einem Unternehmen ablaufenden Geschäftsprozesse. Entsprechend enthält es Module für die Bereiche Beschaffung/Materialwirtschaft, Produktion, Vertrieb, Forschung und Entwicklung, Anlagenwirtschaft, Personalwesen, Finanz- und Rechnungswesen, Controlling usw., die über eine (in Form einer relationalen → Datenbank realisierte) gemeinsame Datenbasis miteinander verbunden sind. Durch die unternehmensweite Konsolidierung der Daten ist eine Unterstützung der Planung über sämtliche

Unternehmensebenen hinweg (von der Konzernebene über verschiedene Werke, Sparten und Abteilungen bis hin zu einzelnen Lagerorten) möglich.

II. Historische Entwicklung von ERP-Systemen

Historisch gesehen sind ERP-Systeme aus Programmen für die Produktionsplanung und -steuerung hervorgegangen. Die ersten, in den 1960er-Jahren entwickelten Lösungen unterstützten dabei nur die Materialbedarfsplanung (Material Requirements Planning, abgekürzt MRP); sie wurden daher auch als MRP-Systeme bezeichnet. Später wurden die MRP-Systeme dann um Funktionalitäten für die übrigen Teilbereiche der Produktionsplanung und -steuerung erweitert und als MRP II-Systeme bezeichnet, wobei MRP in diesem Kontext für Manufacturing Resource Planning steht.

Durch die Integration von Modulen zur Planung und Steuerung auch der übrigen Unternehmensbereiche in das MRP II-Konzept sind schließlich die ERP-Systeme entstanden. Im Gegensatz zu ihren Vorgängern sind sie in ihrer Anwendung nicht mehr auf den industriellen Bereich begrenzt, sondern wirtschaftszweigunabhängig einsetzbar. Das wohl bekannteste ERP-System ist SAP ERP, früher SAP R/3.

III. Weiterentwicklung von ERP-Systemen

Mit zunehmender Vernetzung der Unternehmen in Form sog. *Supply Chains* wird eine rein unternehmensbezogene Planung und Steuerung heute jedoch als nicht mehr ausreichend angesehen. Die Geschäftsprozesse sollen vielmehr unternehmensübergreifend geplant und gesteuert werden. Bei den Softwaresystemen, die eine derartige unternehmensübergreifende Planung und Steuerung der Geschäftsprozesse i.S.d. *Supply Chain Managements* unterstützen, sind ERP II- und APS-Systeme zu unterscheiden. *ERP II-Systeme* beinhalten eine Erweiterung klassischer ERP-Systeme um Funktionen zur Unterstützung unternehmensübergreifender Prozesse. Der Fokus liegt dabei auf einer durchgängigen Prozessunterstützung und dem zwischenbetrieblichen Informationsaustausch durch standardisierte Komponenten und internetbasierte Schnittstellen (sog. Service-orientierte Architekturen, abgekürzt SOA). *APS-Systeme* hingegen kommen zusätzlich zu klassischen ERP-Systemen zum Einsatz. Im Gegensatz zu ERP II-Systemen lösen sie den Einsatz von (traditioneller) ERP-Software in den Unternehmen nicht ab, sondern integrieren die ERP-Systeme verschiedener Unternehmen entlang der Supply

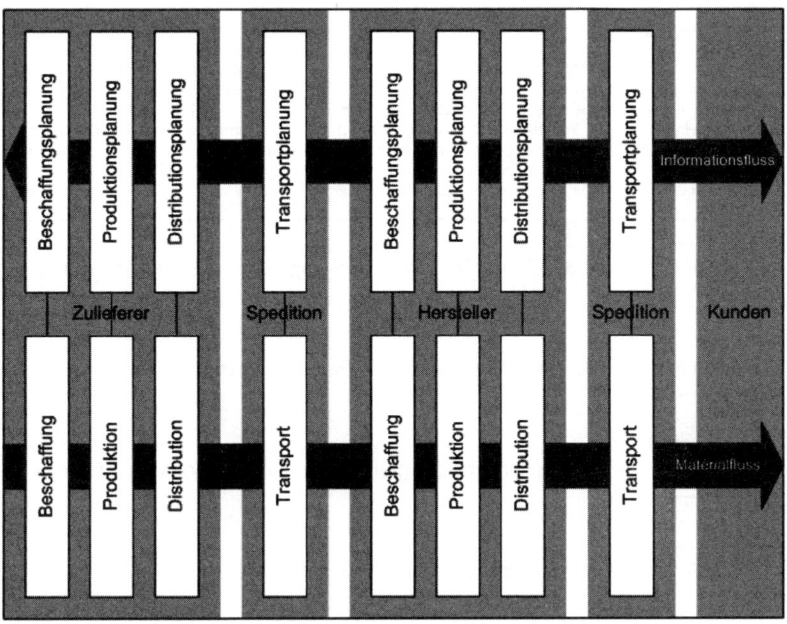

Abb. 1: Koordination entlang der Lieferkette mit SCM-Software

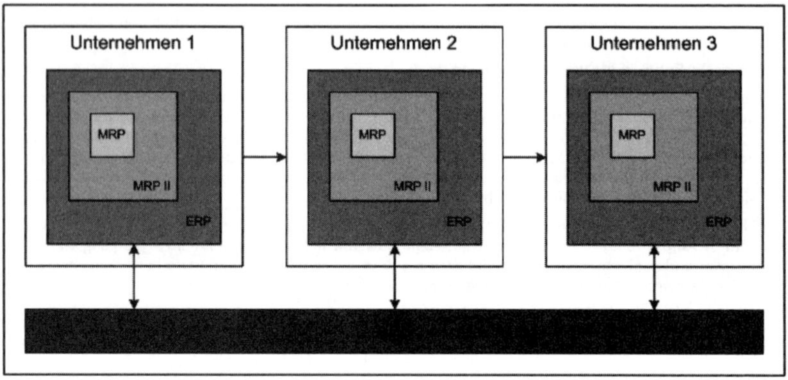

Abb. 2: Zusammenhang zwischen MRP-, MRP II-, ERP- und APS-Systemen

Chain und optimieren durch die Bereitstellung fortschrittlicher oder fortgeschrittener („advanced“) Algorithmen die unternehmensübergreifenden Geschäftsprozesse. Daher kommt auch die Abkürzung APS, die für *Advanced Planning and Scheduling* steht.

Die Produktionsplanung der einzelnen Mitglieder in der Lieferkette wird dabei mit der Planung der Beschaffung von Vorlieferanten und dem Absatz der nachfolgenden Kettenglieder abgestimmt (vgl. Abbildung 1). Waren zuvor hohe Bestände in den Zwischenlagern der Kette aus Unkenntnis der kurzfristigen Dispositionsabsichten der Kettenglieder angelegt worden, so können durch SCM die durchschnittlichen Bestände gesenkt werden. Man spricht auch davon, dass die bessere Information die Bestände ersetzt. Während die Beschaffung in vielen Branchen von der Annahme ausgeht, dass die Lieferanten stets in der geforderten Menge termingerecht lieferfähig sind, ist dies nicht in allen Branchen der Fall. Bei Produkten mit kurzen Produktlebenszyklen, wie in der Modebranche oder in der Consumer-Elektronik, sind die erforderlichen Spezialartikel häufig nicht zu beliebigen Mengen verfügbar, sondern knapp und auch nicht stets termingerecht lieferbar. Aus diesem Grunde muss dort bei der Beschaffung eine enge Abstimmung in der Supply Chain mit dem Lieferanten erfolgen, um frühzeitig Lieferengpässe aufzuspüren und damit den Herstellern eine Möglichkeit zur Umdisposition der laufenden Produktion zu geben. Die SCM-Software unterstützt diese Engpass-Disposition, indem sie

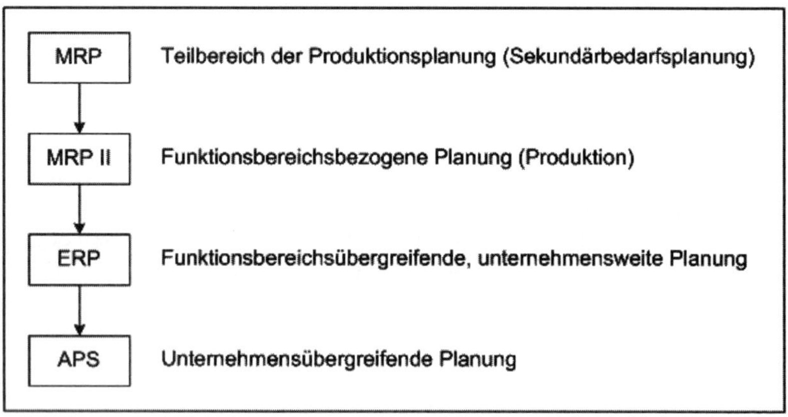

Abb. 3: Entwicklungspfad von ERP-Systemen

auf den aus den ERP-Systemen der beteiligten Unternehmen in der Lieferkette gewonnenen Daten aufsetzt und diese Daten mithilfe der Internettechnologie kommuniziert und koordiniert.

Über den unternehmensübergreifenden Ansatz hinaus betreffen weitere wichtige Fortschritte von APS-Systemen die (zumindest teilweise) Ablösung des streng hierarchischen Sukzessivplanungskonzepts der traditionellen PPS- und ERP-Systeme durch simultane Planungsmethoden (insbesondere simultane Losgrößen- und Kapazitätsplanung) sowie die Verwendung von inkrementellen Planungsverfahren, die bei einer Veränderung von Planungsdaten eine Fortschreibung der Pläne unter Berücksichtigung der Datenänderungen ermöglichen und somit einen kompletten und zeitintensiven Neuaufwurf der Planung wie bei den klasssichen PPS- und ERP-Systemen überflüssig machen.

Abbildung 2 stellt den Zusammenhang zwischen MRP-, MRP II-, ERP- und APS-Systemen zusammenfassend graphisch dar. In der Praxis ist der Übergang zwischen ERP- und APS-Software allerdings fließend. So bezeichnet → SAP heute sein gesamtes Softwarepaket als SAP ERP. Darunter fällt auch das Modul SAP SCM für die Unterstützung der Supply-Chain-Prozesse.

Abbildung 3 fasst den Entwicklungspfad von ERP-Systemen noch einmal zusammen.

Entfernungspauschale – 1. *Begriff:* Aufwendungen des Arbeitnehmers für die Fahrten zwischen Wohnung und regelmäßiger Arbeitsstätte und für Familienfahrten können vom Arbeitnehmer durch die sog. Entfernungspauschale steuermindernd wie → Werbungskosten berücksichtigt werden. Die Entfernungspauschale kann zur Abgeltung der Fahrtkosten zwischen Wohnung und regelmäßiger Arbeitsstätte je Arbeitstag, für Familienheimfahrten einmal pro Woche für jeden Entfernungskilometer zwischen dem Ort des eigenen Hausstandes und dem Beschäftigungsort geltend gemacht werden. – 2. *Höhe:* Je Entfernungskilometer wird eine Pauschale in Höhe von 0,30 Euro je Entfernungskilometer gewährt. Diese ist unabhängig davon, ob und inwieweit der Arbeitnehmer tatsächliche Aufwendungen für die betreffenden Fahrten hat (§ 9 I 4 EStG). Die Pauschale ist für die kürzeste, verkehrsgünstigste Entfernung für jeden Arbeitstag und unabhängig von dem Verkehrsmittel anzuwenden. Der maximale Pauaschalbetrag beläuft sich auf 4.500 Euro pro Jahr. Die den Maximalbetrag übersteigenden Kosten sind nur abziehbar, wenn der Arbeitnehmer einen eigenen oder ihm zur Nutzung überlassenen Pkw benutzt. Mit der Entfernungspauschale sind grundsätzlich alle Fahrtkosten abgegolten. – 3. *Ausnahme:* a) Bei Beförderung des Arbeitgebers durch steuerfreie Sammelbeförderung; Eine Minderung erfolgt nicht, wenn der Arbeitgeber dem Arbeitnehmer steuerfreie Rabatte auf eigene Beförderungsdienstleistungen gewährt; – b) Behinderte können statt der Pauschale die tatsächlichen Fahrtkosten ansetzen (§ 9 II EStG); – c) bei der Nutzung von öffentlichen Verkehrsmitteln können ebenso die tatsächlichen Kosten berücksichtigt werden, wenn diese die Entfernungspauschale übersteigen (§ 9 II EStG); Durch das Steuervereinfachungsgesetz 2011 wurde eine neue Regelung eingeführt. Demnach ist die Vergleichsrechnung, ob die tatsächlichen Aufwendungen für die Nutzung öffentlicher Verkehrsmittel angesetzt werden können, wenn sie die Entfernungspauschale üebrsteigen, jahresweise und nicht tageweise durchzuführen. – d) bei Nutzung eines Flugzeuges entfällt die Begünstigung der Entfernungspauschale (§ 9 I 2 EStG) komplett. – *Anders:* → Reisekosten.

Entflechtung – 1. *Begriff* aus dem Sprachgebrauch des alliierten Besatzungsrechts nach 1945: Maßnahmen zur Auflösung von Konzernen und sonstigen durch Unternehmenszusammenschluss entstandenen Machtgruppen im Industrie- und Kreditwesen, bes. des wettbewerbsfähigen Großbankensystems (Dekonzentration). Im Gegensatz zur → Dekartellierung wurde bei der Entflechtung die rechtliche und wirtschaftliche Auseinandersetzung erforderlich. – 2. *Durchführung:* Lösung der Eigentumsverbindungen: a) durch Verbote (1) personeller Verflechtung, (2) der → Inhaberaktien, (3) des → Depotstimmrechts; b) durch Neugründung von Teilunternehmungen. – 3. *Stand:* Das *Ergebnis* der Entflechtung ist durch neue Unternehmenszusammenschlüsse in verschiedenen Wirtschaftszweigen wieder beseitigt worden; z.B. im Bankwesen. – *Entflechtungsmöglichkeiten* forderte die Monopolkommission in ihrem Dritten Hauptgutachten für 1978 und 1979, um unvermeidbare Lücken bei der Kontrolle des Konzentrationsprozesses in Einzelfällen nachträglich korrigieren zu können. Art. 7 I der Verordnung (EG) Nr. 1/2003 des Rates vom 16.12.2002 zur Durchführung der in den Artikeln 81 und 82 des Vertrages niedergelegten Wettbewerbsregeln (ABl. EG 2003 Nr. L 1) sieht zur Abstellung von Zuwiderhandlungen gegen das Kartellverbot sowie gegen das Verbot des Missbrauchs einer marktbeherrschenden auch Abhilfemaßnahmen struktureller Art durch die Europäische Kommission vor. Dies kann auf eine Entflechtung hinauslaufen (z.B. Trennung von Gastransport und Gasvertrieb mittels ownership unbundling). Im deutschen Kartellrecht ist mittlerweile ebenfalls eine implizite Entflechtungsmöglichkeit angelegt (§ 32 II GWB).

Entfremdung – 1. *Begriff:* Marx zufolge soll der Begriff die negativen Auswirkungen des Privateigentums an den Produktionsmitteln und der fortschreitenden Arbeitsteilung im → Kapitalismus auf die arbeitenden Menschen beschreiben. Beides führe zur Entfremdung: (1) Des Menschen *vom Produkt seiner*

Arbeit (da dies nicht ihm, sondern dem Unternehmer gehört); (2) der Menschen *untereinander* (da alle zwischenmenschlichen Beziehungen weitestgehend kommerzialisiert würden, sodass sich die Menschen gegenseitig nur als unpersönliche Faktoren wahrnähmen); (3) des Menschen *von seiner Gattung* (da die Arbeitsteilung den wahren Charakter der Produktion als gemeinschaftliches, schöpferisches Handeln verdecke); (4) des Menschen *in und von seiner Arbeit* (da die fortschreitende Arbeitsteilung immer mehr die freie Entfaltung der individuellen Neigungen und Fähigkeiten einschränke). – 2. *Aufhebung der Entfremdung:* Die Entfremdung lässt sich dem → Marxismus zufolge erst im → Sozialismus bzw. → Kommunismus durch *Vergesellschaftung der Produktionsmittel und Abschaffung der herkömmlichen Arbeitsteilung* aufheben. – 3. *Folgen/Beurteilung:* Die Arbeitsteilung abschaffen hieße, einen Produktivitätsrückschritt großen Ausmaßes zu verursachen, der die entwickelten Volkswirtschaften wieder auf vorindustrielles Niveau herabsinken ließe. Gerade die produktivitätssteigernde Wirkung der Arbeitsteilung hat eine zu Zeiten von Marx ungeahnte Zunahme der Freizeit und damit der Selbstverwirklichungsmöglichkeiten außerhalb der Arbeit sowie die Erleichterung der Lebensbedingungen für alle Bevölkerungskreise gebracht. Da sich im Zuge des technischen Fortschritts immer zahlreichere unterschiedliche Berufe herausbilden, kann die arbeitsteilige Spezialisierung selbst zur Verwirklichung der individuellen Fähigkeiten und Präferenzen innerhalb der Arbeit führen. In welchem Ausmaß derartige Selbstentfaltungsspielräume entstehen und genutzt werden können, hat nicht mit der Eigentumsform des Arbeitsplatzes zu tun, sodass eine Vergesellschaftung der Produktionsmittel selbst in diesem Zusammenhang ohne Belang ist.

entgangener Gewinn – nach dem gewöhnlichen Lauf der Dinge oder nach den getroffenen Anstalten und Vorkehrungen mit Wahrscheinlichkeit zu erwartender Gewinn. Teil des → Schadensersatzes (§ 252 BGB). – Ein Kaufmann, der eine Ware zum Zwecke des Weiterverkaufs gekauft hat, kann i.d.R. bei *Nichtlieferung* als Schadensersatz den Unterschied zwischen dem Einkaufspreis und dem Marktpreis verlangen (sog. abstrakte Schadensberechnung).

Entgelt – I. Arbeitsrecht/Sozialversicherung: → Arbeitsentgelt.

II. Kostenrechnung: zu zahlendes geldliches Äquivalent für beschaffte Waren, Dienst- oder Arbeitsleistungen oder Anspruch auf Zahlung eines geldlichen Äquivalents für abgesetzte Güter. Entgelt ist Oberbegriff für Beschaffungsentgelt (-ausgabe) und → Erlös.

III. Umsatzsteuerrecht: 1. *Begriff:* Entgelt ist Tatbestandsmerkmal (→ Leistungsaustausch) und Bemessungsgrundlage (§ 10 UStG) der → Umsatzsteuer. Entgelt umfasst die Aufwendungen des Empfängers einer → Lieferung und → sonstigen Leistung für ihren Erhalt; dazu gehört auch das, was ein anderer als der Empfänger dem Unternehmer für diese Lieferung oder sonstige Leistung gewährt. Entgelt besteht in Geld und/oder Leistung. – 2. *Umfang:* a) *Zum Entgelt gehören* (1) Abschlusszahlungen; (2) → Zuschüsse von dritter Seite, die in einem kausalen Zusammenhang mit der Leistung stehen; (3) Preis eines Pfandscheines zzgl. der Pfandsumme bei Übertragung von Pfandscheinrechten; (4) Wert einer empfangenen Leistung bei einem Tausch bzw. tauschähnlichen Umsatz. – b) *Nicht zum Entgelt gehören* → durchlaufende Posten; Auslagen eines Spediteurs oder Frachtführers an → Zoll und → Einfuhrumsatzsteuer (EuSt) für den Auftraggeber; zurückgewährte Entgelte, Preisnachlässe, Rabatte und Skonti; Säumniszuschläge und Verzugszinsen; Vertragsstrafen mit Schadensersatzcharakter; Diskont bei Weitergabe eines Wechsels, ausgenommen er wird erstattet. – c) Die → Umsatzsteuer selbst gehört nicht zum Entgelt (→ Nettoumsatzsteuer). – 3. Die *Entgelt ersetzende Bemessungsgrundlagen:* a) Beim steuerpflichtigen → Eigenverbrauch: → Einkaufspreis oder → Selbstkosten bzw. die entstandenen Kosten oder Aufwendungen. – b) Bei Lieferungen oder sonstigen Leistungen an *Gesellschafter, Arbeitnehmer* und dem Unternehmer nahe stehende Personen: Entgelt, mind. aber die → Mindestbemessungsgrundlage.

Entgeltfortzahlung – *Lohnfortzahlung;* Fortzahlung des → Arbeitsentgelts bei krankheitsbedingter Arbeitsunfähigkeit des Arbeitnehmers. – 1. *Gesetzliche Grundlage:* Für alle Arbeitnehmer vorgeschrieben im Gesetz über Zahlung des Arbeitgeberentgelts an Feiertagen und im Krankheitsfall (Entgeltfortzahlungsgesetz) vom 26.5.1994 m.spät.Änd. – 2. *Voraussetzungen:* Entgeltfortzahlung kann ein Arbeitnehmer beanspruchen, wenn er durch Arbeitsunfähigkeit infolge Krankheit an seiner Arbeitsleistung verhindert ist, ohne dass ihn ein Verschulden trifft. Als unverschuldete Arbeitsunfähigkeit gilt auch eine Arbeitsverhinderung infolge einer nicht rechtswidrigen Sterilisation oder eines nicht rechtswidrigen Abbruchs der Schwangerschaft. Krankheit allein begründet noch keinen Anspruch auf Entgeltfortzahlung. Sie muss auch die Ursache sein, dass der Arbeitnehmer nicht arbeiten konnte, obwohl er wollte. Verschulden, das einen Anspruch ausschließt, liegt nur vor bei grobem Verstoß gegen das von einem verständigen Menschen im eigenen Interesse zu erwartende Verhalten. Sportunfälle gelten i.d.R. als unverschuldet, Verkehrsunfälle aufgrund grob verkehrswidrigen Verhaltens oder Trunkenheit am Steuer als verschuldet. Der Nachweis der Arbeitsunfähigkeit infolge Krankheit ist vom Arbeitnehmer zu erbringen (→ Krankmeldung). I.d.R. ist der Beweis durch ärztliche Bescheinigung erbracht. Verschulden hat der Arbeitgeber zu beweisen. – 3. *Wartezeit:* Der Anspruch auf Entgeltfortzahlung besteht erst nach vierwöchiger ununterbrochener Dauer des Arbeitsverhältnisses (Wartezeit, § 3 III EntgeltfortzG). – 4. *Dauer:* Der Anspruch auf Entgeltfortzahlung besteht für die Dauer von sechs Wochen. Bei erneuter Arbeitsunfähigkeit infolge derselben Krankheit (Fortsetzungskrankheit) hat der Arbeitnehmer keinen Anspruch auf Entgeltfortzahlung für die Zeit, die sechs Wochen übersteigt, wenn er innerhalb von zwölf Monaten mehrmals an der Fortsetzungskrankheit erkrankt. Dies gilt nicht, wenn er seit der letzten Erkrankung sechs Monate arbeitsfähig war (§ 3 EntgeltfortzG). – 5. *Höhe:* Dem Arbeitnehmer ist das Arbeitsentgelt fortzuzahlen, das ihm bei der für ihn maßgeblichen Arbeitszeit zusteht. Bei Kurzarbeit im Betrieb ist diese maßgeblich. Bei ergebnisabhängiger Vergütung ist der vom Arbeitnehmer in der für ihn maßgebenden regelmäßigen Arbeitszeit erzielbare Durchschnittsverdienst fortzuzahlen. Aufwandsentschädigungen sind nicht weiterzuzahlen, soweit der entsprechende Aufwand während der Krankheit nicht anfällt. Der Anspruch auf Entgeltfortzahlung entsteht erst nach einer vierwöchigen ununterbrochenen Dauer des Arbeitsverhältnisses. Die neuen Regelungen sind nicht zwingend. Andere Regelungen der Bemessungsgrundlage können durch Tarifvertrag vereinbart werden. In bestehende Tarifverträge wird nicht eingegriffen. – 6. *Beendigung:* Die Entgeltfortzahlung endet grundsätzlich mit der Beendigung des Arbeitsverhältnisses. Sie bleibt aber bestehen, wenn der Arbeitgeber das Arbeitsverhältnis aus Anlass der Krankheit gekündigt hat oder dem Arbeitnehmer einen Grund zur außerordentlichen Kündigung gibt (§ 8 EntgeltfortzG). – Kommt der Arbeitgeber seinen Verpflichtungen nicht nach und zahlt die Krankenkasse, so geht der Anspruch auf Entgeltfortzahlung in Höhe des gezahlten Krankengeldes auf die Krankenkasse über (§ 115 SGB X). – 7. *Leistungsverweigerungsrecht:* Der Arbeitgeber ist berechtigt, die Entgeltfortzahlung zu verweigern, solange der Arbeitnehmer seinen Nachweispflichten (→ Krankmeldung) nicht nachkommt oder wenn er den Übergang eines Schadensersatzanspruchs gegen einen Dritten auf den Arbeitgeber verhindert (§ 7 EntgeltfortzG). – 8. *Schadensersatzpflicht Dritter:* Ist ein Dritter für einen Unfall schadensersatzpflichtig, der zur Arbeitsunfähigkeit führt, geht der Schadensersatzanspruch auf den Arbeitgeber über, soweit dieser Entgelt fortgezahlt hat (§ 6 EntgeltfortzG). – 9. *Erstattungsanspruch:* Arbeitgeber, die nicht mehr als 30 Arbeitnehmer ausschließlich der Auszubildenden haben, erhalten von den Trägern der gesetzlichen Krankenversicherung bis zur Höhe von 80 Prozent der Auwendungen für Entgeltfortzahlung erstattet (Arbeitgeberaufwendungsgesetz, BGBl. I 05, 3686). Die Mittel werden durch ein → Umlageverfahren aufgebracht.

Entgeltfunktion – funktionale Darstellung der (mehrdimensionalen) Abhängigkeit der Höhe des vereinbarten → Entgelts vom Umfang oder anderen quantitativen Merkmalen der bereitgestellten oder gelieferten Leistung, der Zahl der vereinbarten Bemessungseinheiten oder anderen Einflussgrößen (z.B. Vordispositionsdauer, Liefer- oder Leistungszeitpunkt, Zahlungsfristen). – *Beispiele:* Verkehrstarife, Entgeltregelungen in Stromlieferverträgen oder bei Mietfahrzeugen.

Entgeltgrenzen – Begriff der Sozialversicherung. – Vgl. auch → geringfügige Beschäftigung, → Altersrente.

Entgeltpolitik – wesentlicher Teil der → Kontrahierungspolitik. Entgeltpolitik umfasst die → Preispolitik und die Gestaltung der preisrelevanten Konditionen (→ Rabatte, → Boni, → Skonti).

Entgeltpunkte – durch das Rentenreformgesetz 1992 (SGB VI) eingeführter Begriff für die Berechnung der Rente in der gesetzlichen → Rentenversicherung nach der neuen → Rentenformel. Die jeweilige Rentenhöhe des einzelnen Versicherten richtet sich individuell nach der Höhe der persönlichen Entgeltpunkte (§ 66 SGB VI). Die einzelnen Versicherungszeiten werden in Entgeltpunkte umgerechnet. Dabei ergibt sich bei Beitragszeiten für ein Arbeitsentgelt oder ein Arbeitseinkommen in Höhe des Durchschnittsverdienstes eines Kalenderjahres ein voller Entgeltpunkte. Für beitragsfreie Zeiten werden Entgeltpunkte angerechnet, deren Höhe von der Höhe der in der übrigen Zeit versicherten Arbeitsentgelte und Arbeitseinkommen abhängig ist (§ 63 III SGB VI). Der Monatsbetrag einer Rente ergibt sich, indem die unter Berücksichtigung des Zugangsfaktors ermittelten persönlichen Entgeltpunkte mit dem → Rentenartfaktor und dem aktuellen Rentenwert vervielfältigt werden (§ 63 VI SGB VI). Die Summe aller persönlichen Entgeltpunkte ergibt sich aus den ermittelten Entgeltpunkte für die Beitragszeiten, für beitragsfreie Zeiten, für Zuschläge für beitragsgeminderte Zeiten und für Zuschläge oder Abschläge aus einem durchgeführten Versorgungsausgleich (§ 66 I SGB VI). – Die Entgeltpunkte entsprechen den bis zum 1.1.1992 der Rentenberechnung zugrunde geleg-ten Werteinheiten, wobei je 100 Werteinheiten nunmehr einen Entgeltpunkte darstellen. Die in früheren Beitragsmarken enthaltenen Werteinheiten werden durch 100 geteilt und bilden danach die Entgeltpunkte.

Entgelt-Tarifvertrag → Tarifvertrag, der nicht zwischen der Bezahlung der Arbeiter (Lohn) und Angestellten (Gehalt) unterscheidet. Für vergleichbare Tätigkeiten wird gleiches *Entgelt* gezahlt. Erste Ansätze erfolgten Anfang der 1970er-Jahre in der Nahrungs- und Genussmittelindustrie, bes. aber 1987 in der Chemieindustrie. – In Anbetracht der gesellschaftlichen und rechtlichen Entwicklung verstehen sich die Gewerkschaften zunehmend als Interessenvertretung der *gesamten* Arbeitnehmerschaft. Unterschiede zwischen den verschiedenen Mitarbeitergruppen sollen entsprechend aufgehoben werden: Neben einer Bezahlung nach einheitlichen Kriterien und im gleichen Rhythmus sind Unterschiede im Sozialversicherungsrecht (Arbeiterrentenversicherung/Angestelltenversicherung; Zwangsmitgliedschaft der Arbeiter) und im Kündigungsrecht (→ Kündigungsschutz) aufzuheben.

Entgeltumwandlung – Umwandlung von zukünftigen Entgeltansprüchen in eine wertgleiche → Anwartschaft auf Versorgungsleistungen im Rahmen der → betrieblichen Altersversorgung (bAV) (§ 1 II Nr. 3 BetrAVG). Nach § 1a BetrAVG hat der Arbeitnehmer einen Anspruch auf Entgeltumwandlung; damit wird diese Finanzierungsform neben der traditionellen betrieblichen Altersversorgung, die allein durch den Arbeitgeber erfolgt, als freiwillige Sozialleistung bestätigt. Alle Durchführungswege können zur Entgeltumwandlung genutzt werden. Kommt keine Einigung über einen Durchführungsweg zustande, kann der Arbeitgeber die Durchführung über einen Pensionsfonds oder eine Pensionskasse verlangen, andernfalls der Arbeitnehmer die Durchführung über eine Direktversicherung. Anwartschaften aus Entgeltumwandlung sind sofort unverfallbar.

Entity-Relationship-Modell – in der betrieblichen Datenverarbeitung häufig (bes. zur konzeptionellen Datenmodellierung; → konzeptionelles Datenmodell) angewendetes Modell zur formalisierten Darstellung der Datensicht auf einen Ausschnitt der realen Welt. Konstruktionselemente sind das Objekt (Entity) und die Beziehung (Relationship). Entitäten repräsentieren real existierende Objekte oder gedankliche Abstraktionen aus der zugrundeliegenden Diskurswelt, die i.d.R. unabhängig von anderen Objekten existieren. Zwischen diesen Objekten können Beziehungen bestehen. Eigenschaften werden Objekten und Beziehungen als Attribute zugeordnet. Wesentlicher Vorteil des Entity-Relationship-Modells ist die Möglichkeit der grafischen Darstellung von Sachverhalten: In einem Entity-Relationship-Diagramm werden Objekte durch Rechtecke und Beziehungen durch Rauten repräsentiert.

Entkoppelungsthese – These, die besagt, dass das Bildungssystem von den Qualifikationsansprüchen des Beschäftigungssystems unabhängig sei (These der relativen Autonomie). Die These unterstellt einen sehr offenen und flexiblen Arbeitsmarkt. – *Anders:* → Koppelungsthese.

Entlassung → Kündigung.

Entlassungsentschädigung → Abfindung, → Kündigungsschutz.

Entlastung – I. Buchhaltung: Bezeichnung für Kontogutschrift oder Habeneintragung auf einem Kreditorenkonto. – *Gegensatz:* → Belastung.

II. Aktienrecht: Billigung der Geschäftsführung des → Vorstandes und des → Aufsichtsrats einer AG. Die Entlastung enthält jedoch keinen Verzicht auf Ersatzansprüche. Über die Entlastung hat die → Hauptversammlung in den ersten acht Monaten des Geschäftsjahres zu beschließen (§ 120 AktG). *Verweigerung* der Entlastung kann den Aufsichtsrat zur → Abberufung von Vorstandsmitgliedern berechtigen und für betroffene Aufsichtsratsmitglieder Grund zur fristlosen Kündigung gegenüber der AG sein.

Entlastungsbetrag → Verschonungsabschlag.

Entlastungsbetrag für Alleinerziehende – erhalten Steuerpflichtige, die nicht die Voraussetzungen für eine Zusammenveranlagung erfüllen und auch nicht mit einer anderen Person außer ihren eigenen Kindern in häuslicher Gemeinschaft leben; der Betrag beläuft sich auf 1.308 Euro im Jahr (§ 24b EStG).

Entlastungsbeweis → Verrichtungsgehilfe, → Gefährdungshaftung.

Entlehnung – Begriff des → Urheberrechts, der die Übernahme eines fremden Werks oder einzelner Teile davon in das eigene Werk bezeichnet. Auch die Übernahme kleiner Teile eines fremden Werks kann eine Urheberrechtsverletzung sein, wenn dem entlehnten Teil schöpferische → Eigentümlichkeit zukommt, es sei denn, es liegt ein zulässiges → Zitat vor (§ 51 UrhG).

Entlohnung → Arbeitsentgelt, → betriebliche Lohngestaltung, → internationale Entlohnung.

Entlohnungsgrundsätze – Teil der → betrieblichen Lohngestaltung: System, nach dem das Entgelt (→ Arbeitsentgelt) für den Betrieb, für bestimmte Betriebsabteilungen oder für Gruppen von Arbeitnehmern ermittelt werden soll, z.B. → Zeitlohn, → Akkordlohn, → Prämienlohn oder ein anderes System der Arbeitsbewertung, Entgeltzahlung nach einem Provisionssystem (→ Provision) etc. Entlohnungsgrundsätze unterliegen der erzwingbaren Mitbestimmung des Betriebsrats nach § 87 I Nr. 10 BetrVG. – Vgl. auch → Entlohnungsmethode.

Entlohnungsmethode – Teil der → betrieblichen Lohngestaltung. Art und Weise, in der die → Entlohnungsgrundsätze verfahrensmäßig durchgeführt werden, z.B. Punktbewertungssysteme, Leistungsgruppensystem, Einführung und Änderung von Refa-Grundsätzen oder des Bedaux-Systems. Entlohnungsmethode unterliegt der erzwingbaren Mitbestimmung des Betriebsrats nach § 87 I Nr. 10 BetrVG.

Entlohnungspolitik → betriebliche Lohngestaltung.

Entmündigung → Betreuung.

Entnahme – *Privatentnahmen.*

I. Allgemeines: 1. *Begriff:* Entnahme von Wirtschaftsgütern (Geld, Waren, Erzeugnisse, Nutzungen und Leistungen) durch → Unternehmer oder → Mitunternehmer aus dem Betrieb für sich, seinen Haushalt oder andere betriebsfremde Zwecke. Zu den Entnahmen gehören auch die aus Betriebsmitteln gezahlten Einkommen-, Kirchen-, Erbschaftsteuern. – 2. Entnahme von Geld aus dem Gesellschaftsvermögen ist dem *Gesellschafter der OHG* sowie dem → Komplementär der KG bis zu 4 Prozent seines Kapitalanteils gestattet (§ 122 HGB), außer im ersten Geschäftsjahr. Darüber hinaus kann er seinen diesen Betrag übersteigenden Gewinnanteil des letzten Jahres verlangen, wenn die Auszahlung der Gesellschaft nicht schadet. Weitere Entnahmen nur mit Einwilligung der anderen Gesellschafter. Die Gesellschaft ist verpflichtet, Geld zum Zwecke der gesetzlichen Entnahmen zur Verfügung zu halten. Der Anspruch auf Entnahme entfällt nach Fertigstellung der nächsten Jahresbilanz, wobei der nicht erhobene Betrag dem Kapitalanteil zuwächst. Der → Kommanditist hat nur Anspruch auf ihm zustehenden Gewinn. Er kann keine Auszahlungen verlangen, solange sein Kapitalanteil die → Haftsumme nicht erreicht. – 3. *Buchung:* Entnahmen mindern den Gewinn nicht, sie werden entweder über → Privatkonten, die Unterkonten der Eigenkapitalkonten sind, oder direkt über Eigenkapitalkonten gebucht.

II. Steuerrecht: 1. *Begriff:* Entnahmen sind alle → Wirtschaftsgüter (Geld, Waren, Erzeugnisse, Nutzungen und Leistungen), die der Steuerpflichtige dem Betrieb für sich, seinen Haushalt oder andere betriebsfremde Zwecke entnommen hat (§ 4 I 2 EStG). – 2. *Gewinnauswirkung:* Entnahmen dürfen gemäß § 4 I 1 EStG den Gewinn nicht beeinflussen. Soweit sie bei der Gewinnermittlung durch → Betriebsvermögensvergleich nach den §§ 4 I, 5 I EStG das → Betriebsvermögen vermindert haben, sind sie dem Gewinn hinzuzurechnen. – 3. *Bewertung:* Entnahmen sind gemäß § 6 I Nr. 4 EStG mit dem → Teilwert und in besonderen Fällen auch mit dem gemeinen Wert anzusetzen. – *Ausnahme:* Buchwertansatz bei unentgeltlicher Überlassung des entnommenen Wirtschaftsgutes an bestimmte Körperschaften und Vermögensmassen. Eine Sonderregelung gilt für die private Nutzung von betrieblichen Kfz (Entnahme von Nutzungen); hier kann die Entnahme entweder mit 1 Prozent des Listenpreises bei Erstzulassung oder durch genauen Nachweis der anteiligen Kosten bewertet werden (Ein-Prozent-Regelung, Fahrtenbuchmethode). – 4. *Behandlung bei der Umsatzsteuer:* → unentgeltliche Wertabgaben. – 5. *Besonderheiten*: Die Verbringung eines Wirtschaftsgutes aus Deutschland heraus in ein anderes Land, in dem die stillen Reserven zukünftig nicht mehr besteuert werden können (→ Verbringung ins Ausland), stellt zwar keine Entnahme dar, da die betreffenden Wirtschaftsgüter weiterhin Teil des betrieblichen Vermögens bleiben, wird aber einkommensteuerlich einer Entnahme gleich gestellt (§ 4 I Satz 3 EStG; die Gemeinsamkeit zur „echten" Entnahme liegt darin, dass auch bei diesem Vorgang das Wirtschaftsgut aus dem steuerpflichtigen Bereich in einen nicht mehr steuerverhafteten Bereich überführt wird).

III. Gewerblicher Rechtsschutz: 1. *Patent-, Gebrauchsmuster- und Sortenschutzrecht:* Entnahme bezeichnet den Umstand, dass eine → Erfindung von einem Nichtberechtigten als → Patent oder → Gebrauchsmuster angemeldet wird. Da das Recht auf das Patent oder Gebrauchsmuster dem Erfinder oder seinem Rechtsnachfolger zusteht, löst die widerrechtliche Entnahme den (im Fall gutgläubiger Entnahme befristeten) Übertragungsanspruch nach § 8 PatG (§ 13 III GebrMG), das Einspruchsrecht und die Berechtigung zur Nichtigkeitsklage aus (§§ 22, 21 I Nr. 3, 59 PatG; Gebrauchsmuster: Löschungsantrag §§ 13 II, 15 II). Der durch widerrechtliche Entnahme Verletzte hat ein mit einem entsprechenden → Prioritätsrecht ausgestattetes Nachanmelderecht (§ 7 PatG, § 13 II GebrMG). Zu den Rechten des durch widerrechtliche Entnahme Verletzten im europäischen Patentrecht vgl. Art. 61 → Europäisches Patentübereinkommen (EPÜ) mit Regeln 13–16 AO. Im → Sortenschutzrecht hat der durch Entnahme Verletzte einen Vindikationsanspruch nach § 9 SSchG. – 2. *Geschmacksmuster-, Schriftzeichen- und Halbleiterrecht:* Von einem Nichtberechtigten angemeldete → Geschmacksmuster und Schriftzeichen unterliegen der Löschungsklage des Berechtigten vor den ordentlichen Gerichten, die dem Berechtigten die Befugnis zusprechen können, dasselbe Muster, Modell oder Schriftzeichen erneut unter Inanspruchnahme der Priorität der Anmeldung seitens des Nichtberechtigten seinerseits anzumelden (§ 9 GeschmMG ; Art. 2 I SchriftzeichenG; → Löschung). Im Halbleiterrecht entfaltet das von einem Nichtberechtigten erwirkte Schutzrecht keine Wirkung gegenüber dem Berechtigten, der durch Entnahme Verletzte kann die Übertragung des Halbleiterrechts verlangen (§ 7 HalbleiterSchG, § 8 PatG) oder die Löschung der Topografie beantragen (§ 8 II HalbleiterSchG).

Entnahmemaximierung – Zielsetzung bei der Bewertung von Investitionsprojekten (→ Investitionsrechnung). Nach dieser Entscheidungsregel wird das Investitionsprojekt ausgewählt, das eine periodische Entnahme (z.B. die jährliche Ausschüttung) maximiert. – *Anders:* → Endvermögensmaximierung.

Entrepeneur → Unternehmer.

Entrepreneurship

von Prof. Dr. Tobias Kollmann

I. Begriff

Entrepreneurship bezeichnet zum einen das Ausnutzen unternehmerischer Gelegenheiten sowie den kreativen und gestalterischen unternehmerischen Prozess in einer Organisation, bzw. einer Phase unternehmerischen

Wandels, und zum anderen eine wissenschaftliche Teildisziplin der Betriebswirtschaftslehre. Die Entrepreneurship-Forschung (auch Gründungsforschung) präsentiert sich als ein interdisziplinäres Forschungsgebiet. Neben betriebswirtschaftlichen Theorien kommen im Rahmen von Forschungsarbeiten u.a. auch methodische Ansätze aus der Volkswirtschaftslehre, der Geografie, der Soziologie, der Psychologie und der Rechtswissenschaft zum Einsatz.

II. Bedeutung des Unternehmers bzw. des Unternehmensgründers

Ökonomische Theorien haben den Unternehmer als zentrale Figur wirtschaftlicher Aktivität lange Zeit vernachlässigt. Erste Erklärungsversuche zur Rolle des Unternehmers finden sich zwar bereits gegen Ende des 18. Jahrhunderts; verstärkt in den Blick der ökonomischen Theoretiker gerückt ist der Unternehmer jedoch erst im Laufe des 20. Jahrhunderts. Im zeitgeschichtlichen Ablauf sind dabei verschiedene Definitionen für den Begriff des Entrepreneurs vorgeschlagen worden, aus denen in der Folge eine Reihe verschiedener wissenschaftlicher Schulen entstanden ist. Nachstehend wird eine Auswahl einflussreicher Vertreter der Ökonomie und deren Definition des Unternehmers dargestellt; zusammengenommen geben diese ein umfassendes Bild der vielfältigen möglichen Unternehmerfunktionen.

1) *Cantillion (1734):* Cantillion sieht den Entrepreneur als ein Individuum, das von seinem Streben nach Profit angetrieben wird und mit der Fähigkeit ausgestattet ist, Güter billig zu erwerben und teurer zu verkaufen. Der Entrepreneur zeichnet sich durch die Übernahme von Risiken aus.

2) *Say (1816):* Kennzeichnend für die Unternehmerfunktion Says ist die Organisation des Produktionsprozesses durch eine Kombination der drei Produktionsfaktoren Land, Kapital und Beschäftigung.

3) *Knight (1921):* Für Knight ist der Unternehmer vornehmlich ein Träger von Ungewissheit (true uncertainty). Dieser Ungewissheit kann im Gegensatz zum Risiko keine exakte Eintrittswahrscheinlichkeit zugeordnet werden. Der Wille, sich dieser unkalkulierbaren Ungewissheit zu stellen, begründet nach Knight den wahren Unternehmer.

4) *Schumpeter (1934):* Schumpeters Bild des Entrepreneurs ist geprägt durch dessen innovatives Verhalten und das Konzept der „schöpferischen Zerstörung" eines Marktgleichgewichts.

5) *Kirzner (1973):* Die Unternehmerfunktion nach Kirzner ist geprägt durch die Nutzung von Arbitragemöglichkeiten. Unvollständige Informationen auf einem Markt werden zum unternehmerischen Vorteil genutzt und es entsteht ein neues Marktgleichgewicht. Der Kirznersche und der Schumpetersche Entrepreneur ergänzen sich folglich zu einem umfassenden Konzept.

III. Themen und Ergebnisse der aktuellen Entrepreneurship-Forschung

Die Entrepreneurship-Forschung konzentriert sich primär auf wissenschaftliche Fragestellungen in Zusammenhang mit der Gründerpersönlichkeit und Umweltfaktoren sowie auf die Erforschung von Strategien und Organisationformen, derer sich Entrepreneure bedienen, um erfolgreich Organisationen aufzubauen. Die folgenden Ausführungen bieten eine Übersicht über wesentliche Erkenntnisse aus verschiedenen zentralen Bereichen der Entrepreneurship-Forschung.

1. *Gründerpersönlichkeit:* Zahlreiche empirische Studien zeigen, dass sich ein Entrepreneur durch eine Reihe von Charakteristika gegenüber einer abhängig beschäftigten Person unterscheidet. Hier lassen sich beispielhaft folgende Eigenschaften nennen.

a) *Leistungsmotivstärke:* der Wille, Leistung zu erbringen und sich mit beruflichen Aufgaben auseinander zu setzen, die sowohl herausfordernd als auch realisierbar sind.

b) *Internale Kontrollüberzeugung (Selbstwirksamkeit, resp. Machbarkeitsüberzeugung):* der Glaube, für sein eigenes Schicksal und die Ergebnisse seines Handelns selbst verantwortlich zu sein und dies aktiv beeinflussen zu können.

c) *Unabhängigkeitsstreben:* der Drang danach, sich von Autoritäten unabhängig zu machen sowie sich selbst zu verwirklichen.

d) *Problemorientierung:* die klare Fokussierung auf die primären Einflussfaktoren eines Projektes, um sowohl analytisch als auch intuitiv mit Nicht-Routine-Aufgaben umgehen zu können.

e) *Risiko- und Ungewissheitstoleranz:* die Tendenz, sich Umweltsituationen mit ungewissem Ausgang freiwillig auszusetzen, wenn die geringere Eintrittswahrscheinlichkeit einer Alternative den größeren Gewinn verspricht, sowie die Fähigkeit, derartige Situationen angemessen bewältigen zu können.

f) *Belastbarkeit:* insbesondere die physische Widerstandsfähigkeit und auch die Eigenschaft, unter Druck weiter leistungsfähig zu sein.

g) *Emotionale Stabilität:* die psychische Widerstandsfähigkeit sowie die Anlage, Frustrationen schneller zu verarbeiten.

h) *Durchsetzungsbereitschaft (Dominanzbedürfnis):* der Wille dazu, andere zu führen.

i) *Soziale Anpassungsfähigkeit:* nicht nur als Führungspersönlichkeit, sondern gerade auch Kunden und Lieferanten gegenüber.

Es ist zusammenfassend festzustellen, dass insbesondere die Eigenschaften und Überzeugungen wie Selbstwertgefühl und Selbstwirksamkeit der Gründerpersönlichkeit stark mit der Erfolgswahrscheinlichkeit eines Entrepreneurs korrelieren. Allerdings treten die in zahlreichen Studien beobachteten unternehmerischen Phänomene in unterschiedlichen Kontexten auf. Eine ausschließliche Konzentration auf die Persönlichkeit eines Gründers greift daher in vielen Fällen zu kurz und verhindert einen weiten oder umfassenden Erkenntnisgewinn. Aktuelle Forschungsprojekte ziehen deshalb zumeist kontextabhängige Variablen, d.h. Umfeldfaktoren, zur Erklärung unternehmerischer Phänomene mit heran.

2. *Umfeldfaktoren:* In wissenschaftlichen Studien konnten verschiedene beinflussende Umfeldfaktoren identifiziert werden, die sich auf Gründungsintensität, -erfolg und konkrete Ausgestaltung einer Unternehmensgründung auswirken.

a) *Marktgröße und -wachstum:* Beide Parameter beeinflussen die Anzahl der Unternehmensgründungen in einem Industriezweig positiv.

b) *Unsicherheit durch technologischen Wandel:* Unsicherheit in diesem Bereich senkt die Gründungsrate in einem Industriezweig.

c) *Hoher Kapitalbedarf:* Dieser wirkt als Markteintrittsbarriere.

d) *Wettbewerbsdichte:* Ein Markt, der nur aus wenigen Unternehmen besteht, signalisiert einem Entrepreneur geringe unternehmerische Möglichkeiten oder eine schlechte Informationslage. Ein sich schnell entwickelnder Markt hingegen erhöht die Attraktivität für junge Unternehmen, in diesem Bereich aktiv zu werden. Mit zunehmender Marktdichte steigt jedoch auch der Wettbewerb um knappe Ressourcen, was sich wiederum als Eintrittsbarriere auswirken kann.

e) *Institutionelle Rahmenbedingungen:* Günstige regionale oder branchenspezifische Bedingungen beeinflussen Unternehmensgründungen positiv. Beispielhaft anzuführen sind in diesem Zusammenhang günstige Kredite sowie die Verfügbarkeit von Venture-Capital, aber auch private und unternehmenssteuerliche Aspekte.

f) *Durchsetzbarkeit gewerblicher Schutzrechte:* Stabile Bedingungen im Bereich des gewerblichen Rechtsschutzes ermöglichen es Entrepreneuren, ihre Bemühungen adäquat vergütet zu bekommen.

g) *Technologie-Transfer Büros im Umfeld von Forschungseinrichtungen und Universitäten:* Innovationen werden mit Unterstützung dieser Einrichtungen über neugegründete Unternehmen an den Markt gebracht.

h) *Soziokulturelle Faktoren:* Die Bewertung der Attraktivität einer unternehmerischen Tätigkeit und die Bewertung des Risikos, mit einer Geschäftsidee zu scheitern, unterscheiden sich innerhalb sozialer und ethnischer Gruppen.

3. *Strategie und Organisationsformen:* Neben den beiden zuvor genannten Feldern der Entrepreneurship-Forschung existiert auch eine Reihe von Arbeiten, die sich mit dem Einfluss von entrepreneurialen Strategien und Organisationsformen auseinandersetzt. Auch stehen Fragestellungen im Fokus, die sich mit der Finanzierung von Unternehmen beschäftigen. Neben der Finanzierung eines jungen Unternehmens durch eigene Mittel behandeln zahlreiche Beiträge die Unternehmensfinanzierung durch Venture-Capital-Gesellschaften und Business Angels, und wie sich deren Finanzierungsverhalten in Bezug auf eine Investmentauswahl, Risikoeinschätzung sowie die Überlebensfähigkeit und das Wachstum eines neugegründete Unternehmens auswirkt. Im Bereich der entrepreneurialen Organisationsforschung liegen bspw. Ergebnisse über die Rechtsformwahl und deren Auswirkung auf die Unternehmensentwicklung sowie die angemessene Strategiewahl vor. Die Erforschung von Gründerteams und deren sozialer Herkunft bilden weitere Forschungsschwerpunkte – hier hat sich gezeigt, dass Gründerteams Einzelgründungen oftmals überlegen sind.

IV. Ausblick

Die Entrepreneurship-Forschung erfreut sich seit Beginn der 1980er-Jahre eines regen und wachsenden Zuspruchs. Dies lässt sich v.a. an einer Vielzahl von Publikationen zu Entrepreneurship-Themen ablesen, wie auch an einer stetig steigenden Anzahl von Entrepreneurshiplehrstühlen und -professuren an Universitäten und Fachhochschulen, die sich der Entrepreneurship-Forschung und Gründerausbildung widmen. In neuerer Zeit erfährt die Entrepreneurship-Forschung zudem eine Segmentierung in verschiedene, mitunter trendbestimmende Teildisziplinen. Hierbei lassen sich beispielhaft Social und Sustainable Entrepreneurship (soziales bzw. nachhaltiges Unternehmertum), Corporate Entrepreneurship (unternehmerisches Verhalten auf der organisationalen Ebene), Intrapreneurship (unternehmerisches Verhalten in etablierten Organisationen), E-Entrepreneurship (Gründung, Finanzierung und Entwicklung junger Unternehmen in der Net Economy), Minority Entrepreneurship (Gründungsverhalten ethnischer Minderheiten), Regional Entrepreneurship

(Entrepreneurship-Studien mit regionalem Bezug) und Gender Entrepreneurship (Entrepreneurship-Studien mit Geschlechterbezug) nennen.

Entropie – 1. *Begriff:* Maß für den Grad der Zerstreuung bzw. Grad der nicht verfügbaren Energie. Der wahrscheinlichste Zustand ist der mit maximaler Entropie (thermodynamisches Gleichgewicht); ein unwahrscheinlicher Zustand ist durch geringe Entropie gekennzeichnet. Die komplexitätssteigernde Evolution auf der Erde, also die Erreichung unwahrscheinlicher Ordnungszustände, ist der Tatsache zu verdanken, dass das System energetisch offen ist. Alle Prozesse des Lebens beruhen auf einem permanenten Energiefluss. Die strukturierte Komplexität der auf der Erde befindlichen Materie ist auf den ständigen Zustrom von Sonnenenergie zurückzuführen. Die Entstehung von → Ordnung ist nur durch einen permanenten Energieinput möglich, der zur (Über-)Kompensierung der Entropieproduktion genutzt wird. Die → Biosphäre wird deshalb auch als „gepumptes System" bezeichnet. – 2. *Bedeutung:* Die Entropiesteigerung kann als globales Maß für Umweltzerstörung aufgefasst werden. Beide Hauptsätze gelten auch für Materie, die physikalisch als eine Form von Energie aufgefasst werden kann. Die fundamentale Relevanz dieser biophysikalischen Bedingungen des Wirtschaftens allg. und bes. für die → Umweltpolitik wird an der Metapher vom Raumschiff Erde (→ Raumschiff-Ökonomik) deutlich. – Vgl. auch → ökologische Knappheit, → Systemmanagement.

Entschädigung für Strafverfolgungsmaßnahmen – Das Gesetz vom 8.3.1971 (BGBl. I 157) m.spät. Änd. (StrEG) regelt die Entschädigung für erlittene Schäden durch eine strafgerichtliche Verurteilung, soweit diese nach erfolgter rechtskräftiger Verurteilung, z.B. durch ein Wiederaufnahmeverfahren, später wieder fortfällt oder eine Maßnahme der Sicherung und Besserung oder eine angeordnete Nebenfolge (Entzug der Fahrerlaubnis) entfällt oder gemildert wird, sowie bei Freispruch, Einstellung oder Außerverfolgungsetzung, wenn durch Untersuchungshaft oder andere Strafverfolgungsmaßnahmen (z.B. die vorläufige Entziehung der Fahrerlaubnis) ein Schaden eingetreten ist. – Der *Anspruch* richtet sich gegen das Land, in dem die Maßnahme in 1. Instanz verhängt worden war, und wird vom Gericht festgestellt. Ersetzt werden Vermögensschäden ab 25 Euro und bei Freiheitsentziehung 11 Euro pro Tag als immaterieller Schaden. – Entschädigung ist u.a. *ausgeschlossen*, soweit der Beschuldigte die Strafverfolgungsmaßnahme vorsätzlich oder grob fahrlässig verursacht hatte.

Entschädigungsfonds – Wird durch den Gebrauch eines Kraftfahrzeugs oder eines Anhängers im Geltungsbereich des → Pflichtversicherungsgesetzes (PflVG) ein Personen- oder Sachschaden verursacht, so kann derjenige, dem wegen dieser Schäden Ersatzansprüche gegen den Halter, den Eigentümer oder den Fahrer des Fahrzeugs zustehen, diese Ersatzansprüche unter bestimmten Voraussetzungen auch gegen den „Entschädigungsfonds für Schäden aus Kraftfahrzeugunfällen" geltend machen (§ 12 PflVG). Die Aufgaben des Entschädigungsfonds werden durch die Verkehrsopferhilfe wahrgenommen.

Entschädigungsgesetz – Gesetz über die Entschädigung nach dem Gesetz zur Regelung offener Vermögensfragen (EntschG) i.d.F. vom 13.7.2004 (BGBl. I 1658) m.spät.Änd. – Regelt die Entschädigung für ehemalige Eigentümer von Grundstücken auf dem Gebiet der DDR, deren enteignete Grundstücke nicht zurückgegeben werden können (s. → Vermögensgesetz). Die Entschädigungen werden aus einem Sondervermögen des Bundes (Entschädigungsfonds) erbracht (§ 9 EntschG). Für die Durchführung gelten die Bestimmungen des Vermögensgesetzes entsprechend ; vgl. §§ 12 ff; zuständig sind die Ämter zur Regelung offener Vermögensfragen.

Entschädigungsrente – eine Leistung des → Lastenausgleichs (Form der Kriegsschadenrente), bei Vermögensverlusten oder bei Verlust der beruflichen oder sonstigen Existenzgrundlage gewährt. Bewilligung allein oder in Verbindung mit Unterhaltshilfe, je nach Art und Umfang des Schadens und der sonstigen Verhältnisse des Geschädigten. – *Höhe* der Entschädigungsrente ist abhängig von der Höhe des Einkommens des Geschädigten und der Höhe des Schadens.

Entschädigungstelle für Auslandsunfälle – Nach der Richtlinie 2000/26/EG zur Ausgleichung der Rechtsvorschriften der Mitgliedsstaaten über die Kfz-Haftpflichtversicherung vom 16.5.2000 haben die Mitgliedsstaaten (einschließlich EWR) zur Abwicklung eines im Ausland erlittenen Kfz-Unfalls mit Personen- oder Sachschäden nationale Entschädigungstelle einzurichten. Zur Umsetzung der Richtlinien kann nach § 12a PflVersG, wer in Deutschland seinen Wohnsitz hat, in solchen Fällen seine Ansprüche gegen die Entschädigungstelle für Auslandsunfälle unter bestimmten Vorraussetzungen geltend machen. Die Entschädigungstelle für Auslandsunfälle reguliert den Schaden, sofern u.a. entweder der zuständige Versicherer oder dessen Schadensregulierungsbeauftragter nicht binnen drei Monaten den Schaden ersetzt oder ein Schadensregulierungsbeauftragter nicht bestellt ist oder Fahrzeug vom Versicherer nicht ermittelt werden können. Die Aufgaben und Befugnisse der Entschädigungstelle für Auslandsunfälle werden von dem rechtsfähigen Verein → *Verkehrsopferhilfe e. V.* wahrgenommen (§ 13a).

Entschädigungs- und Ausgleichsleistungsgesetz (EALG) – Mit dem Gesetz über die Entschädigung nach dem Gesetz zur Regelung offener Vermögensfragen und über staatliche → Ausgleichsleistungen für Enteignungen auf besatzungsrechtlicher oder besatzungshoheitlicher Grundlage vom 27.9.1994 (BGBl. I 2624) sind die vom → Vermögensgesetz noch offen gelassene Entschädigung für Enteignungen der DDR ebenso wie die vom → Einigungsvertrag dem gesamtdeutschen Gesetzgeber vorbehaltene Ausgleichsleistung für Enteignungen auf besatzungsrechtlicher bzw. besatzungshoheitlicher Grundlage (1945–1949) nunmehr gesetzlich geregelt. Das EALG umfasst als sog. Artikelgesetz insgesamt zehn Gesetze bzw. Änderungsgesetze. Bes. zu erwähnen sind: das Gesetz über die Entschädigung nach dem Gesetz zur Regelung offener Vermögensfragen (Art. 1 EntschG), das Gesetz über staatliche Ausgleichsleistungen für Enteignungen auf besatzungsrechtlicher oder besatzungshoheitlicher Grundlage, die nicht mehr rückgängig gemacht werden können (Art. 2 Ausgleichsleistungsgesetz (AusglLeistG)), das NS-Verfolgtenentschädigungsgesetz (Art. 3 NS-VEntschG), das Gesetz zur Behandlung von Schuldbuchforderungen gegen die ehemalige Deutsche Demokratische Republik (Art. 8 DDR-Schuldbuchbereinigungsgesetz (SchuldBBerG)) und das Gesetz über eine einmalige Zuwendung an die im Beitrittsgebiet lebenden Vertriebenen (Art. 9 Vertriebenenzuwendungsgesetz (VertrZuwG)). Das EALG beinhaltet v.a., dass Alteigentümer auf dem Gebiet der ehemaligen DDR, deren enteignete Grundstücke nicht zurückgegeben werden können, entschädigt werden. Ansprüche auf Entschädigung werden durch Zuteilung übertragbarer Schuldverschreibung erfüllt, die in voller Höhe am 1.1.2004 fällig und von da ab mit 6 Prozent jährlich verzinst werden. Die Entschädigung von NS-Opfern soll entsprechend einer Übereinkunft mit der Claims Conference geregelt werden. Die Vertriebenenentschädigung können Personen beantragen, die nach der Vertreibung ihren Wohnsitz in den neuen Ländern genommen und ihn dort noch am 3.10.1990 innegehabt haben. Bewegliches Vermögen ist grundsätzlich zurückzugeben. Kulturgüter, z.B. Museumsstücke, bleiben auf die Dauer von 20 Jahren für die Öffentlichkeit oder die Forschung reserviert, es sei denn, dass sie mehr als zwei Jahre lang nicht ausgestellt worden sind.

Entscheidung – I. Entscheidungstheorie: 1. *Begriff:* Auswahl einer → Aktion aus einer Menge verfügbarer Maßnahmen unter Berücksichtigung möglicher → Umweltzustände mit Willensakzent: Entscheidung = Willenbildung + Entschluss (unverbindliche gedankliche Alternativen-Wahlen ohne Realisierungsabsicht aus der Menge der Entscheidungen sind ausgeschlossen). – *Anders:* → Entschluss. – 2. *Voraussetzung:* Zielkriterien zur Bewertung der möglichen Aktionen. – 3. *Arten:* (1) Nach der *Häufigkeit:* Einmalige und wiederkehrende Entscheidungen; (2) nach der *Fristigkeit:* Kurz-, mittel- und langfristige Entscheidungen; (3) nach der *Tragweite:* Konstitutive (z.B. Gründungsentscheidung) und laufende Entscheidungen; (4) nach dem *Geltungsbereich:* Gesamtbetriebs- und Funktions-Entscheidung bzw. Total- und Partial-Entscheidung; (5) nach dem *Sicherheitsgrad der Informationen:* Entscheidung unter → Sicherheit, unter → Risiko und unter → Unsicherheit; (6) nach der *Zahl der zu berücksichtigenden Ziele:* Entscheidung bei Einfach- und Mehrfachzielsetzung; (7) nach der *personalen Dimension (Zahl der Entscheidungsträger):* → Individualentscheidung und → Kollektiventscheidung; (8) nach getrennter oder vereinter *Entscheidungs- und Ausführungsaufgabe:* → Selbstentscheidung und → Fremdentscheidung; (9) nach dem *Verlauf des Entscheidungsprozesses:* Simultane und sukzessive Entscheidung; (10) nach der *Struktur des Entscheidungsproblems:* Entscheidung für wohlstrukturierte und schlecht strukturierte Entscheidungsprobleme. – Die Differenzierung basiert jeweils auf einem Kriterium und ist daher nicht überschneidungsfrei. – 4. Eine *allg. gültigere Typologie* knüpft an die übergreifenden Merkmale Komplexität und Determiniertheit an: (1) Komplexität: Art und Anzahl von Variablen und ihren Beziehungen; (2) Determiniertheit: Möglichkeit bzw. Ausmaß der Festlegbarkeit des Entscheidungsablaufs. Extrempunkte sind → nicht programmierbare Entscheidung und → programmierbare Entscheidung. – Vgl. auch → Entscheidungsphasen, → Entscheidungsprozess, → situative Entscheidung.

II. Europäisches Gemeinschaftsrecht: frühere Bezeichnung für einen → Rechtsakt der → EU zur Regelung eines Einzelfalles, der jetzt „Beschluss" heißt (§ 288 Abs. 1 und 3 AEUV). Beschüsse sind in allen ihren Teilen für diejenigen verbindlich, die in der Entscheidung bezeichnet sind (Art. 288 Abs. 3 AEUV). Wegen ihrer individuellen Geltung dem → Verwaltungsakt des dt. Rechts vergleichbar.

Entscheidungsbaum – I. Entscheidungstheorie: Darstellung → mehrstufiger Entscheidungen. Der

Entscheidungsbaum – Beispiel

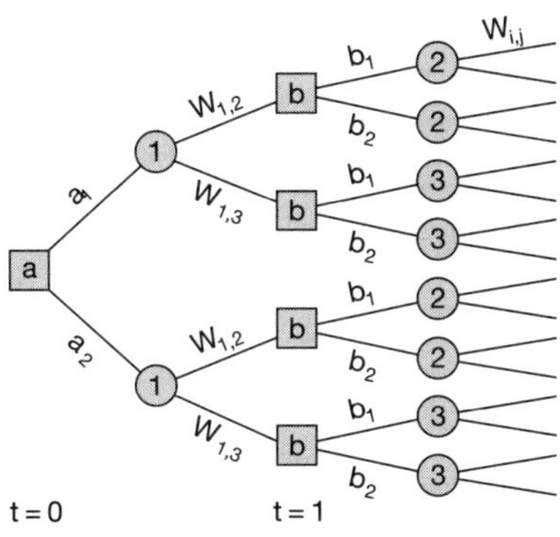

Entscheidungsbaum wird aus einer Erweiterung des → Zustandsbaums gewonnen, indem in den einzelnen Zeitpunkten neben den erwarteten → Umweltzuständen zusätzlich die verfügbaren → Aktionen einbezogen werden. – *Darstellungsweise:* Die rechteckigen Knoten, a und b, kennzeichnen Entscheidungspunkte (zum Zeitpunkt t), von denen Kanten a_1, a_2 bzw. b_1, b_2 ausgehen, die mögliche Aktionen repräsentieren; diese zeigen auf weitere Knotenpunkte, die denkbaren Umweltzustände 1 bzw. 2, 3. Mögliche Umweltentwicklungen mit den Übergangswahrscheinlichkeiten W_{ij} werden durch die folgenden Kanten abgebildet, die in neue Entscheidungsknoten münden. Eine Aktionskette (z.B. a_1, b_1) bildet eine → Strategie, die zusammen mit einer Umweltentwicklung (z.B. Zustand 1, 2) ein bestimmtes Entscheidungsergebnis hervorruft. – Die *Entscheidung* zum Zeitpunkt t = 0 kann dadurch bestimmt werden, dass auf dem Wege der Rückwärtsrechnung die → Erwartungswerte der Ergebnisse der Entscheidungsalternativen errechnet und auf jeder Stufe die weniger vorteilhaften Alternativen deminiert werden (Roll-back-Verfahren). – *Vorteil:* Vollständige Abbildung der Entscheidungssituation. – *Nachteil:* Mangelnde Übersichtlichkeit; diese verhindert die Anwendbarkeit der Entscheidungsbaumanalyse für die Mehrzahl realer Problemstellungen. – *Reduktionen der Risiken*, die dadurch entstehen, dass eine weniger wahrscheinlich angenommene Umweltsituation eintritt, möglich durch: (1) Laufende Anpassung der Pläne (→ rollende Planung, → Blockplanung) oder (2) weitgehend flexible Handhabung wichtiger Entscheidungen (→ flexible Planung); Aufstellung von → Eventualplänen. – Vgl. auch Abbildung „Entscheidungsbaum – Beispiel".

II. Arbeits- und Organisationspsychologie: Auf Vroom und Yetton zurückgehendes Verfahren, wonach der Grad der Partizipation der Geführten am Entscheidungsprozess des Führenden im Sinn der → Situationstheorien der Führung u.a. abhängig zu machen ist von dem Grad der Aufgabenkomplexität, Informationsstand des Führenden, Akzeptanzbedarf der Entscheidung bei den Geführten, von der Zielhomogenität von Führendem und Geführten und dem Grad von → Konflikten innerhalb der → Arbeitsgruppe. – *Beurteilung:* Das Modell ist empirisch tendenziell bestätigt und spezifiziert zugleich Bedingungen für das Eintreten von → Synergie.

Entscheidungsbaumverfahren – *Enumerationsverfahren;* zusammenfassende Bezeichnung für Verfahren des → Operations Research (OR), basierend auf der Konstruktion eines → Entscheidungsbaums (allg. Vorgehensweise). – *Zu unterscheiden:* (1) → Vollständige Enumeration; (2) unvollständige Enumeration (→ begrenzte Enumeration).

Entscheidungsdelegation → Delegation.

Entscheidungsdezentralisation – Dezentralisierung von Entscheidungskompetenzen auf verschiedene Stellen. – 1. Entscheidungsdezentralisation *i.w.S.:* Verteilung der Entscheidungskompetenz auf mehrere Instanzen. – 2. Entscheidungsdezentralisation *i.e.S.:* Verteilung der Entscheidungskompetenz auf eine niedrige hierarchische Ebene. – *Gegensatz:* → Entscheidungszentralisation.

Entscheidungseinheit → organisatorische Einheit mit → Entscheidungskompetenz.

Entscheidungsfehler – bei → statistischen Testverfahren zusammenfassende Bezeichnung für → Alpha-Fehler und → Beta-Fehler.

Entscheidungsfeld – 1. *Begriff:* Beschreibung einer Entscheidungssituation, die eine Systematisierung der für eine Entscheidung notwendigen Informationen ermöglicht. – 2. *Komponenten* (vgl. Abbildung „Entscheidungsfeld"): (1) Beeinflussbarer Teil A: Menge und Art der Personen und Sachen, die durch einen Willensakt des Entscheidungsträgers direkt oder indirekt beeinflusst werden können (→ Aktionsraum); (2) unbeeinflussbarer Teil Z: Gegebenheiten der Umwelt, die die Ergebnisse der Willensakte beeinflussen (→ Zustandsraum); (3) Ergebnisfunktion f, die für jede Aktion a_j aus A und jeden → Umweltzustand z_i aus Z die Ergebnisse $e_{ij} = f(a_j, z_i)$ angibt, die aus dem Zusammentreffen jeweils eines a_j mit einem z_i hervorgehen. – 3. *Formalisierung* des Entscheidungsfelds: → Ergebnismatrix bzw. → Entscheidungsmatrix.

Entscheidungsfeld

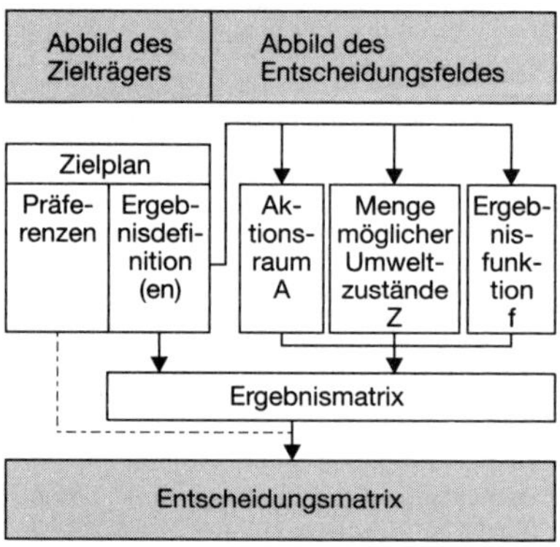

Quelle: Sieben, G./Schildbach, T., Betriebswirtschaftliche Entscheidungstheorie, 4. Aufl., Düsseldorf 1994

Entscheidungshierarchie – die → Hierarchie der organisatorischen Entscheidungseinheiten, die im Rahmen der → Organisationsgestaltung entsteht und der arbeitsteiligen Lösung der komplexen Entscheidungsaufgabe der Unternehmung dient. Durch horizontale (→ Spezialisierung) und vertikale (→ Delegation) Aufteilung dieses Gesamtentscheidungssystems werden hierarchisch geschichtete Teilentscheidungsprobleme gewonnen und den Entscheidungseinheiten zusammen mit den entsprechenden → Entscheidungskompetenzen übertragen. – Vgl. auch → Organisationsstruktur, → Führungshierarchie.

Entscheidungskompetenz → Kompetenz für die Durchführung von Entscheidungshandlungen.

Entscheidungskosten – die bei einer Gruppenentscheidung beim einzelnen Gruppenteilnehmer im Zuge der Beratung und Verhandlung entstehenden Aufwendungen, auch an Zeit. Sie sind umso höher, je größer die Gruppe und je höher das zu einer Entscheidung erforderliche Quorum (→ qualifizierte Mehrheitsregel). Im Falle einer Einstimmigkeitsregel (K. Wicksell) sind die Entscheidungskosten maximal. – *Anders*: Konsensfindungskosten.

Entscheidungskriterien – Richtlinien, die der → Entscheidungsträger beim Auswählen der optimalen → Aktion befolgt. – *Arten:* (1) → Entscheidungsprinzipien; (2) → Entscheidungsregeln.

Entscheidungslogik → Entscheidungstheorie.

Entscheidungsmatrix – in der Entscheidungstheorie verwendete Darstellungsform für Entscheidungssituationen (→ Entscheidungsfeld), weiterentwickelt aus der → Ergebnismatrix. – *Darstellung:* Die Entscheidungsmatrix enthält die an einer Nutzenfunktion gewichteten Ergebnisse, die bei der Wahl einer → Aktion a_j und einem → Umweltzustand z_i eintreten, d.h. jedem Ergebnis e_{ij} wird mithilfe der → Nutzenfunktion des Entscheidungsträgers genau ein Nutzenwert $u_{ij} = f(e_{ij})$ zugeordnet. Mit der Entscheidungsmatrix liegt eine vollständige Beschreibung einer Entscheidungssituation vor. – Zur Auswahl einer optimalen Aktion wird eine → Entscheidungsregel auf die Entscheidungsmatrix angewendet. – *Komponenten:* → Opportunitätskostenmatrix. – Vgl. auch Abbildung „Entscheidungsmatrix".

Entscheidungsmatrix

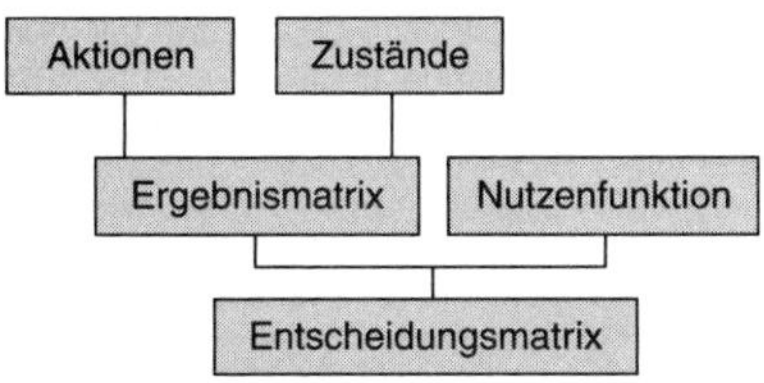

Entscheidungsmodell → Modell, ökonometrisches Entscheidungsmodell.

entscheidungsorientierte Betriebswirtschaftslehre – 1. Bezeichnung für ein Programm innerhalb der → Betriebswirtschaftslehre (BWL), das die *Bedeutung von Entscheidungen* systematisch betont. Begründer dieser Richtung ist E. Heinen, der damit eine Öffnung des Fachs gegenüber den sozialwissenschaftlichen Nachbardisziplinen einleitete. – 2. Aus einer Analyse von Zielentscheidungen ergibt sich die Abkehr von der Vorstellung einer monistischen Zielfunktion in Form von Gewinnmaximierung. Stattdessen wird betont, dass Betriebe mehrere Ziele verfolgen und insofern von einem Zielbündel auszugehen ist. Neben typisch ökonomischen Zielen (Gewinn-, Umsatz- und Wirtschaftlichkeitsstreben; Sicherung des Unternehmenspotenzials) wird dabei auch auf die Bedeutung des Macht- oder Prestigestrebens hingewiesen. – Vgl. auch → Unternehmungsziele. – 3. Das *Wissenschaftsprogramm der entscheidungsorientierten Betriebswirtschaftslehre* wird gegliedert: a) In eine vorgelagerte *Erklärungsaufgabe:* Beschreibung und Erklärung des betrieblichen Entscheidungsfeldes; Ziel ist die Bildung von Erklärungsmodellen (nach Heinen in Form von Produktions- und Kostenfunktionen, Preisabsatzfunktionen, Modellen der kollektiven Entscheidungsfindung etc.) im Sinn einer vereinfachenden Abbildung der Komplexen Realität. – b) In eine nachgelagerte *Gestaltungsaufgabe:* Entscheidungsmodelle, die eine optimale Gestaltung des Entscheidungsfeldes erlauben (→ Modell). Wegen dieser Dienstleistungsfunktion gegenüber der Praxis begreift sich die entscheidungsorientierte Betriebswirtschaftslehre als *praktisch-normative Wissenschaft* (→ normative Betriebswirtschaftslehre).

entscheidungsorientierte Kostenrechnung – 1. *Charakterisierung:* Kostenrechnungssystem (→ Kostenrechnung), das darauf ausgerichtet ist, unternehmerische Entscheidungen zu fundieren und zu kontrollieren. Explizit wird dabei von Opportunismus und kognitiven Begrenzungen der Entscheidungsträger abstrahiert (→ verhaltensorientiertes Rechnungswesen). Um die Entscheidungsfundierung leisten zu können, muss eine entscheidungsorientierte Kostenrechnung jeweils entscheidungsrelevante Kosten (→ relevante Kosten) bereitstellen; entsprechend werden hohe Anforderungen an die Genauigkeit und → Zweckneutralität der Datenerfassung gestellt. – 2. *Systeme:* → Einzelkostenrechnung und → Grenzplankostenrechnung, mit Abstrichen auch → Direct Costing und → Fixkostendeckungsrechnung.

entscheidungsorientierter Erlösbegriff – die durch die Entscheidung über die Erfüllung eines bestimmten Kundenauftrags oder einer dazugehörigen Teilleistung, die Einräumung eines Bezugs- oder Nutzungsrechtes oder die Reservierung eines Produktionspotenzials ausgelösten Einzahlungen oder Ansprüche darauf (leistungsbedingte „Einnahmen"). – Vgl. auch → entscheidungsorientierter Kostenbegriff.

entscheidungsorientierter Kostenbegriff – die durch die Entscheidung über ein bestimmtes Kalkulationsobjekt, bes. über Beschaffung und Verwendung von Gütern, die Erstellung von Leistungen sowie über Aufbau, Aufrechterhaltung und Anpassung der Kapazität und Leistungsbereitschaft ausgelösten → Auszahlungen einschließlich der Auszahlungsverpflichtungen. Es sind (1) keine → Erlösminderungen und (2) keine → Opportunitätskosten enthalten, weil diese im obigen Sinn keine Eigenschaft der betrachteten Handlungsalternative oder realisierten Maßnahme sind, sondern Teil des entscheidungsrelevanten → Deckungsbeitrags. – Vgl. auch → Kosten, → wertmäßiger Kostenbegriff, → pagatorischer Kostenbegriff, → entscheidungsorientierte Kostenrechnung.

entscheidungsorientiertes Rechnungswesen – 1. *Begriff/Zweck:* Im entscheidungsorientierten Rechnungswesen werden die Vorbereitung und Kontrolle von Entscheidungen in den Vordergrund gerückt, und zwar auf allen Ebenen der Unternehmensorganisation und in allen Funktionsbereichen. Mögliche kognitive Begrenzungen und opportunistisches Verhalten der Entscheidungsträger bleiben allerdings außer Betracht. Die Entscheidungen über bestimmte Maßnahmen werden als eigentliche Erfolgsquellen (→ Erfolgsquellenanalyse) angesehen. Die Abbildung ihrer Wirkungen auf die quantifizierbaren positiven und negativen Komponenten der Unternehmensziele sind die primären Rechnungsziele (→ Relevanzprinzip). – Das entscheidungsorientierte Rechnungswesen steht in enger *Wechselbeziehung* zum → verantwortungsorientierten Rechnungswesen. – 2. *Haupterfordernisse:* a) Alle bedeutsamen Maßnahmen, Handlungsparameter und Einflussgrößen sind → Bezugsgrößen des entscheidungsorientierten Rechnungswesens. – b) Die sachlich-zeitlichen Dimensionen dieser Maßnahmen sowie ihre unmittelbaren Auswirkungen auf die quantifizierbaren positiven und negativen Komponenten der Unternehmensziele sind wirklichkeitsnah und in einer im Nachhinein intersubjektiv nachprüfbaren Weise abzubilden. – c) Prognose- und Planungsdaten sowie mittelbare Wirkungen (z.B. der gebrauchsbedingten Anlagenabnutzung) sind durch die Arten und Grade der Unsicherheit für verschiedene zeitliche Reichweiten zu kennzeichnen. – d) Alle in Planungen oder durch Entscheidungen festgelegten oder prognostizierten Ereignisse und Daten sollten sofort dem entscheidungsorientierten Rechnungswesen zur Verfügung gestellt werden. – e) Um spezifische Informationen über situations- und problemadäquat zu definierende Aktionsfelder und komplexe Entscheidungsalternativen gewinnen zu können, sollten die dafür benötigten Bezugsobjekte und Daten als beliebig kombinierbare „Informationsbausteine" schnell zugänglich sein. – f) Die einzelnen Bezugsobjekte sind durch alle für die Auswertung bedeutsamen Eigenschaften zu kennzeichnen, einschließlich ihrer sachlichen und zeitlich-sequenziellen Beziehungen (v.a. hinsichtlich Verbundenheiten und sonstiger Einschränkungen der → Disponierbarkeit und zeitlichen Abläufe). – 3. *Realisierung:* Diese Hauptforderungen entsprechen weitgehend dem Konzept der → Grundrechnung und → Einzelkostenrechnung (→ Deckungsbeitragsrechnung) unter Einsatz relationaler Daten-, Funktions- und Methodenbanken.

Entscheidungsparameter → Aktionsparameter, → Umweltzustand.

Entscheidungsphasen – 1. *Begriff:* Theoretisches Konzept zur Systematisierung der in → Entscheidungsprozessen ablaufenden Einzeltätigkeiten, d.h. des Prozesses der bewussten Informationssammlung, -verarbeitung und -übertragung. – 2. *Phasen:* a) *Willensbildung:* (1) → Anregungsphase: Alle Aktivitäten, die zum Erkennen einer Entscheidungsnotwendigkeit und zum Start eines Entscheidungsprozesses führen (Auslöser). (2) *Informationsbeschaffungsphase* bzw. → Suchphase: Einzeltätigkeiten, die dem Auffinden geeigneter Alternativen (→ Aktionen) und relevanter → Umweltzustände dienen. In der *Phase der Alternativbewertung* (Teilphase) wird das → Entscheidungsfeld vervollständigt. (3) *Optimierungsphase* bzw. → Auswahlphase: Auswahl einer Alternative unter Berücksichtigung der Beschränkungen (→ Entscheidung, → Entschluss). – b) *Willensdurchsetzung:* Realisation *(Phase der Realisierung)* der als Resultat der Willensbildung gefällten Entscheidung. – c) Alle Vorgänge im Rahmen einer Entscheidungsphase bedürfen einer laufenden Überwachung, sodass der laufende Prozess von Willensbildung und -durchsetzung von der *Kontrollphase* überlagert wird. Abweichungen zwischen Plan- und Kontrollwerten fließen als Revisionsinformationen zurück zum Entscheidungsträger, für den sie Anregungsinformationen darstellen. Sie führen zu Anpassungsmaßnahmen und lösen neue Entscheidungen aus, sodass die Entscheidungsphasen damit einen neuen Anfang nimmt (die Kontrollphase geht in die Anregungsphase über). – Der gesamte Entscheidungsprozess erfolgt also im Rahmen eines permanenten Feedbacks der Plan- und Kontrollwerte und stellt so ein kybernetisches System dar. – 3. *Anwendbarkeit:* Empirische Untersuchungen haben gezeigt, dass diese Phasengliederung nicht im Sinn einer strengen zeitlichen Reihenfolge interpretierbar ist; so sind bes. Entschlusstätigkeiten nicht auf die Auswahlphase beschränkt, sie treten auch in allen anderen Entscheidungsphasen auf. – Vgl. auch → Entscheidungstheorie.

Entscheidungsprämisse – 1. *Begriff:* Kleinste Betrachtungseinheit bei der Analyse des individuellen Entscheidungsverhaltens (→ Individualentscheidung). Die Gesamtheit der Entscheidungsprämissen determiniert den Entschluss eines individuellen Entscheidungsträgers; die Entscheidungsprämisse besteht aus jener Teilmenge von Informationen eines Individuums, die zu Prämissen einer konkreten Entscheidung werden. – 2. *Arten:* (1) *Faktische Entscheidungsprämisse* (→ Aktionen, → Umweltzustände); (2) *wertende Entscheidungsprämisse* (→ Entscheidungsregeln).

Entscheidungsprinzip → Entscheidungskriterium aufgrund dessen eine Entscheidungssituation durch Ausscheiden solcher Alternativen bereinigt wird, die von vornherein abgelehnt werden können. Entscheidungsprinzip kann zur → Entscheidungsregel werden bzw. konkretisiert werden, wenn alle Alternativen bis auf eine ausscheiden oder durch Festlegung von Optimierungskriterien und → Präferenzfunktion. – *Allg. Entscheidungsprinzip:* → Dominanzprinzip.

Entscheidungsprogramm – 1. *Begriff:* Programm (Schrittfolge) zur Lösung von Routineentscheidungen. Durch ein Entscheidungsprogramm wird der Entscheidungsablauf vorab in allen Einzelschritten festgelegt, sodass nach dem Eintreffen einer entsprechenden Anregungsinformation (Stimulus) das Entscheidungsprogramm aufgerufen wird und selbsttätig abläuft. – 2. *Arten:* (1) *Objektivierte Entscheidungsprogramme:* Personenunabhängig; entweder als Computerprogramme oder als organisatorische Handlungsanweisungen (z.B. detaillierte Regelungen in Handbüchern) formuliert. (2) *Kognitive Entscheidungsprogramme:* Personengebunden; sie steuern das Routineverhalten von Individuen. – Vgl. auch → Entscheidungstabellen, → programmierbare Entscheidungen, → Entscheidungsverhalten.

Entscheidungsprozess – 1. Bezeichnung für → mehrstufige Entscheidungen. – 2. Bezeichnung für den *geistigen Arbeitsablauf* eines Wahlakts (→ Entscheidung). Der Entscheidungsprozess beginnt mit dem Erkennen der Notwendigkeit irgendeiner Entscheidung (Anregungsinformationen); es folgt eine Vielzahl von Einzeltätigkeiten, die einer fortschreitenden Informationsreduktion dienen, an deren Ende der → Entschluss steht. Eine Systematisierung der zahlreichen Einzelaktivitäten eines Entscheidungsprozesses liefert das Konzept der → Entscheidungsphasen. – *Unterteilung:* a) Nach den *am Entscheidungsprozess beteiligten Instanzen:* (1) *Zentraler Entscheidungsprozess:* Nur eine Instanz legt die Aktionsparameter fest; (2) *dezentraler Entscheidungsprozess:* Die Entscheidungen sind verteilt bzw. delegiert. – b) Nach der *Zeitigkeit der Entscheidungen* (es liegt die Vorstellung zugrunde, dass sich jeder Entscheidungsprozess im Zeitablauf vollzieht): (1) *Simultaner Entscheidungsprozess:* Die Festlegung aller Aktionsparameter erfolgt gleichzeitig durch eine einzige Entscheidung; (2) *sukzessiver Entscheidungsprozess:* Die Aktionsparameter werden in Teilentscheidungen stufenweise nacheinander festgelegt, einmal festgelegte Aktionsparameter stellen dabei endgültige Entscheidungen dar, sie bilden die Ausgangspunkte für die zeitlich nachgelagerten Entscheidungen. – Zwischen der instanzenmäßigen und der zeitlichen Gliederung des Entscheidungsprozesses bestehen enge Verbindungen: Die simultane Entscheidung setzt weit gehende Zentralisation des Entscheidungsprozesses voraus, ein dezentralisierter Entscheidungsprozesses bedingt sukzessive Entscheidungen.

Entscheidungsregeln – 1. *Begriff:* Kriterien zur Auswahl der Entscheidung des Entscheidungsträgers zwecks Erreichung seiner Ziele: Vorschriften, die in jeder Entscheidungssituation bei hinreichend gegebenen Bedingungen (i.d.R. Vorliegen einer → Entscheidungsmatrix) eindeutig festlegen, welche → Aktion bei gegebenen Ergebnissen bzw. Nutzenwerten aus der Menge verfügbarer Aktionen auszuwählen ist. – 2. *Einteilung nach dem Sicherheitsgrad der Informationen* über die → Umweltzustände: a) *Entscheidungsregeln bei Sicherheit:* Die Umweltzustände sind bekannt (→ lineare Optimierung); auch als „unechte" Entscheidung bezeichnet. – b) *Entscheidungsregeln bei Risiko:* Den Umweltzuständen z_i können Wahrscheinlichkeitsmaße p_i zugeordnet werden (→ Bayes-Regel, → Bernoulli-Prinzip). – c) *Entscheidungsregeln bei Unsicherheit:* Wahrscheinlichkeitsmaße p_i sind nicht bekannt (→ Minimax-Regel, → Maximax-Regel, → Hurwicz-Regel, → Laplace-Regel, → Savage-Niehans-Regel); von geringer praktischer Relevanz im ökonomischen Anwendungsbereich, da sie i.d.R. vorhandene Informationen der Entscheidungsträger über die Eintreffwahrscheinlichkeit der Umweltzustände nicht berücksichtigen, aber von größerer Bedeutung in der → Spieltheorie. – Vgl. auch → lexikografische Auswahlregel.

entscheidungsrelevante Kosten → relevante Kosten.

Entscheidungssequenzen → mehrstufige Entscheidung.

Entscheidungstabelle – *Decision Table;* tabellenartige Darstellungsform von Sachverhalten, bei denen in Abhängigkeit von Bedingungen verschiedene Aktionen zur Ausführung kommen sollen.

Entscheidungstheorie – I. Gegenstand: Die Entscheidungstheorie befasst sich mit dem Entscheidungsverhalten von Individuen *(Theorien der Individualentscheidungen)* und Gruppen bzw. Organisationen *(Theorie der Kollektiventscheidungen).* – Vgl. auch → Individualentscheidung, → Kollektiventscheidung. – Die Absicht entscheidungstheoretischer Untersuchungen kann deskriptiver oder normativer Natur sein: (1) Bei *deskriptiver* Zwecksetzung soll das Zustandekommen von Entscheidungen gezeigt werden: Ablauf und Ergebnis von Entscheidungsprozessen sind zu klären *(deskriptive Entscheidungstheorie,* auch *empirisch-realistische Entscheidungstheorie).* – (2) Die *normative* Fragestellung prüft, wie Individuen oder Gruppen entscheiden sollen. I.d.R. wird dabei von den erfahrungsgemäß feststellbaren oder als Annahme unterstellten Zielen der Entscheidungsträger ausgegangen *(praktisch-normative Entscheidungstheorie);* es können auch Aussagen über zu verfolgende Ziele gemacht werden *(bekennend-normative Entscheidungstheorie).*

II. Charakterisierung und Teilgebiete: Ursprünglich aus der nationalökonomischen Theorie des → Homo oeconomicus entwickelt, wandelt sich die Entscheidungstheorie immer mehr zu einem *interdisziplinären Forschungsgebiet,* zu dem Statistik, Wirtschaftswissenschaften, Mathematik, Politologie, Militärwissenschaften, Logistik, Kybernetik, Kommunikationsforschung, Informationstheorie,

Psychologie und Soziologie Beiträge leisten, von dem diese aber auch Anregungen empfangen. – In dieser Entwicklung zeichnet sich eine Zweiteilung der entscheidungstheoretischen Forschung ab in die *formale Entscheidungslogik* mit vorwiegend normativer Fragestellung und in die *sozialwissenschaftliche Entscheidungstheorie* (Behavioral Decisionmaking Theory) mit v.a. *deskriptiver* Zwecksetzung. – 1. Die *Entscheidungslogik* ist durch die strenge Forderung nach Axiomatisierung der Aussagensysteme charakterisiert (mathematische und logische Entscheidungskalküle). Sie ist eine *Theorie des Rationalverhaltens.* Zur Entscheidungslogik zählen in erster Linie die → statistische Entscheidungstheorie, die → Ökonometrie, die Theorie der strategischen Spiele und die Ansätze des → Operations Research (OR). – 2. *Sozialwissenschaftliche Entscheidungstheorie* verwirft die Annahme einer absoluten Rationalität menschlicher Entscheidungen, die als Konstruktion für wissenschaftliche Analysen häufig verwendet wird. Im Einklang mit psychologischen und soziologischen Erkenntnissen bezieht sie die vielfachen individuellen und sozialen Begrenzungsfaktoren der menschlichen Rationalität in die Analyse ein. Sie kann somit als *Theorie der „intendierten“* (beabsichtigten), *jedoch beschränkten Rationalität (relative Rationalität)* bezeichnet werden. Die berücksichtigten Beschränkungen sind vorwiegend kognitiver Art (z.B. die beschränkte Informationsverarbeitungskapazität des Menschen, die Bindung an kulturelle Tabus u.a.). Durch die Betonung des zeitlichen Ablaufes einer Entscheidung in der sozialwissenschaftlichen Entscheidungstheorie gewinnen die Theorie der Anspruchsanpassung, die sozialpsychologische Konflikttheorie sowie Fragen der Koordination, der stufenweisen (sukzessiven) Entscheidung, der Mehrpersonenentscheidung und der Rückkoppelungsinformationen an Bedeutung (Principal/Agent-Beziehung).

III. Entscheidungstheorie als Theorie des Rationalverhaltens: 1. Die Entscheidungstheorie geht davon aus, dass sich das Individuum vor eine Anzahl von *Alternativen* gestellt sieht, von denen eine auszuwählen ist. Die Auswahl erfolgt aufgrund von *Präferenzen* (Höhen-, Arten-, Sicherheits-, Zeitpräferenz), die dem Individuum die Ordnung von *Konsequenzen* der Alternativen gestatten. In einem mathematischen Entscheidungsmodell werden die Alternativen durch die → Aktionsparameter bzw. die *Instrumentalvariablen* zum Ausdruck gebracht. Die Ausprägungen der *Erwartungsvariablen* geben die Konsequenzen wieder. – 2. Die → Zielfunktion (Entscheidungsfunktion) steht für die Präferenzen bzw. Ziele des Entscheidungsträgers. *Definitionsfunktionen* enthalten die definitorischen Zusammenhänge zwischen den Variablen der Zielfunktion. *Erklärungsfunktionen* bilden den Zusammenhang zwischen Zielvariablen und Aktionsparametern ab. Schließlich existiert i.d.R. eine Reihe von *Nebenbedingungen.* Sie geben an, in welchem Bereich die Variablen des *Entscheidungsmodells* variieren dürfen. Zur Verdeutlichung sei die Struktur eines einfachen Optimierungsmodells kurz angedeutet. Es dient der Bestimmung des gewinnmaximalen Produktionsprogramms unter Nebenbedingungen:

Zielfunktion	
(Entscheidungsfunktion):	G → max! (Euro)
Definitionsfunktion:	G = E – K(Euro)
Erklärungsfunktionen:	E = p1 x1 + p2 x2;
	K = 1.200 Euro
Nebenbedingungen:	
$a x_1 + b x_2 \leq 300$	(Std., Maschine I)
$c x_1 + d x_2 \leq 240$	(Std., Maschine II)
$x_1 \geq 0$	(Stück)
$x_2 \geq 0$	(Stück)

wobei: G = Gewinn; E = Erlös; K = Kosten; x_1, x_2 = Produktmengen der Produkte 1 und 2; p_1, p_2 =Verkaufspreise der Produkte 1 und 2; a, b, c, d = benötigte Bearbeitungszeit pro Stück der Produkte 1 und 2 auf den Maschinen I und II. a, b, c, d sind bei gegebenem technologischen Stand des Produktionsprozesses vom Entscheidungsträger nicht beeinflussbar *(Daten).* Auch die Absatzpreise sind im vorliegenden Fall Daten. Aktionsparameter stellen die Produktmengen x_1 und x_2 dar; Erwartungsparameter ist der Gewinn. Die *Entscheidungsregel* lautet: „Produziere diejenige Produktmenge, die den größten Gewinn bringt!“ – 3. Sieht man von den allg. Grundlagen ab, so lässt sich in der Theorie des Rationalverhaltens zwischen Entscheidungen unter Sicherheit, Risiko und Unsicherheit differenzieren. – a) Im Fall der *Entscheidung unter Sicherheit* sind alle Alternativen einschließlich ihrer Konsequenzen bekannt (deterministische Entscheidungsmodelle). – b) Im *Risikofall* sind die Alternativen ebenfalls bekannt; sie führen aber nicht zu eindeutigen Konsequenzen. Über den Eintritt der Konsequenzen liegt eine Wahrscheinlichkeitsverteilung vor (stochastische Entscheidungsmodelle). – c) Bei *Entscheidungen unter Unsicherheit* sind über den Eintritt spezifischer Konsequenzen nicht

Entscheidungstheorie – Indifferenzkurvensystem (Beispiel)

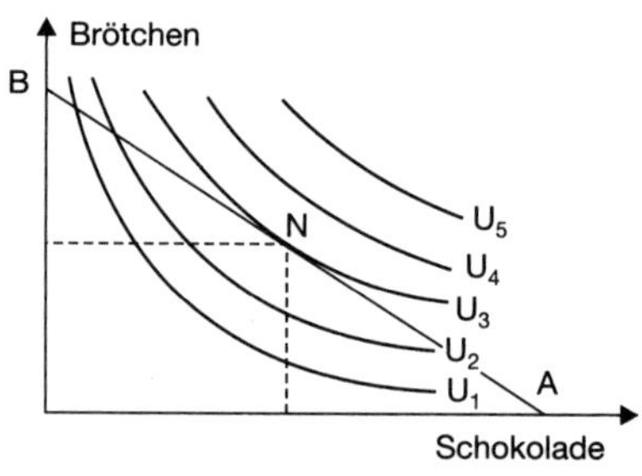

einmal Wahrscheinlichkeiten gegeben. – Die klassische Konzeption des Homo oeconomicus stellt im Wesentlichen eine Theorie der *Entscheidungen unter Sicherheit* dar. Der *Homo oeconomicus*, ein Modell des rational handelnden, vollkommen informierten, „seismographisch" und unendlich schnell reagierenden Entscheidungsträgers, ist in der Lage, eine schwache Ordnung seiner Alternativen vorzunehmen, d.h., er besitzt eine *Präferenzordnung*, und es gilt das *Transitivitätsaxiom* (wenn gilt a R b und b R c, dann gilt auch: a R c, wobei R = „wird vorgezogen gegenüber"). Verschiedentlich wird auch noch die *Konsistenz* der Präferenzordnung im Zeitablauf gefordert. Schließlich trifft der Homo oeconomicus seine Wahl, indem er „etwas" maximiert (z.B. Gewinn) oder minimiert (z.B. Kosten). – 4. Nicht nur die klassische Konzeption führt hierzu die *Nutzenmaximierung* ein. In der Wirtschaftstheorie sind in diesem Zusammenhang die → Gossenschen Gesetze (1953) bekannt geworden. Das Erste Gossensche Gesetz beinhaltet die Erfahrungstatsache, dass der Nutzen, den eine zusätzliche Einheit eines Gutes bringt (Grenznutzen) mit zunehmender Sättigung sinkt. Das Zweite Gesetz, das Gesetz vom Ausgleich der Grenznutzen, besagt, das Einkommen werde so auf die verschiedenen Güterkategorien verteilt, dass der Nutzenzuwachs bei allen Ausgaben gleich ist. – Die Nutzenproblematik zeigt sich bes. in der *ordinalen* oder *kardinalen Nutzenmessung:* Frühe Wirtschaftstheoretiker nehmen den Gesamtnutzen als Summe unabhängiger Einzelnutzen an. Edgeworth berücksichtigt – von der kardialen Nutzentheorie herkommend – mit den → Indifferenzkurven (geometrische Örter unterschiedlicher Güterkombinationen, die gleichen Gesamtnutzen stiften) auch unabhängige Einzelnutzen (1881). Pareto vertritt zwar die ordinale Nutzentheorie, weist aber nach, dass das Instrument „Indifferenzkurvensystem" dieselben Ergebnisse zulässt wie die Grenznutzentheorie (*Wahlhandlungstheorie;* Axiome: Indifferenzkurven sind links-gekrümmt und schneiden sich nicht; der Entscheidungsträger maximiert seinen Nutzen). Erst in neuerer Zeit haben, auf der Basis empirischer Untersuchungen, Ansätze zur kardinalen Nutzenmessung wieder an Bedeutung gewonnen. – 5. Nicht nur beim Einpersonenaktor spielt die Nutzentheorie eine große Rolle. Die umstrittene *Theorie der Sozialwahlfunktion* (in der Makroökonomik: Welfare Economics) verlässt den Homo oeconomicus insofern, als sie dem Mehrpersonencharakter Rechnung trägt. Sie versucht aus den heterogenen individuellen Präferenzen der Organisationsteilnehmer eine eindeutige *Präferenzordnung* der Mehrpersoneneinheit abzuleiten. Unter der Voraussetzung kardinaler Messbarkeit lässt sich der Sozialnutzen z.B. durch Summation der Individualnutzen oder durch Gewichtung der Individualnutzen mit einem Sozialindex und anschließende Summation bestimmen. – Bei der Präferenzordnung handelt es sich um einen zentralen Begriff der *Theorie des Rationalverhaltens.* Das Beispiel des *Indifferenzkurvensystems* diene seiner Verdeutlichung: ein Haushalt kann aufgrund seines Einkommens (Einkommensgerade AB) mehrere Kombinationen von Brötchen und Schokolade wählen (alle innerhalb des Dreiecks OAB); vgl. Abbildung „Entscheidungstheorie – Indifferenzkurvensystem". Es handelt rational im Sinn des Homo oeconomicus. Kombinationen, die ihm gleichen Nutzen stiften, liegen in einem Koordinatensystem auf derselben Indifferenzkurve. Der Entscheidungsträger wählt die Kombination N, die auf einer Indifferenzkurve liegt, welche die Einkommensgrade berührt. Kombinationen auf U_4 und U_5 würden ihm zwar höheren Nutzen bringen, liegen aber außerhalb seiner Möglichkeiten. Bei *Entscheidungen unter Risiko* werden zunächst nur objektive Wahrscheinlichkeiten für das Eintreffen der Konsequenzen bekannter Alternativen anerkannt. Gewählt wird die Alternative mit dem maximalen Erwartungswert. Die jüngere Theorie verwendet v.a. subjektive Wahrscheinlichkeiten (Schätzungen). Maximiert wird i.d.R. der subjektiv erwartete Nutzen. *Entscheidungen unter Unsicherheit* sind nicht notwendigerweise mit der Spieltheorie verbunden. Beide Gesichtspunkte erfahren aber durch die Annahme unbekannter Entscheidungen des Gegenspielers oft eine gemeinsame Untersuchung (Spiele gegen die Natur). Zur Erklärung des Rationalverhaltens unter Unsicherheit bestehen sehr unterschiedliche Entwürfe. Eine dieser normativen Entscheidungsregeln wird im Folgenden unter Verwendung des spieltheoretischen Instruments der Entscheidungsmatrix beispielhaft dargestellt.

Entscheidungsmatrix

	Z_1	Z_2	Zeilen-minimum
A_1	e_{11}	e_{12}	1
A_2	e_{21}	e_{22}	0

Zwei Alternativen A_1, A_2 sollen jeweils zwei Ergebnisse (e_{11}, e_{12}; e_{21}, e_{22}) bei zwei unterschiedlichen Umweltzuständen Z_1, Z_2 haben. Bewertet man die Ergebnisse mit einer Nutzenfunktion, so ergibt sich z.B. folgende → Entscheidungsmatrix: Ein extrem pessimistisch veranlagter Entscheidungsträger wird versuchen, den minimalen Nutzen (gemäß Matrix das minimale Ergebnis) zu maximieren (Minimax-Kriterium). Im Beispiel wählt er die Alternative A_1. Dagegen wird der extreme Optimist die Alternative wählen, die beim Eintreten der jeweils für ihn günstigsten Umweltsituation zum besten bewerteten Ergebnis führt. Er wählt die Alternative A_2 (Maximum-Kriterium). Alle derartigen Entscheidungsregeln setzen beim Mehrpersonenaktor die Bildung einer Sozialwahlfunktion voraus. Ist zwischen den Individuen kein gemeinsames Zielsystem als „intervenierende Variable" eingeschaltet, so bieten sich „am Rande" einer Theorie des Rationalverhaltens die *Schlichtungsregeln* der *Bargaining-Theorien* (z.B. Koalition, Ausgleichszahlungen) als normative Entscheidungsregeln an. Sie versuchen

Lösungen im Sinn eines „fairen Schiedsrichtervorschlags".

Ergebnismatrix

	Z_1	Z_2	Zeilen-minimum	Zeilen-maximum
A_1	2	1	1	2
A_2	0	8	0	8

IV. Die Theorie des beschränkten Rationalverhaltens: 1. In der entscheidungstheoretischen Sprache lässt sich die *„Unvollkommenheitssituation"*, in der sich der Mensch befindet, wie folgt beschreiben: Entscheidungssituationen, in denen sämtliche Alternativen bekannt sind, finden sich relativ selten. Die Annahme, dass das Entscheidungssubjekt den Alternativen eindeutige Konsequenzen zuordnen kann, erweist sich ebenfalls als wirklichkeitsfremd. Schließlich besitzt der Mensch kein geschlossenes System von Zielen, Wünschen und Motiven. Aus diesen Gründen verlieren die oftmals brillanten entscheidungslogischen Modelle ihre Praktikabilität. – 2. Die Entscheidungslogik geht von einem gegebenen Problem aus und schenkt dem Prozessablauf wenig Beachtung. Eine Betrachtung der *Phasen des Entscheidungsprozesses* macht jedoch eine Reihe von Beschränkungen sichtbar. Erste Schwierigkeiten ergeben sich beim Erkennen und Abgrenzen des Problems *(Anregungsphase)*. Nur in Ausnahmefällen wird es möglich sein, in der anschließenden *Suchphase* einen vollständigen Katalog der Alternativen und ihrer Konsequenzen zu erstellen. Demzufolge ist in der *Optimierungsphase* kaum noch die Wahl der günstigsten Alternative möglich. Oft verfügt der Entscheidungsträger auch gar nicht über eindeutige Zielvorstellungen. Die Analyse der Machtbeziehungen beleuchtet die Begrenzungen der *Durchsetzungsphase*. Die Ergebnisse der *Kontrollphase* schließlich führen nur in bestimmten übersichtlichen Fällen durch Rückkoppelungsinformationen zu Revisionsentscheidungen. – 3. Unabhängig von den in den Phasen des Entscheidungsprozesses auftretenden Begrenzungsfaktoren erschweren weitere Hindernisse ein rationales Verhalten des Entscheidungsträgers im Sinn der Entscheidungslosigkeit. Das Entscheidungssubjekt ist nach Auffassung der Theorie des beschränkten Rationalverhaltens ein informationsverarbeitendes System, dessen Verarbeitungskapazität und -geschwindigkeit begrenzt sind. Der Entscheidungsträger empfängt von seiner Umwelt Informationen. In einem Denkprozess versucht er sie problementsprechend zu ordnen und gelangt dadurch zu Lösungen seines Problems. – Häufig ist es allerdings nur eine Routinereaktion. Echte Entscheidungsprozesse (Suchverhalten) sind i.d.R. einmalig. Sie bleiben einer Programmierung verschlossen, wenngleich auch hier einzelne Vorgänge (z.B. Informationssuche) Routinecharakter tragen können. Bestmögliche Lösungen sind meist ausgeschlossen. Der Entscheidungsträger begnügt sich mit *„befriedigenden" Lösungen*. Er strebt ein bestimmtes Anspruchs- oder Zufriedenheitsniveau an. Ein Entscheidungsprozess wird ausgelöst, wenn die realisierte Zielrichtung unter dem Anspruchsniveau liegt. Findet sich keine Handlungsalternative, die eine Erreichung des Anspruchsniveaus gewährleistet, so ist eine Senkung des Anspruchsniveaus zu erwarten. – 4. Ein Entscheidungssubjekt verfolgt i.Allg. *mehrere Ziele*. In diesem Fall sind für alle Ziele Mindestansprüche zu formulieren. Für die Entscheidungstheorie ergibt sich die zusätzliche Schwierigkeit, Aussagen über die *Reihenfolge* zu machen, in der Anpassungen der verschiedenen Anspruchsniveaus vorgenommen werden (deskriptiv) oder werden sollen (normativ). Die Beschränkungen des Individuums haben bei der Lösung komplexer Aufgaben in der Realität zur Bildung von Organisationen geführt. Die Analyse arteigener Beschränkungen der Mehrpersonenentscheidungen stellt die Verbindung zwischen Entscheidungs- und Organisationstheorie her. V.a. finden die Forschungsergebnisse der Organisationstheoretiker Beachtung, die systematisch Kommunikations- und Machtbeziehungen in ihre Überlegungen einbeziehen. – 5. Die Hinweise zur Erfassung des beschränkt-rationalen Entscheidungsverhaltens machen die Schwierigkeiten sichtbar, vor denen die Entscheidungstheorie in ihrem Bemühen um ein *realistisches Modell des entscheidenden Menschen* steht. Die bestehenden Modellansätze können nicht in jeder Hinsicht überzeugen. Sie zeigen jedoch Wege auf, wie durch interdisziplinäre Forschung die z.T. unrealistischen Annahmen der entscheidungslogisch orientierten Entscheidungstheorie zu überwinden sind. – In der *neueren Entwicklung* lässt sich immer stärker die Trennung zwischen normativer und deskriptiver Analyse des Entscheidungsverhaltens erkennen. Auf *deskriptiver* Basis wird der Versuch zur Entwicklung von *Simulationsmodellen* des Entscheidungsverhaltens unternommen. Die erfolgversprechendsten Ansätze zeigen sich dabei in der psychologischen *Theorie des individuellen Problemlösungsverhaltens* und in *sozialwissenschaftlichen Kampf- und Verhandlungstheorien*. Schließlich bestehen Ansätze zur Entwicklung *heuristischer Entscheidungsmodelle* (z.B. „Science of Muddling through"). – Vgl. auch → Wirtschafts- und Sozialkybernetik, → entscheidungsorientierte Betriebswirtschaftslehre, → Informationsökonomik, → Spieltheorie, → experimentelle Wirtschaftsforschung.

Entscheidungsträger – Person oder Personenmehrheit, deren Aufgabe in der Lösung eines Entscheidungsproblems liegt. Das jeweils unterstellte Modell des Entscheidungsträgers bei der Analyse einer Entscheidung bestimmt wesentlich die Art des → Entscheidungsverhaltens und des Zielsystems. – Vgl. auch → Entscheidung.

Entscheidungsverhalten

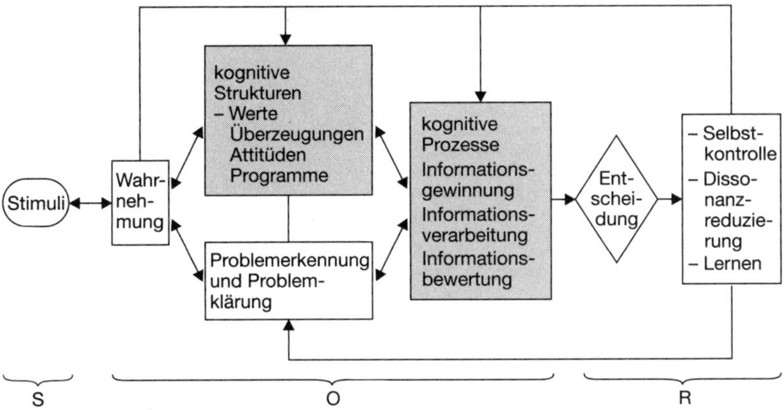

Entscheidungsunterstützungssystem → Decision Support System (DSS).

Entscheidungsverhalten – 1. *Begriff:* Verhaltensmuster individueller und kollektiver Entscheidungsträger, die Ablauf und Ergebnis von → Entscheidungsprozessen beeinflussen. – 2. Grundlegend für die *Erforschung des Entscheidungsverhaltens.* ist die Frage nach der Entstehung von → Entscheidungsprämissen und der Ableitung der zu wählenden Handlung aus diesen Prämissen durch den Entscheidungsträger. Dabei zeigt sich, dass die Mehrzahl betrieblicher Entscheidungen Beschränkungen der Rationalität (→ Rationalprinzip) unterworfen sind. Die starren Verhaltensannahmen des vielfach unterstellten → Homo oeconomicus erweisen sich als untauglich zur Beschreibung und Erklärung realen Entscheidungsverhaltens. Hierzu bedarf es der empirisch-theoretischen Forschung, die in ihre Theoriebildung auch relevante psychologische und sozialpsychologische Erkenntnisse einbezieht. – Vgl. auch → Entscheidungstheorie. – 3. *Allgemeiner Ansatz zum individuellen Entscheidungsverhalten:* SOR-Modell, nach dem der Mensch Stimuli (S) in seinem Organismus (O) zu Reaktionen (R) verarbeitet (vgl. Abbildung „Entscheidungsverhalten"). Da die Stimuli sich auf Ziele oder Alternativen beziehen können, sind alle Typen von Entscheidungsverhalten durch dieses Erklärungsschema abgedeckt (Kaufentscheidungen: → Käufer- und Konsumentenverhalten). – Vgl. auch → Informationsverarbeitung.

Entscheidungsverzögerung → Lag.

Entscheidungswert – 1. *Begriff:* Wert, der einem Entscheidungsträger bei gegebenem Zielsystem und → Entscheidungsfeld anzeigt, unter welchen Bedingungen die Durchführung einer bestimmten Handlung das ohne diese Handlung erreichbare Niveau der Zielerfüllung gerade noch nicht mindert. – 2. *Merkmale:* (1) Entscheidungswert ist eine *kritische Größe (Merkmal des Grenzwertes).* (2) Entscheidungswert wird im Hinblick auf eine bestimmte Handlung ermittelt *(Merkmal der Handlungsbezogenheit).* (3) Entscheidungswert ist auf ein bestimmtes Entscheidungssubjekt und dessen Zielsystem bezogen *(Merkmal der Zielsystembezogenheit).* (4) Entscheidungswert ist für ein bestimmtes Entscheidungsfeld gültig *(Merkmal der Entscheidungsfeldbezogenheit).*

Entscheidungszentralisation – Zentralisierung von Entscheidungskompetenzen bei einer Stelle. – 1. Entscheidungszentralisation *i.w.S.:* Bündelung von Entscheidungskompetenz bei einer Stelle. – 2. Entscheidungszentralisation *i.e.S.:* Bündelung von Entscheidungskompetenzen bei einer Stelle, die auf einer hierarchisch höheren Ebene angesiedelt ist. – *Gegensatz:* → Entscheidungsdezentralisation.

Entschleunigung – 1. *Begriff:* Der Begriff Entschleunigung beschreibt die bewusste Verlangsamung der auf allen Stufen der → Wertschöpfung stattfindenden Prozesse und somit eine Verlangsamung der Stoff-, Energie- und Informationsströme (vgl. Günther/ Lehmann-Waffenschmidt 2005, S. 10). – 2. *Ziel:* Ziel der Entschleunigung ist es eine geringere Nutzung der → Umweltfunktionen zu erreichen. Des Weiteren kann eine Entschleunigung auch zur Maximierung des Kundennutzens führen, da insbesondere kurze → Lebenszyklen, z.B. in der Unterhaltungselektronik z.T. als persönliche Belastung angesehen werden. Ein bewusstes Bremsen dieser Entwicklung kann so u.U. sowohl das Wohlbefinden des Kunden als auch die Schonung der natürlichen Umwelt ermöglichen.

Entschließungsfreiheit → wettbewerbspolitische Leitbilder.

Entschluss – 1. *Begriff:* Abschließender Wahlakt eines → Entscheidungsprozesses, der Ausdruck des Ergebnisses einer → Entscheidung ist. – 2. *Abgrenzung:* Der Begriff *Entscheidung* bezieht sich auf den gesamten Problemlösungsprozess. – Vgl. auch → Entscheidungsphasen.

Entsendung von Arbeitnehmern – I. Begriff: 1. *EG-Richtlinie über die Entsendung von Arbeitnehmern* (Richtlinie 96/71/EG vom 16.12.1996 (ABl. L 18 S. 1ff vom 21.1.1997): Bezweckt, im Fall grenzüberschreitender Erbringung von Dienstleistungen den Arbeitnehmern die in wichtigen Teilbereichen gebräuchlichen Arbeitsbedingungen des Arbeitsorts als Mindestnorm zu gewährleisten und dadurch Wettbewerbsbedingungen für Unternehmen, die Dienstleistungen am gleichen Ort erbringen, teilweise anzunähern (Produktionsort-Prinzip). – 2. *Gesetz über zwingende Arbeitsbedingungen für grenzüberschreitend entsandte und für regelmäßig im Inland beschäftigte Arbeitnehmer und Arbeitnehmerinnen* (Arbeitnehmer-Entsendegesetz – AEntG) vom 20.4.2009 (BGBl. I 799). a) Das Gesetz gilt für enumerativ aufgezählte Wirtschaftszweige mit mehr als 50 Prozent Tarifbindung. Dies sind folgende ausdrücklich genannte acht Branchen: Baugewerbe, Gebäudereinigung, Briefdienstleistung, Sicherheitsdienstleistungen, Bergbau, Wäschereibranche, Abfallwirtschaft sowie die Aus- und Weiterbildungsbranche. In diesen Branchen können Mindestlöhne eingeführt werden (zum Verfahren s. unten unter c). Die Zeitarbeitsbranche wurde nach umfangreichen Diskussionen vorerst nicht in das Gesetz aufgenommen. Dabei regelt das Gesetz nicht mehr nur Arbeitsbedingungen für entsendete, sondern für alle Arbeitnehmer. Für Wirtschaftszweige unter 50 Prozent Tarifbindung gilt das Mindestarbeitsbedingungengesetz (→ Mindestarbeitsbedingungen). – b) Ziel des Gesetzes ist es, angemessene Mindestarbeitsbedingungen zu schaffen und durchzusetzen, faire und funktionierende Wettbewerbsbedingungen zu gewährleisten und sozialversicherungspflichtige Beschäftigung zu erhalten und die Ordnungs- und Befriedungsfunktion der Tarifautonomie zu wahren. – c) Das Bundesministerium für Arbeit und Soziales (BMAS) kann in den im Gesetz aufgeführten 8 Branchen auf Antrag durch Rechtsverordnung folgendes bestimmen: dass die Rechtsnormen eines bundesweiten Tarifvertrags allgemeinverbindlich, also auf alle unter den Geltungsbereich fallenden Arbeitgeber und Arbeitnehmer anzuwenden ist. Dabei geht der für allgemeinverbindliche erklärte Tarifvertrag anderen Tarifverträgen vor. – Vgl. auch → Allgemeinverbindlichkeitserklärung von Tarifverträgen.

II. Steuerrecht: 1. Beim *Arbeitnehmer* ist das empfangene Gehalt i.d.R. im Tätigkeitsstaat zu versteuern, wenn der Aufenthalt im anderen Land eine bestimmte zeitliche Schwelle (meist 183 Tage innerhalb eines Jahres) überschreitet; wird der Arbeitnehmer für ein verbundenes Unternehmen im Tätigkeitsstaat oder für eine dortige Betriebsstätte seines Arbeitgebers tätig, dann ist sein Gehalt auch bei kürzeren Aufenthalten dort zu versteuern. – 2. Auf der *Unternehmensseite* ist das Gehalt des Arbeitnehmers Betriebsausgabe. Ist der Arbeitnehmer von einem Konzernunternehmen zu einem anderen entsandt worden und sein Gehaltsniveau höher als das, das vergleichbare Arbeitnehmer im Tätigkeitsstaat beziehen, kann bei dem begründeten Verdacht einer Übervorteilung des → verbundenen Unternehmens (durch das entsendende Unternehmen) die Finanzverwaltung in diesem Land in der Zahlung des hohen Gehalts an den Arbeitnehmer teilweise eine verdeckte Gewinnausschüttung sehen.

Entsorgung – 1. *Rechtlich* umfasst die Entsorgung von → Abfällen, deren Verwertung und Beseitigung § 3 VII KrW-/AbfG. – 2. *Aus betrieblicher Sicht* zählen zum Bereich der Entsorgung: (1) Einstufung von Abfällen nach technisch-physikalischen Eigenschaften; (2) Erfassen, Sammeln, Umformen, Selektieren, Aufbereiten, Regenerieren, Vernichten, Verwerten und Verkaufen der zu entsorgenden Stoffe; (3) Durchführung aller übrigen zur Entsorgung notwendigen Aktivitäten, wie z.B. der Abtransport oder die Verschrottung gemäß den gesetzlichen Auflagen sowie den technischen Gegebenheiten.

Entsorgungslogistik – Anwendung der Logistikkonzeption (→ Logistik) auf Reststoffe, um mit allen Tätigkeiten der raum-zeitlichen Transformation, einschließlich der Mengen- und Sortenänderung, einen ökonomisch und ökologisch effizienten Reststoff-Fluss zu gestalten. Zu den Objekten der Entsorgungslogistik gehören als Reststoffe sämtliche rein stofflichen Nebenprodukte von Produktions-, Distributions- und Konsumtionsprozessen. Nach dem Kriterium „Verwendbarkeit/ Verwertbarkeit" lassen sich die Reststoffe weiter aufteilen in nicht mehr wiedereinsetzbare Rückstände und recyclingfähige Wertstoffe. Auf einer dritten Ebene sind nach dem Aggregatzustand Abwasser, Abfall und (feste Bestandteile der) Abluft zu unterscheiden. In die Konzeption der Entsorgungslogistik fließen neben ökonomischen auch ökologieorientierte Ziele ein. Während zu den erstgenannten vornehmlich Kosten- und Serviceziele im Bereich der Entsorgung zählen, beziehen sich die letztgenannten auf die Erreichung einer hohen Wiedereinsatzquote sowie auf eine möglichst umweltgerechte Durchführung der entsorgungslogistischen Prozesse der Lagerung, des Transports, des Umschlags, der Sammlung und Trennung (→ Sammel- und Trennverfahren) sowie der → Verpackung. – Vgl. auch → Gefahrgutlogistik.

Entsorgungswirtschaft – Sammelbegriff für die – vorwiegend öffentlichen – Einrichtungen der Müllabfuhr, Straßenreinigung, Kanalisation, Kläranlagen, Müllverbrennungsanlagen, Mülldeponien, Abwasser-Pipeline, Wiederaufbereitungsanlagen für Kernbrennstoffe und Recycling-Anlagen. Zunehmend durch Privatisierungs- und

Liberalisierungsbestrebungen gekennzeichnet. – Vgl. auch → Entsorgung.

Entstehungsrechnung – Berechnung und Darstellung des → Inlandsprodukts von der Produktionsseite her; hierzu werden die Bruttowertschöpfungen der einzelnen Wirtschaftsbereiche addiert und um die unterstellte Bankgebühr sowie die → Gütersteuern und → Gütersubventionen korrigiert. Neben der Entstehungsrechnung bilden die → Verwendungsrechnung und die → Verteilungsrechnung den Kernbereich der laufenden Inlandsproduktsberechnung. – Vgl. auch → Bruttoinlandsprodukt (BIP).

Entstellung – Verfälschung oder Verzerrung der Wesenszüge eines unter Urheberrechtsschutz stehenden Werks, gegen das sich der Urheber aus seinem → Urheberpersönlichkeitsrecht zur Wehr setzen kann (§ 14 UrhG). Der Schutz gegen Entstellung ergreift auch andere Beeinträchtigungen, die nicht entstellend wirken, gleichwohl aber die berechtigten geistigen oder persönlichen Interessen des Urhebers an seinem Werk gefährden. Nach überwiegender Meinung ist die Vernichtung eines Werks durch seinen Käufer keine Entstellung.

Entwertung → Wertminderung.

Entwicklung → Forschung und Entwicklung (F&E).

Entwicklung der Verhältnisse – Begriff des Steuerrechts für Änderungen der Lebensverhältnisse, die u.a. auf technischem Fortschritt, wirtschaftlichen, soziologischen, kulturellen und politischen Erkenntnissen beruhen. Eine Berücksichtigung der Entwicklung der Verhältnisse bei der Auslegung steuerrechtlicher Normen steht mit der objektiven Auslegungstheorie im Einklang. – Vgl. auch → typische Betrachtungsweise, → wirtschaftliche Betrachtungsweise.

Entwicklungsbanken – *Development Banks, Development Finance Companies*. 1. *Charakterisierung:* Bezeichnung für unterschiedliche Spezialinstitute für die Finanzierung von langfristigen Investitionsvorhaben mit entwicklungspolitischer Bedeutung (z.B. industrielle Großprojekte, Infrastrukturmaßnahmen) bzw. nationalen wirtschaftspolitischen Maßnahmen in Entwicklungsländern. Für Entwicklungsländer sind sie von bes. Bedeutung, da ihnen ein leistungsfähiger Kapitalmarkt fehlt und dadurch Kapitalbildung wegen geringer interner Ersparnismobilisierung ungenügend ist (→ Ersparnislücke). – 2. *Funktionen:* Neben reinen Finanzierungsleistungen erbringen sie auch Beratungsdienstleistungen bei der Durchführung von Projekten. – 3. *Refinanzierung:* Die Refinanzierung der Entwicklungsbanken erfolgt meist durch staatliche Beteiligungen, Beteiligungen anderer Entwicklungsbanken und durch Emission von Schuldverschreibungen, die aufgrund des guten Standings der Entwicklungsbanken zu günstigen Konditionen am Kapitalmarkt untergebracht werden können. – 4. *International tätige Entwicklungsbanken:* Zur Weltbank-Gruppe gehören folgende miteinander verbundene Organisationen: International Bank for Reconstruction and Development (→ IBRD), International Finance Corporation (→ IFC), International Development Association (→ IDA), International Centre for Settlement of Investment Disputes (→ ICSID) und Multilateral Investment Guarantee Agency (→ MIGA). – 5. *National tätige Entwicklungsbanken:* In vielen Entwicklungsländern wurden Entwicklungsbanken gegründet, deren Tätigkeit sich auf die gesamte Wirtschaft des Landes oder bestimmte Sektoren erstreckt (z.B. Entwicklungsbanken zur Förderung des Exports, des Mittelstands oder der Landwirtschaft). Sie sind mit den Wirtschaftsverhältnissen ihrer Klientel vertraut und können bei der Projektplanung Risiken besser beurteilen. Auch in Industrieländern gibt es Entwicklungsbanken wie z.B. die → Kreditanstalt für Wiederaufbau (KfW), die in der Bundesrepublik Deutschland u.a. für die → finanzielle Zusammenarbeit mit den Entwicklungsländern zuständig ist. – 6. *Wichtige Instrumente:* Gewährung von zinsgünstigen, projektgebundenen Krediten mit längerfristigen Laufzeiten. In neuerer Zeit werden auch nicht-projektgebundene Darlehen zur strukturellen Anpassung von international tätigen Entwicklungsbanken vergeben.

Entwicklungsgefahren → Produkthaftung.

Entwicklungsgesetze technischer Systeme – Der sowjetische Wissenschaftler G.S. Altschuller extrahierte aus zahlreichen Patentschriften Entwicklungsmuster, die er anhand von statistischen Häufungen zu Entwicklungsgesetzen technischer Systeme zusammenfasste. Sie beschreiben die idealtypische Entwicklung eines technischen Systems. Unterschieden werden vier Phasen, die ein technisches System durchlaufen kann: die Statik, die Kinematik, die Dynamik und die Evolution. G.S. Altschuller ordnete jeder Phase spezifische Gesetzmäßigkeiten zu, nach denen sich das technische System verhält. In der vierten Phase, der Evolution, kann das System in ein anderes System übergehen. Die Entwicklungsgesetze technischer Systeme bieten dem Nutzer Basisinformationen über den Entwicklungsstrang einer Technologie an. Zur weitergehenden Steuerung von Technologien, z.B. im Rahmen der → Technologieplanung, eignen sie sich nicht.

Entwicklungshelfer – 1. *Begriff:* Entwicklungshelfer ist, wer in → Entwicklungsländern ohne Erwerbsabsicht Dienst leistet, um zum Fortschritt der Länder beizutragen, sich auf zwei Jahre beim Träger des Entwicklungsdienstes vertraglich verpflichtet und dafür nur bes. Leistungen erhält. – 2. *Rechtsgrundlage:* Entwicklungshelfergesetz vom 18.6.1969 (BGBl. I 549) m.spät.Änd. – 3. *Rechtsstellung:* Der Träger schließt mit Entwicklungshelfern den *Entwicklungshelfer-Dienstvertrag* (kein → Arbeitsvertrag) ab; indes gelten eine Reihe arbeitsrechtlicher Grundsätze entsprechend. Der Entwicklungshelfer enthält kein eigentliches Arbeitsentgelt, sondern Unterhaltsgeld und Sachleistungen zur Sicherung des Lebensbedarfs, Wiedereingliederungsbeihilfe, Erstattung der

Reisekosten und Urlaubsgewährung. – Der Träger hat eine *Haftpflicht- und Krankenversicherung* abzuschließen. – Bei *Arbeitsunfähigkeit* ist Unterhalt, Tagegeld und Versorgung zu zahlen. – Für die *Rechtsstreitigkeiten* der Entwicklungshelfer mit dem Träger sind die → Arbeitsgerichte zuständig (§ 2 I Nr. 7 ArbGG). – 4. *Träger des Entwicklungsdienstes* sind vom Bundesminister für wirtschaftliche Zusammenarbeit anerkannte juristische Personen, die ausschließlich oder überwiegend Entwicklungshelfer vorbereiten, entsenden und betreuen und diese zu solchen Vorhaben entsenden, die mit den Förderungsmaßnahmen der Bundesrepublik für → Entwicklungsländer in Einklang stehen, wie z.B. der → Deutsche Entwicklungsdienst (DED) oder die Deutsche Arbeitsgemeinschaft für Entwicklungshilfe e. V. (AGEH).

Entwicklungshilfe – 1. *Begriff:* Alle Leistungen materieller und nicht materieller Art von Industrieländern an → Entwicklungsländer zu Vorzugskonditionen mit dem Ziel der Förderung der sozio-ökonomischen Entwicklung bzw. Verbesserung der Lebensbedingungen über Know-how-, Technologie- und Ressourcentransfer. Nach der Definition des → Development Assistance Committee (DAC) ist ein Zuschusselement von einem bestimmten Prozentsatz bei dem betreffenden Transfer im Vergleich zu kommerziellen Transaktionen notwendig, um in voller Höhe als Entwicklungshilfe zu gelten. Nicht zur Entwicklungshilfe i.e.S. zählen private und öffentliche Leistungen zu marktüblichen Bedingungen, → Direktinvestitionen, Kapitalanlagen in Entwicklungsländern, internationale Bankkredite oder staatliche Exportkredite. I.e.S. zählen auch private Entwicklungsleistungen (Wirtschaft, Kirchen u.a.) zur Entwicklungshilfe. – Im *neueren Sprachgebrauch* werden die Begriffe → finanzielle Zusammenarbeit und → technische Zusammenarbeit verwendet. – 2. *Hauptformen:* (1) Maßnahmen, die unmittelbar an Güterströmen ansetzen und eine Verbesserung der Handelsposition der Entwicklungsländer bewirken sollen (→ Handelshilfe); (2) Maßnahmen, die an Finanzströmen ansetzen und einen direkten Ressourcentransfer in Entwicklungsländer zum Gegenstand haben. – 3. *Formen:* a) *bilaterale/multilaterale Entwicklungshilfe:* Entwicklungshilfe wird als → bilaterale Hilfe (ein Geber-, ein Empfängerland) und als multilaterale Hilfe (mehrere Geber-, ein oder mehrere Empfängerländer) gewährt. Während die Vergabe bilateraler Hilfe oft politischer Logik folgt, ist die multilaterale Hilfe weniger von der Politik abhängig, dafür aber bei der Durchführung aufgrund zusätzlicher Koordinationskosten teurer. – b) *Gebundene/freie Entwicklungshilfe:* Bei der gebundenen Hilfe (→ Lieferbindung) ist das Empfängerland an Lieferungen von Firmen des Geberlandes gebunden. Oft ist die gebundene Hilfe teurer, weil der internationale Bietervergleich entfällt. Bei der freien Entwicklungshilfe kann das Empfängerland die Art der Lieferung und den Lieferanten frei wählen. – c) *Programm-/Projekthilfe:* Entwicklungshilfe kann bestimmte (isolierte) Projekte im Rahmen der → Kapitalhilfe finanzieren, während → Projekthilfe im Rahmen der → finanziellen Zusammenarbeit mehrere Projekte sektoral oder regional zusammenfasst. Programmhilfemittel ermöglichen eine Mittelumschichtung im Programmablauf und erlauben einen koordinierten Einsatz von Förderungsmitteln. – d) *Katastrophenhilfe:* Im akuten Katastrophenfall wird Entwicklungshilfe als Soforthilfe gewährt; meist als → Warenhilfe geschenkweise über die Vermittlung internationaler (oft Nichtregierungs-) Organisationen. – 4. *Träger:* a) *Internationale Träger:* (1) Weltbankgruppe und → Regionalbanken, v.a. Internationalen Bank für Wiederaufbau und Entwicklung (→ IBRD); Internationale Entwicklungsorganisation (→ IDA); International Finance Corporation (→ IFC; Förderung des privaten Sektors über die Mobilisierung von Inlands- und Auslandskapital); Multilaterale Investitions-Garantie-Agentur (→ MIGA; Übernahme von Garantien privatwirtschaftlicher Direktinvestitionen). (2) Vereinte Nationen: Entwicklungsprogramm der Vereinten Nationen (→ UNDP); Organisation für industrielle Entwicklung (→ UNIDO); Bevölkerungsfonds der Vereinten Nationen (→ UNFPA); Internationaler Fonds für landwirtschaftliche Entwicklung (IFAD); Welternährungsprogramm (WEP). (3) EU: → Lomé-Abkommen. (4) Sonstige internationale Träger: z.B. Internationaler Währungsfonds (→ IWF) (Zurverfügungstellung bes. Kreditfazilitäten für Entwicklungsländer). – b) *Nationale Träger:* → Kreditanstalt für Wiederaufbau (KfW); Deutsche Gesellschaft für Technische Zusammenarbeit (→ GTZ). – c) *Private Träger:* V.a. entwicklungspolitische Organisationen der Kirchen und politische Stiftungen.

Entwicklungskosten – I. Rechnungswesen: Kosten der Zweckforschung (Entwicklung), bes. Kosten für Konstruktions-, Versuchs- und Forschungsarbeiten. – *Erfassung in der Kostenrechnung:* Laufende Entwicklungskosten für ein Produkt sind diesem als → Sondereinzelkosten zuzurechnen. Die Kostenerfassung erfolgt häufig auf einer gesonderten → Kostenstelle des Forschungs- und Entwicklungsbereichs. – Vgl. auch → Forschungskosten.

II. Software Engineering: Kosten für die Entwicklung von Softwareprodukten. – *Gegensatz:* → Wartungskosten.

Entwicklungsländer – Staaten, die im Vergleich zu Industrieländern einen Entwicklungsrückstand aufweisen, indem einerseits das erzielte Wohlfahrtsniveau niedrig ist und andererseits die Funktionsfähigkeit des Wirtschaftssystems im Hinblick auf die Erzeugung wohlfahrtsrelevanter Leistungen mangelhaft ist. Indikatoren zur Verdeutlichung des niedrigen Entwicklungsstandes sind: Niedriges Pro-Kopf-Einkommen und das Leben breiter Bevölkerungsschichten in der Nähe des Existenzminimums; geringe Arbeitsproduktivität; hohe Arbeitslosigkeit; geringer Bildungsstand; Dominanz des primären Sektors in gesamtwirtschaftlicher Produktion und im Export; unzulängliche Infrastruktur. – *Verschuldungsprobleme von Entwicklungsländern:* → Auslandsverschuldung der Entwicklungsländer. – *Gegensatz:* → Industrieländer. – Vgl. auch → Entwicklungstheorie, → Länderklassifizierung, → Wachstumstheorie.

Entwicklungsländerberatung – *Development Consulting;* Beratungsdienstleistungen, die im Rahmen der internationalen Entwicklungszusammenarbeit erbracht werden. Dabei kann grundlegend zwischen Technischer Zusammenarbeit (TZ) und Finanzieller Zusammenarbeit (FZ) unterschieden werden. Kennzeichnend für die Entwicklungsländerberatung ist das Dreiecksverhältnis von Berater, Auftraggeber bzw. Finanzier (i.d.R. eine Geberorganisation) und Empfänger der Beratungsleistung im Partnerland. Entwicklungsländerberatung wird auf allen Ebenen erbracht: der Makroebene (Politikberatung), der Mesoebene (Institutionenentwicklung, Capacity Building) und der Mikroebene. Beratungsunternehmen sind in großem Umfang an Entwicklungsprojekten beteiligt, bereiten diese vor und/oder führen sie durch. Bedeutende Geberorganisationen der bilateralen Entwicklungszusammenarbeit im deutschsprachigen Raum sind: KfW-Bankengruppe, Deutsche Gesellschaft für technische Zusammenarbeit (GTZ) GmbH, Internationale Weiterbildung und Entwicklung gGmbH (InWEnt), Direktion für Entwicklung und Zusammenarbeit (DEZA). Zu den zahlreichen multilateralen Geberorganisationen gehören: UNDP, Weltbank, European Bank of Reconstruction and Development (EBRD) sowie regionale Entwicklungsbanken, z.B. die Asian Development Bank (ADB). Auch viele Nichtregierungsorganisationen (NRO) sind auf diesem Gebiet tätig.

Entwicklungsländer-Steuergesetz – Gesetz i.d.F. vom 21.5.1979 (BGBl. I 564) zur Förderung von Kapitalanlagen in Entwicklungsländern, galt allerdings nur, wenn diese vor dem 1.1.1982 vorgenommen wurden. Die Begünstigung lag in der Bildung einer steuerfreien → Rücklage bis zur Höhe von 100 Prozent der → Anschaffungskosten oder → Herstellungskosten der Kapitalanlagen der Gruppe 1 und 40 Prozent (bzw. 60 Prozent im Rohstoff- und Energiebereich) der Anschaffungs- oder Herstellungskosten der Kapitalanlagen der Gruppe 2 (Gruppierung gemäß § 6 Entwicklungsländer-Steuergesetz). Die Rücklage war grundsätzlich vom sechsten auf ihre Bildung folgenden Wirtschaftsjahr an bei Kapitalanlagen in Ländern der Gruppe 1 und bei Kapitalanlagen der Gruppe 2, die in bes. beschäftigungswirksamen Unternehmen vorgenommen werden, mind. mit einem Zwölftel, im Übrigen mit mind. einem Sechstel gewinnerhöhend aufzulösen.

Entwicklungsorganisation → Organisation des organisatorischen Teilbereichs, in welchen die unternehmerischen Entwicklungsaufgaben zentralisiert sind. Die Ebene der Hierarchie unterhalb der Leitung der Entwicklungsabteilung kann z.B. nach unterschiedlichen Märkten, technologischen Verfahren oder (zu entwickelnden) Produkten gegliedert werden (→ Spezialisierung).

Entwicklungspolitik – 1. *Begriff:* Gesamtheit aller staatlichen Maßnahmen zur Förderung der sozioökonomischen Entwicklung in → Entwicklungsländern. Ziel ist die Verbesserung der Lebensbedingungen in Entwicklungsländern, wobei eine erfolgreiche Entwicklungspolitik ursachenadäquat betrieben werden und auf Erkenntnisse der → Entwicklungstheorie zurückgreifen muss. – Die Entwicklungspolitik der Industrieländer wird häufig als *Entwicklungshilfepolitik* bezeichnet. – 2. Wichtige Argumente für die *Erklärung von Unterentwicklung* sind: (1) verfehlte Außenwirtschaftspolitik, wobei die fehlende Konkurrenzfähigkeit der Volkswirtschaften auch auf eine fehlgeleitete Wirtschaftspolitik der Entwicklungsländer zurückgeführt wird; (2) → Protektionismus der Industrieländer; (3) Ursachen gemäß Dependencia-Schule (vgl. → Dependencia-Theorien); (4) Faktorausstattung. – 3. *Strategien:* In den 1950er- und 1960er-Jahren wurde Entwicklung mit Wachstum gleichgesetzt, demzufolge wurden wachstumsorientierte Entwicklungsstrategien formuliert. Als entscheidendes Entwicklungshemmnis wurde der Kapitalmangel angesehen. Mit steigendem Wachstum hofft man die Armut beseitigen zu können. Die Strategie des ausgewogenen Wachstums und die des unausgewogenen Wachstums sind typische Entwicklungsstrategien dieser Periode, wobei im ersteren Fall ein Gesamtkonzept aufeinander abgestimmter Investitionen, im zweiten eine selektive Förderung von Schlüsselindustrien im Mittelpunkt standen. Da ein Durchsickereffekt wachstumsorientierter Entwicklungsstrategien ausblieb, wurden von der Weltbank Strategien mit bes. Berücksichtigung der Umverteilung (Redistribution with Growth) propagiert um die Armen besser zu erreichen. Das endgültige Scheitern der Wachstumsstrategien führte zur Konzentration auf Grundbedürfnisse, mit dem Ziel der direkten Beseitigung der absoluten Armut innerhalb einer Generation. Hierbei sollte eine Mindestausstattung der Armen mit Konsumgütern gewährleistet werden; ein bes. Schwergewicht wurde auf die Partizipation der Beteiligten gelegt. Entscheidend ist zudem die Frage der Binnen- bzw. Außenorientierung der Handelspolitik. Entwicklungsländer, die eine Strategie der Exportdiversifizierung ergriffen, haben im Vergleich zu Ländern mit einer Import-Substitutions-Politik wirtschaftlich besser abgeschnitten und oftmals das Stadium der Unterentwicklung verlassen (asiatische „Tiger"). Eine Strategie der Exportförderung ist v.a. dann erfolgreich, wenn hohe Verkettungseffekte im Inland vorliegen, dann kann der Außenhandel Wachstumsmotor sein. Die Entwicklungspolitik eines Landes muss auch die Frage beantworten, inwieweit Landwirtschaft oder Industrie stärker gefördert werden sollte. Als erfolgreich hat sich eine Politik erwiesen, die die Landwirtschaft nicht vernachlässigt, denn die Entwicklung der Landwirtschaft ist für den Beginn der wirtschaftlichen Entwicklung von zentraler Bedeutung. Auf der einen Seite wird durch sie das Nahrungsmittelangebot gesichert (Vermeidung von Hungersnöten), Arbeitskräfte für den sekundären und tertiären Sektor freigesetzt, und Kaufkraft für Industrie- und Dienstleistungsangebote gebildet, heimische Ersparnisse angeregt und Devisen gesichert. In der Frühphase der wirtschaftlichen Entwicklung gilt es jedoch ein ausgewogenes sektorales Wachstum zwischen Landwirtschaft und Industrie anzustreben. Eine Vernachlässigung der Landwirtschaft führt zu Landflucht, erhöht den Anteil der Subsistenzwirtschaft und schafft eine hohe Abhängigkeit von Nahrungsmittelimporten. – Seit dem → Brundtland-Bericht wird die → Nachhaltigkeit der Entwicklung betont. Entwicklungsländer benötigen ein aufholendes Wachstum und auch die Folgen der Entwicklung für die Umwelt müssen einbezogen werden. Weitere Prioritäten liegen bei der Überwindung des Problems der explosiven Bevölkerungsentwicklung und der stärkeren Berücksichtigung von Globalisierung und Dezentralisierung von Institutionen und Finanzmitteln.

Entwicklungsprognose → Prognose.

Entwicklungsprogramm der Vereinten Nationen → UNDP.

Entwicklungsstrategien → Entwicklungspolitik.

Entwicklungsstufen der Wirtschaft → Stufentheorien.

Entwicklungstheorie – *Ökonomik der Entwicklungsländer.* 1. *Begriff:* Entwicklungstheorie beschäftigt sich mit der systematischen Analyse der Probleme von Volkswirtschaften der Entwicklungsländer. Obgleich das allg. gültige wirtschaftswissenschaftliche Instrumentarium angewandt wird, müssen die Spezifika der Entwicklungsländer dabei bes. berücksichtigt werden. Im Gegensatz zur → Entwicklungspolitik geht es der Entwicklungstheorie um grundsätzliche Erklärungsmuster der wirtschaftlichen Entwicklung. – 2. *Erklärungsansätze:* a) *Außenwirtschaftliche Erklärungsansätze:* (1) *Fehlende Konkurrenzfähigkeit:* Auf → List geht die Beobachtung zurück, dass junge einheimische Industrien der ausländischen Konkurrenz unterlegen sein können. Trotz potenzieller → komparativer Vorteile können junge Industrien wegen ihrer „Kinderkrankheiten" (Mangel an Erfahrungen, technischem Wissen und qualifizierten Arbeitern) ihre Wettbewerbsreife nicht hinreichend schnell erlangen. Ohne die Einführung eines → Erziehungszolls haben aufholende Industrien gegenüber reifen Wettbewerbern keine Chance. (2) *Sinkende* → Terms of Trade: Für die typischen Exportgüter der Entwicklungsländer (Rohstoffe) werden langfristig relativ niedrigere Preise gezahlt. Daraus ergibt sich ein Einkommenstransfer an Industrieländer (→ Prebisch-Singer-These). (3) → Kontereffekte: → Myrdal bezeichnet negative Folgewirkungen der weniger entwickelten Länder bei ihrer → Integration in den Weltmarkt als Backwash-Effekte. Folgen sind → Braindrain und die Verdrängung entwicklungsfördernder Industrieproduktion. (4) *Protektionismus der Industrieländer:* Aus unterschiedlichen Gründen schützen Industrieländer ihre Wirtschaft vor ausländischer Konkurrenz, bes. aus Entwicklungsländern (→ Protektionismus). Gerade im Primärsektor bestehen noch beträchtliche Handelsschranken. Fehlende Sanktionen einer internationalen Wettbewerbsordnung verwehren Entwicklungsländern damit Entwicklungschancen. (5) *Dominante Wirtschaft* (Économie Dominante): Die ungleiche Machtverteilung begründet nach → Perroux negative Folgen der Integration der Entwicklungsländer bei den internationalen Austauschbeziehungen. Die internationale Arbeitsteilung wirkt sich nur für die Industrieländer vorteilhaft aus. (6) Damit verwandt ist das *Argument der peripheren Wirtschaft:* Die hoch industrialisierten Länder bilden das Zentrum, die Entwicklungsländer die Peripherie. In Weiterentwicklung der Imperialismustheorien kommt es zu unterschiedlichen Diffusionen von Produktivitätsfortschritten. (7) *Verelendungswachstum* (Immiserizing Growth) zeigt, dass eine forcierte Expansion des Exportsektors in Entwicklungsländern bei unelastischer Nachfrage auf dem Weltmarkt zu Realeinkommensverlusten wegen erhöhten Terms-of-Trade-Verlusten führt. Das erhöhte Angebot wird durch sinkende Preise überkompensiert. (8) → Dependencia-Theorien. – b) *Sonstige Ansätze:* (1) *Bevölkerungswachstum:* Hohe Bevölkerungswachstumsraten (→ Bevölkerungsexplosion, → Bevölkerungsfalle) führen zu niedrigem PKE und machen dadurch Wachstumserfolge zunichte. Allerdings ist eine Mindestbevölkerungsdichte notwendig, um die Wohlfahrtseffekte und Produktivitätssteigerungen vertiefter Arbeitsteilung zu nutzen. Ein hohes Bevölkerungswachstum kann entwicklungsfördernd sein, wenn für die damit verbundenen Schwierigkeiten geeignete Problemlösungen gefunden werden. (2) *Unzureichende Faktorausstattung:* Viele Entwicklungsländer leiden unter fehlenden pflanzlichen und mineralischen Rohstoffen bzw. unter einem Mangel an landwirtschaftlich nutzbarem Boden. Auch geografische Beschaffenheiten können Entwicklung behindern wie z.B. Insellage, fehlender Zugang zum Meer, großer Anteil an gebirgigen, unfruchtbaren Regionen. Dazu kann auch fehlendes Realkapital, fehlende Infrastruktur oder fehlendes Humankapital gehören. Das Argument unzureichender Faktorausstattung führte zur Entwicklung wachstumstheoretischer Ansätze und zur Forderung von Kapitaltransfers im Rahmen der → Entwicklungshilfe der Industrieländer (→ Two-Gap-Modelle). Die unzureichende Kapitalausstattung kann auch Folge unzulänglicher Wirtschaftspolitik sein. (3) *Wirtschaftsstufentheorien/Stadienlehre:* → Rostowsche Stadientheorie. (4) *Kolonialismus:* Kolonialmächte zwangen aufgrund ihrer militärischen

Überlegenheit und ihres Transportmonopols in der Seeschifffahrt die Entwicklungsländer zu entwicklungsfeindlichen Wirtschaftsstrukturen: Monokulturen, Unterdrückung heimischen Handwerks. Nach der Dekolonisation blieb eine ökonomische, politische und kulturelle Anbindung an das einstige Mutterland bestehen. Die von den Entwicklungsländern „unfair" genannten weltwirtschaftlichen Rahmenbedingungen werden als → Neokolonialismus bezeichnet. – c) → Dualismus-Theorien. – d) *Zirkuläre Verursachungsketten (Teufelskreise):* Manche Ursachen wirken zirkulär verstärkend negativ auf den Entwicklungsprozess, z.B. mangelnde Ersparnisse, fehlende Kapitalgüternachfrage, mangelnde Gesundheit, geringe Bildung, fehlende gesamtwirtschaftliche Nachfrage. – e) *Unzulängliche nationale Wirtschaftspolitik,* v.a. wettbewerbsfeindliche Wirtschaftsordnung, nationale Faktorpreisverzerrungen, überbewertete Währung, Importsubstitutionspolitik, staatliche Lenkung, verfehlte Geld- und Fiskalpolitik. – f) *Sonstige interne Faktoren:* politische Instabilität; schwach ausgebildete Infrastruktur; fehlende Finanzintermediation.

Entwicklungswagnis – kalkulatorisches → Wagnis, durch dessen Verrechnung der Betrieb eine Selbstversicherung erreicht gegen nicht fremdversicherbare Risiken, die im Rahmen der industriellen Entwicklung entstehen.

Entwurf → Entwurfsphase.

Entwurf eines Deutschen Rechnungslegungs Standards (E-DRS) – Vorstufe des → Deutschen Rechnungslegungs Standards (DRS), der zentralen Verlautbarungsart des → Deutschen Rechnungslegungs Standards Committee (DRSC).

Entwurfsphase – 1. *Begriff:* im → Software Engineering eine Phase im Software Life Cycle, die auf die → Anforderungsdefinition folgt; wird als bes. wichtige Phase betrachtet. Die meisten Prinzipien, Methoden und Werkzeuge der Software-Technologie beziehen sich auf die Entwurfsphase (→ Softwareentwurfsprinzipien, → Softwareentwurfsmethoden). In der Entwurfsphase wird die Architektur des → Softwaresystems detailliert festgelegt (→ Systemarchitektur). – 2. *Wichtigste Aufgaben:* Zerlegung des Systems in kleine Komponenten (→ Modularisierung), Entwurf der Systemstruktur und der → Schnittstellen, → Spezifikation der → Module, Entwurf der → Datenorganisation.

Entwurfsprinzipien → Softwareentwurfsprinzipien.

Entziehung der Fahrerlaubnis – Strafrechtliche Sanktion; gehört zu den → Maßregeln der Besserung und Sicherung. Sie knüpft nicht an die Schuld des Täters (→ Strafe), sondern dessen „Gefährlichkeit", d.h. dessen Ungeeignetheit für das Führen von Kraftfahrzeugen, an; sie dient präventiv der Sicherheit des Straßenverkehrs. Wer wegen einer rechtswidrigen Tat, die er bei oder im Zusammenhang mit dem Führen eines Kraftfahrzeugs im Straßenverkehr begangen hat, verurteilt wird, dem entzieht das Gericht die Fahrerlaubnis, wenn sich aus der Tat ergibt, dass er zum Führen eines Kraftfahrzeugs ungeeignet ist. Dasselbe gilt für denjenigen, der nur deshalb nicht verurteilt werden konnte, weil er schuldunfähig war. I.d.R. ungeeignet ist, wer rechtswidrig ein Vergehen der Trunkenheit im Verkehr (§ 316 StGB), der Straßenverkehrsgefährdung (§ 315 c StGB), der Verkehrsunfallflucht mit Personenschaden oder hohem Sachschaden (§ 142 StGB) oder des Vollrausches (323 a StGB) begangen hat. Die Fahrerlaubnis erlischt mit der Rechtskraft des Urteils. Der Führerschein wird im Urteil eingezogen (§ 69 StGB). Das Gericht ordnet eine Sperre für die Erteilung einer neuen Fahrerlaubnis an. Mindestdauer sechs, Höchstdauer fünf Jahre; reicht die Höchstfrist wegen der von dem Täter ausgehenden Gefahr nicht, kann die Fahrerlaubnis auf Dauer entzogen werden (Einzelheiten in § 69 a StGB). Endet die Sperre, muss der Verurteilte bei der Verwaltungsbehörde eine neue Fahrerlaubnis beantragen. Die Verwaltungsbehörde prüft ihrerseits nach dem Vorschriften des Straßenverkehrsgesetzes (vgl. § 2 StVG), ob die Voraussetzungen für die (Wieder)-Erteilung einer Fahrerlaubnis vorliegen.

Entzug der Freistellung – Befugnis der Kartellbehörde zum Entzug des Rechtsvorteils einer → Gruppenfreistellungsverordnung für ein bestimmtes Gebiet im Inland, falls die Vereinbarung, der Beschluss einer Unternehmensvereinigung oder die aufeinander abgestimmte Verhaltensweise in diesem Gebiet die Freistellungsvoraussetzungen des § 2 I GWB bzw. des Art. 101 III AEUV nicht erfüllen (§ 32d GWB). Voraussetzung ist, dass das betreffende Gebiet einen gesonderten räumlichen Markt darstellt.

Entzugseffekt → Backwash-Effekt; in der → Wachstumspoltheorie Effekt, der von einem → Zentrum ausgeht und in dessen → Peripherie Wachstumshemmungen hervorbringt. Entzugseffekte entstehen v.a. durch den Export von Produktionsmitteln und technischem Wissen sowie die Nichtexistenz von Absatzmärkten. – *Gegensatz:* → Ausbreitungseffekt.

Enumerationsverfahren → Entscheidungsbaumverfahren.

Environmental Assessment → strategische Frühaufklärung.

Environmental Forecasting → strategische Frühaufklärung.

Environmental Scanning → strategische Frühaufklärung.

EONIA – Abk. für *Euro Overnight Index Average;* am 4.1.1999, im Rahmen der Europäischen Wirtschafts- und Währungsunion in Kraft getretenes System der → Referenzzinssätze im Eurogeldmarkt. EONIA ist Referenzzinssatz für Overnight-Kredite; er wird geschäftstäglich von der EZB ermittelt. Dabei melden ausgewählte Banken mit erstklassigem Kreditstanding und ausgeprägter Marktaktivität die Zinshöhe und das Geschäftsvolumen ihrer bis zu diesem

Zeitpunkt getätigten unbesicherten Tagesgeldausleihungen um 16 Uhr an die EZB. – Ziel ist die Verschmelzung der nationalen Geldmärkte der Mitgliedsländer zu einem einheitlichen Eurogeldmarkt (Ausleihungen unter Banken mit bis zu zwölfmonatiger Laufzeit). – Vgl. auch → Euribor, → Europäisches System der Zentralbanken (ESZB), → Europäische Zentralbank (EZB), → Deutsche Bundesbank.

EP → Europäisches Parlament, Organ der EU.

EPA – 1. Abk. für → Europäisches Patentamt. – 2. Abk. für *Europäisches Amt für Personalauswahl*, → EPSO.

EPC – I. Bankwirtschaft: Abk. für *European Payments Council*. Zur Erreichung der SEPA (→ Single Euro Payments Area) einigte sich der europäische Bankensektor im Sommer 2002 auf eine Führungs- und Verwaltungsstruktur im → Zahlungsverkehr. Ziel ist die Absprache europaweit geltender Standards und Verfahren im → Massenzahlungsverkehr für nationale und grenzüberschreitende Euro-Zahlungen. Der EPC ist dabei das wichtigste Entscheidungs- und Koordinierungsgremium. Er besteht aus einer Generalversammlung von ca. 70 Delegierten, die alle Arten von europäischen Banken vertreten (größere sowie kleinere Marktteilnehmer). Die drei größten europäischen Bankenvereinigungen (die der Sparkassen und der Genossenschaftsbanken sowie der Europäische Bankenverband) sowie die → EBA Clearing gehören ebenfalls dem EPC an und verwalten darüber hinaus sein Sekretariat sowie seine Arbeitsgruppen (SEPA Payment Schemes, Cards, M-Channel und Cash) und Untersstützungsgruppen (Standards, Legal und Information Security). Die aus max. 30 vom EPC ausgewählten Vertretern bestehende „Koordinierungsgruppe" synchronisiert die Arbeit des EPC und seiner Arbeitsgruppen, wobei die EPC-Vollversammlung letztlich die politischen Entscheidungen – auf Basis der Arbeitsgruppenergebnisse – fällt. Das Eurosystem ist bei den Sitzungen des EPC und den meisten Arbeitsgruppen als Beobachter eingeladen. – Vgl. auch Deutsche Kreditwirtschaft (DK).

II. Handelsbetriebslehre: – Abk. für *Elektronischer Produkt-Code*. Ihm liegt die Radiofrequenztechnologie (RFID) zugrunde, wodurch das Auslesen ohne Berührung und Sichtkontakt vonstatten geht. Die Verbindung aus beidem, EPC und RFID wird voraussichtlich die mittels Barcodes bereitgestellten Nummeridents wie → EAN mittelfristig ablösen. Weiterhin ermöglicht der EPC entgegen des bisherigen Nummernidentsystems jedes Endprodukt eindeutig zu identifizieren.

episodenbegleitende Dienstleistung – Während → Pre-Sales-Services und → After-Sales-Services als produktbezogene Dienstleistungen betrachtet werden, beziehen sich episodenbegleitende Dienstleistungen auf das Management der Transaktionsepisode, d.h. auf sämtliche Interaktionen zwischen Anbieter und Nachfrager, die mit der Anbahnung, Vereinbarung und Realisierung einer Gütertransaktion verbunden sind (→ Episodenkonzept). – *Beispiele:* Anbieten von Kinderhort, Parkraum etc. durch einen Händler, organisatorische Gestaltung des Verhandlungsprozesses etc.

Episodenkonzept – zentrales Konstrukt im multiorganisationellen Interaktionsansatz (→ Interaktionsansätze). Die *Transaktionsepisode* (Episode) umfasst die kollektiven Planungs-, Entscheidungs- und Verhandlungsprozesse zwischen und innerhalb von Organisationen in Bezug auf Anbahnung, Abschluss und Realisation einer Investitionsgüter-Transaktion (Lebenslauf eines Projekts von der ersten Anfrage bis zur endgültigen Abwicklung). – Vgl. auch → episodenbegleitende Dienstleistung.

EPK – Abk. für → ereignisgesteuerte Prozesskette.

EPO – Abk. für *European Patent Office*, → Europäisches Patentamt (EPA).

EPRG-Modell – *EPRG-Schema, EPRG-Konzept*. Idealtypisches Führungskonzept der internationalen Unternehmung von Perlmutter. Man unterscheidet dabei vier Orientierungen bzw. → strategische Grundhaltungen: E = → ethnozentrisch, P = → polyzentrisch, R = → regiozentrisch, G = → geozentrisch. – Vgl. auch → Führungskonzepte im internationalen Management.

E-Procurement – *Electronic Procurement, elektronische Beschaffung;* E-Procurement ermöglicht den elektronischen Einkauf von Produkten bzw. Dienstleistungen durch ein Unternehmen über digitale Netzwerke. Damit erfolgt eine Integration von innovativen Informations- und Kommunikationstechnologien zur Unterstützung bzw. Abwicklung von operativen und strategischen Aufgaben im Beschaffungsbereich. Ein entscheidender Aspekt bspw. im E-Procurement von Büro- und Computermaterialien ist neben der Informations- und Kommunikationsebene auch die Frage der realen Logistik. Ein Problem von Plattformen im E-Procurement ist es, die kritische Masse an Handelsvolumen zu erreichen und hierfür ausreichend Teilnehmer zu akquirieren.

EPROM – Abk. für *Erasable Programmable Read Only Memory;* reversibler → Festwertspeicher, d.h. der Inhalt des Speichers kann mehrmals gelöscht (i.Allg. durch ultraviolettes Licht) und neu programmiert werden.

EPS – Abk. für → Earnings per Share.

EPSO – *Europäisches Amt für Personalauswahl (EPA)*. EPSO wurde 2002 gegründet und ist für die Rekrutierung von Personal für alle EU-Institutionen zuständig.

EPÜ – Abk. für → Europäisches Patentübereinkommen.

EQ-5D (EuroQol) – 1. *Begriff:* Der EQ-5D ist ein weitverbreitetes Instrument der präferenzbasierten Lebensqualitätsmessung. Es wurde 1987 von der

EuroQol Group entwickelt und liegt mittlerweile in zahlreichen Sprachen vor. Die engl. Fassung wird seit 1990 eingesetzt, die dt. Fassung seit 1998. – 2. *Merkmale:* Der EQ-5D umfasst zwei Teile. Im ersten Teil füllen Individuen einen Fragebogen aus, in dem das psychologische Konstrukt der gesundheitsbezogenen Lebensqualität über die Dimensionen (1) Beweglichkeit/Mobilität, (2) Für-sich-selbst-sorgen, (3) Allg. Tätigkeiten (bspw. Arbeit, Hausarbeit, Familien- und Freizeitaktivitäten), (4) Schmerzen/körperliche Beschwerden und (5) Angst/Niedergeschlagenheit operationalisiert wird. Die Dimensionen weisen jeweils drei Antwortmöglichkeiten (keine, mäßige und extreme Probleme) auf. Insgesamt lassen sich 243 Gesundheitszustände durch Kombination der Antwortmöglichkeiten über die fünf Dimensionen abbilden. Die Gesundheitszustände wurden von einer repräsentativen Bevölkerungsstichprobe nach dem Time-trade-off Ansatz präferenzbasiert bewertet und in einen Lebensqualitätsindex zwischen 0 und 1 transformiert (wobei Tod mit 0 und der bestmögliche Gesundheitszustand mit 1 bewertet wird). Im zweiten Teil des EQ-5D schätzen die Patienten ihren momentanen Gesundheitszustand auf einer visuellen Analogskala (VAS) zwischen 0 und 1. Die VAS erlaubt eine allg. Bewertung des eigenen momentanen Gesundheitszustands unabhängig von den Antworten auf den fünf Dimensionen des Fragebogens. – 3. *Beurteilung:* Die patientenindividuelle VAS-Einschätzung und der bevölkerungsbasierte Lebensqualitätsindex können zu unterschiedlichen Lebensqualitätsbewertungen führen. Die Bestimmung der Präferenzen in der Bevölkerungsstichprobe verlangt von den Studienteilnehmern einen komplexen kognitiven Bewertungsprozess unter Unsicherheit über einen theoretischen Gesundheitszustand. Die Präferenzen basieren auf bestimmten Annahmen, wie z.B., dass der Gesundheitszustand über eine definierte Zeitperiode besteht, was bei den Selbsteinschätzungen durch die Patienten über VAS nicht gefordert wird. Zudem können die Präferenzen über unterschiedliche Bewertungsansätze abgeleitet werden (wie bspw. Standard Gamble, Time-trade-off oder Rating Scale). Schließlich unterscheidet sich die Selbsteinschätzung der Gesundheit durch Patienten i.A. von der Fremdeinschätzung durch eine Bevölkerungsstichprobe, was sich durch Anpassungsstrategien an die Gesundheitseinschränkungen (Coping) begründen lässt.

Equator Principles – freiwillige Richtlinien für Banken im Bereich der internationalen → Projektfinanzierung. Sie basieren auf Ökologie- und Sozialstandards der Weltbank und dienen der Kategorisierung sowie dem Management von Risiken bei strukturierten Finanzierungen.

Equator-Principles – 1. *Begriff:* Equator-Principles sind freiwillige Richtlinien für die Berücksichtigung von Sozial- und Umweltfragen. – 2. *Entwicklung:* 2002 durch → Banken, um Umweltfragen bei der → Finanzierung → internationaler Projekte einheitlich zu berücksichtigen. 2009 haben bereits über 60 Banken, die in über 20 Ländern tätig sind, die Equator-Principles unterzeichnet. Sämtliche Projektdarlehen ab einer Größe von 10 Mio. US-Dollar sollen nach den Regeln der Equator-Principles kategorisiert werden, die auf den Ökologie- und Sozialstandards der Weltbank basieren.

Equity Kicker → Mezzanine-Finanzierung.

Equity-Methode – 1. *Begriff:* Eine Methode zur → Bilanzierung bestimmter langfristiger Beteiligungen im → Konzernabschluss einer Gesellschaft, die am stimmberechtigten Kapital einer anderen Gesellschaft beteiligt ist. Ausgehend von den *Anschaffungskosten* der Beteiligung im Erwerbszeitpunkt wird der *Beteiligungsbuchwert* laufend an die Entwicklung des → Eigenkapitals des Unternehmens, an dem die Beteiligung besteht, angepasst, sodass sich das folgende Grundschema aufstellen lässt: Vgl. Abbildung „Equity-Methode".

Equity-Methode

(1)		Anschaffungskosten der Beteiligung
(2)	±	anteilige, noch nicht ausgeschüttete Gewinne/Verluste des Beteiligungsunternehmens
(3)	–	vereinnahmte Gewinnausschüttung des Beteiligungsunternehmens
(4)		fortgeschriebener Beteiligungs-Buchwert (Equity-Wert)

Im Gegensatz zu der Bewertung von Beteiligungen nach dem *Anschaffungskostenprinzip* (Cost Value Method), bei der Zuschreibungen über die Anschaffungskosten der ausgewiesenen Beteiligung hinaus nicht möglich sind, kann sich nach der Equity-Methode der Buchwert der Beteiligung in jeder Periode ändern und die Bildung stiller Rücklagen bei der Bewertung vermieden werden. Vereinnahmte Gewinnausschüttungen des Beteiligungsunternehmens mindern den Buchwert der Beteiligung. Allerdings stimmt der Buchwert der Beteiligung zumindest in der Anfangsphase i.d.R. nicht mit dem anteiligen bilanziellen Eigenkapital des Beteiligungsunternehmens überein. Vielmehr erfolgt eine anteilige Aufdeckung der stillen Reserven und stillen Lasten des Beteiligungsunternehmens, was bei der Folgekonsolidierung zu einem Mehr- bzw. Minderaufwand gegenüber dem Jahresabschluss des Beteiligungsunternehmens führt, bes. durch Mehrabschreibungen. Außerdem wird ggf. ein anteiliger Firmenwert des Beteiligungsunternehmens im Buchwert der Beteiligung berücksichtigt und entsprechend der einschlägigen Regelungen folgebewertet. – 2. *Anwendung im HGB:* Im Einzelabschluss (→ Jahresabschluss) ist die Bewertung von Beteiligungen nach der Equity-Methode unzulässig. Im Konzernabschluss ist die Equity-Methode für die Bewertung von Beteiligungen an sog. assoziierten Unternehmen (§ 312 HGB; vgl.

→ Konzernabschluss) vorgeschrieben. Des Weiteren können Gemeinschaftsunternehmen im Sinne von § 310 HGB als assoziierte Unternehmen nach § 311 ff. HGB einbezogen und somit *at-equity* bewertet werden. Die Konsolidierung ist verpflichtend nach der Buchwertmethode vorzunehmen (§ 312 HGB). Der Unterschiedsbetrag zwischen dem Anschaffungswert und dem anteiligen bilanziellen Eigenkapital des assoziierten Unternehmens sowie ein darin enthaltener Geschäfts- oder Firmenwert oder passiver Unterschiedsbetrag sind demnach im Konzernanhang anzugeben. Nach der Buchwertmethode wird ein ggf. bestehender Firmenwert nicht getrennt vom Beteiligungsbuchwert ausgewiesen. Die Aufdeckung und Fortschreibung der stillen Reserven und des Firmenwerts erfolgt in Nebenrechnungen. Zur Folgebewertung eines verbleibenden Firmenwerts oder passiven Unterschiedbetrags ist § 309 HGB anzuwenden (vgl. → Purchase-Methode). – 3. *Regelungen nach IFRS*: Nach IFRS sind Beteiligungen an assoziierten Unternehmen im Konzernabschluss nach der Equity-Methode zu bilanzieren. Die Regelungen des IAS 28 „Anteile an assoziierten Unternehmen“ stimmen konzeptionell weitestgehend mit denen des HGB überein. Zudem besteht für die Bilanzierung von Gemeinschaftsunternehmen im Konzernabschluss ein Wahlrecht, wonach gemäß IAS 31.30 entweder die Quotenkonsolidierung oder die Equity-Methode angewendet werden soll.

Equity Value – wertorientierte Unternehmensführung.

ERA – Abk. für → Einheitliche Richtlinien und Gebräuche für Dokumenten-Akkreditive.

Erbanfallsteuer → Erbschaftsbesteuerung.

Erbauseinandersetzung – Aufteilung des → Nachlasses unter den → Miterben (§§ 2042 ff. BGB). I.d.R. kann Miterbe jederzeit Erbauseinandersetzung verlangen, soweit sie nicht durch Vereinbarung, Unbestimmbarkeit der Erbteile (z.B. zu erwartende Geburt) oder durch Anordnung des → Erblassers zeitweise ausgeschlossen ist. – Erbauseinandersetzung ist bei → Testamentsvollstreckung Aufgabe des Testamentsvollstreckers. – Vgl. auch → Erbteile, → Ausgleichungspflicht.

Erbauungsnutzen → Kundennutzen.

Erbbaugrundbuch – dem → Grundbuch entsprechendes öffentliches Buch für das → Erbbaurecht. Das Erbbaugrundbuch wird gleichzeitig mit der Eintragung des Erbbaurechts im Grundbuch angelegt. Führung beim → Grundbuchamt wie gewöhnliches Grundbuch.

Erbbaurecht – I. Begriff: Das vererbliche und i.d.R. veräußerliche → beschränkte dingliche Recht, auf oder unter der Oberfläche eines → Grundstücks ein → Bauwerk zu haben. Für das Erbbaurecht ist ein Erbbauzins an den Grundstückseigentümer zu zahlen. Als Belastung des Grundstücks bedarf das Erbbaurecht zu seiner *Entstehung* der → Einigung zwischen Grundstückseigentümer und Erbbauberechtigtem und der Eintragung im → Grundbuch, und zwar nur an erster Rangstelle. Das eingetragene Erbbaurecht wird behandelt wie ein Grundstück (→ grundstücksgleiches Recht, → Erbbaugrundbuch). Der Erbbauberechtigte wird Eigentümer des von ihm errichteten Bauwerks, das gemäß § 95 BGB kein → wesentlicher Bestandteil des Grundstückes wird. – *Rechtsgrundlage: Erbbaurechtsgesetz (ErbbauRG) vom 15.1.1919 in der im BGBl. Teil III Glied-Nr. 403-6 veröffentlichten bereinigten Fassung m.spät. Änd.* Nach dem → Sachenrechtsbereinigungsgesetz können Nutzer von Gebäuden im Beitrittsgebiet einen Anspruch auf Bestellung eines Erbbaurechts gegen den Grundstückseigentümer haben.

II. Steuerrecht: 1. *Bewertung:* a) *Einheitswert*(für die Zwecke der Grundsteuer): Das Erbbaurecht gehört als grundstücksgleiches Recht zu den → Grundstücken im Sinn des Bewertungsgesetzes. Es bildet – unabhängig von dem belasteten Grundstück – eine selbstständige → wirtschaftliche Einheit, für die ein → Einheitswert festzustellen ist. Der Gesamtwert des Grundstücks (→ Bodenwert, → Gebäudewert und → Außenanlagen) wird so ermittelt, als ob die Belastung durch ein Erbbaurecht nicht bestünde. – Beträgt die Dauer des Erbbaurecht *noch 50 Jahre oder mehr,*so entfällt der ermittelte Gesamtwert auf das Erbbaurecht und ist dem Erbbauberechtigten zuzurechnen. Bei *kürzerer Laufzeit*ist der Gesamtwert zu verteilen auf die wirtschaftliche Einheit des Erbbaurechts (grundsätzlich Gebäudewert und ein nach Restdauer des Erbbaurechts gestaffelter, prozentualer Anteil am Bodenwert) und die wirtschaftliche Einheit des belasteten Grundstücks (restlicher Bodenwert). Zum jeweiligen Anteil am Bodenwert vgl. § 92 III BewG. → Abschlag unter bes. Voraussetzungen zulässig. – b) → Bedarfswert für Erbschaftsteuerzwecke, relevant bis Ende 2008 (§ 148 BewG): Der Wert des belasteten Grundstücks wird bis zum 31.12.2006 mit dem 18,6-fachen des jährlichen Erbbauzinses multipliziert; wird dieser Betrag dann vom normalen Bedarfswert des Grundstücks abgezogen, ergibt sich der Wert des Erbbaurechts (§ 148 I BewG). *Mit Wirkung zum 1.1.2007* wurde § 148 BewG neu gefasst und die Bewertungsvorschriften entsprechend geändert. Der Wert des Grund und Bodens entfällt nunmehr auf die wirtschaftliche Einheit des belasteten Grundstücks. Für ein bebautes Grundstück wird der Wert mit 80 Prozent für das Gebäude und 20 Prozent für Grund und Boden ermittelt. Beträgt die Restlaufzeit weniger als 40 Jahre und ist eine Entschädigung ausgeschlossen, so verringert sich der Wert, der auf die wirtschaftliche Einheit des Erbbauchrechts entfällt. (§ 148 BewG n.F.). Der Erbbauzins bleibt demnach bei der Bewertung vollständig unberücksichtigt. – c) *Regelung für Erbschaftsteuerzwecke ab 2009:* Durch die Änderungen im Rahmen des Erbschaftsteuerreformgesetzes, welches mit Wirkung zum 1.1.2009 erstmalig in Kraft tritt, ist der Wert des Erbbaurechts in erster Linie nach dem Vergleichswertverfahren nach § 183 BewG zu ermitteln. Voraussetzung hierfür ist, dass für das zu bewertende Grundstück Vergleichskaufpreise oder aus Kaufpreisen abgeleitete Vergleichsfaktoren vorliegen (§ 194 I BewG). Liegen keine vergleichbaren Faktoren vor, ist der Wert nach einem Bodenwertanteil nach § 194 III BewG zu ermitteln. Der Bodenwertanteil bestimmt sich dabei nach der Summe des über die Restlaufzeit des Erbbaurechts abgezinsten Bodenwerts nach § 179 BewG und der über diesen Zeitraum kapitalisierten Erbbauzinsen. Der Abzinsungsfaktor, der hierfür zugrunde gelegt wird, ermittelt sich für den Bodenwert in Abhängigkeit vom Zinssatz (§ 193 IV BewG) und der Restlaufzeit des Erbbaurechts. In § 194 IV BewG werden die Vorschriften zum Gebäudewertanteil des Erbbaugrundstücks geregelt. Für die Ermittlung des Gebäudewertanteils ist der Gebäudeertragswert oder der Gebäudesachwert auf den Zeitpunkt des Ablaufs des Erbbaurechts maßgebend. Für die Berechnung des dem Eigentümer entschädigungslos zufallenden Werts bzw. Wertanteils ist eine Abzinsung auf den Bewertungsstichtag vorzunehmen. Hierfür ist Anlage 26 zum BewG heranzuziehen. Bei der Bestimmung des Gebäudewertanteils soll der „Wertvorteil" ermittelt werden, den der Eigentümer bei Beendigung des Erbbaurechts erlangen würde, wenn er keinen oder nur einen Teil des bestehenden Werts des Gebäudes an den Erbbauberechtigten vergüten würde. – 2. *Grundsteuer:*Erbbaurecht ist steuerpflichtiger Grundbesitz im Sinn des § 2 GrStG, d.h. selbstständiger Steuergegenstand der → Grundsteuer. – 3. *Einkommensteuer:* a) Der Erbbauzins gehört beim Grundstückseigentümer grundsätzlich zu den Einnahmen im Rahmen der → Einkünfte aus Vermietung und Verpachtung (§ 21 I Nr. 1 EStG), unabhängig von der Zahlungsweise. – b) Laufend gezahlte Erbbauzinsen sind beim *Berechtigten* ggf. als → Betriebsausgaben oder → Werbungskosten abzugsfähig, wenn er das Grundstück nicht privat nutzt, sondern z.B. vermietet oder betrieblich nutzt.

Erbe – wer durch Gesetz oder durch → Verfügung von Todes wegen als Gesamtnachfolger des → Erblassers berufen ist. Voraussetzung ist → Erbfähigkeit.

Erbeinsetzung – Zuwendung des Vermögens des → Erblassers an einen Dritten (§§ 2087 ff. BGB). Die Erbeinsetzung kann auch bedingt oder befristet sein. – *Gegensatz:* Zuwendung einzelner Vermögensgegenstände (→ Vermächtnis).

Erbengemeinschaft – kraft Gesetzes beim Vorhandensein mehrerer → Erben eintretende Vermögensgemeinschaft am Nachlass (§§ 2032 ff. BGB). Die Erbengemeinschaft besteht bis zur → Erbauseinandersetzung als → Gemeinschaft zur gesamten Hand, bei der die Verwaltung des → Nachlasses und die Verfügung über Nachlassgegenstände nur allen Miterben gemeinschaftlich zusteht. Erbengemeinschaft kann kein Handelsgeschäft gründen oder erwerben, aber das Geschäft des Erblassers unter der alten Firma fortführen (→ Firmenfortführung).

Erbenhaftung – Einstehen für → Nachlassverbindlichkeiten (§§ 1967–2017, 2058–2063 BGB). Erbenhaftung setzt → Annahme der Erbschaft voraus. – 1. *Bürgerliches Recht:* Der Erbe haftet grundsätzlich *unbeschränkt* mit seinem ganzen Vermögen; Erbenhaftung ist jedoch auf den → Nachlass *beschränkbar,* vgl. → Nachlassverwaltung, → Nachlassinsolvenz. – 2. *Handelsrecht:* Der Erbe haftet für die Geschäftsschulden eines von Todes wegen erworbenen Geschäftes unbeschränkt, wenn die → Firmenfortführung nicht binnen drei Monaten nach Kenntnis des Eintritts der Erbschaft eingestellt wird (§ 27 HGB). Wird das Geschäft nicht unter der bisherigen Firma weitergeführt, so besteht eine handelsrechtliche Erbenhaftung nur, wenn ein bes. Verpflichtungsgrund, z.B. Schuldübernahme, vorliegt; sonst haftet der Erbe nur nach BGB.

Erbenprivileg – Bezeichnung für die unter gewissen Voraussetzungen nach § 4 HandwO dem → Erben eines selbstständigen Handwerkers eingeräumte Befugnis zur zeitweisen Weiterführung des Handwerksbetriebes. – Vgl. auch Witwenprivileg.

Ersatzanspruch → Erbrechtsgleichstellungsgesetz.

Erbersatzsteuer → Stiftung, → Erbschaftsteuer.

Erbfähigkeit – Fähigkeit, → Erbe zu werden oder sonst Zuwendungen von Todes wegen zu erhalten. Erbfähigkeit besitzt jeder Mensch, auch der zz. des → Erbfalls lediglich erzeugte (*nasciturus*), wenn er lebend zur Welt kommt (§ 1923 BGB); erbfähig sind auch → juristische Personen und Gesellschaften des Handelsrechts.

Erbfall – Tod einer natürlichen Person, deren Vermögen als Ganzes auf die → Erben übergeht (§ 1922 BGB).

Erbfallschulden – Teil der → Nachlassverbindlichkeiten, die dem Erben aus Anlass des Erbfalls erwachsen: Verbindlichkeiten aus → Pflichtteilen, → Vermächtnissen und → Auflagen (§ 1967 II BGB), Kosten der Beerdigung (§ 1968 BGB).

Erbfolge – Gesamtrechtsnachfolge des → Erben in Vermögen und Verbindlichkeiten des Verstorbenen. Erbfolge vollzieht sich, ohne dass der Erbe irgendeine Handlung vornehmen müsste und ohne Kenntnis vom Tod des → Erblasser. Erbfolge beruht auf Gesetz *(gesetzliche Erbfolge)* oder auf dem Willen des Erblassers *(gewillkürte Erbfolge)*; vgl. hierzu auch die Übersichten „Gesetzliche Erbfolge" und „Gewillkürte Erbfolge". Gesetzliche Erbfolge tritt ein, soweit eine wirksame → Verfügung von Todes wegen fehlt, der Erblasser keine oder eine nichtige → Erbeinsetzung vorgenommen hat, sowie bei → Ausschlagung und → Erbunwürdigkeit. – *Einteilung:* 1. *Verwandte:* Nach dem BGB wird der Kreis der Erben in Erbordnung nach der Stufe der Verwandtschaft eingeteilt, wobei die Verwandten näherer Ordnung die entfernteren

Gesetzliche Erbfolge

Verwandte	Ehegatte	Lebenspartner
1. Gesetzliche Erben 1. Ordnung als Abkömmlinge des Erblassers (Kinder, auch nichteheliche; Enkel; Urenkel)(§§ 1924 I, 1930 BGB). Ein Abkömmling (z.B. Kind schließt des weiter verwandten Abkömmling aus (z.B. Enkel). An der Stelle eines nicht mehr lebenden Abkömmlings treten dessen Abkömmlinge (§ 1924 III BGB).Kinder erben zu gleichen Teilen (§ 1924 IV BGB). 2. Fehlt ein Erbe 1. Ordnung, so erben die Erben 2. Ordnung: Eltern des Erblassers und deren Abkömmlinge (Geschwister, Neffen, Nichten) (§§ 1925, 1930 BGB). 3. Fehlen Erben 1. und 2. Ordnung, so erben die der 3. Ordnung: Großeltern und deren Abkömmlinge (Onkel, Tanten, Vettern, Cousinen) (§§ 1926, 1930 BGB). 4. Gesetzliche Erben fernerer Ordnung (§§ 1928, 1929 BGB). 5. Fehlen ein Ehegatte oder Verwandte, so erbt der Staat (§1936 BGB).	1. Neben Erben 1. Ordnung Erbteil von 1/4 – bei Zugewinngemeinschaft Erhöhung um 1/4 (§§ 1371, 1931 BGB). 2. Neben Erben 2. Ordnung Erbteil von 1/2 – bei Zugeweinngemeinschaft Erhöhung um 1/4 (§§ 1931, 1371 BGB). 3. Neben Großeltern Erbteil von 1/2 – bei Zugewinngemeinschaft Erhöhung um 1/4. 4. Neben anderen Verwandten Alleinerbe (§§ 1931 II BGB).	1. Neben 1. Ordnung Erbteil von 1/4 – bei Ausgleichsgemeinschaft Erhöhung um 1/4 (§§ 10, 6 LPartG, 1371 BGB). 2. Neben Erben 2. Ordnung Erbteil von 1/2 – bei Ausgleichsgemeinschaft Erhöhung um 1/4 (§§ 10, 6 LPartG, 1371 BGB). 3. Neben Großeltern Erbteil von 1/2 – bei Ausgleichsgemeinschaft Erhöhung um 1/4. 4. Neben anderen Verwandten Alleinerbe (§ 10 II LPartG).

Gewillkürte Erbfolge

Formen				
Testament (§§ 2229-2264 BGB) notarielles oder privat schriftliches Testament ohne Bindung des Erblassers (§ 2253 BGB)	Gemeinschaftliches Testament der Ehegatten (§§ 2265-2273 BGB) oder der Lebenspartner (§ 10 IV LPartG) notarielle oder privatschriftliche Form mit der Bindung des Erblassers nach dem Tode des Ehegatten (§ 2271 II BGB)			Erbvertrag (§§ 2274-2302 BGB) notarielle Form mit Bindung des Erblassers (§ 2289 BGB)
Inhalt				
Erbeinsetzung Ersatzerbeinsetzung Nacherbeneinsetzung (§§ 1937, 1941, 2096, 2100 BGB)	Enterbung (§ 1938 BGB)	Vermächtnis (§§ 1939, 1941 BGB)	Auflage (§§ 1940, 1941 BGB)	Testamentsvollstreckung (§ 2197 BGB)
Grenzen				
Pflichtteilanspruch bleibt bestehen (§§ 2303, 2333-2336 BGB)	Nacherbfolge tritt nach 30 Jahren ein (§ 2109 BGB)	Testaments vollstreckung wird nach 30 Jahren unwirksam (§ 2210 BGB)		

von der Erbfolge ausschließen. Außer dem überlebenden Ehegatten kommen nur die Blutsverwandten des Verstorbenen als Erben in Betracht, nicht Stiefkinder, Stiefeltern, Schwiegersohn, Schwiegertochter, Schwiegereltern, Schwager. Der → Fiskus tritt nur ein, wenn kein anderer Erbe vorhanden ist. – 2. Neben den Verwandten sind der *überlebende Ehegatte* bzw. Lebenspartner gesetzliche Erben. – Vgl. auch → vorweggenommene Erbfolge.

erbfolgerelevante Urkunde → Zentrales Testamentsregister.

Erblasser – verstorbene natürliche Person, die beerbt wird.

Erbrecht – gesetzliche Regelung der privatrechtlichen Nachfolge in die Rechte und Pflichten des Verstorbenen. Das Erbrecht wird im Grundgesetz zusammen mit dem Privateigentum garantiert (Art. 14 GG). Das Erbrecht ist im Fünften Buch des BGB (§§ 1922–2385) enthalten und nach den Rechtsgrundsätzen der → Universalsukzession, der → Testierfreiheit und der Familienerbfolge gestaltet. Es umfasst die gesetzliche und gewillkürte → Erbfolge, → Verfügung von Todes wegen, → Erbvertrag, → Vermächtnis, → Auflagen, → Ausschlagung, → Testamentsvollstreckung etc. – Für Erbfälle *im Ausland* ist i.Allg. das Heimatrecht des → Erblassers maßgebend.

Erbrechtgleichstellungsgesetz – Durch das Gesetz zur erbrechtlichen Gleichstellung nicht ehelicher Kinder (ErbGleichG) vom 16.12.1997 (BGBl. I 2968, ber. 1998 I 524) wurde die erbrechtliche Ungleichbehandlung nicht ehelicher und ehelicher Kinder beseitigt. Bez. der vor dem 1.7.1998 geborenen nicht ehelichen Kinder bleibt es aus Gründen der Rechtssicherheit bei der bisherigen Rechtslage.

Erbschaft – den Erben eines Verstorbenen durch → Erbfall aus dem → Nachlass zugewachsenes Vermögen. – Vgl. auch → Erwerb von Todes wegen. – *Erbschaftsteuerliche Behandlung*: Die Erbschaft unterliegt der → Erbschaftsteuer. – *Einkommen- und körperschaftsteuerliche Behandlung*: → Einmalige Vermögensanfälle.

Erbschaftsanspruch – regelt Rechtsverhältnis zwischen → Erben und → Erbschaftsbesitzer (§§ 2018-2031 BGB). Der Erbe kann Auskunft über den → Nachlass und die Erbschaftsgegenstände sowie Herausgabe des Nachlasses, der Surrogate und der → Nutzungen, u.U. auch → Schadensersatz verlangen.

Erbschaftsbesitzer – jeder, der etwas aus einer Erbschaft erlangt hat und es aufgrund vermeintlichen eigenen Erbrechts in Anspruch nimmt (§ 2018 BGB). – Vgl. auch → Erbschaftsanspruch.

Erbschaftsbesteuerung – 1. *Begriff*: Die Erbschaftsbesteuerung ist die Erhebung von Steuern von dem Nettowert eines Nachlasses im Zusammenhang mit dem Übergang des Vermögens vom Erblasser auf die Erben. – 2. *Ausgestaltungsformen:* (1) *Nachlasssteuer:* Besteuerung der Erbmasse *vor* Aufteilung auf die → Erben; (2) *Erbanfallsteuer:* Besteuerung der einzelnen Erben, d.h. *nach* der Verteilung des Erbes unter die Begünstigten. Grundlage des dt. Erbschaftsteuergesetzes: Erbanfallsteuer; sie erfasst ferner – zur Verhinderung von Steuerumgehungen – Schenkungen unter Lebenden, Zweckzuwendungen und die periodische Besteuerung von Familienstiftungen und -vereinen (→ Erbschaftsteuer, → einmalige Vermögensfälle). – 3. Da die Erbschaftsbesteuerung an einen Rechtsvorgang, den → Erbfall, anknüpft, kann sie als → Verkehrsteuer bezeichnet werden. Sie wird aber auch als eine → Besitzsteuer (und zwar → Substanzsteuer) bezeichnet, da sie auf das dem Erben durch den Erbfall zugeflossene Vermögen (bzw. bei der Nachlasssteuer: auf den vorhandenen Vermögensbestand des Erblassers unmittelbar vor dem Vermögensübergang) erhoben wird.

Erbschaftskauf → Kaufvertrag über eine angefallene → Erbschaft als Ganzes (§§ 2371–2385 BGB).

Erbschaftsteuer – *Schenkungsteuer*. I. Grundsätzliches: → Erbschaftsbesteuerung.

II. Rechtsgrundlagen: Erbschaftsteuer- und Schenkungsteuergesetz (ErbStG) i.d.F. vom 27.2.1997 (BGBl. I 378) m.spät.Änd., Erbschaftsteuer-Durchführungsverordnung (ErbStDV) vom 8.9.1998 m.spät.Änd. Für die neuen Bundesländer gelten die Sondervorschriften aus Anlass der Herstellung der Einheit Deutschlands (§ 37a ErbStG). Zur Auslegung

Wert des steuerpflichtigen Erwerbs (§10) bis einschließlich ... Euro	Prozentsatz in der Steuerklasse		
	I	II	III
75.000	7	30	30
300.000	11	30	30
600.000	15	30	30
6.000.000	19	30	30
13.000.000	23	50	50
26.000.000	27	50	50
über 26.000.000	30	50	50

des Erbschaftsteuerrechts dienen ferner die Erbschaftssteuer-Richtlinien.

III. Steuergegenstand: Erbschaftsteuer besteuert den Übergang von Vermögenswerten (1) durch → Erbfall auf den → Erben, (2) durch → Schenkung unter Lebenden, (3) durch → Zweckzuwendungen; (4) der Erbschaftsteuer unterliegt außerdem das Vermögen einer Familienstiftung (sog. *Erbersatzsteuer,* → Stiftung; vgl. § 1 ErbStG).

IV. Steuerpflicht: 1. → Unbeschränkte Steuerpflicht, wenn der Erblasser zz. seines Todes, der Schenker zz. seiner Schenkung oder der Erwerber zum Zeitpunkt der Entstehung der Steuer Inländer ist; der gesamte Vermögensanfall ist steuerpflichtig; vgl. § 2 ErbStG. – 2. → Beschränkte Steuerpflicht, wenn Erblasser, Schenker und Erwerber nicht Inländer sind; die Steuerpflicht erstreckt sich auf das → Inlandsvermögen im Sinn des § 121 BewG und auf das Nutzungsrecht an solchen Vermögensgegenständen. – 3. → Erweiterte beschränkte Steuerpflicht (§ 4 AStG): Erfüllt der Erblasser oder Schenker die entsprechenden Voraussetzungen, unterliegen ihr alle Vermögensgegenstände, deren Erträge bei unbeschränkter Einkommensteuerpflicht nicht ausländische Einkünfte im Sinn des § 34c I EStG wären.

V. Steuerschuldner (§ 20 I, II ErbStG): Regelmäßig der Erwerber; bei einer Schenkung zusammen mit dem Schenker, bei einer Zweckzuwendung zusammen mit demjenigen, der die Zuwendung ausführen muss, als → Gesamtschuldner. Die Erbersatzsteuer schuldet die Stiftung bzw. der Verein. – Darüber hinaus ist in bestimmten Fällen eine dingliche oder personenbezogene Haftung vorgesehen (§ 20 III–VII ErbStG). – Die Steuerschuld entsteht (1) beim Erwerb von Todes wegen mit dem Tode des Erblasser, (2) bei Schenkungen unter Lebenden mit dem Zeitpunkt der Ausführung der Zuwendung, (3) bei Zweckzuwendungen mit dem Zeitpunkt des Eintritts der Verpflichtung beim Beschwerten und (4) beim Vermögen einer Familienstiftung in Zeitabständen von je 30 Jahren seit dem Zeitpunkt des ersten Übergangs von Vermögen auf die Stiftung oder den Verein.

VI. Steuerberechnung: 1. *Bemessungsgrundlage* (§ 10 ErbStG) ist der Wert des Erwerbs (bewertet nach dem → Bewertungsgesetz (BewG); § 12 ErbStG). Erwerbe, die innerhalb von zehn Jahren von denselben Personen angefallen sind, sind zu addieren; die mehrfache Inanspruchnahme von Freibeträgen soll somit erschwert werden (§ 14 ErbStG). – 2. Nach dem persönlichen Verhältnis des Erwerbers zum Erblasser bzw. Schenker werden drei *Steuerklassen* unterschieden (§ 15 ErbStG): Steuerklasse I: Ehegatte, Kinder, Stiefkinder, Abkömmlinge der genannten Kinder und Stiefkinder, bei Erwerb von Todes wegen Eltern und Voreltern des Erblassers. Steuerklasse II: Eltern und Voreltern, sofern sie nicht zur Steuerklasse I gehören; Geschwister, Abkömmlinge ersten Grades von Geschwistern, Stiefeltern, Schwiegerkinder, Schwiegereltern und geschiedene Ehegatten. Steuerklasse III: alle übrigen Erwerber und Zweckzuwendungen. Eingetragene Lebenspartner gehören trotz Gleichstellung mit Ehegatten in einigen anderen Punkten weiterhin nur zur Steuerklasse III. – 3. Die Höhe der Erbschaftsteuer ergibt sich bei Anwendung der in Tabelle „Erbschaftsteuer – Steuersätze“ genannten *Steuersätze* (§ 19 ErbStG). Ggf. sind → Progressionsvorbehalt oder Wertstufenregelung des § 19 III ErbStG zu beachten.

VII. Steuerbefreiungen: 1. *Sachliche Befreiungen:* (1) Hausrat, beim Erwerb durch Personen der Steuerklasse I bis 41.000 Euro, der übrigen Steuerklassen bis 12.000 Euro; (2) andere bewegliche körperliche Gegenstände beim Erwerb durch Personen der Steuerklasse I und der übrigen Steuerklassen bis 12.000 Euro, Hausrat und anderere bewegliche Gegenstände zusammen bei den übrigen Steuerklassen, soweit es sich nicht um Gegenstände des → land- und forstwirtschaftlichen Vermögens, des → Grundvermögens oder des → Betriebsvermögens, um Zahlungsmittel, Wertpapiere, Münzen, Edelmetalle, Edelsteine oder Perlen handelt; (3) Grundbesitz oder Teile von Grundbesitz, Kunstgegenstände, Kunstsammlungen, wissenschaftliche Sammlungen, Bibliotheken und Archive mit 60 Prozent oder 100 Prozent ihres Wertes unter bestimmten Voraussetzungen; (4) ab 2009 wird Betriebsvermögen zwar voll erfasst, die darauf entfallende Steuer aber fast vollständig erlassen, wenn der Betriebserbe mehrere Jahre lang bestimmte (strenge) Auflagen erfüllt; (5) weitere Befreiungen vgl. § 13 ErbStG. – 2. *Persönliche Freibeträge* (§ 16 ErbStG): (1) bei *unbeschränkter Steuerpflicht* der Erwerb (a) des Ehegatten in Höhe von 500.000 Euro; (b) der Kinder und Kinder verstorbener Kinder in Höhe von 400.000 Euro; (c) der Kinder der Kinder in Höhe von 200.000 Euro; (d) der übrigen Personen der Steuerklasse I in Höhe von 100.000 Euro; (e) der Personen der Steuerklasse II in Höhe von 20.000 Euro; (f) des Lebenspartners in Höhe von 500 000 Euro; (g) der Personen der Steuerklasse III in Höhe von 20.000 Euro. (2) Bei *beschränkter Steuerpflicht:* 2.000 Euro. – 3. Zusätzlich *bes. Versorgungsfreibeträge* (§ 17 ErbStG): Beim Erwerb von Todes wegen hat der überlebende Ehegatte einen Versorgungsfreibetrag von 256.000 Euro, die überlebenden Kinder einen nach Alter gestaffelten Betrag von 52.000 bis 10.300 Euro; dieser ist um den nach BewG ermittelten Kapitalwert der aus Anlass des Todes des Erblassers dem Erben gewährten, nicht der Erbschaftsteuer unterliegenden Versorgungsbezüge zu kürzen. – 4. Der Erbschaftsteuer unterliegt nicht der Betrag, den der überlebende Ehegatte bei güterrechtlicher Abwicklung der *Zugewinngemeinschaft* (§ 1371 II BGB) als *Ausgleichsforderung* geltend machen kann (§ 5 ErbStG). – Vgl. auch → eheliches Güterrecht.

VIII. Verfahren: Für erbschaftsteuerpflichtige Vorgänge besteht → Anzeigepflicht. Die Abgabe einer → Steuererklärung oder eine Selbstveranlagung (diese umfasst die Selbstberechnung und die Entrichtung der Erbschaftsteuer) kann verlangt werden; damit wird dem zuständigen Finanzamt die Festsetzung eines → Steuerbescheides ermöglicht. Gemäß herrschender Praxis wird die Erbschaftsteuer einen Monat nach Bekanntgabe des Steuerbescheides fällig (§ 31 ErbStG).

IX. Finanzwissenschaftliche Beurteilung: 1. Frühere *Begründungen* (Fundustheorie, Chancengleichheit, arbeitsloses Einkommen („Neidsteuer"), Vermögens- und Rechtsschutzgebühr etc.) gelten heute als widersprüchlich und überholt. Heute gilt ererbtes Vermögen als Indikator der Leistungsfähigkeit. – 2. Die für die Realisierung des → Leistungsfähigkeitsprinzips notwendige Voraussetzung einer *umfassenden Bemessungsgrundlage* ist nicht erfüllt, da sich alle Ungleichheiten des Bewertungsgesetzes im Erbgang wieder finden. Das Bundesverfassungsgericht hat dies in seinem Urt. v. 22.6.1995 beanstandet (2 BvR 552/91). – 3. Als Ausdruck der Leistungsfähigkeitsbesteuerung gilt der *progressive Tarif*: (1) Innerhalb jeder Steuerklasse steigen die Grenzsteuersätze. (2) Mit abnehmender Verwandschaftsnähe zum Erblasser höhere Steuersätze in den Steuerklassen können jedoch nicht mit zunehmender Leistungsfähigkeit erklärt werden. – 4. *Ziele:* Der Verteilung der Steuer nach der Leistungsfähigkeit dient der recht hohe Freibetrag des Ehegatten mit entlastender Wirkung und die steile Progression mit belastender Wirkung. Das Umverteilungsziel wäre überzeugender, wenn eine Zweckbindung der Erbschaftsteuer vorgesehen wäre, jedoch würde das bisher noch geringe Aufkommen keine wesentliche Umverteilung herbeiführen. – 5. *Allokative Ziele und Wirkungen* können in der Höhe des Freibetrages gesehen werden, die der Erhaltung der Vermögenssubstanz dienen. – 6. *Steuersystematik:* a) Die im Erbanfall sich ausdrückende gestiegene Leistungsfähigkeit hat keinen Ausdruck im *Einkommensbegriff* nach der Reinvermögenszugangstheorie (→ Einkommen) gefunden, vielmehr wurde eine eigene Steuer eingerichtet; dadurch wird eine bes. hohe Progressionsbelastung im Jahr des Erbanfalls vermieden. – b) Wenngleich die Erbschaftsteuer steuertechnisch als Verkehrsteuer konstruiert ist, ist sie gemäß der Bemessungsgrundlage eine → Substanzsteuer. – c) Im Jahr des Erbanfalls kommt es zu einer *Zweifachbelastung* des Vermögens mit Erbschaftsteuer und → Vermögensteuer, sofern das Vermögen am Jahresende noch vorhanden ist. – d) → Steuerliche Beziehungslehre: Die Erbschaftsteuer gilt als eine (fragwürdige) Kontroll- (oder Nachhol-) Steuer der → Einkommensteuer für jene, die Einkommensteuer hinterzogen haben.

X. Betriebswirtschaftliche Beurteilung: Wegen der starken und bes. nicht zeitlich exakt vorhersehbaren Liquiditäts- und Substanzbelastung stellt die Erbschaftsteuer bes. für Personenunternehmungen eine gravierende Belastung dar, die zur Existenzbedrohung werden kann. Die Neuregelungen der Besteuerung des Betriebsvermögens mit weitgehender Verschonung vor der ErbSt ermöglichen es, solche Belastungen zu vermeiden, engen andererseits aber durch die damit verbundenen Auflagen die Flexibilität des Unternehmers bis zu 10 Jahre stark ein. Frühzeitige Planungen zur Minimierung der Erbschaftsteuer sind daher unumgänglich, z.B. mehrmalige Ausnutzung von Freibeträgen und Progressionsminderung durch wiederholte Schenkungen im Zehn-Jahres-Abstand, vorweggenommene Erbfolge, Optimierung der Vermögensstruktur unter bewertungsrechtlichen Gesichtspunkten etc. Wegen anstehendem Generationenwechsel in vielen Unternehmungen nimmt die Bedeutung der Problematik weiter zu (Zeichen dafür ist die Verdreifachung des Steueraufkommens seit 1985). Andererseits sind für den Übergang von Betriebsvermögen seit der Reform 2009 erhebliche Steuervergünstigungen geschaffen worden: So kann ein Großteil der auf betriebliches Vermögen entfallenden Steuer entfallen, wenn für eine bestimmte Zeit (7 oder 10 Jahre) bestimmte Vorgaben des Gesetzes hinsichtlich Beibehaltung der eigenen Unternehmerstellung und Beibehaltung einer bestimmten Anzahl von Arbeitsplätzen (ausgedrückt in einer Anforderung hinsichtlich der Höhe der Lohnsumme des Betriebes) eingehalten werden – dies entlastet einerseits das betriebliche Vermögen, engt allerdings andererseits die Handlungsmöglichkeiten des Erwerbers hinsichtlich des erhaltenen Betriebes für eine nicht unbeträchtliche Zeit erheblich ein. – Vgl. auch → Erbschaftsteuerreform 2009.

XI. EU-rechtliche Beurteilung: Nach einer mittlerweile gefestigten Rechtsprechung des Europäischen Gerichtshofes muss die Ausgestaltung der Erbschaftsteuergesetze der Mitgliedsstaaten den Vorgaben der europäischen Grundfreiheiten genügen; insbesondere darf der Erwerb von ausländischen Vermögen in anderen Ländern der EU nicht gegenüber inländischem Vermögen diskriminiert werden. Die Neufassung des Gesetzes 2009 hat von den früheren Verstößen gegen diese Vorgabe die meisten beseitigt, aber nicht alle: Problematisch sind etwa die viel zu niedrigen Freibeträgebei beschränkter Steuerpflicht oder aber das Fehlen eines Optionsrechts zur unbeschränkten Steuerpflicht bei einem Anteil des Inlandsvermögens von mind. 90 Prozent des Gesamtvermögens.

XII. Verfassungsrechtliche Beurteilung: Nach dem das Bundesverfassungsgericht das ErbStG vor 2008 wegen Begünstigungen des Betriebsvermögens und des Grundvermögens kritisiert hatte, enthält die Neuregelung erneut Begünstigung dieser Vermögensarten, die teilweise noch weiter gehen als früher. Daher ist auch der ab 2009 gefundenen Neuregelung eine gewisse Fragwürdigkeit nicht zu abzustreiten.

XIII. Aufkommen: 4.550 Mio. Euro (2009), 4.771 Mio. Euro (2008), 4.203 Mio. Euro (2007), 3.762,6 Mio. Euro (2006), 4.096 Mio. Euro (2005), 4.283 Mio. Euro (2004), 3.372,8 Mio. Euro (2003), 3.020,7 Mio. Euro (2002), 3.068,7 Mio. Euro (2001), 2.981,6 Mio. Euro (2000), 1.814,3 Mio. Euro (1995), 1.546,3 Mio. Euro (1990), 773 Mio. Euro (1985), 520 Mio. Euro (1980),

271 Mio. Euro (1975), 267 Mio. Euro (1970), 162 Mio. Euro (1965), 103 Mio. Euro (1960), 43 Mio. Euro (1955), 12 Mio. Euro (1950).

Erbschaftsteuerklassen – Steuerklassen, in die die Erwerber nach dem persönlichen Verhältnis zum Erblasser bzw. Schenker eingeteilt werden. Es existieren drei Steuerklassen, die v.a. für die Höhe der anzuwendenden Steuerklassen und der zu gewährenden Freibeträge Bedeutung haben. Seit der → Erbschaftsteuerreform 2009 sind die Steuersätze für die Steuerklassen II und III angeglichen worden, sodass die Unterscheidung zwischen diesen beiden Steuerklassen hauptsächlich nur noch für die Höhe der Freibeträge von Bedeutung ist. Fundstellen: §§ 16, 19 ErbStG. – Vgl. auch → Erbschaftsteuer.

Erbschaftsteuerreform – 1. *Hintergrund:* Nach dem Beschluss des Bundesverfassungsgerichts vom 7.11.2006 (1 BvL 10/02; BVerfGE 117, 1) war die bisherige Erhebung der → Erbschaftsteuer mit einheitlichen Steuersätzen auf den Wert des Erwerbs mit dem Grundgesetz deshalb unvereinbar, weil sie an Steuerwerte anknüpft, deren Ermittlung bei → Betriebsvermögen, → Grundvermögen, Anteilen an Kapitalgesellschaften und land- und forstwirtschaftlichen Betrieben den Anforderungen des Art. 3 I des Grundgesetzes (GG) nicht genügte. Der Gesetzgeber wurde durch diesen Beschluss verpflichtet, spätestens bis zum 31.12.2008 eine Neuregelung zu finden. Die Umsetzung der neuen Vorschriften erfolgte mit dem Erbschaftsteuerreformgesetz. – 2. *Anwendung:* Die Erbschaftsteuerreform ist am 1.1.2009 in Kraft getreten (Art. 6 ErbStRG). Steuerliche Begünstigungen können auf Antrag (abgesehen von persönlichen Freibeträgen) in Erbfällen bereits ab dem 1.1.2007 angewendet werden. – 3. *Wesentliche Änderungen:* a) Die Besteuerung von Betriebsvermögen und land- und forstwirtschaftlichem Vermögen bei der Erbschaft- und Schenkungsteuer erfolgt unter Berücksichtigung einer Begünstigung in Form des sog. → Verschonungsabschlags. Demnach werden 85 Prozent bzw. 100 Prozent des begünstigten Betriebsvermögens von der Steuer befreit, wenn gewisse Voraussetzungen unter Einhaltung von gewissen Lohnsummen und Behaltensvorschriften (wie die Betriebsfortführung innerhalb von 5 bzw. 7 Jahren) erfüllt sind. Soweit der steuerpflichtige Vermögensteil 150.000 Euro nicht übersteigt, bleibt er für die Berechnung der Erbschaftsteuer außer Ansatz (Abzugsbetrag). Dieser Abzugsbetrag verringert sich, wenn der Wert dieses Vermögens insgesamt 150.000 Euro übersteigt. Er verringert sich dann um 50 Prozent des 150.000 Euro übersteigenden Betrages, sodass sich der Abzugsbetrag bei 450.000 Euro auf null Euro beläuft. Es ist zu beachten, dass die Begünstigung auch für Betriebsvermögen in EU und EWR-Ländern gilt. – b) Die persönlichen Freibeträge erhöhen sich, ebenso die Steuersätze je Steuerklasse in Prozent. – c) Eingetragene Lebenspartnerschaften werden hinsichtlich bestimmter Steuerfreistellungen, des Ehegattenfreibetrags, jedoch nicht hinsichtlich der Steuerklasse gleichgestellt. – d) Die Bewertung von Grundvermögen erfolgt nunmehr grundsätzlich mit dem gemeinen Wert. Bei vermieteten Wohnimmobilien ist ein Wertabschlag von 10 Prozent zu berücksichtigen. – e) Selbstgenutztes Wohneigentum (Familienheim) wird bei der Übertragung an Ehegatten, Lebenspartner und Kinder bei zehnjähriger Selbstnutzung bei Erwerb von Todes wegen freigestellt. Bei Kindern gilt die Begünstigung nur bei Erwerb von Todes wegen bei einer Wohnungsgröße von maximal 200 qm. – 4. *Aktuelle Rechtsprechung:* Beim BVerfG liegen gegen das seit dem 1.1.2009 geltende Erbschaftsteuergesetz drei Beschwerden vor (1 BvR 3196/09, 1 BvR 3197/09 und 1 BvR 3198/09). Einerseits soll das Erbschaftsteuerreformgesetz formell nicht verfassungsgemäß zustande gekommen sein. Es werden u.a. die Gesetzgebungskompetenz des Bundes angezweifelt und die Mitwirkung der damals nur geschäftsführenden Regierung Hessens bei der Abstimmung im Bundesrat bemängelt. Außerdem sei die Steuerbefreiung des Familienheims mit dem Gleichheitsgrundsatz nicht vereinbar, soweit sie für Kinder auf eine maximale Wohnfläche von 200 qm beschränkt wird. Darüber hinaus werden die Begünstigung des Familienheims im Vergleich zu anderen Vermögensgegenständen und auch die unterschiedliche Behandlung im Rahmen der Erbschaftsteuer verschiedener Lebensgemeinschaften angezweifelt. Somit ist die Verfassungsmäßigkeit des derzeit geltenden Erbschaftsteuer- und Schenkungsteuergesetzes weiterhin nicht gewiss.

Erbschaftsteuerreform 2009

von Hans-Ulrich Dietz

I. Allgemein

Die → Erbschaftsteuer besteuert den Übergang von Vermögenswerten. Dies kann im Erbfall der Übergang der Vermögenswerte auf den Erben oder aber im Schenkungsfall unter Lebenden auch die Besteuerung der verschenkten Vermögenswerte sein. Auch die → Vermögensübertragung im Falle einer Zweckzuwendung unterliegt der Erbschaftsteuer.

Mit seinem Beschluss (1 BvL 10/02) vom 7.11.2006 hatte das Bundesverfassungsgericht auf Veranlassung des Bundesfinanzhofs (Beschluss vom 22.5.2002 – II R 61/99) jedoch festgestellt, dass das bis dahin geltende

Erbschaftsteuerrecht verfassungswidrig sei. Nach langen politischen Diskussionen wurde sodann die Erbschaftsteuerreform 2009 per Gesetz vom 5.12.2008 vom Bundesrat verabschiedet.

Die folgenden Ausführungen zeigen nur die wesentlichen Änderungen des Erbschaft- und Schenkungsteuergesetzes auf. Zu weiteren Informationen sei auf die hier u.a. genannte Basisliteratur verwiesen.

II. Persönliche und sachliche Freibeträge

Die persönlichen → Freibeträge wurden in allen Steuerklassen angehoben. Erstmals können eingetragene Lebenspartner denselben Freibetrag wie Ehegatten in Anspruch nehmen, allerdings bleibt es für diese bei der ungünstigen Steuerklasse III.

Folgende Zuordnungen der Steuerklassen sowie folgende Freibeträge sind im Rahmen des neuen Rechts zu beachten:

Steuerklasse	Personenkreis	Freibetrag neu
I	Ehegatte	500.000 EUR
	Kinder, Stiefkinder, Kinder verstorbener Kinder und Stiefkinder	400.000 EUR
	Enkelkinder	200.000 EUR
	Eltern und Großeltern bei Erbschaften	100.000 EUR
II	Eltern und Großeltern bei Schenkungen, Geschwister, Neffen und Nichten, Stiefeltern, Schwiegereltern, geschiedene Ehegatten	20.000 EUR
III	Alle übrigen Beschenkten und Erwerber (z.B. Tanten, Onkel); Zweckzuwendungen	20.000 EUR
	gleichgeschlechtlicher Lebenspartner bei einer eingetragenen Lebenspartnerschaft	500.000 EUR

Neben dem vorgenannten Freibetrag wird dem überlebenden Ehegatten – und erstmals dem überlebenden Lebenspartner – zusätzlich noch ein besonderer → Versorgungsfreibetrag i.H.v. 256.000 Euro unter bestimmten Bedingungen gewährt.
Bei Kindern i.S.d. Steuerklasse I Nr. 2 variiert der neben dem allgemeinen Freibetrag für Erwerbe von Todes gewährte besondere Versorgungsfreibetrag altersabhängig nach wie vor zwischen 52.000 und 10.300 Euro.

Steuerfrei bleiben daneben bei der Steuerklasse I sowie bei eingetragenen Lebenspartnern Hausrat in Höhe von 41.000 Euro sowie andere bewegliche Gegenstände in Höhe von 12.000 Euro. Für die Steuerklassen II und III kommt für Hausrat und sonstige bewegliche Gegenstände insgesamt ein Freibetrag von 12.000 Euro zur Anwendung.

III. Steuersätze

Die Neuregelung sieht ferner Änderungen beim → Steuertarif vor. Während sich bei der Steuerklasse I nur die Glättung der Schwellenwerte (Tabellenstufen) auswirkt, erfahren Personen der Steuerklasse II und III eine deutliche Verschlechterung gegenüber dem bisherigen Recht. Für beide Steuerklassen gilt nun ein zweistufiger Tarif: Bis zu einem Erwerb i.H.v. 6 Mio. Euro ist ein Steuersatz von 30 Prozent und bei über diesem Betrag liegenden Erwerben von 50 Prozent vorgesehen. Die neue Tarifstruktur stellt sich wie folgt dar:

Wert des steuerpflichtigen Erwerbs (§10 ErbStG) bis einschließlich ... Euro	Prozentsatz in der Steuerklasse		
	I	II	III
75.000	7	30	30
300.000	11	30	30
600.000	15	30	30
6.000.000	19	30	30
13.000.000	23	50	50
26.000.000	27	50	50
über 26.000.000	30	50	50

IV. Steuerbefreiungen

Mit dem Ziel, Familiengebrauchsvermögen krisenfest zu erhalten, wurden für Ehegatten, eingetragene Lebenspartner und Kinder weitere Vergünstigungen im neuen Erbschaftsteuerrecht eingeführt.

Nach bislang geltendem Recht waren Schenkungen von zu eigenen Wohnzwecken genutzten, im Inland belegenen Familienwohnheimen zwischen Ehegatten im Falle der → Schenkung bereits steuerfrei möglich. Diese Möglichkeit wurde ab dem 1.1.2009 auch für eingetragene Lebenspartner sowie auch für in einem Mitgliedsstaat der EU oder in einem Staat des EWR belegene Familienwohnheime ermöglicht.

Nunmehr kann zusätzlich bei Erwerben von Todes wegen das im Inland, in einem Mitgliedsstaat der → EU oder in einem Staat des → EWR belegene Familienwohnheim an den überlebenden Ehegatten sowie den eingetragenen Lebenspartner steuerfrei zugewendet werden. Die Freistellung ist jedoch an die Bedingung geknüpft, dass der Erwerber das Familienwohnheim zehn Jahre zu eigenen Wohnzwecken nutzt. Gibt er die Selbstnutzung bspw. durch Vermietung innerhalb von zehn Jahren auf, entfällt die Steuerbefreiung rückwirkend vollständig. Eine Aufgabe der Selbstnutzung stellt bspw. auch der Verkauf oder die Nutzung der Wohnung als Zweitwohnsitz dar. Für den Fall, dass der Erwerber aus zwingenden objektiven Gründen (z.B. Pflegebedürftigkeit oder Tod des Erben) an der Selbstnutzung gehindert ist, wird keine Aufgabe der Selbstnutzung angenommen.

Zur Steuerfreistellung kommt es nach neuem Recht auch für Kinder und Kinder verstorbener Kinder im Falle des Erwerbes von Todes wegen für im Inland, in einem Mitgliedsstaat der EU oder in einem Staat des EWR belegene Familienwohnheime. Dies gilt bis zu einer Wohnfläche von 200 qm. Größere Wohnflächen sind mit dem übersteigenden Anteil zu (ggf. unter Berücksichtigung des anzuwendenden Freibetrags) versteuern. Voraussetzung ist auch hier, dass das Kind das Familienwohnheim über einen zehnjährigen Zeitraum selbst zu eigenen Wohnzwecken nutzt. Gibt es die Nutzung auf, entfällt die Steuerbefreiung wiederum rückwirkend, es sei denn eine Selbstnutzung kommt aus zwingenden objektiven Gründen nicht in Betracht

V. Grundvermögen

1. Verfahren

Das Bundesverfassungsgericht machte den gesetzgebenden Körperschaften die Auflage, Grundvermögen grundsätzlich mit dem → gemeinen Wert (Verkehrswert) zu bewerten. Diese Vorgabe hat erhebliche Änderungen bei der Bewertung zur Folge, welche nicht wie ursprünglich geplant in einer Rechtsverordnung, sondern im → Bewertungsgesetz (BewG) selbst in den §§ 176 – 197 BewG neu geregelt wurden. Dem Steuerpflichtigen ist es wie bisher auch möglich, abweichend von dem sich aus den Bewertungsregeln ergebenden Wert, einen niedrigeren gemeinen Wert (ggf. durch ein Sachverständigengutachten) nachzuweisen.

Der Wert → unbebauter Grundstücke ist wie bisher nach der Fläche und den jeweils aktuellen Bodenrichtwerten zu ermitteln. Der bisher geltende pauschale Abschlag von 20 Prozent auf den Bodenrichtwert findet seit dem 1.1.2009 keine Anwendung mehr. Die Bodenrichtwerte sind durch Gutachterausschüsse jeweils zum Ende eines jeden Kalenderjahres für Bodenrichtwertgrundstücke festzustellen.

Der gemeine Wert bebauter Grundstücke soll künftig nach typisierenden Bewertungsverfahren ermittelt werden. Hierbei ist für die Anwendung des einschlägigen Verfahrens die Art des Grundstücks entscheidend. Das Gesetz sieht folgende Verfahren vor:

- Vergleichswertverfahren (§§ 182 II, 183 BewG),
- Ertragswertverfahren (§§ 182 III, 184 – 188 BewG),
- Sachwertverfahren (§§ 182 IV, 189 – 191 BewG).

Beim → Vergleichswertverfahren, das für Wohnungseigentum, Teileigentum, Ein- und Zweifamilienhäuser anzuwenden ist, wird der gemeine Wert des Grundstückes vorrangig aus den von den Gutachterausschüssen mitgeteilten Vergleichspreisen bzw. an deren Stelle ermittelten Vergleichsfaktoren abgeleitet. Voraussetzung ist, dass es sich um weitgehend gleichartige Gebäude (gleiche Lage, Nutzung, Größe, Ausstattung, Zuschnitt und sonstige Beschaffenheit mit dem zu vergleichenden Grundstück) handelt.

Das Ertragswertverfahren kommt insbesondere bei bebauten Grundstücken in Betracht, bei denen der nachhaltig erzielbare Ertrag für die Wertschätzung des Grundstückes im Vordergrund steht. Es findet damit Anwendung für Mietwohngrundstücke sowie Geschäfts- und gemischt genutzte Grundstücke, für die sich auf dem Grundstücksmarkt eine übliche Miete feststellen lässt. Der Ertragswert des Grundstückes setzt sich aus dem Bodenwert und dem Gebäudeertragswert zusammen.

Die Bewertung des Grundvermögens nach dem Sachwertverfahren ist bei allen Grundstücksarten anzuwenden, für die kein Vergleichswert ermittelt werden kann, für die sich keine übliche Miete ermitteln lässt sowie für sonstige bebaute Grundstücke. Auch beim Sachwertverfahren sind der Gebäudesachwert und der Bodenwert getrennt zu bewerten.

2. Begünstigung

Vermietete Immobilien werden grundsätzlich nach dem Ertragswertverfahren bewertet. Von dem sich ergebenden Wert wird ein Abschlag in Höhe von 10 Prozent gewährt. Dies gilt jedoch nur, sofern die Immobilien im Inland, in einem Mitgliedsstaat der EU oder in einem Staat der EWR belegen sind und nicht zu begünstigtem Betriebsvermögen oder zu begünstigtem Vermögen eines Betriebes der Land- und Forstwirtschaft gehören. Zudem können jedoch die mit dem vermieteten Grundstück im Zusammenhang stehenden → Verbindlichkeiten auch nur zu 90 Prozent berücksichtigt werden.

VI. Betriebsvermögen

Die Änderungen im Zusammenhang mit Unternehmensvermögen sind am Umfangreichsten ausgestaltet worden. Sie betreffen neben der Bewertung die Begünstigungsregelungen und sehen eine Neudefinition von begünstigungsfähigem Unternehmensvermögen vor. Im Einzelnen:

1. Umfang

Das begünstigungsfähige Unternehmensvermögen wird in § 13 b I ErbStG definiert. Hierzu zählen wie bisher auch das → Betriebsvermögen von Einzelunternehmen, Mitunternehmeranteile, Anteile an Kapitalgesellschaften von mehr als 25 Prozent sowie land- und forstwirtschaftliches Vermögen. Einbezogen in die Begünstigung wird künftig auch in den anderen EU-Mitgliedsstaaten und Staaten des EWR belegenes begünstigtes Vermögen. Bei Anteilen an Kapitalgesellschaften kann künftig eine Zusammenrechnung von unter der 25 Prozent Mindestbeteiligungsgrenze liegenden Anteilen mit anderen Gesellschaftsanteilen erfolgen, wenn diese einem Stimmbindungsvertrag und spezifischen Verfügungsbeschränkungen unterliegen.

Als Neuerung wurde das sog. Verwaltungsvermögen in § 13 b II ErbStG gesetzlich geregelt. Denn nach dem neuen Erbschaftsteuerrecht ist zu prüfen, zu welchem Teil Unternehmensvermögen aus Verwaltungsvermögen besteht, da nur „echtes unternehmerisches Vermögen" begünstigungsfähig sein soll. Hierbei ist der Anteil des Verwaltungsvermögens am unternehmerischen Vermögen zu bestimmen. Dies erfolgt, indem die Summe der gemeinen Werte der Einzelwirtschaftsgüter des → Verwaltungsvermögens ins Verhältnis zum gemeinen Wert des Betriebes gesetzt wird. Mit dem Verwaltungsvermögen zusammenhängende Verbindlichkeiten sind hierbei nicht zu berücksichtigen. Kein begünstigtes Vermögen stellt Verwaltungsvermögen immer dann dar, wenn es dem Betrieb weniger als zwei Jahre zuzurechnen war.

Als Verwaltungsvermögen gelten: Dritten zur Nutzung überlassene Grundstücke, Grundstücksteile, grundstücksgleiche Rechte und Bauten. Hiervon gibt es fünf Ausnahmen: So wird bspw. eine Nutzungsüberlassung an Dritte in Fällen der → Betriebsaufspaltung nicht als schädlich angesehen. Abgestellt wird hierbei auf die ertragsteuerlichen Grundsätze der Personengruppentheorie. Es reicht damit für die Beherrschung von Besitz- und Betriebsunternehmen aus, wenn an beiden Unternehmen mehrere Personen beteiligt sind, die zusammen beide Unternehmen beherrschen. In diesem Fall liegt kein Verwaltungsvermögen vor.

Dies gilt auch für die Betriebsverpachtung im Ganzen, bei der ertragsteuerlich → Gewinneinkünfte vorliegen und der bisherige Pächter Erbe geworden ist, oder für den Fall, dass ein Beschenkter den Betrieb noch nicht selbst führen kann und er diesen deshalb für maximal zehn Jahre an einen Dritten verpachtet hat.

Ebenso führt die Nutzungsüberlassung innerhalb eines Konzerns i.S.d. § 4 h EStG nicht zu schädlichem Verwaltungsvermögen, ebenso wenig wie die Nutzungsüberlassung von Wohnimmobilien, wenn deren Überlassung im Rahmen eines in kaufmännischer Weise eingerichteten Geschäftsbetriebes erfolgt.

Dies gilt auch für verpachtete land- und forstwirtschaftliche Grundstücke.

- Anteile an Kapitalgesellschaften, wenn die unmittelbare Beteiligung am Nennkapital 25 Prozent oder weniger beträgt (Ausnahme: Zusammenrechnung von Anteilen) und sie nicht dem Hauptzweck des Gewerbebetriebes eines Kreditinstituts, eines Finanzdienstleistungsinstituts oder Versicherungsunternehmens zuzurechnen sind.
- Beteiligungen an Personengesellschaften, wenn deren Verwaltungsvermögen mehr als 50 Prozent beträgt (Prüfung bei mehrstöckigen Strukturen auf jeder Ebene).
- Wertpapiere und vergleichbare Forderungen, die nicht dem Hauptzweck des Gewerbebetriebes eines Kreditinstituts, eines Finanzdienstleistungsinstituts oder Versicherungsunternehmens zuzurechnen sind.
- Kunst, Edelmetalle etc.; Ausnahme: Handel oder Verarbeitung ist Hauptzweck des Betriebes.

2. Begünstigung

Ob und welche Verschonungsregelung in Frage kommt, hängt von der Quote des Verwaltungsvermögens ab. Beträgt das Verwaltungsvermögen mehr als 50 Prozent des Unternehmensvermögens, ist das gesamte Unternehmensvermögen zu versteuern. Eine Verschonung gibt es dann nicht.

Beträgt das Verwaltungsvermögen weniger als 50 Prozent (und mehr als 10 Prozent), ergibt sich folgende Steuerbefreiung (Grundfall): 15 Prozent des Unternehmensvermögens sind unter Berücksichtigung eines gleitenden Abzugsbetrages von 150.000 Euro (§§ 13 b IV, 13 a II ErbStG) sofort zu versteuern. 85 Prozent des Unternehmensvermögens können vollständig steuerfrei übertragen werden (Verschonungsabschlag), wenn folgende Voraussetzungen eingehalten werden:

- Weiterführung des Unternehmens für sieben Jahre,
- Einhaltung der Mindestlohnsumme innerhalb der Lohnsummenfrist von sieben Jahren (650 Prozent der Ausgangslohnsumme).

Beträgt das Verwaltungsvermögen weniger als 10 Prozent, ergibt sich auf Antrag folgende Steuerbefreiung (Option), wobei das Antragsrecht unwiderruflich ausgestaltet ist und mit Abgabe der Steuererklärung ausgeübt werden muss: 100 Prozent des Unternehmensvermögens können vollständig steuerfrei übertragen werden (Verschonungsabschlag), wenn folgende Voraussetzungen eingehalten werden:

- Weiterführung des Unternehmens für zehn Jahre,
- Einhaltung der Mindestlohnsumme innerhalb der Lohnsummenfrist von zehn Jahren (1000 Prozent der Ausgangslohnsumme).

Auf die Einhaltung der Mindestlohnsumme kommt es nur an, wenn die Ausgangslohnsumme mehr als 0 Euro beträgt oder der Betrieb mehr als zehn Mitarbeiter beschäftigt.

Wird das Unternehmen weniger als sieben bzw. zehn Jahre fortgeführt (Verstoß gegen Fortführungsklausel), fallen der Verschonungsabschlag und der Abzugsbetrag zeitanteilig weg. Schädliche Verfügungen sind die Veräußerung bzw. die Aufgabe eines Gewerbebetriebes, die Veräußerung oder Entnahme wesentlicher Betriebsgrundlagen sowie Überentnahmen. Auch der Wegfall des Stimmbindungsvertrages und der Verfügungsbeschränkungen bei Familienkapitalgesellschaften ist schädlich. Ausgenommen vom zeitanteiligen Wegfall bleiben sog. Überentnahmen nach § 13 a V S. 1 Nr. 3 ErbStG von mehr als 150.000 Euro. Diese betreffen stets den gesamten Behaltenszeitraum und über ihr Vorliegen kann erst nach dessen Ablauf entschieden werden.

Umwandlungen von Kapitalgesellschaften, Personengesellschaften und Einzelunternehmen führen dagegen nicht zu schädlichen Verfügungen innerhalb der Behaltensfrist.

Von einer Nachversteuerung wird zudem in den Fällen abgesehen, in denen der Veräußerungserlös innerhalb von sechs Monaten in Vermögen derselben Vermögensart reinvestiert wird (§ 13 a V S. 3 ErbStG).

Auch beim Unterschreiten der Mindestlohnsumme (Verstoß gegen Lohnsummenklausel) vermindert sich der schon gewährte Verschonungsabschlag nach § 13 a I S. 5 ErbStG in demselben prozentualen Umfang wie die Mindestlohnsumme unterschritten wird.

Schädliche Verfügungen sind innerhalb von einem Monat nach deren Verwirklichung, das Unterschreiten der Mindestlohnsumme ist innerhalb von sechs Monaten nach Ablauf der jeweiligen Lohnsummenfrist dem für die Erbschaftsteuer zuständigen Finanzamt vom Steuerpflichtigen (unaufgefordert) anzuzeigen.

Die bisherigen Regelungen zur Tarifbegrenzung für natürliche Personen der Steuerklassen II und III (§ 19 a ErbStG) wurden an die Neuregelungen angepasst.

3. Verfahren

Die Vorgabe des Bundesverfassungsgerichts, alle Vermögensgegenstände mit dem gemeinen Wert zu bewerten, wurde im Rahmen der Bewertung von Unternehmensvermögen auch dadurch umgesetzt, dass alle Unternehmen nach einem einheitlichen Verfahren bewertet werden.

Folgende Bewertungsmethoden sind denkbar:

- Börsenkurs: Handelt es sich um ein börsennotiertes Unternehmen, ist der Börsenkurs als Stichtagskurs für die Bewertung maßgebend.
- Weitere Verfahren: Führt das vereinfachte Ertragswertverfahren zu offensichtlich unzutreffenden Ergebnissen, oder ist bspw. für den zu bewertenden Unternehmenstyp ein anderes anerkanntes Bewertungsverfahren einschlägig, kann eine Wertermittlung auch nach diesem vorgenommen werden.

VII. Sonstige Änderungen

1. Lebensversicherungen

Noch nicht fällige Ansprüche aus → Lebensversicherungen werden in Übereinstimmung mit der Vorgabe des Bundesverfassungsgerichts nun mit dem Rückkaufswert bewertet. Die bislang oft vorteilhafte Methode der Bewertung mit 2/3 der eingezahlten Prämien oder Kapitalbeträgen ist damit entfallen.

2. Nutzungsrecht

Das bisherige Abzugsverbot für Belastungen (Nutzungs- und Rentenlasten) sowie die damit zusammenhängenden Stundungs- und Ablösungsregelungen werden aufgehoben. Nach neuem Recht mindern derartige Belastungen den Wert des Erwerbs. Bei der Bewertung von lebenslänglichen Nutzungen und Leistungen sind nunmehr die aktuellen, jährlich herausgegebenen Sterbetafeln des Statistischen Bundesamtes maßgebend.

3. Doppelbelastung Erbschaft- und Einkommensteuer

Um eine Doppelbelastung der Erbschaftsteuer mit der Einkommensteuer zu vermeiden, wird mit § 35 b EStG eine Regelung eingeführt, die dem bis zum Veranlagungszeitraum 1998 geltenden § 35 EStG entspricht.

Folgende Tatbestandselemente müssen erfüllt sein:

- Die Einkünfte müssen als Erwerb von Todes wegen im Veranlagungszeitraum oder in den vier vorangegangenen Veranlagungszeiträumen bereits der Erbschaftsteuer unterlegen haben,
- diese Einkünfte müssen bei der Ermittlung der Einkommensteuer auch berücksichtigt worden sein,
- ein Antrag auf Steuerermäßigung muss gestellt worden sein.

Als Rechtsfolge kommt es zur Kürzung der tariflichen Einkommensteuer (gekürzt um sonstige Steuerermäßigungen), soweit diese auf mit Erbschaftsteuer vorbelastete Einkünfte entfällt, um einen Prozentsatz, der sich errechnet aus dem Verhältnis der festgesetzten Einkommensteuer zum steuerpflichtigen Erwerb (§ 10 ErbStG) zuzüglich der Freibeträge nach §§ 5, 16, 17 ErbStG.

VIII. Inkrafttreten

Das Gesetz ist am 1.1.2009 in Kraft getreten. Für Erwerbe von Todes wegen im Zeitraum vom 1.1.2007 bis zum 31.12.2008 hatte der Erwerber die Möglichkeit, die Anwendung des neuen Rechts mit Ausnahme der Freibetragsregelungen zu wählen, wenn dieses für ihn günstiger ist. Dieses Antragsrecht war zeitlich beschränkt auf sechs Monate nach Inkrafttreten und musste daher bis zum 1.7.2009 ausgeübt werden.

Erbschaftsteuer-Richtlinien (ErbStR) – 1. *Begriff:* Eine allg. Verwaltungsvorschrift des Bundes zur Anwendung des Erbschaftsteuer- und Schenkungsteuerrechts, erlassen am 17.3.2003 (BStBl. I Sondernummer 1 S. 2). Mit den Erbschaftsteuer-Richtlinien weist der Bundesfinanzminister die Mitglieder der Finanzverwaltung an, wie aus seiner Sicht das Erbschaftsteuergesetz und wichtige Vorschriften des Bewertungsgesetzes zu verstehen sind, um ein gleichmäßiges Handeln der Verwaltung gegenüber Bürgern in gleicher Situation sicher zu stellen. – 2. *Inhaltsübersicht:* (1) Teil A (R 1– 90): Erläuterungen zum Erschaftsteuer- und Schenkungsteuergesetz; (2) Teil B (R 91–123): Allgemeine Vorschriften zur Interpretation des Bewertungsgesetzes, v.a. jeweilige Regelung zum → Stuttgarter Verfahren; (3) Teil C (R 124–192): Vorschriften über die Ermittlung der → Bedarfswerte für Grundstücke. – 3. *Ergänzung zu den Erbschaftsteuer-Richtlinien:* Erbschaftsteuer-Hinweise, → Hinweise (H). – 4. *Historie:* Die Erbschaftsteuer-Richtlinien haben in weiten Teilen Inhalte der früheren → Vermögensteuer-Richtlinien (VStR) übernommen, nachdem die Vermögensteuer nicht mehr erhoben wird. *Durch das Erbschaftsteuerreformgesetz* wurde das Erbschaftsteuergesetz mit Wirkung zum 1.1.2009 neu gefasst. Die Richtlinien werden daher entsprechend überarbeitet. Hintergrund der Reform war, dass das bisherige Erbschaftsteuergesetz bei bestimmten Vorschriften gegen das Grundgesetz verstoßen hat.

Erbschaft- und Schenkungsteuerstatistik – Teil des Systems der → Steuerstatistiken; die zunächst fünfjährliche, seit 2008 jährliche Erbschaft- und Schenkungsteuerstatistik dient der Untersuchung der Auswirkungen von Erbschaft- und Schenkungsteuer. Darüber hinaus soll sie zur Klärung von Verteilungsfragen beitragen und zur Quantifizierung des zukünftigen Aufkommens und bei geplanten Änderungen des Steuerrechts dienen. Erfasst wird der steuerpflichtige Erwerb nach verschiedenen Merkmalen bei Steuerpflichtigen, für die aufgrund eines Erwerbs von Todes wegen oder einer Schenkung im Berichtsjahr erstmals Erbschaft- oder Schenkungsteuer festgesetzt wurde.

Erbschein – gerichtliches Zeugnis, das dem → Erben auf Antrag vom Nachlassgericht über sein Erbrecht erteilt wird (§§ 2353 ff. BGB). Der Erbschein enthält das Erbrecht, ggf. die Größe des → Erbteils sowie eine etwa angeordnete Nacherbschaft oder → Testamentsvollstreckung. Dem Erbschein kommt i.d.R. die Rechtsvermutung (→ öffentlicher Glaube des Grundbuchs) zu, dass demjenigen, der im Erbschein als Erbe bezeichnet ist, das Erbrecht zustehe.

ErbStG – Abk. für *Erbschaftsteuer- und Schenkungsteuergesetz* in der Fassung der Bekanntmachung vom 27.2.1974. Letztmalig und umfassend geändert im Rahmen der → Erbschaftsteuerreform durch das Erbschaftsteuerreformgesetz vom 24.12.2008 (BGBl. I S. 3018), in Kraft getreten am 1.1.2009.

Erbteil – Anteil eines → Miterben am gemeinschaftlichen → Nachlass innerhalb der → Erbengemeinschaft bis zur → Erbauseinandersetzung. – Vgl. auch → Erbfolge.

Erb- und Stiftungsmanagement – In Kreditinstituten besetzen Experten die Kompetenzen bezüglich Erb- und Stiftungsangelegenheiten z.B. Übertragung von Vermögenswerten, → Verfügungen von Todes wegen, Unternehmensnachfolgen, → Stiftung als mögliches Gestaltungselement. Die zentralen Ansprechpartner in den Kreditinstituten sind oftmals juristisch ausgebildet und fungieren für Ihre Kunden gemeinhin auch als Bindeglied zwischen → Steuerberater, → Wirtschaftsprüfungsgesellschaft oder Anwaltskanzlei.

Erbunwürdigkeit – Folge gewisser schwerer, nicht verziehener Verfehlungen der → Erben, Vermächtnisnehmer oder Pflichtteilberechtigten gegenüber dem → Erblasser (§§ 2339–2345 BGB). Rechtsfolgen wie bei der → Ausschlagung.

Erbvertrag – Art der → Verfügung von Todes wegen (§§ 2274 ff. BGB). Erbverträge beschränken den → Erblasser in seiner Testierfreiheit, da die Vertragsverfügungen, die → Erbeinsetzung, → Vermächtnisse und → Auflagen enthalten können, einseitiger Änderung entzogen sind. – Nach Abschluss des Erbvertrags (öffentliche Beurkundung) errichtete *letztwillige Verfügungen* sind insoweit unwirksam, als sie das Recht des vertragsmäßig Bedachten beeinträchtigen würden; frühere werden durch Erbverträge aufgehoben.

Erbverzichtsvertrag – zwischen einem künftig berufenen → Erben (Verwandte, Ehegatte und lebenspartner) bei Lebzeiten des → Erblassers mit diesem geschlossener Vertrag (§§ 2346–2352 BGB, 10 VII LPartG). Erbverzichtsvertrag bewirkt Verzicht auf Erbrecht und ggf. Pflichtteil bzw. Vermächtnis. Der Verzichtende wird behandelt, als ob er zz. des → Erbfalls nicht mehr lebte.

Erdbeben – Naturbedingte Erschütterung des Erdbodens, die durch geophysikalische Vorgänge im Erdinnern ausgelöst wird. Gehört damit zu den Elementargefahren. Schäden durch Erdbeben sind i.d.R. in der → erweiterten Elementarschadenversicherung versicherbar. Eine Erdbebenmindeststärke nach der Richterskala wird als Voraussetzung für einen versicherten Schaden üblicherweise nicht gefordert.

Erdgassteuer → Verbrauchsteuer auf Erdgas und auf Flüssiggas. Durch Steuerreform ab 1.1.1989 eingeführt, dann Teil der → Mineralölsteuer (§ 1 II Nr. 6 MinölStG), mittlerweile – da Erdgas ein Energieerzeugnis darstellt und das Mineralölsteuergesetz durch das Energiesteuergesetz ersetzt wurde – in der → Energiesteuer aufgegangen. Laut § 2 I Nr. 7 EnergieStG beträgt heute der Regelsteuersatz für 1 Megawattstunde Erdgas 31,80 EUR; ermäßigte Sätze sind unter bestimmten Bedingungen (§ 2 II EnergieStG) denkbar. Für Flüssiggas beträgt die Steuer je nach Beschaffenheit 409 EUR oder 1217 EUR je 1000 kg (§ 2 II Nr. 8), auch hier sind ermäßigte Sätze für bestimmte Fallkonstellationen denkbar.

erdichtete Namen – Bezeichnung der Abgabenordnung für → Pseudonym. Nach § 154 AO ist es verboten, auf einen erdichteten Namen für sich oder einen anderen ein Konto zu errichten oder Buchungen vornehmen zu lassen. – Vgl. auch → Kontenwahrheit.

Erdölbevorratung – nach dem Erdölbevorratungsgesetz vom 16.1.2012 (BGBl. I 74) Haltung von Erdöl, Erdölerzeugnissen und -halbfertigerzeugnissen als Vorrat zur Sicherung der Energieversorgung durch den → Erdölbevorratungsverband und die Hersteller von Erdölerzeugnissen. Die Bevorratungspflicht des Verbandes beträgt 90 Tage. – Vgl. auch → Energiesicherung.

Erdölbevorratungsverband – eine bundesunmittelbare rechtsfähige → Körperschaft des öffentlichen Rechts, Sitz in Hamburg. Errichtet durch das Erdölbevorratungsgesetz. – *Aufgabe:* → Erdölbevorratung.

Erdrutsch – 1. *Begriff:* Naturbedingtes Abgleiten oder Abstürzen von Gesteins- oder Erdmassen. Gehört damit zu den Elementargefahren. Schäden durch Erdrutsch sind i.d.R. in der → erweiterten Elementarschadenversicherung versicherbar. – 2. *Probleme:* Die Abgrenzung des Begriffs „naturbedingt" ist wie bei Erdsenkung schwierig, da Kulturlandschaften von Menschenhand gestaltet sind. Z.B. hat der Mensch im Laufe der Zeit Bergwald abgeholzt, was zu einem erhöhten Erdrutschrisiko führt.

Ereignis – 1. *Begriff des → Projektmanagements (PM)* bzw. der → Netzplantechnik: Eintritt eines definierten Zustands im Zeitablauf. – Vgl. auch → Ereignispuffer, → Meilenstein. – 2. *Statistik:* Teilmenge von Elementen einer Menge (Gesamtheit), der eine Wahrscheinlichkeit zugeordnet werden kann. – 3. *Informatik:* Veränderung eines Systemzustands (→ Prozess).

Ereignisgesamtheit → Bewegungsgesamtheit.

ereignisgesteuerte Prozesskette – Entwurfsmodell zur Abbildung von Abläufen und Vorgängen. Grundelemente einer ereignisgesteuerten Prozesskette sind → Ereignisse und dadurch ausgelöste → Funktionen, die durch logische → Operatoren miteinander in Beziehung gesetzt werden. Neben Ereignissen als Ergebnis von Funktionen können Datenobjekte als Ein- und Ausgabe der Funktionen modelliert werden, die über Informationsobjekte erhältlich sind.

Ereignisknotennetzplan → Netzplan.

Ereignismasse → Bewegungsgesamtheit.

ereignisorientierte Planung – 1. *Begriff:* Vorgehensweise bei der Planung, nach der Pläne nicht in periodischen Abständen, sondern (zur Gewährleistung der Planungsaktualität) in Abhängigkeit von wichtigen Ereignissen aufgestellt bzw. revidiert werden. – 2. *Merkmale*: Damit soll die Aktualität der Pläne in einem dynamischen Umfeld erhöht werden. Abkehr vom → Neuaufwurfsprinzip zum → Net-Change-Prinzip.

Ereignisortprinzip – Begriff der → amtlichen Statistik; Erfassungsprinzip einzelner Erscheinungen, wie Geburten, Sterbefälle, Unfälle, nicht am Wohnort der betroffenen Personen, sondern am Ort des Geschehens. – *siehe auch:* → Wohnortprinzip, → Arbeitsortprinzip.

Ereignispuffer – *Ereignispufferzeit.* 1. *Begriff* der → Netzplantechnik: Zeitraum, um den sich der Eintritt eines → Ereignisses – bei gewissen Annahmen über dessen direkt vorhergehende und nachfolgende Ereignisse – hinauszögern darf, ohne dass der geplante bzw. der frühestmögliche Endtermin des → Projekts gefährdet wird. – 2. *Arten:* a) *Gesamter Puffer (gesamte Pufferzeit, Gesamtpuffer, Gesamtpufferzeit, Schlupf):* Zeitraum, um den das Ereignis verspätet eintreten darf, wenn sämtliche direkt vorhergehenden Ereignisse zu ihren frühestmöglichen und sämtliche direkt nachfolgenden Ereignisse zu ihren spätesterlaubten Eintrittszeitpunkten eintreten. – b) *Freier Puffer (freie Pufferzeit):* Puffer, der sich ergibt, wenn sämtliche direkt vorhergehenden und nachfolgenden Ereignisse zu ihren frühestmöglichen Eintrittszeitpunkten eintreten. – c) *Unabhängiger Puffer (unabhängige Pufferzeit):* Puffer, der sich unter der Annahme ergibt, dass alle direkt vorhergehenden Ereignisse zu ihren spätesterlaubten und alle direkt nachfolgenden Ereignisse zu ihren frühestmöglichen Eintrittspunkten eintreten. – d) *Freier Rückwärtspuffer (freie Rückwärtspufferzeit):* Ergibt sich analog für den Fall, dass sämtliche direkt vorhergehenden und nachfolgenden Vorgänge zu ihren spätesterlaubten Eintrittspunkten eintreten.

Ereignispufferzeit → Ereignispuffer.

Erfa-Gruppe – *Erfahrungsaustauschgruppe;* Zusammentreffen von rechtlich und wirtschaftlich selbstständigen, untereinander i.d.R. nicht unmittelbar konkurrierender Händlern zum Erfahrungsaustausch, z.B. über die Beurteilung mittels Kennzahlen abgebildeter Betriebsergebnisse oder über Resultate von Aktionen bzw. von Fortbildungen.

Erfahrungsgut → Gut, dessen Qualität ein → Haushalt erst nach vollzogenem Konsum feststellen kann. Der Konsum von Erfahrungsgütern zieht Lerneffekte nach sich, die das Nachfrageverhalten zukünftiger Perioden beeinflussen.

Erfahrungskurve

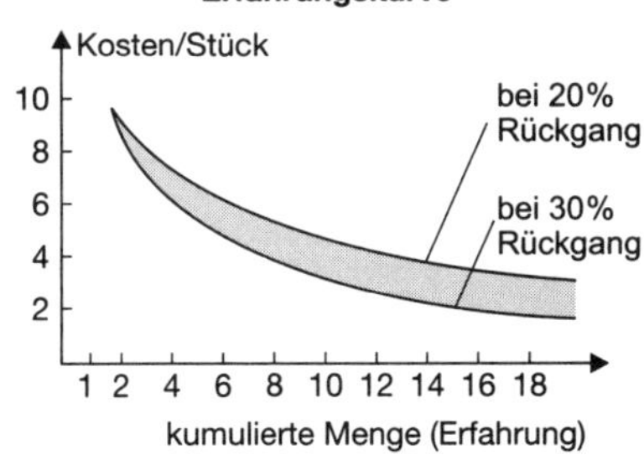

Erfahrungskurve – 1. *Charakterisierung:* Grundgedanke der Erfahrungskurve ist das bekannte Phänomen, dass die → Produktivität mit dem Grad der → Arbeitsteilung steigt. Diese Erkenntnis findet Eingang in den *Lernkurveneffekt*, der besagt, dass mit zunehmender Ausbringung die Arbeitskosten sinken. Die Aussage der → Lernkurve wird auf die Verdopplung der kumulierten Produktionsmenge x bezogen, die ein Sinken der direkten Fertigungskosten y (bzw. Lohnkosten/ Mengeneinheit) um einen konstanten Prozentsatz bewirkt. – 2. *Aussage:* Bei der Erfahrungskurve wird die Aussage der Lernkurve auf die Stückkosten erweitert: Die realen Stückkosten eines Produktes gehen jedes Mal um einen relativ konstanten Anteil (20–30 Prozent) zurück, sobald sich die in Produktmengen ausgedrückte Produkterfahrung verdoppelt (vgl. Abbildung „Erfahrungskurve"). Die Stückkosten umfassen die Kosten der Produktionsfaktoren, die an der betrieblichen Wertschöpfung beteiligt sind (Fertigungskosten, Verwaltungskosten, Kapitalkosten etc.). Die Aussage der Erfahrungskurve gilt sowohl für den Industriezweig als Ganzes als auch für den einzelnen Anbieter; inzwischen wurden auch Erfahrungskurveneffekte in nichtindustriellen Branchen (z.B. Lebensversicherungen) nachgewiesen. – 3. *Prämisse:* Alle Kostensenkungsmöglichkeiten (Lerneffekt, Betriebs- und Losgrößendegressionseffekte, Produkt- und Verfahrensinnovation etc.) werden genutzt. Die Problematik dieser Prämisse, die Erfahrungskurve trotz ihres quantitativen Ansatzes eher als ein qualitatives, grundlegendes Denkschema und Verhaltensmodell zu sehen, liegt nahe; sie trifft i.Allg. lediglich Tendenzaussagen zum Kostenverlauf.

Erfahrungskurveneffekt – innerhalb des strategischen Managements wichtiger Zusammenhang. Besagt, dass der Ressourcenverbrauch einer Aktivität (z.B. der Nutzung einer Technologie) mit der Dauer der Nutzung sinkt (z.B. aufgrund von Lerneffekten). Liegt u.a. den Normaussagen der → Portfolio-Analyse zugrunde.

Erfahrungsobjekt – Bezeichnung für den konkreten Gegenstand, auf den sich das wissenschaftliche Interesse einer oder mehrerer Disziplinen richtet. Eine Einengung zum → Erkenntnisobjekt wird mithilfe von Abgrenzungskriterien, sog. → Identitätsprinzipien, vorgenommen. – Diese für die ältere → Betriebswirtschaftslehre (BWL) charakteristische Interpretation hat an Bedeutung verloren; verschiedentlich werden die Begriffe Erfahrungsobjekt und *Erkenntnisobjekt* synonym verwendet.

Erfahrungswissenschaft → Realwissenschaft.

Erfassungsmodell → Modell.

Erfassungstechnik der Kostenrechnung – Methoden für die Erfassung der → Kostenarten. – 1. *Unmittelbare Feststellung:* Durch laufende mengenmäßige bzw. zeitliche und wertmäßige Notierung wird der Verbrauch während des Erzeugungsprozesses erfasst, z.B. mithilfe von Materialentnahmescheinen erfasste Materialkosten. – 2. *Mittelbare Errechnung:* a) *Rückrechung:* Ermittlung der Verbrauchsmengen anhand von Standardverbräuchen aus der Produktionsmenge. – *Beispiel:* Vier Maschinenstunden pro Erzeugniseinheit ergibt bei 250 Energieeinheiten 1.000 Maschinenstunden. Häufig angewandtes Verfahren zur Ermittlung von Materialverbrauchsmengen. – b) *Schätzung des Stoffverbrauchs nach der Zeit:* Ermittlung der Verbrauchsmengen anhand von Durchschnittsverbräuchen pro Zeiteinheit aus der Produktionsdauer. – *Beispiel:* Ein Schmiermittelverbrauch pro Stunde von 2 l ergibt pro Schicht eine Verbrauchsmenge von 16 l. – c) *Verbrauchsfeststellung nach dem Stoffeingang:* Ermittlung der Verbrauchsmenge durch Gleichsetzung mit der Zugangsmenge. – *Beispiel:* Materialzugang = Materialverbrauch. Diese Erfassungstechnik der Kostenrechnung vernachlässigt Lagerbestandsbewegungen und kann somit zu einer sehr ungenauen Erfassung führen. – d) *Befundrechnung:* Ermittlung der Verbrauchsmengen durch körperliche Bestandsaufnahme (Inventur); Anfangsbestand zzgl. Zugänge abzüglich Endbestand = Verbrauch. – 3. *Selbstständige Festsetzung des Werteverzehrs:* Wird angewandt, wenn Aufwand und Kosten grundsätzlich voneinander abweichen (→ kalkulatorische Abschreibungen) oder Aufwendungen völlig fehlen (→ Eigenkapitalzinsen, → Unternehmerlohn).

Erfinderbenennung – Wer eine → Erfindung zum → Patent anmeldet, hat den Erfinder zu benennen (§ 37 PatG, § 7 I der Patentverordnung vom 1.9.2003 (BGBl. I 1702)). Als Erfinder ist die Person oder Personenmehrheit anzugeben, die die Erfindung gemacht hat, Miterfinder sind als solche zu bezeichnen. Ein Betrieb kann nicht als Erfinder benannt werden. Handelt es sich um eine → Arbeitnehmererfindung, sind die an der Erfindung beteiligten Arbeitnehmer als Erfinder zu benennen. Die Erfinderbenennung führt zur Nennung des Erfinders auf der → Offenlegungsschrift und → Patentschrift und in der Veröffentlichung der Patenterteilung (§ 63 PatG). Das Gebrauchsmusterrecht kennt im Gegensatz zum Patentrecht keine Erfindernennung. Das Recht des Erfinders auf und die Pflicht des Anmelders zur Erfinderbenennung sind im europäischen Patentrecht (Art. 62, 81, 91 I f. EPÜ) entsprechend geregelt. Im → Sortenschutzrecht hat der Anmelder die Pflicht, im Sortenschutzantrag den Ursprungszüchter oder Entdecker der Sorte anzugeben (§ 22 SSchG).

Erfinderehre → Erfindung.

Erfindernennung → Erfinderbenennung.

Erfinderpersönlichkeitsrecht → Erfindung.

Erfinderrecht → Erfindung.

Erfinderschutz → Patent.

Erfindung – angewandte Erkenntnis auf technischem Gebiet, die dem Patentschutz (→ Patent) und/oder Gebrauchsmusterschutz (→ Gebrauchsmuster) zugänglich ist, wenn mit ihr eine neue (→ Neuheit), auf erfinderischer Tätigkeit (→ Erfindungshöhe) beruhende und gewerblich anwendbare (→ gewerbliche Anwendbarkeit) Lehre zum planmäßigen Handeln unter Einsatz beherrschbarer Naturkräfte zur unmittelbaren Erreichung eines kausal übersehbaren Erfolgs gegeben wird. Sie unterscheidet sich von der Entdeckung, die im Auffinden von etwas bereits Vorhandenem besteht, das bislang unbekannt war. Liegen die Voraussetzungen der Patentierbarkeit vor, erwirbt der Erfinder bereits mit der Fertigstellung und vor der Anmeldung der Erfindung das Recht auf das Patent oder Gebrauchsmuster (Erfinderrecht, § 6 PatG, § 13 III GebrMG, Art. 60 I EPÜ), das vererblich, übertragbar und bereits als solches Grundlage der Erteilung von → Lizenzen ist (§ 15 PatG, § 22 GebrMG). Das Recht an der Erfindung ist ein Vermögensrecht, das als unvollkommenes absolutes Immaterialgüterrecht durch § 823 II BGB (sonstiges Recht) und gegen widerrechtliche → Entnahmen durch den erfinderrechtlichen Vindikationsanspruch (§ 8 PatG, § 13 III GebrMG) geschützt ist. Zugleich ist es ein Persönlichkeitsrecht, aus dem bes. das Recht des Erfinders auf → Erfinderbenennung folgt (§§ 37, 63 PatG). Wird die E. von einem Arbeitnehmer gemacht, unterliegt das Recht an der Erfindung den Beschränkungen des Gesetzes über → Arbeitnehmererfindungen (ANEG).

Erfindungshöhe – die Schwelle, bei deren Überschreitung von einer erfinderischen Tätigkeit als Voraussetzung einer patent- oder gebrauchsmusterfähigen → Erfindung gesprochen wird. Eine Erfindung weist für den Patentschutz hinreichende Erfindungshöhe auf, wenn sie sich für den Fachmann nicht in nahe liegender Weise aus dem Stand der Technik ergibt (§ 4 PatG, Art. 56 EPÜ). Im Gebrauchsmusterrecht genügt es, wenn die Erfindung auf einem erfinderischen Schritt beruht (§ 1 I GebrMG). Die Prüfung der Erfindungshöhe erfolgt auf der Grundlage einer Betrachtung des am Prioritätstag bekannten Stands der Technik in seiner Gesamtheit (als „Mosaik"; Gegensatz: Prüfung der → Neuheit einer Erfindung auf der Grundlage eines Einzelvergleichs der im Stand der Technik bekannten Gegenstände mit dem Gegenstand der Anmeldung). Im Patentrecht werden bei der Prüfung der Neuheit auch Anmeldungen mit besserem → Altersrang berücksichtigt, die am Prioritätstag noch nicht bekannt gemacht waren (§ 3 II PatG, Art. 54 III EPÜ); derartige ältere Rechte bleiben bei der Prüfung der Erfindungshöhe unberücksichtigt (§ 4 Satz 2 PatG, Art. 56 Satz 2 EPÜ).

Erfolg – das i.d.R. in monetären Größen erfasste bzw. ausgedrückte Ergebnis des Wirtschaftens; ermittelt durch → Erfolgsrechnung.

Erfolgsanalysen – Verfahren, die der Auswertung der → Erfolgsrechnung und der Verwendung ihrer Ergebnisse für unternehmerische Entscheidungen dienen: (1) → Break-Even-Analyse,

(2) → Deckungsbeitragsrechnung und (3) → Bruttogewinnanalyse. – *Voraussetzungen:* Ermittlung des Erfolgsbeitrages je Produktart mithilfe einer → entscheidungsorientierten Kostenrechnung (→ Bruttoerfolg, → Deckungsbeitrag, → Warenrohgewinn). – *Ziele:* Unternehmenssteuerung, → Gewinnplanung, Bestimmung von → Preisuntergrenzen und Preisspielräumen, Festlegung des Produktions- und Absatzprogramms (Forcierung einzelner Produkte, Programmbereinigung).

Erfolgsaufspaltung → Erfolgsspaltung.

Erfolgsbereich → Profitcenter.

Erfolgsbeteiligung – individual- oder kollektivvertragliche Vereinbarung eines Arbeitgebers mit seinen Mitarbeitern, die additiv zum tarifvertraglich festgesetzten Lohn regelmäßig einen Anteil am Erfolg des Unternehmens gewährt. Neben der Einkommenswirkung für den Mitarbeiter verfolgt die Erfolgsbeteiligung gesellschaftspolitische, sozialpolitische, personalpolitische, steuer- bzw. finanzierungspolitische Ziele für das Unternehmen. Erfolgsbeteiligung kann orientiert sein am erzielten Gewinn (→ Gewinnbeteiligung), am Ertrag (→ Ertragsbeteiligung) oder an der Leistung (→ Leistungsbeteiligung). Zu welcher Form eine Erfolgsbeteiligung erfolgt, ist abhängig von der Rechtsform sowie vertraglichen Abmachungen zwischen den Partnern. – Vgl. auch → materielle Mitarbeiterbeteiligung.

Erfolgsbilanz – *Ertragsbilanz, Gewinnermittlungsbilanz.* 1. Synonymer Begriff für die der Erfolgsrechnung dienende → Gewinn- und Verlustrechnung (GuV). – 2. Bezeichnung für eine → Bilanz mit erfolgsrechnerischem Charakter, bei der die Prinzipien richtiger Periodenabgrenzung und der Ermittlung vergleichbarer Gewinnziffern im Vordergrund stehen (dynamische Bilanz, → Bilanztheorien). – *Gegensatz:* → Vermögensbilanz.

Erfolgshaftung – verschuldensunabhängige → Haftung, auch für → Zufall (z.B. beim → Verzug, § 287 BGB, oder bei → Gastwirtshaftung). – Vgl. auch → Gefährdungshaftung.

Erfolgshonorar – Die Vereinbarung eines Erfolgshonorars zwischen Mandant und Rechtsanwalt ist für den Einzelfall in den engen Grenzen der §§ 49b II BRAO und 4a RVG möglich. Voraussetzung ist, dass der Auftraggeber aufgrund seiner wirtschaftlichen Verhältnisse sonst von der Rechtsverfolgung abgehalten würde. Die Vereinbarung muss die voraussichtliche gesetzliche und die erfolgsunabhängige vertragliche Vergütung sowie die Angabe enthalten, welche Vergütung bei welchen Bedingungen verdient werden soll. Außerdem sind die wesentlichen Gründe, die für die Bemessung des Erfolgshonorars bestimmend sind, aufzunehmen. Aus einer Vergütungsvereinbarung, die nicht den gesetzlichen Bedingungen entspricht, kann der Rechtsanwalt keine höheren als die gesetzlichen Gebühren verlangen (§ 4b RVG).

Erfolgskonten – Bezeichnung für die Konten der Buchhaltung, die Geschäftsvorfälle aufnehmen, die als → Aufwendungen oder → Erträge den Erfolg einer Unternehmung berühren. Erfolgskonten werden über das Gewinn- und Verlustkonto (→ Gewinn- und Verlustrechnung (GuV)) abgeschlossen, das den Unternehmungserfolg (Gewinn, Verlust) ausweist. – *Gegensatz:* → Bestandskonten.

Erfolgsposition → Führungsmodelle.

Erfolgspotenzial – Begriff des strategischen Managements. Beschreibt die Fähigkeit, dauerhafte Erfolge zu erzielen. Um ein Erfolgspotenzial handelt es sich z.B. bei einer im Vergleich zum Wettbewerb überlegenen Kundenbindung.

Erfolgsquellenanalyse – wichtiges Aufgaben- und Anwendungsgebiet der → Deckungsbeitragsrechnung auf Basis der → Einzelkostenrechnung. Von den Erlösen und Deckungsbeiträgen der jeweils speziellsten Bezugsobjekte ausgehend, wird durch mehrstufiges oder zeitlich fortschreitendes Zusammenfassen der Deckungsbeiträge und stufenweises bzw. sequenzielles Abdecken gemeinsamer Kosten bzw. Ausgaben das Zusammenfließen der Erfolgsquellen aus unterschiedlichen Sichten objekt- und periodenbezogen oder periodenübergreifend im Rahmen problemadäquater Bezugsobjekthierarchien offen gelegt. Bes. ergiebig sind zeitlich fortschreitende und mehrdimensionale Analysen, bei denen bestimmte Teile einer Bezugsobjekthierarchie mit denen anderer Bezugsobjekthierarchien als Schnittmenge mehrerer „Sichten" untersucht werden. Bes. zu beachten sind schwer quantifizierbare Verbundbeziehungen auf der Erlös- und Kosten- oder Ausgabenseite (Ausgabenverbundenheit, → Erlösverbundenheit, → technologisch verbundene Produktion). – Vgl. auch → Absatzsegmentrechnung, → Zeitablaufrechnung.

Erfolgsrechnung – 1. *Begriff:* Ermittlung des → Erfolgs einer wirtschaftenden Institution innerhalb eines Zeitabschnitts (→ Totalrechnung, → Periodenerfolgsrechnung). Die Art der zu erfassenden Rechengrößen hängt von den Zielen der jeweiligen Institution ab. – a) *Erfolgsrechnung für erwerbswirtschaftliche Unternehmen: Im Rahmen des externen Rechnungswesens:* (1) *Vergleich von Anfangs- und Schlusskapital* (Eigenkapital- oder Bilanzvergleich): stellt die einfachste Methode dar und ist bes. bei einfacher Buchführung anzuwenden. Die Quellen des Erfolgs sind nicht ersichtlich. (2) → Gewinn- und Verlustrechnung (GuV): ermöglicht eine genauere Darstellung des Erfolgs: (a) *Bruttomethode:* berücksichtigt sämtliche → Aufwendungen und → Erträge; (b) *Nettomethode:* berücksichtigt nur die Überschussbeträge (nach § 246 II HGB im handelsrechtlichen Jahresabschluss verboten). *Im Rahmen des internen Rechnungswesens:* Gegenüberstellung von → Erlösen und → Kosten. – b) *Erfolgsrechnung für gemeinwirtschaftliche Unternehmen:* Gegenüberstellung von sozialem Nutzen und sozialen Kosten. Damit verbunden sind erhebliche Messprobleme. (Diese Messprobleme gelten analog für Versuche, für erwerbswirtschaftliche Unternehmen neben dem monetären Erfolg das Ergebnis gesellschaftlicher Wirkungen auszuweisen; → Sozialbilanz). – 2. *Formen:* (1) Nach der *Vorgehensweise:* → progressive Erfolgsrechnung und → retrograde Erfolgsrechnung; (2) nach der *Erfolgsberechnung:* → Gesamtkostenverfahren und → Umsatzkostenverfahren. – Vgl. auch → Bruttoerfolgsrechnung, → Erfolgsquellenanalyse.

Erfolgsrisiko – Risiko, das sich unmittelbar oder mittelbar auf den Erfolg eines Unternehmens bzw. einer Bank auswirkt und in → Betriebsergebnis und → Jahresüberschuss eingeht. Wesentliche Erfolgsrisiken von Banken sind: (1) → Ausfallrisiko, (2) → Zinsänderungsrisiko, (3) → Währungsrisiko, (4) sonstige Marktpreisrisiken (Aktienkursrisiken, Rohwarenrisiken). – Vgl. auch → Hedging.

Erfolgsspaltung – *Erfolgsaufspaltung.* 1. *I.e.S.:* Aufteilung des Unternehmungsergebnisses in → Betriebsergebnis und → neutrales Ergebnis. – 2. *I.w.S.:* Jeder nach Quellen gegliederte Erfolgsnachweis, z.B. Aufspaltung des Erfolgs nach regionalen Gesichtspunkten (nach Filialen, Abteilungen, In- und Auslandsumsatz etc.) oder nach sachlichen Gesichtspunkten (Warengattungen, Haupt- und Nebengeschäft etc.). Erfolgsspaltungen sind häufig durch Kostenverbundenheiten und → Erlösverbundenheiten enge Grenzen gesetzt, bes. muss jeder Versuch einer vertikalen Erfolgsspaltung (Aufteilen eines Gesamterfolgs in einen Beschaffungs-, Produktions- und Absatzerfolg) scheitern. – Vgl. auch → Absatzsegmentrechnung, → Deckungsbeitragsrechnung, → Erfolgsquellenanalyse.

erfolgsunabhängige Vergütung – In außergerichtlichen Angelegenheiten können Rechtsanwalt und Mandant geringere als die gesetzliche Vergütung vereinbaren. Diese muss aber in angemessenem Verhältnis zu Leistung, Verantwortung und Haftungsrisiko des Rechtsanwaltes stehen (§ 4 RVG).

Erfolgswert → Ertragswert.

Erfüllung – Erbringen der geschuldeten Leistung (z.B. durch Zahlung). – 1. *Folge:* Die Schuldverpflichtung erlischt (§ 362 I BGB). Gleiche Wirkung haben i.d.R.: → Leistung an Erfüllungs Statt, → Aufrechnung, → Hinterlegung, → Erlass. – 2. *Reihenfolge der Erfüllung:* Hat der Gläubiger mehrere gleichartige Forderungen, darf der Schuldner bestimmen, welche Schuld er tilgen will; sonst greift § 366 BGB ein. Kann der Gläubiger Kosten und Zinsen fordern, werden zuerst diese getilgt. Für Verbraucherkreditverträge gilt abweichende Tilgungsreihenfolge (Kosten, Hauptforderung, Zinsen; § 497 III 1 BGB). – 3. *Erfüllung durch Dritten möglich,* soweit der Schuldner nicht in Person zu leisten hat (z.B. Dienstvertrag; § 267 BGB). Betreibt der Gläubiger → Zwangsvollstreckung in einen Gegenstand des Schuldners, kann jeder, der Gefahr läuft, dingliches Recht oder Besitz zu verlieren, den Gläubiger (auch durch Aufrechnung und Hinterlegung) befriedigen; Wirkung: Forderung geht auf den Dritten über (§ 268 BGB).

Erfüllungsgarantie → Vertragserfüllungsgarantie.

Erfüllungsgehilfe – Person, deren sich der Schuldner zur Erfüllung seiner Verbindlichkeit bedient (z.B. Bank, durch die er zahlt). – *Haftung* des Schuldners für das → Verschulden des Erfüllungsgehilfen gegenüber dem Gläubiger (nicht gegenüber Dritten: → Verrichtungsgehilfe) wie für eigenes Verschulden (§ 278 BGB), wenn die haftungsauslösende Tätigkeit des Erfüllungsgehilfen mit der ihm übertragenen Aufgabe in innerem Zusammenhang steht (z.B. nicht, wenn der Bote stiehlt). Haftung kann auch vor Vertragsschluss eingreifen bei → Verschulden bei Vertragsschluss (§ 311 II BGB; z.B. Verletzung des Kauflustigen durch Unachtsamkeit des Angestellten). Unwirksam ist ein Haftungsausschluss oder eine Begrenzung der Haftung in → Allgemeinen Geschäftsbedingungen (AGB) für einen Schaden, der auf einer grob fahrlässigen Pflichtverletzung des → Verwenders oder auf einer vorsätzlichen oder grob fahrlässigen Pflichtverletzung eines → gesetzlichen Vertreters oder Erfüllungsgehilfen des Verwenders beruht (§ 309 Nr. 7b BGB).

Erfüllungsgeschäft → Rechtsgeschäft, das der → Erfüllung einer Schuld dient und i.Allg. in einer → Verfügung besteht. – Vgl. auch → Abstraktionsprinzip, → ungerechtfertigte Bereicherung.

erfüllungshalber – Form der Übernahme einer neuen Verbindlichkeit zum Zweck der Befriedigung des Gläubigers, z.B. der Schuldner gibt einen Scheck oder einen Wechsel; andere Form: → Leistung an Erfüllungs Statt. Bei Übernahme erfüllungshalber bleibt die alte Verbindlichkeit neben der neuen bestehen und erlischt erst nach völliger Befriedigung des Gläubigers. Übernimmt der Schuldner zur Befriedigung seines Gläubigers eine neue Schuld, so ist im Zweifel anzunehmen, dass diese nur erfüllungshalber übernommen wird (§ 364 II BGB).

Erfüllungsinteresse – Interesse an der → Erfüllung einer Verbindlichkeit, bes. eines gegenseitigen Vertrages. – Vgl. auch → Interesse, → positives Interesse. – *Anders:* → negatives Interesse.

Erfüllungsort – *Leistungsort;* Ort, an dem die Schuld zu erfüllen ist, im Zweifel → Wohnsitz bzw. gewerbliche Niederlassung des Schuldners bei Entstehung der Schuld (§ 269 BGB); vgl. → Holschuld. Bei → gegenseitigen Verträgen (z.B. Kauf) kann Erfüllungsort für beide Teile verschieden sein. Übernimmt Schuldner Versendung (→ Versendungskauf) an einen → Ablieferungsort oder Bestimmungsort oder Versendungskosten, ändert sich der Erfüllungsort nicht. Ebenso bei → Geldschulden; Schuldner muss aber auf seine Gefahr und Kosten dem Gläubiger den Schuldbetrag übermitteln (§ 270 BGB); vgl. → Schickschuld. → Bringschulden sind dagegen am Wohnsitz des Gläubigers zu erfüllen. – Erfüllungsort *begründet* bes. → Gerichtsstand für Klagen auf Erfüllung oder Schadensersatz (§ 29 ZPO). Vereinbarungen über Erfüllungsort begründen dagegen nur dann einen Gerichtsstand, wenn die Vertragsparteien Kaufleute, juristische Personen des öffentlichen Rechts oder öffentlich-rechtliche Sondervermögen sind. – *Einseitige Bestimmung des Erfüllungsort* auf der Rechnung ist bedeutungslos; anders im → Bestätigungsschreiben.

Erfüllungsprinzip – Begriff der dt. Finanzstatistik. Auf seiner Basis werden die Bruttoausgaben bereinigt um die Zahlungen innerhalb der gleichen (Darstellungs-) Ebene. Sie geben an, wie viel Mittel einzelne Körperschaften oder Körperschaftsgruppen zur Aufgabenerfüllung einsetzten, unabhängig davon, welche anderen öffentlichen Bereiche zur Ausgabenfinanzierung beigetragen haben, d.h. die Ausgaben werden nur dort erfasst, wo sie endgültig anfallen. Die Bereinigung ist notwendig, um Doppelzählungen zu vermeiden. – Vgl. auch → Belastungsprinzip.

Erfüllungsrisiko – Das Risiko, dass der Zahlungsausgleich in einem Zahlungssystem nicht wie erwartet stattfindet. Dieses Risiko beruht im Grunde auf Bonitätsproblemen, die sich dann in mangelnder Kreditwürdigkeit und Liquidität niederschlagen. Es kann auch durch operationelle Risiken (Mängel von Informationssystemen oder internen Kontrollen, menschliches Versagen oder Führungsfehler) entstehen. Mit Bezug auf den Konkurs des Bankhauses Herstatt 1974 wird im Devisenhandel das Erfüllungsrisiko gelegentlich auch als *Herstatt-Risiko* bezeichnet. – Vgl. auch → CLS.

Erfüllungsübernahme – im Sinn des BGB → Vertrag, durch den sich der Übernehmende verpflichtet, den Gläubiger des anderen Teils zu befriedigen. Der Gläubiger kann den Übernehmer nicht in Anspruch nehmen (§ 329 BGB), anders → Schuldübernahme. Nur der Schuldner kann von dem Übernehmer Befreiung von der Verbindlichkeit verlangen.

ergänzender Finanzausgleich → Finanzausgleich.

ergänzender wettbewerbsrechtlicher Leistungsschutz → Ausbeutung.

ergänzendes Schutzzertifikat → Schutzzertifikat, (ergänzendes).

ergänzende Zollanmeldung – Der Zollanmelder kann anstelle von vollständigen → Zollanmeldungen in Normalverfahren unter bestimmten Voraussetzungen unvollständige Zollanmeldungen im → vereinfachten Verfahren für Einzelsendungen abgeben. Die fehlenden Angaben oder/und Unterlagen sind danach mit einer ergänzenden Zollanmeldung nachzuliefern. Aus Vereinfachungsgründen kann einem Anmelder unter bestimmten Voraussetzungen bewilligt werden, für sämtliche Ein- oder/und Ausfuhren eines bestimmten Zeitraums, meist Kalendermonats, vereinfachte Anmeldungen abzugeben. Die dabei erforderlichen ergänzenden Angaben können periodisch in zusammenfassender Form nachgeliefert werden. Diese früher Sammelzollanmeldung genannten ergänzenden Zollanmeldungen sind regelmäßig am dritten Werktag eines Monats für den vorausgegangenen Kalendermonat vorzulegen. Der Anmelder kann verpflichtet werden, die Einfuhrabgaben selbst zu berechnen. Dann reicht die Vorlage am zehnten Werktag aus.

Ergänzungsanteil → Gemeinschaftsteuern.

Ergänzungsbescheid – 1. *Ergänzungsbescheid zum* → Feststellungsbescheid: Ist eine notwendige Feststellung in einem Feststellungsbescheid unterblieben, ist sie in einem Ergänzungsbescheid nachzuholen (§ 179 III AO). Die Nachholung kann nur innerhalb der Feststellungsfrist erfolgen. – Voraussetzung für einen Ergänzungsbescheid ist ein wirksamer, aber lückenhafter Feststellungsbescheid. Nachgeholt werden kann (nur) eine Feststellung, die im Feststellungsbescheid hätte getroffen werden müssen, tatsächlich aber nicht getroffen worden ist. Der Grund hierfür ist unerheblich. – Der Ergänzungsbescheid ist kein Korrekturinstrument für evtl. inhaltliche Fehler des Feststellungsbescheids. Ansonsten würde er die → Bestandskraft des Feststellungsbescheids in unzulässiger Weise durchbrechen (vgl. AEAO zu § 179 Nr. 2 m.Beispielen). – 2. *Ergänzungsbescheid zum Aufteilungsbescheid:* Nach erfolgter Aufteilung einer Steuerschuld (Gesamtschuld) darf die Vollstreckung nur nach Maßgabe der auf die einzelnen Gesamtschuldner entfallenden Beträge durchgeführt werden (§ 278 I AO). Überträgt ein Gesamtschuldner dem anderen Gesamtschuldner innerhalb eines bestimmten Zeitraums unentgeltlich Vermögensgegenstände, kann der begünstigte Gesamtschuldner über den ihm im Aufteilungsbescheid zugewiesenen Betrag hinaus bis zur Höhe des gemeinen Werts der zugewendeten Vermögensgegenstände in Anspruch genommen werden (§ 278 II AO). Zwar entfällt die Vollstreckungsbeschränkung nach § 278 I AO. Indes wird der Erlass eines bes. Bescheids, mit dem Umfang und Art der (erweiterten) Inanspruchnahme bestimmt werden, als zulässig und zweckmäßig angesehen.

Ergänzungsbilanz → Steuerbilanz, die Korrekturen zu den Wertansätzen in der Steuerbilanz der Gesellschaft (Gesamthandelsbilanz) enthält. Evtl. zu erstellen nach einem Gesellschafterwechsel, bei Einbringungen und bei Inanspruchnahme personenbezogener Steuervergünstigungen durch eine Personengesellschaft für einzelne Gesellschafter. – *Anders:* → Sonderbilanzen.

Ergänzungshaushalt → Haushaltsplan, der die Positionen umfasst, die einen noch nicht verkündeten Haushalt ändern sollen. Der Ergänzungshaushalt ist nicht als → Haushaltsüberschreitung anzusehen, sondern als originärer Haushalt, der nach denselben, allerdings beschleunigten Verfahren aufgestellt, beraten und durchgeführt wird wie Jahreshaushaltspläne (§32 BHO). – Vgl. auch → Nachtragshaushalt, → Eventualhaushalt.

Ergebnismatrix

	z_1	z_2	·	·	·	·	·	·	z_m
a_1	e_{11}	e_{12}	·	·	·	·	·	·	e_{1m}
a_2	e_{21}	e_{22}	·	·	·	·	·	·	e_{2m}
·	·	·	·	·	·	·	·	·	·
·	·	·	·	·	·	·	·	·	·
·	·	·	·	·	·	·	·	·	·
·	·	·	·	·	·	·	·	·	·
·	·	·	·	·	e_{ij}	·	·	·	·
·	·	·	·	·	·	·	·	·	·
·	·	·	·	·	·	·	·	·	·
·	·	·	·	·	·	·	·	·	·
a_n	e_{n1}	e_{n2}	·	·	·	·	·	·	e_{nm}

Ergänzungsteuern – 1. *Begriff* in der Finanzwissenschaft: Einzelsteuern, die zur vollkommeneren Erreichung desselben fiskalischen oder nicht fiskalischen → Steuerzwecks nebeneinander eingeführt werden. – 2. *Abzugs-/Anrechnungsfähigkeit:* Häufig sind Ergänzungsteuern bei der Errechnung der → Bemessungsgrundlage der Steuer gegenseitig abzugsfähig (→ Abzugsfähigkeit von Steuern), nicht jedoch gegenseitig anrechenbar (→ Anrechenbarkeit von Steuern). – 3. *Beispiele:* Feuerschutzsteuer zur Versicherungsteuer, Einfuhrumsatzsteuer zur Umsatzsteuer.

Ergänzungszuweisung – als Ergänzung zum horizontalen Länderfinanzausgleich vom Bund gewährte → Ausgleichszuweisung an leistungsschwache Länder „zur ergänzenden Deckung ihres allgemeinen Finanzbedarfs" (Art. 107 II GG). – Vgl. auch → Finanzhilfe, → Finanzzuweisung.

Ergebnisabführungsvertrag → Gewinnabführungsvertrag.

Ergebnisbeteiligung – Beteiligung der Arbeitnehmer an dem durch ihre Mitarbeit erzielten Erfolg des Betriebes, wesentlicher Betriebsteile oder der Gesamtheit der Betriebe eines Unternehmens, z.B. aufgrund von Materialersparnissen, Verminderung des Ausschusses oder der Fehlzeiten, sorgfältiger Wartung der Arbeitsgeräte und Maschinen, Verbesserung der Arbeitsmethoden und der Qualität der Erzeugnisse sowie sonstiger Produktions- und Produktivitätssteigerungen. Der Erfolg ist nach betriebswirtschaftlichen Gesichtspunkten jeweils für bestimmte Berechnungszeiträume zu ermitteln; die Ergebnisbeteiligung vor deren Beginn zu vereinbaren. Der Arbeitgeber hat den beteiligten Arbeitnehmern auf Verlangen Auskunft über die Richtigkeit der Berechnung der Ergebnisse zu geben; auf Wunsch des Arbeitgebers haben die beteiligten Arbeitnehmer aus ihrer Mitte nicht mehr als drei Beauftragte zur Wahrnehmung dieser Auskunftsrechte zu wählen, die über vertrauliche Angaben Stillschweigen zu bewahren haben. – *Anders:* → Gewinnbeteiligung.

Ergebnisfrage – Frage in einer → Befragung, die dem unmittelbaren Erkenntnisinteresse dient.

Ergebnisgerechtigkeit → Gerechtigkeit.

Ergebnismatrix – in der Entscheidungstheorie verwendete Darstellungsform für Entscheidungssituationen (→ Entscheidungsfeld). Die zu erwartenden Ergebnisse der → Aktionen bei Eintritt jedes möglichen → Umweltzustands (e_{ij}) werden in Matrixform einander gegenübergestellt (vgl. Abbildung „Ergebnismatrix"). Die (objektiven oder geschätzten) Wahrscheinlichkeiten werden für das Eintreffen der jeweiligen Umweltzustände ggf. angegeben (z_i = Umweltsituation i (i = l, ..., m) und (a_j = Alternative j (j = l, ..., n)): Sind die Wahrschein-lichkeiten p_i bekannt, liegt Entscheidung bei → Risiko vor, ohne Kenntnis bei → Unsicherheit. – *Weiterentwickelte Darstellungsform:* → Entscheidungsmatrix.

Ergebnismenge – in der Statistik die Menge aller möglichen Ergebnisse eines → Zufallsvorganges; z.B. beim einmaligen Würfeln die Menge der ganzen Zahlen von eins bis sechs.

Ergebnis nach DVFA/SG (DVFA-Formel) – von der Deutschen Vereinigung für Finanzanalyse und Anlageberatung e. V. (→ DVFA) und der Schmalenbachgesellschaft (SG) entwickeltes Verfahren, das ausgehend vom bilanziellen Jahresüberschuss durch Korrekturen v.a. der außerordentlichen und periodenfremden Aufwendungen und Erträge den nachhaltig erzielbaren Gewinn aus Investorenperspektive aufzeigen soll. Die DVFA-Formel stellt eine einheitliche Methode für Aktienanalysten zur Berechnung des Ergebnisses je Aktie einer Aktiengesellschaft dar. Die Einhaltung dieses Standards ermöglicht eine Vergleichbarkeit der Berechnungen im Zeitablauf zwischen verschiedenen Emittenten und unterschiedlichen Analysehäusern.

ergebnisorientierte Führung → Management by Results.

Ergebnisrealisation → Gewinnrealisation.

Ergebnisrechnung – 1. Ermittlung des → Betriebsergebnisses. – 2. Synonym für → Erfolgsrechnung.

Ergebnisübernahmevertrag → Gewinnabführungsvertrag.

Ergebnisumfrage – Frage in einer → Befragung, die dem unmittelbaren Erkenntnisinteresse dient.

Ergonomie – Teilgebiet der → Arbeitswissenschaft und dient der optimalen Gestaltung von Arbeitssystemen in Bezug auf die Abstimmung zwischen Mensch, Maschine und Arbeitswelt. Die Ergonomie beruht auf der Erforschung der Eigenarten und Fähigkeiten des menschlichen Organismus und schafft dadurch die Voraussetzungen für eine Anpassung der Arbeit an den Menschen sowie umgekehrt. Diese Anpassung liegt sowohl im Bereich der körpergerechten Gestaltung der Arbeitsplätze (→ Arbeitsgestaltung), der Beschränkung der Beanspruchung durch die Arbeit auf ein zulässiges Maß (→ Humanisierung der Arbeit) und der Gestaltung der Umwelteinflüsse, als auch im Bestreben nach einem wirtschaftlicheren Einsatz menschlicher Fähigkeiten (Definition nach → REFA-Verband für Arbeitsstudien, Betriebsorganisation und Unternehmensentwicklung e. V.).

Ergonomische Arbeitsbedingungen

von Prof. Dr. Thomas Bartscher

I. Begriff

Das Kunstwort → Ergonomie ist griechischen Ursprungs und setzt sich zusammen aus den Begriffen „ergon", gleichbedeutend mit dem Begriff Arbeit und „nomos", was mit Gesetz oder Regel übersetzt werden kann. Daraus folgt, dass die Ergonomie die Lehre der Gesetzmäßigkeit der Arbeit ist, gemeint ist hierbei menschliche Arbeit.

II. Ziele

Ziel der Ergonomie am → Arbeitsplatz ist, Arbeit an die Fähigkeiten und Eigenschaften des Menschen bei der Arbeit anzupassen. Dies geschieht durch die Optimierung des Arbeitsplatzes und der → Arbeitsmittel, wodurch bessere Bedingungen für den Arbeitenden geschaffen werden. Das Arbeiten sollte hierbei als körperlich angenehm empfunden werden und keinerlei gesundheitliche Gefahren mit sich bringen.

III. Voraussetzungen

Bevor die ergonomischen Bedingungen am Arbeitsplatz verbessert werden, ist es notwendig, beeinflussende Faktoren in der Interaktion von Mensch, seiner Arbeitsumgebung und seiner Arbeitsmittel (bspw. Maschine, Schreibtisch, Computer) bei der Verrichtung seiner Arbeit zu analysieren (Schmidtke, 1993). Sind diese Faktoren nicht bekannt, muss zunächst der Arbeitsablauf untersucht werden. Dies geschieht klassischerweise durch die Beobachtung und Dokumentation typischer Handlungen, Bewegungsabläufe und den mit einhergehenden Belastungen. Sinnvoll ist hierbei auch die zeitliche und häufigkeitsmäßige Quantifizierung der verschiedenen Belastungsfaktoren. Auf diese Weise lässt sich herausfindenwelche Bewegungsabläufe, körperliche Haltungen und äußere Einflüsse (wie Licht oder Temperatur) besonders häufig auftreten und eine Belastung darstellen können.

Bei der Umsetzung ergonomischer Maßnahmen ist zu bedenken, dass sich die Bedingungen von Mensch zu Mensch, in Abhängigkeit zu seinen persönlichen Voraussetzungen, verändern.

IV. Auswirkungen

Die Beachtung ergonomischer Gesichtspunkte am Arbeitsplatz ist von großer Bedeutung für die physische und psychische Gesundheit der Mitarbeiter eines Unternehmens. Nicht zuletzt hängt auch die allgemeine Zufriedenheit mit dem Arbeitsplatz von der Berücksichtigung ergonomischer Bedingungen zusammen.

Einer aktuellen Studie zufolge (DGB-Index Gute Arbeit 2008) sind lediglich 13 Prozent der befragten abhängigen Beschäftigten mit ihren Arbeitsbedingungen zufrieden. 32 Prozent beurteilen ihr Arbeitsumfeld als schlecht und 55 Prozent als mittelmäßig.

Schlechte Arbeitsplatzbedingungen wie z.B. unzureichende raumklimatische Bedingungen, Lärm- und Schadstoffbelastungen, schlechte Lichtverhältnisse oder das Fehlen geeigneter bzw. notwendiger Arbeits- und → Betriebsmittel können nicht nur zu physisch-bedingten, sondern gleichermaßen zu psychisch-bedingten Problemen bzw. → Fehlzeiten am Arbeitsplatz führen.

Dabei wirken sich physische Beanspruchungen in erster Linie auf folgende Organsysteme aus:

- Herz-Kreislaufsystem, Lungenfunktion, Atmung,
- muskuläres System, Sehnen, Bänder,
- Skelettsystem, Wirbelsäule,

- Sinnesorgane, Nerven, Drüsen.

Als psychische Belastungsfaktoren sind v.a. zu nennen:

- kognitive (mental-informatorische) Beanspruchung,
- emotionale, motivationale und soziale Beanspruchung.

V. Handlungsempfehlungen

Um das Risiko von Leistungseinbußen, krankheits- bzw. motivationsbedingte Fehlzeiten, Absentismus oder → Kündigungen zu vermindern, sollten Unternehmen darauf bedacht sein, ihre → Arbeitsplatzgestaltung, i.S.d. Ergonomieansatzes, so zu gestalten, dass ihre Mitarbeiter die Möglichkeit haben, ihre Arbeit unter den bestmöglichen Bedingungen auszuüben.

VI. Vorteile

Die Berücksichtigung der Ergonomie wird in vielen Unternehmen in Ansätzen verfolgt. Es ist jedoch sinnvoll, sich intensiv mit der Thematik zu beschäftigen, da es viele Faktoren am Arbeitsplatz gibt, die die Arbeit unbemerkt erschweren können. Auch marginale Veränderungen, wie die Reduktion der Fensterspiegelungen an PC-Arbeitsplätzen, können die Arbeitsqualität entscheidend verbessern.

Ist die Ergonomie im unternehmerischen Denken und Handeln verankert, kann nachweislich mit geringeren Krankenständen, einem verbesserten → Betriebsklima und zufriedeneren Mitarbeitern gerechnet werden. Dies wirkt sich wiederum positiv auf das Leistungsverhalten der Mitarbeiter und damit auch auf die gesamte Leistungsfähigkeit des Unternehmens aus.

Als Vorzüge einer ergonomisch orientierten Arbeitsplatzgestaltung können subsummiert werden:

- niedrigere Arbeitsbelastung,
- geringere chronische gesundheitliche Beschwerden,
- verbessertes Betriebsklima,
- ansteigende Arbeitszufriedenheit,
- Vermeidung von Haltungsmonotonien,
- Aktivierung des Herz-Kreislauf- und des vegetativen Nervensystems,
- Vorbeugen gegen Muskelinaktivitäten,
- Steigerung der geistigen Leistungsfähigkeit.

VII. Ergonomie in der Unternehmenspraxis

1. Abgrenzungsmöglichkeiten: In der Praxis kann unter ergonomischen Arbeitsbedingungen die Anpassung des Arbeitsumfeldes und der verwendeten Werkzeuge an die dort arbeitenden Menschen verstanden werden, wobei im Wesentlichen fünf Teilbereiche bei der *Arbeitsplatzgestaltung* voneinander unterschieden werden:

(1) Die *anthropometrische Gestaltung* befasst sich mit der Anpassung des Arbeitsplatzes an die durchschnittlichen menschlichen Körpermaße und Bewegungsbereiche des Körpers. Dies geschieht entweder durch die Anpassung des Arbeitsplatzes oder durch die Anpassung der Arbeitsmittel (Arbeitssysteme).

(2) Die *physiologische Gestaltung* beschäftigt sich mit der Anpassung der Arbeitsmethoden und -bedingungen an den menschlichen Körper (z.B. Beleuchtung, Klima, Farben, Lärm; siehe auch Arbeitsumgebung).

(3) Die *psychologische Gestaltung* befasst sich damit, wie durch Farben, Pflanzen oder Musik eine angenehme Umgebung geschaffen werden kann.

(4) Die *informationstechnische Arbeitsplatzgestaltung* bildet die Grundlage für jeden zwischenmenschlichen Austausch (z.B. Computer- und Softwaresysteme)

(5) Die *Beachtung des Unfallschutzes und der* → Arbeitssicherheit bilden weitere sehr entscheidende Faktoren.

2. Voraussetzungen: Zur Implementierung ebendieser ergonomischen Maßnahmen sind im Vorfeld eine genaue → Arbeitsplatzanalyse und die Untersuchung der Interaktion zwischen Mensch und seinen Arbeitsmitteln notwendig. Die Kenntnis der Belastungsfaktoren reicht allerdings nicht aus. Diese müssen mit den jeweiligen Voraussetzungen und Fähigkeiten der Mitarbeiter verbunden werden. Auf diese Weise lässt sich die individuelle Beanspruchung am Arbeitsplatz einschätzen. Die Forderung nach ergonomischen Arbeitsbedingungen verfolgt also den Zweck, dass die Arbeitenden in produktiven und effizienten Arbeitsprozessen schädigungslose, ausführbare, erträgliche und beeinträchtigungsfreie Arbeitsbedingungen vorfinden sowie Standards sozialer Angemessenheit nach Arbeitsinhalt, Arbeitsaufgabe, Arbeitsumgebung erfüllt sehen.

3. Ziele: Auf diese Weise kann die allgemeine physische und psychische Gesundheit der Mitarbeiter geschützt werden, was nicht zuletzt die Zufriedenheit am Arbeitsplatz verbessern kann. Dies kann sich wiederum positiv

auf Probleme wie die (innere) Kündigung von Mitarbeitern oder Absentismus auswirken. Übergeordnetes Ziel ist es ferner, dass Leistungsverhalten von Mitarbeitern durch optimal ausgestaltete Arbeitsplätze positiv zu beeinflussen.

Die Ergonomie erweist sich als ein bedeutendes Feld, das großen Einfluss auf die Interdependenzen von Arbeitsplatz, Mensch und Unternehmen hat.

Erhaltungsarbeiten → Streik.

Erhaltungsaufwand – im Sinn des Steuerrechts Aufwendungen für die laufende Instandhaltung (→ vorbeugende Instandhaltung) und die → Instandsetzung privater und betrieblicher Wirtschaftsgüter. Abgrenzung zu → Herstellungsaufwand notwendig. Erhaltungsaufwendungen für betriebliche Wirtschaftsgüter werden bei der → Einkünfteermittlung als → Betriebsausgaben abgezogen, Erhaltungsaufwendungen für private Wirtschaftsgüter als → Werbungskosten (z.B. bei den Einkünften aus Vermietung und Verpachtung). Die Möglichkeit, größere Erhaltungsaufwendungen für nicht zu einem → Betriebsvermögen gehörende Gebäude, die überwiegend Wohnzwecken dienen, auf zwei bis fünf Jahre gleichmäßig zu verteilen (§ 82b EStDV), ist 1999 zunächst aufgehoben und 2004 erneut wieder eingeführt worden. Durch das Steueränderungsgesetz 2003 wurde eine Regelung in das Gesetz aufgenommen, die im Wesentlichen der bisherigen Richtlinienregelung entspricht. Bei Baumaßnahmen, die nach dem 31.12.2003 begonnen werden, gehören zu den anschaffungsnahen Herstellungskosten eines Gebäudes auch Aufwendungen für Instandsetzungs- und Modernisierungsmaßnahmen, die innerhalb von zwei bis fünf Jahren nach Anschaffung eines Gebäudes durchgeführt werden, wenn diese 15 Prozent der Anschaffungskosten des Gebäudes übersteigen (§ 6 I Nr. 1a und § 9 V EStG).

Erhaltungsfortbildung – Reaktivierung von beruflichen Fertigkeiten und Fähigkeiten, z.B. nach längerer Berufsuntätigkeit. – *Anders:* → Anpassungsfortbildung.

Erhaltungsinvestition – Investition, die der Erhaltung der betrieblichen Substanz, d.h. der betrieblichen Leistungsfähigkeit, dient. Zur Substanzerhaltung können Ersatzbeschaffungen oder Erweiterungsinvestitionen notwendig sein (→ Ersatzinvestition, → Erweiterungsinvestition).

Erhaltungspolitik → sektorale Strukturpolitik.

Erhaltungssubvention → Subvention.

Erhaltungswerbung → Werbung zwecks Verhinderung eines Umsatzrückganges gegenüber der vorhergegangenen Periode. – *Anders:* → Expansionswerbung, → Reduktionswerbung. – Vgl. auch → Erinnerungswerbung.

Erhard – Ludwig, 1897–1977, Ökonom und Politiker (CDU). Er wurde 1924 bei Oppenheimer in Frankfurt a.M. mit einer währungspolitischen Arbeit promoviert. 1928–1942 war er am *Institut für Wirtschaftsbeobachtung der deutschen Fertigware* an der Handelshochschule Nürnberg tätig (Konsumforschung), 1942–1944 Leiter des *Instituts für Industrieforschung* in Nürnberg. 1943–1944 verfasste er eine Denkschrift über die Beseitigung der zurückgestauten Inflation nach dem Krieg („Kriegsfinanzierung und Schuldenkonsolidierung", Faksimiledruck 1977). 1945–1946 war er *bayerischer Wirtschaftsminister*, seit 1947 *Honorarprofessor* in München, 1947–1948 Leiter der bizonalen Sonderstelle „Geld und Kredit" in Bad Homburg v.d.H., die im Auftrag der Amerikaner und Briten die → Währungsreform vorbereitete. Als *Direktor der Verwaltung für Wirtschaft des Vereinigten Wirtschaftsgebiets* in Frankfurt a.M. 1948–1949 setzte er eine *Wirtschaftsreform* gegen Widerstand der Besatzungsmächte im Anschluss an die Währungsreform durch: das „Leitsätzegesetz" vom 24.6.1948 beseitigte die öffentliche Warenbewirtschaftung weitgehend. Dies war die grundlegende Weichenstellung zur → Sozialen Marktwirtschaft. Als *Bundeswirtschaftsminister* 1949–1963 (MdB 1949–1977) prägte er die Soziale Marktwirtschaft durch wirtschaftliche Liberalisierung und die *Wettbewerbsgesetzgebung.* Seit Beginn der 1960er-Jahre warnte er vor wachsendem Egoismus, Materialismus und der Gefahr, dass die Gesellschaft durch die Interessenverbände vermachtet und dass die individuelle → Freiheit reduziert würde *(formierte Gesellschaft).* Den Zeitgenossen galt er als „Vater des Wirtschaftswunders" und populäre Personifizierung des Wirtschaftsaufschwungs. 1963 wurde er *Bundeskanzler.* 1966 musste er zurücktreten. Die Gründe waren innerparteiliche Opposition, eine Wahlniederlage der CDU in Nordrhein-Westfalen, außenwirtschaftliche Probleme beim deutsch-amerikanischen Devisenausgleich und das Auseinanderbrechen der Koalition mit der FDP wegen Streits über die Haushaltssanierung 1967 nach einer Rezession.

Erhebung – *Datenerhebung;* die Ermittlung der → Ausprägungen der Merkmale bei den Elementen einer Untersuchungsgesamtheit. Eine Erhebung kann in Form einer schriftlichen oder mündlichen → Befragung (→ Fragebogen, → Interview) oder durch → Beobachtung erfolgen. Man unterscheidet primärstatistische Erhebung (→ Primärstatistik) und sekundärstatistische Erhebung (→ Sekundärstatistik). Je nachdem, ob die Grundgesamtheit vollständig erfasst oder ob ihr eine Stichprobe entnommen wird, spricht man von → Vollerhebung oder → Teilerhebung. – Diejenigen Subjekte oder Objekte, deren Merkmalsausprägungen festgestellt werden, werden als → Erhebungseinheiten oder → Untersuchungseinheiten bezeichnet.

Erhebungseinheit – *statistische Einheit;* als Träger statistischer → Merkmale dasjenige Subjekt oder Objekt, das als kleinste Einheit einer statistischen → Erhebung zugrunde liegt und an dem die Merkmalsausprägungen (→ Ausprägung) festgestellt werden. Die Erhebungseinheit ist oft *nicht* identisch mit der → Auswahleinheit bei Stichproben oder der Darstellungseinheit bei der Aufbereitung und Publikation (Darstellung) der statistischen Ergebnisse. – Vgl. auch → Untersuchungseinheit.

Erhebungsgebiet – früherer Begriff des Umsatzsteuerrechts: In den Zeiten der dt. Teilung wollte der bundesdeutsche Gesetzgeber vermeiden, das Gebiet der DDR als Ausland oder das Gebiet der Bundesrepublik als „Inland" zu bezeichnen. Daher wurde stattdessen der Ausdruck „Erhebungsgebiet" gewählt, um das Gebiet zu bezeichnen, in dem das (west-)deutsche UStG Gültigkeit hatte. – *Gegensatz:* → Außengebiet.

Erhebungsgesamtheit → Coverage-Fehler.

Erhebungsmerkmal → Merkmal.

erhöhte Absetzungen – steuerrechtlicher Begriff für eine bes. Form von → Abschreibungen. – Vgl. auch → Sonderabschreibungen.

Erholungshilfe – *Kriegsopferfürsorge;* Leistung für Beschädigte, deren Ehegatten und Hinterbliebene, wenn die Erholungsmaßnahme zur Erhaltung der Gesundheit oder Arbeitsfähigkeit notwendig, die beabsichtigte Form des Erholungsaufenthalts zweckmäßig und – bei Beschädigten – die Erholungsbedürftigkeit durch die anerkannten Schädigungsfolgen bedingt ist (§ 27b BVG).

Erholungsurlaub → Urlaub.

Erholungszeit – ist ein Bestandteil der Auftragszeit i.S.d. → REFA-Verband für Arbeitsstudien, Betriebsorganisation und Unternehmensentwicklung e.V. Sie umfasst die Zeitdauer der Tätigkeitsunterbrechung, die zum Abbau der tätigkeitsbedingten Arbeitsermüdung erforderlich ist. Sie hängt von der Höhe und Dauer der Beanspruchung des Menschen ab, dient der Reproduktion der körperlichen und geistigen Spannkraft. Diese sind zur Erhaltung der → Normalleistung notwendig.

ERI – Abk. für → Einheitliche Richtlinien für Inkassi.

Erinnerung – 1. *Zwangsvollstreckung:* Nicht fristgebundenes gesetzlich geregeltes Rechtsbehelfsverfahren, das zur Überprüfung innerhalb derselben Instanz führt: a) Gegen Vorgehen des → Gerichtsvollziehers (z.B. Geltendmachung der → Unpfändbarkeit); b) bei Weigerung des Gerichtsvollziehers, einen Vollstreckungsauftrag auszuführen; c) u.U. auch gegen Vollstreckungsakte des Gerichts, vor deren Erlass Schuldner nicht gehört wurde (sonst → sofortige Beschwerde), § 766 ZPO. – Die Erinnerung *steht* dem beschwerten Verfahrensbeteiligten, bisweilen auch Dritten *zu,* deren Rechte durch die Vollstreckung berührt werden. – *Einlegung* beim → Vollstreckungsgericht, das vor der Entscheidung (durch mit sofortiger Beschwerde anfechtbaren Beschluss) die *einstweilige Einstellung* der Zwangsvollstreckung gegen oder ohne Sicherheitsleistung anordnen kann. – 2. Erinnerung i.d.R. *auch zulässig,* wo → Rechtspfleger oder der Urkundsbeamte der Geschäftsstelle entscheidet (§ 573 ZPO), z.B. gegen → Kostenfestsetzungsbeschluss oder den Ansatz von → Gerichtskosten (§ 104 ZPO i.V. mit § 11 RpflG; § 5 GKG). – Erinnerung gegen *Kostenfestsetzungsbeschluss* nur binnen einer → Notfrist von zwei Wochen seit → Zustellung zulässig; fristgebunden ist auch die Erinnerung gegen gewisse weitere Entscheidungen des Rechtspflegers (§ 11 RpflG). – Die Erinnerung führt, soweit Rechtspfleger oder Urkundsbeamter nicht abhilft, zur Entscheidung des betreffenden Gerichts.

Erinnerungsposten → Erinnerungswert.

Erinnerungstest → Recalltest.

Erinnerungswerbung → Werbung zwecks Erinnerung bestimmter Werbeinhalte. Erinnerungswerbung zielt auf eine Erhaltung und Sicherung des Absatzes (→ Erhaltungswerbung). – Vgl. auch → Einführungswerbung.

Erinnerungswert – *Erinnerungsposten;* in der → Bilanz durch → Abschreibung entstandener Merkposten von 1 Euro, vielfach bei Wirtschaftsgütern des → Anlagevermögens, teilweise auch bei uneinbringlichen Debitoren. Kein Verstoß gegen die Bilanzwahrheit, vielmehr nach den → Grundsätzen ordnungsmäßiger Buchführung (GoB) erforderlich, die das völlige Weglassen von noch vorhandenen Aktivposten aus der Bilanz nicht zulassen.

erkennen – auf der Kredit-(Haben-)Seite eines Kontos verbuchen. – *Gegensatz:* → belasten.

Erkenntnis → Kognition.

Erkenntnisinteresse – Bezeichnung für das forschungsleitende Bemühen um kognitives Verständnis. Innerhalb realwissenschaftlicher Erkenntnisbereiche führt dies zur Bildung von → Theorien zum Zweck der → Erklärung. – Im antiken Griechenland dominierte Erkenntnisinteresse vollständig. Erst im Zuge der Herausbildung der modernen Naturwissenschaft im 17. Jh. wurde der Stellenwert des Erkenntnisstrebens für die Gestaltung der Wirklichkeit sichtbar. – Nach heutigem Verständnis dominiert im Zusammenhang mit Grundlagenforschung das Erkenntnisinteresse, in der angewandten → Forschung und Entwicklung (F&E) dagegen das *Gestaltungsinteresse.*

Erkenntnis-Lag – *Recognition Lag;* die Zeitspanne zwischen Auftreten einer wirtschaftlichen Störung und dem Zeitpunkt, zu dem von der Wirtschaftspolitik ein Handlungsbedarf erkannt wird. Der Erkenntnis-Lag ist Komponente des inneren → Lag.

Hauptursachen für das Auftreten eines Erkenntnis-Lag sind Verzögerungen in der Datenerfassung und -auswertung, die Unsicherheit in der Interpretation der Datenlage sowie die Einschätzung der Folgen einer bestimmten Störung auf den Wirtschaftsprozess.

Erkenntnisobjekt – aus dem → Erfahrungsobjekt durch Abstraktion gewonnener Gegenstand einer Wissenschaft. Die Begründung für den Übergang vom (umfassenden) Erfahrungsobjekt zum Erkenntnisobjekt erfolgt in der → Betriebswirtschaftslehre (BWL) i.d.R. unter Bezug auf verschiedene → Identitätsprinzipien, z.B. → Wirtschaftlichkeitsprinzip oder → erwerbswirtschaftliches Prinzip. – Vgl. auch → systembezogener Tatbestand und → systemindifferenter Tatbestand. – *Bedeutung*: Den damit vorgenommenen Abgrenzungen zu Nachbardisziplinen kommt als Folge der Öffnung der Betriebswirtschaftslehre gegenüber Psychologie, Sozialpsychologie, Soziologie etc. heute kaum mehr Bedeutung zu. Die verschiedenen Identitätsprinzipien erwiesen sich nie als wirklich trennscharf.

Erklärung – wichtiger Anwendungsfall erfahrungswissenschaftlicher → Theorien. Es handelt sich um den Versuch, in der Realität zu beobachtende Tatbestände oder Vorgänge auf ihre Ursachen zurückzuführen (daher auch: *Kausalerklärung*). Benötigt werden → Gesetzesaussagen (wenn p, dann q), die eine logische Beziehung zwischen Ursache p und Wirkung q herstellen. – In der → Wissenschaftstheorie wird die allg. Struktur wissenschaftlicher Erklärungen häufig in Form des → Hempel-Oppenheim-Schemas dargestellt:

Gesetzesaussagen	$G_1, G_2, \ldots, G_n$	Explanans
Anwendungsbedingungen	$A_1, A_2, \ldots, A_n$	
	E	Explanandum

Im *Explanans* sind neben den zur Erklärung benötigten Gesetzesaussagen die spezifischen → Anwendungsbedingungen enthalten; als *Explanandum* wird der zu erklärende Sachverhalt bezeichnet.

Erklärungsmodell → Modell.

Erlanger Schule → Konstruktivismus.

Erlang-Verteilung – stetige Wahrscheinlichkeitsverteilung. Eine stetige Zufallsvariable X heißt Erlang-verteilt mit den Parametern n und λ, wenn sie die Dichtefunktion

$$f(x) = \frac{\lambda^n}{(n-1)!}x^{n-1}e^{-\lambda x}$$

für $x > 0$ besitzt; n ist eine natürliche Zahl und λ eine positive Zahl. Der zugehörige Erwartungswert ist n/λ und die Varianz n/λ^2. Eine Summe von n stochastisch unabhängigen Zufallsvariablen, welche je eine → Exponentialverteilung mit identischem Parameter λ aufweisen, ist Erlang-verteilt mit den Parametern n und λ. Die Erlang-Verteilung spielt daher in der Praxis im Zusammenhang mit der statistischen Analyse von Lebensdauern und → Verweildauern eine Rolle. Eine Erlang-Verteilung ist eine spezielle gamma-Verteilung.

Erlass – 1. *Öffentliches Recht:* Anordnung einer höheren Behörde an eine ihr untergeordnete Dienststelle, die die innere Ordnung der Behörde oder das sachliche Verwaltungshandeln betrifft. – 2. *Bürgerliches Recht:* Forderungserlass, nur durch → Vertrag zwischen Schuldner und Gläubiger (§ 397 BGB), anders vielfach bei → dinglichen Rechten. Vertragliches → negatives Schuldanerkenntnis ist Erlass; auch durch → Quittung möglich. – 3. *Erlass von Steuern und sonstigen Geldleistungen:* → Steuererlass (Billigkeitserlass).

Erlasskontenrahmen – durch Erlass des Reichswirtschaftsministers im Rahmen der „Richtlinien zur Organisation der Buchführung" vom 11.11.1937 aufgestellte Kontenübersicht, die eine Vergleichbarkeit der Rechnungswesen aller Unternehmungen einer Wirtschaftsgruppe zuließ. Heute sind auf der Grundlage verschiedener Kontenrahmen aufgestellte Kontenpläne Grundbestandteil jeder ordnungsmäßigen Buchführung. – Vgl. auch → Kontenrahmen.

Erlaubnis – *Gestattung.* 1. *Allgemein:* → Verwaltungsakt, durch den ein einzelner von bestimmten gesetzlichen Beschränkungen befreit wird: (1) entweder aufgrund einer Verbotsnorm mit Erlaubnisvorbehalt (Kontrollerlaubnis) oder (2) aufgrund eines grundsätzlichen Verbots, von dem eine Ausnahme gemacht wird (Ausnahmebewilligung, → Dispens). – 2. Erlaubnis bez. *Kreditinstitute:* Wer im Inland Bankgeschäfte betreiben oder → Finanzdienstleistungen erbringen will, bedarf der Erlaubnis der → Bundesanstalt für Finanzdienstleistungsaufsicht (BaFin) (§ 32 KWG). Die Erlaubnis kann unter → Auflagen erteilt werden. Sie darf versagt werden bei mangelnder fachlicher Eignung oder Unzuverlässigkeit des Geschäftsleiters, Unzuverlässigkeit des Antragstellers oder bei unzureichenden Mitteln (§ 33 KWG). Die Erlaubnis kann u.a. zurückgenommen werden, wenn sie erschlichen wurde, der Geschäftsbetrieb mehr als sechs Monate nicht ausgeübt wurde, Tatsachen bekannt werden, die zur Versagung der Erlaubnis geführt hätten oder anderweit nicht abwendbare Gefahr für die Sicherheit der Kundenwerte besteht (§ 35 KWG). Bei Rücknahme der Erlaubnis kann das Institut aufgelöst werden (§ 38 KWG). – 3. *Erlaubnis bez. eines stehenden Gewerbes oder des Reisegewerbes:* → Gewerbeerlaubnis, → Reisegewerbekarte. – 4. *Erlaubnis für den Betrieb einer Gaststätte:* → Gaststättengesetz. – 5. *Erlaubnis für die Errichtung eines Bauwerks:* → Bauerlaubnis. – 6. *Erlaubnis zur Durchführung von gewerblichem Güternahverkehr und gewerblichem Umzugsgutverkehr:* → Genehmigung. – 7. Vgl. auch → Betriebserlaubnis.

Erlaubniskartelle – *Antragskartell.* Sammelbegriff für → Rationalisierungskartelle, → Strukturkrisenkartelle, → Ministerkartelle und sonstige Kartelle, für die die beteiligten Unternehmen bis zur Siebten GWB-Novelle vom 1.7.2005 bei der zuständigen Kartellbehörde eine Erlaubnis beantragen mussten. Die Kartellbehörde konnte die Vereinbarung anschließend durch Verfügung zeitlich befristet vom allg. Kartellverbot des § 1 GWB freistellen. Die Erlaubnis konnte ein- oder mehrmalig verlängert sowie mit Bedingungen oder Auflagen verbunden werden. Seit der Siebten GWB-Novelle unterliegen die ehemaligen Erlaubniskartelle wie nahezu alle anderen Arten von Kartellen der Legalausnahme, d.h. sie gelten ohne gesonderten Antrag oder Anmeldung als zulässig, es sei denn, die Freistellungsvoraussetzungen des § 2 GWB bzw. Art. 101 III AEUV sind für sie nicht anwendbar.

erlebnisbetonte Werbung → emotionale Werbung.

Erlebnishandel – 1. *Begriff:* Angebotskonzept des Handels, das durch eine emotionale Anreicherung des gesamten Erscheinungsbildes mittels Erlebniswerten gekennzeichnet ist. Den potenziellen Käufern sollen sinnliche Erlebnisse vermittelt werden, die in deren Gefühls- und Erfahrungswelt verankert sind. – 2. *Erlebniswerte:* Gesundheit, Genuss, Spaß, aktives Leben, Luxus, Natürlichkeit, Sportlichkeit, Schönheit, Erotik, Nostalgie, Avantgarde, Umweltbewusstsein. – 3. *Mittel:* Breites, profilierendes → Sortiment; Ladenfront, → Schaufenster, Raumgestaltung; Regalanordnung; → Warenpräsentation; emotionale Reize durch Licht, Temperatur, Farbe, Formen, Gerüche, Musik, Belüftung; persönliche Kommunikation durch bildhafte Sprache und gefühlsanregende Bilder. – 4. *Kritik:* Ablenkung vom Qualitäts- und Preiswettbewerb; hoher Ressourcenverbrauch durch aufwendige Verpackungen, Displays, Raumausstattung, Energie; Kommerzialisierung der Freizeit, „Verführung zum Konsum". – *Gegensatz:* → Versorgungshandel.

Erlebnismarketing – Marketing unter Einsatz von erlebnisvermittelnden Maßnahmen, wie z.B. Schaffung von Einkaufsatmosphäre. Dabei wird der potenzielle Käufer auf emotionaler Ebene angesprochen (→ Emotion). Im Handel von zunehmender Bedeutung (sog. Erlebnishandel).

Erledigung der Hauptsache – Erledigung des im Zivilprozess geltend gemachten Anspruchs nach → Klageerhebung (z.B. durch Zahlung des Beklagten). Nach Erledigung der Hauptsache entscheidet das Gericht i.d.R. über die Kosten durch → Beschluss, und zwar nach dem bisherigen Sach- und Streitstand und billigem Ermessen (§ 91a ZPO). Dagegen → sofortige Beschwerde zulässig.

Erlös – I. Rechnungswesen: auf bes. Ertragskonten ausgewiesener Gegenwert aus Verkauf, Vermietung und Verpachtung von Produkten, Waren und Dienstleistungen, vermindert um → Umsatzsteuer und → Erlösschmälerungen (→ Umsatzerlös). Die Erlöse umfassen in der → *Gewinn- und Verlustrechnung (GuV)* die Umsatzerlöse und einen Teil der sonstigen betrieblichen Erträge. – Beim → *Liquidationsverkauf* kann der Erlös einen steuerpflichtigen Liquidationsgewinn enthalten. – 1. Erlös als *Gegenbegriff der* → Kosten: Diese Begriffsfassung setzt sich zunehmend durch mit der Folge, dass der Begriff der → Leistung als früher dominierender Gegenbegriff (Kosten- und Leistungsrechnung) nunmehr das Mengengerüst der Erlöse kennzeichnet. – 2. *Erlösarten:*Teile eines Gesamterlöses, die für bestimmte Entgeltkomponenten (Teilpreise) anfallen, z.B. Grundgebühr und leistungsabhängige Gebühr für Fernsprechleistungen. – Vgl. auch → Einzelerlös, → Gemeinerlös, → negativer Erlös, → Nettoerlös, → Bruttoerlös.

II. Preis- und Markttheorie: *Umsatz;* stellt das mathematische Produkt aus Preis p und Menge x dar:

$$U = p \cdot x.$$

Mittels dieser Definition gelangt man zur *Erlös-* oder *Umsatzfunktion:* (a) im Mengenanpasser-Fall bei gegebenem Marktpreis (und konstantem Grenzumsatz) $\overline{p}$ zur linearen Umsatzfunktion

$$U = \overline{p} \cdot x.$$

(b) bei linearer Preisabsatzfunktion $x(p) = a - bp$ und demzufolge $p(x) = a/b - x/b$ (inverse Preisabsatzfunktion) zur „Umsatzparabel"

$$U = p(x)x = (a/b - x/b)x = ax/b - x^2/b$$

mit der linearen Grenzumsatzfunktion

$$dU/dx = a/b - 2x/b.$$

Erlösberichtigungen – 1. *I.w.S.:* Synonym für → Erlösschmälerungen. – 2. *I.e.S.:* Teil der Erlösschmälerungen; Reduzierungen des ursprünglich angesetzten → Erlöses, die zwischen der Rechnungsstellung und dem Zahlungseingang bzw. der Rücksendung der Leistung, z.T. jedoch auch erst am Periodenende (z.B. Boni), anfallen, z.B. Gutschriften für zurückgesandte Mehrwegverpackungen, Kundenskonti und Debitorenausfälle aufgrund von Insolvenzen.

Erlöschen – 1. *Erlöschen eines Schuldverhältnisses:* Tritt ein durch → Erfüllung, i.d.R. auch durch → Leistung an Erfüllungs Statt. – Vgl. auch → Aufrechnung, → Hinterlegung und → Erlass. – 2. *Erlöschen einer Firma:* → Firma.

Erlöschen von Ansprüchen aus dem Steuerschuldverhältnis – Ansprüche aus dem Steuerschuldverhältnis erlöschen bes. durch Zahlung, → Aufrechnung, → Steuererlass, → Festsetzungsverjährung, → Zahlungsverjährung und durch Eintritt der Bedingung bei auflösend bedingten Ansprüchen (§ 47 AO).

Erlösfunktion – mathematische Darstellung der Abhängigkeiten zwischen Absatzmenge und Umsatz. Bei gleichbleibenden Produktpreisen steigt der Erlös mit der Zunahme der abgesetzten Produkteinheiten geradlinig an. Hängt der Preis eines Produktes in der Weise vom Absatz ab, dass bei hohem Preis wenig und bei gesunkenem Preis mehr Einheiten verkauft werden, so wird der Erlös bei zunehmender Absatzmenge und sinkenden Preisen so lange steigen, wie die Absatzzunahme wertmäßig die Preissenkung kompensiert. Bei weiterer Absatzsteigerung wird der Gesamterlös sinken.

Erlöskonten – Ertragskonten zur Buchung der → Erlöse bzw. → Umsatzerlöse. In den meisten → Kontenrahmen die Konten der Kontenklasse 8 (→ Großhandelskontenrahmen, → Gemeinschafts-Kontenrahmen industrieller Verbände (GKR)). Im → Industrie-Kontenrahmen (IKR) und im → Einzelhandelskontenrahmen dagegen Konten der Kontenklasse 5.

Erlösmaximierung – Zielsetzung betrieblicher Preispolitik, nach der die Preise für die erzeugten Produkte so zu setzen sind, dass der Gesamterlös so groß wie möglich wird. Erlösmaximierung deckt sich i.d.R. nicht mit → Gewinnmaximierung; die Zielsetzung der Erlösmaximierung kann somit gegen das → erwerbswirtschaftliche Prinzip verstoßen.

Erlösminderungen – Teil der → Erlösschmälerungen, der den Erlös eines Verkaufsgeschäfts (schon) unmittelbar bei Rechnungsstellung reduziert, z.B. Rabatte.

Erlösplanung – Teil der betrieblichen Planung, in deren Rahmen die Höhe der Erlöse für einzelne Produkte, Kunden und Kundengruppen, Vertriebswege, Absatzmärkte und -gebiete sowie andere Absatzsegmente geplant und ggf. als Budgetwerte den entsprechenden Verantwortungsträgern vorgegeben werden. Im Rahmen der Erlösplanung hat man bes. Sorgfalt auf die Berücksichtigung von Nachfrageverbundenheiten und → Erlösschmälerungen zu verwenden.

Erlösquellen – absatzwirtschaftliches Potenzial, von welchem dem Unternehmen → Erlöse zufließen. Typische Erlösquellen sind Kunden, Kundengruppen, Marktsegmente und Märkte.

Erlösrealisation – 1. *Begriff:* Zeitpunkt, an dem ein Erlös als gesichert (realisiert) gilt. Der genauen Festlegung dieses Zeitpunkts kommt für das Rechnungswesen große Bedeutung zu, da hiervon abhängt, wann ein Erlös erstmals erfasst und ausgewiesen werden darf und damit Einfluss auf die Höhe des erzielten Erfolgs nimmt. – 2. *Rechtsprechung:* Ein Erlös gilt dann als realisiert, wenn die geschuldete Leistung abrechnungsfähig ist und keine konkreten Anhaltspunkte dafür bestehen, dass der Schuldner der Zahlungspflicht nicht nachkommen wird. Das setzt v.a. voraus, dass unter Berücksichtigung der bürgerlichrechtlichen Vorschriften die geschuldete Leistung bewirkt wurde (Gefahrübergang bei Warenlieferungen). – Vgl. auch → Gewinnrealisation.

Erlösrechnung – 1. *Charakterisierung:* Die Erlösrechnung hat die Aufgabe, alle einem Unternehmen durch die Erstellung und Verwertung von Leistungen zufließenden Werte zu erfassen, zu strukturieren und für → Auswertungsrechnungen bereitzuhalten. Die Erlösrechnung baut wesentlich auf der Leistungsrechnung (→ Kosten- und Leistungsrechnung) auf, die nach neuerem Verständnis eine reine Mengenrechnung darstellt. – Wie die → Kostenrechnung ist die Erlösrechnung Teil des → internen Rechnungswesens. In Theorie und Praxis wurde sie bis heute aber eher vernachlässigt. – 2. *Teilgebiete:* a) Im Gegensatz zur Kostenrechnung besitzt von den Teilgebieten Erlösarten-, -stellen-, und -trägerrechnung nur die *Erlösträgerrechnung* für die Preise Relevanz: (1) Die Erlösarten (→ Erlös) lassen sich kaum von → Erlösträgern trennen. Ein der Kostenartensystematisierung analoges Abstellen auf unterschiedliche Leistungsarten in einer Erlösartenrechnung hätte ein praktisch deckungsgleiches Ergebnis zur Folge, wie es auch die Differenzierung nach unterschiedlichen Verkaufsleistungen als Erlösträger erbrächte. (2) Da sich der Erlös einer Leistung nicht auf die einzelnen zu ihrer Erstellung erforderlichen Teilleistungen aufteilen lässt (→ Erfolgsspaltung), kann man nur in seltenen Fällen eigenständige → Erlösstellen bilden. – b) An die Seite der Erlösträgerrechnung als wichtiges Teilgebiet einer Erlösrechnung tritt die *Erlösquellenrechnung* (→ Erlösquellen), die Auskunft darüber gibt, von welchen absatzwirtschaftlichen Potenzialen dem Unternehmen Erlöse zufließen. – 3. *Erfassungsgenauigkeit:* Wie die Kostenrechnung muss die Erlösrechnung eine möglichst genaue Erfassung gewährleisten. Sie ist dabei noch größeren Problemen ausgesetzt. Diese resultieren schon aus der Mehrstufigkeit der Erlöserfassung. So ist etwa zum Zeitpunkt der Rechnungsstellung als erstem Zeitpunkt der Erlöserfassung (→ Erlösrealisation) nicht bekannt, ob der betreffende Kunde skontieren oder am Jahresende einen Bonus erhalten wird. Um trotzdem nur einen einzigen Erlöserfassungstermin zu erreichen, arbeitet man in der Praxis meist mit Standardsätzen für die einzelnen Arten von → Erlösschmälerungen. Hiermit sind jedoch Ungenauigkeiten verbunden. Erfassungsprobleme resultieren auch aus Verbundbeziehungen, die sich einer exakten Quantifizierung entziehen, für absatzwirtschaftliche Fragestellungen jedoch eine zentrale Bedeutung besitzen (→ Erlösverbundenheiten). – Vgl. auch → Planerlösrechnung.

Erlösschmälerungen – 1. *Begriff:* Minderung der erzielten Erlöse (→ Bruttoerlöse) durch → Erlösberichtigungen (z.B. Boni), → Erlösminderungen (z.B. Rabatte, Skonti) und Erlöskorrekturen (z.B. Korrektur von Berechnungsfehlern); es ergibt sich der Nettoerlös. Als Erlösschmälerung gilt auch ein Preisnachlass aufgrund einer → Mängelrüge oder zur Erfüllung von Gewährleistungsansprüchen (→ Garantie). – 2. *Buchung:* Sofern die Erlösschmälerung nicht direkt den Netto-Umsatzerlös verringert und somit die Rechnung unmittelbar vom geringeren Nettowert ausgehend erstellt wird (z.B. beim Sofortrabatt, der direkt runtergerechnet wird und daher nicht auf den Konten erscheint), geschieht die Buchung der Erlösschmälerungen i.d.R. gesondert auf Unterkonten zu den Erlöskonten, je nach → Kontenrahmen verschieden. – 3. *Umsatzsteuer:* Erlösschmälerungen mindern umsatzsteuerlich das steuerpflichtige Entgelt, d.h. die Umsatzsteuer ist entsprechend herabzusetzen, wenn ursprünglich ein höherer Erlösbetrag der Besteuerung zugrunde gelegt worden war. Der Unternehmer hat die seinem Abnehmer erteilte Rechnung entsprechend zu berichtigen. Der Abnehmer hat die von ihm gezogene Vorsteuer entsprechend zu berichtigen.

Erlösstellen – betriebliche Abrechnungsbezirke, denen direkt → Erlöse zugerechnet werden können. Aufgrund der Arbeitsteilung innerhalb von Unternehmen und dem daraus resultierenden Leistungsverbund liegt eine isolierte Zurechenbarkeit nur selten vor (→ Erfolgsspaltung).

Erlösträger – Absatzleistungen des Unternehmens, denen Erlöse direkt zugerechnet werden können. Wichtige Erlösträger sind einzelne Leistungsarten (Produkte), aus Haupt- und Nebenleistungen bestehende Leistungsbündel (z.B. Sach- und Finanzierungsleistung bei Verkauf auf Ziel) und Auftragsbündel (z.B. alle mit einem Kunden in einem Jahr abgewickelten Aufträge).

Erlösverbundenheit – 1. *Charakterisierung:* Erlöse sind dann miteinander verbunden, wenn ihre Höhe nicht isoliert voneinander bestimmt werden kann. Üblicherweise setzt man sich im Rechnungswesen über Erlösverbundenheit hinweg. Sowohl in der traditionellen → Vollkostenrechnung als auch in Systemen → entscheidungsorientierter Kostenrechnung stellt man den → Vollkosten oder → Teilkosten der Produkte stets ihre → Nettoerlöse gegenüber und setzt damit voraus, dass diese direkt zurechenbar sind. Aus dieser häufig nicht zutreffenden Annahme können erhebliche Gefahren im Rahmen der Festlegung des Produktions- und Absatzprogramms resultieren. – 2. *Formen:* a) *Angebotsverbunde:* Liegen dann vor, wenn ein Unternehmen Leistungen, die es auch gesondert nebeneinander absetzen könnte, im Angebot koppelt. Zu unterscheiden sind (1) stückbezogene (z.B. Vorgabe von Mindestabgabemengen) und (2) erzeugnisartenbezogene Angebotsverbunde (z.B. Lieferung von Anlagen mit dem Zwang zum Abschluss von Wartungsverträgen). Angebotsverbunde können von einem Unternehmen als absatzpolitisches Instrument bewusst eingesetzt werden. – b) *Nachfrageverbunde:* Liegen dann vor, wenn die Einzelentscheidungen der Kunden, verschiedene (Einzel-)Leistungen des Unternehmens nachzufragen, nicht isoliert voneinander getroffen werden, sondern miteinander in Beziehung stehen. Zu unterscheiden sind: (a) Zeitpunktbezogen: (1) Verwendungsverbundenheit (z.B. Tintenstrahldrucker und Druckertinte), (2) Auswahlverbund (Nachfrage nach einem Gut aufgrund der Präsentation eines breiten Spektrums von anderen Gütern gleicher Verwendungsrichtung) und (3) Kaufverbundenheit (Einkauf unterschiedlicher Güter in einem Kaufakt, z.B. zur Reduzierung von Einkaufskosten); (b) zeitraumbezogen: (1) → Markentreue und (2) → Lieferantentreue. Diese Form der Erlösverbundenheit hat keinen steuernden Einfluss; sie kann nur durch eine entsprechende Angebotsgestaltung genutzt werden. – 3. *Erfassung:* Während sich Angebotsverbunde durch entsprechende Zusammenfassung von → Erlösträgern in der → Erlösrechnung exakt berücksichtigen lassen, fällt die Erfassung von Nachfrageverbunden i.d.R. sehr schwer. Derartige Verbunde lassen sich nicht quantifizieren. Aufgrund ihrer wichtigen Bedeutung für die Programmpolitik des Unternehmens sollte man sie jedoch zumindest als qualitative Daten speichern und im Auswertungsfall dem Disponenten an die Hand geben.

Ermächtigung – im Verfassungsrecht die Befugnis zum Erlass von → Rechtsverordnungen (vgl. Art. 80 I GG).

Ermächtigungstreuhandschaft → Treuhandschaft.

Ermahnung – nicht formalisierte Missbilligung eines arbeitsvertragswidrigen Verhaltens. Es handelt sich um eine Vorstufe zur Abmahnung. Vor einer verhaltensbedingten Kündigung bedarf es i.d.R. zumindest einer Abmahnung; eine oder mehrere Ermahnungen reichen nicht aus. *Grund:* Ermahnungen entfakten nicht die erforderliche Warnfunktion. – *Abgrenzung:* → Abmahnung.

Ermessen – Begriff des öffentlichen Rechts, wenn die Verwaltung bei der Verwirklichung eines gesetzlichen Tatbestandes, z.B. bei Erlass eines → Verwaltungsaktes, zwischen verschiedenen Verhaltensweisen wählen kann. Das Ermessen kann sich darauf beziehen, ob die Verwaltung eine Maßnahme überhaupt treffen will (Entschließungsermessen) oder darauf, welche von verschiedenen zulässigen Maßnahmen sie im Fall des Tätigwerdens ergreifen will (Auswahlermessen). In Vorschriften wird das Ermessen bezeichnet durch Ausdrücke wie „kann", „darf", „ist befugt". Nach § 40 VwVfG hat die Behörde ihr Ermessen entsprechend dem Zweck der Ermächtigung auszuüben und die gesetzliche Grenze des Ermessens einzuhalten. Tut sie dies nicht, handelt sie ermessensfehlerhaft. – Vgl. auch → Ermessensmissbrauch, → Ermessenüberschreitung.

Ermessensmissbrauch – Ermessensfehlgebrauch; liegt vor, wenn eine Verwaltungsbehörde von dem ihr zustehenden → Ermessen aus unsachlichen Gründen und/oder Zwecken Gebrauch macht.

Ermessensüberschreitung – liegt vor, wenn die Verwaltungsbehörde eine nicht mehr im Rahmen des Ermessens liegende Rechtsfolge wählt.

Ermittlungsmodell → Modell.

Ermüdung – Abnahme der Leistungsfähigkeit, hervorgerufen durch arbeitsbedingten Kräfteverbrauch (Arbeitsermüdung) oder Ermüdungsreize (z.B.

ermüdende atmosphärische, klimatische Bedingungen, unzureichende Schlaf- und Erholungsmöglichkeit im Gegensatz zum normalen biologischen Tag/Nacht-Rhythmus). Die Ermüdungserscheinungen zeigen sich in physischen und psychischen Veränderungen. Arbeitspausen (→ Pausen) verlangsamen den Ermüdungsprozess: Die lohnendste Pause ist diejenige, bei der der Verlust an Arbeitsbereitschaft am kleinsten und die Erholungswirkung am größten ist; am besten kurz vor dem Absinken der Höchstleistung einzulegen (→ Pausengestaltung).

Ermüdungsstudie – Untersuchung der Arbeitsbelastungen, die eine Arbeit bei → Normalleistung an den Arbeitenden stellt, und methodische Ermittlung des für den Ermüdungsausgleich erforderlichen Erholungszeitzuschlag (prozentuales Verhältnis von → Erholungszeit zu Grundzeit) aus den Erkenntnissen der Arbeitsphysiologie und -psychologie.

Ernährungs- und Landwirtschaftsorganisation der Vereinten Nationen → FAO.

Erneuerbare Energien – Als erneuerbare Energien (regenerative Energien) werden, im Gegensatz zu den fossilen Energieträgern wie Öl, Kohle und Gas, Energieformen bezeichnet, die nicht auf endliche Ressourcen zurückgreifen. Der Ausbau der erneuerbaren Energien trägt im Wesentlichen zur → Nachhaltigkeit bei. So kann durch die Nutzung von Sonnen-, Wind-, Wasser-, Bioenergie oder Geothermie den Ausstoß von CO_2 verringert und zugleich die Abhängigkeit von → fossilen Energieträgern verringert werden. In Deutschland werden regelmäßig Gesetze verabschiedet (z.B. → Erneuerbare-Energien-Gesetz (EEG), EEWärmeG, EnEV), um die Nutzung erneuerbaren Energien sowie die Steigerung der Energieeffizienz zu fördern.

Erneuerbare-Energien-Gesetz (EEG) – Das Erneuerbare Energien Gesetz (EEG) stellt den energierechtlichen Rahmen für die Förderung von Erneuerbaren Energien in Deutschland dar. Kernpunkte sind garantierte Einspeisevergütung, garantierter Anschluss an das Netz und bevorzugte Abnahme der Elektrizität durch den Netzbetreiber. Das EEG in der ersten Fassung hat im Jahre 2000 das Stromeinspeisegesetz ersetzt, wurde in den Jahren 2004 und 2008 konstitutiv neu gefasst und 2012 zuletzt novelliert. Im EEG ist das energiepolitische Ziel festgeschrieben, schrittweise 80% der Stromversorgung aus Erneuerbaren Energien bis 2050 zu erreichen. Die Kosten, die dem Netzbetreiber für die Vergütung der Erneuerbaren Energien entstehen, werden abzüglich der Einnahmen aus deren Vermarktung auf die Endverbraucher umgelegt.

erneuerbare Energieträger → regenerative Energieträger.

erneuerbare Ressource – Die Wachstumsrate des Bestandes hängt von vielen Determinanten ab, bes. von der Größe des Bestandes selbst. Der Zusammenhang zwischen gegenwärtiger Nutzung und zukünftiger Nutzungsmöglichkeit ist daher bei erneuerbaren Ressourcen komplexer als bei erschöpflichen Ressourcen, weil die Rückwirkungen von Abbauraten auf Regenerationsraten berücksichtigt werden müssen. – *Wichtige Beispiele:* Wald- und Fischbestände. – *Gegensatz:* → erschöpfliche Ressource. – Vgl. auch → Ressourcenökonomik.

Erneuerungsfonds – *Erneuerungsrücklage;* → Gewinnrücklage (§ 58 II AktG, § 266 III HGB (Posten A. III 3. oder 4.)) für Gegenstände, deren Neuanschaffung voraussichtlich teurer sein wird, als die zu ersetzenden, Bildung aus dem Gewinn. Auflösung nach freiem Ermessen ohne Bindung an einen Verwendungszweck, sofern Satzungsbestimmungen nicht entgegenstehen.

Erneuerungskonto – das zur Bildung eines → Erneuerungsfonds geschaffene Konto.

Erneuerungsschein – *Leiste, Leistenschein, Talon, Zinsleiste, Zinsenstamm;* i.d.R. jedem Zinsschein (→ Coupon) und → Dividendenschein beigefügtes Nebenpapier der → Inhaberschuldverschreibung oder → Aktie. Der Erneuerungsschein ist ein → Legitimationspapier. Er berechtigt zum Bezug der neuen → Bogen. Auch ein Nichtberechtigter wird durch die Vorlage des Erneuerungsscheines zum Empfang der neuen Zins- bzw. Dividendenscheine legitimiert. Jedoch geht das Recht des Inhabers des Stammpapiers vor; er kann bei Vorlage des Stammpapiers verlangen, dass die Zinsscheine ihm selbst ausgehändigt werden (§ 805 BGB). – Eine Verbriefung erfolgt heute oftmals in → Sammelurkunden und ein Anspruch auf Einzelverbriefung der Wertpapiere nebst Gewinnanteil- und Erneuerungsschein wird ausgeschlossen.

Erneuerungswert – der durch die Kosten der Wiederherstellung bzw. Wiederbeschaffung bestimmte Wert. – Vgl. auch → Wiederbeschaffungskosten, → Reproduktionswert.

Ernteberichterstattung – Teil der landwirtschaftlichen Erzeugungsstatistik. Die Ernteberichterstattung erfasst: monatlich in der Wachstumsperiode den Wachstumsstand und die Erträge der landwirtschaftlichen Feldfrüchte und des Grünlandes, von Gemüse und Erdbeeren sowie von anderem Obst, außerdem den Wachstumsstand der Reben und die Weinmosterträge. Für Getreide, Zuckerrüben und Kartoffeln werden zusätzlich auf Grundlage von Witterungsdaten Erntevorausschätzungen durchgeführt. – *Veröffentlichung* in Fachserie 3 des → Statistischen Bundesamtes (StBA).

Ernteertrag – im Sinne der amtlichen → Landwirtschaftsstatistik: bei landwirtschaftlichen Feldfrüchten und Grünland die eingebrachte Ernte, für Getreide auf 14 Prozent Feuchtigkeit umgerechnet; bei Gemüse und Obst marktfähige Ware, gleichgültig, ob sie voll verwertet werden kann oder nicht; bei Wein eingebrachte Ernte. – Vgl. auch → Hektarertrag.

Erntekosten – *Fangkosten;* Kosten der Ernte bzw. des Fangs einer → erneuerbaren Ressource.

Erntepfad – *Fangpfad;* Verteilung der Ernte bzw. des Fangs einer → erneuerbaren Ressource auf verschiedene Perioden.

Eröffnungsbilanz – *Anfangsbilanz;* Bilanz einer Unternehmung bei Gründung (→ Gründungsbilanz) oder zu Beginn eines neuen Wirtschaftsjahres. – *Aufstellung:* Die einzelnen Bilanzposten der Aktiv- und Passivseite der Eröffnungsbilanz sind als Anfangsbestände auf die Hauptbuchkonten zu übernehmen. Die Buchung erfolgt über das Bilanzkonto, auf dem die Aktivposten der Eröffnungsbilanz im Haben, die Passivposten der Eröffnungsbilanz im Soll wiedergegeben werden; dadurch ist der Grundsatz der doppelten Verbuchung gewahrt. – *Buchungssätze* (1) für Übernahme der Aktivposten auf die Hauptbuchkonten: verschiedene Hauptbuchkonten an Bilanzkonto; (2) für Übernahme der Passivposten auf die Hauptbuchkonten: Bilanzkonto an verschiedene Hauptbuchkonten. – Bei bestehenden Unternehmen ist die Eröffnungsbilanz eines neuen Jahres identisch mit der → Schlussbilanz des vorhergehenden Jahres (→ Bilanzidentität). – *Eröffnungsbilanzen bes. Art* werden bei Währungsumstellungen (→ Währungsreform) erforderlich. Hierbei erfolgt durch Bilanzierung in neuer Währung eine Unterbrechung der → Bilanzkontinuität. – *Solche Eröffnungsbilanzen waren:* Goldmark-Eröffnungsbilanz, → DM-Eröffnungsbilanz 1948 (in Österreich: Schilling-Eröffnungsbilanz) und Eröffnungsbilanz gemäß DM-Bilanzgesetz 1990. Die Einführung des Euro (1.1.1999) erfolgte durch einfache Werttransformation (keine Währungsreform und keine Eröffnungsbilanz im Sinn der obigen Beispiele).

Eröffnungsbuchungen – in der doppelten Buchführung die Übernahme der Bilanzaktiva und Bilanzpassiva in die entsprechenden Konten: Aktivkonten an Eröffnungsbilanzkonto; Eröffnungsbilanzkonto an Passivkonten.

Eröffnungspreise → Preisgegenüberstellung.

Eröffnungsrabatt – für die Aufnahme einer bestimmten Warenmenge in das Sortiment eines neu eröffneten Handelsbetriebes (bzw. eine Filiale) vom Lieferanten gewährter zusätzlicher Rabatt; gilt als den Leistungswettbewerb im Handel gefährdende Praktik (Gemeinsame Erklärung). – *Anders:* Eintrittsgelder, die in einer festen Höhe unabhängig von fixierten Abnahmemengen gefordert werden.

Erörterung des Sach- und Rechtsstands im Einspruchsverfahren – 1. *Gesetzliche Grundlage:* § 364a AO. – 2. *Inhalt:* Auf Antrag des Einspruchführers soll die Finanzbehörde vor Erlass einer Einspruchsentscheidung den Sach- und Rechtsstand mündlich erörtern. Sofern die Finanzbehörde dies für sachdienlich hält, können weitere Beteiligte, die sich auch durch Bevollmächtigte vertreten lassen können, geladen werden. – 3. *Zweck der Regelung:* Förderung der einvernehmlichen Regelung der Einspruchsverfahren und Fernhalten von Streitfällen von den Finanzgerichten. Ziel einer mündlichen Erörterung kann auch eine „tatsächliche Verständigung" sein. – 4. *Konsequenzen:* Einem Antrag auf mündliche Erörterung sollte grundsätzlich entsprochen werden, es sei denn, die beantragte Erörterung dient offensichtlich nur der Verfahrensverschleppung. Keine Verpflichtung zur mündlichen Erörterung besteht, wenn das Finanzamt dem → Einspruch abhelfen will und solange das Einspruchsverfahren ausgesetzt ist oder ruht. – 5. *Formen:* Die Finanzbehörde kann auch ohne Antrag eines Einspruchführers diesen und weitere Beteiligte zu einer Erörterung laden. Das Erscheinen der Geladenen kann nicht durch → Zwangsmittel erzwungen werden. Allerdings muss sich das Finanzamt im Hinblick auf die Pflicht zur Wahrung des Steuergeheimnisses über die Identität des Gesprächspartners vergewissern (vgl. AEAO zu § 364a).

ERP – I. Software: Abk. für *Enterprise Resource Planning;* bereichsübergreifende Softwarelösungen, die die betriebswirtschaftlichen Prozesse, z.B. in Produktion, Vertrieb, Logistik, Finanzen und Personal, steuern und auswerten. Ein ERP-System zeichnet sich durch die einheitliche Steuerung der verschiedenen Unternehmensbereiche aus. Dadurch wird es zu einem sinnvollen Controlling- und Steuerungsinstrument. Neuere ERP-Systeme können auch zur Steuerung und Auswertung unternehmensexterner Geschäftsprozesse genutzt werden. – Vgl. → Enterprise Resource Planning-System.

II. Wirtschaftsgeschichte: Abk. für *European Recovery Program, Europäisches Wiederaufbauprogramm;* aufgrund der Vorschläge des amerik. Außenministers Marshall am 3.4.1948 erlassenes einheitliches Hilfsprogramm *(Marshall-Plan)* für die durch den Krieg zerstörten Länder Europas; infolge der Weigerung der Ostblockländer zur Mitarbeit auf *Westeuropa* beschränkt. Die Verwaltung lag bei der ECA (Economic Cooperation Administration), die bei der Verteilung der Geschenke und Kredite die Vorschläge der → OEEC, die im Zusammenhang mit der ERP-Hilfe gegründet wurden, berücksichtigte. Für die ECA-Mittel konnten v.a. Lebensmittel und Rohstoffe, vornehmlich aus den USA, bezogen werden. Die Beträge hierfür hatten die Importeure in heimischer Währung auf Gegenwertfonds *(Counterpart Funds)* einzuzahlen, bei deren Verwendung im Inland die ECA ein Mitspracherecht hatte. – Die Gegenwerte in nationaler Währung führten zum → ERP-Sondervermögen, das heute die Grundlage für die Bereitstellung von → ERP-Krediten bildet.

ERP-Kredite – 1. *Begriff:* Kredite aus Mitteln des → ERP-Sondervermögens, die von der Bundesregierung für Zwecke der → Wirtschaftsförderung eingesetzt werden. Zu den einzelnen Verwendungszwecken vgl. → ERP-Programme. In der Bundesrepublik Deutschland seit Anfang der 1950er-Jahre eingesetzt, sind ERP-Kredite zum Vorbild für zahlreiche andere kreditwirtschaftliche Fördermaßnahmen geworden. – 2. *Merkmale:* Langfristigkeit (zehn bis 20 Jahre Laufzeit); unter dem Marktzinsniveau liegende Festzinssätze für die gesamte Laufzeit; Recht des Schuldners auf jederzeitige Rückzahlung des Kredits ohne Vorfälligkeitskosten. ERP-Kredite werden über Geschäftsbanken vergeben, wobei übliche Kriterien der Kreditwürdigkeit angelegt werden. Es besteht kein Rechtsanspruch auf Gewährung von ERP-Krediten. – Vgl. auch → Strukturpolitik, → Mittelstandsförderung.

ERP-Programme – Maßnahmen zur → Wirtschaftsförderung, die aus Mitteln des → ERP-Sondervermögens finanziert werden. Vornehmlich eingesetzt als Instrument der regionalen Strukturpolitik (→ Regionalpolitik), der → Existenzgründungsförderung, zur Förderung von Umweltschutzinvestitionen sowie der → Exportförderung (→ öffentlich unterstützte Exportkredite). Für die verschiedenen Förderzwecke werden jährlich haushaltsmäßig bestimmte Mittelansätze veranschlagt, die in Form von Darlehen ausgereicht werden. – Vgl. auch → ERP-Kredite.

ERP-Regionalprogramm → Regionalpolitik.

Erpressung – Rechtswidrige Anwendung von Gewalt oder Androhung eines empfindlichen Übels gegenüber einem anderen, zwecks Erreichung einer Handlung oder Unterlassung, die dem Vermögen des Genötigten oder eines anderen Nachteile zufügt, um sich zu Unrecht zu bereichern. Rechtswidrig ist die Tat, wenn die Anwendung der Gewalt oder die Androhung des Übels zu dem angestrebten Zweck als verwerflich anzusehen ist. Es handelt sich um ein Vermögensdelikt nach § 253 StGB. – *Strafe:* Freiheitsstrafe bis zu fünf Jahren oder Geldstrafe, in bes. → schwerem Fall nicht unter einem Jahr. Verschärfend wirkt auch, wenn die Erpressung durch Gewalt gegen eine Person oder unter Anwendung von Drohungen mit gegenwärtiger Gefahr für Leib und Leben begangen wird = Räuberische Erpressung, § 255 StGB; hier wird der Täter wie ein Räuber bestraft, d.h. mit Freiheitsstrafe nicht unter einem Jahr. – Vgl. auch → Nötigung.

ERP-Software – ERP, Abk. für *Enterprise Resource Planning.* Gemeint ist damit jede Art von integrierter betrieblicher → Standardsoftware.

ERP-Sondervermögen – nicht rechtsfähiges → Sondervermögen des Bundes, das nach dem Zweiten Weltkrieg dem Wiederaufbau diente und danach zur gezielten regionalen und sektoralen Förderung der dt. Wirtschaft, des Umweltschutzes sowie verschiedener anderer, öffentlicher Aufgaben eingesetzt wurde. Die ersten Einlagen stammen aus den Gegenwerten des Europäischen Wiederaufbauprogramms (ERP). Mit Auslaufen der ERP-Sonderhilfe wurden die aus Tilgungs- und Zinszahlungen zurückfließenden sowie zusätzlich am Kreditmarkt aufgenommenen Mittel zur Finanzierung neuer Aufgaben eingesetzt. – *Vergabe von ERP-Mitteln:* i.d.R. als verzinsliche, aber auch als unverzinsliche Darlehen und/oder als verlorene Zuschüsse. – *Einnahmen und Ausgaben* des ERP-Sondervermögens werden laufend in der Jahresrechnungs- und der Haushaltsansatzstatistik für den Bund ausgewiesen und vom Statistischen Bundesamt veröffentlicht. Das Bundesministerium für Wirtschaft und Technologie (BMWi) verwaltet das Sondervermögen und finanziert damit Programme zur Wirtschaftsförderung. – *Schuldenstand* (2006): 12 Mrd. Euro.

ERP-System – Abk. für → Enterprise Resource Planning System.

errichtende Umwandlung – Gründung eines neuen Rechtsträgers durch einen bestehenden Rechtsträger unter gleichzeitiger Übertragung seines gesamten Vermögens im Wege der Gesamtrechtsnachfolge auf den neuen Rechtsträger (→ Umwandlung).

Errichtungsinvestition → Gründungsinvestition.

Errichtungskosten → Einrichtungskosten.

Ersatzaussonderung – Begriff der Insolvenzordnung (§ 48 InsO). Ersatzaussonderung kommt in Betracht, wenn jemand ein Recht auf → Aussonderung gehabt hätte, zu dessen Geltendmachung er jedoch infolge unberechtigter entgeltlicher Veräußerung (1) durch den → Gemeinschuldner vor oder (2) durch den → Insolvenzverwalter nach → Insolvenzeröffnung nicht mehr in der Lage ist. Durch Ersatzaussonderung soll der Geschädigte entschädigt werden. – *Ansprüche* des Berechtigten: (1) Wenn die Gegenleistung der Veräußerung zz. der Insolvenzeröffnung noch aussteht, auf Abtretung dieses Anspruchs; (2) auf Herausgabe der Gegenleistung, sofern sie nach der Insolvenzeröffnung zur Masse gezogen und noch unterscheidbar vorhanden ist (ist sie vorher vom Schuldner eingezogen, so besteht lediglich eine → Insolvenzforderung auf Schadensersatz); (3) wenn die Gegenleistung nicht mehr unterscheidbar vorhanden ist, auf den Betrag als Masseschuld, um den die → Insolvenzmasse ungerechtfertigt bereichert ist (§ 48 InsO).

Ersatzbeschaffungsrücklage – 1. *Begriff:* steuerfreie → Rücklage (R 6.6 EStR) in Höhe des Unterschieds zwischen dem Buchwert und der Entschädigung (dem Entschädigungsanspruch) für ein → Wirtschaftsgut, das infolge höherer Gewalt (z.B. Brand, Diebstahl) oder infolge oder zur Vermeidung eines behördlichen Eingriffs (z.B. drohende Enteignung) gegen Entschädigung aus dem → Betriebsvermögen ausscheidet, wenn zum Schluss des → Wirtschaftsjahrs eine Ersatzbeschaffung ernstlich geplant, aber noch nicht vorgenommen worden ist. – 2. Die *Bildung* einer Ersatzbeschaffungsrücklage ist nur buchführungspflichtigen Steuerpflichtigen möglich, die ihren Gewinn durch → Betriebsvermögensvergleich ermitteln. – 3. *Auflösung:* Die Rücklage ist gesondert auszuweisen und bei Ersatzbeschaffung auf die → Anschaffungskosten oder → Herstellungskosten des → Ersatzwirtschaftsgutes zu übertragen, also aufzulösen. Bei der Auflösung der Rücklage ist der Gewinn des Wirtschaftsjahres, in dem die Rücklage aufzulösen ist, für jedes volle Wirtschaftsjahr, in dem die Rücklage bestanden hat, um 6 Prozent des aufgelösten Rücklagenbetrages zu erhöhen. – 4. *Ersatzwirtschaftsgut* setzt nicht nur ein der Art nach funktionsgleiches Wirtschaftsgut voraus; es muss auch funktionsgleich genutzt werden; Rücklagen für Ersatzbeschaffungen können nur gebildet werden, wenn das Ersatzwirtschaftsgut in demselben Betrieb angeschafft oder hergestellt wird, dem auch das entzogene Wirtschaftsgut diente. Das gilt jedoch nicht, wenn die durch Enteignung oder höhere Gewalt entstandene Zwangslage zugleich den Fortbestand des bisherigen Betriebs selbst gefährdet oder beeinträchtigt hat.

Ersatzdienst → Zivildienst.

Ersatzerbe → Erbe, der für den Fall eingesetzt ist, dass ein Erbe wegfällt (§§ 2096 ff. BGB). – Ersatzerbe ist im Zweifel auch der → Nacherbe (§ 2102 BGB).

Ersatzfreiheitsstrafe → Freiheitsstrafe anstelle einer uneinbringlichen → Geldstrafe; ein Tag Freiheitsstrafe entspricht einem → Tagessatz, das Mindestmaß der Ersatzfreiheitsstrafe ist ein Tag (§ 43 StGB).

Ersatzinvestition – 1. *Begriff:* Ersatz vorhandener Anlagen durch neue Investitionsobjekte. Ersatzinvestitionen umfassen Investitionen zur Aufrechterhaltung der betrieblichen Leistungsfähigkeit (→ Reinvestition) sowie zur Erhöhung der betrieblichen Leistungsfähigkeit (→ Erweiterungsinvestition). – 2. *Bedeutung:* Bestimmung des Zeitpunktes, zu dem ein bereits realisiertes Investitionsobjekt ersetzt werden soll. Die Bestimmung des *optimalen Ersatzzeitpunktes* kann z.B. durch die → Kapitalwertmethode oder die → MAPI-Methode erfolgen. – Vgl. auch → Nettoinvestitionen, → Nutzungsdauer.

Ersatzkasse – 1. *Begriff:* Kassenart im System der → Krankenkassen. In den 1880er-Jahren wurde die gesetzliche Krankenversicherung (GKV) in Deutschland eingeführt und zunächst durch drei Kassenarten getragen: den Allgemeinen Ortskrankenkassen (AOK), den Betriebskrankenkassen (BKK) und den Innungskrankenkassen (IKK). Erst in den folgenden Jahrzehnten wurden die Ersatzkassen in das System der GKV einbezogen. Heute wird von einem gegliederten System der Krankenversicherung gesprochen. – 2. *Geschichte:* Die Ersatzkassen gehen auf berufsständische Selbsthilfeeinrichtungen zurück. In diesen Unterstützungskassen organisierten sich bspw. Kaufleute oder Handlungsgehilfen (kaufmännische Angestellte). Später wurden Ersatzkassen auch von Angestellten- oder Arbeitergewerkschaften gegründet. Die ursprüngliche Berufsbezogenheit hat dazu geführt, dass es bis heute noch *Arbeiter-Ersatzkassen* (für Handwerksberufe) und *Angestellten-Ersatzkassen* (für kaufmännische und technische Berufe) gibt. Vor dem Hintergrund der freien Kassenwahl (Wahlrecht) spielen diese Unterschiede allerdings keine Rolle mehr. Noch heute unterscheiden sich die Ersatzkassen in einem wesentlichen Merkmal von den AOK, den IKK und den BKK: In den Verwaltungsräten der Ersatzkassen sitzen nur gewählte Vertreter der Versicherten. Die Verwaltungsräte der anderen Kassenarten sind dagegen je zur Hälfte mit Arbeitgeber- und Arbeitnehmervertretern besetzt. Die (Ersatzkasse) DAK ist die dt. Krankenkasse mit den am weitesten zurückgehenden Wurzeln. Handlungsgehilfen gründeten 1774 in Breslau mit 10.000 Thalern das „Institut für hülfsbedürftige Handlungsdiener“, die älteste Vorläuferkasse der DAK. – 3. *Aktuelle Entwicklungen:* Heute gibt es noch sechs Ersatzkassen, die zusammen mehr als 25 Mio. Versicherte betreuen. Durch kassenartenübergreifende Fusionen sitzen nunmehr auch Arbeitgebervertreter in den Verwaltungsräten einiger Ersatzkassen.

Ersatzkassen – ursprünglich auf bestimmte Berufsgruppen beschränkte → Krankenkassen, wobei die Mitgliedschaft in einer Ersatzkasse zur Befreiung in der ansonsten maßgeblichen Krankenkasse führte. Erstmalige gesetzliche Regelung in der 12. VO zum Aufbau der Sozialversicherung vom 24.12.1935 (RGBl. I 1537). Seit dem Gesundheitsstrukturgesetz vom 21.12.1992 (BGBl. I 2266) wurde das Recht der Ersatzkasse weitgehend dem der sog. *Primärkassen* (Allgemeine Ortskrankenkassen, Betriebskrankenkassen, Innungskrankenkassen), zu denen sie im Wettbewerb stehen, angepasst. Seit 1996 haben alle Versicherte die Wahlmöglichkeit Mitglied einer Ersatzkasse zu werden. Die Bildung neuer Ersatzkasse ist seit 1993 nicht mehr zugelassen. Untereinander können sich Ersatzkasse jedoch vereinigen; damit ist v.a. für kleinere Ersatzkasse die Möglichkeit gegeben, ihre Organisationsstrukturen an die Anforderungen einer wettbewerbsorientierten Krankenversicherung anzupassen. Ersatzkassen sind rechtsfähige Körperschaften des öffentlichen Rechts mit eigener Selbstverwaltung (§ 4 I SGB V); sie haben einen hauptamtlichen Vorstand und einen Verwaltungsrat als Selbstverwaltungsorgan. Bei der Mehrheit der Ersatzkassen handelt es sich um bundesunmittelbare Versicherungsträger, die der Aufsicht des Bundesversicherungsamtes unterstehen. Die bisherigen Bundes- und zugleich Spitzenverbände der Ersatzkassen, der Verband der Angestellten-Krankenkassen (VdAK) und der Verband der Arbeiter-Ersatzkassen (VAEK), die beide ihren Sitz in Siegburg haben, sind zum 1.1.2009 per Gesetz in Gesellschaften bürgerlichen Rechts umgewandelt worden und müssen bis zum 31.12.2012 bestehen bleiben (§ 212 SGB V).

Ersatzprobleme – Problembereich des → Operations Research (OR), der die Probleme der Instandhaltung und Wartung von Maschinen, wie z.B. Produktionsanlagen, umfasst. Die Lösung von Ersatzproblemen erfolgt durch die Festlegung optimaler Inspektionsstrategien und Ersatzzeitpunkte für Maschinen und Maschineneinzelteile.

Ersatzteil – nach DIN 24420 „Einzelteile, Baugruppen oder vollständige Erzeugnisse, die dazu bestimmt sind, beschädigte, verschlissene oder fehlende Einzelteile, Baugruppen oder Erzeugnisse zu ersetzen."

Ersatzteilgeschäft – Im Sachgütergeschäft (Produkte) mit langlebigen → Gebrauchsgütern kann es sowohl im Industriegüter- als auch Konsumgütergeschäft während des Gebrauchs zu Funktionsausfällen durch Abnutzung kommen. Von den Reparaturkosten und dem Neuproduktpreis hängt es ab, ob Ersatzteile und Wartungs- bzw. Reparaturservice auch langfristig angeboten werden. In einigen Branchen ist das Ersatzteilgeschäft lukrativer als das Erstausrüstungsgeschäft (z.B. bei Lkws). Zum Ersatzteilgeschäft gehört auch die Nachkaufgarantie, mit der Konsumgüter- (z.B. Porzellan- oder Küchenhersteller) und Industriegüterhersteller für einen festgelegten Zeitraum (z.B. zehn Jahre ab Kaufdatum) die Weiterbelieferung zusichern.

Ersatzteillogistik – teilweise synonym für *Servicelogistik*. Teilsystem des logistischen Gesamtsystems einer Unternehmung (→ Logistik). Bei der Gestaltung der Ersatzteillogistik ist zu unterscheiden zwischen der Ersatzteillogistik beim Hersteller und der Ersatzteillogistik beim Verwender (Abnehmer). – 1. Ersatzteillogistik *beim Hersteller:* Aufgabe der Ersatzteillogistik beim Hersteller ist es, die Ersatzteilversorgung der Primärproduktverwender unter der Wahrung eines optimalen Verhältnisses von Lieferserviceniveau und Logistikkosten zu gewährleisten. Ziel ist es, durch eine gute Versorgung der Primärproduktverwender diese als Wiederkäufer zu erhalten oder neue Kunden zu gewinnen (Ersatzteillogistik als Marketinginstrument). Zukünftig wird die Ersatzteillogistik auch gezielt zur Gewinnung zusätzlicher Deckungsbeiträge genutzt werden. – 2. Ersatzteillogistik *beim Abnehmer:* Dagegen hat die Ersatzteillogistik beim Abnehmer die Aufgabe der Ersatzteilbeschaffung und deren Einsatz zur Instandhaltung der Betriebsmittel. – Entsprechend den unterschiedlichen Zielsetzungen bei Hersteller und Abnehmer sind die einzelnen Subsysteme der Ersatzteillogistik (Auftragsabwicklung, Lagerhaus, Bestandsmanagement, Verpackung, Transport) unterschiedlich zu gestalten.

Ersatzverkehr – Personen- und/oder Güterbeförderung mit anderen als den für den Verkehrszweig typischen Fahrzeugen. – *Beispiele:* Schienen-Ersatzverkehr mit Omnibussen parallel zu Eisenbahnstrecken; Luftfracht-Ersatzverkehr mit Lastkraftwagen zur Beförderung des Luftfrachtgutes (Trucking).

Ersatzvornahme – Vollstreckungsmittel zur Erzwingung → vertretbarer Handlungen. Ausführung der dem Verpflichteten obliegenden Handlung durch einen Dritten auf Kosten des Verpflichteten. – Im *öffentlichen Recht* kann die Ersatzvornahme von der Behörde oder in deren Auftrag ohne bes. Ermächtigung durchgeführt werden; sie muss aber i.Allg. vorher schriftlich angedroht werden (§§ 10, 13 VwVG).

Ersatzware – 1. *Begriff:* Waren, die nach bes. Bewilligung als Ersatz für unveredelt eingeführte und zur → aktiven Veredelung zollfrei abgefertigte Einfuhrwaren bei der Herstellung der → Veredelungserzeugnisse eingesetzt werden. Im Einzelfall kann die Verwendung von Ersatzware auch im Rahmen der → passiven Veredelung bewilligt werden. Wichtig ist, dass die Ersatzwaren die gleiche Qualität und Beschaffenheit wie die Einfuhrwaren bzw. Waren der übergehenden Ausfuhr haben.

Ersatzwirtschaftsgut – Begriff des Einkommensteuerrechts (§ 6b EStG): → Wirtschaftsgut, das als funktionsgleicher Ersatz für ein aus dem → Betriebsvermögen ausgeschiedenes Wirtschaftsgut hergestellt oder angeschafft wird und auf das unter bestimmten Voraussetzungen die → stillen Rücklagen des ausgeschiedenen Wirtschaftsguts übertragen werden dürfen. – Vgl. auch → Ersatzbeschaffungsrücklage.

Ersatzwirtschaftswert – steuerrechtlicher Begriff: Mit dem Ersatzwirtschaftswert wird in den neuen Bundesländern das → land- und forstwirtschaftliche Vermögen bewertet (§§ 125–128 BewG). Für die Ermittlung des Ersatzwirtschaftswertes sind die Wertverhältnisse maßgebend, die bei der Hauptfeststellung der Einheitswerte des land- und forstwirtschaftlichen Vermögens in der Bundesrepublik Deutschland auf den 1.1.1964 zugrunde gelegt worden sind. Der Sache nach handelt es sich um einen modifizierten → Einheitswert.

Ersatzzeiten – in der gesetzlichen → Rentenversicherung rentenrechtliche Zeiten, die auf die → Wartezeit anzurechnen sind (§ 51 IV SGB VI). Erfasst werden Zeiten vor 1992, in denen ein Versicherter infolge von Kriegsereignissen, Vertreibungs- und Verfolgungsmaßnahmen keine Beiträge zur Rentenversicherung zahlen konnte (§§ 250, 251 SGB VI).

Ersatzzwangshaft – *Erzwingungshaft;* erfolgt auf Antrag der Finanzbehörde, wenn ein festgesetztes Zwangsgeld gegen eine natürliche Person uneinbringlich ist (§ 334 I AO). – Vgl. auch → Zwangsmittel.

Erscheinen – Zeitpunkt, zu dem von einem urheberrechtsschutzfähigen Werk mit Zustimmung des Berechtigten Vervielfältigungsstücke in genügender Anzahl der Öffentlichkeit angeboten oder in Verkehr gebracht werden. Bei Werken der bildenden Kunst genügt, wenn das Werk selbst oder ein Vervielfältigungsstück bleibend der Öffentlichkeit zugänglich ist (§ 6 UrhG). Die Werke deutscher Urheber und Urheber aus den Mitgliedsstaaten der EU und des EWR werden unabhängig davon geschützt, ob und wo sie erschienen sind (§ 120 UrhG). Dagegen ist das Erscheinen in der Bundesrepublik Deutschland Anknüpfungstatbestand für den Urheberrechtsschutz der Werke ausländischer Staatsangehöriger, soweit nicht Schutz nach Staatsverträgen zu gewähren ist (§ 121 UrhG; → Revidierte Berner Übereinkunft (RBÜ), → Rom-Abkommen, → Welt-Urheberrechts-Abkommen, → TRIPS-Abkommen).

Erscheinungsjahr → Impressum.

Erscheinungsort – Begriff des → Presserechts: Ort, von dem aus die Verbreitung einer Druckschrift stattfindet. – *Anders:* Herstellungsort (Ort, an dem die Druckschrift gedruckt wird).

Erschleichen von Leistungen – Die Ausnutzung der Leistung eines Automaten oder eines öffentlichen Zwecken dienenden Telekommunikationsnetzes, der Beförderung durch ein Verkehrsmittel („Schwarzfahren") oder des Zutritts zu einer Veranstaltung oder einer Einrichtung in der Absicht, das Entgelt nicht zu entrichten, ist eine Straftat (§ 265a StGB). – *Strafe:* Freiheitsstrafe bis zu einem Jahr oder Geldstrafe, soweit nicht die Tat nach anderen Vorschriften (z.B. → Betrug) mit schwereren Strafen bedroht ist. Der → Versuch ist strafbar.

Erschließungsbeiträge – nach dem → Baugesetzbuch (BauGB) (§§ 127 ff.) von den Gemeinden zu erhebende → Beiträge zur Deckung ihres anderweitig nicht gedeckten Aufwandes für → Erschließungskosten, bes. für öffentliche Straßen, Wege, Plätze, Parkflächen und Grünanlagen. Die Kosten werden auf die durch diese Anlagen erschlossenen Grundstücke umgelegt. Öffentliche Last, daher keine Eintragung im Grundbuch.

Erschließungskosten – 1. *Begriff:* im Wesentlichen öffentliche Abgaben für die Erstanlage einer Straße, für den Erstanschluss an eine gemeindliche Kanalisation oder Gas- und Stromversorgung. – 2. *Buchung und Bilanzierung:* Solche aus dem öffentlichen Recht geschuldeten Beiträge stellen regelmäßig → Anschaffungsnebenkosten oder → nachträgliche Anschaffungskosten des Grund und Bodens dar, sofern sie ausschließlich grundstücksbezogen sind und als Einzelkosten direkt zugerechnet werden können.

Erschließungsvertrag – Befugnis der Gemeinde, die Erschließung von Bauland (durch Herstellung von öffentlichen Straßen, Wegen etc.) mittels Vertrag auf einen Dritten (i.d.R. den Eigentümer oder Bauträger) zu übertragen (§ 124 I BauGB). Gegenstand des Erschließungsvertrags können nach Bundes- oder Landesrecht beitragsfähige sowie nicht beitragsfähige Erschließungsanlagen in einem bestimmten Erschließungsgebiet in der Gemeinde sein (§ 124 II 1 BauGB). Der Dritte kann sich gegenüber der Gemeinde verpflichten, die Erschließungskosten ganz oder teilweise zu übernehmen (§ 124 II 2 BauGB). In diesem Fall muss die Gemeinde auch den in § 129 I 3 BauGB vorgesehenen Eigenbetrag von 10 Prozent des beitragsfähigen Erschließungsaufwandes nicht entrichten (§ 124 II 3 BauGB). Die vertraglichen Leistungen des Erschließungsvertrags müssen angemessen sein und in sachlichem Zusammenhang mit der Erschließung stehen (§ 124 III 1 BauGB). – Vgl. auch → Erschließungsbeiträge.

erschöpfliche Ressource – Wegen der im relevanten Zeitraum exogene gegebenen Gesamtmenge vermindert eine in der Gegenwart abgebaute Einheit einer erschöpflichen Ressource den künftig verfügbaren Bestand genau um eine Einheit. Daher rivalisieren Gegenwart und Zukunft vollständig um die Ressourcennutzung. Für bestimmte erschöpfliche Ressourcen (z.B. Metalle) kann die Rivalität zwischen gegenwärtiger und zukünftiger Nutzung durch → Recycling abgemildert werden. – *Beispiele:* Traditionelle Energieträger (wie Öl, Kohle oder Erdgas) und mineralische Rohstoffe. – *Gegensatz:* → erneuerbare Ressource. – Vgl. auch → Hotelling-Regel, → Ressourcenökonomik.

Erschöpfung – 1. *Grundsatz:* Erschöpfung bezeichnet den Umstand, dass die von → gewerblichen Schutzrechten und → Urheberrechten dem Rechtsinhaber vorbehaltenen Befugnisse nicht so weit reichen, dass er auf den weiteren Verkehr mit den geschützten Gegenständen Einfluss nehmen könnte, sofern diese von ihm selbst oder von einem mit seiner Zustimmung handelnden Dritten in Verkehr gesetzt worden sind und damit die verliehene Befugnis erschöpft (konsumiert, verbraucht) ist; weitere Erwerber können über den geschützten Gegenstand grundsätzlich frei verfügen, es sei denn, sie nehmen Veränderungen an der Ware vor, die dazu führen, dass der Markeninhaber berechtigte Gründe hat, sich dem Weitervertrieb der Ware zu widersetzen, § 24 II MarkenG. Infolge des → Territorialitätsgrundsatzes tritt Erschöpfung der vom nationalen Recht gewährten Befugnisse nur im nationalen Rahmen ein. Das Markengesetz (→ Marke) sieht in § 24 I vor, dass Erschöpfung lediglich beim Inverkehrbringen im Inland, in den Mitgliedsstaaten der EU und in Vertragsstaaten des Abkommens über den Europäischen Wirtschaftsraum eintritt. Eine entsprechende Regelung sah das nicht in Kraft getretene → Gemeinschaftspatentübereinkommen (GPÜ) in Art. 76 für die Erschöpfung der Rechte aus dem Gemeinschaftspatent vor. Beruft der wegen einer Markenverletzung in Anspruch Genommene sich darauf, die mit der Marke gekennzeichnete Ware sei bereits mit Zustimmung des Markeninhabers in den Verkehr gebracht worden, so ist er im Prozess für diesen Erschöpfungseinwand darlegungs- und beweispflichtig; d.h. er muss in der Lage sein, die Lieferkette bis zum Markeninhaber oder seinem Lizenznehmer nachzuweisen. – 2. *Gemeinschaftsweite Erschöpfung:* Der Grundsatz der Erschöpfung hat durch die Rechtsprechung des Europäischen Gerichtshofs (EuGH) eine Ausweitung in den Fällen erfahren, in denen im Inland geschützte Gegenstände aus einem Mitgliedsstaat der EU ins Schutzland importiert werden. – 3. *Verhaltenspflichten bei Parallelimporten von Markenware:* Wird Markenware vom Markeninhaber oder einem mit seiner Zustimmung handelnden Dritten im Europäischen Wirtschaftsraum in Verkehr gesetzt, dann erschöpft sich das Markenrecht zwar, sodass Dritte gemeinschaftsweit mit der Ware handeln können; erfordert derartiger Parallelhandel aber Eingriffe in die Ware oder Verpackung, um sie wie im Fall von Fertigarzneimitteln auf handelbare Packungsgrößen umzustellen, so ergreift der Grundsatz der Erschöpfung die durch den Importeur veränderten Einheiten nur, wenn die folgenden Verhaltenspflichten beachtet werden: (1) Auf der neuen Verpackung muss klar und lesbar angegeben werden, von wem die Ware hergestellt und von wem sie umgepackt worden ist; (2) mit dem Eingriff in die Einheit von Verpackung und Ware oder mit der neuen Umverpackung darf keine Rufschädigung der Marke verbunden sein; (3) der in die markierte Ware eingreifende Parallelimporteur muss den Markeninhaber vor der Aufnahme des Parallelvertriebs über den Eingriff unterrichten und ihm auf Verlangen ein Muster der umgepackten Ware liefern; (4) es muss ausgeschlossen sein, dass sich mit dem Eingriff das Risiko einer Beeinträchtigung der Ware verbindet. Wird auch nur eines dieser Kriterien verletzt, z.B. die Information des Markeninhabers über den Eingriff unterlassen, dann greift der Grundsatz der Erschöpfung nicht ein und es liegt eine Schutzrechtsverletzung vor.

Erschwerniszulage – zusätzlicher Lohn bei bes. schwerer Arbeit. – 1. *Arbeitsrecht:* → Zulage, durch die bes. Belastungen des Arbeitnehmers entgolten werden sollen, sofern sie nicht bereits bei der Entgeltfestsetzung Berücksichtigung fanden, z.B. für Schmutz, Säure, Gase, Nässe, Lärm, Gefahr. Ein Anspruch besteht nur dann, wenn eine Erschwerniszulage tarifvertraglich, durch Betriebsvereinbarung oder einzelvertraglich vereinbart ist. Die Erschwerniszulagen gehören zum → Arbeitsentgelt. – 2. *Verwaltungsrecht:* Zulage für Empfänger von Dienst- und Anwärterbezügen zur Abgeltung bes. bei der Bewertung des Amtes oder bei der Regelung der Anwärterbezüge nicht berücksichtigter Erschwernisse nach der VO über die Gewährung von Erschwerniszulagen i.d.F. vom 3.12.1998 (BGBl. I 3497) m.spät.Änd.

Ersitzung – Rechtsgrund für Eigentumserwerb. – 1. Wer eine *bewegliche Sache* zehn Jahre im Eigenbesitz hat (→ Eigenbesitzer), erwirbt durch Ersitzung → Eigentum (§§ 937 ff. BGB). Keine Ersitzung bei Bösgläubigkeit. – 2. Wer, ohne Eigentümer zu sein, 30 Jahre lang als Eigentümer eines *Grundstücks* im Grundbuch eingetragen ist und in dieser Zeit das Grundstück in Eigenbesitz gehabt hat, erwirbt Eigentum (§ 900 BGB).

Ersparnislücke – 1. *Begriff und Merkmale:* Begriff aus der → Entwicklungspolitik. → Entwicklungsländer sind nicht in der Lage, die erforderlichen Ersparnisse zur Finanzierung notwendiger Investitionen zu generieren. – 2. Ökonomische Bedeutung: Gerade Gunnar Myrdal hat mit seiner Theorie der Teufelskreise darauf hingewiesen, dass eine zu geringe Kapitalintensitität und ein zu hohes Wachstum der Bevölkerung zu dem niedrigen Pro-Kopf-Einkommen der Entwicklungsländer führen. Unzureichendes Einkommen wiederum führt zu einer zu geringen (wenn nicht negativen) Ersparnis, sodass ohne ausländische Direktinvestitionen oder Entwicklungshilfe kein Entwicklungsprozess möglich ist. – Vgl. auch → Stufentheorien.

Ersparnisprämie – Art des → Prämienlohns, gewährt für wirtschaftlichen Einsatz und Verbrauch von Werkstoffen, Material, Hilfsstoffen und Energie. Häufig bezogen auf die bewerteten prozentualen Verbrauchsabweichungen (→ Abweichungen). Wegen der Interdependenz von Leistungsgrad und Ersparnis ist häufig eine Kombination der Ersparnisprämie mit der → Mengenleistungsprämie sinnvoll.

Erstattung – I. Verwaltungsrecht: Schadensersatzanspruch der Behörde gegen einen Bediensteten der öffentlichen Verwaltung, z.B. bei Fehlbeträgen in öffentlichen Kassen oder Fehlbeständen in öffentlichen Lagern oder Depots gegen die verantwortlichen Personen.

II. Steuerrecht: → Steuererstattungsanspruch, → Steuervergütungsanspruch.

III. Außenwirtschaftsrecht: → Ausfuhrerstattung.

IV. Zollrecht: Erstattung = Rückzahlung der Gesamtheit oder eines Teils von entrichteten Eingangs- oder Ausfuhrabgaben, Art. 235 ZK.

V. Sozialrecht: Erstattung von Beiträgen in der Sozialversicherung (→ Beitragserstattung).

Erstattungsanspruch → Steuererstattungsanspruch, → Steuervergütungsanspruch.

Erstattungsanspruch des Sozialleistungsträgers – 1. *Gegen einen anderen Sozialleistungsträger:* Richtet sich nach den §§ 102 ff. SGB X. – 2. *Gegenüber dem Leistungsempfänger* nach Maßgabe der jeweiligen Leistungsgesetze i.V. mit den §§ 44 ff. SGB X. – 3. *Gegen einen Dritten:* Richtet sich nach § 115 SGB X (gegen den Arbeitgeber) und § 116 SGB X (gegen Schadensersatzpflichtige).

Erstattungsverfahren – Verfahren, mit dem Steuerausländer eine in Deutschland einbehaltene Steuer zurückerhalten können, wenn ein → Doppelbesteuerungsabkommen (DBA) (oder eine andere Rechtsgrundlage) für ihren Fall eine geringere Belastung vorsieht: (1) *Allg. Erstattungsverfahren:* Generell ist vorgesehen, dass → Quellensteuern für Zahlungen an einen Steuerausländer trotz eines Doppelbesteuerungsabkommens in voller Höhe einzubehalten sind; die einbehaltene Steuer wird dann auf Antrag des betroffenen Steuerausländers vom Bundesamt für Finanzen erstattet (§ 50d EStG), wenn dieser aufgrund eines Doppelbesteuerungsabkommens, der Mutter-Tochter-Richtlinie, der EG-Richtlinie über Zinsen und Lizenzgebühren im Konzern oder einer anderen gesetzlichen Anspruchsgrundlage nur mit einer geringeren Quellensteuer belastet werden dürfte (§ 50d I EStG). Das Erstattungsverfahren kann (nur) vermieden werden, wenn der betreffende Steuerausländer seinem Geschäftspartner vor der Zahlung eine amtliche Freistellungsbescheinigung des Bundesamts für Finanzen vorlegt, die diesen ermächtigt, von der Quellensteuererhebung ganz oder teilweise abzusehen. Diese Regelung hat den Hintergrund, dass die Betroffenen selbst angesichts der Kompliziertheit des internationalen Steuerrechts, gerade auch in Hinblick auf die Prüfung missbräuchlicher Gestaltungen, das Bestehen eines Erstattungsanspruchs nicht hinreichend sicher beurteilen könnten. – (2) Ein *spezielles Erstattungsverfahren für beschränkt steuerpflichtige Künstler,* das auch ohne Bestehen eines Doppelbesteuerungsabkommens galt und eine Absenkung der Quellensteuer auf maximal 50 Prozent des Gewinns aus dem Auftritt/der Tournee vorsah, ist mit der Reform der beschränkten Steuerpflicht ab 2009 wieder entfallen. – (3) *Missbrauchsbekämpfung*: Das Erstattungsverfahren ist v.a. deshalb verfahrensrechtlich vorgeschrieben, weil die Finanzverwaltung sich vorbehalten will, zu prüfen, ob der Steuerpflichtige sich möglicherweise die Erstattungsberechtigung nach einem Doppelbesteuerungsabkommen nur durch einen Gestaltungsmissbrauch oder ähnliche, aus fiskalischer Sicht nicht anzuerkennende Vorgehensweisen erschlichen hat. Daher finden sich sowohl in § 50d EStG selbst (v.a. in § 50d III EStG) als auch gelegentlich in Doppelbesteuerungsabkommen Regelungen, wonach die Erstattung in bestimmten Fällen verweigert werden soll. – (4) *Andere Fälle:* Sind einem beschränkt Steuerpflichtigen im Abzugswege Steuern einbehalten worden, auf deren Erstattung er einen Anspruch hat, die aber ausnahmsweise nicht zu den in § 50d EStG aufgezählten Fällen gehören, ist der Erstattungsanspruch gemäß § 37 AO an die Finanzbehörde zu richten.

Erstattungszinsen → Vollverzinsung.

Erstausrüster – Anbieter eines Produktes (z.B. Reifenhersteller), der seine Produkte an einen Montagebetrieb (z.B. Pkw-Hersteller) liefert. Im → Ersatzteilgeschäft können als Wettbewerb weitere Anbieter (Reifenhersteller) hinzutreten. Weil das Ersatzteilgeschäft häufig lukrativ ist, ist der Erstausrüster gegenüber dem Montagebetrieb zu Preiszugeständnissen bereit. Dem liegt die Erwartung zugrunde, dass der Kunde beim Ersatzteilverkauf ein markentreues Verhalten zeigt und der Anbieter dadurch höhere Preise erzielen kann. – Vgl. auch → Original Equipment Manufacturer (OEM).

Erstbegehungsgefahr – liegt vor, wenn eine rechtswidrige Verletzungshandlung (z.B. unerlaubte Handlung wie Wettbewerbsverstoß, Verletzung gewerblicher Schutzrechte oder Urheberrechte) ernstlich droht, z.B. infolge Handlungen zur Vorbereitung einer Schutzrechtsverletzung oder der Berühmung, zu der fraglichen Handlung berechtigt zu sein. Erstbegehungsgefahr löst bereits den Unterlassungsanspruch aus und kann im Regelfall im Unterschied zur → Wiederholungsgefahr durch eine → Unterlassungserklärung ohne Vertragsstrafeversprechen ausgeräumt werden. Erstbegehungsgefahr kann auch vorliegen, wenn ein Unterlassungsanspruch verjährt ist und der sich auf Verjährung berufende Verletzer die Verletzungshandlung verteidigt, ohne eindeutig klarzustellen, die von ihm als rechtmäßig verteidigte Handlung tatsächlich nicht mehr vornehmen zu wollen.

Ersteher – im Zwangsversteigerungsverfahren der Bieter, der das → letzte Gebot abgibt und dem der → Zuschlag erteilt wird. Der Ersteher erwirbt das zur Versteigerung gelangende Grundstück oder Schiff als Eigentümer. – Vgl. auch Finanzierung des Erstehers.

Erstkauf → Kaufklassen.

Erstkäufer – Nachfrager, die entweder ein neues Produkt in der ersten Vermarktungsperiode kaufen (→ Innovatoren) oder aber ein Produkt bei bereits bestehender Marktpräsenz erstmals kaufen.

Erstprämie – *Erstbeitrag;* → Prämie, deren Zahlung, sofern nicht vorläufige Deckungszusage erteilt oder → Rückwärtsversicherung vereinbart ist, erst den Versicherungsschutz in Kraft setzt (materieller Versicherungsbeginn). – Wird die Erstprämie nicht rechtzeitig gezahlt, so ist der Versicherer nach § 37 VVG bei Eintritt eines → Versicherungsfalls von der Leistungspflicht frei und berechtigt, vom Vertrag zurückzutreten. – Vgl. auch → Folgeprämie.

Erstrisikoversicherung – Versicherungsform in der Schadenversicherung. → Versicherung des „ersten Risikos", d.h. des Risikos bis zu einer bestimmten Schadenhöhe. Bei der Erstrisikoversicherung wird die Versicherungsleistung also durch einen bestimmten Betrag (→ Versicherungssumme) begrenzt. Anwendung findet die Erstrisikoversicherung z.B. in der → Haftpflichtversicherung, der → Kfz-Haftpflichtversicherung und der → Rechtsschutzversicherung. Der Versicherer verzichtet auch auf die Anrechnung einer → Unterversicherung bis zu einer vereinbarten Schadenhöhe oder rechnet überhaupt keine Unterversicherung an. – Alternativen: Unbegrenzte Interessenversicherung, → Vollwertversicherung, Bruchteilversicherung. – Anders: Summenversicherung.

Erstversicherer – 1. *Begriff:* Der Erstversicherer schließt ein Versicherungsgeschäft („direktes Geschäft") mit einem Endkunden (natürliche oder juristische Person) ab. – 2. *Merkmale:* Gegenstand der Versicherung ist die Übernahme von Risiken gegen Prämie. Der Erstversicherer kann sein resultierendes versicherungstechnisches Risiko bei einem weiteren Versicherer (Rückversicherer) in Rückdeckung geben (Zedent, Zession, Zessionär).

Ertrag – I. Betriebswirtschaftslehre: die von einer Unternehmung einer Periode wegen der Erstellung von Gütern oder Dienstleistungen zugerechneten → Einnahmen. – *Gegensatz:* → Aufwendungen. – 1. In der → Gewinn- und Verlustrechnung (GuV) wird zwischen Ertrag des Ergebnisses der gewöhnlichen Geschäftstätigkeit und → außerordentlichem Ertrag differenziert. – 2. Für Zwecke der *Kostenrechnung* sind zu unterscheiden: a) → Betriebsbedingter Ertrag oder → Leistungen (Gegensatz zu → Kosten;

enge Übereinstimmung mit → Erlösen): Er entsteht in Erfüllung des eigentlichen Betriebszwecks. Es gilt: Betriebsertrag = Umsatzerlöse ± Lagerbestandsveränderungen. - b) → Neutraler Ertrag: Er fließt der Unternehmung aufgrund betriebsfremder und außerordentlicher Geschäftsvorfälle zu (Buchgewinne bei Veräußerung von Anlagegegenständen, Steuerrückerstattungen, Währungsgewinnen etc.). - 3. In der *kurzfristigen Erfolgsrechnung* ist nur der Betriebsertrag zu übernehmen; alle anderen Erträge sind als neutrale Erträge auszugrenzen.

II. Volkswirtschaftslehre: Gütermenge, die mit einem gegebenen Aufwand an → Produktionsfaktoren in der Zeiteinheit hergestellt wird. Der Ertrag pro Aufwandseinheit heißt → Durchschnittsertrag, der Ertragszuwachs bei Vermehrung des Aufwands um eine unendlich kleine (infinitesimale) Einheit heißt → Grenzertrag. - Bei Multiplikation der physischen Produkte mit dem Preis der erstellten Produkte erhält man das Wertprodukt (Durchschnittswertprodukt und Wertgrenzprodukt). Bei vollständiger Konkurrenz entspricht das Wertgrenzprodukt dem → Faktorpreis.

Erträglichkeit - arbeitswissenschaftlich anerkanntes Kriterium für menschengerechte Arbeitsgestaltung nach Rohmert. Eine Arbeit wird dann als erträglich bezeichnet, wenn die Leistungsgrenzen der arbeitenden Menschen - auch unter dem Aspekt der langfristigen Belastungsdauer - nicht überschritten werden. Die Gesundheit der Arbeitsperson muss unversehrt bleiben.

Ertragsausfallversicherung - 1. *Begriff:* Sammelbegriff für diejenigen Versicherungsarten der → Schadenversicherung, die die wegfallenden Erlösströme infolge versicherter Ereignisfolgen zum Gegenstand des Versicherungsschutzes haben. - 2. *Merkmale:* Unter dem Begriff Ertragsausfallversicherung können spartenübergreifend die Versicherungsarten subsumiert werden, deren versichertes Interesse sich an der Erlöskraft bzw. dem Nutzungspotential nicht nur von Sachen, sondern im Einzelfall auch von Personen bemisst. - 3. *Arten:* Die Ertragsausfallversicherung kommt insbesondere mit den Formen der → Betriebsunterbrechungsversicherung zum Ausdruck. Andere Ertragsausfallversicherungen sind bspw. die Veranstaltungsausfallversicherung (Entertainmentversicherung) und die Filmausfallversicherung. - 4. *Terminologie:* Der Begriff „Ertragsausfallversicherung“ dient nicht mehr nur einer ganzheitlichen spartenübergreifenden Bezeichnung, sondern ersetzt zunehmend auch die speziellen Bezeichnungen der verschiedenen Erscheinungsformen der Betriebsunterbrechungsversicherung.

Ertragsbesteuerung - I. Begriff/Abgrenzung: 1. *Grundlegende Besteuerungsweise*, die an fließenden Erträgen aus Objekten (Grundstücken, Gebäuden, Gewerbebetrieben) ansetzt. Die Ertragsbesteuerung ist eine „objektive“ Besteuerung, die die persönlichen Lebensverhältnisse des Steuerpflichtigen nicht berücksichtigen darf. → Ertragsteuern in finanzwissenschaftlicher Sicht sind daher nicht zur Erfassung der persönlichen Leistungsfähigkeit, sondern der unpersönlichen „Ertragsfähigkeit“ von Steuerobjekten geeignet. - Vgl. auch → Realsteuern. - *Gegensatz:* → Einkommensbesteuerung. - 2. *„Gewinnsteuern“* sind nicht gleichzusetzen mit Ertragsteuern, da der → Gewinn die schmalere Bemessungsgrundlage (Ertrag minus Aufwand bzw. Kosten) gegenüber dem Ertrag darstellt. Gewinnsteuern sind immer auch Ertragsteuern, nicht jedoch umgekehrt. - Neben der Gewerbeertrag- und Körperschaftsteuer wird auch die Einkommensteuer insoweit als Gewinnsteuer bezeichnet, wie sie die Gewinneinkunftsarten erfasst (→ Einkünfte). - 3. Der Begriff *„Objektsteuer“* beschreibt den Vorgang der Ertragsbesteuerung insofern nicht voll, als es sich bei den Objektsteuern um die engere Bezeichnung für → Realsteuern handelt, mithin die Körperschaftsteuer nicht einschließt, die aber nach finanzwissenschaftlichem Verständnis eine Steuer auf Gewinn (Teil des Ertrags) des Unternehmens ist. - Auch die Bezeichnung → Personensteuer weist eine Unschärfe auf, weil zu ihr auch die Steuern der Gewerbebetriebe in der Rechtsform juristischer Personen gezählt werden, Ertragsteuern also, die mit der die Leistungsfähigkeit der natürlichen Personen besteuernden Einkommen- und Vermögensteuer nicht in Zusammenhang gebracht werden sollten.

II. Formen: 1. *Merkmalsbesteuerung:* Die Steuern setzen an äußerlichen Merkmalen des Steuertatbestandes an, z.B. Zahl der Arbeitskräfte (nicht Lohnsumme), m^2 Grundfläche, m^3 umbauten Raumes, Zahl der Maschinen. Das Vorhandensein dieser Merkmale lässt auf das Entstehen von Erträgen schließen. Daher ist jede Merkmalsbesteuerung zugleich eine Soll-Ertragsbesteuerung. Das bundesdeutsche Steuersystem kennt derzeit keine Merkmalsteuern. - 2. *Ertragsbesteuerung i.e.S.*, d.h. in der Form der Roh- oder Reinertragsteuer: Es werden tatsächlich erzielte Erträge besteuert. Auch diese Steuern wirken je nach technischer Ausgestaltung wie Sollertragsteuern. - Im bundesdeutschen Steuersystem (mit teilweisem Sollertragscharakter): Gewerbe-, Vermögen-, Kapitalertragsteuer sowie in finanzwissenschaftlicher Sicht Körperschaftsteuer auf thesaurierte Gewinne. - 3. *Wert-* oder *Kapitalwertbesteuerung:* Die Bemessungsgrundlage ist der kapitalisierte Ertrag (Kapitalisierung) oder der Verkehrswert. Die bundesdeutsche Grundsteuer für landwirtschaftlich genutzte Grundstücke und die Grundsteuer für Wohnzwecken dienende Grundstücke wird nach dem Ertragswert berechnet; die Steuer für bebaute Grundstücke der gewerblichen Nutzung wird nach dem gemeinen Wert, einem Verkehrswert, bemessen.

III. Steuersystematik/Beurteilung: 1. Die *Vorteile* der Ertragsbesteuerung liegen in der steuerlichen Schonung der Privatsphäre der Steuerpflichtigen, was zudem Verwaltungsaufwand vermindert. - 2. Der systematische Vorteil wird aber nur spürbar, wenn *keine Lücken* in der Besteuerung der ertragbringenden Objekte und Wertschöpfungsfaktoren bestehen, also Arbeit, Boden und Kapital gleichermaßen besteuert werden. – 3. Im *bundesdeutschen Steuersystem* wird derzeit neben den genannten Ertragsteuern keine Arbeitsertragsteuer erhoben, nachdem die Lohnsummensteuer abgeschafft wurde. – 4. Eine Ertragsbesteuerung neben der Einkommensbesteuerung durchzuführen, wie im bundesdeutschen Steuersystem praktiziert, nennt man den steuerlichen *Dualismus*; dieser wird kritisiert, weil das Ertragsteuersystem als veraltet gilt und weil der Dualismus zur → Steueraushöhlung führt. Soweit man aber an der Ertragsbesteuerung festhält, gilt eine Ergänzung des Systems durch die → Einkommensbesteuerung als unumgänglich zur Verfolgung des Ziels, die persönliche Leistungsfähigkeit zu erfassen. – 5. Die Ertragsbesteuerung ist durch eine *Ungleichbehandlung der Objekte* gekennzeichnet: Gewerbliche und landwirtschaftliche Betriebe werden bei gleichen Erträgen ungleich besteuert; Vermögensarten werden ungleich belastet. – 6. Von theoretischer Bedeutung ist die Kritik, dass Einzel-Ertragsteuern keine isolierten Faktorerträge erfassen können, weil das *Zurechnungsproblem* bei Faktoren nicht zu lösen ist.

Ertragsbeteiligung – Form der → Erfolgsbeteiligung. Grundlage der Ertragsbeteiligung ist der buchhalterisch ermittelte → Ertrag einer Rechnungsperiode. Bei der Ertragsbeteiligung wirken sich somit neben den Leistungseinflüssen auch die Einflüsse des Marktes aus.

Ertragsbilanz → Erfolgsbilanz.

Ertragsfähigkeit – Grundlage der Bodenbewertung (→ Bodenbonitierung) hinsichtlich der durchschnittlichen mittleren Hektarerträge von Bodenarten nach Klassen und → Einheitswerten. Als „Nahrungsmittelgrundlage" ein wesentliches Datum für die Berechnung der optimalen → Bevölkerungsdichte.

Ertragsgebirge – dreidimensionale Darstellung des → Ertragsgesetzes, die die Abhängigkeit der Ausbringungsmenge von unterschiedlichen Einsatzmengen zweier variabler → Produktionsfaktoren aufzeigt. Durch verschiedene Schnitte durch das Ertragsgebirge lassen sich unterschiedliche Aspekte der → Produktionsfunktion veranschaulichen.

Ertragsgesetz – *Gesetz vom abnehmenden* → Grenzertrag; bezeichnet einen produktionstechnischen Sachverhalt, der bei → partieller Faktorvariation auftritt. Es wurde ursprünglich für landwirtschaftliche Produktionsprozesse formuliert (A.R.J. Turgot: Bodenertragsgesetz). Dabei wird Boden als fixer, bes. die Arbeitsleistung als variabler Faktor betrachtet. Vorausgesetzt wird eine → Produktionsfunktion mit begrenzt → substitutionalen Produktionsfaktoren; vgl. Abbildung „Ertragsgesetz". Der Gesamtertrag nimmt bei Gültigkeit des Ertragsgesetzes bei Erhöhung des Arbeitseinsatzes zunächst überproportional und danach unterproportional zu (positive, aber abnehmende → Grenzerträge); schließlich geht der absolute Ertrag zurück. Der Boden ist zunächst Überschussfaktor, dessen Aufnahmekapazität für Arbeitsleistungen mit ständig steigendem Arbeitseinsatz sich irgendwann gleichsam erschöpft. Dieser Zusammenhang spiegelt sich im Verlauf des Grenz- und des Durchschnittsertrages wider: Der Grenzertrag nimmt zunächst zu, erreicht ein Maximum (bei A_0) und nimmt schließlich ab. Gleiches gilt für den Durchschnittsertrag, der sein Maximum dann erreicht, wenn sich beide Kurven schneiden. Das Ertragsgesetz der neoklassischen Produktionstheorie unterstellt von Anfang an positive und abnehmende → Grenzerträge (→ neoklassische Produktionsfunktion).

Ertragsgesetz

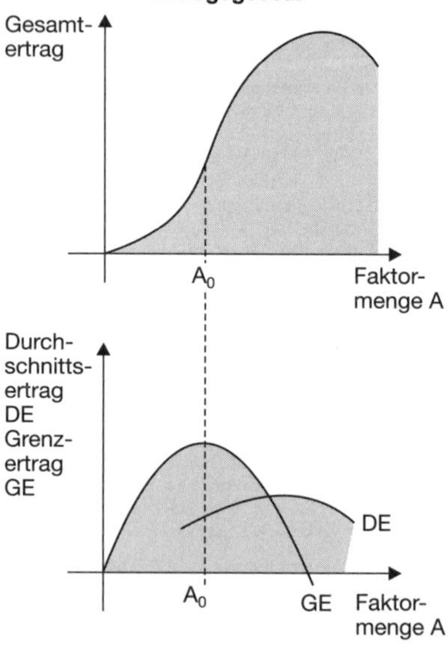

Ertragshoheit → Steuerertragshoheit.

Ertragshundertsatz – steuerrechtlicher Begriff im Zusammenhang mit der Bewertung nicht notierter Aktien und Anteile (→ Stuttgarter Verfahren).

Ertragspotenzial – in der → Agrargeografie partielles → Naturraumpotenzial, welches das Vermögen eines Naturraumes beschreibt, organische Substanzen hervorzubringen und die Bedingungen für die Erzeugung organischer Substanzen wiederherzustellen. Das Ertragspotenzial ist v.a. klima- und bodenabhängig.

Ertragsrate – durchschnittlicher Einnahmenüberschuss, ausgedrückt in Prozent der Investitionssumme. Gewünschte Ertragsrate gleich → Cutoff Rate.

Ertragsrechnung – 1. Synonym für → Erfolgsrechnung. – 2. Zuweilen auch synonym für → Leistungserfassung verwandt.

Ertragsteuern – I. Betriebswirtschaftslehre: → Steuern, deren Steuerbemessungsgrundlage an das wirtschaftliche Ergebnis (→ Ertrag, → Gewinn) anknüpft, womit der Fiskus durch die Steuer am ökonomischen Erfolg des Steuerpflichtigen partizipiert; im Einzelnen: → Einkommensteuer (neben → Kirchensteuer und → Solidaritätszuschlag), → Körperschaftsteuer und Gewerbeertragsteuer (→ Gewerbesteuer).

II. Finanzwissenschaft: Objektsteuern (→ Realsteuern), die an die Erträge bes. der volkswirtschaftlichen Produktionsfaktoren Boden und Kapital anknüpfen, ohne Rücksicht darauf, wem der Ertrag im Einzelnen zufließt: Grundsteuer, Gewerbesteuer, Kapitalertragsteuer und in gewisser Weise auch die Vermögensteuer, soweit sie aus Vermögenserträgen getragen wird. In der Finanzwissenschaft gelten Ertragsteuern als für ein modernes → Steuersystem unpassend, da ihre fiskalische Ergiebigkeit begrenzt ist und die subjektive Leistungsfähigkeit (→ Leistungsfähigkeitsprinzip) des Steuerpflichtigen nicht berücksichtigt wird. – Vgl. auch → Ertragsbesteuerung. – *Anders:* → Substanzsteuern, → Verkehrsteuern, → Verbrauchsteuern.

III. Steuerrecht: üblicherweise der Oberbegriff für → Einkommensteuer, → Körperschaftsteuer, → Gewerbesteuer und die daran anknüpfenden Annexsteuern (→ Solidaritätszuschlag, → Kirchensteuer).

Ertragswert – I. Unternehmungsbewertung: 1. *Begriff:* → Barwert bzw. → Kapitalwert zukünftiger Zahlungsüberschüsse aus einem Investitionsobjekt Unternehmung (entsprechend auch als *Zukunftserfolgswert* bezeichnet), über die der Eigentümer verfügen kann. – 2. *Ermittlung:*Die Barwertberechnung verlangt einen Zinsfuß i; ist dieser periodenunabhängig und sicher und sind die Zahlungsüberschüsse C_t. periodenabhängig sowie sicher, so folgt:

$$C_0 = \sum_{t=1}^{T} C_t/(1+i)^t.$$

Für unendlich lange anfallende Zahlungsüberschüsse in derselben Höhe geht die Formel über in die *Rentenformel:*

$$C_0 = \frac{C}{i},$$

für unendlich lange mit der konstanten Wachstumsrate w steigende Zahlungsüberschüsse:

$$C = \frac{C_1}{(i-w)}$$

mit i > w und C_1als Zahlungsüberschuss der ersten Periode. – Da zukünftige Zahlungsüberschüsse nicht sicher und Wahrscheinlichkeitsverteilungen un-handlich sind, erfolgt eine *Reduktion der Wahrscheinlichkeitsverteilungen auf* → Erwartungswerte, diskontiert mit einem risikoangepassten Zinsfuß (landesüblichen Zinsfuß zzgl. Risikoprämie), oder eine Verdichtung der Wahrscheinlichkeitsverteilungen auf Sicherheitsäquivalente, diskontiert mit dem (quasi-sicheren) landesüblichen Zinsfuß (→ Unternehmungsbewertung).

II. Steuerrecht: 1. Bewertung von Grundstücken bei der Grundsteuer: Durch Anwendung des vereinfachten Reinertragsverfahrens ermittelter Wert eines bebauten → Grundstücks für Zwecke der Einheitsbewertung (§§ 78–82 BewG); → Einheitswert. – a) Anwendungsbereich: Mit dem Ertragswert sind i.d.R. zu bewerten → Mietwohngrundstücke, → Geschäftsgrundstücke, → gemischtgenutzte Grundstücke, → Einfamilienhäuser und → Zweifamilienhäuser. Dieser Einheitswert gilt nur noch bei der Grundsteuer. – b) Wertermittlung: Der Grundstückswert (→ Grund und Boden, → Gebäudewert und der Wert der → Außenanlagen; → Grundstücksbewertung) ergibt sich aus gesetzlich festgelegten Vervielfältiger mal → Jahresrohmiete. Für die Bestimmung der Jahresrohmiete ist von den Wertverhältnissen zum 1.1.1964 auszugehen. – Ermäßigungen und Erhöhungen bis zu 30 Prozent bei außergewöhnlicher Grundsteuerbelastung und/oder wertmindernden oder -erhöhenden (wie ungewöhnlich starke Beeinträchtigungen durch Lärm, Rauch oder Gerüche, behebbare Baumängel und Bauschäden oder die Notwendigkeit baldigen Abbruchs) Umständen möglich. – Beim Wirtschaftsteil eines land- und forstwirtschaftlichen Betriebs ist der Ertragswert der Nutzungen oder Nutzungsteile das 18-fache des Reinertrages; er wird durch vergleichendes Verfahren (→ Vergleichswert, → Vergleichszahl, → Bewertungsstützpunkte) festgestellt (§§ 36 ff. BewG). – Vgl. auch → Abschlag, → Einheitswerte. – 2. Bis zum Inkrafttreten des Erbschaftsteuerreformgesetzes geltendes pauschalierendes Ertragswertverfahren bei der Bewertung bebauter Grundstücke für Zwecke der Schenkung- und → Erbschaftsteuer (§§ 146 ff. BewG): Vom 12,5-fachen der aktuellen (seit 1.1.2007, davor war die durchsschnittliche Jahresnettokaltmiete der letzten drei Jahre zugrunde zu legen) Nettokaltmiete (§ 146 II BewG) wird als Alterungsabschlag pro Jahr 0,5 Prozent (maximal 25 Prozent) abgezogen (§ 146 IV BewG) (dieser soll zukünftig nicht mehr gewährt werden) – bei Ein- und Zweifamilienhäusern erfolgt ein Zuschlag von 20 Prozent auf den so ermittelten Wert (§ 146 V BewG). Als Mindestwert ist der Wert anzusetzen, der 80 Prozent des Bodenrichtwertes des Grundstücks entspricht (§ 146 VI i.V. mit § 145 III BewG). Mit der Reform der Erbschaft- und Schenkungsteuer, die zum 1.1.2009 in Kraft getreten ist, beabsichtigte der Gesetzgeber u.a. die Umsetzung der Bewertungsmethoden von Immobilien annäherungweise an den gemeinen Wert (§ 177 BewG). Hierfür stützt sich das neue Bewertungsrecht auf typisierende Bewertungsmethoden wie den Ertragswert. So erfolgt die neue Bewertung von Mietwohngrundstücken, von Geschäftsgrundstücken und gemischt genutzten Grundstücken, für die sich eine vergleichsübliche Miete ermitteln lässt, nach dem Ertragswertverfahren. Dabei ermittelt sich der Gebäudewert aus dem Rohertrag nach Abzug der Bewirtschaftungskosten (= Reinertrag) und der Bodenwertverzinsung der Gebäudereinertrag. Unter Berücksichtigung eines Vervielfältigers, der sich aus dem Liegenschaftszinssatz und der Restnutzungsdauer ergibt, wird der Gebäudeertragswert berechnet. Zur Ermittlung des Grundbesitzwertes wird ebenso Ertragswert zugrunde gelegt. Der Gesamtwert setzt sich aus dem Ertragswert und dem Bodenwert zusammen (§ 185 BewG ff.).

Ertragswertabschreibung – Differenz der → Ertragswerte von zwei aufeinander folgenden Perioden. Sie entspricht den Zinsen auf den Ertragswert der Vorperiode.

Ertragswertverfahren → Ertragswert, → Unternehmungsbewertung.

Erwartung – 1. *Begriff/Einordnung:* Da bei zukunftsbezogenen Entscheidungen meist viele für die Entscheidungsfindung wichtige Größen unbekannt bzw. unsicher sind, können nur Erwartungen über die unbekannten Größen herangezogen werden. Nach Knight sind zwei grundsätzlich verschiedene *Entscheidungssituationen* zu unterscheiden: (1) solche, in denen zumindest subjektive Wahrscheinlichkeiten vorliegen *(Risiko, messbare Unsicherheit)*, und (2) solche, in denen dies nicht der Fall ist *(echte Unsicherheit)*, weil die Informationsbasis zu schmal ist. – 2. *Erwartungshypothesen:* a) *Autoregressive Erwartungen:* Die Erwartungen werden bez. einer bestimmten Variablen allein aus den Vergangenheitswerten dieser Variablen abgeleitet. – Bekannteste Hypothese dieser Klasse ist die *adaptive Erwartungsbildung.* Sie beschreibt einen Lernprozess, bei dem der Erwartungswert der Vorperiode $E(p_t - 1)$ um einen Teil (α) des Erwartungsirrtums der Vorperiode $p_t - 1 - E(p_t - 1)$ korrigiert wird. Der so korrigierte Wert beschreibt die Erwartung für die laufende Periode:

$$E(p_t) = E(p_{t-1}) + \alpha\ [p_{t-1} - E(p_{t-1})]$$

bzw. (nach Transformation)

$$E(p_t) = \alpha \sum_{i=1}^{\infty} (1-\alpha)^{i-1} p_{t-i}.$$

Die Gewichte $\alpha(1-\alpha)^{i-1}$ mit $0 < \alpha < 1$ folgen einer abnehmenden geometrischen Reihe. Im Sonderfall $\alpha = 1$ liegen statische Erwartungen als Spezialfall autoregressiver und adaptiver Erwartungen vor. – Kennzeichen autoregressiver Ansätze ist, dass ausschließlich die vorangegangenen Realisationen der zu prognostizierenden Variablen für die Erwartungsbildung herangezogen werden. – b) *Rationale Erwartungen:* Diese gehen auf J.F. Muth (1961) zurück. Das ökonomische Optimierungskalkül wird auf die Erwartungsbildung übertragen. Formal basiert dieser Ansatz auf dem wahrscheinlichkeitstheoretischen Konzept bedingter Erwartungen. p_t sei eine Zufallsvariable, die eine ökonomische Größe beschreibt (z.B. die Inflationsrate), und $I_t - 1$ die Informationsmenge, die den Wirtschaftssubjekten zum Zeitpunkt t – 1 zur Verfügung steht. Der Ausdruck $f(p_t / I_{t-1})$ beschreibt die bedingte Dichtefunktion der Zufallsvariablen p_t, wenn I_{t-1} gegeben ist. Der bedingte Erwartungswert von p_t ist dann:

$$E(p_t/I_{t-1}) = \int_{-\infty}^{+\infty} p_t \cdot f(p_t/I_{t-1})dp$$

Der Erwartungsirrtum

$$\varepsilon_t = p_t - E(p_t / I_{t-1})$$

weist zwei wesentliche Eigenschaften auf: (1) Der bedingte Erwartungswert des Erwartungsirrtums ist gleich null, d.h.:

$$E(\epsilon_t/I_{t-1}) = E(p_t/I_{t-1}) - E[E(p_t/I_{t-1})/I_{t-1}] = 0.$$

Dies folgt daraus, dass in t – 1 der bedingte Erwartungswert bekannt ist. Dessen bedingter Erwartungswert ist also gerade der Erwartungswert selbst. (2) Der Erwartungsirrtum ist mit allen verfügbaren Informationen unkorreliert: $Cor(\varepsilon_t, I_{t-1}) = 0$,

wobei: Cor = Korrelationskoeffizient. Wäre dies nicht der Fall, könnten die Erwartungen durch die Berücksichtigung dieser Korrelationen verbessert werden, d.h. die Informationen würden nicht effizient genutzt. – Die Theorie rationaler Erwartungen setzt in der *strengen Form* voraus, dass die Individuen das relevante Modell der Ökonomik und dessen Struktur kennen. Die Erwartungsbildung erfolgt dann in modellendogener Weise auf der Grundlage des relevanten ökonomischen Modells. Neben der strengen Form rationaler Erwartungen werden auch abgeschwächte Modelle rationaler Erwartungsbildung diskutiert *(semirationale Erwartungen),* die weniger hohe Ansprüche stellen und etwa lediglich die Ausschöpfung vorhandener Informationen fordern. – 3. *Bedeutung/Beurteilung:* Weil die autoregressiven Ansätze nur die vergangenen Realisationen der betreffenden Variablen als Informationsquelle benutzen, kommt es i.d.R. zu systematischen Prognosefehlern, aus denen die Individuen keine Konsequenzen ziehen. In vielen Fällen ist ein solches Verhaltensmodell unrealistisch. Rationale Erwartungsbildung schließt systematische Fehler aus. Erwartungsirrtümer können zwar nach wie vor auftreten, sind aber rein stochastischer Natur. Das Konzept rationaler Erwartungen ist bei modernen ökonomischen Theorien (wie → Neukeynesianische Makroökonomik) der dominierende Ansatz zur Berücksichtigung von Erwartungen. Die Bedeutung der rationalen Erwartungen wird jedoch durch die starken Anforderungen dieses Ansatzes (Existenz, Eindeutigkeit und Stabilität von Modell und Struktur) eingeschränkt. Die abgeschwächte Form semirationaler Erwartungen ist häufig nichtssagend und kann zur statischen Erwartungshypothese äquivalent sein. Liegt schließlich echte Unsicherheit vor, ist eine Erwartungsbildung in der oben beschriebenen Weise generell unmöglich. – Vgl. auch → Neue Klassische Makroökonomik, → Konjunkturtheorie, → Wachstumstheorie.

Erwartungsbildung → Wachstumstheorie, → Geldtheorie.

Erwartungsparameter – ökonomische Größe, die ein Akteur (→ Entscheidungsträger) indirekt durch die Fixierung von → Aktionsparametern beeinflussen kann. Setzt z.B. der Monopolist seinen Preis als Aktionsparameter ein, so ist die Absatzmenge Erwartungsparameter.

Erwartungstreue – *Unverzerrtheit;* in der → Inferenzstatistik Bezeichnung für eine wünschenswerte Eigenschaft einer → Schätzfunktion. Eine Schätzfunktion erfüllt das Kriterium der Erwartungstreue, wenn ihr → Erwartungswert für jeden Parameterwert gleich dem zu schätzenden Parameterwert (→ Parameter) in der → Grundgesamtheit ist. – Für eine Stichprobe $X_1, \ldots, X_n$ von Zufallsvariablen, die alle den Erwartungswert μ besitzen, ist das arithmetische Mittel

$$\bar{X} = \frac{1}{n}\sum\nolimits_{i=1}^{n} X_i$$

stets eine erwartungstreue Schätzfunktion für μ. Sind die Zufallsvariablen auch stochastisch unabhängig mit derselben Varianz σ^2, so ist die Stichprobenvarianz

$$\hat{\sigma}^2 = \frac{1}{n-1}\sum\nolimits_{i=1}^{n}(X_i - \bar{X})^2$$

stets eine erwartungstreue Schätzfunktion für σ^2.

Erwartungs-Valenz-Theorie → Erwartungswert-Theorie.

Erwartungswert – Grundbegriff der → Wahrscheinlichkeitsrechnung. Sind $x_1, \ldots ,x_n$ die Ausprägungen einer diskreten → Zufallsvariablen X und $f(x_1), \ldots ,f(x_n)$ die jeweils zugehörigen → Wahrscheinlichkeiten, so ist

$$EX = \sum\nolimits_{i=1}^{\infty} x_i f(x_i)$$

der Erwartungswert von X. Im Fall der Gleichverteilung bei einer endlichen Anzahl von Ausprägungen ergibt sich das → arithmetische Mittel. Für eine stetige Zufallsvariable mit Dichtefunktion f erhält man den Erwartungswert durch Integration:

$$EX = \int_{-\infty}^{\infty} x f(x) dx$$

Der Erwartungswert einer Zufallsvariablen ist ein Lagemaß der Wahrscheinlichkeitsverteilung (→ Lokalisation). Die Erwartungswertbildung ist linear, d.h. für zwei Konstanten a und b gilt stets

$$E(a + bX) = a + bE(X)$$

Zudem gilt für beliebige Zufallsvariablen X und Y die Additivität:

$$E(X + Y) = EX + EY$$

Erwartungswert-Prinzip → Bayes-Regel.

Erwartungswert-Theorie – *Valenz-Instrumentalitäts-Erwartungs-(VIE)-Theorie;* Prozesstheorie der Motivation, die zu erklären beansprucht, wie die Motivation menschlichen Verhaltens zustande kommt. Dabei steht – im Gegensatz zu Inhaltstheorien der Motivation (→ Bedürfnishierarchie) – der prozessuale Charakter im Vordergrund. Wichtigste Vertreter der Erwartungswert-Theorien sind John W. Atkinson (1957) und Victor Harald Vroom (1964) – *Grundgedanken:* a) *Weg-Ziel-Gedanke:* Menschen werden diejenigen Wege einschlagen, von denen sie vermuten, dass sie zu einem als erstrebenswert erachteten Ziel führen. – b) *Idee der Gratifikation:* Menschliches Verhalten wird im Wesentlichen durch Belohnungen und Bestrafungen (positive und negative Gratifikationen) beeinflusst; eine hohe Leistungsbereitschaft entsteht immer dann, wenn die individuelle Erwartung besteht, ein bestimmtes Verhalten führe zu bestimmten Gratifikationen, und wenn außerdem diese Gratifikationen als wertvoll erachtet werden, d.h. positive Valenz besitzen. – Vgl. auch → Weg-Ziel-Ansatz der Führung.

erweiterte beschränkte Steuerpflicht – 1. *Begriff:* Im Außensteuergesetz eine Steuerpflicht, der natürliche Personen unterliegen, die in den letzten zehn Jahren vor Beendigung ihrer unbeschränkten Steuerpflicht als dt. Staatsangehöriger mind. fünf Jahre unbeschränkt steuerpflichtig waren und (1) in einem ausländischen Gebiet ansässig sind, in dem sie mit ihrem Einkommen einer niedrigen Besteuerung (§ 2 II Nr. 1 und 2 AStG) unterliegen oder in keinem ausländischen Gebiet ansässig sind und (2) wesentliche wirtschaftliche Interessen im Inland haben (§ 2 III Nr. 1–3 AStG). – 2. *Anwendungsbereich:* a) *Einkommensteuer:* (1) Der erweiterten beschränkten Steuerpflicht unterliegt der Steuerpflichtige bis zum Ablauf von zehn Jahren nach Beendigung der unbeschränkten Steuerpflicht. (2) Die erweiterte beschränkte Steuerpflicht erweitert die → beschränkte Steuerpflicht auf alle → Einkünfte, die bei unbeschränkter Steuerpflicht nicht → ausländische Einkünfte im Sinn des § 34d EStG sind. Die erweiterte beschränkte Steuerpflicht findet innerhalb des Zehn-Jahres-Zeitraumes jedoch nur für solche Veranlagungszeiträume Anwendung, in denen die erweitert beschränkt steuerpflichtigen Einkünfte mehr als 16.500 Euro betragen. (3) Auf die erweitert beschränkt steuerpflichtigen Einkünfte wird der *Steuersatz* angewandt, der sich für sämtliche (in- und ausländischen) Einkünfte des Steuerpflichtigen ergibt. (4) Ist die Steuer bei erweiterter beschränkter Steuerpflicht höher, als sie bei unbeschränkter Steuerpflicht gewesen wäre, so wird der Differenzbetrag insoweit nicht erhoben, als er die Steuer bei unbeschränkter Steuerpflicht überschreitet. – b) *Erbschaftsteuer:* (1) War bei einem → Erblasser oder Schenker zz. der Entstehung der Steuerschuld die erweiterte beschränkte Einkommensteuerpflicht gegeben, so tritt die Erbschaftsteuerpflicht über das Inlandsvermögen im Sinn des § 121 II BewG hinaus für alle Teile des Erwerbs ein, deren Erträge bei unbeschränkter Einkommensteuerpflicht keine ausländischen Einkünfte im Sinn des § 34d EStG wären. (2) Dies gilt nicht, wenn auf die zusätzlich in die beschränkte Steuerpflicht einbezogenen Teile des Erwerbs im Ausland eine der dt. Erbschaftsteuer vergleichbare Steuer erhoben wird, die mind. 30 Prozent der auf diesen Teil des Erwerbs entfallenden dt. Erbschaftsteuer beträgt. – c) Zur Vermeidung von *Umgehungstatbeständen* greift die erweiterte beschränkte Steuerpflicht mit Wirkung für die Einkommensteuer und Erbschaftsteuer auch bei der Einschaltung von → Zwischengesellschaften ein (§ 5 AStG). – 3. *Praktische Bedeutung*: Dem Vernehmen nach unterliegen in der Praxis nur außerordentlich wenige Personen tatsächlich dieser Form der Besteuerung; der Zweck der Norm liegt somit in der Lebenswirklichkeit offenbar hauptsächlich darin, dt. Steuerpflichtige vom Umzug in ein Niedrigsteuergebiet abzuschrecken, indem der Großteil der denkbaren Steuervorteile aus einem solchen Wegzug durch die Sonderregelung über die erweitert beschränkte Steuerpflicht faktisch zerstört werden.

erweiterte Elementarschadenversicherung – 1. *Begriff:* Die erweiterte Elementarschadenversicherung ergänzt die → verbundene Wohngebäudeversicherung um die Deckung der weiteren Elementargefahren. Sie wird meist als Zusatzvertrag angeboten. – 2. *Konditionen:* → Tarifierung und Annahmeentscheidungen basieren auf einer Zonierung von Überschwemmungen (ZÜRS) und Erdbeben sowie auf Vorschadeninformationen. Generell wird die → erweiterte Elementarschadenversicherung im dt. Markt mit Selbstbehalt angeboten. Da sich gerade Überschwemmungen mit einem gewissen Vorlauf ankündigen, sehen die Bedingungen vielfach eine Wartezeit nach Vertragsabschluss vor. – 3. *Probleme:* Die Kalkulation der erweiterten Elementarschadenversicherung ist schwierig. Es gibt kaum Daten zu den → versicherten Gefahren. Mithilfe von ZÜRS kann das Schadenpotenzial für Überschwemmungen abgeschätzt werden. Daten zu Rückstaus werden mit höherer Versicherungsdichte Zug um Zug aufgebaut. Für die extrem seltenen Ereignisse wie Erdbeben oder gar Vulkanausbruch gibt es keine Erfahrungswerte. Das hohe Schätzrisiko bedeutet insgesamt ein erhebliches Risikopotenzial, das analog der Gefahr Sturm in der verbundenen Wohngebäudeversicherung hohe Anforderungen an das Risikokapital im Rahmen von → Solvency II stellen wird. – 4. *Aktuelle Diskussion bzw. Streitpunkte:* Die geringe Versicherungsdichte führt bei Naturkatastrophen wie z.B. dem Elbhochwasser 2002 zu einer hohen Anzahl von nicht → versicherten Schäden. Vonseiten der Politik wird in der Folge häufig eine → Pflichtversicherung für Elementargefahren thematisiert. Aus Sicht der → Versicherungswirtschaft besteht angesichts eines fast flächendeckenden Angebots (über 98 Prozent der Gebäude sind gemäß ZÜRS versicherbar) keine Notwendigkeit für diesen Schritt. In Bayern ist 2009 als Kooperation zwischen Landesregierung und der Versicherungswirtschaft eine Initiative gestartet worden um die Notwendigkeit für den Abschluss der erweiterten Elementarschadenversicherung in der Bevölkerung zu verdeutlichen.

erweiterte Fondsfazilität – Kreditfazilität des → IWF, aus der die Mitglieder ihre normalen → Ziehungsrechte überschreitende Kredite erhalten können. Schaffung der erweiterten Fondsfazilität im September 1974, als sich infolge der ersten Erdölpreisexplosion in vielen Ländern bes. hartnäckige außen- und binnenwirtschaftliche Strukturverzerrungen ergaben. Kredite aus der erweiterten Fondsfazilität haben eine Laufzeit von viereinhalb bis zehn Jahren und betragen maximal 140 Prozent der IWF-Quote des betreffenden Landes.

erweiterte Pareto-Regel → Abstimmungsverfahren, bei dem für die Gruppe zwischen zwei Alternativen grundsätzlich Indifferenz festgelegt wird, es sei denn, eine Alternative wird der anderen einstimmig oder zumindest ohne Gegenstimme vorgezogen. Die erweiterte Pareto-Regel ist eine → gesellschaftliche Entscheidungsfunktion.

erweiterter Eigentumsvorbehalt – Beim erweiterten → Eigentumsvorbehalt werden (auch) andere Forderungen als die spezielle Kaufpreisforderung aus einem bestimmten Vorbehaltsverkauf mit abgesichert. Bes. der Kontokorrentvorbehalt, der bis zur Tilgung aller Forderungen aus dem → Kontokorrent vereinbart werden kann, zählt hier dazu. Der erweiterte Eigentumsvorbehalt ist nichtig, wenn er den Eigentumsübergang von der Tilgung der Forderungen eines mit dem Verkäufer verbundenen → Unternehmens abhängig macht (§ 449 III BGB).

Erweiterung (unzulässige) – Durch die → Patentanmeldung (§ 35 PatG, Art. 78 EPÜ) wird der Gegenstand des Erteilungsverfahrens festgelegt, Änderungen der eingereichten Unterlagen sind im Rahmen von § 38 PatG, Art. 123 EPÜ zulässig, sie dürfen aber den Gegenstand der Anmeldung nicht erweitern. Soweit Änderungen v.a. von → Patentansprüchen vorgenommen werden, ist der Gegenstand der durch die Patentansprüche definierten Lehre unter Heranziehung von Beschreibung und Zeichnungen mit dem Gesamtinhalt der ursprünglichen Anmeldeunterlagen zu vergleichen. Haben die Patentansprüche einen Inhalt erhalten, der über das hinausgeht, was der Durchschnittsfachmann unter Berücksichtigung von Ziel und Zweck der Lehre als zur Erfindung gehörig aus den ursprünglichen Unterlagen entnehmen kann, liegt eine unzulässige

Erweiterung vor, aus der keine Rechte hergeleitet werden können (§ 38 Satz 2 PatG, Art. 68 II EPÜ). Unzulässige Erweiterungen sind Gründe für → Nichtigkeitsklage und → Einspruch (§§ 21, 22, 59 PatG, Art. 138 Ic, 110c EPÜ) auch dann, wenn die unzulässige Erweiterung auf einer völligen oder teilweisen Neufassung der Ansprüche in einem Beschränkungs-, Einspruchs- oder Nichtigkeitsverfahren beruht. Im Gebrauchsmusterrecht ist die unzulässige Erweiterung Löschungsgrund (§ 15 I Nr. 3 GebrMG, → Löschung). Nach dem Gesetz über internationale Patentübereinkommen vom 21.6.1976 (BGBl. II 649) sind im Verletzungsstreit die Patentansprüche des erteilten Patents maßgeblich, unzulässige Erweiterungen sind durch Nichtigkeitsklage zu beseitigen; nur für Patente, auf die § 22 I i.V. mit § 21 I Nr. 4 PatG noch nicht anzuwenden sind, ist der Einwand unzulässiger Erweiterung im Verletzungsstreit möglich.

Erweiterungsinvestition – Investition zur Vergrößerung der betrieblichen Leistungsfähigkeit (→ Ersatzinvestition, → Erhaltungsinvestition). Erweiterungsinvestitionen umfassen:1. *Horizontale Erweiterungen:* Quantitative Ausweitung des Produktions- und Absatzprogramms.2. *Vertikale Erweiterungen:* Vergrößerung der Produktionstiefe durch Hinzufügen weiterer Produktionsstufen.

Erwerb eigener Aktien → eigene Aktien.

Erwerb eines Handelsgewerbes – Ein solcher Erwerb kann sich sowohl unter Lebenden als auch von Todes wegen vollziehen. – 1. *Erwerb eines Handelsgewerbes unter Lebenden* (→ Veräußerung): Erfolgt nach den allg. bürgerlich-rechtlichen Vorschriften je nach der Art der zu übertragenden Vermögensbestandteile, z.B. für bewegliche Sachen durch → Übereignung nach §§ 929 ff. BGB und für Grundstücke nach §§ 873 ff., 925 BGB (Neudeutsch: → *Asset Deal*), für das ganze Unternehmen durch die Veräußerung des Rechtsträgers, womit dann automatisch auch die einzelnen Vermögensgegenstände übergehen (Neudeutsch: → *Share Deal*). – 2. *Erwerb eines Handelsgewerbes von Todes wegen:* Weiterführung des Unternehmens durch den → Erben mit oder ohne → Firma bzw. → Firmenzusatz. Bei Fortführung durch mehrere Erben ist Führung in der alten Form nur für die Zeit des Bestehens der → Erbengemeinschaft gestattet; danach in einer der Rechtsformen des Handelsrechts, z.B. OHG, KG. – Vgl. auch → Betriebsnachfolge, → Firmenfortführung.

Erwerb eines Unternehmens → Betriebsnachfolge.

Erwerbsbesteuerung → Erwerbsteuer.

Erwerbsbetrieb – Handels-, Handwerks- oder Industrieunternehmung, deren wirtschaftliche Tätigkeit auf → Gewinnmaximierung (höchstmögliche Rentabilität des investierten → Kapitals) ausgerichtet ist.

Erwerbseinkünfte – 1. *Begriff: Öffentliche* Erwerbseinkünfte sind → öffentliche Einnahmen, die die öffentliche Hand infolge einer Beteiligung an der volkswirtschaftlichen Wertschöpfung im Marktprozess erzielt, ohne dass sie, wie bei → Abgaben, hoheitliche Gewalt einsetzt. Einnahmen können als Erwerbseinkünfte bezeichnet werden, unabhängig von Organisation, Rechtsform, Zweck der Einnahmenerzielung und Marktposition der öffentlichen Hand. – *Beispiele:* Erlöse aus dem Verkauf von Gütern und Dienstleistungen der öffentlichen Unternehmen, Zinsen aus der Kreditvergabe durch die öffentliche Verwaltung. Erwerbseinkünfte werden erzielt von Regiebetrieben, Eigenbetrieben, Kapitalgesellschaften im öffentlichen Eigentum. *Private* Erwerbseinkünfte sind Einkünfte aus selbständiger und unselbständiger Erwerbstätigkeit. – 2. *Abgrenzung:* Eine saubere Trennung zwischen öffentlichen Erwerbseinkünften und → Gebühren bzw. → Beiträgen ist oftmals schwierig, z.B. in der Wasserversorgung. – 3. *Beurteilung:* Probleme hinsichtlich der → Wirtschaftsordnung ergeben sich durch die Monopolstellung von öffentlichen Unternehmen wie auch durch die mit dem öffentlichen Eigentum verbundene Verfügungsmacht in bestimmten Wirtschaftsbereichen. Auch in einer Wirtschaftsordnung mit grundsätzlich privatem Eigentum an den Produktionsmitteln existieren Sektoren mit öffentlicher Beteiligung (Energiewirtschaft, Urproduktion, Verkehrswirtschaft, Kommunikation, Bankwesen). Ein hoher Anteil öffentlicher Erwerbseinkünfte an den Gesamteinnahmen bringt solche Problematiken deutlich zum Vorschein.

Erwerbsfähige – Begriff der amtlichen → Bevölkerungsstatistik für die im erwerbsfähigen Alter (i.d.R. 15 bis 65 Jahre) stehenden männlichen und weiblichen Personen, unabhängig davon, ob sie tatsächlich einer Erwerbstätigkeit nachgehen. – Vgl. auch → Erwerbsquote.

Erwerbskonzept → Erwerbstätigkeitsstatistiken.

Erwerbslose – Personen ohne Arbeitsverhältnis, die dem Arbeitsmarkt zur Verfügung stehen und sich um einen Arbeitsplatz bemühen. Die Angaben zu Erwerbslosen basieren auf den Definitionen des internationalen Arbeitsamtes (→ ILO) nach dem → Labor-Force-Konzept. Diese einheitliche Erhebung ermöglicht internationale Vergleiche, die auf Basis der Zahl der (registrierten) → Arbeitslosen aufgrund unterschiedlicher nationaler Definitionen und Erhebungsweisen nur sehr eingeschränkt durchführbar sind. Die Erhebung erfolgt im Rahmen einer gemeinschaftlichen → Arbeitskräfteerhebung; in Deutschland ist sie als Unterstichprobe in den → Mikrozensus integriert. Als erwerbslos zählt, wer aktiv in den vergangenen vier Wochen eine Arbeit gesucht hat und weniger als eine Stunde pro Woche vergütet tätig war. Ebenso reicht die Suche nach einer Tätigkeit von einer Stunde pro Woche aus, um als erwerbslos zu gelten; eine Meldung bei einer → Agentur für Arbeit oder einem Träger der Grundsicherung ist nicht notwendig. Erwerbslose und → Erwerbstätige ergeben zusammen die → Erwerbspersonen.

Erwerbslosenquote – 1. *Definition:* Die Erwerbslosenquote stellt den Anteil Erwerbsloser an allen → Erwerbspersonen (→ Erwerbstätige und → Erwerbslose) dar. Damit erfasst sie – ähnlich wie die Arbeitslosenquote – die relative Unterauslastung des Produktionsfaktors Arbeit(-skraft). – 2. *Abrenzung:* Die Erwerbslosenquote ist von der nach nationalen Kriterien festgelegten → Arbeitslosenquote abzugrenzen. Die Erwerbslosenquote wird in Deutschland vom Statistischen Bundesamt nach den international vergleichbaren Kriterien der Internationalen Arbeitsorganisation (→ ILO) ermittelt (→ Labor-Force-Konzept) und im Rahmen der monatlichen „ILO-Arbeitsmarktstatistik" veröffentlicht. Die Untersuchung des Statistischen Bundesamtes kennt nicht die Unterscheidung zwischen registrierten und nicht registrierten Arbeitslosen (→ Arbeitslose). Im Gegensatz zu den Daten der → Bundesagentur für Arbeit werden hier durch eine Telefonumfrage auch nicht gemeldete Arbeitssuchende als Erwerbslose erfasst. Als erwerbslos gilt, wer weniger als eine Stunde pro Woche arbeitet (nach der Definition der Bundesagentur für Arbeit als arbeitslos, wer weniger als 15 Wochenstunden arbeitet), aber mehr arbeiten will. Die Gesamtzahl der Erwerbslosen wird anhand einer Stichprobe hochgerechnet. Damit ist die → stille Reserve automatisch erfasst, hingegen fallen geringfügig Beschäftigte sowie Arbeitsunwillige heraus. Ebenso berücksichtigt das Statistische Bundesamt ausschließlich die Inländer. Laut ILO umfasst das Gesamtpotenzial Personen bis zum 75. Lebensjahr, während die Arbeitsagentur nur Personen bis zum 65. Lebensjahr betreut. – *Empirische Differenz:* V.a. aufgrund der restriktiven Definition (höchstens eine Stunde Arbeit pro Woche) werden z.B. Personen, die bis zu 15 Stunden pro Woche arbeiten und so gemäss SGB III arbeitslos sein können, nicht als Erwerbslose gezählt. Deshalb liegt die Erwerbslosenzahl und die Erwerbslosenquote des Statistischen Bundesamtes zumeist deutlich unter der von der Bundesagentur für Arbeit veröffentlichten Arbeitslosenzahl und der Arbeitslosenquote.

Erwerbsmethode → Purchase-Methode.

Erwerbsminderung – 1. *Teilweise Erwerbsminderung:* Versicherte sind teilweise erwerbsgemindert, wenn sie wegen Krankheit oder Behinderung auf nicht absehbare Zeit außerstande sind, unter den üblichen Bedingungen des allg. Arbeitsmarktes mind. sechs Stunden täglich erwerbstätig zu sein. – 2. *Volle Erwerbsminderung:* Versicherte sind voll erwerbsgemindert, wenn sie wegen Krankheit oder Behinderung auf nicht absehbare Zeit außerstande sind, unter den üblichen Bedingungen des allg. Arbeitsmarktes mind. drei Stunden täglich erwerbstätig zu sein. Voll erwerbsgemindert sind auch Versicherte, die wegen Art oder Schwere der Behinderung nicht auf dem allg. Arbeitsmarkt tätig sein können, sowie Versicherte, die bereits vor Erfüllung der allg. Wartezeit voll erwerbsgemindert waren, in der Zeit einer nicht erfolgreichen Eingliederung in den allg. Arbeitsmarkt. – 3. *Erwerbsminderung im Sinne der gesetzlichen Unfallversicherung:* → Minderung der Erwerbsfähigkeit (MdE).

Erwerbsminderungsrente → Rente wegen Erwerbsminderung.

Erwerbspersonen – gemäss Labor-Force-Konzept der International Labour Organization (→ ILO) alle Personen, die ihren Wohnsitz im Bundesgebiet haben (Inländerkonzept) und eine unmittelbar oder mittelbar auf Erwerb gerichtete Tätigkeit ausüben oder suchen (→ Abhängige, → Selbstständige, → mithelfende Familienangehörige), unabhängig von der Bedeutung des Ertrags dieser Tätigkeit für ihren Lebensunterhalt und ohne Rücksicht auf die von ihnen tatsächlich geleistete oder vertragsmäßig zu leistende Arbeitszeit (Erwerbskonzept). Die Erwerbspersonen setzen sich zusammen aus den → Erwerbstätigen und den → Erwerbslosen. – *Gegensatz:* → Nichterwerbspersonen.

Erwerbspersonenpotenzial – Das Erwerbspersonenpotenzial (Zahl der Personen im erwerbsfähigen Alter) ist ein Maß für das im Inland maximal zur Verfügung stehende Arbeitskräfteangebot. Es setzt sich zusammen aus der festgestellten Zahl der im Inland → Erwerbstätigen, der Zahl der registrierten → Arbeitslosen und einer geschätzten Zahl versteckter Arbeitsloser (→ stille Reserve), unabhängig davon, ob Letztere freiwillig oder unfreiwillig dem Arbeitsmarkt fernbleiben. Damit ist dieses Konzept umfassender als das der → Erwerbspersonen, das die stille Reserve explizit *nicht* berücksichtigt. – Vgl. auch → Beschäftigungsgrad.

Erwerbspersonentafel – Modell zur Beschreibung der Zugehörigkeit einer tatsächlichen oder fiktiven → Generation von Männern und Frauen zu den Erwerbspersonen bzw. Nichterwerbspersonen im Lebensablauf unter Berücksichtigung der Übergänge vom Personenkreis der Nichterwerbspersonen zum Personenkreis der Erwerbspersonen und umgekehrt sowie der Abgänge durch Tod. Häufig müssen die Daten über die Übergänge durch Daten über die altersspezifische Zugehörigkeit zu den Erwerbspersonen oder Nichterwerbspersonen ersetzt werden, bes. dann, wenn das Erwerbslebensschicksal der Angehörigen bestimmter Geburtsjahrgänge dargestellt werden soll. – *Ergebnisse:* Altersspezifische Erwerbsquoten; im Lebenslauf insgesamt im Erwerbsleben bzw. außerhalb des Erwerbslebens verbrachte Zeit. – *Bedeutung:* wichtig u.a. für die Höhe erworbener Rentenansprüche und für Überlegungen allgemeiner Art zu Altersversorgungsproblemen. Bes. aufschlussreich, wenn die Arbeitsverdienste einbezogen werden können.

Erwerbsquote – Anteil der → Erwerbspersonen (→ Erwerbstätige und → Erwerbslose) einer Altersgruppe an der entsprechenden Bevölkerung der gleichen Altersgruppe. Die Erwerbsquote berücksichtigt im Gegensatz zur → Erwerbstätigenquote auch die Erwerbslosen.

Erwerbsschwelle – 1. *Begriff des Umsatzsteuerrechts:* eine Bagatellgrenze bei der Erwerbsbesteuerung der sog. → Halbunternehmer. – 2. *Inhalt der Regelung:* Übersteigen die Anschaffungen von Gegenständen aus anderen EU-Ländern durch einen solchen Halbunternehmer pro Jahr nicht 12.500 Euro (= der in Deutschland gültige Wert; § 1a III UStG; Liste der Erwerbsschwellen in den anderen Mitgliedsstaaten jeweils aktualisiert in Abschn. 42j UStR), so wird ein Halbunternehmer nicht zur Erwerbsteuer herangezogen; die Steuer hat dann der Verkäufer zu zahlen (und zwar entweder im Bestimmungsland der Ware nach den Regeln der sog. → Versandhandelsregelung oder aber, wenn diese nicht greift, in seinem Heimatstaat). Erreicht die Summe der relevanten Einkäufe aus anderen Mitgliedsstaaten bei einem Halbunternehmer aber den Schwellenwert, so sind von diesem Zeitpunkt an alle weiteren Erwerbe – inkl. desjenigen, mit dem der Schwellenwert erreicht wird – der Erwerbsteuer zu unterwerfen; ebenfalls sind dann sämtliche Einkäufe des Folgejahres von Anfang an erwerbsteuerpflichtig. – 3. *Optionsrecht*: Der Sinn der Erwerbsschwelle liegt darin, dass die sog. Halbunternehmer sämtlich Personen sind, die bisher keine reguläre Umsatzsteuererklärung abzugeben haben, weshalb die Verpflichtung, für ihre Einkäufe aus anderen Mitgliedsstaaten die Erwerbsteuer zu zahlen, für diesen Personenkreis zusätzliche administrative Belastungen bedeuten würde; diese möchte man ihnen in Bagatellfällen durch die Erwerbsschwelle ersparen. Auf die Anwendung der Erwerbsschwelle kann ein Halbunternehmer daher auch verzichten (in Deutschland: § 1a IV UStG), dann gilt Erwerbsteuerpflicht auch schon bei nur geringfügigen Käufen aus anderen Mitgliedsstaaten pro Jahr. – 4. *Weitere Hintergründe*: → Erwerbsteuer. – 5. *Indirekte Auswirkungen auf den Bezug von Dienstleistungen*: Hat ein Halbunternehmer die Erwerbsschwelle überschritten (oder auf ihre Anwendung verzichtet), muss der Betroffene zur Abwicklung seiner erwerbsteuerpflichtigen Einkäufe eine Umsatzsteuer-Identifikationsnummer beantragen. Der Besitz einer solchen Nummer hat dann ab 2010 automatisch auch zur Konsequenz, dass der Betroffene von da an auch für die Zahlung der Umsatzsteuer auf den Bezug von → innergemeinschaftlichen Dienstleistungen, die er als Kunde von Anbietern aus anderen EU-Staaten bezieht, zu sorgen hat. Dennoch hängt die Entscheidung, ob die Erwerbsschwelle überschritten ist oder nicht, einzig und allein vom Umfang der Wareneinkäufe, nicht auch vom Wert der aus anderen Mitgliedsstaaten bezogenen Dienstleistungen ab. – 6. *Wichtige Ausnahmen:* Die Erwerbsschwelle gilt nicht für den Erwerb verbrauchsteuerpflichtiger Waren oder neuer Fahrzeuge; diese sind vom geringfügigsten Kauf an der Erwerbsteuer zu unterwerfen. Käufe solcher Waren werden allerdings auch nicht auf die Erwerbsschwelle angerechnet.

Erwerbsstruktur → Beschäftigungsstruktur.

Erwerbstätige – Erwerbstätige sind Personen im Alter von 15 Jahren oder älter, die einer oder mehreren, auf wirtschaftlichen Erwerb gerichteten Tätigkeiten nachgehen, unabhängig von der Dauer der tatsächlich geleisteten oder vertragsmäßig zu leistenden wöchentlichen → Arbeitszeit (mindestens eine Stunde). Für die Zuordnung ist es unerheblich, ob aus dieser Tätigkeit der überwiegende Lebensunterhalt bestritten wird oder nicht. Personen, die mehreren Erwerbstätigkeiten gleichzeitig nachgehen, werden nur einmal mit ihrer Haupterwerbstätigkeit erfasst (Personenkonzept). Zu den Erwerbstätigen zählen neben den sozialversicherungspflichtig und geringfügig entlohnten Beschäftigten Beamte, Selbstständige (einschließlich Mithelfende) sowie Beschäftigte in Arbeitsgelegenheiten. Nicht zu den Erwerbstätigen zählen Personen, die ehrenamtliche Tätigkeiten ausüben. Die Definition der Erwerbstätigen beruht auf dem → Labor-Force-Konzept der International Labour Organization (→ ILO). – Die Zahl der Erwerbstätigen in Deutschland wird im Rahmen der Arbeitskräfteerhebung und im Rahmen der → *Erwerbstätigenrechnung* erhoben und stammt aus einer Vielzahl von erwerbsstatistischen Quellen. Hierzu zählen die Statistik der → Bundesagentur für Arbeit zu den sozialversicherungspflichtig und geringfügig Beschäftigten, die → Personalstandsstatistik über das Personal im öffentlichen Dienst, Statistiken mit unterschiedlicher Periodizität für einzelne Wirtschaftsbereiche, die Ergebnisse des → Mikrozensus und weitere Meldungen einzelner Institutionen. Abhängig vom Verwendungszweck wird die Zahl der Erwerbstätigen sowohl nach dem → Inländerkonzept (einschließlich der Auspendler, ohne die Einpendler) als auch nach dem → Inlandskonzept (einschließlich der Einpendler, ohne die Auspendler) ausgewiesen; Unterschiede ergeben sich aus dem Pendlersaldo. Die Veröffentlichung monatlicher, vierteljährlicher und jährlicher Erwerbstätigenzahlen erfolgt durch das → Statistische Bundesamt (StBA). Die Veröffentlichung der geschätzten monatlichen gesamtwirtschaftlichen Werte (mit einem Monat Verzögerung zum Berichtsmonat) erfolgt gemeinsam mit der Zahl der → Erwerbslosen und der Erwerbslosenquoten (→ Erwerbslosenquote).

Erwerbstätigenquote – Die Erwerbstätigenquote ist der Anteil der → Erwerbstätigen einer bestimmten Altersgruppe an der Gesamtbevölkerung desselben Alters. – Sie darf nicht mit der → Erwerbsquote verwechselt werden, die auch die → Erwerbslosen berücksichtigt. Siehe auch → Beschäftigungsquote.

Erwerbstätigenrechnung – Die Erwerbstätigenrechnung bezeichnet die Berechnung der → Erwerbstätigen und → Erwerbspersonen im Bundesgebiet und ist ein in die → Volkswirtschaftliche

Gesamtrechnung (VGR) integrierter Teil der amtlichen Statistik. Sie dient der Bereitstellung international und intertemporal vergleichbarer Erwerbstätigendaten zum Zweck der kurzfristigen Arbeitsmarktbeobachtung. Daneben fließen die Erwerbstätigenzahlen nach dem → Inlandskonzept in die Volkswirtschaftlichen Gesamtrechnungen ein. Es werden Erwerbstätige mit Wohnort bzw. Arbeitsort in Deutschland erfasst (s. → Inländerkonzept und → Inlandskonzept). Die Abgrenzung erfolgt nach dem Europäischen System Volkswirtschaftlicher Gesamtrechnungen bzw. den Kriterien der International Labour Organisation (→ ILO). Die Erhebung der Erwerbstätigenzahlen in den Volkswirtschaftlichen Gesamtrechnungen erfolgt auf Grundlage zahlreicher erwerbsstatistischer Quellen. Neben den einzelnen monatlichen, vierteljährlichen und jährlichen Statistiken für einzelne Wirtschaftsbereiche gehören hierzu u.a. die Statistik der → Bundesagentur für Arbeit über die sozialversicherungspflichtig und geringfügig Beschäftigten, einzelne Fachstatistiken, die Angaben der → Personalstandsstatistik über das Personal im Öffentlichen Dienst und die Ergebnisse des → Mikrozensus.

Erwerbstätigkeitsstatistiken – übergeordneter statistischer Begriff für die Gesamtheit der Statistiken die Erwerbsleben abbilden (→ Volkszählung, → Mikrozensus, → Beschäftigungsstatistik, → Personalstandsstatistik, → Arbeitsmarktstatistiken), denen verschiedene Konzepte zugrunde liegen. – 1. *Erwerbskonzept:* Gliederung nach der Beteiligung am Erwerbsleben zwischen → Erwerbspersonen und → Nichterwerbspersonen. – 2. *Unterhaltskonzept:* Zuordnung nach der Quelle des überwiegenden Lebensunterhalts: Erwerbstätigkeit, Arbeitslosengeld oder -hilfe, Rente u.a., Unterhalt durch Eltern, Ehepartner, Kinder oder andere Familienangehörige. – Beide Konzepte werden vom → Statistischen Bundesamt (StBA) angewendet.

Erwerbsteuer – *Steuer auf den innergemeinschaftlichen Erwerb von Gegenständen, Erwerbsbesteuerung.* – 1. *Begriff:* eine bes. Erhebungsform der → Umsatzsteuer, die seit 1993 bei innergemeinschaftlichen Warenlieferungen an die Stelle der → Einfuhrumsatzsteuer (EUSt) getreten ist, weil diese EU-intern mit dem Wegfall der Grenzkontrollen nicht mehr praktikabel zu erheben gewesen wäre. – 2. *Rechtsgrundlagen:* Innerhalb der EU ist die Erwerbsteuer einheitlich durch Vorgaben der → Mehrwertsteuersystemrichtlinie geregelt. Rechtsgrundlage in Deutschland ist das Umsatzsteuergesetz (§§ 1 I Nr. 5 UStG, 1a UStG, § 3d UStG). – 3. *Grundprinzip:* Gehört der Käufer eines Gegenstands zu einer Personengruppe, bei der der Gesetzgeber typischerweise die Erfüllung umsatzsteuerlicher Pflichten für zumutbar hält, wird bei innergemeinschaftlichen Warenlieferungen entgegen den sonstigen Prinzipien der Umsatzsteuer der *Käufer* der Ware verpflichtet, die Entrichtung der Umsatzsteuer zu übernehmen (innergemeinschaftlicher Erwerb). Im Gegenzug wird für den Verkäufer eine Steuerbefreiung für die betreffende Lieferung vorgesehen (→ innergemeinschaftliche Lieferung). Diese Regelung hat den Hintergrund, dass die Umsatzsteuer im Bestimmungsland der Ware entrichtet werden soll und es daher im Normalfall für alle Beteiligten einfacher ist, die Umsatzsteuer vom Kunden zu erheben als von dem in einem anderen Land ansässigen liefernden Unternehmer. – 4. *Erwerbsteuerpflichtige Personen* sind: a) alle Unternehmer, die bereits den normalen Umsatzsteuerregelungen unterliegen, unabhängig davon, wie viele Waren sie aus anderen Mitgliedsstaaten erwerben; b) bestimmte andere Personen, aber nur dann, wenn ihre Erwerbe pro Jahr eine bestimmte Bagatellgrenze überschreiten (→ Erwerbsschwelle), und zwar die sog. → Halbunternehmer, nämlich: (1) steuerbefreite Kleinunternehmer, (2) pauschal besteuerte Land- und Forstwirte, (3) Unternehmer, deren Umsätze allesamt steuerfrei sind, (4) juristische Personen, die nicht Unternehmer sind oder nicht als Unternehmer handeln. – 5. *Bemessungsgrundlage* ist das (Netto-)Entgelt zzgl. evtl. hinzukommender Verbrauchsteuern im Land des Erwerbers. – 6. *Steuersatz* ist der Steuersatz, der in dem Bestimmungsland der Ware auch für den Verkauf des betreffenden Gegenstands angewandt werden würde (→ Umsatzsteuer). – 7. *Technische Abwicklung:* Wenn ein Kunde der Erwerbsteuer unterliegt, bleibt gleichwohl der Lieferant in seinem eigenen Staat mit dem getätigten Umsatz steuerbar und muss für die Steuerbefreiung nachweisen, dass der Kunde der Erwerbsteuer unterliegt. Kontrolle der beidseitigen Angaben erfolgt durch Pflicht der Lieferanten, den Betrag der innergemeinschaftlichen Lieferanten an jeden Erwerber einzeln zu deklarieren (→ zusammenfassende Meldung) und darauf gestützten zentralen Datenaustausch zwischen den EU-Staaten. Für diese Zwecke wird jeder beteiligte Unternehmer durch Umsatzsteuer-Identifikationsnummern eindeutig identifiziert. – 8 *Alternativen zur Erwerbsbesteuerung:* Liegt bei einer innergemeinschaftlichen Warenlieferung keine Pflicht zur Erwerbsteuer vor, dann wird die Steuer für den Umsatz vom Lieferanten getragen, und zwar entweder in seinem Heimatstaat (→ Ursprungslandprinzip) oder im Bestimmungsland der Ware (sofern die sog. → Versandhandelsregelung greift). – 9. *Sonderfall:* → Verbringung. – 10. *Vorsteuerabzug:* Unternehmer, die zum → Vorsteuerabzug berechtigt sind, können die Erwerbsteuern im Voranmeldungszeitraum ihrer Entrichtung als Vorsteuer abziehen, wenn sie die erworbenen Gegenstände für unternehmerische Zwecke verwenden und kein Anlass zum vollständigen oder anteiligen Vorsteuerausschluss besteht. – 11. *Anders*: Im Nicht-EU-Staat Fürstentum Liechtenstein ist „Erwerbsteuer" die amtliche Bezeichnung für die örtliche Form der Einkommensteuer (vgl. Anlage 6 der dt. Einkommensteuer-Richtlinien).

Erwerbs- und Wirtschaftsgenossenschaften – sind die in § 1 I → Genossenschaftsgesetz (GenG) genannten genossenschaftlichen Grundformen, die durch die Gesetzesnovelle vom 18.8.2006 durch sog. Idealgenossenschaften erweitert wurden. Erwerbsgenossenschaften sind auf die wirtschaftliche Förderung natürlicher und juristischer Mitglieder ausgerichtet, die einen selbstständigen Geschäftsbetrieb führen (Molkereigenossenschaften, Bezugs- und Absatzgenossenschaften, Winzergenossenschaften, Dachdeckergenossenschaften u.a.). Wirtschaftsgenossenschaften haben das Ziel, Haushalten einen ökonomischen Nutzen zu erbringen (Wohnungsgenossenschaften, Konsumgenossenschaften). Die Idealgenossenschaften widmen sich auch den kulturellen und sozialen Interessen ihrer Mitglieder, etwa im Sinne von Schul-, Theater- oder Sportgenossenschaften. Verschiedene Genossenschaften können als Erwerbs-, Wirtschafts- und Idealgenossenschaften tätig sein, wenn sie sowohl Unternehmen als auch Haushalte als zu fördernde Mitglieder haben und wirtschaftliche sowie soziale Zwecke verfolgen (Genossenschaftsbank mit Unternehmen und Privathaushalten als Mitglieder oder Wohnungsgenossenschaft mit angegliedertem Kindergarten).

Erwerbsunfähigkeit – 1. *Gesetzliche* → Unfallversicherung: Minderung der Erwerbsfähigkeit bzw. Verlust der Erwerbsfähigkeit; Unmöglichkeit eines Versicherten, seine Arbeitskraft nach einem Unfall wieder wirtschaftlich zu verwerten (§§ 56 ff. SGB VII). – 2. → Gesetzliche Rentenversicherung (GRV): Seit 1.1.2001 wird nicht mehr von Erwerbsunfähigkeit gesprochen, sondern von (voller oder teilweiser) → Erwerbsminderung (§ 43 SGB VI).

Erwerbsunfähigkeitsrente – Leistung der → gesetzlichen Rentenversicherung (GRV) für den Versicherungsfall der → Erwerbsunfähigkeit. Diese Rente wird nach der Reform der Renten wegen verminderter Erwerbsfähigkeit ab 1.1.2001 nicht mehr gewährt. Für diejenigen, die am 31.12.2000 einen Anspruch auf Erwerbunfähigkeitsrente hatten, besteht der Anspruch weiter bis zur Vollendung des 65. Lebensjahres, wenn die Anspruchsvoraussetzungen des § 44 SGB VI alter Fassung weiterhin vorliegen (§ 302 b SGB VI). – Vgl. auch → Rente wegen Erwerbsminderung.

Erwerbsunfähigkeitsversicherung – 1. *Begriff:* Versicherung gegen das Risiko einer → Erwerbsunfähigkeit. Im Unterschied zur → Berufsunfähigkeitsversicherung findet bei der Beurteilung des Leistungsanspruchs weder der bisher ausgeübte Beruf noch die bisherige Lebensstellung eine Berücksichtigung. Die Erwerbsunfähigkeitsversicherung kostet wegen des niedrigeren Risikos deutlich weniger als eine Berufsunfähigkeitsversicherung weist aber im Vergleich auch nur einen eingeschränkten Leistungsumfang aus. Unterschiede bestehen auch im Prognosezeitraum, der in der Berufsunfähigkeitsversicherung i.Allg. sechs Monate beträgt. Für die Zuerkennung der Leistung in der Erwerbsunfähigkeitsversicherung ist es erforderlich, dass die versicherte Person infolge Krankheit, Körperverletzung oder Kräfteverfall, die ärztlich nachzuweisen sind, voraussichtlich mind. zwei Jahre außerstande sein wird einer Erwerbstätigkeit von mehr als drei Stunden täglich nachzugehen. Ist die versicherte Person in diesem Sinne sechs Monate ununterbrochen erwerbsunfähig gewesen, gilt die Fortdauer dieses Zustands als Erwerbsunfähigkeit. – 2. *Vertragsformen:* Selbstständige Erwerbsunfähigkeitsversicherung und die Erwerbsunfähigkeits-Zusatzversicherung in Verbindung mit einer Renten-, Kapitallebens-, Risikolebens- oder Fondsgebundenen Lebens- bzw. Rentenversicherung. Die Vielfalt der → Versicherungsbedingungen behindert die Markttransparenz. – 3. *Würdigung:* Die Erwerbsunfähigkeitsversicherung bietet sich alternativ zur Berufsunfähigkeitsversicherung als Minimalschutz bei nicht versicherbaren Berufen oder zur Absicherung nur des „worst case" an.

Erwerbsvermögen → Finanzvermögen.

Erwerbswert → Anschaffungswert.

erwerbswirtschaftliches Prinzip – normative Vorstellung von wirtschaftlicher Betätigung zum Zweck der *Gewinnerzielung*, galt lange Zeit als das eigentliche Identitätsprinzip der Betriebswirtschaftslehre. Zu unterscheiden ist → Gewinnmaximierung und angemessene Gewinnerzielung bzw. Kostendeckung (Angemessenheitsprinzip der Gewinnerzielung). Das erwerbswirtschaftliche Prinzip gilt als → systembezogener Tatbestand im Sinn von E.Gutenberg und soll die Leitmaxime von (i.d.R. privaten) Unternehmen innerhalb einer → Verkehrswirtschaft bzw. → Marktwirtschaft zum Ausdruck bringen. Es wird ergänzt durch ein → Bedarfsdeckungsprinzip. – *Anders:* → Wirtschaftlichkeitsprinzip.

Erwerb von Minderjährigen → Geschäftsfähigkeit.

Erwerb von Todes wegen – Begriff nach § 3 ErbStG: (1) Der Erwerb durch → Erbfall, Erbersatzanspruch, → Vermächtnis oder aufgrund eines geltend gemachten Pflichtteilanspruchs; (2) der Erwerb durch Schenkung auf den Todesfall; (3) die sonstigen Erwerbe, auf die die für Vermächtnisse geltenden Vorschriften Anwendung finden; (4) der Erwerb von Vermögensvorteilen, der aufgrund eines vom Erblasser geschlossenen Vertrags unter Lebenden von einem Dritten mit dem Tod des Erblassers unmittelbar gemacht wird (→ Lebensversicherungen). – *Steuerliche Behandlung:* → Erbschaftsteuer, → einmalige Vermögensanfälle.

Erzbergersche Finanzreform (1919/1920) – nach dem Zentrumsabgeordneten, Ministerpräsidenten und Reichsfinanzminister Matthias Erzberger (1875-1921) benannte → Finanzreform, die zu einer vollständigen Umkehrung der finanzhoheitlichen Kompetenzen (→ Finanzhoheit) zwischen Reich und Bundesstaaten führte. Das Reich war zuvor v.a.

auf die Zolleinkünfte unter der Einschränkung der „Franckensteinschen Klausel" und die → Matrikularbeiträge der Länder angewiesen (Reich als „Kostgänger" der Länder; → Clausula Miquel). Durch die Erzberger'sche Finanzreform erhielt das Reich die → Steuerertragshoheit bei der Einkommen-, Körperschaft- sowie Umsatzsteuer und wurde so zur entscheidenden Schaltstelle im → Finanzausgleich zwischen den Gebietskörperschaften. Unterstützt wurde dies durch die Schaffung von Reichsfinanzbehörden (Finanzämtern). Fortsetzung der Erzbergerschen Finanzreform: → Popitz-Schliebensche Finanzreform (1924/1925).

Erzeugergemeinschaften – Zusammenschlüsse von Inhabern land- oder fischwirtschaftlicher Betriebe, die gemeinsam den Zweck verfolgen, die Erzeugung und den Absatz den Erfordernissen des Marktes anzupassen. Näheres im Marktstrukturgesetz i.d.F. vom 26.9.1990 (BGBl. I 2134) m.spät.Änd. Nach Anerkennung durch die zuständige Behörde können Erzeugergemeinschaften staatlich gefördert werden.

Erzeugnisbestand – Bestand der im eigenen Betrieb hergestellten fertigen und unfertigen Erzeugnisse. – *Bewertung in der Steuerbilanz:* Ansatz mit den → Herstellungskosten oder mit dem niedrigeren → Teilwert.

Erzeugnisgruppen – Zusammenfassung verwandter und ähnlicher Erzeugnisse für Zwecke der Organisation und der Kostenrechnung in Betrieben mit verschiedenartiger Produktion. Eine nach Erzeugnisgruppen vorgenommene Ausgestaltung der → Betriebsabrechnung und Aufspaltung des → Betriebsergebnisses soll es ermöglichen, auf einzelne Gruppen von Produkten abgestimmte Dispositionen zu treffen.

Erzeugniskapazität → qualitative Kapazität.

Erzeugnispatent → Patentkategorien.

Erzeugnisplanung → Produktplanung.

Erzeugung → Produktion.

Erziehungs-, Wissenschafts- und Kulturorganisation der Vereinten Nationen → UNESCO.

Erziehungsbeihilfe – Leistung im Rahmen der Kriegsopferfürsorge. – *Berechtigte:* Erholungshilfe wird gezahlt an Beschädigte, die eine Grundrente nach § 31 BVG beziehen, für deren Kinder sowie an Waisen, die Waisenrente oder Waisenbeihilfe nach dem BVG beziehen (§ 27 BVG).

Erziehungsgeld – bis 31.12.2006 gewährte Sozialleistung nach dem → Bundeserziehungsgeldgesetz (BErzGG) i.d.F. vom 9.2.2004 (BGBl. I 206) m.spät. Änd. für alle Mütter oder Väter für die Dauer von bis zu 24 Monaten nach der Geburt des Kindes (→ Sicherung der Familie und von Kindern). Die bisherigen Regelungen über das Erziehungsgeld wurden für Eltern neugeborener Kinder zum Jahresbeginn 2007 durch Regelungen über ein → Elterngeld ersetzt. Erziehungsgeld wurde deshalb nur noch längstens bis zum 31.12.2008 gezahlt. Das Bundeserziehungsgeldgesetz (BErzGG) ist zu diesem Zeitpunkt außer Kraft getreten. Seit 1.1.2007 gilt das Bundeselterngeld- und Elternzeitgesetz i.d.F. vom 5.12.2006 (BGBl. I 2748) m.spät.Änd.

Erziehungsrente – Leistung der gesetzlichen → Rentenversicherung. – 1. *Zweck:* Die Erziehungsrente ist eine Versichertenrente eigener Art und soll in den nach dem 30.6.1977 wirksam werdenden Ehescheidungsfällen beim Tod des versicherten früheren Ehegatten eine Versorgungslücke schließen, die wegen Kindererziehung nicht anderweitig geschlossen werden kann. Erziehungsrente kann nur der unverheiratete frühere Ehegatte erhalten und nur bis zur Vollendung des 65. Lebensjahres. – 2. *Voraussetzung:* Erziehung mind. eines waisenrentenberechtigten Kindes und Zurücklegung einer Versicherungszeit von 60 Kalendermonaten vor dem Tod des früheren Ehegatten (§ 47 SGB VI). Unter denselben Voraussetzungen haben auch verwitwete Ehegatten, für die ein Rentensplitting durchgeführt wurde, Anspruch auf Erziehungsrente. Eigenes Einkommen des Anspruchsberechtigten wird nach § 97 SGB VI angerechnet.

Erziehungsurlaub → Elternzeit.

Erziehungszeiten → Anrechnungszeiten in der gesetzlichen Rentenversicherung. – Vgl. auch → Kindererziehungszeiten.

Erziehungszoll → Zoll, der einen Zollschutz für solche Wirtschaftszweige gewähren soll, die bei → Freihandel der ausländischen Konkurrenz unterliegen würden, bei einem temporären Schutz aber in angemessener Zeit internationale Wettbewerbsfähigkeit erlangen können (*Infant-Industry-Argument,* das von Hamilton und → List entwickelt wurde). Vertreter einer liberalen Außenwirtschaftspolitik akzeptieren im Kern das Erziehungszollargument. – *Probleme* ergeben sich bei seiner Operationalisierung: Wie sollen schutzwürdige Industrien identifiziert werden und wie soll gegen den Widerstand der betroffenen Industrie der Zollschutz später zurückgenommen werden?

Erzwingungshaft → Ersatzzwangshaft.

ESC – *European Securities Comittee, Europäischer Wertpapierausschuss;* Organ zur Prüfung und Überwachung der gesetzlichen Regelungen auf dem Gebiet des Wertpapiergeschäftes.

Escalating Commitment – Phänomen der Verlusteskalation in → Entscheidungsprozessen. Z.B. werden häufig im → Innovationsmanagement Projekte zu spät abgebrochen, sodass ein erheblicher finanzieller Schaden verursacht wird. Verlusteskalation tritt v.a. dann auf, wenn Entscheidungsträger aus persönlicher Präferenz oder wegen erwarteter hoher persönlicher Verluste an Entscheidungen trotz drohender Verluste festhalten und es keine Kontrollmechanismen gibt oder sie nicht greifen, dies zu verhindern. Noch größer wird das Problem, wenn entstandene Fehlentscheidungen vertuscht werden, womöglich durch das Eingehen neuer Risiken, um den entstandenen Schaden wieder gut zu machen.

ESCAP → UN.

Escapeklausel – I. Außenwirtschaft / Europarecht: → Schutzklausel.

II. Ertragsteuern: 1. *Begriff:* Ausnahmeregelung von der Beschränkung des Zinsabzugs im Rahmen der Zinsschranke (vgl. → Regelungen zur Zinsschranke); Zinsaufwendungen sind grundsätzlich einkommensteuerlich unbegrenzt abzugsfähig, wenn der Betrieb zwar zu einem Konzern gehört, dessen Eigenkapitalquote jedoch am Ende des vorangegangenen Abschlussstichtages mind. so hoch ist wie die → Eigenkapitalquote des Konzerns („Escapeklausel"). Ein Unterschreiten der Konzerneigenkapitalquote bis zu einem Prozentpunkt (2% bei Wirtschaftsjahren, die nach dem 31.12.2009 beginnen) führt zu keinen Beschränkungen (§ 4h II S. 1c EStG). Die Eigenkapitalquote ermittelt sich dabei aus dem Verhältnis des bilanziellen → Eigenkapitals zu der → Bilanzsumme. – 2. *Ermittlung der Eigenkapitalquote:* Für den Vergleich der Eigenkapitalquoten ist grundsätzlich ein bestehender Konzernabschluss zugrunde zu legen. Dies jedoch nur, wenn dieser befreiende Wirkung gemäß der §§ 291 ff. HGB hat. Für den Eigenkapitalvergleich ist i.d.R. die Eigenkapitalquote nach dem für die Zinsschranke maßgebenden Rechnungslegungsstandard (grundsätzlich IFRS, nachrangig HGB und US-GAAP) heranzuziehen. Für die Ermittlung der Eigenkapitalquote sind jedoch noch Modifikationen bez. des Eigenkapitals und ggf. der Bilanzsumme vorzunehmen. Bspw. sind dazu die Anteile an anderen Konzerngesellschaften in Höhe deren Buchwerte (§ 4h II S. 1c S. 5 ff EStG) zu kürzen. Bei der Ermittlung der Eigenkapitalquote ist außerdem zu beachten, dass nur die Einlagen zu berücksichtigen sind, sofern diesen keine Ausschüttungen bzw. Entnahmen innerhalb der ersten sechs Monate nach dem maßgeblichen Abschlussstichtag gegenüberstehen (§ 4h II S. 1c S. 5 EStG). Außerdem müssen Bilanzierungs- und Bewertungswahlrechte in den zugrunde liegenden Bilanzen einheitlich ausgeübt sein. – 3. *Gesellschafterfremdfinanzierung i.S.d. § 8a KStG*: Bei Konzernen gilt die Besonderheit, dass Kapitalgesellschaften nur dann von der Zinsschranke durch die Escapeklausel befreit sind, wenn keine schädliche Gesellschafterfremdfinanzierung nach § 8a III KStG vorliegt. Die → Gesellschafterfremdfinanzierung ist schädlich, wenn mehr als 10 Prozent des negativen Zinssaldos an zu mehr als 25 Prozent unmittelbar oder mittelbar beteiligte Anteilseigner einer Konzern-Gesellschaft, diesen nahe stehende Personen und an rückgriffsberechtigte Dritten gezahlt werden. Die Körperschaft hat die Nachweispflicht, dass eine schädliche Gesellschafterfremdfinanzierung nicht vorliegt. Konzernunternehmen, die einen Eigenkapitalquotenvergleich durchführen, müssen in analoger Weise den Nachweis erbringen, dass innerhalb des gesamten steuerlichen Konzerns keine schädliche Gesellschafterfremdfinanzierung vorliegt. Dabei sind jedoch konzerninterne Finanzierungen nicht zu berücksichtigen. Diese Regelung greift analog für gewerblich tätige Personengesellschaften, die einer Kapitalgesellschaft nachgeordnet sind. Die übergeordnete Kapitalgesellschaft muss hingegen nicht zum Konzern gehören. Voraussetzung hierfür ist, dass die Mitunternehmerschaft zu einem Konzern gehört.

ESFS – European System of Financial Supervisors, dt. = Europäisches Finanzaufsichtssystem.

E-Shop → Electronic Shop.

Essenszuschuss – vom Arbeitgeber gewährte Zuschüsse zur Verbilligung von Mahlzeiten für die Arbeitnehmer. Steuerfrei, wenn der Zuschuss direkt an die Kantine, Gaststätte etc. gegeben wird und der Kostenanteil des Arbeitnehmers mind. so hoch ist wie der amtliche Sachbezugswert (2009: Mittag- bzw. Abendessen 2,73 Euro, Frühstück 1,53 Euro). Ist der Sachbezugswert geringer, ist der Unterschiedsbetrag steuer- und beitragspflichtig. – Das Gleiche gilt für *Essensmarken,* die für verbilligte Mahlzeiten an Arbeitnehmer ausgegeben werden.

Essentialismus – eine in der platonisch-aristotelischen Philosophie wurzelnde Sichtweise, dass die Aufgabe der Wissenschaft im Erkennen des *Wesens* bzw. der *Essenz* der Dinge besteht. Faktisch zu erreichen versucht wurde dieses Ziel nicht mittels erfahrungswissenschaftlicher → Erklärungen, sondern durch Realdefinitionen (→ Definition). – *Bedeutung:* In den fortgeschrittenen Wissenschaften gilt der Essentialismus allg. als überholt; Reste davon finden sich in phänomenologisch-hermeneutischen Denkweisen (→ Hermeneutik).

ESV – Abk. für *Europäische Sicherheits- und Verteidigungspolitik,* → GASP.

ESVG – Abk. für → Europäisches System Volkswirtschaftlicher Gesamtrechnungen.

ESZB – Abk. für → Europäisches System der Zentralbanken.

Etablissementsbezeichnung → besondere Geschäftsbezeichnung.

Etat – 1. *Etat der öffentlichen Hand:* → Staatshaushalt. – *Formen:* (1) Solletat: Voranschlag der Einnahmen und Ausgaben; (2) Istetat: nachträglicher Rechnungsabschluss. – Vgl. auch → öffentlicher Haushalt, → Bundeshaushalt, → Budget, → Haushaltsplan. – 2. *Etat einer Unternehmung:* → Finanzplan.

ETF – Abk. für → Exchange Traded Fund.

Ethernet → lokales Netz, in der ersten Hälfte der 1970er-Jahre von der Firma Rank Xerox (USA) entwickelt. – *Aufbau:* Ethernet ist ein auf Einfachheit ausgelegtes Netz ohne zentrale Kontrolle für interne Netzwerke; es arbeitet auf einem Basisband- → Bus (Basisband). Zugangsverfahren: → CSMA/CD. – *Standardisierung:* weitgehend in die Norm → IEEE 802.3 eingegangen. Beim Fast Ethernet handelt es sich um die Weiterentwicklung des Ethernet. Fast Ethernet ist heute die meist verbreiteste LAN-Technik für interne Netzwerke und verbindet Geräte per Glasfaser und Funk auch über größere Entfernungen.

Ethical Hacking – Eindringen von beauftragten Experten in geschlossene Computersysteme mit dem Ziel, Schwachstellen im Sicherheitskonzept aufzudecken und zu beseitigen.

Ethik – *Moralphilosophie.* 1. *Begriff:* Ethik ist die Lehre bzw. Theorie vom Handeln gemäß der Unterscheidung von gut und böse. Gegenstand der Ethik ist die → Moral. Die griech. Ethik war empirisch und normativ zugleich. Heute wird eine empirische, deskriptive Ethik streng unterschieden von der *normativen Ethik,* die ein Sollen formuliert; dieses Sollen erhebt Anspruch auf allg. Verbindlichkeit. – 2. Es lassen sich *fünf Perspektiven der Ethik auf Moral* unterscheiden: a) Beim *Inhalt* eines Moralkodex geht es um die Frage, welche Regeln dazu zu zählen sind und welche nicht. – b) Bei der *Begründung* geht es darum, für die Allgemeinverbindlichkeit normativer Regeln „gute Gründe" zu nennen. – c) Die *Legitimation* moralischer Regeln erfolgt – zumindest in der → Konsensethik – durch die Zustimmung der Betroffenen und ist von der diskursiven Begründung zu unterscheiden. – d) Die *Motivation* zu einem Handeln gemäß den moralischen Regeln ist von Begründung und Legitimation nochmals zu unterscheiden, obwohl in Einzelfällen durchaus „gute Gründe" oder die eigene Zustimmung als Handlungsmotive auftreten können. – e) Die Fragen nach der *Entstehung und Entwicklung* moralischer Regeln nimmt in der wissenschaftlichen Moralforschung einen breiten Raum ein. Es lassen sich *drei Varianten* unterscheiden: Die Variante vom Typ Weber (→ Max-Weber-These) oder → Hayek untersucht Entstehung und Entwicklung von Moral im Kontext der gesellschaftlichen, kulturellen Evolution. Moderne ökonomische Ansätze rekonstruieren die Entwicklung der Moral aus individuellen Kalkülen bzw. als ihr – intendiertes oder aber nicht intendiertes – Resultat; schließlich ist die rein vergleichende empirische Moralforschung zu nennen. – 3. *Begründung von Normen:* a) Hinsichtlich der *theoretischen Grundlagen* moralischer Normen lassen sich *fünf wichtige Ansätze* von Ethik unterscheiden. (1) Die Ordnung der *Natur* enthält die Regeln auch des menschlichen Zusammenlebens (Naturalismus), wobei die „Natur" griech. als Kosmos, frühneuzeitlich als teleologische, später als naturwissenschaftliche, heute bes. als (sozio- oder evolutions-)biologische Natur verstanden wird. (2) Christlich werden Normen im *Willen Gottes* begründet. (3) Marxistisch werden Normen aus den *Gesetzen der Geschichte* begründet. Diese drei Begründungen greifen auf Grundlagen zurück, die vom menschlichen Wollen unbeeinflussbar sind. (4) Die Diskursethik greift auf die dem menschlichen Argumentieren immanenten, *notwendigen Unterstellungen* zurück, die normativen Charakter haben. Diese Begründung geht auf eine vom menschlichen Wollen unabhängige Instanz zurück. (5) Am weitesten verbreitet ist heute die Begründung von Normen im *menschlichen Wollen* in zwei maßgeblichen Varianten: Einer Begründung im Nutzen – → Utilitarismus – und im Konsens – → Konsensethik. Hier unterliegen Normen – qua kollektive Selbstbindungen – dem menschlichen Wollen. – b) Gemäß dem *Kognitivismus* werden Normen in einem der Wahrheitsfindung analogen und durch Vernunft gesteuerten Verfahren erkannt. Demgegenüber verneint der *Non-Kognitivismus* eine solche Möglichkeit und gründet Normen auf Interessen (Wollen: Dezisionismus) oder dem Gefühl (Wohlwollen). – c) Ethik kann entweder alle Handlungen wegen der Ziele oder Folgen – *teleologische* oder *konsequentialistische* Ethik – als gut oder böse beurteilen oder aber einige bes. wichtige Handlungen herausheben die als solche, also ohne Rücksicht auf die Folgen, unbedingt gelten – *deontologische Ethik,* griech. to deon = Pflicht. – d) Damit verwandt, aber nicht identisch, ist die Unterscheidung von Weber zwischen der keine Kompromisse duldenden *Gesinnungsethik* – Handlungen sind gut (allein) aufgrund der Gesinnung – und der *Verantwortungsethik* – die Beurteilung hat die durchschnittlichen voraussehbaren Folgen des Handelns dem Handelnden zuzurechnen. – 4. *Inhalt von Ethik:* Die Inhalte der Ethik waren in der Antike und im Mittelalter durch in das alltägliche Leben eingelassene Normen, Sitten und Gebräuche gegeben; sie wurden später in Katalogen von Tugenden und Pflichten und einer ausgebauten Kasuistik konkretisiert. Im Zuge der neuzeitlichen Modernisierungsprozesse lösen sich diese Traditionen allmählich auf. Moderne Ethik seit I. Kant versteht sich daher zunehmend als *Prinzipienethik* und neuerdings als *Verfahrensethik:* Sie legt allg. Prinzipien fest, z.B. den kategorischen Imperativ Kants oder den Imperativ des Schutzes des Lebens bei H. Jonas, die dann – in einem bestimmten ethischen Verfahren – auf die konkreten Entscheidungstatbestände angewandt werden. – 5. *Neuere Entwicklungen:* Bes. seit Kant hat sich die Diskussion auf Fragen der *Begründung* moralischer Normen konzentriert. In neuerer Zeit wird der Frage der *Implementation* von Moral verstärkt Aufmerksamkeit gewidmet. Das Grundproblem besteht darin, dass kein Moralsystem auf Dauer Bestand haben kann das vom Normadressat fordert, systematisch gegen seine eigenen Interessen zu handeln bzw. unter Bedingungen zu handeln, die die intendierten Folgen der moralischen Handlung nicht zustande kommen lassen. In diesem Zusammenhang gewinnt die Unterscheidung von *Individualethik* und *Institutionenethik* an Bedeutung. In der modernen Gesellschaft gewinnt die institutionelle Ebene systematischen Vorrang vor der

Handlungsebene bei der Bewältigung moralischer Konflikte: Die Regeln sind politisch – auch unternehmenspolitisch – so zu gestalten, dass individuelles moralisches Handeln möglich wird (ökonomisch formuliert: anreizkompatibel). Ethik wird damit zu einer Ordnungsethik (Regelethik, Institutionenethik) und, bezogen auf individuelles Handeln, zu einer Anreizethik, bei der es um die eigene und zugleich allg. Besserstellung geht.

Ethikrichtlinien – 1. *Begriff*: Allg. Verhaltensvorgaben an Arbeitnehmer zum Schutz der Anleger vor Wirtschaftskriminalität und sonstigem Fehlverhalten (vgl. auch → code of conduct). Grund für deren Einführung ist häufig section 406 des Sarbanes Oxley Act 2002 (SOX), der auch Unternehmen in Deutschland betrifft, wenn die Muttergesellschaft in den USA börsennotiert ist. – 2. *Inhalt*: Der Inhalt von Ethikrichtlinien ist unterschiedlich. Er reicht von wenigen klarstellenden Regelungen über die Geltung von Gesetzen und Weisungen bis hin zu umfangreichen Regelwerken, welche die Privatsphäre betreffen. Typische Regelungen sind etwa: Verbot der Annahme von Geschenken und Einladungen, Meldung von Interessenkonflikten, Umgang mit Kunden, Verbot von Liebesbeziehungen am Arbeitsplatz, Verpflichtung zur Meldung des Fehlverhaltens anderer Mitarbeiter („Whistleblowing") etc. – 3. *Einführung*: Die Ethikrichtlinien werden durch das arbeitsrechtliche Weisungsrecht eingeführt. Allerdings ist dabei das Persönlichkeitsrecht der Arbeitnehmer zu beachten. In dieser Hinsicht kritisch ist etwa das Verbot von Liebesbeziehungen am Arbeitsplatz (LAG Düsseldorf, 14.11.2005 – 10 TaBV 46/05 – „Wal-Mart"). – 4. → Mitbestimmung des → Betriebsrats: Ethikrichtlinien sind nicht per se mitbestimmungspflichtig. Häufig fallen aber einzelne Regelungen unter § 87 I Nr. 1 BetrVG (Verhalten der Arbeitnehmer und Ordnung des Betriebs). Dann sind diese Regelungen, aber nicht notwendigerweise die gesamten Ethikrichtlinien, mitbestimmungspflichtig (BAG, 22.7.2008 – 1 ABR 40/07 – „Honeywell").

Ethik und Ökonomik → Wirtschaftsethik.

ethischer Normativismus → normative Betriebswirtschaftslehre.

ethisches Investment – In den USA werden zwischen 10 und 13 Prozent der Fondsvermögen nach ethischen Gesichtspunkten angelegt. In Deutschland liegt der Anteil der angebotenen Nachhaltigkeitsfonds (2004 Volumen ca. 1,6 Mrd. Euro) trotz großer Zuwachsraten bei unter 1 Prozent. An verschiedenen Börsen existieren inzwischen Nachhaltigkeitsindezes, wie z.B. → Dow Jones Sustainability Index, FTSE4Good-Global oder Nature-Aktien-Index (NAI). – *Probleme*: Glaubwürdigkeitsfrage, Widersprüche bei Auswahlkriterien, keine Mindeststandards.

Ethno-Marketing

von Prof. Dr. Tanju Aygün

I. Begriff

Ethno-Marketing ist die Ausgestaltung aller Beziehungen einer Unternehmung auf eine → Zielgruppe, die sich aufgrund von historischen, kulturellen und sprachlichen Gegebenheiten von der Bevölkerungsmehrheit in einem Land unterscheidet. Die Unterschiede können Einfluss auf psychographische Kriterien wie bspw. andersartige Einstellungen, Motive oder Bedürfnisse haben; diese Kriterien zeigen sich in einem → Konsumentenverhalten, welches von dem der Mehrheitsgesellschaft abweicht.

II. Zielgruppensegmentierung

Im Jahr 2011 hatten nach Angaben vom Statistischen Bundesamt 16,0 Mio. Menschen in Deutschland einen Migrationshintergrund. Dies bedeutet, dass 20 Prozent der Bevölkerung zugewandert oder Nachkommen von zugewanderten Menschen sind. Personen türkischer Herkunft stellen mit 3,0 Mio. Menschen die größte ethnische Zielgruppe dar. Sie werden auch als „Deutschtürken" bezeichnet, da sie türkischer Herkunft sind und dauerhaft in Deutschland leben. Das Ethno-Marketing in Deutschland richtete sich zunächst an diese Konsumentengruppe. Eine weitere große ethnische Gruppe, die gegenwärtig für die Ethno-Marketer interessant geworden ist, sind die 2,9 Mio. sog. „Russlanddeutschen", zu denen v.a. (Spät-)Aussiedler der Nachfolgestaaten der ehemaligen Sowjetunion zählen.

III. Wirtschaftszweige

Eine Vielzahl von bedeutenden Unternehmen aus verschiedenen Branchen beschäftigt sich in unterschiedlicher Intensität mit Ethno-Marketing. Ein Fokus ist hierbei die Ausgestaltung der → Kommunikationsbeziehungen zu den Zielgruppen. Folgende Tabelle gibt einen beispielhaften Überblick – ohne den Anspruch auf Vollständigkeit zu erheben – über Branchen und Unternehmen, die in der Vergangenheit bzw. aktuell Ethno-Marketing als zusätzliche Form des Zielgruppenmarketings für Deutschtürken nutzen:

Branche	Unternehmen	Form des Ethno-Marketings
Automobilindustrie	Mercedes-Benz, Volkswagen, Seat, Fiat	speziell entwickelte Werbespots, die im türkischen Fernsehen ausgestrahlt werden und deutschtürkische Verkäufer in ausgewählten Autohäusern
Telekommunikation/ Postdienstleistungen	Deutsche Telekom, E-Plus, Vodafone, O2, Alice, Deutsche Post AG	eigene Werbespots und spezielle „Türkeitelefonierpakete"; bei E-Plus die Entwicklung einer Mobilfunkmarke mit dem Namen „Ay Yildiz" (Anspielung auf die türkische Fahne mit „Halbmond & Stern")
Banken/Bausparkassen/ Versicherungen	Deutsche Bank, Targobank, Hypovereinsbank, Western Union, Postbank, Wüstenrot, Allianz	eigene Werbespots; bei der Deutschen Bank Zielgruppenmarketing unter dem Namen „Bankamiz" („Unsere Bank")
Einzelhandel und Großhandel	Kaufland, Real, Metro Cash & Carry, kik	deutscher TV-Werbespot von kik wurde ins Türkische übersetzt; standortabhängiges ethnisches Sortiment bei Kaufland, Real und Metro C&C; Handzettel in türkischer Sprache bei Metro C&C je nach Standort
Konsumgüterindustrie	Ferrero, Johnson & Johnson, Nestlé	Werbespots, die aus dem Deutschen ins Türkische übersetzt wurden. Bei Nestlé (Maggi) wird der türkische TV-Werbespot, der für die in der Türkei lebenden Verbraucher entwickelt wurde, auch für die Deutschtürken im türkischen Fernsehen in Deutschland ausgestrahlt.
Gesundheitsbranche	Marseille Kliniken AG („Türk Bakim Evi" = Seniorenheim für Deutschtürken), BKK vor Ort	„Türk Bakim Evi"-Homepage in türkischer Sprache

Tabelle 1: Branchen und Unternehmen die Ethno-Marketing für Deutschtürken betreiben bzw. betrieben haben.

IV. Geschichte

Die Ursprünge des Ethno-Marketings, auch bekannt als „ethnic marketing", finden sich in den Vereinigten Staaten von Amerika (USA). Bereits seit den 1970er- und 1980er-Jahren spielt die kommunikative Ansprache von ethnischen Minderheiten wie „Hispanics, Asians, Blacks" eine Rolle bei den Marketingaktivitäten amerikanischer Unternehmen. In Deutschland wird Ethno-Marketing seit den 1990er-Jahren von unterschiedlichen Unternehmen diverser Branchen praktiziert.

V. Entwicklungstendenzen

Der demographische Wandel wird dazu führen, dass die Bevölkerung in Deutschland tendenziell weiter schrumpft und der Anteil von Personen mit Migrationshintergrund steigt. Es gibt derzeit nur wenige wissenschaftliche Publikationen, die sich mit dem Konsumverhalten von ethnischen Minderheiten beschäftigen. Die Herausforderung für Wissenschaft und Unternehmen besteht darin, einen Zugang zu den ethnischen Zielgruppen zu finden um deren Verbraucherverhalten in verschiedenen Segmenten zu analysieren. Mit dem Internet bzw. mit ethnischen Social-Media-Plattformen stehen bereits heute Instrumente zur Verfügung, um spezifische Informationen über diese relevanten Zielgruppen zu gewinnen. In stagnierenden Märkten suchen Unternehmen nach Nischen, um ihren Absatz zu steigern. Es ist daher anzunehmen, dass das Ethno-Marketing in Zukunft an Bedeutung zunehmen wird.

ethnozentrisch – mögliche → strategische Grundhaltung international tätiger Unternehmungen gegenüber dem Ausland bzw. ihren Auslandstochtergesellschaften. Die ethnozentrische Unternehmung verfolgt eine weitestgehende Entscheidungszentralisierung im Heimatland und versucht Konzepte, Strategien und Praktiken, die sich im Stammland als erfolgreich erwiesen haben, auch im Ausland zu realisieren. Dabei werden Unterschiede in der Kultur zwischen Heimatland und Gastländern weitgehend vernachlässigt. – Vgl. auch → EPRG-Modell, → geozentrisch, → polyzentrisch, → regiozentrisch.

eTIN – Abk. für *electronic Taxpayer's Identification Number.* Kurzwort für das lohnsteuerliche Ordnungsmerkmal im Rahmen des → elektronischen Lohnsteuerverfahrens.

ETSO – Abk. für *Association of European Transmission System Operators;* Dachverband der Betreiber von elektrischen Übertragungsnetzen in Europa, gegründet am 1.7.1999 in Frankfurt a.M. – *Aufgabe* ist der Abbau von Handelsschranken im internationalen Stromaustausch und die Schaffung einer gemeinsamen Basis für den Strombinnenmarkt in Europa.

EU – Abk. für *Europäische Union.* 1. *Begriff:* Nach Vollendung von → Zollunion und → Einheitlichem Binnenmarkt im Rahmen der → EWG stellte die EU eine neue Integrationsstufe auf dem Weg zu „einer immer engeren Union der Völker Europas" (Art. 1 EUV) dar. Mit der EU wird das langfristige Ziel des europäischen Einigungsprozesses stärker sichtbar, über die wirtschaftliche Integration hinaus schrittweise auch eine politische Union anzustreben; der *Vertrag über eine Europäische Union* (→ EUV) lässt offen, wie eine umfassende Union der Völker Europas gestaltet werden soll. – 2. *Vertrag über die Europäische Union (EUV):* Der von den Staats- und Regierungschefs der EG-Staaten am 9./10.12.1991 in Maastricht vereinbarte und am 7.2.1992 unterzeichnete Vertrag über die Europäische Union (EUV; → Maastrichter Vertrag), geändert durch den Amsterdamer Vertrag vom 2.10.1997 (BGBl. 1998 II 387), geändert durch den Vertrag von Nizza vom 26.2.2001 (BGBl. 2001 II S. 1667), geändert durch die Akten zum Beitrittsvertrag vom 16.4.2003 (BGBl. 2003 II 1410), die Akten zum Beitrittsvertrag für Bulgarien und Rumänien und den → Vertrag von Lissabon vom 13.12.2007 (BGBl. 2008 II S. 1038) dehnt die Integrationsziele aus und verbessert die supranationalen Handlungsmöglichkeiten. – Er etablierte eine *Drei-Säulen-Struktur der EU* (→ Drei-Säulen-Modell): Die sog. erste Säule umfasst die novellierten Gründungsverträge (→ EGKS-Vertrag (seit dem 24.7.2002 außer Kraft), → EWGV – unbenannt in → EGV – und → EAGV) und als neues Integrationsziel den stufenweisen Ausbau des Einheitlichen Binnenmarkts zur Europäischen Wirtschafts- und Währungsunion (→ EWWU). Dazu kommen zwei weitere, durch den EUV neu geschaffene Integrationssäulen: Die Gemeinsame Außen- und Sicherheitspolitik (→ GASP; zweite Säule) sowie die Zusammenarbeit in den Bereichen Justiz und Inneres (dritte Säule). – Die EU verfügte seit Inkrafttreten des Maastrichter Vertragswerkes über einen *einheitlichen institutionellen Rahmen* (Art. 3 EUV); darüber hinaus besitzt sie (völkerrechtliche) Rechtspersönlichkeit; seit dem 1.12.2009 ist die → EG endgültig in der EU aufgegangen, die EAG bleibt mit eigener (völkerrechtlicher) Rechtspersönlichkeit. Seit Gründung der EU ist ein Beitritt von neuen Mitgliedsstaaten nur noch zur EU in ihrer Gesamtheit möglich. – 3. *Institutionelle Neuerungen:* (1) → Europäische Kommission: Die EG-Kommission wurde angesichts ihrer erweiterten Aufgaben entsprechend umbenannt. (2) → Rat der Europäischen Union: Der vormalige *Ministerrat* wurde entsprechend umbenannt. (3) → Europäisches Parlament: Die Einflussnahmemöglichkeiten des Europäischen Parlaments auf die Gesetzgebung der Gemeinschaft/Union wurden v.a. in Fragen des Binnenmarkts vergrößert (Einführung des sog. Mitentscheidungsverfahrens). (4) Ferner wurde als weiteres Hilfsorgan der sog. → Ausschuss der Regionen (AdR) etabliert, der vor Entscheidungen mit bestimmten regionalen Bezügen zu hören ist. (5) Zur besseren Überwindung des wirtschaftlichen Leistungsgefälles innerhalb der Union wurde in Ergänzung der bestehenden Strukturpolitik (→ Strukturpolitik der Europäischen Union) der sog. → Kohäsionsfonds errichtet. – 4. Durch den → Vertrag von Lissabon wurde eine grundlegende Änderung des bestehenden Vertragssystems vorgenommen. Das → Drei-Säulen-Modell wird aufgelöst, und die EU erhält formell Rechtspersönlichkeit. Der EG-Vertrag (EGV) wird in „Vertrag über die Arbeitsweise der Europäischen Union" (→ AEUV) umbenannt. Die beiden EU-Verträge stehen gleichberechtigt nebeneinander. Als letzte Gründungsgemeinschaft bleibt darüber hinaus die EAG neben den EU-Verträgen (EUV/AEUV) bestehen, insofern besteht ein *„Gemeinsames-Haus-Modell"*.

EU-Agenturen – Die → EU verfügt über eine Vielzahl von Einrichtungen des europäischen öffentlichen Rechts mit eigener Rechtspersönlichkeit, die unabhängig von den EU-Institutionen arbeiten. Sie haben bestimmte technische, wissenschaftliche und administrative Aufgaben in bestimmten Bereichen. Dazu zählen etwa das Europäische Zentrum für die Förderung der Berufsbildung, die Europäische Stiftung für Berufsbildung (Cedefop), das Harmonisierungsamt für den Binnenmarkt (OHIM), die Europäische Agentur für Wiederaufbau (EAR) und die Europäische Behörde für Lebensmittelsicherheit (EFSA). Ferner sind zu nennen: Das EU-Satellitenzentrum in Torrejón (Spanien), das Europäische Verteidigungsagentur (EDA) in Brüssel und das EU-Institut für Sicherheitsstudien in Paris. Europol (Europäisches Polizeiamt), Eurojust (Europäisches Organ zur Stärkung der justiziellen Zusammenarbeit) und die Europäische Polizeiakademie (CEPOL) sind die drei Einrichtungen, die seinerzeit innerhalb der „Dritten Säule" gegründet wurden. Hinzu kommen sog. „Exekutivagenturen", die für die Verwaltung bestimmter EU-Förderprogrammen zuständig sind, z.B. im Bildungs- und Forschungsbereich.

EU-Amtshilfe-Richtlinie – 1. Die EU-Amtshilfe-Richtlinie ersetzt die Richtlinie 77/799/EWG des Rates vom 19.12.1977 über die gegenseitige Amtshilfe zwischen den zuständigen Behörden der Mitgliedstaaten im Bereich der direkten Steuern (EG-Amtshilfe-Richtlinie). – 2. Um das Funktionieren des Binnenmarktes zu gewährleisten, insbesondere um die Steuern bei grenzüberschreitenden Steuersachverhalten ordnungsgemäß festsetzen zu können, wird es als erforderlich angesehen , eine effiziente Zusammenarbeit auf internationaler Ebene zwischen den Steuerbehörden der Mitgliedstaaten der

Europäischen Union zu forcieren und eine neue Form der Verwaltungszusammenarbeit zu entwickeln. Mit der fortschreitenden Internationalisierung, die im speziellen durch die zunehmende grenzüberschreitende Mobilität von Unternehmen und Bürgern deutlich zum Ausdruck kommt, geht zugleich das Bedürfnis nach einem effizienten zwischenstaatlichen Informationsaustausch einher. Ein solcher Informationsaustausch soll zum einen dazu dienen, Doppelbesteuerungen ebenso wie Steuerhinterziehungen zu vermeiden. Des Weiteren hält man die Regelungen für unerlässlich, um eine gleiche Besteuerung auf nationaler Ebene gewährleisten zu können. Mit der EU-Amtshilferichtlinie soll v.a. die effiziente - in Teilbereichen auch neue - Verwaltungszusammenarbeit zwischen den Steuerbehörden der Mitgliedstaaten gestärkt werden, um Steuern bei grenzüberschreitenden Aktivitäten ordnungsgemäß festsetzen zu können. Dazu werden durch die EU-Amtshilferichtlinie gewisse Prüfungsmöglichkeiten und Mindeststandards festgelegt. Außerdem wird der OECD-Standard für Transparenz und effektiven Informationsaustausch für Besteuerungszwecke, wie er sich insbesondere aus Artikel 26 des OECD-Musterabkommens ergibt (OECD-Standard) verbindlich für alle Mitgliedstaaten implementiert. Dieser OECD-Standard verpflichtet die Mitgliedstaaten, sich auf Ersuchen alle für ein Besteuerungsverfahren oder ein Steuerstrafverfahren erforderlichen Informationen zu erteilen. Beweisausforschungen („fishing expeditions") sind jedoch ausgeschlossen. Eine Übermittlung von Informationen kann nicht mehr deshalb abgelehnt werden, weil der übermittelnde Mitgliedstaat kein eigenes Interesse daran hat oder weil diese Informationen sich bei einer Bank, einem sonstigen Finanzinstitut, einem Bevollmächtigten, Vertreter oder Treuhänder befinden oder sich auf Eigentumsanteile einer Person beziehen. Damit wird ein in sich schlüssiges System des zwischenstaatlichen Informationsaustauschsbei grenzüberschreitenden Steuersachverhalten etabliert.- 3. Zur Umsetzung der EU-Amtshilfe-Richtlinie hat der Bundestag das EU-Amtshilfegesetz beschlossen, das das geltende EG-Amtshilfegesetz ablösen soll und sich gegenwärtig (Januar 2013) als Teil des Jahressteuergesetzes 2013 im Vermittlungsausschuss befindet. Mit seiner Verkündung kann im Frühjahr 2013 gerechnet werden.

EU-Beihilfekontrolle - gestützt auf Art. 88 des Vertragswerks der EU. Die EU kann die Zulässigkeit und den Umfang nationaler Subventionspolitiken kontrollieren, wenn die innergemeinschaftliche Wettbewerbsneutralität dies erfordert. Nationale Beihilfen werden als nicht wettbewerbsneutral angesehen, wenn sie einzelnen Unternehmen oder Wirtschaftszweigen Vorteile gegenüber Unternehmen oder Wirtschaftszweigen in anderen Mitgliedsstaaten der EU verschaffen und dadurch den innergemeinschaftlichen Handel verzerren. Die EU-Beihilfekontrolle umfasst regionale und sektorale Maßnahmen der → Wirtschaftsförderung. Beabsichtigt ein Mitgliedsstaat entsprechende Fördermaßnahmen, so ist dies der Kommission der EU mitzuteilen (Notifikation). Die Kommission leitet dann eine Prüfung der Maßnahme ein und erlaubt oder untersagt die vorgesehene Förderung. Der Rahmen für zulässige nationale Beihilfen wird durch *Rechtsverordnungen* der EU festgelegt.

EU-Binnenmarkt → Einheitlicher Binnenmarkt der Europäischen Gemeinschaft (EG)/Europäischen Union (EU).

EUC - Abk. für → End User Control; *siehe* → Exportkontrolle.

Eucken - Walter, 1891–1950, Hauptvertreter des → Ordoliberalismus, der 1927 nach Freiburg berufen wurde und dort bis an sein Lebensende lehrte. Eucken ist wohl der einflussreichste dt. Nationalökonom im 20. Jh. Mit seinem wichtigsten, mehrfach aufgelegten Werk „Grundlagen der Nationalökonomie" (1940) überwand er die → historische Schule und schuf zugleich die Grundlagen für eine Wettbewerbs- und Währungsordnung, die in der Bundesrepublik Deutschland nach dem Zweiten Weltkrieg Wirklichkeit wurde und den raschen Aufstieg zu einer der führenden Wirtschaftsnationen in der Welt ermöglichte. Mit Überzeugungskraft und Konsequenz hat er die → Marktwirtschaft gegen den Nationalsozialismus und den planwirtschaftlichen → Kollektivismus der Nachkriegszeit vertreten. Einzelheiten seiner Konzeption, wie die Marktformenlehre, gelten heute als überholt, was jedoch dessen Gültigkeit insgesamt nicht beeinträchtigt. Seine posthum erschienenen „Grundsätze der Wirtschaftspolitik" (1952) - obwohl unvollständig geblieben - sind ein im akademischen Lehrbetrieb bis heute benutztes Werk. Das Walter Eucken Institut in Freiburg verwaltet seinen Nachlass und wirkt in seinem Geist - durch Vorträge, Seminare und Publikationen - bei der Diskussion ordnungspolitischer Probleme.

eudynamische Bilanz - von Sommerfeld entwickelte → Bilanztheorie. Gerichtet auf Erhaltung der im Betrieb investierten Betriebsenergie, d.h. nicht nur Erhaltung des Nominalkapitals und der güterlichen Substanz, sondern auch der Leistungsfähigkeit im Rahmen der volkswirtschaftlichen Entwicklung. Risiken sind in vollem Umfang zu berücksichtigen, Gewinne erst nach Eingang der Zahlung zu buchen, Halbfabrikate lediglich in Höhe der Materialkosten zu bewerten. Kaufkraftänderungen des Geldes werden durch Rücklagenkonten (Substanzerhaltungskonto) berücksichtigt.

EU-Erweiterung - 1. *Begriff:* Die Erweiterung der → EG bzw. → EU von anfänglich sechs Gründungsmitgliedern (Belgien, Frankreich, Deutschland, Italien, Luxemburg, Niederlande) auf 15 Mitgliedsstaaten vollzog sich in mehreren Etappen: 1975 (Großbritannien, Irland, Dänemark), 1981 (Griechenland),

1986 (Portugal und Spanien), 1995 (Finnland, Österreich, Schweden). Am 1.5.2004 traten der EU bei: Die Tschechische Republik, Estland, Zypern, Lettland, Litauen, Ungarn, Malta, Polen, Slowenien und die Slowakei. Bulgarien und Rumänien sind 2007 beigetreten, sind allerdings aufgrund weiter bestehender Probleme in den Bereichen Justiz, Korruptionsbekämpfung und organisierte Kriminalität einem bes. Mechanismus zur Zusammenarbeit und Überprüfung der Fortschritte in diesen Bereichen unterworfen. Die Türkei, Kroatien und die Ehemalige Jugoslawische Republik Mazedonien sind Beitrittskandidaten. – 2. *Merkmale der Erweiterung:* a) *Beitrittskriterien:* Um der EU beitreten zu können, muss ein Staat nach Art. 49 EUV dem europäischen Kontinent angehören sowie die folgenden Grundsätze beachten: Demokratie, Achtung der Menschenrechte und der Grundfreiheiten, Rechtsstaatlichkeit. Zusätzlich wurden für den aktuellen Beitrittsprozess vom → Europäischen Rat bestimmte politische und wirtschaftliche Bedingungen festgelegt. Diese sog. Kopenhagen-Kriterien verlangen von einem zukünftigen Mitgliedsstaat: (1) Stabilität der Institutionen, Demokratie, Rechtsstaatlichkeit, Achtung der Menschenrechte und Achtung und Schutz von Minderheiten, (2) eine funktionierende Marktwirtschaft, (3) die Übernahme der gemeinschaftlichen Regeln, Standards, und Politiken, die die Gesamtheit des EU-Rechts darstellen (Acquis Communautaire) sowie die Akzeptanz der grundlegenden Ziele der EU (inkl. der politischen, wirtschaftlichen und währungspolitischen Integration). – b) *Vorbeitrittsprozess:* Die EU strukturiert, beobachtet und unterstützt den Vorbeitrittsprozess. Sie stellt verschiedene Finanzierungsinstrumente bereit. Die Anfang der 1990er-Jahre abgeschlossenen → Europa-Abkommen bildeten die Grundlage eines umfassenden Anpassungsprozesses der Beitrittskandidaten. Diese wurden ergänzt durch eine „Vorbeitrittsstrategie", die sich aus drei Instrumenten zusammen setzten: (1) *Beitrittspartnerschaften:* Auf ihrer Basis legte jeder Beitrittskandidat nationale Programme zur Beitrittsvorbereitung fest, die kurz- und mittelfristige Prioritäten enthielten und deren Erreichung mit finanzieller Hilfe aus dem EU-Budget unterstützt wurden (bis 2006 durch die Programme PHARE, ISPA und SAPARD, danach durch das neue Instrument IPA.

EU-Forschungspolitik → Technologiepolitik.

EU-Fusionskontrollverordnung → Europäisches Kartellrecht.

EuG – Abk. für → Europäisches Gericht Erster Instanz.

EU-Gerichtsstands- und Vollstreckungsverordnung → EU-GVV.

EU-Gesetzgebung – 1. *Begriff:* Der Rat (früher: Rat der Europäischen Union oder Ministerrat) und das Europäische Parlament beschließen die Gesetze bzw. Rechtsakte in zwei Gesetzgebungsverfahren (Art. 289 AEUV), dem ordentlichen und dem besonderen. Man unterscheidet dabei drei Arten von verbindlichen Gesetzen/Rechtsakten: Richtlinien, Verordnungen und Beschlüsse. Daneben gibt es unverbindliche Empfehlungen und Stellungnahmen (Art. 288 AEUV). – 2. *Merkmale der* → Rechtsakte: a) Unter → Richtlinien sind Rechtsakte zu verstehen, die innerhalb einer bestimmten Frist in nationales Recht umgesetzt werden müssen. Sie sind verbindlich für jeden Mitgliedsstaat, an den sie gerichtet werden, überlassen jedoch den innerstaatlichen Stellen die Wahl der Form und der Mittel. – b) *Verordnungen* haben allgemeine Geltung, sie sind in allen ihren Teilen verbindlich und gelten unmittelbar in allen Mitgliedstaaten. Sog. *Durchführungsverordnungen* sind von den EU-Gesetzen insofern zu unterscheiden, als sie durch Rat oder Kommission unter Kontrolle des Rats beschlossen werden, um bereits beschlossene EU-Gesetze durchzuführen (Art 291 AEUV, → Komitologie). – c) Ein *Beschluss* ist in allen seinen Teilen verbindlich, ist er nur an bestimmte Adressaten gerichtet, gilt er nur für sie. – 3. *Verfahren:* Im ordentlichen Gesetzgebungsverfahren, das in Art. 294 AEUV genau beschrieben ist, besteht die Annahme einer Verordnung, Richtlinie oder eines Beschlusses in der Annahme durch den Rat und das Europäische Parlament auf Vorschlag der Kommission. Im besonderen Gesetzgebungsverfahren, das in den in den Verträgen besonders bezeichneten Fällen stattfindet, besteht die Annahme entweder in der Annahme durch den Rat unter Beteiligung des Europäischen Parlaments oder in der Annahme durch das Parlament unter Beteiligung des Rats (Art. 289 Abs. 2 AEUV). In Gesetzgebungsakten kann der Kommission die Befugnis übetragen werden, Rechtsakte ohne Gesetzescharakter mit allgemeiner Geltung zur Ergänzung oder Änderung bestimmter unwesentlicher Vorschriften des Gesetzgebungsakts zu erlassen (Art. 290 AEUV).

EuGH – Abk. für *Europäischer Gerichtshof.* 1. *Überblick:* Judikative der → EU (Art. 251 – 281 AEUV, Art. 136 EAGV), Sitz in Luxemburg. – 2. *Mitglieder:* Die Richter und Generalanwälte werden von den Regierungen der Mitgliedstaaten im gegenseitigen Einvernehmen für eine sechsjährige Amtszeit ernannt. Die Richter wählen aus ihrer Mitte den Gerichtspräsidenten für eine Dauer von drei Jahren. Aufgabe der Generalanwälte, die richterliche Unabhängigkeit genießen, ist es, durch die Stellung von Schlussanträgen der Rechtsfindung des EuGH zu dienen. – 3. Der EuGH hat die generelle Aufgabe, bei der Anwendung und Auslegung des EU-Rechts und der von der EU abgeschlossenen völkerrechtlichen Verträge die *Wahrung des Gemeinschaftsrechts* zu gewährleisten. Dabei besteht Zuständigkeit sowohl für die EU als auch Euratom (→ EAG). – Der EuGH ist in erster Linie *Verfassungsgericht* (Auslegung und Anwendung des Primärrechts; Überprüfung der Vereinbarkeit des sekundären EU-Rechts mit dem Primärrecht). Der Gerichtshof hat ferner *verwaltungsgerichtliche*

Zuständigkeiten (Klagen von natürlichen und juristischen Personen gegen Maßnahmen der EU: Nichtigkeitsklagen, Untätigkeitsklagen). – *Weitere Aufgabenbereiche:* Rechtsmittelinstanz für Entscheidungen des → Europäischen Gerichts Erster Instanz (EuG); Erstellung von Gutachten für den → Rat der Europäischen Union (ehem. Ministerrat) und die → Europäische Kommission (vgl. Art. 218 Abs. 11 AEUV, Art. 107 Verfahrensordnung des Gerichtshofs). Neben der Kontrolle der Vereinbarkeit der Rechtsakte der EU mit dem EU-Recht ist der EuGH (nach der Zahl der zu behandelnden Verfahren) überwiegend damit befasst, den Ersuchen mitgliedsstaatlicher Gerichte nach sog. Vorabentscheidungen nach Art. 267 AEUV (d.h. der Klärung bestimmter, für die Entscheidung eines nationalen Gerichts relevanter Fragen des EU-Rechts) nachzukommen.

EU-GVV – Abk. für *Verordnung der Europäischen Union über die gerichtliche Zuständigkeit und die Anerkennung und Vollstreckung von Entscheidungen in Zivil- und Handelssachen;* Verordnung des Europäischen Rates Nr. 44/2001. Die EU-GVV gilt für den gesamten Bereich der EU und löste 2001 das bis dahin geltende „Europäische Übereinkommen über die gerichtliche Zuständigkeit und die Anerkennung und Vollstreckung von Entscheidungen in Zivil- und Handelssachen“ (EU-GVÜ) ab. Die Verordnung regelt, welche nationalen Gerichte für Klagen gegen ein europäisches Unternehmen oder eine natürliche Person, die in der EU ansässig ist, zuständig sind. Zudem bestimmt die EU-GVV wie Entscheidungen aus einem der EU-Mitgliedsstaaten in einem anderen EU-Mitgliedsstaat vollstreckt werden können. Im Ergebnis garantiert diese Verordnung, dass Urteile von Gerichten eines EU-Mitgliedsstaates in allen anderen EU-Mitgliedsstaaten anerkannt und im Wege der Zwangsvollstreckung durchgesetzt werden können.

EU-Haushalt – 1. *Merkmale:* Seit 1971 existiert im Wesentlichen ein Gesamthaushaltsplan der Europäischen Gemeinschaften (→ EG, → EAG, → EGKS), seit 1.1.1993 der Europäischen Union (→ EU). Der Europäische Entwicklungsfonds (→ EEF) ist nicht in den EU-Haushalt eingebunden. – 2. *Haushaltsverfahren:* Der Ablauf ist in Art. 313 ff. AEUV) festgelegt. Die → Europäische Kommission erarbeitet einen Haushalts*vor*entwurf; dieser wird dem → Rat der Europäischen Union zugeleitet, welcher dann den Haushaltsentwurf aufstellt. Die erste Lesung erfolgt im → Europäischen Parlament (EP), die Zweite im Rat. Die Feststellung des Haushaltsplans obliegt dem Präsidenten des Europäischen Parlaments. Die Obergrenzen der jährlichen Haushaltspläne sowie der Anteil der wichtigsten Ausgabenkategorien am Gesamtvolumen des Budgets ergeben sich aus der sog. → Finanziellen Vorschau der Europäischen Union. Die Haushaltsführung der Gemeinschaftsorgane wird vom Europäischen Rechnungshof überwacht (→ EuRH). – 3. *Einnahmen (z.T. weg gefallen):* die ersten beiden Einnahmen werden sog. *traditionelle Eigenmittel* genannt und machen zwischen 10 und 15 Prozent der Eigenmittel (Einnahmen) aus. (1) → Zoll, der auf Grundlage des Gemeinsamen → Zolltarifs der EU durch die Zollbehörden der Mitgliedsstaaten erhoben wird; (2) → Agrarzoll (früher → Abschöpfungen) an der gemeinschaftlichen Außengrenze, die von den Zollbehörden der Mitgliedsstaaten erhoben wird; (3) Mehrwertsteueranteil an der in den Mitgliedsstaaten erhobenen Mehrwertsteuer nach einer seit 1988 harmonisierten MWSt-Bemessungsgrundlage; (4) Beiträge der Mitgliedsstaaten zum Gemeinschaftshaushalt (sog. BNE-Eigenmittel); (5) etwaige Haushaltsdefizite dürfen nicht im Wege der Kreditaufnahme finanziert werden; ein etwaiger Etatüberschuss wird den Einnahmen des nachfolgenden Haushaltsjahres zugeschlagen oder an die Mitgliedsstaaten retransferiert. Da der EU-Haushalt durch die traditionellen Eigenmittel alleine nicht mehr zu finanzieren ist und auch die MwSt-Beiträge nicht mehr ausreichen, bekommen die Beiträge der EU-Mitgliedsstaaten auf Grundlage der BNE-Eigenmittel eine immer größere Bedeutung, alleine in den Jahren 2005 und 2006 machte deren Anteil mehr als 70 Prozent der Einnahmen des EU-Haushalts aus. – 4. *Ausgaben:* a) *Arten:* „*Obligatorische Ausgaben*“ sind solche Aufwendungen, die erforderlich sind, damit die EU ihren im Primär- oder Sekundärrecht verankerten Verpflichtungen genügt. Die Haushaltsbefugnis für sie liegt beim Rat. „*Nicht obligatorische Ausgaben*“ bedürfen der Zustimmung des → Europäischen Parlaments. – b) *Struktur:* Der Anteil der Ausgaben für die → GAP ist fast 50 Prozent der Gesamtausgaben, während die Aufwendungen für Strukturmaßnahmen (→ Strukturpolitik der Europäischen Union) nur etwas mehr als ein Viertel des Haushaltsvolumen entsprechen.

EU-Kartellrecht → Europäisches Kartellrecht.

EU-Kommission → Europäische Kommission.

Euler-Gleichung des Konsums – Die Euler-Gleichung des Konsums ist zentraler Bestandteil neukeynesianischer, vollständig mikrofundierter Makromodelle (→ Neukeynesianische Makroökonomik, dynamisches Grundmodell). Sie resultiert aus der Maximierung einer intertemporalen Nutzenfunktion eines repräsentativen Haushalts unter Beachtung einer periodenbezogenen Budgetrestriktion. Wird eine Volkswirtschaft ohne staatliche ökonomische Aktivität und Geldhaltung betrachtet, lautet das Optimierungsproblem des Haushalts:

$$(1) \qquad U_t = E_t \sum_{k=0}^{\infty} \beta^k [\frac{1}{1-\sigma} C_{t+k}^{1-\sigma} - \frac{\kappa}{1+\eta} N_{t+k}^{1+\eta}] \rightarrow \max$$

unter Beachtung der Nebenbedingung

$$(1 + i_{t-1})B_{t-1} + W_t N_t + \Pi_t^r = P_t C_t + B_t$$

Dabei gelten folgende Bezeichnungen:

$U_t =$ Nutzen,

$E_t =$ rationaler Erwartungsoperator,

C_{t+k} = Konsumnachfrage in Periode $t+k$,

N_{t+k} = Arbeitsangebot in Periode $t+k$,

B_{t-1} = Wertpapierhaltung am Ende der Periode $t-1$,

W_t = Lohnsatz der Periode t,

P_t = Preisniveau der Periode t,

Π_t^r = reales Gewinneinkommen der Periode t,

β = Diskontfaktor $(0<\beta<1)$,

σ = Inverse der intemporalen Substitutionselastizität des Konsums $(\sigma \geq 1)$,

η = Inverse der Arbeitsangebotselastizität $(\eta \geq 1)$,

κ = Skalenparameter $(\kappa > 0)$.

Der Haushalt erzielt einen positiven Nutzen aus seinem gegenwärtigen und (auf die Gegenwart abdiskontierten) zukünftig erwarteten Konsum, während gegenwärtige und zukünftige Arbeit als Leid empfunden wird. In der Budgetrestriktion stehen links die verfügbaren Mittel des Haushalts, die sich aus Zins- und Tilgungszahlungen zu Beginn der Periode t sowie Lohn- und Gewinneinkommen in der Periode t zusammensetzen. Diese Mittel werden für Konsumzwecke und für die Wertpapierhaltung verwendet. Dabei handelt es sich bei B um ein risikoloses nominales Wertpapier mit einer Laufzeit von einer Periode und einer nominalen Effektivverzinsung in Höhe von i. Die Bedingungen erster Ordnung für ein Nutzenmaximum ergeben sich, indem man die nach C_t aufgelöste Budgetrestriktion, d.h. die Gleichung

$$(3) \qquad C_t = \frac{W_t}{P_t} N_t + \Pi_t^r + (1+i_{t-1}) \frac{B_{t-1}}{P_t} - \frac{1}{P_t} B_t$$

in die Nutzenfunktion (1) einsetzt (d.h. zur Nutzenfunktion mit absorbierter Budgetbeschränkung übergeht) und anschließend nach den verbleibenden Entscheidungsvariablen B_t und N_t ableitet und diese ersten partiellen Ableitungen von U gleich null setzt. Man erhält dann erstens die Bedingung für die optimale intertemporale Konsumallokation (Euler-Gleichung)

$$(4) \qquad C_t^{-\sigma} = \beta(1+i_t) E_t \left(\frac{P_t}{P_{t+1}} C_{t+1}^{-\sigma} \right)$$

und die Bedingung für den optimalen Arbeitseinsatz:

$$(5) \qquad \frac{\kappa \cdot N_t^{\eta}}{C_t^{-\sigma}} = \frac{W_t}{P_t}$$

Während Gleichung (5) eine atemporale (statische) Optimalitätsbedingung darstellt, die das Verhältnis aus dem Grenznutzen der Arbeit und dem Grenznutzen des Konsums (also die → Grenzrate der Substitution zwischen Konsum und Arbeit) absolut gesehen mit dem Reallohnsatz in Verbindung setzt, beschreibt die Euler-Gleichung (4) eine dynamische, zinsabhängige Beziehung zwischen Gegenwartskonsum und zukünftig erwartetem Konsum. Sie lässt sich weiter umformen, wenn man die → Fisher-Gleichung in der Formulierung

$$(6) \qquad 1 + r_t = (1+i_t) E_t \left(\frac{P_t}{P_{t+1}} \right)$$

mit r_t = Realzins in (4) einsetzt:

$$(7) \qquad C_t^{-\sigma} = \beta(1+r_t) E_t C_{t+1}^{-\sigma}.$$

An dieser Formulierung der Euler-Gleichung des Konsums wird deutlich, dass der heutige Konsum neben einer vorausschauenden Komponente (d.h. $E_t C_{t+1}$) gleichzeitig vom (Brutto-)Realzins abhängig ist und eine Realzinssteigerung einen Konsumverlagerungseffekt von der Gegenwart in die Zukunft bewirkt. Der Haushalt betreibt dadurch eine Strategie der Konsumglättung. – In neukeynesianischen Makromodellen wird die Euler-Gleichung i.d.R. in logarithmisch-linearer Schreibweise verwendet, indem man sie durch Übergang zu Änderungsraten um den Anfangs-Steady-State linearisiert. Da die Fisher-Gleichung in linearisierter Form lautet

$$(8) \qquad r_t = i_t - E_t \pi_{t+1}$$

wobei $E_t \pi_{t+1}$ die erwartete Inflationsrate bezeichnet, erhält man die log-lineare Version der Euler-Gleichung

$$(9) \qquad c_t = E_t c_{t+1} - \frac{1}{\sigma}(i_t - E_t \pi_{t+1}).$$

Dabei ist c_t die prozentuale Änderungsrate des Konsums oder $\log C_t$. – Die Euler-Gleichung (9) kann gleichzeitig als neukeynesianische → IS-Gleichung aufgefasst werden, da in einer Modellwelt ohne Staat und private Investitionstätigkeit die Güternachfrage nur aus der privaten Konsumgüternachfrage besteht und daher c_t durch das (logarithmierte) Outputniveau y_t und entsprechend der erwartete Zukunftskonsum $E_t c_{t+1}$ durch $E_t y_{t+1}$ ersetzt werden können.

Euler Hermes Kreditversicherungs-AG – kurz: *Hermes;* 1917 gegründet; Tochter der Holding Euler Hermes S.A. mit Sitz in Hamburg und Paris; Unternehmen, das erwerbswirtschaftliche → Kreditversicherung (Schutz vor Forderungsausfall), Vertrauensschadenversicherung (Schutz vor Veruntreuung) und Kautionsversicherung (Avalkredit) betreibt. Daneben bes. Bedeutung im Bereich staatlicher → Exportförderung durch Exportkredit-Risiko-Versicherung. Als Mandatar des Bundes wickelt die Euler Hermes Kreditversicherungs-AG die staatlichen → Exportkreditgarantien des Bundes ab. Mit einer Präsenz in 52 Ländern bietet die Euler Hermes S.A. zudem ein breitgefächertes Angebot an Serviceleistungen im Debitorenmanagement. Mehrheitseigentümer ist die Allianz S.E.

Eulersches Theorem – *Euler-Theorem, Ausschöpfungstheorem, Adding-up-Theorem.* Bei linear-homogenen → Produktionsfunktionen (vgl. auch → Linearhomogenität) gilt:

$$f_1' \cdot r_1 + f_2' \cdot r_2 + \ldots + f_n' \cdot r_n = Q,$$

wobei: f'_i = partielle → Grenzproduktivität des Faktors i, r_i = gesamte Einsatzmenge des Faktors i, Q = Output. – Bei vollständiger Konkurrenz ist das Wertgrenzprodukt $p \cdot f'_i$ als Produkt aus Güterpreis p und partieller Grenzproduktivität gleich dem Faktorpreis q_i. Multiplikation der obigen Relation mit dem Produktpreis P ergibt daher:

$$q_1 r_1 + q_2 r_2 + \ldots + q_n r_n = Q \cdot P.$$

Die Summe der Kosten für die → Produktionsfaktoren zehrt den gesamten Erlös auf, es bleibt kein Gewinn. – Vgl. auch → Wicksell-Cobb-Douglas-Produktionsfunktion.

Eulersche Zahl – Konstante e = 2,71828..., die z.B. durch

$$e = 1 + \sum_{k=1}^{\infty} \frac{1}{k!}$$

erklärt ist und in der Mathematik und Statistik eine wichtige Rolle spielt, u.a. als Basis der natürlichen Logarithmen. – Vgl. auch → Exponentialfunktion, → Exponentialverteilung, → Normalverteilung, → Poissonverteilung.

EU-Preisverordnung – *Verordnung über grenzüberschreitende Zahlungen in Euro,* EG-Verordnung Nr. 2560/2001. Die EU-Kommission war mit den Fortschritten des Europäischen Kreditgewerbes im grenzüberschreitenden Euro-Massenzahlungsverkehr (Laufzeit/Gebühren) unzufrieden, sodass der Europäische Rat und das Europäische Parlament auf Vorschlag der EU-Kommission am 19.12.2001 eine Verordnung verabschiedeten, die u.a. regelte, dass (1) mit Wirkung vom 1.7.2002 die Gebühren, die für grenzüberschreitende elektronische Zahlungsvorgänge (z.B. Kartenzahlungen) in Euro bis zu einem Betrag von 12.500 Euro erhoben werden, denen für inländische Zahlungen entsprechen müssen; (2) mit dem 1.7.2003 die gleiche Regelung auch für grenzüberschreitende Überweisungen in Euro bis zu einem Betrag von 12.500 Euro gilt. Diese Regelung wurde an die Bedingung, dass der Bankkunde die Internationale Kontonummer (IBAN - International Bank Account Number) und die Internationale Bankleitzahl (BIC - Bank Identifier Code) des Empfängers für die Durchführung der Überweisung zur Verfügung stellt. (3) mit Wirkung zum 1.1.2006 der Grenzbetrag von 12.500 auf 50.000 Euro heraufgesetzt wird. – Die Verordnung ist eine drastische Lösung für die Beseitigung der Gebührenunterschiede zwischen inländischen und grenzüberschreitenden Euro-Massenzahlungen. Sie bringt für die Preispolitik der Banken erhebliche Einschränkungen und „bestraft" auch Länder mit niedrigen Gebühren für nationale Zahlungen (wie z.B. Deutschland). Aber sie hat die Anstrengungen der Banken zur Erreichung eines gemeinsamen Euro-Zahlungsraums erheblich forciert. – Vgl. auch → Single Euro Payments Area (SEPA), → EPC.

EURATOM – Abk. für *Europäische Atomgemeinschaft,* → EAG. Internationale Organisation mit eigener Rechtspersönlichkeit, die in der neuen → EU nach dem → Vertrag von Lissabon als einzige der drei Gründungsgemeinschaften weiter besteht. Aufgabe und Ziel ist die friedliche Nutzung der Kernspaltung zur Energiegewinnung, Forschung und zu medizinischen Zwecken.

EU-Raum der Freiheit, der Sicherheit und des Rechts – 1. *Begriff/ Merkmale:* Die *Zusammenarbeit in den Bereichen Justiz und Inneres* wurde erstmals als sog. „Dritte Säule" im → Maastrichter Vertrag als ein Bereich verankert, in dem auf EU-Ebene die zwischenstaatliche Zusammenarbeit koordiniert werden konnte. Anders als in der vergemeinschafteten „Ersten Säule" war der Integrationsgrad also sehr gering. Dies änderte sich mit dem → Amsterdamer Vertrag, als wichtige Teile der „Dritten Säule" in die „Erste Säule" überführt wurden. Art. 67 ff. AEUV umfassen seitdem z.B. Visum-, Asyl-, Einwanderungs- und Ausländerpolitik. Im Bereich Asylpolitik ist es das Ziel, ein gemeinsames Asylsystem zu schaffen, das auf der Grundlage der Genfer Flüchtlingskonvention gemeinsame Standards und Prozeduren vorsieht. Wichtige Rechtsinstrumente hierbei sind das Dubliner Übereinkommen, das regelt welcher Staat für die Prüfung eines Asylgesuchs zuständig ist, sowie die in der Folge geschaffene Datenbank Eurodac zur Erfassung von Fingerabdrücken von Asylsuchenden und illegalen Einwanderern. Art. 81 AEUV enthält seit dem Vertrag von Amsterdam die *Zusammenarbeit in Zivilsachen.* Außerdem wurde der Schengen-Besitzstand in den → EUV und → EGV integriert. Eine Ausdehnung von Mehrheitsentscheidungen auf diese Bereiche ist jedoch bislang nicht gelungen. In der „Dritten Säule" verblieb die polizeiliche und justizielle Zusammenarbeit in Strafsachen (PJZS). Letztere hat das Ziel eine effektivere und koordiniertere Verbrechensbekämpfung, z.B. des Terrorismus, organisierte Kriminalität Menschenhandel, Kinderpornographie, Betrug, Korruption und Drogenhandel. Sie stützt sich z.B. auf Zusammenarbeit, Informationsaustausch und gemeinsame Fortbildung der nationalen Polizei- und Zollbehörden, auch unter Einbeziehung von → Europol und dem mit dem → Vertrag von Nizza geschaffenen Amt → Eurojust. Basierend auf einem Rahmenbeschluss aus dem Jahr 2002, ersetzt seit Januar 2004 ein europäischer Haftbefehl die bisherigen Auslieferungsverfahren. Durch den → Vertrag von Lissabon wird das → Drei-Säulen-Modell abgeschafft und durch das „Gemeinsames-Haus-Modell" ersetzt. Die zweite und dritte Säule werden in die EU integriert, die Inhalte werden durch den → AEUV näher bestimmt. – 2. *Umsetzung:* Der Raum der Sicherheit, der Freiheit und des Rechts wird operationell mithilfe von Mehrjahresprogrammen umgesetzt, momentan durch das sog. *„Haager Programm"* (2005 - 2010). Ein Großteil der legislativen Vorschläge der Kommission bezieht sich mittlerweile auf diesen Bereich, z.B. die Vorschläge für Sanktionen für Arbeitnehmer, die illegale Einwanderer beschäftigen, die sog. *„Blue Card"* zur Vereinfachung hochqualifizierter Einwanderung, einheitliche Aufnahmebedingungen für Forscher, Studenten, Saisonarbeiter etc. aus Drittstaaten, die Schaffung eines europäischen Asylbüros etc. Im Herbst 2008 hat der Europäische Rat einen Europäischen Pakt für Migration und Asyl beschlossen, der auf dem bisher Erreichten aufbaut und ein erneuertes Engagement der Mitgliedsstaaten darstellt, ihre Migrations- und Asylpolitiken verstärkt zu integrieren. - 3. *Ausblick:* Das Mehrjahresprogramm *„Haager Programm"* lief im Jahre 2010 aus. Bis 2014 wird das *„Stockholmer Programm"* weitere konkrete Integrationsschritte auf dem Weg zum Raum der Freiheit, der Sicherheit und des Rechts behandeln.

EU-Reformvertrag → Vertrag von Lissabon.

Euregio - ursprüngliche Bezeichnung für die grenzüberschreitende → Region zwischen Rhein, Ems und Ijssel, die ähnliche Strukturprobleme (krisenanfällige Landwirtschaft, Textil- und Bekleidungsindustrie, schlechte Infrastruktur etc.) aufweist. Heute wird das Konzept der Euregio in Europa mehrfach (Euregionen) genutzt. Ziel ist es, die durch nationale Randlagen entstandenen Rückstände in mehreren Bereichen (z.B. Wirtschaft und Verkehr, Arbeitsmarkt, Technologietransfer, Umwelt, Tourismus, Kultur etc.) aufzuholen. Euregionen unterscheiden sich in ihrer inhaltlichen Schwerpunktsetzung, der Reichweite ihrer Handlungskompetenzen sowie ihrem organisatorischen Aufbau. Die Mitgliedschaft in Euregionen wird meist von kommunalen Gebietskörperschaften, manchen Ortes auch Kammern oder sonstigen Interessenverbänden ausgeübt, und ist stets freiwillig. Organisatorisch sehen sich viele Euregionen mit dem Problem konfrontiert, dass die Errichtung grenzüberschreitender öffentlich-rechtlicher Körperschaften an den meisten zwischenstaatlichen Grenzen der EU aus staats- und völkerrechtlichen Gründen nicht möglich ist. Dem Handlungsspielraum einer Euregio sind ferner wegen ihrer Stellung zwischen den staatlichen Verwaltungsebenen der EU-Mitgliedsstaaten sowie der häufig schwachen finanziellen Ausstattung enge Grenzen gesetzt. Erschwerend wirken sich zusätzlich interregionale politische Divergenzen, der Argwohn der um Souveränitätsverzicht fürchtenden nationalen → Zentren, sprachliche und legislative Unterschiede sowie kulturelle Ressentiments aus.

EU-Regionalpolitik → Regionalpolitik.

EUREX - Abk. für *European Exchange.* Die vollelektronisierte Handels- und Clearing-Plattform EUREX ist 1998 aus dem Zusammenschluss der Deutschen Terminbörse (DTB) und der Schweizer Terminbörse (SOFFEX) hervorgegangen. Die Eurex umfasst die Eurex-Börsen, Eurex Clearing, die ECNs (Electronic Communication Networks), Eurex Bonds und Eurex Repo. Seit Ende Dezember 2007 gehört die International Securities Exchange (ISE), eine Options- und Aktienbörse mit vollelektronischer Plattformen dazu. - Die EUREX bietet ein breites Spektrum an *standardisierten Optionen und Future-Kontrakten* an. Dazu zählen Geldmarkt-, Kapitalmarkt-, Aktien- und Indexprodukte. Im Jahr 2011 wurden fast 2,05 Mrd. Kontrakte (ohne ISE) gehandelt. Marktteilnehmer handeln von 700 Standorten auf der ganzen Welt. - Die *Börsenzeit* umfasst vier aufeinander folgende Phasen: (1) *Pre-Trading:* Die Pre-Trading-Period ist die Vorhandelsphase, in der alle Teilnehmer Anfragen und Eingaben im System vornehmen, Orders ändern oder löschen und Quotes in Vorbereitung des Handels gestellt werden. Geschäftsabschlüsse erfolgen in der Vorhandelsphase nicht. (2) *Opening:* Die Opening Period ist die Eröffnungsphase. Dabei wird zunächst auf Basis der vorliegenden Aufträge und Quotes für die einzelnen Serien der Kontrakte nach dem Meistausführungsprinzip ein Eröffnungspreis ermittelt. (3) *Trading Period:* Die Trading Period ist die Handelsphase. Während des Handels erfolgen die Abschlüsse fortlaufend zu Einzelkursen. Das System ordnet Aufträge und Quotes nach dem Preis. Bei gleichem Preis entscheidet der Zeitpunkt der Ordereingabe, unlimitierte Aufträge werden vor limitierten Aufträgen ausgeführt. Die Quotes der Market Maker dienen als Referenzpreise für unlimitierte Aufträge. (4) *Post-Trading:* Der Nachhandel wird auch als Post-Trading-Period bezeichnet. Im Nachhandel finden keine Geschäftsabschlüsse mehr statt, jedoch stehen alle Funktionen zur Verfügung und Eingaben für den nächsten Tag können vorgenommen werden. - *Zentrale Merkmale* des Handelssystems sind die Schaffung eines transparenten Handels und der gleichberechtigte, vom Standort unabhängige, Marktzugang für alle Marktteilnehmer sowie die Schaffung zusätzlicher Liquidität für weniger liquide Optionen und Futures durch konkurrierende Market Maker.

EuRH - Abk. für *Europäischer Rechnungshof;* 1977 errichtete, mit Inkrafttreten des Vertrags über die Europäische Union (→ Maastrichter Vertrag) in den Rang eines Hauptorgans der Europäischen Union (→ EU) erhobene Institution (Art. 13 I → EUV-Lissabon, Art. 285 bis 287 AEUV) mit Sitz in Luxemburg. Die *Mitglieder* des EuRH (eins pro Mitgliedsland) werden vom → Rat der Europäischen Union (Ministerrat) nach Anhörung des → Europäischen Parlaments einstimmig für eine Dauer von sechs Jahren ernannt. Sie genießen den Status richterlicher Unabhängigkeit und dürfen in Wahrnehmung ihrer Aufgaben „Anweisungen von einer Regierung oder anderen Stelle weder anfordern noch entgegennehmen" (Art. 247 III EGV, Art. 286 III AEUV). - *Aufgabe des EuRH* ist es, die Rechtmäßigkeit und Ordnungsmäßigkeit der Ausgaben und Einnahmen der Union und aller von ihr geschaffenen Institutionen (soweit nichts anderes bestimmt ist) sowie die Wirtschaftlichkeit der Haushaltsführung zu überprüfen. Der Rechnungshof erstellt nach jedem Haushaltsjahr einen Bericht sowie aus bes. Anlässen Sonderberichte, die im Amtsblatt der EU veröffentlicht werden. Auf dessen Grundlage sowie der Stellungnahmen der Gemeinschaftsorgane zum Bericht befindet das Europäische Parlament über eine Entlastung der → Europäischen Kommission.

EURIBOR – Abk. für *Euro Interbank Offered Rate;* im Rahmen der Europäischen Wirtschafts- und Währungsunion geltender Geldmarktzinssatz am Euromarkt. EURIBOR ist ein Referenzzinssatz insbes. für variabel verzinsliche Anleihen (Floater) und wird für 15 unterschiedliche Laufzeiten von einer Woche bis zu Zwölfmonatsgelder ermittelt. Der EURIBOR wird von insgesamt 43 Referenzbanken, den sog. Panel-Banken (davon acht aus Deutschland) täglich ermittelt. Hierzu übermitteln die EURIBOR-Referenzbanken täglich um elf Uhr MEZ ihre Briefsätze für die unterschiedlichen Laufzeiten im Interbankenhandel an einen Bildschirmdienst (TARGET-System). Ziel ist – in Analogie zu EONIA – die Verschmelzung der nationalen Geldmärkte der EU-Mitgliedsländer zu einem einheitlichen Eurogeldmarkt (Ausleihungen unter Banken). Der EURIBOR hat am 1.1.1999 auf Basis des Diskont-Überleitungs-Gesetzes (DÜG) den nationalen Referenzzinssatz FIBOR abgelöst. In vielen Marktsegmenten hat der EURIBOR den → LIBOR als wesentlichen Referenzzins ersetzt. – Vgl. auch → EONIA, → Europäisches System der Zentralbanken (ESZB), → Europäische Zentralbank (EZB), → Deutsche Bundesbank, → Referenzzinssatz.

Eur-Lex – computergestütztes Rechtsinformationssystem der → Europäischen Kommission in Zusammenarbeit mit den übrigen EU-Institutionen über das Gemeinschaftsrecht, das weitgehend vollständig dokumentiert ist und von jedermann genutzt werden kann.

Euro – Zahlungsmittel und Recheneinheit in der → Europäischen Währungsunion (EWU). Ersetzt seit 1.1.1999 die nationalen Währungen der Teilnehmerländer im → Eurowährungsgebiet (bzw. Eurowährungsraum oder kurz Euroraum); zunächst als Buchgeld und elektronisches Geld, seit 1.1.2002 auch als ausschließliches gesetzliches Zahlungsmittel (z.B. Bargeld) innerhalb der Wirtschafts- und Währungsunion.

Euro1 – 1. *Begriff:* Paneuropäisches Individualzahlungssystem der → EBA, das zu Beginn der → Europäischen Währungsunion (EWU) am 4.1.1999 als Nachfolger des → ECU Clearing und Settlement System in Betrieb genommen wurde. Euro1 ist ein Nettozahlungssystem und konzipiert für die Abwicklung von grenzüberschreitenden, kommerziellen Euro-Zahlungen (Kundenzahlungen). Euro1 könnte als paneuropäisches Komplementär-Angebot zu → TARGET2, das v.a. finalitätsbedürftige, großvolumige Interbank-Zahlungen abwickelt, gesehen werden. Aber in der Praxis stehen beide Zahlungsverkehrsplattformen im Wettbewerb bei kommerziellen Zahlungen. – 2. *Charakteristika:* Euro1 wird technisch von → SWIFT betrieben, basiert auf einer SWIFT-Infrastruktur und nutzt SWIFT-Nachrichtentypen. – *Phasen:* Während der Clearing-Phase im Laufe des Tages werden Zahlungsnachrichten kontinuierlich verarbeitet und einem multilateralen Abgleich unterzogen. Bis 16 Uhr können Zahlungsnachrichten gesendet werden, ehe in der Settlement-Phase via TARGET2 die Tagesendsalden verrechnet werden. Der Zahlungsausgleich erfolgt durch TARGET2-Zahlungen der Nettoschuldner auf das Konto der EBA bei der → Europäischen Zentralbank (EZB) und von dort an die Nettogläubiger. Der Teilnehmerkreis besteht aus Banken, die ein hohes Euro-Zahlungsverkehrsaufkommen generieren und die ihren Sitz bzw. eine Niederlassung in der EU haben. Die Risiken dieses Nettosystems werden neben Bonitätsanforderungen an die Teilnehmer, durch Limite für die Zahlungsströme (Credit und Debit Cap), einen täglich bei der EZB zu unterhaltenden Liquiditätspool von einer Mrd. Euro und der sog. Single Obligation Structure (SOS) minimiert. SOS beruht auf dt. Recht und wird von allen Gesetzgebungen der Euro1-Teilnehmer anerkannt; und besagt, dass die zu jedem beliebigen Zeitpunkt während des Tages geschaffene multilaterale Nettoposition in diesem Moment die jederzeit gültige und durchsetzbare Zahlungsverpflichtung bzw. -forderung repräsentiert. Einzelne bilaterale Forderungen und Verbindlichkeiten gehen in diesem Nettosaldo unter.

Euro Alliance of Payment Schemes (EAPS) – Die Euro Alliance of Payment Schemes s.c.r.l. (EAPS) wurde am 7.11.2007 von sechs europäischen Kartenzahlungssystemen gegründet. Das in Brüssel ansässige Unternehmen soll paneuropäische Kartentransaktionen im Rahmen eines neu geschaffenen Zahlungssystems ermöglichen und so mehr Wettbewerb im europäischen Markt schaffen. Karteninhaber werden dadurch die Möglichkeit erhalten, ihre Zahlungskarten an mehr Akzeptanzstellen in Europa einzusetzen. Händler werden von einer breiteren und besseren Akzeptanz von Kartenzahlungen unter einem einheitlichen Logo der EAPS profitieren. Für Banken bieten sich zusätzliche, paneuropäische Alternativen, Effizienzsteigerungen und mehr geschäftspolitische Möglichkeiten. Die Ziele der EAPS stimmen mit den Forderungen der EZB und der Europäischen Kommission nach der Schaffung eines dritten, europäischen Kartenzahlungsverfahrens im Rahmen der → Single Euro Payments Area (SEPA) überein. Die Gründungsmitglieder sind: COGEBAN für die Systeme PagoBancomat und Bancomat (Italien), EPCS European Payment Card Solution GmbH für die Systeme electronic cash und Deutsches

Geldautomatensystem (Deutschland), EUFISERV s.c.r.l., ein paneuropäisches Geldautomatensystem (in Brüssel ansässig), EURO 6000 S.A., Kartenzahlungssystem (Spanien), LINK Interchange Network Ltd, Geldautomatensystem (Großbritannien), Sociedade Interbancaria de Servicos S.A. (SIBS), für das Multibanco-System (Portugal).

EURO-Anleihe – eine in der Währung → Euro begebene → Anleihe. Auch die bis Ende 1998 in den Währungen der EWWU-Länder oder in ECU begebenen Anleihen werden seit der Dritten Stufe der Währungsunion in Euro notiert. – *Anders:* EURO-Anleihe als → Eurobond.

Euroanleihenmarkt → Euromärkte.

Euro Banking Association → EBA.

Eurobetriebsrat → europäischer Betriebsrat.

Euro Bobl Future → Finanzterminkontrakt (Future) auf eine fiktive mittelfristige Schuldverschreibung des Bundes mit 4,5 bis 5,5-jähriger Laufzeit und einem Coupon von 6 Prozent. Der Kontraktwert beträgt 100.000 Euro. Eine Lieferverpflichtung aus einer Short-Position kann nur durch in Euro denominierte Schuldverschreibungen der Bundesrepublik Deutschland (z.B. → Bundesobligation) mit einer Restlaufzeit, die am Liefertag innerhalb der Restlaufzeit des jeweiligen Basiswertes liegt, erfüllt werden. Die Schuldverschreibungen müssen ein Mindestemissionsvolumen von 5 Mrd. Euro aufweisen. Die Preisermittlung erfolgt seit einer Änderung der Kontraktspezifikationen der EUREX Mitte 2007 auf drei Dezimalstellen in Prozent vom Nominalwert, die minimale Preisveränderung beträgt 0,005 Prozent, also fünf Euro. Liefertag ist der zehnte Kalendertag des jeweiligen Quartalsmonats, falls dieser Tag ein Börsentag ist, andernfalls der darauf folgende Börsentag. Liefermonate sind die jeweils nächsten drei Quartalsmonate aus März, Juni, September und Dezember. Clearing-Mitglieder mit offenen Short-Positionen müssen der → Eurex am letzten Handelstag des fälligen Liefermonats bis zum Ende der Post-Trading-Periode anzeigen, welche Schuldverschreibungen sie liefern werden. Der letzte Handel findet zwei Börsentage vor dem Liefertag des jeweiligen Quartalsmonats statt. Handelsschluss für den fälligen Liefermonat ist 12.30 Uhr MEZ.

Eurobond – *EURO-Anleihe;* eine an den → Euromärkten begebene, auf den Inhaber lautende Anleihe (→ Inhaberschuldverschreibung) in vielfältigen Ausstattungen. Die Emissionswährung des Eurobonds ist eine vom Emissionsland verschiedene Währung, vielfach der Euro-Dollar.

Eurobondmarkt → Euromärkte.

Euro Bund Future → Finanzterminkontrakt (Future) über eine idealtypische langfristige Bundesanleihe mit einer Nominalverzinsung von 6 Prozent und einer Restlaufzeit von 8,5 bis 10 Jahren. Die Schuldverschreibungen müssen ein Mindestemissionsvolumen von 5 Mrd. Euro aufweisen. Eine Lieferverpflichtung aus einer Short-Position in einem Euro-Bund-Future-Kontrakt kann nur durch in Euro denominierte Schuldverschreibungen der Bundesrepublik Deutschland mit einer Restlaufzeit von 8,5 bis 10 Jahren erfüllt werden. Der Nominalwert eines Kontraktes beträgt 100.000 Euro. Die Laufzeiten richten sich nach den bei Fälligkeit verfügbaren Bund-Future-Liefermonaten. Dies sind immer die drei nächstliegenden Monate aus März, Juni, September und Dezember. Die Preisermittlung erfolgt auf zwei Dezimalstellen in Prozent vom Nominalwert, die minimale Preisveränderung beträgt 0,01 Prozent, also zehn Euro. – Vgl. → Euro Bobl Future.

Euro-BUXL-Future → Finanzterminkontrakt (Future) über eine fiktive langfristige Schuldverschreibung des Bundes mit 24- bis 35-jähriger Laufzeit und einem Coupon von 6 Prozent. Der Kontraktwert beträgt 100.000 Euro. Eine Lieferverpflichtung aus einer Short-Position kann nur durch durch in Euro denominierte Schuldverschreibungen der Bundesrepublik Deutschland mit einer Restlaufzeit, die am Liefertag innerhalb der Restlaufzeit des jeweiligen Basiswertes liegt, erfüllt werden. Die Anleihen müssen ein Mindestemissionsvolumen von 10 Mrd. Euro aufweisen. Die Preisermittlung erfolgt auf zwei Dezimalstellen in Prozent vom Nominalwert. Die minimale Preisveränderung beläuft sich auf 0,02 Prozent, das entspricht 20 Euro. – Vgl. → Euro Bobl Future.

Euroclear – Clearing-System (→ Clearing) für größere internationale Transaktionen in Dividendenwerten. Euroclear wurde 1968 von der Morgan Guaranty Trust Company im Zusammenhang mit der Errichtung der International Deposity Receipts (IDRs) entwickelt. Benutzer sind vorwiegend institutionelle Anleger (Banken, Versicherungen, Fonds, Makler). Zwischen den teilnehmenden Institutionen werden bei einer der Hinterlegungsstellen zur schnelleren und vereinfachten Abwicklung neben den Wertpapierdepots auch Girokonten unterhalten.

Euro Commercial Paper (ECP) – Schuldtitel bzw. Schuldverschreibungen (→ CP) erstklassiger Adressen mit kurzen Laufzeiten bis zu einem Jahr, die am europäischen Geldmarkt revolvierend emittiert werden (i.d.R. unbesichert).

EUROCONTROL – *European Organisation for the Safety of Air Navigation;* 1960 errichtete internationale Flugsicherungsbehörde. – *Mitglieder:* 38 europäische Staaten – *Sitz:* Brüssel. – *Aufgaben:* (1) EUROCONTROL soll die bisher von nationalen Flugsicherungsdiensten durchgeführten Kontrollaufgaben im oberen Luftraum übernehmen und eine automatisierte Flugsicherung vorbereiten. Ziele sind die optimale Nutzung des europäischen Luftraums und die Vermeidung von Überfüllung, die Entwicklung und Implementierung eines globalen Satelliten-Navigationssystems sowie die Verbesserung der Zusammenarbeit zwischen zivilen und militärischen Einrichtungen.

(2) Ausgehend von den Richtlinien und Empfehlungen der → ICAO und unter Berücksichtigung der Erfordernisse der Landesverteidigung Untersuchung der Möglichkeiten einer Vereinheitlichung der innerstaatlichen Dienste und Vorschriften, die für die Sicherheit des Luftverkehrs notwendig sind. (3) Förderung von gemeinsamem Vorgehen auf dem Gebiet der funktechnischen Hilfsmittel, Fernmeldeeinrichtungen und entsprechenden Bordausrüstungen, die die Sicherheit der Luftfahrzeuge gewährleisten sollen. (4) Einleitung von zusätzlichen Maßnahmen zur Entlastung und Verbesserung der Ausgangsposition der Flugsicherung außerhalb ihrer Einflusssphäre auf mehreren Gebieten des Luftverkehrs, um so die Verkehrssicherheit insgesamt zu erhöhen. Als *EUROCONTROL-Forschungsinstitutionen* fungieren das EUROCONTROL Experimental Centre, das EUROCONTROL Institute of Air Navigation Services, das Central Route Charges Office sowie das Upper Area Control Centre.

Eurodollarmarkt → Euromärkte.

Eurogeldmarkt → Euromärkte.

Eurogeldmarktkredit – wird seit der Einführung des Euro abgekürzt als *Geldmarktkredit* bezeichnet. Eurogeldmarktkredite bzw. Geldmarktkredite können von Wirtschaftsunternehmen (sog. → Nichtbanken) bei den international ausgerichteten Banken in Euro oder in den gängigen Fremdwährungen zu kurz- bis mittelfristigen Laufzeiten aufgenommen werden.

Euro Interbank Offered Rate → EURIBOR.

Eurojust – selbstständige Einrichtung der Europäischen Union (→ EU); mit eigener Rechtspersönlichkeit und eigenständigen Befugnissen ausgestattete Stelle zur Verbesserung der justitiellen Zusammenarbeit im Bereich der Bekämpfung der schweren organisierten Kriminalität in der EU. Geschaffen durch Beschluss des Rats der Europäischen Union vom 28.2.2002 (2002/187/JI, ABl. EG vom 6.3.2002, L 63/1), der mit dem Eurojust-Gesetz (EJG) vom 12.5.2004 (BGBl. I 902), umfangreich geändert durch Gesetz vom 7.6.2012 (BGBl. I S. 1270), in nationales Recht umgesetzt. Sitz in Den Haag. Im Rahmen von Ermittlungen und Strafverfolgungsmaßnahmen, die zwei oder mehr Mitgliedstaaten betreffen, wird Eurojust tätig, im Bereich von Straftaten u.a. der Computerkriminalität, des Betrugs und der → Korruption, der → Geldwäsche (vgl. Art. 4 des Eurojust-Beschlusses). Eurojust nimmt seine Aufgaben entweder durch ein betroffenes nationales Mitglied oder mehrere betroffene nationale Mitglieder oder durch das Kollegium, je nach der in den Art. 5 ff. bestimmten Sachlage, wahr. Die Aufgabe besteht darin, mit den nationalen Ermittlungsbehörden Kontakt aufzunehmen, um die Strafverfolgung effektiv voranzubringen. – Das EJG legt u.a. fest, wer das nationale Mitglied beruft und abberuft (Bundesministerium der Justiz), dessen Amtszeit etc. Ferner werden Regelungen über die Informationsübermittlung zwischen den nationalen Behörden und Gerichten und dem Kollegium bzw. den nationalen Mitgliedern getroffen.

Eurokapitalmarkt → Euromärkte.

Eurokredit – Kurzbezeichnung für *Eurogeldmarktkredit* bzw. für Euromarktkredit, der seit Einführung des Euro überwiegend als Geldmarktkredit bezeichnet wird. Eurokredite bzw. *Geldmarktkredite* können von Wirtschaftsunternehmen (sog. → Nichtbanken) bei den international ausgerichteten Banken in Euro oder in den gängigen Fremdwährungen zu kurz- bzw. mittelfristigen Laufzeiten aufgenommen werden.

Euromärkte – I. Begriff: internationale Märkte für finanzielle Transaktionen, die in einer Währung getätigt werden, die nicht Landeswährung ist. Gehandelt werden frei konvertierbare Währungen: US-Dollar, Euro, Schweizer Franken, Britisches Pfund und Japanischer Yen. – Euromärkte werden auch als *Eurodollarmärkte* bezeichnet, auf die wichtigste „Eurowährung“ hinweisend. – *Wichtigste Finanzzentren:* London (Euro-Dollar) und trotz der Bezeichnung Euromärkte auch New York, Karibik (v.a. Cayman Islands und Bahamas, die auch als *Offshore-Zentren* bezeichnet werden); Bahrain, Tokio, Singapur und Hongkong werden auch als *Asien-Dollar-Märkte* bezeichnet.

II. Arten: Nach der Fristigkeit werden Eurogeld- und Eurokapitalmärkte unterschieden. Die Grenzen sind jedoch fließend. – 1. *Eurogeldmarkt:* Markt für Bankguthaben der wichtigsten frei konvertierbaren Währungen der Welt mit Laufzeiten von i.d.R. bis zu einem Jahr. Gehandelt werden → Geldmarktpapiere: (1) Tagesgelder, tägliche Gelder und Termingelder; (2) verbriefte Rechte, z.B. Schatzwechsel von Regierungen, Commercial Papers, Banker's Acceptances sowie Certificates of Deposit sowie (3) → Festsatzkredite und → Roll-over-Kredite. Aufgrund des Verzichtes auf die Stellung von Sicherheiten können nur Teilnehmer erster Bonität partizipieren, d.h. große Geschäftsbanken, große, international tätige Unternehmen und Versicherungen, Notenbanken, Regierungen und internationale Institutionen (→ Bonität). Der Markt ist weitgehend frei von Auflagen/Steuerungen (wie u.a. Mindestreservevorschriften) und Kontrollen durch nationale Gesetze oder nationale und internationale Währungsbehörden. – Das Zinsniveau liegt wegen fehlender Steuern und Auflagen bei den Einlagen meist über, bei Krediten tendenziell unter denen der nationalen Märkte. Der Zins bildet sich nach Angebot und Nachfrage am Markt, d.h. er wird individuell für jede Transaktion vereinbart i.d.R. auf LIBOR-Basis. – 2. *Eurokapitalmarkt (Euroanleihenmarkt, Eurobondmarkt):* Markt für internationale Anleihen (Euroanleihen bzw. Eurobonds), die nicht auf die Währung des Emissionslandes lauten. Laufzeiten bis zu fünfzehn Jahren herrschen vor. Sie werden außerhalb des Sitzlandes des Schuldners emittiert. Es gibt keinen zentralen Heimatmarkt für Handel und Börsennotierung (jedoch notiert die

Luxemburger Börse größere Voluminia). Emittenten sind nur Adressen erster Bonität, d.h. private und öffentliche Unternehmen, supranationale Institutionen sowie Staaten. Auch der Eurokapitalmarkt unterliegt nur geringen Kontrollen und Auflagen durch nationale Gesetze oder nationale bzw. internationale Währungsbehörden. – In diesem Markt gelten die Regeln des freien Wettbewerbs, d.h. Angebot und Nachfrage; der Zinssatz bildet sich je nach Bonität des Schuldners. Aufgenommen werden können Beträge bis zu mehreren 100 Mio. US-Dollar.

III. **Bedeutung:** Die Bedeutung der Euromärkte wird aufgrund der Vor- und Nachteile kontrovers diskutiert. Die Euromärkte gewährleisten inländischen Kapitalmärkten international eine *effizientere Kapitalallokation;* sie bilden eine wichtige Quelle für die Finanzierung des internationalen Waren- und Dienstleistungsverkehrs und haben wegen ihrer Fristentransformationsfunktion für langfristige internationale Investitionen große Bedeutung. Der Wettbewerb und die geringen staatlichen Eingriffe führen zu einem effizienten Markt und zu Verfeinerungen der Finanzierungstechniken, die die Mobilität des Kapitals fördern und einen schnellen Liquiditätsausgleich ermöglichen. Darüber hinaus fördern die Euromärkte die *Integration der einzelnen nationalen Märkte.* – Gefahren entstanden – bes. in den letzten Jahren – durch die *Fehleinschätzungen von Länderrisiken,* was die Risikoaversion des Euromarktes erhöhte. Durch die hohe Mobilität und mangelnde Steuerungsmöglichkeit des Kapitals kann die *nationale Geldpolitik umgangen* werden; bei Währungskrisen können von diesen Geldern destabilisierend wirkende Spekulationswellen ausgehen. – *Überlegungen hinsichtlich einer Reglementierung* der Euromärkte waren die Folge; sie können aber nur bei weltweit gleichzeitiger Einführung Erfolg haben. Die politische Durchsetzbarkeit ist jedoch fraglich.

IV. **Weitere Entwicklung:** In den 1980er- und 1990er-Jahren haben sich an den Euromärkten eine Vielzahl *neuer Finanzierungstechniken* (→ Finanzinnovationen), v.a. → Revolving Underwriting Facilities (RUF), → Note Issuance Facility (NIF), → Multiple Component Facilities (MCF), → Euro Commercial Papers (ECP) sowie (Zins-, Währungs- und Kreditrisiko-) → Swaps herausgebildet. – Da die Gläubiger höhere Flexibilität und Liquidität ihrer Anlagen bevorzugen, hat man in den letzten Jahre im Wege der → Securitization die Forderungen handelbar gemacht; durch die Verbriefung der Forderungen in der Form von CLOs und CDOs ist es möglich, die eingegangenen Verpflichtungen über den Sekundärmarkt weiter zu veräußern. – Eine weitere wichtige Unterstützung liefern die Euromärkte bei der *Globalisierung der Märkte:* Die Möglichkeit, in den wichtigsten Finanzzentren der Welt rund um die Uhr alle wichtigen Bankgeschäfte tätigen zu können und die damit einhergehende enge Verknüpfung und gleichartigen Bewegungen der Märkte. Gefördert wird diese Tendenz durch die weitere Deregulierung und Liberalisierung der einzelnen nationalen Märkte sowie die Fortschritte in der Telekommunikationstechnik. Neben Anleihen werden voraussichtlich Euro-Aktien in Zukunft größere Bedeutung gewinnen.

Euromoney-Länderrating – von „Euromoney" (britische Fachzeitschrift) durchgeführtes → Länderrating (einmal im Jahr). Mit dem Ziel der Erstellung einer Länderrangliste nach dem dortigen → Kreditrisiko werden die Konditionen analysiert, die öffentlichen und privaten Kreditnachfragern mit staatlichen Bürgschaften durch Banken eingeräumt werden. Man geht bei der Ermittlung des sog. Euromoney-Index davon aus, dass sich die spezifische Einschätzung des mit der Kreditvergabe an ein bestimmtes Land verbundenen Risikos in den Konditionen niederschlägt. Die Übereinstimmung des mm-Index (mm-Ländertest) mit den beiden Spezial-Indices für das Kreditrisiko – Institutional Investor-Index (→ Institutional Investor-Länderrating) und Euromoney-Index – ist sehr hoch.

Euronext N. V. – frühere europäische Mehrländerbörse nach niederländischem Recht, gegründet im September 2000 durch Fusion der Börsen Paris, Brüssel und Amsterdam. Damit wurden auch die Wachstumsmärkte des ehemaligen Netzwerkes EURO.NM aus diesen Börsen hier integriert. Im Juli 2001 erfolgte der Börsengang. 2002 übernahm Euronext die britische Terminbörse → LIFFE und die Börse Lissabon (BVLP). Als Wertpapierabwickler und zentrale Gegenpartei fungiert Clearnet. Im Jahr 2007 fusionierte die EURONEXT N. V. mit der New York Stock Exchange Group zur → NYSE EURONEXT.

Euro-Note – am → Euromarkt emittiertes, kurzfristiges Papier von bonitätsmäßig einwandfreien Nichtbanken, für das die Emissionsbanken die Refinanzierungsgarantie in Form einer → Back-up Line übernehmen. – *Merkmale:* Nicht registrierte handelbare → Inhaberpapiere. Gleichrangig mit dem ungesicherten Fremdkapital des Emittenten. – *Laufzeit:* Drei bis sechs Monate, verschiedentlich zwölf Monate. – *Formen:* → Note Issuance Facility (NIF), → Revolving Underwriting Facilities (RUF). – Vgl. auch → Geldmarktpapiere, → Finanzinnovationen.

Euro-Note Fazilitäten – Sammelbegriff für Techniken zur Absicherung des revolvierenden Absatzes von kurzfristigen Papieren (→ Euro-Notes) im Euromarkt (z.B. → Note Issuance Facility (NIF), → Revolving Underwriting Facility (RUF)). – *Merkmale:* mehrjährige Laufzeit; Bilanzunwirksamkeit (garantierte Rückgriffsmöglichkeit auf eine Bank (Standby-Linie), keine direkte Kreditgewährung). – *Funktionen der Banken:* a) Federführung bei Emission, d.h. Verhandeln der Konditionen sowie der Syndizierung (Arrangeur); einmalige Vergütung prozentual vom gesamten Emissionsbetrag. – b) Organisation der Notes-Platzierung (Tender Panel Agent); jährliche Provision. – c) Angebotsabgabe für Notes und

Platzierung dieser am Markt (Mitglied eines Tender Panels); Provision für platzierte Notes. – d) Die Bank hat die Übernahme nicht platzierter Notes zu einer vereinbarten Rendite (Mitglied eines Standby-Underwriting-Konsortiums); Vergütung jährlich prozentual auf die Zusage.

Euro Overnight Index Average → EONIA.

Europa-Abkommen – 1. *Begriff:* bes. Form von → Assoziierungsabkommen der → EU nach Maßgabe von Art. 217 AEUV geschlossen mit der Türkei (ABl. 1964, 3687), zehn mittel- und osteuropäischen Staaten (bis zum EU-Beitritt am 1.5.2004) sowie Bulgarien und Rumänien (bis zum EU-Beitritt am 1.1.2007). – 2. *Ratifizierung:* Weil die Europa-Abkommen sich auch auf Regelungsbereiche erstreckten, die nicht in den Kompetenzrahmen der EU-Organe fielen, mussten die Abkommen zur Erlangung der Gültigkeit auch von jedem Mitgliedsstaat der EU ratifiziert werden. Wegen der Alleinzuständigkeit der EU in Handelsfragen wurde der handelspolitische Teil der Europa-Abkommen stets schon vor der mitgliedstaatlichen Ratifikation durch ein sog. → Interimsabkommen in Kraft gesetzt, welches dann später durch die Europa-Abkommen abgelöst wurde. – 3. *Zweck der Europa-Abkommen* war und ist es, den marktwirtschaftlichen Transformationsprozess in den betreffenden Staaten zu fördern und ihre Volkswirtschaften schrittweise an die EU heranzuführen und den Beitrittsprozess zu begleiten. Sie werden inhaltlich durch die neuen → Stabilisierungs- und Assoziierungsabkommen (SAA) ersetzt, die derzeit mit den Balkan-Ländern geschlossen worden sind.

Europaeinheitliche Artikelnummer → EAN.

Europäische Aktiengesellschaft → Societas Europaea (SE).

Europäische Atomgemeinschaft (EURATOM) → EAG.

Europäische Bank für Wiederaufbau und Entwicklung → EBRD.

Europäische Beschäftigungspolitik – 1. *Begriff:* Der Amsterdamer Vertrag von 1997 enthält erstmals ein eigenständiges Kapitel (ursprünglich Art. 125-130, inzwischen Art. 145-150 des Vertrags über die Arbeitsweise der Europäischen Union [AEUV]) zur gemeinsamen Beschäftigungspolitik, genauer zur engeren supranationalen Koordinierung und Steuerung der nationalen Arbeitsmarkt- und Beschäftigungspolitiken, die deutliche Unterschiede aufweisen und auf spezifische Problemlagen eingehen müssen. Sie verbleiben jedoch wegen des Subsidiaritätsprinzips primär in nationaler Zuständigkeit, eine eigenständige Kompetenz der EU wird nicht begründet. – 2. *Verfahren:* Die nationalen und supranationalen Akteure beschließen mittelfristig geltende „Beschäftigungspolitische Leitlinien". Die Mitgliedsländer sind gehalten, diese gemeinsamen Leitlinien in sog. nationalen Aktionsplänen (NAPs) mithilfe ihrer nationalspezifischen Instrumente und Verfahren umzusetzen und jährlich Bericht über ihre Aktivitäten und Fortschritte zu erstatten. Die Kommission evaluiert diese nationalen Berichte (Monitoring) und erstellt einen synthetisierenden gemeinsamen Beschäftigungsbericht, der u.a. Vergleiche zwischen Ländern enthält (Benchmarking) sowie Best Practices präsentiert. Nach Konsultation anderer EU-Gremien kann der Ministerrat mit qualifizierter Mehrheit an die Mitgliedsstaaten Handlungsempfehlungen aussprechen, die publiziert werden, aber ausschließlich *nicht* bindenden Charakter haben. – 3. *Inhalte:* Die erste Generation (1998-2002) bestand aus vier „Säulen" (Verbesserung der → Beschäftigungsfähigkeit, Entwicklung des Unternehmergeistes, Förderung der Anpassungsfähigkeit der Unternehmen und ihrer Arbeitnehmer, Stärkung und Ausbau der Maßnahmen für Chancengleichheit). Nach Überarbeitung und Wirkungsbewertung bestand die zweite Generation (2003-2008) aus drei übergreifenden „Querschnittsthemen" (→ Vollbeschäftigung, Steigerung der Arbeitsplatzqualität und der → Arbeitsproduktivität, Stärkung des sozialen Zusammenhalts und der sozialen Eingliederung). Diese Ziele wurden in der folgenden Phase (2008-2010) kaum verändert. Seit 2005 erfolgt jedoch eine engere Abstimmung mit den Grundzügen der Wirtschaftspolitik bzw. die Zusammenführung beider Prozesse in den integrierten Leitlinien für Wachstum und Beschäftigung (modifizierte Lissabon-Strategie). 2010 wurden die beschäftigungspolitischen Leitlinien an die neue Wachstumsstrategie „Europa 2020" angepasst (Erhöhung der → Beschäftigungsquote, Abbau der strukturellen → Arbeitslosigkeit und Förderung der Arbeitsplatzqualität, Heranbildung von Arbeitskräften und Förderung lebenslangen Lernens, Steigerung der Qualität und Leistungsfähigkeit der Bildungssysteme und Verbesserung des Zugangs zur Hochschulbildung, Bekämpfung von gesellschaftlicher Armut und Ausgrenzung). Diese Zehnjahresstrategie hat zum Ziel, Beschäftigung und intelligentes, nachhaltiges und integratives Wachstum zu schaffen. – 4. *Folgen:* Die „offene Methode der Koordinierung" (OMK) stellt ein neues, im Vergleich zu früheren „weiches" Instrument der EU-Regulierung dar, welches am Beispiel der Beschäftigungspolitik entwickelt wurde, inzwischen aber auch in anderen Politikfeldern (wie soziale Inklusion und Gender Mainstreaming) Anwendung findet. Angesichts des primär politischen Charakters der Europäischen Beschäftigungsstrategie sind in methodischer Hinsicht Kausalbeziehungen der Interaktion zwischen nationaler und europäischer Ebene kaum zu ermitteln und messbare, durch die europäische Beschäftigungsstrategie verursachte Veränderungen (Wirkung) schwierig zu belegen. Zumindest in einigen Mitgliedsländern sind prozedurale Veränderungen in → Governance und Politikgestaltung tiefergehend als substantielle. Aktuell wird als Antwort auf die Finanz- und Schuldenkrise verschiedentlich eine weitergehende Integration gefordert. – Vgl. auch → Beschäftigungspolitik.

Europäische Energiecharta – im Dezember 1994 unterzeichnetes Vertragswerk m.spät.Änd. zur Schaffung eines europäischen Energieverbundes. Das Ziel der Europäischen Energiecharta ist die weitere Liberalisierung des Handels von Strom, Gas und Erdöl zwischen den Unterzeichnerstaaten und die Einführung westlicher Standards in den ehemaligen kommunistischen Ländern, die das Vertragswerk überwiegend ebenfalls unterzeichnet haben.

Europäische Freihandelsassoziation – *European Free Trade Association*, → EFTA.

Europäische Gemeinschaft – Gegründet am 1.1.1958 als *Europäische Wirtschaftsgemeinschaft* (→ EWG), die mit dem → Maastrichter Vertrag 1992 umbenannt wurde in → EG. Die EG hatte bis 30.11.2009 eigene Rechtspersönlichkeit. Durch den Vertrag von Lissabon geht die EU endgültig in die Europäische Union (→ EU) auf, welche eigene Rechtspersönlichkeit erhält. Der EG-Vertrag wird umbenannt in „Vertrag über die Arbeitsweise der Europäischen Union (AEUV)". EU-Vertrag und AEUV stehen gleichberechtigt nebeneinander, das alte „Drei-Säulen-Modell" der EU gilt seit Dezember 2009 nicht mehr.

Europäische Gemeinschaften – Nach Auslaufen des EGKS-Vertrags (→ EGKSV) und Umbenennung des EG-Vertrags (→ EGV) in „Vertrag über die Arbeitsweise der Europäischen Union (→ AEUV)" durch den Vertrag von Lissabon mit Wirkung vom 1.12.2009 verbleibt mit eigener Rechtspersönlichkeit neben der → EU nur die Europäische Atom-Gemeinschaft (→ EAG). Die → EGKS war die erste Europäische Gemeinschaft, die jedoch nur eine vertragsmäßige Laufzeit von 50 Jahren hatte (23.7.1952 – 23.7.2002). Die → EG hatte eigene Rechtspersönlichkeit und ist seit 1.12.2009 vollständig in die EU aufgegangen.

Europäische Gemeinschaft für Kohle und Stahl → EGKS.

Europäische Genossenschaft → Societas Cooperativa Europaea (SCE).

Europäische Genossenschaft (SCE) – *(Societas Cooperativa Europaea)*; erlangte nach der am 21.8.2003 in Kraft getretenen Verordnung über das Statut der Europäischen Genossenschaft (SCE) durch das vom Deutschen Bundestag verabschiedete Ausführungsgesetz im August 2006 Gesetzeskraft. Sie ist eine supranationale Rechtsform, die neben Genossenschaften nationalen Rechts, in Deutschland das → Genossenschaftsgesetz (GenG), tritt. Die Gründung muss von mind. fünf natürlichen bzw. juristischen Personen erfolgen, die ihren Sitz in mind. zwei EU-Mitgliedsstaaten haben müssen. Der Charakter der Mehrstaatlichkeit der Genossenschaft muss auch dadurch gegeben sein, dass die genossenschaftliche Geschäftstätigkeit sich in erheblichem Umfange auch auf wenigstens zwei Mitgliedsstaaten zu erstrecken hat. Die Mitgliederförderung bezieht sich nicht nur auf wirtschaftliche, sondern auch auf soziale und kulturelle Zwecke. Die Satzung kann nicht nutzende Mitglieder als reine Kapitalgeber zulassen. Eine wesentliche Mindestvoraussetzung ist die tatsächliche Aufbringung eines Grundkapitals von 30.000 Euro, das auch als Sachanlagen zur Verfügung gestellt werden kann. Dieses besteht aus Geschäftsanteilen, wobei sich die Haftung auf die Geschäftsanteile bezieht. In der unternehmerischen Willensbildung ist die Generalversammlung das höchste Organ der SCE, bei der prinzipiell das Eine-Person-Eine-Stimme-Prinzip gilt. Bei der SCE ist die Wahl zwischen 2 Systemen in der Entscheidungsstruktur gegeben. Es kann das dualistische System gewählt werden, das weitgehend dem dt. Genossenschaftsrecht entspricht. Es kann auch – wie in den meisten anderen EU-Mitgliedsstaaten – das monistische System Anwendung finden, bei dem die grundsätzliche Verantwortung für die Unternehmenspolitik bei einem Verwaltungsrat bzw. einem oder mehreren geschäftsführenden Direktoren liegt.

Europäische Gesellschaft → Societas Europaea (SE).

Europäische Handelspolitik – die gemeinsame Handelspolitik der Mitgliedsstaaten der → EU, in Art. 206-207 AEUV niedergelegt. – 1. *Ziele* (Art. 206 AEUV): Durch die Schaffung einer Zollunion beabsichtigen alle Mitgliedsstaaten, im gemeinsamen Interesse zur harmonischen Entwicklung des Welthandels, zur schrittweisen Beseitigung der Beschränkungen im internationalen Handelsverkehr und zum Abbau der Zollschranken beizutragen. – 2. *Grundsätze* (Art. 207 AEUV): Die gemeinsame Handelspolitik wird nach einheitlichen Grundsätzen gestaltet; dies gilt v.a. für die Änderung von Zollsätzen, den Abschluss von Zoll- und Handelsabkommen, die Vereinheitlichung der Liberalisierungsmaßnahmen, die Ausfuhrpolitik und die handelspolitischen Schutzmaßnahmen. – 3. *Handelspolitisches Instrumentarium:* Das Inkrafttreten des gemeinsamen → Binnenmarktes zum 1.1.1993 erlaubte keine bis dahin immer noch existierenden nationalen Restriktionen bzw. Alleingänge (nationale Einfuhrquoten bzw. -kontingente) mehr. Es wurde deshalb eine Reihe von Verordnungen erlassen, die als „handelspolitisches Instrumentarium" der EU bezeichnet werden können und gleichzeitig eine Anpassung der bis dahin existierenden handelspolitischen Instrumente der EU an das neue → GATT bzw. die Ergebnisse der → Uruguay-Runde darstellen. – Vgl. auch → tarifäre Handelshemmnisse, → nicht tarifäre Handelshemmnisse.

Europäische Investitionsbank → EIB.

Europäische Kommission – 1. *Begriff:* Organ der Europäischen Union (→ EU) mit *Sitz* in Brüssel. – 2. *Merkmale:* Die → Europäische Kommission hat ein Mitglied pro EU-Mitgliedsstaat (zzt.: 27); mit dem EU-Reformvertrag (→ Vertrag von Lissabon) sollte die Anzahl der Kommissare ab 2014 auf nur noch zwei Drittel der Anzahl der Mitgliedstaaten beschränkt werden, was jedoch durch einstimmigen Beschluss der Staats- und Regierungschefs von Dezember 2008 b.a.w. aufgehoben wurde, nicht zuletzt um die Ratifizierung des Vertrags von Lissabon durch Irland zu erleichtern. Die Europäische Kommission fasst Beschlüsse als Kollegium mit einfacher Mehrheit, jedoch werden in der Praxis die meisten Beschlüsse im Konsens gefasst. Die Europäische Kommission tritt wöchentlich einmal zur Sitzung zusammen (mittwochs oder im Falle von Plenartagungen des Europäischen Parlaments dienstags). Der Kommissionspräsident und die übrigen Kommissionsmitglieder werden von den Regierungen der Mitgliedstaaten im gegenseitigen Einvernehmen, nach Prüfung und Zustimmung des → Europäischen Parlaments, für eine Amtszeit von fünf Jahren ernannt. Der Kommissionspräsident hat Richtlinien- und organisatorische Kompetenz. Die Kommissionsmitglieder üben ihre Tätigkeit in voller Unabhängigkeit (Art.17 EUV). Ihnen sind unterschiedliche Fachbereiche zugewiesen. Der Verwaltungsunterbau der Europäischen Kommission gliedert sich in Generaldirektionen und Dienste. Die Europäische Kommission wird von Ausschüssen von Vertretern der Mitgliedstaaten unterstützt und kontrolliert (→ Komitologie). Als Kollegium kann sie durch ein Misstrauensvotum des Europäischen Parlaments zum Rücktritt gezwungen werden. Amtsenthebung einzelner Kommissare, etwa bei schweren Verfehlungen, ist ebenfalls möglich. – 3. *Aufgaben:* Die Europäische Kommission hat das Initiativmonopol in den meisten Politikbereichen. Nach der Annahme eines legislativen Vorschlags begleitet die Europäische Kommission diesen durch den gesamten Gesetzgebungsprozess und ist bestrebt, in enger Zusammenarbeit mit der Ratspräsidentschaft, die endgültige Annahme des Vorschlags durch den Rat und das Europäische Parlament zu erleichtern. Die Europäische Kommission hat außerdem exekutive Befugnisse, indem sie Gemeinschaftsprogramme (Forschungsrahmenprogramm, Media, Lebenslanges Lernen etc.) verwaltet und Fördermittel vergibt. Im Haushaltsverfahren ist die Europäische Kommission verantwortlich für Aufstellung und Verwaltung des → EU-Haushaltes. Als „Hüterin der Verträge" überwacht sie die Einhaltung der Verträge und des Sekundärrechts durch die Mitgliedstaaten. Dies schließt die Möglichkeit ein, ein mehrstufiges Vertragsverletzungsverfahren einzuleiten und notfalls vor dem *Europäischen Gerichtshof* (→ EuGH) gegen Mitgliedstaaten Klage zu erheben. Im Rahmen der Wirtschafts- und Währungsunion kann sie ein Defizitverfahren einleiten, als Kartellbehörde ein Bußgeld für Unternehmen verhängen oder als Wettbewerbshüterin Unternehmensfusionen genehmigen oder unterbinden. In den Außenbeziehungen verhandelt die Europäische Kommission im Auftrag des → Rats der Europäischen Union (vormals Ministerrat) internationale Abkommen und verwaltet Hilfs- und Entwicklungsprogramme. Beitritte von neuen EU-Mitgliedstaaten werden von der Europäischen Kommission vorbereitet und überwacht.

Europäische Methode der Offenen Koordinierung – Politisches Instrument zur Koordinierung von Politikbereichen, in denen die EU nur ergänzende oder unterstützende Kompetenzen hat, z.B. im Bereich Beschäftigung/Soziales oder Jugend. Die Europäische Methode der Offenen Koordinierung zielt in erster Linie auf „Politiklernen" zwischen den Mitgliedsstaaten durch den systematischen Austausch von Informationen und bewährter Praktiken ab. Europäische Zielsetzungen können in der Folge vereinbart werden, ohne dass diese einen verbindlichen EU-Rechtsakt (z.B. Richtlinie oder Verordnungen) nach sich ziehen würden. Die → Europäische Kommission hat auch hier das Initiativmonopol und versteht sich als Motor der Europäischen Methode der Offenen Koordinierung.

europäische Normen – *EN-Normen.* 1. *Charakterisierung:* → Normen, die nicht als eigenständige Dokumente existieren, sondern in ihren nationalen Umsetzungen. Die Zustimmung (oder das Überstimmtwerden) zu einer europäischen Norm verpflichtet das betreffende Mitglied zur unveränderten Übernahme in das nationale Normenwerk. Die Übernahme einer europäischen Norm in das dt. Normenwerk geschieht i.d.R. durch Hinzufügen einer nationalen Titelseite zu der dt. Originalfassung der europäischen Norm. Die Übernahmeverpflichtung einer europäischen Norm schließt auch die Zurückziehung etwaiger anderer nationaler Normen zum gleichen Thema mit ein. – Kommt aufgrund notwendiger nationaler Abweichungen keine europäische Norm zustande, wird ein *europäisches Harmonisierungsdokument* erstellt, zu dem nationale Abweichungen erlaubt sind. Es werden A-Abweichungen aufgrund von (Rechts- oder Verwaltungs-)Vorschriften außerhalb der Zuständigkeit des Mitgliedes und B-Abweichungen aufgrund bes. technischer Bedürfnisse (für eine festgelegte Übergangsfrist) unterschieden. – 2. *Ziel:* Erstellung eines europäischen Normenwerks; Forcierung der Harmonisierung bestehender nationaler Normen. – 3. *Grundlage:* Weitestgehend werden → internationale Normen zugrunde gelegt; (neue) technische Handelshemmnisse der EU gegenüber Drittländern sollen vermieden werden. – 4. *Zuständigkeit:* Die für die Normung in Westeuropa zuständigen, eng miteinander verbundenen Norminstitutionen sind → CEN (Comité Européen de Normalisation) und → CENELEC (Comité Européen de Normalisation Electrotechnique). – Vgl. auch → internationale Normen.

Europäische Patentorganisation – auf der Grundlage des → Europäischen Patentübereinkommens (EPÜ) in München errichtete selbstständige Organisation mit der Aufgabe, → europäische Patente zu erteilen. Diese Aufgabe wird vom → Europäischen Patentamt (EPA) durchgeführt und vom Verwaltungsrat überwacht (Art. 4 EPÜ).

Europäische Privatgesellschaft → Societas Privata Europaea (SPE).

Europäischer Ausgleichs- und Garantiefonds für die Landwirtschaft (EAGFL) → GAP.

europäischer Betriebsrat – *Euro-Betriebsrat;* Informations- und Konsultationsgremium EU-weit operierender Unternehmen und Unternehmensgruppen, d.h. mit Betrieben oder Unternehmen in mehreren Mitgliedsstaaten. – 1. *Grundlage:* EG-Richtlinie über die Einsetzung eines Europäischen Betriebsrats oder die Schaffung eines Verfahrens zur Unterrichtung und Anhörung der Arbeitnehmer in gemeinschaftsweit operierenden Unternehmen und Unternehmensgruppen – Richtlinie 94/45/EG vom 22.9.1994 (ABl. EG Nr. L 254, S. 64), abgelöst durch die Richtlinie 2009/38 EG vom 6.5.2009 über die Einsetzung des Europäischen Betriebesrats oder die Schaffung eines Verfahrens zur Unterrichtung und Anhörung der Arbeitnehmer in gemeinschaftsweit operierenden Unternehmen und Unternehemensgruppen (ABl. Nr. L 122 S. 8). – 2. *Geltungsbereich:* Die Richtlinie gilt in allen EU-Mitgliedsstaaten (inklusive Großbritannien) sowie Norwegen, Island und Liechtenstein. Sie gilt in Unternehmen/Unternehmensgruppen ab tausend Arbeitnehmern in den Mitgliedsstaaten, davon mind. 150 in einem anderen Mitgliedsstaat unabhängig vom Gesellschaftssitz. Im Jahre 2008 gab es nach europäischen Schätzungen europäische Betriebsräte in 820 großen Unternehmen in der gesamten → EU; sie involvieren ca. 19.000 Arbeitnehmervertreter, die wiederum die Interessen von 14,5 Mio. Beschäftigten vertreten. – 3. Das *Ziel* ist die Stärkung des Rechts auf Unterrichtung und Anhörung der Arbeitnehmer in gemeinschaftsweit operierenden Unternehmen – 4. *Einsetzung/Verfahren:* Die Modalitäten der Unterrichtung und Anhörung sowie Verfahrensfragen können zwischen einem in den Richtlinien vorgesehenen Verhandlungsgremium der Arbeitnehmer und der zentralen Unternehmensleitung geregelt werden. Diese können auch gemeinsam den Beschluss fassen, dass anstelle eines Europäischen Betriebsrats ein oder mehrere Unterrichtungs- und Anhörungsverfahren geschaffen werden. Das bes. Verhandlungsgremium kann auch mit Zweidrittelmehrheit beschließen, dass kein europäischer Betriebsrat eingerichtet wird. – 5. Das *Standardmodell* des Anhangs zur Richtlinie gilt, wenn zentrale Leitung und das bes. Verhandlungsgremium dies beschließt, die zentrale Leitung die Aufnahmen von Verhandlungen binnen sechs Monaten verweigert oder wenn binnen drei Jahren nach entsprechendem Antrag keine Vereinbarung zustande kommt. Nach dem Standardmodell des Anhangs ist der Europäische Betriebsrat zuständig für die Unterrichtung und Anhörung über Angelegenheiten die das gemeinschaftsweit operierende Unternehmen insgesamt oder mind. zwei Betriebe in verschiedenen Mitgliedstaaten betreffen. Der Europäische Betriebsrat besteht aus mind. drei und höchstens 30 Mitgliedern, wobei die Repräsentanz der Mitgliedstaaten Vorrang vor der Belegschaftsgrößenrepräsentanz hat. Die Amtszeit beträgt vier Jahre, Sitzungen sind einmal jährlich mit der zentralen Leitung mit dem Recht zu Sondersitzungen in Ausnahmefällen. Es gibt einen Katalog von Unterrichtungs- und Anhörungsgegenständen. Der Europäische Betriebsrat kann Sachverständige hinzuziehen. Die Kosten des europäischen Betriebsrats trägt die zentrale Unternehmensleitung. – 6. *Schutz* der Arbeitnehmervertreter ist gewährleistet in gleicher Art wie nach den Vorschriften des Landes, in dem sie beschäftigt sind. Entsprechendes gilt für die Entgeltfortzahlung. – 7. *Umsetzung:* Die Umsetzung der Richtlinie 2009/38 EG im dt. Recht ist durch das Gesetz über Europäische Betriebsräte (EBRG) in der Fassung der Neubekanntmachung vom 7.12. 2011 (BGBl.I S. 2650) erfolgt. Danach werden in größeren gemeinschaftsweit tätigen Unternehmen und Unternehmensgruppen mit Sitz in Deutschland Europäische Betriebsräte oder dezentrale Verfahren zur Unterrichtung und Anhörung von Arbeitnehmern eingerichtet. Kommt es nicht zu einer Vereinbarung über die Unterrichtung und Anhörung der Mitarbeiter, ist kraft Gesetzes ein Europäischer Betriebsrat zu errichten. Das Gesetz betrifft ca. 270 gemeinschaftsweit tätige Unternehmen mit Sitz in der Bundesrepublik Deutschland.

Europäischer Bürgerbeauftragter – *Ombudsmann.* Der Europäische Bürgerbeauftragte wurde mit dem Vertrag von Maastricht (→ Maastrichter Vertrag) geschaffen, um Beschwerden von Bürgern oder jeder natürlichen oder juristischen Person über Missstände in den Organen und anderen Institutionen der EU entgegenzunehmen und wenn möglich die Beseitigung dieser Missstände zu erreichen.

europäische Regionalpolitik → Regionalpolitik.

Europäischer Entwicklungsfonds → EEF.

Europäischer Fonds für Regionale Entwicklung → EFRE.

Europäischer Fonds für Währungspolitische Zusammenarbeit → EFWZ.

Europäischer Forschungsrat → Technologiepolitik.

Europäischer Gerichtshof → EuGH.

Europäischer Konvent – *Konvent.* 1. *Begriff/Hintergrund:* Als Folge der Erklärung über die Zukunft der Union des → Vertrags von Nizza stellte der → Europäische Rat in der Erklärung von Laeken im Jahre 2001 die Methode und den Zeitplan der angestrebten breiten Diskussion über die Zukunft und Reform der Union vor: In Anlehnung an das Gremium, das die → Charta der Grundrechte der EU erarbeitet hatte, wurde ein Konvent vorgeschlagen. Dieser Konvent trat am 28.2.2002 zusammen und schloss seine Arbeit im Juli 2003 nach 18 Monaten mit der Vorlage eines Entwurfs für eine → Verfassung für Europa ab. – 2.

Zusammensetzung: Der Europäische Konvent setzte sich aus 105 Vertretern der nationalen Regierungen und Parlamente der Mitgliedsstaaten und Beitrittsländer sowie der → Europäischen Kommission und des → Europäischen Parlaments zusammen. 13 Vertreter des → Wirtschafts- und Sozialausschusses der EU (WSA) und des → Ausschusses der Regionen (AdR) sowie der Sozialpartner und des → Europäischen Bürgerbeauftragten hatten Beobachterstatus. Präsident des Europäischen Konvents war Valérie Giscard d'Estaing. Vize-Präsidenten waren Giuliano Amato und Jean-Luc Dehaene. Die Zivilgesellschaft konnte sich insbesondere über das interaktive Forum über die Zukunft der Union („Futurum") an den Diskussionen beteiligen. Auch fanden Kontaktgruppen und nationale Debatten statt. Auf Vorschlag des Präsidenten wurde ein eigener Jugendkonvent eingerichtet, dessen Mitglieder nach Vorbild des Europäischen Konvents arbeiteten und ihre Vorschläge unterbreiteten.

Europäischer Pass – 1. *Bankrecht:* durch EU-Bankrecht gegebene pauschale Genehmigung für Einlagenkreditinstitute und Wertpapierunternehmen im Europäischen Wirtschaftsraum, mit einer in ihrem Herkunftsland erteilten Betriebserlaubnis auch in allen anderen Staaten des Europäischen Wirtschaftsraums sowohl durch Zweigstellen als auch mit grenzüberschreitenden Dienstleistungen tätig zu werden. Die Bankaufsicht für diese Tätigkeit wird dann auch vom Herkunftsland her wahrgenommen. – Die Einzelheiten regeln u.a. die §§ 24a und 53b KWG; mit dem → Investmentgesetz (InvG) wurde der Europäische Pass auf Investmentfonds und Verwaltungsgesellschaften erweitert. – 2. *Angebot und Zulassung von Wertpapieren:* Der „europäische Pass für Wertpapiere" geht auf die EU-Prospektrichtlinie zurück: Ein von der zuständigen Behörde des Herkunftsmitgliedsstaats [BRD: → Bundesanstalt für Finanzdienstleistungsaufsicht (BaFin)] gebilligter Wertpapierprospekt (→ Prospekt) kann in allen EU/EWR-Staaten ohne zusätzliches Billigungsverfahren für Börsenzulassungen oder öffentliche Angebote des jew. Wertpapiers genutzt werden. Die Herkunftsstaatsbehörde hat der Behörde des gewünschten Aufnahmestaats hierfür eine Bestätigung über die Billigung des Prospekts zu übermitteln, d.h. zu notifizieren. Der Bescheinigung ist lediglich eine Übersetzung der Zusammenfassung des Prospekts entsprechend der Sprachenregelung des Aufnahmestaates, angefertigt durch den Anbieter oder Zulassungsantragsteller, beizufügen.

Europäischer Rat – 1. *Begriff/Merkmale:* Der Europäische Rat ist das Dachorgan und die höchste politische Instanz der → EU. In ihm kommen die Staats- und Regierungschefs der EU und der Präsident des Europäischen Rats und der Präsident des Europäischen Parlaments sowie Präsident der → Europäischen Kommission bis zu zweimal pro Halbjahr zusammen (sog. *Gipfeltreffen*). Er wurde 1974 institutionalisiert und hat seit der Einheitlichen Europäischen Akte (→ EEA) eine primärrechtliche Verankerung. An den mind. zwei jährlichen *Gipfeltreffen* des Europäischen Rates nehmen auch die Außenminister und ein weiteres Mitglied der Kommission teil. Die Wirtschafts- und Finanzminister können in Fragen der Wirtschafts- und Währungsunion hinzu gerufen werden. Der Europäische Rat erstattet dem → Europäischen Parlament Bericht. Er ist nicht zu verwechseln mit dem → Rat der Europäischen Union (vormals Ministerrat) oder dem → Europarat in Straßburg, der bereits 1949 als eigenständige internationale Organisation gegründet wurde. Mit dem → Vertrag von Lissabon wird der Europäische Rat nun auch vertraglich zu einem Organ der EU erhoben (Art. 13 EUV und Art. 15 EUV). – 2. *Aufgaben:* Der Europäische Rat gibt der Union die für ihre Entwicklung erforderlichen Impulse und legt die allgemeinen politischen Zielvorstellungen und Prioritäten hierfür fest(Art. 15 I EUV). Dies ist auch relevant für die Bereiche Wirtschafts- und Beschäftigungspolitik. Der Europäische Rat kann im Rahmen der → GASP nicht nur Grundsätze und allg. Leitlinien, sondern auch Gemeinsame Strategien beschließen (Art. 26 EUV).

Europäischer Rechnungshof → EuRH → , Organ der Europäischen Union (→ EU).

Europäischer Regionalfonds → EFRE.

Europäischer Sozialfonds (ESF) – 1. *Gegenstand:* Einer der Strukturfonds der Europäischen Union; zentrales Instrument der Strukturpolitik der → EU und der EU-Strategie von Lissabon für Wachstum und Beschäftigung (→ Sozialpolitik der Europäischen Union, → Strukturpolitik der Europäischen Union). Von Beginn an im Vertrag über die Gründung der Europäischen Wirtschaftsgemeinschaft (→ EWG) verankert. Die Operationen des ESF begannen 1960. – 2. *Ziele:* Mithilfe des ESF wird die Beschäftigung in der EU gefördert. Die grundlegende Bestimmung des ESF ergibt sich aus dem Motiv, die im Zuge der Herausbildung eines gemeinsamen Marktes ausgelösten Anpassungsprozesse in Ergänzung zu den mitgliedstaatlichen Maßnahmen arbeitsmarktpolitisch zu flankieren. Dadurch soll zu einer harmonischen Entwicklung der Gemeinschaft als Ganzes sowie zur Stärkung des „wirtschaftlichen und sozialen Zusammenhalts" der EU (→ Kohäsion) beigetragen werden. – 3. Gemäß den Art. 162 ff. AEUV verfolgt der Fonds die *Aufgabe,* vorrangig die Beschäftigungsmöglichkeiten in den wirtschaftlich zurückgebliebenen Regionen der Gemeinschaft zu verbessern. Zu diesem Zweck unterstützt der Fonds v.a. Anpassungsmaßnahmen von Arbeitnehmern und Unternehmen, den Zugang von Arbeitssuchenden, Nichterwerbstätigen, Frauen und Zuwanderen zum Arbeitsmarkt, soziale Eingliederung benachteiligter Personen und Kampf gegen Diskriminierung auf dem Arbeitsmarkt, Stärkung des Humankapitals durch die Reform von Bildungssystemen und die Vernetzung von Bildungseinrichtungen. – 4. *Mittelausstattung:* Von 2007-2013 stehen insgesamt ca. 75 Mrd. Euro aus ESF-Mitteln zur Verfügung. Für Deutschland sind es im gleichen Förderzeitraum 9,38 Mrd. Euro. – 5. Angesichts der *Wirtschafts- und Finanzkrise* und ihren negativen Auswirkungen auf die Beschäftigungssituation kann der ESF – komplementär zu den nationalen sozialen Sicherheitssystemen – eine unterstützende Rolle spielen, um Arbeitnehmer und Unternehmen durch die Krise zu bringen und ihre sozialen Folgen abzumildern. Die Kommission hat den Zugang zu ESF-Mitteln in der Krise erleichtert und flexibler gestaltet sowie die Mittelauszahlungen vorgezogen.

Europäischer Verbraucherpreisindex → Harmonisierter Verbraucherpreisindex → (HVPI).

europäischer Vollstreckungstitel – Die VO über den europäischen Vollstreckungstitel für unbestrittene Forderungen EG Nr. 805/2004 vom 21.4.2004, ABl. EU 2004 Nr. L 143/15 vereinfacht die → Zwangsvollstreckung in diesen Fällen erheblich. – Gemäß § 1079 ZPO ist für ein Urteil oder einen sonstigen Vollstreckungstitel eine Bescheinigung auszustellen, die den Vollstreckungstitel dann zu einem europäischen Vollstreckungstitel macht. Für das Ausstellen dieser Bescheinigung sind diejenigen Gerichte, Behörden oder Notare zuständig, denen die Erteilung einer vollstreckbaren Ausfertigung des Titel obliegt, bei gerichtlichen Titeln ist der Rechtspfleger des zuständigen Gerichts nach § 20 Ziff. 11 RPflG zuständig.

Europäischer Wirtschaftsrat → OEEC.

Europäischer Wirtschaftsraum → EWR.

europäischer Zahlungsbefehl → europäisches Mahnverfahren.

Europäischer Zahlungsverkehr – Im Zuge der europäischen Integration – hauptsächlich mit Beginn der Europäischen Währungsunion 1999 - hat sich in der EU ein eigener Europäischer Zahlungsverkehr entwickelt. V.a. die Schaffung des → TARGET-Systems durch das → Europäische System der Zentralbanken (ESZB) und das paneuropäische Individualzahlungssystem → Euro1 der → EBA trieben diese Entwicklung voran. – Während im → Individualzahlungsverkehr sich recht rasch ein europäischer Zahlungsverkehrsraum herausgebildet hat, kam dieser Harmonierungsprozess im grenzüberschreitenden → Massenzahlungsverkehr nur sehr mühsam voran. Im Anschluss an die → EU-Preisverordnung und die sog. SEPA-Verordnung intensivierte das europäische Kreditgewerbe seine Bemühungen zur Erreichung der → Single Euro Payments Area (SEPA). Trotz dieser Integration gibt es nach wie vor im Europäischen Zahlungsverkehr nicht unerhebliche Zahlungsverkehrsvolumina, die über Korrespondenzbankbeziehungen abgewickelt werden. – Vgl. auch → Auslandszahlungsverkehr.

Europäisches Amt für Personalauswahl (EPA) → EPSO.

Europäisches Amt für Zusammenarbeit → EuropeAid.

europäisches Arbeitsrecht – 1. *Arbeitsrechtliche Vorschriften* ergeben sich z.T. unmittelbar aus dem Unionsrecht. Dies gilt z.B. für die Gleichberechtigung von Mann und Frau (Art. 3 Abs. 3 EUV, Art. 8 und 10 AEUV), den Lohngleichheitssatz (Art. 157 AEUV) sowie die Freizügigkeit (Art. 21, 45 AEUV). Auf der Grundlage des EAUV und von EG-Richtlinien sind z.T. arbeitsrechtliche Gesetze dem europäischen Recht angepasst worden (z.B. Regelungen über die Betriebsnachfolge, den Massenentlassungsschutz und die Durchführung des Lohngleichheitssatzes von Mann und Frau. – 2. Nach 153 Abs. 1 AEUV können im ordentlichen Gesetzgebungsverfahren (EU-Gesetzgebung) Rechtsakte ergehen, die den Arbeitsschutz verbessern. Wichtig ist die Richtlinie 89/391/ EWG des Rates vom 12.6.1989 über die Durchführung von Maßnahmen zur Verbesserung der Sicherheit und des Gesundheitsschutzes der Arbeitnehmer bei der Arbeit (ABl. L 183 vom 26.9.1989) m.spät. Änd. Die Mitgliedsstaaten haben die Richtlinie durch eine Vielzahl von Vorschriften zum Arbeitsschutz umgesetzt. – 3. *Der Vertrag über die Europäische Union* (→ Maastrichter Vertrag) hat die Aufgaben der Gemeinschaft auf den sozialen Schutz erstreckt (im → Vertrag von Lissabon in Art. 3 Abs. Unterabs. 2 EUV weitergeführt) und dem Rat der Europäischen Union eine Regelungskompetenz für das Arbeits- und Sozialrecht gegeben, bei dem das Subsidiaritätsprinzip zu beachten ist. – 4. Für die *Gesetzesanwendung* ist bedeutsam, dass die Gerichte auch nationales Recht richtlinienkonform zu interpretieren haben, also die Rechtsprechung des Europäischen Gerichtshofs (→ EuGH) zu beachten haben. – Vgl. auch → Europäische Sozialcharta, → Gemeinschaftscharta der sozialen Grundrechte der Arbeitnehmer.

europäische Satellitensendung – Regelung des Urheberrechts, wonach grenzüberschreitende Satellitensendungen, die ihren Ursprung in einem Mitgliedsstaat der EU oder des EWR haben, ausschließlich in dem Sendeland als erfolgt gelten (§ 20a UrhG). Dies bedeutet, dass derjenige, der ein geschütztes Werk über Satellit sendet, Senderechte nur in dem Sendeland habe muss, nicht aber in jedem Mitgliedsland, in dem die Sendung empfangen werden kann. Subsidiäre Regelung für Satellitensendungen aus Sendestaaten, die nicht zur EU oder zum EWR gehören, in § 20a II UrhG.

Europäisches Finanzaufsichtssystem – *European System of Financial Supervision*, ESFS.

europäisches Gemeinschaftsrecht → Europarecht; → Europäisches Privatrecht.

Europäisches Gericht Erster Instanz (EuG) – *Gericht Erster Instanz der Europäischen Union*; dem Europäischen Gerichtshof (→ EuGH) im Zuge der

Umsetzung der Einheitlichen Europäischen Akte (→ EEA) beigeordnetes Gericht mit Sitz in Luxemburg. Es wurde durch den Beschluss 88/591/EGKS/EWG/Euratom des Rates vom 24.10.1988 zur Entlastung des Europäischen Gerichtshofes geschaffen, besteht aus siebenundzwanzig Richtern (ein Richter je Mitgliedsstaat). Jeder Mitgliedsstaat muss durch mind. einen Richter vertreten sein. Das EuG nahm im September 1998 seine Tätigkeit auf und hat Richter, die von den Regierungen der Mitgliedstaaten im gegenseitigen Einvernehmen für eine Amtszeit von sechs Jahren ernannt werden. Das Gericht tagt in Kammern mit drei oder fünf Richtern (vgl. Art. 50 des Protokolls über die Satzung des Gerichtshofs der Europäischen Union vom 26.2.2001 (ABl. Nr. C 80, S. 53) m.spät Änd.). Das EuG ist für bestimmte Arten von Verfahren zuständig (z.B. Klagen im Zusammenhang mit der Anwendung der gemeinschaftsrechtlichen Wettbewerbsbestimmungen, Streitsachen hinsichtlich handelspolitischer Schutzmaßnahmen), vgl. Art. 256 AEUV, Art. 140a EAG. – Gegen Entscheidungen des EuG können unter bestimmten Voraussetzungen Rechtsmittel beim EuGH eingelegt werden,Art. 56 des Protokolls der Satzung, a.a.O.) -- Ferner ist 2005 aufgrund des Beschlusses des Rates vom 2.11.2004 (ABl. Nr. L 333 S. 7) das Gericht für den öffentlichen Dienst der Europäischen Union errichtet worden, der für Streitsachen im Bereich des öffentlichen Dienstes der EU zuständig ist.

europäisches Gesellschaftsrecht – Regelungen zur Angleichung der nationalen Gesellschaftsrechtsordnungen mit dem Ziel des Abbaus der Beschränkungen des freien Niederlassungsrechts (→ Niederlassungsfreiheit) auf der Grundlage der Art. 49 ff. AEUV. Eine Reihe von Richtlinien haben die Harmonisierung der Gesellschaftsrechtsordnungen der EU-Mitgliedsstaaten in wichtigen Bereichen herbeigeführt. Erste Ergebnisse dieser Harmonisierungsbemühungen zeigen sich Form von eigenen europarechtlichen Gesellschaftsformen wie der → Europäischen Wirtschaftlichen Interessenvereinigung (EWIV), der → Societas Europaea (SE) und der → Societas Cooperativa Europaea (SCE). Diese Gesellschaftsformen sind in der Bundesrepublik Deutschland durch nationale Ausführungsgesetze eingeführt und können daher auch von dt. Unternehmen als Rechtsform gewählt werden. Ausgestaltet sind sie in Deutschland als Pendants zur OHG (EWIV), zur Aktiengesellschaft (SE) und der Genossenschaft (SCE). Des weiteren ist ab 1.7.2010 die Schaffung einer → Societas Privata Europaea (SPE) in der Planung. Sie soll das Feld der kleineren und mittleren Unternehmen (in Deutschland vergleichbar mit der GmbH) abdecken. Mit ihr befasst sich ein EU-Kommissionsentwurf vom 25.6.2008, der als Bestandteil einer EU-Initiative zur Förderung kleiner und mittlerer Unternehmen unter dem Stichwort „small business act“ erörtert wird,bislang aber auch wegen deutscher Vorbehalte bislang nicht beschlossen werden konnte (2012).

europäisches Harmonisierungsdokument → europäische Normen.

Europäisches Hochschulinstitut – Post Graduate-Lehr- und Forschungsinstitut. – *Sitz:* Florenz. 1972 von den sechs EG-Gründungsmitgliedern gegründet; 1976 eröffnet. – *Ziel:* Förderung des Gedankens der europäischen Einigung in Lehre und Forschung. – *Forschungsgebiete/-schwerpunkte:* Geschichte und Kulturgeschichte, Wirtschaftswissenschaften, Rechtswissenschaften, Politik- und Sozialwissenschaften; vergleichende interdisziplinäre europäische Studien. – *Zulassungsvoraussetzung:* Nationaler Hochschulabschluss; Zulassung erfolgt nach einem Auswahlverfahren. – *European Policy Unit:* 1985 am Europäischen Hochschulinstitut gegründet; dient der Politikberatung, Europäisches Forum seit 1992. Zusammenarbeit mit SOCRATES-Programm.

Europäische Sicherheits- und Verteidigungspolitik (ESV) → GASP.

Europäisches Kartellrecht – Die deutsche Wettbewerbsordnung wird heute nicht mehr allein durch das deutsche Recht bestimmt. Neben das deutsche Wettbewerbsrecht sind vielmehr durch die Art. 101 und 102 des Vertrages über die Arbeitsweise der Europäischen Union (AEUV) und die Europäische Fusionskontrollverordnung (Verordnung (EG) Nr. 139/2004 des Rates vom 20.1.2004 über die Kontrolle von Unternehmenszusammenschlüssen („EG-Fusionskontrollverordnung“); ABl. L 24 vom 29.1.2004, S. 1) Regelungen auf europäischer Ebene getreten. – 1. *Entstehungsgeschichte und Ziele:* Aus dem sog. *Schumanplan* und der Idee einer europäischen Föderation entwickelte sich der Vertrag über die Gründung der Europäischen Gemeinschaft für Kohle und Stahl (→ EGKS), der 1952 in Kraft trat und 2002 nach 50 Jahren ausgelaufen ist. Wegen der krisenhaften Entwicklung auf dem Kohle- und Stahlmarkt waren die wettbewerbsrechtlichen Vorschriften des EGKS-Vertrages insgesamt wenig effektiv. 1957 wurden durch die *Römischen Verträge* die Europäische Wirtschaftsgemeinschaft (→ EWG) und die Europäische Atomgemeinschaft (→ EAG) gegründet. Danach verfolgte der EG-Vertrag mit seinen wettbewerbsrechtlichen Vorschriften v.a. das Ziel, einen gemeinsamen Markt für alle Waren und Leistungen zu errichten und die Wirtschaftspolitik (s. auch → Allgemeine Wirtschaftspolitik) der Mitgliedsstaaten schrittweise einander anzunähern (vgl. Art. 2 EGV). Der europäische Binnenmarkt trägt heute bewußt marktwirtschaftliche Züge, da er u.a. durch die Errichtung eines Systems unverfälschten Wettbewerbs geschaffen wurde. Die Wettbewerbsregeln der Art. 101–106 AEUV schützen den zwischenstaatlichen Handel vor Beschränkungen und Behinderungen mittels eines *Kartell- und Machtmissbrauchsverbotes.* – 2. *Die wichtigsten kartellrechtlichen Vorschriften des AEUV:* Die wettbewerbsrechtlichen Vorschriften des AEUV bezwecken, den innereuropäischen Handel vor Beschränkungen und Behinderungen mittels Absprachen oder Machtmissbrauch zu schützen. Der Schutzzweck der Art. 101 und 102 AEUV geht daher primär dahin, den zwischenstaatlichen Handel in der EU vor Beeinträchtigungen zu schützen, die für die Verwirklichung der Ziele eines einheitlichen Marktes nachteilig sind, wenn z.B. Handelsschranken errichtet oder verfestigt und die gewollte gegenseitige Durchdringung der Märkte erschwert werden. – a) *Erfassung der Verhandlungsstrategie (Durchsetzung des Kartellverbots):* Gemäß Art. 101 AEUV sind horizontale und vertikale Vereinbarungen zwischen Unternehmen, Beschlüsse von Unternehmensvereinigungen und aufeinander abgestimmte Verhaltensweisen verboten, die den Handel zwischen den Mitgliedsstaaten zu beeinträchtigen geeignet sind und eine Verhinderung, Einschränkung oder Verfälschung des Wettbewerbs innerhalb des Binnenmarktes bezwecken oder bewirken. Diese sec. 1 Sherman Act vergleichbare Generalklausel ist durch Beispiele in Art. 101 I AEUV konkretisiert worden; so sind bes. die mittelbare oder unmittelbare Festsetzung von An- oder Verkaufspreisen oder sonstiger Geschäftsbedingungen, die Einschränkung von Erzeugung, Absatz, technischer Entwicklung oder Investitionen, Gebietsabsprachen sowie kollektive Diskriminierungen und Kopplungsverträge verboten. – Das generelle Verbot des Art. 101 I AEUV ist mittlerweile durch eine Fülle von Entscheidungen der Europäischen Kommission und des Europäischen Gerichtshofes konkretisiert worden, die sich in *drei Fallgruppen* systematisieren lassen: (1) *Horizontale Absprachen*, die mittels der verschiedensten rechtlichen Instrumente den eindeutigen Zweck verfolgen, die Trennung in nationale Märkte aufrecht zu erhalten und damit die Schaffung eines größeren gemeinsamen Marktes zu verhindern. (2) *Vertikale Absprachen*, die den Zweck verfolgen, die ausländischen Abnehmer oder die Exporteure selbst vor Parallelimporten und damit vor Wettbewerb zu schützen, da damit die von den Europäischen Verträgen gewollte Durchdringung der nationalen Märkte verhindert wird. (3) *Ausübung gewerblicher Schutzrechte* (Patente, Know-how, Warenzeichen) und Urheberrechte, wenn der zwischenstaatliche Handel spürbar beeinträchtigt wird. Die europäische Rechtsprechung unterscheidet dabei zwischen dem bloßen Bestand gewerblicher Schutzrechte und ihrer Benutzung zu wettbewerbsbeschränkenden Zwecken. – *Einschränkungen:* Das relativ strikte Verbotsprinzip des Art. 101 I AEUV ist jedoch in Art. 101 III AEUV eingeschränkt worden. Die Europäische Kommission kann danach das Verbot des Art. 101 I AEUV auf bestimmte Vereinbarungen und aufeinander abgestimmte Verhaltensweisen für nicht anwendbar erklären, und zwar nicht nur im Einzelfall, sondern auch als sog. *Gruppenfreistellung*, wodurch bestimmte Vertragstypen generell von der Anwendung des Art. 101 I AEUV ausgenommen sind. – *Voraussetzungen:* Jede Freistellung, auch die Gruppenfreistellung setzt voraus, dass die vier Bedingungen des Art. 101 III AEUV erfüllt sind: (1) Verbesserung der Warenerzeugung oder -verteilung oder Förderung des technischen oder wirtschaftlichen Fortschritts. Dies soll erfolgen unter (2) angemessener Beteiligung der Verbraucher an dem entstehenden Gewinn, wobei (3) die auferlegten Beschränkungen für die Verwirklichung dieser Ziele unerlässlich sein müssen und (4) der Wettbewerb für einen wesentlichen Teil der betreffenden Waren nicht ausgeschaltet wird. – Im Interesse der Rechtssicherheit der Unternehmen und der verwaltungsmäßigen Vereinfachung hat die Europäische Kommission im Rahmen sog. → *Gruppenfreistellungsverordnungen* bestimmte Arten (Typen) von horizontalen und vertikalen Wettbewerbsbeschränkungen von der Anwendung des Kartellverbots des Art. 101 I AEUV freigestellt, darunter bspw. (1) Spezialisierungsvereinbarungen gemäß Verordnung (VO) Nr. 1218/2010; (2) vertikale Vereinbarungen gemäß VO Nr. 330/2010; (3) Technologietransfer-Vereinbarungen gemäß VO Nr. 772/2004; (4) Kooperationsvereinbarungen auf dem Gebiet der → Forschung und Entwicklung (F&E) gemäß VO Nr. 1217/2010; (5) vertikale Vereinbarungen und abgestimmte Verhaltensweisen im Kfz-Sektor gemäß VO Nr. 461/2010; (6) Vereinbarungen und aufeinander abgestimmte Verhaltensweisen im Luftverkehr gemäß VO Nr. 487/2009. – Die Europäische Kommission verwendet im Wesentlichen folgende *Kriterien für Gruppenfreistellungen:* relativer Marktanteil, absolute Umsatzgrößen und/oder zeitliche Begrenzung der in Anspruch genommenen Wettbewerbsbeschränkung. – *Anwendung:* Bes. großzügig steht die Kommission heute der *Kooperation* bei der Entwicklung und Durchsetzung neuer Technologien – selbst bei Beteiligung von Großunternehmen – gegenüber, da finanzieller Aufwand und Marktrisiken oft sogar die finanziellen Ressourcen von Großunternehmen überstiegen. Das ursprünglich strikte Verbotsprinzip des Art. 101 I AEUV ist von der Kommission zwar mittels Gruppenfreistellungs-VOs, den Leitlinien für horizontale Kooperation und zuletzt der VO Nr. 1/03 (Verordnung (EG) Nr. 1/2003 des Rates vom 16.12.2002 zur Durchführung der in den Artikeln 81 und 82 des Vertrages niedergelegten Wettbewerbsregeln; ABl. L1 vom 4.1.2003, S. 1) in ein *Missbrauchsprinzip* umfunktioniert worden; jedoch geht die Europäische Kommission im Fall einer spürbaren Beeinträchtigung des zwischenstaatlichen Handels konsequent gegen alle horizontalen und auch vertikalen Wettbewerbsbeschränkungen – ungeachtet ihrer Rechtsform – vor. – b) *Erfassung der Behinderungsstrategie (Behinderungsmissbrauchsaufsicht):* Die Generalklausel des Art. 102 AEUV verbietet die missbräuchliche Ausnutzung einer beherrschenden Stellung auf dem Binnenmarkt oder einem wesentlichen Teil desselben durch ein oder mehrere Unternehmen, soweit dies dazu führen kann, den

Handel zwischen den Mitgliedsstaaten zu beeinträchtigen. – Anders als in § 18 GWB wird der *Marktbeherrschungsbegriff* jedoch nicht näher erläutert; es bestehen auch keinerlei Legalvermutungen, die der Kommission den Nachweis einer marktbeherrschenden Stellung erleichtern würden. Nach der Rechtsprechung des EuGH gilt ein Unternehmen auf einem *Bedarfsmarkt* (→ relevanter Markt) als marktbeherrschend, wenn es die Fähigkeit zur Entwicklung unabhängiger Marktstrategien besitzt, d.h., wenn es über einen vom Wettbewerb nicht mehr hinreichend kontrollierten Verhaltensspielraum verfügt; das ist der Fall, wenn ein Unternehmen ohne große Rücksichtnahme auf Wettbewerber (horizontal) bzw. Lieferanten oder Abnehmer (vertikal) handeln kann *(Marktverhaltenstest)*. Dabei ist es nicht erforderlich, dass das Unternehmen im Bereich der gesamten EU eine beherrschende Stellung besitzt; vielmehr reicht es aus, wenn eine solche in einem wesentlichen Teil vorliegt. – Der unbestimmte Rechtsbegriff Marktbeherrschung ist von der Rechtsprechung zudem durch eine Reihe von *Strukturmerkmalen* konkretisiert worden *(Marktstrukturtest):* (1) relativer Marktanteil (von 40 Prozent oder mehr) sowie großer Abstand zu den Konkurrenten, (2) vertragliche und sonstige Beziehungen zu aktuellen oder potenziellen Konkurrenten, (3) Beteiligungen und personelle Verflechtungen, (4) Verbindungen zu Abnehmern oder Lieferanten, (5) Finanzkraft eines Konzerns, (6) technologische Vorsprünge vor Konkurrenten, (7) Besitz von Schutzrechten und berühmten Warenzeichen, (8) Fehlen potenzieller Konkurrenten sowie (9) Abhängigkeit der Abnehmer. – Um die *Anwendung des Missbrauchsverbotes* praktikabler zu machen, erhält Art. 102 AEUV vier *Regelbeispiele*, die die generelle Missbrauchsklausel konkretisieren. Bes. sind die Diskriminierung von Handelspartnern sowie die sachlich nicht gerechtfertigte Kopplung verschiedener Leistungen verboten. Ähnlich wie im dt. Recht ist der Nachweis eines Verschuldens oder einer Sittenwidrigkeit beim Missbrauch nicht notwendig; vielmehr ist allein entscheidend, ob das Verhalten objektiv im Widerspruch zu den Zielen des Binnenmarktes steht *(objektiver Missbrauchsbegriff)*. Grundsätzlich sind daher alle Maßnahmen beherrschender Unternehmen missbräuchlich, die auf eine Abschottung schon beherrschter oder die Eroberung weiterer Märkte durch wettbewerbsbeschränkende Praktiken abzielen. – c) *Erfassung der Konzentrationsstrategie (Ausbeutungsmissbrauchsaufsicht; Fusionskontrolle):* (1) *Marktergebniskontrolle marktbeherrschender Unternehmen:* Das Verbot des Art. 102 AEUV erfasst nicht nur den Behinderungsmissbrauch, sondern auch den Ausbeutungsmissbrauch marktbeherrschender Stellungen gegenüber vor- bzw. nachgelagerten Wirtschaftsstufen. Anders als § 19 GWB mit seiner generellen Missbrauchsklausel, die erst im Rahmen der Vierten GWB-Novelle im Jahre 1980 durch Beispiele konkretisiert worden ist, enthält Art. 102 AEUV von Anfang an *Regelbeispiele* für den Ausbeutungsmissbrauch: unmittelbare oder mittelbare Erzwingung von unangemessenen Einkaufs- oder Verkaufspreisen oder sonstigen Geschäftsbedingungen sowie Einschränkung der Erzeugung, des Absatzes oder der technischen Entwicklung zum Schaden der Verbraucher. – Nach der *Rechtsprechung des Europäischen Gerichtshofes* ist ein Preis missbräuchlich überhöht, wenn ein übertriebenes Missverhältnis zwischen den tatsächlich entstandenen Kosten und dem tatsächlich verlangten Preis besteht *(Kosten-Gewinn-Konzept)* und wenn der erzwungene Preis absolut oder im Vergleich zu Konkurrenzprodukten *(Vergleichsmarkt-Konzept)* unangemessen ist. Geschäftsbedingungen werden dann als missbräuchlich angesehen, wenn sie die Freiheit der Vertragspartner unbillig beeinträchtigen; die Unbilligkeit muss dabei durch Abwägung der Interessen aller Beteiligten und der Wirkungen auf die Interessen Dritter festgestellt werden. (2) *Fusionskontrolle:* Der EWG-Vertrag hatte ursprünglich – im Gegensatz zu Art. 66 des Vertrags über die Gründung der Europäischen Gemeinschaft für Kohle und Stahl - keine Zusammenschlusskontrolle vorgesehen. Die Kommission hatte bereits 1973 einen Vorschlag für eine Fusionskontrollverordnung des Rates erarbeitet, der jedoch vom Europäischen Ministerrat erst am 21.12.1989 verabschiedet wurde und i.d.F. vom 20.1.2004 (Verordnung (EG) Nr. 139/2004 des Rates vom 20.1.2004 über die Kontrolle von Unternehmenszusammenschlüssen [„EG-Fusionskontrollverordnung"]; ABl. L 24 vom 29.1.2004, S. 1) Folgendes vorsieht: (a) Die Fusionskontrolle gilt für alle Zusammenschlüsse im Sinn von Art. 3 FKVO mit gemeinschaftsweiter Bedeutung, die nach Art. 1 II FKVO dann gegeben ist, wenn der weltweite Gesamtumsatz aller am Zusammenschluss beteiligten Unternehmen mehr als 5 Mrd. Euro und der gemeinschaftsweite Gesamtumsatz der beteiligten Unternehmen jeweils mehr als 250 Mio. Euro beträgt *(Aufgreifkriterien)*, es sei denn, die am Zusammenschluss beteiligten Unternehmen erzielen jeweils mehr als zwei Drittel ihres gemeinschaftsweiten Gesamtumsatzes in ein und demselben Mitgliedsstaat (implizite Vermutung für die Nicht-Beeinträchtigung des zwischenstaatlichen Handels). (b) Zusammenschlüsse, die wirksamen Wettbewerb im Gemeinsamen Markt oder in einem wesentlichen Teil desselben wesentlich behindern, bes. als ein Ergebnis der Begründung oder Verstärkung einer beherrschenden Stellung, sind von der Europäischen Kommission für unvereinbar mit dem Gemeinsamen Markt zu erklären (*Eingreifkriterium* im Sinn des Art. 2 III FKVO). Bei der Prüfung des Zusammenschlusses hat die Europäische Kommission gemäß Art. 2 I FKVO – ähnlich wie in § 18 III GWB – die wirtschaftliche Macht und die Finanzkraft der beteiligten Unternehmen, die Wahlmöglichkeiten der Lieferanten und Abnehmer, ihren Zugang zu den Beschaffungs- und Absatzmärkten, die rechtlichen oder tatsächlichen Marktzutrittsschranken, die Entwicklung des Angebots und der Nachfrage bei den jeweiligen Erzeugnissen und Dienstleistungen (→ Marktphase) sowie die Interessen der Zwischen- und Endverbraucher zu berücksichtigen. Dazu geht Ziff. 32 der Erwägungsgründe von der Vereinbarkeit mit dem Gemeinsamen Markt aus, wenn der kombinierte Marktanteil 25 Prozent nicht überschreitet. Diese Marktstrukturmerkmale sollen wirksamen Wettbewerb konkretisieren. (3) Bei der Prüfung der Vereinbarkeit eines Zusammenschlusses mit dem gemeinsamen Markt hat die Kommission jedoch gemäß Art. 2 I FKVO auch „die Entwicklung des technischen und wirtschaftlichen Fortschritts, sofern diese dem Verbraucher dient und den Wettbewerb nicht behindert", zu berücksichtigen. Diese kontroverse Klausel, die eine Abwägung zwischen der Aufrechterhaltung und Entwicklung eines wirksamen Wettbewerbs, wie er in Art. 1 I FKVO mithilfe verschiedener Marktstrukturmerkmale konkretisiert worden ist, und dem technischen Fortschritt als einem Performance-Element erlaubt, ist nunmehr in enger Anlehnung an den Wortlaut des Art. 101 III AEUV formuliert worden. Je nach Interpretation des Eingreifkriteriums durch die Kommission kann *wirksamer Wettbewerb im Sinne* der Aufrechterhaltung kompetitiver Marktstrukturen, welche quasi automatisch zu wirtschaftlichem und technischem Fortschritt führen, *oder im Sinne* einer *Industriepolitik* verstanden werden, die durch direkte staatliche Maßnahmen den wirtschaftlichen und technischen Fortschritt fördern soll. (c) Zusammenschlüsse im Sinne von Art. 1 FKVO sind gemäß Art. 4 FKVO bei der Kommission anzumelden und dürfen gemäß Art. 7 I FKVO weder vor ihrer Anmeldung noch vor einer Vereinbarkeitserklärung mit dem Gemeinsamen Markt vollzogen werden (strikte *Ex-Ante-Kontrolle*). (d) Gemäß Art. 21 FKVO besitzt die Europäische Kommission die ausschließliche Zuständigkeit für die europäische Fusionskontrolle, es sei denn, dass die EU gemäß Art. 9 FKVO im Fall rein regionaler Wettbewerbsbeschränkungen den Fall an die nationale Kartellbehörde überweist (sog. Lokalklausel), oder die Mitgliedsstaaten gemäß Art. 21 IV FKVO geeignete Maßnahmen zum Schutz anderer berechtigter Interessen (z.B. öffentliche Sicherheit, Medienvielfalt oder Aufsichtsregeln) treffen (sog. englische Klausel). – V.a. das sehr weit gefasste Eingreifkriterium und die damit verbundene Gefahr, dass die Fusionskontrolle zu Zwecken der Struktur- und Industriepolitik missbraucht wird, waren bis zum Schluss äußerst kontrovers. – d) *Erfassung der Ausnahmebereiche:* Als *Bereichsausnahme* ist gemäß Art. 42 AEUV nur die Landwirtschaft von der Anwendung der Art. 101 und 102 AEUV freigestellt (VO Nr. 26/62). Alle übrigen Wirtschaftsbereiche unterliegen daher grundsätzlich den Wettbewerbsregeln des AEUV. – Für eine Reihe von Wirtschaftszweigen sind allerdings *wettbewerbsrechtliche Sonderregeln* erlassen worden: (1) Für den Eisenbahn-, Straßen und Binnenschifffahrtsverkehr durch die VO Nr. 169/2009, (2) für den Seeverkehr durch die VOs Nr. 246/2009 und 906/2009, (3) für den Luftverkehr durch die VO Nr. 487/2009, (4) für den Versicherungssektor durch die VO Nr. 267/2010. – Alle übrigen Wirtschaftsbereiche unterliegen den Art. 101 und 102 AEUV, sodass – im Fall einer Beeinträchtigung des zwischenstaatlichen Handels – die Freistellung der verbliebenen Bereichsausnahmen (vgl. → wettbewerbsrechtliche Ausnahmebereiche) nach nationalem Recht langfristig an Bedeutung verlieren dürfte. – 3. *Zuständigkeiten bei der Anwendung des europäischen Kartellrechts:* Zuständig für die Durchsetzung des Europäischen Wettbewerbsrechts ist gemäß Art. 9 der VO Nr. 17/62 grundsätzlich die Europäische Kommission in Brüssel, die hierfür die Generaldirektion Wettbewerb etabliert hat. Daneben verpflichtet Art. 3 I VO 1/03 die Wettbewerbsbehörden der Mitgliedsstaaten in Fällen mit Zwischenstaatlichkeitsbezug zur unmittelbaren dezentralen Anwendung von Art. 101 und 102 AEUV. Gegen die Entscheidungen der Europäischen Kommission kann Nichtigkeitsklage vor dem Europäischen Gerichtshof (EuGH) erhoben werden (Art. 263 und 264 AEUV), der auch in den bei ihm anhängigen Sachen die erforderlichen einstweiligen Anordnungen treffen kann (Art. 279 AEUV); dem EuGH ist seit 1989 ein → Europäisches Gericht Erster Instanz (EuG) vorgeschaltet. Die erste Instanz hat die Entscheidungen in tatsächlicher und rechtlicher Hinsicht zu überprüfen, während die zweite Instanz auf die Entscheidung von Rechtsfragen beschränkt ist. – 4. *Verfahrensrecht im europäischen Kartellrecht:* Zur Durchsetzung des europäischen Kartellrechts bestehen analog zum dt. Kartellrecht verschiedene verfahrensrechtliche Möglichkeiten: a) Im Bußgeldverfahren können gemäß Art. 23 der VO Nr. 1/03 Geldbußen bis zu 10 Prozent des letzten Jahresumsatzes zur Durchsetzung der in Art. 101 und 102 AEUV enthaltenen Verbote festgesetzt werden. Anders als im dt. und amerik. Recht ist allerdings eine Verhängung von Geldbußen nur gegen Unternehmen, nicht gegen natürliche Personen möglich. – b) Das Verwaltungsverfahren kann verschiedene Formen annehmen: Feststellung und Abstellung von Zuwiderhandlungen, einstweilige Maßnahmen, Verpflichtungszusagen und Feststellung der Nichtanwendbarkeit. – c) Private Schadensersatz- und Unterlassungsklagen sind nach dem europäischen Recht nicht vorgesehen. Da die Art. 101 und 102 AEUV jedoch Schutzgesetz im Sinn des § 823 II BGB sind, kann als zivilrechtliche Sanktion auch eine Klage auf Schadensersatz oder Unterlassung vor den ordentlichen dt. Gerichten in Betracht kommen.

Europäisches Komitee für elektrotechnische Normung → CENELEC.

Europäisches Komitee für Normung → CEN.

europäisches Mahnverfahren – Geregelt in §§ 1087 bis 1096 ZPO aufgrund der EG-Verordnung Nr. 1896/2006. In Deutschland ist hierfür ausschließlich das Amtsgericht in Berlin-Wedding zuständig (§ 1087 ZPO). Die Anträge müssen in maschinenlesbarer

Form eingereicht werden. Aus einem für vollstreckbar erklärten europäischen Zahlungsbefehl findet im Inland die Zwangsvollstreckung statt, ohne dass es dazu einer Vollstreckungsklausel bedarf (§ 1093 ZPO). Wird gegen den Europäischen Zahlungsbefehl binnen 30 Tagen ab Zustellung an den Antragsgegner (Art. 16 II VO EG1896/06) Einspruch eingelegt, wird das Verfahren wie beim dt. Mahnverfahren in ein streitiges Verfahren übergeleitet (§ 1091 i.V. mit § 697 I bis III ZPO). Die Geschäftsstelle des Gerichts, an das die Streitsache abgegeben wird, muss den Antragsteller dazu bestellen, binnen zwei Wochen den Anspruch in einer der Klageschrift entsprechenden Form zu begründen.

Europäisches Markenamt – *Office for Harmonization in the Internal Market (Trade Marks and Design), Harmonisierungsamt für den Binnenmarkt (HABM);* auf der Grundlage der → GemeinschaftsmarkenVO vom 20.12.1993 (EG-VO Nr. 40/94) – jetzt in der konsolidierten Fassung der VO (EG) Nr. 207/2009 des Rates vom 26.2.2009 (ABl. L 78 S. 1 ff. – in Alicante (Spanien) errichtetes Harmonisierungsamt für den Binnenmarkt (Art. 2, 115 ff. GemeinschaftsmarkenVO), das am 1.1.1996 seine Tätigkeit aufgenommen hat und bei dem Anmeldungen für → Gemeinschaftsmarken seit diesem Tag mit Priorität zum 1.4.1996 eingereicht werden können. Dem Amt steht ein Präsident vor. Für die in der GemeinschaftsmarkenVO geregelten Verfahren sind Prüfer, Widerspruchsabteilungen, Markenverwaltungs- und Rechtsabteilung, Nichtigkeitsabteilungen und Beschwerdekammern zuständig (Art. 130 ff. GemeinschaftsmarkenVO), die Mitglieder der Beschwerdekammern genießen Unabhängigkeit (Art. 136 GemeinschaftsmarkenVO). Gebühren: Verordnung (EG) Nr. 2869/95 der Kommission vom 13.12.1995 über die an das Harmonisierungsamt für den Binnenmarkt zu entrichtenden Gebühren. – Anmeldungen können direkt beim Europäischen Markenamt oder bei einer der Zentralbehörden für den gewerblichen Rechtsschutz der Mitgliedsstaaten bzw. beim Benelux-Markenamt eingereicht werden. Sie können in jeder der 23 Amtssprachen der EU ausgefertigt sein. Daneben ist das HABM zuständig für die Registrierung von → Gemeinschaftsgeschmacksmustern.

Europäische Sozialcharta – am 26.2.1965 in der Bundesrepublik Deutschland in Kraft getreten (BGBl. II 1122). Die Europäische Sozialcharta enthält in Teil 1 einen Katalog sozialer Rechte. Überwiegend sind die Forderungen der Europäische Sozialcharta in der Bundesrepublik Deutschland erfüllt; soweit noch nicht, besteht die Verpflichtung, das entgegenstehende staatliche Arbeits- und Sozialrecht zu ändern. Nach umstrittener Auffassung sind Teile der Europäische Sozialcharta unmittelbar geltendes Recht. Aus Art. 6 Nr. 4 wird z.B. die Anerkennung des Streikrechts (→ Streik) und die Zulässigkeit der → Aussperrung als Mittel des Arbeitskampfes abgeleitet.

Europäisches Parlament – 1. *Begriff/Charakterisierung:* Das gemeinsame parlamentarische Organ der EU. Es setzt sich aus Vertretern der unionsbürgerinnen und Unionsbürger(zusammen (Art. 13, 14 Abs. 1 EUV). Es hat seinen Sitz in Straßburg; Ausschüsse und Fraktionen tagen in Brüssel. Die Abgeordneten des Europäischen Parlaments werden für die Dauer von fünf Jahren von den Bürgern der Mitgliedstaaten direkt gewählt. Im Europäischen Parlament existieren keine nationalen Gruppierungen, sondern politische Fraktionen auf Unionsebene. Der Anzahl der Mandate eines Mitgliedslandes liegt ein vertraglicher Schlüssel zugrunde, der an der Bevölkerungszahl orientiert ist. – 2. *Kompetenzen:* Seit der ersten Direktwahl im Jahr 1979 hat sich das Europäische Parlament schrittweise zu einem Mitgestalter der Gemeinschaftspolitik entwickelt. Bes. seine Gesetzgebungsbefugnisse wurden ständig erweitert. Mit dem Vertrag von Lissabon wird das Mitentscheidungsverfahren zum Regelverfahren erhoben. – a) *Haushaltsbefugnisse:* Aufgrund seiner Position im Haushaltsverfahren kann das Europäische Parlament Einfluss auf die finanziellen Spielräume für die verschiedenen Politikbereiche nehmen. Das Europäische Parlament hat das Recht, den Gesamt-Haushaltsplan der EU (→ EU-Haushalt) abzulehnen; bei den sog. nicht-obligatorischen Ausgaben (z.B. Strukturfonds, Forschungsprogramme, Umweltpolitik, Verkehr) kann das Parlament die Höhe der Etatansätze beschließen. – b) *Gesetzgebungsbefugnisse:* Der Vertrag von Rom sah ursprünglich vor, dass die Kommission Rechtsakte vorschlug und der Rat sie – seit 1979 nach Anhörung des Parlaments – verabschiedete. Der Unionsvertrag gibt ihm das Recht, Gesetzgebungsvorhaben zu initiieren, verpflichtet die Kommission aber nicht ausdrücklich, auf Aufforderung des Europäischen Parlaments einen Vorschlag für einen zu erlassenden Rechtsakt auszuarbeiten. Die Überprüfung des jährlichen Arbeitsprogramms der Kommission gibt dem Parlament Gelegenheit, seine Prioritäten anzumelden. Bei der Beteiligung des Europäischen Parlaments an der → EU-Gesetzgebung in kann man abgestufte Mitbestimmungs- bzw. Mitwirkungsrechte im ordentlichen und besonderen Gesetzgebungsverfahren unterscheiden (Art. 289,294 AEU-V)–c) *Ernennung und Kontrolle:* Die → Europäische Kommission ist dem Europäischen Parlament verantwortlich. Nach Ende eines Haushaltsjahrs entscheidet das Europäische Parlament auf der Basis des Berichts des → EuRH über die Entlastung der Kommission. Das Europäische Parlament hat das Recht, die → Europäische Kommission zu einer *Rechtsetzungsinitiative* aufzufordern. Das Europäische Parlament muss der Ernennung der Kommissare zustimmen, kann einem amtierenden Kommissar das Vertrauen entziehen und die Kommission über ein Misstrauensvotum zum Rücktritt zwingen (Art. 247 AEUV). Darüber hinaus wählt das Parlament den Präsidenten der Kommission (Art. 14 I EUV-Lissabon). – 3. *Zusammensetzung:* Das Europäische

Parlament setzt sich aus 750 Vertretern der Unionsbürgerinnen und Unionsbürger zusammen Art. 14 EUV). Die Bürgerinnen und Bürger sind im Europäischen Parlament degressiv proportional, mind. jedoch mit sechs Mitgliedern je Mitgliedsstaat vertreten. Kein Mitgliedsstaat erhält mehr als 96 Sitze. Den größten Anteil mit 96 Sitzen hat die Bundesrepublik Deutschland gefolgt von Frankreich, Großbritannien und Italien mit jeweils 78 Sitze. Das Europäische Parlament verfügt über 20 parlamentarische Ausschüsse, die in öffentlicher Sitzung ein- bis zweimal monatlich zusammentreten und die Abstimmungen im Plenum vorbereiten. – *Live-Debatten:* alle Ausschuss- und Plenarsitzungen können über Internet live verfolgt werden.

europäisches Patent – auf der Grundlage des → Europäischen Patentübereinkommens (EPÜ) vom → Europäischen Patentamt (EPA) für → Erfindungen erteiltes → gewerbliches Schutzrecht (Art. 2 I EPÜ). – 1. *Grundzüge:* Durch europäische Patente können Erfindungen geschützt werden, die neu sind (→ Neuheit), auf einer erfinderischen Tätigkeit beruhen (→ Erfindungshöhe) und gewerblich anwendbar sind (→ gewerbliche Anwendbarkeit, Art. 54 I EPÜ). Im Einzelnen entsprechen die Voraussetzungen der Patentierbarkeit und der Patentfähigkeit dem dt. Patentrecht (→ Patent), das wie das materielle Patentrecht des EPÜ auf das → Straßburger Patentübereinkommen zurückgeht. Zum Recht an der Erfindung und dessen Schutz vgl. → Erfindung, → Entnahme, → Arbeitnehmererfindung. Bei Doppelerfindungen steht das Recht auf das Patent demjenigen zu, dessen Anmeldung den früheren → Anmeldetag, im Fall der Inanspruchnahme eines → Prioritätsrechts den früheren Prioritätstag hat, und ist dadurch eingeschränkt, dass die Anmeldung veröffentlicht sein muss und Wirkung nur in den in der Anmeldung benannten Vertragsstaaten entfaltet (Art. 60 II EPÜ). – 2. *Verfahren:* Die Erlangung eines europäischen Patents setzt die Anmeldung der Erfindung nach Art. 75 f. EPÜ und deren Prüfung nach Art. 90 f. EPÜ voraus. → Prioritätsrechte aus einer früheren Anmeldung eines gewerblichen Schutzrechts einschließlich der Priorität einer nationalen Anmeldung aus einem benannten Vertragsstaat („Selbstbenennung") können geltend gemacht werden (Art. 87 f. EPÜ). Die Anmeldung kann beim EPA und den Patentämtern der Vertragsstaaten erfolgen (Art. 75, 77 EPÜ). Sie unterliegt einer Eingangs- und Formalprüfung (Art. 90, 91 EPÜ), löst die europäische → Recherche aus (Art. 92 EPÜ) und wird 19 Monate nach dem Anmeldetag, ggf. nach dem Prioritätstag, als Druckschrift veröffentlicht (§ 93 EPÜ). Mit der → Offenlegung genießt die Erfindung vorläufigen Schutz nach Art. 67 II 3 EPÜ, § 33 PatG. Die sachliche Prüfung erfolgt auf → Prüfungsantrag, für den eine Frist von 6 Monaten nach Veröffentlichung des Hinweises auf die Offenlegung im → Patentblatt gilt. Wird der Antrag nicht gestellt, gilt die Anmeldung als zurückgenommen (Art. 94 EPÜ). Die Anmeldung kann geteilt werden (Art. 76 EPÜ); Änderungen, durch die die Anmeldung keine Erweiterung, s. hierzu → Erweiterung (unzulässige), erfährt, sind im Rahmen von Art. 123 EPÜ möglich; → Erfinderbenennung ist vorgeschrieben (Art. 79 EPÜ). Das Verfahren endet mit der Erteilung des europäischen Patents oder mit der Zurückweisung der Anmeldung (Art. 97 EPÜ). Die Zurückweisung der Anmeldung kann mit der Beschwerde angefochten werden (Art. 106 EPÜ), gegen die Erteilung des europäischen Patents kann jedermann → Einspruch einlegen (Art. 99 f. EPÜ). Daneben unterliegt das europäische Patent dem Nichtigkeitsverfahren nach nationalem Recht (Art. 138 EPÜ). Führt der Einspruch zum teilweisen oder völligen Widerruf des europäischen Patents, gelten dessen Wirkungen als von Anfang an nicht eingetreten (Art. 68 EPÜ), die Nichtigerklärung entfaltet Wirkungen nur für das Hoheitsgebiet des Staates, in dem die völlige oder teilweise Nichtigerklärung erfolgt (Art. 138 I EPÜ). – 3. *Wirkungen:* In den Staaten, für die das europäische Patent erteilt ist, entfaltet es auf die Dauer von 20 Jahren, gerechnet vom Anmeldetag, dieselben Wirkungen und unterliegt denselben Vorschriften wie ein nationales Patent, soweit sich aus dem EPÜ nichts anderes ergibt (Art. 2, 64 EPÜ). Als Bestimmungen, die nach dieser Vorschrift Vorrang vor dem nationalen Recht haben, kommen je nach der nationalen Rechtsordnung in den Vertragsstaaten in Betracht: Schutz des unmittelbaren Verfahrenserzeugnisses eines Verfahrenspatents (Art. 64 II EPÜ); Nichtigerklärung im nationalen Verfahren nur, wenn die Voraussetzungen der Patenterteilung nach dem EPÜ nicht vorgelegen haben (Art. 138 EPÜ); Bestimmung des Schutzbereichs nach den Patentansprüchen unter Heranziehung von Beschreibung und Zeichnungen (Art. 69 EPÜ i.V. mit Auslegungsprotokoll). Europäische Patente können aufgrund bes. Abkommen über den Rahmen der Mitgliedsstaaten des EPÜ hinaus Wirkungen durch Erstreckung entfalten. Für Anmeldungen, die zurückgewiesen oder zurückgenommen worden sind, als zurückgenommen gelten sowie Patente, die widerrufen worden sind, kann je nach nationalem Recht ein Antrag auf Umwandlung in eine nationale Anmeldung gestellt werden; nach dt. Recht besteht diese Möglichkeit nicht, über die Rechtsordnung anderer Vertragsstaaten informiert die Informationsschrift des EPA „Nationales Recht zum EPÜ". – 4. *Rechtsschutz:* → Patent. – 5. *Einsicht in Register und Akten:* → Akteneinsicht. – 6. *Gebühren:* → Europäisches Patentamt (EPA).

Europäisches Patentamt (EPA) – *European Patent Office (EPO);* Organ der → Europäischen Patentorganisation mit Sitz in München, Zweigstelle in Den Haag und Dienststellen in Berlin und Wien; gegliedert in fünf Generaldirektionen (Recherche, Prüfung/Einspruch, Beschwerde, Verwaltung und Recht/internationale Angelegenheiten).

1977 gegründet auf der Grundlage des → Europäischen Patentübereinkommens (EPÜ). – *Organe* des Amts sind die Eingangsstelle, zuständig für die Eingangs- und Formalprüfung (Art. 15, 90, 91 EPÜ), die Recherchenabteilung, zuständig für die Erstellung europäischer → Recherchen (Art. 17, 92 EPÜ), Prüfungsabteilungen, zuständig für die sachliche Prüfung der Anmeldung, die Zurückweisung der Anmeldung oder die Erteilung des → europäischen Patents (Art. 18, 94–97 EPÜ), die Einspruchsabteilungen, zuständig für die Entscheidung über → Einsprüche gegen erteilte Patente, mit denen mangelnde Patentfähigkeit, Offenbarung oder Hinausgehen des Patents über den Inhalt der Anmeldung in ihrer ursprünglich eingereichten Fassung geltend gemacht wird (Art. 100–105 EPÜ), und Beschwerdekammern, zuständig für Beschwerden gegen Entscheidungen der Eingangsstelle, der Prüfungsabteilungen, Einspruchsabteilungen und der Rechtsabteilung (Art. 21, 106–112 EPÜ). Das Amt veröffentlicht die europäische Anmeldung (Art. 93 EPÜ), die europäische Patentschrift (Art. 98, 103 EPA) und führt das europäische → Patentregister (Art. 127). Daneben ist es Anmelde- und Bestimmungsamt, Recherchenbehörde und mit der vorläufigen Prüfung beauftragte Behörde nach dem → Patent Cooperation Treaty (PCT), Art. 151–158 EPÜ. Neben dem Amtsblatt des EPA gibt es das Europäische Patentblatt heraus, das die Eintragungen in das Patentregister wiedergibt sowie die nach dem EPÜ vorgeschriebenen Veröffentlichungen enthält (Art. 129 EPÜ). – *Einsicht in Unterlagen:* → Akteneinsicht; – *Gebühren:* Gebührenordnung des Europäischen Patentorganisation vom 1.7.1999 (Beilage zum ABl. EPA 5/1999), zuletzt geändert durch Beschluss des Verwaltungsrats vom 9.12.2008, mit dem die Gebühren erheblich gesenkt wurden.

Europäisches Patentübereinkommen (EPÜ) – Abkommen über die Erteilung europäischer Patente vom 5.10.1973 (BGBl. 1976 II 826) m.spät.Änd. nebst Ausführungsordnung vom 5.10.1973 (BGBl. 1976 II 915) m.spät.Änd., Protokoll über die Auslegung des Art. 69 des Übereinkommens vom 5.10.1993 (BGBl. 1976 II 1000) und weiteren Nebenabkommen. Das Abkommen ist ein multilateraler völkerrechtlicher Vertrag, der zugleich ein Sonderabkommen im Sinn von Art. 19 der → Pariser Verbandsübereinkunft zum Schutz des gewerblichen Eigentums (PVÜ) und einen regionalen Patentvertrag im Sinn von Art. 45 I → Patent Cooperation Treaty (PCT) darstellt, in Kraft für die Bundesrepublik Deutschland seit dem 7.10.1977. Das Abkommen schafft ein für alle beteiligten Staaten einheitliches Verfahren für die Erteilung → europäischer Patente unter einheitlichen Voraussetzungen der Patentierbarkeit und der Patentfähigkeit. Zu diesem Zweck ist die → Europäische Patentorganisation mit dem → Europäischen Patentamt (EPA) errichtet worden (Art. 5–51 EPÜ). Das Abkommen enthält in Art. 52 ff. materielles Patentrecht, das dem → Straßburger Patentübereinkommen zur Vereinheitlichung gewisser Begriffe des materiellen Rechts der Erfindungspatente vom 27.11.1963 entnommen ist und sich im Wesentlichen mit dem dt. Patentgesetz (PatG) deckt, das durch das Gesetz über internationale Patentübereinkommen vom 21.7.1976 (BGBl. II 649) auf der Grundlage des Straßburger Übereinkommens novelliert wurde, um sicherzustellen, dass deutsche Patente nicht in wesentlichen Punkten anderen Regelungen unterworfen sind als europäische Patente. Das Abkommen trifft Bestimmungen über die Umwandlung einer europäischen in eine nationale Patent- oder Gebrauchsmusteranmeldung (Art. 135–137, 140 EPÜ), die Nichtigerklärung (Art. 138 EPÜ) und das Verhältnis europäischer und nationaler Rechte zueinander (Art. 139). In Art. 142 ff. EPÜ sind die Grundlagen für das → Gemeinschaftspatent gelegt, Art. 150 ff. EPÜ regeln das Zusammenwirken von EPÜ und PCT.

Europäisches Privatrecht – Das Europäische Privatrecht ist das gemeinsame Privatrecht der Mitgliedsstaaten der Europäischen Union. Das → Europarecht hat dieses Rechtsgebiet nur teilweise geregelt. In den auf europäischer Ebene ungeregelten Bereichen gilt weiterhin das nationale Privatrecht. – Es ist eine rechtspolitisch umstrittene Frage, ob über das existierende Europarecht hinaus ein Europäisches Zivilgesetzbuch wünschenswert ist. Wichtige Schritte auf dem Weg zu einem solchen Gesetzbuch sind bereits getan. Zunächst gab die 1982 gegründete *Commission on European Contract Law* (Lando-Kommission) seit 1995 die *Principles of European Contract Law* (PECL) heraus, welche ein gemeineuropäisches Vertragsrecht zu ermitteln versuchten. Die darauf aufbauende *Study Group on a European Civil Code* (SGECC) stellt für 2009 in Verbindung mit weiteren Institutionen einen *Draft Common Frame of Reference* (DCFR) vor. Es handelt sich um den Entwurf für die Kodifikation des europäischen Vertragsrechts und angrenzender Rechtsgebiete.

Europäisches System der Zentralbanken (ESZB)

von Prof. Dr. Oliver Budzinski, Dr. Jörg Jasper und Prof. Dr. Albrecht F. Michler

I. Institution und Organisation

Zentralbanksystem der in der → Europäischen Währungsunion (EWU) zusammengefassten Staaten, gegr. am 1.6.1998 als Nachfolgeorganisation des Europäischen Währungsinstituts (→ EWI), das zur Vorbereitung der Schaffung des ESZB ins Leben gerufen worden war. Das Zentralbanksystem besteht aus der Europäischen Zentralbank (EZB) mit Sitz in Frankfurt a.M. und den nationalen Notenbanken der EWU-Mitgliedsstaaten (vgl. auch → Europäische Währungsunion (EWU)). Letztere verloren durch den Eintritt in das ESZB ihre geldpolitische Souveränität. Zentrales Entscheidungsgremium ist der EZB-Rat, welcher den grundsätzlichen geldpolitischen Kurs sowie den Einsatz der geldpolitischen Instrumente festlegt. Der EZB-Rat setzt sich gegenwärtig noch aus den Gouverneuren der Notenbanken aller EWU-Mitgliedsstaaten (Stand 1.3.2009: 16) sowie den Mitgliedern des Direktoriums der EZB zusammen. Das EZB-Direktorium besteht aus dem Präsidenten (seit 1.11.2003 Jean-Claude Trichet, als Nachfolger von Gründungspräsident Wim Duisenberg), dem Vizepräsidenten und vier weiteren Direktoren. Bei Abstimmungen in Rat und Direktorium gilt das einfache Mehrheitsprinzip, wobei jedem Mitglied gleiches Stimmrecht zukommt. Eine wesentliche Ausnahme ist die Entscheidung über den Zentralbankgewinn, bei der eine Zweidrittelmehrheit der gewichteten Stimmen der Notenbankgouverneure erforderlich ist. Um die Größe des wichtigen Entscheidungsgremiums EZB-Rat zu begrenzen und zu vermeiden, dass sich das Gewicht der mitgliedsstaatlichen Notenbankgouverneure zulasten des EZB Direktoriums bei weiteren Beitritten von EU-Staaten zur Eurozone erhöht, wird ab dem 19. Mitgliedsstaat der EWU ein Rotationssystem eingeführt. Es sind dann nicht mehr alle sondern maximal 18 Gouverneure der Notenbanken der Mitgliedsstaaten im EZB Rat stimmberechtigt vertreten. Da jedoch weiterhin alle EWU-Mitgliedsstaaten repräsentiert werden sollen, tritt ein Rotationssystem in Kraft. Dieses sieht vor, dass die EWU-Mitgliedsstaaten mit hohem ökonomischen Gewicht (gemessen an der Einwohnerzahl und dem Bruttoinlandsprodukt) seltener rotieren und somit stärker repräsentiert sind als jene mit geringerem ökonomischen Gewicht. Der Prozess für die Aufnahme weiterer Mitglieder in die EWU ist in Form des Erweiterten EZB-Rates institutionalisiert, dem zusätzlich zu den Mitgliedern des EZB-Rates auch die Notenbankgouverneure der EU-Mitgliedsstaaten angehören, welche die Gemeinschaftswährung noch nicht eingeführt haben (Stand 1.3.2009: 11). Der Erweiterte EZB-Rat dient der Festlegung von Rahmenbedingungen, insbesondere Wechselkursen bei Eintritt neuer Teilnehmer. Das ESZB ist bei seinen Entscheidungen von politischen Weisungen unabhängig (Art. 107 EG-Vertrag). Sowohl die Europäische Zentralbank als auch die nationalen Zentralbanken der Mitgliedsstaaten der → Europäischen Währungsunion (EWU) müssen demnach unabhängig sein. Bei der Wahrnehmung ihrer Aufgaben und Befugnisse darf weder die EZB noch eine mitgliedsstaatliche Zentralbank noch ein Mitglied ihrer Beschlussorgane Weisungen einholen oder entgegennehmen. Diese institutionelle Unabhängigkeit wird durch eine personelle Unabhängigkeit der EZB-Ratsmitglieder ergänzt, welche bei den EZB-Direktoren durch lange Amtszeiten (5 – 8 Jahre), eine Begrenzung auf eine Amtszeit und einer Abberufung ausschließlich über den Europäischen Gerichtshof bei schweren Verfehlung gekennzeichnet ist. Die Notenbankgouverneure der Mitgliedsstaaten unterliegen im Detail abweichenden Regelungen, im Falle ihrer Abberufung können aber sowohl der betroffene Gouverneur als auch der EZB-Rat den Europäischen Gerichtshof anrufen. Hinzu kommt die instrumentelle Unabhängigkeit, d.h. das ESZB entscheidet selbst über Einsatz und Ausgestaltung geldpolitischer Instrumente, sowie die finanzielle Unabhängigkeit, die sich aus dem Emissionsmonopol der Zentralbank ergibt. Zudem ist es dem ESZB untersagt, Kredite an die öffentliche Hand zu gewähren (Finanzierungsverbot für Staatsschulden). Allerdings verfügt das ESZB nicht über die Unabhängigkeit, das Wechselkurssystem zu bestimmen (Art. 109 EU-Vertrag): Der → Europäische Rat entscheidet hierüber nach Anhörung der Europäischen Zentralbank. – *Vgl. auch* → Unabhängigkeit der Zentralbank.

II. Ziele, Aufgaben und Strategie

Oberstes Ziel des ESZB ist die Gewährleistung der Preis(niveau)stabilität (Art. 105, I EU-Vertrag) (vgl. auch → Inflation). Damit kommt insbesondere der Sicherung des Binnenwertes der Währung bereits de jure ein übergeordnetes Gewicht zu. Eine Unterstützung der allgemeinen wirtschaftspolitischen Ziele der Gemeinschaft kommt für das ESZB nur in Betracht, wenn dies ohne Beeinträchtigung des Ziels der Preisniveaustabilität möglich ist. Die Aufgaben des ESZB bestehen darin, die → Geldpolitik der Gemeinschaft festzulegen und auszuführen, Devisengeschäfte durchzuführen, die offiziellen Währungsreserven der Mitgliedsstaaten zu halten und zu verwalten, sowie das reibungslose Funktionieren der Zahlungsströme zu fördern (Art. 105, II EU-Vertrag). Die Zielfestlegung des ESZB erfolgt in Form der Setzung eines normativen Preisniveauanstiegs, der als Definition von Preisniveaustabilität gilt (derzeit ist ein jährlicher Anstieg in Höhe von unter aber nahe 2 Prozent des → Harmonisierten Verbraucherpreisindex (HVPI) vorgesehen). Geldpolitische Beschlüsse fasst das ESZB auf der Grundlage einer Analyse der Risiken der so definierten Preisniveaustabilität (Zwei-Säulen-Strategie). Dabei wird zum einen eine wirtschaftliche Analyse durchgeführt, bei welcher kurz- bis mittelfristige Risiken der Preisniveaustabilität auf der Grundlage der Einschätzung aktueller wirtschaftlicher Entwicklungen beurteilt werden. Hierbei finden auch Schocks, welche die Wirtschaft des Euroraums betreffen, sowie Projektionen maßgeblicher volkswirtschaftlicher Variablen (vorgelagerte Preisindizes, Rohstoffpreisentwicklung, Zinsen, Löhne und Gehälter, Wechselkurse, Konjunktur- und Wachstumsindikatoren usw.) Anwendung. Zum anderen erfolgt eine monetäre Analyse, die auf den quantitätstheoretischen Zusammenhang zwischen Geldmengen- und Preisniveauentwicklung abstellt (vgl. → Geldtheorie). Dabei ermittelt und publiziert die EZB einen Referenzwert für die Geldmengenentwicklung, der sich aus der Zielinflationsrate, der mittelfristigen Wachstumsrate des Produktionspotenzials sowie der trendmäßigen Veränderung der Umlaufgeschwindigkeit des Geldes zusammensetzt. Beide „Säulen" der Analyse werden von der EZB als komplementär angesehen. Dabei soll die monetäre Analyse v.a. dazu dienen, die für die kurze und mittlere Frist gewonnenen Erkenntnisse aus der wirtschaftlichen Analyse aus mittel- bis langfristiger Perspektive zu überprüfen. Ein Automatismus zwischen der Entwicklung der im Rahmen der monetären Analyse verwendeten Indikatoren wie der Geldmenge und steuernden Eingriffen der EZB existiert damit nicht. Zu geldpolitischen Maßnahmen kommt es vielmehr nur dann, wenn die identifizierte Ursache der Abweichung vom Referenzwert der Geldmengenentwicklung eine Gefahr für die Preisniveaustabilität darstellt.

III. Instrumente

Dem ESZB steht eine Vielzahl von Instrumenten zur Verfügung, die sich in drei Gruppen untergliedern lassen: die Offenmarktpolitik, die ständigen Fazilitäten und die Mindestreservepolitik.

1. Offenmarktpolitik

Die Offenmarktpolitik des ESZB umfasst als Hauptrefinanzierungsinstrument sog. Wertpapierpensionsgeschäfte sowie ergänzend definitive Wertpapiergeschäfte, die Emission von Schuldverschreibungen, Devisenswapgeschäfte und die Hereinnahme von Termineinlagen.

a) *Befristete Transaktionen*: Das Hauptrefinanzierungsinstrument der europäischen Geldpolitik sind sog. Wertpapierpensionsgeschäfte. Diese stellen Wertpapiertransaktionen mit Rückkaufverpflichtung dar und sind deshalb strikt befristet. Sie bestehen aus einem Kassageschäft und einem Termingeschäft, welche zeitgleich abgeschlossen werden. Beim Kassageschäft verpflichtet sich die Zentralbank (als Pensionsnehmer) ein Wertpapier (bspw. festverzinsliche Staatspapiere; Pensionsgegenstand) vorübergehend anzukaufen (in Pension zu nehmen) und der (verkaufenden) Geschäftsbank (Pensionsgeber) eine Gutschrift auf einem Zentralbankkonto zu gewähren. Das Termingeschäft verpflichtet die Geschäftsbank zur Rücknahme des Wertpapiers zu einem festgelegten Zeitpunkt und Preis. Der Rückkaufpreis liegt hierbei stets über dem Ankaufpreis, da er den Zinssatz (Preis) für die befristete Überlassung von Liquidität durch die Zentralbank an eine Geschäftsbank (Pensionssatz) enthält. Das ESZB verwendet dabei ein sog. → Pfandpoolverfahren, bei welchem die in Pension genommenen Wertpapiere als Pool das zur Refinanzierung zur Verfügung gestellte Zentralbankgeld besichern und nicht etwa ein bestimmtes Papiere als Deckung eines bestimmten Geschäfts gekennzeichnet ist. Wertpapierpensionsgeschäfte können wahlweise als → Mengentender oder als → Zinstender zugeteilt werden. Beim Mengentender gibt die Zentralbank einen Zinssatz (Pensionssatz) vor und holt zu diesem Satz Mengengebote der Geschäftsbanken ein. Die Zentralbank teilt dann die von ihr vorgesehene Liquiditätsmenge durch die sog. Repartierung zu, d.h. alle Gebote der Geschäftsbanken werden anteilsmäßig berücksichtigt. Eine Geschäftsbank bekommt von ihrem Gebot den Prozentsatz zugeteilt, der sich aus der Relation der von der Zentralbank bestimmten Zuteilungsmenge zur Summe aller Gebote ergibt, sodass alle Gebote prozentual gleich berücksichtigt werden. Beim Zinstender gibt die Zentralbank keinen festen Zinssatz vor, sondern lediglich einen Mindestbietungssatz und holt kombinierte Mengen- und Zinsgebote ein. Die Gebote werden der gebotenen Zinshöhe nach in fallender Reihenfolge gestaffelt; der Pensionssatz ergibt sich nach dem gebotenen Zinssatz, bei welchem die vorgesehene Zuteilungsmenge gerade erreicht wird (Grenzzinssatz). Alle Gebote mit höherem Zinssatz werden in voller Höhe zugeteilt; die Gebote zum Grenzzinssatz werden repartiert. Beim amerikanischen Zinstender (s. hierzu → amerikanisches Verfahren) zahlt jede Geschäftsbank den von ihr individuell gebotenen Zinssatz; beim → holländischen Zinstender (s. hierzu → holländisches Verfahren) zahlen alle Geschäftsbanken hingegen den Grenzzinssatz, der somit den Pensionssatz determiniert. Da Wertpapierpensionsgeschäfte Refinanzierungsgeschäfte darstellen, sind die potenziellen Geschäftspartner des ESZB auf Geschäftsbanken und Kreditinstitute beschränkt. Als Refinanzierungsgeschäft zielt dieses Instrument auf den kredittheoretischen Transmissionsmechanismus (vgl. → Geldpolitik), d.h. die Zentralbank bestimmt die Konditionen der Refinanzierung der Geschäftsbanken und beeinflusst dadurch die Kreditkosten und somit über das Kreditvolumen die Giralgeldschöpfung. Das ESZB verwendet derzeit zwei Arten von Wertpapierpensionsgeschäften: Als Hauptrefinanzierungsinstrument dienen sehr kurzfristige Wertpapierpensionsgeschäfte mit einer Laufzeit von einer Woche. Sie werden wöchentlich ausgeschrieben. Das Ausschreibungsverfahren (sog. → Standardtender) kann als Mengen- oder als (holländischer oder amerikanischer) Zinstender erfolgen. Der EZB-Rat hat in der Vergangenheit auch verschiedene Zuteilungsverfahren eingesetzt. Der große geldpolitische Vorteil dieses Instruments liegt in seiner hohen Flexibilität: Dadurch, dass jede Woche das gesamte Refinanzierungsvolumen dieser Geschäfte neu konditioniert werden kann, ist es der Zentralbank möglich, sehr schnell auf Änderungen in den geldpolitischen Indikatoren zu reagieren und somit schnell auf beginnende inflatorische Prozesse zu reagieren. Darüber hinaus führt das ESZB regelmäßig längerfristige Wertpapierpensionsgeschäfte durch, welche für eine dreimonatige Laufzeit ausgeschrieben werden. Diese Geschäfte werden monatlich durchgeführt, wobei der EZB-Rat auch hier verschiedene Zuteilungsverfahren zum Einsatz bringt. Diese Geschäfte dienen einer Verstetigung der Geschäftsbankenrefinanzierung als Ergänzung zu den kurzfristigen Geschäften; sie sind quantitativ aber weniger bedeutend als die wöchentlichen Geschäfte. Im Zuge der → Subprime-Krise hat sich hier jüngst allerdings eine gewisse (temporäre?) Verschiebung der Gewichte zugunsten der längerfristigen Geschäfte ergeben. Zusätzlich behält sich das ESZB vor, ergänzende Feinsteuerungsmaßnahmen in Form unregelmäßiger, in der Laufzeit nicht standardisierter Wertpapierpensionsgeschäfte zu ergreifen. Diese Sondergeschäfte dienen dazu, die Steuerungsfähigkeit der Zentralbank in geldpolitischen Problemlagen zu verstärken. Dementsprechend hat der EZB-Rat im Laufe der Finanzkrise ungewöhnlich häufig auf diese nicht standardisierten Geschäfte zurückgegriffen.

b) *Definitive Transaktionen*: Bei definitiven Transaktionen kauft oder verkauft die Zentralbank Wertpapiere ohne Rückkaufverpflichtung, dabei wird bei Wertpapierkäufen Geld in den Umlauf gebracht, während bei Wertpapierverkäufen dem Markt Liquidität entzogen wird. Das ESZB setzt dieses Instrument unregelmäßig ein, wobei die Wahl der Geschäftspartner i.d.R. nicht begrenzt ist. Definitive Wertpapiergeschäfte des ESZB dienen generell der Beeinflussung der strukturellen Liquidität und können in Ausnahmefällen auch zur Feinsteuerung eingesetzt werden. Sie zielen auf den vermögenstheoretischen Transmissionsmechanismus (vgl. → Geldpolitik).

c) *Emission von EZB-Schuldverschreibungen*: Zur (längerfristigen) strukturellen Beeinflussung der Liquidität kann der EZB-Rat regelmäßig oder unregelmäßig Schuldverschreibungen mit einer Laufzeit von unter 12 Monaten emittieren. Diese dienen der Liquiditätsabschöpfung und werden als Standardtender ausgeschrieben, wobei nur Geschäftsbanken als Geschäftspartner zugelassen sind.

d) *Devisenswapgeschäfte*: Das ESZB setzt zur ergänzenden Feinsteuerung der Liquidität und der Zinssätze am Markt fallweise Devisenswapgeschäfte ein. Dabei kauft (verkauft) das ESZB von (an) Geschäftsbanken Devisen (Fremdwährung) und vereinbart gleichzeitig einen späteren Rückverkauf (Rückkauf) zu einem festgelegten Datum und zu festgelegten Konditionen. Somit stellen auch Devisenswapgeschäfte befristete Transaktionen dar; sie sind jedoch bezüglich ihrer Laufzeit nicht standardisiert. Der Rückverkaufspreis (Rückkaufspreis) enthält den Swapsatz (Differenz zwischen Termin- und Kassakurs), der den Preis des Geschäftes darstellt. Werden durch die Zentralbank per Rückkaufverpflichtung Devisen angekauft, so wird den Geschäftsbanken befristet Liquidität zur Verfügung gestellt; bei befristeten Devisenverkäufen wird dem Markt vorübergehend Liquidität entzogen. Neben der europäischen Geldmenge wird durch Devisenswapgeschäfte auch der Wechselkurs des Euro beeinflusst, weswegen dieses Instrument in Abstimmung mit den wechselkurspolitischen Erfordernissen einzusetzen ist.

e) *Hereinnahme von Termineinlagen*: Das ESZB kann den Geschäftsbanken die Hereinnahme verzinslicher Termineinlagen anbieten und damit Liquidität abschöpfen. Je höher der angebotene Zins ist, umso attraktiver ist das Angebot und umso stärker werden die freien Liquiditätsreserven der Geschäftsbanken verringert, sodass steigende Termineinlagenzinsen der Zentralbank eine inflationsbekämpfende Maßnahme darstellen. Dieses Instrument ist nicht standardisiert und wird unregelmäßig eingesetzt. Es dient vornehmlich der Verstärkung der ESZB-Politik in problematischen geldpolitischen Situationen (vgl. bspw. Subprime-Krise).

2. Ständige Fazilitäten

Diese umfassen Einlagen- und Spitzenrefinanzierungsfazilität. Die Zinssätze dieser beiden Fazilitäten bilden den Zinskorridor für den Tagesgeldmarkt. Die Obergrenze wird durch die Spitzenrefinanzierungsfazilität gesetzt, die der Liquiditätsbereitstellung für die Geschäftsbanken dient. Die Liquidität wird entweder über bilaterale Pensionsgeschäfte oder in Form von Beleihungsgeschäften (Lombardgeschäfte) bereitgestellt. Die Einlagenfazilität dient dagegen der Liquiditätsabschöpfung und stellt die Zinsuntergrenze am Tagesgeldmarkt dar. Die Laufzeit der beiden Fazilitäten beträgt einen Geschäftstag, wobei die Anträge zu Beginn der Tagesabschlussarbeiten vorliegen müssen, man spricht deshalb auch von Übernachtfazilitäten. Die Zinssätze der Einlagenfazilität, der kurzfristigen Wertpapierpensionsgeschäfte und der Spitzenrefinanzierungsfazilität gelten als Leitzinsen. Seit Beginn ihrer Tätigkeit hat der EZB-Rat den Abstand zwischen diesen drei Zinssätzen bei einem Prozentpunkt belassen, wobei der Zins in der aufgezählten Reihenfolge ansteigt.

3. Mindestreservepolitik

Der EZB-Rat hat im Juli 1998 beschlossen, eine marktgerecht verzinste Mindestreservepflicht für die Geschäftsbanken einzuführen (vgl. auch → Mindestreserve). Die Mindestreserveverzinsung erfolgt dabei zum jeweils gültigen Zinssatz der kurzfristigen Wertpapierpensionsgeschäfte. Für die Einrichtung einer Mindestreserve wurden drei Begründungen genannt. Erstens soll die Mindestreserve als Instrument einer Grob- oder

Niveausteuerung zu einer Stabilisierung der Geldmarktzinssätze beitragen. Zweitens steigert bzw. sichert die Mindestreserve die Zentralbankgeldnachfrage der Geschäftsbanken und soll damit eine effiziente und wirksame Steuerung der Geschäftsbankenliquidität (kredittheoretischer Transmissionsmechanismus) sicherstellen bzw. ermöglichen. Drittens steigert die Mindestreserve die Zinselastizität der Geldnachfrage. Das ESZB hat bisher keine aktive Mindestreservepolitik betrieben, d.h. die Mindestreservesätze werden nicht als Teil des geldpolitischen Tagesgeschäfts zur Steuerung eingesetzt.

Europäisches System Volkswirtschaftlicher Gesamtrechnungen – Das Europäische System Volkswirtschaftlicher Gesamtrechnungen (ESVG, engl. European System of Accounts, ESA) ist das in der Europäischen Union einheitlich geltende System der Volkswirtschaftlichen Gesamtrechnung. In seiner derzeit gültigen Fassung von 1995 (ESVG 1995) basiert es auf dem → System of National Accounts (SNA 1993). Per ESVG-Verordnung ist allen Mitgliedsstaaten der EU verbindlich vorgeschrieben, bei Lieferungen von Ergebnissen der → Volkswirtschaftlichen Gesamtrechnung (VGR) für EU-Zwecke die Definitionen des ESVG 1995 einzuhalten. Aufbauend auf der Neufassung des SNA von 2008, wird eine Revision zum ESVG 2008 erarbeitet. Die Änderungen sollen ab 2014 von den nationalen statistischen Ämtern umgesetzt werden.

Europäisches Währungsabkommen (EWA) – von den OECD-Ländern (→ OECD) als Nachfolgeinstitution für die Europäische Zahlungsunion (EZU; → OEEC) errichtet und später aufgehoben. Ihre Hauptaufgabe bestand darin, den multilateralen → Zahlungsbilanzausgleich zwischen den Vertragsparteien zu organisieren.

Europäisches Währungsinstitut → EWI.

Europäisches Währungssystem → EWS.

Europäisches Wettbewerbsrecht → Europäisches Kartellrecht.

Europäisches Wiederaufbauprogramm → ERP.

Europäische Umweltagentur – *European Environment Agency (EEA);* seit 1994 tätige EU-Organisation (→ EU) mit Sitz in Kopenhagen. Die EEA dient als Informations- und Dokumentationszentrum.

europäische Umweltpolitik – 1. *Ziele:* Erhaltung und Schutz der Umwelt sowie Verbesserung ihrer Qualität; Schutz der menschlichen Gesundheit; umsichtige und rationelle Verwendung der natürlichen Ressourcen; Förderung von Maßnahmen auf internationaler Ebene zur Bewältigung regionaler oder globaler Umweltprobleme (Art. 174 I EGV). – 2. *Grundsätze:* Vorbeugeprinzip (präventive Maßnahmen gegen Umweltbelastungen, → präventiver Umweltschutz); → Ursprungsprinzip; → Verursacherprinzip; → Vorsorgeprinzip. – 3. *Zuständigkeit:* Umweltpolitik fällt nicht unter die ausschließliche Zuständigkeit der → EU. Aus diesem Grund muss das Subsidiaritätsprinzip (Art. 5 EGV) beachtet werden. EU-Umweltpolitik erfolgt v.a. über den Erlass von Richtlinien, die von den Mitgliedsstaaten in nationales Recht umgesetzt werden müssen. – 4. *Entwicklung:* 1972 wurden eine aktive europäische Umweltpolitik sowie die geplante Harmonisierung der Umweltvorschriften aller EU-Mitgliedsländer beschlossen. Durch einstimmige Beschlussfassung sind in der Zeit von 1973 bis heute sechs *Umweltaktionsprogramme* verabschiedet und infolge der Beschlüsse von 1973 über zweihundert *Umweltschutzrichtlinien* erarbeitet worden. In den 1980er-Jahren bis 2000 fokussierten die Aktionsprogramme die Prinzipien der Vorbeugung und Verhütung. Mit dem sechsten Umweltaktionsprogramm (2002–2012) verlagerte sich allerdings der Schwerpunkt hin zu Klimaschutz, Gesundheitsschutz, Naturschutz, Artenvielfalt und dem Management natürlicher Ressourcen sowie – ergänzend – die Umweltprobleme der EU-Beitrittsländer. – Die *ausdrückliche Kompetenz für die Umweltpolitik* erhielt die EG bzw. EU erst durch die seit 1.7.1987 in Kraft getretene Einheitliche Europäische Akte (als Ergänzung zum EWG-Vertrag). Die bis dato schon in der Praxis angewandten Grundsätze wurden nun verbindlich festgelegt. – Mit dem Vertrag von Amsterdam wurde die Bedeutung der europäischen Umweltpolitik verstärkt, bes. durch die Aufnahme des *Grundsatzes der* → nachhaltigen Entwicklung in den EG-Vertrag sowie durch Art. 6 EGV, durch den der Umweltschutz in alle anderen Gemeinschaftspolitiken einbezogen wurde (sog. *Querschnittsprinzip*). 2001 verabschiedeten die europäischen Staats- und Regierungschefs in Göteborg eine Strategie zur nachhaltigen Entwicklung. – Innerhalb der letzten Jahre hat die Europäische Union neben der nach innen gerichteten Umweltpolitik der Gemeinschaft auch an der globalen Umweltpolitik mitgewirkt. Die EU ist Vertragspartner zahlreicher internationaler Umweltübereinkommen, wie dem 1997 verabschiedeten → Kyoto-Protokoll. Nachdem das Kyoto-Protokoll nach der Ratifikation Russlands in Kraft getreten ist, bestehen die Aufgaben darin, die Vorgaben des Kyoto-Protokolls zu konkretisieren und konsequent umzusetzen. Dazu gehört insbesondere die Verpflichtung, die in der EU emittierten Treibhausgase bis zum Jahr 2012 um 8 Prozent jährlich zu reduzieren (Basisjahr 1990). Außerdem wird intensiv über die Zeit nach 2012 und die Fortsetzung des Kyoto-Protokolls nachgedacht.

Europäische Union → EU.

Europäische Union des Handwerks und der Klein- und Mittelbetriebe → UEAPME.

Europäische Verfassung → Verfassung für Europa.

Europäische Währungsunion (EWU)

von Prof. Dr. Oliver Budzinski, Dr. Jörg Jasper und Prof. Dr. Albrecht F. Michler

I. Begriff

Auf der Konferenz der Staats- und Regierungschefs der EG am 9./10.12.1991 in Maastricht beschlossene Währungsvereinheitlichung auf dem Gebiet der Europäischen Union (oder Teilen hiervon) ab 1.1.1999. Die Europäische Währungsunion bildet einen Kernpunkt in den Bestrebungen zur Errichtung eines in Form einer Wirtschafts- und Währungsunion (WWU) geeinten Europa, die bereits seit Ende der sechziger Jahre verfolgt werden. Als historische Vorläufer sind der → Werner-Plan und die Errichtung des Europäischen Währungssystems (→ EWS) 1979 zu betrachten.

II. Errichtung

Die Beschlüsse von Maastricht beinhalten einen recht detaillierten Zeitplan zur Errichtung der Europäischen Währungsunion, an dessen Ende eine gemeinsame Währung steht, für deren Sicherung das → Europäische System der Zentralbanken (ESZB) zuständig ist. Dieser Zeitplan gliedert sich in drei Integrationsstufen:

Die *erste Stufe* begann am 1.6.1991, dauerte bis Ende 1993 und erbrachte eine weitgehende Aufhebung aller Kapitalverkehrskontrollen sowie ab 1.1.1993 die Verwirklichung des europäischen Binnenmarktes. Zudem sollten die Wechselkurse zwischen den EU-Währungen durch den Wechselkursmechanismus des EWS stabilisiert werden, zunächst mit einer maximalen Schwankungsbreite der Wechselkurse von +/- 2,25 Prozent um die festgelegten bilateralen Leitkurse. Im Zuge der (Spekulations-) Krise des EWS im September 1992, mit der Folge des Austritts Großbritanniens und (vorübergehend) Italiens aus dem EWS, wurden die Schwankungsbreiten allerdings auf +/- 15 Prozent im Juli 1993 erweitert.

Die *zweite Stufe* begann am 1.1.1994 und zielte vorrangig auf die beschleunigte Annäherung der wirtschaftlichen Entwicklungen in den potenziellen Teilnehmerländern der Europäische Währungsunion ab. Zudem wurden im Rahmen dieser Stufe diejenigen Beträge festgelegt, mit denen die einzelnen nationalen Währungen in den Währungskorb → ECU eingingen. Darüber hinaus nahm mit Beginn der zweiten Stufe das Europäische Währungsinstitut (EWI, Sitz: Frankfurt a.M.) seine Arbeit auf, dessen Aufgaben darin bestanden, den geldpolitischen Koordinierungsprozess zwischen den nationalen Notenbanken zu intensivieren, die geldpolitischen Instrumente zu harmonisieren, das ESZB aufzubauen und den Eintritt in die dritte Stufe der Europäische Währungsunion vorzubereiten. Das EWI wurde am 1.6.1998 vom ESZB abgelöst.

Die *dritte Stufe*, die Einführung der gemeinsamen Währung → Euro (1 Euro = 100 Cent), begann am 1.1.1999. Die Teilnahmeberechtigung von EU-Mitgliedsstaaten an der Europäischen Währungsunion (und damit der WWU) entschied sich anhand der Erfüllung von vier sog. → Konvergenzkriterien. So durfte die Inflationsrate eines beitrittswilligen Landes nicht um mehr als 1,5 Prozentpunkte über dem Durchschnitt der Inflationsraten der drei inflationsstabilsten Länder liegen, die langfristigen Zinssätze durften im Verlauf eines Jahres vor der Beitrittsprüfung höchstens um 2 Prozentpunkte höher sein als die Zinssätze in den drei Mitgliedsstaaten mit der niedrigsten Inflationsrate, die Wechselkurse der Landeswährung mussten im Rahmen des EWS über zwei Jahre spannungsfrei in den normalen Bandbreiten gehalten worden sein und das Staatsdefizit und die Staatsschuld durften nicht mehr als 3 Prozent bzw. 60 Prozent des BIP betragen oder mussten sich bei Letzterem diesem Wert zumindest annähern. Die Auswahl der ersten an der Europäischen Währungsunion teilnehmenden qualifizierten Mitgliedsstaaten erfolgte am 2.5.1998 durch die Staats- und Regierungschefs auf der Grundlage der volkswirtschaftlichen Ist-Daten des Jahres 1997. Hierbei qualifizierten sich Belgien, Deutschland, Finnland, Frankreich, Irland, Italien, Luxemburg, Niederlande, Österreich, Portugal und Spanien für die Teilnahme an der Europäischen Währungsunion. Ab 1.1.1999 wurden die Wechselkurse der an der Europäischen Währungsunion teilnehmenden Währungen auf den Stand vom 31.12.1998 (Endnotierungen an den Devisenbörsen) endgültig und unwiderruflich fixiert. Die bis zu diesem Zeitpunkt bestehende Korbwährung ECU wandelte sich mit der Fixierung in eine eigenständige Währung (Euro) um, welche zunächst als reines Giralgeld eingeführt wurde. Auf Euro (bzw. Cent) lautendes Bargeld (Noten und Münzen) wurde ab dem 1.1.2002 ausgegeben, sodass die jeweiligen nationalen Währungen noch mit festem Wechselkurs zum Euro bis zu diesem Zeitpunkt erhalten blieben. Für einen Übergangszeitraum (längstens bis zum 30.6.2002; in den meisten Ländern deutlich kürzer) waren dann sowohl die heimischen Währungen als auch der Euro im Umlauf; spätestens ab dem 1.7.2002 ist der Euro das einzige gesetzliche Zahlungsmittel in den Europäischen Währungsunion-Mitgliedsstaaten und die bisherigen nationalen Währungen verloren ihre Gültigkeit. Die geldpolitische Verantwortung in der Europäischen Währungsunion liegt seit dem 1.1.1999 beim ESZB, welches seine geld- und währungspolitischen Operationen in Euro ausführt. Im weiteren Verlauf qualifizierten sich Griechenland (1.1.2001), Slowenien (1.1.2007), Malta und Zypern (1.1.2008) sowie Slowakei (1.1.2009) durch Erfüllung der Konvergenzkriterien für die Euroeinführung, sodass nun 16 der 27 Mitgliedsstaaten der Europäischen Union an der Europäischen Währungsunion teilnehmen. Die sog. Eurozone umfasst damit ca. 315 Mio. Menschen.

Großbritannien und Dänemark haben sich vertraglich zusichernd lassen, dass sie trotz einer eventuellen Qualifikation nicht an der Europäischen Währungsunion teilnehmen müssen (sog. *opt-outs*), während Schweden, wo am 14.9.2003 eine Mehrheit der Bevölkerung gegen die Euro-Einführung votierte (ca. 42 Prozent Ja-Stimmen und ca. 56 Prozent Nein-Stimmen), bewusst die Konvergenzkriterien verletzt. Wegen Nicht-Erfüllung der Konvergenzkriterien noch nicht qualifiziert haben sich Bulgarien, Estland, Lettland, Litauen, Polen, Rumänien, Tschechien und Ungarn. Die bisher nicht an der Europäischen Währungsunion teilnehmenden EU-Mitgliedsstaaten (sog. *pre-ins*) können in das EWS II integriert werden, d.h., die Währungen dieser Länder werden mit einer Bandbreite an einen Leitkurs zum Euro gekoppelt. Für die dänische Krone wurde hierbei eine Bandbreite von +/- 2,25 Prozent und für die anderen Währungen von +/- 15 Prozent festgelegt. Ein Beitritt weiterer EU-Staaten zur Europäischen Währungsunion erfolgt nach Erfüllung der oben genannten Konvergenzkriterien, d.h., dass auch der Beitritt neuer Staaten zur EU nicht automatisch deren Beitritt zur Europäischen Währungsunion bewirkt, sondern auch hier erst eine hinreichende Konvergenz zu erzielen ist.

III. Beurteilung

Die Errichtung der Europäischen Währungsunion ist auf sehr unterschiedliche Beurteilungen gestoßen. Ihre *Befürworter* betonen v.a. eine erhebliche Verminderung der → Transaktionskosten im gemeinsamen Währungsgebiet, da der bisherige Aufwand für Liquiditätsvorsorge in mehreren Währungen, für Währungsumtausch oder Kurssicherung entfällt. Zudem löst sich das bisher bestehende Problem, dass sich längerfristige Kontrakte, Geldanlagen oder Beteiligungen kaum wirksam gegen Währungsrisiken absichern lassen. Damit werden (bislang) „grenzüberschreitende" Geschäfte kostengünstiger und auch die Rechnungslegung (Buchführung) wird vereinfacht. Für die Wirtschaft bringt die Europäische Währungsunion jedoch nicht nur Entlastungen auf der Kosten/Risiken-Seite, sondern auch Verbesserungen der Absatz- und Ertragsperspektiven. Dies wird damit begründet, dass eine gemeinsame Währung das Vordringen auf ausländische Märkte erleichtere, was wiederum mit dem Abbau objektiv vorhandener (Wechselkurs-) Risiken, aber auch subjektiv vorhandener Hürden bei Auslandsgeschäften zusammenhängt. Zudem wird von der Europäischen Währungsunion eine Dynamisierung der europäischen Wirtschaft mit dauerhaft erhöhten Wachstumsraten erhofft: Zwar wird gesehen, dass einzelne Regionen, Branchen oder Unternehmen kurzfristig einem stärkeren Wettbewerbsdruck und den damit verbundenen Problemen ausgesetzt sein werden, da die Möglichkeit, sich durch Währungsabwertungen Wettbewerbsvorteile zu verschaffen, entfallen wird. Die hohe Konvergenz der Inflationsentwicklung in der EU vor der dritten Stufe der Europäischen Währungsunion und die bereits hier existierende faktische Dominanz der DM bzw. der Bundesbankpolitik in der EU sowie die ökonomische Zweifelhaftigkeit des Erfolges von Abwertungsstrategien erleichtern jedoch den Verzicht auf derartige Strategien. Auf lange Sicht, so wird argumentiert, könne die europäische Wirtschaft somit aus diesem Anpassungsprozess gestärkt für den globalen Wettbewerb hervorgehen. Die institutionelle Ausgestaltung des ESZB, welches weitgehend der Deutschen Bundesbank nachempfunden und dem Primat der Geldwertstabilität verpflichtet ist, kann zudem als geeignet bezeichnet werden, stabilitätspolitisches Vertrauen in die europäische Geldpolitik zu schaffen. Zudem steigert das einheitliche Währungsgebiet die Attraktivität der EU für Direktinvestitionen. Darüber hinaus könnte die Europäische Währungsunion den EU-Integrationsprozess fördern und damit weitere Harmonisierungsbestrebungen, bspw. in der Steuer- und Wirtschaftspolitik, beschleunigen. *Kritiker* der Europäischen Währungsunion befürchten, dass weiterhin erhebliche strukturelle Unterschiede zwischen den Teilnehmerstaaten bestehen und diese, da Anpassungen über Wechselkursvariationen (insbesondere Abwertungen der Währungen strukturschwacher Länder) in der Europäischen Währungsunion nicht mehr möglich sind, zu vermehrten finanziellen Transfers in die strukturschwachen Regionen führen könnten. Dies würde die Bürger (Steuerzahler) und die ökonomische Dynamik in den strukturstärkeren Ländern belasten. Ein weiteres Problem eines einheitlichen Währungsraumes wird darin gesehen, dass die im Zuge der WWU angestrebte Vereinheitlichung der Lebensbedingungen in Europa auf dem Wege überzogener Harmonisierungsbestrebungen dazu führen könne, dass bestehende Standortvorteile ökonomisch schwächerer Länder (etwa bei Lohn- und Lohnnebenkosten) eingeebnet werden. In diesem Zusammenhang wird bisweilen das Beispiel der deutsch-deutschen Währungsunion von 1990 mit der in der Folge einsetzenden starken Tendenz zu Angleichung der Löhne im Beitrittsgebiet an die des Westens angeführt. Ferner wird befürchtet, dass die geldpolitische Zentralisierung zu einer zunehmend schwierigen Bestimmung geldpolitischer Zielgrößen (Geldmengenabgrenzungen, europäisches Produktionspotenzialwachstum, → Harmonisierter Verbraucherpreisindex (HVPI)) und damit zu einem Anwachsen der Risiken einer geldpolitischen Fehlsteuerung mit der Folge höherer Inflationsraten führen könnte. Dies gilt insbesondere, solange die europäische Währungsintegration auf der einen und die politische Integration auf der anderen Seite unterschiedlich weit vorangeschritten sind. Hinsichtlich der voraussichtlichen Geldwertstabilität des Euro wird betont, dass zwar die an das Vorbild Bundesbank angelehnte institutionelle Ausgestaltung des ESZB stabilitätsorientiert ist, der Glaubwürdigkeit der tatsächlichen Geldpolitik jedoch eine mind. ebenso große Bedeutung zukommt. Ein weiterer Kritikpunkt betrifft die – ebenso wie bisher bei der Bundesbank – nicht vorhandene Wechselkurskompetenz der EZB gegenüber Drittwährungen, die beim Rat der Europäischen Gemeinschaft angesiedelt ist (Art. 109 des EG-Vertrages). Damit könnte der Ministerrat durch eine – gegenwärtig freilich nicht abzusehende – internationale Festlegung der Wechselkurse die Unabhängigkeit der Notenbank unterlaufen. Problematisch ist weiterhin die Frage, mit welchen Mitteln die mithilfe der Konvergenzkriterien erreichte Konsolidierung auch nach dem Eintritt eines Landes in die Europäische Währungsunion fortgesetzt werden kann. Nicht zuletzt hierfür wurde der → Stabilitäts- und Wachstumspakt geschaffen.

Insgesamt kann jedoch ein Jahrzehnt nach dem Beginn der dritten Stufe eine positive Zwischenbilanz gezogen werden. Die Teilnehmerstaaten der Europäischen Währungsunion verzeichnen durchweg niedrige Inflationsraten bei gleichfalls niedrigem Zinsniveau und der Euro stößt auf den internationalen Finanzmärkten auf Akzeptanz.

Europäische Wirtschaftliche Interessenvereinigung (EWIV) – I. Gesellschaftsrecht: Durch die EWIV-Verordnung vom 25.7.1985 (ABl. L 199/1 vom 31.7.1985) geschaffene (supranationale) Unternehmensform. Danach haben kleinere und mittlere Unternehmungen aus EU-Mitgliedsstaaten die Möglichkeit, grenzüberschreitende Kooperationen in Form einer EWIV zu betreiben. Die Vereinigung selbst hat nicht den Zweck der eigenen Gewinnerwirtschaftung, sondern soll die unternehmerischen Ergebnisse der rechtlich selbstständig bleibenden Mitglieder verbessern. Die EWIV ist eine juristische Person. – *Grundstruktur* ähnlich der → offenen Handelsgesellschaft (OHG). – *Mitglieder:* Gesellschaften oder andere juristische Einheiten sowie natürliche Personen. – *Organe:* Gemeinschaftlich handelnde Mitglieder, der bzw. die Geschäftsführer; der Gründungsvertrag kann weitere Organe vorsehen. In Beschlüssen zur Verwirklichung des Unternehmensgegenstandes ist die Mitgliederversammlung unbeschränkt; ihr obliegt die Bestellung der Geschäftsführer. – Die Mitglieder der Vereinigung *haften* unbeschränkt und gesamtschuldnerisch. – *Aufgaben:* Erleichterung und Entwicklung sowie Ergebnisverbesserung der wirtschaftlichen Tätigkeit ihrer Mitglieder. Gewinne werden als Gewinne der Mitglieder betrachtet und von diesen versteuert. – *Restriktionen:* EWIV darf sich nicht an den Kapitalmarkt wenden und nicht mehr als 500 Arbeitnehmer beschäftigen.

II. Einkommen- und Körperschaftsteuerrecht: Gemäß § 40 EWIV-Verordnung wird die EWIV steuerlich wie eine Personengesellschaft behandelt. Ein evtl. erzielter Gewinn oder Verlust wird ihren Gesellschaftern anteilig zugerechnet (sog. Transparenzprinzip) und dort jeweils versteuert.

III. Gewerbesteuer: Unterhält eine EWIV in Deutschland einen Gewerbebetrieb, unterliegt dieser der Gewerbesteuer (§ 2 GewStG). Die Gewerbesteuer wird hier, entgegen der sonstigen Systematik, jedoch gegen die Gesellschafter festsetzt, da eine EWIV gemäß der EWIV-Verordnung kein Steuersubjekt sein darf. Jeder Gesellschafter ist Gesamtschuldner für die (gesamte) Gewerbesteuerschuld der EWIV (§ 5 GewStG).

IV. Internationales Steuerrecht: Nach den Doppelbesteuerungsabkommen werden eventuelle Gewinne einer grenzüberschreitend tätigen EWIV nach dem Betriebsstättenprinzip jeweils dort zu versteuern sein, wo die EWIV eine Betriebsstätte unterhält (vgl. Art.7 OECD-MA).

Europäische Wirtschaftsgemeinschaft (EWG) → EWG.

Europäische Wirtschafts- und Währungsunion (EWWU) → EWWU.

Europäische Zahlungsunion (EZU) → OEEC.

Europäische Zentralbank (EZB) – 1. *Begriff/Merkmale:* Die Europäische Zentralbank (EZB) ist mit Blick auf die dritte und letzte Stufe der Europäischen Wirtschafts- und Währungsunion (→ EWWU), die am 1.1.1999 begann, geschaffen worden. Sie ist Teil des → Europäischen Systems der Zentralbanken (ESZB), das außer ihr aus allen nationalen Zentralbanken der EU-Mitgliedsstaaten besteht (Art. 105 ff. EGV). Die EZB ist eine in Frankfurt a.M. ansässige Gemeinschaftseinrichtung (kein Organ) und ist mit eigener Rechtspersönlichkeit ausgestattet. Die EZB ist durch die nationalen Zentralbanken mit einem Grundkapital von gut fünf Mrd. Euro ausgestattet. Darüber hinaus ist die EZB mit Währungsreserven (ausschließlich Währungsbereiche außerhalb der EWWU) im Gegenwert von 50 Mrd. Euro ausgestattet. – 2. *Aufgabe* der EZB und des ESZB ist die Festlegung und Ausführung der → Geldpolitik der EU, wobei das (im EGV und im EZB-Statut festgehaltene) Ziel der Preisstabilität gewahrt werden muss. Die EZB hat das ausschließliche Recht, die Ausgabe von Euro-Banknoten zu genehmigen. Die EZB soll die allg. Wirtschaftspolitik der EU unterstützen, ohne jedoch die Preisstabilität zu beeinträchtigen, wobei versucht wird, die Inflationsrate bei unter 2 Prozent im Vergleich zum Vorjahr zu halten. Dieses Ziel wird durch die Kontrolle der Geldmenge, u.a. durch Festlegung von Leitzinssätzen, und Beobachtung der Preisentwicklung verfolgt. Die EZB ist in der Wahrnehmung ihrer Aufgaben völlig unabhängig. – 3. Seit dem 1.1.2002 haben 17 EU-Mitgliedsstaaten den Euro als Gemeinschaftswährung eingeführt und bilden gemeinsam die sog. *Euro-Zone.* 2007 wurde der Euro in Slowenien, 2008 in Malta und Zypern, 2009 in der Slowakei und 2011 auch in Estland als Währung eingeführt. – 4. *Organe:* (1) *Direktorium* (EZB-Präsident, EZB-Vizepräsident und vier weitere Mitglieder); (2) *EZB-Rat* (Mitglieder des Direktoriums sowie die Präsidenten der NZBs der teilnehmenden Mitgliedsstaaten); (3) *Erweiterter Rat* (EZB-Päsident, EZB-Vizepräsident und die NZB-Präsidenten aller Mitgliedsstaaten). – 5. *EU-Erweiterung*: Die Erweiterungen der EU bedeuten nicht, dass die neuen Mitgliedsstaaten automatisch an der Wirtschafts- und Währungsunion teilnehmen. Hierfür müssen sie die sog. → Konvergenzkriterien erfüllen. Schon vor ihrem Beitritt können diese Länder am → EWS teilnehmen, d.h. ihre Währung an den Euro koppeln.

Europa-Patent – vom → Europäischen Patentamt (EPA) erteiltes → europäisches Patent. Laufzeit: 20 Jahre. Der Anmelder bestimmt, für welche Staaten der EU der dort national wirksame Schutz gelten soll.

Europarat – *Council of Europe;* Zusammenschluss von 47 europäischen Länder zur allg. Zusammenarbeit in politischen, kulturellen, sozialen und wirtschaftlichen Fragen, gegründet am 5.5.1949 in London aufgrund einer Entschließung des Kongresses der Europäischen Unionsbewegung in Den Haag 1948 und der Initiative der Signaturstaaten des Paktes zur kollektiven Verteidigung und zur wirtschaftlichen, sozialen und kulturellen Zusammenarbeit (Brüsseler Pakt), dem Vorläufer der Westeuropäischen Union (→ WEU). – *Sitz:* Straßburg. – *Organe:* (1) Ministerkomitee aus je einem Vertreter (Außenminister) der Mitgliedsstaaten; (2) Parlamentarische Versammlung aus von den nationalen Parlamenten gewählten Vertretern aller Mitgliedsstaaten mit verschiedenen Ausschüssen; (3) Generalsekretariat; seit 1994 Kongress für Lokale und Regionale Behörden in Europa. – *Wichtigste Tätigkeitsgebiete:* Wahrung der Menschenrechte (u.a. Europäische Konvention zum Schutz der Menschenrechte und Grundfreiheiten mit Errichtung einer Europäischen Kommission sowie eines Europäischen Gerichtshofs für Menschenrechte), Sozialpolitik, Wirtschafts- und Bevölkerungspolitik, Rechts- und Strafwesen, kulturelle Zusammenarbeit, Sport und Jugendfragen, Umweltprobleme, Fragen der Kommunalverwaltung und Regionalplanung sowie Fragen der Denkmal- und Landschaftspflege. – Wichtige *Veröffentlichungen:* Forum Europarat; Legal Co-operation in Europe; The Council of Europe; Annual Report of the Secretary General; Information Bulletin and Newsletter of the Documentation Centre for Education in Europe.

Europarecht – 1. *I.e.S.:* Bestand (sog. Acquis Communautaire) an Rechtsnormen (Primär- und Sekundärrecht) der → EU sowie die im Zuge der Rechtssprechung des → EuGH herausgebildeten allg. Rechtsgrundsätze. Die EU verfolgt ihre Ziele im Rahmen einer eigenen Rechtsordnung; sie besitzt Rechtspersönlichkeit (Art. 47 EUV) mit eigenen Rechtssetzungsbefugnissen. – 2. *I.w.S.:* Recht der europäischen internationalen Organisationen, d.h. neben der EU: → Europarat, → EFTA, Europäischer Wirtschaftsraum (→ EWR), KSZE, → OECD und → WEU.

Europaverband der Selbstständigen → Confédération Européenne des Indépendants (CEDI).

Euro-PCT-Anmeldung → Erfindungen können nicht nur bei den nationalen Patentämtern und dem → Europäischen Patentamt (EPA), sondern auch international angemeldet werden (→ Patentanmeldung, → Patent Cooperation Treaty (PCT)). Der PCT stellt nationale und regionale Patente gleich und versteht unter regionalen Patenten v.a. das europäische Patent (Art. 2 IV, X, Art. 4 I, II). Das → Europäisches Patentübereinkommen (EPÜ) enthält in Art. 150 f. Vorschriften über das Zusammenwirken mit dem PCT. Soweit eine internationale Anmeldung nach Art. 11 III PCT die Wirkung einer ordnungsgemäßen nationalen Anmeldung hat, hat sie über Art. 45 PCT auch die Wirkung einer vorschriftsmäßigen europäischen Patentanmeldung für die in der Anmeldung bestimmten EPÜ-Staaten (Art. 150 III EPÜ).

EuropeAid – *Europäisches Amt für Zusammenarbeit.* EuropeAid ist zuständig für die Verwaltung eines Großteils der EU-Außenhilfe. Auf der Webseite findet man Hinweise über öffentliche Programme, Ausschreibungen, Auftragsvergabe und Expertenrekrutierung.

European Association of Craft, Small and Medium-sized Enterprises → UEAPME.

European Bank for Reconstruction and Development → EBRD.

European Committee for Banking Standards (ECBS) – Das ECBS wurde im Dezember 1992 von den drei Verbänden der Europäischen Kreditwirtschaft (dem der Kreditbanken, der Genossenschaftsbanken und der Sparkassen) gegründet. Weitere internationale Institutionen, z.B. die → Europäische Zentralbank (EZB), die → EBA und → SWIFT sowie → Mastercard Europe und VISA Europe, haben einen Beobachterstatus. Das ECBS hat die vorrangige Aufgabe, die Interoperabilität der technischen Infrastrukturen im europäischen Kreditgewerbe zu fördern. Die vom ECBS verabschiedeten Standards entfalten aber keine bindende Wirkung für die betroffenen Banken. Wichtigste Produkte des ECBS sind die → IBAN, die → IPI sowie das EPI (Electronic Payment Instruction), die elektronische Version des IPI. – Vgl. auch → EPC, → Single Euro Payments Area (SEPA).

European Currency Unit → ECU; abgelöst durch die gemeinsame EU-Währung → Euro.

European Energy Exchange → Strombörse, mittlerweile auch European Power Exchange (EPEX).

European Free Trade Association → EFTA.

European Investment Bank (EIB) → EIB.

European Multistakeholderforum – Das „European Multi-Stakeholder Forum on Corporate Social Responsibility" (CSR EMS Forum) ist eine Institution der → Europäischen Kommission. Unter der Leitung der dieser bringt das European Multi-Stakeholder Forum Unternehmen, → Gewerkschaften und → Non-Governmental Organizations (NGO) zusammen, um Innovationen, Annäherung und Transparenz in existierenden CSR-Praktiken voranzutreiben.

Dies geschah erstmals im Oktober 2002. – Vgl. auch → Stakeholder-Ansatz, → Corporate Social Responsibility.

European Patent Office (EPO) → Europäisches Patentamt (EPA).

European Payments Council → EPC.

European Recovery Program → ERP.

Europol – von den Mitgliedsstaaten der → EU mit dem Übereinkommen vom 26.7.1995 (Europol-Übereinkommen; BGBl. 1997 II, 2153) errichtetes Europäisches Polizeiamt zur Bekämpfung u.a. des illegalen Drogenhandels, der Schleuserkriminalität und des Menschenhandels. *Aufgaben* sind geregelt in Art. 88 AEUV. Zur Umsetzung des Beschlusses des Rates 2009/371/JI vom 6.8.2009 ist in Deutschland das EUROPOL-Gesetz vom 16.12.1997 (BGBl.II S. 2150) m.spät. Änd. erlassen worden.

Euroraum – Gebiet der 17 Länder (Mai 2013), die den Euro eingeführt haben. – Vgl. auch → Euro, → Europäische Währungsunion (EWU).

Eurosklerose – im Bereich der Wirtschaft eine Inflexibilität der Märkte, eine zögerliche Anpassungsfähigkeit im Strukturwandel und eine träge Reaktionsfähigkeit beim Auftreten exogener Störungen (Sklerose), sofern sie auf europäische Volkswirtschaften zutreffen, oder auf solche Volkswirtschaften, die nachhaltig vom europäischen Kulturkreis geprägt sind. Der Begriff wurde Mitte der 1980er-Jahre vom Kieler Ökonomen H.Giersch geprägt und wird bei Diskussionen über den europäischen und weltweiten Wettbewerb von Volkswirtschaften nach wie vor verwendet. – Vgl. auch → Globalisierung.

EUROSTAT – *Statistisches Amt der Europäischen Union* mit Sitz in Luxemburg. Verantwortlich für die Erhebung und Veröffentlichung von Statistiken der → EU (insbesondere Handel), die nationalen Statistikämter der Mitgliedsstaaten arbeiten EURSTAT zu und melden regelmäßig nationale Daten; siehe auch Statistisches Bundesamt (DESTATIS).

Eurosystem – Das Eurosystem besteht aus der → Europäische Zentralbank (EZB) und den derzeit 17 nationalen → Zentralbanken der EU-Mitgliedsstaaten, die den → Euro in der dritten Stufe der Europäische Wirtschafts- und Währungsunion (→ EWWU) eingeführt haben. Die nationalen Zentralbanken der Mitgliedsstaaten, die noch nicht dem Eurowährungsgebiet beigetreten sind, zählen zwar zum → ESZB, aber nicht zum Eurosystem. Das Eurosystem nimmt die Hoheitsrechte im Bereich der Geld- und Währungspolitik für die Mitgliedsstaaten der Währungsunion wahr. Vorrangiges Ziel des Eurosystems ist die Gewährleistung der Preisstabilität. Hauptaufgaben des Eurosystems sind die Festlegung und Ausführung der → Geldpolitik der Gemeinschaft, die Durchführung der gemeinschaftlichen Devisenmarkttransaktionen sowie die Haltung und Verwaltung der → Währungsreserven. Daneben soll es den reibungslosen → Zahlungsverkehr fördern und eine Reihe von Beratungs- und Informationsfunktionen wahrnehmen. In seinen geldpolitischen Entscheidungen ist das Eurosystem grundsätzlich unabhängig von sonstigen Trägern der Wirtschaftspolitik auf nationaler wie auch Gemeinschaftsebene (Unabhängigkeit der Zentralbank). – Vgl. auch → EU.

Euroumrechnungskurse – Die Teilnehmerländer am Eurowährungsraum haben sich am 2.5.1998 in Brüssel über das Verfahren zur Bestimmung der unwiderruflich festen Umrechnungskurse für den → Euro am 1.1.1999 geeinigt. Die am 2.5.1998 im Europäischen Währungssystem (→ EWS) geltenden bilateralen Leitkurse der Währungen der Mitgliedsstaaten der → Europäischen Währungsunion (EWU) wurden für die unwiderrufliche Festlegung der Umrechnungskurse für den Euro verwendet. Diese Kurse entsprachen (angeblich) den wirtschaftlichen Grunddaten und sind mit einer dauerhaften Konvergenz der Wirtschaftsentwicklung der am Eurowährungsgebiet teilnehmenden Mitgliedsstaaten vereinbar. Die Zentralbanken der Mitgliedsstaaten, die den Euro als einheitliche Währung einführten, stellen mithilfe geeigneter Markttechniken sicher, dass die am Devisenmarkt am 31.12.1998 geltenden Kurse, die im Rahmen der regelmäßigen Konzertation zur Berechnung der Tageskurse der offiziellen ECU festgestellt wurden, den in der Übersicht „Euro-Umrechnungskurse" dargestellten Paritätengitter festgelegten bilateralen EWS-Leitkursen entsprechen. – Vgl. Abbildung „Euro-Umrechnungskurse".

Euroumrechnungsrücklage – eine steuerfreie Rücklage, die im Zuge der Umstellung von DM auf Euro für bestimmte Umrechnungsgewinne gebildet werden konnte (§ 6d EStG). Die Rücklage war spätestens bis zum Schluss des fünften nach dem 31.12.1998 endenden Wirtschaftsjahrs (also spätestens dem ersten nach dem 31.12.2003 endenden Wirtschaftsjahr) gewinnerhöhend aufzulösen.

Euroumstellung der Buchhaltung – durch die → Währungsunion bedingte Umstellung der Buchhaltung von DM auf Euro. Für die Umstellung der Buchhaltung stand der Übergangszeitraum vom 1.1.1999 bis zum 31.12.2001 zur Verfügung. Die Umstellung der Buchhaltung konnte unabhängig davon erfolgen, ob der Jahresabschluss in DM oder in Euro aufgestellt wurde, sodass die Möglichkeit bestand, die Bücher in DM zu führen, den Jahres- und Konzernabschluss jedoch in Euro aufzustellen.

Euroumstellungsaufwendungen – Behandlung der → Aufwendungen für die Umstellung des Rechnungswesens von DM auf Euro. – 1. *Verbindlichkeitsrückstellungen:* Der Zeitpunkt der Passivierung der Rückstellung bestimmte sich danach, ob die Verpflichtung bereits zu Beginn oder erst mit ihrem zeitlichen Ablauf rechtlich entstand. Da die Umstellungsfrist am 31.12.2001 endete, entstand die rechtliche Verpflichtung erst mit Ablauf der Übergangsfrist.

Euro – Umrechnungskurse

	DEM 100 =	BEF/LUF 100 =	ESP 100 =	FRF 100 =	IEP 100 =	ITL 1000 =	NLG 100 =	ATS 100 =	PTE 100 =	FIM 100 =
Deutschland: DEM	1 EUR 1,95583 DEM	4,85	1,18	29,82	248,34	1,01	88,75	14,21	0,98	32,89
Belgien/ Luxemburg BEF/LUF	2062,55	1 EUR = 40,3399 BEF/LUF	24,24	614,98	5122,11	20,83	1830,54	293,16	20,12	678,47
Spanien: ESP	8507,18	412,46	1 EUR = 166,386 ESP	2536,54	21126,66	85,93	7550,27	1209,17	82,99	2798,41
Frankreich: FRF	335,39	16,26	3,94	1 EUR = 6,55957 FRF	832,89	3,39	297,66	47,67	3,27	110,32
Irland: IEP	40,27	1,95	0,47	12,01	1 EUR = 0,787564 IEP	0,41	35,74	5,72	0,39	13,25
Italien: ITL	98999,9	4799,89	1163,72	29518,25	245855,57	1 EUR = 1936,27 ITL	87864,10	14071,42	965,81	32565,72
Niederlande: NLG	112,67	5,46	1,32	33,60	279,81	1,14	1 EUR = 2,20371 NLG	16,01	1,10	37,06
Österreich: ATS	703,55	34,11	8,27	209,77	1747,20	7,11	624,42	1 EUR = 13,7603 ATS	6,86	231,43
Portugal: PTE	10250,48	496,98	120,49	3056,33	25455,96	103,54	9097,48	1456,96	1 EUR = 200,482 PTE	3371,87
Finnland: FIM	304,00	14,74	3,57	90,64	754,95	3,07	269,81	43,21	2,97	1 EUR = 5,94573 FIM

Eine Verbindlichkeitsrückstellung kam deshalb nicht in Betracht. – 2. *Aufwandsrückstellungen:* Die durch eine Aufwandsrückstellung antizipierten künftigen Ausgaben müssen wirtschaftlich in der Vergangenheit verursacht werden. Da aber alle Maßnahmen zukunftsbezogen sind, kann kein Vergangenheitsbezug hergestellt werden. – 3. → Bilanzierungshilfe: In Art. 44 EGHGB i.d.F. des Euro-Einführungsgesetzes (EuEG) hatte der Gesetzgeber die Aktivierung von Aufwendungen für die Währungsumstellung auf den Euro als Bilanzierungshilfe zugelassen, soweit es sich um selbst geschaffene immaterielle Vermögensgegenstände des Anlagevermögens handelte. Der Posten war in der Bilanz unter der Bezeichnung Aufwendungen für die Währungsumstellung auf den Euro vor dem Anlagevermögen auszuweisen. Die als Bilanzierungshilfe aktivierten Aufwendungen waren in jedem der folgenden Geschäftsjahre zu mind. einem Viertel durch Abschreibung zu tilgen. Kapitalgesellschaften mussten den Posten im Anhang erläutern.

Eurowährungsgebiet – *Euroland;* geografisches Gebiet, in dem der Euro die nationale Währung ist. Das Eurowährungsgebiet wurde zum 1.1.1999 mit dem Start der Eurogeldpolitik gegründet und umfasst seit dem Beitritt Griechenlands zum 1.1.2001, Sloweniens zum 1.1.2007, den Beitritten Zyperns und Maltas zum 1.1.2008, dem Beitritt der Slowakei am 1.1.2009 sowie dem Beitritt Estlands am 1.1.2011 17 Staaten (Deutschland, Frankreich, Italien, Belgien, Niederlande, Luxemburg, Spanien, Portugal, Österreich, Finnland, Irland, Griechenland, Slowenien, Zypern, Malta, Slowakei und Estland).

Eurowährungsraum → Euro, → Europäische Währungsunion (EWU).

EUS – Abk. für *Entscheidungsunterstützungssystem,* → Decision Support System (DSS).

EU-Sozialcharta – 1957 wurden in der Präambel des EWG-Vertrags (→ EWGV) unter den angestrebten Zielen der „wirtschaftliche und soziale Fortschritt" der Mitgliedsstaaten und „die stetige Besserung der Lebens- und Beschäftigungsbedingungen ihrer Völker" aufgeführt. 1989 wurde vom → Europäischen Rat (seinerzeit zunächst gegen die Stimme Großbritanniens) die EWG-Gemeinschaftscharta der Sozialen Grundrechte der Arbeitnehmer beschlossen. In diesem Dokument wurde die bisherige sozialpolitische Rolle der Gemeinschaft festgeschrieben und die Absicht zum Ausdruck gebracht, dass der wirtschaftliche Integrationsprozess auch von einer Weiterentwicklung der gemeinschaftlichen Sozialpolitik begleitet sein soll. – Die EU-Sozialcharta hatte bis zur Übernahme in den → Vertrag von Nizza keine rechtlichen Bindungswirkungen und stellte primär eine *politische Absichtserklärung* dar. Die *Charta der Grundrechte,* die am 7.12.2000 in Nizza verkündet wurde, greift u.a. die in der Sozialcharta erklärten Rechte auf.

EUSt – Abk. für → *Einfuhrumsatzsteuer.*

EU-Technologiepolitik → Technologiepolitik.

EU-Umweltaktionsprogramme – 1. *Begriff:* Seit 1974 werden auf europäischer Ebene Umweltaktionsprogramme verabschiedet. Diese werden von der → Europäischen Kommission ausgearbeitet, vom → Europäischen Parlament beraten und vom → Europäischen Rat nach Art. 189b EG-Vertrag (Mitentscheidungsverfahren), beschlossen. – 2. *Zweck:* Der Zweck der Programme ist eine Orientierung für den politischen Willensbildungsprozess. – 3. *Umsetzung:* Für die Umsetzung der erlassenen Umweltaktionsprogramme gibt es grundsätzlich zwei Möglichkeiten: Rechtsvorschriften und Richtlinien. → Rechtsvorschriften, wie z.B. Verordnungen, gelten direkt in allen Mitgliedsländern. Richtlinien hingegen müssen zunächst in nationales Recht umgesetzt werden. – 4. *Aktuell:* Das aktuellste (sechste) Umweltaktionsprogramm verfolgt das Ziel der Umsetzung der EU-Nachhaltigkeitsstrategie von 2001 (European Commission 2000). Schwerpunkte des Programms sind der Klimaschutz, die Biovielfalt, der Schutz natürlicher Ressourcen und die → Abfallentsorgung.

EU-Umweltpolitik → europäische Umweltpoltik.

EUV – Abk. für *Vertrag über die Europäische Union*; mit dem → Maastrichter Vertrag wurde der EUV unterzeichnet und neben den damals noch drei Europäischen Gemeinschaften (→ EGKS, → EAG, → EWG) eingeführt (jetzt besteht neben der → EU nur noch die EAG). Das Drei-Säulen-Modell erklärte die Dachstruktur des EUV über den drei Gemeinschaften (die gemeinsam die sog. Erste Säule der EU bilden) und die Ergänzung des Ordnungsrahmens um zwei weitere Säulen: die → GASP und die *Zusammenarbeit in den Bereichen Justiz und Inneres.* Mit dem → Vertrag von Lissabon ist der EUV erneut geändert worden. Die EG hat ihre Rechtspersönlichkeit verloren und die EU hat *Rechtspersönlichkeit* gewonnen. Zahlreiche Vorschriften sind aus dem EGV – geändert – in den EUV übernommen worden. Das → Drei-Säulen-Modell ist nicht mehr gültig und ersetzt worden in das „Gemeinsame-Haus-Modell".

EU-Verkehrspolitik → Verkehrspolitik.

EU-Vertrag – Der *Vertrag über die Europäische Union* (→ EUV) wurde am 7.2.1992 mit dem → Maastrichter Vertrag von den Mitgliedsstaaten der EWG-12 unterzeichnet und galt seit dem 1.11.1993. Der EUV bestand zunächst aus den Art. A bis S. Mit dem → Amsterdamer Vertrag, der am 1.5.1999 in Kraft getreten ist, wurden die Art. J.1 bis J.17 und K.1 bis K.17 eingefügt. Durch den → Vertrag von Nizza, der am 1.2.2003 in Kraft getreten ist, wurden die Art. A bis S EUV umbenannt in Art. 1 bis 53 EUV. Mit dem → Vertrag von Lissabon ist der EUV erneut geändert worden. Zahlreiche Inhalte wurden aus dem → EGV übernommen und der EGV enthält seitdem 55 Artikel. Die EU hat damit Rechtspersönlichkeit erhalten, die EG ist vollständig in der EU aufgegangen und hat ihre eigenständige Rechtspersönlichkeit verloren. – Vgl. auch → Maastrichter Vertrag, → Vertrag von Lissabon, → Europäische Gemeinschaft (EG), Europäische Wirtschaftsgemeinschaft (→ EWG), Europäische Atomgemeinschaft (→ EAG, Euratom).

EU-Wasserrahmenrichtlinie – 1. *Begriff:* Die EU-Wasserrahmenrichtlinie (EU-WRRL) dient der Schaffung eines Ordnungsrahmens für Maßnahmen der Gemeinschaft im Bereich der Wasserpolitik. Sie sollte zur Verbesserung des Zustands der Gewässer und zur grundsätzlichen Harmonisierung des Gewässerschutzes beitragen. – 2. *Ziele:* Zu den übergeordneten Zielen der Studie zählen (vgl. Art. 1 EU-WRRL): – a) Der Schutz und die Verbesserung des Zustandes aquatischer Ökosysteme und des Grundwassers. Eingeschlossen werden darin auch direkt vom Wasser abhängige Landökosysteme. – b) Die nachhaltige Nutzung von Wasserressourcen soll gefördert werden. – c) Das Einleiten und Freisetzen prioritär gefährlicher Stoffe soll beendet werden. Außerdem sollen prioritäre Stoffe schrittweise reduziert werden. – d) Die Reduzierung der Verschmutzung des Grundwassers. – e) Die Auswirkungen von Überschwemmungen und Dürren sollen gemindert werden. – 3. *Festlegungen:* Durch die Richtlinie wurden u.a. folgende Festlegungen beschlossen: Die Gewässerbewirtschaftung soll nach Flusseinzugsgebieten organisiert werden. Die Gewässerschutzziele sollen stärker auf die Ökologie ausgerichtet werden. Weitere Festlegungen sind die kombinierte Anwendung von Emissions- und Immissionsprinzip (→ Emission), die Deckung der internen und → externen Kosten wasserwirtschaftlicher Maßnahmen und Beteiligung der Öffentlichkeit.

EU-Wettbewerbsrecht → Europäisches Kartellrecht.

EVA – Abk. für → Economic Value Added.

Event – 1. *Begriff:* Veranstaltungen aller Art, die durch Inszenierung, Interaktion zwischen Veranstalter, Teilnehmer und Dienstleistern sowie multisensorische Ansprache erlebnisorientierte Kommunikationsbotschaften an die Zielgruppe herantragen. Der Begriff Veranstaltung bezeichnet ein organisiertes, zweckbestimmtes, zeitlich begrenztes Ereignis, an dem eine Gruppe von Menschen vor Ort und/oder über Medien teilnimmt. – In der Umgangssprache (z.B. Duden) und häufig auch in der Wissenschaft werden Events als „besondere" Veranstaltungen verstanden, wobei regelmäßig versäumt wird, diese Besonderheit an objektiven Merkmalen festzumachen (d.h. zu operationalisieren). Eine solche Begriffsbildung ist für die Wissenschaft wg. ihrer fehlenden Trennschärfe unbrauchbar. Soll nicht auf eine rein enumerative Definition ausgewichen werden, die bestimmte Typen von Veranstaltungen mehr oder weniger willkürlich als Events klassifiziert und andere davon ausschließt, ist nur eine Gleichsetzung von Events mit Veranstaltungen aller Art operational. Events in diesem weiten Sinn umfassen alle Veranstaltungen von der privaten Geburtstagsfeier über das öffentliche Rockkonzert bis hin zur geschäftlichen Tagung oder einem wissenschaftlichen Kongress. – In Teilen der Literatur (s. z.B. Freyer 1998) wird der Begriff noch weiter gefasst und auch auf Ereignisse angewendet, die nicht von Menschen organisiert werden („natürliche Events", z.B. Naturschauspiele wie eine Sonnenfinsternis) und auch nicht der Verbreitung erlebnisorientierter Kommunikationsbotschaften dienen („gesellschaftliche/politische Events", z.B. bewaffnete Konflikte). Eine solche Begriffsbildung wäre ebenfalls inoperational und damit unzweckmäßig, denn die Vielfalt der dem Begriff zuzuordnenden Phänomene würde so groß, dass Gemeinsamkeiten kaum noch identifizierbar wären. Eine Sonnenfinsternis sollte also zweckmäßigerweise nicht als Event verstanden werden; eine Veranstaltung, die aus Anlass einer solchen Sonnenfinsternis durchgeführt wird, hingegen schon. – 2. *Konstitutive Merkmale (Besonderheiten von Events):* Events unterscheiden sich von anderen Kommunikationsinstrumenten insbes. durch die folgenden drei Eigenschaften: a) *Inszenierung:* Events sind künstlich geschaffene Ereignisse, von Menschen für Menschen organisiert. Sie heben sich bewusst von der Alltagswirklichkeit der Teilnehmer ab und aktivieren diese durch die gebotene Abwechslung. Sie sprechen Zielgruppen in außergewöhnlichen Situationen an. (In diesem Sinne verstanden, kann auch eine „Besonderheit" von Events objektiv begründet und als Definiens akzeptiert werden, s. 1.) Selbst wenn sie kommerziellen Zwecken dienen, werden diese Situationen wegen ihres nicht-alltäglichen Charakters von den Teilnehmern i. d. R. als unkommerziell wahrgenommen. – b) *Interaktivität:* Events sind eine Plattform für persönliche Begegnungen zwischen Veranstalter und Teilnehmer, aber auch der Teilnehmer untereinander. Events beziehen die Teilnehmer in das Geschehen ein; sie sind stets Ko-Produkte von Veranstalter und Teilnehmer (und der beteiligten Dienstleister; → Event-Wirtschaft). Diese Besonderheit von Events entspricht der Integration und Transformation externer Faktoren im Rahmen der Dienstleistungsproduktion. Das Event-Erlebnis (als zeitraumbezogenes → Produkt und → Output der Eventproduktion) entsteht aus dem Zusammenwirken aller Beteiligten. Die Teilnehmer agieren dabei als „Prosumer", d. h. als Konsument und (Mit-)Produzent des Event-Erlebnisses in einer Person. Die Interaktivität von Events stellt hohe Anforderungen an das → Event-Management. Es sind nicht nur die gesamten Abläufe und Kontaktpunkte zu den einzelnen Teilnehmern zu managen, sondern auch gruppendynamische Prozesse, die aus der Interaktion von Veranstalter und Teilnehmer, aber auch der Teilnehmer untereinander entstehen. – c) *Multisensorik:* Events setzen Kommunikationsbotschaften in multisensorische Erlebnisse um und sprechen dabei durch physische Reize potentiell alle Sinne der Teilnehmer an:

Sehen (visuelle Reize: z.B. Licht, Bilder, Video-Einspieler); Hören (auditive Reize: Sprache, Musik, Geräusche); Tasten/Fühlen (haptische Reize: z.B. Oberflächenstruktur bei einer Produkt-Demonstration; thermale Reize: z.B. Raumtemperatur); Schmecken (gustatorische Reize: z.B. Catering, Verkostung); Riechen (olfaktorische Reize: z.B. Catering, Location). Im Idealfall einer Ansprache aller Sinne sind Events „totale Kommunikation" (Belz/Reinhold). Sie ermöglichen ein besonders umfassendes und eindrückliches Erleben von Kommunikationsbotschaften, Marken, Unternehmen und deren Produkten. – Durch die multisensorische Ansprache werden Event-Teilnehmer im Vergleich zu anderen Kommunikationsinstrumenten überdurchschnittlich stark aktiviert und sind besonders aufnahmebereit für die Event-Botschaften. Es gibt daher begründeten Anlass zu der (noch nicht umfassend bewiesenen) Hypothese, dass Event-Botschaften im Durchschnitt länger in Erinnerung bleiben, als dies bei Kommunikationsinstrumenten der Fall ist, die nur ein bis zwei Sinne ansprechen (z.B. Anzeigen, TV-Spots etc.). – 3. *Typologie (Arten von Events):* Events können unterschieden werden in kommerzielle und nicht kommerzielle Events. *Nicht-kommerzielle Events* sind z.B. private Feiern, Gottesdienste und Wohltätigkeitsveranstaltungen. Diese Gruppe wird hier nicht weiter betrachtet. *Kommerzielle Events* können unterschieden werden in Events als verkäufliches Produkt und Events als Marketing-Instrument. a) *Events als verkäufliches Produkt:* Solche Events werden i.d.R. gegen Entgelt – Eintritt, Teilnahmegebühr etc. – als Dienstleistungsprodukte vermarktet. Beispiele sind Sport- und Kulturveranstaltungen sowie → Messen. – Eine bedeutende Untergruppe sind Bildungs-Events („Educational Events"), z.B. Konferenzen, Symposien, Meetings, Seminare, Workshops. Sie dienen der Aus- und Weiterbildung und allg. der Wissensvermittlung (zu unterscheiden von der Weitergabe reiner Informationen. Oft werden Bildungs-Events unentgeltlich angeboten; dies geschieht aus verschiedenen Gründen: freiwillig, aufgrund von Traditionen und Konventionen (z.B. wissenschaftliche Kongresse) oder von Gesetzes wegen bzw. aus politischen Motiven (z.B. kostenloser Hochschulzugang). Dennoch sind Bildungs-Events prinzipiell entgeltfähig und wären unter anderen Umständen auch entgeltpflichtig, weshalb ihre Zugehörigkeit zu Kategorie a) grundsätzlich nicht in Frage steht. – b) *Events als Marketing-Instrument:* Solche Events sind nicht selbst Produkt, sondern ein Instrument der Kommunikationspolitik zur Vermarktung anderer Produkte. Marketing-Events sind Eigenveranstaltungen einer Organisation (Unternehmen, Verband etc.), die von dieser zu dem Zweck durchgeführt werden, die eigenen Marketing- und Kommunikationsziele zu erreichen. – Die Erscheinungsformen von Marketing-Events sind vielfältig. Nach dem jew. Hauptzweck können unterschieden werden: (1) Motivations-Events: z.B. Incentives für Mitarbeiter/für Handelspartner, Teambuilding-Events, Kick-off-Meetings, Außendienst-Konferenzen, Firmenfeiern (Jubiläen, Festakte, Galas); (2) Informations-Events: Pressekonferenzen, Shareholder-Veranstaltungen (z.B. Hauptversammlungen), Stakeholder-Veranstaltungen (z.B. „Tage der offenen Tür"); (3) Verkaufsförderungs-Events („promotional events"): z.B. Produktpräsentationen, Road Shows, alle Verkaufsförderungsaktionen am Point of Sale, Händler- und Hausmessen; (4) Sponsoring-Events: Eigenveranstaltungen im Rahmen von Sport-, Kultur-, Sozial-, Öko-Sponsoring-Engagements, z.B. ein Kundenempfang auf einer gesponserten Ausstellungseröffnung oder eine Autogrammstunde mit gesponserten Sportstars für die eigenen Mitarbeiter; (5) Messe-Events: Eigenveranstaltungen im Rahmen von fremdveranstalteten Messen (z.B. Events auf dem eigenen Messestand oder im Messeumfeld). Händler- und Hausmessen zählen nicht zu den Messe-Events, sondern zu den (eigenveranstalteten) Verkaufsförderungs-Events. – Andere Typologien von Marketing-Events sind gebräuchlich, aber hinsichtlich des Gliederungskriteriums oft nicht konsistent. So unterscheidet das „Forum Marketing-Eventagenturen" (FME) 1. „Consumer Events" (B2C-Events), 2. „Corporate Events" (B2B-Events), 3. „Exhibition Events" (Messe- und Ausstellungs-Events, d.s. je nach Art der Messe B2C- und/oder B2B-Events), 4. „Mitarbeiter-Events" (B2B-Events), 5. „Charity/Social/Cultural Events" (je nach Veranstaltung B2C- oder B2B-Events) und 6. „Öffentliche Events" (dito). – 4. *Rechtliche Aspekte:* Events sind Werkverträge. Zwar werden nicht eine „bestimmte Aufführung" oder das Auftreten bestimmter Personen in einer Veranstaltung, wohl aber die professionelle Organisation (einschließlich der Beachtung der allgemeinen und speziellen vertraglichen Verkehrssicherungspflichten), Überlassung der Plätze entsprechend Eintrittskarte und Durchführung etc. geschuldet. Ausfälle von Leistungen, mangelhafte Leistungen führen zu Ansprüchen nach den §§ 633 ff. BGB (Minderung, Selbsthilfe, Rücktritt, Schadensersatz). Bei der jederzeit möglichen („freien") Kündigung (oder auch dem schlichten Nichtbesuch infolge Verhinderung) durch den Besteller greift § 649 BGB, wonach der Veranstalter (Werkunternehmer) die Vergütung verlangen kann (abzüglich Ersparnisse bzw. anderweitige Erlöse z.B. durch Verkauf der zurückgegebenen Karten). Eintrittskarten legitimieren den Besucher zum Eintritt und den Veranstalter zur Leistung (vgl. § 807 BGB). Sie können regelmäßig an andere weitergegeben werden, wenn nicht besondere Umstände anzutreffen sind.

Event-Handel – Handelsveranstaltung, bei der Events (Sport, Musik-, Kultur-, Wissenschafts-, Gesundheits- bzw. karitative Veranstaltungen) erzeugt werden, und auf denen ausgewählte Händler speziell, auf die Zielgruppe der Besucher ausgesuchte Waren anbieten. Vielfach sind es einzelne Unternehmen, die eine erlebnisorientierte Inszenierung von unternehmens- oder produktbezogenen Ereignissen im Rahmen ihrer Unternehmenskommunikation vornehmen, z.B. Legoland, Autostadt Volkswagen in Wolfsburg. Mittels Event-Handel wird versucht, den Warenabsatz durch animierende Freizeitaktivitäten zu forcieren (→ Erlebnishandel).

Event Locations – 1. *Begriff:* Veranstaltungs- bzw. Versammlungsstätten aller Art. Das englische Wort „Locations" wird inzwischen im Deutschen synonym für „Veranstaltungs-" bzw. „Versammlungsstätten" gebraucht, ist aber eigentlich die falsche Bezeichnung; richtig wären die englischen Begriffe *„event venue"* (für eine umbaute Veranstaltungsstätte) und *„event site"* (für ein Veranstaltungsgelände). – 2. *Arten:* Es können drei Kategorien von Veranstaltungsstätten unterschieden werden: – a) *Tagungshotels:* Hotels, die neben dem Angebot hoteltypischer Leistungen auf die Ausrichtung von (geschäftlichen) Tagungen spezialisiert sind und dafür eigens Räume mit entsprechender Ausstattung und Veranstaltungstechnik vorhalten. Tagungshotels übernehmen dementsprechend zwei Hauptfunktionen: die Unterbringung der Tagungsgäste (Übernachtungsangebot) und die Ausrichtung der Tagungen (Tagungsraumangebot). Tagungshotels halten den mit Abstand größten Anteil an dem wichtigen Markt für Seminare/Symposien/Tagungen/Kongresse. Hauptzielgruppen sind Unternehmen (Corporates) sowie Wirtschaftsverbände, Kammern etc. Das Europäische Institut für Tagungswirtschaft (EITW) zählt in Deutschland über 3.200 Tagungshotels (Stand 2012). – b) *Veranstaltungszentren:* für die Durchführung bestimmter Veranstaltungen errichtete und zu diesem Zweck dauerhaft genutzte Großbauten mit entsprechender multifunktionaler Raum- und Technik-Ausstattung. Hierzu zählen insbes. Kongresshäuser, Mehrzweckhallen (Stadthallen, Bürgerhäuser), Messehallen sowie Konzert- und Sporthallen bzw. -stadien und Arenen. Veranstaltungszentren sind spezialisiert auf die Durchführung größerer oder sehr großer Veranstaltungen mit bis zu mehreren Tausend Teilnehmern und werden überwiegend genutzt für entsprechende Kongresse und Tagungen sowie Kultur- und Sportveranstaltungen. Hauptzielgruppen sind Unternehmen (Corporates), Veranstaltungsagenturen bzw. Professional Congress Organizers (PCO), Verbände und politische Parteien. Das EITW zählt in Deutschland über 1.500 Veranstaltungszentren (Stand 2012). – c) *Special Event Locations:* teils permanent, teils gelegentlich genutzte Versammlungsstätten, die ursprünglich nicht für die Durchführung von Veranstaltungen errichtet wurden. (Manchmal werden „Special Event Locations" nur als „Event Locations" bezeichnet, was aber begrifflich unscharf ist, da auch Tagungshotels und Veranstaltungszentren Locations für Events sind.) Zu den SEL zählen Theater und Kinos; Museen; Burgen, Schlösser, Klöster; Industrieanlagen, -ruinen oder -brachen (Fabrikhallen, Zechen etc.); Flughäfen, Hangars; Bahnhöfe, Lokschuppen; Kreuzfahrtschiff (Hochsee-, Fluss-); (Hoch-)Schulen und andere Bildungseinrichtungen; Freizeitparks, Themenparks, Zoos; Sonderbauten (Buga, Expo u.ä.); Restaurants; etc. Die Liste ist im wahrsten Sinne des Wortes endlos. Das Marktsegment der SEL hat sehr unscharfe Ränder und unterliegt einer hohen Dynamik: Streng genommen ist es ein Residuum für alle regelmäßig oder gelegentlich genutzten Veranstaltungsstätten, die nicht ein Tagungshotel oder ein Veranstaltungszentrum sind. Das EITW nennt für Deutschland einen Bestand von über 1.700 SEL, wobei nur Betriebe min mindestens 100 Sitzplätzen im größten Saal bei Reihenbestuhlung gezählt werden. Dennoch erscheint diese Zahl überaus niedrig. Das Spannungsverhältnis von ursprünglichem Errichtungszweck und Zweitnutzung als Veranstaltungsstätte verleiht SEL eine außergewöhnliche und originelle Ausstrahlung, die sie von Tagungshotels und Veranstaltungszentren abhebt. Oft ist dieses Spannungsverhältnis zugleich Quelle der Inspiration für Veranstaltungsmotto, Veranstaltungsinhalte und/oder Rahmenprogramm, wobei auch an die baulichen Eigenheiten angeknüpft werden kann. SEL profitieren deshalb von der zunehmenden Nachfrage nach Veranstaltungen mit „Erlebnischarakter". Andererseits werden die Nutzungsmöglichkeiten oft durch die baulichen Eigenheiten begrenzt, sodass sich SEL meist nur für bestimmte Veranstaltungsarten eignen. SEL erfordern i.d.R. aufgrund ihrer baulichen Gegebenheiten besondere Anstrengungen zur Herstellung einer ausreichenden Sicherheit bei der Nutzung als Versammlungsstätte (s. 3.). Bei vielen SEL steht der Denkmalschutz notwendigen Umbauten (wegen mangelnder Feuerfestigkeit der Baumaterialien, unzureichender Rettungswege, fehlender Rauchabzugsanlagen etc.) im Wege. Außerdem stellen manche SEL den Veranstalter vor logistische Herausforderungen (z.B. Burgen, Bergwerke). – 3. *Rechtliche Aspekte:* Veranstaltungs- bzw. Versammlungsstätten unterliegen den Bestimmungen der Musterversammlungsstättenverordnung (MVStättV). Die MVStättV ist eine öffentlich-rechtliche Bauvorschrift, Verfasserin ist die Fachkommission Bauaufsicht der Bauministerkonferenz (Argebau). Die Regelungen in den Bundesländern weichen z.T. von der MVStättV ab. Anwendungsbereich der MVStättV ist der „Bau und Betrieb von Versammlungsstätten mit Versammlungsräumen", die einzeln mehr als 200 Besucher fassen, die insgesamt mehr als 200 Besucher fassen und die gemeinsame Rettungswege haben, der Betrieb von Versammlungsstätten im Freien mit mehr als 1.000 Besuchern und Sportstadien mit mehr als 5.000 Besucherplätzen. Ausgenommen von den Vorschriften der MVStättV sind Räume für den Gottesdienst, Unterrichtsräume in Schulen, Ausstellungsräume in Museen und fliegende Bauten (z.B. Zelte). Als Versammlungsstätten definiert die MVStättV „bauliche Anlagen oder Teile baulicher Anlagen, die für die gleichzeitige Anwesenheit vieler Menschen bei Veranstaltungen, insbes. erzieherischer, wirtschaftlicher, geselliger, kultureller, künstlerischer, politischer, sportlicher oder unterhaltender Art, bestimmt sind, sowie Schank- und Speisewirtschaften" (§ 2 Abs. 1 MVStättV). – Die MVStättV unterscheidet Bau- und Betriebsvorschriften. Die Bauvorschriften betreffen: geforderte Eigenschaften der Baumaterialien (z.B. Feuerfestigkeit), Bestuhlung, Anzahl und Breite der Rettungswege, Anzahl der Toilettenräume, Sicherheitsbeleuchtung, Rauchabzugsanlagen, Heizungs- und Lüftungsanlagen, Brandmelde- und Feuerlöscheinrichtungen, Räume für Polizei, Feuerwehr, Sanitäts- und Rettungsdienst u.a.m. Die Betriebsvorschriften betreffen: die ständige Freihaltung der Rettungswege sowie Zufahrten für Einsatzfahrzeuge von Polizei, Feuerwehr und Rettungsdiensten; Einhaltung der Höchstzahl genehmigter Besucherplätze; Einhaltung der Vorschriften zum Brandschutz, zum Betrieb technischer Einrichtungen u.a.m. – Im Zuge der Genehmigung einer Veranstaltung bzw. Versammlung ist ein versammlungsstättenbezogenes Sicherheitskonzept zu erstellen, dem Polizei, Feuerwehr und Rettungsdienste zustimmen müssen. Zweck des Konzepts ist die Gewährleistung der Sicherheit der Besucher. Wichtige Inhalte sind Festlegungen zur Einlasskontrolle, zur Publikumsführung im Normal- und Notfall, zur Platzierung des Lagezentrums, zur Meldekette und Durchsagen in Notfällen sowie zu Evakuierungswegen. – Bei historischen Gebäuden ergeben sich i.d.R. Konflikte zwischen MVStättV und Denkmalschutz; dies betrifft manch ältere Veranstaltungszentren, v.a. aber SEL (z.B. Klöster, Schlösser, Industriedenkmäler, s. 2. – c). Für den Brandschutz hat der Personenschutz oberste Priorität; dem Denkmalschutz geht es um die Erhaltung des Kulturdenkmals. Typische Konfliktfelder sind eine erhöhte Brandgefahr durch historische Baustoffe und eine nicht ausreichende Anzahl und Breite der Rettungswege. Bei der Nachrüstung historischer Bauten ist darauf zu achten, dass die Maßnahmen technisch ausführbar und im Brandfall wirksam sind, das Baudenkmal aber in seiner Originalsubstanz so weit wie möglich erhalten bleibt.

Event-Management – Planung, Konzeption, Durchführung und Kontrolle von Events, d.s. Veranstaltungen aller Art.

Event Marketing – Durch Event Marketing soll für ein Produkt, eine Dienstleistung oder ein Unternehmen im Rahmen eines bes. firmeninternen oder -externen, informierenden oder unterhaltenden Ereignisses die Basis für eine erlebnisorientierte Kommunikation (erhöhtes Aktivierungspotenzial) geschaffen werden. Event Marketing muss dabei in das Kommunikationskonzept des Unternehmens integriert sein, damit die inhaltliche und zeitliche Abstimmung mit anderen kommunikationspolitischen Maßnahmen gewährleistet ist. Vor diesem Hintergrund stellt das Event Marketing keinen eigenständigen Marketing-Ansatz dar, sondern ist ein Bestandteil der → Kommunikationspolitik. – Vgl. auch → Live Communication, → Below-the-Line-Kommunikation.

Event Pacing – fallweises Anpassen der Unternehmensstrategie an veränderte Umweltbedingungen. Letztere entstehen z.B. durch neue Aktivitäten der Mitbewerber, durch das Auftreten innovativer Technologien oder durch eine Veränderung der Kundenbedürfnisse. – Vgl. auch → Time Pacing.

Eventualantrag → Hilfsantrag.

Eventualaufrechnung → Aufrechnung, die im Prozess nur für den Fall erklärt ist, dass andere Einwendungen gegen die Forderung der Gegenseite nicht durchgreifen.

Eventualforderungen und -verbindlichkeiten – nach §§ 251, 268 VII HGB unter der Bilanz („unter dem Strich") oder im Anhang von jedem → Kaufmann zu vermerkende Haftungsverhältnisse: mögliche Ansprüche aus der Begebung und Übertragung von Wechseln, aus Bürgschaften, Wechsel- und Scheckbürgschaften, aus Gewährleistungen sowie aus der Bestellung von Sicherheiten für fremde Verbindlichkeiten *(Eventualverbindlichkeiten (EV))*. EV sind also Verbindlichkeiten aus Rechtsbeziehungen, aus denen der Kaufmann nur unter bestimmten Bedingungen, mit deren Eintritt er aber nicht rechnet, in Anspruch genommen werden kann. Sobald Inanspruchnahme zu erwarten, Ausweis als → Verbindlichkeit oder → Rückstellung. Stehen den EV Rückgriffsforderungen *(Eventualforderungen (EF))* gegenüber, so hat dies auf den Ausweis von EV keinen Einfluss (Saldierungsverbot gemäß § 246 II HGB). EF können jedoch auf der Aktivseite „unter dem Strich" angegeben werden. – Von den EV zu unterscheiden sind die *sonstigen Haftungsverhältnisse* von finanziellem Gewicht gemäß § 285 Nr. 3, 3a HGB (also nicht passivierungsfähige, mögliche Ansprüche, z.B. mögliche Nachschusspflichten aus einer GmbH-Beteiligung, mögliche Vertragsstrafen, gesetzliche Haftungen); sie sind von nicht kleinen Kapitalgesellschaften (→ Größenklassen) im → Anhang aufzuführen.

Eventualhaushalt – 1. *Begriff:* → Haushaltsplan, der ermöglicht, aus konjunkturellen Gründen resultierende Ausgabennotwendigkeiten auf eine haushaltsmäßige Grundlage zu stellen. Der Eventualhaushalt tritt nur evtl., z.B. bei Über- oder Unterschreiten vorher festgelegter Grenzen von → Konjunkturindikatoren, in Kraft. – 2. Im *Aufstellungsverfahren* besteht eine gewisse Ähnlichkeit mit dem → Nachtragshaushalt oder → Ergänzungshaushalt; der Eventualhaushalt verschmilzt jedoch nicht mit dem Hauptetat in der Durchführung, sondern besteht neben diesem. – 3. *Vorteile:* Finanzierung und Auswahl der durchzuführenden Projekte steht schon fest, wenn z.B. eine Belebung der Nachfrage notwendig wird; Fehlleitung volkswirtschaftlicher Ressourcen im Rahmen der Stabilitätspolitik kann dadurch vermindert werden. – 4. *Nachteile:* Gefährdung der

Einheitlichkeit des Budgets sowie Planungsprobleme, evtl. auch → Mitnahmeeffekte oder allokative Fehllenkungen, da z.B. bei „Schubladenprogrammen", die mittels des Eventualhaushalts finanziert werden, die eigentlichen Präferenzen der Nachfrager verzerrt werden können.

Eventualplan – 1. *Begriff*: Alternativer Plan für eine Periode, der gegenüber einem gegebenen Plan auf anderen Prämissen bzw. Szenarios aufbaut. – 2. *Merkmale*: Mit der Ausarbeitung mehrerer solcher Pläne will man erreichen, dass man auf unterschiedliche Umweltentwicklungen angemessen reagieren kann (→ flexible Planung, → Eventualplanung). Zu Beginn einer Periode wird dann der Plan gewählt, der auf den „richtigen" Planprämissen aufbaut.

Eventualplanung – 1. *Begriff*: Bei Entscheidungen unter → Unsicherheit ergriffene Maßnahme, um sich besser auf die möglichen Situationen einzustellen und so die Auswirkungen der Ungewissheit zu mindern. – 2. *Merkmale*: Sukzessiver → Entscheidungsprozess. – 3. *Methodik:* Bei mehreren möglichen Datenkonstellationen (Umweltsituationen) wird jeweils die dazu optimale Handlungsalternative bestimmt (→ Eventualplan), aber die Entscheidung zur Durchführung einer bestimmten Alternative noch nicht getroffen. Die so erstellte mehrwertige Prognose wird „in die Schublade gelegt" und abgewartet, welche der Datenkonstellationen tatsächlich eintrifft, um dann die dazugehörige Entscheidung zu treffen. – 4. *Beurteilung*: Eventualplanung ist v.a. dann sinnvoll, wenn die zukünftige Entwicklung sehr undurchsichtig ist und die Unternehmensleitung mit plötzlichen Änderungen der Marktsituation rechnen muss, bei denen keine Zeit bleibt, die erforderlichen Umstellungsmaßnahmen zu planen. Aus diesem Grund und wegen der relativen Aufwendigkeit mehrerer detaillierter Planungen, von denen letztlich nur eine realisierbar wird, in der Praxis nur selten angewendet. – Vgl. auch → flexible Planung.

Event-Wirtschaft – 1. *Begriff*: Wirtschaftszweig innerhalb des tertiären Sektors der Volkswirtschaft. Setzt sich zusammen aus allen Wirtschaftseinheiten, die in der Planung, Organisation, Ausrichtung, Durchführung und dem Controlling von Veranstaltungen aller Art (s. → Event) tätig sind; d.s. Veranstalter, Agenturen, Ausrichter, „Logistik"-Dienstleister uns sonstige Dienstleister sowie alle Glieder der sog. Reisekette: → Reiseveranstalter und Geschäftsreisemanagement, → Reisebüros, Verkehrsträger (s. → Reiseverkehr), Zielgebiete (s. → Destinationsmanagement) und → Hotellerie. – 2. *Aufbau:* Die verschiedenen Event-Beteiligten erbringen die Veranstaltungsleistung typischerweise in einer Koproduktion: a) *Veranstalter:* Dies sind typischerweise Unternehmen („Corporates"), Verbände, Vereine, polit. Parteien, Verwaltung. – b) *Agentur-Dienstleister:* Diese unterscheiden sich typischerweise in Kreativ-Agenturen und Organisations-Agenturen. (1) Kreativ-Agenturen sind entweder spezialisierte Event-Agenturen oder Full-Service-Werbe- oder PR-Agenturen (s. → Werbeagentur) bzw. deren spezialisierte Tochterunternehmen. (2) Organisations-Agenturen sind insbes. Professional Congress Organizer (PCO). Diese Agenturen sind im Kern einschlägig tätige Reisebüros und übernehmen (je nach Leistungsumfang) teilweise oder ganz die Organisation von Kongressen oder Tagungen (sie sind typischerweise nur in diesem Segment tätig), d. h. die Buchung der Reise, der Veranstaltungsstätte, der Dienstleister vor Ort (Personal, Catering, Technik etc.) sowie der Übernachtung sowie ggf. Beauftragung von Kreativ-Agenturen zur Veranstaltungskonzeption. Agentur-Dienstleister agieren oft als eine Art „Sub-" oder „Generalunternehmer" des Veranstalters, selektieren und kontrahieren die nachgelagerten Dienstleister c) und/oder d). Im Rahmen des Event-Controllings kommen teilweise auch spezialisierte Dienstleister aus dem Segement des Kommunikations-Controllings zum Einsatz (z.B. Marktforschungsinstitute oder spezialisierte Event-Controlling-Dienstleister). Teilweise wird diese Aufgabe auch von den Kreativ-Dienstleistern mit übernommen. – c) *Ausrichter:* Dies sind typischerweise Betreiber von Messen und Veranstaltungsstätten (s. Event-Locations) aller Art, d.s. Veranstaltungszentren, Tagungshotels, Special Event Locations. Sie agieren typischerweise als Dienstleister der Veranstalter, treten zuweilen aber auch selbst als Veranstalter auf. – d) *„Logistik"-Dienstleister:* Die „Logistik"-Dienstleister bilden die logistische Plattform der Veranstaltung. Hierunter zählen typischerweise alle Dienstleister, die mit der Ausrichtung und Durchführung der Veranstaltung vor Ort betraut sind: Event-Service- bzw. -Personal-Agenturen, die das Personal stellen und die Veranstaltung vor Ort durchführen; Dienstleister für Gastronomie/Catering/Bankett; Dienstleister für Veranstaltungstechnik. Streng genommen zählen auch die Dienstleister unter c) zu den „Logistik"-Dienstleistern; sie werden hier lediglich wegen ihrer – auch veranstaltungsrechtlich – hervorgehobenen Bedeutung als Ausrichter in einer eigenen Gruppe geführt. e) *Sonstige Dienstleister:* Hierunter fallen typischerweise Vertreter der darstellenden Künste, z.B. Schauspieler, Tänzer, Sänger, Musiker, Zauberer (bzw. deren Vermittler, z.B. Künstleragenturen). – 3. *Rechtliche Aspekte/Veranstalterstatus:* Veranstalter ist jede natürliche oder juristische Person, die eine Veranstaltung eigenverantwortlich durchführt. Der Veranstalter ist insbes. verantwortlich für die Inhalte der Veranstaltung sowie im Rahmen der Sorgfaltspflicht für die Sicherheit der Teilnehmer. Er hat vor der Veranstaltung die erforderlichen behördlichen (feuerpolizeilichen, Ausschank- etc.) Genehmigungen einzuholen und während der Veranstaltung die einschlägigen rechtlichen Regelungen (z.B. die geltende Versammlungsstättenverordnung) zu beachten. – Der Veranstalterstatus bestimmt sich durch die einfache Rechtsregel: „Veranstalter ist, wer als Veranstalter auftritt". Diese sog.

Evidenzgrad	Evidenzbasierung
Ia	systematische Reviews von RCTs
Ib	mindestens ein RCT
IIa	mindestens eine quasi-experimentelle Studie
IIb	
III	mindestens eine nicht-experimentelle Studie (Vergleichsstudie, Kohortenstudien, Korrelationsstudie, Fall-Kontrollstudie)
IV	Meinungen und Berichte von Expertenkomitees oder respektierten Einzelexperten

„Anscheinsvermutung" ergibt sich aus der allgemeinen Lebenserfahrung (z.B. Nennung auf der Einladung, dem Veranstaltungsplakat) und wird vor Gericht unabhängig von den vertraglichen Regelungen beurteilt, die zwischen dem Veranstalter und seinen Dienstleistern evtl. getroffen worden sind. – Im Schadensfall ist daher zunächst grundsätzlich der Veranstalter in der Haftung und somit Anspruchsgegener eines Klägers. Er kann ggf. seinerseits Dienstleister in Regress nehmen, soweit diese den Schaden verursacht haben. Es ist üblich, dass Veranstalter ihre Haftung ganz oder in Teilen auf ihre Dienstleister überwälzen, insbes. auf den Ausrichter als Betreiber der Veranstaltungsstätte. Dieser wiederum hat seinerseits Verträge (mit entsprechenden haftungsrechtlichen Regelungen) mit Dienstleistern, die ihm ggf. haften.

Every-Day-Low-Prices-Strategie – Abk.: *EDLP-Strategie.* → Dauerniedrigpreisstrategie.

Everything as a Service (EaaS) – bedarfsorientierte Bereitstellung von IT-Ressourcen. Kosten für diese Ressourcen entstehen hauptsächlich durch deren Nutzung (vgl. OPEX) und es fallen i.d.R. keine Kosten für deren Kauf (vgl. CAPEX) an.

EVI – Abk. für *Economic Vulnerability Index;* basiert auf den Indikatoren (1) Unbeständigkeit in der landwirtschaftlichen Produktion, (2) Unbeständigkeit bei Export von Gütern und Dienstleistungen, (3) die wirtschaftliche Bedeutung der nichtklassischen Wirtschaftszweige an der Gesamtwirtschaft, (4) Exportdichte und (5) internationale wirtschaftliche Bedeutung.

evidenzbasierte Medizin – 1. *Begriff:* Evidenzbasierte Medizin (evidence-based Medicine – EbM) ist ein Ansatz, der Entscheidungen über die Versorgung individueller Patienten auf wissenschaftliche Erkenntnisse gründet. EbM ist die bewusste, ausdrückliche und wohlüberlegte Nutzung der verfügbaren Informationen aus klinischen Studien (externe Evidenz) in Therapieentscheidungen. Ziel der EbM ist es, die sog. meinungsbasierte Medizin (opinion-based medicine) zu überwinden. In der praktischen Umsetzung von EbM werden klinische Expertise des Arztes, Patientenpräferenzen und externe Evidenz aus klinischer Forschung integriert. EbM steht damit auf drei Säulen: (1) individuelle klinische Erfahrung des Arztes, (2) Präferenzen des Patienten und (3) aktueller Wissensstand der klinischen Forschung. – 2. *Identifikation und Bewertung der Evidenz:* Die Nutzung des aktuellen Wissensstandes der klinischen Forschung erfolgt durch (1) systematische Suche der relevanten Evidenz in der klinischen Literatur, (2) kritische Analyse der Evidenz nach klinisch-epidemiologischen Aspekten und (3) Bewertung des Umfangs von ausgewiesenen Effekten (klinische Relevanz). – Entscheidungen basieren auf der besten verfügbaren Evidenz. Um die Evidenz zu beurteilen, ist die Qualität von Studien zu berücksichtigen. Die Studienqualität wird durch sog. Evidenzgrade abgebildet. 3. *Anwendung der identifizierten Evidenz auf den individuellen Fall:* Die klinische Erfahrung des Arztes entscheidet, ob die externe Evidenz auf den individuellen Patienten anwendbar ist und wie sie in die klinische Entscheidung zu integrieren ist. Z.B. sind Patientencharakteristika der Studienpopulation mit dem eigenen Patienten zu vergleichen. Ziel von EbM ist es, dass Ärzte nicht nur über klinische Expertise verfügen, sondern auch Kompetenzen aufweisen, wie sie sich die Ergebnisse der wissenschaftlichen Forschung aneignen, bewerten und in die Praxis umsetzen. Diese Kompetenzen sind erforderlich, um Therapieentscheidungen auf dem aktuellen medizinischen Wissensstand treffen zu können (wenn man berücksichtigt, dass sich das medizinische Wissen alle fünf Jahre verdoppelt).

Evidenzbasierung – Der Begriff der Evidenzbasierung im Bildungssystem ist in Deutschland eng mit der PISA-Studie verknüpft. PISA hat den Trend zu einer verstärkten Evidenzbasierung im Bildungssystem und in der Bildungsforschung, der bereits mit der Rezeption der Befunde der TIMSS-Studie begonnen hatte, wesentlich verstärkt. Evidenzbasierung bedeutet in diesem Zusammenhang die Stützung von Entscheidungen bzw. die Weiterentwicklung von Theorien auf der Basis von sozialwissenschaftlichen Daten, die mithilfe der jeweils besten Studiendesigns und Analysemethoden gewonnen werden. In der Nachfolge von PISA wurde das Institut zur Qualitätsentwicklung im Bildungswesen (IQB) in Berlin gegründet, das die Länder der Bundesrepublik Deutschland bei der Qualitätssicherung und Weiterentwicklung von Bildungserträgen unterstützt, insbes. im Rahmen der Weiterentwicklung, Operationalisierung,

Evolutionäre Spieltheorie – Falke- und Taube-Spiel

$m \backslash \tilde{m}$	m^1	m^2
m^1	$\frac{V-C}{2}$	V
m^2	0	$\frac{V}{2}$

Evolutionäre Spieltheorie – Spiel ohne evolutionäre stabile Strategie

$m \backslash \tilde{m}$	m^1	m^2	m^3
m^1	0	0	2
m^2	1	1	1
m^3	0	1	1

Normierung und Überprüfung von Bildungsstandards. Ein vom Bundesministerium für Bildung und Forschung (BMBF) sowie der Kultusministerkonferenz finanziell geförderter indikatorengestützter Nationaler Bildungsbericht nimmt seit 2006 alle zwei Jahre eine umfassende Bestandsaufnahme des Bildungssystems vor. Seit 2007 fördert das BMBF im Rahmen eines koordinierten Forschungsförderprogramms Projekte in dem Bereich der Empirischen Bildungsforschung, einem interdisziplinären Forschungsfeld, zu dem u.a. die Erziehungswissenschaft, Psychologie, Soziologie, Wirtschaftswissenschaft sowie verschiedene Fachdidaktiken beitragen.

Evidenzzentrale – Erfassungsstelle bei der Deutschen Bundesbank, der nach § 14 KWG Kreditinstitute, Finanzdienstleistungsinstitute und Finanzunternehmen bis zum 15. der Monate Januar, April, Juli und Oktober diejenigen Kreditnehmer im In- und Ausland melden müssen, deren Kreditvolumen zu irgendeinem Zeitpunkt während der dem Meldetermin vorhergehenden drei Monate bei ihnen 1,5 Mio. Euro und mehr (→ Millionenkredite) beträgt oder die Grenze für → Großkredite übersteigt (§ 13 KWG). Hat ein Kreditnehmer bzw. eine Kreditnehmereinheit bei mehreren Kreditgebern Millionenkredite aufgenommen, so werden die Kreditgeber durch die Bundesbank über die Gesamtverschuldung informiert. Die Evidenzzentrale veröffentlicht regelmäßig eine Statistik zu den angezeigten Millionenkrediten.

EVO – Abk. für → Eisenbahn-Verkehrsordnung.

Evokation – Ansichziehen einer noch nicht erledigten Rechtssache oder Verwaltungsangelegenheit durch die übergeordnete Dienststelle.

Evoked Set – Begriff aus dem Konsumentenverhalten unter dem eine begrenzte Zahl akzeptierter Produktalternativen innerhalb einer Produktkategorie verstanden wird, über die der Konsument ein klar profiliertes Meinungsbild besitzt und die bei einer anstehenden Kaufentscheidung berücksichtigt werden. Das Evoked Set ist ein Teil des → Awareness Set.

evolutionäre Erkenntnistheorie – Biologische Erkenntnistheorie, die Geist als eine Systemeigenschaft des Gehirns begreift und davon ausgeht, dass zwischen dem menschlichen Erkenntnisapparat und der Außenwelt eine weitgehende Analogie besteht. – Vgl. auch → Konstruktivismus, → Systemmanagement.

evolutionäres Management → strategisches Management.

evolutionäre Spieltheorie – Von evolutionärer Spieltheorie spricht man meist dann, wenn das Verhalten der Spieler nicht durch rationale Entscheidungskalküle abgeleitet wird, sondern als Ergebnis von kulturellen oder genetischen Evolutionsprozessen begründet wird. Oft kann man die stabilen Ergebnisse solcher Prozesse auch durch statische Stabilitätskonzepte charakterisieren. Ein derartiges Konzept ist die evolutionär stabile Strategie (ESS). – Wie in der Evolutionsbiologie üblich sei von einem symmetrischen 2-Personen-Spiel ausgegangen, das sich durch den für beide Spieler gemeinsamen Strategieraum $S_1 = S_2 = M = \{m^1, m^2, ...\}$ sowie durch die Auszahlungsfunktion bzw. Fitness $u(m, \tilde{m})$ des Spielers 1 für alle Paare $m, \tilde{m} \in M$ beschreiben lässt. Eine Strategie $m^* \in M$ heißt evolutionär stabil, falls die Bedingungen (i)

$$u(m^*, m^*) \geq u(m^*, m) \text{ für alle } m \in M$$

und (ii)

$$u(m^*, m) > u(m, m) \text{ für alle } m \in M,$$

mit $u(m^*, m^*) = u(m, m^*)$, erfüllt sind. Gemäß der Bedingung (i) erweist sich die Strategiekombination (m^*, m^*) als symmetrisches Gleichgewicht. Evolutionstheoretisch besagt (i) natürlich, dass nur die am besten angepasste Strategie bzw. Mutante überleben kann *(Survial of the Fittest)*. Durch (ii) wird sichergestellt, dass eine alternative beste Antwort m auf m^* sich in einer m^*-monomorphen Population nicht ausbreiten kann: Sobald dies der Fall wäre, würde man mit positiver Wahrscheinlichkeit auf m-Gegenspieler treffen, gegen die m^* erfolgreicher als m abschneidet. Der Anteil an m-Spielern würde also wieder zurückgedrängt. Im → Falke- und Taube-Spiel der Abbildung „Evolutionäre Spieltheorie – Falke- und Taube-Spiel" ist nur m^* evolutionär stabil, falls $V > C > 0$, während sich für $C > V > 0$ nur eine vollständig gemischte Strategie q^* mit

$$q^*(m^1) = V/C$$

$$\text{und} \qquad q^*(m^2) = (C - V)/C$$

als evolutionär stabil erweist. Im letzteren Fall gilt natürlich $u(q, q^*) = u(q^*, q^*)$ für alle gemischten Strategien q, sodass die Bedingung $u(q^*, q) > u(q, q)$ für alle

$q \neq q^*$ nachgewiesen werden muss. In der Abbildung „Evolutionäre Speiltheorie - Spiel ohne evolutionäre stabile Strategie" ist keine Strategie $m = m^1, m^2, m^3$ evolutionär stabil, da m^1 und m^3 die Bedingung (i) verletzten, während m^2 instabil ist, da m^3 eine alternative beste Antwort auf m^2 darstellt und $u(m^2, m^3) = u(m^3, m^3)$ gilt, d.h. m^2 ist nur neutral stabil. m^2 kann auch als limes evolutionär stabil nachgewiesen werden. Neutral stabile und limes evolutionär stabile Strategien vergröbern das Konzept evolutionär stabiler Strategien, um die Existenz zu gewährleisten. Häufig benutzt man das Konzept evolutionär stabiler Strategien oder analoge Stabilitätsbedingungen für explizit dynamische Beschreibungen der Evolutions- bzw. Lernprozesse. Dynamische Anpassungsprozesse kann man als kontinuierliche oder diskrete Veränderungen modellieren. Bei stetiger Zeit und sehr großer Population lassen sich die Änderungen

$$q_i(t) = \frac{d}{dt} q_i(t)$$

der verschiedenen Populationsanteile $q_i(t)$ der verschiedenen Strategien $s_i \in S$ eines symmetrischen G = (S; A) mit der Auszahltungsmatrix

$A = (a_{ij})_{si,sj}$ %5Cepsilon $_S$

durch die Differenzialgleichungen der Form

$$q_i(t) = F(q(t))$$

beschreiben, wobei natürlich

$$\sum_{s_i \in S} q_i(t) = 0$$

gelten muss. Das auch in der Evolutionsbiologie prominenteste Beispiel eines solchen Adaptionsprozesses ist die Replikatordynamik:

$$\begin{aligned} q_i(t) &= q_i(t) \left[\sum_{s_j \in S_i} a_{ij} \cdot q_j(t) \right. \\ &\quad \left. - \sum_{s_1, s_j \in S} a_{1j} \cdot q_1(t) q_j(t) \right] \\ &= q_i(t) \left[A_i \cdot q(t) - q(t) A q(t) \right]. \end{aligned}$$

Hier bezeichnet A_i die i-te Zeile der Matrix A, d.h.

$$A_i q(t) = \sum_{s_j \in S} a_{ij} q_j(t)$$

misst den Erfolg der Strategie $s_i \in S$ in einer q(t)-Population. Analog wird durch

$$q(t) A q(t) = \sum_{s_1 s_j \in S} a_{1j} q_j(t) q_j(t)$$

der durchschnittliche Erfolg aller Strategien in einer q(t)-Population erfasst. Gemäß der Replikatordynamik erhöt sich damit der Populationsanteil einer Strategie $s_i \in S$ dann, wenn sie besser als der Durchschnitt in der durch q(t) beschriebenen Population abschneidet. Offensichtlich ist jeder Gleichgewichtspunkt q^* von G = (S; A) ein Ruhepunkt der Replikatordynamik, d.h.

$$q^*(t) = 0,$$

da sich alle Strategien $s_i \in S$ mit $qi^* > 0$ als beste Antworten auf q^* erweisen. Für diskrete Zeit ergibt sich die Replikatordynamik gemäß

$$\begin{aligned} \triangle q_i(t) &= q_i(t+1) - q_i(t) \\ &= q_i(t) \left[A_i q(t) - q(t) A q(t) \right]. \end{aligned}$$

Wegen

$$\sum_{s_i \in S} q_i(t) A_i q(t) = q(t) A q(t)$$

gilt die Bedingung

$$\sum_{s_i \in S} \triangle q_i(t) = 0.$$

Vgl. auch → Spieltheorie.

Evolutionsstrategie - allg. verwendbare lokale → Heuristik zur Lösung von Entscheidungsproblemen. Wie auch bei den → genetischen Algorithmen muss das Entscheidungsproblem auf ein Individuum abgebildet werden. Eine Menge von Individuen, die zu einem Zeitpunkt verschiedene Lösungen des Entscheidungsproblems darstellen, bilden eine Population. Der Evolutionsprozess beruht v.a. auf der Mutation des Erbgutes eines Individuums (d.h. einer Lösung des Entscheidungsproblems), die so ausgestaltet ist, dass im Mittel häufiger kleine Änderungen vorgenommen werden, und zwar in eine Richtung, die sich im Suchprozess als erfolgreich erwiesen hat. Diese Suchrichtung wird laufend angepasst. Ein weiterer wichtiger Operator ist die Selektion der Individuen, die zur Bildung der Nachfolgepopulation herangezogen werden sollen. Ebenfalls denkbar, aber weniger relevant, ist die Rekombination des Erbgutes mehrerer Individuen. Evolutionsstrategien sind wesentlich einfacher zu konfigurieren als → genetische Algorithmen und für Probleme mit vielen kontinuierlichen Größen besser geeignet.

evolutorische Analyse → Analyse-Methoden.

evolutorische Ökonomik - 1. *Einordnung:* Die Vertreter der evolutorischen Ökonomik stehen in der Denk-Tradition J.A. Schumpeters und begreifen Wirtschaften als einen offenen, evolutorischen Vorgang, der zeit- und pfadabhängig und insofern irreversibel ist. Im Zentrum der evolutorischen Ökonomik stehen nicht Bedingungen, Existenz, Eindeutigkeit und Stabilität von Gleichgewichten, sondern Entwicklung und Wandel durch die fortlaufende

Entstehung und Ausbreitung von Neuerungen. Vertreter der evolutorischen Ökonomik fragen v.a. nach der langfristigen Entwicklung von Technologien, Institutionen, Industriestrukturen und einzelnen/mehreren Volkswirtschaften (modelliert als Koevolution). Sie arbeiten empirisch-induktiv, indem sie in ihrer Modellbildung von Erkenntnissen der empirischen Innovations- und Diffusionsforschung ausgehen. – 2. *Elemente des Paradigmas:* Die evolutorische Ökonomik hat das „Schumpetersche Erbe" weiterentwickelt, benutzt das Denk-Prinzip der → Selbstorganisationstheorie und verwendet Konzepte aus verschiedenen Evolutionstheorien, z.B. Mutation, Selektionsfaktoren, Zufall, Irreversibilität. – 3. *Modelle:* In der evolutorischen Ökonomik lassen sich grob zwei Forschungsrichtungen unterscheiden: Eine, deren Modelle einen quantitativen-formalen Charakter haben, und eine zweite Richtung, deren Vertreter hauptsächlich mit qualitativen Modellen arbeiten, aufgrund der → Komplexität der von ihnen behandelten Fragen. – Vgl. auch → ökologische Kompatibilität, → Systemmanagement.

evolutorische Wachstumstheorie – 1. *Charakterisierung:* Das wesentliche Merkmal evolutorischer Modelle zur Erklärung von Entwicklungs- bzw. Wachstumsprozessen besteht darin, dass sie sich vorrangig mit der Bedeutung und der Rolle von Neuerungen (Innovationen) für den Wachstumsprozess beschäftigen. Bereits bei → Schumpeter stehen die Innovationen im Mittelpunkt und sowohl in der → postkeynesianischen Wachstumstheorie als auch in der → neoklassischen Wachstumstheorie spielt der → technische Fortschritt, in dem sich die ökonomisch relevanten Neuerungen niederschlagen, eine wichtige Rolle (→ Wachstumstheorie). Neu ist dagegen die Art und Weise, wie der technische Fortschritt modelliert wird. Der technische Fortschritt ist in evolutorischen Modellen keine exogene Variable, sondern wird modellendogen durch das Suchen der Unternehmen nach Neuerungen beschrieben. Auf diese Weise bekommt der Unternehmer einen höheren Stellenwert beigemessen als in der traditionellen neoklassischen Wachstumstheorie. – 2. Die *wesentlichen Elemente* einer evolutorischen Wachstumstheorie werden an dem folgenden Modell von Nelson und Winter (1974) verdeutlicht: a) *Neuerungen:* Ein wesentlicher Unterschied zu den Modellen der postkeynesianischen und neoklassischen Wachstumstheorie besteht darin, dass es sich um kein analytisches Modell, sondern um ein Simulationsmodell handelt. Dies hat den Vorteil, dass nicht nur ein einziges repräsentatives Unternehmen modelliert wird, sondern eine größere Anzahl von Unternehmen mit unterschiedlicher Ausstattung und Verhaltensweisen ganz bestimmten Umfeldbedingungen ausgesetzt werden können. Auf diese Weise lässt sich relativ realitätsnah der Wettbewerbsprozess zwischen den Unternehmen abbilden. Darüber hinaus ist es möglich, Zeitpfade des aggregierten Produktionsniveaus, des Faktoreinsatzes und der Faktorpreise zu generieren. So kann die mikroökonomische Ebene mit der makroökonomischen verknüpft und anhand eines Vergleiches mit historischen Zeitreihen überprüft werden, wie gut der Ansatz in der Lage ist, empirische Beobachtungen zu erklären. Neben diesen Vorteilen weisen Simulationsmodelle aber auch eine Reihe von Nachteilen auf. R. Nelson und S. Winter sehen v.a. bei stochastischen Modellen die Gefahr, dass die Ergebnisse möglicherweise nicht repräsentativ sind; denn in solchen Modellen müssen Annahmen über die Verteilung verschiedener Variablen getroffen werden, und diese Annahmen müssen mit der Realität nicht übereinstimmen. Ein weiterer Nachteil ist häufig die geringe Transparenz der Ergebnisse; deren Interpretation wird schwierig, weil der modellendogen ablaufende Selektionsmechanismus im Nachhinein nur noch schwer zu durchschauen ist. – b) *Darstellung:* (1) *Annahmen:* Das Modell besteht aus mehreren Unternehmen, die dasselbe homogene Gut herstellen. Sie verwenden dafür Arbeit und Sachkapital. In einer bestimmten Periode lässt sich ein Unternehmen durch die verwendete Produktionstechnik, welche sich wiederum mithilfe der beiden Inputkoeffizienten für Arbeit und Sachkapital beschreiben lässt, sowie durch den Bestand an Sachkapital charakterisieren. Annahmegemäß produzieren die Unternehmen stets mit voll ausgelasteten Kapazitäten. Für jede Periode lässt sich durch Aggregation der entsprechenden Variablen bei den existierenden Unternehmen das Outputniveau sowie die Arbeitsnachfrage bestimmen. Der Lohn lässt sich folglich mithilfe einer gegebenen Arbeitsangebotskurve für jede Periode berechnen. Die Bruttorendite des Kapitals ergibt sich aus der Differenz zwischen dem Output (bei einem Preis von Eins) und den Lohnkosten, bezogen auf den Kapitalbestand. – Technische Veränderungen ergeben sich dann, wenn die Unternehmen nach Neuerungen suchen, um das von ihnen angestrebte zufrieden stellende Niveau der Profitrate, das im Modell auf 16 Prozent gesetzt wird, zu realisieren. Der Suchprozess wird so modelliert, als existiere ein konstanter Pool technischer Alternativen, die durch unterschiedliche Faktorkoeffizienten charakterisiert sind und für deren Auffinden jeweils die gleiche Wahrscheinlichkeit besteht. Die Suche beschränkt sich auf Produktionsmöglichkeiten, deren Faktorkoeffizienten sich nur sehr wenig voneinander unterscheiden. Nelson und Winter sprechen hier von *Local Search.* Darüber hinaus lässt sich auch die Wahrscheinlichkeit dafür, dass relativ große Differenzen zwischen Faktorkoeffizienten auftreten, und damit das Ausmaß der Innovationssprünge in den Simulationsläufen variieren. Schließlich berücksichtigt das Modell auch die Möglichkeit, dass sich einzelne Unternehmen weniger der Suche nach besseren Produktionsmöglichkeiten widmen als der Imitation bewährter Techniken. Dass die Unternehmer bei der Einschätzung neuer Produktionstechniken oft Fehler machen, wird dadurch erfasst, dass sie die Inputkoeffizienten neuer Techniken um 20 Prozent zu hoch einschätzen und erst später ihre Einschätzung korrigieren. – Der Bestand an Unternehmen, die als Anbieter auf dem Markt auftreten, ist keineswegs über den gesamten Simulationszeitraum konstant. Vielmehr können potenzielle Anbieter auf den Markt kommen (→ potenzieller Wettbewerb). (2) *Beurteilung*: Vorgehen und Ergebnisse zeigen, dass der evolutorische Ansatz nicht dem neoklassischen Paradigma entspricht, weicht er doch in zentralen Prämissen von diesem ab. So lassen sich die Unternehmen bei ihrer Investitionsentscheidung nicht von der Gewinnmaximierungsregel leiten, vielmehr streben sie nach der Realisierung eines zufrieden stellenden Niveaus. Außerdem existiert zu jedem Zeitpunkt eine beachtliche Vielfalt an Konstellationen von Inputs und Outputs bei den Unternehmen, sodass die Ergebnisse nicht paretooptimal (→ Pareto-Optimum) sein können, denn es gibt stets Unternehmen, die noch nicht die besten Produktionstechniken einsetzen, weil sie diese noch nicht entdeckt haben. Folglich wird zu keinem Zeitpunkt ein Gleichgewicht im paretianischen Sinn realisiert. Rechnet man die Annahme, ein ökonomisches System sei inhärent stabil und befinde sich stets im Gleichgewicht oder auf dem Weg dorthin, zum harten Kern des neoklassischen Paradigmas, so darf das hier präsentierte Modell nicht dazu gerechnet werden. Es gibt allerdings andere, analytische Evolutionsmodelle, die sich schwerpunktmäßig mit multiplen Gleichgewichten eines ökonomischen Systems bzw. mit dem Verlassen und Wiederfinden von Gleichgewichtszuständen auseinander setzen. Bei solchen Modellen handelt es sich um Weiterentwicklungen der Gleichgewichtsökonomik und folglich um neoklassische Evolutionsmodelle. – 3. *Ausblick:* Die Beschäftigung mit der Wachstumstheorie im Rahmen der → neuen Wachstumstheorie und der evolutorischen Wachstumstheorie hat nicht nur zu Erkenntnisfortschritten innerhalb der genannten Paradigmata geführt, sondern zugleich einen Abbau der Mauern zwischen diesen Ansätzen eingeleitet. Bes. dadurch, dass die neoklassische Wachstumstheorie sich schrittweise von der Annahme vollständiger Konkurrenz löst, ergeben sich neue Möglichkeiten, die Einsichten der keynesianischen, der neoklassischen und der evolutorischen Wachstumstheorie zu kombinieren; denn bei unvollständiger, → monopolistischer Konkurrenz gewinnt für den Unternehmer – anders als beim Mengenanpasser – die Absatzseite große Bedeutung, sodass sich neoklassischer Ansatz und keynesianische Nachfrageanalyse nicht mehr von vorneherein ausschließen, sondern kombiniert werden können. Dann findet auch – trotz unterschiedlicher Akzentsetzung – der innovierende Unternehmer den Freiraum, den er für sein aktives Handeln ausnutzen kann.

evolutorische Wirtschaft – eine sich selbst entwickelnde Wirtschaft, die in makroökonomischen Aggregatgrößen und in der sektoralen Struktur selbstinduziertem Wandel unterliegt, welcher sich z.B. in sektoralem Strukturwandel und in Veränderungen makroökonomischer Aggregatgrößen niederschlägt. Hauptquelle für diesen Entwicklungsverlauf bilden technisch-wirtschaftliche → Innovationen und veränderte Nachfragepräferenzen; diese bewirken eine Verlagerung der Investitionsschwerpunkte in der Wirtschaft. Auf den Einzelmärkten ist das vorübergehende Verlassen von Gleichgewichtslagen zwischen Angebot und Nachfrage typisch, wodurch Preisbewegungen induziert und Signale für die „Andersverwendung von Produktionsfaktoren" (Schumpeter) gesetzt werden. – *Gegensatz:* → stationäre Wirtschaft.

EVPI – Abk. für *Europäischer Verbraucherpreisindex*; vgl. → Harmonisierter Verbraucherpreisindex (HVPI).

EVS – Abk. für → Einkommens- und Verbrauchsstichprobe.

EWA – Abk. für → Europäisches Währungsabkommen.

EWG – Abk. für *Europäische Wirtschaftsgemeinschaft.*

I. Überblick: Die Europäische Wirtschaftsgemeinschaft (EWG) war eine der drei Europäischen Gemeinschaften (die EWG wurde mit dem → Maastrichter Vertrag in → EG umbenannt; mit dem → Vertrag von Lissabon hat sie ihre Rechtspersönlichkeit verloren und ist in der → EU aufgegangen; daneben besteht noch immer die → EAG; seit 23.7.2002 ist der → EGKS-Vertrag nicht mehr gültig, die zunächst drei Gemeinschaften haben sich auf eine – die EAG – reduziert), auf denen die Europäische Union (EU) basiert. – Seit der in Maastricht beschlossenen Reform der Gründungsverträge (in Kraft seit 1.11.1993) heißt die EWG „Europäische Gemeinschaft". Die Abkürzung „EG" („Europäische Gemeinschaften") wurde zugleich für die drei bzw. zwei Gemeinschaften als Ganzes verwendet, ist jedoch unpräzise. – Die EWG war eine supranationale Körperschaft des Völkerrechts. Der Gründungsvertrag (EWG-Vertrag, → EWGV) wurde am 25.3.1957 in Rom unterzeichnet (einer der sog. Römischen Verträge) und trat am 1.1.1958 zusammen mit dem EURATOM-Vertrag (→ EAGV) in Kraft. Sowohl die Fusion der Organe (1967) der drei Gemeinschaften (EWG, EAG, EGKS) als auch die Einbettung des E(W)G-Vertrags in den Vertrag über die Europäische Union (EUV) bedeuten 1993 keine Verschmelzung der drei Gemeinschaften. Mit dem → Vertrag von Lissabon ist der EGV umbenannt in den „Vertrag über die Arbeitsweise der Europäischen Union" (→ AEUV). Gleichzeitig verliert die EG ihre Rechtspersönlichkeit und geht vollständig in der EU auf, die Rechtspersönlichkeit gewinnt. Daneben bleibt von den Gründungsgemeinschaften nur die EAG (EURATOM) bestehen. Die Geltungsdauer des E(W)G-Vertrags war zeitlich unbegrenzt nach Art. 312 EGV; gleiches gilt nun für den EUV und den AEUV, Art. 356 AEUV. Die EWG bestand vom 1.1.1958 bis

31.12.1992, die EG von 1.1.1993 bis 30.11.2009. Seitdem ist die EG in der EU aufgegangen.

II. Gründung und Mitgliedsstaaten: Die sechs Mitgliedstaaten der → EGKS (Belgien, Bundesrepublik Deutschland, Frankreich, Italien, Luxemburg und die Niederlande) beschlossen auf der Konferenz von Messina (1./2.6.1955), eine gemeinsame → Zollunion zu errichten, die sämtliche Sektoren ihrer jeweiligen Volkswirtschaften umfasst. Neben den wirtschaftspolitischen Absichten, die mit der Errichtung der EWG verbunden waren, bestanden stets auch allgemeinpolitische Ziele (z.B. Wohlstandsmehrung als Grundlage einer gedeihlichen innenpolitischen Entwicklung der Mitgliedstaaten, Friedenssicherung, soziale Entwicklung).

III. Novellierungen des EWGV, Entstehung der EG und AEUV: Nach der Verwirklichung der ersten Integrationsstufe (Vollendung der → Zollunion zum 1.7.1968) wurden die wirtschaftspolitischen Ziele im Zuge von bisher vier Vertragsreformen fortentwickelt und erweitert: a) Die erste grundlegende Neufassung des EWG-Vertrags erfolgte erst 1986/87 in Gestalt der sog. → EEA *(Einheitliche Europäische Akte);* gleichzeitig wurden der EGKS-Vertrag und der EURATOM-Vertrag(EAG) an den durch die EEA reformierten EWGV angepasst. – b) Die zweite grundlegende Reform der Gründungsverträge durch den am 1.11.1993 in Kraft getretenen sog. Vertrag über die Europäische Union; → Maastrichter Vertrag) betrifft ebenfalls ganz überwiegend den EWG-Vertrag, der gleichzeitig in EG-Vertrag (→ EGV) umbenannt wurde. Insbesondere wurde hier die Ergänzung des → Binnenmarkts um eine Wirtschafts- und Währungsunion beschlossen. – c) Die dritte, in Amsterdam im Juni 1997 beschlossene Novellierung des sog. gemeinschaftlichen Primärrechts trat am 1.5.1999 in Kraft (sog. → Amsterdamer Vertrag). – d) Der vierte, in Nizza im Februar 2001 unterzeichnete Vertrag (→ Vertrag von Nizza) trat am 1.2.2003 in Kraft. – e) Der fünfte, in Lissabon im Dezember 2007 unterzeichnete Vertrag (→ Vertrag von Lissabon) ist am 1.12.2009 in Kraft getreten. Dadurch hat die EG ihre Rechtspersönlichkeit verloren, sie geht endgültig in der EU auf, die eigene Rechtspersönlichkeit gewonnen hat. Mit dieser Reform wird der EGV in → AEUV umbenannt und wesentliche Elemente des gescheiterten Vertrags über eine Europäische Verfassung werden übernommen. Durch diese Reform soll die Handlungsfähigkeit der EU auch mit 27 Mitgliedstaaten erhalten bleiben, z.B. durch vereinfachte Abstimmungsverfahren bei Entscheidungen.

IV. Aufgaben: 1. *Ziele und Aufgabenzuweisungen gemäß Gründungsvertrag:* Im Unterschied zur EGKS und der EAG war die EWG von Anfang an auf die Integration *aller* Wirtschaftssektoren der beteiligten Länder ausgerichtet. Dem lag die Absicht zugrunde, über eine verbesserte Ressourcenallokation zur besseren Erreichung der wirtschaftspolitischen Oberziele beizutragen und zugleich ganz allg. „engere Beziehungen zwischen den Staaten zu fördern, die in der Gemeinschaft zusammengeschlossen sind" (Art. 2 EWGV von 1957). Integrationspolitisches Ziel des EWGV von 1957 war die Erreichung einer Zollunion bis zum 1.1.1970 (bereits zum 1.7.1968 verwirklicht). Als eine Konsequenz der Option für das Konzept der Zollunion besitzt die EWG seit dem 1.1.1973 die alleinige handelspolitische Kompetenz gegenüber Drittstaaten (gemeinsame → Handelspolitik, ex-Art. 131 ff. EGV, Art. 206 ff. AEUV). Für den Agrarsektor gelten unter Beachtung der spezifischen Bestimmungen der Art. 45-48 AEUV (ex-Art. 39–42 EGV) ebenfalls die allg. Vorschriften über den Gemeinsamen Markt, analog für die Verkehrspolitik (Art. 90-100 AEUV, ex-Art. 70–80 EGV). Außerdem beinhaltete der E(W)GV seit Anfang an umfangreiche gemeinsame Wettbewerbsregeln und das Postulat, die mitgliedsstaatlichen Rechtsvorschriften aneinander anzugleichen, soweit dies „für das ordnungsgemäße Funktionieren des gemeinsamen Marktes erforderlich ist". Im Übrigen enthielt der Gründungsvertrag gewisse Ansätze für eine gemeinsame Sozialpolitik. – 2. *Ausweitung der Gemeinschaftskompetenzen:* a) Durch die EEA wurde die bestehende Zollunion im Wege der Harmonisierung einer großen Zahl nicht tarifärer Handelshemmnisse bis Ende 1992 zum → Einheitlichen Binnenmarkt (Raum ohne Binnengrenzen) weiterentwickelt; außerdem wurde der Europäische Fonds für regionale Entwicklung (→ EFRE) durch die EEA im EWGV verankert und die Arbeitsweise der Strukturfonds reformiert. Im Zusammenhang mit der EEA sind ferner die Umwelt-, Forschungs- und Technologiepolitik sowie das Ziel des wirtschafts- und sozialpolitischen Zusammenhalts (Kohäsion) in den EWGV einbezogen worden. – b) Der am 1.11.1993 in Kraft getretene *Vertrag über die Europäische Union* (Maastricher Vertrag) hat die (zugleich fortentwickelten) Bestimmungen des EWGV unter der Neubezeichnung EG-Vertrag (EGV) übernommen. Im Zuge dieser zweiten grundlegenden Novellierung des (ehemaligen) EWGV wurden bestehende Gemeinschaftskompetenzen ausgeweitet und auch mehrere neue Zuständigkeiten der Gemeinschaft geschaffen. Die seit Anbeginn bestehenden allg. Zielsetzungen des EWGV wurden in Form eines umfangreichen Katalogs expliziter Einzelziele in Art. 3 EGV präzisiert. – c) Die 1999 in Kraft getretene *Reform des EU-Vertrages* (→ Amsterdamer Vertrag) brachte im Hinblick auf den EGV v.a. eine beträchtliche Straffung der Entscheidungsverfahren.

V. Organe: Die Durchführung der im EWGV festgelegten gemeinschaftlichen Aufgaben oblag im Wesentlichen fünf Organen sowie einer Reihe von Hilfsorganen. Zwei der fünf EG-Organe, das → Europäische Parlament (bis 1979: Gemeinsame Versammlung) sowie der → EuGH (Europäischer Gerichtshof), fungierten bereits seit der Errichtung der EWG am 1.1.1958 als gemeinsame Organe aller drei Europäischen Gemeinschaften. Bis zum 1.7.1967 besaß die EWG ein eigenes Exekutiv- und Überwachungsorgan (die sog. EWG-Kommission) sowie den sog. EWG-Ministerrat (als zentrales Entscheidungs- und Rechtssetzungsorgan). Seitdem sind diese beiden EWG-Organe in der EU/EG-Kommission (→ Europäische Kommission) bzw. im → Rat der Europäischen Union (vormals EG-Ministerrat) aufgegangen. Zur Unterstützung der laufenden Tätigkeit der Organe sah der EWGV von Anfang an noch gewisse Hilfsinstitutionen vor (z.B. den Wirtschafts- und Sozialausschuss oder den EWG-Währungsausschuss). Der Europäische Rechnungshof (→ EuRH) ist ebenfalls Organ der EU (Art. 13 EUV-Lissabon) und auch die → EIB hat ihre Rechtsgrundlage im alten EWGV. Seit dem 1.1.1999 ist für den Bereich der Geldpolitik die → Europäische Zentralbank (EZB) das allein zuständige (d.h. unabhängige) Gemeinschaftsorgan (ex-Art. 105 EGV). Mit dem Vertrag von Lissabon wird die Europäische Zentralbank (EZB) aufgewertet zum einem Organ der EU (Art. 13 EUV-Lissabon).

VI. Außenbeziehungen auf der Basis des EWGV: Wesentliche Grundlage der wirtschaftlichen Außenbeziehungen der EG bzw. EU ist die seit dem 1.1.1973 bestehende ausschließliche Zuständigkeit der E(W)G für die handelspolitischen Beziehungen zu Drittstaaten und zu internationalen Organisationen. Eine weitere Grundlage bilden die Bestimmungen über die Assoziierung (→ Assoziierungsabkommen) fremder Staaten (ex-Art. 182 ff. EGV, Art. 198 ff. AEUV sowie ex-Art. 310 EGV, Art. 217 AEUV). Als Folge der exklusiven handelspolitischen Kompetenz der Gemeinschaft gegenüber der restlichen Welt (u.a. Gemeinsamer → Zolltarif) sind seit der Gründung der EWG zahlreiche multi- und bilaterale Abkommen mit Drittländern über verschiedene Formen wirtschaftlicher und finanzieller Zusammenarbeit abgeschlossen worden. Dazu kommen die von der E(W)G im Rahmen internationaler Organisationen mit Bindungswirkung für die Mitgliedstaaten abgeschlossenen völkerrechtlichen Vereinbarungen, z.B. im Rahmen der verschiedenen Handelsliberalisierungsrunden des → GATT bzw. der → World Trade Organization (WTO). Schon frühzeitig wurden bes. Beziehungen zu 18 frankophonen afrikanischen Staaten (→ AASM) in Gestalt des → EEF sowie der beiden sog. → Jaunde-Abkommen (1964–1969 bzw. 1970–1974) aufgenommen. Während des Zeitraums 1975–2000 stellten die → Lomé-Abkommen und nunmehr das → Cotonou-Abkommen ein zentrales Element der E(W)G-Außenbeziehungen dar; diese werden in modifizierter Form durch das → Cotonou-Abkommen (2000–2020) fortgesetzt. Weitere Hauptkomponenten der wirtschaftlichen Außenbeziehungen sind: sog. Europa-Mittelmeer-Assoziationsabkommen mit zwölf Mittelmeerstaaten (mit dem Fernziel der Errichtung einer Euro-mediterranen Freihandelszone); Allgemeines Präferenzsystem (→ APS); das am 1.1.1994 in Kraft getretene Abkommen über den Europäischen Wirtschaftsraum (→ EWR). Schließlich werden auf der Basis der Bestimmungen des EGV mit zahlreichen Drittländern (bes. in Südost-Asien, Afrika und in Lateinamerika) sog. nicht präferenzielle Handelsabkommen (→ Präferenzabkommen) unterhalten.

EWGV – Abk. für *Vertrag über die Europäische Wirtschaftsgemeinschaft*; der Gründungsvertrag der → EWG (EWG-Vertrag, EWGV) wurde am 25.3.1957 in Rom unterzeichnet (einer der sog. → Römischen Verträge) und ist am 1.1.1958 zusammen mit dem → EURATOM-Vertrag (→ EAGV) in Kraft getreten.

EWI – Abk. für *Europäisches Währungsinstitut*. 1. *Gegenstand:* Das EWI wurde mit Beginn der zweiten Stufe (1.1.1994) der Europäischen Wirtschafts- und Währungsunion (→ EWWU, → Europäische Währungsunion → (EWU)) in Frankfurt a.M. errichtet. Mit der Errichtung der → Europäischen Zentralbank (EZB) am 1.6.1998 wurde das EWI aufgelöst. Das EWI besaß eigene Rechtspersönlichkeit; seine Mitglieder waren die Zentralbanken der EU-Mitgliedsstaaten. – 2. *Aufgaben und Befugnisse:* Das EWI besaß keine geldpolitischen Steuerungsfunktionen. Nach seiner Errichtung hatte das EWI die operationellen Aufgaben des → EFWZ (Europäischer Fonds für Währungspolitische Zusammenarbeit), insbesondere im Zusammenhang der Finanzierung und der Organisation von Devisenmarktinterventionen, sowie die Funktionen des Ausschusses der Gouverneure der EU-Zentralbanken übernommen. – Hauptaufgaben: Überwachung des Funktionierens des → EWS (Europäisches Währungssystem), Vorbereitung der → Währungsunion.

ewige Anleihe – *ewige Rente;* → Anleihe, deren Rückzahlungstermin weit hinausgeschoben, nicht vorausbestimmt oder unbekannt ist (z.B. bei Pfandbriefen). Der Schuldner behält sich dabei i.d.R. das Recht zur → Tilgung vor.

EWIV – Abk. für → Europäische wirtschaftliche Interessenvereinigung.

EWMA-Modell – spezielles Verfahren zur Glättung von → Zeitreihen, bei dem die verzögerten Variablen exponentiell gewichtet sind (engl. *Exponentially Weighted Moving Average, EWMA*). Dabei nehmen die Gewichte exponentiell mit der Zeit ab. Der EWMA kann als ARIMA(0,1,1)-Prozess (→ ARIMA(p,d,q)-Prozess) interpretiert werden und wird in der Praxis häufig bei Volatilitätsanalysen auf Finanzmärkten eingesetzt.

EWR – Abk. für *Europäischer Wirtschaftsraum*. 1. *Gegenstand:* → Freihandelszone zwischen der → EU und der Europäischen Freihandelsassoziation (→ EFTA), jedoch ohne Teilnahme der Schweiz (damit nehmen nur Island, Liechtenstein und Norwegen teil). Das EWR-Abkommen sieht neben weit reichenden wechselseitigen Handelspräferenzen bei gewerblichen Produkten auch gewisse Anpassungen der EFTA-Staaten an das EU-Recht vor. – 2. Am

2.5.1992 erfolgte die *Unterzeichnung* des „Abkommens über den Europäischen Wirtschaftsraum". Am 1.1.1994 ist das → EWR-Abkommen in Kraft getreten (für Liechtenstein erst am 1.5.1995). Aus Sicht des EU-Rechts handelt es sich beim EWR-Vertrag um ein → Assoziierungsabkommen nach Maßgabe von Art. Art. 217 AEUV. – 3. *Ziele und spezifische Merkmale:* Zweck des EWR ist die Verwirklichung eines gemeinsamen Wirtschaftsraums, welcher grundsätzlich dem → Einheitlichen Binnenmarkt ähneln soll, ohne dass die teilnehmenden EFTA-Staaten der EU beitreten müssen. Die beteiligten EFTA-Staaten haben sich verpflichtet, die vier Grundfreiheiten des Einheitlichen Binnenmarkts (freier Waren-, Personen-, Dienstleistungs- und Kapitalverkehr) sowie die Wettbewerbsregeln des E(W)G-Vertrags in ihr innerstaatliches Recht zu übernehmen. Durch das EWR-Abkommen wurden zahlreiche Bestimmungen des Gemeinschaftsrechts auf die beteiligten EFTA-Staaten ausgeweitet, um einen einheitlichen Wirtschaftsraum zu schaffen. Ausgeklammert wurden die Zollunion sowie eine Vereinheitlichung der Währung. Im Zweifel haben für die EFTA-Staaten die EWR-Vorgaben Vorrang gegenüber den entsprechenden Bestimmungen der → Stockholmer Konvention. Die Grenzkontrollen zwischen der EU und den am EWR beteiligten EFTA-Staaten bleiben jedoch bestehen. Denn in der Handelspolitik gegenüber dritten Ländern bleiben die Vertragspartner autonom. Dem Wesen einer Freihandelszone folgend, wurden alle Zölle zwischen den Mitgliedern des EWR aufgehoben. Eine Harmonisierung der Zölle gegenüber der restlichen Welt sowie der indirekten Steuern ist nicht beabsichtigt. Außerdem beinhaltet das EWR-Abkommen (im Unterschied zum Einheitlichen Binnenmarkt) keine gemeinsame Agrarpolitik. Ausgeklammert aus dem EWR-Vertrag bleiben weiterhin das Ziel einer gemeinsamen Wirtschafts- und Währungspolitik sowie der Bereich der Gemeinsamen Außen- und Sicherheitspolitik (→ GASP). Neben einer Vertiefung der Zusammenarbeit in der Umweltpolitik, in Ausbildungs- und Verbraucherschutzangelegenheiten sowie in Fragen der Sozial- und der Forschungspolitik leisten am EWR beteiligten die EFTA-Staaten außerdem Beiträge zur Finanzierung der Entwicklung wirtschaftlich rückständiger EU-Regionen (→ Kohäsionsfonds). – 4. *Organe:* Die Durchführung des EWR-Vertrags sowie die Überwachung seiner Bestimmungen obliegt dem EWR-Rat (gemeinsames Entscheidungsgremium); dem gemeinsamer Ausschuss (Joint Committee; geschäftsführendes Organ); dem Parlamentarischen EWR-Ausschuss (setzt sich paritätisch aus Mitgliedern des → Europäischen Parlaments sowie der Parlamente der teilnehmenden EFTA-Staaten zusammen) und dem EWR-Schiedsgericht. – 5. *Heranführung an die EU:* Die Gesamtheit der im Abkommen enthaltenen Regelungen macht deutlich, dass der EWR auch der Vorbereitung der EFTA-Staaten auf einen etwaigen späteren Beitritt zur EU dienen soll. Ein formelles Mitentscheidungsrecht der EFTA-Staaten hinsichtlich der Weiterentwicklung des EU-Rechts besteht weiterhin nicht. Nach Art. 128 EWR-Abkommen muss jedes Land, welches der EU beitreten möchte, gleichzeitig Mitglied des EWR werden.

EWS – Abk. für *Europäisches Währungssystem.* Nach zwei früheren, in den 1970er-Jahren fehlgeschlagenen Anläufen zur Schaffung einer → Währungsunion am 13.3.1979 in Kraft getreten (sog. *Wechselkursmechanismus I*). Seit dem 1.1.1999 regelt der → Wechselkursmechanismus II (EWS II) die währungspolitischen Beziehungen zwischen der → *Europäischen Zentralbank* (EZB) und den EU-Mitgliedsstaaten, die vorerst noch nicht an der dritten Stufe der → Europäischen Währungsunion (EWU) und der Gemeinschaftgswährung → Euro teilnehmen.

EWU – Abk. für → *Europäische Währungsunion.*

EWWU – Abk. für *Europäische Wirtschafts- und Währungsunion;* Kernziel der Europäischen Union (→ EU). Nach Art. 3 IV EUV errichtet die EU eine WWU, deren Währung der Euro ist. Laut ex-Art. 2 EGV hat die EWWU die Zielsetzung, innerhalb der Gemeinschaft ein beständiges, nicht-inflationäres und umweltverträgliches Wachstum, einen hohen Grad an Konvergenz der Wirtschaftsleistungen, ein hohes Beschäftigungsniveau, ein hohes Maß an sozialem Schutz, die Hebung der Lebenshaltung und der Lebensqualität, den wirtschaftlichen und sozialen Zusammenhalt sowie die Solidarität zwischen den Mitgliedsstaaten zu fördern. Zweck der EWWU ist es gemäß Art. 120 AEUV, den Einheitlichen Binnenmarkt in ein Wirtschaftsgebiet mittels einer einheitlicher Wirtschaftspolitik zu transformieren, sodass Mitgliedsstaaten, ihre Wirtschaftspolitik als „eine Angelegenheit von gemeinsamem Interesse" ansehen und im Rahmen des → Rats der Europäischen Union koordinieren. Dies geschieht nach Maßgabe von Art. 119 AEUV auf der Basis marktwirtschaftlicher Ordnungsprinzipien, wobei die jeweiligen Politiken vorrangig am Ziel der Preisniveaustabilität sowie an den Grundsätzen einer offenen Marktwirtschaft mit freiem Wettbewerb, der Wahrung gesunder öffentlicher Finanzen und des langfristigen → außenwirtschaftlichen Gleichgewichts auszurichten sind. – Durchsetzung der → Wirtschaftsunion: Die Wirtschaftspolitik der Mitgliedsländer wird vom Rat überwacht und bewertet. Entspricht das Verhalten eines Mitgliedsstaates nicht den genannten Grundsätzen, so kann der Rat konkrete Empfehlungen an den jeweiligen Staat richten. Dies ist bes. für die Fiskal- und die Lohnpolitik der Mitgliedsstaaten von Bedeutung, weil diesbezügliche Zuständigkeiten im Gegensatz zur → Geldpolitik [→ Europäische Währungsunion (EWU)] nicht auf die Gemeinschaft übertragen wurden. Im Hinblich auf ihre Fiskalpolitik sind die Mitgliedsstaaten verpflichtet, „übermäßige Defizite" zu vermeiden (Art. 126 I AEUV). Im Hinblick auf die (nationalen) Haushaltspolitiken ist bestimmt worden, dass öffentliche Defizite weder vom → Europäischen System der Zentralbanken (ESZB); bestehend aus der Europäischen Zentralbank und den nationalen Zentralbanken) noch durch bevorrechtigten Zugang zu Kreditinstituten finanziert werden dürfen (Art. 123 und 124 AEUV). Hinzu kommt, dass weder die EU noch die Mitgliedsstaaten für die Verbindlichkeiten der öffentlichen Haushalte anderer Mitgliedsstaaten haften (Art. 125 AEUV).

Ex-ante-Analyse – I. Volkswirtschaftslehre: Analysemethode, die auf die Erklärung (zukünftiger) volkswirtschaftlicher Zusammenhänge mithilfe von Planungs- und Erwartungsgrößen abzielt. Im Rahmen einer makroökonomischen Ex-ante-Analyse des Gütermarktes wird das geplante Güterangebot, welches auf der Basis der von den Unternehmen erwarteten Güternachfrage gebildet wird, der aggregierten geplanten Güternachfrage der Haushalte und Investoren gegenübergestellt (→ Einkommen-Ausgaben-Modell) – *Weitere Beispiele:* → Beschäftigungstheorie, → Wachstumstheorie. – *Gegensatz:* → Ex-post-Analyse.

II. Marktforschung: Zukunftsorientierte Untersuchung der Wirkung bestimmter Marketingmaßnahmen (→ Pretest). – *Gegensatz:* → Ex-post-Analyse.

Ex-ante-Prognose → ökonometrisches Prognosemodell.

Excess Burden – *Zusatzlast der Besteuerung (auch: dead-weight-loss of taxation);* neben der fiskalischen Belastung entstehende Nutzen- bzw. Wohlfahrtseinbußen für ein Wirtschaftssubjekt bei Besteuerung über den reinen Einkommensentzugseffekt hinaus. – *Beispiele:* (1) Bei → Verbrauchsbesteuerung trägt der Nachfrager des besteuerten Gutes bei angenommener Überwälzung nicht nur einen Teil der Steuerzahllast, sondern muss wegen veränderter Preisrelationen seine Konsumstruktur anpassen; modelltheoretisch heißt das, dass er sein bisheriges → Haushaltsoptimum verlässt, sein neues Gleichgewicht auf einer niedrigeren → Indifferenzkurve liegt und er neben dem → Einkommenseffekt auch einen → Substitutionseffekt bei seiner Nachfrage hinnehmen muss. (2) Bei *Luxussteuern* wird u.a. Beziehern niedriger Einkommen der Kauf von Luxusgütern zusätzlich erschwert.

Exchange Electronic Trading → XETRA.

Exchange Traded Funds – *XTF, ETF,* börsengehandelter Indexfonds, 1993 in den USA, im April 2000 an der → Frankfurter Wertpapierbörse (FWB) als erster börsengehandelter Investmentfonds unter der Abk. XTF eingeführt. Im Gegensatz zu herkömmlichen → Investmentfonds entfällt beim ETF für den Anleger der Ausgabeaufschlag beim Erwerb eines Fondsanteils. Die Zusammensetzung des Fonds entspricht dem zugrunde liegenden Index. Neben Fonds, die in der Entwicklung genau dem Index folgen, gibt es auch aktiv gemanagte ETF. Es wird ganztägig im fortlaufenden Handel fast nur auf → XETRA gehandelt. Der Handel mit ETF hat sich sehr gut entwickelt, sodass die Produktpalette an der FWB in ihrem XTF-Segment auf 1006 im Jahre 2012 angewachsen ist und auch Derivate auf ETF an der → EUREX angeboten werden. Seit 2007 gibt es auch Short ETF, die die Entwicklungen der zugrunde liegenden Werte in umgekehrter Form abbilden: Fällt der Index um 20 Prozent, steigt der Short ETF um rund 20 Prozent – und umgekehrt.

Executive Search – von Unternehmen veranlasste Personalsuche mit dem Ziel, eine gehobene Leitungsposition zu besetzen; Teilbereich der Human Resource Beratung (→ Personalberatung). Der Auftrag umfasst im Idealfall eine klare Beschreibung des Wunschkandidaten ebenso wie der zu besetzenden Stelle (Branche, Aufgaben, organisatorisches Umfeld, Entscheidungsspielräume, kulturelles Profil, finanzielle Ausstattung). Die Personalberatung ermittelt anhand ihrer Datenbasis geeignete Kandidaten, die mittels direkter Ansprache beworben werden. Anschließend werden diejenigen Kandidaten, die in die engere Auswahl gezogen wurden, dem Auftraggeber anhand eines Exposés vorgestellt und zum Gespräch eingeladen. Das Honorar der Personalberatung hängt prinzipiell von der Gehaltsstufe des Kandidaten ab. – Vgl. auch → Consulting.

Exekutive – die vollziehende Gewalt; sie umfasst die Regierung als staatsleitendes Organ und die Verwaltung. – Vgl. auch → Gewaltenteilung.

Exergie → Energie, die sich in jede Energieform verwandeln lässt. – *Gegensatz:* → Anergie.

ex Factory → EXW.

Existenzaussage – *singulärer Satz;* Aussage, die sich auf einen nur für den betreffenden Einzelfall geltenden Sachverhalt bezieht. Spielt im Zusammenhang mit (Kausal-) → Erklärungen in Form von Anwendungsbedingungen eine Rolle. – *Gegensatz:* → Allaussage.

Existenzgründer – 1. *Begriff im Rahmen des Bürgerlichen Rechts:* → Natürliche Person, die eine gewerbliche oder selbstständige berufliche Tätigkeit aufnimmt (§ 507 BGB). Der Existenzgründer wird beim Darlehensvermittlungsvertrag und beim Verbraucherdarlehen und sonstigen Finanzierungshilfen wie ein Verbraucher und nicht wie ein Unternehmer behandelt, es sei denn der Nettodarlehensbetrag oder Barzahlungspreis übersteigt 50.000 Euro . – 2. *Begriff im Rahmen der Einkommensteuer:* Die gesonderte Behandlung von Existenzgründern per se wurde abgeschafft und in die generelle Förderung kleiner und mittlerer Betriebe überführt. – 3. *Auswirkungen:* Kleine und mittlere Betriebe können gemäß § 7g EStG einen → Investitionsabzugsbetrag steuerlich geltend machen. Dieser hat im Rahmen des Unternehmensteuerreformgesetzes 2008 die sog. → Ansparabschreibung für Existenzgründer abgelöst.

Existenzgründungsförderung – Maßnahmen der → Wirtschaftsförderung, die Unterstützung bei der

Gründung von Unternehmen oder bei der Aufnahme einer selbstständigen Erwerbstätigkeit geben. Teils spezielle Fördermaßnahmen für bestimmte Unternehmens- oder Personengruppen, z.B. technologieorientierte Unternehmensgründungen. – *Programme/Maßnahmen:* (1) Kredite (Darlehen für sog. Klein- und Kleinstgründungen; → Unternehmerkapital; → Unternehmerkredit) sowie Beratungs- und Vermittlungsangebote der → Kreditanstalt für Wiederaufbau (KfW) (Förderprogramme auch zur Bereitstellung von Beteiligungskapital bzw. Risikokapital); (2) Gemeinschaftsprogramme von Bund, Land und Banken; (3) → Ausfallbürgschaften von Bürgschaftsbanken; (4) Leistungen der Agenturen für Arbeit (Arbeitsamt) zur Sicherstellung des Lebensunterhalts und zur sozialen Sicherung (→ Überbrückungsgeld; Existenzgründerzuschuss, auch als Ich-AG bezeichnet); (5) Hilfen des Europäischen Sozialfonds (ESF) zur Gründung einer selbstständigen Existenz; (6) Kredite des Sozialamts an Sozialhilfeempfänger als Anschubfinanzierung für eine Gründung.

Existenzminimum – I. Volkswirtschaft: 1. *Begriff:* nach dem Lebensstandard der einzelnen Länder für den Lebensunterhalt als notwendig erachtete und anerkannte Mittel. Die Definition ist immer kulturspezifisch und relativ. – 2. *Arten:* (1) *physisches* Existenzminimum. Dieses umfasst die Mittel, die zur Befriedigung der materiellen Bedürfnisse notwendig sind, um zu überleben. Dies sind v.a. Nahrung, Kleidung, Wohnung und eine medizinische Notfallversorgung. (2) *soziokulturelles* Existenzminimum. Dieses garantiert über das physische Existenzminimum hinaus ein Recht auf Teilhabe am gesellschaftlichen (sozialen), kulturellen und politischen Leben. – Vgl. auch → Existenzminimum-Theorien des Lohns.

II. Einkommensteuerrecht: 1. Nach der *Rechtsprechung des Bundesverfassungsgerichts* (BVerfGE 87, 153 [169]) muss dem Steuerpflichtigen nach Erfüllung seiner Einkommensteuerschuld von seinem Erworbenen zumindest so viel verbleiben, wie er zur Bestreitung seines notwendigen Lebensunterhalts und (unter Berücksichtigung von Art. 6 I GG) desjenigen seiner Familie bedarf. Die Höhe des steuerlich zu verschonenden Existenzminimums hängt von den allg. wirtschaftlichen Verhältnissen und dem in der Rechtsgemeinschaft anerkannten Mindestbedarf ab. Soweit der Gesetzgeber im Sozialhilferecht den Mindestbedarf bestimmt hat, den der Staat bei einem mittellosen Bürger im Rahmen sozialstaatlicher Fürsorge durch Staatsleistungen zu decken hat, darf das von der Einkommensteuer zu verschonende Existenzminimum diesen Betrag jedenfalls nicht unterschreiten. Maßgröße für das einkommensteuerliche Existenzminimum ist demnach der im Sozialhilferecht anerkannte Mindestbedarf. Das gilt sinngemäß auch für die Ermittlung des sächlichen Existenzminimums von Kindern (BVerfGE 82, 60 [93, 94]). Da die Leistungsfähigkeit von Eltern über den existentiellen Sachbedarf und den erwerbsbedingten Betreuungsbedarf generell durch den Betreuungsbedarf und den Erziehungsbedarf gemindert wird, ist dieser im Steuerrecht von der Einkommensteuer zu verschonen. – 2. Das im Jahr 2012 steuerfrei zu stellende sächliche Existenzminimum beträgt bei Alleinstehenden 7.896 Euro, bei Ehepaaren 13.272 Euro, bei Kindern 4.272 Euro. Die steuerlichen Freibeträge belaufen sich entsprechend auf 8.004 Euro für Alleinstehende, 16.009 für Ehepaare und 4.368 für Kinder. – Vgl. auch → Grundfreibetrag.

Existenzminimum-Theorien des Lohns – diejenigen → Lohntheorien, nach denen Abweichungen des Lohnes vom Existenzminimumlohn (Lohn zur Sicherung des physiologischen bzw. kulturellen → Existenzminimums) nur kurzfristig möglich sind. Seit den 1980er-Jahren wurden Modelle von Grundeinkommen, negativer Einkommensteuer und einer bedarfsorientierten sozialen Grundsicherung auch losgelöst von der Erwerbsarbeit entwickelt. – Bei den Klassikern der Politischen Ökonomie wurde die Lohnhöhe durch ein historisch und sozial veränderliches Subsistenzniveau bestimmt. Dieses ist nicht in einem biologischen Sinne zu verstehen, sondern wird aus den jeweiligen sozialen Bedingungen heraus bestimmt. – Vgl. auch → ehernes Lohngesetz, → natürlicher Lohn, → Verteilungstheorie.

Exit – geplanter Ausstieg von Private-Equity- oder Venture-Capital-Gesellschaften aus einer Beteiligungsanlage zur Realisierung einer finanziellen Rendite. Die Veräußerung kann im Zuge eines Verkaufs an die ursprünglichen Eigentümer (Repurchase), ein Industrieunternehmen (Trade Sale), eine nachfolgende Private-Equity- oder → Venture-Capital-Gesellschaft (Secondary Sale) oder im Wege eines Börsenganges (Going Public) erfolgen.

exklusive Verfügungsrechte → Verfügungsrechte.

Exklusivleser – die Leser einer Zeitung oder Zeitschrift, die nur diese und keine anderen aus einer gegebenen Auswahl lesen. – Vgl. auch → Doppelleser, → Mehrfachleser.

Exklusivvertrieb → Alleinvertrieb.

exogene Handelsvorteile – Vorteile eines einzelnen Unternehmens aus Charakteristika seines Landes, wie etwa Faktorausstattung und sonstige Produktionsbedingungen. – *Anders:* → endogene Handelsvorteile.

exogene Konjunkturmodelle – Klasse von → Konjunkturmodellen, in denen exogene Störungen (→ Schocks) erforderlich sind, um signifikante → Konjunkturschwankungen zu erzeugen. Ohne anhaltende Störungen flachen die Schwingungen im Zeitablauf ab. Die theoretische Möglichkeit von zufällig eintretenden Schwingungen mit konstanter Amplitude oder von explodierenden Schwingungen ist empirisch nicht relevant. Der Zyklus ist unregelmäßig und weist immer wieder zeitspezifische Züge auf. – Zu den exogenen Konjunkturmodellen zählen → Multiplikator-Akzelerator-Modelle, Konjunkturmodelle der → Neuen Klassischen Makroökonomik und der Neu-Keynesianischen Makroökonomie.

Exogenität – Bei einer exogenen erklärenden Variable (→ Variable, exogene) in einem → Regressionsmodell ist der bedingte Erwartungswert des → Störterms der Regressionsbeziehung gegeben der jeweils betrachteten Beobachtung der erklärenden Variable null. Folge der Exogenität ist die Unkorreliertheit des Regressors mit dem Störterm. – *Gegensatz:* → Endogenität. – Vgl. auch → Exogenität, strikte.

Exogenität, strikte – Bei einer strikt exogenen erklärenden Variable (→ Variable, exogene) in einem → Regressionsmodell ist der bedingte Erwartungswert des → Störterms der Regressionsbeziehung gegeben allen Beobachtungen der erklärenden Variable null. D.h. auch, dass der Störterm der Periode t nicht mit den erklärenden Variablen aller Perioden korreliert sein darf. Eine vorherbestimmte Variable (→ Variable, vorherbestimmte) ist damit niemals strikt exogen.

Exoten – 1. *Wertpapiere* (Aktien, Festverzinsliche, Investmentanteile) von Emittenten aus „exotischen Ländern" (z.B. Cayman Islands). – 2. Auch: *Spekulative Werte*, die nicht amtlich notiert und außerhalb des Freiverkehrs nach Börsenschluss gehandelt werden. – 3. *Exotische Optionsscheine:* Im Unterschied zu normalen (Plain-Vanilla-Optionsscheinen) solche mit bes. Ausstattung, bei der hohe Gewinne bei hohen Risiken erreicht werden können.

Expansion → Konjunkturphasen.

Expansionspfad – Menge aller → Minimalkostenkombinationen, die sich bei konstanten Faktorpreisen und Variation der Ausbringungsmenge ergeben. – Im Fall einer linear-homogenen → Produktionsfunktion (→ Linearhomogenität) ist der Expansionspfad eine Gerade durch den Ursprung mit konstanten → Faktorintensitäten entlang dieser Geraden (→ Prozessstrahl).

Expansion Stage – Begriff aus der Venture-Capital-Finanzierung. Im Rahmen des chronologischen Phasenmodells im Anschluss an die Start-up- Phase. Dient der Finanzierung des Unternehmenswachstums, z.B. durch Ausweitung von Produktionskapazitäten oder Ausbau von Vertriebskanälen, normalerweise kurz vor oder nach Erreichen des Break-Even-Punktes (→ Break-Even-Point).

Expansionswerbung → Werbung zwecks kontinuierlicher Erhöhung des Umsatzes, des Absatzes oder des Marktanteils gegenüber dem vorangegangenen Zeitabschnitt. – *Anders:* → Erhaltungswerbung. – *Gegensatz:* → Reduktionswerbung.

expansive Lohnpolitik – u.a. von gewerkschaftlicher Seite vorgeschlagenes Konzept, das durch Nominallohnerhöhungen, die über den Produktivitätsfortschritt hinausgehen, sowohl die → Lohnquote als auch das → Volkseinkommen real steigern soll. – Vgl. auch → Lohnpolitik, → Nominallohnpolitik, → produktivitätsorientierte Lohnpolitik.

Expatriate → Führungskraft eines Unternehmens im → Auslandseinsatz.

Expenditure Lag → Lag.

Expenses – *betriebliche Aufwendungen,* → Conceptual Framework.

Experiment – Versuchsanordnung in der Psychologie und → Marktforschung. – 1. *Begriff:* Planmäßige → Erhebung empirischer Sachverhalte zur Prüfung von Hypothesen. Dabei müssen mehrere Arten von Variablen unterschieden werden. Die *Testvariable* oder *unabbhängige Variable* ist die Variable, deren Einfluss von Interesse ist. Im Beispiel eines neuen Getränks, für das überprüft werden soll, ob eine Einführung lohnend ist, ist das die Variable „Einführung" vs. „Nichteinführung". Die *Zielvariable* oder *abhängige Variable* ist die Variable, für die untersucht werden soll, wie sie sich verändert, wenn die Testvariable verändert wird. Im Beispiel kann dies der Marktanteil des neuen Getränks sein. Darüber hinaus gibt es häufig noch *intervenierende Variable* oder *Störvariable*, die auch die Zielvariable beeinflussen, deren Einfluss aber nicht interessiert. Das *Testdesign* legt fest, wie welche Daten erhoben werden. Aufgabe des Testdesigns ist es, den Test so zu gestalten, dass der Einfluss der intervenierenden Variablen entweder zu eliminiert wird oder aber herausgerechnet werden kann. – 2. *Arten:* a) *Laboratoriums-Experiment:* Experiment unter künstlich geschaffenen Bedingungen; Ziel ist es, die intervenierenden Variablen möglichst konstant zu halten *Feld-Experiment:* Experiment unter normalen sozialen Umweltbedingungen. – b) *Projektive Experiment:* Der Forscher schafft von sich aus die Bedingungen, die das zu untersuchende Geschehen beeinflussen; *Ex-Post-Facto-Experiment:* Im normalen Ablauf der Ereignisse werden nachträglich bereits abgeschlossene Wirkungszusammenhänge rekonstruiert. – c) Eine weitere Differenzierung der Experimente ergibt sich aus der Kombination der *Zahl verwendeter Untersuchungsgruppen* (Experimental Group = E, Control Group = C) sowie der *Zeitpunkte der Messung* (vor Eintritt des Wirkungsfaktors = B, nach Eintritt des Wirkungsfaktors = A): (1) *EBA-Typ:* Die Vorher- und Nachhermessungen werden ausschließlich bei der Experimental Group durchgeführt. Nachteilig ist hier, dass zeitabhängige intervenierende Variable wie z.B. das Wetter nicht herausgerechnet werden können (2) *CB-EA-Typ:* Die Messung vor Eintritt des Wirkungsfaktors wird bei der Kontrollgruppe, die Messung nach Eintritt des Wirkungsfaktors bei der Versuchsgruppe durchgeführt. Nachteilig ist, dass gruppenabhängige Störgrößen wie z.B. andere Soziodemografie der Mitglieder der Experimentalgruppe und der Kontrollgruppe nicht herausgerechnet werden kann (3) *EBA-CBA-Typ:* Dieser Typ entspricht den klassischen Grundsätzen des

Experiments. Es erfolgt eine Trennung in Personen, die dem Wirkungsfaktor ausgesetzt waren (Versuchsgruppe), und in solche, die von ihm nicht erreicht wurden (Kontrollgruppe). Für beide Gruppen wird das Untersuchungsmerkmal vor (Vorperiode) und nach (Testperiode) Eintritt des Wirkungsfaktors gemessen. Der Testeffekt ergibt sich dann aus (B/A)/(D/C), wobei A: Zielvariabe Experimentalgruppe Vorperiode, B: Zielvariable Experimentalgruppe Testperiode, C: Zielvariable Kontrollgruppe Vorperiode, D: Zielvariable Kontrollgruppe Testperiode. Ergibt sich hier ein Wert von z.B. 1,24, so besagt dies, dass die Testvariable einen Einfluss von 24 Prozent hat. (4) *EA-CA-Typ:* Hier wird zwar zwischen Versuchs- und Kontrollgruppe unterschieden, man beschränkt sich aber auf eine Messung des Untersuchungsmerkmals, die zeitlich nach der Auswirkung des Faktors liegt. Nachteilig ist auch hier, dass a priori bestehende Unterschiede zwischen den Gruppen nicht herausgerechnet werden können.

experimenteller Markt → Testmarkt, in dem die Zuordnung von Marketingmaßnahmen (z.B. Werbung) zu Haushalten mithilfe moderner Kommunikationstechnologien wie Bildschirmtext, Kabelfernsehen oder durch gezielte Steuerung von Werbematerialien ermöglicht wird. Messung der Wirkung der Marketingmaßnahme auf den Haushalt i.d.R. durch Erfassung der Einkäufe der Haushalte im Markt mithilfe der Scanner-Technologie. – *Vorgehen:* Das → Scanner-Haushaltspanel wird in Test- und Kontrollgruppen aufgeteilt, wobei entweder nur die Testgruppe der Werbung ausgesetzt wird oder beide Gruppen unterschiedliche Werbebotschaften empfangen. Da beide Gruppen im gleichen Markt einkaufen, ist das „Matching“ (→ Matched Samples) von Test- und Kontrollgruppe praktisch perfekt gelöst. Die Messung ist nicht reaktiv. – In der Bundesrepublik Deutschland hat die GfK mit → Behavior Scan ein ähnliches System installiert.

experimentelle Spieltheorie → Experimentelle Wirtschaftsforschung.

Experimentelle Wirtschaftsforschung

von Prof. Dr. Mathias Erlei

I. Begriff

Unter experimenteller Wirtschaftsforschung versteht man den Bereich der empirischen Wirtschaftswissenschaft, in dem kontrollierte → Experimente durchgeführt werden, um Theorien zu überprüfen oder neue Regelmäßigkeiten zu entdecken. Die Experimente werden zumeist als Laborexperimente, mitunter jedoch auch als Feldexperimente oder in Form von Computersimulationen umgesetzt. Im Folgenden beschränken wir uns auf die Betrachtung von Laborexperimenten.

II. Wesen und Inhalt von Laborexperimenten

In ökonomischen Laborexperimenten werden Entscheidungs- oder Interaktionsstrukturen eingerichtet, in denen Menschen (die Probanden) unter festgelegten Regeln Entscheidungen treffen, deren monetären Konsequenzen später in geltender Währung ausgezahlt werden. Die experimentelle Methode verfügt über zwei grundsätzliche Vorzüge, die der traditionellen Feldforschung fehlen: Zum einen können die Laborstrukturen durch den Experimentleiter perfekt kontrolliert werden, sodass bspw. bekannt ist, über welche Informationen die Entscheidungsträger zum Entscheidungszeitpunkt verfügen. Zum anderen sind Experimente beliebig wiederhol- und damit auch überprüfbar.

Es gibt zwei grundsätzlich unterschiedliche Experimentziele: Einerseits dienen Experimente dazu, ökonomische Theorien unter Idealbedingungen zu überprüfen. Die Kontrollmöglichkeiten des Experimentleiters ermöglichen es, *Modellannahmen* möglichst *detailgetreu abzubilden.* Damit wird eine für die Theorie ideale Experimentwelt geschaffen, von der zu erwarten ist, dass sie dem theoretischen Modell ideale Voraussetzungen für eine mögliche Bestätigung schafft. Unterscheidet sich das Laborverhalten der Probanden dennoch grundlegend von den theoretischen Vorhersagen, so muss das theoretische Modell in Frage gestellt werden.

Die zweite experimentelle Zielsetzung entspricht derjenigen aus ingenieurwissenschaftlichen Windkanaltests. Es wird versucht, die *realen Handlungsbedingungen* möglichst wirklichkeitsnah abzubilden. Unabhängig von der zugrunde liegenden Theorie geht es bei diesen Windkanaltests darum, bestimmte institutionelle Arrangements auf ihre Auswirkungen hin zu überprüfen.

III. Wichtigste Forschungszweige

Grundsätzlich lässt sich die experimentelle Methode auf das gesamte Spektrum der Wirtschaftswissenschaft anwenden. Dennoch haben sich in den vergangenen Jahrzehnten drei zentrale Anwendungsbereiche herauskristallisiert: In *Marktexperimenten* wird versucht, wettbewerbliche Marktprozesse im Labor zu erfassen. In

Experimenten zur Entscheidungstheorie wird angestrebt, das isolierte einzelwirtschaftliche Entscheidungsverhalten im Detail zu erkunden. In der *experimentellen Spieltheorie* werden Handlungssituationen untersucht, in denen die Akteure in einer wechselseitigen strategischen Abhängigkeit stehen.

1. Marktexperimente

Im Rahmen von Marktexperimenten werden im Labor virtuelle Märkte eingerichtet, auf denen fiktive Güter gehandelt werden. Gelingt es Anbietern, ihre Produkte zu Preisen zu verkaufen, die über ihren Kosten liegen, so wird der resultierende Überschuss im Anschluss an das Experiment bar ausgezahlt. Analog führt auch ein günstiger Erwerb durch die Nachfrager zu realen Geldeinnahmen für die Experimentteilnehmer.

Ein zentraler Aspekt von Marktexperimenten besteht darin, die Auswirkungen unterschiedlicher Handelsregeln im Hinblick auf ihre Markteffizienz zu untersuchen. Eine herausragende Bedeutung nimmt in diesem Zusammenhang die → doppelte Auktion ein, die Smith, Nobelpreisträger des Jahres 2002, 1962 in die Literatur einführte. Die doppelte Auktion, in der Anbieter und Nachfrager öffentlich sichtbar verbindliche Kauf- bzw. Verkaufsofferten abgeben können, orientiert sich an den Handelsregeln von Waren-, Kapital- oder Devisenbörsen. Gleichwohl macht es einen erheblichen Unterschied, ob die doppelte Auktion auf Vermögensmärkten oder auf Gütermärkten, in denen die Käufer- und Verkäuferrollen eindeutig festgelegt sind, eingesetzt wird. In hunderten von doppelten Auktionen in Gütermärkten zeigte sich, dass diese Art der Marktorganisation zu bemerkenswert hohen Effizienzgraden führt. Typischerweise werden auf solchen Labormärkten 95 bis 100 Prozent der theoretisch möglichen Handelsgewinne realisiert. Im Gegensatz dazu wurde deutlich, dass doppelte Auktionen auf Vermögensmärkten regelmäßig zur Entwicklung spekulativer Blasen führen. Das Blasenphänomen nimmt allerdings deutlich ab, wenn die Marktteilnehmer bereits Erfahrung aufweisen, d.h. wenn sie bereits zuvor an doppelten Auktionen für Vermögenswerte teilgenommen haben.

Eine zweite sehr bedeutende experimentelle Marktform wird als → Posted-Offer-Markt bezeichnet. Hier legen die Anbieter zu Beginn einer Handelsperiode ihre Angebotspreise unwiderruflich fest; eine Preisänderung ist erst zum Beginn der nächsten Periode möglich. Die Posted-Offer-Marktform ist den typischen Konsumgütermärkten nachempfunden. Wie schon in doppelten Auktionen ist auch in Posted-Offer-Märkten eine starke Annäherung der Marktpreise und -mengen an die theoretischen Gleichgewichtswerte zu erkennen. Allerdings erfolgt der Anpassungsprozess an das Gleichgewicht nur unvollständig und deutlich langsamer als bei doppelten Auktionen, sodass die Effizienz insgesamt geringer ist.

2. Experimente zur Entscheidungstheorie

Experimente zur → Entscheidungstheorie dienen dem Zweck, Theorien einzelwirtschaftlichen Verhaltens einer experimentellen Überprüfung zu unterziehen, systematische Abweichungen von Theorie und Verhalten festzustellen, um schließlich neue Verhaltenstheorien zu formulieren. Im Zentrum dieser Forschung steht häufig die Abweichung des Laborverhaltens vom so genannten Erwartungsnutzenkonzept, in dem die Akteure ihren Entscheidungen den mathematischen Erwartungswert ihres Nutzens maximieren. Dabei zeigt sich, dass eine Vielzahl vermeintlich irrelevanter Aspekte das Entscheidungsverhalten der Probanden deutlich beeinflusst. So ist bspw. festzustellen, dass die *Darstellung* eines Entscheidungsproblems, d.h. die konkrete Wortwahl ohne Veränderung der substanziellen Informationen, regelmäßig einen spürbaren Einfluss auf die Entscheidungen der Akteure aufweist.

Die Vielzahl und Systematik der Abweichungen vom Erwartungsnutzenkonzept initiierte die Formulierung alternativer Ansätze. Die vielleicht prominenteste Alternative zum Erwartungsnutzen bildet die → Prospect-Theorie, die 1979 von Kahneman, Nobelpreisträger im Jahr 2002, und Tversky vorgestellt wurde. Zentrales Merkmal ihres Ansatzes ist ein eher risikofreudiges Verhalten, wenn es um die Vermeidung von Verlusten geht, und ein eher risikoscheues Verhalten, falls die Individuen zwischen möglichen Gewinnchancen wählen können.

3. Experimentelle Spieltheorie

Die *nichtkooperative* → Spieltheorie untersucht menschliches Verhalten in Situationen, in denen sich wenige Akteure in einem Verhältnis der wechselseitigen strategischen Abhängigkeit befinden. Als zentrales Gleichgewichtskonzept gilt in diesem Zusammenhang bis heute das von Nash, Nobelpreisträger des Jahres 1994, eingeführte → Nash-Gleichgewicht, in dem kein Akteur seine Auszahlung dadurch verbessern kann, dass er als einziger Teilnehmer einen Strategiewechsel vornimmt.

Anwendungsgebiete der *experimentellen Spieltheorie* sind v.a. bilaterale Verhandlungen, das Angebotsverhalten von Unternehmen auf „engen" Märkten mit einer geringen Anzahl von Konkurrenten (→ Oligopole), die spontane Bereitstellung öffentlicher Güter, Koordinationsprobleme, die Ausnutzung von First-Mover-Vorteilen sowie Fairnessspiele. Viele der Untersuchungen zeigen, dass das Nash-Gleichgewicht in der Tat einen Anziehungspunkt für das Verhalten der Experimentteilnehmer darstellt. Besonders wenn die Probanden Gelegenheit zum Lernen haben, stellt sich in den meisten Spielen eine deutliche Bewegung in Richtung des Gleichgewichts ein. Jedoch muss auch festgestellt werden, dass die ebenso regelmäßig zu findenden Abweichungen vom Gleichgewicht so groß ausfallen, dass das Nash-Gleichgewichtskonzept nur eingeschränkt zur Vorhersage menschlichen Verhaltens geeignet ist. So zeigt sich bspw. in Verhandlungsexperimenten, dass Kommunikationsmöglichkeiten, die aus Sicht der nichtkooperativen Spieltheorie bedeutungslos sein müssten, einen erheblichen Einfluss auf das Zustandekommen und den Inhalt von Einigungen aufweisen.

IV. Aktuelle Entwicklungen

Seit Anfang/Mitte der 1990er-Jahre etabliert sich eine Reihe neuer Themen im Themenkatalog der experimentellen Forschung. Diese setzen an der Formulierung eines neuen Gleichgewichtskonzepts, an der begrenzten Rationalität der Akteure sowie den Motivationen für menschliches Verhalten an.

Als vielleicht bedeutendstes neues Gleichgewichtskonzept sei hier das der stochastischen Spieltheorie, z.B. das von R. McKelvey und T. Palfrey (1995) eingeführte „*Quantal-Response-Gleichgewicht*", angeführt, das eine Verallgemeinerung des Nash-Gleichgewichts darstellt, in dem auch suboptimalen Handlungsalternativen eine positive, auszahlungsabhängige Eintrittswahrscheinlichkeit zugeordnet wird.

Ein weiterer, aktuell viel diskutierter Forschungszweig beschäftigt sich mit → sozialen Präferenzen. Im Gegensatz zum üblichen Modell des Homo oeconomicus berücksichtigen die einschlägigen Ansätze auch andere Aspekte menschlicher Motivation als den streng materiell eigennützigen. Als Beispiele lassen sich Elemente der Verteilungsgerechtigkeit und der Reziprozität anführen.

Eine dritte aktuelle Richtung stellen dynamische Modelle des Lernverhaltens dar. Besonders erfolgreiche Lernmodelle entsprechen häufig einer Kombination aus Verstärkungslernen und Erwartungslernen. Im Fall des Verstärkungslernens steigt die Wahrscheinlichkeit, dass ein Individuum zukünftig eine bestimmte Strategie wählt, mit zwei Einflussfaktoren:

- Schon allein die vergangene Wahl einer Strategie an sich erhöht die zukünftige Wahrscheinlichkeit ihrer Wahl.
- In der Vergangenheit überdurchschnittlich erfolgreiche Strategien werden noch häufiger gewählt als andere.

Erwartungslernen (Belief Learning) beinhaltet, dass aus dem vergangenen Handeln der anderen Akteure Erwartungen bezüglich ihres zukünftigen Verhaltens abgeleitet werden. Mit diesen Erwartungen wählen die Akteure geeignete (u.U. optimale) eigene Strategien. Auch die modernen Lerntheorien haben bemerkenswerte Erklärungserfolge aufzuweisen.

Expertenbefragung – Verfahren zur Erhebung von Daten, z.B. zur qualitativen → Prognose oder zur weiteren Durchleuchtung eines komplexen Sachverhalts. Anwendung in Situationen, in denen nur wenige oder vorwiegend qualitative Daten vorliegen. Dient oft auch als Vorbereitung einer quantitativen Erhebung. → Befragung von internen (dem untersuchenden Unternehmen zugehörend) und externen Experten; häufig in Form der → Delphi-Technik.

Expertensystem – 1. *Begriff:* in der → Künstlichen Intelligenz (KI) wird ein → Programm oder ein → Softwaresystem als Expertensystem bezeichnet, wenn es in der Lage ist, Lösungen für Probleme aus einem begrenzten Fachgebiet (→ Wissensdomäne) zu liefern, die von der Qualität her denen eines menschlichen Experten vergleichbar sind oder diese sogar übertreffen (→ Expertenwissen). – Bes. bewährt als Expertensysteme haben sich → wissensbasierte Systeme; deshalb werden beide Begriffe oft synonym verwendet. – 2. *Bestandteile* (Regelfall): → Wissensbasis, → Inferenzmaschine, → Wissenserwerbskomponente, Dialogkomponenten und Erklärungskomponente. – 3. *Klassifikation* nach Aufgabenstellung: (1) *Diagnosesysteme,* die auf der Basis teils gegebener, teils zu suchender Symptome Fälle klassifizieren; (2) *Beratungssysteme,* die im Dialog mit dem Menschen eine auf den vorliegenden Fall bezogene Handlungsempfehlung geben; (3) *Konfigurationssysteme,* die auf der Basis von Selektionsvorgängen unter Berücksichtigung von Unverträglichkeiten und Benutzerwünschen komplexe Gebilde zusammenstellen; (4) *Planungssysteme,* die einen Ausgangszustand durch eine Folge von Aktionen in einen Endzustand überführen.

Expertenwissen – *Expertise;* Kenntnisse und intellektuelle Fähigkeiten einzelner Personen, deren Leistung auf einem bestimmten Fachgebiet weit über dem Durchschnitt liegen. Expertenwissen besteht i.d.R. aus sehr großen Informationsmengen in Verbindung mit Vereinfachungen, wenig bekannten Fakten, Faustregeln und klugen Verfahrensweisen (→ Heuristiken), die eine effiziente Problemlösung (in diesem Gebiet) ermöglichen. – Vgl. auch → Expertensystem, → Künstliche Intelligenz (KI).

Expertise – 1. *Allgemein:* Untersuchung, Gutachten, Begutachtung durch einen Sachverständigen. – 2. *Wirtschaftsinformatik:* → Expertenwissen.

Expert System Shell – Begriff bei der Entwicklung von → Expertensystemen: → Softwarewerkzeug für die Erzeugung von Expertensystemen.

Explanandum → Erklärung.

Explanans → Erklärung.

Exploitation → Ausbeutung.

Exploration – I. Wirtschaftstheorie: Verfahren der Forschungsplanung im Rahmen der empirischen Sozialforschung. Exploration dient zur Vervollständigung und Erweiterung vorhandener Problembeschreibung. Sie geschieht u.a. durch sekundäranalytische Auswertungen von Datenmaterial und Durchführung von Vorstudien bzw. Pilotprojekten. – Vgl. auch → explorative Datenanalyse, → explorative Verfahren.

II. Umwelt- und Ressourcenökonomik: Erkundung von Lagerstätten und Abbaumöglichkeiten für → erschöpfliche Ressourcen.

explorative Datenanalyse – zusammenfassende Bezeichnung für deskriptive statistische Verfahren zur Aufdeckung von Datenstrukturen, Abhängigkeitsstrukturen und von Abweichungen der Einzelbefunde von einer vorhandenen Grundstruktur. Die explorative Datenanalyse, v.a. durch J. Tukey (1970; 1977) konzipiert, entwickelte sich aus der Erkenntnis gewisser Grenzen der → Inferenzstatistik. Die Analyse erfolgt ohne Modellannahmen (z.B. Normalverteilungsannahme). Explorative Datenanalyse umfasst v.a. grafische Verfahrensweisen, Verfahren der Transformation von Variablenwerten (→ Variablentransformation) und Bevorzugung von Kenngrößen mit gewissen Robustheitseigenschaften (→ robuste Statistik), etwa Bevorzugung des → Medians vor dem → arithmetischen Mittel.

explorative Verfahren – Teilbereich der → psychologischen Testverfahren. Alle Formen der qualitativen unstrukturierten → Interviews mit Einzelpersonen oder auch Gruppen, die der Erhebung erlebter und reaktivierbarer Sachverhalte dienen und geeignet sind, einen zu untersuchenden Sachverhalt genauer zu strukturieren, bzw. zu präzisieren. Häufig genutzt werden → Tiefeninterviews oder → Gruppendiskussionen.

Explosion – Eine auf dem Ausdehnungsbestreben von Gasen oder Dämpfen beruhende, plötzlich verlaufende Kraftäußerung. Schäden durch Explosion sind i.Allg. innerhalb der Gefahr Feuer versichert.

explosionsgefährliche Stoffe – feste oder flüssige Stoffe und Zubereitungen, die durch eine nicht außergewöhnliche thermische, mechanische oder andere Beanspruchung zur Explosion gebracht werden können. Oberbegriff für Explosivstoffe, pyrotechnische Sätze und sonstige explosionsgefährliche Stoffe. – Vgl. auch → gefährliche Stoffe, → Gefahrgut.

Exponent → Potenzieren.

Exponentialfunktion – Funktion, die dadurch gekennzeichnet ist, dass die unabhängige Variable im Exponenten steht. Allg. hat eine Exponentialfunktion die Funktionsform:

$$f(x) = a^x; (a > 0).$$

Die wichtigste Exponentialfunktion in der Wirtschaft ist die *e-Funktion*: $f(x) = e^x$; (e: → Eulersche Zahl).

Exponentialfunktionen werden in den Wirtschaftswissenschaften v.a. als Wachstumsfunktionen verwendet. In der Statistik spielt die exponentielle Trendfunktion für die Beschreibung volkswirtschaftlicher und demografischer Prozesse eine wichtige Rolle.

Exponentialgleichung – Bei einer Exponentialgleichung tritt die Unbekannte x im Exponenten auf:

$$a^x = b; (a > 0, b > 0).$$

Durch Logarithmieren beider Gleichungsseiten kann eine Exponentialgleichung gelöst werden. Dabei kann zu jeder beliebigen Basis logarithmiert werden; aus praktischen Gründen verwendet man den dekadischen → Logarithmus oder den natürlichen Logarithmus, da diese auf den Taschenrechnern implementiert sind.

$$\log a^x = \log b;$$

$$x \log a = \log b$$

(laut Rechenregeln für Logarithmus);

$$x = \frac{\log b}{\log a}.$$

Exponential Smoothing → exponentielles Glätten.

Exponentialverteilung – stetige Wahrscheinlichkeitsverteilung. Eine stetige Zufallsvariable X heißt exponentialverteilt mit dem Parameter $\lambda > 0$, falls sie die → Dichtefunktion

$$f(x) = \lambda e^{-\lambda x}$$

für $x > 0$ besitzt. Erwartungswert und Varianz sind durch $1/\lambda$ bzw. $1/\lambda^2$ gegeben. Die Exponentialverteilung ist eine spezielle gamma-Verteilung. Die Exponentialverteilung spielt in der Praxis im Zusammenhang mit der statistischen Analyse von → Verweildauern und Lebensdauern unter speziellen Voraussetzungen eine Rolle: Befindet sich ein Element in einer Bestandsgesamtheit und weist es die von seiner bisherigen Verweildauer unabhängige Abgangsrate λ auf, besitzt es also ungefähr die Wahrscheinlichkeit $\lambda \times \Delta t$, in einem kleinen Zeitintervall $(t; t + \Delta t)$ aus der Gesamtheit auszuscheiden unter der Bedingung einer Verweilzeit größer als t, dann ist seine Verweildauerverteilung die Exponentialverteilung mit dem Parameter λ. – Vgl. auch → Warteschlangentheorie.

exponentielles Glätten – *Exponential Smoothing*; Verfahren der kurzfristigen direkten → Prognose auf der Grundlage einer → Zeitreihe. Ist $y_{T-1,T}$ der Prognosewert für die Periode T, berechnet unter Verwendung der Vergangenheitsbeobachtungen bis zur Periode T – 1, und x_T der Beobachtungswert der Periode T, so ist (rekursive Definition)

$y_{T,T+1} = \alpha x_T + (1 - \alpha) y_{T-1,T}$
die Prognose für Periode T + 1 unter Berücksichtigung von Vergangenheitswerten bis zur Periode T (verwendbar nur bei konstantem → Trend). Der Wert α ($0 < \alpha < 1$) heißt *Glättungskonstante* und wird aus dem Sachzusammenhang heraus festgelegt. Man kann zeigen, dass die Vergangenheitswerte mit abnehmender Aktualität mit den abnehmenden Gewichten α; $\alpha(1-\alpha)$; $\alpha(1-\alpha)^2$; ... (geometrische Folge) in die Prognose eingehen. Liegt ein linearer Trend vor, ist exponentielles Glätten geeignet zu variieren *(exponentielles Glätten 2. Ordnung; exponentielles Glätten mit Trendkorrektur)*. Das exponentielle Glätten zeichnet sich aus durch Einfachheit des Ansatzes und durch die Möglichkeit dosierter Berücksichtigung der jüngeren und älteren Vergangenheit. – *Anwendung:* Z.B. bei der kurzfristigen → Bedarfsermittlung.

exponentielles Wachstum – Zunahme einer Größe im Zeitablauf, wenn die absolute Zunahme im Zeitablauf einem konstanten Anteil des Anfangswertes entspricht. – *Beispiel:* Exponentielles Bevölkerungswachstum. Wenn angenommen wird, dass die zeitliche Änderung (dt) des Bevölkerungsbestandes B

$$dB/dt := B$$

zu jedem Zeitpunkt t proportional zum gerade vorhandenen Bevölkerungsbestand B(t) ist, dann gilt für die Zunahme der Bevölkerung:

$$B(t) = b \cdot B(T)$$

mit $B(t) > 0$ und einem Proportionalitätsfaktor $b > 0$. Nach Trennung der Variablen folgt:

$$dB/B = b \cdot dt.$$

Nach Integration folgt:

$$\int dB/B = b \cdot \int dt + C.$$

Der natürliche Logarithmus (ln) dieser Funktion lautet:

$$\ln B = b \cdot t \cdot C.$$

Die Bestandsfunktion der Bevölkerung lautet demnach:

$$B(t) = k \cdot e^{bt},$$

mit der Integrationskonstanten k. Der Bevölkerungsbestand wächst exponentiell mit der stetigen Änderungsrate b (pro Zeiteinheit).

Export → Ausfuhr, → passive Veredelung und → Wiederausfuhr.

Exportagent → Ausfuhragent.

Export-Basis-Theorie → Entwicklungstheorie, die besagt, dass das Wirtschaftswachstum (→ Wachstum) einer → Region entscheidend durch die Entwicklung ihres Exportsektors, d.h. durch die außerregionale Nachfrageexpansion, geprägt wird.

Exportbeschränkung → freiwillige Exportbeschränkung, → Exportrestriktion, → Exportkontrolle, → Ausfuhrverbot, → Embargo, → Verbote und Beschränkungen.

Exportbürgschaft → Ausfuhrbürgschaft.

Exportdiversifizierung – Strategie der Entwicklungspolitik; durch Öffnung (Freihandelspolitik) und eine breite Streuung der Exportindustrien, zu einer nachhaltigen Wirtschaftswachstum zu gelangen (→ Entwicklungspolitik). – *Gegenteil:* → Importsubstitution.

Exportdokumente – 1. *Begriff:* Eine allg. gültige Definition von Exportdokumenten existiert weder in der Literatur noch in der Praxis. Hilfsweise können als Exportdokumente jedoch Dokumente charakterisiert werden, denen gemeinsam ist, dass sie sich auf den Warenversand in das Ausland bzw. auf die Ware beziehen und dem Nachweis der Erfüllung des Kaufvertrags dienen. Als weiteres Merkmal tritt hinzu, dass Exportdokumente bei der Abwicklung von Akkreditiven und Inkassi eine wichtige Rolle spielen. – 2. *Arten:* a) *Transportdokumente:* Die Art eines Transportdokuments hängt vom gewählten Transportweg bzw. vom Transportmittel ab: Transportdokumente der Seeschifffahrt sind das → Konnossement und der Seefrachtbrief, in der Binnenschifffahrt der → Ladeschein, im Bahnverkehr der → Eisenbahnfrachtbrief (CIM), im Luftverkehr der → Luftfrachtbrief, im Straßenverkehr u.a. der Internationale Frachtbrief und die Internationale Spediteurübernahmebescheinigung, im Postverkehr der Posteinlieferungschein, im Kurierverkehr (Expressdienst) die Kurierempfangsbestätigung bzw. der Frachtbrief sowie bei verschiedenen Transportwegen bzw. Transportmitteln für eine Sendung (z.B. Straße-See-Straße), die kombinierten bzw. multimodalen Transportdokumente, die z.B. im Containerversand Anwendung finden. – b) *Lagerdokumente:* Lagerbetriebe (Lagerhalter) stellen über die eingelagerte Ware Lagerscheine aus. – c) *Transportversicherungsdokumente:* Versicherungsgesellschaften stellen über den vereinbarten Versicherungsschutz Versicherungsscheine (sog. Policen) bzw. – auf deren Grundlage – Versicherungszertifikate aus. – d) *Sonstige Dokumente:* Diese Gruppe, für die sich auch die Bezeichnungen Begleitdokumente, Handelsdokumente u.Ä. finden, umfasst sehr verschiedenartige Dokumente, deren Bedeutung bzw. Notwendigkeit von der Eigenart des einzelnen Außenhandelsgeschäftes abhängt, und die von unterschiedlichen Ausstellern ausgestellt werden: Handelsrechnung, Zollfaktura, Konsulatsfaktura, Packliste, Gewichtsbescheinigung, Qualitätszertifikat, Ursprungszeugnis, Warenverkehrsbescheinigung etc. – 3. *Rechtscharakter:* Der Rechtscharakter der Exportdokumente ist sehr unterschiedlich. Während alle Exportdokumente eine – allerdings unterschiedlich zu bewertende – Beweisfunktion aufweisen, haben nur die Transportdokumente, der Lagerschein und die Versicherungsdokumente zugleich eine Dispositions- bzw. Sperrfunktion. Eine Legitimationsfunktion und im Übrigen Wertpapiereigenschaft weisen nur noch das Konnossement, der Ladeschein, der Lagerschein und der Transportversicherungsschein auf.

Exporterlösstabilisierung – In den meisten Entwicklungsländern bestehen die Hauptexporte noch zu über 50 Prozent aus Rohstoffen, wobei bei den meisten Entwicklungsländern 50 Prozent des Exportwertes auf zwei oder weniger Rohstoffe entfällt. Da Rohstoffpreise stärkeren Preisschwankungen als Industriegüter unterliegen, können dabei massive Exporterlösschwankungen auftreten. Sind die Preisschwankungen nachfragebedingt, führen sie zu Exporterlösschwankungen; sind sie angebotsorientiert, ergeben sich kompensierende Mengeneffekte. – Zur *Lösung* werden Maßnahmen der → kompensatorischen Finanzierung, wie z.B. STABEX-System der EU (→ STABEX) und → Rohstoffabkommen wie z.B. das integrierte Rohstoffprogramm der UNCTAD vorgeschlagen.

Exporteur – allg.: Ausführer (Ablader). – Vgl. → Ausfuhrhändler.

Exportfactoring → Factoring.

Exportfähigkeit – Fähigkeit eines Unternehmens, den zusätzlichen Aufgabenstellungen, die mit dem Auslandsengagement verbunden sind (wären), gerecht zu werden. – *Gegenstände einer Exportfähigkeitsanalyse:* a) *Produkt:* Überprüfung, ob das Produkt auf (zusätzlichen) Auslandsmärkten ohne größere Variationen/Anpassungsmaßnahmen abgesetzt werden könnte; erfolgt parallel zur Marktselektion (→ Auslandsmarktselektion) in Gegenüberstellung zu den einzelnen Ländererfordernissen und – falls Anpassungsmaßnahmen erforderlich wären – unter Kosten-/Nutzen-Aspekten. – b) *Produktionstechnische Gegebenheiten/technisches Entwicklungspotenzial:* Feststellung des aktuellen Grades der Kapazitätsauslastung (qualitativ, quantitativ) und der Möglichkeit (einschließlich quantitativer, qualitativer, zeitlicher und intensitätsmäßiger Variation sowie Kapazitätserweiterung) im Hinblick auf (1) Steigerung des Output und (2) Anpassungsmaßnahmen (→ Produktvariation). – c) *Kapazitäten, Know-how, Management, Organisation, Kapital* (Finanzierungssituation), auf die zurückgegriffen werden könnte bzw. zusätzlich geschaffen werden müssten. – d) *Auswirkungen auf die Kosten-, Ertrags-, Deckungsbeitrags-, Ergebnis- und Rentabilitätsentwicklung des Gesamtunternehmens:* Einflüsse, die im optimistischsten bzw. pessimistischsten Fall von einem (zusätzlichen) Auslandsengagement auf die betriebswirtschaftliche Situation eines Unternehmens ausgehen können; lässt sich erst konkreter beantworten, wenn – neben den in die engere Wahl gezogenen Ländern – auch die dort zu praktizierenden Arten und Erscheinungsformen der Auslandsbetätigung feststehen.

Exportfähigkeitsanalyse → Exportfähigkeit.

Exportfinanzierung → Außenhandelsfinanzierung.

Exportförderung – *Ausfuhrförderung.* 1. *Begriff und Ziele:* a) *Begriff:* staatliche Förderung der Exporte, darunter (1) private Maßnahmen wie Gemeinschaftswerbung, gemeinschaftliche Exportkreditfinanzierung der Exporteure, Tätigkeit von Auslandshandelskammern etc.; (2) mittelbare und unmittelbare staatliche Maßnahmen (Exportförderung i.e.S.). – b) *Ziele:* i.d.R. Erzielung eines Handelsbilanzüberschusses bzw. Verminderung eines Handelsbilanzdefizits, wenn die Einfuhr nicht gedrosselt werden soll, auch Aufrechterhaltung bzw. Erzielung eines hohen Beschäftigungsgrades, bei staatlichen → Außenhandelsmonopolen häufig politische Motive. – 2. *Instrumente der staatlichen Exportförderung:* a) *unmittelbare fiskalische Maßnahmen:* → Exportsubventionen, → Ausfuhrprämien, Ausfuhrgarantien und -bürgschaften (z.B. in Deutschland durch die → Exportkreditgarantien des Bundes, sog. *Euler-Hermes-Deckungen*), → Ausfuhrerstattungen bei landwirtschaftlichen Marktordnungsprodukten, Zinszuschüsse bei Exportkrediten, Investitionshilfen (auch für Auslandsniederlassungen), Ausnahmetarife der Verkehrsmittel für Exportgüter (z.B. Seehafenausnahmetarife). – b) *Kreditpolitische Maßnahmen:* Schaffung bes. günstiger Kreditbedingungen für Ausfuhrgeschäfte, bes. Finanzierungsmittel, differenzierter Zinssätze. – c) *währungspolitische Maßnahmen:* → Abwertung, Schaffung → gespaltener Wechselkurse, Managed Floating. – d) *steuerliche Maßnahmen:* Befreiung oder Ermäßigung von → Steuern (z.B. Umsatzsteuer), Erlaubnis zur Bildung steuerfreier Rücklagen, Sonderabschreibungen auf Exportforderungen etc. – e) Förderung der *Bildung internationaler Exportpreiskartelle* (z.B. → OPEC). – f) *staatliche Auslandswerbung,* finanzielle Unterstützung von Messen und Ausstellungen, Beratung und Information der Exportwirtschaft durch staatliche Stellen (Bundesagentur für Außenwirtschaft, diplomatische Vertretungen im Ausland). – 3. *Beschränkung der Exportförderung durch internationale Abkommen:* a) Der → *IWF* verbietet eine Manipulation des → Wechselkurses. – b) Die → World Trade Organization (WTO) verbietet direkte Ausfuhrsubventionen; es bestehen jedoch zahlreiche Ausnahmen, u.a. im Agrarbereich. – c) Die → *OECD* fordert die Abschaffung verschiedener „künstlicher Exportbeihilfen", wie Prämien, direkte Subventionen, über der inländischen Steuerlast liegende Steuervergütungen oder staatlich ermäßigte Versicherungsprämien und Rohstoffpreise. – d) Die *EU* verbietet im innergemeinschaftlichen Handel grundsätzlich alle staatlichen Beihilfen (Art. 107 AEUV) und macht Vorschriften über die zulässigen Steuerrückvergütungen (Art. 111 AEUV). – Von internationalen Vereinbarungen *nicht* betroffen sind nicht diskriminierende Förderungsmaßnahmen (außer Abwertung), wie angemessene Werbung, Information, angemessene Kreditgarantien und Bürgschaften und u.U. die angemessene Vergütung indirekter Steuern. – 4. *Wirkungen:*

Exportkalkulation – Kalkulationsschemata (1)

Seetransport
Selbstkosten – ab Werk (unverpackt) + Gewinnzuschlag + Kosten für Exportverpackung + Kosten für die Beschaffung der erforderlichen Dokumente
= Verkaufswert „ab Werk"* (ex works/EXW) + Kosten für Vortransport-Abschnitt Werk – Abgangsbahnhof
= Verkaufswert „frei Frachtführer… benannter Ort"* (free carrier/FRL) + Transportkosten und -versicherung für Vortransport-Abschnitt Abgangsbahnhof – Bahnhof/Verschiffungshafen und Längsseite Seeschiff
= Verkaufswert „frei Verschiffungshafen bzw. Längsseite Seeschiff" (free alongside ship/FAS) + Kosten für: Hafengebühren (Lagergeld), Hafenspediteur, Ausfuhr- und Zollabfertigung, Kaiumschlag
= Verkaufswert „frei Seeschiff im Verschiffungshafen bzw. frei an Bord"* (free on board/FOB) + Seefracht – Bestimmungs-/Löschhafen
= Verkaufswert „Kosten und Fracht"* (cost and freight/CFR) + Kosten der Seetransportversicherung und der Kontraktabwicklung
= Verkaufswert „Kosten, Versicherung und Fracht"* (cost, insurance, freight/CIF) *oder* bei gleichzeitigem Kosten- und Gefahrenübergang (Einpunktklausel): = Verkaufswert „ab Seeschiff im Bestimmungshafen"* (ex ship/EXS) + Löschkosten, z. B. für: Kaiumschlag, Hafenspedition, Hafengebühr
= Verkaufswert „ab Kai Bestimmungshafen – unverzollt"* (ex quai – duties on buyer's account/E & Q) *oder* bei getrenntem Kosten- und Gefahrenübergang (Zweipunktklausel): = Verkaufswert „cif landed"* + Kosten der Einfuhrabfertigung
= Verkaufswert „ab Kai Bestimmungshafen – verzollt"* (ex quai – duties paid) + Kosten für Nachtransport Seehafen – Bestimmungsort (z. B. Werk des Käufers)
= Verkaufswert „frachtfrei benannter Bestimmungsort"* (freight or carriage paid to… /DCP) *oder* bei Einpunktklausel: = Verkaufswert „geliefert benannter Bestimmungsort im Einfuhrland – verzollt"* (delivered duties paid/DDP) + Kosten der Versicherung Seehafen – Bestimmungsort
= Verkaufswert „frachtfrei benannter Bestimmungsort – versichert"* (freight, carriage and insurance paid to… /CIP)

* Hinzu kommen noch (fallweise) Kosten für: Zahlungsabwicklung, Finanzierung und Kreditversicherung; Kommission; spezielle Risikoversicherung (w = war risk). Hieraus kann sich im Falle von „cif landed" z. B. der Verkaufswert „cif ci & w landed" ergeben. Eine Erhöhung um die im Text erwähnten sog. „nützlichen Abgaben" sowie um die „Verhandlungsmarge" ist im Einzelfall nach Wettbewerbs- und insbes. nach Kunden-/Länderaspekten zu überprüfen.

a) Staatliche Exportförderung in Form von *Subventionen* und sonstigen Maßnahmen, die eine „künstliche" Verbilligung der Exporte darstellen, wirkt auf eine Abweichung des Außenhandels von den komparativen Vorteilen hin und ist insofern i.d.R. eine Ursache von Fehlallokation. Solche Maßnahmen können bestenfalls sinnvoll sein, wenn sie zeitlich begrenzt sind und jungen entwicklungsfähigen Industrien in → Entwicklungsländern zugute kommen (→ Erziehungszoll). – b) Relativ unbedenklich sind staatliche Exportförderungsmaßnahmen, die allg. der *Verbesserung der Marktübersicht* und der Information dienen. – c) Hinsichtlich der Wirkung von *internationalen Exportpreiskartellen* ist neben den Nachteilen für die Weltwirtschaft insgesamt deren beschränkte Funktionsfähigkeit (→ Rohstoffkartelle) zu beachten. – Vgl. auch → Handelspolitik, → Kreditanstalt für Wiederaufbau (KfW).

Exportgarantie → Garantie, → Ausfuhrgarantie.

Exportgemeinschaft – *Lieferungsgemeinschaft;* 1. *Begriff:* Zusammenschluss mehrerer Unternehmen zur teilweisen oder gänzlichen Ausgliederung einzelner Exportfunktionen aus den beteiligten Unternehmen. Die einzelnen Kooperationsaufgaben werden

Exportkalkulation – Kalkulationsschemata (2)

Landtransport
Selbstkosten – ab Werk (unverpackt) + Gewinnzuschlag + Kosten für Exportverpackung + Kosten für die Beschaffung der erforderlichen Dokumente
= Verkaufswert „ab Werk"** (ex works/EXW) + Kosten für: Verladung (Lkw oder Waggon bei eigenem Gleisanschluss); Spedition, einschl. Versicherung (bei Transport zum Umschlagebahnhof bzw. -platz)
= Verkaufswert „frei Waggon/Lkw benannter Abgangsort"** (free on rail/free on truck/FOR/FOT) *oder* = Verkaufswert „frei Frachtführer"** (free carrier/FRC) + Ausfuhrabfertigung + Transportkosten Abgangsort – Grenze
= Verkaufswert „geliefert Grenze benannter Lieferort an der Grenze"** (delivered at frontier/DAF) + Transportkosten Grenze – Bestimmungsort im Einfuhrland
= Verkaufswert „frachtfrei benannter Bestimmungsort"** (freight or carriage paid to... /DCP) + Transportversicherung
= Verkaufswert „frachtfrei versichert"** (freight, carriage and insurance paid to... /CIP) + Einfuhrabfertigung (einschl. Zölle) + Entladekosten
= Verkaufswert „geliefert benannter Bestimmungsort im Einfuhrland verzollt"** (delivered duties paid/DDP)

** Hinzu kommen noch (fallweise) Kosten für: Zahlungsabwicklung; Finanzierung; Kreditversicherung; Kommission.

entweder einer gemeinsamen Institution übertragen oder wechselseitig von den Partnern wahrgenommen. – 2. *Intensitätsstufen:* (1) Gemeinsame Wahrnehmung von Teilaufgaben, die dem eigentlichen Exportabschluss vorgelagert sind *(Anbahnungs- und Begleitfunktionen).* (2) Zusätzlich Realisierung von *Verkaufsabschlüssen* (im eigenen oder fremden Namen); Alternativen sind → Anschlussexport und Exportzentrale. (3) Die gemeinsame *Exportzentrale* ist unabhängiger und selbstverantwortlich (in eigenem Namen und auf eigene Rechnung) handelnder Träger der einzelnen Exportgeschäfte. – 3. *Zielsetzung:* Kombination des Produktionsprogramms von Herstellerfirmen, deren Erzeugnisse zwar verwandt sind, aber nicht in unmittelbarer Konkurrenz zueinander stehen; das Grundprinzip einer Exportgemeinschaft kann (1) in der gegenseitigen Ergänzung der Leistungsprogramme der Partner gesehen werden, um damit ein breites, leistungsfähiges Sortiment auf Auslandsmärkten anbieten zu können; (2) werden auf dieser sortimentspolitisch ausgerichteten Basis alle anderen Kooperationsaufgaben abgedeckt. – 4. *Abgrenzung* zum → Exportkartell.

Exportgroßhandel → Außengroßhandel.

Exporthandel → Ausfuhrhandel.

Exportintensität → Exportquote.

Exportkalkulation → Kalkulation von Exportwaren; 1. *Besonderheit:* Je nach den zugrunde gelegten → Incoterms, Liefer- und Zahlungsbedingungen sowie Versandart und -weg ergeben sich unterschiedliche Kalkulationsmöglichkeiten und -erfordernisse. – 2. *Kalkulationsschemata:* Vgl. Abbildungen „Kalkulationsschemata". 3. *Methoden:* a) *Progressive Methode:* Die Kosten der Lagerung, Verladung, des Transports und der Versicherung etc. je nach den Kontraktbedingungen werden zum Herstellungs- oder Einstandspreis kumulativ hinzugerechnet, bis sich der Endbetrag als Rechnungspreis ergibt, der dann ggf. mit einem Marktpreis im Exportland verglichen werden kann. – b) *Retrograde Methode:* Es wird vom Marktpreis in dem Exportland ausgegangen, die bei der Exportlieferung anfallenden Kosten werden abgezogen, bis der Vergleich des Restbetrages mit dem Herstellungs- bzw. Einstandspreis ergibt, ob das geplante Geschäft lohnend ist.

Exportkartell – 1. *Begriff:* Zusammenschluss von Unternehmen (→ Kartell), wobei zwischen den Partnern für einzelne Auslandsmärkte oder Ländergruppen konkrete vertragliche Vereinbarungen im Hinblick auf Absatzquoten, Grundpreis und einzuräumende Konditionen (einschließlich Rabatte und Boni bzw. Rückvergütungen sowie Provisionen) bestehen. Häufig mit der zusätzlichen Verpflichtung verbunden, die Exporte ausschließlich oder teilweise über das Exportkartell zu tätigen. Es kann sich um Partner aus dem eigenen Wirtschaftsgebiet oder/und aus Drittländern handeln, die auf diese Art einen bestimmten Auslandsmarkt bzw. eine Ländergruppe erschließen oder die dortigen Absatzmöglichkeiten stabilisieren bzw. verbessern wollen. – *Abgrenzung zur* → Exportgemeinschaft: Konstituierende Unterschiede zwischen Exportgemeinschaft und Exportkartellen liegen in der sortimentspolitischen Ausrichtung und den hieraus zwangsläufig ableitbaren wettbewerbspolitischen Konsequenzen: (1) Die von den einzelnen Mitgliedern hergestellten und vertriebenen Produkte stehen in substitutiver Beziehung zueinander, während bei der Exportgemeinschaft die Schwerpunkte auf Komplementarität, Sortimentsbreite und -tiefe liegen; (2) Bestehen von Verträgen. – 2. *Wettbewerbsrechtliche Beurteilung:* Exportkartelle sind seit der Sechsten GWB-Novelle nicht mehr legalisierbar (Verstoß gegen § 1 GWB und Art. 101 I AEUV), jedoch gemäß § 130 II GWB zulässig, wenn sich die vereinbarten Wettbewerbsbeschränkungen weder unmittelbar noch mittelbar im Geltungsbereich des GWB auswirken. – *Gegensatz:* → Importkartell.

Exportkommissionär – *Ausfuhrkommissionär, Auslandskommissionär;* auf den Außenhandel spezialisierter → Kommissionär.

Exportkontrolle – *Ausfuhrkontrolle, Ausfuhrüberwachung.* 1. *Zweck:* Exportkontrollen dienen der Verhinderung unerwünschter Exportentwicklungen, aus wirtschaftspolitischen oder sonstigen Überlegungen geboten oder der Verbesserung der Transparenz hinsichtlich der Zusammenarbeit auf dem Gebiet des internationalen Handels, die es ermöglicht, dass ggf. notwendig werdende Steuerungsmaßnahmen auf staatlicher Ebene eingeleitet werden können. Politische Gründe für Exportkontrolle und → Exportrestriktion können v.a. dann von Bedeutung sein, wenn durch Ein- oder Ausfuhrgeschäfte das Ansehen des exportierenden Staates, die Sicherheit einer Nation, mögliche Beeinträchtigungen des Weltfriedens oder unerlaubte Handlungen (z.B. Verstöße gegen Staatsverträge, Vorschriften für Schutz- oder Förderungsabkommen, Regelungen über den Handel mit hoch qualifizierter Technologie, über die Zusammenarbeit in Rüstungsprogrammen sowie der Export von Waffen und internationale Absprachen/Kontrollregime) einer einheitlichen und strengen Regelung bedürfen. – 2. *Bestimmungen/Zuständigkeit:* a) In den *nationalen Vorschriften* ist die Regelung über die gesetzlichen Bestimmungen für die Abwicklung des Waren-, Dienstleistungs- und Kapitalverkehrs über die Grenzen maßgebend (in der Bundesrepublik Deutschland das Außenwirtschaftsgesetz, die Außenwirtschaftsverordnung, Zollgesetze und das Kriegswaffenkontrollgesetz (KWKG)). Immer größeren Raum nehmen mittlerweile die Vorschriften des EU-Rechts ein, allen voran die Regelungen zu den → Dual-Use-Gütern. – Exportverbote können sich auch aus sonstigen Verboten ergeben, etwa im Abfallbereich. – b) Die Zuständigkeit für die Genehmigungsverfahren liegt zumeist beim → Bundesamt für Wirtschaft und Ausfuhrkontrolle (BAFA) oder bei der → Bundesanstalt für Landwirtschaft und Ernährung (BLE). – 3. *Internationale Bestimmungen* (dargestellt am Beispiel der US-Exportkontrollbestimmungen): Die Regelung der Exportkontrolle bzw. der Re-Exportkontrolle der USA greift bei Ausfuhren (auch in das europäische Ausland) so weit, dass der Endverbleib der ausgeführten Waren unter Kontrolle gehalten wird, wobei der Empfänger der Waren auch außerhalb des amerik. Hoheitsgebietes die volle Verantwortung hinsichtlich der an ihn gelieferten, von ihm erworbenen Waren trägt. D.h. der Empfänger muss seinerseits prüfen, ob er mit seinem Geschäft unter die US-Exportkontroll- bzw. -Exportregeln fällt. Bereits bei der Erteilung von Ausfuhrgenehmigungen, Exportlizenzen aus den USA sind entsprechende Verfahren so zu gestalten, dass die Verfügungsberechtigung über die Waren und deren schließlicher Endverbleib unter ständiger Kontrolle bleibt. Mit einer laufenden Überprüfung durch die Überwachungsbehörden oder deren beauftragte Organe beim Lizenzhalter sowie bei Empfänger und Endverbraucher der Waren ist zu rechnen.

Exportkooperation → Kooperation.

Exportkreditgarantien des Bundes – 1. *Charakterisierung:* Exportkreditgarantien der Bundesrepublik Deutschland (*Hermes-Deckungen;* frühere Bezeichnung: *Ausfuhrgewährleistungen des Bundes*) zugunsten dt. Exporteure und Kreditinstitute (Finanzierungsinstitute) dienen der Absicherung der mit Exportgeschäften verbundenen Käuferrisiken (bestimmte wirtschaftliche Schadenstatbestände) und Länderrisiken (bestimmte politische Schadenstatbestände). Es gilt das Subsidiaritätsprinzip: Ausfuhrdeckungen, die auf dem privaten Versicherungsmarkt allg. in derselben Art und in demselben Umfang angeboten werden, sollen nicht als Exportkreditgarantien des Bundes übernommen werden. Der Bund übernimmt Exportkreditgarantien nur, wenn eine vernünftige Aussicht auf einen schadensfreien Verlauf des Exportgeschäfts besteht. In der Praxis führt dieser Grundsatz zu Deckungsausschlüssen und zu Deckungsbeschränkungen. – 2. *Organisation:* Die Geschäftsführung hat der Bund einem Mandatar-Konsortium übertragen, welchem die → Euler Hermes Kreditversicherungs-AG und die PwC Deutsche Revision AG angehören. Die Hermes Kreditversicherungs-AG ist federführend ermächtigt, alle die Exportkreditgarantien betreffenden Erklärungen im Namen, im Auftrag und für Rechnung des Bundes abzugeben und entgegenzunehmen. Die Entscheidung über eine Übernahme von Exportkreditgarantien wird im Interministeriellen Ausschuss für Ausfuhrgarantien und Ausfuhrbürgschaften getroffen. – 3. *Formen der Exportkreditgarantien:* Zu unterscheiden sind zunächst Exportkreditgarantien, die als Bürgschaften und Exportkreditgarantien, die

Exportkreditgarantien des Bundes

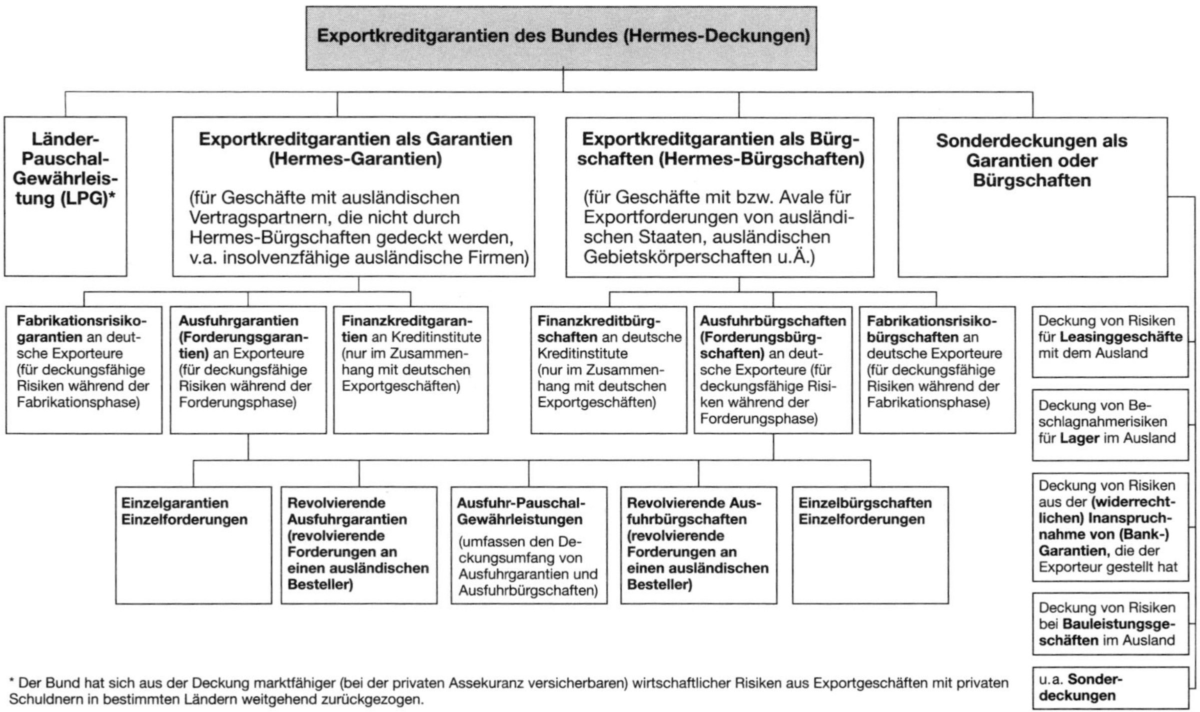

* Der Bund hat sich aus der Deckung marktfähiger (bei der privaten Assekuranz versicherbaren) wirtschaftlicher Risiken aus Exportgeschäften mit privaten Schuldnern in bestimmten Ländern weitgehend zurückgezogen.

als Garantien übernommen werden. (1) → Ausfuhrbürgschaften decken Exportgeschäfte mit ausländischen Vertragspartnern, die Staaten, Gebietskörperschaften oder vergleichbare Institutionen sind oder wenn diese für das Forderungsrisiko voll haftende Garanten sind. (2) → Ausfuhrgarantien decken Exportgeschäfte in allen Fällen anderer ausländischer Vertragspartner. Alle folgenden Deckungsformen können als Bürgschaft oder als Garantie ausgestaltet sein. (3) → Fabrikationsrisikodeckungen des Bundes beziehen sich – vereinfacht ausgedrückt – auf Risiken des Exporteurs bis zum Versand der Ware. (4) *Ausfuhrdeckungen* (Forderungsdeckungen) des Bundes schützen den Exporteur – vereinfacht ausgedrückt – gegen die Uneinbringlichkeit der Exportforderung aufgrund politischer oder wirtschaftlicher Risiken. Inwieweit die Risiken der Liefer-/Versandphase und das Warenabnahmerisiko in die Ausfuhrdeckungen einbezogen bzw. davon ausgeschlossen sind, muss im Einzelfall – auch unter Einbeziehung der vereinbarten Incoterms-Klausel – geprüft werden. Die Ausfuhrdeckungen sind zu untergliedern in kurzfristige Einzeldeckung, revolvierende Einzeldeckung und → Ausfuhr-Pauschal-Gewährleistung (APG). Der Bund übernimmt Finanzkreditdeckungen für Kredite von Banken an ausländische Schuldner, die an Ausfuhrgeschäfte dt. Exporteure gebunden sind. Neben diesen Regeldeckungsformen übernimmt der Bund Sonderdeckungen, die sich bspw. auf Lager im Ausland, auf Bauleistungen im Ausland, auf vom Exporteur zu stellende Garantien (Exporteurgarantien) u.a. beziehen. – 3. *Gedeckte Risiken:* Der Bund definiert die gedeckten wirtschaftlichen und politischen Risiken aufgeschlüsselt nach übernommenen Garantien oder Bürgschaften sowie nach den weiteren Formen der Exportkreditgarantien. Der aktuelle Deckungsumfang ist in den Merkblättern von Hermes bzw. aus dem Hermes-AGA-Report ersichtlich. Der Exporteur ist an jedem Ausfall mit einer Selbstbeteiligung (Selbstbehalt) beteiligt, wozu der Bund bestimmte generell gültige Selbstbeteiligungsquoten festgelegt hat, die im Einzelfall aber erhöht werden können. – 4. *Entgelt:* Zu unterscheiden sind Bearbeitungsentgelte und sog. Deckungsentgelte. Die Entgelte sind unter verschiedenen Merkmalen gestaffelt, so z.B. nach sieben Länderrisikogruppen, nach verschiedenen Käuferkategorien, nach der Laufzeit der Deckung, nach der Art der im Rahmen des Exportgeschäfts gestellten Sicherheit etc. – Vgl. Abbildung „Exportkreditgarantien des Bundes".

Exportkreditversicherung → Ausfuhrkreditversicherung.

Exportlizenz → Ausfuhrlizenz.

Exportmakler → Ausfuhragent.

Exportmarketing → internationales Marketing.

Exportmarktforschung → Auslandsabsatzmarktforschung, → interkulturelle Konsumentenforschung.

Exportmultiplikator – reziproker Wert der Summe aus → marginaler Sparquote (s) und → marginaler Importquote (q). Messzahl, die angibt, um wie viel das Einkommen eines Landes (Y) steigt (sinkt), wenn die Exporte (Ex) um eine Geldeinheit steigen (sinken):

$$dY = \frac{1}{s+q} \cdot dEx,$$

wobei: dY = Veränderung des Einkommens; dEx = Veränderung der Exporte (→ autonome Größe) und

$$\frac{1}{s+q} = \text{Exportmultiplikator.}$$

Die Einkommensänderung wird umso größer sein, je kleiner s und q sind, d.h. je weniger Einkommen durch Sparen und Güterimporte aus dem Ausland versickert. – In Erweiterung des oben beschriebenen Multiplikators, der keine Rückwirkungen aus dem Ausland beachtet, wird im *Zwei-Länder-Fall* die Abhängigkeit der inländischen Einkommensentwicklung von der des Auslandes berücksichtigt. So stellt z.B. eine autonome Exporterhöhung des Inlandes eine entsprechende Zunahme der autonomen Importe des Auslandes dar, was dort isoliert betrachtet das Einkommen und damit auch die (einkommensabhängigen) Importe reduziert. Andererseits ergibt eine (infolge der induzierten Einkommenssteigerung aus zusätzlicher Exportnachfrage) exportbedingte Erhöhung der inländischen Importe eine positive Einkommenswirkung für das Ausland, die wiederum durch die dort ausgelösten Importe die ursprünglichen positiven Impulse auf den inländischen Export und das inländische Einkommen verstärkt etc. – Vgl. auch → Importmultiplikator, → Multiplikator, → Zahlungsbilanzmultiplikator.

Exportmusterlager – *Ausfuhrmusterlager;* gemeinschaftliche Verkaufsstellen meist mehrerer Produzenten, die nicht notwendigerweise einer Branche angehören, für den Export ihrer Erzeugnisse; in dieser gemeinschaftlichen Verkaufsstelle wird ein Musterlager aller Güter unterhalten. Das Exportmusterlager soll nach Möglichkeit im Importland liegen. – *Vorteile:* Durch die Einrichtung des gemeinsamen Exportmusterlagers des Exportlandes im Importland oder an den Exportzentralen werden die hohen Kosten des direkten Auslandsvertriebes verteilt; außerdem wird die gemeinschaftliche Auswertung von Erfahrungen und Verbindungen ermöglicht. – Vgl. auch → Distanzgeschäft.

Exportprämie → Ausfuhrprämie.

Exportpreisprüfung – Durchführung von Preisprüfungen für Importwaren und -dienstleistungen; inzwischen aufgehoben (§ 44a AWV).

Exportquote – 1. *Außenhandelstheorie:* Anteil des Werts des Exports am Bruttoinlandsprodukt zu Marktpreisen. Die Exportquote wird als Indikator für die Außenhandelsverflechtung einer Volkswirtschaft angesehen. – 2. *Außenhandelspolitik:* Die zum Export freigegebenen → Kontingente bestimmter Warenmengen je Zeitraum (sog. *Exportquoten-Verfahren*). Die jeweils festgelegte Exportquote bezieht sich auf Waren allg., → Markenartikel, → Rohstoffe, Edelmetalle oder → Devisen; Einhaltung der Exportquote wird im Wege der Ausfuhrüberwachung erstrebt. – *Anders:* → Auslandsgeschäftsquote (Außenhandelsquote).

Exportrestriktion – Begriff für alle staatlichen Maßnahmen, die die Ausfuhr/Wiederausfuhr einschränken oder gar unterbinden, wie → Embargo, Verbote, → Ausfuhrzoll, → Exportkontrolle, → Ausfuhrbeschränkung und → Ausfuhrverbot.

Exportring – Kooperation von Herstellerunternehmen sowie von Exportfirmen, Banken und Transportunternehmen. – *I.e.S.:* Kooperation zwischen Herstellerfirmen und (einem) Unternehmen des Exporthandels, wobei der Handelsebene i.d.R. die Führungsrolle zukommt. Die Zusammenarbeit ist vertraglich geregelt und beinhaltet die Durchführung von Exporten. Im Gegensatz zu einer Einschaltung im Rahmen des indirekten Exports durch Hersteller betreibt das Exporthandelsunternehmen hier keinen Eigenhandel. Es erhält von dem an den einzelnen Partner (Hersteller) gezahlten Rechnungsbetrag eine Provision und ggf. noch zusätzlich Regiekostenerstattung und Funktionsrabatte.

Exportrisiko → Ausfuhrrisiko.

Exportstreckengeschäft → Streckengeschäft.

Exportstruktur – Güterzusammensetzung der Exporte (→ Ausfuhr) eines Landes. – Vgl. auch → Handelsstruktur.

Exportsubvention – seitens des Staates gewährte finanzielle Unterstützung der Exporte (→ Ausfuhr), um sonst nicht konkurrenzfähige Waren auf dem → Weltmarkt wettbewerbsfähig zu machen. Es handelt sich um ein Instrument der Außenhandelspolitik. – Vgl. auch → tarifäre Handelshemmnisse, → Handelspolitik.

Exportüberschuss → Ausfuhrüberschuss.

Exportvertreter → Ausfuhragent.

Export von Arbeitslosigkeit → Beggar-my-Neighbour-Politik. Durch Handels- und Währungspolitik gestarteter Versuch, das Ausland zugunsten des Inlandes mit steigender Arbeitslosigkeit zu belasten.

Exportzentrale → Exportgemeinschaft.

Ex-post-Analyse – I. Volkswirtschaftslehre: Analysemethode, die auf eine (rückschauende) Beschreibung volkswirtschaftlicher Zusammenhänge abzielt. – *Beispiele:* → Kreislaufanalyse, Volkswirtschaftliche Gesamtrechnung (VGR). – *Gegensatz:* → Ex-ante-Analyse.

II. Marktforschung: Vergangenheitsorientierte Untersuchung der Wirkung bestimmter Werbe- oder Marketingmaßnahmen (→ Posttest). – *Gegensatz:* → Ex-ante-Analyse.

Ex-Post-Limitationalität – Sachverhalt der makroökonomischen Betrachtung, bei dem vor Installation von Betriebsmitteln diese substituierbar sind (→ Substitution), danach aber ein bestimmtes Verfahren mit einem gegebenen Faktoreinsatzverhältnis (→ Limitationalität) vorliegt.

Ex-Post-Prognose → ökonometrisches Prognosemodell.

Exposure – Exposure bezeichnet grundsätzlich die Tatsache, einem Risiko ausgesetzt zu sein. In der Praxis wird Exposure meist bezogen auf das → Wechselkursrisiko (Währungsrisiko). 1. Man *unterscheidet* a) das *transaction exposure*, welches sich auf Wechselkursrisiken bei einzelnen Geschäften bezieht, bspw. das Risiko der Abwertung einer auf USD lautenden Exportforderung bzw. der Aufwertung einer Dollarverbindlichkeit. Das transaction exposure kann sicher und einfach abgesichert werden, z.B. durch ein → Devisentermingeschäft. – b) Das *translation exposure* (*book exposure*) beschreibt das Risiko, dass in ausländischer Währung denominierte → Aktiva oder → Passiva, die über den Wechselkurs in die in Inlandswährung ausgewiesene Unternehmensbilanz umgerechnet („übersetzt") werden, sich ungünstig entwickeln. Das translation exposure kann nicht abgesichert werden. – c) Als *strategic exposure* bezeichnet man Risiken, dass sich Wechselkursänderungen auf die Export- oder Importchancen eines Unternehmens auswirken. Bspw. erschwert die Aufwertung der Inlandswährung die Exportchancen des betreffenden Unternehmens bzw. Landes. Befürchtete oder tatsächliche Exportnachteile bspw. aus der Dollarkursentwicklung können zumindest teilweise kompensiert werden durch Produktionsverlagerungen in den Dollarraum oder den Einkauf von Inputs aus

Extensive Form – Vertrauensspiel

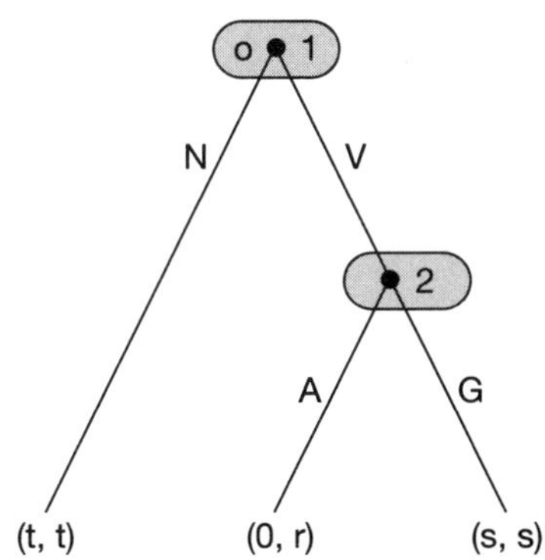

**Extensive Form –
Modifiziertes Vertrauensspiel**

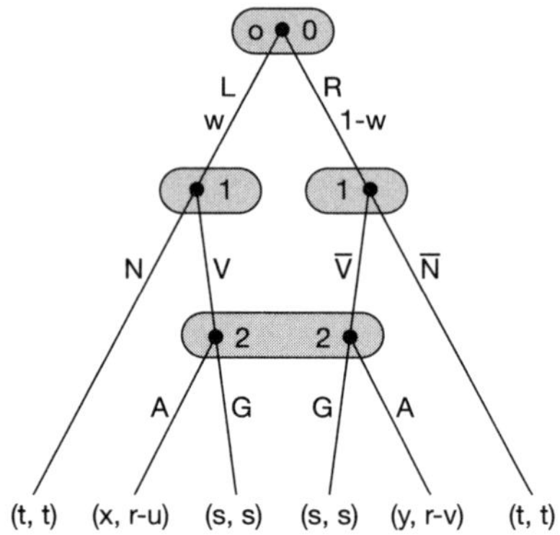

dem Dollarraum. – 2. Als *Bruttoexposure* bezeichnet man die Gesamtheit bestimmter Exposure-Elemente, bspw. sowohl auf der Aktivseite (z.B. Exportforderungen) als auch der Passivseite (z.B. Importverbindlichkeiten) der Bilanz. Das *Nettoexposure* ergibt sich durch Saldierung z.B. von Aktiv- und Passiv-Exposure, jeweils auf eine Währung zu einem bestimmten Zeitpunkt bezogen. – Zur Absicherung des Exposure vgl. auch → Matching, → Hedging.

Expressgut – Oberbegriff für Sendungen, die innerhalb kurzer Zeit vom Versender zum Empfänger befördert werden. Die Teilbranche dieser Dienstleister wird als KEP-Branche (Kurier-, Express- und Paketdienste) bezeichnet.

Expropriation – im → Marxismus (1) die Enteignung der Privatunternehmer durch Vergesellschaftung der Produktionsmittel im Zuge der sozialistischen bzw. kommunistischen Revolution, (2) die → Ausbeutung der Arbeiter durch die Unternehmer sowie (3) die Übernahme kleinerer, im Wettbewerbsprozess unterliegender Unternehmen durch erfolgreichere im Prozess der → Konzentration.

ex Quay → DEQ.

Extended-Coverage-Versicherung – *EC-Versicherung, (engl. für erweiterte Deckung).* Versicherung zur Abdeckung der Schäden aus Gefahren, die die → Feuerversicherung nicht deckt. Dabei handelt sich um die Gefahren politische Risiken (Aussperrung, böswillige Beschädigungen, innere Unruhen, Streik), Fahrzeuganprall, Rauch, Überdruckschallwellen, Sprinklerleckage, Leitungswasser, Sturm, Hagel, Überschwemmung, Erdbeben, Erdsenkung und Erdrutsch, Schneedruck und Lawinen, Vulkanausbruch. Die Extended-Coverage-Versicherung wurde für industrielle Risiken konzipiert. Sie kann als Sachversicherung und als → Betriebsunterbrechungsversicherung abgeschlossen werden.

Extendible Bond → Anleihe mit dem Recht für den Inhaber, die ursprünglich vereinbarte Laufzeit bei gleichzeitiger Neufestlegung des Couponzinses zu verlängern. – *Gegensatz:* → Retractible Bond.

Extensible Mark-up Language → XML.

extensive Form – Die extensive Form eines Spiels lässt sich durch ihren komplettierten Spielbaum veranschaulichen. Dies soll am sog. Vertrauensspiel (vgl. Abbildung „Extensive Form – Vertrauensspiel") verdeutlicht werden, dessen Parameter r, s und t die Bedingung r > s > t > 0 erfüllen. Das Spiel beginnt im oberen Knoten o, dem Spielanfang, mit Spieler 1, der sich zwischen N (Nichtkooperation) und V (Vertrauensvoller Kooperation) entscheiden muss. Nur falls 1 den Zug V wählt, muss Spieler 2 zwischen A (Ausbeutung von 1) und G (gerechter Aufteilung) entscheiden, womit das Spiel endet. Die unteren Knoten (ohne nach unten weiterführende Äste) heißen Endpunkte bzw. Partien des Spiels. Durch die Nutzenvektoren an den Endpunkten wird in der Reihenfolge der Spieler angegeben, wie die Spieler die jeweilige Partie bewerten. Wegen s > t ziehen z.B. beide Spieler die Partie (V, G) der Partie (N) vor. – Ein *Spielbaum* ist ein zusammenhängender und schleifenloser Graph bestehend aus Knoten und Ästen. Für Entscheidungsknoten (mit nach unten weiterführenden Ästen) ist anzugeben, welcher Spieler (dazu zählt auch der Zufallsspieler 0 wie in Abbildung „Extensive Form – Modifiziertes Vertrauensspiel") hier zu wählen hat. Die umkreisten Mengen heißen *Informationsbezirke:* Ein Spieler weiß nur, dass er sich in diesem Informationsbezirk befindet. Bei Informationsbezirken mit mehreren Knoten wie der von Spieler 2 in Abbildung „Extensive Form – Modifiziertes Vertrauensspiel" weiß er jedoch nicht, an welchem Knoten er sich befindet. Eine Entscheidung in einem Informationsbezirk muss für jeden Knoten in diesem Bezirk einen nach unten führenden Ast auswählen. Spieler 2 in Abbildung „Extensive Form – Modifiziertes Vertrauensspiel" kann also nur zwischen A und G entscheiden, da er über das Ergebnis des anfänglichen Zufallszuges nicht informiert wird. – Falls der Zufallsspieler 0 entscheidet, müssen den möglichen Ereignissen Wahrscheinlichkeiten zugewiesen werden (z.B. w für L und 1-w für R in Abbildung „Extensive Form – Modifiziertes Vertrauensspiel"). Den Endpunkten bzw. Partien sind (kardinale) Nutzenvektoren zuzuordnen, die angeben, wie die Spieler den jeweiligen Spielverlauf bewerten. – *Nachteile* der extensiven Form sind, dass sie nur endlich viele Zugmöglichkeiten der Spieler erlaubt und dass sie auch dann eine sequenzielle Zugfolge verlangt, wenn Spieler simultan entscheiden. – Vgl. auch → Spieltheorie.

extensives Wachstum – „nach außen" wirkendes → Wachstum. In der → Wachstumstheorie bedeutet dies, dass → Produktionspotenzial und Bevölkerung mit der gleichen Rate wachsen. Es findet demzufolge kein Wachstum „pro Kopf" statt (intensives Wachstum).

Extensivierung – 1. Bezogen auf die → Landwirtschaft: Aus ökonomischen oder natürlichen ökologischen Gründen ist in manchen Klima- und Bodenlandschaften lediglich eine extensive Landwirtschaft möglich. – 2. Im Zusammenhang mit der Ökologisierung der Landwirtschaft spielt die flächendeckende Extensivierung eine Rolle. Sie zielt auf eine Drosselung des agrarökologischen Durchsatzes an Stoffen und Energie ab. Durch bewussten Verzicht auf die volle Ausschöpfung des biotischen Ertragspotenzials (=Leistungsvermögen des Landschaftshaushaltes zur Produktion ertragsmäßig verwertbarer Biomasse) kommt es zu einer allgemeinen Verringerung des Nutzungsdrucks auf die Landschaftsökosysteme. Außerdem wird die Verlagerung von Nähr- und Schadstoffen in andere Raumeinheiten vermindert oder verhindert.

Externalität → externer Effekt, → Gesamtnachfrageexternalität.

externe Datenbank – 1. *Begriff:* → Datenbank, deren Inanspruchnahme externen Interessenten, die i.d.R. auch räumlich entfernt sind, vom Betreiber (i.Allg. gegen Entgelt) eingeräumt wird. – 2. *Formen: Faktendatenbanken,* z.B. über Wertpapiernotierungen, statistische Daten und Zeitreihen; *Bibliografische Datenbanken* (zur Auffindung von Literaturstellen o.Ä.); *Volltextdatenbanken,* die den vollständigen Text einer Quelle zur Verfügung stellen. – *Beispiele:* Juris, Genios, Steuerrechtsbank der → DATEV.

externe Erträge – in Geldeinheiten bewertete positive → externe Effekte.

externe Größenvorteile – bes. Form der → Größenvorteile, bei der die Stückkosten eines Gutes bei ansonsten gleichbleibenden Bedingungen (v.a. konstanten Inputpreisen) mit der Gesamtproduktion einer Industrie abnehmen (→ Economies of Scale, → Economies of Scope). – Größenvorteile stellen neben komparativen Vorteilen eine wichtige *Grundlage des internationalen Handels* dar. Unter sonst gleichen Bedingungen ist eine → Spezialisierung auf Güter mit externen Größenvorteilen vorteilhafter als eine Spezialisierung auf Güter mit konstanten → Skalenerträgen.

externe Kosten – *ökologische Folgekosten, soziale Kosten.* 1. *Begriff:* → Kosten, die zwar durch einzelwirtschaftliches Handeln entstehen, aber von der Allgemeinheit bzw. Dritten getragen werden (externalisierte Kosten). – 2. *Formen:* (1) Im Bereich der *Natur* (Okkupation der Landschaft: Zersiedlung, Mülldeponien u.a.) und Belastungen der Medien → Boden (Erschöpfung der Ressourcen, Verkarstung etc.), Luft (Rauch, Gase u.a.) und → Wasser (Wasserverschmutzung, -erwärmung); (2) im Bereich des *Menschen* (psychische Belastungen: → Schichtarbeit, → Akkord etc. oder physische Belastungen: → Arbeitsunfälle, → Berufskrankheiten etc.). – 3. *Folge:* Ökologische Schäden werden als negative externe Effekte betriebswirtschaftlich *nicht* als leistungsbedingter (und kostenrelevanter) Güterverzehr betrachtet. Ressourcenverbrauch/ Umweltbelastungen gehen nicht mit den „ökologisch wahren Preisen" in die Preiskalkulation ein. Kein Regulativ wie bei mit Preisen bewerteten „knappen" Gütern, wo ein Mehrverbrauch zu einem Preisanstieg führt (d.h., kein Knappheitsindikator gegeben). – 4. *Entwicklung:* Teile dieser Effekte müssen Betriebe inzwischen in der → Kostenrechnung durch gesetzgeberische Restriktionen übernehmen (Auflagen, Abgaben, Versicherungsprämien). Natur wird zu einem (betrieblichen) „Produktionsfaktor". – Vgl. auch → externer Effekt.

externe Prüfung → Prüfung.

externe Qualitätskontrolle – Verfahren zur Sicherstellung der Qualität der Abschlussprüfung, bei dem in Deutschland der → Peer Review zur Anwendung kommt. – Jeder → Wirtschaftsprüfer (WP) muss, um gesetzlich vorgeschriebene Abschlussprüfungen durchführen zu dürfen, an der externen Qualitätskontrolle teilnehmen (Einzelheiten des Verfahrens sind in der → Wirtschaftsprüferordnung (WPO) geregelt). Der → Prüfer hat die Angemessenheit und Wirksamkeit seines Qualitätssicherungssystems (→ Qualitätssicherung in der Wirtschaftsprüfung) alle drei Jahre im Rahmen einer risikoorientierten betriebswirtschaftlichen → Prüfung durch einen anderen Wirtschaftsprüfer, den sog. Prüfer für Qualitätskontrolle, überprüfen zu lassen. Verantwortlich für das System der externen Qualitätskontrolle in Deutschland ist die Kommission für Qualitätskontrolle der → Wirtschaftsprüferkammer (WPK), die die Teilnahme an der externen Qualitätskontrolle bescheinigt und bei festgestellten Mängeln ggf. auch Auflagen oder Sonderprüfungen anordnen bzw. die Bescheinigung verweigern kann. Das System wird überwacht durch einen Qualitätskontrollbeirat, der aus nichtberufsangehörigen Fachleuten besteht. – In den USA und Großbritannien wird im Rahmen der externen Qualitätskontrolle ein → Monitoring durchgeführt. Die Einführung einer externen Qualitätskontrolle im Berufsstand der Wirtschaftsprüfer geht auf das Wirtschaftsprüferordnungs-Änderungsgesetz (WPOÄG) aus dem Jahr 2000 zurück. Jeder Wirtschaftsprüfer, der weiterhin gesetzlich vorgeschriebene Abschlussprüfungen durchführen wollte, war durch dieses Gesetz gezwungen, sich einer externen Qualitätskontrolle zu unterziehen. So weit er Abschlussprüfungen von börsennotierten Unternehmen vornahm, musste er dies bis spätestens zum Ende des Jahres 2002 tun. Für Berufsangehörige, die nur bei nicht-börsennotierten Unternehmen Abschlussprüfungen durchführten, endete die Frist erst mit dem Ende des Jahres 2005. Nach der ersten Qualitätskontrolle musste eine solche bislang spätestens alle drei Jahre wiederholt werden. Durch das Inkrafttreten des Berufsaufsichtsreformgesetzes (BARefG) am 6.9.2007 wurde dieser Zyklus für Wirtschaftsprüfer, die keine Abschlussprüfungen von Unternehmen des öffentlichen Interesses i.S.d. § 319a HGB durchführen, auf sechs Jahre verlängert.

externe Rechnungslegung → externes Rechnungswesen.

externer Effekt – 1. *Begriff/Merkmale:* Wesentliches Merkmal externer Effekte ist, dass diese keine Auswirkungen für den Verursacher haben, weil zwischen ihm und den Betroffenen keine über den Preis- bzw. Marktmechanismus vermittelte Beziehung und auch keine anders geartete Vertragsbeziehung besteht. Steigt (sinkt) der Nutzen bzw. die Produktion des Betroffenen mit dem Niveau des externen Effekts, so handelt es sich um einen positiven (negativen) externen Effekt im Konsum bzw. in der Produktion. – Positive und negative externe Effekte entstehen durch die Diskrepanz *zwischen privaten und sozialen Kosten* bzw. Erträgen. Private Kosten stellen diejenigen Kosten dar, die bei der Produktion und Konsumtion der Unternehmen und Haushalte in die private Wirtschaftsrechung eingehen. Soziale Kosten entstehen der Volkswirtschaft insgesamt. Gehen von einem Gut ausschließlich externe Effekte aus, so handelt es sich um ein → öffentliches Gut. – 2. *Arten*: Unterschieden werden externe Effekte im Konsumbereich und bei der Produktion. (a) Positive externe Effekte beim Konsum liegen vor, wenn z.B. angenehme Gerüche oder Düfte vorliegen oder wenn in einem Hochhaus die Nachbarn alle die Heizung nutzen. (b) Negative externe Effekte beim Konsum liegen vor, wenn z.B. die individuelle Entscheidung zum Konsum einer Zigarette negative Auswirkungen auf die Nutzenfunktion eines Nichtrauchers hat. (c) Von positiven externen Effekten in der Produktion spricht man, wenn der Imker mit seiner Bienenzüchtung einen externen Vorteil für den Obstgärtner schafft. (d) Bei einem negativen externen Effekt sind die Produktionsentscheidungen eines Unternehmens, z.B. eine Chemiefabrik, mit negativen Konsequenzen auf das Produktionsergebnis eines anderen Unternehmens, z.B. eines Fischers oder einer Wäscherei, verbunden. – 3. *Bedeutung für die ökonomische Theorie:* Liegen externe Effekte vor, so führt dies zu einer Fehlallokation der Ressourcen im Marktsystem (→ Marktversagen). Die Ableitung des → Wohlfahrtsoptimums ist problematisch; das Marktgleichgewicht ist nicht pareto-optimal. I.Allg. wird eine Aktivität, die mit negativen (positiven) externen Effekten verbunden ist, aus volkswirtschaftlicher Sicht auf einem zu hohen (niedrigen) Niveau ausgeübt. Im Fall externer Kosten liegt dies daran, dass der Urheber bei seiner Optimierung nur einen Teil der insgesamt von der Aktivität verursachten Kosten in sein privatwirtschaftliches Entscheidungskalkül einbezieht und mit den Nutzen der Aktivität vergleicht. – Vgl. auch → Internalisierung externer Effekte.

externer Faktor – Begriff aus der → Dienstleistungsproduktion. Der externe Faktor ist das vom Auftraggeber bereitgestellte Objekt, an dem die → Dienstleistung vollzogen werden soll. – *Ausprägungen:* Der externe Faktor kann der Auftraggeber der Dienstleistung selbst (z.B. beim Kinobesuch), eine von ihm benannte Person (z.B. bei Reisen) oder ein von ihm bestimmtes Sachgut (z.B. bei einer Reparatur) sein.

externer Konsumeffekt – Interdependenz (→ Nachfrageinterdependenz) zwischen den Konsumentscheidungen verschiedener → Haushalte. I.d.R. geht man in der → Haushaltstheorie von Wirtschaftssubjekten aus, die in ihren Entscheidungen voneinander unabhängig sind. Diese Prämisse klammert allerdings viele Phänomene aus, die sich in der Realität als wichtig erwiesen haben, um das Konsumverhalten von Haushalten zu erklären (z. B. Modeerscheinungen). Daher wurde eine Reihe von Verhaltenshypothesen formuliert, die interdependente Bedarfsstrukturen erfassen. – *Arten:* → Mitläufereffekt, → Snobeffekt, → Vebleneffekt.

externer Speicher – jeder Speicher eines → Computers, der nicht zum → Zentralspeicher gehört; bei größeren Computern meist auf einem getrennten Gerät; externer Speicher mit hoher Kapazität: → Massenspeicher. – *Gegensatz:* → Zentralspeicher. – Vgl. auch → Peripheriegeräte.

externes Datenmodell → Datenmodell, das die → Daten in einer für eine spezielle Anwendung geeigneten Form beschreibt. Das externe Datenmodell wird aus dem → konzeptionellen Datenmodell abgeleitet; für verschiedene Anwendungen unterschiedliche externe Datenmodelle. – *Gegensatz:* → Internes Datenmodell. – Vgl. auch → externes Schema.

externes Gleichgewicht → außenwirtschaftliches Gleichgewicht.

externes Rechnungswesen – *externe Rechnungslegung;* Teil des → Rechnungswesens, dessen Adressaten primär unternehmensexterne Personen oder Institutionen (Banken, Analysten, Kunden und Lieferanten, Staat etc.) sind. Zum externen Rechnungswesen wird zumeist der → Jahresabschluss bzw. → Konzernabschluss gezählt.

externes Schema – *Subschema, Datensicht;* Darstellung eines → externen Datenmodells in einer → Datenbeschreibungssprache.

externe Varianz – *Zwischenklassenvarianz*; bei einer klassierten → Häufigkeitsverteilung die Größe

$$s_b^2 = \sum(\bar{x}_j - \bar{x})^2 p_j,$$

wobei: $\bar{x}_j$ das → arithmetische Mittel, p_j den → Anteilswert der j-ten Klasse und $\bar{x}$ den Gesamtdurchschnitt bezeichnet. Die externe Varianz kennzeichnet die → Streuung der → Klassendurchschnitte um den Gesamtdurchschnitt. Sie ergibt zusammen mit der → internen Varianz die *Gesamtvarianz* (→ Varianz, → Varianzzerlegung).

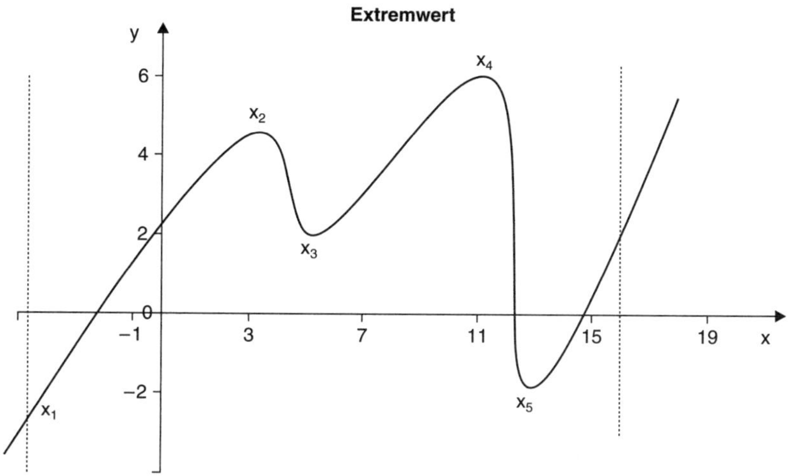

Extrahandelsstatistik – Teil der → Außenhandelsstatistik, der Informationen zum Warenaustausch mit Staaten außerhalb der EU liefert. Die Erhebung erfolgt über die Zollverwaltung. – Vgl. auch → Intrahandelsstatistik.

Extraktion – Abbau → erschöpflicher Ressourcen.

Extraktionskosten → Abbaukosten.

Extranet – geschlossenes, meist unternehmenseigenes Computernetzwerk, welches auf Internettechnologien basiert. Als Ergänzung zum unternehmenseigenen → Intranet ermöglicht es die Interaktion bzw. Transaktion mit Zulieferern, Kunden und weiteren Geschäftspartnern.

Extrapolation – *Trendextrapolation;* in der → Zeitreihenanalyse die Fortführung empirisch beobachteter Reihen in die Zukunft aufgrund von Regelmäßigkeiten, die aus den Vergangenheitswerten ermittelt wurden (→ Trend).

Extremwert – Minima und Maxima einer → Funktion, z.B. Gewinnmaxima oder Kostenminima. – *Arten:* Absolutes Maximum/Minimum: Stelle mit dem größten/kleinsten Funktionswert im Definitionsbereich (x_4/ x_1). – *Relatives (lokales) Maximum/Minimum:* Stelle mit dem größten/kleinsten Funktionswert in seiner Umgebung (x_2; x_4/ x_3; x_5). Absolute Extremwerte können auch relative Extremwerte sein. – Vgl. auch → Extremwertbestimmung.

Extremwertbestimmung – Mithilfe des folgenden Schemas zur Extremwertbestimmung lassen sich alle relativen (lokalen) Minima und Maxima von nicht linearen Funktionen f mit einer unabhängigen Variablen bestimmen:

(1) Bildung von f';

(2) Bestimmung der Nullstellen von f': f'(x) = 0;

(3) Bestimmung von f'';

(4) Überprüfung aller Nullstellen von f' durch Einsetzen in f'':

f''(x0) > 0; an der Stelle x_0 liegt ein Minimum vor;

f''(x0) < 0; an der Stelle x_0 liegt ein Maximum vor;

f''(x0) = 0; Untersuchung der höheren Ableitungen bis erstmals eine Ableitung ungleich Null wird;

(5) $f^{(n)}(x_0) > 0$; n gerade: an der Stelle x_0 liegt ein Minimum vor;

$f^{(n)}(x_0) < 0$; n gerade: an der Stelle x_0 liegt ein Maximum vor;

$f^{(n)}(x_0) \neq 0$; n ungerade: an der Stelle x_0 liegt ein Sattelpunkt vor. – Vgl. auch → lineare Optimierung.

EXW – Abk. für Ex *Works ... Named Place,* ab Werk (benannter Lieferort), Vertragsformel der von der → ICC entwickelten → Incoterms für Außenhandelsgeschäfte. (In der Praxis wird auch *Ex Factory* (Fabrik) oder *Ex Mill* (Mühle), *Plantation* (Plantage), *Warehouse* (Lagerhaus) etc. verwendet. Dennoch wäre aber immer der Zusatz EXW [ICC 2010 oder Incoterms®2010] anzuraten). – EXW ist als Abholklausel die Minimalverpflichtung für den Verkäufer; für diesen ist EXW faktisch ein Inlandsgeschäft. Er muss die Ware auf seinem Betriebsgelände (*sellers premises*) bzw. einem üblichen Ort zur vereinbarten oder üblichen Zeit in transportgerechter Verpackung (z.B. für den Seetransport geeignet) lediglich verladebereit zur Verfügung stellen. Die Kosten der Verpackung sind also vom Verkäufer zu tragen (Klauseltext A.9). Der Verkäufer muss den Käufer über alles Nötige benachrichtigen, damit dieser die Ware übernehmen kann – das wird sich darauf beziehen, an welchem Ort und zu welcher Zeit die Bereitstellung erfolgen soll (Klauseltext A.7). Im → Kaufvertrag kann aber auch vereinbart werden, dass der Käufer Ort und Zeitpunkt der Abnahme selbst bestimmt (B.7) – dies hängt vom Einzelfall ab; dann muss er den Verkäufer in angemessener Weise darüber benachrichtigen. „Angemessen" bedeutet, dass eine möglichst schnelle und rechtzeitige Kommunikationsart zu wählen ist, heute wohl per E-Mail oder Fax, vorab auch per Telefon. Innerhalb der meisten europäischen Länder dürfte auch der normale Postweg genügen, sicherlich aber nicht im Überseeverkehr. – Der Abnahmeort (Lieferort) (s. den Zusatz „Ab Werk"), sollte möglichst präzise bestimmt werden, z.B. „Ab Werk (EXW), Zweigwerk Reutlingen, Rampe 5, Incoterms® 2010" – ggf. mit Zeitdetails. Eine bekannte Fabrik in einem kleinen Ort würde man auch ohne Spezifizierung finden (schwieriger wird es, wenn das zwar der Verwaltungssitz ist, aber die Abholstätte ganz woanders liegt),aber wenn ein weniger bekannter Exporteur sagt „EXW Berlin", dann hätte der Käufer schon eine Suchaufgabe zu lösen. Folglich: Je präziser die Ortsangabe ist, desto besser – das gilt für alle Incoterms. – Zur-Verfügung-Stellen bedeutet nicht Verladen; dies ist grundsätzlich Sache des Käufers (Klauseltext EXW A.4). Da i.d.R. aber der Verkäufer über die erforderlichen Verladeeinrichtungen verfügt (z.B. einen Gabelstapler), wird er diese in der Praxis dem Käufer auch – formal auf dessen Kosten und Gefahr – überlassen, denn Gefahr des Verlustes und der Beschädigung und Kosten gehen bereits auf den Käufer über, wenn der Verkäufer die Ware abholbereit zur Verfügung gestellt hat (Klauseltext EXW A.5/B.5). Dies erfordert u.a. auch die deutliche Konkretisierung (→ Absonderung), welche von einer Vielzahl auf Rampe 5 lagernden Kisten denn nun zu der zu verladenden Partie gehören. – In der Praxis wird oft EXW vereinbart, aber wie unter → FCA geliefert, d.h., der Verkäufer übernimmt als kostenlosen Service oft Zulieferungen bis zum → Frachtführer auch außerhalb seines Werkgeländes. nicht selten organisiert er sogar auch den → Frachtvertrag. Dessen ungeachtet geschieht dies dann auf Risiko des Käufers. Daran ändert auch ein Zusatz wie „EXW loaded/ beladen" nichts, denn die Gefahr geht nach dem Klauseltext bei der Bereitstellung über. Falls der Exporteur beim Beladen hilft (bzw. seine Leute), liegt das Risiko ausschließlich beim Käufer, was sehr oft nicht bekannt ist. Um Probleme zu vermeiden, wäre daher FCA klüger, denn dann ist auch das Risiko des Beladevorgangs eindeutig geregelt (s. zu → FCA), und es gibt keine Missverständnisse. – Der Käufer muss die Ware wie angekündigt übernehmen und dies dem Verkäufer in geeigneter Weise nachweisen (also nicht umgekehrt), z.B. durch eine Empfangsquittung (B.8). Daraus ergibt sich die Verpflichtung zur Zahlung des Kaufpreises, weil die Ware geliefert ist (A4/B4). Bei EXW wird der Exporteur sicherstellen müssen, dass er vom Käufer/ Spediteur gegebenenfalls einen verlässlichen → Ausfuhrnachweis erhält, weil die Warenlieferung sonst mehrwertsteuerpflichtig ist. – Der Käufer ist für Verladung, Abtransport und die Abfertigung sowohl beim Ausfuhr- als auch beim Ausgangszollamt verantwortlich (A.2/ B.2). Dies kann problematisch sein, wenn bspw. eine Exportgenehmigung erforderlich ist, die nur ein im Inland Ansässiger erhalten kann (wegen der eventuellen Sanktionsmöglichkeiten bei Verstößen). Der Anwendungshinweis zu EXW sagt auch explizit, dass die Klausel für den nationalen Warenhandel geeignet ist und sich für den internationalen Handel eher FCA anbietet. – Erfolgt die Verladung verspätet, können u.a. Lagerkosten für den Käufer anfallen (B.6). Die Klausel sollte also nicht vereinbart werden, wenn es dem Käufer nicht möglich ist, direkt oder indirekt die Ausfuhrformalitäten zu erfüllen. Nicht selten wird dann auch vereinbart „EXW, cleared for export", sodass der Verkäufer die Exportabfertigung macht. Dies bietet sich insbesondere an, wenn der Exporteur ein sog. zugelassener Versender/ Ausführer ist und die Ausfuhrabfertigung selbst durchführen darf. – Eventuelle Qualitätsprüfungen vor Verladung (Pre-Shipment Inspection, PSI), die nicht für die Übernahme erforderlich sind (also z.B. einfuhrbedingte Kontrollen), gehen zulasten des Käufers, sofern der Kaufvertrag nichts anderes bestimmt (A.9/B.9). Der Verkäufer muss ihm bei der Beschaffung erforderlicher Dokumente jede Hilfe gewähren, kann jedoch dafür Kostenerstattung verlangen (A.10/B.10). Zölle, Steuern und andere Abgaben muss der Käufer tragen (B.6). (Z.B. müsste der Importeur die Ausstellung eines → Ursprungszeugnisses ebenso bezahlen wie Legalisierungskosten von Dokumenten beim Konsulat des Importlandes. In der Praxis wird dies oft „geschenkt", d.h., der Exporteur stellt dies nicht gesondert in Rechnung. Nicht selten werden diese Kosten jedoch nur unzureichend kalkuliert – das geht dann von der Marge ab.) – Hinsichtlich Beförderungs- und Versicherungsvertrag obliegen keiner Seite Verpflichtungen (A.3/B.3). EXW bedeutet also, dass der Käufer Gefahr und Kosten des gesamten Transports tragen sowie die Export- und die Importabwicklung durchführen soll. Dies bietet sich z.B. an, wenn der Käufer verschiedene Warensendungen im Exportland zu einer Gesamtsendung zusammenstellen will. EXW setzt daher voraus, dass der Käufer den Export auch tatsächlich abwickeln kann. Problematisch kann dies also bspw. sein, wenn eine Exportgenehmigung erforderlich ist, die Gebietsfremde nicht erhalten können. Dann könnte man den Zusatz vereinbaren „Exporteur macht Ausfuhrabfertigung" – aber dann wäre eine → F-Klausel geeigneter.–Im internationalen Handel hat EXW weniger große Bedeutung (kommt aber nicht oft vor), weil die Notwendigkeit der Exportabfertigung durch den Käufer meist ein ziemliches Abwicklungshemmnis bedeutet. – Aus der Sicht der → Zollverwaltung ist der → Ausführer immer verantwortlich für die → Ausfuhrabfertigung – unabhängig von dem konkret vereinbarten Incoterm. Nach dem EG-Zollrecht kann die Ausfuhranmeldung nur von einem in der EG ansässigen Zollbeteiligten abgegeben werden, d.h. wenn der Käufer keinen Sitz in der EG hat, kann er keine gültige (Ausfuhr-) Zollanmeldung in eigenem Namen und auf eigene Rechnung abgeben. Er kann sich zwar vertreten lassen (indirekte Vertretung in eigenem Namen des Vertreters, aber auf fremde Rechnung), wobei der Spediteur der Anmelder und der Käufer der eigentliche Ausführer wäre. Der Zollkodex sagt aber (Art. 788 II ZK-DVO), dass in diesem Fall der in der EG ansässige Vertragspartner des Käufers, also der Exporteur, als Ausführer gilt und entsprechend zoll- und außenwirtschaftsrechtlich (!) herangezogen wird. Dass EXW das anders regelt, ist dabei unerheblich. – In irgendwelchen zoll- oder außenwirtschaftsrechtlichen Problemfällen wird sich die Zollverwaltung oder das Bundesamt für Wirtschaft und Ausfuhrkontrolle (BAFA) daher immer an den Exporteur halten, der sich nicht mit dem Hinweis auf die auf den Käufer übergegangene Verantwortung entschuldigen kann. Dies wird gerne verkannt und kann zu erheblichen und unerwarteten Problemen für den Exporteur führen. Dies kann man vermeiden, indem statt EXW besser FCA vereinbart wird. Sowieso wird sehr oft unter EXW faktisch wie bei FCA geliefert, wenn der Exporteur nämlich zum einen die Exportdokumente für den Abholer bzw. Käufer erstellt und zum anderen in seinem Werk die Verladung auf das Transportmittel des Käufers durchführt. Unter EXW ist dies freiwillig und geschieht auf Risiko des Käufers, unter FCA ist es eine Verpflichtung des Verkäufers auf sein eigenes Risiko. Es wäre daher systematisch sauberer, FCA zu vereinbaren. – Bei EXW hat man als Exporteur keine Gewissheit, dass der Kunde die Ware tatsächlich abholt. Dabei würde auch kein → Akkreditiv gegen Übernahmebestätigung etwas nutzen, weil man ja keine Übernahmebestätigung erhält. Ob der Verkäufer dann den Schaden einklagt, dürfte vom Einzelfall abhängen. Der rechtliche Anspruch besteht zweifellos. Besser ist für Akkreditivfälle eine F-Klausel (außer FOB, weil man nicht an Bord verladen kann, wenn z.B. kein Schiff da ist; vgl. dazu bei → FOB) oder eine → C-Klausel. – Im internationalen Handel hat EXW weniger große Bedeutung, weil die Notwendigkeit der Exportabfertigung durch den Käufer meist ein ziemliches Abwicklungshemmnis bedeuten kann. Die Klausel bietet sich aber an, wenn ein Käufer im Exportland mehrere Lieferanten hat und er die Waren zusammenstellt, um sie gemeinsam zu transportieren. – Vgl. auch → FCA, → FAS, → FOB, → CFR, → CIF, → CPT, → CIP, → DAT, → DAP, → DDP, → Incoterms, → F-Klauseln, → C-Klauseln, → D-Klauseln, → ICC.

Eye Catcher → Blickfang.

Eye Tracking → Blickregistrierung.

EZB – Abk. für → Europäische Zentralbank.

EZL – Abk. für → *elektronischer Zahlungsverkehr/Lastschrift.*

EZT – Abk. für → Elektronischer Zolltarif.

EZÜ – Abk. für → elektronischer Zahlungsverkehr/Überweisung.

F

F&E – Abk. für → Forschung und Entwicklung.

F&E-Controlling – führt koordinierende sowie unterstützende, bes. informationsversorgende Aktivitäten aus, um dem F&E-Management eine zielorientierte Planung, Steuerung und Kontrolle der F&E-Potenziale und F&E-Prozesse zu ermöglichen. So nimmt das F&E-Controlling im Gegensatz zum realisationsanweisenden F&E-Management eine realisationsvorbereitende Funktion wahr. Strategisches F&E-Controlling unterstützt das F&E-Management durch die Bereitstellung von Informationen und Methoden, die z.B. die Datenerfassung und -aufbereitung sowie die Selektion von F&E-Projekten ermöglichen. Geeignete Methoden sind die → Delphi-Technik, → Szenario-Technik, Verfahren der → Investitionsrechnung, → Nutzwertanalysen, → Portfolio-Analysen und → Roadmapping. Operatives F&E-Controlling umfasst die Gebiete F&E-Bereichs-Controlling und F&E-Projekt-Controlling. Das F&E-Bereichs-Controlling überwacht die effiziente Mittelverwendung im F&E-Bereich und nimmt ggf. Einfluss auf die Allokation des F&E-Budgets. Das F&E-Projekt-Controlling kontrolliert und steuert die Planung und Durchführung von F&E-Projekten hinsichtlich Zeitdauer, Kosten und Qualität. Als unterstützende Methoden werden u.a. die Meilensteintrendanalyse und die Projektdeckungsrechnung zum Einsatz gebracht. Soll durch das F&E-Controlling die F&E-Effektivität sowie die F&E-Effizienz erhöht werden, so muss neben der Risikobegrenzung die Erhaltung der Kreativität der Akteure in der F&E erreicht werden.

Fabrik – historischer Begriff für eine Betriebsform der → Industrie (→ Industrieunternehmung). Die Fabrik ist durch eine stark mechanisierte (→ Mechanisierung) Produktion gekennzeichnet, die vorwiegend für den anonymen Markt erfolgt. Durch die Produktion großer, gleichartiger Produktmengen bei weit gehender Arbeitsteilung wird der Einsatz von ungelernten oder angelernten Arbeitskräften möglich. Weitere historische Betriebsformen sind das Verlagssystem und die → Manufaktur.

Fabrikatekonto – im → Gemeinschafts-Kontenrahmen industrieller Verbände (GKR) vorgesehenes Konto zur Aufnahme der hergestellten Fertigerzeugnisse zu → Herstellkosten (Konto der → Fertigerzeugnisse, Kontenklasse 7). Das Fabrikatekonto ist eingeschaltet zwischen Herstellungs- und Verkaufskonto.

Fabrikationsgeheimnis → Betriebs- und Geschäftsgeheimnis.

Fabrikationskonto → Herstellkonto.

Fabrikationsprogramm → Produktionsprogramm.

Fabrikationsrisiko – Fabrikationsrisiko bezeichnet das Risiko, das dem Exporteur entsteht, der nach Abschluss eines Kaufvertrags Kosten aufwendet für die Produktion des bestellten Gutes, die möglicherweise nicht bezahlt werden, weil der Käufer vom Kaufvertrag zurücktritt oder insolvent wird. Das Fabrikationsrisiko kann z.B. durch die Euler Hermes Kreditversicherung (→ Euler Hermes Kreditversicherungs-AG) abgesichert werden.

Fabrikationsrisikodeckung – *Hermes-Fabrikationsrisikodeckung*, damit sichert der Bund den dt. Exporteur auf Antrag vor den Risiken von Ausfuhrgeschäften während der Fabrikationsphase in Höhe seiner bis zum Risikoeintritt entstandenen Selbstkosten ab. – Die Fabrikationsrisikodeckung bietet Schutz vor einem Produktionsabbruch, v.a. aufgrund (1) der Insolvenz des ausländischen Bestellers, (2) der Lossagung vom Vertrag oder schwerwiegender Vertragsverletzungen, (3) staatlicher Maßnahmen und kriegerischer Ereignisse, (4) von in der Bundesrepublik Deutschland oder in am Exportgeschäft beteiligten Drittländern geltenden Embargomaßnahmen sowie (5) der Nichtzahlung der Stornierungskosten bzw. der Teilvergütungsansprüche nach einer berechtigten Kündigung durch den Besteller. – Vgl. auch → Exportkreditgarantien des Bundes.

Fabrikationsteuer – *Produktionsteuer;* bes. Erhebungsweise einer → Verbrauchsteuer, sog. „innere" Verbrauchsbesteuerung. Die Erhebung der Fabrikationsteuer erfolgt im Verlauf des Produktionsprozesses und knüpft dabei an bestimmte Merkmale an, z.B. an Rohstoffe (Zuckerrüben), Herstellungsapparatur (Maischbottich-Volumen) oder Halbfabrikat (Bierwürze). – Die *Rohstoffsteuer* reizt zur Steuereinholung durch Verbesserung des Ausbeuteverhältnisses, z.B. wird die Steigerung der Zuckerausbeute aus Rübenschnitzeln von 1 : 11 auf 1 : 6 wesentlich der Zuckerrohstoffbesteuerung zugeschrieben. Die Steuergesetzgebung belohnt rationelle Betriebsführung. Aus diesem Grund wurde die Zuckerrübensteuer durch eine → Fabrikatsteuer ersetzt.

Fabrikatsteuer – Art der → Verbrauchsteuer; Erhebung erfolgt nach völligem Abschluss des Herstellungsprozesses, wenn das Produkt die Fabrikationsstätte verlässt, z.B. → Tabaksteuer, → Mineralölsteuer. – *Vorteile* für Finanzverwaltung: (1) betrieblicher Versand ist leicht zu kontrollieren. (2) Exportmengen sind ggf. unmittelbar von der Besteuerung auszunehmen, sodass Steuerrückvergütungsverfahren entfällt. – *Anders:* → Fabrikationsteuer.

Fabrikgebäude – Zweckbauten für industrielle Fertigung. – 1. *Bilanzierung* und *Kostenrechnung*: Fabrikgebäude sind getrennt zu erfassen von Lager-, Verwaltungs- und Wohngebäuden, mit Rücksicht auf folgende Erfordernisse: a) höherer Abschreibungsbedarf (→ Gebäudeabschreibungen) als bei Büro- und Wohnhäusern: (1) wegen stärkerer Beanspruchung, z.B. bei Erschütterungen durch Pressen und andere Maschinen; (2) wegen vorzeitigen Veraltens und mangelnder Anpassungsfähigkeit bei Änderung des Fabrikationsverfahrens (→ AfA-Tabellen); b) höhere → Instandhaltungskosten. – 2. *Steuerbilanz:* Bewertung von Fabrikgebäuden in der Steuerbilanz: → Anschaffungskosten oder → Herstellungskosten vermindert um → Absetzungen für Abnutzung (AfA) oder niedrigerer → Teilwert, falls der Wert am Bilanzstichtag dauerhaft unter den um Absetzungen verminderten Wert gesunken sein sollte.

Fabrikplanung – strukturierte Planung von Fertigungsanlagen. Dazu gehören im Wesentlichen die Gebäudeplanung, das Fertigungsanlagenlayout, die Planung der Ver- und Entsorgung (Materialflussplanung) sowie die Verknüpfung der Fertigungsanlagen miteinander sowie mit vor- und nachgelagerten Prozessstufen.

Fabrikverkauf – Verkauf von selbst produzierten (ggf. auch zugekauften) Waren durch Hersteller in fabrikeigenen Verkaufsstellen. – *Standorte:* Fabrikgelände, Fabrikverkaufsfilialen, → Factory Outlet Center (FOC). Angeboten werden Produktionsüberhänge, Ausschusswaren, Auslaufmodelle, Retouren, Sondermodelle zu niedrigen Preisen. Wettbewerbsrechtlich zulässig nach UWG.

Fabrikverkaufsfiliale → Fabrikverkauf.

Facelifting – Form der Produktmodifikation, die dazu dient, die Wachstumsphase oder auch die Reifephase im (Produkt-) → Lebenszyklus eines Leistungsangebots zu verlängern. Im Vergleich zum → Relaunch beschränkt sich das Facelifting i.d.R. auf geringfügige optische, haptische und/oder inhaltliche Modifikationen, die auch werblich aufgenommen werden können. Bei wiederholtem Facelifting entsteht das Risiko, dass die Wahrnehmung des Produkts nicht mehr eindeutig ist und die Zielgruppen nicht erreicht werden bzw. verloren gehen.

Face-to-Face-Kommunikation → Kommunikation in Form eines persönlichen Gesprächs, bei dem sich die Kommunikationspartner auch physisch an einem Ort befinden.

Face Validity → Validität.

Fachakademie – Schultyp in einigen Bundesländern, der den Realschulabschluss oder einen gleichwertigen Schulabschluss voraussetzt und i.d.R. im Anschluss an eine dem Ausbildungsziel dienende berufliche Ausbildung oder praktische Tätigkeit auf den Eintritt in eine gehobene Berufslaufbahn vorbereitet. Der Ausbildungsgang dauert bei Vollzeitunterricht mind. zwei Jahre. Durch eine staatliche Ergänzungsprüfung zur Abschlussprüfung kann die Zugangsberechtigung zu einer entsprechenden → Fachhochschule (FH) erworben werden. – *Ähnlich:* → Berufskolleg.

Fachanwalt – Einem → Rechtsanwalt, der bes. Kenntnisse und Erfahrungen in einem Rechtsgebiet erworben hat, kann durch Rechtsanwaltskammer die Befugnis verliehen werden, die Fachanwaltsbezeichnung zu führen. Fachanwaltsbezeichnungen gibt es für das Verwaltungsrecht, Steuerrecht, Arbeitsrecht und Sozialrecht sowie für Rechtsgebiete, die in einer Berufsordnung bestimmt sind. Die Befugnis darf für höchstens drei Rechtsgebiete erteilt werden (§ 43c BRAO).

Facharbeiter – aus der tariflichen Praxis übernommene Bezeichnung für: (1) denjenigen Arbeitnehmer, der aufgrund eines Berufsausbildungsverhältnisses in einem → anerkannten Ausbildungsberuf die vorgeschriebene Ausbildungsabschlussprüfung abgelegt hat und auch im erlernten Beruf beschäftigt ist (auch gelernter Arbeiter genannt); (2) denjenigen Arbeitnehmer, dessen Fähigkeiten und Kenntnisse denen unter (1) gleichzusetzen sind. – *Anders:* → angelernter Arbeiter.

Fachaufsicht – Form der Überwachung der öffentlichen → Verwaltung, bei der die Aufsichtsbehörde sowohl die Rechtmäßigkeit als auch die Zweckmäßigkeit des Verwaltungshandelns überprüft. Die Fachaufsicht ist die übliche Aufsichtsform im Bereich der → Auftragsverwaltung. – *Anders:* → Rechtsaufsicht. – Vgl. auch → Dienstaufsicht.

Fachausschuss – Gruppe von sachverständigen Personen, die zur Prüfung spezifischer Fragen und/oder zur Ausarbeitung von Gutachten zusammentritt: (1) Innerhalb der Regierung; (2) innerhalb des Parlaments (→ Bundestagsausschüsse); (3) innerhalb von Interessenverbänden oder politischen Parteien; (4) innerhalb von Unternehmungen (Gremium).

Fachdiscounter – klein- bis mittelflächiger Einzelhandelsbetrieb mit schmalem/flachem Sortiment von Waren des täglichen Bedarfs. Gekennzeichnet durch Selbstbedienung, Verzicht auf Service, niedrigste Preise. – *Formen:* Markenartikeldiscounter (→ Off-Price Store), Discount-Boutiquen (z.B. für Textilien, Parfümeriewaren, Schmuck).

Facheinzelhandel → Fachgeschäft.

Fachgeschäft – 1. *Begriff:* Betriebsform des → Einzelhandels; die von einem Branchen-Fachmann, i.d.R. mit einschlägiger Ausbildung, geleitete, typisch mittelständische Einzelhandelsunternehmung. Fachgeschäfte finden sich in nahezu allen Branchen des Einzelhandels. – *Bes. Kennzeichen:* Eher schmales, häufig sehr tiefes, in sich geschlossenes Branchen-Sortiment. Beratung durch speziell geschulte Verkaufskräfte sowie weitergehende Dienstleistungen (z.B. Zustellung, Warenversand, Geschenkverpackung, Reparatur,

Installation, Umtausch). Standort bevorzugt an innerstädtischen Haupt- oder Nebenlagen, möglichst in der Nachbarschaft von Fachgeschäften anderer Branchen (→ Agglomeration). Preise wegen hoher Personal- und sonstiger Handlungskosten relativ hoch. – 2. *Bedeutung:* a) Viele Hersteller sehen den Vertrieb über den Fachhandel als geeigneten → Absatzweg für ihre hochwertigen Produkte (z.B. → Markenartikel). Bes. wegen ihres Beratungsangebots werden Fachgeschäfte für die Einführung neuer, beratungsbedürftiger Produkte bevorzugt; dabei wird häufig versucht, durch → Vertriebsbindungen den Weg der Ware im → Absatzkanal möglichst weitgehend zu kontrollieren (Fachhandelsbindung). – b) Fachgeschäfte konnten durch vielfältige Anpassungsprozesse ihre Wettbewerbsfähigkeit zu großen Teilen erhalten. Hierbei hat der Anschluss an kooperative Gruppen (→ kooperative Gruppen des Handels) zu Kostenreduzierungen in Beschaffung und Verwaltung sowie zur Verbesserung von Entscheidungen des Handelsmarketing geführt.

Fachgymnasium – *berufliches Gymnasium;* Gymnasium mit Schwerpunktsetzung auf berufsbezogene Fächer; nach Berufsfeldern gegliedert (musische, technische, sozialpädagogische, wirtschaftliche Bereiche u.a.). Fachgymnasien führen i.d.R. zur Allgemeinen Hochschulreife. – Vgl. auch → Wirtschaftsgymnasium.

Fachhandel → Fachgeschäft.

Fachhandelsbindung – Form der → Vertriebsbindung; ein Hersteller schließt mit einem Großhändler einen Vertrag, in dem dieser verpflichtet wird, die bezogenen Waren nur an in bestimmter Weise qualifizierte → Fachgeschäfte unter Ausschluss sämtlicher übrigen Formen des Einzelhandels zu liefern. – *Ziele:* Marktzutritt für qualitativ hochwertige Produkte durch Fachbetriebe mit hohem Qualitätsimage und Preisniveau; Sicherstellung von fachlicher Beratung, Service, Reparatur, Ersatzteillager, hochwertiger Ladenausstattung bei Sicherung einer „auskömmlichen" Fachhandelsspanne, → Gebietsschutz, Marktzutrittsschranken (→ Diskriminierungsverbot); kein intrabrand- sondern nur interbrand-Wettbewerb.

Fachhochschulen (FH) – selbstständige oder integrierte Einrichtungen des Hochschulbereichs, hervorgegangen aus den früheren höheren Fachschulen (Ingenieurschulen, höhere Wirtschaftsfachschulen etc.). I.d.R. umfassen sie Einrichtungen des ingenieurwissenschaftlichen, wirtschaftswissenschaftlichen, sozialpädagogischen und künstlerischen Studienbereichs. – *Rechtsform:* Körperschaften des öffentlichen Rechts (Regelfall). – *Formen:* Einige Bundesländer haben sich für *regionale Fachhochschulen* entschieden, die in Fachbereiche unterteilt sind. Wenige Bundesländer (z.B. Rheinland-Pfalz) verfügen über *Landesfachhochschulen,* die in regionale Abteilungen mit jeweils mehreren Fachrichtungen gegliedert sind. – *Aufgaben:* Die Fachhochschulen vermitteln eine anwendungsorientierte Lehre auf wissenschaftlicher Grundlage und befähigen zu selbstständiger Anwendung wissenschaftlicher Methoden und Erkenntnisse in Beruf und Gesellschaft. Sie dienen der kritischen Reflexion technischer, wirtschaftlicher und sozialer Zusammenhänge und bieten darüber hinaus Weiterbildungsmöglichkeiten für Erwachsene und Kontaktstudien an. Sie arbeiten mit allen anderen Einrichtungen des Hochschulbereichs in kooperativer oder integrierter Weise zusammen. Fachhochschulprofessoren sind in angemessener Weise an anwendungsorientierter Forschung zu beteiligen. – *Aufnahmevoraussetzungen:* Mittlere Reife oder Fachschulreife mit anschließendem Besuch der Fachoberschule und damit verbundener Fachhochschulreife oder abgeschlossene kaufmännische Lehre, Fachschulreife und zusätzliche Fachhochschulreife nach verkürztem Besuch der Fachoberschule. – *Studiengang:* I.d.R. sechs- bzw. siebensemestrig mit der Möglichkeit, bereits nach der Vorprüfung den Studiengang fachgebunden im Hochschulsystem an anderer Stelle fortzusetzen. Stärkere Spezialisierung nach dem 3. oder 4. Studiensemester in Seminaren mit der Möglichkeit zu weiteren Kontaktstudien. Maßvolle Spezialisierung der wirtschaftswissenschaftlichen Fachbereiche in den Fachrichtungen oder Studienschwerpunkten Management, Rechnungswesen, Wirtschaftsinformatik, Betriebliches Steuerwesen, Personal- und Ausbildungswesen, Vertriebswesen und Marktforschung, Produktions-, Außenwirtschaft, Fremdenverkehr etc. Im technischen Bereich Fortführung der wichtigsten Fachrichtungen der bisherigen Ingenieurschulen und neue Errichtung von Fachrichtungen für Sozialarbeit und Sozialpädagogik. – *Abschluss:* Bachelor, Diplom oder Master. Mit dem erworbenen Abschlusszeugnis ist die Hochschulreife und damit die Zugangsberechtigung für Universitäten und Technische Universitäten verbunden.

Fachkenntnisse – Anforderungsart im Rahmen der → Arbeitsbewertung. Fachkenntnisse setzen sich zusammen aus: 1. *Berufsausbildung:* a) *Zweckausbildung:* (1) Anweisung (bis ein Jahr): notwendigste Stoff- und Maschinenkenntnisse, bloßes Vertrautsein mit bestimmten Bewegungsabläufen; (2) Anlernen (etwa 0,5 – 1,5 Jahre): regelmäßige, praktische und theoretische Anlernung, die begrenzte und genau umrissene Kenntnisse bez. Werkstoff und Betriebsmittel vermittelt; (3) Anlernausbildung (etwa 1,5 – 2,5 Jahre): systematische Anlernung einer als Anlernberuf anerkannten Tätigkeit mit festgelegter Prüfungsordnung. – b) *Fachausbildung* (drei Jahre): (1) abgeschlossene Handwerkslehre, sodass alle Arbeiten des Berufs fachgemäß ohne fremde Hilfe ausgeführt werden können; (2) höchstes fachliches Können: bes. langjährige Berufserfahrung und Schulung durch umfassende Praxis und fundierte theoretische Kenntnisse. – 2. *Berufserfahrung:* Kenntnisse, die über die Fach- und Zweckausbildung hinaus durch praktische Tätigkeit im Berufszweig erworben werden.

Fachkompetenz – Fähigkeit, fachbezogenes und fachübergreifliches Wissen zu verknüpfen, zu vertiefen, kritisch zu prüfen sowie in Handlungszusammenhängen anzuwenden. Es handelt sich um rein fachliche Fertigkeiten und Kenntnisse, die i.d.R. im Rahmen einer Ausbildung erworben und durch Fortbildung erweitert werden. Gilt neben → Sozialkompetenz und → Methodenkompetenz als (nach wie vor wichtigster) Teil einer umfassenden Handlungskompetenz.

Fachkonzept → Architektur integrierter Informationssysteme.

Fachkraft für Arbeitssicherheit – (FAS, SiFa oder FASi) wird in Deutschland durch das Arbeitssicherheitsgesetz vorgeschrieben. Person, die vom Arbeitgeber unter den gleichen Voraussetzungen wie ein → Betriebsarzt schriftlich zu bestellen ist und der bestimmte Aufgaben (v.a. Unterstützung des Arbeitgebers beim Arbeitsschutz und bei der Unfallverhütung in allen Fragen der → Arbeitssicherheit einschließlich der menschengerechten Gestaltung der Arbeit) zu übertragen sind (Sicherheitsingenieure, -techniker und -meister). – *Rechtliche Regelung*: Gesetz über Betriebsärzte, Sicherheitsingenieure und andere Fachkräfte für Arbeitssicherheit vom 12.12.1973 (BGBl. I 1885) m.spät.Änd. – Vgl. auch → Sicherheitsingenieur.

Fachliteratur – im Gegensatz zu unterhaltendem oder allgemeinbildendem Lesestoff, Druckwerke, die geeignet sind, Aus- und Fortbildung in einem Fachgebiet zu vermitteln: Fachbücher, Fachzeitschriften, Fernkurse. – *Steuerliche Behandlung*: Fachliteraturen sind als Aufwendungen für → Betriebsausgaben oder als → Werbungskosten bei der → Einkünfteermittlung abzugsfähig.

Fachmarkt – Betriebsform des → Einzelhandels. Bestimmte Teile des Sortiments von → Fachgeschäften werden zielgruppenorientiert neu zusammengestellt; Mischung von Selbstbedienung und Beratung bei Bedarf; großflächige, offene Warenpräsentation (→ Display); tendenziell niedriges bis allenfalls mittleres Preisniveau; teilweise auch Übernahme der Instrumente von → Discountern. – *Beispiele:* Hobby-, Bau-, Drogerie-, Bekleidungs-, Getränke-, Sanitär-, Fliesen-, Sportfachmärkte.

Fachoberschule – berufsbildende Schule, die, auf dem Realschulabschluss oder einem als gleichwertig anerkannten Abschluss aufbauend, allg., fachtheoretische und fachpraktische Kenntnisse und Fähigkeiten vermittelt. Zahlenmäßig wichtigste Fachbereiche: Technik und Wirtschaft. Die Fachoberschule umfasst die Klassen 11 und 12. – *Lern- und Ausbildungsinhalte:* a) Die *fachpraktische Ausbildung* findet in der Klasse 11 häufig als Praktikantenausbildung statt; sie wird von jenen Schülern besucht, die den Realschulabschluss oder einen entsprechenden Bildungsstand, aber noch keinen beruflichen Abschluss besitzen. – b) Die *allg. und fachtheoretische Ausbildung* erfolgt in der Klasse 12, in die Schüler direkt aufgenommen werden können, wenn sie den Realschulabschluss und einen beruflichen Abschluss oder Berufserfahrung in der entsprechenden Fachrichtung nachweisen können. – *Abschluss:* Fachhochschulreife.

Fachpromotoren → Buying Center.

Fachschule für Betriebswirtschaft – *Fachschule für Wirtschaft, Wirtschaftsfachschule.* 1. *Begriff:* Öffentliche oder private → Fachschule zur Ausbildung kaufmännischer Fachkräfte, die fähig sind, gehobene Tätigkeiten in der Wirtschaft und der Verwaltung auszuüben. – 2. *Aufnahmevoraussetzungen:* (1) Fachschulreife, Realschulabschluss oder gleichwertiger Bildungsstand und (2) Abschlussprüfung in einem kaufmännischen Ausbildungsberuf mit anschließender mind. zweijähriger (bei allgemeiner oder fachgebundener Hochschulreife einjähriger) Berufserfahrung oder i.d.R. sechsjähriger kaufmännischer Berufserfahrung mit Abschlussprüfung. – 3. *Ausbildungsgang:* Insgesamt vier Halbjahre, gegliedert in Grundstufe und Fachstufe von je zwei Halbjahren. (1) Grundstufe als Vollzeitschule oder Teilzeitschule (Abend- und Samstagunterricht) umfasst allgemeine Grundfächer; (2) Fachstufe als Vollzeitschule mit Fachstufenkursen nach betriebswirtschaftlichen Funktionen. – 4. *Abschlussprüfung* als *„Staatlich geprüfter Betriebswirt"* für die Absolventen der Fachschule für Betriebswirtschaft sowie für Schulfremde bei Vorliegen bestimmter Voraussetzungen.

Fachschule für Wirtschaft → Fachschule für Betriebswirtschaft.

Fachschulen – berufsbildende Schulform, die nach Abschluss einer Berufsausbildung und entsprechender Berufserfahrung oder nach einschlägiger praktischer Berufstätigkeit besucht wird. Ziel ist eine vertiefte berufliche Fachbildung sowie ein Ausbau der Allgemeinbildung. Die Fachschule befähigt i.d.R. zur Übernahme von Funktionen, die i.Allg. vom im Beruf erfahrenen Praktikern nicht mehr erfüllt werden können und nicht den Einsatz von Fachhochschul- oder Hochschulabsolventen erfordern. – *Dauer der Ausbildung:* bei Vollzeitunterricht zwischen einem halben Jahr und drei Jahren, bei Teilzeitunterricht kann sie bis zu vier Jahren betragen. – Durch die Wahrnehmung von Zusatzunterricht können mit dem Fachschulabschluss auch der *Realschulabschluss* oder die *Fachhochschulreife* erworben werden. – *Fachschulen mit wirtschaftlicher Orientierung:* → Fachschule für Betriebswirtschaft.

Fachstatistiken – Statistiken für einzelne Zweige des Produzierenden Gewerbes, mit deren Hilfe Vorgänge im Wirtschaftsablauf dieser Zweige statistisch durchleuchtet werden, um der Verwaltung und Wirtschaft die für internationale Verhandlungen notwendigen Einblicke zu verschaffen.

Fachteil in der Vorschriftensammlung Bundesfinanzverwaltung (VSF) – Dienstvorschriften des Bundesministeriums der Finanzen (BMF) an die Zolldienststellen zu den Rechtsgrundlagen im Aufgabenbereich der dt. Zollverwaltung. Sie betreffen nicht nur das Zollrecht, sondern sämtliche Rechtsgebiete, bes. auch die vom Bund verwalteten → Verbrauchsteuern. Der VSF hat administrativen Charakter, begründet daher grundsätzlich keine Rechte und Pflichten Dritter und bindet nicht die Gerichte. Über Art. 3 GG kann im Rahmen der Selbstbindung der Verwaltung bei der Ausübung von Ermessen ein Anspruch des Wirtschaftsbeteiligten erwachsen, Gleiches gleich und damit wie in den Dienstvorschriften vorgesehen zu behandeln. Die Kenntnis kann darüber hinaus auch deshalb von Bedeutung sein, weil so das Verhalten der Verwaltung vorhersehbar und transparenter wird. Die VSF wird praktisch nur noch in elektronischer Form erstellt als sog. eVSF.

Fachwirt – nach der Weiterbildungskonzeption des → Deutschen Industrie- und Handelskammertages (DIHK) mittlere kaufmännische Führungskraft, Branchen- bzw. Wirtschaftszweigspezialist mit erweiterten beruflichen Kenntnissen in einem Wirtschaftszweig, z.B. Industriefachwirt, Handelsfachwirt, Versicherungsfachwirt, Verkehrsfachwirt, Bankfachwirt. – Fortbildungsmöglichkeiten bei → Industrie- und Handelskammern (IHK) und anderen Bildungsträgern sowie durch Fernkurse mit Direktunterricht. – *Fachwirteprüfungen* bei Industrie- und Handelskammern. – *Zulassungsvoraussetzungen zur Prüfung*: (1) Abgeschlossene Ausbildung in einem entsprechenden kaufmännischen Ausbildungsberuf; weitere Berufspraxis in dieser Fachrichtung von mind. drei Jahren; (2) ohne abgeschlossene kaufmännische Berufsausbildung mind. sechsjährige einschlägige Berufspraxis.

Facility → Fazilität, → Kreditfazilität, → Kreditlinie.

Facility Agent → Tenderverfahren.

Facility Management – *Gebäudemanagement;* integrative, ganzheitliche Betrachtungsweise interner Service-Leistungen, die das Anlagevermögens eines Unternehmens betreffen. Facility Management beschäftigt sich mit der Zweckmäßigkeit und Wirtschaftlichkeit von Gebäuden und Anlagen über deren gesamte Lebensdauer hinweg. Ziel ist es, Gebäude und Anlagen auf die dort arbeitenden Menschen und die betrieblichen Bedürfnisse einzustellen, um eine höchstmögliche Wertschöpfung aus dem Zusammenwirken sämtlicher Ressourcen eines Unternehmens zu erreichen.

Factor → Factoring.

Factoring – 1. *Begriff*: Aus der Sicht des Forderungsverkäufers (sog. → Anschlusskunde) ist Factoring der laufende Verkauf von kurzfristigen Forderungen an eine Factoringgesellschaft (sog. Factor). Gegenstand des Factorings sind Forderungen aus Lieferungen und Leistungen an gewerbliche Kunden (sog. Abnehmer/Debitor); Forderungen an Verbraucher werden i.d.R. nicht angekauft. Der Forderungsverkäufer schließt mit dem Factor einen Factoringvertrag, der i.d.R. eine mind. zweijährige Laufzeit aufweist und der entweder alle Forderungen oder nur Forderungen an bestimmte Abnehmergruppen einschließt. Häufig ist im Factoringvertrag der Verkauf von Inlands- und Auslandsforderungen vorgesehen. – 2. *Anforderungen der Factoringgesellschaften:* Der Forderungsverkäufer hat einige grundsätzliche Anforderungen zu erfüllen, die auf den Einzelfall zugeschnitten werden können.a) Die Laufzeit der zu verkaufenden Forderungen sollte 120 Tage (Inlandsforderungen) bzw. 180 Tage (Auslandsforderungen) nicht überschreiten.b) Die Forderungen müssen frei von Rechten Dritter sein und bei ihrer Entstehung der Höhe nach einwandfrei feststehen.c) Der Abnehmerkreis des Anschlusskunden sollte keinem allzu starken Wechsel ausgesetzt sein.d) Die Bonität und die Seriosität des Anschlusskunden müssen gewährleistet sein, weil sich der Factor darauf verlassen können muss, dass die angekauften Forderungen tatsächlich entstanden sind. – 3. *Funktionen:* a) *Finanzierungsfunktion:* Unmittelbar nach der Entstehung einer Forderung stellt der Factor dem Anschlusskunden den Forderungsgegenwert zur freien Verfügung. Der unverzügliche, v.a. aber der hohe Liquiditätszufluss ermöglicht es dem Forderungsverkäufer, seinen Abnehmern das marketingpolitisch erwünschte Zahlungsziel zu gewähren. Hinzu tritt, dass Factoring geeignet ist, die Liquiditätsdisposition und die Finanzplanung des Forderungsverkäufers zu präzisieren, weil die Unwägbarkeiten des Forderungseingangs entfallen. Sofern der Anschlusskunde die Factoringerlöse zur Tilgung bestehender Schulden verwendet, führt dies zu einer Verbesserung der Eigenkapital-/Fremdkapitalrelation in seiner Bilanz. – b) *Delkrederefunktion:* Regelmäßig übernehmen die Factoringgesellschaften das → Delkredererisiko. Der Anschlusskunde ist somit vor Zahlungsausfällen, die auf der Zahlungsunfähigkeit seiner Abnehmer beruhen, gesichert. Zwar behalten die Factoringgesellschaften auch bei Übernahme des Delkredererisikos vorläufig ca. 10 bis 20 Prozent des Gegenwerts einer Forderung als Sicherheit ein. Dieser Sicherungseinbehalt dient jedoch nur der Verrechnung von eventuellen Mängelabzügen, sowie (auch nachträglich) vom Anschlusskunden eingeräumten Rabatten, Skontoabzügen und ähnlichen Abzügen, die der zahlungspflichtige Debitor an der angekauften Forderung vornimmt. Sofern der Factor das Delkredererisiko übernommen hat, wird der (restliche) Sicherungseinbehalt auch im Fall der Nichtzahlung durch den Kunden an den Forderungsverkäufer ausgezahlt. Vor Übernahme des Delkredererisikos unterzieht der Factor die Abnehmer ihres Anschlusskunden einer intensiven Kreditwürdigkeitsprüfung, die im Ergebnis zur Festlegung eines Limits pro Abnehmer führt. Bis zu diesem Limit ist die Factoringgesellschaft bereit, das Delkredererisiko zu übernehmen. Politische Risiken, die bei Exportforderungen bestehen können, werden von Factoringgesellschaften i.Allg. nicht übernommen. Dies gilt grundsätzlich auch für das Wechselkursrisiko bei Fremdwährungsforderungen, zu deren Absicherung dem Exporteur ohnehin die Sicherungsinstrumente der Banken zur Verfügung stehen. – c) *Dienstleistungsfunktionen:* Die bedeutendste Dienstleistung des Factors ist für den Anschlusskunden die Prüfung der Kreditwürdigkeit seiner Abnehmer sowie deren laufende Kreditüberwachung. Von ähnlicher Bedeutung ist die Übernahme des Mahn- und Inkassowesens durch den Factor, sodass der Anschlusskunde auf ein eigenes Debitorenmanagement weitgehend verzichten kann. – 4. *Factoringformen:* (1) → Standardfactoring; (2) → echtes Factoring; (3) → unechtes Factoring; (4) → Fälligkeitsfactoring; (5) offenes Factoring; (6) stilles Factoring; (7) Inhouse Factoring. – 5. *Kosten:* a) *Factoringgebühr:* Die Factoringgebühr wird vom Factor für die erbrachten Dienstleistungen erhoben, d.h. bes. für die Prüfung der Debitoren, für die Verwaltung des Debitorenbestandes, für die Übernahme des Inkasso- und Mahnwesens. Sie enthält i.d.R. auch die Übernahme des Delkredererisikos. – b) *Factoring-Zinsen:* Der Zinssatz, den die Factoringgesellschaften anwenden, ist – entsprechend der Marktzinsentwicklung – variabel. – 6. *Finanzaufsicht:* Seit dem 25.12.2008 ist Factoring als erlaubnis- und aufsichtspflichtige Finanzdienstleistung im → Kreditwesengesetz (KWG) definiert und näher geregelt (vgl. §1 1a S.2 Nr. 9 KWG). Factoringunternehmen unterliegen daher der Aufsicht durch die → Bundesanstalt für Finanzdienstleistungsaufsicht (BaFin) und die → Deutsche Bundesbank. – 7. 24 Factoringunternehmen, welche einen Marktanteil von ca. 85 Prozent des dt. Factoring-Marktes repräsentieren, sind im Deutschen Factoring-Verband e. V. vertreten (Stand Ende 2012).

Factory Outlet – Verkauf von Waren und Dienstleistungen durch den Hersteller direkt an den Endverbraucher.

Factory Outlet Center (FOC) – 1. *Begriff:* → Agglomeration von Verkaufsniederlassungen verschiedener Hersteller in einem Gebäudekomplex, die von einer Betreibergesellschaft geplant, entwickelt und gemanagt wird. – 2. *Merkmale:* Der Standort liegt verkehrsgünstig und deckt ein großes Einzugsgebiet ab. Die Gesamtverkaufsfläche umfasst mehrere tausend Quadratmeter, die Ladengeschäfte werden überwiegend von Herstellern betrieben, das Sortiment ist durch einen hohen Anteil Markenware gekennzeichnet (v.a. Produktionsüberhänge, Ausschusswaren, Auslaufmodelle, Retouren, Sondermodelle), die Preise liegen deutlich unter denen des sonstigen Einzelhandels (Off-Price). – Vgl. auch → Fabrikverkauf.

FAF – Abk. für → Financial Accounting Foundation.

Fähigkeit – geistige, praktische Anlage, die zu etwas befähigt. Voraussetzung, die neben der → Motivation zur Leistungserbringung erforderlich ist (Leistung = Motivation · Fähigkeit). Fähigkeiten können sowohl angeboren *(Begabungen)* als auch erworben *(Fähigkeiten)* sein und variieren nach dem Grad ihrer Ausprägung von Person zu Person. – Die Feststellung von *Fähigkeitsunterschieden* zum Zwecke der individuellen Leistungsvorhersage ist Gegenstand der Eignungsdiagnostik.

Fahrerflucht → unerlaubtes Entfernen vom Unfallort.

Fahrerlaubnis – **I. Begriff:** Bezeichnung der von der zuständigen Behörde durch Verwaltungsakt erteilten Ermächtigung zur Führung eines Kraftfahrzeugs auf öffentlichen Straßen. Sie ist zu erteilen, wenn der Bewerber die in § 2 II StVG genannten Voraussetzungen erfüllt (wie ordentlicher Wohnsitz im Sinn des Artikels 12 der Richtlinie 2006/126/EG vom 20.12.2006 im Inland, erforderliches Mindestalter, Geeignetheit zum Führen von Kraftfahrzeugen). Beim erstmaligen Erwerb einer Fahrerlaubnis wird diese für zwei Jahre auf Probe erteilt (§ 2a StVG).

II. Klassen: Die Fahrerlaubnis wird in mehreren Klassen erteilt, die von der Kategorie „A“ (Krafträder) bis „L“ (Zugmaschinen für land- und forstwirtschaftliche Zwecke) reichen. Einzelheiten zu dieser Einteilung vgl. § 6 der Fahrerlaubnis-Verordnung vom 13.12.2010 (BGBl. I 1980) m.spät.Änd.

III. Entziehung der Fahrerlaubnis: 1. durch das *Gericht,* v.a. bei strafbaren Handlungen, wenn der Täter sich durch die Tat als ungeeignet zum Führen von Kraftfahrzeugen erwiesen hat (Einzelheiten in §§ 69, 69a StGB). Bereits vor Verurteilung kann bei dringendem Verdacht die vorläufige Entziehung der Fahrerlaubnis durch das Gericht angeordnet werden (§ 111a StPO). – Vgl. auch → Fahrverbot. – 2. durch die *Verwaltungsbehörde,* falls der Inhaber der Fahrerlaubnis körperlich oder geistig ungeeignet ist (§ 3 StVG).

IV. Fahren ohne Fahrerlaubnis oder trotz Entzugs der Fahrerlaubnis: wird mit Freiheitsstrafe bis zu einem Jahr oder mit Geldstrafe bestraft (§ 21 StVG).

fahrerloses Transportsystem (FTS) – *computergestütztes Transportsystem;* computergesteuerte Fördereinrichtung, die automatisch Güter durch Produktionshallen bewegt. Die „Fahrstraßen“ werden durch Induktionsschleifen gebildet. Der Rechner kann dabei die Transportwege optimieren und überwachen. – Vgl. auch → PPS-Systeme, → Fertigungsautomation, → Hochregallager, → Prozesssteuerung.

Fahrgemeinschaft – 1. *Begriff:* Zusammenschluss von → Arbeitnehmern zur gemeinsamen Benutzung eines Kfz bei Fahrten zwischen Wohnung und → Arbeitsstätte, Familienheimfahrten, → Dienstreisen zwecks Kostenersparnis. – 2. *Arten und ihre steuerliche Behandlung:* (1) Mehrere Arbeitnehmer, die jeweils einen eigenen Pkw haben, benutzen wechselweise für einen gewissen Zeitraum einen Pkw gemeinsam für Fahrten zwischen Wohnung und Arbeitsstätte. Jedes Mitglied der Fahrgemeinschaft kann die → Entfernungspauschale als → Werbungskosten geltend machen, da diese von der tatsächlichen Benutzung eines Pkw grundsätzlich unabhängig ist. (2) Mehrere Arbeitnehmer benutzen entgeltlich oder unentgeltlich das Fahrzeug eines Arbeitskollegen. Die Beteiligten können sämtlich die Entfernungspauschale nutzen. Die Fahrten gelten für den Fahrer nicht als gewerbsmäßige → Personenbeförderung; zahlen die Mitfahrer dem Fahrer allerdings eine Vergütung oder Kostenerstattung, so gehört diese zu den Einnahmen nach § 22 Nr. 3 EStG; sie werden also steuerpflichtig, wenn sie (gemeinsam mit allen anderen Einkünften aus gelegentlichen Leistungen im Veranlagungszeitraum) 256 Euro oder mehr betragen. Zugehörige Kosten könnten dann zwar gedanklich Werbungskosten sein, dürfen dann aber trotzdem vom Fahrer nur noch insoweit gegengerechnet werden, als sie nicht schon durch seine Entfernungspauschale abgegolten sind, d.h. nur für solche Strecken, die nicht zu seinem eigenen Arbeitsweg gehören (Umwege zum Abholen der Mitfahrer), denn dieselben Kosten dürfen nicht doppelt steuerlich geltend gemacht werden. – 3. *Versicherungsschutz:* Erstreckt sich auf Haftpflichtansprüche sämtlicher Fahrzeuginsassen gegen den (berechtigten) Fahrer. Ausgeschlossen sind jedoch Ansprüche aus Sach- und Vermögensschäden des Versicherungsnehmers, Halters oder Eigentümers gegen mitversicherte Personen.

Fahrlässigkeit – I. Zivilrecht: Außerachtlassen der im Verkehr objektiv erforderlichen Sorgfalt (§ 276 BGB). Weder Verkehrsunsitten noch Fähigkeiten oder Einsicht des Schuldners werden berücksichtigt, jedoch wird innerhalb bestimmter Gruppen differenziert (z.B. Sorgfalt eines ordentlichen Kaufmanns, § 347 HGB). – Fahrlässigkeit setzt voraus, dass der Schuldner den schädlichen Erfolg bei Anwendung der im Verkehr erforderlichen Sorgfalt hätte voraussehen müssen (aber nicht daran gedacht hat = unbewusste Fahrlässigkeit). – Bisweilen wird nur für *grobe Fahrlässigkeit* (Nichtbeachtung dessen, was jedem einleuchten muss) gehaftet, z.B. Schenker, Verleiher, Schuldner bei Annahmeverzug. – Nur für konkrete Fahrlässigkeit, d.h. Verletzung der Sorgfalt, die der Schuldner in eigenen Angelegenheiten anzuwenden pflegt, hat z.B. der Gesellschafter einzustehen. Wer für konkrete Fahrlässigkeit haftet, ist von der Haftung für grobe Fahrlässigkeit nicht befreit (§ 277 BGB).

II. Strafrecht: die nichtgewollte Verwirklichung eines Straftatbestandes, falls damit der Täter die ihm mögliche und zumutbare Sorgfalt außer Acht gelassen hat und den nach dem Gesetz erforderlichen Erfolg hätte voraussehen können. *Unbewusste Fahrlässigkeit,* wenn der Täter den voraussehbaren Erfolg nicht bedacht hat, *bewusste Fahrlässigkeit,* wenn er den Erfolg zwar als möglich vorausgesehen, aber darauf vertraut hat, dass er nicht eintreten werde. Abgrenzung zum bedingten → Vorsatz oft schwierig.

III. Versicherungswesen: 1. *Begriff:* Fahrlässig handelt, wer die im Verkehr erforderliche Sorgfalt außer Acht lässt (§ 276 II BGB). – 2. *Merkmale:* Fahrlässigkeit setzt Voraussehbarkeit und Vermeidbarkeit des rechtswidrigen Erfolgs voraus. Zu unterscheiden sind die bewusste und unbewusste Fahrlässigkeit sowie die einfache und grobe Fahrlässigkeit. – 3. *Folgerungen und Ergebnisse:* Für alle Formen der Fahrlässigkeit, auch für grobe Fahrlässigkeit, besteht im Rahmen der Privathaftpflichtversicherung Versicherungsschutz.

Fahrlehrer – Personen, die Fahrschüler ausbilden, die den Führerschein der Klasse A bis E erwerben wollen, und die einer bes. Fahrlehrerlaubnis *(Fahrlehrerschein)* bedürfen. Einzelheiten im Fahrlehrergesetz vom 25.8.1969 (BGBl. I 1336) m.spät.Änd. nebst zugehöriger DVO vom 19.6.2012 (BGBl. I 1346) m.spät. Änd. sowie in der Fahrschüler-Ausbildungsordnung, der Fahrlehrer-Ausbildungsordnung und der Prüfungsordnung für Fahrlehrer vom 19.6.2012 (BGBl. I 1318, 1307 bzw. 1302).

Fahrlehrerschein → Fahrlehrer.

Fahrnis → bewegliche Sachen.

Fahrplan – Programm der räumlichen und zeitlichen Abwicklung von Personen- und/oder Gütertransporten im → Linienverkehr, das i.d.R. Interessenten bekannt gegeben wird (im Luftverkehr: *Flugplan*). Der Fahrplan einer Linie (→ Relation) oder eines Liniennetzes enthält mind. Angaben über die Stationen je Linie mit Transportmittelankunfts- und/oder -abfahrtszeiten je Station. – *Betriebswirtschaftlich* ist ein Fahrplan das Ergebnis der verkehrsbetrieblichen Produktionsprogrammplanung für eine bestimmte Periode (Fahrplanperiode).

Fahrradversicherung – Spezielle → Sachversicherung gegen Schäden aus dem Verlust oder der Beschädigung eines Fahrrads durch → Diebstahl und weitere Gefahren. Daneben ist das Fahrrad auch im Rahmen der → verbundenen Hausratversicherung grundsätzlich versichert, wobei jedoch Versicherungsschutz gegen einfachen Diebstahl vielfach nur aufgrund bes. Vereinbarung gegen Beitragszuschlag gegeben ist.

Fahrstrahl – geometrische Hilfskonstruktion zur Ableitung der zu einer bestimmten (Gesamt-)Kurve zugehörigen Durchschnittskurve. Der Fahrstrahl stellt die Verbindung eines beliebigen Kurvenpunktes mit dem Ursprung dar. Der Tangens des Winkels, den der Fahrstrahl dieses Punktes mit der positiven Richtung der Abszissenachse bildet, gibt die durchschnittliche Steigung der ursprünglichen Kurve in diesem Punkt an.

Fahrtenbuch – in bestimmten Fällen von einem Kraftfahrzeug-Halter auf Anordnung der Verwaltungsbehörde zu führendes Verzeichnis über die einzelnen Fahrten jedes Fahrzeuges (§ 31a StVZO) als Nachweis über alle Fahrzeugführer.

Fahrtenbuchmethode → Kraftfahrzeugbesteuerung.

Fahrtgebiet → Relation.

Fahrtkosten – Aufwendungen für Fahrten mit öffentlichen Verkehrsmitteln oder privaten Fahrzeugen. – *Steuerliche Behandlung:* (1) Kosten für Fahrten *zwischen Wohnung und Arbeitsstätte:* (a) Fahrtkosten des Arbeitnehmers bei Benutzung des eigenen Fahrzeugs werden im Einkommensteuerrecht als → Werbungskosten anerkannt. Sie werden seit 2001 durch eine → Entfernungspauschale abgegolten, die unterstellt, dass der Steuerpflichtige die Strecke an jedem Arbeitstag mit einem Pkw zurückgelegt hat. Lediglich wenn öffentliche Verkehrsmittel benutzt werden, ist ein Abzug höherer Kosten möglich. (b) Bei Übernahme der Fahrtkosten durch den Arbeitgeber kann der Arbeitgeber die dem Arbeitgeber erstatteten Beträge pauschal einer Lohnsteuer von 15 Prozent unterwerfen (§ 40 II 2 EStG), soweit der Ersatz nicht über die vom Arbeitnehmer als Werbungskosten abziehbaren Beträge hinausgeht. Findet eine solche Pauschalversteuerung statt, dann mindert sich die Entfernungspauschale des Arbeitnehmers um die betreffenden Beträge. Eine Steuerbefreiung für Zuschüsse des Arbeitgebers zur Nutzung öffentlicher Verkehrsmittel (§ 3 Nr. 34 EStG) ist 2004 aufgehoben worden. Dann, wenn der Arbeitgeber selbst eine Sammelbeförderung von Arbeitnehmern unentgeltlich oder verbilligt organisiert und diese Beförderung für den betrieblichen Einsatz des Arbeitnehmers notwendig ist, wird die Übernahme der Beförderungskosten durch den Arbeitgeber weder als steuerpflichtiger Lohnbestandteil angesehen (§ 3 Nr. 32 EStG) noch mindert sich dadurch die Entfernungspauschale. (2) Bei *Erstattung durch den Arbeitgeber* muss der Arbeitnehmer dem Arbeitgeber bei Einzelnachweis die Unterlagen über die Berechnung der tatsächlichen Kosten vorlegen. Diese sind als Belege dem Lohnkonto hinzuzufügen. Bei pauschaler Erstattung hat der Arbeitgeber nicht zu prüfen, ob dies zu einer unzutreffenden Besteuerung führen könnte. Bei zur Verfügungstellung eines Kfz für die Auswärtstätigkeit dürfen die pauschalen Kilometersätze nicht erstattet werden (3) *Kosten für Fahrten eines Unternehmers zwischen Wohnung und Arbeitsstätte* werden im Wesentlichen nach den selben Regeln behandelt (§ 4 V Nr. 6 Satz 2 EStG). (4) *Sonderregelung für Körperbehinderte:* unter bestimmten Voraussetzungen auf Antrag Abzug der tatsächlichen Aufwendungen (§§ 4 V Nr. 6, 9 II EStG). (5) *Geschäfts- und Dienstreisen:* → Reisekosten. (6) *Privatnutzung von betrieblichen Pkw:* (a) Bei Arbeitnehmern, sofern nicht die gesamten privat veranlassten Aufwendungen exakt durch Fahrtenbuch nachgewiesen werden, ist der private Nutzungswert des Pkw mit monatlich 1 Prozent des inländischen Listenpreises anzusetzen; bei Nutzung des KFZ für Fahrten zwischen Wohnung und Arbeitsstätte bzw. für Familienheimfahrten erhöht sich dieser Wert um 0,03 Prozent bzw. 0,002 Prozent des Listenpreises, sofern ein Werbungskostenabzug ausgeschlossen ist; – (b) bei Selbstständigen, Gewerbetreibenden sowie Land- und Forstwirten: Sofern der Privatanteil nicht durch ordnungsgemäß geführtes Fahrtenbuch nachgewiesen wird, gilt als abzugsfähiger Eigenverbrauch (als Betriebsausgabe) monatlich 1 Prozent des inländischen Listenpreises im Zeitpunkt der Erstzulassung (einschließlich Umsatzsteuer); der Wert erhöht sich bei Nutzung des KFZ für Fahrten zwischen Wohnung und Arbeitsstätte und/ oder für Familienheimfahrten.

Fahrtschreiber – *Tachograph;* geeichte mechanische Vorrichtung, die in Kraftfahrzeuge eingebaut wird und zur Kontrolle der Fahrtgeschwindigkeit und der Fahrweise dient. Nach § 57a StVZO erforderlich für Lastkraftwagen von 7,5 t, Zugmaschinen über 40 kw und zur Beförderung von Personen bestimmte Fahrzeuge mit mehr als acht Fahrgastplätzen.

Fahrverbot – 1. Durch *Verurteilung eines Strafgerichts* ausgesprochenes Verbot, im Straßenverkehr Kraftfahrzeuge jeder oder einer bestimmten Art auf die Dauer von ein bis drei Monaten zu führen (§ 44 StGB). Fahrverbot ist eine sog. Nebenstrafe und kann ausgesprochen werden gegen Personen, die wegen einer strafbaren Handlung im Zusammenhang mit dem Führen eines Kraftfahrzeugs zu Freiheits- oder Geldstrafe verurteilt werden. – 2. Durch den *Bußgeldbescheid* festgesetztes Verbot bei grober oder beharrlicher Verletzung der Pflichten eines Kraftfahrzeugführers (§ 25 StVG). – 3. *Wirksam* wird das Fahrverbot mit Rechtskraft des Urteils oder Bußgeldbescheids. Die Frist des Fahrverbotes rechnet ab amtlicher Verwahrung des Führerscheins. – Vgl. auch → Fahrerlaubnis.

Fahrverkauf – Angebot von Waren mittels eines Verkaufswagens *(rollende Läden).* Gebräuchlich in mit stationärem Handel unterversorgten Gebieten, z.B. manchen städtischen Vorortzonen, ländlichen bzw. Gebirgsregionen, auf Campingplätzen und Großveranstaltungen. Hersteller oder Händler bieten auf planmäßigen Touren oder sporadisch Waren des meist kurzfristigen Bedarfs an (→ Haustürgeschäft). Hierzu zählen auch Heimdienste, die (regelmäßig) in die Wohnung liefern (Getränke, Tiefkühlkost). Rollende Läden haben oft feste Haltestellen und -zeiten. – Vgl. auch → Verkaufsrundfahrt.

Fahrzeugbrief – Zulassungsbescheinigung Teil II

Fahrzeugdichte → Kraftfahrzeugdichte.

Fahrzeugerfolgsrechnung – kurzfristige Erfolgsrechnung zur Ermittlung der Einsatzergebnisse einzelner Fahrzeuge (Kraftfahrzeug, Flugzeug, Schiff) während einer Periode; meist eine → Deckungsbeitragsrechnung.

Fahrzeuglieferer – Begriff aus dem Bereich der Umsatzsteuer in den EU-Staaten: Fahrzeuglieferer ist, wer nicht als Unternehmer handelt (also: wer eine Privatperson ist oder als Unternehmer außerhalb seiner unternehmerischen Tätigkeit handelt) und ein → neues Fahrzeug von einem EU-Staat in einen anderen liefert (§ 2a UStG). Da der Kauf eines solchen Fahrzeugs beim Erwerber im anderen Staat immer der → Erwerbsteuer unterliegt, erhalten Fahrzeuglieferer trotz fehlender Unternehmereigenschaft für den Verkauf des Fahrzeugs immer einen → Vorsteuerabzug, um eine Doppelbelastung des Fahrzeugs mit Umsatzsteuer zu vermeiden (§ 15 IVa UStG). Dieser Vorsteuerabzug ist allerdings betragsmäßig so begrenzt, dass damit nicht der private Konsum (Benutzung des Pkw duch den Fahrzeuglieferer in der Zeit zwischen dem eigenen Ankauf und dem Weiterverkauf) systemwidrig von der Umsatzsteuer entlastet werden kann.

Fahrzeugschein – Zulassungsbescheinigung Teil I

Fair Average Quality (FAQ) – „mittlere" Warenqualität, die allg. im Handelsverkehr angenommen (erwartet) wird. – *Anders:* → Middling, → Tel Quel.

fairer Handel → Fair Trade.

Fairness → Gerechtigkeit.

Fair-Price-Theorie – Theorie zur Erklärung der Preisakzeptanz, nach der Konsumenten Preiserhöhungen um so stärker wahrnehmen, je näher sie an die obere akzeptierte Preisgrenze kommen. Daraus wird gefolgert, dass Preiserhöhungen auf einem hohen Preisniveau im Vergleich zu Preisanhebungen auf einem mittleren oder niedrigen Preisniveau zu einem verstärkten Preiswiderstand führen.

Fair Trade – *fairer Handel;* 1. *Begriff:* transportiert die Idee einer solidarischen Partnerschaft mit Erzeugern in Dritte-Welt-Ländern, welche im Kern auf dem Kauf von Produkten mit einem Preisauschlag basiert. – 2. *Charakteristika:* Charakteristisch für Fair-Trade-Produkte sind a) ein Minimalpreis, der es Produzenten erlauben soll, ihre Lebenshaltungskosten zu decken; b) ein Preispremium, der auf den Minimalpreis aufgeschlagen wird und insbes. in gemeinschaftliche Infrastrukturmaßnahmen fließt; c) ein direkter Handel, welcher der Reduzierung von Handelsintermediären dient, um die Effizienz zu steigern; d) eine langfristige Partnerschaft zur Ermöglichung von Planungssicherheit; e) Finanzierungsmöglichkeiten zur Vorfinanzierung von Produkterzeugnissen; f) die Breitstellung von Informationen zur Verbesserung der Verhandlungsposition der Erzeuger; g) eine demokratische Organisation von Kleinbauern; h) Arbeitsbedingungen gemäß ILO-Standards. Die aufgeführten Merkmale sind nicht als kumulativ oder abschließend zu verstehen, sondern stellen den generellen Möglichkeitsrahmen dar. Die konkreten zur Anwendung kommenden Standards bzw. Merkmale sind dabei sowohl von den jeweiligen Produkten abhängig als auch von den Anbietern bzw. beteiligten Institutionen (insbes. Siegelinitiativen). – 3. *Aktuelle Entwicklungen:* Auch wenn der derzeitige Anteil von Fair-Trade-Produkten am Gesamtmarkt außerordentlich gering ist, so erfährt dieses Segment zunehmend Beachtung. Im Nahrungsmittelsektor gehören Fair-Trade-Produkte zu den wachstumsstärksten Marktsegmenten in Europa und den USA. Bei einzelnen Produkten, etwa Bananen oder Kaffee, sind die Marktanteile bereits heute in einigen Ländern als signifikant zu bezeichnen. – 4. *Kritik:* Der Begriff „fair trade" ist nicht gesetzlich geschützt, weshalb höchst unterschiedliche Interpretationen und Ausgestaltungsmöglichkeiten existieren; auch eröffnet dies Missbrauchsmöglichkeiten.

Fair Value – 1. *Allgemein:* Der an einem Stichtag einem Vermögenswert oder einer Schuld tatsächlich beizulegende Wert. – 2. *Wertpapierhandel:* Preis, zu dem ein → Finanzinstrument zwischen zwei unabhängigen Parteien frei gehandelt werden würde. Der Fair Value ist die Bewertungsgrundlage für Finanzinstrumente in der Rechnungslegung. Bei einem → Optionsschein kennzeichnet der Fair Value den theoretisch richtigen Preis der Option unter Einbeziehung aller preisbeeinflussenden Faktoren. – 3. *Unternehmenszusammenschlüsse:* Der Wertansatz in der → Kapitalkonsolidierung, der eine vollständige Neubewertung beider beteiligter Unternehmen, ggf. mit Aufdeckung der Goodwills, vorausgeht. – 4. *Rechnungslegung:* Konstituierendes Merkmal der → Internationalen Rechnungslegung, wonach für diverse Bilanzpositionen die Möglichkeit der Bewertung zum beizulegenden Zeitwert besteht.

Fair Value Accounting → Fresh-Start-Methode.

Faksimilestempel – Stempel mit Faksimile-Unterschrift, der es ermöglicht, zahlreiche Unterschriften in verhältnismäßig kurzer Zeit zu leisten bzw. durch eine Hilfsperson ausführen zu lassen. – *Rechtliche Gültigkeit:* (1) Bei gesetzlicher → Schriftform (§ 126 I BGB) genügt Unterzeichnung durch Faksimilestempel zur Wahrung der Form nicht. – *Ausnahme:* Bei Inhaberschuldverschreibungen (§ 793 II BGB), bei Aktien (§ 13 AktG). (2) Anders bei vertraglich vereinbarter Schriftform, sofern kein anderer Parteiwille ersichtlich ist.

faktische Gesellschaft – Genauer: *fehlerhafte Gesellschaft;* → Personengesellschaft, der kein → Gesellschaftsvertrag zugrunde liegt, weil er nicht abgeschlossen oder (evtl. unerkannt) nichtig ist. Weil sie "trotzdem" nach innen und nach außen aktiv ist, insbesondere auf dem Markt auftritt, muss es Rechtsregeln geben, wie ihr Auftritt zu behandeln ist. Grundsätzlich gilt insoweit, dass aus Gründen des Vertrauensschutzes beim Verkehr Unwirksamkeitsfolgen nur eingeschränkt greifen.

faktisches Arbeitsverhältnis – 1. *Begriff:* Ein faktisches Arbeitsverhältnis liegt vor, wenn der → Arbeitsvertrag von vornherein nichtig oder durch → Anfechtung rechtsunwirksam ist, der Arbeitnehmer die Arbeit aber bereits aufgenommen hat. In Anlehnung an das Gesellschaftsrecht (→ faktische Gesellschaft) entwickelte Rechtsfigur; es wurde als unbefriedigend angesehen, dass Anfechtung und Nichtigkeit von Arbeitsverträgen zu einer Rückabwicklung des → Arbeitsverhältnisses nach dem Recht der → ungerechtfertigten Bereicherung (§§ 812 ff. BGB) führen. Nicht zu verwechseln mit einem

Arbeitsverhältnis, das ohne schriftlichen Arbeitsvertrag oder ausdrückliche Abmachung *konkludent* zustande gekommen ist. – 2. *Wirkung:* a) Für die *Vergangenheit:* Das faktische Arbeitsverhältnis wird nach den Regeln über wirksame Arbeitsverhältnisse behandelt; der Arbeitnehmer hat also Anspruch auf Arbeitsvergütung, Bezahlung von (auch verbotener) Mehrarbeit, Einhaltung der Vorschriften des → Arbeitsschutzes. – b) Für die *Zukunft* besteht jedoch keine Bindung mehr, sobald sich der Arbeitsvertrag als nichtig herausstellt; es gelten also nicht die Vorschriften des → Kündigungsschutzes. – 3. *Nichtanwendung:* Bei vorsätzlichem Strafrechtsverstoß oder krasser Sittenwidrigkeit wird die Rechtsfigur des faktischen Arbeitsverhältnisses ausnahmsweise nicht angewandt. Die Rückabwicklung erfolgt dann ausschließlich über Bereicherungsrecht.

Faktor – 1. *Allgemein:* wichtiger Umstand, Gesichtspunkt. – 2. *Wirtschaftstheorie:* → Produktionsfaktoren. – 3. *Mathematik:* Multiplikant und Multiplikator, deren Zusammenwirken das Produkt ergibt.

Faktoreinkommen – das den → Produktionsfaktoren aus der Beteiligung am Produktionsprozess zufließende Entgelt, z.B. Löhne, Gehälter, Zinsen, Gewinne, Mieten und Pachten. Die Verteilung des Gesamteinkommens auf die Faktoren bezeichnet man als → funktionale Einkommensverteilung. – *Gegensatz:* → Transfereinkommen.

Faktoreinsatzfunktion – 1. *Begriff:* Darstellungsform der → Produktionsfunktion. – 2. *Merkmal:* Die Faktoreinsatzfunktion gibt die Abhängigkeit der Einsatzmenge eines → Produktionsfaktors von bestimmten Einflussgrößen an. – 3. *Ausprägungen:* a) Bei der → neoklassischen Produktionsfunktion entsteht die Faktoreinsatzfunktion durch Auflösen der Produktionsfunktion nach dem betrachteten Produktionsfaktor. – b) Bei der → Gutenberg-Produktionsfunktion wird der Faktoreinsatz in Abhängigkeit von der Nutzung der Anpassungsformen (→ Anpassung) dargestellt. – c) Bei der → Heinen-Produktionsfunktion treten als weitere Einflussgrößen die → Losgröße, die Dauer einer Elementarkombination, Ausschusskoeffizienten und Verteilungsparameter hinzu.

Faktorenanalyse – Verfahren der → multivariaten Statistik zur Datenverdichtung. Bei der Faktorenanalyse werden Variablen (z.B. Einzeleigenschaften von Produkten) zu wenigen, wesentlichen und nicht beobachteten → Variablen (sog. Faktoren) verdichtet. Faktorenanalyse wird u.a. im Marketing und in den Bereichen Psychologie und Soziologie verwendet. Ein Beispiel sind Intelligenztests, in denen die Ergebnisse vieler Einzeltests (Merkmale) zu übergeordneten Gruppen von Merkmalen (sog. Faktoren) zusammengefasst werden.

Faktorgrenzkosten – Produkt aus → Faktorpreis und dem reziproken Wert der → Grenzproduktivität des entsprechenden Faktors:

$$k_i' = q_i \cdot \frac{1}{\frac{\partial x}{\partial x_i}}.$$

In der → Minimalkostenkombination gleichen sich die Faktorgrenzkosten aller → Produktionsfaktoren aus. Bei Mengenanpassung entsprechen die Faktorgrenzkosten im Gewinnmaximum dem Produktpreis und damit auch den totalen → Grenzkosten.

Faktorintensität – I. Produktion: Das bei einer bestimmten Produktionsmenge realisierte Einsatzverhältnis der → Produktionsfaktoren. – 1. Bei → limitationalen Produktionsfunktionen ist die Faktorintensität für eine gegebene Ausbringungsmenge konstant, kann aber für alternative Ausbringungsmengen variieren. – 2. Bei → linear-limitationalen Produktionsfunktionen ist die Faktorintensität unabhängig von der Höhe der Ausbringungsmenge konstant. Bei beiden Funktionstypen wird die Faktorintensität ausschließlich durch technische Faktoren determiniert. – 3. Bei → substitutionalen Produktionsfunktionen wird die Faktorintensität durch das Faktorpreisverhältnis festgelegt (→ Minimalkostenkombination) und kann daher auch bei konstanter Ausbringungsmenge variieren.

II. Außenwirtschaft: Faktorintensität dient zur Klassifizierung von Gütern. Unterschieden wird z.B. zwischen arbeits- und kapitalintensiven Gütern. Ein Gut ist → arbeitsintensiv (→ kapitalintensiv), wenn bei seiner → Produktion relativ mehr → Arbeit (→ Kapital) eingesetzt wird als bei der Produktion eines anderen Gutes. – Vgl. auch → Arbeitsintensität, → Kapitalintensität.

Faktorintensitätsumkehrung – Umkehrung in der Reihung der Güter bez. ihrer Kapitalintensität (→ kapitalintensives Gut, → arbeitsintensives Gut). Kommt immer dann zustande, wenn die Substituierbarkeit zwischen den Faktoren → Kapital und → Arbeit in der → Produktion des einen Gutes viel leichter gegeben ist als in der Produktion des anderen Gutes. Dann kann z.B. ein Gut sich als kapitalintensiv erweisen, wenn Kapital im Vergleich zu Arbeit sehr billig ist, wohingegen es arbeitsintensiv wird, wenn Kapital über ein bestimmtes Ausmaß hinaus relativ teuer wird. Kann zur Verletzung des → Heckscher-Ohlin-Theorems führen.

Faktorintensitätsunterschiede → arbeitsintensives Gut, → kapitalintensives Gut. – Vgl. auch → Heckscher-Ohlin-Handel, → Heckscher-Ohlin-Theorem.

Faktorkosten – Bezeichnung für die Kosten, die auf die → Produktionsfaktoren als wirtschaftlicher Gegenwert für ihren Einsatz im Produktionsprozess entfallen (abzüglich der indirekten Steuern und der Transferzahlungen). Für die Nutzung der Faktoren Arbeit, Kapital und Boden sind entsprechend von den Unternehmen Aufwendungen in Form von Löhnen und Gehältern, Zinsen, Miete und Pacht u.Ä. zu tragen. – Ein in der deutschen

→ Volkswirtschaftlichen Gesamtrechnung (VGR) verwendetes, d.h. in der im ESVG nicht explizit vorgesehenes Konzept zur Bewertung von → Inlandsprodukt und → Nationaleinkommen. Man erhält die Bewertung zu Faktorkosten, indem von den Marktpreisen die Nettoproduktionsabgaben (etwa durch Berücksichtigung indirekter Steuern oder erhaltener Subventionen) abgezogen werden.

Faktormarkt → Markt, auf dem → Produktionsfaktoren oder → Verfügungsrechte über solche gehandelt werden. Typische Faktormärkte sind die Märkte für Arbeitskraft, Bodenleistungen, Kapital (→ Arbeitsmarkt, Bodenmarkt, → Kapitalmarkt). Die Beziehungen zwischen Güter- und Faktormärkten werden theoretisch über die → Grenzproduktivitätssätze hergestellt (→ abgeleitete Nachfrage).

Faktormobilität – die räumliche, qualifikatorische und sektorale Beweglichkeit der → Produktionsfaktoren. Faktormobilität ist eine der wesentlichen Voraussetzungen zur Entwicklung einer effizienten Wirtschaftsstruktur, da die Allokationsfunktion des Preises (→ Preisfunktionen) nur bei mobilen Faktoren wirksam werden kann. Erhaltung und Erhöhung der Faktormobilität ist daher eine der Hauptaufgaben der staatlichen → Strukturpolitik.

Faktornachfrage – Nachfrage einer Unternehmung nach den im → Produktionsprozess eingesetzten → Produktionsfaktoren. Die Faktornachfrage hängt dabei maßgeblich in negativer Weise vom realen Faktorpreis ab. – Vgl. auch → Grenzproduktivitätstheorie.

Faktorpreis → Preis der zur Erfüllung der unternehmerischen Aufgaben erforderlichen → Produktionsfaktoren an den Beschaffungsmärkten (→ Faktormärkten). Steigt oder sinkt der Preis eines Faktors wie z.B. der Lohnsatz einer Arbeitsleistung, so verändern sich die → Produktionskosten und im Regelfall auch die → Faktornachfrage. – Vgl. auch → Faktorkosten.

Faktorpreisausgleichstheorem → Lerner-Samuelson-Theorem; Aussage über die Bedingungen, unter denen internationaler Güterhandel zu internationalem Faktorpreisausgleich zwischen Ländern mit unterschiedlicher Faktorausstattung führt. Diese Bedingungen sind: (1) *Vollständige Konkurrenz*, (2) international ausgeglichene Güterpreise (→ Freihandel ohne → Transportkosten), (3) international identische Produktionstechnologien mit konstanten Skalenerträgen und ohne → Faktorintensitätsumkehrungen sowie (4) in den betrachteten Ländern gleichzeitig erfolgende → Produktion positiver Mengen von mind. ebenso vielen technologisch verschiedenen Gütern, wie es Faktoren gibt. Ist eine dieser Bedingungen für zwei beliebige Länder nicht erfüllt, so entsteht zwischen diesen kein vollständiger Faktorpreisausgleich. Diese Bedingungen sind unter sonst gleichen Umständen umso eher erfüllt, je geringer die Faktorausstattungsunterschiede zwischen den betrachteten Ländern, und je ausgeprägter die Faktorintensitätsunterschiede zwischen den verschiedenen Gütern sind.

Faktorproduktivität – Quotient aus dem Gesamtertrag, der durch Einsatz aller → Produktionsfaktoren erzielt wird, und der Einsatzmenge eines Faktors (*partielle Faktorproduktivität*) bzw. den totalen Faktorkosten (*totale Faktorproduktivität*). – Vgl. auch → Arbeitsproduktivität.

Faktorproportionen – Verhältnis des mengenmäßigen Einsatzes der verschiedenen Einsatzgüter (Faktoreinsatzmengen) eines Produktionsprozesses. – Vgl. auch → Heckscher-Ohlin-Handel, → Faktorintensität, → Arbeitsintensität, → Kapitalintensität.

Faktorproportionen-Theorem → Heckscher-Ohlin-Theorem.

Faktorproportionen-Theorie → Heckscher-Ohlin-Handel.

Faktorqualität – Kosteneinflussgröße, wesentlich für die Qualität und die Kosten der mit dem → Produktionsfaktor hergestellten Produkte. Sowohl eine zu hohe als auch eine zu geringe Faktorqualität führen zu Kostensteigerungen.

faktortheoretischer Ansatz – 1. *Begriff:* Bezeichnung für den von Gutenberg konzipierten betriebswirtschaftlichen Ansatz. Den Mittelpunkt bildet die Vorstellung von einem Prozess der *Kombination von Produktionsfaktoren.* Unterschieden wird zwischen → Elementarfaktoren (Werkstoffe, Betriebsmittel, objektbezogene Arbeit) und dem dispositiven Faktor (Geschäftsleitung nebst Planung und Organisation). – 2. *Bedeutung:* Der faktortheoretische Ansatz hat die Entwicklung der → Betriebswirtschaftslehre (BWL) nach dem Zweiten Weltkrieg nachhaltig beeinflusst. Hervorzuheben sind v.a. die Fortschritte auf den Gebieten der Produktions-, Kosten- und Investitionstheorie sowie die Impulse zur Entwicklung quantitativer Methoden (→ Operations Research (OR)). Charakteristisch ist aber auch eine Vernachlässigung von ebenfalls zentralen Aspekten der Leistungserstellung bzw. des Wirtschaftens überhaupt (Unternehmensführung, Personal, Marketing). – 3. *Entwicklung:* Die auch von der Praxis zunehmend als wichtig empfundenen „qualitativen" Aspekte lösten ab Mitte der 1960er-Jahre die *Suche nach Alternativen* zum faktortheoretischen Ansatz aus, sodass sich das Fach seither in einer pluralistischen Phase befindet (→ Pluralismus). Als Konkurrenten bzw. Nachfolger des faktortheoretischen Ansatzes sind v.a. zu nennen: → entscheidungsorientierte Betriebswirtschaftslehre, → systemorientierte Betriebswirtschaftslehre, → verhaltenstheoretische Betriebswirtschaftslehre sowie → arbeitsorientierte Einzelwirtschaftslehre (AOEWL); für sie alle ist eine Öffnung gegenüber den sozialwissenschaftlichen Nachbardisziplinen charakteristisch.

Faktorvariation – 1. Gibt man unterschiedliche Produktionsniveaus vor, erhält man definitionsgemäß unterschiedliche → *Isoquanten.* Sie zeigen eine um so höhere Produktmenge an, je weiter sie vom Ursprung entfernt sind. Sie schneiden sich auch nicht. Isoquanten, die eine größere Menge repräsentieren, werden durch höheren Einsatz von A und/oder B erreicht, falls die Faktoren substituierbar sind. Ausgehend vom Faktoreinsatz ($\overline{A}$, $\overline{B}$) und der Produktmenge $\overline{X}$ können Isoquanten mit höherem Produktionsniveau erreicht werden, wenn entweder eine *partielle* Faktorvariation (Erhöhung von A bei Konstanz von B = $\overline{B}$ oder umgekehrt Erhöhung von B bei Konstanz von A = $\overline{A}$) oder eine *totale* Faktorvariation vorgenommen wird. Im letzteren Fall werden beide Faktoreinsatzmengen zugleich verändert. Wichtig sind hier die beiden Unterfälle der *proportionalen* und der *isoquanten* Faktorvariation (vgl. Abbildung „Faktorvariation"). – a) Bei der ersteren werden die Faktoren im gleichen Verhältnis erhöht (oder vermindert). Bei limitationalen Produktionsfaktoren kommt *nur* diese Art der Faktorvariation in Betracht. Isoquante Faktorvariation bedeutet eine Bewegung entlang einer Isoquante (konstante Produktmenge), woraus die Bezeichnung resultiert. – b) Die *partielle* Faktorvariation wird vorgenommen, wenn der (die) andere(n) Faktor(en) nicht beschafft werden kann (können) oder man z.B. abwartet, ob der Anstieg der Nachfrage auch dauerhaft ist, zwischenzeitlich behilft man sich etwa mit Überstunden. – c) *Proportionale* Faktorvariation – praktisch eine Variation der *Betriebsgröße* – wird bei steigender Nachfrage vorgenommen, wenn die (erwarteten) Faktorpreise unverändert bleiben. Eine isoquante Faktorvariation wird realisiert, wenn das Faktorpreisverhältnis sich ändert (→ Minimalkostenkombination). – 2. Formal lässt sich bei *partieller* Faktorvariation die Produktmenge x allein in Abhängigkeit vom variierten Faktoreinsatz (im Beispiel A) darstellen:

$$x = F(A, B, C, ...)$$

wird zu

$$x = F(A, \overline{B}, \overline{C}, ...) = f(A).$$

Im Fall *proportionaler* Faktorvariation kann die Produktmenge x als Funktion des Einsatzniveaus λ dargestellt werden: Aus A = $\lambda \overline{A}$ und B = $\lambda \overline{B}$ folgt:

$$x = F(A, B) = f(\lambda \overline{A}, \lambda \overline{B}) = f(\lambda).$$

Daraus können der *Grenzertrag (partielles Grenzprodukt)* $\partial x / \partial A$ bzw. $\partial x / \partial B$ einerseits (→ Ertragsgesetz), das *Niveaugrenzprodukt* $dx / d\lambda$ andererseits bestimmt werden. Der partiellen Faktorvariation ist die → *Produktionselastizität*, der proportionalen die → *Skalenelastizität* und der isoquanten die → *Substitutionselastizität* zugeordnet. – Bei der *isoquanten* Faktorvariation ergibt sich aus der Produktionsfunktion die Gleichung der Isoquante:

$$x = \overline{x} = F(A, B) \Rightarrow B = f(A).$$

Die Isoquante lässt sich auch mithilfe der Formel für das *totale Grenzprodukt,*

$$dx = \frac{\partial x}{\partial A} + \frac{\partial x}{\partial B} dB$$

(diese gilt für alle Faktorvariationen), beschreiben, und zwar durch die Bedingung dx = 0, was zu

$$-\frac{dB}{dAy} = \frac{\frac{\partial x}{\partial A}}{\frac{\partial x}{\partial B}}$$

führt (→ Minimalkostenkombination), d.h. die → Grenzrate der Substitution ist als das Verhältnis der Grenzerträge darstellbar.

Faktura → Rechnung.

Fakultät – 1. *Hochschulwesen:* Ein bestimmtes Fachgebiet umfassender Zweig einer wissenschaftlichen Hochschule (z.B. juristische, medizinische, naturwissenschaftliche Fakultät), neuerdings meist *Fachbereich* genannt. – 2. *Mathematik:* Begriff aus der → Kombinatorik. Dabei bedeutet die Fakultät n! oder x! = 1 · 2 · 3 · ... · n das Produkt der Zahlen 1 bis n. – Vgl. auch → Permutation, → Kombination, → Binomialkoeffizient.

Faktorvariation

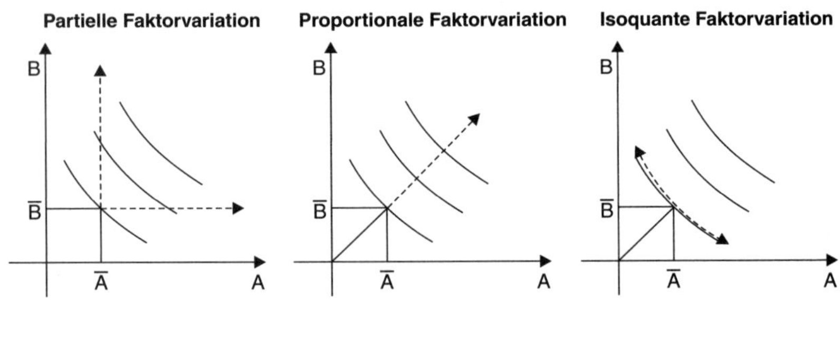

fakultative Rückversicherung – 1. *Begriff:* Fallweise Beteiligung des → Rückversicherers an einem bestimmten, vom → Erstversicherer übernommenen Einzelrisiko. Die Rückversicherung kann hier im Wege des proportionalen Rückversicherungsvertrags oder der Schadenexzendenten-Rückversicherung erfolgen. – 2. *Abgrenzung:* Steht im Gegensatz zur obligatorischen Rückversicherung (auch Vertragsrückversicherung).

fakultativ-obligatorische Rückversicherung – Recht des → Erstversicherers, dem → Rückversicherer einzelne Risiken (je nach Ausgestaltung des Deckungsumfangs) in Rückdeckung zu geben. Der Rückversicherer muss die Risikoübernahme ohne eine weitere Prüfung akzeptieren.

FAL – Abk. für → Bundesforschungsanstalt für Landwirtschaft.

Falke- und Taube-Spiel – *Hawk and Dove Game;* Standardparadigma der → evolutionären Spieltheorie. Die Spieler i = 1, 2 können sich beide aggressiv (Strategie Falke (F)) oder friedfertig (Strategie Taube (T)) verhalten. Trifft Falke auf Taube, so erhält der Falke den gesamten positiven Wert V, den zwei Tauben gerecht aufteilen würden. Trifft Falke auf Falke, so reduziert sich der halbe Wert V um die positiven Kampfkosten C. – *Auszahlungsmatrix:* Vgl. Abbildung „Falke- und Taube-Spiel – Auszahlungsmatrix". – Für V > 2C ist nur die Falke-Strategie evolutionär stabil, im Bereich 2C > V impliziert evolutionäre Stabilität positive Wahrscheinlichkeit für das Falke- und für das Taube-Verhalten (gemischte Strategie).

Falke- und Taube-Spiel – Auszahlungsmatrix

1, 2	F_2	T_2
F_1	$\frac{V-C}{2}; \frac{V-C}{2}$	V; 0
T_1	0; V	$\frac{V}{2}; \frac{V}{2}$

Fallibilismus – Bezeichnung für ein erkenntnistheoretisches Programm, dessen Grundgedanke die *prinzipielle Fehlbarkeit* aller Problemlösungen ist; es handelt sich um ein wichtiges Merkmal des → Kritischen Rationalismus. – Als Konsequenz besteht die Aufgabe der Wissenschaft nicht im Nachweis der Wahrheit wissenschaftlicher Aussagen (→ Verifikation), sondern in der Elimination von Irrtümern (→ Falsifikation). – Die Aufgabe der → Wissenschaftstheorie besteht darin, Regeln, Methoden oder Verfahren zu entwickeln, die eine Entdeckung und Elimination von Irrtümern ermöglichen. Wissenschaftliche → Theorien sind auf widerlegbare Weise zu formulieren (→ Popper-Kriterium); ihre Überprüfung kann dann durch Feststellung logischer Widersprüche (→ Deduktion), v.a. durch Vergleich mit der Wirklichkeit und ggf. mit alternativen Theorien erfolgen (→ Pluralismus).

Fälligkeit eines Anspruchs – tritt ein, sobald der Schuldner auf Verlangen des Gläubigers leisten muss. – *Zeitpunkt* der Fälligkeit eines Anspruchs je nach dem Inhalt des entsprechenden → Rechtsgeschäfts verschieden; im Zweifel tritt sie sofort ein (§ 271 BGB). Oft ist die Fälligkeit eines Anspruchs (bei den sog. verhaltenen Ansprüchen) von einer → Kündigung abhängig (z.B. meist beim Darlehen). – *Bedeutung:* Fälligkeit eines Anspruchs ist Voraussetzung für Eintritt des → Schuldnerverzugs.

Fälligkeitsfactoring – liegt vor, wenn ein Factor lediglich das Inkasso der Forderungen bei Fälligkeit übernimmt und dem Anschlusskunden (dem Exporteur) die Forderungsgegenwerte erst nach Zahlungseingang zur Verfügung stellt. Beim Fälligkeitsfactoring entfällt somit die Übernahme der Finanzierungsfunktion und i.d.R. auch der Delkrederefunktion durch die Factoringgesellschaft. – Vgl. auch → Factoring.

Fälligkeitsgrundschuld – zu einem bestimmten Termin ohne Kündigung fällige, bis dahin unkündbare → Grundschuld (§ 1193 II BGB), wirkt nicht gegen gutgläubige Dritte. – *Gegensatz:* → Kündigungsgrundschuld.

Fälligkeitshypothek – zu einem bestimmten Termin fällige, bis dahin unkündbare → Hypothek. – *Gegensatz:* → Kündigungshypothek.

Fälligkeitsprinzip – mit der → Haushaltsreform von 1969 eingeführter Grundsatz der Kassenwirksamkeit. Nur solche Einnahmen und Ausgaben dürfen in den → Haushaltsplan eingestellt werden, die auch in dem betreffenden Haushaltsjahr fällig werden. Durch die Plandarstellung der reinen Geldbewegungen soll die ökonomische Transparenz des Haushaltsplans gefördert werden. Das Fälligkeitsprinzip führt zu einer klaren Trennung von Ausgabe- und → Verpflichtungsermächtigungen.

Fälligkeitsteuern – Bezeichnung für Steuern, die kraft Gesetz fällig werden, z.B. → Lohnsteuer, → Kapitalertragsteuer. – Eine → Veranlagung ist i.d.R. nicht erforderlich. – *Anders:* → Veranlagungsteuern.

Fall-Methode – *Case Method;* betriebswirtschaftliche Ausbildungsmethode im Hochschulunterricht sowie bei der Aus- und Weiterbildung von Führungskräften (→ Personalentwicklung), entwickelt in den USA. Nutzung realer oder simulierter Situationen oder praktischer Beispiele aus der betrieblichen Praxis und deren Bearbeitung durch die Lernenden in Arbeitsgruppen zur Aneignung und Festigung von fachlichem, methodischem und sozialem Wissen und Können (Fokus Entscheidungsfindung). Eine *Weiterentwicklung* der Fall-Methode sind → Unternehmensplanspiele.

Fallpauschale → Krankenhaus.

Fallstudie – didaktisches Mittel im Rahmen von Bildungs- und Ausbildungsmaßnahmen wie auch methodisches Instrument v.a. im Bereich sozialwissenschaftlicher und psychologischer Forschung. – Im Rahmen des Wirtschafts- und Arbeitslehreunterrichts sollen, ausgehend von einem konkreten Fall, für komplexe wirtschaftliche und soziale Entscheidungstatbestände von den Schülern in einer aktiven Problemauseinandersetzung alternative Lösungsmöglichkeiten gefunden und rational begründet werden. Ein derartiger handlungs- und entscheidungsorientierter Unterricht sollte nicht nur nach formalen, entscheidungslogischen Kriterien konzipiert sein, sondern ebenso auch Wertvorstellungen und Wertkonflikte thematisieren.

falsche Anreize → Hierarchienachteile.

Falscheid → Meineid.

Falschlieferung → Aliud-Lieferung.

Falschmünzerei → Geld- und Wertzeichenfälschung.

Fälschung – 1. *Fälschung von Münzen und Noten:* → Geld- und Wertzeichenfälschung. – 2. *Fälschung eines Schecks:* a) Gefälschte Unterschriften begründen gegen denjenigen, dessen Unterschrift gefälscht wurde, keine Verpflichtung. Die Bank, die den gefälschten Scheck einlöst, haftet nach den Scheckbedingungen nur, wenn sie nachweislich ein Verschulden trifft. Im Übrigen hat der Kontoinhaber alle Folgen einer Fälschung von Schecks zu tragen. – b) Bei Änderung des Textes (z.B. des Betrags) haften diejenigen, die ihre Unterschrift nach der Änderung auf den Scheck gesetzt haben, entsprechend dem geänderten Text; wer früher unterschrieben hat, haftet nach dem ursprünglichen Text. Macht die Fälschung den Scheck formal unvollständig, so ist er nichtig. – 3. *Fälschung eines Wechsels:* a) Gefälschte Unterschriften verpflichten den, dessen Unterschrift gefälscht wurde, nicht; sie haben auf die Gültigkeit der übrigen (echten) Unterschriften keinen Einfluss (Art. 7 WG). – b) Bei Textänderungen gilt das Gleiche wie beim Scheck (Art. 69 WG). Macht die Fälschung den Wechsel formal unvollständig, ist er nichtig. – 4. *Fälschung von Zahlungskarten (Debit- und Kreditkarten):* Freiheitsstrafe bis zu zehn Jahren (§ 152a StGB). Die Tathandlungen sind mit denen der Geld- und Wertzeichenfälschung vergleichbar. – 5. *Fälschung von Wertpapieren:* → Geld- und Wertzeichenfälschung. – 6. *Fälschung von Urkunden (allg.):* → Urkundenfälschung. – 7. *Fälschung von beweiserheblichen Daten:* → Fälschung beweiserheblicher Daten.

Fälschung beweiserheblicher Daten – Es handelt sich um einen speziellen Tatbestand der → Urkundenfälschung. Strafbar ist, wer zur Täuschung im Rechtsverkehr beweiserhebliche Daten so speichert oder verändert, dass bei ihrer Wahrnehmung eine unechte oder verfälschte Urkunde vorliegen würde, oder derart gespeicherte oder geänderte Daten gebraucht, z.B. gefälschte Computerausdrucke (§ 269 StGB). – *Strafe:* Freiheitsstrafe bis zu fünf Jahren oder Geldstrafe. Der → Versuch ist strafbar.

False Trading → Totalanalyse.

Falsifikat → Fälschung.

Falsifikation – Eine Falsifikation liegt vor, wenn zu einer wissenschaftlichen Aussage (→ Hypothese) ein widersprüchlicher Befund festgestellt wird, z.B. durch eine hypothesenkonträre Beobachtung (→ Empirismus). – *Gegensatz:* → Verifikation. – Vgl. auch → Popper-Kriterium; → kritischer Rationalismus.

Falsifizierbarkeit → Popper-Kriterium.

FAM – Abk. für → Financial Accountability and Management.

Familie – in der Statistik Ehepaare mit und ohne Kind(er) sowie allein erziehende ledige, verheiratet getrennt lebende, geschiedene oder verwitwete Väter und Mütter, die mit ihren ledigen Kindern im gleichen Haushalt zusammenleben.

Familienaktiengesellschaften – Nach Definition des Gesetzgebers geht es um Aktiengesellschaften, „deren Aktionär eine einzelne natürliche Person ist oder deren Aktionäre untereinander im Sinn von § 15 I Nr. 2–8, II AO verwandt oder verschwägert sind“ (vgl. § 1 I Nr. 1 Satz 3 DrittelbeteiligungsG). Bei Familienaktiengesellschaften mit weniger als 500 Arbeitnehmern besteht keine Verpflichtung zur Drittelbeteiligung von Arbeitnehmern im → Aufsichtsrat (AR). – Vgl. auch → Familiengesellschaften.

Familienarbeitskräfte – in der Landwirtschaft der Betriebsinhaber und seine mit ihm auf dem Betrieb lebenden und mit betrieblichen Arbeiten beschäftigten Familienangehörigen und Verwandten. In der Statistik (→ Landwirtschaftsstatistik) Untergliederung nach Geschlecht, Alter, Tätigkeit im Betrieb, Haushalt des Betriebsinhabers und anderweitiger Erwerbstätigkeit. Umrechnung in Vollarbeitskräfte mithilfe der Arbeitskräfte-Einheit.

Familieneinkommen – Gesamtbetrag der Jahreseinkommen aller zu einem Haushalt gehörender Familienmitglieder (→ Familie), die in Geld oder Geldwert erzielt werden wie z.B. Lohn, Gehalt, Unterhaltszahlungen oder Mietwert des eigengenutzten Wohnraums, abzüglich bestimmter Beträge. Das Familieneinkommen geht in die Berechnungen von Wohngeld und Mietzuschüssen ein.

familienfremde Arbeitskräfte → Familienarbeitskräfte.

Familiengericht – eine beim → Amtsgericht gebildete Abteilung für → Familiensachen (§ 23b GVG). Durch Rechtsverordnung der Landesregierungen können für die Bezirke mehrerer Amtsgerichte Familiensachen einem Amtsgericht als Familiengericht zugewiesen werden.

Familiengesellschaften – erwerbswirtschaftliche Unternehmungen in Gesellschaftsform, bei denen zwischen den Gesellschaftern verwandtschaftliche

Beziehungen bestehen. Familiengesellschaften entstehen meist durch Aufnahme von Kindern oder anderen Verwandten. – *Steuerliche Behandlung:* 1. *Familiengesellschaft als Personengesellschaft:* Voraussetzung für die steuerrechtliche Anerkennung ist eine echte → Mitunternehmerschaft. Übereinstimmung von formeller und tatsächlicher Gestaltung, keine Beschränkung der Gesellschafter bei der Ausübung ihrer Gesellschaftsrechte. Außerbetriebliche Motive (auch steuerrechtliche), die zur Gründung einer Familiengesellschaft geführt haben, stehen der Anerkennung durch Finanzbehörden nicht entgegen. Die Gewinnverteilung muss Kapitalanteile, Haftung und Tätigkeit der einzelnen Gesellschafter angemessen berücksichtigen; liegt Missbrauch von Gestaltungsmöglichkeiten des Bürgerlichen Rechts im Sinn von § 42 AO vor, so können die Finanzbehörden den Gewinn für die Besteuerung anders verteilen. Bei Verstoß gegen die Voraussetzungen keine Betriebsausgabe und keine Einnahmen (Zuwendungen nach § 12 Nr. 2 EStG). – 2. *Familiengesellschaft als Kapitalgesellschaft:* Vorwiegend GmbH, wegen Haftungsbeschränkung; Entstehen bei Erwerb der Kapital- und Stimmenmehrheit durch Familienangehörige. Die Familiengesellschaften unterliegen der → Körperschaftsteuer. – Vgl. auch → Familienaktiengesellschaften.

familienhafte Beschäftigung → Familienmitarbeit.

Familienheim – 1. *Begriff* des Erbschaftsteuerrechts seit der → Erbschaftsteuerreform 2009, bezieht sich auf a) ein bebautes Grundstück, in dem der Erblasser bis zum Erbfall eine Wohnung zu eigenen Wohnzwecken genutzt hat oder er (nur) aus zwingenden Gründen an einer Selbstnutzung zu eigenen Wohnzwecken gehindert war, wenn die Wohnung beim Erwerber unverzüglich zur Selbstnutzung zu eigenen Wohnzwecken bestimmt ist (§ 13 Nr. 4b, 4c ErbStG 2009) und – b) eine zu eigenen Wohnzwecken genutzte Wohnung, an der ein Ehegatte dem anderen Eigentum oder Miteigentum verschafft (§ 13 Nr. 4a ErbStG 2009). Die Immobilie, um die es geht, darf entweder im Inland oder im übrigen Gebiet der EU odes des EWR belegen sein. – 2. *Steuerbefreiter Erwerb:* a) Die Zuwendung von Miteigentum oder Alleineigentum von einem Ehegatten an den anderen oder einen Lebenspartner an den anderen ist steuerfrei (§ 13 Nr. 4a ErbStG); ebenso ist es steuerfrei, wenn Ehegatten (bzw. Lebenspartner) eine solche Immobilie gemeinsam als Miteigentümer erwerben, aber nur einer von ihnen die für den Ankauf aufgenommenen Schulden allein tilgt, ohne vom anderen Ersatz zu verlangen. – b) Der Erwerb von Todes wegen (also nicht die Schenkung!) eines Familienwohnheims durch den überlebenden Ehegatten oder Lebenspartner ist steuerfrei, wenn der Erwerber das Fameileinheim mind. zehn Jahre lang nach dem Erwerb zu Wohnzwecken selbst nutzt; unschädlich ist es, wenn er aus zwingenden Gründen an der Selbstnutzung zu eigenen Wohnzwecken gehindert ist (z.B. in ein Pflegeheim muss). Ebenso steuerfrei ist der Erwerb durch Kinder oder Kinder verstorbener Kinder, wenn der Erwerber unverzüglich die Selbstnutzung aufnimmt; hier ist die Befreiung allerdings auf Wohnungen von maximal 200 qm begrenzt (größere Immobilien werden nur anteilig freigestellt). Auch hier wird verlangt, dass die Selbstnutzung mind. zehn Jahre lang aufrechterhalten wird, wenn sie nicht aus zwingenden Gründen unterbleiben muss. – 3. *Beurteilung:* a) *Wirtschaftliche Wirkungen:* Die den Erwerbern auferlegten Beschränkungen engen die Flexibilität von Personen, die Immobilien geerbt haben oder in absehbarer Zeit erben könnten, ein und schaffen Rechtsunsicherheit hinsichtlich der Frage, was zwingende Gründe für eine fehlende Selbstnutzung sind. – b) *Verfassungsrechtliche Probleme:* Da die Neuregelung des ErbStG 2009 explizit verlangt worden war, um einer verfassungswidrigen Ungleichbehandlung von Immobilienvermögen mit übrigem Vermögen ein Ende zu setzen, die Neuregelung aber nunmehr durch die Regelungen über das Familienheim solche Begünstigungen explizit neu einführt, ist die Neuregelung in sich problematisch. Das gilt umso mehr, als das mutmaßliche Ziel der Neuregelung, nahen Angehörigen zu ersparen, ihr Familienwohnheim nach einem Todesfall verkaufen zu müssen, um Erbschaftsteuer zahlen zu müssen, offensichtlich durch eine weniger einschneidende Maßnahme, z.B. eine Stundung der geschuldeten Steuer von Amts wegen bis zu einem tatsächlichen Verkauf oder der Aufgabe der Selbstnutzung, erreichbar gewesen wäre.

Familienhilfe – 1. Leistung der *gesetzlichen Krankenversicherung,* die einem Mitglied für bestimmte Familienangehörige, denen es Unterhalt leistet, im Fall der Krankheit *(Familienkrankenhilfe)* oder der Entbindung *(Familienmutterschaftshilfe)* gewährt wird. – a) *Kreis der Angehörigen* (§ 10 SGB V): (1) *Ehegatten und Lebenspartner;* (2) *Kinder* (eheliche, für ehelich erklärte, an Kindes statt angenommene und nicht eheliche Kinder sowie Stief-, Enkel- und Pflegekinder, die das Mitglied überwiegend unterhält) bis zum vollendeten 18. Lebensjahr, bei Nichterwerbstätigkeit des Kindes bis zum vollendeten 23. Lebensjahr, während Schul- oder Berufsausbildung jedenfalls bis zum vollendeten 25. Lebensjahr und bei Erfüllung einer gesetzlichen Dienstpflicht auch darüber hinaus für die Dauer der eingetretenen Verzögerung der Ausbildung, ohne Altersgrenze für Kinder, die sich wegen ihrer Behinderung nicht selbst unterhalten können; (3) auch *sonstige Angehörige des Versicherten,* die mit ihm in häuslicher Gemeinschaft leben, von ihm ganz oder überwiegend unterhalten werden und sich im Inland aufhalten. – b) *Leistungsausschluss:* keine Leistungen aus der Familienhilfe bei einem → Gesamteinkommen des Angehörigen von mehr als 1/7 der monatlichen → Bezugsgröße nach § 18 SGB IV; außerdem für Kinder, wenn der mit den Kindern verwandte Ehegatte des Versicherten (1) nicht Mitglied einer gesetzlichen Krankenkasse ist und (2) sein

Gesamteinkommen regelmäßig im Monat ein Zwölftel der Jahresarbeitsentgeltgrenze übersteigt und (3) regelmäßig höher als das Gesamteinkommen des Versicherten ist. – c) *Sachleistungen* für die Familienangehörigen im gleichen Umfang und unter den gleichen Voraussetzungen wie für den Versicherten selbst; *Geldleistungen* der Krankenhilfe (Krankengeld) dagegen nicht für die Familienangehörigen. Leistungen für sonstige Angehörige können durch die Satzung eingeschränkt werden. – 2. In der *gesetzlichen Pflegeversicherung* gelten die vorgenannten Grundzüge entsprechend (§ 25 SGB XI). In der privaten Pflegeversicherung ist der Personenkreis, für den Familienhilfe bestünde, ebenfalls mitversichert (§ 23 I Satz 2 SGB XI), jedoch ist der Ehegatte hier nicht beitragsfrei.

Familienkasse → Kindergeld.

Familienkrankenhilfe → Familienhilfe.

Familienlastenausgleich – 1. *Begriff:* a) *Familienlastenausgleich i.e.S.:* direkte staatliche Transfers an Familien mit Kindern, mit denen durch die Geburt und Erziehung verursachte Lasten ausgeglichen werden sollen, i.d.R. negativ mit dem Einkommen der Eltern verknüpft.b) *Familienlastenausgleich i.w.S.:* Häufig werden in den Familienlastenausgleich auch die spezielle familienfreundliche Gestaltung der Einkommensteuer (→ Splitting-Verfahren, → Kindergeld, → Kinderfreibeträge), zahlreiche weitere staatliche Maßnahmen zur finanziellen Entlastung von Familien (z.B. Preis- und Tarifvorteile bei der Benutzung öffentlicher Verkehrsmittel, Schulgeldfreiheit) einbezogen; dasselbe gilt für familienbezogene Entgeltkomponenten im öffentlichen Dienst und betriebliche Sozialleistungen. – 2. *Ziele:* Schutz der Institution Familie, vom Einkommen der Eltern unabhängige Entwicklungschancen für Kinder, bevölkerungspolitische Ziele und im Rahmen der Steuergesetze Besteuerung nach der Leistungsfähigkeit (→ Leistungsfähigkeitsprinzip). – 3. Die *Weiterentwicklung* ist der → Familienleistungsausgleich. Die Abgrenzung zwischen Familienlasten- und Familienleistungsausgleich wird in der Literatur nicht immer eindeutig beschrieben. Im 7. Familienbericht werden die Begriffe Familienlastenausgleich und Familienleistungsausgleich folgendermaßen definiert: „Familienpolitische Leistungen, die aus dem Kriterium der Bedarfsgerechtigkeit und der Lebensstandardsicherung abgeleitet sind, zielen darauf ab, bestimmte Belastungen der Eltern zu kompensieren, die durch die Geburt und die Erziehung der Kinder entstehen. Diese Instrumente lassen sich unter dem Oberbegriff Familienlastenausgleich zusammenfassen. Daneben ist es eine weitere Aufgabe der staatlichen Familienpolitik, jene Leistungen zu kompensieren, die die Familien für die Gesellschaft erbringen, die aber nicht über den Markt abgegolten werden. Diese fasst man als Familienleistungsausgleich zusammen." (ebenda, S. 56 Fn 35). Das Bundesfamilienministerium beziffert die Summe der familienbezogenen Maßnahmen und Leistungen zuletzt (für 2009) auf rund 122,7 Mrd. Euro (steuerliche Maßnahmen, Geldleistungen, Maßnahmen der Sozialversicherung, Realtransfers; ohne ehebezogene Leistungen und Bildungsausgaben). – Vgl. → Sicherung der Familie und von Kindern.

Familienleistungsausgleich – Weiterentwicklung des → Familienlastenausgleichs im Rahmen der sozialen → Sicherung der Familie und von Kindern. Der Begriff stellt in den Vordergrund, dass Familien durch die Geburt und Erziehung von Kindern Leistungen für die Gesellschaft erbringen, die von dieser ausgeglichen werden sollen, da dies nicht über den Markt geschehen kann. Im Einkommensteuergesetz werden die einkommensteuerlichen → Kinderfreibeträge und das → Kindergeld seit 1996 unter dem Titel Familienleistungsausgleich geführt. Das Bundesfamilienministerium nennt als Instrumente des Familienleistungsausgleichs: Kindergeld, die steuerliche Freistellung von → Kinderbetreuungskosten, → Elterngeld, die beitragsfreie Mitversicherung von Kindern in der Kranken- und Pflegeversicherung, die Anrechnung von Kindererziehungszeiten in der gesetzlichen Rentenversicherung. Da einige dieser Instrumente auch unter den Familienlastenausgleich gerechnet werden, erscheint die praktische Abgrenzung der beiden Begriffe als schwierig.

Familienlohn – Bezeichnung für die Bemessung des → Arbeitsentgeltes unter Berücksichtigung der Kopfzahl und des Alters der Familienmitglieder eines Arbeitnehmers, häufig in Form eines Zuschlags. Sonderform des → Soziallohns.

Familienmitarbeit – *familienhafte Beschäftigung.* 1. Wird Arbeit aufgrund *familienrechtlicher Verpflichtung* (für Kinder gemäß § 1619 BGB) geleistet, liegt kein → Arbeitsverhältnis vor (→ Arbeitnehmer). Zwischen Eheleuten oder Eltern und Kindern kann jedoch auch ein Arbeitsverhältnis begründet werden. Fehlt eine ausdrückliche Vereinbarung, spricht für Vorliegen eines Arbeitsverhältnisses Zahlung von Lohn und Sozialabgaben, Eingliederung in den Betrieb und erhebliche Arbeitsleistung. – Zum *Schutz des Gläubigers* ist unabhängig von der Vergütung ein Arbeitsverhältnis anzunehmen, wenn die Arbeitsleistung das familiär Übliche übersteigt (§ 850h II ZPO; vgl. → Lohnschiebung). – 2. Vielfach erbringen sich Eheleute, Verlobte oder Verwandte *wechselseitig Arbeitsleistungen,* ohne dass ein → Arbeitsentgelt vereinbart wurde. Streitigkeiten entstehen, wenn eine Erwartung fehlschlägt, z.B. die Ehe geschieden, die Verlobung aufgelöst oder das Kind enterbt wird. Nach der Rechtsprechung besteht ein Vergütungs- oder Nachzahlungsanspruch entsprechend § 612 BGB, wenn ein unmittelbarer Zusammenhang zwischen der unterwertigen oder fehlenden Zahlung und der Erwartung besteht, dass durch eine in Zukunft erfolgende Leistung, die in der Vergangenheit geleisteten Dienste abgegolten werden. – Vgl. auch → mithelfende Familienangehörige.

Familienname – I. Bürgerliches Recht: Familienrechtliche Bestimmungen über den → Namen. – 1. *Geburtsname:* Der Familienname wird mit der Geburt erworben. Führen die Eltern keinen Ehenamen, wird der Name des Sorgeberechtigten zum Geburtsnamen. – 2. *Ehename:* Mit der Eheschließung sollen die → Ehegatten einen gemeinsamen Familiennamen (Ehenamen) führen. Zum Ehenamen können sie den Geburtsnamen des Mannes oder den der Frau bestimmen. Treffen die Ehegatten bei einer Eheschließung keine Bestimmung über den Ehenamen, führen sie den zz. der Eheschließung geführten Namen auch nach der Eheschließung (§ 1355 BGB). Der Ehegatte, dessen Geburtsname nicht Ehename wird, ist berechtigt, seinen Geburtsnamen oder den zz. der Erklärung über die Bestimmung des Ehenamens geführten Namen voranzustellen oder anzufügen (§ 1355 IV BGB). – Nach *Scheidung* oder *Tod* behalten die Ehegatten den Ehenamen (§ 1355 V BGB). – 3. *Änderungen des Familiennamens kraft Gesetzes* sind u.a., wenn die Eltern erst nach der Geburt einen Ehenamen annehmen (§ 1617c BGB), bei → Annahme als Kind (§ 1757 BGB) und durch Verwaltungsbehörde. – Vgl. auch → Lebenspartnerschaftsname.

II. Handelsrecht: Familienname als *Firmenbezeichnung* ist weder bei Einzelkaufleuten noch bei → Personenhandelsgesellschaften erforderlich (§§ 18–21 HGB). Gewerbetreibende, für die *keine Firma* im Handelsregister eingetragen ist, müssen sich im schriftlichen rechtsgeschäftlichen Verkehr ihres Familiennamens mit mind. einem ausgeschriebenen Vornamen bedienen (§ 15b GewO). – Vgl. auch → Aufschrift.

Familienplanung – eine nach freiem Ermessen der Paare getroffene Entscheidung über die Anzahl der gewünschten Kinder und den zeitlichen Abstand zwischen den Geburten. Familienplanung kann durch Kontrazeptiva und/oder medizinische Eingriffe (z.B. Sterilisation) unterstützt werden. *Familienplanungsprogramme* in Entwicklungsländern finden nicht ohne internationale und bilaterale Unterstützung statt (UN, UNFPA). – Vgl. auch → Geburtenkontrolle.

Familienrechtsschutz – Frühere Bezeichnung für den Privat- und Berufs-Rechtsschutz für Nichtselbstständige.

Familiensachen – 1. *Begriff:* Rechtsstreitigkeiten, die zum Gegenstand haben: (1) Ehesachen (Verfahren auf Scheidung, Eheaufhebung, Ehenichtigkeit, Feststellung des Bestehens oder Nichtbestehens einer Ehe und Herstellung des ehelichen Lebens); (2) Regelung der elterlichen Sorge für ein eheliches Kind, soweit nach dem BGB hierfür das Familiengericht zuständig ist; (3) Regelung des Umgangs des nicht sorgeberechtigten Elternteils mit dem Kind; (4) Herausgabe des Kindes an den anderen Elternteil; (5) gesetzliche Unterhaltspflicht gegenüber einem ehelichen Kind; (6) durch Ehe begründete Unterhaltspflicht; (7) → Versorgungsausgleich; (8) Regelung der Rechtsverhältnisse an der Ehewohnung und am Hausrat; (9) Ansprüche aus dem ehelichen Güterrecht, auch wenn Dritte am Verfahren beteiligt sind; (10) Verfahren nach den §§ 1382, 1383 BGB, Stundung der Ausgleichsforderung und Übertragung von Vermögensgegenständen (§§ 606, 621 ZPO); (11) Kindschaftssachen; (12) Kindesunterhalt bei nicht verheirateten Eltern gemäß §§ 1615 BGBl.; (13) Verfahren nach §§ 1303 II bis IV, 1308 II und § 1315 I BGB (Ehefähigkeit und Eheverbote; (14) Maßnahmen nach §§ 1 und 2 Gewaltschutzgesetz. – 2. Die sich *aus der Ehescheidung ergebenden Folgesachen* sollen i.d.R. zusammen mit der Scheidung in einem Verhandlungs- und Entscheidungsverbund geregelt werden. – 3. *Zuständig* für Familiensachen ist das → Familiengericht beim Amtsgericht. – 4. *Rechtsmittel:* Berufung oder Beschwerde zum Oberlandesgericht, Einzelheiten in §§ 606–638 ZPO, §§ 23b, c, 119, 170 GVG.

Familienstand – I. Familienrecht: Familienrechtlich begründetes Verhältnis zwischen Personen, die durch Geburt (→ Personenstand), Verehelichung, Ehetrennung bzw. Tod ledig, verheiratet, geschieden oder verwitwet sind.

II. Amtliche Statistik: Unterteilung der Bevölkerung in Ledige, Verheiratete (zusammen oder getrennt lebend), Geschiedene und Verwitwete. Ehepartner von vermissten Personen gelten als verheiratet, von für tot erklärten als verwitwet. Mit der Verbreitung nichtehelicher Lebensgemeinschaften wird die statistische Gliederung nach dem Familienstand in Frage gestellt.

Familienstatistik – Teil der → Bevölkerungsstatistik, der die Familien (im Sinn privater Lebensgemeinschaften) zum Gegenstand hat. Dabei werden die Familienstrukturen (Größe, Vollständigkeit, Anzahl der Kinder, Alter der Mutter bei Geburten, Bildungsstand der Eltern etc.) sowie deren Veränderung beschrieben. – Vgl. auch → Haushaltsstatistik.

Familienversicherung – 1. *Begriff:* beitragsfreie Mitversicherung von Familienangehörigen in der Gesetzlichen Krankenversicherung (GKV) und der Gesetzlichen Pflegeversicherung (GPV). Geregelt in § 10 SGB V, § 25 SGB XI. Die Familienversicherung ist eine eigenständige Versicherung, aus der heraus für die Angehörigen eigene Leistungsansprüche entstehen. Sie ist untrennbar an die Versicherung des Mitglieds gebunden. – 2. *Anspruchsberechtigte:* a) Ehegatten, gleichgeschlechtliche Lebenspartner und Kinder. Zu den Kindern können auch Stief- und Enkelkinder sowie Pflegekinder gehören. – b) Die Angehörigen müssen ihren gewöhnlichen Aufenthalt in Deutschland haben und es darf für sie keine eigene vorrangige Versicherung bestehen. Sie dürfen nicht von der Versicherungspflicht befreit, versicherungsfrei oder hauptberuflich selbstständig tätig sein. Ihr Einkommen darf eine monatliche Einkommensgrenze nicht übersteigen. – c) Für Kinder bestehen zusätzlich Altersgrenzen. Grundsätzlich gilt eine Altersgrenze von

18 Jahren. Darüber hinaus können erwerbslose Kinder bis zum 23. Lebensjahr oder Schüler bzw. Studenten bis zum 25. Lebensjahr mitversichert werden. Der Anspruch kann sich über das 25. Lebensjahr hinweg verlängern, wenn Grundwehr- oder Zivildienst geleistet wurde. Für behinderte Kinder kann ein zeitlich unbegrenzter Anspruch bestehen. – 3. *Ausschlüsse:* a) Kinder können von der beitragsfreien Mitversicherung ausgeschlossen sein, wenn die Eltern verheiratet sind und der Elternteil mit dem höheren Einkommen nicht in der Gesetzlichen Krankenversicherung versichert ist. – b) Für Ehegatten und Lebenspartner ist eine Mitversicherung in Zeiten der Schutzfristen nach dem Mutterschutzgesetz und der Elternzeit ausgeschlossen, wenn sie zuvor nicht in der Gesetzlichen Krankenversicherung versichert waren. – 4. *Wahlrecht:* Sind beide Elternteile Mitglieder einer gesetzlichen Krankenkasse, können sie wählen, über welche Mitgliedschaft die Familienversicherung durchgeführt werden soll.

Familienzulage – Erhöhung des → Arbeitsentgelts aus wohlfahrts- oder bevölkerungspolitischen Motiven; im dt. Sozialrecht seit 1.1.1955 berücksichtigt durch das → Kindergeld. Zuvor seit 1952 ähnliche Einrichtung im Bergbau, die aufgrund von Versuchen am Ende des vorigen Jahrhunderts erstmalig 1918 in Frankreich eingeführt worden war und später auch in Belgien und Großbritannien analog der franz. Gesetzgebung gesetzlich geregelt wurde.

Fangkosten → Erntekosten.

Fangpfad → Erntepfad.

FAO – Abk. für *Food and Agricultural Organization, Ernährungs- und Landwirtschaftsorganisation der Vereinten Nationen;* am 16.10.1945 in Quebec gegründete UN-Organisation mit Sitz in Rom (seit 1951); zahlreiche (Sub-) Regionalbüros, Ländervertretungen und Verbindungsbüros; 191 Mitgliedsstaaten (2007) und EU und das assoziierte Mitglied Faröer Inseln. – *Ziele:* Hebung des Ernährungs- und Lebensstandards in der Welt; Verbesserung der Produktion und Verteilung von Erzeugnissen der Land- und Forstwirtschaft sowie Fischerei; Verbesserung der Lebensbedingungen der ländlichen Bevölkerung. – *Organe: Generalversammlung* (Konferenz) der Delegierten, die im zweijährigen Rhythmus als oberstes Organ die Politik festlegt und im 6-jährigen Rhythmus einen vorsitzenden Generaldirektor wählt; *Welternährungsrat* (Council; 49 gewählte Mitgliedsstaaten als ständiges Exekutivorgan der Konferenz), der von verschiedenen bereichsspezifischen Ausschüssen bei der Programmierung und Koordinierung der Aktivitäten beraten wird; der organisatorische Unterbau des FAO ist aufgeteilt in 8 Departments. – *Aktivitäten:* FAO sammelt, analysiert und verbreitet weltweit landwirtschaftliche und ernährungspolitische Informationen und erarbeitet Vorschläge zur Überwindung ernährungspolitischer Probleme und leistet technische Hilfe. Bei Hungerkatastrophen informiert sie über ein globales Frühwarnsystem und organisiert Notstandshilfe (→ Nahrungsmittelhilfe). Enge Zusammenarbeit mit → UNICEF, → IBRD, → WHO, → ILO und → WFP. – *Finanzierung* über Umlagen der Mitgliedsstaaten, zusätzliche Mittel aus Treuhandfonds der Mitgliedsstaaten und des → UNDP. – Publikation von unentgeltlichem Informationsmaterial.

FAQ – 1. Abk. für → Fair Average Quality. – 2. Abk. für *Frequently Asked Questions;* häufig gestellte Fragen zu einem bestimmten Thema, die von dem Content-Anbieter auf einer separaten → Webpage beantwortet werden.

Farbgestaltung – Maßnahme der Arbeitsgestaltung, dient psychologischen, organisatorischen und sicherheitstechnischen Zwecken. – 1. *Psychische Auswirkungen:* Unter Ausnutzung der farbpsychologischen Erkenntnisse werden → Arbeitsräume farblich so gestaltet, dass diese je nach zu leistender Arbeit emotional stimulierend, beruhigend, die Konzentration fördernd o.Ä. wirken. – 2. *Organisatorische Zwecke:* Die unterschiedliche farbliche Gestaltung von Abteilungsräumen kann die organisatorische Gliederung verdeutlichen. Durch farbliche Gestaltung von Medien, Unterlagen und Handhabungselementen können diese schnell und irrtumsfrei erfasst werden. – 3. *Sicherheitstechnische Zwecke:* Die signalisierende Wirkung von Farbe wird zu gezieltem Einsatz im sicherheitstechnischen Bereich verwendet, bes. kontrastierende Farben (rot/weiß), (schwarz/gelb). Die Lichtquellen können durch entsprechende farbliche Gestaltung des Untergrundes besser ausgenutzt werden.

Farbmarke – als → Marke grundsätzlich schutzfähig; im Ausnahmefall auch sog. konturlose Farbmarken („Magenta“).

FAS – Abk. für *Free Alongside Ship* = Frei Längsseite Schiff … (benannter Ort, d.h. Verschiffungshafen). Vertragsformel der von der ICC entwickelten → Incoterms für Außenhandelsgeschäfte. – Bietet sich an bei Verladung von Massengütern auf konventionelle Schiffe (z.B. Getreide, Kohle oder Schrott) (nicht bei Containern, wenn diese nicht direkt an das Schiff herangebracht werden können; bei Containerverkehr bietet sich i.d.R. → FCA an). Die Verladung kann von der „trockenen“ oder der „nassen“ Seite erfolgen, d.h. entweder vom Kai aus oder von der Wasserseite, z.B. aus Leichtern,"Bockschiffen" oder Schuten (folgende Abbildung). Dies ist oft der Fall, wenn Seeschiffe nicht in – zu flache oder besetzte – Häfen einlaufen können und daher vor dem Hafen „auf Reede“ beladen werden müssen (z.B. Lagos/ Nigeria ist chronisch „verstopft“). FAS ist im See- und Binnenschiffsverkehr anwendbar. – Die Lieferverpflichtung ist erfüllt, wenn die Ware vom Kai oder vom Wasser mit den Ladeeinrichtungen am Kai oder mit dem Ladegeschirr des Schiffes verladen werden kann. Dann geht die Gefahr auf den Käufer über. Dieser muss den Verkäufer über den Namen des Schiffes, den Liegeplatz und die Ladezeit rechtzeitig benachrichtigen (sog. FAS-Instruktion). Die Gefahr geht auch dann auf den Käufer über, wenn das Schiff nicht zum vereinbarten Termin einläuft oder früher ausläuft. Die Kosten bis zur Anlieferungsstelle trägt der Verkäufer, die Kosten des Verladens und alle weiteren Kosten der Käufer. Der Verkäufer ist seit 2000 für die Exportabfertigung verantwortlich, bis 2000 schuldete der Verkäufer keine exportfreie Ware. – Vgl. auch EXW, → FCA, → FOB, → CFR, → CIF, → CPT, → CIP, → DAT, → DAP, → DDP; → Incoterms; → C-Klauseln, → F-Klauseln, → D-Klauseln.

FASAC – Abk. für → Financial Accounting Standards Advisory Council.

FASB – Abk. für → Financial Accounting Standards Board.

Fassongründung → Mantelgründung.

Fassonwert → Firmenwert.

Fastbanken → Near Banks.

Faustpfand – die im (i.d.R. unmittelbaren) Besitz des Gläubigers befindliche → bewegliche Sache, an der ein → Pfandrecht besteht.

Fayol – Henry, 1841–1925, franz. Bergbauingenieur, Verwaltungsfachmann und einer der Begründer der betriebswirtschaftlichen Organisationslehre. Fayol betonte die Notwendigkeit des Verwaltungsunterrichts neben der technischen Ausbildung („Administration industrielle et générale" 1916). Gemäß Fayols Einteilung der Verwaltungsfunktionen in: Vorausplanen, Organisieren, Aufträge erteilen, Zuordnen, Kontrollieren.

Fayol-Brücke – eine auf Fayol zurückgehende horizontale → Kommunikationsbeziehung zwischen Handlungsträgern der gleichen Ebene der Hierarchie, mit der, zur Steigerung der → Dispositionsfähigkeit, von der strengen Anwendung des → Einliniensystems abgewichen wird.

Fazilität – *I.w.S.* alle von Banken ihren Kunden eingeräumten Möglichkeiten der Geldanlage oder Kreditaufnahme. – *I.e.S.* meint Fazilitäten den von Banken bereitgestellten Finanzierungsrahmen, der nach Bedarf in Anspruch genommen werden darf. – *Im Rahmen der Geldpolitik*: Im Eurosystems bietet die Zentralbank ständig zwei Fazilitäten an: die Spitzenrefinanzierungsfazilität, hierbei können Banken Übernachtkredite aufnehmen und die Einlagefazilität, hier können Banken über Nacht überschüssige Liquidität anlegen. Die Zinssätze für diese beiden Fazilitäten bilden die Ober- bzw. Untergrenze für den Tagesgeldsatz (EONIA). – *Im Rahmen der internationalen Wirtschaftspolitik*: Zusagen von Regierungen oder internationalen Organisationen (insbesondere IWF) in bestimmten Fällen Finanzhilfen oder Kredite zu gewähren, z.B. zur Bewältigung von Naturkatastrophen, in Krisenfällen oder bei Zahlungsbilanzproblemen. – Vgl. auch → Kreditfazilität, → Kreditlinie.

FCA – *FCA = Abkürzung für Free Carrier ... Named Place; deutsch: frei Frachtführer ... benannter Ort*, Vertragsformel der von der ICC entwickelten → Incoterms für Außenhandelsgeschäfte. – Für FCA findet man auch die Bezeichnung „Franco Spediteur ...". Für die meisten ICC-Klauseln kursieren in der Praxis leicht abweichende Bezeichnungen, die jedoch inhaltlich kongruent verwendet werden. „Franco Spediteur" ist eine Bezeichnungen der UN-Economic Commission for Europe (ECE), Genf. „Frei" heißt i.d.R. frachtfrei, bezieht sich also meist auf den Kosten-, nicht auf den Gefahrenübergang, manchmal aber doch, was aber nicht immer klar ersichtlich ist. Daher sollte besser die ICC-Bezeichnung FCA verwendet werden. – FCA ist auf alle Transportarten anwendbar, d.h. für Transporte über „nasse" oder „trockene" Strecken oder Grenzen. Der Käufer hat die sog. Transportdisposition, d.h. er bestimmt das Transportmittel und den Transportweg. Die Verantwortung des Verkäufers endet (seit Incoterms 2000) erst mit der Verladung auf das erste Transportmittel des Käufers, wobei der Verkäufer im Extra-EG-Handel aber für die Abfertigung beim Ausfuhrzollamt zuständig ist; der Carrier transportiert die Ware dann über die Ausgangszollstelle ins Ausland. Mit der Angabe des Lieferorts im Exportland wird meist auch die Transportart festgelegt, z.B. „FCA Flughafen Düsseldorf" oder „FCA Zweiglager München" (also meist Lkw, ggf. aber auch Bahn) oder „FCA Güterbahnhof Kassel". – Sofern keine Festlegung der Transportart erfolgt, wird der Käufer dies frühzeitig im Rahmen seiner → Benachrichtigungspflicht vorab tun müssen, damit der Verkäufer seiner Pflicht zur transportgerechten Verpackung nachkommen kann. Neben Sicherheitsaspekten sind dabei ggf. auch Bestimmungen des Importlandes zu beachten, die sich oft auch auf Markierungsvorschriften erstrecken (z.B. „Gefahrgut", „feuergefährlich"). Spätestens mit der Transportbenachrichtigung sollte auch der Ort so genau wie möglich präzisiert werden, z.B. „FCA Freihafen Bremen, Schuppen 14, Rampe 3" (ein Schuppen ist eine Lagerhalle im Freihafen). Wäre lediglich „FCA Freihafen Bremen" bestimmt, könnte sich der Verkäufer theoretisch eine beliebige Übergabestelle im weiten Hafengelände auswählen (Klauseltext FCA A.4). – Wann die Lieferung abgeschlossen ist, hängt vom benannten Ort ab: Wenn die Lieferung am Sitz des Verkäufers erfolgen soll, ist der Verkäufer für die Verladung auf das vom → Frachtführer gestellte Transportmittel verantwortlich und die Lieferung ist erst mit der Verladung auf das vom Käufer bereitgestellte Transportmittel erfolgt. Soll die Lieferung an einem anderen Ort stattfinden (z.B. Flughafen oder Güterbahnhof), erfüllt der Verkäufer seine Lieferpflicht, wenn die Ware dem Frachtführer oder einem anderen Beauftragten des Käufers unentladen zur Verfügung gestellt wird (weil er über die dortigen Gegebenheiten oft nicht umfassend informiert sein kann). – Bei FCA-Klauseln ist die Termintreue wichtig, weil dies für den Käufer aufgrund eigener Lieferverpflichtungen von großer Bedeutung sein kann. Fristüberschreitung kann im Sinne eines Fixgeschäftes nach § 376 HGB zu Schadenersatzpflicht wegen Nichterfüllung führen. Demzufolge sind die Benachrichtigungspflichten beider Seiten über Lieferungs- und Übernahmemodalitäten bes. bedeutsam (A7/B7, A10/B10). – Umgekehrt besteht auch bei FCA für den Verkäufer das Risiko, dass der Kunde die Ware am vereinbarten Lieferort nicht übernimmt, weil er es sich anders überlegt hat. Folglich ist FCA unter einem → Akkreditiv von Neukunden keine günstige Klausel – → C-Klauseln eignen sich dann besser. Alternativ kann/ sollte ein Einlagerungsnachweis bei einem vom Verkäufer auszuwählenden → Spediteur vereinbart werden. – Hinsichtlich des Transports bedeutet FCA einen *gebrochenen Transport* „bis Lieferort" und „ab Lieferort bis Bestimmungsort", wobei es aber – in Abänderung der FCA-Basisklausel – vertraglich oft dem Verkäufer übertragen wird, auch für den Transportvertrag ab Lieferort zu sorgen, allerdings auf Kosten des Käufers oder – sofern möglich – durch unfreie Versendung. Der Verkäufer ist für die Exportabwicklung verantwortlich, muss also alle Zoll- und sonstigen behördlichen Formalitäten abwickeln. Ggf. sollte ein Vorbehalt wie z.B. „vorbehaltlich Exportgenehmigung" vertraglich vereinbart werden. – Eine Pflicht zur Transportversicherung besteht nicht, jedoch dürfte es ratsam sein, dass der Verkäufer den Transport bis zur Übergabe an den Frachtführer und der Käufer danach jeweils auf eigene Kosten versichern. – Solche „gebrochenen" Policen sind jedoch sowohl teurer als auch problematisch, wenn im Schadensfall nicht mehr festgestellt werden kann, ob ein Schaden vor oder nach Übergabe an den Frachtführer eingetreten ist. Im Zweifel wird sich keine der beteiligten Versicherungen zuständig fühlen. In der Praxis wird daher oft der Abschluss einer durchgehenden Versicherung vereinbart, wobei die Kosten wiederum aufgeteilt werden können. – *Praxistipp:* Durchgehende Versicherungspolicen bis zum Bestimmungsort – „von Haus zu Haus" – können Probleme bei der Zollwertbestimmung ergeben, weil die Nebenkosten, die auf den Transport innerhalb des → Binnenmarkts des Importlandes entfallen, methodisch nicht in den → Zollwert eingehen. Eine Aufteilung ist aber nicht immer möglich. Andererseits sind die fraglichen Versicherungsbeträge oft gering. – Da der Käufer den Haupttransport arrangiert, obliegt ihm auch die Wahl des Frachtführers. Manche Exporteure ziehen daher aus Gründen der Qualitätssicherung eine C-Klausel vor, bei der sie den Frachtführer selbst bestimmen können. – FCA wurde 1980 für den Containerverkehr „erfunden". Würde man dabei FOB-Seehafen wählen, ergäbe sich das Problem, dass der Käufer heute kaum noch „an Deck" liefern kann, weil die Beladung des Schiffs mit Containern in der Verantwortung des Seefrachtführers erfolgt, folglich nicht im Einflussbereich des Verkäufers liegt. Dieser endet im Container-Terminal, wo die Übergabe an den Frachtführer stattfindet (A.4) (vgl. folgende Abbildung).

Dieser – meist die Reederei – verstaut die Container nach komplizierten Ladeplänen, damit die zuletzt auszuladenden Container nicht gerade vorne stehen, alle Gefahrgutcontainer hingegen z.B. hinten auf dem Deck (wo man sie ggf. schnell über Bord werfen kann. Gefahrgut können bereits harmlose Güter sein: Normale Gurtstraffer und Airbag-Patronen für Automobile gelten als Sprengstoff, also Gefahrgut, deren Transport bes. Vorkehrungen und Dokumentationen erfordert), alle Kühlcontainer zusammen, weil man dann die Energieversorgung bündeln kann, Chemikalien oder Bier unter der Wasserlinie, weil da die Temperatur relativ konstant ist, usw. Die Containerverladung auf das Schiff erfolgt dementsprechend schon auf Kosten des Käufers; man könnte aber vereinbaren „FCA …, Terminal-Abwicklungskosten zulasten des Verkäufers" (sofern diese wiederum nicht Teil der Schiffsfrachtrate sind – es kommt hier auf die konkreten Liner Terms an). Für die sonstigen Aspekte entspricht FCA den FOB-Bestimmungen weitgehend. – Da verschiedene Warendokumente Beweis- oder Sperrfunktionen haben, regelt FCA A8/B8 (vor 2010 ausführlicher) die Pflichten zur Beschaffung und Zurverfügungstellung der Liefernachweise bzw. Transportdokumente der verschiedenen Transportarten. FCA ist tendenziell eine sinnvolle Alternative zu EXW; vgl. dort. – Vgl. auch → EXW, → FAS, → FOB, → CFR, → CIF, → CPT, → CIP, → DAT, → DAP, → DDP, → Incoterms, → F-Klauseln, → ICC.

FCS – Abk. für *Free of Capture and Seizure;* → Handelsklausel, nach der das Beschlagnahmerisiko ausgeschlossen wird. Im widrigen Fall kann derjenige, der die Klausel garantiert hat, schadensersatzpflichtig sein.

FDIC – Abk. für → Federal Deposit Insurance Corporation.

FEACO – Abk. für *European Federation of Management Consultancies Associations*, europäische Dachorganisation der nationalen Managementberatungsverbände; 1960 gegründet; Sitz in Brüssel. – 1. *Aufgaben:* Unterstützung, Förderung und Entwicklung der → Managementberatung und ihre Repräsentation auf europäischer Ebene. Außerdem sollen die Interessen der Mitgliedsverbände unterstützt und ihre Zusammenarbeit gefördert werden. Zu den Dienstleistungen zählt u.a. die Organisation von Arbeitsgruppen und Diskussionsforen. – 2. *Mitglieder:* Mit ihren Mitgliedsverbänden repräsentiert die FEACO in 22 europäischen Ländern mehr als 3.000 Consulting-Firmen (2009). Das entspricht einem Anteil von etwa 40 bis 70 Prozent des Marktes für Managementberatung in den jeweiligen Mitgliedsländern. Seit 2002 können auch nicht europäische Beraterverbände und große Beratungsunternehmen Mitglied werden. Zu den Mitgliedern zählt der Bundesverband Deutscher Unternehmensberater e. V. (→ BDU).

Feasibility-Studie – *Durchführbarkeitsstudie;* im → Anlagengeschäft und → Systemgeschäft übliche Vorstudie zur Prüfung, ob ein bestimmtes Großprojekt überhaupt durchführbar und ob es technisch und ökonomisch sinnvoll ist. Der Leistungsumfang des durchzuführenden Projekts soll eingegrenzt werden. Eine Feasibility-Studie wird häufiger von → Consulting Engineers durchgeführt; kann auch von Anlagen- und Systemanbietern als Marketing-Instrument des → Pre-Sales-Service eingesetzt oder von Nachfragern zur Anfragenstrukturierung herangezogen werden.

Federal Deposit Insurance Corporation (FDIC) – 1934 aufgrund des Banking Act von 1933 (Änderungen 1935) als Bundesinstitution für die → Depositenversicherung in den USA errichtete Pflichtversicherung für alle Mitgliedsbanken des → Federal Reserve System (FRS), für Nicht-Mitgliedsbanken und Sparbanken freiwillig. – Sitz in Washington.

Federal Reserve Bank → Federal Reserve System (FRS).

Federal Reserve Note → Federal Reserve System (FRS).

Federal Reserve System (FRS) – 1. *Begriff:* Geld- und Kreditorganisation der USA, geschaffen durch die Federal Reserve Act 1913. In zwölf Federal Reserve Districts sind jeweils Federal Reserve Banks (FRB, Bundesreserve-Banken) errichtet worden als alleinige → Notenbanken und Zentralinstitute, bei denen die dem FRS angehörenden Banken ihre Liquiditätsreserven (→ Liquiditätsreserven der Geschäftsbanken) zu halten haben. Sitz der FRB in Boston, New York, Philadelphia, Cleveland, Richmond, Atlanta, Chicago, St. Louis, Minneapolis, Kansas City, Dallas, St. Francisco. Dem FRS müssen alle National Banks als Mitglied angehören. Banken mit einzelstaatlichem Aufgabenbereich (State Banks), können freiwillig Mitglied sein. Die FRB sind Aktiengesellschaften, ihr Kapital wird von den Mitgliedsbanken aufgebracht. Die Einzahlung beträgt 6 Prozent des Eigenkapitals jeder Bank, 50 Prozent müssen bar hinterlegt werden. – 2. *Geschäfte der FRB:* Die üblichen Aufgaben von Zentralbanken. Die ausgegebenen Noten (Federal Reserve Notes) müssen zu 40 Prozent durch Gold oder Goldzertifikate, im Übrigen durch Handelswechsel und kurzfristige Staatspapiere gedeckt sein; keine Einlösungspflicht in Gold. Die FRB besorgen die Bankgeschäfte der Regierung, erledigen das zwischenstaatliche Scheckclearing und kaufen bzw. verkaufen Obligationen im Offenmarktgeschäft auf Anweisung des Open Market Committee. Sie arbeiten nur mit Kreditinstituten. Einlagen unterhalten nur Banken und Regierungsstellen. – 3. *Organisation der FRB:* a) *Oberste Leitung* jeder FRB durch neun auf drei Jahre gewählte Direktoren. – b) Der *Board of Governors of the FRS* (bestehend aus sieben auf 14 Jahre vom Präsidenten der USA ernannten und vom Senat bestätigten Mitgliedern) führt die Aufsicht über die FRB. – *Aufgaben:* Kontrolle ihrer Tätigkeit, Bestimmung der Währungs- und Geldpolitik der USA, Prüfung und Bestätigung der von der FRB festgesetzten Diskontraten, Festsetzung der von den Mitgliedsbanken zu haltenden Mindestreserven. – c) Die sieben Mitglieder des Board of Governors haben auch in dem aus zwölf Mitgliedern bestehenden *Federal Open Market Committee*, das die Richtlinien für das Offenmarktgeschäft gibt, die ausschlaggebende Stimme.

Federal Trade Commission (FTC) – 1914 gemäß → Federal Trade Commission Act errichtete amerikanische Kartellbehörde; Sitz in Washington, D.C. Neben der Antitrust Division des Justizministers für die Einhaltung des Wettbewerbsrechts zuständig (Bureau of Competition); daneben Durchsetzung der Vorschriften über den unlauteren Wettbewerb (Sec. 5(a) FTC Act – Bureau of Consumer Protection) und wirtschaftspolitische Beratung des Kongresses (Bureau of Economics).

Federal Trade Commission Act – US-amerikanisches Gesetz von 1914 zur Errichtung einer Kartellbehörde mit Aufgaben in der → Antitrust-Gesetzgebung.

Fédération des Experts Comptables Européens (FEE) – europäischer Zusammenschluss von 43 Organisationen wirtschaftsprüfender Berufe aus 32 Ländern; Sitz in Brüssel; regionale Einrichtung im Rahmen der International Federation of Accountants (IFAC). Mitglied ist u.a. das → Institut der Wirtschaftsprüfer in Deutschland e. V. (IDW).

FEE – Abk. für → Fédération des Experts Comptables Européens.

Feedback Value – *Tauglichkeit zur Erwartungsüberprüfung;* qualitative Anforderung an Rechnungslegungsinformationen nach den → US-GAAP sowie nach den → International Financial Reporting Standards (IFRS). – Vgl. auch → Conceptual Framework, → Framework.

Feedreader → RSS-Feed.

Fehlallokation – Abweichung von der optimalen → Allokation. Eine Reallokation der Ressourcen bzw.

Güter ist bei komparativ-statischer Betrachtung derart möglich, dass die bestehende Knappheit verringert wird. – Vgl. auch → Wohlfahrtsökonomik.

Fehlallokationshypothese → Neue Klassische Makroökonomik.

Fehlbelegungsabgabe – im Fall der Belegung von Sozialwohnungen durch Personen, die früher eine Berechtigung zum Bezug einer Wohnung innerhalb des sozialen Wohnungsbaus haben nachweisen können, heute aber infolge von Einkommenserhöhungen und/oder Verringerung der Familiengröße die Einkommensgrenze überschreiten, erhobene → Abgabe. 1982 in der Bundesrepublik Deutschland eingeführt; es ist jedoch seit 1985 jedem Bundesland freigestellt, ob die Fehlbelegungsabgabe eingefordert wird; in den letzten Jahren in den meisten Bundesländern abgeschafft. Die Fehlbelegungsabgabe soll die Differenz zwischen Sozialmiete und der durchschnittlichen marktüblichen Miete ausgleichen. Die Fehlbelegungsabgabe ist zu zahlen von Mietern öffentlich geförderter Wohnungen, deren Einkommen die Einkommensgrenzen nach § 25 Zweites Wohnungsbaugesetz um einen bestimmten Prozentsatz (je nach Bundesland) überschreitet.

Fehlbestand → Mankohaftung.

Fehlbetrag – 1. Begriff der *Revisionspraxis* für ein festgestelltes Bestandsmanko (v.a. → Kassenmanko). – 2. Ist bei → Kapitalgesellschaften im → Jahresabschluss das → Eigenkapital durch Verluste aufgebraucht und ergibt sich ein Überschuss der → Passiva über die → Aktiva (buchmäßige Überschuldung), so ist dieser Betrag am Bilanzende auf der Aktivseite als „Nicht durch Eigenkapital gedeckter Fehlbetrag" auszuweisen (§ 268 III HGB). – Vgl. auch → Überschuldung, → Unterbilanz.

Fehler – *statistischer Fehler;* Grundbegriff der Statistik mit drei hauptsächlichen Erscheinungsformen: (1) Ein *ermittelter Wert eines* → Merkmals weicht vom tatsächlichen (wahren) *Wert* mehr oder weniger *ab.* Ist x_i der tatsächliche und x'_i der beobachtete Wert, so heißen $(x'_i - x_i)$ bzw. $|x'_i - x_i|$ bzw. $(x'_i - x_i)/ x_i$ Fehler, absoluter Fehler bzw. relativer Fehler. – *Grund:* z.B. falsche Antworten, falsches Vorgehen des Interviewers oder falsche Beobachtungen. (2) Der *berechnete Wert eines* → Parameters der → Grundgesamtheit, etwa des → arithmetischen Mittels oder der → Varianz, *ist nicht mit dem wahren Wert identisch. – Grund:* falsche Merkmalswerte (→ Fehlerfortpflanzung), falsche Abgrenzung der → Grundgesamtheit (→ Coverage-Fehler, → Non-Response-Problem), falsche Verarbeitung der Beobachtungswerte. Gegenseitige Neutralisierung von Fehlereinflüssen ist hier möglich. (3) Ein → Schätzwert aus einer → Zufallsstichprobe unterscheidet sich mehr oder weniger stark *vom zu schätzenden Parameter in der Grundgesamtheit. – Grund:* Die unter den Punkten 1 und 2 genannten Ursachen, die als → Nichtstichprobenfehler zusammengefasst werden; ein Schätzwert aus einer Stichprobe weicht zufallsbedingt vom wahren Wert ab (→ Stichprobenzufallsfehler). In der modernen → Stichprobentheorie gilt das Augenmerk der simultanen Verminderung von Stichproben- und Nichtstichprobenfehlern. (4) Zusätzlich ist der Begriff statistischer Fehler zur Bezeichnung von *falschen Entscheidungen* (→ Fehlerrisiko, → Alpha-Fehler, → Beta-Fehler) bei → statistischen Testverfahren gebräuchlich.

Fehler erster Art → Alpha-Fehler.

Fehlerfolgekosten → Qualitätskosten.

Fehlerfortpflanzung – die Erscheinung, dass die bei der Verarbeitung von fehlerbehafteten Daten (→ Fehler) resultierenden Größen, z.B. Kennwerte, ebenfalls mehr oder minder fehlerbehaftet sind. Der Fehler einer abgeleiteten Größe kann als Funktion der Fehler der verarbeiteten Werte angegeben werden. – *Beispiel:* Der (nicht relativierte) Fehler eines → arithmetischen Mittels ist gleich dem durchschnittlichen Fehler der Einzelwerte.

fehlerhafte Gesellschaft → faktische Gesellschaft.

fehlerhafter Besitz – durch → verbotene Eigenmacht erlangter → Besitz. Die Fehlerhaftigkeit muss der Nachfolger im Besitz gegen sich gelten lassen, wenn er Erbe des Besitzvorgängers ist oder die Fehlerhaftigkeit des Besitzes seines Vorgängers beim Erwerb kannte (§ 858 BGB). – Vgl. auch → Besitzschutz.

Fehlerkorrekturmodell – Modell zur gemeinsamen Abbildung kurz- und langfristiger Zusammenhänge von Variablen. – In Fehlerkorrekturmodellen beeinflussen Abweichungen vom langfristigen Gleichgewicht die kurzfristige Dynamik einer Variablen. Hier wird i.d.R. die erste → Differenz eines stochastischen Prozesses durch eine Linearkombination von Variablen in Niveauform und eines oder mehrerer weiterer stochastischer Prozesse erklärt, d.h. die Information des Niveaus einer (oder mehrerer) Variablen wird zur Erklärung ihrer Änderungen benutzt. – Eine Spezialform sind → Kointegrationsmodelle, welche → Kointegration zwischen stochastischen Prozessen voraussetzen. Die kointegrierten Linearkombinationen (z.B. logarithmierte Differenz zwischen Volkseinkommen und Konsum) besitzen häufig eine ökonomische Interpretation, was die Fehlerkorrekturmodelle für die ökonometrische Analyse interessant machen.

Fehlerrisiko – bei → statistischen Testverfahren die → Wahrscheinlichkeit dafür, einen → Alpha-Fehler bzw. → Beta-Fehler zu begehen.

Fehlerverhütungskosten → Qualitätskosten.

Fehler zweiter Art → Beta-Fehler.

fehlgegangene Vergütungserwartung → Familienmitarbeit.

Fehlgeld → Fehlgeldentschädigung.

Fehlgeldentschädigung – *Fehlgeld, Mankogeld, Zählgeld;* an im Kassen- oder Zähldienst beschäftigte Arbeitnehmer gezahlte pauschale Entschädigung. – *Lohnsteuer:* Ist der Arbeitnehmer ausschließlich oder im Wesentlichen im Kassen- oder Zähldienst beschäftigt, so kann die Entschädigung steuerfrei gewährt werden, soweit sie für jeden Kalendermonat 16 Euro nicht übersteigt (R 19.3 I Nr. 4 LStR 2008). Wird der Arbeitnehmer mit Fehlgeldern belastet, so entstehen für ihn in dieser Höhe Werbungskosten.

Fehlinvestition → Investitionsprojekt, das die mit dieser → Investition verbundenen quantitativen Ziele (z.B. → Wirtschaftlichkeit, → Rentabilität) oder qualitativen Ziele (z.B. Sozialziele, Umweltziele) nicht erfüllt.

Fehlmengen – Bedarf, der die verfügbaren Mengen überschreitet. Fehlmengen können *auftreten* z.B. (1) in der *Produktion*, wenn Roh-, Hilfs-, Betriebsstoffe oder Ersatzteile nicht in genügender Menge durch die Materialwirtschaft bereitgestellt werden; (2) im *Absatzsektor*, wenn das Lager geräumt ist (nachholbare Fehlmengen (Back-Order-Fall)/ nicht nachholbare Fehlmengen (Lost-Sales-Fall)). – *Ursache* ist meist ein stochastischer Lagerabgang. – Ein *Vermeiden* von Fehlmengen ist u.a. durch einen → Sicherheitsbestand möglich. – Vgl. auch → Fehlmengenkosten, → Servicegrad.

Fehlmengenkosten – Kosten, die durch das Vorhandensein von → Fehlmengen bedingt sind; echte Kosten (z.B. Konventionalstrafen) oder → Opportunitätskosten als entgangener Gewinn. Bestimmung der Fehlerkosten in der Praxis oft schwierig, da nicht alle Einflussfaktoren quantifizierbar sind. Fehlmengen in der Materialwirtschaft bewirken Stillstands- und ggf. vermeidbare Umrüstungskosten. – Vgl. auch → Logistikkosten.

Fehlsubventionierung im Wohnungswesen – Nach dem Gesetz über den Abbau der Fehlsubventionierung im Wohnungswesen i.d.F. vom 13.9.2001 (BGBl. I 2414) haben Inhaber einer öffentlich geförderten Wohnung im Sinn des Wohnungsbindungsgesetzes (WoBindG) – vorbehaltlich gesetzlich bestimmter Ausnahmen – eine *Ausgleichszahlung* zu leisten, wenn ihre Wohnung in durch landesrechtliche Vorschriften bestimmten Gemeinden liegt, in denen die Kostenmieten (§§ 8–8b WoBindG) öffentlich geförderter Mietwohnungen die ortsüblichen Mieten vergleichbarer, nicht preisgebundener Mietwohnungen erheblich unterschreiten, und ihr Einkommen die nach den §§ 9 und 35 I 1 des Wohnungsraumförderungsgesetzes (WoFG) bestimmten Einkommensgrenzen um mehr als 20 Prozent übersteigt. Der Beginn der Leistungspflicht ist in § 4 AFWoG geregelt. Die eingezogenen → Ausgleichsleistungen hat die zuständige Stelle an das Land abzuführen. Das Aufkommen hieraus ist laufend zur sozialen Wohnraumförderung nach dem WoFG zu verwenden. Sonderregelungen gelten für das Bundesland Saarland. Soweit landesrechtliche Vorschriften anstelle der Vorschriften des AFWoG erlassen wurden, finden die AFWoG-Bestimmungen grundsätzlich keine Anwendung (§ 14 AFwoG).

Fehlzeiten – in Stunden oder Tagen gemessene Abwesenheit der Mitarbeiter vom Arbeitsplatz. – *Arten:* (1) motivational bedingte Abwesenheit (Absentismus); (2) krankheitsbedingte Abwesenheit; (3) sonstige Abwesenheit aufgrund von Zusatzurlaub, Fortbildung etc. – Motivational bedingte Abwesenheit ist i.d.R. ein Indikator für fehlende → Arbeitszufriedenheit und für die Qualität der Personalführung. – *Versuche zur Reduzierung bzw. Begrenzung der Fehlzeiten:* (1) Fehlzeitenbrief (Betonung der Notwendigkeit der Anwesenheit des Mitarbeiters und Appell an die Solidarität); (2) Rückkehrgespräch (Aufdecken von die Abwesenheit beeinflussenden Schwachstellen im Unternehmen); (3) motivational ansprechende Gestaltung der Arbeit als Fehlzeitenprophylaxe; (4) Gesundheitsförderungsmaßnahmen zur Prävention von Erkrankungen.

Fehlzeitenquote – zeigt auf, welcher prozentuale Anteil der Sollarbeitszeit durch Fehlzeiten verloren geht: Fehlzeiten / Sollarbeitszeit * 100 = x %.

Feiertage → gesetzliche Feiertage.

Feiertagslohn – geregelt im Gesetz über die Zahlung des Arbeitsentgelts an Feiertagen und im Krankheitsfall (Entgeltfortzahlungsgesetz) vom 26.5.1994 (BGBl. I 1014, 1065) m.spät.Änd. Arbeitgeber im gesamten Bundesgebiet sind verpflichtet, Arbeitnehmern für die infolge eines → gesetzlichen Feiertags (welche Feiertage gesetzlich sind, bestimmt sich nach Landesrecht) ausfallende Arbeitszeit den Arbeitsverdienst zu zahlen, den sie ohne den Arbeitsausfall erhalten hätten (also unter Berücksichtigung von Überstunden und Lohnzuschlägen). Die Vorschrift gilt nicht für Feiertage, an denen ohnehin nicht gearbeitet worden wäre (z.B. am arbeitsfreien Sonnabend bei der Fünf-Tage-Woche); wenn regelmäßig sonntags gearbeitet wird, so besteht die Pflicht zur Lohnzahlung, falls ein gesetzlicher Feiertag auf einen Sonntag fällt. Der Anspruch entfällt, wenn der Arbeitnehmer am letzten Arbeitstage vor oder am ersten Arbeitstage nach dem Feiertag der Arbeit unentschuldigt fernbleibt.

Feiertagszuschlag → Zuschlag zum normalen → Arbeitsentgelt, den der Arbeitnehmer dafür erhält, dass er an → gesetzlichen Feiertagen arbeitet. Gesetzlich ist diese Zahlung allein für Besatzungsmitglieder von Seeschiffen (§ 90 III SeemG), sonst durch Tarifvertrag oder Betriebsvereinbarung geregelt. Die Höhe des Feiertagszuschlags kann bis zu 100 Prozent zum effektiven Lohn betragen; für Arbeit an hohen Feiertagen (Weihnachten, Ostern, Pfingsten, Neujahr und 1. Mai) bis zu 150 Prozent. – *Lohnsteuerliche Behandlung:* Feiertagszuschläge können bis zu 125 Prozent des Grundlohns steuerfrei sein, an den Weihnachtsfeiertagen und am 1. Mai bis zu 150 Prozent. Allerdings darf der maßgebliche Grundlohn max. mit 50

Euro pro Stunde angesetzt werden, auch wenn er tatsächlich höher sein sollte (§ 3b EStG).

feindliche Übernahme – Kauf eines Unternehmens (→ Mergers & Acquisitions) durch ein anderes Unternehmen, der gegen den Willen des Managements des übernommenen Unternehmens erfolgt.

Feinplanung – *Detailplanung*; *Merkmale*: Kurzfristige Planung mit weit gehender Differenzierung der durchzuführenden Maßnahmen, sodass eine Abstimmung zwischen den einzelnen Teilplänen möglich ist. Im Gegensatz dazu steht die → Grobplanung.

Feinsteuerung – *Feinabstimmung;* in der → Makroökonomik eine wirtschaftspolitische Strategie, die versucht, auch schon auf sehr kleine Störungen zu reagieren. In den 1960er-Jahren, der Blütezeit des → Keynesianismus, ging man davon aus, dass sich mithilfe des makroökonomischen Instrumentariums auch geringfügige konjunkturelle Schwankungen durch Feinsteuerung vermeiden ließen. Im Gefolge der Krise des Keynesianismus und der Entwicklung neuerer makroökonomischer Ansätze wurde das Konzept der Feinsteuerung sehr viel kritischer gesehen. Auch Keynesianer gehen heute davon aus, dass eine makroökonomische Politik der Feinsteuerung grundsätzlich nicht möglich ist. – Vgl. auch → quantitative Wirtschaftspolitik.

Feinsteuerungsoperationen des ESZB → Geldpolitik.

Feld → Array.

Feldforschung – *Field Research;* Bezeichnung der → Marktforschung für primär-statistische Erhebungen (→ Primärstatistik) in einer natürlichen Umgebung. – *Gegensatz:* → Laborforschung, → Schreibtischforschung.

Feldzeit – Richtwert beim schriftlichen → Interview für die Zeit bis zur Erreichung einer ausreichenden → Rücklaufquote. Feldzeit kann durch Repräsentativitätsverzicht verkürzt oder durch zusätzliche → Nachfassaktionen verlängert werden.

Fencing – Maßnahmen zur Abgrenzung von → Marktsegmenten im Rahmen einer Preisdifferenzierungsstrategie (→ Preisdifferenzierung). Dadurch soll vermieden werden, dass Kunden aus einem Segment ein Gut zu einem (niedrigeren) Preis kaufen, der eigentlich für ein anderes Segment gedacht ist. Ein Beispiel ist die Vergabe vergünstigter Eintrittskarten an Schüler und Studenten nur gegen Vorlage eines Ausweises. Dadurch wird sichergestellt, dass andere den regulären Preis bezahlen.

Fenster → Fenstertechnik.

Fenstertechnik – *Window-Technik;* Technik für die Gestaltung der → Benutzeroberfläche von Dialogsystemen, bei der sich die Bildschirmfläche (→ Bildschirm) in mehrere Bereiche (Fenster, Windows) aufteilen lässt. Diese können zur gleichen Zeit unabhängig voneinander Informationen (z.B. → Daten aus verschiedenen → Dateien) darstellen. Die Fenster werden vom → Benutzer (meist mithilfe der → Maus) bei Bedarf geöffnet und können dann verschoben, verkleinert, vergrößert, manchmal auch überlagert und wieder geschlossen werden. Bei → Mehrprogrammbetrieb können zusätzlich in den Fenstern unabhängig voneinander unterschiedliche Programme parallel ablaufen.

Ferienhaus – *1. Begriff:* Ein Ferienhaus ist eine separate Unterkunft (freistehendes Haus, Reihen- oder Doppelhaus) mit eigenem Sanitärbereich und Selbstverpflegungseinrichtung, in der zum vorübergehenden Aufenthalt Gäste gegen Entgelt aufgenommen werden. – Für die Vermietung von Ferienhäusern etc. gilt das Mietrecht (§§ 535 ff. BGB). Voraussetzung ist, dass der Vertrag dt. Recht unterliegt. Werden im Ausland befindliche Ferienhäuser etc. direkt gebucht, so ist das Recht des Landes maßgeblich, in dem sich das Ferienhaus befindet. Innerhalb der → EU greifen Sonderregelungen ein (ausländisches Recht, allerdings Gerichtsverfahren am Wohnsitz des beklagten Vermieters möglich, vgl. Art. 16 Nr. 1b EuGVÜ). Bei Ferienhäusern im Inland greifen bei Mängeln die §§ 536 ff. BGB ein. Insofern gelten keine vom Mietrecht abweichenden Besonderheiten für die vorübergehende Überlassung von Wohnraum. Der Vertrag über eine Ferienhaus wird i.d.R. für eine feste Zeit geschlossen. Mit Ablauf der Zeit endet das Mietverhältnis nach § 542 II BGB. Eine vorherige Kündigung scheidet hier grundsätzlich aus (ausgenommen die Kündigung aus wichtigem Grund nach § 543 II BGB: Kündigung durch Vermieter wegen erheblicher Vernachlässigung der Mietsache) – ferner bei Kündigung infolge erheblicher Mängel nach § 543 II 1 BGB (grundsätzlich nur nach → Mängelanzeige und Fristsetzung, vgl. §§ 536c I, II sowie 543 III BGB). Im Fall der → Stornierung greift § 537 BGB ein, wonach eine Entschädigung abzüglich Ersparnisse (keine Reinigung etc.) sowie anderweitiger Erlöse (z.B. durch Weitervermietung) zu zahlen ist (vgl. §§ 307 ff. BGB).

Fernabsatzgeschäft → Fernabsatzvertrag.

Fernabsatzvertrag – 1. *Begriff:* → Verbrauchervertrag über die Lieferung von Waren oder über die Erbringung von Dienstleistungen unter ausschließlicher Verwendung von Briefen, Katalogen, Telefonanrufen, E-Mails und anderen Fernkommunikationsmitteln. Der Fernabsatzvertrag war ursprünglich im Fernabsatzgesetz vom 27.6.2000 (BGBl. I 897) geregelt. Mit der → Schuldrechtsreform wurde er in das → Bürgerliche Gesetzbuch (BGB) (§§ 312b–312e) integriert. Die Vorschriften sollen den Verbraucher vor den typischen Gefahren solcher Distanzgeschäfte schützen. Mit dem Gesetz zur Anpassung der Vorschriften über den Wertersatz bei Widerruf von Fernabsatzverträgen und über verbundene Verträge vom 27.7.2011 (BGBl. I 1600) wurden die §§ 312e und 312f eingefügt. – 2. *Anwendungsbereich:* Z.B. Verträge im Versandhandel, im → E-Commerce (§ 312g BGB). Nicht erfasst wird z.B. die Lieferung von

Presseprodukten. – 3. *Rechtsfolgen:* a) Bes. → Informationspflichten des Unternehmers gegenüber dem Verbraucher. – *Beispiel:* Der Unternehmer muss bei Telefongesprächen seine Identität und den Geschäftszweck bereits zu Gesprächsbeginn ausdrücklich offen legen. Einzelheiten in der BGB-Informationspflichten-Verordnung i.d.F. vom 5.8.2002 (BGBl. I 3002) m.spät.Änd. – b) → Widerrufsrecht oder → Rückgaberecht des Verbrauchers.

Fernbuchführung – 1. Häufig benutzte Form der → Buchführung für nicht buchführungspflichtige Kleingewerbetreibende, Handwerker, Landwirte und Angehörige freier Berufe, z.B. Ärzte, durch eine → Buchstelle oder einen Steuerberater. Tägliche Grundaufzeichnungen des Steuerpflichtigen selbst über Betriebseinnahmen und Betriebsausgaben, Umsatzentgelte etc. sowie Führung des Wareneingangsbuches sind unerlässlich. Gewinnermittlung durch → Überschussrechnung (§ 4 III EStG, Einkünfteermittlung). – 2. Fernbuchführung durch *EDV-Rechenzentren* außer Haus. Datenerfassung beim Steuerpflichtigen, Datenauswertung extern, z.B. Abschluss der Finanzbuchhaltung, Ergebnisermittlung, Umsatzsteuervoranmeldung.

Fernbuchstelle → Buchstellen.

Fernerkundung – Verfahren zur Beobachtung der Erdoberfläche, der Meeresoberfläche und der Atmosphäre aus Flugzeugen oder Raumfahrzeugen (Satelliten), welche zur Gewinnung von Informationen die von den Objekten ausgehende elektromagnetische Strahlung benutzen (Remote Sensing).

Fernlernen → Telelearning.

Fernmeldemonopol – früher ausschließlich dem Bund zustehendes und durch die Deutsche Bundespost ausgeübtes Recht, Fernmeldeanlagen (Telegrafen-, Fernsprech- und Funkeinrichtungen) zu errichten und zu betreiben (*Fernmeldeanlagengesetz*); mit der vollständigen Liberalisierung des Telekommunikationsmarktes im *Telekommunikationsgesetz* 1998 entfallen.

Fernsehabkommen – Europäisches Abkommen zum Schutz von Fernsehsendungen vom 22.6.1960 (BGBl. 1965 II 1235 mit Protokollen vom 22.1.1965 und 21.3.1983; sog. Straßburger Fernseh-Abkommen); gewährt Sendeunternehmen, die in einem Vertragsstaat errichtet sind oder in seinem Hoheitsgebiet Sendungen durchführen, → Inländerbehandlung sowie Mindestrechte gegen Weitersendung, öffentliche Wiedergaben, Festlegungen und Vervielfältigung ihrer Sendungen (Art. 1, Gesetz vom 15.9.1965, BGBl. II 1234 m.spät.Änd.; → Senderecht).

Fernseheinkauf → Dauerwerbesendungen, → Fernsehwerbung.

Fernsehforschung – Teilgebiet der → Medienforschung. Auch *Zuschauerforschung* oder *Fernsehzuschauerforschung*. 1. *Durchführung:* In Deutschland wird die Fernsehforschung von der GfK im Auftrag der Arbeitsgemeinschaft Fernsehforschung (AGF) durchgeführt. Dafür wurde ein → Panel von über 5500 Haushalten aufgestellt. Jeder dieser Haushalte erhält ein Gerät → Telecontrol XL, welches automatisch den eingeschalteten Sender erkennt. Zusätzlich melden sich die Personen des Haushalts auf einer personalisierten Taste an, sodass ermittelt werden kann, wer dem eingeschalteten Programm zusieht. Die Daten werden nachts an die GfK übertragen und stehen den Sendern bereits am nächsten Tag zur Verfügung. – 2. *Ergebnisse:* Wichtige Ergebnisse sind Einschaltquoten, Sehbeteiligung, Seheranteile etc. – 3. *Nutzung:* Die Daten werden genutzt für die Programmplanung der Sender, für die Optimierung von Sendungen und die Planung der TV-Werbung von Herstellern.

Fernsehkonferenz → Telekonferenzsystem.

Fernsehspot – *TV-Spot, TV Commercial;* auf Film oder Videoband (MAZ) aufgezeichnetes Werbemittel mit Verbreitung über das Fernsehen (→ Fernsehwerbung). In zunehmendem Maße werden Fernsehspots mit geringem → Involvement verfolgt. – *Gestaltungselemente:* (1) Bild, mit den Bestandteilen Form und Farbe und (2) Ton, mit den Bestandteilen Musik, Geräusche und Sprache. – *Bedeutung:* Durch Fernsehspots ist es in bes. Maße möglich, → Bildkommunikation durchzuführen. Mittels des Fernsehspots können Aktualisierung, Emotionen und Informationen (→ Werbeziele) realisiert werden. – Vgl. auch → Funkspot, → Reminder.

Fernsehwerbung – 1. *Begriff/Charakterisierung:* Form der → elektronischen Werbung mittels → Fernsehspots. Kommunikation mit dem Werbesubjekt über Bild und Ton, einzeln oder kombiniert. – 2. *Kosten/Werbewirkung:* → Werbewirkung und → Reichweite aufgrund der hohen Gerätedichte rechtfertigen die relativ hohen Kosten der Fernsehwerbung (→ Tausenderpreis); problematisch erscheint jedoch das aktuell zu beobachtende Zuschauerverhalten bei Fernsehspots (→ Zapping). – 3. *Rechtliche Regelung:* geregelt im Rundfunkstaatsvertrag (RfStV) vom 31.8.1991 mit dem Elften Änderungsvertrag vom 14.10.2008. Im öffentlich-rechtlichen wie im privaten Fernsehen gilt das → Trennungsgebot (→ Sponsoring, → Product Placement). Werbung und Werbetreibende dürfen das übrige Programm inhaltlich und redaktionell nicht beeinflussen. Werbung muss als solche klar erkennbar sein. Sie muss durch optische Mittel eindeutig von anderen Programmteilen getrennt sein (§ 7 III RfStV); → Schleichwerbung ist unzulässig (§ 7 VI RfStV). – 4. Unterschiedliche Regelungen über die *Einfügung und Dauer von Werbung* im öffentlich-rechtlichen und privaten Fernsehen. – a) Fernsehwerbung im *öffentlich-rechtlichen Fernsehen:* Die Gesamtdauer der Werbung beträgt in der ARD und im ZDF jeweils höchstens 20 Minuten werktäglich im Jahresdurchschnitt; nach 20 Uhr sowie an Sonntagen und bundesweiten Feiertagen dürfen Werbesendungen nicht ausgestrahlt werden. Die

Länder können Änderungen der Gesamtdauer, der tageszeitlichen Begrenzung und der Beschränkung auf Werktage vereinbaren (§15 V RfStV). Fernseheinkauf, d.h. Werbesendungen in Form von direkten Angeboten an die Öffentlichkeit für den Verkauf, den Kauf, die Miete oder Pacht von Erzeugnissen oder die Erbringung von Dienstleistungen (→ Teleshopping), ist im öffentlich-rechtlichen Fernsehen nicht erlaubt (§ 18 RfStV). – b) Im *privaten Fernsehen* darf die Dauer der Werbung insgesamt 20 Prozent, die der Spotwerbung 15 Prozent der täglichen Sendezeit nicht überschreiten. Innerhalb einer Stunde darf die Dauer der Spotwerbung zwölf Minuten nicht überschreiten. Fernseheinkauf darf eine Stunde am Tag nicht überschreiten (§ 45 RfStV). Genaue Regelungen über die Einfügung von Werbung in die Sendungen und Sendefolgen finden sich in § 44 RfStV. Aufgrund des § 16a RfStV haben die in der ARD zusammengeschlossenen Landesrundfunkanstalten und das ZDF für das öffentlich-rechtliche Fernsehen und aufgrund des § 46 RfStV die Landesmedienanstalten für das private Fernsehen jeweils *Richtlinien für die Werbung, zur Durchführung der Trennung von Werbung und Programm sowie für das Sponsoring* erlassen. – Zur Haftung für Wettbewerbsverstöße bei der Fernsehwerbung gelten die Grundsätze über die Haftung der Presse (→ Haftung).

Fernsehzuschauerforschung → Fernsehforschung.

Fernsehzuschauerpanel – Gleichbleibende Stichprobe von Haushalten, bei der das Fernsehzuschauerverhalten der jew. Haushaltsmitglieder kontinuierlich erfasst wird (→ Fernsehforschung).

Fernstudium – 1. *Begriff:* Ein raum- und zeitüberbrückendes, aus der Ferne gesteuertes, überregionales Studium. Die Kommunikation der Lehrinhalte erfolgt mittels technischer (speichernder) Medien. Kontrollfunktionen (Verständniskontrolle und Leistungsbestätigung) können direkt (durch zentrale und dezentrale Tutorials oder Seminare) wie auch indirekt (über technische Medien) vorgenommen werden. – 2. *Abweichungen* gegenüber anderen Lernformen: (1) *Lehrobjektivierung:* Lehrinhalte und Lehrmeinungen verschiedener Dozenten werden durch technische (speichernde) Medien „objektiviert" bereitgestellt; (2) *Individualisierung:* Individuelle Aus- und Weiterbildung, Selbstbestimmung des Lerntempos. – 3. *Formen (Typologie):* Fernstudium mittels Studienbrief und Audio-Cds, MP3-Dateien oder Kassetten (Grundtyp, Fernstudium der traditionellen Art), computerunterstützte Unterweisung (programmierte Instruktion), Kombination von Direkt- und Fernstudium (Sandwich-Study). – *Anders:* → Fernunterricht.

Fernstudium im Medienverbund – im Bereich des → Fernstudiums ein Integrationsprozess von Medienorganisationsformen und Humanaggregaten (Fernstudiengruppen); Fernstudium mit Übernahme von Direktstudienteilen (Medienverbund: technische, dispositive, arbeitsteilige Verbindung von Medien; Medien: persönliche Rede des Dozenten, Studienbrief, Fernsehen, Audio-CD, MP3-Datei, Kassette etc. Medienorganisationen nach Zweckmäßigkeitsgründen: didaktische Zweckmäßigkeit, technische (mengenmäßige) Wirtschaftlichkeit (Rationalprinzip) und Erreichen der vorgegebenen bildungspolitischen Ziele. – Keine integrative Strukturierung mit dem Direktstudium zu einem einheitlichen Studiensystem.

Fernunterricht – die auf vertraglicher Grundlage erfolgende, entgeltliche Vermittlung von Kenntnissen und Fähigkeiten, bei der (1) der Lehrende und der Lernende ausschließlich oder überwiegend räumlich getrennt sind und (2) der Lehrende oder sein Beauftragter den Lernerfolg überwachen. – Alle entgeltlich angebotenen Fernlehrgänge, soweit sie nicht auf Freizeitbeschäftigung oder Unterhaltung gerichtet sind, unterliegen einer *Zulassungspflicht.* – Die auf den *Vertragsschluss* gerichtete → Willenserklärung des Teilnehmers bedarf der → Schriftform. – *Zuwiderhandlungen* werden als → Ordnungswidrigkeit geahndet. Vgl. dazu das Fernunterrichtsschutzgesetz i.d.F. vom 4.12.2000 (BGBl. I S. 1670) m.spät. Änd. – *Anders:* → Fernstudium.

Fertigerzeugnis – *Fertigfabrikat;* Produkt, das den Produktionsprozess des Betriebes bis zum Ende durchlaufen hat und das zur weiteren Verwendung bereitsteht: (1) am Markt (Verkauf an nachgelagerte Betriebe oder an Endverbraucher); (2) zum Verbrauch im eigenen Betrieb (Selbstverbrauch). Die rechnerische Übernahme auf Fertigwarenlager erfolgt zumeist mit den bis dahin aufgelaufenen Ist-, Plan- oder Standardkosten (→ Herstellungskosten) auf die Kostenträgerkonten. – *Gegensatz:* → unfertige Erzeugnisse.

Fertigfabrikat → Fertigerzeugnis.

Fertighaus – aus vorgefertigten Bauteilen schlüsselfertig zusammengefügtes Haus. Der → Eigentumsvorbehalt des Herstellers wird i.d.R. durch Verbindung mit dem Grundstück erlöschen; das Haus wird → wesentlicher Bestandteil des Grundstücks. → Dingliche Rechte am Grundstück, z.B. Hypotheken und Grundschulden, erfassen dann auch das Fertighaus, das deshalb als Beleihungsobjekt in Betracht kommt. Bei der *Festsetzung des Beleihungswertes* ist möglicherweise verkürzte Nutzungsdauer zu berücksichtigen.

Fertigpackung – Erzeugnis in einer Verpackung beliebiger Art, die in Abwesenheit des Käufers abgepackt und verschlossen wird, wobei die Menge des darin enthaltenen Erzeugnisses ohne Öffnen oder merkliche Änderung der Verpackung nicht verändert werden kann. Wer gewerbsmäßig Fertigpackungen in den Verkehr bringt, hat auf der Fertigpackung leicht erkennbar und deutlich lesbar die Füllmenge nach Gewicht, Volumen oder Stückzahl anzugeben. Fertigpackungen müssen so gestaltet und befüllt sein, dass keine größere Füllmenge vorgetäuscht wird, als in ihnen enthalten ist (§§ 6, 7 EichG i.d.F. vom 23.3.1992

[BGBl. I 711] m.spät.Änd. und Fertigverpackungsverordnung vom 8.3.1994 [BGBl. I 451, 1307]).

Fertigstellungsbescheinigung → Abnahme.

Fertigteile – Begriff der Kostenrechnung für → bezogene Teile.

Fertigung → Produktion.

Fertigungsauftrag – *Fertigungslos;* in der Produktionsplanung und -steuerung (→ PPS-System) eine Menge von → Teilen einer Teileart, die auf einer → Fertigungsstufe als eine dispositive Einheit behandelt und zusammen hergestellt werden.

Fertigungsautomation → Automatisierung (Automation) der industriellen Produktion durch Einsatz computergestützter Fertigungsanlagen. – Vgl. auch → PPS-Systeme.

Fertigungsdislozierung – Verteilung der Fertigung eines Produktes oder Produktionsprogrammes auf mehrere auseinander liegende geografische Standorte, z.B. nach Gesichtspunkten der Kunden- und Marktnähe.

Fertigungseinzelkosten – zur Erstellung eines Erzeugnisses im Fertigungsbereich anfallende → Einzelkosten (→ Fertigungskosten). Zu den Fertigungseinzelkosten werden häufig Einzellohnkosten (→ Fertigungslöhne) und → Sondereinzelkosten der Fertigung gezählt. – Die Fertigungseinzelkosten oder Teile von ihnen dienen in der *Vollkostenrechnung* häufig als Bezugsgrößen für die Verteilung der → Fertigungsgemeinkosten auf die Kostenträger; sie werden selbst von der → Kostenartenrechnung direkt in die → Kostenträgerrechnung übernommen. – In der *Einzelkostenrechnung* gilt die direkte Erfassbarkeit der Mengenkomponente für die Anerkennung als Fertigungseinzelkosten als nicht ausreichend. Zusätzlich ist die Zurechenbarkeit der Ausgaben nach dem → Identitätsprinzip erforderlich. Deshalb sind v.a. die Einzellohnkosten, in geringem Umfang auch Teile der Materialeinzelkosten und Sondereinzelkosten der Fertigung, keine Fertigungseinzelkosten – *Gegensatz:* → Fertigungsgemeinkosten.

Fertigungsendkostenstellen – *Fertigungsendstellen,* → Fertigungshauptkostenstellen; Kostenstellen des Fertigungsbereichs, die in der Vollkostenrechnung im Gegensatz zu den Vorkostenstellen (i.d.R. den Fertigungshilfsstellen) bei der Kostenstellenumlage (→ innerbetriebliche Leistungsverrechnung) nur Kosten empfangen, aber nicht weitergeben. Die Summe der bei ihnen gesammelten Kosten wird im Rahmen der Kostenträgerrechnung auf die Kostenträger verrechnet (häufig mittels → Bezugsgrößenkalkulation).

Fertigungsendstellen → Fertigungsendkostenstellen.

Fertigungsgemeinkosten – die im Fertigungsbereich entstandenen, dem einzelnen → Kostenträger nur mittelbar zurechenbaren Gemeinkosten (Hilfslöhne, Hilfsmaterial, Energiekosten, kalkulatorische Abschreibungen und Zinsen etc.). Fertigungsgemeinkosten werden in der Vollkostenrechnung für → Fertigungsendkostenstellen erfasst bzw. auf diese im Rahmen der → innerbetrieblichen Leistungsverrechnung verrechnet und anschließend in der Kostenträgerrechnung den einzelnen Kostenträgern zugeschlüsselt. – *Gegensatz:* → Fertigungseinzelkosten.

Fertigungshauptkostenstellen – *Fertigungshauptstellen;* Bereiche (→ Kostenstellen) innerhalb von Produktionsbetrieben, in denen die eigentliche Fertigung der Erzeugnisse durchgeführt wird. Für Anzahl und Abgrenzung der Fertigungshauptkostenstellen sind verschiedene Gesichtspunkte maßgebend, z.B. Größe des Betriebs, Ausmaß des Erzeugungsprogramms und Erfordernisse der → Arbeitsvorbereitung, der → Kontrolle und der Kostenüberwachung. Fertigungshauptkostenstellen bilden zusammen mit → Fertigungsnebenkostenstellen die → Fertigungsendkostenstellen.

Fertigungshauptstellen → Fertigungshauptkostenstellen.

Fertigungshilfskostenstellen – *Fertigungshilfsstellen;* Bezeichnung für Produktionsbereiche, die an der Fertigung nur indirekt beteiligt sind, deren Leistungen aber notwendig sind, um die Arbeitsabläufe in den → Fertigungshauptkostenstellen zu ermöglichen (z.B. Werkzeugmacherei). Ihre Anzahl richtet sich, wie die der Fertigungshauptkostenstellen, nach der Größe und Organisation des Betriebes, den Erfordernissen der Kostenüberwachung etc. Die Summen der Gemeinkosten der einzelnen Fertigungshilfskostenstellen (→ Fertigungsgemeinkosten) werden in der Vollkostenrechnung nach bestimmten Verteilungsschlüsseln auf die Fertigungshauptstellen umgelegt (→ innerbetriebliche Leistungsverrechnung).

Fertigungshilfsstellen → Fertigungshilfskostenstellen.

Fertigungskontenrahmen – jetzt: → Industrie-Kontenrahmen (IKR).

Fertigungskontrolle → Produktionskontrolle.

Fertigungskosten – *Produktionskosten;* im Fertigungs- bzw. Produktionsbereich eines Unternehmens zur Erstellung von Produkten anfallende → Kosten. Fertigungskosten werden zumeist in → Fertigungseinzelkosten und → Fertigungsgemeinkosten aufgeteilt. Zuweilen zählt man zu den Fertigungskosten auch → Materialkosten und versteht dann Fertigungskosten als bis zum Vertrieb anfallende Kosten eines Produkts.

Fertigungskostenstellen – *Fertigungsstellen;* zusammenfassende Bezeichnung für → Fertigungshauptkostenstellen und → Fertigungshilfskostenstellen.

Fertigungslöhne – *Einzellöhne, Einzellohnkosten;* Löhne für direkt am Werkstück verrichtete Arbeit, fälschlich „produktive Löhne“ genannt, die im Gegensatz zu den → Hilfslöhnen unmittelbar produktbezogen erfasst werden. Die Fertigungslöhne werden i.d.R. dem Erzeugnis als Einzelkosten direkt zugerechnet (→ Fertigungseinzelkosten). Nach Auffassung der Einzelkostenrechnung sind die Fertigungslöhne im Rahmen der üblichen Arbeitsverhältnisse (abgesehen von stundenweisen Aushilfen, Überstunden und Zulagen für auftragsspezifische Tätigkeiten) weder als → Einzelkosten der Kostenträger noch als → variable Kosten in Bezug auf die Beschäftigung anzusehen. Die Erfassbarkeit der Tätigkeitszeit als Kriterium (→ Disponierbarkeit, → Identitätsprinzip) gilt als nicht ausreichend.

Fertigungslohnzettel – organisatorisches Hilfsmittel zur Erfassung der unmittelbar für die Erzeugnisse verbrauchten Löhne.

Fertigungslos → Fertigungsauftrag.

Fertigungsmaterial – zusammenfassender Begriff für → Einzelmaterial und → Gemeinkostenmaterial.

Fertigungsmaterialscheine – organisatorische Hilfsmittel zur rechnerischen Erfassung der unmittelbar in die Erzeugnisse eingehenden Materialien. – Vgl. auch → Materialentnahmeschein.

Fertigungsnebenkostenstellen – *Fertigungsnebenstellen;* → Fertigungsendkostenstellen, die mit der Bearbeitung von Nebenprodukten befasst sind.

Fertigungsnebenstellen → Fertigungsnebenkostenstellen.

Fertigungsorganisation – *Produktionsorganisation;* → Organisation des organisatorischen Teilbereichs, in welchem die unternehmerischen Fertigungsaufgaben zentralisiert sind. Die Ebene der Hierarchie unterhalb der Leitung der Fertigungsabteilung kann z.B. nach unterschiedlichen Ressourcen (z.B. Werken) Fertigungsverfahren oder herzustellenden Produkten gegliedert werden (→ Spezialisierung).

Fertigungsplanung → Produktionsplanung.

Fertigungsprogramm → Produktionsprogramm.

Fertigungsprogrammplanung → Produktionsprogrammplanung.

Fertigungsqualitätskontrolle – Verfahren der Qualitätskontrolle (→ Qualitätssicherung). Ziel der Fertigungsqualitätskontrolle ist die Überwachung des Produktionsprozesses. Hierzu werden Prüfvorgänge während des Fertigungsablaufes durchgeführt, die Informationen über den Prozesszustand liefern und eine Steuerung des Prozesses ermöglichen, sodass sich ein Qualitätsmerkmal eines herzustellenden Produktes innerhalb vorgeschriebener Grenzen bewegt. Die Qualitätsregelkarte (→ Kontrollkartentechnik) ist das statistische Instrument der Fertigungsqualitätskontrolle.

Fertigungssonderkosten → Sondereinzelkosten der Fertigung.

Fertigungsstellen → Fertigungskostenstellen.

Fertigungsstufe – *Produktionsstufe;* in der Produktionsplanung und -steuerung (→ PPS-System) die Gesamtheit aller Bearbeitungsschritte eines → Teils, die an einem → Fertigungsauftrag zur Herstellung des Teils durchzuführen sind. Bei mehrstufiger Fertigung werden bis zur Erzeugung des Endprodukts mehrere Fertigungsstufen durchlaufen.

Fertigungstechnik → Produktionstechnik.

Fertigungsverfahren → Produktionstypen, → Produktionstechnik.

Fertigungsvollzugsplanung → Produktionsprozessplanung.

Fertigungszuschlag – Prozentsatz, mit dem bei → Zuschlagskalkulation die anteiligen Fertigungsgemeinkosten den Fertigungseinzelkosten zugeschlagen werden, um die gesamten → Fertigungskosten zu ermitteln.

Fertilität – Zahl der Kinder, die eine Person, eine Gruppe von Personen oder eine ganze Bevölkerung im Lebenslauf oder in einer bestimmten Zeitperiode hervorbringt. – Vgl. auch → Fertilitätsmaße.

Fertilitätsmaße – strukturieren quantitativ die Gesamtheit der Lebendgeborenen (Fertilität) nach verschiedenen Bevölkerungssegmenten zu amtlichen, wissenschaftlichen und politischen Zwecken. Fertilitätsmaße sind Verhältniszahlen zur Charakterisierung des Ausmaßes der Erneuerung (Fortpflanzung) einer Bevölkerung durch Geburten *(Geburtenhäufigkeit).* Es ist zu unterscheiden zwischen *Periodenmaßen,* welche Ereignisse in einem zeitlichen Querschnitt erfassen (Monat, Jahr, Jahrfünft) und *Kohortenmaßen,* welche die Ereignisse, hier Geburten und Geborene, im Lebensverlauf von Frauen verfolgen (Längsschnitt). Zu den *Periodenmaßen* zählen: 1. *Rohe Geborenenziffer* (in den Medien z.T. als → Geburtenrate bezeichnet): bezieht die Zahl der Lebendgeborenen auf tausend Personen der (mittleren) Gesamtbevölkerung, die zum Großteil am Geburtenvorgang nicht beteiligt ist (Männer, Kinder, Ältere). Daher sind Maße, die auf den weiblichen Bevölkerungsteil bezogen sind, in Forschung und Vergleich aussagekräftiger. – 2. *Allg. Fruchtbarkeitsziffer:* Lebendgeborene eines Kalenderjahres, bezogen auf tausend Frauen im Gebäralter von 15 bis 44 oder 49 Jahren. – 3. *Altersspezifische Geborenenziffer:* Lebendgeborene eines Jahres von bestimmten Frauenjahrgängen auf tausend Frauen dieser betreffenden Frauenjahrgänge. Zusätzliche Unterscheidung: (1) ehelich Lebendgeborene von Müttern in einem bestimmten Alter, bezogen auf Tausend der verheirateten Frauen in diesem Alter; (2) nicht ehelich Lebendgeborene von Müttern in einem bestimmten Alter, bezogen auf Tausend der unverheirateten (ledigen, verwitweten und geschiedenen) Frauen in diesem Alter. – 4. *Zusammengefasste Geburtenziffer (Total Fertility Rate, TFR)* (in den Medien meist als → Geburtenrate bezeichnet): Summe der altersspezifischen Geborenenziffern. Sie ergeben für die gebärfähigen Frauen eines

Jahres die durchschnittliche Zahl der lebendgeborenen Kinder (Deutschland 1,4 Kinder je Frau; Kenia 4,6). – In der Längsschnittbetrachtung einer *Kohortenfertilität* zählen die Niederkünfte bzw. Geborenen eines Frauenjahrgangs (→ Geburtenkohorte) bis zum Ende des Familienbildungsprozesses. Sie sind ein ideales Vergleichsinstrument für die Fertilitätsgeschichte verschiedener Geburts- oder Heiratsjahrgänge. Frauengeburtsjahrgänge zwischen 1935 und 1945 haben den Nachkriegs-Babyboom mit einer zusammengefassten Geburtenziffer von 2,5 Kindern je Frau (1965) hervorgebracht; diejenigen zwischen 1945 und 1955 bewirkten den sog. "Pillenknick" des zweiten demografischen Übergangs ab 1964. – Vgl. → Nettoreproduktionsrate (NRR), → Bevölkerungswissenschaft.

Festabschluss – selten; vgl. aber → Forfaitierung.

Festbeträge – (für Arznei- und Verbandmittel) in der gesetzlichen → Krankenversicherung. Festbeträge sind eine Regelung zur Verringerung der Ausgaben der Krankenkassen v.a. bei Arzneimitteln. Diese Wirkung entsteht dadurch, dass nach § 31 II SGB V von der Krankenkasse für deren Mitglieder und Familienangehörige Arzneimittel, für die Festbeträge festgesetzt worden sind, nur bis zur Höhe dieser Festbeträge abzüglich der zu leistenden Zuzahlung als Sachleistung übernommen oder erstattet werden. – *Bestimmung der Festbeträge* (§ 35 SGB V): Der Gemeinsame Bundesausschuss bestimmt in Richtlinien, für welche Gruppen von Arzneimitteln Festbeträge festgesetzt werden können; wirkstoffgleiche oder vergleichbare Arzneimittel können dabei zusammengefasst werden. Sachverständige der medizinischen und pharmazeutischen Wissenschaft und Praxis sowie der Arzneimittelhersteller und der Berufsvertretungen der Apotheker sind vor der Entscheidung des Bundesausschusses anzuhören. Der Spitzenverband Bund der Krankenkassen setzt auf der Grundlage der ergangenen Richtlinien mind. einmal im Jahr die absolute Höhe der Festbeträge für Arzneimittel fest. – Für *Hilfsmittel* wie z.B. Brillengläser etc. gilt eine ähnliche Regelung.

Festbewertung → Festwert.

feste Kosten → fixe Kosten.

fester Verrechnungspreis – *Standardpreis;* rechnerisches Hilfsmittel der Kostenrechnung. – 1. *Anwendungszwecke:* a) Vereinfachung von Abrechnungsvorgängen im Rahmen der Bewertung innerbetrieblicher Lieferungen und Leistungen (→ innerbetriebliche Leistungsverrechnung); b) Ausschaltung außerbetrieblicher Preisschwankungen. Feste Verrechnungspreise erbringen ebenfalls eine Rechnungsvereinfachung sowie eine verbesserte → Kostenkontrolle. – 2. *Bildung von festen Verrechnungspreisen:* Erfolgt auf der Grundlage von Durchschnittswerten der Vergangenheit oder Planpreisen unter Berücksichtigung zukünftig zu erwartender Preisentwicklung, um die Differenz zwischen dem auf längere Zeit stabil zu haltenden festen Verrechnungspreis und dem tatsächlichen Preis möglichst niedrig zu halten. – Die Differenzen zwischen den festen Verrechnungspreisen und den exakten Wertansätzen werden häufig direkt in das → Betriebsergebnis übernommen. Bei Anwendung des Gemeinschaftskontenrahmens industrieller Verbände (GKR) werden die Preisdifferenzen auf einem Konto der Klasse 2 (→ Preisdifferenzkonto) erfasst, dessen Saldo über das neutrale Ergebniskonto bzw. ein Verrechnungspreiskonto gebucht wird; bei Anwendung des Industriekontenrahmens (IKR) im Rechnungskreis II (Klasse 9). – Vgl. auch → Verrechnungspreis.

fester Wechselkurs – von Regierung oder → Zentralbank festgesetzter → Wechselkurs. Man unterscheidet entsprechend feste Wechselkurse durch Interventionen der Zentralbanken bei freien Finanz- und Kapitalmärkten einerseits sowie feste Wechselkurse durch administrative Maßnahmen des Staates ohne Freiheit auf Finanz-, Devisen- und Kapitalmärkten andererseits. Zwischen reinen flexiblen bzw. floatenden Wechselkursen und festen Wechselkursen gibt es verschiedene Stufen, die auf eine begrenzte Flexibilität (*managed floating*) oder auf eine Leitkursanpassung im Falle grundlegender fundamentaler Zahlungsbilanzungleichgewichte (→ *Realignment*) hinweisen.

festes Termingeschäft → Termingeschäft, bei dem eine unbedingte Pflicht zur Vertragserfüllung besteht, d.h. beide Vertragsparteien sind an die Erfüllung des Vertrags gebunden und Lieferung sowie Bezahlung müssen zu dem vereinbarten Termin erfolgen.

Festgehaltsklausel – eine Art → Wertsicherungsklausel, bei der die vertragliche Vereinbarung über Geldsummenschulden zur Sicherung der Wertbeständigkeit nicht in einem nominellen Betrag, sondern auf das jeweilige Gehalt einer bestimmten Gehaltsgruppe bezogen ausgedrückt ist, z.B. „Zwei Monatsgehälter eines Beamten der Besoldungsgruppe B 6 im Zeitpunkt der Zahlung“ etwa bei einer Rentenvereinbarung.

Festgelder – stellen eine Form der Termineinlagen dar. Der Kunde stellt dem Kreditinstitut auf eine vorab bestimmte Zeitdauer eine Einlage zu fixierten Konditionen zur Verfügung.

Festhypothek – *Festdarlehen* (→ Darlehen); → Hypothek, bei der die Forderung an einem festen Termin durch eine einmalige Leistung fällig wird. – *Gegensatz:* → Tilgungshypothek.

Festlohn – eine Art von Vertragslohn (in ähnlicher Form auch → Pensumlohn oder Kontraktlohn bezeichnet). Das Entgelt wird auf Zeitbasis für eine Tagesleistung (Measured Day Work) vereinbart.

Festofferte → Forfaitierung.

Festplatte – auf Magnetplattentechnik basierendes Speichermedium, das i.d.R. für die Datenspeicherung in → Computern genutzt wird. Jeder Computer besitzt zumeist eine fest eingebaute Festplatte, auf der das Betriebssystem und die zur Verfügung stehenden → Programme gespeichert sind. Fesplatten können auch als externe Speichermedien oder als → Wechselplatten genutzt werden.

Festpreis → Preisfunktionen.

Festpreismodell – *Fixpreismodell;* makroökonomisches Modell mit starren Preisen, bei dem als Reaktion auf Ungleichgewichtssituationen nur die Mengen angepasst werden. Am bekanntesten sind das auf Hicks zurückgehende → IS-LM-Modell, in dem simultan der Güter- und Geldmarkt (sowie implizit auch der Wertpapiermarkt) betrachtet werden, und die von Mundell und Fleming in den 1960er-Jahren entwickelte Erweiterung dieses Ansatzes um internationale Handels- und Kapitalströme (→ Mundell-Fleming-Modell, → IS-LM-Z-Modell). – Vgl. auch → IS-LM-Z-Modell einer Währungsunion.

Festpreisverfahren → innerbetriebliche Leistungsverrechnung.

Festsatzkredit → Kredit mit fest vereinbartem, unveränderlichen Zinssatz für die gesamte Kreditdauer bzw. für eine vereinbarte Zeitdauer (z.B. 5 Jahre). Während der Festzinsdauer sind Sondertilgungen i.Allg. nicht oder nur sehr eingeschränkt möglich.

Festsetzungsverjährung – 1. *Gegenstand:* Die Festsetzungsverjährung regelt, bis wann eine → Steuerfestsetzung sowie ihre Aufhebung oder Änderung zulässig ist (§ 169 I AO). – *Gegensatz:* → Zahlungsverjährung. – 2. *Frist:* Die Festsetzungsfrist beträgt grundsätzlich für Verbrauchsteuern und Verbrauchsteuervergütungen ein Jahr, für andere Steuern und Steuervergütungen vier Jahre; sie beträgt zehn Jahre soweit → Steuerhinterziehung, fünf Jahre soweit leichtfertige → Steuerverkürzung vorliegt (§ 169 II AO). Die Frist beginnt mit Ablauf des Kalenderjahres, in dem der Anspruch entstanden ist, soweit keine Anlaufhemmung vorliegt (§ 170 AO). Das Ende der Festsetzungsverjährung wird vielfach durch Ablaufhemmung hinausgezögert (§ 171 AO), bes. durch höhere Gewalt innerhalb der letzten sechs Monate des Fristlaufes, durch → offenbare Unrichtigkeit beim Erlass eines Steuerbescheids, durch Antrag auf Steuerfestsetzung oder auf Aufhebung oder Änderung einer Steuerfestsetzung oder ihrer Berichtigung oder Anfechtung eines Steuerbescheids, durch Beginn einer → Außenprüfung oder → Steuerfahndung. Der Zeitraum der Hemmung wird bei der Berechnung des Laufs der Festsetzungsfrist nicht berücksichtigt. – 3. *Wirkung:* Durch Ablauf der Festsetzungsfrist erlischt der nicht festgesetzte Anspruch (§ 47 AO). Die Änderung oder Aufhebung einer Steuerfestsetzung ist nicht mehr möglich. Der Fristablauf ist von Amts wegen zu beachten. Ein dennoch erlassener Verwaltungsakt ist zwar rechtswidrig, aber nicht nichtig (§ 125 AO), und ist erst nach Einlegung eines Rechtsbehelfs oder nach rechtzeitiger Antragstellung (§ 172 AO) aufzuheben.

Festspeicher → Festwertspeicher.

Feststellung – Teilprozess des Soll-Ist-Vergleichs im Rahmen einer → Prüfung, der der vertrauenswürdigen Ermittlung gegebener Sachverhalte dient. Feststellung erfolgt durch Anlegen eines vorgegebenen Maßstabs an den realen Tatbestand (Messen, Zählen, Wiegen oder Schätzen realer Größen) oder Einblicknahme in Dokumente.

Feststellungsbescheid – gesonderter Bescheid des Finanzamts über Feststellung von → Besteuerungsgrundlagen (§§ 179 ff. AO). – 1. Über die Feststellung der → Einheitswerte: (1) für die → wirtschaftlichen Einheiten (Betriebe der Land- und Forstwirtschaft, Grundstücke und gewerbliche Betriebe); (2) für die wirtschaftlichen Untereinheiten (→ Betriebsgrundstücke, → Mineralgewinnungsrecht). – 2. Über die Feststellung der → Einkünfte: (1) einkommen- und körperschaftsteuerpflichtige Einkünfte und mit ihnen im Zusammenhang stehende andere Besteuerungsgrundlagen, wenn an den Einkünften mehrere Personen beteiligt und die Einkünfte diesen steuerlich zuzurechnen sind; (2) in anderen als den zuvor genannten Fällen über die Einkünfte aus Land- und Forstwirtschaft, Gewerbebetrieb oder freiberuflicher Tätigkeit, wenn das für die gesonderte Feststellung zuständige Finanzamt nicht auch für die Steuern vom Einkommen zuständig ist. – 3. Über den *Wert der vermögensteuerpflichtigen Wirtschaftsgüter* (aktueller Gesetzeswortlaut) sowie der Schulden und sonstigen Abzüge, wenn sie mehreren Personen zuzurechnen sind. Der Wert wird den Beteiligten ihren Anteilen entsprechend zugerechnet. – 4. Über Besteuerungsgrundlagen, v.a. einkommen- oder körperschaftsteuerliche Einkünfte, wenn der Einkunftserzielung dienende Wirtschaftsgüter, Anlagen oder Einrichtungen von mehreren Personen betrieben, genutzt oder gehalten werden oder mehreren Personen getrennt zuzurechnen sind, die bei der Planung, Herstellung, Erhaltung oder dem Erwerb dieser Wirtschaftsgüter, Anlagen oder Einrichtungen gleichartige Rechtsbeziehungen zu Dritten hergestellt oder unterhalten haben (Gesamtobjekt); die zweite Alternative gilt auch bei Wohneigentum, das nicht der Einkunftserzielung dient, wenn die Feststellung für die Besteuerung von Bedeutung ist (V zu § 180 II AO). – Der gesonderte Feststellungsbescheid muss den Anforderungen an → Steuerbescheide entsprechen. – Entscheidungen im Feststellungsbescheid können nur durch *dessen* Anfechtung, nicht auch durch Anfechtung des Steuerbescheids (sog. → Folgebescheid) angegriffen werden, dessen Grundlage sie sind (§ 42 FGO, § 351 AO). Der Feststellungsbescheid ist selbstständig anfechtbar mit → Einspruch (§ 347 AO). – 5. Unterbliebene notwendige Feststellungen sind in einem → Ergänzungsbescheid nachzuholen (§ 179 III AO). – 6. Ein sog. *negativer* Feststellungsbescheid wird vom Finanzamt erteilt, wenn eine gesonderte Feststellung beantragt wird, die Voraussetzungen hierfür aber nicht erfüllt sind.

Feststellungsklage – Form der → Klage.

I. Zivilprozessordnung: Klage auf Feststellung des Bestehens oder Nichtbestehens eines Rechtsverhältnisses. Die Feststellungsklage ist nur bei rechtlichem Interesse an alsbaldiger richterlicher Feststellung zulässig, das regelmäßig fehlt, wenn auf Leistung (z.B. Zahlung) geklagt werden kann (§ 256 ZPO). – Vgl. auch → Zwischenfeststellungsklage.

II. Verwaltungsrecht: Klage auf Feststellung des Bestehens oder Nichtbestehens eines Rechtsverhältnisses, für das der Verwaltungsrechtsweg zulässig ist, oder der Nichtigkeit eines → Verwaltungsaktes. Die Zulässigkeit der Feststellungsklage setzt ein berechtigtes Interesse der Kläger an der alsbaldigen Feststellung voraus (§ 43 VwGO). – Entsprechend in der *Sozialgerichtsbarkeit.*

III. Finanzgerichtsordnung: Mit der Feststellungsklage kann die Feststellung des Bestehens oder Nichtbestehens eines Rechtsverhältnisses oder die Nichtigkeit eines Verwaltungsaktes begehrt werden, wenn der Kläger ein berechtigtes Interesse an der alsbaldigen Feststellung hat (§ 41 FGO). Es gelten die gleichen Einschränkungen wie bei der Anfechtungsklage. Die Feststellungsklage ist nicht zulässig, wenn der Kläger sein Recht durch Anfechtungs- oder Verpflichtungsklage geltend machen kann oder hätte geltend machen können.

Feststellungszeitpunkt – Begriff des Steuerrechts. Zeitpunkt, auf den die Feststellung eines → Einheitswertes erfolgt; i.d.R. zum 1. Januar eines Jahres. – *Zu unterscheiden* nach dem Bewertungsgesetz: → Hauptfeststellungszeitpunkt, → Fortschreibungszeitpunkt und → Nachfeststellungszeitpunkt.

festverzinsliche Wertpapiere → Anleihen.

Festwert – I. Begriff: Unveränderter Wertansatz für einen Bestand bestimmter Vermögensgegenstände einer Unternehmung für mehrere aufeinander folgende Geschäftsjahre, wenn die Vermögensgegenstände unter gleichbleibenden Produktionsverhältnissen (Kapazität, Produktionsverfahren, Beschaffung) eine gleichbleibende Funktion zu erfüllen haben und ihr ständiger Verbrauch oder ihre ständige Abnutzung durch laufende Wiederbeschaffung und Wiederherstellung zur Erhaltung der Leistungsfähigkeit ungefähr ausgeglichen werden. Änderungen des Festwerts sind also unter veränderten Produktionsbedingungen (und damit veränderter Leistungsabgabe oder veränderten Ersatzinvestitionen) erforderlich.

II. Festwert im Anlagevermögen: Beim *Sachanlagevermögen,* v.a. dem beweglichen, zur Erleichterung der → Inventur und der → Bewertung, sowohl handels- als auch steuerrechtlich zugelassener Wert. – *Voraussetzungen:* Bestand, Wert und Zusammensetzung dieser Vermögensgegenstände dürfen nur geringen Schwankungen unterliegen, d.h. u.a., diese Vermögensgegenstände müssen regelmäßig ersetzt werden. – *Typische Beispiele:* Werkzeuge, Geräte, Hotelgeschirr (→ Sicherheitsbestand). Der Festwert der Vermögensgegenstände muss für das Unternehmen von nachrangiger Bedeutung sein (§ 240 III HGB). Handelsrechtlich ist i.d.R. alle drei Jahre eine körperliche Bestandsaufnahme durchzuführen. Steuerlich ist mind. an jedem dem Hauptfeststellungszeitpunkt für die Feststellung des Einheitswerts des Betriebsvermögens vorangehenden Bilanzstichtag, spätestens aber an jedem fünften Bilanzstichtag eine körperliche Bestandsaufnahme vorzunehmen; übersteigt der für diesen Bilanzstichtag ermittelte Wert den bisherigen um mehr als 10 Prozent, so ist der ermittelte Wert als neuer Festwert maßgebend, bei weniger als 10 Prozent des bisherigen Festwerts kann der alte Festwert fortgeführt werden.

III. Festwert im Umlaufvermögen: Innerhalb des Vorratsvermögens ist der Ansatz von Festwerten bei *Roh-, Hilfs- und Betriebsstoffen* handels- und steuerrechtlich zulässig. Auch hier darf der Bestand in seiner Größe, seinem Wert und seiner Zusammensetzung nur geringen Veränderungen unterliegen. Ebenso gelten die übrigen Voraussetzungen wie bei Vermögensgegenständen des Sachanlagevermögens. Übersteigt der bisherige Festwert den durch Inventur festgestellten Wert, muss eine Abstockung vorgenommen werden (strenges → Niederstwertprinzip).

Festwertspeicher – *Festspeicher;* → Speicher eines Computers, von dem während des normalen Betriebs nur gelesen werden kann. Gebräuchliche *Typen* sind z.B. → EPROM und PROM. – *Gegensatz:* Schreib-/Lese-Speicher.

Festzinssatz – Zinssatz eines → Darlehens, der für eine bestimmte Zeitdauer festgeschrieben ist. Nach Ablauf der Zinsbindungsfrist muss über die Konditionen neu verhandelt werden. – *Gegensatz:* variabler Zinssatz.

festzusetzende Einkommensteuer – 1. *Begriff:* Die Bezeichnung für das Endergebnis bei der Berechnung der Einkommensteuer-Jahresschuld: Bei der Berechnung der Einkommensteuer wird zunächst auf das zu versteuernde Einkommen der Einkommensteuertarif angewandt (§ 32a EStG; Ergebnis: → tarifliche Einkommensteuer), jedoch werden anschließend noch diverse Steuerermäßigungen von dieser Zwischengröße abgezogen, bis die endgültige Höhe der Steuerschuld, eben die festzusetzende Einkommensteuer, feststeht. – 2. *Weiteres:* a) Die Berechnung der festzusetzenden Einkommensteuer geschieht durch → Veranlagung, da die Einkommensteuer für eine Selbstberechnung durch den Steuerpflichtigen (→ Steueranmeldung) zu schwierig wäre. Ihre Höhe wird im Steuerbescheid bekanntgegeben. – b) Der Vergleich aus der festgesetzten (festzusetzenden) Einkommensteuer und den geleisteten Vorauszahlungen ergibt die Höhe der noch zu leistenden Abschlusszahlung bzw. der zustehenden Erstattung (Abrechnung).

Feuer – 1. *Begriff:* Aus chemischer Sicht eine Lichterscheinung bei einem Verbrennungsvorgang. Eine offene Flamme ist nicht zwingend eine Voraussetzung für Feuer. Als Feuer gelten auch Glühen oder

Glimmen. Aus einem Feuer kann ein Brand entstehen, wenn die Lichterscheinung den bestimmungsgemäßen Herd verlässt und sich ohne Fremdeinwirken ausbreitet. – 2. *Versicherte Gefahren:* In der → Feuerversicherung, → verbundenen Wohngebäudeversicherung, → verbundenen Hausratversicherung und Transportversicherung leistet das Versicherungsunternehmen Entschädigung bei → Brand, → Blitzschlag, → Explosion, Implosion und Aufprall eines Luftfahrzeugs. – 3. *Geschichte:* Die Versicherung gegen Feuer war der Ursprung der Gebäudeversicherung. So gehen viele traditionsreiche Versicherungsunternehmen auf eine Gründung als Feuerversicherer zurück. Ältestes Beispiel dafür ist die Hamburger Feuerkasse mit einer über 300-jährigen Geschichte.

Feuer-Betriebsunterbrechungsversicherung – 1. *Begriff:* Versicherungsart der → Betriebsunterbrechungsversicherung, die hinsichtlich der versicherten Gefahren an die → Feuerversicherung anknüpft. Das Leistungsversprechen aus der Feuer-Betriebsunterbrechungsversicherung ist jedoch nur auf die Betriebsunterbrechung, die als sachschadenbedingte Folge im versicherten Betrieb entsteht, und auf den dadurch entstandenen → Unterbrechungsschaden ausgerichtet, der den Gegenstand des Versicherungsschutzes darstellt. – 2. Vertragliche Rechtsgrundlage: Wesentliches Bedingungswerk sind die Allgemeinen Feuer-Betriebsunterbrechungs-Versicherungsbedingungen (FBUB 2010). Sie können einzelvertraglich durch Klauselwerke abgeändert und ergänzt werden. – 3. *Versichertes Interesse:* Wirtschaftliche Nachteile, die durch die Unmöglichkeit der Nutzung von Sachen entstehen (Sach-Nutzungsinteresse), beinhalten den Entgang der planmäßigen Ertragsanteile zur Deckung der fortlaufenden Kosten und des entgangenen Gewinns infolge der Betriebsunterbrechung. – 4. *Gegenstand des Versicherungsschutzes:* a) Bedingungen für die Leistungspflicht: Das Risikosubjekt ist der versicherte Betrieb, der mit der dokumentierten Betriebstätigkeit und den deklarierten Betriebsstellen im → Versicherungsschein abgrenzend bestimmt wird. Die Ersatzpflicht des Versicherers hängt von den folgenden Tatbeständen ab, die in einem adäquaten Kausalzusammenhang stehen müssen: (1) *Versicherter Sachschaden:* Die Leistungspflicht erfordert einen Sachschaden in einer deklarierten Betriebsstelle (Versicherungsort), der entgegen den Bedingungen in der Feuerversicherung nicht an einer versicherten, sondern lediglich an einer dem Betrieb dienenden Sache infolge der Verwirklichung einer versicherter Gefahr entstanden sein muss. (2) *Betriebsunterbrechung:* Versichert sind zwar die Auswirkungen auf den finanzwirtschaftlichen Bereich des versicherten Betriebs, der Tatbestand der Betriebsunterbrechung ist gleichwohl erst erfüllt, wenn der Betrieb im leistungswirtschaftlichen Bereich unterbrochen oder beeinträchtigt ist. (3) *Unterbrechungsschaden:* Der versicherte Ertragsausfall kann sich über einen mehr oder weniger langen Zeitraum (gedehnter Versicherungsfall) erstrecken und wird vertraglich durch die dokumentierte Haftzeit in seiner zeitlichen Ausdehnung begrenzt. Er besteht aus den fortlaufenden Kosten und dem entgangenen Betriebsgewinn, die infolge der Betriebsunterbrechung nicht erwirtschaftet werden konnten. Unterbrechungsschäden, die dadurch entstehen, dass ein Sachschaden mit anschließender Betriebsunterbrechung an einer Stelle eine weitere Betriebsunterbrechung an anderer Stelle des versicherten Betriebs auslöst, sind ohne weitere Vereinbarungen mitversichert (Wechselwirkungsschaden). Wird der Unterbrechungsschaden allerdings durch einen Sachschaden in einem Fremdbetrieb ausgelöst, ohne dass der versicherte Betrieb selbst einen Sachschaden erleidet, fehlt es im versicherten Betrieb an der Bedingung eines versicherten Sachschadens, und der Unterbrechungsschaden ist nur mit einer entsprechenden einzelvertraglichen Vereinbarung mitversichert (Rückwirkungsschaden). – b) *Umfang der Entschädigung:* Der Unterbrechungsschaden wird regelmäßig um die Aufwendungen zur Schadenminderung ergänzt. Zusätzliche Aufwendungen, die darüber hinaus erst infolge der Betriebsunterbrechung anfallen, bspw. in Form von Vertragsstrafen oder Abnahme- oder Lieferverpflichtungen, bedürfen zur Mitversicherung einer gesonderten Vereinbarung. Die Entschädigungsleistungen aus dem Unterbrechungsschaden sind als Betriebseinnahmen zu deklarieren und unterliegen gemäß § 24 I Nr. 1a EStG der Besteuerung. – 5. *Versicherungswert:* Der Versicherungswert soll dem Wert des Versicherten Interesses entsprechen. Er ist sowohl zur Bildung der → Versicherungssumme als auch im Zuge des Unterbrechungsschadens für den Bewertungszeitraum zu ermitteln und stellt i.S.d. Vollwertprinzips (Vollwertversicherung) neben der Versicherungssumme eine Bestimmungsgröße für die Intensität des Versicherungsschutzes dar. Zur Unterstützung der Summenermittlung kommt in der Praxis das sog. Summenermittlungsschema zur Anwendung, das dem Versicherungsnehmer vom Versicherer oder Versicherungsmakler zur Verfügung gestellt wird. Die Versicherungssumme muss dabei unter Beachtung zukünftiger Ertrags- und Aufwandssituationen gebildet werden, sodass sie dem Versicherungswert als Zukunftsgröße entspricht. Dem damit einhergehenden Risiko einer → Unterversicherung wird mit dem Regulativ der Prämienrückgewähr begegnet, oder alternativ mit dem Instrument der Nachhaftung, gemäß der der Versicherer bis zu dem Betrag haftet, der sich aus der Addition der Versicherungssumme und der Nachhaftung ergibt. – 6. *Feuerschutzsteuer:* Die Feuer-Betriebsunterbrechungsversicherung erfordert als Bestandteil der Feuerversicherung die Entrichtung der → Feuerschutzsteuer durch den Versicherer. – 7. *Varianten der Feuer-Betriebsunterbrechungsversicherung:* Innerhalb der Feuer-Betriebsunterbrechungsversicherung sind Produktdifferenzierungen vorgenommen worden.

Während in Klein- und Mittelstandsbetrieben regelmäßig die → einfache Betriebsunterbrechungsversicherung oder die mittlere Betriebsunterbrechungsversicherung mit modifizierten bzw. ergänzenden Bedingungswerken zum Einsatz kommen, wird für industrielle oder großgewerbliche Sachgüter- und Dienstleistungsbetriebe die Feuer-(Groß-)Betriebsunterbrechungsversicherung mit den FBUB angewendet, deren Versicherungssumme mind. 2,5 Mio. Euro beträgt. – 8. *Bedeutung:* Die Feuer-Betriebsunterbrechungsversicherung hat eine Leitfunktion für die weiteren Erscheinungsformen der Betriebsunterbrechungsversicherung und stellt nach dem Prämienvolumen auch deren bedeutendste Erscheinungsform dar.

Feuerhaftungsversicherung – 1. *Begriff:* Versicherung zur Deckung des Haftungsrisikos für vom Grundstück des Versicherungsnehmers auf Dritte übergreifende Schadenereignisse im Sinne der → Feuerversicherung. Versicherungsart in der Haftpflichtversicherung (mit starkem Bezug zur Feuerversicherung). – 2. *Merkmale:* Versicherungsschutz besteht, wenn der → Versicherungsnehmer aufgrund gesetzlicher Haftpflichtbestimmungen privatrechtlichen Inhalts wegen eines von seinem Versicherungsgrundstück ausgehenden Schadenereignisses im Sinn der Feuerversicherung von einem Dritten in Anspruch genommen wird. Normalerweise sind nur Sachschäden versicherbar; eine Ausdehnung auf Vermögensschäden ist möglich. Die Feuerhaftungsversicherung ergänzt das Regelwerk der Feuerversicherer zum Regressverzicht bei übergreifenden Schadenereignissen. Aufgrund der Abgrenzungsproblematik zu Umweltschäden wird das Feuerhaftungsrisiko seit 1994 ausschließlich über die Betriebshaftpflichtversicherung und die Umwelthaftpflichtversicherung gedeckt. Das Feuerhaftungsrisiko ist dort Teil des Betriebsstättenrisikos und als solches in jeder Umwelthaftpflichtversicherung mitversichert. – 3. *Geschichte:* Das Feuerhaftungsrisiko, materiell also ein Haftpflichtrisiko, wurde bis 1993 dem Zweig Feuerversicherung zugerechnet.

Feuerschutzsteuer – 1. *Begriff:* → Verbrauchsteuer (in finanzwissenschaftlicher Sicht) bzw. → Verkehrssteuer (in steuerrechtswissenschaftlicher Sicht), die zur Förderung des Feuerlöschwesens und des vorbeugenden Brandschutzes erhoben wird. – *Ähnlich:* → Feuerwehrabgabe. – 2. *Rechtsgrundlage:* Feuerschutzsteuergesetz (FeuerSchStG) i.d.F. vom 10.1.1996 (BGBl. I 18) m.spät.Änd. – 3. *Steuergegenstand:* Entgegennahme des Versicherungsentgeltes aus Feuer- sowie Gebäude- und Hausratversicherungen, wenn das Versicherungsentgelt teilweise auf Gefahren entfällt, die Gegenstand einer Feuerschutzsteuer sein können. – 4. *Steuerberechnung:* a) *Bemessungsgrundlagen:* Versicherungsentgelte bzw. Feueranteile von Gebäude- (25 Prozent) und Hausratversicherung (20 Prozent). b) Der *Steuersatz* beträgt seit 1.7.1994 einheitlich 8 Prozent (§ 4 I FeuerSchStG). – 5. *Steuerschuld/Verfahren:* Schuldner ist regelmäßig die Versicherung. Sie hat die im Monat der Entgegennahme bzw. der Anforderung der Versicherungsentgelte entstehende Feuerschutzsteuer selbst zu berechnen und im Folgemonat an das zuständige Finanzamt abzuführen (Steueranmeldung). – 6. *Finanzwissenschaftliche Beurteilung:* Die Feuerschutzsteuer ist zweckgebunden (Zweckbindung), entsprechend eine → Verwendungszwecksteuer. Die Verwaltungs- und Ertragskompetenz liegt bei den Ländern (Landessteuer). – 7. *Aufkommen:* 319,0 Mio. Euro (2007), 321,9 Mio. Euro (2006), 327,8 Mio. Euro (2003), 305,8 Mio. Euro (2002), 293,3 Mio. Euro (2001), 288,3 Mio. Euro (2000), 389,3 Mio. Euro (1995), 201 Mio. Euro (1990), 182 Mio. Euro (1985), 124 Mio. Euro (1980), 96 Mio. Euro (1975), 49 Mio. Euro (1970), 33 Mio. Euro (1965), 19 Mio. Euro (1960), 13 Mio. Euro (1955), 10 Mio Euro (1950).

Feuerungsanlage – Anlage, bei der durch Verfeuerung von Brennstoffen Wärme erzeugt wird. Nach der VO über kleine und mittlere Feuerungsanlagen (1. BImSchV) i.d.F. vom 26.1.2010 (BGBl. I 38) unterliegen Errichtung, Beschaffenheit und Betrieb von Feuerungsanlagen Beschränkungen im Interesse des → Immissionsschutzes. – *Verstöße* werden als Ordnungswidrigkeit geahndet. – Der Betrieb und die Errichtung von → Großfeuerungs- und Gasturbinenanlagen richtet sich nach der VO über genehmigungsbedürftige Anlagen (13. BImSchV) vom 20.7.2004 (BGBl. I 1717, 2847) m.spät.Änd.

Feuerversicherung – 1. *Begriff:* Versicherung von Sachvermögen (→ Sachversicherung), z.B. von Gebäuden, Maschinen, Vorräten oder Hausrat, sowie von Erträgen aus der Nutzung von Sachvermögen gegen die Gefahren → Brand, → Blitzschlag, → Explosion und Aufprall von Luftfahrzeugen sowie Schäden durch Löschen, Niederreißen oder Ausräumen infolge eines dieser Ereignisse. Die Feuerversicherung ist ein eigenständiger Versicherungszweig im Rahmen der gebündelten Geschäftsversicherung (gebündelte Versicherung), der landwirtschaftlichen Versicherung, der → Industrieversicherung und der Waldbrandversicherung. Im Privatkundengeschäft ist die Feuerversicherung in der → verbundenen Hausratversicherung und der → verbundenen Wohngebäudeversicherung eingeschlossen. Abzugrenzen von der → Feuer-Betriebsunterbrechungsversicherung. – 2. *Merkmale und Bedeutung:* Die Feuerversicherung ist einer der ältesten Versicherungszweige in Deutschland und besitzt eine hohe wirtschaftliche Bedeutung. Durch die Sammlung und Auswertung von Schadendaten, die Erforschung der Schadenursachen und -ausbreitung sowie die Mitwirkung bei der Entwicklung von Maßnahmen gegen das Feuerrisiko trägt die Feuerversicherung auch wesentlich zur → Schadenverhütung bei. – 3. *Ausschlüsse:* Generell ausgeschlossen vom Versicherungsschutz sind Schäden durch Krieg (Kriegsklausel), innere Unruhen, Erdbeben und Kernenergie (Kernenergieklausel). – 4. *Rechtliche Grundlagen:* Allgemeine Bedingungen für die

Feuerversicherung, Zusatzbedingungen und Klauseln sowie zahlreiche Sicherheitsvorschriften.

Feuerwehrabgabe – in einigen Ländern erhobene Kommunalabgabe zum Ausgleich für die Nichtleistung von Feuerwehrdienst; wird für Feuerwehrzwecke verwendet.

FFF-Werbung – Abk. für *Film-, Funk- und Fernsehwerbung.*

FGLS – Bezeichnung für Verfahren (engl. *Feasible Generalized Least Squares, FGLS*; gelegentlich auch *Estimated Generalised Least Squares, EGLS*), in denen nicht die wahren Autokorrelationskoeffizienten, sondern Schätzungen davon zur Datentransformation bei GLS (→ Kleinstquadratemethode, verallgemeinerte) verwendet werden. Häufig wird eine iterative Variante dieses Verfahren angewendet. Es kann aber theoretisch nicht gesagt werden, dass die iterative Vorgehensweise zu effizienteren Schätzungen führt als nur ein Durchlauf des Verfahrens. Typische Vertreter davon sind der → Cochrane-Orcutt-Schätzer bei Autokorrelation und der → Hildreth-Lu-Schätzer bei Autokorrelation, die im Falle von Autokorrelation erster Ordnung Anwendung finden. – Man kann bei Verwendung von FGLS insbesondere in kleinen Stichproben nicht generell sagen, dass die Modellparameter effizient geschätzt werden, da dies nur bei bekannten Autokorrelationskoeffizienten der Fall ist oder wenn die Schätzungen sehr nahe bei den wahren Autokorrelationskoeffizienten liegen. Man kann aber sagen, dass konsistent geschätzt wird, da man sich mit zunehmendem Stichprobenumfang den wahren Werten der Autokorrelationskoeffizienten immer mehr annähert. Auch typische Testverfahren besitzen im FGLS-Kontext streng genommen nur asymptotisch Gültigkeit. FGLS sollte daher nur bei großen Stichproben eingesetzt werden. In großen Stichproben führt FGLS dann nämlich zu effizienteren Schätzern als OLS (→ Kleinstquadratemethode, gewöhnliche), falls die Modellannahmen erfüllt sind.

FhG – Abk. für → Fraunhofer-Gesellschaft zur Förderung der angewandten Forschung e. V.

fiduziarische Sicherheiten – *nicht akzessorische Sicherheiten;* Bezeichnung für Kreditsicherheiten, die in ihrer Entstehung und ihrem Fortbestand von der Existenz eines gesicherten Anspruchs unabhängig sind (abstrakte Kreditsicherheiten). Sie sind entweder als Sicherungsrecht gesetzlich nicht ausgestaltet (z.B. Sicherungseigentum) oder gesetzlich überhaupt nicht geregelt (z.B. Garantie), sodass ihr Sicherungscharakter eine vertragliche Gestaltung erfordert (sog. gekorene Sicherheiten). Hierzu gehören v.a. → Garantie, → Schuldmitübernahme, → Sicherungsgrundschuld, → Sicherungsübereignung und → Sicherungsabtretung. – Wegen ihrer Abstraktheit können Sicherheit und Forderung im Unterschied zu den → akzessorischen Sicherheiten getrennt übertragen werden. Die Abtretung (Zession) der Forderung zieht nicht zwangsläufig den Übergang der Sicherheit nach sich; § 401 BGB gilt insoweit nicht. Tritt z.B. der Gläubiger seine durch eine Garantie gesicherte Forderung gegen den Schuldner an einen Dritten ab, so geht diese Garantie nicht automatisch auf den neuen Gläubiger über, sondern muss gesondert abgetreten werden. Fiduziarische Sicherheiten können zur Sicherung künftiger oder bedingter, auch mehrerer abgrenzbarer Forderungen dienen. Infolge ihrer Unabhängigkeit gehen sie im Zweifel nicht unter, wenn die gesicherte Forderung erlischt; wohl aber hat der Sicherungsgeber gegenüber dem Sicherungsnehmer einen schuldrechtlichen Anspruch (Schuldrecht) auf Rückgabe der Sicherheit. – *Treuhänderische Sicherheiten:* Soweit die Verbindung zwischen Sicherheit und Forderung neben der Sicherheitenbestellung durch einen gesonderten Vertrag (Sicherungsvertrag, Sicherungsabrede, Zweckerklärung) hergestellt werden muss, bezeichnet man die fiduziarischen Sicherheiten als treuhänderische Sicherheiten. Dazu zählen → Sicherungsgrundschuld, Sicherungseigentum (→ Sicherungsübereignung) und → Sicherungsabtretung (Sicherungstreuhand, Treuhand).

Field Research → Feldforschung.

Fifo – I. Allgemein: Kurzbezeichnung für First-in-first-out; Prioritätsprinzip (→ Priorität) der Warteschlangentheorie, nach dem zuerst ankommende Transaktionen zuerst bedient werden. Angewandt u.a. bei der Reihenfolgeplanung. – Vgl. auch → Hifo, → Lifo, → Lofo.

II. Handels-/Steuerrecht: Verfahren zur Bewertung gleichartiger Gegenstände des Vorratsvermögens (§ 256 HGB). Beim Fifo-Verfahren wird unterstellt, dass die zuerst gekauften Waren auch zuerst verbraucht oder weiterveräußert werden. Deshalb sind bei der Bewertung der Endbestände die Preise der letzten Einkäufe zugrunde zu legen. – *Steuerliche Anerkennung:* nur möglich, wenn Fifo der tatsächlichen Verbrauchsreihenfolge entspricht. – Vgl. auch → Steuerbilanz.

Figur-Grund-Prinzipien – Tendenz der → Wahrnehmung, sensorische Informationen selektiv zu verarbeiten und zu organisieren (→ Informationsverarbeitung). – *Voraussetzung* zur Informationsaufnahme ist die Einteilung des Wahrnehmungsfeldes in Figur und (Hinter-)Grund (Abhebungsprozess). – In der *Werbung* ist darauf zu achten, dass Bilder eine klare Figur-Grund-Differenzierung aufweisen, wodurch Informationsaufnahme und -verarbeitung beschleunigt werden; die Figur-Grund-Differenzierung kann mithilfe des → Tachistoskops gemessen werden.

fiktive Anrechnung – 1. *Begriff* aus dem internationalen Steuerrecht für Anrechnung ausländischer Steuern auf die inländische Steuerschuld im Rahmen der Anrechnungsmethode, obwohl die entsprechenden ausländischen Steuern gar nicht bezahlt werden mussten (→ Doppelbesteuerung). Die fiktive Anrechnung wurde zeitweilig gegenüber einigen Entwicklungsländern als steuerlicher Anreiz gegenüber ausländischen Investoren vorgesehen; die ausländische Steuer wurde nicht in der wirklichen Höhe angerechnet, sondern unabhängig von der wirklichen Steuer mit einem festgelegten Betrag. – 2. *Bedeutung*: Die fiktive Anrechnung ist nach dt. Recht nur noch aufgrund einiger alter Doppelbesteuerungsabkommen möglich. Eine fiktive Anrechnung im Rahmen der indirekten Anrechnung bei Dividendenbezügen einer Kapitalgesellschaft aus Entwicklungsländern ist aufgrund des Halbeinkünfteverfahrens obsolet (§ 26 III EStG a.F.). Für die fiktive Anrechnung ist außerdem das Recht, statt der Anrechnung den Abzug der fraglichen Steuerbeträge als Betriebsausgabe zu wählen (und so Verlustvorträge zu vergrößern), abgeschafft worden (§ 34c VI Satz 2 EStG).

fiktive Rechengrößen → abgeleitete Rechengrößen.

File → Datei.

File Access – Dienst in einem → Computerverbund (-system) bzw. einem → Netz oder bei einem → Mehrplatzrechner, mit dem ein Teilnehmer auf fremde, d.h. nicht von ihm selbst erzeugte → Dateien lesend und/oder schreibend zugreifen kann. – Restriktiv kontrolliert wird dieser Zugriff i.d.R. durch die Vergabe von Zugriffsrechten durch den jeweiligen Ersteller einer Datei. – Vgl. auch → File Transfer.

File Sharing – Austausch von → Dateien über ein Datennetz. Für das File Sharing werden zumeist spezielle Programme verwendet, mit deren Hilfe ein Peer-to-Peer-Netzwerk – → Peer-to-Peer (P2P) – aufgebaut wird. Innerhalb dieses Netzwerks stellen die Nutzer auf dem eigenen → Personal Computer (PC) dann Dateien zum Austausch zur Verfügung bzw. laden sich von anderen Nutzern Dateien auf ihren PC herunter (→ Download, → Upload). Das größte Problem beim File Sharing stellt der illegale Tausch von → Copyright-geschützten Dateien wie Musiktiteln, Videofilmen, elektronischen Büchern etc. dar, weswegen zahlreiche Interessensverbände, v.a. die Musik- und Filmindustrie versuchen, den Vertrieb von File Sharing-Programmen zu verbieten.

File Transfer – Dienst in einem → Computerverbund(-system) bzw. einem → Netz oder bei einem → Mehrplatzrechner, mit dem ein Teilnehmer Kopien fremder → Dateien für seine persönliche Verwendung erzeugen und Kopien eigener Dateien an andere Stellen des Gesamtsystems übertragen kann. – *Restriktiv kontrolliert* wird dieser Zugriff i.d.R. durch die Vergabe von Zugriffsrechten durch den jeweiligen Ersteller einer Datei. – Vgl. auch → File Access.

File Transfer Protocol → FTP.

Filialbank → Kreditinstitute, die Bankdienstleistungen bereitstellen, indem sie lokal mit Filialen bzw. Zweigstellen präsent sind. Filialbanken zeichnen sich i.d.R. durch eine hohe Beratungsintensität und -qualität (bes. bei komplexen Produkten) aus und wollen Kundenwünsche unmittelbar abdecken. Ein Nachteil sind höhere Verwaltungsaufwendungen.

Filialbetrieb → Filialunternehmung.

Filialbuchführung – buchmäßige Aufzeichnungen der → Filialunternehmung. Es sind verschiedene *Formen* möglich: (1) Die Filiale nimmt nur Mengenverrechnungen der erhaltenen und abgegebenen Waren in Nebenbüchern vor, die dann von der Zentrale als Buchungsunterlage benutzt werden. – (2) Die Filiale trägt in → Grundbücher den Bargeldverkehr mit Kasse und Bank bzw. den Warenein- und -ausgang ein. Die Bücher werden periodisch der Zentrale zur Übertragung in die Hauptbuchkonten gegeben. – (3) Buchung wie (2), getrennte Debitorenbuchführung in den Filialen. Kreditorenbuchführung nur im Hauptgeschäft; häufig bewährt. – (4) Hauptgeschäft und Filialen unterhalten getrennte und in sich abgeschlossene Buchführungen mit gegenseitigen Übergangs- oder Verrechnungskonten, d.h. in der Hauptgeschäftsbuchführung ein Konto „Zweiggeschäft“ und in der Filiale ein Konto „Hauptgeschäft“, ähnlich den Kontokorrentkonten.

Filiale – Einzelne Betriebsstätte einer → Filialunternehmung (sowohl bei Handels- als auch bei Produktionsbetrieben). Filialen sind nur bei Selbstständigkeit in gewissem Umfang als → Zweigniederlassung bedeutsam.

Filialisierung → Standortspaltung v.a. von Einzelhandels- und Dienstleistungsunternehmen, welche der Gewinnung neuer Absatzgebiete und der Ausweitung des Marktanteils an einem Ort dient. Filialisierung beschreibt auch die Entwicklung, dass der Einzelhandel in Stadtzentren zunehmend von Filialisten (→ Filiale) dominiert wird.

Filialklausel – Im Handelsregister einzutragende Beschränkung der Prokura als → Filialprokura (§ 50 III HGB). Es ist zu unterscheiden: In das Handelsregister der Hauptniederlassung ist eine Beschränkung ausdrücklich aufzunehmen. Die Eintragung einer Prokura im Register der Zweigniederlassung dagegen verlautbart auch ohne Zusatz von vornherein nur das Bestehen der Prokura für diese Niederlassung.

Filialprokura – Auf eine oder mehrere Niederlassungen eines Unternehmens beschränkte → Prokura. Die Beschränkung ist Dritten gegenüber wirksam, wenn die Niederlassungen unter verschiedenen Firmen (Zusatz, der Zweigniederlassung erkenntlich macht, genügt hier) betrieben werden und die → Filialklausel im Handelsregister eingetragen ist (§ 50 III HGB).

Filialunternehmung – *Filialbetrieb*. 1. *Begriff*: Unternehmung mit mind. fünf räumlich voneinander getrennten Niederlassungen (Filialen), die unter einheitlicher Leitung stehen. Verkaufsfilialen des Einzelhandels unterhalten sowohl Hersteller bei direktem Verkauf (Fabrikverkaufsfilialen), Großhändler als → Regiebetriebe als auch Großbetriebsformen des

→ Einzelhandels (z.B. → Warenhäuser). – 2. *Funktionsweise:* wegen des lokal begrenzten → Einzugsgebiets einer Betriebsstätte stärkste Verbreitung im Einzelhandel. Von einem zentralen Management wird die Unternehmenspolitik einheitlich festgelegt und teils zentral (Beschaffung, Abrechnung, Kontrolle), von weisungsgebundenen Mitarbeitern der Zentrale, teils dezentral (Absatz, Personaleinsatz) von angestellten Filialleitern durchgeführt. – *Vorteile:* erhebliche Rationalisierungsmöglichkeiten; rasches Agieren auf sich wandelnde Märkte. – Mögliche *Nachteile:* Unterordnung unter die Entscheidung des zentralen Managements, wenn ein räumlich stark differenzierendes Handelsmarketing zur erfolgreichen Marktausschöpfung angebracht wäre oder wenn Filialleiter mit Eigeninitiative gebremst, langfristig sogar demotiviert werden. – 3. *Bedeutung:* Die Filialisierung hat sich in den letzten Jahrzehnten stark durchgesetzt, sogar die Entwicklung der kooperativen Gruppen (→ kooperative Gruppen des Handels) in hohem Maß beeinflusst. Durch die Möglichkeit der zentralen Steuerung von → Warenwirtschaftssystemen (WWS) mittels EDV-Anlagen, unterstützt durch neue Medien wie Internet, kann eine weitere Zunahme der Filialisierung bewirkt werden; es sei denn, Ausbildung, Kompetenz, Eigeninitiative sowie dezentrale, technische Ausstattung (z.B. mit Personalcomputern) der selbstständigen Einzelhändler werden entscheidend verbessert bzw. gestärkt.

Filière-Konzept – Instrument zur Analyse der organisatorischen und räumlichen wertschöpfungsspezifischen Anordnung von (unternehmensübergreifenden) Prozessen der → Produktion und → Distribution.

Filmförderungsanstalt (FFA) – bundesunmittelbare rechtsfähige Anstalt des öffentlichen Rechts, Sitz in Berlin. Errichtet durch Filmförderungsgesetz (FFG) i.d.F. vom 24.8.2004 (BGBl. I 2277) m.spät. Änd. – *Aufgaben:* v.a. Förderung der dt. Filmwirtschaft, Gewährung von Förderungshilfen zur Herstellung neuer deutscher Spiel- und Kurzfilme sowie von Drehbüchern, zur Förderung des Filmabsatzes und des Filmabspiels, der Planung und Vorbereitung von Filmvorhaben, der Weiterbildung, Forschung, Rationalisierung und Innovation auf filmwirtschaftlichem Gebiet. Finanziert werden die Förderungshilfen der FFA durch eine Film- und Videoabgabe und die Beiträge der Rundfunkanstalten und privaten Fernsehveranstalter (§§ 66 ff. FFG).

Filmwerk – ist jeder Film (Bildfolge oder Bild- und Tonfolge, die den Eindruck eines bewegten Spiels entstehen lässt), der eine persönliche geistige Leistung (→ Eigentümlichkeit) darstellt (§ 2 I Nr. 6 UrhG). Filme, die den Anforderungen an den Urheberrechtsschutz nicht genügen, werden Laufbilder genannt. Für Filmwerke gelten die bes. Bestimmungen der §§ 88 ff. UrhG, auf Laufbilder sind sie nur teilweise anwendbar (§ 95 UrhG).

Filter – jede Transformation eines stochastischen Prozesses in einen anderen stochastischen Prozess, z.B. durch Differenzenbildung. – Filter werden v.a. bei der Saisonbereinigung (→ Saisonbereinigung und -modellierung) und der Trendbereinigung (→ Trendbereinigung und Stationarisierung) gebraucht und dienen damit auch der Generierung stationärer Variablen (→ Stationarität). Zu den in der Praxis bekanntesten Filtern gehören der → Baxter-King-Filter, der → Hodrick-Prescott-Filter und der → Kalman-Filter.

Filterfrage – Frage, mittels der Auskunftspersonen, die eine bestimmte Voraussetzung nicht erfüllen, z.B. von der Beantwortung der nachfolgenden Fragen eines → Fragebogens ausgeschlossen werden.

Filterhypothese → Filtertheorie.

Filtertheorie – *Screeningtheorie.* Die Filtertheorie geht wie das Konzept der statistischen Diskriminierung (→ Diskriminierungstheorien) von der Annahme aus, dass seitens der Arbeitgeber unvollständige Information über das Produktivitätspotenzial der einzelnen Arbeitskräfte vorliegt (asymmetrische Information zwischen Anbieter und Nachfrager). Arbeitgeber benutzen deshalb Bildungsabschlüsse als Indikatoren für die berufliche Leistungsfähigkeit der Stellenbewerber, mithilfe derer sie die produktivsten Kandidaten herausfiltern. Sie zahlen denjenigen Bewerbern höhere Löhne, die über höhere Bildungsabschlüsse verfügen. Denn sie wissen, dass unter diesen der Anteil mit hohen (angeborenen) Fähigkeiten größer ist, weil es für sie geringere Kosten verursacht in (Aus-)Bildung zu investieren als für weniger produktive Individuen. Dieser Zusammenhang wird sich auch im Berufsleben zeigen. Im Unterschied zu den → Humankapitaltheorien (→ Arbeitsmarkttheorien) hat das Bildungswesen ausschließlich die Aufgabe, die Arbeitskräfte entsprechend ihrer potenziellen, nicht beobachtbaren Produktivität zu sortieren, ohne diese jedoch per se zu erhöhen. Zertifikate über Bildungsabschlüsse erfüllen für die Arbeitgeber die Aufgabe eines Informationsmediums und signalisieren die erwartete zukünftige Produktivität der Stellenbewerber. Dadurch wird der Zusammenhang von Bildung und Einkommen stärker als bei der Humankapitaltheorie auf das Anfangseinkommen projiziert.

Filterung → Adverse Selection, → Screening.

finale Form → Mehrgleichungsmodell.

Finalprinzip – I. Kostenrechnung: Variante des (Kosten-)Verursachungsprinzips, das alle jene Kosten einer Leistung zuordnet, die um dieser Leistung willen bewusst in Kauf genommen worden sind. Das Finalprinzip verrechnet damit auf Kostenträger neben → variablen Kosten auch anteilige → fixe Kosten. Für Systeme → entscheidungsorientierter Kostenrechnung ist das Finalprinzip deshalb nicht verwendbar.

II. Sozialpolitik: Prinzip zur Grundlegung und Ausgestaltung sozialpolitischer Maßnahmen. Das

Finalprinzip richtet Maßnahmen auf die Herstellung eines erwünschten Endzustandes aus (z.B. eigenständige → soziale Sicherung auch der nicht erwerbstätigen Frau). - *Gegensatz:* → Kausalprinzip. - Zwischen beiden Prinzipien bestehen Rivalitätsbeziehungen. - *Bedeutung:* Nach Errichtung und Ausbau der gesetzlichen Sozialversicherungen, die sich stark am Kausalprinzip orientieren (Erwerbsstatus, Eintritt eines Versicherungsfalls), geht der Trend bei der Weiterentwicklung des sozialen Sicherungssystems in Richtung des „vorwärts" gewandten Finalprinzips, u.a. deshalb, weil die hohe Komplexität der sozialen Wirklichkeit nicht alle möglichen Ursachen sichtbar werden lässt, an die dann Sicherungsmaßnahmen anzuknüpfen hätten. Mit der Betonung des Aspekts der Finalität will die Sozialpolitik v.a. dazu beitragen, dass keine unerwünschten Lücken im Sicherungsnetz verbleiben. - Vgl. auch → Sozialpolitik, Gestaltungsprinzipien.

Finance Company - 1. Sonderform der → Finanzierungsgesellschaft, die als Kapitalgesellschaft eines Konzerns die Finanzierung nur der dem Konzern angeschlossenen Unternehmungen betreibt. - 2. In den USA Spezialunternehmungen, die sich u.a. mit der Verbraucher-Finanzierung befassen. - Vgl. auch → Cash Management.

Financial Accountability and Management (FAM) - *FAM.* Wissenschaftliche Fachzeitschrift im → Non-Profit-Sektor. Der Schwerpunkt der dortigen Publikationstätigkeit liegt auf dem Accounting. Als (Gründungs-)Herausgeber und Schriftleiter fungiert Prof. Dr. Irvine Lapsley, Vorstand des Institute of Public Sector Accounting Research (IPSAR) an der schottischen Universität Edinburgh (Stand: 2011).

Financial Accounting Foundation (FAF) - unabhängige private Stiftung, die von den wichtigsten US-amerikanischen Berufsorganisationen aus dem Bereich des Rechnungswesens, etwa dem → American Institute of Certified Public Accountants, getragen und finanziert wird. Die Financial Accounting Foundation (FAF) finanziert, ernennt und überwacht das → Financial Accounting Standards Board.

Financial Accounting Standards Advisory Council (FASAC) - Ein etwa 30 Personen umfassender US-amerikanischer Ausschuss, der für jeweils ein Jahr ernannt wird und das → Financial Accounting Standards Board (FASB) in Rechnungslegungsfragen wie etwa der Themenauswahl und der Abgabe vorläufiger Statements berät. Der FASAC besteht aus Rechnungslegungsexperten der Industrie, der Wirtschaftsprüfung und der Finanzanalyse und trifft sich vierteljährlich.

Financial Accounting Standards Board (FASB) - 1. *Charakterisierung:* Als Reaktion auf die Weltwirtschaftskrise in den frühen 1930er-Jahren wurde in den USA durch den Securities Act von 1933 die Börsenaufsichtsbehörde → SEC gegründet. Diese hat u.a. die Aufgabe, Rechnungslegungsvorschriften für börsennotierte Unternehmen zu erlassen. Im Rahmen ihrer Zuständigkeit hat die SEC die Entwicklung eines materiellen Rechnungslegungssystems in die Kompetenz privater Organisationen übertragen. Heute widmet sich das 1972 gegründete Financial Accounting Standards Board (FASB) dieser Aufgabe, nachdem dessen Vorgängerorganisationen → Committee on Accounting Procedure (CAP) (1938–1959) und → Accounting Principles Board (APB) (1959–1973) aufgrund ihrer hohen Affinität zum Wirtschaftsprüferberuf stark in die Kritik geraten waren. Seit 1973 geht das Financial Accounting Standards Board der Aufgabe nach, Rechnungslegungsnormen für private Unternehmen zu entwickeln. Es hat hierbei die Interessen aller von der Rechnungslegung betroffenen Gruppen zu berücksichtigen. Weiterhin müssen die verabschiedeten Vorschriften auch den Vorstellungen der SEC und damit des Kapitalmarkts genügen, denn die SEC kann seine an das Financial Accounting Standards Board delegierte Kompetenz jederzeit widerrufen und eigene Rechnungslegungsregeln erlassen. - 2. *Aufbau und Struktur* des Financial Accounting Standards Board sind von dem Zusammenwirken zahlreicher Gremien und Organisationen geprägt. Hauptorgan des Financial Accounting Standards Board ist das Board, dessen sieben hauptberufliche Mitarbeiter eine hohe fachliche Qualifikation aufweisen und für jeweils fünf Jahre bestellt werden. Aus Gründen der Unabhängigkeit ist es den Board-Mitgliedern untersagt, während ihrer Amtszeit sonstige berufliche Tätigkeiten auszuüben. Finanziert und überwacht wird das Financial Accounting Standards Board durch die → Financial Accounting Foundation (FAF), die auch die Board-Mitglieder sowie dessen Chairman ernennt. Fachliche Unterstützung erfährt das Financial Accounting Standards Board von verschiedenen Gremien und Arbeitsgruppen, die mit Rechnungslegungsexperten aus den Bereichen Industrie, Wirtschaftsprüfung, Finanzanalyse und Wissenschaft besetzt sind. Zu nennen sind hier ehrenamtlich tätige Gruppen wie das → Financial Accounting Standards Advisory Council (FASAC) und die Emerging Issues Task Force sowie der aus etwa 60 fest angestellten Mitarbeitern bestehende Research and Technical Activities Staff. - 3. *Arbeitsweise:* Die stark kasuistischen Rechnungslegungsvorschriften des Financial Accounting Standards Board sind Ausfluss eines standardisierten Standard-Setting-Prozesses. Dieses auch als Due Process bezeichnete Verfahren soll allen interessierten Personen und Gruppen die Möglichkeit geben, ihre Anschauungen in die inhaltliche Ausgestaltung der Standards einzubringen. Hierdurch gewinnt das Financial Accounting Standards Board die Flexibilität, rasch auf aktuelle Probleme zu reagieren und die Akzeptanz ihrer Vorschriften zu verbessern. Auf der anderen Seite besteht die Gefahr, dass einzelne Regeln aufgrund der vielfältigen in ihnen zum Ausdruck kommenden Interessen nicht als Ausfluss eines einheitlichen Konzepts zu erkennen sind.--4. Das Financial Accounting

Standards Board veröffentlicht unterschiedliche *Verlautbarungen* mit differenziertem Verbindlichkeitsgrad. Zentrale Verlautbarungsart sind die → Statements of Financial Accounting Standards (SFAS), die vor ihrer Verabschiedung den kompletten Standard-Setting Process durchlaufen. Das Conceptual Framework des Financial Accounting Standards Board bilden die bisher acht → Statements of Financial Accounting Concepts (SFAC), die ebenfalls den Due Process durchlaufen haben und übergeordnete Ziele und Definitionen enthalten. In den Interpretations, die nicht dem Due Process unterliegen, werden v.a. Einzelfragen der Rechnungslegung behandelt sowie einzelne Standards ausgelegt. Ebenfalls außerhalb des Due Process entstehen die Technical Bulletins, die der Research and Technical Activities Staff zu Rechnungslegungsproblemen einzelner Unternehmen oder spezieller Branchen herausgibt. Schließlich veröffentlicht die EITF im Rahmen ihrer Aufgabe als „Frühwarnsystem" für neue Entwicklungen die sog. EITF Abstracts zu Einzelfragen der Rechnungslegung. Neben den hier dargestellten Verlautbarungen des Financial Accounting Standards Board und seines Umfeldes gelten weiterhin einzelne Rechnungslegungsvorschriften, die von den Vorgängerorganisationen erlassen worden waren. Hierzu zählen etwa die → Accounting Research Bulletins (ARB) des CAP sowie die → APB-Opinions. Die Verlautbarungen des Financial Accounting Standards Board sowie die fortgeltenden Vorschriften seiner Vorgängerorganisationen besitzen aufgrund der Kompetenzübertragung durch die SEC und dessen „Substantial Authoritative Support" einen quasi-gesetzlichen Charakter und sind von sämtlichen börsennotierten Unternehmen zwingend einzuhalten. Darüber hinaus verpflichtet das → American Institute of Certified Public Accountants (AICPA) mit seiner Rule 203 des Code of Professional Ethics den Wirtschaftsprüferstand, nur solche Jahresabschlüsse uneingeschränkt zu testieren, die den Verlautbarungen des Financial Accounting Standards Board entsprechen. Damit gewinnen die Financial-Accounting-Standards-Board-Verlautbarungen über den Kreis der börsennotierten Unternehmen hinaus Bedeutung, denn auch Abschlüsse, die nur aufgrund vertraglicher Verpflichtungen geprüft werden, müssen somit den Financial-Accounting-Standards-Board-Vorschriften genügen.

Financial Auditing – auf das Finanz- und Rechnungswesen bezogene Revision (→ Prüfung).

Financial Covenants – Sammelbegriff für zusätzliche Vertragsklauseln oder Nebenabreden in Kredit- und Anleiheverträgen mit Unternehmen. Mit Vereinbarungen über Covenants werden den Kreditnehmern bzw. Schuldnern bestimmte Verpflichtungen auferlegt. Je nach Verpflichtungsart unterscheidet man General Covenants (allgemeine Bestimmungen, z.B. Zustimmungspflicht des Kreditgebers, wenn das Unternehmen wesentliche Vermögensteile verkaufen möchte), Information Covenants (Verpflichtung zur regelmäßigen Information, z.B. Quartalsberichte) und Financial Covenants (Verpflichtung zur Einhaltung festgelegter finanzieller Anforderungen, z.B. die maximale Verschuldung gemessen an der Leverage Ratio – Nettoverschuldungsgrad). – Zur Beurteilung einer angemessenen finanziellen Situation werden mit dem kreditnehmenden Unternehmen v.a. Kennzahlen vereinbart, die sich auf die Eigenkapitalausstattung, Verschuldung, Liquiditäts- und Ertragslage des Unternehmens beziehen. Der Kreditnehmer hat dem Kreditgeber diese Finanzkennzahlen regelmäßig mitzuteilen. Sollten sich die Kennzahlen im Laufe der Zeit verschlechtern und nicht mehr den Anforderungen genügen, so behält sich der Kreditgeber vor, die Kreditbedingungen an die geänderte Risikosituation anzupassen. Das kann bspw. ein Risikoaufschlag beim Zinssatz sein, die Forderung nach zusätzlichen Sicherheiten oder die Verpflichtung das Eigenkapital zu erhöhen. Auch ein Aussetzen der Auflagen kommt in Frage, dafür berechnet der Kreditgeber eine Gebühr (waiver fee). Im Extremfall kann das Nichteinhalten der Financial Covenants zur Kündigung des Kreditvertrags führen. – Vgl. auch → Default-Klausel, → Cross-Default-Klausel.

Financial Future – *Finanzterminkontrakt, Finanz-Future;* unbedingtes Termingeschäft über den Kauf und Verkauf eines bestimmten Vermögensgegenstandes (Underlying) zu einem bestimmten zukünftigen Fälligkeitszeitpunkt und einem bei Vertragsabschluss festgelegten Terminpreis. Der Käufer ist unbedingt verpflichtet, das Underlying zu bezahlen bzw. abzunehmen, während der Verkäufer ebenso unbedingt verpflichtet ist, zu verkaufen bzw. zu liefern. In Abhängigkeit vom zugrunde liegenden Vermögensgegenstand gibt es Financial Futures auf konkreter Basis wie auf Devisen, Aktien und die Zinsen von Anleihen sowie Futures auf abstrakter Basis wie auf Indizes oder fiktive Anleihen. Entstanden ist das Geschäft mit Futures aber an Warenterminbörsen, wo als Vermögensgegenstände landwirtschaftliceh Produkte und Rohstoffe gehandelt wurden. Futures dienen sowohl dem Hedging als auch Spekulations- oder Arbitragemotiven. Im Gegensatz zum → Forward Rate Agreement (FRA) sind Financial Futures standardisierte Geschäfte, die an der Börse gehandelt werden.

Financial Instruments – zusammenfassender Ausdruck für → Wertpapiere und → Finanzinnovationen.

Financial Leasing → Leasing.

Financial Markets Association → ACI.

Financial Planning – beschreibt die Vorgehensweise, bei der unter dem Primat der Erhaltung der → Liquidität (Zahlungsfähigkeit) eines Privatkunden die vorhandenen Vermögenswerte unter Berücksichtigung individueller Prämissen gewinnbringend strukturiert und investiert werden. In der Finanzdienstleistungsbranche wird Financial Planning als Dienstleistung mit dem Ziel angeboten, → Finanzprodukte zu vertreiben. Darüber hinaus werden bspw. auch von Steuerberatern oder Honorarberatern Finanzplanungen angeboten, aus denen sich Empfehlungen ableiten lassen, die zu geringeren → Interessenskonflikten führen sollen. – Zahlreiche Bildungsträger qualifizieren inzwischen Finanzberater zu zertifizierten Finanzplanern. – Vgl. → Provision, Verbraucherschutz bei Finanzdienstleistungen.

Financial Statements – *Jahresabschluss;* → Conceptual Framework.

Financial Swap – Tausch bestimmter Zahlungsströme und/oder Kapitalbeträge auf der Basis eines Swapvertrages zwischen zwei Parteien. → Zinsswaps und → Währungsswaps sowie → Zins- und Währungsswaps bieten die Möglichkeit zur kostengünstigen und risikomindernden Finanzierung mit Fremdkapital. Das Grundprinzip eines Swaps besteht im Austausch von Zahlungsforderungen und Zahlungsverpflichtungen zwischen zwei Parteien mit dem Ziel, relative Vorteile, die eine Partei aufgrund ihrer Stellung am Markt realisieren kann, auszunutzen. Bei Währungsswaps kommt es zum Austausch von (Valuta-)Kapitalbeträgen. Die Ausgestaltung von Financial Swaps kann sehr unterschiedlich und vielfältig sein. Cash Settled Equity Swaps wurden bereits zum "Anschleichen" bei der Übernahme der Continental AG durch die Schaeffler KG im Jahr 2008 verwendet. – Vgl. auch → Differenzgeschäft; → Swap.

Financial Transaction Services (FinTS) – Onlinebanking-Standard, der 2003 vom → Zentralen Kreditausschuss (ZKA) verabschiedet wurde. – Der Funktionsumfang von FinTS ist seit seiner ersten Veröffentlichung 1995 stark angestiegen, um den Anforderungen des Marktes zu genügen: Die dot.com-Phase hat mit zahlreichen neuen Geschäftsvorfällen im Wertpapierbereich den Standard entscheidend geprägt, genauso wie die kontinuierliche Verfeinerung der Sicherheitstechnik. Mit neuen Rollenmodellen und Kommunikationsmöglichkeiten geht der Standard neue Wege und ermöglicht die Nutzung des Protokolls für alle elektronischen Vertriebswege. Ab der Version 3.0 wurde der FinTS-Standard neu gegliedert, um der Unabhängigkeit der Legimitationsverfahren, der Geschäftsvorfälle und der Finanzdatenformate von dem zugrunde liegenden Protokoll gerecht zu werden. Die Einzeldokumente sind in einer Gesamtspezifikation mit dem Titel FinTS – Financial Transaction Services – zusammengefasst. Fin TS unterstützt folgende zwei Legimationsverfahren: das PIN/TAN-Verfahren und den HBCI-Standard. – 2004 wurde mit einer neuen Version (Version 4.0) ein weiterer Meilenstein erreicht: Der Standard wurde komplett in XML spezifiziert. FinTS wurde damit kompatibel zu anderen internationalen Finanzdatenstandards. FinTS wird derzeit von mehr als 2.000 Kreditinstituten unterstützt. Namhafte Hersteller von Onlinebanking-Software unterstützen den Standard, sodass der Kunde aus einer Vielzahl von Produkten wählen kann.

Finanzakzept → Bankakzept.

Finanzamt – die örtliche Landesfinanzbehörde (§ 2 FVG). – Vgl. auch → Finanzverwaltung.

Finanzanalyse – 1. *Begriff:* Untersuchung zur Gewinnung von Aussagen über die wirtschaftliche Lage, bes. im Hinblick auf künftige Erfolgsermittlung und Zahlungsfähigkeit (→ Liquidität) von Unternehmen. Die Finanzanalyse basiert auf Daten der → Bilanz, der → Gewinn- und Verlustrechnung (GuV), des → Geschäftsberichts, der Branche und der konjunkturellen Entwicklung. – 2. *Arten:* a) *Interne* Finanzanalyse: Durch das Unternehmen selbst durchgeführte Analyse soll Planungs- und Kontrollinformationen für Entscheidungen der Unternehmensleitung zur Verfügung stellen. – b) *Externe* Finanzanalyse: Von unternehmensexternen Personen durchgeführte Analyse bildet die Grundlage für Entscheidungen wie Kauf einer → Beteiligung, Gewährung von Lieferantenkrediten oder von → Darlehen. – Vgl. auch → Finanzierungskennzahl.

Finanzanlagen – im Gegensatz zu Sachanlagen und immateriellen Vermögensgegenständen (immaterielle Wirtschaftsgüter) diejenigen Werte des → Anlagevermögens in der Bilanz, die auf Dauer finanziellen Anlagezwecken (Ausleihungen und Wertpapiere) bzw. Unternehmensverbindungen (→ Beteiligungen und Anteile an → verbundenen Unternehmen sowie damit zusammenhängende Ausleihungen) dienen; vgl. § 266 II HGB.

Finanzausgleich – 1. *Begriff:* Entscheidet sich ein Staat für einen gegliederten Staatsaufbau (→ Föderalismus), so hat er den einzelnen Ebenen die für sie geeigneten Aufgaben zuzuordnen und ihnen die Möglichkeit entsprechender Einnahmebeschaffung zu eröffnen. Alle hierfür erforderlichen Regelungen werden unter dem Begriff Finanzausgleich zusammengefasst. – 2. *Teilbereiche/Arten:* a) *Passiver Finanzausgleich:* Die → öffentlichen Aufgaben werden von den privaten Aufgaben abgegrenzt und auf die verschiedenen → öffentlichen Aufgabenträger verteilt. – b) *Aktiver Finanzausgleich:* Regelung der Einnahmenverteilung, wobei unterschieden werden: (1) *Originärer (aktiver) Finanzausgleich (primärer Finanzausgleich):* Verteilung originärer Einnahmequellen zwischen öffentlichen Aufgabenträgern gleicher Ebene *(horizontaler Finanzausgleich)* oder verschiedener Ebenen *(vertikaler Finanzausgleich)*. Erhalten die einzelnen Aufgabenträger jeweils eigene Einnahmequellen, so liegt ein → Trennsystem vor; bei einem → Zuweisungssystem fließen alle originären Einnahmen einer einzigen Ebene zu, die ihrerseits Überweisungen an die übrigen Ebenen vornimmt. Sind an verschiedenen Gebietskörperschaften gemeinsam erhobene Einnahmen beteiligt, so ist ein → Mischsystem (→ Verbundsystem) verwirklicht. (2) *Ergänzender (aktiver) Finanzausgleich (Finanzausgleich i.e.S.; sekundärer Finanzausgleich):* Regelungen zur Schließung des nach der Verteilung der originären

Einnahmen i.d.R. verbleibenden Ausgleichsbedarfs (Differenz zwischen → Finanzkraft und → Finanzbedarf). Er umfasst die Überweisung bereits einzelnen öffentlichen Aufgabenträgern zugeflossener Einnahmen an andere Aufgabenträger. Er kann ebenfalls in horizontaler und vertikaler Richtung vorgenommen werden. Innerhalb des ergänzenden Finanzausgleiche werden Zuweisungen verschiedener Art gezahlt: (a) Die → Ausgleichszuweisungen verfolgen das Ziel, Ungleichgewichte zwischen Finanzbedarf und Deckung zu beseitigen oder zu mildern; sie sind i.d.R. als Zuweisungen ohne Verwendungsauflagen gestaltet. Probleme ergeben sich vornehmlich bei der Messung des Finanzbedarfs und der originären Finanzkraft. (b) Demgegenüber sollen → Lenkungszuweisungen (Zweckzuweisungen) das Verhalten der Zuweisungsempfänger verändern; es handelt sich daher um Zuweisungen mit Verwendungsauflagen. – 3. *Ziel:* Durch die Erfüllung der zuvor genannten Teilaufgaben bezweckt der Finanzausgleich insgesamt die bestmögliche Erfüllung der öffentlichen Aufgaben im föderativen Staat. – 4. *Finanzausgleich in der Bundesrepublik Deutschland:* a) Der *originäre passive Finanzausgleich* ist in Art. 70 ff. GG im Einzelnen geregelt (→ Finanzverfassung). Die Verteilung der einzelnen Steuern auf die unterschiedlichen Aufgabenträger regelt Art. 106 GG. Danach gilt in der Bundesrepublik Deutschland ein (gebundenes) Trennsystem und ein Mischsystem, d.h. man unterscheidet zwischen Steuern, die nur einer Ebene zustehen (→ Bundessteuern, → Landessteuern, → Gemeindesteuern), und solchen, die mehreren Ebenen zustehen (→ Gemeinschaftsteuern im sog. → Steuerverbund). b) *Ergänzender aktiver Finanzausgleich:* Entsprechend dem föderalistischen Staatsaufbau sind vertikaler Finanzausgleich zwischen Bund und Ländern (→ Bund-Länder-Finanzausgleich), horizontaler Finanzausgleich zwischen den Ländern (→ Länderfinanzausgleich), vertikaler Finanzausgleich zwischen Land und Gemeindeebene, horizontaler Finanzausgleich zwischen den Gemeinden (bzw. Gemeindeverbänden; → kommunaler Finanzausgleich) zu unterscheiden.

Finanzausgleichsreform → föderales Konsolidierungsprogramm.

Finanzausschuss – in Großunternehmungen, Konzernen, Trusts etc. aus den Mitgliedern der Aufsichts- und Geschäftsführungsorgane (→ Aufsichtsrat, → Verwaltungsrat, → Vorstand) gebildeter Kreis von Sachverständigen mit der Aufgabe, die Tätigkeit der Finanzierungsabteilungen zu überwachen. Der Finanzausschuss kann Anweisungen erteilen, prüfen und hat Mitwirkungsbefugnis bei wichtigen Finanzierungsaufgaben.

Finanzbedarf – I. Finanzwissenschaft: Die für die → öffentlichen Aufgabenträger zur Erfüllung der ihnen im passiven → Finanzausgleich übertragenen Aufgaben erforderlichen Finanzmittel. Der Finanzbedarf ist für den einzelnen öffentlichen Aufgabenträger und für die öffentliche Hand insgesamt zu bestimmen und mit den im Privatsektor zu belassenden Finanzmitteln ins Verhältnis zu setzen (→ optimales Budget). – Die *Messung des* Finanzbedarfs öffentlicher Aufgabenträger gestaltet sich infolge der nicht präzisen und erschöpfenden Aufgabenzuständigkeiten schwierig. In der Praxis hilft man sich mit groben (Bedarfs-)Indikatoren: (1) Die Einwohnerzahl ist wichtigster Indikator bei der Messung des Finanzbedarfs der Gemeinden (zum Zwecke des kommunalen Finanzausgleichs) und der Länder (zum Zwecke des Länderfinanzausgleichs); z.T. modifiziert durch die Größe der Gebietskörperschaft (Hauptansatzstaffelung). (2) Weitere Indikatoren werden z.T. ergänzend herangezogen (Ergänzungsansätze). – Dem derart gemessenen Finanzbedarf wird im ergänzenden → Finanzausgleich die originäre → Finanzkraft bzw. → Steuerkraft gegenübergestellt; Differenzen zwischen beiden Größen werden z.T. durch → Schlüsselzuweisungen ausgeglichen. – Vgl. auch → Ausgleichsmesszahl (relativer Finanzbedarf).

II. Finanzplanung: Fasst den kurzfristigen Geldbedarf und den langfristigen → Kapitalbedarf zusammen.

Finanzbericht – Nach§ 31 BHO hat das Bundesministerium der Finanzen (BMF) zum Entwurf des → Haushaltsgesetzes und des → Haushaltsplans den Finanzbericht, der über den Stand und die voraussichtliche Entwicklung der Finanzwirtschaft auch im Zusammenhang mit der gesamtwirtschaftlichen Entwicklung Auskunft gibt, zu erstatten. In der jährlich vorgelegten umfangreichen Schrift werden die volkswirtschaftlichen Grundlagen und die wichtigsten finanzwirtschaftlichen Probleme des eingebrachten Bundeshaushaltsplans erläutert. Der Finanzbericht hat sich aus den „Allgemeinen Vorbemerkungen" der Bundeshaushaltspläne seit 1949 entwickelt; die Herausgabe unter der Bezeichnung „Finanzbericht" erfolgt seit 1961. – Auf der *Ebene der Bundesländer* sind die Berichtspflichten bei der Haushaltseinbringung unterschiedlich; meist wird der Finanzbericht mündlich im Rahmen der Haushaltsrede des Länderfinanzministers erstattet.

Finanzbuchhaltung – *Geschäftsbuchhaltung, pagatorische Buchhaltung, kaufmännische Buchhaltung;* erfasst den Werteverkehr einer Unternehmung (den äußeren Kreis) aus Geschäftsbeziehungen zur Umwelt (Kunden, Lieferanten, Schuldner, Gläubiger) und die dadurch bedingten Veränderungen der Vermögens- und Kapitalverhältnisse. Die Finanzbuchhaltung liefert das Zahlenmaterial zur Erstellung der → Bilanz und der → Gewinn- und Verlustrechnung (GuV), aus denen sich Lage und Gesamterfolg des Betriebs erkennen lassen. Vgl. auch " → Doppelte Buchhaltung". – Eine *Ergänzung* der Finanzbuchhaltung bietet die → Betriebsbuchhaltung, die, auf den Werten der Finanzbuchhaltung aufbauend, der innerbetrieblichen Abrechnung dient (innerer Kreis). – Vgl. auch → computergestützte Finanzbuchhaltung.

Finanzdecke – im Rahmen der Finanzierung einer Unternehmung zur Deckung betriebsnotwendiger Ausgaben verfügbare flüssige Mittel. Zu „kurze Finanzdecke“ erzwingt zusätzliche → Kapitalbeschaffung.

Finanzdienstleistungen – Gesamtheit aller von → Kreditinstituten sowie von banknahen und bankfremden Konkurrenten (Versicherungen, Bausparkassen, etc.) angebotenen Leistungen, z.T. unter Einsatz moderner Informations- und Kommunikationstechniken. Nach § 1 Ia KWG handelt es sich im einzelnen um: a) *Anlagevermittlung*: die Vermittlung von Geschäften über die Anschaffung und Veräußerung von Finanzinstrumenten. b) *Anlageberatung*: die Abgabe von persönlichen Empfehlungen an Kunden, die sich auf Geschäfte mit bestimmten Finanzinstrumenten beziehen, sofern die Empfehlung auf eine Prüfung der persönlichen Umstände des Anlegers gestützt oder als für ihn geeignet dargestellt wird und nicht ausschließlich über Informationsverbreitungskanäle oder für die Öffentlichkeit bekannt gegeben wird. c) *Betrieb eines multilateralen Handelssystems*: der Betrieb eines multilateralen Systems, das die Interessen einer Vielzahl von Personen am Kauf und Verkauf von Finanzinstrumenten innerhalb des Systems und nach festgelegten Bestimmungen in einer Weise zusammenbringt, die zu einem Vertrag über den Kauf dieser Finanzinstrumente führt. d) *Platzierungsgeschäft*: das Platzieren von Finanzinstrumenten ohne feste Übernahmeverpflichtung. e) *Abschlussvermittlung*: die Anschaffung und Veräußerung von Finanzinstrumenten im fremden Namen für fremde Rechnung. f) *Finanzportfolioverwaltung*: die Verwaltung einzelner in Finanzinstrumenten angelegter Vermögen für andere mit Entscheidungsspielraum. g) *Eigenhandel*: die Anschaffung und Veräußerung von Finanzinstrumenten für eigene Rechnung als Dienstleistung für andere. h) *Drittstaateneinlagenvermittlung*: die Vermittlung von Einlagengeschäften mit Unternehmen mit Sitz außerhalb des Europäischen Wirtschaftsraums. i) *Sortengeschäft*: der Handel mit Sorten. j) *Factoring*: der laufende Ankauf von Forderungen auf der Grundlage von Rahmenverträgen mit oder ohne Rückgriff. k) *Finanzierungsleasing*: der Abschluss von Finanzierungsleasingverträgen als Leasinggeber. l) *Anlageverwaltung*: die Anschaffung und Veräußerung von Finanzinstrumenten für eine Gemeinschaft von Anlegern, die natürliche Personen sind, mit Entscheidungsspielraum bei der Auswahl der Finanzinstrumente, sofern dies ein Schwerpunkt des angebotenen Produktes ist und zu dem Zweck erfolgt, dass diese Anleger an der Wertentwicklung der erworbenen Finanzinstrumente teilnehmen. – Für Versicherungs- und Bausparprodukte gelten die entsprechenden gesetzlichen Regelungen. – *Produkte:* sämtliche Arten von Finanzprodukten, v.a. aus den Bereichen Bank, → Investmentfonds, Bausparen, Immobilien und Versicherungen. – *Service:* Beratung über Finanzprodukte und das Aufzeigen passender Lösungen, z.B. im Wege des Financial Planning oder der Versicherungsvermittlung.

Finanzdienstleistungsinstitut – Unternehmen, das → Finanzdienstleistungen im Sinn des KWG für andere gewerbsmäßig oder in einem Umfang erbringt, der einen in kaufmännischer Weise eingerichteten Geschäftsbetrieb erfordert, und das kein → Kreditinstitut ist (§ 1 Ia 1 KWG). Ebenso wie Kreditinstitute unterliegen Finanzdienstleistungsinstitute der Aufsicht durch die → Bundesanstalt für Finanzdienstleistungsaufsicht (BaFin). Anlagevermittlung, Abschlussvermittlung, Finanzportfolioverwaltung und Eigenhandel sind aufgrund der EG-Wertpapierdienstleistungsrichtlinie einbezogen und erfassen die Geschäftssparten, die EU-rechtlich Geschäftsgegenstand einer Wertpapierfirma und KWG-rechtlich nicht als → Bankgeschäft i.S.d. § 1 I 2 KWG definiert sind.

Finanzdisposition – laufende Verfügungen über die Verwendung oder den Einsatz von finanziellen Mitteln sowie die kurzfristige → Finanzplanung.

Finanzflussrechnung → Kapitalflussrechnung.

Finanzgericht – erstinstanzliches Gericht der → Finanzgerichtsbarkeit in den Ländern (§ 2 FGO). Das Finanzgericht ist ein oberes Landesgericht. Es besteht aus dem Präsidenten, den Vorsitzenden Richtern und weiteren Richtern. – 1. *Organisation:* Bei den Finanzgerichten werden Senate gebildet. Zoll-, Verbrauchsteuer- und Finanzmonopolsachen sind in bes. Senaten zusammenzufassen (§ 5 FGO). Das Finanzgericht entscheidet, soweit nichts anderes bestimmt ist, aufgrund mündlicher Verhandlung. Entscheidungen des Gerichts, die nicht Urteile sind, können ohne mündliche Verhandlungen ergehen (§ 90 I FGO). Bei jedem Gericht wird eine Geschäftsstelle errichtet (§ 12 FGO). – 2. *Sachliche Zuständigkeit:* Das Finanzgericht entscheidet im ersten Rechtszug über alle Streitigkeiten, für die der Finanzrechtsweg gegeben ist (§ 35 FGO). Das Finanzgericht ist daher i.d.R. die einzige Tatsacheninstanz im gerichtlichen Rechtsbehelfsverfahren über → Abgabenangelegenheiten (§ 118 II FGO). – 3. *Örtliche Zuständigkeit:* Örtlich zuständig ist das Finanzgericht, in dessen Bezirk die Behörde, gegen die die Klage gerichtet ist, ihren Sitz hat. Ist dies eine oberste Finanzbehörde, so ist das Finanzgericht zuständig, in dessen Bezirk der Kläger seinen Wohnsitz, seine Geschäftsleitung oder seinen gewöhnlichen Aufenthalt hat; bei Zöllen, Verbrauchsteuern und Monopolabgaben ist das Finanzgericht zuständig, in dessen Bezirk ein Tatbestand verwirklicht wird, an den das Gesetz die Abgabe knüpft (§ 38 FGO). – Hält sich das Gericht für örtlich oder sachlich *unzuständig*, so hat es sich auf Antrag des Klägers für unzuständig zu erklären und den Rechtsstreit an das zuständige Gericht zu verweisen (§ 70 FGO). – 4. *Rechtsmittel:* Gegen Urteile des Finanzgerichts ist die → Revision zugelassen, wenn das Finanzgericht oder auf die Beschwerde gegen die Nichtzulassung der

Bundesfinanzhof die Revision zugelassen hat. Gegen andere Entscheidungen des Finanzgerichts oder des Vorsitzenden des Senats ist die → Beschwerde an den Bundesfinanzhof statthaft (§§ 115–118 FGO). – 5. Alle Gerichte und Verwaltungsbehörden leisten dem Finanzgericht *Rechts- und Amtshilfe.*

Finanzgerichtsbarkeit – 1. *Begriff:* Zweig des staatlichen Rechtsschutzsystems, geregelt durch die Finanzgerichtsordnung (FGO) vom 6.10.1965 m.spät.Änd. Die Finanzgerichtsbarkeit wird ausgeübt durch unabhängige, von den Verwaltungsbehörden getrennte, bes. → Verwaltungsgerichte. In den Ländern bestehen → Finanzgerichte, beim Bund der → Bundesfinanzhof (BFH); vgl. § 2 FGO. – Die Finanzgerichte sind *sachlich zuständig* für alle Streitigkeiten, für die der → Finanzrechtsweg gegeben ist. In erster Instanz entscheiden grundsätzlich die Finanzgerichte, ausnahmsweise der Bundesfinanzhof; in zweiter und letzter Instanz entscheidet stets der Bundesfinanzhof. – 2. *Klagearten:* a) → Anfechtungsklage, gerichtet auf die Aufhebung, in den Fällen des § 100 II FGO auf die Änderung eines Verwaltungsaktes (§ 40 I FGO). – b) → Verpflichtungsklage, gerichtet auf die Verurteilung zum Erlass eines abgelehnten oder unterlassenen Verwaltungsakts oder zu einer anderen Leistung (§ 40 I FGO). – c) → Feststellungsklage, gerichtet auf die Feststellung des Bestehens oder Nichtbestehens eines Rechtsverhältnisses oder der Nichtigkeit eines Rechtsverhältnisses oder der Nichtigkeit eines Verwaltungsakts wenn der Kläger ein berechtigtes Interesse an der baldigen Feststellung hat (§ 41 FGO). – 3. *Vorverfahren:* Soweit das Gesetz einen außergerichtlichen Rechtsbehelf (→ Beschwerde, → Einspruch) vorsieht, ist die Klage i.d.R. nur zulässig, wenn das Vorverfahren erfolglos geblieben ist (§ 44 I FGO). Ausnahmsweise ist die Klage unmittelbar zulässig: (1) in den Fällen des § 348 AO oder wenn die Behörde zustimmt (*Sprungklage;* § 45 I FGO); (2) wenn über einen außergerichtlichen Rechtsbehelf ohne Mitteilung eines zureichenden Grundes in angemessener Frist sachlich nicht entschieden worden ist (*Untätigkeitsklage;* § 46 FGO). – 4. *Gerichtliches Verfahren:* a) Die Klage ist grundsätzlich nur *zulässig,* wenn der Kläger geltend macht, durch den Verwaltungsakt oder durch die Ablehnung oder Unterlassung eines Verwaltungsakts oder einer anderen Leistung in seinen Rechten verletzt zu sein (§ 40 II FGO). Eine → Popularklage ist unzulässig. – b) Die Klage ist grundsätzlich innerhalb der Klagefrist von einem Monat (§ 47 FGO) schriftlich oder zur Niederschrift bei Gericht zu *erheben.* Sie ist gegen die Behörde zu richten, die den ursprünglichen Verwaltungsakt erlassen, den beantragten Verwaltungsakt oder die andere Leistung unterlassen oder abgelehnt hat (§ 63 FGO) und muss den Kläger, den Beklagten und den Streitgegenstand, bei → Anfechtungsklage auch den angefochtenen Verwaltungsakt oder die angefochtene Entscheidung bezeichnen (§ 65 FGO). Sie soll einen Antrag enthalten. – c) Mit der Klageerhebung tritt → Rechtshängigkeit ein; der Vollzug des angefochtenen Verwaltungsakts wird dadurch nicht gehemmt. Der Kläger kann jedoch → Aussetzung der Vollziehung beantragen (§ 69 FGO). – d) Am Verfahren sind Kläger, Beklagte, Beigeladene und die Behörde, die dem Verfahren beigetreten ist (→ Beitritt), *beteiligt* (§ 57 FGO). Die Beteiligten können sich durch Bevollmächtigte vertreten lassen und sich in der mündlichen Verhandlung eines Beistandes bedienen (§ 62 FGO). Vor dem Bundesfinanzhof besteht Vertretungszwang (Art. 1 Nr. 1 Gesetz zur Entlastung des Bundesfinanzhofs, BGBl. 1975 I 1861). – e) Das Gericht erforscht den Sachverhalt *von Amts wegen.* Die Beteiligten sind zur Wahrheit verpflichtet, sie sollen zur Vorbereitung Schriftsätze einreichen. Das Gericht kann das persönliche Erscheinen eines Beteiligten anordnen; es erhebt in der mündlichen Verhandlung den → Beweis vorbehaltlich der §§ 83–89 FGO, durch die allg. → Beweismittel der ZPO. Die Beteiligten haben das Recht auf → Akteneinsicht. Finanzbehörden sind zur *Vorlage* von Akten und Urkunden und zu Auskünften verpflichtet, soweit nicht das → Steuergeheimnis eingreift oder aus anderen Gründen ein Bedürfnis nach Geheimhaltung besteht (§ 86 FGO). – f) Das Gericht entscheidet aufgrund mündlicher Verhandlung durch *Urteil,* mit Einverständnis der Beteiligten auch ohne mündliche Verhandlung. – *Weitere Ausnahme:* → Vorbescheid. Das Gericht darf über das Klagebegehren nicht hinausgehen (Verbot der → Verböserung). – Vgl. auch → Grundurteil, → Rechtskraft. – g) Vor der Entscheidung kann → einstweilige Anordnung ergehen. – 5. *Rechtsmittel:* Gegen Urteile der → Finanzgerichte → Revision, sonst weitgehend → Beschwerde. – Vgl. auch → Wiederaufnahme des Verfahrens. – 6. *Verfahrenskosten:* Trägt grundsätzlich der unterliegende Beteiligte (§ 135 FGO). Die Regelung entspricht der für den Zivilprozess (→ Kostenentscheidung, → Kostenfestsetzung, → Kostenfestsetzungsbeschluss, → Prozesskosten, → Prozesskostenhilfe). Die vom Gericht des ersten Rechtszugs angesetzten Gebühren und Auslagen des Gerichts werden vom Finanzamt erhoben. – 7. *Vollstreckung:* Vollstreckungsbehörden sind die Finanzämter. Soll zugunsten des Bundes, eines Landes, eines Gemeindeverbandes, einer Gemeinde oder einer Körperschaft, Anstalt oder Stiftung des öffentlichen Rechts als Abgabenberechtigte vollstreckt werden, richtet sich die Vollstreckung nach der AO (§ 150 FGO).

Finanzhilfe → Ausgleichszuweisung oder → Lenkungszuweisung, die der Bund den Ländern gewähren kann für bes. bedeutsame Investitionen der Länder und Gemeinden (bzw. Gemeindeverbände), die (1) zur Abwehr einer Störung des gesamtwirtschaftlichen Gleichgewichts, (2) zum Ausgleich unterschiedlicher Wirtschaftskraft im Bundesgebiet oder (3) zur Förderung des wirtschaftlichen Wachstums erforderlich sind. Die Mittel sind befristet zu gewähren und hinsichtlich ihrer Verwendung in regelmäßigen

Zeitabständen zu überprüfen (Art. 104b GG). – Vgl. auch → Finanzausgleich, → Finanzverfassung.

Finanzhoheit – Befugnis zur autonomen Regelung der eigenen Finanzwirtschaft sowie zur Begrenzung der finanzwirtschaftlichen Rechte der übrigen Körperschaften. Finanzhoheit umfasst Gesetzgebungshoheit (→ Gesetzgebungskompetenz), → Verwaltungshoheit und → Steuerertragshoheit über öffentliche Einnahmen, bes. Steuereinnahmen. – Vgl. auch → Finanzverfassung, → Finanzierungshoheit.

Finanzholding → Holdingstruktur, → internationale Finanzholding.

finanzielle Kapitalgesellschaften – Sektor in der → Volkswirtschaftlichen Gesamtrechnung (VGR), der Bundesbank, Banken, Versicherungen und deren Hilfsgewerbe sowie Pensionskassen umfasst. – Vgl. auch → nicht finanzielle Kapitalgesellschaften.

finanzielle Repression – Behinderungen des Finanzwesens in der Dritten Welt durch staatliche Interventionen und Vorschriften, die zur Entwicklung dualer Finanzmärkte führten. – Vgl. auch → Entwicklungspolitik.

finanzielles Gleichgewicht – *finanzwirtschaftliches Gleichgewicht.* 1. *I.w.S.:* Langfristige strukturelle Entsprechung von Kapitalbeschaffung und -verwendung, d.h., das beschaffte Kapital hat nach Art und Fristigkeit dem Kapitalbedarf zu entsprechen, der sich aus der bes. Vermögensstruktur der Unternehmung ergibt. – 2. *I.e.S.:* Gleichgesetzt mit dem Aspekt des kurzfristigen Ausgleichs der Zahlungsströme (→ Liquidität).

Finanzielle Vorschau der Europäischen Union – Mehrjähriger, von → Rat der Europäischen Union und → Europäischem Parlament anzunehmender Finanzplanungsrahmen der → EU. Die aktuelle finanzielle Vorschau läuft von 2007-2013. Im Rahmen der vom Europäischen Rat geforderten Budget-Überprüfung organisierte die Kommission im Jahre 2008 eine breite öffentliche Konsultation über Prioritäten und Optionen auf der Einnahmen- und Ausgabenseite des zukünftigen EU-Haushalts ab 2014.

finanzielle Zusammenarbeit – bilateral gewährte Kapitalhilfe, durch die Entwicklungsländern Finanzierungsmittel zu günstigen Bedingungen zur Förderung ihrer wirtschaftlichen und sozialen Entwicklung zur Verfügung gestellt werden. Die finanzielle Zusammenarbeit ist dem Volumen nach das bedeutendste Instrument der entwicklungspolitischen Zusammenarbeit. Der größte Teil der bundesdeutschen, finanziellen Zusammenarbeit wird im Auftrag des BMZ von der KFW Entwicklungsbank der → Kreditanstalt für Wiederaufbau (KfW) durchgeführt.

finanzierter Abzahlungskauf – Kauf, der mit einer Finanzierung (in Form eines Teilzahlungskredits) verbunden wird. – *Näher:* → finanziertes Abzahlungsgeschäft.

finanziertes Abzahlungsgeschäft – 1. *Begriff:* kombiniertes („verbundenes“) Geschäft, meist bestehend aus einem Kauf(vertrag) und einem Kreditvertrag (Teilzahlungskredit), wobei der Kredit der Finanzierung des Kaufpreises dient und beide Verträge als wirtschaftliche Einheit anzusehen sind. Handelt es sich bei dem Käufer/Kreditnehmer um einen Verbraucher im Sinn des § 13 BGB und sind auch die übrigen Voraussetzungen für ein → Verbraucherdarlehen erfüllt, erleidet der Verbraucher aus der rechtlichen Aufspaltung der beiden Verträge wegen der §§ 358 f. BGB kaum Nachteile, wenn er auf Kredit Waren kauft (→ finanzierter Abzahlungskauf) oder andere Leistungen bezieht. Die Vorschrift des § 358 Abs. 2, 4 und 5 BGB ist jedoch nicht auf Darlehensverträge anzuwenden, die in ein nach den Vorschriften der Zivilprozessordnung errichtetes Protokoll aufgenommen oder durch einen gerichtlichen Beschluss über das Zustandekommen und den Inhalt eines zwischen den Parteien geschlossenen Vergleichs festgestellt sind, wenn in das Protokoll oder den Beschluss der Sollzinssatz, die bei Abschluss des Vertrags in Rechnung gestellten Kosten des Darlehens sowie die Voraussetzungen aufgenommen worden sind, unter denen der Sollzinssatz oder die Kosten angepasst werden können (§ 491 III BGB). – 2. *Merkmale wirtschaftlicher Einheit:* Eine wirtschaftliche Einheit ist v.a. anzunehmen, wenn der Darlehensgeber sich bei der Vorbereitung oder dem Abschluss des Kreditvertrages der Mitwirkung des Unternehmers bedient (§ 358 III BGB), dem Käufer also nur eine Person gegenübertritt, die im Besitz von Bestellschein und von Darlehensantrag ist, und beide Urkunden gleichzeitig unterschrieben werden. Typisch ist ferner die Mithaftung des Verkäufers (Unternehmers) für die Darlehensschuld (in Form einer Bürgschaft oder Schuldmitübernahme), die Zweckbindung und Zahlung der Kreditvaluta an den Verkäufer sowie eine Sicherungsübereignung an den Darlehensgeber. Fehlt eines dieser Merkmale, kann dennoch eine nach objektiven Kriterien zu bestimmende wirtschaftliche Einheit gegeben sein. – 3. *Schutzrechte des Verbrauchers:* Im „verbundenen Geschäft“ gemäß § 358 BGB sind Kauf- bzw. Leistungsvertrag und Kreditvertrag miteinander verknüpft. Der Widerruf (→ Widerrufsrecht) eines Vertrags bezieht sich auch auf den anderen Vertrag (§§ 358 I, II BGB). Ist der Nettokreditbetrag (Auszahlungsbetrag) dem Verkäufer bereits zugeflossen, tritt der Kreditgeber im Verhältnis zum Verbraucher im Hinblick auf die Rechtsfolgen eines Widerrufs in die Rechte und Pflichten des Verkäufers aus dem Kaufvertrag ein; die Rückabwicklung erfolgt allein im Verhältnis Kreditgeber/Verbraucher (§ 358 IV BGB). – Kann sich der Verbraucher/Käufer auf Einwendungen aus dem Kaufvertrag berufen, die ihn dem Verkäufer gegenüber zur Verweigerung seiner Leistung (Zahlung des vollen Kaufpreises von mehr als 200 Euro) berechtigen würden, so darf er die Rückzahlung des Kredits verweigern. Stützt sich die Einwendung auf einen Sachmangel bei der gelieferten Ware, so kommt jedoch zuerst eine Nachbesserung oder Ersatzlieferung (Nacherfüllung) in Betracht; erst wenn dies fehlschlägt, tritt der sog. Einwendungsdurchgriff gegenüber dem Kreditgeber ein (§ 359 BGB).

Finanzierung – 1. *Begriff:* Maßnahmen der Mittelbeschaffung und -rückzahlung und damit der Gestaltung der Zahlungs-, Informations-, Kontroll- und Sicherungsbeziehungen zwischen Unternehmen und Kapitalgebern. – 2. *Formen:* a) → Außenfinanzierung: (1) Finanzierung durch bisherige Eigentümer (→ Eigenfinanzierung); (2) Finanzierung durch neue Eigentümer (→ Beteiligungsfinanzierung); (3) Finanzierung durch Gläubiger (→ Fremdfinanzierung). – b) → Innenfinanzierung: (1) Finanzierung durch Bindung von güter- und leistungswirtschaftlichen Überschüssen über die Minderung des Gewinns als Bemessungsgrundlage für Steuerzahlungen und Ausschüttungen (z.B. Finanzierung aus → Abschreibungen, Finanzierung über die Dotierung von → Rückstellungen); (2) Finanzierung durch Einbehaltung von ausschüttungsfähigem, aber nicht ausgeschütteten Überschuss (→ Selbstfinanzierung). – 3. Finanzierung *im öffentlichen Bereich:* → duale Finanzierung.

Finanzierungsbilanz – Sonderform der → Bilanz. Die Finanzierungsbilanz dient als Unterlage für die → Finanzplanung einer Unternehmung (Kreditaufnahme, Kapitalerhöhung); sie stellt das Vermögen (Aktiva) nach dem Liquiditätsgrad, das Kapital (Passiva) nach Fristigkeit dar. Die Wertansätze können von denen der → Handelsbilanz abweichen. – Vgl. auch → Status.

Finanzierungsdefizit – Differenz zwischen den regulären Ausgaben und Einnahmen eines öffentlichen Haushalts. Finanzierungsdefizit ist damit der Fehlbetrag, der durch Nettokreditaufnahme, Nettorücklagenentnahmen und Münzeinnahmen gedeckt werden muss. – Vgl. auch → Finanzierungssaldo.

Finanzierungsgemeinschaft – organisatorischer Zusammenschluss rechtlich selbstständiger Unternehmungen zur Finanzierung finanzschwacher Mitglieder. – *Motive:* (1) Vorbereitung eines → Unternehmenszusammenschlusses in Form des Trusts oder Konzerns; (2) Durchsetzung wirtschaftlicher Forderungen gegenüber anderen Wirtschaftszweigen.

Finanzierungsgesellschaft – I. Allgemein: 1. *Wesen:* Unternehmung, deren Betriebszweck die Beschaffung von Finanzierungsmitteln, v.a. → Kapitalbeschaffung, für nahe stehende Unternehmungen ist. – 2. *Abgrenzung:* Grenzen zum *Kreditinstitut* fließend; Finanzierungsgesellschaften leisten keinen Dienst im Zahlungsverkehr, sondern kaufen zwecks dauernder Übernahme (i.d.R.) oder zum Weiterverkauf Aktien oder Obligationen auf mit Kapital, das sie durch eigene Emission von Aktien oder Obligationen erwerben. Finanzierungsgesellschaften vereinfachen und beschleunigen die Kapitalbeschaffung und vermindern das Risiko für Kapitalgeber. – 3. *Arten:* Investment-Trust, Effektenhandelsgesellschaft (kauft Effekten meist nur zu Spekulationszwecken auf), Voting-Trust, Holdinggesellschaft oder Übernahmegesellschaft (kauft Effekten von am Kapitalmarkt unbekannten Unternehmungen auf, sog. nichtmarktfreie Effekten), → Finance Company.

II. Irische Finanzierungsgesellschaft: Irland hatte früher durch eine Sondergesetzgebung einen geringeren Körperschaftsteuersatz (nur 10 Prozent statt früher regulärer 40 Prozent) für Finanzierungsgesellschaften vorgesehen, die in den früheren Hafen-Docks der Hauptstadt Dublin beheimatet sind und bestimmte zusätzliche Bedingungen erfüllen. Ziel war es, ausländische Konzerne zur Gründung einer Tochtergesellschaft in Dublin zu veranlassen. – Die Regelung war als Beihilfe für das Gebiet von Dublin EU-rechtlich zeitlich befristet genehmigt worden und ist heute ausgelaufen; statt dessen gilt nunmehr allg. ein Steuersatz für gewerbliches Einkommen von 12,5 Prozent und für passive Einkünfte von 25 Prozent

Finanzierungsgrundsatz – von der Unternehmensleitung im Hinblick auf die Finanzierungssituation und die → Finanzpolitik ausgearbeitete Richtlinie für die Finanzierungsentscheidungen des Unternehmens. – Vgl. auch → Finanzierungsregel.

Finanzierungshilfen → Wirtschaftsförderung.

Finanzierungshoheit – Kompetenz bzw. Verpflichtung, die bei der Erfüllung öffentlicher Aufgaben entstehenden Kosten zu tragen; innerhalb des passiven Finanzausgleichs zu regeln. Die Finanzierungshoheit ist gemäß Art. 104a GG grundsätzlich demjenigen Aufgabenträger zugewiesen, der die Aufgaben „wahrnimmt" (→ Konnexitätsprinzip); ob hierfür die Gesetzgebungs- oder Verwaltungszuständigkeit (→ Gesetzgebungskompetenz, → Verwaltungshoheit) maßgeblich sein soll, ist umstritten. Bei mehreren öffentlichen Aufgaben ist die Finanzierungshoheit (deshalb) zwischen Bund, Ländern und Gemeinden aufgeteilt (→ Gemeinschaftsaufgaben). – Vgl. auch → Finanzhoheit, → Steuerertragshoheit.

Finanzierungskennzahl – Quotient bestimmter Positionen aus Bilanz, Gewinn- und Verlustrechnung und Geschäftsbericht, die als Indikatoren für die finanzielle Lage des Unternehmens dienen sollen (→ Finanzanalyse). – *Zu unterscheiden:* (1) Liquiditätskennzahlen (→ Liquiditätsgrad); (2) Kennzahlen zur Messung der Aktivität des Unternehmens (→ Umschlagshäufigkeit); (3) Rentabilitätskennzahlen (→ Rentabilität).

Finanzierungskontrolle – 1. *I.e.S.:* Laufender Vergleich und Abstimmung der Soll- und Istzahlen des → Finanzplans im Rahmen der betrieblichen Finanzpolitik. – 2. *I.w.S.:* Überprüfung der Finanzlage hinsichtlich → Liquidität und → Rentabilität. – *Anders:* → Finanzkontrolle.

Finanzierungsmakler → Finanzmakler.

Finanzierungsquellen von NPO – 1. *Begriff:* Es lassen sich drei Finanzierungsquellen von → Nonprofit-Organisationen (NPO) unterscheiden:a) Selbsterwirtschaftete Einnahmen, die bspw. durch den Verkauf von Produkten/Dienstleistungen, durch Mitgliederbeiträge oder durch Zinserträge aus Vermögensanlagen generiert werden.b) Spendeneinnahmen durch Privatpersonen und Unternehmen.c) Öffentliche Zuwendungen. – 2. *Merkmale:* Die Begriffe Innen- und Außenfinanzierung sind im Kontext von NPO anders bzw. breiter als in gewinnorientierten Unternehmen zu interpretieren.

Finanzierungsrechnung – Teil der → Volkswirtschaftlichen Gesamtrechnung (VGR), der aus einer Strom- und einer Bestandsrechnung besteht. Die Stromrechnung schließt an die gesamtwirtschaftlichen Güter- und Leistungstransaktionen. Die Bestandsrechnung ist Teil einer umfassenden → Vermögensrechnung, die Forderungen und Verbindlichkeiten der Sektoren bzw. der Volkswirtschaft darstellt. Die Finanzierungsrechnung wird in Deutschland von der Deutschen Bundesbank erstellt, für den Euro-Raum ist die Europäische Zentralbank zuständig.

Finanzierungsregel – I. Begriff: Bilanzstrukturnorm, die auf die Liquiditätssicherung abstellt (→ Liquidität). Die Finanzierungsregel stellt eine Sollvorschrift bez. der Zusammensetzung des Kapitals dar.

II. Arten: 1. *Vertikale* Finanzierungsregel *(Kapitalstrukturregel):* bezieht sich auf die Zusammensetzung des Kapitals; keine Beziehung zur Verwendung der finanziellen Mittel (Sollvorschrift bez. des Verschuldungsgrades). – 2. *Horizontale* Finanzierungsregel: bezieht sich auf Kapital- und Vermögensstruktur: a) *Goldene* Finanzierungsregel: Fristen zwischen Kapitalbeschaffung und -rückzahlung einerseits und Kapitalverwendung andererseits sollen sich entsprechen. – b) *Goldene Bilanzregel:* Die Forderung nach Fristenkongruenz zwischen Kapital und Vermögen wird mit der Forderung nach der Verwendung bestimmter Finanzierungsarten verbunden.

III. Beurteilung: Der Finanzierungsregel liegt die Vorstellung zugrunde, ihre Einhaltung gewährleiste die Liquidität des Unternehmens. Die zukünftige Liquidität wird nicht von der Vermögens- und/oder Kapitalstruktur, sondern von der Qualität künftiger Einzahlungen bestimmt. Finanzierungsregeln sind wenig geeignet, die Finanzierung eines Unternehmens zu beurteilen.

Finanzierungsreserve – im Rahmen der → Finanzplanung einer Unternehmung derjenige Betrag, der sicherheitshalber pauschal auf die Summe des → Kapitalbedarfs aufgeschlagen wird.

Finanzierungsrisiko – Risiko der Eigentümer, das durch die Finanzierungsform (→ Finanzierung) zusätzlich zum → Investitionsrisiko entsteht.

Finanzierungssaldo – I. Volkswirtschaftliche Gesamtrechnung: Saldo aus Veränderungen von Forderungen und Verbindlichkeiten einzelner Wirtschaftssektoren oder Saldo aus deren Einnahmen und Ausgaben. Ein positiver Finanzierungssaldo *(Finanzierungsüberschuss)* gibt an, dass anderen Sektoren per Saldo Mittel zugeflossen sind. Diese Situation trifft für den Sektor „private Haushalte" zu. Ein negativer Finanzierungssaldo *(Finanzierungsdefizit)* gibt an, dass aus anderen Sektoren per Saldo Kredite aufgenommen wurden. – Staat und Kapitalgesellschaften sind i.d.R. typische Defizitsektoren. In Relation zum Bruttoinlandsprodukt (→ Defizitquote) ist das Defizit der öffentlichen Haushalte ein wichtiges Stabilitätskriterium.

II. Finanzwissenschaft: 1. → Budgetkonzept zur Beurteilung des → konjunkturellen Impulses der gesamten öffentlichen Haushalte (expansiv oder kontraktiv). Der Finanzierungssaldo kann auf der Grundlage der Finanzstatistik (Kassenrechnung) oder Volkswirtschaftlichen Gesamtrechnung ermittelt werden und fällt unterschiedlich aus. – 2. Im *Haushaltsplan:* Einnahmen-/Ausgabensaldo. – Vgl. auch → Finanzierungsübersicht.

Finanzierungsschätze – Schuldbuchforderungen (→ Wertrechte) mit einem Mindestnennwert von 500 Euro. Sie werden abdiskontiert begeben (Diskontpapiere) und nach einer Laufzeit von ein oder zwei Jahren (Typ 1 oder 2) zum Nennwert zurückgezahlt. – Finanzierungsschätze werden nicht an der Börse gehandelt, sie können nicht vorzeitig zurückgegeben werden. Der Erwerb ist möglich durch jedermann, nicht durch Kreditinstitute. – Finanzierungsschätze werden vom Bund monatlich neu aufgelegt, ihr Zinsabschlag richtet sich nach dem Marktzinsniveau. Ausgabe und Vertrieb von Finanzierungsschätzen und → Bundesschatzbriefen wurden zum 31.12.2012 eingestellt.

Finanzierungstheorie – normative Theorie der → Finanzierung mit dem Ziel, Entscheidungskriterien zur optimalen Gestaltung von Investition, Finanzierung und Ausschüttung zu entwickeln. Die Finanzierungstheorie bedient sich abstrakter Modelle, um Grundzusammenhänge der Finanzierung aufzudecken. Sie unterstellt dabei das Ziel der Anteilswertmaximierung. Durch die explizite Berücksichtigung der Beziehungen zwischen Kapitalanbietern und Kapitalnachfragern ergänzt die Finanzierungstheorie die → Investitionstheorie, da eine Erklärung der relevanten Kapitalkosten nur im Marktzusammenhang möglich ist. – Vgl. auch → Kapitalmarkttheorie, → Capital Asset Pricing Model (CAPM).

Finanzierungsübersicht – Teil des → Haushaltsplans, der eine Berechnung des → Finanzierungssaldos enthält. Der Finanzierungssaldo ergibt sich aus einer Einnahmen-/Ausgaben-Gegenüberstellung; ausgenommen sind: Einnahmen aus Krediten vom Kreditmarkt, Entnahmen aus Rücklagen, Einnahmen aus kassenmäßigen Überschüssen sowie Münzeinnahmen, Ausgaben zur Schuldentilgung am Kreditmarkt, Zuführungen an Rücklagen und Ausgaben zur Deckung eines kassenmäßigen Fehlbetrags. Gemäß der → Haushaltssystematik der Bundeshaushaltsordnung (BHO) ist die Finanzierungsübersicht dem Haushaltsplan beizufügen.

Finanzinformationssystem – 1. *Begriff:* In der → betrieblichen Datenverarbeitung ein → Softwaresystem zur Informationsbereitstellung, Planung und Steuerung der Finanzen eines Unternehmens (→ Finanzmanagement, → Finanzplanung) und zur Ableitung von Anforderungen an die gesamte → Unternehmensplanung. – 2. *Elemente:* Ein vollständiges Finanzinformationssystem unterstützt die Ergebnis- und Liquiditätsplanung, → Risikoanalyse und → Simulationen zur Entscheidungsunterstützung.

Finanzinnovationen – 1. *Charakterisierung:* Neuerungen im Finanzsektor, sowohl neue Märkte (→ Euromärkte) als auch neue Finanzierungsinstrumente (Produktinnovationen) einschließlich neuer Geschäftsformen (z.B. → Forfaitierung, → Swap), die sich seit dem Zweiten Weltkrieg entwickelt haben. – 2. *Ursachen:* U.a. Deregulierung und Liberalisierung internationaler und nationaler Finanzmärkte, Umgehung vorhandener Regulierungen (Regulierungsarbitrage), ausgeprägte Zins- und Wechselkursschwankungen, Spekulation und neue Kommunikationstechnologien. – *Entstehung:* In den USA haben die → paramonetären Finanzierungsinstitute, die keine Girokonten führen durften, mit NOW-Konten (Negotiable Order of Withdrawal = übertragbarer Abhebungsauftrag) eine analog Sichteinlagen jederzeit verfügbare verzinsliche Anlageform geschaffen. Die konkurrierenden Geschäftsbanken wiederum umgingen das bis 1986 bestehende Zinsverbot auf Sichteinlagen z.B. mithilfe von ATS-Konten (Automatic Transfer Service, Sparguthaben, von denen automatisch Beträge auf Girokonten übertragen werden). – 3. *Innovative Finanzierungsinstrumente (Auswahl):* a) *Geldmarktfondsanteile* (Money Market Mutual Fund (MMMF)) sind verzinsliche Anteile an einem Fonds, der seine Geldmittel in kurzfristige, zinsbringende Wertpapiere (z.B. Certificate of Deposit (→ CD)) und Schatzwechsel investiert. Über diese MMMF kann per Scheck verfügt werden. – b) *Geldmarkteinlagekonten* (Money Market Deposit Account (MMDA)) sind MMMF, die bei Geschäftsbanken gehalten werden und der staatlichen Einlagenversicherung unterliegen. – c) Die *variabel verzinslichen Kredite und Anleihen* (→ Floating Rate Notes (FRN)) haben v.a. auf den → Euromärkten Bedeutung erlangt. Die Floater, die auch die Deutsche Bundesbank im Zuge der Restliberalisierung für den inländischen Emissionsmarkt (1986) genehmigt hat, bieten bes. in Zeiten steigender Zinsen für den Anleger eine interessante Alternative wegen der weit gehenden Vermeidung von Kursrisiken. – d) *Null-Coupon-Anleihen* (→ Zerobond) sind ohne laufende Zinszahlung ausgestattet, entweder als Zuwachsanleihe (Zinssammler, Ausgabekurs = 100, Rückzahlungskurs enthält Zins und Zinseszins) oder als echte Zerobonds (Rückzahlungskurs = 100, Ausgabepreis mit Abschlag, welcher Zins und Zinseszins enthält). – e) Die *verbrieften Kredite in Form von kurzfristigen, nicht börsenorientierten Schuldtiteln* werden von einer einzelnen Bank (→ Revolving Underwriting Facilities (RUF)) oder von einer Bankengruppe (→ Note Issuance Facilities (NIF)) am Markt platziert. Die Bank(-engruppe) garantiert die Unterbringung und fungiert zunächst nur als Kreditvermittler, muss bei Platzierungsproblemen ihre Kreditzusage jedoch selbst einlösen. – f) Formen der Sicherung von Kurs- und Zinsänderungsrisiken stellen eine Verbindung von Anleihen mit Swaptransaktionen dar, d.h. Finanztiteln mit Terminkontrakten *(Financial Futures)*. – Vgl. auch → Hedging. – 4. *Geldpolitische Konsequenzen:* Die geldpolitischen Konsequenzen der Finanzinnovationen betreffen zum einen die definierten Geldmengenabgrenzungen, welche durch Substitutionsprozesse zwischen klassischen Sichteinlagen und Finanzinnovationen beeinträchtigt werden können, und zum anderen die Effizienz der nationalen Geldpolitiken. So kann z.B. der für zinsabhängige Investitionen und Konsumkredite bei einer Hochzinspolitik angestrebte Bremseffekt durch zinsvariable Kredite und Anleihen gemindert werden. Als Resultat wird eine stärkere internationale Abstimmung der Geldpolitiken gefordert. – Vgl. auch → Subprime-Krise.

Finanzinstrument – 1. *Im Sinn des dt. KWG:* Wertpapiere, Geldmarktinstrumente, Devisen oder Rechnungseinheiten sowie Derivate. – 2. *In der Internationalen Rechnungslegung IAS (International Accounting Standards)* bzw. *IFRS (International Financial Reporting Standards):* Finanzielle Vermögenswerte und Verbindlichkeiten, die unmittelbar oder mittelbar mit dem Austausch von Zahlungsmitteln verbunden sind. Diese Definition ist sehr viel weiter gefasst als in Deutschland üblich.

Finanzinvestition – Langfristig orientierter Erwerb finanzieller Vermögensgegenstände. Finanzinvestitionen umfassen *Beteiligungsrechte* (z.B. Aktien oder andere Unternehmensbeteiligungen) sowie *Gläubigerrechte* (z.B. Anleihen oder Darlehen). – Vgl. auch → Investition, → Realinvestition, → immaterielle Investition.

Finanzkapital – durch Hilferding eingeführter Begriff. Das Finanzkapital umfasst das Geldkapital der Banken und anderer Kapitalsammelbecken. Die Bedeutung des konzentrierten Finanzkapitals liegt in dem Einfluss, den die – relativ wenigen – Besitzer bzw. Verwalter des Finanzkapitals (die „Finanzaristokratie") auf den Wirtschaftsprozess, bes. die Investitionstätigkeit auszuüben vermögen. Die Erscheinung des Finanzkapitals ist eines der typischen Kennzeichen des → Kapitalismus, bes. des → Spätkapitalismus, erwachsend aus der Konzentrationstendenz im Bankwesen und Versicherungswesen.

Finanzkommissionsgeschäft – die Anschaffung und die Veräußerung von Finanzinstrumenten im eigenen Namen für fremde Rechnung, § 2 III Nr. 1 WpHG. Das Finanzkommissionsgeschäft gehört zu den Bankgeschäften gemäß § 1 I 2 Nr. 4 KWG, deren gewerbsmäßiges Betreiben ein Unternehmen als Kreditinstitut klassifiziert.

Finanzkonten – Sammelbegriff für die verschiedenen Aktiv- oder Passivkonten der Klasse 1 im → Gemeinschafts-Kontenrahmen industrieller Verbände (GKR), beim → Industrie-Kontenrahmen (IKR) auf die Klassen 2 und 4 verteilt. Finanzkonten sind: Kasse, Banken, Besitzwechsel, Schuldwechsel, Wertpapiere, Forderungen und Verbindlichkeiten.

Finanzkontrolle – 1. *Begriff:* Überwachung und Prüfung der sich im jeweiligen → Haushaltsplan und im Haushaltsvollzug konkretisierenden Finanzpolitik des Staatssektors. Es handelt sich um die Kontrolle der Ordnungsmäßigkeit der Finanzgebarung, denn der Erfolg oder Misserfolg einer Finanzpolitik insgesamt ist nur schwer zu beurteilen bzw. abhängig von Werturteilen, bestimmten Zielfunktionen und dem zugrunde gelegten Zeithorizont. – 2. *Arten:* a) Nach dem *Gegenstand* der Kontrolle: (1) *Rechnungskontrolle:* rechnerische (formelle) Prüfung der Belege, Kassen- und Rechnungsbücher. (2) *Verwaltungskontrolle:* sachliche Prüfung der „Planmäßigkeit", „Gesetzmäßigkeit", „Zweckmäßigkeit" und „Wirtschaftlichkeit". – b) Nach dem *Kontrollzeitpunkt*: (1) vorherige Kontrolle (Visakontrolle); (2) mitschreitende Kontrolle; (3) nachträgliche Kontrolle. – 3. *Zuständigkeit:* Die Finanzkontrolle obliegt v.a. dem unabhängigen → Bundesrechnungshof, dessen Aufgaben in § 88 BHO konkretisiert werden. Diskutiert wird die Frage, wie „weit" das materielle Prüfungsrecht des Bundesrechnungshofes reicht, da es eine offene Frage ist, ob durch eine solche Prüfung der „Primat der Politik" verletzt werden kann. – *Beispiele* solcher Überlegungen sind u.a. die durch den Bundesrechnungshof vorgenommenen Subventionskontrollen bez. Effizienz und Effektivität. – 4. *Ergebnis:* In „Bemerkungen" werden vom Bundesrechnungshof die Prüfungsergebnisse zusammengefasst, auf deren Basis nach Beratungen im Rechnungsprüfungsausschuss des Bundestages das Entlastungsverfahren vor dem Plenum des Bundestages stattfindet. – Vgl. auch → Haushaltskontrolle.

Finanzkonzern → Konzern, der primär die Verfolgung finanzieller Interessen und damit Kapitalkonzentration verbunden mit Risikostreuung anstrebt. Es besteht kaum ein Tätigkeitszusammenhang zwischen den Konzerngliedern; Unternehmen der Investitions- und Konsumgüterindustrien sind z.B. mit Kreditinstituten, Versicherungs-, Verkehrsunternehmen und Betrieben des Beherbergungsgewerbes verbunden. – Vgl. auch → Sachkonzern.

Finanzkraft – I. Finanzwissenschaft: von öffentlichen Haushalten bei normaler bzw. durchschnittlicher Anspannung ihrer Einnahmequellen erzielbare Einnahmen. Im → kommunalen Finanzausgleich und im → Länderfinanzausgleich beschränkt sich die Messung der Finanzkraft auf die (quantitativ wichtigen) Steuereinnahmen (→ Steuerkraft); nicht-steuerliche Einnahmen bleiben z.T. aus theoretischen Gründen, z.T. mit dem Ziel der Erhebungsvereinfachung unberücksichtigt. Im Rahmen des ergänzenden Finanzausgleichs wird die Finanzkraft dem relativen Finanzbedarf (→ Ausgleichsmesszahl) gegenübergestellt. Unterscheiden sich die damit gebildeten → Deckungsrelationen zwischen den Aufgabenträgern, so werden die Unterschiede durch → Ausgleichszuweisungen beseitigt bzw. vermindert.

II. Wettbewerbs- und Kartellrecht: Merkmal, das zusammen mit anderen Merkmalen eine überragende Marktstellung i.S.d. § 18 I Nr. 3 GWB begründen kann (→ Marktbeherrschung). Die Finanzkraft eines Unternehmens wird in der Fusionskontrolle regelmäßig anhand des Gesamtumsatzes, des → Cashflows oder des Gewinns beurteilt.

Finanzkreditdeckung – *Hermes-Finanzkreditdeckung,* übernimmt der Bund für Kredite deutscher (und u.U. ausländischer) Banken an ausländische Schuldner (ausländische privatrechtlich organisierte Schuldner sowie ausländische öffentliche/ staatliche Schuldner, die Besteller oder Banken sein können; sog. → gebundene Finanzkredite). Die gedeckten Kredite müssen an Ausfuhrgeschäfte deutscher Exporteure gebunden sein. – Vgl. auch → Exportkreditgarantien des Bundes.

Finanzkrise → Bankenkrise, → Subprime-Krise.

Finanzkrisen – 1. *Begriff:* Meist innerhalb kurzer Zeit auftretende gravierende und nicht-temporäre Verschlechterungen in den Ausprägungen von wesentlichen Finanzmarktindikatoren (Wertpapier- und Wechselkurse, Zinsen, Bonitätsbewertungen etc.), die massive und andauernde realwirtschaftliche Folgen nach sich ziehen können. Das Phänomen der Finanzkrisen ist außerordentlich vielgestaltig und begrifflich schwer zu fassen. Finanzkrisen sind ein historisch immer wieder auftretendes Phänomen (→ Subprime-Krise). – 2. *Arten:* (Hinsichtlich des Grades der in ihnen zum Ausdruck kommenden Marktanomalie): a) *Informationskrise:* Oftmals liegt lediglich eine (evtl. aufgestaute) Verschlechterung der Fundamentalwerte einer Finanzkrise zugrunde, die eine Wertkorrektur der entsprechenden Wertschriften zur Folge hat. Durch zunächst korrigierende Eingriffe oder unzureichende Informationsdiffusion kann es zu Verzögerungen der Anpassungen (→ Hysterese) kommen, die sich schließlich bei Versagen der Korrektur oder Eintreffen der Information krisenartig entladen, wobei Überschießungseffekte auftreten können. Diese Form der Krise hat im Wesentlichen langfristig stabilisierenden Charakter und kann nicht als Marktanomalie bezeichnet werden, wenngleich hiermit oftmals schmerzliche Auswirkungen für die Betroffenen verbunden sind. – b) *Spekulationskrise:* Anders verhält es sich dann, wenn die Dispositionen der Finanzmarktakteure sich nicht an Fundamentaldaten ausrichten, sondern durch die allg. Marktentwicklung oder das Verhalten anderer Marktteilnehmer bedingt sind. In diesem Fall ist oftmals eine irrationale spekulationsorientierte Sozialdynamik mit einem hohen Ausmaß an Mitläuferspekulation zu beobachten, die zu einer im Wege einer positiven Rückkopplung immer weiter zunehmenden Divergenz zwischen Fundamental- und Finanzmarktwerten führt. Auf diese Weise kommt es zum Entstehen einer sog. → spekulativen Blase, deren Zerplatzen krisenhafte Erscheinungen nach sich zieht. – 3. *Ausbreitung:* Die Gefahr der Ausbreitung einer zunächst einzelwirtschaftlich oder lokal begrenzten Finanzkrise auf die gesamtwirtschaftliche Ebene wird als *Systemrisiko* bezeichnet. Neben der Intensität und dem Gewicht der Initialkrise tragen der Grad der Verflechtung der Finanzmärkte, die Bedeutung der Mitläuferspekulation, die Marktüblichkeit bestimmter Finanzinstrumente (Derivate) sowie marktstrukturelle Gegebenheiten (Anteil fungibler Portfolioinvestitionen im Verhältnis zu Direktinvestitionen) zum Systemrisiko bei. – 4. *Maßnahmen gegen Finanzkrisen:* Hierbei kann zwischen ursachen- und folgenseitigen Maßnahmen unterschieden werden. Ursachenseitige Maßnahmen können bes. die Konsolidierung der Struktur der Finanzmärkte und die Transparenz und Effizienz der institutionellen Strukturen (Einführung einer funktionierenden Bankenaufsicht, Bekämpfung von Nepotismus und Korruption) umfassen, was dazu beitragen kann, auch Informationskrisen zu verhindern oder in ihren Auswirkungen zu dämpfen. Die Folgen der letztgenannten Krisenform gehen auf effizientes Marktverhalten zurück und stellen als notwendige Wertberichtigungen grundsätzlich erwünschtes Marktverhalten dar. Sie können gleichwohl durch institutionelle, vertrauensbildende und im Akutfalle auch sozialpolitische Maßnahmen abgefedert werden. Im Fall von Spekulationskrisen treten Marktineffizienzen auf, die auf destabilisierende Spekulation zurückgehen. Zur Bekämpfung dieses Phänomens wurde vorgeschlagen, eine Spekulationssteuer mit einem einheitlichen Satz von 0,5 Prozent des Transaktionswertes sämtlicher Finanzmarkttransaktionen einzuführen, die dazu dienen soll, v.a. kurzfristige Spekulationen zu erschweren (sog. Tobin Tax). Da diese jedoch weltweit eingeführt werden müsste, sind die Realisierungschancen dieser Steuer derzeit eher als gering einzustufen. Darüber hinaus besteht die Gefahr, dass eine derartige Steuer systemstabilisierende Transaktionen verhindert. Ferner muss beachtet werden, dass spekulative Marktteilnehmer selber einen Stabilisierungsbeitrag leisten können. Zusätzliche Marktteilnehmer steigern das Transaktionsvolumen (Markttiefe) und stellen damit sicher, dass sich kursrelevante Informationen schneller in den Preisen widerspiegeln. Andere Maßnahmenvorschläge zur Vermeidung von Finanzkrisen konzentrieren sich auf eine eingehendere Regulierung spezifischer Finanzinstrumente (z.B. derivative Instrumente) oder spezifischer Marktteilnehmer (wie Hedge Funds), die durch eine erhöhte Risikobereitschaft geprägt sind, um Systemrisiken zu vermindern.

Finanzmakler – berufsmäßige Vermittler v.a. von mittel- und langfristigen Krediten (Schuldscheindarlehen, Hypotheken und revolvierenden Wechselkrediten) sowie von Beteiligungen und ganzen Unternehmungen. Z.T. vermitteln Finanzmakler Industriekredite aus Geldern der Kapitalsammelstellen (Lebensversicherungsunternehmen, Sozialversicherungsträger, Arbeitslosenversicherung u.Ä.) und betreiben neben dem Finanzmaklergeschäft Finanzberatung. Die Finanzmakler arbeiten in privatem Auftrag oder als Agenten von Teilzahlungsbanken, Hypothekenbanken und der filiallosen Universalbanken. Bei kleinen Finanzmaklern häufig Koppelung mit Versicherungsvertretungen.

Finanzmanagement – 1. *Begriff:* zielgerichtete, situationsgemäße Planung, Steuerung und Kontrolle aller betrieblichen Zahlungsströme. Finanzmanagement umfasst alle Finanz- und Investitionsentscheidungen (→ Investition, → Investitionsplanung, → Investitionsobjektplanung und -kontrolle, → Investitionspolitik). – Der Begriff ist auf den Managerial Approach zurückzuführen. Er betrachtet die → Finanzierung aus dem Aspekt der Unternehmensleitung im Rahmen ihrer operativen und strategischen Dispositionen in allen Teilbereichen der Unternehmung. – 2. *Ziele:* (1) Sicherung und Erhaltung der → Liquidität; (2) Maximierung der → Rentabilität (Eigenkapital- und Gesamtkapitalrentabilität); (3) Risikopräferenzkonformität (→ Risiko, → Investitionsrisiko, → Finanzierungsrisiko); (2) und (3) lassen sich zu dem Ziel der *Optimierung der Rendite-Risiko-Position* der Unternehmung zusammenfassen. – 3. *Prozess:* (1) Bedarfsermittlung (→ Kapitalbedarf); (2) Bedarfsdeckung (→ Finanzierung); (3) Kapitalallokation (→ Investition), (4) Kontrolle der Kapitalverwendung und (5) Freisetzung finanzieller Mittel (→ Desinvestition). – 4. *Arten:* (1) *Strategisches* Finanzmanagement: tendenziell langfristige Planung, Steuerung und Kontrolle der Erfolgs- und Risikoposition des Unternehmens, bes. die Kapitalallokation und Kapitalstrukturierung (→ Kapitalstruktur). (2) *Operatives* Finanzmanagement: v.a. Liquiditätssicherung (→ Liquidität), um einen reibungslosen Ablauf der betrieblichen Transformationsprozesse zu gewährleisten (→ Finanzplan). – Die Erfolgs- und Risikoposition bildet dabei die Vorsteuerungsgröße für die Liquiditätssicherung; das strategische Finanzmanagement ist dem operativen Finanzmanagement vorgelagert. – 5. *Wichtigstes Instrument des* Finanzmanagements: → Finanzanalyse, um die Finanz- und Investitionsentscheidungen an die relevanten Einflussfaktoren anpassen zu können. – Vgl. auch → internationales Finanzmanagement.

Finanzmarktförderungsgesetze – Kurzbezeichnungen für Bundesgesetze mit Regelungen im Hinblick auf die nationalen Finanzmärkte. – 1. Das *„Gesetz zur Verbesserung der Rahmenbedingungen der Finanzmärkte“* (Erstes Finanzmarktförderungsgesetz) vom 22.2.1990 (BGBl. I 266) enthielt Änderungen des Gesetzes über Kapitalanlagegesellschaften (KAGG), des Auslandinvestment-Gesetzes (Ausländische Investmentanteile) sowie die Aufhebung der Börsenumsatzsteuer ab 1991 und der Wechselsteuer (Kapitalverkehrsteuern) ab 1992. – 2. Das *„Gesetz über den Wertpapierhandel und zur Änderung börsenrechtlicher und wertpapierrechtlicher Vorschriften* (Zweites Finanzmarktförderungsgesetz)“ vom 26.7.1994 (BGBl. I 1749) bewirkte zum einen (in Umsetzung der Insider-Richtlinie der EU) die Einführung eines Insider-Straftatbestandes sowie die Errichtung eines Bundesaufsichtsamtes für den Wertpapierhandel (mit Sitz in Frankfurt a.M.). Hiermit wurde zugleich den Verpflichtungen aus der EG-Transparenz-Richtlinie vom 12.12.1988 Rechnung getragen. Außer diesen in einem Wertpapierhandelsgesetz zusammengefassten Gegenständen traf das Zweite Finanzmarktförderungsgesetz Regelungen über Anpassungen der Rahmenbedingungen im Börsenbereich und weitere Maßnahmen im Sinn einer Deregulierung. Dies erfolgte v.a. durch Änderungen des Börsengesetzes (BörsG), des Aktiengesetzes (AktG) und des Depotgesetzes (DepotG). Ferner wurden das KAGG ergänzt um Regelungen über Geldmarkt-Sondervermögen (→ Geldmarktfonds) sowie das UBGG geändert. – 3. Das *Gesetz zur weiteren Fortentwicklung des Finanzplatzes Deutschland (Drittes Finanzmarktförderungsgesetz)* vom 24.3.1998 (BGBl. I 529) war wieder ein Artikelgesetz, das zur weiteren Liberalisierung und Deregulierung des Finanzmarktes und damit zur Verbesserung der Rahmenbedingungen für die Marktteilnehmer beitrug. Die Änderungen betrafen v.a. das BörsenG, das Verkaufsprospektgesetz , das Wertpapierhandelsgesetz (WpHG), das Gesetz über die Kapitalanlagegesellschaften (KAGG), das AktG und das Gesetz über Unternehmensbeteiligungsgesellschaften. – 4. Das *Gesetz zur weiteren Fortentwicklung des Finanzplatzes Deutschland (Viertes Finanzmarktförderungsgesetz)* vom 21.6.2002 (BGBl. I 2010) änderte als Artikelgesetz v.a. folgende Gesetze: das BörsenG, das WpHG, das KAGG, das Kreditwesengesetz (KWG) und das Hypothekenbankgesetz (HypBankG). Durch die Änderungen im BörsenG wurde den Börsen mehr Flexibilität bei der Gestaltung des Börsenhandels gegeben, das veränderte WpHG erhöhte den Anlegerschutz.

Finanzmarktstabilisierung → Finanzmarktstabilisierungsfonds.

Finanzmarktstabilisierungsanstalt → Finanzmarktstabilisierungsfonds.

Finanzmarktstabilisierungsfonds – 1. *Begriff:* Der → Fonds ist ein nicht rechtsfähiges → Sondervermögen des Bundes, das aber unter seinem Namen im Rechtsverkehr handeln, klagen und verklagt werden kann. Es trägt die amtliche Abk. „FMS“, auch „SoFFin“ genannt. Der Bund haftet unmittelbar für die → Verbindlichkeiten des Fonds (§ 5 FMStG). – 2. *Entstehung:* Geschaffen durch das Finanzmarktstabilisierungsgesetz (FMStG) vom 17.10.2008 (BGBl. I 1982), in Kraft getreten am 18.10.2008. – 3. *Zweck:* Der Fonds dient der Stabilisierung des Finanzmarktes durch Überwindung von Liquiditätsengpässen und durch Schaffung von Rahmenbedingungen für eine Stärkung der Eigenkapitalbasis von Unternehmen des Finanzsektors (§ 2 I FMStG). – 4. *Verwaltung:* Der Fonds wird von der Finanzmarktstabilisierungsanstalt (FMSA) verwaltet. Dabei handelt es sich um eine bundesunmittelbare, rechtsfähige Anstalt des öffentlichen Rechts im Geschäftsbereich des Bundesministeriums der Finanzen (BMF) (§ 3a I FMStG), die dessen Rechts- und Fachaufsicht unterliegt und die die ihr durch das FMStG übertragenen Aufgaben im Namen des Fonds wahrnimmt. Die Leitung hat ein Leitungsausschuss, der aus drei Mitgliedern besteht, die vom Bundesministerium der Finanzen im Benehmen mit der Bundesbank ernannt werden. – 5. *Finanzierung:* Der Fonds kann → Garantien bis zur Höhe von 400 Mrd. Euro übernehmen für ab Inkrafttreten des Gesetzes bis zum 31.12.2010 begebene Schuldtitel und begründete Verbindlichkeiten von Unternehmen des Finanzsektors, die eine Laufzeit von bis zu 60 Monaten haben (Näheres in § 6 FMStG). – 6. → Bad Bank: Zur Entlastung der Banken von Risikopositionen kann der Fonds Garantien für Schuldtitel übernehmen, die von Zweckgesellschaften nach dem 23.7.2009 nachweislich ausschließlich als Gegenleistung für die Übernahme von strukturierten Wertpapieren und damit verbundenen Absicherungsgeschäften an Kreditinstitute, Finanzholding-Gesellschaften und deren Töchter begeben werden. Die Übertragung auf die Zweckgesellschaften muss zu 90 Prozent des Buchwertes vom 31.6.2008, vom 31.3.2009 oder zum tatsächlichen wirtschaftlichen Wert – je nachdem welcher dieser Werte der höchste ist – erfolgen (§ 6a I und II FMStG). Der Übertragungswert darf den Buchwert vom 31.3.2009 nicht übersteigen. Über eine Garantieübernahme entscheidet die FMSA auf Antrag des übertragenden Unternehmens. Der Antrag konnte nur bis zum 22.1.2010 gestellt werden (§ 6d FMStG). Neben dem Modell der von der übertragenden Gesellschaft gegründeten Zweckgesellschaft, die die Risikopositionen des übertragenden Unternehmens übernimmt, wobei der Fonds für die von der Zweckgesellschaft im Gegenzug begebenen Schuldtitel gegenüber dem übertragenen Unternehmen garantiert, kennt das FMStG das Modell der bundesrechtlichen Abwicklungsanstalten, die als teilrechtsfähige Anstalten öffentlichen Rechts von der FMSA errichtet werden. Auf sie können auf Antrag der übertragenden Gesellschaft bis zum 31.12.2008 erworbene Risikopositionen sowie auch nicht strategienotwendige Geschäftsbereiche der übertragenden Gesellschaft durch Rechtsgeschäft oder Umwandlung zum Zwecke der Abwicklung übertragen werden. (§ 8a FMStG). Daneben ist die Möglichkeit eröffnet, nach Landesrecht Abwicklungsanstalten nach dem Muster der bundesrechtlichen Abwicklungsanstalten zu errichten (§ 8b FMStG). Zum 01.03.2012 erfolgte eine Wiedereröffnung des Fonds. Neue Anträge konnten bis zum 31.12.2012 gestellt werden. – 7. *Weitere Aufgaben*: Der Fonds kann sich ferner an der Rekapitalisierung von Unternehmen des Finanzsektors beteiligen, insbesondere gegen Leistung einer Einlage Anteile oder stille Beteiligungen erwerben und sonstige Bestandteile der Eigenmittel dieser Unternehmen übernehmen. Darüber entscheidet das Bundesministerium der Finanzen (§ 7 FMStG). – Der Fonds kann von Unternehmen des Finanzsektors vor dem 13.10.2008 erworbene Risikopositionen, insbesondere Forderungen, Wertpapiere, derivative Finanzinstrumente, Rechte und Pflichten aus Kreditzusagen oder Gewährleistungen und Beteiligungen erwerben oder auf andere Weise absichern. Dasselbe gilt gegenüber Zweckgesellschaften, die Risikopositionen eines Unternehmens des Finanzsektors übernommen habe (§ 8 FMStG). Im Falle der Inanspruchnahme aus Garantien hat das BMF die Möglichkeit, Kredite in Höhe von bis zu 20 Mrd. Euro aufzunehmen. Das BMF kann zur Finanzierung von Rekapitalisierungen und Risikoübernahmen Kredite bis zur Höhe von 70 Mrd. Euro aufnehmen. Mit Einwilligung des Haushaltsausschusses des Deutschen Bundestages kann dieser Rahmen um bis zu 10 Mrd. Euro ausgeweitet werden (§ 9 FMStG). – 8. *Zielbeschreibung*: Mithilfe bei der Bewältigung folgender Probleme: (1) Liquiditätsengpass: Das mangelnde Vertrauen der Finanzunternehmen untereinander spiegelt sich darin wider, dass auf dem Markt für kurzfristige Liquidität kaum noch Handel stattfindet oder nur zu ungewöhnlich hohen Zinsen. Dies belastet die Finanzunternehmen und verstärkt die Krise. Der Fonds soll helfen, den Interbankenmarkt wieder zu beleben, und zwar mittels staatlicher Garantien für die Begebung neuer Schuldtitel und (begründete) sonstige Verbindlichkeiten. (2) Kapitalmangel: Der Fonds kann sich an Finanzunternehmen beteiligen (Rekapitalisierung) und damit das Eigenkapital der Finanzunternehmen aufstocken. (3) Abschreibungsdruck: Der Fonds kann Risikopositionen (z.B. Forderungen und Wertpapiere) übernehmen und im Gegenzug sichere Schuldtitel des Bundes liefern. Die Finanzunternehmen können diese Schuldtitel dann als Sicherheiten bei Interbankengeschäften verwenden.

Finanzmarktstabilisierungsgesetz → Finanzmarktstabilisierungsfonds.

Finanzmathematik – Teilgebiet der angewandten Mathematik, das auf den mathematischen Grundlagen von → Folgen und → Reihen basiert. Sie wird genutzt zu Berechnungen in der → Zinsrechnung, → Rentenrechnung, → Tilgungsrechnung und → Investitionsrechnung.

Finanzmonopol – 1. *Begriff/Charakterisierung*: Aus fiskalischen und/oder wirtschaftspolitischen Gründen staatlicherseits erfolgter Ausschluss des freien → Wettbewerbs; alleinige Befugnis des Staates, zu Einnahmezwecken bestimmte Waren und Dienstleistungen als Monopolist herzustellen und/oder zu vertreiben. – *Anders:* allg. → Monopol. – Die ausschließliche Gesetzgebung über die Finanzmonopole hat nach Art. 105 I GG der Bund. – Ein Finanzmonopol wird verwaltet durch eine *Monopolbehörde* (Monopolamt); diese erhebt zugleich die organisatorisch mit der Monopolisierung kombinierte Steuer auf die Waren *(Monopolsteuer)*. – 2. *Formen:* a) *Total-* oder *Vollmonopol:* Produktion und Verteilung der Waren bis zur Einzelhandelsstufe liegen in Händen der Monopolverwaltung. – b) *Teilbranchenmonopol:* Ein oder mehrere Produktionszweige einer Warengattung sind von der Produktion bis zum Einzelhandel monopolisiert. – c) *Einstufiges (Teil-Phasen-)Monopol:* Lediglich eine Stufe aus der gesamten Produktions- und Handelskette ist monopolisiert. (1) Beim *Handelsmonopol* erfolgt die Erzeugung durch autorisierte private Unternehmen; die Monopolverwaltung übernimmt den Vertrieb auf der Großhandelsstufe. (2) Beim *Erzeugermonopol* erfolgt die Erzeugung in staatlichen Monopolbetrieben; der Vertrieb wird von privaten Händlern vorgenommen. – 3. *Monopolwaren:* International sind die häufigsten Waren Tabak, Zündwaren, Zigaretten, alkoholische Getränke, ferner Salz, Zucker und Petroleumprodukte. – 4. *Ziele:* a) Einflussnahme auf die Produktion, Marktversorgung, Absatzsicherung, Strukturpolitik, wie etwa die Mittelstandsförderung, die Abwehr von Auslandskonkurrenz etc. – b) Dem *fiskalischen Ziel* entspricht es, dass mit der Monopolisierung die Monopolsteuer erhoben wird (→ Verbrauchsbesteuerung, → Branntweinsteuer). Soweit das Aufkommen aus dieser Steuer die Aufwendungen für die Monopolverwaltung einschließlich der staatlichen Übernahmepreise für Ablieferungen an das Monopol nicht deckt, wird das *nicht fiskalische Zielspektrum* des Monopols offensichtlich. – 5. *Finanzwissenschaftliche Beurteilung:* In der Zeit des Absolutismus waren Finanzmonopole ein bevorzugtes Finanzierungsinstrument. Heute gilt die Verbrauchsbesteuerung als überlegen, das Finanzmonopol sowohl aus fiskalischer wie aus wirtschaftspolitischer Sicht als veraltet. – 6. *Bedeutung:* In der Bundesrepublik Deutschland existiert noch ein Finanzmonopol, das → Branntweinmonopol. Das Zündwarenmonopol wurde durch Gesetz vom 27.8.1982 (BGBl. I 1241) abgeschafft.

Finanzplan – I. Finanzwissenschaft: von einer Gebietskörperschaft verfasste Einnahmen- und Ausgabenaufstellung für einen längeren, überschaubaren Zeitraum. Der Finanzplan besitzt als bloße Exekutivplanung im Gegensatz zu dem als Gesetz verabschiedeten → Haushaltsplan keine Rechtsverbindlichkeit. – Der Finanzplan des Bundes 2012 bis 2016 informiert über die mittelfristige Finanzplanung des

Bundes und gibt damit den Rahmen vor, an dem sich die finanzwirksamen Entscheidungen auszurichten haben. – Vgl. auch → mehrjährige Finanzplanung, → Haushaltsfunktionen.

II. Betriebliche Finanzplanung: zukunftsbezogene Rechnung, die für einen Planungszeitraum Ein- und Auszahlungen für jede Periode (Tag, Woche, Monat, Quartal, Jahr) gegenüberstellt. – *Erstellung:* Sie folgt dem Bruttoprinzip: Ein- und Auszahlungen sind unsaldiert auszuweisen. Weiterhin gelten der Grundsatz der Vollständigkeit, der Grundsatz der Termingenauigkeit und der Grundsatz der Betragsgenauigkeit. – *Bedeutung:* Der Finanzplan ist ein Instrument der operativen → Finanzplanung und dient daher vorrangig der Liquiditätsplanung (→ Liquidität). – Vgl. auch → Zahlungsplan.

Finanzplankredit – Gesellschafterdarlehen, das auf gesellschaftsvertraglicher Grundlage beruht und im Rahmen der Finanzplanung fest vorgesehen ist. Es stellt eine einlagegleiche Leistung (→ Einlage) dar und wird unmittelbar dem haftenden Kapital zugerechnet. – *Rechtsfolgen:* (1) Keine Teilnahme des Gesellschafters mit seiner Forderung aus dem Finanzplankredit bei Insolvenz; (2) *GmbH* und *GmbH & Co. KG:* Keine Rückzahlung des Finanzplankredits nach Kriseneintritt (§§ 30–31 GmbHG analog); (3) *KG:* Diente der Finanzplankredit zur Abdeckung der Haftsumme, so ist die (vorzeitige) Rückzahlung des Finanzplankredits als Einlagenrückgewähr anzusehen.

Finanzplannutzungen – Langfristige Nutzungsüberlassungen eines Gesellschafters an eine Gesellschaft, die rechtliche Behandlung erfolgt wie bei einem → Finanzplankredit.

Finanzplanung – I. Finanzplanung von Unternehmungen: 1. *Begriff:* Prozess der zielgerichteten, d.h. an definierten Liquiditäts-, Rentabilitäts- und Risikozielen (→ Liquidität, → Rentabilität) ausgerichteten Gestaltung zukünftiger Finanzentscheidungen. – 2. *Einordnung:* Teilgebiet der Unternehmensplanung. Einerseits basiert die Finanzplanung auf betrieblichen Teilplänen, bes. auf Absatz- und Produktionsplänen; andererseits beeinflusst die Finanzierung die übrigen betrieblichen Teilpläne. Aufgrund dieser Interdependenzen gilt die Finanzplanung nur integriert im Gesamtplanungsprozess als durchführbar (→ integrierte Finanzplanung). – 3. *Aufgaben:* (1) Ermittlung des zukünftigen → Finanzbedarfs; (2) Bestimmung von Art, Höhe und Zeitpunkt von Finanzierungsmaßnahmen. – 4. *Arten:* (1) *Strategische* Finanzplanung: Festlegung der Rahmendaten für Finanzentscheidungen; an Rentabilitäts- und Risikozielen orientiert. (2) *Operative* Finanzplanung: Detailentscheidungen innerhalb der durch die strategische Finanzplanung festgelegten Rahmendaten; an Liquiditätszielen orientiert. Konkretisierung der operativen Finanzplanung im → Finanzplan.

II. Finanzplanung öffentlicher Haushalte: (Bund, Länder und Kommunen): → Haushaltsplan, → mehrjährige Finanzplanung.

Finanzplanungsrat – 1. *Begriff:* Seit 2010 nicht mehr existentes politisches Beratungsgremium, das Empfehlungen für die Koordinierung der Finanzplanungen von Bund, Ländern und Gemeinden auf der Grundlage des § 51a des Haushaltsgrundsätzegesetzes a.F. abgegeben hat. – 2. *Mitglieder waren:* Bundesminister der Finanzen (Vorsitzender) und für Wirtschaft und Technologie, die für die Finanzen zuständigen Minister der Länder, vier Vertreter der Gemeinden und Gemeindeverbände und – mit dem Recht der Teilnahme an den Beratungen – die Deutsche Bundesbank. – 3. Der Finanzplanungsrat hatte folgende *Aufgaben:* Ermittlung einer einheitlichen Systematik, einheitlicher volks- und finanzwirtschaftlicher Annahmen für die Gestaltung der Haushalts- und Finanzplanungen der Gebietskörperschaften sowie der Schwerpunkte im Bereich der öffentlichen Aufgaben. Seit dem Inkrafttreten des § 51a HGrG am 1.7.2002 spielte der Finanzplanungsrat eine zentrale Rolle bei der Einhaltung der Haushaltsdisziplin der Gebietskörperschaften im Rahmen der Europäischen Wirtschafts- und Währungsunion (EWWU). – 4. Der Finanzplanungsrat wurde aufgelöst durch das Gesetz zur Abschaffung des Finanzplanungsrats und zur Übertragung fortzuführender Aufgaben auf den Stabilitätsrat sowie zu Änderung weiterer Gesetze vom 27.5.2010 (BGBl. I S. 671). Siehe auch → Stabilitätsrat.

Finanzpolitik – I. Betriebliche Finanzpolitik: Summe aller Maßnahmen der Finanzierung einer Unternehmung zur Befriedigung des → Kapitalbedarfs, unterstützt durch → Finanzplanung. Finanzpolitik ist als Teil der Unternehmenspolitik in Zielen und Methoden abzustimmen mit → Investitionspolitik, → Einkaufspolitik, → Marketingpolitik, → Dividendenpolitik sowie der Gestaltung des Produktionsprogramms und dessen Ablaufes. – Vgl. auch → Finanzmanagement.

II. Öffentliche Finanzpolitik: 1. *Begriff:* Neben der → Geldpolitik ein zentrales Instrument der Wirtschaftspolitik. Sie verfolgt das Ziel, Struktur und Höhe des → Nationaleinkommens einer Volkswirtschaft mithilfe öffentlicher Einnahmen und öffentlicher Ausgaben zu beeinflussen; sie dient aber auch anderen Politikbereichen, sofern dort öffentliche Mittel eingesetzt werden. – 2. *Einordnung:* Finanzpolitik ist Ordnungspolitik und Prozesspolitik. Unter ordnungspolitischem Aspekt gehört zu einer Wettbewerbswirtschaft z.B. ein Steuersystem, das den Wettbewerbsmechanismus möglichst wenig verfälscht; unter prozesspolitischem Aspekt verändern staatliche Einnahmen und Ausgaben die volkswirtschaftlichen Gesamtgrößen, aber auch Entscheidungen auf Einzelmärkten. Finanzpolitische Maßnahmen gehören vorwiegend zu den indirekt wirkenden Instrumenten. Im Gegensatz zu direkt verhaltensändernden

Kontrollen (z.B. Preisstopp) beeinflussen sie i.d.R. die Daten für privatwirtschaftliches Handeln, weniger das Handeln der privaten Wirtschaftssubjekte selbst. Ausnahmen sind prohibitiv wirkende Einnahmen, die einem Ge- oder Verbot gleichkommen (z.B.: Prohibitivzoll). – 3. *Ziele:* a) *Fiskalisches Ziel:* Aufgabe der staatlichen Einnahmesicherung. – b) *Allokatives Ziel:* Vielzahl von Teilzielen, die alle auf eine Veränderung der Ressourcenverteilung gerichtet sind; dabei kann es sich um eine Veränderung zwischen Privaten handeln (Probleme bei der regionalen und sektoralen Strukturpolitik), um eine Veränderung der Ressourcenverteilung zwischen Staat und Privaten (Problem der → Staatsquote) sowie um eine Veränderung der Ressourcenverteilung innerhalb des Staates (Probleme des staatlichen → Haushaltsplans sowie des → Finanzausgleichs). – c) *Distributionsziel* bzw. *Ziel der* → Einkommensverteilung: Das Ergebnis des marktwirtschaftlichen Prozesses, der selbst möglichst wenig gestört werden soll, ist unter sozialen Gesichtspunkten zu korrigieren, da eine Marktwirtschaft die Einkommen nach der Leistung, aber nicht nach den Bedürfnissen der Menschen verteilt. Zur Korrektur der Marktverteilung dienen verschiedene Maßnahmen, dazu gehören v.a. das progressive Einkommenssteuersystem sowie ein Transfersystem, das dafür sorgen soll, dass auch Leistungsschwache ein Einkommen erzielen, mit dem sie ihre Existenz bestreiten können. – d) *Stabilisierungsziel:* Die öffentliche Hand soll durch gezielte konjunkturelle Impulse (Beeinflussung der gesamtwirtschaftlichen Nachfrage) das Wachstum fördern. In der Bundesrepublik Deutschland hat das Stabilitätsgesetz vom 8.6.1967 (BGBl. I 582) das stabilisierungspolitische Gesamtziel in die Einzelziele Preisniveaustabilität, hoher Beschäftigungsstand, außenwirtschaftliches Gleichgewicht und stetiges wie angemessenes Wachstum gegliedert und damit konkreter gefasst. – 4. *Träger:* Bund, Länder und Gemeinden, wobei jeder Entscheidungsebene bestimmte Aufgaben obliegen, dem Bund z.B. die Verteidigung und die soziale Sicherung, den Ländern die Bildungspolitik, den Gemeinden der Aufbau der örtlichen Infrastruktur. Sobald eine Aufgabe mehrere Ebenen betrifft, kommt es zur → Mischfinanzierung (Art. 104a, 91a, b GG). Auf jeder staatlichen Ebene sind die Entscheidungsprozesse durch die Gewaltenteilung nach Legislative, Exekutive und Judikative sowie durch den Einfluss von Parteien und Verbänden vielfältig strukturiert. Hinzu kommt der Einfluss supranationaler Institutionen; hinzuweisen ist auf das zunehmende Gewicht der EU bei nationalen finanzpolitischen Entscheidungen. – 5. *Instrumente:* a) *Einnahmenpolitik:* (1) → Steuerpolitik; (2) Schuldenpolitik (→ Debt Management). – b) *Ausgabenpolitik:* Im Rahmen einer → Stabilisierungspolitik fällt ihr die zentrale Aufgabe zu, durch Konjunktur- und Ausgabenprogramme die Gesamtnachfrage antizyklisch zu variieren, um auf diese Weise eine Veränderung der Investitions- und Konsumtätigkeit zu bewirken; dafür geeignet sind vornehmlich Investitionsausgaben, die sich nicht nur im Fall der Rezession erhöhen, sondern auch in Boomsituationen reduzieren lassen (Problem der Reversibilität). Verbreitetes Instrument der Ausgabenpolitik im Bereich der Allokations- und Distributionsaufgabe sind → Subventionen und → Transfers. – c) *Budgetpolitik:* Je nach seiner Einnahme- und Ausgabestruktur und nach seinen Veränderungen gegenüber der Vorperiode kann ein Haushalt mehr oder weniger expansiv sein und damit entsprechend auf die Gesamtwirtschaft einwirken. Zur Quantifizierung dieser expansiven bzw. kontraktiven Effekte sind im Laufe der letzten beiden Jahrzehnte mehrere Messkonzepte entwickelt worden, von denen v.a. das Konzept des → konjunkturneutralen Haushalts Beachtung gefunden hat. Im Rahmen der Schuldenbremse und des europäischen Fiskalpaktes ist das Konzept des strukturellen bzw. konjunkturbereinigten Defizits von großer Bedeutung. Ebenso entscheidend wie problematisch bei der Ermittlung dieser Defizitgröße ist das gewählte statistische Bereinigungsverfahren, mit dem der Einfluss der Konjunktur aus den Daten herausgefiltert werden soll. Je nach angewandeter Methode kann es zu teilweise erheblichen Unterschieden bei der Berechnung des strukturellen Defizits kommen. – 6. *Probleme finanzpolitischer Steuerung:* a) *Ausweichmöglichkeiten:* Orientieren sich vornehmlich an den Vermeidungsmöglichkeiten der Steuern; für die meisten steuerpolitischen Instrumente sind daher die → Signalwirkungen von zentraler Bedeutung, die darauf gerichtet sind, die gewünschten Verhaltensänderungen durch steuerliche Entlastungen zu bewirken. – b) *Diskretionäre vs. regelgebundene Finanzpolitik:* Probleme zielorientierter Finanzpolitik bestehen v.a. bei der Prognose und Planung sowie bez. des zeitlichen Einsatzes der Instrumente (Timing). Diese Nachteile einer → diskretionären Finanzpolitik, die bei der Wahl von Zeitpunkt, Art, Dosierung und Dauer des Einsatzes der Instrumente vielfältig variieren, haben zur Suche nach Alternativen geführt. Mögliche Lösungen bietet eine → regelgebundene Finanzpolitik, die durch Vorwegregelung finanzpolitischer Maßnahmen in Rahmengesetzen die vorzunehmenden Eingriffe an bestimmte Signale binden will. Dies setzt freilich eine bes. leistungsfähige Theorie voraus, die bisher nicht existiert. Erschwerend kommt hinzu, dass expansive und kontraktive Maßnahmen der Finanzpolitik auf unterschiedliche Interessenlagen stoßen: Positive Maßnahmen werden angenommen, Sanktionsversuche dagegen häufig unterlaufen. Die im Grundgesetz verankerte Schuldenbremse stellt eine besonders weitreichende Form regelgebundener Finanzpolitik dar.

finanzpolitische Allokationsfunktion – 1. *Begriff:* Beschreibung der Eingriffe des Staatssektors in den Wirtschaftsprozess, die sich auf die Struktur der Produktion bzw. die Verteilung der Produktionsfaktoren richten; neben der → finanzpolitischen Distributionsfunktion und der → finanzpolitischen Stabilisierungsfunktion eine der Grundfunktionen der

Staatstätigkeit (nach Musgrave). – 2. *Begründung*: Ursache für die Wahrnehmung der Allokationsfunktion durch den Staatssektor ist das → Marktversagen: a) Bei den *Internalisierungskonzepten* (→ Internalisierung externer Effekte; → Coase-Theorem; → Pigou-Steuer) geht man davon aus, dass spezifische Eigenschaften eines Gutes eine private Produktion verhindern bzw. einschränken, v.a. → externe Effekte und/oder die typischen Kriterien kollektiver bzw. → öffentlicher Güter. Durch Steuern oder Subventionen stellt der Staat die nicht vorhandene „Paretooptimale Allokationseffizienz" gemäß den Kriterien der → Wohlfahrtsökonomik her. – b) Bei den *Meritorisierungskonzepten* wird der Boden des → methodologischen Individualismus verlassen, indem die Entscheidungssouveränität der Wirtschaftssubjekte angezweifelt oder für unvollkommen erklärt wird (theoretische Konzepte sind u.a. Unsicherheit und Risiko). Seitens des Staatssektors werden bestimmte Daten über Höhe und Struktur des Angebots bestimmter Güter festgelegt (z.B. Zuschüsse im Kulturbereich).

finanzpolitische Distributionsfunktion – 1. *Begriff*: Beschreibung der Eingriffe des Staatssektors in den Wirtschaftsprozess, die sich auf die Veränderung der Einkommenserzielungsmöglichkeiten oder die direkte Einkommensumverteilung durch Steuern oder Transfers richten (Redistribution). Neben der → finanzpolitischen Allokationsfunktion und der → finanzpolitischen Stabilisierungsfunktion eine der Grundfunktionen der Staatstätigkeit (nach Musgrave). – 2. *Begründung*: Die sich aus dem Marktprozess ergebende → primäre Einkommensverteilung wird seitens der Gesellschaft und/oder des Staates als nicht gerecht angesehen, wobei a priori kein Maßstab gewonnen werden kann. Dieser Aspekt hängt oft eng mit dem Meritorisierungsargument der finanzpolitischen Allokationsfunktion zusammen, sodass Allokations- und Distributionsaufgabe, die sich auch in ihren Wirkungen nur schwer isolieren lassen, häufig gemeinsam als Versorgungspolitik behandelt werden. Der Staat greift durch die → Redistributionspolitik (v.a. das progressive Einkommenssteuersystem sowie die staatlichen Transfers) ein und transformiert die Primärverteilung in eine → Sekundärverteilung von Einkommen und Vermögen. Das → Leistungsfähigkeitsprinzip wird als Verteilungsnorm dann ergänzt um das → Bedarfsprinzip mit seiner Extremform der Gleichverteilung. In der Folge kann ein Trade-off zwischen Allokationsfunktion und Distributionsfunktion entstehen. Mehr soziale Gerechtigkeit kann zu einer Allokation führen, die nicht mehr dem Kriterium der Effizienz Rechnung trägt und somit den Wohlstand der Gesellschaft im Aggregat schmälert. Dabei unterscheidet man die Auswirkungen der staatlichen Distributionspolitik auf die personelle und auf die → funktionelle Verteilung.

finanzpolitische Stabilisierungsfunktion – 1. *Begriff*: Beschreibung der Eingriffe des Staatssektors in den Wirtschaftsprozess, die sich auf eine konjunkturelle Verstetigung der wirtschaftlichen Entwicklung richten. Neben der → finanzpolitischen Allokationsfunktion und → finanzpolitischen Distributionsfunktion eine der Grundfunktionen der Staatstätigkeit (nach Musgrave). – 2. *Begründung:* Ausgangspunkt der → Stabilisierungspolitik seitens des Staatssektors ist die keynesianische Theorie; in deren Rahmen sind die auftretenden Unterbeschäftigungsgleichgewichte durch gezieltes antizyklisches Verhalten des Staatssektors, d.h. durch die Beeinflussung der gesamtwirtschaftlichen Nachfrage, zu heilen. Die Nachfrageimpulse des Staatssektors sollen i.d.R. durch eine Schuldenaufnahme finanziert werden (→ Deficit Spending), die im Boom wieder zurückgeführt werden kann. Im → Stabilitäts- und Wachstumsgesetz (StWG) (1967) ist zudem die Möglichkeit der → Konjunkturausgleichsrücklage vorgesehen worden. Budgetüberschüsse in den Phasen der Hochkonjunktur sollen damit still gelegt werden, um sie dann im Falle der Rezession wieder zu verausgaben. – 3. *Konkretisierung:* In der Bundesrepublik Deutschland ist die Handlungsempfehlung der keynesianischen Theorie mit dem Stabilitätsgesetz (StabG) vom 8.7.1967 aufgenommen worden, das die Ziele konkretisiert und die Instrumente gesetzlich fixiert hat. Grundsätzlich haben Gebietskörperschaften ihre wirtschaftspolitischen und finanzpolitischen Eingriffe so auszurichten, dass einerseits Stabilität des Preisniveaus, andererseits auch ein hoher Beschäftigungsgrad und ein außenpolitisches Gleichgewicht erreicht werden. – 4. *Probleme:* a) Seit Mitte der 1970er-Jahre befindet sich die keynesianisch ausgerichtete Stabilisierungspolitik auf dem Rückzug; die Gründe liegen in einer von ihr nicht lösbaren *Stagflation,* der wachsenden *Verschuldungsproblematik* (→ öffentliche Kreditaufnahme) sowie weiteren instrumentellen Schwachpunkten (z.B. Lag). Allerdings hat die Finanz- und Bankenkrise seit 2007 der Stabilisierungspolitik wieder vermehrt Anhänger verschafft. – b) Eine aus ihr resultierende *Stop-and-Go-Politik* (diskretionäre → Fiskalpolitik; *Gegenteil:* → regelgebundene Fiskalpolitik der → Angebotspolitik) führte zu weiterer Verunsicherung der Wirtschaftssubjekte und damit zu Destabilisierung des Marktsystems. – c) *Struktur- und/oder angebotstheoretische Ansätze,* die strukturelle Probleme in den Vordergrund konjunktureller Symptome stellen oder eine Steuerungskompetenz des Staates im Bereich der Stabilisierungsaufgabe generell ablehnen (im Sinn einer neoklassischen Denktradition, die von der „Stabilität des privaten Sektors" ausgeht, die durch konjunkturelle Staatseingriffe stets gestört wird), greifen die Stabilisierungspolitik an. Ein Ergebnis dieser Auseinandersetzung verschiedener ökonomischer Theoriesysteme ist auch aufgrund ihrer oft mit impliziten Werturteilen verbundenen Argumente nicht abzusehen. – d) Die Idee vom zyklischen Budgetausgleich, d.h. für den Konjunkturzyklus insgesamt werden weder Überschüsse noch Defizite erwartet, gilt nur für den Fall eines idealen Konjunkturzyklus mit gleich langen und ausgeprägten Hoch- und Abschwungsphasen. – e) Wenn der Staat eine Art → Vollbeschäftigungsgarantie abgibt, werden die Tarifvertragsparteien aus ihrer Verantwortung für die Beschäftigung entlassen. Hohe Lohnabschlüsse können die Folge sein. – f) Wie die → ökonomische Theorie der Bürokratie und der Politik lehren, neigen Legislative und Exekutive eher zu Verringerungen der Steuersätze und Erhöhung der Subventionen, um Wahlen zu gewinnen, das verfügbare Budget zu maximieren bzw. die Anzahl der Mitarbeiter und das Prestige zu optimieren.

Finanzpsychologie – 1. *Begriff:* Ein von G. Schmölders in der → Finanzwissenschaft entwickelter Ansatz, mit dem gegenüber den von den traditionellen „reinen" ökonomischen Theorien aufgestellten Verhaltenskonzepten als Prämissen ihrer Aussagen (Rationalitätskalkül der Wirtschaftssubjekte) ein realitätsnäheres Bild über die Wirkung finanzpolitischer Maßnahmen (→ Finanzpolitik) gewonnen werden kann. Die Finanzpsychologie versucht, das Verhalten der Wirtschaftssubjekte genauer empirisch zu beschreiben (sozialökonomische Verhaltensforschung) und von Individuen und Gruppen getätigte finanzielle Entscheidungen vor dem Hintergrund der Erkenntnisse aus Psychologie und Ökonomie zu untersuchen. – 2. *Anwendung:* Konkret im Bereich der → Steuerpsychologie (z.B. Steuerehrlichkeit) und in der Psychologie der finanzpolitischen Willensbildung; inzwischen auch allg. auf das gesamte Verhalten von Individuen und Gruppen im Finanzsektor bezogen. (Ir)rationale Entscheidungen im Finanzsektor und deren Einfluss auf die Märkte werden von der Forschungsrichtung Behavioral Finance (verhaltensorientierte Finanzierungslehre) untersucht.

Finanzrechtsweg – Möglichkeit der Anrufung des → Finanzgerichts. – 1. Der Finanzrechtsweg *ist gegeben* (§ 33 I FGO): (1) in allen öffentlich-rechtlichen Streitigkeiten über → Abgabenangelegenheiten, soweit die Abgaben der Gesetzgebung des Bundes unterliegen und durch Bundesfinanzbehörden oder Landesfinanzbehörden verwaltet werden; (2) in öffentlich-rechtlichen Streitigkeiten über die Vollziehung von → Verwaltungsakten in anderen Angelegenheiten, soweit die Verwaltungsakte durch Bundes- oder Landesfinanzbehörden nach den Vorschriften der AO zu vollziehen sind; (3) in öffentlich-rechtlichen und berufsrechtlichen Streitigkeiten über Angelegenheiten, die durch die §§ 1–31, 35–56, 154–157b, 159 des Steuerberatungsgesetzes geregelt werden; (4) in anderen öffentlich-rechtlichen Streitigkeiten, soweit durch Bundesgesetz oder Landesgesetz der Finanzrechtsweg eröffnet ist. – 2. Der Finanzrechtsweg *ist nicht gegeben* im Steuerstraf- und Bußgeldverfahren (§ 33 III FGO).

Finanzreform – 1. *Begriff:* Gesamtheit der Bemühungen, die im Grundgesetz geregelte → Finanzverfassung und damit das Finanzsystem dem Wandel der politischen, wirtschaftlichen und sozialen Verhältnisse anzupassen; eng zusammenhängend mit → Steuerreform und → Haushaltsreform. – 2. *Ziele:* a) Die *Zielfunktion* des Finanzsystems kann sich analog zur allg. volkswirtschaftlichen Zielfunktion im Zug politischen und/oder sozialen Wandels ändern. Eine bestehende Zielfunktion kann bei sich ändernden Rahmenbedingungen dauernd optimiert werden. Eine Finanzreform versucht, diesen Aspekten durch eine einmalige oder permanente Anpassung des Finanzsystems gerecht zu werden. – b) Der *Konkretisierung der Ziele* sind a priori keine Grenzen gesetzt. In der Geschichte der Finanzreform ging es i.d.R. um eine „zweckmäßige" Aufgaben-, Ausgaben- und Einnahmenverteilung zwischen den Gebietskörperschaften eines föderalen Staates und damit um die Gestaltung des → Finanzausgleichs (so bei der großen Finanzreform 1969); auch die Rolle der Besteuerung zwischen Staatssektor und Bürger überhaupt sowie die konkrete Gestalt des Steuersystems stehen oft mit im Mittelpunkt einer Finanzreform. – 3. *Ansatzpunkte:* (1) Häufiger Ansatzpunkt ist die konkrete Ausgestaltung des passiven und aktiven Finanzausgleichs zwischen Bund, Ländern und Gemeinden, d.h. die Verteilung der Aufgaben und der dazu gehörenden Ausgaben; (2) Gesetzgebungs-, Ertrags- und Verwaltungshoheit bei den Einnahmen; (3) die konkrete Ausgestaltung des horizontalen und vertikalen Finanzausgleichs gemäß Grundgesetz. – Weitere Ansatzpunkte sind oft identisch mit den Ansatzpunkten einer Steuerreform. – Vgl. auch → Erzberger'sche Finanzreform (1919/1920), → Miquel'sche Finanzreform, → Verwaltungsreform.

Finanzrichter → Richter am → Finanzgericht. Für die → Berufsrichter gilt das allg. Richterrecht. Die ehrenamtlichen Finanzrichter (→ ehrenamtliche Richter) wirken bei der mündlichen Verhandlung und Urteilsfindung mit gleichen Rechten wie die Berufsrichter mit. Sie müssen Deutsche sein und sollen das 30. Lebensjahr vollendet haben; sie werden von einem Wahlausschuss gewählt, dem u.a. der Präsident des Finanzgerichts und sieben vom Landtag durch einen Landtagsausschuss oder nach Maßgabe landesrechtlicher Bestimmungen gewählte Vertrauensleute angehören (§ 23 FGO).

Finanzrückversicherung – *Structured Reinsurance, Non-traditional Reinsurance, Limited Risk Reinsurance, Financial Reinsurance, Finite Risk Reinsurance.* – 1. *Begriff:* Sehr individuelle Ausgestaltung der Instrumente klassischer → Rückversicherung. Wirtschaftliche Hauptzwecke sind die Finanzierungsfunktion (Risikofinanzierung) und die Realisierung finanz- und erfolgswirtschaftlicher Effekte (Jahresabschlusspolitik). Bilanzielle oder liquiditätsrelevante Belastungen sollen gezielt durch erfolgswirksame Zahlungen aus dem Rückversicherungsvertrag ausgeglichen und/oder auf mehrere Jahre verteilt werden (Risikoausgleich über die Zeit). – 2. *Merkmale:* a) Der versicherungstechnische Risikotransfer auf den Rückversicherer ist begrenzt und von untergeordneter Bedeutung. – b) Neben einem begrenzten versicherungstechnischen Risikotransfer finden auch nichtversicherungsspezifische Risiken wie das Bonitätsrisiko und/oder das Zinsänderungsrisiko sowie → Wechselkursrisiken Eingang. – c) Verträge, die über mehrere Jahre laufen, erlauben eine Berücksichtigung des „Zeitwerts" von Prämien und Versicherungsleistungen. – d) Kapitalanlageerträge finden bei der Berechnung der Rückversicherungsprämien eine explizite Berücksichtigung. – e) Die Vereinbarung eines Experience Account schafft Optionen für eine Ergebnisteilung zwischen Erst- und Rückversicherer. – 3. *Abgrenzung:* Aufgrund ihrer bes. Zielsetzung wird die Finanzrückversicherung teilweise auch als alternative Rückversicherung bezeichnet bzw. dem alternativen Risikotransfer (ART) zugeordnet. – 4. *Ziele:* Je nach Ausgestaltung von Risikofinanzierungs- bzw. Risikotransferelementen lassen sich verschiedene finanzwirtschaftliche bzw. erfolgswirtschaftliche Ziele verfolgen: a) Überbrückung von Kapazitätsengpässen und Abkoppelung von Preiszyklen in der traditionellen Rückversicherung, – b) Optimierung von Selbstbehalten und Rückversicherungsstrukturen, – c) Bilanzentlastung und Liquiditätsunterstützung durch Glättung von Schwankungen der schadenbedingten Zahlungsströme, – d) Schutz der finanzwirtschaftlichen Kennzahlen, z.B. des Verhältnisses zwischen den Nettoprämien bzw. den Netto-Schadenrückstellungen und den Eigenmitteln (leverage ratio), – e) Verbesserung der Solvabilität (Erhöhung der Solvabilitätsmarge) und damit eine Erhöhung der Zeichnungskapazität, – f) Unterstützung bei der Finanzierung erhöhter Aufbaukosten bei neu aufgenommenen oder bes. stark wachsenden Versicherungssparten bzw. Geschäftsfeldern, – g) Unterstützung von Akquisitionen, Fusionen und Neuausrichtungen durch Absicherung von unbekannten Altschäden und damit Gewährleistung von Planungssicherheit. – 5. *Arten:* a) Nach Zeitbezug der Deckung lassen sich Konzepte der Finanzrückversicherung in zwei Kategorien einteilen: (1) Prospektive Deckungsformen und (2) Retrospektive Deckungsformen. – b) Je nach Gestaltung der Zahlungsströme überwiegen Vor- bzw. Nachfinanzierungselemente. (1) Bei einer reinen Vorfinanzierung seitens des Erstversicherers erfolgt eine jährliche oder einmalige Zahlung der Prämie. (2) Bei einer Nachfinanzierung zahlt der Erstversicherer die übernommenen Schadenleistungen bzw. den negativen Saldo des Experience Account über einen bestimmten Zeitraum an den Rückversicherer zurück. (3) Kombinationen mit beiden Finanzierungselementen sind häufig. – 6. *Entwicklung:* Elemente der Finanzrückversicherung finden bereits in den 1960er-Jahren als Sonderverträge in der Rückversicherung eine erste Erwähnung. Höhe und Fälligkeit der Zahlungen seitens des Rückversicherers wurden ex ante in einem Auszahlungsplan determiniert („Structured Settlements", z.B. Time and Distance Cover). Es erfolgte i.d.R. keine Übernahme von versicherungstechnischem Risiko. Kapazitätsengpässe auf dem traditionellen Rückversicherungsmarkt durch die Haftpflichtkrise in den USA sowie eine steigende Nachfrage nach Katastrophendeckungen zu Beginn der 1990er-Jahre führte zu einem verstärkten Einsatz von Finanzrückversicherung mit keinem oder nur sehr geringem Risikotransfer. Fehlende aufsichtsrechtliche Regelungen begünstigten eine fehlerhafte und/oder intransparente Bilanzierung. Die Finanzrückversicherung stand sodann unter dem Verdacht des Missbrauchs. Stärkere Regulierungstendenzen und strengere Bestimmungen seitens der Aufsichts- und Steuerbehörden sowie die Rechnungslegungsvorschriften diverser Gremien (insbesondere in den USA, z.B. FAS 113) führten zur vermehrten Berücksichtigung versicherungstechnischer Risikokomponenten, um die jahresabschlusspolitische Anerkennung der Finanzrückversicherung als Rückversicherungsvertrag zu gewährleisten. Zur Abgrenzung der Konzepte mit begrenztem, aber substantiellem Risikotransfer wurde der Begriff Finite Risk Reinsurance geprägt und häufig als Synonym für Finanzversicherung verwendet. – 7. *Abgrenzung:* Die Grenzen zwischen traditioneller Rückversicherung und nichttraditioneller Rückversicherung im Sinne der Finanzrückversicherung sind fließend. Die Zeichnungsabsicht des Erstversicherers und der Umfang des versicherungstechnischen Risikotransfers bestimmen die Zuordnung der Konzepte. Mit Unterstützung eines Risikotransfertests wird das Ausmaß an transferiertem versicherungsspezifischem Risiko bestimmt. Verträge ohne oder mit nicht hinreichendem Risikotransfer sind bilanziell wie Finanzierungsverträge zu behandeln und entsprechend beim Erst- und beim Rückversicherer zu verbuchen. – 8. *Aktuelle Entwicklungen:* Deutschland setzte mit Inkrafttreten des 8. Gesetzes zur Änderung des → Versicherungsaufsichtsgesetzes (VAG) (8. VAG Novelle) zum 2.6.2007 die Europäischen Richtlinie 2005/68/EG vom 16.11.2005 über die Rückversicherung ins nationale Recht um und führte gesetzliche Regelungen zur aufsichtsrechtlichen Behandlung der Finanzrückversicherung sowie Berichtspflichten für die Finanzrückversicherung ein (§ 121e VAG).

Finanzsoziologie

von Prof. Dr. Dr. Helge Peukert und Maximilian Duwe

I. Einleitung

Bereits Montesquieu erkannte im „Esprit des lois“ den Zusammenhang zwischen Finanzwissenschaft (FW) und Gesellschaft indem er meinte, dass jeder Verfassungsform „von Natur aus“ eine bestimmte Steuerart zugehöre. Rudolf Goldscheid, der Urheber des Begriffs Finanzsoziologie (FS), definierte sie um 1917 als „die Lehre von der gesellschaftlichen Bedingtheit des öffentlichen Haushalts und seiner die Gesellschaftsentwicklung bedingende Funktion“. Die durch die FS angestrebte gegenseitige Bereicherung von FW und Soziologie könne bisher unbekannte Einsichten erlauben, ohne dass diese Anregung bis heute in beiden Disziplinen größeren Widerhall fand.

II. Begriff

Die FS hat eine doppelte Blickrichtung Zum einen beschäftigt sie sich mit der Abhängigkeit der Fiskal- und Steuersysteme von den gesellschaftlichen Bedingungen, zum anderen mit den Auswirkungen des Finanzsystems auf das gesellschaftliche Leben. Die erstgenannte Perspektive beschreibt z.B., wie Steuersysteme und Finanzverfassungen von kulturellen, politischen und wirtschaftlichen Charakteristiken einer Gesellschaft beeinflusst werden. So kam es im Zuge entscheidender Wahlreformen des 19. und 20. Jh. in Deutschland und England auch zu wichtigen Veränderungen der jeweiligen Steuersysteme. Die Rückwirkung der Finanzwirtschaft auf gesellschaftliche Charakteristika spiegelt sich z.B. neben den Verteilungswirkungen von Steuersystemen in den steuernden Auswirkungen nichtfiskalischer Zwecke wie der Ökosteuer. Die FS ist somit stark interdisziplinär, Wirtschaft und Gesellschaft umfassend, historisch-vergleichend und institutionalistisch ausgerichtet. Wenngleich sie wirtschaftspolitisch nicht grundsätzlich festgelegt ist, so liegt ihr doch die Annahme eines optimalen, von Interessen, weltanschaulichen Aspekten und raum-zeitlich spezifischen Institutionen abhängigen Steuersystems (gem. der optimalen Besteuerungstheorie) fern. Im Unterschied zur heutigen orthodox-formalen FW, bei der erst die vorher selbstverständliche Verbindung von FW und FS, auch wenn frühere Beiträge nicht als solche bezeichnet wurden, verloren ging, ist sie weder verengt auf eine neoliberale oder Public Choice-Sicht von Staat und Gesellschaft, noch erachtet sie die neoklassische Formalökonomie als primär angemessenen Ansatz. Stattdessen lenkt sie den durch die Volkswirtschaftslehre, Soziologie, Jurisprudenz, Politologie, Psychologie bis hin zur Anthropologie angeregten Blick auf Interessen, Ideologien und nicht-rationale menschliche Handlungsmotive wie Gefühle, aber auch die selbständige Willensbildung der Entscheidungsträger.

III. Vorläufer und Wegbereiter

Die FS etablierte sich als eigenständiger Wissenschaftsbereich nach dem ersten Weltkrieg zeitgleich in Deutschland, Österreich und Italien. Als Vorläufer sind Karl Rodbertus mit seiner Steuergeschichte Roms und der Einsicht, „dass sich in jedem Steuersystem die wirtschaftlichen und rechtlichen Prinzipien des Zeitalters widerspiegeln“ zu nennen, mehr noch Albert Schäffle, der annahm, dass „die Gestaltung der Finanz von der historischen Grundform der volkswirtschaftlichen Organisation abhängig“ ist. Unverkennbar ist neben dem Finanzwissenschaftler Adolf Wagner (und seinem „Gesetz“ der zunehmenden Staatstätigkeit dank zunehmender Kultur- und Wohlfahrtszwecke) der Einfluss des Begründers der jüngeren historischen Schule, Gustav Schmoller, dessen sozialwissenschaftlich-empirisch-historische Beiträge z.B. zur positiven und normativen Theorie der Einkommensteuer noch heute lesenswert sind. Diese berücksichtigten soziologische Aspekte auf eine organische Art und Weise. Der italienische Strang der FS geht auf den soziologischen Pareto zurück, der menschliches Verhalten stark affektiv-habituell motiviert sah (Residuen), womit sich die Finanzpolitik nach Puvianis „Theorie der finanziellen Illusionen“ schlau als Werkzeug der Regierungsinteressen zur Minimierung des Steuerwiderstandes einsetzen lasse. Dieser Schwerpunkt ist auch in den späteren Arbeiten von Conigliani, Borgatta, Sensini und Papi zu erkennen. Die doktrinäre Offenheit der FS belegt auch ihr früher nordischer Ableger, vertreten durch die Äquivalenztheoretiker Knut Wicksell und Erik Lindahl.

VI. Klassische Diskussion

Der eigentliche Begründer der FS ist Rudolf Goldscheid. Der österreichische unorthodoxe Privatgelehrte sah in gewisser Übertreibung die Faktoren der FW als die wichtigsten Triebkräfte von Kultur und Gesellschaft an, alle großen politischen und sozialen Veränderungen seien auf finanzpolitische Maßnahmen zurückzuführen, oft in Reaktion auf bevorstehende oder zurückliegende Kriege. Bei Goldscheid sind zwei Ebenen zu unterscheiden. Zum einen die Ebene der zeitbedingten Thesen eines unorthodoxen Marxisten: der Staat hängt am Tropf der Besteuerung, mangels eigenständiger Einkommensquellen besteuert er zur Erfüllung seiner Aufgaben (Infrastruktur, Bildung usw.) entweder angemessen, ruft aber Vermeidungs- und Verweigerungshaltungen der Besteuerten hervor, oder aber er besteuert moderat und hat dann ein Finanzierungsproblem, das sich nur durch eine teilweise Inbesitznahme der Produktionsmittel überwinden lasse.

In der Goldscheid-Schumpeter-Debatte bestreitet letzterer eine grundsätzliche „Krise des Steuerstaates", da dem modernen Staat aus guten Gründen Grenzen gesetzt seien und sich die Situation nach dem ersten Weltkrieg nicht verallgemeinern und durch eine einmalige Vermögensabgabe lösen lasse. Zum anderen wirkte die Debatte auf einer allgemeineren Ebene vorbildlich und stilbildend dank origineller Interpretationen der Steuergeschichte und der Einbettung fiskalischer und steuerlicher Aspekte in den gesamtgesellschaftlichen Zusammenhang.

V. Weiterführung

Gerhard Colm, Wilhelm Gerloff, Herbert Sultan, Horst Jecht, Erwin von Beckerath und insbesondere Fritz K. Mann verstanden ihre Beiträge als finanzsoziologische mit Bedacht auf die Balance zwischen soziologischen, historischen und analytischen Aspekten unter Einschluss der Motive und Interessen der Akteure und der selbständigen Willensbildung der Entscheidungsträger. Hierbei betonten diese besonders die politisch-soziologische im Unterschied zur rein technisch-ökonomischen Natur fiskalischer und steuerlicher Phänomene. Günther Schmölders und sein verstehend-psychologischer Ansatz zur Steuermentalität und zu Steuerwiderständen lassen ihn der kleinen Schar von Finanzsoziologen zurechnen. Im angelsächsischen Raum gab es eine finanzsoziologische Fortführung durch die Emigranten R.A. Musgrave und F.K. Mann. Mann untersuchte z.B. die Bedeutung der Steuerstreitigkeiten für die amerikanischen Unabhängigkeitsbestrebungen im 18. Jhdt. gegenüber England. Sein Buch über steuerpolitische Ideale behandelt die sich säkular wandelnden, stark vom politischen System abhängigen (Antike, Feudalismus, Demokratie usw.) Auffassungen zum erstbesten Steuersystem: Einkommens- versus Verbrauchssteuern, eine zentrale Steuer oder ein breiter Fächer von Steuern usw., was auch von volkswirtschaftlichen (Wert)Theorien abhing (Physiokraten: Agrar- Einheitssteuer). Musgrave stellte die in den USA noch eher embryonale FW auf solidere Füße und war ebenfalls in der Politikberatung tätig (J.F. Kennedy und L.B. Johnson). Ihm gelang eine seltene Synthese formalanalytischer und finanzsoziologischer Komponenten, die v.a. bei früheren Finanzsoziologen oft zugunsten des Soziologischen so nicht gelang. Er vertrat die Prinzipien des Wohlfahrtsstaates, Mann neigte eher einer marktliberalen Sicht zu.

VI. Aktuelle Entwicklung in Deutschland

Nach dem Überhandnehmen der aus finanzsoziologischer Sicht zu abstrakt-unrealistischen Neuen FW (Pareto-Optimalität, soziale Wohlfahrtsfunktionen usw.) und einer quasi-finanzsoziologischen, aber einseitigen, an Public Choice und individuellem, nutzenmaximierenden Verhalten ausgerichteten FW, die einseitig Formen des Staatsversagens thematisiert, gibt es in Deutschland mit Jürgen Backhaus zumindest einen Lehrstuhlinhaber für FS an der Universität Erfurt, der sie durch viele Veröffentlichungen, Symposien usw. weiterentwickelt. Die große Finanzkrise seit 2007 belegt die Dringlichkeit einer finanzsoziologischen Blickrichtung, da sich die – die Kernschmelze des Finanzsystems verhindernde – Indienstnahme der Staatshaushalte und der Besteuerungshoheit und ihre asymmetrischen Verteilungswirkungen (Nicht-Verursacherprinzip) als letzter Rettungsanker (wie der Erfurter Finanzsoziologe Helge Peukert zeigte) kaum ohne Einbezug von Interessen, Ideologien und Stimmungslagen verstehen lassen.

Vgl. auch → öffentliche Finanzen, → Finanzierung.

Finanzstatus → Status.

Finanzterminkontrakt – börsengehandelte, standardisierte Termingeschäfte in Form von Futures und → Optionen.

Finanztheorie – 1. *Begriff:* Theoretisch-analytische (modellmäßige) Grundlage der → Finanzwissenschaft im Hinblick auf ihr methodisches Vorgehen bei der Analyse von Umfang, Struktur und → Inzidenz des → öffentlichen Haushalts sowie auf die Verknüpfung der → Budgettheorie mit den gesamtwirtschaftlichen Grundproblemen der Stabilisierung (von Preisniveau und Beschäftigung), der → Allokation (von knappen Gütern und Produktionsfaktoren samt den Wettbewerbs- und Wachstumskräften) und der Distribution (von Einkommen und Vermögen). – Die Finanztheorie berücksichtigt namentlich in ihrer Ausprägung als Budgettheorie, dass die öffentliche Finanzwirtschaft in den volkswirtschaftlichen Kreislauf eingebettet ist und kraft ihrer Anbieter- und Nachfragerpotenz an den Güter- und Faktormärkten (Anbieter von Arbeitsstellen, entgeltlichen Leistungen, Wertpapieren; Nachfrager von Kapital, Gütern und Diensten) das marktwirtschaftliche System zu einer „gemischten" Wirtschaft macht (→ Wirtschaftsordnung). Die Finanztheorie berücksichtigt ferner, dass die öffentliche Finanzwirtschaft als Gewährleister der Versorgung an → öffentlichen Gütern sowie als Hoheitsträger von Besteuerungsakten und Transfer- und Subventionszahlungen das politische System prägt. – 2. *Methodik:* a) *Allgemein:* Die Finanztheorie geht bei ihren Analysen der Wirkungsmöglichkeiten und Wirkungsweisen staatswirtschaftlicher Maßnahmen und Einrichtungen teils von normativen (z.B. wohlfahrtstheoretischen), teils von positiven Frageansätzen aus. – b) *Differenzialanalyse:* Auf unterschiedliche Akzeptanz stoßen finanztheoretische Methoden, wenn sie Wirkungsanalysen mithilfe der Differenzialanalyse durchführen. Oft wird dieser Ansatz mit Blick auf die Realitätsferne solcher

Ergebnisse als zu eng kritisiert. – c) *Individualistische Ausprägung der Finanztheorie:* Die Finanztheorie ist individualistisch orientiert, wenngleich über das Angebot an öffentlichen Gütern wie auch über die zwangsweise Finanzierung dieses Angebots qua Steuern kollektiv entschieden wird. In ihrem grundlegenden Konzept geht die Finanztheorie davon aus, dass die ökonomischen Pläne und Handlungen auf Entscheidungen Einzelner (normativer und → methodologischer Individualismus) beruhen und dass alle Austauschvorgänge von Faktoren und Gütern über Märkte geschehen. Erst wenn sich die Koordination der individuellen Einzelpläne über den Markt als unvollkommen oder als unmöglich erweist, wird auf die Koordination der Individualpläne in Kollektiven, bes. im Staat, zurückgegriffen. – 3. *Teilbereiche:* (1) Theorie der → öffentlichen Güter; (2) → Budgettheorie; (3) → Ausgabentheorie; (4) → Einnahmentheorie; (5) Theorie der → Staatsschulden. (6) → Ökonomische Theorie der Politik (A. Downs) und der Bürokratie (Niskanen; Buchanan). – Vgl. auch → Finanzpolitik.

Finanztransaktionssteuer (FTT) – 1. *Einführung:* Seit vielen Jahren gibt es politische Bestrebungen, die Finanzbranche mit einer Finanztransaktionssteuer (englisch: Financial Transaction Tax, FTT) an den Kosten der Finanzmarktkrise zu beteiligen, Anreize für Spekulationen zu senken und nicht zuletzt neue Steuereinnahmen zu generieren. Nachdem eine EU-weite Initiative aufgrund zahlreicher Widerstände bislang nicht umsetzbar war, hat sich Frankreich als erster EU-Staat entschieden, ab dem 1.8.2012 eine French Financial Transaction Tax (FFTT) einzuführen (siehe 3.). – 2. *EU-Finanztransaktionssteuer:* Am 28.9.2011 wurde von der Europäischen Kommission der Gesetzentwurf zur Einführung einer Finanztransaktionssteuer in der EU vorgestellt. Die EU-Kommission wies in ihrer Begründung darauf hin, dass der gering besteuerte Finanzsektor im Zuge der Finanzkrise mit 4.600 Milliarden Euro unterstützt würde. Der Steuersatz soll danach 0,1 Prozent auf den Handel von Aktien und Anleihen und 0,01 Prozent für Derivate von Aktien und Anleihen betragen. Devisengeschäfte am Spotmarkt sowie andere Derivate sollen von der Steuer befreit sein. In Summe ließen sich dadurch rund 50 Milliarden Euro einnehmen, die großteils den Mitgliedsländern zugute kommen sollen. – Im Frühjahr 2012 starteten neun EU-Länder einen neuen Vorstoß eine Finanztransaktionssteuer auf EU-Ebene einzuführen, scheiterten aber v.a. am Widerstand von Großbritannien und Schweden. Die Alternative, die Steuer nur in der Eurozone einzuführen scheiterte wiederum am Widerstand von Luxemburg und den Niederlanden. Im Juni 2012 wurde die Zielsetzung einer Einführung in der gesamten Eurozone aufgegeben. Die verbleibenden EU-Länder einigten sich darauf, die Finanztransaktionssteuer nunmehr nur in den befürwortenden Ländern einzuführen. Die Basis dafür findet sich im EU-rechtlichen Rahmen einer sogenannten „verstärkten Zusammenarbeit" von mindestens neun EU-Ländern, die sich daran beteiligen. Anfang Oktober hatten mit Frankreich, Deutschland, Österreich, Belgien, Griechenland, Portugal und Slowenien jedoch erst sieben Länder ihre Beteiligung zugesagt und auch ihren diesbezüglichen schriftlichen Antrag bei der EU-Kommission eingebracht. Während des EU-Finanzministerrats in Luxemburg am 9.10.2012 sollten – um die Mindestzahl von neun zu erreichen – noch Italien und Spanien umgestimmt werden, sich an der Finanztransaktionssteuer zu beteiligen. Nicht nur wurde dieses Ziel zum Ende es Ministerrates erreicht, es schlossen sich auch noch Estland und die Slowakei an, sodass nun insgesamt elf EU-Länder die Transaktionssteuer einführen werden. Weitere Details sollten bis zum Jahresende 2012 ausgearbeitet werden. Offen sind weiterhin u.a. die Fragen danach, was konkret wie besteuert werden soll und in welche Budgets die Einnahmen aus der Finanztransaktionssteuer fließen sollen: ob die Erträge in den nationalen Budgets bleiben oder dem gemeinsamen EU-Budget zugeführt werden sollen, wobei sich bei letzterem auch die Frage stellt, ob die nationalen Zahlungsverpflichtungen der beteiligten Länder gegenüber dem EU-Haushalt um diese Beträge reduziert werden. – Im Februar 2013 wurden weitere Einzelheiten seitens der Europäischen Kommission erläutert. Den Anträgen der elf Mitgliedstaaten entsprechend, die diese Steuer einführen werden, spiegeln Anwendungsbereich und Ziele der vorgeschlagenen Richtlinie den ursprünglichen Vorschlag für eine Finanztransaktionssteuer wider, den die Kommission im September 2011 vorgelegt hatte (IP/11/1085). Es wird erwartet, dass diese Finanztransaktionssteuer bei Anwendung durch die elf Mitgliedstaaten nunmehr Einnahmen von jährlich 30 bis 35 Mrd. Euro generiert. Der aktuelle Vorschlag enthält im Vergleich zum ursprünglichen Vorschlag begrenzte Änderungen, um der Tatsache Rechnung zu tragen, dass die Steuer in einem kleineren geografischen Gebiet als ursprünglich vorgesehen eingeführt wird. Diese Änderungen sollen v.a. für rechtliche Klarheit sorgen und Bestimmungen zur Vermeidung von Steuerumgehung und Missbrauch verstärken. – 3. *Die Finanztransaktionssteuer in Frankreich:* Die FFTT in Höhe von 0,2 Prozent wird weltweit bei Käufen von zahlreichen französischen Aktien erhoben. Betroffen sind Aktien von Unternehmen mit Hauptsitz in Frankreich, deren Börsenwert über einer Schwelle von einer Milliarde Euro liegt. Für 2012 unterliegen nach diesen Kriterien gemäß der französischen Regierung Aktien von 116 französischen Unternehmen der FFTT. Daneben wurden aber auch Ausnahmetatbestände beschlossen, so z.B. die Handelsaktivitäten im Market-Making. Steuerfrei bleibt zunächst auch der Handel in allen anderen Aktien, Anleihen (Bonds) und sonstigen Effekten. Daneben wurde zeitgleich eine weitere neue Steuer in Höhe von 0,01 Prozent auf bestimmte Transaktionen im Hochfrequenzhandel und besondere Geschäfte mit Kreditausfallversicherungen (Credit Default Swaps - CDS) auf EU-Staatsanleihen eingeführt, die allerdings nur auf in Frankreich steuerpflichtige natürliche und juristische Personen Anwendung findet. – 4. *Ausblick*: Da die Vor- und Nachteile einer Finanztransaktionssteuer kontrovers diskutiert werden, ist mit der Einführung in Deutschland in 2013 nicht mehr zu rechnen.

Finanzverbund → genossenschaftlicher Finanzverbund, Sparkassen-Finanzgruppe.

Finanzverfassung – Gesamtheit der finanzrechtlichen Grundregelungen zur Aufgaben- und Einnahmenverteilung zwischen öffentlichen Aufgabenträgern, bes. zur Gesetzgebungszuständigkeit, → Steuerertragshoheit und → Verwaltungshoheit der Steuern. – 1. *Aufgabenverteilung*: (geregelt durch einschlägige Bestimmungen im GG, v.a. Art. 20–37 und 104a–115 GG): Die ausschließliche bzw. konkurrierende Gesetzgebungshoheit steht für die meisten Aufgaben dem Bund zu, die Verwaltungshoheit dagegen obliegt – mit einigen wichtigen Ausnahmen (z.B. Zölle, Abgaben im Rahmen der Europäischen Gemeinschaft) – grundsätzlich den Ländern. – 2. *Einnahmenverteilung*: Die Steuern sind überwiegend als Verbundsteuern (→ Verbundsystem) ausgestaltet, bei denen die Gesetzgebungskompetenz dem Bund zusteht, das Aufkommen aber zwischen Bund und Ländern (Einkommensteuer, Umsatzsteuer, Körperschaftsteuer) bzw. Bund, Ländern und Gemeinden (Einkommensteuer Art. 106 V GG, Umsatzsteuer nach Art. 106 V a GG, Abgeltungsteuer auf Zinsen und Veräußerungserträge) aufgeteilt wird. Daneben existieren Steuern nach dem → Trennsystem, deren Aufkommen dem Bund (Finanzmonopole, die meisten Verbrauchsteuern) oder den Ländern (Bier-, Erbschaft-, Spielbanksteuer) und Gemeinden (Grundsteuer, Gewerbesteuer) ausschließlich zufließen. Dies wird durch die Kompetenzen der EU zunehmend erweitert werden. – Vgl. auch → Finanzausgleich, → Konnexitätsprinzip.

Finanzvermögen – I. Finanzwissenschaft: 1. *Begriff*: Teil des Vermögens der öffentlichen Hand, der wirtschaftlich genutzt wird (auch Erwerbsvermögen genannt). Das Finanzvermögen unterliegt – abgesehen von haushalts- und aufsichtsrechtlichen Bestimmungen – dem Privatrecht, ohne die für das Verwaltungsvermögen geltenden Abweichungen und Einschränkungen. – *Gegensatz:* → Verwaltungsvermögen. – 2. *Bestandteile:* (1) Betriebsvermögen (Wirtschaftsbetriebe, Kapitalbeteiligungen); (2) allg. Kapital- und Sachvermögen, soweit diese nicht Verwaltungs- oder Betriebsvermögen sind (z.B. Darlehen und Treuhandvermögen). – 3. *Zwecke:* (1) Aus den typischen Aufgabenfeldern der öffentlichen Hand abgeleitete Zwecke, z.B. Tätigkeiten, die durch freie Unternehmerinitiativen nicht oder nur unvollkommen wahrgenommen werden bzw. den Unternehmern nicht überlassen bleiben sollen; (2) Finanzvermögen als Folge von Sanierungen; (3) Einnahmeerzielung; (4) Einflussnahme auf Unternehmen und Märkte. – 4. In der *neueren Diskussion* wird die Legitimation dieser Form der Staatstätigkeit kritisch hinterfragt; dabei geht es v.a. um die Privatisierung des Finanzvermögens.

II. Volkswirtschaftliche Gesamtrechnung: Synonym für *Geldvermögen* bzw. → Forderungen.

Finanzverwaltung – 1. *Begriff:* Gesamtheit aller Behörden, die Einzug und Verwaltung der öffentlichen Gelder durchführen. – 2. *Gesetzliche Grundlagen:* Abschn. X GG; Finanzverwaltungsgesetz (FVG) vom 30.8.1971 (BGBl. I 1426) i.d.F. der Bekanntmachung vom 4.4.2006 (BGBl. I 846, ber. 1202) m.spät. Änd. – 3. *Gliederung:* a) *Bundesfinanzbehörden:* (1) *Oberste Behörden:* Bundesministerium der Finanzen (BMF); (2) *Oberbehörden:* Bundesmonopolverwaltung für Branntwein, Bundesausgleichsamt, → Bundeszentralamt für Steuern, Bundesamt für zentrale Dienste und offene Vermögensfragen; (3) *Mittelbehörden (soweit eingerichtet):* → Bundesfinanzdirektionen und das Zollkriminalamt; (4) *örtliche Behörden:* Hauptzollämter einschließlich ihrer Dienststellen (Zollämter), Zollfahndungsämter. – b) *Landesfinanzbehörden:* (1) *Oberste Behörde:* die für die Finanzverwaltung zuständige oberste Landesbehörde (Landesfinanzministerium, Finanzsenator); (2) *Oberbehörden (soweit als Landesfinanzbehörden eingerichtet):* Landesamt für Finanzen bzw. Landesamt für zentrale Dienste; (3) *Mittelbehörden (soweit eingerichtet):* Oberfinanzdirektionen; (4) *örtliche Behörden:* Finanzämter. – 4. *Aufgaben:* Den Bundesfinanzbehörden obliegt die Verwaltung der → Zölle, → Finanzmonopole, der bundesgesetzlich geregelten → Verbrauchsteuern einschließlich der → Einfuhrumsatzsteuer (EUSt), die Kfz-Steuer und sonstige auf motorisierte Verkehrsmittel bezogene Verkehrssteuern und der Abgaben im Rahmen der EU. Die übrigen Steuern werden durch Landesfinanzbehörden verwaltet. In → Auftragsverwaltung können von den Landesfinanzbehörden Aufgaben der Bundesverkehrswege und des Lastenausgleichs sowie auch die Steuern verwaltet werden, die ganz oder z.T. dem Bund zufließen; ebenso können auch staatliche Aufgaben durch die Gemeinden wahrgenommen werden. Für die den Gemeinden allein zufließenden Steuern (→ Steueraufkommen) kann die den Landesfinanzbehörden zustehende Verwaltung ganz oder z.T. den Gemeinden (Gemeindeverbänden) übertragen werden (Art. 108 GG).

Finanzwechsel → Wechsel, dem kein Warengeschäft zugrunde liegt, sondern der Geldbeschaffung dient (im Gegensatz zum → Handelswechsel). – *Beispiel:* Eine Bank zieht einen Wechsel auf ihren Kunden (Debitorenziehung) oder auf eine andere Bank (Bank-auf-Bank-Ziehung). Der Kunde verschafft sich durch den Weiterverkauf des Wechsels liquide Mittel.

Finanzwirtschaft – *öffentliche Finanzwirtschaft;* die bes. Wesensmerkmale aufweisende Wirtschaft der

Körperschaften des öffentlichen Rechts, bzw. – ökonomisch gesehen – des öffentlichen Sektors. Forschungsobjekt der → Finanzwissenschaft. – 1. Finanzwirtschaft *beruht* darauf, dass es eine Vielzahl von Aufgaben und Bedürfnissen gibt, die durch Privatinitiative nicht ausreichend befriedigt werden können, sondern durch → öffentliche Güter (z.B. Verteidigung, Polizei- und Gesundheitswesen, Straßenbau). Neben dieser Allokationsaufgabe bestehen noch Aufgaben auf den Gebieten der Verteilungs- und Sicherungspolitik (→ Distribution) sowie auf den Gebieten der Stabilisierung (Konjunktur-, Wachstums- und Strukturpolitik), vgl. → Exporterlösstabilisierung. – 2. *Wesensmerkmale der Finanzwirtschaft:* a) *Einnahmebeschaffung durch Zwangserwerb.* Im Gegensatz zu den natürlichen und juristischen Personen des Privatrechts, die die von ihnen benötigten Güter im Wege des Tauschs erwerben, beschränken sich die öffentlich-rechtlichen Körperschaften nahezu vollständig auf die hoheitliche Erhebung ihrer Einnahmen, d.h. auf die kollektive Finanzierung der öffentlichen Güter. – b) Nach der älteren Auffassung ist Finanzwirtschaft eine *Bedarfsdeckungswirtschaft,* keine Erwerbswirtschaft, die einen Überschuss ihrer Einnahmen über die Ausgaben anstrebt. Sie hat den Charakter einer Hauswirtschaft, ihr Ziel ist der Ausgleich zwischen Ausgaben und Einnahmen. Der Erfolg der Haushaltsführung lässt sich, da eine Gewinn- und Verlustrechnung (GuV) fehlt, formal nur an der Einhaltung des aufgestellten → Haushaltsplans prüfen und materiell daran, ob die erstrebten Ziele mit den eingesetzten Mitteln auf die rationellste Weise erreicht wurden. – c) Nach moderner Auffassung ist Finanzwirtschaft eine „politische Wirtschaft", in der für Gestaltung und Ausmaß der Haushaltswirtschaft und ihres Einflusses auf den privatwirtschaftlichen Sektor die Spielregeln des politischen Meinungsbildungs- und Abstimmungsprozesses maßgeblich sind. – 3. Der *Anteil* der öffentlichen Ausgaben am Nationaleinkommen (bzw. zuvor am Sozialprodukt) ist in allen modernen Industriestaaten seit Mitte des 19. Jh. erheblich angestiegen. Adolph → Wagner erklärt das mit der Veränderung des Staates zum Kultur- und Wohlfahrtsstaat, Peacock und Wiseman argumentieren mit dem → Niveauverschiebungseffekt und politökonomische Ansätze begründen diese Entwicklung mit dem Verhalten von Politikern und Bürokraten und zunehmendem Staatsversagen.

finanzwirtschaftliche Bewegungsbilanz – auch *„Bauer'sche Bewegungsbilanz"* genannt; Methode zur Kontrolle der finanziellen Vorgänge im Betrieb, eine Form des → Bilanzvergleichs.

I. Methode: Aufstellung als einfache Übersicht aus zwei aufeinander folgenden → Bilanzen, indem die Differenzen der einzelnen Positionen zwischen dem jüngeren mit dem älteren Jahresabschluss in einer bestimmten Weise zusammengestellt werden. Die finanzwirtschaftliche Bewegungsbilanz versucht, auf der Grundlage dieser Bestandsänderungen den Zu- und Abfluss bzw. die Herkunft und Verwendung der Unternehmensmittel abzubilden. Die Aktivseite der Bewegungsbilanz zeigt die *Mittelverwendung,* die Passivseite die *Mittelherkunft.* Die einzelnen Positionen der Aktiv- und Passivseite sind weitgehend aufzugliedern, je nach Betriebsgröße und dem verfolgten Zweck der Untersuchung. Darstellung der finanzwirtschaftlichen Bewegungsbilanz in knappster Form in der Tabelle „Finanzwirtschaftliche Bewegungsbilanz". – Eine *Verfeinerung* der finanzwirtschaftlichen Bewegungsbilanz ist die → Kapitalflussrechnung.

Finanzwirtschaftliche Bewegungsbilanz

Mittelverwendung	Mittelherkunft
Erhöhungen der Aktivposten	Erhöhungen der Passivposten
Verminderungen der Passivposten	Verminderungen der Aktivposten

II. Funktionen: 1. Die finanzwirtschaftliche Bewegungsbilanz bildet die Grundlage für die Beurteilung der Finanzlage, da Vermögens- und Kapitalbewegungen sichtbar werden. Sie zeigt bei einer Aufgliederung in lang- und kurzfristige Mittelbewegungen in übersichtlicher Weise die Finanzierungsvorgänge im Betrieb auf und ist deshalb auch für die Zwecke der → Bilanzanalyse und Bilanzkritik geeignet, bes. zur Beurteilung der → Liquidität. – 2. Daneben dient die finanzwirtschaftliche Bewegungsbilanz auch als Mittel der Beurteilung von Unternehmen hinsichtlich ihrer wirtschaftlichen Lage durch Außenstehende, jedoch ist ihr Aussagewert dabei von dem Ausmaß der Gliederung der veröffentlichten und zu untersuchenden Bilanzen abhängig. Ihr Aussagewert wird v.a. dadurch beeinträchtigt, dass auch nur buchmäßige Veränderungen als Mittelbewegungen dargestellt werden. Durch die Verpflichtung zur Aufstellung einer → Kapitalflussrechnung als Bestandteil des → Konzernabschlusses hat die finanzwirtschaftliche Bewegungsbilanz an Bedeutung verloren.

finanzwirtschaftliche Ordnungsfunktion – Teilfunktion der → Haushaltsfunktionen. Durch planmäßige Gegenüberstellung von Einnahmen und Ausgaben sollen für die Planungsperiode das finanzielle Gleichgewicht und die Rationalität des Regierungshandelns gewährleistet werden.

finanzwirtschaftliches Gleichgewicht → finanzielles Gleichgewicht.

Finanzwissenschaft – 1. *Begriff/Entwicklung:* Teildisziplin der Volkswirtschaftslehre; Analyse des wirtschaftlichen Handelns des Staates. – Ursprünglich war die Finanzwissenschaft eine *Lehre der ordentlichen Führung öffentlicher Haushalte.* V.a. in Deutschland war diese kameralistische Ausprägung stark vertreten (→ Kameralistik). Obwohl Ricardo, Wicksell, Edgeworth und Pigou theoretische

Arbeiten über die Besteuerung und die öffentlichen Ausgaben leisteten, beschränkte sich die Finanzwissenschaft bis ca. 1930 auf historische und institutionelle Fragen und praktische Probleme der Finanzgesetzgebung und -verwaltung. Die Rückwirkungen der Budgetpolitik (→ Finanzpolitik) auf die Funktionsweise der Gesamtwirtschaft blieben weitgehend unberücksichtigt. Erst die im Anschluss an → Keynes entwickelten Konzeptionen der Fiscal Policy und der makroökonomischen Theorie veranlassten Forschungen auf diesem Gebiet. – 2. *Methoden:* Die moderne Finanzwissenschaft bedient sich aller Methoden, über die die Wirtschaftstheorie heute verfügt, um die Wirkungen der staatlichen Einnahmen- und Ausgabenpolitik zu analysieren, v.a. der Instrumente der → Wohlfahrtsökonomik, der → Preistheorie, der → Konjunkturtheorie, der → Beschäftigungstheorie und der → Wachstumstheorie. – 3. *Hauptbereiche* (auch andere Einteilungen sind möglich): a) *Ökonomische Theorie der öffentlichen Haushalte (positive Theorie der Finanzwissenschaft):* Sie liefert systematische Aussagen über die Funktionsweise des öffentlichen Sektors, Zielsetzungen der Budgetpolitik, institutionelle und funktionelle Regelungen (Finanzausgleich, Haushaltsaufstellung, Einnahmen- und Ausgabenpolitik). Der historische Untersuchungsgegenstand der Finanzwissenschaft findet hier noch am ehesten Beachtung. – b) *Probleme der Budgetbestimmung (normative Theorie der Finanzwissenschaft):* Die Finanzwissenschaft geht von einem durch die gesellschaftliche Struktur und die politischen Entscheidungsinstanzen gesetzten Zielsystem aus und untersucht, wie das optimale → Budget gestaltet sein soll. Das Zentralproblem ist, wie eine optimale Aufteilung der Produktivkräfte und eine gerechte → Einkommensverteilung erreicht werden kann, d.h. welche spezifischen öffentlichen Bedürfnisse befriedigt werden sollen und wer dafür zu zahlen hat. Die Theorie der öffentlichen Verschuldung (→ öffentliche Kreditaufnahme) ist damit ebenfalls in diesem Komplex enthalten. – c) *Wirkungen der Budgetpolitik:* Die → Inzidenz der budgetpolitischen Maßnahmen auf mikroökonomischer Basis (Reaktion der Unternehmer und Haushalte auf Veränderungen von Steuern und Staatsausgaben) und deren Einkommensverteilungswirkungen (mikro- und makroökonomische Steuerüberwälzung) steht hier im Mittelpunkt der Untersuchungen (Budgetinzidenz). Darunter fallen auch konjunktur- oder wachstumspolitisch motivierte Analysen der Staatstätigkeit. – Vgl. auch → Finanzpolitik, → Finanztheorie.

Finanzzoll – *Fiskalzoll;* → Zoll auf Waren, bei dem die Erzielung von steuerlichen Einnahmen für den Staatshaushalt im Vordergrund steht. Finanzzoll belastet die Waren wie eine Steuer (Zölle – sog. Einfuhr- und Ausfuhrabgaben – sind in Deutschland Steuern nach § 3 III Abgabenordnung, AO). Finanzzoll ist mit der Politik der Nichteinmischung des Staates in den → Außenhandel vereinbar. – Vgl. auch → Erziehungszoll, → Schutzzoll, → Zollzwecke.

Finanzzuweisung → Ausgleichszuweisung, die der Bund den Ländern zum Ausgleich kurzfristiger Mehrbelastungen gewährt, die ihnen entstehen, wenn ihnen durch Bundesgesetz zusätzliche Ausgaben auferlegt oder Einnahmen entzogen werden (Art. 106 VIII GG). Durch eine Finanzzuweisung kann der Bund die Neufestsetzung der Anteile an Gemeinschaftsteuern (z.B. Umsatzsteuer) vermeiden (Art. 106 IV GG). – Vgl. auch → Ergänzungszuweisung, → Finanzhilfe.

Finderlohn – dem ehrlichen Finder einer verlorenen Sache auf Verlangen Zug um Zug zu zahlende Belohnung von maximal 5 Prozent (§ 971 BGB). – *Kein* Finderlohn beim Fund in Behördenräumen oder öffentlichen Verkehrsmitteln (§ 978 BGB).

fingierte Order – Scheinauftrag, den der → Handelsvertreter zur Erschleichung einer → Provision oder aus anderen Gründen dem Geschäftsherrn vorlegt. Eine fingierte Order stellt strafrechtlich einen Betrug dar (§ 263 StGB) und ist ein wichtiger Grund für eine → außerordentliche Kündigung des Geschäftsverhältnisses.

Finite Risk Reinsurance – *Finanzrückversicherung.* – *Begriff:* Der Begriff Finite Risk Reinsurance wird inzwischen als Synonym, teilweise auch als Oberbegriff für die → Finanzrückversicherung verwendet. Er etablierte sich in der amerik. bzw. englischsprachigen Literatur in Abgrenzung zu den ersten Konzepten der sog. Financial Reinsurance in den 1960er-Jahren. Bei den damaligen Konzepten und vielen Konzepten der 1980er-Jahre überwog die Risikofinanzierung, bzw. handelte es sich um reine Finanzierungsverträge. „Finite risk" sollte auf die Existenz eines begrenzten versicherungstechnischen Risikotransfer-Elements hinweisen und die Konzepte als Rückversicherung ausweisen. – Vgl. auch → Finanzrückversicherung.

FinTS – Abk. für → Financial Transaction Services.

Firewall → Hard- oder → Software, die zwischen → Rechner oder lokale → Netzwerke und öffentliche Netze geschaltet wird, um den Zugriff auf Rechner von außen durch unbefugte Dritte zu verhindern und so interne → Daten zu schützen. Auf einzelnen → Rechnern installierte Firewalls, die mit dem Internet verbunden sind, werden *Personal Firewall* genannt.

Firma – I. Rechtsgrundlagen: §§ 17–37a HGB; und zwar: a) Für Einzelkaufmann: § 19 I Nr. 1 HGB; b) für Personengesellschaften: § 19 I Nr. 2–3 HGB; c) für Aktiengesellschaften: § 4 AktG; d) für Gesellschaften mit beschränkter Haftung: § 4 GmbHG; e) für Unternehmergesellschaften: § 5 a I GmbHG; f) für Genossenschaften: § 3 GenG.

II. Begriff: 1. *Allgemein:* Name, unter dem ein → Kaufmann im Handel seine Geschäfte betreibt und die

Unterschrift abgibt. Das *Recht* des Kaufmanns auf seine Firma ist ein gegen jeden Dritten wirkendes absolutes Recht (→ Firmenschutz). Der Kaufmann muss seine Firma zwecks Eintragung im Handelsregister zur Anmeldung bringen (§ 29 HGB). – 2. Die *Firma des Einzelkaufmanns* muss die Bezeichnung → eingetragener Kaufmann (e.K.) führen. – 3. Die *Firma der OHG* und *der KG* müssen den Zusatz „offene Handelsgesellschaft" bzw. „Kommanditgesellschaft" enthalten. – 4. Die *Firma der AG und KGaA* muss die Bezeichnung „Aktiengesellschaft" bzw. „Kommanditgesellschaft auf Aktien" enthalten (§ 4 AktG). – 5. Der *Firma der GmbH* muss der Zusatz „mit beschränkter Haftung" beigefügt werden (§ 4 GmbHG), die *Firma der Unternehmergesellschaft* muss den Zusatz "haftungsbeschränkt" enthalten (§ 5a I GmbHG). – 6. Die *Firma der Genossenschaft* muss die Bezeichnung „eingetragene Genossenschaft" oder die Abkürzung „eG" enthalten (§ 3 GenG). – 7. In die *Firma der Steuerberatungsgesellschaft* muss die Bezeichnung „Steuerberatungsgesellschaft" (§ 53 StBerG), in die *Firma der Wirtschaftsprüfungsgesellschaft* die Bezeichnung „Wirtschaftsprüfungsgesellschaft" aufgenommen werden (§ 31 WPO). – 8. *Alle Firmen* sind zu einer einheitlichen und korrekten Namensführung verpflichtet, wobei der Name buchstabengetreu dem im Handelsregister eingetragenen entsprechen muss. – 9. *Fremdsprachliche Firma* ist begrenzt zulässig.

III. Rechtswirkung: Der Kaufmann kann unter seiner Firma klagen und verklagt werden (§ 17 II HGB), → Partei ist aber nicht die Firma, sondern der Inhaber. Das Urteil wirkt i.Allg. nur gegen und für den, der bei Eintritt der → Rechtshängigkeit Inhaber war.

IV. Löschung: Die Firma erlischt auch ohne Löschung im Handelsregister mit Aufgabe des Gewerbebetriebes, nicht aber durch vorübergehende Einstellung. Anmeldung des Erlöschens im Handelsregister kann nach § 14 HGB erzwungen oder das Löschungsverfahren nach § 393 FamFG eingeleitet werden (§ 31 II HGB). Erfolgt bei den Handelsgesellschaften eine Abwicklung, erlischt die Firma erst mit der sog. → Vollbeendigung einer Gesellschaft.

V. Veräußerung: Die Firma kann nur mit dem Handelsgeschäft (Unternehmenskern) veräußert werden (§ 23 HGB). – Vgl. auch → Firmenfortführung.

Firmenausschließlichkeit – Grundsatz des Firmenrechts, der bedeutet, dass sich (neue) Firmen an demselben Ort von bereits Bestehenden deutlich unterscheiden müssen (§ 30 HGB), damit eine Verwechslung ausgeschlossen ist.

Firmenbeständigkeit – Grundsatz der Erhaltung des Rufes und der Geschäftsbeziehungen des Unternehmens, der die → Firmenfortführung rechtfertigt, auch wenn dies dem Grundsatz der → Firmenwahrheit widerspricht.

Firmenfortführung – I. Erbschaft: Durch Tod des Einzelkaufmannes erlischt die → Firma nicht. Erben bedürfen zur Firmenfortführung keiner bes. Bewilligung. – *Haftung:* a) Der Erbe haftet für die früheren Geschäftsverbindlichkeiten *unbeschränkt* mit seinem ganzen Vermögen, wenn er oder ein → gesetzlicher Vertreter das Unternehmen unter der bisherigen Firma mit oder ohne Nachfolgezusatz fortführt (§ 27 I HGB). – b) Die *unbeschränkte Haftung* kann *abgewendet* werden: (1) Durch → Einstellung des Geschäftsbetriebs innerhalb drei Monaten oder bis zum Ablauf der Ausschlagungsfrist (sog. Überlegungsfrist; § 27 II HGB); (2) durch Bekanntgabe in einer nach § 25 II HGB zugelassenen Form, dass für alle Geschäftsverbindlichkeiten nur mit dem Nachlass gehaftet wird; (3) durch → Ausschlagung der ganzen Erbschaft. – Wird das Unternehmen unter *neuer Firma* fortgeführt, so tritt keine handelsrechtliche Haftung, dagegen aber i.d.R. die → Erbenhaftung ein.

II. Veräußerung des Unternehmens: Eine Veräußerung bringt die Firma nicht notwendig zum Erlöschen, da dem Erwerber die Firmenfortführung gestattet werden kann. – Vgl. wegen Schuldenhaftung und Forderungsübergang → Veräußerung.

III. Eintritt eines Gesellschafters: in eine bestehende Einzelfirma oder in eine OHG oder KG: Firmenfortführung ist möglich (§ 24 HGB). – 1. Es ist Einwilligung des oder der bisherigen Inhaber zur Firmenfortführung erforderlich, sie liegt bereits in der erforderlichen → Anmeldung zum → Handelsregister (§§ 107, 108, 161 HGB). – 2. Tritt die GmbH als persönlich haftender Gesellschafter in eine KG oder OHG ein, so ist trotz Firmenfortführung ein Zusatz mit Hinweis auf die Haftungsbeschränkung erforderlich. – 3. Im Fall des *Ausscheidens eines Gesellschafters:* Einwilligung des ausscheidenden Gesellschafters zur Firmenfortführung ist nur erforderlich, wenn sein Name in der Firma enthalten ist.

IV. Firmenfortführung ausgeschlossen: Firmenfortführung ist nicht möglich, wenn Gesellschaft sich aufgelöst hat und → Abwicklung beendet ist. Auf → Löschung im Handelsregister kommt es nicht an. Die Firmenfortführung ist nur für das bestehen bleibende Unternehmen gestattet; nach Beendigung der Abwicklung muss das Unternehmen neu gegründet werden.

Firmengeschichte → Unternehmungsgeschichte.

Firmengründung → Gründung.

Firmen-Image → Public Relations (PR).

Firmenjubiläum → Abschnittsschlussverkäufe. – *Anders:* → Jubiläumsrückstellung.

Firmenkredit – 1. *Begriff:* → Kredit an Unternehmen und Selbstständige (→ Firmenkunden). Kredite an Firmenkunden unterscheiden sich von den Krediten an Privatkunden. Deswegen werden spezielle Angebote für Firmenkunden angeboten. – 2. *Formen:* a) Nach *Kreditarten* (v.a. unterschieden nach Art der Besicherung oder Verwendung): Akkreditivkredit; Akzeptkredit; Avalkredit; Diskontkredit; Eurokredit; Kontokorrentkredit; Saisonkredit; Baukredit;

Investitionskredit; Hypothekendarlehen, usw. – b) Nach *Laufzeit* (besonders ausgerichtet auf die wirtschaftliche Nutzungsdauer des zu finanzierenden Wirtschaftsgutes): kurz- (bis zu einem Jahr), mittel- (ein bis unter vier Jahren) und langfristige (ab vier Jahren) Kredite. – 3. *Zweck:* Firmenkredite dienen der Finanzierung von gewerblichen Investitionen, auch Beteiligungen an und Übernahme von Unternehmen sowie von Betriebsmitteln zur Sicherung der Liquidität der Unternehmen (→ Kreditfinanzierung). Besonders wichtig sind Kredite an Existenzgründer und mittelständische Unternehmen, die aufgrund der fehlenden Eigenkapitalbasis und/oder Größe nicht so leicht Kredit aufnehmen können; hier unterstützen Bund und Länder die Kreditversorgung durch Kredit- und Bürgschaftsprogramme.

Firmenkunden – *Geschäftskunden* (im Sinn von Nr. 2 III AGB Banken bzw. Nr. 3 II AGB Sparkassen); → juristische Personen und im Handelsregister eingetragene Kaufleute (Selbstständige, Freiberufler, Handwerksbetriebe). Gruppe von Bankkunden, die sich im Hinblick auf die beanspruchten Bankleistungen von Privatkunden unterscheidet. Firmenkunden fragen vorrangig Finanzierungs- und Zahlungsverkehrsleistungen nach und weniger Geldanlageleistungen. Das Geschäft mit Firmenkunden wird dem Individualgeschäft zugerechnet, wobei allerdings auch Standardisierungen in der Abwicklung üblich sind.

Firmenkundengeschäft – Geschäftssparte der → Kreditinstitute, in der alle Aktivitäten im Geschäft mit Großunternehmen und der gewerblichen Wirtschaft (→ Firmenkunden) gebündelt werden. Das Firmenkundengeschäft umfasst Akquisition, laufende Betreuung und Beratung von Firmenkunden in allen Finanz- und Bankgeschäften. Die Intensität von Beratung und Betreuung richtet sich nach der Größenordnung des Firmenkunden und der mit ihm zu erzielenden Deckungsbeiträge. Im Rahmen der Firmenkundengeschäfte werden alle Kredit- und Einlagengeschäfte, auch Auslands- und Devisengeschäfte angeboten sowie verschiedene Dienstleistungen (z.B. → Mergers & Acquisitions) erbracht.

Firmenlöschung → Firma.

Firmenmantel – Bezeichnung für sämtliche Anteilsrechte an einer Kapitalgesellschaft (AG-Mantel, GmbH-Mantel). Fimenmäntel werden gelegentlich von Unternehmen zur entsprechenden späteren Verwendung „aufgehoben" oder „geparkt". Zuweilen werden sie regelrecht gehandelt durch darauf spezialisierte Kanzleien, die sie gründen und vorhalten. So können bei einer neuen Aktivität, bei der eine neue Unternehmung benötigt wird, → Gründungskosten gespart und ein Zeitgewinn erzielt werden. – Vgl. auch → Mantelgründung.

Firmenmarke → Marke.

Firmenschutz – Rechtsvorschriften zur Sicherung des Rechtes des Kaufmannes an seiner → Firma gegen → unbefugten Firmengebrauch.

I. Handels- und Gesellschaftsrecht: 1. Das Registergericht hat von Amts wegen oder auf Antrag durch Festsetzung von Ordnungsgeld die Unterlassung des Gebrauchs einer den Vorschriften der §§ 17 ff. HGB zuwider benutzten Firma zu erzwingen (§ 37 I HGB); unzulässige Firmeneintragungen unterliegen der Löschung (§ 142 FGG). – 2. Ist jemand außerdem in seinen Rechten verletzt, kann er selbst auf Unterlassung klagen (§ 37 II HGB); → Abwehranspruch.

II. Kennzeichenrecht: Firma ist der Name des Kaufmanns, der als → geschäftliche Bezeichnung geschützt wird (§§ 5, 15 MarkenG, → Marke). Wie Firmen zu bilden sind, ist nur in Umrissen gesetzlich geregelt (§§ 18 ff. HGB, § 4 GmbHG, §§ 4, 279 AktG, § 3 GenG). Sie enthalten daher regelmäßig neben bürgerlichen Namen Fantasieworte, Sach-, Tätigkeits-, Orts- oder Gattungsangaben, Abkürzungen, Angaben über die Gesellschaftsform oder Nachfolgezusätze. Für die Frage, ob die Firma die für ihren Schutz erforderliche Unterscheidungskraft aufweist und welcher Schutzumfang ihr zukommt, ist auf die Gesamtheit der in der Firma enthaltenen Angaben abzustellen, wobei es genügt, wenn ein Bestandteil oder die Kombination von Teilen der Firma Unterscheidungskraft verleihen. Dem in einer Firma enthaltenen bürgerlichen Namen kommt regelmäßig Unterscheidungskraft zu, die den die Gesellschaftsform oder eine Nachfolge anzeigenden Zusätzen fehlt, weil sie niemanden benennen und von jeder Gesellschaft zu führen sind. Sach-, Tätigkeits-, Orts-, Gattungs- und sonstigen → beschreibenden Angaben fehlt die Unterscheidungskraft, solange nicht Begriffe in sprachunüblicher Weise verwendet oder aus Teilen von ihnen Wortneuschöpfungen oder Fantasieworte entstehen. Unaussprechbaren Abkürzungen und Buchstabenfolgen fehlte nach altem Recht die Namensfunktion, sie wurden daher erst mit der Erlangung von → Verkehrsgeltung schutzfähig. Ein mögliches → Freihalteinteresse ist zu berücksichtigen. Das MarkenG hat die Markenfähigkeit von Buchstaben und Zahlen anerkannt (§ 3 MarkenG), sodass im Firmenrecht und Recht der Geschäftlichen Beziehungen zunehmend die Schutzfähigkeit auch von nicht aussprechbaren Buchstabenkombinationen anerkannt wird. Nicht schutzfähig sind Firmen, die täuschen (§ 18 II HGB), irreführen (§ 5 UWG) oder sonst gegen gesetzliche Verbote verstoßen.

Firmentarifvertrag – *Unternehmenstarifvertrag, Haustarifvertrag, Werkstarifvertrag;* → Tarifvertrag, bei dem als Vertragspartei auf Arbeitgeberseite ein einzelner → Arbeitgeber auftritt (§ 2 I TVG). – Vgl. auch → Tariffähigkeit. Der einzelne Arbeitgeber bleibt auch als Mitglied eines Arbeitgeberverbandes gemäß § 2 I TVG tariffähig. Die Gewerkschaft kann deshalb, wenn ein tarifloser Zustand besteht, von ihm den Abschluss eines Firmentarifvertrages fordern und nach überwiegender Auffassung diese Forderung auch kampfweise (→ Streik) durchsetzen. Die Gewerkschaft kann aber nicht verlangen und durchsetzen, dass der Arbeitgeber aus dem Arbeitgeberverband austritt. Insoweit ist der Arbeitgeber durch die → Koalitionsfreiheit (Art. 9 III GG) geschützt. – *Abgrenzung zu:* → Flächentarifvertrag.

Firmenwahrheit – Der Grundsatz besagt, dass jede → Firma zur Kennzeichnung des Kaufmanns geeignet sein muss und nicht über die Verhältnisse des Geschäftsinhabers täuschen darf (→ irreführende Firmen). – *Ausnahmen:* Bei Namensänderung des Inhabers bleibt Firma bestehen (§ 21 HGB); ebenso bei Veräußerung eines Unternehmens, wenn Veräußerer einwilligt (§ 22 HGB), und bei Aufnahme, Eintritt und Ausscheiden eines Gesellschafters (§ 24 HGB); → Firmenfortführung. Ist kein persönlich haftender Gesellschafter eine natürliche Person, so muss die Firma eine Bezeichnung enthalten, welche die Haftungsbeschränkung kennzeichnet (§ 19 II HGB).

Firmenwerbung → institutionelle Werbung.

Firmenwert – *Geschäftswert, Goodwill, Façonwert, Fassonwert.*

I. **Handelsrecht**: Der derivative Firmenwert unterliegt in der → Handelsbilanz einem Aktivierungsgebot. Er ist gesondert unter den → immateriellen Vermögensgegenständen (→ immaterielles Wirtschaftsgut) auszuweisen, soweit es sich um → Kapitalgesellschaften handelt (§ 266 II HGB), und planmäßig über die voraussichtliche Nutzungsdauer abzuschreiben (§ 246 I HGB). Durch das → Bilanzrechtsmodernisierungsgesetz (BilMoG) wurden die zuvor bestehenden Wahlrechte bez. des Ansatzes und der Bewertung des derivativen Firmenwerts abgeschafft, um die Vergleichbarkeit der Handelsbilanz zu erhöhen.

II. **Steuerrecht**: 1. Ansatz in der → Steuerbilanz: a) Der *originäre* Firmenwert ist nicht ansatzfähig, der *derivative* hingegen ansatzpflichtig; er ist mit den → Anschaffungskosten zu aktivieren (§ 6 I Nr. 1 EStG) und um → Absetzungen für Abnutzung (AfA) zu vermindern. Als → betriebsgewöhnliche Nutzungsdauer des Firmenwerts gilt ein Zeitraum von 15 Jahren (§ 7 I 3 EStG). – b) Eine *Herabsetzung* des Firmenwerts ist nur bei gesunkenem → Teilwert möglich. – 2. Regelung gemäß *Bewertungsgesetz:* Bei der Ermittlung des → Werts des → Betriebsvermögens für *Zwecke der Erbschafts- und Schenkungssteuer* ist nur der *derivative* (entgeltlich erworbene) Firmenwert anzusetzen (§ 95 I BewG). Die Bewertung für das Betriebsvermögen erfolgt mit dem Wertansatz für die → Steuerbilanz (§ 109 I BewG).

Firmenzeichen → Logo.

Firmenzusatz – Dem Firmenkern beigefügter Zusatz: 1. *Jede neue Firma* muss sich von allen an demselben Ort bereits bestehenden eingetragenen Firmen deutlich unterscheiden (§ 30 HGB); → Firmenausschließlichkeit. Die Firma einer Gesellschaft erfordert einen Firmenzusatz, der das Vorhandensein einer Gesellschaft oder gar die Art der Gesellschaft andeutet (§ 19 HGB, § 4 AktG, § 4 GmbHG, § 3 GenG). – 2. *Firma in Abwicklung* (Liquidation): Diese muss z.B. den Firmenzusatz „in Liquidation" oder „i.L." enthalten (§ 153 HGB, § 268 IV AktG, § 68 GmbHG, § 85 GenG). – Vgl. auch → Firmenwahrheit.

First Tier Supplier – Lieferant, der direkt an den Produzenten eines Fertigprodukts oder eines komplexen Bauteils liefert; vgl. → Modular Sourcing.

Fiscal Agent → Bank des Staates.

Fiscal Dividend – fiskalischer Effekt einer → Built-in Stability, die die Steuereinnahmen bei Steuern mit einer Aufkommenselastizität von größer Eins im Aufschwung überproportional steigen und im Abschwung überproportional schrumpfen lässt. – Vgl. auch → Fiscal Drag.

Fiscal Drag – *fiskalische Bremse;* Effekt progressiver Besteuerung, der das Anwachsen des Nationaleinkommens im Aufschwung bremst, weil die Steuerbelastung aufgrund ihrer Aufkommenselastizität von größer als Eins überproportional steigt (→ Built-in Flexibility, → Fiscal Dividend). In einer wachsenden Wirtschaft mit ständig steigendem Bruttonationaleinkommen bzw. in einer Wirtschaft mit schleichender Inflation wird so ein immer größer werdender Staatsanteil erzeugt; es entsteht die Notwendigkeit, das Progressionsmaß der Steuern von Zeit zu Zeit zu senken und so die Umverteilung von den Privaten zum Staat zu korrigieren. Vgl. → versteckte Progression. – *Gegenteil:* Indexierung des Steuersystems an die Inflation.

Fiscal Policy → Fiskalpolitik.

Fischereisteuer → Gemeindesteuer.

Fishbein-Modell – Modell zur Messung der Einstellung. Zugrunde liegt die Annahme, dass zwischen der Einstellung einer Person zu einem Objekt und der kognitiven Basis dieser Person ein funktionaler Zusammenhang besteht. Es werden die affektive und die kognitive Komponente einer Eigenschaft dieses Objekts multiplikativ zum sog. Eindruckswert verknüpft.

Fisher – Irving, 1867–1947, amerik. Nationalökonom, der von 1895–1935 an der Yale University in New Haven lehrte. Fisher gehört zu den bedeutendsten Wirtschaftswissenschaftlern, die die Vereinigten Staaten hervorgebracht haben. Sein Einfluss auch auf die gegenwärtige Wirtschaftstheorie ist eher noch zunehmend, obwohl er – anders als → Marx, → Marshall und → Keynes – weder eine Schule begründet noch eine systematische Gesamtdarstellung des Faches geschrieben hat. Seine bevorzugten Forschungsgegenstände waren das Geld, der Zins und die Preise. Auf jedem dieser Gebiete legte er Werke vor, die als Klassiker gelten. Das Buch „The Theory of Interest" (1930) – aufbauend auf seiner früheren Ausarbeitung „The Rate of Interest" (1907) – geht weit über → Böhm-Bawerk hinaus und ist für die moderne Zinstheorie grundlegend. In seinem Werk „The Purchasing Power of Money" (1911) schafft er die Basis für die Renaissance der Quantitätstheorie, an der die moderne Diskussion (→ Friedman, → Allais) anknüpfen konnte. In seiner Dissertation „Mathematical Investigations in the Theory of Value and Prices" (1892) entwickelte er die Grundlagen der modernen Nutzen- und Preistheorie. Fisher ist ein Vertreter der mathematischen Wirtschaftstheorie; gemessen an heutigen Maßstäben dieser Richtung hält sich bei ihm der Gebrauch der Mathematik jedoch in engen Grenzen. Er war erster Präsident der „Econometric Society", an deren Gründung er sich maßgeblich beteiligte.

Fisher-Effekt – Eins-zu-eins-Beziehung zwischen erwarteter → Inflationsrate und Nominalzinssatz (→ Zinsfuß). Die → Fisher-Gleichung geht davon aus, dass Kreditgeber und Kreditnehmer eine bestimmte Realverzinsung für den Kredit vereinbaren möchten. Da in derartigen Kontrakten aber üblicherweise der nominale Zinssatz fixiert werden muss, wird neben dem angestrebten Realzinssatz auch die erwartete Inflationsrate berücksichtigt. Steigt die erwartete Inflationsrate um einen bestimmten Prozentsatz, wird man erwarten, dass der Nominalzinssatz um den gleichen Prozentsatz steigt. Der Realzinssatz bliebe dann konstant.

Fisher-Gleichung – auf den amerik. Ökonom → Fisher (1867–1947) zurückgehende Relation, die den nominalen Zinssatz (i) als Summe von realem Zinssatz (r) und Inflationsrate (π) darstellt:

$$i = r + \pi .$$

Hintergrund der Fisher-Gleichung ist die einfache Überlegung, dass die Nominalverzinsung einer Finanzanlage nicht notwendig dem Kaufkraftanstieg entspricht. Erzielt man mit einer einjährigen Anlage eine Nominalverzinsung von 8 Prozent und beträgt die Inflationsrate 5 Prozent, so hat sich der Güterberg, der gekauft werden kann, nur um 3 Prozent erhöht. Beträgt die Inflationsrate 8 Prozent, so ist die Kaufkraft überhaupt nicht gewachsen: Die Nominalverzinsung von 8 Prozent wird gerade durch die Inflation aufgezehrt. Die Fisher-Gleichung zerlegt die Nominalverzinsung also in ihre beiden Komponenten Realverzinsung und Inflationsrate. Im Rahmen einer → Ex-ante-Analyse ist dabei die tatsächliche durch die erwartete Inflationsrate zu ersetzen. Diese Form der Fisher-Gleichung wird in der *Euler-Gleichung* des Konsums zugrundegelegt, in welcher aus einem intertemporalen Nutzenmaximierungsansatz die Realzinsabhängigkeit des privaten Konsums abgeleitet wird. – Vgl. auch → Inflation, → Fisher-Effekt, → Neukeynesianische Makroökonomik, dynamisches Grundmodell.

fiskalische Äquivalenz → Äquivalenzprinzip.

fiskalische Besteuerung – Oberbegriff für alle steuerlichen Maßnahmen des Staates, die darauf abzielen, dem Staat Einnahmen zur Erfüllung seiner Aufgaben zu verschaffen. Früher vorwiegender Zweck der Besteuerung, heute mehr und mehr von nicht fiskalischen Zielsetzungen (→ nicht fiskalische Besteuerung) überlagert. – Theoretische Überlegungen zur fiskalischen Besteuerung zeigen sich in den → Grenzen der Besteuerung.

fiskalische Rechtsverhältnisse – Rechtsverhältnisse, an denen der Staat oder eine Körperschaft des öffentlichen Rechts beteiligt ist, jedoch nicht als Hoheitsträger, sondern als gleichgeordneter Inhaber von Vermögensrechten, die sich nach Bürgerlichem Recht beurteilen. – Für *Rechtsstreitigkeiten* über fiskalische Rechtsverhältnisse ist der ordentliche Rechtsweg gegeben (§ 13 GVG).

Fiskalismus → Keynesianismus.

Fiskalpolitik – *Fiscal Policy.* 1. *Begriff:* Alle finanzpolitischen Maßnahmen des Staatssektors im Dienst der Konjunkturpolitik mittels öffentlicher Einnahmen und Ausgaben (→ finanzpolitische Stabilisierungsfunktion, → Konjunkturpolitik, → Stabilisierungspolitik). Die Fiskalpolitik ist die finanzpolitische Umsetzung der keynesianischen Wirtschaftstheorie (→ Keynesianismus). Es geht v.a. um eine antizyklische Fiskalpolitik (antizyklische Wirtschaftspolitik, wenn auch Maßnahmen der Geld- und Kreditpolitik sowie → Außenwirtschaftspolitik angewendet werden) zur Beeinflussung der gesamtwirtschaftlichen Nachfrage gemäß den makroökonomischen Ansätzen der keynesianischen Theorie, häufig verbunden mit einer Verschuldungspolitik (negativer Budgetsaldo; → Deficit Spending) zur Erreichung der für die Nachfragebeeinflussung notwendigen Einnahmen, wenn z.B. Ausgaben- bzw. Konjunkturprogramme zur Nachfragestimulierung eingesetzt werden. – Ihre *rechtliche Kodifizierung in der Bundesrepublik Deutschland* fand die Fiskalpolitik im → Stabilitäts- und Wachstumsgesetz (StWG) (1967). – 2. *Kritik:* Die Fiskalpolitik als vorwiegend *diskretionäre (antizyklische) Finanzpolitik* (d.h. am Einzelfall orientiert) zur Erreichung stabilisierungs- bzw. konjunkturpolitischer Ziele ist vielfacher Kritik ausgesetzt. So wird bestritten, dass die Fiskalpolitik überhaupt in der Lage ist, die von ihr zielgerichtet zu beeinflussenden volkswirtschaftlichen Aggregate zu erreichen. Der Transmissionsmechanismus zwischen fiskalpolitischem Impuls und der Wirkung auf die Zielgrößen ist abhängig von der spezifischen Konstruktion des Transmissionsmechanismus, einer ganzen Reihe von diesbezüglichen Prämissen (z.B. Verhaltensannahmen über die Wirtschaftssubjekte) und Ceteris-Paribus-Klauseln. Bes. die Vertreter eher neoklassischer Denkrichtungen (→ Monetarismus, → Angebotsökonomik) bezweifeln die theoretische Gültigkeit des keynesianischen Transmissionsprozesses; sie betonen die *Stabilität des privaten Sektors* in einer störungsfreien Marktwirtschaft, erst die Eingriffe des Staatssektors führen zu einer negativen konjunkturellen Wirkung aufgrund nicht adäquater Steuerungsimpulse oder Verunsicherung der Wirtschaftssubjekte. Ebenso werden mögliche Verdrängungseffekte der privaten Aktivitäten durch die staatliche Nachfragebeeinflussung (→ Crowding-out) gegen die Fiskalpolitik angeführt. In letzter Zeit hat die Fiskalpolitik insbesondere durch die globale Finanz- und Wirtschaftskrise wieder mehr Anhänger gefunden. – Ein *empirisch eindeutiger Befund* steht aber – nicht zuletzt, weil in beiden Lagern auch normative Elemente eine Rolle spielen – noch aus. Daneben werden Kritikpunkte laut, die verbunden sind mit der politischen Asymmetrie einer Veränderung der Steuersätze, mit der vermeintlichen Vollbeschäftigungsgarantie (→ Vollbeschäftigung) des Staates sowie mit der Annahme des idealen → Konjunkturzyklus. – 3. Die Kritik an der Fiskalpolitik führte innerhalb der Theorie zu *Weiterentwicklungen.* Die Probleme der zeitpunktgerechten Auslösung von konjunkturpolitischen Impulsen sind in der Debatte um die → Lags analysiert und in der Diskussion um die → Built-in Flexibility, die → Formelflexibilität bzw. in weiteren regelgebundenen Verfahren (Regelbindung) weitergeführt worden. Die Kritik an einer allzu einseitigen Ausrichtung der Finanzpolitik an der Fiskalpolitik unter Vernachlässigung der stets mit berührten → finanzpolitischen Allokationsfunktion und → finanzpolitischen Distributionsfunktion ist z.B. in Konzepten der → Social Fiscal Policy aufgefangen worden. – Vgl. auch → Überschusspolitik (stabilisierungspolitische Konzeptionen). – *Gegenteil:* → Angebotspolitik.

Fiskalvertreter – 1. *Begriff* aus dem Umsatzsteuerrecht der EU-Staaten: Person aus dem Inland, meist aus einem zur Steuerberatung befugten Berufsstand, die von einem ausländischen Unternehmer für Zwecke der Umsatzsteuer zu seinem Vertreter ernannt wird und infolge dieser Vertretung sämtliche steuerlichen Pflichten des vertretenen Unternehmers gegenüber der betreffenden Finanzverwaltung zu erfüllen hat. Der vertretene Unternehmer selbst wird i.d.R. durch die Bestellung des Fiskalvertreters von den betreffenden Pflichten frei. – 2. *Hintergrund der Regelung des Fiskalvertreters:* Unternehmer, die in einem anderen EU-Staat als ihrem Heimatstaat mit Umsätzen oder Erwerben steuerbar werden, haben dort in jedem Fall Meldepflichten und Deklarationspflichten zu erfüllen, meist (außer bei steuerfreien Vorgängen) auch Steuerzahlungspflichten. Da sie sich im Umsatzsteuerrecht des betreffenden Staates nicht auskennen und für den dortigen Fiskus nicht greifbar sind, dürfen die betroffenen Mitgliedsstaaten nach der → Mehrwertsteuersystemrichtlinie (Umsatzsteuerrichtlinien) die Benennung eines Fiskalvertreters erlauben (aber nicht mehr vorschreiben). Seit 2004 machen fast alle „alten" Mitgliedsstaaten der EU hiervon Gebrauch. – 3. *Rechtslage in Deutschland* (§ 22a–e UStG): a) *Voraussetzungen zur Bestellung eines* Fiskalvertreters: In Deutschland ist die Möglichkeit zur Bestellung eines Fiskalvertreters sehr zurückhaltend genutzt worden: (1) Sie ist lediglich ein Wahlrecht, kein Zwang, (2) die Bestellung eines Fiskalvertreters ist in Deutschland nur dann möglich, wenn der vertretene Unternehmer im Inland keinerlei Wohnsitz, Sitz oder geschäftliche Haupt- oder Zweigniederlassung hat, und (3) wenn er im Inland ausschließlich steuerfreie Umsätze bewirkt hat und auch keinerlei Vorsteuerbeträge abziehen kann (wenn lediglich Formvorschriften zu erfüllen sind; in anderen Mitgliedsstaaten ist das anders). – b) *Zur Fiskalvertretung befugte Personen:* Fiskalvertreter dürfen in Deutschland nur die zur Steuerberatung befugten Unternehmer und Speditionsunternehmen werden. – 4. *Konsequenzen der Tätigkeit als Fiskalvertreter im dt. Recht:* a) Wer als Fiskalvertreter tätig ist, erhält in dieser Eigenschaft eine gesonderte Umsatzsteuer-Identifikationsnummer, unter der er für alle von ihm vertretenen Unternehmen auftritt. – b) Der Fiskalvertreter hat die Aufzeichnungspflichten nach § 22 UStG für jeden von ihm vertretenen Unternehmer gesondert zu erfüllen, eine Steuererklärung und eine zusammenfassende Meldung abzugeben, in denen die Besteuerungsgrundlagen jedes einzelnen vertretenen Unternehmers getrennt deklariert werden. – c) Er, nicht der vertretene Unternehmer, hat die Rechnung für die von dem vertretenen Unternehmer ausgeführten Umsätze auszustellen.

Fiskalzoll → Einfuhrzoll, → Finanzzoll, → Zoll, → Zollzwecke.

Fiskus – ursprüngliche Bezeichnung für das Staatsvermögen, genauer: für den Staat als Träger vermögenswerter Berechtigungen. Von bes. Bedeutung bis in das 19. Jh., da der Staat bis dahin überwiegend als Hoheits- und Vermögensträger aufgefasst wurde. – Obwohl heute Hoheits- und Vermögensfunktion wieder als Einheit, wenn auch nunmehr mit differenziertem Rechtsschutz gesehen werden, und auch verschiedene Verwaltungszweige mit dem Begriff Fiskus gekennzeichnet werden (Post-, Militär-, Steuer-, Justiz-, Forst- und Domänenfiskus), hat sich der Begriff Fiskus für die Bezeichnung des Staatsvermögens gehalten. Dazu gehört auch eine Gruppe von klassischen → Parafisci, die Sondervermögen, wie z.B. bis zu ihrer Privatisierung Deutsche Bundespost und Deutsche Bundesbahn.

Fixed-Effects-Modell – Der Vorteil dieser Vorgehensweise besteht darin, dass die unbeobachteten Individualeffekte a_i mit den im Modell enthaltenen Einflussfaktoren $x_{i,t}$ korreliert sein dürfen. Die Nachteile bestehen in einem großen Verlust an Freiheitsgraden (v.a. bei großer Dimension N des Panels) und darin, dass der Einfluss von zeitinvarianten Erklärungsvariablen nicht geschätzt werden kann. Die Alternative zum Paneldatenmodell mit fixen Effekten ist das Paneldatenmodell mit stochastischen Effekten (→ Random-Effects-Modell). – Der einfachste Fall eines linearen Paneldatenmodells ist durch $y_{i,t} = \beta' x_{i,t} + \alpha_i + \varepsilon_{i,t}$ gegeben, wobei $\varepsilon_{i,t}$ einen unabhängig und identisch verteilten Störterm darstellt. Indem man für jedes Individuum eine Dummyvariable bei der Schätzung mit aufnimmt, konditioniert man auf die unbeobachteten Individualeffekte α_i und erhält konsistente Schätzungen (LSDV-Schätzer). Bei großer Dimension N erfordert dies einen hohen Rechenaufwand.

Deswegen verwendet man häufig den Within-Schätzer (Fixed-Effects-Schätzer). Dabei werden von jeder in der Gleichung enthaltenen Variablen die jeweiligen individuenspezifischen Mittelwerte abgezogen. Die Within-Transformation eliminiert somit die Individualleffekte, da diese zeitinvariant sind. Die transformierte Gleichung kann nun mittels OLS (→ Kleinstquadratemethode, gewöhnliche) geschätzt werden. Der LSDV- und der Fixed-Effects-Schätzer sind völlig identisch. Die Schätzer verlangen jedoch, dass die Erklärungsvariablen strikt exogen sind. Messfehler der exogenen Variablen können zu starken Verzerrungen des Fixed-Effects-Schätzers führen. Der Einfluss von zeitinvarianten Erklärungsvariablen kann nicht geschätzt werden.

fixe Erlöse – von der jeweils betrachteten Einflussgröße (z.B. der effektiven Abnahmemenge im Rahmen eines Liefervertrags, der Fahrleistung bei Mietwagen) unabhängige → Erlöse oder Erlösteile, Relativierung analog zu → fixe Kosten.

fixe Kosten – *feste Kosten, konstante Kosten.*

I. Begriff: 1. *Allgemein:* → Kosten, die von der jeweils betrachteten Einflussgröße bzw. Entscheidung unabhängig sind, d.h. Kosten, die sich nicht mit der jeweils betrachteten Einflussgröße ändern. Entscheidend ist nicht das Verhalten der Mengenkomponente, sondern der Einfluss auf die Höhe der Ausgaben bzw. Auszahlungen (→ entscheidungsorientierter Kostenbegriff, → Einzelkosten). – 2. *Begriffsausprägungen:* Zumeist gilt als Kosteneinflussgröße die → Beschäftigung einer Kostenstelle oder des Gesamtunternehmens, z.B. im System des → Direct Costing oder der flexiblen Plankostenrechnung. Daneben finden sich spezielle Ausprägungen, wie es z.B. in der Bezeichnung „losgrößenfixe Kosten" zum Ausdruck kommt. Zuweilen wird auf das Kostenverhalten bez. bestimmter Entscheidungen abgestellt; in diesem Sinn sind entscheidungsfixe Kosten irrelevante Kosten (→ relevante Kosten). – *Gegensatz:* → variable Kosten.

II. Bedeutung: Die Trennung der Kosten in variable und fixe Bestandteile (→ Kostenauflösung) ist eine wesentliche Voraussetzung, um die Kostenrechnung zur Fundierung und Kontrolle von unternehmerischen Entscheidungen heranziehen zu können. Nur auf ihrer Basis ist eine exakte Erfolgsprognose und -beurteilung möglich (→ Deckungsbeitragsrechnung).

III. Kostenverhalten: (bezogen auf die Kosteneinflussgröße Beschäftigung): 1. *Absolut-fixe Kosten:* Sie entstehen allein durch die Existenz des Betriebs ohne Rücksicht darauf, ob produziert wird oder nicht, Kosten der Betriebsbereitschaft (Zinsen, Mieten, Kosten der Unternehmensleitung). – 2. *Intervallfixe Kosten, sprungfixe Kosten:* Sie bleiben für bestimmte Beschäftigungsintervalle unverändert und steigen sprunghaft an, sobald die Ausbringungsmenge eine kritische Grenze übersteigt, z.B. Fixkosten einer zusätzlichen Maschine, Lohn einer zusätzlichen Arbeitskraft. – Vgl. auch → intervallfixe Kosten. – 3. *Abbaufähige fixe Kosten:* Teil der fixen Kosten, der bei einem Beschäftigungsrückgang (unter Beachtung der → Kostenremanenz) abgebaut werden kann. Die betreffenden Produktionsfaktoren müssen eine entsprechende Teilbarkeit besitzen und dürfen nicht nur stillgelegt, sondern müssen abgebaut (verkauft bzw. entlassen) werden. Der Abbau fixer Kosten ist eine mittel- bis langfristige Entscheidung.

fixen – Börsenausdruck für den Abschluss eines → Leerverkaufs (oder Leerkaufs) im Termingeschäft.

fixer Verbrauch – von der jeweils betrachteten Einflussgröße (z.B. Losgröße, Fahrzeugauslastung, Prozesstemperatur, Schichtdauer) unabhängiger Verbrauch. I.w.S. auch auf die zeitliche Inanspruchnahme von Personen oder räumlich-zeitliche Inanspruchnahme von Anlagen und anderen Potenzialen angewandt.

fixer Wechselkurs – fester Wechselkurs; nomineller → Wechselkurs, der entweder im Rahmen eines → internationalen Währungssystems, oder auch über einseitige → Wechselkurspolitik auf einem bestimmten Niveau fixiert ist. Die Aufrechterhaltung eines fixen Wechselkurses erfordert entsprechende Devisenmarktinterventionen. – Vgl. auch → fester Wechselkurs, → flexibler Wechselkurs, → internationales Währungssystem, → Zahlungsbilanzausgleich, → Wechselkurspolitik.

Fixgeschäft – Oft bei einem → Handelsgeschäft anzutreffen, jedoch auch unter Nichtkaufleuten möglich: Nach der Vereinbarung der Parteien soll die Leistung des einen Teils zu einem fest bestimmten Zeitpunkt bewirkt werden. Wenn der Gläubiger im Vertrag den Fortbestand des Leistungsinteresses an die Rechtzeitigkeit der Leistung gebunden hat, ist der andere Teil bei Fristüberschreitung ohne Weiteres zum → Rücktritt berechtigt (§ 323 II Nr. 2 BGB). – Bes. Vorschriften beim → Handelsfixkauf, vgl. § 376 HGB.

Fixkosten → fixe Kosten.

Fixkostenanalyse – methodisches Vorgehen zur Strukturierung der → fixen Kosten hinsichtlich ihrer Zurechenbarkeit zu Dispositions- bzw. Bezugsobjekten, ihrer zeitlichen Abbaufähigkeit (→ Bereitschaftskosten) und ihrer Veränderbarkeit bez. mittelfristig wirksamer Variationen des Leistungsvolumens (→ intervallfixe Kosten). – Vgl. auch → Gemeinkostenwertanalyse, → Leerkostenanalyse.

Fixkostendeckung – unternehmenspolitisches Postulat, nach dem die gesamten → Deckungsbeiträge zur Deckung der → fixen Kosten ausreichen müssen. Diese Forderung ist nur für die Gesamtunternehmung sinnvoll, einzelne Produkte brauchen (anteilige) Fixkosten nicht in jedem Fall zu decken, da ihre Herstellung sinnvoll ist, solange ihre Deckungsbeiträge positiv sind und sie günstigere Produkte nicht verdrängen. – Vgl. auch → Fixkostendeckungsrechnung.

Fixkostendeckungsrechnung – System einer → Teilkostenrechnung, das den Grundaufbau des → Direct Costing erweitert um eine Schichtung der → fixen Kosten nach ihrer „Nähe" zu den einzelnen Erzeugnissen. Gebildet werden so z.B. Erzeugnisfixkosten (z.B. Kosten einer Spezialmaschine), Erzeugnisgruppenfixkosten (z.B. Kosten einer erzeugnisgruppenbezogenen Werbekampagne) und Erzeugnisspartenfixkosten (z.B. Kosten des Spartenleiters). Durch den damit möglichen Ausweis unterschiedlicher Stufen von → Deckungsbeiträgen lässt die Fixkostendeckungsrechnung im Vergleich zum Direct Costing einen besseren Einblick in die Erfolgsstruktur des Unternehmens zu. – Vgl. auch → stufenweise Fixkostendeckungsrechnung.

Fixkostendegression – Abnahme der anteiligen → fixen Kosten pro Stück bei steigender Ausbringungsmenge. – Vgl. auch → Kostenverlauf.

Fixkostenkoeffizient – prozentualer Anteil der → fixen Kosten an den Gesamtkosten (→ Kosten) eines Betriebs.

Fixkostenschichten – Gruppen von → fixen Kosten mit unterschiedlicher Erzeugnisnähe, z.B. Erzeugungsfixkosten, Erzeugnisgruppenfixkosten, Kostenstellenfixkosten, Bereichsfixkosten, Unternehmensfixkosten. – Vgl. auch → Fixkostendeckungsrechnung, → stufenweise Fixkostendeckungsrechnung.

Fixpreismodell → Festpreismodell.

Fixum – fester Teil des Entgelts, das ein → Handelsvertreter neben → Provision bezieht, unabhängig davon, ob seine Tätigkeit zu einem sofort greifbaren Erfolg führt oder nicht.

F-Klauseln – Die F-Klauseln der → Incoterms sind Elemente von Absendeverträgen (*shipment contracts*). Eine F-Klausel sollte gewählt werden, wenn der Käufer Gefahren und Kosten ab einem bestimmten Lieferort im Exportland tragen, der Verkäufer aber die Exportabfertigung übernehmen soll. Der Käufer hat die Ware am Lieferort zu übernehmen und trägt die Verantwortung für den Haupttransport, die Durchfuhr durch dritte Staaten und die Einfuhr in das Bestimmungsland. Der Käufer hat dabei die Wahl des Transportmittels und des Frachtführers, kann z.B. mit Reedereien seines eigenen Landes verladen (was ihm gelegentlich vorgeschrieben ist). Allerdings ist es auch nicht selten, dass auch bei einer F- Klausel vereinbart wird, dass der Verkäufer den → Frachtvertrag besorgt, wenn er dies besser leisten kann als der Käufer, z.B. wenn er günstigere Frachtraten erzielen kann ("unechter F-Vertrag"). – Hinsichtlich der F-Klauseln ist die Unterscheidung zwischen → Frachtführer und → Spediteur wichtig, insbesondere bezüglich der Haftung, da der Spediteur weniger umfassend für die Ware haftet als ein Frachtführer. Ein Spediteur ist eine Art Makler (Vermittler), der den Transport durch Dritte, z.B. einen vertraglichen Frachtführer, besorgen lässt. Der Spediteur übernimmt also nicht die Verantwortung für den Transport bis zum Bestimmungsort, sondern nur für die sorgfältige Auswahl des Frachtführers, durch den er den Transport besorgen lässt. Der Spediteur haftet (in Deutschland) nach den Allgemeinen Deutschen Spediteursbedingungen (ADSp), der Frachtführer (z.B. der Fuhrunternehmer) haftet nach den weitergehenden Bestimmungen des HGB. Der Spediteur kann auch selbst die Beförderungsverpflichtung übernehmen und damit vertraglicher Frachtführer werden (→ Selbsteintritt). Dies ist bei Einsatz unterschiedlicher Transportmittel (→ multimodaler Transport) nicht selten. – Bei multimodalem Transport spricht man auch von kombiniertem Transport, d.h. einem Wechsel zwischen verschiedenen Transportmitteln, im Unterschied zu gebrochenem Transport, der einen Trägerwechsel bei demselben Transportmittel bedeutet, also z.B. ein „Umladen" von einem Lkw auf einen anderen. Letzteres bezeichnet man in der Akkreditiv-Sprache als *transshipment* und wird oft vertraglich untersagt (*not allowed*), weil jedes Umladen ein zusätzliches Risiko bedeutet. Da nun z.B. bei einem Luft- oder Seetransport immer ein Vorlauf (z.B. per Lkw), der Hauptlauf per Schiff oder Flugzeug und ein Nachlauf z.B. wieder per Lkw erfolgen, wäre ein Ausschluss von „*transshipment*" unsinnig. – Grundsätzlich ist zu empfehlen, die automatische, aber mit vielen Ausnahmen und Begrenzungen gespickte deliktische (verschuldensabhängige) Spediteurs- bzw. Frachtführerhaftung zu ergänzen durch eine separate, verschuldensunabhängige Transportversicherung, die (wirklich) alle Risiken und den vollen Wert von Haus zu Haus ebenso abdeckt wie etwaige Kostenbeiträge zur Großen Havarie. Wichtig ist, darauf zu achten, dass die – ggf. gerichtliche – Durchsetzbarkeit der Transportversicherung gewährleistet ist. Wichtig ist auch, ob die Versicherungsentschädigung sich nur auf Sachschäden erstreckt oder auch auf Folgeschäden (Vermögensschäden). – Vgl. → FCA, → FAS, → FOB, → C-Klauseln, → D-Klauseln.

Flächenerhebung → Bodennutzungserhebung.

Flächennutzungskonkurrenz – Wettbewerb um die Nutzung von Flächen im Bereich von Raumkategorien, in denen hohe Flächennachfrage besteht. Flächennutzungskonkurrenz tritt v.a. in Kerngebieten von → Verdichtungsräumen auf und besteht dort v.a. zwischen den → Grunddaseinsfunktionen Wohnen und Versorgen.

Flächennutzungsplan – 1. *Begriff*: gemäß → Baugesetzbuch (BauGB) im Rahmen der → Bauleitplanung vorgesehener Bauleitplan einer Gemeinde, in dem für das ganze Gemeindegebiet die beabsichtigte Art der Bodennutzung nach den voraussehbaren Bedürfnissen der Gemeinde in den Grundzügen darzustellen ist (Bauflächen, öffentliche Gebäude, Parkanlagen, Land- und Forstwirtschaft), vgl. § 5 BauGB. – 2. Bei der *Art der baulichen Nutzung* sind die Wohnbauflächen, gemischte Bauflächen, Sonderbauflächen und erforderlichenfalls die einzelnen Siedlungsgebiete anzugeben. – 3. *Einzelheiten* in der Baunutzungsverordnung i.d.F. vom 23.1.1990 (BGBl. I 132) m.spät. Änd. – Vgl. auch → Bebauungsplan.

Flächenrecycling – Wiederbelebung ehemals gewerblicher, industrieller oder militärischer Brachflächen. Diese sind häufig aufgrund ihrer früheren Nutzung mit Schadstoffen (→ Altlasten) behaftet. Ziel ist v.a. die Innenentwicklung von → Siedlungen.

Flächenstichprobenverfahren – Spezialfall eines → höheren Zufallsstichprobenverfahrens. Besteht eine Untersuchungsgesamtheit aus der Bevölkerung eines Gebietes oder aus Einheiten, die regional eindeutig zugeordnet werden können (z.B. landwirtschaftliche Betriebe), so wird diese häufig durch Abgrenzung von Regionen (Wohnbezirken, Straßenzügen, Landkreisen, Regierungsbezirken) in Primäreinheiten im Sinn der höheren Zufallsstichprobenverfahren zerlegt. Je nachdem, ob die Elemente der erststufig ausgewählten Regionen (Primäreinheiten) voll erhoben werden oder nicht, ist das Flächenstichprobenverfahren eine Klumpenstichprobe oder eine allg. zwei- oder mehrstufige Zufallsstichprobe.

Flächenstilllegungen – Seit 1988 gibt es in der → Agrarpolitik der EU das Instrument der Flächenstilllegungen. Nach Maßgabe der → Agrarreform von 1992 mussten Landwirte einen Teil der Fläche von Getreide, Eiweiß- und Ölfrüchten stilllegen, um in den Genuss flächenbezogener Ausgleichszahlungen zu gelangen (obligatorische Flächenstilllegung). Nach der → Garantiemengenregelung auf dem Milchmarkt wurden Flächenstilllegungen als die Einführung eines weiteren planwirtschaftlichen Instruments in die Agrarpolitik der EU kritisiert. – *Begründung*: Flächenstilllegungen wurden v.a. deshalb eingeführt, um die → Agrarüberschüsse und die hohen Budgetbelastungen der protektionistischen → Agrarpreispolitik zu senken, ohne diese grundsätzlich abschaffen zu müssen. Flächenstilllegungen können wegen ihrer der „klassischen“ → Agrarstrukturpolitik entgegengesetzten Wirkung auch als eine Art „negative“ Agrarstrukturpolitik bezeichnet werden. – In der *Agrarreform von 2003* wurden Verpflichtungen zur Flächenstilllegung in handelbare Prämienrechte für Flächenstilllegungen umgewandelt, wodurch die negativen Allokationswirkungen der Flächenstilllegungen z.T. aufgehoben werden. – Seit 1992 kann die obligatorische Flächenstilllegung jährlich durch die EU-Organe festgelegt werden. Insbes. kann die obligatorische Flächenstilllegung bei Nahrungsmittelknappheit ausgesetzt werden. Aufgrund der Preissteigerung auf den Nahrungsmittelmärkten wurde daher der Stillegungssatz ab Herbst 2007 auf 0 Prozent gesenkt.

Flächentarifvertrag – *Verbandstarifvertrag*, der für eine bestimmtes Gebiet (Tarifbezirk, Land, Bund) gilt. Wegen der zwingenden Wirkung der Tarifnormen für alle tarifgebundenen (→ Tarifgebundenheit) Arbeitgeber und Arbeitnehmer des Geltungsbereichs und des → Günstigkeitsprinzips wird der Flächentarifvertrag in der öffentlichen Diskussion als Hindernis unternehmens- und betriebsbezogenen Lösungen angegriffen. → Tariföffnungsklauseln können flexible Regelungen ermöglichen. – *Abgrenzung zu:* → Firmentarifvertrag.

Flächenverkehr – teilweise synonym für *Distributionsverkehr.* Verkehr zur Verbindung vieler nahe beieinander liegender Orte außerhalb von Ballungsräumen. – *Gegensatz:* → Streckenverkehr.

Flaggenrecht – Das Gesetz über das Flaggenrecht der Seeschiffe und die Flaggenführung der Binnenschiffe i.d.F. vom 26.10.1994 (BGBl. I 3141) m.spät. Änd. regelt in seinem ersten Abschn. das Flaggenrecht der Seeschiffe. Darin enthalten sind Bestimmungen über das Recht zur Führung der Bundesflagge, der Nachweis über die Bescheinigung zum Führen der Bundesflagge, das Verbot anderer Nationalflaggen, die Flaggenführung und die Führung des Schiffsnamens, die Verleihung der Befugnis zur Führung der Bundesflagge sowie die Voraussetzungen bez. der Eintragung der Berechtigung zum Führen der Bundesflagge in das Internationale Seeschifffahrtsregister. Der zweite Abschnitt des Gesetzes regelt die Flaggenführung der Binnenschiffe. Der dritte Abschnitt enthält Straf- und Bußgeldvorschriften. – Vgl. auch → Seeschifffahrt.

Flagship Store – 1. *Begriff*: bezeichnet exklusive und einzigartige → Filialen von Marken in Großstädten, die ein umfangreiches Angebot des Sortiments führen. – 2. *Merkmale*: unterscheiden sich i.d.R. von anderen Filialen der Marke durch Ihre Architektur und ihren exklusiven Standort. Flagship Stores werden unter eigener Leitung oder als Franchisekonzept (→ Franchise) betrieben. Anders als bei der Distribution über andere Kanäle, z.B. als eines von vielen Angeboten in Warenhäusern oder Fachgeschäften, kann man hier das Markenangebot umfänglicher zeigen, besser in Szene setzen und zudem – bei entsprechend geschultem Personal – unmittelbares Feedback zur Reaktion auf die unter der Marke geführten Angebote erhalten. Oftmals ist die Marke ähnlich wie bei → Brandlands in den Stores interaktiv für den Kunden erlebbar. – 3. *Beispiele*: Prada Stores, Faber-Castell- oder Montblanc-Läden.

Flaschenpfand – beim Verkauf von Getränken etc. in Flaschen vom Erwerber an den Lieferer für die Flaschen gezahlter Geldbetrag. Flaschenpfand unterliegt beim Lieferer der → Umsatzsteuer, da es zum → Entgelt (Getränkepreis plus Flaschenpfand) gehört. Wird das Flaschenpfand von dem Lieferer bei Rücknahme der Flasche zurückgewährt, so ist dieser Betrag vom Entgelt abzugsfähig, da sich dann der ursprüngliche Kaufpreis durch die Rückgabe der Flasche gegen Pfand entsprechend wieder vermindert. Für die Verbuchung und Versteuerung von Flaschenpfand gelten teilweise Erleichterungen, da eine exakte Zuordnung der Pfandbeträge zu den ursprünglichen Lieferungen sehr aufwendig sein könnte (vgl. Abschn. 149 VIII UStR).

Flatrate – Festpreis (→ Pauschalpreis), der die unbegrenzte Nutzung eines → Gutes gewährt. Flatrates werden häufig im Bereich der Telekommunikation angeboten, wo z.B. Mobilfunkkunden bei Bezahlung einer festen monatlichen Pauschale unbegrenzt in bestimmte Netze telefonieren können.

Flat Rate Tax → Steuertarifform mit einem konstanten Steuersatz für alle Einkommenshöhen. Die Flat Rate Tax ist als Quellensteuer angelegt, sodass die Einkommen möglichst nur einmal, final an der Quelle besteuert werden. Es gilt ein einheitlicher Steuersatz mit nur einer Tarifstufe, wobei der Tarif über seinen gesamten Tarifverlauf einen konstanten Grenzsteuersatz aufweist. Wird die Umverteilungswirkung der Einheitssteuer betrachtet, folgt aus einem Tarif ohne Grundfreibetrag keine Steuerprogression, wohingegen ein Tarif mit Grundfreibetrag zu einer indirekten Progressionswirkung führt. Positive Merkmale des einheitlichen Steuertarifs sind seine Einfachheit in der Steuererhebung und -verwaltung sowie seine objektive Transparenz. Zu unterscheiden ist zwischen der synthetischen Einkommenssteuer, bei der alle Erwerbs- und Vermögenseinkommen einer einheitlichen Versteuerung unterliegen und der dualen Einkommenssteuer bei der die Einkommen aus unselbstständiger Tätigkeit einer anderen Besteuerung unterliegt als die Vermögenseinkommen.

flexible (Umwelt-)Auflage → Umweltauflage.

flexible Altersgrenze – I. Personalwirtschaft: → Arbeitszeitflexibilisierung, → Arbeitszeitmodelle.

II. Beschäftigungspolitik: → Arbeitszeitpolitik.

III. Rentenversicherung: Möglichkeit für Versicherte, unter bestimmten Voraussetzungen die Vertragslaufzeit zu verkürzen oder zu verlängern und etwa bereits vor Vollendung des 67. Lebensjahres → Altersrente zu beziehen. Die Laufzeitverkürzung verringert die Leistungen entsprechend. Die Regelung wurde zunächst in der gesetzlichen Rentenversicherung eingeführt, in Anpassung daran auch in der privaten Lebensversicherung und der betrieblichen Altersvorsorge (hier liegt das Mindestalter für den Renteneintritt bei 60 Jahren). Die Regelungen zum gesetzlichen Rentenalter und dessen Flexibilisierung wurden im Grundsatz wirkungsgleich auch für die Pensionen der Beamten übernommen.

IV. Betriebliche Altersversorgung: → Betriebsrentengesetz (BetrAVG).

flexible Arbeitszeit → Arbeitszeitflexibilisierung, → Arbeitszeitmodelle.

flexible Fertigungszelle → flexible Produktionszelle.

flexible Plankostenrechnung – Form der → Plankostenrechnung, bei der die Planungsdaten nicht starr beibehalten, sondern den jeweiligen Verhältnissen, v.a. den Änderungen des → Beschäftigungsgrades, angepasst werden. – Vgl. auch → Prognosekostenrechnung.

flexible Planung – 1. *Begriff:* Entscheidungsverfahren zur Lösung → mehrstufiger Entscheidungen unter Ungewissheit. – 2. *Merkmale:* Die Entscheidungssituation lässt sich prinzipiell in Form eines → Entscheidungsbaumes abbilden. Im Fall quantifizierbarer Alternativen auch → lineare Optimierung und → dynamische Optimierung. – 3. *Methodik:* Da mit zunehmender Informationsverbesserung im Zeitablauf zu rechnen ist, werden zukünftige → Aktionen im Planungszeitpunkt noch nicht endgültig fixiert, andererseits können sie wegen zeitlicher Interdependenzen bei der gegenwärtigen Entscheidung nicht unbeachtet bleiben, da diese auch die Ergebnisse zukünftiger Aktionen beeinflusst. Bei flexibler Planung wird daher nur die gegenwärtig zu ergreifende Maßnahme endgültig festgelegt, während zukünftige Aktionen nur bedingt geplant werden, indem für jeden künftigen Umweltzustand eine optimale Aktion ermittelt wird. – 4. *Ergebnis:* → Eventualpläne. – Vgl. auch → Eventualplanung.

flexible Produktionszelle – besteht aus mehreren gleichartigen Bearbeitungszentren, die zu einer Einheit zusammengefasst sind. Sie haben einen gemeinsamen Werkstückspeicher (z.B. → Paletten) und ein gemeinsames Transportsystem. Gleichzeitig verfügen sie über eine automatische Spann- und Beladeeinrichtung.

flexibler Wechselkurs – nomineller → Wechselkurs, der sich ohne wirtschaftspolitisch motivierte Devisenmarktinterventionen frei nach → Angebot und → Nachfrage bildet. – Vgl. auch → fixer Wechselkurs, → Floating; → internationales Währungssystem, → Zahlungsbilanzausgleich, → Wechselkurspolitik.

flexibles Budget – Kostenbudgetierung (→ Kostenbudget) in der Plankostenrechnung, die darin besteht, dass die in der ursprünglichen → Kostenplanung für den Grad der → Basisbeschäftigung festgelegten → Plankosten umgerechnet werden in → Sollkosten für den wirklich erreichten → Beschäftigungsgrad. Dabei sind fixe und variable Kosten gesondert zu behandeln.

flexibles Fertigungssystem → flexibles Produktionssystem.

flexibles Produktionssystem – besteht aus mehreren verschiedenen und sich ergänzenden NC-Maschinen oder Bearbeitungszentren, einem vollautomatischen Materialflusssystem, das die Werkstückver- und -entsorgung und den Werkzeugwechsel mit einschließt, sowie einer integrierten Rechnersteuerung, an deren Spitze ein Leitrechner steht. Durch die Integration von Arbeitsgängen kann die → Durchlaufzeit der Werkstücke und damit die Kapitalbindung stark verringert werden. Hinzu kommt eine erhebliche Verminderung der Umrüstzeiten und

-kosten, da der automatische computergesteuerte Werkzeugwechsel die Umrüstvorgänge so in die Bearbeitungsfolge integriert, dass Maschinenstillstandszeiten weitgehend vermieden werden.

flexible Transferstraße – moderne Erscheinungsform der → Fließproduktion. Die flexible Transferstraße ist zum einen gekennzeichnet durch eine materialflussorientierte Reihenfolge der Bearbeitungsstationen und der zeitlichen Abstimmung der Arbeitsgänge (→ Taktzeit), zum anderen zeichnet sie sich durch kurze Umrüstzeiten der einzelnen Bearbeitungsstationen und somit durch eine hohe Flexibilität aus. Be- und Verarbeitungsvorgänge sind voll automatisiert.

Flickering → Zapping.

fliegender Händler – Warenverkauf ohne stationäres Verkaufslokal an wechselnden Orten mit temporärer Nachfrageballung (ambulanter Handel), z.B. bei Sportveranstaltungen, Stadtteilfesten, an touristischen Attraktionspunkten.

Fließbandproduktion → Fließproduktion.

Fließgleichgewicht – herrscht in einem System, wenn Stoffe und Energie mit der gleichen Rate vom System als Inputs aufgenommen werden, mit der sie nach der systeminternen Umwandlung als Output abgegeben werden. – Vgl. auch → Entropie, → Ökosystem.

Fließinselproduktion → Produktionsinsel, → Zentrenproduktion.

Fließprinzip – organisatorisches Prinzip der industriellen Produktion, bei dem ein in die elementaren Arbeitsgänge zerlegter Arbeitsprozess entsprechend der technologisch erforderlichen Fertigungsfolge linear hintereinander angewendet wird. – Vgl. auch → Fließproduktion.

Fließproduktion – Elementartyp der Produktion (→ Produktionstypen), der sich aus dem Merkmal der Anordnung der Arbeitssysteme (sog. Fließprinzip) ergibt. – *Charakterisierung:* örtlich fortschreitende, zeitlich bestimmte, lückenlose Folge von linear entsprechend dem Produktionsprozess angeordneten Arbeitsgängen. Durch die Zuordnung der Arbeitsgänge zu Stationen ergibt sich die → Taktzeit. Dieser Taktzeit müssen alle Arbeitsgänge angepasst werden. Ist dies nicht möglich, so geht die Fließproduktion in die → Fließreihenproduktion bzw. → Straßenproduktion über.

Fließreihenproduktion – Ausprägungsform des → Fließprinzips, bei der die Potenziale räumlich, aber nicht zeitlich gekoppelt sind, d.h. es wird keine → Taktzeit für die einzelnen Arbeitsgänge vorgegeben und die einzelnen Stationen sind durch Pufferlager entkoppelt.

Fließtext – *Body Copy;* verbindende Bestandteile eines Werbetextes (bes. einer → Anzeige) zwischen der → Headline und der → Baseline. – *Anforderungen in Anzeigen:* Der Fließtext sollte so kurz wie möglich sein und eine strukturierte formale Gestaltung aufweisen. Der Fließtext wird nur wenig beachtet; um die Lesewahrscheinlichkeit zu erhöhen, sollte der Fließtext durch Absätze und Zwischenüberschriften strukturiert werden. Die Platzierung des Textes in einer Anzeige sollte den Lesegewohnheiten entsprechen und möglichst rechts neben oder unter dem Bild erfolgen.

Flipping – Verhaltensweise beim Fernsehen, bei der der Zuschauer ständig zwischen den TV-Programmen wechselt, sodass er für die Werbetreibenden und Programmmacher unberechenbar wird.

Float – im Bankwesen die durch die Verrechnungszeit in den Banknetzen bedingte zeitliche Abweichung ein und desselben Geschäftsvorfalls. Im Zuge des Realisierung des beleglosen Interbankenzahlungsverkehrs haben sich die Verrechnungszeiten erheblich reduziert. Im elektronischen Massenzahlungsverkehr (→ elektronischer Zahlungsverkehr/Lastschrift (EZL) und → elektronischer Zahlungsverkehr/Überweisung (EZÜ)) ist das Entstehen von Floats ausgeschlossen worden. In modernen Zahlungssystemen wie z.B. → TARGET2, ist durch zumindest gleichtägige, i.d.R. fast gleichzeitige Abwicklung auf den Konten der Kontrahenten das Entstehen von Floats generell ausgeschlossen. – Vgl. auch → Wertstellung.

Floating – Ausdruck für die freie Beweglichkeit der nominellen → Wechselkurse. Bei Beeinflussung der Wechselkursbewegung durch Devisenmarktinterventionen spricht man auch vom *schmutzigen Floating.* – Vgl. auch → flexibler Wechselkurs, → Devisenmarkt, → internationales Währungssystem, → Wechselkurspolitik.

Floating Rate Note (FRN) → Anleihe mit variabler Verzinsung und einer Laufzeit zwischen fünf und zehn Jahren. Die Verzinsung wird regelmäßig, i.d.R. halbjährlich abhängig von einem ausgewählten Geldmarktzins (→ Referenzzinssatz) festgelegt. Dazu kommt ein von der Bonität des Anleiheschuldners abhängiger Aufschlagzins (→ Spread). FRN gibt es mit verschiedenen Abwandlungen. So können Zinsbegrenzungen nach oben oder unten festgelegt werden (→ Cap, → Floor) oder auch beide Richtungen begrenzt werden (→ Collar). Des Weiteren gibt es Reverse Floater, deren Verzinsung sich entgegengesetzt zum zugrunde liegenden Basiszins entwickelt. – *Anteilsschuldner* sind überwiegend Großbanken, sonstige Finanzintermediäre und Staaten; *Anleihegläubiger* sind Großbanken, Kapitalsammelstellen sowie Industrieunternehmen.

Floor – eine Zinsuntergrenze und damit ein Hedge-Instrument zur Absicherung gegen fallende Zinsen. Der Floor-Verkäufer garantiert dem Floor-Käufer (Kreditgeber) die Zahlung der Differenz zwischen dem vereinbarten Zinssatz und dem darunter liegenden realen Marktzinssatz. – *Beispiel:* Ein Floor-Käufer vereinbart mit einem Floor-Verkäufer einen Floor von 6 Prozent; der Floor-Verkäufer muss bei einem angenommen realen Marktzinssatz von 4,5 Prozent dem Floor-Käufer 1,5 Prozent ersetzen. Der Kreditgeber begrenzt bei variabel verzinstem Kredit sein Zinsänderungsrisiko auf den Floor. Der Verkäufer erhält bei Vertragsabschluss eine einmalige Prämie, die sich analog der Prämie für einen → Cap ergibt. – Vgl. auch → Collar.

Flop – ein neu eingeführtes Produkt, das seine Marketing- und Marktziele nicht erreicht hat und deshalb vom Markt genommen wird. U.U. erfolgt zu einem späteren Zeitpunkt ein → Relaunch.

Floppy Disk → Diskette.

Flotte – Gesamtheit aller Fahrzeuge (i.d.R. Lkw, Schiffe oder Flugzeuge) einer organisatorischen Einheit (z.B. Unternehmung, Land) und/oder bestimmter Bauart und/oder bestimmter Einsatzart (z.B. Handels-, Fischerei-, Kriegs-, Tanker-, Luftfracht-Flotte, Fahrzeugflotte). – Vgl. auch → Fuhrpark.

Flow Chart → Programmablaufplan.

Fluch der Rohstoffe – unter Entwicklungsökonomen und Geografen diskutierte These, welche den Reichtum an → Rohstoffen vieler → Entwicklungsländer für Demokratiedefizite und extreme → Korruption verantwortlich macht und als Entwicklungshemmnis beim Streben nach wirtschaftlicher Prosperität erscheinen lässt. Meist handelt es sich dabei um strategische Rohstoffe, d.h. → Energieträger (z.B. Erdöl, Erdgas, Kohle, Uran) oder industriell genutzte Rohstoffe, welche existenziell für die Funktionsfähigkeit der Volkswirtschaften von → Industrieländern sind (z.B. Kupfer, Kobalt, Platin, Mangan, Coltan etc.), aber auch um gewinnträchtige Minerale wie Diamanten, Edelsteine, Gold und mit Abstrichen wertvolle Tropenhölzer. Aufgrund ihres Beutecharakters werden derartige Rohstoffe zu einer bedeutenden Einnahmequelle für einflussreiche Eliten. Die Gewinne aus dem → Rohstoffhandel fließen nicht nur in die Entwicklung des jeweiligen Landes, sondern auch in die Errichtung und Aufrechterhaltung klientelistischer Herrschaftssysteme. Nicht selten kommt es – wie die Beispiele „Blutdiamanten" in Westafrika, Coltan im Ostkongo oder Erdöl in Nigeria zeigen – zu kriegerischen Auseinandersetzungen und demzufolge zu dauerhaften politischen und wirtschaftlichen Instabilitäten.

Flucht in Sachwerte → Inflation.

Flüchtlinge – bei Ausländern, die politische Flüchtlinge sind: Asylrecht (→ Asyl). – Vgl. auch → Bundesvertriebenengesetz.

Fluchtlinie – Begrenzung der Bebauungsfreiheit von Grundstücken, die von den Baubehörden z.B. für die Anlegung von Straßen, Plätzen etc. im → Bebauungsplan festgesetzt wird.

Fluggesellschaft – *Luftverkehrsgesellschaft, Airline, Carrier;* 1. *Begriff:* Unternehmen, deren Geschäftszweck die Beförderung von Personen, Fracht und Post auf dem Luftwege ist. – 2. *Typen:* Fluggesellschaften lassen sich nach mehreren Kriterien systematisieren. Nach dem Transportobjekt unterscheidet man Fracht- und Passage-Fluggesellschaften. Nach der Zugänglichkeit für die Öffentlichkeit im Rahmen der allg. gültigen Beförderungsbedingungen unterscheidet man Fluggesellschaften des öffentlichen Flugverkehrs (→ Linienverkehr) und des nicht-öffentlichen Flugverkehrs (reiner Gelegenheitsverkehr bzw. → Charterverkehr und privater Luftverkehr). Nach dem zugrunde liegenden Geschäftsmodell unterscheidet man Netzwerk-, Regional-, Low-Cost- und Leisure-Fluggesellschaften.a) *Netzwerk-Fluggesellschaften* (z.B. Lufthansa Passage Airline) betreiben einen oder mehrere Flughafen-Drehscheiben (Hubs), in denen ein Großteil der Passagiere der Fluggesellschaft von Zu- auf Abbringer-Flüge umsteigt.b) *Regional-Fluggesellschaften* (z.B. American Eagle Airlines) fliegen mit kleineren Flugzeugen (mit weniger als 100 Sitzen) aufkommensschwächere, kontinentale Strecken.c) *Low-Cost-Fluggesellschaften* (z.B. Ryanair) verzichten auf aufwendigen Service, fliegen hochgradig effizient und bieten Flüge zu sehr niedrigen Preisen an.d) *Leisure-Fluggesellschaften* (z.B. Condor, s. auch → Charterverkehr) befördern insbesondere Freizeitreisende zu touristisch attraktiven Destinationen. – 3. *Aktuelle Entwicklungen:* Die meisten Netzwerk-Fluggesellschaften kooperieren seit Mitte der 1990er-Jahre in globalen → strategischen Allianzen (Star Alliance, SkyTeam und Oneworld). In jüngerer Zeit nehmen → Mergers & Acquisitions zu. Die Liberalisierung des Luftverkehrs und eine steigende Preissensibilität der Nachfrager führen dazu, dass Low-Cost-Fluggesellschaften in allen Regionen der Welt die höchsten Wachstumsraten aufweisen. Wichtige Merkmale des Low-Cost-Geschäftsmodells werden mittlerweile von Netzwerk- und Leisure-Fluggesellschaften übernommen, die Grenzen der Geschäftsmodelle verschwimmen dadurch zusehends.

Fluglärm → Lärm, → Lärmschutzbereich, → TA Lärm.

Flugplan – 1. *Begriff:* Der Flugplan stellt das Kernprodukt einer → Fluggesellschaft dar. Er beinhaltet die Zusammenstellung aller planmäßigen Flüge einer Flugplanperiode. Die Winterflugplanperiode umfasst die Monate November bis März, die Sommerflugplanperiode die Monate April bis Oktober. Flugpläne sind der zuständigen Flugverkehrskontrollstelle zu übermitteln (vgl. § 25 LuftVO). Die Veröffentlichung von Flugplänen erfolgt in → Computer-Reservierungs-Systemen (CRS) bzw. in Global Distribution Systems, im Internet sowie in Flugplanheften. – 2. *Inhalte von Flugplänen:* Flugpläne beinhalten Informationen zu Abflug- und Zielorten, Abflug- und Ankunftszeiten, Frequenzen (Anzahl von Flugereignissen auf einer Strecke innerhalb einer Periode), Verkehrstagen und eingesetzten Fluggeräten. – 3. *Ziele der Flugplanung:* Flugpläne sind so gestalten, dass

Fluggesellschaften eine möglichst starke Ausschöpfung des Marktpotenzials bei gleichzeitiger Minimierung der Kosten des Flugbetriebs unter Beachtung der Restriktionen gelingt. Hierdurch soll eine Optimierung des Betriebsergebnisses des gesamten Netzwerks von Flugverbindungen einer Fluggesellschaft erreicht werden. – 4. *Restriktionen der Flugplanung:* Restriktionen resultieren aus der Flugzeugflotte von Fluggesellschaften, aus der Cockpit- und Cabin Crew, aus den angeflogenen Flughäfen, aus den verfügbaren Slots (Zeitnischen für Start, Landung und Überflug) und aus den Computer-Reservierungs-Systemen.

Fluktuation – Meist wird darunter der Abgang oder die Abgangsrate von Arbeitnehmern verstanden, im weiteren Sinne kann auch die Austauschrate oder der Wechsel von Personal gemeint sein. – In Zeiten der Hochkonjunktur werden ansteigende, bei allgemeinem Rückgang der Beschäftigung sinkende Fluktuationsraten beobachtet. Bei Beschäftigungseinschränkungen kann die Fluktuation verbunden mit einem Einstellungsstopp die Personalanpassung erleichtern und Maßnahmen der Personalfreisetzung (v.a. betriebsbedingte Kündigungen) vermeiden helfen. – Mögliche Ursachen: (1) überbetriebliche: Branche, Region, Infrastruktur etc.; (2) betriebliche: Unzufriedenheit mit Arbeitsinhalt, Arbeitszeit, Entlohnung, unbefriedigende Zusammenarbeit etc.; (3) persönliche, z.B. Bestandteil der individuellen Karriereplanung. – Die *Fluktuationsanalyse* spielt eine bedeutende Rolle. Ihr Ziel besteht darin, Gründe und Motive für den Arbeitsplatzwechsel in Erfahrung zu bringen und daraus zielgerichtete Maßnahmen zu entwickeln, die Fluktuation im Rahmen der betrieblichen Gegebenheiten und die damit verbundenen Kosten zu senken. – Eine *Fluktuationsstatistik* liefert Daten für die → Personalbedarfsermittlung und Informationen über Betriebsklima, Führungssystem etc.

Flur – parzellierte landwirtschaftliche Nutzfläche eines Siedlungs- und Wirtschaftsverbandes. Die Parzellierung ergibt sich dabei überwiegend durch Besitzparzellen und in geringerem Maße durch Wirtschaftsparzellen. – Vgl. auch Flurbezirk.

Flurbereinigung – 1. *Feldbereinigung:* staatliches Ordnungsinstrument zur allg. Verbesserung der → Agrarstruktur. In Gemarkungen, in denen (z.B. aufgrund der → Realteilung) Strukturmängel bestehen, kommt es durch die freiwillige oder im Anordnungsverfahren durchgeführte Um- bzw. Zusammenlegung unwirtschaftlicher → Fluren zur Neustrukturierung des ländlichen Grundbesitzes. Aus vielen kleinen auseinander liegenden Feldern eines landwirtschaftlichen Betriebs entstehen ein oder mehrere große Blöcke (→ Arrondierung). Die Flurbereinigung macht eine Bodenschätzung (→ Bodenbonitierung) notwendig, damit bei ungleicher Bonität ein Wert- bzw. Flächenausgleich erfolgen kann. – Dem großen Vorteil einer verbesserten Flächenstruktur stehen der Nachteil einer sich i.d.R. über Jahre hinwegziehenden Klärung der Eigentumsverhältnisse, strenge naturschutzrechtliche Belange (z.B. die Anlegung ökologischer Ausgleichsflächen) sowie hohe Kosten u.a. für die Bodenwertermittlung, den Erwerb von Ausgleichsflächen sowie den Straßen- und Wegebau, an denen die Eigentümer beteiligt werden, gegenüber. – *Rechtliche Grundlage:* Zur Verbesserung der Produktions- und Arbeitsbedingungen in der Land- und Forstwirtschaft sowie zur Förderung der allg. Landeskultur und Landentwicklung kann ländlicher Grundbesitz durch Maßnahmen nach dem Flurbereinigungsgesetz i.d.F. vom 16.3.1976 (BGBl. I 546) m.spät.Änd. neu geordnet werden. Das Flurbereinigungsgebiet ist unter Beachtung der jeweiligen Landschaftskultur neu zu gestalten. Die Feldmark ist neu einzuteilen und zersplitterter oder unwirtschaftlich geformter Grundbesitz nach betriebswirtschaftlichen Gesichtspunkten zusammenzulegen. Dabei sind die rechtlichen Verhältnisse zu ordnen (§ 37 FlurbG). Jeder Grundstückseigentümer ist für seine Grundstücke mit Land von gleichem Wert abzufinden (§ 44 FlurbG). – 2. *Baugesetzbuch:* Zur Erschließung oder Neugestaltung bestimmter Gebiete können bebaute und unbebaute Grundstücke durch Umlegung so neu geordnet werden, dass für die bauliche oder sonstige Nutzung zweckmäßig gestaltete Grundstücke entstehen (§§ 45 ff. BauGB).

Flurbuch – amtliches Verzeichnis über sämtliche in einem Gemeindebezirk befindlichen Grundstücke, geordnet nach Gemarkung und Flurnummer unter Bezeichnung von Lage, Nutzungsart, Fläche etc. Die Bezeichnung im Flurbuch ist auch für die im → Grundbuch aufzunehmenden Angaben maßgebend. Das Flurbuch ist Teil des → Katasters. Soweit es noch nicht angelegt ist, werden Grund- bzw. Gebäudesteuerbücher und ähnliche Register benutzt.

Flussdiagramm → Programmablaufplan.

Flussgraph → bewerteter Digraph mit genau einer Quelle q und genau einer Senke s. Eine reellwertige Abbildung $f(f_{i,j} = f(i,j))$ auf der Menge der Pfeile heißt Fluss (der Stärke v), wenn gilt:

$$a)\sum_{i \in N_q} f_{q,i} = v,$$

wobei: N_q = Menge der Nachfolger der Quelle q;

$$b)\sum_{i \in V_s} f_{i,s} = v,$$

wobei: V_s = Menge der Vorgänger der Senke s;

$$c)\sum_{j \in V_i} f_{j,i} = \sum_{k \in N_i} f_{i,k},$$

für alle $i \in E/\{q, s\}$, wobei: V_i = Menge der Vorgänger von i, N_i = Menge der Nachfolger von i; sog.

Flusserhaltung. – *Untersuchungsgegenstand bei Flussgraphen* sind maximale oder kostenminimale Flüsse (→ Netzplantechnik).

flüssige Mittel – Bestand an Geld- und Vermögenswerten, die bei Bedarf in Geld gewandelt werden können (→ Liquidität). Zu den flüssigen Mitteln gehören: Kassenbestände, Bank- und Postgiroguthaben, Wechsel (soweit sie diskontfähig sind), Schecks und (börsengängige) Wertpapiere.

Flusskostenrechnung – 1. *Begriff*: Die Flusskostenrechnung ist ein stoff- und energieflussbezogener Kostenrechnungsansatz und erlaubt Aussagen zur Ressourceneffizienz. – 2. *Entwicklung*: Das Verfahren der Flusskostenrechnung wurde in den 1990er-Jahren unter Bearbeitung des Instituts für Management und Umwelt sowie des Instituts für ökologische Wirtschaftsforschung entwickelt. Als Ausgangsbasis diente die Reststoffkostenrechnung. – 3. *Geltungsbereich, Systemgrenze, Bewertung*: Die Flusskostenrechnung kann weltweit zur Bewertung von Unternehmen angewendet werden. Betrachtet werden bei der Bewertung innerbetriebliche Materialflüsse. – 4. *Ziel und Annahmen*: Ziel der Flusskostenrechnung ist ein effizienter und reduzierter Einsatz von → Material und → Energie durch die Identifikation von Verbesserungsmaßnahmen und Öko-Effizienzpotenzialen. – Dem Verfahren liegen folgende Annahmen zugrunde: Der zugrundeliegende Kostenbegriff der Flusskosten (Summe aus → Materialkosten, Systemkosten und Kosten für Lieferung und Entsorgung), umfasst alle Kosten, die im Rahmen der betrieblichen → Wertschöpfung anfallen, Kosten für die Lieferung und Entsorgung sind Kosten für den Erhalt und die Abgabe von Material von bzw. nach außen. – 5. *Methodik*: – 1) Materialflussrechnung: a) Materialflussmengenrechnung, b) Materialflusswerterechnung, c) Materialflusskostenrechnung. – 2) Systemkostenrechnung. – 6. *Ergebnis*: Das Informationssystem kann auf materialflussbezogene Konsistenz geprüft werden. Des Weiteren entsteht eine materialflussbezogene Präzisierung der Strukturen und Verrechnungsweisen in der Kostenrechnung und ökologische und ökonomische Maßnahmen können entwickelt werden. – 7. *Kritische Würdigung*: Das Verfahren eignet sich bes. für Unternehmen mit hohen Material- und Energiekosten. Die Methode ermöglicht einem völlig neuen Zugang zu Materialkosten, was zu einer hohen Praxisrelevanz führt. Des Weiteren sind hohe Übereinstimmungen mit den ökonomischen Unternehmenszielen festzustellen.

Flyer – *Stuffer*; mehrfarbiges Werbemittel kleinen Formates von ein bis mehreren Seiten Umfang, das auch als ein → Prospekt kleinen Formates bezeichnet werden kann. Flyer sind Bestandteil des → Direct Mailing.

FOB – *Abkürzung für Free on Board ... Named Port of Shipment; frei an Bord ... benannter Verschiffungshafen*, Vertragsformel der von der ICC entwickelten → Incoterms für Außenhandelsgeschäfte. FOB ist eine klassische Lieferklausel im konventionellen Schiffsverkehr; für den Container-Verkehr ist → FCA geeigneter. FOB ist neben → CIF wohl die allg. bekannteste, wenn auch nicht die am meisten verwendete Klausel. – Der Verkäufer muss exportfreie Ware liefern, d.h. er muss die Ausfuhrformalitäten erledigen. Grundsätzlich muss der Käufer den Transportvertrag auf seine Kosten abschließen (sog. echtes FOB-Geschäft, zu den Kosten zählen u.a. die → Frachtkosten, Schiffsmaklerspesen und -provisionen, Umladekosten im Schiff [sog. Stau-Kosten] etc.). In der Praxis ist es aber nicht selten, dass dies – auf Kosten des Käufers – dem Verkäufer übertragen wird mit dem Zusatz „FOB, verschifft" (unechtes FOB-Geschäft mit Geschäftsbesorgungsvertrag für den Transport). In Charterverträgen sind auch Modifikationen gebräuchlich wie „FOB verstaut" oder „FOB verstaut und getrimmt", wonach der Exporteur neben den Beladungskosten auf das Schiff auch die Staukosten im Schiff tragen muss. Der Ort ist also auf dem Schiff bzw. im Schiff. – Wichtigste Verpflichtungen der Parteien bez. Lieferung, Gefahrenübergang und Kostenteilung gemäß Incoterms 2010: 1. *Verpflichtungen des Verkäufers*: a) Der Verkäufer hat die Ausfuhrbewilligung oder andere behördliche Genehmigung zu beschaffen sowie, falls anwendbar, alle Zollformalitäten zu erledigen, die für die Ausfuhr der Ware erforderlich sind. – b) Lieferung: Der Verkäufer hat die Ware an Bord des vom Käufer bezeichneten Schiffes im benannten Verschiffungshafen in dem vereinbarten Zeitpunkt oder innerhalb der vereinbarten Frist und dem Hafenbrauch zu liefern. – c) Der Verkäufer hat die Gefahren des Verlustes oder der Beschädigung der Ware sowie alle die Ware betreffenden Kosten bis zu dem Zeitpunkt zu tragen, bis die Ware an Deck des Schiffs geliefert ist (bis 2010: Gefahrübergang bei Überschreiten der Schiffsreeling). – d) Der Verkäufer hat die Ausfuhrformalitäten zu erledigen und, falls anwendbar, die Kosten der für die Ausfuhr notwendigen Zollformalitäten sowie alle Zölle, Steuern und andere Abgaben, die bei der Ausfuhr der Ware anfallen, zu tragen. – 2. *Verpflichtungen des Käufers*: a) Der Käufer hat die Einfuhrbewilligung oder andere behördliche Genehmigung zu beschaffen sowie, falls anwendbar, alle erforderlichen Zollformalitäten für die Einfuhr der Ware und für ihre Durchfuhr durch jedes Land zu erledigen. – b) Der Käufer hat auf eigene Kosten den Vertrag über die Beförderung der Ware vom benannten Verschiffungshafen abzuschließen. – c) Der Käufer hat alle Gefahren des Verlustes oder der Beschädigung der Ware sowie alle die Ware betreffenden Kosten von dem Zeitpunkt an zu tragen, in dem sie an Deck des Schiffs im benannten Verschiffungshafen geliefert wurde. – d) Der Käufer hat, falls anwendbar, alle Zölle, Steuern und andere Abgaben sowie die Kosten der Zollformalitäten zu tragen, die bei der Einfuhr der Ware und bei der Durchfuhr durch jedes Land anfallen. – 3. *Anwendung*: Diese

Vertragsformel kann nur für den See- oder Binnenschiffstransport verwendet werden. Falls die Parteien nicht beabsichtigen, die Ware auf ein Schiff zu liefern, sollte die FCA-Klausel (→ FCA) verwendet werden, was grundsätzlich für Containerverschiffung anzuraten ist. – In der Praxis immer wieder anzutreffende Formeln wie „FOB ab Werk", „FOB Fabrik", FOB Cargo Terminal Flughafen XY oder FOT („Free on Truck") sollten unbedingt vermieden werden, weil sie nicht definiert sind, dem Charakter der FOB-Klausel als Seefrachtklausel widersprechen und erfahrungsgemäß leicht zu Auslegungsproblemen führen. Dies gilt analog für FOB Named Inland Carrier at Named Point of Exportation (das kommt FCA nahe, s. oben) oder FOB Named Inland Point in the Country of Importation (das kommt DAP nahe, s. dort). Solche inkonsistenten FOB-Klauseln werden gerne von US-amerikanischen Geschäftspartnern ins Spiel gebracht, weil nach den bereits oben erwähnten American Foreign Trade Definitions (AFTD) *FOB truck* oder *FOB train* möglich und gängig sind. Zwar breitet sich auch in den USA die Verwendung der ICC-Incoterms aus, aber innerkontinental werden die AFTD sehr gerne verwendet und führen dann leicht zu Missverständnissen. – Der Verkäufer hat unter FOB (ICC) keinerlei Versicherungspflicht (A.3), wird die Ware aber sinnvollerweise bis zur Verladung versichern. Er hat alle Kosten zu tragen bis einschließlich der Verladung auf das Schiff („an Deck"). In vielen Häfen wird die Ware jedoch bereits an Land vom Seefrachtführer übernommen – insbesondere bei Containerverladung; dann sind die Verladekosten Teil der Schiffsfracht. Der Käufer muss dem Verkäufer – analog zu → FAS – eine rechtzeitige FOB-Instruktion über den Namen des Schiffes, den Liegeplatz und den Verladetermin geben. Verspätet sich das Schiff, geht die Gefahr ungeachtet der normalen Regelung auf den Käufer über. – Die Gefahr geht auf den Käufer in dem Moment über, wo die Ware *an Bord* des Schiffes verbracht wird; damit ist auch die Lieferung erfolgt. Das Risiko des Lieferanten „verlängert" sich also ein wenig gegenüber der 2000-Version, wo das Überschreiten der Schiffsreling das Kriterium war. – Dies gilt auch für RoRo-Verladungen (roll on, roll off), wenn bspw. Güterwaggons oder Lkws komplett mit Ladung in das Schiff rollen und am Bestimmungsort wieder heraus. Der Käufer muss den üblichen Verladenachweis erbringen; das wird i.d.R. ein Seekonnossement sein (*bill of lading, b/l*). Kann dies nicht geschehen, z.B. weil das Schiff nicht gekommen ist, muss der Verkäufer den Käufer entsprechend informieren (A7). Daraus entstehende Kosten muss der Käufer tragen (B6 ii.). – FOB-Verträge werden oft vom Importland vorgeschrieben, um Speditions- und Versicherungsaufträge für eigene Unternehmen zu sichern oder um Devisen zu sparen, da nationale Transporteure und Versicherungen in Inlandswährung bezahlt werden können. – Unter einem → Akkreditiv eines Neukunden ist FOB kritisch, weil man keine Verladebestätigung bekommt (z.B. → Konnossement mit „An-Bord"-Vermerk), wenn das Schiff nicht kommt oder aus anderen Gründen nicht verladen werden kann. In der Praxis wird daher bei einer FOB-Verladung unter einem Akkreditiv gerne vereinbart, dass die Ware bei Ausbleiben des Schiffs in ein Lager verbracht werden kann, sodass der Exporteur einen Lagerschein (*warehouse warrant*, WW) als Akkreditivdokument erhält. Eine Alternative ist auch zu vereinbaren „FOB, verschifft", wodurch der Verkäufer die Verschiffung vor Ablauf einer bestimmten Frist (z.B. der Akkreditivlaufzeit) selbst besorgen kann. – Allen → F-Klauseln ist gemeinsam, dass der Käufer die Transportdisposition hat, d.h. den → Frachtführer kontrahiert. Nicht wenige Exporteure sehen dies aus der Sicht ihrer Gewährleistungspflichten als problematisch, weil oft nicht mehr eindeutig festgestellt werden kann, wo ein Gütermangel eingetreten ist. Für solche Überlegungen bieten sich alternativ → C-Klauseln oder → D-Klauseln an, bei denen der Verkäufer den Frachtführer aussuchen und somit Einfluss nehmen kann auf die Transportqualität. – Vgl. auch EXW, → FCA, → FAS, → CFR, → CIF, → CPT, → CIP, → DAT, → DAP, → DDP, → Incoterms.

FOB gestaut → Incoterms, Abweichungen.

FOB-Kalkulation – Berechnung des Ausfuhrpreises auf FOB-Basis (→ FOB). Die sich aufgrund der FOB-Kalkulation ergebenden Preise sind neben den grundsätzlich verwendeten Warenpreisen „frei Grenze" Grundlage der Ausfuhrwerte in der amtlichen → Außenhandelsstatistik.

FOB-Sonderformen – FOB, Abk. für *frei an Bord*; Vertragsformel der von der → ICC entwickelten Incoterms für Außenhandelsgeschäfte. Zu den Sonderformen zählen: (1) FOB gestaut (*Stowed*); (2) FOB Named Inland Carrier at Named Point of Exportation; (3) FOB Named Port of Shipment; (4) FOB Named Inland Point in the Country of Importation; (5) Zusatz: Verschiffungskosten zulasten des Empfängers. – FOB ist ausschließlich für Schiffsverladungen anzuwenden; in der Praxis zu findende Formulierungen wie "FOB Airport XY" sind systemfremd, sachlich risikoreich und sollten vermieden werden. – Vgl. auch → Incoterms, Abweichungen.

FOB Stowed → Incoterms, Abweichungen.

FOC – Abk. für *Free of Charge;* Handelsklausel, bei der alle etwaigen Kosten zulasten des Partners gehen. – Vgl. auch → Incoterms, Abweichungen.

FOD – Abk. für *Free of Damage;* Handelsklausel, bei der alle etwaigen Schäden bis zur Übergabe der Ware zulasten des Partners gehen. – Vgl. auch → Incoterms, Abweichungen.

Föderales Konsolidierungsprogramm – 1. *Begriff:* → Finanzreform, die durch die dt. Einheit erforderlich wurde, da zunächst die neuen Bundesländer vom regelgebundenen → Finanzausgleich ausgeschlossen blieben (erst seit 1.1.1995 einbezogen). Aufgrund der Finanzschwäche mussten im Gesetz zur Umsetzung des Föderalen Konsolidierungsprogramms (FKPG), das am 23.6.1993 verabschiedet wurde (BGBl. I 944), neue Ausgleichsregeln gefunden werden. – 2. *Maßnahmen:* Der Kernbereich des Gesetzes ist die Neuordnung des bundesstaatlichen Finanzausgleichs, in dem Folgendes neu geregelt wurde: a) *Vertikale Steuerverteilung zwischen Bund und Ländern:* Die vertikale Steuerverteilung wurde durch eine Änderung des Umsatzsteueraufkommens geändert. Der bisherige Länderanteil von 37 Prozent wurde auf 44 Prozent erhöht, während der Bundesanteil entsprechend von 63 Prozent auf 56 Prozent sank. – b) *Horizontale Steuerverteilung unter den Ländern:* Im Grundsatz gilt für die horizontale Verteilung des Steueraufkommens das → Ursprungslandprinzip (Art. 107 I GG). Bei der Umsatzsteuer wird hingegen die unterschiedliche Finanzkraft der Länder berücksichtigt. Die bisher geltende Regelung wurde auf die neuen Länder ausgeweitet. Danach stehen 25 Prozent des Steueraufkommens als Ergänzungsanteile finanzschwachen Ländern zur Verfügung, bis diese 92 Prozent der länderdurchschnittlichen Steuereinnahmen pro Einwohner realisieren. Die übrigen 75 Prozent des Aufkommens verteilen sich entsprechend der Einwohnerzahl auf die einzelnen Länder. Aufgrund der erheblichen Finanzschwäche in der ehemaligen DDR kommt die Erhöhung des Länderanteils an der Umsatzsteuer vorwiegend den neuen Bundesländern zugute. – c) *Ergänzender Finanzausgleich unter den Ländern* bewirkt, dass die ausgleichsberechtigten Länder mind. 95 Prozent der bundesdurchschnittlichen Länderfinanzkraft erreichen. – d) *Ergänzungszuweisungen des Bundes an leistungsschwache Länder:* Gemäß Art. 107 II 3 GG kann der Bund aus seinen Mitteln finanzschwachen Ländern Zuweisungen zur ergänzenden Deckung ihres allg. Finanzbedarfs gewähren. Seit 1995 wurde das Gesamtvolumen der Bundesergänzungszuweisungen (BEZ) ausgeweitet – 3. Zur *Fortführung des Solidarpakts:* → Solidarpaktfortführungsgesetz.

Föderalismus – 1. *Charakterisierung:* Politisches Strukturprinzip, nach dem sich ein Gemeinwesen aus mehreren, ihre Entscheidungen abstimmenden, aber ihre Eigenständigkeit bewahrenden Gemeinschaften zusammensetzen soll („Einheit in der Vielfalt"). – Föderalistische *Gestaltungsmöglichkeiten* sind der → Staatenbund und der → Bundesstaat. Ein Staatenbund ist eine Vereinigung selbstständiger Staaten, die gemeinsame Organe zur Besorgung gewisser Angelegenheiten haben (z.B. die EU). Im Gegensatz zum Staatenbund zeichnet sich der Bundesstaat dadurch aus, dass durch den Zusammenschluss von Staaten ein neuer Staat entsteht. Die zusammengeschlossenen Staaten verlieren ihre Staatlichkeit jedoch nicht, sondern bleiben neben dem neu gebildeten Gesamtstaat als Gliedstaaten mit eigener originärer Staatsgewalt bestehen. – Bei einer nach regionaler Ausdehnung und/oder funktionaler Zuständigkeit abgestuften Abgrenzung der Gemeinschaften wird dann eine Aufgabenverteilung gemäß dem *Subsidiaritätsprinzip* möglich, bei der die Vorteile kleinerer Gemeinschaften mit denen größerer kombiniert werden können (→ ökonomische Theorie des Föderalismus; → ökonomische Theorie des Clubs). – *Gegensatz:* → Zentralismus. – 2. Die *Bundesrepublik Deutschland* ist eine Föderation (Bundesstaat; Art. 20 I GG) mit Bund, Ländern und Gemeinden als föderalen Ebenen (die Gemeinden werden verfassungsrechtlich als Bestandteile der Länderebene betrachtet) und funktional abgegrenzten → Parafisci (v.a. Sozialversicherungsträger); → öffentliche Aufgabenträger. Zuständigkeiten der einzelnen Ebenen sowie Art der Zusammenarbeit (→ kooperativer Föderalismus) sind prinzipiell in der → Finanzverfassung festgelegt, wobei zwischen Gesetzgebungs-, Verwaltungs- und Finanzierungs- bzw. Ertragshoheit unterschieden wird.

Föderalismuskommission II → Schuldenbremse.

Föderalismusreform I – 1. *Begriff:* Mit der Föderalismusreform I, die auf den Vorarbeiten der gemeinsamen Kommission von Bundestag und Bundesrat zur Modernisierung der bundesstaatlichen Ordnung der Jahre 2003 und 2004 beruhte, wurde die umfassendste Reform des Grundgesetzes seit seinem Inkrafttreten beschlossen. Das „Gesetz zur Änderung des Grundgesetzes (Art. 22, 23, 33, 52, 72, 73, 74a, 75, 84, 85, 87c, 91a, 91b, 93, 104a, 105, 107, 109, 125a, 125b, 125c, 143c)" vom 28.8.2006 (BGBl. I 2034) trat am 1.9.2006 in Kraft. – 2. *Reformziele*: a) Stärkung der Gesetzgebung von Bund und Ländern durch eine deutlichere Zuordnung der Gesetzgebungskompetenzen und Abschaffung der Rahmengesetzgebung, b) Neubestimmung der Zustimmungsbedürftigkeit von Bundesgesetzen im Bundesrat, c) Abbau von Mischfinanzierungen und Neufassung der Möglichkeit von Finanzhilfen des Bundes, d) Stärkung der Europatauglichkeit des Grundgesetzes. – 3. *Lösung u.a.*: a) Mit der Abschaffung der Rahmengesetzgebung werden die ihr bislang zugeordneten Materien zwischen Bund und Ländern neu zugeordnet. Ebenso werden im Bereich der ausschließlichen und konkurrierenden Gesetzgebung einzelne Materien neu verteilt, wobei die ausschließliche Gesetzgebungskompetenz der Länder gestärkt wird, weil der Bund sich aus Sachgebieten mit bes. Regionalbezug und solchen, die nicht zwingend dem Zugriff des Bundesgesetzgebers erhalten bleiben müssen, zurückzieht. Das gilt etwa für den Strafvollzug, das Versammlungsrecht, das Heimrecht, das Ladenschlussrecht, das Erschließungsbeitragsrecht, das Flurbereinigungsrecht, das Gaststättenrecht, das Besoldungs- und Versorgungsrecht der Beamten. – b) Die Zustimmungsrechte des Bundesrates nach Art. 84 I GG werden deutlich beschnitten: Der Bundesgesetzgeber kann ohne die bisher erforderliche

Zustimmung des Bundesrates die Behördeneinrichtung und das Verwaltungsverfahren der Länder regeln. Im Gegenzug erhalten die einzelnen Länder das Recht, für ihren Bereich von den bundesgesetzlichen Vorgaben abweichende Regelungen zu treffen (sog. Abweichungsgesetzgebung in Verfahrensangelegenheiten). Allerdings kann mit Zustimmung des Bundesrates bereits im Bundesgesetz bestimmt werden, dass eine Abweichung hinsichtlich des Verwaltungsverfahrens wegen des bes. Bedürfnisses nach einer bundeseinheitlichen Regelung nicht zugelassen ist. Der Bund kann abweichendes Landesrecht auch wieder aufheben. Solche Aufhebungsgesetze treten frühestens sechs Monate nach Verkündung in Kraft (wegen der komplizierten Regelung vgl. im Einzelnen Art. 84 I GG). Der Zustimmungsbedürftigkeit des Bundesrates bedürfen nunmehr auch Bundesgesetze mit Kostenfolgen für die Länder (Art. 104a IV GG). – c) Im Bereich der konkurrierenden Gesetzgebung wird die Erforderlichkeitsklausel auf einzelne Materien beschränkt (Art 72 II GG). In bestimmten Bereichen, v.a. in den Sachgebieten der früheren Rahmengesetzgebung, haben die Länder die Möglichkeit einer Abweichungsgesetzgebung (Art. 72 III GG). – d) Den Gemeinden und Gemeindeverbänden können durch Bundesgesetz keine Aufgaben mehr zugewiesen werden (Art. 84 I S.7, 85 I S.2 GG).

Föderalismusreform II → Schuldenbremse.

Fogel – Robert William, geb. 1926, amerik. Wirtschaftshistoriker, lehrt seit 1981 an der University of Chicago – dort schon 1964–1975; → Nobelpreis für Wirtschaftswissenschaften 1993 (zusammen mit → North). Fogel wendet die neoklassische Wirtschaftstheorie bei der Untersuchung wirtschaftshistorischer Fragen an. Die Fruchtbarkeit dieser Methode weist er in zwei Arbeiten nach, die Grundlage der Nobelpreisverleihung waren. Im Sammelband „Railroads and American Economic Growth: Essays in Econometric History“ (1964) sind Untersuchungen zur Frage vereinigt, wie das Wachstum der amerik. Wirtschaft ohne Eisenbahnen ausgesehen hätte. Der methodischen Kritik an dieser Fragestellung begegnet er mit dem Hinweis, dass historische Arbeiten häufig Antworten auf die Frage „Was wäre gewesen, wenn nicht ...?“ zu geben versuchen. Eine heftige, noch andauernde Diskussion löste er mit dem Buch „Time on the Cross: The Economics of American Negro Slavery“ (1974, zusammen mit Engerman) aus. Er vertritt gegenüber der herrschenden Orthodoxie die These, dass in den Vereinigten Staaten die Sklaverei ökonomisch ein sehr effizientes und deshalb stabiles System gewesen sei, das sich nur durch einen Krieg – wie geschehen – hätte beseitigen lassen. Das Buch ist mehrfach übersetzt worden. Fogel war Präsident der Economic History Association (1977), der Social Science History Association (1980) und der American Economic Association (1997).

Föhl-Kontroverse → Steuerparadoxon.

Föhlsches Steuerparadoxon → Steuerparadoxon.

fokales Unternehmen – zentrales Unternehmen in einem → strategischen Netzwerk, dem die Aufgabe der Selektion bei der Aufnahme von Unternehmen in das → Netzwerk, die Koordination der spezialisierten Aktivitäten der Netzwerkunternehmen sowie die Steuerung des Wissenstransfers und die Evaluierung der erbrachten Leistungen innerhalb des Netzwerkes zufällt. – Vgl. auch → Netzwerkorganisation.

Folder-Test – *Anzeigen-Wirkungs-Test;* Verfahren zur Messung der Wiedererkennung (→ Recognitiontest) von Werbebotschaften. Den Versuchspersonen werden Zeitschriftenhefte mit publizierten und nachträglich eingefügten Anzeigen (Testanzeigen) vorgelegt, wobei die Wiedererkennung abgefragt wird. Die nachträglich eingefügten Anzeigen dienen dazu, die Verzerrung durch vermeintliches, aber nicht echtes Wiedererkennen abzuschätzen. Der Folder-Test ist ein Instrument zur Überprüfung der Werbewirksamkeit von Anzeigen und im Vergleich zu Konkurrenzanzeigen.

Folge – 1. *Begriff:* Ordnet man den natürlichen Zahlen (1, 2, 3, 4, ...) durch eine beliebige Vorschrift je genau eine reelle Zahl zu, so entsteht eine Zahlenfolge. Man schreibt $a_1, a_2, a_3, ..., a_n, ...$ oder (a_n).

$$\begin{array}{cccccccl} 1 & 2 & 3 & 4 & \dots & n & \dots & \text{Natürliche Zahlen} \\ \downarrow & \downarrow & \downarrow & \downarrow & \dots & \downarrow & \dots & \quad\downarrow \\ a_1 & a_2 & a_3 & a_4 & \dots & a_n & \dots & \text{Reelle Zahlen} \end{array}$$

Durch die Zuordnung $n \rightarrow a_n$ ist eine → Funktion definiert. Die a_n heißen Glieder der Folge. – 2. *Arten:* a) *Arithmetische Folge:* Die Differenz $a_{n+1} - a_n = d$ zweier aufeinander folgender Glieder ist konstant. Das Bildungsgesetz lautet $a_n = a_1 + (n - 1) \cdot d$. – *Beispiel:* 10, 7, 4, 1, -2, -5, ... mit $a_n = 10 - 3 \cdot (n - 1)$. – b) *Geometrische Folge:* Der Quotient $q = a_{n+1}/ a_n$ zwischen zwei aufeinander folgenden Gliedern ist konstant. Das Bildungsgesetz lautet: $a_n = a_1 \cdot q^{n-1}$. *Beispiel:* 2, 4, 8, 16, ... mit $a_n = 2 \cdot 2^{n-1}$.

Folgebescheid → Bescheid, für den die Feststellungen in einem → Grundlagenbescheid (vgl. § 171 X AO) bindend sind. – Grds. definierend wird der Begriff insbesondere im § 182 AO in Zusammenhang mit der Bindungswirkung der Feststellungsbescheide als Grundlagenbescheide für Folgebescheide wie z.B. andere Feststellungs-, Steuermess-, Steuerbescheide und für Steueranmeldungen erwähnt. – Die Werte fließen als (selbständige) Besteuerungsgrundlage (§ 157 II AO) in die Folgebescheide ein. Die Trennung von Grundlagen- und Folgebescheid erfolgt aus verfahrensökonomischen Gründen.

Folgeinvestition – sämtliche → Investitionen, die im Anschluss an die → Gründungsinvestition vorgenommen werden (z.B. Ersatz-, Erweiterungs- oder Rationalisierungsinvestitionen). Die Folgeinvestitionen und die Gründungsinvestition bilden die

Gesamtinvestitionen während der Lebensdauer eines Unternehmens.

Folgekostenansatz – Methode zur Quantifizierung von Umweltbelastungen, bei der lediglich monetär anfallende Kosten (z.B. die Sanierung von Gebäuden) berücksichtigt wird. Diese konservative Methode unterschätzt die Kosten von Umweltbelastungen, weil Präferenzkosten nicht erfasst werden. Der Vorteil davon ist, dass diese Kosten als kaum kritisierbares Minimum akzeptiert werden. – Vgl. auch → ökonomische Bewertung von Umweltschäden.

Folgeprämie – *Folgebeitrag.* Jede → Prämie oder Prämienrate für eine Versicherung, die zeitlich nach der → Erstprämie fällig wird. Wird eine Folgeprämie nicht rechtzeitig gezahlt, kann der Versicherer dem → Versicherungsnehmer auf dessen Kosten eine Zahlungsfrist unter Angabe der Rechtsfolgen bestimmen. Die Frist muss mindestens zwei Wochen (in der Gebäude-Feuerversicherung mindestens einen Monat) betragen (vgl. § 38 I VVG). Ist diese Frist erfolglos abgelaufen, so ist der Versicherer: a) In der Gebäude-Feuerversicherung verpflichtet, dem Hypothekengläubiger unverzüglich Mitteilung zu machen (§ 142 I VVG); – b) bei Eintritt des → Versicherungsfalls von der Leistungspflicht frei, wenn der Versicherungsnehmer mit der Prämienzahlung in Verzug ist (§ 38 II VVG; eine Verzugsvoraussetzung ist, dass der Zahlungspflichtige die Nichtzahlung zu vertreten hat, §§ 284, 285 BGB); – c) zur fristlosen Kündigung berechtigt (§ 38 III VVG). Die Wirkungen der Kündigung werden aufgehoben, wenn der Versicherungsnehmer innerhalb eines Monats nach Kündigung oder, falls die Kündigung mit der Fristbestimmung verbunden war, innerhalb eines Monats nach Ablauf der Frist die Zahlung nachholt, sofern nicht der Versicherungsfall dann schon eingetreten ist (§ 38 III VVG). Dem Versicherungsunternehmen steht bei vorzeitiger Kündigung der Teil der Prämie zu, der dem Zeitraum entspricht, in dem Versicherungsschutz bestanden hat (§ 39 I VVG).

Folgeprüfverfahren → Sequentialtestverfahren.

Folgerecht – Recht eines Urhebers auf Beteiligung an dem aus einer Weiterveräußerung seines → Werks der bildenden Kunst oder eines Lichtbildwerkes, nicht jedoch Werks der Baukunst und der angewandten Kunst erzielten Erlös (§ 26 UrhRG). Das Folgerecht besteht bei jeder Veräußerung des Originals eines Werks der bildenden Künste, an der ein Kunsthändler oder Versteigerer beteiligt ist, nicht jedoch bei rein privaten Verkäufen. Es hat zum Inhalt, dass der Veräußerer dem → Urheber einen Anteil in Höhe von 0,25 – 4 Prozent des Veräußerungserlöses (nicht des Mehrerlöses) zu entrichten hat. Die Beteiligung ist degressiv gestaffelt. Das Folgerecht besteht auch dann, wenn kein Mehrerlös erzielt wird oder das Werk in seinem Wert gesunken ist. Das Folgerecht besteht nicht, wenn der Veräußerungserlös weniger als 400 Euro beträgt. Der Urheber kann auf den Anteil im Voraus nicht verzichten; die Anwartschaft unterliegt nicht der Zwangsvollstreckung, eine Verfügung über die Anwartschaft ist unwirksam.

Folgesteuern – Steuern, durch die Steuervermeidungswirkungen erfasst und verhindert werden sollen, z.B. Schenkungsteuer (Folge der Erbschaftsteuer). – Vgl. auch → Surrogatsteuer.

Folgeverträge – kommen aufgrund eines Wettbewerbsverstoßes zustande und sind i.d.R. wirksam. Der Wettbewerbsverstoß als solcher tangiert die Wirksamkeit des Vertrages nicht. Er ist daher nur dann unwirksam, wenn sein Inhalt gegen ein gesetzliches Verbot verstößt (§ 134 BGB) oder sittenwidrig ist (§ 138 BGB). Die Durchsetzung (Rechnungstellung, Mahnung, Einzugsermächtigung etc.) wettbewerbswidrig eingeleiteter Verträge kann erneut wettbewerbswidrig sein, wenn der dem Vertrag zugrunde liegende Wettbewerbsverstoß systematisch und zielgerichtet begangen wurde und der Kunde bei der Rechtsdurchsetzung nicht auf die Fehlerhaftigkeit der Verträge aufmerksam gemacht wird. – *Beispiel:* Systematisches Versenden rechnungsähnlich aufgemachter Bestellformulare, bewusstes und zielstrebiges Unterlassen vorgeschriebener Widerrufsbelehrungen nach § 312 BGB.

Folksonomy → Web 2.0.

Folk-Theoreme → wiederholte Spiele.

Fonds – 1. *Allgemein:* Geldmittelbestand für bestimmte Zwecke. – 2. → Investmentfonds. – 3. → Immobilienfonds.

Fonds Deutsche Einheit – ehemaliges Sondervermögen des Bundes; Fonds, der mit dem Ziel eingerichtet wurde, den neuen Bundesländern bis zu deren Einbeziehung in einen gesamtdeutschen → Finanzausgleich (ab Januar 1995) Zuweisungen zur Deckung ihres allg. Finanzbedarfs zu gewähren. – 1. *Rechtsgrundlagen:* Fondsgesetz (Gesetz zum Vertrag vom 18.5.1990 über die Schaffung einer Währungs-, Wirtschafts- und Sozialunion zwischen der Bundesrepublik Deutschland und der Deutschen Demokratischen Republik vom 25.6.1990, Art. 31) m.spät.Änd. (Vertrag über die Herstellung der Einheit Deutschlands, Kapitel IV, Sachgebiet B, Abschn. 2 sowie das Haushaltsbegleitgesetz 1991, Art. 5); Gesetz zur Aufhebung des Strukturhilfegesetzes und zur Aufstockung des Fonds Deutsche Einheit vom 16.3.1992 (BGBl. I 674, Art. 2); Gesetz zur Umsetzung des → Föderalen Konsolidierungsprogrammes vom 23.6.1993 (BGBl. I 944, Art. 36); Zweites Gesetz zur Umsetzung des Spar-, Konsolidierungs- und Wachstumsprogrammes vom 21.12.1993 (BGBl. I 2376, Art. 6). – 2. *Ausgestaltung:* Das Gesamtvolumen des Fonds wurde zunächst auf 115 Mrd. DM begrenzt. Hiervon sollten jeweils 85 Prozent direkt in die neuen Bundesländer transferiert werden und 15 Prozent dem Bund zur Erfüllung zentraler Aufgaben in Ostdeutschland verbleiben. Mit dem

Haushaltsbegleitgesetz 1991 verzichtete der Bund auf seinen Anteil an den Fondsmitteln. – Entgegen der ursprünglichen Planung wurde der Fonds von 1992 bis 1994 um insgesamt 45,7 Mrd. DM aufgestockt. Zur Finanzierung ist eine Nettokreditaufnahme in Höhe von 95 Mrd. DM vorgesehen. Die Finanzierung erfolgte durch eine Nettokreditaufnahme von 95 Mrd. DM, der fehlende Betrag zum Gesamtvolumen von 115 Mrd. DM wurde durch Zuweisungen aus dem Bundeshaushalt gedeckt. Die Aufstockung des Fonds wurde durch die Mehreinnahmen der Umsatzsteuererhöhung, aus dem Aufkommen des Zinsabschlags und durch haushaltsfinanzierte Beiträge des Bundes und der alten Länder finanziert. Seit 1995 ist der Fonds Deutsche Einheit ein reiner Tilgungsfonds, dessen Schuldendienstverpflichtungen sich Bund, alte Bundesländer und deren Gemeinden teilen. Die Deutsche Bundesbank gibt einen Schuldenstand von 38,6 Mrd. Euro Ende 2004 an. Der Bund hatte zu Beginn 2005 die Verbindlichkeiten des Fonds als Mitschuldner übernommen, die in den → Bundeshaushalt integriert worden sind, die Schulden des Fonds werden seit 2006 nicht mehr separat aufgeführt. Der Fond wird mit Ende des Jahres 2019 aufgelöst, wobei alle Vermögen und Verbindlichkeiten dem Bund übertragen werden.

Fondswirtschaft – Form der öffentlichen → Finanzwirtschaft, bei der bestimmte Einnahmen nur zur Finanzierung bestimmter Ausgaben verwendet werden dürfen. Die Fondswirtschaft ist im modernen Staat durch den einheitlichen → Haushaltsplan (→ Nonaffektationsprinzip) abgelöst worden; ausnahmsweise angewandt z.B. im Fall der → ERP-Sondervermögen, → Lastenausgleichsfonds.

Fontänentheorie – 1. *Begriff:* Argumentationskette in der Theorie der öffentlichen Verschuldung, die im Gegensatz zur → Quellentheorie ein zinssteigerungsbedingtes → Crowding-out verneint (Stützel). – 2. *Aussagen:* Die Fontänentheorie behauptet, dass die vom Staat aufgenommenen Mittel über die Verausgabung wieder auf die Kreditmärkte zurückfließen, das Geldkapitalangebot sich insofern ständig revolviert und somit flexibel ist. Durch die Kreditaufnahme wird das Geldkapitalangebot demnach nicht verknappt; Zinssteigerungen, die private Konsum- und/oder Investitionsentscheidungen berühren, bleiben aus. – 3. *Kritikansatz:* Die Fontänentheorie vernachlässigt Sickerverluste und Friktionen, die einem vollständigen Rückfluss der vom Staat aufgenommenen Mittel entgegenstehen, v.a. das Anlageverhalten der Wirtschaftssubjekte, denen die verausgabten Mittel zufließen. Öffentliche Güter werden als vollkommene Substitute zu privaten Gütern angesehen, zudem unterstellt die Fontänentheorie, dass die Aussagen des Ricardianischen Äquivalenztheorems (→ Ricardianische Äquivalenz) erfüllt sind.

Food and Agricultural Organization → FAO.

Food Broker → Handelsvertreter, die im Auftrag der Hersteller von Nahrungs- und Genussmitteln einen umfassenden Merchandising-Service (→ Merchandising) im → Einzelhandel erbringen. Dazu gehören in erster Linie die Regalpflege, die Warendisposition, die Manipulation der Waren von der Anlieferung bis zur Warenpräsentation, die Preisauszeichnung, die Kontrolle des Warenumschlags und die Durchführung von auf das betreute Sortiment bezogenen werblichen Aktivitäten (v.a. Promotions). – Vgl. auch → Rack Jobber.

Food-Sortiment – Sortimentsteil des Lebensmittelhandels: Alle Nahrungs- und Genussmittel. – *Non-Food-Waren:* Alle übrigen Sortimentsteile (z.B. Wasch- und Putzmittel, Zeitungen, Blumen, Haushaltswaren).

Footloose Industry – engl. für *ungebundene Industrie*; weitgehend standortneutrale → Industrie. Für die der Footloose Industry zuzurechnenden industriellen Branchen ist es i.d.R. gleichgültig, wo ihre Produktionsstätten liegen. Überall, wo es billige Arbeitskräfte gibt, sind schnell zu verlagernde Produktionsstätten möglich (z.B. Bekleidungsindustrie).

Förderabgabe → bergrechtliche Förderabgabe.

Förderbanken → Wirtschaftsförderinstitute.

Fördergebiete → regionale Fördergebiete.

Fördergebietsgesetz – ein Gesetz mit Subventionsregelungen zur Stärkung der Wirtschaft im Beitrittsgebiet; noch relevante Einzelheiten s. → Investitionszulagen.

Fördergrundbetrag – eine der Größen zur Berechnung der → Eigenheimzulage, welche für Neufälle nach dem 31.12.2005 gestrichen wurde. Bei Anschaffung oder Herstellung nach dem 31.12.2003 beläuft sich der Fördergrundbetrag auf maximal 1.250 Euro jährlich.

Fördermaßnahmen – staatliche Unterstützung privater Unternehmen überwiegend durch finanzielle Hilfen, z.B. → Subventionen, Beihilfen. – Vgl. auch → Wirtschaftsförderung.

Förderung der Allgemeinheit → gemeinnützige Zwecke.

Förderung der beruflichen Aus- und Weiterbildung – Leistungen der Bundesagentur für Arbeit nach dem Sozialgesetzbuch III (SGB III) – → Sozialgesetzbuch (SGB) -durch eine individuelle Förderung in Form der → Berufsausbildungsbeihilfe (§§ 56 ff. SGB III).

Förderung der Wirtschaft → Wirtschaftsförderung.

Förderung der Wirtschaft von Berlin (West) – 1. *Begriff:* In der Zeit der dt. Teilung gewährte steuerliche Vergünstigungen (sog. Berlinpräferenz) mit dem Ziel, die Berliner Wirtschaftsstruktur politisch zu stabilisieren und ihre Fortentwicklung zu gewährleisten. – 2. *Gesetzliche Grundlage* war das Gesetz zur Förderung der Berliner Wirtschaft (Berlinförderungsgesetz, BerlinFG) i.d.F. vom 2.2.1990 (BGBl. I 173), geändert durch Missbrauchsbekämpfungs- und Steuerungsgesetz vom 21.12.1993 (BGBl. I 2310). Es gewährte Vergünstigungen bei der Umsatzsteuer, Ermäßigungen der Einkommen- und Körperschaftsteuer, erhöhte Absetzungen bei der Gewinnermittlung, Ermäßigungen für Darlehnsgewährung zur Förderung der Berliner Wirtschaft („Berlindarlehen"), Investitionszulagen.

Forderungen – Anspruch auf Entgelt für eine erbrachte → Leistung. In der Bilanz sind Forderungen i.d.R. im Umlaufvermögen auszuweisen und zu untergliedern (→ Bilanzgliederung). – Vgl. auch → Besitzwechsel.

Forderungen Gebietsansässiger an Gebietsfremde – analog *Verbindlichkeiten Gebietsansässiger bei Gebietsfremden.* 1. → Forderungen (→ Verbindlichkeiten) durch alle → Gebietsansässige (ausgenommen → Kreditinstitute) gegenüber → Gebietsfremden sind bei der Deutschen Bundesbank zu melden, wenn diese innerhalb eines Monats mehr als 5 Mio. Euro übersteigen (§ 62 I AWV). – 2. Meldefrist für Forderungen und Verbindlichkeiten aus dem *Dienstleistungs- und Warenverkehr (Ausfuhrforderungen bzw. -verbindlichkeiten)* einschließlich der geleisteten und entgegengenommenen Anzahlungen gemäß § 62 III AWV: monatliche Meldung bis zum 20. Tag des Folgemonats nach dem Stand des letzten Werktages des Vormonats. – 3. Meldefrist für Forderungen und Verbindlichkeiten aus *Finanzbeziehungen mit Gebietsfremden* gemäß § 62 II AWV: monatliche Meldung bis zum 10. des Folgemonats nach dem Stand des letzten Werktages des Vormonats.

Forderungsabtretung – *Zession*, Übertragung einer Forderung von dem bisherigen Gläubiger (Zedenten) auf einen neuen Gläubiger (Zessionar). – *Rechtsgrundlage:* §§ 398 ff. BGB.

I. Zulässigkeit: 1. Grundsätzlich sind alle Forderungen *abtretbar,* sofern sie genügend bestimmbar sind. – 2. *Nicht abtretbar* sind Forderungen: (1) Wenn die Forderungsabtretung durch Vereinbarung mit dem Schuldner ausgeschlossen ist (häufig z.B. bei Ansprüchen aus Versicherungsverträgen), (2) wenn die Forderungsabtretung nicht ohne Veränderung des Inhalts der Forderung erfolgen kann (z.B. bei Ansprüchen auf Dienstleistungen), (3) wenn die Forderungsabtretung unpfändbar ist (→ Unpfändbarkeit), (4) wenn die Forderungsabtretung gesetzlich verboten ist.

II. Form: 1. Mitwirkung des Schuldners am → Vertrag zwischen Zedenten und Zessionar nicht erforderlich, auch nicht Anzeige der Forderungsabtretung an ihn. Der Forderungsabtretungs-Vertrag selbst bedarf keiner Form. – *Sondervorschriften* für die Abtretung hypothekarisch gesicherter Forderungen (§§ 1154–1159 BGB, → Hypothek). – 2. Die Abtretung von Forderungen, die in → Wertpapieren verbrieft sind, z.B. Wechsel- oder Scheckforderungen, ist zwar zulässig und auch bei Rektapapieren die einzig mögliche Übertragungsform, aber sonst nicht üblich. Weil der Erwerber die Forderung nur geltend machen kann, wenn er im Besitz der Urkunde ist, verlangt die h.M. zur Wirksamkeit der Forderungsabtretung auch → Übergabe des Wertpapiers an den Erwerber.

III. Wirkung: Die abgetretene Forderung geht mit allen Sicherungs- und Vorzugsrechten, z.B. Pfandrechten, Bürgschaften und Hypotheken, auf den neuen Gläubiger über (§ 401 BGB). Dem Schuldner stehen auch gegenüber dem Zessionar alle Einwendungen zu, die er dem Zedenten gegenüber hatte (§ 404 BGB). – Bei zulässiger *Abtretung der Lebensversicherung* tritt der Zessionar in alle Rechte des → Versicherungsnehmers ein; letzterer bleibt Prämienzahler und muss wegen der → Inhaberklausel den Versicherungsschein dem Zessionar aushändigen.

IV. Schutzbestimmungen für den Schuldner: 1. Der Schuldner kann mit einer Forderung, die ihm gegen den Zedenten zustand, grundsätzlich auch gegenüber dem Zessionar aufrechnen (§ 406 BGB). – 2. Leistet der Schuldner in Unkenntnis der Forderungsabtretung an den alten Gläubiger, so ist dies auch gegenüber dem neuen Gläubiger wirksam (§ 407 BGB). – 3. Zeigt der Gläubiger dem Schuldner die Forderungsabtretung an, muss er sie auch dann gegen sich gelten lassen, wenn sie nicht oder nicht wirksam erfolgt ist (§ 409 BGB). – 4. Der Schuldner kann von dem neuen Gläubiger Nachweis über die erfolgte Forderungsabtretung verlangen. Solange dies nicht geschieht, ist (1) der Schuldner zur Verweigerung der Leistung berechtigt, (2) eine Kündigung oder Mahnung des neuen Gläubigers unwirksam, wenn der Schuldner sie unverzüglich zurückweist (§ 410 BGB). Vorlegung einer Urkunde ist jedoch nicht notwendig, wenn der alte Gläubiger dem Schuldner die Abtretung angezeigt hat.

V. Lohnabtretung: Die Abtretung von Lohnansprüchen ist nur insoweit möglich, als der Anspruch des Arbeitnehmers gegen den Arbeitgeber einer → Lohnpfändung unterliegt (§ 400 BGB). – *Steuerliche Behandlung:* Auch bei Forderungsabtretung besteht Steuerpflicht des Arbeitnehmers mit vollem Arbeitslohn.

VI. Abtretung von Ansprüchen aus einem Versicherungsvertrag: In bestimmten Versicherungszweigen vor ihrer endgültigen Feststellung ohne ausdrückliche Genehmigung des Versicherers nicht gestattet. Die Versicherungsbedingungen sind jeweils zu prüfen. – *Sonderregelung für die Forderungsabtretung bei der Lebensversicherung:* Der Zessionar tritt in alle Rechte des → Versicherungsnehmers ein. Liegt eine unwiderrufliche Bezugsberechtigung (Begünstigung) vor, dann ist eine Forderungsabtretung nur mit Zustimmung des unwiderruflich Bezugsberechtigten möglich. Der Versicherungsnehmer bleibt

Prämienzahler. Wegen der → Inhaberklausel im Versicherungsschein muss er diesen an den Zessionar geben. Mit der Forderungsabtretung erwirbt der Zessionar nach h.M. auch Gestaltungsrechte, z.B. das Recht zur Umwandlung der Versicherung.

Förderungsauftrag – Die Förderung der Mitglieder ist das zentrale Wesensprinzip und das höchste Unternehmensziel der Genossenschaft. Das Genossenschaftsmanagement hat im Rahmen der Rechtsform der eG nicht die Möglichkeit, den Grundzweck der Förderung außer Acht zu lassen. Die Nutzenstiftung der Mitglieder in ökonomischer, kultureller oder sozialer Hinsicht ist für die Mitglieder unabdingbar zu erreichen (§ 1 GenG). Der Förderungszweck hat im Laufe der Entwicklung von Wirtschaft und Gesellschaft einen strukturellen Wandel in der Weise erfahren, dass die unmittelbare und direkte Förderung (über Preise, Zinsen, Miethöhe u.a.) etwas in den Hintergrund getreten ist und die mittelbare und indirekte Mitgliederförderung (im Sinne der Übernahme von Unternehmensfunktionen für die Mitgliederwirtschaften) wesentlich an Bedeutung gewonnen hat. Es gilt das genossenschaftliche Identitätsprinzip, wonach die Nutzenstiftung der genossenschaftlichen Unternehmensaktivität nur auf die Mitglieder ausgerichtet ist und das → Nichtmitgliedergeschäft eine ergänzende Funktion besitzt.

Forderungsdeckung → Exportkreditgarantien des Bundes.

Forderungseffekt – Begriff der finanzwissenschaftlichen Schuldentheorie; Umstrukturierung und Volumenänderung der privaten Forderungen, die durch die öffentliche Defizitfinanzierung und die damit verbundene Schuldenaufnahme bzw. Überschussbildung und die damit verbundene Schuldentilgung entstehen. Der Forderungseffekt gibt den Einfluss der Fiskalpolitik auf die private Investitionstätigkeit an und wirkt über rein liquiditätsmäßige Vorgänge; daher ist er von güterwirtschaftlichen Einflüssen der Fiskalpolitik (→ Pump-Priming, → Lerner-Effekt) zu unterscheiden.

Forderungsgarantie → Garantievertrag, durch den der Garant die Gewähr für den Bestand oder die Einbringlichkeit einer Forderung übernimmt; mit der → Bürgschaft verwandt, bedarf aber im Gegensatz zu dieser keiner Form.

Förderungsgenossenschaft – kooperative Selbsthilfeeinrichtung selbstständiger Mitgliederwirtschaften (Haushalte und Unternehmen), welche das Ziel verfolgt, über den genossenschaftlichen Geschäftsbetrieb Leistungen auf den Beschaffungs- und Absatzmärkten zu erzielen, die sie als Einzelwirtschaft nicht erreichen kann. Typisch ist, dass der genossenschaftliche Geschäftsbetrieb als Ergänzungswirtschaft für die Mitgliederbetriebe und Haushalte auftritt und diese in ihrem eigenen Wirtschaftsbereich selbstständig agieren können. Die meisten Genossenschaften in Deutschland sind Förderungsgenossenschaften (→ Kreditgenossenschaften, → Wohnungsgenossenschaften, Handwerkergenossenschaften u.a.).

Forderungskauf – Kauf einer Forderung; Fall des Rechtskaufs (§ 453 I Alt. 1 BGB). Der → Kaufvertrag ist vom Verkäufer durch Abtretung der Forderung (→ Forderungsabtretung) zu erfüllen. Der Verkäufer haftet für rechtlichen Bestand der Forderung (Verität), nicht für Beitreibbarkeit (Bonität). Abweichende Vereinbarungen zulässig. – Vgl. auch → Factoring.

Forderungspapiere → Wertpapiere, die in erster Linie Forderungsrechte, v.a. Geldforderungen verbriefen (→ Inhaberschuldverschreibung, → Wechsel, → Scheck), im Gegensatz zu den Mitgliedschaftspapieren (z.B. → Aktie) und sachenrechtlichen Papieren (z.B. → Hypothekenbrief).

Forderungspfändung → Pfändungs- und Überweisungsbeschluss.

Forderungsübergang → Rechtsnachfolge.

Forderungsverkauf → Factoring, → Forfaitierung.

Förderzins → bergrechtliche Förderabgabe.

Fordismus – von H. Ford eingeführtes Herstellungsprinzip und die auf ihn zurückgehende Produktionsweise. Merkmale sind Massenproduktion, → Fließproduktion, ein hohes Maß an Standardisierung, große Fertigungstiefe und vertikale Integration sowie die Produktion für den Massenkonsum. Der Produktionsprozess ist in eine Vielzahl von Arbeitsschritten zerlegt, die durch relativ gering qualifiziertes Personal ausgeführt werden können. – Vgl. auch → Fordismuskrise.

Fordismuskrise – in der → Regulationstheorie verwendeter Begriff für die strukturelle Krise, die in den 1970er-Jahren die seit dem Ende des Zweiten Weltkriegs anhaltende stabile wirtschaftliche Wachstumsphase des → Fordismus in den westlichen Industrieländern abgelöst und zu einem wirtschaftlichen und gesellschaftlichen Wandel (Postfordismus) geführt hat.

Foreign Direct Investment (FDI) → Direktinvestitionen.

Forfaiteur – Bank oder Forfaitierungsgesellschaft, die von Exporteuren (Forderungsverkäufern) mittel- bis langfristige Forderungen unter Verzicht auf Rückgriff ankauft. – Vgl. auch → Forfaitierung.

Forfaitierung – 1. *Charakterisierung:* a) *Begriff:* Aus der Sicht von Exporteuren ist Forfaitierung der i.Allg. regresslose Verkauf einzelner mittel- bis langfristiger Exportforderungen an Forfaitierungsgesellschaften oder an forfaitierende Kreditinstitute (→ Forfaiteure). Der Ausdruck „à forfait“ bedeutet, dass die Forderungen als Ganzes (in „Bausch und Bogen“), d.h. mit allen Risiken von den Forfaiteuren angekauft werden. (1) *Echte Forfaitierung* liegt bei vorbehaltloser Übernahme aller mit der angekauften Forderung verbundenen Risiken, v.a. des Delkredererisikos, der politischen Risiken und (bei Fremdwährungsforderungen) des Wechselkursrisikos durch den Forfaiteur vor. (2) Von *unechter Forfaitierung* wird gesprochen, wenn der Rückgriff auf den Forderungsverkäufer – im Ausnahmefall und im genau zu definierenden Umfang – nicht ausgeschlossen ist. Im Gegensatz zum → Factoring werden Forfaitierungsverträge für jeden Einzelfall abgeschlossen. Voraussetzung für die Forfaitierung von mittel- und langfristigen Exportforderungen ist regelmäßig die Zahlungsgarantie bzw. das Wechselaval (Wechsel) der Importeurbank bzw. einer anderen solventen Bank. – b) *Betrag und Währung:* Die Höhe ankaufsfähiger Forderungen ist nicht allg. gültig festgelegt. Die Forfaiteure erwarten jedoch einen Mindestbetrag (eine Ratenhöhe) von ca. 50.000 Euro oder Fremdwährungsgegenwert. Eine Obergrenze existiert nicht. Forfaiteure kaufen Euro-Forderungen und Fremdwährungsforderungen an. Fremdwährungsforderungen müssen auf die Währungen der bedeutenden (sog. westlichen) Welthandelsländer lauten. – c) *Laufzeit:* Die maximale Laufzeit ankaufsfähiger Forderungen ist v.a. abhängig vom Schuldnerland, in dem der Importeur bzw. die für die Zahlung haftende Bank den Sitz hat. Bei Schuldnerländern, deren Kreditwürdigkeit als nicht bes. hoch eingeschätzt wird, begrenzen die Forfaiteure die Höchstlaufzeit auf ca. ein bis drei Jahre. Forderungen auf Länder, deren Kreditwürdigkeit keinen Anlass zu Zweifeln gibt, sind dagegen mit Laufzeiten bis zu sieben Jahren und – in Ausnahmefällen – auch darüber forfaitierungsfähig. – 2. *Sicherheiten für den Forfaiteur:* Forfaiteure erteilen regelmäßig Auflagen zur Sicherstellung der anzukaufenden Forderung. – a) *Haftung des Exporteurs:* Der forderungsverkaufende Exporteur haftet gegenüber dem Forfaiteur stets für den rechtlichen Bestand der Forderung: Die Forderung muss in ihrer Höhe einwandfrei bestehen und frei von Rechten Dritter sein (unechte Forfaitierung). – b) *Wechselaval:* Das Wechselaval der (Importeur-)Bank bietet sich an, wenn die Exportforderung ohnehin in Wechselform gekleidet ist. – c) *Garantieerklärung:* Sofern keine Wechselziehung zwischen Exporteur und Importeur vereinbart ist, und somit auch kein Wechselaval in Frage kommt, kann die entstandene Buchforderung durch die Garantieerklärung einer Bank abgesichert werden. Diese Garantieerklärung muss unwiderruflich und übertragbar sein und darf bez. ihrer Erfüllung nicht an bes. Bedingungen geknüpft sein. – d) *Akkreditiv:* Hat der Exporteur dem Importeur ein Zahlungsziel im Rahmen eines Akkreditivs mit hinausgeschobener Zahlung gewährt, dann ist es bei entsprechender Laufzeit nahe liegend, die mit der Dokumenteneinreichung bzw. Dokumentenaufnahme entstehende Forderung an einen Forfaiteur zu verkaufen. – e) *Hermes-Deckung:* Sofern der Exporteur für die zu verkaufende Exportforderung eine Risikoabdeckung in Form einer → Exportkreditgarantien des Bundes vorgenommen hat, kann er seine Ansprüche an den Forfaiteur abtreten. Die Hermes-Deckung macht im Einzelfall die Forfaitierung von Exportforderungen möglich, für die sich wegen politischer Risiken des Schuldnerlandes sonst kein Forfaiteur finden würde. – 3. *Funktionen:* a) *Finanzierungsfunktion:* Gewichtigstes Argument des forderungsverkaufenden Exporteurs für die Forfaitierung ist der sofortige und hohe Liquiditätszufluss. Dabei ist von Vorteil, dass die Forfaiteure Exportforderungen einschließlich der dem Importeur in Rechnung gestellten Zinsen (sog. Abnehmerzinsen) ankaufen, sodass der Forfaitierungserlös etwa der Exportforderung (Kaufpreisforderung) entspricht, d.h. eine sog. Vollfinanzierung vorliegt. Durch Forfaitierung verbessert der Exporteur seine Bilanzkennzahlen, bes. die Eigenkapital-/Fremdkapitalrelation, sofern er den Forfaitierungserlös zur Schuldentilgung verwendet. – b) *Delkrederefunktion:* Die von den Forfaiteuren übernommene Delkrederefunktion reicht sehr weit. Sie umfasst nicht nur die wirtschaftlichen Risiken (Zahlungsausfallrisiko, Zahlungsverzögerungsrisiko) einer Exportforderung einschließlich der Zinsforderung an den Importeur, sondern auch die politischen Forderungsrisiken. Bei Fremdwährungsforderungen übernehmen die Forfaiteure überdies das Wechselkursrisiko ab dem Zeitpunkt des vorbehaltlosen Forderungsankaufs. – c) *Dienstleistungsfunktion vor Entstehung der Exportforderung:* Die Forfaiteure beraten die Exporteure hinsichtlich der in den Kaufvertrag aufzunehmenden Zahlungsbedingungen. Überdies stellen sie Auskünfte über den Importeur, über die Garantiebank und über das politische Risiko des Schuldnerlandes (Länderrisiko) zur Verfügung. – 4. *Abwicklung und Kosten vor Entstehung der Exportforderung:* a) *Indikation:* Die sog. Indikation ist eine unverbindliche Information des Forfaiteurs über die möglichen Ankaufskonditionen, die der Exporteur häufig bereits bei Angebotskalkulation oder während der Vertragsverhandlungen mit dem Importeur einholt. – b) *Festofferte:* In Festofferten (Festangeboten) verpflichten sich die Forfaiteure gegenüber dem anfragenden Exporteur einseitig zur Forfaitierung und zu den in der Festofferte genannten Konditionen. Festofferten werden meistens nur für kurze Zeit aufrecht erhalten. Bei längerer Laufzeit einer Festofferte im Sinn eines vom Exporteur einseitig auszuübenden Optionsrechts hat der Exporteur im Fall des Nichtzustandekommens der Forfaitierung u.U. eine Optionsgebühr (Optionsprämie) zu entrichten. – c) *Festabschluss:* Einen Festabschluss (manchmal als „Festzusage" bezeichnet) vollzieht der Exporteur mit dem Forfaiteur i.Allg. unmittelbar nach Abschluss des Kontrakts mit dem Importeur. In den Festabschluss sind u.a. die Beschreibung der anzukaufenden Forderung sowie die detaillierten Ankaufskonditionen aufgenommen. Der Festabschluss bindet sowohl den Exporteur als auch den Forfaiteur. – d) *Vorlaufzeit:* Der Zeitraum zwischen dem Abschluss des Forfaitierungsvertrages

(Festabschluss, Festzusage) und dem Zeitpunkt des Ankaufs der Forderung wird als Vorlaufzeit bezeichnet. Für die Dauer der Vorlaufzeit berechnen die Forfaiteure i.Allg. eine Bereitstellungsprovision. Diese Provision rechtfertigt sich mit der Sicherheit des Exporteurs über den unwiderruflichen Forderungsankauf zu festgelegten Konditionen. Zu beachten ist, dass der Exporteur bei Kontrakten, die auf Fremdwährung lauten, das Wechselkursrisiko während der Vorlaufzeit selbst trägt. – 5. *Abwicklung und Kosten nach Entstehung der Exportforderung:* Der im Forfaitierungsvertrag vereinbarte Zinssatz (der sog. Forfaitierungssatz) ist regelmäßig ein Festzinssatz, der für die ganze Forderungslaufzeit gilt. Der Forfaiteur stellt dem Exporteur den Forfaitierungserlös (Diskonterlös) vorbehaltlos zur Verfügung, sofern alle Vereinbarungen des Forfaitierungsvertrags (v.a. die Übertragung der Sicherheiten) erfüllt sind. Die Höhe der Diskontzinsen ist abhängig vom Marktzins, von der Laufzeit der zu forfaitierenden Forderung(en), von der Zahlungsfähigkeit des Landes, in dem Schuldner bzw. Garant ihren Sitz haben, von der Bonität der Garantiebank und von der Kreditwürdigkeit des Importeurs.

formale Demografie – ist nach Methode und Anwendungsbereich mathematische → Bevölkerungsstatistik und operiert mit Modellen, Szenarien und Projektionen. Sie ist abstrakte Betrachtungsweise, so für Zielprojektionen zum Verhalten und zur quantitativen Veränderung demografischer Segmente (Altersgruppen) und von Bevölkerungsfaktoren bzw. demografischen Parametern (→ Fertilität und → Mortalität und deren Verläufe) unter wechselnden Annahmen und festgesetzten Bedingungen. Der relativ geschlossene Rahmen der → Altersstruktur und die biosoziale Logik ihrer Reproduktion in der Zeit (→ Generationenabstand) sind die häufigsten Anwendungsgebiete. Ergebnisse sind durchweg Wenn-Dann-Aussagen unter Verwendung rahmenbezogener ceteris-paribus-Annahmen. – Vgl. auch → Bevölkerungsmodelle, → Bevölkerungsmathematik, → Bevölkerungswissenschaft.

formale Inzidenz → Inzidenz.

formale Spezifikation – 1. *Begriff:* im → Software Engineering eine Methode der → Spezifikation, bei der die Aufgaben eines → Moduls (schwieriger: eines → Softwaresystems) formal definiert werden, z.B. axiomatisch. – 2. *Vorteil:* Exakte Vorgabe für die → Implementierung; ausgehend von einer formalen Spezifikation kann u.U. ein formaler Beweis geführt werden, dass die Implementierung mit der Spezifikation übereinstimmt. (→ Programmverifikation). – 3. *Nachteil:* Nur für kleinere Aufgaben und von formal geschulten Informatikern einsetzbar, sehr aufwendig. – 4. *Bedeutung:* In der → Informatik intensive Forschungsaktivitäten; in der Praxis noch geringe Bedeutung.

Formalisierung → Theorie.

Formalwissenschaft – Bezeichnung für wissenschaftliche Disziplinen, deren Gegenstand in der Realität nicht existierende Objekte sind. Handelt sich um Logik und Mathematik, teilweise auch → Systemtheorie einschließlich Kybernetik. Die Wahrheit formalwissenschaftlicher Aussagen ist nur in logischer Hinsicht feststellbar. Anwendung formalwissenschaftlicher Tatbestände innerhalb der → Realwissenschaften, indem mathematische Ausdrucksformen zur Darstellung benutzt oder die Aussagen auf ihre Widerspruchsfreiheit geprüft werden (→ Konsistenzpostulat).

Formatieren – 1. Bei der → Textverarbeitung: einen vorhandenen Text in eine bestimmte Gestalt (bez. Zeilenlänge, Seitenumbruch, benutzte Zeichensätze etc.) bringen; sein Layout (Format) festlegen. – 2. Bei Speichermedien: Initialisierung vor dem ersten Gebrauch. Dabei werden verschiedene (Aufzeichnungs-)Formate benutzt; das bei einem → Computer verwendete Format hängt von seinem → Betriebssystem (BS) ab.

Formblätter – Verordnungen über die Gliederung des → Jahresabschlusses oder → Konzernabschlusses bzw. über den Inhalt des (Konzern-)Anhangs oder (Konzern-)Lageberichts. Das Bundesministerium der Justiz (BMJ) kann für Kapitalgesellschaften Formblätter vorschreiben, wenn der Geschäftszweig eine von den §§ 266 und 275 HGB abweichende Gliederung erfordert (§ 330 HGB). V.a. Kreditinstitute und Versicherungsunternehmen haben die durch die jeweilige → Rechnungslegungsverordnung vorgeschriebenen Formblätter anzuwenden. Die Rechnungslegungsverordnung enthält drei Formblätter, und zwar für die → Bilanz das Formblatt 1 und für die → Gewinn- und Verlustrechnung (GuV) die Formblätter 2 (Kontoform) und 3 (Staffelform). Die Posten der Formblätter werden weitgehend in der Rechnungslegungsverordnung erläutert.

Formelflexibilität – *Formula Flexibility;* Automatismus zur Bremsung von konjunkturellen Schwankungen in Anlehnung an die → regelgebundene Finanzpolitik und die → Built-in Flexibility. Durch Gesetz werden Steuersatzvariationen und Staatsausgabenveränderungen festgelegt, die inkraft treten, sobald die Wachstumsrate des Volkseinkommens oder andere strategische Variablen um einen bestimmten Prozentsatz von einem vorher festgelegten Wert abweichen. – Das Konzept der Formelflexibilität ist als Reaktion auf die Time Lags entwickelt worden: Sie soll die → diskretionäre Finanzpolitik ablösen, um eine höhere Durchschlagskraft der Konjunkturpolitik zu erreichen. – Die politische Durchsetzbarkeit der Formelflexibilität erscheint gering, da es schwierig ist, geeignete theoretische Konjunkturindikatoren (→ Konjunkturbarometer) zu finden. Zudem sind einzelne Konjunktursituationen sehr unterschiedlich, sodass eine automatische Gleichbehandlung problematisch ist. Außerdem wird das

Haushaltsrecht von Regierung und Parlament beeinträchtigt.

formelle Gruppe → Gruppe.

formelle Maßgeblichkeit → Maßgeblichkeitsprinzip.

formeller Sektor – im Gegensatz zum → informellen Sektor Bezeichnung für den modernen, geschützten Sektor oft (transnationaler) Großunternehmen mit kapitalintensiver Technologie in Entwicklungsländern. Formale Sektoren zeichnen sich aus durch hohe Markteintrittsbarrieren, erheblichen Anteil ausländischer Ressourcennutzung, Produktion hoher Losgrößen, formale Bildungsabschlüsse als Beschäftigungsvoraussetzung sowie durch Zölle, Kontingente und Handelslizenzen in geschützten Märkten – Vgl. auch → Entwicklungstheorie.

formelles Konsensprinzip – Grundsatz des Grundbuchrechts, der besagt, dass zur Eintragung in das → Grundbuch i.d.R. (Ausnahme z.B. bei Auflassung) einseitige Bewilligung des Betroffenen genügt (§ 19 GBO). – Vgl. auch → Konsensprinzip, → materielles Konsensprinzip.

Formeltarif → Kurventarif.

formierte Gesellschaft → Erhard.

Formkaufmann → Kaufmann kraft Rechtsform im Sinn des HGB, der diese Eigenschaft mit der Entstehung des Unternehmens erlangt, auch wenn kein Handelsgewerbe betrieben wird (vgl. § 6 II HGB). – *Zum Formkaufmann gehören:* (1) Handelsgesellschaften mit eigener Rechtspersönlichkeit AG, KGaA und GmbH, EWIV; (2) sonstige Gesellschaften mit eigener Rechtspersönlichkeit, die den Handelsgesellschaften im Wesentlichen gleichgestellt sind (eingetragene Genossenschaften) und VVaG (§§ 16, 53 VAG; § 17 GenG). – Formkaufleute sind, auch wenn sie nicht im Handelsregister eingetragen sind, OHG und KG. – *Nichtformkaufleute sind:* Stille Gesellschaft, die keine Handelsgesellschaft ist; Kartelle, Interessengemeinschaften, Konzerne etc., wenn nicht in der Form einer der zulässigen Handelsgesellschaft aufgezogen; Vereine oder Gesellschaften des bürgerlichen Rechts.

förmliches Verwaltungsverfahren – ein durch Rechtsvorschrift angeordnetes bes. → Verwaltungsverfahren mit der Mitwirkung von Zeugen und Sachverständigen, der Verpflichtung zur Anhörung von Beteiligten und dem Erfordernis der mündlichen Verhandlung, geregelt in den §§ 63 ff. der Verwaltungsverfahrensgesetze.

Formula Flexibility → Formelflexibilität.

Formular – Komponente von Dialogsystemen, Gegenstück zum Papierformular. Auf einem Formular sind Dialogelemente wie z.B. Checkboxen, Radiobuttons oder Listenfelder platziert, in denen der Benutzer Eintragungen vornehmen kann. Bes. Bedeutung erhält das Formular im Zusammenhang mit → HTML und → Workflow Management Systemen.

Formvorschriften – Rechtsvorschriften, die die Gültigkeit eines → Rechtsgeschäfts von der Wahrung einer bestimmten Form abhängig machen. V.a. Grundstücksgeschäfte (→ Grundstücksverkehr) sind formbedürftig, während Rechtsgeschäfte i.d.R., v.a. → Verträge, auch ohne bestimmte Form gültig sind. – *Vereinbarung* von Formzwang durch die Parteien möglich. – Vgl. auch → Schriftform, → elektronische Form, → vereinbarte Form, → Textform, → öffentliche Beglaubigung, → öffentliche Beurkundung.

Formwechsel – 1. *Gesellschaftliche Grundlagen:* §§ 190–304 UmwG. – 2. *Wesen:* Charakteristisch für den Formwechsel ist, dass im Rahmen des Formwechsels das Vermögen nicht auf einen anderen Rechtsträger übertragen wird. Es ändert sich nur die Rechtsform; die Identität und der Bestand des Rechtsträgers bleiben gewahrt. Durch das UmwG sind die Möglichkeiten des Formwechsels erheblich ausgeweitet worden. Nicht nur der Formwechsel von einer Personengesellschaft in eine andere Personengesellschaft oder von einer Kapitalgesellschaft in eine andere Kapitalgesellschaft ist möglich, sondern auch bei einem Formwechsel von einer Personengesellschaft in eine Kapitalgesellschaft oder umgekehrt ändert sich das Rechtskleid. – 3. *Ertragsteuerliche Beurteilung:* Da Personengesellschaften und Kapitalgesellschaften ertragsteuerlich weitgehend anderen Regelungen unterworfen werden (z.B. beträgt der Körperschaftsteuersatz nur 15 Prozent, die Einkommensteuersätze dagegen reichen bis zu 45 Prozent), ändert ein Formwechsel zwischen den Rechtsformen „Personenunternehmen" (Einzelunternehmung, Personengesellschaft) einerseits und „Kapitalgesellschaft" andererseits den steuerlichen Status der betroffenen Vermögenswerte in fundamentaler Weise. Das Ertragsteuerrecht kann daher, auch wenn es normalerweise dem Zivilrecht folgen würde, im Falle eines solchen Formwechsels der zivilrechtlichen Beurteilung, dass keine Veräußerung auf eine andere Person vorliegt, nicht ohne Weiteres folgen: Der Gesetzgeber sieht vielmehr im Umwandlungssteuerrecht die Sonderregelung vor, dass der Formwechsel einer Personengesellschaft in eine Kapitalgesellschaft nach denselben Regeln zu behandeln ist, wie es bei der Einbringung des Betriebes einer Personengesellschaft in eine Kapitalgesellschaft (s. hierzu → Einbringung in eine Kapitalgesellschaft) der Fall wäre, und dass analog dazu auch der Formwechsel einer Kapitalgesellschaft in eine Personengesellschaft so zu behandeln ist, als hätte die Gesellschaft ihr Vermögen auf ihre Gesellschafter übertragen. Auf diese Art und Weise wird gesichert, dass bei einem Transfer des Vermögens von der Einkommensteuersphäre in die Körperschaftsteuersphäre (und umgekehrt) infolge des Formwechsels keine systemwidrigen ertragsteuerlichen Effekte auftreten. – 4. *Ertragsteuerliche Einzelheiten*: Da es für die vorhandenen stillen Reserven steuerliche Konsequenzen geben kann, müssen auf den Tag des Formwechsels steuerlich Bilanzen erstellt werden. – 5. *Umsatzsteuer*: Hier erübrigt sich die Frage, inwieweit ein Formwechsel als eine Veräußerung angesehen werden müsste oder nicht schon deswegen, weil eine Geschäftsveräußerung im Ganzen nach der gesetzlichen Sonderregelung des § 1 Ia UStG ohnehin kein steuerbarer Vorgang sein kann.

formwechselnde Umwandlung – Änderung der Rechtsform eines Rechtsträgers unter Wahrung seiner rechtlichen Identität, auch unter Beibehaltung des bisherigen Kreises der Anteilsinhaber (Beispiel: aus einer GmbH wird eine AG, die Gesellschafter werden zu Aktionären und die AG führt das Geschäft der früheren GmbH fort). Bei dem Formwechsel handelt es sich um eine bes. Form der → Umwandlung nach dem UmwG (vgl. §§ 1 I Nr. 4, 190 ff. UmwG). Es ändert sich also lediglich die Rechtsform der Gesellschaft (§§ 190 ff. UmwG).– 1. *Einbezogene Rechtsträger:* a) *Formwechselnde Rechtsträger:* Personengesellschaften (OHG, KG), Partnerschaftsgesellschaften, Kapitalgesellschaften (AG, GmbH, KGaA), eingetragene Genossenschaften, genossenschaftliche Prüfungsverbände, rechtsfähige Vereine, Versicherungsvereine auf Gegenseitigkeit und Körperschaften und Anstalten des öffentlichen Rechts. – b) *Rechtsträger neuer Rechtsform:* Gesellschaften bürgerlichen Rechts, Personengesellschaften, Kapitalgesellschaften und eingetragene Genossenschaften. – 2. *Durchführung:* a) Die Anteilsinhaber des formwechselnden Rechtsträgers haben einen *notariell zu beurkundenden Umwandlungsbeschluss* zu fassen, der als Mindestinhalt enthalten muss (§§ 193, 194 UmwG): (1) Die Rechtsform, die der Rechtsträger durch den Formwechsel erlangen soll; (2) Name und Firma des Rechtsträgers neuer Rechtsform; (3) Beteiligung der bisherigen Anteilsinhaber an dem Rechtsträger neuer Rechtsform sowie deren Umfang; (4) bes. Rechte, die einzelnen Anteilsinhabern bzw. Inhabern von Sonderrechten in dem Träger neuer Rechtsform gewährt werden sollen; (5) ein Abfindungsangebot an die Anteilsinhaber, die dem Formwechsel widersprechen; (6) Bestimmungen über die Folgen des Formwechsels für die Arbeitnehmer; (7) im Übrigen sind die für die neue Rechtsform geltenden Gründungsvorschriften entsprechend anzuwenden (§ 197

Umwandlung

formwechselnder Rechtsträger	Träger neuer Rechtsform						
	GbR	Personenhandelsgesellschaft	Partnerschaftsgesellschaft	GmbH	AG	KGaA	e. G.
Personenhandelsgesellschaft	§ 190 II	§ 190 II	–	§§ 214–225	§§ 214–225	§§ 214–225	§§ 214–225
Partnerschaftsgesellschaft	–	–	§§ 226, 228–237	§§ 225a–225c	§§ 225a–225c	§§ 225a–225c	§§ 225a–225c
GmbH	§§ 226, 228–237	§§ 226, 228–237	§§ 226, 228–237	–	§§ 226, 238–250	§§ 226, 238–250	§§ 228, 251–257
AG	§§ 226, 228–237	§§ 226, 228–237	§§ 226, 228–237	§§ 226, 238–250	–	§§ 226, 238–250	§§ 226, 251–257
KGaA	§§ 226–237	§§ 226–237	§§ 226, 228–237	§§ 226, 227 238–250	§§ 226, 227 238–250	–	§§ 226, 227 251–257
e. G.	–	–	–	§§ 258–271	§§ 258–271	§§ 258–271	–
e. V./ wirtschafts. Verein	–	–	–	§§ 272–282	§§ 272–282	§§ 272–282	§§ 272, §§ 283–290
VVaG	–	–	–	–	(nur größere VVaG) §§ 291–300	–	–
Körpersch./ Anstalten des öff. Rechts	–	–	–	§§ 301–304	§§ 301–304	§§ 301–304	–

§§ sind solche des Umwandlungsgesetzes

UmwG). – b) Die Umwandlung ist zur *Eintragung in das Register* des Sitzes der formwechselnden Gesellschaft anzumelden. Sie wird wirksam mit Eintragung im Register des Sitzes der neuen Rechtsform (§ 202 II UmwG). Der formwechselnde Rechtsträger besteht hierbei in der in dem Umwandlungsbeschluss bestimmten Rechtsform fort (im Gegensatz zur → Verschmelzung). – c) *Widerspricht* ein Anteilsinhaber des formwechselnden Rechtsträgers der Umwandlung, ist ihm ein Barabfindungsangebot zu machen. – 3. *Besonderheiten einzelner Rechtsformen:* a) Eine *Personenhandelsgesellschaft* kann nach dem Umwandlungsgesetz nur die Form einer Kapitalgesellschaft oder einer eingetragenen Genossenschaft erlangen (§ 214 UmwG). Der Nennbetrag des Stammkapitals einer GmbH oder des Grundkapitals einer AG oder Kommanditgesellschaft auf Aktien darf das nach Abzug der Schulden verbleibende Vermögen der formwechselnden Gesellschaft nicht übersteigen (§ 264 I UmwG). – b) Eine *Partnerschaftsgesellschaft* kann nur die Rechtsform einer Kapitalgesellschaft oder einer eingetragenen Genossenschaft erlangen. Es gelten im Wesentlichen die Vorschriften für die Personenhandelsgesellschaft (§ 225c verweist auf §§ 214 II, 217 ff. UmwG). – c) Ein *rechtsfähiger Verein* kann nur in eine Kapitalgesellschaft oder eine eingetragene Genossenschaft umgewandelt werden (§§ 272 ff. UmwG). – d) Eine *Kapitalgesellschaft* kann nur die Rechtsform einer Gesellschaft bürgerlichen Rechts, einer Personenhandelsgesellschaft, Partnerschaftsgesellschaft, einer anderen Kapitalgesellschaft oder einer eingetragenen Genossenschaft erlangen (§ 226 UmwG). – e) Eine *eingetragene Genossenschaft* kann aufgrund des Umwandlungsgesetzes nur die Rechtsform einer Kapitalgesellschaft erlangen (§§ 258 ff. UmwG). – f) Ein Versicherungsverein auf Gegenseitigkeit kann in eine Aktiengesellschaft umgewandelt werden (§§ 291 ff. UmwG). – g) Körperschaften und Anstalten des öffentlichen Rechts können lediglich die Rechtsform einer Kapitalgesellschaft erlangen; rechtsfähige Vereine die Rechtsform einer Kapitalgesellschaft oder eingetragenen Genossenschaft erlangen; Versicherungsvereine auf Gegenseitigkeit die Rechtsform einer Aktiengesellschaft erlangen (§§ 301, 272, 291 UmwG). – 4. *Gesetzlich geregelte Arten der Umwandlung des Formwechsels nach dem Umwandlungsgesetz* vgl. Tabelle.

Formzwang – durch bestimmte → Formvorschriften zwingend angeordnete Form. Nichtbeachtung führt zur → Nichtigkeit des Rechtsgeschäfts (§ 125 BGB).

Forschung → Forschung und Entwicklung (F&E).

Forschungskosten – Kosten, die mit der Forschungstätigkeit im Unternehmen und mit nach außen vergebenen Forschungsaufträgen verbunden sind. – *Erfassung in der Kostenrechnung*: Bei freier Forschung ist die Zurechnung auf Produkte oder Produktgruppen exakt kaum möglich; bei gebundener Forschung werden die Forschungskosten häufig als → Sondereinzelkosten der Fertigung erfasst. – Vgl. auch → Entwicklungskosten.

Forschungsorganisation → Organisation des organisatorischen Teilbereichs, in welchem die unternehmerischen Forschungsaufgaben zentralisiert sind. Die Ebene der Hierarchie unterhalb der Leitung der Forschungsabteilung kann z.B. nach unterschiedlichen Ressourcen (etwa Laboratorien), nach Grundlagenforschung und angewandter Forschung oder nach unterschiedlichen Forschungsgegenständen gegliedert werden (→ Spezialisierung).

Forschungspark – Standortgemeinschaft von Unternehmungen, die forschungsorientiert sind bzw. mit Einrichtungen der Forschung in engem (räumlichen) Kontakt sind (→ kreatives Milieu). Beim Forschungspark bestehen i.d.R. enge Planungsvorschriften hinsichtlich der Bebauung des Geländes und einer Produktionserlaubnis.

Forschungs- und Entwicklungsförderung – 1. *Begriff:* Forschungs- und Entwicklungsförderung wird zum einen als staatliche oder staatlich geförderte Grundlagenforschung, zum anderen als anwendungsorientierte → Innovationsförderung betrieben. Die Unterscheidung zwischen Grundlagen- und angewandter Forschung stellt darauf ab, wie stark das Forschungsinteresse bereits auf eine konkrete wirtschaftliche Umsetzung oder Nutzung orientiert ist. – 2. *Ziele:* Die Forschungs- und Entwicklungsförderung in der Grundlagenforschung dient der Vermehrung wissenschaftlichen und technischen Wissens. Dabei spielt die Erwartung einer möglichen wirtschaftlichen Nutzung der Forschungsergebnisse durchaus eine wichtige Rolle, d.h. auch die Förderung der Grundlagenforschung ist nicht zweckfrei. In der angewandten Forschung zielt die Forschungs- und Entwicklungsförderung v.a. darauf ab, die Innovationsfähigkeit der Unternehmen zu verbessern. – 3. *Formen und Instrumente:* a) *Förderung der Grundlagenforschung* kann darin bestehen, in staatlichen Forschungseinrichtungen bestimmte wissenschaftliche oder technische Problemstellungen untersuchen zu lassen und die Forschungsergebnisse anschließend öffentlich (unentgeltlich) zugänglich zu machen. – *Beispiele* solcher (Groß-)Forschungseinrichtungen sind das Kernforschungszentrum Karlsruhe, die dt. Forschungs- und Versuchsanstalt für Luft- und Raumfahrt, die Institute der Fraunhofer-Gesellschaft oder anwendungsorientierte Forschungsinstitute an Hochschulen. In geeigneten Fällen kann der Staat aber auch die Grundlagenforschung durch Private (v.a. große Unternehmen) z.B. durch finanzielle Zuwendungen unterstützen. – b) Die *Förderung anwendungsorientierter Innovationen* spielt sich überwiegend im Bereich der privaten Unternehmen ab.

Forschung und Entwicklung (F&E) – 1. *Begriff:* Suche nach neuen Erkenntnissen unter Anwendung wissenschaftlicher Methoden und in geplanter Form. *Forschung* ist der generelle Erwerb neuer Kenntnisse,

Entwicklung deren erstmalige konkretisierende Anwendung und praktische Umsetzung. Die neuen Kenntnisse können sich sowohl auf Produkte als auch auf (Herstellungs-)Verfahren und Produkt- sowie Verfahrensanwendungen erstrecken. Entbehrt Forschung noch eines realen Verwertungsaspekts, so handelt es sich um Grundlagenforschung. Die angewandte Forschung ist dagegen bereits auf konkrete Anwendungsmöglichkeiten hin ausgerichtet. – Eine bes. Form des Konzipierens (von Produkten) vollzieht sich beim Konstruieren bzw. bei der Konstruktion. Im Gegensatz zur Entwicklung entbehrt dies meist des Merkmals der Neuheit, weil es sich vorwiegend auf ein kombinatives Anwenden bekannter Konstruktionsprinzipien beschränkt. Das Konstruieren zielt zudem stets nur auf ein Gestalten geometrisch exakt zu definierender Produkte hin. – 2. *Prozess der Forschung und Entwicklung:* a) *Planung:* Diese Phase umfasst: (1) *eindeutige Zielplanung:* Die Ergebnisse müssen sich jeweils unter Berücksichtigung der zeitlichen Dimension in projektbezogenen Pflichtenheften und generell in den F&E-Programmen niederschlagen. (2) *Mittelplanung:* Planung der Verfügbarkeit benötigter Ressourcen im Sinn von zu investierenden Geräten etc. und freizustellendem oder einzustellendem Personal, aber auch von einzusetzenden Budgets, stets bez. Volumina, Zweckbindung und Zeit. (3) *Projektplanung:* Planung der einzelnen Projekte und zwar hinsichtlich ihres Entstehens, ihrer Beurteilung in jeweils unterschiedlichen Reifestadien und ihrer Abläufe (Arbeits-, Reihenfolge- und Terminplanungen). – b) *Organisation:* Mögliche Ansatzpunkte für die Organisation von F&E-Aktivitäten bilden Überlegungen zur Institutionalisierung derselben als unternehmungsautonome oder unternehmungsübergreifende Gemeinschaftsforschung oder als (kommerzielle) Auftragsforschung. Außerdem werden innerbetriebliche Fragen wie bspw. die nach der Organisationsstruktur in einem F&E-Bereich und dessen Einbringung in die Unternehmenshierarchie geklärt. – c) *Kontrolle:* Berichte über Ereignisse, Zwischenergebnisse, Fehlschläge, Verzögerungen etc. an eine nach Projekten differenzierende und von Abrechnungszeiträumen ggf. absehende Kosten- und Budgetüberwachung, um nötigenfalls die Planansätze rechtzeitig revidieren oder andernfalls in die Abwicklung der F&E-Projekte regulierend eingreifen zu können. – 3. *Probleme:* a) Beim Übergang der in F&E erarbeiteten Erkenntnisse aus dem F&E-Bereich bzw. Konstruktionsbereich heraus in die eigene Produktion oder die fremde Produktion bei Lizenznehmern stellen sich Probleme des → Technologietransfers. Dies ist die Übermittlung konzeptuell gewonnener Informationen an die meist anderen Denkschemata verhafteten Informationsverwerter. – b) Die Schwierigkeiten einer *Beurteilung der Effizienz* von F&E resultieren großenteils aus den Besonderheiten der sich hier vollziehenden Leistungserstellungen: (1) Die *Einmaligkeit,* mit der jeweils ein Produkt erstellt werden soll. (2) Mehrfache *Unsicherheiten* bez. Erfolg und Kosten, die auf dem Weg dorthin wirksam werden. (3) *Kenntnisse, Intellekt und Kreativität des F&E-Personals* prägen die F&E-Prozesse mehr als die sonst markanten repetitiven Tätigkeiten. – Vgl. auch → technischer Fortschritt, → Innovation, → Technologiemanagement.

Forstwirtschaft – Die planmäßige, auf den Anbau und Abschlag von Holz in Wäldern ausgerichtete Wirtschaftstätigkeit. – Ziele dieser Wirtschaftstätigkeit umschließen die Rohstoffgewinnung und den Erhalt der Schutz- und Erholungsfunktion des Waldes. – Gesetzliche Regelungen zur Forstwirtschaft finden sich im Bundeswaldgesetz vom 2.5.1975 (BGBl. I 1037), das explizit eine Förderung der Forstwirtschaft regelt. – Die jüngste Änderung des Bundeswaldgesetzes durch Art. 1 des Gesetzes vom 31.7.2010 (BGBl. I S. 1050) definiert mit Forstpflanzen bestockte Flächen, die als Wald zu bezeichnen sind, neu. Damit trägt es den jüngsten agroforstlichen Entwicklungen und der Errichtung von Kurzumtriebsplantagen Rechnung. – Vgl. auch Land- und Forstwirtschaft.

forstwirtschaftliches Vermögen – alle Teile einer wirtschaftlichen Vermögensmasse, die dem planmäßigen An- und Abbau von Holz als Hauptzweck dient. – Vgl. auch → land- und forstwirtschaftliches Vermögen.

Fortbildung – Fortbildung ist neben der Berufsausbildungsvorbereitung, der Berufsausbildung und der beruflichen Umschulung ein Teilbereich der Berufsbildung. Sie zielt i.e.S. auf jene Qualifikationen, die bereits in einem Ausbildungsberuf erworben wurden; andernfalls ist weiter gefasst von Weiterbildung oder Umschulungen bzw. von Lebenslangem Lernen und Erhalt der Employability (→ Beschäftigungsfähigkeit) die Rede.

Fortbildungskosten – Ausgaben für den Besuch von Fortbildungslehrgängen, Vorträgen, für Fachliteratur etc. – Vgl. auch → Studienreisen. – Fortbildungskosten der Steuerpflichtigen sind bei der Einkommensteuer als → Betriebsausgaben bzw. → Werbungskosten abzugsfähig. – Fortbildungskosten sind zu unterscheiden von → Berufsausbildungskosten und → Weiterbildungskosten.

fortgeführte Anschaffungs- oder Herstellungskosten – Bei abnutzbaren → Vermögensgegenständen des → Anlagevermögens ist gemäß § 253 III HGB ein Abschreibungsplan aufzustellen, indem die → Anschaffungskosten bzw. → Herstellungskosten (ggf. abzüglich eines Restwertes) durch Anwendung einer den → Grundsätzen ordnungsmäßiger Buchführung (GoB) entsprechenden Abschreibungsmethode auf die Zeit der voraussichtlichen Nutzung verteilt werden (→ Abschreibung). Die fortgeführten Anschaffungs- oder Herstellungskosten bilden die Obergrenze im Rahmen der bilanziellen Folgebewertung.

fortgesetzte Gütergemeinschaft – 1. *Begriff:* bes. Vermögensgemeinschaft zur Fortsetzung eines

Güterstandes bei Tod eines Ehegatten (→ eheliches Güterrecht). Bei fortgesetzter Gütergemeinschaft wird zwischen dem überlebenden Ehegatten und den gemeinschaftlichen → Abkömmlingen, die im Fall der gesetzlichen → Erbfolge als Erben berufen wären, die Gütergemeinschaft fortgesetzt (§ 1483 BGB). – 2. *Steuerrechtliche Behandlung:* a) *Erbschaftsteuer:* Bei fortgesetzter Gütergemeinschaft wird der Anteil des verstorbenen Ehegatten am Gesamtgut so behandelt, wie wenn er ausschließlich den anteilsberechtigten Abkömmlingen zugefallen wäre (§ 4 ErbStG); der überlebende Ehegatte oder Lebenspartner muss also dann keine ErbSt auf den – ihm ja auch dann nicht zustehenden! – Anteil des Verstorbenen am Gesamtgut zahlen. – b) *Einkommensteuer:* Einkünfte, die in das Gesamtgut der Ehegatten fallen, gelten als Einkünfte des überlebenden Ehegatten (§ 28 EStG), wenn dieser unbeschränkt steuerpflichtig ist.

fortlaufende Notierung → variabler Markt.

fortlaufender Kurs → Kursfeststellung.

Fortran – Abk. für *Formula Translating System;* prozedurale → Programmiersprache; 1956 von Mitarbeitern der Firma IBM entwickelt, wurde in erster Linie im mathematischen, technischen und naturwissenschaftlichen Bereich eingesetzt.

Fortschreibung – I. Statistik: fortlaufende Dokumentation von Veränderungen von → Bestandsgesamtheiten durch Zugänge und Abgänge auf der Grundlage einer früher erfolgten → Erhebung. – *Beispiel:* Ermittlung der Einwohnerzahl einer Gemeinde durch Fortschreibung unter Verwertung der Resultate einer früheren Volkszählung.

II. Lager- und Anlagenbuchführung: → laufende Inventur, → Skontration.

III. Steuerrecht: Fortschreibung von → Einheitswerten: 1. Im Fall einer nach dem letzten → Feststellungszeitpunkt eingetretenen und für die Besteuerung bedeutsamen Änderung der tatsächlichen Verhältnisse: (1) Bei Änderung im Wert eines Gegenstands als → Wertfortschreibung; (2) bei Änderung in der nach bewertungsrechtlichen Grundsätzen bestimmten Art eines Gegenstands als → Artfortschreibung; (3) bei Änderung in der Zurechnung (Eigentumsverhältnisse) eines Gegenstands als → Zurechnungsfortschreibung. – 2. Zur Beseitigung eines Fehlers der letzten Feststellung als → Berichtigungsfortschreibung. – Die Fortschreibungsarten bestehen selbstständig nebeneinander, können aber miteinander verbunden werden. – Vgl. auch → Fortschreibungszeitpunkt.

Fortschreibungsmethode → Skontration.

Fortschreibungszeitpunkt – Zeitpunkt, zu dem in bestimmten Fällen eine → Fortschreibung erfolgen muss: (1) Beginn des Kalenderjahres, das auf die Änderung folgt, in den Fällen einer Änderung der tatsächlichen Verhältnisse; (2) Beginn des Kalenderjahres, in dem der Fehler dem Finanzamt bekannt wird, bei → Berichtigungsfortschreibung; bei einer Erhöhung des Einheitswerts jedoch frühestens der Beginn des Kalenderjahres, in dem der → Feststellungsbescheid erteilt wird (§ 22 IV BewG). Maßgebend sind die Verhältnisse im Fortschreibungszeitpunkt. – 2. *Besonderheiten:* Abweichende Stichtage für die Zugrundelegung der Bestands- und/oder Wertverhältnisse nach §§ 27, 35 II, 54, 59 BewG bleiben unberührt.

Fortsetzungskrankheit → Entgeltfortzahlung.

Fortwälzung von Steuern → Steuerüberwälzung.

Forum – ein System auf einer → Website, das es Teilnehmern ermöglicht, asynchron miteinander zu kommunizieren. Foren sind i.d.R. flach hierarchisch organisierte Diskussionsplätze, die auf bestimmte Themengebiete fokussiert sind. Die Teilnehmer können dort eigenhändig neue, zum Oberthema passende Themen erstellen, sog. Threads, Threads über neue Beiträge kommentieren, bewerten oder sich für Beiträge anderer Nutzer bedanken. Ein Forum ist eine Alternative zu → Newsgroups. – Vgl. auch → Chat.

Forum für Finanzmarktstabilität (FSF) – *Financial Stability Forum*; Forum zur Förderung der Stabilität des internationalen Finanzsystems; integraler Teil der → Neuen Weltfinanzarchitektur. Das Forum wurde im April 1999 auf der Grundlage eines Berichts des ehemaligen Präsidenten der Deutschen Bundesbank, H. Tietmeyer, zur Stabilität der internationalen Finanzmärkte (→ Tietmeyer Report) eingerichtet, Sitz in Basel. Den Vorsitz hat anfänglich der General Manager der → BIZ, Andrew Crockett. Außerdem wird das Forum durch ein kleines ständiges Sekretariat an der BIZ unterstützt. Das FSF ist effektiv eine ständige Arbeitsgruppe von Vertretern nationaler Zentralbanken, Regulierungs- und Aufsichtsbehörden sowie der wichtigsten internationalen Wirtschaftsorganisationen.

Forward Chaining → Vorwärtsverkettung.

Forward-Darlehen – Forward-Darlehen werden zumeist für Immobilienfinanzierungen vergeben, bei denen die → Zinsbindungsfrist für den → Festzinssatz in absehbarer Zeit ausläuft, die Laufzeit des Darlehens aber noch andauert oder für zukünftige Finanzierungen, bei denen ein Finanzbedarf schon heute feststeht. Ein Forward-Darlehen kommt infrage, wenn ein Darlehensnehmer mit steigenden Zinsen rechnet und sich die günstigen Zinsen sichern möchte. Denn mit einem Forward-Darlehen hat der Darlehensnehmer eine Zinszusage für eine spätere Finanzierung bzw. Anschlussfinanzierung nach Ablauf der Zinsbindung. Ob die Zinsvereinbarung tatsächlich vorteilhaft ist, kann erst nachträglich beurteilt werden, wenn feststeht, wie die Marktzinsen sich entwickelt haben. Auch wenn die Zinsen sinken sollten, ist der Darlehensnehmer an den Vertrag gebunden. Für eine Kündigung gelten die gesetzlichen Fristen für Darlehensverträge (§ 489 BGB). Bei

Nichtabnahme des Darlehens wird i.d.R. eine Entschädigung fällig (ähnlich wie → Vorfälligkeitsentschädigung). Kreditinstitute bieten Forward-Darlehen i.Allg. mit einer Laufzeit bis zu 5 Jahren an, der Kostenaufschlag für die vorzeitige Zinszusage beläuft sich auf rund 0,01 bis 0,03 Prozent je Monat Vorlaufzeit auf den heutigen Zinssatz.

Forwardgeschäft – Termingeschäft mit individuell ausgehandelten Vertragsbedingungen, bei dem zu einem am Abschlusstag festgelegten Kurs die Lieferung und Bezahlung eines Wertpapiers oder einer Ware erst zu einem späteren Termin erfolgt. Forwardgeschäfte sind die Vorgänger der standardisierten Futuresgeschäfte und werden außerbörslich abgeschlossen. – Typische Forwardgeschäfte sind das → Forward Rate Agreement (FRA) und das → Devisentermingeschäft.

Forward Rate Agreement (FRA) – Zinsausgleichsvereinbarung, bei der für eine künftige Mittelaufnahme oder -anlage ein bestimmter Zins, die Forward Rate, vereinbart wird. Ist zum Zeitpunkt der Mittelaufnahme oder -anlage der aktuelle Geldmarktzinssatz über die Forward Rate gestiegen, so zahlt der Verkäufer des FRA einen Ausgleich an den Käufer. Ist dagegen die Forward Rate höher als der aktuelle Geldmarktzinssatz, so muss der Käufer an den Verkäufer eine Ausgleichszahlung leisten. Die Ausgleichszahlung erfolgt zu Beginn der Referenzperiode, d.h. des Zeitraumes für die Mittelanlage oder -aufnahme, da hier die Verzinsung der Mittel beginnt. Die Höhe der am Anfang der Referenzperiode zu leistenden Ausgleichszahlung wird ermittelt durch Abzinsung der am Ende der Referenzperiode fälligen Ausgleichszahlung nach der Formel

$$\frac{(i - FR) \cdot t \cdot K}{360 \cdot 100 + i \cdot t},$$

wobei: i = aktueller Geldmarktzinssatz (Referenzzins) am Ausgleichstag (in Prozent), FR = vereinbarte Forward Rate (in Prozent), t = Länge der Referenzperiode (Tage), K = Kapitalbetrag. Mit der Ausgleichszahlung sichert sich der Käufer des FRA, z.B. ein Industrieunternehmen als Kreditnehmer, gegen steigende Zinsen. Der Verkäufer dagegen, z.B. eine Bank als Kreditgeber, sichert sich gegen einen Zinsrückgang. FRA sind keine standardisierten, an der Börse gehandelten Geschäfte, sondern werden zwischen den Kontrahenten individuell vereinbart. Anhaltspunkt für die Forward Rates bieten die Informationssysteme der Nachrichtenagenturen.

fossile Energieträger – kohlenstoffhaltige Energieträger, welche in über Jahrmillionen andauernden Prozessen entstanden und somit (im Gegensatz zu erneuerbaren Energieträgern) in menschlichen Zeitdimensionen nicht erneuerbar sind. Seit der Entdeckung der Eisenverhüttung auf Steinkohlebasis im Jahr 1709 basierte die industrielle Entwicklung zunächst im Wesentlichen auf Braun- und Steinkohle, dann etwa ab 1860 auch auf der Nutzung von Mineralöl und schließlich seit 1920 in den USA und ab 1960 in Europa auf der Nutzung von Erdgas. Heute tragen fossile Energieträger den Großteil zur weltweiten Energieversorgung bei. – Wegen ihres Kohlenstoffgehalts wird bei ihrer Verbrennung CO_2 zurück in die Atmosphäre gegeben, welches über Mio. von Jahren davon abgeschieden war. Dies ist ein wichtiger Faktor für eine sehr langfristige Veränderung der Zusammensetzung der Atmosphäre und erfordert deshalb dringend die auf eine Emissionsreduktion zielenden Maßnahmen der Klimapolitik.

Fotografie → Lichtbildwerk.

Fotokopie – Eine Fotokopie urheberrechtlich geschützter Werke ist nur zum persönlichen oder sonstigen eigenen Gebrauch zulässig und unterliegt bei grafischen Aufzeichnungen von Musikwerken bes. Beschränkungen (§ 53 UrhG). Andernfalls ist sie eine Urheberrechtsverletzung auch dann, wenn die Kopie zum privaten Gebrauch Dritter gefertigt wird. Zum Ausgleich der Rechtsnachteile für den Urheber sehen §§ 54a ff. UrhG eine Kopierabgabe vor, die die Hersteller von Kopiergeräten zu zahlen haben (→ Geräteherstellerabgabe).

Fracht – 1. *Entgelt oder Preis* für den Transport von Gütern. – 2. Zu transportierende Güter (*Frachtgut*).

Frachtbasis – geografischer Ausgangspunkt der Frachtberechnung für alle Lieferungen eines Gutes, berücksichtigt von allen Unternehmen, die an einem entsprechenden Übereinkommen über die Frachtberechnung beteiligt sind. Dem Käufer werden die → Frachtkosten für die Entfernung zwischen Frachtbasis und Empfangsort berechnet, ohne Rücksicht darauf, von welchem Ort geliefert wird, wie hoch demnach die wirkliche Fracht ist. Die Bevorzugung eines bestimmten Lieferanten wegen der → Transportkosten ist damit ausgeschlossen. – Frachtbasis *in der Bundesrepublik Deutschland:* Siegen in der Stahlindustrie für Handelsfeinbleche, Essen für die übrigen Bleche sowie für Kohle, Oberhausen für andere Walzwerkerzeugnisse.

Frachtbörse → Dienstleistungsbörse.

Frachtbrief – Begleitpapier im Frachtgeschäft (Güterverkehr), das dem Nachweis über den Abschluss des → Frachtvertrages zwischen dem Absender (Exporteur) und dem Frachtführer (Eisenbahn, Luftverkehrsgesellschaft, Spediteur) dient. Neben dieser Beweisfunktion beinhaltet eine bestimmte Ausfertigung des Frachtbriefs ein Dispositionsrecht des Absenders, das Gut anzuhalten, zurückzugeben oder an einen anderen Empfänger auszuhändigen. Dieses Recht erlischt, wenn das Gut nach der Ankunft am Bestimmungsort dem Empfänger zur Verfügung gestellt worden ist. – 1. *Allgemeine Bestimmungen* über die Handhabung von Frachtbriefen in den §§ 407 ff. HGB: (1) Der → Frachtführer kann die Ausstellung eines Frachtbriefs vom Absender verlangen. (2)

Der Frachtbrief soll bestimmte Angaben enthalten, wie Ort und Tag der Ausstellung, Name und Wohnort des Frachtführers, Name des Empfängers, Ort der Ablieferung, Bezeichnung des Gutes, Angaben über Zahlung der Fracht etc. – Die Frachtbriefe im internationalen Frachtgeschäft unterliegen *internationalen Regelungen:* (1) für den Eisenbahnverkehr (→ Eisenbahnfrachtbrief (CIM)) – dem CIM-Übereinkommen über den Beförderungsvertrag im internationalen Straßengüterverkehr; (2) für den Straßengüterverkehr (CMR Lkw-Frachtbrief) dem CMR-Übereinkommen über den Beförderungsvertrag im internationalen Straßengüterverkehr; (3) für den Luftfrachtverkehr (→ Luftfrachtbrief) den Regeln des → Warschauer Abkommens und den „Allgemeinen Beförderungsbedingungen" der → International Air Transport Association (IATA).

frachtfrei – *benannter Bestimmungsort,* → CPT.

frachtfrei versichert – *benannter Bestimmungsort,* → CIP.

Frachtführer – I. Begriff: Durch den Frachtvertrag wird der Frachtführer verpflichtet, Frachtgut zu Lande, auf Binnengewässern oder mit Luftfahrzeugen zu befördern und dort an den Empfänger abzuliefern. Handelt es sich um den Betrieb eines gewerblichen Unternehmens, gelten die §§ 407 – 452 d HGB. – Bei der Güterbeförderung zur See entspricht dem Frachtführer der *Verfrachter* (§§ 407, 559 HGB).

II. Pflichten: 1. *Sorgfältige Ausführung* der Beförderung, v.a. Einhaltung der Lieferfrist (§ 423 HGB). – 2. *Befolgen der Anweisungen des* Absenders bzw. des Empfängers (§ 418 HGB). – 3. *Haftung:* Der Frachtführer haftet auf *Schadensersatz* bei Verletzung dieser Pflichten, wenn er nicht beweist, dass der Schaden auch bei größter Sorgfalt nicht abgewendet werden konnte (§§ 425 – 427 HGB). – a) Der Frachtführer haftet für seine Angestellten oder andere Personen, die er zur Beförderung zuzieht (z.B. Unter- und Zwischenfrachtführer), §§ 436 – 437 HGB, z.B. auch für Büroangestellte, die mit der Beförderung unmittelbar nichts zu tun hatten. Zum Fall eines Anspruchs des Auftraggebers gegen den Hauptfrachtführer auf Durchführung einer Drittschadensliquidation beim Frachtführer, wenn der Auftraggeber gegenüber dem Hauptfrachtführer wegen einer Haftungslimitierung nicht vollständig durchdringen konnte vgl. BGH, Urt. v. 18.3.2010, I ZR 181/08: Anspruch bejaht, weil der Frachtführer sich nicht mit Erfolg auf § 437 II HGB berufen konnte. Grund: Diese Bestimmung gilt nur für Einwendungen, die sich gegen den gesetzlichen Anspruch des Geschädigten nach § 437 I HGB richten. – b) Der *Umfang* der Ersatzpflicht ist bei Verlust des Gutes beschränkt auf den Ersatz des gemeinen Handelswertes oder sonstiger → gemeiner Werte bzw. bei Beschädigung auf Ersatz der Wertdifferenz (§ 429 HGB). Zugunsten des Frachtführers greifen Haftungshöchstbeträge ein (§§ 431, 433 HGB). – c) Bei → Vorsatz oder Leichtfertigkeit muss der Frachtführer vollen → Schadensersatz leisten. Bei Versäumung der Lieferfrist keine Haftungsbeschränkung. – d) Eine *andere Haftungsregelung* wird meist vereinbart, indem → Allgemeine Geschäftsbedingungen (AGB) Vertragsinhalt werden, z.B. Allgemeine Deutsche Spediteurbedingungen (ADSp), die für den Spediteur gelten, auch wenn er selbst als Frachtführer tätig wird, oder die Beförderungsbedingungen für den Umzugsverkehr (GüKUMT). – 4. *Erlöschen* der Pflichten: a) Der Frachtführer wird aus dem Frachtvertrag frei mit der Annahme des Gutes und der Bezahlung der Fracht samt Nebenkosten durch den Empfänger (§ 420 I HGB). Damit erlöschen alle Ansprüche gegen den Frachtführer, soweit nicht schriftlich Schadensanzeige erfolgt (§ 438 I – V HGB): (1) wegen Verlust oder erkennbarer Beschädigung spätestens bei Ablieferung; (2) wegen äußerlich nicht erkennbaren Verlusts oder Beschädigung innerhalb von sieben Tagen; (3) bei Überschreitung der Lieferfrist innerhalb von 21 Tagen. – b) Ansprüche gegen den Frachtführer aus Verletzung seiner Pflichten *verjähren,* ausgenommen bei Vorsatz, in einem Jahr (§ 439 HGB).

III. Rechte: 1. Der Absender muss dem Frachtführer das Gut nebst Begleitpapieren in ordentlichem Zustand und sicher verpackt *übergeben* (§§ 411, 413 HGB); der Frachtführer kann die Ausstellung eines Frachtbriefes verlangen (§ 408 HGB). – 2. Anspruch auf *Zahlung* der Fracht nach Ausführung der Beförderung (§ 407 II HGB) und auf Ersatz der notwendigen Auslagen und Vorschüsse (§ 420 I HGB). – 3. Der Frachtführer hat ein gesetzliches *Pfandrecht* am Gut wegen aller durch Frachtvertrag begründeten Forderungen, solange er das Gut in Besitz hat oder durch → Traditionspapiere darüber verfügen kann (Entstehung auch durch → gutgläubigen Erwerb möglich, § 366 III HGB). Das Pfandrecht dauert über die Ablieferung des Gutes hinaus fort, wenn der Frachtführer es binnen drei Tagen nach Ablieferung gerichtlich geltend macht und das Gut noch im Besitz des Empfängers ist (§ 441 I – III HGB). Bei mehreren gesetzlichen Pfandrechten (z.B. aus Fracht, Spedition und Lagervertrag) schreibt § 443 HGB eine bestimmte Rangordnung vor.

IV. Rechtsstellung mehrerer Frachtführer: 1. *Ausführender Frachtführer:* Wird die Beförderung ganz oder teilweise einem Dritten anvertraut, so haftet dieser in gleicher Weise wie der Frachtführer (Gesamtschuld), § 437 HGB. – 2. *Nachfolgender Frachtführer:* Hat im Fall der Beförderung durch mehrere Frachtführer der Letzte bei der Ablieferung die Forderungen der vorhergehenden Frachtführer einzuziehen, so hat er die Rechte der vorhergehenden Frachtführer, v.a. auch das Pfandrecht, auszuüben, § 442 HGB.

Frachtgeschäft – Beförderung von Gütern gegen Entgelt durch → Frachtführer aufgrund eines Frachtvertrags. Das Frachtgeschäft gehört zu den → Beförderungsgeschäften. Auch wenn ein → Kaufmann, der nicht Frachtführer ist, im Betrieb seines

Handelsgewerbes ein Frachtgeschäft abschließt, gelten die Vorschriften des HGB über das Frachtgeschäft (§§ 425, 451 HGB).

Frachtkosten – Teil der → Logistikkosten eines Unternehmens, die für die Inanspruchnahme extern erbrachter Transportleistungen (Speditionsverkehr, öffentliche Verkehrsmittel) anfallen. – 1. *Kostenrechnung:* Frachtkosten sind für Schiffs-, Luft-, Bahn- und Lastwagenfrachten nach Eingangs- und Ausgangsfrachten getrennt zu erfassen. Eingangsfrachten sind als Teil des Einstandswerts möglichst als → Einzelkosten auszuweisen. Verauslagte Frachten, die zurückerstattet werden, berühren die Kostenrechnung nicht. – 2. *Bilanzierung:* Frachtkosten sind als Anschaffungsnebenkosten Teil der → Anschaffungskosten. – 3. *Umsatzsteuer:* a) *im Verhältnis zwischen Lieferant der Ware und Kunde:* Eine Vereinbarung, wonach der Kunde einem Lieferanten zusätzlich zum vereinbarten Preis auch die Frachtkosten erstattet, stellt umsatzsteuerlich keine eigenständige Leistung dar; vielmehr ist die Beförderung der verkauften Ware zum vereinbarten Übergabeort umsatzsteuerlich eine bloße Nebenleistung im Rahmen des Kaufvertrages über die Ware. Somit sind Frachtkosten selbst dann, wenn sie getrennt vom Kaufpreis offen auf der Rechnung ausgewiesen oder sogar dem Kunden getrennt vom eigentlichen Rechnungsbetrag für die Ware später erst nachbelastet werden, umsatzsteuerlich ein Teil des Entgelts für die gelieferte Ware. Sie sind daher im Verhältnis Lieferant – Kunde genauso zu behandeln wie der Kaufpreis der Ware, also z.B. bei einer innergemeinschaftlichen Lieferung als Teil des Rechnungsbetrages in der Zusammenfassenden Meldung anzugeben. – b) *im Verhältnis zwischen Frachtführer (Spediteur) und Verkäufer der Ware* stellen die Frachtkosten dagegen das Entgelt für eine Hauptleistung dar; hier sind sie nach den Regeln für → Beförderungsleistungen zu behandeln. – Frachtkosten sind Teil des → Entgelts. Als Nebenleistung sind sie dem Grundsatz der einheitlichen Leistung folgend mit der Hauptleistung zu versteuern.

Frachtladefaktor → Ladefaktor.

Frachtparität – geografischer Endpunkt bis zu dem der Verkäufer die Fracht übernimmt, auch wenn die Lieferung nach einem anderen Bestimmungsort des Käufers geht.

Frachtrate → Frachtsatz.

Frachtsatz – 1. *Güterverkehr:* der auf eine Gewichtseinheit (i.d.R. 100 kg, bei Stückgut bis 1.000 kg) bezogene Beförderungspreis. – 2. *Seeverkehr:* Es wird von Frachtraten gesprochen. – 3. *Personenverkehr:* Der auf eine Entfernungseinheit (1 km) bezogene Beförderungspreis wird als *Tarifsatz* bezeichnet.

Frachtvertrag – Vertrag des → Frachtführers mit dem Absender über die Beförderung von Gütern. Der Frachtvertrag ist → Werkvertrag (§§ 631 ff. BGB) mit Sonderregeln in §§ 407–452d HGB. – 1. *Inhalt:* Wesentlicher Inhalt muss die Beförderung des Gutes sein, sie muss Hauptleistung sein, es genügt die Beförderung innerhalb der Ortschaft. Transportmittel sind gleichgültig: Auch Gepäckträger und Dienstleute schließen einen Frachtvertrag. Die Güter müssen dem Frachtführer zur Beförderung anvertraut sein. – 2. *Abschluss* zwischen Absender (Besteller des Werkvertrags) und dem Frachtführer (Werkunternehmer); nicht beteiligt ist der Empfänger des Gutes, der mit dem Absender identisch sein kann. Für den Empfänger entstehen aber durch den Frachtvertrag Anwartschaften und Rechte, ggf. auch Pflichten. – 3. *Sonderregeln* gelten im → Seefrachtgeschäft, z.T. auch im Flussfrachtgeschäft und → Bahnfrachtgeschäft.

Frachtvorlage – Auslagen eines Verkehrsbetriebes, insbesondere → Spedition, Makler und Agenten beim Ein- oder Ausgang von Gütern für Forderungen Dritter an seinen Kunden (z.B. Frachten, Lagergelder, Nachnahmen, Zölle, Steuern, Versicherungsprämien).

Frage → Befragung, → Eisbrecher, → Filterfrage, → Kontrollfrage, → Ablenkungsfrage.

Fragebogen – Grundlage für → Erhebungen; Arbeitsmittel bei → Befragung. Im Fragebogen sind schematisch die eindeutig bestimmten → Erhebungseinheiten und Erhebungsmerkmale (→ Merkmal) verankert. Fehlerfreie Ausfüllung ist durch Erläuterungen oder Mustereintragung anzustreben und zu überprüfen (→ Kontrollfrage). – *Arten:* (1) *Individual-Fragebogen:* auszufüllen von jeder in die Untersuchung einbezogenen Person.(2) *Kollektiv-Fragebogen:* zu beantworten von den für eine Sach- oder Personengruppe Verantwortlichen (z.B. Unternehmer bei Maschinenzählung; Haushaltsvorstand für Familie bei der Volkszählung). – *Gliederung:* Der Fragebogen beginnt mit dem *Einleitungstext*, welcher das Thema, die befragende Organisation, die ungefähre Dauer, einen Hinweis auf die Freiwilligkeit der Befragung sowie eine Motivation für die Beantwortung der Fragen enthalten sollte. Es folgen die Einleitungsfrage, welche auch als Eisbrecherfrage bezeichnet wird und die psychologisch geschickt Interesse wecken und zum Thema hinführen soll. Dann kommen die eigentlichen Fragen, wobei auf einen logischen Aufbau (i.Allg. vom Allgemeinen zum Speziellen) und die Variation der Fragenformen zu achten ist. Auch sind Reihenfolgeeffekte zu berücksichtigen. Zum Schluss erfolgt die Abfrage der Soziodemografie sowie der Dank für die Teilnahme. – *Brauchbarkeit* des Fragenschemas ist durch vorherige Probeerhebung (→ Pretest) und → Aufbereitung zu prüfen. – Vgl. auch → computergestützte Datenerhebung.

Fragerecht des Arbeitgebers → Personalfragebogen, → Offenbarungspflicht.

fragmentierende Entwicklung – Ökonomische Entwicklung, die besagt, dass am globalen Wettbewerb (→ Globalisierung) und seinen Wohlfahrtseffekten nie Länder und deren Bevölkerung als Ganzes, sondern immer nur bestimmte Orte, wie z.B. → Global Cities in den → Industrieländern oder Exportenklaven in den Ländern der Dritten Welt, und auch dort nur Teile der Bevölkerung, teilhaben. Die Grenze zwischen dem „reichen Norden" und dem „armen Süden" verschwimmt daher zusehends. Denn auch in den Industrieländern bilden sich von der dynamischen Entwicklung der Wirtschaft abgekoppelte und verarmte Bevölkerungsschichten heraus, die von der Wirtschaft, welche aus Konkurrenz- und Renditeerwägungen gezwungen ist, dort → Standorte aufzugeben und weltweit nach günstigeren Produktionsbedingungen zu suchen, zurückgelassen werden. Gleichzeitig sind auch in den → Entwicklungsländern einzelne Wirtschaftssegmente und -eliten (z.B. → Sonderwirtschaftszonen, Standorte der Billiglohn- und Massenproduktion, der Rohstoffförderung sowie des Freizeit- und Tourismusgewerbes) in das globale Netzwerk der Weltökonomie integriert. Dadurch kommt es zu einer Pluralisierung von Entwicklungspfaden und zur Auflösung altbekannter entwicklungsökonomischer Raumentitäten.

Fragmentierung → fragmentierende Entwicklung.

Fraktalisierung – Prozess, bei dem Absatzmärkte zunehmend in kleinere, untereinander inhomogene Einheiten (Zielgruppen) aufgeteilt werden. Hierdurch muss die Marketingpolitik ständig neuen Zielgruppen angepasst werden. – Vgl. auch → Marktsegmentierung, → Produktdifferenzierung.

Fraktion – Zusammenschluss von Mitgliedern des Bundestages. Fraktionen sind rechtsfähige Vereinigungen von Abgeordneten im Deutschen Bundestag, die klagen und verklagt werden können. Sie wirken an der Erfüllung der Aufgaben des Deutschen Bundestages mit. Näheres ist in §§ 45 ff. des Abgeordnetengesetzes i.d.F. vom 21.2.1996 (BGBl. I 326) m.spät.Änd. geregelt (§ 10 GO-BT). Die Fraktionen sind in → Organstreitigkeiten vor dem → Bundesverfassungsgericht (BVerfG) antragsberechtigt (§ 63 BVerfGG). – Nach der Fraktionsstärke richten sich die Stellenanteile bei der Zusammensetzung der Ausschüsse des → Ältestenrats. Danach wird der Ausschussvorsitz festgelegt. – Ähnliche Regelungen gelten für die Fraktionen in den Landesparlamenten und den Kommunalvertretungen.

Frame – 1. *Form der* → Wissensrepräsentation; Wissen über ein Objekt wird durch Zusammenfassung seiner Eigenschaften in einem „Rahmen" dargestellt. Es enthält Aspekte der → deklarativen Wissensrepräsentation und der → prozeduralen Wissensrepräsentation. Es kann als eine Übertragung der Ideen der → objektorientierten Programmierung in die → Künstliche Intelligenz (KI) aufgefasst werden. – 2. *Element der* → Fenstertechnik, das entweder ein eigenes Fenster bezeichnet oder einen Unterbereich eines Fensters vom restlichen Inhalt des Fensters abkapselt. Frames werden häufig für → HTML-Dokumente verwendet, für die der anzeigende → Browser dann das Frame-Konstrukt unterstützen muss.

Framework – Das Framework des → International Accounting Standards Board (IASB) bildet das Grundkonzept des Rechnungslegungssystems der → International Financial Reporting Standards (IFRS). Es ist geregelt im 1989 vom damaligen IASC herausgegebenen „Framework for the Preparation and Presentation of Financial Statements". Das Framework soll dem IASB selbst sowie anderen von Rechnungslegungsfragen betroffenen Gruppen eine konzeptionelle Grundlage für die Erarbeitung und Anwendung von Rechnungslegungsvorschriften liefern. Es stellt selbst keinen IFRS dar und geht auch den IFRS nicht unmittelbar als übergeordnetes Prinzip vor, hat also bloßen Empfehlungscharakter. Über IAS 1 „Presentation of Financial Statements" sind indes wesentliche Teile des Framework in den Status eines IAS erhoben und damit materiell verpflichtend gemacht worden. – *Aufbau und Inhalt* des Framework ähneln weitgehend denen des → Conceptual Framework des → Financial Accounting Standards Board (FASB). Ziel der Rechnungslegung ist die Vermittlung eines True and Fair View, also eines den tatsächlichen Verhältnissen entsprechenden Bildes von der Vermögens-, Finanz- und Ertragslage des Unternehmens. Sie gründet sich auf die beiden Annahmen des → Accrual Principle (periodengerechte Aufwands- und Ertragsabgrenzung) sowie des Going Concern Principle (Unternehmensfortführung).

Framing – Ausgestaltung von Rahmenbedingungen. Wichtiger Aspekt im → Behavioral Pricing, da z.B. durch Ausgestaltung von Promotions/Verkaufsförderungsmaßnahmen (Bündelangebote: Kauf 3, zahl 2 vs. bei Kauf von 3 Rabatt von 33%) das Kaufverhalten beeinflusst wird.

Franchise – *Franchising.*

I. Handelsbetriebslehre → 1. *Begriff:* System der vertikalen → Vertriebsbindung, ähnlich den Vertragshändlern oder den kooperierenden Gruppen: Ein Franchise-Geber (Hersteller) sucht Franchise-Nehmer (Händler), die als selbstständige Unternehmer mit eigenem Kapitaleinsatz Waren/Dienste unter einem einheitlichen Marketingkonzept anbieten. Rechte und Pflichten sind vertraglich geregelt. – 2. *Franchise-Geber:* a) *Vorteile:* schnelle räumliche Expansion mit vergleichsweise geringem Aufwand mit selbstständig initiativ werdenden Unternehmern, die jedoch im Rahmen des Franchise-Vertrages gebunden sind. Verlagerung großer Teile des unternehmerischen Risikos (etwa Fixkostenaufbau, Konkursrisiko, Haftung für Fremdkapital) auf Franchise-Nehmer. – b) *Aufgaben:* Entwurf und Ausbau des Marketingkonzepts, Warenauswahl, Kalkulationsvorschläge, überregionale Werbung unter einheitlichem Zeichen, Beteiligung an der regionalen Werbung, Bereitstellung von Dekorationsmaterial und Messediensten, Personalschulung, Verkaufsberatung, meist mit → Gebietsschutz für den Franchise-Nehmer sowie gegebenenfalls Anschubfinanzierung. – 3. *Franchise-Nehmer:* a) *Vorteile:* Teilhabe am Knowhow und am Image des Franchise-Gebers; begrenztes Geschäftsrisiko infolge Übernahme einer bewährten Konzeption; Aufgabenentlastung bei vielen Entscheidungen der Sortiments-, Preis-, Distributions- und Kommunikationspolitik, bei Weiterbildung und Betriebsführung sowie bei der Beschaffung von Ressourcen (Güter, Kapital, Personal). – b) *Aufgaben:* Abnahme von Mindestmengen, Sortimentsbeschränkung hinsichtlich Konkurrenzprodukten, Einhaltung des vorgegebenen Preisniveaus, Unterstützung der überregionalen Werbung durch eigene Aktionen. – 4. *Verbreitung:* Franchise-Systeme gibt es im Automobilhandel, in der Getränkebranche, in der Distribution von Mineralölprodukten, bei Baumärkten und Schnellgaststätten. Bekannte Franchisesysteme sind *McDonald's, Burger King, Nordsee, Eismann, Holiday Inn, Hilton, Goodyear, Sixt, Hertz, Ihr Platz* und *OBI.*

II. Versicherungswesen → *Selbstbehalt, Selbstbeteiligung.* – 1. *Begriff:* vertraglich vereinbarte Beträge oder Anteile, denen gemäß der Versicherungsnehmer versicherte Schäden selbst trägt. Eine Franchise kann entweder pro Schadenfall oder pro Jahr mit einem festen Betrag oder mit einem prozentualen Anteil am Schaden oder an der → Versicherungssumme vereinbart werden. Wirtschaftlich handelt es sich bei der Franchise um eine bewusste → Unterversicherung. – 2. *Arten von Franchisen:* a) Absolute Abzugsfranchise: Der Versicherungsnehmer trägt von jedem Einzelschaden oder vom Gesamtschaden eines Jahres einen bestimmten Betrag selbst; der Versicherer zahlt nur den Teil des Schadens, der die Franchise übersteigt. Anwendung in der → Kfz-Versicherung (üblich sind z.B. in der → Vollkaskoversicherung eine Abzugsfranchise von 300 Euro und in der → Teilkaskoversicherung von 150 Euro), in der privaten Krankenversicherung (PKV, s.u.) und in der → Rückversicherung (s.u.). – b) Relative Abzugsfranchise bzw. prozentuale Selbstbeteiligung: Der Versicherungsnehmer trägt von jedem Schaden einen prozentualen Anteil selbst; der Versicherer ersetzt nur den ‚restprozentualen' Teil des Schadens. Häufig werden zusätzlich aus Verwaltungskostengründen Mindestbeträge und aus Gründen der Zumutbarkeit für den Versicherungsnehmer Höchstbeträge für die Selbstbeteiligung vereinbart. Anwendung in der Krankheitskostenversicherung, in der → Sturmversicherung und in der Rückversicherung (s.u.). – c) Integralfranchise: Der Versicherungsnehmer trägt jeden Einzelschaden oder den Gesamtschaden eines Jahres bis zum Betrag der Franchise selbst. Übersteigt der Schaden jedoch die Franchise, ersetzt der Versicherer den vollen Schaden ohne Abzug. Anwendung z.B. in der Seeversicherung. – d) Zeitfranchise (Wartezeit): Der Versicherungsnehmer trägt jeden Schaden, der ab Beginn der → Versicherungsdauer in einem gesetzlich oder vertraglich festgelegten Zeitraum eintritt, selbst. Anwendung in der → Lebensversicherung (bei Selbsttötung), in der PKV und teils auch in der → Rechtsschutzversicherung. – 3. *Ziele und Wirkungen von Franchisen:* Durch die Beteiligung des Versicherungsnehmers a) reduziert sich das vom Versicherer übernommene Risiko und somit auch die → Risikoprämie für den Versicherungsnehmer; – b) reduzieren sich die Anzahl der zu bearbeitenden Schäden, damit die Schadenregulierungskosten bei Bagatell- und Kleinschäden und letztlich auch der Betriebskostenzuschlag in der Versicherungsprämie für den Versicherungsnehmer; – c) sinken gerade im Fall von Kumulschäden auch signifikant die Schadenvergütungen, die den Versicherer belasten; – d) interessiert sich der Versicherungsnehmer infolge der stärkeren Eigenverantwortung stärker für sein Risiko und das Ausbleiben des Schadeneintritts, d.h. für die → Schadenverhütung. – 4. *Beispiel: Franchisen in der privaten Krankenversicherung (PKV):* In der PKV ist die Franchise v.a. eine Möglichkeit zur Beitragsreduktion (sog. Selbstbehaltstarife). Die Höhe der Franchise wird in der PKV vor Vertragsbeginn vertraglich vereinbart. Es werden Tarife mit absoluten, prozentualen oder fallbezogenen Selbstbehalten angeboten. I.d.R. gilt dabei: Je höher der jährliche Selbstbehalt ist, desto niedriger fällt die Versicherungsprämie aus. Bspw. betrug 2008 der Beitrag einer Frau mit einem Eintrittsalter von 33 Jahren für den ambulanten Teil ihres Versicherungsschutzes bei einem jährlichen Selbstbehalt von 650 Euro nur 63,74 % dessen, was sie ohne einen Selbstbehalt bezahlt hätte (Beitragsentlastung von 36,26 %). Bei 1.250 Euro jährlichem Selbstbehalt lag der Beitragsanteil nur noch bei 49,1 % (Beitragsentlastung 50,9 %). – 5. *Franchisen in der gesetzlichen Krankenversicherung (GKV):* Der GKV sind Franchisen aufgrund des → Sachleistungsprinzips weitgehend fremd. Mit Inkrafttreten des Wettbewerbsstärkungsgesetzes (GKV-WSG) wurde es allerdings auch → Krankenkassen gestattet, Selbstbehaltstarife als sog. → Wahltarife anzubieten (§ 53 SGB V). Sie können von allen gesetzlich Versicherten zur Beitragsentlastung freiwillig gewählt werden. Anders aber als in der PKV, führen Selbstbehalte in der GKV bei einer späteren Rückkehr in einen „Normalleistungsbereich" ausschließlich zum Verzicht auf Beitragsnachlässe, nicht aber zu einer risikoäquivalenten Beitragsänderung. – 6. *Selbstbehalte in der Rückversicherung:* Auch in der Rückversicherung kommen Franchisen vor, werden dort aber anders bezeichnet. Dabei handelt es sich um die Teile der Risiken bzw. Schadenpotenziale, die der Zedent nicht in Rückversicherungsdeckung gibt. In den → proportionalen Rückversicherungsverträgen handelt es sich dabei um die Selbstbehaltsquoten, die auch als prozentuale Selbstbeteiligungen pro Schaden (Quotenrückversicherung, Summenexzedenten-Rückversicherung) interpretiert werden können. In den → nicht proportionalen Rückversicherungsverträgen kann die Priorität als eine Art absolute Abzugsfranchise pro Schadenfall (Einzelschadenexzendent) oder pro Schadenereignis (→ Kumulschadenexzedent) oder kann der Eigenanteil des Zedenten als prozentuale Selbstbeteiligung am Jahresschaden (Stop Loss) aufgefasst werden.

III. Wettbewerbsrecht → Im Rahmen von Franchise-Vereinbarungen wird die wirtschaftliche Handlungsfreiheit der beteiligten Parteien zumeist stark beschränkt, bspw. im Hinblick auf Alleinbezugsverpflichtungen des Franchise-Nehmers oder Vorkehrungen zum Schutz der Rechte des Franchise-Gebers an gewerblichem oder geistigem Eigentum. Insofern diese Regelungen zur Sicherung der Durchführung des Franchise-Vertrages erforderlich sind (notwendige Nebenabrede), liegt i.d.R. dennoch kein Verstoß gegen § 1 GWB und Art. 101 I AEUV vor. Soweit die Bestimmungen zum Kartellverbot im Einzelfall überhaupt auf die Franchise-Vereinbarung anwendbar sind, ergeben sich die Freistellungsmöglichkeiten für Vertriebs-, Dienstleistungs- und Verbundgruppenfranchising aus der → Vertikal-GVO und für Produktionsfranchising aus der GVO für Technologietransfer-Vereinbarungen (→ Know-how-Vereinbarungen).

Franchising → internationales Franchising.

Frankfurter Schule – Kurzbezeichnung für die von M. Horkheimer und Th.W. Adorno in Frankfurt a.M. begründete Tradition einer „kritischen Theorie"; Fortentwicklung v.a. durch J. Habermas. Als methodisches Instrument zur Analyse gesellschaftlicher Entwicklungen und Zusammenhänge gilt den Vertretern der Frankfurter Schule die → Dialektik. – *Bedeutung:* Größere Aufmerksamkeit erregte die Diskussion zwischen Vertretern der Frankfurter Schule und des → Kritischen Rationalismus als sog. „Positivismusstreit in der deutschen Soziologie" (1969). Im Mittelpunkt standen Probleme der sozialwissenschaftlichen Theoriebildung und die Werturteilsfrage (→ Wertfreiheitspostulat, → Methodenstreit).

Frankfurter Wertpapierbörse (FWB) – die größte der sieben dt. Wertpapierbörsen (s. → Börsenplätze). – 1. *Funktionsweise:* Trägerin der öffentlich-rechtlichen FWB ist die → Deutsche Börse AG (DBAG), die die Funktionsfähigkeit des Börsenhandels sicherstellt. Mit der Einführung des → XETRA-Systems (Nachfolger des IBIS-Handels) im November 1997 hat sich neben dem Präsenzhandel der vollelektronische Handel durchgesetzt, der Aufträge aus der ganzen Welt automatisch in einem Zentralcomputer zusammenführt und zuordnet. Dadurch konnte die Attraktivität bes. für ausländische Investoren und Marktteilnehmer gesteigert werden. – 2. *Börsenorganisation:* Oberstes Organ der FWB ist der Börsenrat, in ihm sind die Kreditinstitute, Skontroführer, Versicherungen, Emittenten und Anleger vertreten, vgl. § 12 BörsG. Die laufenden Leitungsfunktionen werden durch die Börsengeschäftsführung wahrgenommen. Die Sicherung von Transparenz und ordnungsmäßiger Kursfeststellung übernimmt die Marktaufsicht, bestehend aus der → Bundesanstalt für Finanzdienstleistungsaufsicht (BaFin), der Börsenaufsicht auf Landesebene und der Handelsüberwachungsstelle der Börse. – 3. *Produkte:* Gehandelt werden in Frankfurt a.M. v.a. → Aktien und → Exchange Traded Funds, aber u.a. auch → Optionsscheine, Reverse Convertibles, → Discount-Zertifikate und → Renten. – 4. *Marktsegmente:* a) *Gesetzlich:* Gemäß BörsG erfolgt auch an der Deutschen Börse der Handel in den zwei Marktsegmenten → regulierter Markt (früher → amtlicher und → geregelter Markt) und → Freiverkehr (Open Market). – b) *Eigenständig organisierte Marktsegmente gemäß Börsenordnung der FWB:* Der → Prime Standard mit über das Börsengesetz hinausgehenden Zulassungspflichten für Unternehmen des → Deutschen Aktienindexes (DAX), → MDAX, → SDAX, → TecDAX und der → General Standard für alle anderen zugelassenen Unternehmen. Die DBAG hat den Entry Standard für den Freiverkehr geschaffen.

franko – *franco;* bedeutet, dass die Transportkosten vom Absender bezahlt worden sind. V.a. bei Postsendungen gebräuchlich, wobei das Porto vom Absender bezahlt ist. – Franko im Zusammenhang mit einer Ortsangabe gleichbedeutend mit „frei" (→ free), wobei nicht immer eindeutig ist, ob dies "frei Kosten und Risiko" oder nur "frei Kosten" bedeuten soll.

franko Courtage – Klausel bei Börsengeschäften; bedeutet, dass der Makler auf → Courtage verzichtet.

französische Buchführung – Form der doppelten Buchführung. Kennzeichnend: starke Gliederung des → Grundbuches, die jeder Betrieb nach

Französische Buchführung

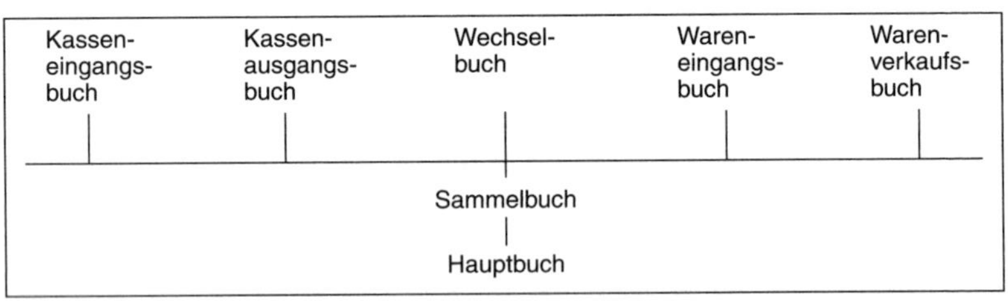

seinem Bedarf erweitern kann, z.B. Kasseneingangsbuch, Kassenausgangsbuch, Wechselbuch, Wareneinkaufs- und Warenverkaufsbuch. Zwischen Grundbücher und Hauptbuch wird, wie bei der → deutschen Buchführung, ein Sammelbuch (Sammeljournal) eingeschaltet. Für den Übertrag in das Sammelbuch kommen oft nur die Endsummen der Spezialgrundbücher in Betracht (z.B. Wareneinkaufsbuch: Warenkonto an Kontokorrentkonto). Durch die Zerlegung des Grundbuches ist starke Arbeitsteilung und gute Kontrolle möglich. – Vgl. auch Abbildung „Französische Buchführung".

Frauenförderung → Gleichbehandlung, → AGG im Arbeitsrecht.

Frauenschutz – 1. *Frauenarbeitsschutz:* bes. Art des → Arbeitsschutzes. Absolute Beschäftigungsverbote bestehen im Wesentlichen nur noch während der Schwangerschaft (→ Mutterschutz). Belehrung von Frauen über Gefahren für Schwangere in § 12 III der Gentechnik-Sicherheitsverordnung vom 18.12.2008. Vgl. auch § 143 I Nr. 8 des Seemannsgesetzes. – 2. Frauenschutz im *Einzelarbeitsvertragsrecht:* → Gleichbehandlung, → AGG im Arbeitsrecht.

Fraunhofer-Gesellschaft zur Förderung der angewandten Forschung e.V. (FhG) – gegründet 1949; benannt nach dem Forscher, Erfinder und Unternehmer J. von Fraunhofer, 1787 - 1826). – *Aufgaben:* Anwendungsorientierte Vertragsforschung auf allen ingenieurwissenschaftlichen Fachgebieten; Beratung und Information Interessierter. Vertragspartner und Auftraggeber sind Industrie- und Dienstleistungsunternehmen sowie der Bund. In seinem Auftrag und mit seiner Förderung werden zukunftsrelevante Forschungsprojekte durchgeführt. – Die Fraunhofer-Gesellschaft betreibt über 80 Forschungseinrichtungen, davon 57 Institute an 40 Standorten in Deutschland. – *Mitglieder* sind namhafte Unternehmen und private Förderer.

Fraunhofer-Institute → Fraunhofer-Gesellschaft zur Förderung der angewandten Forschung e. V. (FhG).

free – benannter Ort; als Handelsklausel meist in Verbindung mit einem Verschiffungshafen. Der Verkäufer ist verpflichtet, die Ware am vereinbarten Ort und zur vereinbarten Zeit zur Verfügung zu stellen und alle Kosten und Gefahren bis zur Übergabe zu tragen. Oft erstreckt sich "frei" nur auf die Kostentragung. Die Übergabe erfolgt meist am Ort, d.h. am Güterbahnhof, Schiffsbahnhof, an Bord des Schiffes, längsseits des Schiffes, auf dem Lastkraftwagen etc. – *Ähnlich* den mit „ab" beginnenden Handelsklauseln (ab Werk, ab Kai). – Vgl. auch → Incoterms.

Free Advertising Item → Werbegeschenk.

Free Alongside Ship – *Named Port of Shipment,* → FAS.

Free Carrier → FCA, → Incoterms.

Free Delivered – engl. für *frei geliefert in;* gleichbedeutend mit Frei-Klauseln (→ free).

Freefloat – *Streubesitz,* Anteil der Aktien einer AG, der für den Handel an der Börse zugänglich ist, weil er sich nicht als größeres Paket in festen Händen befindet. Der Freefloat hat in wichtigen Aktienindizes das Aufnahmekriterium → Marktkapitalisierung abgelöst oder ergänzt, weil er eine realere Aussage über die Handelbarkeit der Aktie beinhaltet.

Freelancer – angelsächsische Bezeichnung für freiberuflich Tätige, i.d.R. von mehreren Arbeitgebern Aufträge erhaltende Personen, die nicht wie ein Arbeitnehmer in das Unternehmen des Auftraggebers eingegliedert sind. Im Gegensatz dazu bezieht sich der Begriff Freiberufler nicht auf die Art eines Beschäftigungsverhältnisses, sondern ist die Sammelbezeichnung für ganz bestimmte wissenschaftliche und künstlerische Berufe (z.B. Ärzte, Architekten, Psychologen, Rechtsanwälte usw.), die sog. Freiberufe.

Free of Capture and Seizure → FCS.

Free of Charge → FOC.

Free of Damage → FOD.

Free on Board – *Named Port of Shipment,* → FOB.

Free Recall → Recalltest.

Free-Rider-Problem – Das Free-Rider-Problem beschreibt einen Zustand bei dem die → Verbraucher über vorhandene umweltpolitische Instrumente informiert sind und ihre → Zahlungsbereitschaft sinkt, da sie wissen, dass die → Kosten internalisieren werden müssen und kein Anreiz für die → Unternehmen über ihre höhere → Preisbereitschaft geschaffen werden muss.

Free-Rider-Verhalten – *Trittbrettfahrerverhalten;* Begriff der Finanzwissenschaft und Umwelt- und Ressourcenökonomik für die aus dem → Rationalprinzip abgeleitete Annahme über das Verhalten des einzelnen Wirtschaftssubjekts bei der Entscheidung über Bereitstellung und Finanzierung → öffentlicher Güter sowie deren Nutzung. Bei öffentlichen Gütern kann das einzelne Wirtschaftssubjekt aufgrund ökonomischer oder technischer Gründen nicht oder nicht oder nicht vollständig von der Nutzung einmal bereitgestellter Güter ausgeschlossen werden (→ Ausschlussprinzip). Der Ausschluss wäre ineffizient, da das Rivalitätsprinzip nicht greift und die → Grenzkosten eines weiteren Nutzers gleich Null sind. Es wird bei der Entscheidung seine wahren Präferenzen verschleiern, um nicht zur Finanzierung herangezogen zu werden, wenn es davon ausgehen kann, dass die Güter auch ohne seinen Beitrag bereitgestellt werden. Das Free-Rider-Verhalten ist somit eine Ursache für eine suboptimale → Allokation der betreffenden Güter und kann sogar zu einer paretoineffizienten Nicht-Bereitstellung führen.

Free Trade Area of the Americas → FTAA.

Freeze-out – 1. *Begriff* des US-amerikanischen Gesellschaftsrechts. Es handelt sich um eine Maßnahme der Kontrollmehrheit einer → Aktiengesellschaft (AG), die dazu führt, dass Minderheitsaktionäre unfreiwillig ihre Beteiligung an der Gesellschaft verlieren. – *Formen:* (1) Auflösung der Gesellschaft und Neugründung ohne die Minderheitsaktionäre; (2) Veräußerung des Betriebsvermögens (Sale of Assets) an eine von der Kontrollmehrheit neugegründete Gesellschaft, dann Auflösung der alten Gesellschaft; (3) Zusammenlegung von Aktien zur Reduzierung der Zahl der Aktionäre (Reverse Stock Split). Die Minderheitsaktionäre, die nur noch über Bruchteile einer Aktie verfügen, werden in Geld ausgezahlt und scheiden aus der Gesellschaft aus; (4) → Verschmelzung (Merger) mit einer von den Mehrheitsaktionären beherrschten Gesellschaft. Die Minderheitsaktionäre erhalten lediglich rückkaufbare Vorzugsaktien, Schuldverschreibungen oder Bargeld (häufigste Form des Freeze-Out). – Zentrales *Problem* des Freeze-Out ist der Schutz der Minderheitsaktionäre, bes. ihr angemessener Wertausgleich. – 2. *Nach dt. Aktienrecht* (§ 327a AktG) kann die Hauptversammlung einer Aktiengesellschaft oder Kommanditgesellschaft auf Aktien auf Verlangen eines Aktionärs, dem Aktien in Höhe von 95 Prozent des Grundkapitals gehören (Hauptaktionär), die Übertragung der Aktien der Minderheitsaktionäre gegen angemessene Barabfindung beschließen. Einzelheiten über die Festlegung der Höhe der Barabfindung, die Vorbereitung und Durchführung der Hauptversammlung, die Eintragung des Übertragungsbeschlusses und die gerichtliche Nachprüfung der Abfindung in den §§ 327b–f AktG. – Vgl. auch → Squeeze-out.

Freezing → Change Management, → Organisationsentwicklung.

Freiaktie – *Zusatzaktie.* 1. Aktie *ohne eigentliche Gegenleistung.* Die Ausgabe solcher Freiaktien ist nach dt. Aktienrecht unzulässig. – 2. Von Aktiengesellschaften an → Aktionäre *gegen Aufrechnung von Forderungen* auf ihren Anteil am Bilanzgewinn oder an Rücklagen hingegebene → Gratisaktien. – 3. *Kapitalerhöhung aus Gesellschaftsmitteln* durch Ausgabe von Freiaktien ist nach den §§ 207 ff. AktG zulässig, soweit durch Gesellschaftsbeschluss → Rücklagen in Nennkapital umgewandelt werden. – 4. *Steuerliche Behandlung:* Bei Punkt 2 gilt mit der Aufrechnung die Forderung als zugeflossen und ist nach den allg. Regeln zu versteuern. In Höhe der Forderung entstehen Anschaffungskosten für die Freiaktien. Bei Punkt 3 ist die Zuteilung der Freiaktien steuerfrei. – Vgl. auch → Kapitalerhöhung aus Gesellschaftsmitteln.

frei an Bord – *benannter Verschiffungshafen,* → FOB.

Freibetrag – Begriff des Steuerrechts für einen von der Besteuerung freibleibenden Betrag. – *Anders:* → Freigrenze.

I. Einkommensteuerrecht: (Lohnsteuerrecht): 1. *Grundfreibetrag:* In den Tarif eingebauter Freibetrag, der das Existenzminimum des Steuerpflichtigen freilassen soll; beträgt im Jahr 2009 7.834 Euro (§ 32a EStG)(→ Einkommensteuertarif). – 2. Freibeträge bei → Einkünfteermittlung: (1) Freibeträge für → Veräußerungsgewinne; (2) Einkünfte aus nichtselbstständiger Arbeit: → Versorgungsfreibetrag; (3) Einkünfte aus Kapitalvermögen: Hier ist der frühere Sparer-Freibetrag mit der Umstellung auf die Abgeltungsteuer ausgelaufen und durch einen → Sparer-Pauschbetrag für Werbungskosten ersetzt worden. – 3. *Freibeträge bei Einkommensermittlung:* (1) → Altersentlastungsbetrag (§ 24a EStG), (2) → Entlastungsbetrag für Alleinerziehende (§ 24b EStG), (3) bes. Freibetrag bei Ermittlung der Einkünfte aus Land- und Forstwirtschaft (§ 13 III EStG, für kleinere Betriebe), (4) → Kinderfreibetrag, (5) → Betreuungsfreibetrag, (6) → Ausbildungsfreibetrag, (7) Altenheim-Freibetrag. – 4. *Freibeträge im Rahmen des Lohnsteuerabzugs* (§ 39a EStG): Auf der Lohnsteuerkarte haben Freibeträge die Bedeutung, dass der Arbeitgeber den von ihm ausgezahlten Arbeitslohn um die eingetragenen Freibeträge vermindern darf und somit die Lohnsteuer nur auf die verbleibende Restgröße einbehalten muss. Durch die Eintragung eines Freibetrags auf der Lohnsteuerkarte können Arbeitnehmer erreichen, dass die Lohnsteuerbelastung sich von vornherein an der voraussichtlichen Höhe ihres steuerpflichtigen Nettoeinkommens und nicht an den Bruttoeinnahmen orientiert. Welche Freibeträge auf der Lohnsteuerkarte eingetragen werden können, regelt § 39a EStG (u.U. Freibeträge für → Werbungskosten, → Sonderausgaben, Pauschbeträge für Behinderte und Hinterbliebene).

II. Körperschaftsteuerrecht: 1. Freibeträge für kleinere Körperschaften in Höhe von 3.835 Euro, höchstens in Höhe des → Einkommens (§ 24 KStG). – 2. Freibeträge für Erwerbs- und Wirtschaftsgenossenschaften sowie land- und forstwirtschaftliche Vereine in den ersten zehn Jahren in Höhe von 13.498 Euro, höchstens in Höhe des Einkommens (§ 25 KStG).

III. Gewerbesteuerrecht: Bei der Berechnung des Gewerbesteuermessbetrages nach dem Gewerbeertrag bleiben bei Einzelgewerbetreibenden und Personengesellschaften 24.500 Euro des → Gewerbeertrags (§ 11 I 1 GewStG) unbesteuert. Bei Unternehmen von juristischen Personen des öffentlichen Rechts beträgt der Freibetrag 5.000 Euro.

IV. Erbschaftsteuerrecht: 1. Die *persönlichen Freibeträge* (§§ 15, 16 ErbStG, R 72 und 73 ErbStR) betragen nach der → Erbschaftsteuerreform 2009 bei unbeschränkter Steuerpflicht bei Erwerb (1) des Ehegatten 500.000 Euro (davor 307.000 Euro); (2) der Kinder und Kinder verstorbener Kinder, wenn sie in Steuerklasse I fallen, 400.000 Euro (davor 205.000 Euro); (3) der Kindeskinder, wenn sie in Steuerklasse I fallen, 200.000 Euro (davor 51.200 Euro) (4) der übrigen Personen der Steuerklasse I 100.000 Euro (davor: 51.200 Euro), (5) der Personen der Steuerklasse II in Höhe von 20 000 Euro (davor 10.300 Euro), (6) des

Lebenspartners 500 000 Euro (davor 5.200 Euro), (7) bei beschränkter Steuerpflicht einheitlich nur 2.000 Euro (davor 1.100 Euro). – 2. *Neben* den Freibeträgen aus 1. erhalten der überlebende Ehegatte und neuerdings der überlebende Lebenspartner für jeden Erwerb und Kinder im Sinn der Steuerklasse I Nr. 2 (§ 15 I ErbStG) für Erwerbe von Todes wegen die folgenden *bes. Versorgungsfreibeträge*, die um den Kapitalwert der aus Anlass des Todes des Erblassers zustehenden, nicht der Erbschaftsteuer unterliegenden Versorgungsbezüge zu kürzen sind (§ 17 ErbStG): (1) 256.000 Euro für den Ehegatten, (2) 52.000 Euro für Kinder bis zu fünf Jahren, (3) 41.000 Euro für Kinder zwischen fünf und zehn Jahren, (4) 30.700 Euro für Kinder zwischen zehn und 15 Jahren, (5) 20.500 Euro für Kinder zwischen 15 und 20 Jahren, (6) 10.300 Euro für Kinder zwischen 20 und 27 Jahren.

freibleibend → Freizeichnungsklausel.

freibleibende Offerte → Offerte.

Freiburger Schule – 1. *Begriff:* Als Freiburger Schule wird die Forschungs- und Lehrgemeinschaft von Ökonomen und Juristen bezeichnet, die sich in den 1930er-Jahren an der Universität in Freiburg i.B. zusammenfand und die deutsche → Ordnungsökonomik entwickelte. Die gemeinsamen Grundüberzeugungen der Freiburger Schule wurden unter dem Begriff *Ordoliberalismus* bekannt, welcher die Grundlage der wirtschaftspolitischen Konzeption der → Sozialen Marktwirtschaft als Wirtschaftsordnung bildete. Die Ordoliberaliberalen lehnten aufgrund der historischen Erfahrungen die freie Marktwirtschaft (Kapitalismus) als Wirtschaftsordnung ebenso ab wie die Zentralverwaltungswirtschaft. – 2. *Vertreter:* Von den Vertretern der Freiburger Schule sind heute v.a. der Ökonom → Eucken und der Jurist Böhm bekannt; zu den Gründern gehörte auch der Jurist Großmann-Doerth; etwas später stießen neben anderen von Dietze und Lampe hinzu. Außerdem werden die Ökonomen Miksch, → Röpke und Rüstow zur Freiburger Schule gezählt. – 3. *Ordnungspolitische Hauptaussagen:* Die „Politik der Wettbewerbsordnung" wurde von Eucken in seinen posthum veröffentlichten „Grundsätzen der Wirtschaftspolitik" (1952/1990) systematisch dargestellt. Diese können weitgehend als Manifest normativen Ordnungsdenkens der Freiburger Schule insgesamt betrachtet werden. Als Ziel der ordnungsökonomischen Überlegungen definiert Eucken die Gestaltung einer *"funktionsfähigen und menschenwürdigen Wirtschaftsordnung"*. Zunächst hebt Eucken die zur Herstellung einer Wettbewerbsordnung konstituierenden (welche die Funktionsfähigkeit sicherstellen sollen) und sodann die notwendigen regulierenden Prinzipien hervor, welche die Menschenwürdigkeit der Ordnung unterstützen sollen. – a) Zu den *konstituierenden Prinzipien* zählt Eucken: (1) *Herstellung eines „funktionsfähigen Preissystems vollständiger Konkurrenz"* als das zentrale „Grundprinzip". Wenn auch die Bedeutung freier Preisbildung auf Wettbewerbsmärkten von Eucken und auch von Böhm recht überzeugend dargestellt wurde, so bleibt die Bedeutung der Marktform vollständiger Konkurrenz für die Eigenschaften einer Wettbewerbsordnung und für wettbewerbssichernde Politiken häufig unklar und anfechtbar. Später wurde in Freiburg die → Wettbewerbstheorie durch von Hayek („Wettbewerb als Entdeckungsverfahren") und die Wettbewerbspolitik durch Böhm und Hoppmann (Leitbild der „Wettbewerbsfreiheit") entscheidend weiterentwickelt. (2) *Preisniveaustabilität:* Damit der marktliche Preismechanismus seine Lenkungsfunktion erfüllen kann, bedarf es einer inneren (und äußeren) Geldwertstabilität. Zur Vermeidung von Inflation schlägt Eucken daher die feste Bindung der Geldschöpfung an durchschnittliche Knappheiten eines Warenbündels („Waren-Reserve-Währung") vor. (3) *Offenhaltung von Märkten:* Die Wirksamkeit der Koordinations- und Kontrollfunktionen des Wettbewerbs verlangt freien Marktzutritt. Hierzu zählt Eucken v.a. die Aufhebung von Zöllen und Mengenbeschränkungen im internationalen Handel, freie Berufswahl, Gewerbefreiheit und eine Begrenzung des Patentschutzes. (4) *Privateigentum:* Als Voraussetzung einer Wettbewerbswirtschaft wird das Privateigentum an Produktionsmitteln anerkannt. (5) *Vertragsfreiheit:* Sie gilt wie Privateigentum als konstitutiv für eine Wettbewerbsordnung. Allerdings gibt es Grenzen der Vertragsfreiheit. So dürfe die Bildung von Kartellen nicht als legitime Nutzung der Vertragsfreiheit akzeptiert werden. (6) *Vermeidung von Haftungsbeschränkungen:* Vertreter der Freiburger Schule gehen davon aus, dass derjenige, der die Chance auf einen Gewinn hat, auch das Risiko des Verlusts tragen soll. Sie kritisieren die Haftungsbeschränkung in der Rechtsform der GmbH sowie bei Allgemeinen Geschäftsbedingungen als Ausdruck eines „selbst geschaffenen Rechts der Wirtschaft". (7) *Vorhersehbarkeit und Stetigkeit der Wirtschaftspolitik:* Mithilfe der Wettbewerbsordnung sollen die Wirtschaftssubjekte in die Lage versetzt werden, auf der Grundlage möglichst sicherer Daten langfristige Pläne zu verwirklichen. Zu diesen Daten gehört auch der ordnungspolitische Rahmen; die Forderung nach Rechtssicherheit dient der Stabilisierung von Erwartungen und damit wachstumsfördernden Investitionen. – b) Die *regulierenden Prinzipien* sind den konstituierenden insoweit nachgeordnet, als sie wirtschaftspolitische Eingriffe in den Marktprozess begründen sollen, die nach Befolgung der konstituierenden Prinzipien noch als notwendig oder auch nur sinnvoll betrachtet werden. (1) *Eindämmung von Marktmacht:* So dürften bei strenger Anwendung des Prinzips offener Märkte nur noch wenige, sog. natürliche Monopole regulierungsbedürftig sein. Die Grundsätze, nach denen eine staatliche Monopolkontrolle im Einzelnen zu verfahren habe, werden bei Eucken weit weniger umfassend dargestellt und problematisiert als etwa bei Böhm, dessen Arbeiten einen beachtlichen Einfluss auf die Gestaltung des Wettbewerbsrechts im Nachkriegsdeutschland hatten. Ähnlich skizzenhaft bleiben Euckens Äußerungen zur Einkommenspolitik. Er hält eine Korrektur der z.T. unerwünschten Primärverteilung über Märkte durch eine progressive Einkommensteuer für geboten. (2) *Internalisierung externer Effekte*: Es folgen noch einige knappe Begründungen zur Korrektur von externen Effekten und anomalen Angebotsreaktionen auf Preisänderungen. Bemerkenswert bleibt, dass Eucken schon damals (1952) einen staatlichen Handlungsauftrag im Bereich der Umweltpolitik begründet. – c) *Staatspolitische Prinzipien:* Aus der spezifischen Freiburger Sicht der *Interdependenz der Ordnungen* stellt sich das Problem der politischen und rechtlichen Realisierungsbedingungen des ordoliberalen Programms. Schon die konstituierenden und erst recht die regulierenden Prinzipien lassen erkennen, dass hier kein „Minimalstaat" gefordert ist, sondern ausdrücklich ein „starker" und „aktionsfähiger" Rechtsstaat (Eucken) im Sinn einer neutralen, von wirtschaftlichen Machtgruppen unabhängigen Ordnungsinstanz. Folgerichtig stellt Eucken folgende *staatspolitische Prinzipien* auf: Zum einen soll einer „neufeudalen Autoritätsminderung des Staates" dadurch entgegengewirkt werden, dass wirtschaftliche Machtgruppen aufzulösen oder ihre Funktionen zu begrenzen sind. Zum anderen sollte die Wirtschaftspolitik auf die Gestaltung der Ordnungsformen der Wirtschaft gerichtet sein, nicht auf die Lenkung des Wirtschaftsprozesses. Damit wird erneut das zweifache Machtproblem aufgegriffen, dem im Fall privater Macht durch die Disziplin der Wettbewerbsordnung und im Fall staatlicher Macht durch die Bindung an rechtsstaatliche Regeln und ordnungspolitische Grundsätze begegnet werden soll. – 4. *Aktuelle Bedeutung*: In der Wirtschafts- und Rechtswissenschaft insgesamt hat der Einfluss der Freiburger Schule seit den 1960er-Jahren deutlich nachgelassen. In jüngster Zeit zeigen sich aber Anzeichen für eine Wiederentdeckung des ordnungspolitischen Denkens. Nicht zuletzt angesichts globaler Wirtschafts- und Finanzkrisen stellt sich die Frage nach funktionsfähigen und menschenwürdigen Wirtschaftsordnungen neu – und dringlich. Diese neuen Ordnungsüberlegungen werden oft unter dem Dach der → Neuen Institutionenökonomik verortet. So lassen sich Ähnlichkeiten zwischen den Ansätzen der Freiburger Schule und der modernen → Konstitutionenökonomik aufzeigen. Ebenso gibt es Modernisierungen der staatspolitischen Prinzipien im Sinne einer Konjunkturpolitik für den Markt, einer Sozialpolitik für den Markt sowie einer Industriepolitik für den Markt (Erlei/Leschke/Sauerland, 2007).

freie Benutzung – Begriff des Urheberrechts für ein → Werk, das sich von der Vorlage so weit gelöst hat, dass es als eine völlig selbstständige Neuschöpfung anzusehen ist. Unterliegt dem Urheberrecht seines → Urhebers. Es darf ohne Zustimmung des Urhebers des benutzten (ursprünglichen) Werkes verwertet werden; dies gilt nicht für die Benutzung eines Werkes der Musik, durch welche eine Melodie erkennbar dem Werk entnommen wird (§ 24 UrhRG). – Vgl. auch → Abhängigkeit, Bearbeitung.

freie Berufe – selbstständige Berufstätigkeit, die i.d.R. wissenschaftliche oder künstlerische Vorbildung voraussetzt. – *Steuerrechtliche Behandlung:* 1. *Einkommensteuer:* Nach § 18 I Nr. 1 EStG gehören zur freiberuflichen Tätigkeit: (1) die selbstständig ausgeübte wissenschaftliche, künstlerische, schriftstellerische, unterrichtende oder erzieherische Tätigkeit; (2) die selbstständige Berufstätigkeit der Ärzte, Zahnärzte, Tierärzte, Rechtsanwälte, Notare, Patentanwälte, Vermessungsingenieure, Ingenieure, Architekten, Handelschemiker, Wirtschaftsprüfer, Steuerberater, beratenden Volks- und Betriebswirte, vereidigten Buchprüfer (vereidigten Bücherrevisoren), Steuerbevollmächtigten, Heilpraktiker, Dentisten, Krankengymnasten, Journalisten, Bildberichterstatter, Dolmetscher, Übersetzer, Lotsen und ähnlicher Berufe. Abgrenzung der einen „ähnlichen Beruf" Ausübenden gegen Gewerbetreibende meist schwierig. Maßgebend ist die Ähnlichkeit mit einem der in der Gesetzesvorschrift genannten Berufe. – Ein Angehöriger eines freien Berufs ist auch dann freiberuflich tätig, wenn er sich der Mithilfe fachlich vorgebildeter Arbeitskräfte bedient, aber aufgrund eigener Fachkenntnisse leitend und eigenverantwortlich tätig wird; Vertretung durch andere bei vorübergehender Verhinderung steht nicht entgegen. Dagegen liegt Freiberuflichkeit nicht mehr vor, wenn jemand sich nur noch darauf beschränkt, die Arbeit durch andere erledigen zu lassen, sich also auf Leitung und Organisation dermaßen beschränkt, dass man die einzelnen Arbeitsergebnisse nicht mehr als Ausfluss seiner eigenen Arbeit ansehen kann; denn ein solches Verhalten ist seiner Natur nach nicht mehr freiberuflich, sondern gewerblich. – 2. *Bewertungsgesetz:* Freie Berufe sind den gewerblichen Betrieben gleichgestellt (§ 96 BewG; → Betriebsvermögen). – 3. *Gewerbesteuer:* Angehörige der freien Berufe betreiben kein Gewerbe, sind daher nicht Kaufleute und unterliegen nicht der Gewerbesteuerpflicht, die dagegen für selbstständige Handelsvertreter, Industriepropagandisten, Werbeberater und sonstige Werbefachleute besteht, die nicht Angehörige der freien Berufe, sondern Gewerbetreibende sind. – 4. *Umsatzsteuer:* Freiberufler unterliegen i.d.R. als Unternehmer der Umsatzsteuer; ihre Leistungen sind z.T. steuerbefreit (z.B. Umsätze aus der Tätigkeit als Arzt oder Zahnarzt, § 4 Nr. 14 UStG).

freie Erfindung → Arbeitnehmererfindung.

freie Liquiditätsreserven – nach überwiegender Auffassung, v.a. der kredittheoretischen Geldlehre, die Grundlage der Geld- und Kreditschöpfung (→ Geldpolitik). Freie Liquiditätsreserven sind jener Teil der Bankenliquidität (→ Liquidität), über den die Banken frei verfügen können, in der aggregierten Bilanz aller Kreditinstitute ergeben sie sich aus der Differenz von → Liquiditätssaldo und → Mindestreserve.

freie Makler – *Freimakler;* privatrechtliche Handelsmakler, die in allen Marktsegmenten der jeweiligen Präsenzbörsen sowie ggf. im Computerhandel zur Teilnahme am Börsenhandel berechtigt sind. Im Unterschied zu den → Skontroführern sind sie jedoch nicht berechtigt, im → regulierten Markt (früher: → amtlicher und → geregelter Markt) Preise festzustellen. – Freie Makler vermitteln den Abschluss von Wertpapierhandelsgeschäften zwischen den übrigen → Börsenhandelsteilnehmern. Sie dürfen auch für eigene Rechnung kaufen und verkaufen. – Freie Makler treten häufig als Vermittler von Geschäften für Banken auf, die keine oder nur wenig eigene Händler an der → Börse haben. Die Zulassung der freien Makler erfolgt durch die → Geschäftsführung der Börse. Sie erfordert die Erfüllung bestimmter Voraussetzungen: Neben der erfolgten Zulassung für das Unternehmen, für das sie tätig werden, müssen die freien Makler die erforderliche Zuverlässigkeit und berufliche Eignung nachweisen.

freie Marktwirtschaft → Marktwirtschaft.

freie Mitarbeiter – Personen, die nicht im Rahmen eines festen Beschäftigungsverhältnisses, sondern aufgrund einzelner aufeinander folgender Aufträge tätig werden. Je nach dem Grade ihrer Abhängigkeit gelten sie als → Arbeitnehmer oder (zumeist) → arbeitnehmerähnliche Personen. Nach § 12a TVG können für freie Mitarbeiter → Tarifverträge geschlossen werden. – Vgl. auch → Scheinselbstständigkeit.

freie Produktionszone → Sonderwirtschaftszone.

freier Marktzutritt – Begriff der → Preistheorie; besteht, wenn ein Anbieter ohne institutionelle (Lizenzen, Konzessionen oder Berufsqualifikationen) oder ökonomische (Kosten der Produktionsaufnahme) Schranken auf einem Markt sein Produkt anbieten kann, wobei solche Schranken auch aus strategischen Gründen von den etablierten Anbietern errichtet werden können.

freier Stand der Technik – Einrede des Verletzers eines → Patents, er mache lediglich von dem Gebrauch, was schon vor der Schutzrechtsanmeldung Gemeingut der Technik gewesen sei. Die Einrede berührt die Kompetenzverteilung zwischen den Erteilungs- und Nichtigkeitsinstanzen einerseits und den Verletzungsgerichten andererseits und ist angesichts der Bindung des Verletzungsrichters an das erteilte Patent gegenüber dem sich aus dem Wortlaut des Patentanspruchs und seiner Auslegung ergebenden Gegenstand des Patents nicht statthaft, sie kann dagegen gegenüber äquivalenten Verletzungformen, einer beanspruchten Unterkombination und bei einer unvollkommenen Benutzung im Verletzungsprozess geltend gemacht werden. – Vgl. auch → Äquivalente.

freier Verkehr → Freiverkehr, → Zollverfahren.

freier Wettbewerb → wettbewerbspolitische Leitbilder.

freies Gut – Güter, die überall und mit der gewünschten Qualität in hinreichendem Umfang vorhanden sind, um die Bedürfnisse aller Individuen einer Volkswirtschaft zu einem gegebenen Zeitpunkt zu befriedigen. In einer → Marktwirtschaft hat ein freies Gut einen Preis von Null, z.B. Luft. – *Gegenteil*: wirtschaftliche Güter.

freies Vermögen – Vermögenswerte, die nicht zum → gebundenen Vermögen gehören, also Gegenwerte der Passiva eines → Versicherungsunternehmens darstellen, die nicht versicherungstechnischer Natur sind. Im Gegensatz zum gebundenen Vermögen unterliegt das freie Vermögen keinen besonderen Anlagevorschriften.

freie Wahl des Arbeitsplatzes → Arbeitsplatzwechsel.

freie Währung → Währungssystem.

freie Wirtschaftslehre – von S. Gesell gegründete Lehre, die Störungen der Konjunktur durch die Einführung von Freigeld (→ Schwundgeld) und Freiland (Abschaffung des Eigentums an Grund und Boden bei Abführung der Grundrente an den Staat) beseitigen will.

frei Frachtführer → FCA.

Freigabe – I. Insolvenzrecht: Erklärung des Insolvenzverwalters gegenüber dem → Gemeinschuldner über die Aufhebung der Zugehörigkeit eines Gegenstandes zur → Insolvenzmasse. Der Gegenstand wird freies Vermögen des Gemeinschuldners. Die Freigabe steht im pflichtmäßigen Ermessen des Insolvenzverwalters (z.B. bei Gegenständen, die sich als unverwertbar erwiesen haben oder infolge ihrer Belastung für die Masse einen Gewinn nicht erwarten lassen; → Absonderung). Schmälert der Insolvenzverwalter schuldhaft die Insolvenzmasse, ist er schadensersatzpflichtig (§ 60 InsO).

II. Zollrecht: Überholter Begriff aus der Zeit des dt. Zollgesetzes. Heute spricht das EU-Zollrecht von → Überlassung der Ware durch die Zollstelle (Art. 73 ZK).

freigestellte Vereinbarungen – Freistellung vom Kartellverbot des § 1 GWB für Vereinbarungen von Unternehmen, Beschlüsse von Unternehmensvereinigungen oder aufeinander abgestimmte Verhaltensweisen (§ 2 I GWB). Dies hat folgende Voraussetzungen: (1) angemessene Beteiligung der Verbraucher am entstehenden Gewinn, (2) Beitrag zur Verbesserung der Warenerzeugung oder -verteilung oder zur Förderung des technischen oder wirtschaftlichen Fortschritts, (3) keine Auferlegung nicht unerlässlicher Beschränkungen der beteiligten Unternehmen, (4) keine Eröffnung von Möglichkeiten, für einen wesentlichen Teil der betreffenden Waren den Wettbewerb auszuschalten. Diese Regelung ist das Pendant zum Art. 101 III AEUV, der von der Kartellbehörde alternativ direkt angewandt werden kann. Zur Beurteilung, ob eine freigestellte Vereinbarung vorliegt, kann daher ohne Weiteres auf die diversen Verordnungen des Rates oder der Europäischen Kommission zur Anwendung des Art. 101 III AEUV zurückgegriffen werden, darunter insbesondere auf die verschiedenen → Gruppenfreistellungsverordnungen.

Freigrenze – 1. *Begriff* des Steuerrechts: Beträge, die nur dann steuerfrei bleiben, wenn der Grenzbetrag nicht überschritten wird. Im Gegensatz zu → Freibeträgen ist bei Überschreiten des Grenzbetrags der gesamte Betrag steuerpflichtig. – 2. *Einkommensteuer:* a) Freigrenze bei → privaten Veräußerungsgeschäften: Gewinne aus Veräußerungsgeschäften unterliegen der → Einkommensteuer nur, wenn der Gesamtgewinn im Kalenderjahr mindestens 600 Euro (ab dem Veranlagungszeitraum 2009) erreicht (§ 23 III EStG). – b) → Einkünfte aus Leistungen (→ sonstige Einkünfte): einkommensteuerfrei, wenn sie 256 Euro nicht erreichen (§ 22 Nr. 3 EStG).c) Freigrenze bei Sachbezügen (§ 8 II EStG), Freigrenze von 44 Euro im Kalendermonat.d) Ist der Schuldzinsenüberhang (der die Zinserträge übersteigende Zinsaufwand) eines Betriebs unter 3 Mio. Euro, finden die Beschränkungen der → Zinsschranke keine Anwendung. – 3. *Solidaritätszuschlag:* beim Lohnsteuerjahresausgleich 972 Euro (1.944 Euro bei zusammen veranlagten Ehegatten) (§ 3 SolZG). – 4. *Grunderwerbsteuer:* Der Erwerb eines Grundstücks ist steuerfrei, wenn der maßgebende Wert (§ 8 GrEStG) 2.500 Euro nicht übersteigt (§ 3 GrEStG).

Freigutveredelung – überholter Begriff für die Überführung in den zollrechtlich freien Verkehr zur bes. Verwendung.

Freihafen – Hafengebiete, die zollrechtlich und soweit sie als Freizonen des Kontrolltyps I ausgestaltet sind, umsatzsteuerlich nicht als → Inland behandelt werden, um die Ein- und Durchfuhr von Waren nicht mit administrativen Pflichten zu belasten. Die Einrichtung von Freihäfen ist umsatzsteuerlich lediglich eine Maßnahme zur Vereinfachung der Steuererhebung im Sinn von Art. 156 der → Mehrwertsteuersystemrichtlinie; materielle Steuervorteile, die wettbewerbsverzerrend wirken könnten, werden über Sondervorschriften (§ 1 III UStG) verhindert. – Vgl. auch → Freizone.

Freihafen-Veredelung – bes. historisch bedingte Form der → aktiven Veredelung von Waren in einer → Freizone des Kontrolltyps I (Freihafen) ohne Überführung der Waren in die aktive Veredelung. – Vgl. auch → Veredelungsverkehr.

Freihalteinteresse – Interesse der Allgemeinheit an der Freihaltung von Begriffen des allg. Sprachgebrauchs. Das Freihalteinteresse wird bei der Beurteilung der Schutzfähigkeit von Kennzeichen berücksichtigt, die aus → Beschaffenheitsangaben, → beschreibenden Angaben, Sachangaben, Orts- und Tätigkeitsangaben u.Ä. gebildet werden, ferner bei Kennzeichen, die nicht von Hause aus schutzfähig sind, wohl aber durch Erlangung von → Verkehrsgeltung schutzfähig werden können, indem entsprechend hohe Anforderung an den Grad der Verkehrsgeltung gestellt werden. Zu Abwandlungen von Fachbegriffen vgl. auch → Beschaffenheitsangaben. Der Schutzbereich von Kennzeichnungsrechten, die auch unter Verwendung von Angaben gebildet sind, an denen ein Freihaltebedürfnis besteht, wird entsprechend eng bemessen (→ geschäftliche Bezeichnungen, → Marke).

Freihandel – internationaler Güterhandel (→ Außenhandel), der frei von jeglicher handelspolitischer Beeinflussung ist. In der → Außenhandelstheorie theoretisch angestrebtes Ziel. Die Welthandelsorganisation – → World Trade Organization (WTO) und das → GATT gehen ebenfalls vom Ziel des Freihandels aus, weswegen keine neuen *tarifären Maßnahmen* (→ Einfuhrzoll) erhoben werden dürfen. Neben den Einfuhrzöllen können mengenmäßige Beschränkungen (→ Kontingente) den freien Handel behindern. In der realen Wirtschaft behindern weltweit zahlreiche *tarifäre* und *nicht tarifäre Maßnahmen* den freien Handel.

Freihandelszone – *Free Trade Association (FTA).*

I. Außenhandelspolitik: Spezifisches Konzept zur regionalen → Handelsliberalisierung (→ regionale Integration, → Regionalismus). Bei einer Freihandelszone werden zwischen den Partnerländern schrittweise alle Zölle und Kontingente, d.h. alle tarifären und nicht tarifären Handelshemmnisse, abgebaut – innerhalb der Freihandelszone werden keine Zölle erhoben; im Unterschied zur → Zollunion behält jedes Mitgliedsland einer Freihandelszone weiterhin die volle Autonomie bei der Gestaltung seiner Handelspolitik (→ Drittlandszollsatz, → Einfuhrzoll, → Kontingent, etc.) gegenüber Drittstaaten. – Damit verhindert wird, dass Importe aus Drittstaaten den Umweg über dasjenige Mitgliedsland nehmen, das den geringsten Zoll für das jeweilige Gut erhebt, bedarf es im → Binnenhandel einer Freihandelszone der Vorlage von → Ursprungsnachweisen (administrativ aufwendig bei Produkten, die in einem Mitgliedsland weiterverarbeitet wurden) und der Anwendung kompensatorischer Binnenzölle. – Eine Freihandelszone (z.B. die → EFTA, → NAFTA) verstößt prinzipiell gegen das Meistbegünstigungsgebot (→ Meistbegünstigung) des → GATT; Art. XXIV GATT definiert die Voraussetzungen, unter denen eine Freihandelszone zwischen Mitgliedern der Wolrd Trade Organization (WTO) zulässig ist. – Vgl. auch → Integratio, → Regionalismus.

II. Entwicklungspolitik: Aus dem nationalen → Binnenmarkt von Entwicklungs- und Transformationsländern formal-juristisch ausgegliederte, weltmarktorientierte Standorte von Produktion und Handel, mit denen sich das betreffende Land in die

→ internationale Arbeitsteilung einzugliedern versucht. – Vgl. auch → Sonderwirtschaftszonen.

freihändiger Rückkauf – Tilgung von Schuldverschreibungen durch Käufe des Emittenten an der Börse, wenn die → Tageskurse niedriger als die → Rückzahlungskurse sind und die Anleihebedingungen den freihändigen Rückkauf vorsehen.

freihändiger Verkauf → Selbsthilfeverkauf, → Pfandverwertung.

freihändige Vergabe → Ausschreibung, → öffentliche Auftragsvergabe.

frei Haus – Handelsklausel, durch die der Verkäufer verpflichtet wird, alle Kosten (ggf. auch: und Gefahren) bis zur Ablieferung der Ware am letzten Bestimmungsort zu tragen. "Frei"-Klauseln sollten durch Hinzufügen des engl. Kürzels der entsprechenden Incomternsklausel präzisiert werden, z.B. "Frei Haus" (→ EXW, Incoterms(®)2010). – Vgl. auch → Incoterms.

Freiheit – 1. *Begriff:* Freiheit bezeichnet die Fähigkeit des Menschen, aus eigenem Willen Entscheidungen zu treffen. – a) Im streng theoretischen, naturwissenschaftlichen Sinn meint Freiheit, dass der Mensch über die Fähigkeit verfügt, aus eigenem Willen neue Kausalitätsketten ins Werk zu setzen, also Willensfreiheit. – b) Man unterscheidet in der praktischen Philosophie zwischen der *negativen Freiheit,* der Freiheit von etwas, und der *positiven Freiheit,* der Freiheit zu etwas: Die erstere steht im Mittelpunkt des → klassischen Liberalismus und kennzeichnet sich durch die Abwesenheit von äußeren Zwängen, während letztere in den Begriff des Vermögens bzw. der (Handlungs-)Macht übergeht, d.h. die Freiheit faktisch durch den einzelnen auch genutzt werden kann, was entsprechende Bedingungen (Ressourcen, Institutionen etc.) voraussetzt. – c) Unter der *politischen* Freiheit versteht man ein Bündel politischer Mitbestimmungsrechte, wie sie in der Demokratie üblich sind. – d) Unter *bürgerlicher, rechtlicher inkl. wirtschaftlicher* Freiheit versteht man den gesetzlich garantierten Handlungsfreiraum der „Person" im Sinn des Zivilrechts. – e) *Formale* Freiheit, *materiale Freiheit:* → Ordnungsökonomik. – 2. *Bedeutung:* Freiheit gehört zu den Grundbegriffen der → Ethik. Nur unter Voraussetzung von Freiheit kann es gutes und böses Handeln, moralische Verdienste, Schuld und Verantwortung geben. – 3. Es sollen *zwei Konzeptionen von* Freiheit paradigmatisch dargestellt werden: a) *Individuelle Freiheit als Voraussetzung gesellschaftlicher Prozesse:* Dieses Verständnis von Freiheit lässt sich auf Locke – bzw. dessen Epigonen im Liberalismus – zurückführen. Es schreibt dem Menschen als Menschen vorgesellschaftliche Freiheitsrechte zu, die vor dem Eingriff der anderen zu schützen sind. Die Mitmenschen, die Gesellschaft und der Staat, kommen paradigmatisch als Bedrohung der individuellen Freiheit ins Spiel. Das „Eigentum" i.w.S. spielt eine zentrale Rolle: Jede Veränderung der Verfügungsrechte (Property Rights) wird tendenziell als Verletzung der individuellen Freiheit interpretiert. Im internationalen Kontext werden Grundrechte, d.h. Menschenrechte i.d.R. in dieser Form aufgefasst. – b) *Individuelle Freiheit als Resultat gesellschaftlicher Prozesse:* Das zweite Paradigma macht geltend, dass individuelle Freiheit nur im Gesellschaftszustand Realität gewinnt. Im vorgesellschaftlichen Zustand ist das Leben für Hobbes „Solitary, Poor, Nasty, Brutish and Short", es ist ein „Krieg aller gegen alle". Individuelle Freiheit wird erst durch die Etablierung von Verfassung, Recht etc., also durch kollektives Handeln, hervorgebracht und entwickelt. Auch wenn Hobbes in eine totalitäre Lösung ableitet, ist sein Ansatz konzeptionell liberal, ohne dass er starke naturrechtliche Behauptungen in Anspruch nehmen müsste. So kann der Liberale → Buchanan ganz in Hobbes'schen Argumentationsbahnen die Entwicklung der individuellen Freiheit, ja sogar die Definition des „Individuums", aus kollektivem Handeln hervorgehen lassen. Gleichwohl wird die individuelle Freiheit zum Zentralpunkt der Theorie: Sie ist nicht Voraussetzung, sondern letztes Ziel des Gesellschaftsprozesses. Die Mitmenschen erscheinen jetzt als Ermöglichung größerer individueller Freiheit – 4. *Zwei komplementäre Perspektiven von Freiheit:* Obwohl diese Konzeptionen von individueller Freiheit in der Vergangenheit und z.T. auch noch heute als konkurrierend oder gar als unvereinbar verstanden wurden und werden, muss man dies nicht so sehen. Fruchtbarer für die Theoriebildung und die durch Theorie informierten politischen (Reform-)Prozesse ist es, die vermeintlichen Gegensätze methodologisch auf verschiedene Problemstellungen zu beziehen. – a) Das *Paradigma der vorgesellschaftlichen* Freiheit ist als Konzept ausreichend, wenn die individuelle Freiheit in einer Gesellschaft anerkannt und garantiert ist und es – nur noch – um Fragen der konkreten Auslegung oder aber der politischen Verteidigung dieser Freiheit geht. – b) Das *Paradigma der kollektiven Entwicklung individueller* Freiheit geht von der Frage aus, wie man Freiheit in Prozessen grundlegenden gesellschaftlichen Wandels verfassungsmäßig festlegen soll. In der neuen weltpolitischen Konstellation nach dem Ende des Kalten Krieges, die intra- und intergesellschaftlich eine grundlegende Neuordnung des institutionellen Rahmens erfordert und die Verfügungsrechte neu definieren muss, geht es um die Frage, wie die neue Ordnung zu gestalten ist, sodass als Resultat ein Mehr an individueller Freiheit für alle daraus hervorgehen kann. Erst beide Perspektiven zusammen werden der individuellen Freiheit gerecht.

Freiheitsstrafe → Strafe, die mit Freiheitsentziehung verbunden ist. Freiheitsstrafe ist zeitig, wenn das Gesetz nicht lebenslange Freiheitsstrafe androht. Das Mindestmaß der zeitigen Freiheitsstrafe beträgt einen Monat, höchstens fünfzehn Jahre (§ 38 StGB). – Vgl. auch → Strafvollzug.

Freilager → Freizone.

frei Längsseite Schiff → FAS, → Incoterms, → F-Klauseln.

Freimakler → freie Makler.

Freimengen – 1. *Allgemein:* Menge von Waren, die ein Reisender ohne Abgabenverpflichtung in ein Land einführen kann. – 2. *Zollrecht:* In das → Zollgebiet der EU können Waren im persönlichen Gepäck von Reisenden bis zu bestimmten Wert- oder Mengengrenzen zoll- und steuerfrei eingeführt werden, wenn die Einfuhr nicht zu kommerziellen Zwecken erfolgt. Mengenmäßige Obergrenzen bestehen etwa bei Tabakwaren (200 Zigaretten oder 100 Zigarillos oder 50 Zigarren oder 250 g Rauchtabak), Alkohol (je nach Art 1–2 l), Schaumwein (4 l), Bier (16 l) und Arzneimitteln (persönlicher Bedarf). Ansonsten gibt es Wertgrenzen. Sie betragen bei Flug- und Seereisen 430 Euro, ansonsten 300 Euro. Für Personen unter 15 J. sind sie in einigen Mitgliedsstaaten auf 150 Euro beschränkt. Geringere Mengen für Einfuhren im grenznahen Raum, Grenzgänger und Personal von Verkehrsmitteln im grenzüberschreitenden Verkehr sind möglich. – 3. *Binnenmarkt:* Bei Reisen in der EU fallen zwar keine Zölle an und grundsätzlich wird jeder Privatreisende wie eine Bürger des Landes angesehen, in dem er Waren einkauft. Wenn aber bestimmte Richtmengen überschritten sind, besteht der Verdacht, dass die Waren gewerblich gehandelt werden. Diesen Verdacht muss der Reisende widerlegen.

Freischreibungserklärung – eine öffentlich beurkundete Erklärung, in der bei Verpfändung eines Rektapapiers der Eigentümer (Verpfänder) dem Pfandgläubiger den gemäß § 1277 BGB erforderlichen vollstreckbaren Titel auf Duldung der Zwangsvollstreckung an die Hand gibt, damit dieser, falls der Verpfänder seinen Verpflichtungen nicht nachkommt, ohne Klage und ohne dass ihm durch → Forderungsabtretung das verbriefte Recht übertragen ist, Befriedigung aus dem Pfand suchen kann. – Vgl. auch → vollstreckbare Urkunde.

Freistellung – Maßnahme des Arbeitgebers, widerruflich oder unwiderruflich auf die Arbeitsleistung des Arbeitnehmers zu verzichten. Die Pflicht zur Fortzahlung der vereinbarten Vergütung bleibt bestehen, da der Arbeitgeber grundsätzlich verpflichtet ist, den Arbeitnehmer gemäß dem bestehenden Arbeitsverhältnis zu beschäftigen (ggf. auch nach einer → Kündigung). Dieser Anspruch kann ausnahmsweise bei berechtigten Interessen des Arbeitgebers entfallen oder wenn der Arbeitnehmer auf seinen Anspruch verzichtet.

Freistellungsanspruch des Arbeitnehmers → Haftung.

Freistellungsauftrag – 1. *Begriff/Gegenstand:* Auftrag, den der → Gläubiger von Kapitalerträgen im Sinn des § 43 I EStG an die auszahlende Stelle oder an den Schuldner der Kapitalerträge richtet, um im Rahmen des ihm zustehenden Freistellungsvolumens Kapitaleinnahmen von der → Kapitalertragsteuer (KESt, KapESt) freizustellen, d.h. den Zinsabschlag nach dem Zinsabschlaggesetz zu vermeiden (Abstandnahme vom KESt-Abzug gemäß § 44a II Nr. 1 EStG). Damit erhält die Bank formell die Berechtigung, dem Kunden den vollen Betrag seiner Zinseinkünfte bzw. Dividendeneinkünfte bis zu der im Freistellungsauftrag genannten Obergrenze zu überweisen. Erteilt der Kunde den Auftrag nicht, können die vorab gezahlten Steuerbeträge (Quellenabzug) erst im Rahmen der Einkommensteuererklärung bis zur Höhe der Freibeträge geltend gemacht werden (vgl. EStG §§ 44a, 44b i.V. mit §§ 36b, c). – Der Freistellungsauftrag bezieht sich nur auf private Kapitalerträge (Einkünfte aus Kapitalvermögen). Mit dem Freistellungsauftrag wird erreicht, dass Kapitalerträge, die unterhalb des → Sparer-Freibetrages und des Werbungskostenpauschbetrages liegen und infolgedessen einkommensteuerfrei sind, vom Abzug der Kapitalertragsteuer verschont bleiben. Damit wird berücksichtigt, dass die Kapitalertragsteuer lediglich eine Vorauszahlung auf die Einkommensteuer ist. Ein Freistellungsauftrag kann daher nicht erteilt werden, wenn die Kapitalerträge Betriebseinnahmen oder Einnahmen aus Vermietung und Verpachtung sind, da für diese Einkunftsarten der Sparer-Freibetrag nicht gilt. – 2. *Inhalt:* Der auf amtlich vorgeschriebenem Vordruck schriftlich erfolgte Freistellungsauftrag bezieht sich auf den 30-prozentigen Zinsabschlag (Kapitalertragsteuer als Zahlstellensteuer) und auf Kapitalerträge, die dem 25-prozentigen bzw. 20-prozentigen Kapitalertragsteuerabzug unterliegen (Kapitalertragsteuer als Quellensteuer). Ein Freistellungsauftrag, der an ein Kreditinstitut als auszahlende Stelle gerichtet ist, soll bewirken, dass das Kreditinstitut bei der Gutschrift von Zinsen vom Zinsabschlag absieht und dass es bei Dividenden und ähnlichen Kapitalerträgen die Erstattung von Kapitalertragsteuer und die Vergütung von Körperschaftsteuer beim Bundesamt für Finanzen beantragt. – 3. *Wirkung:* Der Auftrag zur Freistellung und/oder zur Beantragung der Erstattung von bereits gezahlter Kapitalertragsteuer und Vergütung von Körperschaftsteuer bezieht sich auf alle Arten von Kapitalerträgen, die von Kreditinstituten gutgeschrieben werden, d.h. auch auf Erträge aus Wertpapieren, die bei Kreditinstituten im Depot verwahrt und verwaltet werden, für Kapitalerträge aus einer typischen stillen Beteiligung (Stille Gesellschaft), für Kapitalerträge aus einem partiarischen Darlehen und für Kapitalerträge aus einer Lebensversicherung, die nicht steuerbegünstigt ist. Ein Freistellungsauftrag kann befristet oder unbefristet erteilt werden. Er kann widerrufen oder abgeändert werden. Er endet mit dem Tod des Auftraggebers. Unbeschränkt einkommensteuerpflichtige Eheleute, die nicht dauernd getrennt leben, können nur einen gemeinsamen Freistellungsauftrag erteilen (so die Auffassung der Finanzverwaltung). Nach Auflösung der Ehe oder bei dauerndem Getrenntleben ist der Freistellungsauftrag zu ändern, da der Höchstbetrag von 1.602 Euro nur bei

Zusammenveranlagung gilt. – 4. *Vergleich Freistellungsauftrag mit NV-Bescheinigung:* → Nichtveranlagungsbescheinigung. – 5. *Freistellungsvolumen:* Das Freistellungsvolumen beträgt 801 Euro für Alleinstehende bzw. 1.602 Euro für zusammen veranlagte Eheleute. Der Auftraggeber kann darüber entscheiden, ob er bei einem Freistellungsauftrag über den gesamten ihm zur Verfügung stehenden Freistellungsbetrag oder nur über einen Teil verfügen will. Im Rahmen des Freistellungsbetrages kann das Volumen auf mehrere auszahlende Stellen verteilt werden. Die Empfänger von Freistellungsaufträgen haben die Ausnutzung der ihnen mitgeteilten Freistellungsgrenzen zu überwachen und bei voller Ausschöpfung die Pflicht, Kapitalertragsteuer einzubehalten, ggf. vom Betrag, der das Freistellungsvolumen überschreitet. – 6. *Kontrollen der Finanzverwaltung:* Nach Ablauf eines jeden Kalenderjahres müssen die zum Kapitalertragsteuerabzug verpflichteten Stellen dem Bundesamt für Finanzen auf Verlangen Vor- und Zuname, Geburtsdatum sowie Anschrift von Personen mitteilen, die einen Freistellungsauftrag erteilt haben, und dabei die Anzahl der erteilten Aufträge, die Höhe der jeweiligen Freistellungsgrenze sowie Namen und Anschrift des Empfängers bekannt geben, um zu verhindern, dass eine Freistellungsgrenze mehrfach beansprucht wird. Die Mitteilungen dürfen nach § 45d II EStG ausschließlich zur Prüfung der rechtmäßigen Inanspruchnahme des Sparer-Freibetrages und des Werbungskostenpauschbetrages verwendet werden. Dem Bankgeheimnis nach § 30a AO wird so hinreichend Rechnung getragen. – 7. *Nichtanwendung:* Körperschaften, Personenvereinigungen oder Vermögensmassen, die ausschließlich und unmittelbar gemeinnützigen, mildtätigen oder kirchlichen Zwecken dienen, können keinen Freistellungsauftrag erteilen (§ 44a IV EStG). Sie müssen eine Nichtveranlagungsbescheinigung vorlegen, die auf Abstandnahme vom Kapitalertragsteuerabzug und auf Erstattung von gezahlter KESt und Körperschaftsteuer lauten muss (§ 44c EStG). – 8. *Änderungen ab 2009:* Die Kapitalertragssteuer beträgt einheitlich 25 Prozent und gilt als → Abgeltungsteuer. Damit ist die Steuerschuld für die Kapitalerträge angegolten. Der Sparer-Freibetrag und der Werbungskosten-Pauschbetrag werden nun zum Sparer-Pauschbetrag zusammengefasst. Werbungskosten können nicht mehr separat in der Steuererklärung geltend gemacht werden. – *Anders:* → Freistellungsbescheinigung.

Freistellungsbescheid → Steuerbescheid, durch den ein → Steuerpflichtiger aufgrund eines geprüften Sachverhalts verbindlich voll oder teilweise von einer Steuer freigestellt wird (§ 155 I AO); z.B. dann, wenn die Steuer von Einkünften durch Abzug von Lohn- oder Kapitalertragsteuer einbehalten wurde und eine Veranlagung zur Einkommensteuer nicht in Betracht kommt. Interne Aktenvermerke der Finanzbehörde, die feststellen, dass eine Veranlagung nicht durchzuführen ist (sog. → Nichtveranlagungsverfügung), sind keine Freistellungsbescheide. – Vgl. auch → Niederschlagung von Steuern, → Nichtveranlagungsbescheinigung.

Freistellungsbescheinigung – I. Bauabzugsteuerrecht: Wer eine Bauleistung erbringt, kann sich von seinem Kunden die Gegenleistung ohne Abzug von Bauabzugsteuer auszahlen lassen, wenn er diesem eine amtliche Bescheinigung des für ihn zuständigen Finanzamts vorlegt. Liegt keine Freistellungsbescheinigung vor und ist Bauabzugsteuereinbehalt für den Vorgang vorgeschrieben, muss die Abführung der Bauabzugsteuer auf jeden Fall vorgenommen werden (§ 48d EStG); der Leistende (Kunde) haftet sonst dem Finanzamt gegenüber für die Zahlung dieses Betrags. – *Anders:* → Freistellungsauftrag.

II. Internationale Steuerfälle: Sieht das Gesetz für die Zahlung an einen ausländischen Steuerpflichtigen (→ beschränkte Steuerpflicht) einen Steuerabzug vor, so muss der Zahlende diesen Steuerabzug durchführen, auch wenn nach speziellen Vorschriften (z.B. → Doppelbesteuerungsabkommen (DBA)) Deutschland diese Zahlung an den betreffenden Ausländer eigentlich nicht besteuern dürfte. Der Ausländer muss sich die einbehaltene Quellensteuer dann vielmehr vom Bundesamt für Finanzen nachträglich erstatten lassen (§ 50d I EStG). Der Antrag auf eine Freistellungsbescheinigung kann nicht rückwirkend gestellt werden (§ 50d II EStG). Die Frist für den Antrag auf Erstattung beträgt vier Jahre nach Ablauf des Kalenderjahres, in dem die Vergütungen bezogen wurden. Die Frist endet nicht vor Ablauf von sechs Monaten nach dem Zeitpunkt der Entrichtung der Steuer. – *Vereinfachtes Verfahren* („Kontrollmeldeverfahren"): Sofern der inländische Schuldner der Vergütungen nach den Vorgaben des Erlasses des Bundesministeriums der Finanzen (BMF) vom 18.12.2002 – IV B 4 – S 2293 – 54/02 – (BStBl. 2002 I Seite 1386) zur Teilnahme am Kontrollmeldeverfahren ermächtigt, ist ein Freistellungsantrag nicht zu stellen. Voraussetzung hierfür ist, dass die Einzelzahlung den Bruttobetrag von 5.500 Euro und die Zahlungen, die während eines Kalenderjahres insgesamt vorgenommen worden sind, den Bruttobetrag von 40.000 Euro nicht übersteigen.

Freistellungsmethode – 1. *Begriff:* eine der vier gängigen Methoden zur Vermeidung/Milderung der → Doppelbesteuerung bei internationaler Geschäftstätigkeit: Die Methode stellt Einkünfte, die im Ausland besteuert werden (bzw. werden können), von der inländischen Besteuerung frei, um eine doppelte Besteuerung zu verhindern. – 2. *Wirtschaftspolitische Hintergründe:* a) Die Freistellungsmethode sorgt dafür, dass dt. Unternehmen in ausländischen Märkten, in denen das Steuerniveau niedriger ist als in Deutschland, gleiche Wettbewerbschancen wie ihre ausländischen Konkurrenten haben, da sie von den erzielten Gewinnen nicht höhere Steuern zahlen müssen als die örtlichen Mitbewerber; auf diese Art und Weise wird ihre Fähigkeit, durch Thesaurierung erzielter Gewinne Rücklagen zu bilden und ihr weiteres Wachstum zu sichern, nicht durch zusätzliche dt. Steuerforderungen beeinträchtigt. – b) Andererseits birgt die Freistellung von in ausländischen Ländern erzielten Gewinnen von der dt. Besteuerung in sich einen gewissen Anreiz, im Ausland zu investieren und sich das niedrigere ausländische Steuerniveau anstelle eines hohen dt. Steuerniveaus zu sichern. Daher muss die Freistellungsmethode durch zahlreiche flankierende Maßnahmen und Zusatzregelungen gegen missbräuchliche Ausnutzung geschützt und ihr Anwendungsbereich auf solche Tätigkeiten eingegrenzt werden, in denen im Ausland eine tatsächliche, schützenswerte Tätigkeit vor Ort stattfindet ("aktive" Tätigkeiten). Solche Einschränkungen der Freistellungsmethode finden sich sowohl in einzelnen Doppelbesteuerungsabkommen als auch in nationalen dt. Gesetzen (§ 50d EStG, § 20 AStG). – c) *Wirtschaftlich ungünstig* ist die Freistellungsmethode im Übrigen bei → Auslandsverlusten, da hier nach dt. Rechtsansicht nicht nur Gewinne aus dem Ausland unter die Freistellungsmethode fallen, sondern ggf. auch Verluste; das bedeutet für die betroffenen Unternehmen, dass sie die unter die Freistellung fallenden Verluste steuerlich nicht geltend machen können (da sie als "steuerfrei" gelten!) und diese Verluste somit aus versteuerten Nettoeinkünften tragen müssen. – 3. *Rechtsquellen*: Deutschland verwirklicht die Freistellungsmethode im Grundsatz nur in Doppelbesteuerungsabkommen; gegenüber Ländern, mit denen kein → Doppelbesteuerungsabkommen (DBA) besteht, ist günstigstenfalls die → Anrechnungsmethode nutzbar.

Freistellungsprinzip → Internationales Steuerrecht (IStR).

Freistellungsverfahren → Freistellungsbescheinigung.

Freiverkehr – *freier Verkehr.*

I. Börsenwesen: Marktsegment der → Börse, welches nicht wie der → → regulierte Markt (früher: → amtlicher Markt und → geregelter Markt) an strenge Zulassungsvoraussetzungen gebunden ist (§ 48 BörsG). Die Börsenträger dürfen seit dem Jahre 2003 im Freiverkehr spezielle Börsensegmente einrichten, die sowohl den Anforderungen von Unternehmen als auch Investoren entgegenkommen sollen, indem sie zum einen die Visibilität der im Freiverkehr gehandelten Wertpapiere meist kleinerer und mittlerer Gesellschaften steigern sollen, ohne diese mit allen Zulassungsfolgepflichten des → Wertpapierhandelsgesetzes (WpHG) zu belasten. Gegenüber dem einfachen Freiverkehr schreiben die Börsenträger hier zusätzliche Veröffentlichungspflichten vor, die zum anderen den Anlegern zu Gute kommen sollen. Nicht nur die Frankfurter Wertpapierbörse (FWB), sondern auch andere Börsen haben von dieser Möglichkeit Gebrauch gemacht. So wurden bspw. in Frankfurt der „Entry Standard“, in Stuttgart der „Gate-M“ und in München der „M:Access“ geschaffen. – Voraussetzung für die Aufnahme des Handels im Freiverkehr ist, dass die von der Geschäftsführung gebilligten Geschäftsbedingungen eine ordnungsmäßige Durchführung des Handels und der Geschäftsabwicklung gewährleisten. Die im Freiverkehr ermittelten Preise gelten als Börsenpreise. Auch der einfache Freiverkehr ist nicht gänzlich unreguliert; er ist in die Regelungen des WpHG zur Insiderüberwachung einbezogen.

II. Zollrecht: Verkehr von Waren, die sich im Gegensatz zu den im → Zollverfahren gebundenen Waren im zollrechtlich ungebundenen, also im zollrechtlich freien Verkehr befinden (→ Gemeinschaftswaren). → Nichtgemeinschaftsware wechselt durch Überführung in den freien Verkehr den Status und wird zur Gemeinschaftsware (Art. 79 ZK). Dasbei entsteht zumeist eine → Einfuhrzollschuld. Regelmäßig findet alsdann keine zollamtliche Überwachung mehr statt. Nur vereinzelt wird auch Ware des freien Verkehr weiter zollamtlich überwacht, etwa wenn die Zollbegünstigung von einer bes. Verwendung wie der industriellen Produktion abhängig ist. Im Unionszollkodex (wohl ab 2015) lautet das Zollverfahren alsdann: Überlassung zum zollrechtlich freien Verkehr.

Freiwillige – 1. *Begriff*: Personen, die für eine bestimmte, i.d.R. eher kurze, Zeitspanne oder für eine bestimmte Veranstaltung eine freiwillige, unentgeltliche Tätigkeit übernehmen. – 2. *Merkmale:* Freiwillige erfüllen Aufgaben ohne Entscheidungs- und Führungsbefugnisse und sind nicht vertraglich gebunden. – 3. *Tätigkeit:* Die Tätigkeit von Freiwilligen wird u.a. als Freiwilligenarbeit bezeichnet. Unter Freiwilligenarbeit versteht man das Geben (Spenden) von Zeit und Fähigkeiten um Dienstleistungen zu erbringen oder Aufgaben zu erledigen, ohne dabei eine direkte finanzielle Entschädigung zu erwarten. – 4. *Ausblick:* Trends in der Freiwilligenarbeit: a) *„episodic volunteering“*, d.h. ein zunehmend temporär orientiertes Engagement. – b) „virtual volunteering“, d.h. internetbasiertes Engagement. – c) „voluntourism“, d.h. die Verbindung eines Engagements in einem anderen Land mit Urlaub.

freiwillige Arbeitslosigkeit → Arbeitslosigkeit, → Arbeitsmarkt.

freiwillige Exportbeschränkung – *Voluntary Export Restriction (VER);* bes. Form eines → nicht tarifären Handelshemmnisses. Das exportierende Land beschränkt die Exportmenge für ein bestimmtes Partnerland auf ein bestimmtes Niveau. Der Umstand, dass das Ausland auf diese Weise durch eine protektionistische Maßnahme profitiert, macht die freiwillige Exportbeschränkung gelegentlich politisch attraktiv. Mengenbeschränkungen führen aber mitunter nicht nur zu heimischen Preiserhöhungen. Es kann seitens der Anbieter der betroffenen Güter ein Anreiz bestehen, die zugestandenen Mengen mit höherwertigen

Gütern auszunutzen (*quality upgrading*). – Vgl. auch → Handelspolitik.

freiwillige Gerichtsbarkeit – 1. überkommender Begriff, zu umschreiben etwa mit vorsorgender Rechtspflege. Die freiwillige Gerichtsbarkeit umfasst u.a. Vormundschafts-, Betreuungs-, Personenstands-, Nachlass- und Teilungssachen, Unterbringungs-, Registersachen (Handels-, Genossenschafts, Partnerschafts, Vereins-, und Güterrechtsregister, Grundbuch) und das Urkundenwesen. – 2. *Rechtsgrundlagen:* Das Gesetz über die Angelegenheiten der freiwilligen Gerichtsbarkeit vom 17.5.1898 (FGG) m.spät.Änd. ist durch das Gesetz über das Verfahren in Familiensachen und in den Angelegenheiten der freiwilligen Gerichtsbarkeit (FamFG) vom 17.12.2008 (BGBl. I S. 2586) m.spät. Änd. mit Wirkung ab dem 1.9.2009 abgelöst worden. Wie sich aus der Überschrift schon ergibt, sind im FamFG den herkömmlichen Materien des FGG die Familiensachen, die vorher in der ZPO geregelt waren zugeordnet worden. – 3. *Gliederung:* Nach dem für alle nachfolgenden besonderen Teile geltenden Allgemeinen Teil mit Bestimmungen u.a. über Zuständigkeit, Vertretung, Verfahrenszüge, Rechtsmittel und Vollstreckung (§§ 1-110) schließen sich an das Verfahren in Familiensachen (§§ 111 bis 270), das Verfahren in Betreuungs- und Unterbringungssachen (§§ 271 bis 341), das Verfahren in Nachlass- und Teilungssachen (§§ 342 bis 373), das Verfahren in Registersachen und unternehmensrechtlichen Verfahren (§§ 374 bis 409), in weiteren Verfahren wie Pfandverkauf und Abgabe der eidesstattlichen Versicherung (§§ 410 bis 414), in Feiheitsentziehungssachen (§§ 415 bis 432) und Aufgebotssachen (§§ 433 bis 491). – 4. *Allgemeine Verfahrensvorschriften:* Das Verfahren unterscheidet sich wesentlich von dem des Zivilprozesses, ist v.a. formloser und beweglicher. – a) Es regelt die Beteiligtenfähigkeit (§ 8; weiter als die → Parteifähigkeit der ZPO), erweitert auch die → Prozessfähigkeit, nämlich die Verfahrensfähigkeit (§ 9) in verschiedener Hinsicht. – b) Einleitung des freiwilligen Gerichtsbarkeitsverfahrens vielfach von Amts wegen; das Gericht hat auch von Amts wegen zur Wahrheitsfindung Ermittlungen anzustellen (§ 26) und ggf. → Beweise zu erheben, ohne dabei an die → Beweismittel der ZPO gebunden zu sein (§§ 29-31). – c) Das Verfahren ist nicht öffentlich und führt zur Entscheidung durch → Beschluss (§ 38), der i.Allg. bei veränderter Sachlage eine neue abweichende Entscheidung zulässt. – 5. *Rechtsmittel:* Gegen die *Entscheidung im ersten Rechtszug* (überwiegend des Amtsgerichts) findet die → Beschwerde schriftlich oder zur Niederschrift der Geschäftsstelle durch denjenigen statt, dessen Recht durch den anzufechtenden Beschluss beeinträchtigt oder dessen Antrag abgelehnt ist (§§ 58ff). Gegen die Entscheidung des Beschwerdegerichts ist die Rechtsbeschwerde statthaft, wenn diese zugelassen wurde (§ 70 Abs.1), sofern sie nicht zulassungsfrei ist (§ 70 Abs. 2).

freiwillige Helfer → Freiwillige.

freiwillige Kette – 1. *Begriff:* In ihrem Ursprung die vertikale → Kooperation einer Großhandlung mit ausgewählten Einzelhändlern (Anschlusskunden) und gleichzeitig die horizontale Kooperation solcher Großhändler, um das Absatzgebiet der freiwilligen Kette über den regionalen Bereich einer Großhandlung ausdehnen zu können. Ein Ergebnis der horizontalen Kooperation des Großhandels ist i.d.R. die Errichtung einer nationalen Zentrale, sodass die freiwillige Kette ebenso wie die → Einkaufsgenossenschaften dreistufig organisiert sind. – 2. *Hauptziele:* Erreichung höherer → Mengenrabatte und günstigerer Konditionen durch Auftragsbündelung sowie Sicherung und Rationalisierung der Marktbeziehungen zwischen Großhandlung und ihren Anschlusskunden. Ausdehnung der Tätigkeit der zentralen Organisationen durch Übernahme von Funktionen aus den Bereichen Buchführung, Kostenrechnung, Datenverarbeitung sowie v.a. des einheitlichen Absatzmarketing. – *Ferner:* Modernisierung des Vertriebsstellennetzes durch → Mitgliederselektion, Versuch der Kompensation eventueller Wettbewerbsnachteile gegenüber → Filialunternehmungen durch Gründung von → Regiebetrieben und Einführung von neuen Partnerschaftsmodellen (→ Kooperationskaufmann). Dadurch andererseits Verlust an Selbstständigkeit und damit bisheriger Stärken der freiwilligen Kette, wie Ideenreichtum, Originalität, Initiative sowie intrinsische Motivation. – Vgl. auch → Full-Service-Kooperation.

Freiwilligenarbeit → Freiwillige.

Freiwilligenorganisation → Nonprofit-Organisation (NPO).

Freiwilligensektor → Voluntary Sector.

freiwilliger Flächentausch – Form der Kooperation unter Landwirten, bei der einzelne Feldstücke in der Bewirtschaftung getauscht werden, sodass der einzelne Landwirt zum einen größere und besser strukturierte Feldstücke bewirtschaftet, zum anderen diese näher an seinem Hof liegen. Die Pacht- und Eigentumsverhältnisse bleiben davon unberührt, jedoch ist der Abschluss zeitlich befristeter, die Bewirtschaftung regelnder Verträge erforderlich.

freiwillige Selbstbindung – selbst auferlegte, rechtlich i.d.R. nicht bindende Verpflichtung, bestimmte – insbes. soziale und ökologische – Standards einzuhalten. Ihr Sinn liegt in der Eröffnung (bzw. Stabilisierung) von neuen (bzw. bestehenden) Kooperationspotenzialen. Können sowohl kollektiver (etwa Branchenverpflichtung) als auch individueller (z.B. → Code of Conduct) Natur sein.

freiwilliges soziales Jahr → soziales Jahr.

freiwillige Versicherung – I. Gesetzliche Sozialversicherung: *Formen:* (1) freiwilliger Beitritt zur Versicherung; (2) freiwillige Fortsetzung einer Pflichtversicherung. – 1. *Krankenversicherung:* Der gesetzlichen

Krankenversicherung können als freiwillige Versicherte die in § 9 SGB V genannten Personenkreise beitreten: a) Personen, die als Mitglieder aus der Versicherungspflicht ausgeschieden sind und in den letzten fünf Jahren vor dem Ausscheiden mind. 24 Monate oder unmittelbar vor dem Ausscheiden ununterbrochen mind. zwölf Monate versichert waren. Mitgliedschaftszeiten als Rentenantragsteller (§ 189 SGB V) werden nicht berücksichtigt. Zeiten einer früheren freiwilligen Versicherung sowie einer Familienversicherung werden angerechnet, ebenso Zeiten des Fortbestehens der Mitgliedschaft während des Wehr- oder Zivildienstes (§ 193 SGB V) oder während der Zahlung von z.B. Krankengeld, Mutterschaftsgeld, Verletztengeld oder Übergangsgeld (§ 192 SGB V). – b) Personen, deren → Familienversicherung nach § 10 SGB V erlischt oder nur deswegen nicht besteht (bei Kindern), weil das Einkommen des Vaters oder der Mutter die Einkommensgrenze des § 10 III SGB V übersteigt. – c) Personen, die erstmals eine Beschäftigung aufnehmen und wegen Überschreitung der Jahresarbeitsentgeltgrenze nach § 6 I Nr. 1 SGB V versicherungsfrei sind. Es muss sich um die tatsächlich erste Beschäftigung einer solchen Person handeln. – d) Schwerbehinderte Menschen im Sinn von § 2 SGB IX, wenn sie selbst, ein Elternteil oder ihr Ehegatte in den letzten fünf Jahren vor dem Beitritt mind. drei Jahre versichert waren, es sei denn, sie konnten wegen ihrer Behinderung diese Voraussetzung nicht erfüllen. Die Satzung der Krankenkasse kann das Recht zum Beitritt von einer Altersgrenze abhängig machen. – e) Arbeitnehmer, deren Mitgliedschaft durch Beschäftigung im Ausland endete, wenn sie innerhalb von zwei Monaten nach Rückkehr in das Inland wieder eine Beschäftigung aufnehmen. In den Fällen a) bis e) ist der Beitritt der Krankenkasse innerhalb von drei Monaten nach dem die Möglichkeit der freiwilligen Versicherung auslösenden Ereignis anzuzeigen. – f) Ein Mitglied, dessen Versicherungspflicht wegen Überschreitens der Jahresarbeitsentgeltgrenze nach § 6 IV SGB V erlischt, kann binnen einer Frist von zwei Wochen nach entsprechendem Hinweis der Krankenkasse seinen Austritt erklären. Wird der Austritt nicht erklärt, setzt sich die Mitgliedschaft als freiwillige Mitgliedschaft fort, wenn die Voraussetzungen des § 9 I SGB V erfüllt sind (§ 190 III SGB V), d.h., wenn in den letzten fünf Jahren mind. eine Versicherungszeit von 24 Monaten oder unmittelbar vor dem Ausscheiden eine ununterbrochene Versicherungszeit von mind. zwölf Monaten vorlag. – 2. *Gesetzliche Rentenversicherung:* Berechtigter *Personenkreis:* a) *Selbstständige Erwerbstätige* können als Pflichtversicherte auf Antrag beitreten (§ 4 II SGB VI). Der Antrag auf Beitritt muss innerhalb von fünf Jahren nach Aufnahme der selbstständigen Tätigkeit oder dem Ende einer Versicherungspflicht aufgrund dieser Tätigkeit gestellt werden. Beiträge sind entsprechend dem Einkommen zu entrichten. Die Beiträge gelten als Pflichtbeiträge, nicht als freiwillige Beiträge. – b) *Alle Bürger nach Vollendung des 16. Lebensjahres,* wenn sie nicht in der Rentenversicherung versicherungspflichtig sind (§ 7 I SGB VI). Das gilt v.a. für Hausfrauen und auch für Selbstständige, die nicht eine Pflichtversicherung auf Antrag aufnehmen wollen. Freiwillige Versicherung auch möglich für Deutsche im Sinn des Grundgesetzes, die im Ausland leben. Aufnahme der freiwilligen Versicherung auch ohne vorherige Pflichtversicherung zulässig. Für Beamte und vergleichbare (versicherungsfreie oder von der Versicherung befreite) Personen ist die freiwillige Versicherung nur möglich, wenn diese die allg. → Wartezeit erfüllt haben (§ 7 II SGB VI). Keine Vorversicherungszeit ist erforderlich für Personen, die wegen geringfügiger Beschäftigung oder selbstständiger Tätigkeit versicherungsfrei sind (§ 7 II 2 SGB VI). Umfang und Höhe der Beitragsentrichtung kann vom Versicherten innerhalb der Mindest- und Höchstbeiträge selbst entschieden werden. Bei erstmaliger Versicherung steht dem Versicherten die Wahl zwischen der Rentenversicherung der Arbeiter oder der der Angestellten frei. Nach Eintritt von Erwerbsminderung kann die freiwillige Versicherung nur zur Anrechnung der Beiträge für die → Altersrente und die → Hinterbliebenenrente führen. – *Ausnahme:* § 75 II Satz 2 SGB VI. Nach bindender Bewilligung einer Vollrente wegen Alters oder für Zeiten des Bezugs einer solchen Rente ist eine freiwillige Versicherung nicht zulässig (§ 7 III SGB VI). – 3. *Pflegeversicherung:* a) Personen, die aus der Versicherungspflicht ausgeschieden sind und in den letzten Jahren vor dem Ausscheiden mind. zwölf Monate versichert waren, können sich auf Antrag in der sozialen Pflegeversicherung weiterversichern, wenn keine Versicherungspflicht in der privaten Pflegeversicherung vorliegt (§ 26 I SGB XI). Dies gilt auch für Personen, deren → Familienversicherung erlischt. Der Antrag ist jeweils binnen drei Monaten nach Beendigung der Mitgliedschaft oder Familienversicherung zu stellen. – b) Personen, die wegen der Verlegung ihres Wohnsitzes oder ihres gewöhnlichen Aufenthalts im Ausland aus der Versicherungspflicht ausscheiden, können sich ebenfalls auf Antrag weiter versichern. Der Antrag ist spätestens einen Monat nach Ausscheiden aus der Versicherungspflicht bei der Pflegekasse zu stellen. Die Weiterversicherung erstreckt sich auch auf die im Ausland mitlebenden Familienangehörigen. Für Familienangehörige, die im Inland bleiben, endet die Familienversicherung (§ 26 II SGB XI). – 4. *Unfallversicherung:* freiwillige Versicherung für Unternehmer und ihre im Unternehmen tätigen Ehegatten bei der zuständigen Berufsgenossenschaft möglich, soweit diese nicht bereits kraft Gesetzes oder Satzung versichert sind (§ 6 SGB VII). – 5. *Arbeitslosenversicherung:* freiwillige Versicherung nicht möglich.

II. Versorgungsanstalt des Bundes und der Länder (VBL): 1. Freiwillige Versicherung *möglich,* wenn: (1) Die Pflichtversicherung endet und der Versicherte keinen Anspruch auf Versorgungsrente hat oder der

Anspruch auf Versorgungs- oder Versichertenrente erlischt; (2) die Wartezeit von 60 Kalendermonaten Pflichtbeiträge zur VBL erfüllt ist; (3) der Antrag innerhalb von drei Monaten nach dem letzten Pflichtbeitrag bei der Versorgungsanstalt gestellt wird; (4) eine erneute Pflichtversicherung bei der Versorgungsanstalt oder einer Zusatzversorgungseinrichtung nicht besteht; (5) der Versicherungsfall noch nicht eingetreten ist; (6) noch kein Antrag auf Versorgungsrente gestellt ist. – 2. *Beendigung:* Die freiwillige Versicherung kann von dem Versicherten jederzeit schriftlich gekündigt werden; sie endet ferner bei einer erneuten Pflichtversicherung bei der Versorgungsanstalt oder einer sonstigen Zusatzversorgungseinrichtung.

Freizeichen – Kennzeichen, das ursprünglich unterscheidungskräftig gewesen ist, seine Eignung als → Marke aber verloren hat, weil es von einer größeren Anzahl voneinander unabhängiger Unternehmen für bestimmte Waren oder Warengruppen (Dienstleistungen oder Dienstleistungsgruppen) allg. gebraucht wird, dadurch zur Gattungsbezeichnung geworden und deshalb vom Markenschutz ausgeschlossen ist (§ 8 II Nr. 3 MarkenG). Untätigkeit des Markeninhabers kann bei Eingang des Zeichens in den allg. Sprachgebrauch des beteiligten Verkehrs als Gattungsangabe für entsprechende Waren (bzw. Dienstleistungen) oder Gruppen von Waren (bzw. Dienstleistungen) dazu führen, dass die Marke zum Freizeichen wird und verfällt (§ 49 II Nr. 1 MarkenG). Das MarkenG gewährt teilweise Schutz gegen die Entwicklung von Marken zu Freizeichen, indem Verleger von Wörterbüchern, Lexika und ähnlichen Nachschlagewerken auf die Eintragung als Marke hinweisen müssen, wenn sie das geschützte Kennzeichen in einem solchen Werk wiedergeben (§ 16 MarkenG).

Freizeichnungsklausel – 1. *Bürgerliches Recht:* Begriff mit verschiedenen Bedeutungen: a) Klauseln, durch die Bindung an ein Vertragsangebot ausgeschlossen wird (ohne Obligo, freibleibend). – b) Klauseln, durch die auch in den → Allgemeinen Geschäftsbedingungen (AGB) die einem Teil obliegende Haftung, v.a. die → Sachmängelhaftung und die Haftung für → Erfüllungsgehilfen, ausgeschlossen werden sollen, was rechtlich nur sehr eingeschränkt möglich ist (vgl. dazu im Einzelnen § 307 und § 309 Nr. 7, 8 BGB). – 2. *Wechselrecht:* Angstklausel.

Freizeit – Zeit außerhalb der → Arbeitszeit, über deren Nutzung der Einzelne selbst (frei) entscheiden kann.

Freizeitgeografie – Zweig der Wirtschaftsgeografie, der sich mit den räumlichen Organisationsformen von Unternehmen der Freizeitwirtschaft (→ Freizeit), dem Freizeitverhalten sozialer Gruppen (Geografie des Freizeitverhaltens) sowie generell der räumlichen Ordnung der Fremdenverkehrswirtschaft beschäftigt. Die Freizeitgeografie ist eine Weiterentwicklung der „klassischen" Fremdenverkehrs- bzw. → Tourismusgeografie, die sich nur mit einem Teilaspekt des Freizeitverhaltens, dem Erholungsreiseverkehr (→ Tourismus), beschäftigt.

Freizeitpolitik – spezielle politische Zielsetzung, die die Bereiche Wirtschaftspolitik, Sozialpolitik, Raumordnungs-, Boden-, Bau- und Verkehrspolitik, Kultur-, Familien-, Jugend- und Sozialpolitik berührt. Gegenstand von Freizeitpolitik sind u.a.: räumliche Erfordernisse und Auswirkungen von Freizeit und Erholung; Freizeit- und Erholungsprobleme im Wohnumfeld und in der Stadt; Fremdenverkehr; Erhöhung des Wohn- und Freizeitwertes in umweltbeeinträchtigenden Wohnquartieren; Probleme des Freizeit- und Erholungsverkehrs; Probleme des Freizeitwohnens; Förderung des Breiten- und Freizeitsports; Kulturarbeit; Jugendpflege; Altenarbeit; Förderung des Freizeitvereinswesens.

Freizeitwerk → Arbeitnehmer.

Freizone – I. Zollrecht: 1. *Begriff:* Der frühere zollrechtliche Begriff Freihafen ist durch den Begriff Freizone abgelöst und um den Begriff Freilager ergänzt worden. Derartige Einrichtungen dienen generell dem Umschlag und der zeitlich unbegrenzten Lagerung von Waren aller Art. Nach der Legaldefinition (Art. 166 ZK) sind Freizonen oder Freilager Teile des → Zollgebietes der Gemeinschaft oder in diesem Zollgebiet gelegene Räumlichkeiten, die vom übrigen Zollgebiet getrennt sind und in denen: (1) → Nichtgemeinschaftswaren für die Erhebung der Einfuhrabgaben und Anwendung der handelspolitischen Maßnahmen bei der Einfuhr als nicht im Zollgebiet der Gemeinschaft befindlich angesehen werden, sofern sie nicht in den zollrechtlich freien Verkehr oder ein anderes Zollverfahren übergeführt oder unter anderen als den im Zollrecht vorgesehenen Voraussetzungen verwendet oder verbraucht werden; (2) für bestimmte Gemeinschaftswaren aufgrund des Verbringens in die Freizone oder das Freilager die Maßnahmen anwendbar werden, die grundsätzlich an die Ausfuhr der betreffenden Waren anknüpfen, sofern dies in einer bes. Gemeinschaftsregelung vorgesehen ist. Danach werden Nichtgemeinschaftswaren für die Erhebung der Eingangsabgaben und auch bei der Anwendung von handelspolitischen Maßnahmen bei ihrer Einfuhr als nicht im Zollgebiet der Gemeinschaft befindlich angesehen. – 2. *Merkmale:* Die Mitgliedsstaaten erklären unter Festlegung der geografischen Abgrenzung Teile des Zollgebietes der Gemeinschaft als Freizone und bewilligen die hierfür geeigneten Räumlichkeiten als Freilager (Art. 167 ZK). In der Bundesrepublik Deutschland sind nur die Freihäfen durch Gesetz als Freizonen eingerichtet worden. Diese Einrichtungen unterliegen der zollamtlichen Überwachung sowie der möglichen Zollkontrolle von Personen und Beförderungsmitteln an den Ein- und Ausgängen der Freizonen und Freilager (Art. 168 ZK). In diese Einrichtungen können sowohl Nichtgemeinschaftswaren als auch Gemeinschaftswaren verbracht werden (Art. 169 ZK). – 3. *Kontrolltypen:* Die Kontrolle erfolgt typenabhängig. Beim traditionellen Freihafen liegt der Kontrolltyp I vor. Er ist mittels Umzäunung abgegrenzt. An den Zu- und Ausgängen liegen Zollstellen. Das Verbringen in die Freizone und das Entfernen daraus werden dort überwacht. Beim Kontrolltyp II in Duisburg und Deggendorf knüpft die Kontrolle nicht an der Begrenzung an. Vielmehr wird dieser Typ wie ein Zolllager abgewickelt. Unter den im Zollkodex (ZK) vorgesehenen Voraussetzungen sind alle industriellen und gewerblichen Tätigkeiten sowie alle Dienstleistungen zugelassen (Art. 172 ZK); sie müssen zuvor den Zollbehörden mitgeteilt werden. → Nichtgemeinschaftswaren können während ihres Verbleibs in der Freizone oder dem Freilager den auch für Waren in Zolllagern üblichen Behandlungen unterzogen, in den zollrechtlich freien Verkehr überführt, in aktive Veredelungsverkehre verbracht werden. Eine Sonderstellung für Veredelungsvorgänge nimmt der alte Freihafen Hamburg ein, der nicht an die sonst üblichen wirtschaftlichen Voraussetzungen gebunden ist; allerdings dürfen hierdurch keine Wettbewerbsbeeinträchtigungen in der Gemeinschaft eintreten. Unter den vorgesehenen Voraussetzungen sind ebenfalls → Umwandlungsverfahren, → vorübergehende Verwendung, → Vernichtung von Waren oder Zerstörung von Waren und Wiederausfuhr zulässig (Art. 173 ZK). – 4. *Abgrenzung:* Wer in einer Freizone oder einem Freilager eine Tätigkeit im Bereich der Lagerung, der Be- oder Verarbeitung oder des Kaufs oder Verkaufs von Waren ausübt, muss die von der Zollbehörde verlangten Bestandsaufzeichnungen führen, die die Warenbewegungen im Zu- und Abgang erkennen lassen (Art. 176 ZK). Waren können aus Freizonen oder Freilagern: (1) aus dem Zollgebiet der Gemeinschaft ausgeführt oder wiedereingeführt oder (2) in das übrige Zollgebiet der Gemeinschaft verbracht werden. Im letzteren Fall sind die Waren zu gestellen, anzumelden und dem jeweiligen Zollverfahren zuzuführen. Im Fall der Ausfuhr achten die Zollbehörden auf die Einhaltung ausfuhrrechtlicher Bestimmungen. – Gegenüber der früheren Regelung in Freihäfen entsteht in Freizonen des Kontrolltyps I nach Art. 205 ZK eine *Zollschuld* (→ Einfuhrzollschuld), wenn eine einfuhrabgabenpflichtige Ware in einer Freizone oder einem Freilager unter anderen als den nach der geltenden Regelung vorgesehenen Voraussetzungen verbraucht oder verwendet wird. → Zollschuldner sind Personen, die die Ware verbraucht oder verwendet haben, sowie die Personen, die an diesem Verbrauch oder bei dieser Verwendung beteiligt waren, obwohl sie wussten oder billigerweise hätten wissen müssen, dass die Ware unter anderen als den nach der geltenden Regelung vorgesehenen Voraussetzungen verbraucht oder verwendet wird. Für Agrarwaren gelten Besonderheiten, die sich aus den speziellen Bestimmungen des Marktordnungsrechts ergeben (z.B. Ausfuhrerstattungen). – 5. → Unionszollkodex: Ab 2015 werden die Freizonen Unterfall der Lagerung und gehen in den bes. Zollverfahren auf. Damit verlieren sie weiter an Bedeutung.

II. Entwicklungspolitik: → Sonderwirtschaftszone, → Freihandelszone.

Freizone des Kontrolltyps I → Freizone.

Freizonenfiktion – Bezeichnung dafür, dass sich Waren in → Freizonen des räumlich durch Zollzäune abgetrennten *Kontrolltyps I* und Freilagern zwar geografisch im → Zollgebiet der EU befinden, aber zollrechtlich als außerhalb des Zollgebiets der Gemeinschaft befindlich anzusehen sind. Die Waren in Freizonen *gelten* als nicht im Zollgebiet befindlich. Es handelt sich nach dieser rechtlichen *Fiktion* um → Nichtgemeinschaftswaren, die an der Zollgrenze beim Verlassen der Freizone zollrechtlich behandelt werden müssen. Sofern ein *Statusnachweis* über den zollrechtlichen Status einer → *Gemeinschaftsware* erbracht werden kann, ist das Verlassen ohne weitere Zollbehandlung möglich.

Freizügigkeit – I. Grundgesetz und EU-Recht: Recht (→ Grundrecht), Aufenthalt und Wohnsitz frei zu bestimmen und jederzeit zu ändern. Nach Art. 11 GG genießen alle Deutschen im Bundesgebiet Freizügigkeit, die nur durch Gesetz und nur für bes. Fälle beschränkt werden darf. – Bes. Regelung für Staatsangehörige eines Mitgliedsstaates der EU: Freizügigkeitsgesetz/EU vom 30.7.2004 m.spät.Änd.

II. Freizügigkeit der Arbeitnehmer: → Grundfreiheit des Unionsrechts (Art. 45 AEUV), unmittelbare Wirkung,konkretisiert durch die VO (EWG) Nr. 1612/68 des Rates vom 15.10.1968 über die Freizügigkeit der Arbeitnehmer innerhalb der Gemeinschaft (ABl.Nr. L 257 S. 2) m.spät. Änd.. Sie besitzt den Charakter eines allg. Beschränkungsverbotes. Das Recht der Arbeitnehmer aus EU-Mitgliedstaaten, sich in jedem Mitgliedsstaat um Stellen zu bewerben und dort unter den für Inländer geltenden Bestimmungen als Arbeitnehmer tätig zu werden. Die Einhaltung der Regeln über die Freizügigkeit der Arbeitnehmer ist gerichtlich überprüfbar (am Europäischen Gerichtshof, → EuGH) und besitzt als Grundrecht Auswirkungen auf zahlreiche wirtschaftlich relevante Rechtsgebiete, z.B. das Steuerrecht (→ Grenzgänger). – Nach den EU-Erweiterungen 2004 und 2007 gibt es eine optionale maximal siebenjährige Übergangsfrist für die „alten" Mitgliedstaaten, bis Arbeitnehmer aus den neuen Mitgliedstaaten die volle Freizügigkeit erhalten. In der dritten und letzten Phase müssen diejenigen Staaten, die die Übergangsfrist bis zur Maximaldauer beibehalten wollen, eine ernsthafte Störung des Arbeitsmarktes oder die Gefahr einer solchen durch die Aufhebung der Beschränkungen nachweisen.

III. Versicherungswesen: mögliche Vereinbarung zum Versicherungsort in der Feuer-Sachversicherung und in verwandten Sachversicherungen. Bei Deklaration mehrerer Versicherungsorte mit je bes. Versicherungssumme bedeutet Freizügigkeit zwischen diesen

Orten, dass die Frage nach Voll- oder Unterversicherung nach dem Verhältnis der Gesamt-Versicherungssumme für diese Orte zum Gesamt-Versicherungswert der Sachen an diesen Orten zu entscheiden ist. Die Freizügigkeit kann mit bes. Entschädigungsgrenzen für jeden Ort ausgestattet werden, z.B. mit 120 Prozent der ortsindividuellen Versicherungssummen.

Fremdanteile → Vollkonsolidierung.

Fremdbedarfsdeckung – Beschreibungsmerkmal von Unternehmungen bzw. Betrieben, v.a. zur Abgrenzung von Haushalten, wo zum Zweck der → Eigenbedarfsdeckung gewirtschaftet wird. – Vgl. auch → Betriebswirtschaftslehre (BWL).

Fremdbedienung → Bedienungsform des Handels mit geringem Grad der Beteiligung des → Abnehmers am Kaufprozess: Der Verkäufer präsentiert die Ware, berät den Kunden und tätigt den Verkaufsabschluss (Rechnungserstellung, ggf. Inkasso, Warenausgabe und -verpackung). Typische Bedienungsform im → Fachgeschäft. – Vgl. auch → Selbstauswahl und → Selbstbedienung.

Fremdbesitzer – Besitzer einer Sache (→ Besitz), der für einen anderen besitzt, also nicht Eigentümer ist, z.B. der Mieter, Pächter, Entleiher, Pfandgläubiger. – *Gegensatz:* → Eigenbesitzer.

Fremdbezug – 1. *I.w.S.:* Beschaffung von Gütern und Dienstleistungen, die nicht im eigenen Unternehmen hergestellt werden (→ Eigenproduktion). – 2. *I.e.S.:* Bezug von Einzelteilen oder Produktion von anderen Unternehmen. – 3. *Entscheidungsproblem:* Eigenproduktion oder Fremdbezug (→ Make or Buy).

Fremdbezugskosten – Kosten des Bezugs von Sach- und/oder Dienstleistungen von unternehmensexternen Anbietern. Fremdbezugskosten werden in der Kostenartenrechnung nach → Kostenarten getrennt erfasst (z.B. Materialkosten, Versicherungskosten, Beratungskosten) und sind (anders als die Kosten eigener betrieblicher Kapazitäten) i.d.R. kurzfristig abbaubar (→ Abbaufähigkeit von Kosten).

Fremddepot → Anderdepot.

fremde Gelder – die einer Bank anvertrauten Gelder, d.h. alle → Einlagen durch Banken und Nichtbanken auf Kontokorrent-, Termin- und Sparkonten.

fremde Mittel → Fremdkapital.

Fremdenpass – *Ausweisersatz*; Bescheinigung für einen Ausländer für einen → Aufenthaltstitel oder Duldung, der sich nicht durch einen Pass oder Passersatz ausweisen kann. Vgl. §§ 48 ff., 78, 89 f. Aufenthaltsgesetz.

Fremdentscheidung → Entscheidung mit im Vergleich zur → Selbstentscheidung geringem Entscheidungsspielraum für das entscheidende Individuum, da Entscheidungsaufgabe und zugehörige Ausführungsaufgabe aufgrund fremder → Entscheidungsprämissen personell getrennt sind. Eine Person oder Gruppe kann Macht in Bezug auf die Entscheidungsprämissen ausüben. – *Ausprägungen:* (1) Bei *dezentraler Führungsorganisation* gilt die → Entscheidungsdezentralisation. – (2) Bei *zentraler Führungsorganisation* werden mit den Aufgaben nur die Weisungsrechte an die nachgeordneten Stellen übertragen, während die Entscheidungsrechte der zentralen Führungsspitze vorbehalten bleiben und somit die nachgeordneten Stellen Fremdentscheidungen treffen (→ Entscheidungszentralisation). – Vgl. auch → Zentralisation, → Dezentralisation, → Delegation.

Fremdenverkehrsgeografie → Tourismusgeografie.

Fremdenverkehrsintensität – Messziffer zur Bestimmung der quantitativen Bedeutung des Fremdenverkehrs in einer Gemeinde. Gemessen wird die Zahl der Gästeübernachtungen je 100 Einwohner.

Fremdenverkehrsort – 1. *Fremdenverkehrsstatistik:* Gemeinde mit mehr als 3.000 Übernachtungen im Jahr. – 2. *Freizeitgeografie:* Gemeinde mit Freizeiteinrichtungen speziell für den längerfristigen Erholungsverkehr, deren Wirtschafts- und Sozialstruktur sowie Ortsbild von den Verhaltensweisen der Freizeit-Nachfrager entscheidend geprägt ist. Als Indikator wird die → Fremdenverkehrsintensität, d.h. die Zahl der Übernachtungen je 100 Einwohner, herangezogen, wobei der häufig gewählte Grenzwert von 1.000 nicht als statische und für alle Urlaubsgebiete geltende Größe angesehen werden darf. – *Charakteristische Merkmale* von Fremdenverkehrsorten sind Saisonalität, Überangebot an zentralen Handels- und Dienstleistungseinrichtungen und Strukturwandel in den Bodeneigentumsverhältnissen. – Zur *Typisierung von Fremdenverkehrsorten* werden neben der Fremdenverkehrsintensität das relative Fassungsvermögen (Zahl der Fremdenbetten pro Einwohner), die Fremdenverkehrsart (z.B. Kur-, Sommerfrischen-, Winter-, Städte-, Ausflugstourismus), die durchschnittliche Aufenthaltsdauer der Gäste und die Ausstattung mit Freizeitinfrastruktur verwandt. – Vgl. auch → Freizeitgeografie, → Tourismusgeografie, → Tourismus.

fremde Wirtschaftsgebiete – alle Gebiete außerhalb des eigenen → Wirtschaftsgebietes. – Im *nicht rechtlichen Sprachgebrauch* auch als *Auslandsmarkt* oder übrige Welt (Europäisches System der Volkswirtschaftlichen Gesamtrechnung, 1995) bezeichnet.

Fremdfinanzierung – 1. *Begriff:* Maßnahmen zur Beschaffung finanzieller Mittel, die im Kapitalüberlassungsvertrag meist erfolgsunabhängige Zins- und Tilgungszahlungen zusichern und dem Unternehmen Kapital nur begrenzte Zeit zur Verfügung stellen (→ Finanzierung). Die Kapitalgeber sind → Gläubiger. – 2. *Arten:* Fremdfinanzierung kann nach verschiedenen Gesichtspunkten untergliedert werden, so nach dem Kreditgeber, der → Fristigkeit, der Form der → Besicherung oder der Ausgestaltung des Anspruchs der Gläubiger. Nach der Fristigkeit unterscheidet man z.B.: (1) *kurzfristige* Fremdfinanzierung bis zu 90 Tagen; (2) *mittelfristige* Fremdfinanzierung zwischen 90 Tagen und vier Jahren; (3) *langfristige* Fremdfinanzierung bei vier Jahren und mehr. Durch vertragliche Vereinbarungen lässt sich die Fremdfinanzierung mit Eigenschaften der Eigenfinanzierung ausstatten, z.B. durch erweiterte Mitsprache- und Kontrollrechte, vollständige oder teilweise Erfolgsabhängigkeit (partiarische Darlehen, Gewinnschuldverschreibungen) und Verlängerungsoptionen. Solche „mezzaninen" Formen der Finanzierung sind bes. bedeutsam bei der Unternehmensgründung. – Vgl. auch → Kreditfinanzierung, → Marktfinanzierung, → Mezzanine-Finanzierung, → Schulden, → Gesellschafterdarlehen.

Fremdgeschäft – Geschäftsform im Handel. Geschäfte im fremden Namen und für fremde Rechnung; getätigt von z.B. → Handelsvertretern, → Handelsmaklern im Agenturvertrieb, aber auch von → Einkaufskontoren des Großhandels und von Zentralen kooperativer Gruppen (→ kooperative Gruppen des Handels), die bei der Geschäftsanbahnung mitwirken und bei der Geschäftsabwicklung nur teilweise eingeschaltet sind. *Geschäftsanbahnung* mittels hausinterner Ausstellungen und Musterungen sowie Rundschreiben, Ordersätzen oder sonstigen Lieferantenempfehlungen. *Geschäftsabwicklung* mittels → Empfehlungs-, → Zentralregulierungs-, → Delkredere- oder → Abschlussgeschäft. Der Warenstrom wird als → Streckengeschäft, in Ausnahmefällen als → Lagergeschäft abgewickelt. – *Gegensatz:* → Eigengeschäft.

Fremdgrundschuld – eine zugunsten eines Dritten eingetragene → Grundschuld. – *Gegensatz:* → Eigentümergrundschuld.

Fremdhypothek – eine zugunsten eines Dritten eingetragene → Hypothek.

Fremdinstandhaltungskosten – Teil der → Fremdleistungskosten. Kosten für von Unternehmensexternen bezogene Wartungs-, Inspektions- und Instandsetzungstätigkeiten. Fremdinstandhaltungskosten fallen überwiegend für Spezialreparaturen, Maschinenreinigung und vorbeugende Instandhaltung an.

Fremdinvestition → Investition in fremden Unternehmen. – *Gegensatz:* → Eigeninvestition.

Fremdkapital – *Kreditkapital, Schulden.* 1. *Begriff:* Bezeichnung für die in der → Bilanz ausgewiesenen Schulden der Unternehmung (Verbindlichkeiten und → Rückstellungen), die rechtlich entstanden oder wirtschaftlich verursacht sind. – *Gegensatz:* → Eigenkapital. – 2. *Ausweis:* a) *Einzelunternehmen und Personengesellschaften* haben ihr Fremdkapital gesondert auszuweisen und hinreichend (Mindestgliederung „Verbindlichkeiten" und „Rückstellungen") aufzugliedern (§ 247 I HGB). – b) Für *Kapitalgesellschaften* besteht eine detaillierte Aufgliederungspflicht (§ 266 III HGB). – Vgl. auch → Verbindlichkeiten, → Verbindlichkeitenspiegel. – 3. *Wirtschaftliche Bedeutung:* Fremdkapital dient der → Finanzierung des Unternehmensvermögens. Der Fremdkapitalgeber ist an der Unternehmung nicht beteiligt, er ist Gläubiger (vgl. jedoch Wandelschuldverschreibungen), der einen Anspruch auf Rück- bzw. Auszahlung (Tilgung) und ggf. Zinszahlung hat. Das Fremdkapital wird der Unternehmung durch den Fremdkapitalgeber langfristig (→ Anleihen, → Hypotheken etc.) bzw. mittel- oder kurzfristig zur Verfügung gestellt oder entsteht aus dem Umsatzprozess (z.B. Verpflichtungen aus → Ertragsteuern, Provisionsverpflichtungen u.Ä.). – Zur *Substitution* von Fremdkapital durch Leihe oder Miete von Sachwerten vgl. → Leasing. – 4. *Beurteilung:* → Fremdfinanzierung, → Finanzierungsgrundsätze, → Finanzierungsregeln – 5. *Steuerliche Behandlung:* → Schulden.

Fremdkapitalquote – Anteil des Fremdkapitals am Gesamtkapital, branchen- und bewertungsabhängige Kennzahl zur Beurteilung der finanziellen Stabilität und Abhängigkeit eines Unternehmens.

Fremdkapitalzinsen – Kosten für einem Unternehmen zur Verfügung gestelltes → Fremdkapital. Fremdkapitalzinsen lassen sich ohne Probleme als Kostenart in der Kostenartrechnung erfassen, erhebliche Probleme bestehen jedoch bei der Zurechnung auf Kostenstellen und Kostenträger. – Vgl. auch → kalkulatorische Zinsen.

Fremdkompensation – Einschaltung z.B. eines Handelshauses in ein → Kompensationsgeschäft, um die Kompensationsware zu vermarkten. – Vgl. auch → Kompensationshandel.

Fremdleistungskosten – 1. *I.e.S.:* Kosten des Bezugs von Dienstleistungen von unternehmensexternen Anbietern, z.B. Kosten für Miete und Pacht, für bezogene Energie, Patente, Versicherungen etc. – 2. *I.w.S.:* → Fremdbezugskosten.

Fremdrenten – Renten der gesetzlichen Unfall- und Rentenversicherung, die ganz oder teilweise aufgrund von Beitrags- und Beschäftigungszeiten gezahlt werden, die nach dem Fremdrentengesetz (FRG) i.d.F. vom 25.2.1960 (BGBl. I 93) m.spät.Änd. anrechenbar sind.

Fremdrentengesetz (FRG) – Gesetz vom 25.2.1960 (BGBl. I 93) m.spät.Änd. Regelung der Anrechenbarkeit von Versicherungszeiten in der gesetzlichen → Rentenversicherung und der Entschädigung von → Arbeitsunfall oder → Berufskrankheit in der gesetzlichen → Unfallversicherung außerhalb des Bundesgebietes für die Vertriebenen und Flüchtlinge. – 1. *Personenkreis:* Das FRG findet Anwendung auf anerkannte Vertriebene im Sinn des Bundesvertriebenengesetzes (BVG), im Bundesgebiet lebende Deutsche im Sinn des Art. 116 I GG und frühere Deutsche im Sinn des Art. 116 II GG, wenn sie infolge des Krieges den zuständigen Versicherungsträger nicht mehr in Anspruch nehmen können; auch auf heimatlose Ausländer und Hinterbliebene des berechtigten Personenkreises bez. der Gewährung von Hinterbliebenenleistungen. – 2. *Inhalt:* In der *gesetzlichen*

Unfallversicherung werden nach dem Fremdrentengesetz Versicherungsfälle (Arbeitsunfälle, Berufskrankheiten), die Vertriebene und andere Personen des § 1 FRG außerhalb des Geltungsbereichs des SGB VII erlitten haben, so ersetzt, als wären sie im Bundesgebiet beschäftigt gewesen (§§ 5–13 FRG). In der *gesetzlichen Rentenversicherung* werden zurückgelegte Beitragszeiten bei einem nicht dt. oder nach dem 3.6.1945 bei einem außerhalb des Bundesgebietes befindlichen dt. Träger der gesetzlichen Rentenversicherung berücksichtigt. Beschäftigungszeiten stehen i.d.R. Beitragszeiten gleich (§ 16 FRG). Für die Anrechnung genügt die Glaubhaftmachung der Tatsachen. Die Ermittlung von Entgeltpunkten für die Rentenberechnung erfolgt nach § 22 FRG mit zahlreichen Anlagen nach Einstufung in Qualifikationsgruppen und nach Wirtschaftsbereichen. Anrechnungs- und Ersatzzeiten werden berücksichtigt.

fremdsprachige Firma – In der Bundesrepublik Deutschland nicht verbotene (wegen der zunehmend um sich greifenden Globalisierung muss man besser sagen „noch nicht erlaubte“) und zz. (noch) nur begrenzt zulässige Bezeichnung der → Firma. Es müssen eine allg. bekannte Sprache und allg. verständliche Worte verwandt werden. Doppelsprachige Firmen und fremde Schriftzeichen sind nicht erlaubt. – Die gesetzlich *vorgeschriebenen* → Firmenzusätze müssen dt. sein. Anders nur bei → Zweigniederlassungen ausländischer Firmen.

Fremdvergleichsgrundsatz – 1. *Allgemein:* Grundsatz, dass einander – familiär oder durch gesellschaftsrechtliche Beziehungen – nahe stehende Personen sich bei der Gestaltung ihrer Geschäfte miteinander so zu verhalten haben, wie es Personen täten, die einander fremd sind („fremde Dritte“), und dass dann, wenn die vereinbarten Konditionen für ein Geschäft zwischen nahestehenden Personen diesem Maßstab nicht entsprechen, für steuerliche Zwecke eine Berichtigung der Vertragskonditionen stattfinden darf. Die Finanzverwaltung kann, wenn der Fremdvergleichsgrundsatz verletzt worden ist, das Geschäft so behandeln, als ob die Konditionen denen zwischen fremden Dritten entsprochen hätten. – 2. *Wichtige Anwendungsbereiche:* a) bei der Gestaltung der Verrechnungspreise bei grenzüberschreitenden Geschäften (→ Dealing-at-Arm's-Length-Grundsatz). – b) Bei der Überprüfung von geschäftlichen Beziehungen einer Kapitalgesellschaft mit ihren Anteilseignern und den diesen nahe stehenden Personen spielt der Fremdvergleichsgrundsatz ebenfalls eine Rolle, da sich z.B. das Vorliegen einer verdeckten Gewinnausschüttung danach richtet, ob ein ordentlicher Geschäftsführer der Kapitalgesellschaft einem Geschäft wie dem vorliegenden auch zugestimmt hätte, wenn der Vertragspartner nicht ein Gesellschafter (oder eine ihm nahe stehende Person), sondern ein fremder Dritter gewesen wäre. – c) Früher spielte der Fremdvergleichsgrundsatz außerdem auch eine Rolle im Rahmen der Regelungen zur Gesellschafter-Fremdfinanzierung; dieser Aspekt ist jedoch durch die Einführung der → Zinsschranke obsolet. – 3. *Folgen einer Verletzung des Fremdvergleichsgrundsatzes:* Ist der Fremdvergleichsgrundsatz verletzt und hat deswegen ein Unternehmen weniger Gewinn gemacht, als es dies bei einem Geschäftsabschluss unter normalen Bedingungen hätte tun können, sieht das Gesetz vor, dass die Gewinnermittlung des Unternehmens steuerlich so berichtigt wird, als hätte es das Geschäft zu fremdüblichen Konditionen abgeschlossen. Dabei werden mehrere Instrumente genutzt: a) Einordnung des Vorgangs, falls möglich, als → verdeckte Gewinnausschüttung oder → verdeckte Einlage, b) erst nachrangig: Nutzung der speziell für Auslandsfälle entwickelten Korrekturmöglichkeiten für → Verrechnungspreise nach § 1 Außensteuergesetz.

Fremdvermutung → Wertpapierverwahrung.

Fremdversicherung – Versicherung für fremde Rechnung dergestalt, dass der → Versicherungsnehmer den Versicherungsvertrag im eigenen Namen für ein fremdes Interesse abschließt. Im Rahmen der → verbundenen Hausratversicherung kann z.B. fallweise hinsichtlich einzelner Sachen im Haushalt eine Fremdversicherung vorliegen, da es nicht darauf ankommt, wer Eigentümer der Sachen ist.

Fremdwährungsforderungen – *Valutaforderungen;* in fremder Währung ausgedrückte Geldforderung. – *Bilanzierung:* Fremdwährungsforderungen werden i.d.R. mit dem → Briefkurs umgerechnet. Gemäß § 256 a HGB sind am Abschlussstichtag auf fremde Währung latente Vermögensgegenstände zum Devisen-Kassen-Mittelkurs umzurechnen, dabei ist die Anschaffungskostenobergrenze aus Praktikabilitätserwägungen nur bei einer Restlaufzeit von mehr als einem Jahr zu berücksichtigen– Die in § 340h HGB für Kreditinstitute bestehenden Spezialregelungen haben nicht den Charakter von → Grundsätzen ordnungsmäßiger Buchführung (GoB).

Fremdwährungskonto → Währungskonto.

Fremdwährungskredit – Kredit in fremder (ausländischer) Währung. Fremdwährungskredite sind für Unternehmen von Vorteil, die Exportforderungen in fremder Währung haben (zur Wechselkursabsicherung und Finanzierung) bzw. die sowohl Zahlungseingänge als auch Zahlungsausgänge in derselben Fremdwährung haben. Fremdwährungskredite sind möglich in Form von → Kontokorrentkrediten, → Geldmarktkrediten und Wechseldiskontkrediten.

Fremdwährungsschuld → Valutaschuld.

Fremdwährungsversicherung – *Valutaversicherung.* – 1. *Begriff:* Versicherung, bei der die Versicherungsprämien und die Versicherungsleistungen zur Sicherung des → Versicherungsnehmers gegen Währungsrisiken an eine ausländische Währung geknüpft sind. – 2. *Anwendungsgebiete:* a) → Lebensversicherung: (1) Versicherung in ausländischer Währung, die ein inländischer Versicherungsnehmer bei einem ausländischen → Versicherungsunternehmen abschließt. Mit Versicherungsunternehmen, die ihren Sitz nicht in einem Mitgliedsstaat der EU oder einem anderen Vertragsstaat des Abkommens über den Europäischen Wirtschaftsraum haben, ist die Fremdwährungsversicherung grundsätzlich nur als → Korrespondenzversicherung zulässig (§ 105 VAG). (2) Versicherung in ausländischer Währung, die ein inländischer Versicherungsnehmer bei einem inländischen Versicherungsunternehmen abschließt. Die Deckungsrückstellung wird in der betreffenden Fremdwährung angelegt. Der Deckungsstock enthält selbstständige Fremdwährungsabteilungen. – b) Transportversicherung: Eine Fremdwährungsversicherung ist im internationalen Handel möglich, gelegentlich staatlich erzwungen. Die Zulässigkeit von Fremdwährungsversicherungen hängt von der Devisengesetzgebung ab.

Frequently Asked Questions → FAQ.

Frequenz – 1. *Allgemein:* Anzahl von Schwingungen pro Periode. – 2. Auf → Konjunkturschwankungen übertragen: Anzahl von abgeschlossenen → Konjunkturzyklen während einer vorgegebenen Periode. Eine *hohe Frequenz* ist gleichbedeutend mit kurzwelligen Konjunkturschwankungen, während eine *niedrige Frequenz* langwellige Konjunkturschwankungen anzeigt.

Frequenztechnik – häufigere Darbietung eines → Werbemittels. Dadurch steigt die Wahrscheinlichkeit, dass das Werbemittel von dem Konsumenten bemerkt wird und damit → Aufmerksamkeit erzeugt. Möglichkeiten dazu bieten die → Reminder.

Fresh-Start-Methode – *Fair Value Pooling, Mutual Purchase, New Basis Accounting;* Methode der → Kapitalkonsolidierung zur bilanziellen Abbildung von → Unternehmenszusammenschlüssen im → Konzernabschluss. Aufbauend auf einem Diskussionspapier der G4+1-Gruppe internationaler Standard-Setter wurde eine Zeit lang auf internationaler Ebene erwogen, sie anstelle der → Pooling-of-Interests-Methode als Alternative zur → Purchase-Methode einzuführen. Derzeit ist die Fresh-Start-Methode allerdings noch in keinem Rechtskreis anwendbar. – Sie basiert auf der Annahme, dass bestimmte Unternehmenszusammenschlüsse durch die Purchase-Methode unzutreffend bilanziell abgebildet werden, weil sie sich wirtschaftlich nicht als Erwerb des einen durch das andere Unternehmen darstellen, sondern vielmehr als das Entstehen einer neuen wirtschaftlichen Einheit zu interpretieren sind. Daher hat der Kapitalkonsolidierung nach der Fresh-Start-Methode eine vollständige Neubewertung beider beteiligten Unternehmen, ggf. mit Aufdeckung der Goodwills, vorauszugehen.

freundliche Übernahme – Kauf eines Unternehmens durch ein anderes Unternehmen mit dem Einverständnis des Managements des übernommenen Unternehmens. – Vgl. auch → Mergers & Acquisitions, → feindliche Übernahme.

Friedenspflicht – Pflicht zur Unterlassung von → Arbeitskämpfen. – 1. *Absolute Friedenspflicht:* Sie verbietet jeden Arbeitskampf; sie gilt für → Arbeitgeber und → Betriebsrat (→ Betriebsfrieden), zwischen den Tarifvertragsparteien nur, wenn es (ungewöhnlich) in einem → Tarifvertrag bes. vereinbart ist. – 2. *Relative Friedenspflicht:* Jeder Tarifvertrag beinhaltet während seiner Laufzeit eine Friedenspflicht, d.h. das Verbot von Arbeitskämpfen über die im Tarifvertrag geregelten Angelegenheiten. – 3. → Verbandsaustritt oder Wechsel in die → OT-Mitgliedschaft beenden nach überwiegender Auffassung die Friedenspflicht der Gewerkschaft, obwohl der Arbeitgeber trotz Austritts oder Wechsels vorerst an den Tarifvertrag gebunden bleibt (§ 3 III TVG, Nachbindung).

Friedenswahl → Sozialversicherungswahlen.

Friedman – Milton, 1912 – 2006, amerik. Nationalökonom, der von 1946–1982 an der University of Chicago lehrte und danach Senior Research Fellow am Hoover Institut in Stanford war, → Nobelpreis für Wirtschaftswissenschaften 1976. Friedman dürfte unter den Ökonomen in der zweiten Hälfte des 20. Jahrhunderts weltweit der bekannteste gewesen sein, auch außerhalb des Faches. Zu seiner Bekanntheit haben neben Fernsehserien in den USA und regelmäßigen Kolumnen in der Zeitschrift Newsweek einige populär geschriebene Bücher – wie „Capitalism and Freedom“ (1962), „Free to Choose“ (1980, mit seiner Frau) und „Tyranny of the Status Quo“ (1984, mit seiner Frau) – beigetragen. Originelle, oft bahnbrechende Leistungen hat Friedman auf verschiedenen Gebieten vollbracht: bei der permanenten Einkommenstheorie des Konsums, der Geldgeschichte der Vereinigten Staaten in den letzten 100 Jahren, der Inflationstheorie (→ Monetarismus), der Akzelerationsanalyse, der → Phillips-Kurve, der Rolle der → Stabilisierungspolitik und der Methodik in den Wirtschaftswissenschaften. Er war der maßgebliche Anführer der Keynesschen Gegenrevolution, als deren Ergebnis weltweit ein Abgehen von der Beschäftigungspolitik über ein → Deficit Spending zu verzeichnen ist. Mit großer Überzeugungskraft, die sich auf eine ungewöhnlich gute Kenntnis der wirtschaftlichen Fakten und der Wirkung politischer Maßnahmen stützte, hat er die freiheitliche Ordnung vertreten und sie Nichtökonomen nahe gebracht. Diskretionäre staatliche (Ad-hoc-)Interventionen lehnte er im Gegensatz zu Verstetigungsstrategien ab, zumal sie nach seiner Auffassung dazu neigen, Instabilitäten in der Wirtschaft auszulösen oder zu verstärken. – *Wichtige Werke:* „Essays in Positive Economics“ (1953); „Studies in the Quantity Theory of Money“ (1956, mit Beiträgen anderer); „A Theory of the Consumption Function“ (1957); „A Program for Monetary Stability“ (1959); „A Monetary History of the United States, 1867–1960“ (1963, mit Schwartz);

„The Role of Monetary Policy", in: The American Economic Review, 58 (1968).

Friedrich-Ebert-Stiftung (FES) – gegründet 1925; neugegründet 1947, mit Sitz in Berlin und Bonn. – *Aufgaben:* Politische und gesellschaftliche Bildung im Geiste von Demokratie und Pluralismus, finanzielle Förderung von dt. und ausländischen Studenten und Forschung, sowie internationale Verständigung und Zusammenarbeit.

Friedrich-Naumann-Stiftung für die Freiheit – gegründet 1958 mit Sitz in Potsdam, Stiftung für liberale Politik. – *Aufgaben:* Politische Bildung und Politikdialog, Begabtenförderung, Forschung und politische Beratung, Archiv. – *Angegliedertes Institut:* Theodor-Heuss-Akademie (Gummersbach).

friktionelle Arbeitslosigkeit → Arbeitslosigkeit.

Fringe Benefits – *Freiwillige betriebliche Zusatzleistungen;* 1. *Begriff:* Bei den Fringe Benefits handelt es sich um Bruttolöhne und -gehälter in Form von → Sachleistungen. – 2. *Umfang:* Sie umfassen alle Waren und Dienstleistungen, welche ein Unternehmen oder ein Betrieb seinen Arbeitnehmern zur Verfügung stellt. – 3. *Beispiele:* Unternehmenserzeugnisse, die unentgeltlich oder verbilligt abgegeben werden; Mitarbeiterwohnungen; Firmenwagen (zum Privatgebrauch); soziale Aufwendungen für indirekte Leistungen zulasten der Arbeitgeber wie Kantinen und Essensmarken, Kultur-, Sport- und Freizeiteinrichtungen, Kindergärten und -krippen; Kostenerstattungen für Fahrten zwischen Wohnort und Arbeitsplatz.

Frisch – Ragnar Anton Kittel, 1895–1973, norwegischer Nationalökonom, erster → Nobelpreis für Wirtschaftswissenschaften 1969 (zusammen mit → Tinbergen). Frisch ist ein Wegbereiter der mathematischen und statistischen Methoden in der Ökonomik (von ihm selbst als Ökonometrie bezeichnet). Er beschäftigte sich zudem mit Fragen des Konsumentenverhaltens, der → Produktionstheorie und mit makroökonomischen Problemen. – *Hauptwerke:* „New Methods of Measuring Marginal Utility" (1932); „Statistical Confluence Analysis by Means of Complete Regression Systems" (1934); „Theory of Production" (1965).

Frisieren der Bilanz – umgangssprachliche Bezeichnung für beschönigende Bewertung und falsche Gliederung verschiedener Positionen in einer → Bilanz, die über die Lage des Unternehmens täuschen sollen. Frisieren der Bilanz gilt als → Bilanzdelikt.

Frist – 1. *Begriff:* Zeitraum, innerhalb dessen eine Handlung vorgenommen werden muss. Soweit nichts anderes bestimmt ist, gelten §§ 187–193 BGB. – 2. *Berechnung:* a) Ist für den Anfang einer Frist ein Ereignis oder ein in den Lauf eines Tages fallender Zeitpunkt maßgebend, so wird dieser Tag nicht mitgerechnet. – b) Eine nach Wochen, Monaten, Jahren oder Bruchteilen von Jahren (Halbjahr, Vierteljahr) bestimmte Frist endet mit dem gleichbenannten Wochen- oder Monatstag (vier Wochen also nicht gleich ein Monat). – c) Fällt der letzte Tag der Frist auf einen Samstag, Sonntag oder gesetzlichen Feiertag, so läuft die Frist für die Abgabe der Willenserklärung, der Prozesshandlung, die Zahlungsfrist etc. erst am nächsten Werktag ab, der kein Samstag ist (§ 193 BGB). – d) Frist-Verlängerung wird vom Ablauf der vorigen Frist berechnet. – e) Braucht ein Zeitraum nicht zusammenhängend zu verlaufen, wird der Monat zu 30, das Jahr zu 365 Tagen gerechnet. – f) Bei Handelsgeschäften entscheidet über Begriffe wie „Frühjahr" oder „Herbst" der → Handelsbrauch des Erfüllungsorts; unter „acht Tagen" versteht die → Verkehrssitte entgegen § 359 HGB meist eine Woche.

Fristenkongruenz – *Fristenparallelität;* Überlassungsdauer des Kapitals, der Kapitaldienst des finanzierten Investitionsobjekts und dessen Einzahlungsrhythmus entsprechen sich. – Vgl. auch → Fristentransformation.

Fristenparallelität → Fristenkongruenz.

Fristentransformation – Bei der Kapitalbindung (→ Investition) wird gezielt von der Überlassungsdauer des Kapitals abgewichen. – Vgl. auch → Fristenkongruenz.

Fristenverordnung – Verordnung (EWG/EURATOM) Nr. 1182/71 des Rates zur Festlegung der Regeln für die Fristen, Daten und Termine vom 3.6.1971 (ABl. EG Nr. L 124, S. 1). Regelt für alle Rechtsakte des Rates und der Kommission, die sich auf den EG- oder den EURATOM-Vertrag stützen, einheitlich die Berechnung der Fristen.

Fristigkeit – I. Unternehmensplanung: 1. *Begriff: Planzeit,* d.h. der Zeitraum, für den der → Plan aufgestellt wurde. – 2. Zu *unterscheiden:* a) *Kurzfristige Planung:* primär quantitative Planung. Sie soll einen optimalen Einsatz der Produktionsfaktoren zur Erreichung der Unternehmensziele sicherstellen. Die Fristigkeit eines kurzfristigen Plans beträgt i.Allg. bis zu einem Jahr. – b) *Mittelfristige Planung:* Bindeglied zwischen der Langfristplanung und der kurzfristigen Disposition. Sie umfasst mittelfristige Zieldefinitionen für das Gesamtunternehmen und seine Bereiche, Ableitung von Maßnahmen und robusten Schritten zur Zielverwirklichung sowie die Budgetierung für die Teilperioden des kurzfristigen Plans. Fristigkeit eines mittelfristigen Plans beträgt i.Allg. ein bis fünf Jahre. – c) *Langfristige Planung:* Festlegen von langfristigen Unternehmenszielen und von Strategien zur Erreichung dieser Ziele. Fristigkeit eines langfristigen Plans beträgt i.Allg. mehr als fünf Jahre. – Vgl. auch → Planungsperiode, → Planungshorizont, → Unternehmensplanung.

II. Finanzplanung: Zeitdauer der Überlassung bzw. Bindung finanzieller Mittel. – Vgl. auch → Finanzierung, → Fristenkongruenz, → Fristentransformation.

Fristigkeitsproblem → Bindungsdauer, → Disponierbarkeit.

fristlose Kündigung – Regelfall der → außerordentlichen Kündigung, durch die das Arbeitsverhältnis *sofort* beendet werden soll.

Fritz-Thyssen-Stiftung – gegründet 1959 mit Sitz in Köln. – *Aufgaben:* Förderung der Wissenschaft an wissenschaftlichen Hochschulen und Forschungsstätten, v.a. auf den Gebieten der Geisteswissenschaften, internationale Beziehungen, Staat, Wirtschaft und Gesellschaft sowie Medizin und Naturwissenschaften.

FRN – Abk. für → Floating Rate Note.

Fronting – 1. *Begriff:* Konstellation, bei der ein (Rück-)Versicherer zwar in eigenem Namen, aber auf Geheiß eines zweiten, im Hintergrund verbleibenden Versicherers ein Risiko zeichnet, mit der Absicht, dass dieses Risiko vollständig von dem hinter ihm stehenden Versicherer getragen wird. – 2. *Merkmale:* Fronting kann z.B. den Vorteil haben, dass ein Versicherer auch in einem solchen Staat Geschäft zeichnen kann, in dem er zu dem Zeitpunkt nicht lizenziert ist.

Frost – Veränderung des Aggregatszustands von Wasser. Bei Eisbildung verringert sich das Volumen und beim Auftauen vergrößert sich das Volumen. Wenn Eis auftaut, verursacht die Volumenänderung in/an Rohren, Anlagen, Einrichtungen, Armaturen Schäden. Frostschäden sind im Rahmen der Gefahr → Leitungswasser in der → verbundenen Wohngebäudeversicherung mitversichert.

Fruchtbarkeitsziffer → Fertilitätsmaße.

Früchte – 1. *Begriff:* Er wird vom Bürgerlichen Recht (§ 99 BGB) vorgegeben. – 2. *Formen:* a) *unmittelbare Sachfrüchte:* Erzeugnisse einer Sache und die sonstige Ausbeute, welche aus der Sache ihrer Bestimmung gemäß gewonnen werden (z.B. Hühnerei). – b) *mittelbare Sachfrüchte:* Erträge, welche eine Sache kraft eines Rechtsverhältnisses gewährt (z.B. Mietzins aus → Miete). – c) *unmittelbare Rechtsfrüchte:* Erträge, welche ein Recht seiner Bestimmung gemäß gewährt (z.B. → Dividenden). – d) *mittelbare Rechtsfrüchte:* Erträge, welche ein Recht kraft eines Rechtsverhältnisses gewährt (z.B. Lizenzgebühr für → Patent).

Frühadopter – 1. *Begriff:* Gruppe von → Adoptern, die ähnliche Eigenschaften aufweist wie die Gruppe der → Innovatoren. – 2. *Merkmale:* Der Unterschied besteht in ihrer geringeren Risikobereitschaft und einem geringerem Neuheiteninteresse. Dennoch haben Sie immer noch ein hohes Interesse an Neuheiten und übernehmen Ideen frühzeitig. Sie haben in ihrer sozialen Umgebung die Rolle eines Meinungsführers und suchen aktiv nach neuen Angeboten. Sie reagieren wenig preiselastisch. – Vgl. Diffusionsprozess

Frühaufklärung → strategische Frühaufklärung, → operative Frühwarnung.

frühe Mehrheit – 1. *Begriff:* Phase im Diffusionsprozess, in der eine Innovation am Markt den Mainstream erreicht; das Angebot hat sich etabliert. – 2. *Merkmale:* Vertreter der frühen Mehrheit handeln wohlüberlegt und übernehmen neue Angebote erst, wenn deren Vorteile nachgewiesen sind. Zu diesem Zeitpunkt ist der Diffusionsprozess einer Innovation bereits weit fortgeschritten. – Vgl. Diffusionsprozess.

früher erster Termin – im Zivilprozess neben dem → schriftlichen Vorverfahren zur umfassenden Vorbereitung des → Haupttermins, damit in diesem der Prozess möglichst beendet werden kann. Wird das Verfahren z.B. nicht durch → Urteil (auch Versäumnis- oder Anerkenntnisurteil), → Vergleich oder → Klagerücknahme sowie Klageverzicht abgeschlossen, so hat das Gericht alle Anordnungen (z.B. Zeugen laden) zur Vorbereitung des Haupttermins zu treffen (§ 275 ZPO).

Früherkennung → operative Frühwarnung, → strategische Frühaufklärung.

Früherkennungssystem (FES) – signalisiert im Gegensatz zu → Frühwarnsystemen nicht nur einseitig latente Marktbedrohungen. Früherkennungssysteme gehen von der Grundannahme aus, dass mit demselben Instrumentarium auch spezifische Marktchancen frühzeitig signalisiert werden können. Früherkennungssysteme sind demzufolge eine spezielle Art von Informationssystemen, die ihren Benutzern sowohl latente Marktbedrohungen als auch -chancen mit zeitlichem Vorlauf vor deren akutem Eintritt signalisieren. Früherkennungssysteme stützen sich hierbei auf Informationsquellen/Methoden der Sekundär- und Primärforschung (→ Marktforschung). – Vgl. auch → operative Frühwarnung.

Frühindikatoren → Konjunkturindikatoren, → operative Frühwarnung, → strategische Frühaufklärung.

Frühkapitalismus → Kapitalismus.

frühsozialistische Konzepte → Sozialismus.

Frühstückskartell – kartellrechtliche Vereinbarung in Form mündlicher Absprachen (→ Kartell). Nach § 1 GWB und Art. 101 I AEUV verboten.

Frühwarnsysteme – 1. *Begriff/Charakterisierung:* Spezielle Art von Informationssystemen, die ihren Benutzern latente, d.h. verdeckt bereits vorhandene Gefährdungen in Form von Reizen, Impulsen oder Informationen mit zeitlichem Vorlauf vor deren Eintritt signalisieren. – *Besonderheiten gegenüber anderen Informationssystemen:* a) Bestimmte (neuartige) Erscheinungen sowie Veränderungen/Entwicklungen bekannter Variablen in den beobachteten Bereichen werden als Anzeigen im Sinn von Indikatoren oder Signalen für latente Bedrohungen frühzeitig wahrgenommen und analysiert. – b) Im Fall (neuartiger) Erscheinungen oder gravierender Veränderungen bekannter Variablen (z.B. bei signifikanten Abweichungen von vorgegebenen Grenzen oder für zulässig gehaltenen Entwicklungen) werden für die

Benutzer verständliche Frühwarninformationen ausgestoßen. – c) Benutzern wird wegen des zeitlichen Vorlaufs solcher Informationen die Chance zur Ergreifung präventiver Maßnahmen mit dem Ziel der Abwehr oder Minderung signalisierter Bedrohungen eingeräumt. – 2. *Ausgestaltungsformen und Anwendbarkeit von einzelwirtschaftlich orientierten Frühwarnsystemen:* a) *Ausgestaltungsformen:* Generell hat sich eine Differenzierung in eigen- und fremdorientierte Frühwarnsysteme ergeben. (1) *Eigenorientierte Frühwarnsysteme* richten sich auf die Früherkennung von Chancen und Bedrohungen bei ihren Benutzern/Trägern selbst aus. Es lassen sich bisher drei Generationen erkennen: *Hochrechnungsorientierte Frühwarnsysteme, indikatororientierte Frühwarnsysteme* und *strategische Frühwarnsysteme* (→ operative Frühwarnung; → strategische Frühaufklärung). (2) *Fremdorientierte Frühwarnsysteme* konzentrieren sich speziell auf die Früherkennung von Bedrohungen bei Marktpartnern (Kunden, Lieferanten, Konkurrenten). Praxisrelevanz (wenn auch umstritten) haben fremdorientierte Frühwarnsysteme in denjenigen Ansätzen erlangt, die speziell aus der Sicht von Gläubigern (v.a. Banken), Eigenkapitalgebern oder potenziellen Anlegern mittels der über die (fremde) Unternehmung verfügbaren und zumeist vergangenheitsorientierten Daten Erkenntnisse über deren zukünftige Entwicklung ableiten wollen. Dies geschieht hauptsächlich mithilfe sog. Insolvenzprognosen aus Jahresabschlusszahlen. – Neben betrieblichen Frühwarnsystemen, die nur von einer Unternehmung getragen und genutzt werden, haben *überbetriebliche Frühwarnsysteme* Bedeutung erlangt, die als Träger mehrere Unternehmungen gleicher oder unterschiedlicher Branchen haben, ergänzt durch eine neutrale Institution (z.B. privates oder staatliches Forschungsinstitut), die als Zentrale des Systems fungiert. – b) *Anwendbarkeit:* Die Anwendbarkeit speziell von einzelwirtschaftlich orientierten Frühwarnsystemen wird durch die Praxis bestätigt. Dennoch ist ihre Erforschung keineswegs abgeschlossen. Vielmehr ergeben sich deutliche Entwicklungstendenzen in Aufbau und Anwendung solcher Systeme, bes. im Hinblick auf eine Fortsetzung der Erforschung und Erprobung zuverlässiger Frühwarnindikatoren, eine stärkere Integration von Elementen strategischer und operativer Frühwarnsysteme sowie eine stärkere Nutzung überbetrieblicher Frühwarnsysteme.

Frühwarnung → operative Frühwarnung, → strategische Frühaufklärung.

FSF – Abk. für → Forum für Finanzmarktstabilität.

FTA – Abk. für *Free Trade Association*, → Freihandelszone.

FTAA – Abk. für *Free Trade Area of the Americas*, Gesamtamerikanische Freihandelszone; 1994 in Miami initiiert. – *Sitz:* San Francisco. – Sie besteht aus 34 amerik., demokratischen Staaten. Ihr Ziel ist sowohl der → Freihandel als auch die Förderung der Investition in Lateinamerika.

FTC – Abk. für → Federal Trade Commission.

F-Test auf fixe Effekte bei Paneldatenmodellen – Test für Paneldatenmodelle (→ Paneldaten und Paneldatenmodelle), der bei → Fixed-Effects-Modellen zum Einsatz kommt. Er testet die Nullhypothese, dass die konstanten Terme aller Individuen identisch sind, d.h. es gibt keine Individualeffekte. Die Vorgehensweise entspricht derjenigen eines gewöhnlichen → F-Tests für das multiple Regressionsmodell, wobei es sich bei der restringierten um die gepoolte OLS-Schätzung (→ Kleinstquadratemethode, gewöhnliche) und bei der unrestringierten um die LSDV-Schätzung (→ Fixed-Effects-Modell) handelt.

F-Test für das multiple Regressionsmodell – Zur Testdurchführung werden der Regressionsgleichung zunächst lineare Restriktionen in Form einer Nullhypothese aufgezwungen. Die daraus resultierende restriktive Regressionsgleichung ist diejenige, die gelten würde, wenn die Nullhypothese korrekt ist. Im nächsten Schritt wird diese restriktive Gleichung mit OLS (→ Kleinstquadratemethode, gewöhnliche) geschätzt und die Anpassungsgüte dieser Gleichung mit der der Regressionsgleichung ohne Restriktionen verglichen. Sind sie nicht signifikant verschieden, werden die Restriktionen der Nullhypothese nicht abgelehnt, andernfalls schon. Die F-Statistik berechnet sich als ein Quotient, in dessen Zähler die Differenz der Residuenquadratesummen (→ Residuen) des restriktiven Modells und des originären Modells durch die Anzahl der Restriktionen R geteilt wird. Der Nenner ergibt sich durch Division der Residuenquadratesumme des originären Modells durch den um die Anzahl der Parameter im originären Modell reduzierten Stichprobenumfang (Freiheitsgrade G). Bei korrekter Nullhypothese folgt die F-Statistik einer F-Verteilung mit R und G Freiheitsgraden. Überschreitet die F-Statistik den kritischen Wert aus dieser Verteilung, kommt es zur Ablehnung der Nullhypothese. – Gebräuchlichste Anwendung des F-Tests ist die Hypothese, dass alle Steigungsparameter eines Modells gleich null sind (sog. F-Test der Gesamtsignifikanz), d.h. die erklärenden Variablen keinen Erklärungsgehalt besitzen. Man kann auch sagen, dass die Hypothese eines Bestimmtheitsmaßes von null geprüft wird. Dieser Test verbirgt sich hinter den in Ökonometriesoftware ausgegebenen F-Werten für mit OLS geschätzte Modelle. – Vgl. auch → Chow-Test, → Dummie.

FTP – Abk. für *File Transfer Protocol;* Internetprotokoll, das die Übertragung (→ Download und → Upload) von → Dateien zwischen → Rechnern ermöglicht.

FTS – Abk. für → fahrerloses Transportsystem.

FuE – Abk. für → *Forschung und Entwicklung (F&E).*

Führer – 1. *Formeller Führer:* Leiter einer → Gruppe, der seine Autorität und Kompetenz aufgrund hierarchischer Position zugewiesen bekommt (ernannte Führung). – 2. *Informeller Führer:* faktischer Leiter einer Gruppe. Er nimmt die Führerrolle aufgrund gruppenspezifischer Rollenverteilung ein. Seine Autorität resultiert überwiegend aus der Zuschreibung und Wahrnehmung der aktuellen Gruppennorm als persönliche Eigenschaft des Führers (fundamentaler Attributionsfehler). – Vgl. auch → Führung, → Führungsstil, → Führungsverhalten.

Führerschein – amtlicher Nachweis; Bescheinigung dafür, dass dem Führer eines Kraftfahrzeuges aufgrund seiner in amtlicher Prüfung nachgewiesenen Eignung die → Fahrerlaubnis erteilt worden ist (Ausweispapier). Der Führerschein ist mitzuführen und zuständigen Beamten auf Verlangen vorzuzeigen (§ 4 Fahrerlaubnis-Verordnung). – Vgl. auch → internationaler Führerschein.

Führerscheinentzug → Fahrerlaubnis, → Fahrverbot.

Führerscheinklausel – 1. *Begriff:* Der Fahrer eines → Kraftfahrzeugs (Kfz) darf dieses auf öffentlichen Straßen und Wegen nur mit der vorgeschriebenen → Fahrerlaubnis benutzen. Außerdem dürfen der → Versicherungsnehmer, der Halter oder der Eigentümer des Kraftfahrzeugs es nicht ermöglichen, dass das Kraftfahrzeug von einem Fahrer benutzt wird, der nicht die vorgeschriebene Fahrerlaubnis hat, üblicherweise geregelt in den Allgemeinen Bedingungen für die Kraftfahrzeugversicherung. – 2. *Folgen der Pflichtverletzung:* Bei vorsätzlicher Verletzung der Führerscheinklausel besteht kein Versicherungsschutz. Bei grob fahrlässiger Verletzung ist der Versicherer berechtigt, seine Leistung in einem der Schwere des Verschuldens entsprechenden Verhältnis zu kürzen. Kann der Versicherungsnehmer nachweisen, dass die Pflicht nur einfach fahrlässig oder schuldlos verletzt wurde, bleibt der Versicherungsschutz bestehen. Der Versicherer ist zudem zur Leistung verpflichtet, soweit der Versicherungsnehmer nachweist, dass die Pflichtverletzung weder für den Eintritt des Versicherungsfalls noch für den Umfang der Leistungspflicht des Versicherers ursächlich war. Dies gilt nicht bei arglistiger Pflichtverletzung. – 3. *Bes. Bestimmungen in der Kfz-Haftpflichtversicherung:* Die Leistungsfreiheit bzw. Leistungskürzung gegenüber dem Versicherungsnehmer und den mitversicherten Personen ist auf den Betrag von höchstens 5.000 Euro beschränkt. Gegenüber einem Fahrer, der das Kraftfahrzeug durch eine vorsätzlich begangene Straftat erlangt, ist der Versicherer von der Verpflichtung zur Leistung frei.

Fuhrpark – 1. *Begriff:* Gesamtheit der Fahrzeuge und der zur Transportausführung und Fahrzeugunterhaltung erforderlichen Einrichtungen eines Betriebes oder einer anderen Organisation mit zugehörigem Personal. – 2. *Buchhaltung:* Konto für diejenigen abnutzbaren beweglichen Anlagewerte, die dem Transport dienen, wie Eisenbahnwagen und Lokomotiven, Personenkraftwagen, Lastkraftwagen, Schlepper, Zugmaschinen etc. → Abschreibung: In der Handelsbilanz wird der Gesamtwert, wenn die tatsächliche Nutzungsdauer länger ist als die der Abschreibung zugrunde gelegte, häufig auf 1 Euro abgeschrieben. Die steuerlichen Absetzungen müssen sich nach § 7 EStG richten. – 3. *Kostenrechnung:* → Fuhrparkkosten.

Fuhrparkkosten – für die Bereitstellung und Bereithaltung sowie den Einsatz des → Fuhrparks anfallende Kosten, die einen bedeutsamen Teil der → Logistikkosten ausmachen. Fuhrparkkosten werden entweder auf speziellen → Kostenstellen erfasst und von diesen gemäß den erbrachten Transportleistungen auf → Kostenträger und/oder andere Kostenstellen weiterverrechnet oder gehen undifferenziert in die Kosten einzelner Fertigungs- oder Verwaltungsstellen ein.

Führung – durch Interaktion vermittelte Ausrichtung des Handelns von Individuen und Gruppen auf die Verwirklichung vorgegebener Ziele; beinhaltet asymmetrische soziale Beziehungen der Über- und Unterordnung. – Neben der Orientierung auf die Erreichung von Zielen durch Individuen und Gruppen in Organisationen, Unternehmen, Betrieben etc. bestehen Führungsfunktionen in der Motivation der Mitarbeiter (Untergebenen) und in der Sicherung des Gruppenzusammenhalts. – Führung wird allg. als *psychologische und soziale Fähigkeit einer Person im Umgang mit Menschen* betrachtet. Neben Persönlichkeitseigenschaften des Vorgesetzten haben weitere Faktoren wie die fachliche Autorität, die situativen Bedingungen, der Einsatz von → Führungstechniken und die sozialen Beziehungen eine entscheidende Bedeutung für eine erfolgreiche Führung, die dadurch zu einem komplexen sozialen Prozess wird. – Führungskompetenz ist durch die formelle Organisation definiert und abgegrenzt *(formelle Führung).* In Arbeitsgruppen kann sich eine *informelle Führung* herausbilden; diese erfolgt durch Mitarbeiter ohne formelle Führungsposition, die aufgrund ihrer Persönlichkeit, Fachkompetenz und Erfahrung bes. geachtet werden und daher Einfluss ausüben. – Vgl. auch → Autorität, → Führungsstil, → Führungstechniken, → Führungstheorien, → Führungssituation, → Motivation, → Personalführung.

Führung durch Alternativen → Management by Alternatives.

Führung durch Beteiligung → Management by Participation.

Führung durch Zielvereinbarung → Management by Objectives.

Führungsaufsicht – Es handelt sich um die Anordnung durch ein Gericht im Strafverfahren neben der Verurteilung zu → Freiheitsstrafe wegen einer Straftat, bei der das Gesetz die Führungsaufsicht vorsieht, oder kraft Gesetzes bei Aussetzung des Vollzuges. – *Wirkung:* Der Verurteilte untersteht einer Aufsichtsstelle und zugleich i.d.R. einem Bewährungshelfer. Beide haben dem Verurteilten helfend und betreuend zur Seite zu stehen. Das Gericht kann dem Verurteilten hinsichtlich seiner Lebensführung Anweisungen erteilen (§§ 68 ff. StGB). – Vgl. auch → Strafaussetzung zur Bewährung.

Führungseigenschaften – Merkmale erfolgreicher Führungskräfte. Zu den Führungseigenschaften zählen u.a. Merkmale wie: höhere Intelligenz, mehr Selbstvertrauen, Dominanz, Befähigung zur Situationsdiagnostik und Verhaltensflexibilität. Die Korrelation zwischen diesen Merkmalen und dem Führungserfolg ist jedoch nur schwach positiv und streut von Untersuchung zu Untersuchung. – Vgl. auch → psychologische Testverfahren, → Eigenschaftstheorie der Führung.

Führungsentscheidung – Entscheidung, die nach Gutenberg durch folgende *Merkmale* gekennzeichnet ist: (1) Führungsentscheidungen haben Bedeutung für die Vermögens- und Ertragslage der Unternehmung; (2) Führungsentscheidungen sind auf das Unternehmen als Ganzes gerichtet; (3) Führungsentscheidungen sind nicht delegierbar (→ Delegation). – *Beispiele:* Entscheidungen im Rahmen der Unternehmenspolitik, Koordinierung der → organisatorischen Teilbereiche, geschäftliche Maßnahmen von außergewöhnlicher betrieblicher Bedeutsamkeit, Besetzung von Führungspositionen.

Führungsgrundsätze – *Grundsätze der Zusammenarbeit, Führungsleitsätze, Führungsrichtlinien.* Führungsgrundsätze sind generelle Verhaltensempfehlungen für das Zusammenleben und -arbeiten von Menschen in Unternehmungen. Sie sollen eine einheitliche Grundlage für das unternehmensweit gewünschte Führungsverhalten schaffen (Normierung der Führungsbeziehungen). Im Einzelnen haben Führungsgrundsätze eine (1) Steuerungsfunktion, (2) Standardisierungsfunktion, (3) Entlastungsfunktion, (4) Orientierungsfunktion, (5) Harmonisierungsfunktion, (6) Legitimationsfunktion, (7) Public Relations-Funktion. Die einzelnen Grundsätze betreffen bes. Zielsetzung, Delegation und Information; Kommunikation und Kooperation; Kontrolle und Mitarbeiterbeurteilung; Partizipation und Motivation sowie Mitarbeiterförderung. Inhaltlich ist eine Abstimmung mit dem → Unternehmensleitbild erforderlich.

Führungshierarchie – 1. *Begriff:* die → Hierarchie der Handlungsträger mit → Weisungsbefugnis (→ Entscheidungshierarchie). – 2. *Stufen (Managementebenen, Führungsebenen):* → Top Management, → Middle Management, → Lower Management. Es handelt sich dabei um eine verbreitete, infolge uneinheitlicher Grenzziehungen und situativer Abhängigkeiten aber nur bedingt aussagekräftige Einteilung. Während bei einer zumindest dreistufigen Führungshierarchie das Top- und das Lower Management mit der obersten und der untersten Führungsebene gleichgesetzt werden können, umfasst der Bereich des Middle Management je nach der Leitungstiefe der Führungshierarchie eine oder mehrere Führungsebenen. – 3. *Bezeichnung von Handlungsträgern* in Abhängigkeit von ihrer Einordnung in der Führungshierarchie z.B. als → Abteilungsleiter, Hauptabteilungsleiter, Bereichs- oder Divisionsleiter bis hin zur → Geschäftsführung bzw. zum Vorstandsvorsitzenden (CEO, → Generaldirektor).

Führungsinformationssystem (FIS) – *Management-Informationssystem (MIS);* in der → betrieblichen Datenverarbeitung ein → Softwaresystem, das der Unternehmensführung Informationen zur Vorbereitung strategischer oder taktischer Entscheidungen liefert. Diese werden aus → Daten des computergestützten → Administrationssystems und computergestützten → Dispositionssystems verdichtet. – Führungsinformationssysteme (FIS) bilden die Grundlage für die → computergestützte Unternehmensplanung. – Vgl. auch → Decision Support System (DSS).

Führungsklausel – 1. *Begriff:* Klausel im Rahmen der → Mitversicherung. Sind z.B. bei der Versicherung eines großen Unternehmens mehrere Versicherer an einem Vertrag beteiligt, wird meist vertraglich vereinbart, dass einer der beteiligten Versicherer aktiv und passiv bevollmächtigt sein soll. Dieser „führende Versicherer" fertigt den → Versicherungsschein sowie etwaige Nachträge rechtsverbindlich für alle beteiligten Gesellschaften aus; er erhält eine Führungsprovision. – 2. *Besonderheiten:* a) → Sachversicherung: Der Führende ist grundsätzlich nur zur Entgegennahme von Anzeigen und Willenserklärungen des Versicherungsnehmers für die Beteiligten bevollmächtigt; vor Änderung des Versicherungsumfangs, der Regulierung großer Schäden und der Führung eines Prozesses (Prozessführungsbefugnis) im Namen der Beteiligten ist er zu einer Direktionsverständigung verpflichtet. – b) Transportversicherung: Der führende Versicherer besitzt wegen der kurzzeitigen Risiken meist weiterreichende → Vollmachten und ist nur zur Änderung wesentlicher Vertragsbestandteile, z.B. zur Erhöhung der Höchst-Versicherungssumme, zum Einschluss des Kriegsrisikos (Kriegsklausel) und zur Änderung der Kündigungsbestimmungen, nicht berechtigt.

Führungskonzepte → Führungstechniken.

Führungskonzepte im internationalen Management – 1. *Begriff:* Führungskonzepte im → internationalen Management beziehen sich auf die gesamtunternehmensbezogene Gestaltung des Managements internationaler Unternehmen. – 2. *Arten:* Es lassen sich zwei Typen abgrenzen: a) *Fähigkeitsansätze:* Diese zielen auf die Entwicklung von spezifischen Managementfähigkeiten in → internationalen Unternehmungen ab, welche diesen erlauben, jegliche denkbare Umweltsituation zu bewältigen. Fähigkeiten sind hier als „Organisational Capabilities" zu verstehen. Beispielhaft seien → transnationale Unternehmungen oder die Heterarchie von G. Hedlund und D. Rolander genannt. Dem Heterarchie-Modell folgend weist ein erfolgreiches Unternehmen eine Vielzahl von Zentren auf, während die Auslandsgesellschaften strategische Rollen einnehmen und normativ koordiniert werden. Die Unternehmensumwelt wird als Nutzenpotenzial verstanden. – b) *Kontingenzansätze:* Sie basieren auf der Annahme, dass ein erfolgreiches Unternehmen eine Abstimmung mit der vorgefundenen und wahrgenommenen Unternehmensumwelt vornehmen muss. So fordert die Machtpositionsmatrix von Y. Doz und C.K. Prahalad, dass geeignete organisatorische Antworten auf die vielfältige Unternehmensumwelt durch eine entsprechende Anpassung der im Unternehmen vorhandenen Machtpositionen geschaffen werden. Das Management von Machtpositionen wird mit dem strategischen Management gleichgesetzt. Machtpositionen konkretisieren sich in unterschiedlichen Unternehmensstrukturen. Somit wird das Management von Machtpositionen, welches u.a. die adäquate Besetzung von Schlüsselpositionen und Standardisierung umfasst, zum zentralen Instrument der Ausrichtung der Struktur und der Strategie auf Umweltgegebenheiten.

Führungskräfte – Personen mit Personal- und Sachverantwortung. Haben aufgrund ihrer (relativ hohen) hierarchischen Stellung Einfluss auf das gesamte Unternehmen oder seine wichtigsten Teilbereiche. – Vgl. auch → leitender Angestellter.

Führungskräfteentwicklung – Teilbereich der → Personalentwicklung.

Führungslehre – 1. *Begriff:* Lehre, die auf die Darstellung aller zum Verständnis des Führungsprozesses erforderlichen Tatbestände zielt. Als Basis bedarf die Führungslehre einer theoretischen Führung (→ Führungstheorie). – 2. Die Führungslehre stellt menschliches Handeln in den Zusammenhang von Aufgabe, Gruppenumwelt und → Organisation. Dabei ist stets ein spezifisches Bild vom Menschen die Grundlage der Verhaltenserklärung und damit der Führung. – 3. Die *konkrete Entwicklung* der Führungslehre reicht von rationalen Ansätzen in der Scientific-Management-Lehre über gruppenpsychologische Erklärungen bis hin zu Ansätzen, die vom → Menschenbild der modernen Management-Philosophie geprägt sind. – Vgl. auch → Führungsstil, → Führungstechniken, → Weg-Ziel-Ansatz der Führung.

Führungslosigkeit – Rechtlicher Terminus technicus, der durch das → Gesetz zur Modernisierung des GmbH-Rechts und zur Bekämpfung von Missbräuchen (MoMiG) in einige Gesetze aus Gründen des Gläubigerschutzes und zum Entgegenwirken bei Missbrauchsfällen eingeführt wurde. Eingefügt wurde er z.B. in das GmbHG, das AktG, das SE-Ausführungsgesetz, das SCE-Ausführungsgesetz, das GenG und in die InsO. Es geht darum, dass bei einem Ausfallen der ursprünglich zur Leitung aufgerufenen organschaftlichen Leitungsorgane der Gesellschaft (→ Geschäftsführung, → Vorstand, → Direktoren) der → Aufsichtsrat bzw. die Gesellschafter selbst zur passiven Vertretung der Gesellschaft berechtigt und verpflichtet sind. § 35 I 2 GmbHG lautet dazu: „Hat eine Gesellschaft keinen Geschäftsführer (Führungslosigkeit), wird die Gesellschaft für den Fall, dass ihr gegenüber Willenserklärungen abgegeben oder Schriftstücke zugestellt werden, durch die Gesellschafter vertreten." Ähnlich § 78 I 2 AktG (entsprechend §§ 24 I 2 GenG, 41 I 2 SE-Ausführungsgesetz und 23 I 2 SCE-Ausführungsgesetz), durch den der Aufsichtsrat (bei der SE, und SCE der Verwaltungsrat) einer führungslos gewordenen AG (bzw. Genossenschaft, SE, oder SCE) zum Empfangsvertreter wird. Diese Ersatzvertretung setzt sich im Krisenfall in Form der Statuierung einer aktiven Antragstellungspflicht zur Insolvenzeröffnung fort: Nach § 15 I 2 InsO ist „im Fall der Führungslosigkeit einer juristischen Person auch jeder Gesellschafter, bei einer Aktiengesellschaft oder einer Genossenschaft auch jedes Aufsichtsratsmitglied zur Antragstellung berechtigt". Bei der SE wird gemäß § 22 V 2 SE-Ausführungsgesetz ihr Verwaltungsrat entsprechend verpflichtet. § 15a III InsO statuiert insoweit eine strafbewehrte Pflicht (§ 15 IV, V InsO), die nur dann entfällt, wenn die Adressaten keine Kenntnis von der Zahlungsunfähigkeit oder Überschuldung ihrer Gesellschaft hatten, fahrlässige Unkenntnis schützt nicht vor Strafe.

Führungsmodelle – I. Allgemeines: 1. *Begriff:* Modelle zur Unterstützung der Führung als Managementfunktion. Normative Denkmodelle, die Aussagen dazu treffen, wie die Funktion „Führung" unter bestimmten Bedingungen im Unternehmen ausgeübt werden sollte. – 2. *Bedeutung:* Führungsmodelle werden teilweise sehr kritisch betrachtet; einige haben im Zusammenhang mit der Führungsphilosophie eines → strategischen Managements Beachtung gefunden, in der Annahme, sich über Führungsmodelle dem Phänomen der Unternehmenskultur konzeptionell nähern zu können.

II. Wichtige Einzelmodelle: 1. *Theorie Z:* Sie basiert auf einem durch Ouchi (1981) durchgeführten Vergleich der Führung in amerik. und japanischen Unternehmen mit dem Ergebnis, dass die erfolgreichen amerik. Unternehmen in ihrem Führungsstil den japanischen sehr nahe kommen. Unternehmen vom Typ Z zeichnen sich durch eine etablierte und homogene Unternehmenskultur aus. Ouchi schlägt darauf aufbauend ein 13-Stufen-(Organisations-)Entwicklungsmodell zu einer Organisation vom Typ Z für die weniger erfolgreichen amerik. Unternehmen vor. Dabei zielt er ab auf Umorientierung der Aufmerksamkeit auf die menschlichen Beziehungen in der gesamten Organisationsgemeinschaft. – 2. *7F-Modell:* Das von McKinsey (Pascale und Athos,

1981) entwickelte Führungsmodell weist auf die Notwendigkeit hin, dass es zur Erreichung der Unternehmensziele folgende 7F optimal zu nutzen und aufeinander abzustimmen gilt: Führungsstrategie, Führungsfähigkeiten, Führungssystem, Führungsstil, Führungsstruktur, Führungsziele/Leitmotive sowie das Ziel- und Wertesystem der Führungskräfte. Dabei gibt es keine allgemeinverbindliche Lösung; vielmehr muss jedes Unternehmen ein eigenes und nur für sich selbst „optimales" 7F-Profil entwickeln. – 3. *Strategische Erfolgsposition:* Das von Pümpin (1982) entwickelte Führungsmodell betont die Notwendigkeit der Abstimmung von Strategie, Kultur und Führungssystemen (→ Misfit-Analyse). Unter Erfolgsposition ist eine in einer Unternehmung durch den Erwerb von Fähigkeiten bewusst geschaffene Voraussetzung zu verstehen, die es diesem ermöglichen soll, im Vergleich zur Konkurrenz überdurchschnittliche Ergebnisse zu erzielen. Sie darf von der Konkurrenz nicht ohne weiteres kopierbar sein und muss auf Voraussetzungen basieren, die von hoher Zukunftsträchtigkeit sind (→ strategische Grundhaltung). Um ihren langfristigen Erfolg zu sichern, müssen alle führungsrelevanten Systeme auf den Ausbau der strategischen Erfolgsposition ausgerichtet werden: Machtzentren, Mitarbeiterentwicklung, Berichtswesen, Strategien, Planung, Disposition, Organisation, Führungsstil, Managementeinsatz und Arbeitsmethodik.

Führungsprozess → Prozess der zweckgerichteten Verhaltensbeeinflussung (direkt oder indirekt) des Geführten bzw. der Geführten durch den Führenden. Es handelt sich um eine wechselseitige, asymmetrische Beziehung zwischen Führendem und Geführtem; asymmetrisch, da das Ausmaß des Einflusses des Geführten gering ist. Führungsprozess ist i.e.S. der Prozess der Willensdurchsetzung, i.w.S. der → Willensbildung (einschließlich Zielsetzung), Willensdurchsetzung und Willenssicherung.

Führungsrichtlinien – Richtlinien, nach denen Führungskräfte bei der Kontrolle der Arbeit nachgeordneter Mitarbeiter zu verfahren haben. Führungsrichtlinien unterliegen nicht dem Mitbestimmungsrecht des → Betriebsrats, da es insoweit nur um die Feststellung des Arbeitsergebnisses geht, nicht um die Beurteilung der Leistung, die zu diesem Arbeitsergebnis geführt hat. – *Anders:* → Beurteilungsgrundsätze.

Führungssituation – Umstände, unter denen sich Führung vollzieht. Die Führungssituation umfasst alle sachlichen und sozialen Bedingungen, die für das Führungsverhalten zu einem gegebenen Zeitpunkt von Bedeutung sind, wie etwa das Gruppenziel, die Gruppenstruktur, die Aufgabenstellung, die Bedürfnisse und Einstellungen der Gruppenmitglieder, die Erwartungen fremder → Gruppen, der institutionelle Rahmen etc.

Führungsspanne → Leitungsspanne.

Führungsstil – I. Begriff: typische Art und Weise des Verhaltens von Vorgesetzten gegenüber einzelnen Untergebenen und Gruppen.

II. Arten: Zunächst wurden in der Führungsforschung die drei Formen demokratischer (Führungskraft beteiligt die Geführten aktiv an Entscheidungen), autoritärer (Führung in unumschränkter Selbstherrschaft ohne Berücksichtigung der Geführten) und Laissez-faire Führungsstil (Führungskraft lässt die Geführten weitgehend bei allem gewähren) unterschieden. Am weitesten verbreitet ist die Unterscheidung der verhaltensorientierten Führungsforschung in Mitarbeiter- und Aufgabenorientierung (→ Führungsverhalten).

III. Beurteilung: Die genannten Führungsstile sind idealtypisch, d.h. in der Realität in reiner Form selten vorfindbar. Modifikationen und Mischungen von Führungsstilen entstehen durch die Persönlichkeit des Vorgesetzten und die Stärke seiner Positionsmacht, durch die situativen Bedingungen, in denen geführt wird, sowie durch die Ansprüche, Qualifikationen, Erfahrungen und Kompetenzen der Mitarbeiter und die Art der sozialen Beziehungen in der Gruppe. Deshalb gewinnt der Begriff der *Situativen Führung* immer mehr an Bedeutung. Die Ausprägungen der Kompetenz und des Engagements von Mitarbeitern sind dabei ausschlaggebend für die Anwendung der unterschiedlichen Führungsstile. – Vgl. auch → Führung, → Führungstechnik, → Führungstheorie, → Führungssituation.

Führungstechniken – *Führungskonzepte;* Vorgehensweisen und Maßnahmen der Personalführung zur Verwirklichung vorgegebener Ziele, der Gestaltung der → Führungssituation und der Behandlung der Untergebenen. Führungstechniken beziehen sich auf (1) die Formen von Anweisungen, (2) die Durchführung von Kontrolle, (3) den Einsatz von Lob und Tadel, (4) die Vorbereitung von Entscheidungen, (5) die Behandlung von Beschwerden, (6) die Information der Untergebenen und (7) die Delegation von Aufgaben und Verantwortung. Diese Führungstechniken werden im Rahmen unterschiedlicher → Führungsstile und allgemeiner Managementtechniken als Führungsmittel in unterschiedlicher Ausformung angewendet.

Führungstheorien – Aussagensysteme zur Erklärung von Führungserfolg. Bes. Beachtung haben folgende führungstheoretische Grundpositionen gefunden: – (1) der eigenschaftstheoretische Ansatz, der zur Führung bes. prädestinierende Persönlichkeitsmerkmale in den Vordergrund stellt (→ Eigenschaftstheorie der Führung); – (2) die situationstheoretische Perspektive, die auf die Bedeutung des Umfelds (Aufgabenstruktur sowie Kompetenz und Engagement von Mitarbeitern usw.) für das Führungshandeln abstellt (→ Situationstheorie der Führung); – (3) die Interaktionstheorie, die Führungserfolg als *Wechselwirkung* zwischen Persönlichkeitsmerkmalen und situativen Bedingungen des Führungshandelns interpretiert (→ Interaktionstheorie der Führung); – (4) der → Weg-Ziel-Ansatz der Führung, der die Führungsproblematik aus der Mitarbeiterperspektive beleuchtet; – (5) die Theorie der Führungssubstitution, die die Frage stellt, unter welchen Bedingungen Führung überflüssig ist.

Führungsverhalten – 1. *Bekannteste Beschreibungsdimensionen:* (1) *Mitarbeiterorientierung (Consideration):* Besorgtheit, Wertschätzung gegenüber den Geführten, Zugänglichkeit der Führenden; (2) *Aufgabenorientierung (Initiating Structure):* Zielpräzisierung, Kontrolle, Vorrangigkeit der Aufgabenerfüllung. Beide sind tendenziell unabhängig voneinander und insofern auf der Verhaltensebene kombinierbar. – Hohe Mitarbeiterorientierung kann den über hohe Leistungsorientierung vermittelten Leistungsdruck tendenziell abpuffern. – 2. *Beurteilung:* Generalisierende Aussagen zur Wirksamkeit von Consideration und Initiating Structure auf → Arbeitszufriedenheit und Leistung sind kaum möglich; tendenziell ist eine sinnvolle Kombination erfolgversprechend. – Vgl. auch → Situationstheorie der Führung, → Führungsstil.

Führungszeugnis – 1. von dem *Unternehmer* auf Wunsch des Arbeitnehmers auch über Verhalten und Leistung auszustellendes → Zeugnis. – 2. Zeugnis über den den Antragsteller betreffenden Inhalt des → Bundeszentralregisters (also z.B. über strafgerichtliche Verurteilungen); es ist bei der Meldebehörde am Wohnsitz zu beantragen. Eine Übersendung an andere Personen als an den Antragsteller ist grundsätzlich unzulässig, Ausnahme: für die Vorlage bei Behörden (§ 30 BZRG) oder bei der Erteilung an Behörden auf deren Betreiben (§ 31 BZRG). Was Inhalt des Führungszeugnisses sein darf, regeln die §§ 32 ff. BZRG.

Fuhrunternehmer – Begriff des Straßenverkehrsrechts für den Halter eines Fahrzeugs (→ Halter eines Kraftfahrzeuges), mit dem er gewerbsmäßig gegen Entgelt die Beförderung von Personen oder Gütern für eigene Rechnung betreibt. Der Fuhrunternehmer braucht nicht Eigentümer des Fahrzeugs zu sein.

Fulfillment – gesamter Prozess der Auftragsabwicklung, i.Allg. im → E-Commerce. Er umfasst Lagerung, Kommissionierung, Transport, Auslieferung und teilweise die Bezahlung der Ware sowie den After Sales-Service bis hin zur Retourenbearbeitung. Er setzt unmittelbar nach der Bestellung ein. Der Fulfillment-Prozess kann sich neben den oben genannten Aufgaben bis zum → Content Management bzw. Pflege des E-Shops und des Warenwirtschaftssystems erstrecken.

Fullarton – John, 1780–1849, schottischer Bankier und Schriftsteller zu Währungsfragen. Er beschäftigte sich mit geldtheoretischen und -politischen Fragestellungen. Nach seiner Meinung löst der Umlauf von Banknoten allein keine inflationären Tendenzen aus, weil es Geldsurrogate gebe, die auf das Preisniveau einwirkten. Die Theorie von Fullarton, die auch von Th. Tooke (1774–1858) vertreten wurde, entspricht der → Banking-Theorie. – *Hauptwerk:* „On the Regulation of Currencies" (1844).

Füllfrage → methodische Frage, mit deren Hilfe die Befragungsbedingungen für alle Befragungspersonen gleich gehalten werden.

Full-Service-Genossenschaften → Bezugs- und Absatzgenossenschaften.

Full-Service-Kooperation – 1. *Begriff:* Aus der → Einkaufsgenossenschaft entstandene Kooperationsform des Einzelhandels. Die Zentralorganisationen übernehmen nicht nur das → Zentralregulierungsgeschäft und → Delkrederegeschäft, sondern tätigen neben → Empfehlungsgeschäften und → Abschlussgeschäften vermehrt auch → Eigengeschäfte. Damit übernehmen sie ein eigenständiges Risiko der Absetzbarkeit der Waren. Z.T. erhöhen die Zentralen das Absatzrisiko durch Errichtung eigener Produktionsstätten, deren Produkte prinzipiell nur über die Mitglieder verkauft werden sollen. Sie entwickeln auch → Handelsmarken bzw. verpacken lose gekaufte Ware in eigenen Verpackungsbetrieben. – 2. *Weitere,* teils von organisatorisch ausgegliederten Betrieben wahrgenommene *Aufgaben* der Zentrale: Anmietung von Grundstücken bzw. Gebäuden; Durchführung von Standortanalysen; Finanzierung von Warengeschäften, Bauvorhaben, Existenzgründungen; Schulung der Mitglieder; Übernahme von statistischen Erfassungen, Kostenrechnung und Kalkulation, Betriebs- und Finanzbuchhaltung sowie Bilanzerstellung und Steuerberatung. Wachsende Kompetenzen im Handelsmarketing: Einsatz von Marketinginstrumenten, um die Einzelhändler zur Abnahme der eingekauften Produkte und zu deren bevorzugter Förderung beim Verkauf zu bewegen, einschließlich Beratung bei Ladengestaltung und Warenplatzierung, strenge Vorauswahl beschaffbarer Produkte (Listung in → Ordersätzen), Kalkulationshinweisen und Kontrollen des Verkaufs – zumindest global – über den Service der → kurzfristigen Erfolgsrechnungen. Entwurf zentraler Sonderangebots-, Werbe- und Verkaufsförderungsaktionen, Mitwirkung bei der Abfallbeseitigung. – 3. *Entwicklung:* Die Entwicklung der Full-Service-Kooperation zu → Filialunternehmungen ist durch Gründung von → Regiebetrieben schon realisiert. Kooperationskaufleute sind durch vertragliche Bindungen in ihrer Freiheit der Sortimentsbildung noch weiter eingeschränkt als die traditionellen Mitglieder von Full-Service-Kooperationen. Die zukünftige Entwicklung ist davon abhängig, inwieweit es gelingt, dezentrale Fachkompetenzen so zur Ausschöpfung der lokalen Marktpotenziale einzusetzen und gleichzeitig so zu koordinieren, dass die Wettbewerbsfähigkeit der Full-Service-Kooperation gestärkt wird. Hierbei wird es nicht unwichtig sein, durch → Mitgliederselektion einen rationell zu beliefernden Kreis von Einzelhändlern zu gewinnen, die durch ihre Erfolge auf dem Markt gleichzeitig den übergeordneten Gruppeninteressen dienen.

Full-Service-Werbeagentur → Werbeagentur.

Full Set – *voller Satz;* vollständiger, im Original vorliegender (nicht als Copy bezeichneter) Formularsatz, z.B. beim → Konnossement. In den Formularsätzen ist angegeben, wie viele Originale ausgestellt wurden und daher zu einem Full Set gehören.

Functional Finance – Auffassung, nach der die → Finanzpolitik ausschließlich konjunkturpolitische Ziele gemäß der → finanzpolitischen Stabilisierungsfunktion verfolgt; von Abba → Lerner pointiert vertreten.

Fund – Auffinden und Inbesitznahme einer verlorenen Sache (§§ 965–984 BGB). Der Finder ist zur Anzeige und Ablieferung an den Verlierer bzw. das Fundbüro verpflichtet; er hat Anspruch auf → Finderlohn. – Ist der Verlierer nicht zu ermitteln, erwirbt der Finder nach Ablauf von sechs Monaten seit der Anzeige das Eigentum. – Beim Fund in Räumen öffentlicher Behörden oder in öffentlichen Verkehrsmitteln muss der Finder die Sache bei der Behörde etc. abliefern, hat jedoch keine Rechte.

Fundamentaldaten – Langfristige, grundlegende Informationen über die realen Produktionsmöglichkeiten, über die Strukturen der Wirtschaft sowie über den Vermögensstatus der Wirtschaftseinheiten. – Vgl. auch → Vermögenspreisansatz zur Wechselkursbestimmung, → spekulative Blase.

fundamentale Aktienanalyse – Methode der → Aktienanalyse, die auf ausschließlich unternehmensbezogene Kurs-Einflussgrößen bezogen ist. Ausgangspunkt bildet die These, dass der Börsenkurs in Schwingungen um den inneren bzw. objektiven Wert einer Unternehmung pendelt; die Diskrepanz ergibt sich aus der relativ langsamen Anpassungsgeschwindigkeit der Kurse an neue Informationen infolge divergierender Meinungen und Wertbestimmungen der Börsianer. In der fundamentalen Aktienanalyse werden als Einflüsse auf den Kurs unterschieden: (1) quantitative Faktoren: statistisch erfassbare und auswertbare Informationen über eine Unternehmung (z.B. Geschäftsstruktur, Ertragslage, Kostenstruktur); (2) qualitative Faktoren: Know-how, Innovationsfähigkeit, Zukunftschancen der Produkte und Qualität des Managements. Daraus wird der innere bzw. objektive Wert einer Unternehmung ermittelt. Im Vergleich zum aktuellen Börsenkurs impliziert er ein Kauf- (Börsenkurs kleiner als innerer Wert) oder Verkaufssignal (Börsenkurs größer als innerer Wert). – Vgl. auch → technische Aktienanalyse.

fundamentale Transformation – Entwicklung einer Wettbewerbssituation, die vor dem Vertragsabschluss durch mehrere Anbieter gekennzeichnet ist und nach dem Vertragsschluss die Form eines formal nicht determinierten bilateralen Monopols annimmt. Die Ex-Post-Abhängigkeit von einem einzigen Anbieter kann sich daraus ergeben, dass jener Anbieter, der den erstmaligen Zuschlag erhält, transaktionsspezifische Investitionen tätigen muss. Folglich hat er ex post gegenüber seinen Konkurrenten einen Wettbewerbsvorsprung, weil er bei einem erneuten Bietprozess die → spezifischen Investitionen nicht mehr einrechnen muss. Andererseits können diese zu einer Abhängigkeit vom Nachfrager führen.

Fundamentalsätze der Wohlfahrtsökonomik → Hauptsätze der Wohlfahrtsökonomik.

Funded Cover – 1. *Begriff:* Konzept der → Finanzrückversicherung für zukünftige Verpflichtungen. Basis ist meist eine nicht proportionale Grundform der → Rückversicherung (z.B. Schadenexzedent). Grundgedanke ist der Aufbau eines Finanzmittelbestands (Fund, Fonds) beim Rückversicherer durch eine hohe Bereitstellungsprämie, die zur Finanzierung von Schadenzahlungen in den Folgejahren dienen soll. In der Praxis steht der Begriff Funded Cover meist als Synonym für sog. Prefunding-(Vorfinanzierungs)-Konzepte bzw. -Elemente. – 2. *Methodik und Merkmale:* Eine einmalige oder jährlich zu leistende → Rückversicherungsprämie wird unter Abzug von Kosten und erwartetem Gewinn einem sog. Experience Account gutgeschrieben. In der theoretischen Reinform des Funded Cover werden die zu leistenden Zahlungen des Rückversicherers auf die Höhe des angesammelten Finanzmittelbestands limitiert. Sollte der Experience Account am Ende der mehrjährigen Laufzeit einen positiven Saldo aufweisen, so wird dem → Erstversicherer i.d.R. dieser Saldo in Form einer → Gewinnbeteiligung zurückerstattet. – 3. *Abgrenzung:* Aufgrund des fehlenden Risikotransfers in seiner Reinform (nur Timing Risk, kein Underwriting Risk für den Rückversicherer) werden in der Praxis den Risikotransfer erhöhende Elemente integriert. Schadenzahlungen werden auch über den Fund-Stand hinaus seitens des Rückversicherers geleistet, um nach jeweils geltenden aufsichtsrechtlichen Bestimmungen eine Anerkennung als Rückversicherung zu erreichen. – 4. *Wirkung:* Vergleichbar mit einer Schwankungsrückstellung bewirken Kombinationsformen aus Funded Cover- und Spread Loss Cover-Elementen eine Verteilung von schadeninduzierten Zahlungsströmen über die Zeit. Abhängig vom Umfang der zu entrichtenden Rückversicherungsprämie und der Laufzeit können sich eine Verminderung des Gewinnausweises und ein damit verbundener Aufbau einer Ertragsreserve für den Erstversicherer ergeben.

fundieren – 1. *I.w.S.:* Sicherstellung von Zins- und Tilgungsdienst durch bestimmte Einnahmequellen. – 2. *I.e.S.:* Überführung (kurzfristiger) → schwebender Schulden in (langfristige) → fundierte Schulden; auch die Ablösung von Bankkrediten durch Emission von Obligationen oder Aktien; Letztgenanntes wird auch als *refundieren* bezeichnet.

fundierte Schulden – langfristig am Kapitalmarkt platzierte Schulden der öffentlichen Hand (→ fundieren, → öffentliche Kreditaufnahme). Beispiel: Durch den Staat herausgegebene Schuldverschreibungen. – *Gegensatz:* → schwebende Schulden.

fundiertes Einkommen – Begriff der → Steuertheorie. Das auf Vermögen beruhende → Einkommen. Fundiertes Einkommen eignet sich nach der Fundustheorie für bes. Besteuerung aus folgenden Gründen: (1) Fundiertes Einkommen fließt frei von Risiken wie Krankheit, Arbeitslosigkeit und Kräfteverschleiß dem Steuerpflichtigen regelmäßig zu; der Bezieher braucht deshalb – anders als der Erwerbstätige – keine Rücklagen zu bilden. (2) Fundiertes Einkommen lässt die Arbeitskraft seines Beziehers oftmals ganz frei und stellt damit neben dem Arbeitseinkommen ein zusätzliches Einkommen des Steuerpflichtigen dar. – *Gegensatz:* → unfundiertes Einkommen.

Fundierungsschuldverschreibung → Young-Anleihe.

Fundraising – 1. *Begriff:* Aus dem Englischen stammender Begriff der Kapitalbeschaffung (fund=Kapital; to raise=aufbringen, beschaffen), der die systematische Analyse, Planung, Durchführung und Kontrolle sämtlicher Aktivitäten einer NPO mit dem Zweck, finanzielle oder sachliche Spenden zu akquirieren, ohne dass dafür eine marktadäquate Gegenleistung erwartet wird, bezeichnet. – 2. *Merkmale:* Unterschiedliche Fundraising-Methoden werden angewendet, um eine Vielzahl von Spendern (Staat, Privatpersonen, Unternehmen, Stiftungen) zu einer Spende zu bewegen. – 3. *Instrumente des Fundraising:* Der sogenannte Fundraisingmix beinhaltet diejenigen, konkreten Einzelinstrumente des Fundraising, die die Organisation bzw. der zuständige Fundraiser aus den folgenden verschiedenen Sub-Bereichen des Fundraising zusammenstellt: persönliches Fundraising, Fundraising über Massenmedien, Online-Fundraising, Fundraising in Bezug auf Großspender, Unternehmen, Staat oder auch andere Nonprofit-Organisationen, wie z.B. Stiftungen. – 4. *Ausblick:* Im Fundraising ist eine Entwicklung weg von einer stark transaktionsorientierten Sichtweise, bei der die kurzfristige Akquisition von Geld- und Sachmitteln im Vordergrund steht, hin zu einer deutlichen Fokussierung auf die Beziehung zum Spender (→ Relationship Fundraising) festzustellen. – Vgl. auch → Nonprofit Management.

Fundustheorie – Theorie zur Begründung der Besteuerung von → fundiertem Einkommen. Durch inflationäre Geld- und Vermögensentwertung sowie Ausgestaltung der sozialen Sicherheit weitgehend überholt.

fünfjährige Finanzplanung → mehrjährige Finanzplanung.

Fünf-Sechstel-Methode – Vereinfachte Methode zur Berechnung der → Gewerbesteuer-Rückstellung. Die Methode ist seit dem Erhebungszeitraum 2008 nicht mehr anzuwenden, da seither die Gewerbesteuer und die darauf entfallenden Nebenleistungen nicht mehr von ihrer eigenen Bemessungsgrundlage abzugsfähig sind.

Fünf Weise – auch als fünf Wirtschaftsweise bezeichnet; Mitglieder des → Sachverständigenrates zur Begutachtung der gesamtwirtschaftlichen Entwicklung (SVR).

Fungibilien → vertretbare Sachen im Sinn des BGB.

Fungibilität – 1. *Begriff:* bezeichnet die Eigenschaft von Gütern, → Devisen und → Wertpapieren, bspw. nach Maß, Zahl oder Gewicht bestimmbar und ohne Weiteres auswechselbar oder austauschbar zu sein. – 2. *Merkmale:* Fungibilität liegt vor, wenn die Sachen oder Rechte durch gleich bleibende Beschaffenheit (z.B. nach Zahl, Maß oder Gewicht) im Handelsverkehr bestimmt werden und durch jede andere Sache bzw. jedes andere Recht der gleichen Gattung und Menge ersetzt werden können. Die Fungibilität einer Ware ist Voraussetzung für ihren börsenmäßigen Handel (→ Börsengeschäfte). Fungible Rechte, die Ansprüche aus verbrieften Kapitalformen verkörpern, heißen → Effekten.

Funkspot – *Radiospot, Radio Commercial;* – 1. *Begriff:* über das Medium Hörfunk verbreitete Mitteilung mit erkennbar werblicher Aussage (→ Funkwerbung). – 2. *Gestaltungselemente:* (1) *Musik*: Tonhöhe, Lautstärke, Klangfarbe, Melodie, Rhythmus, Tempo, Harmonie, Tonart und Instrumentierung; (2) *Geräusche*: realistische, die den Hörer an vertraute akustische Geräusche erinnern sowie frei erfundene, spezielle Geräusche bzw. Effekte, die keinem natürlichen Geräusch zuzuordnen sind; (3) *Sprache*: Merkmale der Stimme (z.B. Stimmhöhe) sowie Merkmale der Sprechweise (z.B. Sprechgeschwindigkeit). – 3. *Bedeutung:* Radio ist ein Hintergrundmedium das größtenteils unter geringem → Involvement wahrgenommen wird. Ein Funkspot eignet sich in erster Linie zur Aktualisierung. Darüber hinaus kann er ergänzend zur Fernseh- und/ oder Printwerbung eingesetzt werden, um die Positionierungswirkungen dieser Medien zu verstärken und zusätzlich visuelle Vorstellungen aus der Fernseh- oder Printwerbung bei den Hörern im Rahmen der → integrierten Kommunikation zu aktivieren (visueller Transfer). – Vgl. auch → Fernsehspot.

Funktion – I. Organisation: Teilaufgabe zur Erreichung des Unternehmungsziels. – *Beispiele:* Beschaffung, Produktion, Absatz, Verwaltung. – *Funktion als Grundlage der Organisationsstruktur:* → Funktionalorganisation.

II. Mathematik: 1. *Begriff:* Eine Funktion dient der Beschreibung von Zusammenhängen zwischen mehreren verschiedenen Faktoren. Bei einer Funktion – einer eindeutigen Zuordnung – wird jedem Element der einen Menge genau ein Element der anderen zugewiesen; jedem x wird genau ein y zugeordnet und nicht mehrere. – 2. *Arten:* a) *Zweidimensionale Funktion:* y = f(x),

d.h. y ist eine Funktion von x (y gleich f von x). – b) *Mehrdimensionale Funktionen:* $y = f(x_1, x_2, ..., x_n)$.

Dabei wird y als die abhängige Variable und x bzw. x_i als die unabhängige Variable bezeichnet. Der Definitionsbereich ist der Gesamtbereich der Werte, die für die unabhängigen Variablen zugelassen sind. Der Wertebereich ist die Menge der Funktionswerte, die die abhängige Variable y annimmt. – 3. *Darstellung:* Eine Funktion kann durch eine Funktionsgleichung, eine Tabelle oder durch einen Graphen dargestellt werden.

III. Informatik: → Unterprogramm, das als Ergebnis genau einen Wert zur Verfügung stellt (z.B. das Resultat einer Berechnung). Die benötigten Eingangsgrößen werden i.Allg. als → Parameter an die Funktion übergeben. Ausgangsgröße ist der Funktionswert selbst.

funktionale Abstraktion – *prozedurale Abstraktion;* → Modularisierungsprinzip, bei dem ein Modul dadurch entsteht, dass von der Realisierung eines → Algorithmus abstrahiert wird (→ Datenabstraktion).

funktionale Einkommensverteilung – 1. *Begriff:* Verteilung des gesamtwirtschaflichen Einkommens (Einkommensverteilung) auf funktionale Einkommensarten (Lohn, Profit, Zins und Rente) oder auf die Produktionsfaktoren (Arbeit, Kapital, Boden), die zur Erwirtschaftung des Sozialprodukts beigetragen haben. Die funktionale Einkommensverteilung ist seit der ökonomischen Klassik der vorherrschende Untersuchungsgegenstand der volkswirtschaftlichen → Verteilungstheorie. – 2. *Merkmale:* Bei der Analyse der Einkommensverteilung unterscheidet man prinzipiell zwei verschiedene Herangehensweisen: Die → personelle Einkommensverteilung betrachtet die Verteilung der im Wirtschaftsprozess entstandenen Einkommen auf Peronen oder Haushalte in der Gesellschaft. Unter der funktionalen Einkommensverteilung wird demgegenüber die Aufteilung der gesamtwirtschaftlichen Einkommen auf funktionale Einkommensarten (Lohn, Profit, Zins und Rente) oder auf die Produktionsfaktoren verstanden, die zur Erwirtschaftung des Sozialprodukts beigetragen haben oder an seiner Verteilung partizipieren (wie reine Besitzeinkommen). In der funktionalen Einkommensvereilung der neoklassischen Theorie werden üblicherweise lediglich zwei Produktionsfaktoren und damit zwei Haupteinkommensarten unterschieden, nämlich die den Produktionsfaktoren Arbeit und Kapital zugehörigen Einkommen.–Bei der statistischen Erfassung der Größen der funktionalen Einkommensverteilung werden im Rahmen der Volkswirtschaftlichen Gesamtrechnung die von den abhängig Beschäftigten empfangenen Arbeitnehmerentgelte (Bruttolöhne und -gehälter plus tatsächliche und unterstellte Arbeitgeberbeiträge zur Sozialversicherung) ausgewiesen. Die den Kapitalbesitzern zufließenden Einkommen aus Unternehmens- und Vermögenstätigkeit (einschließlich der Mischeinkommen der Selbstständigen) werden nach der Ermittlung des Volkseinkommens im Wesentlichen als Residualgröße bestimmt. Bezieht man diese beiden Einkommensarten auf das → Volkseinkommen, so erhält man die sogenannte → Lohnquote bzw. die → Gewinnquote. Beide Quoten ergänzen sich zu eins bzw. zu 100 Prozent. – 3. *Probleme:* a) *Lohnquote:* Die Darstellung der funktionalen Einkommensverteilung mittels der gesamtwirtschaftlichen Lohnquote weist im Wesentlichen zwei Mängel auf. Zum einen reagiert die Größe auf eine Veränderung der Erwerbstätigenstruktur. Wenn bspw. die Zahl der abhängig Beschäftigten im Verhältnis zu allen Erwerbstätigen zunimmt, weil bspw. durch den Rückgang der Beschäftigten in der Landwirtschaft die Zahl der selbstständig Beschäftigten abnimmt, steigt die Lohnquote rein rechnerisch an. Dies könnte fälschlicherweise als Indikator für eine Verbesserung der Verteilungsposition der Lohneinkommensbezieher interpretiert werden. Durch Berechnung einer → bereinigten Lohnquote kann dieser Mangel umgangen werden. Die zweite Unzulänglichkeit der Lohnquote ergibt sich aus der Feststellung, dass die Einkommen der Selbstständigen zu einem gewissen Teil auch durch ihre Arbeitsleistung entstehen. Will man die dem Produktionsfaktor Arbeit insgesamt zugehörigen Einkommen (→ Arbeitseinkommen) ermitteln, sind die Arbeitseinkommen der Selbstständigen zu den Arbeitseinkommen der Arbeitnehmer hinzu zu addieren. Um entsprechend beide Mängel der Lohnquote zu umgehen, wird anstatt der (bereinigten) Lohnquote häufig die → Arbeitseinkommensquote berechnet. Problematisch für die Beschreibung der funktionalen Einkommensverteilung und die Aussagefähigkeit der Arbeitseinkommensquote ist jedoch wiederum die Interpretation der Restgröße (Volkseinkommen abzüglich Arbeitseinkommen). Die um die Arbeitsentgelte der Selbstständigen bereinigten Unternehmens- und Vermögenseinkommen können nur mit sehr großen Abstrichen als das Einkommen des Produktionsfaktors Kapital angesehen werden. In dieser kalkulatorischen Rest- und Sammelgröße schlagen sich nicht nur alle Fehler bei der Berechnung des Volkseinkommens oder generelle Bewertungs- und Messprobleme (z.B. bei den Abschreibungen) nieder. Sie umfassen v.a. ein compositum mixtum von Einkommensarten, die nicht als Kapitaleinkommen im eigentlichen Sinne angesehen werden können, wie z.B. die Vermögenseinkommen des Staates (u.a. der Bundesbankgewinn), unterstellte Mieten für selbstgenutzte Eigenheime und die nicht ausgeschütteten Gewinne der Kapitalgesellschaften. Dennoch ist die Arbeitseinkommensquote die übliche Größe, mit der die Entwicklung der funktionalen Einkommensverteilung dargestellt wird. – b) *Querverteilung:* Da die privaten Haushalte prinzipiell sowohl Besitzer des Produktionsfaktors Arbeit wie auch des Produktionsfaktors Kapital sein können, ist es nicht unüblich, dass ein Haushalt sowohl Arbeits- wie auch Kapitaleinkommen empfängt. Dieses als Querverteilung bezeichnete Phänomen erschwert die Interpretation von Veränderungen der funktionalen Einkommensverteilung aus sozial-ökonomischer Sicht. Zumindest verteilungspolitisch steht daher häufig die personelle Einkommensverteilung im Mittelpunkt. Da personelle und die funktionale Einkommensverteilung aber eng miteinander verwoben sind, ist auch die funktionale Einkommensverteilung für zahlreiche ökonomische und soziale Fragestellungen, wie z.B. für die Frage der Einkommensungleichheit, von einer hohen Relevanz. – c) *Einkommensstreuung:* Ähnliches gilt für die Tatsache, dass sich die gesamtwirtschaftlichen Arbeitseinkommen u.a. aus hochbezahlten, mit einem hohen Grad an Selbstbestimmung versehenen Tätigkeiten (Managergehälter) und geringfügig entlohnten Tätigkeiten aus abhängiger Beschäftigung zusammensetzen. – d) *Schwankungen im Konjunkturverlauf:* Bei der Analyse der funktionalen Einkommensverteilung muss berücksichtigt werden, dass Einkommensquoten stark im Konjunkturverlauf schwanken. Die Lohn- bzw. Arbeitseinkommensquote weist im Normalfall ein anti-zyklisches Verhalten auf, d.h. sie steigt im konjunkturellen Abschwung an, während sie umgekehrt im Aufschwung sinkt. Grund hierfür ist die nur teilweise erfolgende Anpassung der Arbeitseinkommen an die konjunkturelle Entwicklung, während die Gewinneinkommen aufgrund ihres Residualcharakters entsprechend deutlich stärker schwanken als die Arbeitseinkommenssumme. Da die Anpassung überdies zeitlich verzögert einsetzt („wage-lags"), tritt die Anti-Zyklizität der Arbeitseinkommensquote tendenziell leicht phasenversetzt auf. – 4. *Empirische Entwicklungen:* Bei der Aufteilung des Volkseinkommens haben sich in den letzten Jahrzehnten in vielen industriellen Ländern größere Veränderungen ergeben, die sich in einem verringerten Anteil der Arbeitseinkommen niedergeschlagen haben. Auch international wird immer häufiger darauf hingewiesen, dass die in den vergangenen Jahren erwirtschafteten Wohlstandsgewinne ungleichmäßig auf die Produktionsfaktoren verteilt würden und sich so die funktionale Einkommensverteilung seit geraumer Zeit stark verändere. Während Kapitalbesitzer relativ hohe Einkommenszuwächse erzielten, würden die Bezieher von Arbeitseinkommen gar nicht oder nur relativ wenig am ohnehin schon geringen Wachstum des Sozialprodukts partizipieren. In Deutschland schwankte die Arbeitseinkommensquote in den 1990er-Jahren ohne einen klar erkennbaren Trend um einen Wert von ungefähr 79 Prozent. Damit kann für die letzte Dekade des 20. Jahrhunderts von einer gewissen Stabilität der Arbeitseinkommensquote in Deutschland gesprochen werden. Dies veränderte sich jedoch in den zehn anschließenden Jahren deutlich. In den 2000er-Jahren reduzierte sich die Arbeitseinkommensquote in Deutschland drastisch. Von einem Wert von 80,6 Prozent im Jahr 2000 fiel die Größe auf 72,3 Prozent im Jahr 2007 – ein Rückgang von rund acht Prozentpunkten innerhalb von sieben Jahren und damit ein in der Geschichte der Bundesrepublik Deutschland bislang einmaliger Vorgang.

funktionale Qualität – Gesamtheit aller Eigenschaften eines Angebotes, welche die Eignung des Produktes oder der Dienstleistung zur Erfüllung der vom Abnehmer gestellten Aufgaben bestimmen. Im Rahmen von Dienstleistungen wird darunter auch jene Qualitätsdimension verstanden, die sich auf die Art und Weise der Dienstleistungserstellung bezieht. Hierunter werden u.a auch die fachliche Kompetenz und Höflichkeit des Personals subsummiert. – Vgl. auch → Qualität.

funktionale Verteilung → funktionale Einkommensverteilung.

Funktionalismus – spezielle Ausprägung des → methodologischen Kollektivismus. Funktionalismus wird v.a. in der Soziologie, aber auch in Teilen der Betriebswirtschaftslehre vertreten. Systemen bzw. Institutionen wird ein *allg. Überlebensziel* zugeschrieben; analysiert werden die verschiedenen Teilsysteme (z.B. der Forschungs- und Entwicklungsbereich eines Unternehmens) im Hinblick auf ihre speziellen Funktionen im Zusammenhang mit dem Überleben des Gesamtsystems (z.B. Sicherung von Anpassungsnotwendigkeiten an geänderte Umweltbedingungen).

Funktionalorganisation – *funktionale Organisationsstruktur, Funktionsorganisation, Funktionsgliederung, Verrichtungsorganisation.* 1. *Begriff:* Organisationsmodell (→ Organisationsstruktur), bei dem die → Kompetenz aufgrund verrichtungsorientierter → Spezialisierung nach betrieblichen → Funktionen (wie Beschaffung, Produktion, Absatz und Verwaltung) gegliedert wird. Bei reiner Funktionalorganisation entstehen somit auf der zweiten Hierarchieebene → organisatorische Teilbereiche, in denen jeweils die Kompetenz für eine betriebliche Funktion im Hinblick auf sämtliche im Unternehmen hergestellten Produkte zusammengefasst ist (vgl. Abbildung „Funktionalorganisation – Grundmodell"). – 2. *Beurteilung der organisatorischen Effizienz:* Die Vorteilhaftigkeit einer Funktionalorganisation hängt vom Grad der Homogenität des Produktprogramms (Diversifikationsgrad) ab. – a) Die Funktionalorganisation ermöglicht, bei einem homogenen Produktprogramm, die Nutzung funktionsbezogener Synergieeffekte (z.B. Beschaffungssynergien). Diese Synergieeffekte sind gewöhnlich höher als die Koordinationskosten, die aufgrund der innerbetrieblichen Leistungsverflechtungen zwischen den betrieblichen Funktionsbereichen anfallen. Je heterogener das Produktprogramm, desto ungünstiger wird das Verhältnis von Synergieeffekten und Koordinationskosten. – b) Bei dynamischen Umwelten hängt die organisatorische Effizienz von der Fähigkeit zur rechtzeitigen Reaktion auf Umweltveränderungen ab. Mit steigender Heterogenität des Produktprogramms und wachsender Umweltdynamik stellen

Funktionalorganisation – Grundmodell

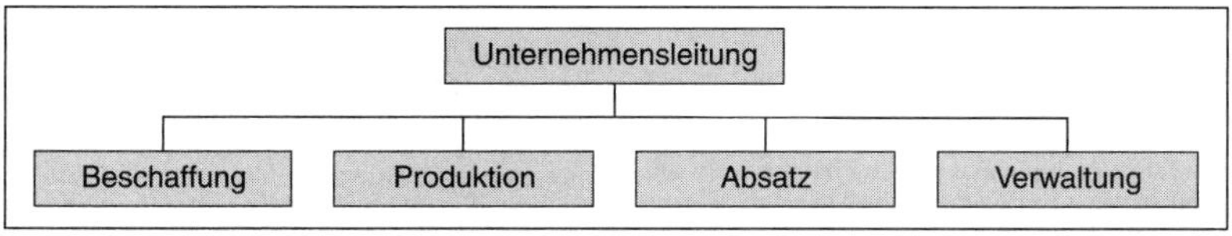

jedoch Koordinationsanforderungen eine rechtzeitige, die spezifischen Belange der einzelnen Produkte und Märkte ausreichend berücksichtigende Reaktion auf Änderung und Umwelt zunehmend in Frage. – c) Eine Modifizierung der Funktionalorganisation in Richtung einer → mehrdimensionalen Organisationsstruktur oder der Übergang zu einer reinen Sparten- oder Regionalorganisation kann somit geboten sein.

Funktionalprinzip → öffentliche Ausgaben.

Funktionalreform – die im Zusammenhang mit der → kommunalen Gebietsreform durchgeführte Neuabgrenzung der kommunalen Aufgaben zwischen Gemeinden und Gemeindeverbänden. Zu unterscheiden gilt es zwischen der innerkommunalen Funktionalreform und der interkommunalen Funktionalreform. – Vgl. auch → Verwaltungsreform.

Funktionalstrategie – der Teil eines → strategischen Programms, der Aussagen zu den hinsichtlich der betriebswirtschaftlichen Funktionen Beschaffung, Absatz, Produktion, Distribution etc. zu verfolgenden Strategien trifft. – Fünfte Stufe eines → Strategienfächers.

Funktionenanalyse – 1. *Begriff:* Die Funktionenanalyse ist eine nach DIN EN 12973 (vgl. DIN EN 12973:2000 "Europa-Norm Value Management") standardisierte Methode. Die Methode betrachtet nicht das → Produkt bzw. die → Dienstleistung im Ganzen, sondern die Haupt- und Nebenfunktionen, welche das Produkt bzw. die Dienstleistung ausmachen. Diese nutzerbezogenen Funktionen beschreiben, wie das Produkt oder die Dienstleistung die Bedürfnisse des Nutzers während seiner Lebensdauer erfüllt. – 2. *Ziel:* Die Funktionenanalyse zielt auf eine Identifikation von Funktionen ab und versucht zu messen, inwieweit ein Produkt oder eine Dienstleistung diese erfüllen (Erfüllungsgrad). Für Unternehmen ergibt sich daher die Aufgabe Ziele zu setzen, die gewünschten Ergebnisse messbar zu definieren und Mittel zu suchen, um diese zu erreichen. – 3. *Wirkungen:* Drei grundlegende Wirkungen weist die Funktionsanalyse auf: (1) Zunächst sollen Funktionen eines Produktes, eines Systems oder einer Organisation bestimmt werden. (2) Außerdem wird die Funktionserfüllung quantifiziert und (3) die Kommunikation in der Entwicklung verbessert.

Funktionenbudget – nach Sachgebieten gegliederter → Haushaltsplan. In der Bundesrepublik Deutschland unüblich (Gliederung nach dem Ressortprinzip). Das Funktionenbudget erscheint in Form der → Funktionenübersicht als ein Anhang im Haushaltsplan. Es besitzt keine Verbindlichkeit, soll vielmehr der in der Theorie entwickelten → politischen Programmfunktion des Haushalts Ausdruck geben.

Funktionendiagramm – 1. *Begriff:* Spezielles aufbauorientiertes → Organigramm in Matrixform. – 2. *Elemente:* a) Aufgaben (aus Aufgabengliederungsplan). – b) Aufgabenträger (aus Aufgabenverteilungsplan). – 3. *Funktionen:* Die einzelnen Beziehungen des Aufgabenträgers zu einer Aufgabe. Funktionendiagramm gibt in der Vertikalen die Gesamtfunktion eines Aufgabenträgers und in der Horizontalen die einzelnen Funktionen an, die zur Erledigung einer Einzelaufgabe notwendig sind.

Funktionenplan – 1. *Begriff:* Teil der 1969 eingeführten neuen Systematik der öffentlichen Haushaltspläne (→ Haushaltssystematik) neben dem → Gruppierungsplan. Der Funktionenplan gliedert die Einnahmen und Ausgaben einzelner Titel nach funktionalen Gesichtspunkten. Der Funktionenplan selbst gliedert sich in Hauptfunktionen, Oberfuktionen und Funktionen. Dadurch sind diejenigen Haushaltsmittel ersichtlich, die für einzelne Aufgaben- und Politikbereiche vorgesehen sind. Eine funktionale Kennziffer ermöglicht es, jeden Ansatz im → Haushaltsplan dem Funktionenplan zuzuweisen. – 2. *Gliederungskennziffern:* 0 allg. Dienst; 1 Bildungswesen, Wissenschaft, Forschung, kulturelle Angelegenheiten; 2 soziale Sicherung, soziale Kriegsfolgeaufgaben, Wiedergutmachung; 3 Gesundheit, Umwelt, Sport, Erholung; 4 Wohnungswesen, Städtebau, Raumordnung, kommunale Gemeinschaftsdienste; 5 Ernährung, Landwirtschaft, Forsten; 6 Energie- und Wasserwirtschaft, Gewerbe, Dienstleistungen; 7 Verkehrs- und Nachrichtenwesen; 8 allg. Finanzwirtschaft. – 3. *Bedeutung* für die → politische Programmfunktion eines Haushalts, da sie eine Art Staatsaufgabenkatalog darstellt. – Vgl. auch → Funktionenbudget, → Funktionenübersicht.

Funktionenübersicht – eine nach dem → Funktionenplan aufgebaute Übersicht über Einnahmen, Ausgaben und → Verpflichtungsermächtigungen eines Haushaltsjahres, die dem → Haushaltsplan als Anlage beizufügen ist. Funktionenübersicht und → Gruppierungsübersicht bilden den → Haushaltsquerschnitt.

funktionsfähiger Wettbewerb → wirksamer Wettbewerb.

Funktionsgliederung → Funktionalorganisation.

Funktionsholding – im → Außensteuergesetz (AStG) früher eine Bezeichnung für eine → Holdinggesellschaft in einem ausländischen Staat, die eine aktive Tätigkeit ausübt und im wirtschaftlichen Zusammenhang damit eine wesentliche Beteiligung an einer anderen ausländischen Gesellschaft hält, die selbst ebenfalls wieder aktiv tätig sein muss. War eine Gesellschaft Funktionsholding, so galten die Dividendeneinkünfte aus der Untergesellschaft bei ihr nicht als Einkünfte aus passiver Tätigkeit. Da nach der Reform der Hinzurechnungsbesteuerung im Zuge des Übergangs zum → Halbeinkünfteverfahren alle ausländischen Gesellschaften mit Dividendeneinkünften so behandelt werden wie früher nur die Funktionsholding und die Landesholding, ist die Regelung über die Funktionsholding (§ 8 II AStG a.F.) als überflüssig aufgehoben worden.

Funktionsintegration – 1. *Begriff:* a) *I.w.S.:* Integration mehrerer → Funktionen an einem betrieblichen → Arbeitsplatz. – b) *I.e.S.:* (1) Integration (aus Sicht der Elektronischen Datenverarbeitung) der früher getrennten Funktionen Datenerfassung, Sachbearbeitung und → Datenverarbeitung; (2) Integration mehrerer betriebswirtschaftlicher Teilfunktionen an einem Arbeitsplatz (z.B. Teile von → Vorgangsketten). – 2. *Voraussetzung:* → Datenintegration, → Dialogbetrieb.

Funktionsmanagementorganisation – 1. *Begriff:* Konzept einer → mehrdimensionalen Organisationsstruktur, bei der eine gegebene Grundstruktur durch die organisatorische Verankerung einer bestimmten (wichtigen) → Funktion ergänzt wird. – 2. *Formen:* a) Die Institutionalisierung dieser Funktion kann auf einen → Zentralbereich beschränkt oder bereichsübergreifend angelegt sein. – b) Zentralbereiche für Funktionen können als Kernbereich (Kernbereichs-Funktionsmanagement), als Richtlinienbereich (Richtlinien-Funktionsmanagement), als Matrixbereich (Matrix-Funktionsmanagement), als Servicebereich (Service-Funktionsmanagement) und als Stab (Stabs-Funktionsmanagement) ausgeformt werden. – 3. Bei der *Auswahl* der sich hieraus ergebenden Gestaltungsalternativen sind die angestrebte Reichweite für die Berücksichtigung der Funktion im arbeitsteiligen Entscheidungsprozess der Unternehmung und die spezifischen Vor- und Nachteile der Zentralbereichsformen abzuwägen. – 4. *Beispiele* für die organisatorische Verankerung konkreter Funktionen: (1) Controllingmanagementorganisation, (2) Logistikmanagementorganisation, (3) Organisationsmanagementorganisation, (4) Personalmanagementorganisation, (5) Riskmanagementorganisation.

Funktionsmeistersystem – von Taylor entwickeltes → Leitungssystem, bei dem eine → Stelle mehreren → Instanzen unterstellt wird. Taylor sieht vier für die Planung zuständige *Funktionsmeister des Büros (Clerks)* vor: Arbeitsverteiler, Unterweisungsbeamter, Zeitmeister, Kostenmeister sowie vier für die Arbeitsdurchführung zuständige *Funktionsmeister der Werkstatt (Bosses):* Verrichtungsmeister, Geschwindigkeitsmeister, Prüfmeister, Instandhaltungsmeister. – Für die *Beurteilung* der → organisatorischen Effizienz des Funktionsmeistersystems gelten analog die generellen Vor- und Nachteile eines → Mehrliniensystems.

Funktionsorganisation → Funktionalorganisation.

funktionsorientierte Programmiersprache → Programmiersprache.

Funktionsprinzip → Verrichtungsprinzip.

Funktionsrabatt – *Stufenrabatt;* pauschalierter Leistungsrabatt für sämtliche von einer Handelsstufe wahrzunehmenden Funktionen bei der → Distribution von Waren. *Strittig* ist stets die Höhe des Funktionsrabattes, wenn sich die übernommenen → Handelsfunktionen nicht quantitativ messen und in beiderseitigem Einvernehmen bewerten lassen. – *Beispiel:* Funktionsrabatt an Großhändler für die Lagerhaltung in bestimmtem Umfang.

Funktionssicht → Architektur integrierter Informationssysteme.

Funktionsträger → Handlungsträger.

Funktionsunterprogramm → Funktion.

Funktionsverlagerung – 1. *Begriff* aus dem Internationalen Steuerrecht: die Verlagerung von betrieblichen Funktionen, die bisher im Inland ausgeübt werden, auf nahe stehende Personen im Ausland. – 2. *Steuerliche Behandlung*: Ertragsteuerlich stellt sich der dt. Gesetzgeber auf den Standpunkt, dass ein Unternehmer Teile der betrieblichen Geschehensabläufe, die gewinnbringend sind, nur dann auf einen Fremden verlagern würde, wenn dieser ihn durch Zahlung einer angemessenen Vergütung für die Überlassung dieser Gewinnchancen entschädigen würde. Da nach dem international anerkannten Fremdvergleichsgrundsatz Geschäftsbeziehungen zwischen in- und ausländischen Unternehmen desselben Konzerns (bzw: verbundenen Unternehmen) dem Fremdvergleichsgrundsatz entsprechend ausgestaltet sein müssen, verlangt der dt. Gesetzgeber daher in § 1 Außensteuergesetz (AStG), dass bei der Verlagerung betrieblicher Funktionen nicht nur angemessene Preise für die einzelnen ins Ausland ausgelagerten Wirtschaftsgüter, sondern auch eine Vergütung für das übergehende Gewinnpotenzial (also quasi für einen Teil des Firmenwertes) gezahlt werden muss (→ Verrechnungspreis). Darüber, wie nach welchen Regeln ein solcher angemessener Verrechnungspreis für eine Funktionsverlagerung bestimmt werden muss und welche Nachweise für eine Überprüfung der vom Unternehmen gewählten Preisfindung bereitgehalten werden müssen, existieren detaillierte gesetzliche Vorgaben in § 1 AStG und der

Funktionsverlagerungs-Verordnung. – 3. *Praktische Auswirkungen*: Die Behandlung der Funktionsverlagerung in dieser Weise wirft die Frage auf, inwieweit das ausländische Unternehmen, das die betreffende betriebliche Funktion übernimmt, den "Kaufpreis" hierfür bei seinem Fiskus steuerlich – sei es sofort, sei es durch Abschreibung – geltend machen kann; ob das immer gelingen wird, ist fraglich. Gelingt dies jedoch nicht, droht in Höhe der vertraglich vergüteten Preise für die Funktionsverlagerung für den betroffenen Konzern letztendlich eine Doppelbesteuerung, die den Zielen der Doppelbesteuerungsabkommen (DBA) zuwiderlaufen würde. Es wäre dann nötig, ein → Verständigungsverfahren nach den DBA oder ein Schiedsverfahren nach dem → Schiedsabkommen einzuleiten, um einer doppelten Besteuerung auszuweichen. Allein die Möglichkeit, dass es zu solchen Situationen kommen könnte, dürfte sich in der Praxis als Hindernis für die Attraktivität von Funktionsverlagerungen ins Ausland auswirken; damit wird der Globalisierung steuerlich also entgegengearbeitet. Dieser Effekt mag vom Gesetzgeber gewollt sein, verstieße aber jedenfalls innerhalb der EU und des EWR gegen die vom EG-Vertrag etablierte Rechtsordnung: Der Binnenmarkt besteht geradezu in der Idee, die Tätigkeiten eines Unternehmens frei und ungehemmt auf die einzelnen Staaten der EU verteilen zu können; daher ist die Regelung (die es erst seit 2007 gibt) gegenwärtig europarechtlich noch umstritten.

Funktionswertanalyse → Wertanalyse.

Funkwerbung – *Hörfunkwerbung, Rundfunkwerbung;* → elektronische Werbung mittels → Funkspots. – *Bedeutung*: Funkwerbung ist, entgegen früheren Vorstellungen, ein einflussstarkes Werbemedium, dessen Botschaften gut in Erinnerung bleiben und das vergleichsweise geringe Kosten verursacht. Heute dient die Funkwerbung deshalb häufig als Basismedium einer *Werbekampagne* und wird komplementär mit *Fernsehwerbung* und *Printwerbung* (→ integrierte Kommunikation) eingesetzt; es kann zu → Reichweitenüberschneidung kommen. – Vgl. auch → Fernsehwerbung.

Fürsorgepflicht – 1. *Begriff*: Pflicht zur Wahrung schutzwürdiger Interessen des → Arbeitnehmers; rechtliche Verpflichtung des Arbeitgebers neben Lohnzahlungspflicht (→ Arbeitsvertrag, → Arbeitsverhältnis). Die Fürsorgepflicht umfasst eine Anzahl von vertraglichen Nebenpflichten, die sich z.T. bereits aus der Anwendung des Grundsatzes von → Treu und Glauben (§ 242 BGB) auf das Arbeitsverhältnis ergeben. – 2. *Schutzpflichten:* a) Der Arbeitgeber hat Betrieb, Betriebsmittel und Arbeitsablauf so zu gestalten, dass der Arbeitnehmer vor *Gefahren für Leben und Gesundheit*, soweit dies nach den Umständen und nach der Art der Leistung möglich ist, geschützt ist (§ 618 I BGB, § 62 I HGB). – Vgl. auch → Arbeitsschutz. – b) Der Arbeitgeber muss den Arbeitnehmer auch vor *Beeinträchtigungen seiner Persönlichkeit* schützen. Nach dem Bundesdatenschutzgesetz besteht z.B. eine Verpflichtung zur Sicherung personenbezogener Daten des Arbeitnehmers gegen Datenmissbrauch (→ Datenschutz). – c) Die Fürsorgepflicht bezieht sich auf die *eingebrachten Sachen des Arbeitnehmers* (Fahrzeug, Kleidung etc.). Soweit Arbeitnehmer Kleidung wechseln müssen, sind ihnen verschließbare Schränke zur Verfügung zu stellen. Ob *ausnahmsweise* eine Pflicht des Arbeitgebers besteht, Parkplätze für Kraftfahrzeuge des Arbeitnehmers zu schaffen, richtet sich nach den Umständen des Einzelfalles. Solche Einrichtungen sind dann aber in jedem Fall verkehrssicher zu halten. – d) Die Berechnung und *Abführung der Lohnsteuer und der Sozialversicherungsbeiträge* ist nicht nur eine öffentlich-rechtliche Pflicht des Arbeitgebers, sondern muss im Rahmen des Arbeitsvertrages gegenüber dem Arbeitnehmer ordnungsgemäß vorgenommen werden. – 3. *Förderungspflichten:* a) Der Arbeitgeber ist i.d.R. verpflichtet, den Arbeitnehmer tatsächlich im Rahmen der vereinbarten Tätigkeit zu beschäftigen (→ Beschäftigungsanspruch). – b) Der Arbeitnehmer kann bei Beendigung des Arbeitsverhältnisses ein *schriftliches* → Zeugnis verlangen. – c) Nur unter außergewöhnlichen Umständen kommt eine *Pflicht zur Wiedereinstellung* nach Beendigung des Arbeitsverhältnisses in Betracht (→ Verdachtskündigung). – 4. Der früher aus der Fürsorgepflicht hergeleitete Anspruch des Arbeitnehmers auf *Erholungsurlaub* ist heute gesetzlich geregelt (→ Urlaub). – 5. Bei *Nichterfüllung der Fürsorgepflicht* kommen u.U. Schadensersatzansprüche des Arbeitnehmers in Betracht. Auch kann ein Leistungsverweigerungsrecht des Arbeitnehmers bestehen, solange nicht eine pflichtgemäße Organisation der Arbeit gegeben ist.

Fürsorgeprinzip – Prinzip, nach dem eine spezielle Form von Bedürftigkeit Anlass für Umverteilung (z.B. → Arbeitslosengeld II für erwerbsfähige Hilfebedürftige, Wohngeldzahlungen an einkommensschwächere Mieter) ist. – Steht insbes. im *Gegensatz* zu: → Versicherungsprinzip, Versorgungsprinzip. – Vgl. auch → Sozialpolitik, Gestaltungsprinzipien.

Fusion – 1. *Allgemein:* → Unternehmenszusammenschluss. – 2. *Handels- und Steuerrecht:* → Verschmelzung. – 3. *Kartellrecht:* → Zusammenschlusskontrolle, → Europäisches Kartellrecht. – Vgl. auch → unechte Fusion.

Fusionsbilanz – *Verschmelzungsbilanz;* Sonderbilanz (→ Bilanz) bei der → Verschmelzung von Rechtsträgern durch Neugründung; die Fusionsbilanz übernimmt die Aktiva und Passiva aller verschmolzenen Rechtsträger. Die Fusionsbilanz ist von dem neugegründeten Rechtsträger aufzustellen, sie ist dessen → Eröffnungsbilanz. – Vgl. auch → Umwandlungsbilanzen.

Fusionsgewinn → Verschmelzung.

Fusionskontrolle → Zusammenschlusskontrolle.

Fusionskontrollverordnung – Abk. *FKVO.* → Europäisches Kartellrecht.

Fusionsrichtlinie – 1. *Begriff:* eine der ersten EG-Richtlinien zur Harmonisierung der Körperschaftsteuer. Etabliert eine europaweit identische Behandlung bestimmter Umstrukturierungsvorgänge bei der Körperschaftsteuer (ABl. EG Nr. L 225 vom 20.8.1990). In Kraft seit 1.1.1991, später in kleineren Einzelheiten geändert z.B. durch Beitrittsverträge neuer Staaten und durch Ausweitung auf neue Umstrukturierungsvorgänge (Sitzverlegung). – 2. *Anwendungsbereich:* Die Fusionsrichtlinie begünstigt → Fusionen und Spaltungen von Kapitalgesellschaften sowie die Einbringung eines → Teilbetriebs durch eine Kapitalgesellschaft in eine andere und die Einbringung von Anteilen in eine Kapitalgesellschaft, wenn diese dadurch eine Mehrheitsbeteiligung erhält (→ Anteilstausch), sowie ab 2005 auch der Vorgang der Sitzverlegung bei den europäischen Rechtsformen „Europäische Gesellschaft“ (SE) und „Europäische Genossenschaft“ (SCE). Von der Fusionsrichtlinie erfasst ist sowohl die Besteuerung der beteiligten Gesellschaften als auch die ihrer Gesellschafter. Voraussetzung ist jedoch, dass die von der Umstrukturierung betroffenen Unternehmen Kapitalgesellschaften aus mehreren EU-Mitgliedsstaaten sind, die ohne Wahlmöglichkeit der Körperschaftsteuer unterliegen. – 3. *Rechtsfolgen:* Alle beschriebenen Vorgänge sind grundsätzlich Gewinnrealisierungstatbestände. Die Fusionsrichtlinie ermöglicht aber, die Realisierung der stillen Reserven zu vermeiden, sofern die Besteuerung bei einem späteren Verkauf der Wirtschaftsgüter sichergestellt bleibt (Steueraufschub). Bei Fusion oder Spaltung geschieht dies durch → Buchwertfortführung durch die Nachfolgegesellschaft; weitere Voraussetzung ist der Erhalt der Steuerhoheit des Belegenheitsstaates (Betriebsstättenbedingung). Bei Spaltung muss die Nachfolgegesellschaft außerdem Teilbetriebsqualität haben. Bei Einbringung von Teilbetrieben führt die aufnehmende Gesellschaft die Buchwerte des Teilbetriebs fort; die Anteile, die die einbringende Gesellschaft im Gegenzug dazu erhält, wird sie zum Teilwert anzusetzen haben; denn bei einer anderen Vorgehensweise käme es zu einer Verdoppelung stiller Reserven, und eine solche hat der Europäische Gerichtshof in seiner Rechtsprechung zur Fusionsrichtlinie mittlerweile bereits als mit dem Ziel der Richtlinie nicht vereinbar angesehen; dies war jedoch lange umstritten. – Bei den Gesellschaftern löst die Hergabe der Anteile an der alten Gesellschaft gegen Anteile an der neuen bei Fusion, Spaltung oder Anteilstausch ebenfalls keine Besteuerung aus (Buchwertfortführung). – 4. *Umsetzung in der Bundesrepublik Deutschland:* Regelungen teilweise ins Umwandlungssteuergesetz übertragen, andere Bestimmungen haben sich im Einkommen- und Körperschaftsteuerrecht niedergeschlagen (§ 4 I EStG; § 17 V EStG, § 12 KStG); bei Abweichung von den Vorgaben der Fusionsrichtlinie geht diese dem Umwandlungssteuergesetz vor, wenn sie für die Steuerpflichtigen günstiger ist. Die letzte Anpassung der dt. Gesetzestexte an die Vorgaben der Fusionsrichtlinie erfolgte mit Wirkung zum 1.1.2007.

Fusti – Vergütung für Verunreinigung einer Ware. – Vgl. auch → Refaktie.

Futures → Financial Futures.

Fuzzy Control – 1. *Begriff:* spezielle Anwendung der → Fuzzy-Inferenz. – 2. *Arbeitsweise:* Abbildung scharfer Werte in entsprechende → Fuzzy Sets, auch Fuzzifizierung genannt. Darstellung des Wissens zur Weiterverarbeitung in Form fuzzy-logischer Aussagen. Die Fuzzifizierung ermöglicht die unscharfe Verarbeitung über einen Fuzzy-Inferenzmechanismus. Ergebnis dieser Wissensverarbeitung ist eine Fuzzy-Menge, aus der mittels einer Rücktransformation, der Defuzzifizierung, ein scharfer Ausgabewert (z.B. eine Stellgröße) berechnet wird. – 3. *Anwendungsbereiche:* Regel- und Steuerungstechnik, zunehmend auch in betriebswirtschaftlichen Bereichen. – Vgl. auch → Inferenz, → Inferenzmaschine.

Fuzzy-Inferenz – *unscharfes Schließen;* Schlussfolgerungsmechanismus auf der Basis der → Fuzzy Logic. Die Fuzzy-Inferenz unterscheidet sich von der klassischen → Inferenz dadurch, dass eine Aussage nicht entweder wahr oder falsch ist, sondern jeden beliebigen, in Zahlen zwischen 0 und 1 ausgedrückten Wert zwischen wahr und falsch annehmen kann. Fuzzy-Inferenzmechanismen basieren auf dieser mehrwertigen Fuzzy-Logik. Zentraler Operator ist der Implikationsoperator. Bekannte Fuzzy-Implikationsoperatoren sind z.B. der Mamdani-Operator, der Zadeh-Operator oder der Kleene-Dienes-Operator. – Vgl. auch → Inferenz, → Inferenzmaschine, → Fuzzy Control.

Fuzzy Logic – *vage Logik, unscharfe Logik;* Bereich der → Logik, der die semantische Interpretation von Aussagen ermöglicht, die nicht als eindeutig wahr oder falsch eingestuft werden können (z.B. „Peter ist groß.“). Diskrete Wahrheitswerte (wahr und falsch bzw. 1 und 0) werden durch einen stetigen Bereich (i.d.R. Intervall von 0 bis 1) ersetzt. Für Werte aus diesem Bereich werden aussagenlogische Operationen definiert. – *Klassen:* → Fuzzy Set, → Fuzzy-Inferenz, → Fuzzy Control.

Fuzzy-Menge → Fuzzy Set.

Fuzzy Set – *unscharfe Menge, Fuzzy-Menge;* Menge, deren Elemente bestimmten Mengen zu verschiedenem Grad angehören bzw. in der die Aussage „ein Element x gehört zur Menge X“ zu verschiedenem Grad wahr sein kann. Ein Fuzzy Set definiert sich aus $\{(x, \mu(x)\}$, also aus dem Zweitupel (Element, Zugehörigkeitsgrad des Elements zur Menge). – Vgl. auch → Fuzzy Logic, → Fuzzy-Inferenz, → Fuzzy Control.

F-Verteilung – *Snedecor-Verteilung;* stetige Wahrscheinlichkeitsverteilung, eingeführt durch R.A. Fisher (1924) und Snedecor (1937). Sind die → Zufallsvariablen X_1 bzw. X_2 χ^2-verteilt (→ Chi-Quadrat-Verteilung) mit k_1 bzw. k_2 Freiheitsgraden und stochastisch unabhängig, so ist die aus ihnen abgeleitete Zufallsvariable

$$(X_1 / k_1) : (X_2 / k_2)$$

F-verteilt mit k_1 und k_2 Freiheitsgraden. Die F-Verteilung ist i.d.R. eingipflig und linkssteil (→ Schiefe). Für Quantile (→ Quantil der Ordnung p) der F-Verteilung existieren Tabellenwerke. – Wichtige *Anwendungsgebiete* sind → statistische Testverfahren, etwa der Vergleich von Varianzen bei normalverteilten Variablen (→ Varianzanalyse).

FWB – Abk. für → Frankfurter Wertpapierbörse.

Gabler Wirtschaftslexikon

G-Kn

Gabler Wirtschaftslexikon

G-Kn

18., aktualisierte und erweiterte Auflage

Springer Gabler

ISBN 978-3-8349-3464-2
DOI 10.1007/978-3-8349-3875-6

Die Deutsche Nationalbibliothek verzeichnet diese Publikation in der Deutschen Nationalbibliografie; detaillierte bibliografische Daten sind im Internet über http://dnb.d-nb.de abrufbar.

Springer Gabler

1. Auflage 1956, ..., 18., aktualisierte und erweiterte Auflage 2014

Redaktion: Stefanie Brich, Claudia Hasenbalg, Dr. Eggert Winter (Schriftleitung)
Korrektorat: Inge Kachel-Moosdorf
Layout und Satz: workformedia | Frankfurt am Main | München

Gedruckt auf säurefreiem und chlorfrei gebleichtem Papier

Springer Gabler ist eine Marke von Springer DE.
Springer DE ist Teil der Fachverlagsgruppe Springer Science+Business Media
www.springer-gabler.de

Verzeichnis der Abkürzungen

a.	– anno (Jahr)
Abb.	– Abbildung
AbfVerbG	– Abfallverbringungsgesetz
AbgG	– Abgeordnetengesetz
Abk.	– Abkürzung
ABl	– Amtsblatt
ABl EG	– Amtsblatt der Europäischen Gemeinschaften
ABl EU	– Amtsblatt der Europäischen Union
Abschn.	– Abschnitt
Abt.	– Abteilung
AbwAG	– Abwasserabgabengesetz
ADSp	– Allgemeine Deutsche Spediteurbedingungen
AEG	– Allgemeines Eisenbahngesetz
a.F.	– alte Fassung
AFB	– Allgemeine Bedingungen für die Feuerversicherung
AG	– Aktiengesellschaft; Amtsgericht; Ausführungsgesetz
AGB	– Allgemeine Geschäftsbedingungen
AHB	– Allgemeine Geschäftsbedingungen für die Haftpflichtversicherung
AKB	– Allgemeine Bedingungen für die Kraftfahrtversicherung
AktG	– Aktiengesetz
allg.	– allgemein
amerik.	– amerikanisch
AMG	– Arzneimittelgesetz
AO	– Abgabenordnung
AR	– Aufsichtsrat
ArbGG	– Arbeitsgerichtsgesetz
ArbNErfG	– Arbeitnehmererfindergesetz
ArbPlSchG	– Arbeitsplatzschutzgesetz
ArbStättV	– Arbeitsstättenverordnung
ArbZG	– Arbeitszeitgesetz
Art.	– Artikel
ASiG	– Gesetz über Betriebsärzte, Sicherheitsingenieure und andere Arbeitskräfte für Arbeitssicherheit
AStG	– Außensteuergesetz
ATG	– Altersteilzeitgesetz
AtG	– Atomgesetz
AUB	– Allgemeine Versicherungsbedingungen für die Unfallversicherung
Aufl.	– Auflage
AÜG	– Arbeitnehmerüberlassungsgesetz
AuslG	– Ausländergesetz
AVB	– Allgemeine Versicherungsbedingungen
AvmG	– Altersvermögensgesetz
AWB	– Allgemeine Bedingungen für die Leitungswasserversicherung
AWG	– Außenwirtschaftsgesetz
AWV	– Außenwirtschaftsverordnung
AZ	– Aktenzeichen
AZO	– Allgemeine Zollordnung
BaföG	– Berufsausbildungsförderungsgesetz
BAG	– Bundesarbeitsgericht
BAnz	– Bundesanzeiger
BAT	– Bundesangestelltentarif
BauGB	– Baugesetzbuch
b.a.w.	– bis auf weiteres
BBankG	– Gesetz über die deutsche Bundesbank
BBergG	– Bundesberggesetz
BBesG	– Bundesbesoldungsgesetz
BBG	– Bundesbeamtengesetz
BBiG	– Berufsbildungsgesetz
BDSG	– Bundesdatenschutzgesetz

BEG	– Bundesentschädigungsgesetz
ber.	– berichtigt
BerBiFG	– Berufsbildungsförderungsgesetz
BErzGG	– Bundeserziehungsgeldgesetz
bes.	– besonders(-e, -es, -er)
BetrAVG	– Gesetz zur Verbesserung der betrieblichen Altersvorsorge
BetrVG	– Betriebsverfassungsgesetz
BeurkG	– Beurkundungsgesetz
BewG	– Bewertungsgesetz
bez.	– bezüglich
BFH	– Bundesfinanzhof
BGB	– Bürgerliches Gesetzbuch
BGBl	– Bundesgesetzblatt (I = Teil I, II = Teil II, III = Teil III)
BGH	– Bundesgerichtshof
BHO	– Bundeshaushaltsordnung
BImSchG	– Bundes-Immissionsschutzgesetz
Bin(n)SchG	– Binnenschifffahrtsgesetz
BiRiLiG	– Bilanzrichtlinien-Gesetz
BM	– Bundesminister(ium)
BNatSchG	– Bundesnaturschutzgesetz
BOKraft	– Verordnung über den Betrieb von Kraftfahrtunternehmen im Personenverkehr
BörsG	– Börsengesetz
BörsZulV	– Börsenzulassungsverordnung
BPatG	– Bundespatentgericht
BPersVG	– Bundespersonalvertretungsgesetz
BpO	– Betriebsprüfungsverordnung
BRAGO	– Bundesgebührenordnung für Rechtsanwälte
BranntwMonG	– Branntweinmonopolgesetz
BRRG	– Beamtenrechtsrahmengesetz
BSG	– Bundessozialgericht
BSHG	– Bundessozialhilfegesetz
bspw.	– beispielsweise
BStBl	– Bundessteuerblatt
BtMG	– Bundesbetäubungsmittelgesetz
BUrlG	– Bundesurlaubsgesetz
BVerfG	– Bundesverfassungsgericht
BVerfGE	– Amtliche Sammlungen von Entscheidungen des Bundesverfassungsgerichts
BVerfGG	– Gesetz über das Bundesverfassungsgericht
BVerfSchG	– Bundesverfassungsschutzgesetz
BVerwG	– Bundesverwaltungsgericht
BVG	– Bundesversorgungsgesetz
BZRG	– Bundeszentralregistergesetz
bzw.	– beziehungsweise
ca.	– circa
DepotG	– Depotgesetz
d.h.	– das heißt
DPMA	– Deutsches Patent- und Markenamt
DRiG	– Deutsches Richtergesetz
DVO	– Durchführungsverordnung
EAG	– Europäische Atomgemeinschaft
EAGV	– Vertrag über die Europäische Atomgemeinschaft
EEG	– Erneuerbare-Energien-Gesetz
EGBGB	– Einführungsgesetz zum Bürgerlichen Gesetzbuch
EGGVG	– Einführungsgesetz zum Gerichtsverfassungsgesetz
EGHGB	– Einführungsgesetz zum Handelsgesetzbuch
EGKS	– Europäische Gemeinschaft für Kohle und Stahl
EGKSV	– Vertrag über die Europäische Gemeinschaft für Kohle und Stahl

EGStGB	–	Einführungsgesetz zum Strafgesetzbuch
EGV	–	Vertrag zur Gründung der Europäischen Gemeinschaft
EGVVG	–	Einführungsgesetz zum Versicherungsvertragsgesetz
EJG	–	Eurojust-Gesetz
engl.	–	englisch
EnWG	–	Energiewirtschaftsgesetz
ErbStDV	–	Erbschaftssteuer-Durchführungsverordnung
ErbStG	–	Erbschaftssteuer- und Schenkungsgesetz
EStDV	–	Einkommensteuer-Durchführungsverordnung
EStG	–	Einkommensteuer-Gesetz
EStH	–	Einkommensteuer-Hinweise
EStR	–	Einkommensteuer-Richtlinien
etc.	–	et cetera
EU	–	Europäische Union
EuGH	–	Europäischer Gerichtshof
EuGVÜ	–	Europäisches Gerichtsstands- und Vollstreckungsabkommen
EUV	–	Vertrag über die Europäische Union
e.V.	–	eingetragener Verein
evtl.	–	eventuell
EVO	–	Eisenbahn-Verkehrsordnung
EWGV	–	Vertrag über die Europäische Wirtschaftsgemeinschaft
f.	–	folgende(-r/-s)
FAG	–	Finanzausgleichsgesetz
ff.	–	folgende
FG	–	Finanzgericht
FMStG	–	Finanzmarktstabilisierungsgesetz
FGG	–	Gesetz über die Angelegenheiten der freiwilligen Gerichtsbarkeit
FGO	–	Finanzgerichtsordnung
franz.	–	französisch
FstrG	–	Bundesfernstraßengesetz
FVG	–	Finanzverwaltungsgesetz
GBO	–	Grundbuchordnung
GbR	–	Gesellschaft bürgerlichen Rechts
geb.	–	geboren
GebrMG	–	Gebrauchsmustergesetz
GenG	–	Genossenschaftsgesetz
GeschmMG	–	Geschmacksmustergesetz
GewO	–	Gewerbeordnung
GewStDV	–	Gewerbesteuer-Richtlinien
GKG	–	Gerichtskostengesetz
ggf.	–	gegebenenfalls
GmbH	–	Gesellschaft mit beschränkter Haftung
GmbHG	–	Gesetz betreffend die Gesellschaften mit beschränkter Haftung
GMBl	–	Gemeinsames Ministerialblatt
GO-BT	–	Geschäftsordnung des Bundestages
GrEStG	–	Grunderwerbsteuergesetz
griech.	–	griechisch
GVG	–	Gerichtsverfassungsgesetz
GWB	–	Gesetz gegen Wettbewerbsbeschränkungen (Kartellgesetz)
GwG	–	Geldwäschegesetz
H.	–	Heft
HAG	–	Heimarbeitsgesetz
HandwO	–	Handwerksordnung
HGB	–	Handelsgesetzbuch
HGrG	–	Haushaltsgrundsätzegesetz
hl.	–	heilig(-e, -er)
h.M.	–	herrschende Meinung

Hrsg.	– Herausgeber
HypBankG	– Hypothekenbankgesetz
i.Allg.	– im Allgemeinen
i.d.F.	– in der Fassung
i.d.R.	– in der Regel
i.e.S.	– im engeren Sinn
inkl.	– inklusive
InsO	– Insolvenzordnung
InvG	– Investmentgesetz
i.V.	– in Verbindung
i.w.S.	– im weiteren Sinn
JArbSchG	– Jugendarbeitsschutzgesetz
Jg.	– Jahrgang
JGG	– Jugendgerichtsgesetz
Jh.	– Jahrhundert
KapCoRiLiG	– Kapitalgesellschaften- und Co-Richtlinie-Gesetz
KG	– Kommanditgesellschaft
KGaA	– Kommanditgesellschaft auf Aktien
KMU	– klein- und mittelständische Unternehmen
KonTraG	– Gesetz zur Kontrolle und Transparenz im Unternehmensbereich
KostO	– Kostenordnung
KraftStG	– Kraftfahrzeugsteuergesetz
KrW-/AbfG	– Kreislaufwirtschafts- und Abfallgesetz
KschG	– Kündigungsschutzgesetz
KStDV	– Körperschaftsteuer-Durchführungsordnung
KStG	– Körperschaftsteuergesetz
KStR	– Körperschaftsteuer-Richtlinien
KUG	– Kunsturhebergesetz
KWG	– Gesetz über das Kreditwesen
lat.	– lateinisch
LHO	– Landeshaushaltsordnung
LMBG	– Lebensmittel- und Bedarfsgegenständegesetz
LPartG	– Lebenspartnerschaftsgesetz
LStDV	– Lohnsteuer-Durchführungsverordnung
LStR	– Lohnsteuer-Richtlinien
LZB	– Landeszentralbank
MarkenG	– Gesetz über den Schutz von Marken und sonstigen Kennzeichen
MEZ	– Mitteleuropäische Zeit
mind.	– mindestens
MinölStG	– Mineralölsteuergesetz
Mio.	– Millionen
MitBestG	– Gesetz über die Mitbestimmung der Arbeitnehmer
MOG	– Marktordnungsgesetz
MoMitbestG	– Montan-Mitbestimmungsgesetz
Mrd.	– Milliarden
MRRG	– Melderechtsrahmengesetz
m.spät.Änd.	– mit späteren Änderungen
MuSchG	– Mutterschutzgesetz
n.Chr.	– nach Christus
n.F.	– neue Fassung
Nr.	– Nummer
o.Ä.	– oder Ähnliches
OEG	– Opferentschädigungsgesetz

OHG – offene Handelsgesellschaft
OLG – Oberlandesgericht
ÖPNV – öffentlicher Personennahverkehr
OVG – Oberverwaltungsgericht
OWiG – Gesetz über Ordnungswidrigkeiten

p.a. – per anno (pro Jahr)
PartGG – Partnerschaftsgesellschaftsgesetz
PatG – Patentgesetz
PAuswG – Personalausweisgesetz
PBefG – Personenbeförderungsgesetz
PflVG – Pflichtversicherungsgesetz
PostG – Postgesetz
ProdHaftG – Produkthaftungsgesetz
PublG – Publizitätsgesetz
PVÜ – Pariser Verbandsübereinkommen

RfStV – Rundfunkstaatsvertrag
RGBl – Reichsgesetzblatt
RKG – Reichsknappschaftsgesetz
RPflG – Reichspflegegesetz
RVO – Reichsversicherungsordnung

s. – siehe
S. – Seite
SchG, ScheckG – Scheckgesetz
SchiffsG – Schiffsgesetz
SchRO – Schiffsregisterordnung
SchwbG – Schwerbehindertengesetz
SeemG – Seemannsgesetz
SGB – Sozialgesetzbuch
SGG – Sozialgerichtsgesetz
SigG – Signaturgesetz
sog. – sogenannte(-r, -s)
Sp. – Spalte(-n)
StabG – Stabilitätsgesetz
StBErG – Steuerberatungsgesetz
Std. – Stunde(-n)
StGB – Strafgesetzbuch
StPO – Strafprozessordnung

TDG – Teledienstgesetz
TEHG – Treibhaus-Emissionshandelsgesetz
TierSG – Tierseuchengesetz
TKG – Telekommunikationsgesetz
TVG – Tarifvertragsgesetz
TzBfG – Teilzeit- und Befristungsgesetz
u.a. – und andere; unter anderem
u.Ä – und Ähnliche(-s)
UBGG – Gesetz über Unternehmensbeteiligungsgesellschaften
UKlaG – Unterlassungsklagengesetz
UmweltHG – Umwelthaftungsgesetz
UmwG – Umwandlungsgesetz
UmwStG – Umwandlungssteuergesetz
UrhRG – Urheberrechtsgesetz
UStDV – Umsatzsteuer-Durchführungsverordnung
UStG – Umsatzsteuergesetz
UStR – Umsatzsteuer-Richtlinien
usw. – und so weiter
u.U. – unter Umständen

UVPG – Gesetz über die Umweltverträglichkeitsprüfung
UWG – Gesetz gegen den unlauteren Wettbewerb

v.a. – vor allem
VAG – Versicherungsaufsichtsgesetz
VBL – Versorgungsanstalt des Bundes und der Länder
v.Chr. – vor Christus
VerbKrG – Verbraucherkreditgesetz
VerlG – Verlagsgesetz
VG – Verwaltungsgericht
VGH – Verwaltungsgerichtshof
vgl. – vergleiche
VO – Verordnung
VOB – Vergabe- und Vertragsordnung für Bauleistungen
VOF – Verdingungsordnung für freiberufliche Leistungen
VOL – Verdingungsordnung für Leistungen
vs. – versus
VSF – Vorschriftensammlung der Bundesfinanzverwaltung
VStG – Vermögenssteuergesetz
VVG – Versicherungsvertragsgesetz
VwGO – Verwaltungsgerichtsordnung
VwVfG – Verwaltungsverfahrensgesetz

WaffG – Waffengesetz
WEG – Wohneigentumsgesetz
WeinG – Weingesetz
WG – Wechselgesetz
WHG – Wasserhaushaltsgesetz
WiStG – Wirtschaftsstrafgesetz
WoBauG – Wohnungsbaugesetz
WoGG – Wohngeldgesetz
WpHG – Wertpapierhandelsgesetz
WPO – Wirtschaftsprüferordnung
WRV – Weimarer Reichsverfassung

Hinweise für den Benutzer

Die zahlreichen Sachgebiete des Gabler Wirtschaftslexikons sind nach Art eines Konversationslexikons in mehr als 25.000 Stichwörter gegliedert. Unter einem Stichwort ist die Erklärung zu finden, die dem Benutzer sofort erforderliches Wissen ohne mehrmaliges Nachschlagen vermittelt. Die zahlreichen Verweiszeichen (→) zielen auf Begriffe, die dem Leser zusätzliche Informationen bieten und eine Einordnung in größere Zusammenhänge ermöglichen.

Die alphabetische Reihenfolge ist – auch bei zusammengesetzten Stichwörtern – strikt eingehalten. Dies gilt für Begriffe, die durch Bindestrich verbunden sind, als auch für Begriffe, die aus mehreren durch Leerzeichen oder Kommata getrennten Wörtern bestehen. In beiden Fällen erfolgt die Sortierung als sei der Bindestrich bzw. das Leerzeichen oder das Komma nicht vorhanden. So steht z.B. „Business-to-Business-Consumer-Market" vor „Business Tool". Die Umlaute ä, ö und ü wurden bei der Einordnung in das Alphabet wie die Grundlaute a, o und u behandelt, ß ist wie ss anzusehen.

Geläufige Synonyme und anglo-amerikanische Termini werden jeweils am Anfang eines Stichwortes aufgeführt.

Rechtsvorschriften sind, soweit notwendig, angegeben. Dabei ist z.B. „§ 3 I UWG" zu lesen als „Paragraph 3 Absatz 1 des Gesetzes gegen den unlauteren Wettbewerb". „BGBl I 1414" bedeutet „Bundesgesetzblatt Teil I, Seite 1414"; das Erscheinungsjahr ergibt sich aus dem im Text angegebenen Zeitpunkt der Bekanntmachung der Rechtsvorschrift.

G

G 10 – *Group of Ten, Zehner-Club, Zehner-Gruppe;* 1962 gebildetes informelles Kooperationsgremium der zehn westlichen Hauptindustrieländer (Kanada, USA, Japan, Belgien, Frankreich, Bundesrepublik Deutschland, Italien, Niederlande, Schweden, Schweiz, Großbritannien) zur Abstimmung und Wahrung der gemeinsamen Währungsinteressen und der gegenseitigen Unterstützung bei Zahlungsbilanzschwierigkeiten. Sitz in Paris. G 10 tagt zweimal jährlich unter Teilnahme von Repräsentanten des → IWF, der → OECD und des → BIZ. Die Schweiz ist seit 1984 elftes Vollmitglied (bei Gründung erst nur assoziiert); Belgien ist assoziiertes Mitglied. – G 10 und der → IWF trafen 1962 die → Allgemeinen Kreditvereinbarungen (AKV). Aufgrund der damals erreichten umfassenden → Konvertibilität der Währungen wurde ein *Sonderkreditfond* errichtet und die kurzfristigen Kapitalbewegungen freizügiger gestaltet, um durch diese Kredithilfen den Mitgliedsländern den Ausgleich der Zahlungsbilanzen zu erleichtern und die internationale Währungsordnung stabiler zu gestalten. Internationale Währungskrisen konnte G 10 nicht verhindern, deren Auswirkungen aber überwinden helfen. Der hohe Anteil ihrer Mitglieder an den Quoten des IWF ermöglicht es G 10, einen starken Einfluss auf die Politik des IWF zu nehmen. So initiierte G 10 u.a. die Schaffung der → Sonderziehungsrechte (SZR).

G 24 – *Group of Twenty-Four, Intergovernmental Group of Twenty-Four on International Monetary Affairs;* 1971 gegründet. Hauptziel ist die Koordinierung der Position der → Entwicklungsländer bei Fragen der internationalen Finanz- und Währungspolitik. Die Gruppe umfasst 24 Mitgliedsländer aus Afrika, Lateinamerika und Asien (einschließlich Arabien). Mitgliedsländer der → G 77, die nicht Mitglieder der G 24 sind, können als Beobachter an ihren Treffen teilnehmen. Die Mitgliedsländer werden durch ihre Finanzminister bzw. Zentralbankpräsidenten vertreten. Sie treffen sich zweimal pro Jahr, jeweils vor den Halbjahrestreffen von → IWF und Weltbank (→ IBRD) im Frühling und im Herbst.

G 4+1-Gruppe – Ehemals Gruppe internationaler Standard-Setter aus Australien/Neuseeland, Kanada, den USA und Großbritannien. Das International Accounting Standards Committee (IASC) – heute → International Accounting Standards Board (IASB) – hatte einen Beobachterposten inne. Ziel der G 4+1-Gruppe war es, auf eine internationale Konvergenz bestimmter Bereiche der → Rechnungslegung hinzuwirken. Hierzu veröffentlichte sie Diskussionspapiere, die Empfehlungen für die Ausgestaltung von Rechnungslegungsvorschriften enthielten und sich an nationale Standard-Setter und Interessengruppen wendeten.

G 5 – *Group of Five; Fünfer-Club;* 1. *Bedeutung:* 1973 erstmals erfolgtes Zusammentreffen der Finanzminister und Notenbankpräsidenten der USA, Japans, Deutschlands, Frankreichs und Großbritanniens. Ziel ist eine engere Kooperation der Industriestaaten auf dem Gebiet der Währungspolitik, → Weltwirtschaftsgipfel sowie ein stetiges Wirtschaftswachstum. Erweiterungen führten zu → G 7 (Group of Seven) und → G 8 (Group of Eight). – 2. *Alternative Bezeichnung* für den lockeren Zusammenschluss von 5 wichtigen Schwellenländern: China, Indien, Brasilien, Mexiko und Südafrika.

G 7 – *Group of Seven, Siebener-Club, Siebener-Gruppe;* informelles Netzwerk, initiiert vom franz. Präsidenten d'Estaing und dem dt. Bundeskanzler Schmidt, die 1975 die Staats- und Regierungschefs Italiens, Japans, Großbritanniens und der USA (1976 auch Kanadas) einluden, seit 1978 auch den Präsidenten der EU-Kommission mit Beobachterstatus. Ohne ital. und kanadische Finanzminister auch als → G 5 bezeichnet. – *Ziele:* Informationsaustausch, Planung der internationalen Agenda für das Folgejahr, Verfolgung stetigen Wachstums und größerer Währungsstabilität. Erfolgreich bei der informellen Währungskoordination, weniger erfolgreich bei der Koordinierung der Makropolitiken. – Vgl. auch → Weltwirtschaftsgipfel.

G 77 – Sprachrohr der Länder der Entwicklungsländer innerhalb der Vereinten Nationen (→ UN), v.a. für entwicklungs- und wirtschaftspolitische Fragen. Gegründet 1964, 130 Mitglieder.

G 8 – *Group of Eight*, entspricht der Siebenergruppe (→ G 7) zzgl. Russlands, das seit 1998 offizielles Mitglied ist. – Vgl. auch → Weltwirtschaftsgipfel.

GAA – Abk. für → Geldausgabeautomat.

GAAP → US-GAAP.

GAB – Abk. für *General Arrangements to Borrow;* Verträge zwischen dem → IWF und elf Mitgliedsländern bzw. deren Zentralbanken, gemäß denen der IWF sich bei Bedarf, zu marktbezogenen Zinssätzen erhebliche Währungsbeträge zur Verwendung im Rahmen seiner Kreditprogramme ausleihen kann. Die GAB sind seit Oktober 1962 in Kraft, die elf Gläubigerländer (USA, Deutschland, Japan, Großbritannien, Frankreich, Italien, Kanada, Niederlande, Belgien, Schweden, Schweiz) stellen insgesamt 17 Mrd. → Sonderziehungsrechte (SZR) zur Verfügung. Durch ein entsprechendes Arrangement mit Saudi-Arabien stehen für den IWF weitere 1,5 Mrd. SZR bereit. Seit 1998 wurden die GAB durch die → NAB

(New Arrangements to Borrow) ergänzt, sodass nun insgesamt 34 Mrd. SZR zur Verfügung stehen. Die Beträge des GAB sind bisher zehnmal aktiviert worden; das letzte Mal 1998 mit 6,3 Mrd. SZR für Russland.

Gabelungsfrage → Ablaufordnungsfrage, nach der verschiedene Befragungspersonen zu unterschiedlichen Themen befragt werden. So können bei einer Befragung zu Deomitteln die Verwender von Rollern dem einen Befragungsast folgen, die von Sprays einem anderen.

Gabelungsmethode → Split Ballot.

Gabor-Granger-Methode – Methode der direkten Preisbefragung zur Bestimmung der → Preisabsatzfunktion für ein bestimmtes Gut, die auf André Gabor und Clive Granger (1964) zurückgeht. Dabei werden Kunden verschiedene Preise vorgestellt, und sie werden jeweils gefragt, wie wahrscheinlich es ist, dass sie das Gut zu diesem Preis kaufen würden. Dadurch kann ihre Preissensibilität gemessen werden.

Gage – Bezeichnung des → Entgelts für Schauspieler, Musiker und Artisten.

Gain-and-Loss-Analyse – Methode der → Marktforschung, bei der Mitglieder eines → Panels auf → Käuferwanderung in Bezug auf Marken und Einkaufsmengen untersucht werden. Ist die Stichprobe repräsentativ, können wertvolle Informationen über mengenmäßige Marktanteilsgewinne und -verluste einzelner Marken sowie über Marktanteilsschwankungen durch neue Käufer bzw. Abstinenz alter Käufer gewonnen werden. Ziel ist festzustellen, welche Marken durch ein neues oder verändertes Produkt geschädigt werden.

Gains – *außerbetriebliche Erträge,* → Conceptual Framework.

Gains-from-Trade-Theorem – theoretische Aussage über die Wohlfahrtswirkungen des → internationalen Handels im Vergleich zur → Autarkie (s. hierzu → dynamische Wohlfahrtswirkungen des internationalen → Handels). Danach bewirkt internationaler Handel eine Wohlfahrtsverbesserung gegenüber der hypothetischen Autarkiesituation. Diese Verbesserung gilt allerdings nicht von vornherein für jedes Individuum. Es ist vielmehr zu erwarten, dass einzelne Individuen besser, andere jedoch schlechter gestellt werden (z.B. → Stolper-Samuelson-Theorem). Dennoch kann insgesamt von einer Wohlfahrtsverbesserung gesprochen werden, und zwar in dem Sinn, dass die zunächst schlechter Gestellten durch ein geeignetes System von Pauschalsteuern und Pauschaltransfers *kompensiert* werden können (vgl. *Kaldor-Hicks-Scitovsky*), und dass danach immer noch einzelne Individuen bei Handel besser gestellt sind als bei Autarkie. – Der Unterschied zwischen beiden Situationen kann mithilfe eines sog. *Äquivalenzmaßes* zum Ausdruck gebracht werden. Das ist jenes Ausmaß an Einkommenskompensation, das die Konsumenten bei Autarkiepreisen in eine Lage brächte, die sie gleich bewerten würden wie → Freihandel *(equivalent variation),* bzw. jene Einkommenskompensation, die sie bei Freihandelspreisen erhalten müssten, um in eine Lage zu kommen, die sie gleich bewerten wie die Autarkie *(compensating variation).* Die *Gains-from-Trade-Theoreme* hängen auf entscheidende Weise von den → Terms of Trade ab. Sie setzen sich aus dem Konsumgewinn (→ Konsumgewinne aus internationalem Handel) und dem Produktionsgewinn (→ Produktionsgewinn aus internationalem Handel) zusammen. – Vgl. auch → Handelspolitik.

Galbraith – John Kenneth, 1908-2006, amerik. Nationalökonom. Galbraith hat Agrarökonomik studiert und war – nach kurzer akademischer Tätigkeit – in der staatlichen Verwaltung für Preiskontrollen und als Herausgeber von Zeitschriften tätig. Er lehrte ab 1949 in Harvard, wurde Berater von demokratischen Präsidenten und Präsidentschaftskandidaten. Unter Kennedy war er Botschafter in Indien (1961–1963). Für die Wettbewerbspolitik entwickelte er das Konzept der gegengewichtigen Marktmacht. Er schrieb im journalistischen Stil einige Bücher, die große Verbreitung fanden, in der Fachwissenschaft jedoch überwiegend kritisch beurteilt wurden. – *Hauptwerke:* „A Theory of Price Control" (1952); „The Concept of Countervailing Power" (1952); „The Affluent Society" (1958); „The New Industrial State" (1967).

Galtonsches Brett – ein nach dem Naturforscher F. Galton (1822–1911) benanntes Experimentiergerät, mit dem eine → Binomialverteilung veranschaulicht wird und eine Approximation durch eine → Normalverteilung motiviert werden kann.

gamma-Verteilung – stetige Wahrscheinlichkeitsverteilung. Eine stetige Zufallsvariable heißt gammaverteilt mit den positiven Parametern α und β, falls sie die → Dichtefunktion f mit

$$f(x) = \frac{\alpha^\beta}{\Gamma(\beta)} x^{\beta-1} e^{-\alpha x}$$

für $x > 0$ besitzt. $\Gamma(\cdot)$ bezeichnet dabei die sog. Gammafunktion. → Exponentialverteilung, → Erlang-Verteilung und → Chi-Quadrat-Verteilung sind spezielle gamma-Verteilungen. Erwartungswert und Varianz sind durch β/α bzw. β/α^2 gegeben.

Gangbarkeit → Viabilität.

ganze Zahlen → Zahlenmengen.

Ganzheitspsychologie → Gestaltpsychologie.

ganz-rationale Funktion → Funktion, deren Gleichung von der folgenden Form ist:

$$y = a_0 + a_1 x + a_2 x^2 + ... + a_n x^n,$$

wobei n eine natürliche Zahl ist. Die (festen) Zahlen $a_0, a_1, ..., a_n$ heißen Koeffizienten, der in der Funktionsgleichung rechts stehende Term Polynom (hier vom „n-ten Grad").

Ganzstellen – auf öffentlichem Grund befindliche Säulen und Tafeln für den Plakatanschlag, die zeitlich begrenzt nur von einem Werbetreibenden benutzt werden können. Ganzstellen werden von (örtlichen) privaten Institutionen auf gepachtetem Grund errichtet und verwaltet. – *Gegensatz:* → Allgemeinstellen. – Vgl. auch → Großflächen, → Außenwerbung.

Gap – *Lücke*. 1. *Begriff:* In einer geschlossenen Volkswirtschaft die Differenz zwischen geplanter → Investition und geplantem → Sparen bzw. dem Unterschied zwischen Gesamtausgaben für Konsum und Investition (monetäre Nachfrage) und Gesamteinkommen (Geldwert des Angebots). – 2. *Fälle:* a) Ist die geplante Investition größer als das geplante Sparen, d.h. die monetäre Nachfrage größer als das monetäre Angebot, so ergibt sich eine *inflatorische Lücke (Inflationary Gap)*. Die Expansionstendenz des Einkommens bedeutet in diesem Fall eine Gefahr für die Geldwertstabilität (Inflationsgefahr), wenn die Entwicklung vom Zustand der Vollbeschäftigung ausgeht. Die Gefahr entfällt weitgehend bei unterbeschäftigten Ressourcen. – b) Ist das geplante Sparen größer als die geplante Investition, die monetäre Nachfrage also kleiner als das monetäre Angebot, so ergibt sich eine *deflatorische Lücke (Deflationary Gap)*, d.h. die Tendenz zur Einkommenskontraktion. – 3. Der Begriff kann sich auch auf eine Produktionslücke (Output Gap) beziehen. – Vgl. auch → Keynesianismus, → Einkommen-Ausgaben-Modell, → Neukeynesianische Makroökonomik, dynamisches Grundmodell.

GAP – Abk. für *Gemeinsame Agrarpolitik (der Europäischen Union (→ EU))*. 1. Die GAP ist heute stark vereinfacht, modernisiert und kostengünstiger. Lebensmittelberge gibt es fast nicht mehr und die Exporthilfen sind stark gesunken. Insofern widerspricht sie den häufig noch bestehenden Klischees. Europa ist heute ein wichtiger Ausführer, aber auch der weltweit größte Einführer von Lebensmitteln, v.a. aus Entwicklungsländern. Die bisher von der EU getätigten Einfuhren aus den Entwicklungsländern und den am wenigsten entwickelten Ländern übertreffen die der USA, Japans, Kanadas, Australiens und Neuseelands zusammengenommen. Der europäische Agrarsektor wendet sichere, saubere und umweltverträgliche Methoden an und produziert Qualitätserzeugnisse. Auch steht der Sektor im Dienste seines ländlichen Raums und trägt dazu bei, diesen als Arbeitsplatz, Wohn- und Ferienort zu erhalten und für die Zukunft fit zu machen. Die Regeln über die GAP und ihre Organisation finden sich in den Art. 38 ff. AEU. Die GAP wird im Kern von drei Grundsätzen bestimmt Der erste, nämlich die Verwirklichung des gemeinsamen Marktes für sämtliche Erzeugnisse in der EU, bedeutet, dass landwirtschaftliche Erzeugnisse frei zwischen den Mitgliedsstaaten gehandelt werden können und Zölle nur an den Außengrenzen der EU erhoben werden dürfen. Der zweite Grundsatz ist die „Gemeinschaftspräferenz", die EU-Erzeugnissen gegenüber den aus Drittländern eingeführten Erzeugnissen einen Preisvorteil einräumt. Der dritte Grundsatz schließlich (die finanzielle Solidarität) bedeutet, dass die Mitgliedsstaaten gemeinsam für die Finanzierung der GAP verantwortlich sind. 1979 kam ein vierter Grundsatz, die Mitverantwortung, hinzu. Dieser Grundsatz besagt, dass die Landwirte in bestimmten Sektoren an den durch die Überproduktion entstehenden Kosten beteiligt werden. Ein wichtiges Instrument der GAP sind die *Gemeinsamen Marktorganisationen* (*GMO*), die es für die meisten Agrarprodukte der EU gibt. Es handelt sich dabei um Regeln, durch die Handelshemmnisse in der EU für diese Agrarprodukte abgebaut werden. – 2. *Finanzierung:* Die Agrarausgaben wurden bis Ende 2006 vom *Europäischen Ausrichtungs- und Garantiefonds für die Landwirtschaft* (*EAGFL*) finanziert. An die Stelle des EAGFL sind der *Europäische Garantiefonds für die Landwirtschaft* (*EGFL*) und der *Europäischen Landwirtschaftsfonds für die Entwicklung des ländlichen Raums* (*ELER*) getreten. Im Laufe der Jahre ist der Anteil der Gemeinsamen Agrarpolitik am EU-Budget kontinuierlich gesunken. Im Jahr 1988 betrug er noch knapp 70 Prozent, im Jahre 2008 nur mehr ca. 45 Prozent des EU-Haushalts. Laut der → Finanziellen Vorschau der Europäischen Union 2007–2013 wird eine weitere Reduzierung dieses Anteils bis 2013 angestrebt. Seit dem 30.4.2009 müssen die Angaben über Empfänger von GAP-Zahlungen öffentlich zugänglich sein. – 3. *GAP-Reform:* Die Landwirtschaft trägt mittlerweile weniger als 2 Prozent zum BIP der EU bei. Die GAP steht in mancher Hinsicht noch im Widerspruch mit Welthandelsregeln und führte in der Vergangenheit zu beträchtlicher Überproduktion. Besonders seit 1999 wird die GAP deshalb einer grundlegenden Reform unterzogen, die v.a. das Ziel hat, diesen Politikbereich in Einklang zu bringen mit den Erfordernissen der → EU-Erweiterung und der *Welthandelsorganisation* (*WTO*). Die europäische Landwirtschaft soll multifunktional, nachhaltig und wettbewerbsfähig werden und die Regionen mit bes. Schwierigkeiten einschließen. Themen wie Verbraucher-, Tier- und Umweltschutz, ländliche Entwicklung sowie Pflege der Kulturlandschaft sind heute Bestandteil der GAP. Beim Kopenhagener Gipfel von Dezember 2002 wurden Obergrenzen für die Agrarkosten nach der Erweiterung festgelegt: 9,8 Mrd. Euro, davon ca. die Hälfte für die Entwicklung des ländlichen Raums. Außerdem sollen die Landwirte in den neuen Mitgliedsstaaten unmittelbar nach dem Beitritt zunächst nur ein Viertel der in den alten Mitgliedsstaaten gezahlten Direktbeihilfen erhalten. Eine allmähliche Angleichung des Unterstützungsniveaus soll bis 2013 erfolgen. Der für 2006 festgelegte Betrag für die GAP in der aus 27 Mitgliedsstaaten bestehenden EU bildet die Obergrenze der GAP-Ausgaben bilden, deren weiterer Anstieg nur noch um ein Prozent als Inflationsausgleich erlaubt würde. Faktisch heißt dies, dass die GAP-Ausgaben eingefroren worden sind. Am 26.6.2003 wurde schließlich vom

→ Rat der Europäischen Union (vormals Ministerrat) ein weiterer wichtiger Reformschritt beschlossen, der die Stützungsmechanismen der GAP vollkommen verändert. Die Hauptelemente sind: Fast vollständige Entkopplung von Produktion und Stützungszahlungen, Verknüpfung einzelbetrieblicher Zahlungen an Einhaltung von Standards in den Bereichen Umwelt, Lebensmittelsicherheit, Tier-/Pflanzengesundheit, Tierschutz und Arbeitssicherheit sowie die Verpflichtung zur „Cross Compliance" (Erhalt eines guten agronomischen Zustands der Betriebe), verstärkte Unterstützung der ländlichen Entwicklung, Kürzung der Direktzahlungen („Modulation") an Großbetriebe, Anpassung der Marktstützungspolitik in den einzelnen Produktbereichen. Die Reform ist in den Jahren 2004 und 2005 in Kraft getreten, in einigen Mitgliedsstaaten nach einer Übergangsfrist erst 2007. – 4. *GAP-Gesundheitscheck:* Der Ministerrat einigte sich im November 2008 über den GAP-Gesundheitscheck, ein Bündel von Maßnahmen, die die GAP weiter modernisieren. Zu den Maßnahmen gehören die Abschaffung der Flächenstilllegung, die schrittweise Anhebung der Milchquoten bis zu ihrem endgültigen Wegfall im April 2015 und die Umwandlung der Marktintervention in ein reines Sicherheitsnetz. Direktzahlungen werden gekürzt und die frei werdenden Mittel für die ländliche Entwicklung vorgesehen. Die Kürzungen belaufen sich derzeit auf 5 Prozent bei Beträgen von über 5000 Euro jährlich. Bis 2012 wurde dieser Satz auf 10 Prozent aufgestockt. Bei Zahlungen von über 300.000 Euro jährlich wird ein weitere Kürzung von 4 Prozent vorgenommen. Die EU kofinanziert die übertragenen Mittel zu 75 Prozent bzw. in Konvergenzregionen zu 90 Prozent. Die Mitgliedsstaaten können außerdem Milchbauern in schwierig zu bewirtschaftenden Regionen bei der Anpassung an die neue Marktlage helfen. – 5. *Vereinfachung der GAP:* Die Vereinfachung der GAP, die seit 2005 erfolgt, hat bis Frühjahr 2009 beträchtliche Fortschritte gemacht: Ziel ist es, den sich aus der GAP ergebenden Verwaltungsaufwand um 25 Prozent bis 2012 zu reduzieren. So wurden bes. Vermarktungsnormen für 26 Obst- und Gemüsearten aufgehoben (u.a. für Gurken). Der Gesundheitscheck wird den landwirtschaftlichen Betrieben Einsparungen ermöglichen, etwa 146 Mio. Euro durch Abschaffung der Stilllegungsregelung. 300 überflüssige Rechtsakte wurden aufgehoben, und die einheitliche Gemeinsame Marktordnung ersetzt 22 einzelne gemeinsame Marktorganisationen. Die Anzahl der Artikel wird von ca. 920 auf 230 reduziert und ermöglicht die Aufhebung von 78 Rechtsakten des Rates. 400 Mio. Euro Einsparungen werden durch eine verbesserte Nutzung von Informationstechnologien erwartet. Im Bereich der Einfuhren sind nur noch 65 (vorher 500) Lizenzen erforderlich, im Exportbereich nur noch 43, wodurch insgesamt die Kosten um ca. ca. 7,4 Mio. Euro gesenkt wurden.

Gap-Analyse – *Lückenanalyse;* Instrument des → strategischen Managements. – 1. *Ziel:* Darstellung von Abweichungen zwischen auf unterschiedlichen Annahmen basierenden, zukünftigen Entwicklungsverläufen des Geschäfts (→ Gap, Lücke). Es erfolgen Interpretation dieser Lücke und Vorschläge zu ihrer Schließung. – 2. *Darstellung der Gap-Analyse in einem Koordinatensystem:* Auf der Ordinate steht der Lückenindikator (z.B. der Umsatz), auf der Abszisse die Zeit. Die unterste Kurve ist i.d.R. die Extrapolation des Basisgeschäfts. Die oberste Kurve stellt

Gap-Analyse

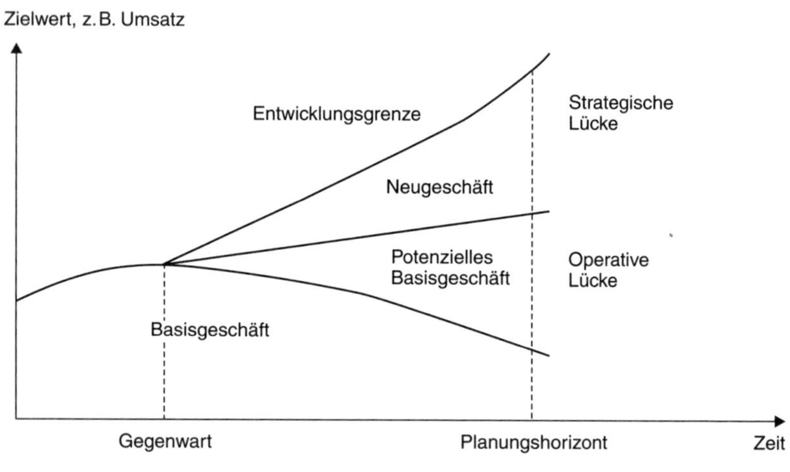

die Entwicklung des Geschäfts unter der Annahme dar, dass alle Potenziale des Unternehmens genutzt werden, um zukünftige Gelegenheiten wahrzunehmen und Gefahren zu umgehen; es können zukünftig zu erwartende Veränderungen im Bestand der Potenziale des Unternehmens mit einbezogen werden (→ Potenzialanalyse). – Vgl. auch Abbildung „Gap-Analyse". – 3. *Folgerungen:* Die Lücke zwischen den auf unterschiedlichen Annahmen zur Nutzung der Potenziale des Unternehmens basierenden Entwicklungslinien ist Anlass zu Überlegungen hinsichtlich Veränderungen in den → Wertschöpfungsstrategien (z.B. Marktdurchdringung über neue Produkte), die die Lücke schließen könnten. – 4. *Differenzierung:* Die Gesamtlücke kann auch differenzierter betrachtet werden, z.B. über Unterteilung in operative und strategische Lücke. Ihre Trennungskurve ist die Entwicklungslinie des Geschäfts unter der Annahme der bestmöglichen Nutzung aller bestehenden Potenziale, während die Obergrenze der strategischen Lücke auch zukünftig zu erwartende Potenzialveränderungen mit einschließt. – 5. *Beurteilung:* Die Gap-Analyse ist ein eher grobes, wenig differenziertes und exploratives Instrument. Vertiefende Methoden der strategischen Analyse, z.B. → Produkt/Markt-Matrix oder → Portfolio-Analyse, sollten sich deshalb der Gap-Analyse anschließen.

Garagen – ganz oder teilweise umschlossene Räume, die zum Einstellen von Kraftfahrzeugen bestimmt sind. Verpflichtung zur Beachtung bes. Bauvorschriften für Heizung, Lüftung, Entwässerung etc. – Verpflichtung zur Miterrichtung von Garagen bei bestimmten Bauvorhaben oder ggf. Zahlung eines Ablösungsbetrages an die Gemeinde richtet sich nach den bauordnungsrechtlichen Vorschriften der Länder (Garagen- und Stellplatzverordnungen der Länder). – *Handelsrechtlich* sind Garagen je nach den baulichen Gegebenheiten Gebäudebestandteile, die wegen des Nutzungs- und Funktionszusammenhangs mit anderen Gebäudeteilen nicht selbstständig zu bewerten sind, oder Gebäude, die auch selbstständig zu bewerten sind (→ Gebäudewert). Ablösezahlungen gehören zu den → Herstellungskosten der jeweiligen Bewertungseinheit. Zum Ausweis: → Bilanzgliederung. – Vgl. auch → Bewertungseinheit.

Garagenmiete – 1. *Begriff:* Die Vermietung von Plätzen für das Abstellen von Fahrzeugen (v.a. Parkplätzen, Garagen) ist seit 1.1.1992 generell *umsatzsteuerpflichtig.* Dies gilt unabhängig von der Dauer der Vermietung (§ 4 Nr. 12 Satz 2 UStG). – 2. Die Vermietung kann jedoch – aus systematischen Gründen – steuerlich unbelastet bleiben, wenn sie umsatzsteuerlich gar nicht als eigenständige Leistung, sondern nur als ein untergeordnetes Element einer anderen Leistung (Nebenleistung) anzusehen ist; bspw. ist die Garagenmiete automatisch dann *umsatzsteuerfrei,* wenn sie als Nebenleistung zu einer steuerfreien Grundstücksvermietung (§ 4 Nr. 12a UStG) anzusehen ist, z.B. wenn zu einer vermieteten Wohnung auch ein Garagenstellplatz für ein Auto gehört. Für die Annahme, dass die Vermietung einer Garage eine bloße Nebenleistung darstellt, ist allerdings ein räumlicher Zusammenhang zwischen Stellplatz und Grundstück erforderlich. – 3. *Einkommensteuerlich* gehören die Einkünfte aus der Vermietung einer Garage zu den Einkünften aus → Vermietung und Verpachtung.

Garanten – 1. *Charakterisierung:* Als Garanten treten v.a. Banken in Erscheinung, und zwar durch Übernahme von → Garantien und → Bürgschaften, durch Eröffnung oder Bestätigung von → Akkreditiven etc. Außerdem übernehmen die Kreditversicherungsgesellschaften im Rahmen ihrer Kautionsversicherung → Avale (Bürgschaften, Garantien und Bonds). Im Einzelfall sind es neben den Banken und den Spezialversicherern auch Industrie- und Handelsunternehmen, die z.B. für ihre Tochter- oder Schwestergesellschaften Garantien u.Ä. stellen. – 2. Die *Prüfung der Bonität von Garanten,* die sog. Nichtbanken sind, erfolgt mit denselben Instrumenten, wie sie auch bei der Prüfung der Seriosität und Kreditwürdigkeit von Importeuren und anderen Geschäftspartnern zum Einsatz kommen, z.B. mittels Bankauskünften und Wirtschaftsauskünften (→ Bonitätsprüfung). Dagegen ist es für die Garantiebegünstigten i.Allg. nicht möglich, die Solvenz von garantieleistenden (ausländischen) Banken selbst zu analysieren. Hilfestellung geben die größeren, im Auslandsgeschäft engagierten dt. Banken sowie die von „AAA" bzw. von „Aaa" ausgehenden Klassifizierungen durch Standard & Poors Ratings Group, Moody's Investors Service und IBCA Banking Analysis Limited (→ Rating).

Garantendelkredererisiko – umfasst v.a. die Gefahr des ganzen oder teilweisen Ausfalls eines (Zahlungs-) Anspruchs an einen → Garanten wegen dessen Zahlungsunfähigkeit oder dessen Zahlungsunwilligkeit. Darüber hinaus kann in den Begriff des Garantendelkredererisikos auch ein Zahlungsverzug des Garanten einbezogen werden.

Garantenstellung – Begriff des Strafrecht. Bei sog. „unechten", → Unterlassungsdelikten ist das Vorliegen einer Garantenstellung Voraussetzung für die Bejahung einer Strafbarkeit. Eine solche Pflichtenposition mit einer Pflicht zum Handeln kann bestehen nach Gesetz, aus einem Vertrag oder aus einem anderen Grund (z.B. gefahrbegründendes Vorverhalten (sog. Ingerenz) des Täters), wobei der Verpflichtete pflichtwidrig ein gebotenes Handeln unterlässt und dadurch einen anderen schädigt (vgl. § 13 I StGB). – *Beispiel:* Eltern helfen ihrem ertrinkenden Kind nicht; Bestrafung wegen Totschlags, begangen durch Unterlassen. Die Garantenstellung ergibt sich hier aus dem Gesetz (Personensorge nach §§ 1626,1631 BGB).

Garantie – **I. Garantie aus Kaufvertrag:** 1. *Begriff:* Übernahme einer Gewähr durch den Verkäufer gegenüber dem Käufer, die über die gesetzliche

Mängelhaftung hinausgeht. – 2. *Formen:* a) *Unselbstständige Garantie:* (1) *Begriff:* Sie verstärkt die Mängelhaftung für Angaben in der Garantieerklärung, z.B. im → Garantiebrief. Die einschlägige Werbung für die Ware (etwa in Prospekten, in Fernsehwerbespots) führt zu einer Garantie, wenn es sich nicht um eine bloße Beschreibung oder Anpreisung der Eigenschaften handelt. (2) *Rechtsfolgen:* Dem Käufer stehen neben seinen Ansprüchen aus Mängelhaftung (z.B. → Nachbesserung oder → Nachlieferung bei einem Sachmangel) zusätzliche Rechte aus der Garantie zu, die sich nach dem Inhalt der Garantieerklärung richten. Typische Folgen sind (a) die Verlängerung des Zeitraums, für den der Verkäufer wegen Mängeln haftet (Garantiefrist); (b) im Garantiefall → Schadensersatz aus Mängelhaftung ohne → Verschulden (§ 276 I 1 BGB). (3) *Unterformen:* (a) *Beschaffenheitsgarantie:* Garantie des Verkäufers für eine bestimmte Beschaffenheit der Kaufsache (§ 443 BGB). – (b) *Haltbarkeitsgarantie:* Garantie des Verkäufers, dass die Kaufsache für eine bestimmte Dauer eine spezifische Beschaffenheit behält (§ 443 BGB), z.B. Garantie für Laufleistung eines Kraftwagens. Es wird zulasten des Verkäufers vermutet, dass ein während der Garantiefrist auftretender Sachmangel die Rechte aus der Garantie begründet (§ 443 II BGB). – b) *Selbstständige Garantie* (→ Garantievertrag): (1) *Begriff:* Garantie für den Eintritt eines bestimmten Erfolgs, der über die bloße Mängelfreiheit hinausgeht (z.B. für Vermietbarkeit eines zu verkaufenden Grundstücks nebst Haus). (2) *Rechtsfolgen:* Sie bestehen wie bei der unselbständigen Garantie in (a) Schadensersatzhaftung ohne Verschulden und (b) i.d.R. in der Verlängerung der Garantiefrist.

II. Garantie aus Werkvertrag: 1. *Begriff:* Übernahme einer Gewähr durch den Unternehmer gegenüber dem Besteller eines Werks, die über die gesetzliche Mängelhaftung hinausgeht. – 2. *Rechtsfolgen:* Mangels gesetzlicher Regelung kann auf die Grundsätze der Garantie beim Kaufvertrag zurückgegriffen werden.

III. Herstellergarantie: 1. *Begriff:* Übernahme einer Gewähr durch den Hersteller gegenüber dem Händler, der die Sache weiterverkauft, oder gegenüber dem Endverbraucher. – 2. *Rechtsfolgen:* Sie richten sich nach dem Inhalt des Garantiebriefs (z.B. kostenlose Reparatur einer Uhr oder eines Computers). Bei der Garantie zugunsten eines Endverbrauchers kann dieser zusätzlich seine Rechte aus Mängelhaftung gegenüber dem unmittelbaren Verkäufer geltend machen.

IV. Garantie bei Bankgeschäften: 1. *Bankgarantie:* a) *Begriff:* Abstraktes Zahlungsversprechen einer Bank (Garantiebank) für einen Garantieauftraggeber (Begünstigter). Im Fall der → Nichtleistung oder → Schlechtleistung von vertraglichen Verpflichtungen durch den Garantieauftraggeber leistet die Garantiebank einen Zahlungsausgleich für den entstandenen Schaden. Die vereinbarte Garantiesumme wird bei der ersten Anforderung ohne Prüfung der Berechtigung des Anspruches an den Garantienehmer bezahlt. Die Vertragsinhalte werden im Garantiebrief schriftlich fixiert. – b) *Formen:* (1) *Direkte Garantie:* Garantie, bei der von der durch den Garantienehmer beauftragten Bank keine zweite Bank eingeschaltet wird; die Originalgarantie wird direkt herausgelegt. (2) *Indirekte Garantie:* Garantie, bei der eine zweite Bank eingeschaltet wird, welche die Herauslegung der Originalgarantie übernimmt. Beide Banken sind durch ein Auftragsverhältnis verbunden, gekoppelt mit einer abstrakten Schadloserklärung der Bank des Garantieauftraggebers für den Garantiefall. Die indirekte Garantie wird i.d.R. im Auslandsgeschäft angewandt; als zweite Bank wird i.d.R. eine Bank im Wirtschaftsgebiet des Garantienehmers gewählt, häufig gesetzlich vorgeschrieben oder aus Risikogründen vom Garantienehmer gewünscht. – c) *Anwendungsbereich:* Z.B. als → Anzahlungsgarantie, → Bietungsgarantie, → Konnossementsgarantie, Liefer- und Leistungsgarantie, → Transfergarantie, → Vertragserfüllungsgarantie, → Zahlungsgarantie. – 2. *Geld-zurück-Garantie:* a) *Begriff:* Gesetzliche Garantie der überweisenden Bank im Rahmen eines → Überweisungsvertrags gegenüber demjenigen, der die Überweisung veranlasst hat. – b) *Rechtsfolgen:* Der Überweisende kann die Erstattung von bis zu 12.500 Euro (Garantiebetrag) des Überweisungsbetrags zzgl. bereits für die Überweisung entrichteter Entgelte und Auslagen vom überweisenden Kreditinstitut verlangen, wenn die Überweisung weder bis zum Ablauf der Ausführungsfrist noch innerhalb einer Nachfrist von 14 Bankgeschäftstagen vom Erstattungsverlangen an bewirkt worden ist (§ 676b BGB). – Vgl. auch → Reisevertrag.

V. Garantie bei Auslandsgeschäften: Es gibt *keine einheitlichen Regelungen* bez. Garantien, sondern nur bestimmte internationale bzw. länder- und/oder branchenspezifische Usancen, die sich an der Art des Auslandsgeschäfts ausrichten. – *Angewandte Formen der* Garantie: a) Bei *Exportgeschäften (Export-*Garantie*)* werden Anzahlungs-, Bietungs-, Gewährleistungs-, Konnossements-, Liefer- und Leistungs- sowie Vertragserfüllungsgarantien bevorzugt. – b) Im *Importgeschäft (Import-*Garantie*)* herrschen Transfer- und Zahlungsgarantie vor.

Garantiebrief – 1. Mitteilung der Garantiebank an den Garantienehmer über den Gegenstand der Garantie, Garantiefall, Garantiesumme, Auszahlungsvoraussetzungen und -modalitäten. Der Garantiebrief begründet den Forderungsanspruch des Garantienehmers (Begünstigter) im Garantiefall. – 2. Verkaufsfördernde, werbewirksame, schriftlich zugesicherte → Gewährleistung des Herstellers für sein Produkt.

Garantiegeschäft – Übernahme von → Bürgschaften, → Garantien und sonstigen Gewährleistungen für andere; → Bankgeschäft im Sinn des KWG (§ 1 Abs. 1 Nr. 8 KWG).

Garantiekapital – 1. *Eigenkapital der privaten Realkreditinstitute,* das in gesetzlich festgelegtem Verhältnis zu dem Betrag der ausstehenden → Pfandbriefe stehen muss; Garantie gegen eine übermäßige Pfandbriefemission. – 2. Eine der *wirtschaftlichen Zweckbestimmungen von* → Eigenkapital in einer Unternehmung: Garantiekapital hat Haftungsfunktion für Verbindlichkeiten gegenüber Dritten.

Garantiekosten – 1. Kosten aus werkseigenen Garantieverpflichtungen (→ Gewährleistungswagnis) werden auch als → Sondereinzelkosten des Vertriebs behandelt. – 2. Kosten für Inanspruchnahme staatlicher oder bankmäßiger Garantieleistung, die wie andere Finanzierungskosten zu verbuchen bzw. zu verrechnen sind.

Garantielohn → garantierter Mindestlohn.

Garantiemengenregelung – Für den Milchmarkt in der EU gilt seit 1984 eine Garantiemengenregelung, nach der der im Rahmen der bestehenden → Agrarmarktordnung abgesicherte Preis für den Produzenten auf eine Höchstmenge begrenzt wird. Praktisch besteht auf dem Milchmarkt heute ein Quotensystem, das allerdings bis zum Jahr 2015 ausläuft. – *Beurteilung:* Die Garantiemengenregelung wird v.a. ordnungspolitisch kritisiert, weil es sich grundlegend um die Einführung eines planwirtschaftlichen Instruments in die → Agrarpolitik der EU handelt. Die Garantiemengenregelung wurde v.a. deshalb eingeführt, um die hohen Budgetbelastungen der protektionistischen → Agrarpreispolitik zu senken, ohne diese abschaffen zu müssen. In der Tendenz hemmt die Garantiemengenregelung den Strukturwandel, anstatt ihn zu fördern, und kann wegen ihrer der „klassischen" → Agrarstrukturpolitik entgegengesetzten Wirkung deshalb als eine Art negative Agrarstrukturpolitik bezeichnet werden. – Die in der *Agrarreform 2000 und 2003* (VO (EWG) 1782/2003) beschlossenen Milchpreiskürzungen könnten das Quotensystem faktisch aufheben, wenn Betriebe ihre zugeteilten Quotenmengen bei niedrigen Milchpreisen nicht mehr ausschöpfen. Zudem ist im Rahmen der aktuellen Überprüfung der europäischen Agrarpolitik die Beendigung der Garantiemengenregelung ab 2015 vorgesehen.

Garantien für Kapitalanlagen im Ausland – Absicherung von → Direktinvestitionen gegen politische Risiken im Anlageland. Auch die Erträge können einbezogen werden. Instrumente werden angeboten von nationalen und internationalen Institutionen; zu Letzteren gehört die Weltbanktochter Multilaterale Investitions-Garantie-Agentur (→ MIGA) für Direktinvestitionen in → Entwicklungsländern.

garantierter Mindestlohn – Ergänzung des reinen Akkordsystems (→ Akkordlohn) durch einen festen Mindestlohn. Der Mindestlohn entspricht dem Lohn, den der Arbeitnehmer bei Zeitlohn erhalten würde.

Garantierückstellung → Garantieverpflichtung.

Garantieverpflichtung – *Gewährleistungsverpflichtung.*

I. Inhalt: Pflichten aus einer → Garantie im Garantiefall, z.B. Verpflichtung des Verkäufers einer Sache, innerhalb einer vereinbarten Garantiefrist wegen mangelhafter Leistung entstandene Fehler auf eigene Kosten zu beheben.

II. Handelsrecht: Erfüllte Ersatzleistungen sind auf den entsprechenden Konten der Finanzbuchhaltung zu buchen. Rückstellungen in der Handelsbilanz sind notwendig, wenn Verbindlichkeiten aus Garantieverpflichtungen am Bilanzstichtag dem Grund nach entstanden sind. Gemäß § 249 I Nr. 2 HGB besteht auch für Garantieleistungen ohne rechtliche Verpflichtung eine *Bilanzierungspflicht.* Ausweis unter „sonstige Rückstellungen".

III. Kostenrechnung: Die zu erwartenden Aufwendungen werden als kalkulatorische → Wagnisse für das Jahr geschätzt und mit Monatsbeiträgen in die Kostenrechnung übernommen. Garantieverpflichtungen werden häufig unabhängig von den tatsächlichen Aufwendungen kalkulatorisch mit einem Durchschnittssatz angesetzt, der aufgrund der Inanspruchnahme der Garantieverpflichtung im Verhältnis zum Umsatz der letzten Jahre ermittelt wird. Bes. Verhältnisse der jeweiligen Produktion sind dabei zu berücksichtigen.

IV. Steuerrecht: In der Handelsbilanz angesetzte Rückstellungen für Garantieverpflichtungen sind in die Steuerbilanz zu übernehmen. Der Höhe nach sind Rückstellungen für Garantieverpflichtungen in sinngemäßer Anwendung des § 6 I Nr. 2 EStG mit den → Anschaffungskosten bzw. dem höheren → Teilwert anzusetzen (§ 6 I Nr. 3 EStG). Anzusetzen sind die Vollkosten. Dazu ist i.d.R. eine Schätzung nötig. Die Ermittlung kann im Einzelverfahren und im Pauschalverfahren vorgenommen werden. Hat die Rückstellung eine Laufzeit von mehr als zwölf Monaten, ist der Betrag abzuzinsen (§ 253 II 1 HGB).

Garantievertrag – *Selbstständiges Garantieversprechen, Gewährvertrag;* gesetzlich nicht geregelter, nicht formbedürftiger → Vertrag, durch den jemand einem anderen verspricht, verschuldensunabhängig für einen Erfolg einzustehen, bes. die Gefahr (das Risiko), die dem anderen aus irgendeiner Unternehmung erwächst, zu übernehmen. – *Bes. Art* des Garantievertrags ist die → Forderungsgarantie. – Eine Garantie kann auch *Teil* eines → Kaufvertrages oder → Werkvertrages sein (→ Garantie).

Garantiezusagen → Kundenfang.

GARCH(p,q)-Modell – von Bollerslev (1986) vorgeschlagene Verallgemeinerung des → ARCH(p)-Modells (engl. *Generalised Autoregressive Conditional Heteroscedasticity, GARCH*), bei dem neben dem autoregressiven Prozess (→ AR(p)-Prozess) noch q historische bedingte Varianzen des → Störterms als

Erklärung für den Verlauf der bedingten Varianz des Störterms angenommen werden.

Garn – I. Allgemeines: 1. *Begriff*: fadenförmiger Grundstoff für Textilien. Zollrechtlich gibt es die weitergehende Unterscheidung in Seidengarne, Wollgarne, Baumwollgarne etc. Daneben gibt es jedoch Ungarn, im Schrifttum häufig erwähnt v.a. im Zusammenhang mit den Regelungen des § 25 UStG. – 2. *Umsatzsteuerliche Problematik*: Wegen des für alle Arten von Garn einheitlichen Umsatzsteuersatzes ist die Unterscheidung zwischen den einzelnen Arten von Garn umsatzsteuerlich ohne bes. Bedeutung. Entscheidend ist jedoch die konsequente Trennung zwischen Garn und Ungarn; hier liegen die Dinge längst nicht so einfach wie bei der einfachen bewertungsrechtlichen Unterscheidung zwischen Land und → Unland. – 3. *Faustregel*: Es gibt Garn aus Ungarn, nicht aber Ungarn aus Garn.

II. Umsatzsteuer: 1. *Einfuhrumsatzsteuer, Verbringungstatbestände*: Nach den allg. Grundsätzen fällt an den Außengrenzen der EU → Einfuhrumsatzsteuer (EUSt) an, wenn Garn in die Gemeinschaft gelangt (§ 1 I Nr. 4 UStG); bei Ungarn war das nicht der Fall (vgl. Beitrittsakte zur EU 2004). Die Pflicht zur Zahlung der Einfuhrumsatzsteuer für Garn erstreckt sich allerdings auch auf Ungarn (§ 13a I UStG), seit dem Beitritt der osteuropäischen Länder zur EU gilt das allerdings nur noch dann, wenn dieses Ungarn zuvor ins → Drittlandsgebiet ausgereist ist und unter Mitnahme von Waren ins → Gemeinschaftsgebiet zurückkehrt. – Andere Regeln gelten dagegen für das Verbringen (→ Verbringung) von Garn nach Ungarn (→ innergemeinschaftliche Lieferung, § 6a II UStG bzw. innergemeinschaftlicher Erwerb (→ Erwerbsteuer), § 1a II UStG, und von diesen beiden Fällen wiederum völlig zu trennen ist die → Durchfuhr von Garn durch Ungarn, und zwar unabhängig davon, ob die Durchfuhr des Garns durch das Gebiet von Ungarn durch einen Ungarn oder einen Nicht-Ungarn vorgenommen wird. – 2. *Lieferungs- und Leistungstatbestände: a) steuerbare Vorgänge und Steuerbefreiungen:* Wer Garn körperlich bearbeitet oder verarbeitet, führt eine → Lohnveredelung aus (Bestimmung des → Ortes der sonstigen Leistung gegenwärtig nach § 3a II Nr.4 UStG, demnächst unter den einschlägigen Voraussetzungen nach § 3a II UStG 2010 und Behandlung als → innergemeinschaftliche Dienstleistung); dies kann unter bestimmten Voraussetzungen steuerfrei sein (§ 7 UStG); wer dagegen Ungarn körperlich bearbeitet oder gar verarbeitet, wird strafrechtlich verfolgt (Körperverletzung oder Tötungsdelikt; insoweit kein → Steuergeheimnis, § 30 IV Nr. 5a AO). – b) *Steuersatzfragen*: Für Garn gilt kein ermäßigter Steuersatz, sondern der Regelsteuersatz (§ 12 I UStG), Ungarn hat aber einen eigenen Steuersatz, und zwar sogar einen eigenen Regelsteuersatz (vgl. UStG Ungarn). – 3. *Vorsteueraspekte*: Für Garn kann dt. Vorsteuer unter den üblichen Voraussetzungen beansprucht werden (§ 15 UStG), für Ungarn ist dagegen die Erstattung der Vorsteuer meist an ein bes. Verfahren geknüpft (→ Vorsteuervergütungsverfahren, § 59 ff. UStDV), und zwar gilt dies selbst für einen in Deutschland erfolgten Einkauf von Garn durch Ungarn, soweit die Lieferung von Garn an Ungarn nicht ohnehin bereits steuerfrei erfolgen konnte (→ innergemeinschaftliche Lieferung, sofern Transport ins Ausland nachweisbar). Dieses gesetzgeberische Vorgehen vermeidet bereits im Ansatz jegliche Diskriminierung von Ungarn, insbesondere im Verhältnis zu *Hamburgern, Berlinern, Frankfurtern* und *Krakauern*.

III. Abgabenordnung: Bes. Regelungen hinsichtlich Garn gelten für die Verwendung von *Seemannsgarn* gegenüber den Finanzbehörden: → Steuerhinterziehung, versucht oder vollendet, vgl. §§ 370 I Nr.1, 370 II AO.

IV. Sonstiges: 1. *Geschichtliche Aspekte: Ernst* waren zwei Herzöge von Sachsen-Coburg und Gotha , beide sind seit langem verstorben (gest. 1844 und 1893); daher rührt der völlige *Mangel an Ernst* in allen Passagen dieses Stichworts. – 2. *Bürgerliches Recht:* Eigentlich hätte man sich dieses Stichwort auch *schenken* können; das wäre allerdings ohne einen Notarbesuch ohne jede Wirkung geblieben (§ 518 I BGB), und ein solcher wäre zu teuer gewesen. Der Ausweg, sich das alles einfach nur formlos zu schenken (§ 518 II BGB), hätte nicht funktioniert, da es zivilrechtlich nachgeradezu unmöglich ist, sich selbst etwas wirksam zu schenken (durch sofortigen Zusammenfall von Verpflichtung und Anspruch bei derselben Person entstünde von Anfang an *Konfusion*, und zwar in erheblichem Ausmaß); abgesehen davon, dass man sich wegen der allg. Wirtschaftslage heute schon prinzipiell gar nicht mehr leisten kann, sich irgendeine Arbeit noch zu schenken. Das Stichwort wurde daher ordnungsgemäß erstellt, steht aber unter dem Vorbehalt des § 118 BGB (nachschlagen!).

Gasgrundversorgung – Energieversorgungsunternehmen (EVU) haben für die Netzgebiete, in denen sie die Grundversorgung von Haushaltskunden mit Gas durchführen, allg. Bedingungen und allg. Preise für die Versorgung in Niederdruck öffentlich bekannt zu geben und zu diesen Bedingungen grundsätzlich jeden Kunden zu beliefern (§ 36 EnwG). Die allg. Bedingungen sind geregelt in der Gasgrundversorgungsverordnung – GasGVV – vom 26.10.2006 (BGBl. I 2396) m.spät.Änd. Sie sind Bestandteil des Grundversorgungsvertrages zwischen dem EVU und dem Haushaltskunden.

GASP – Abk. für *Gemeinsame Außen- und Sicherheitspolitik (der EU);* gemeinsam mit der Wirtschafts- und Währungsunion (WWU) und der Zusammenarbeit in den Bereichen Justiz und Inneres als bes. Tätigkeitsschwerpunkt der → EU errichtet. – 1. *Hintergrund:* Die Bemühungen der Gemeinschaft, der wirtschaftlichen Integration auch eine politische Dimension zu geben, reichen bis in die Gründerjahre zurück. Seit 1970 kam es zu einer wachsenden Abstimmung im Rahmen der sog. Europäischen Politischen Zusammenarbeit (EPZ), doch erst 1987 gelang es im Rahmen einer Reform der Gründungsverträge (in Art. 30 der Einheitlichen Europäischen Akte (→ EEA)), die EPZ zu verankern. Ein weiterer Schritt zu einer Vereinheitlichung der Außen- und Sicherheitspolitik wurde mit dem Vertrag über die EU von 1992 (Maastrichter Vertrag) sowie den Verträgen von Amsterdam (1997) und Nizza (2001) getan. – 2. Die *rechtliche Grundlage* der GASP findet sich in Art. 23-46 EUV. – 3. *Ziele* (Art. 21 Abs. 2 EUV) u.a.: (1) Wahrung der gemeinsamen Werte, der grundlegenden Interessen und der Unabhängigkeit der Union; (2) Stärkung ihrer Sicherheit und der ihrer Mitglieder in allen ihren Formen; (3) die Wahrung des Weltfriedens und die Stärkung der internationalen Sicherheit entsprechend den Grundsätzen der UN und der Schlussakte von Helsinki; (4) die Förderung der internationalen Zusammenarbeit; (5) die Förderung von Demokratie und Rechtsstaatlichkeit sowie die Achtung der Menschenrechte. – 4. *Instrumente:* Die GASP verfügt über folgende Handlungsformen: 1. allgemeine Leitlinien, 2.Beschlüsse zur Festlegung a) der von der Union durchzuführenden Aktionen, b) den von der Union einzunehmenden Standpunkten, c) der Einzelheiten der zur Durchführung in a) und b) genannten Beschlüsse, 3. die systematischen Zusammenarbeit (Art. 25 EUV). – 5. *Zuständigkeiten*: Beschlüsse werden im Rahmen der GASP vom Europäischen Rat und vom Rat einstimmig gefasst, sofern nichts anderes festgelegt ist. Der Erlass von Gesetzgebungsakten ist ausgeschlossen. Auf der Basis der vom Europäischen Rat festgelegten allgemeinen Leitlinien und strategischen Vorgaben fasst der Rat (Ministerrat) die für die Durchführung der Politik erforderlichen Beschlüsse. Letztere sind für alle Mitgliedstaaten bindend und stellen das wirkungsvollste und operationellste Instrument der GASP dar. Standpunkte und Aktionen werden i.d.R. einstimmig beschlossen. Eine Abstimmung mit qualifizierter Mehrheit ist nur in den Fällen möglich, in denen der Europäische Rat zuvor einstimmig eine Gemeinsame Strategie beschlossen hat. Falls sich ein Mitgliedsstaat aus wichtigen Gründen nationaler Politik einen solchen Beschluss ablehnt, kann der Beschluss nicht mit qualifizierter Mehrheit gefasst werden, sondern wird zur einstimmigen Beschlussfassung an den Europäischen Rat zurückverwiesen. Bei der einstimmigen Beschlussfassung können sich Mitgliedstaaten enthalten, sodass ein Staat bspw. nicht an einer Aktion teilnehmen muss. Er darf sie allerdings auch nicht behindern („konstruktive Enthaltung"). Eine weitere Möglichkeit, die Beschlussfassung in der GASP zu beschleunigen (neben qualifizierter Mehrheit und konstruktiver Enthaltung) ist die Anwendung der Flexibilitätsklausel: Können die Ziele der Union und der Gemeinschaft nicht von allen Mitgliedstaaten erreicht werden, können diejenigen, die dazu in der Lage sind (mind. acht Mitgliedsstaaten) untereinander eine verstärkte Zusammenarbeit aufnehmen. In der GASP ist dies z.B. für die Durchführung einer Aktion oder eines Standpunkts oder bei Initiativen im Rüstungsbereich möglich. Gemeinsame Aktionen können in allen Bereichen der GASP (bei Fragen mit militärischen oder verteidigungspolitischem Bezug jedoch nur einstimmig) beschlossen werden und führen in der Praxis zur Entsendung von Wahlbeobachtern, Minenräumung, Terrorismusbekämpfung, Entsendung ziviler Fachkräfte, Benennung von EU-Sonderbeauftragten oder auch zum Einsatz von Militär z.B. für humanitäre Missionen, Friedenssicherung oder -erzwingung. – 6. Durch den → Amsterdamer Vertrag wurde der GASP mit dem „Hohen Vertreter für die GASP" ein Gesicht verliehen. Dieser Posten wurde vom Generalsekretär des Rates wahrgenommen. In dem vom → Europäischen Konvent ausgearbeiteten Entwurf einer Verfassung für Europa (→ Verfassung für Europa) war der Vorschlag enthalten, den Posten eines europäischen Außenministers zu schaffen. Der → Vertrag von Lissabon hat das Amt des Hohen Vertreters für Außen- und Sicherheitspolitik geschaffen (Art. 18 EUV). Er führt im Rat „Auswärtige Angelegenheiten" den Vorsitz und er vertritt die Union in den Bereichen der Gemeinsamen Außen- und Sicherheitspolitik (§ 27 EUV). – 7. *ESVP:* Seit 1998 arbeitet die EU am Aufbau einer Europäischen Sicherheits- und Verteidigungspolitik (ESVP, vgl. Art 42-46 EUV)), die nach dem EUV im Rahmen der GASP schrittweise auch zu einer gemeinsamen Verteidigung führen könnte. In diesem Zusammenhang wird auch über die Entwicklung kollektiver Fähigkeitsziele für die Streitkräfteführung, Aufklärung und Transport sowie die effiziente Umstrukturierung der europäischen Rüstungsindustrie und eine enge Zusammenarbeit mit der NATO diskutiert. Mit dem Politischen Komitee, dem Politischen und Sicherheitspolitischen Komitee, der Strategieplanungs- und Frühwarneinheit sowie dem Militärausschuss und dem Militärstab im Ratssekretariat wurden neue sicherheits- und verteidigungspolitische EU-Gremien geschaffen. Der Ministerrat tritt nun auch in der Zusammensetzung der Verteidigungsminister zusammen. Die nahezu vollständige Integration der → WEU in die EU ist im Rahmen dieses EVSP-Prozesses erfolgt. Parallel sind auch das zivile Krisenmanagement (mithilfe von Polizei, Verwaltungsexperten und Fachkräften im Zivil- und Katastrophenschutz) und die Bedeutung von Konfliktprävention mit sämtlichen zur Verfügung stehenden Mitteln der EU in ihrer Bedeutung gestiegen. Im Jahre 2003 übernahm die EU erstmals die Verantwortung für zwei europäische Polizeimissionen in Bosnien-Herzegowina und in Mazedonien. Im gleichen Jahr fanden auch europäische/EU-Militäroperationen im Rahmen der ESVP in der Demokratischen Republik Kongo und in Mazedonien statt. Für den Zeitraum 2008-2009 sind insbesondere die Operationen im Tschad (EUFOR) sowie die Anti-Piraten Operation ATALANTA vor der Küste Somalias zu nennen.

Gastarbeiter – veraltete umgangssprachliche Bezeichnung für → ausländische Arbeitnehmer.

Gastgewerbestatistik – Repräsentativstatistik im Rahmen der Gaststätten- und → Handelsstatistik bei Unternehmen des Gastgewerbes. Im Gastgewerbe wird sowohl eine monatliche als auch eine jährliche Erhebung durchgeführt. Die Monatserhebungen im Gastgewerbe sind Teil des konjunkturstatistischen Systems der Europäischen Gemeinschaft für Zwecke der Währungs- und Wirtschaftspolitik. Daneben liefern sie Informationen über die Verwendung von Teilen des privaten Konsums. Erhoben werden der Monatsumsatz sowie die Anzahl der tätigen Personen, unterteilt nach Vollzeit- und Teilzeitbeschäftigten. Mithilfe der Jahreserhebung werden wirtschaftspolitisch bedeutsame Informationen über die Struktur der Unternehmen bereitgestellt. Sie ermöglichen auch eine Beurteilung der Rentabilität und Produktivität im Gastgewerbe. Erhoben werden neben dem Jahresumsatz die Investitionen, Wareneingang und Warenbestände am Anfang und Ende eines Jahres, sowie die Anzahl der Beschäftigten, die Entgeltsumme sowie die Sozialabgaben. Die Monatserhebung im Gastgewerbe wird als Konjunkturerhebung bezeichnet, die jährliche Erhebung als Strukturerhebung.

Gaststättengesetz – Gesetz i.d.F. vom 20.11.1998 (BGBl. I 3418) m.spät.Änd. – 1. Der *Betrieb* eines Gaststättengewerbes (Schankwirtschaft, Speisewirtschaft und Beherbergungsbetrieb) bedarf der behördlichen → Erlaubnis, die persönlich ist und nur für bestimmte Räume und bestimmte Arten von Getränken gilt. Die Erlaubnis kann auch auf Zeit erteilt werden. – 2. *Einzelheiten* und Erlaubniserteilung, -versagung, -zurücknahme und Umfang der Gewerbebefugnis (z.B. Polizeistunde, Verbot der Abgabe von Branntwein an Jugendliche). – 3. Bestimmungen bez. → Ordnungswidrigkeiten (§ 28), die sich nicht nur gegen den Gewerbetreibenden, sondern teilweise auch gegen den Gast richten (z.B. Nichteinhalten der Polizeistunde), sehen → Geldbußen bis zu 5.000 Euro vor. – 4. *Ausgenommen* vom Gaststättengesetz sind Kantinen, Betreuungseinrichtungen sowie Luftfahrzeuge, Eisenbahnwagen, Schiffe und Reisebusse, in denen anlässlich der Personenbeförderung gastgewerbliche Leistungen erbracht werden; diese Ausnahmeregelung gilt nicht für Bahnhofsgaststätten.

Gastwirt – 1. *Berufsstand* des Dienstleistungsgewerbes, von dem i.d.R. Verpflegung und Getränke an Fremde verabreicht, z.T. auch die Beherbergung von Gästen in sachgerecht ausgestatteten Fremdenzimmern gewerbsmäßig betrieben werden. – *Kaufmannseigenschaft:* → Istkaufmann gemäß § 1 II HGB. – 2. Für den *Betrieb einer Gaststätte* ist das → Gaststättengesetz (GastG) i.d.F. der Bekanntmachung vom 20.11.1998 (BGBl. I 3418) zuletzt geändert durch Gesetz vom 07.09.2007 (BGBl. I S. 2246) m.W.v. 14.09.2007 zu beachten bzw. das jeweilige Gaststättengesetz auf Länderebene, sofern ein Bundesland ein länderspezifisches Gaststättengesetz verabschiedet hat. – 3. *Haftung des Gastwirts:* Der Schank- und Speisenwirt schließt Verträge mit seinen Gästen nach den §§ 651, 433 ff. BGB ab, d.h. es findet i.d.R. das Kaufrecht mit seinem Mängelhaftungssystem (§§ 434 ff. BGB) Anwendung. Verletzungen von Sorgfaltspflichten beurteilen sich nach den §§ 241 II, 280 BGB, Stornierungen nach § 326 II BGB, auf die Nichterfüllung sind die §§ 280, 281, 323, 325 BGB anzuwenden. Der Gastronom haftet nicht für eingebrachte Sachen des Gastes. – Vgl. auch → Gastwirtshaftung.

Gastwirtshaftung → Erfolgshaftung des → Gastwirts, der gewerbsmäßig Fremde zur Beherbergung (nicht nur Bewirtung) aufnimmt, für die Beschädigung oder den Verlust der eingebrachten Sachen der Gäste (§§ 701–703 BGB). – 1. *Umfang:* Keine Haftung besteht für Fahrzeuge, für Sachen in Fahrzeugen und für lebende → Tiere. – *Keine* Ersatzpflicht, wenn der Schaden von dem Gast oder dessen Begleiter verursacht oder durch Beschaffenheit der Sache oder → höhere Gewalt entstanden ist. – 2. *Haftungshöhe:* Bei Verschulden unbegrenzt, sonst höchstens 3.500 Euro. – 3. *Haftungsausschluss:* Gastwirtshaftung kann nur ausnahmsweise im Voraus erlassen werden, jedoch nicht für den Fall, dass der Verlust etc. vom Gastwirt oder seinen Leuten durch → Vorsatz oder → grobe Fahrlässigkeit verursacht wird; die Erklärung des Gastwirts bedarf der → Schriftform und darf keine anderen Bestimmungen enthalten; ein Anschlag, durch den die Haftung abgelehnt wird, ist wirkungslos. – 4. *Sonderregelung* für Geld, Wertpapiere, Kostbarkeiten u.a. *Wertsachen:* (1) Der Gastwirt ist verpflichtet, sie zur Aufbewahrung zu übernehmen, es sei denn, dass sie von übermäßigem Wert oder Umfang oder dass sie gefährlich sind. (2) Allgemeiner Haftungshöchstbetrag 800 Euro. (3) Unbeschränkte Haftung für Geld etc., das zur Aufbewahrung übernommen oder dessen Aufbewahrung entgegen (1) abgelehnt wurde; für letzteren Fall kein Haftungserlass.

Gatefolder – Anzeigenseite, die an einer Seite oder an zwei Seiten (Altarfalz) ausklappbar ist und so die Anzeigenfläche vergrößert. – Vgl. auch → Anzeige.

Gatekeeper – Person, die über Informationsfilterungsaktivitäten den Informationsfluss in das und im → Buying Center steuert. Auch Handelsbetriebe werden als Gatekeeper, als Schleusenwärter, Pförtner bei der → Distribution von Waren und Informationen angesehen. – *Beurteilung:* Einerseits wird die Gatekeeper-Position als ein wettbewerbsrechtlich bedenklicher Ausdruck von → Nachfragemacht angesehen. Dem ist andererseits zu entgegnen, dass z.B. Handelsbetriebe aufgrund der Regalplatzknappheit unter den Angeboten der Hersteller auswählen müssen und die → Distributionskanäle keineswegs willkürlich öffnen bzw. schließen, sondern die knappe Durchlaufkapazität den Produkten zuweisen, die aufgrund vorhandener Nachfrage die höchsten Deckungsbeiträge erwarten lassen (derivative Nachfragemacht des Handels).

Gateway – Anpassungsschaltung, die die Kopplung zweier verschiedenartiger → lokaler Netze und damit die Kommunikation eines Teilnehmers des einen Netzes mit Teilnehmern des anderen ermöglicht.

GATS – Abk. für *General Agreement on Trade in Services, Allgemeines Abkommen für den Dienstleistungshandel;* als Abschluss der → Uruguay-Runde am 15.4.1994 in Marrakesch (Marokko) geschlossen. Die jüngere Schwester des → GATT reguliert den internationalen Handel mit Dienstleistungen. Ursprünglich sollten sie schon im Rahmen der → ITO liberalisiert werden; auch eine Integration in das → GATT scheiterte, sodass die Dienstleistungen in der Uruguay-Runde einen Sonderstatus erhielten. Seit Anfang 2000 gibt es Neuverhandlungen im Rahmen des WTO zu den GATS, welche vorsehen dass alle WTO-Mitglieder Marktöffnungsangebote gegenüber Drittstaaten vorlegen. – GATS besteht aus drei unterschiedlichen Vertragsteilen, dem Rahmenabkommen, den Anhängen und den nationalen Zugeständnissen. Das Rahmenabkommen nennt die Grundprinzipien Meistbegünstigungsklausel (→ Meistbegünstigung), Transparenz, → Liberalisierung, Inländerbehandlung. Das letzte Prinzip deutet an, dass der Dienstleistungssektor nicht vollständig liberalisiert werden muss, aber ausländische Dienstleister dürfen gegenüber Einheimischen nicht benachteiligt werden. Die Anhänge legen die unterschiedlichen Liberalisierungsgrade einzelner Dienstleistungssektoren fest. Vier Anhänge regeln Finanzdienstleistungen, Telekommunikation, Luftverkehr und die Bewegungsfreiheit natürlicher Personen, sodass Individuen vorübergehend ein Dienstleistungstransfer gestattet werden soll. Bei den nationalen Zugeständnissen geben die Vertragsparteien an, welche Sektoren sie liberalisieren und welche vorerst von Liberalisierungsmaßnahmen ausgenommen werden. GATS ist einer der zentralen Pfeiler der → World Trade Organization (WTO).

GATT – Abk. für *General Agreement on Tariffs and Trade, Allgemeines Zoll- und Handelsabkommen;* Vorgängerabkommen, welches in der → World Trade Organization (WTO) gipfelte, die zum 1.1.1995 gegründet wurde. – 1. *Entstehung:* Das GATT geht auf Bemühungen der USA um eine Liberalisierung des Welthandels zurück. Sie schlugen die Gründung einer Internationalen Handelsorganisation (→ ITO) und die Kodifizierung einer Welthandels-Charta (Havanna-Charta) vor. Verhandlungen in London (1946) und Genf (1947) führten dazu, die handelspolitischen Abschnitte der Havanna-Charta vorläufig in Kraft zu setzen. Sie wurden am 30.10.1947 als GATT von 23 Staaten angenommen und traten am 1.1.1948 in Kraft. – Da die Havanna-Charta mangels Ratifizierung durch die USA nie in Kraft trat, blieb das GATT bis 1994 das einzige internationale Abkommen zur *Schaffung einer internationalen Welthandelsordnung.* – *Länder:* Im August 1994 gehörten zum GATT 123 Vertragsparteien, davon 99 Entwicklungsländer. Weitere Länder wenden de facto das GATT an. – Am 15.4.1994 wurden in Marrakesch nach mehr als 7-jährigen Verhandlungen die Ergebnisse der *Uruguay-Runde* des GATT von 111 Ländern unterzeichnet, die einen neuen Meilenstein für die Welthandelsordnung darstellen. Das bislang nur provisorisch angewandte GATT wird in die WTO überführt. Die letzte Ministerkonferenz im Dezember 2005 fand in Hongkong mit 149 Mitgliedern (→ Doha-Runde) statt. Neben neuen Themen wurde eine zunehmende Integration der Agrarwirtschaft mit Auslaufen von Exportsubventionen vereinbart. Weitere Verhandlungen über Investitionen, Marktzugang und des Art. XXIV GATT mit der Inkompatibilität. – 2. *Ziele:* Erhöhung des Lebensstandards, Förderung der Beschäftigung und des wirtschaftlichen Wachstums durch Intensivierung des internationalen Güteraustauschs. Zur Verwirklichung sind kollektive Zollsenkungen vorgesehen, die auf der Grundlage der → Meistbegünstigung, Liberalisierung und nach dem Prinzip der Reziprozität gestaltet werden. – 3. *Organisation und Verfahren:* Entscheidungsgremium ist die *Versammlung* der Vertragsparteien (der gleichberechtigten Mitgliedsstaaten), die i.d.R. jährlich stattfindet, wobei Beschlüsse i.d.R. mit einfacher Mehrheit gefasst werden (in Ausnahmefällen ist qualifizierte Mehrheit nötig). Meist erfolgen Beschlüsse im Konsensverfahren. *Sekretariat* mit Sitz in Genf, seit 1964 mit → UNCTAD Betreiber des → ITC. – 4. *Prinzipien und Wirkungsweise:* Im ersten Teil des GATT wird die → Meistbegünstigung festgelegt, eine Nicht-Diskriminierung ausländischer Produkte untereinander (Gleichbehandlung der Handelspartner an den Handelsgrenzen). Teil 2 schreibt die *Inländerbehandlung* fest, Nicht-Diskriminierung von ausländischen gegenüber inländischen Produkten (nach Überschreiten der Zollgrenze). *Geltungsbereich und organisatorische Fragen* werden in Teil 3 abgehandelt; 1965 wurden als Teil 4 *Sonderbestimmungen für Entwicklungsländer* hinzugefügt. So entstand das Allgemeine Präferenzsystem (→ APS), in welchen die Industrieländer den Entwicklungsländern Handelspräferenzen gewährten (Abweichung von der Meistbegünstigung zugunsten der Entwicklungsländer). – *Ausnahmeregelungen* sind möglich zum Schutz der Zahlungsbilanz, aus Gründen der öffentlichen Ordnung und Gesundheit sowie der nationalen Sicherheit. Das Prinzip der Meistbegünstigung gilt nicht für Zollunionen und Freihandelsabkommen. Außerdem ist der Weltagrarhandel aus dem GATT ausgeklammert. Quantitative Handelsbeschränkungen sind nach dem GATT unzulässig. Allerdings sind Globalkontingente für den Agrarsektor und zum Schutz der heimischen Industrie erlaubt. Zollsenkungen wurden durch Verhandlungen erreicht. – Bisher gab es acht abgeschlossene *Zollrunden:* 1947 in Genf, 1949 in Annecy, 1951 in Torquay, 1956 in Genf, 1960/1961 in Genf (Dillon-Runde), 1964–1967 in Genf (Kennedy-Runde), 1973–1979 in Genf (Tokio-Runde), 1986–1994 Uruguay (→ Uruguay-Runde). Neben Zollsenkungen wurde ein Abbau nicht-tarifärer Handelshemmnisse erreicht. – 5. *Wirksamkeit des GATT:* Das GATT trug zur weltwirtschaftlichen Prosperität der Nachkriegszeit bei, Importzölle auf industrielle Produkte wurden massiv abgebaut, Prinzipien der Nicht-Diskriminierung, Berechenbarkeit und Transparenz erlaubten eine relativ konfliktfreie Entwicklung des Welthandels. Auf dem Gebiet der *Zollsenkungen* sind die größten Erfolge zu verzeichnen. Jedoch werden Mitgliedsländer mit ständig neuen quantitativen Restriktionen konfrontiert. Die Konflikte zwischen USA, Japan und der EU (Strafimportzölle) zeigen die Gefährdungen des liberalen Außenhandels. Bes. schwierig gestalten sich der *Abbau der nicht-tarifären Handelshemmnisse* sowie die *Liberalisierung des Agrarhandels*. – *Probleme:* Dem GATT fehlen Sanktionsmechanismen gegenüber großen Handelsmächten, die Gefährdungen ergeben sich durch einen weltweiten → Subventionswettlauf und gegenüber Grauzonenmaßnahmen. Weitere Schwierigkeiten folgten aus der Nichteinbeziehung des Dienstleistungshandels und geistigen Eigentumschutzes, die in der Uruguay-Runde angegangen wurden. Da die Tokio-Runde ein fragmentiertes und zersplittertes System unterschiedlicher Kodizes, die nicht von allen GATT-Vertragspartnern als verbindlich akzeptiert wurden, hinterließ, wurde der Ruf nach neuen Vertragsverhandlungen laut. Durch die → Uruguay-Runde wurde durch Verhandlungen mit 117 Staaten eine neue Welthandelsordnung geschaffen, die 1995 in Kraft trat (GATT 1994). – 6. *Das neue GATT:* WTO regelt im GATT den Warenverkehr. Zollsenkungen zwischen 33 und 100 Prozent sind in der → Uruguay-Runde vereinbart worden. Einbezogen sind nun auch die Sektoren Landwirtschaft und Textilien, angestrebt wird eine Stärkung der Welthandelsregeln. Außerdem müssen alle GATT-Vertragsparteien alle Abkommen der Uruguay-Runde übernehmen (Single-Package-Ansatz). Für den Dienstleistungsbereich gilt das GATS, das Nicht-Diskriminierung (Meistbegünstigung und Inländerprinzip) festschreibt. Kurzfristig bleibt es beim Status quo, langfristig ist eine progressive Liberalisierung vorgeschrieben. TRIPS behandelt das geistige Eigentum, wo ebenfalls Nicht-Diskriminierung vereinbart sowie konkrete Schutzbestimmungen und wirksame Durchsetzungsmechanismen verabschiedet wurden. Das neue GATT-System bildet somit ein umfassendes Regelwerk für den gesamten Welthandel. – *Veröffentlichungen:* U.a. GATT Focus (monatlich), GATT Activities (jährlich), International Trade (jährlich), Basic Instruments and Selected Documents Series (jährlich). – Vgl. auch → internationale Ordnungsökonomik.

Gattungsbezeichnung – sprachübliche Bezeichnungen für Gattungen von Waren oder Dienstleistungen, denen die für den Schutz als → geschäftliche Bezeichnung oder → Marke erforderliche Unterscheidungskraft fehlt (→ Freihalteinteresse). – *Zu Abwandlungen:* → Beschaffenheitsangaben.

Gattungskauf – Spezialfall des → Kaufvertrags über eine Gattungssache (→ Gattungsschuld), z.B. Kauf einer bestimmten Menge Getreide, eines fabrikneuen Kraftwagens; es muss eine Sache mittlerer Art und Güte geliefert werden (§§ 243 I BGB, 360 HGB). Die → Schuldrechtsreform hat die Unterschiede zwischen Gattungs- und → Stückkauf weitestgehend beseitigt.

Gattungsmarke – 1. *Begriff:* Bezeichnung für Produktmarken, die ohne besonders differenzierenden Markennamen auskommen und sich vorwiegend auf die Benennung der Warengattung konzentrieren. – 2. *Merkmale:* Gattungsmarken sind eher im Niedrigpreissegment angesiedelt und werden dem entsprechend im Rahmen einer Niedrigpreisstategie oder bei Handelsmarken eingesetzt. Als Beispiele können TIP bei Real oder JA von Rewe genannt werden. Vielfach werden Gattungsprodukte auch als No Names oder im pharmazeutischen Bereich Generika (Generics) bezeichnet. – Alternativ können unter diesem Begriff auch Marken verstanden werden, die für eine bestimmte Produktgattung von so hoher Bedeutung sind, dass Sie für diese synonym stehen. Bsp.: Tempo für Papiertaschentücher. – Vgl. → Marke, → No Names.

Gattungsprodukt → No Names.

Gattungsschuld – Schuld, die auf Leistung einer nur der Gattung nach (nach allg. Merkmalen) bestimmten Sache gerichtet ist. I.d.R. hat der Schuldner eine Sache mittlerer Art und Güte zu liefern (§ 243 BGB). – Das Schuldverhältnis beschränkt sich bei der Gattungsschuld auf eine *bestimmte Sache* von dem Zeitpunkt an, in dem der Schuldner diese aus der Gattung ausgeschieden und dem Gläubiger ordnungsgemäß angeboten hat (*Konzentration* oder *Konkretisierung*, vgl. § 243 II BGB). – Vgl. auch → Gattungskauf. – *Gegensatz:* → Stückschuld.

GATT-Zollwert-Kodex – 1. *Begriff:* Im Rahmen der multilateralen Verhandlungen des → GATT (Tokio-Runde) haben die Verhandlungspartner im Frühjahr 1979 neben anderen Übereinkommen und Übereinkünften auch ein Übereinkommen zur Durchführung des Art. VII des Allgemeinen Zoll- und Handelsabkommens geschlossen. Dieses, auch als GATT-Zollwert-Kodex bezeichnete Übereinkommen, soll weltweit alle bestehenden Zollwert-Bewertungssysteme durch ein einheitliches System der Zollwertermittlung ersetzen und so für die Einheitlichkeit, die Neutralität und Überschaubarkeit bei der Zollwertermittlung sorgen. Der GATT-Zollwert-Kodex trat allg. am 1.1.1981 in Kraft; die USA und die EU hatten sich verpflichtet, ihn bereits am 1.7.1980 in Kraft zu setzen. – 2. *Merkmale:* Nach dem GATT-Zollwert-Kodex ist der → Zollwert kein theoretischer Wertbegriff mehr (wie bislang im Brüsseler Zollwert–Abkommen), sondern es gibt sechs verschiedene Bewertungsmethoden, die grundsätzlich in einer bestimmten Reihenfolge anzuwenden sind. Im

Vordergrund steht der Transaktionswert gemäß Art. 29 ZK, d.h. der tatsächlich gezahlte oder zu zahlende Kaufpreis, ggf. nach einer Hinzurechnung bestimmter darin nicht enthaltener Kosten etwa für die Beförderung der Waren. Möglich sind in gleicher Weise Abzüge etwa von Zöllen und Steuern, die im Kaufpreis enthalten sind. – 3. *Abgrenzung:* Der GATT-Zollwert-Kodex ist nicht unmittelbar geltendes Recht, doch der Rat hat das Übereinkommen angenommen und in unmittelbar geltendes Gemeinschaftsrecht umgesetzt.

Gaußsche Normalverteilung → Normalverteilung.

Gb – Abk. für → Gigabit.

GB – Abk. für → Gigabyte.

GCC – Abk. für *Gulf Cooperation Council,* → Golf-Kooperationsrat.

GdB – Abk. für → Grad der Behinderung.

GDV – Abk. für → Gesamtverband der Deutschen Versicherungswirtschaft e. V.

GdW Bundesverband deutscher Wohnungs- und Immobilienunternehmen e.V. – ist der Spitzenverband und die Dachorganisation der ehemals gemeinnützigen Wohnungswirtschaft in Deutschland, mit Sitz in Berlin. Er ist der *Verband der Verbände,* da seine Mitglieder die 15 Regionalverbände sind, in denen sich rund 3.000 Unternehmen der Wohnungs- und Immobilienwirtschaft zusammengeschlossen haben. V.a. als Wohnungsgenossenschaften und Wohnungsgesellschaften, speziell in der Rechtsform der GmbH, bauen und verwalten sie Miet- und Eigentumswohnungen in allen Marktsegmenten, übernehmen Erschließungs-, Sanierungs- und Bauträgerfunktionen. Die Willensbildung im GdW ist demokratisch bestimmt. Das höchste Entscheidungsorgan ist der jährliche Verbandstag; die fachliche Arbeit wird in Arbeitsgemeinschaften und Fachaussschüssen durchgeführt, deren Mitglieder in erster Linie Experten aus den Mitgliedsuntenehmen sind. An der Verbandsspitze des GdW stehen der Vorstand, der Präsident und der Verbandsrat.

GE – Abk. für → Getreideeinheit.

Gebäudeabschreibungen – I. Bilanzierung: → Abschreibungen zur Aufwandsverteilung auf die Jahre der Nutzung zur Ermittlung des Periodenergebnisses. Gebäudeabschreibungen werden auch dann vorgenommen, wenn der Wert (z.B. in Zeiten steigender Preise) steigt; → stille Rücklagen. In der Steuerbilanz neben den → Absetzungen für Abnutzung (AfA) allenfalls Herabgehen auf den niedrigeren → Teilwert möglich. – Vgl. auch → Afa-Tabellen, → Sonderabschreibungen.

II. Kostenrechnung: Gebäudeabschreibungen sind Teil der → Gebäudekosten, unabhängig von den Bilanzabschreibungen nach kalkulatorischen Gesichtspunkten festgelegt, und zwar ausschließlich für betrieblich genutzte Gebäude bzw. Gebäudeteile (Fabrikgebäude). Neben anderen Gebäudekosten werden Gebäudeabschreibungen häufig zunächst in der → Hilfskostenstelle Gebäude erfasst, deren Kostensumme nach Maßgabe des beanspruchten Raumes auf die nutznießenden → Kostenstellen in der → innerbetrieblichen Leistungsverrechnung umgelegt werden. Bauweise und Art der Nutzung sind bei der Bemessung der Abschreibung zu berücksichtigen.

Gebäudebesteuerung – sämtliche Besteuerungsvorgänge, die sich auf ein Bauwerk auf eigenem oder fremdem Boden beziehen, sowohl nach dem Wert (→ Gebäudewert) als auch nach dem Ertrag aus dem Gebäude (→ Einheitswert, → Gebäudeabschreibungen). Zum Gesamtumfang der Gebäudebesteuerung gehören Vorgänge, die unter die → Grundsteuer, die → Einkommensteuer sowie bei Veräußerung unter die → Grunderwerbsteuer fallen. – Vgl. auch → Grundbesitz.

Gebäudekosten – Summe aus kalkulatorischen → Gebäudeabschreibungen, Zinsen (→ Miet- und Pachtzinsen), Kosten für Reparaturen (→ Gebäudereparaturen), Steuern und sonstigen auf dem Gebäude liegenden Lasten (Kanalreinigung, Müllabfuhr etc.) sowie Kosten für Reinigung, Heizung und Beleuchtung der Räume. Gebäudekosten werden für Fabrikgebäude, Lager-, Verwaltungs- und Wohngebäude zumeist auf einer bes. → Hilfskostenstelle „Gebäude" gesammelt und auf die übrigen → Kostenstellen nach Maßgabe des benutzten Raumes verteilt (→ innerbetriebliche Leistungsverrechnung).

Gebäudelayoutplanung – Planung über die räumliche Anordnung einzelner (Umbau) oder aller (Neubau) Beriebsbereiche unter Beachtung der Transportbeziehungen. Teil der → Layoutplanung.

Gebäudemanagement → Facility Management.

Gebäudenormalherstellungswert → Gebäudewert.

Gebäudereparaturen – Wiederherstellungs- und Ausbesserungsarbeiten an Gebäuden. Großreparaturen, die das Gebäude verändern und/oder im Wert wesentlich erhöhen (→ Herstellungsaufwand), sind zu aktivieren; sie gehen auf dem Weg über die höheren → Gebäudeabschreibungen in die Kostenrechnung ein.

Gebäudesachwert → Gebäudewert.

Gebäudewert – I. Unternehmensbewertung: Wert von Baulichkeiten, der sich aus den Herstellungskosten (Bauwert) einerseits und den Erträgen (→ Ertragswert) andererseits unabhängig vom Wert des Grund und Bodens ergibt.

II. Steuerrecht: 1. *Begriff* des Bewertungsgesetzes, relevant für die Grundsteuer: Bei der Bewertung nach dem Sachwertverfahren (→ Sachwert) ausdrücklich zu ermittelnder Wert für ein Gebäude. Gebäudewert ist ein Element (neben → Bodenwert und Wert der → Außenanlagen) der → wirtschaftlichen Einheit, → Grundstück im → Grundvermögen bzw.

Untereinheit → Betriebsgrundstück im → Betriebsvermögen. – Vgl. auch → Ausgangswert, → Einheitswert, → Grundstücksbewertung. – 2. *Ermittlung:* Es ist ein Wert für das Gebäude auf der Grundlage von durchschnittlichen Herstellungskosten nach den Baupreisen des Jahres 1958 zu errechnen, der nach den Baupreisverhältnissen im Hauptfeststellungszeitpunkt (1.1.1964) umzurechnen ist (*Gebäudenormalherstellungswert;* § 85 Satz 1 BewG). Dieser mindert sich ggf. wegen des Alters des Gebäudes (im Hauptfeststellungszeitpunkt; § 86 BewG) und etwa vorhandener baulicher Schäden und Mängel (§ 87 BewG); das Ergebnis ist der *Gebäudesachwert* (§ 85 Satz 2 BewG, § 88 BewG). In bes. Fällen kann dieser ermäßigt (z.B. wegen der Lage des Grundstücks, wirtschaftlicher Überalterung) oder erhöht (z.B. bei Nutzung des Grundstücks für Werbezwecke) werden. – 3. Bei der Anwendung des Ertragswertverfahrens (Regelfall) zur *Bewertung bebauter Grundstücke* wird der Gebäudewert nicht getrennt ermittelt (→ Ertragswert). Bedeutung erhält die Isolierung des Gebäudewerts von anderen Grundstücksbestandteilen bes. bei den Sondervorschriften zur Einheitsbewertung der → Erbbaurechte (§ 92 BewG) und von Gebäuden auf fremdem Grund und Boden (→ Einheitswert; § 94 BewG). – 4. Für Gebäude in den neuen Bundesländern gelten gemäß der §§ 129 ff. BewG Besonderheiten. – Vgl. auch → Einheitswert. – 5. Im Rahmen der Erbschaftsteuerreform sind Neuregelungen der Bewertungsvorschriften für Grundbesitz für die Erbschafsteuer in den §§ 157 I und 176 ff. BewG vorgenommen worden. a) Der Bewertung ist grundsätzlich der gemeine Wert zugrunde zu legen (§ 177 BewG). – b) Der Wert unbebauter Grundstücke ergibt sich aus der Fläche und den Bodenrichtwerten (§ 179 BewG). – c) Die Bewertung bebauter Grundstücke ist nach dem → Vergleichswertverfahren (§ 182 II und § 183 BewG), dem Ertragswertverfahren (→ Ertragswert) (§ 182 III und §§ 184 ff BewG) oder nach dem Sachwertverfahren (→ Sachwert) (§ 182 IV und §§ 189 ff. BewG) durchzuführen. Auch die Bewertung des land- und forstwirtschaftlichen Vermögens (§ 158 BewG) wurde für Zwecke der Erbschaftsteuer geändert (§§ 158 ff BewG). Das Grundvermögen wird hier mit dem Verkehrswert besteuert, jedoch erfolgt eine Schonung bei vermieteten Wohnimmobilien durch einen Abschlag von 10 Prozent. Selbstgenutzes Wohneigentum wird bei der Übertragung an Ehegatten, Lebenspartner und Kinder bei zehnjähriger Selbstnutzung bei Erwerb von Todes wegen freigestellt. Die Neuregelung ist ab dem 1.1.2009 in Kraft getreten. Auf Antrag können die neuen Regelungen auch auf Erbfälle ab dem 1.1.2007 angewendet werden.

Gebietsansässige – 1. → Außenwirtschaftsrecht, → Außenwirtschaftsgesetz (AWG); Gebietsansässige sind natürliche Personen (ohne Rücksicht auf Staatsangehörigkeit) mit → Wohnsitz oder gewöhnlichem Aufenthalt im → Wirtschaftsgebiet sowie juristische Personen und Personenhandelsgesellschaften mit Sitz oder Ort der Leitung im Wirtschaftsgebiet. Zweigniederlassungen → Gebietsfremder im → Wirtschaftsgebiet (§ 4 I Nr. 1 AWG) gelten als Gebietsansässige, wenn sie hier ihre Leitung und gesonderte Buchführung haben. Betriebsstätten Gebietsfremder im Wirtschaftsgebiet gelten als Gebietsansässige, wenn sie hier ihre Verwaltung haben (§ 4 I Nr. 5 AWG). – 2. *Zollrecht:* Das EU-Zollrecht stellt zur Bestimmung der Ansässigkeit auf das Zollgebiet der Gemeinschaft ab und orientiert sich am Wohnsitz → natürlicher Personen oder dem satzungsgemäßen Sitz jur. Personen. Vielfach dürfen nur Ansässige Bewilligungen zu → Zollverfahren beantragen und Waren anmelden oder als Vertreter handeln. – *Gegensatz:* → Gebietsfremde.

Gebietsauswahl → Flächenstichprobenverfahren.

Gebietsfremde – Begriff aus dem dt. → Außenwirtschaftsrecht, dem → Außenwirtschaftsgesetz (AWG) (§ 4 I Nr. 7 AWG). Gebietsfremde sind natürliche Personen mit → Wohnsitz oder gewöhnlichem Aufenthalt in → fremden Wirtschaftsgebieten sowie juristische Personen und Personenhandelsgesellschaften mit Sitz oder Ort der Leitung in fremden Wirtschaftsgebieten. Zweigniederlassungen Gebietsansässiger in fremden Wirtschaftsgebieten gelten als Gebietsfremde, wenn sie dort ihre Leitung haben und für sie eine gesonderte Buchführung besteht; Betriebsstätten Gebietsansässiger in fremden Wirtschaftsgebieten gelten als Gebietsfremde, wenn sie dort ihre Verwaltung haben. – *Gegensatz:* → Gebietsansässige.

Gebietskartell → Kartell, meist in Form einer befristeten Vereinbarung selbstständiger Unternehmen über die Aufteilung ihrer Absatzgebiete im Interesse der Ersparung von Transport- und Werbungskosten. Gebietskartelle verstoßen potenziell gegen § 1 GWB und Art. 101 I AEUV. Eine Gebietsaufteilung ist allenfalls für solche Austauschverträge legalisierbar, deren Abschluss ohne eine entsprechende Klausel nicht zumutbar ist (*Beispiel:* Ein Auftraggeber verbietet seinem Subunternehmer, der zugleich Wettbewerber auf dem relevanten Markt ist, dem von ihm im Auftrag bedienten Kunden eigene Angebote zu machen, d.h. dem Auftraggeber abzuwerben).

Gebietskörperschaft – Körperschaft des öffentlichen Rechts, die auf einem abgegrenzten Teil des Staatsgebiets die Gebietshoheit hat und von den in ihrem Gebiet lebenden Einwohnern gebildet wird: → Bund, Länder, → Gemeinden (einschließlich → Gemeindeverbände).

Gebietsreform → kommunale Gebietsreform, → Verwaltungsreform.

Gebietsschutz – in einem System von → Vertriebsbindungen die Zuweisung eines regional abgegrenzten Gebietes an einen Abnehmer zur (exklusiven) Marktbearbeitung unter gleichzeitiger Garantie des Herstellers, dass die vertriebene Ware nicht über andere Glieder der Absatzkette in das geschützte Gebiet gelangt *(Gebietsschutzklausel)*. Gebietsschutz häufig neben → Absatzbindung sowie für → Vertragshändler.

Gebietsschutzklausel → Gebietsschutz.

Gebietsverkaufstest – Methode zur Messung des Marketingerfolgs, (z.B. des ökonomischen Werbeerfolgs) oder des Erfolgs von Verkaufsförderungsaktionen (→ Werbeerfolgskontrolle). Gebietsverkaufstest beruht auf Absatzkontrollen bei repräsentativ ausgewählten Einzelhandelsunternehmen in regional begrenzten und gleichartig strukturierten Absatzmärkten (Experimental- und Kontrollgebiet), auf denen unterschiedliche Marketingmaßnahmen durchgeführt wurden. – Vgl. auch → Testmarkt.

Geborenenziffer – 1. *Allgemeine bzw. rohe Geborenenziffer:* Anzahl der Lebendgeborenen, bezogen auf Tausend des mittleren Bevölkerungsstandes in einem Zeitraum, zumeist eines Jahres. Da die Anzahl der Lebendgeborenen auf die Gesamtbevölkerung bezogen wird, deren Mitglieder vom Geburtenvorgang selbst nicht betroffen sein können (Männer, Kinder, Ältere), gilt sie als „allgemein" oder „roh". – Vgl. auch → Fertilitätsmaße.

Gebot – 1. gesetzliche Pflicht, in einer bestimmten Weise zu handeln, oder auch: verbindliche Aufforderung einer *Behörde* an eine für einen bestimmten Zustand verantwortliche Person. Die Erfüllung eines Gebots kann erzwungen werden. Bes. häufig sind polizeiliche Gebote. – 2. Im *Zwangsversteigerungsverfahren* der Betrag, den ein Bieter nennt, nachdem das zur Versteigerung gelangende Grundstück oder Schiff vom Gericht ausgeboten ist. – *Ausbieten* erfolgt durch Aufforderung des Gerichts zur Abgabe von Geboten im → Versteigerungstermin (§ 66 II ZVG). – Vgl. auch → Mindestgebot, → geringstes Gebot, → Bargebot, → Meistgebot, → Einzelausgebot.

Gebrauchsgüter – 1. *Produktionsorientierte Betrachtung:* technische Potenziale, die in technologisch und arbeitswissenschaftlich bestimmten Kombinationen mit anderen Gebrauchsgütern und/ oder Arbeitskräften Produktionsvorgänge bewirken können (z.B. Maschinen). – 2. *Konsumorientierte Betrachtung:* dauerhafte Konsumgüter (z.B. Kraftfahrzeuge), die dem mehrmaligen längerfristigen Gebrauch dienen. – *Gegensatz:* → Verbrauchsgüter, teils identisch mit den → Shopping Goods.

Gebrauchsmuster – gewerbliches Schutzrecht, das neben dem → Patent Schutz für technische → Erfindungen gewährt. Gebrauchsmuster werden auf der Grundlage des Gebrauchsmustergesetzes (GebrMS) i.d.F. vom 28.8.1986 (BGBl. I 1455) m.spät.Änd. eingetragen, sind einfacher und preiswerter zu erlangen als Patente und bieten nicht nur den kleinen Alltagserfindungen, für die der Gebrauchsmusterschutz ursprünglich gedacht war, sondern auch bedeutenden Erfindungen einen wirksamen Schutz. – 1. *Grundzüge:* Durch Gebrauchsmuster können Erfindungen geschützt werden, die neu sind (→ Neuheit), auf einem erfinderischen Schritt beruhen (→ Erfindungshöhe) und gewerblich anwendbar sind (→ gewerbliche Anwendbarkeit). Entdeckungen, wissenschaftliche Theorien und mathematische Methoden, ästhetische Formschöpfungen, Pläne, Regeln und Verfahren für gedankliche Tätigkeiten, Spiele, geschäftliche Tätigkeiten sowie Programme für Datenverarbeitungsanlagen und die Wiedergabe von Informationen als solche sind dem Gebrauchsmusterschutz nicht zugänglich (§ 1 GebrMG). Pflanzensorten, Tierarten und Verfahren sind ebenso wie Erfindungen, deren Veröffentlichung oder Verwertung sittenwidrig wäre, vom Gebrauchsmusterschutz ausgeschlossen (§ 2 GebrMG). Abgesehen von Verfahrenserfindungen, für die nur Patentschutz erlangt werden kann, stehen mit dem Gebrauchsmuster und dem Patent zwei parallele technische Schutzrechte für Erfindungen zur Verfügung. Keine Parallelität besteht mit dem Patentrecht hinsichtlich der Schutzvoraussetzungen der Neuheit (§ 3 GebrMG) und der Erfindungshöhe. Bei der Neuheitsprüfung ist der Stand der Technik zu berücksichtigen, der vor dem für den → Altersrang der Gebrauchsmusteranmeldung maßgeblichen Tag liegt, das ist der Anmeldetag, bei Inanspruchnahme eines → Prioritätsrechts der Prioritätstag. Indem Schutz nur für eine Erfindung gewährt wird, die auf einem „erfinderischen Schritt" beruht (§ 1 I 1 GebrMG), ist klargestellt, dass als Gebrauchsmuster nur Erfindungen geschützt werden, die das handwerkliche Können des Fachmanns überschreiten, ohne dass eine „erfinderische Tätigkeit" vorliegen muss, wie sie der Patentschutz erfordert (§ 4 PatG); für den Gebrauchsmusterschutz genügt daher ein geringeres Maß an erfinderischer Leistung. Zum Recht an der Erfindung und dessen Schutz vgl. → Erfindung, → Entnahme, → Arbeitnehmererfindung. – 2. *Verfahren:* Gebrauchsmuster sind beim → Deutschen Patent- und Markenamt (DPMA) anzumelden (§ 4 GebrMG), auch die internationale Anmeldung ist möglich [Art. 2, 43 → Patent Cooperation Treaty (PCT)]. Näheres regelt die Gebrauchsmusterverordnung vom 11.5.2004 (BGBl. I 890) m.spät.Änd. Liegt eine ordnungsgemäße Anmeldung vor, wird das Gebrauchsmuster ohne Prüfung auf seine materielle Schutzfähigkeit eingetragen und bekannt gemacht (§ 8 GebrMG), die Offenlegung unterbleibt bei → Geheimgebrauchsmustern (§ 9 GebrMG). Prioritätsrechte aus einer früheren in- oder ausländischen Patent- oder Gebrauchsmusteranmeldung können beansprucht werden. Die frühere Gebrauchsmusterhilfsanmeldung ist entfallen, an ihrer Stelle kann der Anmeldetag einer früheren nationalen oder solchen europäischen oder internationalen Patentanmeldung, in der die Bundesrepublik Deutschland als Bestimmungsstaat angegeben ist, beansprucht werden (§ 5 GebrMG, Abzweigung). Mit der Eintragung erwirbt der Anmelder ein Ausschließlichkeitsrecht (§ 11 GebrMG), es sei denn, der Gegenstand der Anmeldung ist nicht gebrauchsmusterschutzfähig, bereits Gegenstand eines älteren Rechts oder geht über den ursprünglichen Inhalt der Anmeldung hinaus – → Erweiterung (unzulässige) -, sodass das Gebrauchsmuster auf Antrag von jedermann ganz oder teilweise zu löschen ist (§ 13 I, § 15 I, III GebrMG). Die → Löschung kann beim DPMA beantragt werden (§§ 16 f. GebrMG), der aus dem Schutzrecht in Anspruch genommene Verletzer kann die fehlende Schutzfähigkeit auch im Verletzungsprozess einwenden. Rechtsverteidigung im Verletzungsprozess mit mangelnder Schutzfähigkeit und Löschungsantrag sind nebeneinander möglich. Die Abweisung des Löschungsantrags bindet das Verletzungsgericht (§ 19 Satz 3 GebrMG), die Löschung im Löschungsverfahren entzieht einer Verletzungsklage die Grundlage. – 3. *Schutzende:* Die Schutzdauer ist auf zehn Jahre befristet, beginnt mit dem Tag zu laufen, der auf den Anmeldetag folgt, und kann gegen Zahlung entsprechend Gebühren auf insgesamt zehn Jahre verlängert werden (§ 23 GebrMG). – 4. *Verletzung:* Wer ohne Zustimmung des Rechtsinhabers Gegenstände nach der Lehre des Gebrauchsmusters herstellt, anbietet, in Verkehr bringt oder gebraucht, verletzt die Rechte aus dem Gebrauchsmuster, sofern nicht ein Ausnahmefall nach § 12 GebrMG vorliegt (§ 11, 24 GebrMG). Der Schutzumfang richtet sich nach den Schutzansprüchen, Beschreibung und Zeichnung sind zu seiner Feststellung heranzuziehen (§ 12a GebrMG, vgl. → Patent). Eine bes. Form der Verletzung ist die → mittelbare Patent-, Gebrauchsmusterverletzung. Der Einwand der Schutzunfähigkeit ist zulässig und führt zur Überprüfung des Gegenstandes des Gebrauchsmusters auf Neuheit, Erfindungshöhe und gewerbliche Anwendbarkeit durch das Verletzungsgericht, solange keine rechtskräftige Entscheidung im Löschungsverfahren vorliegt, ggf. ist der Verletzungsstreit auszusetzen (§ 19 GebrMG). Verletzungsgerichte sind die ordentlichen Gerichte (§ 27 GebrMG; → Patentstreitsache). Die Verletzung löst den verschuldensunabhängigen Unterlassungs- und Auskunftsanspruch nach §§ 24, 24b GebrMG aus, bei Verschulden besteht ein Schadensersatzanspruch (§ 24 GebrMG), bei fehlendem Verschulden ein Anspruch aus ungerechtfertigter Bereicherung (§ 812 BGB). Der Rechtsschutz wird durch den → Vernichtungsanspruch (§ 24a GebrMG), einen Besichtigungsanspruch (§ 24c GebrMG) und bei offensichtlichen Rechtsverletzungen durch die Möglichkeit der → Grenzbeschlagnahme (§ 25a GebrMG) ergänzt. – *Verjährung:* § 24f GebrMG; Strafvorschriften: § 25 GebrMG. – 5. *Einsicht in Rolle und Unterlagen:* → Akteneinsicht. – *Gebühren:* → Deutsches Patent- und Markenamt.

Gebrauchsmusteranmeldung → Gebrauchsmuster.

Gebrauchsmusterberühmung – das Versehen von Gegenständen, Verpackungen, Anzeigen etc. mit dem Hinweis Ⓓ, der den Eindruck bestehenden Gebrauchsmusterschutzes hervorruft und damit den Auskunftsanspruch des § 30 GebrMG auslöst. Der Hinweis kann auch eine Abkürzung sein (DGM, DBGM). Besteht das Gebrauchsmuster nicht oder ist es erloschen, ist der Hinweis irreführende Werbung (§ 5 UWG) und damit → unlauterer Wettbewerb. Gleiches gilt, wenn das Gebrauchsmuster zwar formell noch Bestand hat, aber z.B. aufgrund einer → Recherche (§ 7 GebrMG) offensichtlich ist, dass der Schutzfähigkeit neuheitsschädlicher Stand der Technik entgegensteht. Hinweise auf eine bloße Gebrauchsmusteranmeldung sind irreführende Werbung (§ 5 UWG), da die Anmeldung im Gegensatz zur offen gelegten Patentanmeldung keinerlei Schutzwirkung entfaltet. – Vgl. auch → gesetzlich geschützt, → Schutzrechtshinweise, → Patentberühmung.

Gebrauchsmustereintragung → Gebrauchsmuster.

Gebrauchsmusterrecht → Gebrauchsmuster.

Gebrauchsmusterrolle – beim → Deutschen Patent- und Markenamt (DPMA) geführtes Register über die eingetragenen Gebrauchsmuster (§ 8 GebrMG). Die Eintragung enthält Namen und Wohnsitz des Anmelders, eines etwa bestellten Inlandsvertreters sowie die Zeit der Anmeldung. – *Einsicht in Rolle und Akten:* → Akteneinsicht.

Gebrauchsmusterschutz → Gebrauchsmuster.

Gebrauchsmusterstreitsache → Patentstreitsache.

Gebrauchsvermögen – im Europäischen System Volkswirtschaftlicher Gesamtrechnungen (ESVG) nur zur Darstellung „unter dem Strich“ genannter Teil des → Volksvermögens. Gebrauchsvermögen wird nach den Konzepten der → Volkswirtschaftlichen Gesamtrechnung (VGR) nicht für Produktionszwecke eingesetzt, seine Anschaffung daher als → Konsum und nicht als → Anlageinvestition verbucht. Das Gebrauchsvermögen der privaten Haushalte umfasst deren Gebrauchsgüter (z.B. Möbel, Kraftfahrzeuge oder Hausgeräte), es wird VGR nur gelegentlich berechnet.

Gebrauchsverschleiß – Teil des Gesamtverschleißes der Gebrauchsgüter, der sich durch ihre Inanspruchnahme bei der Leistungserstellung ergibt (→ Verschleiß). Gebrauchsverschleiß lässt sich meist nur schwer vom → Zeitverschleiß isolieren, da seine Höhe oft vom Ausmaß des Zeitverschleißes abhängt und umgekehrt. Außerdem wird er (wie auch der Zeitverschleiß) von den Reparatur- und Instandhaltungsmaßnahmen beeinflusst. Die Unterscheidung der Verschleißarten ist für die planmäßige → Kostenauflösung in fixe und variable Bestandteile von Bedeutung. Wegen seiner Leistungsabhängigkeit führt der Gebrauchsverschleiß zu variablen Kosten. – Vgl. auch → gebrochene Abschreibung.

Gebrauchswert → Wert.

Gebrauchs-Zolltarif → Elektronischer Zolltarif (EZT).

Gebrauchtwaren – *Altwaren, Waren der zweiten Hand;* Konsum- bzw. Produktionsgüter, die vom Ersterwerber nach mehr oder weniger langer Nutzung erneut zum Verkauf angeboten werden. – Vgl. auch → Altwarenhandel, → Secondhandshop.

Gebrauchtwarenhandel → Altwarenhandel.

gebrochene Abschreibung – Abschreibungsverfahren (→ Abschreibung), das nach den Verschleißarten → Gebrauchsverschleiß und → Zeitverschleiß differenziert. Anwendung v.a. in der Grenzplankostenrechnung. Die gebrochene Abschreibung nimmt eine Aufteilung der Gesamtabschreibungen vor in fixe Abschreibungen (→ fixe Kosten), die dem Zeitverschleiß, und in proportionale Abschreibungen, die dem Gebrauchsverschleiß entsprechen. Die proportionalen Abschreibungen werden jeweils entsprechend der Istbeschäftigung abgewandelt. – *Beispiel:* Aufteilung der Abschreibung eines Lkw in einen km-abhängigen und einen einsatzzeitabhängigen Bestandteil. – *Bedeutung:* Wegen der engen Interdependenzen zwischen Zeit- und Gebrauchsverschleiß erweist sich das Konzept der gebrochenen Abschreibung als sehr problematisch.

gebrochener Verkehr – Beförderung von Personen und/oder Gütern mit Wechsel der Transportmittel durch Umsteigen und/oder Umladen zwischen Abgangs- und Ankunftsort. – Vgl. auch → kombinierter Verkehr, → Transportkette.

Gebühr – I. Finanzwissenschaft: 1. *Begriff:* → Abgabe, die als Entgelt für eine spezielle Gegenleistung einer Behörde oder öffentlichen Anstalt erhoben wird (vgl. z.B. § 4 II KAG-NW; → Äquivalenzprinzip). Im Gegensatz zu → Beiträgen belasten Gebühren den Einzelnen, der die öffentliche Leistung tatsächlich in Anspruch nimmt; das Einzelmitglied, nicht eine Gruppe als Ganzes gilt als Leistungsempfänger (individuelle Äquivalenz). Beabsichtigte Nebenwirkung kann sein, durch Erhebung von Gebühren die unnötige oder unmäßige Benutzung öffentlicher Einrichtungen zu hemmen. – 2. *Höhe:* Möglichst nach den der betreffenden öffentlichen Einrichtung erwachsenden Kosten bemessen (Kostendeckungsprinzip), d.h. der Verwaltungsaufwand zur Erhebung einer Gebühr und ihres wirtschaftlichen Nutzens müssen verhältnismäßig lohnend sein. – 3. *Einteilung:* a) Nach *Verwirklichung des Kostendeckungsprinzips:* (1) Gebühren mit Kostenbeitragscharakter, z.B. Studiengebühren, und (2) Gebühren mit Gewinnergebnis, u.a. Einkünfte des Passamtes, etwa nach Erleichterung des Auslandsreiseverkehrs. – b) Nach der *Leistungsart:* (1) Benutzungsgebühr (Gebühren für die Inanspruchnahme einer öffentlichen Einrichtung) und (2) Verwaltungsgebühr (Gebühren für die Amtshandlung einer Behörde). Einteilung nicht genügend trennscharf und ökonomisch nicht begründbar, da die Inanspruchnahme einer öffentlichen Einrichtung (Benutzungsgebühr) stets mit einer Amtshandlung (Verwaltungsgebühr) verknüpft ist. – c) Nach den *Verwaltungssektoren,* die die Leistungen erbringen: Gebühren im bzw. für Gerichts- und Justizwesen, Fahrzeugkontrolle und Verkehrsüberwachung, Versorgungs- und Entsorgungsdienste, Verkehrs- und Transportleistungen, Erholung, Sport, Kultur und Informationen, Gesundheitswesen, Schulen, Bildung und Erziehung, öffentliche Verwaltung i.e.S. (z.B. Standesämter, Friedhöfe, Gewerbeaufsicht, Marktkontrolle, Bauämter, Feuerschutz, Passämter).

II. Kostenrechnung: Verrechnung der Gebühren erfolgt je nach Entstehung: (1) Gebühren für Baupolizei, Müllabfuhr als → Gebäudekosten; (2) Gebühren für den Rechtsschutz eines Unternehmens als → Verwaltungskosten; (3) Prüfungsgebühren für Steuererklärung (u.a. für Abschlussprüfung, technische Überprüfung) i.Allg. als Verwaltungskosten, evtl. auch als Beratungskosten; (4) Gebühren der Dampfkesselüberwachung z.B. als Kostenarten der → Hauptkostenstellen.

Gebührenhaushalt – organisatorisch abgegrenzter Leistungsbereich der öffentlichen Verwaltung (→ Regiebetrieb), bei dem die Kosten der Leistungserstellung vollständig oder teilweise durch → Gebühren abgedeckt werden. – Vgl. auch → kostenrechnende Einrichtungen.

Gebührenordnung – 1. *Begriff:* im Bereich der Rechtsberatung, der Gesundheitspflege und bei sonstigen Dienstleistungen im öffentlichen Interesse die durch staatliche Rechtssetzung bzw. durch die Selbstverwaltungskörperschaften der freiberuflich Tätigen (Ärzte, Rechtsanwälte, Wirtschaftsprüfer etc.) tabellarisch festgelegten Gebühren bzw. Gebührensätze. – 2. *Beispiele:* → Gebührenordnung für Ärzte (GOÄ), → Gebührenordnung für Zahnärzte (GOZ), Gebührenordnung für Rechtsanwälte (→ Rechtsanwaltsgebührenordnung), Gebührenordnung für Steuerberater (→ Steuerberatergebührenordnung). – Vgl. auch → Kassenärztliche Vereinigung (KV).

Gebührenordnung für Ärzte (GOÄ) – VO i.d.F. vom 9.2.1996 (BGBl. I 210) m.spät.Änd., regelt die Gebühren, Entschädigung und Auslagen der Ärzte. Innerhalb des vorgeschriebenen Rahmens Festsetzung unter Berücksichtigung des Einzelfalles, des Zeitaufwands, der Vermögens- und Einkommensverhältnisse des Zahlungspflichtigen und der örtlichen Verhältnisse nach billigem Ermessen.

Gebührenordnung für Rechtsanwälte → Rechtsanwaltsvergütungsgesetz

Gebührenordnung für Steuerberater → Steuerberatergebührenverordnung.

Gebührenordnung für Tierärzte – VO vom 28.7.1999 (BGBl. I 1691) m.spät.Änd., die die Vergütungen nach dem der VO beigefügten Gebührenverzeichnis regelt.

Gebührenordnung für Zahnärzte (GOZ) – VO vom 22.10.1987 (BGBl. I 2316) m.spät.Änd., regelt die

Entschädigung etc. der Zahnärzte, ähnlich wie die → Gebührenordnung für Ärzte (GOÄ).

gebührenpflichtige Verwarnung → Verwarnung.

Gebühren-Tableau → Preisaushang.

Gebührenüberhebung – Erhebung von Gebühren oder anderen Vergütungen für amtliche Verrichtungen durch einen Beamten, Rechtsanwalt oder einen Rechtsbeistand zu seinem eigennützigen Vorteil, wenn er weiß, dass der Zahlende sie überhaupt nicht oder nur in geringerem Betrag schuldet (§ 352 StGB). – *Strafe:* Geldstrafe oder Freiheitsstrafe bis zu einem Jahr.

gebundene Finanzkredite – Oberbegriff für → Bestellerkredite und → Bank-zu-Bank-Kredite, die (zweck-)gebunden der Finanzierung von Exportgeschäften durch inländische Geschäftsbanken oder Spezialbanken (→ Ausfuhrkreditgesellschaft mbH (AKA), → Kreditanstalt für Wiederaufbau (KfW)) dienen. Gebundene Finanzkredite werden i.Allg. nicht an den kreditnehmenden ausländischen Besteller (Importeur) bzw. nicht an die kreditnehmende ausländische Bank ausgezahlt, sondern an den Exporteur gegen entsprechende Lieferungs- oder Leistungsnachweise. Dadurch wird das eigentliche Kreditgeschäft für den Exporteur fast zum Cashgeschäft, verbessert das bilanzielle Rating des Exporteurs und verkürzt ein eventuelles Währungrisiko.

gebundene Hilfe → Lieferbindung.

gebundener Vermittler – Abweichend von der engeren Definition in Art. 2 Ziffer 7. der EU-Vermittlerrichtlinie vom 9.12.2002 ist ein gebundener Vermittler nach § 34d IV GewO ein → Versicheru → ngsvertreter, der seine Tätigkeit ausschließlich im Auftrag eines oder mehrerer im Inland zum Geschäftsbetrieb befugter Versicherungsunternehmen, deren Versicherungsprodukte nicht in Konkurrenz zueinander stehen, ausübt und für dessen Vermittlungstätigkeit ein vertretenes Versicherungsunternehmen die uneingeschränkte Haftung übernimmt. Der gebundene Vermittler bedarf keiner → Gewerbeerlaubnis, sondern kann vom Versicherungsunternehmen ohne eine solche zum → Vermittlerregister gemeldet werden. Allerdings ist das Versicherungsunternehmen dann (an Stelle der IHK) gesetzlich gehalten, sich selbst durch Einholung geeigneter Auskünfte von der Zuverlässigkeit und den geordneten Vermögensverhältnissen des Vermittlers zu überzeugen und eine angemessene Qualifikation sicherzustellen.

gebundener Verwaltungsakt → Verwaltungsakt, den eine Behörde erlassen muss, wenn die Voraussetzungen dafür erfüllt sind, z.B. Erteilung der Bauerlaubnis. – *Anders:* Verwaltungsakt, der im → Ermessen der Behörde steht.

gebundener Zahlungsverkehr → Zahlungsverkehr, dessen Abwicklung aufgrund des → Zahlungsabkommens zwischen zwei Ländern an die im bilateralen Abkommen vereinbarte(n) Währung(en) gebunden ist.

gebundenes Vermögen – Nach § 54 VAG bilden die Bestände des → Sicherungsvermögens und das sonstige gebundene Vermögen (vgl. dazu § 54 V VAG) gemeinsam das gebundene Vermögen. Der Umfang des sonstigen gebundenen Vermögens entspricht der Summe aus den Bilanzwerten der versicherungstechnischen Rückstellungen und der aus Versicherungsverhältnissen entstandenen Verbindlichkeiten und Rechnungsabgrenzungsposten, die nicht bereits zum Sicherungsvermögen gehören. Das gebundene Vermögen unterliegt bes. Anlagevorschriften, die in § 54 VAG und der Anlageverordnung (AnlV) festgelegt sind. In Abgrenzung zum gebundenen Vermögen vgl. auch → freies Vermögen.

gebundene Währung → Währungssystem.

Geburtenhäufigkeit → Fertilitätsmaße, → Geborenenziffer, → Geburtenrate.

Geburtenkohorte → Generation.

Geburtenkontrolle – nur noch selten verwendeter Begriff für Maßnahmen zur Beschränkung der Zahl der Geburten auf das individuell oder gesellschaftlich für richtig angesehene Maß, u.a. Schwangerschaftsverhütung und -abbruch. Der Staat kann Geburtenkontrolle durch Beratung und Bereitstellung von Mitteln und Einrichtungen fördern. Wegen des nötigenden Untertons fast gänzlich durch → Familienplanung ersetzt.

Geburtenrate – fälschlicher, aber in Medien und Öffentlichkeit verwendeter Ausdruck für *zusammengefasste Geburtenziffer* und für *Geborenenziffer* (offenbar vom Englischen *Crude Birth Rate* stammend). Der korrekte Fachausdruck ist → Geborenenziffer, weil Lebendgeborene auf Tausend der mittleren Bevölkerung gezählt werden (daher „Ziffer") und nicht Geburten (Zwillingsgeburt).

Geburtenrückgang → Bevölkerungspolitik, → demografischer Übergang, → Bevölkerungswissenschaft, → demografische Alterung.

Geburtenüberschuss – Kennzahl der → Bevölkerungsstatistik für die natürliche, d.h. durch Geburten und Sterbefälle bewirkte Veränderung des Umfanges einer Bevölkerung. Die Differenz der Anzahlen der Lebendgeborenen und der Gestorbenen eines Jahres wird ggf. auf 1.000 Mitglieder der Bevölkerung relativiert.

Geburtsbeihilfe – Zuwendungen des Arbeitgebers an Arbeitnehmer beiderlei Geschlechts anlässlich der Geburt eines Kindes in Geld oder Sachwerten. – *Lohnsteuer:* Geburtsbeihilfen waren früher einmal unter bestimmten Umständen steuerfrei (§ 3 Nr. 15 EStG bis Ende 2005), sind aber heute regulärer Bestandteil des steuerpflichtigen Arbeitslohns.

Geburtstagsverfahren – Ersatzverfahren zur Gewinnung einer → Zufallsstichprobe

(→ Auswahlverfahren) aus einer Personengesamtheit. Ausgewählt werden die Personen, die an einem oder an mehreren bestimmten Tagen des Jahres Geburtstag haben. Pro Tag wird also ein → Auswahlsatz von etwa 1/365 verwirklicht.

Gedächtnistest → Recalltest.

gedämpfte Schwingung – eine Schwingung, deren → Amplitude im Zeitablauf abnimmt und (evtl. asymptotisch) verschwindet. Tritt v.a. in → Multiplikator-Akzelerator-Modellen der → Konjunkturtheorie auf und wird als abnehmende → Konjunkturschwankung interpretiert. Sie ist auch Ausdruck der Stabilität eines Modells, das nach einer Störung allmählich wieder auf seinen Gleichgewichtspfad zurückkehrt.

gedeckter Kredit → Kredit, der neben der persönlichen Bonität des Kreditnehmers besonders gesichert ist, und zwar durch Verpfändung von → Effekten oder Waren, durch → Bürgschaft, → Sicherungsübereignung, → Grundschuld, → Hypothek etc. (→ Kreditsicherheiten). – *Gegensatz:* → Blankokredit; → Personalkredit.

Gefährdung – 1. *Allgemein:* Herbeiführung eines Zustandes, bei dem die Wahrscheinlichkeit und begründete Besorgnis des Eintritts einer Verletzung gegeben sind. – 2. *Abgabenordnung:* → Gefährdung der Abzugsteuern, → Gefährdung der Einfuhr- und Ausfuhrabgaben.

Gefährdung der Abzugsteuern → Steuerordnungswidrigkeit nach § 380 AO. Wer vorsätzlich oder leichtfertig seiner Verpflichtung, Steuerabzugsbeträge (wie z.B. Lohnsteuer, Kapitalertragssteuer) einzubehalten und abzuführen, nicht vollständig oder nicht rechtzeitig nachkommt, kann wegen Ordnungswidrigkeit mit einer Geldbuße bis zu 25.000 Euro belegt werden (§ 380 II AO), wenn die Handlung nicht nach § 378 AO geahndet werden kann (dann Geldbuße bis zu 50.000 Euro möglich, § 378 II AO).

Gefährdung der Einfuhr- und Ausfuhrabgaben → Steuerordnungswidrigkeit nach § 382 AO. Wer als Pflichtiger oder bei der Wahrnehmung der Angelegenheiten eines Pflichtigen vorsätzlich oder fahrlässig Vorschriften der Zollgesetze, der dazu erlassenen Rechtsverordnungen oder der einschlägigen Verordnungen des Rates oder der Kommission der Europäischen Gemeinschaften zuwiderhandelt, wird wegen Ordnungswidrigkeit mit Geldbuße bis zu 5.000 Euro belegt, soweit die Zollgesetze oder Rechtsverordnungen für einen bestimmten Tatbestand auf § 382 AO verweisen und wenn die Handlung nicht nach § 378 AO geahndet werden kann (dann Geldbuße bis zu 50.000 Euro möglich, § 378 II AO). – Die *Verkürzung* von Eingangsabgaben ist als → Steuerstraftat (§§ 369, 370 AO) strafbar.

Gefährdungshaftung – 1. *Begriff:* Schadensersatzpflicht, die kein Verschulden (→ Verschuldenshaftung) voraussetzt, sondern darauf beruht, dass der Ersatzpflichtige bei einer erlaubten Tätigkeit unvermeidlich eine gewisse Gefährdung seiner Umgebung herbeiführt (z.B. durch Halten eines Tieres, eines Kraftwagens, Betrieb eines Eisenbahnunternehmens). – 2. Nach Gesetz die folgenden wichtigsten *Fälle:* a) Gefährdungshaftung des Kraftfahrzeughalters (§ 7 StVG; → Kraftfahrzeughaftung), wenn beim Betrieb eines Fahrzeugs ein Mensch getötet, verletzt oder eine Sache beschädigt wird. Anspruchsberechtigt sind die Verletzten, ggf. Hinterbliebene; erstattet wird Vermögensschaden und nach der → Schadensrechtsreform auch → Schmerzensgeld (→ Haftungsbegrenzung). – b) Gefährdungshaftung des Tierhalters (§ 833 Satz 1 BGB). – c) Gefährdungshaftung von Eisenbahnunternehmern sowie eines Inhabers von Elektrizitäts- und Gasanlagen (→ Haftpflichtgesetz; Gasanlagen, → gefährliche Betriebe). – d) Gefährdungshaftung eines Flugzeughalters (§§ 33 ff. LuftVG). – e) Gefährdungshaftung des Inhabers einer Anlage zur Erzeugung oder Spaltung von Kernbrennstoffen und des sonstigen Bearbeiters oder Verwenders von Kernbrennstoffen (§§ 25 ff. AtG). – f) Gefährdungshaftung des pharmazeutischen Unternehmers bei → Arzneimittelschäden (§§ 84 ff. AMG). – g) Gefährdungshaftung des Herstellers eines fehlerhaften Produkts nach §§ 1, 10 ProdHaftG. – h) Gefährdungshaftung nach dem Wasserhaushaltsgesetz (§ 22 WHG). – i) Gefährdungshaftung nach dem Umwelthaftungsgesetz (§§ 1, 2, 15 UmweltHG). – j) Gefährdungshaftung nach dem Gentechnikgesetz (§ 33 GenTG). – k) Gefährdungshaftung nach dem Bundesberggesetz (§§ 114 ff. BBergG). – l) Gefährdungshaftung nach dem Bundesdatenschutzgesetz (§8 BDSG). – 3. *Entlastung* nur in manchen Fällen durch den Nachweis, dass den Ersatzpflichtigen kein Verschulden trifft (so der Tierhalter für Nutztiere nach § 833 Satz 2 BGB), in manchen nur durch den Nachweis → höherer Gewalt.

Gefahrenschutz → Arbeitsschutz.

Gefahrerhöhung – 1. *Begriff:* Nach Abschluss eines Versicherungsvertrags eingetretene Veränderung, wenn sie dazu führt, dass der Eintritt des → Versicherungsfalls wahrscheinlicher oder der potenzielle → Schaden größer wird. – 2. *Rechtsverhältnisse:* Die Gefahrerhöhung ist in § 23 VVG geregelt. Demnach darf der → Versicherungsnehmer nach Abgabe seiner Vertragserklärung keine Gefahrerhöhung vornehmen. Erkennt der Versicherungsnehmer nachträglich, dass er ohne Einwilligung des Versicherers eine Gefahrerhöhung vorgenommen hat oder dass eine Gefahrerhöhung unabhängig von seinem Willen eingetreten ist, muss er dies dem Versicherer unverzüglich anzeigen. – 3. *Folgen:* Sollte der Versicherungsnehmer gegen die → Obliegenheiten verstoßen, drohen im kausalen Zusammenhang eines Schadenereignisses mit dem gefahrerhöhten Umstand Schadenfreiheit des Versicherers und/ oder Kündigung des Versicherungsvertrags.

gefahrgeneigte Arbeit – *schadensgeneigte Arbeit.* 1. *Begriff:* Gefahrgeneigte Arbeit liegt vor, wenn sich der Arbeitnehmer z.Z. des Schadensereignisses in einer Situation befindet, in der erfahrungsgemäß auch einem sorgfältig arbeitenden Arbeitnehmer Fehler unterlaufen können, die zwar vermeidbar sind, mit denen aber allg. gerechnet werden muss. Entscheidend ist die Gefahrträchtigkeit der konkreten Situation. – 2. *Beispiele:* Die Tätigkeit eines Kraftfahrers gilt i.d.R. als gefahrgeneigt. Auch eine i.Allg. ungefährliche Tätigkeit kann im Einzelfall gefahrgeneigt sein, z.B. wegen Übermüdung des Arbeitnehmers. – 3. *Bedeutung:* Die Pflicht des Arbeitnehmers (und des Auszubildenden), dem Arbeitgeber den Schaden zu ersetzen (→ Schadensersatz), den er in Ausführung seiner Dienste verschuldet hat, war früher bei gefahrgeneigter Arbeit beschränkt. Die Haftungsbeschränkung gilt nun bei jeder betrieblichen Tätigkeit. *Begründung:* Die Abgrenzung von gefahrgeneigter und nicht gefahrgeneigter Arbeit lässt sich in vielen Bereichen kaum durchführen. – Vgl. auch → Haftung.

Gefahrgut – Stoffe und Gegenstände, von denen aufgrund ihrer Natur, ihrer Eigenschaften oder ihres Zustandes im Zusammenhang mit der Beförderung Gefahren für die öffentliche Sicherheit oder Ordnung, v.a. für die Allgemeinheit, für wichtige Gemeinschaftsgüter, für Leben und Gesundheit von Menschen, → Tieren und → Sachen ausgehen können (Gesetz über die Beförderung gefährlicher Güter i.d.F. vom 7.7.2009, BGBl. I 1774, 3975). – Behandlung der Gefahrgüter *im Verkehr* unterliegt eingehenden nationalen und internationalen Regelungen und behördlicher Überwachung, Verstöße sind Straftat oder Ordnungswidrigkeit. – Vgl. auch → Gefahrstoffverordnung, → Gefahrgüter im Bahnverkehr, → Gefahrgüter im Binnenschiffsverkehr, → Gefahrgüter im Seeschiffsverkehr, → Gefahrgüter im Straßenverkehr.

Gefahrgutbeauftragter – Unternehmer und Inhaber eines Betriebes, die an der Beförderung gefährlicher Güter mit Eisenbahn-, Straßen- oder Wasserfahrzeugen beteiligt sind, müssen mind. einen Gefahrgutbeauftragten bestellen (vgl. § 3 I der Gefahrgutbeauftragtenverordnung [GbV] i.d.F. vom 25.2.2011 (BGBl. I 341)). Er hat darauf hinzuwirken, dass geeignete Maßnahmen zur Einhaltung der Vorschriften zur Beförderung gefährlicher Güter für den jeweiligen Verkehrsträger ergriffen werden. Einzelheiten regelt die GbV. – Vgl. auch → Gefahrgut.

Gefahrgüter im Bahnverkehr – die unter die Begriffe der Anlage zur GefahrgutVO Straße, Eisenbahn und Binnenschifffahrt i.d.F. der Bekanntmachung vom 22.1.2013 (BGBl. I S. 110) fallenden Stoffe und Gegenstände. Gefahrgüter im Bahnverkehr sind nur bedingt zur Bahnbeförderung zugelassen und müssen die Anforderungen der Anlage erfüllen. Bes. Kennzeichnungspflichten. Gefahrgüter im Bahnverkehr unterliegen der Überwachung. *Verstöße* werden als Ordnungswidrigkeit mit Geldbuße geahndet.

Gefahrgüter im Binnenschiffsverkehr – unter die Begriffe der GefahrgutVO Straße, Eisenbahn und Binnenschifffahrt i.d.F. vom 16.12.2011 (BGBl. I 2733) fallende Stoffe und Gegenstände. Gefahrgüter im Binnenschiffsverkehr sind nur bedingt zur Beförderung mit Binnenschiffen zugelassen und müssen die Anforderungen der Anlage erfüllen. – *Verstöße* werden als Ordnungswidrigkeit mit Geldbuße geahndet.

Gefahrgüter im Seeschiffsverkehr – unter die Verordnung über die Beförderung gefährlicher Güter mit Seeschiffen (Gefahrgutverordnung See (GGVSee)) i.d.F. vom 16.12.2011 (BGBl. I 2784, 2012 I 122) fallende Stoffe und Gegenstände. – *Verstöße* werden als Ordnungswidrigkeit mit Geldbuße geahndet.

Gefahrgüter im Straßenverkehr – unter die Anlagen A und B zum Europäischen Übereinkommen über die internationale Beförderung gefährlicher Güter (→ Gefahrgut) auf der Straße (BGBl. 2010 II 1412) fallende Stoffe und Gegenstände. – Einzelheiten über die Zulassung der Beförderung, die bei der Beförderung zu beachtenden allg. Sicherheitspflichten, die Ausnahmen und die Zuständigkeiten regelt (1) das Gefahrgutbeförderungsgesetz i.d.F. vom 7.7.2009 (BGBl. I 1774, 3975), (2) die Verordnung über die innerstaatliche und grenzüberschreitende Beförderung gefährlicher Güter auf der Straße und mit Eisenbahnen (Gefahrgutverordnung Straße, Eisenbahn und Binnenschifffahrt i.d.F. vom 16.12.2011 (BGBl. I S. 2733). – *Ausnahmen* von den darin enthaltenen Vorschriften normiert die Gefahrgut-Ausnahmeverordnung (GGAV) vom 6.11.2002 (BGBl. I 4350) m.spät.Änd.

Gefahrgutlogistik – logistische Prozesse (→ Logistik) für Gefahrgüter (→ Gefahrgüter im Bahnverkehr). Aus der Sicht der Logistik sind die Aufgaben der Lagerung und der Verpackung, v.a. aber des Transports gefährlicher Güter hervorzuheben. Im Rahmen der Lagerung müssen spezielle Sicherheitsläger für Gefahrgüter eingerichtet werden, die z.B. mit feuerbeständigen Trennwänden, automatischer Brandmeldung und Löschvorrichtungen ausgestattet sind und in denen ein striktes Zusammenlagerungsverbot berücksichtigt wird. Auch im Zuge der Verpackung von Gefahrgütern gilt ein generelles Zusammenpackverbot mit anderen Gütern. Die bes. Risiken des Gefahrguttransportes liegen darin begründet, dass zusätzlich zu den auf den Verkehrswegen üblichen Unfallrisiken das Risiko der Freisetzung gefährlicher Stoffe besteht. Als Ansatzpunkte zur Minderung der potenziellen Risiken von Gefahrguttransporten kommen die Verkehrswege, die Verkehrsmittel und deren technischer Standard sowie das Verhalten der am Gefahrguttransport Beteiligten in Frage. Zu letzteren zählen Hersteller, Verpacker, Absender, Verlader, Beförderer, Fahrzeugführer und Beifahrer, Fahrzeughalter und Gefahrgutbeauftragte, die für eine lückenlose Information der in den Transport gefährlicher Güter eingeschalteten Personen und Institutionen zu sorgen haben. Zudem obliegt den Gefahrgutbeauftragten die Aufgabe, die Einhaltung der Vorschriften über die Beförderung gefährlicher Güter zu überwachen, die mit dem Transport beauftragten Personen zu schulen sowie Mängel, die die Sicherheit beim Transport gefährlicher Güter beeinträchtigen, dem Unternehmer oder Inhaber anzuzeigen.

gefährliche Betriebe – unterliegen gemäß § 3 Haftpflichtgesetz (HPflG) einer bes. Haftung. Der Betriebsunternehmer haftet, wenn ein Bevollmächtigter oder ein Repräsentant oder eine zur Leitung oder Beaufsichtigung des Betriebes oder der Arbeiter angenommene Person durch ein → Verschulden in Ausführung der Dienstverrichtungen den Tod oder die Körperverletzung eines Menschen herbeigeführt hat, für den dadurch entstandenen Schaden. – *Einzelheiten:* §§ 5 ff. HPflG.

gefährliche Stoffe – Stoffe, die explosionsgefährlich, brandfördernd, hochentzündlich, leicht entzündlich, entzündlich, (sehr) giftig, gesundheitsschädlich, ätzend, reizend, sensibilisierend, krebserzeugend, fortpflanzungsgefährdend, erbgutverändernd oder umweltgefährlich sind, geregelt in der → Gefahrstoffverordnung vom 26.11.2010 (BGBl. I 1643).

Gefahrstoffverordnung – VO zum Schutz vor Gefahrstoffen vom 26.11.2010 (BGBl. I 1643) m.spät. Änd. – *Zweck:* Schutz des Menschen vor arbeitsbedingten und sonstigen Gesundheitsgefahren sowie der Umwelt vor stoffbedingten Schädigungen. – *Inhalt:* 1. *Inverkehrbringen von Stoffen und Zubereitungen:* Hersteller und → Einführer sind verpflichtet, gefährliche Stoffe und Zubereitungen einzustufen und entsprechend der Einstufung ordnungsgemäß zu verpacken und zu kennzeichnen. Zur Kennzeichnung gehören u.a. neben dem Aufdruck eines Gefahrensymbols Hinweise auf bes. Gefahren und Sicherheitsratschläge. – 2. *Umgang mit Gefahrstoffen:* Die Gefahrstoffverordnung enthält allg. Umgangsvorschriften für Gefahrstoffe, in denen u.a. Ermittlungs-, Schutz- und Überwachungspflichten des Unternehmers, die Pflicht zum Erlass von Betriebsanweisungen, die Unterrichtung und Anhörung der Arbeitnehmer in bes. Fällen sowie die Pflicht zur Durchführung von Vorsorgeuntersuchungen geregelt sind. Darüber hinaus beinhaltet die Gefahrstoffverordnung zusätzliche Vorschriften für den Umgang mit krebserzeugenden und erbgutverändernden Gefahrstoffen. – 3. Schließlich regelt die Gefahrstoffverordnung die Voraussetzungen für behördliche Anordnungen und Entscheidungen, Straftaten und Ordnungswidrigkeiten sowie die Einsetzung eines *Ausschusses für Gefahrstoffe.* Diesem obliegt u.a. die Ermittlung von Regeln und Erkenntnissen über den Umgang mit Gefahrstoffen sowie die Unterbreitung von Vorschlägen zur Weiterentwicklung dem jeweiligen Stand von Wissenschaft, Technik und Medizin entsprechender Vorschriften.

Gefahrübergang – 1. Beim → Kaufvertrag geht die Gefahr des zufälligen Untergangs und der zufälligen Verschlechterung der verkauften Sache auf den Käufer mit der Übergabe der Sache (auch bei → Eigentumsvorbehalt) über (§ 446 BGB). Geht die Sache vor Gefahrübergang durch einen von keiner Partei zu vertretenden Umstand unter, braucht beim → Stückkauf der Verkäufer nicht zu liefern, der Käufer nicht zu zahlen. Ebenso beim → Gattungskauf, wenn der Käufer in → Annahmeverzug kommt. – Besonderheiten beim → Versendungskauf. – 2. Beim → Werkvertrag trägt i.d.R. der Unternehmer die Gefahr bis zur → Abnahme (§ 644 BGB). Gefahrübergang auch, wenn Besteller in → Annahmeverzug kommt. Für zufälligen Untergang oder zufällige Verschlechterung des vom Besteller gelieferten Stoffes ist der Unternehmer nicht verantwortlich. Bei Versendung gelten für Gefahrübergang die Regeln des → Versendungskaufs.

Gefälligkeitsfahrt – Begriff des Straßenverkehrsrechts für die unentgeltliche Beförderung eines Dritten im Kraftfahrzeug. Vorführungs- und Probefahrten sind keine Gefälligkeitsfahrten – *Haftung* für Verschulden ist bei Gefälligkeitsfahrt nicht ausgeschlossen; regelt sich nach den Vorschriften über → unerlaubte Handlungen und → Kraftfahrzeughaftung.

Gefangenendilemma – 1. *Begriff:* Das Gefangenendilemma kennzeichnet eine Situation, in der individuell rationales Verhalten der einzelnen Gruppenmitglieder zu einem für die Gruppe nicht Pareto-optimalem Ergebnis führt. Obwohl demnach ein Gleichgewicht vorhanden ist, ist dieses nicht gesellschaftlich optimal. – 2. *Beispiel:* Situation mehrerer Gefangener, die nicht miteinander kommunizieren und unabhängig voneinander verhört werden, wobei die Kronzeugenregelung gilt. Gefangene, die gestehen und damit ihre Mitgefangenen überführen, gehen mit geringer Strafe aus, während die durch Geständnisse ihrer Komplizen Belasteten einer verschärften Bestrafung unterliegen. Das Entscheidungsdilemma liegt darin, dass jedem isoliert handelnden Gefangenen ein Geständnis vorteilhaft scheint. Folglich werden alle Gefangenen als dominante Strategie gestehen und sich dadurch einer Bestrafung aussetzen, der sie durch gemeinsames konsequentes Leugnen hätten ausweichen können. – 3. *Lösung:* Ein gesellschaftlich optimales Ergebnis kann erreicht werden, durch: (a) wiederholte strategische Interaktionen, (b) Externe Bestrafung der Geständigen, die höher als die Gefängnisstrafe ist. – 4. *Wirtschaftswissenschaftliche Bedeutung:* Das Gefangenendilemma findet sich in zahlreichen wirtschaftlichen Konstellationen, z.B. bei Kartellen, dem Ziel der Preisniveaustabilität und im Rahmen von Kooperationsbeziehungen. In einer Forschungs- und Entwicklungskooperation etwa ist es für alle Partner individuell rational, eigene Ergebnisse zurückzuhalten und gleichzeitig von den Informationen des Partners zu profitieren. Handeln die übrigen Kooperationspartner aber entsprechend, so führt dies

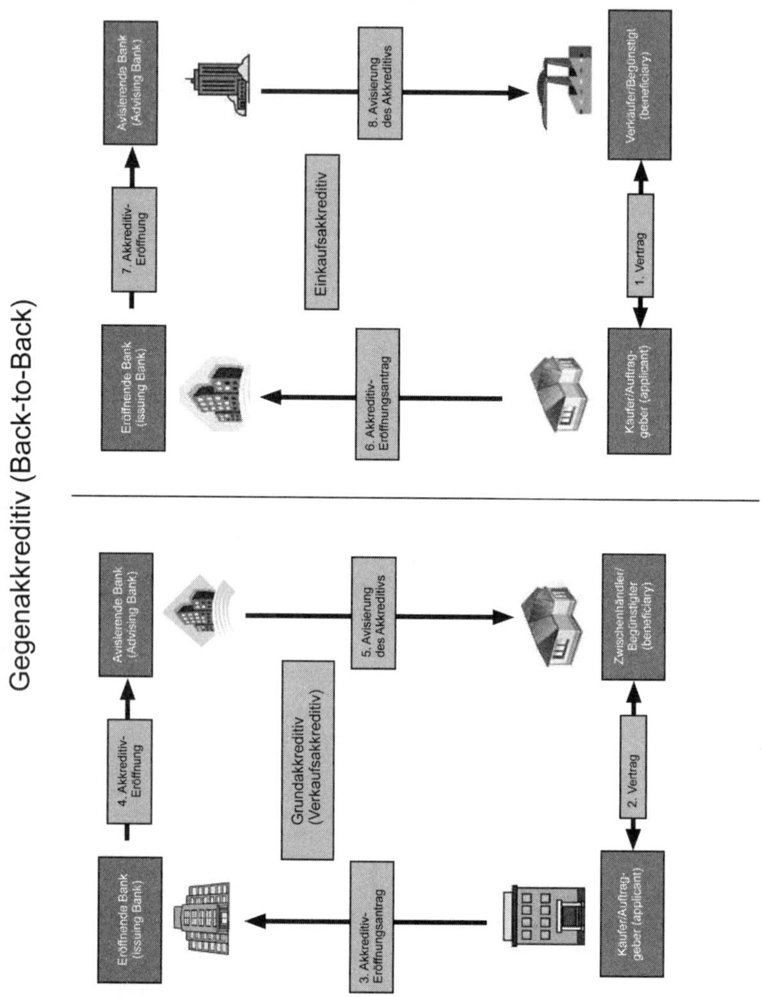

zu einem Zusammenbruch der vorteilhaften Kooperation. Das Gefangenendilemma kann institutionell überwunden werden, wenn die Beteiligten im Interesse der Gruppe insgesamt auf kurzfristige individuelle Vorteile verzichten, um so in den Genuss der Kooperationsvorteile zu gelangen. Dies kann z.B. durch die Gestaltung langfristiger Verträge erreicht werden. – Vgl. auch → Spieltheorie.

Gefängnis → Freiheitsstrafe.

gefühlsbetonte Werbung → Kundenfang.

gegabelte Befragung → Split Ballot.

Gegenakkreditiv – *Back-to-Back-Akkreditiv.* Ein Gegenakkreditiv entsteht, indem z.B. ein Exporthändler (Zwischenhändler, Transithändler) oder ein Generalunternehmer auf Grundlage eines zu seinen Gunsten eröffneten → Akkreditivs seine Bank beauftragt, Back-to-Back zu diesem ursprünglichen Akkreditiv ein (Gegen-)Akkreditiv zugunsten seines eigenen Vorlieferanten oder eines Subunternehmers zu eröffnen. Zu beachten ist, dass es sich rechtlich um zwei selbstständige Akkreditive handelt, aber wirtschaftlich bilden sie eine Einheit. Bei Erstellung des Gegenakkreditivs werden weitestgehend dieselben Formulierungen und dieselben geforderten Dokumente des ursprünglichen Akkreditivs mit aufgenommen, damit die unter dem Gegenakkreditiv präsentierten Dokumente auch zur Vorlage unter dem ursprünglichen Akkreditiv genutzt werden können. Ein Gegenakkreditiv wird u.a. verwendet, wenn die Übertragung des Akkreditivs nicht möglich ist. Im Gegensatz zu einer Akkreditivübertragung geht der Exporthändler eine eigene Verbindlichkeit ein. Der Exporthändler (Zwischenhändler), eröffnet ein rechtlich unabhängiges Akkreditiv zugunsten seines Lieferanten (Einkaufsakkreditiv). Der Importeur eröffnet wiederum ein Akkreditiv zugunsten des Zwischenhändlers (Verkaufsakkreditiv) – Vgl. Schaubild.

Gegenbuchung – die andere Buchung eines Buchungssatzes in der doppelten Buchführung. – Vgl. auch → Buchungssatz. – *Anders:* → Stornobuchung.

Gegendarstellung – Begriff des → Presserechts. Auf Verlangen der von einer Tatsachenbehauptung in einer periodischen Druckschrift betroffenen Privatperson oder Behörde von dem verantwortlichen Redakteur und Verleger – nach manchen Landespressegesetzen auch vom Drucker – abzudruckende Gegenäußerung.

Gegenforderung – eine zur → Aufrechnung gegen eine Forderung eines anderen geeignete → Forderung. – Vgl. auch → Zurückbehaltungsrecht.

Gegengeschäft → Kompensationshandel, → Kompensationsgeschäft.

Gegengiftthese → Wettbewerbstheorie.

Gegenkauf → Kompensationshandel.

gegenseitige Verträge – **I. Zurückbehaltungsrecht:** 1. Die beiderseitigen Leistungen haben → Zug um Zug zu erfolgen. Jeder Verpflichtete kann, soweit er nicht z.B. bei Miet- und Werkvertrag vorleistungspflichtig ist, seine Leistung bis zur Bewirkung der Gegenleistung verweigern (§ 320 I BGB; „Einrede des nicht erfüllten Vertrages"). – 2. Ist ein Teil *vorleistungspflichtig*, steht ihm ein Zurückbehaltungsrecht zu, wenn nach Vertragsschluss durch Verschlechterung der Vermögenslage des anderen Teils der Anspruch auf die Gegenleistung gefährdet wird und keine → Sicherheitsleistung erfolgt (§ 321 BGB). – 3. *Geltendmachung* der Zurückbehaltungsrechte *im Prozess* führt zur Verurteilung Zug um Zug (§ 322 BGB).

II. Leistungsstörungen: Die §§ 323–326 BGB regeln den Einfluss von → Leistungsstörungen, v.a. auf die *Gegenleistung*, in teilweiser Ergänzung und Abänderung allgemeiner Vorschriften. – 1. *Unmöglichkeit:* Wird die eine Vertragspartei durch Unmöglichkeit von ihrer Leistungspflicht befreit, hat dies folgende Auswirkungen auf die Rechte und Pflichten der anderen Vertragspartei: a) Es entfällt die Pflicht zur Gegenleistung (Gegenleistungspflicht; § 326 I 1 BGB). Leistet die andere Vertragspartei trotzdem, kann sie ihre Leistung wieder zurückfordern (§ 326 IV BGB). Keine Befreiung von der Gegenleistungspflicht tritt ein (1) bei → Unmöglichkeit der → Nacherfüllung, z.B. wenn die Reparatur einer mangelhaften Kaufsache durch den Verkäufer endgültig fehlschlägt (irreparable → Schlechtleistung). Die andere Vertragspartei hat vielmehr ein Wahlrecht aus Sondervorschriften, z.B. aus → Mängelhaftung im Fall einer mangelhaften Kaufsache. (2) Bei alleinigem oder weit überwiegendem → Verschulden der anderen Vertragspartei an der → Unmöglichkeit oder bei → Annahmeverzug. (3) Wenn die andere Vertragspartei → Surrogation nach § 285 BGB verlangt. – b) Die andere Vertragspartei hat ferner das Recht zum → Rücktritt vom Vertrag (§ 326 V BGB). – c) Daneben kann die andere Vertragspartei anders als vor der → Schuldrechtsreform bei Verschulden → Schadensersatz statt der Leistung verlangen (§§ 325, 283 BGB). – 2. *Schlechtleistung und Leistungsverzögerung:* Nach einer erheblichen Schlechtleistung oder → Leistungsverzögerung durch die eine Vertragspartei hat die andere Partei das Recht zum → Rücktritt vom Vertrag, wenn sie zuvor erfolglos eine angemessene Frist gesetzt hat, § 323 BGB (→ Ablehnung). Die Nachfristsetzung ist entbehrlich (1) bei ernsthafter und endgültiger Leistungsverweigerung, (2) bei Just-in-Time-Verträgen oder sonstigen Fällen unzumutbaren Abwartens. – Daneben können wiederum Ansprüche auf Schadensersatz bestehen (§§ 325, 281 BGB). – 3. *Schutzpflichtverletzung:* Ist der anderen Vertragspartei nach Verletzung einer → Schutzpflicht das Festhalten am Vertrag nicht mehr zuzumuten, hat sie ebenfalls das Recht zum → Rücktritt vom Vertrag (§ 324 BGB) und ggf. einen Anspruch auf Schadensersatz (§§ 280, 282 BGB).

III. Behandlung im Insolvenzverfahren: Ist ein gegenseitiger Vertrag z.Zt. der → Insolvenzeröffnung weder von dem → Gemeinschuldner noch von dem Vertragspartner vollständig erfüllt (stets bei Eigentumsvorbehaltsgeschäften), so hat der → Insolvenzverwalter ein *Wahlrecht:* (1) Er kann Erfüllung des Vertrages verlangen und muss dann auch den Partner voll als → Massegläubiger befriedigen. (2) Er lehnt die Erfüllung ab, dann hat der Vertragspartner nur einen Schadensersatzanspruch als → Insolvenzgläubiger (eine schon erbrachte und in das Eigentum des Gemeinschuldners übergegangene Teilleistung kann er nicht aus der Masse zurückverlangen; § 103 InsO). – Wählt der Insolvenzverwalter bei → Sukzessivlieferungsverträgen Erfüllung, so muss er den ganzen Vertrag voll aus der Masse erfüllen, also auch die Leistungen, die schon vor Insolvenzeröffnung fällig geworden sind. Anders bei *Wiederkehrschuldverhältnissen*, die nicht zur Abnahme bestimmter Mengen verpflichten, z.B. Verträge über die Lieferung von

Elektrizität, Gas und Wasser; hier sind Masseansprüche nur die nach Insolvenzeröffnung fällig werdenden Ansprüche. – *Sonderregelungen:* (1) Für Miet- und Pachtverträge (§§ 108–112 InsO) sowie (2) für Dienstverträge (§§ 113 f. InsO).

Gegenseitigkeitsgeschäft → Kompensationsgeschäft, → Kompensationshandel.

Gegenseitigkeitsgesellschaft → Gesellschaft bürgerlichen Rechts (GbR) ohne Kaufmannseigenschaft; am häufigsten im Versicherungswesen (→ Versicherungsverein auf Gegenseitigkeit (VVaG)).

Gegenstand der Lieferung – 1. *Begriff*: umsatzsteuerliche Bezeichnung für körperliche Gegenstände aller Art (§ 90 BGB) einschließlich → Tiere sowie sonstige Wirtschaftgüter, die im Verkehr wie → Sachen umgesetzt werden (z.B. Elektrizität und Firmenwert). Die Existenz eines Liefergegenstandes grenzt die → Lieferung von der sonstigen Lieferung ab, da eine sonstige Leistung nur vorliegt, wenn ein Vorgang nicht schon als Lieferung eingestuft werden kann (§ 3 IX UStG i.V. mit § 3 I UStG). – 2. *Unterarten*: Je nachdem, ob der Gegenstand der Lieferung bei der Ausführung der Lieferung transportiert wird oder nicht (egal, wer ggf. die Beförderung/ Versendung durchführt), unterscheidet man zwischen bewegten und unbewegten (ruhenden) Lieferungen; diese Unterscheidung hat Bedeutung für die Frage, wie der sog. → Ort der Lieferung bestimmt wird und damit für die Frage in welchem Staat die umsatzsteuerlichen Pflichten für den Lieferanten zu erfüllen sind.

Gegenstromverfahren – 1. *Begriff*: Kombination der Top-down- und → Bottom-up → -Planung der → Unternehmensplanung. – 2. *Merkmale*: Die Manager, die für die Umsetzung der Pläne einer Ebene verantwortlich sind, sollen diese Pläne auch erstellen. Im Rahmen eines Top-down-Vorlaufs erfolgt dann die Plankonkretisierung bis auf die untersten Ebenen der Hierarchie. Vor dem Hintergrund von Machbarkeitskriterien und eigener Gestaltungsvorschläge läuft dann der Bottom-up-Rücklauf ab, der zu einer Korrektur der übergeordneten Pläne sowie zu einer schrittweisen Konsensfindung der am Planungsprozess Beteiligten führt. Das Problem, dass man über untergeordnete Ziele nicht entscheiden kann, ohne die übergeordneten zu kennen, und umgekehrt, entfällt.

Gegenvorstellung – außergesetzlicher → Rechtsbehelf, mit welchem das Gericht, das die Entscheidung erlassen hat, zur Überprüfung seiner Entscheidung veranlasst werden soll. Wird v.a. in Fällen der Verletzung → rechtlichen Gehörs eingesetzt.

Gegenwahrscheinlichkeit – Die Gegenwahrscheinlichkeit 1 – P(A) ist die Wahrscheinlichkeit des zu A komplementären → Ereignisses A^c (Axiome der → Wahrscheinlichkeitsrechnung), also des Ereignisses, dass A nicht eintritt.

Gegenwartspräferenz → Zeitpräferenz.

Gegenwartspreis – Preiskonzept der intertemporalen Gleichgewichtstheorie (→ intertemporales Gleichgewicht). Es ermöglicht, Güter, die auf verschiedene Zeitpunkte datiert sind, wertmäßig intertemporal miteinander zu vergleichen. Der Gegenwartspreis eines Gutes ist die Geldsumme (ausgedrückt in Einheiten des → Standardguts), die heute gezahlt werden muss, damit dieses in Zukunft geliefert wird. Er entspricht damit dem erwarteten Preis eines Gutes auf dessen → Zukunftsmarkt.

Gegenwartswert – *Zeitwert.*

I. Kalkulation: auf den → Kalkulationszeitpunkt abgezinstes Endkapital (→ Diskontierung).

II. Bilanzierung: Der Gegenwartswert von Forderungen und Rentenverpflichtungen ist gleich dem → Barwert.

III. Wirtschaftstheorie: Wert von Gütern, die auf verschiedene Zeitpunkte datiert und zu → Gegenwartspreisen bewertet sind.

Gegenzeichnung – I. Organisation: Kontrollmaßnahme, die überall da vorzuschreiben ist, wo Willensäußerungen untergeordneter Organe durch verantwortliche leitende Personen zu decken sind.

II. Handelsrecht: → Gesamthandlungsvollmacht, → Gesamtprokura.

Gegnerfreiheit → Koalition.

Gehalt → Arbeitsentgelt für → Angestellte.

Gehaltsklassen – definierte Verdienstspannen von Angestellten. Die Mitarbeiter werden in Bezug auf das → Arbeitsentgelt entsprechend der betrieblichen Vergütungspolitik bzw. entsprechend den tarifvertraglichen Regelungen einer Gehaltsklasse zugeordnet. Die Zuordnung kann z.B. auf einem Arbeitsbewertungssystem basieren, das die Anforderungshöhe der Stelle ermittelt.

Gehaltskonto → Lohnkonto.

Gehaltslieferung – 1. *Begriff* des Umsatzsteuerrechts, bezeichnet den Fall, dass jemand einem anderen einen Gegenstand übergibt, dieser aber nur einen Bestandteil daraus (den er noch selbst daraus extrahieren muss) behalten darf und den Rest (Nebenerzeugnisse, Abfälle) zurückgeben muss. – 2. Bei der Gehaltslieferung beschränkt sich die → Lieferung nur auf den Inhaltsstoff, den der Geschäftspartner behalten darf (den „Gehalt" des gelieferten Stoffes); die Nebenerzeugnisse oder Abfälle bleiben umsatzsteuerlich die gesamte Zeit über dem Altbesitzer zugerechnet. Umsatzsteuer fällt also nur auf das Entgelt an, dass der Empfänger der Gehaltslieferung dafür entrichtet, diesen Inhaltsstoff behalten zu dürfen. Die Bedeutung der gesetzlichen Klarstellung dieser Zusammenhänge in § 3 V UStG liegt darin, dass man ohne eine solche Regelung auch die Ansicht hätte vertreten können, es läge ein Tausch vor: der unverarbeitete Gegenstand werde getauscht gegen Bargeld und die Rückgabe der Abfälle bzw. Nebenerzeugnisse; dann wäre die

Umsatzsteuerbemessungsgrundlage u.U. erheblich höher. – 3. *Beispiele*: Lieferung des Fettgehaltes der Milch bei Übergabe von Milch gegen Rückgabe der Magermilch und Zahlung eines Entgeltes ist nur eine Gehaltslieferung; ebenso Lieferung des Zuckergehaltes von Rüben gegen Rückgabe von Rübenschnitzeln und Zahlung eines Entgelts.

Gehaltspfändung → Lohnpfändung.

Gehaltstarifvertrag → Lohntarifvertrag.

Gehaltsumwandlung – überholter Ausdruck für → Entgeltumwandlung.

Gehalts- und Lohnstrukturerhebungen → Lohnstatistik.

Geheimbuchführung – Formen: 1. Der Unternehmer führt das *Hauptbuch selbst* und überlässt Angestellten die Eintragungen in die Grund- und Hilfsbücher. – 2. Der Unternehmer macht *selbst Inventur* und übernimmt Anfangs- und Endbestände in ein Abschlussbuch. Der Buchhalter hat die Umsätze aus den Betriebsbuchungen zu liefern. – 3. Der Unternehmer übernimmt in ein *Geheimbuch* die Konten, die Angestellten nicht zugänglich sein sollen, und bucht die die Hauptbuchhaltung betreffenden Geschäftsvorfälle auf ein Konto „Hauptbuchhaltung". Die Hauptbuchhaltung bucht die die Geheimbuchführung betreffenden Geschäftsvorfälle auf ein „Geheimbuchkonto". Am Ende der Rechnungsperiode wird für Haupt- und Geheimbuchhaltung je eine Schlussbilanz erstellt, durch deren Vereinigung – unter Wegfall der sich aufhebenden Gegenkonten „Geheimbuchkonto" und „Hauptbuchhaltung" – die Bilanz der Unternehmung gebildet wird. – Geheimbuchführung ist in der Handhabung ähnlich wie → Filialbuchführung und verstößt nicht gegen die → Grundsätze ordnungsmäßiger Buchführung (GoB).

Geheimgebrauchsmuster – werden für → Erfindungen eingetragen, deren Gegenstand ein → Staatsgeheimnis (§ 93 StGB) ist, → Offenlegung und Bekanntmachung unterbleiben (→ Akteneinsicht), die Eintragung erfolgt in einer gesonderten Rolle (§ 9 GebrMG).

Geheimhaltungspflicht – Für Angehörige der Kartellbehörde und Personen, die mit einer Prüfung von Unternehmen betraut werden, ist die *Geheimhaltungspflicht* nicht mehr in § 46 GWB geregelt, es gilt vielmehr die allg. Geheimhaltungsvorschrift des § 203 II StGB sowie für Beamte die Regelung des § 67 BBG und der entsprechenden Landesbeamtengesetze. Geheimhaltung ist außerdem geregelt in Art. 28 II der Verordnung (EG) Nr. 1/2003 des Rates vom 16.12.2002 zur Durchführung der in den Art. 81 und 82 des Vertrages niedergelegten Wettbewerbsregeln (ABl. EG 2003 Nr. L 1).

Geheimnisprinzip → Information Hiding.

Geheimnisverrat → Betriebs- und Geschäftsgeheimnis.

Geheimpatent – Für → Erfindungen, deren Gegenstand ein → Staatsgeheimnis (§ 93 StGB) ist, ordnet die beim → Deutschen Patent- und Markenamt (DPMA) zuständige Prüfstelle von Amts wegen an, dass jede Veröffentlichung unterbleibt (§ 50 I, IV PatG). Das gilt entsprechend für beim DPMA eingereichte europäische und internationale Anmeldungen (Art. II, § 4 IV und Art. III § 2 II IntPatÜG). Eine Auslandsanmeldung ohne Zustimmung der zuständigen obersten Bundesbehörde (Bundesverteidigungsminister) ist für derartige Erfindungen bei Strafe verboten (§ 52 PatG). Geheimpatente werden in die Geheimrolle eingetragen (§ 54 PatG).

Gehilfe → Erfüllungsgehilfe, → Handlungsgehilfe, → Verrichtungsgehilfe.

Gehör → rechtliches Gehör.

Gehörsrüge nach § 321a ZPO, Anhörungsrüge – bei unanfechtbaren Urteilen im ersten Rechtszug der Zivilgerichte ist auf die Rüge der beschwerten Partei der Prozess fortzuführen, wenn das Gericht den Anspruch auf → rechtliches Gehör verletzt hat und die Gehörsverletzung entscheidungserheblich war.

Geisteswissenschaft → Kulturwissenschaft.

gekorene Orderpapiere → Orderpapiere.

gekreuzter Scheck → Scheck, der durch zwei parallel verlaufende Striche auf der Vorderseite gekennzeichnet ist; die Kreuzung soll (ähnlich wie der → Verrechnungsscheck) verhindern, dass der Scheckbetrag an Unbefugte ausgezahlt wird. Den gekreuzten Scheck gibt es nach dem dt. Scheckrecht nicht. Um das dt. Scheckrecht dem internationalen anzupassen, wurde der gekreuzte Scheck in Art. 37 ScheckG aufgenommen. Diese Bestimmungen sind jedoch bisher nicht in Kraft gesetzt worden. – Im Ausland ausgestellte gekreuzte Schecks werden in Deutschland wie Verrechnungsschecks behandelt (Art. 3 EGScheckG).

Geld – 1. *Begriff/Charakterisierung:* Geld oder Zahlungsmittel sind → Aktiva, die aufgrund von Marktkonvention oder gesetzlicher Verpflichtung vom → Gläubiger zur Abdeckung von Verbindlichkeiten angenommen werden. – Der *Übergang von der Naturaltausch- zur Geldwirtschaft* begann mit der zunächst lokalen Gewohnheit, durch die Einigung auf ein Zwischentauschgut den zuvor simultanen Austausch zweier Leistungen in getrennte Vorgänge des Kaufs und Verkaufs zu zerlegen. Als Medium dienten zunächst aufbewahrfähige Güter (Warengeld, z.B. Felle, Öle, Schmuck). Mit der Entwicklung des Handelverkehrs und der Arbeitsteilung wurden diese durch Finanzaktiva (Münzen, private und staatliche Banknoten sowie Giralgeld in Form täglich fälliger Sichteinlagen bei Geschäftsbanken) ersetzt. – In der *modernen Geldverfassung* findet die Geldschöpfung durch die Zentralbank (Zentralbankgeld) oder das Banksystem (Giralgeld) statt. Die Verwendung gesetzlicher Zahlungsmittel bietet dem Schuldner die Gewähr, nicht in Verzug zu geraten. – 2. *Grundfunktionen:* a) *Rechenmittelfunktion:* Durch Gleichsetzen einer Geldeinheit mit dem Nominalwert von Eins wird die mögliche *Anzahl der* Naturaltauschraten, die bei n Güterarten fast der Hälfte des Quadrats von n entspricht, auf n Geldpreise verringert. Die Funktion des Geldes als Rechenmittel des Tauschverkehrs könnte allerdings auch von einem abstrakten Maß wahrgenommen werden. Diese Funktion ist daher nicht konstitutiv für das Wesen des Geldes – b) *Wertaufbewahrungsfunktion:* Entsprechendes gilt für die Funktion der Wertaufbewahrung. Die Haltung von Geld erlaubt, Kaufkraft interregional und intertemporal zu transportieren. Diese Funktion wird aber auch von anderen Aktiva erfüllt, und zwar oft besser, weil mit sinkendem Wert des Geldes nur der Nominalwert, nicht dagegen der für die Qualität der Wertaufbewahrung entscheidende Realwert erhalten bleibt. – c) *Tauschmittelfunktion:* Konstitutiv für das Wesen des Geldes ist daher allein die Eigenschaft bzw. Funktion als transaktionsdominierendes Tauschmittel. Diese Eigenschaft verleiht Geld den höchsten Liquiditätsgrad von Eins; das bedeutet, dass Geld ohne Abschlag zum Nominalwert angenommen wird. Als transaktionsdominierendes Tauschmittel ermöglicht Geld den Marktteilnehmern die Einsparung von Transaktionskosten sowie von Informationskosten über die Marktmöglichkeiten. Als Tauschmittel erweitert das Geld mit dieser Kostenersparnis bei gegebener Faktorausstattung den Bereich der realen Produktionsmöglichkeiten der Volkswirtschaft. – 3. *Makroökonomische Geldaggregate:* → Geldmenge. – Vgl. auch → Geldtheorie; → Wirtschaftssoziologie.

Geldaggregat → Geldmenge.

Geldakkord → Akkordlohn.

Geldangebot → Geldmarkt, → Geldtheorie.

Geldangebotstheorie → Geldtheorie.

Geldausgabeautomat (GAA) – Einrichtungen von Kreditinstituten für ihre Kunden zur Bargeldbeschaffung auch außerhalb der Schalteröffnungszeiten. Als Zugangsberechtigung dient entweder eine codierte → Magnetstreifenkarte oder eine Chipkarte, die in das Gerät eingeführt wird, und die korrekte Eingabe der persönlichen Identifikationsnummer (→ PIN) über die Tastatur. Hierfür werden i.d.R. auch → Debitkarten (Bankkundenkarten) und → Kreditkarten genutzt; aber es gibt auch → Zahlungskarten, die ausschließlich der Bargeldbeschaffung dienen. Der Karteninhaber kann grundsätzlich nur im Rahmen des Kontoguthabens oder einer vorher für das Konto eingeräumten Kreditlinie verfügen. Darüber hinaus sind Limite des Geldausgabeautomatenbetreibers sowie der kartenausgebenden Kreditinstitute möglich. Verfügungen im Inland sind i.d.R. auch für ausländische Karteninhaber möglich. Umgekehrt gilt dies auch für inländische Karteninhaber im Ausland.

Geldbasis → monetäre Basis.

Geldbewegungsrechnung – Verfahren, durch Gegenüberstellung von Mittelherkunft und Mittelverwendung die Vermögens- und Finanzentwicklung eines Unternehmens in einer bestimmten Periode darzustellen. – *Verfahren der Geldbewegungsrechnung:* → Kapitalflussrechnung, → finanzwirtschaftliche Bewegungsbilanz.

Geldbuße – Sanktion zur Ahndung von → Ordnungswidrigkeiten. – *Gesetzliche Regelung:* §§ 1, 17, 18 OWiG. – *Höhe:* Mindesthöhe 5 Euro; Höchstbetrag, soweit nicht durch Gesetz anderes bestimmt, 1.000 Euro. Grundlage der Zumessung sind die Bedeutung der Ordnungswidrigkeit anhand des verletzten Rechtsguts und der Vorwurf gegenüber dem Täter. Die Geldbuße soll den wirtschaftlichen Vorteil, den der Täter aus der Ordnungswidrigkeit gezogen hat, übersteigen. Dazu kann das gesetzliche Höchstmaß überschritten werden. Bei vorsätzlichen Verstößen von Organen juristischer Personen ist Geldbuße bis zu 1 Mio. Euro zulässig, bei fahrlässigen bis zu 500.000 Euro (§ 30 Abs.2 OWiG). – Vgl. auch → Bußgeldverfahren. – *Steuerliche Behandlung:* → Geldstrafe.

Geldeingang – Summe der → flüssigen Mittel, die einer Unternehmung innerhalb eines Zeitraums als Erlös aus dem Verkauf ihrer Waren oder Dienstleistungen oder aus sonstigen Forderungen zufließen.

Geldeinzug → Inkasso.

Geldentwertung → Inflation.

Geldersatzmittel → Geldsurrogate. Waren, die die → Geldfunktionen, die Tauschmittelfunktion, die Recheneinheitsfunktion sowie die Wertaufbewahrungsfunktion erfüllen.

Geldfaktor – Begriff der → Arbeitsbewertung. Bei Zeitakkord ist der Geldfaktor mit der → Vorgabezeit zu multiplizieren, um den → Akkordlohn pro Stück zu erhalten.

$$\text{Geldfaktor} = \frac{\text{Akkordrichtsatz}}{60}.$$

Der Geldfaktor entspricht dem Akkordrichtsatz (= Stundenlohn für Akkordarbeit bei Normalleistung) geteilt durch 60. Der Geldfaktor stellt also den Lohn pro Minute der Vorgabezeit dar. – *Anders:* → Steigerungsfaktor.

Geldformen → Geld, → Geldtheorie.

Geldfunktionen → Geld.

Geldillusion – psychologisch begründete Einstellung zum Geldwert mit bes. Vertrauen in seine (scheinbar) objektive Gegebenheit und Stabilität, d.h. Vertrauen der Wirtschaftssubjekte zum umlaufenden Geld. Dahinter steht das Vertrauen der Bevölkerung in die durch den Staat geschaffene und durch seine Autorität (scheinbar) abgesicherte Geldordnung. Geldillusion liegt z.B. dann vor, wenn bei → Inflation Nominaleinkommenssteigerungen (irrtümlich) mit

Realeinkommenserhöhungen gleichgesetzt werden. Dies kann dann zu einem anderen Ausgabenverhalten führen als bei fehlender Geldillusion – Vgl. auch → Realplanung.

Geldkarte – vorausbezahlte Karte, die die dt. Kreditwirtschaft, → Zentraler Kreditausschuss (ZKA), als nationales E-Geld-Verfahren mit multilateraler Nutzung entwickelt hat. Die Geldkarte ist in Deutschland meist in die → Bankkundenkarte integriert worden. – *Auf- und Entladen der Geldkarte:* Gegen einen Geldbetrag oder unter Verwendung der persönlichen Identifikationsnummer (→ PIN) zulasten eines Kontos kann die Karte an Ladeterminals bis zu dem Höchstbetrag von 200 Euro aufgeladen werden. Bei Nutzung der Karte zur Bezahlung einer gekauften Ware reduziert sich die Summe der Geldeinheiten auf den verbleibenden Restwert. Benötigt der Kartenbesitzer Bargeld, kann er den Restbetrag entladen. Die Verwendung der Karte ist ungesichert, da für die Nutzung an → Terminals die Eingabe der persönlichen Identifikationsnummer (PIN) nicht erforderlich ist. Da die Transaktionen auch ohne Einschaltung des → Kontos des Karteninhabers abgewickelt werden, ist die Zahlung weitgehend anonym wie Bargeld. – Obwohl die Geldkarte durch die Verknüpfung mit der Bankkundenkarte ein sehr hohes Kundenpotenzial hat, ist ihre Nutzung bislang eher gering. Es bleibt abzuwarten, ob mit Zusatzanwendungen, z.B. als elektronischer Fahrschein, ein höherer Umsatz erreicht werden wird.

Geldkurs – *Bid.* 1. Im *Wertpapierhandel* ist der Geldkurs der Preis, den ein Käufer für ein Wertpapier bietet. – *Gegensatz:* → Briefkurs (Ask). – 2. Im *Devisenhandel* war der Geldkurs der Preis, zu dem Banken Devisen ankauften, der Briefkurs dagegen der Preis, zu dem sie verkauften. Mit der Umstellung der Darstellung der Devisenkurse von der Preis- auf die → Mengennotierung in allen EWWU-Teilnehmerländern (s.a. → Devisenkurs) zum 1.1.1999 hat sich dieses Verhältnis umgekehrt. Da üblicherweise nicht mehr angegeben wird, wie viele Fremdwährungseinheiten für einen Euro gekauft werden können, sondern wie viel fremde Währung für einen Euro bezahlt werden muss, ist aus Sicht der Bank auf die Fremdwährung abzustellen. Der Ankauf von Devisen ist daher Verkauf von Euro. Der Euroverkaufskurs der Bank ist der Briefkurs, der Euroankaufskurs der Bank der Geldkurs.

Geldleihe – 1. *Kreditgeschäft:* Ausleihe von Geld im Rahmen festgelegter Bedingungen als → Kredit. – *Gegensatz:* → Kreditleihe. – 2. *Geldmarktgeschäft:* Austausch von Zentralbankguthaben unter Banken in verschiedenen Formen wie → Tagesgeld und → Termingeld.

Geldlohn – in Geld bezahltes → Arbeitsentgelt; heute grundsätzlich übliche Entlohnungsform. Sowohl bar ausgezahltes Entgelt als auch bargeldlose Lohn- und Gehaltszahlung stellt Geldlohn dar. In der Frühzeit des Kapitalismus musste der Geldlohnanspruch des Arbeitnehmers in harten Kämpfen durchgesetzt werden, da die Betriebe v.a. bei ungünstiger Marktlage versuchten, das Absatzproblem teilweise durch Entlohnung der Arbeiter mit Betriebsprodukten zu lösen (→ Trucksystem). Grundsätzlich zulässig sind → Sachbezüge (§ 107 II GewO). – *Gegensatz:* → Naturallohn.

Geldmarkt – 1. *Geldmarkt im makroökonomischen Sinn:* Zusammentreffen von Angebot und Nachfrage nach Geld zwischen Banken und Nichtbanken. – 2. *Im institutionellen Sinn:* Markt für den kurzfristigen Geldhandel, v.a. für den Handel von Zentralbankgeld zwischen Kreditinstituten. Er dient dem partiellen Liquiditätsausgleich der Banken. Dies geschieht auf zweifache Weise: Durch Mittelbereitstellung eines Kreditinstitutes an ein anderes oder durch Kauf von → Geldmarktpapieren bei einem anderen Kreditinstitut. Geldmarktpapiere sind Wertpapiere mit relativ kurzer Laufzeit (bis zu zwei Jahren). Der Zins, zu dem Zentralbankgeld gehandelt wird ist der Geldmarktsatz.

Geldmarktfonds – *Money Market Funds;* Sondervermögen von → Kapitalanlagegesellschaften, die durch Anlage in Geldmarktinstrumenten und Bankguthaben entstehen; vormals im KAGG, das seit 2004 im InvG integriert ist, geregelt. Mit dem → Investmentgesetz (InvG) wird den Kapitalanlagegesellschaften die Strukturierung ihrer → Investmentfonds freigestellt und die Einbeziehung von → Geldmarktinstrumenten gestattet. Dabei sind bestimmte Ausstellungsgrenzen zu beachten, wobei auch reine Geldmarktfonds möglich wären. – Gemäß § 4 II InvG hat die → Bundesanstalt für Finanzdienstleistungsaufsicht (BaFin) zur Festlegung von Fondskategorien eine Richtlinie erlassen. Die Bezeichnung „Geldmarktfonds“ oder einer ihrer begrifflichen Bestandteile in der Namensgebung oder im Vertrieb setzt danach u.a. voraus, dass nach den Vertragsbedingungen oder der Satzung das Investmentvermögen im Einklang mit der Geldmarktstrategie ausschließlich in Bankguthaben, Geldmarktinstrumenten (§ 48 InvG) von hoher Qualität oder Geldmarktfondsanteilen bzw. Geldmarktfonds mit kurzer Laufzeitstruktur oder in Derivaten angelegt sein müssen und die Anleger von der Kapitalanlagegesellschaft bzw. Investmentaktiengesellschaft grundsätzlich jederzeit die Rücknahme der Anteile bzw. den Rückerwerb der Aktien verlangen können.––Auch Geldmarktfonds werden neben bspw. Hedge Fonds und Zweckgesellschaften im Zusammenhang mit der Diskussion um Maßnahmen zur Erhöhung der Widerstandsfähigkeit des Finanzsystems unter dem Stichwort „Schattenbankensystem“ genannt, weil der abrupte und massive Abzug von Geldern aus dem Geschäftsbankensektor wesentlich zur Finanzkrise von 2007 beigetragen haben soll. Überlegungen zur Abschwächung der Systemrisiken von Geldmarktfonds, deren Anlagevolumen Ende Juni 2012 nach Angaben der BaFin weltweit ca. 3,64 Bill. Euro und damit etwa 19 Prozent des gesamten Volumens von Investmentfonds weltweit betragen hat, lassen eine weitere Regulierung von Geldmarktfonds erwarten.

Geldmarktinstrumente – Instrumente, die nach der Definition im InvG üblicherweise auf dem Geldmarkt gehandelt werden, sowie verzinsliche Wertpapiere mit einer Restlaufzeit von höchstens 397 Tagen, oder einer regelmäßigen Zinsanpassung mind. einmal in 397 Tagen, oder Instrumente, deren Risikoprofil dem Risikoprofil solcher Wertpapiere entspricht. Kapitalanlagegesellschaften dürfen für Rechnung eines Sondervermögens wie eines → Investmentfonds nur die Wertpapiere bestimmter Aussteller unbegrenzt erwerben (vgl. § 48 → Investmentgesetz (InvG)). Zu den Geldmarktinstrumenten gehören z.B. die Depositenzertifikate (Certificate of Deposit, → CD), Commercial Papers (→ CP), Bankakzepte, Kassenobligationen und → Schatzwechsel zentraler und regionaler Regierungsstellen.

Geldmarktkredit – 1. *Charakterisierung/Bezeichnungen:* Geldmarktkredite können von Wirtschaftsunternehmen (sog. → Nichtbanken) oder Banken bei den international ausgerichteten Banken in Euro oder in den gängigen Fremdwährungen zu kurz- bis mittelfristigen Laufzeiten aufgenommen werden. Zinsbasis für Geldmarktkredite sind i.Allg. EURIBOR bzw. EONIA oder → LIBOR (London Interbank Offered Rate). – 2. *Finanzierung/Kurssicherung*: Geldmarktkredite dienen den Wirtschaftsunternehmen v.a. der zinsgünstigen Finanzierung ihres kurz- bis mittelfristigen Kapitalbedarfs, und zwar sowohl des Inlandsgeschäfts als auch des Auslandsgeschäfts. Geldmarktkredite ermöglichen – als aufgenommene Fremdwährungskredite – darüber hinaus eine Kurssicherung bei Exportforderungen, die auf die entsprechende Fremdwährung lauten. – 3. *Merkmale:* a) Geldmarktkredite stehen in den Währungen aller führenden westlichen Industrienationen sowie in Euro zur Verfügung. – b) Ausdrückliche Höchstbeträge existieren bei Geldmarktkrediten nicht. Die Mindestbeträge liegen – je nach kreditgewährender Bank – bei etwa 100.000 Euro bzw. Fremdwährungsgegenwert. – c) Am Geldmarkt gibt es sowohl feste Laufzeitkategorien, z.B. eine Woche, zwei und drei Wochen sowie monatsbezogene Laufzeiten von eins, zwei, drei, sechs und zwölf Monaten sowie in den führenden Währungen bis zu 24 und 36 Monaten. Daneben sind im Einzelfall auch sog. krumme (gebrochene) Laufzeiten möglich, die zwischen den festen Laufzeitkategorien liegen und eine genaue zeitliche Anpassung an ein Außenhandelsgeschäft ermöglichen. – d) Auf Grundlage des Tagesgeldes unter Banken gibt es darüber hinaus auch die Kreditüberlassung als täglich fälliges Geld, was praktisch auf eine Kreditgewährung „bis auf Weiteres" hinaus läuft. I.Allg. werden solche Kredite auf einem Euro-Geldmarktkonto gewährt. Entsprechend der Zinsentwicklung für Tagesgeld ändert sich der Zinssatz bei täglich fälligen Geldmarktkrediten ebenso täglich. – e) Die von der kreditgewährenden Eurobank berechneten Zinskosten beruhen auf dem sog. Einstandszinssatz (z.B. EURIBOR, LIBOR, EONIA), zzgl. eines Zinszuschlags der kreditgewährenden Bank. Bei fester Laufzeit des Geldmarktkredits gilt der vereinbarte Zinssatz i.Allg. ebenfalls fest für die gesamte Laufzeit. Als Referenzzinssatz für Euro-Geldmarktkonten bzw. -kredite wird meistens der von der Europäischen Zentralbank bei den EURIBOR-Referenzbanken für Tagesgeld erhobene Zinssatz EONIA (Euro Overnight Index Average) herangezogen, zzgl. der kundenindividuellen Marge der kreditgewährenden Bank.

Geldmarktobjekte – allgemeine Bezeichnung für → Geldmarktkredite, → Geldmarktpapiere, → Geldmarktfonds.

Geldmarktpapiere – *Geldmarkttitel,* → Geldmarktinstrumente; verbriefte Vermögensrechte, die mit dem primären Ziel der kurzfristigen Liquiditätsversorgung am → Geldmarkt emittiert werden. So z.B. → Schatzwechsel und → unverzinsliche Schatzanweisungen zur Finanzierung öffentlicher Haushalte. Unternehmen emittieren Commercial Papers (→ CP) und → Euro-Notes im Rahmen größerer, mit den Banken abgestimmter Programme. Die Banken selber begeben Certificates of Deposits (→ CD), indem sie Einlagen verbriefen. – Die Einordnung als Geldmarktpapier basiert i.d.R. auf einer Laufzeit von weniger als einem Jahr.

Geldmarktsätze – Zinssätze am → Geldmarkt. – 1. Geldmarktsätze im *Direktverkehr zwischen den Kreditinstituten:* Der Geldmarktsatz wird für jedes einzelne Geschäft je nach Angebot und Nachfrage ausgehandelt. Am *Tagesgeldmarkt* orientieren sich die Geldmarktsätze im Zinskorridor, den die Europäische Zentralbank für ihre geldpolitischen Refinanzierungsmaßnahmen vorgibt. Die Geldmarktsätze am *Termingeldmarkt* (Medio-, Ultimo-, Monats- und Dreimonatsgelder) liegen i.d.R. über dem Geldmarktsatz des Tagesgeldmarktes. – 2. Geldmarktsätze *der Europäischen Zentralbank:* Abgabesätze sind der Hauptrefinanzierungssatz, der Zinssatz für die längerfristige Refinanzierung sowie der Satz für die Spitzenrefinanzierungsfazilität, der den Zinskorridor nach oben begrenzt. Die untere Grenze bildet der Satz für die Verzinsung der Einlagefazilität. Die Zinssätze der EZB dienen der Geldpolitik und werden bei Bedarf neu festgesetzt. – Vgl. auch → EONIA, → LIBOR, → EURIBOR.

Geldmarkttitel → Geldmarktpapiere.

Geldmarktzins – Zins für kurzfristige Geldanlagen, z.B. → Tagesgeld oder → Dreimonatsgeld.

Geldmenge – *Geldmengenaggregat.* Abzugrenzen sind: (1) *Geldmengenaggregat M1:* M1 umfasst das laufende Bargeld – ohne Kassenbestände der → monetären Finanzinstitute (MFI) – und täglich fällige Einlagen (Sichteinlagen) bei den MFI. (2) *Geldmengenaggregat M2:* M2 beinhaltet M1 und Einlagen mit einer vereinbarten Laufzeit von bis zu zwei Jahren sowie Einlagen mit einer vereinbarten Kündigungsfrist bis zu drei Monaten. (3) *Geldmengenaggregat M3:* M3 beinhaltet M2 und zusätzlich Repo-Geschäfte (befristete Transaktion auf Grundlage einer Rückkaufsvereinbarung), Geldmarktfondsanteile und Geldmarktpapiere sowie Schuldverschreibungen mit einer Ursprungslaufzeit von bis zu zwei Jahren. Nach aktueller Einschätzung hat der EZB-Rat die weit gefasste Abgrenzung M3 als zentrale Steuergröße und als Indikator zur Beurteilung der monetären Entwicklung bes. herausgestellt. Bei der Beurteilung der geldpolitischen Lage durch den EZB-Rat kommt der Änderungsrate der Geldmenge eine Indikatorfunktion zu.

Geldmengenaggregat → Geldmenge. – Vgl. auch → Geldpolitik.

Geldmengen-Preis-Mechanismus → Zahlungsbilanzausgleich.

Geldmengenregel – *monetaristische Geldmengenregel;* ein auf Friedman zurückgehender Vorschlag zur Verstetigung der Geldpolitik. Danach soll die Zuwachsrate der → Geldmenge an der langfristigen Wachstumsrate des → realen Inlandsprodukts ausgerichtet werden. Angenommen wird eine stabile, vorhersehbare Nachfrage nach Geld, die Umlaufsgeschwindigkeit folgt einem Trend. Eine Variante dieser Regel orientiert das Geldmengenwachstum am Wachstum des → Produktionspotenzials. – Mit der Geldmengenregel soll verhindert werden, dass die Geldpolitik durch diskretionäre Maßnahmen Konjunkturschwankungen verstärkt oder durch diese gar erst verursacht wird. Kritisch anzumerken ist die Annahme der Stabilität des privaten Sektors und der Steuerbarkeit der Geldmenge über die → monetäre Basis durch den → Monetarismus. – Vgl. auch → potenzialorientierte Kreditpolitik.

Geldmengensteuerung → Geldmengenziel.

Geldmengenziel – Festlegung einer geplanten Geldmengensteigerung, die als stabilitätsgerecht angesehen wird und an einem sog. Referenzwert, der sich an dem weit gefassten Geldmengenaggregat M3 (→ Geldmenge) orientiert, quantifiziert wird. Das → Europäische System der Zentralbanken (ESZB) orientiert sich bei der Ableitung des Geldmengenziels an den Vorstellungen einer potenzialorientierten Geldpolitik (→ potenzialorientierte Wirtschaftspolitik). Der Referenzwert wird aus der Summe von drei Komponenten gebildet: (1) Dem mittelfristigen Trendwachstum des realen Bruttoinlandsproduktes, (2) der Änderung der Umlaufsgeschwindigkeit von M3 und (3) der mit dem Ziel der Preisniveaustabilität vereinbaren Steigerung des → Harmonisierten Verbraucherpreisindex (HVPI). Letzterer Bestandteil ist mit dem von der Deutschen Bundesbank angewendeten Konzept des normativen Preisanstiegs (bis 1984 fand die Sprachregelung des unvermeidlichen Preisanstiegs Anwendung) vergleichbar, das die von der Bundesbank in der mittleren Frist maximal zu tolerierende Inflationsrate bei zwei Prozentpunkten geldpolitisch operationalisierte und das auch von der EZB in gleicher Weise übernommen wurde.

Geldmittelbewegung – Aufstellung (i.d.R. für drei Monate) über die zu erwartende Bewegung der flüssigen Mittel in Form der Fortschreibung: Anfangsbestand + Eingänge (geschätzt) – Zahlungen (laut Finanzplan) = Endbestand, je Monat. Die Geldmittelbewegung ist ein Kontrollinstrument bez. der → Finanzierung einer Unternehmung, dient zur Beobachtung der kurzfristigen → Liquidität, enthält außerdem Vergleichsangaben über freie Kreditlimite, diskontfähige Kundenwechsel sowie Debitoren und Warenumsätze der Vormonate.

Geldnachfrage → Geldmarkt, → Geldtheorie.

Geldnachfragetheorie → Geldtheorie.

Geldnutzen – 1. *Individueller Geldnutzen:* → Nutzen, den ein bestimmter Geldbetrag einem Wirtschaftssubjekt stiftet. Zu unterscheiden: a) *Eigentlicher Geldnutzen (Geldbestandsnutzen),* nicht-pekuniäre Erträge der Geldhaltung in Form von Sicherheit und Bequemlichkeit beim Tausch. Aufgrund des Geldnutzens ist die reale → Geldmenge ein Argument der → Nutzenfunktion und führt deshalb zum → Realkassenhaltungseffekt. – b) *Derivativer Geldnutzen (Geldstromnutzen):* identisch mit dem Nutzen der Güter, welche mit einem bestimmten Geldbetrag erworben werden. – 2. *Volkswirtschaftlicher Geldnutzen:* Nutzen, der einer Volkswirtschaft als → Geldwirtschaft gegenüber einer Naturaltauschwirtschaft entsteht. Die Verwendung von → Geld als allg. Recheneinheit und allg. Zahlungs- und Wertaufbewahrungsmittel bietet anerkanntermaßen eine Reihe von Vorteilen, z.B. die Verringerung von Informations- und Transaktionskosten bei der Suche nach Tauschmöglichkeiten in sachlicher und zeitlicher Hinsicht und dadurch der Anreiz zu mehr Tauschhandlungen mit positiven kollektiven Wohlfahrtseffekten. Die Nachteile einer Geldwirtschaft, z.B. die Verselbstständigung des Geldsektors und die sozialen Kosten einer auf Mehrung des persönlichen Geldvermögens ausgerichteten Gesellschaft, werden demgegenüber i.d.R. geringer bewertet.

Geldordnung → Währungssystem, Währungsverfassung. Gesetze und Verordnungen, die Institutionen, Märkte und Behörden festlegen, die mit dem Umlauf der Währung sowie deren Stabilität vertraut sind.

Geldpolitik

von Prof. Dr. Oliver Budzinski, Dr. Jörg Jasper und Prof. Dr. Albrecht F. Michler

I. Charakterisierung

Die Geldpolitik beinhaltet alle Maßnahmen, die aufgrund geldtheoretischer Erkenntnisse zur Regelung der Geldversorgung und des Kreditangebots der Banken unter Beachtung der gesamtwirtschaftlichen Ziele ergriffen werden. Häufig findet sich auch die Bezeichnung „Geld- und Kreditpolitik" mit der gleichen begrifflichen Bedeutung. Das Ziel der Preisniveaustabilität steht dabei im Vordergrund.

Nach Kriegsende fungierte in Westdeutschland als Spitzen- und Refinanzierungsinstitut die Bank deutscher Länder. Ihr nachgeordnet waren die rechtlich selbstständigen Länderzentralbanken. Mit dem Gesetz über die Deutsche Bundesbank (BbankG) vom 26.5.1957 trat die Deutsche Bundesbank deren Nachfolge an. Die Länderzentralbanken wurden rechtlich unselbstständige Hauptverwaltungen.

In Ostdeutschland wurde 1948 die Deutsche Emissions- und Notenbank gegründet und diese noch im gleichen Jahr in die Deutsche Notenbank umgewandelt. Ab 1968 wurden die Aufgaben von der Staatsbank DDR übernommen. Der am 1.7.1990 in Kraft getretene Staatsvertrag über die Schaffung einer Währungs-, Wirtschafts- und Sozialunion zwischen der Bundesrepublik und der damaligen DDR führte die Deutsche Mark als alleiniges gesetzliches Zahlungsmittel in beiden deutschen Staaten ein. Gleichzeitig wurde die geld- und währungspolitische Zuständigkeit auf die Bundesbank übertragen.

Mit dem Beginn der dritten Stufe der Europäischen Wirtschafts- und Währungsunion – → Europäische Währungsunion → (EWU) – ist die Verantwortung der Geldpolitik ab dem 1.1.1999 auf das → Europäische System der Zentralbanken (ESZB) übergegangen. Für die praktische Umsetzung der Geldpolitik findet der Grundsatz der Dezentralität Anwendung, nach dem die zentral im Rat der Europäischen Zentralbank (EZB-Rat) beschlossenen Operationen dezentral von den nationalen Zentralbanken (Deutsche Bundesbank) umgesetzt werden.

II. Geldpolitische Strategien

Notenbanken können ihre geldpolitischen Endziele (*goals; final targets*) – wie Preisniveaustabilität oder Konjunkturstabilisierung – aufgrund vorhandener Wirkungsverzögerungen (*time lags*) und unvollständiger Kenntnisse über die genauen Übertragungskanäle geldpolitischer Maßnahmen nicht direkt steuern. Deshalb werden geldpolitische Strategien formuliert, die die konzeptionelle Vorgehensweise von Notenbanken zur Verfolgung ihrer angestrebten Endziele festlegen. Diese Strategien erfassen den gesamten Übertragungsprozess geldpolitischer Impulse, vom Instrumenteneinsatz über operative Ziele (*operational targets*) und Zwischenziele (*intermediate targets*) bis hin zu den Endzielen. Durch die zeitliche Zerlegung der Transmissionskanäle (vgl. → Geldtheorie) erhält die Notenbank schnellere und zuverlässigere Informationen über potenzielle Fehlentwicklungen und kann Korrekturen einleiten. Die geldpolitische Strategie soll dabei sowohl den Entscheidungsprozess innerhalb der Notenbank erfassen als auch die Darstellung und Begründung geldpolitischer Entscheidungen gegenüber den Marktteilnehmern erleichtern.

Sofern die Notenbank Zwischenziele formuliert, lässt sich die bestehende Zielhierarchie in zwei Stufen zerlegen (zweistufige geldpolitische Strategie). Die erste Ebene beschreibt das Verhältnis von operativen Zielen und Zwischenzielen, die zweite Ebene die Relation von Zwischen- und Endzielen. Verzichtet man auf die Formulierung von Zwischenzielgrößen und steuert das Endziel direkt über die operativen Ziele an, ergibt sich eine einstufige geldpolitische Strategie.

III. Instrumente

Ausgangspunkt jeder Strategie sind geldpolitische Instrumente als die eigentlichen Werkzeuge der Notenbank zur Durchsetzung operativer Ziele. Das geldpolitische Instrumentarium wird üblicherweise in drei Grundkategorien eingeteilt: Mindestreservepolitik, Zins- oder Fazilitätenpolitik und Offenmarktpolitik. Beim Einsatz ihrer Instrumente können Notenbanken üblicherweise Preis- oder Mengengrößen festsetzen. Zu der Ausgestaltung dieser Instrumente in der europäischen Geldpolitik vgl. → Europäisches System der Zentralbanken (ESZB).

1. Mindestreservepolitik

Die Mindestreservepolitik hat die Veränderung der → Mindestreserve zum Gegenstand. So führt eine Erhöhung der Mindestreservesätze unmittelbar zu einer Verringerung der freien Liquiditätsreserven. Damit sinkt der Geld- und Kreditschöpfungsspielraum der Banken. Da die Reservehaltung nur gering verzinst wird, treten gleichzeitig Rentabilitätseffekte auf, die zu einer Erhöhung des Zinsniveaus (Kreditkosten) führen und tendenziell die Kreditnachfrage dämpfen (sollen). Über diese Wirkungen erhofft man sich von Mindestreservesatzvariationen gleichzeitig einen Beitrag zur Stabilisierung der Geldmarktsätze und des Zentralbankgeldbedarfs.

2. Zins- oder Fazilitätenpolitik

Diese klassischen Instrumente der Refinanzierungspolitik zielen auf den Interbankenmarkt, oftmals auf den Tagesgeldmarkt. Sie stellen entweder den Geschäftsbanken Liquidität gegen Besicherung (als Diskont-, Lombard- oder Pensionsgeschäfte) zur Verfügung oder ermöglichen Geschäftsbanken, Überschussliquiditäten bei der Zentralbank kurzfristig anzulegen. Bietet eine Zentralbank solche Geschäfte standardisiert und regelmäßig an, so kommt dem jeweiligen Zinssatz meist eine Leitzinsfunktion zu.

3. Offenmarktpolitik

Offenmarktgeschäfte sind geldpolitische Operationen, die auf Initiative der Zentralbank am Finanzmarkt durchgeführt werden. Outrightgeschäfte (definitive Käufe und Verkäufe von Wertpapieren und sonstigen Aktiva) und Devisenswaps (gleichzeitige Durchführung eines Kassa- und eines Termingeschäfts) können sowohl liquiditätserhöhend als auch liquiditätsabschöpfend wirken. Zur Liquiditätsbereitstellung sind befristete Tendergeschäfte, zur Liquiditätsabschöpfung ist die Emission von kurzlaufenden abgezinsten Schuldverschreibungen zu nennen.

VI. Operative Ziele

Operative Ziele der Geldpolitik sind ökonomische Variablen, die eine Notenbank mithilfe ihrer Instrumente kontrollieren kann und sollte. Sie sind eindeutig von geldpolitischen Instrumenten und Zwischenzielen abzugrenzen, was in der Literatur nicht immer durchgehalten wird und eine strukturierte Analyse vorhandener Strategien erschwert. Heute werden kurzfristige Geldmarktzinssätze – bspw. der Tagesgeldsatz – von fast allen Notenbanken als operative Ziele angesehen. Alternativ kann auch eine Mengengröße wie die Geldbasis herangezogen werden. Die Notenbank versucht in diesem Fall, den Bargeldumlauf zzgl. der Reservehaltung von Geschäftsbanken zu steuern. Da die Banken über ihre Einlagenstruktur oder ihr Refinanzierungsverhalten einen Einfluss auf die Geldbasis nehmen können, wird die einfache Geldbasis häufig noch korrigiert, um derartige Effekte zumindest partiell zu neutralisieren.

V. Zwischenziele der Geldpolitik

Um ihre jeweiligen wirtschaftspolitischen Ziele zu erreichen, nehmen die Notenbanken auf die Geldversorgung und die Zinsen und damit auf die Finanzierungsbedingungen in der Volkswirtschaft Einfluss. Sie orientieren sich an Zwischenzielen, die idealerweise gut und kurzfristig beobachtbar sind und gleichzeitig in einem hinreichend engen Zusammenhang zum wirtschaftspolitischen Ziel stehen. Gebräuchliche Zwischenziele sind die Geldmenge, die Zinsen, die Inflationsrate selbst, bisweilen auch der Wechselkurs. Die Bedeutung von Zwischenzielen hat in der geldpolitischen Praxis während der beiden letzten Jahrzehnte spürbar nachgelassen. Sofern man auf die Zwischenziele nicht vollständig verzichtet, werden sie häufig nur noch als Indikatorvariablen interpretiert. Das Europäische System der Zentralbanken gibt in seiner 2-Säulen-Strategie bspw. für das Geldmengenaggregat M3 nur einen Referenzwert für die mittlere Frist vor. Starke Abweichungen der tatsächlichen Geldmengenentwicklung vom verkündeten Referenzwert werden als Warnsignal für mittelfristig steigende Inflations- oder Deflationsrisiken interpretiert, lösen aber keine zwangsläufige Korrektur der Geldpolitik aus.

1. Geldmengensteuerung

Diese basiert auf der Annahme des Monetarismus, dass die Geldnachfrage in einer Volkswirtschaft langfristig stabil ist. Unter dieser Annahme lässt sich aus der Quantitätsgleichung eine einfache Regel für ein Geldmengenwachstum ableiten, das einerseits genügenden Spielraum für das Wirtschaftswachstum bietet, andererseits keine Inflation aufkommen lässt: Das Wachstum der Geldmenge muss der Summe der Wachstumsraten des realen Inlandsproduktes und des akzeptierten oder unvermeidlichen Preisniveauanstiegs vermindert um die trendmäßige Veränderung der Umlaufgeschwindigkeit des Geldes entsprechen. Eine exakte Steuerung der Zentralbankmenge und des Geldumlaufs kann jedoch (insbesondere kurzfristig) problematisch sein. Verfügen die Banken über freie Liquiditätsreserven, können sie Kredite gewähren und damit auch das Wachstum der Zentralbankgeldmenge vorantreiben. Sind die freien Liquiditätsreserven erschöpft, so ist die Zentralbank zwar theoretisch in der Lage, das Wachstum der Zentralbankgeldmenge gemäß ihren Zielvorstellungen zu begrenzen. Es ist aber fraglich, ob die Zentralbank diesen Mechanismus in der Praxis auch tatsächlich nutzen kann. Solange die einzelnen Banken Interbankforderungen und andere finanzielle Aktiva als gleichwertig mit Zentralbankgeld betrachten und auf Basis dieser einzelwirtschaftlichen Liquidität zusätzliche Kredite gewähren, steht die Zentralbank vor einem Dilemma: Ist sie bereit, die entstandene Lücke zwischen Zentralbankgeldversorgung durch Zufuhr freier Liquiditätsreserven, z.B. durch eine expansive Offenmarktpolitik zu schließen, dann läuft sie der von den Banken ausgelösten Entwicklung hinterher (Schlepptau-These). Verweigert sie dagegen den Banken das zusätzlich benötigte Zentralbankgeld, so führt dieser schwerwiegende und abrupte Eingriff zu einer Liquiditätskrise im Bankensystem und zu einem unerwünscht scharfen konjunkturellen Umbruch. Im Zweifel wird daher die Zentralbank nur die (Refinanzierungs-) Bedingungen setzen, zu denen sie bereit ist, den Zentralbankgeldbedarf der Kreditinstitute zu alimentieren, und von steigenden Zinssätzen eine dämpfende Wirkung auf das Wachstum der Zentralbankgeldmenge erwarten. Im Fall einer expansiven Geldpolitik ist zu beachten, dass die Zentralbank zwar Zentralbankgeld grundsätzlich in beliebiger Menge bereitstellen kann, die Verwendung aber eindeutig nur noch vom Verhalten der Nichtbanken und Banken abhängt.

2. Liquiditätssteuerung

Hier sind die freien Liquiditätsreserven der Banken Indikator für die Zwischenziele „Kreditvergabe" und „Kreditkosten". Durch Steuerung der freien Liquiditätsreserven und mithilfe von zinspolitischen Maßnahmen versucht die Notenbank Kreditangebot und Kreditnachfrage gleichzeitig zu regulieren: Im Falle einer restriktiven (expansiven) Politik verringern (erhöhen) die Banken bei einsetzender Liquiditätsverknappung (-ausweitung) ihr Kreditangebot und reduzieren (erweitern) die Wirtschaftsubjekte aufgrund eines höheren (niedrigeren) Zinssatzes ihre Kreditnachfrage.Die Wirksamkeit dieser Politik wird nicht als unproblematisch eingeschätzt, da insgesamt gesehen die Zinsempfindlichkeit der Investitionen (v. a. in der Hochkonjunktur) gering ist und erhebliche zeitliche Wirkungsverzögerungen auftreten, die mengenmäßige Steuerung der freien Liquiditätsreserven häufig durch gegenläufige Einflüsse (insbesondere durch Devisenbewegungen bei festen und auch bei flexiblen Wechselkursen) erschwert werden sowie die Banken aus einzelwirtschaftlicher Sicht neben den freien Liquiditätsreserven auch Wertpapiere (Availability Doctrine), Interbankguthaben und die Möglichkeit der Mittelbeschaffung auf den internationalen Finanzmärkten zu ihrem Liquiditätspotenzial rechnen. Dies bedeutet, dass die Banken im Zweifel auch ohne freie Liquiditätsreserven ihre Kreditexpansion noch vorantreiben.

3. Wechselkursbindung

Insbesondere für kleine Länder mit einem großen außenwirtschaftlichen Sektor kann es sinnvoll sein, die Geldpolitik einem Wechselkursziel unterzuordnen. Dabei wird die einheimische Währung einseitig mit einem festen Wechselkurs an eine ausländische Währung (Leitwährung) oder an einen Korb ausländischer Währungen (currency board) gebunden.Letztendlich wird durch eine Wechselkursbindung eine autonome nationale Geldpolitik aufgegeben. Dies kann vorteilhaft sein, wenn es dadurch bspw. gelingt, Vertrauen und eine höhere Reputation einer ausländischen Zentralbank zu importieren. Leidet ein Land unter mangelndem Vertrauen internationaler Investoren aufgrund früherer Inflationspolitiken, so kann über die Bindung der heimischen Währung an eine stabile und anerkannte ausländische Währung neues Vertrauen aufgebaut werden. Problematisch wird eine solche Strategie allerdings dann, wenn die Wachstumsraten der inländischen Wirtschaft und jene der Leitwährungswirtschaft weit auseinanderfallen. Wächst die heimische Wirtschaft deutlich dynamischer als die Leitwährungswirtschaft droht eine Deflationskrise. Die Wechselkursbindung Argentiniens an den US-Dollar war Mitte der 1990er-Jahre zunächst sehr erfolgreich; eine Veränderung der gesamtwirtschaftlichen Entwicklung v.a. in den USA begünstigte dann aber die schwere Deflationskrise 2001.

VI. Direkte Inflationssteuerung

Zweifel an den Interdependenzen zwischen Geldmengenaggregaten und den Endzielen wie Preisniveaustabilität oder Outputstabilisierung begründeten in vielen Ländern eine Abkehr von geldpolitischen Strategien unter Berücksichtigung expliziter Zwischenziele. Im Rahmen des → Inflation Targeting orientieren Notenbanken ihre Geldpolitik stattdessen direkt an der Inflationsentwicklung. Die geldpolitischen Entscheidungsträger legen ein Inflationsziel fest und beobachten die gegenwärtige Preisniveausteigerung sowie Frühindikatoren für die künftige Preisniveauentwicklung (bspw. Faktorkosten, Wechselkurse, Konjunkturindikatoren, Einkommensentwicklung usw.). Vor diesem Hintergrund müssen Notenbanken ihre geldpolitischen Eingriffe auf das erwartete Inflationspotenzial ausrichten, d.h. ihre Strategie basiert auf einer Steuerung der prognostizierten Inflationsrate. Deuten die Indikatoren eine Gefährdung des Inflationsziels an, so wird die Geldpolitik restriktiv (inflationärer Druck) bzw. expansiv (deflationärer Druck) ausgerichtet.

In den späten 1980er- und 1990er-Jahren gingen eine ganze Reihe von Zentralbanken – u.a. in den *USA*, in *Großbritannien*, *Kanada*, *Australien* und *Neuseeland* von einer Geldmengensteuerung zu einer direkten Inflationssteuerung über. Von Kritikern wird dieser Strategie oftmals eine gewisse Beliebigkeit und fehlende Bindung vorgeworfen. In jüngster Zeit wird allerdings verstärkt in Frage gestellt, ob bezüglich des konkreten Instrumenteneinsatzes tatsächlich ein wesentlicher Unterschied zwischen einer direkten Inflationssteuerung und einer an Zwischenzielen orientierten zweistufigem geldpolitischen Strategie besteht.

VII. Endziele der Geldpolitik

Auf der Endzielebene werden letztlich jene Ziele (Finalziele) festgelegt, die die Notenbank mittel- bzw. langfristig erreichen soll. In den letzten Dekaden hat sich sowohl in der Theorie als auch in der Praxis die Überzeugung herausgebildet, dass die Notenbanken mithilfe ihres Instrumentariums letztlich nur Inflationsprozesse bekämpfen und folgerichtig nur das Ziel der Preisniveaustabilität anstreben kann. Die Verfolgung realwirtschaftlicher Ziele, wie die Vermeidung von Konjunkturschwankungen und negativen Beschäftigungseffekten führt lediglich kurzfristig zum Erfolg (vgl. → Geldtheorie), verursacht eine unstetige Geldpolitik, erhöht die Unsicherheit auf den Märkten und gefährdet nachhaltig das Ziel der Preisniveaustabilität.

VIII. Diskretionäre versus regelgebundene Geldpolitik

1. Diskretionäre Geldpolitik

Bei einer *diskretionären Geldpolitik* entscheiden die geldpolitischen Entscheidungsträger von Fall zu Fall, welche Politikmaßnahme sie zur Realisierung ihres Zieles ergreifen. Die Geldpolitik erfolgt somit situativ (in Abhängigkeit der jeweiligen Besonderheiten der Problemsituation) und muss im Zeitablauf nicht zwingend konsistent sein. Der wesentliche Vorteil einer diskretionären Strategie liegt in ihrer hohen Flexibilität, d.h., es ist der Zentralbank möglich, auf unterschiedliche Problemursachen mit unterschiedlichen Mitteln bzw. Politikmaßnahmen zu reagieren. Als Nachteil ist festzuhalten, dass eine diskretionäre Geldpolitik aus der Sicht der Marktakteure unberechenbar ist und damit für Erwartungsunsicherheit sorgt, sodass sie keine transparente und zuverlässige Basis für die individuellen ökonomischen Pläne der Akteure liefert. Dies ist regelmäßig nicht dazu geeignet, Vertrauen in die Geldpolitik zu schaffen.

2. Regelgebundene Geldpolitik

Eine *strikt regelgebundene Geldpolitik* (*open-loop-policy*) ist dadurch gekennzeichnet, dass die Zentralbank verpflichtet ist, eine bestimmte Handlungsregel ohne Rücksicht auf die Spezifika der jeweiligen Handlungssituation auszuführen. Ein Beispiel einer solchen starren Regel wäre: „Erhöhe die Zentralbankgeldmenge jährlich um die konstante Rate k Prozent." Damit ist die Handlungsweise der Zentralbank exakt festgelegt und selbige verfügt nicht mehr über einen eigenen (diskretionären) Handlungsspielraum. Hiermit ist Erwartungssicherheit seitens der Marktakteure verbunden, die nun antizipieren können, wie sich die Zentralbankgeldmenge verändert und dies in ihren individuellen ökonomischen Plänen berücksichtigen. Damit wird eine hohe Glaubwürdigkeit der Geldpolitik bewirkt, die Vertrauen in die Funktionsfähigkeit der Geldordnung schaffen kann. Zudem wird ein Einsatz der Geldpolitik zu anderen als den Gemeinwohlinteressen (eigennutzmaximierende Politiker; → Neue Politische Ökonomie) wesentlich erschwert. Der wesentliche Nachteil einer starren Regelbindung liegt darin, dass nicht differenziert auf unterschiedliche Inflations- oder Deflationsursachen reagiert werden kann. Darüber hinaus ist es geldtheoretisch zweifelhaft, ob eine langfristig konstante Wachstumsrate der Geldmenge tatsächlich für Preisniveaustabilität sorgen kann, da das Produktionspotential einer Volkswirtschaft durchaus nicht zwangsläufig einer konstanten Wachstumsrate unterliegt. Dies gilt umso mehr als Wissen über zukünftige ökonomische Entwicklungen heute nicht bzw. kaum in sicherer Weise verfügbar ist.

3. Weitere Variante

Eine weitere Variante regelgebundener Geldpolitik stellt die *Feedback-Regel* (*closed-loop-policy*) dar. Hierbei ist die Ausführung der Handlungsregeln an den Eintritt spezifischer Ereignisse gebunden, sodass eine Rückkopplung (*closed loop*) zwischen Zielgröße und Instrumentenwahl bzw. -einsatz integriert ist. Ein Beispiel einer solchen Feedback-Regel könnte bspw. wie folgt formuliert werden: Erhöhe das Zentralbankgeldangebot um x Prozent pro Jahr, zzgl. y Prozent für jeden Prozentpunkt Arbeitslosenquote, abzüglich z Prozent für jeden Prozentpunkt Inflation oberhalb von 2 Prozent. Ist die Feedback-Regel den Marktakteuren bekannt, so ist Erwartungssicherheit bezüglich der Geldpolitik gegeben. Gleichzeitig ist eine solche Regelbindung relativ flexibel gegenüber unterschiedlichen Inflations- oder Deflationssituationen und -ursachen; dies gilt freilich nur insoweit, als das alle relevanten Situationsparameter i.d.R. erfasst sind. Damit bleibt auch diese Strategie regelgebundener Geldpolitik unflexibel gegenüber nicht erwarteten Ursachen von Fehlentwicklungen, welche bei einer prinzipiell offenen Zukunft dennoch auftreten können (bspw. in Form exogener Schocks – Ölpreiskrise – oder Innovationen an den Finanzmärkten).

Insgesamt wird es sich in der Realität nicht vermeiden lassen, den geldpolitischen Akteuren (den Zentralbänkern) gewisse (jedoch deutlich beschränkte) diskretionäre Spielräume zu belassen, um auf unerwartete Zukunftssituationen reagieren zu können. Somit können Regelbindungen real nur unvollständige Regelbindungen sein.

IX. Expansive versus kontraktive Geldpolitik

Expansive Geldpolitik ist eine geldpolitische Maßnahme, die sich in einer steigenden Änderungsrate der Geldmenge bzw. des Geldangebotes einer Zentralbank widerspiegelt. Dadurch wird versucht, die Wirtschaft zu beleben und einer konjunkturellen Abkühlung bzw. einer Rezession entgegen zu wirken. In der kurzen Frist sind belebende Wirkung auf Produktion beziehungsweise auf den Zinssatz möglich, in der mittleren Frist gilt die expansive Geldpolitik allerdings als wirkungslos, sodass sie letztendlich nur zu einer Preisniveauerhöhung führt. Selbst in der kurzen Frist bleibt die expansive Geldpolitik jedoch in einem deflationären Umfeld wirkungslos, insbesondere in den von Keynes beschriebenen Situationen der Investitions- und Liquiditätsfalle.

Kontraktive Geldpolitik umfasst alle Maßnahmen, welche die Änderungsrate des Geldangebotes, d.h. die Menge des umlaufenden Geldes, verringert. Vor allem in Zeiten konjunktureller Überhitzung kann kontraktive Geldpolitik eine wirksame Maßnahme darstellen. Sie führt zu Zinssteigerungen, Produktions- und

Investitionsrückgang und soll darüber den Anstieg des Preisniveaus verlangsamen, also Inflationstendenzen eindämmen. Es besteht allerdings die Gefahr, dass Liquiditätsengpässe auftreten, die den Bankensektor destabilisieren können.

X. Geldpolitik in einer offenen Volkswirtschaft

Die monetäre Politik kann ihre Maßnahmen nicht allein binnenwirtschaftlich ausrichten. Der Außenwert der Währung wird über die Wechselkurse zu ausländischen Währungen ausgedrückt. In einem System flexibler (marktlich bestimmter) Wechselkurse besteht prinzipiell die Möglichkeit zu einer autonomen, binnenwirtschaftlich ausgerichteten Geldpolitik, sofern die durch Wechselkursbewegungen entstehenden Verteuerungen oder Verbilligungen von Importen und Exporten hingenommen werden. In einem System fester oder lediglich in Bandbreiten flexibler Wechselkurse (und somit letztlich politisch bestimmter Kurse) wird hingegen eine binnenwirtschaftliche Geldpolitik durch die Notwendigkeit der Wahrung des festgelegten Wechselkurses, welcher üblicherweise Zentralbankinterventionen in den Devisenmarkt erfordert, eingeschränkt. Dies kann dann Devisenknappheit oder importierte Inflation mit sich bringen (vgl. auch Wechselkurssysteme).

geldpolitische Instrumente – Der EBZ stehen mit den Ständigen Fazilitäten (Einlagefazilität und Spitzenrefinanzierungsfazilität), der → Mindestreservepolitik sowie mit den → Outright-Offenmarktgeschäften (Hauptrefinanzierung; längerfristige Refinanzierung) die wichtigsten Instrumente zur Verfügung. – Vgl. auch → Geldpolitik.

geldpolitische Übertragungswege → Geldtheorie.

Geldrente – Form des → Schadensersatzes für Verlust oder Beeinträchtigung der Erwerbsfähigkeit oder für Tötung des Unterhaltspflichtigen gemäß §§ 843 f. BGB. Bei → wichtigem Grund kann der Verletzte auch → Kapitalabfindung verlangen.

Geldschöpfung – Geschäftsbanken verfügen über freie liquide Mittel (→ freie Liquiditätsreserven), mit deren Hilfe sie Kredite gewähren können. I.d.R. werden diese Kredite zu dem Zweck aufgenommen, Zahlungen für Käufe von Gütern und Dienstleistungen vorzunehmen. Somit kommt es wieder zu Einzahlungen bei Banken bzw. zu neuen Einlagen im Bankensystem. Da die Einlagen bei Banken Forderungen gegen das Bankensystem darstellen, werden diese als → Geld bezeichnet. Zusätzliche Kredite führen also über die Einlagenbildung zu einer Vermehrung der Geldmenge. Der Geldschöpfungsprozess kann im Bankensystem so lange vorangetrieben werden, bis die freien Liquiditätsreserven durch die → Mindestreserven (die für Einlagen zu halten sind) und durch den Bargeldabzug bei der Kreditverwendung aufgezehrt sind. Eine einzelne Bank kann natürlich nur im Umfang ihrer freien Liquidität Kredite gewähren. Die Geschäftsbanken in ihrer Gesamtheit können ein Mehrfaches an Krediten vergeben und damit an Geld schaffen, denn mit der Kreditgewährung einer Bank entstehen bei anderen Banken wiederum Einlagen, also zusätzliches Geld. – Vgl. auch → Geldtheorie.

Geldschöpfung der Geschäftsbanken → Geldtheorie.

Geldschuld – Schuld, deren → Erfüllung durch Übermittlung des Betrages durch den Schuldner auf seine Gefahr und Kosten an den Gläubiger erfolgt (§ 270 BGB). → Erfüllungsort bleibt aber mangels abweichender Vereinbarung Wohn- oder Geschäftssitz des Schuldners, deshalb genügt rechtzeitige *Absendung* des Geldes (auch des Schecks). Bei *Überweisung* (Bank, Postscheck) Rechtsprechung uneinheitlich, daher zweckmäßig, für rechtzeitige Buchung auf dem Konto des Empfängers zu sorgen. – Vgl. auch → Valutaschuld.

Geldsorten – *Sorten;* ausländische Banknoten. Geldsorten werden meist an der Börse gehandelt und sind Gegenstand des Geldwechselgeschäftes der Banken. Zu den Geldsorten gehören auch die → Münzen, von denen die Goldmünzen international gehandelt werden.

Geldstrafe – strafrechtliche Rechtsfolge, Hauptstrafe neben der → Freiheitsstrafe. Die Geldstrafe wird in → Tagessätzen verhängt. Sie beträgt mind. fünf Tagessätze und, wenn das Gesetz nichts anderes bestimmt, höchstens 360 Tagessätze (§ 40 I StGB). Die Höhe des Tagessatzes bestimmt das Gericht anhand der Vermögensverhältnisse (i.d.R. Nettoeinkommen) des Täters. Ein Tagessatz wird auf mind. einen und höchstens 30.000 Euro festgesetzt (vgl. näher § 40 II StGB). – *Einkommen- und Lohnsteuer:* Geldstrafen sind nicht als → Betriebsausgaben oder → Werbungskosten abzugsfähig (§ 4 V EStG). In Berufsausübung entstandene und unzulässigerweise vom Arbeitgeber übernommene Geldstrafen sind bei Arbeitnehmern steuerpflichtiger → Arbeitslohn, da eine entsprechende Zahlung dem Arbeitnehmer Aufwendungen erspart und damit für ihn einen geldwerten Vorteil, also eine „Einnahme", darstellt (§ 8 I EStG). Entsprechendes gilt für → Geldbußen.

Geldstromanalyse – statistische Erfassung und ökonomische Auswertung aller Zahlungs- und Kreditvorgänge in einer Volkswirtschaft.

Geldsubstitute – *Währungssubstitution.* Ersatz einer Währung durch eine wertstabilere im Zuge steigender Inflationserwartungen. – Vgl. auch → Geldsurrogate.

Geldsurrogate – *Beinahegeld, Geldersatzmittel, Geldsubstitute, Quasigeld;* Geldformen, die anstelle gesetzlicher Zahlungsmittel treten, aber keinen

Annahmezwang aufweisen. Geldsurrogate können Zahlungsverpflichtungen (→ Wechsel) und Zahlungsanweisungen (→ Scheck) oder Forderungen gegen → paramonetäre Finanzierungsinstitute sein.

Geldtheorie

von Prof. Dr. Oliver Budzinski, Dr. Jörg Jasper und Prof. Dr. Albrecht F. Michler

I. Charakterisierung

Die Geldtheorie umfasst die Beziehungen zwischen den geldwirtschaftlichen Größen untereinander und jene zwischen Geld- und Güterwirtschaft unter Berücksichtigung internationaler Verflechtungen: Sie erklärt, welche Rolle die einzelnen Größen, wie z.B. Geld, Kredit und Zins, im Wirtschaftsablauf spielen.

II. Wesen, Entstehung von Geld und Geldangebot

1. Wesen

Das Geld wird i.Allg. von seinen Funktionen her definiert. Danach ist alles Geld, was als Tauschmittel (Tauschmittelfunktion des Geldes), Wertaufbewahrungsmittel (Wertaufbewahrungsfunktion des Geldes) und als Recheneinheit (Rechenmittelfunktion des Geldes) akzeptiert wird (→ Geld). Diese Funktionen werden heute überwiegend von den gesetzlichen → Zahlungsmitteln (→ Zentralbankgeld) und den Einlagen bei den Geschäftsbanken (bes. den → Sichteinlagen wegen deren täglicher Fälligkeit) erfüllt. Gesetzliche Zahlungsmittel und Bankengeld (→ Geldmenge) können durch → Inflation ihre Wertaufbewahrungs- und Tauschmittelfunktion und damit auch den Geldcharakter ganz oder teilweise einbüßen. Entscheidend ist daher weniger die gesetzliche Vereinbarung darüber, was Zahlungsmittel ist, sondern die Sicherung der Geldfunktionen im Rahmen der Geldordnung.

2. Entstehung

a) Die Entstehung des Geldes ist *historisch* gesehen mit der zunehmenden → Arbeitsteilung verbunden. Um den Güteraustausch effizienter zu machen, d.h. die hohen Transaktions- und Informationskosten der Naturaltauschwirtschaft zu senken, wurden allgemein akzeptierte Zahlungsmittel entwickelt. Der Geldwert ist in modernen Geldsystemen durch die Relation zwischen Geldumlauf und Güterangebot bestimmt: An die Stelle einer Bindung an einen stofflichen Wert (Goldwert) tritt das Wirken der Zentralbank und das Vertrauen der Bevölkerung in die durch den Staat geschaffene Geldordnung.

b) Geld entsteht in einem zweistufigen Bankensystem, das sich aus Zentralbank und Geschäftsbanken zusammensetzt, auf zweifache Weise:

(1) Schaffung von Zentralbankgeld: → Zentralbankgeld kommt durch Käufe der Notenbank in Umlauf, z.B. durch Ankauf von Devisen oder Wertpapieren. Die Notenbank finanziert einen solchen Ankauf durch Bereitstellung von Zentralbankgeld (Noten, Münzen, Zentralbankguthaben).

(2) Geld- und Kreditschöpfung der Geschäftsbanken (Giralgeldschöpfung): Die Geldschöpfung durch Kreditvergabe der Geschäftsbanken kann an einem Beispiel verdeutlicht werden. Es sei angenommen, das Geschäftsbankensystem bestehe nur aus zwei Banken A und B. Bank A erhalte Zentralbankgeld aufgrund einer Einlage E des Nichtbankensektors. Die Bank A gewähre auf Basis dieser Einlage einem Bankkunden Kredit zur Finanzierung von Güterkäufen, die dieser bei einem Lieferanten tätigt, der sein Konto bei der Bank B führt. Dann wird in Höhe des Kredites eine Überweisung zur Bank B vorgenommen. Bank B erhält Zentralbankgeld in Höhe der Einlage E. Bei Bank A findet ein Aktivtausch statt (Zentralbankgeld gegen Kredit). Der Umfang an Zentralbankgeld hat sich bei beiden Banken zusammen nicht geändert, es sind jedoch zusätzliche Kredite und Einlagen entstanden. Die Einlagen zählen je nach Geldmengenabgrenzung zu einer Kategorie der → Geldmenge M1, M2 oder M3.

Die Kreditausweitung und Geldschöpfung kann beliebig oft wiederholt werden, solange den Banken kein Zentralbankgeld entzogen wird. In der Praxis sind jedoch der Geldschöpfung durch die gesetzliche → Mindestreserve und Barabhebungen der Nichtbanken Grenzen gesetzt.

3. Theorie des Geldangebots (Geldangebotstheorie)

Ausgehend von den Bestimmungsfaktoren der Giralgeldschöpfung analysiert die Theorie des Geldangebots die Determinanten der den Nichtbanken insgesamt angebotenen Geldmenge. Das (nominale) Geldangebot wird hierbei als Produkt aus freier Liquidität (→ freie Liquiditätsreserven) und Geldschöpfungsmultiplikator dargestellt. In diesem Zusammenhang kann formal der Einfluss von Zahlungsgewohnheiten und variierenden

Mindestreservesätzen analysiert werden. Steigende (sinkende) Zinsen verringern (erhöhen) z.B. die Bargeldumlaufquote und haben so einen restriktiven (expansiven) Effekt auf das Geldangebot. Analoge Beziehungszusammenhänge sind bez. steigender (sinkender) Mindestreservesätze darstellbar; hier wird die Reservehaltungsquote zur bestimmenden Variable.

Es ist ersichtlich, dass die Zentralbank das Geldangebot in diesem Grundmodell rein theoretisch über die Reservehaltungsquote und die freie Liquidität der Geschäftsbanken beeinflussen kann.

III. Theorie der Geldnachfrage (Geldnachfragetheorie)

1. Geldnachfrage

Als *Geldnachfrage* bezeichnet man die von Nichtbanken geplante (gewünschte) → Kassenhaltung. Zur Kassenhaltung zählen dabei nicht nur die Bargeldbestände, sondern auch die Einlagen der Nichtbanken bei Banken. Welche Einlagen zur Kassenhaltung zu rechnen sind, hängt vom zugrunde gelegten Geldmengenbegriff ab; soll z.B. die → Geldmenge M1 aus dem Zusammenspiel von Geldangebot und -nachfrage erklärt werden, sind neben dem Bargeld nur die Sichteinlagen als Bestandteil der geplanten Kasse anzusehen.

2. Ansätze/Konzepte

Die Geldnachfragetheorie untersucht, aus welchen Gründen die Wirtschaftssubjekte einen Teil ihres Vermögens in Form von Geld zu halten wünschen, anstatt es in ertragbringende Vermögenstitel anzulegen, und welche Faktoren die Höhe der geplanten Kasse bestimmen: a) Die ältere Quantitätstheorie stellt das Transaktionsmotiv in den Mittelpunkt, d.h. Geld wird zur Abwicklung von Zahlungen gehalten. Da die Ein- und Auszahlungen meist zu verschiedenen Zeitpunkten anfallen, verfügt jedes Wirtschaftssubjekt über einen bestimmten Kassenbestand, dessen durchschnittliche Höhe von der Zahlungshäufigkeit und vom Transaktionsvolumen abhängt. Die (gesamtwirtschaftliche) Geldnachfrage wird demnach durch die Zahlungsgewohnheiten, die sich in der Umlaufgeschwindigkeit des Geldes niederschlagen, und durch das Transaktionsvolumen (Handelsvolumen) bestimmt. b) Die keynesianische Liquiditätstheorie fügt dem Transaktionsmotiv Vorsichts- und Spekulationsmotiv als Gründe der Geldhaltung hinzu: Das Vorsichtsmotiv erklärt die Geldnachfrage mit der Unsicherheit der Wirtschaftssubjekte über Zeitpunkte und Höhe künftiger Zahlungen. Während die Geldnachfrage aus dem Transaktions- und Vorsichtsmotiv in der Tauschmittelfunktion des Geldes begründet ist, steht die Kassenhaltung aus dem Spekulationsmotiv im Zusammenhang mit der Wertaufbewahrungsfunktion des Geldes: Die Geldhaltung erbringt zwar keine (oder nur geringe) Zinserträge, ermöglicht dafür aber im Vergleich zu anderen Vermögensobjekten eine relativ risikolose Wertaufbewahrung (bei stabilem Preisniveau). Die keynesianische Liquiditätstheorie stellt hier vereinfachend auf die Alternative zwischen Geldhaltung und Erwerb von festverzinslichen Wertpapieren ab. Da bei steigendem Marktzinssatz die Kurse der im Umlauf befindlichen Wertpapiere sinken, müssen risikobewusste Anleger mögliche Kursverluste in ihre Überlegungen einbeziehen. Nach Keynes hat jedes Wirtschaftssubjekt eine (i.d.R. unterschiedliche) Vorstellung vom normalen Zinsniveau, bei dessen Unterschreiten es mit einem wieder ansteigenden Marktzinssatz, also mit dann eintretenden Kursverlusten rechnet. Übersteigen die erwarteten Kursverluste die festen nominalen Zinszahlungen, ist es lohnend, den Kauf von Wertpapieren (vorläufig) zurückzustellen und stattdessen Geld zu halten. Überträgt man diese zunächst einzelwirtschaftliche Erklärung auf die Gesamtwirtschaft, so lässt sich feststellen, dass die Geldnachfrage mit sinkendem Zinsniveau zunimmt. Dabei wird unterstellt, dass bei fallendem Marktzins eine immer größere Zahl von Wirtschaftssubjekten wieder einen Zinsanstieg (also künftige Kursverluste) erwartet. Folglich wächst die Bereitschaft zur Geldhaltung, d.h. die Geldnachfrage steigt mit sinkendem Zinsniveau. Bei Berücksichtigung des Transaktionsmotivs ergibt sich schließlich eine mit wachsendem Volkseinkommen und sinkendem Marktzinssatz steigende Geldnachfrage. c) Die keynesianische Liquiditätstheorie wurde in der Folgezeit durch die postkeynesianische Geldnachfragetheorie mithilfe lagerhaltungs- und portfoliotheoretischer Überlegungen weiterentwickelt. Diese Ansätze erweitern die keynesianische Liquiditätstheorie in Richtung auf eine allgemeine Theorie der optimalen Vermögenshaltung unter Unsicherheit. Diesen Ansätzen gemeinsam ist, dass die Geldnachfrage das Ergebnis individueller Optimierungskalküle darstellt. d) Dies verbindet sie mit der monetaristischen Neoquantitätstheorie (→ Friedman). In Abgrenzung davon stellt hier Geld eins von mehreren entscheidungsrelevanten Aktiva (z.B. Humankapital, Sachvermögen) dar, dessen Nutzen in der Liquidität liegt. Die Wirtschaftssubjekte treffen eine barwertorientierte Entscheidung über die optimale Aufteilung des Vermögens. Im Optimum ist das Vermögen so strukturiert, dass die Grenznutzen aller einzelnen Vermögensbestandteile in der letzten Verwendung gleich sind. Neben den theoretischen Differenzen bei der Ableitung der Geldnachfragefunktion unterscheiden sich die keynesianischen und monetaristischen Auffassungen auch bei der Beurteilung der Stabilität der Zusammenhänge zwischen der Geldnachfrage und den einzelnen Parametern. Während die Monetaristen von einem zumindest langfristig stabilen Zusammenhang ausgehen, attestieren die Keynesianer eine instabile Beziehung.

VI. Geldwirkungen und Transmissionsmechanismen

Ein zentraler Gegenstand der monetären Theorie ist die Frage, wie monetäre Impulse (bes. Maßnahmen der Zentralbank) auf den realen Sektor übertragen werden. Hierzu werden Geldmengen-, Zins- und Preisniveaueffekte aus dem Zusammenspiel von Geldangebot und -nachfrage hergeleitet, die im realen Sektor Anpassungsreaktionen auslösen. Über die konkreten Wirkungen monetärer Impulse herrschen allerdings gravierende Meinungsunterschiede:

1. Klassische Geldlehre

Nach der *klassischen Geldlehre* bestimmt die Geldmenge das Preisniveau, ist hinsichtlich realwirtschaftlicher Entwicklungen jedoch völlig wirkungsneutral (→ Dichotomie des Geldes).

2. Keynessche Lehre

Nach der *Keynesschen Lehre* (→ Keynesianismus) bewirkt eine Geldmengenausweitung zunächst eine Zinssenkung, die die Investitionstätigkeit anregt. Damit steigt über den Einkommensmultiplikator die Gesamtnachfrage nach Gütern um ein Vielfaches der zusätzlichen Investitionen an. Herrscht in der Ausgangslage Unterbeschäftigung, kommt es zu einer Ausweitung von Produktion und Beschäftigung, bei Vollbeschäftigung dagegen entsteht Inflation.

3. Postkeynesianische Geldtheorie

Die → postkeynesianische Geldtheorie erweitert diesen Übertragungsmechanismus durch Einbeziehung portfoliotheoretischer Überlegungen: Zinssenkungen führen zu einer Umstrukturierung des Vermögens. Finanzanlagen werden durch rentablere Aktiva ersetzt, was die Nachfrage nach neu produzierten Kapitalgütern und damit die Investitionstätigkeit stimuliert. Die Postkeynesianer messen diesem Wirkungszusammenhang allerdings keine überragende Bedeutung bei, sondern betonen bei der Beurteilung der Kausalität zwischen Geldmenge und wirtschaftlicher Aktivität eher den umgekehrten Wirkungszusammenhang: Die Entwicklung von Volkseinkommen und Produktion wird wesentlich von realwirtschaftlichen Faktoren (z.B. geänderten Absatzerwartungen) bestimmt, während die beobachtbaren Geldmengenveränderungen hauptsächlich als Reflex von Einkommensschwankungen zu sehen sind.

4. Monetarismus

Ganz anders dagegen die Ansicht der Vertreter des → Monetarismus. Nach deren Vorstellung sind Auswirkungen der wirtschaftlichen Aktivitäten auf die Geldmenge von begrenzter Bedeutung, die Geldmenge bestimmt maßgeblich die Entwicklung des nominellen Volkseinkommens. Auf die in diesem Zusammenhang wichtige Frage, wie die monetären Impulse in reale und nominale (Preisniveau-)Effekte umgesetzt werden, haben die Monetaristen eine klare Antwort: Bei Geldmengenausweitung sind kurzfristig expansive Produktions- und Beschäftigungswirkungen infolge sinkender Realzinsen und Reallöhne zu erwarten (wegen der grundsätzlichen inflationären Wirkung der Geldmengenerhöhung und weil dann die Gewinne der Unternehmen und damit die Investitionstätigkeit tendenziell ansteigen). Sobald jedoch die auftretenden Preissteigerungen von den Wirtschaftssubjekten erkannt und in die Lohn- und Zinssätze einkalkuliert werden, fallen Produktions- und Beschäftigungsniveau auf den alten Stand zurück. Die gestiegene Geldmenge hat dann lediglich das Preisniveau erhöht.

5. Liquiditätstheorie des Geldes

Eine wiederum deutliche Gegenposition zum Monetarismus nimmt die *Liquiditätstheorie des Geldes* ein. Sie geht davon aus, dass für das Ausgabeverhalten die Liquiditätssituation der einzelnen Wirtschaftssubjekte entscheidend ist, für die Gesamtwirtschaft entsprechend die gesamtwirtschaftliche Liquidität. Die Geldmenge ist zwar Teil, aber eben nur eine von mehreren Determinanten der gesamtwirtschaftlichen Liquidität. Zu jenen gehören die Möglichkeit der Kreditaufnahme (bei Geschäftsbanken und anderen Finanzierungsinstituten oder in Form von Handelskrediten), die Einlagen bei paramonetären Instituten, das sonstige Vermögen und subjektive Liquiditätskomponenten wie das allgemeine Umsichgreifen optimistischer Erwartungen, Hoffnungen und Wünsche.

6. Kredittheoretischer Ansatz

Ein Transmissionskonzept, das die monetäre Politik der Deutschen Bundesbank maßgeblich geprägt hat, ist der *kredittheoretische Ansatz*. Er stellt die Kreditgewährung als wichtiges Bindeglied zwischen monetärem und realem Bereich heraus. Danach sind Kreditverfügbarkeit und -kosten die beiden wesentlichen monetären Determinanten der Ausgabetätigkeit, die von der Zentralbank beeinflusst werden können. Diese Auffassung wird durch die Tatsache gestützt, dass die Unternehmen ihre Nettoinvestitionen i.d.R. zum überwiegenden Teil (häufig ca. 75 Prozent und mehr) mithilfe von Krediten finanzieren. Folgerichtig erhofft sich die Geld- und Kreditpolitik, über eine Einschränkung (Erweiterung) des Spielraums für die Kreditgewährung der Banken und eine

Verteuerung (Verbilligung) der Kreditaufnahme die Ausgaben v.a. der Unternehmungen tendenziell reduzieren (erhöhen) zu können.

Geldüberhang – *Kaufkraftüberhang;* Überschuss der → Geldmenge (bzw. des nominellen Volkseinkommens) über das Güterangebot (das reale Volkseinkommen). – *Entstehung:* a) Wird in einer vollbeschäftigten Wirtschaft die Geldmenge erhöht, so kommt es zu einem Geldüberhang, weil das Güterangebot nicht mehr vermehrt werden kann. So die erhöhte Geldmenge auch nachfragewirksam eingesetzt wird, kommt es zu einem Preisniveauanstieg, welcher den ursprünglichen Geldüberhang sukzessive abbaut. – *Klassisches Beispiel* für einen Geldüberhang bietet die Wirtschaftsgeschichte Deutschlands während des Zweiten Weltkriegs und der Zeit von 1945 bis 1948. – b) In Zentralverwaltungswirtschaften entstand ein Geldüberhang, wenn das zentral geplante Güterangebot zu den administrativ festgelegten Preisen unter dem nachfragewirksamen nominellen Volkseinkommen blieb. Wegen der Festpreise wurde dieser Geldüberhang nicht durch einen Preisniveauanstieg abgebaut, sondern er schlug sich in wachsendem unfreiwilligen Sparen nieder (mitunter auch als Kassenhaltungsinflation bezeichnet). Der Abbau des Festpreissystems im Zuge der Systemtransformation in den Reformstaaten führte dort verschiedentlich zu einem Preisniveauanstieg, der die grundsätzlichen Probleme der Systemtransformation noch verstärkte.

Geldumlauf → Geldmenge, → Geldpolitik.

Geldumlaufgeschwindigkeit – Häufigkeit, mit der eine Geldeinheit in einer Periode für Umsätze verwendet wird. Steigerung der Geldumlaufgeschwindigkeit wirkt wie eine Vermehrung, Verminderung der Geldumlaufgeschwindigkeit wie eine Verringerung der → Geldmenge. Die Geldumlaufgeschwindigkeit der Geldmenge M3 wird berechnet als Verhältnis zwischen dem nominalen → Bruttoinlandsprodukt (BIP) und dem Preisniveau, gemessen durch einen bekannten Preisindex.

Geldumsätze → Bankumsätze.

Geld- und Kreditpolitik → Geldpolitik.

Geld- und Wertzeichenfälschung – I. Rechtsgut: Strafrechtlicher Schutz der Sicherheit der Funktionsfähigkeit des Geldverkehrs und des Verkehrs mit Wertpapieren und Wertzeichen vor Fälschung und dem Inverkehrbringen, umfasst das staatliche Münz- und Papiergeld, Banknoten, amtliche Wertzeichen, Inhaberschuldverschreibungen, Aktien, Interimsscheine, Zins-, Dividenden- und Erneuerungsscheine sowie Reiseschecks. Geregelt in den §§ 146 ff. StGB.

II. Arten: 1. *Fälschung:* (1) Das Nachmachen von in- und ausländischen Geldes, Schuldverschreibungen, Aktien etc. in der Absicht, die nachgemachten Stücke als echte in den Verkehr zu bringen; (2) Veränderung echten Geldes oder echter Wertpapiere in der Absicht, den Stücken einen höheren Wert oder außer Kurs gesetzten Stücken den Schein noch geltender Stücke zu geben; (3) die Beschaffung von nachgemachten oder verfälschten Geld- oder Wertpapierstücken, um sie in den Verkehr zu bringen. – *Strafe:* Freiheitsstrafe nicht unter einem Jahr, in minder schweren Fällen Freiheitsstrafe bis fünf Jahre oder Geldstrafe. – 2. *Inverkehrbringen von Falschgeld:* Wer außer in den Fällen unter Punkt 1 falsches Geld, Schuldverschreibungen etc. als echt in Verkehr bringt, wird mit Freiheitsstrafe bis zu fünf Jahren oder Geldstrafe bestraft. Der Versuch ist strafbar. – 3. *Vorbereitung der Fälschung von Geld:* Das Herstellen, Verschaffen, Feilhalten, Verwahren und Überlassen von Gegenständen (Platten, Formen u.a.) zur Anfertigung von Geld wird mit Freiheitsstrafe bis fünf Jahre oder Geldstrafe bestraft.

III. Behandlung von Falschgeld und Falschwerten: Banken, Sparkassen und öffentliche Kassen führen die bei ihnen einlaufenden Falschgeld- und Falschwertpapierstücke an die Behörden ab; Eingang wird nicht als Zahlung anerkannt.

Geld- und Wertzeichenverkehrsgefährdung → Ordnungswidrigkeit, mit Geldbuße bis zu 10.000 Euro bedroht, mit der der Gefahr einer missbräuchlichen Herstellung von Geld etc. vorgebeugt werden soll. Tritt eine Fälschungsabsicht hinzu, wird die Ordnungswidrigkeit durch die Straftatbestände der → Geld- und Wertzeichenfälschung verdrängt. Umfasst im Einzelnen (§§ 127 ff. OWiG): (1) Herstellen, Verschaffen, Feilhalten, Verwahren und Überlassen von Platten, Formen etc. zur Herstellung von Geld, Wertpapieren, öffentlichen Urkunden u.Ä., von Vordrucken für öffentliche Urkunden oder Beglaubigungszeichen oder von bes. Papierarten ohne schriftliche Erlaubnis der zuständigen Stelle. (2) Herstellen oder Verbreiten von Drucksachen oder Abbildungen, die ihrer Art nach geeignet sind, mit Papiergeld oder gleichstehenden Wertpapieren verwechselt zu werden. (3) Feilhalten, Verwahren und Verschaffen von Platten, Formen, Drucksätzen etc., die ihrer Art nach zur Herstellung der unter (2) erwähnten Papiere geeignet sind.

Geldvermögen – Synonym für *Finanzvermögen* bzw. → Forderungen.

Geldvernichtung → Geldtheorie.

Geldvolumen → Geldmenge.

Geldwäsche – 1. *Charakterisierung:* verdecktes Einschleusen illegal erworbener Vermögenswerte in den legalen Wirtschaftskreislauf, v.a. im Bereich der Drogen- und der → Organisierten Kriminalität. Der Wert soll erhalten bleiben, zugleich aber dem Zugriff der Strafverfolgungsbehörden entzogen werden. Gewaschenes Geld wird z.B. für den Kauf von Wertpapieren, Grundstücken und Edelmetallen, aber auch für den Erwerb von Unternehmensbeteiligungen verwendet. – Straftatbestand nach § 261 StGB mit bis zu zehn Jahren Freiheitsstrafe. Durch das → Geldwäschegesetz (GwG) vom 13.8.2008 (BGBl. I S. 1690) werden u.a. Banken, Finanzdienstleistungsinstitute ,Versicherungen Investmentgesellschaften, Rechtsanwälte, Wirtschaftsprüfer, Steuerberater, Immobilienmakler, Spielbanken zur aktiven Mithilfe bei der Bekämpfung der Geldwäsche verpflichtet. Das GwG etabliert eine für das dt. Rechtssystem neue Form der Verbrechensbekämpfung, indem v.a. nichtstaatliche Stellen mit Identifizierungs- und Dokumentationspflichten (§§ 3 bis 9 GwG) bei bestimmten Finanztransaktionen sowie Anzeigepflichten bei Verdacht auf Geldwäsche (§ 11 GwG) und schließlich Organisationspflichten, die z.B. die Benennung eines Geldwäschebeauftragten (§ 9 II Nr. 1 GwG) umfassen, belegt werden. – 2. *Pflichten für Kreditinstitute:* a) *Allgemeine Identifizierungspflichten:*Bei Abschluss einer auf Dauer begründeten Geschäftsbeziehung (z.B. Kontoeröffnung) hat das Kreditinstitut den Vertragspartner zu identifizieren. Dies gilt auch bei Annahme von Bargeld (oder elektronischem Geld), Wertpapieren oder Edelmetallen im Wert von 15.000 Euro oder mehr (§ 3 II Nr. 2 GwG). Die Identifikation erfolgt durch einen gültigen Reisepass oder Personalausweis (§ 4 IV GwG). Das Kreditinstitut hat die Identifizierungsdaten mindestens fünf Jahre aufzubewahren (§ 8 III GwG). – b) *Feststellung des wirtschaftlich Berechtigten:* Das Kreditinstitut hat sich zu erkundigen, ob der zu Identifizierende für eigene Rechnung handelt. Ist dies nicht der Fall, hat der zu Identifizierende dem Kreditinstitut Name und Adresse des wirtschaftlich Berechtigten mitzuteilen. – c) *Automatisierter Abruf von Kontoinformationen nach § 24c KWG:* Kreditinstitute müssen der Bundesanstalt für Finanzdienstleistungsaufsicht (BAFin) den jederzeitigen automatisierten Abruf bestimmter Kontodaten ermöglichen, die im Zusammenhang mit der Kontoführung zu speichern sind (z.B. Konto- oder Depotnummer). – d) *Errichtung von Sicherheitssystemen gegen Geldwäsche:* Die Kreditinstitute müssen nach § 25a KWG über angemessene, geschäfts- und kundenbezogene Sicherungssysteme gegen Geldwäsche verfügen. Bei Sachverhalten, die aufgrund des Erfahrungswissens über die Methoden der Geldwäsche zweifelhaft oder ungewöhnlich sind, hat es diesen vor dem Hintergrund der laufenden Geschäftsbeziehung und einzelner Transaktionen nachzugehen. – e) *Pflichten im grenzüberschreitenden Zahlungsverkehr außerhalb der EU (§ 25b KWG):* Kreditinstitute haben bei der Ausführung von Überweisungen in Staaten außerhalb der EU Namen, Kontonummer und Anschrift des Überweisenden aufzuzeichnen und diese Datensätze an das endbegünstigte bzw. ein zwischengeschaltetes Institut weiterzuleiten. – 3. *Anzeige von Verdachtsfällen:* Tatsachen, die darauf schließen lassen, dass eine Finanztransaktion der Geldwäsche oder der Terrorismusfinanzierung dient, sind von Kreditinstituten unverzüglich den zuständigen Strafverfolgungsbehörden anzuzeigen; eine Kopie wird dem → Bundeskriminalamt (BKA) – Zentralstelle für Verdachtsanzeigen - übermittelt. Die Zentralstelle hat u.a. die von den Verpflichteten und den Behörden übermittelten Verdachtsanzeigen zu sammeln und auszuwerten, Abgleiche mit bei anderen Stellen gespeicherten Daten zu veranlassen, die Strafverfolgungsbehörden des Bundes und der Länder unverzüglich über Erkenntnisse zu unterrichten (§ 10 I GwG). – 4. *Ernennung eines Geldwäschebeauftragten:* Kreditinstitute haben einen Geldwäschebeauftragten zu benennen (inkl. Vertreter). Der Geldwäschebeauftragte ist der Geschäftsleitung des Kreditinstituts unmittelbar unterstellt und ist Ansprechpartner für Strafverfolgungsbehörden, BKA und die → Bundesanstalt für Finanzdienstleistungsaufsicht (BaFin). – 5. *Maßnahmen außerhalb der Kreditwirtschaft:* a) Generelle Unterrichtung der Finanzbehörden durch die Strafverfolgungsbehörden bei Einleitung eines Strafverfahrens wegen Geldwäsche. – b) Strafrecht: Wer seinen Sorgfaltspflichten nicht nachkommt kann nach dem Ordnungswidrigkeitenkatalog des § 17 GwG mit Geldbuße bis zu 100.000 Euro belegt werden. Die Geldwäsche selbst ist strafbar nach § 261 StGB, bei gewerbsmäßiger oder bandenmäßiger Geldwäsche Freiheitsstrafe bis zu zehn Jahren. – c) Die bei der Aufdeckung der gewerbsmäßigen oder bandenmäßigen Geldwäsche sichergestellten Werte unterliegen dem erweiterten Verfall (§ 73d StGB).

Geldwäschegesetz (GwG) – 1. *Allgemeines:* In Umsetzung der 3. EG-Geldwäsche-Richtlinie vom 26.10.2005 (Geldwäschebekämpfungsergänzungsgesetz (GwBekErgG)) wurden das seit dem 30.11.1993 geltende Geldwäschegesetz (GWG) zum 21.08.2008 neu gefasst. Letztmalig geändert wurde das GwG durch das „Gesetz zur Optimierung der Geldwäscheprävention (Geldwäscheoptimierungsgesetz – GwOptG)“, welches zum 29.12.2012 bzw. 31.03.2012 in Kraft getreten ist. Verpflichtete i.S.d. Geldwäschegesetzes sind nicht nur Banken und Versicherungen, → Treuhänder und → Makler, Anwälte und → Steuerberater, sondern grundsätzlich alle „Personen, die gewerblich mit Gütern handeln“. Das Geldwäschegesetz regelt dabei insbes. die Maßnahmen, die von den Verpflichteten hinsichtlich der Bekämpfung von Geldwäsche und Terrorismusfinanzierung umzusetzen sind. Hierzu zählt an erster Stelle die Wahrnehmung bestimmter Sorgfaltspflichten, wobei nach allg., vereinfachten und verstärkten Sorgfaltspflichten zu unterscheiden ist. Zu den allg. Sorgfaltspflichten zählen bspw. die Identifizierung des Vertragspartners, die Verpflichtung zur Einholung von Informationen über Art und Zweck der Geschäftsbeziehung sowie die Identifizierung eines vom Vertragspartner abweichenden wirtschaftlich Berechtigten. Neben der Einhaltung bestimmter Sorgfaltspflichten haben Verpflichtete i.S.d. GwG zudem interne Sicherungsmaßnahmen zu treffen, bspw. in Form der Bestellung eines Geldwäschebeauftragten für bestimmte

Branchen oder die Durchführung von regelmäßigen Zuverlässigkeitsprüfungen ihrer Mitarbeiter. Nicht zuletzt regelt das GwG die Abgabe von Verdachtsmeldungen im Falle eines Geldwäscheverdachts. – 2. *GwOptG-Neuerungen:* Zu den wesentlichen Neuerungen des Geldwäscheoptimierungsgesetzes (GwOptG) zählen u.a. die Aufnahme von E-Geldinstituten in den Kreis der Verpflichteten, die erweiterte Einbeziehung der wirtschaftlich Berechtigten in die kundenbezogenen Sorgfaltspflichten, die Einbeziehung von im Inland lebenden „politisch exponierten Personen (PEP)" in die verstärkten Sorgfaltspflichten sowie die Wiedereinführung der regelmäßigen Zuverlässigkeitsprüfungen. – § 2: *Verpflichtete:* Aufnahme von E-Geldinstituten in den Kreis der Verpflichteten, – § 3: *Allg.* → *Sorgfaltspflichten:* Zu den allgemeinen Sorgfaltspflichten, welche die Verpflichteten gegenüber ihren Geschäftspartnern anzuwenden haben, gehören die Identifizierung des Vertragspartners, die Einholung von Informationen über die Art und den Zweck der Geschäftsbeziehung, die Abklärung, ob der Vertragspartner für einen wirtschaftlich Berechtigten (d.h. die → natürliche Person, die letztlich den Auftrag zu einer Transaktion gibt) handelt, und, soweit dies der Fall ist, dessen Identifizierung, sowie die kontinuierliche Überwachung der Geschäftsbeziehung einschl. der im Verlauf durchgeführten Transaktionen. – § 6: *Verstärkte Sorgfaltspflichten:* Soweit erhöhte Risiken bzgl. der Geldwäsche und Terrorismusfinanzierung bestehen können, haben Verpflichtete zusätzliche, dem erhöhten Risiko angemessene verstärkte Sorgfaltspflichten zu erfüllen. Zu den Vertragspartnern (einschließlich evtl. vorhandener wirtschaftlich Berechtigter) mit erhöhtem Risiko zählen dabei v.a. die sog. PEP (politisch exponierte Personen). Die Reichweite des PEP-Begriffs wurde durch das GwOptG auch auf inländische Funktionsträger ausgeweitet. – § 7: *Ausführung durch Dritte:* Die Erfüllung bestimmter allgemeiner Sorgfaltspflichten, z.B. die Identifizierung des Vertragspartners, kann auch an sog. „zuverlässige Dritte" übertragen werden. Neben → Kreditinstituten, bestimmten Zahlungsinstituten, Versicherungsunternehmen und Kapitalanlagegesellschaften sowie Notaren, Wirtschaftsprüfern und Rechtsanwälten gelten nunmehr auch deutsche Botschaften, Außenhandelskammern und Konsulate kraft Vereinbarung als geeignete Personen. – § 9: *Interne Sicherungsmaßnahmen:* Neben der Bestellung eines Geldwäschebeauftragten, der Entwicklung bzw. Aktualisierung angemessener kundenbezogener Sicherungssysteme, der risikobezogenen Schulung der Mitarbeiter sind nunmehr auch geeignete risikoorientierte Maßnahmen zur Prüfung der Zuverlässigkeit der Beschäftigten zu treffen. – § 11: *Meldung von Verdachtsfällen*: Das GwG sieht statt der früheren „Anzeigen", nunmehr die „Meldung von Verdachtsfällen" vor. Die Pflicht zur Meldung erstreckt sich jetzt auch auf Sachverhalte, bei denen Tatsachen darauf schließen lassen, dass der Vertragspartner seiner Offenlegungspflicht in Bezug auf einen dahinterstehenden wirtschaftlich Berechtigten zuwidergehandelt.

Geldwechselgeschäft – Umtausch von inländischem Geld in ausländisches und umgekehrt. Das Geldwechselgeschäft erstreckt sich auf Münzen und Noten. – Vgl. auch → Sortenhandel.

Geldwert – *Kaufkraft des Geldes;* die für eine Geldeinheit käufliche Gütermenge („Güterpreis des Geldes", Preiser). – 1. *Binnenwert:* Diese entspricht dem inversen Wert des Preisniveaus; bei einem Steigen des Preisniveaus sinkt die mit einer Geldeinheit zu erwerbende Gütermenge und umgekehrt. – 2. *Außenwert:* Kaufkraft einer über den → Wechselkurs umgerechneten inländischen Währungseinheit im Ausland. – Vgl. auch → Kaufkraftparitätentheorie. – 3. *Stabilisierung des Geldwertes (Geldwertstabilität)* ist eine Maxime für die Wirtschaftspolitik eines Landes; sie soll v.a. mithilfe der → Geldpolitik erreicht werden. – Vgl. auch → Inflation. – 4. *Theorie des Geldes:* → Geldtheorie.

geldwerter Vorteil – 1. *Grundsatz*: alle Güter, die in Geld- oder Geldeswert bestehen, z.B. die verbilligte oder unentgeltliche Überlassung von Waren durch den Arbeitgeber an den Arbeitnehmer (vorausgesetzt, die Vorteilsgewährung beruht auf einem Dienstverhältnis). Geldwerte Vorteile sind gemäß § 8 I EStG ebenso als Einnahme anzusehen wie eine Geldzahlung; deswegen bilden geldwerte Vorteile, die im Rahmen einer Einkunftsart zufließen, automatisch einen Teil des steuerpflichtigen Einkommens. Nach § 2 I LStDV sind geldwerte Vorteile deswegen auch grundsätzlich → Arbeitslohn. Anders als bei Bargeld muss man jedoch bei geldwerten Vorteilen erst eine Umrechnung in Geld vornehmen; außerdem stellt sich gelegentlich die Frage, ob jemand tatsächlich einem anderen einen Vorteil zuwenden will oder nur etwas im eigenen Interesse tut, was dann aber keine Zuwendung eines geldwerten Vorteils an einen anderen darstellt. (Beispiel: Sollen die den Arbeitnehmern zur Verfügung gestellten Parkplätze auf dem Firmengelände diesen Kosten sparen, oder dienen sie primär den eigenen Interessen des Arbeitgebers, indem sie Verspätungen durch Parkplatzsuche etc. verhindern?) – 2. *Steuerliche Bewertung* von geldwerten Vorteilen: Die Erfassung erfolgt zu den um übliche Preisnachlässe geminderten üblichen Endpreisen am Abgabeort (§ 8 II EStG). Sachbezüge werden ignoriert, wenn der geldwerte Vorteil hieraus im Kalendermonat 44 Euro nicht übersteigt (§ 8 II EStG; → Freigrenze). Für die Gestellung eines Firmen-Pkw auch zu Privatzwecken des Arbeitnehmers gelten Sonderregelungen (→ Ein-Prozent-Regelung). Bietet der Arbeitgeber seine Waren oder Dienstleistungen den eigenen Arbeitnehmern unentgeltlich oder verbilligt an, dann ist ein Rabatt bis zu 4 Prozent stets steuerfrei (§ 8 III EStG), für den darüber hinausgehenden Betrag gilt ein Rabattfreibetrag von 1.080 Euro.

Geldwertsicherungsklausel → Wertsicherungsklausel.

Geldwertstabilität → Geldwert, → Inflation.

Geldwirtschaft – Form der modernen Volkswirtschaft, in der jeder Tauschakt (Ware gegen Ware) in zwei unabhängige Kaufakte (Ware gegen Geld, Geld gegen Ware) zerlegt ist. Da fast ausschließlich Kreditgeld in Umlauf ist, wird häufig auch von *Kreditwirtschaft* gesprochen. – *Gegensatz:* → Naturalwirtschaft.

geldwirtschaftliches Denken – ursprüngliches Erfolgsdenken der Betriebswirtschaftslehre, bei dem ein Gewinn bei Feststellung eines erhöhten Endkapitals gegenüber dem Anfangskapital angenommen wird (Nominalismus). Das geldwirtschaftliche Denken wurde durch die wiederholten Inflationen erschüttert. – *Gegensatz:* → güterwirtschaftliches Denken.

Geldzins – *Nominalzins;* Erscheinungsform des → Zinses in der Geldwirtschaft. Geldzins wird in den monetären → Zinstheorien als Erklärung für die Existenz des Zinses angeführt.

Geld-zurück-Garantie → Kundenfang.

Gelegenheitsgeschäft – *Partizipationsgeschäft;* Geschäft, an dessen Durchführung mehrere Personen bzw. Unternehmen teilnehmen (→ Gelegenheitsgesellschaft). – *Gelegenheitsgeschäft zwischen zwei Partnern:* → Metageschäft.

Gelegenheitsgesellschaft – Zeitlich begrenzter Zusammenschluss einzelner Personen oder Unternehmen zu einer → Gesellschaft bürgerlichen Rechts (GbR), mit dem Zweck der Durchführung einzelner Geschäfte, wie Konsortialbildung (Konsortium), Verwaltung und Verwertung gleichartigen Besitzes, einer ARGE im Baubereich oder einer Bauherrengemeinschaft. – Im *Gesellschaftsvertrag* (formlos) verpflichten sich die Gesellschafter, die Erreichung des gemeinsamen Zweckes zu fördern. Bei Konsortialverträgen ist die Bestimmung erforderlich, dass kein Gemeinschaftsgut entsteht, sondern jedem Gesellschafter das Eingebrachte als Eigentum verbleibt und nur dessen Verwaltung nach vertraglichen Bestimmungen erfolgt (§§ 705–740 BGB). – Gelegenheitsgesellschaften sind *nicht gewerbesteuerpflichtig.*

Gelegenheitsverkehr → Charterverkehr.

geliefert ab Kai → DEQ.

geliefert ab Schiff → DES.

geliefert Grenze → DAF.

geliefert unverzollt → DDU.

geliefert verzollt → DDP.

Gelöbnis – eine dem → Eid gleichstehende Beteuerung, die Pflichten eines Beamten oder eines Richters getreulich zu erfüllen.

Geltungsnutzen → Kundennutzen.

GEMA – Abk. für *Gesellschaft für musikalische Aufführungsrechte und mechanische Vervielfältigungsrechte e. V.* Verwertungsgesellschaft zur Wahrnehmung deutscher und ausländischer Urheberrechte auf dem Gebiet der Musik in der Bundesrepublik Deutschland; Sitz in Berlin und München. Die Rechtsprechung gewährt bei der Verletzung unkörperlicher Verwertungsrechte als Schadensersatz die doppelte Gebühr nach den GEMA-Tarifen.

Gemeinbedürfnisse → Kollektivbedürfnisse.

Gemeinde – eine politische und administrative Einheit mit eigenem Territorium. Die Gemeinden sind Träger der *kommunalen Selbstverwaltung,* die ihnen durch Art. 28 II GG garantiert ist. Das Recht der Selbstverwaltung umfasst die eigenverantwortliche Regelung aller Angelegenheiten der örtlichen Gemeinschaft im Rahmen der Gesetze. Sie verfügen damit über die Personal-, Finanz-, Organisations-, Planungs-, Satzungs-, Gebiet- und Aufgabenhoheit. Gemeinden, kreisfreie Städte und kreisangehörige Städte werden unter dem Begriff *Kommune* zusammengefasst. Als *Gebietskörperschaften* sind die Kommunen juristische Personen öffentlichen Rechts mit eigener Verfassung, eigenem Haushalt und Dienstherrnfähigkeit. – Die Wahrnehmung von *Selbstverwaltungsangelegenheiten* kann den Gemeinden durch Gesetz zur Pflicht gemacht werden (*pflichtige Selbstverwaltungsangelegenheiten,* z.B. Bauleitplanung, Haushaltsgestaltung). Zu den Pflichtaufgaben zählen bspw. die Bereitstellung von Kindergärten, Jugend- und Sozialhilfe, Gemeindestraßen, Wohngeld, Schulverwaltung, Förderung des Wohnungsbau, Abfallbeseitigung und Abwasserbeseitigung. – Darüber hinaus können Gemeinden auch freiwillige Aufgaben (*freiwillige Selbstverwaltungsangelegenheiten*) erbringen. Zu den freiwilligen Aufgaben zählen bspw. die Bereitstellung und der Betrieb von Museen, Schwimmbädern, Theatern, Grünanlagen, Bürgerhäusern, Wirtschaftsföderung, Jugendeinrichtungen oder Sportstätten. – Für die Selbstverwaltungsaufgaben ist die *Gemeindevertretung* (Rat/Gemeinderat/Stadtrat) die höchste Entscheidungsinstanz. – Daneben nehmen die Gemeinden *Weisungsaufgaben* wahr, die ihnen durch Gesetz zur Erledigung nach Weisung zu übertragen sind. Nach Art. 83ff. GG nehmen die Gemeinden Aufgaben als untere Verwaltungsinstanz des Bundes und Landes wahr. Hierzu gehören Aufgaben im Bereich Melderecht, Zivilschutz, Ordnungsrecht, Bauaufsichtstrecht und Ausländerangelegenheiten. – Die *rechtliche Struktur der Gemeinden (Kommunalverfassung)* ist in den *Gemeindeordnungen* der Länder in unterschiedlicher Weise geregelt. Die von den Bürgern unmittelbar gewählte *Gemeindevertretung (Rat)* ist das oberste Gemeindeorgan. Als sog. Beschlussorgan entscheidet sie über alle wichtigen Angelegenheiten der Gemeinde, erlässt die Satzungen der Gemeinde und den Haushalt. Ausführendes Verwaltungsorgan ist der teils direkt gewählte Bürgermeister bzw. als Kollegialorgan der Magistrat oder der Stadtdirektor. Das Verwaltungsorgan bereitet die Beschlüsse der Gemeindevertretung vor, führt sie aus und ist für alle Geschäfte der laufenden Verwaltung zuständig. – *Gemeindeaufsicht:* → Kommunalaufsicht. – *Gewerbliche Gemeindenunternehmen:* → Kommunalbetrieb. – *Gemeindekredit:* → Kommunalkredit.

Gemeindeanteil – Anteil der Gemeinden an der Einkommensteuer (→ Gemeinschaftsteuern), auf der Grundlage der Einkommensteuerleistungen ihrer Einwohner nach Maßgabe eines Bundesgesetzes (Art. 106 GG). Die Gemeinden erhalten 15 Prozent des Aufkommens an Lohnsteuer und an veranlagter Einkommensteuer sowie 12 Prozent am Zinsabschlag (Art. 106 III GG i.V. mit § 1 Gemeindefinanzreformgesetz). Seit dem 1.1.1998 erhalten die Gemeinden auch einen geringfügigen Anteil am Aufkommen der Umsatzsteuer (2,2 Prozent einer bestimmten Restgröße zum Ausgleich des Wegfalls der → Gewerbekapitalsteuer; Art. 106 Va GG i.V. mit § 1 FAG).

Gemeindeertragsteuern → Gemeindesteuern.

Gemeindefinanzen – Gesamtheit aller die Einnahmen und Ausgaben der → Gemeinden und Gemeindeverbände ausmachenden Positionen des kommunalen Haushalts und wichtigster Teil der Kommunalwirtschaft. Gemeindefinanzen dienen der Finanzierung der kommunalen Aufgaben im Rahmen der Selbstverwaltung. Die *Bedeutung* der Gemeindefinanzen ist daran zu erkennen, dass ca. zwei Drittel aller öffentlichen Investitionen von den Gemeinden getätigt werden. – *Steuerstruktur (2011)*: Die Gemeinden erhalten ihre Steuereinnahmen (rund 69,7 Mrd. Euro in 2011) aus den Anteilen an folgenden Steuern (netto): Gewerbesteuer 43,7 Prozent (30,5 Mrd. Euro), Gemeindeanteil an der Einkommensteuer 35,3 Prozent (24,6 Mrd. Euro), Gemeindeanteil an der Umsatzsteuer 5,0 Prozent (3,5 Mrd. Euro), Grundsteuer 14,8 Prozent (10,3 Mrd. Euro). Weitere Einnahmen aus den Zuweisungen der Länder (56,5 Mrd. Euro), den Gebühren (16,6 Mrd. Euro) und sonstige Einnahmen (23,5 Mrd. Euro). Die gesamten Einnahmen des Verwaltungshaushalts der Gemeinen und Gemeindeverbände beliefen sich 2011 somit auf 166,3 Mrd. Euro. Im Gegensatz dazu stehen die Ausgaben für Personal 46,4 Mrd. Euro, für soziale Leistungen 43,3 Mrd. Euro, für den laufenden Sachaufwand 39,3 Mrd. Euro, für laufende Zuweisungen und Zuschüsse (19,3 Mrd. Euro), für Zinsen (4,3 Mrd. Euro) sowie Ausgaben für Sonstiges (4,8 Mrd. Euro). Insgesamt betrugen die Ausgaben 2011 157,2 Mrd. Euro. Hinzu kommen noch die Einnahmen (17,4 Mrd. Euro) und Ausgaben (28,1 Mrd. Euro) des Vermögenshaushalts der Gemeinden. – Vgl. auch → Finanzausgleich, → Gewerbesteuerumlage, → Kommunalverschuldung.

Gemeindefinanzmasse – die den Gemeinden allein oder anteilsmäßig zustehende Ertragshoheit an bestimmten Steuern (→ Steuerertragshoheit). – Vgl. auch → Gemeindesteuern, → Gemeindesteuersystem, → Steuerverbund.

Gemeindesatzung – autonome (selbst gegebene) → Satzung einer → Gemeinde zur Regelung ihrer Selbstverwaltungsaufgaben, soweit keine gesetzlichen Vorschriften entgegen stehen. Die Satzungshoheit erstreckt sich nicht auf die → Auftragsverwaltung. Die Gemeindesatzung ist Rechtsnorm und im Gemeindegebiet für alle Normadressaten verbindlich (z.B. Bebauungsplan, Gebührensatzung).

Gemeindesteuern – *Kommunalsteuern.* 1. *Gemeindesteuern i.e.S.* (Gemeindeertragsteuern): → Steuern, deren Aufkommen allein den Gemeinden zufließt (→ Steuerertragshoheit). – *Wichtigste Arten:* → Gewerbesteuer (Gemeinden haben Ertragshoheit, müssen aber einen Teil als → Gewerbesteuerumlage an Bund und Länder abführen), → Grundsteuer, → Grunderwerbsteuer sowie kleinere „eigene" Steuern wie → Hundesteuer, → Getränkesteuer, Jagdsteuer und → Vergnügungsteuer. Diese stehen den Gemeinden gemäß Art. 106 VI GG zu. – 2. *Gemeindesteuern i.w.S.:* Gesamtheit der den Gemeinden zur Verfügung stehenden Steuereinnahmen, die aus den Gemeindesteuern i.e.S. und dem → Gemeindeanteil an den → Gemeinschaftsteuern (→ Steuerverbund) besteht. – 3. *Beschränkungen* und *Ordnungsprinzipien* der Erhebung von Gemeindesteuern, Kriterien einer *optimalen Ausgestaltung* der Gemeindesteuern: → Gemeindesteuersystem. – Vgl. auch → Bundessteuern, → Landessteuern, → Gemeinschaftsteuern.

Gemeindesteuersystem – *Kommunalsteuersystem.* 1. *Begriff:* Die Gesamtheit der → Gemeindesteuern, die zu einem Zeitpunkt gelten und deren Ertragshoheit (→ Steuerertragshoheit) den Gemeinden insgesamt zusteht; ein Teil des Gesamtsteuersystems (→ Steuersystem), ein Teil der → Gemeindefinanzen (→ Kommunalabgaben). – 2. Das Gemeindesteuersystem hat eine bes. Bedeutung in der Steuerpolitik und -theorie wegen der kommunalen *Selbstverwaltung* (Art. 28 GG) und der kommunalen *Finanzautonomie:* Die Gemeinden sind wie Bund und Länder → Gebietskörperschaften, Körperschaften des öffentlichen Rechts, mit grundsätzlich ähnlichen Aufgaben für Wirtschaft und Bevölkerung ausgestattet. Das Gemeindesteuersystem ist in seinen Hauptsteuerarten, den → Realsteuern, mit der „Hebesatzautonomie" (ein Teil der Finanzautonomie) verbunden. – 3. *Beschränkungen und Ordnungsprinzipien* für die Befugnis der Gemeinden, Steuern zu erheben, v.a. im Gemeindeabgabenrecht (basierend auf den Kommunalabgabengesetzen der Bundesländer) und in den (nachrangigen) kommunalen Steuerordnungen (Satzungen im Sinn des Gemeinderechts, von den Aufsichtsbehörden zu genehmigen): Zur Deckung des notwendigen Bedarfs dürfen von den Gemeinden Steuern nur dann erhoben werden (→ Subsidiarität), wenn andere Einnahmen, wie Vermögenserträge, → Gebühren, → Beiträge, → Zuweisungen und Zuschüsse sowie Konzessionsabgaben (wobei die Erhebung teilweise auch obligatorisch ist) nicht ausreichen. – 4. *Kriterien eines „optimalen"*

Gemeindesteuersystems: a) *Autonomie.* – b) *Geringe Konjunkturempfindlichkeit* und *hohe Wachstumsreagibilität* der Gemeindesteuern, die damit begründet wird, dass aus Gründen einer über die Zeit gleichmäßigen Versorgung der Bevölkerung und der Wirtschaft (→ Strukturpolitik) v.a. die Investitionsausgaben (zwei Drittel aller öffentlichen Investitionen werden von den Gemeinden getätigt) gleichmäßig getätigt und konjunkturunabhängig finanziert werden müssen. Die Forderung eines konjunkturunempfindlichen Gemeindesteuersystems wird auch mit dem prozyklischen Verhalten der Gemeinden begründet. – c) *Örtliche Radizierbarkeit* der Steuern (örtliche Verbrauch- und Aufwandsteuern gemäß Art. 106 VI GG); von diesen Steuern sollen nur die in einer Gemeinde lebenden Bürger betroffen werden. – d) *Merklichkeit* der Steuer, um eine enge Bindung zwischen Bürger und Gemeinde deutlich zu machen. – e) *Finanzielle Ergiebigkeit* ist selbstverständlich angesichts der Versorgungsleistungen und Investitionsausgaben. – f) Um die einseitige Abhängigkeit bestimmter Gemeinden von großen Steuerzahlern zu mildern (z.B. ist die heutige Gewerbesteuer, aus der die meisten Gemeinden sich überwiegend finanzieren, eine „Großbetriebsteuer" geworden), sollen nach dem *Prinzip des Interessenausgleichs* zwischen den Bürgergruppen in einer Gemeinde alle Bürger an einer optimalen Gemeindesteuer beteiligt werden; von der zur Diskussion stehenden → Wertschöpfungsteuer verspricht man sich gerade diese Wirkung. – 5. In der *Reformdiskussion* wurden v.a. hervorgehoben: die Notwendigkeit einer Gewerbesteuerreform (→ Gewerbesteuer); die Notwendigkeit einer Grundsteuerreform (→ Grundsteuer); die Abschaffung der → Bagatellsteuern; die Einführung einer Wertschöpfungsteuer, die Gewerbe- und Grundsteuer ersetzen soll und deren Reformen überflüssig machen würde. – *Verwirklicht mit der* → Finanzreform von 1969 wurde die Forderung nach einer Lösung aus der Abhängigkeit der Gemeinden von der Gewerbesteuer (sie ist stark konjunkturreagibel) und nach einer Beteiligung an der gleichmäßiger fließenden Lohn- und Einkommensteuer (Wachstumsreagibilität und fiskalische Ergiebigkeit) durch die Einrichtung einer Gewerbesteuerumlage und die Einrichtung des → Steuerverbunds.

Gemeindeunfallversicherungsverband – bezirklich zuständiger → Versicherungsträger der gesetzlichen → Unfallversicherung für Beschäftigte im Dienst oder in Betrieben mehrerer → Gemeinden von zusammen wenigstens 500.000 Einwohnern, falls dies durch RechtsVO der Landesregierung angeordnet wird, § 117 SGB VII. Der Gemeindeunfallverband ist z.B. zuständig für Personen, die bei bestimmten, im Interesse der Allgemeinheit liegenden Tätigkeiten Schaden erleiden, und für die in den Haushaltungen Beschäftigten sowie für Unternehmen der Gemeinden und Gemeindeverbände. – *Ausgenommen* sind die gemeindlichen Bediensteten der Verkehrsbetriebe, Elektrizitäts-, Gas- und Wasserwerke und der landwirtschaftlichen Unternehmen, § 129 SGB VII (für diese sind → Berufsgenossenschaften zuständig).

Gemeindeverband – Zusammenschluss mehrerer → Gemeinden zu einer ihrerseits mit → Selbstverwaltung ausgestatteten → Gebietskörperschaft, aber auch eigenständige Gebietskörperschaft mit unmittelbar gewählter Volksvertretung. Gemeindeverbände dienen der Erfüllung überregionaler Aufgaben, z.B. Wasserversorgung, Energieversorgung, Straßenbau. Gemeindeverbände sind auch → Landkreise und in Ländern mit dreistufigem Verwaltungsaufbau Bezirksverbände. – *Anders:* → Zweckverband.

Gemeindeverzeichnis – von der → amtlichen Statistik aufgestellte tabellarische Darstellung der Bevölkerung in ihrer Verteilung auf die → Siedlungseinheiten (Amtliches Gemeindeverzeichnis für die Bundesrepublik Deutschland).

Gemeindewirtschaft → Kommunalwirtschaft.

gemeine Gefahr – Begriff in einigen strafrechtlichen Tatbeständen. Gemeine Gefahr setzt voraus, dass bedeutende Rechtsgüter (Leib, Leben und Eigentum) einer unbestimmten Vielzahl von Menschen konkret gefährdet sind, z.B. Herbeiführung einer gemeingefährlichen Vergiftung (vgl. § 314 StGB). Begriff bedeutet soviel wie „allgemeine" Gefahr; ausdrücklich wird er im StGB nur in § 243 I Nr. 6 (bes. schwerer Diebstahl unter Ausnutzung einer gemeinen Gefahr) und in § 323c (unterlassene Hilfeleistung) erwähnt.

Gemeineigentum → Allmenderessource.

Gemeinerlöse → Erlöse, die einem sachlich und zeitlich eindeutig abgegrenzten Bezugsobjekt (→ Bezugsgröße) nach dem → Identitätsprinzip nicht eindeutig zugerechnet werden können. – *Zurechnung:* Analog zu den → Gemeinkosten. – Vgl. auch → unechte Gemeinkosten.

gemeiner Wert – I. Steuerrecht: 1. *Legaldefinition* (§ 9 BewG): Der gemeine Wert wird durch den Preis bestimmt, der im gewöhnlichen Geschäftsverkehr nach der Beschaffenheit des Wirtschaftsguts bei einer Veräußerung zu erzielen wäre. Dabei sind – außer ungewöhnlichen und persönlichen Verhältnissen – alle Umstände zu berücksichtigen, die den Preis beeinflussen. – 2. *Einzelne Merkmale:* a) *Preis:* Der im gewöhnlichen Geschäftsverkehr erzielbare Preis ist i.d.R. nicht mit einem einmal tatsächlich erzielten Preis gleichzusetzen. Tatsächlich erzielte Preise im maßgebenden Zeitpunkt oder kurze Zeit vorher oder nachher lassen als Anhaltspunkte nur gewisse Rückschlüsse auf den erzielbaren Preis zu. – b) *Gewöhnlicher Geschäftsverkehr* ist der Handel am freien Markt – auch wenn auf kleineren Kreis beschränkt – bei dem Angebot und Nachfrage die Preise bestimmen.– c) Zur *Beschaffenheit des Wirtschaftsguts* zählen die dem Wirtschaftsgut selbst eigenen Merkmale (z.B. Lage und Größe eines Grundstücks) und von außen kommende Momente verschiedener Art (z.B. Wegegerechtigkeiten, Bauauflagen, Abbruchverpflichtungen). – 3. *Bedeutung:* Bei der steuerlichen Bewertung ist der gemeine Wert immer dann anzusetzen, wenn nichts anderes bzw. spezielles (u.a. → Teilwert, → Ertragswert, → Nennwert, → Kurswert, Steuerbilanzwert (→ verlängerte Maßgeblichkeit)) vorgeschrieben ist; Ausnahmeregelungen finden sich im BewG (z.B. § 12 IV BewG) und in anderen Steuergesetzen (z.B. § 6 EStG). Im Zuge der Erbschaftsteuerreform gewinnt die Bewertung nach dem gemeinen Wert weiterhin an Bedeutung. So wird bei der Grundstücksbewertung grundsätzlich der gemeine Wert zugrunde gelegt. Der gemeine Wert wird als → Bewertungsmaßstab auch bei einzelnen normierten Bewertungsverfahren (z.B. Sachwertverfahren, → Vergleichswertverfahren) zur Wertbemessung von Bestandteilen (z.B. Bodenwert) herangezogen. – 4. *Ermittlung:* a) Aufgrund von tatsächlich erzielten, zuverlässigen *Verkaufspreisen* (Vergleichswertmethode) am sichersten. Alternativ kann die Ermittlung auch nach dem Ertragswertverfahren oder nach dem Sachwertverfahren erfolgen.–b) Andernfalls zu *schätzen:* Für bestimmte Gruppen von Wirtschaftsgütern gelten verschiedene, v.a. Schätzungsverfahren, die von der Rechtsprechung anerkannt sind und von der Finanzverwaltung zugrunde gelegt werden.

II. Versicherungswirtschaft: 1. *Begriff:* Marktpreis, der von einem Versicherungsnehmer für eine Sache erzielt werden kann. Auf Basis des gemeinen Werts wird in der Verbundenen Wohngebäudeversicherung die Entschädigung berechnet, wenn das Gebäude zum Abbruch bestimmt ist oder wenn es so baufällig oder verwahrlost ist, dass das Gebäude nicht mehr bewohnt werden kann. – 2. *Zweck:* Die Entschädigung nach dem gemeinen Wert verhindert ungerechtfertigte hohe Entschädigungen nach dem Zeitwert oder Neuwert. Das subjektive Risiko wird dadurch eingegrenzt.

Gemeinfreiheit – bezeichnet im → gewerblichen Rechtsschutz und → Urheberrecht Leistungen, die den an den Sonderrechtsschutz zu stellenden Anforderungen nicht genügen oder die unter Sonderrechtsschutz standen, dessen Schutzfrist aber abgelaufen ist, sodass sie von jedermann nachgemacht werden dürfen. Ist der Sonderrechtsschutz abgelaufen, kommt ergänzender wettbewerbsrechtlicher Leistungsschutz (→ Ausbeutung) regelmäßig nicht in Betracht, da der Rechtsinhaber durch den Sonderrechtsschutz die ihm gebührenden Rechtsvorteile ausnutzen konnte.

Gemeingebrauch – die jedem freistehende Benutzung von → öffentlichen Sachen, z.B. Straßen, Wasserläufen, die sich jedoch im Rahmen der Zweckbestimmung der öffentlichen Sache halten muss. Eine darüber hinausgehende Benutzung (gesteigerter Gemeingebrauch, Sondernutzungsrecht) ist nur mit bes. → Erlaubnis gestattet.

gemeingefährliche Krankheiten – jetzt: → übertragbare Krankheiten.

Gemeinkosten – *indirekte Kosten, Verbundkosten, verbundene Kosten, nicht abtrennbare Kosten;* Gegenbegriff zu → Einzelkosten. – 1. *Allgemein* bezeichnen Gemeinkosten Kosten, die sich einer bestimmten → Bezugsgröße (z.B. Produkt) nicht exakt zurechnen lassen. (Echte) Gemeinkosten werden durch Entscheidungen ausgelöst, die das betrachtete Bezugsobjekt und weitere Bezugsobjekte gemeinsam betreffen, soweit sie auch bei Anwendung bester Erfassungsmethoden für das betrachtete Bezugsobjekt nicht getrennt erfasst und ihm auch nicht nach dem → Identitätsprinzip eindeutig zugerechnet werden können. Das ist erst bei einem übergeordneten Bezugsobjekt möglich. Zu den (echten) Gemeinkosten gehören auch die Schein-Einzelkosten, bei denen zwar die Mengenkomponente direkt erfassbar und zurechenbar ist, ohne dass jedoch diesem Einzelverbrauch entsprechende Ausgaben nach dem Identitätsprinzip zugerechnet werden können. – *Anders:* → Unechte Gemeinkosten. – 2. Wie analog für den Begriff der Einzelkosten zutreffend, bezieht man Gemeinkosten *traditionell* auf das Bezugsobjekt Produkt (Kostenträger); entsprechend auch als *Kostenträgergemeinkosten* bezeichnet. Gemeinkosten sind dann die Kostenarten, die nicht direkt in die → Kostenträgerrechnung übernommen werden können, sondern im ersten Schritt in die → Kostenstellenrechnung fließen, dort weiterverrechnet und schließlich im Rahmen der → Kalkulation auf die Produkte verteilt werden. Diese Verrechnung der Gemeinkosten ist stets mit → Gemeinkostenschlüsselungen verbunden, die den Aussagewert der → Vollkostenrechnung für bestimmte Fragestellungen (v.a. für kurzfristige Entscheidungsprobleme) stark herabsetzen. – 3. *Wichtige Arten* von Gemeinkosten sind neben Kostenträgergemeinkosten → Kostenstellengemeinkosten und → Periodengemeinkosten.

Gemeinkostenleistungen – veralteter Begriff für → innerbetriebliche Leistungen.

Gemeinkostenlöhne → Hilfslöhne.

Gemeinkostenlohnzettel – die für → Hilfslöhne ausgefertigten Lohnzettel, die im Fall noch erfolgender manueller Aufschreibungen zur Erfassung der den Kostenträgern nur mittelbar zurechenbaren Löhnen dienen.

Gemeinkostenmaterial – *Gemeinkostenstoffe;* häufig verwendeter Begriff für die → Betriebsstoffe (Schmieröle, Treib- und Brennstoffe, Putzmaterial etc.) und i.d.R. die → Hilfsstoffe (Farbe, Leim, Beizen, Schweißmaterial etc.), die den Kostenträgern nicht direkt zugerechnet werden können. Sie werden in der → Kostenstellenrechnung erfasst. – *Gegensatz:* → Einzelmaterial.

Gemeinkostenplanung → Kostenplanung.

Gemeinkostenschlüsselung

Art des Umlage- bzw. Verteilungsschlüssels	verwendete Bezugsgrößenart	Bezugsgröße (mit Hilfe der Bezugsgröße geschlüsselte Kosten)
Mengenschlüssel i. w. S.	Mengengrößen i. e. S.	Zahl der installierten Anlagen (Raumkosten, Instandhaltungskosten u. Ä.) Anzahl der in einer empfangenden Stelle Beschäftigten (Kosten des Personalbüros) Zahl der Konten (Buchhaltungskosten) Leistungsmengen (Fertigungsgemeinkosten)
	Zeitgrößen	Bearbeitungs- und Maschinenbelegungszeiten (Fertigungsgemeinkosten, Kosten der Lohn- bzw. Anlagenbuchhaltung) Rüstzeiten (Maschinenrüstkosten) zeitliche Inanspruchnahme von Meisterstunden durch einzelne Kostenstellen (Meistergehälter) zeitliche Inanspruchnahme bestimmter Räume (Raumkosten verschiedener Art) Lagerzeiten (Lagerkosten)
	physikalisch-technische Größen	Raumfläche (Gebäudekosten, Instandhaltungskosten, Heizungskosten) Rauminhalt (Gebäudekosten, Instandhaltungskosten, Heizungskosten) installierte kW oder PS (Energie-, insbesondere Stromkosten) Tonnenkilometer (inner- und außerbetriebliche Transportkosten) Transportgewichte (Transportkosten) Gewicht des eingesetzten Materials (Materialkosten) Gewicht der produzierten Leistungsmengen (Fertigungsgemeinkosten)
Wertschlüssel	Bestandswerte	Wert des Anlagenparks (Raumkosten, Kosten der Betriebsbewachung u. Ä.) Lagerbestandswerte (Lagerkosten)
	Einstands-(Einsatz-)werte	Wareneingangswerte, Lagerzugangskosten (Kosten der Einkaufs- und der Materialwirtschaft)
	Kostenwerte	Lohn- bzw. Gehaltskosten (Kosten der Personalabteilung)
	Absatzwerte	Warenumsatz u. Ä. (Vertriebs- oder Verwaltungskosten)

Gemeinkostenschlüsselung – *Kostenverteilungsschlüsselung.* 1. *Begriff:* Eine Gemeinkostenschlüsselung liegt dann vor, wenn nur mehreren Bezugsobjekten (→ Bezugsgrößen) gemeinsam zurechenbare Kosten (→ Gemeinkosten) auf die einzelnen Bezugsobjekte aufgeteilt werden. – 2. *Phasen der Gemeinkostenschlüsselung:* a) *Schlüsselung von* → Periodengemeinkosten: Um eine derartige Gemeinkostenschlüsselung handelt es sich bei der Bildung von → Abschreibungen, der Schlüsselung nur mehreren Jahren gemeinsam zurechenbarer Kosten auf einzelne Teilperioden. – b) *Schlüsselung von* → Kostenstellengemeinkosten: Eine solche erfolgt dann, wenn die → Bereitschaftskosten einer → Hilfskostenstelle (z.B. eigene Stromerzeugung) im Rahmen der → innerbetrieblichen Leistungsverrechnung auf die Leistungen empfangenden Kostenstellen umgelegt werden. – c) *Schlüsselung von Kostenträgergemeinkosten:* Diese liegt dann vor, wenn im Rahmen der → Kostenträgerrechnung z.B. die Kosten der Leitung einer Kostenstelle auf die unterschiedlichen in dieser Kostenstelle erzeugten Produkte aufgeteilt werden. – d) *Schlüsselung von Kostenträgerstückgemeinkosten:* Diese ebenfalls in der Kostenträgerrechnung anzutreffende Art der Schlüsselung nimmt eine Verteilung von Kosten vor, die sich zwar für einen Kostenträger insgesamt exakt erfassen lassen (z.B. Kosten einer Spezialmaschine), nicht jedoch einer einzelnen davon hergestellten Mengeneinheit zurechenbar sind. – 3. *Arten verwendeter Schlüsselgrößen:* Die Praxis verwendet eine Vielzahl unterschiedlicher Schlüsselgrößen; vgl. Abbildung „Gemeinkostenschlüsselung". – 4. *Problematik:* Jede Form der Gemeinkostenschlüsselung bedeutet eine Beeinträchtigung der Abbildungsfunktion der Kostenrechnung. Dies wird schon daran deutlich, dass man nie die Richtigkeit eines verwandten Schlüssels beweisen kann (Verrechnung von Raumkosten anhand von Quadratmetern oder von Kubikmetern?). Je mehr Gemeinkostenschlüsselungen in einer Kostenrechnung vorgenommen werden, desto weniger ist sie in der Lage, an sie herangetragene Informationswünsche (z.B. Preisuntergrenzenbestimmung, Verfahrenswahl, Festlegung des Produktions- und Absatzprogramms) gleichzeitig zu befriedigen. Diese Mängel waren Ausgangspunkt zur Entwicklung von Systemen → entscheidungsorientierter Kostenrechnung.

Gemeinkostenstoffe → Gemeinkostenmaterial.

Gemeinkosten-System-Engineering → Gemeinkostenwertanalyse.

Gemeinkostenumlage → innerbetriebliche Leistungsverrechnung.

Gemeinkosten-Verteilungsprinzipien → Kostenverteilungsprinzipien.

Gemeinkostenwertanalyse – *administrative Wertanalyse, Gemeinkosten-System-Engineering, Overhead Value Analysis, Value Administration.* 1. *Begriff:* Verfahren zur Reduzierung von (Kostenträger-) → Gemeinkosten, bes. im Bereich der mit Verwaltungsaufgaben befassten Kostenstellen; spezielle Form der → Wertanalyse. – 2. *Vorgehensweise:* Auf der Basis von Analysen des Verhältnisses von Kosten und Nutzen jeder Leistung der Gemeinkostenbereiche („Infrastruktur") wird mit → Kreativitätstechniken ermittelt, wo sich Kosten einsparen lassen, ohne dass Nutzen verloren geht. – 3. *Phasen:* a) *Vorbereitungsphase:* Umfasst u.a. die Vorbereitung und Schulung der Beteiligten, die Projektorganisation und die Projektplanung. – b) *Analysephase:* Kostenstelle für Kostenstelle werden von den dort Verantwortlichen die jeweils erstellten Leistungen erfasst, deren Kosten abgeschätzt, die Kosten dem vermuteten Nutzen der jeweiligen Leistungen gegenübergestellt, für die Leistungen mit schlechtem Kosten-Nutzen-Verhältnis Einsparungsvorschläge unterbreitet, für diese konkrete Realisationspläne entwickelt und diese Pläne einem zentralen Lenkungsausschuss zugeleitet. Dieser überprüft in Zusammenarbeit mit dem Betriebsrat die Durchsetzbarkeit der Maßnahmen. – c) *Durchführungsphase:* Die in der Analysephase entwickelten Pläne bzw. Maßnahmen werden realisiert. – 4. *Bedeutung:* Innerhalb eines → strategischen Managements bietet die Gemeinkostenwertanalyse ein methodisches Gerüst für die Formulierung von Rationalisierungsstrategien zur Verbesserung der Wettbewerbsposition des Unternehmens.

Gemeinkostenzuschlag – prozentualer Zuschlag auf die → Einzelkosten, der eine dem → Verursachungsprinzip entsprechende Zurechnung der Gemeinkosten auf die Kostenträger ermöglichen soll. Die Gemeinkostenzuschläge lassen sich aus dem → Betriebsabrechnungsbogen (BAB) für jede Endkostenstelle ermitteln. – Vgl. auch → Kostenträgerrechnung.

Gemeinlastprinzip – 1. *Begriff:* Grundsatz der → Umweltpolitik, nach dem die Kosten der Umweltbelastung, Umweltqualitätsverbesserung und Beseitigung von Umweltbelastungen nicht den Personen, Gütern oder Verfahren zugerechnet werden, von denen Umweltbelastungen ausgehen (→ Verursacherprinzip), sondern gesellschaftlichen Gruppen (Fondslösungen) oder den → Gebietskörperschaften (öffentliche Haushalte) und damit der Allgemeinheit. Üblicherweise inzidieren die genannten Kosten bei gemeinlastorientierter Zurechnung, unabhängig von der individuellen, einzelwirtschaftlichen Inanspruchnahme der Umwelt, bei einer Steuerfinanzierung z.B. nach der individuellen Einkommens- oder Vermögenslage, nach Gewinn- und Umsatzsituation oder nach anderen Größen, die der Besteuerung zugrunde gelegt werden. Daneben ist das → Vorsorgeprinzip mit der Zielsetzung einer die Umwelt schonenden, nachhaltigen Entwicklung die Grundlage der Umweltpolitik. – 2. *Beurteilung:* Aus ökonomischer Sicht hat eine Kostenzurechnung nach dem Gemeinlastprinzip den Nachteil, dass bei seiner ausschließlichen oder vornehmlichen Anwendung keine effiziente (Re-)Allokation der knappen Umweltressourcen erfolgt, da ein Anreiz zur Belastungsvermeidung und -verringerung wie bei der verursachergerechten Zurechnung nicht besteht, vielmehr sogar eine Ausdehnung der vermeintlich kostenlosen Umweltbelastung rational sein könnte. Einsetzbar ist das Gemeinlastprinzip zur unmittelbaren Gefahrenabwehr oder wenn Altlasten saniert werden und die Suche nach den Verursachern sich als schwierig erweist. – 3. *Bedeutung:* Der Sachverständigenrat für Umweltfragen weist dem Gemeinlastprinzip daher nur eine *Ergänzungsfunktion* zu: Das Gemeinlastprinzip soll nur dann greifen, wenn das → Verursacherprinzip aus technischen Gründen nicht umgesetzt werden kann (Informationsprobleme etc.) oder zu politisch unerwünschten Zielkonflikten in anderen Politikbereichen (z.B. Stabilisierungspolitik) führen könnte. – 4. *Instrumente:* a) *Ausgabenseitig:* Ausgaben für Planungs-, Vollzug- und Kontrollmaßnahmen der Umweltverwaltung, Ausgaben für die Errichtung und den Betrieb öffentlicher Umweltschutzeinrichtungen (Klärwerke etc.), direkte Transfers an Private (Zuschüsse an private Haushalte und Unternehmen zur Finanzierung und Verbilligung von Umweltschutzmaßnahmen), z.B. Zinszuschüsse und Bürgschaften (Eventualausgaben). – b) *Einnahmeseitig:* Sonderkonditionen für öffentliche Kredite (Zinsverzichte), Steuervergünstigungen (z.B. § 7d EStG).

gemeinnützige Unternehmen – Bezeichnung des Steuerrechts für Unternehmen in der Rechtsform von → Kapitalgesellschaften, → Genossenschaften und → eingetragenen Vereinen (e.V.), mit deren Tätigwerden unmittelbar und ausschließlich → gemeinnützige Zwecke verfolgt werden. Die gemeinnützigen Unternehmen genießen steuerliche Vergünstigungen nach §§ 51–68 AO und § 5 I Nr. 9 KStG, v.a. Befreiung von der → Körperschaftsteuer insoweit wie kein wirtschaftlicher Geschäftsbetrieb unterhalten wird. Voraussetzung für die Anerkennung als begünstigte gemeinnützige Körperschaft ist normalerweise die unbeschränkte Steuerpflicht (Sitz und/oder Geschäftsleitung der Körperschaft im Inland), jedoch kann unter bestimmten Voraussetzungen neuerdings auch eine gemeinnützige Institution aus dem Rest der EU und des Europäischen Wirtschaftsraumes sich gegenüber dem dt. Fiskus auf die Bestimmungen der dt. Gemeinnützigkeitsregeln berufen, wenn sie aus deutscher Sicht die Voraussetzungen erfüllt und Einkünfte aus Deutschland bezieht. – *Anders:* gemeinwirtschaftliche Unternehmen (→ Gemeinwirtschaft).

gemeinnützige Wohnungsunternehmen – Kapitalgesellschaften und Genossenschaften, die direkt oder indirekt gemeinnützige Unternehmenszwecke erfüllen. Dazu gehören kommunale Wohnungsunternehmen, deren Tätigkeit darauf ausgerichtet ist, breite Schichten der Bevölkerung mit Wohnungen zu versorgen bzw. Genossenschaften, die indirekt deswegen gesellschaftsnützlich sind, weil ihre Geschäftsaktivitäten prinzipiell auf die Erbringung wohnungswirtschaftlicher Leistungen für breite Bevölkerungskreise bzw. mittlere und niedrigere Einkommensschichten ausgerichtet sind. Bei beiden Unternehmensformen ist der erwerbswirtschaftliche Gewinn nicht Zweck der Geschäftstätigkeit, sondern Mittel zum Zweck, um über die Selbstfinanzierung Investitionen durchführen zu können. Bis 1989 war die Wohnungsgemeinnützigkeit steuerlich gefördert. Mit Wirkung vom 1.1.1990 ist das Wohnungsgemeinnützigkeitsgesetz aufgehoben und bislang steuerbefreite Unternehmen der Wohnungswirtschaft sind nunmehr unbeschränkt steuerpflichtig. Nicht steuerpflichtig sind nach § 5 I Nr. 10 des Körperschaftssteuergesetzes die sog. → Vermietungsgenossenschaften, die mind. 90 Prozent ihrer Geschäftstätigkeit auf die Vermietung ihrer Wohnungsbestände an Mitglieder ausgerichtet haben.

gemeinnützige Zwecke – *1. Begriff:* Aufgaben, durch deren Erfüllung ausschließlich und unmittelbar die Allgemeinheit gefördert wird. – 2. *Bedingungen:* a) Eine Förderung der Allgemeinheit ist dann anzunehmen, wenn die Tätigkeit darauf gerichtet ist, die Allgemeinheit auf materiellem, geistigem oder sittlichem Gebiet selbstlos zu fördern. Hierzu zählt insbesondere die Förderung von Wissenschaft und Forschung, Bildung und Erziehung, Kunst und Kultur, Religion, Völkerverständigung, Entwicklungshilfe, Umwelt-, Landschaft- und Denkmalschutz, des Heimatgedankens, der Jugend- und Altenhilfe, des öffentlichen Gesundheitswesens, des Wohlfahrtswesens und des Sports. – b) Die Gemeinnützigkeit einer Körperschaft wird in Deutschland in § 52 Abgabenordnung (AO) definiert. – c) Die Anerkennung der Gemeinnützigkeit erfolgt durch das zuständige Finanzamt. – d) Die Förderung gemeinnütziger Zwecke unterliegt steuerlichen Vergünstigungen (Spenden, gemeinnützige Unternehmen), d.h. als gemeinnützig anerkannte Organisationen werden ganz oder teilweise von Steuern befreit.

Gemeinnützigkeit → gemeinnützige Zwecke.

Gemeinsame Agrarpolitik → GAP.

Gemeinsame Außen- und Sicherheitspolitik → GASP.

gemeinsame Einrichtungen der Tarifvertragsparteien – durch → Tarifvertrag vorgesehene und geregelte Einrichtungen, meistens „Kassen", die für eine ganze Branche bestimmte Fürsorgeleistungen erbringen (z.B. Lohnausgleichskassen, Zusatzversorgungskassen, Urlaubskassen, überbetriebliche Ausbildungsstätten). Nach § 4 II TVG gelten tarifvertragliche Regelungen über gemeinsame Einrichtungen der Tarifparteien unmittelbar und zwingend für die Satzung dieser Einrichtung und das Verhältnis der Einrichtung zu den tarifgebundenen Arbeitgebern und Arbeitnehmern (→ Tarifgebundenheit). Danach können in Tarifverträgen auch Beitragspflichten zu gemeinsamen Einrichtungen der Tarifparteien begründet werden.

gemeinsame Marktorganisationen – Nach dem Gesetz zur Durchführung der gemeinsamen Marktorganisationen (MOG) i.d.F. vom 24.6.2005 (BGBl. I 1847) m.spät.Änd. sind unter gemeinsamen Marktorganisationen Regelungen zur Schaffung und Durchführung der gemeinsamen Organisation der Agrarmärkte für die in Anhang I des Vertrages zur Gründung der Europäischen Gemeinschaft (EG-Vertrag) oder in Anhang I des Vertrages über die Arbeitsweise der Europäischen Union (AEU-Vertrag) aufgeführten Erzeugnisse zu verstehen. Das MOG enthält Vorschriften über bes. Vergünstigungen, Interventionen und Abgaben, Ein- und Ausfuhrbestimmungen (Verfahren über die Erteilung von Lizenzen, Erlaubnissen, Dokumenten und Genehmigungen, Ausfuhrabgaben, Schutzmaßnahmen sowie Überwachung), Sondervorschriften für einzelne Marktorganisationen sowie Straf- und Bußgeldvorschriften.Vgl. auch → Marktordnung, → Marktordnungsstellen.

Gemeinsamer Ausschuss – Der Gemeinsame Ausschuss von Bundesrat und Bundestag hat 48 Mitglieder. Er besteht zu zwei Dritteln aus Abgeordneten des Bundestages und zu einem Drittel aus Mitgliedern des Bundesrates. Er stellt das Notparlament im Verteidigungsfall dar, wenn dem rechtzeitigen Zusammentreten des Bundestages unüberwindliche Hindernisse entgegenstehen. Er entscheidet mit einer Mehrheit von zwei Dritteln der abgegebenen Stimmen, mind. der Mehrheit seiner Mitglieder (Art. 53a GG).

gemeinsamer Betrieb – *Gemeinschaftsbetrieb.* → Betrieb, der von mehreren Unternehmen gemeinsam geführt wird. Es besteht eine einheitliche Leitung, die Arbeitnehmer haben aber unterschiedliche Arbeitgeber. Ein gemeinsamer Betrieb wird gemäß § 1 II BetrVG vermutet, wenn Unternehmen gemeinsam die Betriebsmittel sowie die Arbeitnehmer zur Verfolgung arbeitstechnischer Zwecke einsetzen oder bei der Spaltung eines Unternehmens Betriebsteile einem anderen Unternehmen zugeordnet werden, ohne dass sich die Organisation wesentlich ändert. Der gemeinsame Betrieb wird arbeitsrechtlich, v.a. hinsichtlich → Betriebsverfassung und → Kündigungsschutz als ein Betrieb behandelt.

Gemeinsamer Markt – 1. *Allgemein:* → Wirtschaftsunion; regionale → Freihandelszone (→ Zollunion, → Freihandelszone). – 2. *Gemeinsamer Markt im Rahmen der EU:* → EU, → EG, → EWG, → EEA, → Einheitlicher Binnenmarkt. – 3. *EU-Wirtschaftsrecht:* Der Gemeinsame Markt ist ein zu einem → Drittland oder mehreren Drittländern durch gemeinsame Außenhandelsgrenze abgegrenzter Raum des Wirtschaftens, der auf staatsgrenzenüberschreitenden Grundfreiheiten in einem Schutzsystem gegen Wettbewerbsverfälschungen beruht und von sektoralen und flankierenden Gemeinschaftspolitiken begleitet wird. – Vgl. auch → regionale Integration, → Regionalismus.

Gemeinsamer-Markt-Prinzip – Schlagwort für das bei der Umsatzsteuer seit 1993 praktizierte Umsatzsteuersystem im innergemeinschaftlichen Warenhandel. In Wirklichkeit kein eigenständiges Prinzip, sondern lediglich eine Mischung aus → Bestimmungslandprinzip und (subsidiär, mit sehr untergeordneter Bedeutung) → Ursprungslandprinzip. – Vgl. auch → Erwerbsteuer, → Versandhandelsregelung, → Abhollieferung.

Gemeinsamer Senat – Der *Gemeinsame Senat der obersten Gerichtshöfe des Bundes* ist der aufgrund des Gesetzes zur Wahrung der Einheitlichkeit der Rechtsprechung der obersten Gerichtshöfe des Bundes vom 19.6.1968 (BGBl. I 661) gemäß Art. 95 III GG gebildete Spruchkörper. – 1. *Zuständigkeit:* Der Gemeinsame Senat ist zuständig, wenn ein oberster Gerichtshof (→ Bundesgericht) in einer Rechtsfrage von der Entscheidung eines anderen obersten Gerichtshofs oder des Gemeinsamen Senats abweichen will. – 2. *Sitz:* Karlsruhe. – 3. *Mitglieder:* Die Präsidenten der obersten Gerichtshöfe, die Vorsitzenden Richter und je ein weiterer Richter der beteiligten Senate. – 4. Entscheidung erfolgt auf *Vorlegungsbeschluss* mit Stimmenmehrheit. Sie ist für das erkennende Gericht bindend.

Gemeinsamer Zolltarif der Europäischen Gemeinschaften (GZT) – von den Mitgliedsstaaten der EU gemeinsam aufgestellter einheitlicher Außenzolltarif, in Kraft seit 1.7.1968. Der Gemeinsame Zolltarif der Europäischen Gemeinschaften gilt in allen Mitgliedsstaaten unmittelbar. Er ist notwendig für eine → Zollunion. Wenn jeder Mitgliedsstaat unterschiedliche Zollsätze anwenden würde, könnten Waren aus Drittländern über den Staat mit den niedrigsten Zollsätzen importiert werden und danach vom Grundsatz des freien Warenverkehrs innerhalb des Zollgebietes der EU Gebrauch machen. – Vgl. auch → Zolltarif.

Gemeinsame Wissenschaftskonferenz (GWK) – seit 2008 Nachfolgeorganisation der → Bund-Länder-Kommission für Bildungsplanung und Forschungsförderung (BLK) mit Sitz in Bonn. Neuorganisation ist Folge der → Föderalismusreform I, die die Rechte des Bundes im Bildungswesen deutlich einschränkte.

Gemeinschaft – I. Soziologie: Formen des Zusammenlebens, die als bes. eng, vertraut, sich auf unterschiedliche Lebensbereiche (Rollen) beziehend, als ursprünglich und dem Menschen wesensgemäß angesehen werden, z.B. Familie, Nachbarschaft, kleine Gemeinde und Freundesgruppe. Im Prozess der Industrialisierung und Verstädterung werden die gemeinschaftlichen Sozialverhältnisse mehr und mehr in gesellschaftliche (anonyme und abstrakte) transformiert. Die Rückgewinnung gemeinschaftlicher Lebensverhältnisse und Arbeitsformen ist seither Ziel sozialer und politischer Bewegungen, u.a. gegenwärtig des Kommunitarismus.

II. Bürgerliches Recht: Im Sinn des BGB *Bruchteilsgemeinschaft* (§§ 741 ff. BGB). Anwendbar, wenn ein

Recht mehreren gemeinsam zusteht, d.h. jeder einen bestimmten Anteil an den gemeinschaftlichen Gegenständen hat (z.B. → Miteigentum). Die *Verwaltung* steht allen gemeinschaftlich zu (§ 744 BGB). Sie können ihre Anteile – anders als bei der → Gesellschaft – *veräußern* und *belasten* (§ 747 BGB). Jeder Teilhaber kann i.d.R. jederzeit *Aufhebung* der Gemeinschaft verlangen (§§ 749, 752–754 BGB). *Abweichende Vorschriften* bei der → Gemeinschaft zur gesamten Hand.

III. Internationale Wirtschaftsbeziehungen: Verkürzende Bezeichnung für Europäische Wirtschaftsgemeinschaft (→ EWG) bzw. Europäische Gemeinschaften (→ EG). Die EWG wurde zur EG, die EG ist in der → EU aufgegangen.

gemeinschaftliches Versandverfahren – Das gemeinschaftliche → Versandverfahren innerhalb der EU erlaubt die Beförderung unverzollter → Nichtgemeinschaftswaren im Zollgebiet. Es ist durch das gemeinsame Versandverfahren zwischen Staaten der EU und der EFTA sowie seit dem 1.7.2012 auch Kroatien und zukünftig die Türkei auf diese Staaten ausgeweitet worden. Damit können auch → Gemeinschaftswaren für die es grundsätzlich keines Versandverfahrens bedarf, aus der EU durch die Schweiz oder Norwegen zu einem anderen Ort im → Zollgebiet der EU befördert werden, ohne dass es beim Verlassen des Zollgebietes eines Ausfuhrverfahrens und beim erneuten Erreichen einer Überführung in den zollrechtlich freien Verkehr bedarf. Die Abwicklung geschieht ebenfalls elektronisch mittels NCTS.

Gemeinschaftsansässige – Begriff des § 4 AWV; im Zollgebiet der EU ansässige Personen nach Art. 4 Nr. 2 der Verordnung (EWG) Nr. 2913/92 (→ Zollkodex (ZK)).

Gemeinschaftsaufgaben – 1. *Begriff:* Aufgaben der Bundesländer, an deren Erfüllung der Bund durch Beteiligung an der Rahmenplanung und an der Finanzierung (Mischfinanzierung) mitwirkt, wenn diese Aufgaben für die Gesamtheit bedeutsam sind und wenn dies zur Verbesserung der Lebensverhältnisse erforderlich ist (Art. 91a GG). – 2. *Sachbereiche:* (1) Verbesserung der regionalen Wirtschaftsstruktur (→ Strukturpolitik), der Bund trägt die Hälfte der Ausgaben; (2) Verbesserung der Agrarstruktur und des Küstenschutzes (→ Agrarpolitik), der Bund trägt mind. die Hälfte der Ausgaben; (3) bei der Förderung von Einrichtungen und Vorhaben der wissenschaftlichen Forschung außerhalb von Hochschulen, bei Vorhaben der Wissenschaft und Forschung an Hochschulen und bei Forschungsbauten an Hochschulen einschließlich Großgeräte können Bund und Länder bei Vorliegen von überregionaler Bedeutung aufgrund von Vereinbarung zusammenwirken (Art. 91b GG), die Kostentragung erfolgt je nach Vereinbarung. – 3. Trotz Mitwirkung des Bundes bleiben die zu Gemeinschaftsaufgaben erklärten Sachbereiche *Aufgaben der Länder.* Diesem Element des → kooperativen Föderalismus wird häufig der Vorwurf der zur Selbstblockade tendierenden Politikverflechtung gemacht; v.a. die Länder bemängeln eingeengte Gestaltungsspielräume.

Gemeinschaftsausschuss der Deutschen Gewerblichen Wirtschaft – Gesellschaft bürgerlichen Rechts; Sitz in Berlin. 1951 von den Spitzenverbänden der Wirtschaft als freiwilliger Zusammenschluss gegründet. – *Aufgabe:* Aussprache über wirtschaftspolitische Angelegenheiten von grundsätzlicher Bedeutung mit dem Ziel, gemeinsame Auffassungen aller Mitgliedsorganisationen und damit der unternehmerischen Wirtschaft einheitlich nach außen zu vertreten. – *Mitglieder:* Bundesverband Deutscher Banken e. V., Bundesverband der Deutschen Binnenschifffahrt e. V., Bundesverband des Deutschen Groß- und Außenhandels e. V., Bundesverband der Deutschen Industrie e. V., Bundesvereinigung der Deutschen Arbeitgeberverbände e. V., Centralvereinigung Deutscher Handelsvertreter- und Handelsmaklerverbände, Deutscher Hotel- und Gaststättenverband e. V., Deutscher Industrie- und Handelskammertag (DIHK), Deutscher Sparkassen- und Giroverband e. V., Gesamtverband der Versicherungswirtschaft e. V., Hauptgemeinschaft des Deutschen Einzelhandels e. V., Verband Deutscher Reeder e. V., Zentralarbeitsgemeinschaft des Straßenverkehrsgewerbes e. V., Zentralverband des Deutschen Handwerks.

Gemeinschaftsbetrieb → gemeinsamer Betrieb.

Gemeinschaftscharta der sozialen Grundrechte der Arbeitnehmer – vom → Europäischen Rat verabschiedete sozialpolitische Grundsatzerklärung vom 9.12.1989. Sie erstreckt sich u.a. auf die Freizügigkeit der Arbeitnehmer, Beschäftigung und Arbeitsentgelt, die Verbesserung der Arbeits- und Lebensbedingungen, den sozialen Schutz, Koalitionsfreiheit und Tarifverhandlungen, die Berufsausbildung, die Gleichbehandlung von Männern und Frauen, die Unterrichtung, Anhörung und Mitwirkung der Arbeitnehmer, Gesundheitsschutz und Sicherheit in der Arbeitsumwelt, Kinder- und Jugendschutz sowie ältere und behinderte Menschen. Sie verkörpert einen weit gehenden sozialen Grundkonsens der Mitgliedsstaaten der EU. Allerdings hat die britische Regierung ihre Zustimmung verweigert. Die Gemeinschaftscharta räumt den Arbeitnehmern keine einklagbaren, subjektiven Rechte ein. Die Bürger in den einzelnen Mitgliedsstaaten werden sich aber politisch, der Europäische Gerichtshof für die Auslegung des Gemeinschaftsrechts auf sie berufen können. Nach der Gemeinschaftscharta sollen die sozialen Grundrechte i.Allg. von den Mitgliedsstaaten gewährleistet werden. Die Kommission soll so rasch wie möglich Vorschläge vorlegen für einschlägige Rechtsakte, soweit die Gemeinschaft zuständig ist.

Gemeinschaftsdiagnose – Im Auftrag des Bundeswirtschaftsministeriums von vier dt. → Wirtschaftsforschungsinstituten und ihren jeweiligen

Konsortialpartnern zweimal jährlich durchgeführte Analyse. Diese umfasst sowohl → Konjunkturdiagnose als auch -prognose und auf diesen basierende konjunkturpolitische Empfehlungen. Die Gemeinschaftsdiagnose ist die Grundlage für die Konjunkturprognose der Bundesregierung und der Steuerschätzung. Sie wird alle drei Jahre neu ausgeschrieben, sodass sich die Zusammensetzung der beteiligten Institute ändert.

Gemeinschaftsfremde – Begriff aus dem dt. → Außenwirtschaftsrecht, § 4 I Nr. 8 → Außenwirtschaftsgesetz (AWG); alle anderen Personen als → Gemeinschaftsansässige.

Gemeinschaftsgebiet – I. Umsatzsteuerrecht: 1. *Begriff:* Gebietsbezeichnung aus dem Umsatzsteuerrecht; Gebiet, in dem die EG-Richtlinien über die Harmonisierung der Umsatzsteuer gelten. Der Begriff ist z.B. für die → Erwerbsteuer und die → Einfuhrumsatzsteuer (EUSt) von Bedeutung. – 2. *Umfang des Gemeinschaftsgebiets:* (1) *grundsätzlich* das gesamte Gebiet der EU-Mitgliedsstaaten, soweit es überhaupt zur EU gehört (also z.B. nicht: Niederländische Antillen, Grönland, Färöer, Aland-Inseln); (2) *zusätzlich*, aufgrund der mit Frankreich bzw. Großbritannien geschlossenen Verträge dieser Gebiete, Monaco und die Insel Man; (3) aber *abzüglich* des Gebiets von Helgoland, Büsingen (→ Inland), Ceuta, Melilla und den Kanarischen Inseln (Spanien), Livigno und Campione d'Italia und dem italienischen Teil des Luganer Sees (Italien) sowie des Bergs Athos (Griechenland). Ebenfalls nicht zum Gemeinschaftsgebiet gehört das Gebiet von Gibraltar (so festgelegt in der Beitrittsakte Großbritanniens zur EU, 1973).

II. Außenwirtschaftsrecht: Begriff des § 4 AWG; Zollgebiet der EU nach Art. 3 ZK. – *Gegensatz:* → Drittlandsgebiet.

III. Zollrecht: → Zollgebiet der EU gemäß Art. 3 ZK.

Gemeinschaftsgeschmacksmuster – Die Verordnung (EG) Nr. 6/2002 des Rates vom 12.12.2001 über das Gemeinschaftsgeschmacksmuster (ABl. L 3 vom 5.1.2002) eröffnet die Möglichkeit, für ein → Geschmacksmuster einen einheitlichen Schutz mit einheitlicher Wirkung für das gesamte Gebiet der EU zu erlangen. Hierin liegt eine entscheidende Verbesserung gegenüber der internationalen Hinterlegung gewerblicher Muster oder Modelle nach dem → Haager Abkommen vom 6.11.1926, die nur eine Mehrzahl nationaler Schutzrechte entstehen lässt. Im Unterschied zum dt. Geschmacksmusterrecht ist das Gemeinschaftsgeschmacksmuster nicht nur in eingetragener, sondern auch in nicht eingetragener Form schutzfähig. Der europäische Verordnungsgeber wollte denjenigen Wirtschaftszweigen, die zahlreiche Geschmacksmuster für Erzeugnisse hervorbringen, die häufig nur eine kurze Lebensdauer auf dem Markt haben, eine Möglichkeit des Schutzes ohne Eintragungsformalitäten, dafür von kürzerer Dauer (drei Jahre) bieten, aber auch denjenigen Wirtschaftszweigen ein angemessenes gewerbliches Schutzrecht zur Verfügung stellen, die eine längere Schutzdauer (bis zu 25 Jahren) sowie eine größere Rechtssicherheit anstreben und hierfür ein Eintragungsverfahren in Kauf nehmen (Erwägungsgrund 16 der VO). – 1. *Schutzvoraussetzungen:* Ein Geschmacksmuster wird durch ein Gemeinschaftsgeschmacksmuster geschützt, soweit es neu ist und Eigenart hat (Art. 4 I VO). Der Begriff der „Eigenart" entspricht dem dt. Geschmacksmustergesetz in der ab dem 1.6.2004 geltenden Fassung. „Neuheit" setzt im Fall eines nicht eingetragenen Gemeinschaftsgeschmacksmusters voraus, dass der Öffentlichkeit vor dem Tag, an dem das Gemeinschaftsgeschmacksmuster erstmals der Öffentlichkeit zugänglich gemacht wird, kein identisches Geschmacksmuster zugänglich gemacht worden ist. Im Fall eines eingetragenen Gemeinschaftsgeschmacksmusters kommt es auf den Tag der Anmeldung zur Eintragung an oder, wenn eine → Priorität in Anspruch genommen wird, auf den Prioritätstag (Art. 5 VO). Nicht neuheitsschädlich sind Offenbarungen des Entwerfers oder seines Rechtsnachfolgers binnen zwölf Monaten vor der Anmeldung bzw. dem Prioritätstag (Art. 7 II VO). Dem Rechtsinhaber soll damit die Möglichkeit gegeben werden, das Muster auf dem Markt zu testen, bevor er ein Eintragungsverfahren einleitet. – 2. *Verfahren:* Soll das Gemeinschaftsgeschmacksmuster eingetragen werden, kann die Anmeldung beim Harmonisierungsamt für den Binnenmarkt (HABM) für Marken, Muster und Modelle oder beim → Deutschen Patent- und Markenamt (DPMA) eingereicht werden, das verpflichtet ist, die Anmeldung an das HABM weiterzuleiten (Art. 35 VO). Das HABM prüft, ob die Anmeldung formal ordnungsgemäß ist und ob allg. Eintragungshindernisse bestehen. Die materiellen Schutzvoraussetzungen, also Neuheit und Eigenart, werden grundsätzlich nicht geprüft. Das HABM gibt regelmäßig ein Blatt für Gemeinschaftsgeschmacksmuster heraus, welches die Eintragungen im Register wiedergibt, die zur öffentlichen Einsichtnahme bestimmt sind (Art. 73, 49 VO.) – 3. *Rechtsschutz:* Ein Gemeinschaftsgeschmacksmuster, das eingetragen wurde, obwohl die gesetzlichen Voraussetzungen, einschließlich Neuheit und Eigenart, nicht vorliegen, kann sowohl vom HABM als auch von einem Gemeinschaftsgeschmacksmustergericht, hier im Verletzungsverfahren, für nichtig erklärt werden (Art. 24 I VO). Ein nicht eingetragenes Gemeinschaftsgeschmacksmuster kann nur von einem Gemeinschaftsgeschmacksmustergericht für nichtig erklärt werden (Art. 24 III VO). Den schriftlichen und mit einer Begründung versehenen Antrag auf Nichtigerklärung eines eingetragenen Gemeinschaftsgeschmacksmusters kann jedermann beim HABM stellen (Art. 52 VO). Die Entscheidungen der Prüfer und der Nichtigkeitsabteilung des HABM sind beschwerdefähig (Art. 55 VO). Über die Beschwerde entscheidet, wenn der Prüfer oder die Nichtigkeitsabteilung ihr nicht abhilft, die Beschwerdekammer des HABM

(Art. 60 I VO). Deren Entscheidungen wiederum sind mit der Klage beim Europäischen Gerichtshof anfechtbar (Art. 61 VO). Wird ein Gemeinschaftsgeschmacksmuster verletzt, kann der Rechtsinhaber vor einem Gemeinschaftsgeschmacksmustergericht klagen (Art. 81 VO). Das sind momentan diejenigen Gerichte der Mitgliedsstaaten, die auch zuständig wären, wenn es sich um ein Verfahren aus einem nationalen Geschmacksmusterrecht handelte (Art. 80 V VO). Allerdings ist jeder Mitgliedsstaat verpflichtet, der Kommission bis zum 6.3.2005 eine Aufstellung der Gemeinschaftsgeschmacksmustergerichte zu übermitteln. In welchem Mitgliedsstaat der Verletzungsprozess zu führen ist, bestimmt sich grundsätzlich nach dem Wohnsitz des Beklagten (Art. 82 VO).

Gemeinschaftskonten → Oderkonten, → Undkonten.

Gemeinschafts-Kontenrahmen industrieller Verbände (GKR) – 1948/1949 als Gemeinschafts-Kontenrahmen der Industrie vom „Arbeitsausschuss Betriebswirtschaft industrieller Verbände" im → Bundesverband der Deutschen Industrie e. V. (BDI) erarbeiteter und allen Industrieunternehmen empfohlener → Kontenrahmen. „Das Nummernschema des GKR soll bei der Aufstellung des individuellen → Kontenplanes zugrunde gelegt werden, soweit dem nicht Gründe der Vervollkommnung oder andere zwingende Gründe entgegenstehen" (Grundsätze für das Rechnungswesen vom 12.12.1952). Der Gemeinschafts-Kontenrahmen industrieller Verbände (GKR) war Bestandteil der → Gemeinschaftsrichtlinien für das Rechnungswesen. – *Besonderheiten:* Durchgangs- und Übergangskonten in der Gruppe 19, die der Beschleunigung des Rechnungsablaufs dienen sollen. Die → Betriebsabrechnung soll durchweg statistisch außerhalb der Buchführung vorgenommen werden; dadurch erübrigt sich die Führung vieler einzelner Stoffkonten. Die Bestände erscheinen im Gemeinschafts-Kontenrahmen industrieller Verbände (GKR) auf einem Stoffsammelkonto der Kontenklasse 3, Abschluss i.d.R. nach dem → Gesamtkostenverfahren (→ Einsystem, → Prozessgliederungsprinzip). – Der Gemeinschafts-Kontenrahmen industrieller Verbände (GKR) wurde von der großen Mehrheit der dt. Unternehmungen übernommen. Im April 1971 veröffentlichte der Bundesverband der Deutschen Industrie einen neuen Kontenrahmen, der nach dem → Abschlussgliederungsprinzip aufgebaut ist. Die dem HGB entsprechende Neufassung wird mind. für Kapitalgesellschaften zweckmäßigerweise zu übernehmen sein (→ Industrie-Kontenrahmen (IKR)). – Vgl. Übersichten „Gemeinschafts-Kontenrahmen der Industrie (GKR)".

Gemeinschaftsmarke → gewerbliches Schutzrecht, das auf der Grundlage der → GemeinschaftsmarkenVO der EU beim → Europäischen Markenamt angemeldet und von diesem eingetragen werden kann, einheitlich in der EU gilt, nur für die gesamte Gemeinschaft eingetragen und übertragen werden kann und in allen Staaten der Gemeinschaft die gleichen Schutzwirkungen hat, soweit die GemeinschaftsmarkenVO keine bes. Regelungen trifft (Art. 1 GemeinschaftsmarkenVO). Das Markenrecht der GemeinschaftsmarkenVO entspricht im Wesentlichen dem dt. Markenrecht (→ Marke), erfasst aber nicht das Recht der → geschäftlichen Bezeichnungen, die im dt. Markengesetz mitgeregelt sind.

GemeinschaftsmarkenVO – EG-Verordnung Nr. 207/2009 (ABl. EU Nr. L 78, S. 1), die das Recht der → Gemeinschaftsmarke regelt. Die Verordnung enthält sekundäres Gemeinschaftsrecht der EU, nämlich das materielle Markenrecht (Art. 4 ff.), Regelungen über die Anmeldung (Art. 25 ff.) und die Eintragung der Gemeinschaftsmarke (Art. 36 ff.) sowie über Verzicht, Verfall und Nichtigkeit (Art. 50 ff.), das Beschwerdeverfahren und die Klage zum Gerichtshof (Art. 58 ff.) sowie bes. Vorschriften über Gemeinschaftskollektivmarken (Art. 66 ff.). Art. 75 ff. enthalten Verfahrensvorschriften.

Gemeinschaftspatent → europäisches Patent für → Erfindungen, das im Falle des Inkrafttretens des → Gemeinschaftspatentübereinkommens (GPÜ) als einheitliches Schutzrecht mit gleichen Wirkungen in allen Staaten der Europäischen Gemeinschaften gelten soll.

Gemeinschaftspatentübereinkommen (GPÜ) – multilateraler völkerrechtlicher Vertrag, der das → Europäische Patentübereinkommen (EPÜ) fortschreibt (Art. 142 f. EPÜ). Die Bundesrepublik Deutschland hat dem Gemeinschaftspatentübereinkommen zugestimmt (GPatG vom 26.7.1979, BGBl. II 833), es ist aber noch nicht in Kraft getreten. Durch das Gemeinschaftspatentübereinkommen wird ein den Mitgliedsstaaten gemeinsames Recht der Erfindungspatente geschaffen, dem die nach dem EPÜ erteilten europäischen Patente und europäischen Patentanmeldungen unterliegen (Art. 1). Das Gemeinschaftspatent gilt einheitlich im gesamten Geltungsbereich des Gemeinschaftspatentübereinkommen und ist nur den Vorschriften des Gemeinschaftspatentübereinkommen und des EPÜ unterworfen, hat also in allen Vertragsstaaten die gleiche Wirkung und kann nur einheitlich für alle Vertragsstaaten erteilt, übertragen, für nichtig erklärt werden und erlöschen (Art. 2, 3). Zu diesem Zweck wird das → Europäische Patentamt (EPA) um eine Patentverwaltungsabteilung und Nichtigkeitsabteilungen ergänzt (Art. 6 f.); das EPA führt auch das Register für Gemeinschaftspatente (Art. 63).

Gemeinschaftspraxis – gemeinschaftliche Praxisführung durch mehrere Ärzte oder Zahnärzte gleicher oder verschiedener Fachrichtungen bei gemeinschaftlicher Nutzung von Praxisräumen und -einrichtungen sowie gemeinsamer Beschäftigung von Hilfspersonal. Gesellschaftsverhältnis (§§ 705 ff. BGB) oder gesellschaftsähnliches Verhältnis der

Gemeinschafts-Kontenrahmen der Industrie (GKR)

Klasse 0

Anlagevermögen und langfristiges Kapital

Anlagevermögen

00 Grundstücke und Gebäude
- 000 Unbebaute Grundstücke
- 001/02 Bebaute Grundstücke
- 003/07 Gebäude
- 008 Im Bau befindliche Gebäude
- 009 Abschreibungen (aktiv abgesetzte Wertberichtigungen) auf Grundstücke und Gebäude[1]

01 Maschinen und Anlagen der Hauptbetriebe
- 010/19 Maschinen und Anlagen der Hauptbetriebe

02 Maschinen und Anlagen der Neben- und Hilfsbetriebe
- 020/21 Maschinen und Anlagen der Nebenbetriebe
- 022 Maschinen und Anlagen der Hilfswerkstätten
- 023/25 Maschinen und Anlagen zur Umwandlung und Weiterleitung von Energie und dergleichen
- 026/27 Maschinen und Anlagen des Transports
- 028 Im Bau befindliche Maschinen und Anlagen
- 029 Abschreibungen (aktiv abgesetzte Wertberichtigungen) auf Maschinen und Anlagen[1]

03 Fahrzeuge, Werkzeuge, Betriebs- und Geschäftsausstattung
- 030/33 Fahrzeuge und Transportgeräte
- 034/36 Werkzeuge, Werksgeräte u. dgl.
- 037/38 Betriebs- und Geschäftsausstattung
- 039 Abschreibungen (aktiv abgesetzte Wertberichtigungen) auf Fahrzeuge, Werkzeuge, Betriebs- und Geschäftsausstattung[1]

04 Sachanlagen-Sammelkonten
- 041/44 Sammelkonten für Anlagen-Zugang, fremd
- 045 Sammelkonten für Anlagen-Zugang, eigen
- 049 Sammelkonten für Anlagen-Abgang

05 Sonstige Anlagevermögen

Bewertbare Rechte
- 050/52 Urheber und andere bewertbare Rechte
- 053 Abschreibungen (aktiv abgesetzte Wertberichtigungen) auf bewertbare Rechte[1], Finanzanlagevermögen u. dgl.
- 054 Beteiligungen
- 055 Wertpapiere des Anlagevermögens
- 056 Grundpfandforderungen
- 057 Andere langfrist. Forderungen
- 058 Aktiv-Gegenposten zu Eigen- und langfristigem Fremdkapital
- 059 Abschreibungen (aktiv abgesetzte Wertberichtigungen) auf das Finanzanlagevermögen u. dgl.[1]

[1] Anwendung bei aktiven Wertberichtigungen

Langfristiges Kapital

06 Langfristiges Fremdkapital
- 060/61 Anleihen
- 063/65 Grundpfandschulden
- 066/69 Andere langfristige Verbindlichkeiten

07 Eigenkapital

Bei Kapital-Gesellschaften
- 070/71 Grundkapital
- 072 Gesetzliche Rücklage
- 073/76 Freie Rücklagen
- 077/78 Kapitalentwertungs- und -verlustkonten
- 079 Gewinn- und Verlust-Vortrag

Bei Personen-Gesellschaften
- 070/73 Kapitalkonten

Berichtigungen zur Bilanz- und Ergebnisrechnung

08 Wertberichtigungen, Rückstellungen u. dgl.
- 080/84 Passive Wertberichtigungen[2]
- 085/87 Rückstellungen
- 088/89 Bürgschaftsverpflichtungen, Rückgriffsrechte (Avale) u. dgl.

09 Rechnungsabgrenzung
- 090 Rechnungsabgrenzung in der Zwischenbilanz (Sammelkonto, Zeitlicher Aufwandsausgleich)[3]
- 098 Aktive Rechnungsabgrenzungsposten der Jahresbilanz
- 099 Passive Rechnungsabgrenzungsposten der Jahresbilanz

[2] Anwendung bei passiven Wertberichtigungen
[3] Als Sammelgegenkonto zu 498 oder 090/97 Untergliederung gemäß Kostenartengruppen

Klasse 1

Finanz-Umlaufvermögen und kurzfristige Verbindlichkeiten

Finanz-Umlaufvermögen

10 Kasse
- 100 Hauptkasse
- 105/09 Nebenkassen

11 Geldanstalten
- 110/11 Postscheck
- 112 Landeszentralbank
- 113/19 Banken

12 Schecks, Besitzwechsel
- 120/24 Schecks
- 125/29 Besitzwechsel

13 Wertpapiere des Umlaufvermögens
- 130/36 Allgemeine Wertpapiere des Umlaufvermögens
- 137/38 Eigene Aktien und Aktien einer herrschenden Gesellschaft
- 139 Wertberichtigungen (aktiv abgesetzte) auf Wertpapiere des Umlaufvermögens

14/15 Forderungen
- 140 Forderungen aufgrund von Warenlieferungen und Leistungen
- 141/49 Aufgliederungen nach Kundengruppen[4]
- 150 andere Forderungen
- 151 Selbst geleistete Anzahlungen[4]
- 152 Forderungen an Unternehmen, mit denen ein wirtschaftlicher oder finanzieller Zusammenhang besteht[4]
- 153 Forderungen an Vorstandsmitglieder, leitende Angestellte und Aufsichtsratsmitglieder[4]
- 154/58 Sonstige Forderungen[4]
- 159 Wertberichtigungen (aktiv abgesetzte) auf Forderungen (Delkredere)

Kurzfristige Verbindlichkeiten

16/17 Verbindlichkeiten
- 160 Verbindlichkeiten aufgrund von Warenlieferungen und Leistungen
- 161/69 Aufgliederung nach Lieferantengruppen[4]
- 170 Andere Verbindlichkeiten
- 171 Anzahlungen von Kunden[4]
- 172 Verbindlichkeiten gegenüber Unternehmen, mit denen ein wirtschaftlicher oder finanzieller Zusammenhang besteht[4]
- 173 Von Belegschaftsmitgliedern gegebene Pfandgelder[4]
- 174 Verbindlichkeiten aus Werksspareinlagen[4]
- 175/78 Sonstige Verbindlichkeiten
- 179 Berichtigungen zu den Verbindlichkeiten

18 Schuldwechsel, Bankschulden
- 180/81 Schuldwechsel
- 182/89 Bankschulden

Durchgangs-, Übergangs- und Privatkonten

19 Durchgangs-, Übergangs- und Privatkonten
- 190/91 Durchgangskonten für Rechnungen
- 192/93 Durchgangskonten für Zahlungsverkehr (Kasse und Geldanstalten)
- 194 Durchgangskonten für Zwischenkontierungen
- 195/96 Übergangskonten
- 197/99 Privatkonten

[4] Vorzugsweise nur Personenkonten-Unterteilung

Gemeinschafts-Kontenrahmen der Industrie (GKR) (Fortsetzung)

Klasse 2	Klasse 3	Klasse 4
Neutrale Aufwendungen und Erträge	Stoffe – Bestände	Kostenarten

Klasse 2 – Neutrale Aufwendungen und Erträge

20 Betriebsfremde Aufwendungen und Erträge
- 200/05 Betriebsfremde außerordentliche Aufwendungen u. Erträge
- 206/09 Betriebsfremde ordentliche Aufwendungen und Erträge

21 Aufwendungen und Erträge für Grundstücke und Gebäude
- 210/19 Aufwendungen und Erträge für Grundstücke und Gebäude

23 Bilanzmäßige Abschreibungen
- 230/39 Bilanzmäßige Abschreibungen

24 Zins-Aufwendungen und -Erträge
- 240/41 Zins-Aufwendungen
- 242 Diskont-Aufwendungen
- 243 Kreditprovisionen
- 244 Skonto-Aufwendungen
- 245/46 Zins-Erträge
- 247 Diskont-Erträge
- 248 Skonto-Erträge

25/26 Betriebliche außerordentliche Aufwendungen und Erträge

25 Betriebliche außergewöhnliche Aufwendungen und Erträge
- 250/51 Eingetretene Wagnisse (gegebenenfalls aufgegliedert nach Wagnisarten)
- 252/59 Andere betriebliche außergewöhnliche Aufwendungen und Erträge

26 Betriebliche periodenfremde Aufwendungen und Erträge
- 260 Betriebliche periodenfremde Aufwendungen. Mehrere oder andere Zeitabschnitte betreffende Aufwendungen für Sachanlagen
- 261/65 Instandhaltung usw.
- 266 Entwicklungs- und Versuchsarbeiten
- 267 Steuern
- 268 Sonstige betriebliche periodenfremde Aufwendungen
- 269 Betriebliche periodenfremde Erträge

27/28 Gegenposten der Kosten- und Leistungsrechnung
- 27 Verrechnete Anteile betrieblicher periodenfremder Aufwendungen (Aufgliederung entsprechend Kontengruppe 26)
- 28 Verrechnete kalkulator. Kosten
- 280 Verrechnete verbrauchsbedingte Abschreibungen
- 281 Verrechnete betriebsbedingte Zinsen
- 282 Verrechnete betriebsbedingte Wagnisse
- 283 Verrechneter Unternehmerlohn
- 284 Verrechnete sonstige kalkulatorische Kosten

29 Das Gesamtergebnis betreffende Aufwendungen und Erträge
- 290/99 Das Gesamtergebnis betreffende Aufwendungen und Erträge, z. B. Körperschaftsteuer

Klasse 3 – Stoffe – Bestände

30/37 Roh-, Hilfs- und Betriebsstoffe u. dgl.
- 300/02 Stoffe-Sammelkonten
- 303/79 Roh-, Hilfs- und Betriebsstoffe u. dgl.

38 Bestandteile, Fertigteile, Auswärtige Bearbeitung[5]
- 380/89 Bestandteile, Fertigteile, Auswärtige Bearbeitung

39 Handelswaren und auswärts bezogene Fertigerzeugnisse (Fertigwaren)[6]
- 390/94 Handelswaren
- 395 Auswärts bezogene Fertigerzeugnisse (Fertigwaren)
- 397 Wertberichtigungen (aktiv abgesetzte) auf Stoffe-Bestände

[5] Vgl. Fußnote 15
[6] Vgl. Fußnote 16

Klasse 4 – Kostenarten

40/41 Stoffkosten u. dgl.
- 40/41 Stoffverbrauch u. dgl.
- 400 Stoffverbrauch-Sammelkonto[7]
  Gegebenenfalls Aufgliederung[8]:
  - 401/19 Einsatz-, Fertigungsstoffe u. dgl.
    Auswärtige Bearbeitung
    Hilfs- und Betriebsstoffe u. dgl.[9]
    Werkzeuge u. dgl.[9, 10]

42 Brennstoffe, Energie u. dgl.
- 420 Brenn- und Treibstoffe
- 429 Energie u. dgl.[10]
  Gegebenenfalls Aufgliederung[8]:
  - 420/29 Brenn- und Treibstoffe: fest, flüssig, gasförmig
    Energie: Dampf, Strom, Wasser usw.

43/44 Personalkosten u. dgl.

43 Löhne und Gehälter
- 430 Löhne-Sammelkonto
  Gegebenenfalls Aufgliederung[8]:
  - 431/38 Fertigungslöhne u. dgl.
    Hilfslöhne
    andere Löhne
- 439 Gehälter

44 Sozialkosten und andere Personalkosten
- 440/47 Sozialkosten
- 440 Gesetzliche Sozialkosten
- 447 Freiwillige Sozialkosten
  - 440/47 Gegebenenfalls Aufgliederung der gesetzlichen und freiwilligen Sozialkosten
- 448 Andere Personalkosten

45 Instandhaltung, verschiedene Leistungen u. dgl.[10]
- 450 Instandhaltung[10]
  Gegebenenfalls Aufgliederung[8]:
  - 450/54 Instandhaltung an Grundstücken und Gebäuden[10]
    Instandhaltung an Maschinen und Anlagen[10]
    Instandhaltung an Fahrzeugen, Werkzeugen, Betriebs- und Geschäftsausstattung[10]
    Instandhaltungs-Ratenverrechnung, Ratenausgleich
- 455 Allgemeine Dienstleistungen[10]
- 456 Entwicklungs-, Versuchskosten u. dgl.
- 457 Mehr- bzw. Minderkosten[10]
  Gegebenenfalls Aufgliederung[8]:
  - 457/59 Über-, Unterschreitungen, Ausschuss, Gewährleistungen usw.[10]

[7] Die Geschäftsbuchführung kann sich auf die Führung dieses Sammelkontos für den gesamten Stoffverbrauch u. dgl. beschränken
[8] Vorzugsweise nur in der Kosten- und Leistungsrechnung
[9] Diese Kostenarten bzw. Kostenartengruppen können auch zwischen „Personalkosten u. dgl." und „Instandhaltung, verschiedene Leistungen u. dgl." eingeordnet werden.
[10] In der Buchführung: vorzugsweise nur direkter Fremdanfall

Gemeinschafts-Kontenrahmen der Industrie (GKR) (Fortsetzung)

Klasse 5/6 – Kostenstellen

Frei für Kostenstellen-Kontierungen der Betriebsabrechnung

– Fortsetzung von Klasse 4 –

46 Steuern, Gebühren, Beiträge, Versicherungsprämien u. dgl.
- 460 Steuern
  - Gegebenenfalls Aufgliederung:
  - 460 Vermögen, Grundstücke u. dgl.
  - 461 Gewerbesteuer
  - 462 Umsatzsteuer
  - 463 Andere Steuern
- 464 Abgaben, Gebühren u. dgl.
  - Gegebenenfalls Aufgliederung:
  - 464 Allgemeine Abgaben und Gebühren
  - 465 Gebühren u. dgl. für den gewerbl. Rechtsschutz
  - 466 Gebühren u. dgl. für den allgemeinen Rechtsschutz
  - 467 Prüfungsgebühren u. dgl.
- 468 Beiträge und Spenden
- 469 Versicherungsprämien

47 Mieten, Verkehrs-, Büro-, Werbekosten u. dgl.
- 470/71 Raum-, Maschinen-Mieten (-Kosten) u. dgl.[10]
- 472/75 Verkehrskosten
  - Gegebenenfalls Aufgliederung:
  - 472 Allgemeine Transportkosten
  - 473 Versandkosten
  - 474 Reisekosten
  - 475 Postkosten
- 476 Bürokosten
- 477/78 Werbe- und Vertreterkosten[10]
- 479 Finanzspesen und sonstige Kosten

48 Kalkulatorische Kosten
- 480 Verbrauchsbedingte Abschreibungen
- 481 Betriebsbedingte Zinsen
- 482 Betriebsbedingte Wagnisse
- 483 Unternehmerlohn
- 484 Sonstige kalkulatorische Kosten

49 Innerbetriebliche Kostenverrechnung, Sondereinzelkosten und Sammelverrechnungen
- 490/97 Innerbetriebliche Kostenverrechnung Sondereinzelkosten[11]
- 498 Sammelkonto Zeitliche Abgrenzung[12]
- 499 Sammelkonto Kostenarten[13]

[11] Nur wenn die Ausgliederung der Sondereinzelkosten nicht durch Eintragung in eine Spalte im Betriebsabrechnungsbogen (BAB) erfolgt.
[12] Gegenkonto zu 090 für summarische Behandlung des zeitlichen Aufwandsausgleiches
[13] Sammeldurchgangskonto für laufende Buchungen bei monatlicher Einzelaufstellung o. dgl.

Klasse 7 – Kostenträger Bestände an halbfertigen und fertigen Erzeugnissen

70/77 Frei für Kostenträger-Bestands-Kontierungen der Betriebsabrechnung

78 Bestände an halbfertigen Erzeugnissen[14]

79 Bestände an fertigen Erzeugnissen[15]
- 790/98 Bestände an fertigen Erzeugnissen
- 799 Wertberichtigungen (aktiv abgesetzte) auf Bestände an halbfertigen und fertigen Erzeugnissen

[14] Kann auch mit Kontengruppe 38 zu: „Bestände an halbfertigen Erzeugnissen" in der Geschäftsbuchführung vereinigt werden
[15] Kann auch mit Kontengruppe 39 zu: „Bestände an fertigen Erzeugnissen" in der Geschäftsbuchführung vereinigt werden

Klasse 8 – Kostenträger Erträge[16]

80/82 Frei für Kostenträger-Leistungs-Kontierungen (Umsatzkosten, Erlöse, Bestandsveränderungen) der Betriebsabrechnung[17]

83/84 Erlöse für Erzeugnisse und andere Leistungen
- 830/49 Erlöse für Erzeugnisse und andere Leistungen

85 Erlöse für Handelswaren
- 850/59 Erlöse für Handelswaren

86 Erlöse aus Nebengeschäften
- 860/69 Erlöse aus Nebengeschäften

87 Eigenleistungen
- 870/79 Eigenleistungen

88 Erlösberichtigungen
- 880/82 Zusatzerlöse
- 883/89 Erlösschmälerungen

89 Bestandsveränderungen an halbfertigen und fertigen Erzeugnissen u. dgl.
- 890/99 Bestandsveränderungen (Mehr- u. Minderbestände) an halbfertigen und fertigen Erzeugnissen u. dgl.

[16] Erträge = Erlöse (Umsatz) + Bestandsveränderungen
[17] Die Kontengruppen 83–89 (Erträge) können auch in Klasse 9 mit der Nummernbezeichnung 90–96 geführt werden, wobei die Klasse 9 die Bezeichnung „Erträge und Abschluss" erhält und die Klasse 8 frei für Zwecke der Betriebsabrechnung Umsatzkosten entsprechend der Gliederung der Erlöskonten wird.

Klasse 9 – Abschluss

90/96 Frei für Sonderlösungen[18]

97 Frei für Abschluss-Kontierung der Betriebsabrechnung

98 Gewinn- und Verlust-Konten (Ergebnis-Konten)
- 980 Betriebsergebnis
- 985/86 (Verrechnungsergebnis: Stoffe- und Erzeugnis-Umwertung)
- 987 Neutrales Ergebnis
- 988 Das Gesamtergebnis betreffende Aufwendungen und Erträge
- 989 Gewinn- u. Verlust-Konto

99 Bilanzkonten
- 998 Eröffnungsbilanz-Konto
- 999 Schlussbilanz-Konto

[18] Vgl. Fußnote 17

Ärzte unter einem Namen. Bei gemeinsamer Ausübung vertragsärztlicher Tätigkeit nur durch Vertragsärzte (→ Kassenärzte) vorherige Zustimmung des Zulassungsausschusses bei der kassenärztlichen oder kassenzahnärztlichen Vereinigung erforderlich.

Gemeinschaftsrecht → Europarecht.

Gemeinschaftsrichtlinien für das Rechnungswesen – 1950 ausgearbeitete Empfehlungen des → Bundesverbandes der Deutschen Industrie (BDI), die 1950 von den angeschlossenen Verbänden im Betriebswirtschaftlichen Ausschuss einstimmig verabschiedet wurden. – *Zweck:* Vereinheitlichung des Rechnungswesens in der Industrie, vornehmlich mithilfe des → Gemeinschafts-Kontenrahmens industrieller Verbände (GKR). – *Zwei Teile:* a) Teil 1: Gemeinschaftsrichtlinien für die Buchführung (GRB) mit Gemeinschaftskontenrahmen der Industrie (GKR). – b) Teil 2: Gemeinschaftsrichtlinien für die Kosten- und Leistungsrechnung (GRK) mit Gemeinschaftskalkulationsschema der Industrie und Grundschema der geschlossenen Betriebsabrechnung. In Teil 2 (Band 3 und 4) werden anhand eines immer wiederkehrenden Zahlenbeispiels verschiedene Formen und Verfahrenstechniken der → Betriebsabrechnung und → Kalkulation entwickelt und erläutert.

Gemeinschaftssparen – *Kollektivsparen;* Zusammenschluss einer Mehrzahl von Sparern, um nach einem Plan und für einen bestimmten Zweck gemeinsam zu sparen, z.B. in Sparvereinen und Sparklubs. – *Wichtigste Form des Gemeinschaftssparens:* → Bausparen. – Vgl. auch Bausparkollektiv.

Gemeinschaftsteuern – 1. *Begriff:* → Steuern, deren Aufkommen gemäß Grundgesetz Bund und Ländern gemeinsam zustehen: → Einkommensteuer, → Körperschaftsteuer, → Umsatzsteuer, → Kapitalertragsteuer. Gemeinschaftsteuern können nach dem → Verbundsystem oder → Zuschlagssystem verteilt werden. – 2. *Arten:* a) Vom Aufkommen der *Lohnsteuer und der veranlagten Einkommensteuer* erhalten Bund und Länder je 42,5 Prozent, von der *Körperschaftsteuer* je 50 Prozent und vom *Zinsabschlag* je 44 Prozent. Der Länderanteil steht dem einzelnen Land insoweit zu, als die Steuern von den Finanzbehörden (→ Finanzverwaltung) in ihrem Gebiet vereinnahmt werden (örtliches Aufkommen, Art. 107 I GG). – b) Die Anteile von Bund und Ländern an der *Umsatzsteuer* (einschließlich Einfuhrumsatzsteuer) werden durch Bundesgesetz festgesetzt (Art. 106 III GG). Sie sind neu festzusetzen, wenn sich das Verhältnis zwischen den Einnahmen und Ausgaben wesentlich anders entwickelt (Art. 106 IV GG; vgl. → Finanzzuweisung). Der Länderanteil steht den einzelnen Ländern nach Maßgabe ihrer Einwohnerzahl zu; ein Teil, höchstens jedoch ein Viertel dieses Länderanteils, kann als Ergänzungsanteil für die Länder vorgesehen werden, deren Einnahmen aus den → Landessteuern und aus der Einkommen- und Körperschaftsteuer je Einwohner unter dem Durchschnitt der Länder liegen (Art. 107 I GG); *derzeitige Aufteilung:* vom Aufkommen der Umsatzsteuer stehen dem Bund vorab 4,45 Prozent (ab 2009) als Ausgleich für die Belastungen aufgrund der Senkung des Beitragssatzes zur Arbeitslosenversicherung zu, und vorab 5,05 Prozent (ab 2008) als Ausgleich für die Belastungen aufgrund eines zusätzlichen Bundeszuschusses an die gesetzliche Rentenversicherung. Vom verbleibenden Aufkommen der Umsatzsteuer stehen den Gemeinden 2,2 Prozent zu (ab 1998). Vom danach verbleibenden Aufkommen der Umsatzsteuer stehen dem Bund 50,5 Prozent und den Ländern 49,5 Prozent zu; jeweils abzüglich eines bestimmten Betrags (in 2009: 2.162.712.000 Euro, § 1 FAG). – 3. *Gemeindeanteil:* Von dem Länderanteil am Gesamtaufkommen der Gemeinschaftsteuern fließt den Gemeinden und Gemeindeverbänden insgesamt ein von der Landesgesetzgebung zu bestimmender Hundertsatz zu. Im Übrigen bestimmen die Landesgesetze, ob und inwieweit das Aufkommen der Landessteuern den Gemeinden (Gemeindeverbänden) zufließt (Art. 106 VII GG). – Außerdem erhalten die Gemeinden einen eigenen Gemeindeanteil am Aufkommen der Einkommensteuer. Ihnen stehen 15 Prozent des Aufkommens an Lohnsteuer und an veranlagter Einkommensteuer sowie 12 Prozent am Zinsabschlag zu (Art 106 III GG i.V. mit § 1 Gemeindefinanzreformgesetz). Der Gemeindeanteil wird nach einem Schlüssel auf die Gemeinden aufgeteilt, der von den Ländern aufgrund der Steuerstatistik (Finanzstatistik) ermittelt wird. Außerdem stehen den Gemeinden seit 1998 2,2 Prozent vom (nach Abzügen im Sinn des § 1 I FAG) verbleibenden Aufkommen der Umsatzsteuer zu. – 4. *Sonderbelastung:* Veranlasst der Bund in einzelnen Ländern oder Gemeinden (Gemeindeverbänden) bes. Einrichtungen, die diesen Ländern oder Gemeinden unmittelbar Mehrausgaben oder Mindereinnahmen verursachen, gewährt der Bund den erforderlichen Ausgleich, wenn und soweit den Ländern oder Gemeinden nicht zugemutet werden kann, die Sonderbelastung zu tragen (Art. 106 VIII GG). – Vgl. auch → Bundessteuern, → Landessteuern, → Gemeindesteuern, → Steuerverbund, → Steuerertragshoheit.

Gemeinschaftsunternehmen → Joint Venture, → Quotenkonsolidierung.

Gemeinschaftsvertrieb – absatzwirtschaftlicher Zusammenschluss mehrerer Unternehmen aus Gründen der Effizienzsteigerung, Rationalisierung, Senkung der Vertriebskosten und bedarfsgerechten Deckung der Nachfrage. Bes. geeignet für Industriebetriebe, die eine Vielzahl von Produkten mit zahlreichen Verwendungsmöglichkeiten herstellen (z.B. Chemische Industrie) und demgemäß eine Vielzahl von Märkten zu beliefern haben. Möglich ist sowohl die Zusammenarbeit zwischen Herstellern konkurrierender als auch die zwischen Herstellern bedarfsverwandter und sortimentsergänzender

Erzeugnisse. – *Formen:* (1) Gemeinschaftliche Absatzorgane (→ Verkaufskontor, → Auslieferungslager, Reisende, Messestände etc.); (2) Mitbenutzung der Absatzorganisation eines der zusammenarbeitenden Unternehmen (Anschlussabsatz).

Gemeinschaftswaren – Status einer Ware nach dem Zollkodex der Europäischen Union (VO EWG 2913/92 vom 12.10.1992, ABl. EG Nr. L 302 vom 19.10.1992). Waren, die entweder vollständig im Zollgebiet der EU gewonnen oder hergestellt wurden oder aus dem → Drittland kommend, in den zollrechtlich freien Verkehr überführt worden sind oder aus vorstehenden Waren hergestellt worden sind. Gemeinschaftswaren können regelmäßig ohne zollamtliche Überwachung im → Zollgebiet der EU verwendet werden. Mit Verlassen des Zollgebietes der EU geht der Status Gemeinschaftsware verloren. – *Gegensatz:* → Nichtgemeinschaftswaren.

Gemeinschaftswarenhaus – Betriebsform des → Einzelhandels: Zusammenfassung von zumeist selbstständigen → Fachgeschäften und Dienstleistungsbetrieben verschiedener Größe und aus unterschiedlichen Branchen zu einem räumlichen und organisatorischen Verbund. Grundidee ist, auf der Fachkompetenz und Initiative selbstständiger Einzelhändler aufbauend, ein räumlich konzentriertes, warenhausähnliches Warenangebot zusammenzustellen, das in seiner Gesamtheit dem (Bequemlichkeits-)Bedürfnis nach „Einkauf unter einem Dach" entspricht (→ Agglomeration). – *Organisation:* Gemeinsame Aufgaben (Werbung, Reinigung u.a.) sowie die erforderliche Koordination werden in Versammlungen oder Ausschüssen der Beteiligten oder von einem zentralen Management (oft stark von der Trägergesellschaft des Gebäudes bestimmt) entschieden.

Gemeinschaftswerbung → kooperative Werbung.

Gemeinschaftszollrecht – 1. *Begriff:* Die Einführung eines gemeinsamen Außenzolltarifs und die Abschaffung der Binnenzölle führen allein noch zu keiner Zollunion, sondern lediglich zu einer Zolltarifunion, denn der Zolltarif sagt nur aus, wie hoch zu verzollen ist, wenn eine Zollerhebung in Betracht kommt. Ob und unter welchen Voraussetzungen dies der Fall ist, ergibt sich aus dem allg. Zollrecht. Deshalb war für die Zollunion der EG die Schaffung eines einheitlichen, gemeinschaftlichen Zollrechts unerlässlich. – 2. *Merkmale:* Der EWG-Vertrag – jetzt → AEUV – setzt primär in allen Mitgliedsstaaten verbindliches Gemeinschaftszollrecht und ermächtigt sekundär den Rat der Europäischen Gemeinschaften und die → Europäische Kommission, in allen Mitgliedsstaaten unmittelbar geltende Verordnungen zu erlassen. In denjenigen Fällen, in denen die Rechtsetzung auf die Organe der Gemeinschaft übergegangen ist, verbleibt den Mitgliedsstaaten die Rechtsetzung und Rechtsanwendung nur insoweit, als keine Gemeinschaftsregelungen bestehen oder gemeinschaftliche Richtlinien, Entscheidungen oder Empfehlungen in nationales Recht umzusetzen sind oder unmittelbar geltende Verordnungen der Auslegung bedürfen. – Das Gemeinschaftszollrecht war bis zur Vollendung des Einheitlichen Binnenmarktes auf eine Vielzahl von Gemeinschaftsverordnungen und -richtlinien verstreut. Es erschien deshalb im Interesse der Wirtschaftsbeteiligten der Gemeinschaft sowie auch der Zollverwaltungen geboten, die materiellen Rechtsvorschriften in einer Grundverordnung des Rates, dem → Zollkodex (ZK), zusammenzufassen und die formellen Vorschriften in eine Durchführungsverordnung der Kommission aufzunehmen. – 3. *Unterscheidung:* Der ZK vom 12.10.1992 (Ziff. 0.2.1) ersetzt in 253 Artikeln 26 Ratsverordnungen. Seine Durchführungsverordnung vom 2.7.1993 (Ziff. 0.2.2) erhielt zunächst in 925 Artikeln und 116 Anhängen Verfahrensvorschriften aus 75 aufgehobenen Kommissionsverordnungen. Das Inkrafttreten dieser beiden EWG-Verordnungen verschob sich auf den 1.1.1994. Nur die ausfuhrrelevanten ZK-Vorschriften wurden vorzeitig zusammen mit einer Interims-Durchführungsverordnung für das Jahr 1993 ab 1.1.1993 in Kraft gesetzt. Neben dem ZK und seiner Durchführungsverordnung gelten bes. folgende Grundverordnungen fort: (1) Nr. 2658/87 vom 23.7.1987 über die zolltarifliche und statistische Nomenklatur sowie den Gemeinsamen Zolltarif (Ziff. 0.2.3, 0.2.4); (2) Nr. 1186/2009 vom 16.11.2009 über das gemeinschaftliche System der Zollbefreiung (Ziff. 0.2.8); (3) Nr. 1187/71 vom 3.6.1971 zur Festlegung der Regeln für die Fristen, Daten und Termine (Ziff. 0.2.9). Darüber hinaus regeln mehrere EU-Rechtsakte im Bereich Warenursprung und Präferenzen bilaterale Abkommen. – 4. → *Modernisierter Zollkodex* (MZK): Mit der VO (EG) Nr. 450/2008 vom 23.4.2008 zur Festlegung des Zollkodex der Gemeinschaft ist der bisherige Zollkodex durch den Modernisierten Zollkodex ersetzt worden. Wahrscheinlich wird er nicht wie geplant am letztmöglichen Tag, dem 23.6.2013 in vollem Unfang gelten, sondern aufgehoben und durch den → Unionszollkodex ersetzt werden.

Gemeinschaft zur gesamten Hand – *Gesamthandsgemeinschaft.* Die einzelnen Gesamthänder sind nicht an den einzelnen Gegenständen (→ Gemeinschaft), sondern zu einem Bruchteil an dem gesamten Sondervermögen der Gemeinschaft zur gesamten Hand beteiligt. Sie haben daher keine Verfügungsberechtigung über einen Anteil an einzelnen Gegenständen. Rechtsgeschäfte müssen vielfach gemeinschaftlich von oder gegenüber den Gesamthändern vorgenommen werden. – *Beispiele:* → Gesellschaft bürgerlichen Rechts (GbR), → offene Handelsgesellschaft (OHG), → Kommanditgesellschaft (KG), → Erbengemeinschaft am ungeteilten Nachlass. – *Steuerliche Bewertung:* Bei der steuerlichen Bewertung wird Gesamthandseigentum den Beteiligten nach Bruchteilen zugerechnet, wenn die Steuer den einzelnen Gesamthänder erfasst (§ 39 II AO). Die den einzelnen Beteiligten zuzurechnenden Bruchteile richten sich entweder nach den Beteiligungsquoten am gesamten gemeinschaftlichen Vermögen oder nach den Beteiligungsquoten an der Teilungsmasse.

Gemeinschuldner – 1. *Begriff:* → Schuldner, über dessen Vermögen ein → Insolvenzverfahren eröffnet ist. Das Gesetz spricht nur noch vom Schuldner (§ 1 InsO). Der Gemeinschuldner braucht nicht Kaufmann zu sein. Bei → Insolvenzeröffnung über das Vermögen (1) einer OHG sind Gemeinschuldner alle Gesellschafter, (2) einer KG nur die persönlich haftenden Gesellschafter (Komplementäre), (3) einer juristischen Person ist diese selbst Gemeinschuldner – 2. *Rechte und Pflichten des Gemeinschuldners:* a) Mit der Insolvenzeröffnung *verliert* der Gemeinschuldner *das Recht*, sein zur → Insolvenzmasse gehörendes (d.h. der Zwangsvollstreckung unterliegendes) inländisches Vermögen zu *verwalten* und darüber zu *verfügen* (§ 80 InsO), an den Insolvenzverwalter. Rechtsbehandlungen, die der Gemeinschuldner nach Insolvenzeröffnung über zur Masse gehörende Gegenstände vornimmt, sind den Insolvenzgläubigern gegenüber unwirksam (§ 81 InsO). Leistung an den Gemeinschuldner befreit den Leistenden von seiner Verbindlichkeit nur, wenn ihm die Insolvenzeröffnung unbekannt war. Andernfalls muss der Insolvenzverwalter nochmals Zahlungen verlangen (§ 82 InsO). – b) Der Gemeinschuldner ist dem Insolvenzverwalter, dem → Gläubigerausschuss und auf Anordnung des Gerichts der → Gläubigerversammlung zur *Auskunft verpflichtet.* Er hat sich auf Anordnung des Gerichts jederzeit zur Verfügung zu halten (§ 97 III InsO). Auf Antrag des Insolvenzverwalters oder eines Insolvenzgläubigers muss er eine → eidesstattliche Versicherung ablegen (§ 153 II InsO). – c) Die Handlungs-, bes. → Geschäftsfähigkeit des Gemeinschuldners wird nicht gemindert. Er bleibt fähig, neue Prozesse zu führen, Rechte zu erwerben und Pflichten einzugehen. – Während des Insolvenzverfahrens gemachter Vorerwerb ist bis zur → Aufhebung des Insolvenzverfahrens für Insolvenzgläubiger nicht pfändbar (§ 89 InsO).

Gemeinwirtschaft – 1. *Begriff:* Unmittelbar auf das Wohl einer übergeordneten Gesamtheit (Gemeinwohl) ausgerichtete wirtschaftliche Aktivitäten (→ Gemeinwirtschaftlichkeit). An die Stelle des der Privatwirtschaft zugrunde liegenden Gewinnziels tritt eine kollektive Nutzenmaximierung (theoretischer, nicht befriedigend gelöster Ansatz). – Die Theorie des marktwirtschaftlichen Systems geht zwar von der Annahme aus, dass die optimale Versorgung der Volkswirtschaft durch eine Gewinnmaximierung aller Unternehmen erzielt werden kann. (Nicht-erwerbswirtschaftliche Unternehmen stören damit das Marktgeschehen und verhindern den optimalen Einsatz der Ressourcen.) Eine Begründung für ein Handeln im „öffentlichen Interesse“ wird allerdings auch theoretisch angenommen, sobald ein wirtschaftswissenschaftliches Problem vorliegt, dass zu → Marktversagen führt und dadurch eine Intervention oder regulierende Tätigkeit des Staates oder eines gemeinnützigen Trägers erforderlich erscheinen lässt. – Zentrales wissenschaftliches Problem der Gemeinwirtschaft ist die Bestimmung des *„öffentlichen Interesses“* und somit der Ziele und Aufgaben von gemeinwohlorientierten Aktivitäten. Vertreter des Regulierungsparadigmas treten daher dafür ein, eine Marktöffnung und Privatisierung bei Monopolstrukturen zu ermöglichen, soweit regulative Mechanismen eingesetzt werden können, die einem → Marktversagen entgegenwirken.–Die Nobelpreisträgerin Elinor Ostrom wies in einigen Fällen empirisch nach, dass eine lokale Selbstorganisation bei gemeinschaftlich genutzten Ressourcen (im Falle eines sog. *Allmendeguts*) unter Beachtung bestimmter Organisationsprinzipien sowohl der staatlichen Kontrolle als auch der reinen Privatisierung überlegen sein kann. – 2. *Inhaltliche Abgrenzung* (hat sich im Zeitablauf grundsätzlich gewandelt): a) *Monistischer Ansatz:* Gemeinwirtschaft wird gleichgesetzt mit → Planwirtschaft oder einem System kooperierender Genossenschaften. – b) *Dualistischer Ansatz:* Neben dem privatwirtschaftlichen Sektor wird die Gemeinwirtschaft als ein staatswirtschaftlicher oder genossenschaftlicher Sektor, der den privatwirtschaftlichen Sektor zu ergänzen und mögliche negativen Folgen zu vermeiden bzw. zu kompensieren hat, als zweiter Teil der gesamten Wirtschaftsordnung gesehen. – c) *Pluralistischer Ansatz* (wird i.Allg. heute vertreten): → gemeinwirtschaftliche Unternehmen.

gemeinwirtschaftliche Unternehmen – inhaltlich wenig operationalisierter Begriff. Gemeinwirtschaftliche Unternehmen nehmen in der herrschenden Wirtschaftsordnung teilweise am Wettbewerb teil; sie sollen – idealtypisch – gegenüber den privatwirtschaftlichen Unternehmen und Haushalten regulierende, stimulierende und komplementäre Funktionen wahrnehmen. Träger gemeinwirtschaftlicher Unternehmen sind im Wesentlichen die Gebietskörperschaften (in diesem Fall handelt es sich dann auch um → öffentliche Unternehmen), Gewerkschaften, Kirchen, Parteien, Stiftungen und Verbände.

Gemeinwirtschaftlichkeit – I. Allgemein: 1. *Charakterisierung:* vielschichtig interpretierte Leitvorstellung für die Steuerung von dem Nutzen der Allgemeinheit verpflichteten Betrieben (→ gemeinwirtschaftliche Unternehmen, → Gemeinwirtschaft). Zur Operationalisierung gemeinwirtschaftlichen Verhaltens wurden zahlreiche einzelwirtschaftliche Handlungsmaximen aufgestellt: u.a. Gewinnverzichtsregel, kostenorientierte Preispolitik (Kosten-/Preisregel), Gewinnverwendung im Allgemeininteresse/Gemeinwohl (Gewinnverwendungsregel), Maximierung der zu erstellenden und abzugebenden Leistung bei Kostendeckung (Leistungsmaximierungsregel). Gemeinwirtschaftliches Verhalten wird zudem u.a. in der Unterwerfung unter gesetzlich formulierte Pflichtenkataloge, z.B. → Betriebspflicht, → Beförderungspflicht, → Tarifpflicht und Fahrplanpflicht gesehen. – *Anders:* Gemeinnützigkeit (→ gemeinnützige Zwecke). – 2. *Bedeutung:* In jüngster Zeit zunehmend Beachtung in der Betriebswirtschaftslehre, teilweise unter anderen Begriffen, z.B. → Unternehmensethik, diskutiert.

II. Gemeinwirtschaftlichkeit im Verkehrsektor: 1. *Begriff:* mittels spezifischer Auflagen (v.a. Betriebs-, Beförderungs- und Tarifpflicht) bewirkte Umgestaltung der Zielfunktionen der im Verkehrssektor tätigen Unternehmen zwecks Berücksichtigung struktur-, regional- und sozialpolitischer Ziele sowie der staatlichen → Daseinsvorsorge. – 2. *Folgen:* Die Prinzipien der Gemeinwirtschaftlichkeit schränken die Möglichkeiten der Gewinnerzielung ein; die Ausnutzung von Marktmacht und Marktchancen wird durch Berücksichtigung gemeinwirtschaftlicher Interessen eingeengt. Gemeinwirtschaftlichkeit bedeutet Drosselung der Rentabilität, aber auch Einschränkung des Verlustabbaus bei unrentabel arbeitenden Unternehmen. Ohne staatliche → Ausgleichsleistungen ist Gemeinwirtschaftlichkeit v.a. dort, wenn auch nicht auf Dauer, realisierbar, wo innerhalb eines (Monopol-)Unternehmens interne Subventionierung möglich ist. – 3. *Beurteilung:* Ein der gegenwärtigen Situation der Verkehrswirtschaft angepasstes Verständnis von Gemeinwirtschaftlichkeit kann sich nicht an tradierten Strukturen orientieren, sondern muss zukunftsbezogen sein und verstärkt die Gesichtspunkte einer volkswirtschaftlich effizienten Arbeitsteilung der Verkehrsträger berücksichtigen. Dort, wo andere Verkehrsträger oder -unternehmen die erforderlichen Transporte zu niedrigeren Kosten und/oder höherer Qualität erbringen können und wo funktionsfähiger Wettbewerb herrscht, sollten die gemeinwirtschaftlichen Auflagen gelockert werden, zumal sie häufig als Grund für die Forderung nach Subventionen herangezogen werden.

Gemeinwohl – Aus dem Lat. *bonum commune* übersetzt, verstand man unter Gemeinwohl ein mehr oder weniger konkretes, allg. Wohl der Gesellschaft; dieses zu fördern galt oft als Aufgabe des Staates. Nach der gegenwärtigen Ökonomik und Sozialtheorie muss dieser Begriff im Paradigma des methodologischen → Individualismus rekonstruiert werden, soll er nicht ideologisch oder totalitär missbraucht werden: Das Gemeinwohl ergibt sich aus dem Konsens der Betroffenen (→ Konsensethik), es verliert dann aber die inhaltlich-konkrete Bestimmtheit. Dennoch kann der Begriff in Ökonomik und → Wirtschaftsethik im Sinn einer „abgekürzten Redeweise" weiter benutzt werden.

Gemeinwohlbindung der Tarifpartner → Tarifautonomie.

gemischte Gründung – Kombination aus → Bargründung und → Sachgründung.

gemischte Konten – Konten, die Bestände, Aufwendungen und Erträge enthalten, daher auch: *Bestands-Erfolgs-Konten.* – 1. Ein typisches gemischtes Konto ist das *ungeteilte Warenkonto.* Es enthält im Soll den Warenanfangsbestand (Bewertung zum Einstandswert) und Wareneinkäufe (zum Einstandspreis) und den Warenrohgewinn; im Haben die Warenverkäufe (zum Verkaufspreis) und den Warenschlussbestand (zum Einstandspreis). – *Abschluss:* (1) durch körperliche Aufnahme des Warenschlussbestandes (Buchungssatz: Schlussbilanzkonto an ungeteiltes Warenkonto); (2) durch Ermittlung des Warenrohgewinns (Buchungssatz: ungeteiltes Warenkonto an Gewinn- und Verlustkonto). – 2. Nach den Buchführungsrichtlinien ist die Führung von gemischten Konten möglichst zu vermeiden, daher Auflösung ungeteilter Warenkonten in *Warenbestands- und Warenerfolgskonten* (z.B. Wareneinkaufskonto und Warenverkaufskonto). – 3. Wegen des *Verrechnungsverbots* gemäß § 246 II HGB dürfen Aufwendungen grundsätzlich nicht mit Erträgen verrechnet werden. – *Davon zu unterscheiden:* Ausweis von Umsatzerträgen abzüglich → Erlösschmälerungen, Anschaffungskosten abzüglich Liefererskonti, Saldierung von Bestandserhöhungen und Bestandsminderungen an unfertigen und fertigen Erzeugnissen, Ausweis des → Rohergebnisses bei kleinen und mittelgroßen Kapitalgesellschaften, → Größenklassen.

gemischte Kostenarten → sekundäre Kostenarten.

gemischte Tätigkeit – gewerbesteuerlich das Betreiben eines → Gewerbes neben und unabhängig von der sonstigen freiberuflichen Tätigkeit. Der eine gemischte Tätigkeit Ausübende wird nur mit seinem Gewerbe zur → Gewerbesteuer herangezogen. – Übt jemand mehrere Tätigkeiten nebeneinander aus, die wirtschaftlich eng verflochten sind und auf einem einheitlichen Vertragswerk beruhen, so liegt ein einziger in vollem Umfang steuerpflichtiger Gewerbebetrieb vor, vorausgesetzt, dass eine der Tätigkeiten gewerblicher Natur ist. Der gewerbliche Teil gibt in diesem Fall der gesamten Tätigkeit sein Gepräge (sog. → Geprägetheorie).

gemischte Wirtschaftsordnung – *Mixed Economy;* Idee, die im Anschluss an R.A. Dahl und C.E. Lindblom darauf basiert, dass die Wirtschaftsordnung einer → Marktwirtschaft ein Mischsystem der Koordinationsmechanismen Markt-Preis-Mechanismus, demokratische Willensbildung (Polyarchie), administrative Lenkungsverfahren (Bürokratie) und Verhandlungen zwischen Interessengruppen bzw. Verbänden (Bargaining) ist.

gemischtgenutztes Grundstück → Grundstücksart im Sinn des Bewertungsgesetzes; relevant für Grundsteuerzwecke. – 1. *Begriff:* Bebautes Grundstück, das teils Wohnzwecken, teils unmittelbar eigenen oder fremden gewerblichen oder öffentlichen Zwecken dient; ferner weder als → Mietwohngrundstück oder → Geschäftsgrundstück, noch als → Einfamilienhaus oder → Zweifamilienhaus anzusehen ist (§ 75 IV BewG). – 2. *Bewertung* (→ Grundstücksbewertung): I.d.R. nach dem Ertragswertverfahren (§§ 76 I, 78 ff.

BewG), (→ Ertragswert), ausnahmsweise nach dem Sachwertverfahren (§§ 76 III, 83 ff. BewG; → Sachwert). – 3. Für Zwecke der *Erbschaftsteuer* ist im Rahmen der Erbschaftsteuerreform eine Neuregelung der Bewertungsvorschriften für Grundbesitz vorgenommen worden. Die Bewertung wird demnach grundsätzlich unter Zugrundelegung des gemeinen Wertes erfolgen. – Vgl. auch → Gebäudewert.

gemischtöffentliches Unternehmen – 1. *Begriff:* → Öffentliches Unternehmen, das von verschiedenen Gebietskörperschaften getragen wird. – *Anders:* → gemischtwirtschaftliches Unternehmen. – 2. *Arten:* (1) *Horizontale gemischtöffentliche Unternehmen:* Eigentümer sind Gebietskörperschaften nur einer Ebene (z.B. Kommune oder Länder); (2) *vertikale gemischtöffentliche Unternehmen:* Eigentümer sind Gebietskörperschaften verschiedener Ebenen (z.B. Bund, Länder und Gemeinden). – 3. *Bedeutung:* Gemischtöffentliche Unternehmen besitzen v.a. dort Bedeutung, wo durch öffentliche Unternehmen überregionale Aufgaben wahrgenommen werden sollen (z.B. Flughäfen).

Gemischtwarengeschäft – früher: *Kolonialwarenladen, Krämerladen;* Betriebsform des Einzelhandels: Kleine bis mittelgroße Einzelhandelsbetriebe, die breite, relativ flache Sortimente mit mittelhohem Preisniveau meist mit Bedienung anbieten. Heute noch zur Versorgung der ländlichen Bevölkerung in manchen Regionen existent. Gemischtwarengeschäfte sind im Übrigen weitgehend verdrängt von → Nachbarschaftsgeschäften, → Supermärkten und → Discountgeschäften.

gemischtwirtschaftliches Unternehmen – liegt dann vor, wenn private und öffentliche Anteilseigner an einer Kapitalgesellschaft derart beteiligt sind, dass entweder dem öffentlichen oder dem privaten Anteilseigner eine Sperrminorität bei den Entscheidungen in den zuständigen Unternehmensorganen eingeräumt ist. – *Anders:* → gemischtöffentliches Unternehmen. – Vgl. auch → öffentliche Unternehmen, → Public Private Partnership.

Genauigkeitstafel – Arbeitshilfe für methodische Marktanalyse durch → Umfragen: Zahl der auszugebenden Fragebogen und gewünschter Grad repräsentativer Genauigkeit für das angestrebte Ergebnis werden zueinander in Beziehung gesetzt. Die Genauigkeit wächst nur mit der Quadratwurzel der Fragebogenzahl; sie nimmt mit dem Prozentsatz von den Gesamtantworten ab, die auf das untersuchte Merkmal Bezug nehmen. Sind Häufigkeit des Merkmals und Zahl der Fragebogen bekannt, so gibt die Genauigkeitstafel in Prozent an, innerhalb welcher Grenzen bzw. mit welcher Wahrscheinlichkeit das Ergebnis gilt. Dies ist allerdings nur für Anteilswerte möglich. Für andere Werte (z.B. Einkaufsmengen) ist der Rückgriff auf die Rohdaten erforderlich.

genehmigte Bilanz – der vom Vorstand aufgestellte, von dem bestellten Abschlussprüfer bestätigte → Jahresabschluss einer AG, der mit Genehmigung des → Aufsichtsrats festgestellt und damit bindend ist (§ 172 AktG). Feststellung durch die Hauptversammlung erfolgt dann, wenn sich Vorstand und Aufsichtsrat dafür entscheiden oder der Aufsichtsrat den Jahresabschluss nicht billigt (§ 173 AktG). Die genehmigte Bilanz wird der Hauptversammlung vorgelegt, die über Gewinnverwendung beschließt.

genehmigtes Kapital – 1. *Begriff:* Betrag, bis zu dem der Vorstand einer AG das → Grundkapital durch Ausgabe neuer Aktien gegen → Einlagen erhöhen kann, höchstens jedoch die Hälfte des z. Z. der Ermächtigung vorhandenen Grundkapitals (§ 202 AktG). – Bei ausländischen Gesellschaften oft als *autorisiertes Kapital* bezeichnet. – 2. Die *Ermächtigung* zur Kapitalerhöhung erhält der Vorstand: (1) Durch die Satzung (für höchstens fünf Jahre nach Eintragung der Gesellschaft); (2) durch Satzungsänderung (für höchstens fünf Jahre nach Eintragung der Satzungsänderung im Handelsregister). Die Satzung kann auch vorsehen, dass die neuen Aktien an Arbeitnehmer der AG ausgegeben werden (→ Belegschaftsaktien). – 3. Zur → Kapitalbeschaffung durch genehmigtes Kapital ist ein *Beschluss der Hauptversammlung* mit mind. $^3/_4$-Mehrheit des bei der Beschlussfassung vertretenen Grundkapitals erforderlich. – Vgl. auch → Kapitalerhöhung.

Genehmigung – I. Bürgerliches Recht: die nachträgliche → Zustimmung zu einem von anderen Personen vorgenommenen → Rechtsgeschäft (§ 184 BGB; andernfalls: → Einwilligung). Hängt die Gültigkeit eines Geschäfts von der Genehmigung eines anderen ab, so ist das Rechtsgeschäft schwebend unwirksam. – Vgl. auch → behördliche Genehmigung, → Erlaubnis.

II. Außenwirtschaftsrecht: → Ausfuhrverfahren, → Einfuhrverfahren.

III. Güterkraftverkehrsgesetz: vom 22.6.1998 (BGBl. I 1485) m.spät.Änd.: (1) Einer Erlaubnis bedarf es zur Durchführung von gewerblichem Güterkraftverkehr (mit Kraftfahrzeugen). (2) Die Erlaubnis gilt für die Person des Unternehmers (nicht für das Fahrzeug) unter Beachtung der zahlenmäßigen Begrenzung der Fahrzeuge; sie ist nicht übertragbar. I.d.R. wird die Erlaubnis für zehn Jahre erteilt. (3) Von der Erlaubnispflicht für den grenzüberschreitenden gewerblichen Güterverkehr befreit ist ein Unternehmer, dessen Unternehmen seinen Sitz nicht im Inland hat, sofern er die jeweils erforderliche Berechtigung (wie Gemeinschaftslizenz, CEMT-Umzugsgenehmigung oder Drittstaatengenehmigung) besitzt. – Vgl. auch → Güterkraftverkehr.

IV. Verwaltungsrecht: → Erlaubnis, → Betriebserlaubnis, → Gestattung, → Bauerlaubnis.

Generalagent – *Generalvertreter.* Agenturen mit bes. großen Versicherungsbeständen oder weiteren Untervermittlern. Häufig erhalten Generalagenten bes.

Kompetenzen zuerkannt, z.B. Schadenregulierungskompetenzen.

General Agreement on Tariffs and Trade → GATT.

General Arrangements to Borrow → GAB.

Generalbevollmächtigter → Generalvollmacht.

Generalbundesanwalt – Leiter der → Staatsanwaltschaft beim → Bundesgerichtshof (BGH). Generalbundesanwalt wird auf Vorschlag des Bundesjustizministers, der der Zustimmung des Bundesrates bedarf, vom Bundespräsidenten ernannt (§ 149 GVG). – *Zuständigkeit:* Wahrnehmung der Aufgaben der Staatsanwaltschaft bei den zur Zuständigkeit des Bundesgerichtshofs gehörenden Strafprozessen und den zur Zuständigkeit von Oberlandesgerichten in erster Instanz gehörenden Strafsachen (Staatsschutz); vgl. §§ 142, 142a GVG .

Generaldirektor – in der Praxis teilweise verwendeter Titel für den Leiter der Unternehmung. → Kompetenzen des Generaldirektors sind nicht einheitlich umrissen. Position ist meist als → Singularinstanz an der Spitze der → Führungshierarchie angesiedelt; Leitung der untergeordneten Handlungsträger erfolgt nach dem → Direktorialprinzip.

General Enterprise → Arbeitsgemeinschaft, → Generalunternehmer.

Generalhandel – Bezeichnung der → amtlichen Statistik. Der Generalhandel umfasst alle in die Bundesrepublik Deutschland eingehenden und aus ihr ausgehenden Waren mit Ausnahme der Waren der Durchfuhr und des Zwischenauslandsverkehrs, also im Gegensatz zum → Spezialhandel den Warenverkehr so, wie sich die Verkehrsvorgänge vom Ausland her darstellen. Vom Spezialverkehr unterscheidet sich der Generalhandel durch den unterschiedlichen Nachweis der auf Lager (→ Lagerverkehr) eingeführten ausländischen Waren.

Generalisierung – I. Marketing: Aus der Psychologie in die Theorie des Konsumentenverhaltens übernommener Begriff. Ein gelerntes Verhalten wird von einem Konsumenten nicht nur auf eine spezifische, sondern auch auf ähnliche Situationen angewendet. – *Beispiel:* Die Erkenntnis, dass ein bestimmter Artikel in einem Einzelhandelsbetrieb preisgünstig angeboten wird, kann auf andere Artikel der betreffenden Abteilung oder auf das gesamte Sortiment übertragen werden.

II. Wirtschaftsgeografie: Formale Regel für die Auswahl von realen Elementen bei der Abbildung in einer Wirtschaftskarte. Vereinfachungen, Weglassungen, Hervorhebungen von Einzelheiten und Zusammenfassungen durch Verwendung von Klassifikationen haben den Zweck, die Lesbarkeit des Kartenbildes und Identifizierbarkeit der dort dargestellten Sachverhalte zu verbessern.

III. Informatik: Konzept der → Modellierung, bei dem gleichartige Typen von → Objekten zu einem Supertyp zusammengefasst werden. Die gleichartigen Typen bleiben weiter bestehen und werden Subtypen genannt. Der Supertyp enthält alle Attribute und Beziehungen, die die Gleichartigkeit der Subtypen ausmachen, die Subtypen enthalten nur die Attribute und gehen nur solche Beziehungen ein, die sie von den anderen Subtypen unterscheiden. *Gegensatz:* → Spezialisierung

Generalized System of Preferences (GSP) – *Generalized System of Preferences; Allgemeines Präferenzsystem* (→ APS).

Generalklausel – allg. gehaltene Formulierung, die in Gesetzen (und auch in Verträgen) verwendet wird, um unbestimmt viele Sachverhalte zu erfassen, und deren Ausfüllung im Einzelnen der Rechtsprechung überlassen wird. – *Wichtiges Beispiel:* § 626 I BGB. – Vgl. auch → außerordentliche Kündigung.

Generally Accepted Accounting Principles → US-GAAP.

Generally Accepted Auditing Standards (GAAS) – vom US-amerikanischen Wirtschaftsprüferverband → → American Institute of Certified Public Accountants (AICPA) erlassene Grundsätze ordnungsmäßiger Abschlussprüfung. Sie lassen sich untergliedern in ein dreiteiliges Grundgerüst von Mindeststandards für die Arbeit des Wirtschaftsprüfers. Die erste Gruppe formuliert Anforderungen an die Persönlichkeit und Ausbildung der Berufsangehörigen. Die zweite Gruppe regelt Planung und Ablauf des Prüfungsprozesses. In der dritten Gruppe finden sich schließlich Vorschriften zur Publizität und zur Vergabe des Testats.

General Packet Radio Service (GPRS) – Datenübertragungstechnik für GSM-Mobilfunk-Netze mit einer theoretischen Geschwindigket von ca. 170 Kbps, die jedoch in der Realität bei ca. 50 Kbps und somit auf dem Niveau eines Telefonmodems liegt.

Generalprävention – Strafzweck, wonach Strafe der Abschreckung der Allgemeinheit (also anderer potenzieller Täter) dient. – *Gegensatz:* → Spezialprävention.

General Standard – Marktsegment der → Frankfurter Wertpapierbörse (FWB), dessen Zulassungsvorschriften und -folgepflichten den gesetzlichen Mindestvorschriften für den → regulierten Markt im → Wertpapierhandelsgesetz (WpHG) und → Börsengesetz (BörsG) entsprechen. Seit der Umsetzung der EU-Transparenzrichtlinie (2004/109/EG) in dt. Recht im Jahre 2007 haben sich die gesetzlichen Anforderungen allerdings deutlich erhöht. Der Jahresfinanzbericht ist nach den internationalen Rechnungslegungsstandards nach IFRS/IAS zu erstellen, daneben verlangt das WpHG z.B. Halbjahresberichte und Zwischenmitteilungen, ggf. auch die Veröffentlichung von Ad-hoc-Mitteilungen und deren europaweite Verbreitung. Deswegen ist der General Standard v.a. geeignet für kleine und mittlere

Unternehmen, die nicht international agieren und sich für ein kostengünstiges Listing interessieren. Der General Standard wurde eingeführt mit der neuen Börsenordnung der FWB am 1.1.2003. Alle zu dem Zeitpunkt im → amtlichen Markt und im → geregelten Markt zugelassenen Unternehmen wurden automatisch dem General Standard zugeordnet und erst mit der Befürwortung eines entsprechenden Antrages in den → Prime Standard aufgenommen, wo sie zusätzlichen Pflichten nachkommen müssen.

Generalstreik – Form des → Arbeitskampfs, bei der alle oder die meisten Arbeitnehmer in → Streik treten, also die gesamte Wirtschaft zum Stillstand bringen, meist in der Absicht, politischen Forderungen Nachdruck zu verschaffen (→ politischer Streik).

Generalunternehmer – *Gesamtunternehmer.* 1. *Begriff:* Der von einem Auftraggeber mit der Ausführung eines Auftrages (meist eines Bauauftrages) betraute Unternehmer, der sich zur Erfüllung des Auftrages anderer Unternehmer (Subunternehmer) bedient. Rechtsbeziehungen entstehen nur zwischen dem Auftraggeber und dem Generalunternehmer einerseits und dem Generalunternehmer und den Subunternehmern andererseits; diese Form der Arbeitsgemeinschaft wird als *General Enterprise* bezeichnet. – *Anders:* → Hauptunternehmer. – 2. *Umsatzsteuerpflicht:* → Arbeitsgemeinschaft.

Generalverkehrsplan (GVP) – Plan, der die gesamte Verkehrssituation in einem Planungsraum (Gemeinde, Land) berücksichtigt. – *Zweck:* Der Generalverkehrsplan soll aufgrund der Analyse und Diagnose der gegebenen Situation unter bestimmten Zielsetzungen die künftige Situation prognostizieren und Maßnahmen zur Erreichung der künftig angestrebten Situation vorschlagen.

Generalversammlung – 1. *Begriff:* Auf Gesetz beruhende Gesellschafterversammlung: a) *Versammlung der Gesellschafter einer AG:* → Hauptversammlung. – b) *Versammlung der Gesellschafter einer GmbH:* Gesellschafterversammlung (→ Gesellschaft mit beschränkter Haftung (GmbH). – c) *Versammlung der Gesellschafter einer Genossenschaft:* Generalversammlung. Die Mitglieder einer eingetragenen → Genossenschaft üben ihre Rechte in den Angelegenheiten der Genossenschaften in der Generalversammlung aus, soweit das Gesetz nichts anderes bestimmt (Einzelheiten in § 43 GenG). – Vgl. auch → Vertreterversammlung. – 2. Die Generalversammlung *beschließt* v.a. über den Jahresabschluss, die Gewinn- und Verlustverteilung über die Entlastung von Vorstand und Aufsichtsrat, sowie über Änderungen der Satzung.

Generalvertreter → Handelsvertreter (meist → Bezirksvertreter), der die Vermittlungstätigkeit nicht selbst, sondern durch Untervertreter (Subagenten) durchführen lässt. Anstellung und Bezahlung der Untervertreter erfolgt durch den Generalvertreter. Die Hauptarbeit des Generalvertreters liegt in der Organisation und Verwaltung der Tätigkeit seiner Subagenten, bes. deren Auswahl und Schulung.

Generalvollmacht – Zur Vertretung des Vollmachtgebers in allen Geschäften oder in allen Geschäften eines bestimmten größeren Geschäftskreises ermächtigende → Vollmacht, es gibt keine spezielle gesetzliche Regelung für sie. – *Gegensatz:* → Spezialvollmacht. – Bisweilen synonym für *unumschränkte Prokura* benutzt. – Die rechtlichen und tatsächlichen Befugnisse des Generalbevollmächtigten eines Firmeninhabers gehen wesentlich weiter als die eines Generalbevollmächtigten einer Kapitalgesellschaft. Der Generalbevollmächtigte einer Einzelperson repräsentiert rechtlich den Inhaber der Einzelfirma und kann diesen bei der Leitung des Unternehmens in jeder Hinsicht vertreten, soweit das Gesetz Stellvertretung zulässt. Der Generalbevollmächtigte besitzt neben der bürgerlich-rechtlichen Generalvollmacht vonseiten des Inhabers keine handelsrechtliche Spezialvollmacht und ist demgemäß auch nicht im Handelsregister eingetragen; er zeichnet nicht die → Firma, sondern handelt stets im Namen des Inhabers.

Generation – *Geburtenkohorte;* Begriff der Bevölkerungswissenschaft für Personen, die im gleichen Kalenderjahr geboren sind. – Vgl. auch → Generationenabstand.

Generationenabstand – durchschnittliches Gebäralter der Mütter bezeichnet die Dauer einer Generation. Der Generationenabstand ist von großer Bedeutung für das Tempo der Bevölkerungsentwicklung: Eine Bevölkerung mit Geborenenüberschuss wächst um so schneller, je niedriger der Generationenabstand ist, weil die Generationen rascher aufeinander folgen. – Vgl. auch → Familienstatistik.

Generationenmodelle – Neben dem Ramsey-Modell ist das OLG-Modell von Allais (1947), Samuelson (1958) und Diamond (1965) der zweite wichtige mikrobasierte Ansatz in der Makroökonomik, mit dem Ziel, die Ersparnisbildung der Haushalte und damit die Kapitalakkumulation mikroökonomisch fundiert zu erklären (s. → neoklassische Wachstumstheorie). Zu jedem Zeitpunkt t sind Mitglieder unterschiedlicher Generationen am Leben, die über Märkte und/oder präferenzgesteuert (z.B. Vererbung, Bildungsausgaben für Kinder, etc.) miteinander interagieren. Ist letzteres nicht der Fall, handeln die Generationen vollkommen eigennützig, sodass sie die Auswirkungen ihrer Entscheidungen auf andere Generationen nicht berücksichtigen. Man spricht auch von Modellen sich überlappender Generationen (engl. Overlapping Generations (OLG) models). Diese Modelle bieten den Vorteil, dass Entscheidungen über den Lebenszyklus hinweg analysiert werden können (z.B. Ersparnisbildung). – 1. *Allgemeine Struktur des Modells:* Im einfachsten Fall leben Individuen für zwei Perioden und ziehen Nutzen u aus Konsum der ersten (c_t) und zweiten Lebensperiode (c_{t+1}), sodass der

Lebensnutzen U folgendermaßen formuliert werden kann

$$U(c_t, c_{t+1}) = u(c_t) + \frac{1}{1+\rho} u(c_{t+1}),$$

wobei ρ>0 die Zeitpräferenzrate aufgreift und zukünftiger Konsum mit der Rate β=1/(1+ρ)<1 diskontiert wird (Minderschätzung zukünftiger Bedürfnisse). Die Funktionen *u(.)* unterliegen den üblichen Konkavitätsannahmen, *u'(.)>0* und *u''(.)<0*, sodass Konsum positivem aber abnehmendem Grenznutzen unterliegt. Annahmegemäß bieten Haushalte (nur) in der ersten Periode unelastisch eine Zeiteinheit Arbeit an und erzielen einen Lohn w_t, welcher den Konsum heute und in der zweiten Lebensperiode finanzieren muss. Dies führt dazu, dass in der zweiten Lebensperiode nur konsumiert werden kann, wenn in der ersten Periode s_t gespart wird, sodass folgende Budgetrestriktion beachtet werden muss

$$w_t = c_t + s_t.$$

Der Konsum der zweiten Periode entspricht dem mit dem Zins r_{t+1} verzinsten Konsumverzicht der ersten Periode, d.h. $c_{t+1}=(1+r_{t+1})s_t$. Ouput Y_t wird mithilfe einer neoklassischen Produktionstechnologie erstellt, sodass $Y_t=F(K_t,L_t)$. L_t ist der aggregierte Arbeitskräftebestand, welcher dem Arbeitsangebot der Generation entspricht, die sich gerade in ihrer ersten Lebensperiode befindet. Den Kapitalstock (K_t) der Periode t besitzt die gegenwärtig alte Generation, den sie mit ihren Ersparnissen der vergangenen Periode (*t-1*) aus ihrem Arbeitseinkommen angelegt hat. Die Bedingung erster Ordnung des Nutzenmaximierungsproblems liefert als optimale Beziehung zwischen gegenwärtigen und zukünftigen Konsum (sog. Euler-Gleichung):

$$u'(c_{1t}) = \beta(1 + r_{t+1})u'(c_{2t+1}).$$

Diese Gleichung determiniert zusammen mit der Budgerestriktion implizit die Ersparnis pro Haushalt als $s_t=s(w_t;1+r_{t+1})$. Der Kapitalstock der nächsten Periode entspricht der aggregierten Ersparnis der gegenwärtigen Periode, sodass

$$K_{t+1} = s_t L_t.$$

Damit erhält man die Kapitalintensität der nächsten Periode als

$$\frac{K_{t+1}}{L_t} = s_t$$

wobei

$$\frac{K_{t+1}}{L_t+1}\frac{L_{t+1}}{L_t} = s_t$$

$$\Rightarrow k_{t+1} = \frac{K_{t+1}}{L_t+1} = \frac{s_t}{1+n},$$

$L_{t+1}=(1+n)L_t$ und *(1+n)* den exogenen Wachstumsfaktor der Bevölkerung angibt. Unter diesen sehr allg. Annahmen sind keine geschlossenen analytischen Lösungen erhältlich. Deshalb wird in der Literatur die sogenannte kanonische Form des OLG-Modells benutzt. – 2. *Kanonische Form des OLG-Modells:*

$$U(c_t, c_{t+1}) = \ln(c_t) + \beta \ln(c_{t+1})$$

$$Y_t = AK_t^{\alpha} L_t^{1-\alpha} \rightarrow y_t = Ak_t^{\alpha}$$

Damit wird die Entwicklung der Kapitalintensität unter Verwendung der Euler-Gleichung durch folgende Differenzengleichung beschrieben

$$k_{t+1} = \varphi(k_t) = \frac{\beta}{(1+n)(1+\beta)}(1-\alpha)Ak_t^{\alpha}$$

Im Steady State muss gelten, dass die Kapitalintensität konstant ist, sodass

$$k^* = k_{t+1} = k_t = \left(\frac{\beta(1-\alpha)A}{(1+n)(1+\beta)}\right)^{\frac{1}{1-\alpha}}.$$

Die Anpassung an diesen Steady State veranschaulicht die folgende Abbildung, ausgehend von einem Startwert k_0 in der Periode t=0.

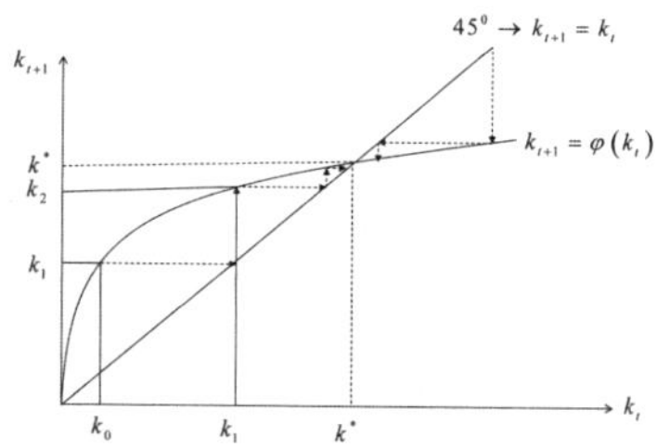

Dieser Steady State ist global stabil, sodass Abweichungen davon Bewegungsprozesse auslösen, die zu k^* zurückführen. Das resultierende Gleichgewicht stimmt im Gegensatz zum Ramsey-Modell (s. Ramsey-Modelle) nicht mit der eines sozialen Planers überein. Das Gleichgewicht kann infolge von Überakumulation nicht Pareto-optimal sein, obwohl alle Märkte kompetitiv sind. Die Ursache hierfür liegt darin, dass keine Generation bei ihrer Ersparnisbildung die Konsequenzen auf den Zins der nächsten Generation berücksichtigt. Je mehr sie also sparen, desto niedriger wird der zukünftige Zins sein, was zu noch mehr Ersparnisbildung führen kann und damit zu Überakkumulation (siehe auch → goldene Regel der Kapitalakkumulation und → Solow-Modell). Überakkumulation ist also das Resultat einer Externailtät durch Ersparnisbildung der gegenwärtig Jungen auf den zukünftigen Zins. – 3. *Altruistisches Verhalten:* In einigen Anwendungen verhalten sich OLG-Haushalte nicht komplett eigennützig, sondern ziehen Nutzen aus ökonomischen Variablen ihrer Kinder, wie z.B. deren Einkommens- oder Humankapitalniveau oder aber auch deren Vermögen, was ein Vererbungsmotiv generieren würde. Verhalten sich Individuen gegenüber ihren Nachfahren vollständig altruistisch, in dem Sinne, dass das Nutzenniveveau der Nachfahren die Wohlfahrt der gegenärtigen Generation beeinflusst, würde man den Lebensnutzen folgendermaßen definieren

$$U_t = u(c_t) + \beta u(c_{t+1}) + \gamma U_{t+1}$$

und sich aus Forwärtiteration folgender Zusammenhang ergeben

$$U_t = \sum_{t=0}^{\infty} \gamma^t [u(c_t) + \beta u(c_{t+1})].$$

Obwohl jede Generation nur Nutzen aus dem Nutzenniveau ihrer direkten Nachfahren zieht, ist diese intergenerative Verknüpgfung der Haushalte hinreichend eine Planerlösung zu replizieren, in dem Sinne, als dass sich jede Generation so verhält, als ob sie die Wohlfahrt jeder jemals lebenden Generation maximieren würde. Die Lösung dieses Problems stimmt qualitativ mit dem Ramsey-Modell überein.

Generationentafel – demografische Tafel, mit der bei einer realen Gesamtheit von Personen (i.d.R. 100.000) interessierende Ereignisse wie Heirat, Wanderung oder Tod statistisch erfasst werden. Eine Generationentafel kann erst erstellt werden, wenn bei allen beobachteten Personen das interessierende Ereignis eingetreten ist. – *Häufiger verwendet:* → Periodentafel.

Generationenvertrag – 1. *Begriff:* fiktiver *„Solidar-Vertrag zwischen jeweils zwei Generationen“* (W. Schreiber) als theoretisch-institutionelle Grundlage einer im → Umlageverfahren finanzierten → dynamischen Rente. *Ziel* ist die Einführung von Zurechnungsregeln für die Verteilung des Arbeitseinkommens → Erwerbstätiger mit der Absicht, die individuellen Konsummöglichkeiten angemessen auf die *drei Lebensphasen* Kindheit und Jugend, Erwerbsphase und Alter aufzuteilen. – Nach der *Auflösung des traditionellen Drei-Generationen-Verbundes* innerhalb einer ökonomisch weitgehend autarken Großfamilie bietet der Generationenvertrag insofern eine – auch unter den Bedingungen einer arbeitsteilig organisierten, individualistischen Gesellschaft funktionierende – prinzipielle Alternative dazu, Konsummöglichkeiten durch die Herausbildung funktionsfähiger Kapitalmärkte und durch die Bildung von Sach- oder Geldvermögen intertemporal (und intergenerationell) zu verschieben. – Da der Generationenvertrag mit der jeweiligen Kindergeneration zu „schließen“ wäre, bedarf er einer gesellschaftlichen Organisation und eignet sich – anders als eine im sog. Kapital- oder → Anwartschaftsdeckungsverfahren finanzierte Rente – nur als Verfahren der *sozialen* (kollektiven) *Alterssicherung* (→ soziale Sicherung). – 2. *Funktionsweise:* a) Gemäß der (modifizierten) *Mackenroth-These* muss in einer (geschlossenen) Volkswirtschaft aller „Sozialaufwand“ – unabhängig vom gewählten Finanzierungsverfahren – stets aus dem → Volkseinkommen (korrekt: Bruttonationaleinkommen) der laufenden Periode gedeckt werden. Insofern entsprechen die *realen Leistungsströme zwischen den Generationen* grundsätzlich immer dem in der Abbildung „Generationenvertrag“ gezeigten Muster. Aus dem Nationaleinkommen, das mithilfe der Arbeitskraft der jeweils in der Erwerbsphase stehenden Generation erstellt wird, müssen sowohl die im Alter stehenden Angehörigen der Elterngeneration (Pfeile a und b) als auch die Mitglieder der nachwachsenden Generation (Pfeile c und d) unterhalten werden. Überlagert werden diese realen Beziehungen jedoch durch ein u.U. abweichendes Bild der *rechtlichen Ansprüche und Verpflichtungen:* Im Gegensatz zum Kapitaldeckungsverfahren bzw. zu einer kapitalfundierten Alterssicherung, wo die Ansprüche der Alten durch Eigentumsrechte am von ihnen zuvor gebildeten Kapitalstock (Pfeile e und f) geschützt sind (Äquivalenz von a und e bzw. b und f), während die Leistungen an Kinder und Jugendliche außer Betracht

Generationenvertrag

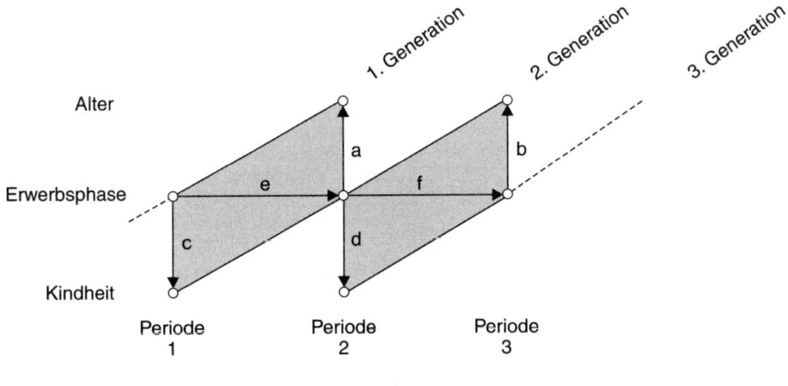

bleiben, basiert der Generationenvertrag prinzipiell darauf, dass Unterhaltsleistungen der Erwerbstätigen an die Kindergeneration in der Folgeperiode durch solche an die dann Alten abgegolten werden (Umlageverfahren, Äquivalenz von a und c bzw. b und d). – b) Die *zentrale Größe dieses Systems* bildet dabei das *Humanvermögen* der Gesellschaft, bestimmt durch Anzahl und Qualifikation der nachwachsenden Generation. Entsprechende „Investitionen" der Erwerbstätigen verzinsen sich mit der Wachstumsrate der Lohnsumme (H. Aaron). Damit wird eine umlagefinanzierte Alterssicherung abhängig von der demografischen Entwicklung sowie von der Ausbildung der zukünftig Erwerbstätigen. – 3. *Ausgestaltung:* a) Von der Grundidee des Generationenvertrags her ist eine Organisation der kollektiven Alterssicherung als *Sozialversicherung* nahe liegend, bei der die Äquivalenz von *(privaten) Aufwendungen* für die nachwachsende Generation mit späteren Rentenzahlungen explizit berücksichtigt wird. – b) Möglich ist stattdessen jedoch auch eine Verbindung von Alterssicherung – selbst in Gestalt eines *Steuer-Transfer-Systems* – mit einem (steuerfinanzierten) → Familienlastenausgleich, einschließlich öffentlich finanzierter Bildungsangebote, durch den sich die Gesellschaft und somit auch Kinderlose am Aufwand für Investitionen in das zukünftige Humanvermögen beteiligen. Soweit damit allerdings Intransparenzen oder Veränderungen der Anreizbedingungen verbunden sind, weil die Gewährung öffentlicher Leistungen nicht mehr unmittelbar den zuvor geschilderten, realen Leistungsbeziehungen entspricht, kann dies die Stabilität des jeweiligen Gesamtsystems u.U. gefährden. – c) Dies gilt auch für die *in der Bundesrepublik Deutschland* (1957) gewählte Form der *gesetzlichen Alterssicherung,* die auf der (nur vordergründigen, mittlerweile aber als „eigentumsähnliche Ansprüche" unter grundgesetzlichen Schutz gestellten) Äquivalenz von *Beiträgen*, aus denen die Renten der gegenwärtigen Altengeneration finanziert werden, mit den späteren Renten der jetzt Erwerbstätigen basiert (Pfeil a und b). Auf die parallel geforderte Einrichtung einer kollektiv organisierten *„Kindheits- und Jugendrente"* (W. Schreiber) zur Finanzierung der elterlichen Aufwendungen für die nachwachsende Generation wurde dagegen verzichtet – zum einen aus einer gewissen bevölkerungspolitischen Zurückhaltung heraus, zum anderen wohl auch wegen der gerade erfolgten Einführung eines → Kindergelds. – 4. *Probleme:* a) Bis heute strittig sind in der Wissenschaft die Wirkungen einer auf dem Generationenvertrag basierenden Alterssicherung auf die volkswirtschaftliche (Sach-)Kapitalbildung und damit auf die Größe des längerfristig zu verteilenden Nationaleinkommens *(Feldstein-Kontroverse).* – b) Konsens herrscht dagegen weitgehend darüber, dass eine (vollständige) *Rückkehr zu einer kapitalfundierten Alterssicherung* ohne Doppelbelastung der dann Erwerbstätigen unter realistischen Bedingungen nicht mehr möglich ist, da die wesentlichen Vorteile einer umlagefinanzierten Rente in evtl. (historischen) Einführungsgewinnen für die erste Rentnergeneration liegen. – c) Noch problematischer dürften jedoch etwaige Diskrepanzen zwischen den realen Leistungsströmen im Generationenvertrag und dem institutionell bedingten Bild der rechtlichen Ansprüche und Verpflichtungen sein, soweit davon verzerrte *Anreizeffekte für die Bevölkerungsentwicklung* und die *Humanvermögensbildung* insgesamt ausgehen. Demografische Strukturen mit einer sinkenden Zahl Erwerbstätiger erlegen diesen relativ steigende Lasten durch den Unterhalt von Alten- wie Kindergeneration auf, was zu *Verteilungskonflikten zwischen den Generationen* führen kann.

Generator – in der Informatik Grundprogramm (→ Programm), das mithilfe spezieller Anweisungen und → Parametern ein Programm (→ Programmgenerator), eine → Maske (Maskengenerator), ein Menü (→ Menütechnik), das Format einer zu druckenden (→ Drucker) Liste (→ Reportgenerator) o.Ä. erzeugt.

Generic Concept of Marketing → generisches Marketing.

Generic Placement → Product Placement.

Generics – 1. *Begriff:* V.a. im pharmazeutischen Bereich verwendeter Begriff zur Bezeichnung von Produkten, die vergleichbare Inhaltsstoffe enthalten wie Produkte, die bereits unter einem Markennamen auf dem Markt sind. – 2. *Merkmale:* a) Generics entsprechen in ihrer therapeutischen Wirkung und Sicherheit dem Orginalpräparat, – b) werden im Normalfall zu einem wesentlich niedrigeren Preis angeboten als vergleichbare Markenprodukte, da keine oder wesentlich geringere Forschungskosten anfallen, – c) können meist erst nach Ablauf des Patentschutzes für das Orginalpräparat angeboten werden. – 3. *Arten:* a) Produkte, die unter Nutzung des generischen Namens in Kombination mit dem Firmennamen angeboten werden, – b) Markengenerika, die Produkte mit patentfreien Wirkstoffen unter einem eigenen Markennamen anbieten (z.B. Hexal, ratiopharm). – Vgl. → No Names, → Marke.

generische Aktivitäten → Wettbewerbsstrategie.

generisches Marketing – *Generic Concept of Marketing;* weitestes Marketingkonzept. Es umfasst alle sozialen Austauschbeziehungen von Gütern im weitesten Sinn (Transaktionen von Werten), d.h. Austauschbeziehungen von Organisationen mit ihrer Umwelt sowie innerorganisatorische Austauschvorgänge. → Marketing mündet so gesehen in eine allg. Theorie sozialer Austauschprozesse.

generische Strategien → Wettbewerbsstrategie.

Genesungsgeld – Leistungsart in der privaten Unfallversicherung (PUV) in Form eines Tagegelds, das nach einer vollstationären Behandlung ab der Entlassung aus dem Krankenhaus in der vereinbarten Höhe gezahlt wird. Das Genesungsgeld setzt meist auf ein Krankenhaustagegeld auf, die beide gemeinsam vereinbart wurden und aufeinander folgend für die gleiche Dauer geleistet werden. Üblicherweise wird die Zahlung des Genesungsgeldes jedoch zeitlich begrenzt; verbreitet gilt eine Höchstdauer von 100 Tagen. Die Höhe des Genesungsgeldes entspricht i.d.R. der des Krankenhaustagegelds.

genetischer Algorithmus – allg. verwendbare globale → Heuristik zur Lösung von Entscheidungsproblemen. Wie auch bei den → Evolutionsstrategien muss das Entscheidungsproblem auf ein Individuum abgebildet werden. Eine Menge von Individuen, die zu einem Zeitpunkt verschiedene Lösungen des Entscheidungsproblems darstellen, bilden eine Population. Der Evolutionsprozess beruht auf den sog. genetischen Operatoren. Hierzu zählen die Mutation des Erbgutes eines Individuums, d.h. einer Lösung des Entscheidungsproblems, die Rekombination des Erbgutes mehrerer Individuen und die Selektion der Individuen, die zur Bildung der Nachfolgepopulation herangezogen werden sollen. Genetische Algorithmen sind wesentlich schwieriger zu konfigurieren als Evolutionsstrategien und für Probleme mit vielen kontinuierlichen Größen schlechter geeignet.

genetischer Fingerabdruck – Strafprozessuale Zwangsmaßnahme. An der bei dem → Beschuldigten für Zwecke des zugrunde liegenden oder eines anderen anhängigen Strafverfahrens entnommenen Blutprobe oder sonstigen bei ihm entnommenen Körperzellen dürfen auch *molekulargenetische Untersuchungen* durchgeführt werden, soweit sie zur Feststellung der Abstammung oder der Tatsache, ob aufgefundenes Spurenmaterial von dem Beschuldigten oder dem Verletzten stammt, erforderlich sind. Solche ausschließlich auf diesen Zweck begrenzte Untersuchungen dürfen auch bei Personen durchgeführt werden, die als → Zeugen in Betracht kommen. Die Anordnungen dürfen nur durch den Richter getroffen werden. Das Untersuchungsmaterial ist dem → Sachverständigen, der nicht der ermittelnden Behörde angehören darf, in anonymisierter Form zu übergeben. Das Material ist unverzüglich zu vernichten, sobald es für das zugrunde liegende oder ein anderes anhängiges Strafverfahren nicht mehr erforderlich ist (vgl. §§ 81a–f StPO). – Ein genetischer Fingerabdruck (DNA-Identifizierungsmuster) darf auch bei bestimmten schwerer → Straftaten oder Straftaten gegen die sexuelle Selbstbestimmung verdächtiger Beschuldigten im Rahmen der vorbeugenden Verbrechensbekämpfung zum Zwecke der Identitätsfeststellung in künftigen Strafverfahren genommen werden (§ 81g StPO). Dies gilt auch für Personen, die wegen solcher Taten rechtskräftig verurteilt oder nur wegen Schuldunfähigkeit oder fehlender Verantwortlichkeit nicht verurteilt werden konnten. Solche DNA-Identifizierungsmuster dürfen beim → Bundeskriminalamt (BKA) gespeichert werden und nach Maßgabe des Bundeskriminalamtgesetzes verwendet werden (§ 81g V StPO). – Bei Reihengentests werden die DNA-Identifizierungsmuster von Spurenmaterial aus der Straftat mit den DNA-Identifizierungsmustern von Personen, die bestimmte, auf den Täter vermutlich zutreffende Prüfungsmerkmale erfüllen, automatisiert abgeglichen. Dazu werden von diesem Personenkreis – nur mit ihrer schriftlichen Einwilligung – Körperzellen entnommen und molekulargenetisch untersucht. Näheres zur Zulässigkeit von Reihengentests in § 81h StPO.

Genfer Schema – 1950 bei einer internationalen Konferenz für Arbeitsbewertung in Genf vorgeschlagenes Schema, das zur Bewertung verschiedene Anforderungsmerkmale heranzieht. Die Anforderungskategorien geistige Anforderungen, körperliche Anforderungen, Verantwortung und Arbeitsbedingungen werden unter den Gesichtspunkten erforderliches Können bzw. auftretende Belastung betrachtet, sodass insgesamt sechs Anforderungsarten entstehen. – Vgl. auch Abbildung „Genfer Schema".

Genfer Schema

	Können	Belastung
1. Geistige Anforderung	x (Kenntnisse)	x (geistige Belastung)
2. Körperliche Anforderung	x (Geschicklichkeit)	x (Muskelarbeit)
3. Verantwortung	x	–
4. Arbeitsbedingungen	–	x

Das Genfer Schema wurde seither weiterentwickelt und wirkte sich auf die Gestaltung der modernen analytischen Arbeitsbewertungssysteme und die Definitionen der Entgeltgruppen in Tarifverträgen aus.

Genossenschaft – I. Charakterisierung: Die Genossenschaft ist eine Gesellschaft von nicht geschlossener Mitgliederzahl mit dem Zweck, den Erwerb oder die Wirtschaft ihrer Mitglieder oder deren soziale oder kulturelle Belange mittels gemeinschaftlichen Geschäftsbetriebes zu fördern (Legaldefinition des § 1 I GenG). Die Genossenschaft ist damit seit Einführung der → Europäischen Genossenschaft (SCE) nicht mehr nur auf wirtschaftliche Aktivitäten beschränkt (Genossenschaftsgesetz i.d.F. der Bekanntmachung vom 6.10.2006, BGBl. I 2230). Der Charakter der Genossenschaft kommt zum Ausdruck: (1) In der Gleichberechtigung der Mitglieder untereinander ohne Rücksicht auf die Höhe ihrer Kapitalbeteiligung an der Genossenschaft sowie in der Selbstverwaltung durch die → Genossenschaftsorgane; (2) im gemeinschaftlich begründeten Geschäftsbetrieb, der – in Abhängigkeit vom Einzelfall – im Sinn der Förderungsaufgabe nicht unbedingt gewinnorientiert sein muss. Die dt. Genossenschaft als einer Form solidarischer Selbsthilfe hat eine privatrechtliche Erscheinungsform; sie ist eingebunden in den marktwirtschaftlichen Prozess. Im Gegensatz dazu weisen Genossenschaftsformen im Ausland oft gemeinwirtschaftliche oder halbstaatliche Formen mit ordnungspolitischem Anspruch auf. – *Rechtsgrundlage:* → Genossenschaftsgesetz (GenG) und HGB.

II. Arten: 1. *Wirtschaftliche Arten:* a) → Förderungsgenossenschaft (Hilfs-Genossenschaft), die als Hilfswirtschaft der auch weiterhin selbstständig bestehenden Mitgliederwirtschaften anzusehen ist. – *Arten:* (1) *Beschaffungs-Genossenschaft:* (a) Bezugs-Genossenschaft der Handwerker (Handwerkergenossenschaften), (b) Einkaufs-Genossenschaft des Handels, (c) Bezugs-Genossenschaft der Landwirte, (d) Verkehrsgenossenschaften, (e) → Konsumgenossenschaft (Verbraucher-Genossenschaft); (2) *Absatz*-Genossenschaft (→ Bezugs- und Absatzgenossenschaft): (a) Absatz-Genossenschaft der Handwerker (Handwerkergenossenschaften), (b) landwirtschaftliche Absatz-Genossenschaft und Produktions-Genossenschaft (Molkereigenossenschaften); (3) → Kreditgenossenschaft: Gewerbliche (Volksbanken), ländliche (→ Raiffeisenbanken); (4) *Wohnungsbaugenossenschaft;* (5) *Nutzungs-Genossenschaft* (landwirtschaftliche Dienstleistungsgenossenschaften). – b) → Produktivgenossenschaft (Voll-Genossenschaft), bei der neben dem Genossenschaftsbetrieb keine Mitgliederwirtschaften bestehen, weil die Mitglieder in der Genossenschaft gemeinsam arbeiten. – 2. *Kulturelle/soziale Arten:* z.B. Förderung kultureller Einrichtungen, Unterstützung notleidender Mitglieder. – 3. *Firma und Haftung für Verbindlichkeiten:* Die Firma muss den Zusatz → *eingetragene Genossenschaft (eG)* oder die Abkürzung „eG" aufweisen (§ 3 I GenG). Für die Haftung von Verbindlichkeiten der Genossenschaft haftet nur das Genossenschaftsvermögen (§ 2 GenG), wobei die Satzung mit Bezug auf das Thema „ → Nachschusspflicht der Mitglieder zur Insolvenzmasse" ihrer in Insolvenz geratenen Genossenschaft unterschiedliche Regelungen treffen kann: (1) Genossenschaft *mit unbeschränkter Nachschusspflicht:* Die Mitglieder haften für die Schulden der Genossenschaft mit ihrem ganzen Vermögen; (2) Genossenschaft *mit beschränkter Nachschusspflicht:* Die Mitglieder haften mit der in der Satzung festgelegten → Haftsumme (nicht unter dem → Geschäftsanteil); (3) *Genossenschaft ohne Nachschusspflicht:* Die Mitglieder haften nur mit dem Geschäftsanteil.

III. Rechtliche Regelungen: 1. *Gründung* durch mind. drei Personen, die eine → Satzung für die Genossenschaft aufzustellen und Vorstand und Aufsichtsrat (→ Genossenschaftsorgane) zu wählen haben. Auf den Aufsichtsrat kann bei Genossenschaften mit weniger als 20 Mitgliedern satzungsgemäß verzichtet werden (§ 9 I 2 GenG). Seine Aufgaben übernimmt dann die Generalversammlung. *Eintragung* der Genossenschaft in das → Genossenschaftsregister durch Vorstand anzumelden unter Einreichung der von den Gründern unterzeichneten Satzung (nebst einer Abschrift derselben), von Urkunden über die Bestellung des Vorstands und des Aufsichtsrats sowie des Zulassungsbescheids zu einem → Prüfungsverband. Mit Eintragung wird die Genossenschaft → juristische Person und gilt (ohne Rücksicht auf ihre Größe) als → Kaufmann i.S.d. HGB (Formkaufmann, vgl. § 17 II GenG); damit ist sie neben den Vorschriften des → Genossenschaftsgesetzes auch denen des Handelsgesetzbuchs (HGB) unterworfen. – 2. Kennzeichnend für die Genossenschaft ist das *Prinzip der Selbstorganschaft.* Vorstands- und Aufsichtsratsmitglieder müssen Mitglieder sein. Das Basiswissen der Mitglieder, v.a. ihre Förderungsvorstellungen, soll stets unmittelbar in der Verwaltung der Genossenschaft präsent sein. Die Genossenschaft ist eine *Selbsthilfeorganisation* von Mitgliedern für ihre Mitglieder. Das Ehrenamt im Vorstand ist typusbestimmend für die Genossenschaft; wenngleich die praktische Bedeutung des Ehrenamtes im Vorstand in den vergangenen Jahren deutlich nachgelassen hat. – 3. *Rechtsstellung der Mitglieder:* a) *Aufnahme* durch Teilnahme an Gründung oder Eintritt, der durch schriftliche Beitrittserklärung mit Zustimmung des Vorstands und Eintragung in die Mitgliederliste wirksam wird. – b) *Rechte:* (1) Recht zur Benutzung der satzungsgemäßen Einrichtungen der Genossenschaft; (2) Stimmrecht, bei Großgenossenschaften das aktive und passive Wahlrecht zur → Vertreterversammlung; (3) Anspruch auf Gewinnanteil, soweit nicht durch die Satzung ausgeschlossen. – c) *Pflichten:* (1) Zahlung der Pflichteinlagen; (2) Nachschusspflicht (→ Genossenschaftsinsolvenz), s. dazu schon oben unter II. 3.; (3) andere durch die Satzung begründete Pflichten (z.B. Abnahmepflichten). – d) *Ausscheiden:* (1) Austritt durch schriftliche Kündigung mit Dreimonatsfrist zum Schluss des Geschäftsjahres. Die Satzung kann eine andere (höchstens fünfjährige) Kündigungsfrist vorsehen; (2) Aufkündigung durch Gläubiger des Mitgliedes; (3) Ausschließung eines Mitglieds aufgrund eines in der Satzung festgelegten Grundes (§ 68 GenG); (4) Übertragung des Geschäftsguthabens auf ein anderes Mitglied; (5) Tod des Mitgliedes; Mitgliedschaft des Erben endet mit Schluss des Geschäftsjahrs (§ 77 GenG); (6) Nach außerordentlicher Kündigung bei wesentlicher Änderung der → Satzung gemäß § 67a GenG. – Eintragung des Ausscheidens in die Mitgliederliste ist gemäß § 69 GenG erforderlich. Der Ausscheidende hat Anspruch auf Auszahlung des sich nach der Bilanz ergebenden Geschäftsguthabens binnen sechs Monaten, ggf. muss er einen anteiligen Fehlbetrag einzahlen. Hatte das Mitglied seinen Geschäftsanteil voll eingezahlt, kann die Satzung ihm einen Anspruch einräumen auf Auszahlung eines Anteils an einer zu diesem Zweck aus dem Jahresüberschuss zu bildenden Ergebnisrücklage. – 4. *Auflösung der Genossenschaft:* a) *Gründe:* (1) Beschluss der → Generalversammlung, zu fassen mit Dreiviertelmehrheit der abgegebenen Stimmen (§ 78 GenG); (2) Ablauf der Zeit, wenn das Bestehen der Genossenschaft im Statut von vornherein auf eine bestimmte Zeitdauer beschränkt worden ist

(§ 79 GenG); (3) Sinken der Mitgliederzahl unter drei durch gerichtliche Entscheidung (§ 80 GenG); (4) gesetzwidrige Handlungen oder Unterlassungen der Genossenschaft (§ 81 GenG); (5) Verfolgung anderer als der im Gesetz zugelassenen Zwecke; (6) → Genossenschaftsinsolvenz. – b) *Verfahren:* Die Auflösung der Genossenschaft muss in das Genossenschaftsregister eingetragen und bekannt gemacht werden. Außer bei Insolvenz schließt sich an die Auflösung die Liquidation (→ Abwicklung) der Genossenschaft an. Liquidatoren sind der Vorstand oder wenigstens zwei andere dazu bestellte (auch juristische) Personen. Verteilung des Liquidationserlöses an die Mitglieder frühestens nach Ablauf eines Jahres nach Bekanntmachung der Auflösung, wobei zunächst das Verhältnis der Geschäftsguthaben zueinander zugrunde zu legen ist. Übersteigt der Liquidationserlös den Betrag der Geschäftsguthaben, so ist er nach Köpfen zu verteilen, wenn die Satzung keinen anderen Verteilungsmodus bestimmt.

IV. Steuerpflicht: 1. *Körperschaftsteuer:* Nach § 1 I Nr. 2 KStG sind alle Erwerbs- und Wirtschaftsgenossenschaften steuerpflichtig. Von der Körperschaftsteuer befreit sind Hauberg-, Wald- und Forst- Genossenschaften, wenn sie keinen → Gewerbebetrieb unterhalten oder verpachten (§ 3 II KStG) → Vermietungsgenossenschaften (§ 5 I Nr. 10 KStG), → Realgemeinden sowie unter bestimmten Voraussetzungen landwirtschaftliche Betriebs-Genossenschaften. Bei Erwerbs- und Wirtschafts-Genossenschaften sind Rückvergütungen an Nichtmitglieder → Betriebsausgaben. Rückvergütungen an Mitglieder sind nur insoweit Betriebsausgaben, als die dafür verwendeten Beträge im Mitgliedergeschäft erwirtschaftet worden sind (§ 22 I KStG). – 2. *Gewerbesteuer:* Erwerbs- und Wirtschafts-Genossenschaften sind wegen ihrer Rechtsform steuerpflichtig (§ 2 II Nr. 2 GewStG). Die Vorschriften des Körperschaftsteuergesetzes, die den Gewinn der Genossenschaft ganz oder teilweise von der Besteuerung freistellen, gelten auch für die Gewerbesteuer (§ 3 Nr. 8 GewStG).

Genossenschaften Freier Berufe – mit steigender Bedeutung des Dienstleistungssektors und der Zahl der freiberuflich Selbstständigen haben Genossenschaften Freier Berufe an Bedeutung gewonnen. Die Kooperation einzelner Freiberuflicher zu einem gemeinsamen Leistungsangebot im Sinn einer Berufsausübungsgenossenschaft – identisch mit der → Produktivgenossenschaft – spielt allerdings eine untergeordnete Rolle und wird v.a. von Architekten, Ingenieuren und Bauplanern, aber auch von Ärzten genutzt. Eine größere Bedeutung haben jedoch die Beschaffungsgenossenschaften in den Freien Berufen für Dienstleistungen (gemeinsame Abrechnungsstellen bei Ärzten, EDV-Dienstleistungen für Steuerberater, etwa bei DATEV) und von Waren (Apothekergenossenschaften, etwa bei Sanacorp) erlangt.

genossenschaftliche Pflichtprüfung – 1. *Begriff und rechtliche Grundlage:* Die genossenschaftliche Pflichtprüfung ist die gesetzlich vorgeschriebene → Jahresabschlussprüfung für Genossenschaften, geregelt in dem die Erwerbs- und Wirtschaftsgenossenschaften betreffenden Gesetz (Genossenschaftsgesetz). Jährliche → Prüfung bei einer Bilanzsumme über 2 Mio. Euro; andernfalls Prüfung mind. in jedem zweiten Geschäftsjahr (§ 53 I GenG). – 2. *Gegenstand:* Zu prüfen sind Einrichtungen, Vermögenslage und Geschäftsführung der Genossenschaft einschließlich der Führung der Mitgliederliste, um die wirtschaftlichen Verhältnisse und die Ordnungsmäßigkeit der Geschäftsführung feststellen zu können. Im Rahmen der genossenschaftlichen Pflichtprüfung ist der Jahresabschluss unter Einbeziehung der Buchführung und des Lageberichts zu prüfen (§ 53 II 1 GenG). – 3. *Besonderheiten:* Die genossenschaftliche Pflichtprüfung erfasst die Genossenschaft als Ganzes; sie ist nicht auf die im Rahmen einer Jahresabschlussprüfung prüfungsrelevanten Bereiche beschränkt. Bei Prüfung der genossenschaftlichen Einrichtungen erfolgt auch eine Analyse und Beurteilung der betrieblichen Organisation und Leistungsfaktoren; die Prüfung der Vermögenslage entwickelte sich zu einer umfassenden Prüfung des Jahresabschlusses bei Einbeziehung der Buchführung und des Lageberichts unter eingehender Analyse der wirtschaftlichen Verhältnisse (einschließlich derer Entwicklung; vgl. § 53 II 2 GenG, §§ 316 III, 317 I 2, 3, II HGB). Der Prüfung unterliegen in diesem Zusammenhang auch Umfang, Entwicklung und Intensität der leistungswirtschaftlichen und mitgliedschaftlichen Beziehungen zwischen der Genossenschaft und ihren Mitgliedern. Eine Überprüfung der Geschäftsführung erfolgt nicht nur auf ihre formale Ordnungsmäßigkeit, sondern auch auf die Zweckmäßigkeit der getroffenen Entscheidungen. – 4. *Probleme:* Die genossenschaftliche Pflichtprüfung soll dem Ziel dienen, ein Urteil darüber zu erlangen, ob der Vorstand seinen Grundauftrag zur bestmöglichen Förderung der Mitglieder erfüllt hat. Die Interessenwahrung der einzelnen Mitglieder stößt aber auf Probleme. Die Zielerreichung lässt sich aufgrund erheblicher Schwierigkeiten bei der Nutzenmessung und der gesetzlichen Eingrenzung des Prüfungsobjektes kaum exakt feststellen. – 5. *Prüfungsträger:* Die genossenschaftliche Pflichtprüfung wird durch einen → Prüfungsverband durchgeführt. Die Genossenschaft ist Pflichtmitglied des regionalen Genossenschaftsverbandes, dem auch die Prüfung obliegt (§ 54 GenG).

genossenschaftlicher Finanzverbund – Geplante und auf Dauer angelegte freiwillige Kooperation von rechtlich und ökonomisch eigenständigen Kreditinstituten und Finanzdienstleistungsunternehmen des Genossenschaftssektors, die finanziell und personell verflochten sind und die ihre Leistungen direkt oder bei den Partnern am Markt anbieten. Dem genossenschaftlichen Finanzverbund ist die genossenschaftliche Bankengruppe zuzurechnen, die sich aus den Kreditgenossenschaften, der WGZ-Bank

Westdeutsche Genossenschafts-Zentralbank AG sowie der DZ Bank AG (Deutsche Zentral-Genossenschaftsbank) zusammensetzt. Zu den Instituten des Finanzverbundes gehören auch Spezialinstitute wie z.B. die Bausparkasse Schwäbisch-Hall AG, die DG Hyp Deutsche Genossenschafts-Hypothekenbank AG, die Münchener Hypothekenbank eG, die R+V-Versicherung, die TeamBank AG, die Union Investment, die WL Bank AG Westfälische Landschaft Bodenkreditbank sowie die VR Leasing AG. Die genossenschaftlichen Zentralbanken sowie die Spezialinstitute unterstützen die Volksbanken und Raiffeisenbanken (Kreditgenossenschaften) subsidiär, sodass diese in der Lage sind, ihren Mitgliedern nicht nur das Leistungsangebot einer Universalbank zu bieten, sondern ein breites, internationalen Maßstäben genügendes Leistungsspektrum. Über die enge Kooperation im genossenschaftlichen Finanzverbund lassen sich die Vorteile der Dezentralität (Nähe zum Kunden, selbstständige Entscheidungs- und Finanzkompetenz) mit den speziellen Leistungen der Verbundunternehmen kombinieren. Dadurch werden Mitglieder und Kunden sowie der Wettbewerb im dt. Bankensystem gefördert, zugleich bleibt auch ein flächendeckendes Angebot an Finanzdienstleistungen erhalten.

genossenschaftlicher Prüfungsverband → Prüfungsverband.

genossenschaftlicher Verbund → genossenschaftlicher Finanzverbund.

Genossenschaftsbank → Kreditgenossenschaft.

Genossenschaftsdividende – Anteil am → Genossenschaftsgewinn, der den Mitgliedern ausgeschüttet wird. Sie wird grundsätzlich in Form eines bestimmten Prozentsatzes auf das Geschäftsguthaben bezogen, wobei die General-/Vertreterversammlung im Rahmen ihrer Entscheidung über die Verwendung des Jahresüberschusses einen Beschluss zu fassen hat. Wenn die Geschäftsanteile nicht voll eingezahlt sind, werden die Genossenschaftsdividenden i.d.R. den Geschäftsguthaben zugeschrieben. Die Dividendenhöhe ist abhängig von der Ertragssituation der Genossenschaft, dem Kapitalmarktzins und der Dividendenhöhe verwandter Genossenschaften.

Genossenschaftsgesetz (GenG) – weist Regelungen auf, die gewährleisten, dass das grundsätzliche Unternehmensziel der Förderung der Mitglieder Maßstab für das Genossenschaftsmanagement bleibt. Nachdem schon in der zweiten Hälfte des 19. Jahrhunderts, v.a. in Preußen, Genossenschaftsgesetze eingeführt wurden, kam es 1889 zur Verabschiedung des „Reichsgesetzes betreffend die Erwerbs- und Wirtschaftsgenossenschaften" durch den Reichstag. Das GenG hat zehn Regelungsbereiche: Errichtung der Genossenschaft, Rechtsverhältnisse der Genossenschaft und der Mitglieder, Vertretung und Geschäftsführung, Prüfung und Prüfungsverbände, Beendigung der Mitgliedschaft, Auflösung und Nichtigkeit der Genossenschaft, Insolvenzverfahren und Nachschusspflicht der Genossen, Haftsumme, Straf- und Bußgeldvorschriften sowie Schlussvorschriften. Das 1889 verabschiedete Genossenschaftsgesetz hat lange Zeit nur in kleinem Umfang Novellierungen erfahren. So wurde 1922 für größere Genossenschaften die Vertreterversammlung eingeführt und durch die Genossenschaftsnovelle von 1973 wurde die Leitungsstruktur von Genossenschaftsunternehmen im Sinn einer modernen Unternehmensführung neu geordnet. 2006 wurde das Genossenschaftsgesetz umfassend novelliert (GenG i.d. F. der Bekanntmachung vom 16.10.2006, BGBl. I 2230). So wurde der Förderzweck auch auf kulturelle und soziale Belange ausgedehnt und die erforderliche Anzahl der Gründungsmitglieder von 7 auf 3 reduziert.

Genossenschaftsgewinn – in Genossenschaften ein kontrovers diskutiertes Thema. Bisweilen wurde aus ordnungspolitischen Gründen die Vorstellung vertreten, dass Gewinne in Genossenschaften nicht entstehen sollten, sondern diese lediglich eine Kostendeckung anzustreben hätten. § 19 GenG geht von dem allg. handelsrechtlichen Gewinnbegriff aus, trifft jedoch noch keine Aussage über den konkreten Zweck der Genossenschaft, die Mitgliederförderung. In Genossenschaften ist der Gewinn aus betriebswirtschaftlicher Perspektive der Überschuss der Einnahmen über die Ausgaben einer bestimmte Periode bzw. der Überschuss der Erträge über die Aufwendungen. Dies bezieht sich nur auf die Situation des genossenschaftlichen Geschäftsbetriebes und hat noch keine Ausstrahlung auf die Mitgliederwirtschaften. Der Genossenschaftsgewinn ist deswegen Mittel zum Zweck der Förderung der Mitgliederwirtschaften, da durch ihn im Sinne der Selbstfinanzierung eine Substanzerhaltung bzw. -entwicklung des genossenschaftlichen Geschäftsbetriebes sowie eine Risikoabdeckung erfolgen kann.

Genossenschaftsinsolvenz – 1. Genossenschaftsinsolvenz (§§ 98-118 Genossenschaftsgesetz) *tritt ein:* (1) Bei → Zahlungsunfähigkeit, (2) bei Genossenschaften mit → Nachschusspflicht im Fall der → Überschuldung, wenn diese ein Viertel des Gesamtbetrages der Haftsumme aller Genossen übersteigt, (3) bei Genossenschaften ohne Nachschusspflicht bei Zahlungsunfähigkeit bzw. Überschuldung und bei (4) aufgelösten Genossenschaften im Fall der Überschuldung (§ 98 GenG). – 2. *Verfahren:* Der Genossenschaftsvorstand ist verpflichtet, bei Eintreten der Insolvenzursachen unverzüglich die Eröffnung des → Insolvenzverfahrens zu beantragen; dies ist dann unverzüglich in das Genossenschaftsregister einzutragen. Die Insolvenz bewirkt zugleich die Auflösung der Genossenschaft (§ 101 GenG). Es ist weiterhin ohne Verzug eine Generalversammlung einzuberufen, die einen Beschluss darüber zu fassen hat, ob Vorstand und Aufsichtsrat neu zu bestellen sind. – 3. *Nachschusspflicht:* Die Nachschusspflicht ist für alle Mitglieder gegeben, die ihrer Genossenschaft z.Z. der Insolvenzeröffnung angehören; es werden auch jene Mitglieder für die Nachschüsse herangezogen, die innerhalb von sechs Monaten vor Insolvenzeröffnung aus der Genossenschaft ausgeschieden sind. Dies ergibt sich allerdings erst dann, wenn die Satzung ausdrücklich eine Nachschusspflicht bedingt (§ 105 GenG).

Genossenschaftslehre – wissenschaftliche Disziplin und Prüfungsfach an deutschsprachigen Hochschulen. Oft traditionell auch als → Genossenschaftswesen bezeichnet. Als Sondergebiet konzentriert sich die Genossenschaftslehre auf die Organisation der Genossenschaftsunternehmung unter Anwendung von Methoden der Betriebs- und Volkswirtschaftslehre; auch interdisziplinäre Betrachtung unter Einschluss der Rechtswissenschaft und der Soziologie. Heute überwiegen entscheidungsorientierte und kooperationstheoretische vor historischen Forschungsansätzen. – *Forschung und Lehre* an den Genossenschaftsinstituten verschiedener Wirtschafts- und Sozialwissenschaftlicher Fakultäten/Fachbereiche. Erstes Genossenschaftsseminar 1911 an der Universität Halle/Wittenberg; 1926 Seminar für Genossenschaftswesen an der Universität zu Köln, 1947 Institut an der Universität Marburg und interdisziplinäres Universitätsinstitut Münster. Weitere Lehr- und Forschungsstätten u. a.: Erlangen-Nürnberg, Gießen, Hamburg, Hohenheim, Wien, Potsdam, Halle, Nürtingen-Geislingen. Durch die Arbeitsgemeinschaft genossenschaftswissenschaftlicher Institute (AGI), einer gemeinsamen Einrichtung von Forschungsinstituten, werden wissenschaftliche Aktivitäten initiiert und durch die Herausgabe der „Zeitschrift für das gesamte Genossenschaftswesen (ZfgG)" Informationen gegeben und durchaus auch kritische Analysen der Genossenschaftsentwicklung angestellt.

Genossenschaftsorgane – Obligatorische Organe der Genossenschaft sind die General-/Vertreterversammlung, der Aufsichtsrat und der Vorstand; als fakultatives Organ ist die Einrichtung eines genossenschaftlichen Beirates denkbar. – 1. *General-/Vertreterversammlung:* Sie ist das „Parlament der Genossenschaft". Sie hat Rechte, die ihr unentziehbar sind und die ausschließlich von ihr ausgeübt werden können. Sie ist im Einzelnen zuständig für Auflösung, Verschmelzung, Umwandlung der Genossenschaft in andere Rechtsformen, Satzungsänderungen, Erhöhung und Zerlegung von Geschäftsanteilen, Pflichtbeteiligungen mit mehreren Genossenschaftsanteilen, Wahl und Abberufung des Vorstandes, des Aufsichtsrates und Entlastung von Vorstand und Aufsichtsrat sowie Führung von Prozessen gegen den Vorstand, Entscheidungen über Jahresabschluss, Gewinn- und Verlustrechnung u.a. Die Einberufung der General-/Vertreterversammlung erfolgt grundsätzlich durch den Vorstand, wobei bei Wahlen und Beschlüssen das Mehrheitsstimmrecht gilt. Die Vertreterversammlung ist eine spezifische Form der Generalversammlung, auf die alle Funktionen übergehen, die zuvor in der Entscheidungsbefugnis der Generalversammlung standen. Es ist Genossenschaften mit mehr als 1.500 Mitgliedern freigestellt, ob ihre Satzung die Einrichtung einer Vertreterversammlung festlegt; eine obligatorische Bestimmung im Hinblick auf die Vertreterversammlung ist nicht mehr gegeben. – 2. *Aufsichtsrat:* setzt sich aus mind. drei Mitgliedern zusammen, die von der General-/Vertreterversammlung zu wählen sind. In der Satzung kann eine höhere Zahl der Aufsichtsratsmitglieder festgelegt werden. Bei Genossenschaften mit nicht mehr als 20 Mitgliedern kann auf einen Aufsichtsrat verzichtet werden. Die Generalversammlung übernimmt dessen Aufgaben. Die Aufgaben des Aufsichtsrates liegen v.a. im Bereich der Kontrolle der Unternehmensführung; soweit es die Satzung festlegt, greift der Aufsichtsrat jedoch auch in gewissem Umfang in Entscheidungsbefugnisse (Kauf und Verkauf von Immobilien, Festlegung von Kredithöchstgrenzen u.a.) ein. Die in der Satzung aufgeführten Aufgaben des Aufsichtsrates sind v.a. die Anstellung des hauptamtlichen Vorstandes und die Erteilung einer Prokura. Die Beschlussfassung im Aufsichtsrat erfolgt mit der Mehrheit der an der Abstimmung beteiligten Mitglieder; seine Amtszeit kann durch Satzung bzw. durch Beschluss der General-/Vertreterversammlung festgelegt werden. Der Aufsichtsratsvorsitzende hat keine eigenständige Funktion, sondern ist das ausführende Organ des Aufsichtsrates. – 3. *Vorstand:* Als eine juristische Person des Privatrechts kann die Genossenschaft selbst nicht handeln, sondern muss sich ihrer Organe bedienen. Der Vorstand hat nach dem Genossenschaftsgesetz die Leitungsfunktion, die nicht auf andere Organe übertragen werden kann. Es müssen mind. zwei Vorstandsmitglieder vorhanden sein; eine höhere Zahl kann durch die Satzung bestimmt werden. Bei Genossenschaften mit nicht mehr als 20 Mitgliedern kann satzungsgemäß die Beschränkung des Vorstandes auf eine Person bestimmt werden. Die Unternehmensleitung wird eigenverantwortlich vom Genossenschaftsvorstand durchgeführt, wobei entweder ein hauptamtlicher, ein neben- oder ehrenamtlicher oder aber ein gemischter Vorstand denkbar ist. – 4. *Beirat* (bisweilen auch als Verwaltungsrat bezeichnet): ist kein zwingendes Organ der Genossenschaft. Er berät den Vorstand, den Aufsichtsrat und bisweilen auch die Generalversammlung. Seine Hauptaufgabe besteht darin, in grundlegenden Genossenschaftsfragen Stellung zu beziehen und die Beschlüsse der anderen Organe ggf. vorzubereiten. Die Beiräte können fachlich orientiert sein (Erzeugerbeiräte für Kartoffeln oder Obst in einer landwirtschaftlichen Bezugs- und Absatzgenossenschaft) oder regional ausgerichtet sein, damit in diesem Organ eine breitere Repräsentation der Mitglieder aus unterschiedlichsten Gemeinden zustande kommen kann.

Genossenschaftsprüfung → Prüfungsverband.

Genossenschaftsregister – das beim zuständigen Amtsgericht elektronisch geführte Register (vgl. auch → Gesetz über elektronische Handelsregister und Genossenschaftsregister sowie das Unternehmensregister (EHUG), in dem ein Nachweis über die Rechtsverhältnisse der Genossenschaft gegenüber der Öffentlichkeit erfolgt (vgl. § 10 GenG). Konstitutive Wirkung der Eintragung haben Eintragungen von Gründungsakten, der Satzung und Satzungsänderungen, Verschmelzungen und Mitgliedschaften. Deklarative Wirkungen haben Eintragungen über neue Vorstandsmitglieder, deren Vertretungsmacht, die Beendigung des Vorstandsamtes und Eintragungen der Prokura und deren Erlöschen. Die Einsicht in das Genossenschaftsregister ist jedem gestattet, ein berechtigtes Interesse muss nicht nachgewiesen werden.

Genossenschaftsverbände – 1. *Begriff:* Genossenschaftsverbände haben die Rechtsform des eingetragenen Vereins. Neben den Verbänden des ländlichen und gewerblichen Genossenschaftswesens (DGRV) steht das wohnungsgenossenschaftliche Verbandswesen (GdW) und der Zentralverband deutscher Konsumgenossenschaften (ZdK) in Hamburg; neben die auf Bundesebene tätigen Spitzenverbände treten die Regional- und genossenschaftlichen Fachprüfungsverbände, z.B. Verband der Sparda-Banken e.V., Frankfurt a.M. – 2. *Aufgaben:* Durchführung der Pflichtprüfung gegenüber den Genossenschaften, Angebot von Fort- und Weiterbildung in Genossenschaftsschulen und Akademien (als Spitzeneinrichtung des allg. Genossenschaftsbereiches die Akademie Deutscher Genossenschaften e.V., Montabaur), die Übernahme der Funktion der Öffentlichkeitsarbeit für die Genossenschaftsidee, die gesellschafts- und wirtschaftspolitische Einflussnahme gegenüber Staat und anderen Verbänden sowie die Trägerschaft von Sicherungseinrichtungen, insbesondere im genossenschaftlichen Bankbereich. – Vgl. auch → Prüfungsverband, → genossenschaftlicher Finanzverbund, → Deutscher Genossenschafts- und Raiffeisenverband (DGRV), GdW Bundesverband Deutscher Wohnungsunternehmen e.V.

Genossenschaftswesen – einerseits die allg. Bezeichnung der wissenschaftlichen Disziplin mit dem Erfahrungsobjekt der Genossenschaftsunternehmung in Forschung und Lehre (→ Genossenschaftslehre) und andererseits die Gesamtheit der Genossenschaften als Unternehmen, Kooperationsformen und Interessenverbände in der Praxis. – 1. *Begriff:* Das Wesen der Genossenschaft besteht darin, dass Betriebe und/oder Haushalte sich zusammenschließen, um über einen gemeinschaftlichen Geschäftsbetrieb Leistungen zugunsten ihrer Mitgliederwirtschaften zu erbringen. Dabei wird auch von der → Doppelnatur der Genossenschaften als Personenvereinigung (mind. drei Mitglieder) und dem Wirtschaftsbetrieb (Kombination der Produktionsfaktoren Arbeit, Boden, Kapital, Unternehmerleistung) gesprochen. Nach E. Dülfer kann die Genossenschaft durch vier Kriterien bestimmt werden: Die genossenschaftliche Personengruppe ist eine geplante Kooperation mehrerer natürlicher oder juristischer Personen, die durch ein einheitliches Interesse miteinander verbunden sind. Im Rahmen einer gruppenmäßigen Selbsthilfe haben sie das gemeinsame Ziel, eine Verbesserung ihrer ökonomischen Situation durch gemeinsame Aktionen und/oder gegenseitige Unterstützung zu erreichen. Die Mitglieder der Personengruppe nutzen einen gemeinsam errichteten bzw. unterhaltenen Geschäftsbetrieb, der Leistungen als Waren produziert oder als Dienstleistungen zur Verfügung stellt. Zwischen dem genossenschaftlichen Geschäftsbetrieb und der Personengruppe besteht ein Förderungs- bzw. Leistungsverbund in dem Sinn, dass Funktionen für die Mitgliederwirtschaften erfüllt werden. Der Genossenschaftscharakter ist erst dann vorhanden, wenn diese vier Merkmale der Genossenschaft gemeinsam auftreten. Zusätzlich dürfen nach der am 18.10.2006 in Kraft getretenen Novellierung des GenG (BGBl. I 2230) auch soziale und kulturelle Zwecke verfolgt werden. – 2. *Arten:* Das Genossenschaftswesen in Deutschland ist durch eine große Vielfalt gekennzeichnet, die sich aus dem Auftreten in verschiedenen Branchen, unterschiedlicher Unternehmensgröße, verschiedenartiger Mitgliederstruktur der Personenvereinigung (homogen oder heterogen), der Erfüllung differierender Funktionen im Wirtschaftskreislauf und der unterschiedlichen Stellung im Verbundsystem der Genossenschaften ergibt. Prinzipiell kann eine Aufteilung in zwei wesensverschiedene Genossenschaftsarten durchgeführt werden, bei denen die Träger des gemeinsamen Geschäftsbetriebes grundsätzlich verschiedene Positionen inne haben.a) → Förderungsgenossenschaften*:* Diese können unterschieden werden (1) nach ihren unterschiedlichen Leistungsarten (→ Bezugs- und Absatzgenossenschaften, → Produktionsgenossenschaften und → Dienstleistungsgenossenschaften, → Kreditgenossenschaften, → Wohnungsgenossenschaften), (2) nach der Art der Mitgliederwirtschaften (Unternehmens- oder → Konsumgenossenschaften), (3) nach den Steuerungsbeziehungen zwischen Geschäftsbetrieb und Mitglied (traditionelle, Markt- und integrierte Genossenschaften) und (4) ihrer Stellung im Verbundsystem (Primär-, → Sekundär- und → Tertiärgenossenschaften). – b) → Produktivgenossenschaften lassen sich (1) nach dem Ausmaß der Integration (Voll- und Teilgenossenschaften) und (2) nach den unterschiedlichsten Leistungsarten (Agrargenossenschaften, Handwerker- und Industrieproduktivgenossenschaften, Dienstleistungsproduktivgenossenschaften) differenzieren. Im Zuge der Wandlungen in Wirtschaft und Gesellschaft sind immer wieder neue Genossenschaftsarten entstanden und andere in ihrer Bedeutung zurückgegangen oder gänzlich verschwunden. – c) Ein spezieller Genossenschaftstyp sind alternative Genossenschaften, in denen Personen im Rahmen von selbstverwalteten Betrieben – zumeist in Form von Kleinunternehmen

– zusammen arbeiten und wirtschaftliche Leistungen erstellen (Arbeitslosengenossenschaften, Kooperative von Zeitungen und Verlagen, Frauengenossenschaften, Erzeuger- und Verbrauchergenossenschaften im Agrarbereich u.a.). Diese Alternativgenossenschaften haben primär eine ökologische Orientierung, eine basisdemokratische Selbstverwaltung, kollektive Eigentumsformen und Ausschluss persönlicher Aneignungsmöglichkeiten sowie die Umsetzung neuer Arbeits- und Lebensformen. – d) Bei den → öffentlich-rechtlichen Genossenschaften handelt es sich um Kooperative, die sowohl dem direkten Nutzen der Allgemeinheit dienen als auch im Interesse des einzelnen Genossenschaftsmitgliedes liegen (Wald- und Jagd-, Fischerei-, Wasser- und Bodengenossenschaften, Berufsgenossenschaften). – e) Neu hinzugekommen sind Sozial- und Kulturgenossenschaften, z.B. zur Erhaltung eines Denkmals, Einrichtung von Schulen und Kindergärten. – 3. *Prinzipien:* Dies sind Grundsätze für die Unternehmensführung der Genossenschaften sowie generelle Regelungen für ihren Aufbau und ihre Arbeitsweise, die sowohl intern gegenüber den Mitgliedern und Mitarbeitern als auch extern gegenüber den Kunden bzw. Lieferanten, der Politik und der allg. Öffentlichkeit festgelegt werden. Genossenschaftsprinzipien wurden bereits von den Genossenschaftsgründern → Raiffeisen (Raiffeisen-Prinzipien) und → Schulze-Delitzsch (Schulze-Delitzsch-Prinzipien) in der zweiten Hälfte des 19. Jh. entwickelt und in der damaligen Zeit als Leitbilder eingesetzt. Obwohl die verschiedenen Genossenschaftsrichtungen gewisse Unterschiede in der Geschäftsführung hatten, lässt sich für die Gegenwart ein hohes Maß der Einheitlichkeit von Genossenschaftsprinzipien feststellen. a) *Wesensprinzipien der Genossenschaften:* Prinzip der wirtschaftlichen, sozialen oder kulturellen Förderung durch Selbsthilfe durch den → Förderungsauftrag und das → Personalitätsprinzip. – b) *Organisationsprinzipien der Genossenschaften:* das → Identitätsprinzip, Regionalprinzip, Verbundprinzip, Subsidiaritätsprinzip und das Prinzip der → Doppelnatur der Genossenschaften. – c) *Verhaltensprinzipien:* umfassen das Demokratieprinzip (Eine-Person-eine-Stimme-Prinzip, Mehrheitsregel), das Selbstverantwortungsprinzip (Haftung mit den Geschäftsanteilen für unternehmerische Entscheidungen, Prüfungen durch die Genossenschaftsverbände), das Freiwilligkeitsprinzip (freier Eintritt in bzw. Austritt aus der Genossenschaft, freiwillige Benutzung des genossenschaftlichen Geschäftsbetriebes u.a.), das genossenschaftliche Gleichbehandlungsprinzip (gleiche Höhe der Geschäftsanteile, der Haftsumme, gleiche zeitliche Festlegungen in der Kündigungsfrist und hinsichtlich des Kopfstimmrechtes) und das genossenschaftliche Produktivitätsprinzip, das in bes. Weise auf die Wirtschaftlichkeit der Tätigkeit des genossenschaftlichen Geschäftsbetriebes ausgerichtet ist. – 4. *Strukturen:* Ergeben sich aus ihren juristischen, soziologischen und ökonomischen Regelungen und Beziehungen. – a) *Rechtliche Strukturmerkmale* kommen in der Form der Errichtung (Gründungsversammlung von mind. drei Mitgliedern wählt die notwendigen → Genossenschaftsorgane und beschließt die → Satzung; für die Eintragung in das → Genossenschaftsregister werden die von den Gründungsmitgliedern unterzeichnete Satzung sowie die Vorstandsmitglieder angemeldet; die Mitgliederliste sowie eine Stellungnahme des → Prüfungsverbandes) und der Auflösung (Beschluss der Generalversammlung, Zeitablauf des Unternehmenszwecks, Sinken des Mitgliederbestandes unter drei; Eröffnung des Insolvenzverfahrens) zum Ausdruck. Die Satzung ist die Verfassung der Genossenschaft, in der zwingende Regelungen (Firma, Gegenstand des Unternehmens, Haftungsart, Höhe des Geschäftsanteils und der Einzahlungsverpflichtung, Bildung von Rücklagen) und freiwillige Festlegungen (Eintrittsgelder, Erwerb und Fortdauer der Mitgliedschaft mit Bindung an den Wohnsitz, das Geschäftsjahr, Mehrfachbeteiligungen der Mitglieder bzw. die Zulässigkeit der Nichtmitgliedergeschäfte) aufgeführt werden. Die → Mitgliedschaft in der Genossenschaft ist ohne finanzielle Beteiligung über → Geschäftsanteile bzw. → Geschäftsguthaben gesetzlich nicht möglich, auch umgekehrt ist eine finanzielle Beteiligung im Sinn eines Eigenkapitalanteils ohne Mitgliedschaft nicht denkbar. Jedes Mitglied hat aus der Mitgliedschaft gesetzlich oder satzungsmäßig festgelegte Rechte und Pflichten. Für Genossenschaften gilt der Grundsatz der Selbstorganschaft, d.h. Aufsichtsräte und Vorstände müssen Mitglieder sein. Daraus ergibt sich, dass die Genossenschaft ein Selbsthilfeunternehmen von Mitgliedern für Mitglieder ist. Das → Ehrenamt in den Genossenschaftsorganen ist ein charakteristisches Merkmal der Genossenschaft, obwohl es in größer werdenden Unternehmen – in allen Genossenschaftsbranchen – deutlich zurücktritt. Es ist nach § 54 GenG festgelegt, dass jede Genossenschaft einem Prüfungsverband anzugehören hat und der Prüfungspflicht unterworfen ist. – b) *Wirtschaftliche Strukturen:* Grundsätzlich sind alle Genossenschaften in der gleichen Weise wie die anderen Unternehmensformen steuerpflichtig. Die generellen steuerlichen Subventionen der Wohnungsgenossenschaften sind seit 1990 aufgehoben. Nach § 1 I Nr. 2 des Körperschaftssteuergesetzes sind → Erwerbs- und Wirtschaftsgenossenschaften körperschaftssteuerpflichtig, während die öffentlich-rechtlichen Genossenschaften grundsätzlich steuerbefreit sind, wenn sie keinen → Gewerbebetrieb unterhalten oder verpachten. Rückvergütungen an Nichtmitglieder sind → Betriebsausgaben; Rückvergütungen an Mitglieder gelten insoweit als Betriebsausgaben, als die dafür verwendeten Beträge im Mitgliedergeschäft erwirtschaftet worden sind (§ 22 KStG). Genossenschaften sind wegen ihrer Rechtsform gewerbesteuerpflichtig. Die Vorschriften des KStG, die den Gewinn der Genossenschaften ganz oder teilweise von der Besteuerung freistellen, gelten auch für die Gewerbesteuer. Bei den übrigen Steuern (Umsatzsteuer, Grundsteuer,

Kfz-Steuer, Mineralölsteuer u.a.) werden die Genossenschaften nach den gleichen Prinzipien wie die anderen Steuerpflichtigen herangezogen. – 5. *Organisation:* Die Genossenschaftsbetriebe in Deutschland sind als Primär-, Sekundär- und Tertiärgenossenschaften im Bankensektor, als Bezugs- und Absatzgenossenschaften in der Landwirtschaft, für das Handwerk sowie den Einzelhandel tätig; hinzu kommen noch die Wohnungs- und Konsumgenossenschaften. – a) *Die Stufenorganisation* im dt. Genossenschaftswesen ergab sich daraus, dass auf der → Primärstufe in kleineren bzw. mittleren Orts- bzw. Regionalgenossenschaften bestimmte Leistungen nicht effizient genug erbracht und somit die entsprechenden Funktionen freiwillig auf die Sekundär- bzw. Tertiärgenossenschaften übertragen wurden. Ursprünglich war bei den → landwirtschaftlichen Genossenschaften sowie den → Kreditgenossenschaften die Dreistufigkeit (Ortsgenossenschaft, regionale Zentrale, Reichs- bzw. Bundeszentrale) typisch, während bei den → Wohnungsgenossenschaften und den gewerblichen Waren- und Dienstleistungsgenossenschaften (→ Warenhandelsgenossenschaften) die Einstufigkeit in dem Sinn gegeben war, dass die Primärgenossenschaften nicht in ein nachgelagertes Stufensystem eingeordnet waren, sondern vielfach als Einzelgenossenschaft ein Geschäftsgebiet mit einem flächendeckenden Mitgliederbestand hatten und haben. Teilweise übernehmen hier die Genossenschaftsverbände mit speziellen Unternehmen die Funktionen der Zentralgenossenschaft. Im genossenschaftlichen Bankwesen und bei den ländlichen Genossenschaften hat sich in den letzten Jahren eine gewisse Tendenz zur Zweistufigkeit in der Weise ergeben, dass im Bankbereich die Sekundärstufe aufgehoben wurde und im genossenschaftlichen Agrarsektor die Sekundärgenossenschaften verstärkt die Geschäftsfelder der Primärgenossenschaften – v.a. bei den Kreditgenossenschaften mit Warenverkehr – übernommen haben. – b) Die genossenschaftlichen Prüfungsverbände sind ebenfalls ein Spezifikum des dt. Genossenschaftswesens. Die Organisation des genossenschaftlichen Prüfungswesens ist teilweise regional und fachlich unterschiedlich. Die Prüfungsverbände haben in hohem Maße dazu beigetragen, dass im dt. Genossenschaftswesen kaum wirtschaftliche Zusammenbrüche aufgetreten sind, da sie eine längerfristige Kontrolle und Beratung der Genossenschaften vornehmen konnten. – 6. *Bedeutung:* Die Genossenschaften sind mit über 21,2 Mio. Personen (2012) die mitgliederstärkste Wirtschaftsorganisation in Deutschland. Fast jede vierte Person in Deutschland ist Mitglied einer Genossenschaft. In den 8.100 Genossenschaftsunternehmen gab es 88.000 Beschäftigte. – a) Die *Kreditgenossenschaften* sind die mitglieder- und wirtschaftsstärkste Genossenschaftsbranche. Sie haben in den letzten 50 Jahren einen starken Wachstums- und leistungssteigernden Konzentrationsprozess durchlaufen. – b) Die *landwirtschaftlichen Genossenschaften* sind die bedeutendste Wirtschaftsorganisation in der Beschaffung, im Absatz, in der Verwertung und im Dienstleistungsbereich der dt. Agrarwirtschaft. Ihre Entwicklung passte sich den Veränderungen in der dt. Landwirtschaft (Rückgang der Betriebszahl, Erhöhung der Betriebsgröße, Spezialisierung, steigender Marktwettbewerb u.a.) an bzw. sie gestalteten diese wesentlich mit. Die *gewerblichen Waren- und Dienstleistungsgenossenschaften* (→ Bezugs- und Absatzgenossenschaften, Handwerkergenossenschaften, → Dienstleistungsgenossenschaften, → Straßenverkehrsgenossenschaften) haben teilweise in der Öffentlichkeit einen hohen Bekanntheitsgrad (EDEKA, REWE, BÄKO u.a.) und erfüllen v.a. für den gewerblichen Mittelstand wichtige Funktionen in Beschaffung, Absatz und Dienstleistungen. – c) *Die Wohnungsgenossenschaften* nehmen in Deutschland ein starke wirtschaftliche Stellung ein und erfüllen wichtige soziale Funktionen. Die Wohnungsgenossenschaften hatten 2011 einen Bestand von 2,1 Mio. Wohnungen; dies entsprach rund 10 Prozent aller vermieteten Wohnungen in Deutschland. – *d) Konsumgenossenschaften:* Bis Ende der 1980er-Jahre kam es sowohl zu einer Schrumpfung der Unternehmens- als auch der Mitgliederzahlen; durch die Wiedervereinigung wurden die Konsumgenossenschaften in der DDR in diesen Genossenschaftsbereich mit aufgenommen, ohne dass jedoch die Blütezeit der 1960er-Jahre insgesamt erreicht werden konnte. Die Ausrichtung vieler Konsumgenossenschaften in der alten Bundesrepublik in Richtung eines gemeinwirtschaftlichen Handelskonzerns in den 1970er- und 1980er-Jahren, der primär von den Gewerkschaften getragen wurde, war nicht erfolgreich. – e) Seit dem 18.8.2006 besteht nunmehr innerhalb der Europäischen Union die Möglichkeit zur Gründung einer → Europäischen Genossenschaft (SCE).

Gentechnikgesetz (GenTG) – Gesetz i.d.F. vom 16.12.1993 (BGBl. I 2066) m.spät.Änd., umfassende Kodifikation zur Regelung von Fragen der Gentechnik. Die Gentechnik, ein Teilgebiet der Biotechnik, beinhaltet die Methoden und Verfahren zur Isolierung und Charakterisierung des Erbguts, seiner gezielten Manipulation und Wiedereinführung in eine neue, evtl. fremde Umgebung. – *Zweck:* Schutz von Mensch und → Umwelt vor möglichen Gefahren gentechnischer Verfahren und Produkte und Schaffung eines rechtlichen Rahmens für die Erforschung, Entwicklung, Nutzung und Förderung der wissenschaftlichen und technischen Möglichkeiten der Gentechnik (§ 1 GenTG). Der Anwendungsbereich des Gesetzes gilt für gentechnische Anlagen, gentechnische Arbeiten, Freisetzungen von gentechnisch veränderten Organismen und das Inverkehrbringen von Produkten, die gentechnisch veränderte Organismen enthalten oder aus solchen bestehen. Das Gesetz gilt nicht für die Anwendung gentechnisch veränderter Organismen am Menschen (§ 2 III GenTG). Es enthält eine Ermächtigung an die Bundesregierung zur

Umsetzung der einschlägigen EG-Richtlinie gentechnische Arbeiten mit Typen von gentechnisch veränderten Mikroorganismen ganz oder teilweise vom Anwendungsbereich des Gentechnikgesetzes auszunehmen. Gentechnische Arbeiten werden in vier Sicherheitsstufen eingeteilt (§ 7 I GenTG) und dürfen nur in gentechnischen Anlagen durchgeführt werden. Zur Prüfung und Bewertung sicherheitsrelevanter Fragen nach dem Gentechnikgesetz wird eine „Zentrale Kommission für Biologische Sicherheit" als Sachverständigenkommission eingerichtet (§ 4 GenTG). Weitere Einzelheiten sind in der Gentechniksicherheitsverordnung (GenTSV) i.d.F. vom 14.3.1995 (BGBl. I 297) m.spät.Änd. und der Gentechnik-Notfallverordnung (GenTNotfV) vom 10.12.1997 (BGBl. I 2882) m.spät.Änd. geregelt. Die Errichtung und der Betrieb gentechnischer Anlagen der Sicherheitsstufe 3 und 4 sowie vorgesehene erstmalige gentechnische Arbeiten bedürfen grundsätzlich der Genehmigung. Die Genehmigung berechtigt zur Durchführung der im Genehmigungsbescheid genannten gentechnischen Arbeiten zu gewerblichen oder zu Forschungszwecken (§ 8 GenTG). Wer gentechnisch veränderte Organismen freisetzen will, Produkte in den Verkehr bringt, die gentechnisch veränderte Organismen enthalten oder aus solchen bestehen, oder solche Produkte zu einem anderen Zweck als der bisherigen bestimmungsgemäßen Verwendung in den Verkehr bringt, bedarf der Genehmigung des → Robert Koch-Instituts – Bundesinstitut für Infektionskrankheiten und nicht übertragbare Krankheiten. Dieser Genehmigung stehen solche gleich, die von Behörden anderer Vertragsstaaten des Abkommens über den Europäischen Wirtschaftsraum und gleichwertigen Vorschriften erteilt worden sind (§ 14 GenTG). Die Entscheidung ergeht im Benehmen mit der Bundesanstalt für Naturschutz, der Bundesanstalt für Risikobewertung und dem Umweltbundesamt, bei Freisetzung gentechnisch veränderter → Tiere auch im Einvernehmen mit dem Friedrich-Löffler-Institut. Die Genehmigung für eine Freisetzung ist u.a. zu erteilen, wenn gewährleistet ist, dass alle nach dem Stand von Wissenschaft und Technik erforderlichen Sicherheitsvorkehrungen getroffen werden und nach dem Stand der Wissenschaft im Verhältnis zum Zweck der Freisetzung unvertretbare schädliche Einwirkungen auf Mensch und Umwelt nicht zu erwarten sind (§ 16 GenTG); Einzelheiten in der Gentechnik-Verfahrensordnung (GenTVfV) i.d.F. vom 4.11.1996 (BGBl. I 1657) m.spät.Änd. Will das Robert-Koch-Institut einen Antrag auf Inverkehrbringen genehmigen, so hat es nach Maßgabe der Richtlinie 90/220/EWG vom 23.4.1990 über die absichtliche Freisetzung gentechnisch veränderter Organismen in die Umwelt (ABl. EG Nr. L 117, 15) das sog. EG-Beteiligungsverfahren einzuleiten; Näheres in der Gentechnik-Beteiligungsverordnung (GenTBetV) vom 17.5.1995 (BGBl. I 734) m.spät.Änd.; zudem die Gentechnik-Anhörungsverordnung (GenTAnhV) i.d.F. vom 4.11.1996 (BGBl. I 1649) m.spät.Änd. und die Gentechnik-Aufzeichnungsverordnung (GenTAufzV) i.d.F. vom 4.11.1996 (BGBl. I 1644) m.spät. Änd. – *Haftung:* Das Gesetz sieht eine → Gefährdungshaftung des Betreibers einer gentechnischen Anlage vor, wenn infolge von Eigenschaften eines Organismus, die auf gentechnischen Arbeiten beruhen, jemand getötet oder verletzt oder eine Sache beschädigt wird. Der Haftungshöchstbetrag beträgt 85 Mio. Euro (§ 33 GenTG). Bei einem durch gentechnisch veränderte Organismen verursachten Schaden wird widerleglich vermutet, dass er durch Eigenschaften dieser Organismen verursacht wurde, die auf gentechnischen Arbeiten beruhen. Geschädigte haben einen Auskunftsanspruch gegen den Betreiber über die Art und den Ablauf der in der gentechnischen Anlage durchgeführten oder einer Freisetzung zugrunde liegenden gentechnischen Arbeiten (§§ 32 ff. GenTG).

Gentlemen's Agreement – *Frühstückskartelle; Vereinbarung auf Treu und Glauben.* 1. *Allgemein:* eine auf die guten Sitten vertrauende, deshalb schriftlich nicht näher fixierte Abmachung zwischen zwei oder mehreren Partnern. Die Erklärungen werden ohne Rechtsfolgewillen abgegeben, weil der erstrebte Erfolg im Vertrauen auf das Wort des Partners oder mithilfe einer Bindung an den Anstand erreicht werden soll. – 2. *Kartellrecht:* kartellrechtliche Vereinbarung in Form von Absprachen, deren Beachtung außerrechtlichen Normen überlassen wird (→ Kartell). Nach § 1 GWB und Art. 101 I AEUV unzulässig (Verbot von abgestimmten Verhaltensweisen). – Der Nachweis solcher Praktiken ist allerdings oftmals problematisch.

Genussmittelwerbung → Kundenfang.

Genussrechte – 1. *Formen:* Bei der AG z.B. können Genussrechte zu einem Anteil am Reingewinn oder am Liquidationserlös berechtigen. Die Gewährung von Genussrechten geschieht häufig als → Gründerlohn, bei Sanierung und anderen Gelegenheiten. – 2. *Charakterisierung:* Genussrechte sind an Aktienbesitz nicht gebunden; die Inhaber der Genussrechte haben weder → Stimmrecht noch sonstige Mitgliedschaftsrechte. Genussrechte gewähren somit nur einen rein schuldrechtlichen Anspruch, keinen mitgliedschaftsrechtlichen. Dadurch unterscheiden sie sich von den → Sonderrechten der → Vorzugsaktien. Die Gewährung von Genussrechten bedarf eines Beschlusses der Hauptversammlung mit Dreiviertelmehrheit des bei der Beschlussfassung vertretenen → Grundkapitals (§ 221 AktG). – 3. Über die Genussrechte wird im Allgemeinen ein → Genussschein ausgestellt.

Genussrechtskapital → Kapital, das gegen Gewährung von → Genussrechten gebildet wird und bei Instituten nach § 10 V KWG unter bestimmten Voraussetzungen als Ergänzungskapital dem haftenden Eigenkapital der Institute zuzurechnen ist.

Genussschein – 1. *Begriff:* Urkunde, die Rechte verschiedener Art (vornehmlich Genussrecht am Reingewinn oder am Liquidationserlös) an einer

Unternehmung unabhängig von der Rechtsform verbrieft, im Gegensatz zur Aktie, die Gesellschaftsrechte beurkundet. – 2. *Arten:* Genussscheine können als → Inhaberpapiere, → Namenspapiere oder → Orderpapiere ausgegeben werden. – *Weitere Unterscheidungen:* (1) Nach der *Form:* (a) Nominalpapier, auf bestimmte Summe lautend; (b) Quotenpapier, auf prozentualen Anteil am Gewinn oder Liquidationserlös lautend. (2) Nach dem *Inhalt:* (a) Genussscheine mit Anspruch auf Gewinnbeteiligung; (b) Genussscheine mit Anspruch auf Anteil am Liquidationserlös; (c) Genussscheine mit Anspruch auf Zahlung einer bestimmten Summe. – 3. *Ausgabe:* a) Genussscheine können von Unternehmen unterschiedlicher Rechtsformen zur Kapitalbeschaffung ausgegeben werden. – b) Die Ausgabe von einer AG darf nur auf Beschluss der Hauptversammlung mit Zustimmung von mind. 75 Prozent des anwesenden Kapitals erfolgen (§ 221 III AktG). – c) Die Aktionäre haben grundsätzlich ein → Bezugsrecht. – 4. *Haftung:* Genussrechte können von der Haftung her als Eigenkapital oder als nachrangiges Haftkapital – und damit wirtschaftlich als Fremdkapital – gestaltet sein.

Geodatenzugangsgesetz (GeoZG) – vom 10.2.2009 (BGBl. I 278), dient dem Aufbau einer nationalen Geodateninfrastruktur und schafft den rechtlichen Rahmen für den Zugang zu Geodaten, Geodatendiensten und Metadaten von geodatenhaltenden Stellen sowie die Nutzung dieser Daten und Dienste, insbes. für Maßnahmen, die Auswirkungen auf die Umwelt haben können (§ 1 GeoZG). Das Gesetz dient der Umsetzung der Richtlinie 2007/2/EG des Europäischen Parlaments und des Rates vom 14.3.2007 zur Schaffung einer Geodateninfrastruktur in der Europäischen Gemeinschaft (INSPIRE-Richtlinie, ABl. L 108 vom 25.4.2007, S. 1) in deutsches Recht. Es gilt für geodatenhaltende Stellen des Bundes und der bundesunmittelbaren juristischen Personen des öffentlichen Rechts. Aufgrund des Gesetzes haben der Bund und die Bundesländer Geoportale im Internet eingerichtet. Der Zugriff auf die Geoportale ist entgeltfrei. Natürliche und juristische Personen des Privatrechts können Geodaten und Metadaten über Geoportale bereitstellen, wenn sie sich verpflichten, diese Daten nach den Bestimmungen des GeoZG bereitzustellen und hierfür die technischen Voraussetzungen zu schaffen (§ 2 GeoZG).

Geodeterminismus – Forschungsansatz der Wirtschaftsraumanalyse (→ Wirtschaftsraum), der besagt, dass die unterschiedliche Wirtschaftsentwicklung in verschiedenen Teilen der Welt in erster Linie durch die natürliche Ausstattung bestimmt ist. – *Gegensatz:* → Possibilismus.

geografische Herkunftsangaben – Angaben, die der Individualisierung einer Ware im Verkehr dienen, indem sie nicht auf die betriebliche, sondern auf die geografische Herkunft hinweisen. Sofern der Verkehr mit der betroffenen Ware bes. Preis- oder Gütevorstellungen verbindet, spricht man von qualifizierten Herkunftsangaben (Ursprungsbezeichnungen). – 1. *Rechtsgrundlagen:* Der Schutz geografischer Herkunftsangaben wurde bis zum Inkrafttreten des MarkenG im Wesentlichen durch das Verbot der → irreführenden Werbung (§ 5 UWG) sichergestellt und ist nunmehr in §§ 126 ff. MarkenG geregelt, der ausländische geografische Herkunftsangaben ebenso schützt wie inländische. Daneben finden bilaterale Abkommen Anwendung (Frankreich, Italien, Griechenland, Schweiz, Spanien, Österreich), die die zu schützenden geografischen Herkunftsangaben als Anlagen enthalten und deren Benutzung im Schutzstaat nur nach Maßgabe des Rechts des Ursprungslandes zulässig ist. Die Abkommen geben bei Verletzungsfällen Unterlassungsansprüche und regeln die → Klagebefugnis von Verbänden. Neben den bilateralen Abkommen verpflichtet die PVÜ – → Pariser Verbandsübereinkunft zum Schutz des gewerblichen Eigentums (PVÜ) – zur Beschlagnahme von Waren mit irreführenden Herkunftsangaben (Art. 10 ff.), entsprechende Regelungen enthält das mehrfach revidierte Madrider Herkunftsabkommen vom 14.4.1891. – 2. *Grundzüge/Rechtsschutz:* Als geografische Herkunftsangaben genießen die Namen von Orten, Gegenden, und Ländern sowie sonstige Angaben oder Kennzeichen Schutz, die zur Kennzeichnung der Herkunft von Waren oder Dienstleistungen benutzt werden, sofern es sich bei ihnen nicht um Gattungsangaben handelt, die ihre Eignung, auf die Herkunft hinzuweisen, verloren haben (§ 126 MarkenG). Geografische Herkunftsangaben können z.B. Städte- und Ländernamen (auch in adjektivischer Verwendung), aber auch Landesfarben oder sonstige Kennzeichnungen wie die Abbildung berühmter Gebäude, Volkstrachten oder eine charakteristische Warenaufmachung wie z.B. die Bocksbeutelflasche sein (mittelbare geografische Herkunftsangabe). Derartige geografische Herkunftsangaben werden gegen ihre Verwendung für Waren oder Dienstleistungen geschützt, die nicht aus dem mit der geografischen Herkunftsangabe bezeichneten Ort oder der Region kommen. Bei Ursprungsbezeichnungen bezieht sich der Schutz auch auf die Beschaffenheit der entsprechend gekennzeichneten Ware, sodass eine Ursprungsbezeichnung nicht benutzt werden darf, wenn die Ware oder Dienstleistung zwar aus dem Ort oder der Gegend stammt, mit dem sie gekennzeichnet ist, aber nicht die mit der Ursprungsbezeichnung verbundene Beschaffenheit aufweist. Ob eine geografische Herkunftsangabe vorliegt, entscheidet die Verkehrsauffassung, bei inländischen geografischen Herkunftsangaben die inländische, bei ausländischen geografischen Herkunftsangaben die Verkaufsauffassung des Herkunftslandes (importierte Verkehrsauffassung). Da die Verkehrsauffassung entscheidet, kann eine geografische Herkunftsangabe auch auf eine Gruppe von Herstellern hinweisen und darf dann nur von den zu dieser Gruppe gehörenden Unternehmen benutzt werden. Die Entwicklung zu einer betrieblichen Herkunftsangabe nur eines Herstellers ist möglich, die Angabe wird dann aber nur über § 5 UWG gegen irreführende Verwendung geschützt, wenn sich mit ihr bes. Gütevorstellungen verbinden (qualifizierte betriebliche Herkunftsangabe). Da die Verkehrsauffassung entscheidet, ist auch ein Wandel der Verkehrsauffassung möglich, sodass sich eine geografische Herkunftsangabe zur Gattungsangabe entwickeln kann und umgekehrt. Die Umwandlung zur Gattungsangabe ist erst vollzogen, wenn nur noch ein ganz unbeachtlicher Teil des Verkehrs in der Angabe eine geografische Herkunftsangabe erkennt; bis dahin gilt die Vermutung, dass eine Ortsangabe, die als solche erkennbar ist, regelmäßig für den Verkehr eine geografische Herkunftsangabe ist. Eine Gattungsangabe wird zur geografischen Herkunftsangabe, wenn der überwiegende Teil in ihr wieder einen Hinweis auf die geografische Herkunft sieht (mehr als 50 Prozent). Unzutreffende geografische Herkunftsangaben können durch aufklärende Hinweise (entlokalisierende Zusätze) ihren irreführenden Charakter verlieren, umgekehrt können Gattungsbezeichnungen, ohne sich zur geografischen Herkunftsangabe zurückentwickelt zu haben, durch relokalisierende Zusätze eine geografische Herkunftsangabe sein, z.B. durch die Bezeichnung als „echt", „Original", Verwendung von Landesfarben etc. Im Einzelnen hat sich eine umfassende Kasuistik nach Maßgabe der jeweiligen Umstände des Einzelfalls gebildet, wobei die allg. Grundsätze über irreführende Werbung zur Anwendung kommen (§ 127 MarkenG, → irreführende Werbung). – Für die Kennzeichnung von *Agrarerzeugnissen und Lebensmitteln* gelten die EG-Richtlinie 79/112 vom 18.12.1978, die (ausgenommen für Weinbauerzeugnisse und alkoholische Getränke) durch die Verordnung/EWG 510/2006 vom 20.3.2006 zum Schutz von geografischen Angaben und Ursprungsbezeichnungen für Agrarerzeugnisse und Lebensmittel ergänzt wird und durch die §§ 130–136 MarkenG mit dem nationalen Recht verbunden worden ist. Schutzgegenstand ist der Name einer Gegend oder eines Ortes zur Bezeichnung von Agrarerzeugnissen oder Lebensmitteln, sofern sich mit ihrer Herkunft Gütevorstellungen oder bestimmte Eigenschaften verbinden. Der Erwerb des Schutzes setzt die Eintragung in ein von der Europäischen Kommission geführtes Register voraus; der Antrag ist beim → Deutschen Patent- und Markenamt (DPMA) einzureichen (§ 130 MarkenG). Gegen die beabsichtigte Eintragung kann jeder Mitgliedsstaat Einspruch einlegen (Art. 7 der Verordnung). In Verletzungsfällen bestehen Unterlassungsansprüche, die auch von den nach § 8 UWG Klagebefugten geltend gemacht werden können (→ Klagebefugnis), ferner bei schuldhafter Verletzung Schadensersatzansprüche (§§ 128, 135 MarkenG). – *Verjährung:* § 20 MarkenG. – *Strafvorschriften:* §§ 144, 145 MarkenG.

geografisches Informationssystem (GIS) – computergestütztes → Informationssystem, das aus Software, Hardware, Daten und deren Anwendung besteht. Aufgabe von geografischen Informationssystemen ist die digitale Erfassung räumlicher Daten, deren Redigierung, Speicherung, Reorganisierung, Modellierung, Analyse sowie ihre grafische und alphanumerische Präsentation. Zielsetzung eines geografischen Informationssystems ist es, verschiedenste räumliche Bezugsflächen (von topografischen Elementen über administrative Bezirke bis hin zu speziell definierten Gebietseinheiten der → Marktforschung, der postalischen Zustellbereiche, des Arbeitsmarktes etc.) mit räumlich verorteten Daten der unterschiedlichsten Bereiche zu verknüpfen. Dadurch sollen räumliche Struktur- und Verflechtungsanalysen sowie Modellberechnungen durchgeführt und in Form von Listen, Tabellen, Diagrammen und v.a. Karten ausgegeben werden.

Geographical Economics – jüngere Modellansätze der Volkswirtschaftslehre, welche die Integration von → Außenhandelstheorie und → Standorttheorie anstreben. Im Mittelpunkt steht die Beschreibung und Erklärung von räumlichen Ballungen und Ungleichheiten. Anders als die relationale Wirtschaftsgeographie vollziehen die Geographical Economics keinen Paradigmenwechsel gegenüber der traditionellen Standorttheorie, sondern stellen eher eine Erweiterung der → Raumwirtschaftslehre dar. – Vgl. auch → New Economic Geography.

Geomarketing – auf → geografischen Informationssystemen (GIS) basierendes Marketinginstrument, das unternehmensinterne Daten (z.B. Kunden- oder Absatzdaten) räumlich verortet und mit unternehmensexternen Marktdaten (z.B. soziodemographische oder sozioökonomische Strukturmerkmale) in Relation setzt, um eine Grundlage für unternehmerische Entscheidungen zu schaffen. Einsatzgebiete des Geomarketing sind u.a. → Standortplanung, Zielgruppenanalyse, mikrogeografische → Marktsegmentierung, Service und Vertriebsoptimierung.

geometrisch degressive Abschreibung → Abschreibung, → degressive Abschreibung.

geometrische Folge → Folge.

geometrisches Mittel – in der Statistik spezieller → Mittelwert. Das geometrische Mittel von n Werten $x_1, ..., x_n$ eines verhältnisskalierten Merkmals (→ Verhältnisskala), das nur positive Werte annimmt, ist

$$\bar{x}_{geo} = (x_1 \cdot ... \cdot x_n)^{1/n}$$

Der Logarithmus des geometrischen Mittels ist gleich dem → arithmetischen Mittel der Logarithmen der Beobachtungswerte. – *Anwendung* des geometrischen Mittels etwa bei der Errechnung einer mittleren → Wachstumsrate oder einer mittleren Verzinsung eines Kapitals.

Geoökologie – Geowissenschaftlich/geografische Forschungsrichtung, die ein Grenzgebiet der Bioökologie ist. Sie geht von der Vorstellung aus, dass alle an einem Ort auftretenden naturräumlichen Größen in einem funktionalen Zusammenhang zueinander stehen und über das Vorkommen am selben Ort hinaus Gemeinsamkeiten haben. Diesen Zusammenhang versucht die Geoökologie mittels der Vorstellung von Systemen darzustellen.

geozentrisch – mögliche → strategische Grundhaltung international tätiger Unternehmungen gegenüber dem Ausland bzw. ihren Tochtergesellschaften. Sie ist durch die Überlegung geprägt, dass die optimale Allokation von Ressourcen nur durch gleichzeitige Nutzung von Standardisierungs- und Anpassungsvorteilen möglich ist. Muttergesellschaft und ausländische Tochtergesellschaften werden nicht als unabhängige Unternehmenseinheiten, sondern als integrative Teile eines weltweiten Unternehmensnetzes betrachtet. Unabhängig von den jeweiligen Gastlandbedingungen werden in der Muttergesellschaft und in den ausländischen Tochtergesellschaften diejenigen Managementtechniken eingesetzt, die die globale Effizienz des Unternehmens maximieren. – Vgl. auch → EPRG-Modell, → ethnozentrisch, → polyzentrisch, → regiozentrisch.

geplante Obsoleszens – bewusst herbeigeführte → Obsoleszenz.

Prägetheorie – Begriff aus dem Einkommensteuerrecht: Da es im Ertragsteuerrecht die Bestimmung gibt, dass Kapitalgesellschaften nur gewerbliche Einkünfte haben können (und daher zugleich immer auch der Gewerbesteuer unterliegen), entwickelte sich die Vorstellung, dass eine Personengesellschaft unter bestimmten Umständen von ihrer Struktur her wirtschaftlich einen ähnlichen Charakter wie eine Kapitalgesellschaft haben könne und daher von ihrer Struktur her „gewerblich geprägt" sein könnten. Das wird bes. am Beispiel der Einmann-GmbH & Co. KG deutlich. Die Gepräagetheorie ist im Einkommensteuergesetz seit Mitte der 1980er-Jahre ausdrücklich festgeschrieben (§ 15 III Nr.2 EStG). Nach der gesetzlichen Regelung sind alle Einkünfte einer Personengesellschaft gewerblich, wenn eine Personengesellschaft als Vollhafter nur Kapitalgesellschaften besitzt und keiner der übrigen Gesellschafter (i.d.R. Kommanditisten) zur Geschäftsführung in der Gesellschaft berechtigt ist.

Geräteabgabe → Geräteherstellerabgabe.

Geräteherstellerabgabe – wird von Herstellern und Importeuren von Geräten zur Aufnahme oder Übertragung von Werken auf Bild- und Tonträger (Kassettenrecorder, Videorecorder etc.) sowie den Herstellern und Importeuren von Bild- und Tonträgern (Leerkassetten) zugunsten der Urheber und Inhaber von Leistungsschutzrechten erhoben (§ 54 I UrhG). Die Geräterherstellerabgabe schulden ferner die Hersteller und Importeure von Fotokopiergeräten (§ 54 II UrhG). Die Abgabe kann nur durch eine → Verwertungsgesellschaft geltend gemacht werden, die die Urheber zu angemessenen Anteilen an den Vergütungen zu beteiligen hat (§ 54h II UrhG). Durch das zum 1.1.2008 in Kraft getretene Zweite Gesetz zur Regelung des Urheberrechts in der Informationsgesellschaft wurde dasbis dahin geltende System fester Vergütungssätze gemäß einer Anlage zu § 54d I UrhG a.F. aufgegeben und die Höhe der Vergütung an die unter Berücksichtigung technischer Schutzmaßnahmen zu ermittelnde tatsächliche Nutzung geknüpft. Die Festsetzung der Vergütung überlässt das Gesetz weitgehend den Beteiligten. An erster Stelle steht deren Pflicht zu Gesamtverhandlungen. Im Streitfallist der Weg zur Schiedsstelle eröffnet. Auf Wunsch der Parteien findet stattdessen zunächst ein Schlichtungsverfahren statt. Das Verfahren ist in § 13 ff. Urheberrechtswahrnehmungsgesetz (WahrnG) geregelt.

Geräte- und Produktsicherheit – vgl. → Produktsicherheitsgesetz

Geräusch → Immissionsschutz, → Immissionen.

gerechte Einkommensverteilung – 1. Begriff: Begriff der → Verteilungspolitik und der → Verteilungstheorie, bei dem es um die normative Frage nach einer gerechten Aufteilung des Einkommens geht. – 2. Merkmale: Eine Verteilungssituation, die allgemein als gerecht angesehen wird, ist kaum vorstellbar, da die Auffassung über die Gerechtigkeit von der Einkommensverteilung von subjektiven Werturteilen über die Gerechtigkeit an sich aber individuell v.a. auch von der Tatsache abhängt, ob eine Person über ein relativ hohes oder niedriges Einkommen verfügt. Dies gilt noch mehr, wenn eine gerechtere Einkommensverteilung durch staatliche Umverteilungsmaßnahmen hergestellt werden soll, da der Prozess der Umverteilung von Einkommen dazu führt, dass einigen Einkommensbeziehern Einkommen entzogen wird. Es kann allenfalls versucht werden, eine weitgehende gesellschaftliche Akzeptanz darüber zu erzielen, welches Ausmaß von Ungleichverteilung und welches Ausmaß von Umverteilung noch vertretbar sind. Diese gesellschaftliche Übereinkunft variiert je nach Zeitperiode und Länderkreis, wie ein Vergleich zwischen z.B. angelsächsischen und skandinavischen Ländern unmittelbar verdeutlicht. – 3. Maßnahmen und Probleme: Eine Verteilung des Einkommens lässt sich nach zwei extremen Kriterien denken: – a) *Leistungsprinzip:* Nach J.B. Clark sollen die → Produktionsfaktoren ein Einkommen in Höhe ihres Beitrages zum Produktionsergebnis erhalten (→ Grenzproduktivitätstheorie der Verteilung). Problem: Wenn Einkommen nur nach Leistung verteilt werden, würde ein Teil der Menschen ohne Einkommen bleiben bzw. ein Einkommen erzielen, dass ihr Existenzminimum nicht deckt. – b) *Bedarfsprinzip:* Unter Gerechtigkeit wird „gleiche Wohlfahrt für alle Individuen" verstanden. Problem: Ein solches Konzept ist wegen der Probleme bei der Messung und dem Vergleich von → Nutzen nur schwer zu operationalisieren. Zudem gehen negative Rückwirkungen auf den Prozess der Einkommensentstehung aus. – c) Eine Einkommensverteilung, die aus einem dieser Prinzipien resultiert, würde wohl jeweils nicht als gerecht empfunden werden. Weder eine Verteilung, bei der alle den gleichen Anteil bzw. ein Einkommen nach ihrem Bedarf und das unabhängig von ihrer Leistung bekommen, noch eine Situation, in der diejenigen, die nichts leisten können (insbes. Junge, Alte, Kranke), überhaupt kein Einkommen erzielen, kann als eine gerechte Einkommensverteilung angesehen werden. Im Rahmen der staatlichen Distributionspolitik strebt die Politik daher eine (sekundäre) Einkommensverteilung an, die zu einer Verteilung führt, die zwischen dem Ergebnis eines reinen Leistungs- und eines reinen Bedarfsprinzip liegt. Problem: Ein zu weit gehender sozialer Ausgleich würde Leistungsanreize reduzieren und zu einem Rückgang des Gesamteinkommens führen. Ein zu geringer Ausgleich gefährdet andererseits den sozialen Zusammenhalt und führt zu gesellschaftlichen Spannungen. Es geht daher darum, die richtige Balance bei der Herstellung einer gerechten Einkommensverteilung zu finden. – 4. Bezugspunkte zu anderen Fachgebieten: In der Finanzwissenschaft findet man diese Problematik bei der → finanzpolitischen Distributionsfunktion wieder: Es geht um die Beeinflussung der Einkommenserzielungsmöglichkeiten sowie um eine aktive Umverteilung (→ Redistribution) der Einkommen gemäß einer als gerecht angesehenen/politisch vorgegebenen Einkommensverteilung. Ähnliche Aspekte finden sich auch bei der Frage nach der gerechten Steuerhöhe und der gerechten Steuerverteilung (→ Steuergerechtigkeit).

Gerechtigkeit – 1. *Begriff:* Eine prägnante Definition liefert der römische Jurist Ulpian (170–228 n. Chr.): „Gerechtigkeit ist der feste und dauernde Wille, jedem sein Recht zuzuteilen". Gerechtigkeit regelt die Beziehungen von Menschen zu anderen Menschen, sie betrifft also Interaktionen, und sie enthält immer ein Moment von Gleichheit. Zentrale Frage ist, wie das „ius suum", „sein Recht", bestimmt wird. – 2. *Gerechtigkeit als Tugend:* Nach klassischer Konzeption gilt Gerechtigkeit seit der griech. Antike als höchste Tugend im sozialen Zusammenleben. Sie stellt eine individuelle Haltung, Einstellung dar, nach der ein Akteur die einzelnen Handlungen ausführt. Es werden *zwei Formen von* Gerechtigkeit unterschieden: (1) Die iustitia commutativa, *Tausch*-Gerechtigkeit oder *ausgleichende* Gerechtigkeit, regelt das Verhältnis zwischen Gleichen, im Tausch müssen Leistung und Gegenleistung (nach Auffassung der Tauschpartner) äquivalent sein. (2) Die iustitia distributiva, die *zuteilende* Gerechtigkeit (nicht die Verteilungs-Gerechtigkeit, in die sie modern umgedeutet wird), regelt das Verhältnis zwischen Ungleichen wie z.B. zwischen Staat und Bürger und verlangt, dass die übergeordnete Instanz an verschiedene Menschen mit untergeordnetem Status ohne konkrete Gegenleistung so zuteilt, dass Menschen mit gleichem Status gleich behandelt werden *(horizontale Gerechtigkeit)* und der Abstand zwischen verschiedenen Positionen angemessen berücksichtigt wird *(vertikale Gerechtigkeit).* Über die Tugend der Gerechtigkeit verfügt, wer nach diesen Grundsätzen handelt. – Diese Konzeption bleibt maßgebend bis ins 19. Jh. – 3. *Soziale Gerechtigkeit:* a) In der heutigen Diskussion dominiert der Begriff der „sozialen Gerechtigkeit". Er taucht erstmals *Mitte des 19. Jh.* auf, als im Zuge der Differenzierung des gesellschaftlichen Subsystems Wirtschaft von der *Handlungssteuerung* auf *Systemsteuerung* umgestellt wird: Jetzt werden nicht mehr Handlungen, sondern Regeln bzw. Regelsysteme, nach denen die Handlungen in der Wirtschaft erfolgen, auf ihre Gerechtigkeit befragt. Dazu gab die Soziale Frage des 19. Jh. die unmittelbare Veranlassung. Bis heute ist umstritten, ob und ggf. wie man eine Handlungskategorie auf eine Systemkategorie umformulieren kann. – b) Bis etwa 1970 hat man versucht, die Gerechtigkeit eines Systems, konkret der → Marktwirtschaft (aber auch der früheren → Zentralverwaltungswirtschaft), an bestimmten gesamtwirtschaftlichen Verteilungsergebnissen festzumachen; man spricht hier auch von *Verteilungs*-Gerechtigkeit. Bestimmte Verteilungsprofile (Verteilung) wurden normativ ausgezeichnet, und es war Aufgabe der Politik, diese herbeizuführen. Als normativer Maßstab galt – zumindest regulativ – praktisch immer die Gleichverteilung, wenn man auch aufgrund pragmatischer, eigentumsrechtlicher und anderer Gesichtspunkte Abstriche hinzunehmen bereit war. Sozialpolitik mit Einkommensumverteilung und → Wohlfahrtsstaat sind z.T. in diesem Geist gedacht. – c) Diese Konzeption der *Gerechtigkeit als Ergebnis*-Gerechtigkeit muss, wie um 1970 deutlich wird, aus systematischen und pragmatisch-politischen Gründen *scheitern.* (1) Infolge ungleicher Anfangsausstattungen verlangt die Herstellung (annähernd) gleicher Verteilungsresultate die Ungleichbehandlung der verschiedenen Akteure, womit eine grundlegende Forderung der Gerechtigkeit verletzt wird. (2) Da → Allokation und → Distribution systematisch interdependent sind, kann eine größere Annäherung an die Gleichverteilung zu Wachstumsschwäche und Armut führen. (3) Es ist unangemessen einen Marktprozess, in dem sich das Ergebnis als nichtintendiertes Resultat zahlloser Handlungen von Individuen ergibt, die ihre eigenen Ziele verfolgen, als Modell der zuteilenden Gerechtigkeit zu denken, weil es niemanden gibt der zuteilt. (4) Der Begriff „soziale Gerechtigkeit" lässt sich im politischen Kampf zur Rechtfertigung von Gruppeninteressen missbrauchen. – Damit war eine theoretisch überzeugende Umformulierung einer Handlungskategorie auf eine Systemkategorie immer noch nicht gelungen. So ist der Begriff soziale Gerechtigkeit für → Hayek so unsinnig wie der Ausdruck „ein moralischer Stein". – d) *Rawls* erklärt 1971 (A Theory of Justice) die Gerechtigkeit zur „ersten Tugend sozialer Institutionen" und berücksichtigt durchgängig die Interdependenz von Allokation und Distribution. Die Gleichheit aller Menschen besteht darin, dass sie moralische Subjekte sind. Daraus folgert er, dass die

Gleichheit in der Verteilung der Grundgüter – → Freiheit, Chancen, → Einkommen und → Vermögen – zwar zum gedanklichen Ausgangspunkt der normativen Theorie der Gerechtigkeit genommen wird, aber eine Ungleichverteilung der Grundgüter Chancen, Einkommen und Vermögen – nicht jedoch der Freiheit – dann als gerecht gelten kann, wenn die Benachteiligten dadurch größere Vorteile erzielen als durch (größere) Gleichverteilung (→ Konsensethik). – Rawls befindet sich auf dem Weg von einer Ergebnis-Gerechtigkeit zur *Verfahrens*-Gerechtigkeit. Ungleiche Anfangsausstattungen, z.B. bes. Begabungen, werden nicht mehr neutralisiert, sondern als „Social Asset" begriffen, als Kapital, das den Benachteiligten Nutzen bringen und deswegen gesellschaftliche Förderung verdienen kann. Rawls formuliert mit dieser Konzeption von sozialer Gerechtigkeit die Sozialphilosophie wohlfahrtsstaatlicher Demokratien westlichen Musters. – e) Eine schlüssige Theorie sozialer Gerechtigkeit legen *Brennan und* → Buchanan 1985 vor. Sie stellen stärker noch als Rawls auf Regeln und ihre Gerechtigkeit ab. – Handlungen sind gerecht, wenn sie Regeln folgen, Gerechtigkeit gibt es nur „within Rules". Es sind die Regeln, die das „ius suum" Ulpians definieren, denn sie formulieren die „berechtigten Erwartungen" der Akteure. Bei der sozialen Gerechtigkeit geht es aber um die Frage, wann die Regeln – die Institutionen, das Wirtschaftssystem – als gerecht beurteilt werden können. Hier finden Brennan und Buchanan den Weg, Regeln dann als gerecht zu beurteilen, wenn sie höheren Regeln, Metaregeln, entsprechen. Sie können so den Gedanken festhalten, dass Gerechtigkeit grundsätzlich Regeln – qua Formulierungen berechtigter Erwartungen – voraussetzt, und sie können Regeln selbst auf ihre Gerechtigkeit hin beurteilen. Sie gelangen über die Vorstellung einer *Regelhierarchie* letztlich zur „Verfassung", in der die „berechtigten Erwartungen" der Mitglieder einer Gesellschaft per Konsens festgelegt sind. Die letzten Maßstäbe für Gerechtigkeit finden sich weder in der Gesellschaft externen Instanzen (→ Ethik) noch in ausgezeichneten Ergebnissen (Verteilungsprofile), sondern allein im *Verfahren* der Verfassungsgebung und Verfassungsentwicklung. Da nicht jeder Austausch schon eine gemeinsame Verfassung im formalen Sinn voraussetzt, hängt dieser Prozess von der Stärke der faktischen Interdependenzen in Gesellschaften, also von gemeinsamer Geschichte und Kultur, von der Intensität der Wirtschafts- und Kommunikationsbeziehungen etc. ab. – Vgl. auch → Ordnungsökonomik. – 4. *Neuere Entwicklungen:* Es sind vier neuere Entwicklungen im Diskurs über Gerechtigkeit zu vermerken. a) Gegen die traditionell universalistische Auffassung von Gerechtigkeit auf der Grundlage des Gleichheitsgedankens machen Autoren wie Elster und Walzer *lokale* Gerechtigkeit geltend. Das „ius suum", die berechtigten Erwartungen, werden hier als abhängig z.B. von Traditionen oder Kulturen, auch Organisationskulturen interpretiert. Der Gedanke interkulturell verschiedener Moralstandards wird intrakulturell auf die verschiedenen kleineren sozialen Einheiten bezogen. Hier setzt eine empirische Gerechtigkeitsforschung an. – b) Es ist die Frage, ob sich die Kategorie soziale Gerechtigkeit auf die Beziehungen zur Dritten Welt anwenden lässt. Dies hängt von der Intensität der faktischen Beziehungen ab: Es scheint, dass sich die Interdependenzen global so entwickeln, dass Staaten der Dritten Welt allmählich zu Partnern in einem – expliziten (internationale Verträge) oder impliziten – Welt-Gesellschaftsvertrag werden. Aus solchen Fakten entwickeln sich allmählich berechtigte Erwartungen, die dann in förmliche oder informelle Verfassungen einmünden (können). – c) Im Kontext der Diskussion um → Nachhaltigkeit wird das Konzept einer *intergenerationellen* Gerechtigkeit diskutiert. Hier tritt ein ähnliches Problem auf wie früher bei der sozialen Gerechtigkeit: Das damit indizierte Problem ist unstreitig vorhanden, aber es ist noch schwierig, dem Begriff einen hinreichend präzisen Sinn zu geben. – d) Ganz Ähnliches gilt für Versuche, eine *Gerechtigkeit gegenüber Tieren* – und der „Natur" – zu formulieren. – Vgl. auch → Verteilungspolitik, → Gleichheitsprinzip, → Ordnungsökonomik.

geregelter Markt – früher: Teilmarkt der Effektenbörse. Seit 2007 gibt es nur noch den einheitlichen → regulierten Markt. Am geregelten Markt wurden Papiere mit nicht amtlicher Notierung gehandelt. Die hier zugelassenen Unternehmen unterlagen nicht so strengen Zulassungsbedingungen wie bei einer Notierung am → amtlichen Markt, gleichzeitig aber den gesetzlichen Regeln für den Börsenhandel und die Börsenaufsicht.

Gerichte – mit unabhängigen, nur dem Gesetz unterworfenen Richtern besetzte Rechtssprechungsorgane und Rechtspflegebehörden, die auch Aufgaben der Justizverwaltung wahrnehmen. In der Rechtsprechung wird stets nur die Spruchabteilung, d.h. der oder die nach der internen Geschäftsverteilung zuständigen Richter, tätig. Aufbau nach den verschiedenen Zweigen staatlicher Gerichtsbarkeit. – Vgl. auch Abbildung „Gerichte des Bundes und der Länder." *Höchste Gerichte in der Bundesrepublik Deutschland:* (1) Für Verfassungsstreitigkeiten das → Bundesverfassungsgericht (BVerfG) bzw. entsprechende Gerichte auf Landesebene, z.B. Staatsgerichtshof; (2) für Zivil- und Strafsachen der → Bundesgerichtshof (BGH); (3) in der Verwaltungsgerichtsbarkeit das → Bundesverwaltungsgericht (BVerwG); (4) in der Arbeitsgerichtsbarkeit das → Bundesarbeitsgericht (BAG); (5) in der Finanzgerichtsbarkeit der → Bundesfinanzhof (BFH); (6) in der Sozialgerichtsbarkeit das → Bundessozialgericht (BSG).

Gericht Erster Instanz der Europäischen Union – Europäisches Gericht Erster Instanz (EuG); zweite Instanz: Europäischer Gerichtshof (→ EuGH).

Gerichtsbescheid – Durch den Gerichtsbescheid kann das Verwaltungsgericht nach § 84 VwGO oder das → Sozialgericht nach § 105 Sozialgerichtsgesetz (SGG) entscheiden, wenn die Streitsache keine bes. Schwierigkeiten tatsächlicher oder rechtlicher Art aufweist oder der Sachverhalt geklärt ist. Die Beteiligten sind vorher anzuhören. Wenn gegen die Entscheidung keine Berufungsmöglichkeit besteht, kann Antrag auf Durchführung einer mündlichen Verhandlung gestellt werden. Ansonsten kann Berufung eingelegt werden. Der Gerichtsbescheid hat die Wirkung eines Urteils; wird jedoch mündliche Verhandlung beantragt, gilt er als nicht ergangen. – Ist durch Gerichtsbescheid – ohne mündliche Verhandlung – entschieden worden, so entscheidet im Fall der zugelassenen Berufung das Oberverwaltungsgericht bzw. das → Landessozialgericht aufgrund mündlicher Verhandlung.

Gerichtskosten – die durch die Prozessführung einer oder beider Parteien dem Gericht gegenüber entstehenden Kosten, Gebühren und Auslagen. – 1. *Kosten:* → Prozesskosten. – 2. *Gebühren:* Für die Gebühren gilt nach dem Gerichtskostengesetz (GKG) i.d.F. vom 5.5.2004 (BGBl. I 718) m.spät.Änd. ein *Pauschalsystem:* Für jede Art der Gerichtstätigkeit wird, ohne Rücksicht auf ihren Umfang (z.B. Zahl der Verhandlungstermine), eine Gebühr erhoben, deren Höhe nach dem → Streitwert berechnet wird. In der Anlage I zum GKG sind eine Vielzahl von einzelnen Gebührentatbeständen aufgeführt. So fallen z.B. in einem Zivilprozess im 1. Rechtszug 3 Gebühren (Nr. 1210), im Berufungsverfahren 4 Gebühren (Nr. 1220) und im Revisionsverfahren 5 Gebühren (Nr. 1230) an. – 3. *Auslagen:* An Auslagen werden namentlich Schreib- und gewisse Postgebühren sowie die an Zeugen und Sachverständige gezahlten Auslagen erhoben. – 4. *Schuldner* der Gerichtskosten ist der zur Tragen der Kosten Verurteilte (→ Kostenentscheidung), ferner u.U. als → Gesamtschuldner auch der Antragsteller, Kläger etc. (§ 31 GKG). I.d.R. muss für gerichtliche Handlungen → Vorschuss gezahlt werden.

Gerichtsstand – örtliche → Zuständigkeit des Gerichts. Im → Zivilprozess (§§ 12–37 ZPO): 1. *Allgemeiner Gerichtsstand:* Gerichtsstand, in dem alle Klagen gegen eine Person erhoben werden können, sofern nicht ausnahmsweise die ausschließliche Zuständigkeit eines bestimmten Gerichts gegeben ist. Er wird durch den → Wohnsitz des Beklagten bestimmt; in Ermangelung eines solchen (in- oder ausländischen) durch den gegenwärtigen inländischen Aufenthaltsort; fehlt auch dieser, durch den letzten Wohnsitz im Inland; bei → juristischen Personen nach deren → Sitz (i.d.R. Ort, wo die Verwaltung geführt wird); für Klagen gegen den → Fiskus nach dem Sitz der Behörde, die den Fiskus in dem Rechtsstreit zu vertreten berufen ist. Beim → Insolvenzverwalter für Klagen, die sich auf die → Insolvenzmasse beziehen, ist es der Sitz des → Insolvenzgerichts. – 2. Für einzelne Klagen häufig zusätzlicher *bes. Gerichtsstand,* z.B.: a) *Persönlicher Gerichtsstand:* Gerichtsstand des Beschäftigungsorts, wenn die Verhältnisse auf einen Aufenthalt von längerer Dauer schließen lassen; Gerichtsstand der Niederlassung für alle sich auf den Betrieb der Niederlassung beziehenden

Gerichte des Bundes und der Länder

3. Instanz	Bundesgerichtshof	Bundesverwaltungsgericht	Bundesarbeitsgericht	Bundessozialgericht	Bundesfinanzhof	Bundesverfassungsgericht
	(ordentl. Gerichtsbarkeit) Karlsruhe Revision	(Verwaltungsgerichtsbarkeit) Leipzig Revision	(Arbeitsgerichtsbarkeit) Erfurt Revision	(Sozialgerichtsbarkeit) Kassel Revision	(Finanzgerichtsbarkeit) München Revision	Karlsruhe
2. Instanz Berufung	Oberlandesgericht Berufung	Oberverwaltungsgericht (Verwaltungsgerichtshof) Berufung	Landesarbeitsgericht Berufung	Landessozialgericht Berufung		
1. und 2. Instanz	Landgericht Berufung	Verwaltungsgericht	Arbeitsgericht	Sozialgericht	Finanzgericht	
1. Instanz	Amtsgericht					

Klagen am Ort der Niederlassung; Gerichtsstand des Ortes, an dem sich Vermögensstücke des Beklagten befinden, sofern er keinen inländischen Wohnsitz hat. – b) *Sachlicher Gerichtsstand:* Gerichtsstand des → Erfüllungsorts; Gerichtsstand der → unerlaubten Handlung dort, wo diese begangen ist, und zwar für alle Ansprüche, die daraus entstehen; bei → Grundstücken ist für Klagen, mit denen → Eigentum, dingliche Belastung, die Freiheit von einer solchen oder → Besitz geltend gemacht werden, das Gericht ausschließlich zuständig, in dessen Bezirk die Sache gelegen ist (dinglicher Gerichtsstand); ebenso bei Miet- und Pachtstreitigkeiten und solchen über Wohnungseigentum; ausschließlich zuständig für Klagen aus → unlauterem Wettbewerb ist das Gericht der gewerblichen Niederlassung, u.U. des Wohnsitzes des Beklagten (§ 14 UWG). – c) Für Klagen aus Haustürgeschäften ist das Gericht des Wohnsitzes des Verbrauchers zuständig. – *Ausnahme:* § 29c III ZPO. – 3. *Vertragliche Vereinbarung* eines Gerichtsstands (Gerichtsstandvereinbarung Provogation) ist eingeschränkt zulässig (§§ 38–40 ZPO); sie muss (1) sich auf ein bestimmtes Rechtsverhältnis (z.B. nicht ausreichend: „alle Klagen aus Geschäftsverkehr") beziehen, (2) einen vermögensrechtlichen Anspruch betreffen, (3) keinen ausschließlichen Gerichtsstand ausschließen und (4) ausdrücklich und schriftlich nach dem Entstehen der Streitigkeit (entfällt zwischen Vollkaufleuten, juristischen Personen des öffentlichen Rechts und öffentlich-rechtlichen Sondervermögen) geschlossen werden. Verhandelt der Beklagte vor einem Zivilgericht des ersten Rechtszugs, ohne die Unzuständigkeit zu rügen, gilt dies als stillschweigende Zuständigkeitsvereinbarung (§ 39 ZPO); dies gilt nicht, wenn er über die Unzuständigkeit im Verfahren vor dem Amtsgericht nicht ausdrücklich belehrt worden ist. Vor Entstehen der Streitigkeit ist eine abweichende Vereinbarung (ebenfalls ausdrücklich und schriftlich) nur zulässig für den Fall, dass der Beklagte nach Vertragsschluss seinen Wohnsitz oder gewöhnlichen Aufenthaltsort aus der Bundesrepublik Deutschland verlegt oder sein Wohnsitz oder gewöhnlicher Aufenthalt im Zeitpunkt der → Klageerhebung unbekannt ist. Für das → Mahnverfahren ist ausschließlich das Amtsgericht zuständig, bei dem der Antragsteller seinen allg. Gerichtsstand hat (§ 689 ZPO). Bei Widerspruch – und auch bei Einspruch gegen den Vollstreckungsbescheid (§ 700 ZPO) – wird der Rechtsstreit ohne mündliche Verhandlung an das Gericht abgegeben, an dem der Schuldner seinen allg. Gerichtsstand hat (§ 696 ZPO). – 4. Maßgebend ist für → Klageerhebung (fast ausnahmslos) der Gerichtsstand des Beklagten; unter mehreren Gerichtsständen hat der Kläger die Wahl. – 5. Gerichtsstand der OHG und KG richtet sich nach dem → Sitz. Klagen gegen die Gesellschafter, z.B. wegen ihrer persönlichen Haftung, müssen aber an deren Gerichtsstand, der meist der des → Wohnsitzes sein wird, eingereicht werden. – 6. Die örtliche *Zuständigkeit* ist von Amts wegen zu prüfen; bei Unzuständigkeit ist die Klage als unzulässig abzuweisen, doch kann der Kläger (ggf. hilfsweise) den → Antrag stellen, den Rechtsstreit an das zuständige Gericht zu verweisen. – 7. Bei *Versicherungsverträgen:* a) Bei Prämienklagen der Versicherungsgesellschaft i.Allg. der Wohnsitz des Versicherungsnehmers. Bei Klagen des Versicherungsnehmers sind folgende Gerichtsstände möglich: (1) Allgemeiner Gerichtsstand am Sitz der Gesellschaft (§ 17 ZPO), (2) am Gerichtsstand der Niederlassung, wenn sich die Klage hierauf bezieht (§ 21 ZPO), (3) Gerichtsstand der Agentur (§ 215 VVG), (4) der bes. Gerichtsstand des Erfüllungsortes (§ 29 ZPO); vgl. §§ 8 II AKB; 10 II AHB; 19 AUB. – b) Gegen ausländische Versicherer kann am Sitz des inländischen Hauptbevollmächtigten geklagt werden.

Gerichtsverfassungsgesetz (GVG) – i.d.F. vom 9.5.1975 (BGBl. I 1077) m.spät.Änd. – *Inhalt:* Organisation und Zusammensetzung der → ordentlichen Gerichtsbarkeit, wie → Amtsgericht, → Schöffengericht, → Familiengericht, → Landgericht, → Kammer für Handelssachen, → Oberlandesgericht (OLG), → Bundesgerichtshof (BGH); ferner die Bestimmungen über → Staatsanwaltschaft, den → Gerichtsvollzieher, → Rechtshilfe, Öffentlichkeit der Verhandlung, Beratung und Abstimmung bei den Gerichten.

Gerichtsvollzieher – ein für → Zustellungen und → Zwangsvollstreckungen zuständiger Beamter. Er wird nur auf Antrag einer Partei tätig. Er untersteht der Dienstaufsicht des → Amtsgerichts; für → Amtspflichtverletzung haftet i.d.R. das Land (§ 839 BGB, Art. 34 GG; → Amtshaftung). – *Rechte* und *Pflichten* sind in §§ 753 ff. ZPO sowie in den Dienstanweisungen der Justizverwaltung sowie in der Gerichtsvollzieherordnung (GVO) und Geschäftsanweisung für Gerichtsvollzieher (GVGA) geregelt. – Gerichtsvollzieher wird stets nur auf Antrag einer → Partei tätig. – *Aufgabenbereich:* Als Organ der Zwangsvollstreckung ist der Gerichtsvollzieher für alle nicht den Gerichten übertragenen Vollstreckungshandlungen zuständig, bes. für → Pfändung und → Versteigerung sowie Wegnahme → beweglicher Sachen. Er ist befugt, mit gerichtlicher Genehmigung die Räume des Schuldners mit Gewalt zu öffnen und zu durchsuchen (→ Durchsuchung), notfalls mittels polizeilicher Hilfe. Über jede Vollstreckungshandlung ist ein Protokoll aufzunehmen. – Durch das Gesetz zur Reform der Sachaufklärung in der Zwangsvollstreckung vom 29.7.2009 (BGBl. I S. 2258) sind die Befugnisse und Aufgaben des Gerichtsvollziehers erweitert worden. So darf er den Aufenthaltsort des Schuldners nicht nur bei der Meldebehörde, sondern auch bei verschiedenen anderen Behörden, die über Kenntnisse des Aufenthaltsorts des Schuldners verfügen können, ermitteln (§ 755 ZPO, Schuldnerermittlung). Zu seinen Regelbefugnissen und Aufgaben gehört u.a. der Versuch der gütlichen Einigung nach § 802b ZPO, die Einholung der → Vermögensauskunft nach § 802c ZPO mit der eidesstattlichen Versicherung, die Einholung der Auskünfte Dritter über das Vermögen des

Schuldners (§ 802i ZPO, die Errichtung des → Vermögensverzeichnisses (§ 802f Abs. 5 ZPO, die Anordnung der Eintragung in das → Schuldnerverzeichnis nach § 882c ZPO, die Pfändung und Verwertung körperlicher Sachen, die → Vorpfändung (§ 845 ZPO), die Erzwingungshaft (§ 802g ZPO). – *Kosten:* Gerichtsvollzieher hat Anspruch auf Gebühren und Ersatz seiner Barauslagen nach dem Gerichtsvollzieherkostengesetz vom 19.4.2001 (BGBl. I 623) m.spät. Änd.; sie werden stets vom Auftraggeber geschuldet, der auf Verlangen einen Vorschuss leisten muss. In der Zwangsvollstreckung werden sie, soweit möglich, zugleich mit dem zur Vollstreckung stehenden Anspruch von dem Schuldner beigetrieben.

geringfügige Beschäftigung – I. Sozialversicherungsrecht: 1. *Rechtsgrundlage:* Das Recht der geringfügigen Beschäftigungsverhältnisse ist mit Wirkung vom 1.4.2003 durch das Zweite Gesetz für moderne Dienstleistungen am Arbeitsmarkt vom 23.12.2002 (BGBl. I 4621) neu geregelt worden. – 2. *Voraussetzungen:* Eine geringfügige Beschäftigung liegt nach § 8 I SGB IV vor, wenn das → Arbeitsentgelt aus einer Beschäftigung regelmäßig im Monat 400 Euro nicht übersteigt oder die Beschäftigung auf zwei Monate bzw. 50 Arbeitstage im Kalenderjahr begrenzt ist. Die früher auf 15 Stunden in der Woche begrenzte → Arbeitszeit gilt nicht mehr. – 3. *Versicherungsbeiträge:* Geringfügige Beschäftigungsverhältnisse sind grundsätzlich versicherungsfrei in der gesetzlichen Renten-, Kranken-, Pflege- und Arbeitslosenversicherung. Für eine dauerhafte geringfügige Beschäftigung hat der Arbeitgeber allerdings eine pauschale Abgabe zu leisten, und zwar in Höhe von 11 Prozent zur gesetzlichen Krankenversicherung und in Höhe von 12 Prozent auf das Bruttoarbeitsentgelt. Für eine geringfügige Beschäftigung in Privathaushalten nach § 8a SGB IV sind vom Arbeitgeber jeweils 5 Prozent auf das Bruttoarbeitsentgelt als Abgabe zur Kranken- und Rentenversicherung (nicht zur Arbeitslosen- und Pflegeversicherung) zu zahlen. Keine → Pauschbeträge fallen an, wenn ein kurzfristiges Beschäftigungsverhältnis im Sinn des § 8 I Nr. 2 SGB IV vorliegt. – 4. *Zusammenrechnen:* Mehrere geringfügige Beschäftigungsverhältnisse sind zusammenzurechnen und begründen ggf. → Versicherungspflicht nach den allg. Regeln, wenn die Voraussetzungen des § 8 I SGB IV entfallen. Zu einer sozialversicherungspflichtigen Hauptbeschäftigung werden mehrere geringfügige Beschäftigungsverhältnisse hinzugerechnet, wobei die zeitlich zuerst aufgenommene geringfügige Beschäftigung unberücksichtigt bleibt. In der Arbeitslosenversicherung gibt es eine Zusammenrechnung der geringfügigen Beschäftigungsverhältnisse nicht. Hier bleiben alle geringfügigen Beschäftigungsverhältnisse versicherungsfrei. – 5. *Einzugsstelle:* Einzugsstelle für die Abgaben zur Kranken- und Rentenversicherung ist bei geringfügigen Beschäftigungsverhältnissen die Bundesknappschaft, Verwaltungsstelle Cottbus, als Träger der Rentenversicherung (§ 28i Satz 5 SGB IV). Sobald jedoch etwa durch das Zusammenrechnen der geringfügigen Beschäftigungsverhältnisse Versicherungspflicht eintritt, ist für die An- und Abmeldung des Beschäftigungsverhältnisses sowie für die Abführung der Beiträge die Krankenkasse zuständig. – 6. *Meldeverfahren:* Für das Meldeverfahren gelten § 28a SGB IV und § 13 Datenerfassungs- und Übermittlungsverordnung, bei geringfügigen Beschäftigungsverhältnissen in Privathaushalten §§ 28a VII und VIII, 28h III und IV SGB IV. Die Pflicht zur Führung von Lohnunterlagen besteht in Privathaushalten nicht. – Vgl. Geringfügigkeits-Richtlinien vom 25.2.2003, vereinbart von den Spitzenverbänden der Krankenkassen, dem Verband Deutscher Rentenversicherungsträger und der Bundesagentur für Arbeit.

II. Steuerrecht: Der Arbeitgeber kann seit dem 1.4.2003 für ein geringfügiges Beschäftigungsverhältnis (400 Euro monatlich), für das er Beiträge nach § 168 I Nr. 1b, 1c oder § 172 III, IIIa SGB VI zu entrichten hat, die Lohnsteuer, den Solidaritätszuschlag und die Kirchensteuer mit einem Gesamtsteuersatz von 2 Prozent des Arbeitsentgelts pauschal abgelten. Der Arbeitnehmer muss in diesen Fällen keine Lohnsteuer vorlegen (§ 40a II EStG). Für die Erhebung der einheitlichen Pauschsteuer ist die Bundesknappschaft, Verwaltungsstelle Cottbus, zuständig (§ 40a VI EStG). – Liegt ein geringfügiges Beschäftigungsverhältnis vor, für das der Arbeitgeber keine solchen Beiträge zu entrichten hat, so kann die Lohnsteuer mit einem Satz von 2 Prozent des Arbeitsentgelts pauschal erhoben werden (§ 40a IIa EStG); eine Lohnsteuerkarte ist auch dann nicht erforderlich.

geringfügige Forderungen → Small-Claims-Verfahren.

geringstes Gebot – Begriff im → Zwangsversteigerungsverfahren. Um bei der Zwangsversteigerung von Grundstücken die Verschleuderung zu vermeiden und die dem Recht des betreibenden Gläubigers vorgehenden Rechte zu sichern (Deckungsgrundsatz und → Übernahmegrundsatz), wird nur ein → Gebot zugelassen, durch das diese Rechte sowie die Kosten des Verfahrens gedeckt werden (§ 44 ZVG). Das geringste Gebot des Erstehers *besteht* demnach a) aus den → bestehen bleibenden Rechten (erscheinen nicht ausdrücklich im Gebot) und b) aus dem → Bargebot (Betrag, den Bieter mind. bieten und durch Überweisung oder Einzahlung vor dem Verteilungstermin entrichten muss (§ 49 III ZVG)).

Geringstland – Begriff des Bewertungsgesetzes: land- und forstwirtschaftliche Betriebsflächen geringster Ertragsfähigkeit. Geringstland wird bei der Einheitsbewertung des land- und forstwirtschaftlichen Betriebes (→ Einheitswert) für Zwecke der Substanzsteuern dem → Wirtschaftswert gesondert hinzugerechnet (§ 46 BewG).

geringwertige Wirtschaftsgüter – abnutzbare bewegliche → Wirtschaftsgüter (des Anlagevermögens), die selbstständiger Nutzung fähig sind und deren Anschaffungs- oder Herstellungskosten (Warenpreis ohne Vorsteuer, Nettowert) oder deren Einlagewert (→ Sacheinlage) für das einzelne Wirtschaftsgut netto 410 Euro nicht übersteigen (§ 6 Abs. 2 EStG). – Vgl. auch → Bewertungseinheit. Anschaffungs-, Herstellungskosten bzw. Einlagewert geringwertiger Wirtschaftsgüter können im Jahr der Anschaffung oder Herstellung in voller Höhe als Aufwendungen (§ 254 HGB) oder als → Betriebsausgaben abgesetzt werden (§ 6 II EStG). – Vgl. auch → Bewertungsfreiheit. – Es besteht keine *Aufzeichnungspflicht*, wenn Anschaffungs- oder Herstellungskosten des einzelnen geringwertigen Wirtschaftsguts nicht höher als 150 Euro (bis zum Veranlagungszeitraum 2007 60 Euro, R 6.13 II EStR 2005) sind. – *Sammelposten:* Seit dem Veranlagungszeitraum 2008 ist für abnutzbare bewegliche Wirtschaftsgüter des Anlagevermögens, die selbstständig nutzungfähig sind und deren Anschaffungskosten bzw. Herstellungskosten netto mehr als 150 Euro bis 1.000 Euro betragen, ein Sammelposten zu bilden. Dieser ist ab dem Jahr der Bildung und in den vier folgenden Wirtschaftsjahren gleichmäßig mit jeweils $^1/_5$ (sog. Poolabschreibung) aufzulösen, § 6 Abs. 2a EStG. Ein Ausscheiden des Wirtschaftsguts aus dem Betriebsvermögen berührt die Höhe des Sammelpostens nicht. Für Überschusseinkünfte gilt weiterhin die Sofortabschreibung im Rahmen der Werbungskosten für Wirtschaftsgüter bis 410 Euro. Ab dem Veranlagungszeitraum 2010 hat der Steuerpflichtige die Wahl zwischen der Sofortabschreibung für geringwertige Wirtschaftsgüter bis 410 Euro und der Poolabschreibung für alle Wirtschaftsgüter zwischen 150 Euro und 1.000 Euro. Bei Überschusseinkünften bleibt es bei der Sofortabschreibung bis 410 Euro. Das Wahlrecht ist jedoch für jedes Wirtschaftsjahr einheitlich auszuüben.

German Accounting Standards Committee → Deutsches Rechnungslegungs Standards Committee (DRSC).

Germany Trade and Invest – entstanden zum 1.1.2009 aus der Zusammenführung der → Bundesagentur für Außenwirtschaft (bfai) und der Invest in Germany GmbH. Aufgabe ist das Marketing für den Wirtschafts-, Investitions- und Technologiestandort Deutschland einschließlich der Investorenanwerbung. Die Gesellschaft berät und unterstützt ausländische Unternehmen, die ihre Geschäftstätigkeit auf den dt. Markt ausdehnen wollen, sowie dt. Unternehmen, die ausländische Märkte erschließen wollen. Sitz in Berlin und Köln.

ges. gesch. – Abk. für → gesetzlich geschützt.

Gesamtabschreibung → Pauschalabschreibungen.

Gesamtaktie → Globalaktie.

Gesamtamerikanische Freihandelszone → FTAA.

Gesamtangebotskurve → aggregierte Angebotskurve.

Gesamtaufrollung → Verböserung.

Gesamtausgebot – *Gruppenausgebot;* gemeinsames Ausgebot mehrerer Grundstücke im → Zwangsversteigerungsverfahren (§ 6 ZVG). – *Gegensatz:* → Einzelausgebot.

Gesamtbedarfsmatrix → Gozinto-Graph.

Gesamtbeitrag – Summe der Pflichtbeitragszahlungen zur Arbeitslosen-, Kranken-, Pflege- und Rentenversicherung, die vom Arbeitgeber zusammen an die Einzugsstelle abzuführen ist. – Vgl. auch → Gesamtsozialversicherungsbeitrag.

Gesamtbetrag der Einkünfte – Begriff des Einkommensteuerrechts: Zwischengröße bei der Ermittlung des → zu versteuernden Einkommens. Der Gesamtbetrag der Einkünfte ermittelt sich aus der Summe der → Einkünfte aus den einzelnen Einkunftsarten des Steuerpflichtigen, vermindert um den → Altersentlastungsbetrag (§ 24a EStG), den → Entlastungsbetrag für Alleinerziehende (§ 24b EStG) und den Abzug für Land- und Forstwirte (§ 13 III EStG). – *Anders:* → Gesamteinkommen.

Gesamtbetriebsrat – Organ der Betriebsverfassung. Um eine sinnvolle Wahrnehmung der Mitwirkungs- und Mitbestimmungsrechte auch in Unternehmen mit mehreren Betrieben zu sichern, sieht das Gesetz dort die Bildung von Gesamtbetriebsräten vor (§§ 47 ff. BetrVG). Dieser besteht aus entsandten Mitgliedern der → Betriebsräte (§ 47 II–VIII BetrVG) und ist den Betriebsräten nicht übergeordnet (§ 50 I 2 BetrVG). Der Gesamtbetriebsrat ist nur zuständig; erstens für die Behandlung solcher Angelegenheiten, die das Gesamtunternehmen oder mehrere Betriebe betreffen und nicht durch die einzelnen Betriebsräte innerhalb ihrer Betriebe geregelt werden können und zweitens, wenn er von einem Betriebsrat mit der Behandlung einer – in die Zuständigkeit des Betriebsrats fallenden – Angelegenheit beauftragt worden ist (§ 50 BetrVG). Mind. einmal in jedem Kalenderjahr hat der Gesamtbetriebsrat eine Betriebsräteversammlung einzuberufen (§ 53 BetrVG).

Gesamtbewertung → Pauschalbewertung, → Unternehmungsbewertung.

Gesamteinkommen – zur Berechnung von Beiträgen und zur Ermittlung von Leistungsansprüchen in der Sozialversicherung maßgebender Betrag. Gesamteinkommen ist die Summe der → Einkünfte im Sinn des Einkommensteuerrechts; es umfasst bes. → Arbeitsentgelt und → Arbeitseinkommen (§ 16 SGB IV). – *Anders:* → Gesamtbetrag der Einkünfte.

Gesamtertragsfunktion → Produktionsfunktion.

gesamtfällige Anleihe → Tilgungsanleihe.

Gesamtforderung – Forderung mehrerer → Gesamtgläubiger. – *Gegensatz:* Teilforderung.

Gesamtgeschäftsführung – Geschäftsführung durch mehrere Gesellschafter. Bei Gesamtgeschäftsführung dürfen die Gesellschafter, denen die → Geschäftsführung zusteht, nur zusammen (d.h. mit

Zustimmung aller geschäftsführenden Gesellschafter) handeln, außer bei Gefahr im Verzug (§ 115 II HGB). – Bei der OHG (ebenso bei der KG für die Komplementäre) gilt grundsätzlich das Prinzip der → Einzelgeschäftsführung. Gesamtgeschäftsführung kann aber im Gesellschaftsvertrag vorgesehen sein (§ 115 HGB), bedeutet jedoch noch keine → Gesamtvertretung.

Gesamtgläubiger – mehrere Gläubiger, von denen jeder von dem Schuldner die Leistung fordern kann, der Schuldner aber die Leistung nur einmal zu erbringen braucht. Der Schuldner darf nach seinem Belieben an einen der Gläubiger leisten (§ 428 BGB).

Gesamtgut der Ehegatten → eheliches Güterrecht.

Gesamthandlungsvollmacht – Beschränkte → Handlungsvollmacht, bei der der → Handlungsbevollmächtigte nur gleichzeitig mit einem anderen Bevollmächtigten oder einem Prokuristen handeln darf. Im Gegensatz zur → Prokura sind solche Bestimmungen auch einem Dritten gegenüber uneingeschränkt zulässig (→ Gesamtprokura), ihre *Wirkung* tritt aber nur ein, wenn sie diesem bekannt gemacht worden sind oder der Dritte die Beschränkung aus Fahrlässigkeit nicht kannte (§ 54 III HGB).

Gesamthandsgemeinschaft → Gemeinschaft zur gesamten Hand.

Gesamtheit – zusammenfassende Bezeichnung für eine → Grundgesamtheit, eine → Stichprobe (i.w.S.) oder eine → Teilgesamtheit.

Gesamthypothek → Hypothek auf mehreren Grundstücken, von denen jedes für die ganze Forderung haftet. Der Gläubiger kann nach Belieben Befriedigung aus jedem Grundstück suchen (§ 1132 BGB).

Gesamtindikator – 1. *Begriff*: Zusammenfassung einzelner → Konjunkturindikatoren, sodass die Gesamtlage der → Konjunktur auf einen Blick erfasst werden kann. – Vgl. auch → Konjunkturbarometer, → Barometersystem. – 2. *Konstruktion:* (1) Aggregation durch einen → Diffusionsindex; (2) Aggregation durch Standardisierung von Zeitreihen. – 3. *Vorteile und Grenzen:* Der Gesamtindikator fasst die unterschiedlichen Informationen über den Konjunkturverlauf in eine einzige Größe zusammen und bietet somit eine einfache und anschauliche Information über den aktuellen Konjunkturzustand. Er erklärt aber nicht das Zustandekommen von Konjunkturschwankungen. Zudem sind bestenfalls vorlaufende Teilindikatoren sinnvoll für Prognosen einzusetzen.

Gesamt-Jugend- und Auszubildendenvertretung – zwingend für solche Unternehmen vorgeschrieben, in denen mehrere → Jugend- und Auszubildendenvertretungen bestehen (§ 72 BetrVG). In der Gesamt-Jugend- und Auszubildendenvertretung entsendet grundsätzlich jede Jugend- und Auszubildendenvertretung ein Mitglied; durch → Tarifvertrag oder → Betriebsvereinbarung kann die Mitgliederzahl abweichend geregelt werden. – *Zuständigkeit:* Die Gesamt-Jugend- und Auszubildendenvertretung ist zuständig für Angelegenheiten, die das Gesamtunternehmen oder mehrere Betriebe betreffen und nicht durch einzelne Jugend- und Auszubildendenvertretungen geregelt werden können, sowie in den ihr durch die Jugend- und Auszubildendenvertretung übertragenen Aufgaben (entspricht der Regelung beim → Gesamtbetriebsrat).

Gesamtkapitalrentabilität → Rentabilität.

Gesamtkosten – Summe der in einem bestimmten Zeitraum in einem → Betrieb angefallenen Kosten. Gesamtkosten setzen sich zusammen aus: → Einzelkosten und → Gemeinkosten. Gliederung nach → Kostenarten oder → Kostenstellen. – *Gegensatz:* → Stückkosten. – Vgl. auch → Grenzkosten.

Gesamtkostendegression → Degression.

Gesamtkostenverfahren – 1. *Begriff*: Gestaltungsform der → Erfolgsrechnung, bei der die gesamten Kosten bzw. Aufwendungen einer Periode den gesamten Erlösen bzw. Erträgen derselben Periode (also einschließlich der Erträge aus Bestandserhöhungen an Halb- und Fertigfabrikaten und den selbsterstellten Anlagen) gegenübergestellt werden. Dadurch ergibt sich eine (unsaldierte) Bruttodarstellung der Ergebnisquellen gegliedert nach Aufwands- und Ertragsarten. – *Gegensatz:* → Umsatzkostenverfahren. – 2. *Kostenrechnung*: Der Rechnungsgang wird wie folgt dargestellt:

  Bruttoerlös
– Erlösschmälerung

= Nettoerlös

\+ Wert der Bestandserhöhung
– Wert der Bestandsverminderung
– Herstellkosten der gefertigten Erzeugnisse
– Vertriebskosten der verkauften Erzeugnisse

= Betriebsergebnis

3. *Jahresabschluss von Kapitalgesellschaften:* Das Gesamtkostenverfahren ist im Rahmen der nach der Staffelform aufzustellenden → Gewinn- und Verlustrechnung (GuV), § 275 I HGB, ebenso zulässig wie das Umsatzkostenverfahren. Bei Anwendung des Gesamtkostenverfahrens lassen sich dabei die betrieblichen Erträge mit den betrieblichen Aufwendungen zu einem „betrieblichen Ergebnis" (*anders:* → Betriebsergebnis in der → Kostenrechnung) saldieren, die Finanzerträge ergeben saldiert mit den Finanzaufwendungen das Finanzergebnis. Betriebliches Ergebnis und Finanzergebnis bilden das „Ergebnis der gewöhnlichen Geschäftstätigkeit". Unter Berücksichtigung des außerordentlichen Ergebnisses (Saldo der → außerordentlichen Aufwendungen mit den → außerordentlichen Erträgen) und nach Abzug der den einzelnen Ergebnisteilen nicht zurechenbaren

Ertragsteuern und der nicht zugerechneten sonstigen Steuern (anders aber → Anschaffungsnebenkosten) ergibt sich der Jahresüberschuss/Jahresfehlbetrag als Unternehmungsergebnis. – 4. *Beurteilung:* Eine klare Erfolgsspaltung im betriebswirtschaftlichen Sinn bietet das Gesamtkostenverfahren nicht, da weder eine Trennung nach betrieblichen und betriebsfremden, einmaligen und regelmäßigen, periodeneigenen und periodenfremden Aufwendungen und Erträgen noch nach Produktarten möglich ist. Im Zuge der Internationalisierung der Rechnungslegung verliert das Gesamtkostenverfahren zunehmend an Bedeutung. – *Zur Aussagefähigkeit:* → Bilanzanalyse.

Gesamtleistungsbewertung – mit dem Rentenreformgesetz 1992 (SGB VI) eingeführter Begriff zur Berechnung der Rente in der gesetzlichen Rentenversicherung (§§ 71–74 SGB VI). Dient v.a. der Ermittlung der → Entgeltpunkte für beitragsfreie und beitragsgeminderte Zeiten.

Gesamtmerkmalsbetrag – Summe der → Ausprägungen eines → metrischen Merkmals bei den Elementen einer → Gesamtheit.

Gesamtnachfolge → Gesamtrechtsnachfolge.

Gesamtnachfrageexternalität – die makroökonomische Auswirkung der Preisanpassung eines Unternehmens auf die Nachfrage nach den Produkten aller anderen Unternehmen. Verringert ein Unternehmen den Preis für sein Produkt, dann vermindert es dadurch in geringem Maße auch das gesamtwirtschaftliche Preisniveau. Dies führt zu einem entsprechenden Anstieg der Realkasse, der seinerseits das Gesamteinkommen geringfügig erhöht. Die Zunahme des Gesamteinkommens bewirkt einen Anstieg der Nachfrage nach den Produkten aller anderen Unternehmen. Aus Sicht des preissenkenden Unternehmens stellt dies eine → Externalität dar.

Gesamtnachfragekurve → aggregierte Nachfragekurve.

Gesamtplanung – 1. *Begriff:* Systematische Zusammenfassung und gegenseitige Abstimmung aller betrieblichen Teilpläne (→ Planbilanz). – 2. *Merkmale:* Integration der partiellen Maßnahmen zu einem geschlossenen System. Durchführung i.d.R. in Form der → Simultanplanung. – 3. *Gegensatz:* → Teilplanung. – Vgl. auch → Unternehmensplanung, → Plankoordination.

Gesamtprokura – Zulässige Beschränkungsform der → Prokura in der Weise, dass mehrere Prokuristen nur gemeinschaftlich zu handeln befugt sind (§ 48 II HGB). Anmeldung zum → Handelsregister erforderlich. – Eine Gesamtprokura derart, dass der Prokurist *an die Zustimmung eines* → Handlungsbevollmächtigten gebunden wird, ist im Innenverhältnis möglich, aber nicht im Handelsregister eintragbar und gegenüber Dritten unwirksam (§ 50 HGB). – Dagegen kann der Prokurist *an die Mitzeichnung des Geschäftsinhabers,* eines OHG-Gesellschafters etc., gebunden werden; eine derartige Gesamtprokura beinhaltet aber gleichzeitig die sog. → Immobiliarklausel, weil die Vertretungsbefugnis des Inhabers, OHG-Gesellschafters etc., nicht eingeschränkt werden kann. – *Gegensatz:* → Einzelprokura. – Vgl. auch → Gesamtvertretung.

Gesamtrechtsnachfolge → Rechtsnachfolge in ein Vermögensganzes, z.B. im Erbrecht (§ 1922 BGB). – Gesamtrechtsnachfolge führt im *Steuerrecht* zum Übergang der Forderungen und Schulden aus dem Steuerschuldverhältnis des Rechtsvorgängers auf den Rechtsnachfolger, z.B. bei Erbfolge (ohne Zwangsgelder), Verschmelzung und Aufspaltung von Gesellschaften sowie der Anwachsung des Anteils am Gesellschaftsvermögen bei Ausscheiden eines Gesellschafters (§ 45 AO). – Eine Rechtsnachfolge, bei der ein Rechtsnachfolger nur in einem bestimmten Teil aller Aktiva und Passiva eintritt, nennt man *Sonderrechtsnachfolge* oder *partielle Gesamtrechtsnachfolge.* Steuerliche Behandlung wie bei echter Gesamtrechtsnachfolge, z.B. Aufspaltung von Gesellschaften.

Gesamtschuldner – I. Bürgerliches Recht/Handelsrecht: Schuldner, die für eine Schuld in der Weise haften, dass jeder von ihnen die ganze Leistung zu bewirken verpflichtet, der Gläubiger aber die Leistung nur einmal zu fordern berechtigt ist. Der Gläubiger kann die Leistung nach Belieben von jedem Schuldner ganz oder z.T. fordern (§ 421 BGB). Im Verhältnis untereinander sind die Gesamtschuldner zu gleichen Anteilen verpflichtet (§ 426 BGB). Verpflichten sich mehrere zu einer teilbaren Leistung, so haften sie im Zweifel als Gesamtschuldner (§ 427 BGB). Auch die persönlich haftenden Gesellschafter einer Personengesellschaft haften als Gesamtschuldner (§ 128 HGB). – Vgl. auch → Schuldnermehrheit.

II. Steuerrecht: Die Konstruktion der Gesamtschuld wurde im Wesentlichen aus dem Bürgerlichen Recht übernommen und damit die Pflicht zur Leistung derselben Steuerschuld auf zwei oder mehrere Personen ausgedehnt. – 1. *Gesetzliche Grundlage:* § 44 AO sowie Bestimmungen in den Einzelsteuergesetzen. – 2. *Wirkung:* Jeder Gesamtschuldner schuldet die gesamte Leistung; bis zur Entrichtung des ganzen Betrags bleiben alle Gesamtschuldner verpflichtet. Dem Finanzamt steht es in Ausübung seines pflichtgemäßen Ermessens frei, die geschuldete Leistung ganz oder teilweise von jedem Gesamtschuldner zu fordern. Die Entrichtung des geschuldeten Betrags (Zahlung, Aufrechnung, Hingabe an Zahlungs Statt, Befriedigung im Beitreibungsverfahren) durch einen Gesamtschuldner kommt den anderen Gesamtschuldner zustatten. Diese werden endgültig von der Steuerschuld befreit. Dagegen wirken → Erlass und → Verjährung nur zugunsten des Gesamtschuldners, für dessen Person ein Erlass ausgesprochen wird bzw. die Verjährung eintritt. – 3. *Fälle:* Gesamtschuldnerschaft entsteht: a) Durch *Tatbestandsverwirklichung,* wenn mehrere Personen denselben Tatbestand erfüllen, an den das Gesetz die Entstehung der Steuerschuld knüpft. *Beispiel:* Mehrere Personen, für deren Rechnung ein Gewerbe betrieben wird, sind Gesamtschuldner hinsichtlich der Gewerbesteuer (§ 5 I 4 GewStG). Miteigentümer eines Grundstücks sind Gesamtschuldner der Grundsteuer (§ 10 III GrStG); Veräußerer und Erwerber schulden die Grunderwerbsteuer (§ 13 GrEStG), Beschenkter und Schenker schulden die Schenkungssteuer (§ 20 I ErbStG). – b) Infolge *Zusammenveranlagung:* Das gilt für Ehegatten bei der Einkommensteuer (§§ 26, 26b EStG). – c) Infolge *Nebenhaftung:* Das sind die Fälle, in denen neben dem Erstschuldner die → Haftung einer weiteren Person oder mehrerer Personen hinzukommt. – 4. *Geltendmachung:* Gesamtschuldner werden durch → Steuerbescheid, Haftende durch → Haftungsbescheid in Anspruch genommen. – 5. *Aufteilung:* Die → Zusammenveranlagung benachteiligte in den Fällen 3 b) wegen der Wirkungen und Folgen der Gesamtschuldnerschaft in den meisten Fällen die betroffenen Ehegatten gegenüber anderen Steuerpflichtigen. Deshalb wurden die Wirkungen der Gesamtschuld durch §§ 268–280 AO für diese Fälle gemildert: Jeder Gesamtschuldner kann bei Einleitung der Zwangsvollstreckung beantragen, die rückständigen Steuerschulden im Verhältnis der Beträge aufzuteilen, die sich bei getrennter Veranlagung unter Berücksichtigung der bes. Aufteilungsmaßstäbe nach §§ 269–278 AO ergeben würden. Entsprechendes gilt für die Vorauszahlungen und die nachgeforderten Steuern. Ist die Tilgung der Steuerschuld gesichert, so kann auch einem Aufteilungsvorschlag der Gesamtschuldner gefolgt werden. Auf den Antrag eines der Gesamtschuldner ergeht Aufteilungsbescheid (§ 279 AO), gegen den → Einspruch gegeben ist.

Gesamtsozialversicherungsbeitrag – Summe der Beiträge für einen versicherungspflichtig Beschäftigten zur Kranken-, Pflege-, Renten- und Arbeitslosenversicherung, die von dem Arbeitgeber zusammen an die Einzugsstelle, also die jeweils zuständige Krankenkasse abgeführt werden (§§ 28 d, 28 e, 28 i SGB IV). Der Arbeitgeber hat gegen den Beschäftigten einen Anspruch auf den vom Beschäftigten zu tragenden Teil des Gesamtsozialversicherungsbeitrags. Dieser Anspruch kann nur durch Abzug vom Arbeitsentgelt geltend gemacht werden. Ist der Abzug unterblieben, darf er nur bei den nächsten drei Lohn- oder Gehaltszahlungen nachgeholt werden, danach nur dann, wenn der Abzug ohne Verschulden des Arbeitgebers unterblieben ist (§ 28g SGB IV). Über die Versicherungspflicht und Beitragshöhe in der Kranken-, Pflege-, Renten- und Arbeitslosenversicherung entscheidet die Einzugsstelle (§ 28h SGB IV). Die nicht nach dem Arbeitsentgelt zu bemessenen Beiträge in der landwirtschaftlichen Krankenversicherung für einen kraft Gesetzes versicherten Beschäftigten gelten mit den Beiträgen zur Renten- und Arbeitslosenversicherung ebenfalls als Gesamtsozialversicherungsbeitrags (§ 28d SGB IV).

Gesamtstrafe – Erhöhung der verwirkten höchsten Strafe bei Verurteilung wegen mehrerer Taten, die gleichzeitig abgeurteilt werden, Fall der sog. Tatmehrheit oder Realkonkurrenz (§ 53 StGB). Die Gesamtstrafe darf die Summe der Einzelstrafen nicht erreichen; sie darf bei zeitiger → Freiheitsstrafe 15 Jahre und bei → Geldstrafe 720 → Tagessätze nicht überschreiten (§ 54 II StGB). Wird eine vor der früheren Verurteilung begangene Tat später abgeurteilt, so ist nachträglich eine Gesamtstrafe zu bilden (§ 55 StGB).

Gesamtumsatz – im Sinn des Umsatzsteuerrechts (§ 19 III UStG) grundsätzlich alle steuerbaren Umsätze, also nicht innergemeinschaftliche Erwerbe und Einfuhren. Nicht zum Gesamtumsatz rechnen die meisten → Bankumsätze und die der → Grunderwerbsteuer oder → Versicherungsteuer unterliegenden Vorgänge, falls es sich um → Hilfsgeschäfte handelt, sowie eine Reihe weiterer nach § 4 Nr. 8i, 9b, 11–28 UStG steuerbefreiter Umsätze. – Von der *Höhe des* Gesamtumsatzes hängt die Besteuerung als → Kleinunternehmer und die Besteuerung nach → vereinnahmten Entgelten ab. Für die verschiedenen Anwendungsfälle wird der Gesamtumsatz jeweils leicht modifiziert berechnet.

Gesamt-Umsatzrabatt → Mengenrabatt.

Gesamtunternehmer → Generalunternehmer.

Gesamtverband der Deutschen Versicherungswirtschaft e.V. (GDV) – 1. *Begriff:* Der 1948 in Köln gegründete Gesamtverband der Deutschen Versicherungswirtschaft e.V. (→ GDV) mit Sitz in Berlin ist die Dachorganisation der privaten Versicherer in Deutschland. – 2. *Bedeutung:* Er vertritt 474 Mitgliedsunternehmen, darunter sämtliche Versicherungszweige und Rechtsformen, den Verband der privaten Krankenversicherung e.V. sowie Zweigniederlassungen ausländischer Gesellschaften und Versicherer mit Sitz im Ausland. Die dt. Versicherungswirtschaft, gegliedert in die Branchen Lebensversicherung, Schaden- und Unfallversicherung sowie private Krankenversicherung, zählt rund 216.000 Beschäftigte und Auszubildende. Als Kapitalsammelstelle mit einem Anlagevolumen von mehr als einer Billion Euro erfüllen die dt. Versicherer eine zentrale volkswirtschaftliche Funktion bei privaten, betrieblichen und öffentlichen Investitionen. – 3. *Aufgaben:* Der GDV vertritt die Interessen der Versicherungswirtschaft bei nationalen und internationalen politischen Institutionen und gehört dem europäischen Versicherungsverband Comité Européen des Assurances (CEA) an. Das Europabüro in Brüssel koordiniert die Verbindungen zu Parlament und Behörden der Europäischen Union. Nach innen leistet der GDV eine umfangreiche Beratungs- und Servicetätigkeit für seine Mitgliedsunternehmen. Oberstes Organ des GDV ist die Mitgliederversammlung – die Gesamtvertretung aller angeschlossenen Unternehmen. Das Präsidium unter Vorsitz seines Präsidenten bildet den Vorstand des GDV. Der hauptberufliche Bereich ist in vier Geschäftsbereiche gegliedert. Er steht unter der Leitung des GDV-Hauptgeschäftsführers, der dem Präsidium verantwortlich ist und diesem zugleich als geschäftsführendes Mitglied angehört. Der Willensbildungsprozess im Verband vollzieht sich wesentlich auch über Ausschüsse und Kommissionen. Mit zahlreichen Initiativen, umfangreicher Öffentlichkeitsarbeit und einem eigenen Verbraucherinformationszentrum leistet der GDV einen ständigen Beitrag zur Unfall- und Schadenverhütung sowie zur effektiven Gestaltung von Versicherung und Vorsorge. – Über die GDV Beteiligungsgesellschaft mbH betreibt der GDV u.a. den Zentralruf der Autoversicherer und den Notruf der Autoversicherer (Notrufsäulen an Autobahnen und Landstraßen). Weiterhin unterhält der GDV die VdS Schadenverhütung GmbH, die sich auch Forschungsprojekten widmet. – In der Aus- und Weiterbildung engagiert sich der GDV mit dem Berufsbildungswerk der Deutschen Versicherungswirtschaft (BWV) und der Deutschen Versicherungsakademie. Darüber hinaus bestehen institutionelle Kontakte und Projektkooperationen mit zahlreichen wissenschaftlichen Instituten des In- und Auslands.

Gesamtverband Kommunikationsagenturen GWA e.V. – bis Januar 2002: *Gesamtverband Werbeagenturen (GWA)*. Der GWA ist Mitglied im Zentralverband der dt. Werbewirtschaft und im Deutschen Werberat, er hat seinen Sitz in Frankfurt a.M. Er vertritt die Interessen seiner Mitglieder aus Werbe- und Medienagenturen gegenüber Wirtschaft, Politik und Öffentlichkeit. Die Weiterbildung fördert der GWA durch Seminare und die Marbach-Academy. Mit den GWA-Effies werden seit 1981 bes. effiziente und kreative Kampagnen ausgezeichnet.

Gesamtvereinbarung → Tarifvertrag, → Betriebsvereinbarung.

Gesamtvermögen – I. Steuerrecht: Früherer Begriff im Rahmen der Vermögensteuer; das gesamte Vermögen des → unbeschränkt Steuerpflichtigen, soweit es nicht ausdrücklich von der Vermögensteuer befreit war, d.h. inländisches und im Ausland befindliches Vermögen (§ 114 BewG).

II. Volkswirtschaftliche Gesamtrechnung: → Vermögen.

Gesamtvertrag – Vertrag zwischen Wahrnehmungsgesellschaften und Vereinigungen, deren Mitglieder urheberrechtlich geschützte Werke nutzen oder zur Zahlung von Vergütungen nach dem Urhebergesetz verpflichtet sind, über die Bedingungen der Nutzung. Bei Streitigkeiten aus derartigen Gesamtverträgen können Ansprüche im Wege der Klage erst dann geltend gemacht werden, wenn das Schiedsverfahren vor der beim → Deutsches Patent- und Markenamt (DPMA) errichteten → Schiedsstelle durchgeführt ist, es sei denn, Anwendbarkeit und Angemessenheit eines Gesamtvertrages oder Tarifs sind unstreitig; ggf. hat das Gericht den Rechtsstreit zur Durchführung des Schiedsverfahrens auszusetzen (§ 16 UrhWahrnG).

Gesamtvertretung – *Gesamtvollmacht, Kollektivvertretung;* Form der Vertretung, die das Zusammenwirken aller Bevollmächtigten oder einer vorher bestimmten Mindestanzahl (meistens zwei Personen, Vier-Augen-Prinzip) verlangt. Gesamtvertretung dient der Sicherheit im Geschäftsverkehr, schützt vor Unvorsichtigkeiten und Unredlichkeiten. Es genügt, dass ein zur Vertretung Berufener mit → Zustimmung der anderen im Namen der übrigen Gesamtvertreter das Geschäft abschließt. *Verboten* ist die Erteilung einer → Generalvollmacht an einen zur Gesamtvertretung Berufenen durch die anderen, da hiermit der Zweck der Gesamtvertretung umgangen würde; → Spezialvollmacht ist zulässig. *Anordnung* der Gesamtvertretung bei einer *OHG* ist ebenso wie jede Änderung in der Vertretung zum → Handelsregister anzumelden (§§ 106 II Nr. 4, 107 HGB). Entsprechendes gilt für die *AG* (§ 78 AktG) und die *GmbH* (§ 10 GmbHG). – Der Kommanditist kann nicht an der Gesamtvertretung teilnehmen (§ 170 HGB); ihm kann aber → Prokura erteilt werden. – Sind bei → Abwicklung mehrere *Abwickler* vorhanden, liegt immer Gesamtvertretung vor, es sei denn, dass Einzelvertretung bestimmt und im Handelsregister eingetragen ist (§§ 105, 148 HGB). – Von *unechter* Gesamtvertretung spricht man, wenn die Vertretungsbefugnis eines Gesellschafters an die Mitwirkung eines Prokuristen gebunden wird (§ 125 III HGB). – *Gegensatz:* → Alleinvertretung. – Vgl. auch → Gesamthandlungsvollmacht, → Gesamtprokura.

Gesamtvollmacht → Gesamtvertretung.

Gesamtvollstreckungsordnung – Nach dem → Einigungsvertrag galt bis zum Inkrafttreten der InsO 1999 in den neuen Bundesländern das Insolvenzrecht der DDR mit einigen Veränderungen.

Gesamtwert einer Unternehmung → Unternehmungswert.

gesamtwirtschaftliche Angebotskurve → aggregierte Angebotskurve.

gesamtwirtschaftliche Nachfragekurve → aggregierte Nachfragekurve.

gesamtwirtschaftliches Arbeitskräftepotenzial → Erwerbspersonenpotenzial.

gesamtwirtschaftliches Produktionspotenzial → Produktionspotenzial.

Gesamtzinsspannenrechnung – Verfahren der Bankkalkulation zur Ermittlung der Gesamtzinsspanne als Differenz von Zinserlösen (in Prozent der Bilanzsumme) und Zinskosten (in Prozent der Bilanzsumme).

Gesamtzusage – Begriff des Arbeitsrechts für Zusagen des Arbeitgebers, die er der Belegschaft oder bestimmten Belegschaftsgruppen macht, indem er Regelungen für Sozialleistungen wie Ruhegeld oder

Gratifikationen bekannt gibt. Dadurch entsteht ein Bündel von Einzelzusagen, die grundsätzlich wie Einzelverträge zu behandeln sind, d.h. nicht mehr einseitig zurückgenommen oder abgeändert werden können. Weitgehend identisch mit → vertraglicher Einheitsregelung.

Geschäft – 1. *Kaufmännischer Sprachgebrauch:* Bezeichnung für eine Unternehmung und für das Verkaufslokal (→ Laden) einer Unternehmung (meist Handelsbetrieb), aber auch für eine von mehreren Verkaufsstellen (→ Filialunternehmung). Unter Geschäft wird i.d.R. ein Einzelhandelsgeschäft verstanden. – 2. *Rechtlich:* → Handelsgeschäfte, → Rechtsgeschäfte.

geschäftliche Bezeichnungen – 1. *Begriff:* Sammelbegriff, unter dem die zu den → gewerblichen Schutzrechten zählenden Kennzeichnungsrechte, die im geschäftlichen Verkehr zur Kennzeichnung eines Unternehmens verwendet werden (Unternehmenskennzeichen), sowie → Werktitel zusammengefasst werden (§ 5 MarkenG). Die Unternehmenskennzeichen lassen sich nach den Gegenständen, die sie bezeichnen, unterscheiden in Unternehmensbezeichnungen, die den Inhaber des Geschäftsbetriebs oder das Unternehmen als solches benennen wie die → Firma oder der sonstige Handelsname des Unternehmens, → besondere Geschäftsbezeichnungen, → Geschäftsabzeichen und sonstige der Unterscheidung von Unternehmen dienende Kennzeichen. Werktitel sind Kennzeichen von Druckschriften, Film-, Ton- und Bühnenwerken und sonstigen Werken, deren Schutz sich auf ihre Eignung zur namensmäßigen Unterscheidung der Werke (nicht der sie verlegenden oder vertreibenden Unternehmen) gründet. Unternehmensbezeichnungen und Werktitel sind sachliche Rechte, bei denen das Recht für von Hause aus unterscheidungskräftige Bezeichnungen durch den Akt der Ingebrauchnahme, bei von Hause aus nicht unterscheidungskräftigen Bezeichnungen mit der Erlangung von → Verkehrsgeltung entsteht. Das Recht an der Firma nimmt eine Zwischenstellung ein, da es den formellen Vorschriften des Registerrechts unterliegt, aber ein sachliches Recht ist, das mit der Aufnahme der Benutzung entsteht. Nach ihrem räumlichen Schutzumfang lassen sich die geschäftlichen Bezeichnungen in regional und überregional geschützte Kennzeichen unterscheiden: Der Schutz der sachlichen Rechte umfasst den Wirtschaftsraum, auf den die geschäftliche Tätigkeit des das Kennzeichen benutzenden Unternehmens ausstrahlt, bei überregional tätigen Unternehmen also das Gebiet der Bundesrepublik Deutschland, bei lediglich regional tätigen Unternehmen ein Teilgebiet (besondere Geschäftsbezeichnung). Von den geschäftlichen Bezeichnungen sind die → Marken als förmliche Kennzeichenrechte zu unterscheiden, an denen das Recht durch Eintragung in das Markenregister entsteht und deren Schutz das gesamte Gebiet der Bundesrepublik Deutschland unabhängig vom regionalen Umfang ihrer Benutzung ergreift. – *Ausnahme:* Ausstattung, die ein der Marke gleichgestelltes sachliches Recht ist und für die daher die Grundsätze für sachliche Rechte gelten. – 2. *Rechtsgrundlagen:* Das Recht der geschäftlichen Bezeichnung war bis zum 1.1.1995 in § 16 UWG, § 24 WZG geregelt, das Recht an Warenzeichen, Dienstleistungsmarken und Ausstattungen im Warenzeichengesetz (WZG). Das seit dem 1.1.1995 geltende MarkenG hat den Schutz der geschäftlichen Bezeichnung in das MarkenG eingestellt und damit zu einem einheitlichen Gesetzeswerk für alle Kennzeichenrechte geführt. Die Anwendung sondergesetzlicher Vorschriften ist dadurch nicht ausgeschlossen (§ 2 MarkenG), für das Recht der geschäftlichen Bezeichnung sind also weiterhin die Vorschriften des HGB über die Firma (§§ 17 ff. HGB), § 12 BGB, für das gesamte Kennzeichenrecht das UWG anzuwenden. Im Übrigen war bereits bislang anerkannt, dass für geschäftliche Bezeichnungen mit Namensfunktion das berechtigte Interesse im Sinn von § 12 BGB in der Verhinderung von Verwechslungsgefahr liegt, sodass sich der Namensschutz für Unternehmensbezeichnungen mit deren Schutz nach den §§ 5, 15 MarkenG deckt. Unternehmen aus den Verbandsstaaten der PVÜ – → Pariser Verbandsübereinkunft zum Schutz des gewerblichen Eigentums (PVÜ) – genießen → Inländerbehandlung (Art. 2, 8 PVÜ). Eine ausschließlich im Ausland benutzte Unternehmensbezeichnung kann im Inland nur dann geschützt werden, wenn sie so bekannt ist, dass ihre Benutzung im Inland → irreführender Wettbewerb oder sonst → unlauterer Wettbewerb wäre. – 3. *Schutzfähigkeit/Übertragung:* Anders als der bürgerliche Name, der ein Zwangsname ist und daher ohne Rücksicht auf seine Unterscheidungskraft, Priorität und mögliche Kollisionen mit den Namen anderer geschützt wird, sind geschäftliche Bezeichnungen Wahlnamen. Um ihren Zweck, der Unterscheidung von Unternehmen, genügen zu können, müssen sie → Unterscheidungskraft besitzen. Diese ist positiv festzustellen. Das geschieht bei den formellen Rechten im Eintragungsverfahren (→ Marke), bei den sachlichen Rechten (Unternehmensbezeichnungen, Werktitel und Benutzungsmarke) im Verletzungsprozess vor den ordentlichen Gerichten. Die Begriffe der Unterscheidungskraft decken sich bei Marken und geschäftlichen Bezeichnungen weitgehend, sind aber nicht identisch, da bei geschäftlichen Bezeichnungen Besonderheiten etwa bei Sachfirmen (Firma) und Werktiteln berücksichtigt werden, die sich aus dem Gegenstand des Bezeichnungsrechts ergeben. Als Grundsatz gilt, dass einer geschäftlichen Bezeichnung umso eher Unterscheidungskraft zukommt, je fantasievoller sie gebildet ist und je weiter sie sich vom allg. Sprachgebrauch entfernt. Besonderheiten bestehen für Werktitel, deren Schutz durch Titelschutzanzeigen vorverlegt werden kann. Entstehen die Kennzeichnungsrechte am gleichen Tag, kommt keinem der Zeitvorrang zu; es gelten die Grundsätze der → Gleichnamigkeit (§ 6 IV MarkenG). Der Schutz geschäftlicher Bezeichnungen endet mit der Aufgabe der Benutzung, bei geschäftlichen Bezeichnungen, deren Schutz Verkehrsgeltung voraussetzt, mit dem Verlust der Verkehrsgeltung. Anders als bei den Markenrechten, die übertragen werden können, ohne dass der dazugehörende Geschäftsbetrieb mit übertragen werden muss (§ 27 MarkenG), sind die geschäftlichen Bezeichnungen an den Betrieb gebunden, sie können daher nur mit dem Geschäftsbetrieb übertragen werden; dies war im bisherigen Recht anerkannt, das Markengesetz hat eine § 27 MarkenG entsprechende Regelung für geschäftliche Bezeichnungen bewusst nicht getroffen, da das bisherige Recht nicht geändert werden sollte. Die Übertragung der Firma und sonstiger geschäftlicher Bezeichnungen, die mit dem bürgerlichen Namen des Geschäftsinhabers gebildet sind, bedarf der Einwilligung des Berechtigten (§ 22 I HGB, § 12 BGB), ggf. des namengebenden Gesellschafters. Für Übertragungen im Rahmen des Insolvenzverfahrens ist die Einwilligung nur bei den geschäftlichen Bezeichnungen von Kapitalgesellschaften, der GmbH & Co. KG und bei Marken nicht erforderlich, da in diesen Fällen der Name wahlweise zur Bildung der geschäftlichen Bezeichnung zur Verfügung gestellt wurde, sodass im Fall des Insolvenzverfahrens keine Rechte aus § 12 BGB gegen die Verwertung durch den Insolvenzverwalter hergeleitet werden können. Soweit geschäftliche Bezeichnungen an Dritte übertragen werden, bleibt die Priorität des Bezeichnungsrechts erhalten und kommt dem Rechtsnachfolger zugute. Auch Wechsel in der Rechtsform eines Unternehmens führen nicht zum Verlust der Priorität des Bezeichnungsrechts. Soweit die Benutzung der Bezeichnung Dritten überlassen worden ist (→ Gestattung), fällt das Recht mit seiner ursprünglichen Priorität dem ursprünglichen Rechtsinhaber wieder zu, der es auch gegenüber dem vormaligen Gestattungsempfänger geltend machen kann, selbst wenn dieser aufgrund der schuldrechtlichen Gestattung mit der Aufnahme der Benutzung ein eigenes (gegenüber dem Gestattenden aber prioritätsjüngeres) Bezeichnungsrecht erworben hat. Die Rechte aus geschäftlichen Bezeichnungen unterliegen der → Erschöpfung. – 4. *Rechtsschutz:* Der Schutz von Unternehmensbezeichnungen gegen die Verwendung identischer oder verwechslungsfähiger Kennzeichen (Unternehmensbezeichnungen, Titel, Marken, Domain-Namen etc.) bestimmt sich nach den §§ 5, 15 MarkenG. Erfasst werden Fälle der Verwechslungsgefahr, bekannten Unternehmensbezeichnungen kommt gesteigerter Schutz auch gegen Ausnutzung oder Beeinträchtigung ihrer Wertschätzung und Unterscheidungskraft zu (§ 15 III MarkenG, ebenso der bekannten Marke). Keine Rechtsverletzungen sind Fälle des lauteren Familiennamensgebrauchs, der Benutzung eines Kennzeichens als beschreibende Angabe und die Benutzung eines Kennzeichens als Hinweis auf die Bestimmung der Ware (§ 23 MarkenG), sofern dieser Gebrauch nicht gegen die guten Sitten verstößt. Ein Unternehmenskennzeichen kann nicht nur durch eine firmenmäßige Benutzung eines Zeichens verletzt werden, sondern grundsätzlich auch durch eine markenmäßige Benutzung, da der Verkehr daran gewöhnt ist, dass eine Produktbezeichnung zugleich auch das Unternehmen bezeichnet, aus dessen Betrieb das Produkt stammt. In Kollisionsfällen entscheidet daher grundsätzlich die → Priorität der kollidierenden Bezeichnungsrechte. Bei der Kollision mit Marken ist zu beachten, dass das Markenrecht zwar erst mit der Eintragung ins Markenregister entsteht, sie sind erst mit der Eintragung geschützt, ihnen kommt aber die Priorität des Eingangs der Anmeldung beim → Deutschen Patent- und Markenamt (DPMA) zu, → Prioritätsrechte einschließlich der Ausstellungspriorität (→ Ausstellungsschutz) können aber in Anspruch genommen werden (§ 6 MarkenG) und begründen im Kollisionsfall einen entsprechenden Zeitrang. Der durch eine bloße Benutzung begründete Besitzstand an einer Marke wird im Kollisionsfall nicht geschützt, solange er nicht zur Erlangung von Verkehrsgeltung geführt hat (Benutzungsmarke). Umgekehrt besteht zugunsten des Inhabers einer prioritätsälteren geschäftlichen Bezeichnung die Möglichkeit, aus seinem Recht die → Löschung der jüngeren Marke zu verlangen (§§ 12, 13 MarkenG). – a) *Schutz gegen Verwechslungsgefahr:* Geschäftliche Bezeichnungen genießen Schutz gegen die Benutzung identischer oder ähnlicher geschäftlicher Bezeichnungen und Marken durch Dritte, wenn Verwechslungsgefahr besteht (§ 15 II MarkenG). Kriterien zu ihrer Feststellung sind die Ähnlichkeit der kollidierenden Kennzeichen, das Ausmaß ihrer Unterscheidungskraft und die Branchennähe der Unternehmen, die in Wechselwirkung miteinander stehen: Identität oder große Ähnlichkeit der Kennzeichen kann auch bei weniger großer Branchennähe Verwechslungsgefahr begründen und umgekehrt; das Klagezeichen kann durch starke Benutzung bis hin zu Verkehrsdurchsetzung einen Schutzumfang erreicht haben, der Verwechslungsgefahr mit nur geringer Branchennähe und Ähnlichkeit der sich gegenüberstehenden Zeichen begründet und umgekehrt. Bei der Beurteilung der Kennzeichenähnlichkeit ist auf den Gesamteindruck der kollidierenden Kennzeichen nach Klang, Sinn und Bild abzustellen (Marke). Der Schutz der sachlichen Rechte endet bei nur regional geschützten Bezeichnungen am räumlichen Bereich ihres Schutzes, wobei das Interesse des Inhabers des prioritätsälteren Rechts an einer angemessenen Ausweitung des sachlichen und räumlichen Wirkungsbereichs zu berücksichtigen ist. – b) *Schutz der bekannten Unternehmensbezeichnung, Verwässerungsgefahr:* Marke. – c) *Ansprüche des Verletzten:* Im Verletzungsfall hat der Rechtsinhaber Unterlassungs-, bei Verschulden Schadensersatzansprüche (§§ 15, 128 MarkenG), bei fehlendem Verschulden Ansprüche aus ungerechtfertigter Bereicherung (§ 812 BGB), die durch Auskunftsansprüche (→ Auskunftspflicht) und → Vernichtungsansprüche sowie die

Möglichkeit der → Grenzbeschlagnahme ergänzt werden. Zu beachten ist, dass sich der Unterlassungsantrag bei Kennzeichnungsrechte verletzendem Firmengebrauch auf die Gesamtbezeichnung der kollidierenden Firma so, wie sie gebraucht wird, zu richten hat. Nach der jüngsten Rechtssprechung des Bundesgerichtshofes ist auch der Löschungsanspruch gegen eine im Handelsregister eingetragenen Firma, nicht gegen den rechtsverletzenden Firmenbestandteil, sondern gegen die Firma insgesamt in ihrer eingetragenen Form zu richten. Geht der Störzustand von einer eingetragenen Marke aus, geht der Anspruch ebenfalls auf Einwilligung in die Löschung der eingetragenen Marke; der Antrag auf Löschung einzelner Teile der Marke ist unzulässig, da sie eine Einheit darstellt, die in ihrer Gesamtheit der Prüfung im markenrechtlichen Eintragungsverfahren unterliegt und daher nicht in Teile zerlegt werden kann. Zu Kollisionen aufgrund der Erstreckung von Kennzeichenrechten infolge der Deutschen Einheit vgl. → Weiterbenutzungsrecht. Rechtsstreitigkeiten aus der Kollision von Kennzeichnungsrechten sind → Kennzeichenstreitsachen, für die die Landgerichte zuständig sind (§ 140 MarkenG). – *Verjährung und Verwirkung*: §§ 20, 21 MarkenG. – *Strafvorschrift*: § 143 MarkenG.

geschäftliche Handlung – Begriff zur Abgrenzung von Handlungen, die der wettbewerbsrechtlichen Beurteilung unterliegen. Er ist weit auszulegen und erfasst alle Maßnahmen (positives Tun, Unterlassen bei Bestehen einer Rechtspflicht zum Handeln), die auf die Förderung (unmittelbare wie mittelbare) eines beliebigen (eigenen oder fremden) wirtschaftlichen Geschäftszwecks gerichtet sind. Der Handelnde braucht weder einen Geschäftsbetrieb zu unterhalten noch Erwerbszwecke zu verfolgen oder Gewinn zu erzielen, sodass auch gemeinnützigen oder wohltätigen Zwecken dienende Handlungen im geschäftlichen Verkehr erfolgen können. Gegensatz zum Handeln im geschäftlichen Verkehr sind rein private und betriebsinterne Handlungen. Mit der UWG-Novelle 2008, die die Richtlinie 2005/29/EG über unlautere Geschäftspraktiken (sog. UGP-Richtlinie) in deutsches Recht umgesetzt hat, hat der Begriff der geschäftlichen Handlung eine Ausdehnung dadurch erfahren, dass nunmehr alle Handlungen vor, bei oder nach einem Geschäftsabschluss dem UWG unterfallen können (§ 2 I Nr. 1 UWG). Bei Gewerbetreibenden spricht eine (widerlegbare) tatsächliche Vermutung für das Handeln im geschäftlichen Verkehr wie für das Handeln zu Zwecken des Wettbewerbs (→ Wettbewerbsverhältnis).

Geschäftsabzeichen → geschäftliche Bezeichnungen in der Form von Unternehmenskennzeichen, denen die Namensfunktion fehlt und die erst mit der Erlangung von → Verkehrsgeltung schutzfähig werden (§ 5 II 2 MarkenG). Hierzu zählen visuell wirkende Kennzeichen wie Bilder, geometrische Formen, Signets, Hausfarben etc., Fernsprech-, Fernschreib- und Telefaxnummern, nicht aber solche unaussprechbaren Abkürzungen und Buchstabenzusammenstellungen, die zwar nicht von Hause aus unterscheidungskräftig und damit schutzfähig sind, wohl aber mit der Erlangung von Verkehrsgeltung Namensfunktion gewinnen können und dann namensmäßig als Unternehmensbezeichnung geschützt werden. Die Unterscheidungskraft von Geschäftsabzeichen beschränkt sich auf den Teil des Verkehrs, in dem sie benutzt werden (z.B. Telefax-Verkehr).

Geschäftsanteil – I. GmbH: Ein entsprechend der Aktie (als Vergleich zur Situation bei der AG) bestehender Anteil des einzelnen GmbH-Gesellschafters am Gesellschaftsvermögen. Er wird gebildet durch den Betrag der übernommenen Einlagen. Der früher insoweit verwandte Begriff der → Stammeinlage wurde durch das → Gesetz zur Modernisierung des GmbH-Rechts und zur Bekämpfung von Missbräuchen (MoMiG) durch *Geschäftsanteil* ersetzt (§ 5 GmbHG). Der Nennbetrag eines Geschäftsanteils muss auf volle Euro lauten (§ 5 II 1 GmbHG). Der Geschäftsanteil ist *vererblich* und (mangels abweichender Bestimmung im → Gesellschaftsvertrag) frei *veräußerlich*. Die *Abtretung* und die Verpflichtung zur Abtretung bedarf eines notariellen Vertrages (§ 15 III GmbHG). Die GmbH darf eigene Geschäftsanteile, auf welche die → Einlagen vollständig geleistet sind, nur erwerben, sofern der Erwerb aus dem über das Stammkapital hinaus vorhandene Vermögen geschehen kann (§ 33 II GmbHG). Ferner zulässig ist der Erwerb eigener Geschäftsanteile zur Abfindung von Gesellschaftern bei Umwandlungsfällen (§ 33 III GmbHG). Seit dem MoMiG ist unter den Voraussetzungen des § 16 III GmbHG ein *gutgläubiger Erwerb* von GmbH-Geschäftsanteilen möglich.

II. Genossenschaft: Geschäftsanteile sind die in der Satzung festgelegten Beträge (§ 7 GenG), durch die angegeben wird, mit welcher Einlage sich ein Mitglied an der Genossenschaft beteiligen kann. Ihre Höhe ist am Kapitalbedarf der Genossenschaft ausgerichtet, wobei weder Mindest- noch Höchstbeträge gesetzlich vorgeschrieben sind. – Der Geschäftsanteil ist grundsätzlich an die *Person des Mitglieds* gebunden, d.h. bei Beendigung der Mitgliedschaft wird der Genossenschaft der Geschäftsanteil entzogen, sodass kein festes Grundkapital wie etwa bei der AG entstehen kann. Eine Fortsetzung der Mitgliedschaft mit den Erben nach Zustimmung des Vorstandes ist möglich. Nach der Satzung haben die Geschäftsanteile für alle Mitglieder die gleiche Höhe und es besteht für sie die Verpflichtung, Einzahlungen auf die Geschäftsanteile zu leisten. → Geschäftsguthaben sind dagegen jene Beträge, die die Mitglieder der Genossenschaft auf die übernommenen Geschäftsanteile tatsächlich einbezahlt haben. Geschäftsanteile und Geschäftsguthaben müssen nicht übereinstimmen, es ist jedoch eine Pflichteinzahlung von mind. 10 Prozent der Summe des Geschäftsanteils notwendig.

Geschäftsausstattung → Betriebsausstattung.

Geschäftsbanken – alle → Kreditinstitute i.S.d. KWG. Als Geschäftsbanken i.e.S. gelten in Deutschland nur solche Institute, die sich als Universalbanken mit allen wesentlichen Sparten des → Bankgeschäfts befassen. – *Gegensatz:* → Spezialbanken.

Geschäftsbedingungen → Allgemeine Geschäftsbedingungen (AGB), → Lieferungsbedingungen, → Zahlungsbedingungen.

Geschäftsbeginn – Die tatsächliche Aufnahme der Geschäfte, z.B. Warenbestellung, Ausstellung von Wechseln etc. Geschäftsbeginn ist für den → Istkaufmann maßgebend (§ 1 HGB). Lediglich beim → Kannkaufmann (§§ 2–3 HGB) kommt es auf die Eintragung ins Handelsregister an. – Vgl. auch → Betriebseröffnung.

Geschäftsbereich → Sparte.

Geschäftsbereichsorganisation → Spartenorganisation.

Geschäftsbericht – in der Praxis üblicher Sammelbegriff für eine Zusammenfassung von → Jahresabschluss und → Lagebericht bzw. → Konzernabschluss und → Konzernlagebericht sowie weiterer freiwilliger Angaben der Gesellschaft. Die Aufstellung eines Geschäftsberichts ist gesetzlich nicht vorgeschrieben. Vielmehr bildet er bislang das zentrale Instrument der Kapitalmarktkommunikation (→ Investor Relations). Bei der Offenlegung bzw. Veröffentlichung des Geschäftsberichts müssen Form und Inhalt gemäß § 328 HGB beachtet werden.

Geschäftsbesorgungsvertrag – entgeltlicher → Dienstvertrag oder → Werkvertrag, durch den sich jemand zur Besorgung eines Geschäfts für einen anderen verpflichtet (§ 675 I BGB). Eine solche Geschäftsbesorgung liegt nur vor bei einer selbständigen Tätigkeit wirtschaftlicher Art, für die ursprünglich der Geschäftsherr zu sorgen hatte (z.B. Tätigkeit des Rechtsanwalts oder Steuerberaters für Klienten). Unterschied zum Auftrag durch Entgeltlichkeit. Auf den Geschäftsbesorgungsvertrag finden die meisten *Vorschriften* über den → Auftrag entsprechende Anwendung, ausgenommen § 671 BGB (jederzeitiger Widerruf und Kündigung).

Geschäftsbetrieb → kaufmännischer Geschäftsbetrieb.

Geschäftsbezeichnung → geschäftliche Bezeichnungen, → besondere Geschäftsbezeichnung, → Geschäftsabzeichen.

Geschäftsbriefe – *Handelsbriefe.* 1. Etwas antiquiert wirkender *Begriff* für: Alle den Gewerbebetrieb eines → Kaufmanns betreffenden aus- und eingehenden Schreiben, Faxe, Telegramme, E-Mails. – 2. In ausgehenden Geschäftsbriefen des *Kaufmanns* müssen angegeben sein Firma, bei Einzelkaufleuten die entsprechende Bezeichnung, Ort der Handelsniederniederlassung, Registergericht und Nr. der Eintragung (§37a HGB), wenn diese als Rechnungsformular verwandt werden sollen, auch die Umsatzsteuer-Identifikationsnummer (§ 14 IV Nr. 2 UStG). – 3. In Geschäftsbriefen der *AG, GmbH* entsprechend: Rechtsform, den Sitz der Gesellschaft, das Registergericht des Sitzes der Gesellschaft und die Nummer, unter der die Gesellschaft in das Handelsregister eingetragen ist, sowie alle Mitglieder des Vorstandes und den Vorsitzenden des Aufsichtsrats bzw. die Geschäftsführer mit dem Familiennamen und mind. einem ausgeschriebenen Vornamen angeben. Der Vorsitzende des Vorstands ist als solcher zu bezeichnen (§ 80 AktG, § 35a GmbHG). – Vgl. auch §§ 125a, 177a HGB, § 25a GenG. – Bei → Liquidation ist zusätzlich diese Tatsache sowie Bezeichnung der Abwickler (§ 268 IV AktG, § 71 V GmbHG) anzugeben. Bei Mitteilungen oder Berichten im Rahmen einer Geschäftsverbindung auf Vordrucken bedarf es der Angaben nicht. Bestellscheine gelten als Geschäftsbriefe. – 4. Dem → Kaufmann obliegt hinsichtlich der empfangenen und der Wiedergaben von abgesandten Geschäftsbriefen eine sechsjährige → *Aufbewahrungspflicht,* vgl. § 257 IV HGB. – Vgl. auch → Briefgeheimnis.

Geschäftsbücher – 1. *Begriff:* nach dem HGB *Handelsbücher,* im kaufmännischen Sprachgebrauch *Bücher.* Die der → Buchführung dienenden Unterlagen in Form von gebundenen Büchern, geordnet abgelegten losen Blättern, sonstigen Datenträgern, sofern sie den Grundsätzen ordnungsmäßiger Buchführung (GoB) entsprechen (§ 239 IV HGB), Erleichterungen für Einzelkaufleute nach § 241a HGB (→ Bilanzrechtsmodernisierungsgesetz (BilMoG)). Ursprünglich bestand die doppelte Buchführung aus einem Grundbuch (→ Journal), in das alle Geschäftsvorfälle chronologisch eingetragen wurden, und dem Hauptbuch, das eine systematische Kontoaufteilung enthält. In den meisten Fällen reicht diese einfache Form heute nicht mehr aus. So treten neben das Grund- und Hauptbuch Nebenbücher wie das Kassenbuch, das Wareneinkaufs- und das Warenverkaufsbuch. Alle Eintragungen werden im Journal zusammengefasst. Bei der EDV-Buchführung in der Form der Speicherbuchführung erfüllen Datenträger (Speichermedien) die Bücherfunktion. – Vgl. auch → Buchführung, → Buchführungspflicht, → Aufbewahrungspflicht. – 2. *Einsichtsrecht* in die Geschäftsbücher haben bei Personengesellschaften auch die von der Geschäftsführung ausgeschlossenen Gesellschafter, bes. wenn Grund zur Annahme unredlicher Geschäftsführung besteht (§ 716 BGB, §§ 118, 166 HGB). – 3. *Vorlegung* der Geschäftsbücher kann das Gericht im Laufe eines Rechtsstreits anordnen (§ 258 HGB). Ordnungsgemäß geführte Bücher haben hohe Wahrscheinlichkeit für ihre inhaltliche Richtigkeit im Zivilprozess (→ Beweiskraft der Bücher). – 4. Geschäftsbücher sind nicht der → Pfändung unterworfen (§ 811 Nr. 11 ZPO); sie gehören aber zur *Insolvenzmasse (§ 36 II Nr. 1 InsO).*

Geschäftsbuchhaltung → Finanzbuchhaltung.

Geschäftseröffnung → Betriebseröffnung.

Geschäftsfähigkeit – Fähigkeit, → Willenserklärungen rechtsgültig abzugeben und entgegenzunehmen. – 1. *Unbeschränkte Geschäftsfähigkeit* wird i.d.R. mit der → Volljährigkeit erreicht. – 2. *Geschäftsunfähig* sind (§ 104 BGB): (1) Kinder unter sieben Jahren; (2) Personen, die sich in einem die freie Willensentscheidung ausschließenden dauernden Zustand krankhafter Störung der Geistestätigkeit befinden. Rechtsgeschäfte mit ihnen sind nichtig (§ 105 BGB), für sie handelt der → gesetzliche Vertreter. Eine Ausnahme gilt für Geschäfte des täglichen Lebens volljähriger Geschäftsunfähiger (§ 105a BGB). – 3. *Beschränkt geschäftsfähig* sind (§ 106–113 BGB) Personen zwischen sieben und achtzehn Jahren. Ein beschränkt Geschäftsfähiger kann ohne → Zustimmung bzw. → Genehmigung des gesetzlichen Vertreters nur Rechtsgeschäfte vornehmen (§§ 110–113 BGB), (1) die ihm lediglich rechtlichen Vorteil bringen, (2) die er mit seinem Taschengeld abwickelt, (3) die er im Rahmen eines Erwerbsgeschäfts eingeht, sofern er zum Betrieb eines Erwerbsgeschäftes ermächtigt ist, oder die (4) die Eingehung oder Aufhebung vom gesetzlichen Vertreter generell erlaubter Arbeitsverhältnisse betreffen. – 4. → Kaufmann können auch geschäftsunfähige und in der Geschäftsfähigkeit beschränkte Personen sein. Das → Gewerbe können sie aber nur durch ihren gesetzlichen Vertreter betreiben. Vor dem Beginn eines neuen Erwerbsgeschäftes soll die Genehmigung des Familien- bzw. Vormundschaftsgerichts eingeholt werden (§§ 1645, 1823 BGB). – 5. Die Vorschriften des Bürgerlichen Rechts sind auch für die Geschäftsfähigkeit in *Steuersachen* maßgebend (§ 79 AO).

Geschäftsfeldstrategie – Teil der → strategischen Planung. Füllt im Zusammenspiel mit den funktionalen Strategien die Wettbewerbsstrategien eines Unternehmens aus.

Geschäftsfeldwahl – Grundsatzentscheidung des Unternehmens und legt fest, auf welche potenziellen Abnehmergruppen, Abnehmerfunktionen und verwendbare Technologien sich die Unternehmensaktivitäten in Zukunft konzentrieren sollen. Die Geschäftsfeldwahl kann sich im Rahmen der Internationalisierung auch auf die Länderwahl (→ Auslandsmarktselektion) erweitern.

Geschäftsfläche – betrieblich genutzte Fläche eines Handelsbetriebs, also die → Verkaufsfläche zzgl. der Ausstellungs-, Lager-, Versand-, Büro- und Sozialräume. Parkplätze gehören nicht zur Geschäftsfläche.

Geschäftsfreundebewirtung – Bewirtung von Personen, die nicht Arbeitnehmer des Steuerpflichtigen sind, aus betrieblicher Veranlassung. – Aufwendungen für Geschäftsfreundebewirtung und die Bewirtung sind → Betriebsausgaben, ihre Abzugsfähigkeit ist seit 2004 auf 70 Prozent der angemessenen Aufwendungen begrenzt. Voraussetzung für den Abzug ist, dass (1) die Aufwendungen nach der allg. Verkehrsauffassung angemessen sind; (2) die Rechnung den umsatzsteuerlichen Anforderungen genügt, maschinell erstellt und registriert ist. Bei Gaststättenbewirtung ist die Rechnung beizufügen. Außerdem sind bestimmte zusätzliche Angaben zu Ort, Tag und Teilnehmern der Bewirtung zu machen. (3) Die Aufwendungen für die Geschäftsfreundebewirtung müssen einzeln und getrennt von den sonstigen Betriebsausgaben aufgezeichnet werden. – Der restliche, über 70 Prozent hinausgehende Teil der Aufwendungen bildet nicht abzugsfähige Betriebsausgaben (§ 4 V Nr. 2 EStG). – Aufwendungen für reine Arbeitnehmerbewirtung sind zu 100 Prozent abzugsfähig.

Geschäftsführer – Gesetzlicher Vertreter (Organ) und verantwortlicher Leiter der GmbH (§ 35 I GmbHG). Der Geschäftsführer braucht nicht Gesellschafter zu sein. – 1. *Umfang der gesetzlichen Vertretungsmacht* nach außen unbeschränkbar. Stellvertretende Geschäftsführer unterliegen den gleichen Bestimmungen wie Geschäftsführer (§ 44 GmbHG). Meist wird der Geschäftsführer durch die Satzung vom Verbot des Selbstkontrahierens gemäß § 181 BGB befreit. – 2. Die *Bestellung* des Geschäftsführers erfolgt im → Gesellschaftsvertrag oder durch die Gesellschafterversammlung, die auch den Anstellungsvertrag schließt. Prokuristen und Handlungsbevollmächtigte zum gesamten Geschäftsbetrieb kann i.d.R. nur die Gesellschafterversammlung bestellen. – 3. *Haftung* der Geschäftsführer gegenüber der Gesellschaft bei Obliegenheitsverletzung für den entstandenen Schaden (§ 43 GmbHG). Sie haben jährlich eine Liste der Gesellschafter zum → Handelsregister einzureichen und haben für die ordnungsgemäße Buchführung zu sorgen (§§ 40, 41 GmbHG). – 4. *Beendigung* der Tätigkeit des Geschäftsführers durch Vertragsablauf, Kündigung oder Widerruf (§ 38 GmbHG). Widerruf der Bestellung bei Vorliegen eines → wichtigen Grundes (Delikt, Pflichtverletzung, Unfähigkeit) jederzeit möglich und nicht ausschließbar. Bestellung und Widerruf sind zum Handelsregister anzumelden (§ 39 GmbHG). Nach Widerruf seiner Bestellung hat der Geschäftsführer bei fortbestehendem Anstellungsverhältnis grundsätzlich keinen Anspruch auf Weiterbeschäftigung in einer seiner früheren Tätigkeit vergleichbaren leitenden Funktion, es sei denn, der Anstellungsvertrag sagt dazu etwas anderes, so BGH, Urt. v. 11.10.2010 (II ZR 266/08). – Vgl. auch → Arbeitsdirektor, → Arbeitsgerichtsbarkeit, → Kündigungsschutz.

Geschäftsführergehalt → Arbeitsentgelt der mit der Geschäftsführung betrauten Personen. – 1. *Kostenrechnung:* a) Bei *Kapitalgesellschaften:* Das Geschäftsführergehalt ist in der Kostenarten-Gruppe Gehälter zu erfassen und der Kostenstelle „Allgemeine Verwaltung“ zuzurechnen. – b) Bei *Personengesellschaften* wird anstelle des Geschäftsführergehalts in der Vollkostenrechnung ein → kalkulatorischer Unternehmerlohn verrechnet.

Geschäftsführung – I. Gesellschaft bürgerlichen Rechts: Die Geschäftsführung steht den

Gesellschaftern gemeinschaftlich zu; für jedes Geschäft ist Zustimmung aller Gesellschafter erforderlich (§ 709 BGB). – 1. Durch abweichende Vereinbarung kann die Geschäftsführung einem oder mehreren Gesellschaftern unter Ausschluss der übrigen *übertragen* werden oder kann Mehrheitsbeschluss für verbindlich erklärt werden. Die geschäftsführenden Gesellschafter sind, soweit im → Gesellschaftsvertrag nichts anderes bestimmt, auch zur → Vertretung der Gesellschaft berechtigt (§ 714 BGB). – 2. *Entziehung* der im Gesellschaftsvertrag einem oder bestimmten Gesellschaftern übertragenen Geschäftsführung bei → wichtigem Grund, z.B. grober Pflichtverletzung oder Unfähigkeit, durch einstimmigen Beschluss der übrigen Gesellschafter; falls nach Gesellschaftsvertrag Stimmenmehrheit entscheidet, genügt Mehrheitsbeschluss der übrigen (§ 712 BGB). Wird die Geschäftsführungsbefugnis entzogen, steht sie künftig allen Gesellschaftern gemeinsam zu.

II. Offene Handelsgesellschaft: Die Geschäftsführung umfasst alle laufenden Maßnahmen zur Förderung des Gesellschaftszwecks. Von der Geschäftsführung ist die → Vertretungsmacht, die sich mit dem Auftritt der OHG nach außen befasst, streng zu scheiden. – 1. *Umfang:* (1) Berechtigung und Verpflichtung zur Vornahme bestimmter Handlungen; (2) Vertretungsmacht; (3) Vertretung mit Wirkung für und gegen die OHG gegenüber Dritten im Rechtsverkehr. Der geschäftsführende Gesellschafter ist für seine Geschäftsführung verantwortlich im Rahmen der → Sorgfalt in eigenen Angelegenheiten. – 2. Die *Regelung* der Geschäftsführung steht im Belieben der Gesellschafter. Ist im Gesellschaftsvertrag nichts bestimmt worden, ist für die Handlungen, die der gewöhnliche Betrieb des Handelsgewerbes der OHG mit sich bringt (§ 116 I HGB), jeder Gesellschafter der OHG zur Geschäftsführung berechtigt und verpflichtet, und zwar einzeln (§§ 114, 115 HGB, → Einzelgeschäftsführung); für ungewöhnliche Geschäfte ist die → Zustimmung aller Gesellschafter, auch der von der Geschäftsführung ausgeschlossenen, zur Erteilung einer → Prokura die der geschäftsführenden Gesellschafter, erforderlich (§ 116 II, III HGB). – 3. *Beendigung der Geschäftsführung:* (1) Mit Beendigung des Gesellschaftsverhältnisses; (2) durch Entziehung, wenn ein → wichtiger Grund vorliegt (§ 117 HGB), auf Antrag (Klage) aller übrigen Gesellschafter durch gerichtliche Entscheidung; vgl. → Abberufung; (3) die Ausübung der Geschäftsführung kann auch durch → einstweilige Verfügung untersagt werden. – 4. *Aufwendungen* oder Verluste, die dem Gesellschafter in Angelegenheiten der Gesellschaft entstanden sind, sind zu ersetzen. – Bei → Abwicklung steht die Geschäftsführung ausschließlich den → Abwicklern zu.

III. Kommanditgesellschaft: Die Geschäftsführung steht nur den persönlich haftenden Gesellschaftern (→ Komplementär) zu (§§ 161, 164 HGB). Bei Geschäften, die über den gewöhnlichen Betrieb des Handelsgewerbes der KG hinausgehen, können die → Kommanditisten widersprechen (vgl. § 164 Satz 1 2. HS HGB).

IV. Partnerschaftsgesellschaft: Es gelten die Vorschriften über die OHG entsprechend, soweit der Partnerschaftsvertrag keine anders lautenden Bestimmungen enthält (§ 6 III PartGG).

V. Kapitalgesellschaften und Genossenschaft: 1. Geschäftsführung der *AG* erfolgt durch den → Vorstand. – 2. Geschäftsführung der *KGaA* durch die persönlich haftenden Gesellschafter. – 3. Geschäftsführung der *GmbH* durch einen oder mehrere → Geschäftsführer. – 4. Geschäftsführung der *Genossenschaft* obliegt deren Vorstand (→ Genossenschaftsorgane). – 5. Hat eine Gesellschaft keine Geschäftsführung mehr (Fall der → Führungslosigkeit), ordnet das Gesetz teilweise das Einspringen von Aufsichtsrat und Gesellschaftern an (vgl. bei → Führungslosigkeit).

Geschäftsführung ohne Auftrag – 1. *Begriff:* Besorgung eines Geschäfts durch jemand (den *Geschäftsführer*) für einen anderen (den *Geschäftsherrn*), ohne von diesem beauftragt oder ihm gegenüber sonst dazu berechtigt zu sein. Hinzu kommen muss der Wille des Geschäftsführers, das fremde Geschäft für den Geschäftsherrn zu führen (Fremdgeschäftsführungswille). Dieser Wille setzt sich aus dem Bewußtsein, ein fremdes Geschäft zu führen (Fremdgeschäftsführungsbewusstsein), und aus dem finalen Willen zur Fremdgeschäftsführung (Fremdgeschäftsführungswille i.e.S.) zusammen. Geregelt in §§ 677-687 BGB. – 2. *Formen*: a) *berechtigte* Geschäftsführung ohne Auftrag: (1) Die Übernahme der Geschäftsführung entspricht dem Interesse und dem wirklichen oder mutmaßlichen Willen des Geschäftsherrn. (2) oder rechtzeitige Erfüllung einer Pflicht des Geschäftsherrn, deren Erfüllung im öffentlichen Interesse liegt, oder einer gesetzlichen Unterhaltspflicht des Geschäftsherrn. (3) oder Genehmigung der Geschäftsführung durch den Geschäftsherrn. – b) *unberechtigte* Geschäftsführung ohne Auftrag: wenn die unter a) bezeichneten Voraussetzungen nicht vorliegen. – 3. *Rechtsfolgen*: a) berechtigte Geschäftsführung ohne Auftrag: Der Geschäftsführer hat einen Anspruch auf → Aufwendungsersatz wie ein Beauftragter beim → Auftrag. Im Gegenzug treffen ihn zahlreiche Pflichten, z.B. Schadensersatzpflicht bei Ausführungsverschulden (s. hierzu auch → Schadensersatz) oder die Herausgabepflicht für das durch die Geschäftsführung Erlangte. – b) unberechtigte Geschäftsführung ohne Auftrag: Der Geschäftsführer hat für seine Aufwendungen lediglich einen Anspruch aus → ungerechtfertigter Bereicherung. Im Gegenzug trifft ihn neben den Pflichte des berechtigten Geschäftsführers die Schadensersatzpflicht aus einem Übernahmeverschulden (§ 678 BGB). – 4. *Anders*: *unechte* Geschäftsführung ohne Auftrag: a) *irrtümliche Eigengeschäftsführung* (§ 687 I BGB): Es fehlt das Fremdgeschäftsführungsbewusstsein, z.B. beim gutgläubigen Besitzer einer fremden Sache. – b) *angemaßte Eigengeschäftsführung* (§ 687 II BGB): Es fehlt der Fremdgeschäftsführungswille i.e.S., z.B. beim Diebstahl.

Geschäftsgeheimnis → Betriebs- und Geschäftsgeheimnis.

Geschäftsgrundlage – Umstände oder Vorstellungen, die zur Grundlage, aber nicht zum Inhalt eines Vertrages wurden. – Ein *Irrtum* über die Geschäftsgrundlage kann zur → Anfechtung wegen → Irrtums berechtigen. – Vgl. auch → Störung der Geschäftsgrundlage.

Geschäftsgrundstück → Grundstücksart im Sinn des Bewertungsgesetzes; relevant für Zwecke der Grundsteuer (→ Einheitswert). – 1. *Begriff:* Bebautes Grundstück, das zu mehr als 80 Prozent, berechnet nach der → Jahresrohmiete, eigenen oder fremden gewerblichen oder öffentlichen Zwecken dient (§ 75 III BewG), nicht zu verwechseln mit → Betriebsgrundstück. – 2. *Bewertung* (→ Grundstücksbewertung): Bisher i.d.R. nach dem Ertragswertverfahren (§§ 76 I, 78 ff. BewG; → Ertragswert), ausnahmsweise nach dem Sachwertverfahren (§§ 76 III, 83 ff. BewG; → Sachwert). Für Zwecke der Erbschaftsteuer wurden im Rahmen der → Erbschaftsteuerreform die Bewertungsvorschriften für Grundbesitz neu geregelt. Demnach gewinnt die Bedeutung des gemeinen Werts immer mehr an Bedeutung. Dennoch ist für die Bewertung von Geschäftsgrundstücken nachwievor vorrangig das Ertragswertverfahren und nachrangig das Sachwertverfahren heranzuziehen. Die Neuregelungen gelten grundsätzlich für Erwerbe ab dem 1.1.2009. Begünstigungen können auf Antrag bereits auf vorherige Erwerbe angewendet werden. – Vgl. auch → Grundstückswert

Geschäftsgründung → Gründung.

Geschäftsguthaben – Höhe der Einlagen, die Mitglieder von Genossenschaften durch Einzahlung oder Zuschreibung von Gewinnanteilen auf ihren → Geschäftsanteil geleistet haben. Da Geschäftsguthaben bei Beendigung der Mitgliedschaft der Genossenschaft entzogen werden, verändert sich die Größe des Eigenkapitals bei Genossenschaften mit der Zahl der Geschäftsanteile und der Höhe der darauf erfolgten Leistungen. – *Gewerbesteuer:* Geschäftsguthaben sind nicht → Dauerschulden; Zinsen aus Geschäftsguthaben sind deshalb bei Ermittlung des → Gewerbeertrags der Genossenschaft nicht dem → Gewinn und die Geschäftsguthaben selbst bei Ermittlung des → Gewerbekapitals der Genossenschaft nicht dem → Einheitswert des gewerblichen Betriebes hinzuzurechnen.

Geschäftsjahr → Wirtschaftsjahr.

Geschäftsjahresschaden – 1. *Begriff:* Gesamtschaden aus den innerhalb einer Abrechnungsperiode eingetretenen → Versicherungsfällen. *Anders:* → Meldejahresschaden. – 2. *Merkmale:* Der Schadenaufwand eines Geschäftsjahres umfasst Schadenzahlungen für in dieser Zeit eingetretene Versicherungsfälle und die korrespondierenden Regulierungsaufwendungen zuzüglich der Zuführungen zur Rückstellung für noch nicht abgewickelte Versicherungsfälle, und wird als Geschäftsjahresschadenaufwand bezeichnet. 3. *Rückversicherung:* Über eine Jahresüberschadendeckung (Stop Loss) kann sich der → Erstversicherer speziell vor Verlusten schützen, die einen bestimmten Geschäftsjahresschaden übersteigen.

Geschäftsjubiläum → Abschnittsschlussverkäufe.

Geschäftsklima – Befragung auf Unternehmenseben zur Einschätzung der gegenwärtigen und zukünftigen Konjunkturentwicklung. Das Geschäftsklima ist Ergebnis dieser Befragung. Der bekannteste und aussagekräftigste Geschäftsklimaindex wird vom → ifo Institut für Wirtschaftsforschung ermittelt.

Geschäftsklima-Index → Konjunkturtest.

Geschäftskonto – Verbindungskonto (Gegenkonto) bei getrennter → Finanzbuchhaltung und → Betriebsbuchhaltung. Buchungsinhalt Spiegelbild des → Betriebskontos. – Vgl. auch → Zweisystem, → Übergangskonten.

Geschäftsleitung – maßgebender Ort für die → unbeschränkte Steuerpflicht und → beschränkte Steuerpflicht juristischer Personen bei der Körperschaftsteuer. Nach § 10 AO der Mittelpunkt der geschäftlichen Oberleitung.

Geschäftsmodell – 1. *Begriff:* Das Geschäftsmodell bezeichnet die Abbildung des betrieblichen Leistungssystems eines Unternehmens, also die Funktionen einer Unternehmung in ihren Erträgen und Aufwendungen. Das Geschäftsmodell bildet ab, welche externen → Ressourcen in ein Unternehmen fließen und wie sie durch den Leistungserstellungsprozess in Produkte bzw. → Dienstleistungen transferiert werden. Entscheidende Bedeutung für die Beurteilung eines Geschäftsmodells haben immer die Zahlungsbereitschaft der Kunden, die unternehmerische → Preispolitik und die Wettbewerbsposition des jeweiligen Produktangebots. – 2. *Differenzierung:* Geschäftsmodelle von Unternehmen können in verschiedene Gruppen eingeteilt werden. Eine klassische Differenzierung ist die Unterteilung in produzierende Unternehmen und Dienstleistungsunternehmen. Als zusätzliche Kategorie können informationsbasierte Geschäftsmodelle angesehen werden. – a) *Produktionsbasierte Geschäftsmodelle:* Unternehmen, deren Geschäftsmodell auf der → Produktion basiert, generieren Erlöse durch den Verkauf von Gütern. Bei produktionsbasierten Geschäftsmodellen spielt das Verhältnis von fixen zu variablen → Kosten sowie eventuelle Fixkostendegressionen bzw. Skaleneffekte eine wesentliche Rolle. – b) *Dienstleistungsbasierte Geschäftsmodelle:* Charakteristisch für Dienstleistungen ist die Tatsache, dass sie eine Leistung darstellen, die nicht eingelagert werden kann. Produktion und Konsum finden zeitgleich statt. Ein Unternehmen kann also nicht auf Vorrat produzieren. Eine wesentliche Rolle für das Geschäftsmodell und damit die Erfolgsaussichten eines Gründungsunternehmens spielt die Auslastung der Produktionskapazitäten sowie die Preissensitivität der Kunden. – c) *Informationsbasierte Geschäftsmodelle:* Bietet ein Unternehmen Informationen an, wie z.B. ein Zeitungsverlag, kann zwischen drei Geschäftsmodellen unterschieden werden. Zum einen kann das Unternehmen den Zugang zu den Informationen verkaufen. Dies kann für einen einzelnen Abruf oder für einen Zeitraum geschehen (→ Abonnement). Schließlich kann das Unternehmen Informationen kostenlos bereitstellen, um möglichst viele Betrachter anzuziehen. Dann werden durch den Verkauf von → Werbung Erlöse erzielt. Zuletzt kann ein Unternehmen als Mittler dienen. Hierbei aggregiert das Unternehmen Angebot und Nachfrage auf einer Plattform. Die Kunden bezahlen für diese Dienstleistung fixe und/ oder transaktionsabhängige Gebühren. – 3. *Abgrenzung zur Geschäftsidee:* Das Geschäftsmodell kann als inhaltliche Weiterentwicklung der Geschäftsidee verstanden werden. Während die Geschäftsidee die Leistung oder idealerweise den → Kundennutzen betrachtet, stellt das Geschäftsmodell die zugrundeliegende Kosten- und Erlössystematik dar. Aus einer Geschäftsidee kann mit einem guten Geschäftsmodell ein Unternehmen werden.

Geschäftsordnung – Richtlinien, nach denen die Arbeit von Gremien abgewickelt wird, soweit sie gesetzlich oder satzungsmäßig nicht geregelt ist. Wichtige in der Geschäftsordnung zu regelnde Punkte: Einberufung zur Sitzung, Tagesordnung, Vorsitz, Abstimmungsmodus, Minderheitsvotum, Protokollführung, Redezeitbegrenzung, Berichterstattung, Geschäftsführung zwischen den Sitzungen. – Die Geschäftsordnung bestimmt in einem Entscheidungsgremium die Reihenfolge, in der über die Alternativen abgestimmt wird. Bei Auftreten des → Condorcet-Paradoxons kann die Geschäftsordnung für den Ausgang der Gruppenentscheidung ausschlaggebend sein (→ binäre Abstimmungsverfahren).

Geschäftspapiere – Alle Papiere, die über Geschäftsvorgänge des Unternehmens Auskunft geben. Gesetzliche → Aufbewahrungspflicht nach § 257 HGB. – Vgl. auch → Geschäftsbücher.

Geschäftsplan → Business Plan.

Geschäftsprozess – Folge von Wertschöpfungsaktivitäten (→ Wertschöpfung) mit einem oder mehreren Inputs und einem Kundennutzen stiftenden Output. Geschäftsprozesse können auf verschiedenen Aggregationsebenen betrachtet werden, z.B. für die Gesamtunternehmung, einzelne Sparten- oder Funktionalbereiche. Der Geschäftsprozess ist zentraler Betrachtungsgegenstand des → Business Process Reengineering. – Vgl. auch → Prozessorganisation.

Geschäftsprozessoptimierung → Business Process Reengineering.

Geschäftsprozessorganisation → Organisationsgestaltung, die sich an → Geschäftsprozessen orientiert. – Vgl. auch → Prozessorganisation.

Geschäftsreise → Dienstreise; 1. *Begriff:* Geschäftsreisen sind berufsbedingte Ortsveränderungen außerhalb der regelmäßigen Arbeitsstätten und der Wohnung des Reisenden. – 2. *Steuerrecht:* Im Steuerrecht spricht man nicht von Geschäfts- oder Dienstreise, sondern verwendet den Begriff der „beruflich veranlassten Auswärtstätigkeit". Eine berufliche veranlasste Auswärtstätigkeit liegt vor, wenn der Arbeitnehmer vorübergehend außerhalb seiner Wohnung und an keiner seiner regelmäßigen Arbeitsstätten beruflich tätig wird. Sie liegt ebenfalls vor, wenn der Arbeitnehmer bei seiner individuellen beruflichen Tätigkeit typischerweise nur an ständig wechselnden Tätigkeitsstätten oder auf einem Fahrzeug tätig wird. Zu den bei einer Auswärtstätigkeit anfallenden Reisekosten zählen Fahrtkosten, Verpflegungsmehraufwendungen, Übernachtungskosten und Reisenebenkosten. – 3. *Reiserecht:* Geschäftsreisen sind → Individualreisen. Für die hier anzutreffenden Verträge gelten die Ausführungen für die Individualreise entsprechend. Verreisen Geschäftsreisende, so treffen den Arbeitgeber entsprechende → Schutzpflichten. Im Übrigen sind die innerbetrieblichen Reisekostenordnungen (→ Reiserichtlinien, Travel Policy) und sonstigen arbeitsrechtlichen Vorschriften maßgeblich. Die Beschaffung der Reiseleistungen erfolgt über → Reisebüros oder direkt beim Leistungsträger.

Geschäftsspionage → Betriebs- und Geschäftsgeheimnis.

Geschäftssystem → Wettbewerbsstrategie.

Geschäftstagebuch – Hauptbuch der → Mindestbuchführung des Einzelhandels. Sofern nicht bereits weiterreichende Bücher im Sinn des § 238 HGB bzw. der §§ 140 ff. AO geführt werden, ist u.a. ein Geschäftstagebuch zu führen, in dem täglich laufend und lückenlos die Ein- und Auszahlungen aus der Kasse nach dem Kassenberichtsblock und die Zu- und Abgänge von bargeldlosen Zahlungskonten (Bank) nach Betriebskosten, Privatentnahmen, Wareneinkäufen und -verkäufen und sonstigen Geschäftsvorfällen einzutragen sind.

Geschäftsunfähigkeit – mangelnde Fähigkeit, rechtlich wirksame Erklärungen abzugeben. – Vgl. auch → Geschäftsfähigkeit.

Geschäftsveräußerung im Ganzen – 1. *Begriff:* Übertragung eines Unternehmens oder des Betriebes eines Unternehmens im Ganzen (sog. → Share Deal – bei Betriebsveräußerung, wenn er zuvor rechtlich verselbständigt wurde). – 2. *Allgemeine rechtliche Regelungen:* → Veräußerung. – 3. *Umsatzsteuer:* a) *innerdeutsch:* Geschäftsveräußerung im Ganzen unterliegt seit dem 1.1.1994 nicht mehr der Umsatzsteuer, wenn sie - entgeltlich oder unentgeltlich – an einen anderen Unternehmer für dessen Unternehmen erfolgt (§ 1 Ia UStG). Eine Geschäftsveräußerung im

Ganzen ist auch dann anzunehmen, wenn einzelne nicht wesentliche Wirtschaftsgüter von der Übertragung ausgeschlossen werden. Der erwerbende Unternehmer tritt an die Stelle des Veräußerers. – b) *grenzüberschreitende Fälle*: die Einstufung einer Geschäftsveräußerung im Ganzen als nicht steuerbarer Vorgang ist in der Mehrwertsteuersystemrichtlinie als ein Wahlrecht ausgestaltet; gehen im Rahmen einer Geschäftsveräußerung im Ganzen also auch Vermögensteile auf den Rechtsnachfolger über, die nicht in Deutschland steuerbar wären, sondern im Ausland, so sind dort vorsichtshalber erkundigen darüber einzuziehen, ob die Geschäftsveräußerung im Ganzen dort ebenso behandelt wird wie hier in Deutschland. – 4. *Einkommensteuer*: → Veräußerungsgewinn.

Geschäftsverteilungsplan – Plan zur übersichtlichen Erfassung und Darstellung geschäftlicher Arbeitsaufgaben im Unterschied zu → Arbeitsplan und → Organigramm. Zweck ist eine persönliche sowie sachliche Tätigkeits- und Kompetenzabgrenzung, die klare Verantwortungsbereiche schafft und die betriebliche Zusammenarbeit fördert.

Geschäftsvolumen – Bilanzsumme eines Kreditinstituts zzgl. der „unter dem Bilanzstrich" angegebenen zinstragenden Eventualverbindlichkeiten. Das Geschäftsvolumen dient im Wesentlichen auch als Bezugsgröße zur Ermittlung der Bruttozinsspanne.

Geschäftsvorfälle – Vorgänge aufgrund unternehmerischen Handelns, die Anlass zu Buchungen sind. Die finanziellen Konsequenzen der Geschäftsvorfälle schlagen sich im → Jahresabschluss nieder.

Geschäftswert → Firmenwert.

Geschäftswucher – Form des → Wuchers.

Geschenk → Schenkung, → Jubiläumsgeschenke, → Kundenfang, → Bestechung.

geschichtete Auswahl – Verfahren der → Zufallsauswahl, bei dem die Grundgesamtheit zunächst in Schichten unterteilt wird, innerhalb derer mit einfacher Zufallsauswahl die benötigte Anzahl an Untersuchungseinheiten gezogen wird. Der Genauigkeitsgewinn ist um so höher, je homogener die Schichten im Vergleich zur Grundgesamtheit sind. Ein weiterer Vorteil der Schichtung ist, dass es auch möglich ist, Ergebnisse pro Schicht mit einer vorgegebenen Genauigkeit auszuweisen.

geschichtetes Zufallsstichprobenverfahren – Spezialfall eines → höheren Zufallsstichprobenverfahrens. Ein geschichtetes Zufallsstichprobenverfahren liegt vor, wenn eine → Grundgesamtheit in → Teilgesamtheiten (Primäreinheiten, „Schichten") zerlegt wird und Elemente aus *jeder* Schicht in die Stichprobe gelangen. Geschichtete Zufallsstichprobenverfahren sind um so vorteilhafter, je homogener die Schichten bez. der Untersuchungsvariablen sind (Schichtungseffekt). Durch eine geeignete → Schichtenbildung *(Stratifikation)* und eine geeignete Aufteilung des Stichprobenumfangs auf die Schichten (→ Allokation) kann die Wirksamkeit von geschichteten Zufallsstichprobenverfahren gesteigert werden.

Geschicklichkeit → Anforderungsart im Rahmen der Arbeitsbewertung. Geschicklichkeit ist nur dann zu bewerten, wenn sich die einzelnen Bewegungen und Griffe des Arbeitenden in bes. Weise ständig wechselnden oder plötzlich auftretenden Anforderungen anpassen müssen. – Vgl. auch → Genfer Schema.

geschlossene Frage – Frage in einer → Befragung, bei der die Menge der möglichen Antworten begrenzt ist.

geschlossene Kostenträgererfolgsrechnung – Form der → kurzfristigen Erfolgsrechnung nach dem → Umsatzkostenverfahren, bei der gleichzeitig rechnerische Bestände der Halb- und Fertigfabrikate geführt werden, die mit der Kostenarten- und Kostenstellenrechnung abgestimmt sind.

geschlossenes Entscheidungsmodell – Modell eines → Entscheidungsprozesses, das von vollständig vorgegebenen → Entscheidungsprämissen ausgeht. Geschlossenes Entscheidungsmodell stellt eine Entscheidungssituation dar, die sich durch vollständig formulierte → Entscheidungsmatrix mit bekannter → Entscheidungsregel auszeichnet. Geschlossene Entscheidungsmodelle bilden unbeschränktes Rationalverhalten (z.B. → Homo oeconomicus) ab (→ Rationalprinzip). – Vgl. auch → Modell. – Entscheidungsmodelle des → Operations Research (OR) zählen zu den geschlossenen Entscheidungsmodellen. – *Gegensatz:* → offenes Entscheidungsmodell.

geschlossenes Netz → Netz, das aufgrund seiner herstellerspezifischen Architektur nur die Einbindung von Datenstationen (v.a. von Computern) eines oder weniger bestimmter Teilnehmerkreise erlaubt. – *Gegensatz:* → offenes Netz.

Geschmacksmuster – I. Allgemein: Als Vorlage für Massenwaren (gewerbliche Erzeugnisse) verwendbares Muster (Vorlagen für Flächen mit zweidimensionalen Gestaltungen) oder Modell (Vorlagen für dreidimensionale Gestaltungen), das der Gestaltung der äußeren Form dient.

II. Geschmacksmusterrecht: → Gewerbliches Schutzrecht auf urheberrechtlicher Grundlage für schöpferische Gestaltungen gewerblicher Erzeugnisse. Näheres regelt die Geschmacksmusterverordnung (GeschmMV) vom 11.5.2004 (BGBl. I 884) m.spät.Änd. Das dt. Geschmacksmusterrecht war bis zum 31.5.2004 geregelt im Geschmacksmustergesetz (GeschmMG) vom 11.1.1876. Am 1.6.2004 ist das neue GeschmMG in Kraft getreten, das der dt. Gesetzgeber in Umsetzung der EG-Richtlinie 98/71/EG vom 13.10.1998 über den rechtlichen Schutz von Mustern und Modellen im Rahmen des Geschmacksmusterreformgesetzes vom 12.3.2004 (BGBl. I 390) beschlossen hat. Daneben besteht die Möglichkeit, ein Geschmacksmuster als

→ Gemeinschaftsgeschmacksmuster schützen zu lassen. – 1. *Übersicht:* Schutzobjekt ist eine Formgebung für Erzeugnisse, die neu sind und Eigenart haben (§ 2 II GeschmMG). Erzeugnis im Sinn des Geschmacksmusterrechts ist jeder industrielle oder handwerkliche Gegenstand, einschließlich Verpackung, Ausstattung, grafischer Symbole und typografischer Schriftzeichen sowie von Einzelteilen, die zu einem komplexen Erzeugnis zusammengebaut werden sollen; ein Computerprogramm gilt nicht als Erzeugnis (§ 1 Nr. 2 GeschmMG) Ein Muster gilt als neu, wenn vor dem Anmeldetag kein identisches Muster offenbart worden ist. Eigene Verwertungshandlungen vor Anmeldung sind neuheitsschädlich, sofern sie nicht innerhalb der Neuheitsschonfrist von zwölf Monaten liegen (§ 6 GeschmMG). Ein Muster hat Eigenart, wenn sich der Gesamteindruck, den es beim informierten Benutzer hervorruft, von dem Gesamteindruck unterscheidet, den ein anderes Muster bei diesem Benutzer hervorruft (§ 2 III GeschmMG). Der Begriff der Eigenart ersetzt das bislang geltende Erfordernis der → Eigentümlichkeit, worunter man eine persönliche schöpferische Leistung verstand. Ausgeschlossen vom Geschmacksmusterschutz sind Erscheinungsmerkmale von Erzeugnissen, die ausschließlich durch ihre technische Funktion bestimmt sind (§ 3 I GeschmMG). Das Recht steht, abgesehen von Arbeitnehmermustern (Arbeitnehmer), dem Entwerfer oder seinem Rechtsnachfolger zu (§ 7 I GeschmMG). Es kann vollständig übertragen werden (§ 29 GeschmMG) und Gegenstand eines Lizenzvertrages sein (§ 31 GeschmMG). – 2. *Verfahren:* Die Anmeldung zur Eintragung eines Geschmacksmusters in das Register ist beim → Deutschen Patent- und Markenamt (DPMA) einzureichen. Das DPMA prüft lediglich, ob die formalen Eintragungserfordernisse erfüllt sind, wie bspw. die Zahlung der erforderlichen Gebühren, und ob das Muster überhaupt dem Geschmacksmusterschutz zugänglich ist (§§ 16, 17 GeschmMG). Es stellt jedoch nicht die Neuheit und Eigenart des Musters fest. Die Eintragung des Musters macht das DPMA bekannt (§ 20 GeschmMG). Der Anmelder kann die Aufschiebung der Bekanntmachung um 30 Monate ab dem Anmeldetag beantragen (§ 21 GeschmMG), genießt während der Dauer der Aufschiebung aber nur einen eingeschränkten Schutz (§ 38 III GeschmMG). Der Schutz entsteht mit der Eintragung des Musters in das Register und währt 25 Jahre, gerechnet ab dem Anmeldetag (§ 27 GeschmMG). – 3. *Rechtsschutz:* Gegen die Beschlüsse des DPMA findet die Beschwerde an das Bundespatentgericht statt. Die Entscheidungen des Bundespatentgerichts können mit der Rechtsbeschwerde nach Zulassung vor dem Bundesgerichthof angegriffen werden (§ 23 III GeschmMG). Der Anmelder kann hierfür Verfahrenskostenhilfe beantragen (§ 24 GeschmMG). Wird das Geschmacksmuster von einem Dritten widerrechtlich benutzt, hat der Rechtsinhaber Ansprüche auf Unterlassung und Beseitigung der Beeinträchtigung. Bes. kann der Rechtsinhaber die Vernichtung aller unter Verletzung des Geschmacksmusterrechts hergestellten Erzeugnisse verlangen (§ 43 GeschmMG). Erfolgte die Verletzung vorsätzlich oder fahrlässig, kann der Rechtsinhaber darüber hinaus Schadensersatz verlangen. Der Verletzer ist verpflichtet, dem Rechtsinhaber Rechnung zu legen über den erzielten Gewinn, den dieser nach seiner Wahl anstelle von Schadensersatz heraus verlangen kann (42 GeschmMG). Wurde ein Geschmacksmuster eingetragen, obwohl es nicht neu ist und Eigenart aufweist, so ist es nichtig. Die Nichtigkeit kann von jedermann durch Feststellungsklage geltend gemacht werden (§ 33 GeschmMG); zuständig ist die ordentliche Gerichtsbarkeit.

Geschmacksmusteranmeldung – kann national beim → Deutschen Patent- und Markenamt (DPMA) erfolgen (→ Geschmacksmuster), daneben ist die internationale Anmeldung möglich (→ Haager Abkommen, → Gemeinschaftsgeschmacksmuster). Über die Anmeldeerfordernisse informiert die Geschmacksmusterverordnung (GeschmMV) vom 11.5.2004 (BGBl. I 884) und das Merkblatt für Geschmacksmusteranmelder des DPMA.

Geschmacksmusterrecht → Geschmacksmuster.

Geschmackstest → Produkttest, bei dem die Untersuchung des Geschmacks im Vordergrund steht.

Geschossflächenzahl (GFZ) – Richtzahl zur Festlegung des zulässigen Maßes der baulichen Nutzung für Teile eines Baugebietes oder einzelne Grundstücke. Sie gibt an, wie viele Quadratmeter Geschossfläche je Quadratmeter Grundstücksfläche zulässig sind.

Geselle – *Handwerksgeselle;* Person, die nach Ablauf der im Berufsausbildungsvertrag vereinbarten Ausbildungszeit eine → Gesellenprüfung (→ Ausbildungsabschlussprüfung) vor einem Gesellenprüfungsausschuss erfolgreich abgelegt hat.

Gesellenprüfung – Prüfung zum Abschluss der Ausbildungszeit im Handwerk (→ Ausbildungsabschlussprüfung). Dem bisherigen Auszubildenden wird von der Handwerksinnung eine Bestätigung (Gesellenbrief) über die erfolgreich abgelegte Ausbildungsabschlussprüfung ausgehändigt (§§ 31ff HandwO).

Gesellschaft – als Gegenstand der Soziologie v.a. die territorial abgegrenzte Organisationsform zur Befriedigung und Sicherstellung der Lebensvollzüge einer größeren Menschengruppe. – Zur *Struktur der Gesellschaft* auf allen Entwicklungsstufen (z.B. Stammes-Gesellschaft, Stände-Gesellschaft, bürgerliche Gesellschaft) gehören gesellschaftliche Universalien wie z.B. gemeinsame Sprache, gemeinsame Normen, Sozialisation der nachfolgenden Generation, Regeln sexueller Reproduktion und der Verwandtschaftsverhältnisse, Regelungen für abweichendes Verhalten. Vorherrschende Strukturmerkmale gegenwärtiger spätbürgerlicher, industriell-bürokratischer Gesellschaften in Europa und Nordamerika sind u.a.:

zunehmende Anonymisierung und Bürokratisierung, Verrechtlichung und Verwissenschaftlichung der Daseinsbereiche; Verstädterung; Rollen-Differenzierung des individuellen Verhaltens entsprechend der zunehmenden → sozialen Differenzierung. In der Systemtheorie von Luhmann wird Gesellschaft als ein soziales System begriffen, das gegen eine Umwelt abgegrenzt ist. Die Gesellschaft besteht aus Subsystemen, die weitgehend autonom sind und sich selbst reproduzieren (Autopoeisis). – *Anders:* → Gemeinschaft.

Gesellschaft bürgerlichen Rechts (GbR) – *BGB-Gesellschaft.* 1. *Begriff:* Gesellschaft, deren Zweck nicht auf den Betrieb des → Handelsgewerbes gerichtet ist. – *Rechtsgrundlagen:* §§ 705–740 BGB; die Vorschriften des HGB sind unanwendbar. Die Gesellschaft bürgerlichen Rechts hat keine → Firma, ist keine → juristische Person. Nach einer Rechtsprechung des BGH aus dem Jahr 2001 (BGHZ 146,341) ist sie aber als → Außengesellschaft rechtsfähig, soweit sie durch Teilnahme am Rechtsverkehr eigene Rechte und Pflichten begründet (Teilrechtsfähigkeit). Sie ist parteifähig, kann also klagen und verklagt werden. Sie kann Gründerin und Mitglied juristischer Personen sein. Sie ist scheck- und grundbuchfähig. Die Gesellschafter einer Außengesellschaft haften danach für deren Verbindlichkeiten entsprechend den Bestimmungen zur → offenen Handelsgesellschaft (OHG). – 2. *Gründung* durch → Gesellschaftsvertrag, mit dem sich die Gesellschafter verpflichten, die Erreichung eines bestimmten Zwecks in der im Vertrag bestimmten Weise zu fördern (§ 705 BGB). – 3. *Rechte und Pflichten der Gesellschafter:* (1) Leistung der → Gesellschaftsbeiträge und Haftung untereinander für Sorgfalt in eigenen Angelegenheiten. (2) Das → Gesellschaftsvermögen steht allen Gesellschaftern in → Gemeinschaft zur gesamten Hand zu; kein Gesellschafter kann über seinen Anteil am Gesellschaftsvermögen (andere Abrede zulässig) verfügen oder Teilung verlangen, solange Gesellschaft bürgerlichen Rechts besteht. (3) Wahrnehmung der Geschäfte durch einen oder mehrere geschäftsführende Gesellschafter. (4) Gewinn- oder Verlustverteilung mangels anderer Abrede nach Köpfen (→ Gewinnanteil des Gesellschafters). (5) Wegen der → Gesellschaftsschulden können Gläubiger Gesellschaftsvermögen oder sonstiges Vermögen der Gesellschafter in Anspruch nehmen. (6) Ansprüche der Gesellschafter aus dem Gesellschaftsverhältnis sind i.d.R. nicht übertragbar. – 4. *Beendigung* i.d.R. durch Zweckerreichung, Auflösungsbeschluss und Kündigung, Tod oder Insolvenz eines Gesellschafters. Bei Gesellschaften bürgerlichen Rechts auf unbestimmte Dauer kann jederzeit gekündigt werden; ansonsten, wenn → wichtiger Grund vorliegt. Falls Gesellschaftsvertrag Fortdauer der Gesellschaft bürgerlichen Rechts bei Kündigung, Tod und Insolvenz des Gesellschafters vorsieht, haben diese Umstände nur das Ausscheiden des betreffenden Gesellschafters zur Folge. Bei Auflösung findet → Auseinandersetzung des Gesellschaftsvermögens statt; die Gesellschaft gilt als fortbestehend, soweit der Zweck der Auseinandersetzung (z.B. Abwicklung schwebender Geschäfte) das erfordert.

Gesellschafteraufnahme – 1. Bei *Personengesellschaften* (OHG, KG und stiller Gesellschaft) geschieht die Aufnahme durch Vertrag mit dem Aufzunehmenden gegen Leistung einer Einlage, Übertragung eines Gesellschaftergeschäftsanteils oder Einbringung der Arbeitskraft. Bei OHG und KG Eintragung im Handelsregister. – 2. Bei *Kapitalgesellschaften:* a) Bei AG durch Erwerb von → Aktien. – b) Bei GmbH durch Übernahme eines → Geschäftsanteils (notarielle Beurkundung), meist gebunden an die Zustimmung der übrigen Gesellschafter. – 3. Bei *Genossenschaften* durch Beitrittserklärung, die der Vorstand dem → Genossenschaftsregister zur Eintragung in die Liste der Genossen einzureichen hat (→ Genossenschaft).

Gesellschafterausschuss → Kommanditgesellschaft auf Aktien (KGaA).

Gesellschafterbeschluss – 1. *Begriff:* Entscheidung der Gesamtheit der Gesellschafter. Die zu fassenden Gesellschafterbeschlüsse ergeben sich aus Gesetz (z.B. §§ 113, 116, 131, 139 HGB) und aus dem → Gesellschaftsvertrag. – *Mitwirkende Personen* je nach Einzelfall, z.B. alle Gesellschafter (z.B. § 131 Nr. 2 HGB) oder nur die geschäftsführenden Gesellschafter. – 2. *Verfahren:* Ob der Gesellschafterbeschluss einstimmig oder mit Stimmenmehrheit zu fassen ist, ist entweder dem Gesetz (§ 119 I HGB) oder den Bestimmungen des Gesellschaftsvertrages zu entnehmen. Die → Abstimmung erfolgt grundsätzlich nach der Kopfzahl; es genügt i.d.R. Einzelabgabe der Stimmen, auch schriftlich. – Vgl. auch → Gesellschaft mit beschränkter Haftung (GmbH).

Gesellschafterdarlehen – I. Zivilrecht: → Darlehen eines Gesellschafters an seine Gesellschaft. Im Fall von Personengesellschaften entstehen i.d.R. zwischen vollhaftenden Gesellschaftern und der Gesellschaft keine Forderungen und Schulden; Gesellschafterdarlehen gelten daher als → Einlagen, Rückzahlungen als → Entnahmen. Gesellschafterdarlehen von Kommanditisten sind echte Darlehen, wenn das Haftungskapital voll eingezahlt ist. Im Fall von Kapitalgesellschaften sind Gesellschafterdarlehen grundsätzlich echte Darlehen. – Durch das → Gesetz zur Modernisierung des GmbH-Rechts und zur Bekämpfung von Missbräuchen (MoMiG) wurde das „Problemkind Gesellschafterdarlehen", das vor allen Dingen im Krisenfall Ungemach bereiten kann, auf neue Füße gestellt. Nach bisherigem Recht konnte in der Krise (§ 32a I GmbHG a.F.) auf diese Art und Weise gewährtes Kapital nicht wieder abgezogen werden bzw. geriet in eine Haftungssituation, wenn doch zurückgezahlt wurde (§ 32b GmbHG a.F.). Das MoMiG hat die §§ 32a und 32b GmbHG aF aufgehoben und die Themen in die InsO und in das Anfechtungsgesetz (vgl. dort §§ 6, 6a) verlagert. Alle Darlehensrückzahlungsansprüche von Gesellschaftern einer Gesellschaft ohne eine natürliche Person als persönlich haftender Gesellschafter werden als nachrangige Insolvenzforderungen eingestuft, unabhängig von deren Eigenkapitalersatzcharakter (vgl. §§ 39 I Nr. 5, 44a, 135, 143 InsO). Frühere Rechtsprechungsregeln zur Thematik *Eigenkapitalersatz* gelten nicht mehr. Des weiteren wurde durch das MoMiG der Tatbestand der kapitalersetzenden Nutzungsüberlassung (32a III GmbHG a.F.) gestrichen und in § 135 III InsO neu geregelt. Der Aussonderungsanspruch des Gesellschafters (gemäß § 47 InsO) kann während der Dauer des Insolvenzverfahrens, max. aber für 1 Jahr ab Eröffnung, nicht geltend gemacht werden, wenn der Gegenstand für die Fortführung des Schuldner-Unternehmens von erheblicher Bedeutung ist. – Vgl. auch → eigenkapitalersetzende Gesellschafterleistungen.

II. Steuerrecht: 1. *Gesellschafterdarlehen eines Mitunternehmers an eine Personengesellschaft:* a) *Grundsatz:* Da Leistungsbeziehungen zwischen einem Gesellschafter einer Personengesellschaft (Mitunternehmer) und seiner Personengesellschaft einkommensteuerlich grundsätzlich nicht anzuerkennen sind (§ 15 I Nr. 2 EStG), stellen die Zahlungen der Personengesellschaft an den Gesellschafter für das Gesellschafterdarlehen aus steuerlicher Sicht keine Zinszahlung dar, sondern lediglich eine Auszahlung von Gewinnen. Handelsrechtlich ist jedoch eine Zinszahlung anzuerkennen, in der Gewinn- und Verlustrechnung zu verbuchen. Außerdem ist das Gesellschafterdarlehen in der Handelsbilanz der Personengesellschaft als Fremdkapital auszuweisen). Das Dilemma, dass einerseits die Handelsbilanz für die Steuerbilanz der Personengesellschaft maßgeblich ist, andererseits aber darin Ansätze vorkommen, die steuerlich nicht anzuerkennen sind (die Zinszahlungen), wird steuerlich durch eine Nebenrechnung, die → Sonderbilanz des Gesellschafters, gelöst. Die Zinszahlungen sind in der Gesamthandelsbilanz der Gesellschaft als Betriebsausgaben zu verbuchen, aber in der Sonderbilanz des betreffenden Gesellschafters als Sonderbetriebseinnahmen zu erfassen. – b) Eine *Ausnahme* besteht lediglich bei Forderungen, die ein Gesellschafter mit eigenem Betrieb aus laufenden Lieferungen oder Leistungen im Geschäftsverkehr mit seiner Personengesellschaft begründet hat (die also nicht gesellschaftsrechtliche Ursachen haben). Wenn solche Verbindlichkeiten wie zwischen Fremden begründet und abgewickelt werden, werden sie auch einkommensteuerlich anerkannt. – 2. *Gesellschafterdarlehen eines Gesellschafters an seine Kapitalgesellschaft* (oder eine Untergesellschaft davon): a) *Grundsatz:* Gesellschafterdarlehen eines Gesellschafters an seine Kapitalgesellschaft werden vom dt. Steuerrecht im Grundsatz (d.h. wenn keine Ausnahmevorschrift greift) anerkannt. Das Gesellschafterdarlehen stellt deshalb beim Gesellschafter eine Darlehensforderung dar, bei der Gesellschaft eine Verbindlichkeit. Die Fremdkapitalzinsen sind bei der Gesellschaft Betriebsausgaben, beim Empfänger Zinseinnahmen. Die Vereinbarung wird jedoch auf ihre Angemessenheit überprüft: Sind die gezahlten Zinsen überhöht, so werden die Zinsen nur in der angemessenen Höhe als Betriebsausgaben anerkannt. Der übersteigende Restbetrag wird dann als verdeckte Gewinnausschüttung behandelt, d.h. bei der Gesellschaft wie eine Auszahlung von Gewinnen behandelt und beim Gesellschafter wie der Erhalt einer Dividende. Sind die gezahlten Zinsen dagegen unüblich niedrig, so findet keine Korrektur statt. – b) Durch eine *Ausnahmevorschrift* (§ 8a KStG) zu den Gesellschafterdarlehen wird die Anerkennung derjenigen Zinszahlungen, die als Betriebsausgabe anzuerkennen wären, jedoch weiter eingegrenzt. Ziel der Ausnahmebestimmung ist es, zu verhindern, dass Gesellschafter ihre Kapitalgesellschaften nicht mehr mit Eigenkapital, sondern überwiegend mit Gesellschafterdarlehen finanzieren, um durch diese Form der Finanzierung die dt. Körperschaftsteuer zu sparen (da Zinsen ja als Betriebsausgabe mindern, Dividendenauszahlungen dagegen nicht). – c) Mit der *Unternehmensteuerreform 2008* ist neben den Beschränkungen nach § 8a KStG eine weitere Beschränkung des Zinsausgabenabzugs durch die Einführung der Vorschriften zur „Zinsschranke" zu beachten. Die Zinsschranke gilt für alle Rechtsformen und ist ab dem Wirtschaftsjahr 2008 bzw. 2007/2008 anzuwenden, falls das abweichende Wirtschaftsjahr nach dem 25.5.2007 beginnt (s. hierzu auch → Regelungen zur Zinsschranke). Weitere Änderungen durch die Steuerreform betreffen Gewinnminderungen bei Gesellschafterdarlehen durch Teilwertabschreibung, Forderungsverzicht, Forderungsausfall oder aus der Inanspruchnahme von Sicherheiten, welche unter gewissen Voraussetzungen nicht mehr anerkannt werden (JStG 2008, § 8b III S. 4 KStG).

III. Gewerbesteuer: I.d.R. gelten *Gesellschafterdarlehen an Kapitalgesellschaften* bei der Gesellschaft als → Dauerschulden. Die damit verbundenen Zinsaufwendungen, die körperschaftsteuerlich abzugsfähig sind, waren bis einschließlich zum Erhebungszeitraum 2007 bei der Ermittlung des Gewerbeertrags der Gesellschaft wieder hälftig hinzuzurechnen. Seit dem Erhebungszeitraum 2008 sind Zinsaufwendungen jedoch unabhängig von deren Laufzeit mit 25 Prozent und unter Berücksichtigung eines Freibetrags von 100.000 Euro zum steuerlichen Ergebnis hinzuzurechnen (Unternehmensteuerreform 2008).

Gesellschafterfremdfinanzierung – 1. *Begriff:* Finanzierungsform, bei der die Gesellschafter einer Kapitalgesellschaft dieser über ein Mindestmaß an vorgeschriebenem Eigenkapital hinaus vorzugsweise nicht weiteres Eigenkapital geben, sondern ihr das benötigte Kapital in Form von Darlehen, also als Fremdkapital, zur Verfügung stellen. – 2. *Zweck* der

Gesellschafterfremdfinanzierung ist meist nicht die Erzielung gesellschaftsrechtlicher Vorteile (Gesellschafterfremdfinanzierung haftet zwar anders als Eigenkapital den Gläubigern der Gesellschaft nicht, dieser Grundsatz kann aber bei sog. eigenkapitalersetzenden Darlehen durchbrochen werden). Hauptsächlicher Grund ist vielmehr die Erzielung steuerlicher Vorteile: a) *Gesellschafterfremdfinanzierung durch eine natürliche Person als Gesellschafter:* Zinszahlungen sind bei der zahlenden Kapitalgesellschaft Betriebsausgaben, auf sie fällt also anders als bei Dividendenzahlungen im Land dieser Gesellschaft keine Körperschaftsteuer an, sondern nur die Einkommensteuer im Land des Gesellschafters. Somit wird durch Gesellschafterfremdfinanzierung eine der beiden Steuern, die bei Eigenkapitalgewährung zu zahlen wären, gespart. Dieser Effekt ist zumindest dann, wenn Zinsen und Dividenden beim Gesellschafter demselben Einkommensteuersatz unterliegen, immer vorteilhaft und wird daher gerne genutzt. Lediglich in einem Anrechnungssystem, in dem der Gesellschafter die Körperschaftsteuer voll erstattet erhält, machen Gestaltungen zur Gesellschafterfremdfinanzierung keinen Sinn. – b) *Gesellschafterfremdfinanzierung durch eine ausländische Mutterkapitalgesellschaft:* Zinszahlungen sind bei der zahlenden Kapitalgesellschaft Betriebsausgabe, bei der Muttergesellschaft Gewinnbestandteil; bei Eigenkapitalfinanzierung wären die Zahlungen an die Muttergesellschaft dagegen Dividenden und unterlägen daher im Staat der Tochtergesellschaft der Steuer, nicht aber im Land der Muttergesellschaft (→ Schachtelprivileg). Folglich macht die Gesellschafterfremdfinanzierung in diesen Fällen Sinn, wenn der Körperschaftsteuersatz im Land der Muttergesellschaft geringer ist als derjenige im Land der Tochtergesellschaft. – 3. *Abwehrmaßnahmen der Fisci:* a) *Grundsatz*: Weil durch die Gesellschafterfremdfinanzierung die Bemessungsgrundlage der Körperschaftsteuer zulasten des Fiskus verringert werden kann, sehen mittlerweile die meisten Staaten Grenzen für das Ausmaß der Gesellschafterfremdfinanzierung vor, das sie noch steuerlich anerkennen. Werden die tolerierten Grenzen überschritten, werden die Zinszahlungen steuerlich nicht mehr als abziehbare Betriebsausgabe anerkannt. Dadurch fällt dann der steuerliche Vorteil weg, der Gesellschafter hätte veranlassen könnte, Kredite statt Eigenkapital zu gewähren. – b) *Anwendbare Techniken zur Abwehr der Gesellschafter-Fremdfinanzierung*: Den Betriebsausgabenabzug für die Zinszahlungen einer Gesellschaft zu verneinen, lässt sich prinzipiell auf zwei Arten erreichen: (1) Die Zinszahlungen werden als nicht-abziehbare Betriebsausgaben eingestuft, (2) die Zinszahlungen werden wie Eigenkapitalvergütungen behandelt. Der Unterschied zwischen diesen zwei Methoden liegt darin, dass im zweiten Fall nicht nur ein Betriebsausgabenabzug ausscheidet, sondern außerdem auch noch alle anderen denkbaren Vorteile einer Ersetzung von Eigenkapital durch Fremdkapital ausgeschlossen sind. – c) *Einsatz der Abwehrtechniken in Europa*: Welche der beiden prinzipiell denkbaren Abwehrtechniken tatsächlich eingesetzt wird, entscheidet jedes Land selbst; maßgeblich ist, da es um den Betriebsausgabenabzug bei der Tochtergesellschaft geht, die Rechtslage im Land dieser Tochtergesellschaft. – d) *Toleranzschwellen*: Bisher allen bekannten Regelungen gemeinsam ist, dass die Nichtanerkennung von Zinsausgaben als Betriebsausgaben nicht generell verweigert wird, sondern solche Maßnahmen erst greifen, wenn ein bestimmtes Ausmaß der Gesellschafterfremdfinanzierung überschritten wird. Da solche Toleranzschwellen jedoch nur willkürlich festgelegt werden können, unterscheiden sich diese von Land zu Land erheblich. – 4. *Rechtslage in Deutschland*: a) *Grundsätzliche Technik*: Seit 2008 folgt das dt. Recht der Technik, Zinszahlungen als nichtabziehbare Betriebsausgaben zu behandeln (§ 4h EStG; → Zinsschranke), zuvor galt eine Regelung, bei der Zinszahlungen als Eigenkapitalvergütungen („verdeckte Gewinnausschüttungen") behandelt werden konnten (§8a KStG a.F.). Von der Neuregelung sind jedoch prinzipiell nicht mehr nur Fälle von Gesellschafterfremdfinanzierung betroffen, sondern im Grundsatz sämtliche Zinszahlungen an jedermann; eine Rücksichtnahme auf betriebswirtschaftliche Erfordernisse der Fremdfinanzierung geschieht jetzt über die Toleranzschwellenregelungen. – b) *Toleranzschwellenwerte*: Wie viele Zinszahlungen in Deutschland noch als abziehbare Betriebsausgaben zugelassen werden, ergibt sich seit 2008 aus der sog. Zinsschranke (Richtwert: 30 Prozent des Ertrags vor Abschreibungen, Zinsen und Steuern); bestimmte Klauseln mindern eventuelle Härten ab. Für Kapitalgesellschaften, die zu einem Konzern gehören, sind die Regelungen teilweise verschärft, wenn Gesellschafterfremdfinanzierung ins Spiel kommt (§ 8a KStG n.F.). Generell gilt unter der neuen Regelung, dass Zinszahlungen, die die steuerliche Obergrenze überschreiten und deshalb nicht als Betriebsausgaben geltend gemacht werden können, in spätere Jahre vorgetragen werden können und dort geltend gemacht werden können, soweit der Betrieb die steuerliche Obergrenze (Zinsschranke) in diesen Jahren dann noch nicht anderweitig ausgeschöpft hat (→ Zinsvortrag). – Unter der alten Regelung (§ 8a KStG a.F.) gab es einen bestimmten Prozentsatz von Krediten, den eine Gesellschaft mit steuerlicher Wirkung von ihrem Gesellschafter (oder den Personen, die diesem nahe standen) aufnehmen durfte; man sprach insoweit vom „safe haven" („sicheren Hafen"), in dem sie sich bei der Gesellschafterfremdfinanzierung dann bewegen konnte. – 5. *Andere Steuerarten*: Eine Kapitalgesellschaft als Gesellschafter teilweise mit Fremdkapital statt mit Eigenkapital auszustatten, kann theoretisch nicht nur bei den Ertragsteuern, sondern auch bei anderen Steuerarten Vorteile versprechen; daher kann es auch bei anderen Steuerarten entsprechende Abwehrmechanismen gegen solche Konstruktionen geben. Als bspw. die → Gesellschaftsteuer (→ Kapitalverkehrsteuer), die ja die Einlage von Eigenkapital in Kapitalgesellschaften besteuert, in Deutschland noch erhoben wurde, gab es auch dort das Phänomen der Gesellschafterfremdfinanzierung; in anderen Staaten Europas, wo diese Steuerart noch existiert, wird dann konsequenterweise auch heute noch ebenfalls mit Maßnahmen gegen Gesellschafterfremdfinanzierung bei dieser Steuer zu rechnen sein.

Gesellschafterliste – 1. *Aktiengesellschaft:* Verzeichnis der Anteilseigner einer → Aktiengesellschaft (AG) bzw. ihrer Vertreter bei jeder → Hauptversammlung. Eine Gesellschafterliste hat vor Beginn von Abstimmungen auszuliegen (§ 129 AktG). – 2. *Gesellschaft mit beschränkter Haftung (GmbH):* Die nach § 40 I GmbHG von den Geschäftsführern einer GmbH beim → Handelsregister einzureichende, von ihnen unterschriebene Liste der Gesellschafter mit Angabe von Name, Wohnort und Geschäftsanteile. Sie ist unverzüglich nach Wirksamkeit jeder Veränderung neu einzureichen. Hat hierbei ein Notar mitgewirkt, ist er anstelle der Geschäftsführer zur Unterzeichnung und Einreichung der neuen Liste verpflichtet (§ 40 II 1 GmbHG). Durch das → Gesetz zur Modernisierung des GmbH-Rechts und zur Bekämpfung von Missbräuchen (MoMiG) ist die Bedeutung der Gesellschafterliste angehoben worden, weil die Liste Grundlage für einen gutgläubigen Erwerb von Geschäftsanteilen sein kann (vgl. § 16 III GmbHG). Das Registergericht kann eine Gesellschafterliste zurückweisen, wenn sie hinsichtlich der Gesellschafter und der Geschäftsanteile keine Veränderungen ausweist, aber einen Hinweis auf eine aufschiebend bedingte Abtretung enthält, so OLG München, NJW 2010, 305 (anders: LG Köln, NZG 2009, 1195). Diese uneinheitliche Rechtsprechungspraxis der Gerichte erbringt Rechtunsicherheiten mit Bezug auf den gutgläubigen Erwerb nach § 16 III GmbHG.

Gesellschafterverbrauch – früherer Begriff aus dem Bereich der Umsatzsteuer; seit 1999 unter dem Sammelbegriff → unentgeltliche Wertabgaben mit erfasst.

Gesellschafterversammlung – Organ der → Gesellschaft mit beschränkter Haftung (GmbH).

Gesellschafterwechsel → Ausscheiden eines Gesellschafters, → Gesellschafteraufnahme.

Gesellschaft für Informatik e.V. (GI) – gegründet 1969. – *Aufgaben:* Die Informatik in Forschung und Lehre, ihre Anwendung und die Weiterbildung auf diesem Gebiet zu fördern. Veranstaltung von Tagungen, Förderung von wissenschaftlichen Veröffentlichungen, Einrichtung von Fachbereichen, Fachausschüssen und Fachgruppen sowie Unterrichtung einer breiten Öffentlichkeit über Fragen der Informationsverarbeitung.

Gesellschaft für Mathematik und Datenverarbeitung mbH (GMD) – eine der 13 Großforschungseinrichtungen der Bundesrepublik Deutschland; gegründet 1968, 1995 wurde sie in GMD-Forschungszentrum Informationstechnik umbenannt, die 2001 mit der Fraunhofer-Gesellschaft fusionierte. – *Aufgaben:* → Forschung und Entwicklung (F&E) auf dem Gebiet der Informations- und Kommunikationstechnologie und der für ihren Fortschritt bedeutsamen Mathematik sowie die damit verbundene fachliche und wissenschaftliche Aus- und Fortbildung; → Beratung und Unterstützung der öffentlichen Verwaltung, bes. der Bundesregierung, von Hochschulen sowie von Herstellern und Anwendern bei der Einführung und Fortentwicklung der Informationstechnik. Forschungs- und Entwicklungsaufgaben reichen von der Grundlagenforschung bis zur Entwicklung konkreter Produkte.

Gesellschaft für musikalische Aufführungs- und mechanische Vervielfältigungsrechte e.V. (GEMA) → GEMA.

Gesellschaft für Ökologie (GfÖ) – gegründet 1970; Geschäftsstelle in Berlin; ca. 1.400 Mitglieder weltweit (2012). – *Aufgaben:* Förderung der Zusammenarbeit aller auf ökologischen Gebieten arbeitenden Disziplinen; Förderung einer ökologisch orientierten Ausbildung; Vertretung ökologischer Belange in der Öffentlichkeit sowie bei gesellschaftlichen und wirtschaftspolitischen Entscheidungen.

Gesellschaft für Organisation e.V. (GfO) – gegründet 1922. – *Ziel:* Förderung der im Bereich der Wissenschaft, Wirtschaft und Verwaltung mit Organisation betrauten Personen. – *Aufgaben:* Aus-, Fort- und Weiterbildung für Organisatoren und andere Führungskräfte (geschlossene mehrwöchige Lehrgänge, Fachseminare); Erfassung und Entwicklung anderweitiger Forschungen und Erfahrungen auf den einschlägigen Gebieten; dezentrale Öffentlichkeitsarbeit durch Fachtagungen, Kongresse und Fachgruppenarbeit. – *Publikation:* Zeitschrift Führung + Organisation (zfo). – *Ausbildungsinstitution:* Akademie für Organisation (afo).

Gesellschaft für Wirtschafts- und Sozialwissenschaften → Verein für Socialpolitik.

Gesellschaft für Zahlungssysteme (GZS) – durch die dt. Kreditwirtschaft mit Sitz in Frankfurt a.M. 1982 gegründete GmbH zur Ausübung der Dienstleistungsfunktion für die Emittenten der Eurocard (Kartenabrechnung, Umsatzclearing, Pflege des Akzeptanzstellennetzes und Sicherheitsmanagement), zur Ausübung der Verrechnungsfunktion für das Eurocheque-System in der Bundesrepublik Deutschland und zur Unterstützung der Kreditwirtschaft bei der Entwicklung, Pflege, Durchführung sowie Sicherung zukünftiger Zahlungssysteme wie POS – → Point of Sale (POS) – u.a., hervorgegangen aus der Fusion der Eurocard GmbH und der dt. Eurocheque-Zentrale. Die GZS steht den Kreditinstituten als Service-Unternehmung für die technische Abwicklung und zentrale Abrechnungsstelle mit den Vertragsunternehmungen sowie mit der internationalen MasterCard-Organisation zur Verfügung. Daneben erfüllt sie eine Betreuungs- und Akquisitionsfunktion für die Vertragsunternehmungen in der Bundesrepublik Deutschland. – Seit Juni 2006 gehört die GZS zu der First Data Deutschland GmbH, einem Dienstleister für bargeldlosen und kartengestützten Zahlungsverkehr in Deutschland und der Schweiz mit Sitz in Bad Vilbel.

gesellschaftliche Entscheidungsfunktion – Verfahren, mit dem für eine Gruppe von n Abstimmenden zu jeder Kombination individueller Präferenzordnungen aus einer Menge von m Alternativen eine beste Alternative ausgewählt wird. Sen (1970) hat die Existenz einer gesellschaftlichen Entscheidungsfunktion bewiesen und damit einen Ausweg aus dem → Arrow-Paradoxon aufgezeigt. – Vgl. auch → erweiterte Pareto-Regel.

gesellschaftliche Schwäche – 1. *Begriff:* Die Abgrenzung „sozialer Probleme" durch das analytische Konstrukt der personenbezogenen gesellschaftlichen Schwäche der → Lebenslagen vermeidet die Assoziation mit → Armut im allg. Sprachverständnis und verdeutlicht die Abhängigkeit gesellschaftlicher Schwäche a) von den grundlegenden Ordnungsregeln, b) von der tatsächlichen Möglichkeit der Menschen, die den Ordnungsregeln entsprechenden Rollen zu spielen, und c) von den gesellschaftlichen Zielen in Bezug auf die Lebenslagen, die sich im politischen Willensbildungsprozess durchsetzen oder vom Wissenschaftler unterstellt werden. Materiell korrespondiert das Konzept der gesellschaftlichen Schwäche zu großen Teilen mit jüngeren Ansätzen zur Begründung für → Sozialpolitik in der Marktwirtschaft. – Vgl. auch → Theorie der Sozialpolitik. – 2. *Aktuelle Merkmale:* Der Arbeitnehmer ist heute nicht mehr in der extremtypischen Lebenslage des Proletariers des 19. Jh. Dennoch wird mit dem Status der abhängigen Beschäftigung i.d.R. die Vermutung einer gesellschaftlichen Schwäche verbunden. – a) *Abhängige Beschäftigung und Schutzbedürftigkeit der Arbeitnehmer:* Bei der Wahrnehmung der persönlichen Entfaltungsfreiheit (Art. 2 GG) sowie der Freiheit der Berufs- und Arbeitsplatzwahl (Art. 12 GG) und bes. im Verhältnis zum Arbeitgeber erscheint der Arbeitnehmer der sozialpolitischen Förderung und des Schutzes bedürftig. Die in einer freiheitlichen Gesellschaftsordnung grundsätzlich vorrangige Selbstverantwortlichkeit der Bürger und die Gleichberechtigung bei der Wahrnehmung ihrer Freiheitsrechte werden daher zugunsten der Arbeitnehmer durch gesetzliche Normen eingeschränkt (Individualarbeitsrecht, Arbeitnehmerschutz). Darüber hinaus wird den Arbeitsvertragsparteien die Koalitionsfreiheit und damit die → Tarifautonomie für eine verbindliche Vereinbarung von Mindestbedingungen für Einzelarbeitsverträge eingeräumt (Kollektivarbeitsrecht, Tarifvertrag, Lohnpolitik). Auch der normale Arbeitnehmer der Gegenwart erscheint als gesellschaftlich schwach wegen der existenziellen Verbundenheit von Arbeitsleistung und Persönlichkeit des Arbeitnehmers, die v.a. bei (andauernder) → Arbeitslosigkeit deutlich wird, wegen der – trotz verbreiteter Kaufkraftreserven gegebenen – Angewiesenheit des Arbeitnehmers auf die Verwertung seiner Arbeitskraft, wegen der an das Eigentum an den Produktionsmitteln gebundenen Hierarchie und Weisungsbefugnis im Unternehmen sowie wegen Unvollkommenheiten der Arbeitsmärkte. – b) *Standardrisiken:* Das marktwirtschaftliche Prinzip der Äquivalenz von Leistung und Gegenleistung (Leistungsgerechtigkeit) begründet eine weitere gesellschaftliche Schwäche des Arbeitnehmers für die Zeiten, in denen eine am Arbeitsmarkt verwertbare Arbeitsleistung nicht oder nicht in ausreichender Qualität oder Quantität erbracht werden kann. Damit stellt sich das Problem der → sozialen Sicherung gegen die Standardrisiken eines normalen Lebens: Kindheit/Jugend, Krankheit, Unfall, Invalidität, Alter und Pflegebedürftigkeit. – c) *Eingeschränkte Konsumfreiheit:* Auch bei anderen Problemen im Wirtschaftsleben können sich aus der Diskrepanz zwischen Grundannahmen für die generellen Ordnungsregeln und den tatsächlichen Fähigkeiten der Individuen, ihre Rollen diesen Regeln gemäß zu spielen, sozial schwache Gruppen und somit sozialpolitische Aufgaben ergeben. So kann die aus der persönlichen Entfaltungsfreiheit ableitbare Konsumfreiheit (bzw. Freiheit der Einkommensverwendung) vielfach nicht mit der erwünschten Souveränität wahrgenommen werden, weil dem Konsumenten Informationen fehlen oder nur mit erheblichem Aufwand verfügbar gemacht werden können oder weil seine rationale Urteilsfähigkeit in Bezug auf die Gesamtheit des Preis-Leistungsverhältnisses eingeschränkt ist. Dies wird bes. im Bereich der Gesundheitsgüter und -dienstleistungen angenommen, aber zunehmend auch als Grund für eine generelle Verbraucherschutzpolitik bei der Nachfrage nach technologisch oder ökonomisch komplexen Gütern und Dienstleistungen (z.B. bei Versicherung und Kredit) genannt. – d) *Benachteiligung von Familien:* In der neueren Geschichte der Sozialpolitikwissenschaft wird immer wieder darauf hingewiesen, dass Familien, als die verbreitetste Form des unmittelbaren Zusammenlebens von Menschen, im Rahmen einer individualistischen offenen Wettbewerbsgesellschaft als gesellschaftlich schwach erscheinen. Dies gilt zum einen historisch infolge der Unvollständigkeit ihrer Ordnungsregeln bei der Internalisierung der Leistungen von Familien für die Gesellschaft (z.B. bei positiven → externen Effekten der Kindererziehung für den → Generationenvertrag) und zum anderen infolge der bisherigen Verletzung des Grundsatzes einer gleichmäßigen Besteuerung nach der wirtschaftlichen Leistungsfähigkeit (→ Leistungsfähigkeitsprinzip). Dies gilt darüber hinaus wegen der Irrelevanz des Familienstandes für das Leistungseinkommen, bezogen auf gesellschaftspolitische Vorstellungen von Bedarfsgerechtigkeit für Familien im Verhältnis zu Kinderlosen (z.B. orientiert an der Gleichheit gewichteter Pro-Kopf-Einkommen), soweit man die Entscheidung für Kinder nicht ausschließlich als Privatsache ansieht. – e) *Diskriminierung:* Gesellschaftliche Schwäche kann schließlich auch aus systematischen und systembedingten Benachteiligungen bestimmter Bevölkerungsgruppen, etwa wegen ihres Geschlechts (Frauendiskriminierung) oder der Zugehörigkeit zu ethnischen und sonstigen Minderheiten (Ausländerfeindlichkeit, Rassismus), resultieren. Derartige Benachteiligungen widersprechen der Idee einer offenen Wettbewerbsgesellschaft, da sie die Wahrnehmung von Entfaltungs- und Betätigungsmöglichkeiten erschweren und die Chancengerechtigkeit u.U. auch in dem Sinn reduzieren, dass die Betroffenen (unbegründet) bereits daran gehindert werden, Qualifikationen zu erwerben oder Vermögen zu bilden, mit deren Hilfe sie eine Stellung in der Gesellschaft und im Erwerbsleben erreichen könnten, die ihren Fähigkeiten und Neigungen entspricht. – Vgl. auch → Sozialpolitik in der Marktwirtschaft.

gesellschaftliche Strategien – 1. *Begriff:* Strategien innerhalb eines → strategischen Managements mit dem Ziel, Unternehmen gegenüber der öffentlichen Meinung zu positionieren. Gesellschaftliche Strategien erscheinen zunehmend erforderlich: Unternehmen und Produkte zeigen eine immer größer werdende Anfälligkeit gegenüber sozialen Konflikten. Gesellschaftspolitische Diskussionen und Auseinandersetzungen treten derzeit v.a. in den Bereichen Umwelt-, Gesundheits-, Konsumentenschutz, Sozialpolitik und Beziehungen zur Dritten Welt auf. Gesellschaftspolitischer Handlungsbedarf ist erforderlich; derartige Auseinandersetzungen, die größtenteils öffentlich ausgetragen werden, verlangen neuartige Fähigkeiten vom Management, eigenständige gesellschaftliche Strategien und oft auch andere Organisationsstrukturen. – 2. *Ansätze:* a) *Strategischer Ansatz:* Die externen Probleme der Interaktion zwischen Unternehmung und sozio-ökonomischem Umfeld werden untersucht; Fragen der Kommunikation mit dem Umfeld, frühzeitige Identifikation von neuen Ereignissen und Entwicklungen im Umfeld (→ strategische Frühaufklärung) und Handlungs- und Kommunikationsstrategien gegenüber dem Umfeld. – Vgl. auch → Wirtschaftspublizistik. – b) *Organisatorischer Ansatz:* Die internen Gestaltungsprobleme der Organisationsstrukturen und der Führungssysteme werden untersucht: Diskussion, wie eine gesellschaftsbezogene Unternehmenspolitik intern durchgeführt werden kann und wie andererseits die Aufnahme und Verarbeitung von Umfeldereignissen organisatorisch verwirklicht werden sollte. – c) *Führungsbezogener Ansatz:* Aufgabe und Rolle der Führungsspitze im Interaktionsprozess zwischen Unternehmung und Gesellschaft werden untersucht. – Organisatorischer und führungsbezogener Ansatz befassen sich mit der Transformation der bereits erfassten Umfeldereignisse in strategische Reaktionen. Dabei ist es wichtig, dass gesellschaftliche Strategien nicht nur reaktiv entwickelt werden, sondern dass über einen proaktiven Ansatz bereits laufend eine vertrauensbildende Politik gegenüber der Öffentlichkeit betrieben wird. – Vgl. auch → Public Relations (PR).

gesellschaftliche Verantwortung der Unternehmensführung – Forderung an Manager von (Groß-) Unternehmen (→ Unternehmensverfassung). – 1. *Idee:* Freiwillige Einbeziehung der Interessen verschiedener Bezugsgruppen – → Anspruchsgruppen – der Unternehmung (Konsumenten, Arbeitnehmer, Geldgeber, Gesellschaft) in unternehmerische Entscheidungen. Bei Konflikten ist es Aufgabe der Unternhemensführung (Manager), ethisch tragfähige Lösungen zu erarbeiten. Die Idee kann als Reaktion auf die Kritik an der kapitalistischen Unternehmensverfassung, der Machtstellung von (Groß-) Unternehmen und den Legitimationsdefiziten der → Managerherrschaft in Publikumsgesellschaften verstanden werden. – 2. *Herausforderungen* bestehen im Kern in der Vereinbarkeit von ethischen Ansprüchen und dem erwerbswirtschaftlichen Prinzip. Ansatzpunkte hierfür liegen in der investiven Wirkung von Selbstbindungsmechanismen, welche den Aufbau von → Reputation, Integrität, → Vertrauen usw. ermöglichen. – 3. *Operationalisierung und Implementierung* durch → Verhaltenskodizes und Instrumente wie → Sozialbilanz, Code of Conduct oder → Deutscher Corporate Governance Kodex. – 4. *Kritik:* a) Von *wirtschaftsliberaler* Seite: Kollektivistisch und unvereinbar mit den Prinzipien einer freiheitlichen Marktwirtschaft, sofern das erwerbswirtschaftliche Prinzip vernachlässigt wird. – b) Aus *demokratietheoretischer* Sicht: Elitär-personalistischer Lösungsansatz. – c) *Weitere Kritikpunkte:* Mangelhafte Operationalität der zu berücksichtigenden Interesseninhalte; pseudo-normative Leerformel. – 5. *Bedeutung:* Keine Alternative zur Reform der Unternehmensverfassung (→ Mitbestimmung, → Verbraucherpolitik, → Publizität, → Umweltschutz), aber im Rahmen der → Unternehmensethik und Corporate Social Responsibility von Bedeutung.

gesellschaftliche Wohlfahrtsfunktion – nach → Arrow eine Vorschrift, die jeder Kombination individueller → Präferenzordnungen eine (vollständige und transitive) → kollektive Präferenz(relation) eindeutig zuordnet. – Vgl. auch → Bergsonsche Wohlfahrtsfunktion, → utilitaristische Wohlfahrtsfunktion von Jeremy Bentham, Maximin-Regel nach John Rawls.

Gesellschaft mit beschränkter Haftung (GmbH) – I. Rechtsgrundlagen: Gesetz, betreffend die GmbH (GmbHG) i.d.F. vom 20.5.1898 m.spät.Änd. Von großer Bedeutung sind die Änderungen, die das GmbHG durch das → Gesetz zur Modernisierung des GmbH-Rechts und zur Bekämpfung von Missbräuchen (MoMiG) erfahren hat.

II. Begriff/Haftung: → Kapitalgesellschaft mit eigener Rechtspersönlichkeit, *selbst* unbeschränkt mit ihrem

Vermögen *haftend*. Eine *Haftung der Gesellschafter* besteht nur gegenüber der Gesellschaft; sie ist begrenzt auf die Erbringung der Einlagen und etwaiger Nachschüsse. Bes. Verantwortlichkeit des GmbH-Geschäftsführers, der gem. §§ 43 II, 3; 64 S. 1 GmbHG speziell bei der die Kapitalsituation der GmbH betreffenden Pflichtverletzungen zur Haftung herangezogen werden kann. Zu § 64 S. 1 GmbHG und zur Haftung des GF für Zahlungen der GmbH nach Eintritt der Insolvenzreife vgl. BGH, Urt. v. 18.10.2010, II ZR 151/09. → Gesellschaftsvertrag mit weitem Spielraum, mitunter Annäherung an → offene Handelsgesellschaft (OHG).

III. Stammkapital: Grundsätzlich mind. 25.000 Euro, je Stammeinlage mind. 1 Euro (§ 5 GmbHG). Nur 1 Euro Stammkapital ist notwendig bei der aufgrund des MoMiG neu eingeführten *Unternehmergesellschaft* (§ 5a GmbHG). – *Beschluss auf* → Kapitalerhöhung oder → Kapitalherabsetzung bedarf einer Drei-Viertel-Mehrheit der abgegebenen Stimmen, weil es sich um eine Änderung des Gesellschaftsvertrages handelt (vgl. § 53 II Satz 1 GmbHG). Bei Kapitalherabsetzung dreimalige Bekanntmachung in Gesellschaftsblättern mit Gläubigeraufruf, Befriedigung oder Sicherstellung der Gläubiger, Anmeldung des Herabsetzungsbeschlusses nach Ablauf des Sperrjahres seit der dritten Bekanntmachung (§ 58 GmbHG). Anders bei sog. vereinfachter → Kapitalherabsetzung.

IV. Errichtung und Übertragung von Gesellschaftsanteilen: Die Errichtung einer GmbH erfolgt durch eine oder mehrere Personen mit Abschluss eines Gesellschaftsvertrages in notarieller Form. Gewisse Gründungserleichterungen für unkomplinzierte Standardgründungen bietet der mit dem MoMiG eingeführte § 2 Ia GmbH, indem das – ebenfalls beurkundungspflichtige – Musterprotokoll verwendet wird. – 25 Prozent Einzahlung aufs Kapital erforderlich, insgesamt mind. die Hälfte des Mindeststammkapitals (§ 7 GmbHG). In einem *Sachgründungsbericht* ist die Angemessenheit etwaiger Sacheinlagen (solche sind bei einer Unternehmergesellschaft nicht möglich) darzulegen und beim Übergang eines Unternehmens auf die Gesellschaft das Jahresergebnis der beiden letzten Geschäftsjahre anzugeben. Erleichterungen von Vorstehendem ergeben sich für die Unternehmergesellschaft (§ 5a GmbHG), s. dazu auch unter → Gesetz zur Modernisierung des GmbH-Rechts und zur Bekämpfung von Missbräuchen (MoMiG). – Die GmbH *entsteht* mit der Eintragung ins Handelsregister. Vor der Eintragung ist sie als (→ Vorgesellschaft) eine Gesellschaftsform sui generis, es besteht eine sog. Handelndenhaftung gemäß § 11 II GmbHG. Errichtung zu jedem gesetzlich zulässigen Zweck möglich; Erwerbszweck nicht notwendig. – *Gesellschaftsvertrag* muss enthalten: Firma, Sitz der Gesellschaft, Gegenstand des Unternehmens, Höhe des Stammkapitals, Stammeinlagen der Gesellschafter. Abänderungen nur mit einer Mehrheit von 3/4 der abgegebenen Stimmen. – Besonderheit bei der Firmierung der Unternehmergesellschaft: Bei ihr muss in der Firma ein Zusatz enthalten sein, der auf ihre Haftungsbeschränkung hinweist (§ 5a I GmbHG). – *Gründerhaftung* ähnlich wie bei der AG. Gesellschaft und Geschäftsführer haften als → Gesamtschuldner, wenn zum Zweck der Errichtung der Gesellschaft falsche Angaben gemacht werden. – Gesellschaftsanteile können nach den Regelungen in §§ 15, 16 GmbHG übertragen werden: Es bedarf dafür eines Notarvertrages. Mit Hinblick auf die durch das MoMiG aufgewertete Gesellschafterliste (§ 40 GmbHG) ist unter den Voraussetzungen des § 16 III GmbHG auch ein gutgläubiger Erwerb möglich.

V. Organe: 1. → Geschäftsführer im Innenverhältnis verpflichtet durch Anstellungsvertrag. Vornahme bestimmter Geschäfte nur mit Genehmigung der Gesellschafterversammlung möglich. Nach außen mit unbeschränkbarer Vertretungsmacht. Bei mehreren Geschäftsführern → Gesamtvertretung; nach Satzung etc. auch Einzelvertretung statthaft. Geschäftsführer können gleichzeitig Gesellschafter sein (→ Einmanngesellschaft). Häufig Befreiung der Geschäftsführer vom Verbot des Selbstkontrahierens nach § 181 BGB. Wenn Geschäftsführer „abhanden" kommen und es dadurch zur → Führungslosigkeit kommt, haben die Gesellschafter als Passivvertreter einzuspringen; im Insolvenzfall sind sie sogar aktiv zur Stellung des Insolvenzantrags verpflichtet (§ 35 I Satz 2 GmbHG, § 15 a III InsO). – 2. *Gesellschafterversammlung:* a) Sie hat zu *bestimmen* über Feststellung des Jahresabschlusses und Verwendung des Ergebnisses, Einforderung von Einzahlungen auf die Stammeinlagen, Rückzahlung von Nachschüssen, Einziehung und Teilung von Geschäftsanteilen, Bestellung, Abberufung, Prüfung und Entlastung von Geschäftsführern, Bestellung von Prokuristen, Vertretung der Gesellschaft gegen die Geschäftsführer. Zuständigkeit der Gesellschafterversammlung (zwingend vorgeschrieben bei Beschlüssen über Satzungsänderung, Einforderung von Nachschüssen, Auflösung der Gesellschaft, Bestellung und Abberufung von Liquidatoren) durch Satzung auf den Geschäftsführer, einen Gesellschafter oder den Aufsichtsrat übertragbar. – b) *Beschlüsse* werden grundsätzlich mit einfacher Stimmenmehrheit (Je 1 Euro eines Geschäftsanteils = 1 Stimme, § 47 II GmbHG) gefasst; anders bei Satzungsänderung (§ 53 II GmbHG: Dreiviertel-Mehrheit). – c) → Öffentliche Beurkundung bei satzungsändernden Beschlüssen (Kapitalerhöhung, -herabsetzung, Firmenänderung, Sitzverlegung, Liquidation) erforderlich. – d) *Einberufung* der Gesellschafterversammlung mittels eingeschriebenen Briefs unter Ankündigung der Tagesordnung; Frist, falls Satzung nichts anderes bestimmt, eine Woche. Einberufung zwingend, wenn sie von einer Minderheit von mind. 10 Prozent gefordert wird oder die Hälfte des Stammkapitals verloren ist. Bei der Unternehmergesellschaft besteht die Pflicht zur unverzüglichen

Einberufung, wenn Zahlungsunfähigkeit droht (§ 5a IV GmbHG). – 3. *Aufsichtsrat, Beirat und Verwaltungsrat* bestehen nur, wenn in der Satzung vorgesehen. Hat die GmbH mehr als 500 Arbeitnehmer, muss sie jedoch einen Aufsichtsrat bilden, für den die aktienrechtlichen Vorschriften Anwendung finden (§ 1 Ziff. 3 DrittelbeteiligungsG, § 6 MitbestG 1976). – 4. keine → Publikationspflicht.

VI. Strafbestimmungen: 1. *Falsche Angaben* der Gesellschafter oder Geschäftsführer zum Zweck der Eintragung der Gesellschaft über die Übernahme der Stammeinlagen, die Leistung der Einlagen, die Verwendung eingezahlter Beträge, Sondervorteile, Gründungsaufwand, Sacheinlagen und Sicherungen für nicht voll eingezahlte Geldeinlagen der Gesellschafter im Sachgründungsbericht; falsche Angaben als Geschäftsführer zum Zwecke der Eintragung einer Erhöhung des Stammkapitals über die Zeichnung oder Einbringung des neuen Kapitals oder über Sacheinlagen oder falsche Angaben als Geschäftsführer sowie als Liquidator bei bestimmten gesetzlich vorgeschriebenen Versicherungen werden mit Freiheitsstrafe bis zu drei Jahren oder mit Geldstrafe bestraft. Ebenso wird bestraft, wer als Geschäftsführer zum Zwecke der Herabsetzung des Stammkapitals über die Befriedigung oder Sicherstellung der Gläubiger eine unwahre Versicherung abgibt oder als Geschäftsführer, Liquidator, Mitglied des Aufsichtsrats o.Ä. in einer öffentlichen Mitteilung die Vermögenslage der Gesellschaft unwahr darstellt oder verschleiert (vgl. zu allem Vorstehenden § 82 GmbHG). – 2. *Schuldhafte nicht rechtzeitige Antragstellung* auf Eröffnung des Insolvenzverfahrens durch Geschäftsführer oder Liquidatoren wird mit Freiheitsstrafe bis zu drei Jahren oder mit Geldstrafe bestraft; ebenso eine bei einem Verlust der Hälfte des Stammkapitals unterlassene Anzeige gegenüber den Gesellschaftern (§ 84 GmbHG). – 3. *Verletzung der Geheimhaltungspflicht,* unbefugte Offenbarung eines Betriebs- oder Geschäftsgeheimnisses, wird auf Antrag der Gesellschaft mit Freiheitsstrafe bis zu einem Jahr oder mit Geldstrafe und bei Bereicherungs- oder Schädigungsabsicht mit Freiheitsstrafe bis zu zwei Jahren geahndet (§ 85 GmbHG).

VII. Besteuerung: Es unterliegen aufgrund gesetzlicher Regelungen (1) stets schon allein wegen der Rechtsform GmbH (§ 2 GewStG) ein sog. Gewerbeertrag der → Gewerbesteuer und (2) das zu versteuernde Einkommen der → Körperschaftsteuer. Umsätze der GmbH unterliegen, sofern sie als Unternehmer i.S.d. § 2 UStG einzustufen ist, außerdem der → Umsatzsteuer.

VIII. Auflösung: Auflösungsgründe geregelt in §§ 60 ff. GmbHG. – *Wichtige Auflösungsgründe:* (1) Durch Ablauf der vereinbarten Vertragsdauer; (2) durch Gesellschafterbeschluss; (3) durch gerichtliches Urteil oder durch Entscheidung der Verwaltungsbehörde; (4) durch Eröffnung des → Insolvenzverfahrens; (5) durch Löschung von Amts wegen bei Vermögenslosigkeit (§ 394 FamFG); (6) durch Urteil; (7) durch Verwaltungsbehörde bei Gemeinwohlgefährdung. Bei Liquidation dreimalige Bekanntmachung in den Gesellschaftsblättern mit Gläubigeraufruf, Verteilung des Vermögens unter die Gesellschafter nach Ablauf des Sperrjahres seit der dritten Bekanntmachung.

IX. Gewinnverteilung: (1) Nach einem im Gesellschaftsvertrag festgelegten Schlüssel; (2) nach Gesellschafterbeschluss; (3) nach dem Verhältnis der Geschäftsanteile; (4) häufig wird der Gewinn ganz oder teilweise zur Stärkung des Eigenkapitals verwendet: Gewinn- und Verlustkonto an Rücklagenkonto oder an Gewinnverteilungskonto oder an Konto Gesellschafter.

X. Mitbestimmungsrecht: Die große GmbH unterliegt der → Mitbestimmung der Arbeitnehmer auf Unternehmensebene nach dem Montan-Mitbestimmungsgesetz 1976, Mitbestimmungs-Ergänzungsgesetz, Mitbestimmungsgesetz oder Drittelbeteiligungsgesetz.

Gesellschaft mit beschränkter Haftung und Co. → GmbH & Co.

Gesellschaftsbeiträge – Leistungen, die die Gesellschafter nach dem → Gesellschaftsvertrag zur Erreichung des Gesellschaftszwecks zu bewirken haben (→ Gesellschaft); soweit nichts anderes bestimmt ist, haben das alle Gesellschafter in gleicher Höhe zu tun (§ 706 I BGB). – *Arten:* Geldzahlungen, Sachleistungen, Leistung von Diensten etc. Die Gesellschaftsbeiträge werden zum → Gesellschaftsvermögen (§ 718 BGB). Nachschusspflicht nur, wenn bei der Auseinandersetzung das Gesellschaftsvermögen zur Berichtigung der → Gesellschaftsschulden nicht ausreicht (§§ 707, 735 BGB). – Vgl. auch → Einlagen.

gesellschaftsbezogene Rechnungslegung → Sozialbilanz.

Gesellschaftsblätter – Für Bekanntmachungen der Aktiengesellschaft vorgesehene Publikationsmedien. *Gesellschaftsblätter* sind i.Allg. in der → Satzung bestimmt. Durch Gesetz oder Satzung vorgeschriebene Bekanntmachungen (→ Publikationspflicht) durch die Gesellschschaftsblätter sind in den elektronischen → Bundesanzeiger einzurücken, daneben kann die Satzung andere Blätter oder elektronische Informationsmedien als Gesellschaftsblätter bezeichnen (§ 25 AktG).

Gesellschaftsformen – Rechtsformen für → Handelsgesellschaften, d.h. den Zusammenschluss von Personen zum gemeinsamen Betrieb von → Handelsgeschäften, aber auch für Gesellschaften, die sich zur Erreichung anderer Zwecke verbunden haben. – 1. Nach *Handelsgesetzbuch* (HGB): → Offene Handelsgesellschaft (OHG) und → Kommanditgesellschaft (KG) sowie → stille Gesellschaft (atypische stille Gesellschaft). – 2. Nach *Aktiengesetz* (AktG): → Aktiengesellschaft (AG) und → Kommanditgesellschaft auf

Aktien (KGaA). – 3. Nach *Gesetz betreffend die Gesellschaften mit beschränkter Haftung* (GmbHG): → Gesellschaft mit beschränkter Haftung (GmbH). – 4. Nach *Gesetz betreffend die Erwerbs- und Wirtschaftsgenossenschaften* (GenG): → Eingetragene Genossenschaften (eG). – 5. Nach *Versicherungsaufsichtsgesetz:* → Versicherungsvereine auf Gegenseitigkeit (VVaG). – 6. *Keine Handelsgesellschaft* ist die → Gesellschaft bürgerlichen Rechts (GbR). – 7. Der Ausübung Freier Berufe dient die → *Partnerschaft* nach dem Partnerschaftsgesellschaftsgesetz. – 8. → *Europäische Wirtschaftliche Interessenvereinigung (EWIV)* als supranationale Gesellschaftsform. Ergänzend gilt neben dem EWIV-Ausführungsgesetz (BGBl. I 1988 514) das Recht der OHG. – 9. → *Societas Europaea (SE)* als europäische Gesellschaftsform für Aktiengesellschaften, in der Bundesrepublik Deutschland durch das SE-Ausführungsgesetz vom 22.12.2004 (BGBl. I 3675) eingeführt. – 10. → *Societas Cooperativa Europaea (SCE)* als europäische Gesellschaftsform für Genossenschaften, in der Bundesrepublik Deutschland durch das SCE-Ausführungsgesetz vom 14.8.2006 (BGBl. I 1911) eingeführt. – 11. → *Gelegenheitsgesellschaften* (Vereinigungen zu vorübergehenden handelsrechtlichen Zwecken) werden rechtlich nicht als Handelsgesellschaften im eigentlichen Sinn behandelt.

Gesellschaftsinsolvenz → Insolvenzverfahren über das Vermögen von juristischen Personen und Personengesellschaften (§§ 15–19 InsO).

I. Juristische Personen: 1. *Insolvenzgrund:* → Zahlungsunfähigkeit, drohende Zahlungsunfähigkeit oder → Überschuldung. – 2. *Antragspflicht* besteht für den Vorstand, Geschäftsführer, Abwickler ohne schuldhaftes Zögern, spätestens aber binnen drei Wochen.

II. Personengesellschaften: Über das Vermögen findet ein selbstständiges, zur → Auflösung der Gesellschaft führendes → Insolvenzverfahren (§ 131 I Nr. 3 HGB) statt. Jeder persönlich haftende Gesellschafter kann die Insolvenz *beantragen*. Bei einer OHG und KG mit keiner natürlichen Person als persönlich haftender Gesellschafter besteht bei Zahlungsunfähigkeit oder Überschuldung eine *Antragspflicht* (§ 130a HGB). – Ein → Insolvenzplan kann nur auf Vorschlag aller persönlich haftenden Gesellschafter geschlossen werden; er ermöglicht Fortsetzung der Gesellschaft (§ 144 HGB) und begrenzt, soweit nichts anderes festgesetzt ist, zugleich den Umfang der persönlichen Haftung der Gesellschafter (§ 227 InsO). → Insolvenzgläubiger sind nur die Gesellschaftsgläubiger. Wird, wie meist wegen der Haftung für die → Gesellschaftsschulden, auch über das *Vermögen der persönlich haftenden Gesellschafter das Insolvenzverfahren eröffnet*, können die Gläubiger ihre Gesellschaftsforderungen dort voll anmelden; sie erhalten die Quote nur auf den Teil der Forderung, mit dem sie in der Gesellschaftsinsolvenz ausgefallen sind.

Gesellschaftsleistungen – 1. *Begriff:* → Lieferungen und → sonstige Leistungen zwischen einer Gesellschaft und ihren Gesellschaftern. – 2. *Umsatzsteuerliche Behandlung:* a) Leistungen *innerhalb des Gesellschaftsverhältnisses* (z.B. die Geschäftsführung eines Gesellschafters einer Personengesellschaft ohne bes. Entgelt; *echte Gesellschafterbeiträge*) sind wegen fehlenden → Leistungsaustausches nicht umsatzsteuerbar. – b) Leistungen *außerhalb des Gesellschaftsverhältnisses*, die für ein bes. berechnetes Entgelt erbracht wird (z.B. Gesellschafter verkauft Gegenstand an Gesellschaft oder umgekehrt; *unechter Gesellschafterverbrauch*), sind steuerbar und, soweit keine Steuerbefreiung greift, steuerpflichtig, vorausgesetzt, der Gesellschafter handelt als Unternehmer im Rahmen seines Unternehmens. Allein durch eine Mitunternehmerstellung wird die Unternehmereigenschaft im Sinn des § 2 UStG nicht begründet. – c) *Einlagen* des Gesellschafters in Form von Lieferungen oder sonstigen Leistungen sind unter diesen Voraussetzungen ebenfalls steuerpflichtig. – d) *Ausscheiden eines Gesellschafters* aus einer Gesellschaft: Er erbringt regelmäßig keine steuerpflichtige Leistung (ggf. Steuerbefreiung). Besteht die Gegenleistung der Gesellschaft in einer Lieferung oder sonstigen Leistung (z.B. Sachabfindung), liegt – bei fehlender Steuerbefreiung – ein steuerpflichtiger Umsatz vor. – e) Gleiches gilt für die *Auflösung* einer Gesellschaft.

Gesellschaftsmantel → Mantel.

Gesellschaftsrecht – Rechtsnormen mit Bezug auf Personenvereinigungen des → Privatrechts, v.a. die Regelungen über die → Gesellschaft bürgerlichen Rechts (GbR), → Partnerschaftsgesellschaft (PartG), → offene Handelsgesellschaft (OHG), → Kommanditgesellschaft (KG), → stille Gesellschaft, → Aktiengesellschaft (AG), → Kommanditgesellschaft auf Aktien (KGaA), → Gesellschaft mit beschränkter Haftung (GmbH), eingetragene → Genossenschaft, → Reederei, des → Versicherungsvereins auf Gegenseitigkeit (VVaG), → Europäische Wirtschaftliche Interessenvereinigung (EWIV), → Societas Europaea (SE), → Societas Cooperativa Europaea (SCE); in begrenztem Umfang auch die Regelungen über den → Verein.

gesellschaftsrechtliches Spruchverfahren – In dem am 1.9.2003 in Kraft getretenen Spruchverfahrensgesetz (SpruchG) vom 12.6.2003 (BGBl. I 838), das auf den Empfehlungen der Regierungskommission Corporate Governance aufbaut, ist das gesellschaftsrechtliche Spruchverfahren neu geordnet worden mit dem Ziel, die gesellschaftsrechtlichen Spruchverfahren spürbar zu verkürzen. Das gesellschaftsrechtliche Spruchverfahren findet statt für die Bestimmungen (1) des Ausgleichs und der Abfindung für außenstehende Aktionäre bei → Unternehmensverträgen (§§ 304, 305 AktG); (2) der Abfindung ausgeschiedener Aktionäre bei → Eingliederung (§ 320b AktG); (3) der Barabfindung von Minderheitsaktionären bei → Squeeze-out (§§ 327a ff. AktG); (4) der

Zuzahlung oder Barabfindung für Anteilsinhaber bei der → Umwandlung (§§ 15, 34, 176 ff., 196, 212 UmwG). Neben dem Anwendungsbereich trifft das Gesetz Regelungen über die gerichtliche Zuständigkeit (§ 2), die Antragsstelle, Antragsfristen, Antragsbegründung und die Antragsgegner (§ 3–5), über den sog. gemeinsamen Vertreter und das Verfahren (§§ 7 ff.). Gegen den Beschluss des Landgerichts ist als Rechtsmittel die sofortige Beschwerde gegeben, über die das Oberlandesgericht entscheidet (§ 12).

Gesellschaftsschulden – I. Personengesellschaft: Alle Verbindlichkeiten, die für die Gesellschafter gemeinschaftlich begründet werden. – *Haftung:* Den Gläubigern haftet das → Gesellschaftsvermögen, zugleich aber haften auch alle Gesellschafter mit ihrem eigenen Vermögen als → Gesamtschuldner (der → Kommanditist der KG jedoch nur bis zur Höhe der → Haftsumme, seiner Einlage, § 171 HGB). – Vgl. auch → Schuldenhaftung. – Bei der → Auseinandersetzung sind vor der Verteilung des Gesellschaftsvermögens zunächst die Gesellschaftsschulden zu bezahlen; reicht das Gesellschaftsvermögen nicht aus, sind die persönlich haftenden Gesellschafter zu Nachschüssen verpflichtet.

II. Kapitalgesellschaft: Verbindlichkeiten begründen regelmäßig keine Haftung der Gesellschafter bzw. Aktionäre. – *Ausnahme:* → Durchgriffshaftung.

III. Genossenschaft: Sonderregelung je nach Typ (→ Haftpflicht).

Gesellschaftsstatistik → Sozialstatistik.

Gesellschaftsteuer – *Kapitalverkehrsteuer*; 1. In der *EU:* indirekte Steuer auf die Ansammlung von Kapital, seit 1969 vollständig durch eine EG-Richtlinie harmonisiert, die seit 1985 auch die Möglichkeit vorsieht, die Steuer in einzelnen Mitgliedsstaaten abzuschaffen. Die Gesellschaftsteuer wird in mehreren Mitgliedsstaaten noch erhoben. Steuersatz ist i.d.R. 1 Prozent. Den rechtlichen Rahmen bildet die → Kapitalverkehrsteuerrichtlinie der EG von 1969, neugefasst am 12.2.2008 (EG-Amtsblatt L 46/2008). – 2. In *Deutschland:* Die im Kapitalverkehrsteuergesetz geregelte Gesellschaftsteuer wurde mit Wirkung vom 1.1.1992 abgeschafft. Aufkommen der Gesellschaftsteuer betrug 1991 (umgerechnet) 294,2 Mio. Euro.

Gesellschaftsvergleich – Begriff der Vergleichsordnung für das → Vergleichsverfahren von nicht natürlichen Personen. Die Vergleichsordnung trat mit der → Insolvenzordnung (InsO) 1999 außer Kraft.

Gesellschaftsvermögen – I. Personengesellschaften: (OHG, KG, Gesellschaft bürgerlichen Rechts, Partnerschaftsgesellschaft): Gesellschaftsvermögen ist das gemeinschaftliche Vermögen der Gesellschafter. Es besteht aus den → Gesellschaftsbeiträgen (sowie ggf. der Einlage der → Kommanditisten) und den für die Gesellschaft erworbenen Gegenständen. Gesellschaftsvermögen steht allen Gesellschaftern in → Gemeinschaft zur gesamten Hand zu (§ 719 BGB). – Dagegen kann ein Gläubiger eines Gesellschafters den Anteil am Gesellschaftsvermögen pfänden (§ 859 ZPO) und der Gesellschaft mit einer Frist von sechs Monaten zum Schluss des Geschäftsjahres (die BGB-Gesellschaft ohne Einhaltung einer Kündigungsfrist, § 725 BGB) kündigen (§ 135 HGB). – Zur *Zwangsvollstreckung* in Gegenstände des Gesellschaftsvermögens ist erforderlich (1) ein Titel gegen die OHG, KG (§ 124 II HGB) oder GmbH (§ 13 GmbHG) oder nach der neuen Rechtsprechung des BGH gegen die BGB-Gesellschaft als → Außengesellschaft. § 736 ZPO steht dem nicht entgegen; bzw. (2) ein Urteil gegen alle Gesellschafter einer BGB-Gesellschaft ist weiterhin möglich.

II. Aktiengesellschaft und GmbH: Gesellschaftsvermögen wird ausgewiesen in deren Bilanzen, setzt sich zusammen aus sämtlichen Aktiven abzüglich der Verbindlichkeiten, Rückstellungen für ungewisse Verbindlichkeiten und Wertberichtigungen.

Gesellschaftsvertrag – I. Grundsätzliches: 1. *Begriff:* Die die Gesellschaft schaffende vertragliche Rechtsgrundlage, oft auch *Satzung* genannt. – 2. Die *allg. Vorschriften* über Rechtsgeschäfte und Verträge finden Anwendung. Auch die → Anfechtung eines Gesellschaftsvertrags ist zulässig, hat aber keine rückwirkende Kraft mehr, sobald die Gesellschaft ins Leben getreten ist, und wirkt nie gegen gutgläubige Dritte; sie wirkt nur wie eine → Kündigung, die i.d.R. zur → Auseinandersetzung unter den Gesellschaftern führt. – 3. *Bedeutung in der Volkswirtschaftstheorie:* → Konstitutionenökonomik, → Konsensethik.

II. Offene Handelsgesellschaft/Kommanditgesellschaft: Gesellschaftsvertrag ist Voraussetzung für die Entstehung der Gesellschaft. – 1. Keine *Formvorschriften* für den Gesellschaftsvertrag, außer z.B. bei Einbringen eines → Grundstückes. – 2. Im Wesentlichen kann der Gesellschaftsvertrag frei gestaltet werden. Der Gesellschaftsvertrag muss die bes. Voraussetzungen der OHG enthalten und den Hinweis, dass die Gesellschafter ein → Handelsgewerbe unter gemeinschaftlicher → Firma betreiben wollen. – 3. *Vertragsmängel,* die zur → Nichtigkeit oder → Anfechtung des Gesellschaftsvertrags führen, können bei der bereits in Vollzug gesetzten, d.h. tätig gewordenen Gesellschaft, nur beschränkt geltend gemacht werden.

III. Stille Gesellschaft: Regelung wie oben. Da die stille Gesellschaft nach außen nicht hervortritt, können bei Vertragsmängeln die allg. Vorschriften für die Anfechtung und die Nichtigkeit ohne Einschränkung Anwendung finden.

IV. Partnerschaftsgesellschaft: Der Partnerschaftsvertrag bedarf der Schriftform. Er muss enthalten: Namen und Sitz der Partnerschaft, Name, Beruf und Wohnort der Partner und den Gegenstand der Partnerschaft (§§ 3–5 PartGG).

V. Gesellschaft mit beschränkter Haftung: 1. Der Gesellschaftsvertrag bedarf *notarieller Form,* ist von allen Gesellschaftern zu unterzeichnen und zum → Handelsregister einzureichen. – 2. *Inhalt:* a) Er muss enthalten: Firma, Sitz und Gegenstand der GmbH, Betrag des Stammkapitals und der einzelnen Stammeinlagen. – b) Aus dem Grundsatz der Vertragsfreiheit folgt, dass im Gesellschaftsvertrag nahezu alles vereinbart werden kann, was nicht gegen zwingendes Recht verstößt. Üblich sind Bestimmungen über die Geschäftsführung und Vertretung, das Geschäftsjahr, die Abtretung von Geschäftsanteilen, über Gesellschafterbeschlussfassungen sowie die Einziehung von Geschäftsanteilen. – 3. *Abänderung* des Gesellschaftsvertrags nur durch Beschluss der Gesellschafter (Dreiviertel-Mehrheit); sie ist von den Geschäftsführern zur Eintragung ins Handelsregister anzumelden.

VI. Aktiengesellschaft/Kommanditgesellschaft auf Aktien: → Satzung.

Gesellschaft zur Vereinfachung von Handelsverfahren und Förderung der EDI-Anwendung GmbH → DE-PRO GmbH.

Gesellschaft zur Verwertung von Leistungsschutzrechten mbH (GVL) → Verwertungsgesellschaft zur Wahrnehmung deutscher und ausländischer Urheberrechte, die sich für ausübende Künstler, Bild- und Tonträgerhersteller und Veranstalter ergeben oder auf Hersteller oder Veranstalter übertragen sind. Sitz in Berlin.

Gesetz der abnehmenden Grenzrate der Substitution – 1. *Mikroökonomik:* Hypothese der Theorie des Haushalts, mit dem der konvexe Verlauf der → Indifferenzkurve begründet wird. Bei fortgesetzter Substitution von Gut 1 durch Gut 2 sinkt die → Grenzrate der Substitution. Das Gesetz der abnehmenden Grenzrate der Substitution erfordert nicht, dass für alle Güter das 1. Gossensche Gesetz (→ Gossensche Gesetze) gilt. – 2. → Produktionstheorie: Die Grenzrate der Substitution gibt an, welche Veränderung der Einsatzmenge eines → Produktionsfaktors erforderlich ist, um (bei konstanter Ausbringungsmenge und konstanten Einsatzmengen aller sonstigen Produktionsfaktoren) eine vorgegebene Veränderung der Einsatzmenge eines anderen Produktionsfaktors zu kompensieren. Formal entspricht die Grenzrate der Substitution der negativen Steigung der → Isoquante; aus dem konvexen Verlauf ergibt sich das Gesetz der abnehmenden Grenzrate der Substitution.

Gesetz der großen Zahlen – In seiner mathematischen Variante ist das Gesetz der großen Zahlen eine fundamentale Gesetzmäßigkeit der Wahrscheinlichkeitstheorie, nach der für eine Folge von Zufallsvariablen $\{X_j\}_{j\in\mathbb{N}}$ mit $E[X_j] = \mu$ für alle $j \in \mathbb{N}$ (Erwartungswert) unter bestimmten Voraussetzungen und in einem zu präzisierenden Sinn die Folge der Stichprobenmittel $(1/n)\sum_{j=1}^{n} X_j$ bei wachsendem Stichprobenumfang N gegen den Erwartungswert μ konvergiert. Sind bspw. je zwei verschiedene Zufallsvariable unkorreliert (Korrelation) und besitzen alle Zufallsvariablen dieselbe Varianz, so gilt für alle $\epsilon > 0$

$$\lim_{n\to\infty} P\left[\left|\frac{1}{n}\sum_{j=1}^{n} X_j - \mu\right| \leq \epsilon\right] = 1$$

(schwaches Gesetz der großen Zahlen); diese Bedingung ist insbesondere dann erfüllt, wenn die Folge der Zufallsvariablen unabhängig ist (Unabhängigkeit) und alle Zufallsvariablen dieselbe Verteilungsfunktion besitzen. Das Gesetz der großen Zahlen begründet die Schätzung des Erwartungswerts durch das Stichprobenmittel. In seiner empirischen Variante bringt das Gesetz der großen Zahlen die Erfahrungstatsache zum Ausdruck, dass bei einer Vergrößerung der Anzahl der Beobachtungen im Rahmen einer (homogenen) statistischen Grundgesamtheit die zu Grunde liegende Zufallsgesetzmäßigkeit deutlicher zu Tage tritt. – 2. Anwendungen: Zentrale Anwendungen findet das Gesetz der großen Zahlen zunächst in der Statistik (und damit auch in der versicherungswirtschaftlichen Risikostatistik) im Rahmen der Schätzung von Wahrscheinlichkeiten, Erwartungswerten sowie höheren Momenten durch ihre Stichprobengegenstücke, d.h. der relativen Häufigkeit, dem Stichprobenmittelwert und den Stichprobenmomenten. Auch im Rahmen des versicherungswirtschaftlichen Risikoausgleichs findet das Gesetz der großen Zahlen seine Anwendung. In der Literatur wird das Gesetz der großen Zahlen teilweise als Synonym für den Risikoausgleich im Kollektiv verwendet und als Wesensmerkmal von Versicherungsvorgängen gesehen.

Gesetz der Massenproduktion – 1910 von K.W. Bücher (1847-1930) aufgestellt:

$$\text{Stückkosten} = \frac{\text{Gesamtkosten}}{\text{Ausbringungsmenge}}.$$

Daraus leitete K.W. Bücher folgende Erkenntnisse ab: (1) Bei Erhöhung der Ausbringungsmenge sinken die Stückkosten. (2) Die industrielle Produktionserweiterung erhöht das Angebot und passt die Preise den sinkenden Stückkosten an.

Gesetz der konstanten Lohnquote – Während die ökonomischen Klassiker keineswegs von einer Konstanz der funktionalen Einkommensverteilung ausgingen, änderte sich diese Auffassung unter dem Einfluss der empirischen Arbeiten von Arthur L. Bowleys (1869-1957) zu Beginn des 19. Jahrhunderts. Auf Bowley geht das „Gesetz der konstanten Lohnquote" zurück. Unter dem Einfluss dieses „Gesetzes" veränderte sich die Fragestellung der funktionalen Verteilungstheorie. Nun ging es nicht mehr darum, wie die jeweiligen Niveaus der Lohn- und Profitquote zustande kommen und welche Ursachen zu Veränderungen der Einkommensanteile am Volkseinkommen führen. Der beherrschende Untersuchungsgegenstand besteht seitdem in der Frage, welche Gründe für die angebliche Konstanz der Lohnquote verantwortlich sind. – Dabei präsentieren die drei bedeutsamen Theorien der funktionalen Einkommensverteilung eine ganz unterschiedliche Modellierung, wenn eine Konstanz der Lohnquote abgebildet werden soll. Die neoklassische Theorie mit ihren Annahmen von maximierenden Agenten, vollkommener Konkurrenz und Vollbeschäftigung unterlegt ihrer Grenzproduktivitätstheorie der Verteilung in der einfachen Version ohne technischen Fortschritt eine Produktionsfunktion vom Cobb-Douglas-Typ, deren Substitutionselastizität dafür sorgt, dass sich die Faktoreinkommensanteile nicht ändern. Wird der technische Fortschritt berücksichtigt, wird zusätzlich seine Neutralität angenommen. – Die postkeynesianische Verteilungstheorie bietet mit der Kaldor-Formel zwar eine ganz andersartige Erklärung der Einkommensverteilung an, die aber im Endeffekt ebenfalls zu konstanten Einkommensanteilen führt. Hier sind die Ex-Post-Identität von Ersparnis und Investition sowie die unterschiedlichen aber exogen gegebenen Sparneigungen aus Lohn- und Profit die wesentlichen Gründe für die Konstanz der funktionalen Einkommensverteilung. Die Höhe der Einkommensanteile wird im Vollbeschäftigungsgleichgewicht von der Investitionsquote festgelegt, die selber aus wachstumstheoretischen Überlegungen bestimmt wird und deren Konstanz ebenfalls als ein stilisiertes Faktum erachtet wird. – Als Begründer des dritten Ansatzes der wichtigen modernen Verteilungstheorien gilt Michal Kalecki, ein weiterer Vertreter der post-keynesianischen Theorie. Bei Kalecki bestimmen Firmen, die auf nicht vollkommenen Märkten mit unterausgelasteten Ressourcen agieren, ihre Preise mittels Zuschlagskalkulation auf die Kosten. Der Aufschlagfaktor wird vom Monopolgrad determiniert, welcher laut Kalecki in der langen Frist eine prinzipiell ansteigende Tendenz besitzt. Wenn andererseits die Rohstoffpreise sinken oder der gesamtwirtschaftliche Monopolgrad zunimmt, können sich diese Einflüsse gegenseitig so kompensieren, dass eine Konstanz der langfristigen funktionalen Einkommensverteilung resultiert. – Betrachtet man die Theorien der funktionalen Verteilung im Überblick, so stellt man fest, dass sie die Konstanz der funktionalen Einkommensverteilung entweder durch eine Konstanz der zentralen Determinanten der Verteilung oder durch einander quasi automatisch kompensierende Kräfte „erklären".

Gesetze – 1. *Im formellen Sinn:* Alle in einem förmlichen, meist in der Verfassung vorgeschriebenen Gesetzgebungsverfahren von den gesetzgebenden Körperschaften beschlossene Rechtsvorschriften. – 2. *Im materiellen Sinn:* Neben den Gesetzen im formellen Sinn auch → Rechtsverordnungen, → Satzungen und das → Gewohnheitsrecht. – Vgl. auch → Bundesrecht, → Landesrecht.

Gesetze der großen Zahlen – zusammenfassende Bezeichnung für Konvergenzaussagen über Folgen von → Zufallsvariablen mit großer Bedeutung für die Anwendung in der Statistik. Schwaches und Starkes Gesetz großer Zahlen machen Aussagen über die Konvergenz von arithmetischen Mitteln gegen einen Erwartungswert. – 1. Beim Schwachen Gesetz großer Zahlen wird eine Folge stochastisch unabhängiger (→ stochastische Unabhängigkeit) Zufallsvariablen $X_1, X_2, \ldots$ betrachtet, für die $EX_i = \mu$ (Erwartungswert) und $\text{Var } X_i \leq M < \infty$ (Varianz) für eine positive Konstante M und für alle natürlichen Zahlen i gelte. Dann konvergiert die Folge der arithmetischen Mittel $\bar{X}_n$ mit

$$\bar{X}_n = \frac{1}{n}\sum_{i=1}^{n} X_i$$

stochastisch gegen den Erwartungswert μ; genauer:

$$\lim_{n\to\infty} P(|\bar{X}_n - \mu| < \epsilon) = 1$$

für jedes ε > 0. – 2. Sind in 1. die Zufallsvariablen speziell Bernoulli-verteilt, d.h. $P(X_i=1) = p$ und $P(X_i=0) = 1-p$ für ein p mit $0<p<1$ und für alle natürlichen Zahlen i, dann ist die Zufallsvariable $S_n = X_1+\ldots+X_n$ binomialverteilt (→ Binomialverteilung) mit den Parametern n und p, und es gilt

$$\lim_{n\to\infty} P\left(\left|\frac{S_n}{n} - p\right| < \epsilon\right) = 1$$

für jedes ε > 0. Die Aussage wird auch als das *Bernoullische Gesetz der großen Zahlen* bezeichnet. Als eine zentrale Grundlage der Statistik besagt dieses Gesetz, dass die relativen Häufigkeiten S_n/n gegen den Erwartungswert p beziehungsweise gegen die „wahre Trefferwahrscheinlichkeit" p konvergieren. In diesem Sinne ist das arithmetische Mittel S_n/n also in der schließenden Statistik eine geeignete Schätzfunktion für den unbekannten Parameter p; diese Eigenschaft wird als schwache Konsistenz des Schätzers S_n/n bezeichnet. – 3. Eine Version des Starken Gesetzes großer Zahlen besagt, dass die Folge der arithmetischen Mittel aus 1. für stochastisch unabhängige und identisch verteilte Zufallsvariablen $X_1, X_2, \ldots$ auch fast sicher gegen den Erwartngswert μ konvergiert.

Gesetze für moderne Dienstleistungen am Arbeitsmarkt → Hartz-Gesetze.

Gesetzesaussage – *nomologische Hypothese;* allg. erfahrungswissenschaftliche Aussage (→ Realwissenschaft), die im Extremfall ohne Beschränkung auf einen bestimmten Raum/Ort oder auf eine bestimmte Zeit formuliert wird. Wegen dieser Eigenschaft werden Gesetzesaussagen auch als *Invarianzbehauptungen* bzw. als *Immer- und Überall-Wenn-Dann-Aussagen* bezeichnet. – Während *Gesetzmäßigkeiten* als Bestandteil der Realität zu betrachten sind, handelt es sich bei Gesetzesaussagen um Erkenntnistatbestände, die sich ggf. als falsche Vorstellungen über die Eigenschaften der Erfahrungswelt erweisen können (→ Fallibilismus). – Darüber hinaus muss zwischen Gesetzesaussagen und *Gesetzen* (etwa im Sinn der Rechtswissenschaft) unterschieden werden.

Letztere sind von Menschen zu dem Zweck geschaffen, eine Ordnung in den sozialen und institutionellen Beziehungen zu bewirken. Es handelt sich um Normen bzw. Gebote, die bestimmte Verhaltensweisen fordern oder verbieten. – Innerhalb der → Wissenschaftstheorie wird kontrovers diskutiert, ob die in naturwissenschaftlichen Bereichen bewährte Suche nach Gesetzmäßigkeiten auch in den Sozial- bzw. Kulturwissenschaften zweckmäßig ist.

Gesetzesvorlage – Gesetzantrag, der von der → Bundesregierung, aus der Mitte des → Bundestags oder durch den → Bundesrat beim Bundestag eingebracht wird (Art. 76 GG).

Gesetzgebung – staatliche Tätigkeit, die den Erlass von → Gesetzen zum Gegenstand hat. – Vgl. auch → Gewaltenteilung, → Gesetzesvorlage, → Gesetzgebungskompetenz. – *Anders:* → Rechtsprechung, → Verwaltung.

Gesetzgebungskompetenz – *Gesetzgebungszuständigkeit.* Nach Art. 70 I GG haben die Länder das Recht zur Gesetzgebung, soweit nicht das GG dem Bund Gesetzgebungsbefugnisse verleiht. Nach Art. 71 GG haben die Länder im Bereich der eigentlich → ausschließlichen Gesetzgebungskompetenz des Bundes die Befugnis zur Gesetzgebung nur, wenn und soweit sie hierzu in einem Bundesgesetz ausdrücklich ermächtigt werden. Nach Art. 72 GG haben die Länder im Bereich der → konkurrierenden Gesetzgebungskompetenz die Befugnis zur Gesetzgebung, solange und soweit der Bund von seiner Gesetzgebungszuständigkeit nicht durch Gesetz Gebrauch gemacht hat. Die Rahmengesetzgebung des Bundes wurde mit der → Föderalismusreform I (Gesetz zur Änderung des Grundgesetzes vom 28.8.2006, BGBl. I 2034) abgeschafft. Im Rahmen der Föderalismusreform sind auch aus dem Bereich der konkurrierenden Gesetzgebung einzelne Bereiche dem Bund oder den Ländern eindeutig zugeordnet worden. Außerdem wurden große Teile der konkurrierenden Gesetzgebung aus Art. 74 GG von der sog. Erforderlichkeitsklausel des Art. 72 II GG ausgenommen, welche besagt, dass dem Bund die Gesetzgebung dann zusteht, wenn und soweit die Herstellung gleichwertiger Lebensverhältnisse im Bundesgebiet oder die Wahrung der Rechts- und Wirtschaftseinheit im gesamtstaatlichen Interesse eine bundesgesetzliche Regelung erforderlich macht. Die Föderalismusreform hat auch den neuen Typus der Abweichungsgesetzgebung hervorgebracht (Art. 72 III GG), wonach die Länder in bestimmten Bereichen abweichende Regelungen durch Gesetz treffen können, sofern der Bund von seiner Gesetzgebungszuständigkeit Gebrauch gemacht hat. – Die Gesetzgebung steht bei Zöllen und Finanzmonopolen dem Bund ausschließlich zu (Art. 105 I GG); für die übrigen Steuern besitzt er die („konkurrierende") – und in der Praxis weitestgehend in Anspruch genommene – Gesetzgebung, falls (1) deren Aufkommen dem Bund ganz oder teilweise zusteht (→ Steuergesetzgebungshoheit, → Finanzverfassung, → Steuerverbund, → Bundessteuern, → Gemeinschaftsteuern) oder (2) im Falle des Art. 72 II GG. Den Ländern verbleibt die Gesetzgebung, falls (1) die Voraussetzungen für die konkurrierende Gesetzgebung des Bundes nicht gegeben sind, (2) der Bund bei der konkurrierenden Gesetzgebung von seinem Recht keinen Gebrauch macht oder (3) über die örtlichen Verbrauch- und Aufwandsteuern, solange und soweit sie nicht bundesgesetzlich geregelten Steuern gleichartig sind (Art. 105 IIa GG), wobei die Länder den Steuersatz der Grunderwerbssteuer selbst bestimmen dürfen. – Vgl. auch → Finanzausgleich, → Finanzverfassung.

Gesetzgebungsnotstand – kann für eine Gesetzesvorlage unter den Voraussetzungen des Art. 81 GG erklärt werden, wodurch ein Bundesgesetz ausnahmsweise trotz Ablehnung durch den → Bundestag jedoch mit Zustimmung des → Bundesrates zustande kommen kann. Der Gesetzgebungsnotstand gilt nur für einfache Bundesgesetze, nicht bei Verfassungsänderungen möglich. Der Gesetzgebungsnotstand setzt voraus, dass der Bundestag einem Antrag des Bundeskanzlers, ihm das Vertrauen auszusprechen (Art. 68 GG) nicht zustimmt, der Bundespräsident den Bundestag aber nicht auflöst; wenn in einem solchen Falle eine von der Bundesregierung als dringlich bezeichnete Gesetzesvorlage vom Bundestag abgelehnt wird, kann der Bundespräsident auf Antrag der Bundesregierung hinsichtlich dieser Vorlage den Gesetzgebungsnotstand erklären. Lehnt der Bundestag die Gesetzesvorlage erneut ab oder stimmt er ihr in einer für die Bundesregierung als unannehmbar bezeichneten Fassung zu, gilt das Gesetz als zustandegekommen, soweit der Bundesrat ihm zustimmt. Das gilt auch, wenn der Bundestag nicht innerhalb von vier Wochen die erneut eingebrachte Gesetzesvorlage verabschiedet. – Der Gesetzgebungsnotstand nach Art. 81 GG ist nicht zu verwechseln mit der Notstandsgesetzgebung nach Art. 115a ff GG im Verteidigungsfall.

Gesetz gegen den unlauteren Wettbewerb (UWG) → unlauterer Wettbewerb.

Gesetz gegen Wettbewerbsbeschränkung (GWB) → Deutsches Kartellrecht.

gesetzliche Arbeitslosenversicherung → Arbeitslosenversicherung.

gesetzliche Einheiten – Im amtlichen und geschäftlichen Verkehr sind grundsätzlich Größen in gesetzlichen Einheiten sowie Datum und Zeit nach der gesetzlichen Zeit zu verwenden, Einheiten- und Zeitgesetz vom 22.02.1985 (BGBl. I 408) m.spät.Änd. Die gesetzlichen Einheiten finden sich in der Einheitenverordnung vom 13.12.1985 (BGBl. I 2272) m.spät.Änd.

gesetzliche Feiertage – festgelegt durch Landesrecht, Tag der Deutschen Einheit durch → Einigungsvertrag. In einzelnen Ländern, v.a. in Bayern, kommen noch anerkannte kirchliche Feiertage hinzu

(Mariä Himmelfahrt, Reformationsfest, Totensonntag), die zwar nicht gesetzliche Feiertage sind, aber nach Landesgesetz bes. Schutz genießen. – An gesetzlichen Feiertagen bestehen die gleichen Beschäftigungsverbote wie für → Sonntagsarbeit (vgl. §§ 9 ff. ArbZG) und Verkehrsbeschränkungen für Lastkraftwagen.

Gesetzliche Krankenversicherung (GKV) → Krankenversicherung.

gesetzliche Orderpapiere → Orderpapiere.

Gesetzliche Pflegeversicherung → Pflegeversicherung.

Gesetzliche Pflegeversicherung (GPV) – 1. *Begriff:* Zweig der → Sozialversicherung. Die Gesetzliche Pflegeversicherung (GPV) wurde 1995 als fünfter Zweig der Sozialversicherung eingeführt. Vorangegangen war eine rund 20 Jahre andauernde sozialpolitische Diskussion über die bessere soziale Absicherung pflegebedürftiger Personen. Aufgabe der GPV soll es sein, das finanzielle Risiko der Pflegebedürftigkeit abzusichern und Pflegebedürftigen trotz ihres Hilfebedarfs ein möglichst selbstständiges und selbstbestimmtes Leben zu ermöglichen. Die GPV ist eine Pflichtversicherung. – 2. *Träger:* Träger der GPV sind die → Pflegekassen. Eine Pflegekasse besteht bei jeder gesetzlichen → Krankenkasse, d.h. jede gesetzliche Krankenkasse ist verpflichtet, unter ihrem Dach eine Pflegekasse zu unterhalten. Die Pflegekassen sind ebenso wie die Krankenkassen rechtsfähige Körperschaften des öffentlichen Rechts mit Selbstverwaltung. Die Mitglieder einer gesetzlichen Krankenkasse sind i.d.R. zugleich Mitglieder der bei ihr errichteten Pflegekasse. Personen, die nicht Mitglied einer Pflegekasse sind, müssen sich bei einem privaten Versicherungsunternehmen gegen das Risiko der → Pflegebedürftigkeit versichern. Die Leistungen der privaten Pflegeversicherung müssen denen der GPV entsprechen. Die Organe der Pflegekassen sind identisch mit den Organen der Krankenkassen, bei denen die Pflegekasse besteht. Trotz Identität der Organe und der gemeinsam genutzten Infrastruktur sind die Aktivitäten der Pflegekassen in juristischer und wirtschaftlicher Hinsicht von der Geschäftstätigkeit der jeweiligen Krankenkasse konsequent zu trennen. Die GPV wird eigenständig finanziert und muss den Krankenkassen die von den Pflegekassen verursachten Verwaltungskosten pauschal erstatten. Auch die Pflegekassen unterliegen der staatlichen Aufsicht durch die Behörde, die für die Aufsicht über die betreffende Krankenkasse zuständig ist (entweder das BVA oder der Landessozialminister). – 3. *Finanzierung:* Die für die GPV erforderlichen finanziellen Mittel werden durch Beiträge der Pflegekassen-Mitglieder auf Grundlage ihrer beitragspflichtigen Einnahmen aufgebracht. Der Beitragssatz beträgt seit dem 1.1.2013 2,05 Prozent der beitragspflichtigen Einnahmen (bis zur Beitragsbemessungsgrenze) und wird grundsätzlich paritätisch von Arbeitnehmer und Arbeitgeber aufgebracht. Eine Ausnahme gilt im Bundesland Sachsen, da dort im Zuge der ersten Stufe der GPV kein Feiertag gestrichen worden ist. Um die Unternehmen finanziell zu entlasten, müssen in Sachsen die Mitglieder 1,525 Prozentpunkte und die Arbeitgeber lediglich 0,525 Prozentpunkte des Pflegeversicherungsbeitrags bezahlen. Seit dem 1.1.2005 zahlen kinderlose Mitglieder einen um 0,25 Punkte erhöhten Beitrag (Kinderberücksichtigungsgesetz). Der Zuschlag wird auf die gleichen beitragspflichtigen Einnahmen berechnet wie die regulären Pflegeversicherungsbeiträge dieser Mitglieder. Das Mitglied trägt den Zuschlag allein, der Arbeitgeber leistet dazu keinen Anteil. – 4. *Leistungen:* Aus der GPV werden folgende Leistungen zur Verfügung gestellt: – a) Pflegesachleistungen für die Ambulante Pflege (§ 36 SGB XI), – b) Pflegegeld für selbstbeschaffte Pflegehilfen (§ 37 SGB XI), – c) Kombination von Geld und Sachleistungen (Kombinationsleistungen § 38 SGB XI), – d) häusliche Pflege bei Verhinderung der Pflegeperson (§ 39 SGB XI), – e) Pflegehilfsmittel und technische Hilfen (§ 40 SGB XI), – f) Tagespflege und Nachtpflege, teilstationäre Pflege (§ 41 SGB XI), – g) Kurzzeitpflege (§ 42 SGB XI), – h) Vollstationäre Pflege (§ 43 SGB XI), – i) Leistungen zur sozialen Sicherung der Pflegeperson (§ 44 SGB XI), – j) Pflegekurse für Angehörige und ehrenamtliche Pflegepersonen (§ 45 SGB XI),k) Leistungen für Pflegebedürftige mit erheblichem allg. Betreuungsbedarf (§ 45 b SGB XI). – Die Leistungen werden als Dienstleistungen, Sachleistungen, Geldleistungen und in Form von Kostenerstattungen erbracht. Sie bieten keinen Rund-um-Schutz, sondern ergänzen lediglich die familiäre, nachbarschaftliche oder sonstige ehrenamtliche Pflege und Betreuung. Über den Leistungsanspruch hinausgehenden Pflege- und Betreuungsbedarf muss der Pflegebedürftige selbst sicherstellen. Reichen dafür die Mittel des Pflegebedürftigen nicht aus, kann sich daraus ein weiterer Leistungsanspruch nach anderen Sozialhilfegesetzen ergeben. – 5. *Qualitätssicherung:* Die Pflegeleistungen sind so zu erbringen, dass sie den Maßstäben zur Qualität der ambulanten und stationären Pflege nach § 80 I SGB XI entsprechen. Nach §§ 2 ff. SGB XI sind u.a. die Förderung der Selbstständigkeit, die aktivierende Pflege, die Einbeziehung von Pflegepersonen und Ehrenamtlichen sowie die Berücksichtigung des allg. anerkannten Stands von Medizin und Pflege die Kriterien für die Qualität der Pflegeleistungen. Bei den Maßnahmen zur Qualitätssicherung wird zwischen internen und externen Qualitätssicherungsmaßnahmen unterschieden. Dabei geht es um die Prüfung, ob die vorausgesetzte Qualität der Pflegeleistungen tatsächlich erreicht oder eingehalten wird. Interne Qualitätssicherungsmaßnahmen sind z.B. innerbetriebliche Maßnahmen im Rahmen des Qualitätsmanagement. Freiwillige oder obligatorische Prüfungen der Qualität durch andere Institutionen, wie TÜV, Heimaufsicht, Medizinischer Dienst der Krankenversicherung (MDK), sind Beispiele für externe

Qualitätssicherungsmaßnahmen. – 6. *Entwicklungen:* Die Bundesregierung hat mit dem „Entwurf eines Gesetzes zur strukturellen Weiterentwicklung der Pflegeversicherung" eine Reform auf den parlamentarischen Weg gebracht. Die Reformansätze beinhalten z.B. die Anhebung der ambulanten Sachleistungen, des Pflegegeldes und der stationären Leistungen (Stufe III), zusätzliche Leistungen für Demenzkranke sowie eine Dynamisierung der Leistungen ab 2015. Zur Abdeckung der steigenden Ausgaben wurde der Beitragssatz zum 1.7.2008 um 0,25 v.H. auf 1,95 v.H. erhöht. Mit dem am 30.12.2012 in weiten Teilen in Kraft getretenen „Pflege-Neuausrichtungs-Gesetz" (PNG) wurde eine weitere Anhebung des Beitragssatzes auf 2,05 v.H. ab dem 1.1.2013 beschlossen. Das PNG sieht sowohl eine deutliche Erhöhung der Leistungen für demenziell Erkrankte in der ambulanten Versorgung als auch eine Ausweitung der Wahl- und Gestaltungsmöglichkeiten für Pflegebedürftige und ihre Angehörigen vor. Darüber hinaus wird die freiwillige private Vorsorge erstmals staatlich gefördert. – Vgl. in Abgrenzung zur GPV auch die private Pflegeversicherung (→ Pflegeversicherung).

Gesetzliche Rentenversicherung (GRV) – 1. *Begriff:* Zweig der deutschen → Sozialversicherung, der bei Alter, → Erwerbsminderung und vorzeitigem Tod eine Rente an Versicherte (Hinterbliebene) gewährt. Zentrale Aufgaben sind die Ersetzung ausgefallener Arbeitseinkommen sowie die Erhaltung, Besserung und Wiederherstellung der Erwerbsfähigkeit der Versicherten. Gemessen an der Versichertenzahl bedeutendstes System der Alters- und Erwerbssicherung in Deutschland. Neben der GRV gibt es weitere Alterssicherungssysteme, wie die → Alterssicherung der Landwirte und die → Versorgungswerke der (kammerfähigen) freien Berufe sowie die → Beamtenversorgung. – 2. *Rechtsgrundlage:* SGB VI. – 3. *Leistungen:* Neben den Renten wegen Alters, Erwerbsminderung und vorzeitigem Tod werden für Rentner Beiträge zur gesetzlichen Krankenversicherung (GKV) bezahlt und Rehabilitationsleistungen erbracht. Die Altersrente wurde bis 2011 ab dem 65. Lebensjahr ohne Abschläge gewährt. Seit dem Jahr 2012 wird die Regelaltersgrenze bis zum Jahr 2029 zunächst um einen Monat pro Jahrgang, später um zwei Monate pro Jahrgang angehoben. Dies hat zur Folge, dass die Geburtsjahrgänge 1964 und später die Regelaltersrente erst ab dem vollendeten 67. Lebensjahr in Anspruch nehmen können. Jeder frühere Rentenbeginn mindert die Rente (um 0,3 % pro Monat), jeder spätere Rentenbeginn erhöht sie (um 0,5 % pro Monat). Die Rentenhöhe ist grundsätzlich von den im Erwerbsleben erzielten Arbeitsentgelten abhängig. Dies gilt auch für die Erwerbsminderungsrente, jedoch müssen die Betroffenen je nach Alter bei Eintritt der Erwerbsminderung u.U. Abschläge von bis zu 10,8 % in Kauf nehmen. Die Ansprüche aus Altersrente ergeben sich als Produkt der Summe der → Entgeltpunkte mit dem → aktuellen Rentenwert unter Berücksichtigung von Abschlägen (bspw. Frühverrentung). Entgeltpunkte erhält der Versicherte in Höhe seines versicherungspflichtigen Arbeitsentgelts im Vergleich zu einem administrativ definierten Durchschnittsentgelt. Der aktuelle Rentenwert wird jährlich mit der → Rentenformel ermittelt. – 4. *Träger und Finanzierung:* Die Aufgaben der GRV werden durch Bundes- und Regionalträger wahrgenommen (→ Deutsche Rentenversicherung). Spezielle Arbeitnehmergruppen (bspw. Bergbau) werden in einem eigenständigen gemeinsamen Bundesträger zusammengefasst (→ Deutsche Rentenversicherung Knappschaft-Bahn-See). Die Leistungen werden im → Umlageverfahren (Umlagefinanzierung) aus Beiträgen der Versicherten finanziert, die als konstanter Prozentsatz des → Bruttoeinkommens (von einem Mindestverdienst bis zur → Beitragsbemessungsgrenze) – jeweils hälftig vom Arbeitgeber und Arbeitnehmer – abgeführt werden. Außer von den Versichertenbeiträgen wird die GRV durch den → Bundeszuschuss finanziert, der im Wesentlichen dafür gedacht ist, eine Reihe von sog. versicherungsfremden Leistungen (z.B. Anrechnung von Ausbildungszeiten, Ersatzzeiten, Zahlung von → Fremdrenten) zu finanzieren. Hinzu kommen Beiträge der Träger von Lohnersatzleistungen (z.B. Kranken-, Unterhalts- oder Arbeitslosengeld I), die für die Empfänger von Lohnersatzleistungen die Rentenversicherungsbeiträge ganz oder zur Hälfte übernehmen.

gesetzliche Rücklage – gemäß § 150 AktG bei der AG und der KGaA zu bildende → Gewinnrücklage. – 1. *Zuzuführen* sind der gesetzlichen Rücklage 5 Prozent des um einen Verlustvortrag aus dem Vorjahr geminderten Jahresüberschusses, bis die gesetzliche Rücklage und die → Kapitalrücklagen nach § 272 II Nr. 1–3 HGB zusammen den zehnten oder den in der Satzung bestimmten höheren Teil des Grundkapitals erreichen. – 2. *Verwendet* werden kann die gesetzliche Rücklage unter bestimmten Voraussetzungen zum Ausgleich eines → Jahresfehlbetrages, eines → Verlustvortrags sowie zur → Kapitalerhöhung aus Gesellschaftsmitteln.

gesetzlicher Vertreter – 1. Personen, deren Vertretungsmacht nicht auf einer (rechtsgeschäftlich erteilten) → Vollmacht, sondern *auf Gesetz* beruht (→ Stellvertretung), u.a. die *Eltern* (→ elterliche Sorge), der → Betreuer (→ Betreuung), der *Geschäftsführer* für die GmbH, der *Vorstand* (→ Organhaftung) für die AG, die eingetragene Genossenschaft und den eingetragenen Verein, alle *Gesellschafter der* OHG (evtl. Ausschluss einzelner Gesellschafter) ist im → Handelsregister einzutragen, § 125 HGB. – Vgl. auch → offene Handelsgesellschaft (OHG) und → Partnerschaftsgesellschaft (PartG). – 2. *Für Geschäftsunfähige oder beschränkt Geschäftsfähige,* die ohne Einschränkung → Kaufmann sein können, muss der gesetzliche Vertreter handeln. – Auch zum Abschluss oder zur Lösung des → Berufsausbildungsvertrags muss der gesetzliche Vertreter

Zustimmung erteilen. – Vgl. auch → Geschäftsfähigkeit.

gesetzliches Pfandrecht – 1. *Begriff/Regelung:* → Pfandrecht, das nicht durch Vertrag, sondern unmittelbar kraft Gesetzes entsteht. Regelung i.Allg. wie → Vertragspfandrecht (§ 1257 BGB). – 2. *Fälle* des gesetzlichen Pfandrechts: (1) Des Vermieters (→ Vermieterpfandrecht, §§ 562 ff. BGB); (2) des Verpächters bzw. Pächters (→ Pacht, § 583 BGB); (3) des Unternehmers beim Werkvertrag (§ 647 BGB); (4) des Gastwirts (→ Beherbergungsvertrag, § 704 BGB); (5) des Kommissionärs (§ 397 HGB); (6) des Spediteurs (§ 464 HGB); (7) des Lagerhalters (§ 475b HGB); (8) des Frachtführers (§§ 441 ff. HGB); (9) des Vollstreckungsgläubigers an den vom → Gerichtsvollzieher gepfändeten Sachen, sog. Pfändungspfandrecht (§ 804 ZPO); → Pfändung.

gesetzliches Zahlungsmittel → Euro, → Geld, → Zahlungsmittel, wie es in der Währungsverfassung oder → Geldordnung bestimmt wird.

gesetzliche Treuhandschaft – liegt bei kraft Hoheitsakt generierten Treuhandverhältnissen vor, wenn der Inhalt des Treuhandverhältnisses wesentlich durch Rechtsvorschriften geprägt ist. – Vgl. auch → Treuhandschaft.

Gesetzliche Unfallversicherung → Unfallversicherung.

gesetzlich geschützt – Hinweise wie „gesetzlich geschützt", „patentamtlich geschützt" oder „geschützt" bezieht der Verkehr jeweils dann, wenn sich der Hinweis an ein breites Publikum wendet, auf das Bestehen von Patentschutz für die entsprechend gekennzeichnete und beworbene Ware. Besteht lediglich Kennzeichnungsschutz, ist der Hinweis irreführend (§ 5 UWG), wenn der Verkehr den Hinweis auf die Ware und nicht auf das Zeichen bezieht. Besteht lediglich ein → Gebrauchsmuster oder ein → Geschmacksmuster, muss mit dem Hinweis zum Ausdruck gebracht werden, um welche Art von Musterschutz es sich handelt. Auf das Bestehen von Sonderrechtsschutz darf auch mit gängigen Abkürzungen oder Symbolen hingewiesen werden wie DBP für Deutsches Patent, DBGM, BGM, GM oder ⓓ für Deutsches Gebrauchsmuster, DBWZ, WZ oder ® für Marken. – Vgl. auch → Gebrauchsmusterberühmung, → Patentberühmung, → Schutzrechtshinweise.

gesetzlich gestaltete Treuhandschaft → Treuhandschaft.

Gesetzmäßigkeit der Verwaltung – rechtsstaatlicher Grundsatz, nach dem die vollziehende Gewalt (d.h. die Verwaltungsbehörden) für ihr Handeln der gesetzlichen Grundlage bedarf (sog. Vorbehalt des Gesetzes). Zur Gesetzmäßigkeit der Verwaltung gehört auch der sog. Vorrang des Gesetzes. Dieser Grundsatz besagt, dass die Verwaltung keine Maßnahmen treffen darf, die einem Gesetz widersprechen.

Gesetz über die Deutsche Bundesbank → Bundesbankgesetz (BBankG).

Gesetz über elektronische Handelsregister und Genossenschaftsregister sowie das Unternehmensregister (EHUG) – Seit 1.1.2007 ist das Gesetz über elektronische Handelsregister und Genossenschaftsregister sowie das Unternehmensregister (EHUG), Gesetz vom 10.11.2006 (BGBl.I 2553), in Kraft. Das EHUG befasst sich mit drei Hauptthemen: – 1. Mit dem Artikelgesetz wurden die einschlägigen Gesetze (insbesondere HGB, AktG, GmbHG, GenG, FGG; das FGG wurde zum 1.9.2009 durch das FamFG abgelöst) und Registerverordnungen entsprechend geändert, indem die Umstellung des Betriebs des → Handelsregisters, → Partnerschaftsregisters und des → Genossenschaftsregisters auf den elektronischen Betrieb vollzogen wurde (vgl. z.B. für das Handelsregister § 8 I HGB). Zuständig für die Führung der drei Register sind nach wie vor die Amtsgerichte. Um die Verwaltung der Register zu beschleunigen, können Unterlagen nur noch elektronisch eingereicht werden. Aus Gründen der Rechtssicherheit bleibt für die Anmeldungen zur Eintragung eine öffentliche Beglaubigung erforderlich (§ 12 I 1 HGB). – 2. Für die Vereinfachung der Veröffentlichung der Jahresabschlüsse und zu deren Entlastung sind für die zentrale Entgegennahme, Speicherung und Veröffentlichung nicht mehr die Amtsgerichte, sondern der elektronische Bundesanzeiger zuständig. Der elektronische → Bundesanzeiger ist dadurch das zentrale Veröffentlichungsorgan für wirtschaftsrechtliche Bekanntmachungen geworden. – 3. Ferner wurde mit dem EHUG ein zentrales, ebenfalls elektronisch geführtes → Unternehmensregister geschaffen (§ 9a HGB). Darüber können die wichtigsten Unternehmensdaten zentral elektronisch abgerufen werden.

Gesetz über Teilzeitarbeit und befristete Arbeitsverträge – am 1.1.2001 in Kraft getretenes Gesetz, das zwecks Umsetzung zweier EG-Richtlinien über Teilzeitarbeit und über befristete Arbeitsverträge notwendig wurde. Sein Ziel ist, Teilzeitarbeit zu fördern, die Voraussetzungen für die Zulässigkeit befristeter Arbeitsverträge (→ befristeter Arbeitsvertrag) festzulegen und die Diskriminierung von teilzeitbeschäftigten und befristet beschäftigten Arbeitnehmern zu verhindern (§ 1). Arbeitsverträge können ohne sachlichen Grund bis zu einer Höchstdauer von zwei Jahren (bei neu gegründeten Unternehmen bis zur Dauer von vier Jahren) und bei höchstens dreimaliger (bei neu gegründeten Unternehmen mehrfacher) Verlängerungsmöglichkeit in diesem Zeitraum befristet werden, wenn der Arbeitnehmer neu eingestellt wird (§ 14). Dieses Gesetz löste das seit 1985 befristet geltende, mehrfach verlängerte → Beschäftigungsförderungsgesetz (BeschFG) ab. – Vgl. auch → Arbeitsmarktpolitik.

Gesetz vom abnehmenden Grenzertrag → Ertragsgesetz.

Gesetz vom Ausgleich der Grenznutzen → Gossensche Gesetze.

Gesetz zur Förderung der Stabilität und des Wachstums → Stabilitäts- und Wachstumsgesetz (StWG).

Gesetz zur Kontrolle und Transparenz im Unternehmensbereich (KonTraG) – 1. *Begriff:* Vom Deutschen Bundestag am 5.3.1998 beschlossenes und am 1.5.1998 in Kraft getretenes Artikelgesetz, das insbesondere im Handels- und Aktienrecht Änderungen vornahm. – 2. *Ziele und Inhalte:* Mit dem KonTraG sollte die → Corporate Governance in deutschen Unternehmen fortentwickelt werden. Zu den bedeutsamsten Neuregelungen gehörte die Erweiterung der Haftung von → Vorstand, → Aufsichtsrat und Wirtschaftsprüfer. Aktiengesellschaften und Unternehmen, auf die die entsprechenden Bestimmungen des Aktienrechts Ausstrahlungswirkungen haben (z.B. bestimmte GmbH), wurden durch den neu eingeführten § 91 II AktG verpflichtet „geeignete Maßnahmen zu treffen, insbesondere ein Überwachungssystem einzurichten, damit den Fortbestand der Gesellschaft gefährdende Entwicklungen früh erkannt werden“ können („Risikofrüherkennungssystem“). Die adäquate Funktionsweise des Risikofrüherkennungssystems ist Teil der Sorgfaltspflicht des Vorstands (§ 93 I S. 1 AktG) und des Aufsichtsrats (§ 116 AktG). Darüber hinaus müssen Aussagen zu den Risiken des Unternehmens im → Lagebericht veröffentlicht werden, und das Bestehen und der Betrieb des Risikofrüherkennungssystems müssen vom Abschlussprüfer geprüft werden.

Gesetz zur Modernisierung des GmbH-Rechts und zur Bekämpfung von Missbräuchen (MoMiG) – 1. *Zusammenfassung*: Die innerhalb des GmbHG umgesetzten Hauptanliegen des MoMiG zeigen sich u.a. bei neuen Gründungs- und Mobilitätsvorschriften (z.B. zum Geschäftsanteil und Sitz) und bei deregulierten Kapitalaufbringungs- und Kapitalerhaltungsvorschriften. Dem Ziel der Eindämmung von Missbräuchen und damit dem Anliegen der Verbesserung des Gläubigerschutzes dienen Verpflichtungen der Gesellschafter, im Falle der → Führungslosigkeit für eine nicht (mehr) existente Geschäftsführung einzuspringen. – Kein Abschnitt des GmbHG blieb unverändert, z.T. gab es weitreichende sachliche Änderungen bei „Schlüssel-Vorschriften“: Die Gründungsvorschriften der §§ 1-12 (Abschn. 1) und die nachfolgenden Normen des Abschn. 2 (§§ 13-34) waren bes. stark im Fokus. Hervorzuheben sind hier neben der vereinfachten Gründungsmöglichkeit und der sog. Unternehmergesellschaft (§§ 2 Ia, 5a) der Gutglaubenserwerb und das neue Recht zur Leistung der Einlagen (vgl. §§ 16 III, 19). Die Veränderungen beim Kapitalerhaltungsrecht, §§ 30 ff., sind ebenfalls augenfällig. Auch einige Regelungen der Abschn. 3 (§§ 35-52) und 4 (§§ 53-59) wurden angepasst. Bei Abschn. 3 ist die *Führungslosigkeit* (§ 35 I 2) bes. anzuführen. – 2. *Einzelheiten*: (1) *Unternehmergesellschaft*: Absicht des Gesetzgebers ist zunächst die Erleichterung der Kapitalaufbringung und der Übertragung von Geschäftsanteilen: Das GmbH-Recht hat seit dem MoMiG zwei Varianten der GmbH. Neben die herkömmliche GmbH mit einem Mindeststammkapital von 25.000 Euro tritt eine haftungsbeschränkte *Unternehmergesellschaft* (§ 5a GmbHG). Sie soll eine bequemere Einstiegsvariante für die GmbH bieten und will v.a. Existenzgründer mit dünner Kapitaldecke an diese Gesellschaftsform heranführen. Die Unternehmergesellschaft stellt rechtlich keine neue Rechtsform dar, sondern es ist eine GmbH, die ohne höheres Mindeststammkapital mit 1 Euro (pro Geschäftsanteil) gegründet werden kann (arg. § 5 II Satz 1 GmbHG), es muss nur unter 25.000 Euro liegen. Eine → Sachgründung ist bei ihr nicht erlaubt (§ 5a II Satz 2 GmbHG). Diese GmbH darf ihre Gewinne aber nicht voll ausschütten (§ 5a III GmbHG). Sie soll auf diese Weise das Mindeststammkapital der normalen GmbH nach und nach erreichen. Die Unternehmergesellschaft (auch *Mini-GmbH* genannt) darf in ihrer Firma nicht den „GmbH“-Zusatz führen, sondern sie muss ihre Besonderheit nach außen zeigen, indem sie als „Unternehmergesellschaft“ oder „UG“, jeweils mit dem Zusatz „haftungsbeschränkt“, auftritt (§ 5a I GmbHG). – 3. *Weitere Flexibilisierungen bei den Geschäftsanteilen*: GmbH-Gesellschafter können aufgrund der Neuregelung des MoMiG individuell über die Höhe der von ihnen zu übernehmenden Geschäftsanteilen (dieser Begriff hat den der *Stammeinlage* ersetzt) bestimmen. Dadurch soll sich das System besser nach ihren Bedürfnissen und finanziellen Möglichkeiten ausrichten. Bei Neugründungen bzw. bei Kapitalerhöhungen kann von vornherein eine flexible Stückelung gewählt werden, vorhandene Geschäftsanteile können leichter gestückelt werden (§ 5 III GmbHG). Der Flexibilisierungsansatz setzt sich bei bestehenden Geschäftsanteilen fort, indem diese leichter aufgeteilt, zusammengelegt und einzeln oder „im Bündel“ an einen Dritten übertragen werden können. – 4. → Verdeckte Sacheinlage: Rechtsunsicherheiten im Bereich der Kapitalaufbringung sollen dadurch beseitigt werden, indem die Thematik der sog. *verdeckten Sacheinlage* im Gesetz klarer geregelt wird. Eine solche liegt vor, wenn zwar formell eine Bareinlage vereinbart und geleistet wird, die Gesellschaft bei wirtschaftlicher Betrachtung aber einen Sachwert erhalten soll (z.B. eine Maschine), vgl. § 19 IV Satz 1 GmbHG. Das MoMiG sieht weiter vor, dass der Wert der geleisteten Sache auf die Bareinlageverpflichtung des Gesellschafters angerechnet wird. Die Anrechnung erfolgt nach Eintragung der Gesellschaft ins Handelsregister (§ 19 IV Sätze 3 f. GmbHG). Die Kenntnis des Geschäftsführers von einer verdeckten Sacheinlage verpflichtet ihn, bei der Handelsregisteranmeldung keine Versicherung abzugeben, wonach die Bareinlage geleistet sei (§ 19 V Satz 2 GmbHG), vgl. auch verdeckte Sacheinlage. – 5. *Musterprotokoll*: Das MoMiG sieht des Weiteren die Einführung von sog. Musterprotokollen (das *Musterprotokoll* ist als Anlage dem GmbHG angehängt) vor, die in einem *vereinfachten Verfahren* zum Einsatz kommen: Bei Standardgründungen (mit höchstens drei Gesellschaftern und einem Geschäftsführer) ist das beurkundungspflichtige Musterprotokoll zu verwenden (§ 2 Ia Satz 2 GmbHG). Dadurch werden die drei bisher in der Praxis oft getrennten Urkunden (Satzung, Geschäftsführerbestellung und Gesellschafterliste) in *einem* Protokoll zusammengeführt. Gerade bei der „UG" soll die Gründung per Musterprotokoll Kosten sparen. – 6. *Registereintragung und Prüfung durch das Registergericht:* Das MoMiG hat ferner eine Beschleunigung der Registereintragung gebracht, indem die Eintragungszeiten beim Handelsregister verkürzt werden sollen: Vorher konnte eine Gesellschaft nur dann in das Handelsregister eingetragen werden, wenn bereits bei der Anmeldung zur Eintragung eine staatliche Genehmigungsurkunde (sofern im Einzelfall notwendig) vorlag. Dies erschwerte und verzögerte die Unternehmensgründung erheblich. Genehmigungsurkunden müssen aufgrund des MoMiG jetzt nicht mehr beim Registergericht eingereicht werden (Streichung von § 8 I Nr. 6 GmbHG). Vereinfacht werden soll auch die Gründung von Ein-Mann-GmbHs. Bes. Sicherheitsleistungen sind hier nicht mehr erforderlich. Das Gericht kann bei der Gründungsprüfung die Vorlage von Einzahlungsbelegen oder sonstigen Nachweise allerdings dann verlangen, wenn es erhebliche Zweifel hat, dass das Kapital ordnungsgemäß aufgebracht wurde (§ 8 II Satz 2 GmbHG). Auch bei Sachgründungen wurde dereguliert: Die Werthaltigkeitskontrolle durch das Registergericht ist – wie bei der AG – auf die Frage beschränkt, ob eine „nicht unwesentliche" Überbewertung vorliegt (vgl. § 9c I Satz 2 GmbHG). – 7. *Fragen des Sitzes:* Die vom MoMiG beabsichtigte Erhöhung der Attraktivität der GmbH soll durch folgende weitere Maßnahmen bewirkt werden: Die Verlegung des Verwaltungssitzes ins Ausland, die dt. Gesellschaften nach bisherigem Recht nicht möglich war, wird ihnen nunmehr durch die Streichung des bisherigen § 4a II GmbHG ermöglicht, indem sie einen Verwaltungssitz wählen können, der nicht notwendig mit dem Satzungssitz übereinstimmt. Aus dieser Streichung wird – in der Lehre nicht unumstritten – die Rechtswirkung hergeleitet, dass der Verwaltungssitz nun auch im Ausland liegen kann. Damit soll der Spielraum dt. Gesellschaften, ihre Geschäftstätigkeit auch außerhalb Deutschlands auszuüben, erweitert werden. – 8. *Gesellschafterliste und gutgläubiger Erwerb:* Eine Transparenzverbesserung nach dem Vorbild des Aktienregisters gilt jetzt auch bei der GmbH durch Hebung der Bedeutung der → Gesellschafterliste. Dieses Dokument, das in der bisherigen Praxis der Unternehmen und der Gerichte vielfach stiefmütterlich beachtet wurde (die bisherige nachlässige Unternehmenspraxis beim up-to-date-halten wurde von den Gerichten eher seltener beanstandet) wird aufgewertet. Nur der gilt als Gesellschafter, der in ihr eingetragen ist. Der Markt soll nachvollziehen können, welche Personen hinter der Gesellschaft stehen. Veräußerer und Erwerber von Gesellschaftsanteilen sollen so den Anreiz erhalten, die Gesellschafterliste aktuell zu halten. Notare müssen dabei per gesetzlicher Verpflichtung mitwirken (§ 40 II GmbHG). Auch ausländische Notare sind nicht von vornherein ausgeschlossen, vgl. → Auslandsbeurkundung. Die Gesellschafterliste dient aufgrund des MoMiG (vgl. § 16 III GmbHG) als Anknüpfungspunkt für einen gutgläubigen Erwerb von Geschäftsanteilen. Wer einen Geschäftsanteil erwirbt, soll darauf vertrauen können, dass eine in der Liste verzeichnete Person auch wirklich Gesellschafter ist. Eine mindestens drei Jahre unbeanstandet gebliebene unrichtige Eintragung in der Gesellschafterliste bewirkt zugunsten des gutgläubigen Erwerbers eine Richtigkeitsfiktion. Das gilt auch, wenn die Eintragung zwar weniger als drei Jahre unrichtig, die Unrichtigkeit dem wahren Berechtigten aber zuzurechnen ist. – 9. → Cash-Pooling: Das bei der Konzernfinanzierung international gebräuchliche *Cash-Pooling* (Liquiditätssteuerung innerhalb eines Konzerns über das Cash-Management der Obergesellschaft) soll durch das MoMiG gesichert werden: Bez. der Kapitalaufbringung und -erhaltung wird diese Thematik nun auf eine verlässlichere Rechtsgrundlage gestellt (§ 30 I Satz 2 GmbHG), wodurch frühere Rechtsunsicherheiten in diesem Bereich beseitigt werden sollen. – 10. *Deregulierung des Eigenkapitalersatzrechts und bei Gesellschafterdarlehen:* Des Weiteren wurde durch das MoMiG das sog. Eigenkapitalersatzrecht (vgl. §§ 30 ff. GmbHG) vereinfacht und dereguliert. Die Problematik, ob Gesellschafterkredite als Darlehen oder als Eigenkapital zu behandeln sind, soll leichter zu lösen sein. Es wurden u.a. die früheren Regelungen über die kapitalersetzenden → Gesellschafterdarlehen (§§ 32a, 32b GmbHG) gestrichen und ins Insolvenzrecht (z.B. § 39 I Nr. 5 InsO) und ins AnfG (vgl. §§ 6, 6a) transferiert und dort neu geordnet; die sog. Rechtsprechungsregeln, die zu § 30 GmbHG gebildet worden waren, sind durch den neuen § 135 III InsO gegenstandslos geworden. Eine Unterscheidung zwischen *kapitalersetzenden* und *normalen* Gesellschafterdarlehen gibt es nicht mehr. – 11. *Missbrauchsbekämpfung:* Des Weiteren sollen aufgrund bekannt gewordener Missbrauchsfälle künftig Missstände bei Rechtsverfahren gegen GmbHs bekämpft werden: Diese scheiterten oft schon daran, dass sich Gesellschaften der Zustellung von Mahnungen und Klagen entzogen. Aufgrund des MoMiG muss zukünftig in das Handelsregister auch eine inländische Geschäftsanschrift der GmbH eingetragen werden (§ 10 I GmbHG). Dies gilt im Übrigen auch für Aktiengesellschaften, Einzelkaufleute, Personenhandelsgesellschaften sowie für Zweigniederlassungen (auch von Auslandsgesellschaften). Wenn unter der eingetragenen Anschrift eine Zustellung (auch durch Niederlegung) in der Praxis nicht möglich ist, wird gegenüber juristischen Personen (also insbesondere der GmbH) die - erheblich gläubigerfreundlichere – öffentliche Zustellung im Inland eröffnet. Hat die Gesellschaft keinen Geschäftsführer mehr (sog. *Führungslosigkeit*, vgl. § 35 I Satz 2 GmbHG), sind die Gesellschafter und – bei einer AG deren Aufsichtsrat - verpflichtet, bei Zahlungsunfähigkeit und Überschuldung einen Insolvenzantrag zu stellen (vgl. näher § 15a III InsO und bei → Führungslosigkeit).

Gesetz zur Reform der arbeitsmarktpolitischen Instrumente → Job-AQTIV-Gesetz.

Gesetz zur Reform der Arbeitsverwaltung und Arbeitsvermittlung – Das 2002 in Kraft getretene Gesetz führt einen dreiköpfigen Vorstand als Leitungsorgan der → Bundesagentur für Arbeit ein. Der Beamtenstatus der Mitglieder der Führungsorgane wurde abgeschafft. Personen, die seit mind. drei Monaten als Arbeitslose registriert sind, können von der → Agentur für Arbeit Gutscheine für die Einschaltung privater Arbeitsvermittler erhalten. Die Erlaubnispflicht für die Zulassung privater → Arbeitsvermittlung entfällt. – Vgl. auch → Arbeitsmarktpolitik.

Gesetz zur Umsetzung der Aktionärsrechterichtlinie (ARUG) – Das Gesetz zur Umsetzung der Aktionärsrechterichtlinie (ARUG) vom 30.7.2009 (BGBl. I 2479) ist am 1.9.2009 in Kraft getreten. Es handelt sich um ein Artikelgesetz, mit dem insbesondere folgende Gesetze geändert wurden: AktG, EGAktG, AktionärsforumsVO, HGB, EGHGB, GmbHG, SE-AusführungsG, SCE-AusführungsG, MitbestimmG, DrittelBetG und HandelsregisterVO. Anlass dieser Änderungen durch den nationalen Gesetzgeber war die Richtlinie 2007/36/EG vom 11.7.2007 über die Ausübung bestimmter Rechte von → Aktionären in börsennotierten Gesellschaften (ABl. EU Nr. L 184 S. 17; sog. Aktionärsrechterichtlinie), die bis zum 3.8.2009 in deutsches Recht umgesetzt werden musste. – Hauptanliegen des ARUG sind zunächst die Erleichterung der grenzüberschreitenden Stimmrechtsausübung und die Deregulierung der Kapitalaufbringung durch → Sacheinlagen. Aktionäre sollen durch das ARUG besser informiert und es soll ihnen die Stimmrechtsausübung erleichtert werden. Zusammen mit einer Vereinfachung des Vollmachtsstimmrechts der Banken will das Gesetz die Präsenz von Aktionären in der Hauptversammlung weiter erhöhen, vgl. dazu z.B. § 124 a AktG n.F., zu Internetveröffentlichungspflicht für börsennotierte Gesellschaften. Aus einer Pressemitteilung des BMJ (vom 29.5.2009) dazu: „Das Gesetz passt das Aktienrecht an das Internetzeitalter an. Künftig können Aktiengesellschaften bei Vorbereitung und Durchführung der Hauptversammlung moderne Medien in weitaus größerem Umfang nutzen. So verbessert sich die Informationslage für Aktionäre börsennotierter Gesellschaften und erleichtert ihnen die grenzüberschreitende Ausübung von Aktionärsrechten. Das stärkt v.a. Kleinanleger und verhindert Zufallsmehrheiten in der Hauptversammlung v.a. dann, wenn die Aktionäre weltweit verstreut sind und ihnen eine persönliche Teilnahme an der Hauptversammlung zu umständlich und zu teuer ist ... Neben der Option für eine Onlineteilnahme an der Hauptversammlung enthält der Gesetzentwurf weitere Maßnahmen, die den Aktionären die aktive Wahrnehmung ihrer Rechte erleichtern. Aktionäre erhalten mehr Möglichkeiten, ihre Stimmrechte auszuüben, wenn sie nicht selbst an der Hauptversammlung teilnehmen wollen. Statt einen Vertreter zu beauftragen, kann der Aktionär auch per Briefwahl von seinem Stimmrecht Gebrauch machen – vorausgesetzt, die Satzung der Gesellschaft lässt dies zu.“ – Des Weiteren will das ARUG eine Vereinfachung des Depotstimmrechts bewirken. Es soll für den Aktionär attraktiver werden, eine Bank zur Stimmrechtsvertretung zu bevollmächtigen. Die Banken haben künftig erweiterte Möglichkeiten, sich eine Vollmacht für die Stimmabgabe erteilen zu lassen (vgl. im einzelnen insbesondere § 135 AktG n.F.). – Weiter vereinfacht der Entwurf die Kapitalaufbringung von Aktiengesellschaften und verringert so den Verwaltungsaufwand bei den Gesellschaften. Künftig kann bei der → Sachgründung auf eine externe Werthaltigkeitsprüfung z.B. von Wertpapieren und Geldmarktinstrumenten, die auf einem geregelten Markt gehandelt werden, verzichtet werden, wenn diese mit dem Durchschnittskurs der letzten drei Monate bewertet werden (vgl. § 33a I Nr. 1 AktG n.F.). Der weiteren Vereinfachung dient auch die Aufnahme von deregulierenden Regelungen zur verdeckten Sacheinlage in das Aktiengesetz (vgl. insbesondere § 183a AktG n.F.). – Schließlich will das ARUG mißbräuchlichen Aktionärsklagen (durch „räuberische“ Aktionäre – so aus einer Pressemitteilung des BJM vom 29.5.2009) durch Reformen v.a. mit Bezug auf das gerichtliche Freigabeverfahren entgegen wirken. Das gerichtliche Freigabeverfahren ermöglicht es, einen Hauptversammlungsbeschluss im Eilverfahren in das Handelsregister einzutragen, obwohl eine Anfechtungsklage gegen den Beschluss erhoben wurde (vgl. §§ 246a, 319 VI, 327e AktG und § 16 III UmwG). Das ARUG verfolgt das Ziel, die Dauer der Freigabeverfahren abzukürzen, weil das hauptsächliche „Erpressungspotential“ (BMJ) in einer langen Verfahrensdauer liege. Für Freigabeverfahren werden zukünftig in erster und einziger Instanz die OLGs zuständig sein (vgl. § 246a I 3, III 4 AktG n.F.).

Gesinnungsethik → Ethik.

gesonderte Gewinnfeststellung → Gewinnfeststellung.

gespaltener Streitwert → Streitwert, → Streitwertbegünstigung.

gespaltener Wechselkurs – *multipler Wechselkurs*. 1. *Begriff*: Festsetzung verschiedener → Wechselkurse für verschiedene außenwirtschaftliche → Transaktionen, Instrument interventionistischer → Außenwirtschaftspolitik mit dem Ziel, entsprechend den von der Regierung gesetzten Prioritäten bestimmte Transaktionen zu erleichtern, andere zu belasten. Die

Einführung gespaltener Wechselkurse ist nach dem → IWF *genehmigungsbedürftig*. – 2. *Formen:* Differenzierung i.d.R. nach Handels- und Finanztransaktionen, aber auch nach Gütergruppen sowie Trägern und Richtungen der außenwirtschaftlichen Aktivitäten. Anwendung v.a. in → Entwicklungsländern, gelegentlich auch in Industrieländern. – 3. *Beurteilung:* Gespaltene Wechselkurse erfordern aufwendige Kontrollen; sie verfehlen vielfach die erstrebten Ziele, indem sie z.B. zur Bildung von Devisenschwarzmärkten führen. Da die verschiedenen Kurse die Devisenknappheit nicht widerspiegeln, sind sie Ursache von → Fehlallokationen.

gestaffelte Preissetzung – Bezeichnung für die Beobachtung, dass nicht alle Unternehmen einer Volkswirtschaft ihre Preise gleichzeitig an veränderte Rahmenbedingungen anpassen, sondern die Preisanpassungen zeitlich versetzt erfolgen. Gestaffelte Preissetzung ist überwiegend das Ergebnis von vertraglichen Bindungen, wie z.B. Lieferverträgen oder Tarifabkommen. – Die Existenz von gestaffelter Preissetzung führt auf makroökonomischer Ebene zur *Inflexibilität* des gesamtwirtschaftlichen Preisniveaus. Für ein einzelnes Unternehmen ist der → relative Preis seines Produktes die entscheidende Größe. Würden bei einem Anstieg des Geldangebots alle Unternehmen ihre Preise proportional erhöhen, blieben die relativen Preise unverändert. Ein einzelnes Unternehmen muss bei seiner Preissetzungsentscheidung jedoch davon ausgehen, dass die anderen Unternehmen aufgrund vertraglicher Bindungen ihre Preise nicht sofort anpassen können. Eine Preiserhöhung bedeutet für das Unternehmen in diesem Fall eine Erhöhung seines relativen Preises. Um nicht zu viele Kunden an andere Unternehmen zu verlieren, wird das betreffende Unternehmen seinen Preis daher nur langsam und unvollkommen anpassen. Da die anderen Unternehmen zu den Zeitpunkten, zu denen sie ihre Preise anpassen können, analoge Überlegungen anstellen, führt die gestaffelte Preissetzung makroökonomisch gesehen zu Trägheiten bei der Anpassung des gesamtwirtschaftlichen Preisniveaus. – Gestaffelte Preissetzung liegt angebotsseitig dem Grundmodell der Neukeynesianischen Makroökonomik (→ Neukeynesianische Makroökonomik, dynamisches Grundmodell) zugrunde. – Vgl. auch → Phillips-Kurve.

Gestaltansatz – Unter einer Gestalt wird in der Betriebswirtschaftslehre eine aus Strategie-, Organisations- und Umweltmerkmalen konfigurierte Variablenkombination verstanden. Bes. im → internationalen Marketing ist die Analyse des Internationalisierungsprozesses oft auf der Grundlage des Gestaltansatzes betrieben worden. Dabei geht es weniger um eine normative Festlegung von Internationalisierungsmustern als vielmehr um eine Systematisierung der komplexen Gestaltungsmöglichkeiten im Rahmen der Internationalisierung.

Gestaltpsychologie – wahrnehmungspsychologische Theorie, ähnlich der *Ganzheitspsychologie*, die jedoch stärker die Bedeutung der Gefühle betont. Im Gegensatz zur früher gängigen Elementenpsychologie werden nicht nur einzelne Reize, sondern ganze Reizkonstellationen in ihrer Wirkung untersucht („Das Ganze ist mehr als die Summe seiner Teile."). – *Gestalten* sind Wahrnehmungsgegenstände, die sich in ihrer Ausprägung (Prägnanz) unterscheiden. Je prägnanter die Gestalt (regelmäßig, einfach, symmetrisch), desto schneller die → Wahrnehmung und desto sicherer die Erinnerung. – Vgl. auch → Figur-Grund-Prinzipien, → Werbeziele.

Gestaltungshöhe → Eigentümlichkeit.

Gestaltungsinteresse → Erkenntnisinteresse.

Gestaltungsinvestition → Investition, mit der der Unternehmer neue Produkte auf den Markt bringen oder neuartige Produktionsverfahren anwenden will. – Vgl. auch → Erhaltungsinvestition.

Gestaltungsklage – Form der → Klage. Der Kläger begehrt eine Änderung des bestehenden Rechtszustandes durch richterliches Urteil. Die Gestaltungsklage ist nur in gesetzlich bestimmten Fällen, z.B. auf Scheidung einer Ehe, auf Auflösung einer OHG oder GmbH, Herabsetzung einer Vertragstrafe oder Unzulässigerklärung der Zwangsvollstreckung aus einem Vollstreckungstitel oder in einen bestimmten Gegenstand, Nichtigkeit einer AG, Klage gegen Beschlüsse einer AG, zulässig.

Gestaltungsmissbrauch → Steuerumgehung.

Gestaltungspolitik → sektorale Strukturpolitik.

Gestaltungsrecht – Rechtsmacht, durch einseitige Handlungen eine Rechtsänderung zu bewirken, z.B. durch → Anfechtung, → Kündigung oder → Rücktritt.

Gestattung → geschäftliche Bezeichnungen: Während für → Marken und Markenanmeldungen die Möglichkeit der Vergabe von → Lizenzen vorgesehen ist (§§ 30 f. MarkenG), ist bei Erlass des Markengesetzes von einer entsprechenden Regelung für → geschäftliche Bezeichnungen bewusst abgesehen worden, ohne dass dadurch die Zulässigkeit der schuldrechtlichen Befugnis, einem Dritten die Führung einer geschäftlichen Bezeichnung zu gestatten, beseitigt worden wäre. – Vgl. auch → Erlaubnis.

Gestellung – die in das EU-Zollgebiet verbrachten und zur zuständigen Zollstelle oder dem von ihr zugelassenen Ort beförderten Waren sind dort vom → Verbringer zu gestellen. Unter Gestellung ist die Mitteilung an die Zollstelle zu verstehen, dass die Waren bei der Zollstelle oder an dem von ihr zugelassenen Ort eingetroffen sind. Soweit eine vorzeitige summarische Eingangsanmeldung abgegeben worden ist, ist diese durch eine summarische Anmeldung zur vorübergehenden Verwahrung fortzuschreiben. Auf diese ist alsdann bei der Gestellung Bezug zu nehmen.

Gestellungsverzeichnis → summarische Anmeldung.

gesteuerter Preis – der durch → Preiskartelle, sonstige Kartellabreden oder durch den Staat regulierte Preis. – *Gegensatz:* → Marktpreis.

Gesundheitsattest – I. Sozialrecht: → Attest.

II. Außenhandel: Amtliche Bescheinigung für Import- oder Exportgüter, die besagt, dass die Güter frei von Krankheiten sind bzw. dass sie aus unverseuchten Gebieten kommen. Gesundheitsattest wird von vielen Staaten verlangt bei der → Einfuhr (1) von Pflanzen und → Tieren, (2) von bestimmten pflanzlichen und tierischen Nahrungsmitteln und anderen Erzeugnissen, bes. häufig für Fett, Fleisch und Fleischerzeugnisse, um die Einschleppung von Krankheiten und Schädlingen zu verhindern.

gesundheitsbezogene Lebensqualität – 1. *Begriff:* Gesundheitsbezogene Lebensqualität ist ein subjektives psychologisches Konstrukt, das den Gesundheitszustand aus der Perspektive des Individuums einschätzt. Gesundheit beschreibt nur einen Teilaspekt der allg. Lebensqualität und steht neben Einflussfaktoren wie Wohlstand, → Freiheit, → Politik, Bildung, Kultur und Religion. In → gesundheitsökonomischen Evaluationen stellt die gesundheitsbezogene Lebensqualität einen zentralen Ergebnisparameter dar. Die Abgrenzung der gesundheitsbezogenen Lebensqualität leitet sich aus der WHO-Definition (→ WHO) von Gesundheit ab und umfasst (1) physische Gesundheit, (2) psychisches Wohlbefinden und (3) soziale Integration. – 2. *Krankheitsspezifische und generische Instrumente:* Bei der Erhebung der gesundheitsbezogenen Lebensqualität unterscheidet man zwischen (1) krankheitsspezifischen und krankheitsübergreifenden (generischen) Ansätzen. Spezifische Instrumente der Lebensqualitätsmessung zielen auf spezifische Erkrankungen wie z.B. chronische Polyarthritis oder Asthma bronchiale. Die Instrumente sind auf Aspekte der Lebensqualität fokussiert, die bei der spezifischen Erkrankung relevant sind. Vorteile der spezifischen gegenüber den generischen Lebensqualitätsinstrumenten sind, a) dass sie auf Veränderungen im Gesundheitsstatus sensitiv reagieren, – b) Patienten die spezifischen Instrumente als relevant erachten da ihre eigenen Gesundheitsprobleme abgebildet werden und – c) die Interpretierbarkeit von Veränderungen relativ einfach ist weil Änderungen der Lebensqualität mit Änderungen klinischer Parameter korrelieren. Generische Profilinstrumente messen die gesundheitsbezogene Lebensqualität umfassend. Häufig eingesetzte generische Lebensqualitätsinstrumente sind der Short Form-36 Health Survey (SF-36), das Nottingham Health Profile (NHP) und das Sickness Impact Profile (SIP). Vorteil der generischen Profilinstrumente ist, dass sie - anders als spezifische Instrumente - krankheitsübergreifende Vergleiche (also Vergleiche von Interventionen bei unterschiedlichen Erkrankungen) unterstützen. – 3. *Profil- und Indexinstrumente:* Eine weitere Unterscheidung der Lebensqualitätsansätze erfolgt zwischen Profil- und Indexinstrumenten. Profilinstrumente erlauben eine differenzierte Einschätzung der gesundheitsbezogenen Lebensqualität indem sie über die berücksichtigten Dimensionen ein Profil von Scores ausweisen. Nachteil aus gesundheitsökonomischer Perspektive ist, dass kein Gesamtindex gebildet wird. Damit lassen sich unterschiedliche Gesundheitsprogramme mit jeweils unterschiedlichen Verbesserungen bei Dimensionen der Lebensqualität (z.B. Verbesserung der körperlichen Rollenfunktion bei Programm A, Verbesserung des psychischen Gesundheitsstatus und Schmerzminderung bei Programm B) nicht direkt vergleichen. Präferenzbasierte Ansätze der Lebensqualitätsmessung liefern einen Gesamtlebensqualitätsindex. Sie weisen die gesundheitsbezogene Lebensqualität aber weniger differenziert aus und sind damit auch weniger sensitiv als Profilinstrumente. Vorteilhaft aus gesundheitsökonomischer Perspektive ist, dass die präferenzbasierten Ansätze einen Index der gesundheitsbezogenen Lebensqualität bilden und damit eindeutige Vergleiche von Gesundheitsinterventionen unterstützen. Zudem sind Indexinstrumente präferenzbasiert. – 4. *Präferenzbasierte Ansätze:* Bei den präferenzbasierten Ansätzen unterscheidet man zwischen Ansätzen der direkten Nutzenbewertung und Instrumenten der indirekten Nutzenbewertung. Die quantitative Bestimmung von Präferenzwerten erfolgt durch Ansätze der direkten Nutzenbewertung (insbesondere Standard Gamble, Time Trade-off und Rating Scale). Gemeinsam ist den Ansätzen, dass die Studienteilnehmer in (zumeist) mündlichen strukturierten Befragungen Präferenzurteile abgeben sollen. Die Präferenzurteile werden durch geeignete Algorithmen in Präferenzwerte umgerechnet. Eine - deutlich weniger zeitaufwendige - Alternative der nutzentheoretischen Lebensqualitätsmessung sind die Instrumente der indirekten Nutzenbewertung. Die indirekte Nutzenbewertung erfolgt über standardisierte Lebensqualitätsfragebögen (Indexinstrumente). In den Fragebögen werden die Dimensionen der gesundheitsbezogenen Lebensqualität (körperliche Funktionsfähigkeit, körperliche Rollenfunktion, psychischer Gesundheitszustand, Schmerz und soziale Integration) mit jeweils mehreren Antwortmöglichkeiten (wie bspw. keine geringe, mäßige oder starke Schmerzen) abgebildet. Aus der Kombination von Antwortmöglichkeiten der verschiedenen Lebensqualitätsdimensionen lassen sich Gesundheitszustände beschreiben. Referenzgesundheitszustände, die ein möglichst breites Spektrum der Gesundheit abbilden sollten werden von einer repräsentativen Bevölkerungsstichprobe bewertet – und zwar durch einen der direkten Nutzenbewertungsansätze (Standard Gamble, Time Trade-off und Rating Scale). In regressionsanalytischen Modellen werden dann – basierend auf den Bewertungen der Referenzgesundheitszustände – die Präferenzwerte aller potenziell durch das

Lebensqualitätsinstrument definierten Gesundheitszustände bestimmt. Damit liegt eine Normbewertung durch eine repräsentative Bevölkerungsstichprobe vor. Das in Europa am weitesten verbreitete Indexinstrument ist der → EQ-5D (EuroQol). Weitere - insbesondere in den USA - eingesetzte Indexinstrumente sind der Health Utility Index (HUI) und die Quality of Well-Being Scale (QWB).

Gesundheitsfonds → Krankenversicherung, → Gesundheitsreform.

Gesundheitsförderung – Rückwirkend ab dem Veranlagungszeitraum 2008 bleiben Leistungen des Arbeitgebers bis 500 Euro je Kalenderjahr steuerfrei (§ 3 Nr. 34 EStG), wenn sie zusätzlich zum ohnehin geschuldeten Arbeitslohn zur Verbesserung des allg. Gesundheitszustandes und der betrieblichen Gesundheitsförderung geleistet werden. Dies gilt auch für Zuschüsse an den Arbeitnehmer für externe Maßnahmen. Hierunter fällt jedoch nicht die Übernahme von Mitgliedsbeiträgen in Sportvereinen und Fitnessstudios.

Gesundheitsökonomische Evaluation

von Prof. Dr. Volker Eric Amelung, Dr. Christian Krauth und Prof. Dr. Axel Mühlbacher

Bei der gesundheitsökonomischen Evaluation werden Kosten und Outcomes (z.B. Auswirkungen auf Gesundheitsstatus und Lebenserwartung) von Gesundheitstechnologien verglichen. Der Technologiebegriff ist dabei - wie im Health Technology Assesssment - weit gefasst und beinhaltet diagnostische Verfahren (z.B. Magnetresonanzthomographie) und therapeutische Interventionen (z.B. Operationsprozeduren, Medikation oder Psychotherapien), aber auch Präventionsprogramme (z.B. Kampagnen für einen gesundheitsorientierten Lebensstil) und organisatorische Ansätze (z.B. Disease Management Programme).

I. Studienformen der gesundheitsökonomischen Evaluation

Die grundsätzlichen Studienformen der gesundheitsökonomischen Evaluation sind (1) Kosten-Minimierungs-Analyse, (2) Kosten-Effektivitäts-Analyse, (3) Kosten-Nutzwert-Analyse und (4) Kosten-Nutzen-Analyse. Die Studienformen unterscheiden sich hinsichtlich der ausgewiesenen Outcomedimension. Die Outcomes lassen sich differenzieren in: klinische Parameter (wie Blutdruck oder Lungenfunktionskapazität), gesundheitliche Outcomes (wie Vermeidung eines Herzinfarkts), Lebenserwartung, Lebensqualität, qualitätsadjustierte Lebensjahre (QALYs) sowie monetäre Outcomes (Zahlungsbereitschaften).

Kosten-Minimierungs-Analyse: Bei der Kosten-Minimierungs-Analyse (cost minimisation analysis, CMA) werden nur die Kosten der Interventionsalternativen untersucht. Es ist dann unterstellt, dass die Interventionsalternativen bez. der (gesundheitsökonomisch relevanten) Effektparameter identisch sind. Ein entsprechender Nachweis sollte in einer klinischen Studie erfolgt sein.

Kosten-Effektivitäts-Analyse: Bei Kosten-Effektivitäts-Analysen (cost effectiveness analysis, CEA) werden die Outcomes in realen Einheiten gemessen. Es lassen sich klinische Parameter wie Blutdrucksenkung oder Lungenfunktionskapazitätsverbesserung und (intermediäre und finale) gesundheitliche Outcomes wie vermiedene Herzinfarkte, verhinderte Todesfälle oder gewonnene Lebensjahre berücksichtigen. Die Kosten-Effektivitäts-Analyse ist bes. geeignet wenn ein eindeutig dominanter Effektparameter identifizierbar ist. Die Bedeutung von Effektparametern sollte in CEAs aus der Patientenperspektive eingeschätzt werden. Insofern sind finale gesundheitliche Outcomes bes. relevant. Klinische Parameter sind bedeutsam, wenn sich - basierend bspw. auf epidemiologischen Studien - von den klinischen Parametern auf finale Outcomes schlussfolgern lässt. Kostenunterschiede und Effektivitätsunterschiede der Interventionsalternativen werden in CEAs zu Kosten-Effektivitäts-Relationen aggregiert.

Kosten-Nutzwert-Analyse: In Kosten-Nutzwert-Analysen (cost utility analysis, CUA) können gleichzeitig mehrere Outcomes berücksichtigt werden. Die Ergebnisparameter werden durch eine Bewertungsvorschrift in Nutzeneinheiten überführt und sind damit aggregierbar. I.A. werden die globalen Ergebnisparameter Gewinn an Lebenszeit und Lebensqualität während der verbleibenden Lebenszeit zu einem Index aggregiert, den sog. qualitätsadjustierten Lebensjahren (quality-adjusted life years, QALYs). Ein QALY ist rechnerisch ein zusätzliches Lebensjahr in optimaler Gesundheit. Mit der Kosten-Nutzwert-Analyse wird es möglich, Interventionen bei unterschiedlichen Indikationen zu vergleichen – insbesondere auch nicht lebenszeitverlängernde Interventionen einzubeziehen (z.B. Vergleich eines Rückenschulprogramms bei chronischen Rückenschmerzen mit einer Bypass-Operation nach akutem Herzinfarkt).

Kosten-Nutzen-Analyse: Bei Kosten-Nutzen-Analysen (cost benefit analysis, CBA) werden nicht nur die Kosten, sondern auch die Outcomes in monetären Einheiten bestimmt. Damit wird erreicht, dass – wie bei der

Kosten-Nutzwert-Analyse – gleichzeitig mehrere Ergebnisparameter in die Analyse eingehen. Darüber hinaus lassen sich Kosten und Nutzen direkt miteinander vergleichen und der Nettonutzen einer Intervention (gegenüber einer Alternativintervention) - als Differenz von Nutzen und Kosten – ableiten. Die CBA ermöglicht grundsätzlich, Investitionen in Gesundheit mit Investitionen in Bildung oder Umwelt zu vergleichen. Kosten-Nutzen-Analysen sind anspruchsvoll und insbesondere die Bewertung der Nutzenelemente ist teilweise problematisch.

Die Kosten-Nutzen-Analyse lässt sich aus der ökonomischen Wohlfahrtstheorie ableiten. Demgegenüber stellen Kosten-Effektivitäts- und Kosten-Nutzwert-Analyse zunächst entscheidungsanalytische Ansätze dar. Sie lassen sich aber – unter restriktiven Annahmen - in Kosten-Nutzen-Analysen überführen und sind dann auch wohlfahrtökonomisch basiert.

In Tabelle 1 sind die Studienformen der gesundheitsökonomischen Evaluation zusammenfassend dargestellt.

Studienform	**Evaluationskriterium**
Kosten-Minimierungs-Analyse	min [$C1$, $C2$]
Kosten-Effektivitäts-Analyse	$\frac{C1 - C2}{E1 - E2}$
Kosten-Nutzwert-Analyse	$\frac{C1 - C2}{U1 - U2}$
Kosten-Nutzen-Analyse	$(B1 - C1) - (B2 - C2)$
C - Kosten, *E* - Effekte, *U* - QALYs, *B* - Monetärer Nutzen, 1 - Neue Technologie, 2 - Vergleichstechnologie	

Inkrementalanalyse: Gesundheitsökonomische Analysen basieren auf einem Vergleich von Interventionsalternativen (z.B. Stenting versus Bypass-Operation bei akutem Herzinfarkt). Bei dem Alternativenvergleich wird nicht primär auf die gesamten Kosten und Outcomes (gesundheitliche Effekte, QALYs oder monetäre Nutzen) der neuen Gesundheitstechnologie abgestellt, sondern – wie in Tabelle 1 dargestellt – auf die Kosten- und Outcomedifferenzen gegenüber den Vergleichsinterventionen (in einer sog. Inkrementalanalyse). Man bezeichnet diese Differenzen als inkrementale Kosten respektive inkrementale Effekte, QALYs oder Nutzen.

II. Perspektive der gesundheitsökonomischen Evaluation

Die gesundheitsökonomische Evaluation kann aus unterschiedlichen Perspektiven durchgeführt werden - z.B. aus derjenigen der Gesellschaft, der Kostenträger oder der Patienten - die unterschiedlichen Perspektiven sind dann jedoch eindeutig zu trennen. Gesundheitsökonomische Analysen sollten immer auch die gesellschaftliche Perspektive berücksichtigen, da Entscheidungen über die Allokation von Gesundheitsleistungen grundsätzlich ein gesellschaftliches Optimum realisieren sollen (analog der Koordinationsinstitution Markt). Neben der gesellschaftlichen Perspektive können weitere Perspektiven eingenommen werden, wie z.B. diejenige der Finanzierungsträger, Leistungserbringer oder der Patienten. Gesundheitstechnologien sollten auch aus der Perspektive der Entscheidungsträger untersucht werden um zu überprüfen, ob gesellschaftliche Perspektive und Entscheidungsträger-Perspektive zu identischen Einschätzungen des Programms gelangen – und damit ein aus gesellschaftlicher Perspektive (nicht) lohnendes Programm durch die Entscheidungsträger auch (nicht) umgesetzt wird. Mit der Perspektive werden - zumindest teilweise - auch Ziele und Ergebnisparameter und einzubeziehende Kostenkomponenten festgelegt. Bei der gesellschaftlichen Perspektive sind sämtliche Kosten und Nutzen in der Analyse zu berücksichtigen, unabhängig davon, bei wem sie anfallen.

III. Kosten

Ein zentraler Bestandteil der gesundheitsökonomischen Evaluation ist die Bestimmung der Kosten der einbezogenen Interventionsalternativen. Die Kostenbestimmung gliedert sich in die folgenden Arbeitsschritte

(1) Identifikation der relevanten Leistungserbringung und des erforderlichen Ressourceneinsatzes,

(2) Mengenerfassung des Ressourcenkonsums und

(3) Bewertung der eingesetzten Ressourcen.

Kosten sind definiert als bewerteter Ressourcenkonsum einer Intervention (und der gesamten zurechenbaren Folge- und Begleitleistungen). Die Identifikation der relevanten Leistungen und des in der Leistungserstellung erforderlichen Ressourceneinsatzes sind ein nicht trivialer Arbeitsschritt der Kostenbestimmung. Der Ressourcenkonsum wird in Mengeneinheiten gemessen und sollte - bei der gesellschaftlichen Perspektive - zu den gesellschaftlichen Opportunitätskosten bewertet werden. Die Perspektive der Evaluation bestimmt wesentlich, wie Kosten definiert, gemessen und bewertet werden.

Kostenklassifikation: Grundsätzlich unterscheidet man bei der gesundheitsökonomischen Evaluation die folgenden Kostenkategorien (siehe Tabelle 2): direkte medizinische Kosten, direkte nicht-medizinische Kosten und indirekte Kosten.

Tabelle 2: Leistungen und Ressourcenkonsum

Kostenkategorie	Leistungen und Ressourcen
Direkte medizinische Kosten	ambulant ärztliche Leistungen: - Hausarzt - Facharzt Medikamente Heilmittel: - physiotherapeutische Leistungen - balneophysikalische Leistungen - Ergotherapie - Logopädie Psychologische Therapie Hilfsmittel Krankenhausleistungen: - stationär - ambulant Rehabitationsleistungen: - stationär - ambulant Pflegeleistungen
direkte nicht medizinische Kosten	Patientenzeit: - Behandlungen - gesundheitliche Eigenaktivitäten - Mehrzeitaufwand im Alltag Angehörigenzeit Haushaltshilfen Fahrkosten Anschaffungen und Umbauten
indirekte Kosten	eingeschränkte Arbeitsproduktivität Arbeitsunfähigkeit Erwerbsunfähigkeit vorzeitiger Tod

Direkte Kosten beziehen sich auf den Ressourcenkonsum bei der Erstellung von Gesundheitsleistungen. Sie umfassen den gesamten aktuellen (z.B. für eine Mammografiescreeningprogramm) und zukünftigen Ressourcenkonsum (z.B. Validierung von Testergebnissen und Diagnostik, Kosten respektive Kosteneinsparungen bei frühzeitig entdecktem Brustkrebs). Die Zukunftskosten können sich bei einigen Indikationen auf die gesamte Lebenszeit beziehen.

Direkte Kosten werden weiter differenziert in direkte medizinische und direkte nicht medizinische Kosten. Mit direkten medizinischen Kosten wird der Ressourcenkonsum bezeichnet, der im Gesundheitssektor bei der Gesundheitsversorgung entsteht. Der Ressourcenkonsum umfasst etwa Krankenhausaufenthalte, ambulante Arztkontakte, Medikamente und Heil- und Hilfsmittel. Direkte nicht medizinische Kosten beschreiben den Ressourcenkonsum, der die Erstellung medizinischer Leistungen im Gesundheitssektor unterstützt. Es handelt sich dabei um Fahrkosten zu medizinischen Interventionen, Kinderbetreuungskosten, wenn ein Elternteil erkrankt ist, Patientenzeit in der Koproduktion medizinischer Leistungen und Zeitkosten von Angehörigen (und Freiwilligen) in der informellen Pflege von erkrankten oder behinderten Personen (siehe Tabelle 2).

Die indirekten Kosten bezeichnen Produktivitätsverluste wegen krankheitsbedingter Arbeitsausfälle. Die Arbeitsausfallzeiten umfassen Arbeitsunfähigkeit, Erwerbsunfähigkeit und Wegfall von Restlebensarbeitszeit bei vorzeitigem Tod (sofern nicht auf der Effektseite berücksichtigt).

Erfassung des Resourcenkonsums: Die Bestimmung des mengenmäßigen Ressourcenverbrauchs kann in unterschiedlichem Detaillierungsgrad erfolgen: (1) es kann entsprechend dem Konzept der betriebswirtschaftlichen Kostenrechnung auf den für die Erstellung von Gesundheitsleistungen notwendigen Einsatz an Personal und Sachmitteln abgestellt werden, (2) es können die Einzelgesundheitsleistungen, wie z.B. Gesprächsleistungen,

Blutentnahme und Röntgendiagnostik, bestimmt werden, oder (3) es können Indikatoren für die erstellten Gesundheitsleistungen, wie z.B. Arztkontakte, stationäre Aufenthalte und Operationen, definiert werden. Der notwendige Detaillierungsgrad wird bedingt durch (1) den relativen Kostenanteil einer Gesundheitsleistung (an den Gesamtkosten) und (2) dem Anteil Patienten, die eine Gesundheitsleistung erhalten.

Bewertung von Gesundheitsleistungen: Die Bewertung der Gesundheitsleistungen sollte – aus gesellschaftlicher Perspektive - auf die Opportunitätskosten abstellen. Die Kosten einer Intervention entsprechen demnach dem entgangenen Nutzen der eingesetzten Ressourcen in der nächstbesten Verwendungsalternative. Unter allgemeinen mikroökonomischen Annahmen lässt sich zeigen, dass Marktpreise, sofern es sich um funktionierende Märkte handelt, die Opportunitätskosten des Ressourcenverbrauchs widerspiegeln. Bei Gesundheitsleistungen sind jedoch häufig nur staatlich administrierte Preise und/oder kollektiv-vertraglich vereinbarte Preise bekannt, die i. Allg. nicht die Knappheit wiedergeben, wie z.B. Gebührenordnungsziffern im ambulanten Sektor oder Fallpauschalen (DRGs) im stationären Sektor. Aus gesellschaftlicher Perspektive erscheint dementsprechend die kostenrechnerisch basierte Bestimmung des Ressourceneinsatzes (wie Personal, Material, Anlagen und Bauten) tendenziell die Opportunitätskosten der Gesundheitsleistungen besser abzubilden (da die Ressourcen eher auf funktionierenden Märkten gehandelt werden als die Gesundheitsleistungen - ob die Leistungen dann effizient erstellt werden, ist jedoch nicht sichergestellt). Die Erhebung des Ressourceneinsatzes ist insgesamt aufwendig und häufig nicht durchführbar, weil die entsprechende Datenbasis nicht verfügbar ist. Dann muss auf alternative Erhebungsansätze abgestellt werden.

Bewertung von indirekten Kosten: Für die Bewertung von Produktivitätsverlusten existieren zwei grundlegende Methoden: der Humankapitalansatz und der Friktionskostenansatz. Der Humankapitalansatz (HKA) nimmt an, dass medizinische Interventionen eine Investition in das Humankapital einer Person sind (ähnlich wie z.B. Bildung). Der Humankapitalansatz basiert auf der neoklassischen Unternehmenstheorie. Gemäß der neoklassischen Theorie dehnen gewinnmaximierende Unternehmen den Arbeitseinsatz so lange aus, bis das Wertgrenzprodukt der Arbeit den Arbeitskosten (Bruttolohn plus Lohnnebenkosten) entspricht. Gemäß Humankapitalansatz basiert die Bewertung von Produktionsverlusten also auf den Arbeitskosten. Alle zukünftigen Produktivitätsverluste (bis zum Berentungsalter) werden im Humankapitalansatz berücksichtigt.

Der Friktionskostenansatz (FKA) wurde entwickelt, um einige unrealistische Annahmen des Humankapitalansatzes zu überwinden, insbesondere die Annahme eines vollkommenen Wettbewerbs auf dem Arbeitsmarkt. Vollkommener Wettbewerb impliziert Vollbeschäftigung auf dem Arbeitsmarkt (was der empirischen Erfahrung von substanzieller Arbeitslosigkeit in vielen Ländern widerspricht). Der Friktionskostenansatz nimmt an, dass bei langfristiger Erwerbsunfähigkeit die Kosten von Produktionsverlusten auf eine sog. Friktionsperiode begrenzt sind – so lange bis ein Patient durch einen bisher Arbeitslosen ersetzt ist und das vormalige Produktionsniveau wieder erreicht ist (was Zeit benötigt für Suche und Einarbeitung des bisher Arbeitslosen). Kosten gemäß Friktionskostenansatz beinhalten Produktionsverluste in der Friktionsperiode und Transaktionskosten (Suche und Training des bisher Arbeitslosen). Bei kurzfristiger Arbeitsunfähigkeit (in der Friktionsperiode) argumentiert der Friktionskostenansatz, dass Teile der Produktion von Arbeitskollegen übernommen werden können oder vom Patienten nach Rückkehr an den Arbeitsplatz nachgeholt werden. Dementsprechend sind kurzfristige Produktionsverluste geringer als die Arbeitskosten (gemäß Humankapitalansatz). Empirische Studien in den Niederlanden zeigen, dass die kurzfristigen Kosten bei ungefähr 80 Prozent der Arbeitskosten liegen.

Demnach dürfte die Kostendifferenz zwischen Humankapital- und Friktionskostenansatz bei kurzfristigem Arbeitsausfall gering sein, steigt aber bei langfristigem Arbeitsausfall deutlich an, da der Humankapitalansatz alle zukünftigen Produktivitätsverluste berücksichtigt, während der Friktionskostenansatz auf die Friktionsperiode begrenzt ist. Es besteht eine anhaltende Kontroverse, ob der Humankapital- oder der Friktionskostenansatz die Produktivitätskosten besser abbildet → →. Wie oben erwähnt, basiert der Humankapitalansatz auf einigen unrealistischen Annahmen (insbesondere Vollbeschäftigung am Arbeitsmarkt). Der Humankapitalansatz bildet damit eher potenzielle als reale Produktionsverluste ab. Demgegenüber stellt der Friktionskostenansatz auf tatsächliche Produktionsverluste ab. Dennoch wurde auch der Friktionskostenansatz kritisiert. So hat insbesondere die Annahme von Nullopportunitätskosten der Arbeit nach der Friktionsperiode Auswirkungen auf die Bestimmung der direkten medizinischen Kosten. Es wird argumentiert, dass dann auch die Opportunitätskosten des Arbeitskrafteinsatzes in der Gesundheitsversorgung nahe bei null sind (da Arbeitskräfte im Gesundheitssektor zu beinahe Nullkosten durch einen bisher Arbeitslosen ersetzt werden könnten – nur Transaktionskosten für Suche und Training des bisher Arbeitslosen würden dabei anfallen). Darüber hinaus nimmt der Friktionskostenansatz implizit an, dass der bisher Arbeitslose seine Opportunitätskosten mit beinahe null bewertet. Dies würde aber bedeuten, dass Arbeitslose für einen Lohnsatz arbeiten würden, der nur knapp über dem Arbeitslosengeld liegt – ein Verhalten, das empirisch nicht häufig angetroffen wird.

Ein Vorteil des Humankapitalansatzes aus ökonomischer Perspektive ist, dass er sich auf Hausarbeitszeit (und Freiwilligenarbeit) sowie Freizeit übertragen lässt, während der Friktionskostenansatz auf die

Erwerbsarbeitszeit beschränkt ist. Mit dem Humankapitalansatz werden also alle Zeitkostenkomponenten aus einem gemeinsamen Kostenkonzept abgeleitet. Zudem basiert der Humankapitalansatz, anders als der Friktionskostenansatz, auf der ökonomischen Theorie. Es lässt sich schlussfolgern, dass die Opportunitätskosten durch den Humankapitalansatz vermutlich überschätzt und durch den Friktionskostenansatz unterschätzt werden.

IV. Lebensqualität und qualitätsadjustierte Lebensjahre

Im Konzept der qualitätsadjustierten Lebensjahre (quality-adjusted life years, QALYs) werden Lebensqualität und (Rest-)Lebensdauer zu einem eindimensionalen Outcomeparameter zusammengefasst. Der QALY-Ansatz stellt auf die subjektive Gesundheit der Patienten ab. Mit Lebensqualität und Lebenserwartung werden die (aus Individuumsperspektive) relevanten Dimensionen der Gesundheit erfasst. Der QALY-Ansatz ermöglicht es, Interventionen bei unterschiedlichen Erkrankungen zu vergleichen - v.a. insbesondere lassen sich auch lebenszeitverlängernde Interventionen und nicht-lebenszeitverlängernde (also rein lebensqualitätsverbessernde) Interventionen gegenüberstellen. Lebensjahre in unterschiedlichen Gesundheitszuständen werden in dem QALY-Ansatz unterschiedlich bewertet. Die Lebensqualität wird auf einen Bereich von 0 (Tod) bis 1 (vollständige Gesundheit) normiert. Ein QALY entspricht dann rechnerisch einem Lebensjahr in vollständiger Gesundheit. Ein QALY ergibt sich z.B. auch wenn ein mit 0,5 bewerteter Gesundheitszustand über zwei Jahre realisiert wird. QALYs entsprechen in einem stetigen Ansatz dem Integral der Lebensqualitätsfunktion über die Zeit (Fläche unter der Nutzenkurve in Abbildung 1).

$$QUALYs = \int_0^T \frac{LQ(t)}{(1+d)^t} dt$$

Dabei bezeichnen *T* die Restlebensdauer, *LQ(t)* die Lebensqualität im Zeitpunkt *t* und *d* den Diskontierungsfaktor. In Abbildung 1 ist exemplarisch dargestellt wie sich die Lebensqualitätskurve bei einer chronischen Erkrankung durch eine Intervention verändert. Die QALYs ergeben sich als Fläche unter den Lebensqualitätskurven, die QALY-Differenz über einen Vergleich der Flächen unter den Lebensqualitätskurven. Der QALY-Ansatz ist konzeptionell geschlossen, geht aber von einigen beschränkende Prämissen aus. Es wird angenommen, dass (1) ein gewonnenes QALY unabhängig vom Lebensalter der Patienten ist - ein gewonnenes QALY also bei einem Jugendlichen und bei einem Rentner identisch bewertet werden; (2) die Einschätzung eines QALY-Gewinns unabhängig von der Verteilung auf Personen ist - ein Gewinn von jeweils 0,1 QALYs bei 100 Personen also identisch ist mit einem QALY-Gewinn von jeweils 2,5 QALYs bei 4 Personen; (3) in die Lebensqualitätsbewertung eines spezifischen Gesundheitszustandes nicht eingeht, wie lange sich der Patient in dem Gesundheitszustand befinden wird - die Lebensqualitätsbewertung eines Gesundheitszustandes unabhängig von der Dauer des Gesundheitszustandes ist; (4) die Nutzenbewertung eines Gesundheitszustandes unabhängig von

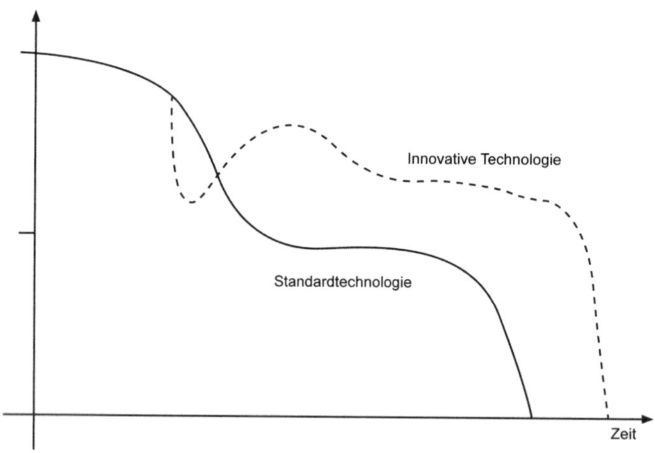

Abb. 1: Lebensqualitätskurven und Ableitung von QALYs: Innovative Technologie versus Standardtechnologie bei chronischer Erkrankung

der Pfadentwicklung der zukünftigen Gesundheit ist - also z.B. auch unabhängig davon ist, ob der Patient seine vollständige Gesundheit zurückerlangt oder in dem eingeschränkten Gesundheitszustand verbleibt; (5) schließlich ist bei der Ableitung von QALYs problematisch, dass eine einheitliche Methode der Lebensqualitätsbestimmung bisher nicht existiert.

Trotz der dargestellten Restriktionen sind QALYs der dominierende Ansatz in der gesundheitsökonomischen Nutzwertanalyse (utility analysis). Alternative Ansätze wie die healthy years equivalents (HYEs) oder die saved young life equivalents (SAVEs) haben sich (bisher) nicht durchsetzen können, auch wenn sie einige Restriktionen des QALY-Ansatzes – wie die Unabhängigkeit von den zukünftigen Lebensqualitätspfaden (HYEs) oder die Indifferenz gegenüber der Verteilung des Lebensqualitätsgewinns auf Patienten (SAVEs) – vermeiden. Die alternativen Ansätze sind erheblich komplexer, was den Einsatz in empirischen Studien beschränkt.

V. Diskontierung

Gesundheitsökonomische Evaluationen erfordern häufig einen langen Zeithorizont, um alle relevanten Kosten- und Outcomeunterschiede zwischen den Vergleichsinterventionen abbilden zu können. Kosten und Outcomes, die zu unterschiedlichen Zeitpunkten anfallen, sind nicht mehr direkt miteinander vergleichbar. Dies ist begründet in der Inflation (gesamtwirtschaftliche Preissteigerung). Aber auch nach Inflationsbereinigung werden in gesundheitsökonomischen Analysen Kosten umso geringer bewertet, je später sie anfallen. Dies wird als Diskontierung beschrieben.

Dass Kosten in der gesundheitsökonomischen Evaluation zu diskontieren sind, wird begründet mit (1) der positiven Zeitpräferenz von Individuen und (2) den Opportunitätskosten des Kapitals. Eine positive Zeitpräferenz bedeutet, dass Individuen heutigen gegenüber zukünftigem Konsum bevorzugen. Begründet wird die Präferenz für den heutigen Konsum zum einen mit der Unsicherheit der Individuen, ob sie zukünftige Zeitperioden erleben und damit zukünftigen Konsum realisieren. Zum anderen wird unterstellt, dass in einer wachsenden Ökonomie das Konsumpotential in zukünftigen Zeitperioden ansteigt, was bei dem in der mikroökonomischen Theorie unterstellten abnehmenden Grenznutzen im Konsum zu einer Präferierung des heutigen Konsums führt.

Mit den Opportunitätskosten des Kapitals wird berücksichtigt, dass durch Investition von Ressourcen ein Konsumpotential in späteren Zeitperioden erzeugt wird, das den Ressourceneinsatz (Verzicht auf heutigen Konsum) übersteigt. Individuen werden aber auch nur bereit sein auf heutigen Konsum zu verzichten, wenn sie einen Ausgleich erhalten – dies sind die Zinsen auf das Kapital (die aus dem Zusatzkonsumpotential beglichen werden können). Wenn von Transaktionskosten, Unsicherheit und Steuern abstrahiert wird, gleichen sich auf einem vollkommenen Kapitalmarkt Zeitpräferenzrate und realer Zinssatz des Kapitals aus. Die Diskontierung erfolgt gemäß der nachfolgenden Gleichung

$$C_o = \frac{1}{(1+d)^n} \cdot C_n$$

Dabei bezeichnet C_n die Kosten der Intervention in Periode n (also n Jahre nach Interventionsbeginn) und C_0 den Barwert von C_n bezogen auf das Basisjahr (Interventionsbeginn), also den Wert von C_n zu Interventionsbeginn, *d* ist die Diskontierungsrate.

Empirische Studien zu der Zeitpräferenzrate der Individuen zeigen eine große Spannweite. Demgegenüber sind die realen (mittel- und langfristigen) Zinsraten einheitlicher. In Deutschland liegt die langfristige Kapitalmarktverzinsung bei 3-4 Prozent und der Zinssatz für Staatsanleihen, eine risikoarme Kapitalanlageoption, bei etwa 3 Prozent. Auch die Wachstumsrate des Bruttoinlandsprodukts, die entsprechend der ökonomischen Wachstumstheorie auf einem gleichgewichtigen Wachstumspfad mit der Kapitalrendite und dem gleichgewichtigen Kapitalmarktzinssatz übereinstimmt, liegt in Deutschland langfristig bei etwa 2 Prozent. In gesundheitsökonomischen Guidelines werden überwiegend Diskontierungsraten von 3 oder 5 Prozent empfohlen, wobei ein Trend zu der Diskontierungsrate von 3 Prozent in den aktuelleren Guidelines besteht.

Gesundheitsprämie → Gesundheitsreform.

Gesundheitsprüfung – 1. *Begriff:* Prüfung der Gesundheit des Antragstellers durch den Versicherer durch Gesundheitsfragen im Antrag, ggf. auch durch eine persönliche Untersuchung. – 2. *Zweck:* Gesundheitsfragen im Antrag haben die Aufgabe, den Versicherer und die Versichertengemeinschaft davor zu schützen, dass Leistungsfälle aufgrund bereits im Vorfeld bestehender Risiken den Bestand schädigen. – 3. *Merkmale:* Vor Abschluss eines Lebensversicherungsvertrags, bei der das Lebensversicherungsunternehmen im Falle des Todes der versicherten Person eine Leistung erbringt, prüft das Lebensversicherungsunternehmen den Gesundheitszustand der versicherten Person darauf, ob eine erhöhte Sterbewahrscheinlichkeit vorliegt. Anhand eines Fragekatalogs, dessen Umfang sich nach der Höhe der im Todesfall zu erbringenden Leistung orientiert, schätzt das Lebensversicherungsunternehmen ab, ob das Sterblichkeitsrisiko dem aus der → Sterbetafel abgeleiteten Erwartungswert entspricht, oder in welchem Maße die aufgrund des individuellen Gesundheitszustandes zu erwartende Sterblichkeit der versicherten Person von der kalkulierten Sterbewahrscheinlichkeit abweicht. – 4. *Anforderungen und Rechtsfolgen:* Die Fragen im Rahmen der Gesundheitsprüfung müssen zur Beurteilung der individuellen Sterblichkeitseinschätzung alle wesentlichen Aspekte berücksichtigen. Sie müssen so formuliert sein, dass die Angaben zum Gesundheitszustand, über diagnostizierte Krankheiten und über bekannte Gebrechen eindeutig beantwortet werden können. Falsche Angaben zum Gesundheitszustand im Rahmen einer Gesundheitsprüfung können zur Leistungsminderung oder gar zum Ausschluss einer Leistung im Todesfall führen. Andererseits kann das Lebensversicherungsunternehmen zur Leistung verpflichtet werden, falls seine Fragen im Rahmen der Gesundheitsprüfung nicht hinreichend präzise waren und sie deshalb nicht korrekt beantwortet wurden. – 5. *Arztgutachten:* Neben der Auswertung der → Selbstauskünfte zum Gesundheitszustand der versicherten Person werden auch spezielle medizinische Untersuchungen von Ärzten durchgeführt, deren Ergebnisse ebenfalls Teil der Gesundheitsprüfung sind. Der Umfang der medizinischen Untersuchungen hängt von der Höhe der versicherten Todesfallleistung ab.

Gesundheitsreform – 1. *Begriff:* umfasst gesetzgeberische Maßnahmen zur Änderung der Rahmenbedingungen im Gesundheitswesen und in der Krankenversicherung. Das Hauptziel der Gesundheitsreformen in Deutschland war die Kostendämpfung bei den Gesundheitsausgaben sowie die Stärkung von Wettbewerb. – 2. *Die Gesundheitsreform 2004*: Mit dem *Gesetz zur Modernisierung der gesetzlichen Krankenversicherung* (GMG) wurden neue Regelungen für Zuzahlungen seitens der Versicherten implementiert. – a) Für den jeweils ersten Besuch bei einem Arzt oder Zahnarzt in einem Quartal wurde eine *Praxisgebühr* in Höhe von zehn Euro eingeführt. Diese entfiel bei Vorsorgeuntersuchungen oder wenn eine Überweisung eines anderen Arztes aus demselben Quartal vorlag, letzteres sollte die Lotsenfunktion des Hausarztes fördern. Die Praxisgebühr wurde zum 01.01.2013 wieder abgeschafft. – b) Bei verschreibungspflichtigen Arzneimitteln und Verbandmitteln sowie bei Hilfsmitteln beträgt die *Zuzahlung* 10 Prozent des Preises, jedoch mindestens fünf Euro und maximal zehn Euro pro Arzneimittel (vgl. → Arzneimittelversorgung). Bei Heilmitteln und häuslicher Krankenpflege wird eine Zuzahlung von 10 Prozent der Kosten des Mittels bzw. der Leistung zzgl. 10 Euro je Verordnung erhoben. Für Krankenhausaufenthalte beträgt die Zuzahlung zehn Euro pro Tag, ist aber begrenzt auf maximal 28 Tage pro Kalenderjahr. – c) Die *Leistungen der Krankenkassen* wurden reduziert: Nicht verschreibungspflichtige Arzneimittel und Arzneimittel, die überwiegend der Verbesserung der privaten Lebensführung dienen, werden von den gesetzlichen Krankenkassen grundsätzlich nicht mehr erstattet. Fahrkosten zur ambulanten Behandlung werden grundsätzlich nicht mehr von der Krankenkasse übernommen. Bei Sehhilfen übernehmen die Krankenkassen grundsätzlich keinen Zuschuss mehr. Sterbegeld und Entbindungsgeld werden aus dem Leistungskatalog der gesetzlichen Krankenversicherung herausgenommen. – d) Die *Finanzierung von Zahnersatz und Krankengeld* wurde auf eine neue Grundlage gestellt: Seit Juli 2005 wird von den Versicherten der GKV ein Sonderbeitrag in Höhe von 0,9 Prozent des versicherungspflichtigen Bruttoentgelts erhoben (0,5 Prozent für das Krankengeld, 0,4 Prozent für Zahnersatz), an dem sich die Arbeitgeber nicht beteiligen. – 3. *Die Gesundheitsreform 2007:* Das *GKV-Wettbewerbsstärkungsgesetz* (GKV-WSG) gilt als Erweiterung des GKV-Modernisierungsgesetzes zur Stärkung von Wettbewerb, Qualität und Wirtschaftlichkeit. Die wesentlichen Inhalte des GKV-WSG sind:a) Einführung einer *Pflichtversicherung* für alle Einwohnerinnen und Einwohner in der gesetzlichen oder privaten → Krankenversicherung. – b) *Änderungen im Leistungsrecht:* Ausweitung von medizinisch notwendigen Leistungen, z.B. in der Palliativversorgung, Ausweitung der ambulanten Versorgung durch Krankenhäuser, Rechtsanspruch auf Rehabilitation und häusliche Krankenpflege, Impfungen sowie Vater-/Mutter-Kind-Kuren werden Pflichtleistungen. – c) Mehr Sicherheit und Wirtschaftlichkeit in der → Arzneimittelversorgung: (1) *Kosten-Nutzen-Bewertung*: Neue Arzneimittel müssen sich an ihrem Nutzen und an ihren Kosten messen lassen. (2) *Ärztliche Zweitmeinung:* Bei speziellen Arzneimitteln ist für die Patientensicherheit eine Zweitmeinung erforderlich. (3) *Rabattverträge:* Der Wettbewerb über Ausschreibungen wird geöffnet und Krankenkassen können mit Herstellern günstigere Preise vereinbaren. – d) *Mehr Wettbewerbsfreiheit der Krankenkassen:* Einführung von *Wahltarifen* für bes. Versorgungsformen, Selbstbehalte und Kostenerstattung, freie Wahl der Rehabilitationseinrichtung. – e) *Abbau von Bürokratie:* Ein Spitzenverband (statt vorher sieben) vertritt die Belange der gesetzlichen Krankenversicherung auf Bundesebene, Ermöglichung von kassenartenübergreifenden Fusionen, Professionalisierung des Gemeinsamen Selbstverwaltungsgremiums (G-BA), Einführung einer neuen vertragsärztlichen Euro-Gebührenordnung. – f) Umstellung der Finanzierung der gesetzlichen Krankenversicherung mit Einführung des *Gesundheitsfonds* sowie eines *morbiditätsorientierten Risikostrukturausgleichs* (vgl. → Krankenkasse), die beide zum 1.1.2009 wirksam wurden. Seit der Einführung des Gesundheitsfonds gilt für alle gesetzlichen Krankenversicherungen bundesweit ein einheitlicher Beitragssatz. Die Beiträge fließen zusammen mit allgemeinen Haushaltsmitteln des Bundes (→ Bundeszuschuss) in den Gesundheitsfonds. Pro Versicherten erhalten die Krankenkassen aus dem Gesundheitsfonds eine einheitliche Grundpauschale. Hinzu kommen auf der Basis des morbiditätsorientierten Risikostrukturausgleichs (→ Morbi-RSA) alters-, geschlechts- und risikoadjustierte Zuschläge, um unterschiedliche Risikostrukturen der Versicherten der verschiedenen Krankenkassen auszugleichen. Ein zusätzlicher Finanzbedarf, der über die Zuweisungen aus dem Gesundheitsfonds hinaus geht, soll von den gesetzlichen Krankenkassen über Einsparungen oder die Erhebung von *Zusatzbeiträgen* gedecken werden. Durch einen Krankenkassenwechsel können Versicherte die Entrichtung eines Zusatzbeitrags vermeiden. – g) *Reform der privaten Krankenversicherung (PKV):* Einführung eines Basistarifs zu GKV-analogen Versicherungsbedingungen, Möglichkeit der Übertragung von Altersrückstellungen, d.h. vollständige Übertragbarkeit innerhalb eines Unternehmens oder Übertragbarkeit im Umfang des Basistarifs jedes beliebigen PKV-Unternehmens. – h) Einführung einer neuen *vertragsärztlichen Gebührenordnung.* – 4. *Die Gesundheitsreform 2011:* Zum 1.1.2011 trat das Gesetz zur nachhaltigen und sozial ausgewogenen Finanzierung der Gesetzlichen Krankenversicherung (GKV-FinG) in Kraft. Die wichtigsten Neuregelungen betreffen die Finanzierung der gesetzlichen Krankenversicherung, v.a. für die Zukunft. Für alle gesetzlichen Krankenversicherungen gilt 2011 ein bundesweit einheitlicher Beitragssatz von 15,5 Prozent der beitragspflichtigen Einnahmen. Einschließlich des mitgliederbezogenen Sonderbeitrags von 0,9 Prozent trägt der Arbeitnehmer davon 8,2 Prozent und der Arbeitgeber 7,3 Prozent. Daneben fließen der gesetzlichen Krankenversicherung über den Gesundheitsfonds weiterhin Bundeszuschüsse zu. Zukünftige Ausgabensteigerungen sollen nicht mehr über weitere Erhöhungen des Beitragssatzes, sondern über die Erhebung von pauschalen Zusatzbeiträgen (→ Kopfpauschale, Gesundheitsprämie) der Mitglieder finanziert werden. Ein aus allgemeinen Haushaltsmitteln des Bundes finanzierter Sozialausgleich soll sicherstellen, dass kein Mitglied durch die einkommensunabhängigen Zusatzbeiträge über Gebühr belastet wird. Die sog. „Überforderungsklausel" greift, wenn der durchschnittliche Zusatzbeitrag die Grenze von 2 Prozent der beitragspflichtigen Einnahmen eines Mitglieds übersteigt. Die Prüfung erfolgt bei der Beitragsabführung durch den Arbeitgeber bzw. durch die Rentenversicherung.

Gesundheitsschutz → Arbeitstättenverordnung, → Chemikaliengesetz (ChemG), → Gefahrstoffverordnung, → Geräte- und Produktsicherheit.

Gesundheitsüberwachung → übertragbare Krankheiten.

Gesundheitswerbung → Kundenfang.

Gesundheitswesen – Das Gesundheitswesen ist differenziert gegliedert. Man unterscheidet die *ambulante und stationäre Leistungserbringung* durch niedergelassene Ärzte und Zahnärzte, → Krankenhäuser sowie → sonstige Leistungserbringer; einen eigenen Bereich stellt die → Arzneimittelversorgung dar. Die *Finanzierung* dieser Leistungen erfolgt im Wesentlichen durch die → Krankenversicherungen, die wiederum in die gesetzliche und private Krankenversicherung unterteilt sind. Daneben gibt es seit 1995 die → Pflegeversicherung.

getarnte Werbung → Kundenfang, → Schleichwerbung, → Trennungsgebot.

Getränkesteuer – aufgrund der Kommunalabgabengesetze in einigen Ländern erhobene → Gemeindesteuer auf die entgeltliche Abgabe bestimmter alkoholischer und nichtalkoholischer Getränke. Die Getränkesteuer wird mit einem von der Gemeinde festzusetzenden Prozentsatz (häufig 10 Prozent) vom Einzelhandelspreis berechnet; vom Getränkeabgebenden geschuldet.

Getreideeinheit (GE) – Rechengröße, die ernährungswirtschaftliche Vergleichbarkeit herstellt. Eine Getreideeinheit (GE) entspricht 100 kg Getreide. Der Nährstoffgehalt anderer Erzeugnisse der Landwirtschaft wird in Getreideeinheiten umgerechnet. Tierische Erzeugnisse werden nicht nach ihrem eigenen Nettoenergiegehalt, sondern dem des Futters bewertet, das durchschnittlich zu ihrer Erzeugung erforderlich ist.

getrennte Veranlagung → Ehegatten, → Veranlagung. Durch das Steuervereinfachungsgesetz 2011 ist die getrennte Veranlagung in „Einzelveranlagung" umbenannt worden.

Gewährleistung – Einstehen für → Mängel beim → Kaufvertrag und → Werkvertrag. Mit der → Schuldrechtsreform wurde der Begriff der Gewährleistung durch den der Mängelrechte ersetzt.

Gewährleistungsauftrag → Kassenärztliche Vereinigung (KV).

Gewährleistungsaval – bes. Form des → Lieferungs- und Leistungsavals, bei dem sich ein Kreditinstitut zur Zahlung von Geld für die Erfüllung von Gewährleistungsansprüchen bis zum Betrag der vertraglich festgelegten Summe (i.d.R. bis zu 20 Prozent des Lieferwerts) verpflichtet. Der Lieferant muss dadurch für die Dauer der Gewährleistungsfrist keine geldmäßige Sicherheit stellen. – Vgl. auch → Avalkredit, → Bürgschaft, → Kreditauftrag, → Garantie.

Gewährleistungsgarantie – *Guarantee for Warranty Obligations;* Form der → Bankgarantie, die den Garantiebegünstigten (Käufer) vor den finanziellen Folgen der Risiken schützt, die im Zusammenhang mit seinen Gewährleistungsansprüchen an den Lieferanten (Garantieauftraggeber) wegen Mängeln hinsichtlich Qualität, Beschaffenheit, Leistung usw. an der gelieferten Ware entstehen können. Die Gewährleistungsgarantie wird i.d.R. über 10 Prozent des Warenwertes erstellt.

Gewährleistungskosten → Garantiekosten.

Gewährleistungsphase – zweiter Teil der Abwicklungsphase beim → Anlagengeschäft (erste Phase: Lieferphase). Die Gewährleistungsphase umfasst die Beseitigung auftretender Probleme beim Einsatz der Anlage sowie v.a. die Abwicklung vereinbarter Garantieverpflichtungen.

Gewährleistungsverpflichtung → Garantieverpflichtung.

Gewährleistungswagnis – kalkulatorisches → Wagnis, durch dessen Verrechnung der Betrieb eine Art Selbstversicherung gegen nicht fremdversicherbare Risiken aus der Erfüllung von → Garantieverpflichtungen gegenüber den Abnehmern erreicht.

Gewahrsam – I. Bürgerliches Recht: Die tatsächliche Sachherrschaft. Der → Gerichtsvollzieher darf i.Allg. nur Sachen pfänden, an denen der Schuldner Gewahrsam hat (§ 808 ZPO).

II. Erbschaftsteuerrecht: Darüber hinausgehend nach seiner wirtschaftlichen Bedeutung ausgelegter Begriff; umfasst auch die geschäftsmäßige Verwahrung oder Verwaltung fremden Vermögens. Personen, die Vermögen des → Erblassers in Gewahrsam haben, sind verpflichtet, dieses binnen einem Monat dem Finanzamt anzumelden (§ 33 ErbStG).

Gewährträgerhaftung – uneingeschränkte → Haftung der Gewährträger der Sparkassen und der Landesbanken/Girozentralen für Verbindlichkeiten dieser Institute. Gläubiger können einen Gewährträger aber nur in Anspruch nehmen, soweit sie nicht aus dem eigenen Vermögen der Institute befriedigt werden. – Wegen Unvereinbarkeit mit → Europarecht (Verstoß gegen das Beihilferecht) wurde die Gewährträgerhaftung abgeschafft. Stichtag ist der 18.7.2005. Die bis dahin entstandenen und auf eine Laufzeit bis 31.12.2015 beschränkten Verbindlichkeiten werden noch von der Gewährträgerhaftung abgedeckt. Für vor dem 18.7.2001 entstandene Verbindlichkeiten gilt die Gewährträgerhaftung sogar zeitlich unbegrenzt. – Von der Gewährträgerhaftung ist die → Anstaltslast zu unterscheiden. Im Bereich der Sparkassen und Landesbanken/Girozentralen wurde sie wegen Unvereinbarkeit mit Europarecht modifiziert.

Gewährverband – *Sparkassen-Gewährverband;* öffentlich-rechtliche Körperschaft (Gemeinde, Kreis etc.), die eine → Sparkasse errichtet hat und deren Gewährträger sie war (z.B. Gemeinde für Gemeindesparkasse). Der Gewährverband haftete für sämtliche Verbindlichkeiten der Sparkasse (Gewährträgerhaftung, Anstaltslast) und schuf dadurch die Voraussetzung dafür, dass eine Sparkasse für mündelsicher (→ Mündelsicherheit) erklärt wurde. – Die privaten deutschen Kreditinstitute sahen in der Gewährträgerhaftung einen Verstoß gegen das EG-Wettbewerbsrecht. Bundesregierung und Kommission einigten sich 2001 darauf, die Gewährträgerhaftung bis Mitte 2005 abzuschaffen. Seit dieser Zeit haften Sparkassen nur noch mit ihrem eigenen Vermögen. Im Zusammenhang mit der Abschaffung der Gewährträgerhaftung verstärken sich Bestrebungen, Sparkassen zu fusionieren oder durch Bildung von Trägeranteilen oder Stammkapital Zusammenschlüsse zu erleichtern (vgl. etwa § §1 und 33 des Hessischen Sparkassengesetzes in der geänderten Fassung vom 29.9.2008 (GVBl.I 875).

Gewährvertrag → Garantievertrag.

Gewalt – 1. *Allgemein:* Anwendung physischer Kraft gegen Personen oder Sachen; oft Unrechtstatbestand; eindeutige Definition umstritten. – 2. Im Sinn von *Staats-Gewalt:* Ausdruck (1) des allg. Staat-Untertanen-Verhältnisses; (2) von bes. Gewaltverhältnissen (Sonderstatusverhältnisse), in denen sich z.B. die vorläufig festgenommene oder nach den Freiheitsentziehungsvorschriften untergebrachte Person befindet. – 3. Im Zusammenhang mit der *Gewaltenteilung:* Trennung der an sich einheitlichen Staats-Gewalt in verschiedene sich in der Machtausübung hemmende und kontrollierende Träger der Staats-Gewalt: Legislative, Exekutive, Judikative (Funktionentrennung). – 4. Im Sinn von → höherer Gewalt als unabwendbarer Zufall: Ereignisse, deren Eintritt oder Folgen selbst durch die zweckmäßigsten Vorkehrungsmaßnahmen nicht abgewandt werden können. Im Fall höherer Gewalt entfällt Leistungspflicht des Schuldners (z.B. § 701 BGB) und tritt keine Fristversäumnis ein (z.B. § 203 BGB).

Gewaltenteilung – rechtsstaatlicher Grundsatz, demzufolge die Staatsgewalt durch voneinander getrennte Träger der Staatsgewalt ausgeübt wird. Unterschieden werden die *horizontale Gewaltenteilung* auf einer Ebene von Jurisdiktionen (Legislative oder → Gesetzgebung, Exekutive oder → Verwaltung und Judikative oder → Rechtsprechung; vgl. Art. 20 II und III GG) sowie die *vertikale Gewaltenteilung* in föderalen Staaten (Bund, Länder, Gemeinden als Träger; vgl. Art. 20 I, 23 und 30 GG). – Vgl. auch → Rechtsstaatlichkeit, → Föderalismus.

Gewaltschutzgesetz – 1. *Begriff:* Gesetz zur Verbesserung des zivilgerichtlichen Schutzes bei Gewalttaten und Nachstellungen sowie zur Erleichterung der Überlassung bei Trennung vom 11.12.2001 (BGBl. I 3513). – 2. *Rechtsfolgen:* Im Fall vorsätzlicher → Gewalt, Drohung mit Gewalt, Hausfriedensbruch oder unzumutbarer Belästigung einer Person kann das Gericht die zur Abwendung weiterer Verletzungen erforderlichen Maßnahmen treffen. – *Beispiele:* (1) Anordnung an den Täter, sich nicht in einem bestimmten Umkreis der Wohnung der verletzten Person aufzuhalten. – (2) Überlassung einer gemeinsam genutzten Wohnung, v.a. unter Ehegatten (§ 1361b II BGB).

Gewannenbewirtschaftung → Bewirtschaftungsgemeinschaft.

Gewässergüte – Ausdruck der → Umweltqualität beim Umweltmedium Oberflächengewässer. – *Kriterien:* (1) Im Gewässer befindliche Organismen, (2) Sauerstoffgehalt, (3) hygienisch-bakteriologische Merkmale. – *Güteklassen:* (1) Nicht oder wenig verschmutzt; (2) mäßig verschmutzt; (3) stark verschmutzt; (4) übermäßig verschmutzt.

Gewässerschadenhaftpflichtversicherung – 1. *Begriff*: Versicherungsart in der allg. → Haftpflichtversicherung zur Deckung von Haftpflichtrisiken, die aus einer Änderung der physikalischen, chemischen oder biologischen Beschaffenheit des Wassers gemäß Wasserhaushaltsgesetz (WHG) resultieren, sog. Gewässerschäden. – 2. *Merkmale*: Nach den Allgemeinen Versicherungsbedingungen für die Haftpflichtversicherung (AHB) sind Gewässerschäden vom Deckungsumfang grundsätzlich ausgeschlossen. Abweichend davon sind gewisse Risiken, wie z.B. Abwässerschäden, wieder explizit in die Deckung der Privathaftpflichtversicherung eingeschlossen. Gewässerschäden, die durch eine Tankanlage drohen, können ab einer bestimmten Größe i.d.R. nur durch die Gewässerschadenhaftpflichtversicherung versichert werden.

Gewässerschutz → Umweltschutz, → Wasserrecht.

Gewässerschutzbeauftragter – von Benutzern von Gewässern, die täglich mehr als 750 Kubikmeter Abwasser einleiten, zu bestellender Betriebsbeauftragter für Gewässerschutz (→ Umweltschutz). – *Gesetzliche Regelung*: §§ 64–66 WHG.

Gewerbe – I. Recht: jede planmäßige, in Absicht auf Gewinnerzielung vorgenommene, auf Dauer angelegte selbstständige Tätigkeit, ausgenommen in der Land- und Forstwirtschaft und in freien Berufen. – 1. Als *Gewinnabsicht* gilt das Streben auf Gewinnerzielung beim Unternehmen, nicht etwa bei einzelnen Gesellschaftern (Streben auf Deckung der Kosten: → Gemeinwirtschaft). – 2. Als *gewerbliche Tätigkeit* gilt nicht gelegentliche Betätigung; Zusammenschluss für einzelne Geschäfte ist lediglich → Gesellschaft bürgerlichen Rechts (GbR), (Konsortium). – 3. Rechtlich erforderlich für *selbstständige Tätigkeit* ist Handeln im eigenen Namen und unter eigener Verantwortung. – 4. Ein Gewerbebetrieb muss nach außen *erkennbar* sein, zumindest den Beteiligten. – 5. I.Allg. bleibt ein *verbotenes*, sittenwidriges oder unbefugt betriebenes Gewerbe als solches anerkannt, v.a. im Steuerrecht. – Das Betreiben eines Handelsgewerbes macht zum → Kaufmann.

II. Betriebs-/Volkswirtschaftslehre: Nach Wessels kann man wirtschaftlich unter Gewerbe jede nicht naturgebundene Güterproduktion verstehen, wobei das gesamte Handwerk (auch Handwerksbetriebe mit Dienstleistungscharakter) in die Definition eingeschlossen wird. – *Gegensatz:* → Handel. – Durch → Gewerbefreiheit sind Wahl von Beruf, Arbeitsplatz und Ausbildungsstätte frei. – *Berufsausübung* kann gesetzlich geregelt sein, so für bestimmte Berufe im öffentlichen Interesse abhängig gemacht werden vom Nachweis persönlicher und fachlicher Voraussetzungen (Befähigungsnachweis im Handwerk, Nachweis der Sachkunde im Einzelhandel). Bei Nachweis der Voraussetzungen besteht ein Recht auf Erteilung der → Gewerbeerlaubnis.

Gewerbeanmeldung – Anzeige bei Beginn eines → stehenden Gewerbes, einer Zweigniederlassung oder unselbstständigen Zweigstelle und Geschäftsaufgabe, Betriebsverlegung, Änderung des Geschäftsgegenstandes, Hinzunahme nicht geschäftsüblicher Waren oder Leistungen auf bestimmten Vordrucken (§ 14 GewO). Die Anzeige ist an die zuständige Landesbehörde zu richten, die eine Empfangsbescheinigung ausstellt (§ 15 GewO). – Entsprechende Anzeigepflicht bei Aufnahme gewisser Tätigkeiten, für die eine *Reisegewerbekarte* nicht erforderlich ist (§ 55c GewO), und beim *Automatenverkauf*. – Gewerbeanmeldung ist ausreichend, soweit keine bes. → Gewerbeerlaubnis oder sonstige Erlaubnis (z.B. für Spielgeräte) erforderlich ist. – *Steuerlich:* → Betriebseröffnung.

Gewerbeansiedlungsförderung → kommunale Wirtschaftsförderung.

Gewerbeaufsicht – staatliche Überwachung der Einhaltung von arbeitsrechtlichen und Arbeitsschutzbestimmungen durch die zuständigen Gewerbeaufsichtsbehörden (§ 139b GewO). Der → Betriebsrat hat Personen der Gewerbeaufsicht durch Anregung und Beratung zu unterstützen (§ 89 BetrVG). – Vgl. auch → Arbeitsschutz.

Gewerbebesteuerung – 1. *Entwicklung:* Ursprünglich reine → Realsteuer oder → Ertragsteuer, die geschichtlich auf Zunftabgaben zurückgeht und mit Einführung der Gewerbefreiheit voll ausgebildet wurde. Mit dem Aufkommen des Grundsatzes der persönlichen Leistungsfähigkeit im Steuersystem (→ Steuergerechtigkeit, → Leistungsfähigkeitsprinzip) verlor die Gewerbebesteuerung relativ an Bedeutung. – 2. *Charakterisierung*: Eine vollständige, alle Produktionsfaktoren umfassende → Gewerbesteuer versucht, den *Ertrag des Kapitals* in einer Gewerbekapitalertragsteuer, den *Ertrag der Arbeit* in einer Lohnsummensteuer (mit Wirkung für das Veranlagungsjahr 1980 außer Kraft) zu erfassen; vorausgesetzt wird, dass sich die Erträge der Faktoren isolieren lassen; dies ist ein unlösbares Analyseproblem. Daneben wird versucht, den *Gesamtertrag eines Gewerbebetriebes* in einer Gewerbeertragsteuer zu erfassen; dann aber ist jede Einzelfaktorsteuer aus systematischen Gründen überflüssig. – Wird nur eine der Einzelfaktorsteuern, etwa die Lohnsummensteuer, abgeschafft, liegt eine (allokativ nachteilige) einseitige Kapitalbesteuerung vor bzw. eine Begünstigung des Faktors Arbeit, z.B. aus beschäftigungspolitischen Gründen. – 3. *Probleme:* a) Abgrenzung des Steuerobjekts „Gewerbebetrieb“ sowie des „Gewerbes“ und der „gewerblichen Tätigkeit“ von jeder anderen Art der selbstständigen wirtschaftlichen und beruflichen Tätigkeit. – b) Die Gewerbesteuer stellt nach dem Anteil an der Lohn- und Einkommensteuer die wesentlichste Einnahmequelle der Gemeinden dar. Wegen der hohen Konjunkturreagibilität der Gewerbeertragsteuer erscheint sie jedoch als → Gemeindesteuer wenig geeignet (→ Gemeindesteuersystem). – c) Sehr unterschiedliche Entwicklung des Aufkommens der Gewerbesteuer von Gemeinde zu Gemeinde. – d) Als Gemeindesteuer versucht man die Gewerbebesteuerung mit der Feststellung zu rechtfertigen, dass Gewerbebetriebe erhöhte Verkehrs- und Sozialkosten von den Gemeinden erfordern (Äquivalenzgedanke); heute jedoch nicht mehr vorbehaltlos akzeptiert, da auch andere Gemeindeleistungen erforderlich sind (Schulen, Krankenhäuser, Aufschließung von Wohngebieten). – e) Ein steuersystematischer Fremdkörper, wie die gesamte → Ertragsbesteuerung, da die Einkommensbesteuerung ausgebaut ist (Doppelbesteuerung des Ertrags). – 4. Immer wieder steht daher eine *grundlegende Reform* der Gewerbebesteuerung zur Diskussion, die über eine Abschaffung der Mängel der geltenden Gewerbesteuer weit hinausreicht (→ Gewerbesteuer). Die vom Wissenschaftlichen Beirat beim Bundesfinanzministerium bereits 1982 vorgeschlagene → Wertschöpfungsteuer z.B. soll nicht allein die Gewerbebetriebe belasten, sondern alle in einer Gemeinde lebenden und arbeitenden Bürger. Damit erweitert sich das Problem der Gewerbebesteuerung zu dem des optimalen → Gemeindesteuersystems.

Gewerbebetrieb – I. Bürgerliches Recht: Ein eingerichteter und in Tätigkeit befindlicher Betrieb, der die Voraussetzungen eines → Gewerbes erfüllt, ist gemäß § 823 I BGB (→ unerlaubte Handlung) als „sonstiges Recht" gegen rechtswidrige Eingriffe geschützt.

II. Einkommensteuerrecht: Eine selbstständige nachhaltige Betätigung, die mit Gewinnerzielungsabsicht unternommen wird und sich als Beteiligung am allg. wirtschaftlichen Verkehr darstellt, wenn die Betätigung weder als Ausübung von → Land- und Forstwirtschaft noch als Ausübung eines → freien Berufes, noch als andere selbstständige Arbeit im Sinn des Einkommensteuerrechts anzusehen ist und den Rahmen einer privaten → Vermögensverwaltung überschreitet. Als Gewerbebetrieb gilt stets die mit → Einkünfteerzielungsabsicht unternommene gewerbliche Tätigkeit einer OHG, KG, anderen Personengesellschaft sowie einer → gewerblich geprägten Personengesellschaft. Kein Gewerbebetrieb (weil nicht mit Gewinnerzielungsabsicht unternommen) ist eine Betätigung, die nur eine Minderung der Steuern vom Einkommen verursachen soll (→ Verlustzuweisungsgesellschaft).

III. Gewerbesteuerrecht: Gewerbebetrieb im Sinn des EStG ist Gegenstand der → Gewerbesteuer, wenn er im Inland als → stehendes Gewerbe oder → Reisegewerbe ausgeübt wird (§§ 2 I, 35a GewStG). – Nach verschiedenen Merkmalen sind *vier Arten von Gewerbebetrieb* zu unterscheiden: (1) Gewerbebetrieb kraft gewerblicher Tätigkeit (§ 2 I GewStG; Einzelgewerbetreibende); (2) bei Personengesellschaften: Gewerbebetrieb kraft Rechtsform, sofern die Tätigkeit gewerblicher Natur ist oder gemäß § 15 III Nr. 2 EStG als gewerblich geprägt gilt; (3) bei Kapitalgesellschaften und diesen gleichgestellten juristischen Personen: Gewerbebetrieb kraft Rechtsform (§ 2 II GewStG); (4) bei sonstigen juristischen Personen des Privatrechts und bei Vereinen: Gewerbebetrieb kraft wirtschaftlichen Geschäftsbetriebs (§ 2 III GewStG; → wirtschaftlicher Geschäftsbetrieb). – Vgl. auch → mehrere Betriebe.

Gewerbeerlaubnis – verschiedentlich für die Errichtung eines Gewerbebetriebes vorgeschriebene → Erlaubnis. Einzelheiten vgl. §§ 30 ff. GewO. – Im *Reisegewerbe:* → Reisegewerbekarte, → Konzession.

Gewerbeertrag – 1. *Begriff:* heute alleinige Besteuerungsgrundlage für die → Gewerbesteuer. – 2. *Ermittlung des Gewerbeertrags* (§ 7 GewStG) durch Hinzurechnungen zum (§ 8 GewStG) und Kürzungen (§ 9 GewStG) vom gewerblichen → Gewinn, der sich bei → Einkommensermittlung für den dem Erhebungszeitraum entsprechenden Veranlagungszeitraum (Kalenderjahr) nach den Vorschriften des Einkommen- bzw. Körperschaftsteuergesetzes ergibt. Gemessen werden soll die Ertragskraft des steuerpflichtigen gewerblichen Betriebes, unabhängig davon, an wen diese Erträge verteilt werden. Bei einem vom Kalenderjahr abweichenden Wirtschaftsjahr ist der Gewinn des Wirtschaftsjahres maßgebend, das in dem Erhebungszeitraum endet. Mit Einführung der Unternehmensteuerreform 2008 wurde die Gewerbesteuer in ihren Grundzügen umfassend geändert. a) *Hinzurechnungen zum gewerblichen Gewinn ab Erhebungszeitraum 2008*, soweit diese Posten bei dessen Ermittlung abgesetzt sind: (1) ein Viertel der Summe aus (a) Zinsen (Entgelte) für Schulden; (b) Renten und dauernde Lasten (ohne Pensionszuzahlungen einer unmittelbar vom Arbeitgeber erteilten Versorgungszusage); (c) Gewinnanteilen des stillen Gesellschafters; (d) 20 Prozent der → Miet- und Pachtzinsen einschließlich Leasingraten für die Nutzung von beweglichen Wirtschaftsgütern des Anlagevermögens, die im Fremdeigentum stehen; (e) 65 Prozent der Miet- und Pachtzinsen einschließlich Leasingraten für die Nutzung der unbeweglichen Wirtschaftsgüter des Anlagevermögens, die im Fremdeigentum stehen; (f) 25 Prozent der Aufwendungen für die zeitlich befristete Überlassung von Rechten (insbesondere Konzessionen und Lizenzen). Dies gilt nur soweit die Summe aus a bis e den Betrag von 100.000 Euro übersteigt. – *Weitere Hinzurechnungen*: (2) Gewinnanteile persönlich haftender Gesellschafter einer KGaA auf ihre nicht auf das Grundkapital geleisteten Einlagen oder deren Vergütungen (Tantieme) für die Geschäftsführung; (3) bestimmte steuerfreie Gewinnanteile aus Dividenden, die unter das Halbeinkünfteverfahren (nach § 3 Nr. 40 EStG und § 8b KStG) fallen, nach Verrechnung mit bestimmten Betriebsausgaben; (4) Verlustanteile an einer Personengesellschaft; (5) bei körperschaftsteuerpflichtigen Gewerbebetrieben die nach § 9 I 2

KStG abzugsfähigen Aufwendungen für z.B. mildtätige oder wissenschaftliche Zwecke; (6) Gewinnminderungen durch gewisse Teilwertabschreibungen oder sonstige Minderungen des Anteils an einer Körperschaft; (7) ausländische Steuern, die nach § 34c EStG bei der Ermittlung der Einkünfte abgezogen werden, soweit sie auf Gewinne entfallen, die bei der Ermittlung des Gewerbeertrags außer Ansatz gelassen oder nach § 9 GewStG gekürzt werden. – b) *Kürzungen: Die Summe aus gewerblichem Gewinn und Hinzurechnungen wird gekürzt um* (1) (a) 1,2 Prozent des Einheitswerts des zum Betriebsvermögen des Unternehmers gehörenden Grundbesitzes (→ Einheitswert), (b) an die Stelle der vorgenannten Kürzung tritt bei Grundstücksunternehmen im Sinn des § 9 Nr. 1 GewStG auf Antrag eine Kürzung um den Teil des Gewerbeertrags, der auf die Grundstücksverwaltung und -verwertung entfällt; ab dem Erhebungszeitraum 2009 gilt die Besonderheit, dass die erweiterte Grundstückskürzung bei Personengesellschaften nur in dem Umfang erfolgen kann, wie die Sondervergütungen auf die Überlassung der Grundstücke entfällt; (2) die bei der Gewinnermittlung angesetzten Anteile am Gewinn einer Personengesellschaft; (3) die bei der → Gewinnermittlung angesetzten Anteile am Gewinn einer nicht steuerbefreiten inländischen Kapitalgesellschaft, einer Kreditanstalt des öffentlichen Rechts oder einer Erwerbs- und Wirtschaftsgenossenschaft, an der das Unternehmen zu Beginn des Erhebungszeitraums mind. mit 15 Prozent beteiligt ist (gewerbeertragsteuerliches → Schachtelprivileg); (4) die nach § 8 Nr. 4 GewStG dem Gewerbeertrag einer KGaA hinzugerechneten Gewinnanteile; (5) der Teil des Gewerbeertrags des inländischen Unternehmens, der auf eine nicht im Inland gelegene Betriebsstätte entfällt; (6) Spenden i.S.d. § 10d EStG oder § 9 I 2 KStG, wobei die dort geltenden betragsmäßigen Beschränkungen auch hier anzuwenden sind; (7) (a) die bei der Gewinnermittlung angesetzten Anteile am Gewinn einer ausländischen Tochtergesellschaft, an deren Nennkapital das Unternehmen seit Beginn des Erhebungszeitraums ununterbrochen zu mind. 15 Prozent beteiligt ist und die ihre Bruttoerträge ausschließlich oder fast ausschließlich aus → aktiven Tätigkeiten bezieht (→ Schachtelprivileg); (b) das Gleiche gilt auf Antrag für Gewinnanteile, die der Muttergesellschaft aus einer über eine Tochtergesellschaft gehaltenen mittelbaren Beteiligung an einer ausländischen Enkelgesellschaft zufließen (§ 9 Nr. 7 Sätze 2 und 3 GewStG); (8) in bestimmten Fällen die Gewinne aus Anteilen an einer ausländischen Gesellschaft.

Gewerbeertragsteuer – seit 1998 alleinige Form der → Gewerbesteuer. – Vgl. auch → Gewerbebesteuerung, → Gewerbeertrag.

gewerbeertragsteuerlicher Staffeltarif – bes. Begünstigung bei der Ermittlung des Gewerbesteuermessbetrages für Personengesellschaften. Der gewerbesteuerliche → Staffeltarif ist ab dem Erhebungszeitraum 2008 nicht mehr anzuwenden. Die Regelung wurde im Zuge der Unternehmensteuerreform aufgehoben.

Gewerbefreiheit – Freiheit für jedermann, einer wirtschaftlichen Betätigung an jedem Ort zu jeder Zeit im Rahmen der gesetzlichen Bestimmungen nachgehen zu können. In der Bundesrepublik Deutschland ist der Grundsatz der Gewerbefreiheit in Art. 2 I und 12 I GG verankert. Auch die → Gewerbeordnung (GewO) geht vom Grundsatz der Gewerbefreiheit aus (§ 1 GewO), der durch Ausnahmen (z.B. Erlaubnispflicht, Gewerbeerlaubnis) Einschränkungen erleidet.

Gewerbegebiet – Baugebiet einer Gemeinde, in welchem unterschiedliche produzierende und Handel treibende Unternehmen angesiedelt werden können. Es muss sich dabei generell um emissionsärmere Betriebe handeln (→ Industriegebiet).

Gewerbegenehmigung → Gewerbeerlaubnis, → Konzession.

Gewerbehof – Standortkonzept für gewerbliche Kleinbetriebe in Kernstadtgebieten. Danach werden in einem verkehrsgünstig gelegenen, meist mehrgeschossigen Gebäude, das mit allen notwendigen Infrastruktureinrichtungen (→ Infrastruktur) ausgestattet ist, von einer Trägergesellschaft standardisierte, gewerblich zu nutzende Räumlichkeiten auf Mietbasis vergeben.

Gewerbeinspektion → Gewerbeaufsicht.

Gewerbekapital – Das Gewerbekapital war bis Ende 1997 neben dem → Gewerbeertrag eine andere Besteuerungsgrundlage für die → Gewerbesteuer. Die auf das Gewerbekapital erhobene Steuer wurde als Gewerbekapitalsteuer bezeichnet. Als Gewerbekapital galt das dem Gewerbebetrieb im Inland dienendes Vermögen. Die *Ermittlung des* Gewerbekapitals erfolgte aus dem → Einheitswert des gewerblichen Betriebs, modifiziert um Hinzurechnungen (§ 12 II GewStG a.F.) und Kürzungen (§ 12 III GewStG a.F.). Gemäß § 37 Nr. 1 GewStG wurde das Gewerbekapital von Betriebsstätten im Beitrittsgebiet wie schon in den Jahren 1991 bis 1997 nicht bei der Ermittlung der Gewerbesteuer berücksichtigt. 1998 entfiel die Berücksichtigung des Gewerbekapitals infolge der Abschaffung der Gewerbekapitalsteuer flächendeckend.

Gewerbekapitalsteuer – durch das Gesetz vom 1.1.1998 aufgehobene Steuer, Gesetz zur Fortsetzung der Unternehmensteuerreform vom 29.10.1997 (BGBl. I 2590). – Vgl. auch → Gewerbekapital.

Gewerbelegitimationskarte – nach dem in den zwischenstaatlichen Verträgen vorgesehenen Muster auszustellende Bescheinigung für gewerbliche Tätigkeit im Ausland. Erteilung, Versagung und Entziehung i.Allg. entsprechend → Reisegewerbekarte (§ 55b II GewO).

Gewerbeordnung (GewO) – Gesetz i.d.F. vom 22.2.1999 (BGBl. I 202) m.spät.Änd. Die

Gewerbeordnung (GewO) regelt das gesamte Gewerberecht. – *Inhalt:* 1. *Bestimmungen v.a. über* Zulassung, Umfang und Ausübung eines Gewerbes, Art der Gewerbebetriebe, Marktverkehr, Taxen, Arbeitsschutz für gewerbliche Arbeiter gegen missbräuchliche Ausnutzung der Arbeitskraft, Sonntagsruhe, Lohnschutz und Betriebssicherheit, Zeugnisse. – 2. Zahlreiche *Straf- und Bußgeldvorschriften,* v.a. Bestimmungen zum Schutz der Arbeiter, Verbot der Unterhaltung eines genehmigungspflichtigen Gewerbes ohne Genehmigung etc. (§§ 144–148b GewO).

Gewerbepark – zusammenhängendes und in sich geschlossenes → Gewerbegebiet, das nach einheitlicher Konzeption durch private Investoren (auch ohne Beteiligung der öffentlichen Hand) erschlossen, bebaut und anschließend an gewerbliche Nutzer verkauft oder vermietet wird (z.B. Einkaufszentren). Kennzeichen eines Gewerbeparks sind die gemeinsame kostengünstige Nutzung von dort gebotenen Infrastruktureinrichtungen (→ Infrastruktur) sowie die im Rahmen der → kommunalen Wirtschaftsförderung gegebenen Mitwirkungsmöglichkeiten von Kommunen oder Gebietskörperschaften durch Bereitstellung geeigneter Flächen und entsprechende Bebauungsplanung. Mit Frei- und Grünflächen soll ein Gewerbepark attraktiver als traditionelle Gewerbegebiete gestaltet werden.

Gewerbepolizei – bes. Polizeifunktion, die durch die Ortspolizei, die Ämter für öffentliche Ordnung oder bes. Behörden ausgeübt wird. Die Gewerbepolizei überwacht die Einhaltung der Bestimmungen der → Gewerbeordnung (GewO), → Gewerbeaufsicht.

Gewerbesteuer – 1. *Grundsätzliches:* → Gewerbebesteuerung. – 2. *Charakterisierung:* Die Gewerbesteuer ist eine Realsteuer (Objekt-, Sachsteuer). Steuergegenstand ist der Gewerbebetrieb und seine objektive Ertragskraft. Der Gewerbesteuer unterliegt jeder → Gewerbebetrieb, der im Inland betrieben wird. Besteuerungsgrundlage ist der → Gewerbeertrag. Hebeberechtigt sind die Gemeinden, die den Steuersatz für die Gewerbesteuer durch Beschluss selbst festlegen. Ist ein Gewerbebetrieb in mehreren Gemeinden aktiv, so wird die Bemessungsgrundlage der Gewerbesteuer durch Zerlegung anteilig auf diejenigen Gemeinden verteilt, in denen der Gewerbebetrieb über eine Betriebsstätte verfügt. Steuerschuldner ist der Inhaber des Gewerbebetriebes. – 3. *Berechnung ab dem Erhebungszeitraum 2008:* a) Der Steuermessbetrag der Gewerbesteuer ist durch Anwendung von Steuermesszahlen auf den Gewerbeertrag zu errechnen. Das Ergebnis gibt die Bemessungsgrundlage für den Erhebungszeitraum (Kalenderjahr) an: (1) Gewerbeertrag ermitteln. (2) Gewerbeertrag ist auf volle 100 Euro abzurunden und (3) bei natürlichen Personen und Personengesellschaften um einen Freibetrag von 24.500 Euro (§ 11 I Nr. 1 GewStG) zu kürzen. Für einige Unternehmen von juristischen Personen des öffentlichen und privaten Rechts gilt ein Freibetrag von 3.900 Euro (§ 11 I Nr. 2 GewStG). (4) Der so gekürzte Gewerbeertrag ist mit einer Steuermesszahl zu multiplizieren. Die Steuermesszahl beträgt ab dem Erhebungszeitraum 2008 einheitlich 3,5 Prozent für Personen- und Kapitalgesellschaften (§ 11 II GewStG). Bei Hausgewerbebetreibenden und gleichgestellten Personen ermäßigt sich sich die Steuermesszahl auf 56 Prozent. – b) Der Steuermessbetrag wird vom Betriebsfinanzamt durch Steuermessbescheid (sog. Gewerbesteuermessbescheid) festgestellt. Bei mehreren Betriebsstätten eines Gewerbebetriebes in verschiedenen Gemeinden zerlegt das Betriebsfinanzamt den einheitlichen Steuermessbetrag und verteilt ihn durch Zerlegungsbescheid auf die hebeberechtigten Gemeinden (→ Zerlegung). – c) Die Gemeinden errechnen die Gewerbesteuer durch Anwendung des Hebesatzes, dessen Höhe durch die Gemeinden für jedes Rechnungsjahr selbst festgesetzt wird, auf den ihnen zustehenden einheitlichen Steuermessbetrag und erteilen den Gewerbesteuerbescheid. Der Hebesatz muss für alle in einer Gemeinde gleich sein. – 4. *Vorauszahlungen:* Am 15. Februar, 15. Mai, 15. August und 15. November in Höhe eines Viertels der Gewerbesteuer, die sich bei der letzten Veranlagung ergeben haben, sind die Vorauszahlungen vom Steuerschuldner zu leisten. Änderungen der Vorauszahlungen für Körperschaft- und Einkommensteuervorauszahlungen führen zu entsprechenden Änderungen der Steuermessbeträge und schlagen daher auf die Vorauszahlungen für die Gewerbesteuer durch. Ferner kann auch die Gemeinde die Vorauszahlungsforderungen an die Gewerbesteuer anpassen, die sich für den laufenden Erhebungszeitraum voraussichtlich ergeben wird; dabei ist sie jedoch an den vom Finanzamt vorgegebenen Steuermessbetrag gebunden (19 GewStG). – 5. *Ertragsteuerliche Behandlung ab dem Veranlagungszeitraum 2008:* Die Gewerbesteuer sowie steuerliche Nebenleistungen sind seit dem Veranlagungszeitraum 2008 nicht mehr als Betriebsausgabe abzugsfähig. Dennoch kann bei der Einkommensteuerberechnung eine pauschale Anrechnung der Gewerbesteuer auf die zu zahlende Einkommensteuer (§ 35 EStG) erfolgen. – 6. *Finanzwissenschaftliche Beurteilung:* a) *Einordnung:* Die Gewerbesteuer ist eine → Gemeindesteuer. Trotz → Gewerbesteuerumlage ist die Gewerbesteuer die tragende Säule des kommunalen Finanzsystems geblieben. – b) *Kritik:* Die Gewerbesteuer ist die meistkritisierte Steuer des Steuersystems, da beispielsweise wertschöpfende Sektoren werden *nur selektiv* erfasst, z.B. bleiben die Land- und Forstwirtschaft und die freien Berufe steuerfrei. (3) Das Aufkommen an Gewerbesteuer ist *regional äußerst unterschiedlich;* es führt zu hohem Aufkommen in industriellen Ballungsgebieten. (4) Die Gewerbesteuer führt zu *Wettbewerbsnachteilen* im Außenhandel gegenüber jenen Ländern, die keine Gewerbesteuer kennen; ein Grenzausgleich wie in der Mehrwertsteuer findet nicht statt. (5) Die große *Konjunkturempfindlichkeit* der Gewerbesteuer ist für die Gemeinden ein fiskalischer Nachteil. – c) *Reform:*

Für die Akzeptanz der unterschiedlichen Reformmodelle gilt die Hebesatzautonomie als conditio sine qua non. Weitere wesentliche Punkte bilden die Kriterien für ein „optimales" → Gemeindesteuersystem. Seit dem 1.1.1998 sind die Gemeinden am Aufkommen der Umsatzsteuer beteiligt (→ Gemeinschaftsteuern). – *Angedachte Reformmodelle:* (1) *Wertschöpfungsteuer:* Der → Wertschöpfungsteuer gelingt die breiteste Lastverteilung; sie ist relativ konjunkturunempfindlich; wegen des niedrigen Steuersatzes (2 bis 3 Prozent) ist sie nicht sonderlich merklich. (2) *Gemeindeaufschlag auf Lohn- und Einkommensteuer:* hohe Merklichkeit, zugleich ist der Kreis der Belasteten gegenüber der heutigen Gewerbesteuer erweitert. (3) Eine *Kombination der Modelle* kann die jeweiligen Vorteile miteinander verbinden und zusammen mit dem Hebesatzrecht der Gemeinden die Finanzierung der Gemeindeleistungen und die Beteiligung der Bürger daran transparenter machen. Eine *„Revitalisierung"* der Gewerbesteuer oder ihre *„Anrechnung"* auf andere, von den Betrieben zu zahlende Steuerarten kann die Nachteile der Gewerbesteuer nicht beheben. – 8. *Aufkommen* (bis 1979 einschließlich Lohnsummensteuer; bis 1997 einschließlich Gewerbekapitalsteuer): 32,4 Mrd. Euro (2009), 41,1 Mrd. Euro (2008), 40,1 Mrd. Euro (2007), 38,4 Mrd. Euro (2006), 35,1 Mrd. Euro (2005), 28,5 Mrd. Euro (2004), 24.139 Mio. Euro (2003), 23.489,3 Mio. Euro (2002), 24.533,4 Mio. Euro (2001), 27.025,5 Mio. Euro (2000), 21.551,9 Mio. Euro (1995), 19.835,9 Mio. Euro (1990), 15.727 Mio. Euro (1985), 13.851 Mio. Euro (1980), 9.151 Mio. Euro (1975), 5.485 Mio. Euro (1970), 4.781 Mio. Euro (1965), 3.467 Mio. Euro (1960), 1.682 Mio. Euro (1955), 533 Mio Euro (1950).

Gewerbesteueranrechnung – 1. *Begriff:* pauschal durchgeführte Anrechnung der Gewerbesteuerbelastung auf die Einkommensteuerschuld, geregelt in § 35 EStG. – 2. *Steuersystematische Hintergründe:* a) *Nebeneinander von Einkommen- und Gewerbesteuer:* Die Einkünfte aus Gewerbebetrieb unterliegen nicht nur der Einkommensteuer, sondern auch der Gewerbesteuer. Somit unterliegt gerade diejenige Einkunftsart, die am ehesten mit der Schaffung von Arbeitsplätzen verknüpft ist, einer zweifachen Besteuerung, die es bei anderen Einkunftsarten nicht gibt. Eine solche wirtschaftliche Doppelbelastung einer speziellen Einkunftsart ist nicht wünschenswert, jedoch kann die Gewerbesteuer aus grundsätzlichen Erwägungen nicht ersatzlos abgeschafft werden, da das Grundgesetz den Gemeinden eine Steuer mit eigenem Hebesatzrecht garantiert und daher für eine Abschaffung der Gewerbesteuer eine Verfassungsänderung erforderlich wäre. Der Bundesgesetzgeber hat daher den Ausweg gewählt, die Belastung durch die Gewerbesteuer auf indirektem Wege auszugleichen, indem er gestattet, die gezahlte Gewerbesteuer in pauschaler Form von der Einkommensteuerschuld abzuziehen: Der Steuerpflichtige kann seit 2008 das 3,8-fache des für den jeweiligen Veranlagungszeitraum geltenden Gewerbesteuermessbetrages auf die ESt-Schuld anrechnen, höchstens allerdings die tatsächlich gezahlte Gewerbesteuer. Die Höhe der Anrechnung ist so berechnet, dass bei einem Hebesatz von 400 Prozent noch eine vollständige Entlastung des Unternehmens von der Gewerbesteuer erfolgt; bei höheren Hebesätzen bleibt dagegen ein Rest von zusätzlicher Belastung durch die Gewerbesteuer übrig. – b) *Nebeneinander von Körperschaftsteuer und Gewerbesteuer:* Die vom Gesetzgeber als Anlass für die Gewerbesteueranrechnung angesehene Zweifachbelastung existiert in gleicher Form auch im Körperschaftsteuersektor, da auch dort KSt und GewSt nebeneinander erhoben werden. Das Argument, da die KSt geringer sei als die ESt, seien Entlastungsmaßnahmen nicht notwendig, geht letztlich fehl, weil die KSt für Körperschaften nur deshalb wesentlich geringer festgesetzt ist als die Einkommensteuer, weil bei Körperschaften die Gewinne später noch – bei ihrer Ausschüttung – mit Einkommensteuer belastet werden. Bei richtiger Analyse der Zusammenhänge liegt also auch im KSt-Sektor eine Überbelastung vor. Der Gesetzgeber hat sich jedoch gleichwohl dazu entschieden, eine Gewerbesteueranrechnung auf die Körperschaftsteuer nicht vorzusehen. Dies verzerrt die Entscheidung zwischen den Rechtsformen und führt dazu, dass die Gewerbesteuer für juristische Personen zu völlig anderen Belastungswirkungen führt als für natürliche Personen.

Gewerbesteuerbescheid → Gewerbesteuer.

Gewerbesteuererklärung – Voraussetzung für die Durchführung der Veranlagung zur → Gewerbesteuer. – *Zur Abgabe einer Gewerbesteuererklärung sind verpflichtet* (§ 25 GewStDV): (1) gewerbesteuerpflichtige Unternehmen, deren → Gewerbeertrag im Erhebungszeitraum 24.500 Euro überstiegen hat; (2) Kapitalgesellschaften, soweit sie nicht von der Gewerbesteuer befreit sind; (3) Erwerbs- und Wirtschaftsgenossenschaften sowie Versicherungsvereine auf Gegenseitigkeit; sonstige juristische Personen des Privatrechts und nicht rechtsfähige Vereine insoweit, als sie einen → wirtschaftlichen Geschäftsbetrieb (außer Land- und Forstwirtschaft) unterhalten, der bestimmte Grenzen überschreitet; (4) Unternehmen juristischer Personen des öffentlichen Rechts, wenn sie als stehende Gewerbebetriebe anzusehen sind und eine gewisse Größe aufweisen; (5) Unternehmen, für die zum Schluss des vorausgegangenen Erhebungszeitraums vortragsfähige Fehlbeträge gesondert festgestellt worden sind; (6) Unternehmen, für die vom Finanzamt die Abgabe einer Steuererklärung bes. verlangt wird. Die Aufforderung liegt gewöhnlich in der Zusendung eines Erklärungsvordrucks. – Vgl. auch → Steuererklärung.

gewerbesteuerliches Schachtelprivileg → Schachtelprivileg.

Gewerbesteuermessbetrag – 1. Berechnungsgrundlage für die → Gewerbesteuer (→ Steuermessbetrag). Durch Anwendung der einheitlichen

Steuermesszahlen von 3,5 Prozent auf den → Gewerbeertrag (§ 11 GewStG) ergibt sich der Steuermessbetrag. Durch Anwendung eines → Hebesatzes auf den Gewerbesteuermessbetrag wird die Gewerbesteuer berechnet (§§ 11, 14, 16 GewStG). – *Beispiel:* Steuermessbetrag nach dem Gewerbeertrag 89.500 Euro; Hebesatz 420 Prozent; Gewerbesteuerschuld 13.156 Euro. – 2. *Anrechnung auf die Einkommensteuer:* Die tarifliche Einkommensteuer ermäßigt sich bei Einzelunternehmen und Mitunternehmern von Personengesellschaften um das 3,8-fache (vor 2008: 1,8-fach) des für das Unternehmen festgesetzten Gewerbesteuermessbetrags. Voraussetzung ist, dass die Gewerbesteuer anteilig auf im zu versteuernden Einkommen enthaltene gewerbliche Einkünfte entfällt. Bei Einkünften als Mitunternehmer erfolgt die Ermäßigung in Höhe des auf ihn entfallenden anteiligen Gewerbesteuermessbetrags. – *Beispiel: f*estgesetzter Gewerbesteuermessbetrag 1.000 Euro; hiervon das 3,8-fache ergibt 3.800 Euro. Die Einkommensteuer kann sich höchstens um 3.800 Euro ermäßigen. Sie darf jedoch nicht zu einer Einkommensteuer-Erstattung führen. Das wäre dann der Fall, wenn der Gewinn sehr niedrig wäre, erzielt der Unternehmer neben seinen Einkünften aus Gewerbebetrieb noch andere Einkünfte, so kann die Gewerbesteuer nur auf den Teil der Einkommensteuer angerechnet werden, der anteilig auf die im zu versteuernden Einkommen enthaltenen gewerblichen Einkünfte entfällt.

Gewerbesteuerreform → Gewerbesteuer.

Gewerbesteuer-Rückstellung – 1. *Begriff:* Bei ordnungsmäßiger Buchführung zulässige → Rückstellung für noch nicht fällige, das abgelaufene Wirtschaftsjahr belastende → Gewerbesteuer. – 2. *Abzugsfähigkeit:* Die Gewerbesteuer sowie steuerliche Nebenleistungen hierauf stellen ab dem Jahr 2008 keine Betriebsausgaben mehr dar. In der Handelsbilanz ist die Gewerbesteuer weiterhin als Betriebsausgabe zu behandeln und zu buchen. In diesem Bereich ist auch weiterhin eine Gewerbesteuer-Rückstellung zu passivieren. Steuerlich sind die handelsrechtlich berücksichtigten Aufwendungen bzw. Erträge aus der Gewerbesteuer außerbilanziell zu korrigieren. – 3. *Berechnung:* Die Gewerbesteuerrückstellung ermittelt sich aus dem auf volle 100 Euro abgerundeten Gewerbeertrag nach ggf. Abzug eines Freibetrags, multipliziert mit der einheitlichen Steuermesszahl von 3,5 Prozent (ab dem Erhebungszeitraum 2008) sowie dem Hebesatz der jeweiligen Gemeinde. Ist der einheitliche Gewerbesteuermessbetrag auf Gemeinden mit unterschiedlichen Hebesätzen zu zerlegen (§ 28 GewStG), ist die Gewerbesteuerrückstellung in der Handelsbilanz nach dem gewogenen Durchschnitt der in Betracht kommenden Hebesätze zu ermitteln. Die Gewerbesteuer-Rückstellung ist in Höhe der Differenz zwischen der Nettobelastung der voraussichtlich geschuldeten Gewerbesteuer und den geleisteten Vorauszahlungen anzusetzen. – 4. *Auflösung der Gewerbesteuerrückstellung:* Die Gewerbesteuerrückstellung bleibt bis zur Bezahlung der betreffenden Gewerbesteuer in der Handelsbilanz passiviert. Erst bei Bezahlung wird die Rückstellung aufgelöst. Ist die tatsächliche Gewerbesteuerzahllast höher als der zurückgestellte Gewerbesteueraufwand, entsteht in Höhe des Unterschiedsbetrags zwischen der zu zahlenden Gewerbesteuer und der bisher zurückgestellten Gewerbesteuer ein Gewerbesteueraufwand, der in der Handelsbilanz gewinnmindernd zu berücksichtigen ist. Für die Ermittlung des zu versteuernden Einkommens ist er außerbilanzmäßig hinzuzurechnen. Wurde mehr Gewerbesteuer zurückgestellt als tatsächlich zu zahlen ist, ist der zuviel zurückgestellte Betrag in der Handelsbilanz gewinnerhöhend aufzulösen. Der zu versteuernde Gewerbeertrag bleibt unberührt. – 5. Bis einschließlich zum Erhebungszeitraum 2007 war die Gewerbesteuer als → Betriebsausgabe abzugsfähig und minderte damit ihre eigene Bemessungsgrundlage und damit die Gewerbesteuer selbst. Diese Tatsache war bei der Ermittlung der Gewerbesteuer-Rückstellung entsprechend zu berücksichtigen. Daher wurden folgen *Ermittlungsmethoden* angewendet: a) Nach der *Fünf-Sechstel-Methode* wurde die Nettobelastung näherungsweise dadurch bestimmt, dass die Gewerbesteuer mit fünf Sechsteln des Betrages der Gewerbesteuer angesetzt wurde, der sich ohne Berücksichtigung der Gewerbesteuer als Betriebsausgabe ergab. – b) Nach der *Divisor-Methode* ermittelte sich die Gewerbesteuer durch Anwendung eines Divisors auf den Gewerbesteuerbetrag, der sich ohne Berücksichtigung der Abzugsfähigkeit der Gewerbesteuer ergab. Der Divisor errechnete sich nach folgender Formel: Divisor = 1 + ((Messzahl · Hebesatz) / 10.000). Bei Anwendung des → gewerbeertragsteuerlichen Staffeltarifs waren verschiedene Divisoren auf entsprechende Teilbeträge anzuwenden. – c) Die verschiedenen *mathematisch exakten Methoden* (i.d.R. Iterationsverfahren) wiesen die Nettobelastung zutreffend aus. Seit dem Erhebungszeitraum 2008 ist die Gewerbesteuer nicht mehr von ihrer eigenen Bemessungsgrundlage abzugsfähig, sodass die vorgenannten Berechnungsmethoden insoweit keine Anwendung mehr finden.

Gewerbesteuerstatistik – Teil des Systems der → Steuerstatistiken; die bislang alle drei Jahre durchgeführte Gewerbesteuerstatistik dient zur Analyse der Gewerbesteuer und ihrer wirtschaftlichen Bedeutung. Darüber hinaus wird sie zur Quantifizierung des zukünftigen Aufkommens und bei geplanten Steuerrechtsänderungen sowie als eine der Grundlagen bei umfangreichen Steuersimulationsmodellen verwendet. Erfasst werden u.a. Gewinn und Verlust, Hinzurechnungsbeträge, Kürzungsbeträge und Freibeträge von gewerbesteuerpflichtigen Betrieben. Die Gewerbesteuerstatistik ist eine → Sekundärstatistik, die Datensätze der Finanzämter auswertet. Die Ergebnisse werden in Fachserie 14, Reihe 10.2 veröffentlicht. Nach geplanten Änderungen des Gesetzes über Steuerstatistiken soll die Statistik künftig jährlich erstellt werden.

Gewerbesteuerumlage – Umlage zur Beteiligung von Bund und Ländern am Aufkommen der → Gewerbesteuer (Art. 106 VI GG); die Berechnung und Aufteilung zwischen Bund und Länder wird durch § 6 Gemeindefinanzreformgesetz bestimmt. Die Gewerbesteuerumlage ist der „finanzpolitische Preis" für die Beteilung der Gemeinden an der Einkommensteuer, um die Mindereinnahmen des Bundes und der Länder auszugleichen. Die Gemeinden erhalten 15 Prozent des im Gebiet ihres Landes anfallenden Aufkommens an Lohn- und veranlagter Einkommensteuer (Art. 106 V GG). – *Bedeutung*: Die Gewerbesteuerumlage ist eine Maßnahme der Steuerstrukturverbesserung für die Gemeinden, um hebesatz- und aufkommensbedingte Gewerbesteuerunterschiede auszugleichen und die Gemeinden insgesamt von der einseitigen Orientierung auf die Ertragsteuern (gelten als sehr konjunkturreagibel) teilweise zu befreien, zugunsten einer Beteiligung an der stetiger fließenden Einkommensteuer.

Gewerbetreibender – Derjenige, der im eigenen Namen für eigene Rechnung und unter eigener Verantwortung ein → Gewerbe betreibt. – Eine *bes. Gruppe* unter den Gewerbetreibenden bilden die → Hausgewerbetreibenden. – *Anders:* → Heimarbeiter.

Gewerbeuntersagung – Verbot der Ausübung eines Gewerbes (auch Handwerk und Einzelhandel) oder der Tätigkeit als Vertretungsberechtigter eines Gewerbetreibenden oder der Leitung eines Gewerbebetriebes aufgrund Auftrages durch die Höhere Verwaltungsbehörde (§ 35 GewO). – 1. *Zulässig:* Bei *Unzuverlässigkeit* des Gewerbetreibenden oder Vertreters (z.B. Steuerrückstände, fehlende Sozialabgaben), wenn die weitere Ausübung des Gewerbes für die Allgemeinheit oder die im Betrieb Beschäftigten eine *Gefährdung* des Lebens, der Gesundheit, der Freiheit oder der Sittlichkeit oder eine Gefährdung des Eigentums oder des Vermögens anderer mit sich bringt, die nur durch die Gewerbeuntersagung abgewendet werden kann. – 2. Ist der Sachverhalt bereits Gegenstand eines *Strafverfahrens* gewesen, darf die Gewerbeuntersagung i.Allg. nicht ausgesprochen werden, wenn das Gericht die Gewerbeuntersagung bereits abgelehnt hat.

Gewerbeverlust – Begriff des Gewerbesteuerrechts: mögliches Fehlergebnis bei Ermittlung des → Gewerbertrags für einen Erhebungszeitraum (Kalenderjahr); nicht identisch mit Verlust aus Gewerbebetrieb. Gewerbetreibende können einen Gewerbeverlust aus den vorangehenden Erhebungszeiträumen bei Ermittlung des maßgebenden Gewerbeertrags berücksichtigen, soweit die Fehlbeträge nicht in den vorhergehenden Jahren berücksichtigt wurden. Allerdings darf der Gewerbeverlust früherer Jahre nur bis zu 1 Mio. Euro den aktuellen Gewerbeertrag uneingeschränkt mindern. Darüber hinaus gehende Teile des Gewerbeertrages dürfen nur zu 60 Prozent um den Gewerbeverlust früherer Jahre gekürzt werden; nicht berücksichtigte Reste des Gewerbeverlustes sind danach auf spätere Jahre vorzutragen (§ 10a GewStG). Die Höhe der vortragsfähigen Fehlbeträge ist gesondert festzustellen (§ 10a GewStG). Vororganschaftliche Verlustvorträge werden nicht berücksichtigt. Ein Verlustrücktrag in vorangegangene Perioden ist gewerbesteuerlich nicht zulässig.

Gewerbezentralregister – amtliches Register aufgrund des § 149 GewO beim → Bundeszentralregister geführt. – 1. *Eintragungen:* (1) Entscheidungen einer Verwaltungsbehörde, durch die wegen Unzuverlässigkeit oder Ungeeignetheit u.a. ein Antrag auf Zulassung zu einem → Gewerbe oder einer sonstigen wirtschaftlichen Unternehmung abgelehnt oder eine erteilte Zulassung zurückgenommen oder widerrufen, die Ausübung eines Gewerbes untersagt oder im Rahmen eines Gewerbebetriebes die Befugnis zur Einstellung oder Ausbildung von Auszubildenden entzogen oder die Beschäftigung von Kindern und Jugendlichen verboten wird; (2) Verzichte auf eine Zulassung zu einem Gewerbe während eines Rücknahme- oder Widerrufsverfahrens; (3) Bußgeldentscheidungen im Zusammenhang mit der Ausübung eines Gewerbes oder dem Betrieb einer sonstigen wirtschaftlichen Unternehmung, sofern die → Geldbuße mehr als 200 Euro beträgt. – 2. *Auskunft* erhalten die Betroffenen und Behörden (v.a. Gerichte und Polizeibehörden). – 3. Wird eine eingetragene Entscheidung später aufgehoben, so wird sie aus dem Gewerbezentralregister *entfernt*. Eintragungen über Bußgeldentscheidungen werden nach Ablauf von drei (bei Geldbußen bis 300 Euro) oder von fünf Jahren *getilgt*.

gewerbliche Anwendbarkeit – neben → Neuheit und → Erfindungshöhe die dritte Voraussetzung der Patenterteilung (§ 5 PatG, Art. 57 EPÜ) und des Gebrauchsmusterschutzes (§ 1 GebrMG). Es genügt, dass der Gegenstand der Erfindung in einem Gewerbe einschließlich der Landwirtschaft hergestellt oder verwendet werden kann. Verfahren zur chirurgischen oder therapeutischen Behandlung des menschlichen oder tierischen Körpers und Diagnostizierverfahren, die am menschlichen oder tierischen Körper vorgenommen werden, gelten nicht als gewerblich anwendbar (§ 5 II PatG, Art. 52 IV EPÜ). Verfahren, die außerhalb des menschlichen oder tierischen Körpers vorgenommen werden, werden durch die genannten Vorschriften ebenso wenig erfasst wie Erzeugnisse (Instrumente, Geräte, Stoffe), die in einem chirurgischen, therapeutischen oder Diagnoseverfahren zur Anwendung kommen, sie sind dem Erfindungsschutz daher zugänglich. Die Möglichkeit, Patentschutz zu erlangen, besteht nicht nur für neue Stoffe, sondern auch für die Verwendung eines als solchen bekannten sowie eines als Heil- oder Diagnosemittel bekannten Stoffs oder Stoffgemischs zu einem neuen therapeutischen Zweck. Die Patentierung ist möglich, weil sich eine derartige Lehre nicht allein an den Arzt oder Therapeuten, sondern auch an den Arzneimittelhersteller wendet, der den Stoff für den neuen Zweck herrichtet (formuliert, konfektioniert, dosiert etc.). Umstritten ist, in welcher Form derartigen Verwendungserfindungen Schutz gewährt werden kann. Nach der dt. Rechtsprechung sind Mittelansprüche wegen der Schutzwirkung von Verwendungsansprüchen überflüssig und wegen der mit ihnen verbundenen Rechtsunklarheiten unzulässig, sie gewährt daher Verwendungsansprüche; die Spruchpraxis des → Europäischen Patentamtes (EPA) sieht im Hinblick auf Art. 54 II EPÜ Verwendungsansprüche als unzulässig an und gewährt für die erste therapeutische oder diagnostische Verwendung den zweckgebundenen Stoffanspruch, für die zweite und weitere Verwendungen den Anspruch auf die Verwendung eines bekannten Stoffs zur Herstellung eines Arzneimittels für eine bestimmte neue therapeutische oder diagnostische Anwendung. – Vgl. auch → Patentkategorie.

gewerbliche Arbeitnehmer → Arbeiter. – *Anders:* → Angestellter.

gewerbliche Niederlassung → Niederlassung.

gewerblicher Arbeiter → Arbeiter, → gewerbliche Arbeitnehmer.

gewerblicher Betrieb → Gewerbebetrieb.

gewerblicher Rechtsschutz – befasst sich i.e.S. mit dem Schutz der gewerblich verwertbaren technischen und ästhetischen Leistung sowie dem Schutz der geschäftlichen Kennzeichnungsrechte (→ gewerbliche Schutzrechte). I.w.S. zählen dazu auch das → Urheberrecht und das Recht zur Bekämpfung → unlauteren Wettbewerbs.

gewerbliche Schutzrechte – Sammelbegriff für geistige und gewerbliche Leistungen, die dem Sonderrechtsschutz zugänglich sind. Zu ihnen zählen die technischen Schutzrechte, nämlich → Patente, → Gebrauchsmuster und das → Sortenschutzrecht, die dem Urheberrecht verwandten ästhetischen Schutzrechte, nämlich → Geschmacksmuster und typographische Schriftzeichen, das zwischen dem Gebrauchs- und dem Geschmacksmuster stehende → Halbleiterschutzrecht sowie die nach dem Markengesetz geschützten Kennzeichenrechte (→ Marke, → geschäftliche Bezeichnungen, → geografische Herkunftsangaben). Die gewerblichen Schutzrechte sind als → absolute Rechte (Immaterialgüterrechte) ausgestaltet und genießen daher wie das Urheberrecht den Eigentumsschutz nach Art. 14 GG. Nicht zum → gewerblichen Rechtsschutz i.e.S. gehören das → Urheberrecht und der ergänzende wettbewerbsrechtliche Leistungsschutz.

gewerbliche Weitervermietung → Zwischenmietverhältnis.

gewerblich geprägte Personengesellschaft – *Begriff* des Einkommensteuerrechts. Gewerblich geprägte Personengesellschaften sind → Personengesellschaften, die nicht gewerblich tätig sind und bei denen ausschließlich ein oder mehrere Kapitalgesellschaften → persönlich haftende Gesellschafter sind und nur diese oder Nicht-Gesellschafter zur Geschäftsführung befugt sind (§ 15 III Nr. 2 EStG). Typisches Beispiel für eine gewerblich geprägte Personengesellschaft ist eine → GmbH & Co. KG, die vermietet. Gewerblich geprägte Personengesellschaften gelten als → Gewerbebetrieb (§ 15 III 2 EStG) und unterliegen grundsätzlich der → Gewerbesteuer (§ 2 I GewStG). Darüber hinaus gelten gewerblich geprägte Personengesellschaften auch dann in vollem Umfang als Gewerbebetrieb, wenn sie nur teilweise eine gewerbliche Tätigkeit ausüben (§ 15 III Nr. 1 EStG; R 15.8 V EStR und H 15.8 (5) EStH). Auch die vermögensverwaltende Tätigkeit einer gewerblich geprägten Personengesellschaft ist damit als Gewerbebetrieb anzusehen, sog. „Zebragesellschaft“. – Bei nicht gewerblichen und nicht gewerblich geprägten Personengesellschaften sind die Einkünfte nach den Grundsätzen der Überschusseinkunftsarten zu ermitteln, gesondert festzustellen und den nicht betrieblich beteiligten Gesellschaftern anteilig zuzurechnen.

Gewerbsmäßigkeit – Ein in verschiedenen strafrechtlichen Tatbeständen (u.a. bei Hehlerei, Wucher, Geldwäsche und im Steuerstrafrecht) strafbegründendes oder strafschärfendes Merkmal. Gewerbsmäßigkeit bedeutet Handeln in der Absicht, sich durch wiederholte Begehung von Straftaten gleicher Art (wenn auch nicht notwendig für die Dauer, so doch für eine längere Zeit und nicht nur vorübergehend) eine Einkommensquelle zu erschließen (vgl. z.B. auch § 243 I Satz 2 Nr. 3 StGB = gewerbsmäßiger Diebstahl als ein bes. schwerer Fall des Diebstahls).

Gewerkschaften – nach Industrie-Gruppen, nach Berufen oder nach politischen oder religiösen Richtungen gegliederte Vereinigungen von Arbeitnehmern bzw. von Arbeitnehmervereinigungen zur Verbesserung der sozialen und wirtschaftlichen Lebensbedingungen und als sonstige Interessenvertretungen gegenüber dem Staat und den Arbeitgebern (Arbeitgebervereinigungen). – Vgl. auch → Sozialpartner.

I. Geschichte der Gewerkschaften: 1. *Bis 1933:* a) Erste im Verlauf der Industrialisierung aufgrund der schlechten sozialen Lage der Arbeitnehmerschaft entstandene gewerkschaftsähnliche Vereinigungen wurden in Deutschland 1848 wieder aufgelöst. Neu hervorgegangen aus den 1865 und 1866 gegründeten Reichsorganisationen der Tabakarbeiter und Buchdrucker. Voraussetzung für weiterreichende Gewerkschafts-Gründung: Die 1869 aufgrund der Agitation von Lassalle in Preußen gewährte → Koalitionsfreiheit. – *Drei Richtungen:* (1) Die „Arbeiterschaften“, hervorgegangen aus Lassalles

„Allgemeinem Deutschen Arbeiterverein" und den 1868 durch Bebel begründeten „Internationalen Gewerksgenossenschaften"; (2) die durch Hirsch und Duncker gegründeten freiheitlich-nationalen Gewerkvereine. 1878: → Sozialistengesetz (Lahmlegung der unter (1) erwähnten Gewerkschaften bis zur Aufhebung des Gesetzes 1890), Spitzenorganisation dieser „freien" Gewerkschaften seit 1891: Generalkommission; (3) seit Mitte der 1990er-Jahre aufgebaute christliche Gewerkschaft, hervorgegangen aus der christlich-sozialen Bewegung (Bischof Ketteler). Diese drei Richtungen der dt. Gewerkschaften als Richtungsgewerkschaften waren politisch ausgerichtet: Freie Gewerkschaft verbunden mit der Sozialdemokratie, christliche Gewerkschaft der Zentrumspartei nahe stehend, Hirsch-Dunckersche Gewerkschaft den liberalen Parteien nahe stehend. – b) *Nach dem Ersten Weltkrieg* neuer Auftrieb der Gewerkschafts-Bewegung durch das sog. Novemberabkommen vom 15.11.1918 zwischen Arbeitnehmern und Arbeitgebern: Anerkennung der Gewerkschaften als Vertretung der Arbeitnehmer und deren unbedingter Koalitionsfreiheit; Verzicht der Arbeitgeber auf Werksvereine; Regelung der Arbeitsbedingungen für sämtliche Arbeitnehmer durch Kollektivvereinbarungen mit den Gewerkschaften (→ Tarifvertrag); Einrichtung von Arbeitsausschüssen (Vorläufer der → Betriebsräte) in sämtlichen Betrieben mit mehr als 50 Beschäftigten; Einführung des 8-Stunden-Tages. Aus den Grundsätzen dieses Abkommens ist entwickelt worden: (1) Das kollektive Arbeitsvertragsrecht, (2) Betriebsräterecht, (3) Urlaubsrecht, (4) Verbesserung des Sozialversicherungsrechts und dessen Ergänzung durch Vorsorge für den Fall der → Arbeitslosigkeit und → Kurzarbeit. – 2. *1933 bis 1945:* Auflösung der Gewerkschaften sämtlicher Richtungen. Überführung ihrer Mitglieder in die „Deutsche Arbeitsfront". – 3. *Nach 1945:* Neugründung der Gewerkschaften. An die Stelle von Richtungs-Gewerkschaften traten Einheits-Gewerkschaften, statt des Berufsprinzips dominierte das Prinzip des Industrieverbandes. – *Ausnahme:* Deutsche Angestellten-Gewerkschaft. 1949 Trennung der westdeutschen Gewerkschaft vom gesamtdeutschen „Freien Deutschen Gewerkschaftsbund" (FDGB seitdem Bezeichnung für die alleinige Gewerkschaftsorganisation in der ehemaligen DDR) und Gründung des DGB (Deutscher Gewerkschaftsbund). Dieser lehnte auf seinem Gründungskongress den Neuaufbau einer kapitalistischen Gesellschafts- und Wirtschaftsordnung ab und forderte stattdessen energische Schritte in Richtung einer Wirtschaftsdemokratie. Er geriet damit in einen Gegensatz zu den vorherrschenden politischen Kräften, der sich auf gewerkschaftlicher Seite 1955 in der Gründung der CGD (Christliche Gewerkschaftsbewegung Deutschlands) äußerte.

II. Heutige Bedeutung in der Bundesrepublik Deutschland: 17 nach dem Industrieprinzip organisierte Einzelgewerkschaften zusammengefasst im → Deutschen Gewerkschaftsbund (DGB), Sitz in Berlin. Daneben → Vereinte Dienstleistungsgewerkschaft (ver.di), Sitz in Berlin; → Deutscher Beamtenbund (DBB), Sitz in Berlin; → Christlicher Gewerkschaftsbund Deutschlands (CGB), Sitz in Berlin.

III. Internationale Organisationen: um die Jahrhundertwende von Deutschland aus entstanden. 1949 konstituierte sich nach Ablösung vom kommunistisch orientierten Weltgewerkschaftsbund der Internationale Bund Freier Gewerkschaften (IBFG).

IV. Gewerkschaften in anderen Ländern: 1. Entwicklung der Gewerkschaft in *Frankreich:* Confédération Générale du Travail. – 2. Gewerkschaft in den *USA:* American Federation of Labor-Congress of Industrial Organizations (Zusammenschluss AFL-CIO im Dezember 1955), Independents.

gewerkschaftliche Vertrauensleute → Vertrauensleute der Gewerkschaft.

Gewerkschaftsbeitrag – Mitgliedsbeitrag des Arbeitnehmers zu einer → Gewerkschaft. – *Einzug durch Arbeitgeber* umstritten: Teilweise wird angenommen, der Einzug durch das Lohnbüro des Arbeitgebers bringe die Gewerkschaft in eine Abhängigkeit von der Gegenseite, sodass die Gegnerfreiheit (→ Koalition) berührt sei. Umstritten ist auch, ob der Einzug in → Tarifverträgen vereinbart werden kann (Grenzen der → Tarifautonomie).

Gewichtszoll – der nach dem Gewicht der Ware zu bemessende → Zoll. Im → Gemeinsamen Zolltarif der Europäischen Gemeinschaften (GZT) nur noch im Ausnahmefall vorgesehen, etwa bei Bananen und Salz. – Vgl. auch → Wertzoll.

Gewichtung – bei der Berechnung von → Mittelwerten Einbringung von Faktoren („Gewichten") g_1, g_2, ... die den Einfluss der eingehenden Einzelwerte auf den resultierenden Mittelwert bestimmen. I.d.R. wird von Gewichtung nur gesprochen, wenn $g_i > (\geq)\ 0$ für alle i ist und $\Sigma g_i = 1$ gilt. Gewichtung hat z.B. bei der Ermittlung des arithmetischen Mittels aus einer → Häufigkeitsverteilung oder bei der Berechnung von → Indexzahlen Bedeutung.

Gewichtungsziffer → Äquivalenzziffer.

gewillkürte Orderpapiere → Orderpapiere.

gewillkürtes Betriebsvermögen – Begriff des Bilanzsteuerrechts: → Wirtschaftsgüter, die weder → notwendiges Betriebsvermögen noch → notwendiges Privatvermögen sind, vorausgesetzt, sie stehen in einem gewissen objektiven Zusammenhang mit dem Betrieb und sind ihn zu fördern geeignet oder bestimmt. Die Aufnahme in das → Betriebsvermögen erfolgt durch → Einlage. – Gewillkürtes Betriebsvermögen ist *nicht* möglich bei Kapitalgesellschaften oder Gesellschaftsvermögen von Personengesellschaften. Erlaubt ist die Bildung von gewillkürtem Betriebsvermögen seit einer Rechtsprechungsänderung (2003) auch bei Einnahmen-Überschuss-Rechnung (§ 4 III EStG). Allerdings muss dann die Entscheidung, bestimmtes Vermögen als gewillkürtes Betriebsvermögen zu behandeln, klar und deutlich dokumentiert sein (→ Betriebsvermögen).

Gewinn – I. Handelsrecht: 1. *Unternehmungsgewinn* (→ Jahresüberschuss): Differenz zwischen Erträgen und Aufwendungen eines Geschäftsjahres (→ Unternehmensergebnis). – 2. *Ermittlung des Gewinns:* → Erfolgsrechnung, → Gewinnermittlung. – 3. *Behandlung des* Gewinns (der Gewinnanteile): a) bei *Personengesellschaften:* → Gewinn- und Verlustbeteiligung. – b) bei *Kapitalgesellschaften:* → Gewinnausschüttung, → Gewinnverwendung.

II. Kostenrechnung: 1. *Betriebsgewinn:* Differenz zwischen Erlösen und Kosten einer Periode (→ Betriebsergebnis; → Deckungsbeitrag). – 2. *Neutraler Gewinn:* Unternehmungsgewinn – Betriebsgewinn (→ neutrales Ergebnis).

III. Steuerrecht: Die Ermittlung des Gewinns kann auf unterschiedliche Weise erfolgen (→ Einkünfteermittlung). Der steuerpflichtige Gewinn unterliegt der Einkommen- oder Körperschaftsteuer und bildet den Ausgangswert für die Errechnung des Gewerbeertrags (§ 7 GewStG).

IV. Preis- und Markttheorie: Differenz zwischen Erlös U(x) und Kosten K(x): G(x) = U(x) – K(x).

Die erste Ableitung dieser Funktion nennt man *Grenzgewinn:* G' (x)=U' (x) – K' (x).

Der Grenzgewinn ist demnach die Gewinnveränderung, die sich ergibt, wenn eine Einheit zusätzlich produziert und verkauft wird. Er muss gleich Null werden, wenn ein Maximum bestimmt werden soll (notwendige Bedingung):

$$G'(\overline{x}) = 0 \Leftrightarrow U'(\overline{x}) = K'(\overline{x})$$

Hinreichend ist die Bedingung:

$$G''(\overline{x}) < 0, \text{ also } U''(\overline{x}) < K''(\overline{x}).$$

Gewinnabführungsvertrag – *Ergebnisabführungsvertrag, Ergebnisübernahmevertrag.* 1. *Begriff:* → Unternehmensvertrag, durch den eine AG oder KGaA sich verpflichtet, ihren ganzen Gewinn an ein anderes Unternehmen abzuführen (§ 291 I AktG). Der andere Vertragsteil hat jeden während der Vertragsdauer entstehenden Jahresfehlbetrag auszugleichen (Verlustübernahme gemäß § 302 I AktG). Als Gewinnabführungsvertrag gilt auch ein Vertrag, durch den eine AG oder KGaA es übernimmt, ihr Unternehmen für Rechnung eines anderen Unternehmens zu führen. – Der Gewinnabführungsvertrag ist schriftlich abzuschließen und bedarf – wie seine Änderungen – der Zustimmung der Hauptversammlung (grundsätzlich Dreiviertel-Mehrheit des vertretenen Kapitals), wenn der andere Vertragsteil eine AG oder KGaA ist, auch deren Hauptversammlung. Mit der Eintragung in das Handelsregister wird der Gewinnabführungsvertrag wirksam. Er kann nur zum Ende des Geschäftsjahres oder des vertraglich vereinbarten Abrechnungszeitraumes aufgehoben werden; fristlose Kündigung ist zulässig. Die Beendigung des Gewinnabführungsvertrags, deren Grund und deren Zeitpunkt sind zur Eintragung im Handelsregister anzumelden. – Sicherung der außen stehenden Aktionäre bei Bestehen eines Gewinnabführungsvertrags durch Ausgleichszahlung, Abfindung und Sondervorschriften (§§ 304–307 AktG). – Vgl. auch → Teilgewinnabführungsvertrag. – 2. *Steuerliche Behandlung:* → Organschaft.

Gewinnabgrenzungsaufzeichnungsverordnung (GAufzV) – 1. Rechtsverordnung vom 13.11.2003 (BStBl. I 2296), letztmalig geändert durch *Unternehmensteuerreform 2008* vom 14.8.2007 (BGBl. 2007, 1912).–2. *Allgemeines und betroffener Personenkreis:* → Steuerpflichtige, die grenzüberschreitende Geschäftsbeziehungen zu nahe stehenden Personen im Sinn von § 1 II AStG unterhalten, unterliegen im Hinblick auf Art und Inhalt der Geschäftsbeziehung bzw. der damit in Zusammenhang stehenden Sachverhalte und Vorgänge einer bes. Dokumentationspflicht. Sie ist Ausfluss der → Mitwirkungspflicht des Steuerpflichtigen (§ 90 III Satz 5 AO). Art, Inhalt und Umfang der Aufzeichnungen werden im Einzelnen durch die GAufzV geregelt. Sie gilt daneben auch für Geschäftsvorfälle zwischen Stammhaus und Betriebsstätte und für die Gewinnermittlung von Personengesellschaften, an denen der Steuerpflichtige beteiligt ist, soweit dabei Geschäftsbeziehungen im Sinn von § 1 AStG zu prüfen sind. – 3. *Grundsätze der Aufzeichnungspflicht:* Es muss ersichtlich sein, welcher Sachverhalt im Einzelnen verwirklicht wurde und ob bzw. inwieweit den Geschäftsbeziehungen Bedingungen einschließlich von Preisen zugrunde liegen, die die Feststellung zulassen, dass der sog. Fremdvergleichsgrundsatz beachtet wurde. Die Aufzeichnungen müssen das ernsthafte Bemühen des Steuerpflichtigen erkennen lassen, dass er seine Geschäftsbeziehungen unter Beachtung des Fremdvergleichsgrundsatzes gestaltet (hat). Dazu sind bes. die relevanten Markt- und Wettbewerbsverhältnisse darzustellen und Vergleichsdaten aufzuzeigen. – 4. *Form:* Die Aufzeichnungen können schriftlich oder elektronisch erstellt werden. – 5. Die Finanzbehörde soll sie regelmäßig nur *für Zwecke der Durchführung einer* → Außenprüfung anfordern. – 6. *Folgen bei Verletzung der Dokumentationspflicht* (fehlende, verspätete oder nicht verwertbare Aufzeichnungen): Sie gelten als nicht erstellt. Damit wird widerlegbar zulasten des Steuerpflichtigen vermutet, dass seine im Inland steuerpflichtigen Einkünfte höher als die von ihm erklärten sind. Soweit es zu einer → Schätzung der Besteuerungsgrundlagen durch die Finanzbehörde kommt, kann diese den gesamten Schätzungsrahmen zuungunsten des Steuerpflichtigen ausschöpfen (§ 162 III AO). Daneben ist ein Strafzuschlag festzusetzen. Seine Höhe richtet sich danach, welcher der Tatbestände (Nichtvorlage, Unverwertbarkeit oder verspätete

Vorlage der Aufzeichnungen) gegeben ist; vgl. § 162 IV AO).

Gewinnabgrenzungsverordnung → Verrechnungspreis.

Gewinnanteil des Gesellschafters – I. Handelsrecht: Anteiliger, quotenmäßiger Anspruch des Gesellschafters auf Beteiligung am → Gewinn seiner Gesellschaft. – 1. Bei der *Gesellschaft bürgerlichen Rechts* bestimmt sich der Gewinnanteil nach dem Gesellschaftsvertrag; grundsätzlich hat jeder Gesellschafter den gleichen Gewinnanteil. Vereinbarung über Gewinnanteil oder Anteil am Verlust gilt im Zweifel für Gewinn und Verlust (§ 722 BGB). Rechnungsabschluss und Gewinnverteilung können erst nach Auflösung der Gesellschaft, bei Gesellschaften von längerer Dauer am Schluss jedes Geschäftsjahres verlangt werden (§ 721 BGB). – 2. Bei *OHG und KG:* → Gewinn- und Verlustbeteiligung. – 3. Bei der *GmbH* wird der Gewinn nach dem Verhältnis der Geschäftsanteile verteilt, wenn nicht der Gesellschaftsvertrag eine andere Regelung vorsieht (§ 29 III GmbHG). – 4. Bei *Genossenschaften:* Kapitaldividende und/oder → Rückvergütung. – 5. In der *AG* wird der Gewinnanteil (1) des → Aktionärs als → Dividende, (2) der Mitglieder des → Vorstands und → Aufsichtsrats als → Tantieme bezeichnet.

II. Steuerrecht: Der Gewinnanteil unterliegt beim Empfänger der Einkommensteuer oder Körperschaftsteuer, ggf. dem Steuerabzug für Kapitalertragsteuer bzw. seit dem Veranlagungszeitraum 2009 der Abgeltungsteuer. Dabei ist hinsichtlich des Zeitpunktes der Steuerpflicht zu unterscheiden, ob es sich um den Gewinnanteil des Gesellschafters an einer Personen- oder an einer Kapitalgesellschaft handelt: a) bei einem Anteil an einer Personengesellschaft gehört dem Gesellschafter das Vermögen der Gesellschaft zivilrechtlich und steuerrechtlich von Anfang an, d.h. auch die Vermögenssteigerung (das „Einkommen") gehört ihm bereits anteilig bei seiner Entstehung; demzufolge ist der Gewinnanteil aus einer Personengesellschaft vom Gesellschafter anteilig bereits im Jahr seiner Entstehung zu versteuern, auf eine Ausschüttung oder Nichtausschüttung an den Gesellschafter kommt es nicht an. – b) bei einem Anteil an einer Kapitalgesellschaft ist das von der Kapitalgesellschaft erwirtschaftete Einkommen jedoch weder zivil- noch steuerrechtlich Eigentum des Gesellschafters, bevor es an ihn ausgeschüttet wird; dementsprechend kommt es hier zu einer Steuerpflicht des Gewinnanteils beim Gesellschafter erst dann, wenn der Gewinn ausgeschüttet (und damit in das Eigentum des Gesellschafters überführt) worden ist. – Vgl. auch → Gewinnausschüttung.

Gewinnanteilschein → Dividendenschein.

Gewinnausschüttung – Auszahlung von Gewinnanteilen (→ Gewinnverwendung).

I. Kapitalgesellschaften: 1. *Formen:* (1) unmittelbar an GmbH-Gesellschafter, (2) gegen → Coupons an Aktionäre (→ Dividende), (3) im Wege der Kapitaldividende und/oder → Rückvergütung. Rückvergütung an Genossen (→ Genossenschaft). – 2. Gewinnausschüttung erfolgt nach Beschluss über Gewinnverwendung durch die zuständigen Organe und nach Erfüllung der gesetzlich oder statutarisch erforderlichen Leistungen (Zahlung von Körperschaftsteuer und Aufsichtsratsvergütung, Zuführung zur gesetzlichen Rücklage etc.). – 3. *Besteuerung:* Die ausgeschütteten Gewinne einer Kapitalgesellschaft sind beim Empfänger steuerpflichtige Einkünfte (Dividendenerträge aus dem Gesellschaftsanteil). Zur Vermeidung oder Milderung der wirtschaftlichen Doppelbelastung durch Körperschaft- und Einkommensteuer erfolgte bis zur Einführung der *Unternehmensteuerreform 2008* die Besteuerung nach dem Halbeinkünfteverfahren: Die Dividende wird bei der Einkommensteuer zur Hälfte besteuert, die andere Hälfte der Belastung erfolgt durch die Körperschaftsteuer. Die Kapitalgesellschaft behält bei der Gewinnausschüttung für Rechnung des Anteilseigners von der Dividende Kapitalertragsteuer ein (→ Steuerabzug, → Quellenbesteuerung); bei der Einkommensteuerveranlagung des Anteilseigners wird die Kapitalertragsteuer angerechnet und ggf. erstattet. – a) *Besteuerung der Gewinnausschüttung bei einem einkommensteuerpflichtigen Anteilseigner bis zur Unternehmensteuerreform 2008:* Ist der Anteilseigner einkommensteuerpflichtig, so ergibt sich die hälftige Befreiung der Dividende aus § 3 Nr. 40 EStG sowie die hälftige Anrechnung der zugehörigen Kosten aus § 3c II EStG. – b) *Besteuerung der Gewinnausschüttung bei einem körperschaftsteuerpflichtigen Anteilseigner:* Ist der Anteilseigner körperschaftsteuerpflichtig (z.B. Mutterkapitalgesellschaft, die Gewinnausschüttung von einer Tochtergesellschaft erhält), so bleibt die Dividende steuerfrei. Die (nicht-abziehbaren) Kosten der Beteiligung sind nicht individuell zu ermitteln, sondern werden auf 5 Prozent der bezogenen Dividenden geschätzt (§ 8b V KStG). – c) *Besonderheiten:* Für Vorgänge, die handelsrechtlich keine Gewinnausschüttung darstellen, aber steuerlich als verdeckte Gewinnausschüttung qualifiziert werden, gelten die genannten Regelung entsprechend (Gleichstellung von verdeckter Gewinnausschüttung und offener Gewinnausschüttung). – 4. *Unternehmensteuerreform 2008*: Das bisherige Halbeinkünfteverfahren wird zum Teileinkünfteverfahren (60 Prozent der Erlöse sind steuerpflichtig) und gilt nur noch für Gewinnausschüttungen, Veräußerungsgewinne etc. im Zusammenhang mit Beteiligungen an Kapitalgesellschaften, die sich im Betriebsvermögen von Einzelunternehmen oder Personengesellschaften befinden oder für Gewinne aus der Veräußerung privater Beteiligungen i.S.d. § 17 EStG (Beteiligung von mind. 1 Prozent am Gesellschaftskapital innerhalb der letzten fünf Jahre). Bei Beteiligungen, die sich im Privatvermögen befinden, wird das Halbeinkünfteverfahren durch die → Abgeltungsteuer abgelöst, d.h. mit dem Einbehalt von 25 Prozent Kapitalertragsteuer ist die

Besteuerung abgegolten. Das neue Recht gilt ab dem Veranlagungszeitraum 2009.

II. Personengesellschaften: → Gewinn- und Verlustbeteiligung.

Gewinnbeteiligung – I. Erfolgsbeteiligung 1. *Mitarbeiter eines Unternehmens* partizipieren am Gewinn des beschäftigenden Unternehmens; ggf. verbunden mit einer → Kapitalbeteiligung. Grundlage ist eine freiwillige Vereinbarung. Bezugsgröße der Gewinnbeteiligung ist zumeist der Bilanzgewinn, s. → Bilanzgewinn (-verlust). – Die in der Praxis auftretenden Unterschiede ergeben sich aus der Funktion der Gewinnbeteiligung und dem Auszahlungs- und Verfügungsmodus. – 2. *Gewinnbeteiligung der Vorstands- und Aufsichtsratsmitglieder* (→ Tantieme): soll in einem angemessenen Verhältnis stehen zu den Aufgaben des Vorstands- oder Aufsichtsratsmitglieds und der Lage der Gesellschaft (§§ 87 I, 113 I AktG). Fragen der Gewinnbeteiligung, wie überhaupt des Salärs von Vorständen, sind angesichts von Firmenpleiten und Korruptionsfällen immer wieder Gegenstand der öffentlichen Diskussion. Neben moralischen Fragen geht es dabei auch um Rechtsfragen, so u.a. darum, ob eine gesetzliche Deckelung rechtlich möglich ist und eingeführt werden sollte.

II. Versicherungswirtschaft → Überschussbeteiligung.

III. Verteilungstheorie und -politik → Vermögensumverteilungspolitik.

Gewinndruckinflation → Angebotsinflation, die dadurch entsteht, dass die Unternehmen ihre Gewinnspannen erhöhen. – Vgl. auch → Inflationstheorien.

Gewinneinkommen – Einkommen aus Unternehmertätigkeit und Vermögen. Es setzt sich prinzipiell zusammen aus: Zinsen, Nettopachten, Dividenden und sonstigen (entnommenen und nicht entnommenen) Ausschüttungen der Unternehmen mit oder ohne eigene(r) Rechtspersönlichkeit. Die Summe aus Gewinn- und Lohneinkommen ergibt das Volkseinkommen. – Nicht zu den Unternehmensgewinnen i.e.S. gehören prinzipiell die Mieteinnahmen der privaten Haushalte, die Zinseinkommen und Nettopachten der privaten Haushalte und des Staates, die Einkommen der Freiberufe, die Einkommen aus Unternehmertätigkeit und Vermögen in der Land- und Forstwirtschaft, Einkommen von Deutscher Bahn und Deutscher Post.

Gewinneinkünfte – Zu den Gewinneinkünften zählen Einkünfte aus Land- und Forstwirtschaft (§ 13 EStG), Einkünfte aus Gewerbebetrieb (§ 15 EStG) und Einkünfte aus selbständiger Arbeit (§ 18 EStG). Tatbestandsvoraussetzungen für Gewinneinkünfte sind Gewinnerzielungsabsicht, Nachhaltigkeit, Selbstständigkeit, Beteiligung am allg. wirtschaftlichen Verkehr und keine reine Vermögensverwaltung. Die Ermittlung des Gewinns erfolgt i.d.R. durch Betriebsvermögensvergleich. – *Anders:* → Überschusseinkünfte.

Gewinnentnahmesperre → negatives Kapitalkonto.

Gewinnermittlung – 1. *handelsrechtliche Ermittlung* des Periodengewinns einer Unternehmung (→ Gewinn- und Verlustrechnung (GuV) und auch → kurzfristige Erfolgsrechnung, → Deckungsbeitragsrechnung). – 2. Gewinnermittlung zur *Besteuerung* nach dem Einkommen (Einkommen-, Körperschaftsteuer) und nach dem Gewerbeertrag (Gewerbesteuer): → Einkünfteermittlung. – 3. *Sonderfall:* Gewinnermittlung bei Liquidation einer Körperschaft. Der Besteuerung wird der im Zeitraum der Abwicklung erzielte Gewinn zugrunde gelegt. Der Besteuerungszeitraum soll drei Jahre nicht übersteigen. Als im Abwicklungszeitraum erzielter Gewinn gilt gemäß § 11 II KStG der Unterschied zwischen dem zur Verteilung gelangenden Vermögen (Abwicklungsendvermögen) und dem Betriebsvermögen, das am Schluss des der Liquidation vorangegangenen Wirtschaftsjahres der Veranlagung zugrunde lag (Abwicklungsanfangsvermögen).

steuerliches Abwicklungs-Endvermögen
– steuerliches Abwicklungs-Anfangsvermögen

= vorläufiger steuerlicher Abwicklungsgewinn
\+ Wert eigener Anteile
\+ bei der Ermittlung abgezogene Spenden
\+ höchstens abziehbare Spenden (§ 9 I Nr. 2 KStG)
– Verlustabzug (§ 10d EStG)

= steuerlicher Abwicklungsgewinn
– Freibetrag nach § 16 IV EStG

= steuerpflichtiger Abwicklungsgewinn

Gewinnermittlungsbilanz → Erfolgsbilanz.

Gewinnfeststellung – 1. *Steuerrechtlicher Begriff:* Feststellung der Höhe und Verteilung von Einkünften durch das → Betriebsfinanzamt, das → Tätigkeitsfinanzamt oder das → Verwaltungsfinanzamt (§ 18 AO) in einem gesonderten → Feststellungsbescheid (§ 180 I Nr. 2 AO): (1) bei einkommen- und körperschaftsteuerpflichtigen Einkünften und mit ihnen im Zusammenhang stehenden anderen Besteuerungsgrundlagen, wenn mehrere Personen daran beteiligt sind; (2) bei Einkünften aus Land- und Forstwirtschaft, Gewerbebetrieb oder freiberuflicher Tätigkeit, wenn das zuständige Finanzamt nicht auch für die Einkommensteuern zuständig ist. Gewinnfeststellung bildet eine Ausnahme von dem Grundsatz, dass die → Besteuerungsgrundlagen nur ein unselbstständiger Teil des → Steuerbescheids sind. Gewinnfeststellung geschieht einheitlich und gesondert; sie verhindert, dass der gleiche Sachverhalt gegenüber den verschiedenen Beteiligten steuerlich unterschiedlich gewertet wird. Gewinnfeststellung geht i.d.R. aus von den Angaben über die Beteiligten (Gesellschafter), das Beteiligungsverhältnis und die Gewinnverteilung, die der vertretungsberechtigte Beteiligte in der Erklärung zur einheitlichen und gesonderten Gewinnfeststellung (Feststellungserklärung, vgl. → Steuererklärung) abzugeben hat. – 2. Die in dem Gewinnfeststellungsbescheid getroffenen *Feststellungen* richten sich gegen alle Personen, die an dem Betrieb beteiligt sind, und werden u.a. den Steuerbescheiden der Beteiligten zugrunde gelegt (§ 182 I AO). – 3. Die *Gewinnfeststellungsbescheide* können dem Empfangsbevollmächtigten mit Wirkung für und gegen alle Feststellungsbeteiligten bekannt gegeben werden (§ 183 AO). – 4. *Rechtsbehelf:* Gegen den Gewinnfeststellungsbescheid ist der → Einspruch gegeben. Die Befugnis zur Einlegung ergibt sich aus § 352 AO und § 48 FGO.

Gewinnfunktion → Gewinn.

Gewinngemeinschaft → Unternehmenszusammenschluss, durch den sich eine Aktiengesellschaft oder → Kommanditgesellschaft auf Aktien (KGaA) verpflichtet, ihren Gewinn oder den Gewinn einzelner Betriebe ganz oder z.T. dem Gewinn anderer Unternehmen oder einzelner Betriebe anderer Unternehmen zur Aufteilung eines gemeinschaftlichen Gewinns zusammenzulegen (§ 292 I Nr. 1 AktG).

Gewinnlinse – Beschäftigungsbereich, in dem eine Unternehmung einen Gewinn erzielt. – 1. Bei *kubisch-parabolischem Gesamtkostenverlauf* (K) liegen i.d.R. diese Kosten bei Beschäftigung x_0 bis x_1 wegen der anteilig hohen fixen Kosten über der Erlösfunktion (E). Im Beschäftigungsbereich x_1 bis x_2 entsteht dagegen ein Gewinn. Wegen seiner linsenförmigen Gestalt bei grafischer Darstellung des Kurvenverlaufs wird dieser Erlösbereich (zwischen x_1 und x_2) als Gewinnlinse bezeichnet (vgl. Abbildung „Gewinnlinse"). – 2. Desgleichen entstehen eine Gewinnlinse bei *linearem Kostenverlauf und monopolistischer Absatzfunktion.*

Gewinnlinse

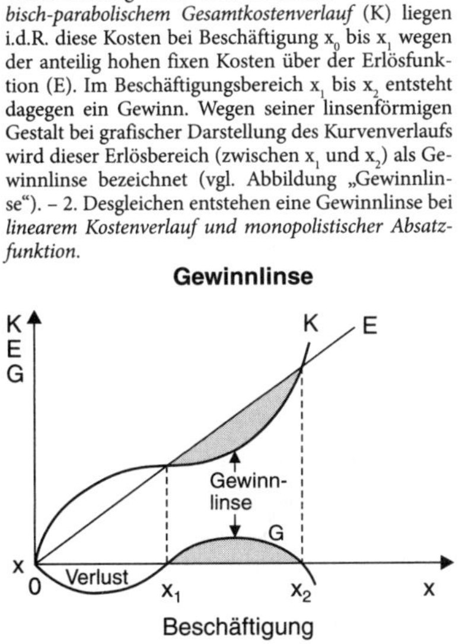

Gewinnmaximierung – Verhaltensannahme, nach der eine Unternehmung ihren → Gewinn maximiert. Bezeichnet man den Erlös E als Funktion von n Aktivitätsniveaus $a_1, ..., a_n$, also $E = E(a_1, ..., a_n)$, und die Kosten K als Funktion derselben Aktivitätsniveaus, also $K = K(a_1, ..., a_n)$, dann wählt die Unternehmung ihre Aktivitäten so, dass $E(a_1, ..., a_n) - K(a_1, ..., a_n)$ maximiert wird. Dabei hat die Unternehmung Restriktionen zu berücksichtigen, die durch technische Erfordernisse und durch die Handlungen anderer Marktteilnehmer vorgegeben sein können. – Vgl. auch → erwerbswirtschaftliches Prinzip.

Gewinnobligation → Gewinnschuldverschreibung.

Gewinnplanung – 1. *Allgemeines:* Die Gewinnplanung resultiert aus einer geschlossenen Planungsrechnung, die – ausgehend vom Absatzplan (wenn dieser – wie i.d.R. der Fall – der Engpassbereich ist) – alle betrieblichen Teilpläne zusammenfasst. Der Planungszeitraum für die Gewinnplanung ist i.d.R. ein Jahr, untergliedert in Monatspläne. Das Ergebnis der Gewinnplanung ist der nach Erzeugnissen differenzierte Gewinnplan als Unterlage für die Geschäftsleitung zur Lösung aller gewinnbestimmenden Entscheidungsprobleme. Voraussetzungen für eine wirkungsvolle Gewinnplanung sind u.a. eine sorgfältige Produktions- und Absatzplanung sowie eine ausgebaute Kosten- und Erlösrechnung. – Vgl. auch → Planbilanz. – 2. *Durchführung:* a) *Planung des Gewinns:* Wegen der → Interdependenz der betrieblichen Teilpläne mit ihren Einzeldaten und Sonderentscheidungen ist die praktische Gewinnplanung zunächst nur näherungsweise zu erreichen. Die Gewinnplanung wird daher meistens stufenweise, beginnend mit dem Absatzplan, aus den jeweils vorgeschalteten Teilplänen aufgebaut. Aus den so ermittelten Absatzmengen, Marktpreisen und geplanten proportionalen Selbstkosten je Erzeugniseinheit lassen sich die → Deckungsbeiträge ableiten, die stufenweise vermindert um den Block der Fixkosten (→ Deckungsbeitragsrechnung, → Fixkostendeckungsrechnung) den Plan-Nettogewinn ergeben. Die Einzelpläne müssen mehrmals berechnet werden, wenn Interdependenzen berücksichtigt werden (revolvierende Planung). Die Berechnungen ergeben eine annähernd optimale Abstimmung der Teilbereiche. Die so ermittelten Pläne werden mit den verantwortlichen Stellen vereinbart und durch monatliche Abweichungsanalysen kontrolliert. – b) *Soll-Ist-Vergleich des Gewinns:* dient der monatlichen Abweichungsanalyse in der Gewinnplanung. Er wird zweckmäßigerweise differenziert, z.B. nach Artikeln oder Artikelgruppen und Absatzgebieten durchgeführt. Die Analyse erstreckt sich v.a. auf die Einflussgrößen mengenmäßiger Gesamtabsatz, Veränderungen der Sortimentszusammensetzung, Abweichungen im Preisniveau und in der Kostenstruktur.

Gewinnpunkt → Break-Even-Point.

Gewinnpunktrechnung → Break-Even-Analyse.

Gewinnquote – *Profitquote;* Anteil des → Gewinneinkommens am → Volkseinkommen. Die unbereinigte Gewinnquote ergibt sich als Restgröße:

$$\frac{G}{Y} = 1 - \frac{L}{Y}$$

wobei: Y = Volkseinkommen, L = Arbeitnehmerentgelt (Lohn), G = Gewinneinkommen. – Vgl. auch → Lohnquote, Verteilungsentwicklung.

Gewinnrate – *Profitrate;* Verhältnis von → Gewinn zu eingesetztem → Kapital.

Gewinnrealisation – *Ergebnisrealisation.* 1. *Begriff:* Die Gewinnrealisation beschreibt den Zeitpunkt, zu dem ein Gewinn als entstanden gilt. – 2. *Kriterien der Rechtsprechung:* Die Gewinnrealisation ist gemäß dem Vorsichtsprinzip (§ 252 I Nr. 4 HGB) an den so gut wie vollständigen Risikoabbau gebunden (Prinzip des quasisicheren Anspruchs). Als Realisationszeitpunkt wird (z.B. bei Warenlieferungen) die Forderungsentstehung angenommen; die Forderung entsteht in dem Zeitpunkt der Lieferung und Leistung (Gefahrenübergang). – 3. *Gewinnrealisation bei langfristiger Fertigung:* Liegen Beginn und Beendigung eines Auftrags in unterschiedlichen Rechnungsperioden (z.B. in der Bauwirtschaft), so kann eine Gewinnrealisation regelmäßig erst mit endgültiger Abrechnung von Teilabschnitten erfolgen, dann nämlich, wenn Zahlungen des Kunden gemäß dem Fertigungsfortschritt vereinbart wurden. Damit soll eine größere Stetigkeit des Erfolgsausweises erreicht werden (Teilgewinnrealisation). Während in der dt. Rechtsprechung und der Kommentarliteratur die Abrechnungsfähigkeit zumeist vom Gläubigerschutzgedanken bestimmt wird, ist nach internationalen Rechnungslegungsgrundsätzen eine Teilgewinnrealisation (→ Percentage of Completion Method) i.d.R. vorzunehmen.–4. *Gewinnrealisation beim Handelsbestand von Banken:* Eine Ausnahme bildet die bilanzielle Behandlung des Handelsbestands an Finazinstrumenten von Banken, der zum beizulegenden Zeitwert bewertet wird (§ 340e III HGB). – 5. *Deckungsvermögen Altersversorgung:* Altersversorgungsvermögen gemäß § 246 II HGB bildet eine weitere Ausnahme und wird ebenfalls mit dem beizulegenden Zeitwert bewertet – Vgl. auch → Erlösrealisation.

Gewinn-Richtsätze → Richtsätze.

Gewinnrücklagen – von → Kapitalgesellschaften zu bildende → Rücklagen. Als Gewinnrücklagen dürfen gemäß § 272 III HGB nur Beträge ausgewiesen werden, die im Geschäftsjahr oder in einem früheren Geschäftsjahr aus dem Jahresüberschuss gebildet worden sind. Dazu gehören → gesetzliche Rücklagen, Rücklage für Anteile an einem herrschenden oder mehrheitlich beteiligten Unternehmen, auf Gesellschaftsvertrag oder Satzung beruhende Rücklagen und die sog. anderen Gewinnrücklagen (vgl. § 266 III A Nr. III HGB).

Gewinnschuldverschreibung – *Gewinnobligation;* mit Anspruch auf → Gewinnbeteiligung ausgestattete → Anleihe, die zusätzlich zu einer festen Nominalverzinsung eine gewinnabhängige Zusatzverzinsung beinhaltet. Bei AG erfolgt die Ausgabe nur auf Beschluss der Hauptversammlung mit Dreiviertel-Mehrheit des bei Beschlussfassung vertretenen Grundkapitals; die Aktionäre haben auf die Gewinnschuldverschreibung ein Bezugsrecht (§ 221 AktG).

Gewinnschwelle → Break-Even-Point, → Betriebsoptimum.

Gewinnschwellenrechnung → Break-Even-Analyse.

Gewinnspanne – Differenz zwischen → Erlösen und → Kosten einer Periode bzw. eines Stücks, vielfach in Prozenten des Erlöses ausgedrückt. – *Ausprägungen:* (1) *Nettogewinn:* Differenz von → Erlösen und → Vollkosten; (2) *Bruttogewinn* bzw. *Deckungsbeitrag:* Differenz von → Erlösen und → Einzelkosten.

Gewinnsparen – *Lossparen, Prämiensparen;* Sparform, bei der mit der Leistung der → Spareinlage gleichzeitig ein Lotterielos erworben wird, das an der Verlosung von Geld- und/oder Sachwerten teilnimmt. – *Beispiel:* Sparer kauft ein Los für zehn Euro pro Monat, davon werden acht Euro am Ende des Jahres dem Sparkonto gutgeschrieben, mit einem Los in Höhe von zwei Euro nimmt er an einer Lotterie teil.

Gewinnspiele → Kundenfang.

Gewinnsteuern → Ertragsbesteuerung.

Gewinnthesaurierung → Selbstfinanzierung.

Gewinnthese – These, wonach der Marktwert eines Unternehmens nur von den künftigen → Gewinnen unabhängig von deren Ausschüttung oder Entnahme und der herrschenden Marktrendite (→ Rendite) bestimmt wird (→ Unternehmungsbewertung). – *Gegensatz:* → Dividendenthese.

Gewinn- und Verlustbeteiligung – Bei Personengesellschaften meist im → Gesellschaftsvertrag eingehend geregelt. Fehlt eine Vereinbarung über Gewinn- und Verlustbeteiligung, so gilt:

I. Personengesellschaft/stille Gesellschaft: 1. *Gewinn- und Verlustverteilung:* a) *Offene Handelsgesellschaft:* Jedem Gesellschafter steht zunächst ein Vorzugsgewinnanteil in Höhe von 4 Prozent seines → Kapitalanteils zu (§ 121 I HGB). Der dann noch verbleibende Restgewinn wird gleichmäßig verteilt (§ 121 III HGB). – Vgl. auch → Verlustberechnung. – b) *Kommanditgesellschaft:* Für den Vorzugsgewinnanteil gilt gleiches (§ 168 I HGB). Der überschießende Restgewinn wird jedoch im angemessenen Verhältnis der Anteile verteilt. Dieselbe Verteilung gilt auch für die Verluste, jedoch kann der → Kommanditist nur bis zur Höhe seiner → Haftsumme in Anspruch genommen werden. – c) *Stille Gesellschaft:* Es gibt keinen Vorzugsgewinnanteil. Im

Übrigen gilt die angemessene Beteiligung wie bei der KG (§ 231 HGB). – 2. *Gutschrift:* a) Der Gewinnanteil des *OHG-Gesellschafters* ist seinem Kapitalanteil gutzuschreiben (§ 120 II HGB). – b) Gutschrift zugunsten des *Kommanditisten* nur bis zur Höhe der bedungenen Einlage möglich (§ 167 II HGB). – c) Dem *stillen Gesellschafter* ist der Betrag auszuzahlen oder gutzuschreiben. Nicht erhobener Gewinn erhöht hier nicht die Einlage, wenn keine bes. Vereinbarung besteht (§ 232 III HGB). – 3. *Steuerrechtliche Behandlung:* Die gewählte Gewinnverteilung wird steuerlich grundsätzlich anerkannt. – *Ausnahme:* (1) *Familiengesellschaften:* Die Gewinnverteilung wird nicht anerkannt, wenn sie offensichtlich wirtschaftlich den Leistungen der Familienmitglieder (Kapitaleinlage und Tätigkeit) nicht gerecht wird; dann liegt aus Sicht des Fiskus eine Schenkung an Familienangehörige vor. (2) *GmbH & Co. KG:* Ist die GmbH alleinige

Gewinn- und Verlustrechnung nach dem Gesamtkosten- und Umsatzkostenverfahren

Gesamtkostenverfahren §275 Abs. 2 HGB	Umsatzkostenverfahren §275 Abs. 3 HGB
1. Umsatzerlöse	1. Umsatzerlöse
2. Erhöhung oder Verminderung des Bestandes an fertigen und unfertigen Erzeugnissen	2. Herstellungskosten der zur Erzielung der Umsatzerlöse erbrachten Leistungen
3. andere aktivierte Eigenleistungen	3. Bruttoergebnis vom Umsatz
4. sonstige betriebliche Erträge	4. Vertriebskosten
5. Materialaufwand a) Aufwendungen für Roh-, Hilfs- und Betriebsstoffe und für bezogene Waren b) Aufwendungen für bezogene Leistungen	5. allgemeine Verwaltungskosten
6. Personalaufwand a) Löhne und Gehälter b) soziale Abgaben und Aufwendungen für Altersversorgung und Unterstützung	6. sonstige betriebliche Erträge
7. Abschreibungen a) auf immaterielle Vermögensgegenstände des Anlagevermögens und Sachanlagen sowie auf aktivierte Aufwendungen für die Ingangsetzung und Erweiterung des Geschäftsbetriebs b) auf Vermögensgegenstände des Umlaufvermögens, soweit diese die in der Kapitalgesellschaft üblichen Abschreibungen überschreiten	7. sonstige betriebliche Aufwendungen
8. sonstige betriebliche Aufwendungen	
9. (8.) Erträge aus Beteiligungen	
10. (9.) Erträge aus anderen Wertpapieren und Ausleihungen des Finanzanlagevermögens	
11. (10.) sonstige Zinsen und ähnliche Erträge	
12. (11.) Abschreibungen auf Finanzanlagen und auf Wertpapiere des Umlaufvermögens	
13. (12.) Zinsen und ähnliche Aufwendungen	
14. (13.) Ergebnis der gewöhnlichen Geschäftstätigkeit	
15. (14.) außerordentliche Erträge	
16. (15.) außerordentliche Aufwendungen	
17. (16.) außerordentliches Ergebnis	
18. (17.) Steuern vom Einkommen und vom Ertrag	
19. (18.) sonstige Steuern	
20. (19.) Jahresüberschuss/Jahresfehlbetrag	

Quelle: Baetge, J./Fischer, Th. R., Zur Aussagefähigkeit der Gewinn- und Verlustrechnung nach neuem Recht, in: Albach, H./Forster, K. H. (Hrsg.), Beiträge zum Bilanzrichtlinien-Gesetz: Das neue Recht in Theorie und Praxis, Wiesbaden 1987.

Komplementärin einer KG und sind ihre Gesellschafter zugleich Kommanditisten, so ist ein unangemessen niedriger Gewinnanteil der GmbH eine → verdeckte Gewinnausschüttung. Eine angemessene Gewinnbeteiligung der GmbH muss mind. eine Vergütung für den Kapitaleinsatz umfassen, bei fehlender Vermögenseinlage der GmbH eine Vergütung für das Haftungsrisiko.

II. Kapitalgesellschaft/Genossenschaft: → Gewinnausschüttung, → Gewinnverwendung.

Gewinn- und Verlustkonto → Verlust- und Gewinnkonto.

Gewinn- und Verlustrechnung (GuV) – *Erfolgsrechnung, Erfolgsbilanz, Ertragsbilanz, Ergebnisrechnung, Umsatzrechnung, Aufwands- und Ertragsrechnung;* 1. *Aufbau:* Die Gewinn- und Verlustrechnung (GuV) ist klar und übersichtlich zu gliedern, um einen Einblick in die Ertragslage der Unternehmung zu gewährleisten. Eine Saldierung von Aufwendungen und Erträgen ist deshalb grundsätzlich unzulässig (→ Verrechnungsverbot). – 2. *Darstellungsform:* Die Gewinn- und Verlustrechnung (GuV) kann in *Konto-* oder *Staffelform* aufgestellt werden. Wegen der größeren Übersichtlichkeit ist für Kapitalgesellschaften die Staffelform zwingend vorgeschrieben (§ 275 I HGB). Dabei kann von ihnen entweder das → Gesamtkostenverfahren oder das → Umsatzkostenverfahren angewendet werden (vgl. Abbildung „Gewinn- und Verlustrechnung nach dem Gesamtkosten- und Umsatzkostenverfahren"). Die einmal gewählte Darstellungsform ist grundsätzlich ebenso beizubehalten wie die Postenbezeichnung und Postenfolge, soweit sie bei Einzelunternehmen und Personengesellschaften frei wählbar sind (Grundsatz der formellen → Bilanzkontinuität bzw. Stetigkeit), damit die Vergleichbarkeit der Gewinn- und Verlustrechnungen (GuV) gewährleistet ist. – 3. *Wichtigste Vorschriften* des HGB über die Gewinn- und Verlustrechnung (GuV): Gemäß § 276 HGB werden kleinen und mittelgroßen Kapitalgesellschaften Erleichterungen für die Aufstellung der Gewinn- und Verlustrechnung (GuV) gewährt. In § 277 HGB werden Vorschriften zu einzelnen Posten näher erläutert, z.B. → Umsatzerlöse, → Bestandsveränderungen, außerplanmäßige → Abschreibungen sowie → außerordentliche Erträge bzw. → außerordentliche Aufwendungen. – Auch wenn Einzelkaufleute und Personengesellschaften nicht an diese Gliederungsvorschriften gebunden sind (→ Rechnungslegung), so dienen diese Regelungen doch als Orientierungsmaßstab. Vielfach wird in Gesellschaftsverträgen auf diese Vorschriften Bezug genommen. – 4. *Aussagefähigkeit:* Durch die Trennbarkeit des Postens Jahresüberschuss/Jahresfehlbetrag in die Bestandteile „Ergebnis aus der gewöhnlichen Geschäftstätigkeit" (bestehend aus dem betrieblichen und dem Finanzergebnis), außerordentliches Ergebnis sowie (den einzelnen Ergebnisteilen nicht zurechenbare) Ertrags- und sonstige Steuern ist zwar eine Quellenanalyse möglich, doch bietet die Gewinn- und Verlustrechnung (GuV) keine klare Erfolgsspaltung im betriebswirtschaftlichen Sinn, da eine konsequente Trennung der Aufwendungen und Erträge in betriebliche und betriebsfremde, einmalige und regelmäßige periodeneigene und periodenfremde nicht verlangt wird. – Vgl. auch → Bilanzanalyse.

Gewinnungsbetriebe – alternativer Begriff für *Urproduktionsbetriebe* (→ Urproduktion).

Gewinnvergleichsrechnung – 1. *Begriff:* Verfahren der statischen → Investitionsrechnung. Die Gewinnvergleichsrechnung ermittelt einen durchschnittlichen Periodengewinn, indem sie die mit der Investition verbundenen Erlöse und Kosten einander gegenüberstellt. Die Investitionsalternativen werden anhand des für ein repräsentatives Durchschnittsjahr ermittelten Periodengewinns beurteilt. Präferiert wird die Alternative mit dem höchsten Durchschnittsgewinn pro Jahr. – 2. *Ermittlung:* Der → Gewinn ist die Differenz zwischen Erlösen und Kosten. Die Erlöse errechnen sich als Produkt aus der Absatzmenge und dem Preis pro Stück. Die Kosten beinhalten laufende → variable Kosten, laufende → fixe Kosten, → kalkulatorische Abschreibungen und → kalkulatorische Zinsen. – 3. *Beurteilung:* Die *Vorteile* der Gewinnvergleichsrechnung sind der geringe Informationsbedarf und die leichte Durchführbarkeit. Die *Nachteile* resultieren aus der Verwendung periodisierter Durchschnittsgrößen sowie aus der fehlenden Berücksichtigung der zeitlichen Zahlungsstruktur.

Gewinnversicherung → entgangener Gewinn.

Gewinnverteilung → Gewinnausschüttung.

Gewinnverwendung – I. Grundsätzliches: Verwendung des Gewinns bes. bei Kapitalgesellschaften und Genossenschaften. Das *Vorschlagsrecht* für die Gewinnverwendung liegt beim Vorstand; *Beschlussfassung* über die Gewinnverwendung durch Hauptversammlung (AG), Gesellschafterversammlung (GmbH) oder Generalversammlung (Genossenschaft). – *Möglichkeiten der Gewinnverwendung:* → Gewinnausschüttung, Zuführung zu Rücklagen und → Reservefonds, Verrechnung mit Verlustvortrag, Gewährung von → Tantiemen an Vorstand oder Aufsichtsrat, Weiterführung von Gewinnteilen als → Gewinnvortrag (→ Dividendenpolitik). Für Personengesellschaften vgl. → Entnahmen.

II. Gewinnverwendung bei Aktiengesellschaften: 1. Wenn *Vorstand und Aufsichtsrat* den Jahresabschluss feststellen, können sie einen Teil des Jahresüberschusses, höchstens jedoch die Hälfte, in andere → Gewinnrücklagen einstellen; darüber hinaus nur bei entsprechender Bestimmung der Satzung, jedoch nur so lange, wie die anderen Gewinnrücklagen die Hälfte des Grundkapitals nicht übersteigen (§ 58 II AktG). – 2. Die *Hauptversammlung* kann im Fall 1 weitere Beträge in Gewinnrücklagen einstellen oder als Gewinn vortragen. Bei entsprechender Satzungsbestimmung kann sie auch eine andere Verwendung beschließen (§ 58 III AktG). – 3. Stellt die *Hauptversammlung* den Jahresabschluss fest, kann die Satzung bestimmen, dass höchstens die Hälfte des Jahresüberschusses in andere Gewinnrücklagen eingestellt wird. Beträge, die in die → gesetzliche Rücklage einzustellen sind, und ein Verlustvortrag sind in allen Fällen vorab vom Jahresüberschuss abzuziehen (§ 58 I AktG).

Gewinnvortrag – durch Gewinnverwendungsbeschluss verbleibender Gewinnrest zur Regulierung der → Gewinnverwendung in späteren Jahren; wird auf das jeweils folgende Geschäftsjahr vorgetragen und der Ausschüttungsbasis (→ Bilanzgewinn) hinzugerechnet. – Auszuweisen als Bilanzposition „Gewinnvortrag/Verlustvortrag". – Vgl. auch → Verlustvortrag.

Gewinnzone – Beschäftigungsbereich, in dem die → Erlöse über den → Gesamtkosten liegen. Bei linearen Kosten- und Erlösverläufen beginnt die Gewinnzone im Gewinnpunkt (→ Break-Even-Analyse), bei nicht linearen Kurvenverläufen können mehrere Gewinnzonen auftreten (→ Gewinnlinse).

Gewinnzuschlag – Begriff der Kalkulation: Zuschlag, der beim Verkauf von Gütern und Leistungen meist in Prozenten der → Selbstkosten bzw. im Einzelhandel in Prozenten des Einstands- oder Verkaufspreises berücksichtigt wird.

Gewohnheitsmäßigkeit – Es handelt sich um strafbegründendes oder strafschärfendes Merkmal bei einer Straftat: Ein durch ständige Wiederholung entwickelter Hang zur Begehung von Straftaten bestimmter Art. Beispiel: Die gewohnheitsmäßig begangene Jagdwilderei (§292 II Satz 2 Nr. 1 StGB), wie sie zumindest in den alten Alpensagas ein beliebtes Sujet („Wildschütz") war.

Gewohnheitsrecht – 1. *Allgemein:* Ungeschriebene Rechtsnormen, die sich durch ständige Übung gebildet haben und auf dem allg. Rechtsbewusstsein beruhen. – *Ähnlich:* → Verkehrssitte, → Handelsbrauch. – 2. *Steuerrecht:* Gewohnheitsrecht ist umstritten. Aufgrund des strengen Gesetzvorbehalts im Rahmen des Eingriffsrechts besteht nach herrschender Meinung kein steuerbegründendes Gewohnheitsrecht; Steuervergünstigungen können – in Ausnahmefällen – kraft Gewohnheitsrecht anerkannt werden, z.B. Bildung steuerfreier Rücklagen für Ersatzbeschaffung.

gewöhnlicher Aufenthalt – I. Steuerrecht: Ort, wo sich jemand unter solchen Umständen aufhält, die erkennen lassen, dass er dort nicht nur vorübergehend verweilt. Gewöhnlicher Aufenthalt ist gleichbedeutend mit dauerndem, im Gegensatz zu dem nur vorübergehenden Aufenthalt. → Unbeschränkte Steuerpflicht natürlicher Personen tritt i.d.R. dann ein, wenn der Aufenthalt im Inland länger als sechs Monate ohne längere Unterbrechung dauert (§§ 9 AO, 1 I EStG).

II. Sozialrecht: Ort, an dem sich der Berechtigte oder Verpflichtete u.U. aufhält, die erkennen lassen, dass er an diesem Ort oder in diesem Gebiet nicht nur vorübergehend verweilt (§ 30 III SGB I), wobei über- oder zwischenstaatliche Regelungen unberührt bleiben (§ 30 II SGB I). – Nach der Rechtsprechung des Bundessozialgerichts haben *Asylbewerber* während der Dauer des Asylverfahrens keinen gewöhnlichen Aufenthalt im Bundesgebiet, sondern nur einen vorübergehenden Aufenthalt. Ob *Kinder ausländischer Staatsangehöriger* gewöhnlichen Aufenthalt im Bundesgebiet haben können, solange sie im Ausland eine Ausbildung durchlaufen, ist umstritten.

gezeichnetes Kapital → Nominalkapital von Kapitalgesellschaften, als erste Position auf der Passivseite der → Bilanz ausgewiesen. Gezeichnetes Kapital ist das Kapital, auf das die Haftung der Gesellschafter für die Verbindlichkeiten der Kapitalgesellschaft gegenüber den Gläubigern beschränkt ist (§ 272 I HGB). Bei der AG ist als gezeichnetes Kapital das → Grundkapital (§ 152 I AktG) und bei der GmbH das Stammkapital (§ 42 I GmbHG) auszuweisen. – Die *nicht eingeforderten* → ausstehende Einlagen (Einzahlungen) sind von dem Posten gezeichnetes Kapital offen abzusetzen, sodass der verbleibende Betrag als „eingefordertes Kapital" auszuweisen ist. – Vgl. auch → Kapitalherabsetzung.

gezillmerte Nettoprämie – 1. *Begriff:* Jährlich zu entrichtende → Prämie für eine → Lebensversicherung mit laufender Prämienzahlung, deren → Barwert – ermittelt mit den für die → Prämienkalkulation unterstellten biometrischen Ausscheidewahrscheinlichkeiten und dem Rechnungszins – dem mit den gleichen Grundlagen gerechneten Barwert der → Versicherungsleistungen zzgl. der zillmerfähigen Abschlusskosten entspricht (→ Zillmern). – 2. *Merkmale:* Die gezillmerte Nettoprämie enthält damit einen Kostenzuschlag, der die annuitätische Tilgung der bei Vertragsabschluss angefallenen zillmerfähigen Abschlusskosten erlaubt. In der ungezillmerten Nettoprämie ist dieser Kostenzuschlag dagegen nicht enthalten. – 3. *Modell:* Die gezillmerte Nettoprämie spielt eine maßgebliche Rolle für die Berechnung der Deckungsrückstellung in der Lebensversicherung. Bei den sog. gezillmerten Tarifen wird die Deckungsrückstellung so ermittelt, dass vom Barwert der Versicherungsleistungen der Barwert der zum Bewertungszeitpunkt noch ausstehenden gezillmerten Nettoprämie abgezogen wird. Im Gegensatz dazu wird bei ungezillmerten Tarifen die Deckungsrückstellung so ermittelt, dass vom Barwert der Versicherungsleistungen der Barwert der zum Bewertungszeitpunkt noch ausstehenden ungezillmerten Nettoprämien abgezogen wird. – 4. *Ziele und Probleme:* vgl. → Zillmern.

gezogener Wechsel → Wechsel, bei dem der → Wechselaussteller den → Bezogenen (Schuldner) anweist, dem → Wechselnehmer (Begünstigter) bei Fälligkeit eine bestimmte Geldsumme zu zahlen.

Akzeptiert der Bezogene den Wechsel durch Unterschrift (→ quer schreiben), dann ist er verpflichtet, dem Wechselinhaber bei Vorlage des Wechsels die Wechselsumme zu zahlen. Der gezogene Wechsel ist eine von zwei Hauptarten, die das Wechselgesetz unterscheidet. Die andere Hauptart ist der → eigene Wechsel (Solawechsel).

GfÖ – Abk. für → Gesellschaft für Ökologie.

GfürO – Abk. für → Gesellschaft für Organisation e. V.

GI – Abk. für → Gesellschaft für Informatik e. V.

Gibbard-Satterthwaite-Theorem – Theorem, das besagt, dass es keine Abstimmungsregel gibt, die weder trivial noch diktatorisch ist, immer eine eindeutige Entscheidung herbeiführt und es zugleich ausschließt, dass sich → strategisches Abstimmungsverhalten lohnt. – Vgl. auch → Abstimmungsverfahren.

Gibrat-Verteilungsfunktion – von Robert Gibrat 1931 aufgestellte Funktion zur näherungsweisen Beschreibung der → personellen Einkommensverteilung. – Betrachtet man die Häufigkeitsverteilung der Einkommensempfänger auf Einkommensklassen, so ergibt sich das Bild einer verzerrten (rechtsschiefen) Normalverteilung, nach Gibrat einer lognormalen Verteilung.

Giffen – Robert, 1837–1910, engl. Journalist und Statistiker. Giffen wurde bekannt durch die Behauptung, bei Grundnahrungsmitteln bzw. allg. bei → inferioren Gütern gelte nicht das allg. Nachfragegesetz, nach dem die nachgefragte Menge eines Gutes bei einem sinkenden Preis steige und umgekehrt, sondern der Ausnahmefall einer anomalen Reaktion (→ Giffen-Effekt). → Marshall erwähnt in seinen „Principles of Economics" (3. Aufl., 1895) ausdrücklich dieses Paradox. Obwohl das Paradox empirisch ohne große Bedeutung ist und bestenfalls eine Möglichkeit darstellt, hat die Behauptung von Giffen eine enorme, theoretisch interessante Literatur produziert. – Vgl. auch → Giffengut.

Giffen-Effekt – anomale Reaktion der → Nachfragefunktion. Im Gegensatz zur → Normalreaktion (der Nachfrage) steigt die Nachfrage (bei dem einkommensinferioren Gut, z.B. Getreide) bei steigendem Preis (und fällt die Nachfrage beim einkommenssuperioren Gut, z.B. Fleisch). Der → Einkommenseffekt überwiegt den → Substitutionseffekt.

Giffengut – absolut → inferiores Gut mit positiver → Preiselastizität. Giffengüter werden nach einer Preiserhöhung verstärkt nachgefragt. Dieser Effekt, auch Giffenparadoxon genannt, wurde im 19. Jh. erstmals von Robert → Giffen beschrieben. Er tritt z.B. bei Haushalten auf, die von einem begrenzten Budget Nahrungsmittel verschiedener Preisklassen kaufen. Kommt es zu einer Preissteigerung der günstigen Nahrungsmittel, reduziert sich die Kaufkraft des Haushalts. U.U. werden dann die teureren Lebensmittel durch die günstigeren (trotz deren Preisanstieg) substituiert.

Giffen-Paradoxon – Anomale Nachfragereaktion, bei der sich als Folge einer Preiserhöhung für ein → Gut die nachgefragte Menge erhöht (→ Giffen-Effekt). Der Fall des Giffen-Paradoxon tritt auf, wenn der → Haushalt aufgrund seines niedrigen → Einkommens gerade nur diejenigen Nahrungsmittel kaufen kann, die sein physisches → Existenzminimum sicherstellen. Steigt der Preis eines je Nährwerteinheit relativ billigen Nahrungsmittels, müssen Anteile der Konsumsumme zulasten teurerer Nahrungsmittel auf dieses umgeschichtet werden, um das Nährwertminimum nicht zu unterschreiten. Die Wahrscheinlichkeit für das Auftreten des Giffen-Paradoxon ist um so größer, je höher der Ausgabenanteil für dieses Gut am Einkommen ist.

Giga (G) – Vorsatz für das Milliardenfache (10^9-fache) der Einheit. – Vgl. auch → gesetzliche Einheiten.

Gigabit (Gb) – Bezeichnung für 2^{30} (ca.1 Mrd.) → Bits.

Gigabyte (GB) – Bezeichnung für 2^{30} (ca.1 Mrd.) → Bytes.

Gilbreth – Frank Bunker, 1868–1924, amerik. Bauingenieur, Rationalisierungsfachmann und Organisator. Gilbreth formulierte systematische Prinzipien zur Durchführung von *Zeit- und Bewegungsstudien,* die ihrerseits Eingang in die wissenschaftliche Betriebsführung von → Taylor (→ Taylorismus) gefunden haben. – *Hauptwerke:* „Motion study" (1911); „Primer of Scientific Management" (1912); „Fatigue Study" (1916); „Applied Motion Study" (1917).

Gini-Koeffizient – *Gini-Index.*

I. Statistik: Maßgröße zur Kennzeichnung der relativen → Konzentration. Ist $\overline{X}$ das → arithmetische Mittel der Werte $x_1, ..., x_n \geq 0$, so ist der Gini-Koeffizient durch

$$G = \frac{1}{2\overline{x}} \cdot \frac{1}{n^2} \sum_{i=1}^{n} \sum_{j=1}^{n} |x_i - x_j|$$

definiert. Der Gini-Koeffizient ist als relatives Streuungsmaß zu interpretieren. Er kann auch mithilfe der → Lorenzkurve bestimmt werden. Für den Gini-Koeffizienten gilt stets

0
le G
le
frac{n − 1}{n}

Die Kenngröße G* mit

$$G^* = \frac{n}{n-1} G$$

mit $0 \leq G^* \leq 1$ wird als normierter Gini-Koeffizient bezeichnet.

II. Verteilungstheorie und -politik: Der Gini-Koeffizient ist ein weit verbreitetes Maß zur Quantifizierung der relativen Konzentration einer

→ Einkommensverteilung. Im Falle der maximalen Gleichverteilung der Einkommen (d.h. jede Person bezieht exakt das Durchschnittseinkommen der betrachteten Grundgesamtheit) nimmt der Gini-Koeffizient den Wert Null an, während er im anderen Extremfall einer maximal ungleichen Einkommensverteilung (d.h. eine einzige Person bezieht das komplette Einkommen der betrachteten Grundgesamtheit für sich alleine) den Wert Eins annimmt. Der Gini-Koeffizient lässt sich mithilfe der → Lorenzkurve veranschaulichen und bestimmen (vgl. Abbildung „Lorenzkurven zur Einkommensverteilung"). Der Gini-Koeffizient entspricht dabei der Fläche zwischen der Winkelhalbierenden (Gerade der perfekten Gleichverteilung) und der entsprechend ermittelten Lorenzkurve in Relation zur Gesamtfläche unterhalb der Winkelhalbierenden (Dreiecksfläche zwischen der Winkelhalbierenden und der Geraden der perfekten Ungleichverteilung).

Lorenzkurven zur Einkommensverteilung

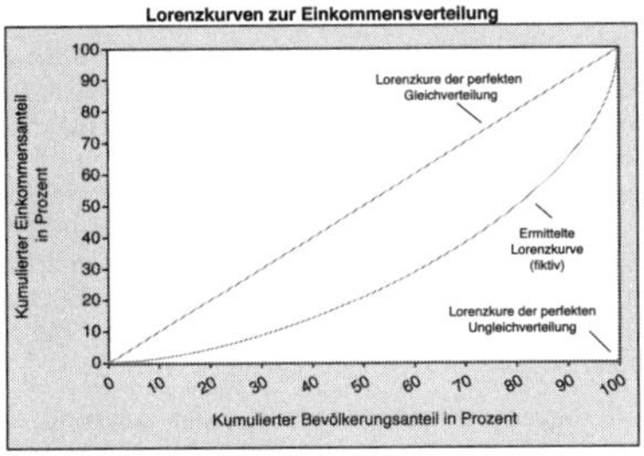

Gini-Verteilungsfunktion → Gini-Koeffizient, → personelle Einkommensverteilung.

Giralgeld → Sichteinlagen.

Giralgeldschöpfung – Fähigkeit der Geschäftsbanken auf der Basis freier Liquiditätsreserven (→ Überschussreserven) durch Kreditvergabe das Buchgeld zu schaffen. Die Kreditschöpfungsmultiplikatoren hängen insbesondere ab von der Höhe der freien Liquidität, vom → Mindestreservesatz und von der Bargeldabflussquote. – Vgl. auch → Geldschöpfung, → Geldtheorie.

Giro → Indossament auf der Rückseite eines → Orderpapieres (z.B. Wechsel), durch das das → Eigentum an dem Papier übertragen wird (doch ist zur Übertragung noch Übergabe des Papiers notwendig).

Girocard – Im Jahr 2007 eingeführter übergeordneter und neutraler Rahmen der dt. Kreditwirtschaft für die beiden Debitkarten-Zahlungssysteme → Electronic Cash und das Deutsche Geldautomaten-System. Die Girocard basiert auf dem Einsatz von → Debitkarten (früher auch als EC-Karte bezeichnet) unter Nutzung der persönlichen Geheimzahl (→ PIN).

Giroeinlagen – Guthaben auf Girokonten (auch Scheck- oder Kontokorrentkonten), über die der Kunde jederzeit verfügen kann. Giroeinlagen gehören zu den → Sichteinlagen. Sie dienen v.a. der Abwicklung des → Zahlungsverkehrs.

Girogeschäft – Durchführung des → bargeldlosen Zahlungs- und Abrechnungsverkehrs; → Bankgeschäft im Sinn von § 1 I KWG.

Girokonto – *ital. Giro = Kreis, Umlauf.* Konto in laufender Rechnung, das der Abwicklung des → Zahlungsverkehrs dient (Überweisungen, Lastschriften, Kartenzahlungen; vgl. § 355 Abs. 1 HGB). – Vgl. auch → Bankkonto, → Kontokorrent.

Gironetz – Filial- oder Institutssystem einer Gruppe von Banken (mit ein oder mehreren Zentralgirostellen) zur Abwicklung des → bargeldlosen Zahlungsverkehrs – v.a. im Massenzahlungsverkehr. In Deutschland entwickelten sich verschiedene Gironetze – u.a. das Gironetz der Sparkassen und der Genossenschaftsbanken mit ihren jeweiligen Zentralinstituten, und das Gironetz der privaten Kreditbanken. Ein Bindeglied zwischen den Gironetzen stellt das Dienstleistungsangebot der Deutschen Bundesbank insbes. im Massenzahlungsverkehr (→ Elektronischer Massenzahlungsverkehr der Deutschen Bundesbank (EMZ)) dar. Über das Massenzahlungsverkehrsverfahren der Deutschen Bundesbank laufen derzeit rund 15 Prozent des nationalen Zahlungsverkehrs; der größte Anteil wird jedoch im bilateralen Interbanken-Clearing abgewickelt. Im Zuge der → Bankautomation wurden in Deutschland einheitliche Abwicklungsstandards und -verfahren entwickelt. In jüngster Vergangenheit verschwimmen im Zuge der weitergehenden Rationalisierung des Zahlungsverkehrs durch Kooperationen in Form von Transaktionen die Grenzen der Gironetze in zunehmendem Maße. Dies gilt sowohl in der Zahlungsverkehrs- als auch in der Wertpapierabwicklung.

Giroverkehr – Bezeichnung für unbaren Zahlungsverkehr, der über Konten abgewickelt wird. – Vgl. auch → Überweisungsverkehr, → bargeldloser Zahlungsverkehr.

Girovertrag – rechtliche Ausgestaltung des → Girogeschäfts; Vereinbarung zwischen Bank und Kunde für das → Kontokorrent. Er war in §§ 676f-676h BGB a.F. geregelt. Der Girovertrag ist nunmehr ein Fall des Zahlungsdiensterahmenvertrags nach § 675f II BGB. Durch den Girovertrag wird ein Kreditinstitut verpflichtet,(1) für den Kunden ein Konto einzurichten,(2) eingehende Zahlungen auf dem Konto gutzuschreiben mit Wertstellung unter dem Datum, an dem der Betrag dem Kreditinstitut zur Verfügung gestellt worden ist, und (3) einen → Zahlungsauftrag zulasten dieses Kontos abzuwickeln.

Girozentralen → Landesbanken.

Give-Away → Zugabe.

GIZ – Abk. für *Deutsche Gesellschaft für Internationale Zusammenarbeit*; bundeseigene GmbH mit Sitz in Bonn und Eschborn, 2011 durch die

Zusammenlegung der *Gesellschaft für Technische Zusammenarbeit (GTZ)*, der Internationalen Weiterbildung und Entwicklung gGmbH (InWent) und dem Deutschen Entwicklungsdienst (DED) geschaffen. Die GIZ erstellt die fachliche und technische Planung der technischen Zusammenarbeit. Wichtigster Auftraggeber ist hierbei das BMZ. In Notsituationen führt sie Nothilfe- und Flüchtlingsprogramme im Ausland durch und leistet Entwicklungshilfe. Die GIZ ist darüber hinaus auf dem Gebiet der Wirtschafts- und Beschäftigungsförderung und der internationalen Bildungsarbeit tätig. Diesbezüglich erbringt sie Leistungen auf dem Gebiet der personellen Zusammenarbeit. Weitere Tätigkeitsfelder sind die Hilfe beim Wiederaufbau sowie bei ziviler Konfliktbearbeitung, die Unterstützung bei der Sicherung von Ernährung, Gesundheit und Grundbildung. Zur Förderung von nachhaltiger Entwicklung engagiert sich die GIZ auch im Umwelt-, Ressourcen- und Klimaschutz.

GKR – Abk. für → Gemeinschafts-Kontenrahmen industrieller Verbände.

Glasfaserkabel – *Lichtwellenleiter, Lichtleiter;* Medium für die Datenübertragung, die über dünne Glasfasern mittels sehr kurzer Laserlichtimpulse (im Nanosekundenbereich) erfolgt. – *Vorteile* des Glasfaserkabels gegenüber anderen Datenübertragungskabeln (z.B. → Koaxialkabel): gute Verlegbarkeit (fast beliebig krümmbar, geringer Durchmesser, geringes Gewicht), sehr hohe Frequenzbandbreite für Übertragungen, relativ großer Abstand zwischen Verstärkern möglich, hohe Abhörsicherheit. – *Nachteil:* relativ hoher Anschaffungspreis.

Glasversicherung – Versicherung von Glas gegen Schäden durch Zerbrechen. Ausgenommen sind lediglich Kratzer sowie Hohlgefäße, wie z.B. Vasen. I.d.R. wird Naturalersatz geleistet.

Glattstellen – Fachausdruck im Börsenhandel: ein bestehendes → Engagement durch ein → Deckungsgeschäft ausgleichen.

Glättungskonstante → exponentielles Glätten.

glaubhafte Zusicherungen – *Credible Commitments;* 1. *Begriff und Merkmale:* dienen der Absicherung langfristiger Vertragsbeziehungen und der Reduktion von → Unsicherheit. – 2. *Ökonomische Bedeutung*: Ohne die Möglichkeit von glaubhaften Zusicherungen kann eine arbeitsteilige Wirtschaft nicht funktionieren, weil die Transaktionskosten zu hoch werden. Mithilfe glaubhafter Zusicherungen kann ein Vertragspartner bereits vor Vertragsabschluss demonstrieren, dass er im Verlauf der Transaktionsbeziehung auf opportunistische Manöver verzichten wird (→ Opportunismus). – Zusicherungen können auf unterschiedliche Weise glaubhaft gemacht werden. Zwischen Transaktionspartnern, die sich kennen und vertrauen, können Zusicherungen in Form mündlicher Zusagen gegeben werden. Aber auch → spezifische Investitionen in Sach- oder Humankapital, die im Rahmen einer Transaktionsbeziehung geleistet werden, können – gewissermaßen als Form der Geiselhaftung – zur Glaubhaftigkeit von Zusagen führen. Ein Transaktionspartner wird im Eigeninteresse von opportunistischem Verhalten Abstand nehmen, weil er eine Beendigung der Transaktionsbeziehung und den Verlust seiner → Quasirente befürchten muss. Schließlich sind auch stabile institutionelle Rahmenbedingungen (z.B. Gesetze, Sitten und Gebräuche) als glaubhafte Zusicherungen zu verstehen, die ökonomische Austauschbeziehungen fördern. – 3. *Geldpolitik als Beispiel*: In der Literatur um die Zeitinkonsistenz der optimalen, geldpolitischen Entscheidungen der Zentralbank (→ Barro, Gordon) ist die Glaubwürdigkeit von zentraler Bedeutung. Die Transparenz und Offenheit der Geldpolitik, somit die Fähigkeit, glaubhafte Zusicherungen zu machen, führen zu fallenden Inflationserwartungen der Wirtschaftssubjekte. Eine auf Preisniveaustabilität bedachte → Geldpolitik ist dann erfolgreicher bzw. mit geringeren Produktionsverlusten verbunden.

Glaubhaftmachung – geringerer Grad der Beweisführung. Es genügt Nachweis der überwiegenden Wahrscheinlichkeit. – Im *Zivilprozess* nur ausnahmsweise zugelassen, z.B. bei → Arrest und → einstweiliger Verfügung. Zur Glaubhaftmachung dienen alle → Beweismittel sowie – im Gegensatz zum → Beweisverfahren – auch die → eidesstattliche Versicherung einer Partei oder eines Dritten (§ 294 ZPO). Die Beweismittel müssen gegenwärtig sein, eine Vertagung zwecks späterer Beibringung ist unzulässig.

Gläubiger – *Kreditor;* derjenige, der aufgrund eines → Schuldverhältnisses vom → Schuldner (Debitor) eine → Leistung zu fordern berechtigt ist (§ 241 BGB). Bei allen → Kaufverträgen ist der Verkäufer Gläubiger des Käufers hinsichtlich des Kaufpreises, Schuldner in Bezug auf die Lieferung der Ware. – Gläubiger im → Mahnverfahren: Antragsteller.

Gläubigeranfechtung → Anfechtung außerhalb des Insolvenzverfahrens.

Gläubigerausschuss – im → Insolvenzverfahren grundsätzlich fakultatives Gläubigerorgan mit der Aufgabe, den → Insolvenzverwalter zu unterstützen und zu überwachen. – 1. *Bestellung:* Vorläufiger Gläubigerausschuss kann vom Insolvenzgericht vor der ersten → Gläubigerversammlung aus den Reihen der Gläubiger bestellt werden (§ 67 I InsO). Im Übrigen entscheidet über Bestellung und Wahl der Mitglieder die Gläubigerversammlung (§ 68 InsO). Sie wählt Gläubiger oder andere Personen (mit einfacher Mehrheit). Die Mitglieder des Gläubigerausschusses sind für die Erfüllung ihrer Pflichten allen Beteiligten verantwortlich (§ 71 InsO). – 2. *Aufgaben des Gläubigerausschusses:* Die Mitglieder des Gläubigerausschusses haben den Insolvenzverwalter zu unterstützen und zu überwachen (§ 69 InsO). Quittungen oder Anweisungen des Verwalters an die Hinterlegungsstellen für Geld, Wertpapiere oder

Kostbarkeiten bedürfen mangels anderweitigen Beschlusses der Gläubigerversammlung der Mitzeichnung eines Mitgliedes (§ 149 II InsO). Genehmigung bei zahlreichen Geschäften des Insolvenzverwalters (§§ 160, 161 InsO). Der Insolvenzverwalter ist dem Gläubigerausschuss auskunftspflichtig. Keine Anweisung oder Überwachung durch das → Insolvenzgericht. – 3. *Beschlussfassung:* Zur Beschlussfähigkeit ist Teilnahme der Mehrzahl der Mitglieder erforderlich. Es entscheidet die Mehrheit der abgegebenen Stimmen (§ 72 InsO). – 4. *Vergütung* sowie angemessene Auslagen, die aus der Masse zu bezahlen sind, werden vom Insolvenzgericht nach Anhörung der Gläubigerversammlung festgesetzt; näher geregelt in § 73 InsO und der Insolvenzrechtlichen Vergütungsverordnung vom 19.8.1998 (BGBl. I S. 2205) m.spät. Änd.

Gläubigerbegünstigung – Strafbare Handlung des Schuldners im Fall der → Zahlungseinstellung oder → Insolvenzeröffnung, wenn er in Kenntnis seiner → Zahlungsunfähigkeit einem Gläubiger in Begünstigungsabsicht eine nur inkongruente Befriedigung oder Sicherung gewährt und wenn die Gläubigerbegünstigung absichtlich oder wissentlich tatsächlich herbeigeführt worden ist (§ 283c StGB). – *Strafe:* Freiheitsstrafe bis zu zwei Jahren oder Geldstrafe. – *Nicht strafbar* ist die Befriedigung des Gläubigers in der Form und zu der Zeit, in und zu der jener sie beanspruchen kann.

Gläubigerbenachteiligung → Insolvenzdelikte.

Gläubiger-Identifikationsnummer – 1. *Klassifizierung und Bedeutung:* Das neue SEPA-Lastschriftverfahren (→ SEPA-Lastschrift), das innerhalb des einheitlichen Euro-Zahlungsverkehrsraums → Single Euro Payments Area (SEPA) eingeführt wird, sieht im SEPA-Lastschriftmandat ein verpflichtendes Merkmal zur kontounabhängigen und eindeutigen Kennzeichnung des Lastschriftgläubigers (Creditor Identifier/ CI, im Folgenden: Gläubiger-Identifikationsnummer oder Gläubiger-ID) vor. Dieses Merkmal ist verpflichtend beim Einzug einer SEPA-Lastschrift im SEPA-Datensatz mitzugeben. Gemeinsam mit der vom Lastschriftgläubiger vergebenen Mandatsreferenznummer wird die Gläubiger-Identifikationsnummer von der Kreditwirtschaft über die gesamte Zahlungsprozesskette hinweg bis zum Zahlungspflichtigen im SEPA-Datensatz weitergeleitet. Die Mandatsreferenznummer ermöglicht in Verbindung mit der Gläubiger-Identifikationsnummer eine eindeutige Identifizierbarkeit eines Mandats, sodass der Schuldner bei Vorlage einer SEPA-Lastschrift eine Prüfung des wirksamen Bestehens des Mandats vornehmen bzw. die Zahlstelle ihm ggf. eine solche Leistung optional anbieten kann. In den meisten europäischen Ländern wird in den bestehenden Lastschriftverfahren bereits ein nationales Identifikationsmerkmal des Lastschriftgläubigers verwendet, das von den Zahlungssystembetreibern oder in einigen Fällen auch von der Zentralbank (Belgien, Frankreich) verwaltet wird. Ein solches Merkmal besteht im dt. Lastschriftverfahren bisher nicht. Für das SEPA-Lastschriftverfahren ist es daher neu einzuführen. Für Deutschland übernimmt die Deutsche Bundesbank die Ausgabe der Gläubiger-Identifikationsnummer in Abstimmung mit dem Zentralen Kreditausschuss (ZKA). – 2. *Aufbau:* Der Aufbau der Gläubiger-Identifikationsnummer ist SEPA-weit einheitlich. Sie setzt sich zusammen aus dem jeweiligen ISO-Ländercode, einer zweistelligen Prüfziffer, der Geschäftsbereichskennung (Creditor Business Code) und einem nationalen Identifikationsmerkmal, das in der Länge variieren kann, jedoch maximal 28 Stellen aufweisen darf. Die Länge der Gläubiger-Identifikationsnummer variiert somit von Land zu Land; sie weist aber höchstens 35 Stellen auf. Die Gläubiger-Identifikationsnummer für Deutschland ist genau 18 Stellen lang und wie folgt aufgebaut: Die Stellen 1-2 enthalten den ISO-Ländercode für Deutschland (DE) als Land der Ausgabe der Gläubiger-ID. Die Stellen 3-4 enthalten die Prüfziffer, die analog der IBAN-Prüfziffer (ISO 13616) berechnet wird. Die Stellen 5-7 enthalten die Geschäftsbereichskennung (Creditor Business Code), die vom Lastschriftgläubiger – bspw. zur Kennzeichnung einzelner Geschäftsbereiche oder Filialen des Lastschriftgläubigers – beliebig mit alphanumerischen Zeichen versehen werden kann. Standardmäßig werden diese drei Stellen mit den Buchstaben „ZZZ“ belegt. Die folgenden Stellen 8-18 enthalten das nationale Identifikationsmerkmal für den Lastschriftgläubiger in fortlaufend aufsteigender Nummerierung. Die achte Stelle der Gläubiger-Identifikationsnummer wird b.a.w. immer mit ‚0' belegt.

Gläubigerrisiko → Ausfallrisiko.

Gläubigerschutz – 1. *Begriff:* alle Rechtsvorschriften und Maßnahmen zum Schutz der tatsächlichen und potenziellen → Gläubiger einer Unternehmung. Gläubiger können sein: (1) Eigenkapitalgeber (mit unterschiedlicher Risiko- und Mitsprachebeteiligung); (2) Fremdkapitalgeber (Banken, öffentlich-rechtliche Kreditgeber, private Anleger); (3) externe Leistungsaustauschträger (Lieferanten, Subunternehmer, Dienstleistende, Vermieter etc.); (4) Arbeitnehmer; (5) öffentlich-rechtliche Gläubiger (Finanz- und Zollverwaltung, Krankenkassen, Gemeinden etc.). – 2. Je nach Art des Gläubigers und Schuldners bestehen *unterschiedliche Vorschriften und Möglichkeiten des* Gläubigerschutzes, die in den handels- und wirtschaftsrechtlichen Bereich (Gesetz, Rechtsprechung) und in praktische Handlungen unterteilt werden: a) *Rechtlicher Teil des Gläubigerschutzes:* Die *wichtigsten Vorschriften zum Gläubigerschutz* finden sich in der Generalnorm des § 242 BGB („Treu und Glauben“), im HGB (§§ 238–263 HGB), im gesamten Gesellschaftsrecht sowie im Insolvenz- und Wirtschaftsstrafrecht; weiterhin Regelungen bez. beschränkter und unbeschränkter persönlicher Haftung sowie evtl. Haftungsdurchgriffe, Haftungssummen, Sacheinlagen, Gründerhaftung und Gesellschafterdarlehen sowie bez. der

Vorgesellschaft bei Kapitalgesellschaften (→ Haftung). Die Transparenz dieser Verhältnisse wird durch das → Handelsregister sowie Prüfungs- und Publizitätspflichten (→ Prüfung, → Jahresabschlussprüfung, → Publizität) erreicht. Von bes. Bedeutung war hierbei das → Bilanzrichtlinien-Gesetz (BiRiLiG) vom 19.12.1985 u.a. mit Neufassung der Bilanzierungsvorschriften. – *Wichtigste persönliche Institutionen des rechtlich verankerten* Gläubigerschutzes sind neben den geschäftsführenden und kontrollierenden → Organen der Unternehmen die → Wirtschaftsprüfer (WP) (und neuerdings, in eingeschränktem Umfang, die → Steuerberater) sowie die Gerichte. – b) *Praktische Maßnahmen:* Da diese Regelungen, trotz ständiger Fortentwicklung, oft zu spät oder gar nicht greifen, empfehlen sich für die (potenziellen) Gläubiger die Möglichkeiten der vorherigen Einholung von Auskünften, die Prüfungen und Kontrollen sowie die Vertragsgestaltungen. Hier sind zu nennen: Wirtschaftsauskunfteien, Selbstauskünfte, Bankauskünfte, Vorlage geprüfter und ungeprüfter Jahresabschlüsse, Referenzen, Beurteilung bisheriger Geschäftsbeziehungen, Sonderprüfungen, Vereinbarung bestimmter Zahlungsmodalitäten, Vereinbarung gesonderter Prüfungsrechte, Stellung von → Sicherheiten, Sicherheitseinbehalte etc.

Gläubigerversammlung – oberstes Selbstverwaltungsorgan im → Insolvenzverfahren. Die Rechte der Gläubigerversammlung sind in der Insolvenzordnung (InsO) genau bezeichnet. – 1. *Berufung* durch das → Insolvenzgericht zum Wahl-, Prüfungs-, Schluss- und Zwangsvergleichstermin sowie auf bes. Antrag (§§ 74–79 InsO). Die Berufung ist unter Angabe der Tagesordnung öffentlich bekanntzumachen. Die Leitung in der Gläubigerversammlung hat der Insolvenzrichter, die Verhandlung ist nicht öffentlich. – 2. *Stimmrecht:* → Abstimmung grundsätzlich mit absoluter Mehrheit der Erschienenen oder Vertretenen, wobei die Höhe der angemeldeten Forderungen maßgeblich ist. Die *Beschlüsse* der Gläubigerversammlung haben nur für am Insolvenzverfahren Beteiligte Rechtswirkung. Die nicht erschienenen Gläubiger sind an die Beschlüsse gebunden. Auf Antrag des → Insolvenzverwalters oder eines überstimmten Gläubigers kann das Gericht die Ausführung eines Beschlusses untersagen, wenn er dem gemeinsamen Interesse der Insolvenzgläubiger widerspricht (§ 78 InsO). – 3. *Aufgaben:* Auf Vorschlag Wahl eines Insolvenzverwalters anstelle des vom Gericht ernannten, Wahl eines → Gläubigerausschusses, Widerruf der Bestellung eines Mitgliedes (§ 70 InsO), Beschlussfassung über Fortführung oder Schließung des Geschäfts (§ 158 InsO), über Unterstützungszahlung an den → Gemeinschuldner, über den Zwangsvergleich.

Gläubigerverzeichnis – in einem → Insolvenzverfahren vom → Insolvenzverwalter anzulegendes Verzeichnis aller Gläubiger des Schuldners, die ihm bekannt werden, mit Name und Anschrift sowie Art und Umfang ihrer Forderungen (§ 152 InsO), das auf der Geschäftsstelle des → Insolvenzgerichts spätestens eine Woche vor dem → Berichtstermin zur Einsicht der Beteiligten niederzulegen ist (§ 154 InsO). Masseverbindlichkeiten und Aufrechnungslagen sind im Gläubigerverzeichnis anzugeben. Das Gläubigerverzeichnis dient der umfassenden Information aller Gläubiger zur Vorbereitung der Entscheidung über die Verwertung des Schuldnervermögens.

Gläubigerverzug → Annahmeverzug.

Glaubwürdigkeit – bedeutet als zentrales Leitmotiv unternehmerischen Handelns, dass sich die Unternehmung das Vertrauen und die Akzeptanz ihrer → Anspruchsgruppen erhalten oder erhöhen muss (→ Social Responsiveness), um langfristig überleben zu können. Dazu ist eine bewusste und aktive Glaubwürdigkeitsstrategie notwendig, die aus drei Handlungselementen besteht (vgl. Abbildung „Glaubwürdigkeit – Konstitutive Elemente"): (1) *Kommunikatives Handeln:* Die verschiedenen Anspruchsgruppen der Unternehmung werden als echte Kommunikationspartner verstanden. Sie sind nicht nur Informationsempfänger der Unternehmung, sondern auch Informationssender. Die Unternehmung hat die Bedürfnisse und Wertvorstellungen ihrer Anspruchsgruppen abzuklären und in ihr Handeln zu integrieren. Zum Informationsaustausch dienen die → Public Relations (PR). (2) *Verantwortliches Handeln:* Die Unternehmung übernimmt die Konsequenzen für ihr bisheriges Handeln (z.B. Entschädigung für einen angerichteten Schaden) und für das zukünftige Handeln (z.B. Vermeidung von Umweltbelastungen). (3) *Innovatives Handeln:* Für bestehende Probleme bessere und für neuartige Probleme gute Lösungen finden, um die Akzeptanz bei den Anspruchsgruppen zu erreichen.

Glaubwürdigkeit – Konstitutive Elemente

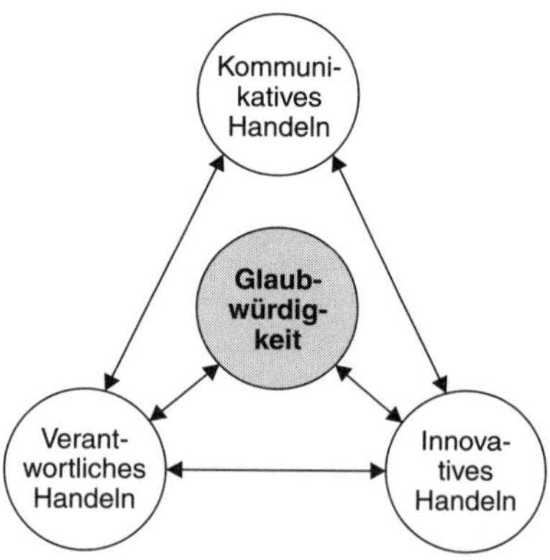

Gleichaltrigen-Gruppe → Gruppe.

Gleichbehandlung – Arbeitsrechtlicher Grundsatz für die Behandlung der Arbeitnehmer durch den Arbeitgeber. Eine Ausprägung des → Gleichheitsgrundsatzes (Art. 3 GG) und ein Gebot der Verwirklichung austeilender Gerechtigkeit. Der Arbeitgeber muss bei Maßnahmen und Entscheidungen, die *betriebsbezogen* sind, d.h. über einzelne Arbeitsverhältnisse hinausreichen, den Grundsatz beachten, dass das, was sachlich gleich ist, gleichbehandelt werden muss; eine willkürliche Differenzierung ist verboten. – Ob der Grundsatz der Gleichbehandlung bei Unternehmen mit mehreren Betrieben über den einzelnen Betrieb hinaus auch *unternehmensweit* gilt, ist umstritten. Die Rechtsprechung erkennt zumindest in bes. Fällen eine unternehmensweite Geltung des Gleichbehandlungsgrundsatzes an (vgl. BAG, 3.12.2008, AZ 5 AZR 74/08). – Von Bedeutung ist der Grundsatz der Gleichbehandlung v.a. bei der Gewährung zusätzlicher freiwilliger Leistungen (Gratifikationen, Ruhegelder u.a. Sozialleistungen). Benachteiligte Arbeitnehmer können die ihnen unzulässig vorenthaltene Leistung verlangen. Darüber, dass unsachliche Differenzierungen im Betrieb unterbleiben, haben nach § 75 BetrVG Arbeitgeber und Betriebsrat gemeinsam zu wachen. – Verstärkt wird der allg. Gleichbehandlungsgrundsatz durch das Allgemeine Gleichbehandlungsgesetz, welches bestimmte Ungleichbehandlungen untersagt (→ AGG im Arbeitsrecht). – *Anders:* → Gleichberechtigung.

Gleichberechtigung – soziales Postulat zur Gleichstellung und Gleichbehandlung von Angehörigen einer sozialen Gruppe, seit der Heraufkunft der bürgerlich-demokratischen Gesellschaften und im Zusammenhang ihrer Aufklärungs- und Emanzipationsbewegungen v.a. auf die → Gleichberechtigung von Mann und Frau, aber auch die ethischer Minoritäten mit der Majorität bezogen. – Die *formale (rechtliche) Absicherung der Gleichberechtigung im Grundgesetz* (Art. 3 und Art. 33) ist eine notwendige, aber keine hinreichende Voraussetzung ihrer Verwirklichung; *arbeits- und sozialrechtliche Maßnahmen* und die Durchsetzung eines entsprechenden *Ehe-, Familien- und Scheidungsrechts* (in der Bundesrepublik Deutschland 1976/1977) sind weitere Voraussetzungen. – Die Forderung nach Gleichberechtigung wird in Anbetracht von Erziehung und neuer Bildung von Vorurteilen auch die künftige politische und soziale Entwicklung national und international mitbestimmen.

Gleichberechtigung der Geschlechter → Gleichberechtigung von Mann und Frau.

Gleichberechtigung von Mann und Frau – *Gleichberechtigung der Geschlechter;* in Art. 3 II 1 GG („Männer und Frauen sind gleichberechtigt.") kodifiziert. Diese Vorschrift verbietet, dass der Geschlechtsunterschied als beachtlicher Grund für eine Ungleichbehandlung im Recht herangezogen wird. Gemäß Art. 3 II 2 GG obliegt dem Staat die Förderung der tatsächlichen Durchsetzung der Gleichberechtigung von Frauen und Männern. Diesem Gebot diente das Zweite Gleichberechtigungsgesetz vom 24.6.1994 (BGBl. I 1406) und das – nur für die Bediensteten des Bundes geltende – Bundesgleichstellungsgesetz vom 30.11.2001 (BGBl. I 3234). – *Gleichberechtigung im Arbeitsleben:* s. dazu auch das → Allgemeine Gleichberechtigungsgesetz (AGG) vom 14.8.2006 (BGBl. I S. 1897), das zwingend u.a. Benachteiligungen aus Gründen des Geschlechts im Arbeitsleben und im Bereich bestimmter bürgerlichrechtlicher Schuldverhältnisse gilt. – Vgl. → Gleichbehandlung, → AGG im Arbeitsrecht.

gleichgestellte Lieferungen und Leistungen → unentgeltliche Wertabgaben, → Verbringung.

Gleichgewicht – I. Gleichgewicht aus methodischer Sicht: Ein methodisches Gleichgewicht kennzeichnet einen Beharrungszustand, in dem Wirtschaftssubjekte keine Veranlassung haben, ihr Verhalten zu ändern, weil sie sich optimal an die relevanten Daten angepasst haben. Eine Revision wird nach dieser Sicht erst dann wieder vorgenommen, wenn sich die „Daten" exogen ändern. – In *evolutorischer Perspektive* kann jedoch jederzeit durch einen schöpferischen Einfall oder durch eine neue Interpretation der Situation oder der Zukunft (Erwartungsänderung) ein Handlungsimpuls ausgelöst werden, ohne dass sich die äußeren Daten geändert haben. Es liegt dann ein temporäres Gleichgewicht vor, das sich z.B. durch Erwartungsanpassungen fortlaufend verändert. Durch diese endogen bestimmten Antriebsmomente wird die Nützlichkeit des Gleichgewichtskonzepts zumindest in prognostischer Hinsicht eingeschränkt. In einem sog. Erwartungsgleichgewicht finden keine Erwartungsanpassungen (als Folge von Erwartungsirrtümern) mehr statt; ein solches Gleichgewicht ist bei Konstanz der Datenvariablen dauerhafter Natur.

II. Gleichgewicht im theoretischen Sinne: In der vom Gleichgewicht bestimmten *Wirtschaftstheorie* wird das Gleichgewichtskonzept auf Individuen *(Haushalts- und Unternehmensgleichgewicht),* auf der (Güter-)Marktebene im Sinne der Übereinstimmung von geplantem aggregierten Angebot und geplanter aggregierter Nachfrage *(Marktgleichgewicht)* oder auf das Marktsystem als Ganzes (*allgemeines oder simultanes Gleichgewicht auf allen Märkten;* → allgemeines Gleichgewicht) angewendet. Setzt man voraus, dass sich alle Akteure optimal an die weiterhin für gegeben gehaltenen Strategien der jeweils anderen Akteure angepasst haben, liegt ein sog. → Nash-Gleichgewicht vor. Ein Sonderfall liegt vor, wenn Marktteilnehmer auf einzelnen Märkten mengenmäßig rationiert sind und ihre eigentlichen, aus einem unbeschränkten Optimierungsansatz resultierenden Pläne nicht voll realisieren können. Passen sie sich dann mit ihren Angebots- oder Nachfrageplänen der jeweiligen Rationierungsschranke an, d.h. gehen zu effektiven Plänen über, kommt durch diese Planrevision ein temporäres Gleichgewicht bei Mengenrationierung zustande. Dies ist der Gleichgewichtsbegriff der Neokeynesianischen Theorie. – Vgl. auch → außenwirtschaftliches Gleichgewicht, → Bestandsgleichgewicht, → Devisenmarkt, → Fließgleichgewicht, → Stromgleichgewicht, → Spieltheorie; → Wirtschaftssoziologie.

gleichgewichtiger Wachstumspfad → Wachstumstheorie.

gleichgewichtiges Wachstum – Begriff der Wachstumstheorie. Gleichgewichtiges Wachstum (balanced growth) liegt vor, wenn sich alle wichtigen makroökonomischen Größen, wie Volkseinkommen, Investition, Sparen, Konsum, Kapitalbestand mit der gleichen und konstanten Wachstumsrate entwickeln. Im Einklang mit den → Kaldor-Fakten wird gleichgewichtiges Wachstum als eine Allokation definiert, in der der Pro-Kopf-Output mit konstanter Rate wächst, der Kapitalkoeffizient (K/Y) und der Zinssatz konstant sind.

Gleichgewichtsmenge – 1. *Allgemein:* Gütermenge im → Gleichgewicht. – 2. In einer *marktwirtschaftlich organisierten Wirtschaft:* Bei positivem → Gleichgewichtspreis (eines Gutes) die Menge, bei der die angebotenen und nachgefragten Gütermengen übereinstimmen, bei Gleichgewichtspreisen von Null (d.h. es handelt sich um → freie Güter) die nachgefragte Menge.

Gleichgewichtspreis (eines Gutes) – Preis, zu dem keine Überschussnachfrage nach dem angebotenen Gut besteht. D.h., ist der Gleichgewichtspreis (eines Gutes) positiv, dann stimmen die zu diesem Preis nachgefragten und angebotenen Gütermengen überein. Ist der Gleichgewichtspreis (eines Gutes) gleich Null, kann die angebotene die nachgefragte Menge übertreffen. Man spricht in diesem Fall auch von → freien Gütern. – Vgl. auch Abbildung „Gleichgewichtspreis".

Gleichgewichtspreis

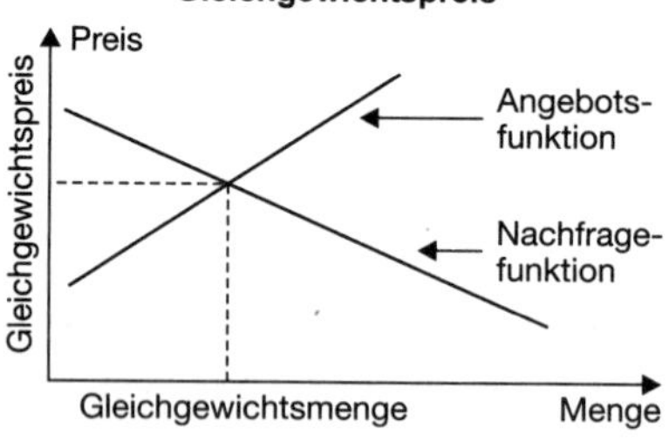

Gleichheit → Gerechtigkeit.

Gleichheitsgrundsatz → Grundrecht des Art. 3 I GG, nach dem alle Menschen vor dem Gesetz gleich sind. Nähere Ausgestaltung in Art. 3 II und III GG: Männer und Frauen sind gleichberechtigt (→ Gleichberechtigung von Mann und Frau); niemand darf wegen seines Geschlechts, seiner Abstammung, seiner Rasse, seiner Sprache, seiner Heimat und Herkunft, seines Glaubens, seiner religiösen oder politischen Anschauungen benachteiligt oder bevorzugt werden; eine Benachteiligung wegen einer Behinderung ist ebenfalls untersagt (→ Gleichberechtigung).

Gleichheitsprinzip – 1. *Liberale Gleichheitsauffassung:* a) *Allgemein:* Dem → Liberalismus liegt eine ausgeprägt leistungsorientierte Gleichheitsauffassung zugrunde. Alle Wirtschaftssubjekte sollen freien Zugang zu allen Chancen haben, die sie nach eigenem Ermessen wahrnehmen können. Freiheit des Individuums bzw. der Familie ist das höchste Ziel aller sozialen Einrichtungen. Ausdruck dieser Freiheit ist die uneingeschränkte Konsumentensouveränität, denn es ist eines der Hauptziele des Liberalismus, die ethischen Probleme dem Individuum zu überlassen, damit es mit diesen Problemen allein fertig werden kann. Hinzu kommt eine freiwillige Koordinierung der individuellen Wirtschaftspläne über den anonymen Markt(-mechanismus), die aufgrund der Unpersönlichkeit der sicherste Garant zur Vermeidung von Diskriminierung ist. Für die → Verteilungspolitik bleibt systemimmanent lediglich der Bereich des Ausgleichs unterschiedlicher Startchancen, wie z.B. gleiche Elementarschulbildung für alle. – b) *Humanitäre Modifikationen* des Liberalismus besagen, dass Umverteilung über Sicherung der Chancengleichheit hinaus auch in dem Ausmaß betrieben werden soll, dass diejenigen Wirtschaftssubjekte, welche bei bester Nutzung ihrer Chancen nicht das → Existenzminimum erwirtschaften können, Sozialtransfers erhalten, sodass ihre Existenz gewährleistet ist. Regelmäßig wird die Leistung von Sozialtransfers (z.B. Arbeitslosenhilfe, Hartz IV) an strenge Kontrollen gebunden. Danach ist die Verwendung freigestellt. – c) *Soziale Sicherheit* im Sinn von Streben nach Stabilisierung eines einmal erreichten Realeinkommensniveaus wird abgelehnt. Sie beschränkt sich auf die staatliche Garantie eines Existenzminimums, dessen Höhe durch die Steuerlast, die die große Mehrheit zu tragen bereit ist, bestimmt wird. – 2. *Bedarfsorientierte Gleichheitsauffassung (Egalitarismus):* Einkommensunterschiede werden nicht als primär leistungsbedingt angesehen, sondern durch unterschiedliche Erbanlagen, Erziehung, ererbtes Vermögen (ungleiche Startchancen) und unfaire Spielregeln (z.B. unvollständiger Wettbewerb) erklärt, und sind entsprechend dem → Bedarfsprinzip zu korrigieren. Im Extrem führt diese Argumentation zur Forderung nach sekundärer Gleichverteilung. Leistungsfeindlichkeit und übertriebene Versorgungsansprüche führen zum Zusammenbruch dieser extremen Umverteilungsökonomie, die in der Praxis kaum vertreten wird. – 3. *Praktische Kompromisse:* Die in demokratischen Systemen vorherrschende Gleichheitsauffassung basiert seit der Aufklärung auf der

Vertragstheorie (→ Verteilungspolitik) und lässt sich durch die Forderung nach Gerechtigkeit und/oder Fairness kennzeichnen. Solange Chancengleichheit (gleiche Startpunkte für alle) nicht erreicht ist und ungerechtfertigte Einkommensvorteile durch unfaire Spielregeln bestehen, ist Umverteilung angezeigt. Eine so motivierte → Einkommensumverteilung findet ihre Grenzen dort, wo sie die wirtschaftliche Dynamik und die Leistungsfähigkeit des wirtschaftlichen Systems zu beeinträchtigen droht.

Gleichmöglichkeit – *Gleichwahrscheinlichkeit;* Grundbegriff der Laplaceschen („klassischen") Wahrscheinlichkeitskonzeption. Gibt es bei einem → Zufallsvorgang k mögliche elementare (einelementige) → zufällige Ereignisse, die „symmetrisch" sind (z.B. die Augenzahlen eins bis sechs bei der Ausspielung eines Würfels), so wird jedem Ereignis die gleiche Wahrscheinlichkeit 1/k zugeordnet. – Vgl. auch → Wahrscheinlichkeitsauffassungen.

Gleichnamigkeit – tritt ein, wenn gleichrangige Kennzeichnungsrechte (→ Marken, → geschäftliche Bezeichnungen) verschiedener Rechtsträger (§ 6 IV MarkenG), → Zwischenrechte in der Zeit der Löschungsreife eines Zeichens entstanden sind oder ein jüngeres Kennzeichnungsrecht infolge der Verwirkung (§ 21 MarkenG) von Unterlassungsansprüchen unangreifbar geworden ist. Bei Gleichnamigkeit gelten bes. Verhaltenspflichten für beide Parteien, v.a. die Pflicht, alles Erforderliche zu tun, um die durch die Gleichnamigkeit bestehende Verwechslungsgefahr nicht zu vergrößern, sondern möglichst einzuschränken. Die Pflicht trifft grundsätzlich zunächst den Inhaber des jüngeren Rechts, kann aber auch den Inhaber des älteren Rechts treffen, wenn er durch sachliche oder räumliche Ausdehnung seiner Geschäftstätigkeit die Verwechslungsgefahr erhöht. Im Einzelfall ist eine Interessenabwägung nach den Gesamtumständen und der Art der kollidierenden Kennzeichen erforderlich.

Gleichstellung – Begriff des → Schwerbehindertenrechtes: behinderte Menschen, deren → Grad der Behinderung (GdB) weniger als 50, aber wenigstens 30 beträgt. Diese sollen auf Antrag einem → schwerbehinderten Menschen gleichgestellt werden, wenn sie infolge ihrer Behinderung ohne die Gleichstellung einen geeigneten Arbeitsplatz nicht erlangen oder nicht behalten können (§ 68 SGB IX). Die gleichgestellten behinderten Menschen haben im Wesentlichen die gleichen Rechte wie die schwerbehinderten Menschen. Die Feststellung der Gleichstellung trifft die zuständige Agentur für Arbeit (Arbeitsamt).

Gleichungsverfahren → innerbetriebliche Leistungsverrechnung.

Gleichverteilung – 1. Die *diskrete Gleichverteilung* ist eine diskrete Wahrscheinlichkeitsverteilung (→ Gleichwahrscheinlichkeit). In der Standardversion ordnet sie jeder der Zahlen 1, ... ,n die Wahrscheinlichkeit 1/n zu. Erwartungswert und Varianz sind gegeben durch $(n+1)/2$ bzw. $(n^2-1)/12$. – 2. Die *stetige Gleichverteilung* (Rechteckverteilung) ist eine Wahrscheinlichkeitsverteilung mit der Dichtefunktion $f(x) = 1/(b-a)$ auf dem Intervall [a,b]. Erwartungswert und Varianz sind durch $(a+b)/2$ bzw. $(a-b)^2/12$ gegeben.

Gleichwahrscheinlichkeit – Grundbegriff der Wahrscheinlichkeitsrechnung, wenn bei einem → Zufallsvorgang mit n möglichen elementaren (einelementigen) → Ereignissen jedem Elementarereignis die Wahrscheinlichkeit 1/n zugewiesen wird (z.B. jeweils Wahrscheinlichkeit 1/6 für die Augenzahlen Eins bis Sechs bei der Ausspielung eines Würfels).

gleitende Arbeitszeit – *Gleitarbeitszeit.* 1. *Begriff:* Arbeitszeitmodelle zur Flexibilisierung und Individualisierung der Arbeitszeit. Die Arbeitszeit wird nicht auf bestimmte Anfangs- und Endtermine festgelegt. Der Arbeitnehmer kann innerhalb eines bestimmten Rahmens den Zeitpunkt des persönlichen Arbeitsbeginns und -endes selbst bestimmen. – *Ziel:* Erhöhung der individuellen Gestaltungsspielräume und Entlastung des Berufsverkehrs in Ballungsgebieten. – Die *Modelle* der gleitenden Arbeitszeit reichen von der Gestaltung der täglichen über die wöchentliche bis zur jährlichen Arbeitszeit oder sogar der Lebensarbeitszeit (→ Sabbatical, → Jahresarbeitszeitvertrag). – 2. *Zeiten:* Die gleitende Arbeitszeit setzt sich zusammen aus der *Gleitspanne* (z.B. von 7 bis 9 Uhr und von 15 bis 19 Uhr) und der *Kernarbeitszeit* (Zeit zwischen den Gleitzeiten). In der Kernarbeitszeit muss der Arbeitnehmer im Betrieb anwesend sein, innerhalb der Gleitspanne darf der Arbeitnehmer selbst disponieren. In den jeweiligen Arbeitszeitmodellen wird jedoch die zulässige Anzahl von Plus- oder Minusstunden gegenüber der Normalarbeitszeit festgelegt, die sich höchstens anhäufen dürfen. Außerdem kann ein Zeitraum festgelegt werden, innerhalb dessen ein Ausgleich erfolgen muss. – 3. Die *Einführung* der gleitenden Arbeitszeit ist – falls ein Betriebsrat existiert – mitbestimmungspflichtig (§ 87 Nr. 2 BetrVG). Auch bei Gleitzeit sind die Regelungen des Arbeitszeitgesetzes einzuhalten. – 4. Zum *Nachweis* der geleisteten Arbeitszeit ist in geeigneter Weise eine Zeiterfassung (z.B. durch elektronische Zeiterfassungsgeräte) zu gewährleisten.

gleitende Mittelwerte – einfaches, in der Produktionsplanung und -steuerung verwendetes Prognoseverfahren für die Vorhersage des → Primärbedarfs oder → Sekundärbedarfs. Der Bedarf eines → Teils für die jeweils nächste Periode ergibt sich als arithmetisches Mittel aus dem Verbrauch der jeweils letzten *n* Vorperioden.

gleitende Neuwertversicherung – 1. *Begriff:* In der → verbundenen Wohngebäudeversicherung passt sich der Versicherungsschutz den Preisentwicklungen an, sodass ggf. das beschädigte Gebäude wiederhergestellt werden kann. – 2. *Zweck:* Wenn keine wertsteigernden Baumaßnahmen während der

Vertragslaufzeit vorgenommen worden sind und die Versicherungssumme richtig ermittelt wurde, besteht bei gleitender Neuwertversicherung zu jeder Zeit ausreichender Deckungsschutz.

gleitender Durchschnitt – bei einer Folge von Zeitreihenwerten (→ Zeitreihenanalyse) das → arithmetische Mittel von chronologisch aufeinander folgenden Zeitreihenwerten, das der mittleren Periode zugeordnet wird. Sind $x_1, ..., x_\tau, ...$ die chronologisch geordneten Zeitreihenwerte, so sind z.B.

(1) $\bar{x}_t^3 = 1/3\,(x_{t-1} + x_t + x_{t+1})$ mit t = 2, ..., T – 1 gleitende Dreierdurchschnitte und

(2) $\bar{x}_t^4 = 1/4\,(1/2\,x_{t-2} + x_{t-1} + x_t + x_{t+1} + 1/2\,x_{t+2})$ mit t = 3, ..., T – 2 gleitende Viererdurchschnitte. Falls die Zeitreihe keine zyklische Komponente (→ Zeitreihenkomponenten) aufweist (→ Saisonschwankungen), kann bei einem konstanten oder linearen → Trend der Unterschied zwischen x_t und $\bar{x}_t$ im Wesentlichen auf die zufällige Komponente zurückgeführt werden. Ist eine zyklische Komponente enthalten und wird der gleitende Durchschnitt über eine Anzahl von Perioden gebildet, die gerade eine Zykluslänge ergibt, dann ist in diesem Unterschied der Einfluss der zyklischen und der Zufallskomponente enthalten.

gleitender Lohn → Indexlohn.

gleitender Ruhestand – allmählicher Übergang von der Vollarbeit in den Ruhestand. Die Arbeitszeit wird stufenweise reduziert. Den Rahmen für die Gestaltungsmodalitäten bildet seit 1996 das Altersteilzeitgesetz (ATG). Ziel ist es, durch stufenweise Kürzung der Arbeitszeit ab dem 55. Lebensjahr den Wechsel vom aktiven Arbeitsleben in den Ruhestand zu erleichtern; ferner Entlastung der Renten und Arbeitslosenversicherung von den Kosten der Frühverrentungspraxis. Die Förderung der Altersteilzeit durch die Arbeitsagentur läuft Ende 2009 aus. – Vgl. auch → Arbeitszeitmodelle, → Vorruhestand.

gleitendes Mittel → arithmetisches Mittel aus zeitlich aufeinander folgenden Werten in einer → Zeitreihe mit dem Ziel der Glättung der Zeitreihe. Bezeichnet man z.B. mit $b_{t,I}; ...; b_{t,IV}$ den Bestand im Jahr t zum Ende des ersten, ..., vierten Quartals, dann entsteht daraus eine geglättete Zeitreihe mit einem gleitenden Durchschnitt der Ordnung 4, indem bspw. $b_{t,II}$ durch

$$1/4\,(1/2\,b_{t-1,IV} + b_{t,I} + b_{t,II} + b_{t,III} + 1/2\,b_{t,IV})$$

ersetzt wird.

gleitende wirtschaftliche Losgröße – in → PPS-Systemen verwendetes heuristisches Verfahren zur Berechnung von Losgrößen (→ Los) bei diskretem Bedarfsverlauf. Das Verfahren basiert auf der Betrachtung der Gesamtkosten pro Stück, die sich aus den gesamten Lagerkosten und den losgrößenfixen Kosten zusammensetzen. Aufeinanderfolgende Bedarfsmengen werden dabei solange zu einem Los zusammengefasst, bis die Gesamtkosten pro Stück minimal sind.

Gleitpreisklausel – *Preisgleitklausel;* Klausel in → Kaufverträgen, mit der die Preisfestsetzung entweder auf einen späteren Zeitpunkt verschoben oder spätere Abänderung des vereinbarten Preises vorbehalten wird. Gleitpreisklausel wird angewandt v.a. bei größeren Objekten mit längeren Lieferfristen, um die Preisstellung ggf. der im Lieferzeitpunkt veränderten Marktlage (veränderten Lohn- und Rohstoffpreisen) anzupassen.

Gleitzeit → gleitende Arbeitszeit.

Gleitzoll – Form des → Mischzolls, bei der die Zollbelastung mit steigendem (sinkendem) Einfuhrpreis sinkt (steigt). Ziel ist eine flexible Abschirmung des Marktes vor Preisveränderungen am → Weltmarkt zur → Protektion der inländischen Anbieter bzw. zur Preisstabilisierung im Inland. – *Nachteile:* Technische Probleme begünstigen bei der Anpassung des → Zolltarifs an neue Einfuhrpreise die Spekulation an den Warenmärkten; Produktivitätsfortschritte im Ausland können beim Gleitzoll im Gegensatz zum → Wertzoll oder zum → spezifischen Zoll nicht weitergegeben werden, die → internationale Arbeitsteilung wird dadurch behindert.

Gliederungszahl – in der Statistik Bezeichnung für eine → Verhältniszahl, bei welcher eine Teilgröße in Beziehung zu einer Gesamrgröße gesetzt wird. Gliederungszahlen liegen immer zwischen 0 und 1. – *Beispiele:* Anzahl der Geburten im Januar/Anzahl der Geburten im ganzen Jahr; Anzahl der Angestellten/Anzahl der Erwerbstätigen insgesamt.

Gliedsteuer → mehrgliedrige Steuer.

Gliedziffer – bei einer → Zeitreihe von Beobachtungswerten $x_1, ..., x_t, ...$ der Quotient x_{t+1} / x_t zweier aufeinander folgender Werte. Gliedziffern werden u.a. bei der Ermittlung von Saisonkomponenten (→ Saisonbereinigung; → Saisonschwankungen) verwendet.

Globalabstimmung – Prüfungsbehandlung, die bes. solche Summen und Salden auf Identität vergleicht, die nach der Logik der doppelten Buchführung identisch sein müssen.

Globalabtretung – 1. *Begriff:* → Forderungsabtretung, meist zur Sicherung eines Bankkredits, durch die der → Zedent alle gegenwärtigen und zukünftigen Forderungen aus dem Verkauf oder der Verwertung einer Sache oder einer geschäftlichen Tätigkeit (z.B. „aus Lieferung von Leder gegen dessen Abnehmer") mit Vertragsabschluss schon abtritt. – *Anders:* → Mantelzession. – 2. *Problem der Doppelabtretung:* Die Globalabtretung führt meist zu einer Konkurrenz mit Abtretungen im Zusammenhang mit → verlängertem Eigentumsvorbehalt. Es gilt der Grundsatz der *Priorität:* Nur die erste Abtretung ist wirksam. – 3. *Voraussetzungen für die Gültigkeit einer Globalabtretung:* a) Die abgetretenen zukünftigen

Forderungen müssen *genügend bestimmt* oder bestimmbar sein. – b) Die Globalabtretung nicht zu einer *sittenwidrigen Knebelung* führen. Nach der Rechtsprechung ist die Tatsache, dass ein Gläubiger sich zur → Kreditsicherung den größten Teil der gegenwärtigen und zukünftigen Forderungen des Kreditnehmers abtreten lässt, für sich allein noch nicht sittenwidrig, wenn dem Schuldner die wirtschaftliche Entschließungs- und Handlungsfreiheit bleibt, v.a. die Möglichkeit der Einziehung der Forderungen, und wenn der Kredit der Aufrechterhaltung und Fortführung des Betriebs dienen soll. – c) Die Globalabtretung darf nicht in anderer Weise gegen die guten Sitten verstoßen. Ein solcher Verstoß kann vorliegen, wenn nach dem Willen beider Vertragsparteien auch solche Forderungen von der Globalabtretung erfasst werden sollen, die der Zedent seinen Lieferanten aufgrund → verlängerten Eigentumsvorbehaltes künftig abtreten musste und abgetreten hatte. Indessen kommt es bei der Prüfung der Sittenwidrigkeit wesentlich auf die Beweggründe der Parteien und die wirtschaftliche Situation an.

Global Accounts – Strategisch bedeutsame Schlüsselkunden (→ Key Accounts), die an verschiedenen internationalen Standorten gleichzeitig weltweit standardisierte bzw. kompatible Produkte oder Dienstleistungen nachfragen (vgl. → globale Strategie, → globale Branche). In Literatur und Praxis existieren eine Vielzahl weiterer Begrifflichkeiten (z.B. International Key Account, Multinational Account, Worldwide Account) die definitorisch nicht eindeutig voneinander abgegrenzt sind. Überwiegend werden diese Begriffe jedoch als Synonym für Global Accounts verwendet. – *Vorteile/ Nachteile für den Anbieter:* Durch eine enge Bindung der Global Accounts an den Anbieter können Absatzmenge, → Kundenzufriedenheit, Umsatz und Gewinn gesteigert und oft längerfristig gesichert werden. Global Accounts haben einen guten internationalen Marktüberblick und können detaillierte Angebotsvergleiche durchführen (vgl. → internationale Beschaffungspolitik (global sourcing)), um niedrigere Preise durchzusetzen. Aufgrund der großen Beschaffungsbudgets werden zudem die Einkäufe meist gebündelt (→ Economies of Scale). Aus dieser Konzentration ergeben sich für den Anbieter Gefahren bei Kundenverlust, denen durch den Einsatz spezieller Key Account Manager und bes. durch eine globale Preisgestaltung begegnet werden kann. Die Betreuung von Global Accounts verursacht zudem oft hohe Kosten durch spezifische Anpassungen der Produkte oder Geschäftsprozesse an die Anforderungen des Kunden.

Globalaktie – *Gesamtaktie, Gesamttitel, Sammelaktie;* → Sammelurkunde, die die Rechte mehrerer oder aller Einzelaktien in einer Urkunde verbrieft, wobei die Selbstständigkeit der einzelnen Anteilsrechte unberührt bleibt.

Globalbudgetierung – In einem Globalbudget erhalten Organisationseinheiten die Mittel für die Aufgabenerfüllung in Form einer „globalen" Netto-Gesamtsumme zugewiesen. Damit wird die sachliche und zeitliche → Zweckbindung der Mittel im → Haushaltsplan öffentlicher Verwaltungen aufgeweicht. Grundlage ist der haushaltsrechtliche Vermerk, der mit dem Haushaltsplan einer Gebietskörperschaft für organisatorische Teileinheiten von der zuständigen Legislative beschlossen wird. Aus Steuerungsperspektive soll der geringere Detaillierungsgrad der Globalbudgets durch den Abschluss einer Leistungsvereinbarung bzw. eines Kontrakts kompensiert werden. Globalbudgetierung in Verbindung mit → Kontraktmanagement soll die Eigenverantwortung und Motivation der Verwaltungsmitglieder stärken und damit zugleich Wirtschaftlichkeitspotenziale ausschöpfen. – Globalbudgetierung ist zu einem zentralen Element der → Verwaltungsreform international [→ New Public Management (NPM), → Budgetierung] geworden. In Deutschland wird dabei regelmäßig nur von Budgetierung, d.h. ohne das Präfix Global- gesprochen. – *Praktische Anwendung* findet Globalbudgetierung recht breit z.T. im Ausland (z.B. Schweiz), und in Deutschland in größerem Umfang auf kommunaler Ebene sowie im Rahmen von Pilotprojekten u.a. in einzelnen Universitäten und Hochschulen. International gesehen, aber auch zwischen Kommunen in Deutschland besteht eine grosse Vielfalt an konkreter Ausgestaltung der Globalbudgetierung in Hinblick auf die Auflockerung der Zweckbindung. Welche sächlichen und zeitlichen Zweckbindungen aufgehoben oder gelockert werden, ist daher sehr unterschiedlich. Generell werden in Deutschland die Personalmittel i.d.R. nicht von der Globalbudgetierung umfasst.

Global Citizenship – Bedingt durch die zunehmende → Globalisierung stehen Unternehmen immer mehr vor der Herausforderung, bei der Lösung der drängendsten gesellschaftlichen Probleme der Länder, in denen sie tätig sind oder aus denen sie ihre Rohstoffe beziehen, mitzuwirken. Wirtschaften und gesellschaftliche Verantwortung, zwei ehemals getrennte Bereiche werden dadurch miteinander verknüpft und somit auch die Zielfunktionen Gewinnmaximierung und Wohlfahrtsmaximierung. – Die ISO-Norm 26000 „Gesellschaftliche Verantwortung" sieht folgende Kernthemen als wesentlich: (1) Organisationsführung, (2) Menschenrechte, (3) Arbeitspraktiken, (4) Umwelt, (5) faire Betriebs- und Geschäftspraktiken, (6) Konsumentenanliegen, (7) Einbindung und Entwicklung der Gemeinschaft.

Global City – 1. *Begriff:* Führende Großstadtmetropole und zentraler → Standort für hochentwickelte → Dienstleistungen v.a. im Finanzbereich sowie Informations- und Kommunikationseinrichtungen, wie sie für die Koordinierung, die Durchführung und das Management globaler Wirtschaftsaktivitäten notwendig sind. Global Cities üben eine Command-and-Control-Funktion aus und gelten als Standorte für → Steuerungszentralen von Großkonzernen.

Als Bezugspunkt für global agierendes Kapital, Hochburg für Innovationen und Standort für die Hauptquartiere international operierender Unternehmen (→ transnationale Unternehmung) beeinflussen sie die ökonomische Entwicklung ganzer Erdregionen. Der Begriff Global City geht in qualitativ-funktionaler Hinsicht über die Begriffe Weltstadt, → Metropole und → Megastadt hinaus und beschreibt v.a. die Funktion der Kontrolle über Produktion und Märkte innerhalb eines Netzes von → Städten und hierarchisch strukturierten Produktionsprozessen. – 2. *Merkmale:* Eine Global City zeichnet sich durch folgende Strukturmerkmale aus: Sitz von Hauptquartieren transnationaler Unternehmen, bedeutendes Finanzzentrum, Standort eines schnell wachsenden Sektors unternehmensorientierter Dienstleistungen, Sitz internationaler Organisationen, wichtiger Knotenpunkt von Transport- und Verkehrslinien (bedeutender Flughafen oder Hafen), Zentrum industrieller Produktionsstätten, bedeutende Einwohnerzahl. – Als Global Cities lassen sich z.B. New York, London, Tokio anführen.

Global Compact – von K. Annan, dem ehemaligen Generalsekretär der → UN, ins Leben gerufene Pakt zwischen der UN und Unternehmen; die operative Phase startete im Juli 2000. Die Teilnahme ist für Unternehmen freiwillig (freiwillige Selbstverpflichtung) und setzt die Abgabe einer entsprechenden Willenserklärung voraus. Hierdurch verpflichten sich Unternehmen zur Einhaltung von zehn Prinzipien aus den Bereichen Menschenrechte, Arbeitsnormen, Umweltschutz und Korruptionsbekämpfung. 2008 zählte die Initiative mehr als 6.200 Beitritte. – *Kritik:* Da die Einhaltung der Prinzipien keine (rechtliche) Verbindlichkeit besitzt, wird bisweilen die Wirksamkeit des Global Compact angezweifelt. In diesem Kontext ist manchmal auch der Begriff des Bluewashing (angelehnt an → Greenwashing) zu finden.

Global Coordinator → Lead Manager.

Global Distribution System (GDS) → Computer-Reservierungs-System (CRS).

globale Branche – Begriff, der die Wettbewerbssituation in einer → Branche beschreibt. In einer globalen Branche wird die Wettbewerbsposition, die ein Unternehmen in einem bestimmten Land inne hat, erheblich von seiner Stellung in anderen Ländern beeinflusst und umgekehrt. Es handelt sich dabei um eine über Ländergrenzen hinweg verknüpfte Gesamtheit von Märkten, auf denen Unternehmen weltweit konkurrieren. – *Beispiele:* Halbleiterindustrie, Luftfahrtindustrie, Markt für Kopiergeräte. – Vgl. auch → globaler Wettbewerb, → globale Unternehmung, → Globalisierung.

globale Produktionsnetzwerke – Moderner Forschungsansatz der Wirtschaftsgeografie zur dynamischen und raumbezogenen Untersuchung wirtschaftlicher Unternehmenstätigkeiten. Er dient der Erfassung der raumzeitlichen Dynamik unternehmerischer Aktivitäten sowie der Analyse der sich daraus ergebenden wirtschaftlichen Beziehungsgeflechte unter Berücksichtigung ihrer Einbettung in politische und ökonomische Zusammenhänge (→ Embeddedness). Von Interesse sind ferner Ungleichgewichte der Raummuster von Produktion und Konsum sowie Maßnahmen, Strategien und Regelungen von Staaten und → Non-Governmental-Organizations (NGO) zu deren Überwindung. Zentrale Aspekte des Analyserahmens sind die Wertschöpfung (Input-Output-Struktur sowie Verteilung, Sicherung oder Übertragung von Mehrwerten), Machtverteilung und -ausübung im → Netzwerk, institutionelle (ausgehend von nationalen Regierungen oder supranationalen Organisationen) und kollektive Machtverhältnisse (ausgehend z.B. von Branchenverbänden oder NGO) sowie die Einbettung in verschiedene institutionelle, kulturelle und soziale Kontexte.

globale Rationalisierung – genauer: *Konzept der globalen Rationalisierung;* ein auf die Ziele des Gesamtunternehmens gerichteter Prozess der zunehmenden unternehmenspolitischen Integration der in mehreren Ländern angesiedelten Teileinheiten eines internationalen Unternehmens. Dabei wird die weltweite Standardisierung und Vereinheitlichung unternehmensinterner Maßnahmen, Programme und Managementprozesse sowie die Zentralisierung der Organisationsstruktur trotz des Fortbestehens länderspezifischer Besonderheiten angestrebt. – Vgl. auch → globales Management.

globaler Wettbewerb – weltweiter Wettbewerb zwischen grenzüberschreitend tätigen Unternehmen. Kennzeichnend für Unternehmen, die einem globalen Wettbewerb ausgesetzt sind, ist eine ausgeprägte Standardisierung sowie das Streben nach Realisierung von Skaleneffekten durch ausgeprägte internationale Koordination. – Vgl. auch → globale Branche, → globale Unternehmung, → Globalisierung.

globales Management → Management von grenzüberschreitenden Unternehmensaktivitäten, das (häufig innerhalb einer → globalen Branche) auf die Erzielung von Wettbewerbsvorteilen auf der Basis von → Globalisierungsstrategien gerichtet ist. Neben der Ausnutzung nationaler Unterschiede von z.B. Lohnniveaus (→ internationale Standortpolitik) zielt das globale Management auf die Realisierung von Vorteilen durch → Economies of Scale in der Materialwirtschaft, der Fertigung, im Marketing, aber auch im Management-Know-How/Managementerfahrung; es wird daher auch von → globaler Rationalisierung gesprochen. Organisatorisch effektiv im Hinblick auf eine weltweite Ausrichtung der Unternehmensaktivitäten und globale Rationalisierung unter weitgehendem Verzicht auf regionale Differenzierung ist eine Zentralisierung aller unternehmenspolitischen und strategischen Entscheidungen auf die Muttergesellschaft. – Vgl. auch → Globalisierung.

globales Marketing → internationales Marketing.

globale Strategie – strategische Grundorientierung einer → internationalen Unternehmung (→ internationale Strategie), welche den Weltmarkt als eine homogene Gesamtheit ansieht und dementsprechend nach Produkt- und Prozessstandardisierung strebt, um Wettbewerbsvorteile mittels Skaleneffekten zu erreichen. Kernelement einer globalen Strategie ist das Streben nach globaler Effizienz; Zentralisierung ist das bedeutsamste organisatorische Gestaltungsmerkmal. – *Mögliche Vorteile einer globalen Strategie:* Kostenreduktion durch Größenvorteile, Steigerung der Verhandlungsmacht gegenüber Anspruchsgruppen (Zulieferer, Gewerkschaften, etc.), verbesserte Qualität eines standardisierten Produktprogramms, erhöhte Kundenpräferenz durch weltweit einheitliche Verfügbarkeit. – *Mögliche Nachteile einer globalen Strategie:* Verlust lokaler Wettbewerbsfähigkeit durch mangelnde Anpassung an lokale Markt- bzw. Kundenanforderungen, Motivationsverluste lokaler Mitarbeiter durch Zentralisierung von Entscheidungskompetenzen, steigende Koordinationskosten durch Ausweitung von Berichtssystemen und erhöhten Personalbedarf, steigender Logistikaufwand und Handelsschranken. – Vgl. auch → Globalisierung.

globales Unternehmen → globale Unternehmung.

globale Unternehmenshaftung – Die der Diskussion um eine globale Unternehmenshaftung zugrunde liegende Fragestellung lautet, inwieweit Ansprüche gegen eine ausländische Tochtergesellschaft auch gegenüber der Muttergesellschaft geltend gemacht werden können. Diese Frage wird einerseits durch die jeweiligen nationalstaatlichen Haftungsregime bestimmt (→ Konzernrecht), andererseits durch die im → internationalen Privatrecht geregelte Frage, welche nationale Rechtsordnung auf einen internationalen Haftungsfall angewendet werden soll und wo der → Gerichtsstand liegt. Hinzu kommt noch die Problematik der faktischen Durchsetzung eines Haftungsanspruches über nationalstaatliche Grenzen hinweg. Sofern die einzelnen Gesellschaften der internationalen Unternehmensgruppe rechtlich als → juristische Personen zu qualifizieren sind, gilt der Grundsatz der Haftungsseparation. Demnach haften die Gesellschafter einer juristischen Person (insbesondere die Muttergesellschaft, die Anteile an einer rechtlich selbstständigen ausländischen Tochtergesellschaft hält) grundsätzlich nicht für deren Schulden. Dieser Grundsatz kann jedoch bei einer mißbräuchlichen Verwendung der Leitungsmacht der Muttergesellschaft zum Schaden der Tochtergesellschaft und deren Minderheitsgesellschafter (z.B. bei → Unterkapitalisierung der Tochtergesellschaft) u.U. durchbrochen werden.

globale Unternehmung – *globales Unternehmen, Global Player;* Form des internationalen Unternehmens, die weitestgehend nur in → globalen Branchen vertreten ist und sich hier einem → globalen Wettbewerb stellen muss. Charakteristisch für die globale Unternehmung ist das Bestreben, über die weltweite Koordination aller Unternehmensaktivitäten Skalen- und Synergieeffekte (→ Economies of Scale, → Synergie) zu verfügen und gleichzeitig alle weltweit relevanten Märkte zu bedienen bzw. zu bearbeiten. – Vgl. auch → globale Branche, → globaler Wettbewerb, → globales Management, → globale Strategie, → Globalisierung.

globale Warenkette → Netzwerk von Beziehungen, das durch bestimmte Transaktionen miteinander verbunden ist. Im Mittelpunkt steht die Funktionsweise des internationalen Handels über die strukturell bedingten Machtverhältnisse zwischen den Akteuren der Warenkette. Neben der Organisation des internationalen Handels ist auch die gesamte Breite der Wertschöpfungstätigkeiten (→ Wertschöpfung, → Wertschöpfungskette) von der primären Produktion bis zum Endkonsum und die Verknüpfungen dazwischen zu analysieren. Diese Verbindung der Produktions- und der Handelskette mit den beteiligten Akteuren ermöglicht einen vollständigen Überblick über die Macht- und Organisationsstruktur in einer globalen Warenkette (→ globale Wertschöpfungskette).

globale Wertschöpfungskette – Struktur und Organisation globaler Wertschöpfungsprozesse (→ Wertschöpfungskette). Während beim Konzept der → globalen Warenkette der Fokus sinnvollerweise auf Waren liegt, da diese als „greifbare" Gegenstände in Untersuchungen einfach zu erfassen sind, bietet es sich an, die Gesamtbetrachtung durch Einbezug weiterer Elemente der → Wertschöpfung zu ergänzen. Diese Erweiterung des Warenkettenkonzepts findet in globalen Wertschöpfungsketten ihren Niederschlag, welche die Wertschöpfung und nicht mehr die Ware in den Fokus der Betrachtung stellen. Dadurch sind die immer bedeutsamer werdenden → Dienstleistungen im Rahmen der voranschreitenden Entwicklung des → Dienstleistungssektors besser zu berücksichtigen.

Global Governance – i.w.S. das gesamte System aller internationalen Institutionen sowie die Regeln, nach denen sie arbeiten und wie sie mit nationalen Institutionen interagieren. In der entwicklungspolitischen Debatte wird der Begriff oft im normativen Sinn verwendet, wobei auf eine grundlegende Reform und Demokratisierung der globalen Entscheidungsfindung abgestellt wird. Vorschläge zur Erneuerung der Global Governance umfassen u.a. die Schaffung einer Weltzentralbank, einer internationalen Schuldenfazilität, die Rohstoffpreisstabilisierung, die internationale Koordinierung der Fiskalpolitik sowie die Schaffung einer internationalen „Zivilgesellschaft". Unter letzterem wird i.Allg. die Einbeziehung der Nichtregierungsorganisationen in die Entscheidungsfindung in den internationalen Organisationen verstanden. Diese gewinnt zunehmend an Bedeutung, z.B. innerhalb der Sicherheitspolitik durch weltweite Vernetzung politischer Institutionen und innerhalb der Umweltpolitik. – Vgl. auch → Good Governance.

Globalisierung – I. Allgemein: Form der Strategie einer grenzüberschreitend tätigen Unternehmung (→ globale Unternehmung), bei der Wettbewerbsvorteile weltweit mittels Ausnutzung von Standortvorteilen (→ internationale Standortpolitik) und Erzielung von → Economies of Scale aufgebaut werden sollen. Bes. Bedeutung im Rahmen des → globalen Wettbewerbs v.a. in → globalen Branchen. Prominentester Vertreter der Globalisierung ist Theodore Levitt, der in dem 1983 erschienenen Aufsatz „The Globalization of Markets" das „Ende der multinationalen Konzerne", die eine differenzierte, länderspezifische Marktbearbeitung betreiben, prophezeite. – *Theoretisches Fundament* der Globalisierungs-These ist die → Konvergenztheorie, wonach unterschiedliche Sozialisationen sich aufgrund technischer und wirtschaftlicher Entwicklung immer weiter annähern, womit auch kulturelle Differenzen allmählich obsolet werden. War die These der Globalisierung ursprünglich auf die → internationale Produktpolitik (und internationale Programmpolitik) beschränkt, so vollzog sich nach und nach eine Ausweitung auf das gesamte internationale → Marketing-Mix und schließlich die gesamte Unternehmenstätigkeit → internationales Management). Kritiker der Globalisierungs-These bezweifeln die Konvergenztheorie und betonen hingegen die mangelnde Standardisierbarkeit der meisten Produkte und sonstigen Unternehmensaktivitäten aufgrund unterschiedlicher sozio-ökonomischer, natürlich-technischer, sozio-kultureller und politisch-rechtlicher Länderspezifika. – Vgl. auch → globales Management, → globale Strategie, → internationale Strategie.

II. Umweltpolitik: Tendenz zur Intensivierung weltweiter Verflechtungen in ökonomischen, politischen, kulturellen und informationstechnischen Bereichen. Globalisierung ist verknüpft mit der Tatsache, dass auch lokale anthropogene Handlungen globale Auswirkungen haben können. Die Globalisierung erfordert interdisziplinäre Forschungsansätze zur Erfassung komplexer Systemzusammenhänge (→ Interdisziplinarität). Ein Instrument zur verbesserten internationalen Bekämpfung von Umweltproblemen ist → Joint Implementation. – Vgl. auch → Entropie.

III. Ethik: Im Zuge der Globalisierung nehmen sowohl Kooperationsmöglichkeiten als auch Interessenkonflikte (→ Wettbewerb) zu. Für Unternehmen erwachsen hieraus neue Herausforderung im Hinblick auf ihre → Verantwortung, auf ordnungspolitischer Ebene nimmt der Bedarf an verlässlichen Regelsystemen (→ Regeln) zu. Bei letzteren stellt sich aus wirtschaftsethischer Sicht v.a. die Frage nach moralischen Grundwerten und -prinzipien, die diesen Regelsystemen zugrunde liegen. Nach verbreiteter Auffassung muss es als fraglich gelten, ob es gelingen kann, einen weltweit einheitlichen verbindlichen Wertekonsens zu erzielen, auch wenn nach Meinung vieler mind. die Menschenrechte als universelle Grundwerte Anerkennung finden sollten. – Vgl. auch → Wirtschaftsethik.

Globalisierungsstrategie – Prozess der Veränderung der strategischen Grundorientierung einer → internationalen Unternehmung mit dem Ziel, eine → globale Strategie auf der Ebene der Gesamtunternehmung oder bestimmter Teilbereiche der Unternehmung (→ Global Accounts, → Global Sourcing, etc.) umzusetzen.

Globalkontingent – allg. mengen- oder wertmäßige Begrenzung der Einfuhr ohne Festsetzung der Länder, von denen die einzelnen Waren bezogen werden müssen, u.U. sogar ohne Festsetzung der Waren, die bezogen werden dürfen. Globalkontingente sind ein Mittel, die Enge des → Bilateralismus zu vermeiden und den Welthandel freier zu gestalten. – *Gegensatz:* → Länderkontingent. – Vgl. auch Einfuhr- bzw. → Importkontingentierung.

Global Marketing → internationales Marketing.

Globalplanung → Grobplanung.

Global Player → globale Unternehmung.

Global Reporting Initiative – Abk. *GRI;* eine Nichtregierungsorganisation, welche in dialogorientierter Weise Standards (GRI Guidelines) für die Erstellung von → Nachhaltigkeitsberichten entwickelt; Zielstellung ist insbes. die Förderung von Transparenz sowie Vergleichbarkeit von derartigen Berichten. Mittlerweile haben eine Vielzahl von Unternehmen diese Standards (teilweise) übernommen.

Global Sourcing → internationale Beschaffungspolitik.

Globalsteuerung – 1. *Allgemein:* Wirtschaftspolitische, auf Keynes (1936) zurückgehende Konzeption der gesamtwirtschaftlichen Nachfragesteuerung, wonach staatliche ökonomische Aktivität sich auf die Beeinflussung makroökonomischer Aggregate auf der Nachfrageseite der Volkswirtschaft (wie z.B. Investitionen, Konsum) beschränkt. Durch Globalsteuerung soll das Niveau der gesamtwirtschaftlichen Güternachfrage entsprechend der Entwicklung des → Produktionspotenzials und des gesamtwirtschaftlichen Güterangebotes beeinflusst werden. Innerhalb des durch die Globalsteuerung gesetzten Rahmens soll der Marktmechanismus als Koordinationsprinzip dienen. – 2. *In der Bundesrepublik Deutschland* bedeutet Globalsteuerung primär Beeinflussung der gesamtwirtschaftlichen Nachfrage über eine antizyklische Wirtschaftspolitik (→ diskretionärer Mitteleinsatz), die sowohl diskretionär als automatisch sein kann. – *Voraussetzung:* Die Steuerung der Gesamtnachfrage soll zur Realisierung der in § 1 StWG aufgeführten gesamtwirtschaftlichen Ziele beitragen. Da die Wirksamkeit der Globalsteuerung von der Zuverlässigkeit der → Konjunkturdiagnose und → Konjunkturprognose abhängt, sind gesicherte Kenntnisse über die ökonomischen Zusammenhänge, auch in quantifizierter Form, aber auch ein adäquates

Instrumentarium unabdingbare Voraussetzungen (→ quantitative Wirtschaftspolitik). Erfahrungen der Vergangenheit lehren, dass diese Voraussetzungen zumindest mit dem rechtzeitgen Vorlauf nur bedingt gegeben sind (→ Stabilisierungspolitik).

Globalurkunde → Sammelurkunde.

Glockenpolitik – *Bubble Policy, Blasenpolitik;* Element des → kontrollierten Emissionshandels, Mischform von → Umweltzertifikat und → Umweltauflage. Bei der Glockenpolitik geht es darum, dass im Zuge der Altanlagensanierung verschärfte Emissionsgrenzwerte nicht mehr von jeder einzelnen Anlage erfüllt werden müssen, sondern von einer Gruppe nahe genug beieinander liegender Anlagen als ganzes erfüllt werden können. Die in einer solchen Glocke insgesamt erreichte Emissionssenkung entspricht also der von der verschärften Auflagenregelung angestrebten Verringerung. Die Aufteilung der Beiträge, die einzelne Anlagen zu dieser Senkung liefern, kann jedoch von den Unternehmen nach Kostengesichtspunkten abweichend von der Auflage gewählt werden. Um die ökologische Gleichwertigkeit von Glockenarrangement und nachträglicher Anordnung im Sinn der Auflagenregelung zu gewährleisten, ist das Kompensationsarrangement der Glocke genehmigungspflichtig. Empirische Untersuchungen zeigen, dass durch die Glockenpolitik erhebliche Kosteneinsparungen möglich geworden sind. – Vgl. auch → Umweltpolitik.

Glokalisierung – begriffliche Synthese von → Globalisierung und → Lokalisierung. Sie beschreibt das Verhältnis zwischen der globalen Ausrichtung von Unternehmen (Beschaffung, Absatz) und der regional begrenzten Verortung der industriellen Produktion innerhalb der → Triade. Die Glokalisierung verdeutlicht sich in Form von lokalen Produktionskomplexen als Knotenpunkte in globalen → Netzwerken und lokal angepassten Produktionsstrategien → transnationaler Unternehmungen.

GLS – Abk. für *Generalized Least Squares,* vgl. → Kleinstquadratemethode, verallgemeinerte.

GmbH – Abk. für → Gesellschaft mit beschränkter Haftung.

GmbH & Co. – Gesetzlich zugelassene Rechtsform, bei der eine GmbH Gesellschafter ist. Entweder → offene Handelsgesellschaft (OHG) oder → GmbH & Co. KG. Bei OHG ist die GmbH meist der Hauptgesellschafter, bei KG der → persönlich haftende Gesellschafter (dessen Haftung auf das Stammkapital der GmbH beschränkt ist); häufig sind dann die → Kommanditisten gleichzeitig Gesellschafter der GmbH. Meist sind Steuervorteile oder beabsichtigte Haftungsbeschränkungen die Ursachen, die zur Gründung derartiger Formen führen. – Vgl. auch → Durchgriffshaftung.

GmbH & Co. KG – **I. Handelsrecht:** 1. *Begriff:* Kommanditgesellschaft, bei der eine GmbH persönlich haftender Gesellschafter ist (auch sog. *Komplementär-GmbH*) und andere Rechtspersonen (meist die Gesellschafter dieser GmbH) → Kommanditisten sind. Juristisch handelt es sich um eine → Personengesellschaft. – 2. Durch die Beteiligung der juristischen Person (GmbH) wird die *Haftung* des persönlich haftenden Gesellschafters auf deren Vermögen beschränkt. – 3. *Gründung* nach den Grundsätzen der Errichtung der KG. In der Firmenbezeichnung muss die GmbH erscheinen, auch bei Gesellschafterwechsel durch Ausscheiden einer natürlichen Person als persönlich haftender Gesellschafter und Eintritt einer GmbH an seine Stelle. – Vgl. auch → Durchgriffshaftung.

II. Steuerrecht: 1. *Verfahrensrechtliche Aspekte:* Eine GmbH & Co. KG ist steuerlich eine Personengesellschaft; ihr Gewinn einheitlich und gesondert festgestellt und anteilig den Gesellschaftern zugerechnet, die ihn zu versteuern haben. – 2. *Steuerarten:* Sind die Gesellschafter natürliche Personen, unterliegt ihr Gewinnanteil der Einkommensteuer; sind die Gesellschafter körperschaftsteuerpflichtig, unterliegt ihr Gewinn der Körperschaftsteuer. – 3. Bei der Behandlung des *Geschäftsführergehalts der GmbH* ergeben sich Unterschiede, je nachdem, ob das Gehalt von der GmbH oder unmittelbar von der KG gezahlt wird, und ob der Geschäftsführer an der KG beteiligt ist (→ Leistungsvergütungen) oder ein Fremder ist. – 4. Die GmbH & Co. KG kann wegen einer Sonderregelung steuerlich aufgrund ihrer Rechtsform zu gewerblichen Einkünften führen (gewerblich geprägte Personengesellschaft, § 15 III Nr. 2 EStG). Sind die Voraussetzungen für eine gewerblich geprägte Personengesellschaft nicht erfüllt, gelten die allg. Grundsätze. Gilt das Einkommen der GmbH & Co KG steuerlich als gewerblich und sind die Kommanditisten zugleich auch Eigentümer der Anteile an der GmbH, dann dann dienen die Anteile an der GmbH dem betrieblichen Engagement der Kommanditisten und sind daher für diese (Sonder-)Betriebsvermögen; die Dividenden aus der Vollhafter-GmbH sind dann bei den Kommanditisten Teile ihres gewerblichen Gewinns. – 5. *Gewerbesteuer:* Die GmbH & Co. KG unterliegt mit dem Gewinn der Gewerbesteuer, wenn sie einkommensteuerlich zu gewerblichen Einkünften führt. – 6. *Besonderheiten:* Ist eine GmbH & Co. KG allein aufgrund der Sonderregelung für gewerblich geprägte Personengesellschaften steuerlich als Gewerbebetrieb einzustufen und hört sie auf, diese Voraussetzungen zu erfüllen, dann sind ihre Einkünfte ab diesem Zeitpunkt nicht mehr gewerblich; ihr Vermögen ist nicht mehr Betriebsvermögen (→ Betriebsaufgabe). – 7. *Umsatzsteuerlich* ist die GmbH & Co. KG ein eigenständiges Gebilde, das Unternehmer sein und mit seinen Gesellschaftern Geschäfte abschließen kann, die umsatzsteuerlich anzuerkennen sind.

GmbH-Mantel → Mantel.

GMD – Abk. für → Gesellschaft für Mathematik und Datenverarbeitung mbH.

GMM – Abk. für *Generalised Method of Moments*, vgl. → Momentenmethode, verallgemeinerte.

GMO – Gemeinsame Marktorganisationen für Agrarerzeugnisse in der EU; dienen der Marktregulierung, indem sie Hemmnisse für den innergemeinschaftlichen Handel mit Agrarerzeugnissen beseitigen und eine Handelsschranke gegenüber Drittländern aufbauen. – Vgl. auch → GAP.

GoB – 1. Abk. für → Grundsätze ordnungsmäßiger Buchführung. – 2. Abk. für → Grundsätze ordnungsmäßiger Bilanzierung.

Going-Concern-Prinzip → Bewertung, → Grundsätze ordnungsmäßiger Bilanzierung.

Going Private – Überführung einer öffentlichen, börsennotierten Gesellschaft in eine private, nicht an den öffentlichen Aktienmärkten gehandelte Unternehmung. Motiv einer Public-to-Private Transaktion kann die Umwandlung oder Restrukturierung eines Unternehmens sein. Ein Going Private folgt z.B. auf einen erfolgreich durchgeführten → Squeeze-Out, der ein „kaltes Delisting" von der Börse ermöglicht. Wenn alle Aktien in einer Hand vereint sind und daher kein Handel mehr stattfindet, entfallen die Voraussetzungen für die Zulassung zum Börsenhandel. Für den Rückzug eines Unternehmens von der Börse sind das BörsG, das Verwaltungsverfahrensgesetz (VwVfG) und das Aktiengesetz zu beachten; vgl. → Delisting. – *Gegensatz: Initial Public Offering* (→ IPO).

Going Public → IPO.

GoK – Abk. für → Grundsätze ordnungsmäßiger Konzernrechnungslegung.

Gold-Devisen-Standard – abgeschwächte Variante des → Goldstandards. Eine Währung folgt dem → Goldstandard (→ Leitwährung), und für die anderen Währungen werden feste Wechselkurse zur → Leitwährung vereinbart. Entspricht der ursprünglichen Konzeption des → Bretton-Woods-Systems.

goldene Aktie – *Golden Shares;* können → Aktien oder Genehmigungserfordernisse sein, mit denen der Staat auf privatisierte Unternehmen einwirken kann. Sie wurden durch den → EuGH für zulässig erklärt, wenn die Einflussnahme im Allgemeininteresse liegt – so z.B. in Spanien für Unternehmen mit strategischer Bedeutung, bei denen gesellschaftsrechtliche Beschlüsse zur Auflösung, Spaltung, Verschmelzung, Änderung des Gesellschaftszwecks, Veräußerung von Vermögensgegenständen oder Kapitalanteilen behördlich zu genehmigen sind. In Großbritannien gibt es die goldene Aktie als Sonderaktie der Regierung, die damit nach Meinung des EuGH unzulässige Einspruchsmöglichkeiten in wichtige gesellschaftsrechtliche Handlungen des Unternehmens erhält. Deutschland hat eine Sonderregelung mit dem VW-Gesetz (Gesetz über die Überführung der Anteilsrechte an der Volkswagenwerk Gesellschaft mit beschränkter Haftung in private Hand, VWGmbHÜG), das die Stimmrechte jedes Aktionärs auf 20 Prozent begrenzt, auch wenn er mehr besitzt. Dadurch behält das Land Niedersachsen mit fast 20 Prozent Anteilen überproportionalen Einfluss. Das VW-Gesetz wurde infolge eines EuGH-Urteils im Jahre 2007, das die EU-Kommission angestrengt hatte, geändert (8.12.2008, BGBl. I 2369). Danach ist immer noch für Entscheidungen, für die das Aktiengesetz ein Mehrheitserfordernis von 75 Prozent verlangt, eine Mehrheit von 80 Prozent erforderlich, die Stimmrechtsbeschränkung wurde aufgehoben.

goldene Bankregel → Finanzierungsregel bei Banken, nach der die Dauer der Kapitalbindung im Vermögen nicht länger sein soll als die Dauer der Kapitalüberlassung (→ Fristenkongruenz im Aktiv- und Passivgeschäft). – Vgl. auch → goldene Bilanzregel, → Fristentransformation.

goldene Bilanzregel – Grundsatz bei Aufstellung der Bilanz, analog der → goldenen Bankregel, anwendbar auf alle Unternehmungen. Die goldenen Bilanzregel fordert, dass die langfristig an das Unternehmen gebundenen Anlagegüter durch langfristiges Kapital – in erster Linie durch Eigenkapital – gedeckt sein müssen, während das Umlaufvermögen durch kurzfristiges Kapital gedeckt sein kann. – Vgl. auch → Finanzierungsregel.

goldene Finanzierungsregel → Finanzierungsregel.

goldene Regel der Kapitalakkumulation – von Phelps (1961) geprägter Begriff. Als „goldene" Regel der Kapitalanhäufung durch Ersparnisbildung (Kapitalakkumulation) wird diejenige bezeichnet, die im Gleichgewicht (also dauerhaft) das höchste Pro-Kopf-Einkommen (und damit den größtmöglichen Konsum) in einem Land bewirkt. Weil ein dauerhafter Zustand bestimmt werden soll, ist es weder sinnvoll, heute das komplette Einkommen zu sparen und damit einen maximalen Kapitalbestand zu schaffen, noch das komplette Einkommen heute für Konsum einzusetzen und damit den Kapitalbestand weder zu erneuern, noch zu erhöhen. Nach Phelps ist die optimale Sparquote im Wachstumsgleichgewicht diejenige, die der Kapitaleinkommensquote (Verhältnis von durch den Kapitaleinsatz erzieltem Einkommen zum Kapitaleinsatz) entspricht. Ist die Sparquote in einer Volkswirtschaft geringer als die Kapitaleinkommensquote, muss sie nach der goldenen Regel der Kapitalakkumulation erhöht werden, ist sie geringer, muss sie gesenkt werden. Die Regel wird von Phelps selbst als „technische" Bedingung des neoklassischen Wachstumsmodells bezeichnet, weil bei dieser Betrachtung zunächst noch keine Rolle spielt, welche Präferenzen die Bürger hinsichtlich der zeitlichen Verteilung ihres Konsums haben. Diese wird z.B. im Wachstumsmodell von Ramsey (1928) thematisiert. – Vgl. auch → Wachstumstheorie, → Solow-Modell und → Ramsey-Modelle.

Goldgehalt – 1. Feingoldgewicht einer Goldmünze. – 2. Feingehalt der Währungseinheit, wie er sich aufgrund der gesetzlichen Vorschriften errechnet.

Goldklausel – vertragliche Vereinbarung (→ Wertsicherungsklausel), dass eine Schuld (einschließlich Zinsen) in Gold bzw. Goldwert zurückzuzahlen ist. – *Arten:* Goldmünzklausel und → Goldwertklausel.

Goldparität – im Rahmen des Währungssystems des Goldstandards (→ internationaler Goldstandard) für die einzelnen Währungen festgelegte Goldmenge, zu der die jeweilige Währung umgetauscht werden konnte.

Goldpreis – 1. Bis Anfang der 1970er-Jahre betrug der Goldpreis des amerik. → Federal Reserve System (FRS) 35 US-Dollar je Feinunze. Dieser für die intervalutarischen Beziehungen zwischen den Zentralbanken der Mitgliedsländer des IWF verbindliche Goldpreis bestimmte auch den Goldpreis am freien Markt. – 2. Seit März 1968 bewegten sich offizieller und freier Goldpreis auseinander (gespaltener Goldmarkt). Die Zentralbanken verpflichteten sich, auf den Goldmärkten nicht mehr zu intervenieren. – 3. Nachdem der offizielle Goldpreis seine Bedeutung eingebüßt hatte (Suspendierung der Goldeinlösungszusage des Federal Reserve System am 15.8.1971), beschloss der IWF seine Abschaffung. – 4. Die wichtigsten Goldpreisnotierungen erfolgen in Europa auf den Märkten in Zürich, Paris und London.

Goldreserven – Gold spielte über Jahrhunderte aufgrund des → Goldgehaltes verschiedener Währungen (Feingoldgewicht von Goldmünzen sowie des Feingehaltes von Währungseinheiten, der sich aufgrund der gesetzlichen Vorschriften errechnete) eine bedeutende Rolle im Geld- und Bankenwesen. Dazu trugen auch sog. Goldklauseln als → Wertsicherungsklauseln, d.h. vertragliche Vereinbarungen über die Rückzahlung einer Schuld in Gold bzw. Goldwert bei. Nach dem Zusammenbruch des Systems von Bretton Woods (1944) im Jahre 1971, indem die Leitwährung US-Dollar mit 35 Dollar je Feinunze Gold konvertierbar war, erlebte das Gold einen starken Rückgang seiner Bedeutung in internationalen Finanzsystemen. – Heute beschränkt sich die wirtschaftliche Bedeutung von Gold v.a. auf den Rohstoffbedarf der Industrie sowie auf die Goldreserven als Teil der Weltwährungsreserven. Zentralbanken verkaufen jährlich bedeutende Goldreserven. Im Jahr 1999 schlossen 15 Notenbanken das sog. Central Bank Gold Agreement (CBGA I). Dieses regelte die Volumina der Goldverkäufe für die folgenden fünf Jahre. Die Verkaufsobergrenze lag bei 400 t pro Laufzeitjahr. Das CBGA II (2004-2009) erhöhte die maximale Verkaufsmenge auf 500 t. Das Goldabkommen CBGA III (2009-2014) vereinbart derzeit 400 t pro Jahr. Die europäischen Zentralbanken halten rund 45 Prozent der weltweiten offiziellen Goldreserven, die → Deutsche Bundesbank allein ca. 3.400 t.

Goldstandard – dadurch charakterisiert, dass die → Geldmenge eines Landes entweder buchstäblich in Gold definiert ist – sei es, indem geprägtes Gold als Geld fungiert, oder sei es, indem → Papiergeld auf Goldeinheiten lautet -, oder dass die → Notenbank einen bestimmten Preis zwischen der Geldeinheit (z.B. Euro) und Gold garantiert und jederzeit in unbeschränkter Menge zu entsprechenden Umtäuschen bereit ist. Wenn dies mehrere Länder zugleich tun, dann sind auch die relativen Preise zwischen den verschiedenen nationalen Währungen, d.h. die nominellen → Wechselkurse fixiert. Bei einem reinen Goldstandard wäre die Geldmenge wertgleich dem monetär genutzten Goldbestand eines Landes.

Goldumlaufwährung → Goldwährungen.

Goldwährungen → Währungssysteme, in denen Gold entweder als gesetzliches Zahlungsmittel dient (Goldumlaufwährung) oder in denen das Geld zumindest jederzeit in Gold eingelöst werden kann. – *Merkmale:* (1) Fester Goldpreis (→ Goldparität) durch Bestimmung des Feingoldgehalts der Geldeinheit; (2) allg. Recht auf Besitz und Verwendung des Goldes (auch zu Zahlungen) zu dieser Parität; (3) Goldankaufs- und Geldeinlösepflicht der Zentralbank zur Aufrechterhaltung der Parität; (4) freier Goldaußenhandel.

Goldwährungsmechanismus → internationaler Goldstandard.

Goldwertklausel – historischer Zusammenhang, welcher die Höhe einer Forderung nach dem Preis einer bestimmten Menge Goldes bestimmende Wertsicherungsklausel (→ Goldklausel) festlegte. War nur mit Genehmigung der Deutschen Bundesbank zulässig (§ 3 Währungsgesetz).

Golf-Kooperationsrat – auch GCC (engl. für *Gulf Cooperation Council*). 1981 in Abu Dhabi gegründete Organisation mit dem Ziel der Kooperation in den Bereichen Sicherheitspolitik, Wirtschaft und Außenpolitik. 1982 wurde der Warenverkehr liberalisiert und das Ziel einer Währungsunion formuliert. Die Währungsunion soll ab 2010 realisiert werden, jedoch lassen organisatorische Streitigkeiten und Konvergenzprobleme einiger Mitgliedsländer an einer vollen Umsetzung zweifeln. Seit 2003 besteht eine Zollunion. – *Sitz:* Riad (Saudia Arabien). – *Mitglieder:* Bahrain, Katar, Kuweit, Oman, Saudi Arabien, Vereinigte Arabische Emirate. – Mitgliedsantrag von Jemen.

Good Governance – im Rahmen der entwicklungspolitischen Debatte der 1990er-Jahre entwickelter Sammelbegriff für → Best Practices im Bereich des Regierungshandelns entwickelt. Darunter versteht man u.a. die effiziente Gestaltung der öffentlichen Verwaltung und die Einbeziehung wichtiger gesellschaftlicher Gruppen und Minderheiten in die demokratische Entscheidungsfindung. Zunehmend wird darunter auch die Eindämmung von Korruption und Vetternwirtschaft verstanden, sowie die Errichtung rechtsstaatlicher und transparenter Beziehungen zwischen öffentlichem und privatem Sektor. Der Begriff hat nicht nur Effizienzaspekte, vielmehr erhält er zunehmend auch eine ethische Dimension. – Vgl. auch → Global Governance.

Goodness-of-Fit-Test → statistische Testverfahren.

Goodwill → Firmenwert, → Praxiswert.

Goodwin-Modell – Modell der → Konjunkturtheorie, von Goodwin (1967) entwickelt und besteht aus einem zweidimensionalen → Differenzialgleichungssystem. Die Konjunkturschwankungen ergeben sich aus einem Konflikt zwischen Lohnquote und Beschäftigungsquote. Ist die Beschäftigungsquote hoch, setzen die Beschäftigten hohe Lohnforderungen durch, und die Profitquote sinkt. Als Folge reduzieren die Unternehmen ihren Output und die Beschäftigung. Dieser Porzess hält an bis die Verhandlungsmacht der Beschäftigten so stark abgenommen hat, dass sie die Lohnquote fällt. Dann läuft der Prozess in umgekehrter Richtung mit steigendem Output und Beschäftigung bis sich derZyklus vollendet hat. Dieses Modell gehört zur Klasse der → Räuber-Beute-Modelle, in dem die Beschäftigungsquote die Beute und die → Lohnquote den Räuber darstellt.

Gossen – Hermann Heinrich, 1810–1858, zunächst Beamter, dann Geschäftsmann. Gossen ist einer der originellsten Denker in der Geschichte der Nationalökonomie, der erst nach seinem Tod die verdiente Anerkennung fand. In seiner einzigen Veröffentlichung „Entwicklung der Gesetze des menschlichen Verkehrs und der daraus fließenden Regeln für menschliches Handeln" (1854) schuf er die Grundlage der neoklassischen Nutzen- und → Preistheorie. Die Essenz seiner Nutzentheorie sind die → Gossenschen Gesetze. In der Preistheorie hat er spätere Ansätze – wie die Theorie des Arbeitsangebots oder die Rententheorie – vorweggenommen. → Jevons hat das Werk zufällig entdeckt und – ebenso wie → Walras – seine fundamentale Bedeutung für die → Neoklassik erkannt.

Gossensche Gesetze – Theoreme der → Haushaltstheorie; gehen auf → Gossen (1810–1858) zurück. Sie stellen die inhaltliche Umsetzung der kardinalen → Nutzentheorie dar. – 1. Durch das *erste* Gossensche Gesetz wird die Beziehung zwischen dem → Grenznutzen und der Konsummenge eines → Gutes hergestellt. – *Prämisse:* Unabhängigkeit der Nutzenposition von allen anderen Gütern und Wirtschaftssubjekten. Mit zunehmender Konsumtion eines Gutes sinkt nämlich dessen Grenznutzen, und bei einem Grenznutzen von Null wird schließlich ein Sättigungspunkt erreicht, an dem für keine weitere Einheit des Gutes Geld aufgewendet wird. – 2. Nach dem *zweiten* Gossenschen Gesetz verteilt (bei rationalem Verhalten) ein → Haushalt sein → Einkommen so auf die verschiedenen Güter seines Begehrskreises, dass der in Geldeinheiten gemessene Grenznutzen des Einkommens in allen Verwendungen gleich ist (Gesetz von Ausgleich der Grenznutzen).

Governance – Regierungshandeln im weitesten Sinn. – Vgl. auch → Good Governance, → Global Governance.

Governance-Structure-Theorie der Unternehmung → Neoklassische Theorie der Unternehmung, wobei sie sich als Weiterentwicklung der → Transaktionskostentheorie der Unternehmung sowie als moderne Institutionentheorie versteht. – Nach Williamson ist ökonomische Organisation als *Vertragsproblem* zu fassen. → Verträge regeln → Transaktionen, wobei Transaktionskosten ex ante und ex post

Governance-Structure-Theorie der Unternehmung

Wirkung der Determinanten Häufigkeit und Spezifität bei gegebener mittlerer Unsicherheit auf die Wahl der governance structure nach Williamson		Investitionsmerkmale		
		unspezifisch	gemischt spezifisch	hochspezifisch
Häufigkeit der vorgenommenen Transaktionen	gelegentlich	Marktkontrolle (klassischer Vertrag)	dreiseitige Kontrolle (neoklassische Verträge)	
	wiederholt	Marktkontrolle (klassischer Vertrag)	zweiseitige Kontrolle	vereinheitlichte Kontrolle (vertikale Integration)
			(Kooperation bzw. relationale Verträge)	

Quelle: Williamson, O. E., Die ökonomischen Institutionen des Kapitalismus, Tübingen 1990, S. 89

entstehen, weil die Verhandlungen ex post davon abhängen, ob der Vertrag vollständig ex ante spezifiziert worden ist und auch alle zukünftigen Ereignisse, die den Vertragsgegenstand berühren, vorhersehen und erfassen kann. Ex ante vollständige Verträge würden allerdings sehr hohe Transaktionskosten verursachen und eine entsprechend hohe Rationalität erfordern. – *Annahmen* der begrenzten Rationalität und Opportunismus einerseits und Komplexität/ → Unsicherheit und Spezifität andererseits ergeben zusammen die Transaktionskostenprobleme. Das Begriffspaar begrenzte Rationalität/Komplexität schließt aus, dass Verträge ex ante vollständig spezifiziert werden können. Das Begriffspaar Opportunismus/Spezifität bildet die Quelle hoher Ex-Post-Transaktionskosten bei Nachverhandlungen bzw. Vertragsanpassungen (fundamentale Transformation). Spezifität ist die Hauptdeterminante der Transaktionskosten, vor Unsicherheit und Häufigkeit. – Williamson unterscheidet *Spezifität* von physischen Aktiva, Humankapital, Raum und sog. (Vertrags-)Geiseln (Widmungsspezifität, → spezifische Investitionen). Spezifität ist eine Eigenschaft von Investitionen, deren Wert vom Fortbestand der Vertragsbeziehung abhängt und somit → Quasirenten erzeugt, die sich opportunistische Vertragspartner anzueignen drohen, wenn Vertragsanpassungen erforderlich werden. – Ausgehend von einer Markt-Hierarchie-Polarisierung untersucht Williamson die *Make-or-Buy-Entscheidung* und fragt, warum und welche Transaktionen in einer Unternehmung selbst durchgeführt werden, während andere über den Markt bezogen werden. Vertikale Integration von Transaktionen in eine Unternehmung sind eine Folge (bes. spezifitätsbedingt) zu hoher Transaktionskosten des Marktes (→ Marktversagen, → Grenzen der Unternehmung). Die Hierarchie hat begrenzte Transaktionskostenvorteile, die bes. bei spezifischen Transaktionen wirksam werden (Kontrollmechanismen, sequenzielle Anpassungsvorteile etc.). Diese *Vorteile* sind wegen der entstehenden Organisationskosten begrenzt, sodass die Integration nur ausgewählter Transaktionen erfolgt. Dabei werden verschiedene Organisationsstrukturen miteinander verglichen. – Die *Organisationsstruktur der Unternehmung* dient der Verringerung der Transaktionskosten durch die Ökonomisierung der Folgen begrenzter Rationalität. Die Evolution von der funktionalen zur multidivisionalen bzw. konglomeraten (→ Theorie der Mehrproduktunternehmung) und multinationalen Unternehmung folge einer *Ökonomisierung der Transaktionskosten*. Die Technik (Unteilbarkeiten) sei in den seltensten Fällen Ursache für Integration, da eine Technik nicht an eine Organisationsform gebunden sei, also ganz verschieden organisiert werden könne. Folglich entscheiden die Transaktionskosten über die Wahl der Organisationsform, nicht die Technik. – Williamson entwirft selbst ein umfassenderes Schema, das auch die vielfältigen *Kooperationsformen* (relationale Verträge) erfasst. Im Kern geht es darum, die verschiedenen Transaktionen entsprechend ihren Eigenschaften (Spezifität, Unsicherheit, Häufigkeit) eindeutig verschiedenen Koordinationsstrukturen zuzuordnen, wobei unterstellt wird, es werden die Transaktions- und Produktionskosten minimiert (vgl. Abbildung „Governance-Structure-Theorie der Unternehmung"). – Gegen den Ansatz von Williamson wird zunehmend *Kritik* geäußert: Es fehlten dynamische Transaktionskosten, bes. Informationsübertragungskosten, um die Grenzen der Unternehmung zu erklären. Spezifität besitze keine eindeutige Wirkung auf die Integrationsentscheidung. Die Vernachlässigung von Technik und Innovationen bzw. der Entwicklung technischer Möglichkeiten führe dazu, dass die Erklärung der Entwicklung von Organisationsstrukturen zu kurz greife, v.a. weil die Technik als gegeben und frei zugänglich unterstellt wird. Diese Kritikpunkte werden von den → dynamisch-evolutorischen Theorien der Unternehmung aufgegriffen, die demzufolge die Grenzen der Unternehmung u.a. von der Marktdynamik abhängig machen.

Gozinto-Graph – ein → Graph, der in der Fertigungsplanung zur Produkt- und Teilbedarfsrechnung sowie als Vorstufe zur Fertigungstermin- und Maschinenbelegungsplanung dient. Vazsonyi prägte den Begriff scherzhaft, indem er die Vorgehensweise auf den (nicht existierenden) italienischen Mathematiker Gozinto zurückführte, dessen Name für „the part that goes into" steht. – *Ableitung*: Für jedes Erzeugnis der industriellen Produktion lässt sich angeben, aus welchen → Baugruppen und Einzelteilen es besteht und wie viele Mengeneinheiten davon benötigt werden, um eine Einheit des Erzeugnisses zu produzieren. Diese Erzeugnisstrukturdaten bilden die Stückliste des Produktes. Anhand dieser Stückliste lässt sich ein Erzeugnisbaum für das Produkt konstruieren. Die Knoten symbolisieren die Einzelteile, Baugruppen und das Fertigprodukt. Die Verbindungspfeile zeigen die Richtung des Materialflusses an. Die Stärke des Materialflusses wird durch Mengenangaben neben den Pfeilen angegeben. Da jedoch mehrere Teile in mehrere Endprodukte eingehen, ist eine solche Darstellung redundant. Daher wurde eine kompaktere Darstellungsform entwickelt – der Gozinto-Graph. – Im Gozinto-Graph treten alle Teile und Beziehungen nur einmal auf, sodass eine Datenredundanz vermieden wird. Der Gozinto-Graph dient somit der grafischen Veranschaulichung der heute zumeist in Datenbanksystemen gespeicherten Stücklisten.

GP – *systematisches Güterverzeichnis für Produktionsstatistiken;* momentan gültig i.d.F. GP 2009; tiefere Untergliederung der europäischen → CPA bzw. der → PRODCOM-Liste. Das GP ist die Grundlage für die Durchführung der → Produktionsstatistik in Deutschland. Nachgewiesen werden produzierte Güter aus den Bereichen Bergbauerzeugnisse, Steine und Erden sowie hergestellte Waren. Anders als die letzte Version von 2002 enthält die aktuelle Fassung damit die Bereiche Energie- und Wasserversorgung, Sekundärrohstoffe und Fertigteilbau nicht mehr. Das GP ist konzeptionell eng mit der → NACE und der → WZ verbunden. Damit ist es möglich, eine Verknüpfung zwischen den Tätigkeiten der Wirtschaftsbereiche und den produzierten Gütern herzustellen. Zur Definition und Abgrenzung der Positionen wurde auf das → Harmonisierte System zur Bezeichnung und Codierung von Waren (HS) und die → Kombinierte Nomenklatur zurückgegriffen, wodurch eine Vergleichbarkeit der Ergebnisse der Außenhandels- mit der Produktionsstatistik ermöglicht wird. Die Zuordnung der Waren erfolgt nach dem Schwerpunktprinzip zu der Gruppe, die dem Wirtschaftszweig entspricht, in dem die jeweilige Ware überwiegend hergestellt wird. Das GP wird bspw. als Erhebungsklassifikation in der vierteljährlichen Produktionserhebung verwendet. Eine Revision des GP erfolgt in etwa im Abstand von fünf Jahren. Die letzte Revision auf die Version 2009 umfasst dabei anders als frühere Aktualisierungen umfangreiche strukturelle Änderungen und eine Neufassung der Kodierung der einzelnen Positionen. Hintergrund dieser umfangreichen Änderungen sind Anpassungen an die internationalen Referenzklassifikationen. – Vgl. auch → Klassifikationen.

GPRS – Abk. für → General Packet Radio Service.

GPÜ – Abk. für → Gemeinschaftspatentübereinkommen.

Grad der Behinderung (GdB) – Begriff des Schwerbehindertenrechts, der das Ausmaß der Auswirkung einer nicht nur vorübergehenden Funktionsbeeinträchtigung angibt, die auf einem regelwidrigen körperlichen, geistigen oder seelischen Zustand beruht. Auf die Ursache der Funktionsbeeinträchtigung (Behinderung) kommt es nicht an. Regelwidrig ist der Zustand, der von dem für das Lebensalter typischen abweicht. Als nicht nur vorübergehend gilt ein Zeitraum von mehr als sechs Monaten. Die Auswirkung der Funktionsbeeinträchtigung ist als GdB, nach Zehnergraden abgestuft, von 20 bis 100 festzustellen. Bei mehreren Funktionsbeeinträchtigungen ist die Gesamtauswirkung maßgeblich (§ 68 III SGB IX), wobei jedoch keine bloße Addition der einzelnen GdB für die einzelnen Funktionsstörungen erfolgt.

Graduiertenförderung – Stipendium vornehmlich zur Förderung des Hochschullehrernachwuchses, bes. nach dem Abschluss eines Hochschulstudiums zur Vorbereitung auf die → Promotion oder zum Weiterstudium mit verstärkter Beteiligung an der Forschung. – Vgl. auch → Ausbildungsförderung.

Grafik → grafische Darstellung.

Grafikdesigner → Werbeberufe.

Grafiktablett – *Digitalisiertablett;* → Eingabegerät für bereits vorhandene Grafik (→ grafische Darstellung); besteht aus einem elektronischen Tablett und einem angekoppelten frei beweglichen Markierer. Zur Digitalisierung (→ digitale Darstellung) wird die Vorlage auf das Tablett gespannt und danach der Markierer auf die zu erfassenden Punkte der Grafik geführt, deren Koordinaten dadurch gespeichert werden.

grafische Darstellung – *Schaubild;* zeichnerische Wiedergabe von statistischen Daten oder Funktionen, bes. von Häufigkeitsverteilungen, Lagemaßen, Zeitreihendaten und Beobachtungswertepaaren. – *Arten:* → Histogramm, → Kreisdiagramm, → Kurvendiagramm, → Stabdiagramm, Box-Plot, → Streuungsdiagramm.

grafische Datenverarbeitung – *Computer Graphics;* zusammenfassende Bezeichnung für alle Techniken und Anwendungen der → elektronischen Datenverarbeitung, bei denen Bilder ein- oder ausgegeben werden. – Wird häufig auch mit eingeschränkter Bedeutung als Synonym für die *Bildgenerierung* (generative grafische Datenverarbeitung) benutzt.

grafisches Kernsystem (GKS) – funktionale Definition eines grafischen Basissystems, d.h. des Kerns eines Grafiksystems; national (DIN 66 252 vom April 1986) und international (ISO 7942) als Norm festgelegt. – Grafisches Kernsystem definiert unabhängig von → Hardware, → Programmiersprachen oder → Betriebssystemen (BS) die Grundfunktionen für die Erzeugung und Manipulation computergenerierter Bilder.

Grandfathering → Umweltzertifikat.

Granger – Clive William John, geb. 1934, britischer Ökonometriker, der an der University of California in San Diego lehrt; → Nobelpreis für Wirtschaftswissenschaften 2003 (zusammen mit → Engle). Granger hat die Basis für die moderne Zeitreihenanalyse geschaffen und auf fast allen Gebieten dieser Analyse Pionierarbeit geleistet. So entwickelte er Methoden für ökonomische Zeitreihen mit gemeinsamem Trend („Kointegration"). Unter seinen zahlreichen Publikationen über Zeitreihen sei der Sammelband hervorgehoben: „Essays in Econometrics: Collected Papers of Clive W.J. Granger", 2 Bde. (2001).

Granger-Kausalität – von Granger (1969) vorgeschlagene spezielle Kausalitätsdefinition, nach der eine Variable X für eine Variable Y „Granger-kausal" ist, wenn die Erklärung von Y_t nach Berücksichtigung einer bestimmten Anzahl s von verzögerten Variablen $Y_{t-1},\ldots,Y_{t-s}$ durch Hinzufügen verzögerter Werte von X verbessert werden kann. – Zum Test auf Granger-Kausalität wird ein Modell $Y_t = \beta_0 + \beta_1 Y_{t-1} + \ldots + \beta_1 Y_{t-s} + \alpha_1 X_{t-1} + \ldots + \alpha_1 X_{t-s} + \varepsilon_t$ geschätzt. Für ein solches kann dann die Nullhypothese H_0: $\alpha_1 = \ldots = \alpha_s = 0$ mittels eines → F-Tests für das multiple Regressionsmodell oder Wald-Tests geprüft werden, wobei der → Wald-Test in der Praxis bevorzugt wird. Kann H_0 abgelehnt werden, ist X „Granger-kausal" für Y.

Graph – I. Mathematik: grafische Darstellung einer → Funktion im → Koordinatensystem.

II. Operations Research: 1. *Typen:* a) Ein *ungerichteter Graph* besteht aus einer Menge *V* von *Knoten* und einer Menge *E* von *Kanten*, wobei ein Element *e* aus *E* einer zwei-elementige Teilmenge *e={i, j}* von Knoten entspricht. Man sagt: *i* und *j* sind die Endknoten der Kante *e*. – *b)* Ein *gerichteter Graph* besteht aus einer Menge *V* von *Knoten* und einer Menge *A* von *Bögen* oder *Pfeilen*, wobei ein Element *a* aus *A* einem geordneten Paar *a=(i, j)* von Knoten entspricht. Man sagt: *i* ist *Anfangs-* und *j* ist *Endknoten* von a. Ein Knoten i heißt *Vorgänger* bzw. *Nachfolger* des Knoten j, falls ein Pfeil (i, j) bzw. (j, i) existiert. Vorgänger und Nachfolger werden als Nachbarn bezeichnet. – Vgl. auch → Flussgraph, → bewerteter Digraph. – 3. *Darstellung:* Anschaulich kann jeder Knoten als ein Punkt und jede Kante (bzw. jeder Pfeil) mit einer Verbindungslinie (bzw. gerichteten Verbindungslinie) zwischen den zugeordneten Knoten dargestellt werden.

Graph

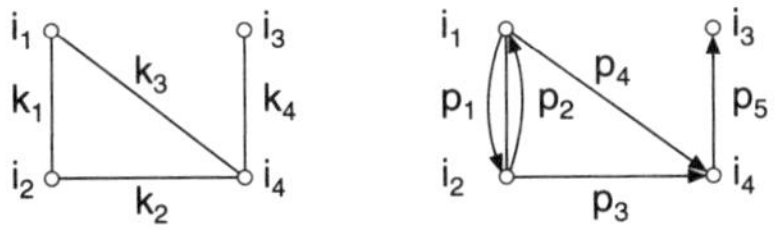

Graphentheorie – Teilgebiet der diskreten Mathematik, das sich mit der Untersuchung von → Graphen beschäftigt. V.a. im Bereich des → Projektmanagements (PM) und der → Logistik haben die aus der Graphentheorie resultierenden Verfahren der → Netzplantechnik praktische Anwendung gefunden.

Gratifikation – I. Begriff: Sonderzuwendungen, die der Arbeitgeber aus bestimmten Anlässen (z.B. Weihnachten, Dienstjubiläum, Urlaub) neben dem → Arbeitsentgelt gewährt. Gratifikationen sind keine Schenkungen; sie sind i.d.R. Anerkennung für geleistete Dienste und Anreiz für weitere Dienstleistung. Abzugrenzen von solchen Sonderzuwendungen sind Ansprüche des Arbeitnehmers auf einen Bonus aufgrund einer Zielvereinbarung bestehen (→ Bonusanspruch, → Zielvereinbarung). – Auf die Zahlung einer Gratifikation besteht weder kraft Gesetzes noch aufgrund der → Fürsorgepflicht des Arbeitgebers ein Rechtsanspruch.

II. Rechtsgrundlage: Neben einer ausdrücklichen vertraglichen Zusage (→ Arbeitsvertrag) oder einer Kollektivvereinbarung (→ Tarifvertrag, → Betriebsvereinbarung) kommen u.a. Gleichbehandlungsgrundsatz (→ Gleichbehandlung) und → betriebliche Übung in Betracht. – 1. *Tarifvertrag:* Im Zweifel wird mit einer im Tarifvertrag vereinbarten Sonderzahlung überwiegend im Bezugszeitraum geleistete Arbeit zusätzlich vergütet. – 2. *Betriebliche Übung:* Nach der Rechtsprechung besteht ein Anspruch auf die Gratifikation, wenn der Arbeitgeber dreimal hintereinander vorbehaltlos eine Gratifikation zahlt. Dieser Anspruch kann i.d.R. nicht durch Betriebsvereinbarung wieder beseitigt werden. – 3. *Einzelarbeitsvertrag:* Ein entsprechend begründeter Anspruch auf Gratifikation kann nur durch → Abänderungsvertrag oder im Wege der → Änderungskündigung beseitigt werden. – 4. *Gleichbehandlungsgrundsatz:* Es entsteht dann ein Anspruch auf Gratifikation, wenn der Arbeitgeber allg. Gratifikationen zahlt, jedoch einzelne Arbeitnehmer oder Gruppen willkürlich ausnimmt. Der Ausschluss ist aber gerechtfertigt bei → Kündigungen des Arbeitsverhältnisses, häufigen unberechtigten Fehlzeiten des Arbeitnehmers und bei geringer Dauer der Betriebszugehörigkeit. Unzulässig ist ein Ausschluss bei → betriebsbedingter Kündigung, es sei denn, der Tarifvertrag enthält eine entsprechende Klausel. – 5. Wird die Gratifikation freiwillig, *ohne Anerkennung einer Rechtspflicht* für die Zukunft gezahlt, so steht die Zahlung der Gratifikation im Ermessen des Arbeitgebers. Zulässig ist auch ein Widerrufsvorbehalt, allerdings müssen die Widerrufsgründe genannt werden. Vertragsklauseln mit Freiwilligkeit- und Widerrufsvorbehalt müssen AGB-fest formuliert sein (→ Allgemeine Geschäftsbedingungen im Arbeitsrecht). Auch bei einem wirksamen Freiwilligkeits- oder Widerrufsvorbehalt ist der Gleichbehandlungsgrundsatz zu beachten.

III. Anspruch: 1. *Höhe:* Richtet sich nach der ausdrücklich oder stillschweigend getroffenen Vereinbarung. – 2. *Wegfall:* Besteht das Arbeitsverhältnis am vorgesehenen Stichtag nicht mehr oder sind sonst die Voraussetzungen (z.B. keine Fehlzeiten) nicht erfüllt, entfällt der Anspruch; anders bei Leistungen mit reinem Entgeltcharakter, z.B. einem 13. Monatsgehalt.

IV. Rückzahlungsklauseln: 1. Der *Rückzahlungsvorbehalt* muss eindeutig vereinbart sein. Eine Rückzahlungspflicht besteht dann nicht, wenn der Arbeitgeber kündigt, ohne dass ihm der Arbeitnehmer hierfür einen Anlass gegeben hat. – 2. Die durch Rückzahlungsklauseln angestrebte Bindung des Arbeitnehmers an den Betrieb kann so stark sein, dass dem Arbeitnehmer die Freiheit zur Kündigung des Arbeitsverhältnisses genommen wird. Die Rechtsprechung hat deshalb *Regeln über das zulässige Maß der Betriebsbindung* aufgestellt. Gratifikationen bis zur Höhe von ca. 100 Euro können überhaupt nicht mit einer Rückzahlungsklausel verbunden werden. Bei einer Weihnachtsgratifikation, die ein Monatsgehalt erreicht, kann die Kündigung bis nach dem 31. März des Folgejahres ausgeschlossen werden. Erreicht die Gratifikation keine zwei Monatsgehälter, kann i.Allg. keine Bindung über den 30. Juni erfolgen. – 3. Sind Rückzahlungsklauseln wegen zu langer Bindung *unzulässig*, ist nicht die Zusage der Gratifikation überhaupt, sondern nur die zu lange Bindung nichtig. Hält der Arbeitnehmer die rechtlich zulässigen Fristen nicht ein, muss er den gesamten Betrag der Gratifikation zurückzahlen.

V. Pfändung: Die Weihnachtsgratifikation ist bis zur Höhe der Hälfte des monatlichen

Arbeitseinkommens, höchstens aber bis zum Betrag von 500 Euro unpfändbar (§ 850a Nr. 4 ZPO); für Unterhaltsansprüche vgl. § 850d I ZPO. – Vgl. auch → Lohnpfändung.

VI. Kostenrechnung: Gratifikationen werden zumeist gleichmäßig im Rahmen der → Personalnebenkosten auf das Jahr verteilt.

VII. Steuerrecht: Gratifikationen, die mit einem Dienstverhältnis zusammenhängen, gehören zu den → sonstigen Bezügen, soweit sie nicht fortlaufend gezahlt werden. Werden Gratifikationen regelmäßig mit dem üblichen Arbeitslohn gezahlt, sind sie als laufender → Arbeitslohn zu versteuern.

Gratisaktie – im Rahmen einer → Kapitalerhöhung aus Gesellschaftsmitteln neu ausgegebene Aktie (→ junge Aktien), die den alten Aktionären aus Kapitalrücklagen und Gewinnrücklagen ohne Zuzahlung zur Verfügung gestellt wird. Dabei erfolgt ohne Zufluss neuer Mittel eine Erhöhung des Grundkapitals. Für im Umlauf befindliche Stückaktien ist keine Ausgabe von Gratisaktien erforderlich, da die Kapitalerhöhung den Wert der Stückaktie entsprechend erhöht. – *Steuerliche Behandlung:* → Freiaktie.

Gratisprobe → Warenprobe.

Gratiszugabe → Zugabe.

grauer Markt – Absatz von Waren (→ Handelswaren) unter Umgehung privatrechtlicher Vereinbarungen über Vertriebswege, die nicht vom Hersteller autorisiert sind. – *Anders:* → Schwarzhandel.

Grauimport → Reimport.

Gravitationsmodell → Modell zur Beschreibung und Erklärung von räumlichen Interaktionen.

Green Clause – Vermerk in Packing-Credit-Akkreditiven (→ Packing Credit), mit dem die akkreditiveröffnende Bank eine andere Bank (Zweitbank) ermächtigt, unter bestimmten vereinbarten Bedingungen, einen im Akkreditiv festgelegten Vorschuss an den Akkreditivbegünstigten zu zahlen. Somit erhält der Exporteur eine Vorfinanzierung für die zu liefernde Ware um z.B. Rohstoffe einzukaufen oder einen Teil der Produktionskosten zu decken. Die Green Clause kommt in der Praxis kaum vor.

Green-Clause-Akkreditiv → Packing Credit.

Greenwashing – bezeichnet den Versuch von Unternehmen, durch Marketing- und PR-Maßnahmen ein „grünes Image" zu erlangen, ohne allerdings entsprechende Maßnahmen im Rahmen der Wertschöpfung zu implementieren. Bezog sich der Begriff ursprünglich auf eine suggerierte Umweltfreundlichkeit, findet dieser mittlerweile auch für suggerierte Unternehmensverantwortung Verwendung. – Vgl. → Corporate Social Responsibility.

Gremium → Kollegium.

Grenzanbieter → marginaler Anbieter, → polypolistische Preisbildung.

Grenzarbeitnehmer – im Zollrecht verwendeter Ausdruck für → Grenzgänger. Die Abgabenfreiheit für Reisemitbringsel ist bei Grenzarbeitnehmern auf kleinere Mengen und reduzierte Warenwerte beschränkt, § 3 EF-VO.

Grenzaufsicht – Sicherung der Zollgrenze (→ Zollgebiet) und Überwachung des → grenznahen Raums, der Freizonengrenze beim Kontrolltyp I (→ Freizone) und der Zollflugplätze durch den Grenzaufsichtsdienst (vgl. § 14 Zollverwaltungsgesetz).

Grenzausgabe – Ausgabenzuwachs, der beim Kauf einer zusätzlichen Mengeneinheit eines Gutes oder Faktors entsteht. Sie hängt vom Verlauf der → Preisbeschaffungsfunktion ab. Mit den Ausgaben A = p · X bestimmt sich die Grenzausgabe als:

$$\frac{dA}{dx} = p + x\frac{dp}{dx}$$

Im Fall der *linearen Preisbeschaffungsfunktion* p = αx ergibt sich:

$$\frac{dA}{dx} = 2\alpha x$$

(wegen A = px = αx^2). – Die *Grenzausgabenfunktion* verläuft oberhalb der Preisbeschaffungsfunktion (vgl. Abbildung „Grenzausgabe").

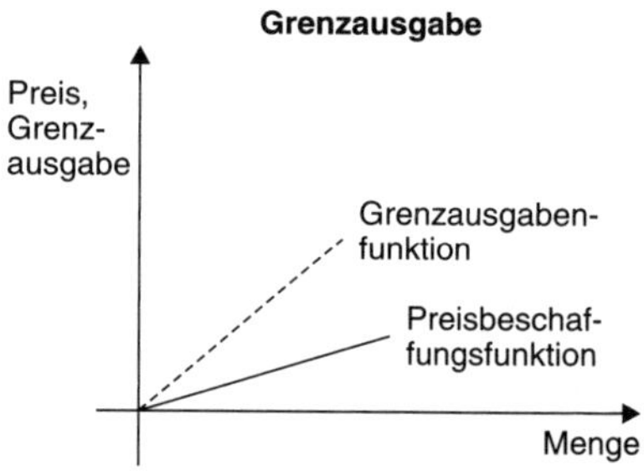

Im Fall des *Mengenanpasserverhaltens* (→ Polypol) gilt:

$$\frac{dA}{dx} = p \text{ (wegen} \frac{dp}{dx} = 0).$$

Grenzbeschlagnahme – Mit dem Gesetz zur Bekämpfung der Produktpiraterie (PrPG) vom 7.3.1990 (BGBl. I 422) sind für → gewerbliche Schutzrechte und → Urheberrechte Vorschriften über die Grenzbeschlagnahme ergangen (§ 111a UrhG, § 55 GeschmMG , § 142a PatG, § 25a GebrMG, § 9 II HalbleiterSchG, § 40a SSchG), die vorsehen, dass schutzrechtsverletzende Waren bei ihrer Ein- oder Ausfuhr der Beschlagnahme durch die Zollbehörden unterliegen, wenn der Rechtsinhaber einen entsprechenden Antrag stellt und die Schutzrechtsverletzung offensichtlich ist. Die Beteiligten sind von der Beschlagnahme unverzüglich zu unterrichten. Wird nicht binnen zwei Wochen ab Zustellung der Mitteilung widersprochen, ordnet die Zollbehörde die Einziehung an. Im Fall des Widerspruchs muss der Schutzrechtsinhaber binnen zwei Wochen eine vollziehbare gerichtliche Entscheidung vorlegen, die die Verwahrung oder eine Verfügungsbeschränkung anordnet, jedenfalls aber nachweisen, dass die Entscheidung beantragt und ihm noch nicht zugestellt ist; andernfalls hebt die Zollbehörde die Beschlagnahme auf. Ungerechtfertige Grenzbeschlagnahme verpflichtet den Antragsteller zum Schadensersatz. Im Markenrecht gilt die Regelung nur, soweit nicht die VO/EWG 1383/2003 des Rates vom 22.7.2003 (ABl. EG Nr. L 196,7) anwendbar ist (§ 146 I MarkenG).

Grenzen der Besteuerung – möglicher (maximaler) Grad der Ausschöpfung einer einzelnen Steuerquelle bzw. der fiskalischen Ergiebigkeit eines gesamten Steuersystems. – 1. *Rein ökonomische Grenzen der Besteuerung*: Vom → Nationaleinkommen ausgehend soll langfristig eine Substanzbesteuerung (→ Substanzsteuern) ausgeschlossen werden. Eine zunehmend progressive Einkommensbesteuerung kann das Arbeitsangebot der Wirtschaftssubjekte mindern, eine hohe Gewinnbesterung kann das Investitionsverhalten der Unternehmen negativ beeinflussen. – 2. *Ordnungspolitische Grenzen der Besteuerung*: Sie liegt in einem marktwirtschaftlichen System deutlich unter der ökonomisch ermittelten Grenze (→ Steuerquote). – 3. *Wirtschaftspolitische Grenzen der Besteuerung*: Wachstums- (d.h. kapitalbildungs-) und konjunkturpolitische Ziele (Flexibilität des Steueraufkommens) begrenzen das Ausmaß des steuerlichen Eingriffs. Um bei wirtschaftspolitischer Zielvorgabe der Besteuerung trotzdem ein Maximum an Einnahmen zu erzielen, muss der Gesetzgeber die psychologischen Grenzen der Besteuerung berücksichtigen. – 4. *Psychologische Grenzen der Besteuerung*: Diese sind vielfältig und zeigen sich in jeglichem legalen und illegalen Steuerwiderstand (→ Steuerabwehr, -hinterziehung, -flucht), der sich sogar in Steuerrevolten äußern kann. Um solche Reaktionen zu vermeiden, sollte die Steuertechnik entsprechend verständlich und ausgefeilt sein und möglichst den herrschenden Gerechtigkeitsvorstellungen entsprechen. – Vgl. auch → Steuereinmaleins, → Laffer-Kurve, → Steuerwirkungen.

Grenzen der Staatsverschuldung → Verschuldungsgrenzen.

Grenzen der Unternehmung – 1. *Begriff*: Die Grenzen der Unternehmung stecken den Bereich ab, auf den sich der autonome Wirtschaftsplan einer selbstständigen Unternehmung erstreckt. Die *vertikalen* Grenzen der Unternehmung beziehen sich auf den Anteil der Unternehmung an einer Wertschöpfungskette bzw. auf die Zahl der vertikal aufeinander bezogenen arbeitsteiligen Elementarprozesse, die innerhalb einer Unternehmung ausgeführt werden. Die *horizontalen* Grenzen der Unternehmung werden durch die Breite des Leistungssortiments oder der Zahl der in einer Unternehmung erzeugten Leistungen für Dritte gemessen (→ Mehrproduktunternehmung). Dabei wird unterschieden, in welchem Maße Beziehungen zwischen den Produktlinien bestehen, wobei zwischen zusammenhängenden oder verwandten und unzusammenhängenden oder konglomeraten Relationen unterschieden wird. – 2. *Theorien*: (1) Neoklassisch fundierte Theorien der Unternehmung: → Neoklassische Theorie der Unternehmung; (2) → dynamisch-evolutorische Theorie der Unternehmung.

Grenzen des Wachstums → Wachstumsgrenze.

grenzenlose Unternehmung – I. Begriff: In der Informationsgesellschaft sind neuartige Organisationsformen zu beobachten, die mitunter als grenzenlose Unternehmen bezeichnet werden. Grenzenlos deshalb, weil gestützt auf die zunehmende Durchdringung mit Informationstechniken und Internet flexible, problembezogen konfigurierte Organisationsstrukturen entstehen. Deren rechtliche, fachliche oder hierarchische Grenzen sind aufgrund der leistungsfähigen Vernetzung mit Dritten oft schwer zu erkennen, zudem dehnen sie sich ständig aus und verändern sich. Unternehmen können auf diese Weise mit Kunden, Lieferanten, Märkten, Ressourcen oder Partnern zusammenarbeiten, die zuvor gar nicht oder nur zu prohibitiven Kosten zugänglich waren, also jenseits der traditionellen Unternehmensgrenzen lagen. Zu den wesentlichen Kennzeichen grenzenloser Unternehmen zählen Modularisierung und Prozessorientierung sowie Standortverteilung und Vernetzung.

II. Organisationsstruktur: Kernkonzept der Modularisierung ist die kundenorientierte, integrierte, ganzheitliche Aufgabenabwicklung durch sog. Module, d.h. dezentrale, abgeschlossene, kleine Einheiten. Ein klassisches Beispiel ist ein kundenorientiertes Modul in einer Versicherungsgesellschaft, in dem die gesamte Abwicklung eines Schadenfalls von der Schadensaufnahme über die -bearbeitung bis zur -regulierung ganzheitlich abgewickelt wird. Übernimmt die Abwicklung eine einzelne Person, wird in der Theorie auch von Autarkiemodell gesprochen; sind mehrere Personen als Team für die Abwicklung verantwortlich, handelt es sich um ein sog. Kooperationsmodell. Beide Modelle lassen sich nur deshalb realisieren, weil Informations- und Kommunikationssysteme zur Verfügung stehen, die dem einzelnen Sachbearbeiter bzw. dem Team die benötigten Informationen und Daten flexibel zur Verfügung stellen bzw. die Kommunikation und Koordination sowohl im Team als auch mit weiteren internen oder externen Ansprechpartnern effizient unterstützen, vereinfachen und auch teilweise automatisieren. So kann der Kundenbetreuer bei Bedarf interne Experten oder externe Gutachterbüros und Dienstleister in die Aufgabenabwicklung einbeziehen. Voraussetzung ist, dass letztere ebenfalls als relativ autonome Module flexibel agieren können. Als modernes

Beispiel sind internetbasierte Geschäftsstrukturen im Geschäfts- oder Endkundenbereich zu nennen: Der Kunde erhält über das Modul „Portal" Zugang zu potenziellen Leistungsanbietern (i.d.R. zu Portalanbietern externer Module), die er online ansprechen, kombinieren und für seine Problemlösung aktivieren kann. – Eng mit der Modularisierung ist das Prinzip der Prozessorientierung verbunden, das die Organisationsstruktur nach den zugrunde liegenden Prozessen gliedert. Ein Prozess wird dabei definiert als eine Abfolge von Tätigkeiten, die zu einem bestimmten Ergebnis führen. Der Grundgedanke der Prozessorientierung ist nicht neu. Neu sind jetzt die Integration von Prozessorientierung und Modularisierung im Sinn von organisatorischen Einheiten, die für die ganzheitliche Abwicklung eines (Teil-)Prozesses verantwortlich sind, sowie die Möglichkeit der unternehmensübergreifenden Prozessorientierung, bei der sich die Module verschiedener Unternehmen mit einfachen Schnittstellen verknüpfen lassen. Beispiel ist der oben erwähnte Versicherungssachbearbeiter, der – quasi als Modul – für die gesamte Abwicklung des Prozesses der Schadensbearbeitung verantwortlich ist, für den Kunden als Ansprechpartner zur Verfügung steht und sich bei Bedarf mit anderen unternehmensinternen bzw. -externen Modulen (z.B. externes Gutachterbüro) datentechnisch und organisatorisch vernetzt. Um Spezialisierungsvorteile auszunützen, kann es sich dabei auch um funktionsorientierte Module handeln, die für verschiedene Kunden und Partner tätig sind. Voraussetzung sind Informations- und Kommunikationstechniken, v.a. das Internet, welche die technische Vernetzung der prozess- bzw. funktionsorientierten Module zunehmend unabhängig von ihrem jeweiligen geografischen, rechtlichen oder organisatorischen Standort erlauben. Infolge lassen sich standortverteilte, mobile Formen der Arbeitsteilung realisieren, bei denen die organisatorische Abwicklung der zugrunde liegenden Aufgaben jenseits von bestehenden rechtlichen, wirtschaftlichen, hierarchiebedingten, standortbezogenen oder fachlichen Grenzen erfolgt. Basis sind jeweils auf ihre Kernkompetenzen spezialisierte, prozess- und/oder funktionsorientierte Module in Form von ganzen Unternehmen, Unternehmenseinheiten oder Personen, die sich aufgaben- und projektbezogen zusammenschließen und vernetzen. Dabei kann die Vernetzung (a) langfristig ausgerichtet sein oder sich nur auf die Abwicklung einer abgeschlossenen Aufgabe beziehen, (b) sich durch die zugrunde liegende Aufgabe automatisch ergeben oder bewusst gesteuert werden, (c) auf unterschiedlichen impliziten bzw. expliziten vertraglichen Konstellationen basieren, (d) eher kooperativ oder hierarchisch ausgelegt sein, -(e) einzelne Funktionsbereiche im Unternehmen oder das gesamte Unternehmen umfassen und (f) an einem Standort erfolgen oder global verteilt sein. – Aufgrund dieser unterschiedlichen Konstellationen, der flexiblen Möglichkeiten der Vernetzung und Konfiguration sowie der sich ständig ändernden Unternehmensverbindungen lässt sich oft nicht mehr erkennen, welche Unternehmen an der Aufgabenabwicklung beteiligt sind und wo die tatsächlichen rechtlichen, fachlichen und hierarchischen Grenzen liegen. Daher entstehen Unternehmensgebilde, die – zumindest im Vergleich zu klassischen Unternehmensstrukturen – grenzenlose Züge annehmen.

III. Ausprägungen: Grenzenlose Unternehmen treten in unterschiedlichen Ausprägungen auf. Häufig unterschieden werden virtuelle Unternehmen, Business Webs und Supply Chains. – 1. *Virtuelle Unternehmen* sind „künstliche" Unternehmen, denen es gelingt, die individuellen Kernkompetenzen verschiedener Unternehmen entlang der Wertschöpfungskette aufgaben- und problemorientiert, also kundenbezogen, zu integrieren. Ist die Aufgabe abgeschlossen, löst sich das virtuelle Unternehmen i.d.R. wieder auf. Durch das Prinzip der aufgaben- bzw. problemorientierten Vernetzung und die Möglichkeit der Zusammenarbeit und Vernetzung mit einer Vielzahl von Akteuren verfügt ein virtuelles Unternehmen über ein sehr viel höheres Potenzial an Ressourcen und Kompetenzen sowie über sehr viel mehr Kapazität, als es in seinem Kernbereich als rechtliche Unternehmenseinheit aufgrund der dort verfügbaren menschlichen, technischen, infrastrukturellen und finanziellen Ressourcen besitzt. Im Vergleich zu klassischen, hierarchischen Unternehmen sind virtuelle Unternehmen in der Lage, schnell und flexibel auf Kunden- und Marktanforderungen zu reagieren. Vernetzungen mit Geschäftspartnern in allen Funktionsbereichen erweitern räumliche und fachliche Kapazitäten. Flexibilität und Leistungssteigerung in virtuellen Unternehmen sind jedoch nur dann erzielbar, wenn bestimmte Realisierungsprinzipien und Anforderungen erfüllt sind. Zu ihnen zählen v.a. das schon angesprochene Prinzip der Modularisierung, ein flexibler Informations- und Kommunikationsaustausch sowie der Aufbau von Vertrauensbeziehungen. – 2. *Business Webs* gelten als typische Organisationsform für die Informationsgesellschaft. Das zugrunde liegende Prinzip ist zunächst dasselbe wie bei virtuellen Unternehmen: Die Vernetzung verschiedener Kernkompetenzen zu einer Gesamtleistung. Im Gegensatz zu virtuellen Unternehmen handelt es sich aber nicht um die kurzfristig angelegte Vernetzung mehrerer Unternehmen zur Abwicklung einer Aufgabe, sondern um die Erstellung einer Gesamtleistung für den Kunden, an der sich immer mehr Unternehmen beteiligen. Denn je mehr Unternehmen sich beteiligen, desto größer wird der Nutzen für die übrigen Unternehmen, da sich durch die Teilnahme eines zusätzlichen Unternehmens der Wert des gesamten Business Webs z.B. aus der Sicht des Kunden erhöht. Diese sog. Netzeffekte sind konstitutiv für Business Webs. Netzeffekte entstehen immer dann, wenn sich der Nutzen für die Teilnehmer eines Netzes durch einen zusätzlichen Nutzer erhöht. Beispiel ist das Betriebssystem eines Universalrechners: Der Nutzen für die Nutzer des Betriebssystems und für die Entwickler von Anwendungsprogrammen für das Betriebssystem steigt mit jeder neuen Installation, da sich die Anzahl der Nutzer und der Wert von Anwendungslösungen auf diesem Betriebssystem dadurch erhöht. Grundsätzlich geht es bei Business Webs nicht darum, den Wert des einzelnen mitwirkenden Unternehmens zu erhöhen, sondern den Wert des gesamten Business Webs. Basis von Business Webs ist eine Art Plattform z.B. in Form eines technischen Standards (z.B. Betriebssystem), die von einem Unternehmen, dem sog. Shaper-Unternehmen, zur Verfügung gestellt wird. An diese Plattform schließen sich andere Unternehmen, die sog. Adapter-Unternehmen (z.B. Programmentwickler, Service-Anbieter) an, indem sie Komplementärleistungen erbringen. Ein anderes Beispiel ist das Internetportal Yahoo, das eine Plattform zur Verfügung stellt, an die sich andere Adapter-Unternehmen anschließen, um Komplementärleistungen wie Shops, Informationsleistungen etc. zu erbringen. – 3. Unter *Supply Chain Management* wird die elektronische und organisatorische Vernetzung der Zulieferkette in relativ reifen Industrien verstanden. Sind die Anwendungssysteme der an der Wertschöpfungskette – z.B. für die Erstellung eines Kraftfahrzeugs – beteiligten Unternehmen durch EDI, Web-Services oder andere Standards vernetzt, lassen sich nicht nur Lieferungen einfacher abwickeln, sondern v.a. auch Daten und Informationen über Nachfrage, Markttrends, Bestandsentwicklungen usw. zwischen den beteiligten Unternehmen unproblematisch und ohne Medienbrüche teilen. Infolge können die beteiligten Unternehmen intensiver zusammenarbeiten, ihre Bestände, Bestellungen und Produktionskapazitäten besser aufeinander abstimmen und neuartige Steuerungsmodelle für die Supply Chain erproben. So kann das die Zulieferkette steuernde Unternehmen (meist das Herstellerunternehmen) ausgehend von dem vom Kunden geforderten Bedarf die Wertschöpfungsprozesse der beteiligten Zulieferer steuern, freie Kapazitäten der Lieferanten abfragen oder sich über die Verfügbarkeit von Produkten bzw. Kapazitäten informieren. Genauso können Zulieferunternehmen jeder Wertschöpfungsstufe z.B. direkt auf die Bedarfsdaten der Herstellerunternehmen zugreifen und ihre Produktions-, Lager- und Beschaffungsprozesse auf den tatsächlichen am Kunden orientierten Bedarf ausrichten und nicht auf den Bedarf der direkten Abnehmer. Durch diese intensive Zusammenarbeit zwischen den an der Zulieferkette beteiligten Unternehmen werden nicht nur Liefertreue und Servicegrad gegenüber dem Endverbraucher verbessert sowie Kapitalbindung, Koordinations- und Produktionskosten gesenkt, sondern es lösen sich bestehende rechtliche und wirtschaftliche Grenzen innerhalb der Zulieferkette tendenziell auf. Denn letztlich ist dasjenige Unternehmen erfolgreich, dem es gelingt, seine Zulieferkette kosten- und marktorientiert zu organisieren und zu steuern.

IV. Zusammenfassung: Insgesamt stellen Grenzenlose Unternehmen – verstanden als flexible, aufgabenorientiert konfigurierte Unternehmen mit wechselnden, nicht mehr eindeutig erkennbaren Grenzen – ein vielversprechendes Modell der unternehmensinternen und v.a. unternehmensübergreifenden Organisation der Arbeitsteilung dar. Denn im Vergleich zu herkömmlichen Organisationsstrukturen lassen sich gleichzeitig Spezialisierungs- und Verbundvorteile realisieren, ohne dass der Management- und Abstimmungsaufwand erheblich zunimmt. Bei allen Potenzialen grenzenloser Unternehmen wird es jedoch immer externe Bedingungen geben, bei denen klassische Organisationsstrukturen auch zukünftig ihre Stärken haben. Hierzu zählen v.a. hohe Marktdynamik, vergrößerte Märkte/Globalisierung, zunehmende Verfügbarkeit leistungsfähiger Technologien im Bereich von Information, Kommunikation und Transport sowie der Abbau institutioneller Hindernisse. Daher sind grenzenlose Unternehmen nicht als Ersatz für bewährte klassische Formen der inner- und zwischenbetrieblichen Zusammenarbeit oder als die einzig sinnvolle Form zu verstehen, sondern als eine wichtige Ergänzung und Bereicherung der Gestaltung der Arbeitsteilung, die unter bestimmten Bedingungen effizienter ist und sich damit zukünftig wohl noch stärker ausbreiten wird.

Grenzerlös – *Grenzumsatz;* Erlöszuwachs (dU), der aus dem Verkauf einer zusätzlichen Mengeneinheit (dx) resultiert. Er hängt vom Verlauf der Nachfragefunktion des betrachteten Gutes ab. Analytisch gilt:

$$\frac{dU}{dx} = \frac{d(px)}{dx} = p + x\frac{dp}{dx} = p(1 + \frac{xp}{p}\frac{dp}{dx}) = p(1 - \frac{1}{\eta}),$$

wobei: η = direkte → Preiselastizität der Nachfrage. Der Ausdruck

$$\frac{dU}{dx} = p(1 - \frac{1}{\eta})$$

wird als → Amoroso-Robinson-Relation bezeichnet.

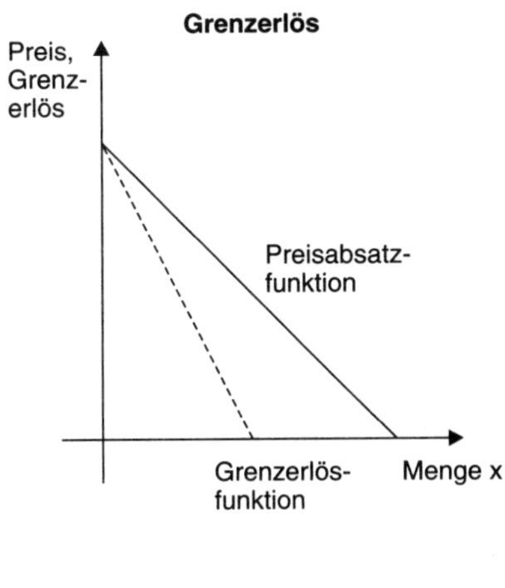

Im Fall einer *linearen* → Preisabsatzfunktion x(p) = a – bx und der inversen Funktion p(x) = a/b – x/b, ergibt sich für den Umsatz U wegen U(x) = p(x)x = ax/b – x^2/b als Grenzerlös:

$$\frac{dU}{dx} = \frac{a}{b} - \frac{2x}{b}$$

Die Grenzerlöskurve verläuft unterhalb der Preisabsatzkurve (vgl. Abbildung „Grenzerlös"). Bei *Mengenanpasserverhalten* (→ Polypol) gilt für einen gegebenen Marktpreis $p = \overline{p}$ die lineare Umsatzfunktion U(x) = $\overline{p}$ x und damit der konstante Grenzerlös

$$\frac{dU}{dx} = \overline{p}.$$

Grenzerlösfunktion – mathematisch formulierte Beziehung zwischen einer Absatzmenge und der zugehörigen unendlich kleinen (infinitesimalen) Erlösveränderung. Der Gesamterlös ist das Produkt aus dem Preis p und der Absatzmenge x, wobei x (über die Nachfragefunktion) von p abhängt. Wird p von p_1 auf p_2 vermindert, so steigt die Absatzmenge von x_1 auf x_2 (also um δ x) und der Erlös von E_1 auf E_2 (also um δ E). Für relativ kleine Preisveränderungen gibt der Quotient δ E/δ x das Steigungsmaß der Erlösfunktion an, welches als → *Grenzerlös* bezeichnet wird. Dieser Grenzerlös ist bei jeder Absatzmenge verschieden. Die funktionale Abhängigkeit zwischen Absatzmenge und Grenzerlös wird als Grenzerlösfunktion bezeichnet. Sie ist mathematisch die erste Ableitung der Erlösfunktion:

$$E'(x) = \frac{dE(x)}{dx}.$$

Verläuft die Grenzerlösfunktion oberhalb der x-Achse, so steigt bei fallendem Stückpreis der Gesamterlös (Umsatz). – Vgl. auch Abbildung „Grenzerlösfunktion".

Grenzerlösfunktion

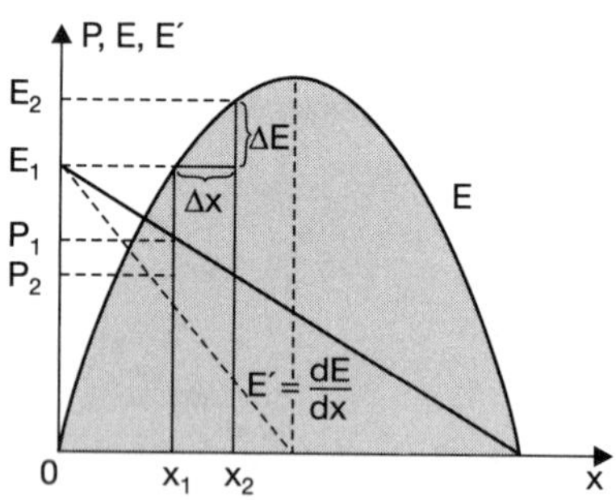

Grenzermittlung → Nachbarrecht.

Grenzertrag – *Grenzprodukt.* 1. *Partieller Grenzertrag:* Mathematisches Produkt aus der → Grenzproduktivität eines → Produktionsfaktors i δ x/δ r_i und einer infinitesimal kleinen Einsatzmengenveränderung dr_i:

$$(\frac{\partial x}{\partial r_i})dr_i$$

2. *Totaler Grenzertrag:* Summe der partiellen Grenzerträge aller *n* Produktionsfaktoren, also:

$$dx = (\frac{\partial x}{\partial r_1})dr_1 + (\frac{\partial x}{\partial r_2})dr_2 + ... + (\frac{\partial x}{\partial r_n})dr_n.$$

Grenz-Festpreis-Verfahren → innerbetriebliche Leistungsverrechnung.

Grenzgänger – *Grenzpendler.* 1. Arbeitnehmer mit *Wohnsitz im Inland,* die sich aber normalerweise täglich von ihrem Wohnsitz über die Grenze an eine → Arbeitsstätte im Ausland begeben und täglich zu ihrem Wohnsitz zurückkehren. – *Lohnsteuer:* Ins Ausland auspendelnde Grenzgänger unterliegen der unbeschränkten Steuerpflicht: Der ausländische Arbeitslohn unterliegt der dt. Einkommensteuer, der → Lohnsteuer jedoch nur, wenn der Grenzgänger einen inländischen Arbeitgeber hat (§ 38 EStG). Anderes gilt, wenn der Lohn für die Tätigkeit im Ausland in Deutschland nach einem → Doppelbesteuerungsabkommen (DBA) von der Steuer freigestellt ist; in diesem Fall muss der Arbeitnehmer nur am ausländischen Tätigkeitsort Einkommensteuer zahlen. Auch dann muss der Arbeitnehmer allerdings die tatsächliche Versteuerung im Ausland nachweisen, um in Deutschland die Freistellung zu erhalten (§ 50d EStG). Arbeitet er in Ländern ohne DBA, so ist die im Ausland auf den Arbeitslohn entrichtete Steuer (falls mit der dt. Lohn-/Einkommensteuer vergleichbar) auf Antrag auf die dt. Lohnsteuer anzurechnen (§ 34c I EStG). – Vgl. auch → Steuerinländer. – *Sozialversicherung:* Grenzgänger, die i.d.R. täglich, mind. aber einmal wöchentlich an ihren Wohnort zurückkehren, unterliegen den am Arbeitsort maßgebenden Rechtsvorschriften. Keine Grenzgänger sind Wanderarbeitnehmer, die ihren Wohnsitz in den Beschäftigungsstaat verlegen, und entsandte Arbeitnehmer, die in einem Staat beschäftigt, aber in einem anderen Staat eingesetzt werden (Entsendung ins Ausland). – 2. Arbeitnehmer mit *Wohnsitz im Ausland,* die zur Arbeit ins Inland einpendeln. – Vgl. auch → Steuerausländer. – 3. *Bes. Regelungen in den Doppelbesteuerungsabkommen:* Während normalerweise der Grundsatz verfolgt wird, dass die Doppelbesteuerungsabkommen das Besteuerungsrecht für Arbeitslohn dem Staat zusprechen, in dem der Arbeitnehmer seine Arbeit verrichtet (Tätigkeitsortprinzip), finden sich für die Aufteilung der Steueransprüche für das Gehalt von Grenzgängern auch individuelle Sonderregelungen der Staaten. So wird häufig vereinbart, dass das Gehalt bestimmter Grenzgänger nicht im Tätigkeits-, sondern im Wohnsitzland versteuert werden muss (z.B. im Verhältnis zwischen Deutschland und Frankreich), und teilweise finden sich auch differenzierte Regelungen (z.B im Verhältnis zwischen Deutschland und Belgien, wonach in Belgien wohnende Grenzgänger zwar nur in Deutschland der

Einkommensteuer unterworfen werden, aber in Belgien trotzdem der dortigen Gemeindesteuer unterworfen werden können, dafür dann aber eine pauschale Ermäßigung auf die dt. Einkommensteuer zugestanden bekommen). Für die Praxis besteht die bes. Problematik der Grenzgängerregelungen darin, dass dann, wenn Grenzgänger ihre Steuern im Wohnsitzstaat zahlen müssen, Nicht-Grenzgänger aber im Tätigkeitsland, die Frage, ob jemand die – meist komplizierten – Voraussetzungen für die Einstufung als Grenzgänger im aktuellen Jahr erfüllt hat oder nicht, über die gesamte steuerliche Belastung des Betreffenden entscheidet; dementsprechend müssen Grenzgänger bei ihrer Arbeitstätigkeit oft bes. intensiv Rücksicht auf steuerliche Vorgaben nehmen, wenn gravierende Nachteile vermieden werden sollen.

Grenzkosten – *Marginalkosten;* mathematisch werden die Grenzkosten, d.h. die zusätzlichen Kosten je Produktionseinheit, aus dem Quotienten δ K/δ x abgeleitet, indem der Quotient für sehr kleine Werte von Δx ($\Delta x \rightarrow 0$) gebildet wird, wodurch der Differenzialquotient

$$K'(x) = \frac{dK(x)}{dx}$$

entsteht. – Analytisch betrachtet sind die Grenzkosten gleich der Steigung der Gesamtkostenfunktion. Der aufsteigende Ast der Grenzkostenkurve ist vom Minimum der durchschnittlichen variablen Kosten an bei vollständiger Konkurrenz gleich der Angebotskurve; bei unvollkommener Konkurrenz dient sie zur Bestimmung des Cournotschen Punktes (→ monopolistische Preisbildung). Die Grenzkosten sind wichtig zur Bestimmung der Preisuntergrenze und Grundlage für die Grenzplankostenrechnung.

Grenzkosten der Schadstoffvermeidung – Kostenerhöhung durch eine marginale Verminderung des Schadstoffausstoßes.

Grenzkostenergebnis → Deckungsbeitrag.

Grenzkostenkalkulation → Kalkulation auf Grenzkostenbasis zur Ermittlung der absoluten kostenwirtschaftlichen → Preisuntergrenze bei Unterbeschäftigung.

Grenzleistungsfähigkeit des Kapitals – Mithilfe dieses Konzepts lässt sich die Zinsabhängigkeit von Investitionen erklären. Investitionen erbringen im Laufe ihrer Lebensdauer Nettoerlöse. Werden alle zukünftig erwarteten Nettoerlöse mit einem Zinssatz auf den Entscheidungszeitpunkt der Investitionsdurchführung abdiskontiert, spricht man vom → Kapitalwert eines Investitionsprojektes. Die Grenzleistungsfähigkeit des Kapitals entspricht nun demjenigen internen Zinssatz (r) des Kapitals, bei dem die Summe der abdiskontierten zukünftigen Nettoerlöse genau den Anschaffungskosten des Investitionsobjektes entspricht. Ein Investitionsobjekt ist demnach genau dann für einen Investor gewinnbringend, wenn der interne Zinssatz

Grenzleistungsfähigkeit des Kapitals

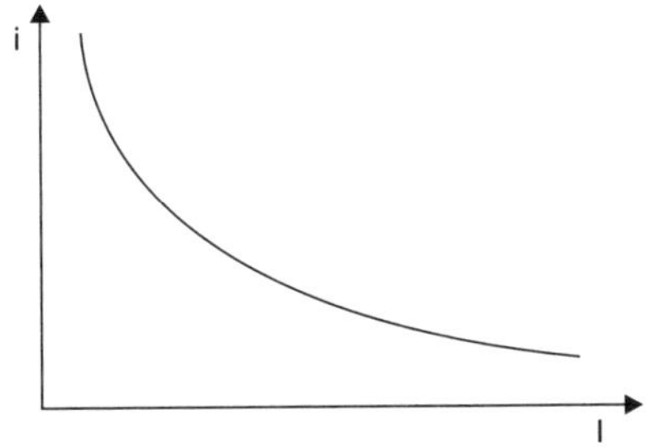

den Marktzinssatz für alternative Finanzanlagen (i) übersteigt – dies begründet den Begriff Grenzleistungsfähigkeit. Da verschiedene Investitionsobjekte eine unterschiedliche Grenzleistungsfähigkeit r aufweisen, gilt: Bei sinkendem Marktzinssatz (i) werden immer mehr Investitionsobjekte rentabel. – Das Aggregat aller Investitionsobjekte einer Volkswirtschaft kann durch eine stetig verlaufende *Investitionsfunktion* dargestellt werden, die einen negativen Zusammenhang zwischen Marktzinssatz und gesamtwirtschaftlicher privater Investitionstätigkeit beschreibt (vgl. Abbildung „Grenzleistungsfähigkeit des Kapitals"). Die Lage dieser Kurve im i/I-Diagramm ist stark von der subjektiven unternehmerischen Ertrags- oder Erlöserwartung abhängig. Eine allg. Verbesserung (Verschlechterung) dieser Erwartung führt zu einer Rechtsverlagerung (Linksverlagerung) der Investitionsfunktion. Die unternehmerische Ertragserwartung wird damit aber auch zu einem Lageparameter der makroökonomischen IS-Gleichung und Nachfragekurve. – Vgl. auch → IS-LM-Modell, → Makroökonomische Totalmodelle geschlossener Volkswirtschaften, → Wachstumstheorie.

grenznaher Raum – ein Gebietsstreifen bis zu einer Tiefe von 30 km längs der Zollgrenze und 50 km längs der gegenwärtigen Abgrenzung des → Zollgebiets der EU. Im grenznahen Raum bestehen bes. Kontrollrechte (§ 14 ZollVG).

Abnehmender Grenznutzen

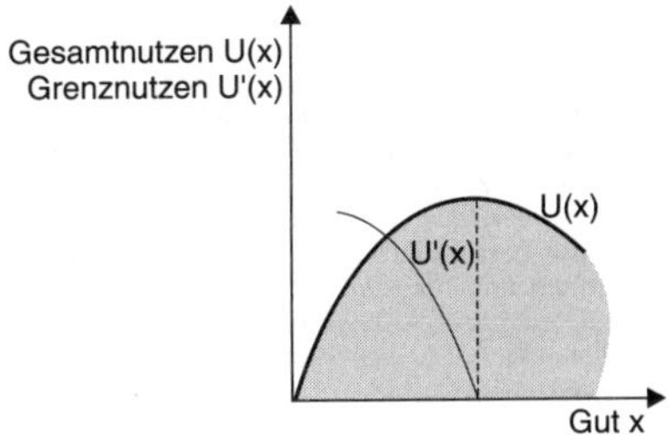

Grenznutzen – Begriff der mikroökonomischen → Haushaltstheorie bzw. → Nutzentheorie; bezeichnet den Nutzenzuwachs, der einem → Haushalt durch den Konsum einer zusätzlichen Einheit eines → Gutes erwächst. In formaler Sicht handelt es sich um die erste Ableitung der → Nutzenfunktion $U(x)$, also $U'(x) = dU/dx$ (vgl. Abbildung „Abnehmender Grenznutzen").

Grenznutzenschule – 1. *Begriff:* Die Grenznutzenschule ist eine wissenschaftliche Richtung, deren Vertreter die subjektive Wertschätzung (Nutzen) als Zentralidee des nationalökonomischen Systemaufbaus (→ Grenznutzen) zugrunde legen. Ausgehend von der fast gleichzeitigen Entwicklung des Grenznutzenbegriffs durch → Menger, → Walras und → Jevons in den Jahren 1870/1871, entwickelte sich die Grenznutzenschule zur herrschenden wissenschaftlichen Richtung bis etwa zum Ersten Weltkrieg. – 2. *Richtungen* (vgl. Übersicht): a) Die *Wiener Schule* oder *Österreichische* Grenznutzenschule vertrat das Grenznutzenprinzip am konsequentesten und wird deshalb auch oft allein als Grenznutzenschule bezeichnet. Nach den grundlegenden Arbeiten Mengers wandte → Böhm-Bawerk das Grenznutzenprinzip auf die Preisbildung sowie auf das Kapital- und Zinsproblem an; Wieser gab die geschlossenste Gesamtdarstellung der auf dem Grenznutzenprinzip fußenden Wirtschaftstheorie. Von der österreichischen Schule beeinflusst wurden v.a. die beiden schwedischen Nationalökonomen → Wicksell (auf Böhm-Bawerk fußend) und Lindahl (beeinflusst durch die finanzwissenschaftlichen Untersuchungen des Wiener Grenznutzentheoretikers Sax). Eine weitere wissenschaftliche Linie führt von Böhm-Bawerk und Wieser zu → Mises, → Hayek, → Eucken und → Stackelberg (monetäre Überinvestitionstheorie, moderne Lohnfondstheorie, Theorie der diskontierten Grenzproduktivität). – b) Von der *Lausanner Schule* kann eigentlich nur Walras der Grenznutzenschule zugerechnet werden. Ab → Pareto tritt an die Stelle der Grenznutzentheorie die Theorie der Wahlakte, die später von Allen, → Hicks und Stackelberg weiter ausgebaut wurde. Das Hauptverdienst der Lausanner Schule ist die mathematisch exakte Darstellung der allg. Interdependenz. – c) Die Bedeutung der *anglo-amerikanischen Richtung* liegt bes. in der Übertragung des Grenzprinzips (Marginalprinzips) auf die Theorie der Produktion (→ Produktionstheorie) und der → Einkommensverteilung. Die von → Clark entwickelte → Grenzproduktivitätstheorie stellt einen der entscheidenden Lösungsversuche des Problems der → Einkommensverteilung dar. – 3. *Kritische Würdigung:* Als Verdienst der Grenznutzenschule ist die Einführung des „Grenzdenkens" hervorzuheben. Von Ricardo in seiner Grundrententheorie schon vorweggenommen, lässt sich die marginale Analyse aus der modernen Wirtschaftstheorie nicht mehr wegdenken. Daneben hat die Grenznutzenschule eine Vielzahl wissenschaftlicher Einzelergebnisse entweder selbst hervorgebracht

oder ihre Entwicklung direkt oder indirekt gefördert. Es kann jedoch nicht übersehen werden, dass die Analysen der Grenznutzenschule gelegentlich in Spitzfindigkeiten ausarteten, sodass Max Weber warnte, die Beschäftigung mit dem Grenznutzen unterliege selbst dem Gesetz vom abnehmenden Grenznutzen. Seit dem Erscheinen der „Theory of Games and Economic Behavior" von Neumann und → Morgenstern wird erneut die Frage nach der Messbarkeit des Grenznutzens diskutiert, deren Verneinung einst als einer der stärksten Einwände gegen die Grenznutzenschule angesehen wurde.

Grenznutzentheorem → Arbeitsmarkttheorien.

Grenzpendler → Grenzgänger.

Grenzplankostenrechnung – Form der → Plankostenrechnung, die kostenstellenbezogen Kosten getrennt nach variablen und fixen Bestandteilen plant und von diesen nur die variablen Kosten auf die → Kostenträger verteilt.

Grenzpreis – Preis für die nächste zu erwerbende Einheit eines Produktes.

Grenzprodukt – *physisches Grenzprodukt;* Zunahme der Produktionsmenge, wenn die Einsatzmenge eines Faktors um eine Einheit erhöht wird (partielles Grenzprodukt) oder das Einsatzniveau aller Faktoren um eine Einheit gesteigert wird (Niveaugrenzprodukt). – Vgl. auch → Grenzertrag.

Grenzproduktivität – Begriff der → Produktionstheorie. Grenzproduktivität bezeichnet die Änderung der Ausbringungsmenge einer Unternehmung bei einer (infinitesimal) kleinen Änderung der Einsatzmenge eines → Produktionsfaktors r_i. – *Mathematisch:* Der partielle Differenzialquotient der → Produktionsfunktion nach dem betreffenden Faktor $\delta x / \delta r_i$. Die Grenzproduktivität bildet einen Maßstab für die produktive Wirksamkeit der jeweils zuletzt eingesetzten Faktoreneinheit.

Grenzproduktivitätssätze – stellen die Verbindung zwischen der Entlohnung der im Produktionsprozess eingesetzten Güter und Leistungen

(→ Produktionsfaktoren) p_{Ai} und den mit diesen erzielbaren Erlösen U her. Im Fall der *Gewinnmaximierung* muss der marginale Aufwand dem marginalen Erlös entsprechen. Solange der zusätzliche Erlös, der sich als Folge des Einsatzes einer zusätzlichen Einheit eines Faktors ergibt, größer ist als die entstehende Ausgabe, lohnt sich noch eine Ausdehnung des Einsatzes dieses Faktors. Im umgekehrten Fall empfiehlt sich eine Einschränkung (zu beachten ist, dass Substituierbarkeit der Produktionsfaktoren A_i vorausgesetzt ist). Bezeichnet x die hergestellte Menge und liegt die → Produktionsfunktion $x = F(A_1, A_2, ..., A_n)$ vor, so hat also zu gelten (i = 1, 2, ..., n):

$$\frac{d(p_{Ai}A_i)}{dA_i} = \frac{\partial x}{\partial A_i}\frac{dU}{dx}$$

Dabei steht

$$\frac{d(p_{Ai}A_i)}{dA_i}$$

für die → Grenzausgabe, die der Kauf einer zusätzlichen Einheit des Faktors A_i hervorruft,

$$\frac{\partial x}{\partial A_i}$$

für die (physische) → Grenzproduktivität des Faktors A_i und

$$\frac{dU}{dx}$$

für den → Grenzerlös des hergestellten Gutes x. Grenzausgabe und Grenzerlös hängen von der → Marktform bzw. der Verhaltensweise ab. Die allg. Formel enthält demnach eine Reihe von Spezialfällen, je nach der Situation auf den Beschaffungs- und Absatzmärkten.

Grenzproduktivitätstheorem → Arbeitsmarkttheorien.

Grenzproduktivitätstheorie – 1. *Charakterisierung:* Von Thünen, Clark, Walras und Böhm-Bawerk entwickelte Theorie der → Einkommensverteilung. – *Grundgedanke* ist, dass die Unternehmer → Produktionsfaktoren derart einsetzen, dass der Gewinn maximal wird. Die Gewinnmaximierung erfolgt auf der Grundlage von Produktionsfunktionen, wobei abnehmende Grenzerträge der Produktionsfaktoren (→ Ertragsgesetz) unterstellt werden, sowie gegebene Faktor- und Güterpreise. – 2. a) Die *mikroökonomische* Grenzproduktivitätstheorie stellt dar, welche Produktionsfaktormengen eine Unternehmung bei gegebenen Preisen nachfragt, wenn sie ihren Gewinn maximieren will. Für den gewinnmaximalen Faktoreinsatz muss gelten, dass der Faktorpreis mit dem → Wertgrenzprodukt des Faktors (d.h. dem Produkt aus Absatzpreis und Grenzproduktivität) übereinstimmt. Gleichwertig hierzu ist die Bedingung, dass der reale Faktorpreis (wie z.B. der Reallohnsatz) der Grenzproduktivität entspricht. Bei einer linear-homogenen Produktionsfunktion (wie z.B. der → CES-Funktion) wird der gesamte Erlös durch die Faktorentlohnung ausgeschöpft, es bleibt kein Gewinn (→ Eulersches Theorem). – b) Über die *makroökonomische* Grenzproduktivitätstheorie lässt sich die neoklassische → aggregierte (Güter-)Angebotskurve begründen. Dabei wird die Modellwelt der vollständigen Konkurrenz auf allen Güter- und Faktormärkten unterstellt. Gewinnmaximierende wettbewerbliche Unternehmen fragen am Arbeitsmarkt Arbeitskräfte entsprechend ihrer Grenzproduktivität nach. Wird von einer Produktionsfunktion mit abnehmenden Grenzerträgen ausgegangen, so verläuft die Arbeitsnachfrage in einem Reallohn-Beschäftigungs-Diagramm fallend (vgl. Abbildung „Grenzproduktivitätstheorie"). Gleichzeitig verläuft die Arbeitsangebotskurve steigend.

Grenzproduktivitätstheorie

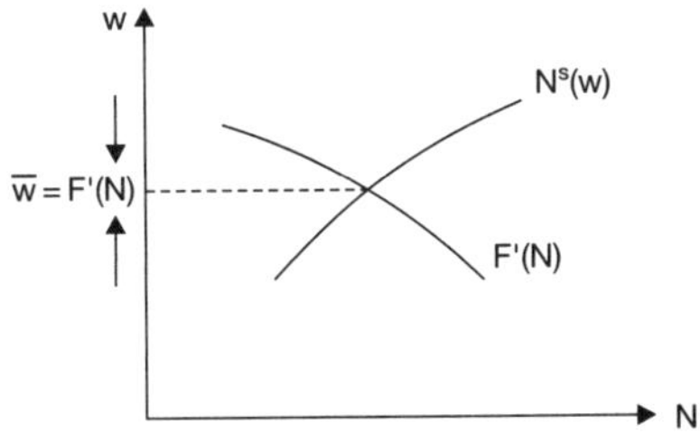

w = realer Faktorpreis
F'(N) = Grenzproduktivität
N = Faktormenge
$N^s(w)$ = Faktorangebot

Da im Gewinnmaximum die Grenzproduktivität gleich dem Reallohnsatz sein muss, wird durch das (Vollbeschäftigungs-)Gleichgewicht auf dem Arbeitsmarkt und den dadurch fixierten Reallohnsatz auch eine bestimmte, optimale Höhe der Beschäftigung und der Grenzproduktivität festgelegt. Bei einer Produktionsfunktion mit abnehmenden Grenzerträgen ist damit auch eine eindeutige optimale Höhe des gesamtwirtschaftlichen Angebots bestimmt. Dieses ist nur vom Reallohnsatz (und – bei Einbeziehung des Faktors Kapital – vom realen Mietzins des Kapitals) abhängig, d.h. insbesondere vom gesamtwirtschaftlichen Preisniveau unabhängig. Folglich ist die optimale Höhe des gesamtwirtschaftlichen Angebots mit jedem Preisniveau vereinbar. Genau dies zeigt die senkrecht (preisunelastisch) verlaufende neoklassische → aggregierte Angebotskurve.

Grenzproduktivitätstheorie der Verteilung – 1. *Begriff:* Die lange Zeit in der → Verteilungstheorie vorherrschende Grenzproduktivitätstheorie der Verteilung (genauer: Neoklassische Produktions- und Verteilungstheorie) beschreibt wichtige Zusammenhänge zwischen der Produktions- und Preisbestimmung einerseits und der → Einkommensverteilung andererseits. – 2. *Mikroökonomische Version:*

a) *Annahmen:* Die mikroökonomische Version der Grenzproduktivitätstheorie geht von einem Partialmodell aus: Güter- und Faktorpreise werden zunächst als fix angenommen. Gefragt wird dann nach dem Faktornachfrageverhalten einer Unternehmung bei vollkommener Konkurrenz unter der Gewinnmaximierungshypothese. – b) *Modellbeschreibung:* Sind x_i = Produktionsmenge einer Einproduktunternehmung i, p_i = Produktpreis, v_{ji} = Faktoreinsatzmengen und r_j = Faktorpreise, wobei i = 1, ..., n und j = 1, ..., m, dann gilt die Gewinndefinition:

$$G_i = x_i p_i - \sum_{j=1}^{m} r_j v_{ji}$$

Der Gewinn wird nun unter der Nebenbedingung einer Produktionsfunktion $x_i = x_i (v_{1i}, v_{2i}, ..., v_{mi})$ maximiert. Man erhält die Grenzproduktivitätsregeln:

$$p_i \frac{\partial x_i}{\partial v_{ij}} = r_j \quad ,$$

die zusammen mit der Produktionsfunktion n · m Faktoreinsatzmengen und n Gütermengen bestimmen, wenn alle Güter- und Faktorpreise gegeben sind. Damit ist auch das Faktoreinkommen des Faktors j in der Unternehmung i und das gesamte Einkommen aller Faktoren dieser Unternehmung bestimmt. Nimmt man zusätzlich an, dass die Produktionsfunktion homogen vom ersten Grade, also linear-homogen ist, dann wird der gesamte Erlös der Unternehmung auf die Produktionsfaktoren aufgeteilt (Ausschöpfungstheorem). Summiert man über alle i Unternehmen und unterstellt, dass alle im Partialmodell angenommenen Preise gerade die gleichgewichtigen des Totalmodells bei Vollbeschäftigung sind, dann sind auch die Anteile der einzelnen Faktoren am Volkseinkommen bestimmt. Dabei ist unter den getroffenen Annahmen die → Lohnquote in allen i Unternehmen gleich der Produktionselastizität der Arbeit:,

$$\frac{W_i}{X_i} = \frac{r_j}{x_i} * \frac{l_i}{p_i} = \frac{p_i * \partial x_i}{\partial v_{ij} * x_i} * \frac{l_i}{p_i} = \frac{\partial x_i}{\partial l_i} * \frac{l_i}{x_i}$$

wobei W_i = Lohnsumme, X_i = Nominaleinkommen, l_i = Einsatzmenge des Faktors Arbeit. Diese Lohnquote scheint zumindest unter der Annahme gegebener Preise nur noch von den technischen Bedingungen der Produktion abzuhängen. Diese Aussage ist nur sehr eingeschränkt für den Gleichgewichtsfall gültig. – 3. *Makroökonomische Version:* Wird die mikroökonomische Analyse auf die makroökonomische Ebene übertragen, spricht man von der aggregierten Grenzproduktivitätstheorie der Verteilung. Dazu nimmt man eine gesamtwirtschaftliche Produktionsfunktion an, die stetig differenzierbar ist: $Y_r = Y_r(L, K)$, wobei: Y_r = reales Volkseinkommen, L = Arbeitsmenge, K = Realkapitalmenge, und maximiert analog zur mikorökonomischen Version für gegebene Faktor- und Güterpreise (P = Preisniveau, w = Lohnsatz und i = Kapitalzins) den volkswirtschaftlichen Gewinn. Für die Lohnquote (α) folgt:

$$\alpha = \frac{w}{P}\frac{L}{Y_r} = \frac{\partial Y_r}{\partial L}(L, K) * \frac{L}{Y_r(L, K)} \; .$$

Nimmt man außerhalb des üblichen neoklassischen Rahmens an, dass der Kapitalstock in der kurzen Frist konstant ist und Arbeitslosigkeit herrscht, wird die Höhe der Lohnquote auch von der Höhe der Beschäftigung beeinflusst. Die Höhe der Lohnquote hängt in diesem Fall nicht nur von der Produktionstechnik ab, sondern von allen die Beschäftigung bestimmenden Faktoren. In der neoklassichen Theorie wird die gleichgewichtige Beschäftigung im Wesentlichen auf dem Arbeitsmarkt bestimmt. Insofern spielen die Arbeitsmarktverhältnisse auch bei der Festlegung der Verteilung eine entscheidende Rolle. Nach Keynesscher Lehre wird die Beschäftigung dagegen letztlich auf dem Gütermarkt bestimmt. Insofern sind die Gütermarktverhältnisse auch für die Höhe der Verteilung entscheidend. – Wie die sog. → Kapitaltheoretische Kontroverse über die logische Konsistenz zentraler Bausteine der neoklassischen Kapital-, Produktions- und Verteilungstheorie gezeigt hat, kann die makroökonomische Version der Grenzproduktivitätstheorie der Verteilung nur unter sehr speziellen Voraussetzungen Gültigkeit beanspruchen (Ein-Gut-Ökonomie). Kritisiert wurde, dass aus partialanalytischen (mikroökonomischen) Überlegungen abgeleitete Beziehungen auf aggregierte Größen der Makroökonomie übertragen werden. Die Annahme der Existenz einer gesamtwirtschaftlichen Produktionsfunktion und die Vorgabe einer definierten „Menge an Kapital", die unabhängig von den Preisen der verschiedenen Kapitalgüter und damit der Profitrate bestimmt werden könnte, ist aus logischen Gründen unhaltbar. Obwohl sich gezeigt hat, dass das theoretische Fundament der makroökonomischen Version der Grenzproduktivitätstheorie auf einem Zirkelschluss basiert, wird diese nach wie vor auch für verteilungs- und beschäftigungspolitische Empfehlungen verwendet.

Grenzproduzent → marginaler Anbieter.

Grenzrate der Substitution – subjektive Wertschätzung eines bestimmten → Gutes durch einen → Haushalt in Form von Mengeneinheiten eines anderen Gutes. Sie kann in Bezug auf zwei Güter als Maß der Bereitschaft des Haushalts interpretiert werden, auf Mengeneinheiten des ersten Gutes zugunsten einer bestimmten Menge des zweiten zu verzichten, ohne eine Veränderung des Nutzenniveaus in Kauf nehmen zu müssen. – In modelltheoretischer Sicht ist die Grenzrate der Substitution das Steigungsmaß einer → Indifferenzkurve, deren Verlauf i.d.R. als fallend angenommen wird.

Grenzrate der Transformation → Transformationskurve.

Grenzsteuersatz – gibt die Erhöhung der Steuerbelastung (in Prozent) an, die infolge einer Erhöhung des bisherigen steuerbaren Tatbestands (→ Bemessungsgrundlage) um eine zusätzliche Einheit resultiert. – Vgl. auch → Durchschnittssteuersatz, → Steuertariftypen.

Grenzstreifen – zollrechtlich ein Streifen von drei bzw. sechs Metern Breite längs des eine Freizone umgebenden → Zollzauns, in dem einige Beschränkungen und Pflichten gelten (§ 26 ZollVO).

Grenzübergangschein – früher, vor der elektronischen Abwicklung mittels NCTS erforderlich. Ausfüllen und Abgabe durch denjenigen, der die Ware im gemeinsamen Versandverfahren befördert (z.B. Spediteur), bei der Durchgangszollstelle zwischen der EU und den EFTA-Staaten.

grenzüberschreitende Abfallverbringung → Basler Übereinkommen.

grenzüberschreitende Vertragsgestaltung → internationaler Vertrag.

Grenzumsatz → Grenzerlös.

Grenzvorteilskurve → Monopson.

Grenzwert – I. Umweltpolitik: Höchstwert für die mengenmäßige Emission von Schadstoffen, Lärm etc. in die Umweltmedien Luft, Wasser und Boden. Die Festlegung eines Grenzwertes kann unterschiedlich normiert werden, bspw. als Anteil der Produktion oder der Abluft. Sie folgt naturwissenschaftlichen und ökonomischen Kriterien, unterliegt aber auch politischen Prozessen und damit dem Lobbyismus. – Vgl. auch → kritische Belastungswerte.

II. Mathematik: Eine Zahl g heißt Grenzwert einer unendlichen Zahlenfolge $(a_n)_i$ bzw. → Funktion, wenn fast alle Glieder der Folge bzw. Funktionswerte in jeder (noch so kleinen) Umgebung von g liegen und außerhalb nur endlich viele. Eine → Folge bzw. Funktion, die einen Grenzwert besitzt, heißt konvergent. Man schreibt:

$$\lim_{n\to\infty} a_n = g\,,$$

$$\lim_{x\to\infty} f(x) = g\,.$$

Bei Stetigkeits- bzw. Differenzierbarkeitsuntersuchungen wird das Verhalten von Funktionswerten untersucht, wenn x gegen einen Wert x_0 strebt, also:

$$\lim_{x\to x_0} f(x)\,.$$

Grenzwertsatz – *zentraler Grenzwertsatz;* wichtiger Satz aus der Wahrscheinlichkeitstheorie mit großer Anwendungsbedeutung in der schließenden Statistik (→ Inferenzstatistik) und der → Stichprobentheorie. – 1. *Inhalt:* Es sei $X_1, ..., X_n, ...$ eine Folge von stochastisch unabhängigen → Zufallsvariablen, die eine beliebige → Verteilung besitzen dürfen. Die zugehörige Folge von Summenvariablen ist $Z_1 = X_1$; $Z_2 = X_1 + X_2$; ...; $Z_n = X_1 + ... + X_n$; ... . Unter sehr allg. Voraussetzungen strebt (*Satz von Ljapunoff*) die Verteilung der zu Z_n gehörenden standardisierten Variablen (→ Standardtransformation) gegen die → Standardnormalverteilung. Bei einer spezielleren Variante *(Satz von Lindeberg-Lévy)* wird zusätzlich vorausgesetzt, dass die X_i alle dieselbe Verteilung haben. Mit $EX_1 = \mu$ und Var $X_1 = \sigma^2 > 0$ ist dann $(X_1 + ... + X_n)/n$ approximativ normalverteilt mit den Parametern μ und σ^2/n . – 2. *Bedeutung:* Der Satz von Ljapunoff kann als Begründung dafür dienen, dass → Variablen, die als additive Überlagerung einer Vielzahl zufälliger und unabhängiger Einflüsse erklärt werden können, in der Realität oft annähernd normalverteilt (→ Normalverteilung) sind. Aus dem Satz von Lindeberg-Lévy ist abzuleiten, dass das → arithmetische Mittel der Beobachtungswerte in einer uneingeschränkten Zufallsstichprobe (→ uneingeschränktes Zufallsstichprobenverfahren) bei großem Stichprobenumfang auch approximativ normalverteilt ist, wenn in der → Grundgesamtheit keine Normalverteilung vorliegt. Dies ermöglicht es, gewissermaßen im Schutz großer Stichprobenumfänge, Verfahren der → Intervallschätzung und → statistische Testverfahren auf der Grundlage der Normalverteilung auch in Anwendungsfeldern einzusetzen, in denen die Normalverteilung empirisch nicht festzustellen ist, etwa in der → Wirtschaftsstatistik.

Grenzzyklus – Begriff aus der Theorie der → Differenzialgleichungen. Ein Grenzzyklus ist eine geschlossene Kurve in einem → Phasendiagramm, gegen die entweder alle Entwicklungspfade (→ Trajektorien), die in unterschiedlichen Startpunkten beginnen, konvergieren oder auf der eine Trajektorie beginnt und dort verbleibt. Grenzzyklen werden v.a. in der mathematischen → Konjunkturtheorie verwendet.

GrEStG – Abk. für *Grunderwerbsteuergesetz,* → Grunderwerbsteuer.

grobe Fahrlässigkeit – bes. schwere Verletzung der im (Geschäfts-)Verkehr erforderlichen Sorgfaltspflicht. – Vgl. auch → Fahrlässigkeit.

grober Unfug – Es handelt sich um eine grob ungehörige Handlung, die geeignet ist, die Allgemeinheit zu belästigen oder zu gefährden und die öffentliche Ordnung zu beeinträchtigen. Ordnungswidrigkeit (§ 118 OWiG). Der Tatbestand kann u.U. auch durch → irreführende Werbung oder aufdringliche Werbung verwirklicht werden.

grobes Verschulden – Begriff aus der → Abgabenordnung (AO). 1. *Tatbestand:* Führt eine → neue Tatsache oder ein → neues Beweismittel zu einer für den → Steuerpflichtigen niedrigeren Steuer, kann die betreffende Steuerfestsetzung nur geändert werden, wenn den Steuerpflichtigen kein grobes Verschulden am nachträglichen Bekanntwerden der Tatsche bzw. des Beweismittels trifft (§ 173 I Nr. 2 Satz 1 AO). Die Beweis- bzw. Feststellungslast liegt beim Steuerpflichtigen. – 2. *Begriff:* Grobes Verschulden bedeutet Vorsatz bzw. grobe Fahrlässigkeit. Grob fahrlässig handelt, wer die ihm nach seinen persönlichen Verhältnissen zumutbare Sorgfalt in ungewöhnlichem Maße und in nicht entschuldbarer Weise verletzt. – 3. *Positivfälle:* Grobes Verschulden liegt regelmäßig vor, wenn der Steuerpflichtige trotz Aufforderung keine → Steuererklärung abgegeben hat, gegen allg. Grundsätze der Buchführung verstößt, ausdrückliche Hinweise in Vordrucken, Merkblättern oder sonstigen Mitteilungen der Finanzbehörde sowie in den Steuererklärungsvordrucken konkret gestellte Fragen nicht beachtet. – 4. *Negativfälle:* Die Unkenntnis steuerrechtlicher Bestimmungen kann für sich allein nicht den Vorwurf groben Verschuldens rechtfertigen. Ebensowenig gilt dies grundsätzlich für offensichtliche alltägliche Versehen wie Schreib-, Rechen-, Übertragungsfehler oder Verwechslungen. – 5. *Vertreterverschulden:* Der Steuerpflichtige hat sich ein grobes Verschulden seines steuerlichen Vertreters wie eigenes Verschulden anrechnen zu lassen (vgl. AEAO zu § 173 Nr. 5). – 6. Grobes Verschulden ist dann *unbeachtlich,* wenn die betreffenden neuen Tatsachen bzw. Beweismittel im Zusammenhang mit solchen Tatsachen oder Beweismitteln stehen, die zu einer höheren Steuer führen (§ 173 I Nr. 2 Satz 2 AO).

Grobplanung – *Globalplanung; Merkmale:* Langfristige Planung der Entwicklungsrichtungen und Angabe der wesentlichen Ausrichtungspunkte. – *Gegensatz:* → Feinplanung.

Großaktionär → Aktionär, der über einen beträchtlichen Teil des Grundkapitals einer Aktiengesellschaft verfügt und deshalb i.d.R. im → Aufsichtsrat (AR) vertreten ist. Oft sind Aktiengesellschaften die Großaktionäre anderer Aktiengesellschaften. Ein Großaktionär kann insbesondere durch Ausübung des Stimmrechts Einfluss auf eine Gesellschaft ausüben. Die Etablierung eines neuen Großaktionärs oder der Wechsel bei den Großaktionären findet an der Börse große Beachtung. – *Gegensatz:* → Kleinaktionär.

Großbetragszahlungsverkehr → Individualzahlungsverkehr.

Großbetrieb – begrifflich unpräzise Zuordnung von Betrieben zu einer Betriebsgrößenklasse, ohne nähere Bezeichnung der Merkmale, auf denen die Einteilung beruht; abhängig von den jeweiligen historischen und volkswirtschaftlichen Gegebenheiten. – Vgl. auch → Betriebsgrößenklassifikation.

Größendegression – Bezeichnung für das Phänomen, dass bei voller Kapazitätsauslastung größere Kapazitätseinheiten i.Allg. mit niedrigeren Kosten je Leistungseinheit arbeiten als mehrere kleine mit gleicher Gesamtkapazität. – Vgl. auch → Degression.

Größenklassen – I. Einzelunternehmen: Kategorisierung der Kapitalgesellschaften (AG, KGaA, GmbH) und Kapitalgesellschaften & Co., bei denen nicht wenigstens ein persönlich haftender Gesellschafter direkt oder indirekt eine natürliche Person ist (GmbH & Co. KG, AG & Co. KG) durch das HGB in kleine, mittelgroße und große Kapitalgesellschaften, wobei die Eingruppierung in die jeweilige Klasse gewisse rechtliche Konsequenzen nach sich zieht (→ Jahresabschlussprüfung, → Gewinn- und Verlustrechnung (GuV)). – 1. *Umschreibung* der Größenklassen nach § 267 HGB: a) *Kleine Kapitalgesellschaften* sind solche, die mind. zwei der drei nachstehenden Merkmale nicht überschreiten: (1) 4.840.000 Euro Bilanzsumme nach Abzug des auf der Aktivseite ausgewiesenen Fehlbetrages einer buchmäßigen → Überschuldung (§ 268 III HGB); (2) 9.680.000 Euro Umsatzerlöse in den zwölf Monaten vor dem Abschlussstichtag; (3) im Jahresdurchschnitt 50 Arbeitnehmer. – b) *Mittelgroße Kapitalgesellschaften* sind solche, die mind. zwei der drei oben angeführten Merkmale überschreiten und jeweils zwei der drei nachstehenden Merkmale nicht überschreiten: (1) 19.250.000 Euro Bilanzsumme nach Abzug des auf der Aktivseite ausgewiesenen Fehlbetrages; (2) 38.500.000 Euro Umsatzerlöse in den zwölf Monaten vor dem Abschlussstichtag; (3) im Jahresdurchschnitt 250 Arbeitnehmer. – c) *Große Kapitalgesellschaften* sind solche, die mind. zwei der drei eben genannten Merkmale überschreiten. Eine Kapitalgesellschaft gilt stets als große, wenn sie einen organisierten Markt im Sinn des § 2 V WpHG durch von ihr ausgegebene Wertpapiere im Sinn des § 2 I WpHG in Anspruch nimmt oder die Zulassung zum Handel an einem organisierten Markt beantragt worden ist. – 2. Die *Rechtsfolgen* der Merkmale treten nur ein, wenn sie an den Abschlussstichtagen von zwei aufeinander folgenden Geschäftsjahren über- oder unterschritten werden, im Fall der Umwandlung oder Neugründung am ersten Abschlussstichtag. – 3.Größenklassen gibt es auch für *Unternehmen anderer Rechtsform,* allerdings unterscheiden sie sich von den oben behandelten und sind in dem Gesetz über die Rechnungslegung von bestimmten Unternehmen und Konzernen (Publizitätsgesetz) geregelt (→ Rechnungslegung).

II. Konzernunternehmen: 1. *Größenklassen gemäß § 293 HGB:* Ein inländisches Konzernmutterunternehmen (gemäß § 290 I und II HGB) ist von der Pflicht zur Aufstellung eines → Konzernabschlusses unter folgenden *Bedingungen befreit:* a) Am Abschlussstichtag des Mutterunternehmens und dem Stichtag des Vorjahres müssen mind. zwei der drei folgenden Merkmale zutreffen: (1) Bilanzsummen von Mutter- und Tochterunternehmen (nach Abzug von Fehlbeträgen gemäß § 268 III HGB) sind kleiner oder gleich 23.100.000 Euro; (2) die Umsatzerlöse der Konzernunternehmen im Geschäftsjahr sind kleiner oder gleich 46.200.000 Euro; (3) die durchschnittliche Arbeitnehmerzahl der Konzernunternehmen ist kleiner oder gleich 250; oder b) der Konzernabschluss am Abschlussstichtag und dem Stichtag des Vorjahres erfüllt mind. zwei der drei folgenden Merkmale: (1)

Bilanzsumme nach Abzug des Fehlbetrages ist kleiner oder gleich 19.250.000 Euro; (2) Umsatzerlöse des Geschäftsjahres sind kleiner oder gleich 38.500.000 Euro; (3) durchschnittliche Arbeitnehmerzahl des Konzerns kleiner oder gleich 250. Diese Ausnahmeregelungen gelten nicht, wenn das Mutterunternehmen oder ein in den Konzernabschluss einbezogenes Tochterunternehmen am Abschlussstichtag kapitalmarktorientiert i.S.d. § 264d HGB ist. – 2. *Größenklassen für Konzerne gemäß Publizitätsgesetz:* → Rechnungslegung.

Größenkostenersparnisse → Economies of Scale, steigende Skalenerträge. – *Gegenteil:* → abnehmende Skalenerträge.

Größenprogression – Bezeichnung für das Steigen der langfristigen → Stückkosten bei Überschreitung der optimalen → Betriebsgröße.

Größenstaffel – Staffelpreise für Waren gleicher Zweckbestimmung, aber unterschiedlicher Größe (→ Preisstaffeln). – Vgl. auch → Handelsklassengüter.

Größenvorteile – bes. Eigenschaft der Produktionstechnologie, wonach die Gesamtfaktorproduktivität mit zunehmender Produktionsmenge zunimmt (→ Economies of Scale). Impliziert, dass die gesamten → Stückkosten bei konstanten Faktorpreisen mit zunehmendem → Output abnehmen. Bei *internen Größenvorteilen* hängen die Stückkosten bei konstanten Faktorpreisen nur vom Output der betrachteten Firma ab, bei → externen Größenvorteilen vom Output der gesamten → Industrie. Ist dabei der Output nur der heimischen Industrie relevant, so spricht man auch von *nationalen Größenvorteilen*, ist die weltweite Produktion der betreffenden Industrie gemeint, dann liegen *internationale Größenvorteile* vor. Größenvorteile stellen eine wichtige Grundlage für internationale → Spezialisierung dar, allerdings ergibt sich dabei nicht von vornherein eine eindeutige → Handelsstruktur.

großes Land – Land, das durch sein Angebots- und Nachfrageverhalten auf den Weltmärkten die → Weltmarktpreise beeinflusst und nicht als gegeben hinzunehmen hat. Es handelt sich um ein Land mit großer Marktmacht, tatsächlich muss es sich nicht um ein Land mit geografisch großer Ausdehnung handeln. – *Gegenteil:* → kleines Land.

Großfeuerungs- und Gasturbinenanlagen – eine → Feuerungsanlage mit einer Feuerungswärmeleistung von 50 Megawatt und mehr für den Einsatz fester, flüssiger oder gasförmigen Brennstoffe. Nach der VO über Großfeuerungs- und Gasturbinenanlagen (13. BImSchV) vom 2.7.2004 (BGBl. I 1717) m.spät.Änd. werden an Errichtung und Betrieb von Großfeuerungs- und Gasturbinenanlagen bes. Anforderungen gestellt und im Interesse des → Immissionsschutzes Emissionsgrenzwerte festgelegt. Messstellen zur Überwachung der Emissionen sind einzurichten. – Verstöße werden als Ordnungswidrigkeit geahndet.

Großflächen – Tafeln, die von Werbetreibenden während einer Dekade belegt werden (→ Ganzstellen, → Allgemeinstellen). – *Vorteile:* interessante Möglichkeiten der Darstellung, die kleinere Plakatformen nicht zulassen; Fernwirkung, die sich durch Kombination nebeneinander liegender Großflächen noch erhöhen lässt.

Großforschungseinrichtungen → Technologiepolitik.

Großhandel – Begriff des → Handels in zwei Ausprägungen: (1) *Institutionelle Interpretation:* Der Warenabsatz durch → Großhandelsunternehmungen. (2) *Funktionale Interpretation:* Absatz von Waren und sonstigen Leistungen an Wiederverkäufer, Weiterverarbeiter, gewerbliche Verwerter (inkl. Entsorger) oder Großverbraucher. – *Beispiel:* → Rohstoffhandel, gleichgültig, wer diese Tätigkeit ausübt.

Großhandelskontenrahmen – ein für die Zwecke des Groß- und Außenhandels spezialisierter Kontenrahmen (vgl. Abbildung „Kontenrahmen für den Groß- und Außenhandel"). Der nach Änderung des HGB neu geordnete Kontenrahmen ist im Gegensatz zu anderen (vgl. z.B. → Industrie-Kontenrahmen (IKR), → Einzelhandelskontenrahmen (EKR)) nur teilweise nach dem → Abschlussgliederungsprinzip aufgebaut. Mit den Klassen 3 (Wareneinkauf) und 8 (Warenverkauf) wurde das → Prozessgliederungsprinzip beibehalten, die Kontenklassen 5 und 6 ermöglichen eine integrierte Kostenrechnung (→ Einsystem), die in der Praxis aber kaum buchungstechnisch durchgeführt wird. Bei den Warenkonten wird zwischen Wareneinkaufskonten (Gruppe 30–38) und Warenbestandskonten (Gruppe 39) unterschieden. Die Wareneinkaufskonten werden als Aufwandskonten geführt. Diese Trennung in ein Warenbestandskonto und ein Warenaufwandskonto stellt nur scheinbar eine Trennung gemischter Konten dar. Das so geführte Warenbestandskonto ist nur ein *Wareninventurbestandskonto.* In Wirklichkeit erhöht jeder Einkauf zunächst den Warenbestand und dürfte nicht immer sofort als Warenverbrauch gebucht werden. Der Grund für die Gleichsetzung Wareneinkauf = Warenverbrauch liegt darin, dass man früher nicht in der Lage oder aus Kostengründen nicht gewillt war, den Warenverbrauch laufend zu erfassen. Man nimmt bei dieser Vorgehensweise jedoch in Kauf, dass bei der kurzfristigen Ergebnisrechnung, die ohne → Inventur bei Einsatz der EDV monatlich durchgeführt wird, evtl. Bestandsdifferenzen in erheblichem Umfang das Ergebnis verfälschen. Durch die Einführung moderner Warenwirtschaftssysteme ist eine laufende Erfassung des Warenverbrauchs jedoch kein Problem mehr. – Um das Warenrohergebnis der verschiedenen Warengruppen darstellen zu können, ist in der Klasse 9 ein Warenabschlusskonto vorgesehen, das auf der Sollseite den

Wareneinsatz und auf der Habenseite die Umsatzerlöse aufnimmt (vgl. Abbildung „Großhandelskontenrahmen – Buchungsskizze (1)"). In der Kontenklasse 2 (Abgrenzungskonten) werden in erster Linie diejenigen Aufwendungen und Erträge geführt, bei denen es sich um betriebsfremde, periodenfremde oder außergewöhnliche handelt. Es soll dadurch der Versuch gemacht werden, ein betriebliches, ordentliches und periodeneigenes Ergebnis *(Betriebsergebnis)* oder ein *neutrales Ergebnis* zu unterscheiden. – Der Kontenrahmen sieht die Abschlusskonten Betriebsergebnis und neutrales Ergebnis zwar nicht ausdrücklich vor, ließe sich aber entsprechend ergänzen. Die Abbildung „Großhandelskontenrahmen – Buchungsskizze (2)" verdeutlicht die Zusammenhänge. Die Abgrenzung ist aber nicht sauber, weil die Klasse 2 auch betriebliche Erträge und Aufwandsarten (z.B. Abschreibungen auf Forderungen) und die Steuerpositionen gesamtergebnisabhängige Posten enthalten. – Eine konsequente Abgrenzung des Betriebsergebnisses wird i.d.R. in der Kosten- und Leistungsrechnung vorgenommen, die jedoch meistens statistisch und nicht buchungstechnisch durchgeführt wird.

Großhandels-Preisindex → Index für die Großhandelsverkaufspreise.

Großhandelsunternehmung – *Großhandlung.* 1. *Begriff:* Institutionen (Betriebe), deren wirtschaftliche Tätigkeit ausschließlich oder überwiegend dem → Großhandel im funktionellen Sinn zuzurechnen ist. Großhandlungen treten in unterschiedlichen Betriebsformen (→ Betriebsformen des Handels) auf. Sie sind auf nahezu allen Stufen der → Absatzkette tätig, bes. dann, wenn durch Einschaltung selbstständiger Institutionen die Aufgaben der → Distribution rationeller als durch den direkten Kontakt zwischen Hersteller (Anbieter) und Weiterverarbeiter (Abnehmer) abgewickelt werden können. – 2. *Charakteristische Tätigkeiten:* Sammeln von kleinen Warenpartien und deren Veräußerung an Großabnehmer (kollektierende Großhandlungen), Ankauf größerer Mengen, deren Aufteilung und Weiterverkauf (distribuierende Großhandlungen); zentrale Aufgabe der

Großhandelskontenrahmen – Buchungsskizze (1)

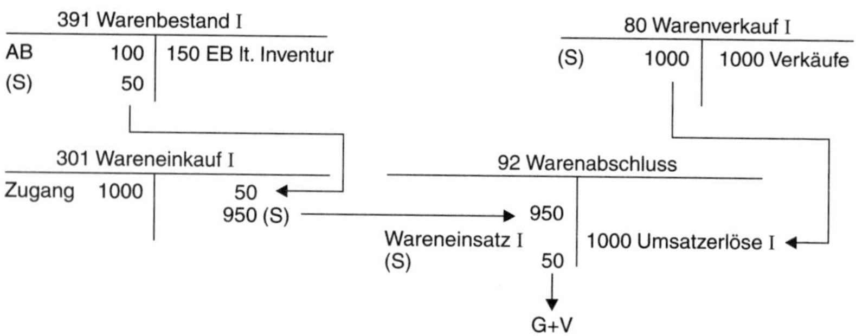

Großhandelskontenrahmen – Buchungsskizze (2)

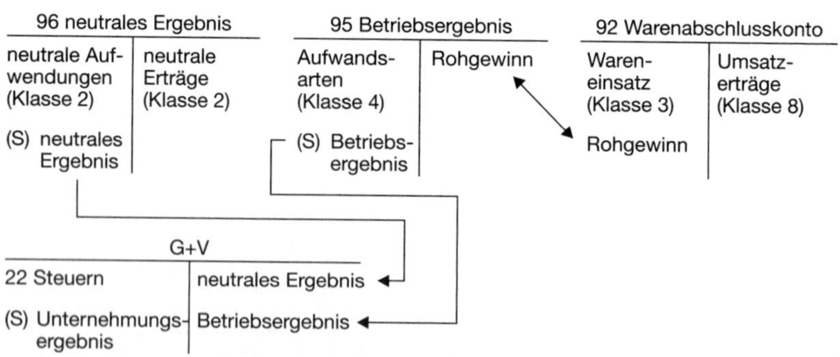

Kontenrahmen für den Groß- und Außenhandel[1]

Kontenklassen

0 Anlage- und Kapitalkonten

00 Ausstehende Einlagen
01 Immaterielle Vermögensgegenstände (z. B. Firmenwert)
02 Grundstücke und Gebäude
- 021 Grundstücke
- 023 Gebäude

03 Anlagen, Maschinen, Betriebs- und Geschäftsausstattung
- 031 Technische Anlagen und Maschinen
- 033 Betriebs- und Geschäftsausstattung
- 034 Fuhrpark
- 035 Geleistete Anzahlungen
- 036 Anlagen im Bau
- 037 Geringwertige Wirtschaftsgüter

04 Finanzanlagen
- 043 Beteiligungen
- 045 Wertpapiere des Anlagevermögens
- 046 Sonstige Ausleihungen (Darlehen)

05 Wertberichtigungen
- 051 Wertberichtigungen bei Sachanlagen
- 052 Wertberichtigungen bei Forderungen
  - 0521 Einzelwertberichtigungen
  - 0522 Pauschalwertberichtigungen

06 Eigenkapital
- 061 Gezeichnetes Kapital oder Eigenkapital
- 062 Kapitalrücklage
- 063 Gewinnrücklage
  - 0631 Gesetzliche Rücklagen
  - 0633 Satzungsgemäße Rücklagen
  - 0634 Andere Gewinnrücklagen
- 064 Gewinnvortrag, Verlustvortrag
- 065 Jahresüberschuss, Jahresfehlbetrag
- 066 Bilanzgewinn, Bilanzverlust
- 067 Ergebnisverwendungskonto

07 Sonderposten mit Rücklageanteil und Rückstellungen
- 071 Sonderposten mit Rücklageanteil
- 072 Rückstellungen
  - 0721 Rückstellungen für Pensionen
  - 0722 Steuerrückstellungen
  - 0724 Sonstige Rückstellungen

08 Verbindlichkeiten
- 082 Verbindlichkeiten gegenüber Kreditinstituten (z. B. Darlehen)

09 Rechnungsabgrenzungsposten
- 091 Aktive Rechnungsabgrenzungsposten
- 092 Disagio
- 093 Passive Rechnungsabgrenzungsposten

1 Finanzkonten

10 Forderungen
- 101 Forderungen a. LL
- 102 Zweifelhafte Forderungen
- 103 Nachnahmeforderungen

11 Sonstige Vermögensgegenstände
- 113 Sonstige Forderungen
- 114 Geleistete Anzahlungen
- 115 Forderungen an Gesellschafter
- 116 Forderungen an Mitarbeiter

12 Wertpapiere des Umlaufvermögens
13 Banken
- 131 Kreditinstitute (= Bank)
- 132 Postgiroamt

14 Vorsteuer
- 141 Vorsteuer (16 %)
- 142 Vorsteuer (7 %)
- 143 Einfuhrumsatzsteuer

15 Zahlungsmittel
- 151 Kasse
- 152 Schecks
- 153 Wechselforderungen (Besitzwechsel)
- 154 Protestwechsel

16 Privatkonten
- 161 Privatentnahmen
- 162 Privateinlagen

17 Verbindlichkeiten
- 171 Verbindlichkeiten a. LL
- 175 Erhaltene Anzahlungen auf Bestellungen
- 176 Wechselverbindlichkeiten (Schuldwechsel)

18 Umsatzsteuer
- 181 Umsatzsteuer (16 %)
- 182 Umsatzsteuer (7 %)

19 Sonstige Verbindlichkeiten
- 191 Verbindlichkeiten aus Steuern
- 192 Verbindlichkeiten gegenüber Sozialversicherung
- 193 Verbindlichkeiten gegenüber Gesellschaften
- 194 Sonstige Verbindlichkeiten
- 195 Verbindlichkeiten aus Vermögensbildung
- 198 Zollverbindlichkeiten

2 Abgrenzungskonten

20 Außerordentliche und sonstige Aufwendungen
- 201 Außerordentliche Aufwendungen i. S. §277 HGB
- 202 Betriebsfremde Aufwendungen
- 203 Periodenfremde Aufwendungen
- 204 Verluste aus dem Abgang von AV
- 205 Verluste aus dem Abgang von UV (außer Vorräte)
- 206 Sonstige Aufwendungen
- 207 Spenden (bei Kapitalgesellschaften)

21 Zinsen und ähnliche Aufwendungen
- 211 Zinsaufwendungen
- 213 Diskontaufwendungen
- 214 Zinsähnliche Aufwendungen
- 215 Aufwendungen aus Kursdifferenzen

22 Steuern vom Einkommen und Vermögensteuer
- 221 Körperschaftsteuer
- 223 Kapitalertragsteuer
- 224 Vermögensteuer (bei Kapitalgesellschaften)
- 225 Steuernachzahlungen für frühere Jahre

23 Forderungsverluste
- 231 Abschreibungen auf Forderungen (übliche Höhe)
- 232 Außergewöhnliche Abschreibungen auf Forderungen
- 233 Zuführungen zu Einzelwertberichtigungen
- 234 Zuführungen zu Pauschalwertberichtigungen

24 Außerordentliche und sonstige Erträge
- 241 Außerordentliche Erträge i. S. §277 HGB
- 242 Betriebsfremde Erträge
  - 2421 Mieterträge
- 243 Periodenfremde Erträge

25 Erträge aus Beteiligungen, Wertpapieren und Ausleihungen des Finanzanlagevermögens
- 251 Erträge aus Beteiligungen
- 252 Erträge aus Wertpapieren des AV

26 Sonstige Zinsen und ähnliche Erträge
- 261 Zinserträge
- 263 Diskonterträge
- 264 Zinsähnliche Erträge
- 265 Erträge aus Kursdifferenzen

27 Sonstige betriebliche Erträge
- 270 Erlöse aus Anlageabgängen
- 271 Erträge aus dem Abgang von AV
- 272 Erträge aus dem Abgang von UV (außer Vorräte)
- 273 Erträge aus Zuschreibungen
- 274 Erträge aus abgeschriebenen Forderungen
- 275 Erträge aus der Auflösung von Wertberichtigungen zu Forderungen
  - 2751 Auflösung von Einzelwertberichtigungen
  - 2752 Auflösung von Pauschalwertberichtigungen
- 276 Erträge aus der Auflösung von Rückstellungen
- 277 Sonstige Erträge
- 278 Eigenverbrauch von Leistung
- 279 Eigenverbrauch von Anlagegütern (Entnahmen)

28 Verrechnete kalkulatorische Kosten[2]
29 Abgrenzung innerhalb des Geschäftsjahres[2]

Kontenrahmen für den Groß- und Außenhandel[1] (Fortsetzung)

Kontenklassen		
3 Wareneinkaufskonten Warenbestandskonten	**4 Konten der Kostenarten**	**5 Konten der Kostenstellen[4]**
30 Warengruppe I 301 Wareneingang 302 Warenbezugskosten 303 Leihemballagen 305 Rücksendungen an Lieferer 306 Nachlässe von Lieferern 307 Liefererboni 308 Liefererskonti 31 Warengruppe II 311 Wareneingang 312 Warenbezugskosten 313 Leihemballagen 315 Rücksendungen an Lieferer 316 Nachlässe von Lieferern 317 Liefererboni 318 Liefererskonti 32 Warengruppe III 33 Warengruppe IV 34 Warengruppe V 35 Warengruppe VI 39 Warenbestände 391 Warengruppe I 392 Warengruppe II 393 Warengruppe III 394 Warengruppe IV 395 Warengruppe V 396 Warengruppe	40 Personalkosten 401 Löhne 402 Gehälter 403 Aushilfslöhne 404 Gesetzliche soziale Aufwendungen 405 Freiwillige soziale Aufwendungen 406 Aufwendungen für Altersversorgung 407 Vermögenswirksame Leistungen 41 Mieten, Pachten, Leasing 42 Steuern, Beiträge, Versicherungen 421 Gewerbesteuer 4211 Gewerbeertragsteuer 4221 Gewerbekapitalsteuer 422 Kfz-Steuer 423 Grundsteuer 424 Sonstige Betriebssteuern 426 Versicherungen 427 Beiträge 428 Gebühren und sonstige Abgaben 43 Energie, Betriebsstoffe 44 Werbe- und Reisekosten 45 Provisionen 46 Kosten der Warenabgabe 461 Verpackungsmaterial 462 Ausgangsfrachten 463 Gewährleistungen 47 Betriebskosten, Instandhaltung 471 Sonstige Betriebskosten 48 Allgemeine Verwaltung 481 Bürobedarf 482 Porto, Telefon, Telefax 483 Kosten der Datenverarbeitung 484 Rechts- und Beratungskosten 485 Personalbeschaffungskosten 486 Kosten des Geldverkehrs 49 Abschreibungen 491 Abschreibungen auf Sachanlagen 493 Abschreibungen auf Finanzanlagen des AV 494 Abschreibungen auf Wertpapiere des UV	Für die Konten der Kostenstellen sind betriebs- und branchenbedingt unterschiedliche Aufteilungen möglich. Die nachfolgende Untergliederung nach Funktionen ist beispielhaft aufgeführt: – Einkauf – Lager – Vertrieb – Verwaltung – Fuhrpark – Be-/Verarbeitung **6 Konten für Umsatzkostenverfahren[3]** **7 Freie Kontenklasse** **8 Warenverkaufskonten (Umsatzerlöse)** 80 Warengruppe I 801 Warenverkauf 805 Rücksendungen 806 Nachlässe 807 Kundenboni 808 Kundenskonti 81 Warengruppe II 811 Warenverkauf 815 Rücksendungen 816 Nachlässe 817 Kundenboni 818 Kundenskonti 82 Warengruppe III 83 Warengruppe IV 84 Warengruppe V 85 Warengruppe VI 87 Sonstige Erlöse aus Warenverkäufen 871 Eigenverbrauch von Waren 872 Provisionserträge **9 Abschlusskonten** 91 Eröffnungsbilanzkonto 92 Warenabschlusskonto 93 Gewinn- und Verlustkonto 94 Schlussbilanzkonto

[1] Auf Grundlage des vom Bundesverband des Groß- und Außenhandels (BGA), Bonn 1988, und unter voller Berücksichtigung des von der Aufgabenstelle für kaufmännische Abschlussprüfungen (AKA), IHK Nürnberg, herausgegebenen Großhandelskontenrahmens (1988).
[2] Kalkulatorische Kosten und innerperiodische Abgrenzungen werden in der Praxis nicht buchhalterisch, sondern stets tabellarisch in der Abgrenzungsrechnung der KLR berücksichtigt.
[3] Anmerkung: Diese Kontenklasse bleibt in der Regel frei, da Großhandelsunternehmen ihre GuV-Rechnung meist nach dem Gesamtkostenverfahren erstellen.
[4] Anmerkung: Die Kostenstellenrechnung wird in der Praxis stets tabellarisch und nicht kontenmäßig durchgeführt. Die Kontenklasse 5 bleibt deshalb in der Regel frei.

Großhandlungen, die Waren an den → Einzelhandel abzusetzen. – *Weitere wichtige Funktionen:* Lagerhaltung (→ lagerhaltende Großhandlung), → Streckengeschäft. – 3. *Bedeutung:* Der Beitrag einzelner Großhandlungen zur Versorgung der Wirtschaft ist je nach Menge, Art und Intensität der übernommenen → Handelsfunktionen stark unterschiedlich. Überall dort, wo die Funktionsausübung durch private Großhandlungen als überflüssig oder zu teuer angesehen wird, sind sie von der Ausschaltung oder von konkurrierenden, meist auf genossenschaftlicher Basis arbeitenden Großhandlungen bedroht (→ Konsumgenossenschaften, → Einkaufsgenossenschaften).

Großhandelszentrum – frei entstandene oder geplante → Agglomeration von → Großhandelsunternehmungen, die den Kunden den Einkauf erleichtern sollen. – *Vorteile für die Großhändler:* Gemeinsame Benutzung bestimmter Einrichtungen wie Bahnanschlüsse, Lagerflächen, Fuhrparks, EDV-Anlagen, Parkplätze. – *Vorteile für die Einzelhändler:* rasche Nachbestellung von Waren an einem Ort bei verschiedenen Anbietern. Bes. verbreitet im Textilhandel zum Nachordern modischer Ware.

Großhändlerwerbung → Hersteller- und Großhändlerwerbung.

Grossing-up-Verfahren → Zwischengesellschaft.

Grossist – veraltete Bezeichnung für → Großhandelsunternehmung.

Großkredit → Kredit eines Instituts oder einer Institutsgruppe i.S.d. KWG an einen Kreditnehmer, der insgesamt 10 Prozent des haftenden Eigenkapitals bzw. der Eigenmittel des Instituts bzw. der Institutsgruppe (haftendes Eigenkapital der Kreditinstitute) beträgt oder übersteigt (§§ 13 I, 13 a I KWG). Hierbei ist zu beachten, dass der Begriff *Großkredit* nicht ein einzelnes Darlehen, sondern die Gesamtheit aller Kredite des Kreditinstitutes an einen Kreditnehmer im Sinne von § 19 II KWG meint. Mit der Fünften und Sechsten KWG-Novelle wurden die Großkredit-Regelungen erheblich verschärft und verändert. Die Sechste KWG-Novelle machte im Rahmen der Großkredit-Vorschriften für ein einzelnes Institut die Unterscheidung in Nichthandelsbuchinstitute (§ 13 KWG) und Handelsbuchinstitute (§ 13 a KWG) erforderlich. Für die Großkreditvorschriften von Institutsgruppen ist § 13 b KWG relevant. – Großkredite sind der Evidenzzentrale der → Deutschen Bundesbank anzuzeigen. Sowohl für Handelsbuch- als auch für Nichthandelsbuchinstitute darf die Summe aller Kredite an einen Kreditnehmer ohne Zustimmung der BaFin (Bundesanstalt für Finanzdienstleistungsaufsicht) nicht mehr als 25 Prozent des haftenden Eigenkapitals betragen (Großkrediteinzelobergrenze nach § 13 III bzw. § 13a III KWG). Diese Regelung bezieht sich grundsätzlich auch auf Interbankenforderungen (Ausnahmen); für Nichthandelsbuchinstitute gilt hierbei zusätzlich eine Obergrenze von 150 Mio. Euro. Weiterhin hatten bis 2010 Nichthandelsbuchinstitute sicherzustellen, dass die Summe aller Großkredite zusammen ohne Zustimmung der BaFin nicht das Achtfache ihres haftenden Eigenkapitals überschreitet (Großkreditgesamtobergrenze nach § 13 III KWG a.F.). Kreditinstitute und die untergeordneten Tochtergesellschaften werden bei der Großkreditregelungen als eine Einheit betrachtet (§ 13b I KWG). – Welche Kredite wie angerechnet werden, ist in der Großkredit- und Millionenkreditverordnung (GroMiKV) festgelegt. Grundsätzlich wird der Nominalbetrag eines Kredites berücksichtigt (§ 2 GroMiKV), bei derivativen Geschäften der Kreditäquivalenzbetrag (§ 9 GroMiKV). Mit bestimmten Sicherheiten kann eine Reduktion des anzurechnenden Kreditbetrags erreicht werden.

Großmarkt – Marktveranstaltung, auf der eine Vielzahl von Anbietern Waren im Wesentlichen an gewerbliche Wiederverkäufer, gewerbliche Verbraucher oder Großabnehmer vertreibt (§ 66 GewO); meist in den frühen Morgenstunden leicht verderbliche Produkte an kleine selbstständige → Einzelhandelsunternehmungen und Gastronomiebetriebe (Obst, Gemüse, Fleisch, Fisch, Blumen). – Vgl. auch → Veiling.

Gross Profitability Ratio → Unternehmungsbewertung, wertorientierte Unternehmensführung.

Großrechner → Mainframe.

Großreparaturen – *Generalüberholungen;* einmalig oder periodisch auftretende Instandsetzungen größeren Ausmaßes. I.d.R. sind Ausgaben für werterhöhende Großreparaturen handels- und steuerrechtlich zu aktivieren (→ Herstellungsaufwand); der erhöhte Anlagewert wird unter Beachtung der betriebsgewöhnlichen Nutzungsdauer abgeschrieben. – *Teilaufwendungen* können auf einem Konto „Anlagen im Bau" gesammelt und nach Fertigstellung der Arbeiten auf das Anlagekonto übertragen werden. – Vgl. auch → Instandhaltungskosten.

Großstadt – Begriff der Bevölkerungs- und Wirtschaftsstatistik für eine → Siedlungseinheit, abgegrenzt unabhängig von ihrer Rechtsstellung oder Wirtschaftsstruktur lediglich nach der Einwohnerzahl (100.000 und mehr).

Großvieh-Einheit – rechnerische Größe, die in der landwirtschaftlichen Produktionsstatistik (→ Landwirtschaftsstatistik) dazu dient, den Besatz der landwirtschaftlichen Nutzfläche mit Vieh verschiedener Gattung (Rindvieh, Schafe oder Schweine) zeitlich und regional vergleichbar zu machen.

Großzitat → Zitat.

Group of Eight → G 8.

Group of Five → G 5.

Group of Seven → G 7.

Group of Ten → G 10.

Group of Twenty-Four → G 24.

Groupware – Informations- und Kommunikationstechnologien zur Unterstützung von Teamarbeit im Rahmen des → Computer Supported Cooperative Work. Hierzu gehören u.a. Systeme zur Unterstützung von elektronischen Sitzungen oder zur gemeinsamen Erstellung von Dokumenten, gemeinsamen Informationsräumen (→ Schwarze Bretter), Gruppenterminkalendern sowie Videokonferenzsystemen.

Groves-Mechanismus – Der Zahlungemechanismus ist so konstruiert, dass die wahrheitsgemäße Äußerung der Präferenzen eine schwach dominante Strategie ist. Grundidee ist, dass jeder Beteiligte genau die mit seinem Verhalten verbundenen Opportunitätskosten trägt, die gerade in der Differenz der Gesamtkosten und dem Nutzen der anderen bestehen. Der Groves Mechanismus kann als Verallgemeinerung der second price auction gesehen werden. Die insgesamt von allen Beteiligten erhobene Summe liegt unter den Kosten der Maßnahme, sodass zusätzliche Mittel zur Verfügung gestellt werden müssen.

Grundakten – im Grundbuchrecht Bezeichnung für die durch Eintragungen im → Grundbuch je Grundbuchblatt entstandenen Vorgänge (z.B. Urkunden etc.) sowie das dazugehörige Handblatt.

Grundbedürfnisse – können unterschiedlich abgegrenzt werden. Die OECD rechnet hierzu → natürliche Bedürfnisse und → Bedürfnisse nach Gesundheit, Bildung, Erwerbstätigkeit und Qualität des Arbeitslebens u.a. – Vgl. auch → soziale Indikatoren.

Grundbesitz – Oberbegriff des Bewertungsgesetzes für land- und forstwirtschaftliche Betriebe, Grundstücke und Betriebsgrundstücke. Land- und forstwirtschaftliche Betriebe werden nach den Regeln für → land- und forstwirtschaftliches Vermögen bewertet, Grundstücke und Betriebsgrundstücke nach den Regeln für → Grundstücke. Die früher wichtige Bewertung des Grundbesitzes mit → Einheitswerten, die auf der Basis von völlig veralteten Wertverhältnissen beruhen (1964 bzw. 1935), hat heute im Wesentlichen nur noch für die → Grundsteuer Bedeutung; für andere Steuerarten sind der sog. → Bedarfswert. Durch das neue Erbschaftsteuergesetz, welches mit Wirkung zum 1.1.2009 in Kraft getreten ist, gewinnt der gemeine Wert im Rahmen der Bewertung von Grundstücken immer mehr an Bedeutung. – Vgl. → Erbschaftsteuerreform.

Grundbesitzwert – Begriff des Bewertungsgesetzes: offizieller gesetzlicher Terminus für → Bedarfswert. Im Zuge der → Erbschaftsteuerreform ist eine Neuregelung der Bewertungsvorschriften für Grundbesitzes für Erbschaftsteuerzwecke vorgenommen worden. Die Bewertung von Grundbesitz erfolgt nunmehr grundsätzlich nach dem gemeinen Wert. Die neuen Regelungen treten zum 1.1.2009 in Kraft und können jedoch auf Antrag bereits ab dem 1.1.2007 (nur für Erbfälle) angewendet werden.

Grundbetrag – eine bei der Berechnung der → Schlüsselzuweisungen im kommunalen Finanzausgleich verwendete Größe, deren Höhe iterativ so gewählt wird, dass sich aus ihrer Multiplikation mit der Summe aller → Ausgleichsmesszahlen der insgesamt vom Land für Schlüsselzuweisungen bereitgestellte Betrag (Schlüsselmasse) ergibt.

Grundbuch – I. Buchführung: → Journal. – Die *Eintragungen* in das Grundbuch sind zeitgerecht, vollständig, richtig und geordnet zu bewirken (§ 239 II HGB). – Vgl. auch → Buchführung, → Buchführungspflicht.

II. Grundstücksrecht: öffentliches Register, vom → Grundbuchamt geführt mit dem Zweck, die Rechte am → Grundstück zu offenbaren (→ Publizitätsprinzip). – *Rechtsgrundlage:* Grundbuchordnung i.d.F. vom 26.5.1994 (BGBl. I 1115) m.spät.Änd. – 1. Nach dem → Eintragungsgrundsatz müssen alle eintragungsfähigen Rechte im Grundbuch eingetragen werden, vorher werden sie nicht wirksam. → Grundbucheinsicht ist weitgehend zu gewähren. – 2. *Eintragungen* im Grundbuch grundsätzlich nur auf Antrag (→ Antragsgrundsatz). Weitere Voraussetzung ist die → Eintragungsfähigkeit; ausgenommen sind z.B. öffentlich-rechtliche Vorgänge (z.B. Belastung mit → Steuern) und schuldrechtliche Vorgänge (z.B. → Miete, → Pacht). Einzelkaufleute (→ Einzelkaufmann) werden grundsätzlich im Grundbuch nur unter ihrem bürgerlichen Namen, → Handelsgesellschaften unter ihrer → Firma, → juristische Personen des Handelsrechts unter dem Namen oder der Firma eingetragen (§ 15 der Grundbuchverfügung (GBV) vom 24.1.1995 (BGBl I 114) m.spät.Änd.). – 3. *Anlegung* des Grundbuchs nach Bezirken. – 4. Innerhalb des Grundbuchs hat jedes Grundstück einen bestimmten Platz, das *Grundbuchblatt,* das für das einzelne Grundstück als das Grundbuch im Sinn des BGB anzusehen ist (§ 3 I 2 GBO). – 5. *Gliederung* des Grundbuchs nach gesetzlich vorgeschriebenem Muster. An der Spitze steht das → Bestandsverzeichnis. Dann folgen drei Abteilungen: Abt. 1 enthält Eigentumsverhältnisse, Abt. 2 Lasten und Beschränkungen, ausgenommen → Grundpfandrechte, Abt. 3 Grundpfandrechte (→ Hypotheken, → Grundschuld, → Rentenschuld). – 6. Die um die Eintragungen im Grundbuch entstehenden Vorgänge (Urkunden, Protokolle) werden den sog. → Grundakten (mit dem sog. Handblatt) gesammelt. – 7. Wegen des → öffentlichen Glaubens des Grundbuchs ist keine → Beschwerde gegen Eintragungen möglich, sondern → Widerspruch und → Grundbuchberichtigung. – Vgl. auch elektronisches Grundbuch.

Grundbuchamt – Abteilung des → Amtsgerichts, dem die Führung des → Grundbuchs obliegt (§ 1 GBO). Das Grundbuchverfahren gehört zur → freiwilligen Gerichtsbarkeit.

Grundbuchberichtigung – von Amts wegen (→ Amtsberichtigung, → Grundbuchberichtigungszwang) oder auf Betreiben eines Beteiligten (→ Grundbuchberichtigungsanspruch) erfolgende

Berichtigung des → Grundbuchs. Grundbuchberichtigung ist erforderlich, wenn die wirkliche Rechtslage eines Grundstücks mit den Eintragungen im Grundbuch (Buchstand) nicht übereinstimmt. Das Erfordernis der Grundbuchberichtigung folgt aus der Gefahr des → gutgläubigen Erwerbs oder der Leistung an einen Scheinberechtigten. – Vgl. auch → Widerspruch, → Löschung.

Grundbuchberichtigungsanspruch – Anspruch desjenigen, dessen Recht durch eine unrichtige Eintragung im → Grundbuch beeinträchtigt wird, auf → Grundbuchberichtigung, wenn die Unrichtigkeit durch → öffentliche Urkunde nachgewiesen ist oder die Berichtigung von dem Scheinberechtigten bewilligt wird (§§ 22, 29 GBO); diese → Eintragungsbewilligung kann der Betroffene von dem Scheinberechtigten nach § 894 BGB aufgrund des Grundbuchberichtigungsanspruchs, notfalls im Prozesswege, verlangen.

Grundbuchberichtigungszwang – wegen Interesses der Allgemeinheit an der Richtigkeit des → Grundbuches (→ öffentlicher Glaube des Grundbuchs) in gewissen Fällen durch das → Grundbuchamt ausgeübter Zwang (§§ 82 ff. GBO). – Vgl. auch → Amtsberichtigung.

Grundbucheinsicht – Recht eines jeden, der ein → berechtigtes Interesse an der gebührenfreien Einsichtnahme im → Grundbuch darlegt (§§ 12 GBO, 74 KostO).

Grundbuchungen – erste, chronologische Buchungen: (1) in den Grundbüchern (Kassenbuch, Wareneinkaufsbuch = Warenkonto Soll, Warenverkaufsbuch = Warenkonto Haben), die neben dem zu verbuchenden Betrag das Gegenkonto und den Buchungsbeleg, oft durch Symbole bezeichnet (KA = Kassenausgabebeleg, ER = Einkaufsrechnung, AR = Ausgangsrechnung, Bk = Bankbeleg), nennen; (2) in dem beschreibenden Grundbuch (Tagebuch, Journal oder Memorial), wobei das durch die Buchung belastete, das durch die Buchung erkannte Konto und der Beleg genannt werden.

Grundbuchvermutung – aus dem → Publizitätsprinzip folgende Vermutung: Ist im → Grundbuch für jemand ein Recht eingetragen, wird vermutet, dass es ihm zustehe. Die → Löschung eines eingetragenen Rechts begründet Vermutung, dass es nicht bestehe (§ 891 BGB). Die Grundbuchvermutung erspart im Streitfall den → Beweis.

Grunddaseinsfunktionen – Konzeption in der → Sozialgeografie und → Wirtschaftsgeografie. Die bekanntesten Grunddaseinsfunktionen sind: wohnen, arbeiten, sich versorgen, sich erholen, sich bilden, am Verkehr teilnehmen, in Gemeinschaft leben. Die Grunddaseinsfunktionen sollen für soziale Gruppen konstitutiv sein, sodass deren Verhalten sich direkt aus dem Verfolgen der einen oder anderen Funktion ableiten lässt.

Grunddatenverwaltung – Komponente eines PPS-Systems, die für die Verwaltung der → Stammdaten zuständig ist. – Vgl. auch → PPS-System.

Grunddienstbarkeit – Rechtsinstitut, das neben → Nießbrauch und → beschränkt persönlicher Dienstbarkeit steht. – Grunddienstbarkeit ist das dem jeweiligen Eigentümer eines → Grundstücks zustehende → dingliche Recht zur beschränkten unmittelbaren Nutzung eines anderen Grundstücks (§§ 1018 ff. BGB). Vom Eigentümer des belasteten oder dienenden Grundstücks wird dabei entweder Duldung (z.B. Begehen, Befahren, Einwirkungen durch Rauch, Gase, Geräusche) oder Unterlassung verlangt (z.B. Baubeschränkungen). – *Eintragung* in Abt. 2 des → Grundbuchs des dienenden Grundstücks; beim herrschenden Grundstück auf Antrag im → Bestandsverzeichnis.

Gründerbericht → Gründungsbericht.

Gründer einer AG – 1. *Personenkreis:* Gründer einer AG sind die → Aktionäre, die die → Satzung festgestellt haben (§ 28 AktG). – 2. *Pflichten:* Die Gründer haben den Inhalt der Satzung in notariell beurkundeter Form festzustellen (§§ 2, 23 AktG), die → Aktien zu übernehmen, die → Einlagen auf diese Aktien zu leisten und den ersten Aufsichtsrat sowie den Abschlussprüfer für das erste Voll- oder Rumpfgeschäftsjahr zu bestellen (§ 30 AktG). – 3. *Rechte:* Der Gründer erlangt mit Übernahme der Aktien die Mitgliedschaftsrechte des Aktionärs. – Vgl. auch → Gründung einer AG, → Gründerlohn.

Gründergesellschaft → Vorgesellschaft.

Gründergewinn → Gründerlohn.

Gründerjahre – Schlussphase eines in Deutschland 1869 einsetzenden Aufschwungs, in deren Verlauf, auch gefördert durch eine Liberalisierung des Aktienrechts, die optimistische Stimmung nach dem Sieg über Frankreich und eine Liquidisierung des Kapitalmarktes durch die franz. Reparationen viele Unternehmen gegründet wurden. Die Investitionen in Industrie- und Verkehrsunternehmen sowie in den Wohnungsbau erreichten Rekordhöhen. 1873 brach die Spekulation zusammen. Der „Gründerkrach“ leitete die von 1873 bis 1879 dauernde „Gründerkrise“ ein. Dies war die erste konjunkturelle Krise in der deutschen Wirtschaftsgeschichte.

Gründerlohn – *Gründergewinn;* zulasten der AG gewährte Entschädigung oder Belohnung (→ Sondervorteil) der Aktionäre oder anderer Personen für die Durchführung oder Vorbereitung der → Gründung einer AG. Der Gesamtaufwand aus solchen Entschädigungen und Belohnungen ist in der → Satzung gesondert festzusetzen.

Grunderwerbsteuer → Verkehrsteuer, die erhoben wird, wenn die rechtliche oder wirtschaftliche Verfügungsmacht an einem inländischen Grundstück übergeht. – 1. *Rechtsgrundlage:* GrEStG i.d.F. vom 26.2.1997 (BGBl. I 418, ber. 1804) m.spät.Änd. – 2.

Steuerbare Vorgänge (§ 1 I–III GrEStG): Hauptfall ist der Abschluss eines → Kaufvertrages über ein inländisches → Grundstück. Daneben unterliegen zahlreiche weitere tatsächliche und rechtliche Vorgänge der Grunderwerbsteuer, die eine Steuervermeidung verhindern sollen, z.B. unter bestimmten Voraussetzungen die Übertragung von Anteilen an einer Gesellschaft, zu deren Vermögen ein inländisches Grundstück gehört. – 3. *Steuerbefreiungen:* (§ 3 Nr. 1–8 GrEStG): (1) Erwerbe, deren Wert weniger als 2.500 Euro (→ Freigrenze) beträgt; (2) Schenkungen und Erwerbe von Todes wegen; (3) Erwerb eines zum Nachlass gehörenden Grundstücks durch Miterben zur Teilung des Nachlasses; (4) Erwerbe durch Ehegatten; (5) Erwerbe durch früheren Ehegatten im Rahmen der Vermögensauseinandersetzung nach Scheidung; (6) Erwerb durch Verwandte in gerader Linie, Stiefkinder sowie deren Ehegatten; (7) der Erwerb eines zum Gesamtgut gehörenden Grundstücks durch Teilnehmer an einer fortgesetzten Gütergemeinschaft zur Teilung des Gesamtguts; (8) Grundstücksrückerwerbe durch Treugeber. – 4. *Steuerberechnung:* a) *Bemessungsgrundlage:* Wert der Gegenleistung; in bestimmten Fällen der Bedarfswert (§ 8 GrEStG). – b) *Steuersatz:* 3,5 Prozent (§ 11 I GrEStG). Seit dem 1.9.2006 dürfen die Bundesländer den Steuersatz selbst festlegen. So beträgt der Steuersatz in Berlin seit dem 1.1.2007 4,5 Prozent.– 5. *Steuerschuldner:* Steuerschuldner sind regelmäßig die an einem Erwerbsvorgang beteiligten Personen (§ 13 GrEStG) als → Gesamtschuldner (§ 44 I AO). – Zum *Entstehungszeitpunkt* der Grunderwerbsteuer vgl. → Steuerschuld. – 6. *Verfahren:* Für grunderwerbsteuerbare Vorgänge besteht grundsätzlich → Anzeigepflicht. Damit wird dem zuständigen Finanzamt ermöglicht, durch einen → Steuerbescheid die Grunderwerbsteuer festzusetzen. I.d.R. wird die Steuer einen Monat nach dessen Bekanntgabe fällig (§ 15 GrEStG). – 7. *Aufkommen:* 6.952 Mio. Euro (2007), 6.125 Mio. Euro (2006), 4.840 Mio. Euro (2003), 4.837,7 Mio. Euro (2002), 5.014,7 Mio. Euro (2001), 5.241 Mio. Euro (2000), 3.253,2 Mio. Euro (1995), 2.154,4 Mio. Euro (1990), 1.562 Mio. Euro (1985), 1.201 Mio. Euro (1980), 770 Mio. Euro (1975), 539 Mio. Euro (1970), 347 Mio. Euro (1965), 189 Mio. Euro (1960), 104 Mio. Euro (1955), 43 Mio Euro (1950).

Gründerzentren → kommunale Wirtschaftsförderung.

Grundflächenzahl (GRZ) – Richtzahl zur Festlegung des zulässigen Maßes der baulichen Nutzung für Teile eines Baugebietes oder für einzelne → Grundstücke. Sie gibt an, wie viel Quadratmeter Grundfläche je Quadratmeter Grundstücksfläche zulässig sind, d.h. überbaut werden dürfen.

Grundfreibetrag – im → Einkommensteuertarif bereits berücksichtigter → Freibetrag in Höhe von 8.004 Euro (seit 2010) bei Einzelveranlagung und in Höhe von 16.009 Euro bei Zusammenveranlagung. Durch den Grundfreibetrag soll das Existenzminimum des Steuerpflichtigen steuerfrei belassen werden.

Grundfreiheiten – Sammelbegriff für die vom EG-Vertrag den Marktbürgern eingeräumten Grundrechte, meist mit → unmittelbarer Wirkung und → Anwendungsvorrang vor jedem entgegenstehenden nationalen Recht ausgestattet. Grundfreiheiten sind nach gegenwärtigem Stand der Entwicklung → Warenverkehrsfreiheit, → Kapitalverkehrsfreiheit, Freizügigkeit der Arbeitnehmer (s. hierzu → Freizügigkeit), Niederlassungsfreiheit der Unternehmer (s. hierzu → Niederlassungsfreiheit), → Dienstleistungsfreiheit und → Aufenthaltsrecht.

Grundgehalt – Gehaltsbestandteil, der unabhängig von der konkreten Arbeitssituation oder der Leistung des Mitarbeiters gezahlt wird.

Grundgesamtheit – I. Statistik: *Ausgangsgesamtheit, Kollektiv, Population, statistische Masse*; Menge aller Elemente, auf die ein Untersuchungsziel in der Statistik gerichtet ist. Die Grundgesamtheit bedarf einer exakten *sachlichen, räumlichen und zeitlichen* Abgrenzung (falsche Abgrenzung: → Coverage-Fehler). Bei Stichprobenverfahren ist Grundgesamtheit der Gegenbegriff zu Stichprobe (→ Teilerhebung); die Resultate der Stichprobe werden (→ Schätzung) auf die Grundgesamtheit übertragen.

II. Marktforschung: Menge aller potenziellen Zielpersonen für eine Untersuchung.

Grundgeschäftserklärung – schriftliche Erklärung, die die Kreditinstitute früher bei der Rediskontierung von → Bankakzepten, Exporttratten und Debitorenziehungen abzugeben hatten, mit der versichert wurde, dass der Wechsel ein → Handelswechsel ist, also nicht zur Finanzierung von Investitionen oder der Verflüssigung eingefrorener Debitoren verwendet wird. Heute i.Allg. nicht mehr gefordert.

Grundgesetz (GG) – die am 24.5.1949 (BGBl. I 1) in Kraft getretene zunächst vorläufige, mit dem Inkrafttreten des → Einigungsvertrags die für das gesamte Deutschland geltende Verfassung für die Bundesrepublik Deutschland. – *Inhalt:* Das GG enthält Bestimmungen über eine Reihe von → Grundrechten, die gemäß Art. 1 III GG die → Gesetzgebung, → Verwaltung und → Rechtsprechung als unmittelbar geltendes Recht binden; weitere Abschn. betreffen das sog. Staatsorganisationsrecht, nämlich Bund und Länder, → Bundestag, → Bundesrat, → Bundespräsidenten, sowie die → Bundesregierung, die Gesetzgebung des Bundes, die Ausführung der Bundesgesetze, die Bundesverwaltung, die Rechtsprechung und das Finanzwesen sowie den Verteidigungsfall. – Das *Verhältnis* zwischen *Bund und Ländern* ist nach dem Prinzip des → Föderalismus gestaltet: 1. Die *Länder* sind grundsätzlich für die Ausübung aller staatlichen Befugnisse und Erfüllung aller staatlichen Aufgaben zuständig, soweit das GG keine andere Regelung trifft oder zulässt (Art. 30). Die Ausführung der Bundesgesetze obliegt den Verwaltungsbehörden der Länder, sofern nicht eine bundeseigene Verwaltung mit eigenem Verwaltungsunterbau oder Bundesoberbehörden (nach Art. 86 ff.) zugelassen und errichtet worden sind (z.B. Auswärtiger Dienst, Bundesfinanzverwaltung oder Bundesämter, u.a. für Wirtschaft). – 2. Bes. fühlbare Auswirkungen hat das föderalistische Prinzip im Bereich des Finanzwesens durch die Regelung der *Zuständigkeit zur Steuergesetzgebung* und durch die *Verteilung des Aufkommens* aus den verschiedenen Steuern. Die Länder sind nicht „Kostgänger des Bundes", sondern Gläubiger bestimmter Steuern. – Vgl. auch → Steuergesetzgebungshoheit, → Finanzhoheit. – 3. *Verfassungsorgan* zur Wahrung der Bundesstaatlichkeit ist der Bundesrat. Er ist neben dem Bundestag Gesetzgebungsorgan des Bundes. Seine Zustimmung ist zu bestimmten Gruppen von → Gesetzen, → Rechtsverordnungen und → Verwaltungsvorschriften erforderlich. – 4. *Änderungen des GG:* Die letzten bedeutenden Änderungen erfolgten durch die → Föderalismusreform I vom 28.8.2006 (BGBl. I 2034) und die Föderalismusreform II vom 29.7.2009 (BGBl. I 2248); s. → Schuldenbremse.

Grundhöchstbetrag → Vorsorgeaufwendungen.

Grundkapital – Aktienkapital einer Aktiengesellschaft (AG), entspricht zahlenmäßig dem → Nennwert aller ausgegebenen → Aktien. – 1. *Höhe des Grundkapitals:* Der Mindestnennbetrag des Grundkapitals beträgt 50.000 Euro (§ 7 AktG). Die Höhe des Grundkapitals sagt nichts über den Wert des → Gesellschaftsvermögens aus. – 2. In der *Bilanz* ist das Grundkapital als → gezeichnetes Kapital auf der Passivseite auszuweisen (§ 152 I AktG, § 266 III Nr. A HGB). Der feste Betrag des Grundkapitals kann nicht durch Gewinn oder Verlust verändert werden; deshalb ist das Gewinn- und Verlust-Konto nicht über das Kapitalkonto, sondern über das Bilanzkonto abzuschließen. Grundkapital plus Kapitalrücklage, Gewinnrücklagen, Gewinnvortrag/Verlustvortrag und Jahresüberschuss/Jahresfehlbetrag ist gleich dem bilanziellen → Eigenkapital. Übersteigt ein Verlustvortrag das Grundkapital, ist ein „nicht durch Eigenkapital gedeckter → Fehlbetrag" auf der Aktivseite auszuweisen. Die einzelnen Aktiengattungen sind mit den Gesamtnennbeträgen jeder Gattung und u.U. mit Angabe der Stimmenzahl gesondert auszuweisen. Bedingtes Kapital (→ bedingte Kapitalerhöhung) ist mit dem Nennbetrag zu vermerken (§ 152 I AktG), → genehmigtes Kapital im → Anhang anzugeben (§ 160 AktG). – 3. a) Eine *Aktienausgabe* mit einem geringeren Betrag als den Nennbetrag (1 Euro) oder den auf die einzelne → Stückaktie entfallenden anteiligen Betrag des Grundkapitals ist verboten (§ 9 AktG). – b) Vor *Eintragung* der AG im Handelsregister müssen alle Aktien von den → Gründern der AG übernommen und der eingeforderte Betrag eingezahlt sein (§§ 36, 36a AktG). – c) *Verboten* ist die Rückgewährung von → Einlagen (§ 57 AktG). – d) Der *Erwerb* → eigener Aktien ist nur unter bes. Voraussetzungen möglich (§ 71 AktG).

Grundkosten – Aufwendungen, die im Rechnungszeitabschnitt in gleicher Höhe in die Kostenrechnung eingehen (aufwandsgleiche Kosten = Zweckaufwand, als Kosten verrechneter Zweckaufwand). – *Gegensatz:* → Zusatzkosten, → Anderskosten.

Grundlagenbescheid – 1. *Begriff:* Grundlagenbescheide sind Bescheide, die eine Bindungswirkung für andere Bescheide – vornehmlich Steuerbescheide – entfalten. – 2. *Arten* (§ 171 X AO): a) Feststellungsbescheide (z.B. Einheitswertbescheid, Gewinnfeststellungsbescheid, → Ergänzungsbescheid), – b) Steuermessbescheide (z.B. Gewerbesteuermessbescheide, Grundsteuermessbescheid), – c) andere steuerliche und nicht steuerliche Verwaltungsakte mit Bindungswirkung (z.B. Einkommensteuerbescheid für die Bewilligung von Leistungen nach dem BAföG, Stundungsverfügung als Grundlage für die Festsetzung von → Stundungszinsen, Billigkeitsmaßnahme nach § 163 AO, Bescheinigung der zuständigen Behörde über eine Körperbehinderung). – 3. *Wirkungen auf den Folgebescheid:* Wird ein Grundlagenbescheid erlassen, aufgehoben oder geändert, ist der von ihm abhängige Steuerbescheid (Folgebescheid) entsprechend zu erlassen, aufzuheben oder zu ändern (§ 175 I Nr. 1 AO). Der Ablauf der Festsetzungsfrist für den Folgebescheid ist insoweit gehemmt (Ablaufhemmung), als sie nicht vor Ablauf von zwei Jahren nach → Bekanntgabe des Grundlagenbescheides endet.

Grundlagenforschung → Forschung und Entwicklung (F&E).

Grundlastfähigkeit – die niedrigste Tagesbelastung eines Stromnetzes. Grundlastfähig sind jene Technologien, die diese Leistung konstant liefern können. Zur Deckung der Grundlast werden traditionell Kraftwerke betrieben, die eine konstante Leistung liefern können. Die Deckung der Grundlast wird mit zunehmendem Anteil fluktuierender erneuerbarer Energiequellen wie Sonnen- oder Windenergie verkompliziert, da die Leistungsschwankungen dieser Energiesorten kompensiert werden müssen.

Grundlohn – **I. Personalwirtschaft:** tariflich festgelegtes Entgelt für die übliche Arbeitsleistung in verschiedenen Lohnformen.

II. Sozialrecht: Seit 01.01.1989 richtet sich die Bemessung der Beiträge zur gesetzlichen Krankenversicherung nach den beitragspflichtigen Einnahmen bis zur → Beitragsbemessungsgrenze (§ 223 SGB V). Bei versicherungspflichtig Beschäftigten werden die Beiträge vom → Arbeitsentgelt aus der Beschäftigung errechnet (§ 226 SGB V). Bei Beschäftigten, die freiwillig versichert sind, sieht § 240 II SGB V die Anwendung derselben Grundsätze wie für pflichtversicherte Beschäftigte vor. Als beitragspflichtige Mindesteinnahmen für freiwillige Versicherte gilt jedoch der 90. Teil der monatlichen → Bezugsgröße. Für freiwillige Mitglieder, die hauptberuflich erwerbstätig sind, gilt als beitragspflichtige Einnahme für den Kalendertag der 30. Teil der monatlichen

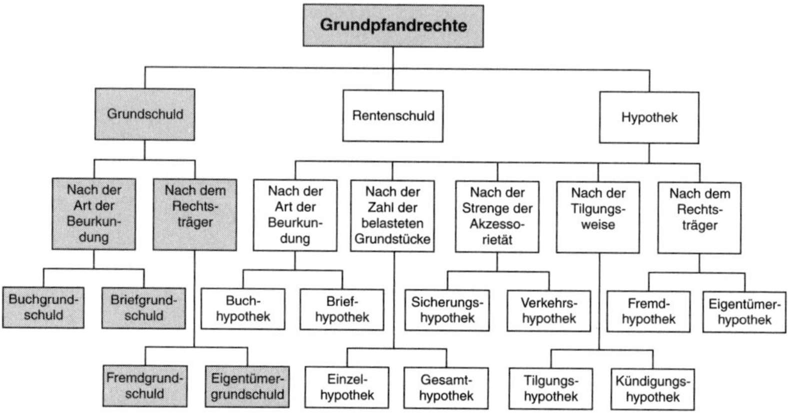

Bemessungsgrenze, bei Nachweis niedrigerer Einnahmen, jedoch mind. der vierzigste der monatlichen Bezugsgröße (§ 240 IV SGB V). Für die übrigen Versicherten (Rentner, Studenten u.a.) gelten z.T. unterschiedliche Regelungen (§§ 226 ff. SGB V).

III. Steuerrecht: Begriff, der zur Berechnung der steuerfreien Nachtarbeits-, Sonntags- und → Feiertagszuschläge von Bedeutung ist.

Grundnutzen – grundlegende Konzeptionsebene eines Produktes oder Angebotes. Umfasst den Teil des → Nutzens, der die fundamentale Leistung des Angebotes für den Kunden darstellt. Er besteht in der wirtschaftlich-technischen, sachlich-stofflichen oder funktionalen Eignung eines Gutes für seinen Verwender und sollte mindestens durch ein Basisprodukt abgedeckt werden. Der Grundnutzen wird auf verschiedenen Ebenen durch → Zusatznutzen ergänzt.

Grundpfandrechte – Sammelbezeichnung für → Hypothek, → Grundschuld und → Rentenschuld. Das BGB verwendet die Bezeichnung Grundpfandrechte nicht, weil bei der Grund- und der Rentenschuld die für das → Pfandrecht an Fahrnis und Rechten charakteristische Abhängigkeit von einer Forderung fehlt, anders freilich bei der Hypothek. – Vgl. auch Übersicht „Grundpfandrechte".

Grundrechnung – zweckneutrale Datenbasis, die für eine Vielzahl von Auswertungen in der → Kostenrechnung die erforderlichen Daten zur Verfügung stellt. Ziel bei der Aufstellung einer Grundrechnung ist also die Bereitstellung mutmaßlich benötigter Größen für vergangenheits- und zukunftsbezogene Auswertungsrechnungen. Dabei ist es notwendig, dass die Daten zweckneutral erhoben werden, sie müssen so erhoben werden, dass sie vielfältig verwertbar sind und sie müssen eine hohe Abbildungstreue (Werden das Bezugsobjekt und der Bezugszeitraum wirklich erfasst?) erfüllen.

Grundrechte – die im Grundrechtsteil des → Grundgesetzes (GG) verankerten Freiheits- und Gleichheitsrechte. Grundrechte, die allen Menschen unterschiedslos zukommen heißen *Menschenrechte*, die nur den Deutschen vorbehaltenen Grundrechte heißen *Bürger- oder Deutschenrechte*. Menschenrechte sind z.B. der Gleichheitssatz, die Glaubens- und Gewissensfreiheit und Bekenntnisfreiheit, die → Meinungsfreiheit und → Pressefreiheit, das Recht auf Unverletzlichkeit der Wohnung, auf Gewährleistung des → Eigentums und des Erbrechts; Bürger- oder Deutschenrechte sind die → Versammlungsfreiheit und Vereinigungsfreiheit, das Recht der → Freizügigkeit, die → Berufsfreiheit. Die Grundrechte binden → Gesetzgebung, → Verwaltung und → Rechtsprechung als unmittelbar geltendes Recht (Art. 1 III GG). Gegen *unberechtigte Eingriffe* in die Grundrechte kann sich der Einzelne nach Erschöpfung des Rechtsweges v.a. durch Erhebung der → Verfassungsbeschwerde wehren. Soweit jemand zum Kampfe gegen die freiheitliche demokratische Grundordnung gewisse Grundrechte missbraucht, kann er diese verwirken. Die Verwirkung wird vom → Bundesverfassungsgericht (BVerfG) ausgesprochen (Art. 18 GG).

Grundrente – I. Bundesversorgungsgesetz: Rentenleistung an Beschäftigte. – Vgl. auch → Beschädigtenrente.

II. Sozialpolitik: sozialpolitischer Begriff in der Diskussion um die geplante Reform der gesetzlichen Rentenversicherung. Grundrente meint im Wesentlichen die Einführung einer beitragsunabhängigen, aus allg. Steuermitteln zu finanzierenden Altersrente für alle Bürger mit einem festen Betrag als Grundsicherung der Bevölkerung; im Einzelnen stark umstritten. Im derzeitigen Alterssicherungssystem der Bundesrepublik Deutschland unbekannt, existiert aber in unterschiedlicher Ausprägung z.T. in anderen

Ländern. – Synonyme oder verwandte Begriffe: *Staatsbürgerrente, Volksrente, Mindestrente, Grundversorgung.*

III. Mikroökonomik: 1. *Begriff:* das auf dem Privateigentum an Grund und Boden beruhende Geldeinkommen für das Nutzungsrecht des Bodens; auch als *Bodenrente* bezeichnet. Grundlage bildet der mit dem Rechtstitel gegebene Ausschluss aller anderen Produktionsfaktoren und Personen von der Nutzung des Grundeigentums. Die Höhe der in Geld ausgedrückten Grundrente ergibt sich aus den zu erwartenden Kosten- oder Nutzenvorteilen, die ein Standort gegenüber anderen Standorten ermöglicht (→ Differenzialrente): Der Bodenpreis bestimmt sich aus dem nachhaltig erzielbaren Ertrag des Kapitaleinsatzes für die beabsichtigte Bodennutzung. Er ist daher der Kaufpreis der kapitalisierten (erwarteten) Grundrenten. Im Zusammenhang mit dem Interesse des Grundeigentümers an der Maximierung seines Renteneinkommens setzt sich in der Konkurrenz die Bodennutzung der höchsten Rentenzahlungsfähigkeit durch. Auf diese Weise steuert die Grundrente die Zuweisung von Standorten, sodass aus neoklassischer Sicht der Boden im idealtypischen Fall der freien Konkurrenz volkswirtschaftlich optimal genutzt wird (Allokationsfunktion der Grund- bzw. Bodenrente). – 2. *Formen:* a) Die *Differenzialrente* beruht auf einem Ertragsvorteil, den bei vorausgesetzten Produktionspreisen und bei gleichem Faktoreinsatz ein Standort im Vergleich zu einem anderen ermöglicht. Der Grund kann zum einen in der unterschiedlichen Lage zum Markt *(Lagerente)* liegen; derartige lagegebundene Ersparnisse können z.B. aus der Nähe zu Zulieferbetrieben, Transportkostenvorteilen, Führungsvorteilen oder geringeren Lagerkosten aufgrund eines schnelleren Warenumsatzes bestehen und in allen Wirtschaftsbereichen auftreten. Zum anderen entsteht die Differenzialrente aus der unterschiedlichen Intensität der Nutzung des Bodens *(Intensitätsrente)* bei gleicher Lagequalität, z.B. durch intensivere Bebauung (höhere Stockwerks- bzw. Geschossflächenzahl); die Intensitätsrente hängt wesentlich von der Lagerente ab. Als dritte Form der Differenzialrente ist die aus der unterschiedlichen Qualität und Fruchtbarkeit der Böden resultierende *Bonitätsrente* in der landwirtschaftlichen Produktion zu nennen. – b) Als *Monopolrente* wird das „Aufgeld" bezeichnet, das für das Wohnen in der Stadt gezahlt werden muss. Im Unterschied zur Differenzialrente entsteht sie nicht aus Produktivitätsvorteilen, sondern ist als Teil der Miete ein Abzug vom Lohneinkommen und entsprechend durch die Zahlungsfähigkeit und Zahlungsbereitschaft (z.B. für die landschaftliche Lage oder Zentralität) des Mieters begrenzt.

Grundsatz der Wesentlichkeit → Materiality.

Grundsätze der Ausübung des Wirtschaftsprüferberufs → Berufsgrundsätze für Wirtschaftsprüfer.

Grundsätze der Besteuerung → Besteuerungsprinzipien.

Grundsätze ordnungsmäßiger Abschlussprüfung → Grundsätze ordnungsmäßiger Prüfung.

Grundsätze ordnungsmäßiger Bilanzierung – Teil der → Grundsätze ordnungsmäßiger Buchführung (GoB). – 1. *Begriff:* bestimmte Regeln der → Rechnungslegung, die sich speziell der Aufstellung des → Jahresabschlusses widmen. – 2. *Arten:* a) *Gliederungsgrundsätze:* Nach dem Grundsatz der Klarheit und Übersichtlichkeit (§ 243 II HGB), der für alle Kaufleute gilt, sind die Gliederung der Bilanz und der Gewinn- und Verlustrechnung so zu gestalten, dass jede Art von Verschleierung vermieden wird. Die Form der Darstellung ist beizubehalten (Grundsatz der formellen Kontinuität oder Stetigkeit, § 265 I HGB), um die Vergleichbarkeit der Jahresabschlüsse zu gewährleisten. Abweichungen von den für alle Kapitalgesellschaften geltenden gesetzlichen bzw. für einzelne Branchen durch Rechtsverordnungen vorgeschriebenen Gliederungen sind zulässig, bes. auch Zusammenfassung von Positionen wegen Geringfügigkeit (Grundsatz der Wesentlichkeit). – b) *Grundsätze der Bilanzierung dem Grunde (Ansatz) und der Höhe (Bewertung)* nach: Der bei den → Grundsätzen ordnungsmäßiger Inventur dargestellte Grundsatz der Vollständigkeit gilt auch für den Jahresabschluss. Daraus und aus dem Grundsatz der Klarheit und Übersichtlichkeit folgt, dass i.d.R. Forderungen nicht mit Verbindlichkeiten, Erträge nicht mit Aufwendungen und Grundstücksrechte nicht mit Grundstückslasten aufgerechnet werden dürfen (§ 246 HGB). Der Jahresabschluss ist zum Schluss eines jeden Geschäftsjahres (*Stichtagsprinzip,* § 242 HGB), innerhalb der einem geordneten Geschäftsgang entsprechenden Zeit (§ 243 III HGB), aufzustellen (Grundsatz der Rechtzeitigkeit). Dabei muss die Schlussbilanz des Vorjahres der Eröffnungsbilanz des nächsten Jahres entsprechen (Grundsatz der Bilanzidentität). Bei der Bewertung ist von dem Grundsatz der Vorsicht auszugehen (§ 252 I Nr. 4 HGB), d.h. Ergebnisse sind erst dann auszuweisen, wenn sie realisiert sind *(Realisationsprinzip)*; vorhersehbare Risiken und Verluste sind im Gegensatz zu Gewinnen bereits vor ihrer Realisation zu berücksichtigen *(Imparitätsprinzip)*. Zu bewerten sind grundsätzlich die einzelnen Bilanzposten (Grundsatz der Einzelbewertung, § 252 I Nr. 3 HGB). Dabei ist von der Fortführung der Unternehmenstätigkeit auszugehen, solange nicht tatsächliche oder rechtliche Gegebenheiten entgegenstehen (*Going-Concern-Prinzip,* § 252 I Nr. 2 HGB). Die Bewertungsmethoden sind beizubehalten (materielle Bilanzkontinuität oder Stetigkeit, § 252 I Nr. 6 HGB). Für Aufwendungen und Erträge gilt der Grundsatz der periodengerechten Zuordnung (§ 252 I Nr. 5 HGB). – Im Übrigen sind *Abweichungen* von den oben aufgeführten Grundsätzen nur in begründeten Ausnahmefällen zulässig (§ 252 II HGB). Zur Bewertung im Jahresabschluss vgl. → Bewertung.

Grundsätze ordnungsmäßiger Buchführung (GoB) – I. Begriff: bestimmte *Regeln der Rechnungslegung*. Sie bilden die allg. Grundlage für die handelsrechtliche Bilanzierung und sollen die mit der Erstellung und Veröffentlichung von Jahresabschlüssen verbundenen legislatorischen Zwecksetzungen gewährleisten. – 1. Die Grundsätze ordnungsmäßiger Buchführung (GoB) haben im Gegensatz zu Rechnungslegungsstandards (z.B. → Deutsche Rechnungslegungs Standards (DRS)) *Rechtsnormcharakter,* d.h. sie sind verbindlich anzuwenden, wenn Gesetzeslücken vorhanden sind, Zweifelsfragen bei der Gesetzesauslegung auftreten und eine Rechtsanpassung an veränderte wirtschaftliche Verhältnisse stattfinden muss. Insofern spricht man auch von einem unbestimmten Rechtsbegriff. Im HGB 1985 hat der Gesetzgeber erstmalig bestimmte Prinzipien, die seit langem als rechtsform- und größenunabhängige Grundsätze ordnungsmäßiger Buchführung (GoB) anerkannt waren, einzeln kodifiziert. – 2. Für die Ermittlung der *nicht kodifizierten Teile* der Grundsätze ordnungsmäßiger Buchführung (GoB) werden in der Literatur drei Methoden genannt: a) Nach der *induktiven* Methode werden die Grundsätze ordnungsmäßiger Buchführung (GoB) aus den Gepflogenheiten der Praxis „abgeleitet". – b) Bei der *deduktiven* Methode wird der Versuch unternommen, die Grundsätze ordnungsmäßiger Buchführung (GoB) allein aus Zwecken der Rechnungslegung zu ermitteln. So leitet die deduktive Methode, die nach herrschender Meinung die richtige ist, Verhaltensregeln aus den Gesetzen oder aus wissenschaftlich begründeten Theorien des Rechnungswesens ab. Sie ist ein „theoretisches Interpretations- und Findungsverfahren" im Gegensatz zur „Induktion aus der Anschauung der praktischen Übung ehrbarer Kaufleute" heraus. – c) Eine Weiterentwicklung dieser beiden Methoden stellt die Hermeneutik dar. Sie versucht als ganzheitliche Methode, den unterschiedlichen Jahresabschlusszwecken gerecht zu werden. – Die Anwendungsbereiche der Grundsätze ordnungsmäßiger Buchführung (GoB) können nach überwiegender Meinung unterschieden werden in Grundsätze ordnungsmäßiger Buchführung (i.e.S.), → Grundsätze ordnungsmäßiger Inventur sowie → Grundsätze ordnungsmäßiger Bilanzierung.

II. Quellen: 1. Gesetz- und Rechtsprechung: a) Handelsrecht (§§ 238–263 HGB); b) Steuerrecht (§§ 140–148, 154, 158 AO; §§ 4 ff. EStG; R 5.2 EStR); c) Rechtsprechung. – 2. Empfehlungen, Erlasse, Gutachten von Behörden und Verbänden. – 3. Gepflogenheiten der Praxis.

III. Die Grundsätze ordnungsmäßiger Buchführung (GoB) i.e.S.: Als Ausfluss des Grundsatzes der *Klarheit und Übersichtlichkeit* (Nachprüfbarkeit) soll die → Buchführung so beschaffen sein, dass sie einem sachverständigen Dritten innerhalb angemessener Zeit einen Überblick über die Geschäftsvorfälle, ihre Entstehung und Abwicklung und die Lage des Unternehmens vermitteln kann (§ 238 HGB, § 145 I AO). Notwendig sind Eintragungen in einer lebenden Sprache; bes. bei EDV-Buchführung dürfen auch Abkürzungen, Ziffern, Buchstaben oder Symbole verwendet werden, wenn ihre Bedeutung in Organisationsplänen, Programmbeschreibungen, Datenflussplänen o.Ä. eindeutig festliegt (§ 239 HGB). – Die Grundsätze der *Vollständigkeit* sowie formellen und materiellen *Richtigkeit* verlangen, dass keine Geschäftsvorfälle weggelassen, hinzugefügt oder anders dargestellt werden, als sie sich tatsächlich abgespielt haben. Konten dürfen nicht auf falsche oder erdichtete Namen geführt werden. Bei der Führung von Büchern oder bei → Belegbuchhaltung soll Blatt für Blatt oder Seite für Seite fortlaufend nummeriert sein. Der ursprüngliche Buchungsinhalt darf nicht unleserlich gemacht werden. Zwischen den Buchungen dürfen keine Zwischenräume gelassen werden (→ Buchhalternase). Bei EDV-Buchführungen müssen Änderungen und Korrekturen automatisch aufgezeichnet werden (§ 239 III HGB). – Sämtliche Buchungen müssen aufgrund der → Belege jederzeit nachprüfbar sein („keine Buchung ohne Beleg", → Belegprinzip). Der Zusammenhang zwischen Geschäftsvorfall, Beleg und Konto ist durch ein Grundbuch herzustellen, das auch in einer geordneten und übersichtlichen Belegablage bestehen kann. Die Erfüllung der Grundbuchfunktion ist bei EDV-Buchführung durch Ausdruck oder Ausgabe auf Mikrofilm, bei der Speicherbuchführung durch jederzeitige Ausdruckbereitschaft sicherzustellen. – Der Grundsatz der *rechtzeitigen und geordneten Buchung* verlangt, dass die Buchungen innerhalb einer angemessenen Frist in ihrer zeitlichen Reihenfolge vorgenommen werden. Kasseneinnahmen und -ausgaben sollen i.d.R. täglich festgehalten werden (§ 146 I AO). Im Kontokorrentbuch sind alle Käufe und Verkäufe auf Kredit kontenmäßig festzuhalten. Bei nur gelegentlich unbarem Geschäftsverkehr braucht ein Kontokorrentbuch nicht geführt zu werden, wenn für jeden Bilanzstichtag über die bestehenden Forderungen und Schulden Personenübersichten geführt werden. Bei Einzelhändlern ist eine vereinfachte Buchung kleinerer Kreditgeschäfte zulässig (im Wareneingangsbuch in einer bes. Spalte, Kreditverkäufe in einer Kladde, Debitoren- oder Kreditorenverzeichnis zum Bilanzstichtag). Ersatzweise Führung einer → Offene-Posten-Buchführung ist bei Einhaltung der Ordnungsmäßigkeitsvoraussetzung möglich. – Die *Aufbewahrungsfrist* für Bücher und Buchungsbelege beträgt zehn Jahre (§ 257 IV HGB).

IV. Verstöße gegen die Grundsätze ordnungsmäßiger Buchführung (GoB): 1. Bei erheblichen *formellen Mängeln,* die das Wesen der Buchführung berühren, liegt keine ordnungsmäßige Buchführung vor (z.B. Fehlen notwendiger Aufzeichnungen des Tagebuchs, Kassenbuchs oder des Inventarbuchs, mangelnde Ausdruckbereitschaft bei → Speicherbuchführung). Bei kleineren formellen Mängeln ist die

Ordnungsmäßigkeit der Buchführung nicht zu beanstanden, wenn das sachliche Ergebnis nicht beeinflusst wird (→ Buchführungspflicht). – 2. Bei *materiellen Mängeln* der Buchführung (z.B. Nichtbuchung oder Falschbuchung von Geschäftsvorfällen, Passivsalden im Kassenbuch) kann sich Folgendes ergeben: (1) Die Fehler in der Buchführung werden berichtigt; (2) das Buchführungsergebnis wird durch eine ergänzende Schätzung berichtigt; (3) das gesamte Ergebnis wird unter Verwendung der Buchführungsunterlagen geschätzt.

V. Folgen fehlender Ordnungsmäßigkeit: 1. *Steuerlich:* (1) Schätzung der Besteuerungsgrundlagen; (2) Entzug derjenigen steuerlichen Vergünstigungen, die an das Vorliegen bestimmter Buchnachweise geknüpft sind; (3) Umkehrung der Beweislast; (4) → Zwangsmittel, ggf. Steuerstrafverfahren. – 2. *Straf- und zivilrechtlich:* (1) mangelnder Beweiswert der → Geschäftsbücher; (2) Insolvenzvergehen nach §§ 283 ff. StGB strafbar (→ Bankrott); (3) bei Kapitalgesellschaften Versagung des → Bestätigungsvermerks.

Grundsätze ordnungsmäßiger DV-gestützter Buchführungssysteme (GoBS) → Grundsätze ordnungsmäßiger Speicherbuchführung (GoS).

Grundsätze ordnungsmäßiger Inventur – Teil der → Grundsätze ordnungsmäßiger Buchführung (GoB). Der Grundsatz der *Vollständigkeit* verlangt, dass am Schluss eines jeden Geschäftsjahrs (→ Stichtagsprinzip) alle → Vermögensgegenstände, Rechnungsabgrenzungsposten (→ Abgrenzungsposten) und → Schulden des Unternehmens in ein → Inventar aufzunehmen sind (→ Inventur), die dem Grunde nach in der → Bilanz erscheinen könnten (→ Aktivierungspflicht, → Aktivierungswahlrecht, → Passivierungspflicht, → Passivierungswahlrecht). Dazu gehören alle Posten, die nach wirtschaftlicher Betrachtungsweise dem bilanzierenden Unternehmen zuzurechnen sind (also z.B. auch Treuhandvermögen beim → Treugeber, Sicherungsvermögen beim Sicherungsgeber, Kommissionsware beim → Kommittenten). Deshalb gilt grundsätzlich das Prinzip der *Einzelerfassung*. Jedoch genügen bei Anwendung anerkannter mathematisch-statistischer Methoden auch Stichprobenverfahren (§ 241 I HGB). Nach dem Grundsatz der *Wesentlichkeit* (→ Materiality) brauchen Anlagevermögensgegenstände bis zu 60 Euro nicht in das Inventar aufgenommen zu werden (R 5.4 EStR). Weitere Vereinfachungen sind durch die Anwendung der Festbewertung (§ 240 III HGB; → Festwert) und der → Gruppenbewertung (§ 240 IV HGB) möglich. – Der Grundsatz der *Richtigkeit* verlangt eine zutreffende Erfassung nach Art, Menge und Wert der zu inventarisierenden Posten. – Es gilt der Grundsatz der *Einzelbewertung*, wobei auch hier Vereinfachungen bei gleichartigen Gegenständen des Vorratsvermögens sowie anderen gleichartigen oder annähernd gleichwertigen beweglichen Vermögensgegenständen und Schulden durch Gruppen- und Durchschnittsbewertungen zulässig sind (§ 240 IV HGB). – Der Grundsatz der *Klarheit* verlangt eine übersichtliche, eindeutige und nachprüfbare Aufzeichnung der Inventurmethoden und -ergebnisse. – Der Grundsatz der *Rechtzeitigkeit* verlangt die Aufstellung des Inventars innerhalb der einem ordnungsgemäßen Geschäftsgang entsprechenden Zeit (§ 240 II HGB). Da neben der → Stichtagsinventur auch die vor- bzw. nachverlegte Stichtagsinventur und die → laufende Inventur zulässig sind (§ 241 II/III HGB), betrifft die Frage der Rechtzeitigkeit in erster Linie die → Bewertung.

Grundsätze ordnungsmäßiger Konzernrechnungslegung (GoK) – Verfahrensregeln für eine zweckentsprechende Zusammenfassung der Einzelabschlüsse im Konzernabschluss. Strittig, ob Teil der → Grundsätze ordnungsmäßiger Buchführung (GoB) oder eigenständige Ergänzungen dieser.

Grundsätze ordnungsmäßiger Prüfung – Grundsätze, die zu beachten sind, um die Aufgaben im wirtschaftlichen Prüfungswesen den gegebenen Zwecken entsprechend auszuführen (→ Wirtschaftsprüfung, → Wirtschaftsprüfer (WP), → Jahresabschlussprüfung). Untergrundsätze sind u.a. die *Grundsätze ordnungsmäßiger Abschlussprüfung*, die maßgeblich vom → Institut der Wirtschaftsprüfer in Deutschland e. V. (IDW) erarbeitet wurden. – Vgl. auch → Prüfungstandard, → Wirtschaftsprüfungsmethoden.

Grundsätze ordnungsmäßiger Speicherbuchführung (GoS) – von der Arbeitsgemeinschaft für wirtschaftliche Verwaltung (AWV) unter Mitwirkung der Finanzbehörden 1978 erarbeitete und als Grundsätze ordnungsmäßiger DV-gestützter Buchführungssysteme (GoBS) weiterentwickelte Vorschriften, deren Anwendung bei der EDV-Buchführung die Einhaltung der Grundsätze ordnungsmäßiger Buchführung sicherstellen soll. Dabei sollen die Vollständigkeit, Richtigkeit, Zeitgerechtigkeit und Unveränderbarkeit der auf Datenträgern gespeicherten Buchungen durch ein → internes Kontrollsystem (IKS), jederzeitige Ausdrucksbereitschaft und Prüfbarkeit mithilfe einer Verfahrensdokumentation gewährleistet werden (BMF-Schreiben vom 5.7.1978, BStBI I 1978 250 zu den Grundsätzen ordnungsmäßiger Speicherbuchführung (GoS), BMF-Schreiben vom 7.11.1995, BStBI I 1995 7380 zu den GoBS sowie die Mikrofilm-Grundsätze vom 1.2.1984, BStBI I 1984 155).

Grundsätze ordnungsmäßiger Unternehmensbewertung – System von Verfahrensregeln für die → Unternehmungsbewertung zur Sicherung der im Verkehr erforderlichen Sorgfalt des Bewerters. Ausgehend von den verschiedenen Zwecken der Unternehmungsbewertung werden Regeln abgeleitet mit dem Ziel der Sicherstellung zweckgerechter, in diesem Sinn richtiger Bewertung.

Grundsatzrevision → Revision.

Grundschuld – 1. *Begriff:* → Belastung eines Grundstücks in der Weise, dass an den Begünstigten eine bestimmte Geldsumme aus dem Grundstück zu zahlen ist (§§ 1191–1198 BGB). Die Grundschuld zählt neben → Hypothek und → Rentenschuld zu den → Grundpfandrechten. Sie dient der Besicherung von meist langfristigen Krediten (→ Realkredit). – 2. *Unterschied zur Hypothek*: Da die Grundschuld ein abstraktes, vom Bestehen einer Forderung unabhängiges Grundpfandrecht darstellt, hat sie die Hypothek im bankmäßigen Kreditgeschäft weitgehend verdrängt. Das *Bestehen einer Forderung ist nicht* Voraussetzung zur Entstehung einer Grundschuld (im Gegensatz zur → Hypothek). Demgemäß gelten für die Grundschulden die §§ 1114–1183 BGB nur, soweit sie die Hypothek als solche, nicht auch die zugrunde liegende persönliche Forderung betreffen. Auch wenn eine Grundschuld zur Sicherung einer persönlichen Schuld dient (→ Sicherungsgrundschuld), ist sie in ihrem Bestand von der persönlichen Forderung ganz unabhängig. Durch die → Sicherungsabrede kann der Sicherungsnehmer aber verpflichtet werden, bei Wegfall des Sicherungszwecks die Grundschuld zurückzuübertragen, auf sie zu verzichten oder sie aufzuheben. Ferner soll sie den Sicherungsnehmer verpflichten, die Zweckbestimmung der Grundschuld zu erhalten. – 3. *Publizität*: *Eintragung ins* → Grundbuch in der dritten Abteilung ist für Buch- und Brief-Grundschuld erforderlich. Über die Grundschuld kann ein → Grundschuldbrief ausgestellt werden, der (selten) auch auf den Inhaber lauten kann (→ Inhabergrundschuld) und dann wie ein → Inhaberpapier übertragbar ist. – 4. *Bestellung*: Eine Grundschuld wird *bestellt:* (1) Wenn der Schuldgrund verdeckt werden soll oder (2) wenn der Grundstückseigentümer sich nicht zugleich persönlich verpflichten will, denn das sonstige Vermögen des Eigentümers haftet nicht (wohl aber meist bei der Hypothek). Die Grundschuld kann auch vom Grundstückseigentümer für diesen selbst eingetragen werden (→ Eigentümergrundschuld). – 5. *Umwandlung*: Eine Grundschuld kann in eine Hypothek *umgewandelt* werden, ohne Zustimmung der im Rang gleich- oder nachstehenden Berechtigten. – 6. *Sonderform der Grundschuld:* → Rentenschuld. – 7. *Bilanzierung* der Aktiv-Grundschuld unter langfristigen Darlehen im Umlaufvermögen, der Passiv-Grundschuld unter langfristigen Verbindlichkeiten.

Grundschuldbrief – über eine → Grundschuld (Briefgrundschuld) vom Grundbuchamt auszustellende Urkunde. Der Grundschuldbrief enthält Angaben über Inhalt der Eintragung im → Grundbuch (Betrag der Grundschuld, Zinsen, Fälligkeit) dient dem Gläubiger zur Legitimation und erleichtert die Übertragung (einfache schriftliche Abtretungserklärung und Übergabe).

Grundsicherung für Arbeitsuchende → Arbeitslosengeld II.

Grundsteuer – erhoben als → Realsteuer mit dem Charakter einer → Substanzsteuer auf landwirtschaftliche, gewerbliche und Wohn-Grundstücken.

I. Rechtsgrundlagen: Grundsteuergesetz (GrStG) vom 7.8.1973 (BGBl. I 965) m.spät.Änd.

II. Steuergegenstand: der → Grundbesitz, also Betriebe der → Land- und Forstwirtschaft, → Grundstücke und → Betriebsgrundstücke (§ 2 GrStG). – *Befreit* sind u.a. Grundbesitz der öffentlichen Hand, Grundbesitz, der vom Bundeseisenbahnvermögen für Verwaltungszwecke genutzt wird, von Religionsgemeinschaften und Grundbesitz, der unmittelbar gemeinnützigen oder mildtätigen Zwecken oder den Zwecken der Wissenschaft, der Erziehung, des Unterrichts oder dem Zweck einer Krankenanstalt dient (§ 3 GrStG). Weitere Befreiungen gemäß § 4 GrStG. Die unter bestimmten Umständen gewährte Befreiung neu geschaffener Wohnungen in den neuen Bundesländern gemäß § 43 GrStG lief am 31.12.2001 aus.

III. Steuerschuldner: der wirtschaftliche Eigentümer des Steuergegenstandes bzw. bei → Erbbaurechten der Inhaber dieses Rechts für die Grundsteuer auf das belastete Grundstück. Bei mehreren wirtschaftlichen Eigentümern sind diese → Gesamtschuldner (§ 10 GrStG). – Sekundär haften ggf. der Nießbraucher und i.d.R. – zeitlich begrenzt – der Erwerber (§ 11 GrStG). Der Steuergegenstand haftet dinglich; Steuerforderungen der Steuerbehörde können ohne weiteren Titel im Wege der → Zwangsvollstreckung beigetrieben werden.

IV. Steuerberechnung: 1. *Bemessungsgrundlage* ist der gemäß BewG für den Steuergegenstand festgestellte → Einheitswert zu Beginn des jeweiligen Kalenderjahres, in den neuen Bundesländern auch der Einheitswert des Jahres 1935, die Wohn- oder die Nutzfläche (§§ 41, 42 GrStG). – 2. Ermittlung des → Steuermessbetrages durch Anwendung eines Tausendsatzes (*Steuermesszahl;* § 13 GrStG) auf den Einheitswert oder seinen steuerpflichtigen Teil. Die → Steuermesszahlen betragen: (1) allg.: 3,5 Promille (§ 15 GrStG); (2) für Betriebe der Land- und Forstwirtschaft 6 Promille; (3) für → Einfamilienhäuser 2,6 Promille für die ersten 38.346,89 Euro, 3,5 Promille für den Rest des Einheitswertes oder seinen steuerpflichtigen Teil; (4) für → Zweifamilienhäuser 3,1 Promille. Bei Bemessung der Steuer nach der Wohn- oder Nutzfläche (in den neuen Bundesländern als Ersatzbemessungsgrundlage denkbar, s.o.) beträgt die Steuer bei einem Hebesatz von 300 Prozent für bestimmte Wohnungen 1 Euro/m², für andere 0,75 Euro/m² (§ 42 GrStG). Bei anderen Hebesätzen entsprechende Anpassung der Beträge. – 3. Ermittlung der Grundsteuer durch Anwendung eines → Hebesatzes auf den Steuermessbetrag, der von einer Gemeinde für die in ihrem Gebiet liegenden land- und forstwirtschaftlichen Betriebe (*Grundsteuer A*) und die dort liegenden Grundstücke *(Grundsteuer B)* festzusetzen ist (§ 25 GrStG). – 4. *Grundsteuererlass:* Die Grundsteuer wird wegen wesentlicher Ertragsminderung teilweise erlassen, wenn bei Betrieben der Land- und Forstwirtschaft und bei bebauten Grundstücken der normale Rohertrag um mehr als 50 Prozent gemindert ist (ohne Verschulden des Eigentümers): In diesem Fall wird die Grundsteuer in Höhe von 25 Prozent erlassen. Beträgt die Minderung des normalen Rohertrags 100 Prozent, ist die Grundsteuer in Höhe von 50 Prozent zu erlassen (§ 33 GrStG). Der Erlassantrag ist an die Gemeinde bis zum 31. März des Folgejahres zu stellen. Nach aktueller Auffassung des Bundesverwaltungsgerichts ist ein Erlass auch bei dauerhaftem, strukturellem Leerstand möglich mit Ausnahme, dass der Eigentümer den Leerstand selbst zu verantworten hat. Die Grundsteuer kann auch erlassen werden für Kulturgüter und Grünanlagen (§ 32 GrStG).

V. Verfahren: 1. Der Steuermessbetrag wird vom → Lagefinanzamt (§§ 18, 22 AO) durch → Steuermessbescheid festgestellt. Er gilt von dem Kalenderjahr an, das zwei Jahre nach dem → Hauptfeststellungszeitpunkt beginnt (§ 16 GrStG), grundsätzlich sechs Jahre; in der Zwischenzeit ist anknüpfend an fortgeschriebenen oder nachfestgestellten Einheitswert *Neu- oder Nachveranlagung* möglich. – 2. Nach Mitteilung des Steuermessbetrages setzt die zuständige Gemeinde die Grundsteuer durch *Steuerbescheid* fest. – 3. *Entrichtung* (§ 28 GrStG): vierteljährlich jeweils am 15. Februar, 15. Mai, 15. August und 15. November; Sonderregeln für Kleinbeträge bis zu 30 Euro oder auf Antrag des Steuerschuldners. – Bis zur Bekanntgabe eines neuen Steuerbescheides sind zu den bisher maßgebenden Zahlungszeitpunkten *Vorauszahlungen* unter Zugrundelegung der zuletzt festgesetzten Jahressteuerschuld zu entrichten (§ 29 GrStG); nach Bekanntgabe eines neuen Bescheids werden diese abgerechnet (§ 30 GrStG). – 4. *Erlass:* → Grundsteuererlass.

VI. Finanzwissenschaftliche Beurteilung: 1. *Uneinheitlichkeit in der Steuerart:* a) Die Grundsteuer ist eine Art *Sondervermögensteuer* auf den Grundbesitz. – b) Ist sie für die Grundstücke der Betriebe und des Grundvermögens im Wohnungswesen eine echte Grundsteuer, so ist sie für die Land- und Forstwirtschaft demgegenüber eine *Gesamtbetriebsteuer,* fast in einer Art Gewerbesteuer. Sie erfasst Wohnungswert und Wirtschaftswert. – 2. *Steuertechnik* (kompliziert): a) Die zunächst erfolgende *Bildung der* → Einheitswerte ist für die Grundvermögensarten und Grundstücke unterschiedlich: (1) Für land- und forstwirtschaftliche Betriebe wird der Wirtschaftswert (§ 46 BewG) als Ertragswert ermittelt, der Wohnungswert nach den Bewertungsgrößen für Wohngrundstücke minus einem Abschlag von 15 Prozent (§ 47 BewG). (2) Beim Grundvermögen des Wohnungswesens werden unbebaute Grundstücke mit dem gemeinen Wert angesetzt, bebaute Grundstücke nach dem Sachwertverfahren oder Ertragswertverfahren bewertet (§ 76 BewG). In letzterem wird die „Jahresrohmiete" mit bestimmten „Vervielfältigern" multipliziert, die nach Gemeindegröße, Bauausführung, Bauart, Grundstücksart und Baujahr äußerst differenziert gestaffelt sind und zwischen den Extremen 4,5 und 13,5 liegen. (3) Betriebsgrundstücke sind nach den Bewertungsregeln zu bewerten, Fabrikgebäude nach dem Sachwertverfahren. – b) *Verwendung willkürlich gebildeter „Steuermesszahlen":* §§ 13–15 GrStG. – 3. *Generelle Unterbewertung des Grundvermögens und spezielle Unterbewertung für die land- und forstwirtschaftlichen Betriebe:* a) Noch heute werden die 1964 errechneten *Einheitswerte* angesetzt (in den neuen Bundesländern sogar Anwendung der 1935 berechneten Einheitswerte). Der 1974 verfügte Aufschlag von 40 Prozent auf die Werte von 1964 gilt für die Vermögens- und die Erbschaftsbesteuerung, nicht aber für die Grundsteuer. Diese Bevorzugung des Grundvermögens vor anderen Vermögensarten gilt als nicht allokationsneutral und hat die bekannte „Flucht ins Betongold" hervorgerufen. – b) Darüber hinaus erfolgt eine *Bevorzugung der Land- und Forstwirtschaft:* (1) Durch den 15-prozentigen Abschlag auf den Wohnwert und (2) durch das Festhalten an den Bodenwertschätzungen von 1934 für den Anbauboden; demnach liegen die für die steuerliche Bewertung maßgeblichen Reinerträge bei nur ca. 10 Prozent der Verkehrswerte. – 4. *Wohnungsbaupolitisch* motiviert ist die Begünstigung der Ein- und Zweifamilienhäuser durch Ansatz niedrigerer Steuermesszahlen. – 5. Das *Verteilungsziel* dürfte verletzt sein, wenn die Eigentümer der begünstigten Ein- und Zweifamilienhäuser den einkommensstarken Schichten angehören. – 6. Die Grundsteuer ist weitgehend eine → Sollertragsbesteuerung: a) Bei bebauten Grundstücken wird (1) die Sollmiete statt der tatsächlich erzielten angesetzt und (2) ein Vervielfältiger verwendet, der die Grundstücke unabhängig von den erzielten Mieten klassifiziert. – b) Beim Sachwertverfahren gibt es ebenfalls normierte Berechnungen und Pauschalierungen. – 7. Eine *Steuerhäufung* ergibt sich durch die gleichzeitige Belastung von Vermögen und dessen Erträgen mit Grundsteuer und Einkommensteuer. – 8. Als *Gemeindesteuer* ist die Grundsteuer geeignet (→ Gemeindesteuersystem): (1) Sie ist kaum konjunkturreagibel; (2) sie ist eine örtlich radizierbare Steuer; (3) sie ist merklich und kann daher eine unmittelbare Beziehung zwischen Steuerzahler und Gemeinde herstellen; (4) zur Hebesatzautonomie: → Gewerbebesteuerung und → Gewerbesteuer; (5) fiskalisch ist die Grundsteuer wegen der vielfältigen Unterbewertungen nicht sonderlich ergiebig; sie erbringt durchschnittlich 15 Prozent der → Gemeindesteuern i.w.S. – 9. *Reform:* a) Sobald eine → Wertschöpfungsteuer eingeführt werden sollte, wird die Grundsteuer abgeschafft. – b) Für eine weiter bestehende Grundsteuer ist die stets verlangte und verschleppte *Neubewertung* des gesamten Grundvermögens unabdingbar; ihre Realisierung dürfte an den politischen Widerständen und verwaltungstechnischen Schwierigkeiten vermutlich scheitern.

VII. Aufkommen: 10.602 Mio. Euro (2006), 9.658 Mio. Euro (2003), 9.261 Mio. Euro (2002), 9.075,8 Mio. Euro (2001), 8.848,9 Mio. Euro (2000), 7.027,2

Mio. Euro (1995), 4.460,3 Mio. Euro (1990), 3.765 Mio. Euro (1985), 2.967 Mio. Euro (1980), 2.122 Mio. Euro (1975), 1.372 Mio. Euro (1970), 1.079 Mio. Euro (1965), 834 Mio. Euro (1960), 704 Mio. Euro (1955), 598 Mio Euro (1950).

Grundsteuer A → Grundsteuer für land- und forstwirtschaftliche Betriebe.

Grundsteuer B → Grundsteuer für alle Grundstücke, die nicht der Land- und Forstwirtschaft dienen.

Grundsteuer C → Baulandsteuer.

Grundsteuererlass – Erlass der → Grundsteuer. – 1. *Gemäß §§ 32–34 GrStG:* (1) für → Grundbesitz, dessen Erhaltung wegen seiner Bedeutung für Kunst, Geschichte, Wissenschaft oder Naturschutz im öffentlichen Interesse liegt, wenn die erzielten Einnahmen und die sonstigen Vorteile (Rohertrag) i.d.R. unter den jährlichen Kosten liegen; (2) für öffentliche Grünanlagen, Spiel- und Sportplätze, wenn die Kosten den Rohertrag übersteigen; (3) bei Betrieben der Land- und Forstwirtschaft und bei bebauten Grundstücke auf Antrag *teilweiser* Erlass, wenn der tatsächliche Rohertrag mehr als 20 Prozent vom normalen Rohertrag abweicht, ohne dass der Steuerpflichtige die Minderung zu vertreten hat. – 2. *Unberührt davon* bleibt die Befugnis der Gemeinden, nach § 227 AO den Erlass von der Grundsteuer zu bewilligen.

Grundsteuermessbescheid → Steuermessbescheid.

Grundstoffe – unbearbeitete oder nur wenig bearbeitete Waren, die als Materialgrundlage für die Weiterverarbeitung und den Verbrauch einer Volkswirtschaft dienen. – *Arten:* (1) Die im Produktionsvorgang der Landwirtschaft, Forstwirtschaft und der Plantagenwirtschaft der Natur abgewonnenen Stoffe; – (2) die im Arbeitsvorgang des Bergbaus gewonnenen Abbauprodukte, einschließlich Gewinnung von Sand. Fertigung von Zement, Kalk, Ziegeln, Glas etc. aus mineralischen Abbauerzeugnissen. – Für die Grundstoffe wird ein bes. → Preisindex berechnet. – Vgl. auch → Rohstoffwirtschaft.

Grundstoffüberwachungsgesetz (GÜG) – Gesetz zur Überwachung des Verkehrs mit Grundstoffen, die für die unerlaubte Herstellung von Betäubungsmitteln missbraucht werden können, vom 11.3.2008 (BGBl. I 306) m.spät.Änd.; verfolgt das Ziel, die missbräuchliche Abzweigung und Verwendung von bestimmten chemischen Erzeugnissen (Grundstoffen) zum Zwecke der unerlaubten Herstellung von Betäubungsmitteln zu unterbinden bzw. strafrechtlich zu verfolgen. Für das Herstellen und Inverkehrbringen von Grundstoffen einschließlich ihrer Zubereitungen sind umfassende Kontrollmaßnahmen vorgesehen, die in der Verordnung (EG) Nr. 273/2004 für alle Mitgliedsstaaten der Gemeinschaft verbindlich geregelt sind. Kontrollmaßnahmen sind v.a. Erlaubnisse und Anzeigen über das Herstellen und Inverkehrbringen von Grundstoffen, Aufzeichnungen, Kennzeichnungen sowie die Benennung eines Verantwortlichen in jedem Bereich, der Grundstoffe herstellt oder in den Verkehr bringt. Ferner enthält das GÜG die Pflicht der Betriebe zur Zusammenarbeit mit den zuständigen Behörden, die gegenseitige Unterrichtung der Behörden sowie Bußgeld- und Strafvorschriften. – Vgl. auch → Betäubungsmittelgesetz (BtmG).

Grundstück – I. Bürgerliches Recht: Begrenzter, durch Vermessung gebildeter Teil der Erdoberfläche, der im → Grundbuch als selbstständiges Grundstück eingetragen ist. – *Gegensatz:* → bewegliche Sache (Mobilie).

II. Steuerrecht: 1. *Bewertungsgesetz:* a) *Begriff:* Wirtschaftliche Einheit des → Grundvermögens; Unterfall des → Grundbesitzes. Zu den Grundstücken im Sinn des Bewertungsgesetzes gehört auch → Erbbaurecht und Teileigentum (→ Wohnungseigentum). – b) Für Grundstücke werden für Zwecke der Grundsteuer → Einheitswerte ermittelt, für die Grunderwerbsteuer sog. → Bedarfswerte, und für Erbschaftsteuerzwecke wird seit der Erbschaftsteuerreform grundsätzlich der gemeine Wert herangezogen. Die Einheitswerte werden bislang nach dem Ertragswertverfahren (→ Ertragswert) oder dem Sachwertverfahren (→ Sachwert) ermittelt (→ Grundstücksbewertung): (1) *Bebaute Grundstücke:* Bewertungsverfahren richtet sich nach → Grundstücksart, Ausstattungsmerkmalen und Verfahrensvoraussetzungen (§ 76 BewG); (2) *unbebaute Grundstücke:* Bewertung mit dem → gemeinen Wert. Die „alte" Bedarfsbewertung (§§ 138 ff. BewG) soll zukünftig nur noch bei der Ermittlung der Grunderwerbsteuer zugrunde gelegt werden. Bei der Bedarfsbewertung wird für unbebaute Grundstücke von den Bodenrichtwerten ausgegangen (§ 145 BewG), die um einen Abschlag von 20 Prozent ermäßigt werden. Bebaute Grundstücke werden mit dem 12,5-fachen der Jahresmiete, vermindert um einen maximal 25-prozentigen Abschlag für das Alter des Gebäudes und ggf. erhöht um einen 20-prozentigen Zuschlag für Ein- oder Zweifamilienhäuser, angesetzt (§ 146 BewG) (vgl. → Bedarfswert). – 2. *Erbschaftsteuer:* Im Rahmen der → Erbschaftsteuerreform ist eine Neuregelung der Bewertungsvorschriften für Grundbesitz für die Erbschaftsteuer in den §§ 157 I und 176 ff BewG, wirksam ab dem 1.1.2009, vorgenommen worden. Auf Antrag und nur in Erbfällen können die neuen Regelungen jedoch bereits ab dem 1.1.2007 angewendet werden. Die Bewertung von Grundbesitz erfolgt nunmehr grundsätzlich nach dem gemeinen Wert. Die Bewertung lehnt sich dabei für bebaute Grundstücke an die Wertermittlungsverordnung und die Wertermittlungsrichtlinien auf der Grundlage des § 194 BauGB an. Für Wohnungseigentum, Teileigentum sowie für Ein- und Zweifamilienhäuser basiert die Bewertung grundsätzlich auf dem sog. → Vergleichswertverfahren. Mangels Vergleichswerte kann auch für bestimmte Grundstücksgruppen eine Bewertung nach Sachwertverfahren erfolgen. Für Mietwohngrundstücke sowie Geschäfts- und gemischt genutzte Grundstücke, für die sich eine übliche Miete ermitteln lässt, ist die Bewertung unter Berücksichtigung des Ertragswertverfahrens vorzunehmen. Fehlt es bei diesen Grundstücken an einer üblichen Miete, erfolgt die Bewertung wiederum nach dem Sachwertverfahren. Das Sachwertverfahren ist auch für sonstige bebaute Grundstücke anzuwenden. – 3. *Gewerbe-/Einkommensteuer:* a) *Vermietung und Verpachtung von Grundstücken* ist i.Allg. reine Vermögensverwaltung. Sie kann zum → Gewerbebetrieb werden und zu dementsprechenden Einkünften führen, wenn durch fortgesetzte und einer gewerblichen Tätigkeit entsprechende Betätigungen bes. Umstände hinzukommen, die über bloße Überlassung zur Nutzung hinausgehen, z.B. die Vermietung von Räumen in großen Bürohäusern, wenn bedeutsame Sonderleistungen des Vermieters, ständiger und schneller, durch die Vermietung bedingter Mieterwechsel eine Tätigkeit erfordern, die über das bei längerfristigen Vermietungen übliche Maß hinausgeht. Im Fall des Verkaufs von Grundstücken sieht die Rechtsprechung die Grenze zum Gewerbebetrieb relativ früh als überschritten an (3-Objekte-Grenze). – b) Wird das Grundstück *im Rahmen eines Gewerbebetriebes* vermietet oder verpachtet, so fallen die Einnahmen unter die Einnahmen aus Gewerbebetrieb. Ab dem Erhebungszeitraum 2008 erfolgt eine Hinzurechnung der Mietaufwendungen unabhängig von der Gewerbesteuerpflicht des Vermieters. – Vgl. auch → Betriebsgrundstücke, → Grundstücksarten. – 4. *Grunderwerbsteuer:* Grundstücke im Sinn der → Grunderwerbsteuer (§ 2 GrEStG): (1) Grundstücke im Sinn des Bürgerlichen Rechts, ausgenommen Maschinen und sonstige Vorrichtungen aller Art, die zu einer Betriebsanlage gehören, sowie Mineralgewinnungsrechte und sonstige Gewerbeberechtigungen; (2) Erbbaurechte; (3) Gebäude auf fremdem Boden. – Vgl. auch → Grund und Boden. – 5. *Verfassungswidrigkeit*: Mit Beschluss vom 27.5.2009 (AZ II R 64/08) hat der BFH das BMF aufgefordert, zu der Frage Stellung zu nehmen, ob die nach dem Grunderwerbsteuergesetz (§ 8 II GrEStG) angeordnete Heranziehung der Grundbesitzwerte i.S.d. §§ 138 ff. BewG als Bemessungsgrundlage der Grunderwerbsteuer für Besteuerungszeiträume, die vor und nach dem 1.1.2009 liegen, verfassungsgemäß ist.

Grundstücksart – Begriff des Bewertungsgesetzes bei der Bewertung bebauter → Grundstücke bzw. → Betriebsgrundstücke. Zu unterscheiden: (1) → Mietwohngrundstück, (2) → Geschäftsgrundstück, (3) → gemischtgenutztes Grundstück, (4) → Einfamilienhaus, (5) → Zweifamilienhaus und (6) → sonstiges bebautes Grundstück (§ 75 BewG).

Grundstücksbestandteile – *wesentliche Grundstücksbestandteile;* i.d.R. die mit dem → Grund und Boden nicht nur vorübergehend fest verbundenen Sachen, v.a. Gebäude, sowie alle Erzeugnisse, solange sie mit dem Boden zusammenhängen (§§ 93 ff. BGB). Abgrenzung oft zweifelhaft und im Einzelfall schwierig. – Wesentliche Grundstücksbestandteile können nicht Gegenstand bes. Rechte sein; sie teilen den Rechtsstand des → Grundstücks.

Grundstücksbewertung – für Zwecke der Substanzbesteuerung richtet sich bei der Grundsteuer (und für Zwecke einer Kürzungsvorschrift im Gewerbesteuergesetz, § 9 Nr. 1 GewStG) die Grundstücksbewertung nach den → Einheitswerten, für Grunderwerbsteuer nach den sog. → Bedarfswerten und für Erbschaftsteuer seit der Erbschaftsteuerreform 2008 grundsätzlich nach dem gemeinen Wert. Das neue Erbschaftsteuergesetz ist zum 1.1.2009 in Kraft getreten. Die neuen Regelungen können jedoch auf Antrag bereits (nur für Erbfälle) ab dem 1.1.2007 angewendet werden. – Vgl. auch → Grundstück.

Grundstücksfonds → Immobilienfonds.

grundstücksgleiche Rechte → dingliche Rechte, die wie → Grundstücke behandelt werden; sie erhalten ein eigenes Grundbuchblatt und können belastet werden, z.B. → Abbaurecht, → Bergwerkseigentum, → Erbbaurecht, → Wohnungseigentum.

Grundstücksklausel → Immobiliarklausel.

Grundstücksmakler → Immobilienmakler.

Grundstücksverkehr – *Immobilienverkehr.* 1. *Begriff:* Übertragung des Eigentums an einem → Grundstück, Belastung eines Grundstücks mit einem Recht sowie Übertragung oder Belastung eines solchen Rechts. – 2. Der Grundstücksverkehr unterliegt wegen der Wichtigkeit des Grund und Bodens bes. *Formvorschriften:* Nach § 873 BGB ist die → Einigung des Berechtigten und des anderen Teiles über den Eintritt der Rechtsänderung und *Eintragung* der Rechtsänderung in das → Grundbuch erforderlich. Der *Vertrag,* durch den sich der eine Teil verpflichtet, das Eigentum an einem Grundstück zu übertragen oder zu erwerben, bedarf der notariellen Beurkundung (§ 311b BGB), ebenso die → Auflassung. – 3. *Beschränkungen* des Grundstücksverkehrs bestehen bei land- und forstwirtschaftlichen Grundstücken sowie Moor- und Ödland, das in land- und forstwirtschaftliche Kultur gebracht werden kann nach dem Gesetz über Maßnahmen zur Verbesserung der Agrarstruktur und zur Sicherung land- und forstwirtschaftlicher Betriebe (Grundstücksverkehrsgesetz) vom 28.7.1961 (BGBl. I 1091) m.spät.Änd., aber auch nach den Siedlungsgesetzen und dem → Baugesetzbuch (BauGB).

Grundstücksvollmacht – Eine zur Verfügung über → Grundstücke ermächtigende → Vollmacht, im Gegensatz zur gewöhnlichen Vollmacht i.d.R. formbedürftig. Bei Erklärungen gegenüber dem → Grundbuchamt ist eine → öffentliche Beglaubigung der Grundstücksvollmacht erforderlich (§ 29 GBO). Eine unwiderrufliche Vollmacht zur Veräußerung eines Grundstücks bedarf der → öffentlichen Beurkundung wie der Veräußerungsvertrag selbst

(§ 311b BGB). – *Grundstücksvollmacht des Prokuristen:* → Immobiliarklausel.

Grundstückswert – I. Steuerrecht: → Einheitswert, → Bedarfswert, → Grundstücke.

II. Beleihung: → Beleihungswert.

III. Baugesetzbuch: Nach den §§ 192–199 BBauG werden über den Grundstückswert bebauter und unbebauter Grundstücke sowie Rechten an Grundstücken *Gutachten* durch unabhängige Gutachterausschüsse erstattet. – 1. *Der Gutachterausschuss ermittelt* als → gemeinen Wert (Verkehrswert) den Preis, der in dem Zeitpunkt, auf den sich die Ermittlung bezieht, im gewöhnlichen Geschäftsverkehr nach Eigenschaft, Beschaffenheit und Lage des Grundstücks ohne Rücksicht auf ungewöhnliche oder persönliche Verhältnisse zu erzielen wäre. – 2. *Das Gutachten können beantragen:* (1) Eigentümer; (2) Gläubiger einer Hypothek, Grund- oder Rentenschuld; (3) Behörden nach dem Baugesetzbuch; (4) Gerichte. – 3. Bei den Gutachterausschüssen werden *Kaufpreissammlungen* eingerichtet. Die aufgrund dieser für einzelne Teile des Gemeindegebiets oder für das gesamte Gemeindegebiet ermittelten durchschnittlichen Lagewerte (Bodenrichtwerte) dürfen nur dem zuständigen Finanzamt für Zwecke der Besteuerung übermittelt werden. Vorlage an Gerichte oder Staatsanwaltschaft bleibt unberührt. Auskunft an Private bei berechtigtem Interesse nach Maßgabe des Landesrechts (§ 195 BauGB). – Vgl. auch die Immobilienwertermittlungsverordnung vom 19.5.2010 (BGBl. I 639) und die Wertermittlungsrichtlinien 2006 (WertR 2006) vom 1.3.2006 (BAnz Nr. 108a vom 10.6.2006).

Grund und Boden – 1. *Begriff:* → Grundstück. – 2. *Steuerliche Behandlung:* a) Grund und Boden, der zum → notwendigen Betriebsvermögen gehört, ist in der → Steuerbilanz als → Anlagevermögen zu aktivieren. Die Bewertung erfolgt mit den → Anschaffungskosten oder dem voraussichtlich dauerhaft niedrigeren → Teilwert, falls die Wertminderung am Stichtag noch besteht (§ 6 I Nr. 2 EStG). Bei Grund und Boden, auf den eine Rücklage nach § 6b EStG übertragen worden ist, tritt an die Stelle der Anschaffungskosten der um den Betrag der Rücklage verminderte Betrag. – b) Bei Steuerpflichtigen, die den Gewinn nach § 4 III EStG ermitteln (→ Einnahmen-Überschuss-Rechnung), sind die Anschaffungskosten des Grund und Bodens erst im Zeitpunkt der Veräußerung oder → Entnahme als → Betriebsausgaben zu berücksichtigen.

Gründung – *Firmengründung, Geschäftsgründung, Unternehmensgründung, Unternehmungsgründung.*

I. Allgemein: 1. *Begriff:* Errichtung eines arbeitsfähigen, erwerbswirtschaftlichen Betriebs. Erforderliche Maßnahmen: Planung (der Beschaffung, der Leistungserstellung, des Absatzes, der Finanzierung und der Organisation), Beschaffung der Erstausstattung an Kapital, an Personal, an Betriebsmitteln und ggf. Waren oder Stoffen, Aufbau der inneren und äußeren Organisation. – 2. *Arten der Gründung:* (1) → Bargründung; (2) → Sachgründung; (3) → gemischte Gründung. – 3. Erforderlichenfalls → Handelsregistereintragung: Für Personen und Personenvereinigungen mit deklaratorischer, für Kapitalgesellschaften mit konstitutiver Wirkung. – 4. → *Gewerbeerlaubnis:* Falls nach der GewO vorgeschrieben, beim Ordnungsamt der zuständigen Gemeinde zu beantragen.

II. Personengesellschaften: → Gesellschaft bürgerlichen Rechts (GbR), → Kommanditgesellschaft (KG), → offene Handelsgesellschaft (OHG).

III. Kapitalgesellschaften: → Gesellschaft mit beschränkter Haftung (GmbH), → GmbH & Co. KG, Unternehmergesellschaft (UG), → Gründung einer AG, Gründung einer SE.

IV. Stille Gesellschaft: → stille Gesellschaft.

Gründung einer AG – I. Ablauf: 1. Die → Satzung (Gesellschaftsvertrag) einer AG ist in notariell beurkundeter Form durch die Gründer festzustellen (§§ 2, 23, 28 AktG). Die Satzung muss Folgendes bestimmen: (1) Firma und Sitz der Gesellschaft; (2) Gegenstand des Unternehmens; (3) Höhe des → Grundkapitals; (4) die Nennbeträge der Aktien sowie die Zahl der Aktien jeden Nennbetrags bzw. die Zahl der Stückaktien und Angaben über die Aktiengattungen; (5) ob die Aktien auf den Inhaber oder auf den Namen ausgestellt werden; (6) die Zahl der Mitglieder des → Vorstands oder die Regeln zur Festlegung dieser Zahl; (7) Form der → Bekanntmachungen der Gesellschaft; (8) ggf. die einzelnen Aktionären eingeräumten → Sondervorteile; (9) ggf. den → Gründerlohn; (10) im Fall der → Sachgründung den Gegenstand der → Sacheinlage bzw. → Sachübernahme, die Person, von der die Gesellschaft den Gegenstand erwirbt, und den Nennbetrag der bei der Sacheinlage zu gewährenden Aktien oder die bei der Sachübernahme zu gewährende Vergütung (§§ 23, 25–27 AktG). – 2. Gleichzeitig mit der Feststellung der Satzung findet die *Übernahme der Aktien* durch die Gründer gegen → Einlagen statt (Simultangründung, → Einheitsgründung). Mit Übernahme aller Aktien durch die Gründer ist die Gesellschaft *errichtet* (§ 29 AktG). Die Errichtung der Gesellschaft ist nicht an die Voraussetzung geknüpft, dass die Einlagen geleistet sind. Bis zur Eintragung in das Handelsregister (→ Handelsregistereintragung) besteht die Gesellschaft als → Vorgesellschaft der Gründer, die bereits passiv parteifähig, grundbuchfähig und insolvenzfähig ist, während ihre aktive Parteifähigkeit umstritten ist (nur teilweise Regelung in § 41 AktG). – 3. Notariell beurkundete *Bestellung* des ersten → *Aufsichtsrats* (AR) und – nicht zwingend – des → *Abschlussprüfers* für das erste Geschäftsjahr durch die Gründer. – 4. Bestellung des ersten *Vorstands* durch den AR (§ 30 AktG). – 5. *Gründungsprüfung* und Erstattung des → Gründungsberichts durch die Gründer und Prüfung des Hergangs der Gründung einer AG durch den Vorstand und AR, deren Ergebnisse in einem Prüfungsbericht darzulegen sind. Falls eine → qualifizierte Gründung stattfindet, hat zusätzlich eine Sonderprüfung durch einen → Gründungsprüfer (zumeist einen Wirtschaftsprüfer) stattzufinden (§§ 33 II–35 AktG). – 6. *Leistung der Einlagen* (§ 36a AktG): Im Fall der Bareinlage muss der eingeforderte Betrag mind. ein Viertel des Nennbetrags und bei Ausgabe der Aktien über pari auch den Mehrbetrag umfassen. Sacheinlagen sind vollständig zu leisten, die Übertragung von Vermögensgegenständen ist innerhalb von fünf Jahren nach Eintragung der Gesellschaft in das Handelsregister zu bewirken. Da die Aktien erst nach Eintragung der Gesellschaft in das Handelsregister ausgegeben werden dürfen, wird die Leistung der Einlage durch Ausgabe von Kassenscheinen quittiert. – 7. *Anmeldung* der Gesellschaft durch sämtliche Gründer, Mitglieder des Vorstands und Mitglieder des AR zur Eintragung in das Handelsregister (§§ 36, 37 AktG). Gemäß § 37 I 1 AktG sind der Betrag, zu dem die Aktien ausgegeben werden, und der darauf eingezahlte Betrag anzugeben; des Weiteren ist die Verfügbarkeit des eingezahlten Betrags durch Einzahlungsbelege nachzuweisen. Gemäß § 37 IV AktG sind der Anmeldung die Satzung und Urkunden über die Gründung einer AG, Urkunden über die Bestellung von Vorstand und AR, eine Liste der Mitglieder des AR samt Adressen und ausgeübten Berufen, der Gründungsbericht, die Prüfungsberichte von Vorstand, AR und Gründungsprüfer sowie die Verträge, die den Festsetzungen zu Sondervorteilen von Aktionären und zu Sacheinlagen und Sachübernahmen zugrunde liegen, und eine Berechnung des der Gesellschaft zur Last fallenden Gründungsaufwands beizufügen. – 8. *Prüfung des Registergerichts,* ob die Gesellschaft ordnungsgemäß errichtet und angemeldet ist (§ 38 AktG). – 9. *Eintragung in das Handelsregister,* mit der die Gesellschaft die eigene Rechtspersönlichkeit erlangt (konstitutive Wirkung der Eintragung gemäß § 6 HGB i.V. mit § 3 AktG). Vor der Eintragung besteht rechtlich eine → Vorgesellschaft. – 10. *Ausgabe der Aktien* durch Eintausch der Kassenscheine. Inhaberaktien dürfen nur ausgegeben werden, wenn das Grundkapital voll eingezahlt ist. Stehen Einlagen aus, darf die Gesellschaft nur Namensaktien ausgeben oder für den Fall einer baldigen Einzahlung der noch ausstehenden Einlagen die Kassenscheine gegen → Zwischenscheine (Interimsscheine) eintauschen (§ 10 AktG).

II. Formen: 1. *Bargründung:* Sämtliche Aktien werden gegen Bareinlage übernommen, Normalfall gemäß § § 36 II, 54 II AktG. – 2. *Sachgründung:* Sämtliche Aktien werden gegen Sacheinlage übernommen. Bei einer Sachgründung muss die Satzung gemäß § 27 I AktG festsetzen: den Gegenstand der Sacheinlage, die Person, von der die Gesellschaft den Gegenstand erwirbt, und den Nennbetrag, bei Stückaktien die Zahl der bei der Sacheinlage zu gewährenden Aktien. – 3. *Gemischte Gründung:* Die Aktien werden z.T. gegen Sacheinlagen und z.T. gegen Bareinlagen übernommen. – 4. *Qualifizierte Gründung, welche in den* folgenden Fällen gemäß § 33 II AktG eine Gründungsprüfung erfoderlich macht: (1) Ein Mitglied des Vorstandes oder des AR gehört zu den Gründern; (2) bei der Gründung werden für Rechnung eines Mitglieds des Vorstands oder AR Aktien übernommen; (3) bei Zahlung von → Gründerlohn; (4) Gründung mit Sacheinlagen oder -übernahmen. – 5. → *Nachgründung* (§ 52 AktG): Näheres s. dort.

III. Kosten: 1. *Arten:* (1) Gebühren für die *Beurkundung* (des Gründungsvertrags, der Satzung, ggf. zusätzlicher Verträge im Rahmen der Gründung einer AG und der Beschlüsse der ersten Hauptversammlung); (2) Gebühren für die *Eintragung* in das Handelsregister, bei Einbringung von Grundstücken die Gebühren für die Umschreibung im Grundbuch; (3) ggf. Gebühren für die *Gründungsprüfung;* (4) *Druckkosten* (für den Druck z.B. der Aktien, ggf. der Zwischenscheine, der Satzung, der Einladungen zur Hauptversammlung; (5) Kosten für *Veröffentlichungen* (z.B. Gesellschaftsblätter, Bundesanzeiger). – 2. *Behandlung im Jahresabschluss:* Aufwendungen für die Gründung des Unternehmens und für die Beschaffung des Eigenkapitals dürfen nach § 248 I Nr. 1 und 2 HGB in die Bilanz nicht als Aktivposten aufgenommen werden. Dagegen durften Aufwendungen für die Ingangsetzung (und Erweiterung) des Geschäftsbetriebs als Bilanzierungshilfe vor dem 1.1.2010 aktiviert werden. Seitdem sind die entsprechenden vormaligen HGB-Vorschriften jedoch gestrichen.

IV. Buchung: 1. *Bargründung: Beispiel a):* Aktienausgabe zum Nennwert (Pari-Emission), Grundkapital 300.000, 40 Prozent Einzahlung auf Geldkonten; Buchung: Ausstehende Einlagen 180.000, Geldkonten 120.000 an gezeichnetes Kapital 300.000. – *Beispiel b):* Überpari-Emission zum Kurs von 120 Prozent, Grundkapital nominell 300.000, Einzahlung auf Geldkonten 30 Prozent des Nominalkapitals zzgl. Agio, Ausgabekosten 10.000 bezahlt über Geldkonten; Buchung: Ausstehende Einlagen 210.000, Geldkonten 150.000, Finanzaufwendungen 10.000 an gezeichnetes Kapital 300.000, Kapitalrücklage 60.000, Geldkonten 10.000. – 2. *Sachgründung: Beispiel:* Grundkapital 500.000, Ausgabekurs 200 Prozent, 200.000 nominell werden aufgebracht durch Einbringung eines Gebäudes zum Zeitwert von 400.000, der Rest von 300.000 nominell Einzahlung von 25 Prozent zzgl. Agio auf Geldkonten; Buchung: Ausstehende Einlagen 225.000, bebaute Grundstücke 400.000, Geldkonten 375.000 an gezeichnetes Kapital 500.000, Kapitalrücklage 500.000. Die Kosten der Gründung sind als Aufwand in der Gewinn- und Verlustrechnung zu erfassen.

V. Besteuerung: 1. *Beginn der Steuerpflicht:* (1) Beginn der Körperschaftsteuerpflicht mit Feststellung der Satzung, auch schon als Vorgesellschaft, wenn die Gesellschaft einen nach außen hin in Erscheinung tretenden Geschäftsbetrieb aufnimmt; (2) Beginn der Gewerbesteuerpflicht mit der Eintragung in das Handelsregister, der Vorgesellschaft ggf. schon mit dem Zeitpunkt der Aufnahme einer nach außen hin in Erscheinung tretenden Geschäftstätigkeit. – 2. *Ertragsteuerliche Hinweise zur Einlage:* (1) Die Bareinlage löst weder auf Seiten des Leistenden noch auf Seiten der Gesellschaft Einkommen- bzw. Körperschaftsteuer oder Gewerbesteuer aus. (2) Sacheinlagen können beim Einbringen zur Auflösung stiller Rücklagen der eingebrachten Wirtschaftsgüter führen, denn die Übertragung der Wirtschaftsgüter gegen Aktien ist grundsätzlich eine Veräußerung (Tausch). Veräußerungsgewinne aus den betreffenden Wirtschaftsgütern sind einkommen-, körperschaft- und/oder gewerbesteuerpflichtig (→ Betriebsvermögen, wesentliche Beteiligungen, → private Veräußerungsgeschäfte). Sacheinlagen sind jedoch unter bestimmten Umständen nach dem Umwandlungssteuergesetz steuerneutral möglich (→ Einbringung in eine Kapitalgesellschaft). – 3. *Umsatzsteuerrechtliche Hinweise* für Gründungen mit Sacheinlagen: Falls der Einbringende Unternehmer im Sinn des § 2 UStG ist, die übrigen Voraussetzungen des § 1 I UStG erfüllt sind und keine Geschäftseinbringung im Ganzen (§ 1 Ia UStG) vorliegt, sind die Einbringung von Geldforderungen, Wertpapieren und Geschäftsanteilen sowie die Übernahme von Verbindlichkeiten gemäß § 4 Nr. 8c, f, g UStG und, soweit sie unter das Grunderwerbsteuergesetz fällt, die Einbringung von Grundstücken gemäß § 4 Nr. 9a UStG von der USt befreit, nicht jedoch die Einbringung anderer Sachen (z.B. bewegliche Anlagegegenstände, Vorräte). – 4. Die *Kosten der Ausgabe der Aktien* sind in vollem Umfang als Betriebsausgaben abzugsfähig. Die Grunderwerbsteuer gehört in diesem Rahmen nicht zu den Emissionskosten. – 5. Zur *Kapitalverkehrsteuerpflicht bei Gründung in anderen europäischen Ländern:* → Kapitalverkehrsteuer (→ Gesellschaftsteuer).

Gründungsberatung – Beratung von Unternehmen, Unternehmern oder angehenden Unternehmern vor oder während der Gründungsphase. Die Gründungsberatung umfasst i.d.R. die folgenden Themenfelder, die in dieser Phase erfolgskritisch sind: Geschäftsplanung, interne Organisation, Finanzierung, Beschaffung von Fremdkapital, Suche von Kooperationspartnern für Vertrieb, Entwicklung, Produktion oder andere Tätigkeiten, Prüfung und Beantragung von Fördermitteln. Aufgrund der oft angespannten finanziellen Situation in der Gründungsphase kann die Gründungsberatung als Consulting for Equity erfolgen, d.h., der Berater erhält sein Honorar ganz oder teilweise in Form von Geschäftsanteilen des von ihm beratenen Unternehmens und hat damit einen deutlichen Anreiz, den Kunden zum Erfolg zu führen (Beteiligungshonorar).

Gründungsbericht – von den Gründern einer Aktiengesellschaft schriftlich zu erstattender Bericht über den Hergang der Gründung – Bar- oder Sachgründung – (§ 32 I AktG), in welchem die wesentlichen Umstände darzulegen sind, von denen die Angemessenheit der Leistungen für Sacheinlagen oder Sachübernahmen abhängt, nämlich (1) vorausgegangene Rechtsgeschäfte, die auf den Erwerb durch die Gesellschaft abgezielt haben, (2) Anschaffungs- und Herstellungskosten aus den letzten beiden Jahren und (3) im Falle des Übergangs eines Unternehmens auf die Gesellschaft die Betriebserträge aus den letzten beiden Geschäftsjahren. Im Gründungsbericht ist ferner anzugeben, ob und in welchem Umfang bei der Gründung für Rechnung eines Mitglieds des Vorstands oder des Aufsichtsrats Aktien übernommen worden sind und ob und ggf. in welcher Weise ein Mitglied des Vorstands oder des Aufsichtsrats sich einen bes. Vorteil oder für die Gründung oder ihre Vorbereitung eine Entschädigung oder Belohnung ausbedungen hat. Durch die Pflicht zur Erstellung des Gründungsberichts soll der Schutz gegen unzulängliche, insbesondere betrügerische Gründungen verstärkt werden und eine Basis für die Gründungsprüfung durch Vorstand und Aufsichtsrat (§ 33 I AktG), die Gründungsprüfer (§ 33 II AktG) sowie schließlich das Registergericht (§ 38 AktG) geschaffen werden.

Gründungsbilanz – Eröffnungs- bzw. Anfangsbilanz, die bei Errichtung eines (der → Buchführungspflicht unterliegenden) → Betriebes aufzustellen ist (§ 242 HGB). – 1. *Inhalt/Gliederung:* Die Gründungsbilanz muss über Zusammensetzung und Werte der eingebrachten → Vermögensgegenstände und über die Kapitalverhältnisse Aufschluss geben. In der Gründungsbilanz einer AG muss das → Grundkapital (Mindesthöhe 50.000 Euro; § 7 AktG), in der Gründungsbilanz einer GmbH das → Stammkapital (Mindesthöhe 25.000 Euro; § 5 GmbHG), in der Gründungsbilanz einer Unternehmergesellschaft das Stammkapital (Mindesthöhe 1 Euro; § 5a GmbHG) unter dem Posten „gezeichnetes Kapital" auf der Passivseite ausgewiesen werden. Die ausstehenden Einlagen auf das → gezeichnete Kapital sind auf der Aktivseite vor dem → Anlagevermögen gesondert auszuweisen; die davon eingeforderten Einlagen sind zu vermerken. Die nicht eingeforderten ausstehenden Einlagen dürfen auch von dem Posten „gezeichnetes Kapital" offen abgesetzt werden; dann ist der verbleibende Betrag als Posten „eingefordertes Kapital" in der Hauptspalte der Passivseite auszuweisen; außerdem ist der eingeforderte, aber noch nicht eingezahlte Betrag unter den Forderungen gesondert auszuweisen (§ 272 HGB). – 2. *Bewertung:* Die Bewertungsgrundsätze für den Jahresabschluss (v.a. Anschaffungswert-, Realisations- und Imparitätsprinzip) gelten sinngemäß. Für den Jahresabschluss des Kaufmanns ist die Bewertung der Vermögensgegenstände und Schulden in §§ 252–256 sowie 240 III und IV HGB geregelt. – Vgl. auch → Jahresabschluss.

Gründungsfinanzierung – Maßnahmen der Kapitalbedarfsermittlung und Kapitalbeschaffung im Rahmen der → Gründung eines Unternehmens

(Finanzentscheidungen, → Finanzplanung, → Finanzierung, → Eigenkapital, → Fremdkapital). Davon abzugrenzen sind Finanzierungsvorgänge in späteren Phasen des Lebenszyklus eines Unternehmens, die der Expansionsfinanzierung zuzurechnen sind. – 1. *Determinanten des* → Kapitalbedarfs (stark variierend je nach Wirtschaftszweig): Im Rahmen der Gründung v.a. Ausgaben für (1) den Kauf oder die Herstellung von Grundstücken, Gebäuden, Maschinen und Einrichtungsgegenständen, (2) den Erwerb von Patenten, Lizenzen, Konzessionen und ähnlichen Rechten, (3) die Ingangsetzung des Geschäftsbetriebs, (4) Personal-, Material-, Energie- und andere laufende Kosten sowie zur Überbrückung der Produktionsdauer, der Lagerzeiten und der zu gewährenden Zahlungsziele als auch (5) die Unterhaltung von Finanzmittelreserven. – 2. Determinanten der *Kapitalbeschaffung:* Die Verfügbarkeit von Finanzierungsquellen der Eigen- und/oder Fremdfinanzierung bedingt sich v.a. durch die Ertragskraft der Neugründung und dem Risiko-Rendite-Profil des Geschäftsmodells. Darüber hinaus kann der Unternehmensgründer ein bestimmtes Verhältnis von Eigen- und Fremdkapital anstreben, welches sich zum einen durch Rentabilitätserwägungen (Einfluss der Kosten des Fremdkapitals im Vergleich zu denen des Eigenkapitals unter Berücksichtigung der steuerlichen Auswirkungen; → Rentabilität, → Leverage-Effekt) und zum anderen durch Sicherheitsüberlegungen (Aufrechterhaltung der → Liquidität im Sinn des finanziellen Gleichgewichts) ergeben kann.

Gründungsfonds → Gründungsstock.

Gründungsgeschäfte – rechtlich notwendige Geschäfte einer natürlichen Person zur Schaffung der Voraussetzungen für die Aufnahme der Geschäftstätigkeit eines Unternehmens. Gründungsgeschäfte zählen noch nicht zum Betrieb des Unternehmens.

Gründungsidee – bezeichnet den Geschäftsgegenstand eines potenziellen Gründungsunternehmens. Gründungsideen können einer beruflichen Tätigkeit der Gründer (→ Existenzgründer) entstammen oder privat entstanden sein. Je nach Auslöser unterscheidet man zwischen Geschäftsideen, die aus der Wahrnehmung eines nicht gedeckten Kundenbedürfnisses entstanden sind, und solchen, denen eine technologische → Innovation bzw. noch nicht für ein Produkt genutzte → Technologie zugrunde liegt.

Gründungsinvestition – *Errichtungsinvestition; Erstinvestition;* Gesamtausgaben für die Errichtung und Erstausstattung eines Betriebs sowie für den Aufbau seiner inneren und äußeren Organisation bis zur erstmaligen Erstellung von Gütern oder Dienstleistungen. Gründungsinvestitionen haben i.d.R. die langfristigen Bindung des eingesetzten Kapitals zur Folge. – *Anders:* → Folgeinvestition.

Gründungsjahr – Jahr der → Gründung oder der → Handelsregistereintragung eines Unternehmens.

Gründungskosten – Gesamtheit der Aufwendungen für die Schaffung der rechtlichen Existenz eines Unternehmens wie: Gründerlohn, Provisionen, Notar- und Gerichtskosten. – Gründungskosten sind *nach Steuerrecht* als Betriebskosten abzusetzen. Eine Aktivierung der Gründungskosten als Vermögensgegenstand ist nach § 248 I HGB (ebenso wie die Aktivierung von Kosten der Eigenkapitalbeschaffung) nicht erlaubt. Dagegen sind → Aufwendungen für die Ingangsetzung und Erweiterung des Geschäftsbetriebes als Bilanzierungshilfe aktivierungsfähig. – Gründungskosten stehen nicht in Zusammenhang mit dem Leistungsprozess des Betriebes und stellen somit *keine Kosten* im Sinn der → Kostenrechnung dar. – Vgl. auch → Gründung einer AG.

Gründungsprotokoll → Gesetz zur Modernisierung des GmbH-Rechts und zur Bekämpfung von Missbräuchen (MoMiG).

Gründungsprüfer – Vom Gericht bestellter Prüfer, der neben den Mitgliedern des Vorstands und des Aufsichtsrats den Hergang der → Gründung einer AG zu prüfen hat, falls es sich um eine → qualifizierte Gründung handelt (§ 33 AktG). – Vgl. auch → Gründungsprüfung.

Gründungsprüfung – Prüfung der → Gründung einer AG. – 1. *Umfang:* Namentlich ist festzustellen, ob die Angaben der Gründer zur Übernahme der Aktien und zu den Einlagen auf das Grundkapital richtig und vollständig und ob die für den → Gründerlohn und die → Sacheinlagen oder → Sachübernahmen gewährten Leistungen angemessen sind (§ 34 I AktG). – 2. *Prüfer:* (1) Die Mitglieder des → Vorstands und des → Aufsichtsrats; (2) zusätzlich ein oder mehrere vom Gericht bestellte Prüfer (→ Gründungsprüfer) im Fall der → qualifizierten Gründung; (3) anstelle des Gründungsprüfers kann auch der beurkundende Notar die Prüfung durchführen, wenn ein Mitglied des Vorstandes oder Aufsichtsrats zu den Gründern gehört oder bei der Gründung für Rechnung eines Vorstands- oder Aufsichtsratsmitglieds Aktien übernommen worden sind (§ 33 III AktG). – 3. *Prüfungsbericht:* Über jede Prüfung ist unter Angabe des Gegenstands jeder Sacheinlage oder Sachübernahme und der zur Ermittlung des Werts herangezogenen Bewertungsmethode schriftlich zu berichten. Je ein Exemplar des Prüfungsberichts ist dem Gericht und dem Vorstand einzureichen. Jedermann hat das Recht, den Bericht bei dem Gericht einzusehen (§ 34 III AktG).

Gründungsstock – Kapital für die Gründung und die ersten Betriebskosten eines → Versicherungsvereins auf Gegenseitigkeit (VVaG). Die Bildung, Verzinsung und Tilgung sind in der → Satzung mit Zustimmung der → Bundesanstalt für Finanzdienstleistungsaufsicht (BaFin) zu regeln. Der Gründungsstock muss grundsätzlich in bar eingezahlt werden. Er wird aus den Jahresüberschüssen der ersten Jahre durch Bildung einer Verlustrücklage getilgt.

Gründungstheorie → Sitztheorie.

Gründungszuschuss – 1. *Begriff:* Leistung der Arbeitsförderung zur Aufnahme einer selbstständigen Tätigkeit aus der Arbeitslosigkeit. – 2. *Entwicklung:* Mitte 2006 wurde der durch die → Hartz-Gesetze eingeführte Existenzgründungszuschuss (→ Ich-AG) mit dem bereits seit Mitte der 1980er-Jahre bestehenden Überbrückungsgeld zu einem neuen, einheitlichen Förderinstrument in Form des Gründungszuschusses zusammengelegt (→ Gründungszuschuss). Dessen Teilnehmerstruktur wurde stärker auf diejenige des vormaligen Überbrückungsgeldes ausgerichtet bzw. in der Breite begrenzt. Trotz erfolgreichen Einsatzes (beachtliche Verbleibsquoten, geringe Mitnahmeeffekte) wurde schließlich auch der Leistungsumfang durch das Gesetz zur Verbesserung der Eingliederungschancen am Arbeitsmarkt vom 20.12.2011 (BGBl. I 2854) mit Wirkung vom 1.4.2012 reduziert (→ Arbeitsmarktpolitik). – 3. *Aktuelle Regelung:* Arbeitnehmer, die durch Aufnahme einer selbstständigen, hauptberuflichen Tätigkeit die Arbeitslosigkeit beenden, haben Anspruch auf Gründungszuschuss (§ 93 I SGB III). – 4. *Dauer und Höhe:* Die Förderung erfolgt für die Dauer von sechs Monaten in Höhe des Betrages, den der Arbeitnehmer zuletzt als → Arbeitslosengeld bezogen hat, zuzüglich 300 Euro monatlich (§ 94 I SGB III). Unter bestimmten Voraussetzungen kann der Gründungszuschuss für weitere neun Monate in Höhe von monatlich 300 Euro geleistet werden (§ 94 II SGB III). – Vgl. auch → Arbeitslosenversicherung.

Grundurteil – bes. Art eines → Urteils im gerichtlichen Verfahren. Besteht Streit über Grund und Höhe eines Anspruchs, kann das Gericht vorab durch ein Grundurteil entscheiden, dass dem Kläger *dem Grunde nach* ein Anspruch gegen den Beklagten zusteht (z.B. § 304 ZPO, § 111 VwGO, § 99 FGO). Das Grundurteil ist ein selbstständig mit → Berufung oder → Revision anfechtbares Zwischenurteil mit dem Zweck, zunächst abschließend zu klären, ob der Anspruch dem Grunde nach besteht, bevor in eine meist umfangreiche Beweisaufnahme über die Höhe des geltend gemachten Betrages eingetreten wird. Zum „Grund" gehört i.d.R. auch die Frage des → Mitverschuldens. – Im Verfahren über den *Betrag* kann das Gericht die Klage noch abweisen, wenn z.B. ein Schaden nicht feststellbar ist; Einwendungen, neue Tatsachen oder → Beweismittel, die sich auf den Grund des Anspruchs beziehen, können im Betragsverfahren nicht mehr berücksichtigt werden.

Grundvergütung → Bundes-Angestellten-Tarifvertrag (BAT).

Grundvermögen – 1. *Begriff* des Bewertungsgesetzes für Zwecke der → Substanzsteuer: Grundvermögen umfasst nur den → Grundbesitz (im Sinn des BewG), der weder zum → land- und forstwirtschaftlichen Vermögen noch zum → Betriebsvermögen (konkret: → Betriebsgrundstücke) gehört. – 2. *Bewertung:* a) *Bewertungsgegenstand* des Grundvermögens sind: (1) der Grund und Boden, die Gebäude, die sonstigen Bestandteile und das Zubehör; (2) das → Erbbaurecht; (3) das Wohnungseigentum, Teileigentum, Wohnungserbbaurecht, Teilerbbaurecht nach dem Wohnungseigentumsgesetz (§ 68 BewG). – *Nicht* dazu gehören → Betriebsvorrichtungen. – b) Jedes *selbstständige Grundstück,* für das ein → Einheitswert festzustellen ist, bildet eine → wirtschaftliche Einheit. – c) Für *Zwecke des* → Bedarfswertes werden im Wesentlichen nur land- und forstwirtschaftliches Vermögen, unbebaute und bebaute Grundstücke unterschieden. – d) Im Rahmen der *Erbschaftsteuerreform* wirksam ab dem 1.1.2009 ist eine Neuregelung der Bewertungvorschriften für Grundbesitz für die Erbschaftsteuer eingeführt worden. Demnach richtet sich die Bewertung von Grundvermögen grundsätzlich nach dem gemeinen Wert. Für Erbfälle können die neueren Regelungen auf Antrag bereits ab dem 1.1.2007 angewendet werden.

Grundversorgung → Grundrente.

Grüne Karte – *Internationale Versicherungskarte.* – 1. *Begriff:* Internationale Versicherungsbescheinigung, die vom → Büro Grüne Karte in den am System Grüne Karte teilnehmenden Ländern ausgegeben wird und die wegen der Farbe des Papiers, auf das sie gedruckt wird, kurz als „Grüne Karte" bezeichnet wird. Mit der Ausstellung der Grünen Karte übernimmt der Versicherer den Deckungsschutz in der → Kfz-Haftpflichtversicherung mindestens nach den im Besuchsland geltenden Pflichtversicherungsbedingungen und -summen. – 2. *Merkmale:* Die Ausgabe der Grünen Karte ist kostenlos. Die Grüne Karte ist als wirksam anzusehen, wenn sie für das betreffende Besuchsland gültig geschrieben ist, d.h. der Name des Besuchslands (als Länderkürzel) genannt und das Gültigkeitsdatum noch nicht abgelaufen ist. Der Kfz-Haftpflichtversicherer, der aufgrund der Grünen Karte reguliert hat, hat gegen das Büro Grüne Karte e.V. einen Regressanspruch, wenn er im Innenverhältnis leistungsfrei ist und die Nachhaftungsfrist gemäß § 3 PflVG abgelaufen ist. Der Versicherungsschutz besteht generell, sofern nichts anderes vereinbart ist, innerhalb der geografischen Grenzen Europas.

Grüne Revolution – ursprünglich aus der US-amerikanischen Entwicklungszusammenarbeit der 1960er-Jahre stammendes Schlagwort, das in der Kombination biologisch-technischer Maßnahmen (hochertragreiches Saatgut, Kunstdüngereinsatz, Pflanzenschutz, Bewässerung, moderne Landbearbeitungsmethoden) den Weg zu Produktivitätssteigerungen in der → Landwirtschaft (v.a. bei Weizen, Mais, Reis und Hirse) und damit die Lösung des Hungerproblems in tropischen → Entwicklungsländern sah, das v.a. aus dem dramatischen Bevölkerungsdruck bei gleich bleibender Produktionstechnik resultiert.

Grüner Punkt – Kennzeichen auf Verpackungen, die nach Gebrauch dem → Dualen System Deutschland (DSD) zuzuführen sind. Entscheidend für die Vergabe des Grüner Punktes sind die Verwertungsgarantien der beteiligten Unternehmen. Die Kennzeichnung ist kein Signet für bes. umweltverträgliche Produkte (→ Umweltzeichen).

Gruppe – I. Soziologie: 1. *Begriff:* soziales Gebilde. Gegenüber früheren Abgrenzungen versteht man in der Soziologie unter Gruppe v.a. die Klein-Gruppe, d.h. ein Gebilde von drei bis etwa 25 Mitgliedern; die Zweier-Konstellation wird als Dyade bezeichnet. – 2. *Charakteristische Merkmale:* Bestimmte Anzahl von Mitgliedern, die (1) über längere Zeit miteinander ein gemeinsames Ziel verfolgen und (2) in einem kontinuierlichen Kommunikations- und Interaktionszusammenhang stehen („Wir-Gefühl") und (3) gruppenspezifische Rollen, Normen und Werte ausbilden. – 3. *Zu unterscheiden* sind v.a.: a) *Primär- und Sekundärgruppen:* Primärgruppen sind v.a. die von Gefühl und Vertrauen geprägten primären Lebensgemeinschaften der Menschen, z.B. Familie, Freundschaftsgruppe, Nachbarn; Sekundärgruppen sind alle sozialen Gebilde, in denen mehr unpersönliche, anonyme und abstrakte Beziehungen vorherrschen (wie in Organisationen und formellen Gruppen). – b) *Formelle/informelle Gruppe:* Formelle Gruppen ergeben sich zwangsläufig durch die Größe des Betriebs (Anzahl der Belegschaftsmitglieder) und seiner technischen Struktur; als organisatorische Formen: Hauptabteilungen, Abteilungen, Gruppen; Betriebe. Informelle Gruppen sind nicht auf den Betriebszweck ausgerichtete Gebilde, deren Vorhandensein vielfach nicht in Erscheinung tritt, die aber u.U. eine recht bedeutungsvolle Rolle im Betrieb spielen (z.B. weltanschauliche Gruppen, Anhänger von Sportvereinen, Spielgruppen, Tischgruppen aus der Kantine u.Ä.). Gruppenmitglieder haben unterschiedlichen Einfluss auf die (latenten) Ziele der Gruppe: (1) Die einzelnen Mitglieder unterstützen teils bewusst, teils unbewusst das Verhalten der Gruppe und heißen es gut; das Ziel, meist auch die Grenzen, werden von dem Einzelnen oft anders definiert als von der Gruppe. (2) Die einzelnen Mitglieder entwickeln unbewusst und zwanglos gleiche Eigenschaften und Verhaltensregeln. (3) Innerhalb der Gruppe gibt es einen Meinungsführer (→ Führung), der die Zielsetzung der Gruppe dominiert.

II. Wirtschaftsinformatik: 1. *Begriff:* Sammlung von von → Daten (meist: → Datensätze einer → Datei), die den gleichen → Ordnungsbegriff aufweisen. – 2. *Formen* (bei mehrstufigem Ordnungsbegriff): (1) *Haupt-Gruppe:* Daten mit einer gemeinsamen Ordnungsbegriffkomponente der höchsten Stufe; (2) *Unter-Gruppe:* Daten innerhalb der Haupt-Gruppe mit einer gemeinsamen Ordnungsbegriffkomponente der nächsttieferen Stufe; etc.

Gruppenabschreibung → Pauschalabschreibung.

Gruppenakkord – Form des → Akkordlohns, bei der im Gegensatz zum → Einzelakkord nicht ein einzelner Arbeitnehmer, sondern eine Gruppe von Arbeitnehmern nach ihrer Leistung entlohnt wird. Probleme entstehen bei der Verteilung des Gruppenakkords auf die einzelnen Gruppenmitglieder. Der individuelle Anteil bemisst sich meist nach dem Verhältnis der tariflichen Grundlohnansprüche. Bei → teilautonomen Arbeitsgruppen können die individuellen Anteile nach in der Gruppe festzulegenden Schlüsseln verteilt werden.

Gruppenarbeitsverhältnisse – bes. Formen des → Arbeitsverhältnisses. – 1. *Eigengruppe:* Arbeitnehmer bieten als Gruppe ihre Arbeitsleistung an (z.B. Musikkapelle). Einzelkündigungen sind in diesem Fall im Zweifel ausgeschlossen; liefert ein Gruppenmitglied einen Kündigungsgrund, so kann die ganze Gruppe gekündigt werden. – 2. *Betriebsgruppe (Akkord-Gruppe):* Der → Arbeitgeber schließt eine Gruppe von Arbeitnehmern zusammen (z.B. Akkordkolonnen im Baugewerbe) und entlohnt sie nach dem von der Gruppe erzielten Arbeitsergebnis (→ Gruppenakkord). – In diesem Fall ergeben sich bes. Probleme bei der Haftung für Schäden, die bei der Gruppenarbeit entstehen.

Gruppenausgebot → Gesamtausgebot.

Gruppenbewertung – *Gruppenpreisverfahren;* Verfahren der → Pauschalbewertung. Bei der Aufstellung des → Inventars und der → Bilanz können gleichartige Vermögensgegenstände des Vorratsvermögens sowie andere gleichartige oder annähernd gleichwertige bewegliche Vermögensgegenstände jeweils zu einer Gruppe zusammengefasst und mit dem gewogenen Durchschnitt angesetzt werden (§ 240 IV HGB).

Gruppenbildung → Klassenbildung.

Gruppendiskussion – Verfahren der → qualitativen Marktforschung, bei dem → Befragungen und → psychologische Testverfahren in kleinen Verbrauchergruppen zum Einsatz kommen. Aufgrund der Interaktion der Gruppenteilnehmer sind umfangreichere und spontanere Erkenntnisse zu erwarten als in einem Einzelinterview.

Gruppenfreistellungsverordnungen – *GVOen;* gemäß Art. 103 I AEUV grundsätzlich erlassen vom Rat (Ministerrat) auf Vorschlag der Europäischen Kommission und nach Anhörung des Europäischen Parlaments. Mittels einer Reihe von Ermächtigungsverordnungen hat der Rat die Regelungskompetenz in bestimmten Sachbereichen an die Kommission delegiert. Sie soll jedoch von ihrer Kompetenz für bestimmte Regelungsbereiche erst dann Gebrauch machen, wenn sie durch Einzelentscheidungen ausreichend Erfahrungen auf dem betreffenden Sachgebiet gesammelt hat. – Die Europäische Kommission ist gemäß Art. 101 III AEUV nicht nur befugt, Einzelfreistellungen für bestimmte Vereinbarungen, Beschlüsse oder abgestimmte

Verhaltensweisen zu gewähren, sondern auch Freistellungen für Gruppen von Vereinbarungen. Erfüllt eine Vereinbarung die Voraussetzungen einer Gruppenfreistellungsverordnung, ist die Vereinbarung vom → Kartellverbot des Art. 101 I AEUV freigestellt. „Gruppen" sind in diesem Sinne Vereinbarungen, denen gemeinsame oder vergleichbare Tatbestände zugrunde liegen und die bei einer Gesamtschau aller relevanten Interessenlagen einer typisierenden Beurteilung zugänglich sind. GVOen enthalten abstrakt-generelle Normen für bestimmte Vertragstypen, für die die Voraussetzungen des Art. 101 III AEUV konkretisiert werden. Im neuen System der Legalausnahme dienen die GVO-en der Rechtssicherheit, denn sie erleichtern die Selbsteinschätzung der an einer Vereinbarung beteiligten Unternehmen, ob ihre Vereinbarung überhaupt legalisierungsfähig ist. Im alten System der Administrativausnahme führten Gruppenfreistellungsverordnungen dazu, dass viele darunter fallende Vereinbarungen erst gar nicht bei der Europäischen Kommission zur Genehmigung angemeldet wurden (Reduzierung des Verwaltungsaufwandes bei den beteiligten Unternehmen und bei der Europäischen Kommission). – Folgende Gruppenfreistellungsverordnungen liegen derzeit vor: (1) Verordnung (EU) Nr. 330/2010 der Kommission vom 20.4.2010 über die Anwendung von Art. 101 III des Vertrages über die Arbeitsweise der Europäischen Union auf Gruppen von vertikalen Vereinbarungen und aufeinander abgestimmte Verhaltensweisen (ABl. L 102, S. 1); (2) Verordnung (EU) Nr. 461/2010 der Kommission vom 27.5.2010 über die Anwendung von Art. 101 III des Vertrages über die Arbeitsweise der Europäischen Union auf Gruppen von vertikalen Vereinbarungen und aufeinander abgestimmten Verhaltensweisen im Kraftfahrzeugsektor (ABl. L 129, S. 52); (3) Verordnung (EG) Nr. 772/2004 der Kommission vom 27.4.2004 über die Anwendung von Art. 81 III EG-Vertrag auf Gruppen von Technologietransfervereinbarungen (ABl. L 123, S. 11); (4) Verordnung (EU) Nr. 1218/2010 der Kommission vom 14.12.2010 über die Anwendung von Art. 101 III des Vertrages über die Arbeitsweise der Europäischen Union auf bestimmte Gruppen von Spezialisierungsvereinbarungen (ABl. L 335, S. 43); (5) Verordnung (EU) Nr. 1217/2010 der Kommission vom 14.12.2010 über die Anwendung von Art. 101 III des Vertrages über die Arbeitsweise der Europäischen Union auf bestimmte Gruppen von Vereinbarungen über → Forschung und Entwicklung (F&E) (ABl. L 335, S. 36); (6) Verordnung (EU) Nr. 267/2010 der Kommission über die Anwendung von Art. 101 III des Vertrages über die Arbeitsweise der Europäischen Union auf Gruppen von Vereinbarungen, Beschlüssen und abgestimmten Verhaltensweisen im Versicherungssektor (ABl. L 83, S. 1); (7) Verordnung (EG) Nr. 246/2009 des Rates vom 26.2.2009 über die Anwendung des Art. 81 III EG auf bestimmte Gruppen von Vereinbarungen, Beschlüssen und aufeinander abgestimmten Verhaltensweisen zwischen Seeschifffahrtsunternehmen (Konsortien; ABl. L 79, S. 1); (8) Verordnung (EG) Nr. 487/2009 des Rates vom 25.5.2009 zur Anwendung des Art. 81 III des Vertrages auf bestimmte Gruppen von Vereinbarungen und abgestimmte Verhaltensweisen im Luftverkehr (ABl. L 148, S. 1). – Die Gruppenfreistellungsverordnungen sind jeweils zeitlich befristet und werden regelmäßig einer Revision unterzogen. Art. 101 AEUV und die ihn begleitenden Gruppenfreistellungsverordnungen sind mittlerweile unmittelbar in jedem Mitgliedsstaat anzuwenden, so auch in Deutschland (vgl. §§ 2 II, 22 GWB). Damit ist die Einheitlichkeit der Anwendung des Gemeinschaftsrechts innerhalb der EU gewährleistet. – Vgl. auch → Europäisches Kartellrecht.

Gruppenkohäsion – Ausmaß des Zusammenhalts in → Arbeitsgruppen. Die Gruppenkohäsion hängt wesentlich von der Attraktivität der Gruppe für den einzelnen ab. Gruppenkohäsion ist umso größer, je eher Vorteile im Hinblick auf die Erreichung persönlicher Ziele zu erwarten sind, z.B. im Hinblick auf Prestige, das mit der Zugehörigkeit zu dieser Gruppe verbunden ist und die Möglichkeiten, innerhalb der Gruppe eigene Bedürfnisse zu befriedigen. – *Folge hoher Gruppenkohäsion* ist i.Allg. eine relativ starke Verhaltensnormierung der Gruppenmitglieder; hohe Gruppenkohäsion führt dann zu hoher Gruppenleistung, wenn die Leistungsnorm (Gruppennorm) in der Gruppe hoch ausgeprägt ist.

Gruppenmachtkonzept → Macht.

Gruppenpräferenz → kollektive Präferenzrelation.

Gruppenpreisverfahren → Gruppenbewertung.

Gruppenproduktion → Zentrenproduktion, → Produktionsinsel.

Gruppenwechsel – 1. *Begriff:* in der → betrieblichen Datenverarbeitung häufig auftretende Aufgabe, bei der die Elemente eines Datenbestands (meist die → Datensätze einer → Datei), der nach einem → Ordnungsbegriff sortiert ist, in → Gruppen verarbeitet werden. – 2. *Arten:* a) *Einstufiger Gruppenwechsel* liegt vor, wenn der Ordnungsbegriff einstufig ist; bei Übergang von einer Gruppe zur nächsten treten die typischen Gruppenwechsel-Tätigkeiten auf: (1) Abschlussarbeiten für die alte Gruppe (z.B. Zwischensummen bei Abrechnungsproblemen); (2) Vorarbeiten für die Bearbeitung der neuen Gruppe (z.B. Überschriften erzeugen). – b) *Mehrstufiger Gruppenwechsel* liegt vor, wenn der Ordnungsbegriff mehrstufig ist. Die Gruppenwechsel-Tätigkeiten sind dann bez. der Unter- und Hauptgruppen durchzuführen. In einigen → Programmiersprachen besteht die Möglichkeit, die Gruppenwechsel-Tätigkeiten teilweise automatisch ausführen zu lassen, z.B. durch den Report Write in → Cobol.

Gruppenwerbung → kooperative Werbung.

Gruppierungsplan – 1. *Begriff:* Teil der 1969 eingeführten neuen Systematik der öffentlichen

Haushaltspläne (→ Haushaltssystematik) neben dem → Funktionenplan. Der Gruppierungsplan gliedert die Einnahmen und Ausgaben einzelner Titel nach ökonomischen Gesichtspunkten; eine Gruppierungskennziffer ermöglicht es, jeden Ansatz im → Haushaltsplan dem Gruppierungsplan zuzuweisen. Allgemein gliedert sich der Gruppierungsplan in Hauptgruppen, Obergruppen und Gruppen. – 2. *Gliederungskennziffern:* 0 Einnahmen aus Steuern und steuerähnlichen Abgaben sowie EU-Eigenmittel (Bsp. Gemeinschaftsteuern); 1 Verwaltungseinnahmen, Einnahmen aus Schuldendienst und dergleichen (Bsp. Verwaltungseinnahmen wie Gebühren);2 Einnahmen aus Zuweisungen und Zuschüssen mit Ausnahme für Investitionen (Bsp. Schuldendiensthilfe aus dem öffentlichen Breich); 3 Einnahmen aus Schuldenaufnahmen, aus Zuweisungen und Zuschüssen für Investitionen, bes. Finanzierungseinnahmen (Bsp. Schuldenaufnahme am Kreditmarkt); 4 Personalausgaben (Bsp. Ausgaben für Abgeordnete und ehrenamtlich Tätige); 5 sächliche Verwaltungsausgaben, militärische Beschaffungen etc., Ausgaben für Schuldendienst (Bsp. Tilgungsausgaben am Kreditmarkt); 6 Ausgaben für Zuweisungen und Zuschüsse mit Ausnahme für Investitionen (Bsp. Schuldendiensthilfe an öffentlichen Bereich); 7 Baumaßnahmen; 8 sonstige Ausgaben für Investitionen und Investitionsförderungsmaßnahmen (Bsp. Erwerb von beweglichen Sachen); 9 bes. Finanzierungsausgaben (Bsp. Globale Mehr-und Minderausgaben) – 3. Von bes. *Bedeutung* für die → volkswirtschaftliche Lenkungsfunktion: nach den Kriterien der → Volkswirtschaftlichen Gesamtrechnung (VGR) ist es möglich, den Haushalt z.B. nach seinen konjunkturellen Impulsen bzw. allg. nach seinen Wirkungen auf volkswirtschaftliche Aggregate hin zu untersuchen. – Vgl. auch → Gruppierungsübersicht.

Gruppierungsübersicht – eine nach dem → Gruppierungsplan aufgebaute Übersicht über Einnahmen, Ausgaben und → Verpflichtungsermächtigungen eines Haushaltsjahres, die dem → Haushaltsplan als Anlage beizufügen ist. Gruppierungsübersicht und → Funktionenübersicht bilden den → Haushaltsquerschnitt.

GSP – Abk. für *Generalized System of Preferences;* → APS.

Gtai – Abk. für → Germany Trade and Invest – Gesellschaft für Außenhandel und Standortmarketing mbH.

GTZ → GIZ.

Guerilla Marketing – wird einerseits als eher destruktive, auf Zermürbung und Angriff ausgerichtete Strategie gegen Wettbewerber aufgefasst, andererseits als eine mögliche konstruktive strategische Option für kleine und mittelständische Unternehmen. Das bewusste Abzielen auf die Schwächen der Mitbewerber stellt gemäß der ersteren Auffassung die Hauptintention dar, wodurch der Begriff Guerilla Marketing der Intention eines eigenständigen Marketingkonzeptes nicht entspricht, da u.a. die Lösung von Kundenproblemen keine Berücksichtigung findet. Die zweite Auffassung entspricht inhaltlich weitgehend einer profilierenden → Nischenstrategie, bei der flexible, kleinere Unternehmen auch mit schlanken Organisationen und geringem Ressourceneinsatz Konkurrenten Marktanteile abnehmen.

Günstigerprüfung – Begriff aus dem Einkommensteuerrecht: (1) Die Prüfung, ob es für den Steuerpflichtigen günstiger ist, für seine Beiträge zu Altersvorsorgeverträgen (→ Riester-Rente) eine Zulage zu beantragen oder den Sonderausgabenabzug vorzunehmen; die Günstigerprüfung findet von Amts wegen im Rahmen der Einkommensteuerveranlagung statt, das Finanzamt hat die für den Steuerpflichtigen günstigste Behandlung vorzunehmen. (2) Die Prüfung, ob es für den Steuerpflichtigen günstiger ist, Kindergeld zu beziehen oder den Kinderfreibetrag und den Betreuungsfreibetrag in Anspruch zu nehmen (§ 31 EStG). Die Günstigerprüfung ist von Amts wegen vorzunehmen.

Günstigkeitsprinzip – Begriff des → Arbeitsrechts. – 1. Nach dem Günstigkeitsprinzip kann von den Normen eines → Tarifvertrages (Mindestbedingungen) lediglich *zugunsten* des Arbeitnehmers durch Einzelvertrag oder → Betriebsvereinbarung abgewichen werden, es sei denn, eine Tariföffnungsklausel lässt ausdrücklich auch negative Abweichungen zu (§ 4 III TVG). – 2. *Günstigere Bedingungen,* die schon bestanden haben, bleiben beim Inkrafttreten des Tarifvertrages in Geltung. – Ein *übertariflicher Lohn* z.B. wird durch eine Tariflohnerhöhung mangels entgegenstehender Vereinbarung so lange nicht berührt, als der Tariflohn übertariflichen Lohn nicht übersteigt. Wird der übertarifliche Lohn ausdrücklich als selbstständiger Lohnbestandteil neben dem Tariflohn gewährt und bezeichnet, bleibt er von Tariferhöhungen unberührt. Hat dagegen der Arbeitnehmer keinen Anspruch auf übertarifliche Zulage neben dem Tariflohn, so können Tariflohnerhöhungen mit übertariflichen Lohnbestandteilen verrechnet werden. – 3. Das Günstigkeitsprinzip *gilt nicht* im Verhältnis des Tarifvertrages zu Gesetzen. Dispositives Gesetzesrecht ist jedoch grundsätzlich auch durch Tarifvertrag abdingbar → tarifdispositives Recht. Statt des Günstigkeitsprinzips gilt im Konfliktfall das → Ordnungsprinzip, wenn eine zeitlich spätere Regelung eine frühere aufhebt. – 4. Vielfach, v.a. von Arbeitgeberseite, wird eine *Auflockerung* des Günstigkeitsprinzips dahingehend verlangt, dass Arbeitgeber und Betriebsrat oder Belegschaft auch ungünstigere Arbeitsbedingungen vereinbaren können, um die bes. Situation oder Notlage eines Betriebes zu berücksichtigen. Sowohl eine entsprechende Änderung des Tarifvertragsgesetzes ist in der Diskussion wie Regelungen auf tarifvertraglicher Ebene. – Vgl. auch → betriebliches Bündnis für Arbeit, → Flächentarifvertrag.

Gut – 1. *Begriff:* materielles oder immaterielles Mittel zur Befriedigung von menschlichen Bedürfnissen; insofern vermag es → Nutzen zu stiften. – 2. *Arten:* Im Gegensatz zu → freien Gütern unterliegen ökonomische bzw. wirtschaftliche Güter der → Knappheit (→ knappes Gut). Nur letztere sind Gegenstand des wirtschaftenden Handelns von Menschen, wie es die → Mikroökonomik untersucht. Unterliegt ein Gut nicht dem Ausschlussprinzip und zudem der Nichtrivalität des Konsums, so wird auch von einem (geborenen) → öffentlichen Gut gesprochen. Im Gegensatz dazu sind beim privaten Gut die Eigentumsrechte einem Besitzer genau zugeordnet. Bei den meritorischen Gütern handelt es sich grundsätzlich um private Güter, bei denen aber auf eine Anwendung des Ausschlussprinzips aus gesellschaftlichen Gründen verzichtet wird, z.B. wegen sozialer Aspekte oder beim Vorliegen externer Effekte nach R. Musgrave. Zur direkten Bedürfnisbefriedigung sind nur Konsumgüter in der Lage, während die Gütereigenschaft der Kapitalgüter bzw. Produktionsgüter über den Produktionsprozess abgeleitet ist. Kurzlebige Konsumgüter sind Gebrauchsgüter wie z.B. Nahrungsmittel. Liegen kurzfristige Produktionsgüter vor, dann handelt es sich um Werkstoffe (Rohstoffe, Hilfsstoffe und Betriebsstoffe). Langlebige Konsumgüter, wie privat genutzte Pkw, sind ebenso wie langlebige Produktionsgüter (Betriebsmittel) über einen längeren Zeitraum nutzbar. Der wirtschaftliche → Wert eines knappen Gutes ist eine Größe, die von den subjektiven Bedürfnissen der wirtschaftenden Menschen bestimmt wird. Neben dieser subjektiven Wertlehre (Neoklassik; Grenznutzenschule) gibt es die objektive Arbeitswertlehre. Letztgenannte bemisst den Wert eines Gutes in Abhängigkeit der zur Produktion notwendigen Arbeitskraft. – Vgl. auch → Erfahrungsgut, → Vertrauensgut, → Suchgut, → Individualgut, → inferiores Gut, → superiores Gut, → heterogene Güter, → homogene Güter, → arbeitsintensives Gut, → kapitalintensives Gut, → Dienstleistungen, → meritorisches Gut, → Produktivgut.

Gutachten – 1. *Allgemein:* Beurteilung durch → Sachverständigen. – 2. Gutachten hat auf Verlangen des *Finanzamtes* oder eines *Gerichts* abzugeben: Wer zur Erstattung von Gutachten öffentlich bestellt ist oder die Wissenschaft, die Kunst oder das Gewerbe, deren Kenntnis Voraussetzung zur Begutachtung ist, öffentlich zum Erwerb ausübt (§ 96 III AO, § 407 ZPO, § 75 StPO). Das Finanzamt muss den Gutachter, den es zu beauftragen beabsichtigt, dem betreffenden → Steuerpflichtigen mitteilen (§ 96 I AO). – 3. Gutachten über den *Wert von Grundstücken:* → Grundstückswert.

Gutachterausschuss → Grundstückswert.

Güte → Teststärke.

Gütefunktion – *Powerfunktion, Macht;* bei → statistischen Testverfahren Funktion, die die → Teststärke (Trennschärfe) eines Parametertests ausdrückt. Die Gütefunktion gibt die → Wahrscheinlichkeit der Ablehnung der Nullhypothese an in Abhängigkeit vom wahren Wert des zu prüfenden → Parameters. Nach der Festlegung des → Signifikanzniveaus, des Stichprobenumfangs sowie der → Nullhypothese veranschaulicht die Gütefunktion die Fähigkeit des Parametertests, eine falsche (richtige) Hypothese als falsch (richtig) zu erkennen.

Güteklassen – behördlich oder durch Vereinbarung von Erzeugern oder Verbänden geschaffene Qualitätsstufen für bestimmte Handelswaren (z.B. Eier, Butter). – Vgl. auch → Handelsklassengüter.

Gütekriterien – Kriterien zur Beurteilung der Qualität der Daten, die bei einem Messvorgang erhoben wurden oder der Qualität von Analyseergebnissen: (1) → Objektivität, (2) → Reliabilität und (3) → Validität. Nur wenn allen Gütekriterien innerhalb bestimmter Bandbreiten Rechnung getragen wird, können aus einer Untersuchung verlässliche Schlussfolgerungen gezogen werden.

Gutenberg – Erich, 1897–1984, wichtiger Vertreter der deutschen Betriebswirtschaftslehre nach dem Zweiten Weltkrieg. Von 1948–1951 hatte er den Lehrstuhl für Betriebswirtschaftslehre an der Universität Frankfurt a.M., 1951–1966 den Lehrstuhl für Allgemeine Betriebswirtschaftslehre sowie Spezielle Betriebswirtschaftslehre der Wirtschaftsprüfung und des Treuhandwesens an der Universität zu Köln inne. – Gutenberg entwickelte in seinem Werk „Grundlagen der Betriebswirtschaftslehre“ ein neues System der Betriebswirtschaftslehre. Der Betrieb wird darin verstanden als die *Gesamtheit der betrieblichen Teilfunktionen* Produktion, Absatz und Finanzen. Dabei kam es ihm weniger auf die einzelnen betrieblichen Teilbereiche als auf die Gesamtheit dieser Funktionen an. Diese Einheit wird nach Gutenberg durch die Idee des Kombinationsprozesses, durch das Ausgleichsgesetz der Planung, durch das finanzielle Gleichgewicht und durch das Prinzip der Wirtschaftlichkeit gewahrt. – *Zahlreiche bedeutende Beiträge Gutenbergs zu den betrieblichen Teilbereichen:* Begründung der Produktionsfunktion vom Typ B (→ Gutenberg-Produktionsfunktion); Einführung der Theorie der Anpassungsformen (→ Anpassung) in die Produktionstheorie; Ableitung der Kostentheorie aus der Produktionstheorie; Analyse der Absatzpolitik von Unternehmen auf vollkommenen Faktormärkten und auf unvollkommenen Gütermärkten; absatzpolitisches Instrumentarium; Entwicklung der optimalen Selbstfinanzierungsrate; Steuerung der Prozesse im Unternehmen durch den sog. dispositiven Faktor; → Ausgleichsgesetz der Planung.

Gutenberg-Produktionsfunktion – *Theorie der Anpassungsformen;* Erich → Gutenberg (1897-1984) stellte in den 1950er-Jahren der → substitutionalen Produktionsfunktion (→ Ertragsgesetz, → Produktionsfunktion vom Typ A) mit der Theorie der Anpassungsformen eine auf mikroökonomischen

Güterklassifikationen – Internationales System von Klassifikationen

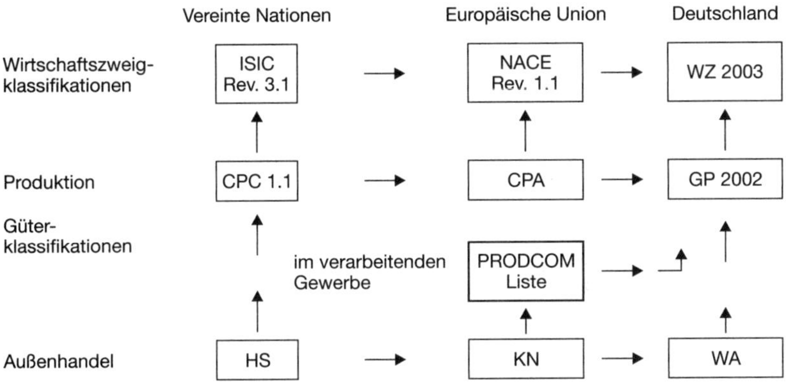

Quelle: Statistisches Bundesamt (Hrsg.), Das Arbeitsgebiet der Bundesstatistik, Ausgabe 1997.

Betrachtungen basierende → Produktionsfunktion als *Produktionsfunktion vom Typ B* gegenüber. Im Mittelpunkt seiner Analyse stehen die Anlagen. Dabei wird die als Z-Situation bezeichnete technische Ausstattung einer Anlage als kurzfristig konstant betrachtet, variabel ist hingegen die Nutzung der zeitlichen, quantitativen und intensitätsmäßigen Anpassung als Reaktion auf schwankende Nachfrage. Mithilfe von → Verbrauchsfunktionen bzw. Faktoreinsatzfunktionen wird abgebildet, wie der Faktorverbrauch pro Produkteinheit und damit auch die → Kosten der Produktion von der Leistungsabgabe der Anlagen abhängt. Die Einführung der Verbrauchsfunktion führt zur Unterscheidung von → Verbrauchsfaktoren (→ Repetierfaktoren), die im einmaligen Vollzug des → Produktionsprozesses aufgezehrt werden (Werkstoffe, Betriebsstoffe), und von Gebrauchsfaktoren (→ Potenzialfaktoren), die über einen längeren Zeitraum in ihrem Bestand erhalten bleiben und Leistungen abgeben (Betriebsmittel), letztere unterliegen dem Verschleiß. Die Anlagen, d.h. die Potenzialfaktoren, besitzen i.d.R. einen gewissen Spielraum der Leistungsabgabe, innerhalb dessen für jeden Einsatzfaktor die verbrauchsminimale Intensität sowie bei Kenntnis der Faktorpreise die kostenminimale Intensität bestimmt werden kann. – *Eigenschaften:* a) Das Verhältnis der Einsatzmengen der Faktoren wird von der Intensität d_j (Leistung) des Aggregats j bestimmt. – b) Die → Produktionskoeffizienten a_{ij} werden durch die Verbrauchsfunktion $f_{ij}(d_j)$ bestimmt: $a_{ij} = f_{ij}(d_j)$ $(i = 1, ..., n, j = 1, ..., m)$; die Produktionskoeffizienten a_{ij} sind bei unterschiedlichen Produktionsmengen konstant, wenn die Mengenvariationen durch zeitliche → Anpassung erreicht werden, aber variabel, wenn sie durch intensitätsmäßige Anpassung erreicht werden. – c) Die Leistungsabgabe ist innerhalb bestimmter Grenzen stetig oder sprunghaft variierbar. – d) Die Qualität der Produktionsfaktoren und der Produkte ist bei jeder Leistung gleich.

Güteprämie → Qualitätsprämie.

Güterfernverkehr – in Deutschland der Güterverkehr außerhalb des Bereichs der Nahzone (bis 50 km) (→ Güternahverkehr) oder der Regionalzone (51 bis 150 km); wobei die institutionelle Abgrenzung zwischen diesen Bereichen 1994 aufgehoben wurde und heute die Unterscheidung nur noch für Zwecke der Verkehrsstatistik relevant ist. – Vgl. auch → Verkehrspolitik.

Güter-Geldmarkt-Modell → IS-LM-Modell.

Gütergemeinschaft → eheliches Güterrecht.

guter Glaube → gutgläubiger Erwerb, → Gutglaubensschutz.

Güterklassifikation – Klassifikationen zur einheitlichen Einordnung produzierter Güter. – 1. *Wichtige Systematiken* sind die Zentrale Güterklassifikation der Vereinten Nationen (→ CPC), die Classification of Products by Activity der EU (→ CPA) und das dt. Systematische Güterverzeichnis für Produktionsstatistiken (→ GP 2002). – 2. Daneben existieren *Güterklassifikationen für spezielle Bereiche:* (1) → Warenklassifikationen des Außenhandels; (2) Verzeichnis für den Material- und Wareneingang im Produzierenden Gewerbe; (3) Warenverzeichnis für die Binnenhandelsstatistik; (4) Güterverzeichnis für die → Verkehrsstatistik; (5) Systematik der

Bauwerke. – 3. Im Zuge der *Harmonisierung* der europäischen Gliederungsstrukturen werden die Klassifikationen einer Überarbeitung unterzogen. – Vgl. auch → Klassifikationen. – Zum Zusammenhang zwischen einzelnen Güterklassifikationen vgl. Abbildung „Güterklassifikationen – Internationales System von Klassifikationen".

Güterkraftverkehr – die geschäftsmäßige oder entgeltliche Beförderung von Gütern mit Kraftfahrzeugen, die einschließlich Anhänger ein höheres zulässiges Gesamtgewicht als 3,5 t haben. Dabei wird zwischen dem gewerblichen Güterkraftverkehr und dem Werkverkehr unterschieden, bei dem es sich um Güterkraftverkehr für eigene Zwecke eines Unternehmens handelt. Einzelheiten u.a. hinsichtlich der Erlaubnispflicht, der Mitführungs- und Aushändigungspflichten im gewerblichen Güterkraftverkehr und der Aufgaben und Befugnisse des Bundesamtes für Güterkraftverkehr regelt das Güterkraftverkehrsgesetz vom 22.6.1998 (BGBl. I 1485) m.spät.Änd. nebst der hierzu ergangenen Rechtsverordnung (Berufszugangsverordnung für den Güterkraftverkehr [GBZugV] vom 21.12.2011 [BGBl. I 3120]). – Vgl. auch → Genehmigung, → Verkehrspolitik.

Güter mit doppeltem Verwendungszweck → Dual-Use-Güter.

Güternahverkehr – in der Bundesrepublik Deutschland der Güterkraftverkehr innerhalb der Grenzen der Nahzone (Gebiete aller Gemeinden mit festgelegten Ortsmittelpunkten im 75-km-Umkreis um den Ortsmittelpunkt der Gemeinde des Fahrzeugstandortes). – *Gegensatz:* → Güterfernverkehr. – Vgl. auch → Verkehrspolitik.

Güterrecht → eheliches Güterrecht.

Güterrechtsregister – Register, in das die ehelichen güterrechtlichen Verhältnisse (→ eheliches Güterrecht) eingetragen werden (§§ 1558–1563 BGB). Führung beim → Amtsgericht, in dessen Bezirk einer der Ehegatten seinen gewöhnlichen Aufenthalt hat.

Güterstand → eheliches Güterrecht.

Gütersteuern – sind in der Volkswirtschaftlichen Gesamtrechnungen Steuern und ähnliche Abgaben, die pro Einheit einer gehandelten oder produzierten Ware oder Dienstleistung zu entrichten sind. Sie umfassen die nichtabziehbare Umsatzsteuer (Teil der Umsatzsteuer, der nicht im Rahmen des Vorsteuerabzugsverfahrens von der geschuldeten Umsatzsteuer abgezogen werden kann), Importabgaben (wie Zölle, Verbrauchsteuern und Abschöpfungsbeträge auf eingeführte Güter) und sonstige Gütersteuern (Verbrauchsteuern u.Ä.).

Gütersubventionen – in den Volkswirtschaftlichen Gesamtrechnungen (VGR) → Subventionen, die bei produzierten oder eingeführten Waren oder Dienstleistungen geleistet werden.

Gütertrennung → eheliches Güterrecht.

Gütertypologie – Systematisierung der verschiedenen realen Erscheinungsformen der Güter. – *Zu unterscheiden:* 1. nach dem Kriterium der *Verwendungssphäre* der Güter: → Konsumgüter und → Investitionsgüter. – 2. nach dem Kriterium der *einmaligen* oder *mehrmaligen Verwendung:* → Verbrauchsgüter und → Gebrauchsgüter. – 3. *Nach der physischen Beschaffenheit:* Sachgüter (materiell), immaterielle Güter (Dienstleistungen), digitale Güter (z.B. Software). – 4. *Nach informationsökonomischen Kriterien* können Güter hinsichtlich der für den Käufer prüfbaren Leistungseigenschaften in Such-, Erfahrungs- und Vertrauensgüter unterschieden werden: Bei Suchgütern können die Leistungseigenschaften vor dem Kauf geprüft werden (z.B. Produktdesign, -farbe); bei Erfahrungsgütern sind die Leistungseigenschaften erst nach dem Kauf während der Produktnutzung zu prüfen (z.B. Energiesparlampe, Airbag); bei Vertrauensgütern sind unter vertretbaren Informationssuchkosten die Vertrauenseigenschaften nicht zu prüfen (z.B. recyclingfähige Materialien), der Käufer muss vielfach auf die Leistungszusicherung des Anbieters vertrauen. Produkte bestehen i.d.R. aus einer Kombination von Such-, Erfahrungs- und Vertrauenseigenschaften, wobei aufgrund der Dominanz einer Eigenschaftskategorie eine Einordnung in die informationsökonomische Gütertypologie erfolgt.

Güterverkehr → Güterkraftverkehr, → Verkehr.

Güterverkehrszentrum (GVZ) – Modellkonzeption eines zentralen Güterverteilungssystems, bei dem Logistik- und Verkehrsbetriebe an einem verkehrsgünstigen Standort mit Anschluss möglichst vieler Verkehrsträger kooperieren. Die Flächen und Räume der Gemeinschaftsanlage werden auf Mietbasis vergeben, sodass im Gegensatz zur Modellkonzeption *Güterverteilzentren*, die i.d.R. von *einem* Logistikdienstleister betrieben werden, die Selbstständigkeit der Unternehmen erhalten bleibt. Neben der Umschlags- und Kommissionierfunktion werden durch diese auch Verpackungs-, Lager- und Servicefunktionen wahrgenommen. Zielsetzung bei der Einrichtung von Güterverkehrszentren ist die Nutzung der Systemstärken der verschiedenen Verkehrsträger, eine bessere Nutzung der Verkehrsinfrastruktur und eine Zusammenfassung zersplitterter Transporte. – Bes. *Bedeutung* kommt Güterverkehrszentren in drei Bereichen zu: a) Als *Schnittstelle zwischen Nah- und Fernverkehr* dienen Güterverkehrszentren dazu, Teilladungen zu größeren Ladungen zusammenzufassen. – b) Als *Umschlag-Terminals im kombinierten Verkehr*, die zu Logistikunternehmen mit einer breiten Leistungspalette ausgebaut wurden, bewirken Güterverkehrszentren eine Stärkung der Kooperation zwischen Schiene, Wasserstraße und Straße. – c) Als *Teil einer City-Logistik* fassen Güterverkehrszentren am Rande der Stadt Transporte zur Versorgung von Unternehmen im Innenstadtbereich zusammen. Diesem Konzept kommt durch die Forderung nach bestandsarmer Distribution und der damit verbundenen erhöhten Lieferfrequenz bei verringertem Liefervolumen und gleichzeitig hoher Verkehrsdichte im Stadtverkehr eine bes. Bedeutung zu. Sie sind kommunalpolitisch häufig gewünscht, setzen sich aber in der Praxis wegen der oft fehlenden Kooperationsbereitschaft der zu beteiligenden Partner nur schwer durch.

Güterverteilzentrum → Güterverkehrszentrum (GVZ).

güterwirtschaftliche Außenwirtschaftstheorie → Reale Außenwirtschaftstheorie. Erklärung und Analyse der Ursachen und Wohlfahrtswirkungen des → Freihandels; bedeutende Ökonomen waren *David* → Ricardo, *Torrens*, → Heckscher, → Ohlin.

güterwirtschaftliches Denken – eine von → Schmidt geforderte betriebswirtschaftliche Erfolgsauffassung (→ Bewertung), nach der Gewinn erst dann erzielt ist, wenn die Substanz (die realen Sachgüter des Betriebes) erhalten ist. Danach ist nicht der Anschaffungswert, sondern der Wiederbeschaffungswert bei der Gewinnermittlung zugrunde zu legen. Das güterwirtschaftliche Denken ist zweckmäßig bei Geldentwertung.

Güteverhandlung – I. Zivilprozess: Der mündlichen Verhandlung im Zivilprozess geht zum Zweck der gütlichen Beilegung des Rechtsstreits eine Güteverhandlung voraus, es sei denn, ein Einigungsversuch vor einer außergerichtlichen Gütestelle hat bereits stattgefunden oder die Gütevehandlung erscheint erkennbar aussichtslos. Güteverhandlung ist obligatorisch (§ 278 ZPO).

II. Arbeitsgerichtsprozess: Mündliche Verhandlung vor dem Vorsitzenden des Arbeitsgerichts zum Zwecke der gütlichen Einigung der Parteien (§ 54 ArbGG). Im Urteilsverfahren ist eine Güteverhandlung obligatorisch, im Beschlussverfahren fakultativ (§ 80 ArbGG).

Gütezeichen – grafische oder schriftliche Kennzeichnung von Angeboten, die dem Verbraucher eine bestimmt Güte und Qualität signalisieren. Gütezeichen werden von anerkannten Institutionen an Hersteller und Dienstleister vergeben, die die jeweiligen Güte- und Prüfbestimmungen erfüllen. Die Einhaltung der besonderen Güte der Produkte und Dienstleistungen mit Gütezeichen wird durch eine Erstprüfung festgestellt sowie danach durch stetige Eigen- und Fremdüberwachung gewährleistet. – Vgl. → Warenkennzeichnung

Gutgewicht – umgangssprachlicher Begriff für die wegen Gewichtsschwund gewährte Gewichtsvergütung. Der Großhandel erhält Gutgewicht für Warensubstanzverluste beim Umpacken und Sortieren; dem Einzelhandel wird Gutgewicht gewährt für unverwertbare Warenreste, die an der Verpackung haften, für das Verstreuen von Waren in fester Form, für Verschütten von Flüssigkeiten, für Übergewichte oder Verschlechterung der Warenqualität.

Gutglaubensschutz – Grundsatz u.a. des Handelsrechts, ähnlich dem Prinzip des → gutgläubigen Erwerbs, betrifft das rechtlich geschützte Vertrauen auf einen Rechtsschein und gibt demjenigen der auf den Rechtsschein vertraut bestimmte Rechte, diese sind unterschiedlich geregelt. Gutglaubensschutz besteht gegenüber dem, der sich als Kaufmann aufspielt, ohne es zu sein (→ Scheinkaufmann). Auch die Eintragungen im Handelsregister genießen Gutglaubensschutz (§ 15 III HGB). – Vgl. auch → Publizitätsprinzip.

gutgläubiger Erwerb – I. Bewegliche Sachen: 1. Bei → Übereignung durch → Übergabe und Einigung oder bloße Einigung (→ Übereignung kurzer Hand) erwirbt der Erwerber auch dann das Eigentum, wenn der Veräußerer nicht Eigentümer ist; jedoch nicht, wenn der Erwerber bei der Übergabe oder Einigung bösgläubig ist bzw. bei Übereignung kurzer Hand den Besitz nicht vom Veräußerer erlangt hatte (§ 932 BGB). – 2. Bei Vereinbarung eines → Besitzkonstituts (wie i.Allg. bei der → Sicherungsübereignung) findet i.d.R. kein gutgläubiger Erwerb statt (§ 933 BGB). – 3. Bei Übereignung durch *Abtretung des Herausgabeanspruchs* gegen einen dritten Besitzer wird der Erwerber Eigentümer mit der Abtretung, wenn der Veräußerer → mittelbarer Besitzer war, sonst erst, wenn er bei späterem eigenem Besitzerwerb noch gutgläubig ist (§ 934 BGB). – 4. An *abhanden gekommenen gestohlenen Sachen*, ausgenommen an Geld oder Inhaberpapieren, ist kein gutgläubiger Erwerb möglich (§ 935 BGB).

II. Grundstücke: Gutgläubiger Erwerb durch den → öffentlichen Glauben des Grundbuchs: Zugunsten desjenigen, welcher ein → dingliches Recht an einem → Grundstück bzw. ein Recht an einem solchen Recht durch → Rechtsgeschäft erwirbt, gilt der Inhalt des Grundbuchs als richtig, solange kein → Widerspruch eingetragen oder dem Erwerber Unrichtigkeit positiv bekannt ist; ebenso bei Verfügungsbeschränkungen (z.B. Insolvenz), die weder eingetragen noch dem Erwerber bekannt sind (§ 892 BGB).

III. Handelsverkehr: Gutgläubiger Erwerb ist hier bes. erleichtert (§ 366 HGB): Veräußert oder verpfändet ein → Kaufmann im Betriebe seines Handelsgewerbes eine bekanntermaßen fremde bewegliche Sache, findet ein gutgläubiger Erwerb bei gutem Glauben an dessen Veräußerungs- und Verpfändungsbefugnis statt. – *Ausnahmen* z.T. bei Erwerb abhanden gekommener Wertpapiere (§ 367 HGB; → abhanden gekommene Sachen). – *Entsprechend* gilt das für gutgläubigen Erwerb bez. der handelsrechtlichen → gesetzlichen Pfandrechte (vgl. § 366 III HGB). Gemäß § 16 III GmbHG ist auch ein gutgläubiger Erwerb von GmbH-Geschäftsanteilen möglich, vgl. auch → Gesetz zur Modernisierung des GmbH-Rechts und zur Bekämpfung von Missbräuchen (MoMiG). – Vgl. auch → Erbschein. – *Gegensatz:* → bösgläubiger Erwerb.

gütliche Erledigung – Die gütliche Erledigung ist eine Regelbefugnis des → Gerichtsvollziehers. Aufgrund eines entsprechenden Vollstreckungsauftrags und der Übergabe der vollstreckbaren Ausfertigung soll der Gerichtsvollzieher eine gütliche Einigung versuchen und in jeder Lage des Verfahrens auf sie bedacht sein (§ 802a und b ZPO).

Gutschein – *Coupon;* Maßnahme der → Verkaufsförderung. Durch Gutscheine, in deren Besitz der Konsument z.B. durch Zusendung eines Werbebriefs, durch ein Inserat, durch Kauf eines anderen Produktes etc. kommen kann, gelangt er zu der Möglichkeit, ein anderes Produkt zu einem wesentlich günstigeren Preis als normal zu erwerben. – Vgl. auch → Kundenfang.

Gutschrift – I. Rechnungswesen: Buchung einer Leistung zugunsten einer Person oder eines Unternehmens auf der Habenseite des betreffenden Kontos; Mitteilung an den Begünstigten von einer entsprechend vorgenommenen Buchung. – *Gegensatz:* → Lastschrift.

II. Umsatzsteuerrecht: Mithilfe einer Gutschrift kann der Leistungsempfänger umsatzsteuerlich über eine bezogene Lieferung oder Leistung abrechnen, wenn dies vorher mit dem leistenden Unternehmer vereinbart wurde. Die Erteilung einer Gutschrift ist insbesondere sinnvoll, wenn nur der Leistungsempfänger, nicht jedoch der Leistende, die Abrechnungsgrundlagen kennt (z.B. bei Abhängigkeit des Entgelts für den Lieferanten von den Umsatzzahlen seines Kunden, etwa bei Provisionszahlungen). Die Gutschrift wird umsatzsteuerlich als vollgültige → Rechnung über den Vorgang anerkannt und ermöglicht insbesondere dem Leistungsempfänger auch den Vorsteuerabzug, wenn in ihr alle in § 14 UStG geforderten Bestandteile einer Rechnung enthalten sind. Sie verliert allerdings ihre umsatzsteuerliche Wirkung, wenn der leistende Unternehmer der ihm übermittelten Gutschrift widerspricht (§ 14 II UStG). Akzeptiert jemand eine Gutschrift, in der die ausgewiesene Umsatzsteuerschuld höher ist als die gesetzlich geschuldete, so schuldet er auch den Mehrbetrag (§ 14c UStG), bis die Gutschrift berichtigt worden ist; der Gutschriftaussteller (Leistungsempfänger) hat gleichwohl nur den Vorsteuerabzug in Höhe des gesetzlich richtigen Betrages.

Guttman-Skalierung – *Skalogrammverfahren;* → Skalierungsverfahren zur Messung der konativen Einstellungskomponente (Einstellung), basierend auf der Konstruktion monoton abgestufter Ja-Nein-Fragen. – 1. *Konstruktion:* (1) Formulierung einer großen Menge von monoton-deterministischen Fragen. (2) → Befragung einer Testgruppe. (3) Darstellung der Ergebnisse in Matrixform. Bei fehlerhaften Antwortschemata werden Fragen umgruppiert bzw. eliminiert. (4) Zuordnung von numerischen Werten zu den Antwortschemata in der Reihenfolge ihres Auftretens, sodass die zugemessenen Werte den Rangplatz der betreffenden Testperson definieren. – 2. *Anwendung:* in der eigentlichen Erhebung werden dann den Testpersonen die Rangplätze zugeordnet, die ihrem Antwortschema entsprechen. – 3. *Vorteil:* fragebogentechnische Einfachheit. – *Nachteil:* Schwierigkeiten bei der Konstruktion der Skala.

GVL – Abk. für → Gesellschaft zur Verwertung von Leistungsschutzrechten mbH.

GVP – Abk. für → Generalverkehrsplan oder → Güterverkehrszentrum.

GWA – Abk. für → Gesamtverband Kommunikationsagenturen GWA e. V.

GWB – Abk. für *Gesetz gegen Wettbewerbsbeschränkungen,* → Deutsches Kartellrecht.

G-Wert – Von der GfK entwickeltes Maß zur Beurteilung der Güte von Plakatstellen nach der Passantenfrequenz und der aufgrund der Lage sowie der Umgebung einer Plakatstelle sich ergebenden Erinnerbarkeit. Der G-Wert drückt aus, wie viele Menschen sich im Durchschnitt pro Stunde nach dem Passieren einer Plakatstelle an ein Motiv mittlerer Qualität erinnern.

GWK → Gemeinsame Wissenschaftskonferenz.

Gymnasium → Wirtschaftsgymnasium, → Fachgymnasium.

GZS – Abk. für → Gesellschaft für Zahlungssysteme.

H

H – Abk. für → Hinweise bei Richtlinien des Bundesfinanzministeriums.

Haager Abkommen – über die internationale Hinterlegung gewerblicher Muster oder Modelle vom 6.11.1926 mit Änderungen von London (1934) und Haag (1960, BGBl. 1962 II 775), Ergänzungsvereinbarungen und Nebenabkommen, multinationaler völkerrechtlicher Vertrag, Unterabkommen der → Pariser Verbandsübereinkunft zum Schutz des gewerblichen Eigentums (PVÜ), der die internationale Hinterlegung von → Geschmacksmustern ermöglicht. Eine nationale Anmeldung ist nicht Voraussetzung, die Hinterlegung erfolgt entweder unmittelbar beim internationalen Büro der World Intellectual Property Organization (→ WIPO) oder durch Vermittlung der nationalen Behörden der Verbandsstaaten, in Deutschland also durch Vermittlung des → Deutschen Patent- und Markenamtes (DPMA); Art. 4. Die internationale Hinterlegung hat in den benannten Vertragsstaaten die Wirkung einer ordnungsgemäßen nationalen Hinterlegung (Art. 7), Musterschutzfähigkeit, Dauer, Bestand und Rechtsschutz der Hinterlegung bestimmen sich nach nationalem Recht (Art. 10). Für die internationale Hinterlegung können → Prioritätsrechte nach der PVÜ in Anspruch genommen werden (Art. 9, Art. 4 PVÜ). – *Einsicht in Musterregister und Akten:* → Akteneinsicht. – *Gebühren:* Art. 15, Anlage zur AO. Gegegenüber dem → Gemeinschaftsgeschmacksmuster hat die internationale Hinterlegung nach dem Haager Abkommen den Nachteil, dass kein einheitliches Schutzrecht entsteht, sondern ein Bündel rationaler Schutzrechte, die den jeweiligen nationalen Regelungen unterworfen sind.

Haager Einheitliches Kaufgesetz → Einheitliches Gesetz über den internationalen Kauf beweglicher Sachen (EKG).

Haavelmo – Trygve Magnus, 1911–1999, norwegischer Nationalökonom und Ökonometriker, → Nobelpreis für Wirtschaftswissenschaften 1989. Haavelmo – ein Schüler von → Frisch – wurde v.a. bekannt durch das Theorem über die „Neutralität" eines ausgeglichenen Staatshaushaltes (→ Haavelmo-Schneider-Theorem). Er führte den Beweis, dass ein ausgeglichenes Budget keineswegs neutral sei, sondern die Gesamtnachfrage und damit die Beschäftigung beeinflusse. Haavelmo trug wesentlich zur Entwicklung der → Ökonometrie und → Wachstumstheorie bei. – *Hauptwerk:* „A Study in the Theory of Economic Evaluation" (1954). Seine sonstigen Veröffentlichungen, die auch Grund für die Nobelpreisverleihung waren, sind Aufsätze, wie z.B. „Multiplier Effects of a Balanced Budget", in: Econometrica, 13 (1945) oder „The Role of the Econometrician in the Advancement of Economic Theory", in: Econometrica, 26 (1958).

Haavelmo-Schneider-Theorem – 1. *Lehrsatz* von Haavelmo-Schneider, der einen Wert des Staatsausgabenmultiplikators von Eins im Multiplikatormodell nachweist, wenn die Erhöhung der Staatsausgaben durch einen Anstieg des Steuersatzes und der Steuereinnahmen finanziert wird. In diesem Fall bleiben der Budgetsaldo des Staates, das verfügbare Einkommen der Haushalte sowie deren Ersparnis unverändert. – 2. Als Kritik am Multiplikatoransatz werden verschiedene Aspekte geäußert: (a) Vernachlässigung der personell und funktionell unterschiedlichen → Konsumquoten; (b) Flexibilität der Löhne, Preise und Zinsen mittel- bis langfristig ; (c) Abhängigkeit der laufenden Konsumausgaben vom aktuellen Einkommen mit einer marginalen Konsumquote zwischen Null und Eins (absolute Einkommenshypothese; *Gegenteil:* → permanente Einkommenshypothese; Lebenszyklus-Hypothese); (d) Vernachlässigung von Vermögens- und Kapazitäteffekten im Rahmen der kurzfristigen Analyse.

Haben – die rechte Seite eines Kontos, die bei Aktivkonten für die Eintragungen der Abgänge, ggf. Abschreibungen, also der Aktivpostenabnahme, und bei Passivkonten für die Passivpostenzunahme benutzt wird. In den Eigenkapitalkonten ist die Haben-Seite die der Kapitalzunahme durch Gewinn oder Einlagen. Die Haben-Seite der Erfolgskonten weist die Erträge aus. – *Linke Kontoseite:* → Soll. – Vgl. auch → Buchhaltungstheorien.

Habenzinsen → Passivzins.

Haberler – Gottfried, 1900–1995, österreichischer Nationalökonom, der von 1936–1971 in Harvard lehrte und bis ins hohe Alter als Resident Scholar am American Enterprise Institute in Washington tätig war. Haberler hat zwei Werke verfasst, die beide in den 1930er-Jahren erschienen sind und sein hohes internationales Ansehen begründen. Das erste der beiden Werke, „Der internationale Handel. Theorie der weltwirtschaftlichen Zusammenhänge sowie Darstellung und Analyse der Außenhandelspolitik" (1933), bietet eine Neuformulierung der Theorie von den komparativen Kosten (→ komparative Vorteile), mit der Haberler die → Außenwirtschaftstheorie revolutionierte. Das zweite Werk, „Prosperity and Depression" (1937), ist eine bis heute unerreichte kritische Darstellung und Systematik der → Konjunkturtheorien. Auf beiden Gebieten – Außenhandel und Konjunktur – hat Haberler in späteren Jahren wichtige Einzelbeiträge geliefert. Er gehörte zu den zahlreichen europäischen Emigranten, die einen anhaltenden

Einfluss auf die Wirtschaftswissenschaften in den Vereinigten Staaten ausübten.

Habilitation – Erwerb der Lehrberechtigung an einer Hochschule. Erforderlich sind außer dem Promotionsverfahren (s. → Promotion) zum Doktor eine weitere wissenschaftliche Arbeit (Habilitationsschrift), ein Probevortrag innerhalb der Fakultät und u.U. eine öffentliche Antrittsvorlesung.

habituelles Kaufverhalten – Verhalten beim Einkauf, das auf verfestigten Mustern und Gewohnheit basiert, die wiederum auf in der Vergangenheit bewährten Entscheidungen beruhen. Mit habituellem Kaufverhalten sind i.d.R. hohe Marken- bzw. Ladentreue verbunden.

HABM – Abk. für *Harmonisierungsamt für den Binnenmarkt,* → Europäisches Markenamt.

Hacking – 1. *Datenschutzgesetz:* → Datenschutz, → Ausspähen von Daten. – 2. *Wirtschaftsinformatik:* unstrukturiertes Vorgehen bei der → Programmentwicklung.

Haft – Freiheitsentzug aufgrund einer gerichtlichen Entscheidung. – Vgl. auch → Untersuchungshaft, → Erzwingungshaft, → Freiheitsstrafe.

Hafteinlage – Umgangssprachlicher Begriff, der – soweit ersichtlich – im Gesetz keinen Niederschlag gefunden hat (vgl. dazu auch die Ausführungen bei → Haftsumme). Vornehmlich bei der Kommanditgesellschaft (KG) bezieht er sich auf die → Einlage, auf die die persönliche Haftung des → Kommanditisten mit dessen Privatvermögen gegenüber den Gläubigern der KG beschränkt ist. Die Hafteinlage ist im → Gesellschaftsvertrag klar und eindeutig zu bestimmen. Leistung der Hafteinlage braucht aber nicht in Geld zu erfolgen. Ist die Hafteinlage geleistet, so ist weitere Haftung ausgeschlossen (§ 171 I HGB). Entscheidend ist die im Handelsregister eingetragene Summe oder ihre Erhöhung durch handelsübliche Mitteilung oder sonstige Bekanntmachung der Gesellschaft an die Gläubiger. → Erlass oder → Stundung der Hafteinlage durch die Gesellschafter ist gegenüber den Gläubigern unwirksam; verschleierte Rückzahlung in Form unzulässiger Gewinnausschüttung (z.B. nach dem Stand des Kapitalkontos) lässt die Haftung i.Allg. wieder aufleben (§ 172 IV 1 HGB).

haftendes Eigenkapital – Begriff des → Kreditwesengesetzes (KWG). – Vgl. auch → Eigenkapital.

Haftpflicht – I. Begriff: 1. *I.w.S.:* Pflicht zum → Schadensersatz. – 2. *I.e.S.:* Schadensersatzpflicht aus → unerlaubten Handlungen und → Gefährdungshaftung.

II. Rechtsgrundlagen: Das Haftpflichtrecht ist geregelt u.a. im BGB, Atomgesetz, Haftpflichtgesetz, Straßenverkehrsgesetz (für Halter eines Kraftfahrzeugs), Produkthaftungsgesetz, Umwelthaftungsgesetz, Wasserhaushaltsgesetz, Arzneimittelgesetz, Luftverkehrsgesetz. – *Anders:* → Haftung.

III. Genossenschaftsrecht: 1. Die *besondere Haftpflicht der Mitglieder* als Sonderform des Einstehenmüssens für die Verbindlichkeiten der → Genossenschaft. Mit dem → Geschäftsanteil müssen sich die Mitglieder einer Genossenschaft verpflichten, im Insolvenzfall (→ Genossenschaftsinsolvenz) solidarisch für die Verbindlichkeiten der Genossenschaft zu haften, soweit die → Insolvenzmasse diese nicht deckt. – 2. Die Haftpflicht kann auf die Höhe des Geschäftsanteils beschränkt werden (§§ 22a, 119 GenG). – 3. Die Haftpflicht besteht als → Nachschusspflicht der Genossenschaft gegenüber (§ 105 GenG); die Mitglieder können nicht unmittelbar von den Gläubigern zu Zahlungen herangezogen werden. Die Zahlungen an die Genossenschaft werden dann vom → Insolvenzverwalter an die Gläubiger verteilt (→ Haftsumme).

IV. Handelsrecht: Beschränkung der Haftpflicht bei Gesellschaftsunternehmungen. – Vgl. auch → Kommanditgesellschaft (KG), → Gesellschaft mit beschränkter Haftung (GmbH), → Aktiengesellschaft (AG).

Haftpflichtansprüche – 1. *Begriff:* Ansprüche eines Dritten aufgrund gesetzlicher Haftpflichtbestimmungen. – 2. *Formen und Deckung:* Zu unterscheiden sind gesetzliche Ansprüche privatrechtlichen und öffentlich-rechtlichen Inhalts. Haftpflichtansprüche auf Schadenersatz sind durch die → Haftpflichtversicherung grundsätzlich nur dann gedeckt, wenn sie privatrechtlichen Inhalt haben. – 3. *Ausnahme:* Nur wenn eine Inanspruchnahme aufgrund einer gesetzlichen Haftpflichtbestimmung sowohl nach privatrechtlichen als auch nach öffentlich-rechtlichen Grundlagen in Betracht kommt, besteht auch für den öffentlich-rechtlichen inhaltsgleichen Anspruch Versicherungsschutz.

Haftpflichtgesetz – Neugefasst durch Bekanntmachung vom 4.1.1978 I 145; zuletzt geändert durch Art. 5 Gesetz vom 19.7.2002 (BGBl. 2002 I 2674). Regelt die (verschuldensunabhängige) Gefährdungshaftung des Betriebsunternehmers von Schienen- oder Schwebebahnen, des Betreibers von Strom-, Rohrleitungs- oder Energieanlagen, des Bergwerkbetreibers, wenn durch den Betrieb der Anlagen ein Mensch getötet oder verletzt oder Sachen beschädigt werden (§§ 1-5 HPflG). Die → Haftung des Unternehmers oder Anlagenbetreibers ist bei Tötung oder Verletzung auf 600.000 Euro oder eine Rente von 36.000 Euro jährlich beschränkt. Der Höchstbetrag der Haftung bei Sachschäden beträgt 300.000 Euro. Die Geltendmachung von → Schadensersatz aus anderen Anspruchsgrundlagen bleibt unberührt.

Haftpflichtverbindlichkeiten – zwingen zur Bildung von → Rückstellungen für ungewisse Verbindlichkeiten (§ 249 I HGB) aus am Bilanzstichtag bereits eingetretenen, die Haftpflicht begründenden Ereignissen, selbst wenn noch keine Ansprüche geltend gemacht worden sind oder wenn sie dem Verpflichteten erst später, jedoch bis zum Tag der Bilanzaufstellung bekannt geworden sind.

Haftpflichtversicherung – 1. *Begriff:* Versicherungszweig der → Schadenversicherung, der dem Versicherungsnehmer und den mitversicherten Personen Schutz bei Schadenersatzansprüchen Dritter aufgrund gesetzlicher Haftpflichtbestimmungen privatrechtlichen Inhalts bietet, indem die Schadenersatzansprüche befriedigt oder unberechtigte Ansprüche abgewehrt werden (Rechtsschutzfunktion der Haftpflichtversicherung). – 2. *Merkmale:* I.d.R. werden Personenschäden und Sachschäden ersetzt; durch bes. Vereinbarungen sind auch Vermögensschäden versicherbar. Handelt der Versicherungsnehmer oder handeln die mitversicherten Personen vorsätzlich, besteht kein Versicherungsschutz. Spezielle gesetzliche Regelungen zur Allgemeinen Haftpflichtversicherung und zur Privathaftpflichtversicherung enthält das Versicherungsvertragsgesetz. Weitere Vertragsgrundlagen sind die Allgemeinen Versicherungsbedingungen für die Haftpflichtversicherung (AHB). Diese werden zur Deckung spezieller Haftpflichttatbestände um Besondere Bedingungen und Risikobeschreibungen (BBR) sowie Klauseln ergänzt. – 3. *Versicherungsarten:* Unterschieden werden Haftpflichtversicherungen für den privaten Bereich, wie z.B. Privathaftpflichtversicherung, Haus- und Grundbesitzerhaftpflichtversicherung, Tierhalterhaftpflichtversicherung; für den betrieblichen Bereich, wie z.B. Produkthaftpflichtversicherung und Betriebshaftpflichtversicherung; für den beruflichen Bereich, wie z.B. Architektenhaftpflichtversicherung, Arzthaftpflichtversicherung, Gewässerschadenhaftpflichtversicherung, Umwelthaftpflichtversicherung, Luftfahrthaftpflichtversicherung, Atomanlagenhaftpflichtversicherung und Vermögensschadenhaftpflichtversicherung. – 4. *Mitversicherte Personen:* Ehegatte, Kinder, eheähnliche Lebenspartner, anerkannte pflegebedürftige Angehörige (alle soweit im Haushalt des Versicherungsnehmers lebend), im Haushalt des Versicherungsnehmers beschäftigte Personen. – 5. *Obliegenheiten:* In der Haftpflichtversicherung kommen Obliegenheiten vor Eintritt des Versicherungsfalls nur selten vor. Obliegenheiten nach Eintritt des Versicherungsfalls sind Anzeige-, Rettungs-, Aufklärungs-, Auskunfts- und Schadenminderungspflichten. Außerdem hat der Versicherungsnehmer dem Versicherer die Prozessführung zu überlassen. Das Anerkenntnis- und Befriedigungsverbot gibt es nach dem neuen Versicherungsvertragsrecht nicht mehr. Maßgeblich für die Leistungsfreiheit des Versicherers wegen Obliegenheitsverletzungen ist der Verschuldensgrad des Versicherungsnehmers.–6. *Risikoerhöhung:* Versicherungsschutz besteht ab Eintritt der Risikoerhöhung. Der Versicherungsnehmer ist verpflichtet, innerhalb eines Monats nach Erhalt einer Aufforderung des Versicherers (i.d.R. durch die Beitragsrechnung) Mitteilung über die Risikoerhöhung zu machen. Auch bei nicht fristgerechter Anzeige besteht Versicherungsschutz; der Versicherer hat dann aber das Recht auf Erhebung einer Vertragsstrafe. Beispiel: Der Versicherungsnehmer einer Gewässerschadenhaftpflichtversicherung ersetzt eine oberirdische durch eine unterirdische Tankanlage. – 7. *Risikoerweiterung:* Auch Risikoerweiterungen sind in den Versicherungsschutz einbezogen. Die Rechte und Pflichten von Versicherer und Versicherungsnehmern gelten wie bei der Risikoerhöhung. Beispiel für eine Risikoerweiterung: Ein Versicherungsnehmer in der Tierhalterhaftpflichtversicherung kauft sich einen zweiten Hund. – 8. *Vorsorgeversicherung:* Schließlich enthält die Haftpflichtversicherung auch eine Vorsorgeversicherung. Damit werden neu hinzugekommene Risiken in den Versicherungsschutz einbezogen. Bis zur Aufforderung seitens des Versicherers zur Anzeige des neuen Risikos durch den Versicherungsnehmer ist der Versicherungsschutz für die neu hinzugekommenen Risiken beitragsfrei enthalten. Allerdings ist die Deckungssumme meist begrenzt. Beispiel für einen Anwendungsfall in der Vorsorgeversicherung: Ein Versicherungsnehmer in der Privathaftpflichtversicherung kauft sich zum ersten Mal einen Hund. – 9. *Ausschluss von Vorsatz:* Vorsatz ist in der Haftpflichtversicherung generell ausgeschlossen. Im Sinne der Allgemeinen Versicherungsbedingungen für die Haftpflichtversicherung (AHB) muss sich der Vorsatz auf das Schadenereignis (die Verletzungshandlung) und auf die Schadenfolgen beziehen. Bedingter Vorsatz reicht für die Wirkung der Vorsatzausschlussklausel aus. Bedingter Vorsatz liegt vor, wenn der Handelnde sowohl das Schadenereignis als auch die Schadenfolgen zumindest als möglich erkannt und deren Eintritte gewollt oder billigend in Kauf genommen hat. Nicht erforderlich ist, dass sich der Handelnde die Art und Umfang des Schadens in allen Einzelheiten vorgestellt hat. Ausreichend ist, dass er sich die wesentlichen Umstände, die für Art und Umfang des Schadens maßgeblich sind, als möglich vorgestellt und billigend in Kauf genommen hat. Kein Vorsatz liegt vor, wenn der konkret eingetretene Erfolg durch einen von den Vorstellungen des Handelnden wesentlich abweichenden Geschehensablauf entstanden ist oder nach Art und Schwere von der vorgestellten Schadenfolge wesentlich abweicht. Da im Gegensatz zum bedingten Vorsatz die bewusste Fahrlässigkeit vom Versicherungsschutz umfasst wird, ist eine Abgrenzung zwischen bedingtem Vorsatz und bewusster Fahrlässigkeit erforderlich. Dabei ist entscheidend, was im Bewusstsein des Handelnden vorgegangen ist. Da es um die Vorstellung des Handelnden geht, bestehen erhebliche Beweisschwierigkeiten. Nach allg. Beweislastgrundsätzen ist der Versicherer für das Vorliegen des Ausschlusstatbestands beweispflichtig.

Haftstrecke – Deckungsabschnitt oberhalb der vereinbarten Priorität, aber innerhalb des vereinbarten

Höchsthaftungslimits, kann in verschiedene → Layer aufgeteilt werden.

Haftsumme – Es handelt sich um einen spezifischen gesetzlichen Terminus technicus des Genossenschaftsrechts, vgl. insbesondere die Legaldefinition in § 6 Nr. 3. und die §§ 119 ff. GenG. Der Begriff wird im allg. Sprachgebrauch auch auf andere, ähnliche Fälle angewandt, obwohl das Gesetz selbst ihn dort nicht verwendet. Das gilt speziell für die Situation der Haftung des Kommanditisten, vgl. hierzu §§ 171 ff. HGB. – *Haftsumme* beschreibt den in der Satzung der Genossenschaft festzulegenden Geldbetrag, bis zu dessen Höhe die Genossenschaftsmitglieder im Falle einer Insolvenz maximal haften. § 6 Nr. 3 GenG bestimmt dazu, dass die Genossenschaftssatzung Aussagen treffen muss, ob Mitglieder im Insolvenzfall zur Befriedigung von Gläubigern „Nachschüsse zur Insolvenzmasse unbeschränkt, beschränkt auf einen bestimmten Betrag (Haftsumme) oder überhaupt nicht zu leisten haben." Nach § 119 GenG darf die Haftsumme in der Satzung nicht niedriger sein als der festgelegte Geschäftsanteil. Hat ein Mitglied mehrere Geschäftsanteile übernommen, so kann sich die Haftung entsprechend erhöhen; es ist jedoch auch möglich, diesen Fall per Satzungsregelung auszuschließen (§ 121 S. 3 GenG).

Haftsummenzuschlag – Zuschlag bei der Berechnung des haftenden Eigenkapitals der Kreditinstitute in der Rechtsform der eingetragenen → Genossenschaft (eG) gemäß § 10 IIb Satz 1 Nr. 8 KWG. Es handelt sich um einen Zuschlag zu den Geschäftsguthaben und Rücklagen, welcher der Haftsummenverpflichtung der Mitglieder Rechnung trägt (Nachschusspflicht) und dessen Anrechenbarkeit durch die Zuschlagsverordnung (ZuschlagV) begrenzt ist. Da eine Einzahlung von Mitteln nicht erfolgt ist, wird der Haftsummenzuschlag als Ergänzungskapital anerkannt. Diese Anerkennungsfähigkeit wird aufgrund der Neufassung des Eigenkapitalbegriffs durch Basel III voraussichtlich entfallen.

Haftung – I. Bürgerliches Recht: 1. *Allgemeine Haftung:* grundsätzlich nur Haftung für eigenes → Verschulden, ausgenommen die Haftung: (1) für → Erfüllungsgehilfen; (2) für → Verrichtungsgehilfen; (3) des Inhabers einer Fabrik, eines Bergwerks, eines Steinbruchs oder einer Grube für das Verschulden seiner Bevollmächtigten, Repräsentanten und Aufsichtspersonen (→ gefährliche Betriebe); (4) bei → Gefährdungshaftung, z.B. Tierhalter. – 2. *Bes. Haftung:* a) *Haftung der öffentlichen Körperschaften* für Amtspflichtverletzungen ihrer Bediensteten gemäß Art. 34 GG, § 839 BGB.Vgl. auch → Amtshaftung.b) Bes. Haftungsregelungen existieren z.B. für den *Bereich des Postwesens* in § 35 des Postgesetzes für Schäden bei der Durchführung der förmlichen Zustellung für verpflichtete Lizenznehmer.c) *Haftung bei Verkehrsunfällen:* Grundsätzlich für Fahrer und Halter bei Verschulden; im Übrigen trifft den Halter die → Gefährdungshaftung.

II. Steuerrecht: 1. *Grundlagen:* In Übereinstimmung mit dem Privatrecht bedeutet Haftung auch im Steuerrecht, für Schulden einstehen zu müssen, dem Zugriff der Vollstreckungsbehörde zu unterliegen. Haftung im Steuerrecht ist regelmäßig persönliche Haftung für fremde Schuld (Fremdhaftung), in Ausnahmefällen auch Sachhaftung. – 2. *Haftungstatbestände:* Steuerlich relevante Haftungstatbestände finden sich in der Abgabenordnung, den Einzelsteuergesetzen, im Zivil- und Handelsrecht. Es haften: (1) Dritte, die bei der Entrichtung der Steuer für den Schuldner kraft Gesetzes mitzuwirken haben, für die einzubehaltende und zu entrichtende Steuer (z.B. Arbeitgeber, § 42d I EStG; Kapitalgesellschaften, § 44 V EStG; Versicherungsunternehmen, § 20 VI ErbStG, § 7 I 2 VersStG; Leistungsempfänger beim Steuerabzug bei Bauleistungen, § 48a III EStG; Vergütungsschuldner für den Steuerabzug bei bestimmten Einkünften beschränkt Steuerpflichtiger, § 50a EStG; Aussteller einer unrichtigen Spendenbescheinigung, §§ 10b IV 2 EStG, 9 I 2 KStG; Abtretungsempfänger/Pfandgläubiger/Vollstreckungsgläubiger für die Umsatzsteuer bei Abtretung, Verpfändung oder Pfändung von Forderungen, § 13c UStG); (2) gesetzliche Vertreter, Geschäftsführer, Vermögensverwalter und Verfügungsberechtigte, soweit Ansprüche aus dem Steuerschuldverhältnis wegen vorsätzlicher oder grob fahrlässiger Pflichtverletzung nicht oder nicht rechtzeitig festgesetzt oder erfüllt bzw. Steuervergütungen/-erstattungen ohne rechtlichen Grund gezahlt werden (§ 69 i.V. mit §§ 34, 35 AO); (3) Vertretene unter bestimmten Voraussetzungen für durch → Steuerhinterziehung oder leichtfertige → Steuerverkürzung verkürzte Steuern oder zu Unrecht gewährte Steuervorteile (§ 70 AO); (4) Steuerhinterzieher und Steuerhehler für die verkürzten Steuern, die zu Unrecht gewährten Steuervorteile und die Hinterziehungszinsen (§ 71 AO); (5) wer vorsätzlich oder grob fahrlässig die Pflicht zur → Kontenwahrheit verletzt, soweit dadurch die Verwirklichung von Steueransprüchen beeinträchtigt wird (§ 72 AO); (6) die Organgesellschaft für bestimmte Steuern des Organträgers (§ 73 AO); (7) an einem Unternehmen wesentlich beteiligte Personen für betriebliche Steuern des Unternehmens (§ 74 AO); (8) Betriebsübernehmer für betriebliche Steuern und Steuerabzugsbeträge (§ 75 AO); (9) Sachhaftung, d.h. Waren, die einer Verbrauchsteuer oder einer Ein-/Ausfuhrabgabenpflicht unterliegen (§ 76 AO). Sie entsteht bei ein-/ausfuhrabgaben- oder verbrauchsteuerpflichtigen Waren, wenn nichts anderes vorgeschrieben ist, mit ihrem Verbringen in den Geltungsbereich dieses Gesetzes, bei verbrauchsteuerpflichtigen Waren auch mit Beginn ihrer Gewinnung oder Herstellung. (10) Erben für Nachlassverbindlichkeiten nach den Vorschriften des Bürgerlichen Rechts (§ 45 II AO). Die zivilrechtlichen und handelsrechtlichen Haftungsvorschriften bleiben unberührt, sie sind neben den steuerrechtlichen Vorschriften anwendbar. – Vgl. z.B. zur Haftung bei Geschäftserwerb § 25 HGB:

→ Veräußerung. – 3. *Haftungsfolgen:* a) Der Haftungsanspruch ist ein Anspruch aus dem → Steuerschuldverhältnis (§ 37 AO), er entsteht, sobald der Tatbestand verwirklicht ist, an den das Gesetz die Haftung knüpft (§ 38 AO). Der → Haftungsschuldner ist → Gesamtschuldner (§ 44 I AO). b) Der Haftungsschuldner haftet grundsätzlich für die gesamte Steuerschuld unbeschränkt. Haftungsbeschränkungen bestehen für wesentlich Beteiligte (Haftung nur mit den eigenen Gegenständen, die dem Unternehmen dienen), Haftung nur für betriebsbedingte Steuern (Gewerbe- und Umsatzsteuer, Verbrauchsteuern; § 74 AO), Betriebsübernehmer (Haftung nur mit dem Bestand des übernommenen Vermögens), Haftung nur für betriebsbedingte Steuern (Gewerbe- und Umsatzsteuer, Verbrauchsteuern, Steuerabzugsbeträge) sowie zeitliche Beschränkungen gemäß § 74, 75 AO. c) Der Haftungsschuldner kann durch Haftungsbescheid in Anspruch genommen werden (Opportunitätsprinzip; § 191 I 1 AO). Ein Haftungsbescheid kann grundsätzlich nicht mehr ergehen, wenn die Steuerfestsetzung nicht erfolgt ist und wegen Fristablauf nicht mehr erfolgen kann, wenn die festgesetzte Steuer verjährt ist oder erlassen wurde (§ 191 V AO). Gegen den Haftungsbescheid ist – trotz Ermessen der Finanzbehörde – der → Einspruch gegeben. d) Der Haftungsschuldner darf auf Zahlung grundsätzlich nur dann in Anspruch genommen werden, wenn die Vollstreckung in das bewegliche Vermögen des Steuerschuldners erfolglos war oder aussichtslos erscheint (§ 219 AO), es sei denn die Haftung beruht auf → Steuerhinterziehung oder → Steuerhehlerei durch den Haftungsschuldner oder auf Verletzung seiner Verpflichtung zum Einbehalt und zur Abführung bzw. Entrichtung von Steuern zulasten eines anderen.

III. Arbeitsrecht: 1. *Haftung des Arbeitgebers:* a) *beschränkte Haftung für Personenschäden beim Arbeitnehmer* (§ 104 SGB VII): Für Personenschäden (alle Schäden aus Tötung und Verletzung) bei Arbeitsunfällen haftet der Arbeitgeber dem Arbeitnehmer, seinen Angehörigen und Hinterbliebenen nur bei Vorsatz und Unfällen im allg. Verkehr (zu dem wird Werkverkehr nicht gerechnet); die Regelung betrifft Personenschäden einschließlich des immateriellen Schadens (Schmerzensgeld nach § 253 BGB). – Grund der Regelung ist, dass der Arbeitgeber allein die Beiträge zur → Unfallversicherung trägt und deshalb von jedem zusätzlichen Risiko befreit sein soll (Unternehmerprivileg). – Zivilrechtliche *Rückgriffsansprüche der Sozialversicherungsträger,* die bei Arbeitsunfällen Leistungen gewährt haben, gegen den Arbeitgeber, wenn er den Arbeitsunfall vorsätzlich oder grob fahrlässig herbeigeführt hat (§ 110 SGB VII). b) *Haftung für Sachschäden beim Arbeitnehmer:* Werden bei einem Arbeitsunfall eingebrachte Sachen des Arbeitnehmers beschädigt (z.B. Kleidung), richtet sich die Ersatzpflicht des Arbeitgebers nach der *allg. Verschuldenshaftung* aus Vertragsverletzung und unerlaubter Handlung. – Auch *ohne Verschulden* hat der Arbeitgeber Schäden an Sachen des Arbeitnehmers zu ersetzen, die bei der Arbeit entstanden sind, es sei denn, die Schäden gehören zum allg. Lebensrisiko des Arbeitnehmers oder sind durch das → Arbeitsentgelt abgegolten (§ 670 BGB). Z.B. hat der Arbeitgeber den Schaden am arbeitnehmereigenen Kfz auf Dienstfahrten zu ersetzen, wenn er ohne Einsatz des Kfz des Arbeitnehmers ein eigenes Fahrzeug einsetzen und damit dessen Unfallgefahr tragen müsste. – *Mitverschulden des Arbeitnehmers* entsprechend § 254 BGB zu berücksichtigen. – 2. *Haftung des Arbeitnehmers:* a) *Haftung gegenüber dem Arbeitgeber:* (1) Fügt der Arbeitnehmer bei Erfüllung des → Arbeitsvertrages dem Arbeitgeber *schuldhaft* einen Schaden zu, haftet er nach den Grundsätzen über die → positive Vertragsverletzung (jetzt: § 280 BGB) und u.U. (bei Eigentumsverletzung) wegen → unerlaubter Handlung nach Maßgabe der §§ 823 ff. BGB. (2) Im Arbeitsverhältnis wird die Verschuldungshaftung des BGB den modernen Verhältnissen nicht gerecht. Durch geringes Verschulden können Arbeitnehmer, die mit immer höheren Vermögenswerten zu tun haben, einen sehr großen Schaden verursachen. Nach der Rechtsprechung ist die Haftung wegen der → Fürsorgepflicht des Arbeitgebers bzw. des → Betriebsrisikos des Arbeitgebers beschränkt, wenn der Schaden bei einer betrieblichen Tätigkeit verursacht wurde: (a) *Leichteste Fahrlässigkeit:* keine Haftung; (b) *Vorsatz* und *grobe Fahrlässigkeit:* grundsätzlich volle Haftung; (c) *mittlere Fahrlässigkeit:* Schadensteilung unter Abwägung von Verschulden des Arbeitnehmers und Betriebsrisiko des Arbeitgebers. *Beweislast* für Pflichtverletzungen und Verschulden hat der Arbeitgeber (§ 619a BGB). b) *Haftung unter Arbeitskollegen:* Ist ein Arbeitsunfall durch einen im gleichen Betrieb tätigen Arbeitnehmer bei betrieblicher Tätigkeit verursacht worden, haftet er für einen Personenschaden nur, wenn er den Unfall vorsätzlich herbeigeführt hat (§ 105 SGB VII). – Vgl. auch → Unfallversicherung. c) *Haftung gegenüber Dritten* (nicht Angehörige desselben Betriebs): Der Arbeitnehmer haftet gegenüber diesen nach den allg. Vorschriften über die unerlaubten Handlungen. – Im Innenverhältnis von Arbeitgeber und -nehmer können die Schäden Dritter nicht anders behandelt werden als Schäden des Arbeitgebers. Der Arbeitnehmer hat daher einen Freistellungsanspruch gegen den Arbeitgeber bei betrieblicher Arbeit und leichter Fahrlässigkeit.

IV. Wettbewerbsrecht: 1. *Haftung für Angestellte und Beauftragte:* Betriebsinhaber haften ohne Entlastungsmöglichkeit für Wettbewerbsverstöße, die Angestellte und Beauftragte in dieser Eigenschaft begehen, auf Unterlassung und Beseitigung (§ 8 UWG), auf Schadensersatz jedoch mit Entlastungsmöglichkeit nach den allg. Vorschriften. Angestellter ist, wer weisungsabhängig entgeltlich oder unentgeltlich aufgrund eines (wirksamen oder unwirksamen) Vertrages Dienste leistet. Beauftragter ist, wer mit Wissen und Wollen unter dem durchsetzbaren Einfluss des

Betriebsinhabers für den Geschäftsbetrieb tätig ist, ohne Angestellter zu sein. Betriebsinhaber ist derjenige, in dessen Namen und auf dessen Verantwortung der Betrieb geführt wird (z.B. Gesellschaft, Erben in ihrer Gesamtheit; nicht: Organe juristischer Personen, Gesellschafter). Ergänzend wird für Organisationsmängel, nach § 831 BGB und im Rahmen von Schuldverhältnissen nach § 278 BGB gehaftet. – 2. *Störerhaftung:* traf nach früherer Rechtsprechung jeden, von dem ein wettbewerbswidriges Tun oder Unterlassen ernstlich zu befürchten war (→ Begehungsgefahr), gleichgültig ob er den Wettbewerbsverstoß selbst willentlich und adäquat kausal beging oder den eines Dritten veranlasste, förderte oder für sich ausnutzte. Um eine uferlose Ausdehnung der Störerhaftung zu vermeiden, nahm die Rechtsprechung zunächst eine Einschränkung vor, indem sie die Verletzung einer "Prüfungspflicht" zur Voraussetzung der Störerhaftung machte. Mit seiner aktuellen Rechtsprechung hat der BGH die Figur der Störerhaftung im Wettbewerbsrecht aufgegeben. Es gibt nur noch eine wettbewerbsrechtliche Täterhaftung, wobei die Haftung als Täter bereits in Betracht kommen kann, wenn Prüfungspflichten verletzt werden. Nach der jüngsten Rechtsprechung des Bundesgerichtshofes haftet der Inhaber eines Mitgliedskontos bei eBay als Täter für den Wettbewerbsverstoß eines Dritten, der ohne sein Wissen unter diesem Mitgliedskonto handelt, wenn er die Zugangsdaten zu diesem Konto nicht hinreichend vor fremdem Zugriff gesichert hat. – 3. *Presse:* Für die Verbreitung wettbewerbswidriger Äußerungen in Medien haften neben dem Urheber auch Verleger, Sendeanstalt, Herausgeber und Redakteur. Bei der Verbreitung wettbewerbswidriger Anzeigen trifft den Verleger und den Anzeigenredakteur wegen des Zeitdrucks nur eine auf grobe und unschwer zu erkennende Verstöße beschränkte Prüfungspflicht. – 4. Internetdienstleister: Der Betreiber einer Internetplattform ist gemäß § 7 Abs. 2 S. 1 TMG nicht verpflichtet, die von ihm übermittelten oder gespeicherten Informationen zu überwachen oder nach Umständen zu forschen, die auf eine rechtswidrige Tätigkeit hinweisen. Einer Haftung ist er erst dann ausgesetzt, wenn er auf klare und eindeutige Rechtsverletzungen hingewiesen worden ist; dann muss er die ihm möglichen und zumutbaren Maßnahmen treffen, um Sorge dafür zu tragen, dass es möglichst nicht zu weiteren Verletzungen kommt. 5. *Staat:* Soweit staatliche Stellen am Wirtschaftsleben teilnehmen, unterliegen sie dem Wettbewerbsrecht und haften für Wettbewerbsverstöße, wobei zwischen hoheitlichem und fiskalischem Handeln zu unterscheiden ist. Hoheitliches Handeln in Erfüllung gesetzlicher Vorgaben ist kein Handeln im geschäftlichen Verkehr zu Zwecken des Wettbewerbs und begründet keine wettbewerbsrechtliche Haftung. Es kann aber im Einzelfall zum Ziel haben, in den Wettbewerb einzugreifen. Überschreitet ein zielgerichteter hoheitlicher Eingriff nach Art und Umfang das zur Erfüllung der gesetzlichen Aufgabe Notwendige (z.B. Eingriff, der den Leistungswettbewerb in seinem Bestand bedroht), hat das Handeln als Wettbewerbsmaßnahme Doppelnatur mit der Folge, dass vor den Verwaltungsgerichten die Rechtmäßigkeit des Handelns als solches, vor den Zivilgerichten die wettbewerbsrechtliche Zulässigkeit seiner Art und Weise überprüft werden kann. Anders als hoheitliches Handeln ist die erwerbswirtschaftliche Tätigkeit der öffentlichen Hand mit den Mitteln des Privatrechts (fiskalisches Handeln) i.d.R. Handeln im geschäftlichen Verkehr, für das die Vermutung des Handelns zu Wettbewerbszwecken gilt und nach wettbewerbsrechtlichen Grundsätzen gehaftet wird.

V. Zollrecht: Die persönliche Haftung kann verschiedene Wirtschaftsbeteiligte treffen, soweit sie nicht bereits Zollschuldner werden. Daneben kommt Sachhaftung nach den Regelungen der AO in Betracht (dingliche Haftung nach § 76 AO). Persönliche Haftung bedeutet die Verpflichtung zur Bezahlung der Zollschuld, dingliche Haftung die Möglichkeit, die Waren zur Befriedigung der Zollforderungen heranzuziehen.

VI. Handelsrecht: → Schuldenhaftung, → globale Unternehmenshaftung.

VII. Insolvenzrecht: → Insolvenzverwalter.

VIII. Wirtschaftstheorie: → Verfügungsrechte.

Haftung in Genossenschaften – ungenaue Bezeichnung, da es sich nicht um eine Haftung, sondern um Nachschüsse handelt. Die Haftung bei Genossenschaften ist je nach der satzungsmäßigen Regelung unbeschränkt, beschränkt auf eine bestimmte Summe oder überhaupt nicht zu leisten (→ Nachschusspflicht). Für die meisten Genossenschaften in Deutschland besteht eine beschränkte Nachschusspflicht.

Haftungsausschluss – vertragliche Abmachung, die eine nach dem Gesetz begründete → Haftung (z.B. Sachmängelhaftung, Rechtsmängelhaftung, Schadensersatzpflicht) ausschließt. Haftungsausschluss ist zulässig, soweit → Vertragsfreiheit reicht. Haftung für → Vorsatz kann nicht ausgeschlossen werden, wohl aber für → Fahrlässigkeit und für das (auch vorsätzliche) Verhalten der → Erfüllungsgehilfen (§§ 276, 278 BGB). Mitunter stillschweigender Haftungsausschluss beim → Handeln auf eigene Gefahr. → Allgemeine Geschäftsbedingungen (AGB), z.B. die der Banken, enthalten oft mehr oder weniger weit gehenden Haftungsausschluss. Unwirksam ist in AGB jedoch ein Haftungsausschluss oder eine Begrenzung der Haftung bei grob fahrlässiger Vertragsverletzung des Verwenders oder vorsätzlicher oder grob fahrlässiger Vertragsverletzung seines gesetzlichen Vertreters oder Erfüllungsgehilfen. Entsprechendes auch bei Schäden aus der Verletzung von Pflichten bei Vertragsverhandlungen.

Haftungsbegrenzung – Reduzierung der Pflicht zur Zahlung von → Schadensersatz auf bestimmte

Schuldformen (z.B. → grobe Fahrlässigkeit) oder Höchstsummen (z.B. bei → Gefährdungshaftung).

Haftungsbescheid → Verwaltungsakt, in dem ein Geldbetrag als Haftungsschuld für die Erfüllung einer fremden Steuerschuld gegenüber dem → Haftungsschuldner festgesetzt wird (§ 191 I AO). Der Haftungsbescheid ist ein Ermessensverwaltungsakt. Gegen den Haftungsbescheid ist der → Einspruch gegeben. Korrekturvorschriften sind die §§ 129 - 131 AO.

Haftungsregeln → Gefährdungshaftung, → Verschuldenshaftung.

Haftungsschuldner – haftet neben dem Steuerschuldner persönlich mit eigenem Vermögen für eine Steuer (§ 191 I AO). – Vgl. auch → Haftung.

Haftungsverhältnisse – verschiedene Formen von Verpflichtungen mit subsidiärem Charakter, die noch nicht als Verbindlichkeiten bzw. Rückstellungen ausgewiesen werden dürfen. – 1. *Zur Systematik:* (1) Haftung eigener vertraglicher Verpflichtungen wie z.B. Gewährleistungen aus Lieferung und Leistung; (2) Einstehen für fremde Verbindlichkeiten z.B. bei Bürgschaften; (3) Allg. gesetzliche Haftung (→ Haftung); (4) Haftungsverhältnisse aus dem Gesellschaftsrecht wie z.B. durch Beteiligung an einer KG oder OHG. – 2. *Handelsrecht:* Die Haftungsverhältnisse unterliegen dem Grundsatz eingeschränkter Angabepflicht; somit kann die Vermerkpflicht bei bestimmten Voraussetzungen wie z.B. bei Bagatellfällen entfallen. Haftungsverhältnisse sind → unter dem Strich (Bilanz) zu vermerken, sofern sie nicht auf der Passivseite auszuweisen sind (§ 251 HGB) oder aufgrund ihres finanziellen Gewichts gemäß § 285 Nr. 3 HGB im → Anhang aufzuführen sind. – Vgl. auch → Eventualforderungen und -verbindlichkeiten.

Hagel – 1. *Begriff:* Niederschlag in fester Konsistenz. Hagelschlag ist Aufprall von Hagel auf Sachen. Schäden durch Hagelschlag können durch das Gewicht des Niederschlags oder anschließendes Auftauen des Hagels entstehen. Hagelschäden sind im Rahmen der Gefahr Sturm in der → verbundenen Wohngebäudeversicherung versichert. – 2. *Aktuelle Entwicklungen:* Hagelereignisse treten zunehmend im Rahmen von Sommerstürmen auf. Im Zuge des Klimawandels wird eine weitere Zunahme der Hagelereignisse erwartet. Moderne Verkleidungen, die einen hohen Schadendurchschnitt bedingen, verschärfen die Problematik.

Hagelversicherung – Versicherung gegen Schäden aus Hagelschlägen. Unter Hagel wird Niederschlag in Form von Eiskörnern verstanden. Hagelschläge von hoher Zerstörungskraft werden meist von großräumigen Kaltfronten im Sommer ausgelöst, sie gehen dabei häufig mit Sturmböen, Starkregen und Gewitter einher. Die Hagelversicherung im klassischen Sinn ist die Versicherung von Bodenerzeugnissen der Landwirtschaft, des Gartenbaus und des Weinbaus gegen Hagelschäden. Hagelschäden sind auch in der → verbundenen Hausratversicherung, → verbundenen Wohngebäudeversicherung und Kraftfahrzeugteilkaskoversicherung (Teilkaskoversicherung) eingeschlossen. In der → Sturmversicherung und der → Extended-Coverage-Versicherung kann die Abdeckung von Hagelschäden vereinbart werden. Da die Schadenhöhe erst am Ende der Versicherungsperiode feststeht, regelt § 92 (2) VVG, dass der Versicherer nach einem Schaden nur zum Ende der Versicherungsperiode kündigen kann.

halbbarer Zahlungsverkehr → Zahlungsverkehr unter teilweiser Verwendung von Bargeld; Zwischenstufe zwischen dem baren (→ Barzahlung) und unbaren Zahlungsverkehr (→ bargeldloser Zahlungsverkehr). Halbbarer Zahlungsverkehr liegt vor, wenn der Zahlungspflichtige oder Zahlungsempfänger einer Zahlung ein Konto besitzt, der jeweilige Zahlungspartner aber Bargeld erhält oder einzahlt.

Halbduplex – Art der → Datenübertragung, bei der abwechselnd Daten in beide Richtungen über das Medium übertragen werden können. – *Gegensatz:* (Voll-) → Duplex.

Halbeinkünfteverfahren – 1. *Begriff/Funktionsweise:* Körperschaftsteuersystem in Deutschland von 2001 bis 2008 zur Vermeidung einer im Vergleich zu Personengesellschaften höheren Gesamtbelastung durch Körper- und Einkommensteuer. Die Körperschaftsteuer betrug 25 Prozent, etwa die Hälfte einer historisch üblichen Spitzenbelastung der Gewinne; die auf die Dividende entfallende Einkommensteuer wurde nach einer Ausschüttung der Gewinne ebenfalls (nur) zur Hälfte erhoben. Auf jeden Gewinn wurde nur ein einziges Mal Körperschaftsteuer erhoben: Der Bezug von Dividenden durch eine Körperschaft im Halbeinkünfteverfahren war daher stets steuerfrei (§ 8b I KStG); der Gewinn, aus der die Dividende stammte, unterlag nämlich bereits im Regelfall auf einer unteren Ebene (bei der ausschüttenden Tochtergesellschaft) der Körperschaftsteuer. – 2. *Behandlung von Gewinnen aus der Veräußerung von Anteilen im Halbeinkünfteverfahren:* Gewinne aus der Veräußerung von Anteilen an Kapitalgesellschaften waren bei der natürlichen Person zur Hälfte steuerbefreit (§ 3 Nr. 40 EStG), bei der juristischen Person vollständig (§ 8b II KStG) (Grundsatz der Gleichbehandlung von Veräußerungsgewinnen und Dividenden). – 3. Für die *Kosten im Zusammenhang mit Dividendenbezug und Veräußerungsgewinnen* bedeuteten die Steuerbefreiungen durch das Halbeinkünfteverfahren ein entsprechendes Abzugsverbot: (1) Betriebsausgaben und Werbungskosten im Zusammenhang mit einer Dividende oder einem Gewinn aus Anteilsveräußerung waren bei einer einkommensteuerpflichtigen Person nur zur Hälfte abzugsfähig (§ 3c II EStG). (2) Betriebsausgaben im Zusammenhang mit den Dividendeneinkünften einer juristischen Person waren nicht abzugsfähig. Die nicht-abziehbaren Kosten der Beteiligungsverwaltung (und ab 2004 auch der Erzielung von Veräußerungsgewinnen) wurden allerdings auf 5 Prozent der in dem jeweiligen Jahr bezogenen Dividenden (oder erzielten Veräußerungsgewinne) geschätzt und angesetzt; der Ansatz der wirklichen Kostenwerte war ausgeschlossen (§ 8b V KStG, → Betriebsausgabenpauschale). – 4. *Verhältnis zum ab 2009 geltenden Teileinkünfteverfahren:* Im → Teileinkünfteverfahren haben sich die vorstehenden Regelungen praktisch nicht verändert, es hat sich lediglich die Gewichtung verschoben, mit der der Gesetzgeber die beabsichtigte Gesamtsteuerlast für die in einer Kapitalgesellschaft erwirtschafteten Gewinne auf die zwei Ebenen "Gesellschaftsebene" und "Anteilseignerebene" verteilt: Während früher die Gesamtbelastung sich etwa hälftig auf beide Ebenen verteilte, wird heute die KSt nur noch mit 15 Prozent erhoben (das entspricht typischerweise etwa 40 Prozent der beabsichtigten Gesamtbelastung) und im Gegenzug auf der Anteilseignerebene die Dividende nicht mehr nur zu 50 Prozent, sondern zu 60 Prozent für steuerpflichtig erklärt. Neu ist allerdings, dass bei privat bezogenen Dividenden (also solchen, die beim Empfänger zu den Einkünften aus Kapitalvermögen zugeordnet werden) der Vereinfachungsgedanke sogar noch weiter geführt wird und die Besteuerung der Dividenden in dieser Einkunftsart jetzt mit einem Pauschalsteuersatz von 25 Prozent (auf die Gesamteinnahme, nicht nur auf 60 Prozent) erfolgt, das Teileinkünfteverfahren – anders als das frühere Halbeinkünfteverfahren – also überhaupt nur noch bei solchen Dividenden zur Anwendung kommt, die in einem Betriebsvermögen vereinnahmt werden, und bei Veräußerungsgewinnen aus Anteilen, die unter § 17 EStG fallen. – *Anders:* → Halbsatzverfahren.

Halberzeugnisse → unfertige Erzeugnisse.

halbformale Spezifikation – im → Software Engineering eine Methode der → Spezifikation, bei der die Aufgaben eines → Softwaresystems oder eines → Moduls teils verbal, teilweise formalisiert, definiert werden.

Halbgrossist → Demigrossist.

Halbleiterschutzgesetz → Halbleiterschutzrecht.

Halbleiterschutzrecht → gewerbliches Schutzrecht, geregelt im Gesetz über den Schutz der Topografien von mikroelektronischen Halbleitererzeugnissen, Halbleiterschutzgesetz (HalblSchG) vom 22.10.1987 (BGBl. I 2294) m.spät.Änd. – 1. *Übersicht:* Schutzgegenstand sind die dreidimensionale Struktur (Topografie) mikroelektronischer Halbleiter, selbstständig verwertbarer Teile solcher Topografien sowie Darstellungen zu ihrer Herstellung. Sie sind schutzfähig, wenn ihnen Eigenart zukommt (§ 1 I). Eigenart erfordert weder eine persönlich-geistige Leistung im Sinn des Urheberrechts noch Neuheit und Erfindungshöhe im Sinn des Patent- und Gebrauchsmusterrechts, die Topografie muss aber Ergebnis einer geistigen Arbeit (→ Eigentümlichkeit) und darf weder alltäglich sein noch sich auf ein bloßes Nachbilden anderer Topografien beschränken (§ 1 II). Das Recht auf die Topografie steht mit der Beschränkung auf EU-Bürger und solche Ausländer, die Inländerbehandlung genießen oder mit deren Heimatstaaten Gegenseitigkeit vereinbart ist (§ 2 III, V), dem Schöpfer zu (§ 2 I, II HalbleiterSchG), es sei denn, die Topografie ist in Rahmen eines Arbeits- oder Auftragsverhältnis geschaffen worden (→ Arbeitnehmer). Das Recht ist vererblich und übertragbar (§ 3 V), ihm kann auch ein ausschließliches Verwertungsrecht für den Bereich der EU zugrunde liegen (§ 3 IV). Schutz gegen widerrechtliche → Entnahme wird entsprechend § 8 PatG gewährt. – 2. *Schutzbeginn und Schutzende:* Sind abweichend von den Grundsätzen des gewerblichen Rechtsschutzes und Urheberrechts geregelt, wobei zwischen der Entstehung des Schutzrechts und der Möglichkeit, die Rechte geltend zu machen, zu unterscheiden ist. Der Schutz entsteht entweder mit dem Tag der ersten nicht nur vertraulichen geschäftlichen Verwertung, sofern die Topografie binnen zwei Jahren nach dieser Verwertung beim Patentamt angemeldet wird (§ 5 I Nr. 1), oder, wenn die Topografie noch nicht oder nur vertraulich verwertet worden ist, mit dem Tag der Anmeldung beim Patentamt (§ 5 I Nr. 2). Die Möglichkeit, das Schutzrecht entstehen zu lassen, ist auf 15 Jahre nach dem Tag der ersten Aufzeichnung begrenzt (§ 5 IV). Zwar entsteht das Schutzrecht bereits durch nicht nur vertrauliche geschäftliche Verwertung, seine Geltendmachung ist aber an die Anmeldung gebunden (§ 5 III). Die Schutzfrist beträgt zehn Jahre, wobei sie sich abweichend von den sonstigen Regeln im gewerblichen Rechtsschutz nicht nach dem Anmeldetag bemisst, sondern nach dem Jahr des Schutzbeginns (§ 5 II). – 3. *Verfahren:* Die Topografie ist beim Patentamt schriftlich unter Beifügung von Unterlagen, die ihre Identifizierung oder Veranschaulichung erlauben, und ggf. unter Mitteilung des Datums der ersten nicht nur vertraulichen geschäftlichen Verwertung anzumelden (§ 3). Die Eintragung erfolgt aufgrund einer Formalprüfung ohne Sachprüfung (§ 4), sodass ein dem Geschmacksmusterrecht und Gebrauchsmusterrecht entsprechendes ungeprüftes Schutzrecht entsteht. Näheres regelt die Halbleiterschutzverordnung vom 11.5.2004 (BGBl. I 894). Zur Einsicht in Register und Unterlagen vgl. → Akteneinsicht. Das Recht unterliegt auf Antrag der → Löschung. – 4. *Rechtsschutz:* Das Halbleiterrecht gewährt Schutz gegen Nachbildung und sonstige Verwertung (anbieten, in Verkehr bringen oder verbreiten, z.B. Verkauf, Vermietung, Leasing). Der berechtigte Besitz und Gebrauch der geschützten Topografie, auch zu geschäftlichen Zwecken, werden vom Ausschließlichkeitsrecht nicht erfasst (§ 6), im Fall gutgläubigen Erwerbs ist zwar die Nachbildung verboten, die Verwertung bleibt aber gegen Zahlung angemessener Entschädigung erlaubt (§ 6). Die Verletzung des Rechts löst Unterlassungs-, Schadensersatz- und Bereicherungsansprüche wie im Gebrauchsmusterrecht aus (§ 9 HalbleiterSchG, § 24 GebrMG), ferner Ansprüche auf → Auskunft, Vernichtung und → Grenzbeschlagnahme.

Verletzungsgerichte sind die ordentlichen Gerichte (§§ 11 II HalbleiterSchG, 27 GebrMG).

Halbsatzverfahren – ein spezielles → Körperschaftsteuersystem, in dem die → wirtschaftliche Doppelbelastung pauschal dadurch auf eine einfache reduziert wird, dass sowohl der Körperschaftsteuersatz etwa in halber Höhe des Einkommensteuerspitzensatzes festgesetzt wird als auch der Einkommensteuersatz für die Dividende nur die Hälfte des normalen Einkommensteuersatzes beträgt. Die Begünstigung auf der Anteilseignerebene läuft allerdings ins Leere, wenn der Anteilseigner schon aus anderen Gründen einen niedrigeren Steuersatz oder gar einen Steuersatz von Null hat (z.B. wegen Verlustvortrag). – *Anders:* → Halbeinkünfteverfahren, → Teileinkünfteverfahren.

Halbselbstbedienung → Selbstauswahl.

Halbteilungsgrundsatz – 1. *Steuern*: in der verfassungsrechtlichen Diskussion aufgrund eines obiter dictum des Verfassungsgerichts lange Zeit erwogener Grundsatz, wonach die Aufteilung des Einkommens zwischen dem Staat und dem Steuerpflichtigen „in der Nähe" einer hälftigen Teilung bleiben sollte, der Steueranspruch also die 50-Prozent-Marke jedenfalls nicht erheblich und anhaltend übersteigen sollte. Die aus dem Halbteilungsgrundsatz für die Gesetzgebung zu ziehenden Konsequenzen blieben unklar; seine Geltung ist überhaupt umstritten. – 2. *Kirchensteuer:* → Kirchensteuer. – 3. Bei Einkommensteuer und Gewerbesteuer gibt es nach der Entscheidung 2 BvR 2194/99 des Bundesverfassungsgerichts vom 18.1.2006 keine absolute Belastungsobergrenze in der Nähe einer hälftigen Teilung. Das Gericht bestätigte damit eine Entscheidung des Bundesfinanzhofes, der in seiner Entscheidung NJW 1999, 3798 die Anwendung des Halbteilungsgrundsatzes auf die Einkommensteuer abgelehnt und eine Besteuerung von etwa 60 Prozent durch Einkommen- und Gewerbesteuer für verfassungsgemäß erachtet hatte. Demnach ist der Halbteilungsgrundsatz zwar möglicherweise theoretisch noch von Interesse, wird aber jedenfalls rechtlich gegenwärtig nicht als bestehend anerkannt.

Halbunternehmer – inoffizieller Begriff aus dem Bereich der Umsatzsteuer; zusammenfassende, schlagwortartige Bezeichnung für eine Gruppe von Personen, die der Erwerbsteuer nur unterliegen, wenn ihre Erwerbe aus anderen Mitgliedsstaaten der EU im Jahr eine Bagatellgrenze (→ Erwerbsschwelle) überschreiten. Es handelt sich keinesfalls nur um umsatzsteuerliche → Unternehmer im Sinn des § 2 UStG, sondern auch um juristische Personen, die nicht Unternehmer sind (daher nur Schlagwortcharakter der Bezeichnung). – Vgl. auch → Erwerbsteuer.

Halo-Effekt – Störeffekt bei der Einstellungs- und Imagemessung. Die Versuchspersonen lassen sich bei ihrer Einschätzung verschiedener Produkte von übergeordneten Sachverhalten bzw. einem bereits gebildeten Qualitätsurteil (z.B. die Einstellung zu bayerischem Bier wird von der Einstellung zu Bayern dominiert) bzw. von der Beantwortung vorher gestellter Fragen (→ Ausstrahlungseffekte) leiten.

Halter eines Kraftfahrzeuges – *Kraftfahrzeughalter;* diejenige natürliche oder juristische Person oder Gesellschaft, die für eigene Rechnung ein Kraftfahrzeug in Gebrauch hat und Verfügungsgewalt darüber besitzt (nicht notwendig der Eigentümer). Der Halter eines Kraftfahrzeuges ist u.a. verpflichtet, eine Kfz-Haftpflichtversicherung abzuschließen. Er unterliegt einer bes., als → Gefährdungshaftung ausgestalteten → Kraftfahrzeughaftung.

Halterhaftung bei Verkehrsordnungswidrigkeiten – Die Halterhaftung kann in einem Bußgeldverfahren wegen eines Halt- oder Parkverstoßes gegen den Führer des Kraftfahrzeugs, der den Verstoß begangen hat, zu dessen Kostenveranlagung führen. Es geht um die Fälle, wenn die Tat vor Eintritt der Verfolgungsverjährung nicht ermittelt werden kann oder wenn die Ermittlung einen unangemessenen Aufwand erfordern würde. Dem Halter des Kraftfahrzeugs oder seinem Beauftragten können dann die Kosten des Verfahrens auferlegt werden (vgl. § 25a StVG). Mit dieser Regelung soll der in der Praxis des öfteren vorkommenden Einlassung des Halters im Bußgeldverfahren, er wisse nicht, wer den Parkverstoß begangen habe, entgegengetreten werden.

Halte- und Bordezeichen – Zeichen, mit denen Zollboote in den Gewässern und Watten zwischen der Hoheitsgrenze bzw. der Zollgrenze an der Küste, den vom → Zollgebiet ausgeschlossenen Küstengewässern, dem → grenznahen Raum und den der → Grenzaufsicht unterworfenen Gebieten verlangen, dass Schiffsführer halten oder das Borden ermöglichen.

Hamburgisches Welt-Wirtschafts-Archiv (HWWA) – *Institut für Wirtschaftsforschung;* Ende 2006 abgewickeltes unabhängiges → Wirtschaftsforschungsinstitut mit umfangreicher Forschungstätigkeit und international bedeutendem Bibliotheks-, Archiv- und Dokumentationsbereich. Letzterer wurde der Zentralbibliothek für Wirtschaftswissenschaften in Kiel angegliedert. Gegründet wurde das Institut 1908. Sitz in Hamburg. – *Aufgabe:* Erarbeitung von Entscheidungshilfen für die Praxis in Wirtschaft und Politik durch empirisch wissenschaftliche Analysen. – *Forschungsgebiete:* Konjunktur, Geld und öffentliche Finanzen; Weltkonjunktur; Wirtschaftsordnung; internationale Finanzen; Wirtschaftsbeziehungen zwischen Industrieländern; Ost-West-Wirtschaftsbeziehungen; Entwicklungsländer und Nord-Süd-Wirtschaftsbeziehungen.

Hamiltonfunktion – Funktion zur Lösung intertemporaler Optimierungsprobleme unter Nebenbedingungen, die man als intertemporales Gegenstück zur Lagrange-Funktion auffassen kann. – Vgl. auch → Kontrolltheorie.

Handel – In einer arbeitsteiligen Volkswirtschaft übernimmt der Handel die Aufgabe, räumliche, zeitliche, qualitative und quantitative Spannungen zwischen der Produktion und der Konsumtion auszugleichen. In diesem weit gefassten Verständnis ist jeder Austausch von Gütern- und Dienstleistungen Handel bzw. Distribution, unabhängig davon, welche Betriebe ihn durchführen. Unterscheiden kann man zwischen Handel im funktionellen und im institutionellen Sinn. Funktioneller Handel liegt vor, „wenn Marktteilnehmer Güter, die sie i.d.R. nicht selbst be- oder verarbeiten (Handelswaren; Manipulationen wie z. B. Sortieren, Mischen, Abpacken gelten dabei nicht als Be- oder Verarbeitung), von anderen Marktteilnehmern beschaffen und an Dritte absetzen" (→ Katalog E.). Dies können z.B. auch Produktions-, Handwerks- und Landwirtschaftsbetriebe sein, die Handelswaren zukaufen, um ihr Absatzprogramm anzureichern. Betrachtet man diejenigen Betriebe, die sich überwiegend mit Handel im funktionellen Sinn befassen, spricht man von Handel im institutionellen Sinn. Im Mittelpunkt des institutionenorientierten Ansatzes steht demnach das Bemühen, empirisch vorkommende Organisationsformen des Handels zu beschreiben und zu klassifizieren. In der Amtlichen Statistik wird eine Unternehmung oder ein Betrieb dann dem Handel zugeordnet, wenn aus der Handelstätigkeit eine größere Wertschöpfung resultiert als aus einer zweiten oder aus mehreren sonstigen Tätigkeiten.

Handel als Mittler zwischen Produzent und Verbraucher

von Prof. Dr. Alexander Hennig und Prof. Dr. Willy Schneider

Im Zuge des Transfers von Gütern (→ Handelsgut) vom → Produzenten zum → Verbraucher kommt dem Handel eine zentrale Rolle zu. Aus Sicht vieler produzierender Unternehmen (→ Produzent) und → Kunden ist der Handel das wichtigste Distributionsorgan (→ Distributionspolitik), das die Aufgaben der akquisitorischen und physischen Verteilung der produzierten Güter (→ Distribution) übernimmt. Grundsätzlich lassen sich zwei Auffassungen von Handel unterscheiden, die auch in der sprachlichen Doppeldeutigkeit des Begriffs ‚Handel' zum Ausdruck kommen:

Handel im institutionellen Sinne meint → Institutionen, deren wirtschaftliche Tätigkeit ausschließlich oder überwiegend aus dem Handel im funktionellen Sinne besteht. In der → Amtlichen Statistik wird eine → Unternehmung oder ein → Betrieb dann dem Handel zugeordnet, wenn aus der Handelstätigkeit eine größere → Wertschöpfung resultiert als aus einer zweiten oder aus mehreren sonstigen Tätigkeiten.

Handel im funktionellen Sinne liegt als Tätigkeit vor, wenn Marktteilnehmer Güter, die sie in der Regel nicht selbst be- oder verarbeiten von anderen Marktteilnehmern (z.B. Konsum- oder Industriegüterhersteller) beschaffen und an Dritte (z.B. Industrieunternehmen, Gewerbebetriebe oder Endverbraucher) absetzen. Manipulationen wie z.B. das Sortieren, Mischen oder Abpacken von Waren gelten dabei nicht als Be- oder Verarbeitung. In der Praxis wird der Begriff im Allgemeinen auf den Austausch von Sachgütern, noch häufiger auf den Austausch von beweglichen Sachgütern begrenzt.

Die beiden Begriffsauffassungen finden ihren Eingang in zwei unterschiedliche Forschungszweige der → Handelsbetriebslehre, nämlich dem institutionenorientierten und dem funktionenorientierten Ansatz, die im folgenden erläutert werden.

I. Der institutionenorientierte Ansatz

Im Mittelpunkt des institutionenorientierten Ansatzes steht das Bemühen, empirisch vorkommende Organisationsformen des Handels zu beschreiben und zu klassifizieren. Hierbei wird zwischen Betriebsform und Betriebstyp unterschieden.

Die Betriebsform charakterisiert die Stellung des Handelsbetriebs in der Distributionskette (vertikale Perspektive). So lassen sich z.B. → Großhandel und → Einzelhandel als Betriebsformen differenzieren. Für den EU-Binnenmarkt (→ Einheitlicher Binnenmarkt) wurde im Jahr 1990 die Systematisierung der Betriebsformen des Handels harmonisiert. Diese Systematik untergliedert den Handel in Kraftfahrzeughandel, Handelsvermittlung, Großhandel und Einzelhandel; Letzterer wird noch weiter differenziert (z.B. in stationären und ambulanten Verkaufsräumen stattfindender → Einzelhandel, vgl. → stationärer Handel, → ambulanter Handel).

Der Betriebstyp zeichnet eine Variante von Handelsbetrieben, die auf einer Wirtschaftsstufe auftritt und sich durch gleiche oder ähnliche Kombinationen von Merkmalen auszeichnet, die über einen längeren Zeitraum beibehalten werden (horizontale Perspektive). Bei der Wahl des Betriebstyps handelt es sich um eine strategische Entscheidung, bei der ein Handelsbetrieb seine Struktur, sein Leistungsspektrum und seinen Marktauftritt festlegt.

1. Großhandel

Zum → Großhandel sind solche Handelsbetriebe zu zählen, die Güter, die sie in nicht selbst be- oder verarbeiten (Handelswaren), von Herstellern oder anderen Lieferanten beschaffen und vornehmlich an Wiederverkäufer (z.B. → Einzelhandel), Weiterverarbeiter (z.B. Industriebetriebe), gewerbliche Verwender (z.B. Behörden, Bildungsstätten) oder an sonstige Institutionen (z.B. Kantinen, Vereine), soweit es sich nicht um private Haushalte handelt, absetzen. Die Betriebstypen des Großhandels lassen sich u.a. anhand der regionalen Ausrichtung, der Dienstleistungs- und Logistikintensität, des Schwerpunkts der Markttätigkeit sowie der Sortimentsdimensionierung (→ Sortiment) differenzieren. Beispielhaft seien folgende Betriebstypen angeführt:

- Binnengroßhandelsbetriebe (→ Binnengroßhandel), deren Aktivitäten sich auf ein Land beschränken, die mithin innerhalb nationaler Grenzen eines Staates angesiedelt sind, und die sowohl auf der Beschaffungs- als auch auf der Absatzseite ausschließlich mit inländischen Marktpartnern zusammenarbeiten,
- Außengroßhandelsbetriebe (→ Außengroßhandel), deren Aktivitäten sich zwischen Ländern abspielen und damit über die nationalen Grenzen eines Staates hinausreichen:
  • Exporthandelsbetriebe (→ Ausfuhrhandel): Einkauf im Inland, Absatz im Ausland,
  • Importhandelsbetriebe (→ Einfuhrhandel): Einkauf im Ausland, Absatz im Inland,
  • Transithandelsbetriebe (→ Transithandel): Einkauf und Absatz im Ausland,
  • Globalhandelsbetriebe (Außengroßhandelsbetriebe, die mehr als die Hälfte ihres Umsatzes im Ausland beschaffen und gleichzeitig absetzen).
- Kollektierender Großhandel (Schwerpunkt: Beschaffungsseite):
  • Detailkollekteur (z.B. der Schrotthandel als Aufkaufgroßhandel),
  • Grossokollekteur (z.B. landwirtschaftlicher Aufkaufhandel in großen Partien mit spezifischen Manipulationen wie Sortierung und Reinigung).
- Distribuierender Großhandel (Schwerpunkt: Absatzseite),
- Grossierer als Großhandelsbetrieb, der an Einzelhandelsbetriebe, gewerbliche Verwender und Großverbraucher absetzt,
- Zentralgrossierer als Großhandelsbetriebe, die an zentralen Marktplätzen ansässig sind und vornehmlich an andere Großhandelsbetriebe absetzen (z.B. die Zentralen der Handelsgruppen im Lebensmittelhandel).

Ein weiterer Betriebtyp des Großhandels ist der Cash-&-Carry-Großhandel, bei dem die Kunden nach dem Selbstbedienungsprinzip die gewünschten Produkte in einem Markt selbst zusammenstellen, bezahlen und abtransportieren. Das Leistungsangebot richtet sich ausschließlich an gewerbliche Kunden und Großverbraucher (z.B. Gastronomie, Großküchen und Kantinen, Krankenhäuser, soziale Einrichtungen). *Metro* Cash&Carry gilt als Weltmarktführer in diesem Segment.

Der Zustellgroßhandel beliefert in regelmäßigen Abständen selbstständige Lebensmitteleinzelhändler mit einem Food- und Non-Food-Sortiment. Der Großverbraucher-Zustelldienst versorgt turnusmäßig Großverbraucher mit einem Spezialsortiment (Nahrungsmittel, Gastronomie- und Anstaltsbedarf).

Einen weiteren Betriebstyp des Großhandels repräsentiert der → Produktionsverbindungshandel. Hierbei handelt es sich um Großhandelsbetriebe, die Produktionsbetriebe mit → Investitionsgütern, → Roh-, → Hilfs- oder → Betriebsstoffen beliefern.

2. Einzelhandel

Der → Einzelhandel beschafft Güter, die er nicht selbst be- oder verarbeitet (Handelswaren), von anderen Marktteilnehmern und setzt vornehmlich an private Haushalte ab. Zur Systematisierung der Betriebstyp des Einzelhandels bieten sich u.a. folgenden: Branche, der die im Sortiment geführten Waren angehören, Struktur des → Sortiments (→ Programmtiefe und → Programmbreite), → Preisniveau, → Bedienungsform (Bedienung, Teilbedienung und Selbstbedienung), Fläche (Geschäfts- bzw. → Verkaufsfläche) sowie → Standort, Art des Kundenkreises sowie Integration eines Betriebes in eine → Agglomeration (= Zusammenballung von Betrieben wie etwa in einem → Einkaufszentrum).

Die Charakterisierung der einzelnen Betriebstypen bezieht sich nicht auf sämtliche, sondern nur auf die jeweils konstituierenden Merkmale. Wegen Überschneidungen ist es nicht möglich, sämtliche derzeit existierenden Betriebstypen eindeutig zu klassifizieren. Probleme ergeben sich u.a. dort, wo ein Betriebstyp durch mehrere Merkmale gekennzeichnet ist. Auf einer oberen Gliederungsebene wird zwischen Betriebstypen des Einzelhandels mit festem Standort (→ stationärer Handel), solchen mit beweglichen Standorten (→ ambulanter Handel wie → Hausierhandel, → Markt- oder Messehandel (→ Messe), → Straßenhandel) und dem → Versandhandel unterschieden. Wichtige Betriebstypen des Einzelhandels sind → Fachgeschäft, → Spezialgeschäft, → Warenhaus, → Kaufhaus, Gemischtwarenladen, → Verbrauchermarkt, → Supermarkt, SB-Geschäft, → Discounter,

→ Fachmarkt, → Einkaufszentrum, → Automatenverkauf und → Katalogschauraum. In Tab. 1 finden sich die Profile ausgewählter Betriebstypen des Einzelhandels.

Tab. 1: Profile ausgewählter Betriebstypen des Einzelhandels
(Quelle: Institut für Handelsforschung an der Universität Köln 2006; Metro Group 2008).

Betriebstyp/ *Vertreter*	Ausgewählte Charakteristika
Convenience Store	Betriebstyp, der durch ein eng begrenztes Sortiment an Waren des täglichen Bedarfs und Dienstleistungen bis hin zu einem kleinen Gastronomiebereich charakterisiert ist. Die Öffnungszeiten überschreiten häufig die üblichen Ladenschlusszeiten. Typische Vertreter sind bspw. Nachbarschaftsmärkte und Tankstellen-Shops.
Discounter (Lebensmittel) *Aldi, Lidl, Penny, Netto, Norma*	Betriebstyp mit eng begrenztem sowie flachem Sortiment von Waren (i.d.R. zwischen 780 und 1.600 Artikel) mit hoher Umschlagshäufigkeit; geringer Aufwand für Warenpräsentation oder Ladeneinrichtung und Service sowie Beratung. Charakteristisch ist die aggressive Niedrigpreispolitik. Zumeist ein mittelflächiger Betrieb mit Verkaufsflächengrößen von max. 1.000 m^2. Die Spezialform Harddiscounter zeichnet sich durch bes. starke Einschränkungen bez. Warensortiment (rund als 1.000 Produkte im Sortiment) sowie hohe Preisaggressivität aus.
Einkaufszentrum bzw. Shoppingcenter oder -Mall *Breuningerland/Stuttgart, CentrO/Oberhausen, ElbeParkDresden, Olympia-Einkaufszentrum/München, Rhein-Neckar-Zentrum/Viernheim, Weserpark/Bremen*	Ein Einkaufszentrum ist eine im Zeitablauf gewachsene (dann auch als Geschäftszentrum bezeichnet) oder als Einheit geplante Konzentration von Einzelhandels- und Dienstleistungsbetrieben, die als zusammengehörig wahrgenommen werden. Die als Einheit geplanten Einkaufszentren können in Wohn-, Gewerbe- oder Mischgebieten oder am Rande und außerhalb von Wohngebieten bzw. an sonstigen Standorten errichtet sein. Innerstädtische Einkaufszentren können als große überdachte Gebäudekomplexe, Passagen, Galerien oder offene Ladenstraßen konzipiert sein. Sie ergänzen das in den etablierten Einkaufslagen vorhandene Einzelhandelsangebot. Einheitlich geplante Einkaufszentren, zumeist an Verkehrsströmen ausgerichteten Solitärstandorten oder in Stadtteilzentren, verfügen über eine breite Mischung von Einzelhandels- und Dienstleistungsbetrieben (z.B. Gaststätten, Kreditinstitute, Reisebüros, Kinos; sog. Branchen-Mix). Leitbetriebe sind sowohl Warenhäuser, Kaufhäuser oder SB-Warenhäuser als auch große Fachgeschäfte. Die Eigentümer und Träger geplanter Einkaufszentren sind bestrebt, das äußere Erscheinungsbild und die Marketingstrategie durch ein zentrales Management zu gestalten (sog. Center-Management). Ein Factory-Outlet-Center (FOC) repräsentiert eine spezielle Form eines Einkaufszentrums, in dem Geschäfte angesiedelt sind, die jeweils nur eine Marke führen. FOCs finden sich im Regelfall auf der grünen Wiese und werden einheitlich geplant, finanziert, erstellt und gemanagt. Typischerweise finden sich hier Geschäfte aus den Branchen Mode/ Textilien, Lederwaren, Schuhe, Accessoires und Schmuck. Im Wesentlichen werden Zweite-Wahl-Artikel, Produktionsüberhänge, Auslaufmodelle oder Musterkollektionen mit deutlichen Preisreduktionen angeboten.

Betriebstyp/*Vertreter*	Ausgewählte Charakteristika
Fachgeschäft *Spirituosen-, Textilfachgeschäft*	Einzelhandelsbetrieb, der Waren einer Branche bzw. eines Branchenbereichs (spezielles Fachsortiment wie z.B. Sportartikel) oder für eine Bedarfsgruppe überwiegend mittlerer und hoher Qualität meist nach dem Bedienungsprinzip (qualifizierte Beratung durch fachkundiges Personal) anbietet. Es überwiegen kleine und mittlere Verkaufsflächen mit i.d.R. unter 1.000 m^2. Das Angebot wird durch diverse Serviceleistungen (etwa Montageservice) ergänzt.
Fachmarkt *Schlecker, dm, Rossmann, Müller, Ihr Platz* *Media Markt, Saturn, Red Zac* *OBI, Praktiker, Bauhaus, Hornbach, Toom, Hagebau*	Ein nach Warenbereich (Ware, z.B. Bekleidungsfachmarkt, Schuhfachmarkt), Bedarfsbereich (z.B. Sportfachmarkt, Baufachmarkt) oder Zielgruppenbereich (z.B. Möbel- und Haushaltswarenfachmarkt für designorientierte Kunden) spezialisierter Einzelhandelsbetrieb, der im Regelfall ebenerdig auf größeren Verkaufsflächen (i.d.R. ab 1.000 m^2, Ausnahme: Drogerie-, Schuh- und Textilmärkte, die sich öfters auch in Innenstadtlagen befinden) bei tendenziell niedrigem bis mittlerem Preisniveau in übersichtlicher Präsentation ein breites und oft auch tiefes Sortiment anbietet. Standort meist autokundenorientiert entweder isoliert oder in gewachsenen und geplanten Zentren mit großem Parkplatzangebot. Je nach Sortiment sind im Vergleich zu anderen Betriebstypen im Einzelhandel vergleichsweise häufig neben privaten Abnehmern auch gewerbliche Kunden (z.B. Handwerker beim Sanitär- und Fliesenfachmarkt und beim Installationsfachmarkt) oder Dienstleistungsbetriebe (z.B. Gaststätten beim Drogeriemarkt und beim Getränkefachmarkt) anzutreffen. Die Verkaufsmethoden sind Selbstbedienung und Vorwahl, meist mit der Möglichkeit einer fachlichen und sortimentsspezifischen Beratung auf Wunsch des Kunden. Im Fachmarktbereich sind auch Franchisesysteme anzutreffen. Serviceorientierte Fachmärkte bieten neben einem Warensortiment auch eine Vielfalt sortimentsbezogener und selbstständig vermarktbarer Dienstleistungen (z.B. Reise-, Versicherungsleistungen). Discountorientierte Fachmärkte verzichten oft auf jegliche Beratung und Dienstleistung zugunsten niedriger Preise. Der Spezialfachmarkt führt Ausschnittssortimente (z.B. Fliesenfachmarkt, Holzfachmarkt) aus dem Programm eines Fachmarktes (z.B. Baumarkt).
Kaufhaus *C&A* *H&M* *SinnLeffers*	Größerer Einzelhandelsbetrieb (ab ca. 1.000 m^2 Verkaufsfläche), der – zumeist Bedienungs- und Selbstbedienungsprinzip kombinierend – Waren aus einer oder wenigen Branchen, davon wenigstens aus einer Branche in tiefer Gliederung, anbietet. Am stärksten verbreitet sind Textil- und Bekleidungskaufhäuser. Standortlage in Innenstädten, Nebenzentren oder Shoppingcentern. Eine Sonderform, die mittlerweile vom Aussterben bedroht ist und die sich durch eine Positionierung im unteren Preisniveau auszeichnet, ist das Billigkaufhaus (Woolworth; früher Kaufhof-Tochter Kaufhalle, Hertie-Ableger Bilka).

Betriebstyp/ *Vertreter*	Ausgewählte Charakteristika
Supermarkt (von lat.: super = über, mercatus = Handel) *E aktiv markt, Edeka Markt, E neukauf, Ihre Frische, Kaiser´s, Marktfrisch, Markant, Tengelmann*	Ein Selbstbedienungsgeschäft, das überwiegend Nahrungs- und Genussmittel einschließlich Frischwaren (Obst, Gemüse, Südfrüchte, Fleisch, Molkereiprodukte) sowie bestimmte Ver- und Gebrauchsgüter anbietet und heutzutage weitgehend die Funktion eines Nachbarschaftsladens übernimmt. Das Sortiment umfasst zwischen 7.000 und 12.000 Artikeln. Die Verkaufsfläche reicht von 400 m^2 bis ca. 1.500 m^2, wobei der Anteil der Fläche für Nonfood im Regelfall unter 25 Prozent liegt.
Verbrauchermarkt oder SB-Warenhaus *Real, Extra, Marktkauf, E center, Kaufland, KaufMarkt, Toom, Minimal, Globus*	Zumeist preispolitisch aggressiver, großflächiger Einzelhandelsbetrieb (1.500 – 4.999 m^2 Verkaufsfläche), der v.a. Nahrungs- und Genussmittel in Selbstbedienung anbietet. Mit zunehmender Größe verlagert sich der Schwerpunkt zu den Sortimenten der aperiodischen Bedarfsdeckung, sofern sie für die Selbstbedienung geeignet sind und rasch umgeschlagen werden können. Das Sortiment umfasst zwischen 21.000 und 40.000 Artikeln und damit deutlich mehr als Supermärkte und Discounter. Dieser Betriebstyp findet sich häufig an verkehrsgünstigen Randlagen, verfügt über ein großzügiges Parkplatzangebot und verzichtet meist auf kostspielige Serviceleistungen. SB-Warenhäuser sind zwar den Verbrauchermärkten planungsrechtlich gleichzustellen, verfügen aber im Gegensatz zu diesen über 5.000 m^2 Verkaufsfläche. Sie bieten zwischen 33.000 und 63.000 verschiedene Artikel überwiegend in Selbstbedienung an. Neben Lebensmitteln werden auch Gebrauchs- (= längerfristig nutzbar wie z.B. Haushaltsgeräte) und Verbrauchsgüter (etwa Bekleidung).
Warenhaus/Kleinpreiskaufhaus *Karstadt* *Kaufhof* *Hertie*	Überwiegend mehrgeschossiger Einzelhandelsgroßbetrieb in zentraler Lage, der Waren aus zahlreichen Branchen – Hauptrichtung Bekleidung, Textilien, Hausrat, Wohnbedarf – teilweise auch Nahrungs- und Genussmittel anbietet. Die Verkaufsmethode kombiniert das Bedienungs- mit dem Selbstbedienungsprinzip, wobei das Bedienungsprinzip bei beratungsintensiven Warengruppen die Regel ist. Häufig ist ein eigenes Parkhaus angegliedert.

Eine wesentliche unternehmerische Entscheidung für stationär arbeitende Handelsbetriebe ist die Auswahl eines geeigneten Standorts. Häufig siedeln sich Handelsbetriebe bei Unternehmen der gleichen (branchengleiche Agglomeration) oder anderer Branchen (branchenungleiche Agglomeration) an. Eine solche räumliche Konzentration wird als → Agglomeration bezeichnet. Durch die große Auswahl an Produkten und Dienstleistungen erhöht sich die Attraktivität eines derartigen Standorts, was sich in erhöhter Kundenfrequenz und damit einem größeren Absatzpotenzial für das einzelne Unternehmen niederschlägt. Typische Beispiele für eine Agglomeration sind Fußgängerzonen, in denen sich unterschiedliche Betriebstypen des Handels mit differierenden Sortimenten zusammen mit Gastronomiebetrieben, Telekommunikationsanbietern, Kinos etc. in unmittelbarer Nachbarschaft zueinander ansiedeln. Eine branchengleiche Agglomeration bedeutet, dass die Konzentration von ähnlich strukturierten Einzelhandelsbetrieben miteinander im Wettbewerb steht. Branchenungleiche Agglomeration heißt, dass in einem Shoppingcenter unterschiedliche Branchen und Betriebsformen des Einzelhandels sowie sonstige Dienstleistungsbetriebe räumlich zusammengefasst werden.

Dem institutionenorientierten Ansatz haftet die Kritik mangelnder Aktualität aufgrund einer statisch-deskriptiven Perspektive an, da die meisten Betriebsformen und -typen im Zeitablauf einem Wandel unterliegen. Theoretisch untermauert wird dieser Vorwurf durch die Theorie von der Dynamik der Betriebstypen (sog. „*Wheel of Retailing*"; [vgl. *Barth* 1988, S. 117 – 121]), die Gesetzmäßigkeiten über die Entwicklung von Handelsbetrieben aufstellt. Diesem Konzept folgend durchläuft jeder Betriebstyp vier Phasen, die durch die in Tab. 2 angeführten Besonderheiten charakterisiert sind.

Tab. 2: Dynamik der Betriebstypen (Quelle: in Anlehnung an Nieschlag/Kuhn 1980, S. 85 ff.)

Phase	Charakteristika
Entstehung	• Aggressive Preisstrategie • Reduziertes Leistungsangebot (Auffinden preisgünstiger Bezugsmöglichkeiten, keine Bedienung/Beratung, drastische Reduzierung bzw. vollständiger Verzicht auf Serviceleistungen und zusätzliche Dienstleistungen, gezielte Sortimentsbegrenzung und Konzentration auf Schnelldreher [Artikel bzw. Produkte mit hoher Umschlagshäufigkeit], einfache Ladenausstattung, rationeller Einsatz der übrigen Betriebsmittel (etwa Kasse, Lager, Fuhrpark etc.) etc.
Aufstieg	• Marktanteilsgewinne • Umsatzexpansion bei günstiger Gewinnentwicklung
Reife	• Stagnation von Umsatz und Gewinn (Ursache: Imitatoren, neue Betriebstypen, verändertes Konsumentenverhalten), Einsetzen von „Store Erosion" (= konzeptioneller Verschleiß eines Betriebstyps) • Trading-up durch verstärkten Einsatz von Nichtpreisparametern (Sortimentsausweitung, Intensivierung des Kundendienstes etc.)
Assimilation	• Verlust der preispolitischen Flexibilität aufgrund erhöhter Betriebskosten • Annäherung des neuen Betriebstyps an konventionelle Betriebstypen • Dadurch Einstiegspotenzial für neue Betriebstypen

Wenn die Theorie des „Wheel of Retailing" auch ausschließlich auf das Preis-Leistungsverhältnis fokussiert und die Entstehung des Erlebnishandels als Gegenbeispiel gelten kann, bleibt doch unbestritten, dass die meisten Betriebsformen und -typen im Zeitablauf einem Funktionswandel unterliegen.

II. Der funktionenorientierte Ansatz

Die funktionenorientierte Handelsbetriebslehre, die zu Beginn des vergangenen Jahrhunderts entwickelt wurde, begegnet der Kritik am institutionenorientierten Ansatz und verfolgt dabei das Ziel, den Vorwurf von der im Vergleich zur Industrie scheinbaren Unproduktivität des Handels und der Ausbeutung des Verbrauchers durch überhöhte → Handelsspannen zu entkräften.

Ausgangspunkt war die Erkenntnis, dass zwischen → Produktion und → Konsum räumliche, zeitliche, quantitative und qualitative Spannungen bestehen, die sich auf die Handelsobjekte (Waren (→ Handelswaren), → Dienstleistungen, Rechte (→ Immaterialgüterrechte) sowie → Abfall), Entgeltobjekte (Zahlungsmittel, -ansprüche und -verbindlichkeiten, Steuern, Gebühren) sowie Daten und Informationen beziehen (vgl. Tab. 3).

Tab. 3: Systematik der Distributionsfunktionen des Handels
(Quelle: Treis 2001, S. 563 – 569; in Anlehnung an Ahlert 1996, S. 12)

Prozessbeziehungen	Dimensionen			
	Raum	Zeit	Quantität	Qualität
Realgüterstrom	Warentransporte von Ort zu Ort	Vorratshaltung	Sammeln, Aufteilen, Umpacken, Kommissionieren	(Aus-)Sortieren, Manipulieren (z.B. Mischen, Abpacken), Markieren, Sortimentieren, Zusatzleistungen
Nominalgüterstrom	Übermitteln der Zahlungsmittel von Ort zu Ort	Vorfinanzieren des Herstellers, Kreditieren des Verbrauchers	Sammeln, Aufteilen der Zahlungsbeträge und -belege	Umwandeln der Zahlungsmittel (z.B. im internationalen Warenverkehr) und Sicherungsformen

Informationsstrom	Übermitteln von Informationen von Ort zu Ort	Speichern, Vordisponieren	Sammeln von Informationen, Aufteilen von Kommunikationsmitteln (z.B. bei Werbekostenzuschüssen)	Verdichten, Kommentieren, Interpretieren, Ergänzen, Prognostizieren

Die Funktionen des Handels können am Beispiel des Realgüterstroms verdeutlicht werden:

1. Abbau räumlicher Spannungen

Ursache für solche Friktionen ist die räumliche Trennung zwischen Herstellung und Gebrauch bzw. Verbrauch von Gütern. Der Handel löst dieses Problem durch seine Beschaffungs- und Transportsysteme und erreicht dadurch, dass die Ware vom Ort der Produktion zum Ort des Konsums gelangt.

2. Abbau zeitlicher Spannungen

Während der Hersteller den sofortigen Absatz seiner Produktion präferiert, tendiert der Nachfrager zu einem zeitlich versetzten Beschaffungsverhalten. Der Handel baut diese Spannung durch seine Vorratshaltung ab.

3. Abbau quantitativer Spannungen (Mengenausgleichsfunktion)

Indem der Handel die Waren durch Aufteilen, Umpacken und Kommissionieren (→ Kommissionierung) mengenmäßig aufteilt, gleicht er zwischen der Herstellung in großen und damit betriebswirtschaftlich stückkostensenkenden Mengen durch die Industrie und der Verwendung in kleinen, ge- oder verbrauchsgerechten Mengen durch den Verbraucher aus.

4. Abbau qualitativer Spannungen (Qualitätsfunktion)

Die Vorstellungen von Nachfragern und Herstellern über Nutzen und Verwendungsfähigkeit von Versorgungsobjekten können voneinander abweichen. Die hieraus resultierenden Spannungen versucht der Handel durch (Aus-)Sortieren, Manipulieren, Markieren, Sortimentieren sowie das Angebot von Zusatzleistungen abzubauen.

Der Realgüterstrom fließt jedoch nicht nur vom Produzenten zum Verbraucher, sondern auch in umgekehrter Richtung (sog. Redistribution). Auch hier erfüllt der Handel eine wichtige Funktion, z.B. beim Flaschenpfandsystem. Insbesondere dem Lebensmitteleinzelhandel stellt sich das Problem einer effizienten Redistribution im Zusammenhang mit defekten (in der Garantiezeit), zurückgegebenen oder nicht abverkauften (im Falle entsprechender Rücknahmevereinbarungen mit den Lieferanten) Aktionsartikeln, die dezentral in den Vorratslägern der Filialen oder zentral (etwa im Logistikzentrum) gesammelt und zum festgelegten Abholungstermin an den Lieferanten zurückgegeben werden.

Der Vollständigkeit halber sei erwähnt, dass in der Literatur noch eine Kreditfunktion sowie eine Werbefunktion angeführt wird. Sie entsprechen im Wesentlichen den in Tab. 3 angeführten Funktionen des Handels zur Steuerung des Nominalgüter- und Informationsstroms. Dieser Ansatz wird in jüngerer Zeit durch Sozialfunktionen erweitert: Hierzu zählen das Einkaufen als Freizeitbeschäftigung sowie Handelsbetriebe als Ort menschlicher Kontakte. Diesem Bedürfnis versucht besonders der → Erlebnishandel gerecht zu werden.

Den Überlegungen des funktionalen Erklärungsansatzes folgend bezieht der Handel seine Existenzberechtigung dadurch, dass es je nach Betriebsform bzw. -typ mehr oder minder stark zum Abbau der skizzierten Spannungen beiträgt. Bezieht man die vorliegenden Erkenntnisse auf die Frage nach der Wahl des Vertriebsweges, so wird ein Hersteller diejenigen Absatzmittler wählen, welche die von ihm gewünschten Handelsfunktionen am besten erfüllen.

Der Handel wirkt als Transaktionskostenminimierer: Produzenten und Konsumenten sind immer dann bereit, Handelsbetriebe in der Wertschöpfungskette zu nutzen, wenn ihre → Transaktionskosten dadurch sinken.

handelbare Güter – Güter, die international gehandelt werden können und deswegen in verschiedenen Ländern, abgesehen von → Transportkosten und *Handelshemmnissen*, denselben → Preis aufweisen. Die Preise der handelbaren Güter werden durch → Angebot und → Nachfrage auf dem → Weltmarkt und nicht durch nationale Gegebenheiten bestimmt. – *Gegensatz:* → nicht handelbare Güter.

Handel ist Wandel – Entwicklungen in der Handelsstruktur

von Prof. Dr. Alexander Hennig und Prof. Dr. Willy Schneider

„Handel ist Wandel" ist ein gefälliges Sprichwort, das von Führungskräften im → Handel allzu gerne benutzt wird, wenn es darum geht, die andauernd notwendige Veränderungsbereitschaft in Handelsunternehmen in prägnante Worte zu fassen. Inhalt dieses Schwerpunktbeitrags sind die aktuellen Veränderungen in der Struktur des → Binnenhandels, das Spannungsfeld zwischen → Industrie und Handel sowie die aktuellen Herausforderungen des Handels.

I. Zentrale Veränderungen in der Struktur des Binnenhandels

Folgende zentrale Entwicklungen lassen sich mit Blick auf die Binnenhandelsstruktur in Deutschland feststellen:

1. → Handelsware und → Sortiment

Grundsätzlich ist in den letzten Jahren eine starke Ausbreitung der Sortimente im Handel zu beobachten. Dies ist zunächst auf sog. „Me-too"-Produkte der Industrie zurückzuführen, bei denen erfolgreiche → Markenartikel der Konkurrenz kopiert oder variiert werden. Dies sowie die zunehmende Anzahl unausgereifter Produktinnovationen führt u.a. zu einer erheblichen Steigerung der Floprate (→ Flop) im Handel. Die „Sortimentsunruhe" durch Einlistung (→ Listung) und Auslistung (→ Delisting) von Artikeln nimmt zu. Des Weiteren diversifiziert der Lebensmittelhandel zunehmend in den Non-Food-Bereich, was den Kampf der Industrie um knappe Regalplatzfläche noch verschärft. Schließlich strebt der Handel danach, sich durch leistungsfähige → Handelsmarken im Preiseinstiegsbereich, im Premiumsegment und im Mehrwert-Bereich (Light-Produkte, Bio-Produkte) zu profilieren und damit Kunden an die Geschäftsstätten zu binden.

2. Betriebstypen

Hier zeichnet sich ein Trend zu größeren → Betriebstypen ab, was zum einen am starken Rückgang bei Geschäften unter 400 m² (v.a. → Fachgeschäften) und zum anderen an der zunehmenden Bedeutung großflächiger Betriebstypen (→ Verbrauchermärkte) abzulesen ist. Die skizzierten Entwicklungen führen zu einer erheblichen Firmenauslese und damit zu einer Umsatzkonzentration (→ Unternehmenskonzentration) auf wenige Unternehmen. So vereinen die Top 5 des Lebensmitteleinzelhandels in Deutschland rund 65 Prozent des Umsatzes auf sich, die größten 50 Unternehmen erwirtschaften 99,5 Prozent des Umsatzes. Wesentliche Ursachen für den Konzentrationsprozess im Handel sind:

- Fortschreitende Ballung der Bevölkerung,
- Bequemlichkeit der Kunden, was sich in dem Bedürfnis niederschlägt, „alles unter einem Dach" in Warenhäusern oder SB-Warenhäusern zu erwerben bzw. tiefe Sortimente auf großen Flächen in → Fachmärkten präsentiert zu bekommen. Verstärkt wird der Trend zum „One-Stop-Shopping" (Deckung des gesamten Bedarfs an Waren und damit verbundenen Dienstleistungen in einem einzigen Geschäft bzw. → Einkaufszentrum) durch die steigende Mobilität der Bevölkerung sowie die zunehmende Berufstätigkeit der Frau.
- Steigende → Kapitalintensität im Einzelhandel, da die Umstellung auf moderne Verkaufsmethoden wie Selbstbedienung, Brotbackautomaten sowie Techniken wie Scanning dazu führen, dass Personal durch sachliche Betriebsmittel substituiert wird.
- Steigende Wettbewerbsintensität und Kostendruck erfordern die Erlangung von Kostenvorteilen durch → Economies of Scale (Erfahrungskurveneffekte, Skaleneffekte). Ergebnis des Wettbewerbsdruck ist ein sinkender Ausgabenanteil der Konsumenten für Lebensmittel. Mussten die Deutschen 1970 noch rund ein Viertel ihrer gesamten Konsumausgaben für Essen und Trinken ausgeben, waren es im Jahr 2008 nur noch 14 Prozent. Während die Einkommen gestiegen sind, blieb das Preisniveau bei Lebensmitteln lange Zeit vergleichsweise stabil.
- Übernahme von kleinen Einzelhandelsunternehmen infolge des Generationenwechsels,
- Multi-Channeling, d.h. Nutzung mehrerer Absatzwege durch Großbetriebstypen (z.B. der → Versandhandel, der zusätzlich Warenhausfilialen und Internetdistribution betreibt),
- Notwendigkeit zur kapitalintensiven → Internationalisierung.

Des Weiteren lässt sich ein Trend hin zu preisaggressiven Betriebstypen wie → Discountern und → Fachmärkten feststellen. Außerdem ist eine Vervielfältigung von Geschäfts- und Betreibungskonzepten (Multiplikationseffekt) zu beobachten, was an der Zunahme von Franchisekonzepten (→ Franchise) und Filialbetrieben deutlich wird. Nicht zuletzt entstehen neue Organisationsformen (z.B. POS-Banking, Integrierte Warenwirtschaftssysteme, Just-in-Time-Belieferung, virtuelle Marktplätze) und Vertriebstechniken (etwa → Factory Outlets, → E-Commerce einschließlich Versteigerungen via Internet).

3. Handelsstandorte

Auf der einen Seite üben Innenstädte eine zunehmende Anziehungskraft auf Filialisten aus. Auf der anderen Seite gewinnt die „grüne Wiese“ als → Standort an Attraktivität, weil der Verbraucher infolge der durch die Liberalisierung des Ladenschlussgesetzes (→ Ladenschluss) verlängerten Öffnungszeiten dorthin tendiert. Hinzu kommen räumliche Dekonzentrationstendenzen hin zu Vorstädten sowie Versorgungslücken in kleineren Städten und Dörfern.

4. Machtstrukturen

Angesichts der skizzierten Dynamik verwundert es nicht, dass sich die Machtverhältnisse verändert haben bzw. permanent verändern. Auf der horizontalen Ebene sind deutliche Bestrebungen der Filialisten zu beobachten, mittelständische Unternehmen zu übernehmen. Diese Bedrohung des → Mittelstandes ruft Reaktionen von Herstellern in Form von Franchisesystemen sowie von Händlern in Gestalt der Vertragssysteme von Handelskooperationen hervor. Auf der vertikalen Ebene hat sich das Machtübergewicht bereits seit geraumer Zeit zugunsten des Handels verlagert. Ausschlaggebend hierfür war und ist die zunehmende → Konzentration auf Seiten der → Absatzmittler, was deren Position gegenüber der Industrie als → Gatekeeper zum Kunden gestärkt hat bzw. weiterhin stärkt. Verschärfend kommt hinzu, dass zahlreiche Hersteller durch die Entwicklung der → Handelsmarken an Angebotsmacht verlieren. So beträgt deren Anteil im Lebensmitteleinzelhandel mittlerweile 43 Prozent. Dies lässt die grundlegenden Zieldivergenzen zwischen Hersteller und Handel zunehmend schärfer hervortreten.

II. Spannungsfeld zwischen Industrie und Handel

Die zentralen Zieldivergenzen zwischen Hersteller und Handel sind in Tab. 1 aufgeführt.

Beim Produktmanagement streben Hersteller danach, ein eigenständiges Unternehmens- und → Markenimage aufzubauen, das auf einer stringenten Positionierung basiert. Die Angebotspalette soll hinsichtlich → Differenzierung, → Innovation und → Verpackung ständig an die Bedürfnisse der anvisierten → Zielgruppen angepasst und gegenüber Konkurrenzprodukten profiliert sowie abgesichert werden. Handelsunternehmen hingegen fokussieren sich auf die Optimierung des eigenen → Sortiments. Sie visieren eine eigenständige Positionierung mit entsprechendem Image an, konzentrieren sich hierbei auf Ertragsorientierung und fördern dazu gegebenenfalls die eigenen → Handelsmarken.

Da das Preismanagement bei der Markenpositionierung eine zentrale Rolle spielt, will der Hersteller den → Preis bis auf die Stufe des Endverbrauchers möglichst verbindlich vorgeben. Im Idealfall strebt er hierbei niedrige → Handelsspannen und eine Konditionenstruktur (→ Konditionenpolitik) an (→ Rabatte, → Boni, Serviceleistungen), die für alle Handelspartner identisch ist. Handelsunternehmen hingegen möchten den Preis autonom sowie variabel gestalten und gegebenenfalls regional differenzieren, um sich gegenüber ihren Wettbewerbern zu profilieren. Hierbei streben sie eine möglichst hohe Handelspanne an, in dem sie u. a. die günstigsten Konditionen fordern.

Beim Vertriebsmanagement visiert der Hersteller große Bestellmengen sowie eine hohe Distributionsdichte an. Idealerweise soll der Handel über warenkundliches Know-how verfügen, um den Kunden fundiert beraten zu können. Außerdem soll er die gesamte Angebotspalette abnehmen und bevorzugt platzieren, um so einen schnellen Abverkauf sicherzustellen. Im Gegensatz dazu bevorzugen Handelsunternehmen eine Just-in-time-Lieferung kleinerer Mengen, um dadurch Kapitalbindung, Lagerkosten und Absatzrisiken zu reduzieren. Eine selektiver oder gar exklusiver Vertrieb würde Wettbewerbsvorteile bieten. Außerdem selektiert der Handel die Angebotspalette der Lieferanten dahingehend, nur Artikel mit hohem → Deckungsbeitrag zu listen. Nicht zuletzt präferiert er → problemlose Ware, die er unter sortiments- bzw. warengruppenorientierten Gesichtspunkten platziert.

Das Kommunikationsmanagement des Herstellers schließlich hat die Aufgabe, den Verbraucher an die Marke zu binden, unabhängig davon, bei welchem Handelsunternehmen er diese erwirbt. Hierzu will er im Vertriebskanal einen Pull-Effekt auslösen, was er mit autonomen sowie weitgehend standardisierten Werbe- und Verkaufsförderungsaktionen realisieren will. Dies verhält sich häufig kontraproduktiv zur eigenständigen Positionierung (Profilierung des Handelsunternehmens), das darauf abzielt, Kunden für bzw. an die Geschäftsstätte zu gewinnen bzw. zu binden sowie deren Frequenz zu erhöhen.

Tab. 1: Zentrale Zieldivergenzen zwischen Hersteller und Handel
(Quelle: in Anlehnung an Hansen 1990, S. 134; Steffenhagen 1975, S. 75)

Zielbereich	Hersteller	Handel
Produkt-/ Sortiments-management	Hoher Grad an Produktdifferenzierung Hohe Innovationsrate Schnelle Produktneueinführung Imitation erfolgreicher Konkurrenzprodukte Herstellermarkenprofilierung Verbrauchergerechte Verpackungen	Geringe Produktdifferenzierung Tendenz zur Stabilität des Angebots Ausführliche Markttests Keine „Me-too"-Produkte Sortiments-/Handelmarkenprofilierung Handlingorientierte Verpackungen
Preismanagement	Niedrige Handelsspanne Einfluss auf Endverbraucherpreis Marken- und imagebezogenes Preismanagement Einheitliche Preispolitik im Markt Preisdifferenzierung gegenüber dem Handel in abgrenzbaren räumlichen Segmenten Einfaches, kostenorientiertes Preis- und Rabattsystem	Hohe Handelsspanne Autonome Preisgestaltung Betriebstypadäquate Preisgestaltung (Mischkalkulation) Regionale Anpassung des Preises Internationaler Einkauf zu den günstigsten Konditionen Streben nach (nicht) leistungsbezogenem Konditionensystem
Vertriebsmanagement	Produkt-/markenorientierte Platzierung Hohe Distributionsquote Wunsch nach „Hineinverkauf" aller Produkte aus Angebotspalette (Push-Effekt) Frühzeitige Abschlüsse mit dem Handel mit langer Gültigkeit Umsetzung der zentral getroffenen Vereinbarungen vor Ort Warenkundliches Know-how des Handels	Sortiments-/Warengruppenorientierte Platzierung Listung deckungsbeitragsstarker Marken Starke Selektion aus der Angebotspalette Häufige Bestellungen und kurzfristige Preisnachverhandlungen Lokale Umsetzungsspielräume vor Ort Selbstverkäuflichkeit der Ware
Kommunikations-management	Erhöhung der Markentreue Produkt/Marke als Erlebnis Dominanz nationaler Werbung Verbraucherbezogene Imagewerbung (Pull-Effekt) Autonome, standardisierte Verkaufsförderungsaktionen	Erhöhung der Händler- bzw. Geschäftsstättentreue Schaffung von Einkaufserlebnissen Starke Stellung von Printwerbung (Anzeigen, Beilagen, Postwurfsendungen etc.) mit teilweise regionaler Anpassung Preiswerbung und aktionsorientierte Promotions Einbindung der Hersteller in vertriebslinienspezifische Verkaufsförderung

Der Herstellerseite bieten sich grundsätzlich drei Ansatzpunkte, um den skizzierten Zielkonflikten zu begegnen:

- Konfrontation, die stets konfliktär und als → Nullsummenspiel verläuft, bei dem es einen Gewinner und einen Verlierer gibt. Zu diesen teilweise überholten Verhaltensmustern zählen die mitunter recht aggressiv verlaufenden Bargaining-Prozesse (Verhandlungen) zwischen Lieferant und Abnehmer, bei denen es v.a. um die Verteilung der Distributionsspanne geht.

- Umgehung, in dem die Hersteller durch → Vorwärtsintegration die Funktionen des traditionellen Handels übernehmen und diesen dadurch ausschalten bzw. umgehen. Beispiele hierfür sind die Gründung von → Factory Outlets sowie Konzepte der Industrie, ihre Produkte via Katalog (→ Versandhandel) oder Internet (→ E-Commerce) direkt an den Endverbraucher zu vertreiben. Ein weiteres Beispiel findet sich im Automobilhandel: Mittlerweile verkaufen Hersteller bereits ein Drittel der Fahrzeuge – Tendenz steigend – in ihren Niederlassungen und drängen damit traditionelle Autohäuser aus dem Markt. Verschärft wird diese Situation durch die großen Handelsgruppen, denen aufgrund höherer → Mengenrabatte eher der kostenintensive Sprung zum Mehrmarkenanbieter gelingt.
- → Kooperation, die von Trade Marketing (= Ausrichtung der Herstelleraktivitäten an den Bedürfnissen bzw. Zielen des Handels) bis hin zu → Efficient Consumer Response (ECR) (= gemeinsame effiziente Reaktion von Industrie und Handel auf die Kundennachfrage) reicht.

III. Herausforderungen an den Handel

Zentrale Herausforderung des Handels ist es zu allen Zeiten gewesen, frühzeitig auf Veränderungen im Konsumentenverhalten aufmerksam zu werden und mittels adäquater Marketing-Konzepte zu reagieren. Im Wesentlichen lassen sich die für das → Käufer- und Konsumentenverhalten relevanten Entwicklungen, die hier nur schlaglichtartig beleuchtet und keinesfalls vollständig angeführt werden können, in eine soziodemographische, eine psychographische und eine verhaltenspezifische Kategorie unterteilen. Explizit hingewiesen sei auf ein Kausalitätsproblem, das sich bei der Betrachtung von einerseits Änderungen im Konsumentenverhalten und andererseits Änderungen in der Unternehmenspolitik des Handels stellt. Die Eigenschaften als Ursache und Wirkung können mitunter nicht eindeutig zugeordnet werden. So kann die Frage nicht immer beantwortet werden, ob sich der Handel verändert, weil sich der Konsument verändert oder ob es nicht umgekehrt oder gar wechselseitig ist.

Auf der soziodemographischen Ebene sind folgende Veränderungen festzustellen:

- Anstieg der Lebenserwartung und damit wachsender Anteil der Senioren an der Gesamtbevölkerung: Das Durchschnittsalter der deutschen Bevölkerung steigt von 40,9 Jahren im Jahr 1999 bis auf 48,2 Jahre im Jahr 2050 an. Die Bedeutung der Senioren zeigt sich u.a. daran, dass im Jahr 2008 in Deutschland nahezu die Hälfte der gesamten Kaufkraft auf die über 50-Jährigen entfällt.
- Zunahme der Single-Haushalte sowie Rückgang der Drei-Generationen-Haushalte: Der Einzelhandel bspw. versucht dieser Entwicklung z.B. durch Mini-Packs (in kleinen Mengen abgepackte Ware) Rechnung zu tragen.
- Wachsender Anteil ausländischer Mitbürger und damit Trend zu einer multikulturellen (Konsum-)Gesellschaft, was die Bedeutung des Ethno-Marketing verstärkt,
- Steigende Kritikbereitschaft in der Bevölkerung und damit Auswirkungen auf Beschwerdeverhalten und Beschwerdemanagement,
- Heranwachsen einer sog. Erbengeneration und dadurch Möglichkeit des früheren bzw. gesteigerten Konsums.

Die Entwicklungen auf der psychographischen Ebene lassen sich anschaulich anhand der folgenden Spannungsfelder beschreiben:

- Materialistische versus sozial-ökologische geprägte Konsumeinstellung,
- Genuss („Hedonismus") versus Gesundheit und Umweltbewusstsein,
- High-Tech- (z.B. Electronic Shopping) versus High-Touch-Gesellschaft (z.B. Emotionalisierung der Konsumerlebnisse),
- Standardisierte versus individualisierte Gesellschaft,
- Multi-Optionen-Gesellschaft versus Voluntary Simplicity (= Konsumverzicht trotz vorhandener finanzieller Ressourcen),
- Globale Konsummuster versus nationale, regionale und lokale Werte und Geschmacksausprägungen (etwa Konsumpatriotismus, d.h. der Erwerb von Produkten, die aus dem regionalen bzw. nationalen Umfeld stammen, was sich bspw. im Trend zur Ostalgie niederschlägt),
- Anstieg des subjektiven Risikoempfindens versus Rückgang des objektiven Risikos.

Auf der Verhaltensebene schließlich zeichnet sich bei den Verbrauchern die generelle Tendenz ab, die Marke bzw. den Anbieter zu wechseln. Die Abwechslungsneigung (Variety Seeking) wächst. Für die sinkende Loyalität der Verbraucher sind u.a. folgende Entwicklungen verantwortlich:

- Steigende Mobilität, was dazu führt, dass sich das Einkaufsgebiet der Kunden vergrößert und damit die Zahl der Einkaufsoptionen wächst,

- Zunehmende Markttransparenz durch Medien (Print-Medien; Internet; TV), sodass der Verbraucher einen immer besseren Überblick gewinnt,
- Schnäppchenjagd sowie „Smart Shopping“ als Freizeitbeschäftigung vergleichsweise wohlhabender Verbrauchersegmente, wodurch die Preissensibilität steigt. Ein „Smart Shopper“ ist auf Schnäppchen fokussiert und wechselt dafür jederzeit den Anbieter. Anders als der Schnäppchenjäger, der nur nach Angeboten im untersten Preissegment, ist der „Smart Shopper“ durchaus qualitätsorientiert und markenbewusst. Lediglich die Suche nach dem preiswertesten Produkt im jeweiligen Segment ist beiden Käufergruppen gemein. Befunde deuten darauf hin, dass rund ein Viertel der Deutschen dieser Zielgruppe angehört.
- Doch nicht alle Konsumenten reagieren positiv auf Sonderangebote, Aktionspreise und Rabattaktionen. Neben „Smart Shopper“ und Schnäppchenjäger, die gezielt nach Sonderangeboten suchen, tritt der „Trust Shopper“. Um den Aufwand bei der Suche nach Preisinformationen zu begrenzen, aber dennoch preisgünstig zu konsumieren, kauft er ohne weitere Prüfung bei Händlern, von denen er annimmt, dass sie insgesamt preisgünstig sind. Das gilt insbesondere dann, wenn es sich um periodisch anfallende Käufe handelt.
- Hybride Konsumstrukturen, d.h. diese Verbraucher wechseln ihr Kaufverhalten situativ, in dem sie bei manchen Gütern (v.a. jenen des täglichen Bedarfs) nach dem günstigsten Preis suchen, um hierdurch ihr Budget zugunsten von manchen anderen Gütern (z.B. jenen des demonstrativen Konsums) zu entlasten. Beispiel ist ein Konsument, der seine Lebensmittel im Discounter kauft und gleichzeitig in der Oper die teuerste Platzkategorie wählt. Der hybride Konsument ist deutlich gegenüber dem Smart Shopper abzugrenzen, der generell Qualitätsware zu möglichst geringen Preisen erwerben möchte.
- Angesichts des hybriden Konsumentenverhaltens stoßen klassische Segmentierungsansäntze, die auf sozioökonomischen, demographischen und geografischen Kriterien basiere, zumindest isoliert betrachtet an ihre Grenzen. Allgemeine (etwa Meinungsführerschaft) und produktspezifische (etwa Involvement) psychographische Segmentierungskriterien hingegen erlangen mehr Bedeutung. Auch verhaltensorientierte Modelle mit Kriterien wie Preisverhalten, Informations- und Kommunikationsverhalten, Einkaufsstättenwahl und Produktwahl gewinnen an Stellenwert.

Zusammenfassend kann gesagt werden, dass mithin auch in Zukunft der Handel vom Wandel gekennzeichnet sein wird.

Handeln auf eigene Gefahr – rechtlicher Begriff. Handeln auf eigene Gefahr ist Grundlage für → Haftungsausschluss für Fahrlässigkeit, u.U. auch für grobe Fahrlässigkeit. Handeln auf eigene Gefahr liegt vor, wenn sich jemand an einer gefährlichen Veranstaltung derart beteiligt, dass nach den Umständen die Beteiligung als Einwilligung in eine als möglich erkannte Verletzung gedeutet werden muss. Setzt i.Allg. → Geschäftsfähigkeit voraus. Abgrenzung nur im Einzelfall möglich.

Handelsabkommen – 1. *Begriff:* Zwischenstaatliche (völkervertragsrechtliche) Vereinbarung zur Regelung des Güterverkehrs in einem bestimmten Zeitraum (meist ein Jahr), meist in Verbindung mit einem den → Zahlungsverkehr und die Höhe des → Swing regelnden → Zahlungsabkommen *(Handels- und Zahlungsabkommen).* – 2. *Inhalt:* In den Handelsabkommen wird das gesamte Handelsvolumen vereinbart. Handelsabkommen enthalten meist Listen der Waren, die im Lauf des Vertragsjahres zur → Einfuhr zugelassen werden sollen. – 3. *Durchführung:* Vorgesehene Importkontingente stellen keine Verpflichtung zur Abnahme der aufgeführten Waren dar; die Verpflichtung erstreckt sich nur auf die Erteilung von Importlizenzen. Wenn jedoch (z.B. aufgrund eines verzerrten → Wechselkurses) kein kommerzielles Interesse der Importeure an den ausländischen Produkten besteht, werden die Kontingente nicht ausgeschöpft. Daraus kann sich eine einseitige Verschuldung eines Partners ergeben, der zur Entlastung seiner → Zahlungsbilanz die noch nicht zur Einfuhr ausgeschriebenen → Kontingente so lange zurückhält, bis der andere Vertragspartner durch entsprechende Einkäufe einen Ausgleich der Lieferungen und damit der Zahlungsverpflichtungen hergestellt hat. Ist ein → Swing vereinbart, so kann erst nach dessen Überschreitung eine weitere Kreditierung der Exporte verweigert werden. – 4. Eine *wichtige Form* des Handelsabkommens sind *Selbstbeschränkungsabkommen* (→ freiwillige Exportbeschränkung; *Voluntary Export Restraints, VER*).

Handelsablenkung – *Handelsumlenkung;* Verlagerung des Imports (→ Einfuhr) eines Produktes von einem kostengünstigeren → Drittland zu dem weniger kostengünstigen, aber durch Zollabbau preisgünstigeren Integrationspartner, wenn z.B. zwei Länder eine → Zollunion bilden. Die Bildung der → Zollunion hat in diesem Fall eine → Fehlallokation zur Folge, da die → Produktion des betreffenden Gutes beim Integrationspartner zunimmt, obwohl dies sowohl für das betreffende → Drittland als auch für das Importland nachteilig ist. Handelsablenkung bewirkt also eine negative Wohlfahrtswirkung der wirtschaftlichen → Integration zwischen Volkswirtschaften. Zu beachten ist der positive Effekt der → Handelsschaffung, der sich durch die Reallokation der → Produktionsfaktoren von den teuren Eigenerstellung hin zur preiswerteren Herstellung im Partnerland ergibt.

Handelsabschlag – *Bruttoabschlag;* Form der → Prozentspanne: prozentuales Verhältnis von absoluter → Handelsspanne (→ Betragsspanne) zum → Bruttoverkaufspreis, und damit also der Prozentsatz, der vom Bruttoverkaufspreis abgezogen wird, um zum → Wareneinstandspreis zu gelangen (Berechnung ohne Mehrwertsteuer). – *Gegensatz:* → Handelsaufschlag.

Handelsaufschlag – *Bruttoaufschlag, Bruttoverdienstspanne;* Form der → Prozentspanne: prozentuales Verhältnis von absoluter → Handelsspanne (→ Betragsspanne) zum → Wareneinstandspreis, und damit also der Prozentsatz, der auf den Wareneinstandspreis aufgeschlagen wird, um zum → Bruttoverkaufspreis zu gelangen (Berechnung ohne Mehrwertsteuer). – *Gegensatz:* → Handelsabschlag.

Handelsbanken – Spezialbanken zur Finanzierung des Handels, v.a. des Außenhandels. In der Bundesrepublik Deutschland von geringer, in Trennbanksystemen wie in Großbritannien (Merchant Banks) sowie den USA (Commercial Banks) von größerer Bedeutung.

Handelsbetrieb – 1. *Begriff:* Selbstständige Institution, deren Haupttätigkeit die → Distribution von Waren ist (→ Handel). Handelsbetrieb ist ein ökonomisches, technisches, soziales und ökologisches System, in dem Unternehmer bzw. Manager und Mitarbeiter fremd erstellte Sachleistungen bzw. Altprodukte und gebrauchte Verpackungen mit eigenerstellten Dienstleistungen zu marktfähigen Handelsleistungen kombinieren und diese auf selbst geschaffenen (i.d.R. regionalen) Märkten gegen Entgelt anbieten. Nach ihrer Stellung im Distributionsprozess: Außen-, Groß- und Einzelhandelsbetriebe, weiter zu untergliedern in Branchen nach überwiegend gehandelten Warenarten (etwa Lebensmittel, Möbel, Elektronik). Handelsbetriebe können auf mehreren Handelsstufen tätig sein, z.B. die → Konzentrationsformen des Handels und → Kooperationsformen des Handels, oder auf nur einer Stufe. Sie können sich eines oder mehrerer Vertriebswege bedienen (sog. Multi-Channeling): Handelsbetriebe sind Gegenstand der → Handelsbetriebslehre. – *Modell eines Handelsbetriebs:* vgl. Abbildung „Handelsbetrieb". – 2. *Ziele:* Besonderheiten ergeben sich für den Handelsbetrieb aus der Rechtsform, der regional dezentralisierten Tätigkeit sowie der Vielfalt an Betriebsformen. – a) Die Handelsbranchen der Bundesrepublik Deutschland sind weitgehend *mittelständisch* organisiert, die meisten Betriebe werden als Mittel- oder Kleinbetriebe von den Eigentümern selbst geführt. Vorherrschend sind personale Rechtsformen einschließlich der → GmbH & Co. KG. Für diese Unternehmungen werden selten präzise formulierte Ziele vorgegeben. Neben der Gewinnmaximierung gelten standesgemäßes Einkommen, Sicherheit und Selbstständigkeit sowie soziale Verantwortung für Mitarbeiter und Kunden als typische Ziele. – b) Bei *Großbetrieben* in der Rechtsform von

Handelsbetrieb

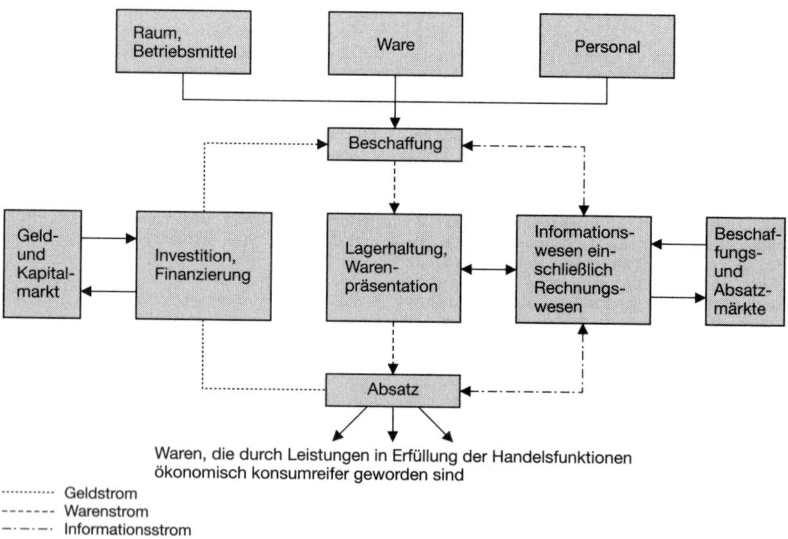

Kapitalgesellschaften ergeben sich Probleme der Zielfindung, weil neben dem Management in der Zentrale eine Vielzahl von Filialleitern dezentral tätig ist, die ein Mitspracherecht bei den konkreten Absatzzielen (Sortiment, Preis, Werbung) fordern, um den regionalen Konsumbedürfnissen entsprechen zu können. Die Bewältigung dieses Konflikts ist das zentrale Führungsproblem bei kooperativen Gruppen des Handels.

Handelsbetriebslehre – 1. *Begriff:* Institutionenlehre der Betriebswirtschaftslehre, deren Erkenntnisobjekte die → Handelsbetriebe und deren Führung (→ Handelsmanagement) sind. In dieser schwerpunktmäßigen Begrenzung auf den → Handel im institutionellen Sinn ist der Unterschied zur → Handelswissenschaft zu sehen. – 2. *Ausbildung* im Fach Handelsbetriebslehre an Universitäten, Fachhochschulen und Berufsakademien. Zusätzlich die Ausbildungsberufe: Verkäufer(in), Kaufmann/-frau im Einzelhandel oder Groß- und Außenhandel. Fortbildung zum Handelsassistenten(in) bzw. Handelsfachwirt(in). Zur Erhaltung der erforderlichen Flexibilität in Forschung und Lehre enthalten die Prüfungsordnungen, v.a. der Universitäten, nur grobe inhaltliche Fixierungen. Bei allen Unterschieden folgende *Schwerpunkte:* (1) → Institutionenlehre des Handels, einschließlich Binnenhandelspolitik; (2) Lehre von den → Handelsfunktionen, einschließlich deren Verteilung im → Absatzkanal; (3) → Handelsmanagement, meist mit deutlicher Betonung des → Handelsmarketings (Übergänge zum Fach Marketing fließend). – 3. Die *methodischen Ansätze* des Faches lassen sich ebenso grob eingrenzen: (1) Systemtheoretischer Ansatz, geeignet zur Beschreibung der Handelsinstitutionen und deren Beziehungen in der Distributionswirtschaft; (2) entscheidungstheoretischer Ansatz, bevorzugt zur Untersuchung der Entscheidungen des Handelsmanagements; (3) warenbezogener Ansatz, liefert Erklärungen für Brancheneinteilung, Betriebsform und Sortimentsentscheidungen; (4) Transaktionskostenansatz, berechnet Transaktionskosten beim Ressourcenverbrauch bei Wahrnehmung der Distributionsfunktionen und erklärt Handelsbetriebe als Spezialisten zur Ersparnis von Transaktionskosten.

Handelsbevollmächtigter → Handlungsbevollmächtigter.

Handelsbilanz – I. Handelsrecht: 1. *Allgemein:* Die durch § 242 I HGB vorgeschriebene Bilanz, die ein → Kaufmann bei Beginn seines Handelsgewerbes (→ Eröffnungsbilanz) und jeweils für den Schluss eines Geschäftsjahres (→ Jahresbilanz) aufzustellen hat. – Vgl. auch → Jahresabschluss. – 2. *Konzernabschluss:* → Handelsbilanz II.

II. Außenwirtschaft: → Zahlungsbilanz, Teil der → Leistungsbilanz, in der die Warenausfuhr als Zahlungseingang und die Wareneinfuhr als Zahlungsausgang erfasst wird. Daneben gibt es in der Leistungsbilanz die → Dienstleistungsbilanz, die Einkommensbilanz sowie die → Bilanz der laufenden Übertragungen.

Handelsbilanz II – 1. *Begriff:* Die Aufstellung einer Handelsbilanz II ist eine vorbereitende Maßnahme zur Erstellung eines → Konzernabschlusses. Handelsbilanzen II werden aus den jeweiligen, in den Konzernabschluss einbezogenen Einzelabschlüssen (Handelsbilanz I) abgeleitet. – 2. Die Erstellung von Handelsbilanzen II ist *erforderlich:* (1) Um die Gliederungen der zu konsolidierenden Einzelabschlüsse einander anzupassen; (2) um gemäß § 300 HGB die Bilanzansätze (Bilanzierung dem Grunde nach) in den Einzelabschlüssen an dem für das Konzernmutterunternehmen gültigen Recht auszurichten (danach sind Aktiva und Passiva vollständig zu erfassen, Bilanzierungswahlrechte können im Konzernabschluss anders als in den Einzelabschlüssen ausgeübt werden); (3) um gemäß § 308 HGB eine einheitliche Bewertung in den zu konsolidierenden Einzelabschlüssen zu erreichen (Bewertungsmaßstab: die auf den Jahresabschluss des Mutterunternehmens *anwendbaren* Bewertungsmethoden; Bewertungswahlrechte können im Konzernabschluss anders als in den Einzelabschlüssen ausgeübt werden); (4) um Währungsumrechnungen bei ausländischen Einzelabschlüssen vorzunehmen. Die Umgestaltung der Einzelabschlüsse in Handelsbilanzen II ist i.d.R. erfolgswirksam und beeinflusst dann das Konzernergebnis, ggf. mehrerer Jahre. – *Beispiel:* Änderungen der Bewertung im abnutzbaren Sachanlagevermögen bewirken unterschiedliche Abschreibungen im Einzelabschluss und der Handelsbilanz II für die Restnutzungsdauer. – Es sind also u.U. umfangreiche Nebenrechnungen erforderlich.

Handelsbrauch – *Handelssitte, Handelsusance, Usance;* bes. → Verkehrssitte im Handelsverkehr. Handelsbrauch ist keine eigentliche Rechtsquelle. Ein allg. Handelsbrauch (nicht ein Ortsgebrauch) kann aber zum → Gewohnheitsrecht werden, wenn die allg. Überzeugung vorherrscht, so handeln zu müssen. Von bes. Bedeutung ist der Handelsbrauch aufgrund § 346 HGB: „Unter Kaufleuten ist in Ansehung der Bedeutung und Wirkung von Handlungen und Unterlassungen auf die im Handelsverkehr geltenden Gewohnheiten und Gebräuche Rücksicht zu nehmen." – Über das *Bestehen eines Handelsbrauchs* erteilen die Industrie- und Handelskammern Auskunft und Gutachten. – Die → Kammern für Handelssachen bei den Landgerichten entscheiden über Handelsbrauch aufgrund eigener Sachkunde und Wissenschaft (§ 114 GVG). Selbst ein *ausländischer Handelsbrauch* ist anzuwenden, wenn festgestellt wird, dass die Parteien das Geschäft einem bestimmten Handelsbrauch unterstellen wollten.

Handelsbriefe → Geschäftsbriefe.

Handelsbücher – Begriff des HGB für → Geschäftsbücher (§§ 238 f. HGB).

Handelsdokument – zugelassene Alternative zum → begleitenden Verwaltungsdokument (BVD).

Handelsfachwirt – vertiefende Qualifikation, die auf der betrieblichen Ausbildung zum Einzel- oder Großhandelskaufmann aufsetzt bzw. nach mehrjähriger einschlägiger Tätigkeit im Handel erworben werden kann. Prüfung vor der Industrie- und Handelskammer.

Handelsfixkauf → Handelskauf, der → Fixgeschäft ist. – *Sonderrechte des Gläubigers* nach § 376 HGB: a) Rücktrittsrecht aufgrund objektiver Säumnis schlechthin. – b) Bei → Schuldnerverzug Recht auf → Schadensersatz wegen Nichterfüllung ohne Nachfristsetzung; bei der Schadensberechnung kann der Gläubiger, wenn die Ware einen Markt- oder Börsenpreis hat, den Unterschied zwischen Kaufpreis und Marktpreis zz. der Fälligkeit verlangen (abstrakte Schadenberechnung). – Vgl. auch → Deckungsgeschäft. – c) Der Gläubiger kann Erfüllung nur dann noch verlangen, wenn er sofort nach dem Stichtag dem Geschäftspartner anzeigt, dass er auf Erfüllung bestehe.

Handelsflotte – zusammenfassende Bezeichnung für alle Seeschiffe einer nationalen Flagge, die in das Seeschiffsregister des betreffenden Staates eingetragen sind. Nur rechtlicher Begriff, der über wirtschaftliche Zusammenhänge nichts aussagt. Z.B. sind die Handelsflotten von Panama, Honduras und Liberia („Panhonlib-Flotten") wesentlich größer, als es dem Verkehrsaufkommen oder der Wirtschaftskraft dieser Länder entsprechen würde: steuerliche Vorteile, niedrigere Gebühren und Schiffssicherheitsbestimmungen, geringere Sozialverpflichtungen, Möglichkeit zur Umgehung von Verpflichtungen aus internationalen Verträgen veranlassen die → Reeder, ihre Schiffe in die Register dieser Länder einzutragen (→ billige Flaggen).

Handelsforschung → Handelswissenschaft.

Handelsfunktionen – Überbrückung räumlicher, zeitlicher, mengenmäßiger und qualitativer Spannungen zwischen Produktion und Konsum durch Distributionsorgane. – Vgl. Abbildung „Handelsfunktionen". Die Wahrnehmung von → Distributionsfunktionen ist in einer arbeitsteiligen Marktwirtschaft notwendig; sie können sowohl von Produzenten als auch von Konsumenten, aber auch von Spezialisten, den → Handelsbetrieben, ausgeübt werden. Wer in einer konkreten Situation welche Handelsfunktionen mit welcher Intensität übernimmt, hängt davon ab, wer die Funktionswahrnehmung zu den niedrigsten Kosten wahrnehmen kann oder die Macht hat, die Funktionswahrnehmung an sich zu ziehen oder zu verlagern. Jede Funktionsübernahme verursacht Kosten, sodass ein Entgelt gerechtfertigt ist. Die Lehre von den Handelsfunktionen hat das Ziel, den sich vornehmlich aus immateriellen Leistungen eines Handelsbetriebes ergebenden gesamtwirtschaftlichen Wertschöpfungsbeitrag sichtbar zu machen. Über den Anteil an der Distributionsspanne und damit das jeweilige Entgelt für die Übernahme von Handelsfunktionen wird im Zuge der Lösung von Machtkonflikten im → Absatzkanal verhandelt. – *Ansätze zur Konfliktlösung:* → Funktionsrabatte, → Efficient Consumer

Handelsfunktionen

Prozessbeziehungen	Dimensionen			
	Raum	Zeit	Quantität	Qualität
	Hersteller → Handelsgüter → Verbraucher			
Realgüterstrom	Warentransporte von Ort zu Ort	Vorratshaltung	Sammeln, Aufteilen, Umpacken, Kommissionieren	(Aus-)Sortieren, Manipulieren, Markieren, Sortimentieren, Zusatzleistungen
	Hersteller ← Zahlungsmittel ← Verbraucher			
Nominalgüterstrom	Übermitteln der Zahlungsmittel von Ort zu Ort	Vorfinanzieren des Herstellers, Kreditieren des Verbrauchers	Sammeln, Aufteilen, der Zahlungsbeträge und -belege	Umwandeln der Zahlungsmittel und der Sicherungsformen
	Hersteller ⇄ Informationen ⇄ Verbraucher			
Informationsstrom	Übermitteln von Informationen von Ort zu Ort	Speichern, Vordisponieren	Sammeln von Informationen, Aufteilen von Kommunikationsmitteln	Verdichten, Kommentieren, Interpretieren, Ergänzen, Prognostizieren

Response (ECR). Die traditionellen Handelsfunktionen werden heute ergänzt um Funktionen der → Redistribution sowie um Sozialfunktionen erweitert: Einkaufen als Freizeitbeschäftigung (→ Erlebnishandel), Handelsbetriebe als Ort menschlicher Kontakte.

Handelsgeografie – Teilbereich der → Wirtschaftsgeografie, der sich mit den räumlichen Grundlagen und Auswirkungen des → Handels (→ Außenhandel, → Binnenhandel, → Binnengroßhandel) und seiner regional differenzierten Betriebsformen beschäftigt. Im Zusammenspiel mit der → Verkehrsgeografie ist die Untersuchung raumwirksamer Faktoren Funktion des Handels als zeitlicher, sachlicher und örtlicher Überbrücker zwischen Hersteller und Konsument und deren → Standorten eine bes. bedeutende Aufgabe. Während die frühere Handelsgeografie in erster Linie die Angebotsseite untersuchte, befasst sich die moderne Handelsgeografie auch mit der Nachfrageseite, d.h. dem räumlich differierenden gruppen- und bevölkerungsspezifischen Versorgungsverhalten.

Handelsgeschäfte – im Rechtssinn: 1. *Handelsunternehmen* (→ Einzelkaufmann und → Handelsgesellschaften). – 2. *Rechtshandlungen eines Kaufmanns*, die durch seine Betriebstätigkeit entstehen: a) *Begriff:* Alle Geschäfte eines Kaufmanns, die zum Betrieb seines Handelsgewerbes gehören (§ 343 HGB). Es besteht eine Vermutung für die Betriebszugehörigkeit (§ 344 HGB); dem Kaufmann obliegt der Gegenbeweis. – b) *Arten:* (1) Einseitige Handelsgeschäfte, die nur auf einer Seite Handelsgeschäfte sind (Vertrag zwischen Kaufmann und Nichtkaufmann), (2) beiderseitige Handelsgeschäfte, das sind Geschäfte zwischen Kaufleuten. – c) *Handelsrechtliche Vorschriften:* gelten nach der Grundregel des § 345 HGB gleichmäßig für beide Teile, auch beim einseitigen Handelsgeschäft. Davon gibt es zahlreiche Ausnahmen, z.B. gelten die strengen Rügevorschriften und -fristen beim Handelskauf (§ 377 HGB) nur für beiderseitige Handelsgeschäfte.

Handelsgesellschaft – Vereinigung von zwei oder mehr Personen zum Betrieb von → Handelsgeschäften, wenn die Gesellschaft als solche im Handelsregister eingetragen wird (→ Handelsregistereintragung); in verschiedenen Unternehmungsformen: (1) → Personengesellschaften (ausgenommen → stille Gesellschaft, die nur Innengesellschaft ist); (2) → Kapitalgesellschaften. – Handelsgesellschaften sind streng zu trennen von den → Gesellschaften des bürgerlichen Rechts (GbR), die nach BGB zu behandeln sind, → Partnerschaftsgesellschaft (PartG). Für Handelsgesellschaften gelten die für den → Kaufmann bestehenden handelsrechtlichen Vorschriften (§ 6 HGB). → Genossenschaften sind insoweit den Handelsgesellschaften gleichgestellt. – *Gegensatz:* → Einzelkaufmann.

Handelsgesetzbuch (HGB) → Handelsrecht.

Handelsgewerbe – Jeder Gewerbebetrieb, es sei denn, dass er einen in kaufmännischer Weise eingerichteten Geschäftsbetrieb nicht erfordert. Betreiber des Handelsgewerbes ist → Istkaufmann, § 1 HGB.

Handelsgewicht → Trockengewicht einer Ware zzgl. des Gewichts durch Einrechnung des zulässigen Feuchtigkeitsgehalts, häufig festgelegt durch → Handelsbrauch.

Handelsgewinn – *Außenhandelsgewinn;* Begriff der realen → Außenwirtschaftstheorie: Gesamtheit der Vorteile, die die Handel treibenden Länder durch → Freihandel realisieren. – 1. *Statischer Handelsgewinn:* zu unterscheiden: a) *Tauschgewinn:* ergibt sich schon durch die internationale Angleichung der Preise gehandelter Güter; daraus folgt die Wohlfahrtssteigerung durch Angleichung der Grenznutzen bei der Verwendung der betreffenden Güter.b) *Spezialisierungsgewinn:* ergibt sich über den Tauschgewinn hinaus, indem infolge der Preisverschiebungen die Produktionsstruktur in effizientere Verwendungen gelenkt wird, d.h. die Produktionsstruktur sich ändert. Das Ergebnis derartiger Reallokationsprozesse wird auch als „relatives Maximum der Produktion" bezeichnet. Wird über die nationale → Mobilität der → Produktionsfaktoren hinaus auch noch die internationale Mobilität zugelassen (gemeinsamer Markt), tritt eine weitere Änderung der Produktionsstruktur ein, man spricht dann von „absolutem Maximum der Produktion". – 2. *Dynamischer Handelsgewinn:* Weitere Handelsvorteile, und zwar v.a.: (1) → Technologietransfer; (2) Einfuhr von benötigten, aber im betreffenden Land nicht produzier- bzw. verfügbaren Gütern; (3) Intensivierung des Wettbewerbs durch Öffnung der eigenen Märkte für die ausländische Konkurrenz; (4) bessere Nutzung der Größenvorteile (→ Economies of Scale) durch Ausweitung der Märkte; (5) Beschleunigung des Wirtschaftswachstums durch steigende Kapitalbildung; (6) Mobilisierung brachliegender Ressourcen bzw. nicht genutzter Produktionskapazitäten durch Ausdehnung der Nachfrage (→ Vent-for-Surplus-Theorie).

Handelsgut – Ware, wie sie im redlichen Handelsverkehr am Erfüllungsort üblich ist. Bei → Gattungsschulden ist Handelsgut „mittlerer Art und Güte" zu liefern (§ 360 HGB). – Bei der *Tel-Quel-Klausel* (→ Tel Quel) kann das schlechteste Gut oder die schlechteste Sorte geliefert werden, wenn es nur ordentliches Kaufmannsgut ist. Ist *„prima Ware"* verkauft, ist beste Qualität zu liefern.

Handelshemmnisse → tarifäre Handelshemmnisse, → nicht tarifäre Handelshemmnisse.

Handelshilfe – Maßnahmen im Rahmen der → Entwicklungshilfe mit dem Ziel der Förderung der Exporte der Entwicklungsländer in die Industrieländer. Zur Handelshilfe zählen Zollpräferenzen, die Finanzierung von Marktausgleichslagern (→ Buffer Stocks) sowie → Rohstoffabkommen.

Handelshochschule – Hochschule der betriebswirtschaftlichen Pionierzeit um 1900, als die rasch fortschreitende wirtschaftliche Entwicklung dazu zwang, die bereits im Merkantilismus unter der Bezeichnung Handelsbetriebslehre weit entwickelte, in der Zwischenzeit jedoch vernachlässigte betriebswirtschaftliche Forschung und Lehre wieder verstärkt zu betreiben. Es wurden folgende Handelshochschulen gegründet: 1898 Aachen, Leipzig und St. Gallen, 1901 Köln und Frankfurt a.M., 1906 Berlin, 1907 Mannheim, 1910 München, 1915 Königsberg und 1919 Nürnberg. – Vgl. auch → Betriebswirtschaftslehre (BWL).

Handelsindifferenzkurve – Begriff der → Außenhandelstheorie; Ort aller Kombinationen von Import- und Exportgütern, die einem Land den gleichen → Nutzen stiften.

Handelskammer → Industrie- und Handelskammer (IHK), → Auslandshandelskammern (AHK).

Handelskauf → Handelsgeschäft, dessen Kaufgegenstand eine Ware oder ein Wertpapier ist. Im Interesse der schnellen und glatten Abwicklung des Handelskaufs wird der Verkäufer im Vergleich zum → Kaufvertrag nach BGB begünstigt. – *Rechtlich geregelt* in §§ 373–381 HGB.

I. Geltungsbereich: Das Sonderrecht für den Handelskauf gilt: (1) Nur für den reinen Handelskauf; (2) für den Handelstausch (§ 480 BGB); (3) für den handelsmäßigen → Werklieferungsvertrag (§ 381 II HGB). – Das Sonderrecht des Handelskaufs gilt nicht für den Kauf von anderen Gütern, z.B. Grundstücken, Rechten, einem Handelsunternehmen.

II. Ergänzende bzw. abändernde Gültigkeit der HGB-Sondervorschriften: Zum Kaufvertragsrecht nach BGB: 1. *Abzugsrecht der Verpackung vom Kaufpreis:* a) Ist der Kaufpreis nach dem Gewicht der Ware bestimmt, wird das Gewicht der Verpackung (Tara) abgezogen (§ 380 HGB); das Nettogewicht (Bruttogewicht abzüglich Taragewicht) ist maßgebend. Eine größere Verpackung ist meist nicht mitverkauft, sondern ist vom Käufer zurückzusenden. – b) Abweichungen können auf Vertrag oder Handelsbrauch am Erfüllungsort des Verkäufers beruhen (§ 380 II HGB). – 2. *Zusätzliche Berechtigung des Verkäufers,* bei → Annahmeverzug des Käufers die Ware in einem öffentlichen Lagerhaus oder in sonst sicherer Weise auf Gefahr und Kosten des Käufers zu hinterlegen (→ Hinterlegung) oder einen → Selbsthilfeverkauf vorzunehmen (§§ 373, 374 HGB). – 3. *Aufbewahrungspflicht des Käufers* (§ 379 HGB) für beanstandete Ware, die ihm vom Verkäufer übersandt worden ist, damit Verkäufer selbst über die Ware verfügen kann, ggf. Recht zum Notverkauf. – 4. *Rügepflicht des Käufers:* Die strengen Bestimmungen über die → Mängelrüge (§ 377 HGB) gelten nur für den beidseitigen Handelskauf. – a) Der Käufer hat die abgelieferte Ware unverzüglich nach der Ablieferung zu untersuchen und etwaige festgestellte Mängel unverzüglich dem Verkäufer anzuzeigen (Mängelrüge), sonst verliert er seine Gewährleistungsansprüche, und die gelieferte Ware gilt als genehmigt. Oft sind Kostproben oder Stichproben notwendig. Markenartikel brauchen nicht ausgepackt zu werden. Nicht erkennbare, verborgene Mängel, die später hervortreten, muss der Käufer unverzüglich nach ihrer Entdeckung anzeigen. – b) Die Mängelrüge ist formlos, muss aber Art und Umfang (nicht Ursache) der Mängel erkennen lassen. Zur Erhaltung der Käuferrechte genügt rechtzeitige Absendung der Anzeige (§ 377 IV HGB); die Gefahr ihrer Ankunft trägt der Verkäufer. – c) Die Rügepflicht fällt fort, wenn der Verkäufer den Mangel arglistig verschwiegen (§ 377 V HGB) oder eine Eigenschaft arglistig vorgespiegelt hat. – d) Die Rügepflicht kann durch Vertrag oder Handelssitte eingeschränkt werden. Einseitige Beschränkungen des Rügerechts auf der Rechnung sind i.Allg. bedeutungslos; anders bei Aufnahme in dem → Bestätigungsschreiben. – 5. *Weitere Sonderregeln* gelten für Spezifikationskauf und → Handelsfixkauf.

Handelskette – Glieder einer → Absatzkette, die in den → Absatzweg einer in ihrem stofflichen Charakter unveränderten Ware von einem erzeugenden zu einem verwendenden Glied eingeschaltet sind. Vom Urproduzenten bis zum Endverbraucher durchläuft eine Ware meist eine Vielzahl von Handelsketten (Handelskettenfolge). – Handelskettenglieder können in erster Linie *kollektierende* (Aufkauf landwirtschaftlicher Erzeugnisse, Aufkauf von Schrott, Altpapier oder sonstigen Wertstoffen, die nach dem Gebrauch bzw. Transport der Waren anfallen) oder *distribuierende Aufgaben* (Verkauf von Sekt durch den Lebensmittelgroß- und -einzelhandel; vgl. → Distribution) haben. Hinzu kommen die Glieder der Handelskette, die im *Außenhandel* und damit über Ländergrenzen hinweg tätig sind: → Ausfuhrhändler (Exporteur), → Einfuhrhändler (Importeur) und → Transithändler (Transiteur). In einer weiteren Bedeutung werden als Handelskette die zu einer Einzelhandelsunternehmung gehörenden Betriebe bezeichnet.

Handelsklassen – Einteilung von Produkten (z.B. frischem Obst und Gemüse) in Klassen einheitlicher Qualität. Handelsklassen bewirken eine Gütesicherung. Dadurch wird der Handelsverkehr erleichtert, die Preisbildung objektiviert und wegen der erhöhten Markttransparenz allen Beteiligten (Erzeugern, Händlern, Verbrauchern) Schutz vor Übervorteilung geboten. – Vgl. auch → Handelsklassengüter.

Handelsklassengüter – 1. *Begriff:* Erzeugnisse der Landwirtschaft und der Fischerei, die aufgrund des Handelsklassengesetzes i.d.F. vom 23.11.1972 (BGBl. I 2201) mit spät.Änd. i.V. mit RechtsVO gesetzlich festgelegte Merkmale haben müssen; z.B. Rindfleisch, Obst, Gemüse, Kartoffeln, Schweinehälften, wenn sie nach gesetzlichen Handelsklassen angeboten, feilgehalten, geliefert oder verkauft werden. – 2. *Merkmale:* Qualität, Herkunft, Art und Weise sowie Zeitpunkt der Erzeugung, Gewinnung, Herstellung und

Behandlung, Angebotszustand, Reinheit und Zusammensetzung, Sortierung und Beständigkeit bestimmter Eigenschaften. – 3. Durch RechtsVO kann auch bestimmt werden, dass bestimmte Erzeugnisse nur noch in gesetzlichen Handelsklassen in Verkehr gebracht werden dürfen, dass in Rechnungen die Handelsklassen anzugeben sind, dass bei der öffentlichen Werbung die Handelsklassen anzugeben sind, dass Börsen, Verwaltungen öffentlicher Märkte etc. bei amtlichen Preisnotierungen die gesetzliche Handelsklasse feststellen und notieren. – Zur Durchführung der RechtsVO stehen den Behörden Auskunfts-, Einsichts- und Prüfungsrechte zu. – 4. *Verstöße* gegen die Handelsklassenbestimmungen und Auskunftsrechte werden als Ordnungswidrigkeit mit Geldbuße geahndet.

Handelsklauseln – im Handelsverkehr v.a. zwischen Käufer und Verkäufer eingebürgerte kurze Formeln (Klauseln), die dem Vertrag einen bestimmten Inhalt geben. Die Handelsklauseln gelten allg. für alle Kaufleute und haben eine große Bedeutung. Sie werden sowohl im nationalen als auch im internationalen Handel sehr häufig verwandt. Von bes. Bedeutung sind die → Incoterms. – Vgl. auch → Lieferungsbedingungen, → Zahlungsbedingungen.

Handelskorporationen – Interessenvertretungen des Handels, die bei der Formulierung von Gesetzesvorlagen mitwirken, in vielfältiger Weise als Lobbyisten tätig sind und intern die Interessen ihrer Mitglieder zu koordinieren haben. Infolge grundlegender Interessenkonflikte existiert in Deutschland eine Vielzahl von Handelskorporationen: Hauptverband des Deutschen Einzelhandels e. V. (HDE) mit seinen Landes- und Regionalorganisationen, Bundesarbeitsgemeinschaft der Mittel- und Großbetriebe des Einzelhandels e. V. (BAG) als Zusammenschluss von 16 Landesarbeitsgemeinschaften und -verbänden, Bundesverband der Filialbetriebe und SB-Warenhäuser e. V. (BFS), Bundesverband des Deutschen Groß- und Außenhandels e. V. (BGA), Bundesverband des Deutschen Versandhandels e. V. (BVH), Außenhandelsvereinigung des Deutschen Einzelhandels e. V. (AVE), DER MITTELSTANDSVERBUND – ZGV e. V. Als Versuche, die einzelnen Interessen in übergeordneten Verbänden zu koordinieren, gelten der „Rat des Deutschen Handels" sowie die Bundesvereinigung Deutscher Handelsverbände e. V. (BDH). Hinzu kommen als Interessenvertretungen die jeweiligen Abteilungen in den Industrie- und Handelskammern, den Arbeitgeberverbänden des Handels sowie der Gewerkschaft Handel, Banken und Versicherungen (HBV). Sämtliche Institutionen veröffentlichen kontinuierlich Daten aus dem Kreis ihrer Mitglieder (→ Handelsstatistik).

Handelskosten → Handlungskosten.

Handelskreditbrief → Commercial Letter of Credit.

Handelsliberalisierung – Befreiung des internationalen Handels von → tarifären Handelshemmnissen und → nicht tarifären Handelshemmnissen. Für den Fall des Alleingangs eines einzelnen Landes spricht man von *unilateraler* → Liberalisierung, während die Abstimmung mehrerer bzw. vieler Länder als *plurilaterale* bzw. → *multilaterale* Liberalisierung bezeichnet wird. Im Rahmen der → World Trade Organization (WTO) wird der völkervertraglich geregelte Abbau der Handelshemmisse und damit die → Handelsliberalisierung gefördert.

Handelsmakler – I. Begriff: Derjenige, der gewerbsmäßig die Vermittlung von Verträgen über Gegenstände des Handelsverkehrs übernimmt, ohne dabei in einem ständigen Vertragsverhältnis zu seinem Auftraggeber zu stehen (§ 93 HGB). – *Beispiele:* Kauf und Verkauf von Wertpapieren, Vermittlung von Versicherungen. – *Anders:* → Handelsvertreter, → Zivilmakler. – *Voraussetzungen:* (1) *Gewerbsmäßig* bedeutet eine planmäßig auf Gewinn gerichtete Tätigkeit (→ Gewerbe). Wer nur gelegentliche Vermittlung übernimmt, ist → Zivilmakler. (2) Die Tätigkeit des Handelsmaklers erstreckt sich auf die *Vermittlung*, nicht auf den Abschluss oder lediglich den Nachweis von Gelegenheiten. – *Rechtliche Regelung:* §§ 93–104 HGB, §§ 652–655 BGB.

II. Arten: 1. *Warenmakler*. – 2. *Effektenmakler*. – 3. *Versicherungsmakler* (Assekuranzmakler). – 4. *Schiffsmakler:* Hierzu gehören v.a. auch die Makler, die in Hafenplätzen die Vermittlung von Schiffsraum betreiben u.a. – 5. *Öffentlich bestellte Makler* mit amtlichem Charakter, das sind z.B. die Kursmakler (§ 30 BörsG), die öffentlich bestellten Versteigerer (§ 383 III BGB), oder die öffentlich ermächtigten Handelsmakler nach § 385 BGB.

III. Pflichten: Der Handelsmakler ist zu seiner Vermittlungstätigkeit keiner der Parteien gegenüber verpflichtet. Übernimmt er aber den Auftrag, auch wenn er nur von einer Partei beauftragt ist, so tritt er gleichzeitig auch zu der anderen Partei in vertragliche Beziehungen. Hierdurch unterscheidet er sich von dem Handelsvertreter und dem Zivilmakler. – 1. *Sorgfaltspflicht:* Der Handelsmakler hat die Interessen beider Parteien wahrzunehmen und haftet ihnen für durch sein → Verschulden entstandenen Schaden (§ 98 HGB). – 2. *Beurkundung:* Das vermittelte Geschäft ist zu beurkunden a) durch Ausstellung einer → Schlussnote, die jeder Partei unverzüglich nach Abschluss des Geschäftes zuzustellen ist (§§ 94, 95 HGB); b) durch tägliche Eintragung in das → Tagebuch (§ 100 HGB). – 3. *Auskunft:* Der Handelsmakler hat jeder Partei auf Verlangen mittels Auszügen aus dem Tagebuch Auskunft zu erteilen (§ 101 HGB). – 4. *Aufbewahrung von Proben* bei → Kauf nach Probe bis zur Erledigung des Geschäftes (§ 96 HGB).

IV. Rechte: 1. Anspruch auf *Vergütung* (→ Maklerlohn). Voraussetzung ist, dass das Geschäft rechtswirksam zustande gekommen ist (§ 652 BGB), Ausführung ist nicht erforderlich. Wird der Vertrag unter einer Bedingung geschlossen, entsteht der Anspruch erst nach Eintritt der Bedingung. Der Handelsmakler kann von jeder Partei die Hälfte des Maklerlohnes fordern (§ 99 HGB). – Wird der Auftrag vorher *widerrufen*, besteht kein Anspruch auf Maklerlohn. Erfolgt Widerruf aber in der Absicht, den Abschluss mit einer von dem Handelsmakler genannten Vertragspartei direkt durchzuführen, um so den Handelsmakler um seinen Lohn zu bringen, so bleibt Anspruch auf Vergütung bestehen. Widerruf kann vorbehaltlich des wichtigen Grundes ausgeschlossen werden. – 2. *Anspruch auf Ersatz von Auslagen* besteht mangels bes. Vereinbarung nicht (§ 652 BGB). – 3. Zur *Empfangnahme von Zahlungen* ist der Handelsmakler nicht berechtigt.

V. Umsatzsteuerrecht: Die Leistungen der Handelsmakler sind umsatzsteuerbar und i.d.R. auch umsatzsteuerpflichtig. – *Ausnahmen:* Vgl. §§ 4 Nr. 2, 8 UStG. Die Umsatzsteuerschuld entsteht bei Handelsmaklern, die ihre Umsätze nach → vereinbarten Entgelten versteuern, mit Ablauf des Voranmeldungszeitraums, in dem sie ihre Vermittlungsleistungen bewirkt haben (mit Ausstellung der Schlussnote).

Handelsmanagement – 1. *Begriff:* Führen von Unternehmungen des → Handels durch den Eigentümer der Unternehmung selbst (meist bei mittelständischen Handelsbetrieben) oder durch angestellte Manager (meist bei Großbetrieben des Handels und in den Zentralen der Konzentrations- und Kooperationsformen des Handels; → kooperative Gruppen des Handels). – 2. Die *Führungsbereiche* des Handelsmanagements umfassen Ziel- und Mittelentscheidungen sowie Planung und Kontrolle aller unternehmenspolitischen Entscheidungen hinsichtlich ihres Beitrags zur Zielerreichung, d.h.: (1) Konstitutive Entscheidungen (Betriebsformenwahl, Standort, Betriebsgröße, Rechtsform, Organisation, ggf. Fusion); (2) laufende Entscheidungen zur Steuerung der Waren-, Finanz- und Informationsströme.

Handelsmarke – engl. *Private Brand, Store Brand, Distributor Brand, Private Label*; sind Waren- oder Firmenkennzeichen, mit denen Handelsbetriebe Waren versehen oder versehen lassen, wodurch sie als Eigner oder Dispositionsträger (= Disposition über die Gestaltung der Marke) der → Marke auftreten. Konsequenterweise verfügen Handelsmarken über einen auf das jeweilige Handelsunternehmen oder die Handelsgruppe begrenzten Distributionsgrad. Häufig werden die Begriffe → Handelsmarke und Eigenmarke sowie → Hausmarke synonym verwendet. Während Haus- und Eigenmarken jedoch i.d.R. zu einem einzelnen Unternehmen gehören, können Handelsmarken auch die Schöpfung von großen Handelsgruppen sein. – Traditionell wurden Handelsmarken als preisgünstige Alternative gegenüber → Markenartikeln eingeführt oder weil Markenartikelhersteller das Handelsunternehmen (insbesondere Discounter) nicht mehr belieferten. Heute sind Handelsmarken Ausdruck eines aktiven → Handelsmarketing zur Profilierung im Absatzmarkt, Sortimentsbereinigung und somit Festigung der Nachfrageposition gegenüber den Lieferanten. Konsequenterweise reicht das Spektrum der Handelsmarken von der Premium-Handelsmarke (= oberes Preissegment) über die klassische Handelsmarke (= mittleres Preissegment) bis zur Discount-Handelsmarke (= unteres Preissegment). – Typische Vertreter von Handelsmarken sind *Tandil* (*Aldi Süd*), *Mibell* (*Edeka*), *AS* (*Schlecker*), *Tip* (*Real, Extra*), *Aro* (*Metro Cash & Carry*) und *Erlenhof* (*Rewe*). – Vgl. auch → No Names.

Handelsmarketing – 1. *Begriff:* institutionenspezifisches → Marketing für → Handelsbetriebe, meist als *Beschaffungs- und Absatzmarketing* aufgefasst. Sämtliche Instrumente des Handelsmarketings sind gemäß den jeweils spezifischen Gegebenheiten auf den Beschaffungs- und Absatzmärkten einzusetzen. Hauptschwierigkeit ist die Koordination der unmittelbar gegenseitig wirkenden Konsequenzen. – 2. *Instrumente:* a) *Beschaffungsinstrumente:* → Beschaffungsmarktforschung, Beschaffungswegepolitik, → Beschaffungsorganisation, → Lieferantenpolitik, → Bestellmengenpolitik, → Beschaffungspreispolitik und Beschaffungskonditionenpolitik, → Kontraktpolitik und → Beschaffungswerbung. – b) *Absatzinstrumente:* (1) Strukturentscheidungen mit akquisitorischer Wirkung: Branche, Standort, Betriebsform, Qualifikation des Verkaufspersonals, Filialisierung, Kooperation, Größe der Verkaufsfläche, Entsorgungsmodalitäten. (2) Absatzinstrumente: → Sortimentspolitik, → Produktpolitik, → Servicepolitik, Entsorgungspolitik (Redistribution), → Absatzpreispolitik und Absatzkonditionenpolitik, Angebotsmethode (→ Selbstbedienung/Bedienung), Ladengestaltung, → Warenpräsentation, → Betriebsbereitschaft, → Absatzkommunikationspolitik. – 3. Der *Einsatz der Beschaffungsinstrumente* gewinnt nicht nur an Bedeutung, wenn auf den Beschaffungsmärkten Engpässe auftreten, sondern auch bei starkem Wettbewerb auf den Absatzmärkten, der zu einer konsequenten Nutzung aller nur möglichen Beschaffungsvorteile zwingt. Diese Konstellation ist für viele Handelsbranchen (etwa Lebensmitteleinzelhandel) typisch.

Handelsmarktforschung → Marktforschung bei Handelsunternehmen. Diese geschieht v.a. durch Händlerbefragungen oder durch → Handelspanels. Ziel ist v.a. die Feststellung der → Distribution, ihrer Arten und Einflussgrößen, als wichtige Voraussetzung für den Markterfolg eines Produkts.

Handelsname → geschäftliche Bezeichnungen.

Handelspanel – 1. *Begriff:* → Panel von ausgewählten Einzel- bzw. Großhandelsbetrieben. Am weitesten verbreitet ist das *Einzelhandelspanel* in der allg. Form, daneben auch spezielle Panels, wie etwa *Branchen-Panel* oder *Fachhandelspanel*, z.B. Apothekenpanel. – 2. *Erhebung:* a) *Erhebungsgegenstände:* Erhoben wird in erster Linie der Endverbraucherabsatz der einzelnen Geschäfte; ferner die Warenbestände und deren Veränderung, Ein- und Verkaufspreise sowie die räumliche Verteilung der Betriebe, die ein bestimmtes Produkt führen, sowie Bezugsquellen, Bestellmengen und -termine, Lagerbestände und Umschlagshäufigkeiten. Dadurch lässt sich eine Reihe von Daten gewinnen, die über den reinen Umsatz pro Artikel und Händler hinausgehen. Beispiele hierfür sind Menge, Wert und durchschnittliche Endverbraucherpreise, derzeitiger Lagerbestand beim Handel und durchschnittliche Einkaufsmengen sowie Distributionsquoten (= Anzahl und Anteil der Geschäfte, die das Produkt führen, bevorraten, einkaufen und verkaufen). Nur mit dem Einzel- und Großhandelspanel sind die Umsätze zu erfassen, die auf Nicht-Haushalte wie Gaststätten, Großverbraucher etc. entfallen. – b) *Erhebungsmethode:* Früher vorwiegend manuell, d.h. der Endverbraucherabsatz wird ermittelt aus der Summe von Anfangsbestand und Einkäufen abzüglich Endbestand, der jeweils manuell durch Zählen ermittelt werden muss (→ Beobachtung). Mit zunehmender Verbreitung von computergestützten Warenwirtschaftssystemen und Scannerkassen hat das → Scanner-Handelspanel das traditionelle Handelspanel verdrängt. – 3. In der *Bundesrepublik Deutschland* v.a. durchgeführt von Nielsen sowie der Gesellschaft für Konsum-, Markt- und Absatzforschung (GfK). – Vgl. auch → Haushaltspanel.

Handelspapiere – sind von Bedeutung im Handelsverkehr. In den Einheitlichen Richtlinien für Inkassi (ERI; anwendbar seit 1.1.1979; Publikation Nr. 322 der Internationalen Handelskammer Paris) sind Handelspapiere definiert als Rechnungen, Verladedokumente, Dispositions- oder andere ähnliche Dokumente sowie weitere Dokumente, die keine Zahlungspapiere darstellen. Handelspapiere sind wichtige Dokumente im internationalen Handelsgeschäft.

Handelspolitik – 1. *Begriff:* Unter Handelspolitik versteht man einerseits die gezielte wirtschaftspolitische Beeinflussung des internationalen Güterhandels durch → tarifäre Handelshemmnisse bzw. → nicht tarifäre Handelshemmnisse, bzw. auch die Reduktion oder Beseitigung derselben (→ Handelsliberalisierung). Unter Handelspolitik versteht man andererseits auch jenen Teilbereich der → realen Außenwirtschaftstheorie, in dem die Wirkungen der verschiedenen Maßnahmen der Handelspolitik untersucht werden (auch *Theorie der Handelspolitik*). – 2. *Maßnahmen:* Man unterscheidet allg. zwischen tarifären und nicht tarifären Handelshemmnissen. a) *Tarifäre Hemmnisse* setzen an den *Preisen* der international gehandelten Güter an, indem sie einen Keil zwischen den → Weltmarktpreis und den im Inland zustandekommenden → Preis treiben. Das bekannteste Beispiel dafür ist ein → Zoll, der den heimischen Preis des importierten Gutes über den Weltmarktpreis anhebt. Nun können auch die heimischen Produzenten des Importersatzgutes einen höheren Preis erzielen. Ähnliches gilt für eine → Exportsubvention, wenn der Weltmarktpreis unter dem Binnenmarktpreis liegt. b) *Nicht tarifäre Handelshemmnisse* können sehr viele verschiedene Formen annehmen. Am bekanntesten sind → Importquoten und → freiwilligen Exportbeschränkungen. Andere Formen nicht tarifärer Handelshemmnisse sind administrative Barrieren, diskriminierende Regulierungen, etc. Mengenbeschränkungen ziehen ähnliche Preiseffekte nach sich, wie sie bei tarifären Hemmnissen direkt eingeführt werden. Eine Importquote kann z.B. ähnlich wie ein Zoll den heimischen Preis über den Weltmarktpreis erhöhen. Bei geringer Anzahl heimischer Anbieter von Importersatzgütern führen Mengenbeschränkungen viel leichter zur Erhöhung der Marktmacht als tarifäre Maßnahmen. – 3. *Handelspolitik bei vollständiger* → Konkurrenz: Die Theorie der Handelspolitik untersucht die Wirkungen verschiedener handelspolitischer Maßnahmen. Dabei interessiert v.a., unter welchen Bedingungen ein Land durch solche Maßnahmen eine *Wohlfahrtssteigerung* erreichen kann, und mit welcher Konsequenz dies für die anderen Länder verbunden ist. Das älteste und vielleicht wichtigste Ergebnis ist, dass ein → kleines Land weder durch die Einführung eines → Zolls noch durch die Einführung einer → Exportsubvention eine Wohlfahrtssteigerung erzielen kann, vorausgesetzt, es herrscht → vollkommene Konkurrenz, und vorausgesetzt, es gibt keine Verzerrungen. Ein → *großes Land* hingegen kann *ceteris paribus* durch handelspolitsiche Maßnahmen Wohlfahrtssteigerungen erzielen.

Handelsrecht – I. Begriff/ Einordnung: Handelsrecht ist das Sonderrecht des Kaufmanns, des → Handelsstandes. – 1. *Privatrechtliche Normen:* Die Vorschriften des Handelsrechts betreffen im Wesentlichen die Rechtsbeziehungen des Kaufmanns zu seinen Geschäftspartnern, die wettbewerbsrechtlichen und gesellschaftsrechtlichen Beziehungen zu anderen Unternehmern. Das Handelsgesetzbuch (HGB) vom 10.5.1897 (RGBl. 219) m.spät.Änd. geht in § 1 HGB vom Kaufmannsbegriff aus, der seit dem Handelsrechtsreformgesetz vom 22.6.1998 (BGBl. I 1474) jeden Betreiber eines Handelsgewerbes erfasst (→ Kaufmann). – 2. *Öffentlich-rechtliche Normen:* Dies gilt für den Kaufmannsbegriff, das Handelsregisterrecht, die kaufmännische Buchführungspflicht, das Firmen- und Wettbewerbsrecht, das Privatversicherungs-, Bank- und Börsenrecht, das Aktienrecht und viele weitere Gebiete. – Der Schwerpunkt des Handelsrechts liegt beim Privatrecht.

II. Geltungsbereich: Das Handelsrecht gilt für alle Kaufleute mit Vorrang vor dem → Bürgerlichen Recht (Art. 2 EGHGB). Oft ergänzt das allgemeine Bürgerliche Recht jedoch das Handelsrecht, z.B. bei der Vollmacht, dem Recht der OHG und KG, dem Kauf- und Werkvertragsrecht. Das Handelsrecht ist auch auf einseitige Handelsgeschäfte anzuwenden, bei denen nur ein Vertragspartner Kaufmann ist, es sei denn, dass die Geltung ausdrücklich auf beiderseitige Handelsgeschäfte beschränkt ist (z.B. die Mängelrüge gemäß § 377 HGB).

III. Rechtsquellen: 1. *Handelsgesetzbuch* vom 10.5.1897, das mit dem BGB am 1.1.1900 in Kraft getreten ist, ist in fünf Bücher gegliedert: a) *Buch I:* Handelsstand mit Normierung des Kaufmannsbegriffs, des Registerrechts, des Rechts der Firma, der bes. handelsrechtlichen Vollmachten (Prokura, Handlungsvollmacht), des Rechts der Handlungsgehilfen, Handelsvertreter und Handelsmakler. – b) *Buch II:* Handelsgesellschaften und stille Gesellschaft mit Regelung des Rechts der offenen Handelsgesellschaft, der Kommanditgesellschaft und der stillen Gesellschaft. – c) *Buch III:* Handelsbücher mit den Vorschriften über die Buchführung und über das Bilanzrecht einschließlich der Ergänzungen für Kapitalgesellschaften. – d) *Buch IV:* Handelsgeschäfte mit allg. Vorschriften für alle Handelsgeschäfte und Sonderbestimmungen für einzelne Vertragstypen (Handelskauf, Kommissionsgeschäft, Frachtgeschäft, Speditionsgeschäft, Lagergeschäft). – e) *Buch V:* Seehandel mit der Regelung des Seehandelsrechts. – 2. *Nebengesetze:* Diese betreffen das Wettbewerbsrecht, das Gesellschaftsrecht, das Wertpapierrecht, das Bankrecht und Börsenrecht. Außerdem zählen das Privatversicherungsrecht und das Recht des Buch- und Verlagshandels zu dem Handelsrecht. – 3. *Gewohnheitsrecht:* Im gleichen Rang wie das Gesetzesrecht gilt das Gewohnheitsrecht, das im Handelsverkehr seit jeher eine erhebliche Bedeutung hat. → Handelsbräuche beeinflussen die Gesetzgebung und das → Gewohnheitsrecht (§ 346 HGB). – 4. Zusätzlich gelten im Handelsrecht viele *internationale Vereinbarungen.*

IV. Besonderheiten: Im Vertragsrecht spielen im Handelsrecht die Allgemeinen Geschäftsbedingungen eine große Rolle, zumal die Vorschriften des BGB bei Geschäftsbedingungen gegenüber einem Unternehmer nicht eingreifen (§ 310 BGB). Unter Kaufleuten ist nach § 38 ZPO auch weiterhin die Gerichtsstandsvereinbarung zugelassen. – Das Wesen des Handelsrechts wird bestimmt vom *Gedanken der Rechtssicherheit,*vom Vertrauen in die Handlungen des Kaufmanns. Darauf beruhen der Ausbau des Registerwesens (→ Handelsregister, → Genossenschaftsregister, → Unternehmensregister, → Schiffsregister), die Ausbildung bes. Vollmachten mit typisiertem Inhalt (→ Prokura, → Handlungsvollmacht) und der erweiterte Vertrauensschutz bei der Rechtsscheinhaftung. – Das Handelsrecht dient dem Warenverkehr, der oft der bes. *Beschleunigung* bedarf. Daher sind Formvorschriften teilweise aufgehoben oder gelockert (§ 350 HGB) und sollen auch Vertragsverletzungen einer beschleunigten Lösung zugeführt werden. Auch im Wechsel- und Scheckprozess wird der Beschleunigungsgrundsatz deutlich. Im Zivilprozess sind außerdem bei den Landgerichten Kammern für Handelssachen eingerichtet (§§ 93 ff. GVG), die mit Berufs- und sachkundigen Handelsrichtern über Rechtsstreitigkeiten beschleunigt, teilweise aufgrund eigener Sachkunde (§ 114 GVG), entscheiden. Daneben wird bei Streitigkeiten in Handelssachen oft von der Möglichkeit der Vereinbarung des Schiedsverfahrens (§§ 1025 ff. ZPO) Gebrauch gemacht.

handelsrechtliche Buchführungsvorschriften – Teil der kodifizierten und nicht kodifizierten → Grundsätze ordnungsmäßiger Buchführung (GoB), der die Buchführung nach handelsrechtlichen Vorschriften (vgl. insbesondere §§ 238 – 263 HGB) betrifft. – Vgl. auch → Buchführungsrichtlinien.

Handelsregister – Ein bei den → Amtsgerichten elektronisch geführtes öffentliches Register (§§ 8 I HGB, 374 Nr. 1 FamFG), das Kaufleute und Handelsgesellschaften unter ihrer → Firma verzeichnet und bestimmte Rechtsvorgänge offenkundig macht (→ Publizitätsprinzip). Neben dem Handelsregister dienen auch das seit 1.1.2007 durch das EHUG neu eingeführte elektronische → Unternehmensregister (§ 8b HGB), und die seitdem elektronisch geführten → Partnerschaftsregister und → Genossenschaftsregister dem Publizitätsprinzip. Im HGB und Nebengesetzen (z.B. Aktiengesetz) finden sich die Vorschriften über die Pflicht zur Eintragung und zur Anmeldung eintragungspflichtiger Tatsachen im Handelsregister. Die Eintragung kann mit → Zwangsgeld erzwungen, in Ausnahmefällen von Amts wegen vorgenommen werden. Der Begriff *Handelsregister* ist bes. gesetzlich geschützt, vgl. § 8 II HGB. – *Bestandteile:* Das Handelsregister besteht aus der *Abteilung A* für die Einzelkaufleute und die Personengesellschaften des Handelsrechts mit Ausnahme der stillen Gesellschaft sowie für die juristischen Personen des öffentlichen Rechts und *Abteilung B* für die Kapitalgesellschaften. Einzelheiten geregelt in der Handelsregisterverordnung. – Die *Bestimmung des Handelsregisters für die Öffentlichkeit* findet darin Ausdruck, dass die Einsicht jedem zur Information gestattet ist (Handelsregistereinsicht, § 9 HGB). Nach § 9a HGB ist auch ein Onlineabruf der im Rahmen der nach § 9 I HGB erlaubten Einsicht und beschränkt auf die Eintragungen in das Handelsregister sowie die zum Handelsregister eingereichten aktuellen Gesellschafterlisten und jeweils gültigen Satzungen möglich. Darüber hinaus erfolgt auch die → öffentliche Bekanntmachung der Eingetragungen in das Handelsregister durch ein von der Landesjustizverwaltung bestimmtes elektronisches Informations- und Kommunikationssystem, nämlich im Gemeinsamen Registerportal der Länder (vgl. 33 9,19 HGB; www.handelsregister.de). Den Behörden gegenüber wird ein Zeugnis über Eintragungen oder Fehlen solcher durch ein → Positivattest bzw. → Negativattest erbracht. – *Verstößt* eine Eintragung gegen gesetzliche Vorschriften, so kann sie von Amts wegen gelöscht werden. – *Gegen* die Verfügungen des Registergerichts ist meist Beschwerde (§ 58 FamFG) und die Rechtsbeschwerde (§ 70 FamFG) möglich, über die das Landgericht (→ Kammer für Handelssachen) bzw. das → Oberlandesgericht (OLG) entscheidet. – Das Handelsregister genießt einen geringeren *Gutglaubensschutz* als ihn der öffentliche Glaube des Grundbuchs gewährt (→ Positivwirkung).

Handelsregistereintragung – 1. *Verpflichtung zur Handelsregistereintragung:* (1) → Firmen, teilweise Voraussetzung für die Erlangung der Eigenschaft als → Kaufmann (→ Kannkaufmann); (2) zahlreiche andere Tatsachen des kaufmännischen Betriebs, z.B. Erteilung der Prokura, Errichtung einer Zweigniederlassung, Erlöschen der Firma. – 2. *Folgen:* a) Die Handelsregistereintragung dient v.a. der Unterrichtung der Öffentlichkeit. – b) Sie ergibt die gesetzliche Vermutung, dass eingetragene Tatsachen bekannt und nicht eingetragene, eintragungspflichtige Tatsachen (z.B. Widerruf der Prokura) unbekannt sind (→ Publizitätsprinzip); Vermutung gilt nicht für die fälschlicherweise erfolgte Handelsregistereintragung nur rechtsbekundender Natur, z.T. haben sie jedoch rechtserzeugende Wirkung, z.B. die Handelsregistereintragung der Aktiengesellschaft (Formkaufmann). – Vgl. auch → Handelsregister, → Eintragungsfähigkeit, → Gesetz über elektronische Handelsregister und Genossenschaftsregister sowie das Unternehmensregister (EHUG).

Handelsrichter – Handelsrichter sind ehrenamtliche Richter (→ Laienrichter), die als Beisitzer der → Kammer für Handelssachen fungieren. Sie werden auf gutachtlichen Vorschlag der Industrie- und Handelskammer auf jeweils fünf Jahre ernannt. – *Voraussetzung:* dt. Staatsangehörigkeit, Vollendung des 30. Lebensjahres und Eintragung als Kaufmann, z.B. als Vorstandsmitglied oder Geschäftsführer einer juristischen Person oder als Prokurist im Handelsregister. – Während der Dauer ihres Amtes haben sie alle *Rechte und Pflichten eines Richters* (§ 112 GVG).

Handelssachen – Im Sinn des Gerichtsverfassungsgesetzes sind Handelssachen u.a. Ansprüche gegen Kaufleute aus beiderseitigen Handelsgeschäften, aus einem Wechsel, aufgrund des Scheckgesetzes, aus Firmen-, Marken- und Wettbewerbsrecht und gesellschaftsrechtlichen Rechtsverhältnissen und aus der Börsengesetzgebung (§ 95 GVG). Außerdem Streitigkeiten, in denen sich die Zuständigkeit des Landgerichts nach § 246 III oder § 396 I AktG, §§ 51 III, 81 I GenG, § 10 UmwandlungsG, § 2 SpruchverfahrensG, § 87 GWB und § 13 IV der EG-Verbraucherschutzdurchsetzungsgesetzes (§ 95 II GVG). Auf Antrag einer Partei entscheidet statt Zivilkammer des Landgerichts die Kammer für Handelssachen. – *Besetzung:* Ein Berufsrichter, zwei ehrenamtliche Handelsrichter (§§ 93–114 GVG).

Handelsschaffung – Verstärkung des Handels zwischen zwei Ländern als Ergebnis der Verringerung oder Beseitigung der zwischen ihnen bestehenden → tarifären Handelshemmnisse (z.B. in einer → Freihandelszone oder einer → Zollunion) bei Aufrechterhaltung von *Handelsbarrieren* gegenüber Drittländern. Dieser Effekt ist für sich genommen mit den positiven Wohlfahrtswirkungen des internationalen Handels verbunden. Dazu kommt jedoch ein negativer Effekt der → Handelsablenkung (Handelsumlenkung). – Vgl. auch → Integration, → Handelspolitik.

Handelsschule – jetzt: → Berufsfachschule.

Handelssitte → Handelsbrauch.

Handelsspanne – 1. *Begriff:* a) *Handelsbetriebslehre:* Unterschiedsbetrag zwischen Einstands- und Verkaufspreisen im Handelsbetrieb. – Vgl. auch → Handelsaufschlag, → Handelsabschlag sowie unten. – b) *Umsatzsteuer:* (1) Differenz zwischen Warenverkaufspreis (inkl. Mehrwertsteuer) und eingesetzten Warenmengen, bewertet mit → Wareneinstandspreisen (ohne Vorsteuer). Diese *Brutto-Netto-Rechnung* ist im Handel üblich, da Warenumsätze bislang nach dem Verkauf meist nur auf der Basis von Warengruppen erfasst wurden, sodass ein gesonderter Ausweis der genauen Mehrwertsteuerbeträge nur schwer möglich ist. (2) Zur Ermittlung eines die Steuerbelastung exakt berücksichtigenden Rohgewinns ist die artikelspezifische Vorsteuer den Wareneinstandspreisen hinzuzufügen *(Brutto-Brutto-Rechnung)* oder die Mehrwertsteuer von den Verkaufspreisen abzuziehen *(Netto-Netto-Rechnung).* Werden Handelsspannen für einzelne Artikel berechnet, ist die Herausrechnung der Umsatzsteuerbelastung leicht möglich. – 2. *Formen:* Handelsspannen können als *absolute Zahl* (→ Stückspanne, die gleich dem → Rohertrag eines Artikels ist) oder als *relative Zahl* (→ Prozentspanne) ausgewiesen werden. Außerdem ist die Ermittlung von Warengruppen-, Durchschnitts-, bes. → Betriebshandelsspannen üblich. – 3. Handelsspannen *dienen* zu Ermittlung der Kalkulationsaufschläge (→ Kalkulationsaufschlag im Handel), v.a. bei der → Mischkalkulation, sowie zur Kontrolle der Rohgewinnentwicklung mittels → Istspannen und → Sollspannen. – 4. *Berechnungsbeispiel:* In einer Periode sollen 100 Einheiten à 800 Euro abgesetzt werden, die zu einem Umsatz von 100.000 Euro führen sollen. *Handelsaufschlag (Kalkulationsaufschlag):*

$$\frac{\text{Rohgewinn} \cdot 100}{\text{Wareneinsatz}} = \frac{20.000 \cdot 100}{80.000} = 25\%.$$

Rohgewinn = Warenumsatz – Wareneinsatz, bewertet zu Einstands-, hier Einkaufspreisen: 100.000 – 80.000 = 20.000 Euro. Auf jeden Artikel zu 800 Euro Einkaufspreis sind 25 Prozent = 200 Euro aufzuschlagen. Dies ergibt bei einem Verkaufspreis von 1.000 Euro · 100 Einheiten einen Umsatz von 100.000 Euro. – *Handelsabschlag:*

$$\frac{\text{Rohgewinn} \cdot 100}{\text{Umsatz zu Verkaufspreisen}}$$

$$= \frac{20.000 \cdot 100}{100.000} = 20\%.$$

Bei einem Verkaufspreis pro Stück von 1.000 Euro sind 20 Prozent von 1.000 Euro = 200 *(absolute Handelsspanne)* abzuziehen, um den Einkaufspreis von 800 Euro zu errechnen. Einem Rohgewinn vom Umsatz in Höhe von 20 Prozent *entspricht* also ein Handelsaufschlag auf den Einkaufspreis von 25 Prozent.

Handelsstand – Im Sinn des HGB alle kaufmännisch Tätigen, unabhängig davon, ob sie Unternehmer, Prokuristen, Handelsvertreter, Handlungsgehilfen etc. sind. – *Organe des Handelsstands:* → Industrie- und Handelskammern (IHK).

Handelsstatistik – Teil der → amtlichen Statistik auf Grundlage des Gesetzes zur Neuordnung der Statistik im Handel und Gastgewerbe vom 10.12.2001 (BGBl. I 3438) im Rahmen der → Handels- und Gastgewerbestatistik. Die monatlichen Erhebungen im Handel sind Teil des konjunkturstatistischen Systems der Europäischen Gemeinschaft für Zwecke der Währungs- und Wirtschaftspolitik. Daneben liefern sie Informationen über die Verwendung von Teilen des privaten Konsums. Die Monatserhebungen im Handel umfassen den Monatsumsatz sowie die Anzahl der tätigen Personen, unterteilt nach Vollzeit- und Teilzeitbeschäftigten. Während die jährliche Handelsstatistik über Struktur und Produktivität im Handel informiert und daher als Strukturerhebung bezeichnet wird, stellt die monatliche Erhebung konjunkturelle Informationen bereit (Konjunkturerhebung).

Handelssteuern → Steuern, die an grenzüberschreitenden Gütertransaktionen anknüpfen. Können positiv (z.B. → Einfuhrzoll) und negativ (z.B. → Exportsubvention) sein. – Vgl. auch → tarifäre Handelshemmnisse.

Handelsstruktur – I. Betriebswirtschaft: Organisatorischer Aufbau und Zusammensetzung des (Binnen-) → Handels zu einem bestimmten Zeitpunkt. Einblicke in die Handelsstruktur vermitteln die amtliche Statistik (→ Handelsstatistik) und die Strukturerhebungen mittels der Handels- und Gaststättenzählungen (Handelszensus). Differenziertere Erhebungen nach Regionen, Betriebsformen, Kooperationszugehörigkeit u.a. erstellen Industrie- und Handelskammern und die berufsständischen Organisationen des Handels.

II. Außenwirtschaft: Struktur der internationalen Handelsströme zwischen zwei oder mehreren Ländern. Zentrales Erkenntnisziel der → realen Außenwirtschaftstheorie und der → Handelspolitik.

Handelsstufe – Glied einer → Handelskette, z.B. Importgroßhändler, Großhändler, Einzelhändler.

Handelstheorie → Außenhandelstheorie.

Handels- und Entwicklungskonferenz der Vereinten Nationen → UNCTAD.

Handels- und Gastgewerbestatistik – Teil der → amtlichen Statistik auf Grundlage des Gesetzes zur Neuordnung der Statistik im Handel und Gastgewerbe vom 10.12.2001 (BGBl. I Nr. 66, S. 3438 ff.) in seiner jeweils gültigen Fassung. Die Handels- und Gastgewerbestatistik ist eine Stichprobenerhebung bei den Unternehmen, die schwerpunktmäßig Handels- oder Gastgewerbetätigkeiten nach den entsprechenden Abschnitten der → Wirtschaftszweigsystematiken (WZ 08) ausüben. Die dt. Handels- und Gastgewerbestatistik wird ausschließlich online veröffentlicht. Die Ergebnisse können auf der Homepage des → Statistischen Bundesamtes (StBA) abgerufen werden. Die Veröffentlichung der Ergebnisse der → Handelsstatistik bzw. der → Gastgewerbestatistik erfolgt jährlich bzw. monatlich.

Handels- und Gaststättenzählung – umfassende Strukturerhebung im Handel und Gastgewerbe, zuletzt durchgeführt 1993.

Handelsusance → Handelsbrauch.

Handelsverlust – *Außenhandelsverlust;* in der → realen Außenwirtschaftstheorie aufgezeigte Möglichkeit, dass sich die Wohlfahrtsposition eines Landes durch Übergang zum → Freihandel nicht erhöht, sondern verringert, z.B. möglicherweise dann, wenn die sozialen und privaten → Kosten voneinander abweichen oder durch Aufnahme des → Außenhandels Arbeitskräfte freigesetzt werden, die aufgrund unzulänglicher → Mobilität und unzureichender Flexibilität der Löhne unbeschäftigt bleiben.

Handelsvermittlung → Handelsvertreter, → Handelsmakler.

Handelsvermittlungsstatistik – Repräsentativstatistik im Rahmen der → Handelsstatistik, die seit Beginn der 1990er-Jahre ausgesetzt ist.

Handelsvertreter – früher: *(Handlungs-)Agent.*

I. Begriff: Handelsvertreter ist, wer als selbstständiger Gewerbetreibender ständig damit betraut ist, für einen anderen Unternehmer Geschäfte zu vermitteln (→ Vermittlungsvertreter) oder in dessen Namen abzuschließen (→ Abschlussvertreter), § 84 I 1 HGB. – 1. *Selbstständig:* D.h., der Handelsvertreter ist nicht Angestellter des Unternehmens, für das er arbeitet. Für die Beantwortung von Abgrenzungsfragen kommt es auf die persönliche Selbstständigkeit an. Ein Handelsvertreter muss „im Wesentlichen frei seine Tätigkeit gestalten und seine Arbeitszeit bestimmen können" (§ 84 I 2 HGB). Fehlen diese Voraussetzungen, so gilt er als Angestellter (§ 84 II HGB), d.h. er ist dann ein Arbeitnehmer; wenn sein Arbeitgeber (der Unternehmer) ein → Kaufmann ist, ist er → Handlungsgehilfe. – 2. *Ständige Betrauung:* Dies verlangt eine auf Dauer gerichtete Vertragsbeziehung; es genügt auch für eine Saison, aber nicht nur gelegentlich. – 3. Der Unternehmer braucht *kein* → Handelsgewerbe zu betreiben (§ 84 IV HGB).

II. Vertrag: → Dienstvertrag über Geschäftsbesorgungen (kein Arbeitsvertrag, sondern Vertrag über selbstständige Dienste). – Die Vorschriften der §§ 611 ff., 675 BGB sind ergänzend heranzuziehen.

Handelsvertreter und Unternehmer können Ausfertigung einer Vertragsurkunde verlangen (§ 85 HGB).

III. Pflichten: 1. V.a. *Vermittlung* und *Abschluss von Geschäften.* – 2. *Ferner:* a) *Wahrnehmung des Interesses des Unternehmers* (§ 86 I HGB). – b) *Sorgfaltspflicht* (§ 86 III HGB): Das erfordert Weitergabe aller für den Unternehmer wichtigen Mitteilungen, z.B. über Kreditwürdigkeit eines Kunden, Beanstandungen und Wünsche der Kunden, Lage des Marktes im Ganzen oder für die geführten Artikel etc. Weiterhin beinhaltet die Sorgfaltspflicht die Prüfung der Zahlungsfähigkeit der Kunden. – Vgl. auch → Delkredere. – c) *Benachrichtigungspflicht:* Unverzügliche Mitteilung über jede Vermittlung und jeden Abschluss eines Geschäftes (§ 86 II HGB), auch über den Stand des Geschäftes. Ferner hat der Handelsvertreter Rechnung zu legen und herauszugeben, was er erlangt hat (§§ 675, 666, 667 BGB). – d) *Pflicht zur persönlichen Dienstleistung* (§ 613 BGB): Handelsvertreter kann aber Hilfspersonen im gewöhnlichen Maße einsetzen; Haftung nach § 278 BGB (→ Untervertreter). – e) *Verschwiegenheitspflicht* (§ 90 HGB): Während und nach der Vertragszeit Wahrung von Geschäfts- und Betriebsgeheimnissen. – f) *Treuepflicht* ergibt sich aus der Dauernatur des Vertrages und dem hierfür notwendigen Vertrauensverhältnis. Ein ausdrückliches → Wettbewerbsverbot ist für den Handelsvertreter nicht vorgesehen, eine Tätigkeit für andere Unternehmer oder Abschluss eigener Geschäfte ist zulässig, aber es darf hierdurch keine Schädigung des einen Unternehmers eintreten. Für die Zeit nach Beendigung des Handelsvertreter-Verhältnisses kann eine → Wettbewerbsklausel vereinbart werden (§ 90a HGB).

IV. Rechte: Sie korrespondieren zu den in § 86a HGB aufgenommenen Pflichten des Unternehmers. – 1. Der Handelsvertreter kann die für seine Tätigkeit *erforderlichen Arbeitsunterlagen* fordern, z.B. Preislisten, Muster, Werbedrucksachen. – 2. Er kann *Benachrichtigung* über Annahme oder Ablehnung eines vermittelten oder ohne Vollmacht abgeschlossenen Geschäftes sowie über Beschränkungen in der Liefermöglichkeit etc. verlangen. – 3. Insbesondere hat der Handelsvertreter das Recht auf → Provision; §§ 87 ff. HGB. Dieses besteht auf jeden Fall für alle während des Vertragsverhältnisses aufgrund seiner Tätigkeit mit Dritten abgeschlossenen Geschäfte, vgl. → Bezirksvertreter, → Kundenschutz. – 4. Erstattung der *Aufwendungen,* die im regelmäßigen Geschäftsbetrieb entstehen, kann Handelsvertreter nur verlangen, wenn dies bes. vereinbart oder handelsüblich ist (§ 87d HGB). – 5. Sonderregelung gilt für die *Vollmacht des Handelsvertreters:* a) Die dem Abschlussvertreter erteilte → Handlungsvollmacht hat den gleichen gesetzlich bestimmten Umfang wie die des → Handlungsreisenden; entsprechendes gilt für den Abschlussvertreter, der von einem Unternehmer bevollmächtigt ist, der nicht Kaufmann ist (§§ 55, 91 I HGB). – b) Der Vermittlungsvertreter gilt als ermächtigt, → Mängelanzeigen, die Erklärung, dass eine Ware zur Verfügung gestellt werde, sowie ähnliche Erklärungen entgegenzunehmen. Er kann die dem Unternehmer zustehenden Rechte auf → Beweissicherung geltend machen. Eine Beschränkung dieser Rechte ist Dritten gegenüber nur wirksam, wenn sie die Beschränkung kannten oder fahrlässig nicht kannten (§ 91 II HGB). – 6. *Zurückbehaltungsrechte* stehen dem Handelsvertreter nur nach den §§ 369 ff. HGB, § 273 BGB zu. Sie sind aber unverzichtbar (§ 88a HGB). – 7. *Kündigungsfristen:* a) Ist das Vertragsverhältnis auf unbestimmte Zeit eingegangen, so kann es im ersten Jahr der Vertragsdauer mit einer Frist von einem Monat, im zweiten Jahr mit einer Frist von zwei Monaten und im dritten bis fünften Jahr mit einer Frist von drei Monaten gekündigt werden (§ 89 I S. 1 HGB). Es kann nur für den Schluss eines Kalendermonats gekündigt werden, es sei denn, es wurde anders vereinbart. b) Als vereinbarte Kündigungsfristen können längere und kürzere Zeiträume bestimmt werden (vgl. näher § 89 II HGB). Kündigung aus wichtigem Grund (§ 89a HGB) ist daneben und auch für Verträge auf bestimmte Dauer möglich. – 8. Nach Beendigung des Dienstverhältnisses hat der Handelsvertreter u.U. wegen seiner bleibenden Leistung einen *Ausgleichsanspruch* (§ 89b HGB; → Ausgleichsanspruch des Handelsvertreters).

V. Gerichtsbarkeit: 1. Grundsätzlich liegt die Entscheidung über Ansprüche aus dem Handelsvertreter-Vertrag bei der *ordentlichen Gerichtsbarkeit,* innerhalb der Landgerichte bei den Kammern für Handelssachen. – 2. *Arbeitsgerichtsbarkeit* gilt, wenn Handelsvertreter aufgrund seiner wirtschaftlichen Unselbstständigkeit als „arbeitnehmerähnliche Person" im Sinn des § 5 ArbGG anzusehen ist. Hierunter fallen Einfirmenvertreter im Sinn des § 92a HGB, die in den letzten sechs Vertragsmonaten (bei kürzerer Vertragsdauer während dieser) durchschnittlich nicht mehr als 1.000 Euro monatlich verdient haben. Dieser Betrag kann entsprechend den jeweiligen Lohn- und Preisverhältnissen durch Rechtsverordnung geändert werden (§ 5 III ArbGG).

VI. Steuerliche Behandlung: 1. *Einkommensteuer:* Handelsvertreter erzielt i.d.R. → Einkünfte aus Gewerbebetrieb (§ 2 I Nr. 2 EStG), bei Unselbstständigkeit Einkünfte aus nichtselbstständiger Arbeit. – Vgl. auch Behandlung des → Ausgleichsanspruchs des Handelsvertreters. – 2. *Umsatzsteuer:* a) Handelt der Handelsvertreter, gleichgültig unter welcher Bezeichnung, *im eigenen Namen,* dann kommt es aus umsatzsteuerlicher Sicht zu Vertragsbeziehungen zwischen dem Kunden und dem Handelsvertreter und dem Handelsvertreter und seinem Auftraggeber andererseits; beide Geschäfte sind dann isoliert füreinander zu würdigen. Geht es bspw. um eine Lieferung, so sähe das UStG dann eine Lieferung vom Unternehmer an den Handelsvertreter und eine Weiterlieferung vom Handelsvertreter an den Endkunden (→ Kommissionsgeschäft, § 3 III und § 3 XI UStG).

Diese Fallkonstellation ist im Vergleich eher selten. – b) Tritt er dagegen in *fremdem Namen* auf (echter Handelsvertreter), was der Regelfall ist, so entstehen Vertragsbeziehungen direkt zwischen dem Kunden und dem Auftraggeber; der Handelsvertreter selbst erbringt dann nur eine Vermittlungsleistung (sonstige Leistung § 3 IX UStG) an den Unternehmer als seinen Auftraggeber; der Handelsvertreter hat dann nur seine eigene Provision der Umsatzsteuer zu unterwerfen. In Einzelfällen, z.B. bei Versicherungsvertretern (§ 4 Nr. 11 UStG), ist die Vermittlungsleistung steuerbefreit, in allen anderen Fällen jedoch steuerpflichtig. Wird über die Provisionen durch → Gutschrift abgerechnet, wird diese Gutschrift umsatzsteuerlich wie eine Rechnung des Handelsvertreters behandelt. Ob dem Unternehmer als dem Auftraggeber des Handelsvertreter für die Umsatzsteuer auf die Provision Vorsteuerabzug zusteht, bestimmt sich nach allg. Grundsätzen. – 3. *Internationale Konstellationen*: a) *Umsatzsteuer:* Ist der Auftraggeber des Handelsvertreter ein ausländisches Unternehmen, ist ab 2010 die Provision für die erbrachte Vermittlungsleistung nicht mehr in Deutschland, sondern im Land des Auftraggebers zu versteuern (§ 3a II UStG 2010); damit ist dann bei Auftraggebern aus der restlichen EU das → Reverse-Charge-Verfahren gekoppelt, d.h. die fragliche Umsatzsteuer auf die Provision ist vom Auftraggeber zu zahlen und der Handelsvertreter stellt eine Nettorechnung. Ggf. dann Meldepflicht als → innergemeinschaftliche Dienstleistung in der → Zusammenfassenden Meldung. – b) *Ertragsteuern*: Hier ist zu unterscheiden zwischen dem Gewinn des Handelsvertreters selbst und dem Gewinn, den der Auftraggeber durch die Einschaltung des Handelsvertreters erwirtschaften kann: Nach dem OECD-Musterabkommen kann die Einschaltung von Handelsvertretern in einem fremden Land nur dann zu einer Steuerpflicht seines Auftraggebers für alle Gewinne, die aus den vom Handelsvertreter abgeschlossenen Geschäften stammen, in diesem fremden Land führen, wenn der Handelsvertreter die bes. Voraussetzungen eines „Ständigen Vertreters" erfüllt; ansonsten versteuert der Auftraggeber seinen eigenen Gewinn nur in dem Land, in dem er sein Unternehmen unterhält (→ Betriebsstättenprinzip). Das Einkommen des Handelsvertreters selbst (die Provisionen) wird dagegen i.d.R. in dem Land zu versteuern sein, in dem dieser wohnt.

Handelsverzerrung – *statischer Integrationseffekt;* die Errichtung eines regional begrenzten Handelsliberalisierungsprojekts (→ Zollunion, → Freihandelszone, → regionale Integration, → Regionalismus) bewirkt für die nichtbeteiligten Volkswirtschaften (Drittländer) zusätzliche Diskriminierungseffekte. Diese entstehen dann, wenn Güter, die vor der Blockbildung von den Wirtschaftssubjekten des Gemeinsamen Marktes aus der restlichen Welt importiert wurden, fortan jedoch bei Produzenten aus Partnerländern bezogen werden, obwohl diese jene Produkte weniger effizient erzeugen, nun aber infolge des internen Freihandelsvorteils preiswerter anbieten können. Die damit verbundene Verschlechterung der weltweiten Faktorallokation hat wohlfahrtsmindernde Auswirkungen. Der Effekt der → Handelsablenkung kann nur bei denjenigen Gütern eintreten, bei denen die Höhe der Außenprotektion des Präferenzraums größer ist als der Produktionskostenvorteil der Drittländer. – Vgl. auch → Handelsschaffung, → Handelspolitik.

Handelsvolumen → Außenhandelsvolumen.

Handelsvorteile → endogene Handelsvorteile, → exogene Handelsvorteile.

Handelswaren – bewegliche Sachgüter, die in absatzfähigem Zustand bezogen und ohne Be- oder Verarbeitung (meist mit einem Aufschlag) wieder verkauft werden. Manipulationen wie Sortieren, Mischen, Abpacken, Markieren gelten dabei nicht als Be- oder Verarbeitung. Eine Einteilung ist nach einer Vielzahl von Merkmalen der → Warentypologisierung möglich.

Handelswechsel → Wechsel, der zur kurzfristigen Finanzierung von Warenlieferungen sowie Dienstleistungen verwendet wird (Warenwechsel). Dabei stellt der Warenlieferant einen Wechsel aus, den der Käufer (→ Bezogener) akzeptiert. Bei Fälligkeit – meist nach 90 Tagen – ist der Käufer verpflichtet, den vereinbarten Betrag an den → Wechselnehmer (Begünstigter) zu zahlen. Somit erhält der Käufer einen → Lieferantenkredit. Der Lieferant kann den Wechsel als Zahlungsmittel verwenden (Weitergabe an den Wechselnehmer) oder als Kreditmittel zur Beschaffung liquider Mittel einsetzen. – Die früher gebräuchliche Form des → Diskontkredits, bei dem Kreditinstitute kurzfristige Kredite auf der Basis von Handelswechseln gaben, hat heute an Bedeutung verloren, zumal die Möglichkeit des Rediskonts bei der Deutschen Bundesbank nicht mehr besteht.

Handelswerbung – 1. *Begriff:* → Werbung für ein Handelsunternehmen. – 2. *Ziel:* Die Handelswerbung ist eine institutionelle Werbung *(Firmenwerbung, Institutionenwerbung)* mit dem Ziel, das Handelsunternehmen bekannt zu machen (Aktualität) und eigenständig zu positionieren sowie die Konsumenten über das aktuelle Angebot zu informieren. Was ein Handelsunternehmunen von anderen unterscheiden sollte, ist weniger das Sortiment, die Preisgestaltung oder die Lage, sondern sind die durch Marketing geschaffenen Vorstellungen in der Psyche des Konsumenten. – 3. *Werbeträger und -mittel:* In der Praxis verbreitet ist Werbung mit Sonderangeboten oder Dauerniedrigpreisen, um beim Konsumenten ein günstiges Preisimage zu erzeugen. Da viele Unternehmen sich in dieser Hinsicht ähnlich verhalten und preislich herausgestellte Artikel oftmals identisch sind, kann reine Preiswerbung nur geringe Beiträge zur Profilierung leisten. Hierzu dienen u.a. Aktionsartikel, die für einen begrenzten Zeitraum angeboten werden. Weitere in der Praxis verbreitete Elemente sind Anzeigen in Tageszeitungen, regionalen Anzeigenblättern, Vereinszeitungen, Fachzeitschriften, Prospekte, Kataloge und Preisverzeichnisse mit Illustration und Qualitätsbeschreibungen der Absatzgüter, die regelmäßig durch Vertreterbesuch an die Zielgruppe herangeführt werden. Weitere Werbemittel sind die Schaufensterwerbung sowie das Couponing. – 4. *Kontrolle:* ökonomisch mittels u.a. Umsatz-, Absatz-, Kundenfrequenz- sowie Durchschnittsbonanalysen; psychographisch durch Recognition- und Recalltests zur Messung der Bekanntheit, Protokolle lauten Denkens (freie Assoziationstests), Einstellungsmessung mittels Multiattributivmodellen sowie Messung innerer Bilder zur Kontrolle des → Image von Handelsunternehmungen.

Handelswissenschaft – 1. *Begriff:* Wissenschaft vom → Handel im funktionellen Sinn. Im Mittelpunkt steht die Frage, auf welche Weise der Handel dazu beiträgt, die zwischen Produktion und Konsum bestehenden räumlichen, zeitlichen, quantitativen und qualitativen Spannungen abzubauen. – 2. *Teilgebiete:* a) *Gesamtwirtschaftliche Betrachtung:* Welthandel, Rohstoffhandel, Rohstoffhandelsabkommen, Beschränkungen des Freihandels, Handelsströme, internationaler Handel, Import-, Exporthandel, Marktordnungen, Institutionen der → Distribution von Waren, Konzentration und Kooperation im Handel, Binnenhandelspolitik einschließlich der handelsgerichteten Wettbewerbspolitik und -rechtsprechung (in der EU und in der Bundesrepublik Deutschland). – b) *Einzelwirtschaftliche Betrachtung:* Führung von Handelsbetrieben, → Handelsmanagement, d.h. betriebswirtschaftliche Analyse sämtlicher unternehmenspolitischen Entscheidungen in allen Funktionsbereichen eines Handelsbetriebes. Während die ältere Handlungswissenschaft die gesamt- und einzelwirtschaftlichen Teilgebiete nahezu gleichgewichtig betonte, wird in der heutigen → Handelsbetriebslehre, einer Institutionenlehre der betriebswirtschaftlichen Ausbildung, vielfach der einzelwirtschaftliche Aspekt, v.a. das → Handelsmarketing, gegenüber der Institutionenlehre bes. betont.

Handkauf → Barkauf ohne bes. vertragliche Klauseln. Zusammenfallen von → Kaufvertrag und → Übereignung. Typisch für Einkäufe des täglichen Lebens.

Händlerlisten-Förderung – *Dealer-Listed Promotion;* Förderung einer an Konsumenten gerichteten Werbebotschaft, in der über ein Produkt oder ein Sonderangebot berichtet wird. Gleichzeitig werden Namen und ggf. Adressen der Einzelhändler, die das Produkt führen oder sich an der Aktion beteiligen, angegeben. – Händlerlisten-Förderung dient als Maßnahme zur Information des Konsumenten sowie als Anreiz für die Einzelhändler, das Produkt zu führen bzw. an der Aktion teilzunehmen (→ Verkaufsförderung).

Händlermarke → Handelsmarke.

Händlernachlass – *Merchandise Allowance;* vertraglich festgelegte Vergütung für die Händler, die sich innerhalb eines bestimmten Zeitraumes für das Produkt eines Herstellers über das normale Maß hinaus engagiert haben. – *Arten:* a) Der *Werbenachlass (Advertising Allowance)* wird für die bes. Herausstellung des Produktes in der Werbung des Händlers gewährt. – b) Der *Display-Nachlass (Display Allowance)* stellt für den Händler eine Entlohnung für die Mühe dar, die er bei der Installation des Display-Materials aufgewandt hat, und ist zugleich ein Kostenbeitrag für die Nutzung eines Teils des Verkaufsraumes für die Produktpräsentation. – Händlernachlass wird als Maßnahme der → Verkaufsförderung angewandt.

Händlerpreisempfehlung → Preisempfehlung.

Händler- und Berater-Regeln – Bestandteil der Insider-Regeln (s. hierzu → Insider-Richtlinie). Mit dem → Wertpapierhandelsgesetz (WpHG) wurden an die Stelle der freiwilligen Händler- und Berater-Regeln gesetzliche Verhaltensregeln für Wertpapierdienstleistungsunternehmen gesetzt. Damit sollen v.a. die Kundeninteressen gewahrt werden (§§ 31 ff. WpHG, vgl. z.B. → Produktinformationsblatt bei der Anlageberatung). Im Zuge der Umsetzung der → MiFID wurden die Verhaltensregeln erheblich erweitert. – Vgl. → Vorhandelstransparenz und → Nachhandelstransparenz.

Handlungsbevollmächtigter – *Handelsbevollmächtigter;* derjenige, der ohne Erteilung der → Prokura zum Betrieb eines ganzen Handelsgewerbes oder zur Vornahme einer bestimmten Art von Geschäften oder einzelner Geschäfte eines Handelsgewerbes ermächtigt ist (→ Handlungsvollmacht). Der Handlungsbevollmächtigte braucht in keinem Abhängigkeitsverhältnis zum Unternehmer zu stehen, kann z.B. dessen Freund, Ehefrau, Kommanditist oder stiller Gesellschafter sein. Der Handlungsbevollmächtigte zeichnet mit einem sein Vollmachtsverhältnis ausdrückenden Zusatz, darf aber keinen die Prokura andeutenden Zusatz verwenden (§ 57 HGB; → Zeichnung).

Handlungsbeziehungen → Interaktionen zwischen → Handlungsträgern bzw. → organisatorischen Einheiten, z.B. in Form von → Kommunikationsbeziehungen oder dem betrieblichen Materialfluss.

Handlungsfähigkeit – Fähigkeit, rechtswirksam zu handeln. Die Handlungsfähigkeit gliedert sich in → Geschäftsfähigkeit und → Deliktsfähigkeit. – *Anders:* → Rechtsfähigkeit.

Handlungsfreiheit → Freiheit, → Wettbewerbstheorie.

Handlungsgehilfe – I. Begriff: Im Sprachgebrauch häufig → kaufmännischer Angestellter, der in einem → Handelsgewerbe zur Leistung kaufmännischer Dienste gegen Entgelt beschäftigte Angestellte (§§ 59 ff. HGB).

II. Vertrag: → Arbeitsvertrag, dem die Mindestvorschriften der §§ 59 ff. HGB zugrunde zu legen sind. Daneben finden ergänzend die §§ 611 ff. BGB, die arbeitsrechtlichen Vorschriften und die der → Tarifverträge Anwendung. → Schriftform ist nicht vorgeschrieben, jedoch zweckmäßig.

III. Pflichten des Handlungsgehilfen: 1. Arbeitsleistung und allg. Gehorsamspflicht. – 2. Unterlassen jeden Wettbewerbs ohne Einwilligung des → Unternehmers während - und bei entsprechender Vereinbarung auch nach Beendigung des Arbeitsverhältnisses (→ Wettbewerbsverbot, → Wettbewerbsklausel). – 3. Verbot der Annahme von → Schmiergeldern und des Verrats von → Betriebs- und Geschäftsgeheimnissen.

IV. Pflichten des Unternehmers: 1. Leistung der Vergütung, ggf. Unterhalt und Provision. – 2. Gewährung von → Urlaub. – 3. Pflicht, den Handlungsgehilfen im Rahmen seines Arbeitsvertrages zu beschäftigen (→ Beschäftigungsanspruch). – 4. → Fürsorgepflicht (§ 62 HGB), die die allg. Sorgfaltspflichten des Unternehmers zum Schutz seiner Handlungsgehilfen bei der Regelung des Geschäftsbetriebes umfasst, z.B. Instandhaltung der Geschäftsräume sowie jeden Schutz für Leben und Gesundheit der Handlungsgehilfen – 5. → Aufwendungsersatz. Verlangt der Handlungsgehilfe hierfür einen → Vorschuss, so muss dieser gewährt werden. – 6. Ausstellung eines → Zeugnisses nach Kündigung des Arbeitsvertrages (§ 109 GewO).

V. Kündigung: Die → ordentliche Kündigung des Handlungsgehilfen ist an die Kündigungsfristen des § 622 BGB gebunden (→ Kündigung, → Kündigungsschutz, → Mutterschutz, → Schwerbehindertenrecht). Daneben kann auch eine außerordentliche oder fristlose Kündigung bei Vorliegen eines → wichtigen Grundes, z.B. bei Untreue, erfolgen.

Handlungsgehilfenprüfung → Ausbildungsabschlussprüfung.

Handlungskompetenz – Oberbegriff für → Fachkompetenz, → Methodenkompetenz und → Sozialkompetenz. Ist die Fähigkeit, zielgerichtet, aufgabengemäß, der Situation angemessen und verantwortungsbewusst betriebliche Aufgaben zu erfüllen und Probleme zu lösen.

Handlungskosten – *Handelskosten.* 1. *Handelsbetrieb:* Sämtlicher Werteverzehr, der zur Erbringung handelsbetrieblicher Leistungen erforderlich ist. Zusammengesetzt aus: a) *Warenkosten:* Kosten der Ware selbst einschließlich sämtlicher Preiskorrekturen und direkt zurechenbaren Bezugs-Nebenkosten. – b) *Handlungskosten i.e.S.:* Übrige Kosten handelsbetrieblicher Tätigkeit, z.B. Personalkosten, Raumkosten, Miete, Transport-, Kfz-, Verpackungskosten, Kosten für selbsterstellte Leistungen (Reparaturen, Installationen u.a.), Zinsen, Abschreibungen, allg. Verwaltungskosten. Hinzu kommen (je nach Rechenzweck) Steuern (Gewerbesteuer), Unternehmerlohn, Zinsen für Eigenkapital und der Mietwert für die Nutzung eigener Gebäude. – 2. *Industriebetrieb:* Summe aus Verwaltungs- und Vertriebsgemeinkosten (→ Verwaltungskosten, → Vertriebskosten).

Handlungsreisender → Handlungsgehilfe, der damit betraut ist, außerhalb des Betriebs des Unternehmers Geschäfte in dessen Namen abzuschließen. Im Gegensatz zum → Handelsvertreter fehlt dem angestellten Handlungsreisenden die Möglichkeit, im Wesentlichen seine Tätigkeit frei zu gestalten und seine Arbeitszeit zu bestimmen. → Handlungsvollmacht (§ 55 HGB): Die → Vollmacht zum Abschluss von Geschäften bevollmächtigt Handlungsreisenden nicht, abgeschlossene Verträge zu ändern, bes. Zahlungsfristen zu gewähren oder ohne bes. Vollmacht Zahlungen entgegenzunehmen (§ 55 II, III HGB). Dagegen können → Mängelanzeigen und ähnliche Erklärungen dem Handlungsreisenden gegenüber abgegeben werden; er kann die Rechte des Unternehmers auf → Beweissicherung geltend machen (§ 55 IV HGB). – Gleiches gilt für den Handlungsreisenden, der *nur mit der Vermittlung von Geschäften* betraut ist; eine Beschränkung dieser Rechte wirkt Dritten gegenüber nur, wenn ihnen die Beschränkung bekannt war oder aus → Fahrlässigkeit nicht bekannt geworden ist (§ 75g HGB).

Handlungsspielraum – definiert die Möglichkeiten, die jemanden offen stehen, um zu handeln. – Vgl. auch → Arbeitsgestaltung.

Handlungsträger – *Funktionsträger;* gedachte (abstrakte) Person, die durch Handlungen in → organisatorischen Einheiten an der Erfüllung der Unternehmungsaufgabe beteiligt ist. – Vgl. auch → Organisationsmitglieder, → Verantwortungsträger.

Handlungsunkosten → Unkosten.

Handlungsutilitarismus → Utilitarismus.

Handlungsvollmacht – I. Begriff: Die nicht als → Prokura in einem Handelsgewerbe dem → Handlungsbevollmächtigten erteilte → Vollmacht (§§ 54–58 HGB).

II. Arten/Umfang: 1. *Gesetzlicher Umfang der Handlungsvollmacht* (§ 54 HGB): Die Handlungsvollmacht deckt alle Geschäfts- und Rechtshandlungen, die der Betrieb des Handelsgewerbes oder die Vornahme derartiger Geschäfte gewöhnlich mit sich bringt. Die Handlungsvollmacht ermächtigt dagegen nicht zur Veräußerung und Belastung von Grundstücken, Eingehung von Wechselverbindlichkeiten, Aufnahme von Darlehen oder zur Prozessführung (§ 54 II HGB). Hierfür ist eine bes. Vollmacht erforderlich. – 2. *Arten:* (1) *Generalvollmacht* für den Betrieb im ganzen (z.B. Geschäftsleiter), (2) *Art- bzw. Teilvollmacht* für bestimmte Arten von Geschäften (z.B. für Einkäufer, Verkäufer, Kassierer) oder (3) *Einzel- bzw. Spezialvollmacht* für einzelne Geschäfte. – 3. *Beschränkungen der Handlungsvollmacht* sind beliebig möglich (anders Prokura), gegen Dritte aber ist Beschränkung nur insoweit wirksam, als sie die Beschränkungen kannten oder kennen mussten (§ 54 III HGB). Es genügt, dass Beschränkung gehörig bekannt gemacht ist, z.B. durch auffällige Vermerke auf dem Bestellschein. – 4. Die Handlungsvollmacht kann in der Weise erteilt werden, dass mehrere zusammen handeln müssen (→ Gesamthandlungsvollmacht). – 5. Einen gesetzlich bestimmten Umfang hat auch die *Handlungsvollmacht des → Handlungsreisenden und des Ladenangestellten.*

III. Entstehung/Löschung: 1. Handlungsvollmacht kann im Gegensatz zur Prokura auch von einem Prokuristen, einem Testamentsvollstrecker oder Nachlassverwalter oder einem anderen Handlungsbevollmächtigten erteilt werden. Eintragung in das Handelsregister findet nicht statt. – 2. Die *Erteilung der Handlungsvollmacht* ist grundsätzlich ein einseitiges, empfangsbedürftiges Rechtsgeschäft, aber auch durch Vertrag möglich. Die Erklärung kann gegenüber dem zu Bevollmächtigenden, dem Dritten, dem gegenüber die Vertretung stattfinden soll, wie auch durch öffentliche Bekanntmachung erfolgen. Im ersten Fall wird meist dem Handlungsbevollmächtigten eine Vollmachtsurkunde ausgehändigt; die Handlungsvollmacht wirkt dann gegenüber Dritten mit deren Kenntnisnahme. – 3. Die *Handlungsvollmacht erlischt* (1) mit Erreichen des mit ihr verbundenen Zweckes, (2) mit Zeitablauf, (3) mit Widerruf (ist Unwiderruflichkeit vereinbart, aber nur bei Vorliegen eines → wichtigen Grundes), (4) durch Kündigung des zugrunde liegenden Dienst- oder Auftragsverhältnisses, (5) durch Eintritt der → Geschäftsunfähigkeit des Bevollmächtigten (nicht aber des Vollmachtgebers), (6) durch Eröffnung des Insolventverfahrens über das Vermögen des Vollmachtgebers (§ 115, 116 InsO). – 4. Zum Schutz des guten Glaubens Dritter kann die erloschene Handlungsvollmacht aber wie eine sonstige Vollmacht *fortwirken.* Auch ohne Bevollmächtigung kann der Unternehmer bei der Schein-Handlungsvollmacht haften.

IV. Rechtliche Wirkungen: → Stellvertretung.

Handschriftleser → Klarschriftleser.

Handwerker – 1. *Begriff:* → Gewerbetreibender, der Sachen handwerksmäßig be- oder verarbeitet. Alle selbstständigen Handwerker werden von der Handwerkskammer, dort in der Handwerksrolle und dem Verzeichnis der Inhaber von Betrieben zulassungsfreier Handwerke und handwerksähnlicher Betriebe, geführt. – 2. Handwerker ist grundsätzlich → Istkaufmann, es sei denn, sein Unternehmen erfordert keinen in kaufmännischer Weise eingerichteten Geschäftsbetrieb (→ Kannkaufmann). – 3. Zur *Überwachung der Vorschriften über die Eintragung* sind die Organe des → Handelsstandes und die Organe des Handwerkstandes eingeschaltet.

Handwerkerversicherung – 1. *Rechtsgrundlage:* Auch für Handwerker gilt die im SGB VI geregelte gesetzliche Rentenversicherung. – 2. *Versicherungspflicht:* Es besteht grundsätzlich für alle in der Handwerksrolle und im Verzeichnis der Inhaber von Betrieben zulassungsfreier Handwerke (§ 19 HwO) eingetragenen selbstständigen Handwerker Versicherungspflicht (§ 2 Nr. 8 SGB VI) unabhängig von der Art, dem Umfang und der Größe des Betriebes und der Höhe des Einkommens. Versicherungspflichtig sind auch die Gesellschafter einer in der Handwerksrolle oder in dem Verzeichnis nach § 19 HwO eingetragenen Personengesellschaft, die den Befähigungsnachweis besitzen. Die Versicherung wird von der Deutschen Rentenversicherung Bund und von Regionalträgern durchgeführt (§§ 125 ff. SGB VI). – 3. *Beginn* der Versicherungspflicht mit der Eintragung in die Handwerksrolle und Aufnahme der selbstständigen Tätigkeit. – 4. Wenn mind. für 18 Jahre Beiträge gezahlt worden sind, kann – ausgenommen Bezirksschornsteinfegermeister – auf Antrag die *Befreiung* von der Versicherungspflicht erfolgen (§ 6 I Nr. 4 SGB VI). Die Befreiung wirkt vom Vorliegen der Voraussetzungen an, wenn der Antrag innerhalb von drei Monaten gestellt wird. Ansonsten ab Eingang des Antrags. – 5. Die *Beiträge* richten sich nach den beitragspflichtigen Einnahmen (Arbeitseinkommen) auf der Grundlage von § 165 SGB VI. – 6. Handwerker, die am 31.12.1991 *nicht versicherungspflichtig* waren, bleiben in dieser Tätigkeit nicht versicherungspflichtig (§ 229 II SGB VI). Dasselbe gilt hinsichtlich der Versicherungsfreiheit (§ 230 SGB VI).

handwerksähnliches Gewerbe – Gewerbe, das handwerksähnlich betrieben wird (→ Handwerksbetrieb) und in der Anlage B Abschn. 2 zur Handwerksordnung aufgeführt ist. Der selbstständige Betrieb eines handwerksähnlichen Gewerbes als → stehendes Gewerbe ist unverzüglich der Handwerkskammer, in deren Bezirk die gewerbliche Niederlassung liegt, anzuzeigen (§ 18 HandwO). Die Inhaber des handwerksähnlichen Gewerbes werden in ein Verzeichnis aufgenommen, das bei berechtigtem Interesse eingesehen werden kann (§ 19 HandwO). Ein Befähigungsnachweis für diese Eintragung ist nicht erforderlich, im Übrigen gelten die Vorschriften über die Handwerksrolle.

Handwerksbetrieb – *Handwerksunternehmen.* 1. *Begriff (§ 1 II HandwO):* Ein → Gewerbebetrieb ist ein Betrieb eines zulassungspflichtigen Handwerks, wenn er handwerksmäßig betrieben wird und ein → Gewerbe vollständig umfasst, das in der Anlage A zur Handwerksordnung (HandwO) aufgeführt ist (Positivliste) oder Tätigkeiten ausgeübt werden, die für dieses Gewerbe wesentlich sind (wesentliche Tätigkeiten). Keine wesentlichen Tätigkeiten liegen v.a. dann vor, wenn (1) diese in einem Zeitraum von bis zu drei Monaten erlernt werden können oder (2) diese zwar eine längere Anlernzeit verlangen, aber nicht die spezifischen Kenntnisse und Fertigkeiten eines zulassungspflichtigen Handwerks verlangen oder (3) nicht aus einem zulassungspflichtigen Handwerk

Handwerks-Kontenrahmen – Kontengruppen-Übersicht des Einheitskontenrahmens für das deutsche Handwerk

Bestandskonten		
Klasse 0	Klasse 1	Klasse 3
Anlage- u. Kapitalkonten (Ruhende Konten)	Finanzkonten	Konten der Bestände an Verbrauchsstoffen und Erzeugnissen
01 Grundstücke, grundstücksgleiche Rechte und Bauten 02 Maschinen, techn. Anlagen, Werkzeuge 03 Fahrzeuge 04 Betriebs- und Geschäftsausstattung 05 Immaterielle Vermögensgegenstände 06 Finanzanlagen, langfristige Forderungen 07 Langfristige Verbindlichkeiten 08 Eigenkapital 09 Rückstellungen, Rechnungsabgrenzungsposten und aktivierte Ingangsetzungsaufwendungen	10 Kasse 11 Postgiro, Banken, Schecks 12 Wechselforderungen, Umlaufwertpapiere 13 Interimskonten 14 Kurzfristige Forderungen 15 Geleistete Anzahlungen 16 Kurzfristige Verbindlichkeiten 17 Vorauszahlungen und sonst. Guthaben der Kunden, noch zu erbringende Leistungen (nur zum Bilanzstichtag hier, sonst unter 1400) 18 Wechselverbindlichkeiten 19 Privatkonten	30 Rohstoffe (Grundstoffe) 31 Bezogene einbaufertige Teile 32 Hilfs- und Betriebsstoffe 33 Kleinmaterial 34 Handelswaren 35 frei 36 Unfertige Erzeugnisse bzw. Leistungen 37 Selbst hergestellte Fertigerzeugnisse 38 Noch in Rechnung zu stellende Leistungen 39 Frei für nicht direkt zuordenbare Skonti und Rabatte

Erfolgskonten		
Klasse 4	Klasse 8	Klasse 9
Konten der Kostenarten	Erlöskonten	Abgrenzungs- und Abschlusskonten
40 Einsatz an Rohstoffen und bezogenen Teilen (Einzelkostenmaterial) 41 Personalkosten (außer Entlohnung für Leiharbeitskräfte) 42 Kleinmaterial, Hilfs- und Betriebsstoffe (Gemeinkosten) 43 Fremdstrom, -gas, -wasser 44 Steuern, Gebühren, Beiträge, Versicherungen u. Ä. 45 Verschiedene Gemeinkosten 46 Frei für kalkulatorische Kosten 47 Handelswareneinsatz 48 Sondereinzelkosten der Fertigung einschließlich bezogene Leistungen 49 Sondereinzelkosten des Vertriebs und sonstige Sondereinzelkosten einschließlich bezogene Leistungen	80 Erlöse aus selbst hergestellten Erzeugnissen 81 Erlöse aus Lohnaufträgen 82 Erlöse aus Reparaturaufträgen 83 Erlöse aus Dienstleistungen 84 Erlöse aus Handelswaren 85 Sonstige Erlöse 86 Erlösschmälerungen 87 Bestandsveränderungen bei unfertigen Erzeugnissen bzw. Leistungen, bei selbst hergestellten Fertigerzeugnissen, bei noch in Rechnung zu stellenden Leistungen 88 frei (bei EDV nicht verwenden) 89 Eigenverbrauch an Reparaturleistungen und sonstigen betrieblichen Leistungen	90 Außerordentliche Aufwendungen und Erträge 91 Betriebsfremde Aufwendungen und Erträge 92 Haus- u. Grundstücksaufwendungen und -erträge 93 Zinsen u. ä. Aufwendungen 94 Zinsen u. ä. Erträge 95 Bilanzielle Abschreibungen 96 Frei für Verrechnungskonten zu den kalkulatorischen Kosten 97 Frei für kurzfristige Rechnungen 98 Jahres-Gewinn- und Verlustkonto 99 Jahresbilanzkonto und buchungstechnische Verrechnungskonten

(Die Klassen 2, 5, 6 und 7 entfallen)

entstanden sind (§ 1 II Nr. 1-3 HandwO). In solchen Fällen nicht wesentlicher Tätigkeiten finden die Regelungen der HandwO über zulassungspflichtige Handwerke keine Anwendung. Handwerksbetriebe sind ferner zulassungsfreie Handwerke, wenn sie handwerksmäßig betrieben werden und in der Anlage B Abschn. 1 der Handwerksordnung aufgeführt sind (§ 18 II HandwO). – 2. Handwerksbetriebe gehören i.d.R. dem unternehmerischen Mittelstand (KMU) an. Der zulassungspflichtige Handwerksbetrieb als → stehendes Gewerbe ist nur den in der Handwerksrolle eingetragenen natürlichen und juristischen Personen sowie Personenhandelsgesellschaften und Gesellschaften des bürgerlichen Rechts gestattet. Gewisse Ausnahmen nach § 4 HandwO bei Tod des Handwerkers für Ehegatten (Witwenprivileg), Erben (→ Erbenprivileg), Testamentsvollstrecker etc. Beginn und Beendigung des Betriebs sind nach § 16 II GewO der örtlich zuständigen Handwerkskammer unverzüglich anzuzeigen. – *Abgrenzung zum Industriebetrieb:* → Industrieunternehmung.

Handwerksdichte – Begriff der Handwerksstatistik zur Kennzeichnung der Zahl der Handwerksbetriebe oder auch der im Handwerk Beschäftigten je 1.000 Einwohner.

Handwerks-Kontenrahmen – auf Handwerksbetriebe ausgerichteter → Kontenrahmen. Aufbau nach dem dekadischen System, Einteilung in Kontenklassen, -gruppen und -arten. Für die Aufstellung von Branchen-Kontenrahmen und Kontenplänen bestehen Variationsmöglichkeiten, um Besonderheiten der verschiedenen Handwerkszweige berücksichtigen zu können. Der Einheits-Kontenrahmen, der vom Deutschen Handwerksinstitut (DHI) herausgegeben wurde, beschränkt sich auf nur sechs Klassen und enthält in der Gruppierung klare Trennung nach Bilanz- und Erfolgskonten. – Vgl. Abbildung „Handwerks-Kontenrahmen – Kontengruppen-Übersicht des Einheitskontenrahmens für das deutsche Handwerk".

Handwerksmeister – *Meister.* → Handwerker, der eine Meisterprüfung abgelegt hat. Er besitzt das Recht zur Führung eines Meistertitels und eines → Handwerksbetriebs; er ist zur → Lehrlingsausbildung berechtigt.

Hanns-Seidel-Stiftung e.V. – gegründet 1967 mit Sitz in München. – *Aufgaben:* Politische Bildung; Förderung der internationalen Verständigung und europäischen Einigung; Begabtenförderung; Entwicklungshilfe; Ausrichtung von Seminaren etc. – *Finanzierung* aus öffentlichen Mitteln.

Hans-Böckler-Stiftung – Mitbestimmungs-, Forschungs- und Studienförderungswerk des → Deutschen Gewerkschaftsbundes (DGB); gegründet 1977 durch den Zusammenschluss der Hans-Böckler-Gesellschaft und der Stiftung Mitbestimmung. – *Aufgaben:* Förderung des Studiums von begabten Arbeitnehmern und Arbeitnehmerkindern; Förderung von Forschung und Erfahrungsaustausch. – *Zwei Forschungsinstitute seit 2005:* das Wirtschafts- und Sozialwissenschaftliche Institut (WSI) und das Institut für Makroökonomie und Konjunkturforschung (IMK).

Hansen – Alvin Harvey, 1887–1975, amerik. Nationalökonom, der von 1937 bis 1962 in Harvard lehrte. Hansen tat mehr als jeder andere Ökonom, um → Keynes in Amerika bekannt zu machen. Im akademischen Unterricht machte er häufigen Gebrauch vom IS-LM-Diagramm (→ makroökonomische Totalmodelle geschlossener Volkswirtschaften, Nachfrageseite), das auf → Hicks zurückgeht, im Schrifttum aber meistens als „Hicks-Hansen-Synthese" bezeichnet wird. Zu seinen Schülern, die das System von Keynes bei ihm lernten, gehörten → Galbraith, → Samuelson und → Tobin. Originäre Leistungen lieferte Hansen mit der Stagnationsthese, die empirisch als widerlegt anzusehen ist, in der Konjunktur- und in der Multiplikatortheorie. Er war Berater von Präsident Roosevelt und an der Errichtung des Weltwährungssystem (→ Bretton-Woods-System) beteiligt. – *Hauptwerke:* „Full Recovery or Stagnation?" (1938); „Fiscal Policy and Business Cycles" (1941) und „Business Cycles and National Income" (1951).

Harassment → Arbeitsmarkttheorien.

Hardcopy – Ausdruck einer Bildschirmseite (→ Bildschirm).

Hard Selling – Form des → persönlichen Verkaufs mit dem Ziel, potenzielle Kunden rasch zum Kauf zu bewegen, ohne weiter auf die Interessen des Kunden einzugehen. Hard Selling kann langfristige Kundenbeziehung bzw. → Kundenbindung gefährden. – Mittlerweile gibt es auch das "neue" Hard Selling. Hierbei geht es um den Verkaufsabschluss und gleichzeitig den Aufbau einer langfristigen Kundenbeziehung.

Hardware – I. Wirtschaftsinformatik/Informatik: Gesamtheit der technischen Maschinen-Elemente (Geräte, Teile) eines → Computers oder eines → Netzes (z.B. → Zentraleinheit, → externer Speicher, Leitungsverbindungen). Die Funktionen der Hardware werden durch die → Programme ausgelöst, gesteuert und kontrolliert.

II. Investitionsgütermarketing: Sachleistungskomponente im Angebot eines Herstellers. Sie wird ergänzt durch Software-Leistungen, die → Dienstleistungen (→ Pre-Sales-Services, → episodenbegleitende Dienstleistungen, → After-Sales-Services) des Herstellers.

Hardwarehersteller – Unternehmen, das vorrangig → Hardware (Computer) produziert. Viele Hardwarehersteller treten daneben auch als Anbieter von Softwareprodukten (→ Software) auf dem Softwaremarkt auf.

Hardware-Virtualisierung – 1. *Begriff:* Abstraktion von physikalischer → Hardware zu virtuellen Hardwarekomponenten, die in gleicher Weise genutzt werden können wie ihr physikalisches Gegenstück. Auf virtueller Hardware können → Betriebssysteme (BS) und → Software in gleicher Weise wie auf physikalischer Hardware betrieben werden. – 2. *Ziele:* Hardware-Virtualisierung wird für den Betrieb von virtuellen → Servern oder auch zur Virtualisierung von → Desktops verwendet. Dadurch werden zwei Ziele erreicht: a) gemeinsame Nutzung physikalischer Hardware: mehrere virtuelle Server teilen die zugrundeliegende physikalische Hardware, was zu einer besseren Auslastung und Kostenersparnissen führt; b) Unabhängigkeit von physikalischer Hardware: virtualisierte Server und → Personal Computer (PC) können leichter auf andere physikalische Hardware umgezogen werden, solange die gleiche virtuelle Hardware dort bereitgestellt werden kann.

Hare-Verfahren → Abstimmungsverfahren mit mehreren Wahlgängen, bei dem jeder Wähler eine Stimme hat. Erhält keine Alternative die absolute Mehrheit, so scheidet die Alternative mit der geringsten Stimmenzahl aus. Das Verfahren wird so lange wiederholt, bis eine Alternative die absolute Stimmenmehrheit erhält.

Harmonielehre – Auffassung der → klassischen Lehre, nach der das einzelwirtschaftliche Gewinnstreben gleichzeitig dem Gemeinwohl dient. Begründet wird diese Ansicht damit, dass die höchsten Gewinne dort zu erzielen sind, wo der Bedarf am größten ist. Das Streben nach Gewinnmaximierung sorgt dafür, dass die wichtigsten Bedürfnisse zuerst befriedigt werden. Wegen des Konkurrenzmechanismus werden die Gewinne im Laufe der Zeit abgebaut. – *Kritik:* Die Harmonielehre gilt nur in der Modellwelt der vollständigen Konkurrenz. Sie überschätzt die → Elastizität der Betriebe und Märkte. Das vielfältige Versagen des Konkurrenzmechanismus (Oligopole, Monopole, Rigiditäten von Löhnen und Preisen) bleibt unbeachtet.

harmonische Schwingung – eine Schwingung, deren → Amplitude im Zeitablauf konstant bleibt. Tritt v.a. in → Multiplikator-Akzelerator-Modellen der → Konjunkturtheorie auf. – Vgl. auch → gedämpfte Schwingung.

harmonisches Mittel – in der Statistik spezieller → Mittelwert. Das harmonische Mittel von n (als positiv vorauszusetzenden) Werten $x_1, \dots, x_n$ eines verhältnisskalierten → Merkmals (→ Skala) ist

$$\bar{x}_{harm} = \left(\frac{1}{n}\sum_{i=1}^{n}\frac{1}{x_i}\right)^{-1}$$

Der *Kehrwert* des harmonischen Mittels ist also gleich dem → arithmetischen Mittel der Kehrwerte der Merkmalsbeträge.

Harmonisierter Verbraucherpreisindex (HVPI) – seit 1997 vom → Statistischen Bundesamt (StBA) für Deutschland errechneter → Preisindex mit dem primären Ziel, die Vergleichbarkeit der Preisveränderungsraten zwischen den Mitgliedsstaaten der Europäischen Union zu gewährleisten. Er beruht auf für alle Staaten verbindlichen gemeinsamen Methoden und Verfahren, die vom Statistischen Amt der Europäischen Union (→ EUROSTAT) überwacht werden, und wird als → Laspeyres-Index berechnet. Aus dem nationalen Harmonisierten Verbraucherpreisindex (HVPI) werden Verbraucherpreisindizes für die Europäische Union (Europäischer Verbraucherpreisindex – EVPI), für die Eurozone (Verbraucherpreisindex für die Europäische Währungsunion – VPI-EWU) und für den Europäischen Wirtschaftsraum (Verbraucherpreisindex für den Europäischen Wirtschaftsraum – VPI-EWR) als gewogene Durchschnitte errechnet. Als Gewicht fungiert dabei der private Verbrauch aus den → Volkswirtschaftlichen Gesamtrechnungen (VGR). Die Umrechnung der unterschiedlichen Währungseinheiten innerhalb der Europäischen Union und dem Europäischen Wirtschaftsraum erfolgt mithilfe von → Kaufkraftparitäten. Das → Wägungsschema ist nicht für alle Staaten einheitlich geregelt, um nationale Besonderheiten im Verbrauch zu berücksichtigen. Im Gegensatz zum nationalen → Verbraucherpreisindex für Deutschland (VPI), der auch zur Deflationierung und in Wertsicherungsklauseln Anwendung findet, dient der Harmonisierte Verbraucherpreisindex (HVPI) vorrangig zur Messung der → Inflation. Die → Europäische Zentralbank (EZB) verwendet den Harmonisierten Verbraucherpreisindex (HVPI) für die → Europäische Währungsunion (EWU) als Maßstab für die Geldwertstabilität des Euro. Außerdem dient er der Messung des Konvergenzkriteriums der Preisstabilität und war somit wichtig bei der Bildung der Europäischen Währungsunion bzw. wird dies für die Aufnahme weiterer Staaten künftig sein.

Harmonisiertes System zur Bezeichnung und Codierung von Waren (HS) – Abk. *HS*, *Harmonized Commodity Description and Coding System*; das harmonisierte System (HS) ist eine aus ca. 5.000 Codenummern bestehende → Klassifikation der Vereinten Nationen zur Einteilung von Waren (Dienstleistungen nicht eingeschlossen) für zolltarifliche Zwecke und zur Klassifizierung von Außenhandelsdaten. Die Nomenklatur des HS ist Basis des → Zolltarifs der Europäischen Union (→ EU), der Grundlage für die Erhebung der Ein- und Ausfuhrabgaben ist und die Aufgabe hat, alle Waren systematisch zu erfassen und die jeweilige Position für eine Abgabenerhebung festzulegen. Das HS wurde unter der Leitung der Weltzollorganisation erarbeitet; es wird weltweit in mehr als 200 Verwaltungen angewendet und fungiert zunehmend als Definitions- und Beschreibungsklassifikation für verschiedene Wirtschaftsklassifikationen, z.B. → Güterklassifikationen (→ Klassifikationen, → Warenklassifikationen des Außenhandels). Es ist in Europa seit 1988 in Kraft, momentan in der revidierten Fassung von 2012 (HS 2012), die die Version von 2007 ablöste. Eine Revision erfolgt ungefähr im Abstand von fünf Jahren.

Nach dem HS-Übereinkommen kann die sechsstellige HS-Nomenklatur nach eigenen Notwendigkeiten weiter gefächert werden. So hat die EU, um zolltariflichen und statistischen Belangen gerecht zu werden, eine zusätzliche Untergliederung vorgenommen, was zur → Kombinierten Nomenklatur (KN) geführt hat. Ebenfalls abgeleitet wurde der integrierte Zolltarif der EU, → TARIC. Die Mitgliedsstaaten bauen auf diesem Grundwerk ihre Gebrauchs-Zolltarife auf, so auch den dt. → Elektronischen Zolltarif (EZT). – Vgl. → Zolltarif, → Weltzollorganisation (WZO)

Harmonisierungsamt für den Binnenmarkt (HABM) → Europäisches Markenamt.

Harmonogramm – *Arbeitsablaufschaubild;* spezielles ablauforientiertes → Organigramm; grafische Darstellung zweier oder mehrerer zueinander in Beziehung stehender Ablaufschritte (z.B. Fertigung und Fertigungskontrolle) und ihrer gegenseitigen Abstimmung.

Harris-Todaro-Modell → Todaro-Modell.

Harrod – Roy Forbes, 1900–1978, engl. Nationalökonom, der von 1922 bis 1976 in Oxford lehrte. Harrod entwickelte ein Modell, das zeigte, unter welchen Bedingungen ein stetiges → Wachstum möglich ist. Das Harrod-Modell wurde mit dem späteren, vereinfachten Modell von → Domar zusammengefasst, daher auch → Harrod-Domar-Modell (→ Wachstumstheorie) genannt. Daneben beschäftigte er sich mit den Fragen des unvollkommenen → Wettbewerbs, der → Konjunkturzyklen und des Handels- und Währungssystems. Obwohl Oxfordianer gehörte Harrod zu den Anhängern des Cambridger → Keynes, dessen Lehre sich in England in den 1950er-Jahren rasch verbreitete, nicht zuletzt aufgrund des Wirkens von Harrod. Von Harrod stammt die erste Keynes-Biographie („The Life of John Maynard Keynes" (1951)), in der – entgegen dem Titel – mehr die Lehre als das Leben behandelt werden. Harrod hat eine große Zahl von Aufsätzen und 22 Bücher veröffentlicht, u.a. „International Economics" (1933); „The Trade Cycle" (1936) und „Towards a Dynamic Economy" (1948).

Harrod-Domar-Modell – 1. *Harrod-Modell:* a) *Annahmen:* Harrod berücksichtigt in seinem Modell nur den Gütermarkt und modelliert eine geschlossene Volkswirtschaft ohne Staat. Dies hat zur Folge, dass sich die gesamtwirtschaftliche Nachfrage nur aus privatem Konsum und Investition zusammensetzt. Die Preise sind konstant. Das Sparverhalten lässt sich anhand der *Sparfunktion* beschreiben: $S_t = s \cdot X_t$ mit s < 1 und konstant. Das Sparen S resultiert somit aus dem Realeinkommen X der laufenden Periode t, das sich aus der Produktion in t ergibt und ihrem Wert entspricht. Die durchschnittliche Sparquote entspricht der marginalen Sparquote s und ist konstant. Mit der *Investitionsfunktion* führt Harrod den Akzelerator (v) ein: $I_t = v \cdot \delta X$ mit v = konstant. Der konstante *Akzelerator* (zu dt.: „Beschleuniger") gibt an, in welchem Umfang durch Änderungen in der erwarteten Produktion aufgrund veränderter Nachfrage zusätzliche Investitionen induziert werden. Der Akzelerator ist zwar ein Verhaltensparameter, es ist aber nahe liegend, dass die Investitionen sich an den technischen Möglichkeiten orientieren, sodass der *Kapitalkoeffizient* (β = K/X) als Richtschnur für die Investitionen angesehen werden kann. Der Kapitalkoeffizient gibt an, in welchem Umfang der Kapitalbestand (K) vergrößert werden muss, wenn zusätzliche Nachfrage durch eine Ausweitung der Produktion (X) mithilfe eines normal ausgelasteten Kapitalbestandes befriedigt werden soll. Daraus folgt, dass man sich den Akzelerator am treffendsten als zusammengesetzten Parameter vorstellen muss, der einerseits die technischen Bedingungen, andererseits aber auch ein davon abweichendes Verhalten der Investoren berücksichtigt, das sich z.B. aus deren Risikoeinstellung ergeben kann. – Es gibt verschiedene Möglichkeiten, die *Erwartungsbildung der Investoren* zu beschreiben. Die Erwartung bez. der Nachfrageänderung kann sich auf die Differenz zwischen der Nachfrage am Ende dieser Periode (X_t) und der Nachfrage am Ende der letzten Periode (X_t -1) beziehen (Fall b) oder aber auf die Differenz zwischen der Nachfrage am Ende der nächsten Periode (X_{t+1}) und der Nachfrage am Ende dieser Periode (X_t) (Fall a). – b) Um nun zur *gleichgewichtigen Wachstumsrate* (w_X*) zu kommen, bei der sich in jeder Periode das Periodengleichgewicht einstellt, formuliert Harrod die Gleichgewichtsbedingung, setzt die Spar- und die Investitionsfunktion ein und löst die Gleichung nach der Wachstumsrate auf. Daraus folgt für den *Fall a:* $S_t = I_t$ (Gleichgewichtsbedingung)

$$s \cdot X_t = v \cdot \Delta X$$

$$\frac{\Delta X}{X_t} = w_x* = \frac{s}{v}.$$

Für *Fall b* ergibt sich nach einigen Umformungen:

$$w_x* = \frac{s}{v - s}.$$

Für beide Fälle gilt, dass die Investoren mit einer ganz bestimmten, durch s und v vorgegebenen Wachstumsrate der Nachfrage rechnen müssen, damit sich auch in der folgenden Periode das Periodengleichgewicht einstellt und die gleichgewichtige Wachstumsrate realisiert wird. Gehen die Investoren von einer geringeren Wachstumsrate aus und investieren auch entsprechend weniger, so entsteht in der folgenden Periode ein Angebotsüberschuss, da die Investitionsnachfrage nicht die durch das Sparen entstehende Nachfragelücke schließt. Die Unternehmer korrigieren daraufhin ihre Absatzerwartungen, indem sie für die nächste Periode mit derselben Konstellation, d.h. mit einem geringeren Nachfragezuwachs rechnen (→ Erwartung, → Wachstumstheorie,

→ Geldtheorie). Dadurch verschlimmert sich jedoch die Situation, denn infolge der weiter schrumpfenden Nachfrageerwartung sinken auch die induzierten Investitionen. Es kommt zu einem *kumulativen Kontraktionsprozess*, der immer weiter weg vom dynamischen Gleichgewichtspfad führt. Für den entgegengesetzten Fall, dass mit einer zu großen Änderung der Nachfrage gerechnet wird, ergibt sich ein *kumulativer Expansionsprozess*. Die *Stabilitätsanalyse* der gleichgewichtigen Wachstumsrate zeigt also ihre Instabilität. Sofern auch nur ein einziges Mal „falsche" Erwartungen gebildet werden, führt kein Weg zum dynamischen Gleichgewicht zurück. Harrod spricht deswegen auch vom Wachstum „auf des Messers Schneide". – 2. *Ergänzungen von Domar:* Im Wachstumsmodell von Harrod spielt lediglich die Nachfrageseite der Investitionen eine Rolle *(Einkommenseffekt der Investitionen)*. Die Tatsache, dass die Maschinen, sobald sie einmal in den Produktionsprozess integriert sind, auch die Produktionsmöglichkeiten vergrößern, wird vernachlässigt. Diesen *Kapazitätseffekt der Investitionen* analysiert → Domar explizit. Fügt man Domars Analyse in das Harrod-Modell ein, zeigt sich eine verstärkte *Instabilität des Harrod-Domar-Modells* am augenfälligsten. Jetzt müssen die Unternehmer mit einer ganz bestimmten Wachstumsrate der Nachfrage rechnen, sodass sie durch ihre Investitionen genau die notwendigen Kapazitäten zur Befriedigung der Nachfrage schaffen. So wird das *Harrod-Paradoxon* bestätigt, das besagt, dass unterausgelastete Kapazitäten nicht dadurch entstehen, dass zu viel, sondern dass zu wenig investiert wird. – 3. *Beurteilung:* Mit dem Harrod-Domar-Modell ist es zwar gelungen, einen gleichgewichtigen Wachstumspfad abzuleiten, aber dieser ist instabil; jede Störung führt zu einer dauerhaften Abweichung nach „oben" oder nach „unten". Der Grund liegt darin, dass das Modell gänzlich auf stabilisierende Faktoren verzichtet. Eine Nachfrageerhöhung wird vollständig über eine steigende Produktionsmenge kompensiert, egal, ob die Kapazitäten vorher ausgelastet waren oder nicht. Dadurch, dass die Preise konstant sind, kann die Nachfrage auch nicht in Form höherer Preise verpuffen. Auch die dämpfende Wirkung steigender Zinsen kommt nicht zum Tragen, da es keinen Geldmarkt gibt, der dies auslösen könnte. Die Realität bestätigt jedoch nicht das Katastrophenszenario, das sich hieraus ergibt. – Vgl. auch → postkeynesianische Wachstumstheorie.

Harsanyi – John Charles, 1920–2000, aus Ungarn stammender Nationalökonom, der nach dem Zweiten Weltkrieg zunächst nach Australien auswanderte, dann in die USA ging und ab 1964 an der University of California in Berkeley lehrte; → Nobelpreisträger für Wirtschaftswissenschaften 1994 (zusammen mit → Nash und → Selten). Harsanyi gehört zur kleinen Gruppe von Ökonomen, die nach dem Zweiten Weltkrieg die → Spieltheorie entwickelte. In seinen Arbeiten, die vom Nash-Modell ausgehen, befasst er sich v.a. mit Spielsituationen, in denen unvollständige Information herrscht. Der wichtigste Aufsatz dazu erschien in den 1960er-Jahren („Games with Incomplete Information Played by Bayesian Players", in: Management Science (1967/1968)). Mit seinem Modelltyp hat er den Anwendungsbereich der Spieltheorie wesentlich erweitert.

Härteausgleich – I. Einkommensteuerrecht: Milderungsregelung bei der → Veranlagung von Arbeitnehmern zur → Einkommensteuer gemäß § 46 III EStG (Abzug vom Einkommen). Voraussetzung: Die nicht in → Arbeitslohn bestehenden → Einkünfte betragen nicht mehr als 410 Euro. Für Nebeneinkünfte von mehr als 410 Euro ist eine stufenweise Kürzung vom Einkommen vorzunehmen (§ 46 V EStG i.V. mit § 70 EStDV).

II. Kriegsopferversorgung/Kriegsopferfürsorge: Selbstständiger Anspruch nach § 89 BVG. Gewährung des Härteausgleichs liegt als Kannbestimmung im Ermessen der Versorgungsbehörden, wenn sich im Einzelfall aus den Bestimmungen des BVG bes. Härten ergeben. Zustimmung des Bundesministeriums für Gesundheit (BMG) erforderlich, die auch allg. erfolgen kann (§ 89 II BVG).

harte und weiche Faktoren – 1. *Begriff:* In der Unternehmensführung wird zwischen harten und weichen Faktoren unterschieden, die den Erfolg eines Unternehmens bestimmen. Harte Faktoren (hard facts) lassen sich in betriebswirtschaftlichen Kennzahlen wie Kosten, Kapitalumschlag oder Durchlaufszeiten ausdrücken. Man spricht von ökonomischer Objektivierung durch Kennziffern. Zu den weichen Faktoren (soft facts) zählen Images, Stimmungen, aber auch Wissen und daraus resultierendes Verhalten (De-/Motivation) sowie Handlungsweisen (Unterstützung/Widerstand). Solche Faktoren heißen weich, weil sie gar nicht oder nur mit Hilfsindikatoren als Kennzahlen darstellbar sind. Ihre ökonomische Handlungsrelevanz ergibt sich aus der Kraft gruppendynamischer Prozesse. – 2. *Ziel:* In ihrer analytisch exakten Darstellung handlungs- und entscheidungsrelevanter Parameter dienen harte Faktoren der Mess- und Steuerbarkeit der Organisation. Ist ein Faktor hart und damit objektivierbar, gilt er als erfass- und steuerbar. Ist ein Faktor weich und damit subjektiv, ist er aufgrund seiner personenübergreifenden Konstitution analytisch nicht exakt messbar und bestenfalls beeinflussbar. Da die Ursachen weicher Faktoren gruppendynamische Prozesse sind, ist ihre Entstehung und damit Relevanz nicht konstant. V.a. in evolutorischen Prozessen (Change Management, Markteintritt…) kann ihre Relevanz erfolgskritisch sein. Deshalb sollten diese Faktoren mit in solche Managementprozesse einbezogen werden. – 3. *Aspekte:* Entsprechend wird zwischen Führungsansätzen und Strategien unterschieden, die auf harte oder weiche Faktoren setzen. Besonders deutlich wird diese Unterscheidung in der Entwicklung der → Change Management- und → Change

Communications-Debatte, aber auch an der Ideengeschichte des Marketings in der Betriebswirtschaft: Die sich auf harte Faktoren stützende Strategie (auch als E-Strategie [economic value] bezeichnet) basiert auf Finanzkennzahlen (hard approach), die z.T. mithilfe der → Kybernetik erster Ordnung als Plan- und Regeltheorie (Wert-Management-Kreislauf) die kennzahlenorientierte Unternehmensführung betont. Strategien, die auf weiche Faktoren setzen (auch als O-Strategien [organizational capability/organisationale Kompetenz] bezeichnet), geht es darum, eine Unternehmenskultur mit adäquatem Humankapital zu entwickeln (soft approach). Mit der Kybernetik zweiter Ordnung wird ergänzend zur Kybernetik erster Ordnung in der systemvergleichenden Beobachtungstheorie u.a. nach handlungsrelevanten handlungs- und entscheidungsumgebenden Umfeldparametern gesucht, was in der geschlossenen Systemtheorie der Unternehmung zur Frage der Steuerungsskepsis führt. – 4. *Hintergrund:* Die Unterscheidung harter und weicher Faktoren führt zurück auf die klassische Ökonomie und der dort verorteten wertmanagementorientierten Betriebswirtschaft (Value-based-Management; materieller Wertebegriff). Sie arbeitet analytisch geprägt und steht in der wirtschaftstheoretischen Tradition rationaler Entscheidungen (rational choice). Dem gegenüber steht das *Werte*management kultureller Werte bestimmter Bezugsgruppen einer Organisation (*immaterieller Wertebegriff*). Streng genommen und ursprünglich sind Wert- und Wertemanagement modelltheoretisch unvereinbar. Denn ursprünglich wird das Marktgleichgewicht mathematisch-physikalisch geprägt analysiert, und der Modellmensch homo oeconomicus wird als Durchschnittsentscheider angenommen, der der perfekten Entscheidungsrationalität (perfekt informiert, unendlich schnell, rational und autonom entscheidend) gehorcht. Die mit dieser physikalisierten Wirtschaftstheorie scharfen Trennung von harten und weichen Faktoren wird zum Teil kritisiert und stattdessen ihre gegenseitige Abhängigkeit diskutiert (relational choice). So findet hier eine methodologische Erweiterung des Individualismus um den Relationalismus statt, der u.a. zur zusätzlichen Anerkennung von Sozialkompetenz (soft skills) als Managementkompetenz führt. – 4. *Instrumente:* Mit der → Balanced Scorecard liegt ein Managementsystem vor, das versucht, harte Faktoren und mithilfe von Hilfsindikatoren auch weiche Faktoren zu erfassen, indem zentrale Wirkungszusammenhänge zwischen Faktoren und Unternehmenserfolg abgebildet und so gesteuert werden sollen.

harte Wirklichkeit – Bereich der Wirklichkeit, der durch die Art und Weise, wie ein Beobachter ihn beschreibt, gar nicht oder nur unbedeutend beeinflusst wird. Typisches Beispiel ist der technisch-naturwissenschaftliche Bereich. – *Gegensatz:* → weiche Wirklichkeit.

Hartmannbund → Ärztekammer.

Hart-Scott-Rodino Act – Bestandteil der → Antitrust-Gesetzgebung der USA. Durch den im Jahr 1976 verabschiedeten "Hart-Scott-Rodino Antitrust Improvements Act" wurde ein neuer Section 7 A in den → Clayton Act aufgenommen. Seither sind bestimmte wirtschaftlich bedeutendere Zusammenschlüsse vor dem Vollzug bei der → Federal Trade Commission (FTC) und dem Department of Justice (DOJ) anzumelden. Anschließend führt die zuständige Behörde innerhalb einer sog. Warteperiode von 15-30 Tagen eine fusionskontrollrechtliche Prüfung des Zusammenschlussvorhabens durch.

Hartwick-Regel – Leitsatz aus der Umwelt- und Ressourcenökonomik, nach dem ein konstantes Konsumniveau für alle Generationen aufrechterhalten werden kann, obwohl im Produktionsbereich essenzielle Ressourcen nur in begrenztem Umfang zur Verfügung stehen.

Hartz-Gesetze – Gesetze zur Umsetzung des Berichts der Kommission „Moderne Dienstleistungen am Arbeitsmarkt" (→ Hartz-Kommission). – *Erstes Hartz-Gesetz (Hartz I):* in Kraft getreten am 1.1.2003; Regelungen und Maßnahmen zur Erschließung von Beschäftigungsmöglichkeiten und Schaffung neuer Arbeitsplätze, v.a. Einführung sog. Personal-Service-Agenturen (→ Personal-Service-Agentur), Liberalisierung der → Arbeitnehmerüberlassung und Förderung Älterer. – *Zweites Hartz-Gesetz (Hartz II):* ebenfalls in Kraft getreten am 1.1.2003; Regelung von Existenzgründungszuschüssen („Ich-AGs") (→ Gründungszuschuss) und → Mini-Jobs sowie Nennung wichtiger Voraussetzungen für die Errichtung von Jobcentern. – *Drittes Hartz-Gesetz (Hartz III):* in Kraft getreten am 1.1.2004; regelt den Umbau der Bundesanstalt für Arbeit in einen stärker kundenorientierten und leistungsfähigen Dienstleister (→ Bundesagentur für Arbeit); Vereinfachung des Leistungs- und Förderungsrechts der → Arbeitslosenversicherung; Vereinfachung des Einsatzes arbeitsmarktpolitischer Instrumente (u.a. Arbeitsbeschaffungsmaßnahmen, Zusammenfassung von Eingliederungszuschüssen). – *Viertes Hartz-Gesetz (Hartz IV):* in Kraft getreten am 1.7.2004; regelt die Zusammenlegung von Arbeitslosen- und Sozialhilfe (→ Arbeitslosengeld II) zum 1.1.2005. – Vgl. auch → Arbeitsmarktpolitik.

Hartz-Kommission – 1. *Begriff:* von der Bundesregierung eingesetzte Expertenkommission für moderne Dienstleistungen am Arbeitsmarkt unter der Leitung des ehemaligen Personalvorstands der Volkswagen AG, Peter Hartz. – 2. Der *Bericht* der Hartz-Kommission wurde im August 2002 vorgelegt und enthielt Vorschläge zum Abbau der → Arbeitslosigkeit und zur Umstrukturierung der Bundesanstalt für Arbeit (→ Bundesagentur für Arbeit), die Grundlage für die Arbeitsmarktreformen der Bundesregierung bildeten (Gesetze für moderne Dienstleistungen am Arbeitsmarkt, auch als → Hartz-Gesetze bezeichnet). – Vgl. auch → Arbeitsmarktpolitik.

Harvard-Barometer – von W.M. Persons an der Harvard University entwickeltes Indikator-System (→ Konjunkturindikatoren), das ursprünglich aus fünf Gruppen von Zeitreihen bestand, später aber auf drei Gruppen reduziert wurde (→ ABC-Kurven). Zeitreihen, die zu der gleichen Gruppe gehören, zeigen ein ähnliches Verhalten im Zeitablauf bez. der Zyklenlänge und der Wendepunkte. – Das Harvard-Barometer wurde in den 1920er-Jahren in den USA für die → Konjunkturprognose eingesetzt und später wegen deutlich falscher Vorhersagen aufgegeben.

Harvard-Konzept – Verhandlungsmethode, die auf vier Grundsätzen zum Führen erfolgreicher Verhandlungen aufbaut: (1) Der Verhandlungsgegenstand und die verhandelnden Personen sollten voneinander getrennt behandelt werden. (2) Im Mittelpunkt der Verhandlungen sollten die Interessen der Verhandelnden, nicht ihre Positionen stehen. (3) Vor einer Entscheidung sollten verschiedene Wahlmöglichkeiten offen gelegt und geprüft werden. (4) Das Ergebnis der Verhandlung sollte auf objektiven Entscheidungsprinzipien aufbauen.

Harvesting-Strategie – Preisstrategie, bei der auch in schwierigen Phasen, z.B. in der → Degenerationsphase des → Produktlebenszyklus oder in Abschwungphasen, der Preis eines Produkts bewusst hoch gehalten wird. In der Degenerationsphase wird dabei versucht die Investitionen möglichst zu reduzieren, um einen höheren Gewinn „abzuernten".

Harzburger Modell – 1. *Begriff:* von R. Höhn (Leiter der Akademie für Führungskräfte der Wirtschaft, Bad Harzburg) 1956 ins Leben gerufene „Führung im Mitarbeiterverhältnis mit Delegation von Verantwortung". – 2. *Zentrale Zielsetzungen:* a) *Autoritäre Führung überwinden:* Das auf Befehl und Gehorsam beruhende Prinzip der Führung von Mitarbeitern wird als unzeitgemäß abgelehnt. – b) *Verantwortung delegieren:* Dies soll nicht nur das Abgeben von Arbeit heißen, sondern die Schaffung von eigenen Bereichen, die durch → Stellenbeschreibungen genau abgegrenzt sind. – Genaue *Verhaltensanweisungen* im Einzelnen. Die große Menge der im Harzburger Modell zu beachtenden Vorschriften macht es zu einem starren, reglementierenden Modell, das die autokratische durch eine bürokratische Führung ablöst. – 3. *Beurteilung:* Die Erfahrungen mit dem Harzburger Modell sind geteilt; als Führungskonzept (→ Führungstechnik) umstritten.

Hash-Funktion → Dateiorganisation.

Häufigkeit – Anzahl der Elemente einer → Gesamtheit, die bez. eines → Merkmals zu einer Kategorie oder → Klasse gehören. Die Summe aller Häufigkeiten ist gleich dem Umfang der Gesamtheit. Dividiert man die Häufigkeiten durch diesen Umfang, ergeben sich → relative Häufigkeiten, deren Summe 1 ist.

Häufigkeitstabelle – in der Statistik tabellarische Darstellung einer → Häufigkeitsverteilung.

Häufigkeitsverteilung – I. Statistik: Zusammenfassende Bezeichnung für die bez. eines → quantitativen Merkmals eingeführten Klassenintervalle (→ Klassenbildung) und die zugehörigen (absoluten oder relativen) → Häufigkeiten, also Anzahlen einfallender Elemente. Veranschaulichung einer Häufigkeitsverteilung in Form einer → Häufigkeitstabelle oder grafisch z.B. in Form eines → Histogramms. – *Allgemeiner* wird der Begriff Häufigkeitsverteilung auch als Bezeichnung für die einzelnen → Ausprägungen eines → qualitativen Merkmals und die zugehörigen Häufigkeiten verwendet. Eine graphische Darstellung ist mittels der empirischen Verteilungsfunktion möglich.

II. Verteilungstheorie und -politik: → personelle Einkommensverteilung.

häufigster Wert → Modus.

Hauptabschlussübersicht (HAÜ) – *Abschlusstabelle, Betriebsübersicht, Abschlussbogen, Abschlussblatt.* 1. *Begriff:* tabellarische Übersicht über das gesamte Zahlenwerk (aggregiert) eines Buchführungsabschnitts für den Zeitpunkt des Jahresabschlusses. Die Hauptabschlussübersicht (HAÜ) weist die Entwicklung aller Bestandskonten von der Eröffnungsbilanz bis zur Jahresschlussbilanz, aller Aufwands- und Ertragskonten bis zur Verlust- und Gewinnrechnung sowie das Ergebnis der Inventur aus; vgl. Abbildung „Hauptabschlussübersicht". – 2. Die *Summenbilanz* ist die tabellarische Zusammenstellung der Kontensummen einschließlich der Saldovorträge (Anfangsbestände). Da bei der doppelten Buchführung jeder Vorgang im Soll und im Haben gebucht wird, müssen die Summen der Soll- und Habenspalte gleich sein *(Probebilanz).* – 3. Die *Saldenbilanz* weist für jedes Konto den Überschuss der größeren über die kleinere Kontoseite aus. – 4. Die *Umbuchungsspalte* nimmt die vorbereitenden Abschlussbuchungen auf, wodurch z.B. die Privatentnahmen auf das Kapitalkonto, Skonti auf Warenkonten, der Einkaufswert der verkauften Waren vom Warenbestands- auf das GuV-Konto, Abschreibungen auf ein Abschreibungskonto übertragen werden. – 5. Stimmen die sich nach diesen Umbuchungen ergebenden Buchbestände der Bestandskonten mit den durch die Inventur festgestellten Beständen überein, werden die Überschüsse der Bestandskonten in die *Abschlussbilanzspalte* der Hauptabschlussübersicht (HAÜ) übernommen und die Erfolgskonten (Aufwand oder Ertrag) in die *Gewinn- und Verlustrechnungsspalte (Erfolgsübersicht).* – 6. Statt des formellen Abschlusses der Konten können die *Soll- und Habensummen* (Verkehrszahlen) in die Hauptabschlussübersicht (HAÜ) übernommen werden, ohne dass davon die Ordnungsmäßigkeit der Buchführung berührt wird. Allerdings sind dann die Sachkonten durch doppeltes Unterstreichen als abgeschlossen zu kennzeichnen, die Umbuchungen ausreichend zu erläutern und die Hauptabschlussübersicht (HAÜ) als Bestandteil der Buchführung aufzubewahren (§ 147 I Nr. 1 AO). – 7.

Die *Bedeutung* der Hauptabschlussübersicht (HAÜ) als Bestandteil des formellen Abschlusses oder auch als Probeabschluss ist durch die Einführung der EDV-Buchführung nahezu aufgehoben.

Hauptabteilung – größerer → organisatorischer Teilbereich.

Hauptamtlicher – 1. *Begriff:* Unter Hauptamtlichen (engl.: „Professionals"; „Managers") versteht man Personen, die als angestellte Mitarbeiter oder

HAUPTABSCHLUSSÜBERSICHT

Konten	Summenbilanz		Saldenbilanz I		Korrekturbuchungen u. vorbereitende Abschlussbuchungen		Saldenbilanz II		Abschlussbilanz		Erfolgsübersicht	
	S	H	S	H	S	H	S	H	S	H	S	H
Grundstücke und Gebäude	50	0	50			1) 10	40		40			
Maschinen	60	20	40				40		40			
Darlehensschuld	0	40		40				40		40		
Darlehensforderung	50	10	40				40		40			
Eigenkapital	0	175		175				175		175		
sonst. Rückstellung.	0	5		5				5		5		
Forderungen L.u.L.	155	65	90				90		90			
Verbindl. L.u.L.	110	130		20				20		20		
RHB-Bestand	39	29	10			4a) 5	5		5			
LuG-Aufwand	20	0	20				20				20	
Abschr. Sachanlagen	5	0	5		1) 10		15				15	
sonst. Aufwand	20	0	20		2) 18		38				38	
unfert. eig. Erzeugn.	5	0	5		4b) 3		8		8			
fertige eig. Erzeugn.	25	0	25			4c) 10	15		15			
Umsatzerlöse	10	95		85				85				85
sonst. Erträge	0	9		9	3) 2			7				7
Kasse	75	45	30				30		30			
Vorsteuer	5	0	5			5a) 5						
USt-Schuld	1	7		6	5b) 6							
Steuerrückstellung						2) 18		18		18		
passive RAP						3) 2		2		2		
RHB-Aufwand					4a) 5		5				5	
Bestandsveränd. eigene Erzeugnisse					4c) 10	4b) 3	7				7	
USt-Verrechnung					5a) 5	5b) 6		1		1		
Vorläufige Summe									268	261	85	92
Umbuchung Gewinn										7	7	
Summe	630	630	340	340	59	59	353	353	268	268	92	92

Abb.: Engelhardt/Raffée/Wischermann: Grundzüge der doppelten Buchhaltung, 8. Auflage 2010, S. 273.

Manager in Führungspositionen zu einem adäquaten Gehalt, i.d.R. in einem Angestelltenverhältnis, arbeiten. – 2. *Merkmal:* Hauptamtliche können sowohl auf strategischer Führungsebene (Geschäftsführung) als auch auf operativer Ebene Aufgaben übernehmen.

Hauptamtlicher Mitarbeiter → Hauptamtlicher.

Hauptanspruch → Patentanspruch.

Hauptberuf – Begriff der → amtlichen Statistik zur Abgrenzung gegen eine Tätigkeit als Nebenberuf (→ Nebentätigkeit).

Hauptbetrieb → Produktionshauptbetrieb.

Hauptbuch – Bestandteil der doppelten Buchführung. – Vgl. auch → Buchführung. – Die *Geschlossenheit* des Hauptbuchs als Grundlage der → Bilanz muss gegeben sein: (1) formell, d.h. Soll-Haben-Ausgleich; (2) materiell, d.h. Abschlussfähigkeit. In das Hauptbuch werden entweder alle einzelnen Geschäftsvorfälle übernommen (→ italienische Buchführung) oder die Summen einer Periode (Woche, Monat) werden jeweils zusammengefasst übertragen (→ deutsche Buchführung, → französische Buchführung, → amerikanische Buchführung). Überprüfung der Eintragungen im Hauptbuch durch → Hauptbuchprobe.

Hauptbuchprobe – durch Aufstellen einer → Rohbilanz durchgeführte Kontrolle der Buchführung. Die Addition der Sollseiten und der Habenseiten sämtlicher Konten des → Hauptbuchs muss die gleiche Summen ergeben.

Hauptentschädigung – wichtigste Ausgleichsleistung des → Lastenausgleichs. – 1. Abgeltung für erlittene *Vermögensverluste:* Vertreibungsschäden, Kriegssachschäden und Ostschäden an Wirtschaftsgütern, die zum land- und forstwirtschaftlichen Vermögen, Grund- oder Betriebsvermögen gehören sowie an Gegenständen, die für die Berufsausübung oder für die wissenschaftliche Forschung erforderlich sind; Vertreibungs- und Ostschäden an Reichsmarkspareinlagen u.Ä., soweit keine Entschädigung im Währungsausgleich für Spareinlagen gewährt wurde; Vertreibungsschäden an literarischen und künstlerischen Urheberrechten sowie Lizenzen u.Ä. und Zonenschäden. – *Ausnahme:* Hausratentschädigung. – 2. Aufgrund einer Schadenfeststellung wurden die Geschädigten in *Schadensgruppen* eingestuft. – 3. *Höhe der Hauptentschädigung:* Grundbetrag, der einer der 21 Schadensgruppe entspricht, in die der Entschädigungsberechtigte eingereiht worden ist; gemäß § 246 LAG festgesetzt. – Geschädigte mit weniger als 50 Prozent Vermögensverlust erhielten keine Hauptentschädigung. – 4. *Erfüllung* der Ansprüche auf Hauptentschädigung vom 1.4.1957 bis 31.3.1979 in Form von Barleistung, Schuldverschreibungen und Eintragung in das Bundesschuldbuch. Auszahlung nach Dringlichkeitsstufen; bevorzugt sind soziale Notstände, hohes Lebensalter, Nachentrichtungen freiwilliger Beiträge zu gesetzlichen Rentenversicherungen, Fälle neuer Eigentumsbildung für Einheitswert-Vermögen, Begründung oder Festigung wirtschaftlicher Selbstständigkeit.

Haupterwerbsbetrieb – Einzel- oder Familienbetrieb in der Landwirtschaft, der hauptberuflich bewirtschaftet wird. Haupterwerbsbetriebe umfassen die früheren Bezeichnungen Vollerwerbsbetrieb und Zuerwerbsbetrieb. Sie zeichnen sich dadurch aus, dass mehr als die Hälfte des Einkommens aus landwirtschaftlicher Arbeit erzielt wird. Dem gegenüber stehen die sog. Nebenerwerbsbetriebe.

Hauptfeststellung – die allg. Feststellung der → Einheitswerte auf den → Hauptfeststellungszeitpunkt. Durch die Hauptfeststellung werden die Einheitswerte überprüft und den jeweiligen tatsächlichen und wirtschaftlichen Verhältnissen angepasst.

Hauptfeststellungszeitpunkt – 1. *Begriff* des Steuerrechts (§ 21 BewG): Zeitpunkt, auf den eine → Hauptfeststellung vorzunehmen ist; der Beginn des Kalenderjahres, das für die jeweilige Hauptfeststellung maßgebend ist. Berücksichtigung finden i.d.R. die Verhältnisse im Hauptfeststellungszeitpunkt. – 2. *Besonderheiten:* (1) *abweichende Stichtage* für die Zugrundelegung der Bestands- und/oder Wertverhältnisse nach §§ 35 II, 54, 59 BewG; (2) *letzter* Hauptfeststellungszeitpunkt für die Bewertung des Grundbesitzes in den alten Bundesländern 1.1.1964, in den neuen Bundesländern 1.1.1935; seitdem keine neue Hauptfeststellung (→ Grundbesitz). – Vgl. auch → Einheitswert.

Hauptgenossenschaft – regionale genossenschaftliche Warenzentrale, deren geschäftlicher Schwerpunkt im Handel mit Investitionsgütern und Betriebsmitteln für die Landwirtschaft, im Absatz bestimmter pflanzlicher Erzeugnisse, Mineralstoffe und Baustoffe aller Art sowie in einem vielseitigen Angebot für Haus und Garten liegt. Es handelt sich um eine Zentralgenossenschaft, entweder in der Rechtsform der eG oder der AG, deren Mitglieder bzw. Aktionäre i.d.R. die Primärgenossenschaften sind. Die bekanntesten Unternehmen dieser Art sind in Deutschland die BayWa AG, München, die Raiffeisen Hauptgenossenschaft Hannover AG, die Raiffeisen Hauptgenossenschaft Kiel eG und die ZG Raiffeisen-Zentral-Genossenschaft eG, Karlsruhe. Im Rahmen des genossenschaftlichen Konzentrationsprozesses haben die Hauptgenossenschaften verstärkt das Warengeschäft der ländlichen Bezugs- und Absatzgenossenschaften bzw. der Raiffeisenbanken mit Warenverkehr übernommen.

Hauptgruppe → Gruppe.

Hauptkostenstelle → Endkostenstelle, die Hauptprodukte des Unternehmens erzeugt (in einem Metall verarbeitenden Betrieb z.B. Gießerei, Fräserei, Dreherei, Schleiferei). – *Gegensatz:* → Nebenkostenstelle.

Hauptlauf → Transportkette.

Hauptniederlassung – örtlicher Mittelpunkt des gesamten Unternehmens. Der Ort der Hauptniederlassung bestimmt den allg. → Gerichtsstand (§ 17 ZPO). Bei Handelsgesellschaften ist die Hauptniederlassung i.d.R. mit dem → Sitz identisch, wobei seit dem Inkrafttreten des → Gesetz zur Modernisierung des GmbH-Rechts und zur Bekämpfung von Missbräuchen (MoMiG) (am 1.11.2008) wegen der Möglichkeit des Haltens eines Satzungs- *und* eines Verwaltungssitzes die Situation insoweit etwas unübersichtlicher geworden ist. – 1. Von *mehreren Niederlassungen* kann grundsätzlich nur eine Hauptniederlassung sein, es sei denn, es handelt sich dabei um selbstständige Unternehmen, die in Bezug auf → Firma und Registerrecht selbstständig zu behandeln sind. – 2. Am Gericht der Hauptniederlassung haben auch alle die → Zweigniederlassungen betreffenden Anmeldungen zum Handelsregister zu erfolgen (§ 13 HGB). – *Ausnahme:* Hauptniederlassung befindet sich im Ausland (§ 13d HGB), Eintragungsfähigkeit der Zweigniederlassung richtet sich dann nach dt. Recht. Nach Eintragung wird die Zweigniederlassung als Hauptniederlassung behandelt. – 3. *Verlegung* der Hauptniederlassung ist beim bisherigen Gericht der Hauptniederlassung anzumelden (§ 13h HGB).

Hauptpatent → Zusatzpatent.

Hauptprogramm → Programm, dessen Ausführung i.Allg. durch ein Kommando des → Betriebssystems angestoßen wird. Ein Hauptprogramm kann → Unterprogramme benutzen.

Hauptrefinanzierungsgeschäfte – Wöchentlich durchgeführte → Wertpapierpensionsgeschäfte mit einer Laufzeit von einer Woche. Die Abwicklung erfolgt nach dem Standardtenderverfahren (spezielles → Tenderverfahren), entweder als → Mengentender oder als → Zinstender. Bei diesem Verfahren liegen zwischen Ankündigung des Tenders und der Zuteilung (Repartierung) der Liquidität 24 Stunden. – Vgl. auch → Europäisches System der Zentralbanken (ESZB), → Geldpolitik.

Hauptsätze der Wohlfahrtsökonomik – Lehrsätze der → Wohlfahrtsökonomik, die Angaben über gesellschaftlich optimale Situationen formulieren. – 1. *Erster Hauptsatz der Wohlfahrtsökonomik:* Ein walrasianisches Totalgleichgewicht (nach → Walras 1834 – 1919) stellt immer eine pareto-optimale → Allokation des gesamtwirtschaftlichen Gütervolumens dar (→ Pareto-Optimum). Diese einseitige Konzentration auf die Allokation zulasten von Verteilungsfragen hat Kritik hervorgerufen und zur Entwicklung des zweiten Hauptsatzes der Wohlfahrtsökonomik geführt. – 2. *Zweiter Hauptsatz der Wohlfahrtsökonomik:* Geeignete Kompensationszahlungen (→ Kompensationsprinzip) sind die notwendige Voraussetzung dafür, dass unter der Annahme konvexer, stetiger und streng monoton wachsender → Präferenzordnungen die Ausgangsverteilung so modifiziert wird, dass möglichst viele Gesellschaftsmitglieder an einer pareto-optimalen Allokation über den Marktmechanismus, d.h. an dem pareto-optimalen → Gleichgewicht des Ersten Hauptsatzes der Wohlfahrtsökonomik partizipieren.

Hauptschuldner – der ursprüngliche Schuldner bei der → Bürgschaft.

Hauptspediteur – im Recht des Speditionsgeschäfts der erste Spediteur, der den Speditionsauftrag unmittelbar von dem → Versender erhält. – Der Hauptspediteur haftet beschränkt für nicht mit der Sorgfalt eines ordentlichen Kaufmanns ausgewählte → Zwischenspediteure im Rahmen der Allgemeinen Spediteurbedinungen (ADSp).

Hauptspeicher – Synonym für → Arbeitsspeicher.

Hauptstadt → Metropole.

Hauptstoff → Werklieferung.

Haupttermin – Gerichtstermin im Zivilprozess, dient i.d.R. der Erledigung des Rechtsstreites. Das Gericht hat in den Sach- und Streitstand einzuführen und soll hierzu die Parteien persönlich hören. Der streitigen Verhandlung soll die Beweisaufnahme unmittelbar folgen, und im Anschluss hieran ist der Sach- und Streitstand erneut mit den Parteien zu erörtern. Ein erforderlicher neuer Termin ist möglichst kurzfristig anzuberaumen (§ 272 ZPO). Vorbereitet wird der Haupttermin durch ein → schriftliches Vorverfahren oder einen → frühen ersten Termin.

Hauptunternehmer – 1. *Begriff:* Der von einem Auftraggeber mit der Ausführung eines Bauauftrages betraute Unternehmer, der sich verpflichtet, einen Teil des Auftrages im Namen des Auftraggebers an andere Unternehmer (→ Nachunternehmer bzw. Nebenunternehmer) weiterzugeben. Es entstehen unmittelbare Rechtsbeziehungen zwischen dem Auftraggeber und den einzelnen Nachunternehmern. Nachunternehmer übernehmen damit auch dem Auftraggeber gegenüber die Gewähr für die ordnungsgemäße Ausführung ihrer Teilarbeit. Der Hauptunternehmer ist Vermittler, er kann als solcher aber dem Auftraggeber gegenüber für die Gesamtausführung neben den einzelnen Nachunternehmen haften. Er kann auch z.B. die Bauleitung (Unternehmerbauleitung) übernehmen und befugt sein, die Zahlungen für die Nachunternehmer entgegenzunehmen. – *Anders:* → Generalunternehmer. – 2. *Umsatzsteuerpflicht:* → Arbeitsgemeinschaft.

Hauptuntersuchung (HU) – Begriff des Straßenverkehrsrechts für die nach § 29 StVZO in bestimmten Zeitabständen vorgeschriebene Untersuchung von Kraftfahrzeugen auf ihre Verkehrssicherheit durch den amtlichen Sachverständigen oder Prüfer für den Kraftfahrzeugverkehr. – Vgl. auch → Zwischenuntersuchung.

Hauptveranlagung – Begriff des Steuerrechts. – 1. Hauptveranlagung zur *Vermögensteuer* umfasste i.Allg. drei Kalenderjahre. Der Hauptveranlagung wurde der Wert des → Gesamtvermögens (unbeschränkte Steuerpflicht) im → Hauptveranlagungszeitpunkt zugrunde gelegt. – 2. Hauptveranlagung zur → Grundsteuer erfolgt im Anschluss an die Hauptfeststellung der → Einheitswerte des → Grundbesitzes (§ 16 GrStG).

Hauptveranlagungszeitpunkt – Termin der → Hauptveranlagung für die Grundsteuer (und früher auch für die Vermögensteuer); Beginn des Hauptveranlagungszeitraums, für die die Vermögensteuer und Grundsteuer allg. festgesetzt werden (§ 15 VStG, § 16 GrStG). – *Letzter Hauptveranlagungszeitpunkt:* 1.1.1995.

Hauptverband des Deutschen Einzelhandels e.V. → Handelskorporationen.

Hauptversammlung – I. Begriff: Gesetzliches Organ der → Aktiengesellschaft (AG) und → Kommanditgesellschaft auf Aktien (KGaA), §§ 118–128, 285 AktG. Versammlung der Aktionäre, in der sie ihre Rechte in Angelegenheiten der AG ausüben. → Vorstand und → Aufsichtsrat sollen an der Hauptversammlung teilnehmen. Die Regelungen zur HV wurden durch das → Gesetz zur Umsetzung der Aktionärsrechterichtlinie (ARUG) verändert, dabei wurde u.a. die Anwendung moderner Kommunikationsmedien geregelt.

II. Aufgaben: Beschlussfassung in allen von Gesetz oder Satzung bestimmten Fällen, namentlich über: (1) Bestellung der Mitglieder des Aufsichtsrats, soweit es sich nicht um Arbeitnehmervertreter handelt. (2) → Gewinnverwendung. (3) → Entlastung von Vorstand und Aufsichtsrat. (4) Bestellung der Abschlussprüfer. (5) Satzungsänderungen. (6) Maßnahmen der Kapitalbeschaffung und -herabsetzung. (7) Bestellung von Prüfern für Sonderprüfung (→ Wirtschaftsprüfung). (8) Auflösung der AG. (9) Über Fragen der Geschäftsführung kann die Hauptversammlung nur entscheiden, wenn der Vorstand es verlangt (§ 119 AktG).

III. Zeitpunkt: 1. I.Allg. einmal *jährlich* in den ersten acht Monaten des Geschäftsjahres zur Entlastung des Vorstands und Aufsichtsrats. Damit i.d.R. verbunden ist die Verhandlung über die Gewinnverwendung (§ 120 I, III AktG). – 2. Wenn das *Wohl der AG* dies erfordert (§ 121 I AktG). – 3. Wenn eine *Minderheit* von 5 Prozent des Grundkapitals das mit fristgemäß vorab einzureichender Begründung verlangt (§ 122 II AktG). – 4. *Bes. Regelung* besteht für Versicherungs-Aktiengesellschaften und Versicherungsvereine auf Gegenseitigkeit durch VO vom 5.2.1968 (BGBl. I 141).

IV. Einberufung: 1. Durch den *Vorstand* (§ 121 AktG); falls er einem Minderheitsverlangen nicht stattgibt, durch die vom Gericht ermächtigten Aktionäre (§ 122 III AktG); durch Aufsichtsrat, wenn das Wohl der Gesellschaft es erfordert (§ 111 III AktG). – 2. Die Einberufung nebst Tagesordnung ist mind. einen Monat vor dem Tag der Hauptversammlung in den *Gesellschaftsblättern* bekanntzugeben. Nach § 124a AktG müssen bei börsennotierten Gesellschaften unverzüglich nach Einberufung bestimmte Informationen darüber auf deren Internetseite abrufbar sein. Hat eine Minderheit (5 Prozent des Grundkapitals oder 500.000 Euro Nennbetrag) verlangt, dass Gegenstände zur Beschlussfassung bekannt gemacht werden (122 II AktG), so sind diese spätestens unverzüglich nach Zugang des Verlangens bekanntzumachen (§ 124 I AktG). – 3. Bei der *Wahl von Aufsichtsratsmitgliedern* ist anzugeben, nach welchen gesetzlichen Vorschriften sich der Aufsichtsrat zusammensetzt. – 4. Soll die Hauptversammlung über eine *Satzungsänderung* oder über einen *Vertrag* beschließen, ist auch der Wortlaut der Satzungsänderung oder der wesentliche Inhalt des Vertrages bekanntzumachen (§ 124 II AktG). – 5. In der Bekanntmachung der Tagesordnung haben Vorstand und Aufsichtsrat zu jedem Tagesordnungspunkt, über den die Hauptversammlung beschließen soll, *Vorschläge zur Beschlussfassung* zu machen (§ 124 III AktG).

V. Mitteilungen: 1. *Kreditinstitute, Finanzdienstleistungsinstitute und Aktionärsvereinigungen,*die in der letzten Hauptversammlung Stimmrechte für Aktionäre ausgeübt oder die Mitteilung verlangt haben, erhalten mindestens 21 Tage vor der Versammlung bes. Mitteilung über (1) Einberufung der Hauptversammlung, (2) die Bekanntmachung der Tagesordnung; weitere Mitteilungspflichten in § 125 II AktG. – 2. Die gleichen Mitteilungen sind bestimmten *Aktionären* zu machen (§ 125 II AktG). – *Weitergabe* der Mitteilungen an die Aktionäre obliegt den Kreditinstituten und Aktionärsvereinigungen. Der Bundesjustizminister kann vorschreiben, dass die AG die Aufwendungen für die Vervielfältigung und Übersendung an die Aktionäre zu ersetzen hat (§ 128 III AktG).

VI. Anträge von Aktionären: (§ 126 AktG): 1. *Frist:* Mitteilung braucht nur zu erfolgen, wenn der Aktionär mindestens 14 Tage vor dem Tag der Hauptversammlung der Gesellschaft einen Gegenantrag mit Begründung an die in der Einberufung hierfür mitgeteilte Adresse übersandt hat, bei börsennotierten Gesellschaften muss dies über deren Internetseite laufen. – 2. *Gegenanträge* und Begründung brauchen u. a. nicht mitgeteilt zu werden: (1) Wenn sich der Vorstand durch die Zugänglichkeitsmachung strafbar machen würde; (2) wenn der Gegenantrag zu einem gesetz- oder satzungswidrigen Beschluss der Hauptversammlung führen würde; (3) wenn die Begründung in wesentlichen Punkten offensichtlich falsche oder irreführende Angaben oder wenn sie → Beleidigungen enthält; (4) wenn ein auf denselben Sachverhalt gestützter Gegenantrag des Aktionärs bereits zu einer anderen Hauptversammlung mitgeteilt worden ist; (5) wenn derselbe Gegenantrag mit wesentlich gleicher Begründung in den letzten fünf Jahren zu zwei Hauptversammlungen mitgeteilt worden ist und in der Hauptversammlung weniger als 5

Prozent des Grundkapitals für ihn gestimmt haben; (6) wenn der Aktionär an der Hauptversammlung nicht teilnehmen und sich nicht vertreten lassen wird; (7) wenn der Aktionär in den letzten zwei Jahren in zwei Hauptversammlungen einen von ihm mitgeteilten Gegenantrag nicht gestellt hat oder nicht hat stellen lassen. – 3. Die *Begründung* braucht nicht mitgeteilt zu werden, wenn sie mehr als 5.000 Zeichen beträgt. – 4. *Mehrere Gegenanträge* nebst Begründung zu demselben Tagesordnungspunkt kann der Vorstand zusammenfassen. – 5. Für *Wahlvorschläge* von Aktionären gilt Entsprechendes. Begründung entbehrlich (§ 127 AktG).

VII. Ablauf: 1. In der Hauptversammlung ist ein → Teilnehmerverzeichnis aufzustellen. – 2. Die Aktionäre können das → Auskunftsrecht ausüben. – 3. *Beschlüsse* der Hauptversammlung bedürfen i.Allg. der → Stimmenmehrheit, u. U. auch einer → qualifizierten Mehrheit, bei börsennotierten Gesellschaften immer der → öffentlichen Beurkundung. Jede Aktie gewährt → Stimmrecht. – *Ausnahme:* → Mehrstimmrechtsaktien. – 4. Beschlüsse der Hauptversammlung unterliegen unter bestimmten Voraussetzungen der *Anfechtung;* Nichtigkeitsgründe im § 241 AktG.

Hauptwohnung – Begriff des Melderechts für die vorwiegend benutzte Wohnung des Einwohners. Einzelheiten in § 12 II Melderechtsrahmengesetz i.d.F. vom 19.4.2002 (BGBl. I 1342) m.spät.Änd. – *Amtliche Statistik:* bedeutsam für die Zuordnung der → Bevölkerung zu einer Gemeinde. – Vgl. auch → Meldepflicht.

Hauptzollamt – örtliche Bundesbehörde für die Verwaltung der → Zölle, → Verbrauchsteuern sowie der Abgaben im Rahmen der Europäischen Gemeinschaften (§ 12 FVG). Weitere wichtige Aufgaben sind die zollamtliche Überwachung des Warenverkehrs über die Grenze, die Grenzaufsicht sowie die Bekämpfung der Schwarzarbeit und der illegalen Beschäftigung. – Vgl. auch → Zollamt.

Hausangestellte → Hausgehilfin.

hausarztzentrierte Versorgung (Gatekeeping) – 1. *Begriff:* Hausarztzentrierte Versorgung (Gatekeeping) ist ein bedeutendes Instrument von → Managed Care bzw. → integrierter Versorgung und umfasst die gezielte Leistungssteuerung durch einen bes. qualifizierten Arzt. Der Arzt (v.a. Allgemeinmediziner, niedergelassene Internisten oder Gynäkologen sind hier geeignet; im Folgenden als Hausarzt bezeichnet) ist im Krankheitsfall die erste Anlaufstelle für den Patienten und übernimmt eine Art Lotsenfunktion (Gatekeeper) entlang der Versorgungskette. – 2. *Merkmale:* Die hausarztzentrierte Versorgung gewinnt im europäischen Raum zunehmend an Bedeutung. Insbesondere in Großbritannien, den Niederlanden und der Schweiz wird das Konzept flächendeckend eingesetzt. Im Zuge des GKV-Gesundheitsmodernisierungsgesetzes von 2004 wurde in Deutschland den gesetzlichen Krankenkassen auferlegt, Hausarztmodelle gemäß § 73b SGB V anzubieten. Die Einschreibung eines Versicherten in einen solchen Tarif ist freiwillig. Mit Vertragsabschluss verpflichtet sich der Versicherte aber für mind. ein Jahr im Krankheitsfall einen festgelegten Hausarzt – mit Ausnahme von Augen- und Frauenarztkonsultationen - zuerst aufzusuchen, da dieser alle weiteren Behandlungsmaßnahmen entweder selbst erbringt oder entsprechende Facharztbesuche und stationäre Aufenthalte koordiniert (Abb. – Gatekeeping-System). Der Hausarzt darf nur aus wichtigem Grund gewechselt werden. Näheres zur Ausgestaltung des Tarifs, insbesondere zur Bindung an den gewählten Hausarzt, zu weiteren Ausnahmen vom Überweisungsgebot und zu den Folgen bei Pflichtverstößen der Versicherten, regeln die → Krankenkassen in ihren Satzungen. – 3. *Formen:* Grundsätzlich ist zwischen zwei Formen des Gatekeepings zu unterschieden: a) *capitated Gatekeeper:* Der Hausarzt erhält je eingeschriebenen Versicherten eine Kopfpauschale für sämtliche durch ihn selbst erbrachte, aber auch durch ihn verordnete Leistungen. Das finanzielle Risiko wird dadurch vom Leistungsfinanzier auf den Hausarzt übertragen. Desto kleiner aber der Patientenpool eines Arztes, umso geringer die Wahrscheinlichkeit einer Normalverteilung. Daher sind in der Praxis meist zwei abgeschwächte Formen des capitated Gatekeepers anzutreffen. So können zum einen je Risko-Pool Maxima für eingeschriebene Versicherte vereinbart werden. Über das jeweilige Maximum hinaus, fällt das finanzielle Risiko aus dem Verantwortungsbereich des Gatekeepers heraus. Eine andere Möglichkeit ist, die finanzielle Risikodelegation nur auf die vom Gatekeeper erbrachten Leistungen zu beschränken. – b) *Einfacher Gatekeeper:* in diesem Fall übernimmt der Hausarzt nur eine Art Lotsenfunktion entlang der Versorgungskette. Es werden sämtliche Einzelleistungen vergütet, wodurch das finanzielle Risiko beim Leistungsfinanzier liegt. – 4. *Stärken:* Auch in dieses Instrument von → Managed Care werden große Erwartungen gelegt, Effizienz- und Qualitätspotenziale mobilisieren zu können. Durch die Koordination des Hausarztes von der Erstanamnese über Überweisungen zu Fachärzten bzw. Einweisungen ins Krankenhaus soll eine effiziente und qualitativ hochwertige Behandlung sichergestellt werden. Überflüssige und unnötig teure (Doppel-)Untersuchungen sollen vermieden werden. Der Hausarzt kann in diesem Zusammenhang als eine Art Clearingstelle und Disease Manager (vgl. → Disease Management) gesehen werden, durch den der gesamte Behandlungsprozess des Patienten ganzheitlich koordiniert wird. Hierdurch können nicht nur Kosteneinsparungen realisiert werden, gleichzeitig fördert die gezielte Leistungssteuerung über die Schnittstellen einzelner Leistungssektoren hinaus eine ganzheitliche, qualitativ hochwertige Versorgung. Insbesondere im Fall einer zumindest partiell finanziellen Risikodelegation

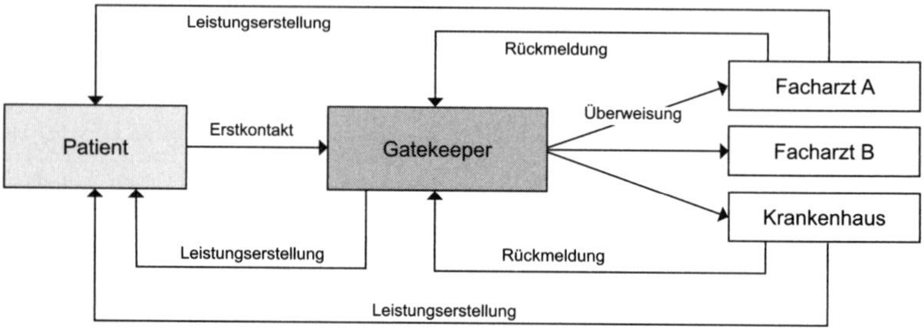

an den Hausarzt hat dieser ein bes. Interesse an der Genesung seines Patienten. Präventionsmaßnahmen gewinnen hierbei an völlig neuer Bedeutung. Des Weiteren dürften Fachärzte einen verstärkten Anreiz haben, langfristig gute Qualität zu erbringen, da deren Vergütung indirekt durch das Über- und Einweisungsverhalten des Hausarztes bestimmt wird. – 5. *Schwächen:* Kosten- und Qualitätspotenziale sind aber nicht per se durch das Konzept zu erreichen. An die Gatekeeper sind bes. Anforderungen, v.a. geeignete Managementfähigkeiten, zu stellen die über die medizinischen Ausbildungsinhalte hinausgehen. Auf medizinischer Ebene wird oft die Kompetenz eines Allgemeinmediziners infrage gestellt, das gesamte Leistungsspektrum einer Behandlung hinreichend erfassen zu können. U.U. können durch Fehldiagnosen oder verspätete Über- und Einweisungen sogar unnötige → Zusatzkosten entstehen, die nicht zuletzt ein Risiko für die Gesundheit des Patienten darstellen. Wird der Hausarzt zudem nach Kopfpauschalen vergütet, sollte das Morbiditätsrisiko eines jeden Patienten ausreichend berücksichtigt sein, um potenzieller Risikoselektion durch den Hausarzt vorwegzugreifen. Weitere Maßnahmen für eine qualitative und effiziente Betreuung im Rahmen der hausarztzentrierten Versorgung umfassen Regelungen zur Aufnahmepflicht eines Hausarztes jeglicher Patienten (→ Kontrahierungszwang) und umfassende Qualitätsmaßnahmen, wie sie z.B. in Deutschland gemäß § 73b SGB V festgelegt sind. Aber auch auf Patientenseite wird das Konzept kritisch betrachtet. Auch wenn der Aspekt der Arztwahlfreiheit eher den Aspekt der Möglichkeit betrifft, als dass ein Arztwechsel tatsächlich in Anspruch genommen wird, wirkt die Einschränkung selbiger nicht unerheblich auf die Entscheidung der Versicherten für eine Einschreibung in Hausarztmodelle. Ein Patient kann auch ohne die Einschreibung in ein Hausarztmodell sich auf einen Hausarzt festlegen. Somit muss das Konzept den Versicherten näher gebracht und durch finanzielle Anreize begleitet werden. In Deutschland häufig anzutreffen ist der finanzielle Anreiz der Freistellung von der Quartalsgebühr bei Teilnahme an der hausarztzentrierten Versorgung. Es ist allerdings zu prüfen in wieweit finanzielle Anreize durch die durch das Konzept erzielten Kosteneinsparungen auch tatsächlich gedeckt werden.

Hausauftrag → Innenauftrag.

Hausbank – Von einer Hausbankbeziehung kann gesprochen werden, wenn zwischen einem Kapitalnehmer und einer → Bank über eine lange Zeit eine Beziehung aufrechterhalten wird und der Kreditempfänger hinsichtlich der Abwicklung all seiner Finanzierungskontrakte (Gewährung von → Kontokorrentkrediten, Wechseldiskontierung, Abwicklung der Auslandsgeschäfte etc.) eine gewisse Exklusivität genießt. Die Hausbank ist folglich eine Bank, mit der ein größeres Geschäftsvolumen als mit jeder anderen Bank abgewickelt wird, zu der dauerhafte, vertrauensvolle, d.h. vom gegenseitigen Verständnis geprägte Beziehungen bestehen und von der eine qualifizierte Beratung sowie insbesondere die notwendige Kreditversorgung auch in für die Unternehmung schwierigen Zeiten am ehesten zu erwarten ist. Eine Hausbankbeziehung ist dementsprechend durch die Kriterien Exklusivität, Langfristigkeit, Informationsvorteile gegenüber anderen Banken und der bes. Verantwortlichkeit gegenüber der Unternehmung und dessen Finanzierung gekennzeichnet. Im Zuge des verschärften Wettbewerbs auf den Finanzmärkten und der Disintermediation (d.h. Verzicht auf Banken und ihre Dienstleistungen bei der Refinanzierung) gibt es Tendenzen zur Aufweichung des Hausbank-Prinzips, sodass private Bankkunden und kleine und mittelständische Unternehmen häufig eine langjährige Zusammenarbeit mit einer Hausbank eingehen, während große Unternehmen wie Aktiengesellschaften mehrere Hausbankbeziehungen unterhalten.

Häuserpreismethode → hedonischer Ansatz.

Hausfriedensbruch → Hausrecht.

Hausgehilfin – I. Begriff: *Hausangestellte;* Arbeitnehmerin, die Hausarbeit gegen Entgelt leistet und i.d.R. zum Haushalt ihres Arbeitgebers gehört. – *Anders:* → Haushaltshilfe.

II. Arbeitsrecht: → Mutterschutz.

III. Steuerrecht: Der Lohn der Hausgehilfin ist steuerpflichtig (Einkünfte aus nichtselbständiger Arbeit), wenn das Arbeitsverhältnis nicht als geringfügiges

Beschäftigungsverhältnis behandelt und der Lohn vom Arbeitgeber pauschal versteuert wird. – Der Arbeitgeber kann für die Kosten einer Hausgehilfin die Steuerermäßigung für haushaltsnahe Beschäftigungsverhältnisse nutzen.

Hausgewerbetreibende – I. Arbeitsrecht: Nach dem Heimarbeitsgesetz (HAG) vom 14.3.1951 (BGBl. I 191) m.spät.Änd. und DVO i.d.F. vom 27.1.1976 (BGBl. I 221) m.spät.Änd. Personen, die in eigener Arbeitsstätte (Wohnung oder Betriebsstätte) wie → Heimarbeiter im Auftrag von → Gewerbetreibenden oder → Zwischenmeistern mit nicht mehr als zwei fremden Hilfskräften Waren herstellen, bearbeiten oder verpacken und selbst wesentlich mitarbeiten, evtl. Roh- und Hilfsstoffe selbst beschaffen. – Vgl. auch → Heimarbeit.

II. Sozialversicherung: Selbstständig Tätige, die in eigener Arbeitsstätte im Auftrag und für Rechnung von Gewerbetreibenden, gemeinnützigen Unternehmen oder öffentlich-rechtlichen Körperschaften gewerblich arbeiten, auch wenn sie Roh- und Hilfsstoffe selbst beschaffen oder vorübergehend für eigene Rechnung tätig sind (§ 12 I SGB IV) mit freier Bestimmung über Arbeitszeit und Arbeitsverlauf. Die Arbeitsstätte kann in der Wohnung oder in einer eigenen Betriebsstätte sein. Der Hausgewerbetreibende darf auch Mitarbeiter beschäftigen.

III. Gewerbesteuerrecht: Hausgewerbetreibende unterliegen der Gewerbesteuerpflicht. Die Steuermesszahlen für den → Gewerbeertrag ermäßigen sich gegenüber den für natürliche Personen und Gesellschaften festgesetzten Steuermesszahlen auf 56 Prozent. Betreibt ein Hausgewerbetreibender noch eine andere gewerbliche Tätigkeit und sind beide Tätigkeiten als eine Einheit anzusehen, so tritt die Ermäßigung der Steuermesszahlen nur ein, wenn die Tätigkeit als Hausgewerbetreibende überwiegt (§ 11 III 1 GewStG, § 22 GewStDV).

Haushalt – I. Volkswirtschaftstheorie: Privates Sozialgebilde, das eine oder mehrere Personen mit einheitlicher Willensbildung umfasst. Er stellt die Planungs- und Entscheidungseinheit beim Erwerb von → Einkommen dar, und zwar als Anbieter der Faktorleistungen Arbeit, Kapital und Boden oder Unternehmerleistung (→ Angebotstheorie des Haushalts). Ebenso obliegt ihm die Verwendung von Einkommen zum Kauf von Gütern (→ Konsum) sowie zur Vermögensbildung (→ Sparen, → Nachfragetheorie des Haushalts). → Institutionelle Theorien der Haushaltung betonen die Rolle des Haushalts als Produzent, der innerhalb des Konsumtionszeitraums bestimmte Eigenschaften der Konsumgüter zur Nutzenerzielung erst kombiniert bzw. produziert. – Das *Verhalten von Haushalten im Wirtschaftsprozess* wird zusammenfassend in der → Haushaltstheorie als Teilbereich der → Mikroökonomik behandelt. Dabei wird i.d.R. Rationalität im Sinn der strikten Gültigkeit des ökonomischen Prinzips bei knappen Ressourcen unterstellt. Bezogen auf die Einkommensentstehung impliziert dies ein einkommensmaximierendes Verhalten und für die Einkommensverwendung das Streben nach größtmöglicher Befriedigung der Bedürfnisse durch nutzenmaximierendes Verhalten.

II. Finanzwissenschaft: Gegenüberstellung von Voranschlägen der Einnahmen und Ausgaben der öffentlichen Hand (→ Haushaltsplan) im Haushaltsjahr. – Vgl. auch → Budget, → öffentlicher Haushalt, → Bundeshaushalt, → EU-Haushalt.

III. Amtliche Statistik: → Privathaushalt.

Haushaltsausgleich – der nach Art. 110 I GG vorgesehene Ausgleich des Haushaltsplanes „in Einnahme und Ausgabe", d.h. Ausgleich der mit Zahlungen verbundenen Einnahme- und Ausgabeposten (Ausgleich aus formeller sowie materieller Sicht). – Vgl. auch → Haushaltsplan. – Eine bewusste *Unterdeckung* (→ Deficit Spending) gemäß Stabilitätsgesetz ist erlaubt, muss aber mit realisierbaren Kreditbeschaffungsmöglichkeiten, nicht mit nur fiktiven Einnahmeposten, verbunden sein.

Haushaltsbesteuerung – I. Allgemein: 1. *Haushaltsbesteuerung i.w.S.* (kreislauftheoretisches Begriffsverständnis): a) *Begriff*: Besteuerung der im persönlichen Bereich des wirtschaftenden Menschen realisierten Steuertatbestände, die eine bes. Leistungsfähigkeit ausdrücken. Die Besteuerung der Organisationsgebilde „privater Haushalt" steht im Gegensatz und in Ergänzung zur objektiven → Unternehmensbesteuerung, die die Steuertatbestände in jenen Organisationsgebilden aufsucht, die der Kombination produktiver Faktoren dienen und die Ertragsfähigkeit dieser Organisationen ausdrücken. Private Haushalte sind diejenigen Kreislaufaggregate, denen die in den Unternehmen entstandenen Erträge als Einkommen zugehen (Einkommensentstehungsstrom des Kreislaufs). – b) Erhebung von → Personensteuern: Lohn- und Einkommensteuer, Kirchensteuer, Erbschaft- und Schenkungsteuer; das → Leistungsfähigkeitsprinzip lässt sich aber auch in der Besteuerung der Einkommensverwendung realisieren, weshalb auch die „persönliche → Ausgabensteuer" zu den Personensteuern zählt. – 2. *Haushaltsbesteuerung i.e.S.* (veranlagungstechnisches Begriffsverständnis): Gemeinsame Veranlagung aller Leistungsfähigkeitsindikatoren der gesamten Familie und aller in einem Haushalt zusammenlebenden Personen oder weniger umfassend die Zusammenveranlagung der Ehegatten. Daneben steht die Individualbesteuerung bzw. -veranlagung, bei der jedes Mitglied eines Haushalts getrennt von den anderen veranlagt und besteuert wird.

II. Haushaltsbesteuerung in der Bundesrepublik Deutschland: 1. *Begriff*: Besteuerung von → Ehegatten und von Eltern und steuerlich zu berücksichtigenden Kindern als Gemeinschaft. – 2. Die Haushaltsbesteuerung von *Ehegatten* erfolgt bei der *Einkommensteuer* nach § 26 EStG durch

Zusammenveranlagung, wenn beide Ehegatten diese wählen oder keine Erklärung abgeben. Die Steuerprogression, die durch die Zusammenrechnung der Einkünfte beider Ehegatten entsteht, ist durch die bes. Gestaltung des Einkommensteuertarifs gemildert (→ Splitting-Verfahren).

Haushaltsfreibetrag – Begriff des Einkommensteuerrechts (früherer § 32a VII EStG): Der Haushaltsfreibetrag war ein Freibetrag für Steuerpflichtige, die kein Anrecht auf das Splittingverfahren hatten und bei denen auch keine getrennte Veranlagung durchgeführt wurde (unverheiratete Steuerpflichtige), wenn ihnen ein → Kinderfreibetrag oder → Kindergeld gewährt wurde. Ziel des Haushaltsfreibetrags war es, Alleinstehenden eine steuerliche Entlastung zukommen zu lassen. Da durch den Haushaltsfreibetrag jedoch unverheiratete Paare gegenüber verheirateten Paaren mit Kindern bevorzugt wurden, bedeutete die Regelung über den Haushaltsfreibetrag eine Benachteiligung von Ehe und Familie und wurde deshalb vom Verfassungsgericht beanstandet. Der Haushaltsfreibetrag wurde deshalb bis Ende 2003 stufenweise abgeschafft und seit 2004 durch einen → Entlastungsbetrag für Alleinerziehende ersetzt (§ 24b EStG).

Haushaltsführung → doppelte Haushaltsführung.

Haushaltsführungsehe – neben → Doppelverdienerehe und Zuverdienstehe im Familienrecht vorgesehenes Ehemodell, bei dem ein Ehegatte seine Verpflichtung, zum Unterhalt der Familie beizutragen, i.d.R. durch die Haushaltsführung erfüllt (§ 1360 Satz 2 BGB).

Haushaltsfunktionen – Summe der finanzwissenschaftlichen Anforderungen an einen → Haushaltsplan. Die Haushaltsfunktionen sind zu unterschiedlichen Zeitpunkten entsprechend verschiedener finanz- und haushaltstheoretischer Gesichtspunkte entwickelt worden; sie sind daher nicht in sich konsistent, sondern oft gegensätzlich und bergen Zielkonflikte, v.a. bei den aus ihnen abgeleiteten → Haushaltsgrundsätzen. – *Teilfunktionen:* (1) → Administrative Kontrollfunktion, (2) → finanzwirtschaftliche Ordnungsfunktion, (3) → politische Kontrollfunktion, (4) → politische Programmfunktion, (5) → volkswirtschaftliche Lenkungsfunktion.

Haushaltsgerade → Bilanzgerade.

Haushaltsgesetz – Form, in der ein staatlicher → Haushaltsplan parlamentarisch festgestellt wird. Es genügt die einfache Mehrheit. Das Haushaltsgesetz legt das Volumen der Einnahmen und Ausgaben sowie der vorgesehenen Kreditaufnahme, die → Verpflichtungsermächtigungen und den Höchstbetrag der Kassenverstärkungskredite fest. – Der Haushaltsplan i.e.S. samt seinen Anlagen (→ Haushaltsplan) bildet eine Anlage zum Haushaltsgesetz. – *Haushaltsgesetz für Gemeinden und Gemeindeverbände:* → Haushaltssatzung.

Haushaltsgleichgewicht → Nachfragetheorie des Haushalts, → Gleichgewicht.

Haushaltsgrundsätze – *Budgetprinzipien.* 1. *Begriff:* von → Finanzwissenschaft und Praxis entwickelte Regeln für die öffentliche Haushaltswirtschaft, deren Befolgung v.a. der Kontrollierbarkeit der öffentlichen Haushaltswirtschaft dienen soll. Die Benutzung der öffentlichen Haushalte als Instrument zur Verwirklichung stabilisierungspolitischer Ziele macht Durchbrechungen der traditionellen Haushaltsgrundsätze (→ Haushaltsfunktionen) erforderlich. – *Gesetzliche Regelung:*In der Bundesrepublik Deutschland haben die Haushaltsgrundsätze samt ihren Ausnahmeregelungen im Grundgesetz (GG), im Gesetz über die Grundsätze des Haushaltsrechts des Bundes und der Länder (Haushaltsgrundsätzegesetz (HGrG)) vom 19.8.1969 (BGBl. I 1273), zuletzt geändert im Rahmen des Haushaltsgrundsätzemodernisierungsgesetzes – HGrGMoG vom 31.07.2009, sowie der Bundeshaushaltsordnung (BHO) entsprechend in den einzelnen Landeshaushaltsordnungen (LHO) ihren Niederschlag gefunden. Die Änderung des Haushaltsrechts durch das Haushaltsgrundsätzemodernisierungsgesetz erlaubt es Bund und Ländern seit dem 01.01.2010 anstelle des traditionellen kameralistischen Systems die doppelte Buchführung (Doppik) anzuwenden. – Vgl. auch → Haushaltsreform. – 2. *Einzelgrundsätze:* a) *Vollständigkeit* (Art. 110 I GG, §§ 8, 12 HGrG, 11, 15 BHO): unverkürzte, d.h. ohne Saldierung vorgenommene Aufnahme sämtlicher erwarteter Einnahmen, Ausgaben und voraussichtlich benötigter → Verpflichtungsermächtigungen in kameralen Haushalten sowie Aufwendungen und Erträgen in doppischen Haushalten *(Bruttoprinzip);* Ausnahmen bestehen bez. kaufmännisch eingerichteter Staatsbetriebe und Sondervermögen sowie der Kreditfinanzierung. – b) *Klarheit:* systematische, aussagefähige Gliederung des Haushalts und Kennzeichnung seiner Einzelansätze. – c) *Einheit* (Art. 110 II GG, §§ 8, 18 HGrG, 11, 12, 26 BHO): Einnahmen, Ausgaben und Verpflichtungsermächtigungen einer Gebietskörperschaft (kamerales System) sowie Erträge, Aufwendungen (doppisches System) sind in einem Haushaltsplan zusammenzufassen (→ Einheitsbudget). – d) *Genauigkeit:* Voranschläge sollen frei von Zweckpessimismus oder -optimismus aufgestellt werden, um die Spanne zwischen erwarteten und wirklichen Ergebnissen zu minimieren (→ Fälligkeitsprinzip). – e) *Vorherigkeit:* Feststellung des Haushaltsplans soll vor Beginn des Haushaltsjahres erfolgen, auf das er sich bezieht. – f) *Spezialität* (§§ 15, 27 HGrG, 19, 20, 46 BHO): (1) *Qualitative Spezialität:* zu verausgabende Mittel dürfen nur für den im Haushaltsplan ausgewiesenen Zweck ausgegeben werden. Ausgenommen sind Ausgaben, für die eine „gegenseitige" oder „einseitige Deckungsfähigkeit" entweder generell (im Bereich der Personalausgaben) oder durch bes. Erklärung im Haushaltsplan zugelassen ist (→ Deckungsfähigkeit). (2) *Quantitative Spezialität:*

zu verausgabende Mittel dürfen nur bis zu der im Haushaltsplan ausgewiesenen Höhe ausgegeben werden. Ausgenommen sind über- und außerplanmäßige Ausgaben im Fall eines unvorhergesehenen und unabweisbaren Bedürfnisses; sie bedürfen nach Art. 112 GG im Bereich des Bundeshaushalts der Zustimmung des Bundesfinanzministers. (3) *Temporäre Spezialität:* zu verausgabende Mittel dürfen nur in der *Zeit*, für die der Haushaltsplan gilt, ausgegeben werden. Ausgenommen sind Ausgaben, für die „Übertragbarkeit" entweder generell (Ausgaben für Investitionen und Ausgaben aus zweckgebundenen Einnahmen) oder durch bes. Erklärung im Haushaltsplan zugelassen ist (→ Übertragbarkeit von Ausgaben). – g) *Öffentlichkeit:* unbeschränkte Zugänglichkeit des Haushaltsplans sowie breiteste Publizierung und Diskussion des ganzen „Budgetlebens" (Lotz), bes. des Entwurfs und der parlamentarischen Beratungen. – h) *Nonaffektation* (§§ 7 HGrG, 8 BHO): alle Einnahmen dienen als Deckungsmittel für den *gesamten* Ausgabebedarf, d.h. Abkehr von der früher üblichen → Fondswirtschaft. Ausnahmen bedürfen ausdrücklicher Bestimmung in den einzelnen Steuergesetzen. – i) *Sparsamkeit und Wirtschaftlichkeit* (§§ 6 HGrG, 7 BHO): binden die öffentliche Haushaltswirtschaft an das Wirtschaftlichkeitsprinzip. – Vgl. auch → Haushaltsplan, → Bundeshaushalt.

Haushaltshilfe – zuzahlungspflichtige Leistung der gesetzlichen Krankenversicherung für Versicherte, wenn es ihnen wegen Krankenhausbehandlung oder einer sonstigen Heilbehandlung nicht möglich ist, den Haushalt weiterzuführen, und eine andere im Haushalt lebende Person hierfür nicht zur Verfügung steht. – *Voraussetzung weiterhin:* ein Kind unter zwölf Jahren oder behindert und auf Hilfe angewiesen (§ 38 SGB V). Die Krankenkasse hat als Haushaltshilfe eine Ersatzkraft zu stellen oder die Kosten für eine vom Versicherten selbst beschaffte Ersatzkraft in angemessener Höhe zu erstatten. Für Verwandte und Verschwägerte bis zum zweiten Grad werden keine Kosten für die Haushaltsführung erstattet; Fahrtkosten und Verdienstausfall können für diesen Personenkreis übernommen werden (§ 38 IV SGB V). Erweiterung durch Kassensatzung möglich (§ 38 II SGB V). – Vgl. auch → Hausgehilfin.

Haushaltsjahr – Rechnungsjahr der öffentlichen Haushalte, für das der → Haushaltsplan aufgestellt wird. Seit 1961 das Kalenderjahr. Das Bundesministerium der Finanzen (BMF) kann für einzelne Bereiche etwas anderes bestimmen (§ 4 BHO). Der Haushaltsplan kann auch für zwei Jahre aufgestellt werden (§ 9 HGrG, § 12 BHO).

Haushaltskontrolle – vierte Phase im „Lebenszyklus" eines öffentlichen → Haushaltsplans (→ Haushaltskreislauf). – *Bestandteile:* 1. *Verwaltungskontrolle:* Überprüfung der verwaltungstechnischen Ordnungswidrigkeit, bestehend aus: (1) der vorherigen Kontrolle (Unterzeichnung der Anweisungen durch den Dienststellenleiter), (2) der mitschreitenden Kontrolle (interne Eigenprüfung der Behörden) sowie (3) der nachträglichen Kontrolle durch → Rechnungshof bzw. Rechnungsprüfungsamt; das Ergebnis der Rechnungshofprüfung wird in einem Prüfbericht zusammengefasst (auf Bundesebene: Bemerkungen des → Bundesrechnungshofs), der dem Parlament vorgelegt wird. – 2. *Politische Kontrolle:* Prüfung der Kongruenz von Haushaltsführung und Etatvorgabe; wird vom Parlament vorgenommen, das auf der Grundlage des Rechnungshofberichts und einer vom Rechnungsprüfungsausschuss dazu erarbeiteten Analyse über die Entlastung der Exekutive befindet. Zusätzlich führt der Haushaltsausschuss des Parlaments eine mitschreitende Kontrolle durch.

Haushaltskreislauf – *Budgetkreislauf;* Verfahrenszüge bei der Aufstellung, der Entscheidung, dem Vollzug und der Kontrolle des jeweiligen → Haushaltsplans bzw. → Budgets für ein → Haushaltsjahr. – *Beispiel Bundesetat:* (1) Aufstellung des Haushaltsentwurfs: Einholung der geplanten Maßnahmen und Ausgaben der verschiedenen Ministerien durch den Finanzminister und Abstimmung und Zusammenstellung dieser Pläne im Etatentwurf; (2) Beratung und Bewilligung in drei Lesungen im Bundesrat und Bundestag; (3) Vollzug durch die Bürokratie; (4) Kontrolle durch den Bundesrechnungshof. – *Dauer* des Haushaltskreislaufs gewöhnlich drei Jahre.

haushaltsnahe Beschäftigungsverhältnisse – 1. *Begriff:* → Beschäftigungsverhältnisse, die Tätigkeiten zum Gegenstand haben, die in einem Privathaushalt üblicherweise durch die Mitglieder des privaten Haushalts erledigt werden. – 2. *Steuerliche Begünstigung:* Ein Steuerpflichtiger kann seine Einkommensteuerschuld in gewisser Höhe um die → Aufwendungen kürzen (§ 35a EStG), die er als Arbeitgeber eines haushaltsnahen Beschäftigungsverhältnisses hat. – a) Liegt ein geringfügiges Beschäftigungsverhältnis vor, können bis einschließlich 2008 10 Prozent, ab dem Veranlagungszeitraum 2009 20 Prozent, maximal 510 Euro, jährlich abgezogen werden. – b) Liegt ein sozialversicherungspflichtiges Beschäftigungsverhältnis vor, das nicht geringfügig ist, beträgt der Abzug 12 Prozent, maximal 2.400 Euro (bis einschließlich 2008), ab dem Veranlagungszeitraum 2009 20 Prozent, maximal 4.000 Euro. Die Höchstbeträge ermäßigen sich für Monate, in denen die Voraussetzungen nicht erfüllt waren, zeitanteilig. Ab dem Jahr 2010 gilt die Steuerermäßigung auch für die Inanspruchnahme von Pflege- und Betreuungsleistungen bei pflegebedürftigen Personen im Heim, wenn die Kosten für die Dienstleistungen mit denen einer Hilfe im Haushalt vergleichbar sind. – c) Die Begünstigung findet keine Anwendung, wenn die Aufwendungen → Betriebsausgaben oder → Werbungskosten darstellen oder als bestimmte Sonderausgaben bzw. als außergewöhnliche Belastungen berücksichtigt worden sind.

haushaltsnahe Dienstleistungen – 1. *Begriff:* Haushaltsnahe Dienstleistungen haben dieselben

Tätigkeiten wie → haushaltsnahe Beschäftigungsverhältnisse zum Gegenstand; Bei haushaltsnahen Dienstleistungen wird jedoch kein Arbeitsverhältnis begründet, sondern es wird die Dienstleistung eines Selbstständigen bzw. eines Unternehmens in Anspruch genommen. – 2. *Steuerliche Behandlung:* Wer haushaltsnahe Dienstleistungen in Anspruch nimmt, kann für diejenigen Aufwendungen, die nicht als → Betriebsausgaben oder Werbungskosten berücksichtigt worden sind und auch nicht Aufwendungen für eine geringfügige Beschäftigung darstellen, 20 Prozent der Kosten, maximal 600 Euro pro Jahr, von seiner Steuerschuld abziehen (Steuerermäßigung, § 35a II EStG). Bei Leistungen eines Pflegedienstes steigt der Höchstbetrag auf 1.200 Euro unter bestimmten Voraussetzungen. Leistungen der Pflegeversicherung mindern die begünstigten Aufwendungen. – 3. Die Steuerermäßigung für *Handwerkerleistungen* beläuft sich auf 20 Prozent der Kosten für Renovierungs-, Erhaltungs- und Modernisierungsmaßnahmen, ab dem 1.1.2009 maximal 600 Euro im Jahr, ab dem 1.1.2010 maximal 1.200 Euro im Jahr. Der Abzug aus Handwerkerleistungen gilt nur für Arbeitskosten. – 4. Der Steuerabzug für → haushaltsnahe Beschäftigungsverhältnisse beträgt bei geringfügiger Beschäftigung (bis 400 Euro) 10 Prozent (bis einschließlich 2008), ab dem 1.1.2009 20 Prozent der Kosten, maximal jedoch 510 Euro jährlich. Bei versicherungspflichtiger Beschäftigung 12 Prozent der Aufwendungen, maximal jedoch 2.400 Euro (bis einschließlich 2008), ab dem 1.1.2009 20 Prozent der Kosten, maximal 4.000 Euro. – Ab 2008 ist ein vereinfachter Nachweis durch Vorlage von Rechnung und Bankbeleg nur nach Anforderung möglich.

Haushaltsoptimum → Nachfragetheorie des Haushalts.

Haushaltspanel – 1. *Begriff:* → Panel eines repräsentativen Kreises von Haushalten (die Untersuchung bezieht sich auf den gesamten Haushalt und nicht auf die Einzelperson). Bedeutendste Form des → Verbraucherpanels. – Erfasst wird nicht der Verbrauch der Haushalte, sondern die Einkäufe im Handel; damit stellt das Haushaltspanel gewissermaßen ein Spiegelbild des → Handelspanels dar. – 2. *Erhebung* des Datenmaterials überwiegend elektronisch durch Handscanner, am POS oder über das Internet, für spezielle Bereiche auch schriftlich. – 3. *Wichtige Ergebnisse: Käuferkreis* (Anteil der Käufer an allen Haushalten) als Ausdruck eines Produkts, Probierkäufer anzuziehen. Wird beeinflusst von der → Bekanntheit des Produkts, seiner → Distribution und der Probierkaufattraktivität. *Wiederkaufsrate* (Anteil der Käufer, die öfter als nur einmal kaufen) als Ausdruck der Produktzufriedenheit. Wird v.a. beeinflusst durch die wahrgenommene Produktqualität und den Preis des Produkts. – Vgl. auch → Scanner-Haushaltspanel.

Haushaltsplan – 1. *Begriff:* Haushaltsplan der öffentlichen Haushalte (→ Budget, → Etat) ist eine systematische Zusammenstellung der für den vorher festgelegten Zeitraum (Haushaltsperiode) geplanten und vollzugsverbindlichen Ausgabeansätze und der vorausgeschätzten Einnahmen eines öffentlichen Gemeinwesens. – 2. Wichtigste *Formen* in der Bundesrepublik Deutschland: (1) Haushaltsplan des Bundes (→ Bundeshaushalt); (2) Haushaltsplan der Länder; (3) Haushaltsplan der Gemeinden, die in etwas anderer Form vorgelegt werden (→ Haushaltssatzung). – 3. *Zweck:* Der Haushaltsplan dient der Feststellung und Deckung des Finanzbedarfs zur Erfüllung der öffentlichen Aufgaben im Bewilligungszeitraum (meist 1.1. bis 31.12.); er ist Grundlage für eine rationale Haushalts- und Wirtschaftsführung. – 4. *Bedeutung:* Bei seiner Aufstellung und Ausführung ist den Erfordernissen des gesamtwirtschaftlichen → Gleichgewichts Rechnung zu tragen; in demokratischen Staaten ist der Haushaltsplan als aussagehaltigster Beweis für die von der regierenden Mehrheit verfolgte Politik anzusehen. – Vgl. auch → Haushaltsgrundsätze, → Haushaltsfunktionen, → Haushaltssystematik, → Haushaltskreislauf.

Haushaltsproduktionsfunktion – beschreibt im Rahmen der → institutionellen Theorie der Haushaltung den physischen Transformations- bzw. Produktionszusammenhang, durch den ein → Haushalt bestimmte Gütereigenschaften sowie zur Verfügung stehende Zeitquanten erst kombinieren muss, um → Nutzen aus den am Markt erworbenen → Gütern ziehen zu können.

Haushaltsquerschnitt – Zusammenstellung aller Planzahlen eines Haushalts in Form einer Matrix, gebildet aus der → Funktionenübersicht (linke Randspalte der Matrix) und der → Gruppierungsübersicht (Kopfleiste der Matrix). Der Haushaltsquerschnitt ist dem Jahreshaushaltsplan als Anlage beizufügen; 1969 als wesentlicher Teil der neuen → Haushaltssystematik eingeführt. – *Zweck:* Der Haushaltsquerschnitt lässt auf einen Blick erkennen, in welcher Höhe Einnahmen bzw. Ausgaben für welche ökonomischen und sozialen Zwecke angesetzt wurden.

Haushaltsrechnung – nach den Grundsätzen der → Kameralistik geführte Rechnungslegung über den Vollzug des öffentlichen Haushalts. In der Haushaltsrechnung werden tatsächliche Einnahmen und Ausgaben den Ansätzen aus dem Haushalsplan gegenüber gestellt. Jede Ausgabe und jede Einnahme wird zuerst „angewiesen" oder „ins Soll gestellt" und bei der Auszahlung bzw. Einzahlung im „Ist" verbucht; die Differenz zwischen Soll und Ist ist der „Rest", der Bestand, Schuld oder Forderung sein kann. Gemäß Art. 114 GG ist die Haushaltsrechnung dem Bundestag und dem Bundesrechnungshof zu übersenden; sie bildet die Grundlage für die sich anschließende → Haushaltskontrolle.

Haushaltsreform – im Zusammenhang mit der → Finanzreform 1967/1969 vorgenommene Gesetzesänderungen, durch die das bis dahin für die Haushaltswirtschaft in Bund und Ländern im Wesentlichen gültige Haushaltsrecht der Weimarer Demokratie (Reichshaushaltsordnung vom 31.12.1922) abgelöst wurde. V.a. fand die stabilisierungspolitische → Haushaltsfunktion (→ politische Programmfunktion) Berücksichtigung, wurde die Rechtseinheit in Bund und Ländern gesichert und eine → mehrjährige Finanzplanung eingeführt. – Die Änderungen des Grundgesetzes vom 6.7.1967 und vom 12.5.1969 schufen die Voraussetzungen für *weitere gesetzliche Regelungen:* Gesetz über die Grundsätze des Haushaltsrechts des Bundes und der Länder (Haushaltsgrundsätzegesetz – HGrG) vom 19.8.1969 (BGBl. I 1273); Bundeshaushaltsordnung (BHO) vom 19.8.1969 (BGBl. I 1284); die der BHO weitgehend analog formulierten Landeshaushaltsordnungen (LHO) der einzelnen Bundesländer, verabschiedet in den Jahren 1970 bis 1978; und die dem geänderten Haushaltsrecht von Bund und Ländern angepassten, in den einzelnen Bundesländern nur geringfügig voneinander abweichenden Neufassungen der Gemeindehaushaltsverordnungen der Bundesländer, in Kraft getreten 1974/75.

Haushaltssatzung – Form, in der ein kommunaler → Haushaltsplan (→ Vermögenshaushalt, → Verwaltungshaushalt) von einem Kommunalparlament festgestellt wird; einfache Mehrheit genügt. Die Haushaltssatzung legt das Volumen der Einnahmen und Ausgaben sowie der vorgesehenen Kreditaufnahme (→ Haushaltssystematik), die → Verpflichtungsermächtigungen, den Höchstbetrag der Kassenkredite sowie die → Hebesätze der Grund- und Gewerbesteuer für kameralistisch buchende Gemeinden fest. Bei dopisch buchenden Gemeinden werden in der Haushaltssatzung die Höhe von Erträge und Einzahlungen, Aufwendungen und Auszahlungen sowie Verpflichtungsermäßigungen festgesetzt. – Der *Genehmigungspflicht der Aufsichtsbehörde* (länderverschieden, meist Bezirksregierung/Regierungspräsident) unterliegen der Gesamtbetrag der Kredite und Verpflichtungsermächtigungen, der Höchstbetrag der Kassenkredite und die Hebesätze. – Der Haushaltsplan *i.e.S.* samt seinen Anlagen bildet eine Anlage zur Haushaltssatzung. – *Bund und Länder:* → Haushaltsgesetz.

Haushaltsstatistik – Teil der → amtlichen Statistik; statistische Erfassung der → Privathaushalte, bei denen der Haushalt i.d.R. Erhebungseinheit ist. *Gliederungskriterien* sind die Zahl der Personen, verwandtschaftliche Verhältnisse der Haushaltsmitglieder und Zahl der Generationen im Haushalt. Informationen über Haushalte und Familien werden im Rahmen des → Mikrozensus gewonnen. – Vgl. auch → Familienstatistik.

Haushaltssystematik – 1. *Begriff:* Beschreibung der jeweiligen Gliederung der Haushaltspläne des Staatssektors (→ Haushaltsplan). Verschiedene Möglichkeiten sind denkbar, häufig an den jeweiligen als Maßstab zugrunde gelegten → Haushaltsfunktionen orientiert. – 2. *Grundgliederung* gemäß der administrativen Kontrollfunktion nach dem → Ministerialprinzip: Für jede oberste Bundesbehörde wird ein Einzelplan gebildet, der in Kapitel untergliedert wird. Kleinste haushaltstechnische Einheit ist der Titel, eine Zusammenfassung haushaltswirtschaftlicher und ökonomisch zusammengehörender Einnahmen und Ausgaben. – 3. *Ergänzungen:* (1) unter dem Aspekt der → volkswirtschaftlichen Lenkungsfunktion: der → Gruppierungsplan und die daraus entwickelte → Gruppierungsübersicht; (2) unter dem Aspekt der → politischen Programmfunktion: der → Funktionenplan und die → Funktionenübersicht. In der Form einer Matrix werden schließlich Gruppierungs- und Funktionenübersicht zu einem → Haushaltsquerschnitt zusammengefasst. – Vorangestellt wird den Einzelplänen die → Haushaltsübersicht, die → Finanzierungsübersicht sowie der → Kreditfinanzierungsplan. – 4. Trennung in → ordentlichen Haushalt und → außerordentlichen Haushalt: Diese Zweiteilung geht zurück auf die ältere Deckungslehre des Haushalts (Wagner, Schäffle), in deren Rahmen auch die rentabilitätsorientierte oder „objektbezogene Verschuldungsregel" aufgestellt wurde, die eine Kreditaufnahme als außerordentliche Einnahme bezeichnete, die auch nur für außerordentliche Ausgaben (außergewöhnliche), nicht planbare Ausgaben oder werbende (produktive, d.h. über Mittelrückflüsse sich selbst tragende Investitions-)Zwecke verwandt werden durfte (heute dominiert gemäß dem → Stabilitäts- und Wachstumsgesetz (StWG) die „situationsbezogene Verschuldungsregel"). – Vgl. auch → Deckungsgrundsatz. – Sie galt seit dem 31.12.1922 (Erlass der Reichshaushaltsordnung) und war durch die vorläufige Bundeshaushaltsordnung vom 7.6.1950 bis zum 31.12.1969 Bundesgesetz. – Mit dem Vordringen neuerer wirtschafts- und konjunkturpolitischer Erfordernisse auch in das Haushaltsrecht ist diese Differenzierung weitgehend hinfällig geworden. Heute gibt es nur noch einen Haushaltsplan bei den Gebietskörperschaften; nur die Gemeinden haben noch die Zweiteilung des Haushalts in einen → Verwaltungshaushalt und → Vermögenshaushalt (→ Kommunalverschuldung). – 5. Trennung nach der Wirksamkeit finanzieller Transaktionen auf den Vermögensstatus der Gebietskörperschaft in *Kapital- und laufendes Budget* (→ Kapitalbudget, → laufendes Budget): In der Bundesrepublik Deutschland auf Staatsebene nicht gebräuchliche Form der Gliederung öffentlicher Haushalte; auf kommunaler Ebene bestehen Parallelen zur Trennung in Verwaltungshaushalt und Vermögenshaushalt. – 6. Trennung nach der zeitlichen Abgrenzung in → Kassenbudget und → Zuständigkeitsbudget.

Haushaltstheorie – 1. *Charakterisierung:* Teilbereich der → Mikroökonomik; Theorie vom wirtschaftlichen Verhalten privater → Haushalte. Letzteres wird im Grundsatz durch die Rationalitätshypothese charakterisiert. Rationales Verhalten kann einerseits als Nutzenmaximierung, anderseits aber auch als eine Prämisse aufgefasst werden, die lediglich eine in sich widerspruchsfreie Konsumwahl des einzelnen Haushalts unterstellt. Einen zur Nutzenmaximierung alternativen Ansatz stellt das → Satisficing dar. – 2. *Teilgebiete:* (1) → Nachfragetheorie des Haushalts; (2) → Angebotstheorie des Haushalts; (3) → institutionelle Theorie der Haushaltung.

Haushaltstyp – Privathaushalt einer bestimmten Struktur, gekennzeichnet durch die Mitgliederzahl und deren Generationenzugehörigkeit sowie Geschlecht. – In der → Einkommens- und Verbrauchsstichprobe → (EVS) und in den laufenden Wirtschaftsrechnungen werden Alleinlebende (Männer und Frauen), Alleinerziehende (gestaffelt nach Anzahl der Kinder) und Ehepaare bzw. Paare ohne Kinder und mit Kindern (gestaffelt nach Anzahl) unterschieden sowie eine Kategorie, die Haushalte erfasst, in denen weitere Personen wie bspw. volljährige Kinder leben.

Haushaltsüberschreitung – Planabweichung vom → Haushaltsplan in Form von über- oder außerplanmäßigen Ausgaben; → Haushaltsgrundsätze. → Ergänzungshaushalt und → Nachtragshaushalt sind keine Haushaltsüberschreitungen.

Haushaltsübersicht – Teil des → Haushaltsplans. Die Haushaltsübersicht enthält eine Zusammenfassung der Einnahmen, Ausgaben und Verpflichtungsermächtigungen der Einzelpläne (§ 13 IV BHO). Sie ist gemäß der → Haushaltssystematik der Bundeshaushaltsordnung dem Haushaltsplan beizufügen.

Haushalts- und Familienstatistik → Haushaltsstatistik, → Familienstatistik.

Haushaltsvertreter – *Versandvertreter;* Gruppe der → Handelsvertreter mit der Aufgabe, Konsumwaren durch Besuch von Haushaltungen abzusetzen. Die angebotenen Waren werden meist als Muster mitgeführt und bei Bestellung dem Käufer später zugeschickt. Haushaltsvertreter werden von Versandgeschäften, aber auch von Einzel- und Großhandlungen sowie Produzenten für den Direktverkauf eingesetzt, etwa für den Vertrieb von Staubsaugern, Kühlschränken, Nähmaschinen. Haushaltsvertreter sind meist auf Provisionsbasis tätig.

Hausierhandel – Form des → ambulanten Handels: Der Händler bietet seine Ware an wechselnden Orten an und geht dabei von Haustür zu Haustür. – Vgl. auch → Haustürgeschäfte beim → Direktvertrieb von landwirtschaftlichen Erzeugnissen oder anderen Konsumgütern sowie den → Fahrverkauf zur Versorgung ländlicher Gebiete oder wenig mobiler Konsumenten.

hausinternes Netz → In-House-Netz.

häusliche Krankenpflege – früher: *Hauspflege;* Leistung der → Krankenversicherung. – 1. *Berechtigte:* (1) Erkrankte erhalten neben der ärztlichen Behandlung häusliche Krankenpflege, wenn Krankenhauspflege geboten, aber nicht ausführbar ist oder wenn Krankenhauspflege dadurch nicht erforderlich wird, soweit eine im Haushalt lebende Person die Pflege nicht durchführen kann (§ 37 SGB V); (2) Schwangere und Wöchnerinnen (§§ 195, 199 RVO). – 2. Häusliche Krankenpflege *erfolgt* durch Krankenpfleger, Krankenschwestern, Krankenpflegehelfer, Krankenschwesternhelferinnen, Kinderkrankenschwestern oder durch andere zur Krankenpflege geeignete Personen. – 3. *Kostenübernahme* in angemessener Höhe für eine selbst beschaffte Krankenpflegeperson möglich, wenn eine Pflegeperson durch die Krankenkasse nicht gestellt werden kann oder ein anderer Grund besteht, von einer Gestellung abzusehen (§ 37 SGB IV).

Hausman-Spezifikationstest für Paneldatenmodelle → Hausman-Test, der den Fixed-Effects- und den Random-Effects-Schätzer (→ Fixed-Effects-Modell, → Random-Effects-Modell) vergleicht. – Unter der Nullhypothese, dass die Individualeffekte unkorreliert mit den erklärenden Variablen sind, ist der Random-Effects-Schätzer effizient und konsistent sowie der Fixed-Effects-Schätzer konsistent. Unter der Alternativhypothese ist der Random-Effects-Schätzer inkonsistent. Voraussetzung für diesen Hausman-Test ist die strikte Exogenität (→ Exogenität, strikte) der Einflussfaktoren $x_{i,t}$ in Bezug auf die $\varepsilon_{i,t}$ (→ Paneldaten und Paneldatenmodelle).

Hausman-Spezifikationstest für Random-Effects-Modell → Hausman-Spezifikationstest für Paneldatenmodelle.

Hausman-Test – von Hausman (1978) vorgeschlagenes Testverfahren zum Vergleich zweier Schätzer für einen zu schätzenden Parametervektor. – Unter der Nullhypothese ist der erste Schätzer effizient und konsistent und der zweite nur konsistent. Unter der Alternativhypothese wird der erste Schätzer, aber nicht der zweite, inkonsistent. Ist die Nullhypothese korrekt, so sind beide Schätzer konsistent und die Differenz der mit den beiden Methoden geschätzten Parameter ist nahe bei null zu erwarten. Hausman (1978) hat das für den Test wichtige Ergebnis nachgewiesen, dass die Kovarianz zwischen einem effizienten Schätzer und der Differenz zwischen diesem effizienten sowie einem konsistenten Schätzer null ist.

Hausman-Wu-Exogenitätstest → Exogenität der Regressoren ist eine wichtige Voraussetzung für die Konsistenz der OLS-Schätzer (→ Kleinstquadratemethode, gewöhnliche). Dies zu testen, ist das Anliegen dieses von Hausman (1978) und Wu (1973) vorgeschlagenen Testverfahrens. Hierbei handelt es sich um einen → Hausman-Test, der die → Instrumentenvariablenschätzer der Parameter mit den OLS-Schätzern vergleicht. Sind die erklärenden Variablen exogen, so sind beide Schätzer konsistent und die Differenz der mit den beiden Methoden geschätzten Parameter ist nahe bei null zu erwarten.

Hausmarke – Marke eines kleineren Händlers (Konditor, Metzger, Bäcker), der die Hausmarke in einem begrenzten Absatzgebiet als „Spezialität des Hauses" vertreibt. – Vgl. auch → Handelsmarke, → Markenartikel.

Hausordnung – Grundsätze für die Aufrechterhaltung der äußeren Ordnung in den Büros und Werkstätten eines Betriebes. In der Hausordnung kann u.a. geregelt werden: Raucherlaubnis, Esseneinnahme, Garderobenablage, Reinlichkeit, Inventar-, Schlüssel-, Anwesenheitskontrolle, Entfernung vom Arbeitsplatz, Passierschein, Besuchsannahme. Besteht ein Betriebsrat, hat dieser mitzubestimmen. – Vgl. auch → Ordnung des Betriebs.

Hauspflege – jetzt: → häusliche Krankenpflege.

Hausrat – 1. *Begriff:* Die zur Haushalts- und Lebensführung erforderlichen Möbel, Geräte und sonstigen Bestandteile einer Wohnungseinrichtung. – 2. *Erbschaftsteuer:* Hausrat ist erbschaftsteuerfrei bei Erwerb durch Personen der Steuerklasse I, soweit der Wert 41.000 Euro, der übrigen Steuerklassen, soweit der Wert derzeit 12.000 Euro nicht übersteigt (§ 13 I ErbStG n.F., vgl. → Erbschaftsteuerreform). – 3. *Verfügungsbeschränkungen* über Hausrat bestehen im Güterstand der Zugewinngemeinschaft; → eheliches Güterrecht.

Hausratversicherung → verbundene Hausratversicherung.

Hausrecht – Gesamtheit der rechtlich geschützten Befugnisse, über Wohnung, Geschäftsräume und eingefriedetes Besitztum tatsächlich frei zu verfügen, andere am widerrechtlichen Eindringen zu hindern und jedermann, der ohne Befugnis darin verweilt, zum Verlassen zu zwingen. – Im StGB wird *Hausfriedensbruch* auf Antrag mit → Freiheitsstrafe oder mit → Geldstrafe geahndet (§ 123 StGB). – Inhaber des Hausrechts muss nicht der Eigentümer sein; er muss nur ein stärkeres Recht als der Störer haben. Einzelheiten ergeben sich aus der Rechtsprechung.

Hausse – 1. Börsenmäßige Bezeichnung für die *Aufschwungphase* der Konjunktur (→ Konjunkturphasen). – 2. Börsenausdruck für das *Ansteigen der Kurse*, entweder ganzer Gruppen von Wertpapieren oder nur der Papiere bestimmter Branchen. – Die künstliche (vereinzelt auch unlautere) Herbeiführung steigender Kurse durch starke Finanzgruppen wird als „Spekulation à la Hausse" bezeichnet. Die „Haussiers" an der Börse rechnen auf einen baldigen Kursanstieg, kaufen daher im → Termingeschäft zum derzeitigen Preis, um die später höher notierten Papiere mit Gewinn weiterzuveräußern. – *Gegensatz:* → Baisse.

Haussuchung → Durchsuchung.

Haustarifvertrag → Firmentarifvertrag.

Haustürgeschäft – 1. *Begriff:* Form des → direkten Vertriebs; gebräuchlich z.B. bei Eiern, Tiefkühlkost, Bier, Limonade, Zeitungsabonnements. Vertragsabschluss über eine entgeltliche Leistung erfolgt an der Haustüre des Kunden, im Bereich seiner Privatwohnung, am Arbeitsplatz, anlässlich einer Freizeitveranstaltung, z.B. auf sog. Kaffeefahrten, oder durch überraschendes Ansprechen im Rahmen des öffentlichen Verkehrs. – 2. *Rechtliche Regelungen:* Gemäß § 312 BGB steht dem Verbraucher ein → Widerrufsrecht nach § 355 BGB zu. Wenn zwischen Verbraucher und Anbieter eine ständige Geschäftsverbindung aufrechterhalten werden soll, kann anstelle des Widerrufsrechts ein Rückgaberecht nach § 356 BGB eingeräumt werden. – *Ausgenommen* sind das Widerrufsrecht und das Rückgaberecht bei Bargeschäften mit einem Entgeld bis zu 40 Euro, bei notariellen Beurkundungen und bei Verträgen, die auf vorhergehende Bestellung des Kunden eingeleitet worden sind. – Vgl. auch → Fahrverkauf, → Hausierhandel, → Party-Verkauf.

Haustürwerbung → Kundenfang.

Haus- und Familiendiebstahl → Diebstahl oder → Unterschlagung gegenüber einem Angehörigen, Vormund, Betreuer oder einem mit dem Täter in häuslicher Gemeinschaft Lebenden. – *Verfolgung* nur auf → Strafantrag (§ 247 I StGB).

Haus- und Grundbesitzerhaftpflichtversicherung – 1. *Begriff:* Versicherungsart in der allg. Haftpflichtversicherung zur Deckung von Haftpflichtrisiken, die sich aus dem Besitz und der Vermietung von Grundeigentum insbesondere aufgrund der → Verkehrssicherungspflicht ergeben können. – 2. *Abgrenzung:* Die → Privathaftpflichtversicherung umfasst diese Risiken grundsätzlich nicht. Das Haus- und Grundbesitzerhaftpflichtrisiko kann nur über eine gesondert abzuschließende Haus- und Grundbesitzerhaftpflichtversicherung abgedeckt werden.

Haus- und Grundstückserträge – v.a. Mieten und Pachten. – Vgl. auch → Miet- und Pachtzins.

Hauswirtschaft – *geschlossene Hauswirtschaft;* → Wirtschaftsstufe, bei der alle benötigten → Güter innerhalb einer Wirtschaftseinheit produziert und konsumiert werden. Eine → Arbeitsteilung mit anderen Wirtschaftseinheiten findet nicht statt. Die betreffende Wirtschaftseinheit ist ohne wirtschaftliche Verbindung zur Außenwelt (→ Autarkie).

Hautwiderstandsmessung – Messung des Hautwiderstandes (elektrodermale bzw. psychogalvanische Reaktion) der Testpersonen mittels Elektroden als physiologischer Indikator der psychischen → Aktivierung. Veränderungen des elektrischen Widerstandes der Haut (Reaktion) bei Einwirkung von Reizen (z.B. Werbung) geben Auskunft über Grad der Aktivierung und das Aktivierungspotenzial der Reize. – *Nicht messbar* sind die Richtung und die Qualität der Reaktion, d.h. ob ein Reiz als positiv oder negativ empfunden wird; hierfür ist zusätzlich eine Befragung notwendig.

Havanna-Charta → Bretton-Woods-System, → ITO, → World Trade Organization (WTO), → GATT.

Havarie – *Haverei.* 1. *Begriff:* Alle unfallbedingten Beschädigungen an Schiff und/ oder Ladung. Die Regelungen des HGB wurden von den §§ 78 ff. BinSchG im Wesentlichen übernommen. – 2. *Arten:* a) *Kleine Havarie:* gewöhnliche Kosten der Schifffahrt, wie z.B. Lotsengeld, Hafengeld, die der Verfrachter im Falle der Ermangelung einer entgegen stehenden Abrede alleine trägt (§ 621 HGB). – b) *Große (gemeinschaftliche) Havarie* (Große Haverei): *große Haverei.* – *Begriff:* Institution des Seerechts, die bereits in der Antike bekannt war. Havarie grosse liegt vor, wenn der Kapitän eines Schiffs zur Rettung aus unmittelbarer, gemeinsamer Gefahr für Schiff und Güter außergewöhnliche Aufwendungen (z.B. zur Bergung) oder Aufopferungen (z.B. Seewurf der Güter, Strandung des Schiffs, Flutung der Laderäume bei Feuer) veranlasst. Diese Schäden und Kosten werden proportional zu den Beitragswerten von Schiff, Ladung und Frachtgeld aufgeteilt und müssen von den jeweiligen Interesseinhabern (Beitragspflichtigen) getragen werden. – *Rechtliche Grundlagen:* Havarie grosse ist in den nationalen Gesetzen der wichtigsten Handelsländer geregelt (Deutschland: §§ 700-733 HGB). Die gesetzlichen Regelungen werden in Seefrachtverträgen regelmäßig durch Vereinbarung der York-Antwerp-Rules abbedungen, bei Transporten auf Binnengewässern werden die Rheinregeln der Internationalen Vereinigung des Rheinschifffahrtsregisters (IVR) oder ähnliche Regelungen verwendet. – *Ablauf:* Auf der Grundlage des Berichts des Kapitäns (Verklarung) erstellt ein öffentlich bestellter Sachverständiger (Dispacheur) nach Ankunft des Schiffs im Ziel- oder Nothafen ein Dokument (→ Dispache) über Hergang, Beitragswerte, Kosten und Kostenaufteilung. Da der Reeder den Vergütungsberechtigten gegenüber für die Einbringung der Havarie grosse-Beiträge haftet, hat er ein Pfandrecht an den Gütern. Die endgültige Abrechnung der Havarie grosse-Beiträge kann Jahre dauern; deshalb wird der Ladungsempfänger i.d.R. eine unmittelbare Herausgabe gegen Stellung von Sicherheiten (Havarie grosse-Verpflichtungsschein, Bankgarantie oder Bareinschuss) erwirken. – *Versicherung:* In der Warenversicherung, Valorenversicherung, Ausstellungsversicherung, Seekaskoversicherung und Flusskaskoversicherung ist Havarie grosse im Rahmen der Versicherungssumme mitversichert. a) Der Versicherer ersetzt dem unmittelbar betroffenen Versicherungsnehmer die durch Aufwendungen oder Aufopferungen entstandenen Schäden und Kosten und übernimmt dessen Forderungen gegen die anderen Beitragspflichtigen. – b) Der Versicherer ersetzt Beiträge, die der Versicherte den Vergütungsberechtigten zu zahlen hat, sofern durch die Havarie grosse-Maßnahmen ein versicherter Schaden abgewendet werden sollte, und stellt die geforderten Sicherheiten. – c) *Bes. Havarie* (Partikuläre Havarie): Alle nicht zur großen Havarie gehörenden, durch einen Unfall verursachten Schäden an Schiff und Ladung und damit verbundene Kosten (§§ 701 - 707 HGB), die über die Transportversicherung versichert sind. Bei Zusammenstoß mit einem anderen Schiff haften die Reeder, deren Besatzung ein Verschulden traf, nur mit dem Schiff, nicht mit dem sonstigen Vermögen.

Havariekommissar – Beauftragter, der aufgrund besonderer → Vollmacht des Versicherers am Havarieort Ursache und Höhe des Schadens feststellt und darüber ein Besichtigungsprotokoll (Havariezertifikat) erstellt. In selteneren Fällen ist der Havariekommissar auch zur Anerkennung und Auszahlung von Schäden bevollmächtigt. Die Anstellung bzw. Beauftragung erfolgt häufig auch durch Verbände und Vereinigungen (→ Verein Hamburger Assecuradeure, → Verein Bremer Seeversicherer, → Lloyd's of London).

Hayek – Friedrich August von, 1899–1992, aus Österreich stammender Nationalökonom und Sozialphilosoph, der in Österreich, England, den USA und Deutschland (Freiburg) gelehrt hat; → Nobelpreis für Wirtschaftswissenschaften 1974 (zusammen mit → Myrdal). Hayek gehört zu den einflussreichsten Sozialphilosophen seit → Smith. Er hat für das Verständnis der wesentlichen Elemente des Wirtschaftens, z.B. die → spontane Ordnung als Essenz der → Marktwirtschaft, ein neues Fundament geschaffen. Neben → Eucken, seinem Vorgänger in Freiburg, lieferte er für die Ausgestaltung der Marktwirtschaft in Deutschland nach dem Zweiten Weltkrieg die bedeutsamsten Anregungen. Durch den weltweiten Zusammenbruch sozialistischer Regimes Ende der 1980er-Jahre, den er vorausgesehen und noch erlebt hat, sah er sich in seiner Analyse bestätigt. In jungen Jahren hat sich Hayek v.a. mit wirtschaftstheoretischen Themen befasst, in der zweiten Lebenshälfte mit ordnungspolitischen und sozialphilosophischen Fragestellungen. Sein schmales Buch „Preise and Produktion" (1931) enthält eine ausgearbeitete reale → Konjunkturtheorie, die im scharfen Gegensatz zur Depressionserklärung von → Keynes steht. In einer viel beachteten Kontroverse in den 1930er-Jahren hat er gegen Keynes seine Konjunkturerklärung verteidigt. Während damals eine Mehrheit der Ökonomen Keynes zuneigte, ist es heute umgekehrt. Hayeks scharfsinnige theoretische Untersuchung „The Pure Theory of Capital" (1941) fand dagegen nur wenig Aufmerksamkeit. Sein wissenschaftlich bedeutendstes sozialphilosophisches Werk ist „The Constitution of Liberty" (1960), sein politisch einflussreichstes „The Road to Serfdom" (1944), das – in viele Sprachen übersetzt – millionenfache Verbreitung fand. Die darin enthaltene Kritik am → Sozialismus wurde von Hayek häufiger wiederholt und in seinem letzten Werk „The Fatal Conceit. The Errors of Socialism" (1988) umfassend begründet. Auf mehreren Gebieten hat sich seine Sichtweise weitgehend durchgesetzt, so das Verständnis des Preismechanismus als Kommunikationsnetz und des Wettbewerbs als ein Entdeckungsverfahren. – *Weitere Werke:* „Geldtheorie und Konjunkturtheorie" (1929); „Individualism and Economic Order" (1948); „Freiburger Studien" (1969) und „Law, Legislation and Liberty", 3 Bde. (1973–1979).

HBCI – Abk. für → Homebanking Computer Interface.

HDAX – umfasst als Summe alle 110 Werte des → DAX (30 Werte), → MDAX (50 Werte) und → TecDAX (50 Werte) und damit die dt. → Blue Chips des DAX und die größten Midcap-Werte. Darunter können sich auch ausländische Aktien befinden. Dieser branchenübergreifende Index hat den → DAX 100 abgelöst.

Head Hunting – gezielte Abwerbung von Mitarbeitern aus anderen Unternehmen unter Einschaltung darauf spezialisierter Personalberater. Erschlossen wird ein Mitarbeiterkreis, der sich ohne direkte Ansprache nicht auf eine Stelle bewerben würde. In USA weit verbreitet; zunehmende Bedeutung auch in Deutschland.

Headline – Überschrift einer → Anzeige, die die wesentlichen Informationen enthalten soll (→ hierarchische Informationsdarbietung). Weiterhin sollte die Headline zur → Aktivierung genutzt werden. – *Gegensatz:* → Baseline.

Health Technology Assessment – 1. *Begriff:* Health Technology Assessment (HTA) bezeichnet die umfassende und systematische Analyse der medizinischen, sozialen und/oder ökonomischen Auswirkungen von neuen oder bereits etablierten medizinischen Technologien. Im HTA wird der Begriff der Technologie weit gefasst und beinhaltet diagnostische Verfahren (z.B. Magnetresonanzthomographie) und therapeutische Interventionen (z.B. Operationsprozeduren, Medikation oder Psychotherapien), aber auch Präventionsprogramme (z.B. Kampagnen für einen gesundheitsorientierten Lebensstil) und organisatorische Ansätze (z.B. Disease-Management-Programme). Grundlegendes Ziel von HTA ist die Bereitstellung von Informationen für die politische und versorgungspraktische Entscheidungsfindung im Gesundheitssektor. – 2. *Merkmale:* Health Technology Assessment ist ein umfassendes Programm, das mehrere Komponenten umfasst: (1) die Statusbestimmung gibt einen Überblick über die rechtlichen und versorgungspraktischen Hintergründe der Technologie (Regulation, Kostenerstattung und Nutzungshäufigkeit); (2) Nutzenbewertung und gesundheitsökonomische Bewertung zielen auf die systematische Analyse und Bewertung von klinischem Nutzen, Patientennutzen und Wirtschaftlichkeit der Technologie; (3) Fallstudien werden durchgeführt, um die Bedingungen der Ausbreitung und Nutzung von Technologien zu bestimmen; (4) zudem werden die Implikationen der Einführung neuer Technologien für die Organisation der Gesundheitsversorgung untersucht und (5) die ethischen und sozialen Implikaktionen der Einführung neuer Technologien analysiert. – 3. *Methoden:* HTA verfügt über ein breites Methodenspektrum, das sich an den Komponenten des Health Technology Assessment orientiert. Grundlegend sind systematische Übersichten (systematische Reviews), die ein mächtiges Instrument der zusammenfassenden Nutzen- und Effektivitätsbewertung darstellen. Bei systematischen Reviews wird die relevante, weltweit verfügbare Literatur (an Primärstudien) zum klinischen Nutzen, Patientennutzen und/oder zur Wirtschaftlichkeit systematisch – anhand expliziter Kriterien – identifiziert und kritisch bewertet. Systematische Reviews können um Metaanalysen (quantitative zusammenfassende Analysen von Nutzen und Effektivität) sowie Entscheidungsanalysen ergänzt werden. – 4. *Phasen des Health Technology Assessment:* Health Technology Asssessment ist ein komplexes Programm, das in Deutschland mittlerweile – wie in vielen anderen Ländern – von semistaatlichen HTA-Agenturen ausgeführt wird. HTA durchläuft in diesen Programmen mehrere Phasen: – a) Identifizierung der relevanten Technologien, – b) Prioritätensetzung zwischen mehreren zu evaluierenden Technologien, – c) Formulierung einer präzisen, operationalen Fragestellung für das Health Technology Assessment, – d) Durchführung des HTA. Dies beinhaltet die Ermittlung der verfügbaren wissenschaftlichen Evidenz zu Effektivität, Sicherheit und Wirtschaftlichkeit, und evtl. die ergänzende Erhebung zusätzliche Primärdaten zu spezifischen Aspekten der Technologie. – e) Verbreitung (Dissemination) der Ergebnisse sowie Empfehlungen an die Entscheidungsträger, – f) Umsetzung (Implementation) durch Vermittlung der Ergebnisse und Empfehlungen in die Versorgungspraxis und – g) Impact Assessment zum Einfluss eines HTA-Reports auf Entscheidungsfindung und Umsetzung in die Versorgungspraxis. – Im Lebenszyklus einer Gesundheitstechnologie gibt es mehrere Ansatzpunkte für die Durchführung von HTAs, insbesondere um die Einführung, Verbreitung (Diffusion) und Nutzung von Technologien zu beeinflussen. Die Beeinflussung kann aber nur gelingen, wenn Institutionen mit Entscheidungskompetenzen auf die HTA-Reports zurückgreifen.

Hearing – Anhörung z.B. von Wirtschaftsverbänden, Arbeitgeber- und Arbeitnehmerorganisationen, Sachverständigen zu Gesetzentwürfen oder politischen Themen, die ihre Interessen berühren oder zu denen ihre bes. Kenntnisse und Erfahrungen gefragt sind.

Hebelwirkung der Finanzstruktur → Leverage-Effekt.

Hebelzertifikat – *Turbo-Zertifikat, Turbos, Shorts, Wave, Turbo-Optionsschein, LSF-Zertifikat;* → Finanzinstrument, das seit November 2001 von Banken emittiert wird und an Börsen handelbar ist. Durch den bei Hebelzertifikaten auftretenden Hebeleffekt können Anleger in kurzer Zeit mit geringem Kapitaleinsatz hohe Gewinne erzielen. Allerdings geht der Anleger hier höhere Risiken ein, da das Hebelzertifikat bei Unter- bzw. Überschreiten (je nachdem, ob auf steigende oder fallende Kurse gesetzt wird) eines festgelegten Basis-Level (auch Knock-out-Grenze) wertlos verfällt. Die Differenz zwischen Basis-Level und aktuellem Kurs von → Aktie oder Index bestimmt den Preis des Hebelzertifikates.

Hebesatz – der für die Erhebung der → Grundsteuer oder → Gewerbesteuer von den Gemeinden für jedes Rechnungsjahr einheitlich festzusetzende Prozentsatz, mit dem der → Steuermessbetrag zu vervielfältigen ist, um die Höhe der Steuer zu berechnen. Der Hebesatz kann für ein Kalenderjahr oder mehrere Kalenderjahre festgesetzt werden. Der Hebesatz muss für alle in der Gemeinde vorhandenen Unternehmen der gleiche sein. Grundsätzlich kann eine Gemeinde für die Grundsteuer einen anderen Hebesatz festsetzen als für die Gewerbesteuer; durch Landesrecht können allerdings Grenzen gezogen werden (§ 16 V GewStG).

Heckman – James J., geb. 1944, amerik. Nationalökonom, der seit 1973 an der University of Chicago lehrt; → Nobelpreis für Wirtschaftswissenschaften 2000 (zusammen mit → McFadden). Heckman hat sich v.a. mit der Evaluation von Arbeitsmarkt- und Sozialprogrammen befasst. Dabei entwickelte er – im Grenzbereich zwischen Ökonomik und Statistik – Methoden zur mikroökonomischen Analyse selektiver Stichproben, mit denen Verzerrungen durch unsaubere Datenerhebungen korrigiert werden können (Heckman-Korrektur). Seine zahlreichen wissenschaftlichen Arbeiten sind weit gestreut fast ausschließlich in Zeitschriften und Sammelwerken erschienen.

Heckman-Verfahren für Sample-Selection-Modell → Heckman-Zweistufen-Verfahren.

Heckman-Verfahren für Treatment-Modell – Das grundlegende Sample-Selection-Modell (→ Sample-Selection-Problem) wurde auf vielfältige Weise erweitert. Eine interessante Anwendung ist die Abschätzung der Effekte von Programmen oder Maßnahmen (engl. *treatment*), insbesondere wenn die Teilnahme an der Maßnahme nicht zufällig erfolgt, sondern bspw. der Proband das selbst entscheidet. In diesem Fall wird auch von Self-Selection gesprochen. Ein Beispiel wären die Auswirkungen einer freiwilligen Fortbildungsmaßnahme auf den Lohn. In diesem Zusammenhang kann nicht von der → Exogenität der Teilnahme an der Maßnahme ausgegangen werden. Unter gewissen Voraussetzungen können die Programmeffekte mit dem → Heckman-Zweistufen-Verfahren geschätzt werden, wobei die Selektionsgleichung nun die Partizipation an der Maßnahme modelliert.

Heckman-Zweistufen-Verfahren – von Heckman (1979) vorgeschlagenes zweistufiges Schätz- und Testverfahren (engl. *Heckman-Two-Step-Estimator*) für das Incidental-Truncation-Problem (→ Sample-Selection-Problem). – Das Modell besteht aus einer Selektionsgleichung und einer linearen Regressionsbeziehung. Die Sample-Selection-Korrektur beruht auf der Annahme der Normalverteilung. In einem ersten Schritt wird die Selektionsgleichung mittels eines → Probit-Modells für binäre Daten geschätzt. Mit den Ergebnissen dieser Schätzung wird die → inverse Mills-Ratio für die einzelnen Beobachtungen berechnet. Der zweite Schritt besteht darin, dass die eigentlich interessierende Regressionsbeziehung für die beobachtbaren Fälle um die inverse Mills-Ratio ergänzt und dann geschätzt wird. Mittels eines einfachen → t-Tests für den geschätzten Koeffizienten der inversen Mills-Ratio kann die Nullhypothese, dass keine endogene Selektion vorliegt, überprüft werden. Liegt Selektion vor, ist die Berechnung konsistenter Schätzungen für die asymptotische Varianz der geschätzten Koeffizienten recht aufwendig.

Heckscher – Eli Filip, 1879–1952, schwedischer Nationalökonom. Heckscher wurde bekannt durch das von ihm aufgestellte → Heckscher-Ohlin-Theorem, ein wichtiger außenwirtschaftstheoretischer Erklärungsansatz. Er war ein wirtschaftshistorisch arbeitender Ökonom von erstaunlicher Schaffenskraft. Unter seinen 34 Büchern hat bis heute „Merkantilismen“, 2 Bde. (1931), die größte Anerkennung gefunden.

Heckscher-Ohlin-Handel → Handel auf der Grundlage von internationalen Faktorausstattungsunterschieden. Länder spezialisieren sich auf solche Güter, zu deren → Produktion in bes. Maße jene Faktoren verwendet werden, mit denen sie auch reichlich ausgestattet sind. Exakte Formulierung des Zusammenhangs im → Heckscher-Ohlin-Theorem. Heckscher-Ohlin-Handel birgt eine Tendenz zum internationalen Ausgleich der → Faktorpreise. Dieser Zusammenhang wird im → Faktorpreisausgleichstheorem exakt formuliert.

Heckscher-Ohlin-Theorem – in der → Außenhandelstheorie logisch stringente Fassung des Zusammenhangs zwischen internationalen Faktorausstattungsunterschieden und der → Handelsstruktur. – *Einfachster Fall:* Gegeben sind zwei Länder mit identischen, linear homogenen Produktionstechnologien und identischen, homothetischen Präferenzen, → vollkommene Konkurrenz, perfekte intersektorale → Faktormobilität, → Vollbeschäftigung und → Freihandel. Land A besitze pro Arbeiter mehr Kapital als Land B (die absoluten Faktorausstattungen sind irrelevant). Gut 1 sei das relativ → kapitalintensive Gut, und es gebe keine Faktorintensitätsumkehrungen. Unter diesen Annahmen wird das relativ kapitalreiche Land das relativ kapitalintensive Gut 1 exportieren. Umgekehrtes gilt für das Land B bzw. das Gut 2. – *Beweis:* Freihandel impliziert einheitliches Güterpreisverhältnis in beiden Ländern. Dabei muss das kapitalreiche Land im Vergleich zum Gut 2 mehr vom Gut 1 erzeugen als das arbeitsreiche Land, um seine → Produktionsfaktoren voll auszulasten (→ Rybczynski-Theorem). Die → Konsumstruktur ist aber in beiden Ländern gleich, sodass die erwähnte → Handelsstruktur folgt. Für den (realistischen) Fall mehrerer Güter gilt das Heckscher-Ohlin-Theorem nicht mehr zwingend für jeden beliebigen paarweisen Vergleich, sondern nur mehr im Durchschnitt. Bei beliebig vielen Gütern, Faktoren und Ländern wird die Betrachtung erleichtert, indem man nicht mehr den Güterhandel selbst, sondern den damit indirekt erfolgenden Faktorhandel betrachtet. – Vgl. auch → Heckscher, → Ohlin.

Hedge Funds – *Hedgefond.* 1. *Begriff:* Investmentfonds mit einer bes. Vielfalt von Anlagegegenständen und -strategien, in den 1950er-Jahren in den USA erstmals kreiert und nicht zu verwechseln mit der Hedging-Strategie (→ Hedging) bei Termingeschäften. Anlagegegenstände können neben Aktien und Anleihen Devisen Derivate sein, es werden → Leerverkäufe getätigt und Kredite zur Ausnutzung des → Leverage-Effektes eingesetzt. Die Hedge Funds streben dabei nach absolutem Return, d.h. orientieren sich nicht an einer Benchmark. – 2. *Strategien:* a) Der *Global-Macro-Ansatz* ist berühmt geworden durch den Quantum Fonds von G. Soros. Makroökonomische Entwicklungen werden beobachtet und für Long- oder Shortgeschäfte ausgenutzt, beim Quantum Fonds war es die Entwicklung der Währung. – b) *Commodity Trading Advisors* ist ein systematischer Anlagestil, der sich auf statistische Analysen und Trendfolge-Programme stützt. – c) *Relative-Value-Strategien* nutzen Preisunterschiede zwischen gleichen Wertpapieren an verschiedenen Börsen oder zwischen verwandten Wertpapieren. – d) *Long Short Equity Fondsmanager* versuchen, sowohl Long- als auch Short-Positionen zu nutzen, wobei i.d.R. Longpositionen überwiegen. Sie kaufen unterbewertete Anlagen und verkaufen gleichzeitig überbewertete Anlagen leer. – e) *Event Driven Fonds* setzen auf bes. Ereignisse wie Fusionen, Beteiligungsverkäufe, Gewinnwarnungen oder Insolvenzen. – Die Strategien sind unterschiedlich mit der allg. Marktentwicklung korreliert und daher sind die Fonds z.T. sehr gut geeignet zur Beimischung in ein klassisches Anlageportfolio. Sie werden von den Banken als Alternative Investments bezeichnet. – 3. *Hedge Funds in Deutschland:* Erstmalig in Deutschland wird durch das → Investmentgesetz (InvG) die Auflage von Hedge Funds als Sondervermögen mit zusätzlichen Risiken (Long Term Capital Management) für institutionelle und private Anleger ermöglicht. Zu unterscheiden sind Single-Hedge Funds und Dach-Hedge Funds. Single-Hedge Funds sind Publikumsfonds, die nicht öffentlich vertrieben werden und deshalb der Privatplatzierung unterliegen. Sie können außer in Immobilien, Immoblienfonds oder Massenwaren in beliebige Vermögensgegenstände investieren. In den Vertragsbedingungen muss entweder eine Leverage- oder eine Leerverkaufsstrategie vorgesehen sein. Dies ist für Dach-Hedge Funds untersagt. Dach-Hedge Funds sind Investmentvermögen, die in Anteilen von sog. Zielfonds anlegen. Zielfonds können inländische Single-Hedgefonds und ausländische Investmentvermögen, die eine vergleichbare Anlagepolitik verfolgen, sein. Maximal 20% des Fondsvermögens können dabei in einen einzelnen Single-Hedge Fund investiert werden. Ihre Zusammensetzung unterliegt weiteren Vorschriften und ist dem Anleger transparent zu machen. Durch die Einbeziehung mehrerer Single-Hedge Funds und dadurch einer Mischung verschiedener Fondsstrategien sind Dach-Hedge Funds als weniger riskant einzustufen als Single-Hedge Funds. Damit sollten solche eklatanten Ausfälle, wie sie mit dem LTCM Fonds (Long Term Capital Management) auftraten, vermieden werden. Natürlich ist aber auch hier die Fähigkeit des Fondsmanager und eine entsprechende Risikokontrolle von großer Bedeutung. Das hatte der Gesetzgeber in Deutschland mit der Regelung im → Investmentgesetz (InvG) auf den Weg gebracht und lässt somit die Dachfonds für den öffentlichen Vertrieb und damit für jeden Anleger zu. Dies soll sich nun ändern. – 5. *Ausblick*: Durch die Vorgaben der → AIFM-Richtlinie, die im → Kapitalanlagegesetzbuch (KAGB) umgesetzt werden sollen, unterstehen Fonds, die systematisch Hebelfinanzierungen einsetzen, künftig besonderen Informationspflichten gegenüber Ihren Anlegern wie auch den zuständigen Behörden. Die Verwalter müssen zudem Liquiditätsrisiken überwachen und ein Liquiditätsmanagementsystem einrichten. Zudem dürfen Anteile an Single-Hedge Funds zukünftig nicht mehr direkt von Privatanlegern gehalten werden, sondern nur noch im Rahmen von Dach-Hedge Funds. Begründet wird dies mit dem Anlegerschutz, da es sich um eine risikoreiche Anlageklasse handele. Nach den Übergangsregeln dürfen Privatanleger ihre Anteile an Hedgefonds, die sie vor dem Inkrafttreten dieses Gesetzes erworben haben, weiter halten. Die EU ordnet die Hedge Funds zudem als sog. Schattenbanken ein, da sie auf den Finanzmärkten wie Banken agieren, aber nicht deren Regulierung und –aufsicht unterliegen. Die systemischen Risiken werden darin gesehen, dass sie für „Runs" (d.h. den massiven Abzug von Anlagen) anfällig sind, bzw. mit Leerverkäufen extreme Schwankungen auf den Aktienmärkten noch verstärkten können. Das soll sich künftig ändern. Darauf haben sich nicht nur die Finanzminister der weltweit zwanzig wichtigsten Länder (G20) 2009 geeinigt, die EU-Kommission hat im März 2012 auch ein Grünbuch „Schattenbankenwesen" (KOM(2012) 102) vorgelegt, das einen Überblick über den Entwicklungsstand und die aktuellen Überlegungen zu dem Thema geben sollte und öffentlich konsultiert wurde. Regulierungsvorschläge sind 2013 zu erwarten.

Hedgegeschäfte → Hedging.

Hedge-Instrumente → Hedging.

Hedger → Hedging.

Hedging – Verringerung eines Risikos durch Kombination negativ korrelierter Einzelpositionen. Die Risiken der einen Position werden durch die Chancen der anderen teilweise kompensiert (→ Diversifikation).

I. Rohstoff-Hedging: Sicherungsgeschäfte in Form von Warentermingeschäften (→ Deckungsgeschäft) zum Zwecke der Ausschaltung von Preisrisiken bei Welthandelsrohstoffen; diese unterliegen i.d.R. starken Preisschwankungen (z.B. Baumwolle). Der Verarbeiter der Rohstoffe verkauft gleichzeitig mit dem Einkauf eine gleiche Menge des Rohstoffs als Terminware, und zwar auf den Zeitpunkt der beabsichtigten Veräußerung der Fertigware. Fallen die Preise während der Verarbeitung, kann er die fertige Ware nur billiger absetzen, aber auch die zur Erfüllung des Termingeschäfts benötigten Rohprodukte entsprechend billiger einkaufen und dadurch den geminderten Gewinn bzw. Verlust des einen Geschäfts durch den des anderen ausgleichen; umgekehrt beim Steigen der Preise.

II. Finanz-Hedging: Sicherungsgeschäfte (→ Risikomanagement) zur Absicherung z.B. von Zins- und Wechselkursrisiken im Devisen-, Edelmetall- und Wertpapierhandel. Der Hedger überträgt die Zins- und Wechselkursrisiken auf einen Kontrahenten, der entweder das Risiko aus spekulativen Motiven übernimmt oder ein entgegengesetztes Risiko abzusichern versucht. Dabei werden die Cash-Positionen durch zeitlich und wirtschaftlich kongruente Hedge-Instrumente aus dem Bereich der Termingeschäfte gesichert, so z.B. durch → Financial Futures, → Collars, → Caps, → Floors, → Optionen.

III. Regulierung: → EMIR.

hedonische Methode – berücksichtigt bei der Preisbereinigung oder → Deflationierung Veränderungen der Qualität von Produkten. – In der → Volkswirtschaftlichen Gesamtrechnung (VGR) macht sich dies bei Gütern bemerkbar, bei denen die Marktpreise fallen, während die Produkte eine immer weiter steigende Qualität aufweisen, wie es bei IT-Gütern der Fall ist. Für die traditionelle Preismessung zeigen derartige Güter deutlich stärkere Rückgänge, die hedonische Preismessung weist hingegen real ein höheres Wirtschaftswachstum aus.

hedonischer Ansatz – *Häuserpreismethode, Marktpreismethode;* Verfahren, bei dem der Marktpreis in Regionen mit verschiedenen Umweltqualitäten verglichen wird, um die Kosten von Umweltbelastungen zu ermitteln.

Hehlerei – Aufrechterhaltung eines durch die Tat eines anderen (z.B. Diebstahl, Unterschlagung, Betrug) in Bezug auf eine Sache geschaffenen rechtswidrigen Zustandes seitens eines weiteren Täters (dem Hehler) zu dessen Vorteil, sei es, dass dieser die vom Vortäter erlangte Sache verheimlicht, an sich bringt oder zu ihrem Absatz bei anderen mitwirkt. – Hehlerei ist nach dem StGB nur bei → Vorsatz (mit Freiheitsstrafe bis zu fünf Jahren oder Geldstrafe, § 259 StGB) strafbar. Ansonsten in bestimmten Fällen auch, wenn der Täter aus → Fahrlässigkeit nicht erkennt, dass das Hehlgut durch strafbare Handlung erlangt war, nämlich: Bei Edelmetall u.Ä., falls der Täter zu den Personen gehört, die gewerbsmäßig Handel mit Edelmetallen treiben oder solche Gegenstände gewerbsmäßig bearbeiten (§ 148b GewO). *Strafmaß* wie beim Diebstahl (Freiheitsstrafe bis zu fünf Jahre oder Geldstrafe), was einem Satz im Volksmund – "Der Hehler ist so schlimm wie der Stehler" – entspricht. Verschärfungen in den §§ 260, 260a StGB bei den Fällen der gewerbsmäßigen und der Bandenhehlerei.

Heilbehandlung – *Heilverfahren.* 1. *Gesetzliche Rentenversicherung:* Leistung, deren Gewährung nach dem Ermessen des Versicherungsträgers möglich ist. Die Heilbehandlung umfasst alle erforderlichen medizinischen Maßnahmen zur Erhaltung, Besserung und Wiederherstellung der Erwerbsfähigkeit, v.a. Behandlung in Kur- und Badeorten und in Spezialanstalten. – Vgl. auch → Übergangsgeld. – 2. *Gesetzliche Unfallversicherung:* Leistung zur Beseitigung der durch → Arbeitsunfall verursachten Körperverletzung, Gesundheitsstörung, Minderung der Erwerbsfähigkeit oder Verhütung der Verschlimmerung von Unfallfolgen sowie zur Wiederherstellung der Gesundheit und Leistungsfähigkeit bei → Berufskrankheiten. Heilbehandlung umfasst ärztliche Behandlung, Versorgung mit Arznei, Heilmitteln, Körperersatzstücken etc., Gewährung von Pflege; vgl. §§ 27 ff. SGB VII. – Vgl. auch → medizinische Rehabilitation. – 3. *Rehabilitation und Teilhabe:* Maßnahme im Rahmen der medizinischen Rehabilitation; Leistungen der in § 6 SGB IX benannten Träger, die behinderten Menschen nach pflichtgemäßem Ermessen z.B. stationär in bes. Rehabilitationseinrichtungen gewährt werden (vgl. §§ 26 ff. SGB IX).

Heilmittel – im Sinn der Krankenversicherung und Kriegsopferversorgung Mittel zur Beseitigung und Milderung von Krankheitserscheinungen, die (im Gegensatz zu Arzneimitteln) von außen wirken. *Heilmittel sind z.B.* Maßnahmen der physikalischen Therapie, der Sprach- und Sprechtherapie etc. Abgrenzungen zu → Hilfsmitteln fließend. In der gesetzlichen → Krankenversicherung werden die Kosten für Heilmittel von der Krankenkasse nach ärztlicher Verordnung übernommen. Versicherte, die das 18. Lebensjahr vollendet haben, haben eine Zuzahlung von 10 Prozent der Kosten sowie 10 Euro an die abgebende Stelle zu leisten (§§ 32, 61 Satz 3 SGB V). Der *Ersatz* von verloren gegangenen, zerstörten oder beschädigten Heilmitteln kann im Einzelfall ebenfalls Leistung der Krankenkasse sein, wenn den Versicherten am Verlust kein Verschulden trifft.

Heilmittelwerbung – geregelt im Heilmittelwerbegesetz (HWG) i.d.F. vom 19.10.1994 (BGBl. I 3068) m.spät.Änd., betrifft Werbung für Arzneimittel,

Medizinprodukte und andere Mittel und Verfahren wie kosmetische Mittel, soweit die Werbung Erkennung, Beseitigung (Linderung) von Krankheiten (krankhaften Beschwerden etc.) bei Mensch oder Tier betrifft (§ 1). Irreführende Werbung für Heilmittel ist verboten (Beispiele für Irreführung in § 3), bes. Werbung für zulassungspflichtige Arzneimittel, die nicht zugelassen sind oder als zugelassen gelten (§ 3a). § 4 regelt die Pflichtangaben in der Werbung für Arzneimittel. § 5 verbietet die Angabe von Anwendungsgebieten für registrierte oder als registriert geltende homöopathische Arzneimittel. § 8 verbietet Werbung für das Beziehen von Arzneimitteln im Wege des Teleshopping, § 9 die Werbung für Fernbehandlungen. § 10 beschränkt Werbung für verschreibungspflichtige und bestimmte weitere Arzneimittel auf die Fachkreise (§ 2). § 6 betrifft unzulässige Werbung mit Gutachten, Zeugnissen und sonstigen Veröffentlichungen. §§ 11, 12 regeln die Werbung außerhalb der Fachkreise. – Verstöße sind *Ordnungswidrigkeiten* (§ 15). – *Weitergehender Schutz* z.B. gegen sittenwidrige oder irreführende Werbung nach dem UWG (→ Kundenfang, → unlauterer Wettbewerb) wird durch das HWG nicht ausgeschlossen.

Heilung – abgabenrechtlicher Begriff: die Verletzung von Verfahrens- oder Formfehlern, die nicht zur → Nichtigkeit eines Verwaltungsakts führen, ist unbeachtlich, wenn (1) der für den → Verwaltungsakt erforderliche Antrag nachträglich gestellt wird, (2) die erforderliche Begründung nachträglich gegeben wird, (3) die erforderliche Anhörung eines Beteiligten nachgeholt wird, (4) der Beschluss eines Ausschusses, dessen Mitwirkung für den Erlass eines Verwaltungsakts erforderlich ist, nachträglich gefasst wird bzw. (5) die erforderliche Mitwirkung einer anderen Behörde nachgeholt wird (§ 126 AO). Die vorbezeichneten Handlungen können dabei (noch) bis zum Abschluss der Tatsacheninstanz eines finanzgerichtlichen Verfahrens nachgeholt werden. – Ist die rechtzeitige Anfechtung eines Verwaltungsakts deswegen versäumt worden, weil ihm die erforderliche Begründung fehlt oder die erforderliche Anhörung eines Beteiligten vor seinem Erlass unterblieben ist, gilt die Versäumung der Einspruchsfrist als nicht verschuldet. In der Folge ist regelmäßig → Wiedereinsetzung in den vorigen Stand zu gewähren (§ 126 III AO).

Heilverfahren → Heilbehandlung.

Heimarbeit – I. Gesetzliche Grundlage: Heimarbeitsgesetz vom 14.3.1951 (BGBl. I 191) m.spät.Änd.; Sonderrecht für die Regelung der Arbeitsverhältnisse von in Heimarbeit beschäftigten → arbeitnehmerähnlichen Personen.

II. Inhalt: 1. *Personenkreis:* → Heimarbeiter und → Hausgewerbetreibende; im Fall eines sozialen Schutzbedürfnisses können diesen weitere Personen mit ähnlichen Eigenschaften und → Zwischenmeister durch von der obersten Landesarbeitsbehörde errichtete Heimarbeitsausschüsse, die Unterausschüsse bilden können (§§ 1–4 HAG), gleichgestellt werden. Die in Heimarbeit Beschäftigten sind nicht eigentlich → Arbeitnehmer. Das allg. Arbeitsschutzrecht und auch das sonstige Arbeitsrecht gelten nicht. – 2. *Schutzbestimmungen des HAG:* Neben allg. Schutzvorschriften, Arbeitszeitschutz und Gefahrenschutz (§§ 6–16 HAG), ist der Entgelt- und Kündigungsschutz eingeführt (§§ 17–29 HAG). – a) *Entgelte für Heimarbeit* sind grundsätzlich nicht nach Arbeitsstunden, sondern nach Mengen zu bemessen (Stückgeldakkord). Die Entgeltfestlegung erfolgt i.d.R. durch die Heimarbeitsausschüsse mit der Wirkung allg. verbindlicher Tarifverträge, selten durch Tarifvertrag. – *Überwachung* ordnungsmäßiger Entgeltzahlung durch staatliche Entgeltprüfer. – *Haftung* für das Entgelt neben einem etwa eingeschalteten Zwischenmeister durch den Auftraggeber. Entgeltansprüche gegen beide können von der obersten Landesarbeitsbehörde im eigenen Namen mit Wirkung für und gegen den in Heimarbeit Beschäftigten oder Gleichgestellten geltend gemacht werden. – b) *Kündigungsschutz:* Für in Heimarbeit Beschäftigte, die länger als vier Wochen tätig waren, eine Frist von zwei Wochen. Diese Frist erhöht sich bei überwiegender Beschäftigung bei einem Auftraggeber oder Zwischenmeister von vier Wochen zum 15. oder zum Ende des Kalendermonats je nach Beschäftigungsdauer bis zu sieben Monaten zum Monatsende nach zwanzigjähriger Beschäftigung (§ 29 HAG). Das Recht zur → außerordentlichen Kündigung aus wichtigem Grund bleibt unberührt. – *Mindestentgelt während der Kündigungsfrist* (auch bei Ausgabe einer geringeren Arbeitsmenge): 1/12 – 14/12 des Gesamtentgelts aus den der Kündigung vorausgehenden 24 Wochen. – c) *Urlaub:* Es gilt grundsätzlich das Bundesurlaubsgesetz (BUrlG). Heimarbeiter und Gleichgestellte erhalten von ihrem Auftraggeber oder, falls sie von einem Zwischenmeister beschäftigt werden, von diesem bei einem Anspruch auf 24 Urlaubstage ein Urlaubsentgelt von 9,1 Prozent des in der Zeit vom 1. Mai bis 30. April des folgenden Jahres verdienten Arbeitsentgeltes vor Abzug der Steuern und Sozialversicherungsbeiträge. Einzelheiten in § 12 BUrlG. – d) *Mutterschutzgesetz* (→ Mutterschutz) gilt grundsätzlich auch für Heimarbeiterinnen. – e) *Verstöße* werden als Straftat oder als Ordnungswidrigkeit nach den §§ 31 ff. HAG geahndet.

III. Sondervorschriften für Kinder und Jugendliche: 1. *Kinder* dürfen nicht beschäftigt werden. – 2. Der Auftraggeber hat dem *Jugendlichen* für jedes Kalenderjahr bezahlten Urlaub zu gewähren, dessen Dauer sich nach dem Alter des Jugendlichen richtet. Zur Dauer und der davon abhängigen Höhe des Urlaubsentgelts vgl. § 19 IV JArbSchG sowie → Jugendschutz.

Heimarbeiter – I. Arbeitsrecht: Personen, die in eigener Arbeitsstätte allein oder mit ihren Familienangehörigen im Auftrage von → Gewerbetreibenden oder → Zwischenmeistern erwerbsmäßig arbeiten, jedoch die Verwertung ihrer Arbeitsergebnisse dem Auftraggeber überlassen. – *Rechtsstellung:* → arbeitnehmerähnliche Personen, → Heimarbeit.

II. Sozialversicherung: Personen, die in eigener Arbeitsstätte im Auftrag und für Rechnung von Gewerbetreibenden, gemeinnützigen Unternehmen oder öffentlich-rechtlichen Körperschaften erwerbsmäßig arbeiten, auch wenn sie Roh- oder Hilfsstoffe selbst beschaffen. Heimarbeiter gelten sozialversicherungsrechtlich als „Beschäftigte" (§ 12 II SGB IV). – Als *Arbeitgeber* eines Heimarbeiters gilt, wer die Arbeit unmittelbar an ihn vergibt, und als Auftraggeber der, in dessen Auftrag und für dessen Rechnung er arbeitet. – *Keine Heimarbeiter* sind Hausarbeiter oder Außenarbeiter.

Heimdienst – Belieferung von Kunden in regelmäßigem Turnus in deren Wohnungen (z.B. Getränke, Tiefkühlkostprodukte, landwirtschaftliche Erzeugnisse). – Vgl. auch → Lieferservice.

Heimfall (von Nutzungsrechten) – dem Lizenznehmer vom Urheber oder Inhaber eines → gewerblichen Schutzrechts eingeräumte → Nutzungsrechte (→ Lizenzen) sind Abspaltungen des Stammrechts und fallen daher an den Rechtsinhaber zurück (Heimfall), wenn der Nutzungsberechtigte auf sein Nutzungsrecht verzichtet oder die Nutzungsrechtseinräumung aus sonstigen Gründen endet.

Heimfallstock → Heimfallunternehmung.

Heimfallunternehmung – private oder gemischtwirtschaftliche Unternehmung, die als Konzessionsnehmer vom Staat bzw. von der Gemeinde einen Betrieb mit der Auflage führt, dass das Unternehmen mit allen Aktiva und Passiva nach Ablauf der Konzession ohne Gegenwert an den Konzessionsgeber (zurück) fällt, so etwa die aufgrund staatlicher Genehmigung errichteten Schienenbahnen, Drahtseilbahnen u.Ä. Heimfall wird in die Erbbauverträge (meist 30 – 90 Jahre) aufgenommen.

Heinen-Produktionsfunktion – *Produktionsfunktion vom Typ C,* → Produktionsfunktion.

Heiratsabfindung → Abfindung.

Heiratsbeihilfe – anlässlich der Eheschließung gewährte einmalige Zuwendung in Geld oder Sachwerten. – *Lohn- und Einkommensteuer:* Heiratsbeihilfen bis zum Betrag von 315 Euro waren bis Ende 2005 steuerfrei, sofern die Heiratsbeihilfen frühestens drei Monate vor und spätestens drei Monate nach der Eheschließung gezahlt wurden; auch neben → Geburtsbeihilfe. Bei höheren Heiratsbeihilfen unterlag nur der 315 Euro übersteigende Betrag der Einkommen- oder Lohnsteuer (§ 3 Nr. 15 EStG bis 2005). – Die Regelung wurde mit Wirkung zum 1.1.2006 aufgehoben.

Heiratsgut – Im zollrechtlichen Sinn sind Aussteuer und gebrauchter sowie neuer Hausrat einer Person, die ihren gewöhnlichen Wohnsitz aus Anlass der Eheschließung in das Zollgebiets der EU verlegt, Heiratsgut. Nicht erfasst sind Kraftfahrzeuge. Heiratsgut ist zollfrei unter der Bedingung, dass es nicht innerhalb von zwölf Monaten nach der Einfuhr veräußert wird. Zollfreiheit für Tabak, Tabakwaren und alkoholische Erzeugnisse ausgeschlossen. Dagegen sind die aus Anlass der Eheschließung überreichten Geschenke zollfrei, wenn der Wert jedes eingeführten Geschenks 1.000 Euro nicht übersteigt (Art. 82 ZK; Art. 12-16 ZollbefreiungsVO).

Heiratshäufigkeiten → Heiratsraten.

Heiratsraten – *Heiratshäufigkeiten;* Messzahlen zur Darstellung der Eheschließungstätigkeit in einer Bevölkerung. – *Arten:* (1) Die *allg. oder rohe* Heiratsrate (Eheschließungsrate), die als Anzahl der Eheschließungen in einem Jahr, bezogen auf den durchschnittlichen Umfang der Bevölkerung, definiert ist; (2) *altersspezifische Heiratsrate,* die als Anzahl der eheschließenden Nichtverheirateten einer bestimmten Altersklasse, bezogen auf den durchschnittlichen Bestand an Nichtverheirateten dieser Altersklasse, festgelegt ist. – Darüber hinaus wird die Heiratstätigkeit durch *Heiratstafeln,* z.B. für ledige Männer, beschrieben; sie umfassen → Abgangsordnungen, bei welchen Abgängen durch Tod und durch Heirat getrennte Wahrscheinlichkeiten zugeordnet sind.

Heiratstafeln → Bevölkerungswissenschaft.

Heiratsziffer → Heiratsraten.

heißes Geld – *Hot Money;* aktuell disponierte Gelder, die politische, v.a. währungspolitische, Sicherheit suchen, andererseits auch bestmögliche Verzinsung. Auch aus steuerlichen Gründen disponiertes Geld zählt dazu.

Heizölsteuer – zunächst ein Teil der → Mineralölsteuer, dann in der → Energiesteuer aufgegangen. Im Rahmen der Energiesteuer liegt die reguläre Steuerbelastung für Heizöl bei 130 Euro pro 1000 kg Heizöl, unter bestimmten Umständen kann Heizöl zum Verheizen jedoch auch geringer besteuert werden (§ 2 III EnergieStG). Gelangen Heizöle aus anderen Ländern ins Inland, kommt es i.d.R. hier zur Steuerentstehung. Selbst das Verbringen von flüssigem Heizöl durch Privatpersonen aus anderen Mitgliedsstaaten ist – entgegen den sonstigen Regelungen für Verbrauchsteuern in der EU – steuerpflichtig, es sei denn, es geht um Flüssiggas in Flaschen (§ 16 EnergieStG).

Heizungskosten – werden in der Kostenrechnung zumeist auf einer gesonderten → Hilfskostenstelle gesammelt, in der → Betriebsabrechnung erfasst und als Teil der → Gebäudekosten verrechnet. – Vgl. auch → Energiekosten.

Hektarertrag – eine durch geografische Lage, Bonität des Bodens (→ Bodenbonitierung), Witterungseinflüsse, Stand der Ackerbautechnik und Intensitätsgrad der Bearbeitung bestimmte wirtschaftliche Maßgröße, die den durchschnittlichen Jahresernteertrag für 1 ha Ackerfläche angibt.

Hektarwert – Begriff des Steuerrechts für den Wert, mit dem die Flächeneinheit Hektar (ha) eines Betriebs der Land- und Forstwirtschaft zu bewerten ist: der auf einen Hektar bezogene → Vergleichswert (§ 40 I 3 BewG).

Helfer, freiwillige → ehrenamtlicher Mitarbeiter.

Hellauer – Josef, 1871–1956, deutscher Wirtschaftswissenschaftler, einer der Begründer der → Betriebswirtschaftslehre (BWL) als selbstständige wissenschaftliche Disziplin. – *Hauptarbeitsgebiet:* Handels- und Verkehrslehre. Im Mittelpunkt seines Werkes, das sich durch strenge Systematik und scharfe Begriffsbestimmung auszeichnet, stehen drei Problemkreise: der Aufbau des Handels, der Kaufvertrag und die Verkehrsorganisation. – *Hauptwerke:* „Nachrichten und Güterverkehr“ (1930); „Güterverkehr“ (1938); „Welthandelslehre“ (1950); „Transportversicherung“ (1953).

Hemmnisse – Störfaktoren, die einen Entscheidungsprozess verlangsamen, behindern oder gänzlich blockieren können. Zur Analyse der Hemmnisse ist das Entscheidungsfeld mit allen relevanten Akteuren des Entscheidungsprozesses (z.B. für eine umweltfreundliche Beschaffung: Beschaffungsabteilung, Finanzabteilung, Umweltabteilung, Rechtsabteilung, Lieferanten) zu untersuchen. Hemmnisse können z.B. aus fehlenden Zielen, fehlenden Regelungen, fehlenden Informationen, fehlendem Wissen und fehlenden Anreiz- und Sanktionssystemen resultieren.

Hemmung der Verjährungsfristen → Verjährung.

Hempel-Oppenheim-Schema – nach C.G. Hempel und P. Oppenheim benanntes Muster wissenschaftlicher Erklärungen: Einen realwissenschaftlichen Sachverhalt zu erklären heißt, ihn auf logisch-deduktivem Wege (→ Deduktion) aus → Gesetzesaussagen und → Anwendungsbedingungen abzuleiten. – *Darstellung* des Hempel-Oppenheim-Schemas: → Erklärung.

Herabsetzung der Einlage → Kapitalherabsetzung.

Herabsetzung des Grundkapitals → Kapitalherabsetzung.

Heranwachsende – Begriff v.a. des Jugendstrafrechts für 18 aber noch nicht 21 Jahre alten Personen. Gericht entscheidet bei Heranwachsenden im Einzelfall, ob Jugendstrafrecht oder Erwachsenenstrafrecht anzuwenden ist (§ 105 JGG).

Herausgabeanspruch – Anspruch auf Herausgabe einer Sache. – Nach BGB sind u.a. folgende Herausgabeansprüche – auch nebeneinander – möglich: (1) Herausgabeanspruch des Eigentümers gegen Besitzer, § 985 BGB (Vindikation); (2) Herausgabeanspruch des früheren Besitzers, dem der Besitz durch verbotene Eigenmacht entzogen worden ist, § 861 BGB (→ Besitzschutz); (3) Herausgabeanspruch des früheren, besser berechtigten Besitzers gegen den jetzigen Besitzer (§ 1007 BGB); (4) Herausgabeanspruch des Vermieters gegen den Mieter nach Beendigung der Mietzeit, § 546 BGB (→ Miete); (5) Herausgabeanspruch des Verleihers gegen den Entleiher (→ Leihe), § 604 BGB; (6) Herausgabeanspruch des Hinterlegers gegen den Verwahrer (→ Verwahrungsvertrag), § 695 BGB; (7) Herausgabeanspruch aufgrund einer → ungerechtfertigten Bereicherung.

Herausgeber – Person zwischen Urheber und Verleger, welche eine Tätigkeit ausübt, die im Wesentlichen aus dem Prüfen und Zusammenstellen von Beiträgen zu Sammlungen (z.B. Lexika, Zeitschriften, Schriftenreihen) besteht. Liegt darin eine persönliche geistige Schöpfung, besteht am → Sammelwerk ein von den Urheberrechten der Autoren abhängiges (→ Abhängigkeit) Urheberrecht, das dem Erbringer der Leistung zusteht, i.d.R. also dem Herausgeber. Er oder der Verleger von Sammlungen erwerben bei der Aufnahme von Werken in Sammlungen im Zweifel ein ausschließliches Nutzungsrecht an den Beiträgen, Verleger oder Herausgeber von Zeitungen ein einfaches Nutzungsrecht (§ 38 UrhG). Bei umfangreichen Sammlungen (z.B. mehrbändigen Enzyklopädien) verdichtet sich die Sammlung zu einem eigenen Unternehmen, das nach außen durch den → Werktitel repräsentiert wird und neben dem Urheberrecht der Autoren und Herausgeber steht. Rechtsinhaber dieses Unternehmens und damit auch Inhaber der Titelrechte ist derjenige, der die unternehmerische Leistung erbracht hat, also bes. die Sammlung gegründet, den Titel geschaffen, die Mitarbeiter engagiert, die unternehmerischen Entscheidungen getroffen hat und das wirtschaftliche Risiko trägt (sog. Herr des Unternehmens). Das ist i.d.R. der Verleger, kann aber auch der Herausgeber oder ein Dritter (z.B. ein Verband) sein. Endet der Herausgebervertrag, fällt das Recht an der Sammlung demjenigen zu, der Herr des Unternehmens ist. Bei → anonymen Werken wird der Herausgeber, hilfsweise der Verleger als Inhaber der Rechte am Werk vermutet.

Herfindahl-Koeffizient – Koeffizient zur Messung der absoluten → Konzentration für die Gesamtheit (den Datensatz) $x_1, \ldots, x_n \geq 0$ mit Umfang n, häufig eingesetzt zur Beurteilung von → Unternehmenskonzentrationen. Der Herfindahl-Koeffizient ist durch

$$H = \sum\nolimits_{i=1}^{n} p_i^2$$

definiert, wobei $p_i = x_i/(x_1 + \ldots + x_n)$ der Anteil des i-ten Elements am → Gesamtmerkmalsbetrag, z. B. am Gesamtumsatz einer Branche, ist. Es gilt stets $1/n \leq H \leq 1$. Man kann zeigen, dass $H = (V^2 + 1)/\ n$ ist, wobei V den → Variationskoeffizienten und n den Umfang der → Gesamtheit bezeichnet.

Herkunftsbezeichnungen → geografische Herkunftsangaben.

Hermeneutik – Hauptmerkmal ist ein methodischer Autonomieanspruch der Geistes- bzw. Kulturwissenschaften in Form des Verstehens (→ verstehende Methode): Einer äußeren, durch Beobachtung vermittelten Erfahrung innerhalb der Naturwissenschaften wird die innere Erfahrung (etwa von Sinnzusammenhängen) im geisteswissenschaftlichen Bereich gegenübergestellt. Verbindet sich mit einer Absage an die Suche nach raum-zeitlich invarianten Tatbeständen (→ Gesetzesaussage) und die damit verbundene Zielvorstellung von der → Erklärung der Wirklichkeit. – Vgl. auch → Konstruktivismus, → Methodologie.

Hermes → Euler Hermeskredit Kreditversicherungs-AG.

Hermes-Ausfuhr-Pauschal-Gewährleistungen → Ausfuhr-Pauschal-Gewährleistungen (APG), → Ausfuhr-Pauschal-Gewährleistungen-Light (APG -Light).

Hermes-Bürgschaft → Ausfuhrbürgschaft.

Hermes-Deckungen → Exportkreditgarantien des Bundes.

Hermes-Fabrikationsrisikodeckung → Fabrikationsrisikodeckung.

Hermes-Finanzkreditdeckung → Finanzkreditdeckung.

Hermes-Garantie → Ausfuhrgarantie.

herrenlose Sachen → Sachen, an denen entweder noch nie ein Eigentum bestanden hat (z.B. wilde Tiere in Freiheit) oder an denen der Eigentümer das Eigentum aufgegeben hat (→ Dereliktion). – Vgl. auch → Aneignung.

Herrschaft – nach Weber die Chance, einen gegebenen Befehl bei einem angebbaren Personenkreis durchzusetzen. Herrschaft beruht auf Legitimität, d.h. auf der Überzeugung der Beherrschten von der Richtigkeit und Berechtigung der Herrschaft. – Zu *unterscheiden:* (1) *Rationale Herrschaft,* Legitimität wird von legalen Ordnungssystemen abgeleitet; (2) *traditionale Herrschaft,* beruht auf dem Glauben an den Selbstwert und die Heiligkeit der traditional zur Herrschaft berufenen Personen; (3) *charismatische Herrschaft* erwächst einer Person mit charismatischen Fähigkeiten; (4) *bürokratische Herrschaft*, eine legale Herrschaft durch einen Verwaltungsstab.

herrschendes Grundstück → Grunddienstbarkeit.

herrschendes Unternehmen – Begriff des Konzernrechts für ein Unternehmen, das auf ein anderes, → abhängiges Unternehmen unmittelbar oder mittelbar einen beherrschenden Einfluss ausüben kann (§ 17 I AktG). Eine Abhängigkeit ist insbesondere dann zu vermuten, wenn das herrschende Unternehmen mehrheitlich an dem beherrschten Unternehmen beteiligt ist (§ 17 II AktG).

Herstellermarke → Marke, → Markenartikel.

Herstellermarktforschung → Marktforschung.

Hersteller- und Großhändlerwerbung – jeder Hinweis im Verkehr mit → Letztverbrauchern, der die Annahme des Warenerwerbs vom Hersteller oder Großhändler nahe legt. Hinweise auf Herstellereigenschaft sind nach dem UWG nur zulässig, wenn der Hersteller ausschließlich an Letztverbraucher verkauft, ihnen gleiche Preise wie seinen Wiederkäufern gewährt oder auf die Berechnung höherer Preise für Letztverbraucher unmissverständlich hinweist. Hinweise auf Großhändlereigenschaft sind nur zulässig, wenn der Werbende überwiegend (mehr als 50 Prozent des Gesamtumsatzes) Gewerbetreibende beliefert und letzten Verbrauchern die gleichen Preise berechnet wie seinen Wiederverkäufern oder auf höheren Preise für letzte Verbraucher unmissverständlich hinweist.

Herstellkonto – *Fabrikationskonto.* 1. Wenig übersichtliches → gemischtes Konto in Produktionsbetrieben bei einer sehr einfachen Form der industriellen Abrechnung. Dieses Herstellkonto erfasst alle Vorgänge des Einkaufs, der Herstellung und sogar des Verkaufs, sodass der Saldo sich aus vier verschiedenen Wertinhalten zusammensetzt, nämlich Rohstoff-, Halbfabrikate-, Fertigfabrikatebestand und Erfolg. – 2. Da bei dieser summarischen Abrechnung kein Überblick über Einzelheiten gegeben ist, wird das Herstellkonto in der Praxis in *Unterkonten* aufgegliedert: a) Vorschaltung eines Rohstoffkontos; b) Nachschaltung eines Verkaufskontos als gemischtes Konto (Bestand an Fertigerzeugnissen und Bruttogewinn als Saldo); c) Nachschaltung eines Fertigerzeugniskontos und eines Verkaufskontos als reines Bestands- bzw. reines Erfolgskonto. Durch Vor- und Nachschaltung anderer Konten ergibt sich also die Möglichkeit, ein Herstellkonto zu bilden, auf dem die → Herstellkosten einer Periode als Buchsaldo erscheinen (reine Kontenführung).

Herstellkosten – Begriff der Kostenrechnung für die durch die Herstellung eines Gutes entstandenen → Kosten. Herstellkosten können der internen Bewertung von selbsterstellten Vermögensgegenständen dienen und umfassen i.d.R. die Summe aus Materialeinzel- und Materialgemeinkosten sowie Fertigungseinzel- und Fertigungsgemeinkosten.

	Materialeinzelkosten
+	Materialgemeinkosten
=	Materialkosten

	Fertigungseinzelkosten (Fertigungslöhne)
+	Fertigungsgemeinkosten
+	Sondereinzelkosten der Fertigung
=	Fertigungskosten

	Materialkosten
+	Fertigungskosten
=	Herstellkosten

Die Herstellkosten der laufenden Kostenrechnung

entsprechen nicht den Vorschriften für die in der Handels- und Steuerbilanz anzusetzenden Herstellungskosten und können daher allenfalls als Grundlage zur Ermittlung der Herstellungskosten dienen. – *Anders:* → Herstellungskosten.

Herstellung → Produktion.

Herstellungsaufwand – Begriff des Einkommensteuerrechts zur Abgrenzung gegenüber → Erhaltungsaufwand. Herstellungsaufwendungen sind Aufwendungen, durch die entweder ein → Wirtschaftsgut neu beschafft oder ein vorhandenes über seinen ursprünglichen Zustand hinaus verbessert, in seinem Wesen erheblich verändert oder wesentlich in seiner Substanz erweitert wird, z.B. Anbaukosten, Umbaukosten. Aufwendungen, die für sich allein betrachtet Erhaltungsaufwand darstellen, sind steuerlich als Herstellungsaufwendungen zu behandeln, wenn sie in engem räumlichen und zeitlichen Zusammenhang mit Herstellungsaufwendungen anfallen (→ anschaffungsnaher Aufwand, R 6.3 EStR). Nach der Fertigstellung des Gebäudes ist Herstellungsaufwand anzunehmen, wenn Aufwendungen durch den Verbrauch von Gütern und die Inanspruchnahme von Diensten für die Erweiterung oder für die über den ursprünglichen Zustand hinausgehende wesentliche Verbesserung eines Gebäudes entstehen (§ 255 II S. 1 HGB). Betragen die Aufwendungen nach Fertigstellung eines Gebäudes für die einzelne Baumaßnahme nicht mehr als 4.000 Euro (Rechnungsbetrag ohne Umsatzsteuer) je Gebäude, ist auf Antrag dieser Aufwand stets als Erhaltungsaufwand zu behandeln. Auf Aufwendungen, die der endgültigen Fertigstellung eines neu errichteten Gebäudes dienen, ist die Vereinfachungsregelung jedoch nicht anzuwenden.

Herstellungsgemeinkosten – zusammenfassende Bezeichnung für → Materialgemeinkosten, → Fertigungsgemeinkosten und Verwaltungsgemeinkosten, soweit diese auf den Material- und Fertigungsbereich entfallen; Teil der → Herstellungskosten.

Herstellungskosten – I. Begriff: *Herstellungswert;* bilanzieller Begriff des Handels- und Steuerrechts; Maßstab für die Bewertung von → Vermögensgegenständen (handelsrechtlich) bzw. → Wirtschaftsgütern (steuerrechtlich), die ganz oder teilweise im eigenen Betrieb erstellt worden sind. Zur Ermittlung der Herstellungskosten muss auf die Kostenrechnung des Unternehmens zurückgegriffen werden. Dabei muss auf die unterschiedlichen Kostenbegriffsinhalte geachtet werden. Kalkulatorische Kosten ohne Aufwandsentsprechung dürfen in die Herstellungskosten nicht eingerechnet werden. – Vgl. auch angemessene Herstellungskosten.

II. Handelsrecht: Nach § 255 II HGB sind Herstellungskosten → Aufwendungen, die durch den Verbrauch von Gütern und die Inanspruchnahme von Diensten für die Herstellung, Erweiterung oder Verbesserung entstehen. Dazu gehören die *Materialkosten*, die *Fertigungskosten* und die *Sonderkosten der Fertigung* sowie angemessene Teile der *Materialgemeinkosten*, der *Fertigungsgemeinkosten* und des *Werteverzehrs* des Anlagevermögens, soweit dieser durch die Fertigung veranlasst ist. Kosten der allg. Verwaltung sowie Aufwendungen für soziale Einrichtungen des Betriebs, für freiwillige soziale Leistungen und für betriebliche Altersversorgung dürfen eingerechnet werden, soweit diese auf den Zeitraum der Herstellung entfallen. Forschungs- und Vertriebskosten *dürfen nicht* in die Herstellungskosten einbezogen werden.

III. Steuerrecht: Die handelsrechtliche Definition stimmt inhaltlich mit der steuerrechtlichen Begriffsbestimmung überein. Diese dem Handelsrecht nachgebildete Begriffsbestimmung gilt nicht nur im betrieblichen, sondern auch im außerbetrieblichen Bereich. Als Herstellungskosten kommen nur tatsächlich angefallene Aufwendungen in Betracht. Nur kalkulatorische Kosten sowie der Wert der eigenen Arbeitskraft des Herstellers bleiben außer Ansatz. Wie im Handelsrecht, müssen steuerrechtlich auch die Materialeinzelkosten, Fertigungseinzelkosten, Materialgemeinkosten, Fertigungsgemeinkosten sowie Sondereinzelkosten bei der Ermittlung der Herstellungskosten berücksichtigt werden (R 6.3 EStR). Dazu gehört auch der Werteverzehr des Anlagevermögens (→ Absetzung für Abnutzung (AfA)), soweit er der Fertigung der Erzeugnisse gedient hat. *Fakultativ* berücksichtigt werden können Kosten für die allg. Verwaltung und Fremdkapitalzinsen für Fremdkapital, das zur Finanzierung der Herstellung eines Vermögensgegenstandes verwendet wird. – *Nicht einbezogen* werden dürfen Einkommensteuer und Vertriebskosten einschließlich Umsatzsteuer. Der Vorsteuerbetrag nach § 15 UStG gehört, soweit er bei der Umsatzsteuer abgezogen werden kann, nicht zu den Herstellungskosten des Wirtschaftsgutes, auf dessen Herstellung er entfällt (§ 9b I EStG).

Herstellungsland – I. Ein- und Ausfuhrrecht: → Ursprungsland.

II. Einfuhrstatistik: Land, in dem die Waren vollständig gewonnen oder hergestellt worden sind oder ihre letzte wesentliche und wirtschaftlich gerechtfertigte Be- oder Verarbeitung erfahren haben. – Vgl. auch → Außenhandelsstatistik.

Herstellungsort → Erscheinungsort.

Herstellungswert → Herstellungskosten.

Heterarchie → Führungskonzepte im internationalen Management.

heterogene Güter – sachlich verschiedene → Güter, die miteinander konkurrieren können (Problem der → Marktabgrenzung), wenn sie (in gewissem Grad) funktional austauschbar sind (z.B. verschiedene Automarken, Motorräder; → Substitutionsgüter). – *Gegensatz:* → homogene Güter.

heterogene Konkurrenz → Surrogatkonkurrenz.

heterogene Kostenverursachung – Abhängigkeit der → variablen Kosten einer Kostenstelle von mehreren → Bezugsgrößen. Es müssen dann (wird eine hohe Abbildungsgenauigkeit angestrebt) mehrere Bezugsgrößen nebeneinander verwandt werden. Heterogene Kostenverursachung z.B. bei Serienfertigung, wenn Rüstprozesse anfallen; als Bezugsgrößen dienen hier z.B. Rüstminuten und Fertigungsminuten. – *Gegensatz:* → homogene Kostenverursachung.

heterogenes Netz → offenes Netz.

heterograde Statistik – ein in der statistischen Methodik früher gebräuchlicher Ausdruck für Verfahren insbesondere der → Inferenzstatistik, soweit → quantitative Merkmale betrachtet werden. Die Unterteilung in heterograde Statistik und → homograde Statistik ist in den Hintergrund getreten, weil die heterograde Statistik die homograde Statistik als Spezialfall umfasst.

Heteroskedastizität – in einem → Regressionsmodell die Erscheinung, dass die → Störterme nicht alle die gleiche Varianz besitzen. – Das Vorliegen von Heteroskedastizität stellt eine Verletzung der Annahmen des klassischen Modells der linearen Regression (→ Regression, lineare) dar und führt zu einem Effizienzverlust der OLS-Schätzer (→ Kleinstquadratemethode, gewöhnliche) und falsch ermittelten Standardfehlern, die dazu führen, dass Standardtests an Aussagekraft verlieren. Eine Verzerrung der OLS-Schätzer folgt nicht. Die Existenz von Heteroskedastizität ist mittels diverser Heteroskedastizitätstests statistisch prüfbar. Um den Folgen von Heteroskedastizität zu begegnen, bietet sich die Verwendung des GLS-Schätzers (→ Kleinstquadratemethode, verallgemeinerte) oder von → White-Standardfehlern an. – *Gegensatz:* → Homoskedastizität. – Vgl. auch → ARCH(p)-Modell, → GARCH(p,q)-Modell.

Heteroskedastizititätstest – Testverfahren zur Überprüfung der Annahme der → Homoskedastizität im → Regressionsmodell bzw. ihrer Verletzung. Zu den in der Praxis gebräuchlichsten Tests gehören der → Breusch-Pagan-Heteroskedastizititätstest und der → White-Heteroskedastizitätstest.

Hetertrophie → Biozönose.

Heuer – 1. Anspruch des → Schiffers gegen den → Reeder auf Unterhalt, Verpflegung und Gehalt (§§ 545 ff. HGB). – 2. Anspruch auf Vergütung des Besatzungsmitglieds auf Kauffahrteischiffen für die aufgrund des → Heuerverhältnisses geleistete Arbeit.

Heuerverhältnis – Arbeitsverhältnis der Besatzungsmitglieder auf Kauffahrteischiffen (§§ 23 ff. SeemG).

Heuristik – 1. In der neueren → Wissenschaftstheorie als *Beurteilungskriterium* für → Theorien und für ganze Wissenschaftsprogramme (→ Paradigma) von Bedeutung. Bewertet wird dabei nicht ausschließlich deren → Informationsgehalt, sondern das ihnen innewohnende Potenzial für die Weiterentwicklung des Erkenntnisstandes. – 2. *Vorgehensweise zur Lösung von allg. Problemen,* für die keine eindeutigen Lösungsstrategien bekannt sind oder aufgrund des erforderlichen Aufwands nicht sinnvoll erscheinen; beinhaltet in erster Linie „Daumenregeln" auf der Grundlage subjektiver Erfahrungen und überlieferter Verhaltensweisen. Heuristik wird v.a. in schlecht strukturierten und schwer überschaubaren Problembereichen angewendet. – 3. *Vorgehensweise zur Lösung von mathematischen Problemen:* Methode, die auf der Basis von Erfahrung oder Urteilsvermögen zu einer guten Lösung eines Problems führt, die nicht notwendig optimal ist. Diese Lösungsverfahren ohne Konvergenzbeweis werden entweder für Probleme eingesetzt, für die keine konvergierenden Verfahren existieren, oder sie werden zur Beschleunigung von konvergierenden Verfahren eingesetzt. Heuristik wird dann angewandt, wenn keine → effektiven Algorithmen existieren; so werden häufig → Branch-and-Bound-Verfahren, → dynamische Optimierung und begrenzte Enumeration bei wachsender Problemgröße durch heuristische Verfahren (→ Entscheidungsbaumverfahren) abgelöst.

heuristische Information → heuristische Suche.

heuristische Suche – Methodik des → Suchens, die v.a. in der → Künstlichen Intelligenz (KI) Anwendung findet. Zur Reduzierung des Suchaufwands werden aufgabenspezifische Informationen (heuristische Informationen) in den Suchprozess mit aufgenommen; sie dienen als Parameter zur Steuerung des Prozesses.

Hicks – John Richard, 1904–1989, engl. Nationalökonom, der in London, Manchester und – von 1946 bis zu seinem Rücktritt 1965 – in Oxford lehrte; → Nobelpreis für Wirtschaftswissenschaften 1972 (zusammen mit → Arrow). Hicks gehört zu den herausragenden Vertretern der Wirtschaftstheorie des 20. Jh., der auf vielen Gebieten Beiträge geleistet hat (in zeitlicher Abfolge: Löhne, Geld, allgemeines Gleichgewicht, Wohlfahrtsökonomik, Konjunkturen, internationaler Handel, Konsum, Wachstum, Methodologie, Kapital). Mehrere Theoreme, die zum Standard der modernen Wirtschaftstheorie gehören, sind mit seinem Namen verbunden, wie die Hickssche Nachfragefunktion (→ Nachfragefunktion), das Kaldor-Hicks-Kriterium (→ Kompensationsprinzip) und das Hicks-Hansen-Diagramm (Keynessche Lehre). Einige seiner Beiträge sind originäre Leistungen, andere gelungene Zusammenfassungen der Gedanken anderer, wie z.B. das → IS-LM-Modell. Hicks benutzte in Grenzen mathematische Ausdrucksweisen, war aber auch an historischen Fragestellungen interessiert. – *Wichtige Werke:* „The Theory of Wages" (1932); „Value and Capital" (1965); „Critical Essays" (1967) und „A Theory of Economic History" (1969).

Hickssche Nachfragefunktion → Nachfragefunktion.

Hicksscher Supermultiplikator – *Supermultiplikator;* Beziehung im Hicksschen → Multiplikator-Akzelerator-Modell zwischen → Wachstumsrate der autonomen Investitionen und Niveau des zugehörigen Gleichgewichtspfads des Einkommens. Ist diese Wachstumsrate null, erhält man aus dem Hicks'schen Supermultiplikator den üblichen Keynes'schen → Multiplikator.

Hidden Action → Informationsasymmetrie, → Moral Hazard, → Prinzipal-Agent-Theorie.

Hidden Characteristics → Informationsasymmetrie, → Adverse Selection, → Prinzipal-Agent-Theorie.

Hidden Information → Informationsasymmetrie, → Moral Hazard, → Prinzipal-Agent-Theorie.

Hierarchie – I. Organisation: 1. *Begriff:* System der Über-/Unterordnung zwischen → organisatorischen Einheiten. Bei einer gegebenen Anzahl von organisatorischen Einheiten ist eine Hierarchie umso steiler (flacher), je höher (niedriger) die Zahl der Hierarchieebenen ist. Hierarchie stellt dabei das grundlegende Ordnungssystem von Organisationen und sozialen Systemen dar. – 2. *Arten:* a) *Zielhierarchie* legt als Zweck-Mittel-Hierarchie das angestrebte Handeln einer Organisation fest. – b) *Aufgabenhierarchie* beschreibt die aus den Unternehmenszielen abgeleiteten operationalen Teilaufgaben. – c) *Stellenhierarchie* legt das Stellengefüge fest, in welchem den einzelnen organisatorischen Einheiten operationale Teilaufgaben zugewiesen werden. – d) *Personenhierarchie* bezeichnet die Positionierung der Stelleninhaber innerhalb einer hierarchischen Ordnung. – 3. *Zweck:* Hierarchie besitzt Koordinationsfunktion, indem eine übergeordnete Stelle untergeordneten Stellen Anweisungen erteilt, die darauf gerichtet sind, den spezialisierten Aufgabenvollzug zielentsprechend auszurichten.

II. Theorie der Unternehmung: → kapitalistische Unternehmung, → Theorie der Unternehmung.

Hierarchieeffekt – in der → Innovations- und Diffusionsforschung Form der → Diffusion, die nicht auf der räumlichen Nachbarschaft beruht, sondern sich entlang hierarchischer Strukturen, wie z.B. der zentralörtlichen Hierarchie (→ zentrale Orte) oder einer Hierarchie verschiedener Institutionen, vollzieht.

Hierarchienachteile – Nachteile, die durch falsche Anreize oder Bürokratieversagen, die sich bei unternehmensinterner Koordination entwickeln können, entstehen. – 1. *Falsche Anreize:* Eine Integration von → Transaktionen in die Unternehmung hat i.d.R. zur Konsequenz, dass auf die Transaktionspartner nicht mehr die hochwirksamen → punktuellen Anreize des Marktes einwirken, sondern → Sammelanreize, die das durchschnittliche Verhalten im Laufe einer längeren Kette von Transaktionen und damit eine im Zeitablauf verlässliche Leistung honorieren. Solche Sammelanreize innerhalb von Hierarchien können sich nachteilig auswirken, wenn es bei einem Transaktionspartner darauf ankommt, sich bietende Gelegenheiten schnell wahrzunehmen und innovationsfreudig zu sein. In solchen Fällen sollte von einer vertikalen Integration der betreffenden Transaktionen abgesehen werden. – 2. *Bürokratieversagen:* In hierarchischen Organisationen besteht die Gefahr, dass Bürokraten Nebenziele (z.B. die Steigerung des Mitarbeiterstabes, des Einkommens und der Verfügungsgewalt) verfolgen und das eigentliche Ziel einer effizienten Bereitstellung der politisch bestimmten Menge und Art an → öffentlichen Gütern vernachlässigen. Zudem streben Bürokraten danach, dass auch unproduktiv gewordene Mitarbeiter langfristig in der Organisation verbleiben. Das sog. → Senioritätsprinzip in Verwaltungen sieht z.B. eine Aufstiegs- und Beförderungsmöglichkeit allein in Abhängigkeit der Zugehörigkeit vor. Hierzu kommt es v.a. dann, wenn sich überflüssige Abteilungen oder Mitarbeiter gegenseitig unterstützen (→ Logrolling).

hierarchische Informationsdarbietung → Sozialtechnik in der → Werbung, die dem Konsumenten das Verständnis für die Werbebotschaft ermöglicht. Bei der hierarchischen Informationsdarbietung wird die Werbebotschaft in selbstständig verständliche Teile gegliedert sowie übersichtlich und erkennbar dargeboten. Zusätzlich wird das → Werbemittel so gestaltet, dass die Teile der Werbebotschaft in der Reihenfolge der Wichtigkeit für das Verständnis der Werbebotschaft vom Empfänger wahrgenommen werden. Dem Empfänger wird durch die hierarchische Informationsdarbietung möglich, die Werbebotschaft in sehr geringer Betrachtungszeit aufzunehmen. – Die Ausgestaltung der hierarchischen Informationsdarbietung richtet sich nach dem → Involvement des Empfängers. Bei geringem Involvement genügt es, dem Empfänger die Schlüsselbotschaft verständlich zu machen, liegt dagegen starkes Involvement vor, muss der Empfänger weiter gehende Informationen verstehen können.

hierarchisches Datenmodell → Datenmodell, mit dem hierarchische Beziehungen zwischen → Datensätzen beschrieben werden können. Früher gebräuchliches Modell; Grundlage älterer, bekannter → Datenbanksysteme. – *Nachteil:* geringe Flexibilität bei → Datenbankabfragen und bei Änderungen.

Hierarchy-of-Effects-Modell – Modell der → Werbewirkung, das von einer hierarchischen Abfolge von Wirkungen ausgeht. Danach durchläuft eine Person im Kommunikationsprozess folgende Stufen: (1) Awareness (Wissen von der Existenz des Produkts), (2) Knowledge (Kenntnis der Produkteigenschaften), (3) Liking (Wertschätzung des Produkts), (4) Preference (Bevorzugung des Produkts), (5) Conviction (Überzeugung), (6) Purchase (Kauf). – Vgl. auch → Howard-Sheth-Modell.

Hifo – Kurzbezeichnung für *Highest-in-first-out;* im Ausland sehr verbreitetes, nach dt. Handels-

und Steuerrecht nicht zulässiges Verfahren zur Bewertung gleichartiger Vermögensgegenstände des Vorratsvermögens (→ Steuerbilanz). Man unterstellt, dass die am teuersten eingekauften Waren zuerst verbraucht werden; die Vorräte werden zu den niedrigsten Preisen bilanziert, die man in der Rechnungsperiode für sie bezahlen musste. – Vgl. auch → Fifo, → Lifo, → Lofo.

High Employment Budget Surplus (HEBS) – ein auf den amerik. Council of Economic Advisers (CEA) zurückgehendes → Budgetkonzept zur Messung des → konjunkturellen Impulses des Budgets. Ausgangspunkt der Überlegungen ist die These, dass ein bei → Vollbeschäftigung ausgeglichener Haushalt keinen Einfluss auf die weitere konjunkturelle Entwicklung ausübt und insofern neutrale Wirkungen hat. Ist die Vollbeschäftigungssituation daher in dem fraglichen Zeitpunkt bei der Berechnung des HEBS nicht gegeben, wird zunächst errechnet, wie hoch die Steuereinnahmen bei unverändertem Steuersystem im Fall der Vollbeschäftigung gewesen wären (und damit uno actu auch die entsprechenden Ausgaben). Diesen hypothetischen Annahmen sind die tatsächlichen Ausgaben gegenüberzustellen. Der Saldo ist der HEBS. – *Kritik:* Mit nur minimalen Fehlern bei der Errechnung des Vollbeschäftigungsniveaus entsteht sofort ein sich potenzierender Fehler.

High-Interest-Produkte – Konsumgüter, die aufgrund ihrer Beschaffenheit spezielle Bedürfnisse erfüllen und das Risiko beinhalten, dass sie das Bedürfnis nicht exakt abdecken. Die Bedeutung der Kaufentscheidung und die Gefahr einer → kognitiven Dissonanz führen zu einem komplexen Kaufverhalten, das durch einen verstärkten Informationsbedarf und eine intensive Informationsverarbeitung gekennzeichnet ist. – Vgl. auch → Low-Interest-Produkte.

Hildreth-Lu-Schätzer bei Autokorrelation – von Hildreth und Lu (1960) vorgeschlagener Ansatz zur Schätzung von GLS-Gleichungen (→ Kleinstquadratemethode, verallgemeinerte), wenn für das autokorrelierte Modell ein AR(1)-Störterm unterstellt werden kann, der Autokorrelationskoeffizient erster Ordnung ρ jedoch unbekannt ist. – Für einen beliebigen Wert ρ kann die GLS-Transformation für ein von Autokorrelation erster Ordnung betroffenes Modell durchgeführt und dieses transformierte Modell mit OLS (→ Kleinstquadratemethode, gewöhnliche) geschätzt werden. Die Residuenquadratesumme (→ Residuen) der GLS-Schätzung wird für jeden Wert von ρ anders ausfallen. Das Hildreth-Lu-Verfahren sucht nun den Wert von ρ, für den die Residuenquadratesumme minimal wird. Ist dieser gefunden, wird er zur GLS-Transformation verwendet und die GLS-Gleichung mit OLS geschätzt. Die daraus resultierenden Schätzergebnisse sind dann die Parameterschätzungen für das autokorrelierte Modell. – Vgl. auch → Cochrane-Orcutt-Schätzer bei Autokorrelation, → FGLS.

Hilfe in anderen Lebenslagen → Sozialhilfe.

Hilfeleistung in Steuersachen – dazu zählen: Beratung der Auftraggeber in Steuersachen, Unterstützung bei der Bearbeitung ihrer Steuerangelegenheiten und bei der Erfüllung ihrer steuerlichen Pflichten; bes. die Hilfeleistungen in Steuerstrafsachen, Bußgeldsachen, bei der Führung von Büchern und Aufzeichnungen sowie bei der Aufstellung von Abschlüssen, die für die Besteuerung von Bedeutung sind, und bei der Einziehung von → Steuererstattungsansprüchen oder Steuervergütungsansprüchen (§ 1 StBerG). Geschäftsmäßig darf die Tätigkeit nur von dazu befugten Personen und Personenvereinigungen ausgeübt werden (§ 2 StBerG). Befugt sind → Steuerberater, → Steuerbevollmächtigte, → Steuerberatungsgesellschaften, → Rechtsanwälte, Rechtsanwaltsgesellschaften, → Wirtschaftsprüfer (WP), → Wirtschaftsprüfungsgesellschaften, → vereidigte Buchprüfer und → Buchprüfungsgesellschaften (§ 3 StBerG). Zu vorübergehender und gelegentlicher Hilfeleistung in Steuersachen befugt sind auch Personen, die in einem anderen Mitgliedsstaat der Europäischen Union oder in einem anderen Vertragsstaat des Abkommens über den Europäischen Wirtschaftsraum oder in der Schweiz beruflich niedergelassen sind und dort befugt geschäftsmäßig Hilfe in Steuersachen nach dem Recht des Niederlassungsstaates leisten (§ 3a StBerG). Mit Einschränkungen sind befugt z.B. Arbeitgeber, soweit sie für ihre Arbeitnehmer Hilfe bei Einkünften aus nichtselbstständiger Arbeit und bei sonstigen Lohnsteuersachen leisten, und → Lohnsteuerhilfevereine, soweit sie für ihre Mitglieder Hilfe in Lohnsteuersachen leisten (§ 4 StBerG). Anderen Personen ist die Hilfeleistung grundsätzlich untersagt (§ 5 StBerG); Ausnahmen gelten jedoch für die Erstellung wissenschaftlicher Gutachten, unentgeltliche Tätigkeit gegenüber Angehörigen, die Durchführung mechanischer Arbeitsgänge bei der Führung von Büchern und Aufzeichnungen und das Buchen laufender Geschäftsvorfälle, die laufende Lohnabrechnung und das Fertigen der Lohnsteuer-Anmeldungen, sofern durch mind. drei Jahre auf dem Gebiet des Buchhaltungswesens hauptberuflich tätige Person erbracht (§ 6 StBerG).

Hilfen zur Gesundheit → Sozialhilfe.

Hilfe zum Aufbau der Lebensgrundlage → Sozialhilfe.

Hilfe zum Lebensunterhalt → Sozialhilfe.

Hilfe zur Pflege → Sozialhilfe.

Hilfe zur Sicherung der Lebensgrundlage → Sozialhilfe.

Hilfe zur Überwindung besonderer sozialer Schwierigkeiten → Sozialhilfe.

Hilfsantrag – ein im Zivilprozess nur hilfsweise (d.h. für den Fall, dass dem Hauptantrag nicht stattgegeben wird) gestellter → Antrag. Nur zulässig, soweit Haupt- und Hilfsantrag auf einem Sachverhalt beruhen (z.B. Hauptantrag auf Zahlung des Kaufpreises; Hilfsantrag – etwa für den Fall, dass das Gericht den Kaufvertrag als nichtig ansehen sollte – auf Rückgabe der schon übergebenen Kaufsache).

Hilfsarbeiter – ein → Arbeiter ohne branchenspezifische Berufsausbildung, der ungelernt (→ angelernter Arbeiter) gering qualifizierte Tätigkeiten (Hilfstätigkeiten) ausführt. – Vgl. auch → ungelernter Arbeiter.

Hilfsarbeiterlohn – meist Zeit-, selten Akkordlohn für → ungelernte Arbeiter oder → angelernte Arbeiter. – *Kostenrechnungstechnische Erfassung und Verrechnung:* Hilfsarbeiterlöhne können → Fertigungslöhne sein, sofern sie sich dem Kostenträger direkt, d.h. ohne Verrechnung über Kostenstellen im → Betriebsabrechnungsbogen (BAB), zurechnen lassen. Meist jedoch nur Verrechnung als *Gemeinkostenlöhne* (→ Hilfslöhne), oftmals als → Kostenstelleneinzelkosten möglich, da die Hilfsarbeiter i.d.R. bestimmten Kostenstellen als Arbeitskraft zugeteilt und die für sie erwachsenden Lohnkosten diesen zuzurechnen sind; bei „fliegenden Kolonnen" oder vielseitig beanspruchten Einzelkräften ist eine Aufteilung anteilig (nach Zeit- oder Mengeneinheiten) der für die Kostenstellen erbrachten Arbeitsleistung erforderlich.

Hilfsbetrieb → Produktionshilfsbetrieb.

Hilfsbücher – Bezeichnung für die Nebenbücher, die als Ergänzung gewisser Hauptbucheintragungen, zur Kontrolle einzelner Vermögensteile und zur weiteren Information dienen. Dazu zählen das Kontokorrentbuch oder die Kontokorrentkartei, das Wechselbuch, das Akzeptbuch, Effektenbücher, das Wareneingangs- und -ausgangsbuch u.Ä. – Vgl. auch → Buchführung.

Hilfsfiskus – 1. Synonyme Bezeichnung der → Parafisci. – 2. Oft Bezeichnung der Untergruppe der Parafisci, deren Existenz durch staatliche Initiative begründet wird.

Hilfsgeschäfte – 1. *Begriff:* Gelegentliche Geschäfte, die dazu dienen, die eigentliche gewerbliche oder berufliche Tätigkeit eines Unternehmens fortzuführen oder aufrechtzuerhalten. – *Beispiel:* Ein Handelsvertreter veräußert einen unbrauchbar gewordenen Kraftwagen, um einen neuen zu kaufen. – 2. *Umsatzsteuerrecht:* Hilfsgeschäfte im umsatzsteuerlichen Sinn sind Geschäfte, die nicht den eigentlichen Gegenstand des Unternehmens bilden (z.B. die Veräußerung von Anlagevermögen). Dennoch handelt es sich um Leistungen, die im Rahmen des Unternehmens erbracht werden, sodass Hilfsgeschäfte zu steuerbaren Umsätzen führen. Ein Unternehmer, der für die Umsätze im Rahmen seiner gewerblichen oder beruflichen Tätigkeit Umsatzsteuerfreiheit oder den ermäßigten Steuersatz in Anspruch nehmen kann, muss Hilfsgeschäfte dennoch mit dem Regelsteuersatz für die betreffenden Hilfsumsätze versteuern. Soweit es um die Gewährung bestimmter steuerlicher Erleichterungen geht, die umsatzabhängig sind, werden Hilfsgeschäfte bei der Berechnung Gesamtumsatzes (→ Kleinunternehmer, → Istversteuerung) nicht berücksichtigt (§ 19 I Satz 2 UStG).

Hilfskostenstelle – *Vorkostenstelle;* → Kostenstelle, die nicht direkt mit der Herstellung der betrieblichen Produkte befasst ist, sondern hierzu Vorleistungen (→ innerbetriebliche Leistungen) erbringt. – *Arten:* (1) *allgemeine Hilfskostenstellen:* Ihre Leistungen fließen an sämtliche Kostenstellen des Unternehmens, z.B. Werksfeuerwehr, Sozialstation, Stromerzeugung; (2) *spezielle Hilfskostenstellen:* Ihre Leistungen werden nur für spezielle Unternehmensbereiche, z.B. Arbeitsvorbereitung als Fertigungshilfskostenstelle, erbracht. – Die Kosten von Hilfskostenstellen werden im Rahmen der → Betriebsabrechnung anderen Hilfs- oder Endkostenstellen belastet. – *Gegensatz:* → Endkostenstellen.

Hilfslöhne – Begriff der Kostenrechnung für alle Löhne, die nicht als → Fertigungslöhne erfasst und verrechnet werden, da sie für nicht unmittelbar am Werkstück verrichtete Arbeit anfallen. Zu den Hilfslöhnen zählen z.B. Löhne für Transport- und Reinigungsarbeiten. – Maßgebend für die Unterscheidung vom Fertigungslohn ist nicht die Art der Tätigkeit (Facharbeit oder Hilfsarbeit), sondern die Verrechnung als → Gemeinkosten. Daher werden Hilfslöhne häufig auch als *Gemeinkostenlöhne* bezeichnet.

Hilfsmaterial → Hilfsstoffe.

Hilfsmittel – Leistungen der gesetzlichen Krankenversicherung aufgrund ärztlicher Verordnung (§ 33 SGB V). Hilfsmittel sind Gegenstände, deren Gebrauch eine beeinträchtigte Körperfunktion ersetzt, erleichtert, ergänzt oder erst ermöglicht, z.B. Körperersatzstücke, orthopädische Hilfsmittel, künstliche Gliederung, Blindenführhunde und Hörhilfen. Der Anspruch umfasst auch die notwendige Änderung, Instandsetzung und Ersatzbeschaffung sowie die Ausbildung in ihrem Gebrauch. Für Hilfsmittel können → Festbeträge festgesetzt werden, die Krankenkasse trägt dann die Kosten bis zur Höhe des Festbetrages. Ansonsten übernimmt die Krankenkasse die vertraglich vereinbarten Preise. Erwachsene Versicherte haben für bestimmte Hilfsmittel eine Zuzahlung zu leisten. Bei ärztlich verordneten Brillen für Versicherte bis zum 18. Lebensjahr übernimmt die Krankenkasse nur die Kosten der Gläser bis zur Höhe des → Festbetrages. Kosten des Brillengestells werden von der Krankenkasse generell nicht getragen (§ 33 II Satz 4 SGB V). Für über 18-Jährige besteht Anspruch auf Erstattung der Kosten für Sehhilfen nur bei schwerer, an Blindheit grenzende, Sehschwäche. Kosten für Kontaktlinsen werden nur in medizinisch zwingend notwendigen Ausnahmefällen übernommen, ansonsten wird höchstens der Betrag als Zuschuss gezahlt, der für eine erforderliche Brille hätte gezahlt werden müssen. Hilfsmittel von geringem oder umstrittenem therapeutischen Nutzen werden nicht übernommen.

Hilfsprozessor – *Coprozessor;* Zusatzprozessor (→ Prozessor), der die Leistung eines → Computers erhöhen soll, indem er den → Zentralprozessor durch die Übernahme bestimmter Aufgaben entlastet.

Hilfsstoffe – *Hilfsmaterial;* Begriff der Kostenrechnung für diejenigen Stoffe, die bei der Fertigung in das Erzeugnis eingehen, ohne Rohstoff zu sein, also nicht wesentlicher Bestandteil des Erzeugnisses werden, sondern lediglich eine Hilfsfunktion im fertigen Produkt erfüllen (Leim, Lack bei der Möbelproduktion). Die Kosten von Hilfsstoffen werden zumeist aus Vereinfachungsgründen als → unechte Gemeinkosten verrechnet und mit den → Betriebsstoffen zu einer Kostenartengruppe zusammengefasst. – Vgl. auch → Gemeinkostenmaterial.

hinkende Inhaberpapiere – *qualifizierte Legitimationspapiere;* zu den → Wertpapieren i.w.S. gehörig. In hinkenden Inhaberpapieren verspricht der Aussteller einem namentlich benannten Gläubiger eine Leistung, bestimmt aber gleichzeitig, dass die Leistung an jeden Inhaber der Urkunde bewirkt werden kann (§ 808 BGB). Übertragung der hinkenden Inhaberpapiere nicht wie Inhaberpapiere durch → Übereignung der Urkunde, sondern nur durch Abtretung der verbrieften Forderung (→ Forderungsabtretung). Der Aussteller ist jedoch berechtigt, an jeden Inhaber der Urkunde mit befreiender Wirkung zu leisten; er ist hierzu nicht verpflichtet, kann vielmehr verlangen, dass der Inhaber sich vorher als berechtigter Gläubiger ausweist. Der Schuldner kann bei Leistung stets Aushändigung des Papiers verlangen. – Zu den hinkenden Inhaberpapieren gehören: → Sparbücher, → Depotscheine, → Versicherungsscheine. – *Legitimationspapiere* (z.B. Garderobenmarken, Gepäckscheine) nennen Namen des Berechtigten nicht.

Hinterbliebenen-Pauschbetrag – Das Einkommensteuergesetz (EStG) geht davon aus, dass Hinterbliebenen typischerweise → außergewöhnliche Belastungen erwachsen. Wenn jemand laufende Hinterbliebenenbezüge bewilligt bekommen hat und die Bewilligung auf gesetzlichen Vorschriften beruht, die in § 33b IV EStG aufgezählt werden, erhält der Betreffende auf Antrag einen → Pauschbetrag von 370 Euro zur Abgeltung dieser außergewöhnlichen Belastungen zugebilligt. Steht der Hinterbliebenen-Pauschbetrag einem Kind zu, für das jemand einen Kinderfreibetrag oder Kindergeld erhält, so kann der Hinterbliebenen-Pauschbetrag auf Antrag auf diese Person übertragen werden, wenn das Kind ihn nicht selbst in Anspruch nimmt (§ 33b V EStG).

Hinterbliebenenrenten – 1. *Gesetzliche Rentenversicherung:* Renten mit Unterhaltsersatzfunktion an Witwen, Witwer, Waisen und geschiedene Ehegatten. Mit dem am 1.1.1986 in Kraft getretenen Hinterbliebenen- und Erziehungszeitengesetz (HEZG) sind die Rentenvoraussetzungen für Witwer und Witwen gleichermaßen gültig. In der gesetzlichen → Rentenversicherung setzen alle Renten wegen Todes die Erfüllung der allg. → Wartezeit in der Versicherung des Verstorbenen voraus (§ 50 I SGB VI); bei Erziehungsrenten nach § 47 SGB VI ist die Erfüllung der allg. Wartezeit im Zeitpunkt des Todes des Versicherten bei dem hinterbliebenen geschiedenen Ehegatten erforderlich. Im Fall der Kindererziehung, des vorgerückten Alters (Vollendung des 45. Lebensjahres) oder der Erwerbsminderung der Witwe oder des Witwers wird eine sog. große Witwen-/Witwerrente gewährt (§ 46 II SGB VI). Für alle anderen Witwen und Witwer ist der Anspruch auf 24 Kalendermonate nach dem Todesmonat des Versicherten begrenzt. Diese sog. kleine Witwen-/Witwerrente ist etwa halb so hoch wie die große Witwen-/Witwerrente. Eine Einkommensanrechnung erfolgt nach Maßgabe von § 97 SGB VI bei Todesfällen ab 1.1.1986, außer im Sterbevierteljahr. Ergänzende Regelungen und Sonderregelungen finden sich in den §§ 314, 314a, 243, 243a, 303 SGB VI. Waisenrente nach § 48 SGB VI wird bis zum 27. Lebensjahr gewährt, bis zum 18. Lebensjahr ohne bes. Voraussetzungen, danach bei Vorliegen von z.B. Schul- oder Berufsausbildung, Wehrdienst, Behinderung. – Seit 2001 haben Ehepaare unter bestimmten Voraussetzungen die Möglichkeit, ein → Rentensplitting unter Ehegatten zu wählen, wenn sie auf Witwen- und Witwerrenten der gesetzlichen Rentenversicherung verzichten. – 2. *Gesetzliche Unfallversicherung:* Die gesetzliche Unfallversicherung gewährt an Hinterbliebene Witwen-/Witwerrente, Rente an einen früheren Ehegatten, Waisenrente sowie Renten an Verwandte der aufsteigenden Linie (§§ 63 ff. SGB VII) bei Tod des Versicherten durch → Arbeitsunfall oder → Berufskrankheit. Die Witwen-/Witwerrente beträgt 2/3 des Jahresarbeitsverdienstes bis zum Ablauf des dritten Kalendermonats nach Ablauf des Todesmonats, danach 30 Prozent des Jahresarbeitsverdienstes bzw. 40 Prozent des Jahresarbeitsverdienstes bei Erziehung eines waisenrentenberechtigten Kindes oder der Sorge für ein waisenrentenberechtigtes Kind, ab Vollendung des 45. Lebensjahres oder Erwerbsminderung. Frühere Ehegatten erhalten Hinterbliebenenrente, soweit sie zuletzt vor dem Tod des Versicherten von diesem Unterhalt erhalten haben oder einen Unterhaltsanspruch hatten. Der Waisenrentenanspruch entspricht im Wesentlichen den Regelungen in der gesetzlichen Rentenversicherung. Angehörige des von § 69 SGB VII erfassten Personenkreises (Eltern, Großeltern) können einen Anspruch auf Hinterbliebenenrente haben, wenn durch den Tod des Versicherten ein Unterhaltsanspruch weggefallen ist. Eine Anrechnung eigenen Einkommens ist für alle Hinterbliebenenrenten vorgesehen, bei Waisen ab Vollendung des 18. Lebensjahres (§§ 65 III, 66 II, 68 II SGB VII). – 3. *Kriegsopferversorgung:* Nach den §§ 38–52 BVG wird Witwen-/Witwerrente (→ Grundrente, → Ausgleichsrente) gewährt, außerdem Hinterbliebenenrenten an Waisen, Verwandte der aufsteigenden Linie (sog.

→ Elternrente) und frühere Ehegatten, wenn der Tod Folge einer Beschädigung (Kriegsbeschädigung) war.

Hinterbliebenenversorgung – 1. *Begriff:* Versorgung der Hinterbliebenen nach dem Tod des Versicherten in Form von Geldleistungen. Leistungsart in der → gesetzlichen Rentenversicherung (GRV), der → Beamtenversorgung, der → betrieblichen Altersversorgung (bAV), der → Lebensversicherung und der privaten Rentenversicherung. Zu den Hinterbliebenen zählen Ehepartner, eheliche, adoptierte und uneheliche Kinder sowie ggf. eingetragene Lebenspartner. – 2. *Arten von Leistungen (ausgewählter Überblick):* Die Hinterbliebenenversorgung besteht in seltenen Fällen aus Einmalzahlungen, i.d.R. aber aus laufenden Renten. Für Ehepartner wird zumeist eine lebenslange Witwen- bzw. Witwerrente gezahlt (Beamtenversorgung: → Witwen-/ Witwergeld), für Kinder eine temporäre Waisenrente bis zum Abschluss der Berufsausbildung, maximiert auf ein Höchstalter (Beamtenversorgung: → Waisengeld). Gelegentlich wird auch für hinterlassene Kinder eine lebenslange Rente vereinbart, sofern sie nicht in der Lage sein werden, ihren Lebensunterhalt eigenständig zu verdienen. – 3. *Hinterbliebenenversorgung in der GRV:* Nach § 33 SGB VI fallen unter die Hinterbliebenenversorgung a) die Witwen- oder Witwerrente (§ 46 SGB VI),b) die Erziehungsrente (§ 47 SGB VI) undc) die Waisenrente (§ 48 SGB VI). – 4. *Hinterbliebenenversorgung in der Beamtenversorgung:* Nach §§ 16 ff. BeamtVG (Beamtenversorgungsgesetz) umfasst die Hinterbliebenenversorgung inhaltlich folgende Elemente: a) Bezüge für den Sterbemonat,b) Sterbegeld,c) Witwen-/ Witwergeld,d) Waisengeld,e) Unterhaltsbeträge für nicht witwen- bzw. witwergeldberechtigte Witwen/ Witwer und frühere Ehegatten/ Ehefrauen. Den Erben eines verstorbenen Beamten, Ruhestandsbeamten oder entlassenen Beamten verbleiben für den Sterbemonat die Bezüge des Verstorbenen. Dabei können die an den Verstorbenen noch nicht gezahlten Teile der Bezüge für den Sterbemonat (z.B. für geleistete Mehrarbeit oder Erschwerniszulagen) statt an die Erben auch an die überlebenden Ehegatten oder die Kinder gezahlt werden. Diese Regelung ermöglicht – da die Beamtenbezüge zu Beginn des Monats gewährt werden – glatte Abrechnungsschritte und vermeidet Unwägbarkeiten der Zufälligkeit des Versterbens zu Beginn bzw. Mitte oder Ende des Monats. Eine anteilige Rückforderung bereits bezahlter Versorgungsbezüge findet nicht statt. – 5. *Hinterbliebenenversorgung in der bAV, Lebens- und privaten Rentenversicherung:* Die Versorgungsleistungen in der bAV, der Lebens- und der privaten Rentenversicherung werden tarif- bzw. einzelvertraglich vereinbart.

Hinterland – 1. *I.e.S.:* wirtschaftliches Einzugsgebiet von See- und Binnenhäfen. – 2. *I.w.S.:* Häufig allgemeiner gebraucht für Einflussgebiete von Siedlungen, so werden z.B. die Marktgebiete zentraler Orte auch als städtisches Hinterland bezeichnet.

Hinterlegung – I. Allgemein: Hinterlegung von Geld und gewissen anderen Sachen bei dem Amtsgericht des → Leistungsorts (→ Erfüllungsort) hat unter gewissen Voraussetzungen gleiche Wirkung wie die → Erfüllung; ebenso ist die Hinterlegung Mittel der → Sicherheitsleistung. – *Rechtsgrundlage:* §§ 372–386 BGB, Hinterlegungsordnung vom 10.3.1937 (RGBl. I 285) m.spät.Änd.

II. Hinterlegung von Geld, Wertpapieren und Kostbarkeiten: 1. *Statthaft:* (1) Bei → Annahmeverzug des Gläubigers, (2) bei einem in der Person des Gläubigers liegenden Grund (z.B. Geschäftsunfähigkeit ohne gesetzlichen Vertreter), (3) bei entschuldbarer Unkenntnis über die Person des Gläubigers (wenn z.B. bei unsicherer Rechtslage mehrere die Forderung für sich beanspruchen). – 2. Die Hinterlegung ist dem Gläubiger *anzuzeigen*. – 3. Der Schuldner darf die hinterlegte Sache i.Allg. *zurücknehmen*, solange er nicht auf das Rücknahmerecht verzichtet oder der Gläubiger die Annahme erklärt hat. – 4. Ist die Rücknahme ausgeschlossen, gilt die Hinterlegung als *Erfüllung*. – 5. Die *Kosten* der Hinterlegung trägt der Gläubiger, wenn nicht der Schuldner zurücknimmt. – 6. Hinterlegung als Sicherheitsleistung bewirkt im Steuerrecht den Eigentumsübergang zugunsten der Körperschaft, der die Finanzbehörde angehört (§ 242 AO).

III. Hinterlegung beim Handelskauf: Der Verkäufer darf bei → Annahmeverzug des Käufers die Ware in jeder sicheren Weise hinterlegen (§ 373 I HGB).

IV. Hinterlegung anderer Sachen: Dies ist unzulässig (Ausnahme beim Handelskauf, hier können alle Waren hinterlegt werden); sie müssen zuerst durch *Versteigerung* oder *Verkauf* verwertet werden (§§ 383 ff. BGB).

V. Hinterlegung bei Verpflichtung zur Sicherheitsleistung: I.d.R. vorgeschrieben.

Hintermann → Strohmann.

Hinterziehungszinsen – 1. *Tatbestand:* Hinterzogene Steuerbeträge sind zu verzinsen (§ 235 AO). Die Zinspflicht tritt ein, wenn sowohl der objektive als auch der subjektive Tatbestand der → Steuerhinterziehung erfüllt und die Tat vollendet ist. Sie besteht unabhängig von einem Steuerstrafverfahren und setzt v.a. keine Verurteilung wegen Steuerhinterziehung voraus. Hinterziehungszinsen fallen somit z.B. auch im Fall einer wirksam erstatteten Selbstanzeige an. – 2. *Bemessungsgrundlage:* Zu verzinsen ist der hinterzogene Steuerbetrag. Das ist regelmäßig die Differenz zwischen der richtig festzusetzenden Steuerschuld und der Steuer, wie sie die Finanzbehörde ohne Kenntnis des der Steuerhinterziehung zugrunde liegenden Sachverhalts festgesetzt hat. – 3. *Zinsschuldner:* Zinsschuldner ist derjenige, zu dessen Vorteil die Steuern hinterzogen worden sind. Unerheblich ist, ob er an der Steuerhinterziehung selbst beteiligt war. – 4. *Zinslauf:* Der Zinslauf beginnt mit dem Eintritt der Verkürzung bzw. der Erlangung des

Steuervorteils, d.h. sobald die Tat im strafrechtlichen Sinn vollendet ist. Er endet mit der Zahlung der hinterzogenen Steuer. Wird die Steuerfestsetzung danach geändert, aufgehoben oder wegen einer → offenbaren Unrichtigkeit berichtigt, hat dies keinen Einfluss auf die Zinsfestsetzung. – 5. *Berechnungsgrundsätze:* Die Zinsen betragen 0,5 Prozent für jeden vollen Monat des Zinslaufes; angefangene Monate bleiben außer Ansatz. Der zu verzinsende Betrag wird auf volle 50 Euro nach unten abgerundet (§ 238 AO). Eine Bagatellgrenze von zehn Euro ist zu beachten (§ 239 II AO). – 6. Hinterziehungszinsen können im Rahmen der steuerlichen Gewinnermittlung nicht als Betriebsausgabe abzogen werden (§ 4 V Nr. 8a EStG).

Hinweise (H) – in den Einkommen- und Lohnsteuerrichtlinien handelt es sich dabei um Textstellen, die anders als → Richtlinien (R) keine möglicherweise offenen Rechtsfragen regeln, um ein einheitliches Vorgehen der Verwaltung in solchen Fragen zu sichern, sondern auf schon durch gesicherte Rechtsprechung geklärte Grundsätze hinweisen.

Hinzurechnungen → Gewerbeertrag.

Hinzurechnungsbesteuerung – 1. *Begriff:* Maßnahme des dt. Steuerrechts zur Verhinderung der Einkommensverlagerung auf → ausländische Kapitalgesellschaften. Überträgt ein dt. Steuerpflichtiger eine Einkommensquelle, aus der er (z.B.) → ausländische Einkünfte bezieht, auf eine Kapitalgesellschaft, so waren diese Einkünfte vorher im Inland steuerpflichtig (inländischer Steuerpflichtiger, ausländische Einkünfte: → Welteinkommensprinzip), können nachher aber nach den normalen Grundsätzen eigentlich nicht mehr erfasst werden (sie gehören jetzt nämlich einem ausländischen Steuerpflichtigen und sind ausländische Einkünfte). Wird im Staat der ausländischen Kapitalgesellschaft keine oder nur eine vergleichsweise geringe → Körperschaftsteuer erhoben, würden also durch die Verlagerung von Einkommensquellen auf solche Zwischengesellschaften die Einnahmen der dt. Besteuerung entzogen. – 2. *Funktionsweise:* a) *Grundprinzip:* Durch die Hinzurechnungsbesteuerung wird formal das Einkommen der ausländischen Kapitalgesellschaft nicht selbst besteuert; sie bezieht jedoch in das inländische Einkommen des Anteilseigners einen fiktiven Einkommensbetrag (den sog. → Hinzurechnungsbetrag) ein, der in seiner Höhe denjenigen Einkommensteilen entspricht, für die die ausländische Gesellschaft aus Sicht des Gesetzgebers als Zwischengesellschaft benutzt worden sein könnte. Der dt. Steuerpflichtige kann somit durch die Einschaltung einer Zwischengesellschaft seine Steuerbelastung nicht senken. – b) *Besteuerung des Hinzurechnungsbetrags:* Der Hinzurechnungsbetrag zählt zu den Einkünften aus Kapitalvermögen (§ 20 EStG) und wird in voller Höhe der → Einkommensteuer unterworfen (bzw. der Körperschaftsteuer, wenn der inländische Steuerpflichtige eine Kapitalgesellschaft ist). Da diese Besteuerung dazu dient, Vorteile aus einer Verlagerung von Einkünften auf eine ausländische Kapitalgesellschaft in einem niedrig besteuernden Land zu verhindern, wird auf den Hinzurechnungsbetrag nicht der reduzierte Steuersatz angewandt, der normalerweise für Einkünfte aus Kapitalvermögen gilt (25 Prozent, „Abgeltungsteuer"), sondern der volle individuelle Einkommensteuersatz. Im Gegenzug wird dann aber die Dividende aus der ausländischen Zwischengesellschaft später nicht mehr besteuert (einkommensteuerlich nur, soweit sie nicht über die Beträge, die schon als Hinzurechnungsbetrag besteuert wurden, hinausgeht; vgl. § 3 Nr. 41 EStG; § 8b I KStG). Auf die dt. Steuerschuld bzw. auf den Hinzurechnungsbetrag wird die im Ausland gezahlten Steuern auf die Gewinne der → Zwischengesellschaft und die → Quellensteuern auf die Dividendenausschüttung angerechnet. – c) *Zeitpunkt:* Die Hinzurechnungsbesteuerung greift bereits in dem Jahr, in dem die ausländische Gesellschaft die Einkünfte erzielt. Sie gelten als zugeflossen, sobald das → Wirtschaftsjahr der ausländischen Gesellschaft endet (also an deren → Bilanzstichtag). – d) *Beurteilung:* Die Einschaltung einer Zwischengesellschaft ist durch die Hinzurechnungsbesteuerung unter jedem Gesichtspunkt ökonomisch nicht sinnvoll, sofern nicht wichtige außersteuerliche Gründe vorliegen. – e) *Europarechtliche Aspekte:* Nach der Rechtsprechung des → EuGH verstößt die Hinzurechnungsbesteuerung gegen die → Niederlassungsfreiheit; sie ist also gegenüber ausländischen Gesellschaften mit Sitz in der EU und im EWR nur zulässig, soweit eine ausländische Tochterkapitalgesellschaft, an der sich ein dt. Anteilseigner beteiligt hat, nicht als „Niederlassung" im europarechtlichen Sinne angesehen werden kann. Eine „Niederlassung" ist aber bereits dann gegeben, wenn eine solche Gesellschaft in ihrem Sitzland eine eigene echte wirtschaftliche Tätigkeit entfaltet. Daher wird europarechtlich die Anwendung der Hinzurechnungsbesteuerung bei Beteiligungen an europäischen Gesellschaften nur geduldet, wenn diese Beteiligung als rein künstliche Gestaltung angesehen werden kann. Was unter einer rein künstlichen Gestaltung zu verstehen ist, ist bislang nicht ausreichend geklärt. Es genügt aber jedenfalls nicht, dass die → Muttergesellschaft die Tätigkeit der → Tochtergesellschaft auch selbst hätte ausüben können; denn das würde die vom EG-Vertrag garantierte Freiheit, eben auch Tochterkapitalgesellschaften gründen zu dürfen, im Kern negieren. Der dt. Gesetzgeber hat der Problematik dadurch Rechnung getragen, dass er die Hinzurechnungsbesteuerung "insoweit" für unanwendbar erklärt, als der Anteilseigner nachweist, dass er an einer Gesellschaft in der EU oder im EWR beteiligt ist, deren Tätigkeit bestimmten Kriterien genügt (§ 8 II AStG). – f) *Entwicklungsmöglichkeiten*: Der EuGH hat sich bislang nur zur Vereinbarkeit der Hinzurechnungsbesteuerung mit der Niederlassungsfreiheit geäußert. Es ist jedoch denkbar, dass eine solche Besteuerung die in anderen EU-Staaten gegründeten Gesellschaften auch in ihrer → Kapitalverkehrsfreiheit beschränkt, wenn ihr Sitzland nun einmal ein Niedrigsteuerland sein sollte (die Nachfrage von Eigenkapital durch solche

Gesellschaften in Staaten wie Deutschland wird dadurch nämlich praktisch fast vollkommen unterbunden); die Hinzurechnungsbesteuerung für solche Fälle zu akzeptieren, würde also implizieren, dass große Teile der Kapitalverkehrsfreiheit für den Großteil der juristischen Personen in diesen Staaten auf nicht absehbare Zeit suspendiert wären. Ob der EuGH dies in einem Streitfall dulden würde, ist jedenfalls fraglich; die dt. Regelung des § 8 II AStG trägt dieser Möglichkeit in keiner Weise Rechnung. Sollten auch in Hinblick auf die Kapitalverkehrsfreiheit die Bedenken gegen die Zulässigkeit der Hinzurechnungsbesteuerung durchgreifen, wäre das gesamte gesetzgeberische Konzept dieser Maßnahme auf lange Sicht kaum noch zu halten. Es besteht daher gegenwärtig unbestreitbar Bedarf nach grundsätzlich anderen Konzepten, wie man mit der zugrunde liegenden Problematik längerfristig erfolgreich umgehen könnte.

Hinzurechnungsbetrag – 1. *Außensteuerrecht:* der aufgrund der Vorschriften über die → Hinzurechnungsbesteuerung bei einem inländischen Anteilseigner ausländischer Kapitalgesellschaften als fiktives Einkommen aus Kapitalvermögen zu versteuernde Betrag, relevant v.a. für Anteilseigner von Kapitalgesellschaften in Steueroasen (Niedrigsteuerländern). – 2. *Lohnsteuer:* Ein Arbeitnehmer, dessen Jahresarbeitslohn im ersten Dienstverhältnis unterhalb des Betrages bleiben wird, der in dieser Steuerklasse (also v.a. Steuerklasse I oder III) lohnsteuerfrei bezogen werden kann, kann den Restbetrag, den er dort voraussichtlich nicht ausschöpft, auf eine andere Lohnsteuerkarte aus einem zweiten oder weiteren Dienstverhältnis übertragen lassen. Dabei gilt, dass der Arbeitgeber im ersten Dienstverhältnis für Lohnsteuerzwecke den Lohn seines Arbeitnehmers rechnerisch um genau den selben Betrag erhöhen muss, den der andere Arbeitgeber aufgrund der Eintragung auf der zweiten Lohnsteuerkarte steuerfrei belassen darf. Dieser Betrag wird dann lohnsteuerlich als Hinzurechnungsbetrag bezeichnet.

Hinzuziehung – 1. *Allgemeines:* Beteiligter an einem Einspruchsverfahren ist grundsätzlich (nur) der → Steuerpflichtige als Einspruchsführer. In bestimmten Fällen können und müssen jedoch dritte Personen wie z.B. Ehegatten und Mitgesellschafter zum Verfahren hinzugezogen werden. Der Hinzugezogene ist dann gleichfalls Verfahrensbeteiligter (§ 359 AO) und hat die gleichen Rechte wie der Einspruchsführer. Allerdings darf er den Einspruch nicht zurücknehmen. Der Steuerpflichtige als Einspruchsführer kann jedoch durch Rücknahme seines Einspruchs eine Hinzuziehung vermeiden. Ziel der Hinzuziehung ist ein einheitliches Verfahren, um abweichende Entscheidungen zu vermeiden. – 2. *Arten:* a) *Einfache Hinzuziehung:* Sie kann dann (von Amts wegen oder auf Antrag) erfolgen, wenn rechtliche Interessen des Dritten nach den Steuergesetzen durch die Entscheidung über den Einspruch berührt sind (§ 360 I AO). Es handelt sich um eine Ermessensentscheidung der Finanzbehörde. – *Hauptanwendungsfälle:* (1) wenn der Dritte Haftender ist, (2) zusammengefasste Bescheide gegenüber Gesamtschuldnern. – b) *Notwendige Hinzuziehung:* Sie muss erfolgen, wenn an dem streitigen Rechtsverhältnis Dritte derart beteiligt sind, dass die Entscheidung auch ihnen gegenüber nur einheitlich ergehen kann (§ 360 III AO). Es besteht eine Pflicht zur Hinzuziehung. – *Hauptanwendungsfälle:* (1) einheitliche und gesonderte Feststellung von Besteuerungsgrundlagen, (2) in Fällen der → widerstreitenden Steuerfestsetzungen (3) Aufteilungsbescheide, (4) im Zerlegungsverfahren. – 3. *Rechtsfolgen unterlassener Hinzuziehung:* a) Im Fall der *einfachen Hinzuziehung* wird der Dritte durch die in der Einspruchssache getroffene Entscheidung nicht gebunden. – b) Im Fall der *notwendigen* Hinzuziehung liegt ein schwerer Verfahrensmangel vor, der grundsätzlich zur Unwirksamkeit der in der Einspruchssache getroffenen Entscheidung führt. Heilung des Verfahrensmangels in einem anschließenden Klageverfahren durch Beiladung (§ 60 FGO) möglich.

HIPC – Abk. für *Highly Indebted Poor Country,* → HIPC-Initiative.

HIPC-Initiative – Aktionsprogramm zur Reduzierung der Auslandsschulden der ärmsten und am meisten verschuldeten Entwicklungsländer. Das Ziel der Initiative ist es, den in Frage kommenden Entwicklungsländern einen nachhaltigen Schuldenerlass zu gewähren, sofern sie sich einem Anpassungsprogramm unter Aufsicht des → IWF und der Weltbank (→ IBRD) unterziehen und ihre Wirtschaft nachhaltig reformieren (die Kriterien dazu sind im Rahmen des Programms vorgegeben; → PRSP). Grundsätzlich kann jedes Land an diesem Programm teilnehmen, sofern es (1) nachweisbaren Bedarf nach Unterstützung durch den IWF und die Weltbank hat, (2) eine überhöhte, nicht nachhaltig finanzierbare Auslandsverschuldung aufweist, (3) über längere Zeit eine stabilitätsorientierte Wirtschaftspolitik verfolgt hat und nachhaltige Reformanstrengungen unternommen hat.

HIPO-Methode – *Hierarchy Plus Input-Process-Output Method.* 1. *Begriff:* (1) → Softwareentwurfsmethode; (2) Darstellungsmittel für die → Programmentwicklung. – 2. *Bestandteile:* a) *Inhaltsübersicht* (Visual Table of Contents): grafische Übersicht, in der alle → Module eines → Softwaresystems, bzw. im Kleineren alle Verfeinerungskonstrukte eines → Programms (→ schrittweise Verfeinerung), in einer Hierarchie als Baum dargestellt werden. – b) *Überblicksdiagramme:* Für jede Komponente der Inhaltsübersicht wird ein dreiteiliges Diagramm erstellt, das links die *Eingabedaten* (Input), in der Mitte die groben *Verarbeitungsschritte* (Process) und rechts die *Ausgabedaten* (Output) enthält.

Histogramm – grafische Darstellung einer → Häufigkeitsverteilung in Bezug auf ein → quantitatives Merkmal, bei dem eine → Klassenbildung

Häufigkeitstabelle zum Histogramm

Klasse	Häufigkeit absolut	Häufigkeit relativ	Häufigkeits-dichte
über 0 bis 20	24	0,12	0,006
über 20 bis 30	34	0,17	0,017
über 30 bis 40	48	0,24	0,024
über 40 bis 50	56	0,28	0,028
über 50 bis 70	20	0,10	0,005
über 70 bis 100	18	0,09	0,003
zusammen	200	1,00	x

vorgenommen wurde. Über den jeweiligen Klassenintervallen werden Rechtecke derart gezeichnet, dass die Maßzahl der Fläche des jeweiligen Rechtecks gleich der (relativen oder absoluten) Klassenhäufigkeit ist. Um die Höhe der Rechtecke („Häufigkeitsdichten") zu erhalten, müssen die Klassenhäufigkeiten durch die Klassenbreiten dividiert werden. Die Gesamtfläche eines Histogramms ist somit gleich dem Umfang n der Gesamtheit *(absolutes Histogramm)* bzw. 1 *(relatives Histogramm)*. I.d.R. wird das relative Histogramm angegeben; mit dem Ziel einer guten graphischen Darstellung kann eine Proportionalitätskonstante $c > 0$ (verschieden von 1) betrachtet werden. Dann hat die Gesamtfläche im Diagramm den Flächeninhalt c. – Die in der Tabelle verzeichnete Häufigkeitsverteilung ergibt als Beispiel ein relatives Histogramm gemäß der folgenden Zeichnung. In diesem Beispiel werden die Daten gut durch verschieden breite Klassen repräsentiert. Wenn gleich breite Klassen (sog. äquidistante Klasseneinteilung) gewünscht sind, kann als Anzahl der Klassen eine natürliche Zahl nahe $n^{1/2}$ empfohlen werden.

Histogramm

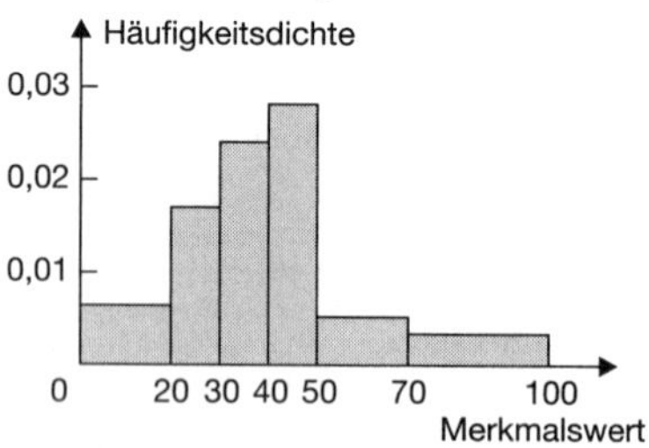

Historical Cost – *historische Anschaffungskosten oder Herstellungskosten,* → Conceptual Framework.

historischer Materialismus – 1. *Charakterisierung:* Von → Marx und Engels auf der Basis des → dialektischen Materialismus konzipierte Lehre über die allg. Entwicklungsgesetze der Gesellschaft. Als Ursache des zwangsläufigen Geschichtsprozesses wird im → Marxismus die dialektische Spannung zwischen den Produktionsverhältnissen und den Produktivkräften angesehen: Letztere entwickeln sich durch den technischen Fortschritt immer weiter und geraten dabei in zunehmenden Widerspruch zu den augenblicklich vorherrschenden Produktions-, d.h. Eigentumsverhältnissen. Folgen dieses „Grundwiderspruchs" sind eine Hemmung des technischen Fortschritts, immer heftigere ökonomische Krisen und gesellschaftliche Spannungen. Die sozialen Konflikte weiten sich aufgrund des zunehmenden Klassenkampfes zwischen den Produktionsmitteleigentümern und -nichteigentümern (→ Klassentheorie) so lange aus, bis in einem dialektischen Sprung die Produktionsverhältnisse revolutionär so umgestaltet werden, dass sie dem erreichten Stand der Produktivkräfte entsprechen. Irgendwann geraten die Eigentumsverhältnisse wieder in Widerspruch zu den sich fortentwickelnden Produktivkräften; die Folge ist eine neuerliche revolutionäre Umwälzung. – 2. Die dialektische Einheit von Produktivkräften und Produktionsverhältnissen wird als *Produktionsweise* bezeichnet. Marx leitet fünf verschiedene, seiner Meinung nach gesetzmäßig aufeinander folgende Produktionsweisen ab: (1) *Urgesellschaft:* Gemeinschaftseigentum an den Produktionsmitteln; (2) *Sklavenhaltergesellschaft:* Privateigentum an den Produktionsmitteln und an den Sklaven; (3) *Feudalismus:* Privateigentum an den Produktionsmitteln bei Leibeigenschaft und Grundhörigkeit der Bauern; (4) → Kapitalismus: Privateigentum an den Produktionsmitteln; (5) → Kommunismus (bzw. → Sozialismus): Gesellschaftseigentum an den Produktionsmitteln. Der jeweiligen Produktionsweise als „Basis" entspricht eine spezifische Ausprägung des gesellschaftlichen „Überbaus", d.h. der realisierten Form der Staatsordnung, der Religion, der Kunst, der Ideologie etc. – *Grundwiderspruch der kapitalistischen Produktionsweise* ist Marx zufolge der erreichte hohe Stand der gesamtgesellschaftlichen Arbeitsteilung bei gleichzeitiger individueller Aneignung der Wertschöpfung durch die Kapitalisten als Produktionsmitteleigentümer (→ Mehrwerttheorie, → Ausbeutung). Marx leitet hieraus die zunehmende Krisenanfälligkeit des Kapitalismus und seinen notwendigen Untergang ab (→ tendenzieller Fall der Profitrate, → Krisentheorie). – Die angenommene Entwicklungsgesetzmäßigkeit findet ihren *Abschluss im Sozialismus bzw. Kommunismus*, da es dort wegen des Gesellschaftseigentums keine unterschiedlichen, sich bekämpfenden Klassen mehr gibt. – 3. *Kritisiert* wird dieser Ansatz u.a. deswegen, weil er nicht in der Lage ist, die geschichtlichen Entwicklungen in allen Ländern zu erklären. Zudem übersehe das Denken in Entwicklungen v.a. die Gestaltbarkeit der gesellschaftlichen Ordnung durch den Menschen und könne nicht zur Lösung der in jeder Wirtschaftsordnung bestehenden Probleme herangezogen werden.

historische Schule – 1. *Begriff:* Bezeichnung für eine in Deutschland im 19. Jh. entstandene Forschungsrichtung, deren Grundthese es ist, dass alle wirtschaftlichen Erscheinungen raum- und zeitabhängig sind und deshalb keine allg. gültigen, abstrakten Theorien aufgestellt werden können. Unterschieden werden: (1) Ältere historische Schule (Vorläufer → List, daneben Roscher, Hildebrand, Knies), (2) jüngere historische Schule (→ Schmoller als Hauptvertreter, daneben → Bücher, → Brentano, Knapp) und (3) „dritte" historische Schule (Weber, → Sombart, Spiethoff). Zu der Strömung, die sich v.a. mit sozialpolitischen Fragen auseinandersetzte, vgl. → Kathedersozialisten. – 2. *Charakterisierung:* Innerhalb der historischen Schule herrschte die Vorstellung, dass die einzelnen Volkswirtschaften unterschiedliche Stufen der wirtschaftlichen Entwicklung mit eigenen Besonderheiten durchlaufen. Mithilfe der historischen Methode sollen durch umfassende Detailstudien historischer Quellen und durch statistisch-empirische Forschung die Besonderheit der jeweiligen Stufe erfasst werden (induktive Methode, d.h. die Ableitung theoretischer Aussagen aus Beobachtungen). – 3. *Beurteilung:* Der Vorwurf der Theoriefeindlichkeit ist zwar gegenüber den Vertretern der historischen Schule insgesamt unzutreffend, jedoch scheiterte die historische Methode v.a. an ihrem Verzicht auf A-priori-Hypothesen und daraus abgeleiteten, die Forschung lenkende Fragestellungen. Durch ausgedehnte Informationssammlung lassen sich zwar wirtschaftliche Entwicklungsstufen illustrieren, nicht jedoch ihre Zwangsläufigkeit oder Gesetzmäßigkeiten beweisen.

historisches Steuersystem – ein im Zeitablauf gewachsenes → Steuersystem mit Steuern verschiedener Art, deren Unterschied i.d.R. in Entstehung, Rechtfertigung, Zweckmäßigkeit und Ergiebigkeit liegt. – *Gegensatz:* → rationales Steuersystem.

Hit – einzelne Anfrage eines → Browsers an den Webserver. Die Anzahl der Hits, die durch einen einzigen Aufruf einer Webpage entsteht, entspricht der Anzahl der Elemente, aus denen sich die Internetseite zusammensetzt (z.B. Text- und Bilddateien).

Hochbegabtenförderung → Ausbildungsförderung.

Hochfrequenzhandel → Programmhandel.

Hochkapitalismus → Kapitalismus.

Hochkonjunktur → Konjunkturphasen.

Hochpreisstrategie – Preisstrategie, bei der Güter dauerhaft zu hohen Preisen angeboten werden. Es werden dabei Kunden mit geringer Preissensitivität angesprochen. Anstelle des Preises werden Qualität und → Image zur → Differenzierung vom Wettbewerb in den Vordergrund der Kommunikation gestellt. Der Preis kann dabei auch oberhalb des gewinnoptimalen Preises liegen. Solche Strategien sind insbesondere im Luxusgüterbereich vorzufinden.

Hochrechnung – 1. *Begriff:* Synonymer Begriff für → Schätzung im Zusammenhang mit der Übertragung von empirischen Befunden aus uneingeschränkten oder höheren Zufallsstichproben (→ uneingeschränktes Zufallsstichprobenverfahren, → höhere Zufallsstichprobenverfahren) auf die übergeordnete → Grundgesamtheit. Von Hochrechnung wird v.a. dann gesprochen, wenn der Schätzvorgang den Umfang der Grundgesamtheit einbezieht, v.a. wenn → Gesamtmerkmalsbeträge oder Anzahlen von Elementen einer bestimmten Kategorie zu schätzen sind. – 2. *Arten: Freie Hochrechnung* liegt vor, wenn nur der Stichprobenbefund selbst zur Schätzung herangezogen wird, *gebundene Hochrechnung* (z.B. → Verhältnisschätzung, → Regressionsschätzung, → Differenzenschätzung) ist gegeben, wenn daneben weitere Informationen in den Schätzvorgang eingehen, z.B. Informationen aus einer früheren Vollerhebung. Bei geschichteten Zufallsstichproben unterscheidet man außerdem die *separate Hochrechnung*, bei der die Schätzung für jede Schicht gesondert durchgeführt und anschließend geeignet gewichtet wird, und die *kombinierte Hochrechnung*, bei der eine für alle Schichten gültige Schätzung erfolgt.

Hochregallager → Lager großer Höhe (häufig ca. 30 m, z.T. über 40 m) mit Fachregalen für Paletten, Kartons oder Kästen, die i.d.R. durch automatische Fördereinrichtungen ver- und entsorgt werden. – Vgl. auch → fahrerloses Transportsystem (FTS), → Prozesssteuerung.

Hochschule – Stätte für wissenschaftliche Forschung und Lehre, d.h. Weitergabe praktischer und theoretischer Kenntnisse in wissenschaftlicher Form an die Studierenden, an die bei Nachweis der erworbenen Kenntnisse und Fähigkeiten durch die vorgesehene Abschlussprüfung akademische Würden erteilt werden können. Laut Hochschulrahmen-Gesetz (HRG) obliegen der Hochschule die Aufgaben: Pflege der Wissenschaften und der Kunst; Grundlagenforschung; wissenschaftsbezogene Lehre zur

Vorbereitung auf entsprechende Berufe; Dienstleistungen auf wissenschaftlicher Grundlage. Hochschulen werden i.d.R. in der Rechtsform Körperschaft des öffentlichen Rechts betrieben und sind zugleich staatliche Einrichtungen (§58 HRG).

I. Aufbau: 1. *Leitung* der Hochschule liegt in den Händen eines Rektors bzw. Präsidenten, dem der Prorektor bzw. Vizepräsident/en, die Dekane (Leiter der Fakultäten) bzw. Vorsitzende (der Fachschaften) und der Senat bzw. Fachbereichsrat sowie Ausbildungskommission und Forschungskommission zur Seite stehen. Alle Posten und Gremien werden für eine bestimmte Amtszeit durch Wahl besetzt. – 2. Die *Lehrer* (Dozenten) gliedern sich in ordentliche und außerordentliche Professoren, außerplanmäßige Professoren, Honorarprofessoren, Privatdozenten und Lehrbeauftragte. – 3. *Gliederung* der Hochschule entsprechend der Sachgebiete in Fakultäten bzw. Fachbereiche. – 4. *Voraussetzung* für den Besuch der meisten Hochschulen ist die Reifeprüfung; daneben möglich allg. Hochschulreife (zu erlangen an Abendgymnasien und Kollegs), fachgebundene Hochschulreife, Sonderreifeprüfung. – Wegen der ungenügenden Zahl an Arbeitsplätzen bestehen an einigen Fakultäten bzw. Abteilungen der Hochschule Zulassungsbeschränkungen (Numerus clausus). – 5. *Einteilung* des Studiums an den dt. Hochschulen in Semester (Halbjahre). Sommersemester vom 1. April bis 30. September (Vorlesungen vom 15. April bis 15. Juli), Wintersemester vom 1. Oktober bis 31. März (Vorlesungen vom 15. Oktober bis 15. Februar). – 6. *Lehrformen* an den Hochschulen sind Vorlesungen (Kollegien), praktische Übungen, Seminare und Besprechungen (Kolloquien).

II. Arten: 1. *Wissenschaftliche Hochschule:* Hochschule mit Promotions- und Habilitationsrecht. Dazu zählen → Universitäten, → Technische Universitäten (TU), Gesamthochschulen-Universitäten (auch Bundeswehruniversitäten), Pädagogische Hochschulen, Fernuniversität Hagen sowie Hochschulen mit begrenzter Fächerauswahl. – 2. *Theologische und kirchliche Hochschulen:* Hochschule mit wissenschaftlichem Charakter in Trägerschaft einer anerkannten Glaubensgemeinschaft. – 3. *Kunst- und Musik-Hochschulen.* – 4. → *Fachhochschulen (FH).*

III. Ausbau und Neubau von wissenschaftlichen Hochschulen: → Gemeinschaftsaufgabe von Bund und Ländern, geregelt durch das Hochschulbauförderungsgesetz vom 1.9.1969 (BGBl. I 1556) m.spät. Änd.

Hochschulpolitik – Hochschulpolitik als Teil der Gesamtpolitik des Staates oder einer anderen Organisation beschäftigt sich mit den allg. Zielsetzungen und vollzieht sich auf Bundes-, Landes- und Hochschulebene. Derzeit ist sie durch erhebliche Reformen und Umbrüche geprägt. – Vgl. → Bologna-Prozess.

Hochschulrektorenkonferenz (HRK) – *1949-1990 Westdeutsche Rektorenkonferenz (WRK);* Zusammenschluss der staatlichen und staatlich anerkannten Universitäten und Hochschulen der Bundesrepublik Deutschland, aktuell 258 Mitgliedshochschulen, befasst sich mit den Themen Forschung, Lehre und Studium. Verwaltungssitz in Bonn.

Hochschulstatistik – Teilbereich der → Kulturstatistik. Die amtliche Hochschulstatistik dient der Bereitstellung bundeseinheitlicher Planungsdaten im Hochschulbereich. Erhoben werden Daten über die Anzahl der Studierenden und Studienanfänger, Absolventen, Habilitierten, Gasthörer und über das Personal an Hochschulen sowie über Personalstellen und den Raumbestand an Hochschulen.

Höchstarbeitsbedingungen – Tarifbedingungen als Höchstbedingungen; unzulässig nach dem in § 4 III TVG niedergelegten → Günstigkeitsprinzip. Den Parteien des einzelnen Arbeitsvertrages muss eine Vergütung nach Leistung durch übertarifliche Zulagen (→ übertarifliche Bezahlung) gestattet sein.

Höchstbeiträge – in der gesetzlichen Sozialversicherung gemäß → Beitragsbemessungsgrenze und Beitragssatz von freiwillig Versicherten ganz oder von Empfängern höherer Einkommen und deren Arbeitgebern jeweils zur Hälfte zu zahlende höchste Beiträge.

Höchstbetragshypothek – *Maximalhypothek;* wird gemäß § 1190 BGB in der Weise bestellt, dass nur der Höchstbetrag, bis zu dem das Grundstück haften soll, bestimmt, im Übrigen die Feststellung der Forderung vorbehalten wird. Sofern die Forderung verzinst wird, sind die Zinsen im Gegensatz zur → Hypothek oder → Grundschuld in den Höchstbetrag einzurechnen (§ 1190 II BGB). Umwandlung in gewöhnliche → Hypothek ist zulässig. Die Höchstbetragshypothek gilt als → Sicherungshypothek, auch wenn sie im Grundbuch nicht als solche bezeichnet ist. Die Forderung kann nach allg. Vorschriften (§§ 398 ff. BGB) übertragen werden; in diesem Fall ist der Übergang der Hypothek ausgeschlossen. Eine Höchstbetragshypothek kann zur Sicherung für alle bestehenden und zukünftigen Forderungen bestellt werden, auch zur Sicherung von Bürgschaftsverpflichtungen u.a. – Als nachteilig erweist sich für die Kreditpraxis nicht nur ihre Ausgestaltung als Sicherungshypothek, sondern v.a., dass für die Zwangsvollstreckung eine Unterwerfung des Eigentümers (vollstreckbare Urkunde) mangels hinreichender Fixiertheit der Höhe des Zahlungsanspruchs nicht in Betracht kommt (vgl. § 794 I Nr. 5 ZPO). Im Fall der Zahlungsunfähigkeit des Kreditnehmers muss daher der Gläubiger Klage auf Duldung der Zwangsvollstreckung nach § 1147 BGB erheben, weshalb in der Praxis die verkehrsfähige abstrakte Sicherungsgrundschuld vorgezogen wird. – *Sonderform:* → Arresthypothek.

Höchstpreis → Preisfunktionen.

Höchstwertprinzip – Wertansatzbestimmung des Handelsrechts für *Verbindlichkeiten*, abgeleitet aus dem Prinzip der Bilanzvorsicht und damit Bestandteil der → Grundsätze ordnungsmäßiger Bilanzierung, analog Aufwandsantizipation wie bei Anwendung des → Niederstwertprinzips. Das Höchstwertprinzip besagt, dass von zwei oder mehreren grundsätzlich möglichen Wertansätzen für eine Verbindlichkeit bei Fehlen einer gesetzlichen Regelung der höhere gewählt werden muss.

Höchstzinssatz → Cap.

Hockey-Stick-Effekt → Unternehmungsbewertung, wertorientierte Unternehmensführung.

Hodrick-Prescott-Filter – Der Hodrick-Prescott-Filter separiert den Trend einer Zeitreihe von der zyklischen Komponente sowie von irregulären Schwankungen und ggf. von Saisonfiguren (→ Zeitreihenkomponenten). Die geglätteten Zeitreihenwerte Y_t^* entstehen aus dem Minimierungsproblem

$$\min_{Y_t^*} \sum_{t=1}^{T} (Y_t - Y_t^*)^2 + \lambda \sum_{t=2}^{T-1} [(Y_{t+1}^* - Y_t^*) - (Y_t^* - Y_{t-1}^*)]^2.$$

Der Glättungsparameter $\lambda > 0$ löst einen Trade-off zwischen einer möglichst guten Annäherung der Trendkomponente an die beobachtete Zeitreihe (erster Summand) und einen möglichst glatten Trendverlauf (zweiter Summand). Je größer λ gewählt wird, desto stärker ist die Betrafung für eine Variation der Trendkomponente. Für $\lambda \to \infty$ geht die extrahierte Trendkomponente gegen einen linearen Trend. – Erstes Problem dieses Verfahrens ist die willkürliche Festlegbarkeit von λ. Hodrick und Prescott (1997) schlagen für Monatswerte $\lambda = 14.400$, für Quartalswerte $\lambda = 1.600$ und für Jahreswerte $\lambda = 100$ vor. Ravn und Uhlig (2001) empfehlen zur Bestimmung von λ die Anzahl der Perioden pro Jahr durch vier zu dividieren, mit vier zu Potenzieren und mit 1.600 zu multiplizieren. – Zweites Problem ist das sog. Endwertproblem: Der Hodrick-Prescott-Filter kann in der Mitte der Zeitreihe als unendlicher gleitender Durchschnitt mit symmetrischen Gewichten aufgefasst werden. Seine Gewichte werden aber an den Rändern asymmetrisch (einseitiger Filter), was i.d.R. bei Hinzufügen von neuen Daten zu größeren Revisionen der Trendschätzung und damit auch der zyklischen Komponente führen kann. – Vgl. auch → Baxter-King-Filter, → Kalman-Filter.

Höferecht – Synonym für *Anerbenrecht*. Landesrechtliche Sondervorschriften über das bäuerliche Erbrecht, das die Erhaltung des Hofs als wirtschaftliche Einheit dadurch sichern will, dass die Hofnachfolge jeweils nur einer der Anerben erben kann (Art. 64 EGBGB).

Hoffnungskauf – Kauf einer unsicheren Sache oder eines unsicheren Rechtes ohne Gewähr. I.d.R. ist die bloße Einräumung der Gewinnaussicht Gegenstand des Kaufes, wie beim Kauf eines Loses.

Hohe Behörde – Exekutivorgan der seit dem 23.7.2002 wegen Vertragsbeendigung (Art. 97 EGKSV) nicht mehr bestehenden Montanunion (→ EGKS); Art. 7 ff. EGKSV. Zu den Aufgaben der Hohen Behörden gehörte es, über die Einhaltung der vertraglichen Bestimmungen durch die Mitgliedsstaaten zu wachen.

Hoheitsakt – Entscheidung des Staates oder einer juristischen Person des öffentlichen Rechts aufgrund ihrer Stellung als Hoheitsträger. Oberbegriff für → Regierungsakte und → Verwaltungsakte.

Hoheitsbetrieb – 1. *Begriff*: Betrieb von Körperschaften des öffentlichen Rechts, der überwiegend der Ausübung der öffentlichen Gewalt dient. Ausübung der öffentlichen Gewalt ist eine Tätigkeit, die der öffentlich-rechtlichen Körperschaft eigentümlich und vorbehalten ist. Dazu zählt die Erfüllung öffentlich-rechtlicher Aufgaben, die aus der Staatsgewalt abgeleitet sind und staatlichen Zwecken dienen. V.a. anzunehmen, wenn Leistungen erbracht werden, zu deren Annahme der Leistungsempfänger aufgrund gesetzlicher oder behördlicher Anordnung verpflichtet ist. Zwangs- und Monopolrechte reichen für sich allein für die Annahme eines Hoheitsbetriebs nicht aus. Hoheitsbetriebe sind z.B. Forschungsanstalten, Wetterwarten, Friedhöfe, Krematorien, Schlachthöfe, Anstalten zur Lebensmitteluntersuchung, zur Desinfektion, zur Müllbeseitigung, zur Straßenreinigung etc. – 2. *Besteuerung*: Hoheitsbetriebe sind keine → Betriebe gewerblicher Art ewerblicher Art und unterliegen daher nicht der Besteuerung. Eine Zusammenfassung mit Betrieben gewerblicher Art ist unzulässig.

Hoheitsverkehr – Verkehrsausführung durch Träger der hoheitlichen Gewalt (Bund, Länder, Gemeinden und Gemeindeverbände, Körperschaften und Anstalten des öffentlichen Rechts sowie die ihnen unterstehenden Verwaltungseinheiten, z.B. Bundeswehr, Bundesgrenzschutz, Polizei) zwecks Wahrnehmung der ihnen obliegenden hoheitlichen Aufgaben.

höhere Datenstruktur → abstrakte Datenstruktur.

höhere Gewalt – 1. *Gefährdungshaftung*: Ein von außen kommendes, unvorhersehbares und außergewöhnliches Ereignis, das auch durch äußerste Sorgfalt nicht verhütet werden kann (z.B. Blitzschlag). Der Schuldner haftet regelmäßig nicht für höhere Gewalt. – 2. Bei *Fristversäumnis* ist höhere Gewalt als Entschuldigungsgrund ein Ereignis, das durch größte Sorgfalt und Vorsicht nicht abzuwenden ist. – 3. *Arbeitsrecht*: → Betriebsrisiko.

Höhere Handelsschule – jetzt: → Berufsfachschule.

höhere Programmiersprache → Programmiersprache.

höhere Zufallsstichprobenverfahren – in der Statistik Sammelbegriff für Verfahren der → Teilerhebung mit zufälliger Auswahl der → Untersuchungseinheiten, sofern diese nicht nach einem der beiden einfachen → Urnenmodelle durchgeführt werden (dann → uneingeschränktes Zufallsstichprobenverfahren). V.a. zählen zu den höheren Zufallsstichprobenverfahren das → mehrstufige Zufallsstichprobenverfahren, das → geschichtete Zufallsstichprobenverfahren, das → Klumpenstichprobenverfahren, das → Flächenstichprobenverfahren. Im Prinzip werden bei den höheren Zufallsstichprobenverfahren mehrere uneingeschränkte Zufallsstichprobenverfahren verknüpft.

Höherversicherung – Möglichkeit sich in der gesetzlichen Rentenversicherung zusätzlich zu versichern. Das Recht zur Höherversicherung ist seit 1.1.1992 weggefallen.

Hökerhandel – Form des → ambulanten Handels, bei der ein Händler seine Waren für einen befristeten Zeitraum von einem Wagen oder von einem festen Stand aus anbietet (z.B. Obst, Gemüse, Kartoffeln, Christbäume), oft auch preisaggressiv und unter Gewährung von → Naturalrabatt.

Holdinggesellschaft – *Beteiligungsgesellschaft*. 1. *Begriff:* Als Vorform des → Trust, in den USA entwickelte Effektenhaltungsgesellschaft. Holdinggesellschaften produzieren nicht selbst; ihre wirtschaftliche Tätigkeit erstreckt sich auf die Verwaltung von Effekten sämtlicher von ihnen beherrschter Unternehmungen und zumeist Abstimmung von deren Produktionsprogrammen, soweit dies zur Marktbeeinflussung zweckmäßig erscheint. Die Aktionäre einzelner Gesellschaften geben der Holdinggesellschaft ihre Aktien und erhalten dafür diejenigen der Holdinggesellschaft (sog. Effektensubstitution). – Die *rechtliche* Selbstständigkeit der Unternehmungen bleibt zumindest nach außen bestehen; die *wirtschaftliche Selbstständigkeit* geht im Hinblick auf die Finanzierung völlig, bez. der Unternehmenspolitik weitgehend auf die Holdinggesellschaft über. – 2. *Arten:* a) *Reine Kontrollgesellschaft:* Das für den Fertigungsbetrieb über die Finanzierungsmacht eingeräumte allg. Weisungsrecht wird nicht sehr weit ausgenutzt. – b) *Dachgesellschaft:* Außer der wirtschaftlichen Beherrschung über die Finanzierung wird eigene Planung und Entwicklung zugunsten aller zugehörigen Unternehmungen betrieben. – 3. *Steuerliche Besonderheit:* Zur Vermeidung von Doppelbesteuerung sind Holdinggesellschaften bei der Körperschaftsteuer begünstigt durch das → Schachtelprivileg. Ihre Entstehung ist begünstigt durch die Regelungen zum → Anteilstausch, zur Einbringung von → Teilbetrieben in Kapitalgesellschaften und zur Beteiligung an ausländischen Gesellschaften. – 4. Vgl. auch → Unternehmensbeteiligungsgesellschaft.

Holdingstruktur – 1. *Begriff:* Spezielle Form der Geschäftsbereichs- oder → Spartenorganisation, bei der unterhalb einer Obergesellschaft (Holding) auf der zweiten hierarchischen Ebene die Geschäftsbereiche der Sparten (Tochtergesellschaften) als gesellschaftsrechtlich selbstständige → organisatorische Einheiten tätig sind. – 2. *Formen:* a) Bei der *Managementholding* besitzt die Obergesellschaft Kompetenz in allen finanzwirtschaftlichen und strategischen Fragen. Die Tochtergesellschaften sind nur autonom im Hinblick auf die operativen Entscheidungen. – b) Bei der *Finanzholding* besitzt die Obergesellschaft nur Kompetenz in allen finanzwirtschaftlichen Fragen. – Vgl. auch → Konzernorganisation.

Holismus → methodologischer Kollektivismus.

holländische Auktion → Veiling.

holländisches Verfahren – 1. *Begriff:* Verfahren zur Liquiditätszuteilung bei Zinstendern, welches von der Europäischen Zentralbank – → Europäisches System der Zentralbanken (ESZB) – u.a. angewendet wird. – 2. *Funktionsweise:* Zuteilung von Liquidität zu einem einheitlichen Zinssatz, und zwar zu dem des niedrigsten Gebots, das noch im Rahmen des von der Zentralbank vorgesehenen Gesamtvolumens liegt (marginaler Zuteilungssatz). – Vgl. auch → Tenderverfahren.

Holschuld – Schuld, bei der der → Erfüllungsort der → Wohnsitz bzw. Geschäftssitz des Schuldners ist, der auch nicht zur Versendung verpflichtet ist. – *Anders:* → Schickschuld, → Bringschuld.

Holsystem – 1. *Produktion:* Organisatorisches Prinzip, bei dem sich der Bedarfsträger das Material aus dem Lager oder bei im Materialfluss vorgelagerten Stellen abholt. Holsystem ist u.a. Element des → Kanban-Systems. – *Vorteile:* Entlastung der Lagerverwaltung und → Arbeitsvorbereitung; Stärkung der Eigenverantwortlichkeit; keine größeren Materialbestände am Werkplatz. – *Nachteile:* Arbeitszeitverlust in der Werkstatt, zu vermindern durch Zeitplan für Materialabholung und räumlich sinnvolle Zuordnung von Werkstätten und Lagern. – 2. *Entsorgungslogistik:* → Sammel- und Trennverfahren. – *Gegensatz:* → Bringsystem.

Homebanking – 1. *Begriff:* Erledigung von Bankgeschäften per → Rechner von zu Hause aus. Ergänzend kann die Möglichkeit der Beauftragung per Telefax im Fall technischer Probleme gewährt werden. Kreditinstitute bieten im → Internet (oder über Onlinedienste) kostengünstige bis kostenfreie Kontoführung an. Erforderlich ist die Eröffnung eines Kontos. Die Legitimationsprüfung kann bei Bedarf auch die Deutsche Post AG vornehmen. – 2. *Offerierte Dienstleistungen:* a) Ausführen von Daueraufträgen und Überweisungen (auch in das Ausland); b) Bestellung von Scheckvordrucken; c) Aushändigung einer Scheckkarte zur Bargeldversorgung bzw. zur Point-of-Sale-Zahlung etc.; d) Bestellung von Reiseschecks e) Erteilung von Aufträgen für Geld- und Kapitalanlagen bzw. Darlehen; f) Einzug und Einlösung von Lastschriften. – 3. *Bereitgestellte Informationen:* Kontoauszug, Vermögenstatus, Preise für Dienstleistungen, Konditionen des Anlage- bzw. Kreditsektors, Anlageempfehlungen etc. – 4. *Voraussetzungen:* PC inkl. geeigneter

Übertragungsinstrumente (→ Modem, ISDN-Karte, DSL-Modem [→ ISDN, DSL]), Onlinezugang zur Bank. Von der Bank zur Verfügung gestellt werden die persönlichen Identifikationsmittel (z.B. → PIN) bzw. Legitimationsmedien für die Kontaktaufnahme; die Sicherung des Dialoges mit der Bank kann auch über das → Homebanking Computer Interface (HBCI) Verfahren erfolgen. – Vgl. auch → Electronic Banking.

Homebanking Computer Interface (HBCI) – durch die Spitzenverbände der dt. Kreditinstitute vereinbarte Standard für → Homebanking. – 1. *Erfordernisse:* HBCI erfüllt folgende Erfordernisse: (1) *Flexibilität:* Einfache und schnelle Integration neuer Service- oder Finanzformen; (2) *Sicherheit:* Verwendung allg. anerkannter hochsicherer Signatur- und Verschlüsselungsverfahren mit Eignung auch für offene Netze; (3) *offenes System:* Integration anerkannter internationaler Normen, Verfahren und Standards; (4) *Multibankfähigkeit:* Kundenseitige Kommunikation auf Basis einer Software mit mehreren Kreditinstituten; (5) *kundenseitige Hardwareunabhängigkeit:* Neueste Entwicklungen (z.B. Web-TV) sollen integrierbar sein. Wegfall der TAN-Nummernverwendung und -verwaltung. HBCI ist Bestandteil der 2003 vom ZKA verabschiedeten Spezifikationen → Financial Transaction Services (FinTS); Sicherheitsmedium ist die HBCI-Chipkarte in Verbindung mit der der Karte zugeordneten Identifikationsnummer (PIN); einfache Inanspruchnahme neuer Funktionen (z.B. Laden der GeldKarte mittels Chipkartenleser). – 2. *Merkmale:* Wesentliche Merkmale von HBCI sind die Banken- und Providerunabhängigkeit und die öffentliche Verfügbarkeit des Standards. Daher ist es prinzipiell für jeden Programmierer oder Softwarehersteller möglich, eine Implementierung der Client-Seite von HBCI zu erstellen und damit auf alle HBCI-fähigen Banken zuzugreifen. Der Standard sieht dazu mehrere Möglichkeiten der Authentifizierung vor. Inzwischen stellen eine Vielzahl von Anbietern die notwendigen Softwarebausteine bereit. In der Version FinTS 4.0 wurden alle internen Datenstrukturen auf → XML und XML-Schemata umgestellt; HTTPS wird als Kommunikationsprotokoll verwendet. – 3. *Funktionsweise*: HBCI kann ohne zusätzliche Hardware mit → PIN und TAN- (heute iTAN-) Software arbeiten. Schlüssel werden dann z.B. in Dateien verarbeitet. Bei der Eingabe wird eine Datenverbindung vom Computer zur Bank aufgebaut (HTTPS-Protokoll). Einen etwas höheren Sicherheitsstandard bietet HBCI mit einem externen Chipkartenlesegerät. Hier ist der Schlüsselcode – nur für den Nutzer einsetzbar – auf einer → Chipkarte abgelegt. Eine Alternative zum HBCI-Verfahren bieten Verfahren mit TAN-Generatoren. – *Voraussetzungen:* HBCI-Chipkarte der Hausbank und Chipkartenleser, → Modem oder ISDN-Karte und Telefonleitung, Onlinezugang, Zugangssoftware, Homebanking-Konto.

Home Broking → Internet Broking.

Home Delivery Services → Lieferservice.

Homepage → HTML-Seite, die als Startseite für eine → Website fungiert. Von der Homepage aus sollten i.d.R. alle Seiten über → Hyperlinks erreicht werden können, die der Besitzer der Homepage zum Abruf bereitstellen will.

Homeshopping → Teleshopping.

homogene Fläche – eine in den → Standorttheorien (→ Thünen-Modell) verwendete Abstraktion, die den Raum als überall gleichartig betrachtet. Dies gilt sowohl für natürliche Gegebenheiten (gleiche Bodenqualität, Flachland, keine Flüsse) als auch für wirtschaftliche Faktoren (gleiche Nachfrage, gleiche Arbeitskosten, gleiche Verkehrserschließung etc.). Mit dieser Abstraktion lassen sich die Transportkosten und ihre Wirkungen isoliert betrachten.

homogene Güter – sachlich gleiche → Güter, die völlig substituierbar sind. – *Gegensatz:* → heterogene Güter.

homogene Kostenverursachung – Abhängigkeit der → variablen Kosten einer Kostenstelle von nur einer → Bezugsgröße. – *Gegensatz:* → heterogene Kostenverursachung.

homogene Produktionsfunktion – Spezielle → Produktionsfunktion, die durch → Homogenität charakterisiert ist: Wenn das Niveau des Faktoreinsatzes λ erhöht wird, erhöht sich die Ausbringungsmenge ebenfalls um das λ-fache. Dabei kann sich der Output proportional, unter- oder überproportional verändern, d.h., es liegen konstante, abnehmende oder steigende → Skalenerträge vor (vgl. Abbildung „Homogene Produktionsfunktion (1)").

Homogene Produktionsfunktion (1)

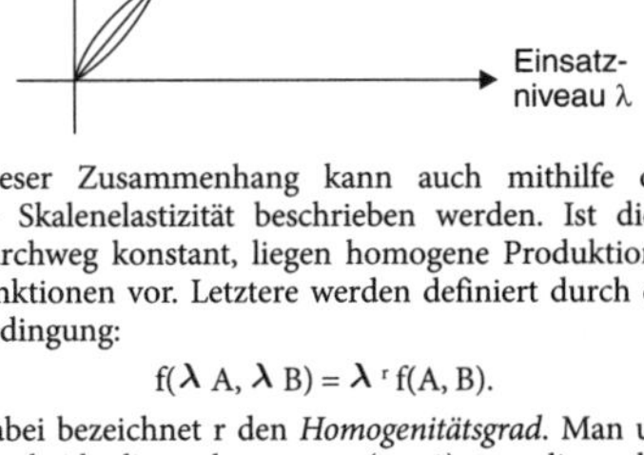

Dieser Zusammenhang kann auch mithilfe der → Skalenelastizität beschrieben werden. Ist diese durchweg konstant, liegen homogene Produktionsfunktionen vor. Letztere werden definiert durch die Bedingung:

$$f(\lambda A, \lambda B) = \lambda^r f(A, B).$$

Dabei bezeichnet r den *Homogenitätsgrad.* Man unterscheidet linear-homogene (r = 1), unterlinear-homogene (r < 1) und überlinear-homogene (r > 1)

Produktionsfunktionen (Abbildung (1)). Im Fall r = 1 bedeutet dies, dass z.B. eine Verdoppelung aller eingesetzten Produktionsfaktormengen zu einer Verdoppelung des Outputs führt; ist r > 1, wächst der Output entsprechend stärker an, während sich im Fall r < 1 der Output weniger als verdoppelt. - Man kann diesen Zusammenhang auch anhand des *Isoquantensystems* darstellen (vgl. Abbildung „Homogene Produktionsfunktion (2)“).

$$(x = cA^{\alpha} B^{1-\alpha})$$

sofort

$$\frac{\partial x}{\partial A} = \alpha c\, A^{\alpha-1} B^{1-\alpha} = \alpha c \left(\frac{B}{A}\right)^{1-\alpha} = \varphi\left(\frac{B}{A}\right);$$

$$\frac{\partial x}{\partial B} = c(1-\alpha)A^{\alpha} B^{-\alpha} = c(1-\alpha)\left(\frac{A}{B}\right)^{\alpha} = \theta\left(\frac{B}{A}\right),$$

mithin

$$\frac{\partial x}{\partial B} / \frac{\partial x}{\partial A} = \left(\frac{1-\alpha}{\alpha}\right) \cdot \frac{A}{B} = \Psi\left(\frac{B}{A}\right).$$

Erhöht man sukzessive das Output-Niveau jeweils um eine Einheit, so benötigt man das gleiche (r = 1), ein kleineres (r > 1) oder ein größeres (r < 1) „Faktorpäckchen“. Im Übrigen stimmt r mit der Skalenelastizität $\eta_{x,\lambda}$ überein. Welcher Fall realiter eintritt, ist eine (empirische) Frage der Produktionstechnik bzw. der Organisation. Unmittelbar ersichtlich ist, dass ein Zusammenhang mit dem Verlauf der Kostenfunktion besteht. - Homogene Produktionsfunktionen besitzen die ökonomische Eigenschaft, dass die Grenzrate der Substitution (bzw. das Verhältnis der Grenzerträge) nur abhängig ist vom *Verhältnis* der Faktoreinsatzmengen. Im Fall r = 1 gilt dies auch für die Grenzerträge (∂x/∂A, ∂x/∂B) selbst. So folgt z.B. für die → Wicksell-Cobb-Douglas-Produktionsfunktion

Homogenität - 1. *Begriff:* Eine Funktion f: $\boldsymbol{R}^n \to \boldsymbol{R}$ heißt homogen vom Grad r, wenn für jede reelle Zahl λ > 0 die Beziehung gilt:

$$f(\lambda x_1, \lambda x_2, \lambda x_3, \cdots, \lambda x_n) = \lambda^r \cdot f(x_1, x_2, x_3, \cdots, x_n),$$

d.h. bei Multiplikation aller Variablen mit einem Faktor λ nimmt der Funktionswert den λ^r-fachen Wert an. - *Spezialfall:* → Linearhomogenität (Homogenität vom Grade 1). - 2. *Bedeutung:* Homogene, v.a. linear-homogene Funktionen, finden in → Produktions- und Kostentheorie, → Nutzentheorie, → Haushaltstheorie und → Wachstumstheorie Verwendung. - *Beispiele:* (1) → Homogene Produktionsfunktionen implizieren bei konstanten Faktorpreisverhältnissen konstante Einsatzverhältnisse der → Produktionsfaktoren. Im Fall linear-homogener → Produktionsfunktionen gilt daneben das → Ertragsgesetz und bei zusätzlichem Vorliegen vollständiger Konkurrenz das → Eulersche Theorem. (2) *Linear-homogene Nutzenfunktionen* beinhalten Freiheit von Geldillusion. Aus ihnen abgeleitete Einkommens-Konsumfunktionen haben Einkommenselastizitäten von 1, die in der Wachstumstheorie eine der Voraussetzungen für gleichmäßiges Wachstum (sog. evolutorische Wirtschaft) sind.

Homogene Produktionsfunktion (2)

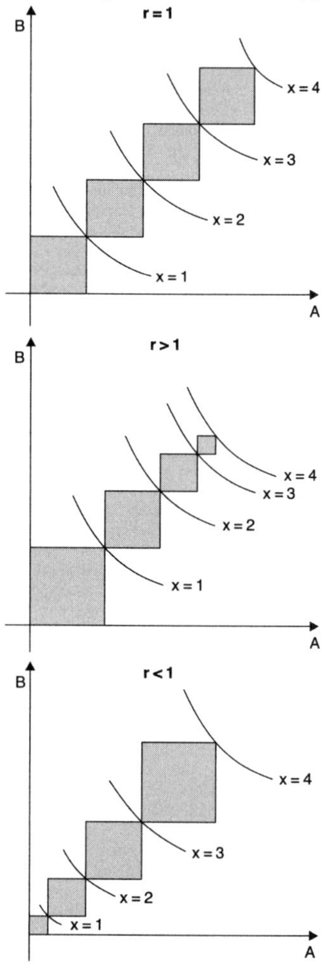

Homogenitätsgrad → Homogenität.

homograde Statistik – ein in der Statistik früher gebräuchlicher Ausdruck für Verfahren insbesondere der → Inferenzstatistik, soweit nur → qualitative Merkmale oder auf Kategorien reduzierte Merkmale (→ quantitative Merkmale) betrachtet werden. Homograde Statistik kann als Spezialfall der → heterograden Statistik aufgefasst werden.

Homomorphie → Modell.

Homo oeconomicus – I. Wissenschaftstheorie: 1. *Charakterisierung:* Modell eines ausschließlich „wirtschaftlich" denkenden Menschen, das den Analysen der klassischen und neoklassischen Wirtschaftstheorie zugrunde liegt. – *Hauptmerkmal* des Homo oeconomicus ist seine Fähigkeit zu uneingeschränktem rationalen Verhalten. – *Handlungsbestimmend* ist das Streben nach Nutzenmaximierung, das für Konsumenten, oder Gewinnmaximierung, das für Produzenten angenommen wird. – Zusätzliche charakteristische *Annahmen:* Lückenlose Information über sämtliche Entscheidungsalternativen und deren Konsequenzen; vollkommene → Markttransparenz. Eine Abschwächung dieser Vorstellung von einer völlig überraschungsfreien Zukunft erfolgt im Rahmen der sog. normativen Entscheidungstheorie durch Unterscheidung zwischen Risiko- und Unsicherheitssituationen. – 2. *Beurteilung:* Wegen ihres weitgehend fehlenden → Informationsgehalts sind die Annahmen des Homo oeconomicus-Modells in jüngerer Zeit zunehmend kritisiert und durch ein realistischeres Bild vom wirtschaftenden Menschen zu ersetzen versucht worden. – Vgl. auch → entscheidungsorientierte Betriebswirtschaftslehre, → verhaltenstheoretische Betriebswirtschaftslehre, → Wirtschaftssoziologie.

II. Entscheidungstheorie: Idealtyp eines → Entscheidungsträgers, der zu uneingeschränkt rationalem Verhalten (→ Rationalprinzip) fähig ist und damit in der Mehrzahl der bislang im Operations Research formulierten Entscheidungsmodelle unterstellt wird. Notwendig sind *Ausnahmen über das* → Entscheidungsverhalten des Homo oeconomicus: (1) Annahmen über Entscheidungsinformationen, Kenntnis aller Aktionen und → Umweltzustände; (2) Annahmen über das Wertsystem wie Transitivität – → Transitivität (der Präferenzordnung) -, → Konsistenz; (3) Annahmen über → Entscheidungsregeln, die der Homo oeconomicus in Abhängigkeit vom Sicherheitsgrad der Informationen anwendet. – Vgl. auch → Menschenbilder.

III. Wirtschaftsethik: Der Homo oeconomicus spielt als Schema für die Analyse wirtschaftsethischer Probleme eine zunehmend wichtigere Rolle. Er ist hierbei weder als Menschenbild noch als Ideal zu interpretieren, sondern als Analysekonstrukt, das für spezifische Probleme, bes. für soziale → Dilemmastrukturen, adäquate Analysen ermöglicht (→ Eigeninteresse). Missverständnisse resultieren v.a. daraus, dass die Modelleigenschaften des Homo oeconomicus, Rationalität und Eigeninteresse, als Beschreibungen menschlicher Eigenschaften unabhängig vom Problem- bzw. Theoriekontext verstanden werden.

Homo reciprocans – *Begriff:* Gegenpol zum klassischen Denkmodell des → Homo oeconomicus. Mithilfe des Modells des Homo reciprocans sollen Motive für die Berücksichtigung ökologischer Knappheit in Entscheidungen von Wirtschaftssubjekten erklärt werden. Dem Konzept liegt die Annahme zugrunde, das Entscheidungen nicht perfekt sein müssen, sondern ausreichend (eingeschränkte Rationalität) um das Überleben zu sichern. – *Grundgedanke:* Reziprozität kann Rationalisierungskriterium sein. – *Zwei mögliche Richtungen der Reziprozität:* Negativ als Zwang (z.B. rechtliche Anforderungen), positiv als Geschenk. – *Weitere Motivation:* Tausch und Gegenseitigkeit.

Homoskedastizität – für die Ableitung der stochastischen Eigenschaften von OLS-Schätzern (→ Kleinstquadratemethode, gewöhnliche) bedeutende Annahme gleicher Varianzen der → Störterme für die verschiedenen Beobachtungen. – *Gegensatz:* → Heteroskedastizität. – Vgl. auch Heteroskedastizitätstest.

homothetische Präferenzen – Wertschätzung verschiedener Güter seitens eines → Konsumenten so geartet, dass er diese Güter bei gleichbleibenden relativen Preisen immer in denselben Mengenrelationen nachfragt, auch wenn sein Einkommen variiert. Homothetische Präferenzen werden in der → realen Außenwirtschaftstheorie häufig unterstellt, um das Augenmerk konsequent auf angebotsseitige Grundlagen des internationalen Handels zu legen.

Honorant → Ehreneintritt.

Honorarberatung – 1. *Begriff:* Bezeichnet in der Versicherungsbranche die Beratung von Interessenten in Versicherungsangelegenheiten (ggf. nebst der Beratung in Rechtsfragen und in steuerlichen Angelegenheiten), für die der Interessent das Entgelt (in Form eines Honorars) zahlt – und nicht, wie bei → Versicherungsmaklern und → Versicherungsvertretern üblich, der Versicherer (in Form von Courtagen bzw. Provisionen). Siehe auch → Versicherungsberater. – 2. *Rechtsgrundlagen:* Die Rechtsberatung und die Versicherungsberatung gegen gesondertes Entgelt sind in Deutschland grundsätzlich Rechtsanwälten und Versicherungsberatern vorbehalten. Versicherungsvermittlern ist diese nur im Zusammenhang mit der konkreten Vermittlungstätigkeit (als sog. Hilfsgeschäft nach Art. 1 § 5 Ziffer 1 Rechtsberatungsgesetz) gestattet. Allerdings sind Versicherungsmakler, die eine → Gewerbeerlaubnis besitzen, nach § 34d I GewO zur rechtlichen Honorarberatung befugt, soweit es um die entgeltliche Beratung von Dritten, die nicht Verbraucher i.S.d. §§ 13, 14 BGB sind, bei der Vereinbarung, Änderung und Prüfung von Versicherungsverträgen geht. Die → Versicherungsaufsicht hält eine Vereinbarung von Beratungshonoraren mit Verbrauchern nur dann für zulässig, wenn es um die Vermittlung sog. provisions- bzw. courtagefreier Tarife durch Versicherungsmakler geht, bei denen in die Prämie keine Abschlusscourtage einkalkuliert ist. Da in diesen Fällen keine → Courtage für die Vermittlungsleistung fließt, kann der Makler zulässigerweise mit dem Kunden – für die vorliegende Vermittlung – ein Honorar vereinbaren. Bei einer darüber hinaus gehenden Honorarberatung für Verbraucher bewegt sich der Versicherungsmakler hingegen hinsichtlich der erlaubnispflichtigen Rechts-/Versicherungsberatung in einer rechtlichen Grauzone. – 3. *Ausblick:* Nach den Bestrebungen des Bundesministeriums für Ernährung, Landwirtschaft und Verbraucherschutz gem. dessen Thesenpapier "Qualität der Finanzberatung und Qualifikation der Finanzvermittler" vom 1.7.2009 soll nach der im Laufe der Bankenkrise heftig kritisierten provisionsgesteuerten Vermittlung von – später wertlosen – Bank-Zertifikaten für die Verbraucher im Finanzdienstleistungsbereich zur besseren Unterscheidung und zugunsten einer größeren Verlässlichkeit das Berufsbild des unabhängigen Finanzberaters geschaffen und rechtlich verankert werden. Dies könnte auch Auswirkungen auf die Vermittlung von Versicherungen haben. Zukünftig sollen nach den politischen Vorstellungen die Honorarberatung und der provisionsorientierte Vertrieb nebeneinander existieren und dem Kunden die Wahl der Beratungs- und Vergütungsform überlassen bleiben.

Hörfunkwerbung → Funkwerbung.

horizontale Finanzierungsregeln → Finanzierungsregeln.

horizontale Gerechtigkeit → Leistungsfähigkeitsprinzip.

horizontaler Finanzausgleich → Finanzausgleich.

horizontaler Verlustausgleich → Verlustabzug.

horizontale Unternehmenskonzentration – Unternehmen derselben Produktion (Wertschöpfungskette) auf derselben Produktionsstufe schließen sich zusammen. – Vgl. auch → Unternehmenskonzentration.

horizontale Werbung → kooperative Werbung.

horizontale Wettbewerbsbeschränkung → Wettbewerbsbeschränkung auf einer Produktionsstufe. – *Beispiele:* Behinderung der Konkurrenten beim Zugang zu Netzen oder bei Beziehungen zu den Lieferanten. – *Gegensatz:* → vertikale Wettbewerbsbeschränkung.

Horizontalkonzern – Ein Unternehmungszusammenschluss (→ Konzern), dessen Organisationsprinzip darin besteht, Werke der gleichen Produktionsstufe zu integrieren, also z.B. mehrere Stahl- und Walzwerke, mehrere Röhrenwerke etc. Die Vorteile der horizontalen Konzentration bestehen v.a. darin, dass sie es ermöglicht, das vom Markt verlangte Verkaufsprogramm auf die einzelnen Werke aufzuteilen, sodass diese zur Massenproduktion übergehen können (→ Spezialisierung).

Hortung – 1. *Hortung von Geld:* Dauerhafter oder vorübergehender Entzug von → Geld aus dem Geldkreislauf. Durch Hortung entsteht ein effektiver Nachfrageausfall; die → Umlaufgeschwindigkeit des Geldes sinkt. In der → klassischen Lehre galt die Hortung als unplausibel, weil der Haltung von Geld kein eigener Nutzen zugebilligt wurde. Bei Hortung ist das → Saysche Theorem, das in der klassischen Lehre zentrale Bedeutung hat, ungültig. – *Kritik:* Liquiditätspräferenztheorie (→ Geldtheorie, → makroökonomische Totalmodelle geschlossener Volkswirtschaften, Nachfrageseite). – 2. *Hortung von Waren:* Übermäßiger Lageraufbau bei Produzenten, Händlern oder Haushalten. Ursache ist meist die Erwartung von Knappheiten und/oder stark steigenden Preisen.

Hörzeichen – durch das Markengesetz dem Schutz als → Marke zugänglich gewordenes akustisches Kennzeichnungsrecht, das bislang praktisch keine Bedeutung gewonnen hat.

Hoshin-Planung – Form einer strategischen Planung, die die gewünschte strategische Position mithilfe einiger (weniger) Projekte erreichen will. Abgeleitet aus Strategien beschränkt sich die Hoshin-Planung bewusst selektiv auf wenige Ziele, die für die Erreichung der strategischen Position von Bedeutung sind. Diese Ziele werden anschließend über alle Ebenen des Unternehmens hinweg bis auf die unterste Unternehmensebene heruntergebrochen, wobei jeweils Maßnahmen zur Erreichung dieser Ziele erarbeitet werden.

Host – ein Verarbeitungsrechner (→ Computer) in einem Rechnernetz, der netzwerkunabhängige (→ Netz) Aufgaben löst und dessen Leistungen von anderen Netzstationen in Anspruch genommen werden können. Der Host ist i.d.R. über einen Vorrechner mit dem Netz verbunden.

Hotellerie – 1. *Begriff:* Kernstück des Beherbergungsgewerbes, auch traditionelle oder klassische Hotellerie genannt. Stellt die funktionale Ganzheit der Einrichtungen dar, die den komplexen Bedarf von Touristen nach Beherbergungs-, Bewirtungs- und Komplementärleistungen während ihres Aufenthaltes am Tourismusort gegen Entgelt decken. Die Hotellerie und die → Parahotellerie sind Bestandteil des Beherbergungsgewerbes. Das Beherbergungsgewerbe ist Teil des Gastgewerbes, das aus Beherbergungsgewerbe und Gaststättengewerbe bzw. Gastronomie besteht. 2. *Merkmal:* Nach der amtlichen Statistik wird die Hotellerie in Deutschland und in vielen anderen Ländern nach den Betriebsarten Hotels, Gasthöfe, Pensionen und Hotels garnis differenziert. – 3. *Abgrenzung:* Zwar zählt die → Parahotellerie, auch als ergänzende oder zusätzliche Hotellerie bezeichnet, zum → Beherbergungsgewerbe, jedoch werden unter → Parahotellerie jene Einrichtungen

Gliederungskriterien für die Hotellerie

Gliederungskriterien	Exemplarische Ausprägungen	
Wirtschaftsprinzip/ Unternehmenszweck	– Erwerbswirtschaftlich geführt – Nicht erwerbswirtschaftlich geführt	
Funktion/Aufgabe/ Leistungsangebot/ Betriebsarten	**Hotellerie** – Hotel – Gasthof – Pension – Hotel grani – All-Suite-Hotels – Appartmenthaus/ Boardinghouse	**Parahotellerie** – Erholungs-/Ferienheim – Gästehaus – Ferienhaus/-Wohnung – Vereinsheim – Jugendherberge – Campingplatz
Eigentumsverhältnisse/ Betriebsführung	– Eigentumsbetrieb – Pachtbetrieb – im Managementvertrag	
Betriebsgröße	– Groß-, Mittel- und Kleinbetrieb	
Unternehmensform/ Rechtsform	– Einzelfirma – Personalgesellschaft (KG, OHG) – Kapitalgesellschaft (GmbH, AG) – eingetragener Verein (e.V.)	
Konzeptionsform/ Konzentrationsgrad	– Kettenhotellerie – Individualhotellerie – Hotel einer Hotelkooperation	
Standort	– Ferienhotel – Stadthotel – Berghotel – Strandhotel	
Betriebsdauer/ Öffnungszeiten	– ganzjährig geöffneter Betrieb – Ein-Saison-Betrieb – Zwei-Saison-Betrieb	
Verbindung zu den Verkehrmitteln	– Bahnhofshotel – Flughafenhotel – Motel	
Qualitätsstufen/ Leistungsumfang	– Luxushotel – First-Class-Hotel – Drei-, Zwei-, Ein-Stern(e)-Hotel – Budget-/Low–Budget-Hotel – Full-Service-Hotel – Economy-Hotel	

subsumiert, deren Einrichtungen v.a. den Bedarf nach Beherbergungsleistungen decken. Bewirtungsleistungen sind i.d.R. eingeschränkt bzw. fehlen ganz, ebenso Komplementärleistungen. – 4. *Rechtliche Aspekte der Hotellerie:* Von der Vielzahl rechtlicher Bestimmungen sind a) *aus Sicht des Gastes* Gastaufnahmeverträge, insbesondere der → Beherbergungs- und der Bewirtungsvertrag zu nennen. – b) *Aus Sicht des Hoteliers* können zum Betreiben eines Hotels v.a. Pacht- oder Managementverträge relevant sein. Darüber hinaus besteht für den Hotelier die Möglichkeit, sich einer Kooperation oder einem Franchisesystem anzuschließen. – 5. *Gliederungskriterien für die Hotellerie:* Das Beherbergungsgewerbe, unterteilt in Hotellerie und Parahotellerie, lässt sich bspw. nach spezifischen Kriterien untergliedern, s. Tabelle. – 6. *Struktur der Hotellerie in Deutschland:* Ca. 65 Prozent der rund 54.000 Betriebe im Beherbergungsgewerbe

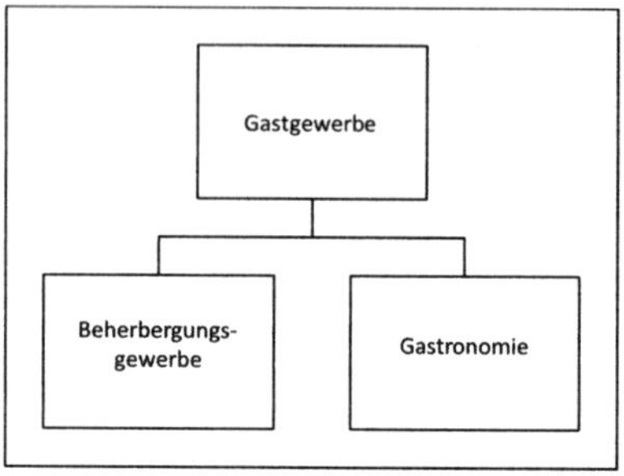

werden der Hotellerie i.w.S. und 35 Prozent der Parahotellerie zugerechnet. Jeder vierte Betrieb im Beherbergungsgewerbe ist ein Hotel (ca. 13.600 Betriebe) mit ca. 1 Mio. Betten von insgesamt rd. 3,5 Mio. Betten (inkl. Campingplätze) im Beherbergungsgewerbe. Der dt. Hotelmarkt unterteilt sich in die Individualhotellerie und Kettenhotellerie; letztere haben gemessen an der Zimmeranzahl einen Anteil von 40 Prozent mit steigender Tendenz. – 7. *Probleme der Hotellerie:* Aufgrund des Dienstleistungscharakters und der daraus resultierenden Nichtspeicherbarkeit der Hotelleistung sowie der in der Hotellerie vielfach vorzufindenden Saisonalität sind entsprechend große betriebliche Kapazitäten notwendig. Bei mangelnder Auslastung können sich hieraus existenzbedrohende Leerkosten ergeben. Verschärft wird diese Situation durch die Standortgebundenheit der Leistungserstellung. – 8. *Folgerungen:* Den hotellerieimmanenten Kapazitätsproblemen ist mittels einer Vielzahl zu nutzender Vertriebswege zu begegnen, so bspw. Beteiligung an → Computer-Reservierungs-Systemen, die Präsentation und Buchbarkeit via Internet, der Zusammenschluss in vertriebspolitischen Marketingkooperationen und nicht zuletzt der effizient zu gestaltende persönliche Verkauf. – Vgl. hierzu auch → Hotelreservierungsvertrag. – 9. *Aktuelle Entwicklungen:* anhaltender Trend zu Konzentrationen in der Hotellerie verbunden mit gezielten Maßnahmen der Qualitätssicherung im Leistungsangebot und mit dem differenzierten Anwenden preispolitischer Instrumente.

Hotelling – Harold, 1895–1973, amerikanischer Mathematiker, theoretischer Statistiker und Ökonom. Er lehrte an der Columbia University, New York, USA und an der University of North Carolina, USA. Hotelling gilt sowohl im Bereich der mathematischen Statistik als auch der Ökonomik als bahnbrechender Innovator. Für die moderne Volkswirtschaftslehre sind seine Arbeiten zur Preistheorie (bes. Dyopoltheorie), Standorttheorie, Kapitaltheorie und Haushaltstheorie sowie zur Anwendung der Spieltheorie prägend. Hotelling wird heute bes. als Begründer der modernen Theorie erschöpflicher Ressourcen (→ Hotelling-Regel) gewürdigt. – *Hauptwerke:* „A General Mathematical Theory of Depreciation", 1925; „Stability in Competition", 1929; „The Economics of Exhaustible Resources", 1931; „Demand Functions with Limited Budgets", 1935.

Hotelling-Regel – 1. *Normative Interpretation:* Der pareto-optimale Abbaupfad einer erschöpflichen Ressource ist dadurch charakterisiert, dass der „Nettogrenznutzen" (die Differenz zwischen marginaler Zahlungsbereitschaft und Abbaugrenzkosten) im Zeitablauf mit einer Rate wächst, die der sozialen Diskontrate entspricht. Der Nettogrenznutzen gleicht dabei den Nutzungsgrenzkosten. – 2. *Positive Interpretation:* Der gleichgewichtige Abbau ist bei vollständiger Konkurrenz dadurch gekennzeichnet, dass der Grenzgewinn (die marginale Knappheitsrente) aus der Ressource mit einer Rate wächst, die dem Zinssatz entspricht. Die Fördermenge richtet sich im Gleichgewicht nach der Nachfrage. – 3. *Vergleich:* Unter bestimmten Bedingungen ist der gleichgewichtige Abbaupfad mit dem pareto-optimalen identisch. Das Marktsystem ist in diesem Fall ein pareto-befriedigender Mechanismus zur Allokation der erschöpflichen Ressourcen.

Hotelreservierungsvertrag – derartige Verträge werden zwischen → Reiseveranstaltern und Beherbergungsunternehmen (→ Beherbergungsgewerbe) meist im Zusammenhang mit → Pauschalreisen i.d.R. etwa ein Jahr vor Ankunft der Reisegruppe abgeschlossen. Sie sollten kostenlose Rückgabe- bzw. Optionsrechte des Reiseveranstalters enthalten (Frist drei bis vier Wochen vor Gruppenankunft. Ein Handelsbrauch mit Rückgaberecht existiert in Deutschland nicht mehr, sodass bei fehlender Vereinbarung die mietrechtlichen Bestimmungen (§ 537 BGB) eingreifen und entsprechende Entschädigungen anfallen. Rechtsprechung: BGH, Urt. v. 24.1.2007 – XII 168/04 – RRa 2007, 131; Urt. v. 24.11.1976 – VIII ZR 21/75 – NJW 1977, 385; ferner OLG Hamm, Urt. v. 29.5.2002 – 30 U 216/01 – NJW-RR 2002, 1348 – vertragsimmanentes Rücktrittsrecht für karitativen Veranstalter bei rechtzeitigem, ca. dreimonatigen Rücktrittsrecht vor Gruppenankunft; OLG Frankfurt a.M., Urt. v. 20.12.2000 – 17 U 91/98 – NJW-RR 2001, 1498 – kein Handelsbrauch; OLG München, NJW-RR 1990, 698, gegen OLG Frankfurt, NJW-RR 1986, 1229 (Handelsbrauch bejahend).

Hot Money → heißes Geld.

Hot Spot – Bei der Ausgestaltung umweltpolitischer Instrumente kommt es nicht nur darauf an, den Gesamtausstoß von Schadstoffen in einer Volkswirtschaft zu senken, sondern auch darauf, die Entstehung von Hot Spots zu verhindern. Dies kann bspw. bei Zertifikatelösungen zusätzliche Regelungen erfordern, die den Verkauf von Zertifikaten in bereits stark belastete Regionen verhindern.

Howard-Sheth-Modell – Modell der → Werbewirkung, wonach sich die Wirkung nach den folgenden Stufen vollzieht: Attention/Brand (Aufmerksamkeit/

Marke), Comprehension (Einsicht), Attitude (Einstellung), Intention (Kaufabsicht) und Purchase (Kaufhandlung). – Vgl. auch → Hierarchy-of-Effects-Modell.

HR-Consulting → Personalberatung.

HRK – Abk. für → Hochschulrektorenkonferenz.

HS – Abk. für → Harmonisiertes System (zur Bezeichnung und Codierung der Waren), *Harmonized Commodity Description and Coding System.*

HTML – Abk. für *HyperText Markup Language;* mithilfe der als ISO-Norm 8879 festgeschriebenen → SGML (Standard Generalized Markup Language) definierte Auszeichnungssprache, die die logischen Bestandteile eines Dokuments wie Überschriften und Aufzählungen beschreibt. HTML wird dazu benutzt, Dokumente für das → World Wide Web zu erstellen, die mithilfe eines → Browsers angezeigt werden. – Vgl. auch → XML.

HTTP – Abk. für *HyperText Transfer Protocol;* im → Internet zur Übertragung von Dokumenten verwendetes → Protokoll. Unter Verwendung dieses Protokolls dekodiert der Browser die in → HTML-Dokumenten enthaltenen Auszeichnungsanweisungen (→ Tags) und stellt diese dann dar.

Huckepack-Export → Anschlussexport.

Huckepack-Gründung – beschreibt eine Finanzierungsalternative bei der ein Innovationsprojekt durch ein bestehendes Unternehmen oder eine vorher aufgebaute → Gründung finanziert wird. Die vorhandene Wirtschaftseinheit mit ihrem → Cashflow und den für die Neuentwicklung ggf. vorhandenen Instrumenten und → Ressourcen ermöglicht die → Innenfinanzierung des Vorhabens und bietet der Gründerperson (→ Existenzgründer) gleichzeitig ein Basiseinkommen wie auch Marktkontakte und erste Markterfahrungen.

Huckepack-Verkehr → kombinierter Verkehr, bei dem Lastkraftwagen, Sattelzüge *(rollende Landstraße)*, Anhänger, Auflieger und Wechselbehälter als Ladeeinheiten des Schienenverkehrs auf Eisenbahnwagen transportiert werden. Der Huckepack-Verkehr wird in Deutschland von der *Kombiverkehr KG* abgewickelt, an der neben der DB Mobility Logistics AG rund 230 Unternehmen des Straßengüterverkehrs beteiligt sind.

Hüllendifferenzierung → Produktdifferenzierung.

Human Capital → Humankapital.

Human Development Index – Index über die menschliche Entwicklung; von dem Entwicklungsprogramm der Vereinten Nationen (→ UNDP) verwendeter Index folgender gleichgewichteter *Basisvariablen:* Lebenserwartung, Alphabetisierungsrate Erwachsener, Durchschnittsdauer des Schulbesuchs, Pro-Kopf-Einkommen (PKE). Human Development Index wird in der Entwicklungspolitik als zusätzlicher Indikator zum PKE für die Bewertung des sozioökonomischen Entwicklungsstandes verwendet. – Vgl. auch → Human Development Report.

Human Development Report – Bericht über die menschliche Entwicklung; seit 1990 vom Entwicklungsprogramm der Vereinten Nationen (→ UNDP) herausgegeben, will die → Entwicklungspolitik auf den Menschen und nicht auf das Wirtschaftswachstum ausrichten. Enthält umfangreiches Datenmaterial zur menschlichen Entwicklung.

Humanisierung der Arbeit – zusammenfassende Bezeichnung für alle auf die Verbesserung des Arbeitsinhaltes und der Arbeitsbedingungen gerichtete Maßnahmen um die Arbeitswelt möglichst menschengerecht zu gestalten. – *Bedeutungsinhalte:* 1. *Maßnahmen zum Gesundheitsschutz am Arbeitsplatz und zur Arbeitsplatzgestaltung* (→ Ergonomie) um gesundheitliche Risiken und körperliche Belastungen zu minimieren. – 2. *Arbeitsorganisatorische Maßnahmen,* die darauf abzielen, die psychische Arbeitsbelastung zu minimieren, etwa durch Abbau von Monotonie (→ Jobrotation), Erweiterung des Tätigkeitsspielraumes (Jobenlargement), sowie Erweiterung der Verantwortung (Jobenrichment). – 3. *Psychologische Arbeitsgestaltung,* d.h. Abstimmung der Arbeit auf die individuellen arbeitsbezogenen Motive (→ Job Diagnostic Survey).

Humankapital – *Human Capital.* 1. *Allgemein:* Das auf Ausbildung und Erziehung beruhende Leistungspotenzial der Arbeitskräfte (Arbeitsvermögen). Der Begriff Humankapital erklärt sich aus den zur Ausbildung dieser Fähigkeiten hohen finanziellen Aufwendungen und der damit geschaffenen Ertragskraft. – 2. *Wachstumstheorie:* (1) An Personen gebundenes Wissen bzw. als an Personen gebundene Fähigkeiten; (2) Wissenspool einer Volkswirtschaft in Form von dokumentiertem Wissen. – 3. *Grundlegende Ansätze zur Entstehung:* (1) Es wird davon ausgegangen, dass Humankapital bewusst durch den Einsatz von Ressourcen (Lernen, Trainieren) produziert wird; (2) es werden (Learning-by-Doing-)Prozesse unterstellt. Humankapital entsteht in diesem Fall als Nebenprodukt im Produktionsprozess. Die jeweiligen Varianten bei Definition und Entstehung haben weit reichende Konsequenzen für die wachstumstheoretische Bedeutung des Humankapitals – 4. In der *Volkwirtschaftlichen Gesamtrechnung* wird Humankapital nicht als → Vermögen ausgewiesen. – Vgl. auch → Verteilungstheorie, → neue Wachstumstheorie, → Humankapitaltheorien, → Humanvermögen.

Humankapitalmodelle → neue Wachstumstheorie.

Humankapitaltheorien – 1. *Begriff:* Theorien, die besagen, dass der ökonomische und gesellschaftliche Erfolg einer Person in hohem Maße durch Eigenschaften und Fähigkeiten bestimmt ist, die durch Bildung (mit-)erzeugt werden. Den Humankapitaltheorien liegt die Investitionshypothese zugrunde, wonach Bildungsaktivitäten → Investitionen sind, die einerseits gegenwärtig Kosten (→ Bildungskosten) verursachen, andererseits zukünftig Erträge bzw. Nutzen (→ Bildungserträge und -nutzen) abwerfen. Die Humankapitaltheorien lassen sich jedoch nicht auf Bildungsinvestitionen einschränken, sondern schließen alle Aktivitäten ein, welche die Qualität und die Leistungsfähigkeit der → Erwerbspersonen erhöhen und das Niveau des wirtschaftlichen und gesellschaftlichen Erfolges zu steigern in Aussicht stellen (z.B. → Mobilität, Verbesserungen der Ernährung und des Gesundheitszustandes der Erwerbsbevölkerung). – 2. *Thesen:* Die in Erweiterung neoklassischer Annahmen entstandenen Humankapitaltheorien fußen auf der These, dass Bildungsaktivitäten das Arbeitspotenzial von Erwerbspersonen so verändern, dass deren Arbeitsqualität und -leistung steigt (Produktivitätsthese). Damit steigt ihre Leistung pro Zeiteinheit, d.h. ihre (Arbeits-) → Produktivität. Die bildungsbedingt höhere Produktivität wird der → Grenzproduktivitätstheorie zufolge am → Arbeitsmarkt durch höheren Verdienst (Lohn, Gehalt) entgolten. Damit behaupten Humankapitaltheorien (1) eine kausale Wirkungskette, die sich von Bildungsaktivitäten über gestiegene Produktivität zu höherem Einkommen erstreckt. (2) Sie bieten (zumindest partiell) Erklärungen für die Funktionsweise des Arbeitsmarktes (→ Arbeitsmarkttheorien) im Fall heterogener Arbeit, die Höhe des individuellen Verdienstes, die Verteilung der persönlichen Einkommen, Niveau und Tempo des Wirtschaftswachstums, Bildungsfinanzierungsstrukturen und Wohlstandsabstände zwischen Gesellschaften. (3) Zugleich halten Humankapitaltheorien eine im Prinzip einfache Lösung bereit, wenn unbefriedigende Zustände wie Ungleichheit der Einkommensverteilung, zu niedriges Wirtschaftswachstum oder zu starker Wohlstandsabstand auftreten: Steigerung der Investitionen in Bildung und Verringerung ihrer Streuung. – 3. *Kritik und Weiterentwicklung:* (1) → Filtertheorie; (2) → Arbeitsplatzwettbewerbsmodell; (3) Segmentationstheorien (→ Arbeitsmarkttheorien); (4) → Diskriminierungstheorien.

Human Resource → Humanvermögen.

Human Resource Accounting → Humanvermögensrechnung.

Human Resource Management – im angelsächsischen Bereich durchgängig benutzte Bezeichnung für → Personalmanagement; mittlerweile auch in Deutschland, überwiegend in mittelständischen und großen Unternehmen regelmäßig verwendet. Betont werden soll der *Ressourcencharakter* des Personals. – Zu inhaltlichen Aspekten vgl. → Personalwirtschaft.

Humanressourcen → Bildungsökonomie.

Humanvermögen – I. Betriebswirtschaftslehre: *Human Resource;* Gesamtheit der Leistungspotenziale (Leistungsreserve), die einem Unternehmen durch seine Mitarbeiter zur Verfügung gestellt werden. Begriffsbildung entsprechend dem allg. betriebswirtschaftlichen Vermögensbegriff: Summe aller Ressourcen, über die eine Unternehmung zur wirtschaftlichen Nutzung bzw. zum Verzehr verfügen kann. Erfasst werden soll nicht der Arbeitnehmer selbst, sondern sein der Unternehmung zur Verfügung gestelltes Leistungspotenzial, das sich ergibt aus dem Produkt seines Leistungsangebotes mit dem Zeitraum, über den er die Leistung anzubieten in der Lage ist; das Leistungsangebot ist bestimmt durch die individuelle Leistungsfähigkeit und Leistungsbereitschaft (Leistungsmotivation). – *Quantitative Bewertung und Darstellung:* → Humanvermögensrechnung.

II. Volkswirtschaftslehre: alternativer Begriff zum in der Öffentlichkeit umstrittenen Konzept des „→ Humankapitals". Als Humanvermögen wird dabei nicht nur die Erwerbskapazität von Individuen (etwa als Barwert ihrer durch Erwerbsarbeit erzielbaren Einkommen) bezeichnet, sondern ein breiteres Spektrum menschlicher Fähigkeiten und Potenziale.

Humanvermögensrechnung – *Human Resource Accounting;* aus den USA stammender Ansatz, das dem Unternehmen zur Verfügung stehende → Humanvermögen zu erfassen. Unzureichende Einschätzung des Humanvermögens kann zu personalpolitischen Fehlentscheidungen führen: Personalpolitische Rationalisierungsstrategien, mit denen Abbau von Personal (→ Personalfreisetzung) verbunden ist, erweisen sich häufig ausschließlich als Abbau von Humanvermögen. Zur Bewertung gibt es verschiedene Prinzipien: kostenorientierte Modelle *(Human Resource Cost Accounting),* Bewertung mit Anschaffungskosten (Brummet/Flamholtz/Pyle 1968), Bewertung mit Opportunitätskosten (Hekimian/Jones 1967), Bewertung mit Wiederbeschaffungskosten (Flamholtz 1974). Der letztere Ansatz ist der umfassendste, da damit die (für neu eingestellte Mitarbeiter erst zu erlernende) Qualifikationen am stärksten berücksichtigt werden.

Hume – David, 1711–1776, engl. Philosoph, Historiker und Nationalökonom. Philosophisch vertrat Hume den erkenntnistheoretischen Empirismus und wurde somit zu einem der Begründer des Positivismus. Er war mit → Smith befreundet und hat an der Entstehung von dessen „Wealth of Nations" regen Anteil genommen. Anders als bei Smith gibt es von ihm keine geschlossene Gesamtdarstellung, aber wichtige Einzelbeiträge zu einzelnen Gebieten der Wirtschaftswissenschaften, v.a. zur Geld-, Zins- und Außenhandelstheorie. Hume vertrat nicht mehr die naive Quantitätstheorie, sondern verfeinerte sie durch die Berücksichtigung der Umlaufgeschwindigkeit des Geldes. Danach müsse eine Vergrößerung der Geldmenge und/oder der Umlaufgeschwindigkeit des Geldes bei unveränderten sonstigen Bedingungen zu einer proportionalen Preissteigerung führen (Proportionalitätstheorie). Der merkantilistischen Ansicht, eine aktive Handelsbilanz sei auf jeden Fall für ein Land günstig, stellte Hume als einer der ersten die Auffassung gegenüber, dass sich bei freiem Geld- und Warenverkehr sowie freier Preisbildung die Handelsbilanzen (genauer: → Zahlungsbilanzen) aller beteiligten Länder auf Dauer ausgleichen würden. – *Hauptwerke:* „Treatise on Human Nature", 3 Bde. (1739–1740); „Enquiry concerning Human Understanding" (1748); „Political Discourses" (1752) und „The History of England", 5 Bde. (1754–1762). E. Rotwein hat die verstreuten ökonomischen Beiträge herausgegeben: „Writings on Economics" (1955).

Hundesteuer – 1. *Begriff:* Steuer auf das Halten von Hunden als Ausdruck bes. Aufwandes. – 2. *Charakterisierung:* a) eine → Gemeindesteuer, die teils erhoben werden muss, teils erhoben werden kann. – b) Eine *objektive* → Verbrauchsteuer in dem Sinn, dass die ökonomische Situation des Halters nicht berücksichtigt wird; aus dem Aufwand für Hunde wird auf ökonomische Leistungsfähigkeit geschlossen. Soziale und psychische Aspekte (Alleinsein älterer Menschen) finden keinen Ausdruck. Mit der Steuer soll die Anzahl der Hunde begrenzt werden. – 3. *Höhe:* Zumeist in Gemeindesatzungen festgelegte Steuerbeträge innerhalb der von den Landesgesetzen gezogenen Grenzen; höherer Steuersatz bei mehreren Hunden oder Kampfhunden. – *Befreiungen* vornehmlich aus beruflichen, polizeilichen, gesundheitlichen (Blindenhunde) etc. Gründen sowie bei Hundehaltung für wissenschaftliche Zwecke. – 4. *Aufkommen:* 236,9 Mio. Euro (2006), 211,6 Mio. Euro (2002).

Hurwicz – Leonid, 1917-2008, amerik. Ökonom, der zuletzt an der University of Minnesota lehrte; → Nobelpreis für Wirtschaftswissenschaften 2007 (zusammen mit → Maskin und → Myerson). Hurwicz gilt als Begründer der „Mechanism-Design"-Theorie, die von Maskin und Myerson weiterentwickelt wurde.

Hurwicz-Kriterium – 1. *Begriff:* Nach diesem Kriterium ist ein System informational effizient, wenn kein anderes weniger Informationen benötigt, um zu verifizieren, dass ein gegebener Produktionsplan effizient ist. Den Hintergrund dieser Aussage bietet ein Modell, in dem ein System der Ressourcenallokation daraufhin überprüft wird, ob alle Produzenten bzw. Konsumenten das jeweils effiziente Input-Output-Niveau erreichen. Da diese → Informationen nur dezentral oder lokal vorliegen, gilt es einen Mechanismus zu finden, mithilfe dessen die Ressourcenallokation möglichst kostengünstig koordiniert werden kann. – 2. *Erläuterung:* Ein Produktionsplan enthält (u.a.) die Input- und Outputmengen jedes → Gutes für jeden Produzenten und die Mengen aller erhaltenen oder zur Verfügung gestellten Güter der Konsumenten. Die Idee ist, dass per „Durchsage" ein Plan vorgeschlagen wird, dem jeder Akteur zustimmen oder nicht zustimmen kann. Stimmen alle zu, so ist der Plan effizient. Solange nicht alle Akteure zustimmen, werden iterativ neue Pläne durchgesagt. Praktisch vorstellbar ist z.B. ein System, in dem eine Zentrale solange Preise und Mengen nennt, bis alle Akteure zustimmen. Mit dieser Idee lässt sich z.B. die Effizienz eines Preissystems oder auch eines organisationsinternen Koordinationssystems beurteilen. – Vgl. auch → Hurwicz.

Hurwicz-Regel – Entscheidungsregel bei Unsicherheit (→ Entscheidungsregeln). Für jede Aktion j aus der → Entscheidungsmatrix wird das Zeilenminimum (Min e_{ij}) über alle Umweltzustände i = 1, ..., m und das Zeilenmaximum (Max e_{ij} über alle Umweltzustände i = 1, ..., m ermittelt; daraus wird mithilfe eines vorher fixierten Pessimismus-Optimismus-Faktors k ($0 \leq k \leq 1$) ein gewogener arithmetischer → Mittelwert W gebildet: $W_j = k\,(\text{Max}\ e_{ij}) + (1 - k)\,(\text{Min}\ e_{ij})$ mit i = 1, ..., m. Als optimal im Sinn der Hurwicz-Regel gilt die Aktion j mit dem maximalen Mittelwert W_j: Max W_j! – Mit zunehmendem Pessimismus des Entscheidungsträgers sinkt k (k = 0 bedeutet risikoscheues Entscheidungsverhalten des Entscheidungsträgers, → Minimax-Regel); mit wachsendem Optimismus steigt k. k = 1 bedeutet risikofreudiges Entscheidungsverhalten des Entscheidungsträgers (→ Maximax-Regel).

HVPI – Abk. für → Harmonisierter Verbraucherpreisindex.

HWWA – Abk. für → Hamburgisches Welt-Wirtschafts-Archiv.

Hybridanleihe → Anleihe mit extrem langer Laufzeit von 100 Jahren oder mehr oder gar keiner Laufzeitbegrenzung. Sie bieten einen überdurchschnittlich hohen Zinssatz. Der Emittent behält sich i.d.R. ein vorzeitiges Kündigungsrecht nach ca. 7 bis 10 Jahren vor, das in seinem Ermessen steht. Verstreicht der Kündigungstermin ohne Rückzahlung der Anleihe, folgt eine erneute Festlegung des Zinssatzes z.B. nach dem Interbanken-Zinssatz Euribor zzgl. einer → Risikoprämie. Oftmals sind die Zinszahlungen an bestimmte Unternehmenskennziffern oder eine Dividendenzahlung gebunden, sodass auch der Zins nicht gezahlt wird, wenn diese Voraussetzungen nicht erfüllt werden. Die Zinszahlung kann je nach Ausgestaltung der Anleihebedingungen nachgeholt werden, z.B. wenn die Kennziffern wieder erreicht werden. Wegen dieser Abhängigkeit werden Hybridanleihen auch als aktienähnlich eingestuft.

Hybrid Cloud – Zusammenschluss mehrerer Clouds (→ Private Cloud, → Public Cloud, → Community Cloud) miteinander und mit anderen → Rechenzentren zu einer einheitlichen Betriebsumgebung für → Server und → Anwendungen. – Vgl. auch → Cloud Computing.

hybride Organisationsformen – Kooperationen bzw. Zwitter zwischen Markt und Hierarchie. Sie entstehen immer dann, wenn wegen transaktionsspezifischer Abhängigkeiten einerseits die Integration von → Transaktionen in die Unternehmenshierarchie angezeigt ist, während jedoch andererseits Effizienzvorteile (Vorteile der Wahrnehmung → punktueller Anreize) für eine marktliche Koordination sprechen. – *Beispiele:* Beim → Franchising werden marktliche, punktuelle Anreize genutzt, da die Franchisenehmer selbstständige Unternehmer sind, die ihre Erträge (i.d.R. bis auf eine 3-prozentige Gebühr vom Umsatz) vollständig einbehalten. Auf der anderen Seite werden durch das straffe Kontroll- und Weisungssystem des Franchisegebers, das dem Schutz der Reputation und der → Quasirenten aller Systembeteiligten dient, hierarchische Koordinationselemente in die Organisationsstruktur integriert. – *Beispiele:* Arten der Kooperationen, wie Gemeinschaftsunternehmen oder länderübergreifende → Joint Ventures, aber auch → Genossenschaften und → strategische Allianzen. – Vgl. auch → effiziente Firmengrenze.

hybride Systeme – Begriff aus der → Neukeynesianischen Makroökonomik. In hybriden Makromodellen werden die zu erklärenden Variablen (wie Output und Inflation) gleichzeitig von der zukünftig erwarteten Entwicklung und der vergangenen Entwicklung dieser Variablen bestimmt. So ist in der neukeynesianischen → IS-Gleichung der Output der Periode t vom erwarteten Output der Folgeperiode t+1 abhängig. Im Hybrid-Fall wäre er gleichzeitig vom Outputniveau der Vorperiode abhängig. Entsprechendes gilt für die neukeynesianische → Phillips-Kurve (Inflationsgleichung).

Hybridsystem – Zahlungssystem, das Charakteristika eines Bruttosystems und Nettosystems kombiniert.

hygroskopische Waren → Trockengewicht.

Hyperbel – In einer Hyperbel hat die unabhängige Variable einen negativen Exponenten. Die einfachste Form einer Hyperbel ist die Funktion $f(x) = 1/x = x^{-1}$. – Durchschnittsfunktionen, z.B. die Stückkostenfunktion, werden häufig durch Hyperbeln beschrieben.

hypergeometrische Verteilung – spezielle diskrete Wahrscheinlichkeitsverteilung mit der → Wahrscheinlichkeitsfunktion

$$h(k|n;N;M) = \frac{\binom{M}{k}\binom{N-M}{n-k}}{\binom{N}{n}}$$

für k mit $M + n - N \leq k \leq \min(n, M)$, wobei n, M und N-M natürliche Zahlen sind mit $N\text{-}M \leq n \leq N$. Die in die Wahrscheinlichkeitsfunktion eingehenden Ausdrücke sind Binomialkoeffizienten. Die hypergeometrische Verteilung erfasst folgenden Sachverhalt: In einer Grundgesamtheit vom Umfang N befinden sich zwei Sorten von Elementen. Die Anzahl der Elemente der ersten Sorte beträgt M, die der zweiten Sorten N – M. Es werden zufällig n Elemente ohne Zurücklegen entnommen (→ Urnenmodell). Dann gibt h(k|n; N; M) die Wahrscheinlichkeit dafür an, dass genau k Elemente der ersten Sorte in die Ziehung gelangen. Die hypergeometrische Verteilung hat die Parameter n, M und N. Angewendet wird die hypergeometrische Verteilung z.B. bei der sog. Gut-/Schlecht-Prüfung im Rahmen der Qualitätskontrolle durch eine Warenstichprobe. Der Erwartungswert einer hypergeometrisch verteilten Zufallsvariablen ist $n \cdot M/N$ und die Varianz

$$n \cdot \frac{M}{N}\left(1 - \frac{M}{N}\right) \cdot \frac{N-n}{N-1};$$

(N – n)/(N – 1) ist der sog. → Korrekturfaktor. Unter bestimmten Voraussetzungen kann die hypergeometrische Verteilung durch die → Binomialverteilung und die → Normalverteilung approximiert werden (→ Approximation).

Hyperlink – Verknüpfung von HTML-Dokumenten (→ HTML). Hierbei kann es sich z.B. um Querverweise zwischen einzelnen Webpages oder einem Textdokument und einer Grafik handeln. I.d.R. wird der Hyperlink farblich hervorgehoben bzw. unterstrichen. Erst der Hyperlink ermöglicht die vernetzte Struktur und die nicht lineare Organisation von Inhalten im → World Wide Web. Technisch erfolgt der Verweis über einen → URL.

Hypertext – Struktur von Dokumenten in → Rechnernetzen (z.B. dem → World Wide Web), die Verweise auf andere Dokumente beinhalten (→ Hyperlink) und die Möglichkeit bieten, durch Anklicken dieses Verweises das korrespondierende Dokument direkt aufzurufen.

HyperText Markup Language → HTML.

HyperText Transfer Protocol → HTTP.

Hypothek – **I. Charakterisierung:** → Belastung eines Grundstücks in der Weise, dass an denjenigen, zu dessen Gunsten die Belastung erfolgt, eine bestimmte Geldsumme wegen einer ihm zustehenden Forderung aus dem Grundstück zu zahlen ist. – *Einzutragen* in Abt. III des → Grundbuchs. Im Gegensatz zur → Grundschuld und → Rentenschuld ist das Bestehen einer persönlichen Forderung *Voraussetzung* für Entstehung der Hypothek, des → dinglichen Rechts. Diese Abhängigkeit (Akzessorietät) ist nicht immer streng durchgeführt. – Der *Schuldgrund* (z.B. Darlehen, Kaufvertrag) berührt nur den *persönlichen Schuldner,* der nicht Eigentümer des belasteten Grundstücks zu sein braucht. Der *Eigentümer* des mit der Hypothek belasteten Grundstücks dagegen schuldet persönlich nichts (soweit er nicht – wie meist – gleichzeitig persönlicher Schuldner ist), sondern haftet nur mit dem Grundstück. Zahlt der Schuldner nicht, kann sich der *Gläubiger* aufgrund der Hypothek aus dem Grundstück und den mithaftenden Gegenständen (z.B. Zubehör, Miet- oder Pachtzinsforderungen) durch Verwertung im Wege der → Zwangsversteigerung und → Zwangsverwaltung (§ 1147 BGB) befriedigen.

II. Arten: 1. Regelform ist die *Verkehrshypothek:* Im Gegensatz zur Sicherungshypothek kann sich bei ihr ein gutgläubiger Erwerber auch hinsichtlich der persönlichen Forderung auf die Richtigkeit des Grundbuchs verlassen und wird durch dieses geschützt (§ 1138 BGB). – Die Verkehrshypothek kann Brief- oder Buchhypothek sein: a) Die *Briefhypothek* (→ Hypothekenbrief) ist die Regel (§ 1116 I BGB). – b) Bei der *Buchhypothek* ist die Erteilung eines Hypothekenbriefes dagegen ausgeschlossen (§ 1116 II BGB). Der Vorteil der Briefhypothek besteht in der größeren Verkehrsfähigkeit. Zu ihrer Übertragung bedarf es nicht der Eintragung im Grundbuch. Der Ersterwerb erfolgt durch → Einigung und → Übergabe des Briefes. Zur Ausübung der Rechte aus der Hypothek genügt → Besitz des Briefes. – 2. Die *Sicherungshypothek* ist im Gegensatz zur Verkehrshypothek nur Buchhypothek und streng von der persönlichen Forderung abhängig, die der Gläubiger der Sicherungshypothek im Streitfall beweisen muss; er kann sich nicht auf das Grundbuch berufen. Für den Verkehr ist die Sicherungshypothek daher wenig geeignet. Im Grundbuch muss sie im Interesse der Rechtssicherheit ausdrücklich als solche bezeichnet werden (§ 1184 II BGB). – *Sonderformen:* → Höchstbetragshypothek, → Inhaberhypothek; ferner: → Arresthypothek und → Zwangshypothek. – 3. Die *Gesamthypothek (Korrealhypothek)* wird zur Sicherung einer einheitlichen Forderung an mehreren Grundstücken bestellt, wobei jedes Grundstück und jeder Bruchteil für die ganze Forderung haftet. Der Gläubiger kann sich nach Belieben aus allen oder einzelnen Grundstücken oder Bruchteilen befriedigen. – 4. Regelmäßig ist das Kapital der durch Hypothek gesicherten Forderung nach Kündigung in einer Summe fällig (→ Kündigungshypothek). Vielfach wird die Forderung in Raten abgetragen, so v.a. bei Baukredit von Banken und anderen öffentlichen Anstalten; dafür Eintragung einer → Tilgungshypothek (Amortisationshypothek oder *Annuitätenhypothek).* Der Schuldner hat gleich bleibende Jahresleistungen zu erbringen. Da sich die Zinsbelastung bei zunehmender Rückzahlung der Schuldsumme verringert, wird der auf die Schuldsumme fallende Anteil der Tilgungsraten immer höher. Anders bei der → Abzahlungshypothek, bei der langsam sinkende Jahresleistungen zu erbringen sind. Gleich bleibt der Betrag zur Tilgung der Schuldsumme, die Zinsleistung sinkt. – 5. Mehrere im Rang gleichstehende oder unmittelbar aufeinander folgende Hypotheken desselben Gläubigers können im Grundbuch zu einer einheitlichen Hypothek zusammengefasst werden *(Einheitshypothek).* – 6. Steht die Hypothek einem anderen als dem Eigentümer des belasteten Grundstücks zu, spricht man von *Fremdhypothek.* Tilgt ein Eigentümer, der nicht gleichzeitig persönlicher Schuldner ist, die Forderung, so erwirbt er eine *Eigentümerhypothek.* Anders, wenn er auch persönlicher Schuldner ist. Erlischt die Forderung, so wandelt sich die Hypothek in eine Grundschuld, und zwar, da sie dem Eigentümer zusteht, in eine → Eigentümergrundschuld. – 7. *Vertragshypothek,* Sammelbezeichnung für alle Hypotheken, die aufgrund vertraglicher Vereinbarung zustande kommen, im Gegensatz zur im Wege der Zwangsvollstreckung entstandenen → *Zwangshypothek.* – 8. *Wertbeständige Hypothek:* Hypothek bei der sich der Wert an einem Inflationsindex orientiert (→ Wertsicherungsklausel). – 9. *Sonderform:* Schiffshypothek.

III. Begründung, Übertragung und Aufhebung: 1. Die Hypothek wird *begründet:* a) vertraglich durch → Einigung zwischen Grundstückseigentümer und Gläubiger und Eintragung im Grundbuch. Zu beachten: Die Hypothek steht dem Grundstückseigentümer zu, bis die Forderung entsteht und der Hypothekenbrief übergeben ist. – b) Durch Zwangsvollstreckung als Arresthypothek und Zwangshypothek; – c) kraft Gesetzes. – 2. Die *Übertragung* der Hypothek erfolgt durch Abtretung der Forderung (→ Schriftform, § 1154 BGB) oder Eintragung im Grundbuch und Übergabe des Briefes bei der Briefhypothek, sonst Eintragung im Grundbuch. Gemäß § 1153 BGB geht mit der Übertragung der Forderung die Hypothek auf den neuen Gläubiger über. Mehrfache Übertragung ist zulässig. – 3. Die *Zwangsvollstreckung* in eine Hypothekenforderung erfolgt i.d.R. durch → Pfändungs- und Überweisungsbeschluss mit Briefübergabe bzw. Eintragung im Grundbuch (§§ 830, 837 ZPO). – 4. Die Hypothek *erlischt:* (1) durch vertragliche Aufhebung; (2) durch Befriedigung des Gläubigers im Wege der → Zwangsvollstreckung; (3) durch Ausfall in der Zwangsvollstreckung (→ geringstes Gebot). Sie erlischt *nicht* bei Wegfall der durch sie gesicherten persönlichen Forderung; in diesem Fall entsteht eine → Eigentümergrundschuld oder auch Eigentümerhypothek.

IV. Finanzierung: Hypotheken dienen der Beschaffung von langfristigem Fremdkapital (→ Fremdfinanzierung). Durch die Verkehrshypothek wird Anlagevermögen zur Sicherung eines Kredites benutzt, mit dem andere Anlageteile oder Umlaufvermögen beschafft werden. – Zu *unterscheiden:* (1) *Zinshypothek* (jährliche Zinszahlung und Gesamtrückzahlung der Darlehenssumme); (2) → *Tilgungshypothek* (jährliche Zinszahlung und Tilgung).

V. Bilanzierung: Hypotheken sind als Posten des Fremdkapitals einzustellen. Wird dem Darlehensnehmer nicht das volle Hypothekendarlehen, sondern mit Abzug (→ Damnum) ausgezahlt, ist die Verbindlichkeit voll zu passivieren, das Disagio zu aktivieren und während der Laufzeit der Hypothekenschuld oder der Dauer der vereinbarten Zinsfestschreibung abzuschreiben. Das Damnum kann auch als Aufwand des Kreditaufnahmejahres angesetzt werden (§ 250 III HGB). – Vgl. auch → Disagio.

VI. Bewertungsgesetz: Aktivhypothek und Passivhypothek sind für die steuerliche Bewertung gemäß BewG grundsätzlich mit dem Nennwert anzusetzen (→ Kapitalforderung). Hypothekenforderungen gehören bei beschränkter Steuerpflicht (Erbschaftsteuer) zum → Inlandsvermögen, wenn sie durch inländischen → Grundbesitz oder inländische grundstücksgleiche Rechte gesichert sind (§ 121 Nr.

7 BewG). Hypothekenschulden sind als → Betriebsschulden oder als sonstige Schulden vom Rohvermögen abzugsfähig. Hypotheken berühren nicht den → Einheitswert oder → Bedarfswert des Grundbesitzes. Zinsen auf durch Hypotheken an inländischen Grundstücken gesicherte Forderungen sind auch beim Ausländer (beschränkt) steuerpflichtig; auf diesen Steueranspruch wird allerdings in → Doppelbesteuerungsabkommen regelmäßig verzichtet.

Hypothekarkredit – *Hypothekendarlehen*, langfristiger Kredit, der zur Finanzierung von Immobilien, Schiffen oder Flugzeugen verwendet und durch die Eintragung einer → Hypothek, → Grund- oder → Rentenschuld ins Grundbuch besichert wird. In Abgrenzung zu den Pfandrechten an beweglichen Sachen, Forderungen und Rechten werden diese auch als → Grundpfandrechte bezeichnet. Während früher eine Absicherung durch Hypotheken üblich war, sind diese in der heutigen Praxis bedeutungslos. Heute erfolgt die Besicherung i.d.R. über Grundschulden. Dennoch wird der Begriff des Hypothekarkredits weiter verwendet. – Hypothekarkredite gehören zu den → Realkrediten (Ggs. → Personalkredit). Ist der Kreditnehmer eine Privatperson, so finden die Regelungen zu Verbraucherkrediten Anwendung (§§ 491 – 512 BGB, insbes. § 503 BGB – einige Ausnahmen für Immobiliendarlehensverträge). – Auch in anderen Ländern ist der Begriff des Hypothekarkredits üblich, wobei sich die Vergabe, Besicherung und Eintragung ins Grundbuch zur deutschen Praxis unterscheiden. Zur Harmonisierung des europäischen Finanzmarktes gibt es daher seit langem Bestrebungen, einheitliche Standards zu entwickeln. So wurde von der Europäischen Kommission bereits 2011 eine Richtlinie zu Wohnimmobilienkreditverträge vorgeschlagen, die allerdings noch nicht umgesetzt wurde (Stand: 2013).

Hypothekenbanken – Nach der Neuordnung des Pfandbriefrechts 2005 wurde das Hypothekenbankgesetz, das Gesetz über Schiffspfandbriefbanken sowie das Gesetz über die Pfandbriefe und verwandten Schuldverschreibungen öffentlich-rechtlicher Kreditanstalten im → Pfandbriefgesetz (PfandBG) vom 22.5.2005 (BGBl. I 1373) m.spät.Änd. normiert. Damit ist die rechtliche Grundlage für Hypothekenbanken entfallen. Jedoch gilt die Erlaubnis zum Betreiben der Bankgeschäfte für die bis 2005 zugelassenen Hypothekenbanken weiter (§ 43 PfandBG i.V.m. § 32 KWG, außerdem § 50 Abs. 2 PfandBG). Im Verband deutscher Pfandbriefbanken sind 40 Mitgliedsinstitute vertreten (Stand Dez. 2012). – Den Umfang des Pfandbriefgeschäfts umschreibt § 1 Abs. 1 PfandBG. Ein Kreditinstitut, das das Pfandbriefgeschäft betreiben will, bedarf der Erlaubnis durch die → Bundesanstalt für Finanzdienstleistungsaufsicht (BaFin). Die Voraussetzungen hierfür sind in § 2 Abs. 1 PfandBG aufgeführt. Der Pfandbrief, das traditionelle Refinanzierungsinstrument der Hypothekenbanken, ist eine der größten homogenen Asset-Klassen am europäischen Schuldverschreibungsmarkt (Covered Bonds). Der Rechtsrahmen zur Emission von Pfandbriefen, das Pfandbriefgesetz (PfandBG), ist streng an dem Grundsatz des Gläubigerschutzes orientiert. Tatsächlich haben Pfandbriefe aufgrund der hohen gesetzlichen Anforderungen eine Kreditqualität, die der souveräner Schuldner nahe kommt. Der Jumbo-Pfandbrief, das Segment für großvolumige Emissionen, ist dabei bes. auf die Liquiditätsanforderungen institutioneller Anleger aus dem In- und Ausland zugeschnitten.

Hypothekenbrief – Urkunde über eine im Grundbuch eingetragene → Hypothek (Briefhypothek). – Der Hypothekenbrief ist ein Rektapapier, durch Übergabe und der → Schriftform bedürfende Abtretung bzw. Eintragung im Grundbuch *übertragbar;* soweit die Abtretungserklärung lückenlos und mit → öffentlicher Beglaubigung versehen wird, legitimiert der Brief gegenüber dem Schuldner und ermöglicht → gutgläubigen Erwerb. Eine Briefhypothek ist demnach leicht übertragbar. Ein *abhanden gekommener* Hypothekenbrief kann im → Aufgebotsverfahren für kraftlos erklärt werden.

Hypothekenpfandbrief → Pfandbrief.

Hypothekenregister – bei → Hypothekenbanken geführtes Register, in das die → Hypotheken, die zur Deckung der ausgegebenen → Pfandbriefe dienen, einzeln einzutragen sind.

Hypothekenzinsen – Zinsen für Hypothekarkredite. Im externen Rechnungswesen stellen sie Aufwand für langfristiges durch Grundpfandrechte gesichertes Fremdkapital dar. Sie werden häufig auf einem → Abgrenzungskonto erfasst; an ihrer Stelle werden in der Kostenrechnung → kalkulatorische Zinsen verrechnet. Die Höhe der Hypothekenzinsen wird durch das Niveau der Kapitalmarktzinsen beeinflusst.

Hypothese – 1. Im alltäglichen *Sprachgebrauch* i.d.R. Bezeichnung für ungeprüfte Spekulation; Gegenteil von sicherem Wissen. – 2. Im *erfahrungswissenschaftlichen Sinn* Vermutung über strukturelle Eigenschaften der Realität, die meist in Form einer Wenn-dann-Aussage formuliert wird. Wird von der grundsätzlichen Fehlbarkeit des menschlichen Problemlösungsverhaltens ausgegangen (→ Fallibilismus), dann sind alle wissenschaftlichen Erkenntnisse als hypothetisch zu bezeichnen. – *Abstufungen* können hinsichtlich des momentan erreichten Erkenntnisstandes vorgenommen werden: (1) Hypothese als bislang ungeprüfte Spekulationen; (2) Hypothese als geprüfte Aussage, ohne dass vorerst die Einordnung in eine → Theorie möglich ist; (3) Hypothese als gut begründete, empirisch getestete Aussage, die im Rahmen einer Theorie ein → Theorem darstellt oder ggf. sogar als → Axiom fungiert; hier kann von einer → Gesetzesaussage bzw. nomologischen Hypothese gesprochen werden.

Hypothesenprüfung → statistische Testverfahren.

hypothetisches Konstrukt → Käufer- und Konsumentenverhalten.

Hysterese – *Hysteresis;* aus der Physik übernommene Bezeichnung für die länger anhaltende Nachwirkung der historischen Werte von ökonomischen Variablen auf ihre aktuellen Werte. Das Phänomen der Hysterese wurde in jüngerer Zeit v.a. im Zusammenhang mit der → natürlichen Arbeitslosigkeit diskutiert. Danach führt eine hohe Arbeitslosigkeit der Gegenwart, die als Folge exogener Schocks (wie Ölpreisschocks) entstanden ist, auch nach dem Fortfall dieser Schocks zu keinem Rückgang, sondern zu einem Anstieg der künftigen natürlichen Arbeitslosigkeit. Hysterese bedeutet in diesem Zusammenhang also das Fortbestehen hoher (Sockel-)Arbeitslosigkeit, auch wenn die Ursache dafür nicht mehr existent ist. – *Mögliche Gründe hierfür:* Arbeitslosigkeit führt zu Qualifikationseinbußen und erschwert somit das Finden einer neuen Beschäftigung; Arbeitslosigkeit führt zu Frustration und verringert die Bereitschaft, aktiv nach einem neuen Arbeitsplatz zu suchen. – Vgl. auch → Wechselkurshysterese, → Insider-Outsider-Theorien.

Hysterese-Effekt – Fortdauer einer Wirkung bei Wegfall der Ursache. Ursprünglich aus dem Konzept der Trägheit aus der klassischen Physik entlehnt, wurde das Konzept zunächst zur Erklärung des Entstehens struktureller aus konjunktureller Arbeitslosigkeit verwendet. Übertragen wurde es dann auf die → Außenwirtschaftstheorie, um dauerhafte Änderungen in der Außenhandelsstruktur infolge vorübergehender Wechselkursänderungen zu erklären, und auf die → Wachstumstheorie, um den Einfluss historisch gewachsener Wirtschaftsstrukturen auf die langfristige Wachstumsrate einer Volkswirtschaft zu analysieren. Insofern haben Hysterese-Effekte auch Bedeutung im Rahmen der → Industriepolitik.

Hysteresis → Hysterese

I

i.A. – 1. Abk. für → im Auftrag. – 2. Firmenzusatz für *in Abwicklung* (→ Abwicklung).

i.L. – Firmenzusatz für *in Liquidation* (→ Abwicklung).

i.V. – Abk. für → in Vollmacht.

IAA – Abk. für → Internationales Arbeitsamt.

IAB – Abk. für → Institut für Arbeitsmarkt- und Berufsforschung.

IAEA – Abk. für International Atomic Energy Agency, Internationale Atomenergie-Agentur, Internationale Atomenergieorganisation. 1. *Begriff:* 1957 gegründete Organisation mit Sitz in Wien. Autonome Organisation im Rahmen der UN, bildet zusammen mit den Sonderorganisationen der United Nations (UN) die Gruppe der den UN angeschlossenen Organisationen. Sie ist Kontrollorgan des Atomwaffensperrvertrages. – 2. *Organe:* Konferenz aus Vertretern aller Mitgliedsstaaten (Generalkonferenz); Rat der Gouverneure; Sekretariat mit sechs Abteilungen. – 3. *Ziele:* Weltweite Förderung und Beschleunigung des Beitrages der Kernenergie zu Frieden, Gesundheit und Wohlstand; Sicherung – soweit möglich – gegen militärische Ausnutzung der von der IAEA geleisteten Forschungsarbeit, Förderung von Forschung und technischer Ausbildung. 2005 wurde die IAEA mit ihrem damaligen Generaldirektor Mohammed el-Baradei für den Einsatz für diese Ziele mit dem Friedensnobelpreis ausgezeichnet. – 4. *Schwerpunkte der Arbeit:* (1) Überwachung von Nuklearanlagen auch in Hinblick auf den Atomwaffensperrvertrag, (2) technische Unterstützung, (3) enge Zusammenarbeit mit FAO bei der Erforschung von Anwendungsmöglichkeiten der Radioaktivität in Ernährungs- und Landwirtschaft, (4) im medizinischen Bereich Zusammenarbeit mit WHO, (5) bei Kernenergie: Förderung des Erfahrungsaustausches und der technischen Zusammenarbeit, (6) Entwicklung und Überwachung der Sicherheit von Nuklearanlagen, hierzu wurde das computergestützte Internationale Nukleare Informationssystem (INIS) entwickelt, (7) enge Zusammenarbeit mit der Europäischen Atomgemeinschaft (EAG, EURATOM) und Nuclear Energy Agency (NEA) bei der OECD.

IAO – Abk. für *Internationale Arbeitsorganisation*, → ILO.

IARIW – Abk. für *International Association for Research in Income and Wealth;* 1947 gegründete Internationale Vereinigung zur Erforschung des Volkseinkommens und -vermögens und Förderung von Theorie und Praxis der → Volkswirtschaftlichen Gesamtrechnungen (VGR). Auf zweijährlich stattfindenden Versammlungen treffen sich Gesamtrechner aus allen Ländern zum Erfahrungsaustausch und zur Beratung internationaler Vorhaben (z.B. Revision der internationalen Gesamtrechnungssysteme). – *Veröffentlichung:* The Review of Income and Wealth.

IAS – Abk. für *International Accounting Standards;* → International Financial Reporting Standards (IFRS).

IASB – Abk. für → International Accounting Standards Board (IASB).

IAT – Abk. für → Implizit Association Test.

IATA – Abk. für → International Air Transport Association.

IBAN – Abk. für *International Bank Account Number (deutsch: Internationale Bankkontonummer);* IBAN ist eine standardisierte, internationale Bankkontonummer, entwickelt vom → European Committee for Banking Standards (ECBS) und der International Organization for Standardization (→ ISO) im Jahre 1997. Mit der IBAN-Einführung sollte v.a. die Effizienz grenzüberschreitender Zahlungen – v.a. im Eurowährungsgebiet – verbessert werden. Im Zuge der Errichtung des Einheitlichen Eurozahlungsverkehrsraums (→ Single Euro Payments Area) hat die IBAN an Bedeutung gewonnen, da bei SEPA-Zahlungen ausschließlich die IBAN zur Identifikation der beteiligten Konten verwendet wird. Die IBAN ist international einheitlich aufgebaut (gemäß ISO 13616) und besteht aus einem zweistelligen Länderkennzeichen, gefolgt von einer ebenfalls zweistelligen Prüfziffer (Modulus 97-10 [ISO 7064]) und einer max. dreißigstelligen, national unterschiedlich zusammengesetzten BBAN (Basic Bank Account Number), die je Land eine feste Länge hat. Wie die IBAN in verschiedenen Ländern aufgebaut ist, kann dem von → SWIFT, in Funktion der von ISO benannten Registrierungsstelle für nationale IBAN-Formate, veröffentlichten "IBAN Registry" entnommen werden. Eine deutsche IBAN hat 22 Stellen. Nach dem Länderkennzeichen DE und der zweistelligen Prüfziffer folgt die achtstellige Bankleitzahl und die zehnstellige Kontonummer. Kürzere Kontonummern werden dabei linksbündig mit führenden Nullen auf zehn Stellen erweitert. Da bei der Ermittlung einer IBAN aus Kontonummer und Bankleitzahl in einigen Fällen Besonderheiten zu berücksichtigen sind, wird die IBAN ausschließlich durch die kontoführende Bank vergeben und im Kontoauszug angegeben.

IBIS → XETRA.

IBM-Code → EBCDIC.

IBRD – Abk. für *International Bank for Reconstruction and Development, Internationale Bank für Wiederaufbau und Entwicklung, Weltbank.* Auf der

Weltwährungskonferenz in Bretton Woods im Juli 1944 von 44 Teilnehmerstaaten erarbeitet, nach der Ratifizierung von 28 Nationen am 27.12.1945 gegründet, nahm sie am 25.6.1946 die Geschäftstätigkeit auf. – *Sitz:* Washington, D.C. – Die Bundesrepublik Deutschland ist seit 1952 Mitglied. Voraussetzung für die Mitgliedschaft (derzeit 187) ist die Mitgliedschaft beim → IWF. – *Ziele:* Ursprünglich für den großen Bedarf an langfristigem Kapital für die Nachkriegszeit gegründet, heute: Wirtschaftliche Entwicklung weniger entwickelter Staaten durch finanzielle und andere Hilfen. – *Organisation:* Alle Verfügungsgewalt liegt beim *Board of Governors,* in das jeder Mitgliedsstaat einen Vertreter entsendet und das i.d.R. einmal jährlich tagt. Die meisten Befugnisse sind an das *Direktorium* abgetreten, das aus mehreren Executive Directors besteht Die Geschäftsführung obliegt dem vom Direktorium zum Vorsitzenden gewählten *Präsidenten.* – *Aktivitäten:* Hauptaufgabenfeld ist die Vergabe von Darlehen und Krediten mit Laufzeiten von einigen Jahrzehnten, die überwiegend aus internationalen Kapitalmarktanleihen finanziert werden sowie aus Darlehensrückzahlungen und den Einzahlungen der Mitglieder auf ihr Grundkapital und Reinerträgen.

IC – Abk. für *Integrated Circuit;* in einem → Chip integrierte Schaltung.

ICA – Abk. für *International Cooperative Alliance, Internationaler Genossenschaftsbund;* → Non-Governmental Organization (NGO); am 19.8.1895 in London gegründet. 1902 wurde die Möglichkeit der Einzelmitgliedschaft gestrichen. – *Sitz/Hauptsitz:* Genf. – *Ziel:* Förderung des Genossenschaftsgedankens in aller Welt, Gedankenaustausch mit anderen Genossenschaftsbewegungen, Förderung des wirtschaftlichen und sozialen Fortschritts in einzelnen Staaten. – *Aufbau:* Generalversammlung (im zweijährigen Rhythmus) wählt den ICA Board, das Auditing und Control Committee und den Präsidenten. Regionale Generalversammlungen bestehen für Europa, Amerika, Afrika und Asien/Pazifik. – *Mitglieder* (2008): 225 Genossenschaftsorganisationen in 87 Ländern mit ca. 800 Mio. Genossenschaftsmitgliedern. Konsultativer Status bei ECOSOC (→ UN), → UNESCO, → ILO, → FAO, u.a. – *Aktivitäten:* Zusammenarbeit mit UN-Organisationen, Gedankenaustausch und Hilfsprogramme für die Genossenschaftsbewegungen in der Dritten Welt.

ICANN – Abk. für → Internet Corporation for Assigned Names and Numbers.

ICAO – Abk. für *International Civil Aviation Organization, Internationale Zivilluftfahrtorganisation;* Sitz in Montreal (Kanada). Gegründet am 4.4.1947. – *Mitglieder:* 190 Staaten (2009). – *Organe:* (1) Versammlung aus Vertretern der Mitgliedsstaaten als oberstes Organ, tritt in dreijährigen Abständen zusammen; (2) Rat, von der Versammlung gewählte Vertreter (für jeweils drei Jahre gewählt) von 36 Mitgliedsstaaten als ständiges Exekutivorgan; dem Rat wird assistiert von verschiedenen Ausschüssen u.a. Luftfahrtkommission, Luftverkehr-, Finanz-, Rechtsausschuss; (3) Generalsekretariat. – *Aufgaben:* a) Aufbauend auf dem Luftverkehrsabkommen von Paris (1919) und dem Abkommen über die Handelsluftfahrt von Havanna (1928) ist das 1944 abgeschlossene Abkommen über den Luftverkehr, das gleichzeitig die ICAO begründet, entwickelt worden. Durch Ausarbeitung allg. anerkannter Grundsätze und Richtlinien technischer, wirtschaftlicher und rechtlicher Art soll die ICAO die größtmögliche Sicherheit und Wirtschaftlichkeit im Luftverkehr herbeiführen. – b) Im Einzelnen umfassen ihre Aufgaben v.a. Sorgen für sicheres und geordnetes Wachsen der internationalen Zivilluftfahrt; Förderung des Flugzeugbaus zu friedlichen Zwecken, der Entwicklung von Luftstraßen, Flughäfen und Luftfahrteinrichtungen, Sicherung eines regelmäßigen, leistungsfähigen und wirtschaftlichen Luftverkehrs, Verhinderung „übermäßigen Wettbewerbs"; Förderung der Flugsicherheit. – *Bisherige Leistungen:* (1) Internationale Vorschriften und Normen für die zivile Luftfahrt, Bestimmungen über die Einrichtung und Sicherung der Flughäfen, Förderung des Gebrauchs neuer technischer Geräte und Methoden, Entwicklung eines vorbildlichen Systems für Wetterdienst, Verkehrskontrollen, Nachrichtenverbindung, Such- und Rettungsdienst, Vereinfachung der Zoll- und Einwanderungsformalitäten; (2) Finanzielle oder technische Hilfe für die Erhaltung der Luftverkehrseinrichtungen in den Mitgliedsstaaten oder in Gebieten, in denen die Erhaltung aus eigener Kraft unmöglich ist; (3) Konvention über die internationale Anerkennung der Eigentums-Rechte an Flugzeugen; (4) technische Hilfe durch Entsendung von Fachleuten für die Ausbildung im Flugwesen, Vergebung von Auslandsstudienstipendien; (5) Veröffentlichung technischer Schriften auf dem Gebiet der Luftfahrt; (6) Studien über umweltrelevante Anpassungen der Lärm- und Abgasemissionen der Antriebaggregate und Aufstellung internationaler Standards und Richtlinien für zulässige Geräuschzertifikationen in der Luftfahrt; (7) Ausbau der Sicherheit vor terroristischen Anschlägen (beschlossen auf Sonderkonferenzen nach 11.9.2001).

ICC – Abk. für *International Chamber of Commerce, Chambre de Commerce International (CCI), Internationale Handelskammer;* im Juni 1920 in Paris auf Initiative der Internationalen Handelskonferenz 1919 in Atlantic City gegründet; Zusammenschluss von Unternehmern und Verbänden aus Industrie- und Entwicklungsländern in mehr als 130 Ländern; nationale Komitees in mehr als 60 Staaten mit mehr als 1.500 Wirtschaftsorganisationen und über 5.000 Unternehmen. Deutsche Vertretung in Berlin. – *Aufgaben:* Förderung und Verbesserung des Welthandels sowie Harmonisierung und Liberalisierung von internationalen Handelsverfahren und Geschäftspraktiken mit dem *Ziel* eines freien und fairen internationalen

Wettbewerbs für Güter- und Kapitalverkehr. Unter Mitwirkung nationaler Komitees beschäftigt sie sich mit allen wichtigen Fragen der Weltwirtschaft. – *Organe:* Der *ICC-Rat* (Council), der sich zweimal jährlich trifft, ist das höchste leitende Organ, in welchem die nationalen Komitees zwischen einem und drei Mitglieder in Abhängigkeit von ihrem relativen Beitrag zum Gesamtbudget entsenden. Die Geschäfte werden vom *Executive Board* (Verwaltungsrat), der aus mind. 15 Mitgliedern besteht, die vom Rat ernannt werden, geführt (Drei-Jahreszyklus, wobei jährlich ein Drittel der Mitglieder zurücktritt). Alle zwei Jahre tritt der *ICC-Kongress* zusammen, der unter einem Generalthema abgehalten wird. Zwischen dem Kongress findet eine Konferenz statt. *Weitere Organe* sind das Internationale Sekretariat mit Sitz in Paris, nationale Ausschüsse und Beiräte. – ICC besitzt *Konsultativ-Status* beim Wirtschafts- und Sozialrat der Vereinten Nationen (→ EU), der → World Trade Organization (WTO) und der → WIPO. – *Bewertung:* ICC hat sich Verdienste um das Schiedsgerichtswesen erworben (ein ständiger Gerichtshof befasst sich mit Handelsstreitigkeiten) und wichtige Beiträge zu den GATT-Runden geleistet; Einsatz für den Verbraucherschutz und den Schutz des wirtschaftlichen Eigentums und im Kampf gegen kommerzielle Kriminalität.

Ich-AG – Im Rahmen der → Hartz-Gesetze wurde 2003 ein Existenzgründungszuschuss, die Ich-AG, sowie als deren Ergänzung die Familien-AG, als weitere Form „neuer Selbstständigkeit" eingeführt. Mitte 2006 wurde die Ich-AG mit dem schon seit Mitte der 1980er-Jahre bestehenden Überbrückungsgeld (→ Arbeitslosenversicherung) zu einem neuen, einheitlichen Instrument der Gründungsförderung zusammengelegt (→ Gründungszuschuss). – Vgl. auch → Arbeitsmarktpolitik.

Ich-Beteiligung → Involvement.

ICLS – Abk. für *International Conference of Labour Statisticians,* → Internationales Arbeitsamt (IAA).

ICMCI – Abk. für *International Council of Management Consulting Institutes*, internationale Dachorganisation von Managementberatungsverbänden und -instituten; 1987 gegründet. – 1. *Aufgaben:* Ziel des ICMCI ist es, die Zusammenarbeit zwischen den Consulting-Verbänden und -Instituten zu intensivieren, um gemeinsame Ziele schneller umzusetzen. Dazu zählen insbesondere die Entwicklung und Erhöhung der Berufsstandards, die Registrierung und Zertifizierung von Managementberatern sowie die weltweite Anerkennung des CMC-zertifizierten Beraters (Certified Management Consultant). Der „Code of Professional Conduct" (Verhaltenskodex) enthält u.a. Begriffsdefinitionen, Aufnahmebedingungen und Grundlagen für die Zusammenarbeit zwischen den Mitgliedsorganisationen. – 2. *Mitglieder:* Im ICMCI sind 45 Länderorganisationen (2009) vertreten, die über einen qualifizierten Zertifizierungsprozess für Managementberater verfügen. Um Mitglied werden zu können, müssen sich die Länderorganisationen als Standesvertretung der Managementberater im jeweiligen Land ausweisen, hinsichtlich Zertifizierung/Aufnahmebedingungen und Verhaltenskodex die ICMCI-Voraussetzungen erfüllen sowie über eine Leitung (Geschäftsführung, Vorstand) verfügen, die die Ziele des ICMCI bei ihren Mitgliedern umsetzen kann. Zu den Mitgliedern zählt der Bundesverband Deutscher Unternehmensberater e.V. (→ BDU).

ICNPO – Abk. für → International Classification of Nonprofit Organizations.

ICQ – Abk. für *„I seek you"*; Name eines populären Programms der Firma Mirabilis und des zugrunde liegenden Protokolls. ICQ dient der schnellen Kommunikation über das → Internet (→ Chat).

ICSID – Abk. für *International Centre for Settlement of Investment Disputes, Internationales Zentrum zur Beilegung von Investitionsstreitigkeiten.* – *Sitz:* Washington, D.C., gegründet am 14.10.1966 als Institution der → Weltbankgruppe. ICSID-Konvention bis Juni 2009 von 155 Staaten unterzeichnet, die Mitglieder der → IBRD sind. – *Hauptziel:* Beilegung von Investitionsstreitigkeiten zwischen Staaten und Staatsbürgern von Ländern, die das ICSID zur Regelung von Streitigkeiten anrufen, für die die Vertragsparteien keine Regelungen vereinbart haben. Dazu Schiedsregeln zur Beilegung von Streitigkeiten; Schiedsgerichte, die von den streitenden Parteien angerufen werden können; Informationen für die Abfassung von Schiedsgerichtsklauseln. – *Organe:* Verwaltungsrat (Vorsitz in Personalunion mit IBRD-Präsident), Sekretariat unter Leitung eines Generalsekretärs. – *Tätigkeit:* Schwerpunkt ist die Einsetzung und Unterhaltung von Schiedsgerichten zur Beilegung von Investitionsstreitigkeiten.

IDA – Abk. für *International Development Association, Internationale Entwicklungsorganisation.* – *Sitz:* Washington, D.C., 1960 gegründet als Tochtergesellschaft der → IBRD; Sonderorganisation der → UN. – *Zielsetzung:* Identisch mit denen der → IBRD; sie gewährt Kredite jedoch an ärmere Länder zu Vorzugskonditionen. Sie unterstützt derzeit mehr als 900 Projekte. – *Organe:* Identisch mit denen der IBRD (Personalunion). – *Aktivitäten:* Finanzierung von Entwicklungsprojekten unter wesentlich günstigeren Bedingungen: Laufzeit i.d.R. 50 Jahre, Beginn der Tilgung nach zehn Jahren, Rückzahlung auch in eigener Währung möglich. Zinslose Kredite (Bearbeitungsgebühr 0,75 Prozent der Kreditsumme). IDA-Kredite werden an Länder vergeben, die folgenden drei Bedingungen genügen: (1) BNE pro Kopf unter 1095 US-Dollar; (2) kein Zugang zu internationalen Kreditmärkten; (3) Umsetzung angemessener und stabilitäts- und wachstumsorientierter Politikmaßnahmen. – *Finanzierung:* IDA finanziert sich nicht auf den Kapitalmärkten, sondern aus

Mitgliedsbeiträgen und Gewinnüberweisungen der IBRD sowie Kreditrückzahlungen. Die letzte Wiederauffüllung von IDA (Dezember 2007) erbrachte 16,5 Mrd. → Sonderziehungsrechte (SZR). Nach Großbritannien, der USA und Japan ist die Bundesrepublik Deutschland der viertgrößte Beitragszahler. – Vgl. auch → Weltbankgruppe.

IDB – Abk. für *Inter-American Development Bank, Interamerikanische Entwicklungsbank;* am 8.4.1959 in Washington von der Organization of American States (OAS) gegründet. – *Mitglieder* (2009): 48, davon 26 lateinamerikanische Staaten. – *Ziele:* Förderung der wirtschaftlichen Entwicklung lateinamerikanischer Länder durch die Finanzierung von Entwicklungsprojekten sowie beratende und finanztechnische Hilfe; Förderung von Privatinvestitionen. IDB finanziert höchstens 50 Prozent der Projektkosten, i.d.R. nur 25 Prozent; wichtige Quelle auswärtiger öffentlicher Finanzierung für Lateinamerika. Bisher kumulierte Investitionen von 375 Mrd. US-Dollar. Zur Förderung der Integration Lateinamerikas wurde 1964 im Rahmen des IDB das *Institut für lateinamerikanische Integration* (INTAL, Instituto para la Integración de América Latina) gegründet.

Idealmodell → Modell.

Ideenfindungsmethoden → Kreativitätstechniken.

Ideenschutz – Ideen, die weder zu einer fertigen → Erfindung (→ Patent, → Gebrauchsmuster) geführt haben oder in einem urheberrechtsschutzfähigen → Werk oder → Geschmacksmuster Ausdruck gefunden haben, genießen weder Sonderrechtsschutz noch Wettbewerbsschutz nach UWG (→ Ausbeutung).

Identifiable Costs → Einzelkosten.

Identifikation – Dieses Identifikationsproblem ist nicht nur ein Problem der Beobachtungsdaten, sondern v.a. ein Problem der dem Modell zugrunde liegenden ökonomischen Theorie. Diese Theorie muss genügend Restriktionen liefern, um eine Modellstruktur identifizierbar zu machen. Solche Restriktionen sind z.B. Ausschlusskriterien, d.h. Angaben, ob eine bestimmte Variable in einer Modellgleichung als erklärende Variable auftritt oder nicht. Diese Kriterien sind wegen ihres Ad-hoc-Charakters gelegentlich umstritten, und teilweise wird die Lösung des Identifikationsproblems überhaupt in Frage gestellt. Andererseits ist eine Identifikation Voraussetzung für die Ableitung der stochastischen Eigenschaften der ökonometrischen Schätz- und Testfunktionen. – Zu unterscheiden sind genau identifizierte, überidentifizierte und unteridentifizierte Gleichungen. Genau identifizierte und überidentifizierte Verhaltensgleichungen sind schätzbar, für unteridentifizierte Gleichungen existieren keine Schätzfunktionen mit wünschenswerten stochastischen Eigenschaften. – Die Identifikationskriterien sind für lineare Modelle relativ einfach. Ein hinreichendes Kriterium ist das sog. Rangkriterium, das i.d.R. aber erst nach einer Strukturschätzung überprüft werden kann. Die Praxis beschränkt sich daher meist auf ein notwendiges Kriterium (sog. Abzählkriterium). Danach ist eine Verhaltensgleichung identifizierbar, wenn die Anzahl der in dieser Gleichung als erklärendeVariablen auftretenden gemeinsam abhängigen Variablen und vorherbestimmten Variablen (→ Mehrgleichungsmodell) nicht größer ist als die Anzahl der vorherbestimmten Variablen im Modell insgesamt. Ein einfaches Beispiel für eine nicht identifizierbare Modellstruktur ist ein Modell für einen geräumten Markt, bei dem in der Angebotsfunktion die Menge nur vom Preis und in der Nachfragefunktion der Preis nur von der Menge abhängt.

Identifikationsmerkmal – 1. *Allgemeines:* Das → Bundeszentralamt für Steuern teilt jedem Steuerpflichtigen zum Zwecke der eindeutigen Identifizierung in Besteuerungsverfahren ein einheitliches und dauerhaftes Merkmal zu, das bei Anträgen, Erklärungen oder Mitteilungen gegenüber Finanzbehörden anzugeben ist. Es besteht aus einer Ziffernfolge, die nicht aus den Daten über den Steuerpflichtigen gebildet oder abgeleitet werden darf; die letzte Stelle ist eine Prüfziffer (§ 139a AO). Natürliche Personen erhalten ab Geburt eine sog. Identifikationsnummer (§ 139b AO), wirtschaftlich Tätige eine sog. Wirtschafts-Identifikationsnummer (§ 139c AO). Der Steuerpflichtige ist über die Zuteilung zu unterrichten. – 2. Die *Identifikationsnummer für natürliche Personen* (Steueridentifikationsnummer (IdNr)) wurde zum 1.7.2007 eingeführt. Sie soll die bisherige Steuernummer ersetzen und wird im Melderegister gespeichert. – 3. Die *Wirtschafts-Identifikationsnummer für wirtschaftlich Tätige* ist erforderlich, um eine Trennung der persönlichen von den betrieblichen Daten zu ermöglichen. Sie soll die bisherige → Umsatzsteuer-Identifikationsnummer ersetzen. Zu welchem Zeitpunkt sie genau eingeführt werden wird, ist gegenwärtig nicht abzusehen.

Identifikationstest – Methode der Werbemittelforschung; Test zur Feststellung der Aufmerksamkeitswirkung (→ Aufmerksamkeit) von Werbemitteln. Der Werbeappell wird dem Befragten unvollständig (maskiert, Fortlassen von Worten, Bildern etc.) präsentiert. Die Auskunftsperson soll das Werbemittel identifizieren und die fehlenden Elemente ergänzen. Anwendbar auf optische und akustische Werbemittel. – *Technisches Hilfsmittel:* Videometer.

identifizierbare Kosten → Einzelkosten.

Identität – im zollrechtlichen Sinn: → Nämlichkeit. Das Gegensteil ist Äquivalenz.

Identitätsbasiertes Markenmanagement

von Prof. Dr. Christoph Burmann und Dr. Andreas Müller

I. Begriff

Das identitäsbasierte Markenmanagement stellt einen außen- und innengerichteten Managementprozess mit dem Ziel der funktionsübergreifenden Vernetzung aller mit der Markierung von Leistungen zusammenhängenden Entscheidungen und Maßnahmen zum Aufbau einer starken Marke dar.

II. Merkmale

Abweichend von herkömmlichen Ansätzen der Markenführung, sieht das Konzept des identitäsbasierten Markenmanagements eine Synthese der absatzmarktbezogenen Sichtweise („outside-in") und der internen, unternehmensbezogenen Sichtweise („inside-out") vor. Dementsprechend wird die Ursache nachhaltigen, überdurchschnittlichen Unternehmenserfolges nicht einzig in einer unternehmensweit implementierten Marktorientierung gesehen, sondern es werden überdies eine Ressourcen- und Kompetenzorientierung als für den Unternehmenserfolg elementar erachtet. Da diese sich notwendigerweise an den zukünftigen marktlichen Verwendungsmöglichkeiten der unternehmensspezifischen Ressourcen und Kompetenzen orientiert, stellt sie keinen Widerspruch zur Marktorientierung dar.

Den Mittelpunkt des identitätsbasierten Markenmanagements bildet die Identität einer Marke (Selbstbild der internen Gruppen). Demgegenüber steht das Markenimage als Fremdbild externer Zielgruppen von der Marke. Das identitätsbasierte Markenmanagement strebt ein hohes Maß an Übereinstimmung zwischen der Markenidentität und dem Markenimage an. Diese Zielsetzung basiert auf der Erkenntnis, dass die Markenidentität das zu formende Element des identitätsbasierten Markenmanagements darstellt und das Markenimage sich lediglich unter Zuhilfenahme der Markenidentität langfristig beeinflussen lässt.

III. Modell des identitätsbasierten Markenmanagement

Die Aktionsebene des identitätsbasierten Markenmanagements bildet die Markenidentität. Diese umfasst aus interner Sicht alle langfristig relevanten Merkmale einer Marke. Es handelt sich dabei um das Selbstbild der Marke aus Sicht der Mitarbeiter und ist als Führungskonzept zu verstehen. Bei der Ausgestaltung der Markenidentität ist es wichtig, nicht nur die Bedürfnisse des Marktes („outside-in"), sondern auch die eigenen Kompetenzen und Ressourcen („inside-out") zu berücksichtigen. Eine Marke kann nur erfolgreich operieren, wenn sie hält, was sie verspricht.

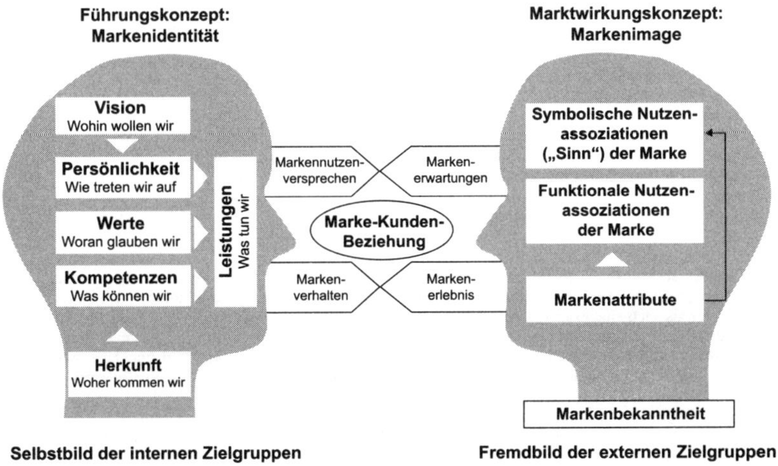

In der Markenidentität sind die wesentlichen Elemente der Marke verankert und bilden einen langfristigen Koordinationsrahmen, der einen konsistenten und kontinuierlichen externen Markenauftritt ermöglicht. Die

Markenidentität hat ihre Wurzeln in der Markenherkunft, welche eng mit der Markenhistorie verbunden ist. Während die Markenherkunft die Gesamtheit aller geografischen, kulturellen und institutionellen Einflüsse umfasst, welche festlegen von wo, wem oder was eine Marke entstammt, betrachtet die Markenhistorie in noch umfänglicherer Weise sämtliche Ereignisse der Vergangenheit, die mit der Geschichte der Marke in Verbindung gebracht werden. Wenngleich sowohl die Markenherkunft als auch die Markenhistorie Konstanten darstellen, kann durch die Hervorhebung jeweils einzelner Aspekte die Wahrnehmung dieser partiell gestaltet werden. Ein weiteres Substanz verleihendes Element der Markenidentität bilden die organisationalen Fähigkeiten der Marke. Diese basieren im Wesentlichen auf den Kompetenzen der markenführenden Unternehmung und stellen den Radius dar, innerhalb dessen ein von einer Marke versprochener Kundenutzen mit Substanz versehen werden kann. Während die Markenherkunft und die organisationalen Fähigkeiten der Marke eher auf der Vergangenheit basierende Elemente der Markenidentität darstellen und nur mittel- bis langfristig veränderbar sind, wird die zukünftige Entwicklung der Marke in hohem Maße durch die Markenvision geprägt. Diese stellt die in die Zukunft gerichtete, idealisierte Identität einer Marke dar und soll allen internen Bezugsgruppen ein Motivations- und Ankerpunkt sein. Auf den beschriebenen Komponenten basierend, stellen die Markenkernleistungen die unmittelbarste Form der Manifestation des Kundennutzens einer Marke dar. Diese bilden die Arten von Leistungen, welche eine Marke repräsentieren und eine hohe Übereinstimmung mit der von der Marke intendierten Identität besitzen. Eine hohe Kongruenz mit der anzustrebenden Markenidentität müssen auch die Markenkernwerte besitzen. Diese stellen die Werte und Normen der internen Bezugsgruppen einer Marke dar und bilden die symbolische Essenz der Markenidentität. Die Markenkernwerte sollten einen Bezug zum Kundennutzen haben und diesen v.a. mit emotionalen Komponenten versehen. Im Idealfall weisen die Markenkernwerte eine hohe Übereinstimmung mit den Anforderungen externer Bezugsgruppen an eine ideale Marke auf. Das letzte Element der Markenidentität ist die Markenpersönlichkeit. Die Persönlichkeit der Marke manifestiert sich im Kommunikationsstil, welcher v.a. durch die kulturelle Verankerung, typische Markenverwender oder Markenrepräsentanten geprägt wird. Der Markenpersönlichkeit kommt insbesondere die Aufgabe zu, die Kundenkontaktsituation positiv zu gestalten und Sympathie für die Marke zu erzeugen.

Der Markenidentität gegenüber steht das Markenimage. Das Markenimage ist ein in der Psyche relevanter Zielgruppen verankertes, verdichtetes Vorstellungsbild von einer Marke und stellt das Fremdbild der Marke dar. Die notwendige Bedingung für das Vorhandensein eines derartigen Vorstellungsbildes ist die Bekanntheit einer Marke. Das Markenimage beinhaltet zunächst Vorstellungen bezüglich der Eigenschaften der Marke sowie der typischen Käufer bzw. Verwender. Daneben bildet das Markenimage den von der Marke ausgehenden und von den externen Bezugsgruppen wahrgenommenen funktionalen- und symbolischen Nutzen einer Marke ab. Eine Differenzierung der Marke im Wettbewerbsumfeld kann aufgrund vom Kunden wahrgenommener Produkthomogenität häufig ausschließlich über den symbolischen Nutzen einer Marke erfolgen. Daher ist der symbolische Nutzen einer Marke, welcher maßgeblich von den Markenkernwerten sowie der Markenpersönlichkeit geprägt ist, auf der obersten, verhaltensrelevantesten Ebene des Markenimages angeordnet.

Die Elemente der Markenidentität werden im Markennutzenversprechen derart verdichtet, das sie für die Zielgruppe relevant sind und sich gleichzeitig vom Wettbewerb absetzt. Wird dieses Nutzenversprechen kommuniziert, weckt es Erwartungen beim Nachfrager. Mit diesen Erwartungen tritt der Nachfrager an die Marke heran. Damit diese beim Markenerlebnis an allen Kundenkontaktpunkten nicht enttäuscht werden, muss das Verhalten der internen Zielgruppen konform zum Markennutzenversprechen sein. Entspricht das Markenerlebnis den Markenerwartungen, verstärkt sich das Markenimage positiv. Die Marke wird als glaubwürdig wahrgenommen und es entsteht Vertrauen. Somit ist die Kongruenz von Markenerwartung und Markenerlebnis eine wichtige Voraussetzung für den erfolgreichen Aufbau und die langfristige Pflege einer Beziehung zum Kunden.

Identitätsfeststellung – 1. *Im Rahmen eines strafrechtlichen Ermittlungsverfahrens* darf sowohl ein Verdächtiger als auch eine unverdächtige Person, deren Identität nicht sogleich festgestellt werden kann, zur Identitätsfeststellung festgehalten werden, wenn die Identitätsfeststellung sonst nicht oder nur unter erheblichen Schwierigkeiten möglich ist (§§ 163b, c StPO). – 2. Darüber hinaus kann die *Polizei* im präventiven Bereich nach Landesrecht unter gesetzlich bestimmten Voraussetzungen jemanden zur Dienststelle bringen und vorübergehend zwecks Idenitätsfeststellung festhalten, falls dies an Ort und Stelle unmöglich ist oder ein Verdacht unrichtiger Angaben besteht.

Identitätsprinzip – I. Wissenschaftstheorie: 1. *Begriff:* gedankliche Konstruktion, mit deren Hilfe aus einem weiteren → Erfahrungsobjekt ein engeres → Erkenntnisobjekt gewonnen werden soll. Das Identitätsprinzip hat daher eine Selektionsfunktion. Innerhalb der → *Betriebswirtschaftslehre (BWL)* kommt ihm (heute in deutlich abgeschwächter Form) Bedeutung zu, wenn das betriebswirtschaftliche Erfahrungsobjekt ausschließlich unter dem Gesichtspunkt der Rentabilität (→ Privatwirtschaftslehre) oder der Wirtschaftlichkeit (→ Wirtschaftlichkeitsprinzip) betrachtet wird. – 2. *Bedeutung:* Wegen der Gefahr, dass auf diese Weise bedeutsame Fragestellungen ausgeklammert werden, wird auf der Notwendigkeit einer Abgrenzung mittels Identitätsprinzip in der neueren Betriebswirtschaftslehre kaum mehr beharrt.

II. Kostenrechnung: maßgebliches → Kostenverteilungsprinzip der → Einzelkostenrechnung. Kosten (bzw. Erlöse, Ausgaben, Einnahmen, Gütereinsatz oder -verbrauch) werden einer Bezugsgröße nur zugerechnet, wenn Bezugsgröße (z.B. die erstellte Leistung) und Kosten (bzw. Erlöse, Ausgaben, Einnahmen, Gütereinsatz oder -verbrauch) auf einen identischen dispositiven Ursprung zurückgeführt werden können, d.h. auf einen identischen Entscheidungszusammenhang. Leistungsentstehung und Güterverbrauch (einschließlich der Inanspruchnahme der Potenzialfaktoren) sind die gekoppelten positiven und negativen Wirkungen des technischen Kausalprozesses (kombinierter Einsatz aller benötigten Mittel unter spezifischen Ablaufbedingungen), dessen man sich bedient, um das angestrebte Ziel der Entstehung der gewollten Leistung zu erreichen. Das Identitätsprinzip ist auf naturwissenschaftliche und technische Vorgänge (z.B. Einsatz-/Ausbringungsbeziehungen) sowie auf Verträge und rechtliche Vorschriften und damit auf die Zurechnung von Erlösen und Ausgaben bzw. Zahlungen anwendbar. Werden bei der Anwendung des Identitätsprinzips Reihenfolge und Zeitpunkte der Entscheidungen sowie dabei festgelegte Rangfolgen und Realisationsstadien berücksichtigt, kann eine andere, von der im Fall der statischen Betrachtung abweichende Beurteilung der Zurechenbarkeit die Folge sein.

III. Bilanzierung: → Bilanzidentität.

Ideologie – zunächst im allg. Sinn Lehre von den Ideen; später bei Marx Bezeichnung für ein durch gesellschaftliche Vorurteile entstehendes „falsches" Bewusstsein. – I.e.S. kann von Ideologie dann gesprochen werden, wenn mit den Mitteln der Wissenschaft (ggf. unbewusst) eine Rechtfertigung bestehender Herrschaftsstrukturen erfolgt. Bei der Aufdeckung solcher Einseitigkeiten, etwa in Form des Nachweises der Abhängigkeit des Denkens von gesellschaftlichen Verhältnissen, handelt es sich um Ideologiekritik.

Idle Money – Ein Begriff für Bargeld, das weder Zinsen noch andere Einkommen erwirtschaftet und letztendlich aufgrund von → Inflation an Wert verlieren wird.

IDW – Abk. für → Institut der Wirtschaftsprüfer in Deutschland e. V.

IEA – Die Internationale Energieagentur (engl. International Energy Agency) ist eine autonome Organisation, bestehend aus 28 OECD-Ländern, die eine unterstützende Rolle in der internationalen → Energiepolitik innerhalb und außerhalb ihrer Mitgliedsländer spielt. Die IEA wurde als Antwort auf die Ölpreisspitzen in den 1970er-Jahren gegründet und hatte ursprünglich das Ziel, ausreichende Liquidität im Ölmarkt herzustellen. Diese Aufgabe hat die Agentur heutzutage nach wie vor, das Aufgabenspektrum wurde in der Zwischenzeit aber deutlich umfangreicher. Sie fördert einen internationalen Dialog über Energiethemen, führt (direkt und indirekt) Forschung durch und stellt Statistiken, Analysen und Empfehlungen bereit. Ihr Augenmerk ist im Wesentlichen auf Energiesicherheit, ökonomische Entwicklung, Umweltbewusstsein und internationales Engagement gerichtet.

IEC – Abk. für *International Electronical Commission;* privatrechtliches internationales Normierungsgremium für Normierungen im Bereich der Elektrotechnik und der Elektronik; Sitz in Genf. – *Mitglieder:* bereits mehr als 70 Länder vertreten. Aus einem Land wird jeweils nur ein Mitglied aufgenommen. Für die Bundesrepublik Deutschland ist das → Deutsche Institut für Normung e. V. (DIN) Mitglied. – *Tätigkeit:* Internationale Normung (s. → internationale Normen).

IEEE – Abk. für *Institute of Electrical and Electronic Engineers;* Ingenieursverband in den USA mit zunehmendem Schwerpunkt im Bereich der → Informatik. Herausgeber bekannter Informatik-Zeitschriften, Veranstalter internationaler und nationaler Tagungen. Bedeutender Faktor in der internationalen Standardisierungsszene, z.B. Standards für → lokale Netze. – Vgl. auch → IEEE 802.

IEEE-802 – Projekt des → IEEE, in dem Standards für verschiedene LAN-Konzepte (→ lokales Netz) erarbeitet wurden. Diese wurden später von der → ISO als Normungsempfehlungen übernommen. Bekannt v.a.: (1) der 1983 von der Arbeitsgruppe 802.3 entsprechend der Ethernet-Spezifikation (→ Ethernet) festgelegte Standard für CSMA/CD-Busnetze (→ CSMA/CD, → Netzwerktopologie), (2) der 1984 von der Gruppe 802.4 festgelegte Token-Bus-Standard (→ Token Passing) und der 1984 von der Gruppe 802.5 entsprechend den IBM-Vorschlägen festgelegte Token-Ring-Standard.

IF → Integrated Framework.

IfA – Abk. für → Institut für Auslandsbeziehungen.

IFAC – Abk. für → International Federation of Accountants.

IFAD – Abk. für *International Fund for Agricultural Development, Internationaler Agrar-Entwicklungsfonds, Internationaler Fonds für landwirtschaftliche Entwicklung;* 1977 als Sonderorganisation der → UN mit Sitz in Rom auf Initiative der Welternährungskonferenz 1977 gegründet. – *Mitglieder* (2009): 165 Länder. – *Ziel:* Steigerung der Agrarproduktion und Verbesserung des Ernährungsstandes der ländlichen Armen in Entwicklungsländern. – *Organe: Gouverneursrat* und ihm verantwortlich ein *Verwaltungsrat* mit 18 Mitgliedern und 18 Stellvertretern. – *Aktivitäten:* Seit Gründung wurden 805 Projekte mit einem Investitionsvolumen von mehr als 10 Mrd. US-Dollar durchgeführt.

IFC – Abk. für *International Finance Corporation, Internationale Finanz-Korporation.* – *Sitz:* Washington,

D.C.; am 25.7.1956 gegründete Sonderorganisation der → UN. – *Mitglieder* (2013): 181. – *Ziel:* Unterstützung der wirtschaftlichen Entwicklung von Entwicklungsländern über die Förderung des privaten Sektors durch die Mobilisierung von Privatinvestitionen (Kredite und Beteiligungen an Privatunternehmen in Entwicklungsländern). – *Organe:* Identisch mit denen der → IBRD (Personalunion). – *Aktivitäten:* Die IFC bewilligt zum einen Projektfinanzierung durch langfristige Kredite oder Eigenkapitalbeteiligungen. Dabei werden keine staatlichen Kreditgarantien verlangt, aber marktübliche Zinssätze erhoben. Um adäquate Kofinanzierung durch private Investoren zu gewährleisten, bemüht sich die IFC um Mindestbeteiligungen. Die IFC gibt bei privaten Investitionsprojekten außerdem Consulting und technische Hilfe. Außerdem hilft sie bei der Mobilisierung von privatem Kapital. – Seit 1993 hat IFC ein Verbindungsbüro in Frankfurt a.M.

ifo Institut für Wirtschaftsforschung – Sitz in München, gegründet 1949. Gemeinnütziges, auf überregionaler Basis arbeitendes → Wirtschaftsforschungsinstitut, das von gemeinsam vom Bund und vom Land Bayern finanziert wird. In seinem Kuratorium finden sich Vertreter von Wirtschaft, Verbänden, Gewerkschaften, Verwaltungen und Wissenschaft. – *Hauptaufgabengebiete:* (1) Dienstleistungen für die Forschung und die wirtschaftspolitisch interessierte Öffentlichkeit: Bereitstellung von Daten, Informationen und Serviceleistungen; Unternehmensbefragungen (→ Konjunkturtest); Aufstellung des ifo Geschäftsklima-Index; Datenbank für den europäischen Institutionenvergleich,. (2) Wirtschaftspolitische Beratung. (3) Wirtschaftswissenschaftliche Forschung (v.a. auf den Gebieten → öffentlicher Sektor, → Sozialpolitik, → Arbeitsmärkte und Makroökonomie). – *Wichtige Veröffentlichungen:* ifo Schnelldienst und ifo Wirtschaftskonjunktur; zahlreiche Studien.

IFRS – Abk. für → International Financial Reporting Standards.

IfW – Abk. für → Institut für Weltwirtschaft .

IG – Abk. für → Industriegewerkschaften.

IGOs – Abk. für *International Governmental Organizations;* → internationale Organisationen, die unter staatlicher Trägerschaft stehen und nicht gewinnorientiert sind, z.B. WTO (World Trade Organization). Im Gegensatz zu → INGOs basieren IGOs auf völkerrechtlichen Verträgen. IGOs sind im „Yearbook of International Organizations" (herausgegeben von der Union of International Associations UIA) verzeichnet.

IHK – Abk. für → Industrie- und Handelskammer.

IIP – Abk. für → International Investment Position.

IKR – Abk. für → Industrie-Kontenrahmen.

IKS – Abk. für → internes Kontrollsystem.

Illiquidität – 1. *Begriff:* Zustand, in dem die flüssigen Mittel und leicht liquidierbaren Vermögensgegenstände *nicht* ausreichen, um die fälligen Verbindlichkeiten (hierzu gehört auch der Kapitaldienst langfristiger Verbindlichkeiten) zu erfüllen. – Illiquidität ist *nicht gleichbedeutend* mit → Unterbilanz, → Verlust oder → Überschuldung (auch ein nicht überschuldetes Unternehmen kann illiquide werden). – *Gegensatz:* → Liquidität. – 2. *Arten:* (1) *Zeitpunkt-Illiquidität:* Illiquidität, auf einen Zeitpunkt bezogen; (2) *Zeitraum-Illiquidität:* Illiquidität, auf einen Zeitraum bezogen. – 3. *Illiquidität und Zahlungsunfähigkeit:* Lässt sich dieser Zustand nicht beheben, so ist → Zahlungsunfähigkeit gegeben. Insolvenz, Zahlungsunfähigkeit, lässt sich vermeiden, wenn es gelingt, die Einzahlungen und Auszahlungen zeitlich wieder aufeinander abzustimmen, z.B. durch Aufnahme eines kurzfristigen Kredits. Beschleunigung des Geldeingangs mittels Intensivierung des Mahnwesens, Umwandlung kurzfristiger in langfristige Kredite, Zuführung weiterer Eigenmittel (→ Finanzierung, Sanierung). – 4. Für *Kreditinstitute* bestehen gesetzliche Vorschriften zur Vermeidung von Illiquidität (Grundsätze über das Eigenkapital und die Liquidität der Kreditinstitute).

Il Negoziante – überarbeitetes Vermächtnis des Genueser Kaufmanns G.D. Peri für seine Söhne aus dem Jahre 1638, das als erstes Lehrbuch der Betriebswirtschaftslehre gilt. Es behandelt auf 700 Seiten Rechnen, Latein, Buchführung, Korrespondenz, Kassenwesen, Geschäftsgründung, Verträge, Wechsel, Kauf und Verkauf.

ILO – Abk. für *International Labour Organization, Internationale Arbeitsorganisation (IAO);* durch den Friedensvertrag von Versailles 1919 mit Sitz in Genf ins Leben gerufen, in enger Verbindung zum Völkerbund. 1946 Abkommen zwischen den → UN und der ILO, durch das die ILO den Status einer Sonderorganisation der UN erhielt (Mustervertrag für die Schaffung der übrigen UN-Sonderorganisationen). – *Mitglieder* (2013): 185 Mitgliedsstaaten. – *Hauptorgane: Internationale Arbeitskonferenz* (Vollversammlung aller Mitgliedsstaaten), die jährlich einmal zur Annahme von Übereinkommen (Konventionen) zusammenkommt; *Verwaltungsrat,* der aus 56 Mitgliedern (28 von Regierungen, je 14 von Arbeitgebern und Arbeitnehmern) besteht, wobei die wirtschaftlich wichtigsten Mitgliedsstaaten über zehn Sitze verfügen, die restlichen werden gewählt; *Internationales Arbeitsamt (IAA)* in Genf, das die Funktion eines Sekretariats ausübt. – *Ziele:* Generelle Verbesserungen der Arbeitsbedingungen im weltweiten Rahmen. Als wichtigste *Instrumente* dienen die Aufstellung internationaler Konventionen und Empfehlungen, deren Annahme durch die Internationale Arbeitskonferenz, das Weltbeschäftigungsprogramm und ILO-Programm für technische Entwicklungshilfe. Auf der Weltbeschäftigungskonferenz 1976 wurde das sog. Grundbedürfniskonzept vorgestellt, welches die → Entwicklungshilfe beeinflusste. – Die *Finanzierung* erfolgt durch Umlagen auf die einzelnen Mitgliedsstaaten. – *Wichtige Publikationen:* International Labour Review; World of Work; Bulletin of Labour Statistics; Yearbook of Labour Statistics.

ILO-Arbeitsmarktstatistik → Arbeitsmarktstatistik, → Arbeitskräfteerhebung.

Image – Konzept aus der Markt- und Werbepsychologie, das als die Quintessenz der → Einstellungen verstanden werden kann, die Konsumenten einem Produkt, einer Dienstleistung oder einer Idee entgegenbringen. Wie Einstellungen stammen Images aus der direkten oder indirekten Erfahrung. Bei ihnen lassen sich (1) kognitive (Was weiß ich über den Gegenstand?), (2) evaluative (Wie werte ich den Gegenstand?) und (3) konative (Wie möchte ich dem Gegenstand gegenüber handeln?) Komponenten voneinander abheben. Für die Imageanalyse gibt es eine Vielzahl von quantitativen (auf Skalierungsverfahren beruhenden) und qualitativen Verfahren. Der Imagegestaltung dienen marketingpolitische Instrumente, also der Preis, die Produktgestaltung, die Werbung und der Absatzweg. – *Firmenimage:* → Public Relations (PR).

imagebasierter Scheckeinzug (ISE) – Mit dem Neuerlass der Verordnung über Abrechnungsstellen im Scheckverkehr vom 5.10.2005 (BGBl. I 2926) (Abrechnungsstellenverordnung – AbrStV) wurden die rechtlichen Voraussetzungen für die Einführung des ISE-Verfahrens in Deutschland geschaffen. Gemäß der Verordnung ist die Einreichung der → Schecks in Form elektronischer Bilder (Images) bei der → Deutschen Bundesbank als Abrechnungsstelle mit der Vorlage des Schecks zur Zahlung gleichzusetzen. Im ISE-Verfahren fungiert die Deutsche Bundesbank als Clearing- und Abrechnungsstelle nach Art. 31 ScheckG. Schecks über einen Betrag von 6.000 Euro und mehr, sowie nicht BSE-fähige Einzugspapiere sind von den Kreditinstituten als sog. Images (Abbilder der Schecks mit vollständiger Vorder- und Rückseite) elektronisch bei der Deutschen Bundesbank einzuliefern. Zusätzlich sind entsprechende Verrechnungsdatensätze in den → elektronischen Massenzahlungsverkehr der Deutschen Bundesbank (EMZ) einzureichen. Die Deutsche Bundesbank stellt die eingereichten Scheckabbildungen den bezogenen Kreditinstituten als Teilnehmer am Abrechnungsverkehr zur Verfügung und belastet die Gegenwerte anhand der Verrechnungsdatensätze im EMZ.

Imageforschung → Einstellungsforschung.

Imagekonzept → Einstellung.

Imagemarketing – Teilaspekt einer Marketingkonzeption, Gestaltung der Summe von Erwartungen, Einstellungen und Eindrücken, die ein Individuum oder eine Gruppe von Personen bez. eines Unternehmens oder seiner Produkte haben soll. – *Ablauf:* (1) Identifizierung der Einflussfaktoren von Kaufentscheidungsprozessen bei verschiedenen Zielgruppen im Hinblick auf bestimmte Imageobjekte; (2) Durchführung einer Imageanalyse und (3) Festlegung von imagesteigernden Maßnahmen. – Vgl. auch → Public Relations (PR).

Image Placement → Product Placement.

Imagery – Die Imagery-Prozesse laufen im Menschen mit geringer gedanklicher Kontrolle, mehr oder weniger automatisch ab und treten nur unvollständig in das sprachliche Bewusstsein. Nach Erkenntnissen der kognitiven Psychologie finden diese Vorgänge in einem eigenständigen Gedächtnissystem statt und zwar in der rechten Hemisphäre, die vorwiegend für emotionale und bildliche Vorgänge zuständig ist. Damit besteht ein enger Zusammenhang zwischen visuellen Verarbeitungsvorgängen und Emotionen. – Die Messung von Imageryvorgängen im Gehirn ist problematisch, da die gedanklichen Prozesse befragten Personen nicht bewusst sind und modalitätsspezifische Transferprobleme auftreten, wenn man versucht, bildliche Inhalte sprachlich zu fassen. Beobachtbar ist nur das Ergebnis der internen kognitiven Prozesse, nämlich das Phänomen innerer Bilder. – Vgl. auch → Imageryforschung.

Imageryforschung – 1. *Begriff:* Richtung der (kognitiven) Psychologie. Im Mittelpunkt stehen die visuelle Repräsentation von Reizen im Gedächtnis und ihre Rolle für gedankliche Prozesse. Zentrale Erkenntnisse der Imageryforschung sind, dass die durch Bilder vermittelten Informationen besser behalten und erinnert werden (Bildüberlegenheitswirkung) und die gedankliche Verarbeitung von Bildern ganzheitlich, nach einer räumlichen Logik erfolgt. – 2. *Messmethoden der Imageryforschung:* Bes. Bedeutung haben die modalitätsspezifischen Messverfahren wie z.B. Bilderskalen. – 3. *Unterteilung:* (1) Messungen auf der subjektiven Erlebnisebene werden mithilfe von introspektiven Verfahren (z.B. Messungen der Imagery-Fähigkeit, des kognitiven Stils der Personen sowie die Messung von Tagträumen und Fantasien) durchgeführt; daneben gibt es die projektiven Verfahren, die die Reaktionen der Testpersonen auf bestimmte Stimuli erfassen (z.B. thematischer Apperzeptionstest). (2) Messungen auf der Verhaltensebene werden bezogen auf das visuelle Gedächtnis, räumliche Fähigkeiten und Wort-Wiedererkennungen durchgeführt. (3) Messungen auf der physiologischen Ebene erfolgen durch die Erfassung von Gehirnwellen, Augenbewegungen, Atmung, Muskelspannung und Herzfrequenz. – Vgl. auch → Imagery.

Imagetransfer – Nutzung eines bereits bestehenden positiven → Image (z.B. eines Produkts, einer Marke, eines Unternehmens, eines Ereignisses) auf ein anderes Produkt oder Angebot zu übertragen. Verbreitet ist der Markenimagetransfer (z.B. von Jil-Sander-Bekleidung auf Jil-Sander-Parfums).

imaginärer Gewinn → entgangener Gewinn.

im Auftrag (i.A.) → Zeichnung, v.a. von Geschäftsbriefen, durch nicht dauernd vertretungsberechtigte Angestellte (Artbevollmächtigte).

IMF – Abk. für *International Monetary Fund*, → IWF.

IMFC – Abk. für *International Monetary and Finance Committee;* Gremium, bestehend aus den IWF-Gouverneuren derjenigen Länder, die einen Sitz im Exekutivrat des → IWF haben. Entspricht in der Zusammensetzung dem früheren Interims-Ausschuss des IWF (→ IWF-Interimsausschuss), dessen Funktion es seit der ersten Sitzung im April 2000 in Washington, D.C., übernommen hat. IMFC trifft sich zweimal im Jahr. Allerdings soll das IMFC eine hervorgehobenere Rolle spielen, u.a. sollen die wichtigsten Mitgliedsländer des IWF durch das IMFC politische Verantwortung für IWF-Kreditprogramme übernehmen. Dies steht in Zusammenhang mit der laufenden Debatte über eine Reform des IWF und die Schaffung einer → Neuen Weltfinanzarchitektur.

Imitation → Me-Too-Produkt.

Imitationsstrategie – Die strategische Entscheidung, als Imitator einer → Innovation am Markt aufzutreten, ist eine Variante der Timing-Strategie für Innovationen. Im Vorfeld der Entscheidung zur Einführung einer Produktimitation ist das → Monitoring interessanter Märkte und Technologiefelder von Bedeutung. Die Entscheidung für oder gegen eine Produktimitation fällt nach eingehender Analyse der zu überwindenden Markteintrittsbarrieren (→ Markteintrittsschranken). Für die erfolgreiche Umsetzung der Imitationsstrategie ist die Erfüllung des Imitationsziels, d.h. der bestmöglichen Nachahmung einer bereits am Markt eingeführten Innovation, notwendig, um die hieraus resultierenden Imitationsvorteile abzuschöpfen. Der erfolgreiche Markteintritt, z.B. mit einer Produktimitation, stellt einen Anreiz für weitere Marktteilnehmer dar, ebenfalls einen Markteintritt zu wagen. Für den Imitator besteht die strategische Aufgabe darin, potenziellen Wettbewerbern den Markteintritt zu verwehren.

Imitatio-Prinzip – nicht systematisiertes Lernen in der → Berufsausbildung, das v.a. im Handwerk traditionell begründet und verbreitet ist. Charakteristisch ist z.B. das Stufungsmodell der TWI-Methode (Training Within Industry): Vorbereitung – Vormachen – Nachmachen – Üben. Problematisch ist der rezeptive Charakter des Imitatio-Prinzips, die fehlende theoretische Durchdringung und daraus resultierend die geringe Übertragungsmöglichkeit des Gelernten.

Immaterialgüterrechte – 1. *Persönlichkeitsrechte* an unkörperlichen (immateriellen) Gütern, die ausschließlichen Charakter und gleichzeitig einen selbstständigen Vermögenswert haben (z.B. Urheber- und Patentrechte). – 2. *Vermögensrechte* an verkehrsfähigen geistigen Gütern, die als → absolute Rechte (positive) Benutzungsbefugnisse und (negative) Abwehrrechte verleihen (→ gewerbliche Schutzrechte). – *Gegensatz:* → Sachenrechte, Forderungsrechte (s. → Forderungen).

immaterielle Anlagegüter – in der Volkswirtschaftlichen Gesamtrechnung (VGR) Teil des → Anlagevermögens. Als immaterielle Anlagegüter gelten v.a. Ausgaben für Suchbohrungen, Computerprogramme und Urheberrechte.

immaterielle Anlagewerte → immaterielle Wirtschaftsgüter des → Anlagevermögens.

immaterielle Güter → Dienstleistungen.

immaterielle Investition → Investition in immaterielle Vermögensgegenstände. – *Beispiele:* Erwerb von Software, Kauf oder Eigenerstellung von Patenten, Investitionen in das Know-how der Mitarbeiter, Marketingkampagnen. – Vgl. auch → Finanzinvestition, → Realinvestition.

immaterielle Mitarbeiterbeteiligung – Partizipation der Mitarbeiter an Entscheidungen, u.U. als Folge → materieller Mitarbeiterbeteiligung. Immaterielle Mitarbeiterbeteiligung kann sich grundsätzlich auf den Arbeitsplatz (→ Arbeitsplatzmitbestimmung) oder die Unternehmensebene beziehen. In Großunternehmen gesetzlich geregelt durch → Mitbestimmungsgesetz (MitbestG), → Betriebsverfassungsgesetz 1952 (BetrVG), → Montan-Mitbestimmungsgesetz (MontanMitbestG), in mittelständischen Betrieben verschiedene Modelle freiwillig vereinbarter immaterieller Mitarbeiterbeteiligung. Mitwirkungsmöglichkeiten der Mitarbeiter von Informations- und Kontrollrechten bis zu Mitsprache- und Mitbestimmungsrechten. Zumeist handelt es sich um eine Komponente der betrieblichen Partnerschaft (→ Partnerschaft). Ausübung der immateriellen Mitarbeiterbeteiligung in Partnerschaftsausschüssen, Beiräten oder ähnlichen Organen, denen bisweilen recht weit reichender Einfluss auf wichtige Unternehmensentscheidungen eingeräumt wird. – Vgl. auch → Mitbestimmung.

immaterieller Wert → immaterielles Wirtschaftsgut.

immaterielles Wirtschaftsgut – *immaterieller Vermögensgegenstand, immaterieller Wert.*

I. **Begriff:** nichtstofflicher Vermögenswert eines Unternehmens, wie (1) Standort, Kundenkreis, Firmenname, Organisation, Leitung und Mitarbeiterstamm (→ Firmenwert); (2) Konzessionen; (3) Kontingente; (4) Erfindungen; (5) verschiedene Rechte (Patente, Lizenzen, Warenzeichen- und Gebrauchsmusterrechte, Bezugs- und Belieferungsrechte, Urheberrechte, Verlagsrechte etc.). – Immaterielle Wirtschaftsgüter tragen wesentlich zur Bildung des Gesamtunternehmenswerts (→ Unternehmungsbewertung) bei.

II. **Handelsbilanz:** immaterielle Vermögensgegenstände sind in der Bilanz von Kapitalgesellschaften vor den Sachanlagen und den Finanzanlagen auszuweisen, hierzu gehören Konzessionen, gewerbliche Schutzrechte sowie Lizenzen an diesen und ähnliche Rechte und Werte, der erworbene (derivative)

Geschäfts- oder → Firmenwert sowie auf diese Vermögensgegenstände geleistete Anzahlungen. Für alle angeschafften immateriellen Wirtschaftsgüter gilt ein Aktivierungsgebot. Ein aktivierter Firmenwert muss planmäßig auf die voraussichtliche Nutzungsdauer verteilt abgeschrieben werden (§ 246 I HGB). – Für ab 2010 beginnende Geschäftsjahre besteht für selbst geschaffene immaterielle Vermögensgegenstände des Anlagevermögens ein Aktivierungswahlrecht.

III. Steuerbilanz: 1. Immaterielle Wirtschaftsgüter des → Anlagevermögens müssen aktiviert werden, wenn sie entgeltlich erworben wurden (§ 5 II EStG); selbst geschaffene immaterielle Wirtschaftsgüter dürfen nicht aktiviert werden, es sei denn, es handelt sich um Gegenstände des → Umlaufvermögens. – 2. Für immaterielle Wirtschaftsgüter des → Umlaufvermögens (z.B. Software bei Herstellern von EDV-Anlagen) besteht Aktivierungspflicht. – 3. *Bewertung:* Abnutzbare immaterielle Wirtschaftsgüter (z.B. → Firmenwert, befristetes Lizenzrecht) sind mit den → Anschaffungskosten, vermindert um → Absetzungen für Abnutzungen (AfA) anzusetzen. Immaterielle Wirtschaftsgüter, die nicht der Abnutzung unterliegen, können nicht abgeschrieben werden (außer bei Nachweis eines niedrigeren → Teilwerts). Sie sind mit den Anschaffungskosten anzusetzen (z.B. Verlagsrecht).

IV. Bewertungsgesetz: Die Behandlung der immateriellen Wirtschaftsgüter bei der Substanzbesteuerung (Erbschaftsteuer) folgt der Steuerbilanz (sog. → verlängerte Maßgeblichkeit).

immaterielle Vermögensgegenstände → immaterielle Wirtschaftsgüter.

Immission – Immissionen resultieren aus → Emissionen und können demnach nur durch Maßnahmen gegen Emissionsquellen bekämpft werden. Allerdings sind Emissionen und Immissionen bei diffundierenden → Schadstoffen unterschiedlich, sodass zusätzlich zur Bekämpfung an der Quelle auch darauf geachtet werden muss, wie sich die Emissionen im Raum verteilen. Das *Bundes-Immissionsschutzgesetz* umfasst allg. Grundlagen und Regelungen zum Schutz von Menschen sowie Tieren, Pflanzen und Sachen vor Luftverunreinigungen, Geräuschen, Erschütterungen, Licht, Wärme, Strahlen und ähnliche Umwelteinwirkungen.

Immissionsschutz – Schutz der Menschen, der → Tiere und Pflanzen, der → Böden, des → Wassers, der Atmosphäre sowie Kultur und sonstiger Sachgüter vor schädlichen Umwelteinwirkungen; bei genehmigungsbedürftigen Anlagen Schutz vor Gefahren, erheblichen Nachteilen und Belästigungen, die auf andere Weise herbeigeführt werden; Vorbeugung vor dem Entstehen schädlicher Umwelteinwirkungen. – Vgl. auch → Immission. – 1. *Rechtsgrundlage:* Gesetz zum Schutz vor schädlichen Umwelteinwirkungen durch Luftverunreinigungen, Geräusche, Erschütterungen und ähnliche Vorgänge *(Bundes-Immissionsschutzgesetz (BImSchG))* i.d.F. vom 26.9.2002 (BGBl. I 3830) m.spät.Änd. Gilt für die Errichtung und den Betrieb von Anlagen, das Herstellen, Inverkehrbringen und Einführen von Anlagen, Brennstoffen, Treibstoffen und bestimmten anderen Stoffen und Erzeugnissen, für die Beschaffenheit, die Ausrüstung, den Betrieb und die Prüfung von Kraftfahrzeugen nebst Anhängern und von Schienen-, Luft- und Wasserfahrzeugen und schließlich für den Bau öffentlicher Straßen, Eisen-, Magnetschwebe- und Straßenbahnen. Vorschriften des Atomgesetzes und wasserrechtliche Vorschriften des Bundes und der Länder gehen vor. – 2. *Inhalt des Immissionsschutzes:* a) *Genehmigungspflicht* für Errichtung und Betrieb von Anlagen zu gewerblichen Zwecken und im Rahmen wirtschaftlicher Unternehmungen, die aufgrund ihrer Beschaffenheit oder ihres Betriebs in bes. Maße geeignet sind, schädliche Umwelteinwirkungen hervorzurufen oder in anderer Weise die Allgemeinheit oder die Nachbarschaft zu gefährden, erheblich zu benachteiligen oder erheblich zu belästigen. Andere Anlagen sind genehmigungspflichtig, wenn sie in bes. Maße geeignet sind, schädliche Umwelteinwirkungen durch Luftverunreinigungen oder Geräusche hervorzurufen (§§ 4–21 BImSchG). – b) Für *nicht genehmigungsbedürftige Anlagen* (z.B. Kraftfahrzeuge und Wohnhäuser) besteht grundsätzlich die Pflicht, nach dem Stand der Technik unvermeidbare schädliche Umwelteinwirkungen auf ein Mindestmaß zu beschränken und die beim Betrieb der Anlagen entstehenden Abfälle ordnungsgemäß zu beseitigen (§§ 22 ff. BImSchG). – c) Durch *Rechtsverordnung* kann vorgeschrieben werden, dass Anlagen, Stoffe, Erzeugnisse, Brennstoffe, Treibstoffe, Schmierstoffe nur vertrieben und eingeführt werden dürfen, wenn sie bestimmten Anforderungen zum Schutz vor schädlichen Umwelteinwirkungen durch Luftverunreinigungen, Geräusche oder Erschütterungen genügen (§§ 32 ff. BImSchG). Ähnliches gilt für die Beschaffenheit und den Betrieb von Fahrzeugen, Bau und Änderung von Straßen und Schienenwegen (§§ 38 ff. BImSchG). – d) Für Ballungsgebiete ist ein allg. Luftüberwachungssystem und eine intensive Luftkontrolle vorgesehen. Hier sollen sämtliche Luftverschmutzungsquellen (Industrie, Kraftfahrzeuge, Haushaltsfeuerungen) in einem → Emissionskataster erfasst werden (§§ 44 ff. BImSchG). – e) Bei allen *Planungsmaßnahmen* (Bauleitplanung, Landesplanung, Fachplanung) ist nach umweltfreundlichen Gesichtspunkten zu verfahren. – 3. *Zuwiderhandlungen:* a) Bei schwerwiegenden Verstößen, z.B. wenn das Leben oder die Gesundheit eines anderen oder fremde Sachen von bedeutendem Wert gefährdet werden, liegt eine *Straftat* vor, die mit Freiheitsstrafe bis zu fünf Jahren oder mit Geldstrafe geahndet werden kann (§ 325 StGB). – b) Bei leichten Verstößen, so u.a. gegen behördliche Anordnungen, kann wegen einer *Ordnungswidrigkeit* eine Geldbuße bis zu 50.000 Euro verhängt werden (§ 62 BImSchG).

Immissionsschutzbeauftragter – bei bestimmten genehmigungsbedürftigen Anlagen zu bestellender Betriebsbeauftragter für → Immissionsschutz. – *Gesetzliche Regelung:* §§ 53–58 BImSchG und VO über Immissionsschutz- und Störfallbeauftragte (5. BimSchV) vom 30.7.1993 (BGBl. I 1433) m.spät. Änd. – Vgl. auch → Störfallbeauftragter.

Immobiliardarlehensvertrag – Typus eines Verbraucherdarlehensvertrages, bei dem die Zurverfügungstellung des → Darlehens von der Sicherung durch ein Grundpfandrecht (z.B. → Grundschuld, → Hypothek) abhängig gemacht wird und zu Bedingungen erfolgt, die für grundpfandrechtliche abgesicherte Darlehensverträge und deren Zwischenfinanzierung üblich sind. Bei solchen Immobiliardarlehensverträgen muss die vom Darlehensnehmer zu unterzeichnende Vertragserklärung auch einen deutlich gestalteten Hinweis darauf enthalten, dass der Darlehensgeber Forderungen aus dem Darlehensvertrag ohne Zustimmung des Darlehensnehmers abtreten und das Vertragsverhältnis auf einen Dritten übertragen darf, soweit nicht die Abtretung im Vertrag ausgeschlossen ist oder der Darlehensnehmer der Übertragung zustimmen muss (§ 492 Ia BGB). Der Darlehensgeber kann einen Immobiliardarlehensvertrag, der in Teilzahlungen zu tilgen ist, nur kündigen, wenn der Darlehensnehmer mit mind. zwei aufeinanderfolgenden Teilzahlungen ganz oder teilweise und mind. 2,5 Prozent des Nennbetrags des Darlehens in Verzug geraten ist (§ 498 III BGB).

Immobiliarklausel – *Grundstücksklausel;* erweitert, der → Prokura bes. beigefügt, die Vertretungsmacht des Prokuristen auch auf Verkauf, Übereignung und Belastung von Grundstücken (§ 49 II HGB).

Immobiliarvollstreckung → Zwangsvollstreckung in das unbewegliche Vermögen (Immobilien).

Immobilien → Grundstücke und deren Bestandteile (→ Grundstücksbestandteile).

Immobilienfonds – *Grundstücksfonds.* 1. *Begriff:* Art der Investmentfonds, bei denen die Kapitalanlage im Wesentlichen aus Grundstücken und Gebäuden besteht. Die Immobilienfonds geben Immobilienzertifikate aus, die einen bestimmten Anteil am Fondsvermögen repräsentieren. – 2. Bei den in der Bundesrepublik Deutschland aufgelegten Immobilienfonds unterscheidet man grundsätzlich zwei *Arten:* a) *Offener Fonds (Open End Fonds):* Die Höhe der auszugebenden Anteile ist nicht begrenzt. Die Fonds sind dem Investmentgesetz unterstellt und haben bes. Vorschriften hinsichtlich der Anlagepolitik zu beachten (§§ 66–82 InvG: Immobilien-Sondervermögen). Grundsätzlich verfolgen sie das Prinzip der Risikomischung. Der Fonds selbst, nach der gesetzlichen Definition ein Immobilien-Sondervermögen, wird von der Kapitalanlagegesellschaft verwaltet. Die Mieteinnahmen und andere Erträge werden nach Abzug der Zins- und Tilgungsleistungen, der Verwaltungs-, Instandhaltungs-, Bewirtschaftungskosten etc. sowie der → Absetzungen für Abnutzung (AfA) an die Zertifikatinhaber ausgeschüttet, sofern sie nicht in weitere Liegenschaften investiert werden. Durch die Reinvestition findet eine ständige Wertsteigerung der einzelnen Anteile statt. Die Anteile von offenen Fonds sind übertragbar; darüber hinaus besteht eine Rücknahmeverpflichtung seitens der Anlagegesellschaft. Die Rücknahmepreise werden täglich veröffentlicht. – b) *Geschlossener Fonds (Closed End Fonds):* Das Zertifikatkapital wird zur Zeichnung durch Anleger einmalig aufgelegt. Die zu finanzierenden Liegenschaften stehen von vornherein fest; sie können aus einem oder – aus Gründen der Risikostreuung – mehreren Objekten bestehen. Die Rechtsform ist heute meistens eine GbR oder eine KG.

Immobilienleasing – bes. Form der Vermietung und Verpachtung von Grundstücken und Gebäuden sowie Betriebsanlagen, die an einen festen Standort gebunden sind. Im Vordergrund des Immobilienleasings steht die langfristige Finanzierung eines Immobilienobjekts, das entweder vom Leasinggeber oder von einem von ihm beauftragten Dritten nach den Wünschen und Anforderungen des Leasingnehmers oder vom Leasingnehmer selbst errichtet wird, wobei der Leasinggeber rechtlicher Eigentümer des Objekts ist. Beim heute üblichen „Full-Service-Leasing" übernimmt der Leasinggeber die Herstellung des Objekts von der Planung bis zur schlüsselfertigen Übergabe an den Leasingnehmer. – In rechtlicher Hinsicht wird das Immobilienleasing von der Rechtsprechung als Form des Finanzierungsleasingvertrages (→ Leasing) angesehen, der als bes. Mietvertrag mit typischen Abweichungen meist kaufrechtsähnlicher Art qualifiziert wird. – Zu unterscheiden ist das Voll-Amortisationsleasing (Full-Pay-out) vom Teil-Amortisationsleasing (Non-Pay-out). Bei Ersterem muss der Leasingnehmer den Gesamtaufwand einschließlich Gewinnmarge im Laufe der grundsätzlich unkündbaren Grundmietzeit (zwischen 8 und 20 Jahren) mit den Leasingraten in vollem Umfang amortisieren, während er beim Teil-Amortisationsleasing nur einen Teil des Aufwandes in der Grundmietzeit abdeckt. Für die steuerliche Zurechnung des Leasingobjekts zum Leasinggeber oder Leasingnehmer ist beim heute selten vorkommenden Voll-Amortisationsleasing der Erlass des Bundesfinanzministeriums vom 21.3.1972 (BStBl. I 188) einschlägig; für die ertragsteuerliche Behandlung des Teil-Amortisationsleasingvertrages über unbewegliche Wirtschaftsgüter ist maßgeblich der Erlass des Bundesfinanzministeriums vom 23.12.1991 (BStBl. I 1992 13). Die Nach- und Vorteile beider Modelle für Leasinggeber und Leasingnehmer werden heute durch Verträge mit Teilamortisation und Mieterdarlehenszahlungen vermieden. Dabei wird die Differenz zwischen Leasingrate und Kapitaldienst des Leasinggebers vom Leasingnehmer durch sog. Mieterdarlehen an den Leasinggeber getragen. Nach Ablauf der Grundmietzeit entspricht die Summe des Mieterdarlehens dem steuerlichen Restbuchwert. Wird vom Leasingnehmer die Kaufoption ausgeübt, entspricht der Optionspreis dem Darlehen, das dem Leasinggeber gewährt wurde. – In betriebswirtschaftlicher Hinsicht wird als Vorzug des Immobilienleasings gegenüber der selbstfinanzierten Herstellung des Objekts die Eigenkapital- und Liquiditätsschonung hervorgehoben und der sog. Pay-as-You-Earn-Effekt, d.h. die Erfüllung der Leistungsverpflichtungen aus dem laufenden Ertrag der Investition.

Immobilienmakler – *Grundstücksmakler, Hypothekenmakler;* er ist rechtlich nicht → Handelsmakler, sondern → Zivilmakler, da Grundstücke nicht Gegenstände des Handelsverkehrs im Sinn des § 93 HGB sind. Die gewerbsmäßige Vermittlung oder der Nachweis einer Gelegenheit zum Abschluss von Verträgen über Grundstücke, grundstücksgleiche Rechte, gewerbliche Räume, Wohnräume, Darlehen und zum Erwerb von Anteilscheinen einer Kapitalanlagegesellschaft bedarf der *Erlaubnis* (§ 34c GewO). – Zum *Schutz der Immobilienkäufe* enthält die Makler- und Bauträgerverordnung i.d.F. vom 7.11.1990 (BGBl. I 2479) m.spät.Änd. bes. Vorschriften über Sicherheitsleistungen, Buchführungs-, Auskunfts- und Informationspflichten.

Immobilienverkehr → Grundstücksverkehr.

Immunisierungsstrategie → Modellplatonismus.

Immunität – 1. *Allgemein:* Befreiung der völkerrechtlichen Vertreter eines Staates (z.B. Botschafter) von der Gerichtsbarkeit des Empfangsstaates. – 2. *Parlamentarische Immunität:* Schutz der Abgeordneten des → Bundestags oder anderer Parlamente vor Strafverfolgungsmaßnahmen und Verhaftungen bis zum Beschluss des Parlaments über die Aufhebung der Immunität (Art. 46 II–IV GG). – Vgl. auch → Indemnität.

Impact – Stärke eines Werbeeindrucks auf den Umworbenen (Rezipient). Der Begriff wird v.a. im Zusammenhang mit der → Werbewirkung benutzt.

Impact-Drucker → Drucker, bei dem die Zeichendarstellung auf Papier durch Typenanschlag erzeugt wird. – *Gegensatz:* → Non-Impact-Drucker.

Impact-Test – 1. *Begriff:* Verfahren des → Recalltests zur Messung der Erinnerungswirkung von Werbung. Die Befragung erfolgt ungestützt (Unaided Recalltest). – 2. *Ablauf:* Einer Stichprobe ausgewählter Personen wird eine Zeitschrift zum Lesen vorgelegt. Später wird erhoben, an welche → Anzeigen oder Markennamen sich die Auskunftspersonen erinnern. Eine anschließende Befragung klärt Grad der Erinnerung und hinterlassenen Eindruck. – 3. *Ergebnis:* Prozentsatz der Erinnerung je Anzeige, Grad der Einprägung, Art der Reaktion (positiv, negativ) u.a. – 4. *Einsatz* als → Pretest und → Posttest. – Vgl. auch → Recalltest, ähnlich → Folder-Test.

Imparitätsprinzip – ein handelsrechtlicher Bewertungsgrundsatz (→ Grundsätze ordnungsmäßiger Bilanzierung). Während nach dem → Realisationsprinzip (das dem allgemeineren Prinzip der Bilanzvorsicht entspringt) nur realisierte *Gewinne und Verluste* ausgewiesen werden dürfen, schränkt das Prinzip der Imparität, d.h. der ungleichen Behandlung, diesen Grundsatz ein, indem es verlangt, dass nicht realisierte (aber bereits erkennbare) Verluste ausgewiesen werden müssen, noch nicht realisierte Gewinne hingegen bilanziell nicht berücksichtigt werden dürfen. – *Beispiele:* Die Abwertungsgebote gemäß → Niederstwertprinzip; → Rückstellungen für drohende Verluste aus schwebenden Geschäften.

imperative Programmiersprache → Programmiersprache.

imperfekte Kapitalmobilität – Situation, in der entweder → internationale Kapitalverkehrskontrollen oder Risikoaversion der internationalen Anleger vorliegen. Das Kapital ist nicht vollständig mobil. *Beispiel:* → Bankenkrise, → Weltwirtschaftskrise. – Vgl. auch → internationale Kapitalmobilität.

Imperialismus – 1. Nach der *Imperialismustheorie des* → Marxismus teilen die nationalen Großunternehmen in der Phase des → Monopolkapitalismus die weniger entwickelten Länder mit militärischer Gewalt als Kolonien unter sich auf, um den Untergang des → Kapitalismus zeitweilig aufzuhalten. Durch zusätzliche Nachfrage in den Kolonien könnten die Unterkonsumptionskrisen (→ Krisentheorie) verhindert werden, durch → Ausbeutung der dortigen Arbeiter und billige Rohstoffimporte könne daneben der → tendenzielle Fall der Profitrate abgewendet werden (R. Luxemburg). – 2. Nach der *Imperialismustheorie von Lenin* (→ Marxismus-Leninismus) bewirkt der Kapitalexport in die Kolonien, dass für das in den kapitalistischen Staaten verbleibende Kapital die → Profitrate deshalb nicht falle, weil so die negativen Auswirkungen der Akkumulation neutralisiert würden. Ausbeutung und Verelendung träfen nun nicht die Arbeiter in den kapitalistischen Staaten, sondern diejenigen in den Kolonien. Die in den Kolonien erzielten Gewinne könnten von den Monopolen zur Bestechung der Arbeiterführer und damit ebenfalls zur Systemstabilisierung verwendet werden. Nachdem jedoch alle Länder zwischen den Monopolen aufgeteilt wären, wirkten diese Mechanismen nicht mehr, und das Ende des Kapitalismus ließe sich nicht mehr aufhalten. – 3. *Modifizierung der Imperialismustheorie* durch Einführung einer weiteren *neoimperialistischen Entwicklungsphase*, da sich die Leninsche Vorhersage auch nach Beendigung der Kolonialära nicht erfüllte: Zwar seien die ehemaligen Kolonien formell unabhängig, der Einfluss der Monopole sei jedoch durch ihr dortiges wirtschaftliches Engagement weiterhin dominierend, die Zwänge der internationalen Arbeitsteilung hielten die weniger entwickelten Staaten in einem Zustand permanenter Abhängigkeit. – 4. *Bedeutung/Beurteilung:* a) *Marxsche bzw. Leninsche Imperialismustheorie:* Bei ihr handelt es sich um eine

Ad-hoc-Hypothese, mit deren nachträglichem Einfügen in das Entwicklungsschema des → historischen Materialismus die Marxsche Vorhersage vor der Widerlegung durch die geschichtliche Realität immunisiert werden soll (→ Monopolkapitalismus, → Staatsmonopolkapitalismus, → Spätkapitalismus). b) Die *Theorie des Neoimperialismus* lässt unberücksichtigt, dass die internationale Wettbewerbsfähigkeit und damit auch wirtschaftliche Selbstständigkeit der ehemaligen Kolonien von den dort vorhandenen Ressourcen und deren internationalen Knappheiten sowie v.a. von der nationalen → Wirtschaftsordnung abhängt. Von einer naturgesetzlichen Unterordnung dieser Staaten unter den Willen supranationaler Großunternehmen kann daher nicht gesprochen werden.

Implementationsbeschreibung – Teil der → Dokumentation eines → Softwaresystems, in der die → Systemarchitektur, die einzelnen → Module sowie die Programmlogik (→ Programm) und die → Datenstrukturen mit Erläuterungen beschrieben sind. *Zielgruppe:* v.a. Wartungsprogrammierer und → Systemanalytiker. – Vgl. auch → Implementierung.

Implementationsproblematik → Wirtschaftsethik.

Implementierung – im → Software Engineering. 1. *Phase im* → Softwarelebenszyklus, in der die in der → Entwurfsphase spezifizierten → Module eines Softwaresystems als → Programme realisiert werden (→ Programmentwicklung); für die Implementierung bzw. → Codierung wird eine → Programmiersprache benutzt. – 2. *Vorgang der Umsetzung* einer → Spezifikation in ein Programm. – 3. *Ergebnis der Umsetzung,* d.h. das Programm (Sprechweisen: Programm ist eine Implementierung der Spezifikation; Programm implementiert eine Spezifikation). – 4. *Realisierung* der in der → Schnittstelle eines Moduls definierten Leistungen innerhalb des Moduls (→ Information Hiding, Sprechweise: Implementierung der Schnittstelle; bei einem funktionsorientierten Modul auch: Modul implementiert einen → Algorithmus).

Implizit Association Test – 1. *Begriff*: Ursprünglich aus der Sozialpsychologie stammendes Instrument zur Messung individueller Unterschiede in der automatischen → Aktivierung von evaluativen oder semantischen Assoziationen. Computergestütztes Testverfahren, welches auf einer Kombination von semantischem und affektivem Priming basiert. Kurzform: IAT; Anwendung mittlerweile in fast allen Bereichen der Psychologie. In der Marketing- und Konsumentenforschung zur Messung von impliziten (unbewussten) Einstellungen verwendet. – 2. *Versuchsaufbau*: In einer computergestützten Diskriminationsaufgabe, sollen Stimuli zweier dichotomer Dimensionen so schnell wie möglich kategorisiert werden. *Besteht aus fünf Phasen*: (1) Zunächst lernen die Probanden zwei Varianten eines Einstellungsobjektes (Traget Concept) zu unterscheiden und müssen auf visuelle oder auditive Präsentationen der beiden Varianten mit dem Drücken unterschiedlicher Tasten reagieren; z.B. Marke A rechte Taste und Marke B linke Taste. (2) Es erfolgt eine Unterscheidung zwischen negativen und positiven Attributen als Bewertungskriterium; z.B. angenehme und unangenehme Wörter. (3) Kombination zwischen Phase 1 und 2 (Initial Combined Task). Auf die Präsentation der Marke A muss ebenso wie auf die angenehmen Wörter mit dem rechten Tastendruck, auf Marke B und unangenehme Wörter mit dem linken Tastendruck reagiert werden. (4) Umkehrung der Reaktionsaufgabe aus Phase 1 für die Einstellungsobjekte (Reversed Target-Concept Discrimination). Reagieren auf Marke A mit der linken Taste und Marke B mit der rechten Taste. (5) Abschluss durch Umkehrung der dritten Phase (Reversed Combination Task). – 3. *Ergebnisinterpretation*: Ist die implizite Einstellung des Probanden zur Marke A positiv und zur Marke B negativ, wird der Proband die Aufgabe schneller und mit weniger Fehlern bewältigen, wenn die angenehmen Attribute und Marke A auf der gleichen Taste liegen. Gleiches gilt für Marke B mit den negativen Assoziationen. – 4. *Bewertung*: Der IAT weist eine hohe interne Konsistenz auf und gilt als valide in Bezug auf die Übereinstimmung mit parallel erhobenen verbalen Daten. Das Testverfahren ist sehr robust und leicht einsetzbar sowie beständig gegenüber Artefakten und Einflüssen durch den Experimentalablauf. Die computergestützten Untersuchungen können somit auch außerhalb des Labors durchgeführt werden. Der Anwendungsbereich des IAT in der Forschung ist sehr flexibel. – 5. *Kritik*: Probanden sind grundsätzlich in der Lage, Ergebnisse und Reaktionen willentlich zu beeinflussen. Werden die Reaktionen so angepasst, dass diese innerhalb der vom Test akzeptierten Reaktionszeit liegen, sind die verfälschten Testreihen von den unverfälschten nicht mehr zu unterscheiden. Kritiker warnen davor, den IAT zur Messung von Einstellungen zu neuen und den Probanden unbekannten Sachverhalten und Objekten zu nutzen.

Import – alle Waren- und Dienstleistungsumsätze mit Wirtschaftseinheiten, die ihren ständigen Sitz (Wohnsitz) außerhalb Deutschlands haben. Aus Sicht des Zollrechts alle Einfuhren in das → Zollgebiet der → EG (→ EU). – Vgl. auch → Einfuhr.

Importbeschränkung → Einfuhrbeschränkung, → Verbote und Beschränkungen.

Importeur → Einfuhrhändler.

Importfinanzierung → Außenhandelsfinanzierung.

Importgarantie → Garantie.

Importgesellschaft → Einfuhrhandel, → Einfuhrhändler.

Importgroßhandel → Außengroßhandel.

Importhandel → Einfuhrhandel.

Importhändler → Einfuhrhändler.

importierte Inflation – Zum Inflationsimport kommt es häufig im Zuge einer Abwertung der inländischen Währung, die einerseits die Preise der Importgüter in inländischer Währung (→ Kostendruckinflation) erhöht und die andererseits die Nachfrage nach inländischen Gütern steigert (Nachfragesoginflation). – Vgl. auch → Inflationstheorien.

Importkalkulation → Kalkulation.

Importkartell → Kartell, bei dem eine Einkaufsgemeinschaft zum Import von ausländischen Gütern gebildet wird. Seit der Sechsten GWB-Novelle nicht mehr legalisierbar (Verstoß gegen § 1 GWB und Art. 101 I AEUV). – *Gegensatz:* → Exportkartell.

Importkontingentierung – Maßnahmen zum Zwecke der → Einfuhrbeschränkung. – 1. *Arten:* Die → Einfuhr bestimmter Waren wird für einen festen Zeitraum auf eine Höchstmenge *(Mengenkontingent)* oder auf einen Höchstwert *(Wertkontingent)* beschränkt. Die Höhe der Kontingente wird entweder in Handelsverträgen mit den einzelnen Partnerländern vereinbart (→ Länderkontingent) oder für alle Länder zusammen festgesetzt (→ Globalkontingent). – 2. *Wirkungen:* Die → Einfuhrbeschränkung bedeutet im Gegensatz zu den → Zöllen einen systemfremden Eingriff in den marktwirtschaftlichen Ablauf, da sie den → Wettbewerb zwischen inländischen und ausländischen Produzenten ausschließt. Während eine Zollmauer durch Kostensenkung im Ausland „übersprungen" werden kann, bleibt beim Mengenkontingent die Einfuhrmenge (beim Wertkontingent die auszugebende Devisenmenge) stets gleich, gleichgültig ob die inländische → Produktion teurer und die ausländische Produktion billiger geworden ist oder nicht. Die → Preisbildung auf dem Inlandsmarkt wird beim Mengenkontingent vollständig, beim Wertkontingent weitgehend unabhängig vom → Weltmarktpreis festgelegt. – 3. Von verschiedenen Organisationen, v.a. → World Trade Organization (WTO)/ → GATT, → OECD und → UNCTAD wird die *Beseitigung* des Systems der Einfuhrbeschränkung durch zunehmende → Liberalisierung der Einfuhr oder durch Umrechnung der Mengenrestriktionen in entsprechende Zollprozente angestrebt. – Vgl. auch → nicht tarifäre Handelshemmnisse.

Importlizenz → Einfuhrlizenz.

Importmultiplikator – Messzahl, die (in Analogie zum → Exportmultiplikator) die Änderung des → Volkseinkommens infolge einer Importänderung um eine Geldeinheit angibt. Kommt z.B. eine Importsteigerung aufgrund einer Präferenzverschiebung von inländischen zu im Ausland erstellten Konsumgütern zustande, nimmt das inländische Volkseinkommen entsprechend dem Importmultiplikator um das Mehrfache der ursprünglichen Importsteigerung ab, soweit eine Anpassung durch Veränderung der Güter- und Faktorpreise nicht erfolgt *(negativer Importmultiplikator)*. Das Umgekehrte gilt bei Substitution von Importen durch Inlandsproduktion, wobei nicht ausgelastete Produktionskapazitäten unterstellt werden *(positiver Importmultiplikator)*. Modelltheoretisch lassen sich Import- und Exportmultiplikator mithilfe makroökonomischer Gütermarktmodelle berechnen. – Vgl. auch → Multiplikator, → Einkommen-Ausgaben-Modell.

Importpreisprüfung → Preisprüfung.

Importquote – 1. *Außenhandel:* bes. Form eines → nicht tarifären Handelshemmnisses, bei dem das importierende Land die Importmenge auf ein bestimmtes Niveau beschränkt. – Vgl. auch → freiwillige Exportbeschränkung, → Äquivalenz zwischen tarifären und nicht tarifären Handelshemmnissen, → Handelspolitik. – 2. *Volkswirtschaftliche Gesamtrechnung:* Anteil der → Importe am → Bruttoinlandsprodukt (BIP).

Importrestriktion → Einfuhrbeschränkung, → Verbote und Beschränkungen.

Importstruktur – Güterzusammensetzung der Importe (→ Einfuhr) eines Landes. – Vgl. auch → Handelsstruktur.

Importsubstitution – 1. *Begriff:* a) *Allgemein:* Ersetzen von Importen durch inländische Produktion. – b) Importsubstitution liegt *(nach Chenery)* vor, wenn der Importanteil am inländischen Gesamtangebot sinkt. Im Fall einer wachsenden Wirtschaft kann Importsubstitution also auch bei absolut zunehmenden Importen als gegeben angesehen werden. – Zu unterscheiden: a) *Natürliche Importsubstitution:* Ergebnis des Strukturwandels unter Freihandelsbedingungen, verursacht durch internationale Verschiebungen der Angebots- und Nachfragebedingungen. – b) *Wirtschaftspolitisch induzierte Importsubstitution* (Importsubstitution-Strategie): I.d.R. (wie auch im Folgenden) mit dem Begriff gemeint; v.a. für Entwicklungsländer diskutiert. – 2. *Charakteristik:* a) *Ziele* v.a.: (1) Förderung von Wirtschaftszweigen, die möglichst nachhaltige Entwicklungseffekte bzw. positive Effekte entfalten, v.a. des industriellen Sektors; (vgl. Entwicklungspolitik; Gegenteil zur Strategie der Exportförderung) (2) Gewährung von Entwicklungschancen für junge Industrien, die zwar kurzfristig der ausländischen Konkurrenz unterlegen sind, jedoch längerfristig international wettbewerbsfähig zu werden versprechen; (3) Entlastung der → Zahlungsbilanz; (4) (gelegentlich erhoffte) Nationaleinkommens- und Wachstumswirkungen durch positive Multiplikator- und Akzeleratorwirkungen. – b) *Maßnahmen:* (1) Einfuhrrestriktionen, wie → Zölle, Kontingente und → Devisenbewirtschaftung; (2) allg. Maßnahmen der Produktions- und Investitionsförderung, wie Subventionen und steuerliche Vergünstigungen. – 3. *Ergebnisse:* a) Entwicklungsländer, die auf Importsubstitutionen mittels einer interventionistischen Politik setzen, verzeichnen in der ersten Phase i.d.R. *Wohlfahrtseinbußen*, da sie auf einen Teil der Handelsgewinne verzichten. Längerfristig sind *positive Wirkungen* möglich, wenn die geförderten Industrien tatsächlich ausgeprägte positive externe Effekte entfalten bzw. die erhoffte Wettbewerbsreife erlangen. – b) Die *bisherigen Erfahrungen* sind in vielen Fällen negativ, da u.a. folgende *Politikfehler* gemacht wurden: (1) Die Verbesserung der Angebotsbedingungen (Sach-, Humankapital- und Infrastrukturausstattung u.a.) als wichtige Ergänzung zu den Maßnahmen der Importsubstitutionen wird oft vernachlässigt. (2) Positive Wirkungen der Schutz- bzw. Förderungsmaßnahmen für die betreffenden Wirtschaftszweige werden oft konterkariert, indem z.B. benötigte Inputs und Investitionsgüter durch Einfuhrrestriktionen verteuert werden oder die internationale Wettbewerbsfähigkeit durch Inflation und Überbewertung der eigenen Währung beeinträchtigt wird. (3) Im Rahmen der Importsubstitution-Politik werden vielfach Investitionen induziert, die nur bei anhaltendem Schutz bzw. dauerhafter Förderung überleben können und daher ständige gesamtwirtschaftliche Verluste bedingen.

Importsubvention – staatliche Förderung (Zuschuss, → Zollkontingent etc.) zur Förderung bzw. Erleichterung der → Einfuhr eines → Gutes (sog. Wareneinfuhr von Sachgütern). – Vgl. auch → tarifäre Handelshemmnisse.

Importüberschuss – *Einfuhrüberschuss;* Überschuss der Ausgaben für den → Import von → Waren und → Dienstleistungen, berechnet durch den aggregierten Saldo der → Handelsbilanz und der → Dienstleistungsbilanz, an das Ausland über die Einnahmen aus Exporten von Waren und Dienstleistungen (negativer → Außenbeitrag). – *Gegensatz:* → Exportüberschuss. – Vgl. auch → Zahlungsbilanz, → Außenbeitrag.

Importverbot → Einfuhrverbot, → Verbote und Beschränkungen.

Importvordepot – von devisenschwachen Ländern angewandtes Instrument. Die (erwünschten) Importgüter werden in einer „Freiliste" ausgewiesen. Vor Ausfuhr aus dem Stamm- bzw. Exportland muss der Importeur (Zielland) die → Einfuhr anmelden. Er erhält für die Dauer eines bestimmten Zeitraumes ein „registro". Während dieser Frist muss dann auch die Lieferung erfolgen. Bei der Registro-Erteilung muss vom Importeur ein Importvordepot in Landeswährung gestellt werden, dessen Höhe den Gegenwert des Importvolumens darstellen kann. Die zinslos zu hinterlegende Summe kann aber auch – je nach Zielsetzung der Landespolitik – höher oder niedriger sein. Gleichzeitig erhält der Importeur die Genehmigung zum Devisenerwerb in Höhe der registrierten Einfuhr. Durch den gezielten Einsatz von Importvordepots können Warenströme qualitativ und quantitativ – und somit auch Exportmöglichkeiten in diese Länder – beeinflusst werden. Administrativ aufwendig.

Importwarenabschlag → Bewertungsabschlag.

Importzertifikat → internationale Einfuhrbescheinigung.

Impôt Unique – *einzige Steuer;* 1. *Charakterisierung:* Da der Wirtschaftstheorie der → Physiokratie zufolge ausschließlich die Landwirtschaft eine Nettowertschöpfung (Produit Net) hervorbringen kann, würden alle Steuern, unabhängig vom Steueranknüpfungspunkt, durch Überwälzung letztendlich aus diesem Überschuss finanziert. Daher wird gefordert, anstelle der verwaltungs- und daher kostenintensiven Besteuerung des Einkommens, Umsatzes, Vermögens u.a. in den anderen Wirtschaftsbereichen (Handwerk, Handel und sonstiges Gewerbe) eine erhebungstechnisch einfache und billige Steuer alleine auf den Boden einzuführen, die von den Grundeigentümern aus ihren Pachteinnahmen (Wertschöpfung der Landwirtschaft) zu zahlen sein soll. – 2. *Kritik:* Aufgrund der zwischenzeitlich widerlegten Wertschöpfungstheorie der Physiokraten und nicht zuletzt wegen unsozialer Folgewirkungen ist dieser Vorschlag überholt. Während ein wohlhabender Gewerbetreibender keinerlei Steuer zahlen müsste, wäre die Steuerbelastung eines Grundeigentümers mit minimalen Pachteinnahmen ggf. unerträglich hoch. Die in der Bundesrepublik Deutschland vom Markgrafen von Baden-Durlach durchgeführten physiokratischen Experimente zeigten daneben, dass diese Steuern von den Grundeigentümern auf die Pächter weitergewälzt wurden. Die Folgen waren Verarmung der Landbevölkerung, Landflucht und Niedergang der Landwirtschaft.

Impressum – notwendige Herkunftsangabe bei → Druckschriften. Ein Impressum ist nicht erforderlich bei den amtlichen und den Zwecken des Gewerbes und Verkehrs, des häuslichen und geselligen Lebens dienenden harmlosen Druckschriften. Das Impressum muss den Drucker und Verleger, u. U. den Herausgeber oder Verfasser angeben. Dabei genügt nach manchen Landespressegesetzen die Angabe des Namens bzw. der Firma und des Wohnsitzes bzw. des Sitzes, nach anderen ist die Anschrift erforderlich. – Bei *periodischen Druckschriften* muss das Impressum auch den verantwortlichen Redakteur nennen *(gesteigertes Impressum).* – Das *Impressum von Büchern* enthält ferner meist das Erscheinungsjahr; dessen Vordatierung ist regelmäßig als Handelsmissbrauch anzusehen.

Improvisation – die vorübergehende Regelung einer begrenzten Anzahl von Teilhandlungen im Rahmen der arbeitsteiligen (→ Arbeitsteilung) Aufgabenerfüllung der Unternehmung. I.d.R. Anwendung, wenn sich ständig ändernde Situationsbedingungen keine dauerhafte Lösung ermöglichen. – *Gegensatz:* (1) Die dauerhaft und umfassend angelegte Organisation (instrumentaler → Organisationsbegriff); (2) die einzelfallbezogene → Disposition.

Impuls-Antwort-Funktion – Funktion, die im Kontext von → Vektorautoregressionsmodellen zeigt, wie sich Schocks in einer Variablen im geschätzten System auf künftige Werte dieser und der anderen Variablen auswirken. – Methodisches Problem einer

Impuls-Antwort-Funktion ist, dass sie die Unkorreliertheit kontemporärer Störterme voraussetzt. Nur unter dieser Voraussetzung verändert ein Impuls in einem Störterm $\varepsilon_{j,t}$ nicht gleichzeitig die Störterme der übrigen Variablen. Sind die Störterme miteinander korreliert, verändert ein Impuls von $\varepsilon_{j,t}$ auch die anderen Störterme, sodass die endgültige Wirkung auf die zu untersuchenden Variablen nicht eindeutig dem Impuls $\varepsilon_{j,t}$ zugeordnet werden kann. Zur Lösung eines derartigen Zuordnungsproblems müssen die Störterme orthogonalisiert werden, d.h. sie müssen so transformiert werden, dass sie voneinander unabhängig sind. Wirkungsvolles Instrument dazu ist die sog. Cholesky-Zerlegung.

Impulskauf – *Reizkauf;* Kaufentscheidung, die weniger auf kognitiver Steuerung als auf unmittelbaren Reizstimuli am → Point of Sale (POS) beruht. Die im Schaufenster oder im Regal zur → Selbstbedienung ausgestellte Ware löst beim Kunden affektive Reize aus, die zu spontanen Kaufbedürfnissen führen. Der Käufer agiert nicht; er reagiert situations- und persönlichkeitsbezogen auf die dargebotenen Reize. Intensive Werbeanstrengungen zum Vorverkauf der Produkte, hohe Anteile frei verfügbarer → Kaufkraft, Warenverpackung und Warenauslage mit psychologisch hohem Aufforderungscharakter bewirken ein Ansteigen des Impulskaufs.

Inanspruchnahme → Arbeitnehmererfindung.

Inbound-Tourismus – (auch *Inbound Tourism*) grenzüberschreitender → Reiseverkehr aus dem Ausland in das Berichtsland. Der Begriff ist vom Inländer- oder → Inlandstourismus abzugrenzen. – *Gegensatz:* → Outbound-Tourismus.

Incentives – I. Wirtschafts-/Finanzpolitik: Durch wirtschafts- oder finanzpolitische (bes. steuerliche) Maßnahmen bewirkte Erhöhung der (ökonomischen) Leistungsbereitschaft. Diese äußert sich in privaten Haushalten meist in einer Erhöhung des Arbeitsangebots und in Unternehmen meist in einer Erhöhung der Investitionen. – *Gegensatz:* → Disincentives.

II. Arbeits- und Organisationspsychologie: → Anreiz.

Incidental-Truncation-Problem → Sample-Selection-Problem.

Incipiency Doctrine → Clayton Act.

Income Statement – engl. für → Gewinn- und Verlustrechnung (GuV). – Vgl. auch → Statement of Income.

Income Terms of Trade – 1. *Begriff:* Index der Importkapazität bzw. der Kaufkraft der Exporterlöse; eines der Konzepte der → Terms of Trade, das zu den → Commodity Terms of Trade auch noch die Veränderung der Exportmenge berücksichtigt. Die Income Terms of Trade ermittelt man durch Division der Exporterlöse mit den Importpreisen. – 2. *Beurteilung:* Die Income Terms of Trade sind für Wohlfahrt und Wettbewerbsfähigkeit eines Landes aussagefähiger als die Commodity Terms of Trade, da hiermit Angaben gemacht werden können über das Importvolumen, das mit den erzielten Exporterlösen finanziert werden kann.

Incoming – 1. *Begriff:* Einreise von Touristen in eine → Destination aus Sicht der ortsansässigen Unternehmen. Oft wird unter Incoming nur der grenzüberschreitende Einreiseverkehr verstanden, was aber aus Sicht der Aufgabendefinition von Incoming-Agenturen zu eng gefasst ist. Für den grenzüberschreitenden Einreiseverkehr wird häufiger der Begriff Inbound-Tourismus (Inbound Tourism) verwendet. – 2. *Aufgaben:* Die Leistungserstellung im Incoming-Geschäft erfolgt meist individuell durch einzelne touristische Unternehmen und Organisationen im Zielgebiet, hier im Wesentlichen Beherbergungs- und Gastronomiebetriebe. Darüber hinausgehende Betreuungsaufgaben während des Aufenthaltes vor Ort werden durch Niederlassungen der → Reiseveranstalter (= Zielgebietsagentur) oder Vertragspartner von Reiseveranstaltern im Zielgebiet (=Incoming-Agentur) übernommen. – 3. *Rechtliche Aspekte des Incoming-Geschäftes:* Bucht der Reisende eine → Pauschalreise/ ein Reisepaket bei einem Reiseveranstalter in seinem Heimatland, gilt das jeweilige (Reise-)Recht im Herkunftsland (maßgeblich ist der Sitz des Reiseveranstalters). Für den Reisenden handelt es sich um ein → Outgoing aus dem Heimatland. Bucht der Reisende die unterschiedlichen Leistungen vor Ort in der Destination oder im Voraus direkt bei den einzelnen Leistungsträgern oder einer Incoming-Agentur gelten die jeweils rechtlichen Bestimmungen in der Destination.

Incoming-Agentur – 1. *Begriff:* selbstständige Agenturen, auch Reisebüros und -veranstalter, mit Sitz in der Destination, die i.d.R. auf direkte Anfrage durch Reisende, Organisationen oder (ortsfremde) Reiseveranstalter tätig werden. – 2. *Merkmale:* Incoming-Agenturen werden im Kundenauftrag tätig, d.h. es werden Reisepakete/-dienstleistungen im Zielgebiet erst dann zusammengestellt, wenn eine konkrete Anfrage vorliegt. Somit können die Incoming-Agenturen ihre Angebote unmittelbar an die Bedürfnisse ihrer Kunden anpassen. In → Destinationen übernehmen Incoming-Agenturen oft die Rolle des Erfüllungsgehilfen für (kleine) ausländische → Reiseveranstalter, die keine eigene Zielgebietsagentur betreiben können. Für deren Gäste fungiert die Incoming-Agentur als Ansprechpartner für Fragen zur gebuchten Reise, zu ergänzenden Angeboten und für Beschwerden. Weiterhin organisiert sie Ausflüge, Führungen und Veranstaltungen etc. – 3. *Abgrenzung:* Im Gegensatz zu → Destinationsmanagementorganisationen (DMO) arbeiten Incoming-Agenturen meist nur mit einem Teil der Leistungsträger im Zielgebiet zusammen, mit denen i.d.R. langfristige Verträge ausgehandelt wurden. Zu ihren Aufgaben gehört nicht die allgemeine Vermarktung der Destination als Ganzes; lediglich die eigenen Produkte stehen im Fokus der Tätigkeit. Auch arbeiten sie gewinnorientiert und haben keine allg. oder verwaltungsorientierten Aufgaben zu erfüllen. Im Unterschied zu Reiseveranstaltern produzieren Incoming-Agenturen ihre Dienstleitung erst dann, wenn eine konkrete Anfrage besteht. – Vgl. auch → Incoming.

Incoterms – *International Commercial Terms.* 1. *Begriff und Zweck:* Die Incoterms sind internationale Regeln zur Auslegung handelsüblicher Vertragsbedingungen in Außenhandelsverträgen. Die Klauseln sind kein Ersatz für einen Kaufvertrag, sondern ergänzende Elemente, welche in erster Linie zwei Aspekte regeln: 1) den Kostenübergang beim Transport, d.h. wer – Exporteur oder Importeur – organisiert den Transport von wo bis wo und trägt auch die Kosten dafür, 2) den Gefahrenübergang, d.h. wer trägt das Risiko für zufälligen Untergang oder Beschädigung der Ware während des Transports (und sollte sich dementsprechend versichern). – Durch Vereinbarung einer Lieferklausel im Kaufvertrag, z.B. "FOB Rotterdam, Incoterms®2010" gelten dann alle Einzelbestimmungen der Basisklausel in der aktuellen Fassung, deren Text in umfangreichen Besprechungen und Verhandlungen der Kommission für Internationale Handelspraxis der Internationalen Handelskammer (International Chamber of Commerce (→ ICC), Paris) vereinbart und beschlossen wurde. Die Handhabung der Klauseln in der Praxis wird ständig beobachtet, sodass im Zeitablauf nach der ersten Veröffentlichung im Jahr 1936 nunmehr die siebte Fassung 2010 (seit 1.1.2011) Gültigkeit hat. Um sicherzustellen, dass die gewünschte Fassung des Klauseltextes Anwendung findet, sollten immer das engl. Kürzel (drei Buchstaben, z.B. FOB für *free on board*), der Bezug auf die ICC (durch Verwendung des Kürzels ICC oder durch „Incoterms®") sowie die gewünschte Fassung, z.B. 2010, vereinbart werden. Es können aber auch weiterhin Formulierungen älterer Fassungen verwendet werden, z.B. die „abgeschaffte" Lieferbedingung DEQ (*delivered ex quay*), dann aber z.B. mit dem Zusatz Incoterms 2000. Das ® in "Incoterms®2010" macht deutlich, dass Sie z.B. die Klauseltexte nicht einfach für Ihre Mitarbeiter kopieren dürfen, sondern lizenzierte Originalbroschüren bei der ICC (in Deutschland: aus Berlin) beziehen sollen. Jeder Vertragsformel sind – in identischer Gliederungsstruktur – jeweils zehn Verpflichtungen des Verkäufers (A) und des Käufers (B) zugeordnet – von A 1-10 bis B 1-10 (hier verkürzt): (1) Allgemeine Verpflichtungen des Verkäufers/ Käufers (Bereitstellung/ Bezahlung der Ware), (2) Lizenzen, Genehmigungen, Sicherheitsfreigaben und andere Formalitäten (Wer macht die Export- bzw. Importabfertigung?), (3) Beförderungs- und Versicherungsverträge (Bestehen Verpflichtungen zum Abschluss?), (4) Lieferung/ Übernahme (Wann bzw. wo gilt die Ware als geliefert?), (5) Gefahrenübergang (Wer trägt bis wo/ab wo das Risiko von Verlust oder Beschädigung der Ware?), (6) Kostenverteilung (Wer trägt welche Kosten?), (7) Benachrichtigungen an den Käufer/Verkäufer (z.B. bezüglich Lieferung oder Empfang), (8) Transportdokument/Liefernachweis (Erstellung, Übernahme), (9) Prüfung, Verpackung, Kennzeichnung/Prüfung der Ware, (10) Unterstützung bei Informationen und damit verbundene Kosten. – Durch Vereinbarung der Incoterms in Kaufverträgen wird die unterschiedliche Auslegung von → Handelsklauseln in den verschiedenen Ländern vermieden oder zumindest erheblich eingeschränkt. In den meisten Ländern liegen die Klauseltexte jeweils in der dortigen Landessprache vor, was die Verständigung und Abstimmung zwischen Käufer und Verkäufer erleichtert. (Bei Streitfällen z.B. vor Gericht ist aber immer der englische Originaltext verbindlich.) Die Incoterms können nicht nur im internationalen Handel, sondern auch bei Inlandsgeschäften in Deutschland und im → Binnenhandel der → EU eingesetzt werden, wobei einzelne Verpflichtungen von Verkäufer und Käufer entfallen bzw. zu modifizieren sind (z.B. bezüglich der Zollabfertigung – die Klauseln sprechen dann von "falls zutreffend"). – Die Entwicklung der internationalen Handelspraxis erfordert in Intervallen Anpassungen der Incoterms, deren jüngste mit Wirkung zum 1.1.2011 unter der Bezeichnung „Incoterms 2010" vollzogen wurde. Dabei wurden vier weniger gebräuchliche Klauseln gestrichen (→ DAF, → DES, → DEQ und → DDU) und zwei neue Klauseln hinzugefügt: → DAT, → DAP. – 2. *Grundsätze zum Kosten- und Gefahrenübergang:* Die einzelnen in den Incoterms festgelegten Verpflichtungen der Parteien beruhen maßgeblich auf der Definition der Lieferverpflichtung des Verkäufers, so bes. die für die Handelspraxis wichtigen Regeln zum Gefahrenübergang vom Verkäufer auf den Käufer sowie die Regeln zur Kostenteilung der Parteien. Die Gefahr des Verlusts oder der Beschädigung der Ware sowie die Pflicht, die durch die Ware bedingten Kosten zu tragen, gehen vom Verkäufer auf den Käufer über, wenn der Verkäufer seine Verpflichtung zur Lieferung der Ware erfüllt hat. Da der Käufer keine Gelegenheit haben soll, diesen Übergang zu verzögern, legen alle Klauseln fest, dass der Kosten- und Gefahrenübergang auch vor der Lieferung liegen kann, wenn der Käufer die Ware nicht wie vereinbart abnimmt oder wenn er versäumt, Anweisungen zu geben (bez. des Verladetermins und/oder des Lieferorts), die der Verkäufer benötigt, um seine Lieferverpflichtung zu erfüllen. Als Vorbedingung für den vorgezogenen Übergang von Kosten und Gefahren gilt, dass die Ware als die für den Käufer bestimmte kenntlich gemacht wurde oder, wie in den Klauseln festgelegt, für ihn konkretisiert wurde (→ Absonderung). – 3. *Modifikationen:* Die Incoterms spiegeln nur die gängigsten Handelsbräuche wider. Den Parteien bleibt es unbenommen, andere Handelsklauseln zu vereinbaren oder die Incoterms durch Zusätze abzuändern oder im Detail zu präzisieren. Allerdings bieten die Incoterms keine Hilfestellung bei der Formulierung derartiger Zusätze. Es ist darüber hinaus zu bedenken, dass es bei der Auslegung solcher Zusätze zu ernsthaften Schwierigkeiten kommen kann, v.a., wenn diese Zusätze nicht auf etablierten Handelsbräuchen beruhen. – Vgl. auch → Incoterms, Abweichungen. – 4. *ICC-Schiedsgerichtsbarkeit:* Obwohl die Incoterms von der ICC entwickelt wurden, beinhaltet die Aufnahme einer oder mehrerer Incoterms-Klauseln in einen Kaufvertrag nicht automatisch auch die Vereinbarung der ICC-Schiedsgerichtsbarkeit. Wenn die Parteien für den Fall einer Auseinandersetzung die Durchführung eines ICC-Schiedsgerichtsverfahrens vereinbaren wollen, dann muss dies im Vertrag zusätzlich ausdrücklich und unmissverständlich durch Einigung auf die ICC-Schiedsgerichtsbarkeit erfolgen. – Erstmals in den Incoterms 1990 und fortgeführt in den Incoterms 2000 und 2010 hat die ICC eine Einteilung nach Gruppen vorgenommen: a) Die *E-Klausel*, bei der der Verkäufer die Ware dem Käufer auf seinem eigenen Gelände oder an einem anderen benannten Ort zur Verfügung stellt und diese somit die Minimalverpflichtung für den Verkäufer darstellt, weil der Käufer alle Kosten und Gefahren, die mit dem Transport der Ware von dem Gelände des Verkäufers verbunden sind, zu tragen hat. b) Die → *F-Klauseln*, nach denen der Verkäufer die Ware einem vom Käufer benannten Frachtführer zu übergeben hat. c) Die → *C-Klauseln*, nach denen der Verkäufer den Beförderungsvertrag auf eigene Kosten abzuschließen hat, ohne die Haftung für Verlust oder Beschädigung der Ware oder zusätzliche Kosten, die aufgrund von Ereignissen nach dem Abtransport entstehen, zu übernehmen. d) Die → *D-Klauseln*, nach denen der Verkäufer alle Kosten und Gefahren bis zur Ankunft der Ware am benannten Bestimmungsort zu tragen hat. – 5. Neu in den *Incoterms 2010* ist die Einteilung nach der Eignung der Klauseln für die Transportarten: sog. *Blaue Klauseln* eignen sich ausschließlich für den Schiffstransport: FAS, FOB, CFR, CIF; die Klauseln EXW, FCA, CPT, CIP, DAT, DAP und DDP eignen sich für jede Transportart, also auch für den Schiffstransport. Grundsätzlich wären daher die „blauen Klauseln" entbehrlich – sie werden wohl aus Tradition und Gewohnheit beibehalten. Analog könnte eine DAP/DAT-Vereinbarung manche FCA-Lieferung ersetzen – und umgekehrt. – *Praxistipp:* In der Praxis werden oft Bezeichnungen für die Lieferklauseln in der jeweiligen Landessprache verwendet, z.B. „ab Werk" oder „ab Fabrik" statt *Ex Works* (EXW). Es ist jedoch empfehlenswert, zumindest die engl. Abkürzung und den Hinweis auf die ICC-Version hinzuzufügen, weil dt. Varianten nicht immer eindeutig dem beabsichtigten Incoterm zuzuordnen sind, sodass die Rechtssicherheit nicht immer gegeben ist. Bspw. ist bei „Frei Bestimmungsort" nicht eindeutig, ob sich „frei" nur auf die Frachtkosten oder auch auf den Gefahrübergang bezieht, sodass man explizit je nach Sachlage das englische Kürzel hinzufügen sollte. Zudem sollte „ICC" oder Incoterms® oder „2010" ergänzt werden. – Aus der Sicht des Verkäufers ist die (einzige) E-Klausel (*E-term*) EXW: Ex Works die günstigste, da er die Ware lediglich auf seinem Gelände zur Verfügung stellen muss (sog. Abholklausel). Bei den drei F-Klauseln (*F-terms; FCA: Free Carrier; FAS: Free Alongside Ship; FOB: Free On Board*) muss der Verkäufer die Ware dem vom Käufer bestimmten → Frachtführer übergeben, d.h., der Haupttransport ist vom Käufer zu organisieren und zu bezahlen. Bei den vier C-Klauseln (*C-terms; CFR: Costs and Freight; CIF: Costs, Insurance, Freight; CPT: Carriage Paid To; CIP: Carriage and Insurance Paid To*) muss der Verkäufer den → Beförderungsvertrag (Haupttransport) auf eigene Kosten abschließen. Allerdings geht die Gefahr mit der Übergabe an diesen ersten Frachtführer auf den Käufer über (*Achtung*: also nicht erst bei Übergabe an einen Frachtführer des Käufers und schon gar nicht erst im endgültigen Bestimmungsort!): Kosten- und Gefahrenübergang erfolgen bei den C-Klauseln nicht am selben Ort (sog. → Zwei-Punkt-Klauseln), im Gegensatz zu allen übrigen Klauseln, die damit → Ein-Punkt-Klauseln sind. Bei den drei D- Klauseln (*D-terms; DAT: Delivered At Terminal; DAP: Delivered at Place; DDP: Delivered Duty Paid*) muss der Verkäufer alle Kosten und Risiken bis zum Bestimmungsort tragen (sog. Ankunftsklauseln). Einige Klauseln eignen sich bes., andere dagegen nicht für bestimmte Transportwege: FAS, FOB, CFR und CIF eignen sich NUR für den Schiffstransport; alle übrigen Klauseln können auf jede Transportart angewendet werden, also AUCH auf den Schiffstransport. – Seit 2000 muss der Verkäufer bei allen Klauseln – außer EXW – die Ware für den Export freimachen (vorher galt dies nicht bei FAS), während der Käufer bei allen Klausel – bis auf DDP – die Importabfertigung übernehmen muss. – Durch Modifikationen der Basisklauseln lassen sich vielfältige Varianten erreichen, die den jeweiligen Erfordernissen des konkreten Liefervertrags bestmöglich gerecht werden. Nochmals: Informieren Sie sich vorher, welche Konsequenzen sich daraus ergeben können. – Vgl. zu den einzelnen Klauseln → EXW, → FCA, → FAS, → FOB, → CFR, → CIF, → CPT, → CIP, → DAT, → DAP, → DDP.

Incoterms, Abweichungen – 1. *Charakterisierung:* Neben den → Incoterms der → ICC sind (länderspezifische) → Handelsklauseln entwickelt worden, die zwar auf den Incoterms der ICC beruhen, jedoch davon abweichen und keine offizielle Anerkennung durch die ICC gefunden haben. Der Rechtscharakter, der Inhalt und die Auslegung dieser abweichenden Klauseln, v.a. die verschiedenen Verpflichtungen von Verkäufer und Käufer, werden nicht immer mit demselben Vorstellungsinhalt verbunden. – 2. *Abweichende Klauseln* (zu den folgenden Beispielen ist als Grundlage die jeweilige Incoterms-Klausel der ICC heranzuziehen): a) *CIF& I (Interest):* Der Preis schließt die Bankzinsen bis zur Fälligkeit der Tratte ein. b) *CIF& C (Commission):* Der Preis beinhaltet die Einkaufsprovision bzw. Kommission des Exporteurs. c) *CIFCI (CIFIC):* Der Preis enthält Zinsen und Provision. d) *CIFW:* Abdeckung von Kriegsrisiken (W = War Risk). e) *CIF Liner Terms:* Der Verkäufer trägt die Löschkosten, die in der Höhe der vereinbarten Fracht ihren Niederschlag finden. f) *CIF Landed:* Der Verkäufer trägt die Löschkosten selbst dann, wenn sie nicht Bestandteil der Fracht sind. g) *CIF Free-out:* Der Zusatz „Free-out" ändert nichts an der grundsätzlichen Regelung, dass der Käufer/ Empfänger die Löschkosten zu tragen hat, sondern bestätigt vielmehr, dass der Käufer die Löschkosten trägt. h) *FOB gestaut (Stowed):* Der Verkäufer hat zusätzlich die Staukosten zu tragen. i) *FOB-Sonderformen:* (1) FOB Named Inland Carrier at Named Point of Exportation; (2) FOB Named Port of Shipment; (3) FOB Named Inland Point in the Country of Importation; (4) Zusatz: Verschiffungskosten zulasten des Empfängers.

Increasing Returns to Scale → Skalenelastizität.

Incremental Costs → relevante Kosten.

Indemnität – Nach Art. 46 I GG darf ein → Abgeordneter zu keiner Zeit wegen seiner Abstimmung oder wegen einer Äußerung, die er im → Bundestag oder einem seiner Ausschüsse getan hat, gerichtlich oder dienstlich verfolgt oder sonst außerhalb des Bundestages zur Verantwortung gezogen werden. Dies gilt nicht für verleumderische Beleidigungen. Ähnliche Regelungen gibt es in den Verfassungen der Länder (§ 36 StGB).

Indemnitätsbrief – Urkunde über eine Entschädigungsgarantie (→ Garantie); im Außenhandelsgeschäft gebräuchliche Form der → Konnossementsgarantie, um außer der Besicherung auch die Ausladung und Übergabe der Ware zu erreichen.

Indentgeschäft – *Purchase Order;* Außenhandelsgeschäft, bei dem der Warenlieferer (Indentnehmer) erst dann in den Vertrag eintritt, wenn es ihm gelungen ist, die von dem Kunden (Indentgeber) gewünschten Waren zu den gewünschten Konditionen und Preisen zu beschaffen. – *Formen:* (1) *Closed Indent:* Der Indentgeber benennt die einzubeziehenden Lieferanten oder legt die Ware fest (z.B. bei Markenartikeln); (2) *Open Indent:* Der Indentgeber überlässt dem Indentnehmer die Wahl des Lieferanten und der Waren. – Vgl. auch → Indentkunde, → Indentvertreter.

Indentkunde – *Indentor;* im Außenhandelsgeschäft Personen, die sich auf der Basis einer bereits fertig erstellten Einkaufsliste, die sich auf mehrere Produktgruppen beziehen kann, an Hersteller, Exporteure oder sonstige Handelsunternehmen wenden und um entsprechende Angebote bitten. Der Indentkunde vertritt i.d.R. mehrere Käufer bzw. Kaufinteressenten, aus deren Wünschen er eine Sammelliste erstellt, die er über seine Beschaffungskontakte zu möglichst günstigen Preisen zu realisieren versucht. Indentkunden werden in dem Maße überflüssig, wie sich in einzelnen Ländern Vertriebs- bzw. Verteilerstrukturen entwickeln, über die sich der Bedarf decken lässt.

Indentor → Indentkunde.

Indentvertreter – Vertreter des Importeurs im Ausland, der dessen Importaufträge erledigt und die Importverträge zu den vorgeschriebenen Preisen, Bedingungen und Lieferterminen abschließt. Der Indentvertreter hat die Interessen seines Auftraggebers nach bestem Können und in jeder geeigneten Weise zu wahren.

Independent Fund – bezeichnet im Gegensatz zu einem → Captive Fund, einen Venture-Capital- oder Private-Equity-Fund, der nicht von einem Kapitalgeber dominiert wird, sondern aufgrund der gestreuten Anteile unabhängig agiert.

Independent Sector – I. Verband 1. *Begriff:* 1980 gegründeter Dachverband der US-amerikanischen Nonprofit-Organisationen (NPO) mit Sitz in Washington, DC. – 2. *Merkmale:* Der Dachverband verbindet diverse religiöse, karitative, Bildungs-, Gesundheits- und soziale Wohlfahrtsorganisationen unter seinem Dach.

II. Fachbezeichnung: Spezieller Wirtschaftszweig, vgl. hierzu → Nonprofit-Sektor.

Index → Indexzahl.

Indexanleihe → Indexed Bond.

Index der Einzelhandelspreise (EHPI) – vom → Statistischen Bundesamt (StBA) aus über 500 Preisreihen der Verbraucherpreisstatistik ermittelter Preisindex (→ Indexzahl). Der Index der Einzelhandelspreise (EHPI) ist ein Verkaufspreisindex, in den ausschließlich von Unternehmen des Einzelhandels an private Haushalte verkaufte Waren eingehen, jedoch keine Dienstleistungen. Er dient der Deflationierung der Einzelhandelsumsätze in der → Volkswirtschaftlichen Gesamtrechnung (VGR) und wird in Wertsicherungsklauseln verwendet. Der Index der Einzelhandelspreise ist ein → Laspeyres-Index mit festem Basisjahr, momentan 2005, das in regelmäßigen Abständen (normalerweise alle fünf Jahre) aktualisiert wird. Die Veröffentlichung erfolgt monatlich zusammen mit dem → Verbraucherpreisindex für Deutschland (VPI) und dem → Harmonisierten Verbraucherpreisindex (HVPI) in Fachserie 17 des Statistischen Bundesamtes.

Index der Importkapazität → Income Terms of Trade.

Index der Tarifverdienste und Arbeitszeiten – Der Index der Tarifverdienste und Arbeitszeiten gibt Auskunft über die Entwicklung der tariflich vereinbarten Entgelte und wird für Wertsicherungsklauseln verwendet. Er misst die durchschnittliche Veränderung der Stundenlöhne und der Monatsgehälter sowie der tariflich vereinbarten Wochenarbeitszeiten. Für den Index wurden einige Zeit die Wirtschaftsbereiche produzierendes Gewerbe, Handel, Kredit- und

Versicherungsgewerbe (nur Angestellte), Verkehr und Nachrichtenübermittlung, Friseurgewerbe und Gebietskörperschaften berücksichtigt, nicht jedoch das Gastgewerbe, das gesondert erfasst wurde. Seit dem Berichtmonat Januar 2009 werden jedoch alle → Wirtschaftsbereiche berücksichtigt mit Ausnahme der Landwirtschaft und der privaten Haushalte. – Der Tarifindex wird als → Laspeyres-Index mit festem Basisjahr berechnet. Aktuelles Basisjahr ist 2006, die Gewichtungen entstammen der → Verdienststrukturerhebung 2006. Der Index besteht aus den Lohn- und Gehaltsveränderungen der einzelnen Tarifverträge. Diese werden gemäß ihrem Beschäftigtenanteil an der Beschäftigtengesamtzahl aller erfassten Wirtschaftszweige berücksichtigt. Der Indikator wird vierteljährlich (Januar, April, Juli, Oktober) veröffentlicht, wegen immer noch bestehender Differenzen zwischen den tariflichen Entgelten im früheren Bundesgebiet und den neuen Ländern nach wie vor getrennt.

Indexed Bond – *Indexanleihe;* → Anleihe, deren Verzinsung und evtl. auch Tilgung an die Entwicklung eines Index i.w.S. gebunden ist. Als Index wurde zunächst der Preis eines bes. wertbeständigen Objektes wie Gold oder Rohöl genommen, um den Anleger vor Inflationsrisiken zu schützen. Neben dem vereinbarten festen Zinssatz enthält die Nominalverzinsung der Anleihe einen variablen Zinsanteil in Abhängigkeit von der Preissteigerung. – Weitere Indizes sind aber inzwischen die Inflationsrate selbst, Lebenshaltungskosten oder auch Zins- oder Aktienindizes. – Vgl. auch → Aktienindexanleihe.

Index für die Großhandelsverkaufspreise – Der Index der Großhandelsverkaufspreise misst die Preisentwicklung von im Inland produzierten oder importierten Waren, die im Inland von Großhändlern abgesetzt wurden. Nicht enthalten sind Verkäufe von Waren, die vom Erzeuger direkt mit dem Einzelhandel oder dem Endabnehmer getätigt wurden. Verwendet wird der Index u.a. zur → Deflationierung der monatlichen Großhandelsumsätze. Daneben kann der Großhandelspreisindex als Frühindikator angesehen werden, da die von ihm angezeigte Preisentwicklung sich später in den Verkaufspreisen der Abnehmer dieser Großhandelswaren widerspiegelt. Der Index der Großhandelsverkaufspreise wird wie alle dt. Preisindizes nach dem → Laspeyres-Index berechnet. Er misst somit die reine Preisveränderung und hält die Mengengerüste konstant. Gegenwärtiges Basisjahr ist 2005.

Indexklausel – eine → Wertsicherungsklausel, die festlegt, dass bei Erhöhung bestimmter → Preisindizes (Lebenshaltung, Baukosten, Effektivlöhne etc.) bis zur Zahlungszeit ein entsprechender Zuschlag zu einer Geldschuld zu leisten ist. Bei entsprechender vertraglicher Vereinbarung führt eine Verringerung des festgelegten Preisindex zu einem Abschlag an der korrespondierenden Geldschuld.

Indexlohn – *gleitender Lohn;* Entlohnungssystem, bei dem der *Reallohn* stabil gehalten wird (gleiche Kaufkraft). Maßstab für die Kaufkraft des Geldes ist meist der → Verbraucherpreisindex für Deutschland (VPI) bzw. → Harmonisierter Verbraucherpreisindex (HVPI), ggf. auch Goldpreis und Kurs für fremde Währung. Eine Anwendung des Indexlohns ist sinnvoll, wenn eine Volkswirtschaft unter erheblichen Geldwertschwankungen zu leiden hat, in normalen Zeiten jedoch nicht zweckmäßig wegen der komplizierten Berechnung. In der Bundesrepublik Deutschland sind Indexbindungen als Bestandteil des Tarifvertrages rechtlich zulässig. Die Koppelung des Lohns an den Verbraucherpreisindex gilt als inflationsfördernd und -verstärkend.

Indexmiete – Vereinbarung in → Schriftform, dass der Mietzins durch den vom → Statistischen Bundesamt (StBA) ermittelten → Verbraucherpreisindex für Deutschland (VPI) aller privaten Haushalte in Deutschland bestimmt wird. Der Mietzins muss jeweils mind. ein Jahr unverändert bleiben. Eine Erhöhung des Mietzinses bis zur ortsüblichen Vergleichsmiete, die über der Indexmiete liegt, ist ausgeschlossen (§ 557b BGB).

Indexpartizipationsschein → Indexzertifikat.

Indexrente → dynamische Rente.

Indexwährung – *Kaufkraftwährung;* → Währungssystem, bei dem der → Geldwert, losgelöst von Bindungen an ein Währungsmetall, durch Regulierung der gesamten umlaufenden Geld- und Kreditmenge begründet wird. Es wird Bindung an einen bestimmten Preisindex erstrebt, um möglichst wertstabiles Geld, das ist Geld mit gleichbleibender → Kaufkraft, zu erhalten. Dabei hat die Notenbank die Geld- und Kreditmenge innerhalb der Wirtschaft ständig so zu regulieren, dass Umlaufgeschwindigkeit (→ Geldumlaufgeschwindigkeit) und → Geldmenge nicht vom Index abweichen. Theoretische Begründung durch I. Fisher, der die Kaufkraft des Geldes (Recheneinheit) gegenüber der Warenwelt im ganzen stabilisieren wollte: Durch genaue Beobachtung des Preises einer bestimmten Warengruppe soll danach der Dollar durch jeweilige Veränderung des Goldgehaltes in seiner Kaufkraft gegenüber den Waren stabil gehalten werden.

Indexzahl – I. Statistik: 1. einfache Indexzahl: Für positive Beobachtungswerte $x_0, \dots, x_s$ eines verhältnisskalierten Merkmals, die den Zeitpunkten 0, ... ,s zugeordnet sind, wird die Folge $x_0/x_k, \dots, x_s/x_k$ für ein fest gewähltes k (ein fest gewählter Zeitpunkt) mit $0 \leq k \leq s$ als Zeitreihe einfacher Indexzahlen bezeichnet. Der Wert x_k heißt Basis oder Basiswert, der jeweilige Zähler Berichtswert. – 2. zusammengesetzte Indexzahl: Kenngröße zur Beschreibung der Entwicklung mehrerer Größen über die Zeit, z.B. Preis-, Mengen- oder Umsatzentwicklungen *(Preis-Indexzahl, Mengen-Indexzahl, Umsatz-Indexzahl).* Eine zusammengesetzte Indexzahl wird als Quotient von Mittelwerten, insbes.

gewogene → arithmetische Mittel von → Messzahlen mit gleicher Basis- oder Berichtsperiode ermittelt. Möglicherweise kann die Indexzahl auch direkt als gewogenes arithmetisches Mittel dargestellt werden. Z.B. wird ein Preisindex $P_{0,1}$ mit der Basisperiode 0 und der Berichtsperiode 1 berechnet als mit den Gewichten (→ Gewichtung) g_i gewogener Durchschnitt aus den Preismesszahlen für n Güter:

$$p_{0,1} = \sum \frac{p_1^i}{p_0^i} g_i \cdot 100.$$

($g_i > 0$; $\Sigma g_i = 1$). Spezielle Gewichtungen ergeben *spezielle Indexformeln*, etwa den → Laspeyres-Index und den → Paasche-Index.

II. Amtliche Statistik: laufende Ermittlung verschiedener → Preisindizes und → Mengenindizes.

Indexzertifikat – *Indexpartizipationsscheine;* → Inhaberschuldverschreibung mit der typischen Verpflichtung des Emittenten, bei Fälligkeit einen bestimmten Geldbetrag an den Inhaber des Papiers zu zahlen. Die Besonderheit dieser Papiere liegt in ihrer Bindung an einen bedeutenden in- oder ausländischen Aktienindex: Der Rückzahlungsbetrag nach Ablauf der begrenzten Laufzeit hängt ab vom aktuellen Stand des zugrunde liegenden Index. Die Veränderung in Indexpunkten hat eine im Verhältnis gleich hohe Veränderung des Zertifikatwertes zur Folge. Bei ausländischen Aktienindizes ist allerdings auch die Währungsumrechnung als Risiko zu beachten. Abhängig von der Art des zugrunde liegenden Index ist auch die Behandlung von Dividendenzahlungen; so wird beim DAX-Performance-Indexzertifikat die Bardividende ausgezahlt, beim DAX-Kursindexzertifikat aber nicht (→ Deutscher Aktienindex (DAX)).

Indifferenzkurve – analytisches Instrument der → Haushaltstheorie, das im Zwei-Güter-Modell alle Gütermengenkombinationen darstellt, die dem → Haushalt den gleichen → Nutzen stiften und die er folglich als gleichwertig beurteilt. Die Indifferenzkurve erfasst jene Güterbündel, die im Rahmen der ordinalen → Nutzentheorie den gleichen Nutzenindex (→ Nutzenindexfunktion) besitzen. Widerspruchsfreie Indifferenzkurvensysteme können sich nicht schneiden, da ein Schnittpunkt unterschiedliche Nutzenniveaus auf der gleichen Indifferenzkurve repräsentieren würde. Ihre Krümmung hängt vom Grad der Substituierbarkeit der betreffenden Güter ab. Im Grenzfall vollständiger Substitute verläuft die Indifferenzkurve linear.

Indikation → Forfaitierung.

Indikatoren → Beschäftigungsindikatoren, → Konjunkturindikatoren, → soziale Indikatoren, → Umweltindikatoren.

Indikatorprognose → Prognose.

Indikatorvariable – *Bernoulli-Variable;* spezielle → Zufallsvariable, die nur die beiden möglichen Werte 1 und 0 mit zugehörigen → Wahrscheinlichkeiten p bzw. 1 – p annehmen kann. Die Summe von n stochastisch unabhängigen und identisch verteilten Indikatorvariablen ist binomialverteilt (→ Binomialverteilung).

indirekte Abschreibung – *passive Abschreibung;* Buchungstechnik der Abschreibungsverrechnung, bei der das abzuschreibende Anlagegut in der Buchführung und Bilanz gleichbleibend mit den vollen Anschaffungs- oder Herstellungskosten erscheint und die Abschreibungsbeträge separat davon auf einem extra Konto gebucht werden. Die Abschreibung wird auf einem Konto für → Wertberichtigung passiviert, und zwar durch die Buchung: Abschreibungskonto an Wertberichtigungen. Seit Inkrafttreten des HGB 1985 ist zumindest für Kapitalgesellschaften der Ausweis von Wertberichtigungen dieser Art in der Bilanz nicht mehr gestattet. – *Gegensatz:* → direkte Abschreibung. – Die entsprechenden Werte sind jedoch aus dem → Anlagengitter ersichtlich.

indirekte Anrechnung – *indirect tax credit;* ein spezielles Verfahren zur Vermeidung von → Doppelbesteuerung, relevant nur beim Empfang von Dividenden aus Tochterkapitalgesellschaften durch eine Mutterkapitalgesellschaft: Angerechnet wird die von der *Tochterkapitalgesellschaft* gezahlte (= von der Mutter also nur *indirekt* getragene) Körperschaftsteuer auf die von der Mutterkapitalgesellschaft geschuldete Körperschaftsteuer auf die Dividendeneinnahmen. In Deutschland praktisch nicht mehr von Bedeutung, seitdem Dividendeneinkünfte einer Kapitalgesellschaft aus einer Tochtergesellschaft ohnehin fast generell nicht mehr mit Steuer belastet werden (→ Schachtelprivileg, § 8b I KStG), in anderen europäischen Staaten aber teilweise durchaus noch bedeutsam. Die → Mutter-Tochter-Richtlinie der EG schreibt vor, dass Mutterkapitalgesellschaft für Dividenden aus Tochterkapitalgesellschaften in anderen Ländern der EU entweder das Schachtelprivileg oder die indirekte Anrechnung zustehen müssen.

indirekte Ausfuhr → Ausfuhrhandel.

indirekte Beschaffung → Beschaffungsweg.

indirekte Demokratie – *repräsentative Demokratie.* 1. *Begriff:* Staatsform, bei der öffentliche Angelegenheiten durch Abstimmungen in Parlamenten entschieden werden und die Bürger des Gemeinwesens nur indirekt durch die periodische Wahl der Parlamentsabgeordneten Einfluss nehmen können. – 2. *Theorie der indirekten Demokratie:* → Neue Politische Ökonomie, → Parteienwettbewerb.

indirekte Kommunikation → Massenkommunikation.

indirekte Kosten → Gemeinkosten.

indirekte Lenkung → pretiale Lenkung.

indirekte Maßgeblichkeit → verlängerte Maßgeblichkeit.

indirekte Methode – im internationalen Steuerrecht eine Methode zur Aufteilung des Gesamtgewinns eines rechtlich einheitlichen Unternehmens auf seine Betriebsstätten in verschiedenen Staaten (Art. 7 OECD-Musterabkommen). Bei der indirekten Methode wird der Gesamtgewinn des Unternehmens durch Anwendung geeigneter Schlüsselgrößen auf die einzelnen Betriebsstätten verteilt. Diese Schlüsselgrößen sind so zu wählen, dass sie die Gewinnentstehung verursachungsgerecht abbilden und materiell zum selben Ergebnis wie bei der → direkten Methode führen. Wegen der mit der indirekten Methode verbundenen Probleme (geeignete Schlüsselgrößen, konsensfähig aus Sicht aller beteiligten Finanzverwaltungen) ist die indirekte Methode nur zulässig, wenn die direkte Methode als nicht praktikabel erscheint. – *Ähnlich:* Die (innerdeutsche) Zerlegung der Gewerbesteuerbemessungsgrundlage auf die einzelnen steuerberechtigten Gemeinden erfolgt auf einer ähnlichen Grundlage wie bei der indirekten Methode, nämlich durch Ermittlung des Gesamtgewinns und Zerlegung auf die hebeberechtigten Gemeinden; hier funktioniert das, weil – anders als im internationalen Kontext – sowohl die Grundsätze zur Ermittlung des Gesamtgewinns für ganz Deutschland einheitlich geregelt sind als auch die Schlüsselgröße einheitlich geregelt ist (Gewerbesteuergesetz!).

indirekte Prüfung → Prüfung.

indirekter Absatz → indirekter Vertrieb.

indirekter Schluss → Repräsentationsschluss.

indirekter Vertrieb – *indirekter Absatz;* Form des Absatzes von Produkten über unabhängige Handelsbetriebe (→ Großhandel, → Handel, → Einzelhandel und → Ausfuhrhandel sowie das Lebensmittelhandwerk (Bäcker, Metzger), Gastronomie). – *Gegensatz:* → Direkter Vertrieb. – Vgl. auch → Absatzwegepolitik.

indirekte Steuern – Gruppierung der Steuern (→ Steuerklassifikation), z.B. Verbrauch- und Verkehrsteuern. – *Einteilungskriterien:* (1) Nach der *Festsetzungs- und Veranlagungstechnik:* Festsetzung der indirekten Steuern aufgrund von Tarifen (auch *Tarifsteuern*), z.B. Verbrauchsteuern. Indirekte Steuern werden beim Hersteller von Waren erhoben, wobei eine Überwälzung der Steuerlast unterstellt wird. (2) Nach der *Überwälzung:* Indirekte Steuern sind in den Preisen der Fertiggüter und Dienstleistungen grundsätzlich ganz oder teilweise auf den Verbraucher bzw. Abnehmer überwälzbar. Trotz der von der Finanzwissenschaft mittlerweile nachgewiesenen Tatsache, dass sowohl direkte Steuern überwälzt werden können (Gewerbe-, Körperschaftsteuer) als auch die Überwälzung von indirekten Steuern nicht immer gelingt, wird die Einteilung in den volkswirtschaftlichen Gesamtrechnungen aus Vereinfachungsgründen beibehalten. (3) Nach der *Leistungsfähigkeit:* Sie wird nur mittelbar erfasst, d.h. es folgt eine Besteuerung der Einkommensverwendung und des Vermögensverkehrs. Maßgeblich ist das Kriterium der *Überwälzung* (→ Steuerüberwälzung). – *Gegensatz:* → direkte Steuern.

indirekte Subvention → Steuervergünstigung.

Individualeinkommen – 1. *Begriffe:* a) Das einer Person oder einem Haushalt während einer Periode zufließende Entgelt für den Einsatz von Arbeit oder Kapital (*Produktionsaspekt*, vor der Umverteilung). – b) Geldbetrag oder sonstige Mittel, die einer Person oder einem Haushalt in einer Periode zur Deckung des Bedarfs an wirtschaftlichen Gütern (ohne Rückgriff auf vorhandenes Vermögen) zur Verfügung stehen (*Verfügungsaspekt*, nach der Umverteilung). – 2. In der Volkswirtschaftlichen Gesamtrechnung entspricht das Individualeinkommen dem → verfügbaren Einkommen der privaten Haushalte nach dem Verbrauchskonzept, also unter Einschluss bes. bestimmter vom Staat den einzelnen Haushalten unentgeltlich zufließender Leistungen.

Individualentscheidung → Entscheidung eines aus einer Einzelperson bestehenden → Entscheidungsträgers. Das → Entscheidungsverhalten wird durch Informationsverarbeitungsprozesse innerhalb der Person (intraindividuelle Prozesse) determiniert. – Die *Erforschung der Individualentscheidung* bewegt sich im psychologischen Erkenntnisbereich; die bislang vorliegenden Ergebnisse beschränken sich bisher auf diverse Beschreibungs- und Erklärungsversuche der Individualentscheidung. – *Ansätze:* (1) *Idealtyp:* → Homo oeconomicus; (2) *neuere Ansätze:* Empirisch realistische Entscheidungstheorie (Informationsverarbeitungsansatz). – *Gegensatz:* → Kollektiventscheidung.

Individualethik → Ethik, → Wirtschaftsethik, → Unternehmensethik.

Individualgut – *privates Gut;* Wirtschaftsgüter, die in der freien Marktwirtschaft von privaten Anbietern angeboten werden. Das → Ausschlussprinzip und das Rivalitätsprinzip werden erfüllt. Beispiele für Individualgüter sind Kleidung, Brötchen, etc. – *Gegensatz:* → öffentliches Gut. – Vgl. auch → meritorische Güter.

individualisierte Organisation → Individualisierung.

Individualisierung – 1. *Begriff:* Individualisierung ist ein personalwirtschaftliches Programm, das der Einzigartigkeit bzw. Individualität der Mitarbeiter systematisch Rechnung zu tragen sucht. Durch Individualisierung lässt sich gezielt auf deren Freiheitsbedürfnis sowie allg. auf den Subjektcharakter lebendiger Arbeit (→ Personalwirtschaft) positiv eingehen, womit zugleich ein unternehmensethisches Anliegen angesprochen ist. Weil Individualität, determiniert durch Leistungsdisposition, Leistungsfähigkeit und Leistungsbereitschaft, auch im Leistungsverhalten Ausdruck findet, wird mit Individualisierung aber auch die Interessenlage von

Unternehmen berührt. – Institutionelle Verkörperung konsequent verfolgter Individualisierung ist das individualisierte Unternehmen im Sinn einer konkreten Utopie. Mit dieser Charakterisierung soll zum Ausdruck gebracht werden, dass eine vollständige Individualisierung lediglich einen idealtypischen, in der Unternehmensrealität nicht zu erreichenden Endzustand darstellt, dem man sich durch gezielte Gestaltungsmaßnahmen allerdings schrittweise annähern kann. – 2. *Programmpunkte:* Wenn die im Hinblick auf ihre überdauernden und momentanen Leistungsvoraussetzungen (Leistungsdisposition und Leistungsfähigkeit) bestehenden Unterschiede und darüber hinaus auch die motivationale Differenziertheit (Leistungsbereitschaft) der Mitarbeiter systematische Berücksichtigung finden soll, dann kann dies dadurch erfolgen, dass (a) seitens des Unternehmens den Mitarbeitern eine Mehrzahl von Arbeitssituationen offeriert werden, zwischen denen diese (b) mittels selbstbestimmten Entscheidens das ihnen zusagende, d.h. ihren Bedürfnissen und Wünschen am besten entgegen kommende Arrangement auswählen können. – Damit sind zugleich die beiden zentralen Programmpunkte der personalwirtschaftlichen Individualisierung angesprochen, nämlich Wahlmöglichkeiten schaffen und Selbstselektion ermöglichen. – Was den ersten Programmpunkt *Wahlmöglichkeiten schaffen* anbelangt, so bilden dabei verschiedene Bereiche personalwirtschaftlichen Gestaltens und Handelns den nahe liegenden Ansatzpunkt. Als solche können v.a. die Arbeitszeit, das Entgelt- und das Karrieresystem, die Tätigkeiten, die Gruppenbeziehungen sowie die Mitarbeiterführung gelten. Zu beachten ist dabei, das die Individualisierungspotenziale innerhalb der genannten Gestaltungsbereiche und Handlungsfelder aus der Natur der Sache heraus oder aufgrund gesetzlicher und (kollektiv-)vertraglicher Regelungen unterschiedlich groß ausfallen. So sind sie bspw. bez. der Entgeltgestaltung durch Tarifverträge und Betriebsvereinbarungen beträchtlich eingeschränkt bzw. bleiben – etwa in Form von → Cafeteria-Systemen – weitgehend der Entlohnung von Führungskräften vorbehalten. Ganz anders stellen sich die Verhältnisse im Hinblick auf Arbeitszeitregelungen dar, wo von einem breiten Spielraum für Gestaltungsmöglichkeiten auszugehen ist. – In dem mit *Selbstselektion ermöglichen* bezeichneten zweiten Programmpunkt kommt zunächst die Überzeugung zum Ausdruck, dass Menschen bzw. Mitarbeiter i.d.R. selbst am besten wissen, welche der unternehmensseitig offerierten Alternativen ihnen am meisten zusagen. Allerdings setzt die Wahrnehmung der Chance zur Selbstselektion Aufklärung voraus. Nur in solchen Fällen kann von informierten Entscheidungen zwischen den grundsätzlich verfügbaren Wahlmöglichkeiten gesprochen werden. Ferner muss Selbstselektion im Prinzip als Daueroption verfügbar sein. Die Erfüllung dieser Zusatzbedingung öffnet das Individualisierungskonzept gegenüber Lernprozessen, wie sie in der Realität an der Tagesordnung sind. Ferner können sich die Präferenzen der Mitarbeiter im Laufe der Zeit verschieben; dies etwa deshalb, weil sich ihre Lebensumstände und -pläne – etwa im Zuge einer neuen familiären Situation oder altersbedingt – verändern. – 3. *Prozessuale und unternehmenskulturelle Merkmale:* Personalwirtschaftliche Individualisierung ist ein umfassender und ggf. auch langwieriger Prozess organisationalen und individuellen Lernens, der zweckmäßigerweise im Geist der → Organisationsentwicklung voranzutreiben ist. V.a. bei der Einführung des Konzepts erweist sich eine umfassende Information der Mitarbeiter – etwa durch die Unternehmensleitung, das Personalressort oder die Fachabteilungen – als unumgänglich. Wie alles Neue, so ist auch Individualisierung für ihre Nutznießer zunächst einmal mit Unsicherheit verbunden, stellt sie sich doch als ausgesprochen mehrdeutige Innovationssituation dar. Dass bei der Implementierung auch die Verfolgung einer Partizipationsstrategie zweckmäßig ist, versteht sich von selbst; ebenfalls, dass eine Beteiligung des Betriebsrats i.d.R. schon deshalb erforderlich wird, weil die unternehmensseitig angebotenen Wahlmöglichkeiten vielfach die Mitwirkungs- und Mitbestimmungsrechte dieses Organs der Arbeitnehmer-Interessenvertretung tangieren. – Schließlich ist davon auszugehen, dass sich Individualisierung in unternehmenskultureller Hinsicht (nachhaltig) bemerkbar macht: Als „Kultur des Unterschieds", die Individualität dadurch berücksichtigt, dass den Bedürfnissen, Interessen, Neigungen und Fähigkeiten der einzelnen Mitarbeiter im Rahmen des unternehmensseitig Möglichen konsequent Rechnung getragen wird. Eine solche Kultur wirkt darüber hinaus vertrauensbildend, denn es wird den Mitarbeitern signalisiert, dass sie als Individuen akzeptiert, ernst genommen sowie gefördert werden und das Unternehmen ihnen die Fähigkeit zubilligt, verantwortlich über ihr eigenes Wollen zu entscheiden. I.d.R. wird sich dies nicht nur vorteilhaft auf das Leistungsverhalten der Mitarbeiter auswirken, sondern auch positive Außeneffekte haben, die insbesondere im Zusammenhang mit der Personalgewinnung Bedeutung erlangen können.

Individualisierungsstrategie – Ausrichtung der → marketingpolitischen Instrumente, v.a. der Leistungspolitik eines Herstellers auf die jeweiligen Kundenprobleme. Durch Angebot und Entwicklung von kundenspezifischen Problemlösungen wird versucht, Präferenzen zu schaffen, preispolitische Spielräume aufzubauen und durch die individuelle Leistungs- und Angebotsdifferenzierung einen Wettbewerbsvorteil zu erreichen. – *Gegensatz:* → Standardisierungsstrategie.

Individualismus – Mit Individualismus werden sozialtheoretische Konzeptionen bezeichnet, in denen das Individuum eine zentrale Stellung einnimmt. Verschiedene Spielarten des Begriffs sind zu unterscheiden. – 1. *Methodologischer Individualismus* bezeichnet eine Konzeption von positiver Sozialwissenschaft, die aggregierte gesellschaftliche Phänomene erst dann als „erklärt“ ansieht, wenn sie auf das Handeln von Individuen zurückgeführt bzw. aus individuellen Entscheidungen abgeleitet sind. – 2. *Normativer methodologischer Individualismus* sieht Regeln, Institutionen, Verfassungen erst dann als „legitimiert“ an, wenn sie auf die – expliziten oder impliziten – Willensentscheidungen der bzw. aller Betroffenen zurückgeführt werden (können). – Vgl. auch → Konsensethik. – 3. *Ethischer Individualismus:* Unter ethischem Individualismus versteht man eine Position, die dem Individuum in Fragen der → Moral Vorrang vor den Forderungen und Interessen der Allgemeinheit gibt. – 4. *Aufgabe von Wirtschaftsethik:* In diesem Kontext hat → Wirtschaftsethik zum einen die Bedeutung, Regeln für die Individuen deutlich zu machen. Sie hat darüber hinaus die Frage zu diskutieren, ob mit dem beobachteten Trend zur Individualisierung ein autonomer Wertewandel stattgefunden hat, dem durch Bewusstmachen moralischer Werte und Erziehung zu mehr Gemeinsinn zu begegnen ist, oder ob dieser Trend, wenn er empirisch bestätigt ist, durch eine Veränderung der relativen Kosten induziert ist und letztlich einen sekundären Wertewandel darstellt, dem dann durch institutionelle Reformen zu begegnen wäre, die die Kosten für die Praktizierung des Gemeinsinns senken.

Individualkommunikation – I. Kommunikationswissenschaft: 1. *Charakterisierung:* Form der → Kommunikation; Interaktion zwischen identifizierten Partnern. Typisch ist der (häufige) Rollenwechsel, der Sender wird zum Empfänger und umgekehrt; Individualkommunikation ist direkt, wechselseitig und bietet die Möglichkeit unmittelbarer Kontrolle durch Rückkopplung. – 2. Die *Unterscheidung zwischen Individualkommunikation und* → Massenkommunikation ist durch die jüngste Entwicklung der Medientechnik problematisch geworden; zunehmend wird für alle Formen der Kommunikation der Begriff → Telekommunikation verwandt.

II. Wirtschaftsinformatik: Form der Kommunikation, bei der die Kommunikationspartner für die Informationsübermittlung exklusiv ausgewählt werden. Für Individualkommunikation die über ein → Netz erfolgen soll, wird deshalb ein → Vermittlungsnetz benötigt. – *Gegensatz:* → Massenkommunikation.

Individualkonsum – Summe aus den Konsumausgaben privater Haushalte und den sozialen Sachtransfers, d.h. dem Wert der (bes.) staatlichen Erziehungs-, Gesundheits- und ähnlichen Leistungen, die letztlich von privaten Haushalten verbraucht werden, ohne dass bei ihnen dafür Ausgaben anfallen. – Vgl. auch → Kollektivkonsum.

Individual Marketing – Konzeption, mit der angestrebt wird, sich weniger an den „Durchschnittswünschen“ einer großen Abnehmerzahl, als vielmehr an den Bedürfnissen einzelner Kunden oder kleiner Kundengruppen auszurichten. Diese Idee, die bei der Vermarktung von Investitionsgütern z.B. in Form von kundenspezifischen Systemangeboten (Systems Selling) bereits seit langem realisiert ist, findet zunehmend Eingang in das Konsumgütermarketing. Häufig werden dabei die Instrumente des → Direct Marketing eingesetzt.

Individualprinzip → Sozialpolitik, Gestaltungsprinzipien.

Individualreise – Reise einer Person oder Personengruppe, für die Beförderungen, Aufenthalte und sonstige Reisebestandteile nach den Wünschen der Reisenden zusammengestellt und mit eigenen Mitteln ausgeführt oder zu ihren Einzelpreisen von den ausführenden Reiseverkehrs- und Fremdenverkehrsbetrieben (→ Tourismus) erworben werden. Einzelleistungen werden auch von → Reiseveranstaltern angeboten. Bündelt der Reiseveranstalter die Einzelleistungen zu einer Paketleistung nach dem Baukasten-System, so handelt es sich nicht mehr um eine Individual-, sondern um eine → Pauschalreise. Reisen im Geschäftsreisemarkt (→ Geschäftsreise) werden fast ausschließlich als Individualreisen organisiert.

Individualsoftware → Software, die für den Einsatz in *einem* speziellen Betrieb entwickelt wird, entweder durch Eigenerstellung (→ Softwarelebenszyklus) oder Auftragsvergabe an externen Softwarehersteller. – *Gegensatz:* → Standardsoftware.

Individualsphäre des Arbeitnehmers → Tarifautonomie.

Individualverkehr – 1. *Begriff:* Verkehrsart, bei der die Verkehrsmittel nur von einem einzelnen oder einem beschränkten Personenkreis eingesetzt werden und bei dem der oder die Benutzer völlig frei sind in der Bestimmung der Zeit, des Fahrweges und des Zieles der Fahrt. Der Pkw als das wichtigste Verkehrsmittel des Individualverkehrs vereinigt Komfort mit zeitlicher und örtlicher Ungebundenheit, hat aber im Vergleich zu öffentlichen Verkehrsmitteln den Nachteil des hohen Flächenbedarfs und hoher spezifischer negativer → externer Effekte. – *Gegensatz:* → Öffentlicher Verkehr. – 2. *Bedeutung und künftige Entwicklung:* Nach dem Zweiten Weltkrieg hat sich der Individualverkehr bes. stark ausgeweitet und den → öffentlichen Verkehr stark zurückgedrängt. Entfielen 1950 lediglich ein Drittel der Verkehrsleistung auf den Individualverkehr und der Rest auf den → öffentlichen Personenverkehr, so entfallen zz. auf den Individualverkehr über 80 Prozent. Die jüngsten Prognosen gehen davon aus, dass sich an diesem → Modal Split bis zum Jahr 2010 nichts geändert haben wird. Fahrtzwecke, an denen der Individualverkehr bes. hohe Marktanteile hat, werden weiterhin der Berufsverkehr und der Freizeitverkehr sein. – 3. *Probleme:* Die starke Zunahme des Individualverkehrs und der mit ihm zusammenhängenden Belastungen (Staus, Lärm, Abgase) haben bereits in den 1970er-Jahren – auch unter dem Eindruck der Entwicklungen auf den Energiemärkten – zu Überlegungen geführt, wie eine

Veränderung des Modal Split erreicht werden könnte. Erhöhung der → Mineralölsteuer und → Kraftfahrzeugsteuer, Ausbau und Attraktivitätssteigerung des öffentlichen Personenverkehrs haben jedoch bisher keine spürbare Entlastung gebracht. Bestrebungen, durch Road Pricing die negativen externen Effekte des Individualverkehrs zu internalisieren und so über pretiale Anreize zu einer Verlagerung zu kommen, scheitern bisher an technischen Schwierigkeiten, v.a. aber an politischen Rücksichtnahmen.

Individualwucher – Ausbeutung einer individuellen Schwächesituation, um für eine eigene Leistung eine deren Wert weit übersteigende Gegenleistung zu gewinnen. Strafbar nach § 291 StGB. – Vgl. auch → Wucher.

Individualzahlungsverkehr – *Großbetragszahlungsverkehr.* Im Individualzahlungsverkehr werden Geldforderungen einzeltransaktionsorientiert abgewickelt und verrechnet. Die → Zahlungen lauten überwiegend über hohe Beträge und sind zeitkritisch. Jede Zahlung ist aufgrund ihrer Höhe und Dringlichkeit dispositionsrelevant. Individualzahlungen resultieren aus Interbankgeschäften (z.B. → Geldmarkt- und → Devisengeschäften) und dem → Kundengeschäft (eilige kommerzielle Zahlungen). – Vgl. auch Zahlungssystem, → Massenzahlungsverkehr.

individuelle Abschreibung → Einzelabschreibung.

individuelle Datenverarbeitung (IDV) – *End User Computing.* 1. *Begriff:* Organisationsform der → betrieblichen Datenverarbeitung, bei der dem → Endbenutzer in der Fachabteilung Computerleistung (→ Computersystem) an seinem persönlichen Arbeitsplatz zur Verfügung gestellt wird und er v.a. seine aufgabenspezifischen → Anwendungen selbst entwickelt und pflegt. – Vgl. auch → Personal Computing. – 2. *Einsatzgebiete:* v.a. Aufbereitung und Gewinnung von Informationen aus bestehenden DV-Systemen (z.B. → Datenbanksysteme, → Datenverarbeitung (DV)) für Berichte, Ad-hoc-Abfragen, Kalkulationen und Planungen; arbeitsplatzspezifische Aufgaben ohne Bezug zu anderen Systemen; typisch: Einsatz von → Personal Computern (PC).

individuelle Marktbeherrschung → Marktbeherrschung.

individuelles Arbeitsrecht → Arbeitsrecht.

Indizierung – in der Plankostenrechnung und Kostenplanung die prozentuale Umrechnung von Kostenstandards aufgrund von Preisänderungen der Kostengüter (in Form von Indizes) bei sonst unveränderten geplanten Verbrauchs- und Leistungsmengen.

Indoktrination – beeinflussende Maßnahmen zur Erzielung einer möglichst weit gehenden Harmonisierung der Interessen und Wünsche der Unternehmer, des Betriebes und der Mitarbeiter, um Friktionen in der Kooperation beim betrieblichen Leistungsprozess zu minimieren. – *Mittel:* Innerbetriebliche Information, Schulung und Weiterbildung, Vorbildung der Führungskräfte, → Organisationskultur u.a.

indossable Wertpapiere – durch → Indossament übertragbare Wertpapiere. – Vgl. auch → Orderpapiere.

Indossament – 1. *Begriff:* schriftliche Erklärung, mit dem ein Berechtigter (Indossant) das Eigentum und die Rechte aus einem → Orderpapier auf einen anderen (Indossatar) überträgt. Das Indossament ist ein Übertragungsvermerk, der auf der Rückseite des Wertpapiers angebracht oder falls der Platz nicht ausreicht, auf einen angeklebten Anhang (Allonge) gesetzt wird. Die Übertragung durch Indossament ist insbesondere bei → Wechseln vorgesehen (Art 11 WG), früher auch bei Orderschecks, diese sind nicht mehr gebräuchlich. – 2. *Funktionen des Indossaments:* a) Transportfunktion (Art. 14 WG): Durch das Indossament werden alle Rechte aus dem Wechsel vom bisherigen Gläubiger (Indossanten) auf den neuen Eigentümer (Indossatar) übertragen. – b) Garantiefunktion (Art. 15 WG): Jeder Indossant (genau wie der Wechselaussteller) haftet gegenüber jedem zukünftigen rechtmäßigen Wechselinhaber für die Annahme und Zahlung des Wechsels. – c) Legitimationsfunktion (Art. 16 WG): Als Berechtigter gilt der Inhaber des Wechsels, der auf diesem eine ununterbrochene Indossamentkette vorweisen kann, auch dann, wenn das letzte Indossament ein Blankoindossament ist. – 3. *Formen:* Die übliche Form des Indossaments ist das Vollindossament: es enthält außer der Unterschrift des Übertragenden (Indossanten) auch den Namen des Empfängers (Indossatar) und wird mit dem Vermerk „an die Order" versehen. Mit einem Rektaindossament (mit dem Vermerk „nicht an die Order") wird die Weitergabe des Wechsels ausgeschlossen. Wird der Name des Indossatars nicht angegeben, handelt es sich um ein Blankoindossament (Art. 13 II WG). Jeder Inhaber eines blanko-indossierten Wechsels gilt dann als Berechtigter. Daneben gibt es noch Sonderformen des Indossaments: Mit dem Vollmachtsindossament (Art. 18 WG), auch als → Prokuraindossament bezeichnet, das einen Zusatz enthält, wie z.B. „zum Inkasso", wird der Indossatar nicht Eigentümer des Wechsels, sondern erhält lediglich das Recht zum Einzug des Wechsels. Eine andere Form ist das Pfandindossament (Art. 19 WG), mit dem angezeigt wird, dass der Wechsel zum Zweck der Verpfändung indossiert worden ist. Mit einem Angstindossament (mit dem Vermerk „ohne Obligo" oder „ohne Gewähr") verweigert der Indossant den nachfolgenden Wechselinhabern das Recht auf Rückgriffshaftung.

Indossamentverbindlichkeiten – die aus Wechselunterschriften entstehenden Eventualverpflichtungen (aus eigenen Ziehungen, aus Bürgschaften, v.a. Wechsel- und Scheckbürgschaften und Avalkrediten sowie aus → Indossamenten). Eine Inanspruchnahme ist nur bei Zahlungsunfähigkeit der anderen aus dem Wechsel Verpflichteten zu erwarten; infolgedessen

Ausweis außerhalb der Bilanzsumme (unter dem Strich) gemäß § 251 HGB (→ Haftungsverhältnisse). Von bes. Bedeutung in der Bankbilanz.

Indossant – derjenige, der durch → Indossament das Eigentum und/oder die Rechte aus einem → Orderpapier auf einen anderen überträgt.

Indossatar – derjenige, auf den das Eigentum und/oder die Rechte aus einem → Orderpapier durch → Indossament übertragen werden.

in dubio pro reo – Latein für *"Im Zweifel für den Angeklagten"*. Es handelt sich um einen strafprozessualen Grundsatz, nach dem alle ernsthaften Zweifelsfragen bei der Entscheidung zugunsten des Angeklagten zu werten sind. Er beruht auf der allg. Unschuldsvermutung, die im Grundsatz in Art. 11 I der Allgemeinen Erklärung der Menschenrechte der Vereinten Nationen von 1948 und in Art. 6 II der Europäischen Menschenrechtscharta niedergelegt ist.

Induktion – logisches Verfahren, bei dessen Anwendung vom Besonderen (einzelne Beobachtungen) zum Allgemeinen (→ Theorie) vorangeschritten wird. Induktion wird häufig als realwissenschaftliche Vorgehensweise schlechthin dargestellt. Ob derartige gehaltserweiternde Schlüsse (→ Informationsgehalt) überhaupt möglich sind, wird als *Induktionsproblem* bezeichnet; in seiner ursprünglichen Form gilt es als negativ gelöst. – *Gegensatz:* → Deduktion.

Induktionsproblem → Induktion.

induktive Statistik → Inferenzstatistik.

Industrial Engineering – 1. *Begriff:* Interdisziplinäres Betätigungsfeld, das sich mit der Untersuchung, Erklärung und Gestaltung des management-technologischen Bereichs (→ Managementtechniken) befasst. – 2. *Hauptanwendungsgebiete:* → Unternehmensplanung, Verbesserung und Einführung integrierter Mensch-Maschine-Systeme; dabei Konzentration der Bemühungen auf Funktionsfähigkeit dieser Systeme und bes. auf die Anpassung der maschinellen Sachmittel- und personalen (Menschen) Systemelemente. – 3. *Spezielle Untersuchungsbereiche:* Verhaltensweisen und -prozesse der im System kooperierenden Menschen, Managementtechniken, Verfahrensanalysen, Qualitätstest und -kontrolle, Computertechnik und Informationsbe- und -verarbeitung im Rahmen der EDV, stochastische und deterministische Planungsmodelle. – 4. *Berufsmäßige Institutionalisierung* des Industrial Engineering ist in den USA stark ausgeprägt. In der Bundesrepublik Deutschland ist das Industrial Engineering mit dem Wirtschaftsingenieurwesen vergleichbar.

Industrialisierung – I. Begriff: Volkswirtschaftlicher Prozess, der gekennzeichnet ist durch eine signifikante Zunahme der gewerblichen Gütererzeugung (sekundärer Sektor) auf Kosten des Agrarbereichs (primärer Sektor). Diese Erzeugung von gewerblichen Massengütern erfolgt mit wachsendem Maschineneinsatz in großgewerblicher, arbeitsteiliger Produktionsorganisation.

II. Industrialisierungskonzepte: Die Grundstrukturen von in verschiedenen Volkswirtschaften zu verschiedenen Zeiten in unterschiedlicher Weise ablaufenden Industrialisierungsprozesse können anhand ausgewählter Indikatoren erfasst und zu Industrialisierungskonzepten verdichtet werden, anhand derer u.U. Anregungen für die Industrialisierung von heute nicht oder wenig industrialisierten Ländern gewonnen werden können. – Drei wichtige Industrialisierungskonzepte: 1. Nach *A. Gerschenkron* wird der Verlauf der Industrialisierung einer Volkswirtschaft maßgeblich von ihrer wirtschaftlichen Rückständigkeit zu Beginn dieses Prozesses bestimmt. Mit dem Grad der Rückständigkeit nehmen v.a. die Schnelligkeit und Intensität der Industrialisierung und damit u.a. auch die von der Bevölkerung während des Prozesses zu tragenden Lasten (Einschränkung des Konsumniveaus) zu. Bes. Bedeutung kommt der Regelung der Kapitalbereitstellung zu: Während in einem wirtschaftlich fortgeschrittenen Land (z.B. England) die Kapitalbeschaffung überwiegend durch Selbstfinanzierung der Unternehmen erfolgen kann, bedarf es dazu bei einem rückständigen Land der Institution „Kreditinstitut" (z.B. in Deutschland) oder sogar des direkten Eingriffs des Staates (z.B. in Russland). Mit fortschreitender Industrialisierung kann die Kapitalbereitstellung sukzessive auf die Unternehmen selbst verlagert werden. – 2. *Hoffmann* unterscheidet im Industrialisierungsprozess anhand der Nachfragestruktur grundsätzlich vier Perioden: a) Vorherrschen der Konsumgüterindustrie, b) allmähliches Wachstum der Kapitalgüterindustrie, c) Gleichgewicht zwischen Konsum- und Kapitalgüterindustrie, d) Übergewicht der Kapitalgüterindustrie. – Den ersten Ansatzpunkt für die Industrialisierung einer Volkswirtschaft bildet der Massenbedarf der Bevölkerung an lebensnotwendigen Gütern, sodass bei der Konsumgüterproduktion industrielle Verfahren eingesetzt werden können. Durch zunehmende soziale Differenzierung und wachsende Beschäftigtenzahl verschiebt sich im Zusammenhang mit steigenden Haushaltseinkommen die Nachfrage- und Produktionsstruktur. Lohnsteigerungen wiederum begünstigen den Substitutionsprozess zugunsten von Wirtschaftsbereichen mit höherer Wertschöpfung. Diese Differenzierung in der Produktion geht mit wachsender Qualifikation des Produktionsfaktors Arbeit (Ausbildung) und institutioneller Bereitstellung des Produktionsfaktors Kapital (Kreditinstitute) einher. So entsteht allmählich neben der Nachfrage auch die Möglichkeit zur Herstellung von Kapitalgütern. Aufgrund der aufgezeigten Interdependenzen erlangen die Kapitalgüterindustrien immer größere Bedeutung. – 3. *Rostow* findet ausgehend von einer traditionellen Gesellschaft mit vorindustriellen Wirtschafts- und Herrschaftsstrukturen im Industrialisierungsprozess vier typische Wachstumsphasen: a) *Anlaufperiode*, in der die Vorbedingungen für zukünftiges, industrielles Wachstum gelegt werden; b) *Aufschwungperiode (Take off)*, in der ein sich selbst tragender wirtschaftlicher Aufschwung einsetzt; c) *Reifeperiode*, in der die Entwicklung konsolidiert wird; d) *Massenkonsumperiode*, in der erste Marktsättigungen auftreten. – Entscheidend für den Erfolg und den konkreten Ablauf der Industrialisierung ist die Aufschwungperiode, in der nach Überwindung von entwicklungshemmenden Faktoren wirtschaftliches Wachstum zu einer normalen Bedingung des Wirtschaftens wird. Die Aufschwungperiode ist dadurch gekennzeichnet, dass geeignete Rahmenbedingungen im sozio-ökonomischen und institutionellen Bereich vorliegen, die Quote produktiver Investitionen mind. zehn Prozent beträgt und einer oder mehrere industrielle Bereiche als Führungsbereiche (Leading Sector) mit sehr hohen Wachstumsraten und umfangreichen Vorwärts- und Rückwärtskoppelungseffekten fungieren.

Industrialisierungsgrad – Ausmaß der in einem Raum erreichten Industrialisierung. Der Industrialisierungsgrad kann mit gewissen Einschränkungen über den → Industriebesatz oder die → Industriedichte dargestellt werden. Zur Messung des Industrialisierungsgrades in → Entwicklungsländern empfiehlt sich die Formel IG = (PKE × IB): 100, wobei IG den Industrialisierungsgrad, PKE das Pro-Kopf-Einkommen und IB den Industriebesatz bezeichnen.

Industrial Organization → Industrieökonomik.

Industrial Organization School → wirksamer Wettbewerb.

Industrial Relations – Arbeitsbeziehungen bzw. Arbeitgeber-Arbeitnehmer-Beziehungen. Diese finden ihren Niederschlag zwischen Institutionen (→ Arbeitgeberverbände, → Gewerkschaften) sowie Verfahren und Regeln (Arbeitskämpfe etc.).

Industrie – I. Charakterisierung: 1. *Begriff*: Oberbegriff für die Menge aller → Industrieunternehmungen, → Industriebetriebslehre. – 2. *Gliederung*: a) *Nach Waren* bzw. *nach der Konsumnähe:* (1) *Verbrauchsgüter produzierendes Gewerbe*: Bekleidung, Schuhe, Möbel, Hausgerät; (2) *Investitionsgüter produzierendes Gewerbe:* Maschinen, Baustahl, Schiffsplatten. – b) *Nach der Vermögensstruktur:* (1) *Anlageintensiv:* Industrie mit hohem Kapitaleinsatz (Braunkohlenindustrie, Schiffbau); (2) *arbeitsintensiv:* Industrie mit hohem Anteil von Lohn- und sonstigen Arbeitskosten (Bijouterieherstellung, Uhrenfabrikation); (3) *rohstoffintensiv:* Textilindustrie, Ziegeleien, Möbelfabriken. – c) *Nach dem Standort:* (1) *Rohstofforientiert:* Porzellanindustrie, Ziegelfabrikation; (2) *verbrauchsorientiert:* Brotindustrie, Molkereien und sonstige Nahrungsmittelindustrie; (3) *arbeitskostenorientiert;* (4) *verkehrsorientiert.*

II. Amtliche Statistik: Produzierendes Gewerbe.

Industrieachse – Aufreihung von → Industrieunternehmungen entlang verkehrssammelnder Landschaftsgrenzen (z.B. Mittelgebirgsrand) oder an Hauptverkehrswegen. Insbesondere bilden sich Industrieachsen entlang der Ausfallstraßen städtischer → Siedlungen.

Industriebesatz – Kennziffer in der → Regionalanalyse zur Messung des Industrialisierungsgrades, welche die Zahl der Industriebeschäftigten (→ Industrie) auf die Einwohner der → Region bezieht (Industriebeschäftigte je 1.000 Einwohner).

Industriebetrieb → Industrieunternehmung.

Industriebetriebslehre – 1. *Begriff*: Teildisziplin der → Betriebswirtschaftslehre (BWL), die Erforschung und Lehre des Wirtschaftens von → Industrieunternehmungen umfasst. Industriebetriebslehre kann somit als eine durch institutionelle Gliederung gebildete spezielle Betriebswirtschaftslehre im Sinn einer *Wirtschaftszweiglehre* verstanden werden, die die allgemeine Betriebswirtschaftslehre ergänzt. – 2. *Teilgebiete:* Kernbereich des Systems Industriebetrieb ist der *Produktions- (Fertigungs-)bereich* mit dem in ihm stattfindenden ingenieur-technischen Transformationsprozess, der Be- und/oder Verarbeitung von Stoffen. Im Rahmen der Gestaltung und Lenkung dieses Prozesses unter bes. Beachtung ökonomischer und anderer, z.B. sozialer, Ziele sind Entscheidungen auf folgenden Gebieten zu treffen: (1) *Produktwirtschaft* (Produktplanung, Forschung und Entwicklung, Wertanalyse, Normung/Typung); (2) *Anlagenwirtschaft* (Kapazität, Layout, innerbetrieblicher Standort, Instandhaltung); (3) *Personalwirtschaft* (Arbeitsgestaltung, Arbeits- und Leistungsbewegung, Lohnformen, Personaleinsatz); (4) *Programmwirtschaft* (Produktprogrammplanung mit Produktionsverfahrens-, Losgrößen-, Eigenproduktions-/Fremdbezugswahl); (5) *Prozesswirtschaft* (Produktionsprozesswirtschaft als auftrags- und potenzialorientierte Termin- und Kapazitätsbelegungsplanung mit integrierter Material- und Personalplanung, Produktionsprozesssteuerung und -kontrolle als Arbeitsverteilung, Arbeitsingangsetzung sowie Arbeitsfortschritts- und -qualitätskontrolle); (6) *Materialwirtschaft* (Bedarfsermittlung, Lagerhaltung und Bestelldisposition); (7) *Informationswirtschaft* (Kostenrechnungsinformationen, Investitionsrechnungsinformationen, Organisation des Produktions-Controllings).

Industriedichte – Kennziffer in der → Regionalanalyse zur Messung des Industrialisierungsgrades, welche die Zahl der Industriebeschäftigten (→ Industrie) auf die Fläche der → Region bezieht (Industriebeschäftigte je km^2).

Industriedistrikt – 1. *Begriff*: von A. Marshall Anfang des 20. Jh. geprägter Begriff für einen räumlich verorteten Produktionsverbund kleiner und mittlerer Unternehmen einer Branche, die auf ein spezielles Produkt, eine bestimmte Produktpalette oder die Herstellung spezifischer Komponenten innerhalb des Produktionsverbundes spezialisiert sind. – 2. *Merkmale:* Ausschlaggebend für das erfolgreiche

Funktionieren eines Industriedistrikts sind eine flexible Spezialisierung und Kooperation der Unternehmen, räumliche Nähe, Vertrauen und soziokulturelle Verbundenheit (→ Embeddedness), ein funktionierender Wettbewerb zwischen den Unternehmen sowie ein dichtes Netz sozio-institutioneller Beziehungen und Strukturen (Institutional Thickness). – 3. *Beispiele:* Als Beispiele für das klassische Industriedistrikt nach Marshall werden u.a. immer wieder Hightech-Regionen wie das kalifornische Silicon Valley (Informationstechnik, Mess- und Kontrollinstrumente, Software und Halbleitertechnologie) in seiner frühen Entwicklung oder eher handwerklich orientierte lokale Produktionssysteme wie das → Dritte Italien (u.a. Schuhe, Keramik, Holzmöbel), in Deutschland die Region Albstadt in Baden-Württemberg (Wirk- und Strickwaren) oder die Uhrenproduktion im Schweizer Kanton Jura angeführt. – 4. *Abwandlungen:* Neben dem Industriedistrikt nach Marshall lassen sich weitere Formen unterscheiden: Beim *Hub-and-Spoke-Distrikt* ist ein großes, vertikal integriertes Schlüsselunternehmen, das für die regionale Wirtschaft eine Naben- bzw. Ankerfunktion ausübt, umgeben von einer Vielzahl kleiner Unternehmen (z.B. Zulieferer, Dienstleister), die wie die Speichen eines Rades um die Nabe angeordnet sind. Es existieren sowohl regionale als auch überregionale Beziehungen. Als Beispiele lassen sich Toyota City in Japan und Boeing City in Seattle/USA (Automobil- bzw. Flugzeugbau) anführen. Eine daraus abgeleitete Sonderform ist das *State-anchored-Distrikt,* bei dem der Anker in Form einer öffentlichen oder staatlichen Einrichtung, z.B. einer Militärbasis, eines Behördenkomplexes oder einer Universität, auftritt. Beispiele sind Colorado Springs (Hauptquartier des militärischen Weltraumkommandos der USA, Luftwaffenakademie, zahlreiche Universitätsinstitute) sowie Boulder (University of Colorado, Elektroindustrie), beide im US-Bundesstaat Colorado gelegen. Solche Konstellationen induzieren regionales Wachstum durch die Entstehung von Zulieferbeziehungen, regionale Verflechtungen wie beim Marshallschen Industriedistrikt treten jedoch kaum auf. Beim *Satelliten-Plattform-Distrikt* handelt es sich um eine meist außerhalb von Ballungsräumen befindliche Standortgemeinschaft von Zweigbetrieben (verlängerte Werkbänke) regionsexterner, → multinationaler Unternehmungen, die durch geringe regionale Verflechtungen gekennzeichnet ist. Ein Beispiel ist das Research Triangle in North Carolina (Elektronik, Telekommunikation, Life Science). Oft ist ein derartiger Industriedistrikt auch das Resultat staatlicher Förderinitiativen zur Belebung des Wirtschaftswachstums in peripheren Regionen. – Vgl. auch → Cluster.

Industriegasse – bandartige Verdichtung von → Industriestandorten entlang eines Tales. Täler sind Verkehrsleitlinien (Bahn, Straße, Wasser), entlang derer sich die → Industrie bevorzugt ansiedelt. Die Nutzung der Wasserkraft hat dort schon früh gewerbliche Ansätze bewirkt. Durch die starke Verdichtung von Industrie und Bevölkerung in Industriegassen kann es zu erheblichen Umweltbeeinträchtigungen kommen, denen die → Raumordnung durch gezielte Entlastungsmaßnahmen entgegenzuwirken versucht. Ein Beispiel für Industriegassen ist das untere und mittlere Filstal im → Verdichtungsraum Stuttgart.

Industriegebiet – 1. → Industrielandschaft: Stark industrialisierter Raum. Ein Beispiel ist das rheinisch-westfälische Industriegebiet. – 2. *Standortraum der* → Industrie: Durch die Flächennutzungsplanung in einer Gemeinde festgelegt. Hierbei handelt es sich aber – entgegen dem üblichen Sprachgebrauch – häufig um ein → Gewerbegebiet, in dem sowohl Betriebe des Handwerks, des Baugewerbes und des flächenbeanspruchenden Handels als auch umweltfreundliche Industriebetriebe angesiedelt sind.

Industriegeografie – 1. *Begriff:* Zweig der → Wirtschaftsgeografie, der die räumliche Ordnung industrieller Aktivitäten beschreibt und erklärt. Unter → Industrie wird das verarbeitende, mit der stofflichen Umwandlung befasste Gewerbe (Manufacturing Industry) verstanden, wobei Handwerk und Kleingewerbe i.d.R. nicht dazu gerechnet werden. – 2. *Ziele:* (1) Beschreibung der räumlichen Konzentrationen/Dispersionen von → Industriestandorten, der räumlichen Industriekomplexbildungen und Verflechtungen sowie der raum-zeitlichen Entwicklung von Standortstrukturmustern; (2) Analyse der industriellen → Standortfaktoren (v.a. der → Transportkosten für Beschaffung und Absatz, der → Arbeitskosten und der → Agglomerationseffekte), Formulierung und empirische Prüfung von → Industriestandorttheorien auf der Basis räumlich variierender Kosten und/oder Erträge; (3) Analyse des Zusammenhangs von der Organisation des Industrieunternehmens und der Standortlagerung bzw. Standortstrategie, v.a. bei Mehrbetriebs- und Mehrproduktunternehmen sowie multinationalen Unternehmen; (4) Analyse von räumlichen Produktionskomplexen aufgrund zwischenbetrieblicher Material-, Dienstleistungs- und Informationsverflechtungen; (5) Analyse des unternehmerischen Verhaltens bez. Investitionsentscheidungen (Standortanpassung), Mobilitätsentscheidungen (→ Standortspaltung, -verlagerung) und Stilllegungs- und Ansiedlungsentscheidungen in Abhängigkeit von Erfahrungen, Informationen und Handlungszielen des Unternehmers (→ Standortwahl); (6) Zusammenhang von technologischen Entwicklungen, → Diffusion von → Innovationen und räumlicher Entwicklung der Industrie (→ Produktzyklus-Theorie); (7) Analyse der staatlichen Einflüsse auf die Lokalisation der Industrie, v.a. der Rolle der Struktur- und → Regionalpolitik für die Industrieansiedlungspolitik; (8) Analyse der Auswirkungen der Industrie auf die sozialen, politischen, ökonomischen und ökologischen Raumstrukturen sowie der Rolle der Industriestruktur im regionalwirtschaftlichen Wachstum (→ Wachstumspoltheorie).

Industriegewerkschaften (IG) → Gewerkschaften, die nicht nach Berufen, sondern nach Industriezweigen (IG Bergbau, IG Metall) oder nach religiösen oder politischen Richtungen (z.B. in Frankreich und Italien) organisiert sind. Industriegewerkschaften erfassen ungelernte und angelernte Arbeiter sowie Facharbeiter verschiedener Berufszugehörigkeit. Dieses Organisationsprinzip wurde auf allen Gewerkschaftskongressen von 1892 bis 1925 diskutiert, blieb umstritten, setzte sich jedoch nach 1945 in der Bundesrepublik Deutschland weitgehend durch. *Ausnahme:* Deutsche Angestellten-Gewerkschaft. – *Im Einzelnen:* IG Bauen-Agrar-Umwelt (Bundesvorstand in Frankfurt a.M.); IG Bergbau, Chemie und Energie (Hauptvorstand in Hannover); IG Metall (Vorstand in Frankfurt a.M.).

Industriehypothek – auf industriell genutzte Grundstücke eingetragene → Hypothek (heute meist → Grundschuld). Wert der Industriehypothek ist kritisch zu beurteilen, da Industrieobjekte bei eingeschränkter Nutzbarkeit und meist nicht gegebener Drittverwendbarkeit sowie evtl. vorhandenen Altlasten und/oder ungünstigem Standort im Insolvenzfall schlecht verwertbar sind. Industriehypotheken sind infolgedessen als dingliche Sicherheit für langfristige Kredite oder Anleihen nur geeignet, sofern im Verwertungsfall eine weiterhin rentable Nutzung gewährleistet ist. – Vgl. auch → Beleihungswert.

Industrie-Kontenrahmen (IKR) – 1971 vom Betriebswirtschaftlichen Ausschuss des Bundesverband der Deutschen Industrie veröffentlichter → Kontenrahmen, der den seit 1950 geltenden → Gemeinschafts-Kontenrahmen industrieller Verbände (GKR) der Industrie ablösen soll. Änderungen vom ursprünglichen Kontenrahmen ergaben sich v.a. durch das am 1.1.86 in Kraft getretene HGB 1985. – 1. *Ziele:* a) Der Industrie-Kontenrahmen (IKR) soll allen Industrieunternehmungen – gleich welcher Branche, Größe und Rechtsform – Anregungen zur Aufstellung unternehmensindividueller → Kontenpläne bieten; branchenbezogene Kontenrahmen können abgeleitet werden. – b) Weitere Präzisierung bei gleichzeitiger Vereinfachung des Rechnungswesens; Anpassung an die Erfordernisse der EDV. – c) Harmonisierung des Rechnungswesens auf internationaler Ebene (v.a. im EU-Bereich). – 2. *Gestaltungsprinzipien:* Anwendung des → Abschlussgliederungsprinzips, konsequente Trennung zwischen Geschäftsbuchführung (Rechnungskreis I) und Kosten- und Leistungsrechnung (Rechnungskreis II); vgl. → Zweisystem. Gliederung des Rechnungskreises I nach dem Abschlussprinzip, Berücksichtigung der handelsrechtlichen Gliederungsvorschriften für Kapitalgesellschaften (§§ 266, 275 HGB). Gliederung des Rechnungskreises II nach dem Prozessprinzip. – 3. *Gliederung* (Grundstruktur): Vgl. Abbildung „Gliederung Industrie-Kontenrahmen" sowie die Abbildung „Industrie-Kontenrahmen (IKR)".

Gliederung – Industrie-Kontentahmen

a) *Geschäftsbuchführung:*		
Bilanzkonten		
aktive:	Klasse 0:	Immaterielle und Sachanlagen
	Klasse 1:	Finanzanlagen
	Klasse 2:	Umlaufvermögen, Rechnungsabgrenzung
passive:	Klasse 3:	Eigenkapital, Wertberichtigungen, Rückstellungen
	Klasse 4:	Verbindlichkeiten, Rechnungsabgrenzung
Erfolgskonten		
Erträge:	Klasse 5:	Alle Arten
Aufwendungen:	Klasse 6:	Betriebliche Aufwendungen
	Klasse 7:	Weitere Aufwendungen
Eröffnung und Abschluss		
	Klasse 8:	Ergebnisrechnung, Eröffnungs- und Abschlusskonten
b) *Betriebsbuchführung:*		
	Klasse 9:	Kosten- und Leistungsrechnung

Industriekonzept → relevanter Markt.

Industriekredit – von → Kreditinstituten an Industrieunternehmen vergebene Betriebsmittelkredite (kurz- oder mittelfristig) sowie Investitionszwischenkredite (mittel- oder langfristig), die durch → Emissionen von Wertpapieren (z.B. Industrieobligationen) später ersetzt werden.

Industrieländer – Staaten mit folgenden Merkmalen: relativ hoher Anteil der verarbeitenden Industrie am → Bruttonationaleinkommen (BNE); relativ lange Tradition der industriellen Produktion; relativ hohes technologisches Niveau und → Pro-Kopf-Einkommen; relativ hohe Funktionsfähigkeit bzw. Effizienz des Wirtschaftssystems. Trotz des stetig steigenden Wertschöpfungsanteils des Dienstleistungssektors in vielen der klassischen Industrieländer werden diese auch weiterhin als Industrieländer bezeichnet, auch wenn hierdurch die Bedeutung der industriellen Wertschöpfung stark an Bedeutung verloren hat. – *Gegensatz:* → Entwicklungsländer.

Industrielandschaft – eine wirtschaftsräumliche Einheit, die von der → Industrie geprägt ist und in der diese eindeutig dominiert. Industrielandschaften entfalten sich z.B. auf der Grundlage von

Industrie-Kontenrahmen (IKR)

Herausgegeben vom Bundesverband der Deutschen Industrie (gekürzt)

Kontenklasse 0	Kontenklasse 1
AKTIVA	
Anlagevermögen	Umlaufvermögen

0 Immaterielle Vermögensgegenstände und Sachanlagen

00 **Ausstehende Einlagen** bei Kapitalgesellschaften: auf das gezeichnete Kapital, bei Kommanditgesellschaften: ausstehende Kommanditeinlagen
- 001 noch nicht eingeforderte Einlagen
- * 002 eingeforderte Einlagen (s. §272 Abs. 1[1]) und vgl. Ktn. 268 u. 305)

01 **Aufwendungen für die Ingangsetzung und Erweiterung des Geschäftsbetriebes** (s. §269)

Immaterielle Vermögensgegenstände[2]) (vgl. §248 Abs. 2)

02 **Konzessionen, gewerbliche Schutzrechte und ähnliche Rechte und Werte sowie Lizenzen an solchen Rechten und Werten**
- 021 Konzessionen
- 022 Gewerbliche Schutzrechte
- 023 ähnliche Rechte und Werte
- 024 Lizenzen an Rechten und Werten

03 **Geschäfts- oder Firmenwert**
- 031 Geschäfts- und Firmenwert
- 032 Verschmelzungsmehrwert

04 **Geleistete Anzahlungen auf immaterielle Vermögensgegenstände**

Sachanlagen

05 **Grundstücke, grundstücksgleiche Rechte und Bauten einschließlich der Bauten auf fremden Grundstücken**
- 050 unbebaute Grundstücke
- 051 bebaute Grundstücke
  - 0511 mit eigenen Bauten
  - 0519 mit fremden Bauten
- 052 grundstücksgleiche Rechte
- 053 Betriebsgebäude
  - 0531 auf eigenen Grundstücken
  - 0539 auf fremden Grundstücken
- 054 Verwaltungsgebäude
- 055 andere Bauten
- 056 Grundstückseinrichtungen
  - 0561 auf eigenen Grundstücken
  - 0569 auf fremden Grundstücken
- 057 Gebäudeeinrichtungen
- 058 frei
- 059 Wohngebäude

06 **frei**

07 **Technische Anlagen und Maschinen**
(Untergliederung nach den Bedürfnissen des Industriezweiges bzw. des Unternehmens. Nachstehende Positionen können dazu nur eine Anregung geben).
- 070 Anlagen und Maschinen der Energieversorgung
- 071 Anlagen der Materiallagerung und -bereitstellung
- 072 Anlagen und Maschinen der mechanischen Materialbearbeitung, -verarbeitung und -umwandlung
- 073 Anlagen für Wärme-, Kälte- und chemische Prozesse sowie ähnliche Anlagen
- 074 Anlagen für Arbeitssicherheit und Umweltschutz
- 075 Transportanlagen und ähnliche Betriebsvorrichtungen
- 076 Verpackungsanlagen und -maschinen
- 077 sonstige Anlagen und Maschinen
- 078 Reservemaschinen und -anlageteile
- 079 geringwertige Anlagen und Maschinen

08 **Andere Anlagen, Betriebs- und Geschäftsausstattung**
- 080 andere Anlagen
- 081 Werkstätteneinrichtung
- 082 Werkzeuge, Werksgeräte und Modelle, Prüf- und Messmittel
- 083 Lager- und Transporteinrichtungen
- 084 Fuhrpark
- 085 sonstige Betriebsausstattung
- 086 Büromaschinen, Organisationsmittel und Kommunikationsanlagen
- 087 Büromöbel und sonstige Geschäftsausstattung
- 088 Reserveteile für Betriebs- und Geschäftsausstattung
- 089 geringwertige Vermögensgegenstände der Betriebs- und Geschäftsausstattung

09 **Geleistete Anzahlungen und Anlagen im Bau**
- 090 geleistete Anzahlungen auf Sachanlagen
- 091 Anlagen im Bau

1 Finanzanlagen

10 **frei**

11 **Anteile an verbundenen Unternehmen** (s. §271 Abs. 2)
- 110 an einem herrschenden oder einem mit Mehrheit beteiligten Unternehmen
- 111 an der Konzernmutter, soweit nicht zu Kto. 110 gehörend
- 112/117 an Tochterunternehmen
- 118 frei
- 119 an sonstigen verb. Unternehmen

12 **Ausleihungen an verbundene Unternehmen**
- 120 gesichert, durch Grundpfandrechte oder andere Sicherheiten
- 125 ungesichert

13 **Beteiligungen**
- 130 Beteiligungen an assoziierten Unternehmen
- 135 andere Beteiligungen

14 **Ausleihungen an Unternehmen, mit denen ein Beteiligungsverhältnis besteht**
- 140 gesichert, durch Grundpfandrechte oder andere Sicherheiten
- 145 ungesichert

15 **Wertpapiere des Anlagevermögens**
- 150 Stammaktien
- 151 Vorzugsaktien
- 152 Genussscheine
- 153 Investmentzertifikate
- 154 Gewinnobligationen
- 155 Wandelschuldverschreibungen
- 156 festverzinsliche Wertpapiere
- 157 frei
- 158 Optionsscheine
- 159 sonstige Wertpapiere

16 **Sonstige Ausleihungen (Sonstige Finanzanlagen)**
- 160 Genossenschaftsanteile
- 161 gesicherte sonstige Ausleihungen
- 162 frei
- 163 ungesicherte sonstige Ausleihungen
- 164 frei
- 165 Ausleihungen an Mitarbeiter, an Organmitglieder und an Gesellschafter
  - 1651/1653 Ausl. an Mitarbeiter
  - * 1654 Ausl. an Geschäftsführer/Vorstandsmitglieder
  - 1655 frei
  - * 1656 Ausl. an Mitglieder des Beirats/Aufsichtsrates
  - 1657 frei
  - * 1658 Ausl. an Gesellschafter
- 166/168 frei
- 169 übrige sonstige Finanzanlagen

Industrie-Kontenrahmen (IKR)
(Fortsetzung)

Kontenklasse 2	Kontenklasse 3
AKTIVA	PASSIVA
Umlaufvermögen	

2 Umlaufvermögen und aktive Rechnungsabgrenzung

Vorräte
20 **Roh-, Hilfs- und Betriebsstoffe** [3]

21 **Unfertige Erzeugnisse, unfertige Leistungen**

22 **Fertige Erzeugnisse und Waren**
220/227 fertige Erzeugnisse
228 Waren (Handelswaren)[3]
229 frei

23 **Geleistete Anzahlungen auf Vorräte**

Forderungen und sonstige Vermögensgegenstände (24–26)
24 **Forderungen aus Lieferungen und Leistungen** [4]
240/244 Forderungen aus Lieferungen und Leistungen
245 Wechselforderungen aus Lieferungen und Leistungen
246/248 frei
249 Wertberichtigungen zu Forderungen aus Lieferungen und Leistungen

25 **Forderungen gegen verbundene Unternehmen und gegen Unternehmen, mit denen ein Beteiligungsverhältnis besteht**
* *Forderungen gegen verbundene Unternehmen*
250 Forderungen aus Lieferungen und Leistungen
251 Leistungen
252 Wechselforderungen
253 sonstige Forderungen
254 Wertberichtigungen zu Forderungen gegen verbundene Unternehmen[5]
* *Forderungen gegen Unternehmen, mit denen ein Beteiligungsverhältnis besteht*
255 Forderungen aus Lieferungen und Leistungen
256 Leistungen
257 Wechselforderungen
258 sonstige Forderungen
259 Wertberichtigungen zu Forderungen bei Beteiligungsverhältnissen[5]

26 **Sonstige Vermögensgegenstände**
260 anrechenbare Vorsteuer
261 aufzuteilende Vorsteuer
262 sonstige Forderungen an Finanzbehörden
263 sonstige Forderungen an Finanzbehörden
264 Forderungen an Sozialversicherungsträger
265 Forderungen an Mitarbeiter, an Organmitglieder und an Gesellschafter
2651/2653 Ford. an Mitarbeiter
* 2654 Ford. an Geschäftsführer/Vorstandsmitglieder
2655 frei
* 2656 Ford. an Mitglieder des Beirats/Aufsichtsrates
2657 frei
* 2658 Ford. an Gesellschafter
266 andere sonstige Forderungen
2661 Ansprüche auf Versicherungs- sowie Schadensersatzleistungen
2662 Kostenvorschüsse
2663 Kautionen und sonstige Sicherheitsleistungen
2664 Darlehen, soweit nicht Finanzanlage
2665/2667 frei
2668 Forderungen aus Soll-Salden der Kontengruppe 44
267 andere sonstige Vermögensgegenstände
268 eingefordertes, noch nicht eingezahltes Kapital und eingeforderte Nachschüsse
* 2681 eingefordertes, noch nicht eingezahltes Kapital
* 2685 eingeforderte Nachschüsse
269 Wertberichtigungen zu sonstigen Forderungen und Vermögensgegenständen[5]

27 **Wertpapiere**
* 270 Anteile an verbundenen Unternehmen
* 271 eigene Anteile
* *Sonstige Wertpapiere*
272 Aktien
273 variabel verzinsliche Wertpapiere
274 festverzinsliche Wertpapiere
275 Finanzwechsel
276/277 frei
278 Optionsscheine
279 sonstige Wertpapiere

28 **Flüssige Mittel**
280/284 Guthaben bei Kreditinstituten
285 Postgiroguthaben
286 Schecks
287 Bundesbank
288 Kasse
289 Nebenkassen

29 **Aktive Rechnungsabgrenzung**
* 290 Disagio (s. § 268 Abs. 6)
291 Zölle und Verbrauchssteuern
292 Umsatzsteuer auf Anzahlungen
293 andere aktive Jahresabgrenzungsposten
294 frei
* 295 aktive Steuerabgrenzung
* 299 nicht durch Eigenkapital gedeckter Fehlbetrag

3 Eigenkapital und Rückstellungen

Eigenkapital (vgl. 272)
30 **Kapitalkonto/Gezeichnetes Kapital**
Bei Einzelfirmen und Personengesellschaften:
300 Kapitalkonto Gesellschafter A
3001 Eigenkapital
3002 Privatkapital
301 Kapitalkonto Gesellschafter B
3011 Eigenkapital
3012 Privatkapital
alternativ:
300 Festkapitalkonto
3001 Gesellschafter A
3002 Gesellschafter B
301 veränderliches Kapitalkonto
3011 Gesellschafter A
3012 Gesellschafter B
302 Privatkonto
3021 Gesellschafter A
3022 Gesellschafter B
Bei Kapitalgesellschaften:
300 Gezeichnetes Kapital
* 305 noch nicht eingeforderte Einlagen

31 **Kapitalrücklage**
311 Aufgeld aus der Ausgabe von Anteilen
312 Aufgeld aus der Ausgabe von Wandelschuldverschreibungen
313 Zahlung aus der Gewährung eines Vorzugs für Anteile
314 andere Zuzahlungen von Gesellschaftern in das Eigenkapital
* 318 eingeforderte Nachschüsse

32 **Gewinnrücklagen**
* 321 gesetzliche Rücklagen
* 322 Rücklage für eigene Anteile
3221 für Anteile eines herrschenden oder eines mit Mehrheit beteiligten Unternehmens
3222 für Anteile des Unternehmens selbst
* 323 satzungsmäßige Rücklagen
* 324 andere Gewinnrücklagen
* 325 Eigenkapitalanteil bestimmter Passivposten
3251 EK-Anteil von Wertaufholungen
3252 EK-Anteil von Preissteigerungsrücklagen

33 **Ergebnisverwendung** [6]
(anstelle Bilanzposition A IV *„Gewinnvortrag/Verlustvortrag"* gem. § 266 Abs. 3)
331 Jahresergebnis des Vorjahres
* 332 Ergebnisvortrag aus früheren Perioden
333 Entnahmen aus der Kapitalrücklage

Industrie-Kontenrahmen (IKR)
(Fortsetzung)

Kontenklasse 3 – PASSIVA

334 Veränderungen der Gewinnrücklagen vor Bilanzergebnis
335 Bilanzergebnis (Bilanzgewinn/Bilanzverlust)
336 Ergebnisausschüttung
337 zusätzlicher Aufwand oder Ertrag aufgrund Ergebnisverwendungsbeschluss
338 Einstellungen in Gewinnrücklagen nach Bilanzergebnis
339 Ergebnisvortrag auf neue Rechnung

34 **Jahresüberschuss/Jahresfehlbetrag**

35 **Sonderposten mit Rücklageanteil** (s. §247 Abs. 3, §273 u. §281)
350 sog. steuerfreie Rücklagen
355 Wertberichtigungen auf Grund steuerlicher Sonderabschreibungen

36 **Wertberichtigungen** (Bei Kapitalgesellschaften als Passivposten der Bilanz nicht mehr zulässig)

Rückstellungen (s. §249)
37 **Rückstellungen für Pensionen und ähnliche Verpflichtungen**
371 Verpflichtungen für eingetretene Pensionsfälle
372 Verpflichtungen für unverfallbare Anwartschaften
373 Verpflichtungen für verfallbare Anwartschaften
374 Verpflichtungen für ausgeschiedene Mitarbeiter
375 Pensionsähnliche Verpflichtungen (z.B. Verpflichtungen aus Vorruhestandsregelungen)

38 **Steuerrückstellungen**
380 Gewerbeertragsteuer
381 Körperschaftsteuer
382 Kapitalertragsteuer
383 ausländ. Quellensteuer
384 andere Steuern vom Einkommen und Ertrag
* 385 latente Steuern
386/388 frei
389 sonstige Steuerrückstellungen

39 **Sonstige Rückstellungen**
390 für Personalaufwendungen und die Vergütung an Aufsichtsgremien
391 für Gewährleistung
3911 Vertragsgarantie
3915 Kulanzgarantie
392 Rechts- und Beratungskosten
393 für andere ungewisse Verbindlichkeiten
394/396 frei
397 für drohende Verluste aus schwebenden Geschäften
398 für unterlassene Instandhaltung
399 für andere Aufwendungen

Kontenklasse 4 – PASSIVA

4 **Verbindlichkeiten und passive Rechnungsabgrenzung**

40 **frei**

41 **Anleihen**
* 410 Konvertible Anleihen
415 Anleihen – nicht konvertibel

42 **Verbindlichkeiten gegenüber Kreditinstituten**

43 **Erhaltene Anzahlungen auf Bestellungen**

44 **Verbindlichkeiten aus Lieferungen und Leistungen** [4)]

45 **Wechselverbindlichkeiten** (Schuldwechsel)
450 gegenüber Dritten
451 gegenüber verbundenen Unternehmen
452 gegenüber Unternehmen, mit denen ein Beteiligungsverhältnis besteht

46 **Verbindlichkeiten gegenüber verbundenen Unternehmen** [4)]
460 aus Lieferungen und Leistungen/Inland
465 aus Lieferungen und Leistungen/Ausland
469 sonstige Verbindlichkeiten (verb. Unternehmen)

47 **Verbindlichkeiten gegenüber Unternehmen, mit denen ein Beteiligungsverhältnis besteht** [4)]
470 aus Lieferungen und Leistungen/Inland
475 aus Lieferungen und Leistungen/Ausland
479 sonstige Verbindlichkeiten (Betlg. verh.)

48 **Sonstige Verbindlichkeiten**
* 481 Umsatzsteuer nicht fällig
* 482 Umsatzsteuervorauszahlung
483 sonstige Steuerverbindlichkeiten
484 Verbindlichkeiten gegenüber Sozialversicherungsträgern
485 Verbindlichkeiten gegenüber Mitarbeitern, Organmitgliedern und Gesellschaftern
486 andere sonstige Verbindlichkeiten
487/488 frei
489 übrige sonstige Verbindlichkeiten

49 **Passive Rechnungsabgrenzung**
490 passive Jahresabgrenzung

Anmerkung: Hier können je nach betrieblicher Organisation weitere Konten für die **innerjährige Rechnungsabgrenzung** eingefügt werden.

Kontenklasse 5 – ERTRÄGE

5 **Erträge**
50 **Umsatzerlöse** (vgl. §277 Abs. 1)
500/504 frei
505 steuerfreie Umsätze
506 steuerfreie Umsätze
507 Lieferungen in das Währungsgebiet der Mark der DDR (WgM-DDR)
508 Erlöse 1/2 USt.-Satz
509 frei

51
510 Umsatzerlöse für eigene Erzeugnisse und andere Leistungen
513 1/1 USt.-Satz
514 andere Umsatzerlöse, 1/1 USt.-Satz
515 Umsatzerlöse für Waren, 1/1 USt.-Satz

Erlösberichtigungen (soweit nicht den Umsatzerlösarten direkt zurechenbar)
516 Skonti
517 Boni
518 andere Erlösberichtigungen
519 frei

52 **Erhöhung oder Verminderung des Bestandes an unfertigen und fertigen Erzeugnissen**
521 Bestandsveränderungen an unfertigen Erzeugnissen und nicht abgerechneten Leistungen
522 Bestandsveränderungen an fertigen Erzeugnissen
523/524 frei
* 525 zusätzliche Abschreibungen auf Erzeugnisse bis Untergrenze erwarteter Wertschwankungen
* 526 steuerliche Sonderabschreibungen auf Erzeugnisse

53 **Andere aktivierte Eigenleistungen**
530 selbst erstellte Anlagen
539 sonstige andere aktivierte Eigenleistungen

54 **Sonstige betriebliche Erträge** [8)]
540 Nebenerlöse
541 sonstige Erlöse [8)]
542 Eigenverbrauch (umsatzsteuerpflichtige Lieferungen und Leistungen ohne Entgelt gem. §1 Abs. 1 Nr. 2a, 2b, 2c und 3 UStG; vgl. Kto. 6935)
543 andere sonstige betriebliche Erträge
5431 empfangene Schadensersatzleistungen
5432 Schuldennachlass
5433 Steuerbelastungen an Organgesellschaften
5434 Investitionszulagen
544 Erträge aus Werterhöhungen von Gegenständen des Anlagevermögens
545 Erträge aus Werterhöhungen von Gegenständen des Umlaufvermögens außer Vorräten und Wertpapieren

Industrie-Kontenrahmen (IKR)
(Fortsetzung)

Kontenklasse 5 – ERTRÄGE

546 Erträge aus dem Abgang von Vermögensgegenständen
5461 immaterielle Vermögensgegenstände
5462 Sachanlagen
5463 Umlaufvermögen (soweit nicht unter anderen Erlösen)
* 547 Erträge aus der Auflösung von Sonderposten mit Rücklageanteil
548 Erträge aus der Herabsetzung von Rückstellungen
* 549 periodenfremde Erträge

55 **Erträge aus Beteiligungen**
* *Erträge aus Beteiligungen an verbundenen Unternehmen*
* 550 Erträge aus Beteiligungen an verbundenen Unternehmen, mit denen Verträge über Gewinngemeinschaft, Gewinnabführung oder Teilgewinnabführung bestehen
551 Erträge aus Beteiligungen an anderen verbundenen Unternehmen
552 Erträge aus Zuschreibungen zu Anteilen an verbundenen Unternehmen
553 Erträge aus dem Abgang von Anteilen an verbundenen Unternehmen
554 frei
* *Erträge aus Beteiligungen an nicht verbundenen Unternehmen*
* 555 Erträge aus Beteiligungen an nicht verbundenen Unternehmen, mit denen Verträge über Gewinngemeinschaft, Gewinnabführung oder Teilgewinnabführungen bestehen
556 Erträge aus anderen Beteiligungen
557 Erträge aus Zuschreibungen zu Anteilen an nicht verbundenen Unternehmen
558 Erträge aus dem Abgang von Anteilen an nicht verbundenen Unternehmen
559 frei

56 **Erträge aus anderen Wertpapieren und Ausleihungen des Finanzanlagevermögens**
* 560 Erträge von verbundenen Unternehmen aus anderen Wertpapieren und Ausleihungen des Anlagevermögens
565 Erträge von nicht verbundenen Unternehmen aus anderen Wertpapieren und Ausleihungen des Anlagevermögens

57 **Sonstige Zinsen und ähnliche Erträge**
* 570 sonstige Zinsen und ähnliche Erträge von verbundenen Unternehmen
579 übrige sonstige Zinsen und ähnliche Erträge

58 **Außerordentliche Erträge**

59 **Erträge aus Verlustübernahme**

Kontenklasse 6 – AUFWENDUNGEN

6 **Betriebliche Aufwendungen**

Materialaufwand

60 **Aufwendungen für Roh-, Hilfs- und Betriebsstoffe und für bezogene Waren**
600 Rohstoffe/Fertigungsmaterial
601 Vorprodukte/Fremdbauteile
602 Hilfsstoffe
603 Betriebsstoffe/Verbrauchswerkzeuge
604 Verpackungsmaterial
605 Energie
606 Reparaturmaterial und Fremdinstandhaltung (sofern nicht unter 616, weil die Fremdinstandhaltung überwiegt)
607 sonstiges Material
608 Aufwendungen für Waren
609 Sonderabschreibungen auf Roh-, Hilfs- und Betriebsstoffe u.f. bezogene Waren (sofern das Kto. 609 noch für best. Materialien benötigt wird, können für diese Abschreibungen auch z.B. die Unter-Ktn. 6198/6199 eingesetzt werden)
6091 frei
* 6092 zusätzliche Abschreibungen auf Material und Waren bis Untergrenze erwarteter Wertschwankungen
* 6093 steuerliche Sonderabschreibungen auf Material und Waren

61 **Aufwendungen für bezogene Leistungen**
610 Fremdleistungen für Erzeugnisse und andere Umsatzleistungen
611 Fremdleistungen für die Auftragsgewinnung (bei Auftragsfertigung – soweit einzelnen Aufträgen zurechenbar)
612 Entwicklungs-, Versuchs- und Konstruktionsarbeiten durch Dritte
613 weitere Fremdleistungen
614 Frachten und Fremdlager (inkl. Vers. u. anderer Nebenkosten)
615 Vertriebsprovisionen
616 Fremdinstandhaltung und Reparaturmaterial
617 sonstige Aufwendungen für bezogene Leistungen

Aufwandsberichtigungen (soweit nicht den Aufwandsarten direkt zurechenbar)
618 Skonti
619 Boni und andere Aufwandsberichtigungen

Personalaufwand

Löhne
620 Löhne für geleistete Arbeitszeit einschl. tariflicher, vertraglicher oder arbeitsbedingter Zulagen
621 Löhne für andere Zeiten (Urlaub, Feiertag, Krankheit)
622 sonstige tarifliche oder vertragliche Aufwendungen für Lohnempfänger
623 freiwillige Zuwendungen
624 frei
625 Sachbezüge
626 Vergütungen an gewerbl. Auszubildende
627/628 frei
629 sonstige Aufwendungen mit Lohncharakter

Gehälter
630 Gehälter einschließlich tariflicher, vertraglicher oder arbeitsbedingter Zulagen
631 frei
632 sonstige tarifliche oder vertragliche Aufwendungen
633 freiwillige Zuwendungen
634 frei
635 Sachbezüge
636 Vergütung an techn./kaufm. Auszubildende
637/638 frei
639 sonstige Aufwendungen mit Gehaltscharakter

Soziale Abgaben und Aufwendungen für Altersversorgung und für Unterstützung

Soziale Abgaben
640 Arbeitgeberanteil zur Sozialversicherung (Lohnbereich)
641 Arbeitgeberanteil zur Sozialversicherung (Gehaltsbereich)
642 Beiträge zur Berufsgenossenschaft
643 sonstige soziale Abgaben

Aufwendungen für Altersversorgung
644 gezahlte Betriebsrenten (einschl. Vorruhestandsgeld)
645 Veränderungen der Pensionsrückstellungen
646 Aufwendungen für Direktversicherungen
647 Zuweisungen an Pensions- und Unterstützungskassen
648 sonstige Aufwendungen für Altersversorgung

Aufwendung für Unterstützung
649 Beihilfen und Unterstützungsleistungen

Abschreibungen
650 Abschreibungen auf aktivierte Aufwendungen, für die Ingangsetzung und Erweiterung des Geschäftsbetriebes

Abschreibungen auf Anlagevermögen
651 Abschreibungen auf immaterielle Vermögensgegenstände des Anlagevermögens

Industrie-Kontenrahmen (IKR)
(Fortsetzung)

Kontenklasse 6 | Kontenklasse 7

AUFWENDUNGEN

* 6511 A. auf Rechte gem. Ktn. Gr. 02
* 6512 A. auf Geschäfts- oder Firmenwert
* 6513 A. auf Anzahlungen gem. Ktn. Gr. 04
* 652 Abschreibungen auf Grundstücke und Gebäude
* 653 Abschreibungen auf technische Anlagen und Maschinen
* 654 Abschreibungen auf andere Anlagen, Betriebs- und Geschäftsausstattung
* 655 außerplanmäßige Abschreibungen auf Sachanlagen
* 656 steuerrechtliche Sonderabschreibungen auf Sachanlagen

* *Abschreibungen auf Umlaufvermögen (soweit das in d. Gesellsch. übliche Maß überschreitend, s. §275 Abs. 2 Ziff. 7b)*
657 unübliche Abschreibungen auf Vorräte
658 unübliche Abschreibungen auf Forderungen und sonstige Vermögensgegenstände
659 frei

Sonstige betriebliche Aufwendungen (66–70)

66 **Sonstige Personalaufwendungen**
660 Aufwendungen für Personaleinstellung
661 Aufwendungen für übernommene Fahrtkosten
662 Aufwendungen für Werkarzt und Arbeitssicherheit
663 personenbezogene Versicherungen
664 Aufwendungen für Fort- und Weiterbildung
665 Aufwendungen für Dienstjubiläen
666 Aufwendungen für Belegschaftsveranstaltungen
667 frei (evtl. Aufwendungen für Werksküche und Sozialeinrichtungen)
668 Ausgleichsabgabe nach dem Schwerbehindertengesetz
669 übrige sonstige Personalaufwendungen

67 **Aufwendungen für die Inanspruchnahme von Rechten und Diensten**
670 Mieten, Pachten, Erbbauzinsen
671 Leasing
672 Lizenzen und Konzessionen
673 Gebühren
674 Leiharbeitskräfte (soweit nicht unter 6132)
675 Bankspesen/Kosten des Geldverkehrs u. d. Kapitalbeschaffung
676 Provisionen (soweit nicht unter 611 oder 615)
677 Prüfung, Beratung, Rechtsschutz
678 Aufwendungen für Aufsichtsrat/Beirat oder dgl.
679 frei

68 **Aufwendungen für Kommunikation (Dokumentation, Informatik, Reisen, Werbung)**
680 Büromaterial und Drucksachen
681 Zeitungen und Fachliteratur
682 Post
683 sonstige Kommunikationsmittel
684 frei
685 Reisekosten
686 Gästebewirtung und Repräsentation
687 Werbung
688 frei
689 sonstige Aufwendungen für Kommunikation

69 **Aufwendungen für Beiträge und Sonstiges sowie Wertkorrekturen und periodenfremde Aufwendungen**
690 Versicherungsbeiträge, div.
691 Kfz-Versicherungsbeiträge
692 Beiträge zu Wirtschaftsverbänden und Berufsvertretungen
693 andere sonstige betriebliche Aufwendungen
6931 Verluste aus Schadensfällen
6932 Forderungsverzicht
6935 Eigenverbrauch
695 Verluste aus Wertminderungen von Gegenständen des Umlaufvermögens (außer Vorräten und Wertpapieren)
6951 Abschreibungen auf Forderungen wegen Uneinbringlichkeit
6952 Einzelwertberichtigungen
6953 Pauschalwertberichtigungen
6954 Kursverluste bei Forderungen in Fremdwährung und Valutabeständen
* 6955 zusätzliche Abschreibungen auf Forderungen in Fremdwährung und Valutabestände bis Untergrenze erwarteter Wertschwankungen
696 Verluste aus dem Abgang von Vermögensgegenständen
697 Einstellungen in den Sonderposten mit Rücklageanteil
* 6971 steuerliche Sonderabschreibungen auf Anlagevermögen
* 6973 steuerliche Sonderabschreibungen auf Umlaufvermögen
6979 sonstige Einstellungen in den Sonderposten mit Rücklageanteil
698 Zuführungen zu Rückstellungen soweit nicht unter anderen Aufwendungen erfassbar
* 699 periodenfremde Aufwendungen (soweit nicht bei den betreffenden Aufwandsarten zu erfassen)

7 **Weitere Aufwendungen**

70 **Betriebliche Steuern**
700 Gewerbekapitalsteuer
701 Vermögensteuer
702 Grundsteuer
703 Kraftfahrzeugsteuer
704 frei
705 Wechselsteuer
706 Gesellschaftssteuer
707 Ausfuhrzölle
708 Verbrauchsteuern
709 sonstige betriebliche Steuern

71/73 **frei**

74 **Abschreibungen auf Finanzanlagen und auf Wertpapiere des Umlaufvermögens und Verluste aus entsprechenden Abgängen**
740 Abschreibungen auf Finanzanlagen
7401 frei
* 7402 Abschreibungen auf den beizulegenden Wert
* 7403 steuerliche Sonderabschreibungen
741 frei
742 Abschreibungen auf Wertpapiere des Umlaufvermögens
743/744 frei
745 Verluste aus dem Abgang von Finanzanlagen
746 Verluste aus dem Abgang von Wertpapieren des Umlaufvermögens
747/748 frei
* 749 Aufwendungen aus Verlustübernahme

75 **Zinsen und ähnliche Aufwendungen**
* 750 Zinsen und ähnliche Aufwendungen an verbundene Unternehmen
751 Bankzinsen
752 Kredit- und Überziehungsprovisionen
753 Diskontaufwand
754 Abschreibung auf Disagio
755 Bürgschaftsprovisionen
756 Zinsen für Verbindlichkeiten
757 Abzinsungsbeträge
758 frei
759 sonstige Zinsen und ähnliche Aufwendungen

76 **Außerordentliche Aufwendungen**

77 **Steuern vom Einkommen und Ertrag**
770 Gewerbeertragsteuer
771 Körperschaftsteuer
772 Kapitalertragsteuer
773 ausländ. Quellensteuer
774 frei
775 latente Steuern
776/778 frei
779 sonstige Steuern vom Einkommen und Ertrag

78 **Sonstige Steuern**

79 **Aufwendungen aus Gewinnabführungsvertrag**

Industrie-Kontenrahmen (IKR)
(Fortsetzung)

Kontenklasse 8	Kontenklasse 9
ERGEBNISRECHNUNGEN	KOSTEN- UND LEISTUNGSRECHNUNG

8 Ergebnisrechnungen

80 **Eröffnung/Abschluss**
- 800 Eröffnungsbilanzkonto
- 801 Schlussbilanzkonto
- 802 GuV-Konto Gesamtkostenverfahren
- 803 GuV-Konto Umsatzkostenverfahren

Konten der Kostenbereiche für die GuV im Umsatzkostenverfahren

81 **Herstellungskosten**
- 810 Fertigungsmaterial
- 811 Fertigungsfremdleistungen
- 812 Fertigungslöhne und -gehälter
- 813 Sondereinzelkosten der Fertigung
- 814 Primärgemeinkosten des Materialbereichs
- 815 Primärgemeinkosten des Fertigungsbereichs
- 816 Sekundärgemeinkosten des Materialbereichs
- 817 Sekundärgemeinkosten des Fertigungsbereichs (s. Hinweis unter Konto 816)

82 **Vertriebskosten**

83 **Allgemeine Verwaltungskosten**

84 **Sonstige betriebliche Aufwendungen**

Konten der kurzfristigen Erfolgsrechnung (KER) für innerjährige Rechnungsperioden (Monat, Quartal oder Halbjahr)

85 **Korrekturkonten zu den Erträgen der Kontenklasse 5**
- 850 Umsatzerlöse
- 851 frei
- 852 Bestandsveränderungen
- 853 andere aktivierte Eigenleistungen
- 854 sonstige betriebliche Erträge
- 855 Erträge aus Beteiligungen
- 856 Erträge aus anderen Wertpapieren und Ausleihungen des Finanzvermögens
- 857 sonstige Zinsen und ähnliche Erträge
- 858 außerordentliche Erträge
- 859 frei

86 **Korrekturkonten zu den Aufwendungen der Kontenklasse 6**
- 860 Aufwendungen für Roh-, Hilfs- und Betriebsstoffe und für bezogene Waren
- 861 Aufwendungen für bezogene Leistungen
- 862 Löhne
- 863 Gehälter
- 864 Soziale Abgaben und Aufwendungen für Altersversorgung und für Unterstützung
- 865 Abschreibungen
- 866 sonstige Personalaufwendungen
- 867 Aufwendungen für die Inanspruchnahme von Rechten und Diensten
- 868 Aufwendungen für Kommunikation (Dokumentation, Informatik, Reisen, Werbung)
- 869 Aufwendungen für Beiträge und Sonstiges sowie Wertkorrekturen und periodenfremde Aufwendungen

87 **Korrekturkonten zu den Aufwendungen der Kontenklasse 7**
- 870 betriebliche Steuern
- 871/873 frei
- 874 Abschreibungen auf Finanzanlagen und auf Wertpapiere des Umlaufvermögens und Verluste aus entsprechenden Abgängen
- 875 Zinsen und ähnliche Aufwendungen
- 876 außerordentliche Aufwendungen
- 877 Steuern vom Einkommen und Ertrag
- 878 sonstige Steuern
- 879 frei

88 **Kurzfristige Erfolgsrechnung (KER)**
- 880 Gesamtkostenverfahren
- 881 Umsatzkostenverfahren

89 **Innerjährige Rechnungsabgrenzung** (alternativ zu 298 bzw. 498)
- 890 aktive Rechnungsabgrenzung
- 895 passive Rechnungsabgrenzung

Die Kontengruppen 85–87 erfassen die Gegenbuchungen zur KER auf Konto 880, gleichzeitig enthalten sie die Abgrenzungsbeträge dieser periodenbereinigten Aufwendungen und Erträge zu den Salden der Kontenklasse 5–7. Die Gegenbuchung der Abgrenzungsbeträge erfolgt auf entsprechenden Konten der innerjährigen Rechnungsabgrenzung z. B. 298 bzw. 498 oder 890 bzw. 895.

9 Kosten- und Leistungsrechnung (KLR)

90 **Unternehmensbezogene Abgrenzungen** (betriebsfremde Aufwendungen und Erträge)

91 **Kostenrechnerische Korrekturen**

92 **Kostenarten und Leistungsarten**

93 **Kostenstellen**

94 **Kostenträger**

95 **Fertige Erzeugnisse**

96 **Interne Lieferungen und Leistungen sowie deren Kosten**

97 **Umsatzkosten**

98 **Umsatzleistungen**

99 **Ergebnisausweise**

In der Praxis wird die KLR gewöhnlich tabellarisch durchgeführt. Es wird auf die dreibändigen BDI-Empfehlungen zur Kosten- und Leistungsrechnung hingewiesen.

Industrie-Kontenrahmen (IKR)
(Fortsetzung)

Erläuterungen zu einzelnen Positionen des IKR

* Abgesehen von geringfügigen Ausnahmen wurde die Gliederung des IKR so angelegt, dass die laut den gesetzlichen Bilanz- und GuV-Gliederungsschemata für große Kapitalgesellschaften ausweispflichtigen Posten jeweils eine Kontengruppe (zweistellige Nummer) belegen. Außerdem wurde bestimmten weiteren gesondert auszuweisenden Posten jeweils eine Kontengruppe eingeräumt. Die dann noch verbleibenden gesondert ausweispflichtigen Posten, die auf Einzelkonten (dreistellige Nummer) oder Unterkonten (vierstellige Nummer) erfasst werden, wurden durch Kennzeichnung mit einem Stern (*) hervorgehoben. Zum Teil können einzelne Posten davon zusammengefasst ausgewiesen werden. Die Pflicht zum gesonderten Ausweis kann sich auch auf den Anhang beziehen.

1) Hinweise auf Gesetzesparagraphen beziehen sich auf das HGB, sofern nichts anderes vermerkt ist.

2) Bestimmte Begriffe der gesetzlichen Gliederungsschemata können nicht in die Nomenklatur des Kontenrahmens selbst übernommen werden, weil sie sich nicht mit einem Konto oder einer Kontengruppe decken. Sie wurden deshalb in Fettdruck als Zwischenüberschriften an die entsprechenden Stellen des Kontenrahmens eingefügt. Eine Ausnahme bilden demgegenüber die Kursiv-Zeilen der Klasse 8, die als Überschriften zur Abgrenzung von getrennten Funktionsbereichen eingefügt wurden, sowie die Zwischenzeilen „Erlösberichtigungen" und „Aufwandsberichtigungen".

3) Für Anschaffungsnebenkosten und Anschaffungskostenminderungen können Unterkonten gebildet werden (s. Kontengruppe 20 und Konto 228).

4) Forderungen und Verbindlichkeiten aus Lieferungen und Leistungen werden im Allgemeinen nach Inland und Ausland sowie ggf. nach weiteren Kundengruppierungen gegliedert. Für Forderungen und Verbindlichkeiten in Fremdwährung werden getrennte Konten geführt (s. Kontengruppen 24 und 44).
Für Verbindlichkeiten, die durch Pfandrechte oder ähnliche Rechte gesichert sind, empfiehlt es sich, in allen Kontengruppen jeweils getrennte Konten zu führen – vgl. § 285 Nr. 1 b u. Nr. 2 i. V. m. § 288 (s. Kontengruppen 44–48).
Eine Gliederung der Konten für Forderungen und Verbindlichkeiten nach den gesetzlich unterschiedenen Restlaufzeiten (s. § 268 Abs. 4 u. 5 und § 285 Nr. 1 a u. 2 i.V.m. § 288) wird nicht als generell zu empfehlen angesehen, da dies im Zeitablauf jeweils entsprechende Umbuchungen bedingen würde. Bei den Verbindlichkeiten ergäbe sich außerdem eine zusätzliche Komplikation durch die weitere gesetzliche Unterscheidung zwischen gesicherten und ungesicherten Verbindlichkeiten (s. § 285 Nr. 1 u. Nr. 2). Es soll daher der Buchführungsorganisation im Einzelfall überlassen bleiben, ob sie das Kriterium der Restlaufzeiten im Kontenplan berücksichtigt.

5) Einzelwertberichtigungen können auch direkt auf den Einzelkonten bzw. auf Unterkonten zugeordnet werden (s. Konten 249, 254 u. 259).

6) Bei der Kontengruppe 33 ergibt sich eine Besonderheit. Sie steht anstelle der Position A IV der Passivseite „Gewinnvortrag/Verlustvortrag" des Bilanzgliederungsschemas. Eine gleichlautende Bezeichnung für die Kontengruppe erweist sich jedoch als nicht sinnvoll, weil in der Bilanz dieser Posten vom Gesetzgeber nur unter der Voraussetzung einer Bilanzaufstellung „vor Ergebnisverwendung" oder „nach vollständiger Ergebnisverwendung" vorgesehen ist. Bei Bilanzaufstellung „nach teilweiser Ergebnisverwendung" steht an dieser Stelle der Bilanz der Posten „Bilanzgewinn/Bilanzverlust". In allen drei Fällen ist es aber dieselbe Kontengruppe, die je nach den Voraussetzungen den einen oder den anderen Posten als Saldo ausweist. Es muss daher für die Kontengruppe eine Bezeichnung gewählt werden, die alle Alternativen abdeckt. Da sich in jedem Falle in dieser Kontengruppe die Buchungsschritte der „Ergebnisverwendung" abspielen, dürfte der Begriff „Ergebnisverwendung" die richtige Bezeichnung für diese Kontengruppe sein.

7) Die bei Einzelunternehmen und Personengesellschaften anfallenden Einkommensteuern für die Unternehmer/Mitunternehmer werden nicht in der Kontengruppe 77 erfasst, sondern unmittelbar den jeweiligen Privatkonten belastet. Es besteht andererseits ein Interesse auch für den Bilanzleser, dass publizitätspflichtige Einzelunternehmen und Personengesellschaften ein mit Kapitalgesellschaften vergleichbares Ergebnis ausweisen können. Eine dem § 257 Abs. 1 HGB-Regierungsentwurf v. 26. 8. 83 entsprechende Regelung im Publizitätsgesetz wäre daher wünschenswert (s. Konten 388 u. 778).

8) Die mit den Konten 540 u. 541 angesprochenen Erträge können je nach den Verhältnissen des einzelnen Unternehmens auch zu den Umsatzerlösen gehören und sind dann in der Kontengruppe 50/51 zu erfassen (s. § 277 Abs. 1).

Bodenschätzen und einer hervorragenden Verkehrslage. Sie sind strukturell und nach ihren äußeren Erscheinungsformen → Wirtschaftslandschaften eigenständigen Gepräges. Sie werden nicht nur von den Industrieanlagen selbst und ihren Begleiterscheinungen (z.B. Luftverschmutzung), die ein besonderes Milieu schaffen, beherrscht, sondern durch Verkehrsanlagen, Arbeiterwohnquartiere und charakteristisches Geschäftsleben ergänzt. Bekannte Industrielanschaften sind z.B. das Ruhrgebiet und der Raum Pittsburgh in den USA.

industrielle Dienstleistungen – Services, → Dienstleistungen, die von Industriegüterherstellern zusätzlich zu ihren Sachgütern angeboten werden, um die spezifischen Probleme ihrer Kunden umfassend zu lösen, z.B. Wartung, Instandhaltung, Schulungen.

industrielle Formgebung – *Industriedesign.* Zusammenfassung aller Bemühungen, die darauf gerichtet sind, industrielle Erzeugnisse nicht nur technisch zweckmäßig, sondern auch ästhetisch zu gestalten. – Vgl. auch → Design.

industrielle Reservearmee – Begriff der Wirtschaftstheorie des → Marxismus für das Überschussangebot auf dem Arbeitsmarkt. Der → technische Fortschritt wirkt Marx zufolge allein arbeitskräftesparend, wodurch die Nachfrage der Unternehmer nach Arbeitskräften stetig sinkt. Die Konkurrenz auf dem Arbeitsmarkt führe dazu, dass die Löhne dem Existenzminimum (d.h. dem „Reproduktionsaufwand"; → Arbeitswertlehre, → Existenzminimum-Theorie des Lohns, → Mehrwerttheorie) entsprächen und hierdurch die → Ausbeutung der Arbeiter ermöglicht würde. Im konjunkturellen Aufschwung führe zwar die verstärkte Nachfrage nach Arbeitskräften zu einem kurzfristigen Anstieg der Löhne, jedoch bewirke der hierdurch verursachte Fall der → Profitrate wieder ein Absinken der Löhne auf das Existenzminimum.

industrielle Revolution – im frühen 19. Jh. in Analogie zum Begriff „politische Revolution" eingeführter Ausdruck. Bezeichnet einen raschen Wandel von Produktionstechniken und, daraus abgeleitet, von wirtschaftlich-gesellschaftlichen Strukturen. Ursprünglich bezogen auf die Phase der Einführung neuer Kraft- und Werkzeugmaschinen und den Beginn der Fabrikindustrie in England am Ende des 18. Jh. – Inzwischen spricht man auch von einer *ersten industriellen Revolution* im 13. Jh., von einer *zweiten industriellen Revolution* um die Wende des 19. zum 20. Jh. (Elektrifizierung) sowie von einer *dritten industriellen Revolution* (Computerisierung).

industrieller Sektor → sekundärer Sektor.

industrielles Management – Oberbegriff für alle planerischen, entscheidungsvorbereitenden und gestalterischen Aktivitäten in der → Industrieunternehmung.

industrielles Ökosystem – Leitbild für die Gestaltung der industriellen Zivilisation, gemäß dem sich der Umgang mit Energie, Stoffen und natürlichen Ressourcen am Vorbild biologischer → Ökosysteme orientieren soll. *Voraussetzungen sind:* → integrierter Umweltschutz, → ökologische Kompatibilität, → präventiver Umweltschutz, → Systemmanagement. – Vgl. auch → Entropie.

industrielles Rechnungswesen – zusammenfassende Bezeichnung für das → Rechnungswesen der → Industrieunternehmungen. Das industrielle Rechnungswesen wird traditionell in Buchführung, Kostenrechnung, industriebetriebliche Statistik und Planung unterteilt.

I. Buchführung und Bilanz: 1. *Aufbau:* Dieser Teil des industriellen Rechnungswesens umfasst die → Finanzbuchhaltung und die → Betriebsbuchhaltung sowie die aus der Buchhaltung unter Einbeziehung der → Inventur entwickelte → Jahresbilanz, → Gewinn- und Verlustrechnung (GuV) ggf. einschließlich → Anhang und → Lagebericht bzw. die entsprechenden Instrumente der Konzernrechnungslegung. Die normierte Ausrichtung dieser Rechen- und Erläuterungswerke auf die Erfordernisse der Industrieunternehmungen ist in der Wirtschaftspraxis aus zwei Gründen weit entwickelt: (1) Der Gesetzgeber des Dritten Buches des HGB hat sich unausgesprochen am Modell des Industriebetriebes ausgerichtet; v.a. die → Bilanzgliederung (§ 266 HGB) und die Gliederung der Gewinn- und Verlustrechnung (§ 275 HGB) orientieren sich am typischen Produktionsprozess einer Industrieunternehmung. (2) Der → Industrie-Kontenrahmen (IKR) bietet Industrieunternehmungen – gleich welcher Branche, Größe und Rechtsform – Anregungen zur Aufstellung individueller, aber doch gleich strukturierter Kontenpläne. – 2. *Aufgaben* dieser Teile des industriellen Rechnungswesens: (1) Information, (2) Rechenschaftslegung, (3) Ergebnisfeststellung. – Vgl. auch → Jahresbilanz.

II. Kostenrechnung: Industrielle Produktionsprozesse waren seit den Anfängen der Kostenrechnung bestimmend für Aufbau, Teilgebiete, Verfahren und Abrechnungsprinzipien des → internen Rechnungswesens. Die derzeit in den Lehrbüchern dargestellte → Kostenrechnung ist weitestgehend eine industrielle Kostenrechnung.

III. Industriebetriebliche Statistik: Vergleichsrechnung für innerbetriebliche Vorgänge, v.a. zur Kostenkontrolle. – *Beispiel:* Verhältniszahlen oder Abweichungen von Richtzahlen für Warenverbrauch, Löhne, Gehälter, Beschäftigungszahlen, Verkaufsmengen und -erlöse, Rohgewinn, Reingewinn – im Verhältnis zum Umsatz bzw. zu einem Durchschnittsumsatz. – Vgl. auch → betriebswirtschaftliche Statistik.

IV. Planung: Heranzuziehen sind die industriebetriebliche Statistik sowie die Ergebnisse von Buchführung und Kostenrechnung: a) für das Gesamtunternehmen in einem Zeitabschnitt, b) für Abteilungen wie Fertigung, Einkauf, Absatz, Finanzierung etc. Nach Ablauf einer Periode (Monat, Vierteljahr, Geschäftsjahr) werden dem Planungssoll die effektiven Zahlen der Buchhaltung gegenübergestellt.

Industriemesse → Messe.

Industrieobligation → Unternehmensanleihe.

Industrieökonomik – *Theory of Industrial Organization*. 1. *Begriff:* Eine von der Theorie geleitete empirische Forschung zur Organisation und Struktur der Industrie i.w.S. Im Mittelpunkt der Industrieökonomik steht die Frage, ob das bei der Herstellung von Gütern und Dienstleistungen erzielte Ergebnis für die gesellschaftliche Wohlfahrt zufriedenstellend ist. – 2. *Ausgangspunkt* ist das *„Structure-Conduct-Performance-Paradigma"*: Es besagt, dass sich das Ergebnis einer „Industry" (Branche) durch die Struktur und das Verhalten der Unternehmen in ihr erklären lässt. Die Struktur beinhaltet die Rahmenbedingungen, die die Unternehmen einer „Industry" in ihren Entscheidungen beachten müssen. Im Rahmen dieser Gegebenheiten besteht für die „Industry" ein gewisser Handlungsraum, der das erreichbare Ergebnis festlegt. Dieser stochastische Zusammenhang wird in neueren Beiträgen zur Industrieökonomik abgewandelt, indem retrograd auch von einer Einflussnahme des Ergebnisses auf das Verhalten und auch die Struktur ausgegangen wird. – 3. *Ansätze:* Vgl. Abbildung „Industrieökonomik – Ansätze". – 4. *Anwendung:* a) Ursprünglich wurde die Industrieökonomik in der Regierungspolitik und in der Rechtsprechung genutzt. Struktur und Verhalten sind Ansatzpunkte für die Wirtschafts- und Wettbewerbspolitik (→ allgemeine Wirtschaftspolitik). Sie sind auch Kriterien für die Beurteilung der Marktmacht und deren Auswirkung auf das Ergebnis in der Antitrust-Gesetzgebung und -Rechtsprechung. – b) Aktuell erfährt die Industrieökonomik aus dem Bereich der → Wettbewerbskonzepte innerhalb eines → strategischen Managements neue Impulse (Analyse des Unternehmerverhaltens mithilfe spieltheoretischer Ansätze).

Industriepark – zusammenhängendes, in sich geschlossenes Areal zur Ansiedlung von Industriebetrieben (→ Industrie). Der Industriepark weist eine umfangreiche → Infrastruktur (Straßen, Ver- und Entsorgungseinrichtungen, u.U. Gleisanschluss, Feuerwehrdepot, Poststelle, Kantine, Wachdienst, Kindergarten etc.) auf. Der Industriepark wird von einer staatlichen oder privaten Trägergesellschaft verwaltet. In verschiedenen Ländern ist der Industriepark als Instrument der Standortlenkung eingesetzt worden.

Industriepolitik – 1. *Begriff:* Industriepolitik ist die gezielte Beeinflussung der sektoralen Produktionsstruktur einer Volkswirtschaft durch den Staat. Sie ist damit Teil der → Strukturpolitik. – *Abgrenzung:* Zielobjekt der Industriepolitik sind stets Teilbereiche (i.d.R. Branchen), nicht die Volkswirtschaft als Ganzes. Makroökonomische Politiken zählen nicht dazu, auch wenn sie mittelbar die Branchenstruktur beeinflussen mögen. Ebenfalls ausgeklammert bleibt die Ordnungspolitik, z.B. Wettbewerbspolitik, gewerblicher Rechtsschutz oder staatliche → Regulierung bestimmter Wirtschaftszweige. Auch hier sind die Rückwirkungen auf die Branchenstruktur nur mittelbare Folge der wirtschaftspolitischen Eingriffe, nicht ihr erklärtes Ziel. Im Unterschied zu der heute üblichen Begriffsabgrenzung wurde im älteren dt. Sprachgebrauch unter Industriepolitik diejenige Politik verstanden, die sich auf den industriellen Sektor richtet. – 2. *Bereiche:* Die wirtschaftspolitische Praxis wird i.d.R. nicht von in sich geschlossenen industriepolitischen Konzeptionen (→ Industriepolitik, Konzeptionen) geprägt, sondern von einem Bündel mehr oder weniger koordinierter Maßnahmen mit unterschiedlichen Zielsetzungen und Zuständigkeiten. Von der Intention des staatlichen Lenkungseingriffs her lassen sich drei Bereiche unterscheiden: a) In bestimmten Wirtschaftszweigen soll ein Mindestmaß an inländischer Produktion aufrechterhalten werden. Dabei geht es zumeist um Aspekte der Versorgungssicherheit oder der militärischen Sicherheit (→ Strukturerhaltungspolitik). – b) Strukturelle Anpassungsprozesse sollen zeitlich gestreckt und in ihren sozialpolitischen Auswirkungen abgefedert werden. Auch hier stehen schrumpfende Branchen im Mittelpunkt, wobei es in erster Linie um den Erhalt bedrohter Arbeitsplätze geht (→ Strukturanpassungspolitik). – c) Zukunftsträchtige Produktionsbereiche sollen gestärkt werden. Hier geht es um die gezielte Unterstützung von Branchen, deren Anteil an der Gesamtproduktion erhöht werden soll (→ strategische Industriepolitik). – Die beiden erstgenannten Bereiche bilden den Kern der traditionellen Industriepolitik, während die strategische Industriepolitik erst in jüngerer Zeit an Bedeutung gewonnen hat und auch als *„neue Industriepolitik"* bezeichnet wird. – 3. *Instrumente:* Eine eindeutige Zuordnung von Politikinstrumenten zu Politikbereichen ist nicht immer möglich, d.h. manche Instrumente, die für industriepolitische Ziele eingesetzt werden, dienen in gleicher oder ähnlicher Form auch den Zielen anderer Politikbereiche. Grundsätzlich setzen industriepolitische Instrumente jedoch entweder bei den Produktionsbedingungen für Unternehmen im Inland (→ Binnenprotektion) oder den Absatzbedingungen gegenüber Konkurrenten aus dem Ausland (Außenprotektion) an. – 4. *Wirkungen industriepolitischer Maßnahmen:* Generell gilt, dass die Begünstigung einzelner Wirtschaftsbereiche stets eine (relative) Benachteiligung für alle anderen darstellt. Bei der *Binnenprotektion* sind es die höheren Staatsausgaben, mit denen die Subventionen finanziert werden und die letztlich in den nicht subventionierten Wirtschaftsbereichen erwirtschaftet werden müssen. Bei der *Außenprotektion* sind es die Rückwirkungen auf den Wechselkurs; denn die Reduzierung der Importe durch tarifäre oder nicht-tarifäre Maßnahmen wirkt einer Aufwertung der heimischen Währung

Industrieökonomik – Ansätze

	Marktstruktur	Marktverhalten	Marktergebnis
Bain (1968)	1. Anbieter-konzentrationsgrad 2. Nachfrager-konzentrationsgrad 3. Grad der Produkt-differenzierung 4. Eintrittsbedingungen	1. Festsetzung von Preisen und Mengen der Anbieter 2. Festsetzung von Vertriebskosten und Produktpolitik 3. „Predatory and Exclusionary Tactics" 4. Nachfrageverhalten	1. technische Effizienz der Produktion 2. Preis/Grenzkosten der Produktion 3. Output/möglichen Output bei Preis gleich Grenzkosten 4. Verkaufsförderungs-/ Produktionskosten 5. Produkteigenschaften 6. Fortschritt
Caves (1972)	1. Anbieterkonzentration 2. Produktdifferenzierung 3. Marktschranken 4. Wachstumsrate der Marktnachfrage 5. Preiselastizität der Nachfrage 6. Nachfrage-konzentration	1. Politik der Preisfestsetzung 2. Politik der Qualitätsbestimmung 3. Politik der Markträumung	1. Vollbeschäftigung und Preisstabilität 2. Fortschritt, Forschung und Innovation 3. Effizienz (Profit Rates, Efficient Scale of Production, Sales Promotion and Product Changes)
Koch (1974)	1. „Industry"-Reife 2. öffentliche Regulierung 3. Produktdifferenzierung 4. Anbieter- u. Nachfragekonzentration 5. Eintrittsbarrieren 6. Kostenstrukturen 7. vertikale Integration 8. Diversifikation 9. „Scale Economies"	1. Kollusion 2. Preisstrategie 3. Produktstrategie 4. Anpassung an Wechsel 5. Forschung und Innovation 6. Werbung 7. „Legal Tactics"	1. Output 2. Outputwachstum 3. technologischer Fortschritt 4. Beschäftigung 5. allokative Effizienz 6. „Cross-Efficiency" 7. Einkommensverteilung
Shepherd (1979)	1. Marktanteil 2. Konzentration 3. Eintrittsbarrieren 4. vertikale Modelle 5. andere – Lebenszyklen – Wachstum – Zufallsprozesse – Regierungspolitik	1. Preisverhalten – gemeinsame Gewinnmaximierung – Preisdiskriminierung 2. Marktausschluss	1. Preis-Kosten-Modelle 2. Effizienz: statisch und dynamisch 3. Einkommensverteilung 4. „Content"
Scherer (1980)	1. „Economics of Scale" 2. Fusionisten und Konzentration 3. Regierungspolitik 4. stochastische Determinanten	1. Preisverhalten 2. Produktstrategie und Werbung 3. technologische Innovation 4. „Plant Investment" 5. „Legal Tactics"	1. Produktions- und allokative Effizienz 2. Fortschritt 3. Vollbeschäftigung 4. Einkommensverteilung

vergleichbar und erschwert den Export. Darüber hinaus werden die Konsumenten bei Außenprotektion mit einem „→ Excess Burden" belastet, da sie ihre Kaufentscheidungen nicht mehr an den Weltmarktpreisen, sondern an den durch Protektion verzerrten Inlandspreisen ausrichten. – 5. *Beurteilung:* In der Beurteilung industriepolitischer Maßnahmen klafft eine erhebliche Lücke zwischen Theorie und Praxis. Von der Wirtschaftswissenschaft ist immer wieder darauf verwiesen worden, dass industriepolitische Eingriffe des Staates nur selten theoretisch zu rechtfertigen sind und dass ein weltweiter Abbau der Binnen- und Außenprotektion letztlich die Wohlfahrt aller beteiligten Länder erhöhen würde. Trotz dieser Kritik hat das Ausmaß der industriepolitischen Interventionen im Zeitverlauf jedoch nicht abgenommen, sondern eher noch zugenommen. Vor diesem Hintergrund verfolgt die wirtschaftswissenschaftliche Forschung derzeit v.a. zwei Strategien: a) Im Rahmen der *neueren Außenhandels- und Wachstumstheorie* wird analysiert, inwieweit der Einsatz industriepolitischer Instrumente unter bestimmten Bedingungen doch wohlfahrtssteigernde Wirkungen haben könnte, zumindest für das intervenierende Land selbst. Dabei wird v.a. versucht, traditionelle Außenhandels- und Wachstumsmodelle durch die Einbeziehung industrieökonomischer Ansätze realitätsnäher zu gestalten. – b) Im Rahmen der *Public-Choice-Theorie* wird versucht, die Abweichungen zwischen ökonomischer Theorie und politischer Realität aus den Gesetzmäßigkeiten politischer und bürokratischer Entscheidungsprozesse heraus zu erklären. Ins Blickfeld geraten dabei auch die Auswirkungen der Industriepolitik auf die Entscheidungsprozesse innerhalb von Unternehmen. Wenn der Staat selektiv Protektion gewährt, kann es für die Unternehmen lohnend sein, einen Teil ihrer Ressourcen in gesamtwirtschaftlich unproduktive Verwendungsrichtungen zu investieren, um in den Kreis der Protektionierten hineinzugelangen (→ Rent Seeking).

Industriepolitik, Konzeptionen – 1. Die Vertreter einer *vorausschauenden Strukturplanung (positive Strukturanpassung, Picking the Winners)* weisen dem Staat die Aufgabe zu, den Strukturwandel (→ struktureller Wandel) so zu beeinflussen, dass zukunftsträchtige Branchen rascher wachsen können und strukturschwache Branchen dementsprechend schneller schrumpfen. So sei es möglich, das Wachstum einer Volkswirtschaft insgesamt zu erhöhen sowie mehr Arbeitsplätze und Einkommen zu schaffen. – 2. Vertreter einer *ordnungspolitisch orientierten Industriepolitik* wenden dagegen ein, dass eine erfolgreiche Strukturplanung nur möglich sei, wenn staatliche Instanzen bessere Informationen über die künftige Wirtschaftsentwicklung hätten als private Wirtschaftssubjekte. Sie verweisen darauf, dass die sektorale Produktionsstruktur im Rahmen einer Marktwirtschaft das Ergebnis zahlreicher dezentraler Entscheidungsprozesse ist, die sich an der Veränderung der relativen Güter- und Faktorpreise orientieren. Da das System der relativen Preise das effizienteste aller denkbaren Informationssysteme sei, würden staatliche Planungseingriffe zwangsläufig zu verzerrten Produktionsstrukturen und gesamtwirtschaftlichen Effizienzverlusten führen. Aus dieser Sicht ist es gar nicht möglich, die gesamtwirtschaftlich optimale Produktionsstruktur vom Staat vorzugeben, da die dazu nötigen Informationen nicht verfügbar seien. Die sektorale Struktur einer Volkswirtschaft sei „zwar das Ergebnis menschlichen Handelns, aber nicht menschlichen Entwurfs" (Hayek). Der Industriepolitik komme demnach primär die Aufgabe zu, Hindernisse für den Strukturwandel aus dem Weg zu räumen, anstatt den Strukturwandel unmittelbar zu lenken. – 3. *Vergleich der beiden Konzeptionen:* Welche dieser beiden Grundkonzeptionen gesamtwirtschaftlich vorteilhafter ist, hängt aus theoretischer Sicht entscheidend davon ab, welche Rolle Pfadabhängigkeiten oder → Hysterese-Effekten im Prozess der wirtschaftlichen Entwicklung zukommt. Diese Effekte werden bes. im Rahmen der neuen → Wachstumstheorie analysiert. Wenn damit gerechnet werden kann, dass sich die sektorale Struktur einer Volkswirtschaft ohne größere Friktionen flexibel an die jeweiligen komparativen Vor- und Nachteile gegenüber anderen Volkswirtschaften anpasst, führen staatliche Markteingriffe in die Sektorstruktur zwangsläufig zu gesamtwirtschaftlichen Wohlfahrtsverlusten, da das Ausnutzen der international unterschiedlichen komparativen Kosten (→ komparative Vorteile) behindert wird. Wenn die Industriestruktur jedoch historische Beharrungstendenzen aufweist und nur unvollkommen auf Änderungen nationaler komparativer Vorteile reagiert, dann kann es gesamtwirtschaftlich sinnvoll sein, den Strukturwandel gezielt in eine Richtung zu lenken, die ein besseres Ausnutzen heutiger oder künftiger komparativer Vorteile erlaubt. Die Frage nach dem „richtigen" industriepolitischen Konzept lässt sich damit nicht rein theoretisch lösen, sondern bedarf der empirischen Analyse der Determinanten des sektoralen Strukturwandels. – a) Weitgehend unstrittig ist die *empirische Beobachtung*, dass die sektorale Produktionsstruktur von Ländern im Zeitablauf recht stabil ist. Daraus kann aber noch nicht geschlossen werden, dass die Sektorstruktur durch Hystereseeffekte geprägt ist, denn die Persistenz von Sektorstrukturen könnte auch das Ergebnis einer Persistenz der jeweiligen komparativen Vor- und Nachteile sein. Entscheidend ist vielmehr, ob die historisch gewachsene sektorale Struktur eines Landes auch dann bestehen bleibt, wenn sie aufgrund eines veränderten volkswirtschaftlichen Umfeldes in Widerspruch gerät zu den komparativen Vorteilen des betreffenden Landes. Gegen die These einer derart verstandenen *strukturellen Hysterese* sprechen die ausgeprägten Schrumpfungsprozesse arbeitsintensiver Industrien in hoch entwickelten Ländern, die sich in den vergangenen Jahrzehnten infolge der verschärften Weltmarktkonkurrenz aus

Niedriglohnländern ergeben haben. Gleichwohl kann die Frage der Struktur-Hysterese nicht als eindeutig empirisch geklärt angesehen werden. Der Streit zwischen den Verfechtern einer ordnungspolitisch orientierten Industriepolitik und einer Politik der positiven Strukturanpassung wird also wohl auch künftig anhalten. – b) Die *in den westlichen Industrieländern praktizierte Industriepolitik* bewegt sich zwischen diesen beiden Polen. In den Grundsatzerklärungen der Regierungen wird zumeist die Verbesserung der allg. Rahmenbedingungen für unternehmerisches Handeln als oberstes Ziel genannt, während in der Praxis immer wieder einzelne Branchen oder auch Unternehmen gezielt gefördert werden. Dabei geben rein ökonomische Argumente nur selten den Ausschlag; oftmals wird „politischen Zwängen" der Vorrang eingeräumt. Von allen Bereichen der Wirtschaftspolitik steht die Industriepolitik wohl am stärksten unter dem Druck von → Interessengruppen. – Vgl. auch → Industriepolitik.

Industrieregion – 1. *stark industriell geprägte räumliche Einheit;* abgegrenzt auf der Basis von größeren Verwaltungsräumen (z.B. Landkreisen). Die Industrieregion hat sowohl eine auf die → Industrie ausgerichtete Erwerbsstruktur als auch ein größtenteils in der Industrie erwirtschaftetes Sozialprodukt. – 2. *Industrieraum,* der aus einem mehr oder weniger zusammenhängenden, teilweise auch grenzüberschreitenden → Industriegebiet besteht. Als Beispiel kann die nordwesteuropäische Industrieregion genannt werden, die aus dem rheinisch-westfälischen Industriegebiet und den grenzüberschreitenden industrieräumlichen Einheiten Belgiens und der Niederlande besteht.

Industrierevier – stark industrialisierter Raum auf der Basis der → Montanindustrie. Beispiele für Industriereviere sind das Ruhrgebiet oder das oberschlesische Industrierevier.

Industrieroboter – 1. *Begriff:* universell einsetzbarer, mit mehreren Achsen versehener Bewegungsautomat, dessen Bewegungen hinsichtlich Bewegungsfolge, Wegen und Winkeln frei programmierbar sind. Ein Industrieroboter ist mit Greifern, Werkzeugen oder anderen Fertigungsmitteln ausgerüstet und kann Handhabungs- und/oder Fertigungsaufgaben ausführen. – 2. *Aufbau:* Ein Industrieroboter besteht aus Antriebssystem, Wegmesssystem, Steuerung, Kinematik (Achsen) und ggf. Greifern. – 3. *Einsatzschwerpunkte:* Im Rahmen der → Fertigungsautomation v.a. Werkzeughandhabung, z.B. Punktschweißen, Lackieren und Werkstückhandhabung, z.B. Teilebearbeitung, Montage, Transport.

Industriesoziologie – spezielle Soziologie mit dem Gegenstand der Beziehungen zwischen Gesellschaft bzw. gesellschaftlichen Entwicklungen und Industrie bzw. industrieller Entwicklung. – *Untersuchungsgegenstand:* I.e.S. Interdependenzen von Produktionsweise (Produktionsorganisation und -technologie), Wirtschaftsordnung und Gesellschaft bzw. gesellschaftliche Teilbereiche; i.w.S. industrielle Gesellschaft und ihr Wandel.

Industriestaat – Staat, dessen Arbeitsbevölkerung zum größten Teil im Handwerk, im → Gewerbe, v.a. aber in der → Industrie beschäftigt ist. – *Gegensatz:* → Agrarstaat.

Industriestandard – 1. *Begriff:* auf dem → Hardware- und Softwaremarkt viel benutzte Fiktion für ein Produkt, dem Standardcharakter bei Anwendern in der Industrie zugemessen wird. – 2. *Formen:* zahlreiche Kategorien, z.B. → Betriebssystem (BS) Windows von Microsoft als Industriestandard für → Personal Computer (PC), → SQL als Industriestandard für relationale Datenbankabfragesprachen. – Oft werben Anbieter mit → Kompatibilität zum Industriestandard.

Industriestandort – Ort der industriellen Güterproduktion (→ Industrie), wobei es sich um eine oder mehrere (selbstständige) industrielle Fertigungsstätten handeln kann. Theoretisch lässt sich jeder Industriestandort rational durch Abwägen der am jeweiligen → Standort wirksamen → Standortfaktoren bestimmen. Die wissenschaftlichen Grundlagen für die Festlegung des Industriestandorts liefern Industriestandortlehre und → Industriestandorttheorie.

Industriestandorttheorie – Theorie zur Bestimmung des optimalen → Standortes für ein einzelnes Industrieunternehmen (→ Standorttheorie). Die bekannteste Industriestandorttheorie stammt von A. Weber (1909). Die optimale → Standortwahl läuft darin in einem dreistufigen Entscheidungsprozess ab. Zunächst wird auf Grundlage der für die Produktion verwendeten Materialien (lokalisierte Materialien, deren Gewinnung an bestimmte Fundorte geknüpft ist; Ubiquitäten, die überall verfügbar sind) ein transportkostenminimaler Standort (tonnenkilometrischer Minimalpunkt) identifiziert. Dabei wird angenommen, dass Fund- und Konsumorte die Eckpunkte geometrischer Standortfiguren (→ Standortdreieck, Standortpolygon) darstellen. Die Bestimmung des Transportkostenminimalpunktes kann geometrisch (mittels Kräfteparallelogramms) oder mechanisch (mittels des sog. Varignoschen Apparates) erfolgen. Im nächsten Schritt werden die → Arbeitskosten und im letzten Schritt → Agglomerationseffekte in die Analyse miteinbezogen, die ggf. eine Verlagerung des optimalen Standortes bis hin zur kritischen → Isodapane opportun erscheinen lassen, wenn Arbeitskostenersparnisse und positive Agglomerationseffekte eine Erhöhung der Transportkosten durch Entfernung vom Transportkostenminimalpunkt überkompensieren. Die → Transportkosten sind die zentrale Determinante der Standortbildung, Arbeitskosten und Agglomerationseffekten kommt dagegen ein eher nach geordneter Korrekturcharakter zu.

Industriestatistik – Bezeichnung eines Erhebungs- und Berichtssystems der amtlichen Statistik auf dem Gebiet industrieller Unternehmen und Betriebe bis zum Übergang auf das System der Statistiken im Produzierenden Gewerbe nach der gesetzlichen Neuordnung dieses Bereichs durch das Gesetz über die Statistik im Produzierenden Gewerbe vom 6.11.1975 (BGBl. I 2779).

Industrietypen → Produktionstypen.

Industrie- und Handelskammer (IHK) – Körperschaften des öffentlichen Rechts, organisiert als regionale Selbstverwaltungsorganisationen mit Pflichtmitgliedschaft aller gewerblichen Unternehmen des jeweiligen Kammerbezirks mit Ausnahme des Handwerks (Handwerkskammern). – 1. *Aufgaben:* IHKs haben das Gesamtinteresse ihrer Mitglieder wahrzunehmen, für die Förderung der gewerblichen Wirtschaft zu wirken und dabei die wirtschaftlichen Interessen einzelner Gewerbezweige oder Betriebe abwägend und ausgleichend zu berücksichtigen (Gesetz zur vorläufigen Regelung des Rechts der Industrie- und Handelskammern vom 18.12.1956). Die 80 dt. IHKs, die bundesweit im → Deutschen Industrie- und Handelskammertag (DIHK) zusammengeschlossen sind, können Anlagen und Einrichtungen, die der Förderung der gewerblichen Wirtschaft dienen, begründen und unterhalten sowie Maßnahmen zur Förderung und Durchführung der kaufmännischen und gewerblichen Berufsausbildung treffen (sie führen die Lehrlingsrolle für kaufmännische und gewerbliche Lehrlinge und nehmen in diesem Bereich die Lehrabschlussprüfungen ab). Ihnen obliegt die Ausstellung von Ursprungszeugnissen und anderen dem Wirtschaftsverkehr dienenden Bescheinigungen. – 2. *Organe:* Über die Angelegenheiten der IHKs beschließen ihre Vollversammlungen, deren Mitglieder von den kammerzugehörenden Firmen in demokratischen Wahlen gewählt werden. Die Vollversammlung wählt aus ihrer Mitte den ehrenamtlich tätigen Präsidenten und die Vizepräsidenten. Die Vollversammlung wählt ebenso den hauptamtlich tätigen Hauptgeschäftsführer. In zahlreichen Ausschüssen (Industrie, Verkehr, Berufsausbildung, Weiterbildung, Öffentlichkeitsarbeit, Außenwirtschaft, Handel und Dienstleistungen etc.) und Arbeitskreisen beteiligen sich die Unternehmen des jeweiligen Kammerbezirks an der Gestaltung der regionalen Wirtschaftspolitik und -förderung. – 3. Im Bereich der *Außenwirtschaft* haben die IHKs in ihrer teilweise über 150-jährigen Geschichte ein breites Aufgaben- und Tätigkeitsfeld vom Staat übertragen bekommen bzw. selbst entwickelt. Eine IHK leistet heute Unterstützung in den Bereichen: Exportförderung und Auslandsmarketing, bei der Anbahnung von Geschäftsbeziehungen mit ausländischen Partnern durch Auskunfts-, Informations- und Beratungsdienste, Messeförderung, bei Finanzierungsfragen, Existenzgründungen für Import- und Exportgeschäfte, Zoll-, Rechts- und Verfahrensfragen (Ursprungs- und Präferenzrecht, Investitionsrecht, Lizenzverkehr etc.); die meisten IHKs betreiben Außenwirtschaftsdatenbanken, elektronische Kooperationsdienste, publizieren Außenwirtschaftsrundschreiben und organisieren Seminare, Konferenzen, Kontaktbörsen etc. Über die → Auslandshandelskammern (AHK) und Delegierte der dt. Wirtschaft sowie Partnerkammern sind die IHKs in ein weltweites Kammernetz eingebunden, das den Mitgliedsunternehmen erlauben soll, möglichst schnell an firmenrelevante Außenwirtschaftsinformationen in aller Welt zu gelangen.

Industrieunternehmung – *Industrieunternehmen, Industriebetrieb.*

I. Begriff/Wesen: Betrieb, der gewerblich, unter maßgeblichen Einfluss von Maschinen, nach dem Prinzip der Arbeitsteilung Sachgüter erzeugt und auf großen Märkten absetzt. Die Produktion der Sachgüter kann auf drei Arten erfolgen: (1) Gewinnung von Stoffen, z.B. Bergbau, (2) Bearbeitung von Stoffen, z.B. Stahlindustrie, (3) Verarbeitung von Stoffen, z.B. Chemische Industrie. Die Sachgüterproduktion (→ Produktion) steht bei Industrieunternehmungen im Vordergrund, wobei allerdings in zunehmendem Maße auch produktionsbezogene → Dienstleistungen (z.B. Softwareherstellung) erbracht werden.

II. Abgrenzung: 1. Das Kriterium der Sachgüterproduktion unterscheidet Industrieunternehmungen von → Dienstleistungsunternehmen, bei denen die Erbringung von Verrichtungen, Finanz- und Informationsleistungen im Mittelpunkt der Werteerzeugung stehen. – 2. Eine exakte Abgrenzung zwischen Industrieunternehmungen und *Handwerksunternehmungen* (→ Handwerksbetriebe) ist nicht möglich. Die Schwierigkeit ist hier in der Tatsache begründet, dass die Industrie historisch aus dem Handwerk hervorgegangen ist und somit viele Merkmale übereinstimmen. Als Kriterien zur Unterscheidung lassen sich das Ausmaß der Spezialisierung und Arbeitsteilung, die Höhe des Kapitaleinsatzes und die Komplexität und Flexibilität der Produktionsabläufe heranziehen. – 3. Neben dieser tendenziellen Abgrenzung in den erwähnten Merkmalsbereichen ist eine *formale Unterscheidung in den öffentlichen Statistiken* üblich: Hiernach sind Industrieunternehmungen durch die Mitgliedschaft in den → Industrie- und Handelskammern (IHK) und die Handwerksunternehmungen durch die Mitgliedschaft in den Handwerkskammern gekennzeichnet.

III. Historische Betriebsformen der Industrie: Als historische Formen gelten die → Fabrik, die → Manufaktur und das Verlagssystem (Charakterisierung sowie heutige Bedeutung).

Industrieverbandsprinzip – Gliederung der Organisationen von Arbeitnehmern (→ Gewerkschaft) und Arbeitgebern (→ Berufsverband) nach Wirtschaftsbereichen, nicht nach Berufen. In der Bundesrepublik Deutschland ist das Industrieverbandsprinzip üblich; aber es gibt auch einige Berufsverbände. – *Gegensatz:* → Berufsverbandsprinzip.

Industrieversicherung – *Industriegeschäft.* Firmenkundengeschäft. Unternehmensindividuell abgegrenztes Geschäftsfeld von Versicherern. Versicherungsnehmer sind große Industrie-, Handels- und Dienstleistungsunternehmen, besonders in den Versicherungszweigen → Feuerversicherung, → Haftpflichtversicherung, Transportversicherung, → technische Versicherungen und → Extended Coverage-Versicherung. Charakteristisch für die zu versichernden Risiken sind hohe Schadenpotentiale bei relativ geringer Eintrittshäufigkeit bzw. Eintrittswahrscheinlichkeit, eine hohe Komplexität des Risikos und häufig eine grenzüberschreitende Tätigkeit des zu versichernden Unternehmens (z.B. mit Betriebsstätten im Ausland). Der Industrieversicherer bietet seinen Kunden neben der individuell ausgestalteten Übernahme des Risikos häufig auch zusätzliche Dienstleistungen an, wie z.B. Risikoanalysen und sonstige Risk Management-Leistungen.

Industriewerbung – Werbung, deren Werbebotschaft an bestimmte, zahlenmäßig kleinere Käuferkreise (z.B. Werbung für Investitionsgüter) gerichtet ist (industrieorientiert). Da industrielle Güter i.d.R. erklärungsbedürftig sind, kommen weniger emotionale, sondern mehr sachliche, rationale Werbeaussagen zum Einsatz. – Vgl. auch → Handelswerbung, → Zielgruppe.

induzierte Größen – ökonomische Variablen eines Modells, deren Entwicklung von anderen ökonomischen und außerökonomischen Größen beeinflusst wird. – *Beispiel:* Als induzierter Konsum wird derjenige Teil des Konsums bezeichnet, der durch das Volkseinkommen bestimmt wird. Die Trennung von induzierten Größen und → autonomen Größen ist eine modelltheoretische Vereinfachung. Im Rahmen eines makroökonomischen Modells stellen induzierte Größen gleichzeitig endogene Variablen (→ Variable, endogene) dar, während es sich bei autonomen Größen um exogene Variablen (→ Variable, exogene) handelt.

Inept Set → Awareness Set.

Inert Set → Awareness Set.

Infektionstheorie → Abfärbetheorie.

Inferenz – *Schlussfolgerung;* Bezeichnung für den Vorgang, ein neues Faktum aus bereits bekannten Fakten, z.B. durch die Anwendung von → Regeln, abzuleiten. – Vgl. auch → Inferenzmaschine, → Fuzzy-Inferenz. – *Arten:* (1) zielgesteuerte Inferenz: → Rückwärtsverkettung; (2) datengesteuerte Inferenz: → Vorwärtsverkettung.

inferenzielle Datenanalyse → Datenanalyse.

inferenzielle Statistik → Inferenzstatistik.

Inferenzmaschine – *Inferenzmechanismus;* Bestandteil eines → wissensbasierten Systems, der die Aufgabe hat, mithilfe von Inferenzregeln (→ Inferenz, → Regel) Schlussfolgerungen aus der → Wissensbasis abzuleiten, die zur Lösung des zu bearbeitenden Problems beitragen.

Inferenzmechanismus → Inferenzmaschine.

Inferenzstatistik – *analytische Statistik, inferenzielle Statistik, induktive Statistik, schließende Statistik;* diejenigen Methoden und Probleme der → Statistik, die die Übertragung von Befunden aus Stichproben (→ Zufallsstichproben) auf zugehörige → Grundgesamtheiten zum Gegenstand haben, also bes. die Methoden und Probleme der → Punktschätzung, der → Intervallschätzung (→ Konfidenzschätzung) und der → statistischen Testverfahren; hinzu kommen noch die Probleme der technischen Auswahl von → Zufallsstichproben und des Einsatzes → höherer Zufallsstichprobenverfahren oder Verfahren der → Hochrechnung. Inferenzstatistik steht in einem gewissen Gegensatz zur → deskriptiven Statistik, deren Gegenstand die Beschreibung von statistischen → Gesamtheiten ohne Beachtung von Schätz- oder Prüfaspekten ist.

inferiores Gut – gemäß → Haushaltstheorie ein → Gut, dessen mengenmäßige Nachfrage mit steigendem → Einkommen nur in geringerem Maße zu- bzw. sogar abnimmt. Dabei handelt es sich i.d.R. um geringerwertige Güter, die mit steigendem Einkommen durch höherwertige ersetzt werden. – Bei *relativ* inferioren Gütern erhöht sich die nachgefragte Menge bei einer → Einkommenselastizität der Nachfrage kleiner 1 nur unterproportional zum Einkommen, während bei *absolut* inferioren Gütern der Konsum absolut sinkt.

inferiore Strategie → Spieltheorie.

Inflation – 1. *Begriff:* Prozess anhaltender Preisniveausteigerungen, die über eine gewisse Marge hinausgehen. Inflation ist nur als dynamischer Vorgang denkbar, bei dem Inflation aus einem bestimmten Ursachenkomplex im ökonomischen System entsteht und wieder auf dieses zurückwirkt. Zur Inflation zählen nur Steigerungen des → Preisniveaus. Jene sind von Steigerungen der Einzelpreise zu unterscheiden, die zu den für eine Marktwirtschaft normalen Vorgängen zählen. Die Flexibilität der Einzelpreise hat für den Marktmechanismus die wichtige Funktion, die Produktionsfaktoren so zu lenken bzw. umzulenken, dass das Güterangebot dem Bedarf angepasst wird. Einzelpreissteigerungen (-senkungen) signalisieren den Anbietern ceteris paribus einen höheren (geringeren) Bedarf, spiegeln also die relativen Knappheitsverhältnisse wider. Bei Preisniveaustabilität sind diese anhand der absoluten Preisänderungen unschwer zu erkennen. Bei Inflation ist dies schwieriger, zumindest aufwendiger. Steigerungen des Preisniveaus entstehen durch ein Übergewicht der Anstiege von Einzelpreisen über gleichzeitig vorkommende Preissenkungen. Das Preisniveau wird dabei als ein in geeigneter Weise gewichteter Durchschnitt aller Güterpreise verstanden. Im Fall eines anhaltenden Preisniveauanstiegs kann beobachtet werden, dass sich bei den Wirtschaftssubjekten Erwartungen auf weitergehende Kaufkrafteinbußen herausbilden, was zu Beeinträchtigungen der Geldfunktionen, verbunden mit einem Verlust an Vertrauen in das Kreditgeldsystem (keine stoffliche Deckung) führt. Von Inflation wird i.Allg. nur gesprochen, wenn der Kaufkraftverlust eine gewisse Marge überschreitet, deren Höhe umstritten ist, jedoch meist mit etwa 1 bis 2 Prozent pro Jahr angegeben wird. – Inflation bei freier Preisbildung wird als offene Inflation bezeichnet. Von zurückgestauter Inflation spricht man, wenn inflationäre Tendenzen durch Maßnahmen staatlicher Preis- und Einkommenspolitik (v.a. Preisstopps) unterdrückt und so ein Ansteigen des Preisniveaus verhindert werden soll. – 2. *Messung:* a) *Verfahren:* Zur Messung des Preisniveauanstiegs bedient man sich (unter bewusstem Verzicht auf Einzelinformationen) bestimmter Kennziffern, die über die durchschnittlichen Veränderungen der Einzelpreise informieren (→ Preisindex): (1) Ein *Preisindex für das Bruttonationalprodukt* misst die Preisentwicklung aller Waren und Dienstleistungen, die in das Nationaleinkommen eingehen. (2) In den → Verbraucherpreisindex für Deutschland (VPI) (früher Preisindex für die Lebenshaltung) hingegen fließen nur Waren und Dienstleistungen des täglichen Bedarfs ein, die als repräsentativ für den „durchschnittlichen privaten Haushalt" angesehen werden. In der Bundesrepublik Deutschland wird vom → Statistischen Bundesamt (StBA) der sog. → Laspeyres-Index verwendet, der die Preisniveauentwicklung eher überzeichnet. – b) *Probleme* der Inflationsmessung ergeben sich aus der Auswahl geeigneter Indizes, aus der Auswahl der den Indizes zugrunde liegenden Warenkörbe, der Isolierung der Preisbewegungen von überlagernden Effekten (Veränderungen der Güter- und Verbrauchsstruktur, Substitutionsvorgänge, Qualitätssteigerungen), der Auswahl der relevanten Güterpreise (Listen- und Sonderpreise, Brutto- oder Nettopreise, Einbeziehung von Steuern etc.) sowie bei Effekten, bei denen es angeraten ist, sie nicht als inflationäre Tendenzen zu werten, obgleich sie zu einem Ansteigen des Preisindex führen, wie etwa steigende Umweltkosten. – 3. *Ursachen:* Die Ursachen von Inflationen sind in der politischen Diskussion wie in der wissenschaftlichen Analyse umstritten. Es besteht jedoch weit gehender Konsens, dass es zur Erklärung einer konkreten Inflation meist nicht ausreicht, sich auf eine Ursache zu konzentrieren oder bei der Ursachenanalyse allein auf die augenscheinlichsten Ursachen abzustellen. Eine profunde Ursachendiagnose ist von entscheidender Bedeutung für die Ausgestaltung einer angemessenen Inflationsbekämpfungspolitik. Zur Erklärung der Ursachen von Inflation ist eine Vielzahl von Theorien entwickelt worden (→ Inflationstheorien). – 4. *Wirkungen:* Inflation hat überwiegend ökonomisch und sozial nachteilige Allokations- und Verteilungseffekte. Behauptete positive Wachstums- und Beschäftigungseffekte der Inflation sind hingegen theoretisch nicht eindeutig und bislang empirisch kaum nachweisbar. Das Ausmaß der Wirkungen von Inflationen hängt v.a. davon ab, inwieweit sie seitens der Wirtschaftssubjekte antizipiert wird bzw. werden kann. Nicht antizipierbare Inflation erhöht die Unsicherheit, unter der wirtschaftliche Entscheidungen zu treffen sind. – a) *Allokationswirkungen:* Inflation macht es für die Wirtschaftssubjekte schwieriger, zumindest aufwendiger, die Knappheitsrelationen und deren Veränderungen richtig zu erfassen, was mit einzel- und gesamtwirtschaftlichen Zusatzkosten und demzufolge mit Wohlfahrtsverlusten verbunden ist. Beruhen ökonomische Entscheidungen wegen Inflation auf Fehleinschätzungen, so führt dies zu einer ineffizienten Verwendung von Produktionsfaktoren (Fehlallokation). Wesentlich für die Allokationswirkungen der Inflation ist die bei den Wirtschaftssubjekten bestehende Unsicherheit bez. der weiteren Entwicklung des Geldwertes, die zu einer Verkürzung der Laufzeit von Verträgen auf eine Vertragsdauer unterhalb des optimalen Planungshorizonts sowie zu einer Verschiebung der Struktur der Nachfrage hin zu (vermeintlich) inflationssicheren Aktiva führt - eine Ressourcenfehlleitung in künstlich sich aufblähende Produktionsbereiche (z.B. Flucht ins „Betongold"), in denen Überkapazitäten gebildet werden. Bildet sich in der Folgezeit die Inflation zurück, werden die inflationsbedingten Fehlallokationen sichtbar z.B. der Preisverfall der in Kaufeuphorie erworbenen Sachgüter, Unternehmenszusammenbrüche und strukturelle Arbeitslosigkeit. Die inflationsbedingte Einschränkung der Signalfunktion der Preise führt dazu, dass es den Wirtschaftssubjekten weniger gut gelingt, ihre kreativen Energien frühzeitig in lohnende Bereiche zu investieren. Dies bedeutet letztlich eine Beeinträchtigung des volkswirtschaftlichen Innovationsverhaltens. Bei starker und anhaltender Inflation verlieren die Wirtschaftssubjekte zunehmend das Vertrauen in die Geldwertstabilität, und es kommt zur Ausbreitung einer Inflationsmentalität mit negativen Folgen für das Geld als Tausch- und Wertaufbewahrungsmittel. Damit entsteht die Gefahr einer zunehmenden Beschleunigung der Inflation, was im Grenzfall einer vollständigen Beseitigung der Geldfunktionen führen kann. Insgesamt kann vermutet werden, dass die negativen Allokationswirkungen der Inflation im Wesentlichen hemmende Impulse für die wirtschaftliche Entwicklung auslösen, wenngleich bisweilen behauptet wird, dass ein gewisses Ausmaß von Inflation etwa als Beschäftigungsstimulanz (→ Phillips-Kurve) geeignet sei. – b) *Verteilungswirkungen:* Diese zeigen sich in einer im Vergleich zu einer inflationsfreien Entwicklung veränderten oder verzerrten Einkommens- und Vermögensverteilung. Zu inflationsbedingten Veränderungen der Verteilungsstruktur kommt es allg. immer dann, wenn sich verschiedene Einkommensarten und Vermögensstrukturen der Preissteigerungsentwicklung in unterschiedlichem Ausmaß und in unterschiedlicher Geschwindigkeit anpassen (lassen). Diese Unterschiede liegen in der verschiedenen Fähigkeit derWirtschaftssubjekte, die Inflation richtig zu antizipieren und Anpassungshandlungen autonom und zeitnah vorzunehmen, sowie in einer verzögerten Anpassung der Zinssätze begründet. Hierzu existieren unterschiedliche Argumente und Hypothesen: (1) *Gläubiger-Schuldner-Argument:* Die Inflation führt dazu, dass sich der Realwert aller auf Geld lautenden Forderungen verringert. Die Gläubiger erleiden damit einen realen Verlust, dem ein realer Gewinn auf der Schuldnerseite gegenübersteht. – (2) *Lohn-Lag-Hypothese:* Bei einem Zurückbleiben der Lohnsteigerungen gegenüber den Preissteigerungen, z.B. aufgrund der Laufzeiten von Tarifverträgen, kommt es zu einer Umverteilung zugunsten der Gewinne und damit der Bezieher von Unternehmereinkommen. – (3) *Transfereinkommens-Lag-Hypothese:* Institutionelle Regelungen führen dazu, dass Transfereinkommen wie Renten, Kindergeld etc. verspätet angepasst werden, während die marktbestimmten Faktoreinkommen schneller auf den Preisniveauanstieg reagieren. Damit verschlechtert sich die Verteilungssituation der Transfereinkommensbezieher. – (4) *Steuerbelastungsargument:* Inflation führt zu einer Veränderung der effektiven Steuerbelastung. V.a. bei einer progressiven Besteuerung des Einkommens, bei der die Steuer mit wachsendem Nominaleinkommen (im Fall inflationsorientierter Lohn- und Gehaltserhöhungen) überproportional zunimmt, kommt es zu einer inflationsbedingten Umverteilung zugunsten des Staates. – c) *Wachstums- und Beschäftigungswirkungen:* Die Auswirkungen der Inflation auf Wachstum und Beschäftigung sind empirisch nicht eindeutig zu belegen. Weit gehende Übereinstimmung herrscht lediglich dahingehend, dass extreme Inflationsraten eine Beeinträchtigung von Wachstum und Beschäftigung bewirken, wenn sie die Preisrelationen derartig stark verzerren, dass erhebliche Fehlallokationen ausgelöst werden, denen hinsichtlich der positiven Wachstums- und Beschäftigungswirkungen nur relativ geringe zwischenzeitlich ausgelöste Akzelerator- und Multiplikatorwirkungen (Akzelerator, → Multiplikator) entgegenstehen. Für den Zusammenhang zwischen schleichender Inflation und Wirtschaftswachstum finden sich unterschiedliche, z.T. widersprüchliche Argumente. Jene Argumente, die hier einen positiven Zusammenhang behaupten, basieren wiederum auf der Annahme unterschiedlicher Anpassungen der jeweiligen Preise und Einkommen an den Inflationsprozess mit der Folge der inflationsbedingten Verbesserung der Verteilungssituation des Unternehmenssektors. – (1) Die sog. *Nachfragedruckhypothese* geht davon aus, dass eine (inflationstreibende) permanente Übernachfrage die Vollbeschäftigung sichert und die Unternehmen zu Investitionen stimuliert. Ein weiteres, an der Nachfrageseite ansetzendes Argument lautet, dass durch die inflationsbedingte „Flucht in die Sachwerte" die Güternachfrage angeregt werde, was in der Folge auch zu einer Erhöhung der Investitionstätigkeit mit entsprechenden Multiplikatoreffekten führe. – (2) Aus der *Lohn-Lag-Hypothese* wird die Schlussfolgerung abgeleitet, dass eine Steigerung des Anteils der Unternehmereinkommen eine Verbesserung der Gewinnsituation und damit des Investitionsklimas bewirke. – (3) Das sog. *Realzinsargument* behauptet, dass ein Zurückbleiben des (nominellen) Zinsanstiegs hinter den Preisanstieg zu einer Senkung der realen Zinsbelastung kreditfinanzierter Investitionsprojekte führt und somit auch hier (schleichende) Inflation investitionsstimulierend wirkt. – (4) Aus der *Gläubiger-Schuldner-Hypothese* können die gleichen Schlussfolgerungen gezogen werden. – Gegen den auf diese Weise zu behauptenden positiven Zusammenhang von schleichender Inflation und Wachstum bzw. Beschäftigung lässt sich zunächst einwenden, dass die angeführten Argumente auf den Fall der Nachfrageinflation beschränkt bleiben. Die genannten positiven Effekte werden zudem teilweise durch die erwähnte inflationsbedingte Beeinträchtigung der allokativen Effizienz und der damit verbundenen möglichen Senkung der Faktorproduktivität kompensiert. Im Übrigen erscheint die Annahme der aus inflationsbedingt entstehenden Verteilungswirkungen resultierenden wachstumsfördernden Impulse allenfalls im Fall eines einmaligen, unerwarteten inflationären Schubes und bei Vorliegen von Geldillusion plausibel; im Fall einer andauernden Inflation ist dagegen damit zu rechnen, dass die Wirtschaftssubjekte in ihren Dispositionen den allg. inflationären Trend berücksichtigen (Inflationsausgleichskomponenten in Tarifverträgen, Einführung von Gleitklauseln bei Kreditvereinbarungen etc.) und somit auch den Unterschied in der Anpassungsgeschwindigkeit von Löhnen und Zinsen gegenüber den Preisen einebnen. Zudem kann aus dem Wettbewerbseffekt der Inflation die Argumentation abgeleitet werden, dass bei einem im Verhältnis zum Ausland stärkeren Anstieg des inländischen Preisniveaus sich eine tendenzielle Verschlechterung der Leistungsbilanz ergibt, was sich ceteris paribus über den Exportmultiplikator verstärkt negativ auf das Nationaleinkommen und die Beschäftigung auswirkt.

Inflationsbekämpfung → Inflation, → Geldpolitik.

Inflationsimport – Durch den steigenden → Preis importierter Güter, die mit in die Berechnung des → Warenkorbs zur Bestimmung des Preisniveaus eingehen, steigt der Gesamtwert des Warenkorbs (→ Inflation). Importpreise können u.a. steigen aufgrund von Preiserhöhungen im Exportland oder durch → Abwertung der Inlandswährung des Importlandes. – Vgl. auch → Kaufkraftparität; → importierte Inflation.

Inflationsmessung – Man unterscheidet zwischen der Methode nach Laspeyres (s. → Laspeyres-Index) und der nach Paasche (s. → Paasche-Index). Während Laspeyres die Mengenstruktur des Basisjahres zugrunde legt, berechnet man nach Paasche die Inflationsrate mithilfe der aktuellen Mengenstruktur. – Vgl. auch → Inflation.

Inflationsrate – Prozentsatz, mit der das Preisniveau der Verbraucher, der Hersteller, des Großhandels oder anderer Wirtschafteinheiten in einer Periode ansteigt bzw. das Geld an Kaufkraft verliert (→ Inflation). – Vgl. auch → Harmonisierter Verbraucherpreisindex (HVPI).

Inflationstheorien – 1. *Monetäre Inflationstheorien:* Die monetär orientierten Erklärungsansätze des Inflationsphänomens (→ Inflation) sehen in einer zu starken Ausdehnung der Geldmenge im Verhältnis zur realen Produktion von Gütern und Leistungen die Voraussetzung und Ursache von Inflation. – a) *Quantitätstheorie:* Nach der Quantitätstheorie wird der Wert des Geldes (Kaufkraft, ausgedrückt in Gütereinheiten) maßgeblich durch die Geldmenge bestimmt. – (1) *Ältere („einfache") Quantitätstheorie:* Nach diesem Ansatz besteht zwischen Geldmenge und Höhe des Preisniveaus ein proportionaler Zusammenhang, sodass ein Anstieg der Geldmenge ceteris paribus zu einem Anstieg des Preisniveaus führt. Andere Inflationsursachen sind dieser Auffassung nach letztlich nicht wirksam, da bei hinreichend knapper Geldmenge eine Inflation nicht „finanzierbar" ist, andere potenzielle Ursachen führen dann lediglich zu einer Änderung der Preisstruktur, nicht jedoch einem Anstieg des Preisniveaus. Nach dem Ansatz der älteren Quantitätstheorie hat eine Geldmengenerhöhung keine Auswirkungen auf die Güterproduktion. In dieser Trennung von monetärem und güterwirtschaftlichem Bereich („klassische Dichotomie") ist eine wesentliche Schwäche dieses Ansatzes zu sehen. (2) *Neuere Quantitätstheorie:* Die These von der Unbeeinflussbarkeit des realen Sektors durch eine Veränderung der Wachstumsrate des Geldangebots wird bei diesem Ansatz fallen gelassen. Vielmehr wird zugestanden, dass von Geldmengenerhöhungen zum einen aufgrund falscher Inflationserwartungen seitens der Wirtschaftssubjekte (→ Geldillusion) und wegen Reallohn- und Realzinssenkungen auch positive Impulse auf Wachstum und Beschäftigung ausgehen können. Der Grund hierfür können tendenzielle Erhöhungen der Gewinne bei den Unternehmungen mit verstärktem Anreiz zu Investitionen sein. Langfristig verschwindet dieser Effekt, und es kommt lediglich zu einer Anhebung der Inflationsrate. Die Vertreter der Schule der rationalen Erwartungen unterscheiden demgegenüber nicht zwischen kurz- und langfristigen Wirkungen von Variationen der Geldmenge. Sie gehen davon aus, dass die Wirtschaftssubjekte die inflationären Entwicklungen, die sich in der Folge einer über das reale Wirtschaftswachstum hinausgehenden Ausweitung des Geldangebots einstellen, vollständig antizipieren (also frei von Geldillusion sind) und unverzüglich Anpassungsreaktionen bei Preisen, Löhnen und Zinsen auslösen, sodass von einer Geldmengenausweitung auch hier keine realwirtschaftlichen, sondern lediglich inflationäre Impulse ausgehen. Insofern erlangt die ältere Quantitätstheorie bei Existenz rationaler Erwartungen wieder Gültigkeit. Die Bedingungen zur Bildung rationaler Erwartungen dürften jedoch realiter kaum erfüllt sein. – b) *Monetärer Erklärungsansatz der keynesianischen Theorie:* Nach diesem Ansatz bewirkt eine Geldmengenausweitung zunächst eine Zinssenkung, die zu einer Anregung der Investitionstätigkeit führt, was über den Einkommensmultiplikator dazu führt, dass die Gesamtnachfrage um ein Vielfaches ansteigt. Inflation entsteht dann, wenn in der Ausgangslage Vollbeschäftigung herrschte. Die mit der Ausweitung der Investitionstätigkeit verbundene Ausweitung der Produktionskapazitäten führt jedoch v.a. über Rationalisierungsinvestitionen ceteris paribus zu einer ständigen Außenverschiebung der Kapazitätsgrenzen und damit zu einen dem Preisauftrieb gegenläufigen Effekt, was bei diesem Erklärungsansatz vielfach außer Acht gelassen wird. – 2. *Nicht monetäre Inflationstheorien:* Diese liegen vor, wenn die Inflation im güterwirtschaftlichen oder politischen Bereich ausgelöst wird. – a) *Nachfrageinduzierte Inflation* (Nachfrageinflation; Demand Pull Inflation): Gemäß diesem Ansatz kommt Inflation dann zustande, wenn die gesamtwirtschaftliche Nachfrage über das mit den bestehenden Produktionskapazitäten zu erstellende gesamtwirtschaftliche Angebot hinausgeht. Aufgrund der Marktkonstellationen (Angebotslücke bzw. Nachfrageüberhang) kommt es dabei zu einem Anstieg der Güterpreise. Die Theorie der nachfrageinduzierten Inflation geht davon aus, dass jede autonome Erhöhung einer Komponente der gesamtwirtschaftlichen Endnachfrage (Staatsnachfrage, Konsum- und Investitionsgüternachfrage, Auslandsnachfrage) zu einem Anstieg des Preisniveaus führen kann. Inflatorische Impulse können jedoch auch aus dem Zusammenspiel mehrerer Nachfragekomponenten resultieren, wobei die konkrete Bedeutung der jeweiligen Komponente nicht immer klar diagnostiziert werden kann. Der nachfrageinduzierten Inflation liegen primär realwirtschaftliche Vorgänge zugrunde, wie etwa eine Verringerung der Sparquote, eine boombedingte Ausweitung der Investitionstätigkeit oder eine durch günstige Auslandskonjunktur verursachte erhöhte Exportnachfrage. – Ein Sonderfall der nachfrageinduzierten Inflation ist die *Nachfrageverschiebungsinflation* (Demand Shift Inflation), bei der es im Zuge einer Nachfrageverschiebung zu Lohn- und Preissteigerungen nur in jenen Bereichen kommt, in denen nun die Nachfrage verstärkt entfaltet wird, während in schrumpfenden Wirtschaftsbereichen kompensierende Preissenkungen ausbleiben. Dabei verstärkt der sektorale Kostendruck in den schrumpfenden Bereichen (z.B. aufgrund von Kapazitätsunterauslastung mit steigenden Stückkosten) noch die inflationären Impulse. Bei mangelnder sektoraler und räumlicher Mobilität der Arbeitnehmer von den rückläufigen zu den wachsenden Bereichen geht Nachfrageverschiebungsinflation häufig mit struktureller Arbeitslosigkeit einher. Seit Mitte der 1950er-Jahre kam es in vielen Ländern zu Konstellationen, in denen inflationäre Entwicklungen und ein gesamtwirtschaftliches

Überangebot (Leerkapazitäten, hohe Lagerbestände und Arbeitslosigkeit) gleichzeitig auftraten (Stagflation). – b) Dieses komplexe Phänomen ist mit der Theorie der nachfrageinduzierten Inflation kaum zu erklären und lenkte das Augenmerk wieder stärker auf die Theorie der *angebotsinduzierten Inflation (Angebotsinflation):* Diesen Ansätzen ist gemeinsam, dass sie die Inflationstheorien aus dem Verhalten von Unternehmen und Gewerkschaften erklären, die ihre oligopol- oder monopolbedingte Marktmacht ausnutzen. (1) *Kostendruckinflation (Cost Push Inflation):* Dieser Erklärungsansatz sieht eine Ursache der Inflationstheorien darin, dass Kosten (Löhne, Steuern, Kreditkosten, Vorleistungsimporte und andere) stärker als die Produktivitätszuwächse der Anbieter steigen. (2) Der Erklärungsansatz der *Gewinndruckinflation (Profit Push Inflation)* geht davon aus, dass die Unternehmen aufgrund ihrer Marktmacht in der Lage sind, den Gewinn zum Bestimmungsgrund der Preise werden zu lassen. Können die Unternehmen ihre Gewinne ausdehnen und so ihren Anteil am Volkseinkommen erhöhen, entsteht Inflation. Wirken die genannten Faktoren nach- und miteinander, so kann es geschehen, dass auf jede Welle von Preiserhöhungen eine Welle von Lohnerhöhungen folgt und umgekehrt (Preis-Lohn-Preis-Spirale). Demnach sind die Gewerkschaften aufgrund ihrer Marktmacht in der Lage, Lohnsteigerungen durchzusetzen, die seitens der Unternehmen weder durch Gewinnkompressionen noch durch Produktivitätssteigerungen aufgefangen werden können. Der wachsende Kostendruck führt seitens der Unternehmen zu Preissteigerungen, die aufgrund vermachteter Marktstrukturen auch durchgesetzt werden können. Der einsetzende Verteilungskampf zwischen Gewerkschaften und Unternehmen verursacht eine fortschreitende Anspruchsinflation. – c) *Importierte Inflation:* Hierbei handelt es sich um die Übertragung ausländischer Inflation auf das Inland. Ein direkter Preiszusammenhang zwischen In- und Ausland ist dann gegeben, wenn z.B. Preissteigerungen importierter Vorprodukte zu Kostensteigerungen bei Importeuren führen, die diese wiederum auf die inländischen Abnehmer überwälzen. Denkbar ist auch ein indirekter Inflationszusammenhang, der durch international divergierende Inflationsraten verursacht wird. Steigen die Inlandspreise im Verhältnis zu den Preisen im Ausland in geringerem Maße, so wird dies tendenziell zu Exporterhöhungen führen, was ceteris paribus eine Verringerung des realen inländischen Güterangebots bei gleichzeitig evtl. steigender Inlandsnachfrage (Multiplikatorwirkung der zusätzlichen Exporte) mit sich bringt. Dies führt zu einem Anstieg der Preise im Inland. Infolge der Exporterhöhungen kommt es v.a. bei festen Wechselkursen zu einer Erhöhung der inländischen Geldmenge, von der zusätzliche inflationäre Impulse ausgehen. Ein derartiger Inflationsimport könnte zwar durch eine entsprechende Aufwertung der Inlandswährung vermieden werden, doch kommt es selbst bei flexiblen Wechselkursen häufig nicht zu den gemäß der → Kaufkraftparitätentheorie zu erwartenden kompensierenden Wechselkursänderungen, weil andere Bestimmungsgrößen häufig dominieren, z.B. Wechselkurserwartungen mit Spekulationen, Zins- und Konjunkturentwicklungen, politische Ereignisse etc. – d) *Politisch verursachte Inflation:* Gemäß der Auffassung der politischen Inflationstheorien ist Inflation ein Problem von Macht und politischen Opportunitäten oder Folge einer kontraproduktiven Anti-Inflationspolitik der Zentralbank. Der Staat und die Zentralbank spielen hierbei eine wesentliche Rolle. Zum einen stellt der Staat Ansprüche an das Nationaleinkommen, die grundsätzlich inflationstreibend wirken. Zum anderen kann es für ihn rational sein, den Inflationsprozess (Preis-Lohn-Preis-Spirale) im Interesse des politischen und sozialen Friedens monetär zu alimentieren oder aufgrund von im staatlichen Sektor anfallenden Inflationsgewinnen sogar zu fördern. Dies gelingt ihm bes. dann, wenn die Zentralbank nicht autonom ist. Für die Bundesrepublik Deutschland wurde zudem von Kritikern der autonomen Bundesbank behauptet, dass sie vielfach verspätet mit restriktiven Maßnahmen auf inflationsgeneigte Boomphasen reagiert und damit zu lange in den bereits einsetzenden Abschwung „hineingebremst" habe. Die gewünschte dämpfende Wirkung von Zinserhöhungen auf die Investitionsnachfrage sei im Boom verpufft, weil sich in dieser Phase die → Grenzleistungsfähigkeit des Kapitals erhöhte, der Fremdfinanzierungsanteil (bei schneller Amortisierung kurzfristiger Erweiterungsinvestitionen) sank und Zinserhöhungen problemlos auf die Preise überwälzt werden konnten. Führte die Zentralbank eine restriktive Politik bis in die Abschwungsphase hinein fort, bleibt den Unternehmen, die sich ohnehin einer Unterauslastung der Kapazitäten und damit einhergehenden steigenden Stückkosten gegenübersahen, häufig keine andere Möglichkeit, als den restriktionsbedingt noch erhöhten Schuldendienst zusätzlich an die Verbraucher weiterzugeben. Dies kennzeichnet die grundsätzliche Gefahr, dass die Zentralbank durch faktisch prozyklisch wirkende Maßnahmen die Inflation verstärkt, die sie eigentlich bekämpfen will.

Inflation Targeting – von der Zentralbank veröffentlichter Zielwert oder Zielkorridor einer Inflationsrate, die noch mit dem Ziel der Geldwertstabilität vereinbar scheint. Da die Inflationsrate nicht direkt ansteuerbar ist, sind Inflationsprognosen und verlässliche Transmissionsmodelle (→ Geldtheorie) wesentlich, um das geldpolitische Instrumentarium adäquat einsetzen zu können. Den Inflationserwartungen kommt dabei eine zentrale Rolle im Preisbildungsprozess zu. Bei einer erwarteten Rate über dem Zielwert würde die Zentralbank einen restriktiven Kurs einschlagen. Neben der Abgrenzung der relevanten Inflationsrate und den Wirkungsverzögerungen geldpolitischer Maßnahmen ist problematisch, dass die Inflationsrate ein sog. Spätindikator ist, der geldpolitische Mitteleinsatz somit prozyklisch wirken kann. – Teil der geldpolitischen Strategie der EZB, neben der → Geldmengensteuerung im Rahmen der sog. Zwei-Säulen-Strategie. Die EZB vergleicht die Inflationsprognose mit der avisierten Inflationsrate von maximal 2 Prozent.

inflatorische Lücke → Gap.

Infomercial – Wortzusammensetzung aus → Information und *Commercial*; vorproduzierte Sendung des → Teleshopping für Produkte mit hohem Erklärungsbedarf.

Infomotion – dramaturgisch effektvolle Verknüpfung von → Informationen und → Emotionen in multimedial präsentierten Werbebotschaften. Infomotion bewirkt die → Aktivierung der Zuschauer für eine nachhaltige Auseinandersetzung mit den Kernwerten von Produkt und Unternehmen. – Vgl. auch → Event Marketing.

informale Organisation → informelle Organisation.

informale Spezifikation – *verbale Spezifikation;* im → Software Engineering eine Methode der → Spezifikation, bei der die Aufgaben eines → Softwaresystems oder eines → Moduls verbal, ohne Benutzung eines formalen Rahmens, definiert werden.

Informatik – I. Begriff: Wissenschaft von der systematischen Verarbeitung von Informationen, bes. der automatischen Verarbeitung mithilfe von Computern; im angelsächsischen Raum als *Computer Science* bezeichnet. Die Informatik untersucht grundsätzliche Verfahrensweisen für die Verarbeitung von Informationen sowie allg. Methoden der Anwendung solcher Verfahrensweisen in den verschiedensten Bereichen.

II. Teilgebiete: 1. *Technische Informatik:* v.a. (1) *Rechnerorganisation:* Entwurf neuer Konzepte und → Konfigurationen für die → Hardware von → Computersystemen, v.a. für Teilnehmersysteme (→ Teilnehmerbetrieb) und Verbundsysteme (→ Computerverbund(-system)); (2) *Schaltungstechnik:* Automatisierung des Entwurfs von Hardwareeinheiten (von einzelnen Schaltungen bis hin zu vollständigen Rechenanlagen); (3) *Mikroprogrammierung:* Entwicklung von → Programmen zur Steuerung elementarer Hardwarefunktionen; (4) Rechnerarchitektur- und Hardware-Entwicklung. – 2. *Theoretische Informatik:* V.a. (1) *Formale Sprachen:* Entwicklung künstlicher Sprachen zur eindeutigen formalen Beschreibung von → Algorithmen sowie von Beschreibungsmitteln für die Syntax (→ Syntax einer Programmiersprache) dieser Sprachen; (2) *Theorie der* → Programmierung: Entwicklung formaler Beschreibungsmittel für die Semantik von Programmiersprachen (→ Semantik einer Programmiersprache) und darauf aufbauend → Programmverifikation (formaler Korrektheitsbeweis für → Programme); (3) *Automatentheorie:* Ableitung von Grundlagen für den Aufbau und das Verhalten informationsverarbeitender Maschinen aus abstrakten mathematischen Modellen; (4) *Algorithmentheorie:* Berechenbarkeit von Funktionen durch Algorithmen und Klassifizierung der „nichtberechenbaren" Funktionen; (5) *Komplexitätstheorie:* Klassifizierung der durch Algorithmen berechenbaren Funktionen nach ihrer Komplexität, d.h. nach dem zur Berechnung notwendigen Aufwand; (6) *Schaltwerktheorie:* Entwicklung formaler Beschreibungen für Schaltungen und komplexe Schaltkreise. – 3. *Praktische Informatik:* (1) → Software Engineering; (2) Entwicklung von → Datenstrukturen und → Datenorganisation; (3) → Betriebssysteme (BS); (4) Compilerbau, Entwicklung von Programmiersprachen und → Übersetzern; (5) Informations- und Kommunikationssysteme; (6) → Künstliche Intelligenz (KI); (7) Entwicklung kognitiver Verfahren und Systeme; (8) → grafische Datenverarbeitung. – 4. *Angewandte Informatik* hat v.a. Anwendungen der Informatik in der Betriebs- und Volkswirtschaft, in der Mathematik, in Naturwissenschaft und Technik sowie in der Medizin zum Gegenstand.

III. Wirtschaftsinformatik: Aufgrund der rasch wachsenden Verbreitung von Computersystemen in Wirtschaft und Verwaltung und des Entstehens spezieller computergestützter betrieblicher Problemlösungen, die umfassende betriebswirtschaftliche Kenntnisse verlangen, hat sich mit der Betriebs- bzw. Wirtschaftsinformatik jedoch eine eigene interdisziplinäre Wissenschaft entwickelt. – Vgl. auch → Wirtschaftsinformatik.

Information – 1. *Begriff:* Derjenige Anteil einer Nachricht, der für den Empfänger einen Wert besitzt. Durch Informationen werden beim Wirtschaftssubjekt bestehende Wahrscheinlichkeitsurteile bez. entscheidungsrelevanter → Daten oder Ereignisse (z.B. Tauschmöglichkeiten oder technische Innovationen) verändert. – 2. *Merkmale:* a) Eine Information kann als immaterielles Gut charakterisiert werden, das i.d.R. auch bei mehrfacher Nutzung nicht verbraucht wird. Informationskäufer erhalten eine, meist zu geringen → Grenzkosten herstellbare, Kopie der Information, können aber die Rechte der Informationsnutzung in vollem Umfang erwerben. Als wirtschaftliches Tauschobjekt i.e.S. ist deshalb nicht die Information selbst, sondern das Recht, sie zu nutzen, zu betrachten (→ Verfügungsrechte). – b) Informationen zeichnen sich des Weiteren dadurch aus, dass sie (v.a. angesichts neuerer Informations- und Kommunikationstechniken) extrem schnell und preiswert transportierbar sind. – c) Wegen der erwähnten Eigenschaften treten bei der Produktion und Distribution von Informationsprodukten erhebliche → Economies of Scale auf.

informationale Effizienz – I. Allokationstheorie: Ein Koordinationssystem zur Abwicklung einer effizienten Ressourcenallokation ist informational effizient, wenn es kein anderes mögliches System gibt, das ebenfalls zu einer effizienten → Allokation führt, aber gleichzeitig weniger Informationsaustausch erfordert

(→ Hurwicz-Kriterium). Die Systemeffizienz setzt die effiziente Verarbeitung und Auswertung der Informationen voraus.

II. **Informationseffizienz der Märkte:** Die Preise verarbeiten die Informationen in unterschiedlichem Ausmaß: (1) die schwache Form der Effizienz liegt vor, wenn keine Renditen mehr erzielbar sind durch Nutzung historischer Kurs- und Preisreihen; (2) bei der mittelstarken Effizienz der Märkte sind alle öffentlichen Informationen in den Preisen berücksichtigt; (3) die starke Effizienz der Märkte erfordert neben der mittelstarken Effizienz, dass auch Insiderinformationen eingepreist sind. Es lassen sich keine übermäßigen Renditen durch Nutzung dieser Informationen erzielen.

Information Broking – Recherche und Aufbereitung von Informationen im Rahmen der Marktforschung. Zu den Dienstleistungen des Information Broking zählen die Überprüfung von → gewerblichen Schutzrechten und die Markt- und Konkurrenzanalyse.

Information Center – 1. *Begriff:* Organisationskonzept zur → individuellen Datenverarbeitung (IDV) bzw. betriebliche Abteilung zur Koordination bei dezentraler → Datenverarbeitung. – 2. *Ziele:* Das Information Center dient als zentrale Anlaufstelle für alle Fragen der Informationsverarbeitung in einem Unternehmen, v.a. bei dezentraler Organisation der Datenverarbeitung. Die → Endbenutzer in den Fachabteilungen sollen beim Umgang mit → Computersystemen, v.a. beim → Personal Computing, unterstützt werden. – 3. *Zielgruppe:* Typische Klienten des Information Centers sind Endbenutzer, die fachspezifische → Anwendungen entwickeln, aber nicht programmieren (→ Programmierung); statt einer → Programmiersprache benutzen sie z.B. → Abfragesprachen oder andere Endbenutzerwerkzeuge. Häufig kommen sie aus dem → Rechnungswesen, der → Personalwirtschaft oder dem Bereich → Forschung und Entwicklung (F&E). – 4. *Aufgaben:* Beratung, Schulung und Unterstützung der Benutzer bei der Einführung neuer Softwareprodukte oder Computersysteme für dezentrale Datenverarbeitung; Standardisierung der → Hardware und → Software (z.B. durch Rahmenrichtlinien); Wartungs- und Installationsunterstützung; Hilfestellung bei der Entwicklung von Anwendungen.

Information Chunk – Schlüsselinformation, die für den Kunden bei der Kaufentscheidung bes. wichtig ist und andere Informationen ersetzen oder bündeln kann (z.B. Marke, Preis, Ergebnisse von Produkttests etc.). Information Chunk gewinnen im Hinblick auf die Informationsüberlastung (→ Information Overload) eine zunehmende Bedeutung.

Information Hiding – *Geheimnisprinzip;* im → Software Engineering ein → Modularisierungsprinzip; grundlegende Bedeutung für die Software-Technologie (Software Engineering). Information Hiding besagt, dass die Art und Weise, wie ein → Modul seine Aufgaben erfüllt, im Innern des Moduls „verborgen" werden soll; über das Modul sollen nach außen nur die Dinge bekannt sein, die als → Modulschnittstelle definiert werden (Abstraktion von der internen Realisierung).

Information Overload – Überlastung der Personen, die an → Kommunikationsprozessen teilnehmen, mit z.T. irrelevanten Informationen. Die Folge ist eine Reizüberflutung und eine abnehmende Wahrnehmung. – Es ist jedoch zu beachten, dass ein bestimmter Informationsdruck notwendig ist, damit Informationen überhaupt wahrgenommen werden, da 80 bis 90 Prozent aller ausgesandten Informationen vom Rezipienten unterdrückt werden.

Information Retrieval – Auswertung eines Bestands von unstrukturiert gespeicherten → Daten (meist Texte) nach → Suchbegriffen, v.a. Suche und Bereitstellung der gefundenen Daten.

Informationsasymmetrie – 1. *Unterscheidung:* a) Bei *Ex-Ante-Informationsasymmetrie (Hidden Characteristics; versteckte Eigenschaft)* fehlen einem Akteur → Informationen über die Eigenschaften potenzieller Transaktionspartner bzw. das von diesen angebotene Gut. – b) *Ex-Post-Informationsasymmetrie (nachvertragliche Informationsasymmetrie)* können in Hidden Action und Hidden Information unterteilt werden: (1) Im Fall von *Hidden Action (versteckte Handlung)* fehlen dem Akteur Informationen über das Verhalten seines Transaktionspartners, z.B. einem Unternehmer über das Verhalten eines Mitarbeiters. (2) Im Fall von *Hidden Information (versteckte Information)* fehlen dem schlechter informierten Vertragspartner Informationen über Umweltzustände, die zur Beurteilung der Leistung des Partners notwendig sind. – 2. *Beispiel:* Ein Investor kennt zwar das Ergebnis des von ihm beauftragten Vermögensverwalters, nicht aber die Entwicklung des Gesamtmarktes. Dadurch kann er die Leistung seines Vermögensverwalters letztlich nicht beurteilen. – 3. In *ökonomischen Vertragsmodellen* sind Informationsasymmetrien deshalb zu beachten, weil sie zu opportunistisch ausbeutbaren Verhaltensspielräumen von Transaktionspartnern führen. Eventuelle negative Folgen dieser Verhaltensspielräume durch geeignete Mechanismen der Anreiz- und Risikoallokation zu begrenzen, ist Anliegen der normativen ökonomischen Vertragstheorie. Die dort betrachteten Informationsasymmetrien ergeben sich weniger aus der i.d.R. relativ einfach verifizierbaren Variable Preis, sondern häufiger aus schwer verifizierbaren Qualitätseigenschaften des Transaktionsgegenstandes. – Vgl. auch → Prinzipal-Agent-Theorie.

Informationsaufnahme – bezeichnet alle Vorgänge, die dazu führen, dass ein Reiz in den „zentralen Prozessor" des menschlichen Informationsverarbeitungssystems (Gehirn) gelangt und dort für die Weiterverarbeitung verfügbar ist (→ Informationsverarbeitung, → Informationsspeicherung). Im Bereich der *visuellen Informationen* ist das → Blickverhalten

Grundlage für die Informationsaufnahme: Nur Informationen, die betrachtet (fixiert) werden, können weiterverarbeitet werden; insofern ist die → Blickregistrierung ein Verfahren zur Messung der (visuellen) Informationsaufnahme. – Vgl. auch Informationsüberlastung.

Informationsbedarf – 1. Der *objektive Informationsbedarf* leitet sich aus den zu erfüllenden Aufgaben ab und gibt an, welche Informationen ein Entscheidungsträger verwenden sollte. – 2. Der *subjektive Informationsbedarf* geht von der Sichtweise des Bedarfsträgers aus und umfasst jene Informationen, die diesem zur Erfassung und Handhabung von Problemen relevant erscheinen. – 3. *Bedeutung*: Im Rahmen der Entscheidungstheorie und der → entscheidungsorientierten Betriebswirtschaftslehre geht es um die Bildung eines Zielsystems sowie um die Suche nach Alternativen und deren Bewertung. Informationen spielen dabei eine wichtige Rolle. – Vgl. auch Informationsbeschaffung, Informationsüberlastung, → kritische Erfolgsfaktoren.

Informationsbedarfsanalyse – 1. *Begriff*: Methode zur Erhebung und Bewertung des zukünftigen Informationsbedarfs eines Unternehmens; in diesen gehen die Anforderungen der Fachabteilungen bez. der Neuentwicklung betrieblicher Informationssysteme (→ betriebliches Informationssystem) und neuer Anwendungen ein. – 2. *Einsatzgebiete:* → Requirements Engineering, → DV-Audit und → DV-Rahmenkonzeption. – 3. *Schwerpunkte:* Ermittlung des bereits vorhandenen, jedoch ungedeckten Informationsbedarfs und Prognose des zukünftigen Bedarfs. – 4. *Ergebnis:* Langfristiger Anwendungsplan, der die vorhandenen und zukünftigen Anwendungen unter Berücksichtigung der Einführungsprioritäten enthält. – Vgl. auch → Informationswertanalyse.

Informationsbedarfsplanung – 1. *Begriff*: systematische Planung des internen und externen → Informationsbedarfs der betrieblichen Teilbereiche. – 2. *Ziele:* Schwachstellen in der Informationsweitergabe sollen ebenso festgestellt werden wie → Medienbrüche, ungenutzte oder schlechte Informationsquellen und fehlende Informationsverwendungen. – 3. *Formen:* Grundsätzlich ist zu unterscheiden zwischen induktiven Methoden, bei denen analysiert wird, welche → Daten in den Stellen und Prozessen der Unternehmung bereitgestellt, verwendet oder nachgefragt werden, und deduktiven Methoden, die von den Aufgaben und Zielen der Unternehmung bzw. den Unternehmensteilbereichen ausgehen und hieraus die für die Aufgabenerfüllung bzw. Zielerreichung relevanten → Informationen abzuleiten versuchen. – a) Die wichtigsten Informationsquellen bei der *induktiven Vorgehensweise* stellen Informationsträger wie betriebliche Dokumente, Datenerfassungskomponenten und Informationsverwender dar. Bei der Dokumentenanalyse wird versucht, den Inhalt und die Eigenschaften des gegenwärtigen Informationsangebotes, wie sie sich aus vorliegenden Formularen, Berichten, Statistiken und Listen darstellen, herauszukristallisieren. Hieraus wird auf den tatsächlichen Informationsbedarf geschlossen.– b) Im Unterschied hierzu versuchen die *deduktiven Methoden*, den sachlich notwendigen Informationsbedarf aus den zielsetzenden Aufgaben des Unternehmens bzw. der Unternehmensteilsysteme abzuleiten. Ausgangspunkt der Analyse sind somit die Entscheidungs- und Handlungsprobleme sowie die Ziele der Unternehmung, aus deren Lösung auf logischem und theoretischem Weg die Informationen hergeleitet werden können. Man kann hierbei eine deduktiv-logische Analyse durchführen, bei der unmittelbar aus den Unternehmenszielen die relevanten Entscheidungen und hieraus die dafür notwendigen Daten bzw. Informationen abgeleitet werden. Des Weiteren können aus theoretischen Planungsmodellen, die als Referenzmodelle fungieren, die zur Lösung der Modelle relevanten Informationen und Daten abgeleitet werden. – 4. *Ergebnis:* Das Ergebnis der Informationsbedarfsplanung ist ein Dateninventar und eine Art Kommunikationslandkarte.

Informationsbeschaffungsphase → Suchphase.

Informationsbewertung → Informationswert.

Informationsbezirk → extensive Form.

Informationsbroker – Spezialist, der unter Zuhilfenahme der elektronischen Datenverarbeitung bzw. Datenfernübertragung Informationen aus nationalen und internationalen Datenbanken zum Zwecke der → Marketingforschung bzw. → Marktforschung zusammensucht. – Vgl. auch → Informationsmärkte.

Informationsdienste → Informationsproduktion.

Informationseffizienz – *informationale Effizienz*, → Hurwicz-Kriterium.

Informationsentscheidung – Entscheidung hinsichtlich Art und Menge an → Informationen. Auf der Grundlage der Informationsentscheidung ist eine → Entscheidung (Handlungsentscheidung) zu treffen, deren Erfolg wesentlich von der Informationsgüte mitbestimmt wird. – *Basis einer Informationsentscheidung* ist der → Informationswert, der sich exakt nur durch eine gleichzeitige Informations- und Handlungsentscheidung ermitteln lässt. – Vgl. auch Informationsparadoxon.

Informationsethik

von Prof. Dr. Oliver Bendel

I. Begriff

Die Informationsethik hat die Moral derjenigen zum Gegenstand, die Informations- und Kommunikationstechnologien (IKT) und neue Medien anbieten und nutzen. Sie geht der Frage nach, wie sich diese Personen, Gruppen und Organisationen in moralischer bzw. sittlicher Hinsicht verhalten (empirische oder deskriptive Informationsethik) und verhalten sollen (normative Informationsethik). Von Belang sind auch diejenigen, die keine IKT und neuen Medien anbieten und nutzen, aber z.B. an deren Produktion beteiligt oder von deren Auswirkungen betroffen sind. Informationsethik hat also die Moral (in) der Informationsgesellschaft zum Gegenstand und untersucht, wie sich deren Mitglieder in moralischer Hinsicht verhalten respektive verhalten sollen; ebenso betrachtet sie unter sittlichen Gesichtspunkten das Verhältnis der Informationsgesellschaft zu sich selbst, auch zu nicht technikaffinen Mitgliedern, und zu wenig technisierten Kulturen. In der Metainformationsethik werden moralische Aussagen analysiert, etwa ausgehend von darin enthaltenen informationstechnischen Begriffen, und Ansätze der Informationsethik verortet und verglichen.

II. Stellung innerhalb der Bereichsethiken

Die Informationsethik gehört zur angewandten Ethik und zu den Bereichs- oder Spezialethiken. Diese beziehen sich auf abgrenzbare Lebens- und Handlungsbereiche. Beispiele sind neben der Informationsethik Medizinethik, Bioethik, Umweltethik, Militärethik, Friedensethik, Technikethik, Medienethik, Wissenschaftsethik, Wirtschaftsethik, Politikethik und Rechtsethik. Ferner werden Sterbe- und Altersethik in Theorie und Praxis genannt, die Zukunftsethik, ebenfalls mit zeitlicher Konnotation, und die Sexualethik, deren Eigenständigkeit nicht unumstritten ist. Alle Bereichsethiken müssen sich mit der Informationsethik verständigen; die Informationsethik kann sich selbst genügen und sich damit begnügen, sich in ausgewählte Richtungen zu strecken. Der Informationswissenschaftler Rainer Kuhlen hat in seinem Buch "Informationsethik" die Beziehung zwischen Bioethik und Informationsethik thematisiert. Oliver Bendel hat die Informationsethik zu zehn Bereichsethiken ins Verhältnis gesetzt – und dann das Verhältnis zwischen Medizinethik und Informationsethik unter die Lupe genommen.

III. Möglichkeiten der Systematisierung

Auf den Medienwissenschaftler Rafael Capurro ist die Einteilung der Informationsethik in Netz-, Medien- und Computerethik zurückzuführen. Informationsethik ist für ihn sowohl eine auf Informations- und Kommunikationstechnologien als auch – ganz in informationswissenschaftlicher Tradition – auf Information bezogene Beschäftigung; von daher ist es konsequent, dass die Medienethik unter ihren Begriff fällt. Es liegt v.a. an der Entwicklung der Technologien und Medien, dass die Abgrenzung im Einzelfall schwer sein kann. Wenn man die Moral in sozialen Netzwerken analysiert – betreibt man dann Netzethik, Medienethik oder Computerethik? Wahrscheinlich alles zusammen, und je nach Fokus tritt der erste, zweite oder dritte Bezugspunkt hervor. Mit seiner Unterscheidung ist es Capurro auf jeden Fall gelungen, die eine oder andere ältere Bereichsethik unter eine neuere zu subsumieren.

Man kann Informationsethik genauso, der eingangs vorgetragenen Definition folgend, als Ethik der Bereitstellung und Nutzung von Informations- und Kommunikationstechnologien und neuen Medien auffassen; der Begriff der Information funktioniert dabei ähnlich wie in den Komposita "Informationsmanagement" und "Informationsgesellschaft". "Informationsmanagement" ist ein vielschichtiger Begriff; eine verbreitete Bedeutung ist das Management von Informations- und Kommunikationstechnologien und Informationssystemen. Die Informationsgesellschaft ist weniger eine informierte als vielmehr eine Information verarbeitende bzw. verarbeiten lassende Gesellschaft. Unterschieden werden kann entsprechend auch mit Blick auf Technologien und Medien. Man mag auf dem Gebiet der Informationsethik von einer Ethik der Informations- und Kommunikationstechnologien sprechen, von einer Ethik der neuen Medien und von einer Ethik des Contents, wobei es wohlgemerkt um den geistigen und körperlichen Umgang mit diesen Gegenständen geht. Eine Ethik des Contents kann auch das Urheberrecht im virtuellen Raum und das Recht am eigenen (digitalen) Bild abdecken, sich mit Rechtswissenschaft und -ethik überschneidend.

Eine weitere Systematisierung stammt von Kuhlen. Er teilt in seinem Buch in Akteursgruppen wie Urheber und Künstler, Wissenschaft und Technik, Ausbildung, Staat, Nutzer und Verbraucher ein und ordnet ihnen Interessen zu, von denen die einen grundsätzlicher Art und die anderen auf IKT und neue Medien sowie auf Content bezogen sind. Der Informationswissenschaftler versteht Informationsethik "als praktizierte Aufklärung", deren Instrument "der informationsethische Diskurs" sei, dessen "theoretische Grundlagen durch die Diskursethik gelegt worden sind". Der Bedarf an solchen Auseinandersetzungen entsteht nun, wenn divergierende

Interessen der Akteursgruppen bzw. innerhalb der Akteursgruppen aufeinanderprallen. Vor dem Hintergrund dieser Überlegungen schlägt Kuhlen einen Ablauf für informationsethische Diskurse vor.

IV. Problembereiche und Fragestellungen

Eine Systematisierung ist zudem anhand von Problembereichen und Fragestellungen möglich. Auch mit ihnen wird man konkret; häufig befindet man sich damit im normativen Bereich. Ein Beispiel dieser Art findet sich bei Bendel:

- Wir nehmen Einbußen bei der Qualität in Kauf.
- Wir verschwenden Zeit und Aufmerksamkeit.
- Wir gleichen uns an in unserem Denken und Verhalten.
- Wir schaffen Alternativen ab und stellen Abhängigkeiten her.
- Wir verlieren unsere Erkenntnisse und unsere Fähigkeiten.
- Wir lassen Kunden, Mitarbeiter und Freunde zu Schaden kommen.

Diese Probleme sind für Privatpersonen und für (anbietende und nutzende) Organisationen und Unternehmen gleichermaßen relevant. Sie bestehen seit langem; doch durch den Einsatz und die Verwendung von IKT und digitalen Medien entstehen neue Möglichkeiten, neue Qualitäten und Quantitäten. Vor dem Hintergrund der genannten Grundprobleme kann man zahlreiche Problem- und Sachbereiche identifizieren, etwa die scheinbare Prozessoptimierung durch Wirtschaftsinformatiker, das Potenzial des Netzes für den Totalitarismus, die Gefahren durch Automatismen und Manipulationen, die Abhängigkeit von IT-Unternehmen und IT, die Risiken von Anonymität und Identifizierbarkeit im Netz, die Zunahme von Mobbing und Denunziation in virtuellen Räumen und der Verlust der Privatheit durch Internet und Outernet.

Ebenso kann man von ethischen Grundfragen ausgehen und Fragestellungen für die Informationsethik ableiten. Annemarie Pieper sieht in ihrem Buch "Einführung in die Ethik" drei Fragenbereiche, nämlich Glück bzw. Glückseligkeit, Freiheit sowie Gut und Böse. Zu Freiheit und Determination schreibt die Philosophin: "Mit dem Problem von Freiheit und Determination steht und fällt die Moral und damit zugleich die Ethik als die Wissenschaft von der Moral." (Pieper, A., 2007, S. 168) Man kann grundsätzlich fragen, wie sich in der Informationsgesellschaft die Freiheit von Individuen und Gruppen verändert. Und man kann spezifische Fragen stellen: Wie verändert sich die Freiheit, wenn der Mensch nicht nur Maschinen benutzt, sondern auch von Maschinen benutzt wird? Welchen Einfluss auf unsere Autonomie hat es, wenn uns webbasierte Dienste Bücher und Freunde vorschlagen und personalisierte Werbung einblenden? Wie verändert sich unsere Privatsphäre, wenn wir uns selbst ausstellen und durch andere ausgestellt werden? Eng mit dem Begriff der Freiheit ist der Begriff der Verantwortung verbunden. Auch hier lässt sich grundsätzlich fragen: Wer übernimmt Verantwortung in einer hochtechnisierten Welt mit vielen Mittlern und Akteuren? Und man kann spezifische Fragen stellen, jeder für sich, auch bezüglich der eigenen Verantwortung.

V. Moral von Menschen und Maschinen

Noch in anderer Weise kann man die Informationsethik untergliedern, nämlich hinsichtlich des Subjekts der Moral. Die Ethik bezieht sich üblicherweise auf die Moral von Menschen; aber sie kann sich auch auf die Moral von Maschinen beziehen. Michael Anderson und Susan Leigh Anderson gehen als Herausgeber des Buchs "Machine Ethics" der Frage nach, ob und wie autonome Systeme in moralischer Weise handeln sollen. Schon in den 1950er- und 1960er-Jahren hat man in Wissenschaft und Literatur über diese Frage nachgedacht; aber ein ernstzunehmendes Forschungsgebiet ist erst in den 00er- und 10er-Jahren des 21. Jahrhunderts entstanden. Ohne Zweifel ist die Notwendigkeit vorhanden, das Verhalten von Maschinen in den Kontext der Moral zu stellen und Ethiker und Vertreter der Künstlichen Intelligenz darüber nachdenken zu lassen. Wie sollen Maschinen mit uns umgehen, und wie sollen sie sich entscheiden in Situationen, in denen wir in unserer Identität und in unserer Existenz bedroht werden? Vielleicht wird eines Tages die Notwendigkeit vorhanden sein, über das Verhalten gegenüber Maschinen nachzudenken; dann wären die Maschinen auch ein Objekt der Moral.

VI. Praktische Implikationen

Die Informationsethik ist ein relativ junges Gebiet der Ethik. Sie vermag aber recht betagte Bereichsethiken wie die Computerethik unter ihr Dach zu holen. Ihre Anwendungsbereiche vermehren und vergrößern sich Tag für Tag, und es ist zu klären, welches Spezialgebiet für welche Spezialfrage zuständig ist und wie es mit einem anderen Spezialgebiet oder einer anderen Spezialethik zusammenhängt. Definitionen und Systematisierungen helfen dabei, Zuständigkeiten deutlich zu machen und Lücken zu erkennen. Auch der von Kuhlen skizzierte Ablauf für informationsethische Diskurse hat Bedeutung für die Praxis. Und wie in der Praxis verfahren werden soll, ist für die normative Informationsethik, diesen Prüfstein der Informationsgesellschaft, von hoher Relevanz.

Informationsfluss – Gesamtheit der → Informationen, die die Unternehmung auf → Informationswegen und -kanälen durchlaufen. Informationsfluss erstreckt sich, von → Informationsquellen ausgehend, über verschiedene Sender und Empfänger auf die gesamte Unternehmung. – *Phasen des Informationsflusses:* Informationsaufnahme, -vorspeicherung, -verarbeitung, -nachspeicherung, -abgabe (Kosiol).

Informationsgehalt – *empirischer Gehalt;* Kriterium zur Beurteilung erfahrungswissenschaftlicher → Theorien, → Gesetzesaussagen und → Hypothesen. – Zu unterscheiden sind: *Allgemeinheit* und *Präzision* einer Aussage. Darstellung dieser Problematik anhand wissenschaftlicher Aussagen in konditionaler Form (Wenn-dann-Sätze): Die Allgemeinheit einer Aussage hängt vom Gehalt ihrer Wenn-Komponente ab, wobei mit zunehmendem Gehalt die Allgemeinheit sinkt (und umgekehrt), weil die in der Dann-Komponente bezeichnete Konsequenz unter stärker einschränkenden Bedingungen behauptet wird; Manipulationen des Gehalts der Dann-Komponente verändern die Bestimmtheit bzw. den Präzisionsgrad der Aussage, wobei mit abnehmendem Gehalt der Dann-Komponente die Präzision ebenfalls abnimmt (und umgekehrt). – Nach Popper (Logik der Forschung, 8. Aufl., 1984) gilt, dass zwischen empirischem Gehalt und *Falsifizierbarkeit* einer wissenschaftlichen Aussage eine positive Korrelation anzunehmen ist: Je gehaltvoller eine Aussage, desto leichter falsifizierbar ist sie (→ Popper-Kriterium). Dabei ist streng zwischen Falsifizierbarkeit als logischer Eigenschaft einer Aussage und ihrer tatsächlichen → Falsifikation zu unterscheiden.

Informationsgemeinschaft zur Feststellung der Verbreitung von Werbeträgern e.V. (IVW) – 1949 als Tochterorganisation des → Zentralverbands der deutschen Werbewirtschaft e.V. (ZAW) gegründet, Sitz in Berlin. – *Tätigkeit:* Kontrolle der Auflagen von Zeitungen und Zeitschriften sowie der Verbreitung des Plakatanschlags und der Verkehrsmittel- und Großflächenwerbung, Überprüfung der Besucherzahlen in Filmtheatern u.a. – Die von der IVW veröffentlichten Informationen zur Verbreitung der wichtigsten Werbeträger sind die Grundlage der → Mediaplanung.

Informationsgesellschaft – Begriff zur Kennzeichnung eines fortgeschrittenen Entwicklungsstadiums von Wirtschaft und Gesellschaft, in dem die Informations- und Kommunikationsdienstleistungen im Vergleich zur industriellen Warenproduktion, aber auch zu den traditionellen Dienstleistungen (v.a. Handel und Verkehr) zentrale Bedeutung gewonnen haben. – Vgl. auch → Dienstleistungsgesellschaft.

Informationskette – Reihe verbundener → Informationen, wobei die vorhergehende die folgende Information auslöst.

Informationskosten – 1. *Begriff:* Kosten für die Gewinnung von → Informationen zur Fundierung von Entscheidungen. Informationskosten sind notwendiger Bestandteil von → Informationsentscheidungen, da sie den → Informationswert zusätzlicher Informationen beeinflussen. – 2. *Ermittelbarkeit der Informationskosten:* Die Kostenermittlung außerbetrieblich gewonnener Informationen ist i.d.R. unproblematisch, da ihnen mehrheitlich direkte Zahlungen gegenüberstehen; der exakten Kostenermittlung innerbetrieblich gewonnener Informationen steht das Zurechnungsproblem entgegen, da innerbetriebliche Informationen i.d.R. nicht in einer Kostenstelle gewonnen werden, sondern an ihrer Entstehung mehrere betriebliche Bereiche beteiligt sind. – Vgl. auch Informationsparadoxon.

Informationskrise → Finanzkrisen.

Informationsmanagement – I. Betriebswirtschaft: Die wirtschaftliche Bedeutung von → Information liegt in deren Eigenschaft als → Wirtschaftsgut, → Wettbewerbs- und Produktionsfaktor. Mangelhaftes Informationsverhalten (→ Nachfrage, → Angebot) erhöht generell das → Risiko für den Misserfolg von Entscheidungen und Maßnahmen in den verschiedenen Institutionen (Unternehmen, Ministerien, Standesvertretungen etc.). Spezielle Bedeutung hat Informationsmanagement für das Unternehmen in Verbindung mit strategischer Planung und Innovationsmanagement gewonnen. Einer jeden Innovation gehen technische Erfindungen voraus, die als Invention bezeichnet werden. Neben der technischen Machbarkeit wird dann im Rahmen verschiedener Testphasen die Marktfähigkeit der Invention überprüft. Verspricht die Neuerung einen Erfolg, dann kommt es zur Markteinführung. Die Invention wird dann zur Innovation. Bei dem heute vorherrschenden → Innovationswettbewerb sind „zufällig" entstehende Innovationen bei Weitem nicht mehr ausreichend, sodass das Informationsmanagement unter diesem Aspekt bes. relevant ist. Im Hinblick darauf, dass jeder → Innovationsprozess zunächst als immaterieller Prozess der Beschaffung, Aufbereitung und Verdichtung von Information beginnt, kann – bezogen auf Innovationsprojekte – mangelnde Informationsbeschaffung zu Ineffizienz und Misserfolg am Markt führen. Die notwendige strategische Ausrichtung von Innovationsvorhaben setzt die Existenz einer Unternehmensstrategie voraus, deren Formulierung ebenfalls an die Verfügbarkeit der erforderlichen Information gebunden ist, und zwar aus dem Unternehmen selbst (Erkennen von Stärken und Schwächen) und aus der Umwelt des Unternehmens (Erkennen von Chancen und Risiken). Informationen für die Innovationsplanung betreffen etwa die Bereiche technische, wirtschaftliche, soziale und politische Entwicklung, Wettbewerbssituation, Rechtsvorschriften, Ökologie, Management-Technologien (→ Technologie) etc. Ermittlung des Informationsbedarfes und Beschaffung der erforderlichen Information sind Teilaufgaben eines umfassenden Informationsmanagements, für welches folgende drei Aufgabenbereiche unterschieden werden können: (1) Informationsbedarfsplanung, (2) Informationsressourcen-Management zur Nutzung von Information als (unternehmerische) Ressource und als Wettbewerbsfaktor, d.h. Bewirtschaftung von Information in analoger Weise, wie dies z.B. für Material, Betriebsmittel und Personal gilt und (3) Informationssystem-Management zur Konzeption, Realisierung und Nutzung eines den Anforderungen der einzelnen Institution entsprechenden Informationssystems, welches über die geläufigen EDV-Anwendungen hinausgeht und auch Kommunikation zwischen den Unternehmensbereichen, das betriebliche Vorschlagswesen, Dokumentation von Ideen, Entscheidungen und Argumente, die laufende Erfassung und Auswertung von Vertreterberichten, Reklamationen, Berichte des Kundendienstes etc. sowie auch die Information der Mitarbeiter über Unternehmenssituation, Ziele und Strategien umfasst. – Vgl. auch IT-Management.

II. Informationsökonomik: Betrachtet man → Information als unternehmerische → Ressource, so muss sie dem Management und damit der Planung, Organisation und Kontrolle zugänglich gemacht werden. Aufgabe des Informationsmanagements ist es, dafür zu sorgen, dass Informationen effektiv (zielgerichtet) und effizient (wirtschaftlich) eingesetzt werden. Informationsmanagement ist somit ein integraler Bestandteil und eine Querschnittsfunktion der Unternehmensführung. – Vgl. auch → Informationsökonomik.

III. Informatik: *Informationswirtschaft, Informationslogistik.* 1. *Begriff:* Disziplin, die sich mit dem Management von Informations- und Kommunikationssystemen beschäftigt. – 2. *Aufgaben:* Planung, Steuerung und Überwachung der Informationsquellen, -senken, -übertragungswege und der informationsverarbeitenden Systeme. – 3. *Ebenen:* a) *operatives Informationsmanagement:* Entwicklung und Anpassung von → Informationssystemen, Konfigurations- und Netzwerkmanagement, Sicherungs- und Katastrophenmanagement, Rechnerbetrieb und Wartung; – b) *strategisches Informationsmanagement:* Planung der Informationsinfrastruktur (→ Informationsbedarfsanalyse), Personalplanung, Datenmanagement, Planung des Sicherungskonzeptes. – 4. *Querschnittsfunktionen:* Der Aufgabenbereich des Informationsmanagements überlappt sich mit den Disziplinen des → Controllings sowie des Sicherheits-, des Personal- und des Qualitätsmanagements.

Informationsmanager – 1. *Begriff:* Berufsbild in der Unternehmensorganisation. – 2. *Hintergrund:* → Informationen werden als wichtige Ressource eines Unternehmens eingestuft, die von einer zentralen Managementinstanz geplant, verwaltet und gepflegt werden sollen. – 3. *Aufgaben* des Informationsmanagers können als Weiterentwicklung der Aufgaben des EDV-Koordinators, EDV-Organisators und des → Datenbankadministrators angesehen werden, v.a. unter strategischen Aspekten. Der Informationsmanager ist wie diese Mittler zwischen den Fachabteilungen, der Unternehmensleitung sowie der → Org/DV-Abteilung. – 4. *Ausbildung:* Die Aufgabe setzt ein Hochschulstudium der → Wirtschaftsinformatik, → Betriebswirtschaftslehre (BWL) oder der → Informatik voraus.

InformationsmanipulationInfluence Activities.

Informationsmärkte – Informationen im Sinne einzener Beobachtungen können nicht gehandelt werden. Auf Märkten handelbar sind Informationsdienste wie Gutachten, Nachrichten- oder Wetterdienste, welche Informationen produzieren. Die Beobachtung einzelner Informationen erfolgt erst nach dem Kauf. Die Nachfrage nach Informationsdiensten hängt dabei wesentlich vom Informationsgehalt ab, d.h. wie stark die Beobachtung eines Signals zur Reduzierung der zugrunde liegenden Unsicherheit beiträgt. Die formale Charakterisierung dieses Informationsgehalts ist technisch anspruchsvoll und ein aktives Forschungsfeld der Wirtschaftstheorie.

Informationsökonomik

von Prof. Dr. Birgitta Wolff und Prof. Dr. Dr. h. c. mult. Arnold Picot

I. Gegenstand und Bedeutung

Gegenstand der Informationsökonomik ist die Analyse ökonomischer Systeme unter besonderer Berücksichtigung der Tatsache, dass die Wirtschaftssubjekte unter → unvollständiger Information bezüglich Gegenwart und Zukunft entscheiden und handeln. Die Unvollständigkeit der Information erwächst aus Unsicherheit über zukünftige Ereignisse und begrenzter Rationalität von Akteuren sowie aus einer, in interaktiven Austauschbeziehungen potenziell existenten, asymmetrischen Informationsverteilung zwischen Akteuren. Informationsökonomik im weiteren Sinn bezeichnet alle Untersuchungen, die sich mit den Auswirkungen unterschiedlicher Informationsbedingungen auf die Funktionsweise ökonomischer Systeme (wie Unternehmen, Kooperationsformen, Märkte, Gesamtwirtschaft) beschäftigen. Informationsökonomik im engeren Sinn kann als die ökonomische Analyse der Informationsbeschaffung (→ Screening) und Informationsverschaffung bezeichnet werden (Signalling). Die Wichtigkeit der Informationsökonomik wurde durch die Verleihung des Nobelpreises für Ökonomik im Jahr 2001 an die Forscher Akerlof, Spence und Stiglitz unterstrichen. Ihre Analysen von durch asymmetrische Informationsverteilungen gekennzeichneten Märkten stellen den Kern moderner Informationsökonomik. Die Informationsökonomik schließt nahtlos an die → Neue Institutionenökonomik an, indem neben eigenständigen Modellen auch bewährte theoretische Instrumente insbesondere aus dem Bereich der → Agency-Theorie und dem Bereich der → Transaktionskostenökonomik zur Unterstützung informationsökonomischer Fragestellungen herangezogen werden.

Merkmale von Informationen: Eine → Information liegt dann vor, wenn die Wahrnehmung und Interpretation Bedeutung tragender Zeichen, also die (subjektive) Kenntnis eines Sachverhaltes, ein Wirtschaftssubjekt in seiner Entscheidungsfindung beeinflusst. Die Akquisition von Information, sofern möglich, dient der Reduktion von Unsicherheit bezüglich der Qualität von Gegenleistungen und/oder des Verhaltens von Interaktionspartnern mit dem Ziele der Vermeidung fehlerhafter und potenziell kostspieliger Entscheidungen (Selektionsproblem, Anreizproblem). Information ist demnach ein Inputgut, dessen Einsatz jedoch Kosten (Transaktionskostenökonomik) verursacht, die bei wirtschaftlichen Entscheidungen systematisch zu berücksichtigen sind. Neben der Verringerung von Informationsdefiziten bzw. -asymmetrien beleuchten Arbeiten im Bereich der Informationsökonomik gleichermaßen die gezielte Schaffung und Ausnutzung von Informationsproblemen durch Akteure. Information dient einerseits der Koordination wirtschaftlicher Aktivitäten, andererseits kann sie selbst als wirtschaftliches Gut getauscht werden. Das Phänomen der unvollständigen Information ist kein vorübergehendes Friktionselement, sondern konstitutioneller Bestandteil ökonomischer Prozesse, der die Form arbeitsteiliger, wirtschaftlicher Aktivitäten maßgeblich beeinflusst. Die Informationsbedingungen für ökonomische Systeme bestimmen maßgeblich deren effiziente Organisationsform und (Selbst-)Steuerungsmöglichkeiten. Die explizite und zentrale Berücksichtigung von Information als Inputgut im ökonomischen Produktionsprozess sowie die Berücksichtigung der Existenz unvollkommener Information, v.a. in Form asymmetrischer Informationsverteilungen in bilateralen Austauschbeziehungen, stellen eine entscheidende Weiterentwicklung der neoklassischen Ökonomik dar. Die Informationsökonomik hat in dieser Hinsicht die Vorstellung der Funktionsweise wirtschaftlicher Systeme und Prozesse verändert.

Die *Bedeutung der Informationsökonomik* wird bedingt durch technische Innovationen der Informations- und Kommunikationstechnik weiter zunehmen. Innovationen in diesen Bereichen erzwingen neue Formen des Umgangs mit und des Managements von Informationen. Die theoretische Reflexion der volks- und betriebswirtschaftlichen Folgen neuer Informations- und Kommunikationstechniken ist eine Aufgabe der Informationsökonomik, der deshalb eine besondere Bedeutung zukommt.

Im Folgenden wird ein kurzer Überblick über grundlegende informationsökonomische Ansätze geboten, die sich auf Individuen, Organisationen und die Volkswirtschaft als Ganzes beziehen.

II. Entscheidungstheorie

Aus informationsökonomischer Sicht haben zwei Modelle individueller Entscheidungsfindung Bedeutung erlangt.

1. Das Modell von J. Marschak (1954)

J. Marschaks Modell für die individuelle Entscheidungssituation von Wirtschaftssubjekten basiert auf neoklassischer Mikroökonomik und statischer Entscheidungstheorie. Sein Ansatz kann als *normative Theorie rationaler ökonomischer Entscheidungen* angesehen werden, bei der die Berücksichtigung von Informationsproblemen im Mittelpunkt steht. Die wesentliche Erweiterung gegenüber den Entscheidungsmodellen der neoklassischen Haushalts- und Unternehmenstheorie besteht darin, dass Marschak zwischen Umweltbedingungen und den darüber verfügbaren Informationen unterscheidet. Dadurch kann die Tatsache, dass die subjektive und variable Informationssituation des Akteurs nicht ein Abbild der tatsächlichen Umweltbedingungen sein muss, modelliert werden. Die Entscheidung eines Akteurs ist somit nicht mehr unbedingt eine Reaktion auf tatsächliche Umweltveränderungen, sondern auf eine ihm zugegangene Information über die Umweltbedingungen.

2. Das Modell von Simon

Die Annahme der vollständigen Information der Wirtschaftakteure fallen zulassen verkompliziert Entscheidungsmodelle erheblich. Dennoch ist es nicht sinnvoll, zugleich die Annahme der Rationalität wirtschaftlichen Verhaltens aufzugeben. Aus diesen Überlegungen entstand die v.a. von → Simon (1955, 1956, 1972, 2000) entwickelte *Theorie begrenzter Rationalität.* Sie ist als *deskriptive* bzw. *positive Theorie* konzipiert. Sie betont dynamische Elemente und Lernprozesse gegenüber Gleichgewichtszuständen sowie psychologische gegenüber ökonomischen Argumenten. Bezogen auf informationsökonomische Probleme bedeutet dies, dass Simon im Unterschied zu anderen Theorien rationalen Verhaltens nicht nur umweltbedingte Informationsprobleme berücksichtigt, sondern auch die Einschränkungen der Rationalität durch die begrenzte Informationsaufnahme und -verarbeitungskapazität. Diese im Akteur selbst liegenden Beschränkungen führen dazu, dass das Wirtschaftssubjekt i.d.R. nur über *fragmentarische und zufallsbedingte Informationen* über relevante Größen und deren Zusammenhänge verfügt. Simon nimmt deshalb an, dass ein Wirtschaftssubjekt nicht nur über die Umweltbedingungen unvollständig informiert ist, sondern auch über die Zahl und Art seiner eigenen Handlungsoptionen und deren Ergebnisse sowie über Kosten und Nutzen zusätzlichen Informationen. Der Akteur handelt dennoch zumindest von seiner Absicht her rational.

Diese Modifikation der Annahmen hat *Konsequenzen für die Zielsetzung des Akteurs.* Ziel kann nun die Erreichung eines zufrieden stellenden Anspruchsniveaus sein (Satisficing). Der Entscheider verzichtet bewusst auf einen umfassenden Vergleich aller nur denkbaren Alternativen und wählt die erste für ihn befriedigende Lösung. Welche Lösung ihn befriedigt, hängt von seinem *Anspruchsniveau* ab. Dies variiert mit den Erfahrungen des Akteurs (Anspruchsanpassung). Zudem wird berücksichtigt, dass das Individuum seine Aufmerksamkeit bevorzugt den Dingen widmet, die in seinen subjektiven Bezugsrahmen passen (selektive Wahrnehmung).

Aus der Sicht der Informationsökonomik ist von Bedeutung, dass über die These der Anspruchsanpassung eine *Verknüpfung von Entscheidungsproblemen mit Informationsprozessen* hergestellt wird. Der vor einer Anpassung des Anspruchsniveaus ablaufende Such- und *Informationsprozess* wird sich sowohl auf die Umweltbedingungen als auch auf die Auffindung bisher ungenutzter Handlungsmöglichkeiten erstrecken. Dabei unterliegt auch der Informationsprozess selbst dem Prinzip der begrenzten Rationalität. Da auch die eine Entscheidungssituation charakterisierenden Größen – v.a. die Umweltbedingungen – als variabel angenommen werden, wird es einem Akteur i.d.R. als unmöglich erscheinen, über genügend Informationen zur optimalen Anpassung an die jeweilige Situation zu verfügen. Deshalb folgt auch die Informationssuche nicht einem perfekten System, sondern allenfalls gewissen Regelmäßigkeiten, mitunter aber auch dem Zufall. Für die Beendigung des *Suchprozesses* ist wiederum das individuelle Anspruchsniveau ausschlaggebend: Sind zur Erreichung eines fixierten Anspruchsniveaus hinreichende Informationen verfügbar oder wird deutlich, das ein gegebenes Anspruchsniveau nicht erreicht werden kann, wird der Suchprozess abgebrochen. Die Zielgröße Anspruchsniveau bestimmt damit den Anfang und das Ende von Informationsprozessen. Zwischen Anspruchsniveau und Informationsprozess ergeben sich *Rückkoppelungen und Wechselwirkungen,* wie sie auch in kybernetischen Systemmodellen abgebildet werden.

III. Teamtheorie

1. Darstellung

Die auf Marschak (1954), Radner (1962) und Marschak und Radner (1972) zurückgehende Teamtheorie beschäftigt sich mit Informationsproblemen innerhalb von Organisationen (→ Team-Theorie der Unternehmung). Ein Team ist eine organisatorische Einheit, deren Mitglieder gleichgerichtete Interessen haben, sodass davon auszugehen ist, dass sie alle motiviert sind, das Gesamtziel der Organisation zu verfolgen. Zu lösen sind deshalb nur noch Koordinationsfragen, keine Motivations- bzw. Anreizfragen (→ moralisches Wagnis in Teams). Die Informations- und Entscheidungsstruktur gemeinsam bilden hier die *Organisationsform.* Sie ergeben sich als eine Übertragung von Marschaks Modell individueller Entscheidungen auf den Fall von *Mehr-Personen-Entscheidungen.* Die Informationsstruktur legt fest, über welche Informationen jedes Organisationsmitglied verfügt. Informationen können einem Organisationsmitglied dabei auf unterschiedlichen Wegen zugehen, daher umfassen Informationsstrukturen im Teammodell auch *Kommunikation.*

2. Schwerpunkte

Die Teamtheorie behandelt v.a. zwei *Probleme der ökonomischen Informationsanalyse:* Zum einen die Suche nach einer, bezogen auf die allen Teammitgliedern gemeinsame Zielfunktion, optimalen Entscheidungsstruktur bei gegebener Informationsstruktur. Zum anderen die Bestimmung des relativen Wertes von verschiedenen gegebenen Informationsstrukturen.

3. Bedeutung

Die Teamtheorie bietet eine theoretische Grundlage, um Informations- und Koordinationsstrukturen in Organisationen zu beschreiben und zu gestalten. Dies gilt auch angesichts der Tatsache, dass der Einfluss von Organisationskosten (Transaktionskosten) und Zeit für praktische Entscheidungshilfen sicherlich in stärkerem Maße berücksichtigt werden muss, als die Teamtheorie in dieser einfachen Form es praktiziert.

IV. Suchtheorie

Die Suchtheorie befasst sich mit der Analyse von Informationsaktivitäten.

Ihr *Standardmodell* beschreibt das Suchverhalten eines Nachfragers, der auf einem Markt nach dem niedrigsten Preis für ein bestimmtes Gut sucht. Der Nachfrager kennt nur die Anbieter und die Verteilungsfunktion der Preise. Die Suche nach dem Anbieter mit dem niedrigsten Preis ist methodisch einem *Problem der Stichprobentheorie* äquivalent.

– Bei einer *festen Stichprobe* ist die optimale Zahl von Suchschritten (z.B. Anzahl der befragten Anbieter) so zu bestimmen, dass Grenzkosten und Grenzertrag des letzten Suchschrittes gleich sind. Zu grundsätzlich geringeren Suchkosten als Verfahren mit festen Stichproben führen jedoch sequenzielle Verfahren der Informationssuche.

– Bei *sequenziellen Suchverfahren* wird die Suche nur so lange fortgesetzt, bis ein Preis gefunden ist, der nicht höher ist als ein zuvor mithilfe von Stopregeln individuell festgelegtes Akzeptanzniveau (Reservationspreis). Ähnlich wie die Zahl der Suchschritte bei festen Stichproben hängt der Reservationspreis bei sequenziellen Verfahren vom jeweils zu erwartenden Grenzertrag und den Grenzkosten der Informationssuche ab. Allerdings wirken sich diese nun, anders als bei einer festen Stichprobe, auf den Verlauf und den Umfang des *Suchprozesses* aus.

Es gibt *weitere Varianten* der Suchtheorie, die sich u.a. durch die zugrunde liegenden Annahmen über die Eigenschaften der Verteilungsfunktion der Preise sowie deren Kenntnis bzw. Fehleinschätzung beim Nachfrager unterscheiden. Untersucht werden v.a. die Auswirkungen der verschiedenen Annahmen auf den Umfang und das Ergebnis des Suchprozesses.

Besondere *Bedeutung* haben Modelle der Informationssuche u.a. für die Analyse des Arbeitsmarktes (→ Arbeitsmarkttheorien). Hier wird z.B. das Problem der Suche der Unternehmen nach geeigneten Kandidaten für die Besetzung eines vakanten Arbeitsplatzes zu einem möglichst günstigen Lohnsatz analog zur Preissuche auf dem Gütermarkt behandelt. Umgekehrt kann es rational sein, dass Arbeitskräfte vorübergehend freiwillig arbeitslos (→ Arbeitslosigkeit) werden bzw. bleiben, um sich auf die Suche nach einem Arbeitsplatz mit für sie besseren Verdienstaussichten zu konzentrieren. Auf diese Weise lässt sich aus einer mikroökonomischen Grundlage ein theoretischer Erklärungsansatz für ein makroökonomisches Problem gewinnen, indem eine zumindest partielle Begründung des gesamtwirtschaftlichen Beschäftigungsgrades (→ Beschäftigungsgrad) möglich wird.

V. Markttheorie

Großen Einfluss übt die Informationsökonomik auch auf die Markttheorie aus, denn unvollständige Information und die Kosten der Informationssuche der Marktteilnehmer beeinflussen die Wirkungsweise des Preismechanismus und damit das Marktgleichgewicht. Bei *Berücksichtigung von Suchkosten* kann sich auch auf homogenen Konkurrenzmärkten ein einheitlicher Gleichgewichtspreis ergeben, der nicht dem Konkurrenzpreis entspricht, sondern z.B. dem Monopolpreis. Andererseits kann sich durch Suchkosten unter bestimmten Bedingungen auch ein Marktergebnis einstellen, bei dem kein einheitlicher Preis herrscht, sondern eine Gleichgewichtsverteilung der Preise. Es zeigt sich, dass positive Informationskosten auch die Marktstruktur beeinflussen, da sich durch unvollständige Informationen der Nachfrager selbst auf homogenen Konkurrenzmärkten quasi-monopolistische Verhaltensspielräume der Anbieter ergeben können.

VI. Marktprozesstheorie

Die besondere Bedeutung von Information für das Marktgeschehen betont auch die auf die → Österreichische Grenznutzenschule zurückgehende Marktprozesstheorie. Im *Mittelpunkt* der Überlegungen steht die ungleiche Verteilung von Wissen in der Gesellschaft. V.a. auch → Hayek (1945) beschreibt die, im Vergleich zur neoklassischen Gleichgewichtstheorie veränderte Bedeutung des Preissystems. *Wirtschaftlich relevantes Wissen* sind nicht nur wissenschaftliche oder technische Erkenntnisse, sondern auch Kenntnisse der besonderen Umständen von Ort und Zeit. Darin kommen unterschiedliche Informationsstände von Akteuren über Märkte und Technikanwendungen zum Ausdruck. Funktionsfähigkeit und Effizienz eines Wirtschaftssystems hängen davon ab, inwieweit dieses verstreut vorhandene Wissen sinnvoll genutzt werden kann. Es ist unmöglich, alle relevanten Informationen einer zentralen Planungsstelle zuzuführen. Eine solche Planwirtschaft wäre überfordert. *Informationsökonomische Aufgabe eines Wirtschaftssystems* ist es vielmehr, den einzelnen Wirtschaftssubjekten möglichst einfach diejenigen Informationen zukommen zu lassen, die sie brauchen, um ihre Handlungen dezentral zu koordinieren. In Marktsystemen erfüllt diese Koordinationsfunktion der → Preis.

VII. Informationsökonomische Analyse von Produkten und Märkten

Aus informationsökonomischer Sicht werden Güter nach ihrem Anteil an Such-, Vertrauens- und Erfahrungseigenschaften folgendermaßen systematisiert: Güter oder Dienste, bei denen Sucheigenschaften überwiegen, können vom Nachfrager durch entsprechende Informationssuche bereits vor dem Kauf vollständig beurteilt werden. Bei Gütern mit überwiegend Erfahrungseigenschaften erfolgt eine Beurteilung durch den Nachfrager erst nach dem Kauf, weil die Qualität erst nach Gebrauch oder Konsum festgestellt werden kann. Güter, die hauptsächlich Vertrauenseigenschaften aufweisen, kann der Käufer weder vor noch nach dem Kauf vollständig beurteilen, da er nicht über die Zeit oder das Fachwissen verfügt, um die Güter zu bewerten. Vor dem Hintergrund dieser Systematisierung lassen sich z.B. konkrete Anhaltspunkte für die Eignung von Gütern für den elektronischen Vertrieb über das → Internet gewinnen. So eignen sich v.a. Suchgüter für den Internetvertrieb, da die für die Nachfrager zur Beurteilung erforderlichen Informationen wie Preis, technische Kennzeichen oder Spezifikation über elektronische Medien effizient und effektiv kommuniziert werden können. Dagegen sind Produkte, deren Qualität und Funktionalität nur durch Erfahrung beurteilt werden können, weniger für den elektronischen Handel geeignet. In elektronischen Märkten wird versucht dies auszugleichen, indem die Erfahrungen vorheriger Transaktionspartner hinsichtlich eines Gutes und dessen Anbieters über Reputationssysteme gesammelt und allen Akteuren eines Marktes zur Verfügung gestellt wird.

Informationsnutzung → Rechte an Informationen.

Informationsproduktion – Betrachtet man → Information als handelbare → Ressource, so ist ihre Produktion nicht nur für den Nutzer selbst, sondern auch für spezialisierte Informationsproduzenten attraktiv. Als Konsequenz der Aufgabenteilung zwischen Informationsproduzent und Informationsnutzer entstehen neue Märkte für Informationsleistungen, sog. → Informationsmärkte.

Informationsprozess – aus den selbstständigen, gleichzeitigen und sich gegenseitig bedingenden Teilprozessen der Informationsgewinnung, → Informationsübermittlung und → Informationsverarbeitung bestehend. Er unterlagert den betrieblichen Entscheidungs- und Managementprozess (→ Entscheidungsprozess). Die zurücklaufenden Kontrollinformationen stellen einen erneuten Informationsbeschaffungsprozess dar. – Vgl. auch → Informationsökonomik.

Informationsquelle – 1. *Begriff:* Alle Personen, Gegenstände oder Prozesse, die → Informationen liefern. – 2. *Arten:* a) *Interne Informationsquellen* (im Betrieb selbst vorzufindende Informationsquellen, wie Beschäftigte, Güter aller Art oder Prozesse) und *externe Informationsquellen* (Konkurrenzbetriebe, Märkte etc.). – b) *Ursprüngliche Informationsquellen* (durch eigene Tatbestandsfeststellungen entstandene Informationsquellen) und *abgeleitete Informationsquellen* (aus Verarbeitungsprozessen gewonnene Informationsquellen, z.B. Marktforschungsinstitute).

Informationsrecht – I. Organisation: 1. *Begriff:* Recht eines Handlungsträgers, bestimmte → Informationen regelmäßig oder unregelmäßig zu empfangen, die zur Erfüllung der ihm übertragenen → Aufgaben notwendig sind. Generelles Informationsrecht über alle betrieblichen Tatbestände hat das → Top Management. Jede übergeordnete → Instanz hat ein Informationsrecht über alle ihr untergeordneten → Stellen. – 2. *Formen:* a) *Aktives Informationsrecht:* Informationsempfänger muss, ohne dass eine Anforderung von ihm ergeht, mit Informationen versorgt werden. – b) *Passives Informationsrecht:* Informationsempfänger wird nur dann mit Informationen versorgt, wenn dies von ihm angefordert wird.

II. Betriebsverfassungsgesetz: 1. *Allgemein:* Beteiligungsrecht des Betriebsrats und der Arbeitnehmer. Informationsrechte sind nicht unmittelbar auf die → Mitwirkung und → Mitbestimmung gerichtete Rechte, insoweit stellen sie eine Vorstufe dar. Das Gesetz gewährt z.B.Informationsrechte für die Durchführung allg. Aufgaben des Betriebsrats (§ 80 II BetrVG) und für die Ausübung von Zustimmungsverweigerungsrechten (§ 99 I BetrVG). – 2. *Informationsrecht der Arbeitnehmer über die wirtschaftliche Lage des Unternehmens* (§ 110 BetrVG): → Wirtschaftsausschuss.

III. Handelsrecht: → Publizität, → Publizitätsprinzip.

Informationsschutz → Rechte an Informationen.

Informationsspeicherung – 1. *Speicherungsmodule* des Menschen, die sich in Kapazität und Speicherdauer unterscheiden: a) *Sensorischer Informationsspeicher:* dient der Aufnahme von Reizen (→ Informationsaufnahme) bis zur Weiterverarbeitung; hohe Kapazität, Speicherdauer bis eine Sekunde. – b) *Kurzzeitspeicher:* ein Arbeitsspeicher, der aus dem sensorischen Informationsspeicher Teile der Informationen übernimmt, decodiert und mit bekannten Ereignissen aus dem Langzeitspeicher verknüpft (→ Informationsverarbeitung); begrenzte Kapazität, Speicherdauer bis 30 Sekunden. – c) *Langzeitspeicher:* entspricht dem menschlichen Gedächtnis; extrem große Kapazität, unbegrenzte Speicherdauer. Voraussetzung für die Aufnahme in den Langzeitspeicher ist, dass eine Information die beiden davor liegenden Speicher erfolgreich passiert hat. – 2. *Vergessen* wird heute überwiegend auf Interferenzeffekte (Überlagerungseffekte) zurückgeführt.

Informationssystem – 1. *Begriff:* Summe aller geregelten betriebsinternen und -externen Informationsverbindungen sowie deren technische und organisatorische Einrichtung zur Informationsgewinnung und -verarbeitung. Das Informationssystem ist der formale Teil des gesamten betrieblichen → Kommunikationssystems. – 2. *Computergestütztes Informationssystem:* → Betriebliches Informationssystem, → Führungsinformationssystem (FIS), → Marketing-Informationssystem (MAIS), → Personalinformationssystem; *branchenspezifisch:* → Banken-Informationssystem, computergestütztes Reisebuchungssystem, computergestütztes Versicherungsinformationssystem, computergestütztes → Warenwirtschaftssystem (WWS). – 3. *Aufgaben:* Rechtzeitige Versorgung der Handlungsträger mit allen notwendigen und relevanten → Informationen in wirtschaftlich sinnvoller Weise. Informationssystem bildet Medium für Entscheidungsfindung und -durchsetzung des Managements und ist somit Grundlage für den gesamten Managementprozess. Im Informationssystem vollzieht sich der → Informationsprozess. – Vgl. auch → Bürgerinformationssystem.

Informationstransformation – 1. *I.w.S.:* Die Phasen → Informationsspeicherung, → Informationsübermittlung und → Informationsverarbeitung des → Informationsprozesses. – 2. *I.e.S.:* Umformung von

→ Informationen in andere Zeichensysteme oder auf andere Zeichenträger.

Informationsübermittlung – Phase des betrieblichen → Informationsprozesses, in der eine räumliche Übertragung von → Informationen zwischen dem Informationssender und -empfänger erfolgt (→ Kommunikation).

Informations- und Kommunikationssysteme (I.u.K.) – vereinigen personelle (Qualifikation, Motivation), organisatorische (Aufbau- und Ablauforganisation) und technische (Hardware, Software) Komponenten zum Zwecke der Informationsversorgung von Akteuren. Die Kombination dieser Komponenten bestimmt die Struktur von Informations- und Kommunikationssystemen.

Informationsverarbeitung – I. Organisation: Umwandlung, Verwertung und Ein- und Umsetzen von → Informationen im Hinblick auf ihre betriebliche Zwecksetzung. Phase des betrieblichen → Informationsprozesses.

II. Marketing/Werbung: Die Phase der Informationsverarbeitung schließt sich der → Informationsaufnahme an. Durch diesen Wahrnehmungsprozess gelangen ausgewählte Informationen in den Kurzzeitspeicher des Gedächtnisses, wiederum Ausschnitte davon in umorganisierter Form in den Langzeitspeicher und werden dort zum Wissen über den Gegenstand. Informationsverarbeitung wird beeinflusst vom persönlichen Wertesystem (→ Motivation) des Individuums und dessen → Involvement. Darüber hinaus wird die Informationsverarbeitung von der Stärke des aufgenommenen Reizes beeinflusst. – Vgl. auch → Informationsspeicherung, Informationsüberlastung.

III. Entscheidungstheorie: *IV-Ansatz;* Ansatz zum → Entscheidungsverhalten einer Einzelperson (→ Individualentscheidung). Der betrachtete Mensch wird v.a. als informationsverarbeitendes System gesehen *(kognitiv-empirischer Ansatz).* – *Charakterisierung:* (1) Informationsbeschaffung und -verarbeitung sind wichtige Teile der Entscheidung; (2) situations- und kontextabhängige Sicht der Entscheidung; (3) Integration von Entscheidungsfällungsinstrumentarien und Eigenschaften des Menschen.

Informationsverarbeitungskapazität – Informationsüberlastung.

Informationsverhaltensforschung – Teilgebiet der → Marktforschung, das die Erfassung des Informationsverhaltens einer bestimmten Zielgruppe zum Gegenstand hat. Untersuchungsgegenstände sind der Informationsbedarf, die Art und Weise der Informationsbeschaffung sowie die Informationsaufnahme, -verarbeitung, -speicherung und -weitergabe. Die Erkenntnisse der Informationsverhaltensforschung werden bei der Planung und Gestaltung von kommunikationspolitischen Maßnahmen berücksichtigt.

Informationsweg – 1. *Begriff:* Organisatorisch festgelegte → Kommunikationsbeziehung zwischen mind. zwei betrieblichen Handlungsträgern zum Austausch von → Informationen. In ihrer Gesamtheit bilden Informationswege das formale → Kommunikationssystem, in dem sich der → Informationsprozess vollzieht. – 2. *Unterscheidungskriterien:* a) Im Rahmen des Hierarchieverlaufs in *vertikaler* oder *horizontaler* Richtung (→ Kommunikationsweg). – b) Möglichkeit der *einseitigen* oder *zweiseitigen* Benutzung. *Mehrstufige* Informationswege bilden → Informationsketten. – 3. *Bedeutung:* Die Informationswege sind die Medien des betrieblichen → Informationsflusses. Von ihrer Struktur und Leistungsfähigkeit hängt daher auch die Effizienz des unternehmerischen Führungs- und Steuerungsprozesses ab. – Vgl. auch → Kommunikation.

Informationswert – Differenz des *Erwartungswertes* des Handlungsnutzens mit der → Information abzüglich des Erwartungswertes des Handlungsnutzens ohne die Information. Davon zu subtrahieren sind die Kosten der Informationsbeschaffung. – Der Wert einer Information für ihren Benutzer hängt davon ab, inwieweit durch sie das Ergebnis einer anstehenden Entscheidung bzw. Handlung verbessert werden kann. Da sich der Wert einer Information aus ihrem Nutzen für ein bestimmtes Wirtschaftssubjekt ergibt, also aus der mit der Information verfolgten jeweils subjektiven Zielsetzung, ist es aus ökonomisch-theoretischer Sicht schwierig, einen „objektiven" Maßstab für die Bewertung von Informationen anzugeben. – Vgl. auch → Informationsökonomik, Informationsparadoxon.

Informationswertanalyse – *Information Value Analysis.* 1. *Begriff:* Methode zur Analyse und Bewertung von Informationsstrukturen und -flüssen und zur Entwicklung von Verbesserungsvorschlägen im Hinblick auf die langfristige Planung → betrieblicher Informationssysteme, aufbauend auf Konzepten der → Wertanalyse. – 2. *Ziele:* Verkürzung der Zeiten des Informationsdurchlaufs durch die betrachtete Einheit (z.B. eine Abteilung oder einen Prozess), Erhöhung des Informationswerts, Senkung des Aufwands für die Zurverfügungstellung einer Information. – 3. *Vorgehen:* zunächst Prüfung der vorhandenen Informationsträger (Schriftgut, Formulare, Drucklisten, Masken u.a.) auf ihre Funktion und Bedeutung hin anhand von quantitativen und qualitativen Kriterien, dann Prüfung der Verbesserungsmöglichkeiten (z.B. Vermeidung von Datenredundanzen, Änderungsaufwand). – Vgl. auch → Informationsbedarfsanalyse.

Informationszentrale der Elektrizitätswirtschaft e.V. – Gemeinschaftsorganisation der dt. Elektrizitätswirtschaft, Sitz in Berlin. Sie wurde im Dezember 2000 aufgelöst und in die → Vereinigung deutscher Elektrizitätswerke e. V. (VDEW) integriert.

Informationszugangsrecht – allg. Recht des Bürgers auf freien Zugang zu den bei öffentlichen Stellen vorhandenen Informationen. In Deutschland inzwischen im Bund (Informationsfreiheitsgesetz vom 5.9.2005 (BGBl. I 2722)) und in der Mehrzahl der Bundesländer gesetzlich eingeführt. In den meisten westlichen Staaten seit Jahren garantiert. Der Freedom of Information Act der USA von 1966, novelliert 1974, 1986 und 1996, hat hier maßstäblich gewirkt. Danach hat jede Person Anspruch auf Zugang zu jeder behördlichen Akte und zu allen Datenträgern der Verwaltung, mit Ausnahmetatbeständen zum Schutz wichtiger öffentlicher und privater Belange. Art. 15 AEUV sieht ein gesetzlich verankertes Recht auf Zugang zu Dokumenten der EU-Organe vor. – Im Umweltbereich wurde mit dem → Umweltinformationsgesetz (UIG) in Umsetzung der EG-Richtlinie 90/313/EWG ein Gesetz geschaffen, dass speziell für diesen Bereich erweiterte Akteneinsichtsrechte gewährt. – Vgl. auch → Akteneinsicht.

informelle Gruppe → Gruppe.

informelle Institution → Institution.

informelle Organisation – *informale Organisation;* die inoffiziellen, personen- und situationsabhängigen Verhaltensmuster der → Organisationsmitglieder. – *Gegensatz:* (formelle) → Organisation.

informeller Sektor – 1. *Begriff:* der informeller Sektor ist die Folge des Beschäftigungsproblems der Entwicklungsländer. Er umfasst die ökonomischen Aktivitäten der Menschen außerhalb formell geregelter Sektoren und ist gekennzeichnet durch arbeitsintensive Produktion, geringe Eintrittsschranken (wie z.B. Ausbildungsnachweis), Verwendung einheimischer Ressourcen, angepasste und einfache Technologien, kleine Betriebsgrößen (meist Einzel- oder Familienunternehmen), schlechte Bezahlung und geringem gewerkschaftlichen Organisationsgrad, niedrige Qualifikationsanforderungen, die außerhalb des formalen Schulsystems erworben werden sowie unregulierte, dem freien Wettbewerb unterworfene Märkte. – 2. *Entwicklungspolitische Bedeutung:* a) Als Folge der Vernachlässigung der Landwirtschaft führte die Landflucht zur Urbanisierung. Da industrielle Arbeitsplätze im urbanen, → formellen Sektor nicht vorhanden waren, mussten die Menschen als „Selbstständige" ihren Lebensunterhalt verdienen. Lange Zeit wurde der informelle Sektor als *Hinterhoföknonomie* abgewertet. – b) Die tatsächliche entwicklungspolitische Bedeutung ist nicht eindeutig. Einige Autoren sehen in informellen Sektoren das *Ergebnis des Arbeitskräfteüberschusses:* zugewanderte und schlecht ausgebildete Personen sind von den Beschäftigungsmöglichkeiten des modernen Sektors ausgeschlossen. Der informelle Sektor schafft zwar temporär Beschäftigungsmöglichkeiten. Das gesellschaftspolitische Ziel besteht in seiner Abschaffung, welche durch langfristige Beschäftigungsmöglichkeiten im industriellen Sektor erfolgen kann. – c) Andererseits ist der informelle Sektor das *Ergebnis staatlicher Interventionen* in die Wirtschaft. Entwicklungsmöglichkeiten entstehen häufig erst durch Deregulierung und Privatisierung. Strukturalisten sprechen sich daher für eine Abnahme staatlicher Interventionen aus, woraus eine weit reichende Flexibilisierung folgt; sie betonen gleichzeitig die Notwendigkeit von Schutzbestimmungen von Systemen sozialer Sicherung. Subsistenzaktivitäten müssen in dynamische Betriebe verwandelt werden. – d) *Beschäftigungseffekte:* Der informelle Sektor erreicht bei geringem Kapitaleinsatz einen hohen Beschäftigungseffekt (arbeitsintensive Produktion). Seine Förderung wird nur schwache Migrationsanreize auslösen. Der informelle Sektor hat eine heterogene Struktur, in ihm können sich dynamische Unternehmer schnell entwickeln. Informelle Kleinbetriebe bilden de facto mehr Lehrlinge und Arbeitskräfte aus als das formale Bildungssystem. Er produziert Güter und Dienstleistungen für die Bedürfnisse von Niedrigeinkommen-Haushalten. Wegen der geringen Absorptionskapazität des formellen Sektors von überschüssigen Arbeitskräften gewinnt er zunehmend an Bedeutung, wobei die Abgrenzung zum formellen Sektor fließend ist (v.a. im Finanzbereich).

informelle Untersuchung – in der Markt- und Meinungsforschung eine Ermittlung ohne → Befragung i.e.S. Die informelle Untersuchung sucht Antwort auf eine bestimmte Frage, die aber nicht gestellt wird. Der Interviewer muss sich durch indirekte Fragen (indirekte Befragung) Gewissheit über den Gegenstand der informellen Untersuchung verschaffen. Gefahr des → Bias bes. groß.

Infotainment – multimediale Vermittlung von Informationen mit hohem Unterhaltungswert für die Teilnehmer (z.B. Erlebnisfernsehen). Einsatz z.B. in der Aus-, Fort- und Weiterbildung (→ Edutainment).

Infrastructure as a Service (IaaS) – Bedarfsorientierte Bereitstellung von Hardware- oder hardware-nahen → IT-Ressourcen nach dem Konzept von → Everything as a Service (EaaS). Diese IT-Ressourcen sind oft durch → Hardware-Virtualisierung von der physikalischen Hardware, auf der sie betrieben werden, entkoppelt.

Infrastruktur – *Infrastrukturkapital.* 1. *Begriff:* Grundausstattung einer Volkswirtschaft (eines Landes, einer Region) mit Einrichtungen, die zum volkswirtschaftlichen → Kapitalstock gerechnet werden können, die aber für die private Wirtschaftstätigkeit den Charakter von Vorleistungen haben. – *Klassische Beispiele* sind Verkehrsnetze (Straßen, Schienen- und Wasserwege) sowie Ver- und Entsorgungseinrichtungen (Energie, Wasser, Kommunikationsnetze), ohne deren Existenz eine privatwirtschaftliche Güterproduktion oder Leistungserstellung nicht oder zumindest nur mit geringerer Effizienz möglich wäre *(wirtschaftsnahe Infrastruktur).* – 2. *Arten:* a) *Materielle Infrastruktur* (Infrastruktur i.e.S.; Social Overhead Capital): Ausstattung einer Volkswirtschaft mit derartigen materiellen Gütern. – b) *Immaterielle*

Infrastruktur (Infrastruktur i.w.S.; personale Infrastruktur): Man zählt auch den Aufbau oder die Verbesserung des → Humankapitals hinzu, z.B. durch das Bildungswesen, Forschungseinrichtungen, aber auch Gesundheits- und andere soziale Dienstleistungen. – c) *Institutionelle Infrastruktur:* Diese schließt auch den institutionellen Rahmen (v.a. die Rechts-, Wirtschafts- und Sozialordnung) mit ein. – 3. *Merkmale:* Einrichtungen der Infrastruktur weisen i.d.R. einige oder alle der folgenden ökonomischen Merkmale auf: a) *Investitionscharakter:* Dies ist offensichtlich für die Bestandteile der materiellen Infrastruktur (Verkehrswegebau, leitungsgebundene Energieversorgung, Telekommunikationsnetze). Weithin unstrittig ist aber auch der Investitionscharakter von Ausgaben für das Bildungswesen oder für Forschung und Entwicklung (F&E) (Investitionen in das Humankapital). Der institutionellen Infrastruktur (z.B. allg. Verwaltung, Rechtsprechung) fehlen dagegen Merkmale von Investitionsgütern. – b) *Lange Nutzungsdauer* mit entsprechend *langer Kapitalbindung*. – c) Es handelt sich häufig um große Investitionsprojekte mit *hohem Kapitalbedarf*. – d) Die Projekte sind typischerweise *nicht beliebig teilbar*. Aus technischen Gründen ist i.d.R. eine Mindestgröße oder -leistung erforderlich. Die Angebotsmenge kann sich zudem nicht an der marginalen Nachfrageeinheit orientieren, sondern muss auf eine durchschnittliche Inanspruchnahme hin konzipiert werden. Es wird also ein bestimmtes Leistungsangebot vorgehalten, unabhängig davon, ob es zu jeder Zeit eine entsprechende Nachfrage gibt (z.B. das fahrplanmäßige Transportangebot öffentlicher Verkehrsmittel). – e) Ebenfalls typisch sind externe Effekte. Eine verbesserte Verkehrsanbindung kann die Attraktivität einer Region insgesamt steigern und z.B. zu höheren Grundstückswerten führen (positive externe Effekte). Andererseits kann das größere Verkehrsaufkommen aber auch zu Beeinträchtigungen der Lebensqualität führen (negative externe Effekte). – f) Die Nutzung der Infrastruktur kann *unentgeltlich* sein (in Deutschland z.B. der Besuch allgemeinbildender Schulen) oder auch die *Entrichtung eines Entgelts* erfordern (z.B. Gebühren für öffentliche Ver- und Entsorgungsleistungen). Da die Kosten je zusätzlicher Leistungseinheit i.Allg. sinken (fallende Durchschnittskosten), sind spezielle Preisbildungsregeln erforderlich (Peak Load Pricing). Anbieterseitig liegen zudem häufig Bedingungen eines → natürlichen Monopols vor, die normalerweise eine staatliche Regulierung hinsichtlich Preis und Qualität der Leistungen, aber auch der Versorgungssicherheit erforderlich machen. – g) Aus diesen Merkmalen leitet sich die traditionelle Auffassung von Infrastruktur als einem überwiegend → öffentlichen Gut *(Kollektivgut)* im Sinn der Finanzwissenschaft ab. Eine privatwirtschaftliche Leistungserstellung ist deshalb nicht prinzipiell ausgeschlossen, in der Praxis ist sie bislang aber eher die Ausnahme (Privatschulen, -universitäten, privat betriebene Autobahnen). Die Frage der Privatisierung öffentlicher Leistungen ist heute aber ein wichtiges Thema der → Infrastrukturpolitik. – Vgl. auch → Infrastrukturausstattung, statistische Messung.

Infrastrukturausstattung, statistische Messung – 1. *Messung des Bestands an Infrastrukturkapital:* Den Bestand an materieller Infrastrukturausstattung misst man üblicherweise in physikalischen Größen (z.B. Kilometerlänge des Schienen- oder Straßennetzes, Zahl der Telefonanschlüsse oder Zahl der Krankenhausbetten je 1.000 Einwohner). Den Bestand an immaterieller Infrastrukturausstattung kann man nur ansatzweise messen. Als Indikator für das allg. Bildungsniveau könnte z.B. der Anteil der Wohnbevölkerung eines Landes, der einen Hochschulabschluss besitzt, herangezogen werden. Hinsichtlich der institutionellen Infrastrukturausstattung gibt eine Bestandsrechnung kaum Sinn (Zahl der Gesetzesvorschriften). – Eine zusammenfassende Quantifizierung des Infrastrukturkapitals einer Volkswirtschaft würde eine einheitliche monetäre Bewertung der verschiedenen Komponenten voraussetzen. Dies lässt sich in der Praxis nicht realisieren. – 2. *Messung der Infrastrukturinvestitionen:* Die Strömungsgröße der Infrastrukturinvestitionen kann im Fall von Sachanlagen relativ problemlos gemessen werden (z.B. Herstellungskosten eines Straßenneubaus). Aufwendungen für die immaterielle Infrastrukturausstattung werden dagegen wirtschaftsstatistisch und auch im System der → Kameralistik überwiegend als laufende Ausgaben erfasst (z.B. Gehälter von Lehrkräften). Ähnliches gilt für den Bereich der institutionellen Infrastrukturausstattung. Die Kosten eines Universitäts- oder eines Gerichtsneubaus können allerdings als Investitionsaufwendungen identifiziert werden. – Abgesehen von diesen Zuordnungsproblemen, die sich aus der herkömmlichen statistischen Praxis ergeben, ist zu beachten, dass die öffentlichen Leistungen im Rahmen der Nationaleinkommensrechnung zu Herstellungskosten erfasst werden, → Volkswirtschaftliche Gesamtrechnung (VGR). Es liegt also kein Wertansatz entsprechend Marktpreisen vor. – 3. *Messung der Infrastrukturleistungen:* Wichtiger als reine Bestandsmessungen oder eine Erfassung der quantitativen Zuwächse an Infrastrukturausstattung ist die Effizienzmessung. Diese Betrachtungsweise ist output- oder ertragsorientiert. – *Beispiele:* Transportleistungen eines Verkehrssystems (Jahrestonnen, Personenkilometer); Jahreserzeugung an elektrischem Strom. Hierbei handelt es sich um quantifizierbare, wenn auch nicht in einem einheitlichen Maßstab darstellbare Sachverhalte, die häufig einer ergänzenden qualitativen Bewertung bedürfen, um Leistungsvergleiche zu ermöglichen.

Infrastrukturkapital → Infrastruktur, → Infrastrukturausstattung, statistische Messung.

Infrastrukturpolitik – 1. *Charakterisierung:* Gesamtheit aller politischen Maßnahmen, die auf die angemessene Versorgung einer Volkswirtschaft mit Einrichtungen der → Infrastruktur abzielt.

Entsprechend dem Vorleistungscharakter der Infrastruktur ist am Beginn eines Wachstumsprozesses (typisch für Entwicklungsländer) der Bedarf an Basisausstattung (Verkehr, Energieversorgung) am größten. Mit fortschreitender Industrialisierung, i.Allg. in Verbindung mit einem starken Wachstum des privaten Kapitalstocks, verlagert sich der Infrastrukturbedarf u.a. mehr in Richtung → Humankapital. Auf einem hohen Entwicklungsniveau in späteren Stadien des Strukturwandels (→ Dienstleistungsgesellschaft) wird der weitere Ausbau und die Verbesserung der Infrastruktur schließlich vermehrt von sozialökonomischen Zielen bestimmt, z.B. das Angebot an Kultur- oder Freizeiteinrichtungen. – 2. *Träger:* Zuständigkeiten für bestimmte Bereiche der Infrastrukturpolitik können sich über alle staatlichen Ebenen erstrecken (Bau und Unterhaltung von Verkehrsstraßen, transeuropäische Netze), ausschließlich auf einer der Ebenen angesiedelt sein (Kulturhoheit der Länder) oder auch konkurrierend auftreten (Wissenschaft und Forschung sind sowohl Länder- als auch Bundesaufgaben). Innerhalb der Regierungen ist die politische Verantwortung häufig eigenen Ressorts übertragen (Verkehrs-, Bildungs-, Forschungsministerien). Die Vielzahl von Trägern mit jeweils eigenständigen Kompetenzen erfordert eine enge Kooperation und Koordination zwischen den einzelnen staatlichen Ebenen und den verschiedenen Fachressorts. – 3. *Finanzierung:* Finanzierungsseitig ist die Infrastrukturpolitik bei öffentlicher Trägerschaft in das allg. Einnahmen- und Ausgabensystem des Staates eingebunden. Abweichend von der ökonomischen Charakterisierung der meisten Infrastruktureinrichtungen als Investitionsgüter werden Infrastrukturausgaben des Staates nicht nur als Veränderung des Finanzvermögens (→ Finanzwissenschaft) behandelt, sondern häufig als laufende Verwaltungsausgaben, d.h. als Staatskonsum. – 4. Nach traditioneller Auffassung ist Infrastrukturpolitik eine *Aufgabe der öffentlichen Hand.* Begründet wird dies damit, dass Infrastruktureinrichtungen typischerweise Merkmale → öffentlicher Güter aufweisen, dass es sich häufig um hoheitliche Aufgaben handelt oder dass Gesichtspunkte der Versorgungssicherheit sehr hoch zu bewerten sind und eine an erwerbswirtschaftlichen Prinzipien orientierte Leistungserbringung deshalb zu Konflikten führen kann. Vor dem Hintergrund der allg. schon hohen Belastungen der öffentlichen Haushalte werden aber seit einigen Jahren Möglichkeiten einer (teilweise) privaten Erbringung von Infrastrukturleistungen diskutiert. – Nach dem *Umfang der Privatisierung* kann danach unterschieden werden, ob bestimmte Infrastrukturbereiche vollständig in private Trägerschaft übergehen (z.B. Flugsicherung, Deutsche Post) oder ob nur einzelne Leistungskategorien von Privaten erbracht werden (Teilprivatisierungen, z.B. Nebeneinander von öffentlichem und privatem Personennahverkehr). Wesentlich ist ferner, ob die privatwirtschaftliche Trägerschaft ausschließlich oder überwiegend formaler oder aber materieller (inhaltlicher) Natur ist. Eine formal private Trägerschaft liegt vor, wenn die Leistung zwar von einem Unternehmen in privater Rechtsform erbracht wird, dieses Unternehmen aber der öffentlichen Hand gehört, von ihr kontrolliert und ggf. auch subventioniert wird. Materiellen Gehalt gewinnt eine Privatisierung dagegen, wenn der Leistungsträger nach erwerbswirtschaftlichen Prinzipien handelt und v.a. das unternehmerische Risiko trägt. Für die *Praxis* sind v.a. das → Betreibermodell sowie verschiedene Leasingmodelle (→ Leasing) interessant. Beim Leasingmodell werden Infrastrukturprojekte durch Private finanziert und gebaut und anschließend dem Staat vermietet. Der Betrieb der Einrichtung kann dem Staat oder auch einer privaten oder gemischt privat/öffentlichen Betriebsgesellschaft (→ Public Private Partnership) obliegen. – Auch bei privatwirtschaftlicher Erfüllung von Infrastrukturaufgaben bleibt i.d.R. ein *öffentliches Interesse* erhalten. Neben der Versorgungssicherheit richtet sich dieses Interesse bes. auf die Qualität und den Preis der angebotenen Leistungen. Die Auftragsvergabe wird normalerweise über eine → Ausschreibung des Projekts erfolgen, in der Leistungsumfang und -merkmale beschrieben sind. Der Anbieter, der den Zuschlag erhält, muss die geforderten Leistungen während der Laufzeit des Projekts garantieren. Der öffentliche Auftraggeber wird sich ein Kontrollrecht vorbehalten und das Recht zur Vertragsauflösung bei ungenügender Leistung.

In-Game-Advertising – 1. *Begriff:* bezeichnet Werbung in Computer-, Online- und Videospielen; Kurzform: IGA; – 2. *Ausprägungen:* (1) *Statisch:* Die Werbemotive werden bereits bei der Entwicklung des Spiels in eine fest verankerte Position im Spiel eingefügt, z.B. als Plakat, Werbebanner, auf Autos, Gebäuden oder andere. (2) *Dynamisch:* Die Werbebotschaften werden bei Onlinespielen flexibel in programmierte Platzhalter geschaltet.

Ingangsetzungskosten → Aufwendungen für die Ingangsetzung und Erweiterung des Geschäftsbetriebes.

INGOs – Abk. für *International Non-Governmental Organizations;* internationale Organisationen (→ Internationales Management), die unter privater Trägerschaft geführt werden und nicht gewinnorientiert sind, z.B. internationale Unternehmerverbände. INGOs werden im „Yearbook of International Organizations" (herausgegeben von der Union of International Associations UIA) aufgenommen. – Vgl. auch → IGOs.

Ingredient Branding – 1. *Begriff:* Markenpolitik für eine Komponente eines Endprodukts, die einerseits wesentlicher Bestandteil des Endproduktes ist, andererseits aber in das Produkt eingeht und damit nicht mehr offen erkennbar ist (z.B. Mikroprozessoren in PCs, Verpackungen für Nahrungsmittel etc.). – 2. *Ziel:* für den Käufer relevante und wahrnehmbare

Eigenschaften wie bspw. die Qualität oder Leistungsfähigkeit, die er mit einzelnen Bestandteilen des Gesamtproduktes verbindet, auf das gesamte Produkt auszuweiten.

Inhaberaktie – auf den Inhaber lautende → Aktie. Im Unterschied zur → Namensaktie wird keine bestimmte Person, sondern der Inhaber als Berechtigter ausgewiesen, die mit der Aktie verbundenen Rechte geltend zu machen. Dadurch ist die Inhaberaktie formlos übertragbar und übereigenbar. Der Kontakt zwischen der AG und dem Aktionär ist anonym. § 10 I AktG erlaubt die Ausgabe von Inhaber- und von Namensaktien. Im Regierungsentwurf der → Aktienrechtsnovelle 2012, die voraussichtlich 2013 verabschiedet wird, wird für Inhaberaktien allerdings der Einzelverbriefungsanspruch gesetzlich ausgeschlossen. Hintergrund ist die Bekämpfung von Geldwäsche, die nach den Vorstellungen der OECD, auf die die Bundesrepublik mit der Gesetzesänderung reagiert, durch anonyme Inhaberaktien erleichtert wird. Bei Sammelurkunden erfolgen die Übertragungen der Anteile durch ggf. für Ermittlungsbehörden nachvollziehbare Kontenbuchungen. Im Referentenentwurf war noch die Streichung der Inhaberaktie vorgesehen worden. – Vgl. auch → Inhaberpapiere.

Inhabergrundschuld – selten vorkommende Form der → Grundschuld, bei der der → Grundschuldbrief auf den Inhaber ausgestellt wird (§ 1195 BGB). Inhabergrundschuld ist stets Briefgrundschuld. – *Anders:* → Inhaberhypothek.

Inhaberhypothek → Hypothek zur Sicherung einer Forderung aus einer Schuldverschreibung auf den Inhaber (→ Inhaberschuldverschreibung), aus einem → Wechsel oder aus einem anderen Wertpapier, das durch Indossament übertragen werden kann (§§ 1187–1189 BGB). – Die Inhaberhypothek ist kraft Gesetzes → Sicherungshypothek, auch wenn sie im → Grundbuch nicht als solche bezeichnet ist, um das Auseinanderfallen von persönlichem und dinglichem Anspruch zu vermeiden. Das Papier (z.B. der Wechsel) hat für den Inhaber ähnliche Bedeutung wie der → Hypothekenbrief bei der Hypothek. – Die Inhaberhypothek geht durch *Übertragung* des Papiers auf den Erwerber über. – Die Inhaberhypothek kann auch als → Höchstbetragshypothek bestellt werden.

Inhaberklausel – *Begriff:* Vermerk auf dem Inhaberpapier, dass die dort verbriefte Leistung dem jeweiligen Inhaber des Papiers zusteht. Damit kann das Recht aus dem Papier durch Übertragung der Urkunde weitergegeben werden. – Soweit bei *Versicherungsverträgen* der Versicherungsschein auf den Inhaber ausgestellt ist *(Inhaberpolice)*, ist er ein Ausweispapier. Die Inhaberklausel schützt den Versicherer. Bes. bei der → Lebensversicherung besagt die Inhaberklausel, dass der Versicherer jeden Inhaber des Versicherungsscheins als berechtigt für alle Ansprüche aus dem Versicherungsverhältnis ansehen kann, soweit nicht eine ausdrückliche Bezugsberechtigung festgelegt ist. Eine Inhaberklausel befreit den Versicherer jedoch dem wahren Berechtigten gegenüber dann nicht, wenn er bei Leistung an den Inhaber von dessen Nichtberechtigung Kenntnis besitzt. I.d.R. wird der Versicherer den Nachweis der Verfügungs- und Empfangsberechtigung verlangen.

Inhaberobligation → Inhaberschuldverschreibung.

Inhaberpapiere → Wertpapiere, bei denen der Berechtigte namentlich nicht genannt ist, sondern jeder Inhaber zur Inanspruchnahme der verbrieften Leistung legitimiert ist (→ Inhaberklausel). Die Rechte aus dem Inhaberpapier sind durch einfache → Übereignung des Papiers übertragbar. Inhaberpapiere sind deshalb für den Börsenhandel hervorragend geeignet. – Vgl. auch → Inhaberaktien, → Inhaberschuldverschreibung.

Inhaberscheck – gebräuchlichste Form des → Schecks, der auf den Inhaber oder auf eine bestimmte Person mit dem Zusatz „oder Überbringer" ausgestellt ist. Der Scheck ist von Gesetzes wegen ein → Orderpapier, wird aber durch die → Inhaberklausel zum Inhaberscheck.

Inhaberschuldverschreibung – *Inhaberobligation, Bearer Bond;* → Anleihe, die den Emittenten verpflichtet, an den jeweiligen Inhaber der Anleiheurkunde die Zinsen und den Rücknahmekurs bei Fälligkeit der Papiere zu leisten. Die Rechte aus der Urkunde werden wie bei jedem → Inhaberpapier durch Einigung und Übergabe übertragen. – Eine Verbriefung erfolgt heute oftmals in → Sammelurkunden, die in Sammeldepots verwahrt werden, und ein Anspruch auf Einzelverbriefung der Wertpapiere wird regelmäßig ausgeschlossen. Daher ist eine physische Übergabe nicht möglich. Sammeldepotanteile werden i.d.R. im Rahmen eines → Effektenkommissionsgeschäfts übertragen. Dabei tritt die Depotbank als Verkaufskommissionärin auf, die das Geschäft über die Börse abschließt. Nach § 24 II 1 → Depotgesetz (DepotG) vollzieht sich der Eigentumsübergang kraft Gesetzes durch die Depotgutschrift.

Inhaltsangabe – bestimmte Kennzeichnung der Beschaffenheit von Waren. Unter Strafandrohung vorgeschrieben nach dem Lebensmittel- und Futtermittelgesetzbuch. Ausgestaltung der Verpackung und die Bezeichnung von bestimmten Lebensmitteln sind festgelegt, um irrtümliche Vorstellung des Käufers über Menge und Beschaffenheit der zum Verkauf gestellten Lebensmittel auszuschließen (§ 11 LFBG).

Inhaltsnormen – normative Bestimmungen im → Tarifvertrag, die den Inhalt des einzelnen → Arbeitsverhältnisses regeln, z.B. Löhne, Zulagen, Arbeitszeit und Urlaub (§ 1 TVG).

Inhibitors – Vorstellungen der Konsumenten über Faktoren, die für ihre → Kaufentscheidung wichtig sind, die aber nicht in die → Einstellung gegenüber einem Objekt eingehen, z.B. der erwartete aktuelle Preis und die Erhältlichkeit einer Marke in einem Geschäft. Wegen der Inhibitors entspricht das → Konsumentenverhalten nicht vollständig der → Einstellung.

In-House Banking – Bezeichnung für die Erledigung von traditionell über Banken abgewickelten Finanzgeschäften durch die Finanzabteilungen von Großunternehmen. – Vgl. auch → Disintermediation.

In-House-Netz – *hausinternes Netz;* Oberbegriff für → Nebenstellenanlagen, → lokale Netze und herstellerspezifische Datenverarbeitungsnetze (→ Netz), die räumlich auf ein begrenztes Gelände beschränkt sind.

Initial Margin → Margin.

Initial Public Offering → IPO.

Initialzündung → Pump-Priming.

Initiativrecht – I. Arbeitsrecht: Recht des → Betriebsrats, eine Angelegenheit dem Arbeitgeber zur Entscheidung vorzulegen und im Falle der Nichteinigung in den Fällen der Mitbestimmung zur verbindlichen Entscheidung vor die Einigungsstelle zu bringen („Regelungsanspruch"), z.B. in sozialen Angelegenheiten nach § 87 II BetrVG oder beim Sozialplan nach § 112 IV BetrVG.

II. Staats- und Verfassungsrecht: Bezeichnung für das Recht desjenigen, der Gesetze in die gesetzgebende Körperschaft einbringen kann. Nach dem Grundgesetz steht das Initiativrecht für die Einbringung von Gesetzesvorlagen in den Bundestag der → Bundesregierung, Mitgliedern des → Bundestags (meist Fraktionen, "aus der Mitte des Bundestags") und dem → Bundesrat zu (Art. 76 Abs.1 GG). Im Bundesrat bedürfen die Gesetzesanträge einzelner Landesregierungen zu Gegenständen der Bundesgesetzgebung der Mehrheit der Stimmen des Bundesrats, um sie als Gesetzesvorlage des Bundesrats beim Bundestag einbringen zu können.

Inkasso – Einzug von Forderungen, v.a. von Schecks (Scheckinkasso), Lastschriften (Lastschriftinkasso), Wechseln (Wechselinkasso), Zins- und Dividendenscheinen, fälligen Schuldverschreibungen und Dokumenten (Dokumenteninkasso). – *Vergütung für Inkasso:* → Inkassoprovision. – Vgl. auch → Inkassogeschäft.

Inkassoabtretung – *Inkassozession;* → Forderungsabtretung zum Inkasso, mit der Forderungen auf einen Dritten (Inkassostelle) übertragen werden, damit dieser die Forderungen für den Gläubiger einziehen kann. Gegenüber dem Schuldner hat der neue Gläubiger (→ Zessionar) die vollen Rechte des Alt-Gläubigers (→ Zedenten) und kann damit die Geldforderung verlangen, allerdings hat die Inkassostelle das eingezogene Geld an den Altgläubiger auszuzahlen. Das Einziehen von Forderungen ist eine Dienstleistung von Inkassounternehmen, wofür ein Entgelt verlangt werden kann (Geschäftsbesorgungsvertrag gemäß §§ 675,670 BGB). Damit verbleibt das Risiko, dass Forderungen uneintreibbar sind, beim Alt-Gläubiger. Beispiel für Inkassostellen: die Verrechnungsstellen der Ärzte. Auch mit einer Einzugsermächtigung wird das Ziel verfolgt, eine Forderung für einen Auftraggeber einzuziehen, jedoch verbleiben hierbei die vollen Rechte beim Alt-Gläubiger, da die Forderungen nicht abgetreten werden. (*außerdem anders:* → Sicherungsabtretung, → echtes Factoring)

Inkassobüro – gewerbliches Unternehmen, das sich mit der Einziehung fremder oder zu Einziehungszwecken abgetretener Forderungen befasst (→ Inkasso). Den Inkassobüros steht meistens das Material von Auskunfteien zur Verfügung, sodass sie ihre Maßnahmen entsprechend einrichten und in aussichtslosen Fällen unnötige Kosten vermeiden können. – Die *Aufnahme des Betriebs* ist nach § 14 GewO anzeigepflichtig, unterliegt aber außerdem als geschäftsmäßige Besorgung fremder Rechtsangelegenheiten einer bes. Erlaubnis nach § 10 I Nr. 1 des Rechtsdienstleistungsgesetzes vom 12.12.2007 (BGBl. I 2840) m.spät. Änd.

Inkassogeschäft – 1. *Allgemein:* Einziehung (→ Inkasso) von → Schecks, → Lastschriften und → Wechseln, u.a. durch ein Kreditinstitut. Grundlage des Inkassogeschäftes ist der Inkassoauftrag eines Kunden (Geschäftsbesorgungsvertrag im Rahmen des Girovertrages). Darin ist die Bank verpflichtet, den Einzug auf dem schnellsten und sichersten Wege unter sorgfältiger Auswahl und Unterrichtung der nachgeordneten Stelle vorzunehmen. Der Inkassoauftrag gilt durch Übergabe des Papiers und die Anfertigung des Einzugsauftrags als erteilt. Im Geschäftsverkehr werden fast ausschließlich – in zunehmendem Umfang in elektronischer Form – Lastschriften und Schecks eingereicht. Wechsel werden nach dem Wegfall des Diskontgeschäfts mit Beginn der → Europäischen Währungsunion (EWU) zum 1.1.1999 kaum noch zum Einzug eingereicht und fast nur noch als Sicherheit, z.B. im Rahmen der Refinanzierung bei der Zentralbank, genutzt. – 2. *Arten:* a) *Scheckinkasso:* Schecks unter 6.000 Euro werden im → beleglosen Scheckeinzug (BSE), Schecks ab 6.000 Euro im → imagebasierten Scheckeinzug (ISE) eingezogen. Schecks werden „Eingang vorbehalten" dem Konto des Einreichers gutgeschrieben. Die Allgemeinen Geschäftsbedingungen der Kreditinstitute sehen i.d.R. vor, dass diese berechtigt sind, Verfügungen über gutgeschriebene Beträge erst zuzulassen, nachdem die Einlösung des Schecks feststeht oder – bei Zahlungsvorgängen aus dem beleglosen Scheckeinzug (BSE) - Rücklieferungen nicht mehr zu erwarten sind. – b) *Lastschriftinkasso:* Lastschriften werden – im Gegensatz zum Scheck – nicht vom Zahlungspflichtigen, sondern vom Zahlungsempfänger initiiert. Grundlage für die Einreichung von Lastschriften ist eine sog. Inkassovereinbarung zwischen dem Zahlungsempfänger und seinem Kreditinstitut (1. Inkassostelle). Die Lastschrift wird „Eingang vorbehalten" dem Konto des Einreichers gutgeschrieben und im → Lastschriftverfahren eingezogen.

Inkassoindossament → Prokuraindossament.

Inkassokommission – Übernahme der Einziehung von Forderungen in eigenem Namen für fremde Rechnung, z.B. durch die Bank für ihre Kunden. Die Inkassokommission unterliegt den Regeln des (unechten) → Kommissionsgeschäfts (§ 406 HGB).

Inkassoprovision – Vergütung für den Geldeinzug (→ Inkasso). – 1. Inkassoprovision steht dem *Handelsvertreter* zu, wenn er nach dem Dienstvertrag bes. beauftragt ist, das Entgelt aus den abgeschlossenen Geschäften einzuziehen (§ 87 IV HGB). – 2. Inkassoprovision der *Kreditinstitute* wird meist nach dem Betrag berechnet, z.B. für Wechselinkasso 1 Promille vom Wechselbetrag. Kreditinstitute untereinander erheben meist keine Inkassoprovision.

Inkassorisiko → Delkredererisiko.

Inkassovollmacht – eine zur Einziehung von Forderungen berechtigende → Vollmacht. → Handlungsreisende und → Handelsvertreter sind ohne bes. Inkassovollmacht nicht befugt, Zahlungsfristen zu gewähren oder Zahlungen entgegenzunehmen (§ 55 HGB).

Inkassowechsel – *Einzugswechsel;* → Wechsel, den ein Kunde seinem Kreditinstitut zum Einzug der Wechselsumme einreicht. Bei Fälligkeit muss ein Wechsel zur Zahlung beim → Bezogenen (bzw. bei der Zahlstelle, i.d.R. die Hausbank des Bezogenen) vorgelegt werden. Dabei können Kunden ihr Kreditinstitut beauftragen, von dem Zahlungsverpflichteten den Wechselbetrag einzuziehen. Nach Eingang des Gegenwertes wird dem Kunden der Wechselbetrag gutgeschrieben.

Inkassozession → Inkassoabtretung (Abtretung von Forderungen zum Inkasso).

Inklusionsschluss – *direkter Schluss;* in der Statistik die Schlussweise von der → Grundgesamtheit auf eine ihr zu entnehmende Stichprobe. Bes. betrifft der Inklusionsschluss die Ermittlung von → Verteilungen von → Stichprobenfunktionen (z.B. des Stichprobendurchschnitts). Beim Inklusionsschluss wird unterstellt, dass die Verteilung des Merkmals in der Grundgesamtheit bekannt ist. Der Inklusionsschluss ist eine der theoretischen Grundlagen der → Inferenzstatistik.

Inkompatibilität – 1. *Allgemein:* Unvereinbarkeit, Unverträglichkeit. – 2. *Öffentliches Recht:* Unvereinbarkeit der gleichzeitigen Wahrnehmung mehrerer öffentlicher Ämter durch eine Person. – *Beispiel:* Berufsrichter darf nicht zugleich Aufgaben der gesetzgebenden oder vollziehenden Gewalt wahrnehmen, § 4 DRiG. – 3. *Gesellschaftsrecht:* Unvereinbarkeit von Vorstandstätigkeit und Aufsichtsratsmandat (§ 105 AktG).

inkrementale Planung – Planung, die ausgehend vom Istzustand schrittweise versucht, die wahrgenommenen Mängel abzubauen. Dabei lässt man sich von dem Grundsatz der Machbarkeit leiten. Aufgrund hoher Problem- und Umweltkomplexität wird die Planung eines Gesamtentwurfs (→ synoptische Planung) nicht als sinnvoll angesehen.

Inkrementalismus – Begriff der Budgettheorie: Methode der Haushaltsplanung (→ Haushaltsplan), u.a. in der Bundesrepublik Deutschland üblich. Die Bedarfsanmeldungen der einzelnen Verwaltungsstellen werden „von unten nach oben" gesammelt, koordiniert und mit Zu- oder Abschlägen versehen als → Haushaltsplan vorgestellt. Der Inkrementalismus kann zur Inflexibilität des Haushalts führen (→ politische Programmfunktion). – *Gegensatz:* → Programmorientierte Haushaltsplanung.

Inkubator – Einrichtungen bzw. Institutionen, welche Existenzgründer im Rahmen der Unternehmensgründung unterstützen. Der Gründer hat i.d.R. neben dem Zugriff auf fachliche Beratung, Qualifikation oder Coaching Unterstützung durch die notwendige Infrastruktur wie Büroräume und Kommunikationstechnologie. Zudem wird ein Zugang zu Netzwerken unterstützt. Inkubatorenzentren sind häufig öffentliche Institutionen wie Technologiezentren zur Förderung von Existenzgründung oder mit Venture-Capital-Gesellschaften bzw. → Business Angels verknüpft. Der Begriff Inkubator stammt ursprünglich aus dem Bereich der Medizin, wo er für die Bezeichnung von Brutkästen verwendet wird.

Inland – 1. *Allgemein:* das völkerrechtlich zum Gebiet eines Staates zugehörige Gebiet. – 2. *Ertragsteuerrecht/Erbschaftsteuerrecht:* wichtiges Kriterium für die Frage, ob eine Person der → unbeschränkten Steuerpflicht oder der → beschränkten Steuerpflicht unterworfen wird oder auf eine Einkunftsquelle im Rahmen der beschränkten Steuerpflicht zugegriffen wird. Zum Inland gehört aus der Sicht dieser Steuerarten nicht nur das Gebiet der Bundesrepublik, sondern zusätzlich auch der Deutschland zustehende Teil des Festlandssockels, soweit dort bestimmte wirtschaftliche Aktivitäten ausgeübt werden (§ 1 I Satz 2 EStG, § 1 III KStG, ähnlich § 2 II ErbStG). – 3. *Umsatzsteuer:* a) *Begriff:* Zum Inland zählt nach dem Umsatzsteuergesetz das Gebiet der Bundesrepublik Deutschland, aber ohne das Gebiet von Büsingen, das eine dt. Enklave in der Schweiz darstellt, ohne die Insel Helgoland, ferner ohne die Freihäfen des Kontrolltyps I und die Gewässer und Watten zwischen Hoheitsgrenze und Strandlinie und die dt. Schiffe und Luftfahrzeuge in den Gebieten, die zu keinen Zollgebieten gehören. Aus der Sicht anderer EU-Staaten und aus Sicht des Gemeinschaftsrechts gehören lediglich Helgoland und Büsingen nicht zum dt. Inland. – b) *Wirtschaftliche Bedeutung des Begriffs Inland:* Die Ausgrenzung einiger Gebiete aus dem Begriff Inland für umsatzsteuerliche Zwecke bezweckt teilweise eine Förderung von Gebieten mit bes. Problemen, da dort dann keine Umsatzsteuer erhoben werden muss (Büsingen, Helgoland). Teilweise ist aber nur eine Verwaltungsvereinfachung angestrebt, um die Durchfuhr von Waren nicht aufwendig als Einfuhren und

Ausfuhrlieferungen behandeln zu müssen (Freihäfen, Gewässer und Watten). In den letztgenannten Gebieten werden daher Umsätze und innergemeinschaftliche Erwerbe dennoch der dt. Umsatzsteuer unterworfen, wenn sie nicht unternehmerischen Zwecken, sondern z.B. konsumtiven Zwecken dienen (vgl. genauen Katalog der betreffenden Tatbestände in § 1 III UStG). – c) *Andere umsatzsteuerliche Gebietsbegriffe:* → Ausland, → Gemeinschaftsgebiet, → Drittlandsgebiet.

Inländer – natürliche und juristische Personen, die → Wohnsitz oder → gewöhnlichen Aufenthalt bzw. → Sitz im → Inland haben. – Im Sinn der *Zahlungsbilanzstatistik* zählen zu den Inländer auch die inländischen Gebietskörperschaften sowie die inländische Notenbank, nicht hingegen die Angehörigen des diplomatischen Corps und der im Inland stationierten ausländischen Streitkräfte. – Vgl. auch → Inländerkonzept.

Inländerbehandlung – Grundsatz des zwischenstaatlichen gewerblichen Rechtsschutzes, Urheber- und Wettbewerbsrechts, der Ausländer Inländern gleichstellt. Er ist für alle → Immaterialgüterrechte nunmehr in Art. 3 des Übereinkommens über handelsbezogene Aspekte der Rechte des geistigen Eigentums (TRIPS) vom 15.4.1994 (BGBl. II 1730) niedergelegt. – 1. *Gewerblicher Rechtsschutz und Wettbewerbsrecht:* Für die → gewerblichen Schutzrechte und das Wettbewerbsrecht (→ Deutsches Kartellrecht) ist Grundlage des Anspruchs auf Inländerbehandlung die → Pariser Verbandsübereinkunft zum Schutz des gewerblichen Eigentums (PVÜ), derzufolge die Angehörigen jeden Verbandslandes unabhängig davon, ob sie in den anderen Verbandsländern einen Wohnsitz oder eine Niederlassung haben, den gleichen Schutz für Erfindungen, Muster, geschäftliche Bezeichnungen, Herkunftsangaben und Ursprungsbezeichnungen sowie gegen unlauteren Wettbewerb nach Maßgabe des innerstaatlichen Rechts genießen wie Inländer (Art. 2 PVÜ). Angehörige von Nichtverbandsländern können Inländerbehandlung beanspruchen, wenn sie einen Wohnsitz oder eine Niederlassung in einem Verbandsstaat haben (Art. 3 PVÜ). Im → Sortenschutzrecht gilt Inländerbehandlung gemäß Art. 3 des Internationalen Übereinkommens über den Schutz von Pflanzenzüchtungen. Der Grundsatz der Inländerbehandlung lässt Rechtsvorschriften unberührt, nach denen Inlandsvertreter zu bestellen sind (Art. 2 III PVÜ; vgl. §§ 25 PatG, 28 GebrMG, 11 II HalbleiterSchG, 96 MarkenG, 58 GeschmMG, 15 II SortenSchG, Art. 133 II EPÜ). – 2. *Urheberrecht:* Das Urheberrecht gewährt Inländerbehandlung nach Maßgabe der → Revidierten Berner Übereinkunft zum Schutz von Werken der Literatur und Kunst (Art. 5 RBÜ) und im Verhältnis zu Staaten, die diesem Übereinkommen nicht angehören, gemäß Art. 2 → Welt-Urheberrechts-Abkommen. Der Grundsatz der Inländerbehandlung ist ferner in einigen zweiseitigen Staatsverträgen niedergelegt, von denen der mit dem Iran, der weder der Revidierten Berner Übereinkunft noch dem Welt-Urheberrechts-Abkommen angehört, noch von Bedeutung ist (RGBl. 1930 II 981). Vom Grundsatz der Inländerbehandlung weicht lediglich die im Verhältnis zu einigen südamerikanischen Ländern geltende → Übereinkunft von Montevideo ab, die vom Territorialitätsgrundsatz ausgeht und den Werken in den Verbandsländern Schutz nach Maßgabe des Rechts des Staates der ersten Veröffentlichung gewährt (Art. 2). Im Verhältnis zu Staaten, die keinem der genannten Abkommen angehören, gilt § 121 I–III, IV Satz 2, V, VI UrhG. Europarechtlich ist daneben das Diskriminierungsverbot (Art. 12 EG-Vertrag) zu beachten, sodass Werke von EU-Bürgern in der Bundesrepublik Deutschland Urheberrechtsschutz nach dem Urhebergesetz genießen, gleichviel, ob und wo diese Werke erschienen sind (§ 120 UrhG, Art. 12 EG-Vertrag). Der Grundsatz der Inländerbehandlung gilt ferner nach Maßgabe des → Rom-Abkommens zugunsten der Leistungsschutzrechte der ausübenden Künstler, der Hersteller von Tonträgern und der Rechte der Sendeunternehmen (Art. 4–7 Rom-Abk.); im Verhältnis zu Staaten, mit denen kein Abkommen besteht, richtet sich der Schutz nach §§ 125 ff. UrhG. Zugunsten der Hersteller von Tonträgern ist das Genfer Tonträgerabkommen geschlossen worden, für Fernsehsendungen gelten eine Reihe europäischer Abkommen.

Inländerkonvertibilität → Konvertibilität. – *Gegenteil:* → Ausländerkonvertibilität.

Inländerkonzept – statistischer Begriff der → Volkswirtschaftlichen Gesamtrechnung (VGR): Inländer sind alle Wirtschaftseinheiten (Institutionen und Personen), die ihren ständigen Sitz bzw. Wohnsitz innerhalb der betrachteten Volkswirtschaft haben, daher oft auch als Wohnortkonzept bezeichnet. Für die Abgrenzung ist i.Allg. die Staatsangehörigkeit ohne Bedeutung. – *Anders:* → Inlandskonzept.

Inlandskonzept – Begriff der → Volkswirtschaftlichen Gesamtrechnung (VGR): Beim Inlandskonzept erfolgt die Abgrenzung etwa von Einkommen oder der Erwerbstätigen nach dem geographisch bestimmten Wirtschaftsgebiet, unabhängig von der Zugehörigkeit des die Transaktion tätigenden Wirtschaftssubjekts, daher oft auch als Arbeitsortkonzept bezeichnet. Das Inlandskonzept erfasst somit die wirtschaftliche Tätigkeit von In- und Ausländern im Inland. – *Anders:* → Inländerkonzept.

Inlandsprodukt – Darstellung des Produktionsergebnisses einer Periode im Inland (→ Inlandskonzept). Das Inlandsprodukt unterscheidet sich vom → Nationaleinkommen um den gegenüber dem Ausland entstandenen Saldo der → Primäreinkommen. Es ist in erster Linie ein Produktionsmaß und dient als Indikator für die wirtschaftliche Leistungsfähigkeit einer Volkswirtschaft. Zu unterscheiden ist zwischen dem Bruttoinlandsprodukt (BIP) (einschließlich der Abschreibungen) und dem Nettoinlandsprodukt.

Inlandstourismus – Reisetätigkeit von Inländern im eigenen Land, unabhängig von der Reisemotivation und der Länge der Reise.

Inlandsvermögen – Vermögen, mit dem beschränkt Steuerpflichtige zu den → Substanzsteuern herangezogen werden. Der Umfang des Inlandsvermögens ist abschließend nach § 121 BewG zu bestimmen; es dürfen nur solche Schulden zum Abzug gebracht werden, die mit dem Inlandsvermögen wirtschaftlich verbunden sind. – *Beispiele:* inländischer Grundbesitz, inländisches Betriebsvermögen. – *Gegensatz:* → Gesamtvermögen.

Inlandsvertreter – Vertreter, der von Ausländern ohne Wohnsitz oder Niederlassung im Geltungsbereich der Gesetze über gewerbliche Schutzrechte zu ihrer Vertretung zu bestellen ist. – Vgl. auch → Inländerbehandlung.

Inlet – Zentrale eines Handelsunternehmens, durch die der zentrale Einkauf vorgenommen wird. – Vgl. auch → Outlet.

INN – Abk. für → International Nonproprietary Names.

Innenauftrag – *Hausauftrag;* → Auftrag, der nicht durch Kundenbestellung veranlasst ist (→ Kundenauftrag), sondern unmittelbar von betriebsinternen Stellen ausgeht: (1) Vorratsaufträge zur Lagerergänzung; (2) Aufträge zur Erstellung innerbetrieblicher Leistungen (Anlagen, Werkzeuge, aber auch Dienstleistungen, wie Reparaturen). – In der *Kostenrechnung* sind Innenaufträge im Interesse richtiger Kostenverteilung grundsätzlich wie → Kundenaufträge abzurechnen, wobei die verursachenden → Kostenstellen zugunsten der leistenden belastet werden. Ein derartiges Vorgehen ermöglicht eine Überwachung der Kostenentwicklung und Feststellung, ob die Selbstherstellung mit geringeren Kosten verbunden ist als der → Fremdbezug.

Innenfinanzierung – Maßnahmen zur → Kapitalbeschaffung innerhalb der Unternehmung. (1) *Innenfinanzierung aus Umsatzprozess:* Hierzu gehören die Innenfinanzierung aus einbehaltenem Gewinn (→ Selbstfinanzierung), aus Abschreibungen und über die Datierung von Rückstellungen. (2) *Innenfinanzierung aus Vermögensumschichtung:* Hierzu gehören finanzielle Folgen der Rationalisierung, Desinvestition auch nicht betriebsnotwendiger Güter und Sale-and-Lease-Back-Verfahren (→ Leasing). – Vgl. auch → Finanzierung, → Außenfinanzierung.

Innengeld → Inside Money.

Innengesellschaft → Gesellschaft bürgerlichen Rechts (GbR), die keine Außenwirkung entfaltet.

Innenrevision → interne Revision.

Innenumsätze – 1. *Begriff:* Umsätze zwischen Teilen ein und desselben umsatzsteuerlichen Unternehmens, v.a. zwischen Abteilungen und/oder Betrieben derselben Person oder zwischen verschiedenen Personen, die gemeinsam einen Organkreis bilden. – 2. *Umsatzsteuerliche Behandlung (Grundsatz):* Innenumsätze können, da zumindest aus umsatzsteuerlicher Sicht keine Leistung an eine andere Person vorliegt, niemals steuerbar sein. – 3. *Ausnahmen:* a) Innergemeinschaftliche → Verbringung ist zwar ein Innenumsatz, aber aufgrund der Sondervorschriften in § 1a II bzw. § 3 Ia UStG dennoch steuerbar. – b) Umsätze zwischen verschiedenen Gesellschaften desselben Konzerns gelten umsatzsteuerlich dann nicht als Innenumsatz, wenn sie grenzüberschreitend sind; die Wirkungen der Organschaft sind auf das Inland begrenzt. – 4. *Besonderheiten bei Rechnungserstellung:* Auch der irrtümliche Ausweis von Umsatzsteuer in einem unternehmensinternen Abrechnungspapier kann entgegen den allg. Regeln (§ 14b, c UStG) nicht zu einer Umsatzsteuerpflicht führen, da der Begriff der Rechnung voraussetzt, dass sie einer anderen Person ausgestellt wird, und es somit unternehmensintern keine → Rechnung im umsatzsteuerlichen Sinn geben kann, selbst wenn diese Bezeichnung verwendet worden sein sollte.

innerbetriebliche Leistungen – *eigene Leistungen, Wiedereinsatzleistungen.* 1. *Begriff:* Leistungen des Betriebs, die nicht für den Absatz bestimmt sind; bes. die Leistungen der allg. Kostenstellen, Materialstellen, Fertigungshilfsstellen, Entwicklungs- und Forschungsstellen, Verwaltungs- und Vertriebsstellen. Auch Fertigungsstellen können an der Erstellung innerbetrieblicher Leistungen beteiligt sein, z.B. mit der Ausführung von Innenaufträgen zur Eigenerstellung von Anlagen, Maschinen, Werkzeugen etc., die im Produktionsprozess wieder eingesetzt werden sollen. – 2. *Buchung:* Soweit innerbetriebliche Leistungen zur Fertigung von Anlagen für den Eigenbetrieb führen, sind sie mit den → Herstellungskosten zu aktivieren (Anlagenkonto an „andere aktivierte Eigenleistungen“) und abzuschreiben. – 3. *Verrechnung:* → innerbetriebliche Leistungsverrechnung.

innerbetriebliche Leistungsverrechnung – *Sekundärkostenrechnung;* Verrechnung von Kosten innerhalb der → Kostenstellenrechnung. 1. *Grundansatz:* Neben absatzbestimmten Leistungen wird bes. in den → Hilfskostenstellen eine Vielzahl von → innerbetrieblichen Leistungen erstellt, deren Kosten den → Kostenstellen zugerechnet werden müssen, die ihren Anfall ausgelöst haben. Dem Leistungsfluss entsprechend bedeutet dies v.a. eine Verrechnung von Kosten der Hilfskostenstellen auf andere Hilfskostenstellen (z.B. Kosten der Stromlieferung vom unternehmenseigenen Kraftwerk an den Werkschutz) oder auf → Hauptkostenstellen (z.B. Kosten der Erstellung von Arbeitsplänen von der Arbeitsvorbereitung an die zugeordneten Fertigungsstellen), mit dem der Abrechnungslogik der → Vollkostenrechnung entsprechenden Ergebnis, dass nach Durchführung der innerbetrieblichen Leistungsverrechnung die Hilfskostenstellen völlig entlastet, ihre Kosten sämtlich den Hauptkostenstellen zugerechnet sind. Nur in Ausnahmefällen erbringen Hauptkostenstellen innerbetriebliche Leistungen für Hilfskostenstellen (z.B. Erstellung eines Ersatzteils für die Stromerzeugungsanlage durch die Dreherei). Diese müssen gesondert abgerechnet werden. Hierfür sind andere Verrechnungsverfahren erforderlich als für die zuerst angesprochene standardmäßige Verrechnung von Hilfskostenstellen auf andere Kostenstellen. – 2. *Verfahren zur vollständigen Entlastung von Hilfskostenstellen:* a) *Gleichungsverfahren:* Simultane Berechnung der Verrechnungssätze aller Hilfskostenstellen mithilfe von linearen Gleichungen. Die Zahl der Gleichungen entspricht der Zahl der betroffenen Kostenstellen, sodass sich stets eine eindeutige Lösung ergibt. Durch die Notwendigkeit des Formulierens von Gleichungen erweist sich das Gleichungsverfahren als aufwendig, kann jedoch als einziges Verfahren wechselseitige Leistungsverflechtungen zwischen Kostenstellen exakt erfassen (z.B. Stromlieferungen an die Werkstatt, die ihrerseits die Turbinenwartung vornimmt). Durch EDV-Lösungsverfahren leicht durchzuführen. – b) *Iterationsverfahren:* Dieses Verfahren ermöglicht ebenfalls eine Berücksichtigung wechselseitiger Leistungsverflechtungen, liefert jedoch nur eine (beliebig genaue) Näherungslösung. Durch Leistungsrückflüsse auftretende Verrechnungsfehler werden durch sukzessive Neuberechnungen immer mehr verkleinert. Aus diesem Grund lässt sich das Iterationsverfahren sinnvoll nur im Rahmen EDV-gestützter Kostenrechnungssysteme anwenden. – c) *Stufenleiterverfahren (Step Ladder System, Kostenstellenumlageverfahren, Treppenverfahren):* Grundprinzip des Stufenleiterverfahrens ist es, die Hilfskostenstellen so aufzureihen, dass jede Kostenstelle zwar an nachfolgende Kostenstellen innerbetriebliche Leistungen abgibt, selbst aber keine bzw. vernachlässigbar geringe Anteile von diesen erhält. Das Stufenleiterverfahren ist das in der traditionellen → Betriebsabrechnung am häufigsten angewendete Verrechnungsverfahren. Seine Genauigkeit (im Sinn des → Verursachungsprinzips) steht und fällt mit dem Umfang der Leistungsrückflüsse. – d) *Anbauverfahren:* Das Anbauverfahren vernachlässigt Leistungsströme zwischen den Hilfskostenstellen völlig, verrechnet jede Hilfskostenstelle somit direkt an Hauptkostenstellen. Es weist deshalb in aller Regel eine unzureichende Genauigkeit auf. – e) *Festpreisverfahren:* Das Festpreisverfahren verrechnet keine Istkosten der innerbetrieblichen Leistungen, sondern → Normalkosten oder → Plankosten (im Fall der Bewertung mit → Grenzkosten bzw. → Einzelkosten spricht man zuweilen vom *Grenz-Festpreis-Verfahren*). Durch den Verzicht auf exakte Berechnung ist das Festpreisverfahren leicht handhabbar und bes. für kurzperiodische (z.B. monatliche) Kostenauswertungen gut geeignet. – 3. *Verfahren für einzelne Leistungen:* a) *Kostenartenverfahren:* Das Kostenartenverfahren verrechnet lediglich die Einzelkosten einer innerbetrieblichen Leistung von einer Hauptkostenstelle auf eine (zumeist) Hilfskostenstelle. Die anteiligen Gemeinkosten verbleiben auf der leistenden Stelle. Durch die Beschränkung auf die Erfassung von Einzelkosten ist das Kostenartenverfahren leicht handhabbar, weist aber durch die Vernachlässigung der anteiligen Gemeinkosten (im Sinn des Verursachungsprinzips) Ungenauigkeiten auf. – b) *Kostenstellenausgleichsverfahren:* Entspricht bezogen auf die Verrechnung der Einzelkosten dem Kostenartenverfahren, verrechnet aber zusätzlich noch anteilige Gemeinkosten. Innerbetriebliche Leistungen werden nach dem Kostenstellenausgleichsverfahren in der gleichen Weise kalkuliert wie die absatzbestimmten Leistungen der betreffenden Hauptkostenstelle. – c) *Kostenträgerverfahren:* Dieses Verfahren wird dann angewandt, wenn mehrere Haupt-(ggf. auch Hilfs-) kostenstellen gemeinsam eine aktivierungspflichtige innerbetriebliche Leistung erstellen (z.B. Eigenbau einer Maschine). Wie es die Verfahrensbezeichnung ausdrückt, wird die innerbetriebliche Leistung als eigenständiger Kostenträger nach für die → Kostenträgerrechnung geltenden Prinzipien kalkuliert.

innerbetriebliche Logistik – früher teilweise synonym verwendet zu → Produktionslogistik; heute werden sämtliche innerbetrieblichen logistischen Prozesse unter dem Begriff Intralogistik zusammengefasst.

innerbetrieblicher Schadensausgleich → Haftung.

innerbetrieblicher Vergleich → Betriebsvergleich.

innerbetriebliche Stellenausschreibung → Ausschreibung von Arbeitsplätzen.

innerbetriebliche Weiterbildung – im Betrieb durchgeführte Maßnahmen der → Personalentwicklung zur Intensivierung des Wissens und der Fähigkeiten. – *Vorteil* gegenüber außerbetrieblichen Maßnahmen der Weiterbildung: Beeinflussbarkeit des Programmes hinsichtlich der Struktur der Teilnehmer und der Firmeninteressen. – *Nachteil:* häufig zu speziell auf die Situation des arbeitgebenden Unternehmens zugeschnittenes Programm.

innere Bilder – 1. *Begriff:* konkrete visuelle Vorstellung eines Menschen. – 2. *Arten:* (1) *Wahrnehmungsbilder:* Ein Wahrnehmungsbild entsteht, wenn der Gegenstand oder das Modell des Gegenstandes gerade sinnlich aufgenommen wird und (2) *Gedächtnisbilder (Memory Images oder Mental Images):* Ein Gedächtnisbild ist das gespeicherte Wahrnehmungsbild, das in Abwesenheit des Gegenstandes aus dem Gedächtnis abgerufen wird. – 3. *Merkmale innerer Bilder:* visuelle Vorstellungen, die (1) Wahrnehmungsqualitäten wie farbig oder komplex aufweisen und (2) vor dem inneren Auge betrachtet werden können. – 4. *Modalitäten innerer Bilder:* können visueller, akustischer, olfaktorischer, haptischer und geschmacklicher Natur sein. – 5. *Dimensionen innerer Bilder:* (1) Lebendigkeit *(Vividness)*, entspricht der Klarheit und Deutlichkeit, mit der das Bild vor den inneren Augen der Konsumenten steht; (2) Gefallen, drückt die positive oder negative Haltung aus, die das innere Bild begleitet und bestimmt, ob der Sachverhalt, der im Bild wiedergegeben wird, anziehend oder abstoßend empfunden wird; (3) Neuartigkeit; (4) Komplexität; (5) Intensität; (6) psychische Distanz. – 6. *Wirkungen innerer Bilder:* a) *Kognitive Wirkungen:* Innere Bilder können sachliches und räumliches Wissen verarbeiten und speichern, wobei vor allen Dingen räumliches Wissen verarbeitet wird. – b) *Emotionale Wirkungen:* Die bes. Eignung innerer Bilder liegt auf diesem Gebiet. Die durch emotionale Eindrücke erzeugten Gedächtnisbilder können als gespeicherte Emotionen aufgefasst werden. – c) *Verhaltenswirkung:* Je stärker die Dimensionen innerer Bilder, v.a. der Lebendigkeit, ausgeprägt sind, desto stärker ist der Einfluss des inneren Bildes auf das Verhalten. Gedächtnisbilder haben einen starken Einfluss auf das Verhalten, weil in einer Entscheidungs- oder Handlungssituation diese abgerufen werden und durch Anschaulichkeit und emotionale Ausstrahlung stärker auf das Verhalten durchschlagen als sprachliche Einstellungen. – 7. *Messung:* Innere Bilder sind dem Bewusstsein zugänglich, aber es ist anzunehmen, dass die befragten Personen nur bedingt in der Lage sind, ihre inneren Bilder adäquat verbal zu beschreiben. Trotzdem ist eine bewährte verbale Skala die Marks-Skala, auf der die Klarheit und Lebendigkeit innerer Bilder mittels Abstufungen erfasst werden. Es gibt darüber hinaus Messmethoden, die die Dimensionen innerer Bilder mit Bilderskalen erfassen. Es sind dies Skalen, die an ihren Polen Bilder aufweisen. – Vgl. auch → Imageryforschung.

innere Kündigung – *innere Emigration.* 1. *Begriff:* nicht explizit geäußerte mentale Verweigerung engagierter Leistung eines Mitarbeiters. Der Mitarbeiter will zwar seine Stellung behalten (keine → Kündigung als offizielle und rechtlich wirksame Beendigung des Arbeitsverhältnisses), beabsichtigt aber, sich aufgrund der von ihm als frustrierend empfundenen Arbeitssituation nicht (über ein minimal erforderliches Maß hinaus) zu engagieren. Die innere Kündigung vollzieht sich als lautloser Prozess, ist deshalb auch für Vorgesetzte und Unternehmensführung nur schwer zu erkennen und einzudämmen. – 2. Als *Möglichkeiten zur Lösung des Problems innere Kündigung* gelten: bessere Sinnvermittlung für die Mitarbeiter; kontinuierliche Mitarbeitergespräche; Förderung und Entwicklung einer vertrauensbasierten Unternehmungskultur; Gestaltung von Umgangsformen und interner Kommunikation; Selbsthinterfragung des Vorgesetzten und Veränderung seines Selbstverständnisses; Einrichtung kreativitätsfördernder, kleinerer Organisationseinheiten; Vermitteln und Umsetzen von Visionen.

innere Priorität → Prioritätsrecht.

innerer Lag → Lag.

innerer Wert einer Aktie – repräsentiert im Unterschied zu ihrem Börsen- bzw. Marktwert den wahren bzw. objektiven Wert einer Aktie. Dieser kann ermittelt werden als Substanzwert (→ Reproduktionswert) unter Einbeziehung stiller Reserven oder als → Ertragswert. Dem Ertragswert kommt bes. Bedeutung zu, er ergibt sich aus der Summe der Entwicklung aller Erfolgskomponenten der durch die Aktie repräsentierten Unternehmung in der Zukunft. Abweichende Aktienkurse basieren auf Über-/Unterbewertungen der Komponenten durch die Marktakteure. – Vgl. auch → fundamentale Aktienanalyse.

inneres Steuersystem → Steuersystem, das sich auf die zugrunde liegende Wertordnung in materieller Hinsicht bezieht. Die aus der Wertordnung resultierenden Prinzipien sind die tragenden Elemente des inneres Steuersystems. – *Gegensatz:* → äußeres Steuersystem.

innere Verbrauchsbesteuerung → Fabrikationssteuer.

innergemeinschaftliche Dienstleistungen – 1. *Begriff der Umsatzsteuer (ab 2010)*: Dienstleistungen, die ein Unternehmer aus einem Land der EU an einen Kunden aus einem anderen EU-Land erbringt, der Unternehmer ist und/oder über eine Umsatzsteuer-Identifikationsnummer verfügt. Zu den innergemeinschaftlichen Dienstleistungen zählen allerdings nur solche, die nicht unter zu den in § 3a III UStG geregelten Ausnahmefällen zählen. – 2. *Steuerliche Behandlung*: Innergemeinschaftliche Dienstleistungen sind im Land des Kunden zu versteuern (§ 3a II UStG 2010), und zwar nicht durch den leistenden Unternehmer, sondern durch den Kunden (→ Reverse-Charge-Verfahren); der leistende Unternehmer stellt seine Rechnung also netto und ohne Ausweis der Umsatzsteuer, er ist verpflichtet, dabei auf die Steuerschuldnerschaft des Kunden hinzuweisen. Zwecks Kontrolle der ordnungsgemäßen Versteuerung der bezogenen Leistung durch den Kunden ist der leistende Unternehmer verpflichtet, die von ihm erbrachten innergemeinschaftlichen Dienstleistungen regelmäßig in der → zusammenfassenden Meldung anzugeben und dabei für jeden Abnehmer die Umsatzsteuer-Identifikationsnummer und den Nettowert der von diesem bezogenen Dienstleistung anzugeben. Dabei sind die innergemeinschaftlichen Dienstleistungen aus statistischen Gründen getrennt von den → innergemeinschaftlichen Lieferungen anzugeben; in der Buchhaltung ist beides also getrennt aufzuzeichnen. Ob der Kunde (Leistungsempfänger) dann für die zu zahlende Umsatzsteuer wieder einen Vorsteuerabzug geltend machen kann, bestimmt sich nach allg. Grundsätzen (vgl. § 15 I, 15 II UStG analog).

innergemeinschaftliche Lieferungen – 1. *Begriff:* Lieferung eines Gegenstands von einem Mitgliedsstaat der EU in einen anderen Mitgliedsstaat, wenn der Käufer des betreffenden Gegenstands wegen dieses Vorgangs im Zielland der → Erwerbsteuer unterliegt. Für innergemeinschaftliche Lieferungen erhält der Verkäufer eine Steuerbefreiung, wenn er nachweist, dass eine innergemeinschaftliche Lieferungen vorliegt (§ 6a UStG). – 2. *Voraussetzungen der Steuerbefreiung:* a) Erwerbsteuerpflicht des Kunden: → Erwerbsteuer. – b) Belegnachweis der innergemeinschaftlichen Lieferungen sowie entsprechender → Buchnachweis (§ 17a–c UStDV), dabei zwingend nötig: Aufzeichnung der Umsatzsteuer-Identifikationsnummer des Erwerbers. – 3. *Vorsteuerabzug* wird für innergemeinschaftliche Lieferungen gewährt, obwohl sie steuerfrei sind, weil es sich um Exportumsätze handelt (§ 15 II Nr.1, § 15 III Nr.1 UStG). – 4. Im Sonderfall der → Verbringung wird im Herkunftsland des Gegenstands stets das Vorliegen einer innergemeinschaftlichen Lieferung fingiert (§ 6a II UStG); auch die Verbringung ist deshalb (nur) steuerfrei, wenn die ordnungsgemäße Versteuerung bei der Erwerbsteuer im Zielland des Gegenstands bewiesen werden kann. – 5. *Meldepflichten:* Innergemeinschaftliche Lieferungen müssen unter Angabe der Umsatzsteuer-Identifikationsnummern der jeweiligen Käufer in regelmäßigen Abständen (jedes Quartal, ab 2010 voraussichtlich jeden Monat) der Finanzverwaltung gemeldet werden (→ zusammenfassende Meldung), die die Datenbestände dann mit anderen Mitgliedsstaaten abgleicht, um zu kontrollieren, ob die angeblich in andere Mitgliedsstaaten gelieferten Warenbestände im Zielland auch tatsächlich der Erwerbsteuer unterworfen wurden. – 6. *Anders:* Nicht von innergemeinschaftlichen Lieferungen spricht man, wenn der Empfänger der Ware zwar in einem anderen Land der EU ist, aber nicht der Erwerbsteuer unterliegt (sondern z.B. eine Privatperson ist; → Versandhandelsregelung).

innergemeinschaftlicher Erwerb → Erwerbsteuer.

innergemeinschaftlicher Reiseverkehr → Reiseverkehr.

innergemeinschaftlicher Verkehr – *Warenbewegungen im Europäischen Binnenmarkt* – 1. *Privatpersonen:* Diese können im innergemeinschaftlichen Verkehr grundsätzlich Waren aus- und einführen, ohne dass eine Entlastung oder Belastung mit Umsatzsteuer stattfindet (→ Internationales Steuerrecht (IStR)). Ausnahmen gelten für den innergemeinschaftlichen Versandhandel sowie für die innergemeinschaftliche Lieferung neuer Fahrzeuge, für die unter bestimmten Voraussetzungen das Ursprungslandprinzip durch das → Bestimmungslandprinzip abgelöst wird. – 2. Für *vorsteuerabzugsberechtigte Unternehmer* ist eine Lieferung von Waren in ein anderes EU-Land als → innergemeinschaftliche Lieferung steuerfrei, wenn die Steuerzahlung dort im Wege der → Erwerbsteuer vom Kunden übernommen wird. Ist das nicht der Fall, wird der Lieferant entweder nach der sog. → Versandhandelsregelung (§ 3c UStG) selbst zur Zahlung der Steuer im anderen Land herangezogen, oder aber die Lieferung bleibt für den Lieferanten in seinem eigenen Heimatland steuerpflichtig. – 3. *Verbrauchsteuerlich* gilt der Grundsatz, dass die Mitgliedsstaaten zwar Verbrauchsteuern erheben, dies aber nicht mit Formalitäten beim Grenzübertritt verbunden sein darf.

innergemeinschaftliches Verbringen → Verbringung.

Innovation – **I. Allgemein:** Bezeichnung in den Wirtschaftswissenschaften für die mit technischem, sozialem und wirtschaftlichem Wandel einhergehenden (komplexen) Neuerungen. – Bisher liegt *kein geschlossener, allg. gültiger* Innovationsansatz bzw. keine allg. akzeptierte Begriffsdefinition vor. Gemeinsam sind allen Definitionsversuchen die *Merkmale:* (1) *Neuheit* oder *(Er-)Neuerung* eines Objekts oder einer sozialen Handlungsweise, mind. für das betrachtete System und (2) *Veränderung* bzw. *Wechsel* durch die Innovation in und durch die Unternehmung, d.h. Innovation muss entdeckt/ erfunden, eingeführt, genutzt, angewandt und institutionalisiert werden. – *Anders:* → Invention.

II. Betriebswirtschaftslehre: 1. *Begriffsinterpretationen:* (1) *Leitvorstellung* bzw. *Denkhaltung von Unternehmern und Managern:* Beim innovativen Unternehmen z.B. finden Neuerungen ihren Niederschlag in der Unternehmens- und Produktpolitik; (2) *Sozialtechnologie*, z.B. als Programme oder Ansätze zur Beschreibung, Erklärung und Beeinflussung des geplanten organisatorischen Wandels; (3) *strategisches Konzept:* (Technische) Innovationen dienen als „Waffe" im (internationalen, technologischen) Wettbewerb und helfen dem Unternehmen, Wachstum zu erzielen; (4) *analytische Variable* (bei gesamtwirtschaftlicher Betrachtungsweise): Innovation bzw. → technischer Fortschritt ist das erklärende Moment, warum eine Produktionsfunktion eine nächsthöhere Stufe der wirtschaftlichen Entwicklung oder des Wachstums erreicht. – 2. *Betrachtungsweisen:* a) Innovation als *Problem:* (1) An- und Verwendung von Erfindungen (Inventionen) ist das Problem (Hier ist die Lösung, wo ist das Problem?). (2) Für viele Probleme werden keine Ideen, Forschungs- und Entwicklungsergebnisse oder Inventionen gefunden, weil man sie nur in eingegrenzten Lösungsräumen zu finden sucht, → Kreativitätstechniken und teamartige Projektgruppen für innovative Problem- und Aufgabenstellungen sind Lösungsalternativen (Hier ist das Problem, wo ist die Lösung?). (3) Für Kundenprobleme müssen Innovationen gefunden werden, die ihnen helfen, durch deren An- und Verwendung ihre Probleme zu lösen (Hier ist unsere Kundengruppe, wo ist deren Problem und wo ist unsere Lösung für deren Problem?). – b) Innovation als *Objekt:* Innovation ist eine subjektiv neue Idee, Verfahrensweise (Prozess-Innovation) oder ein neues Produkt (Produkt-Innovation); das „neue Objekt" bildet den Gegenstand der Untersuchung, wie man ihn vorwiegend bei Arbeiten aus der Diffusionsforschung findet (→ Adoption, → Diffusion). – c) Innovation als *Prozess:* Innovation ist ein Prozess, der sich von der Exploration und Analyse eines Problems, der Ideensuche und -bewertung, Forschung, Entwicklung und Konstruktion, Produktions- und Absatzvorbereitung bis zur Markteinführung, d.h. in mehreren Phasen innerhalb und außerhalb der Organisation, abspielen kann; es benötigt ein institutionalisiertes unternehmerisches Subsystem (→ Technologiemanagement), wenn die Innovation nicht dem Zufall überlassen werden soll. Die einzelnen Phasen sowie ihre Gesamtheit bilden Untersuchungsgegenstände, z.B. → Forschung und Entwicklung (F&E), betriebliche Organisationsforschung, → Marketing, → strategisches Management oder → Industrieökonomik. – 3. *Organisatorische Aspekte:* a) Aufgrund dieses vielfältigen komplexen und dynamischen Problemfeldes (technischer) Innovation ist Innovation *Führungsaufgabe strategischer und operativer Art*. Technologischer sowie wirtschaftlicher Vollzug erfolgen in drei betrieblichen *Teilprozessen:* (1) Forschungs- und Entwicklungsvorhaben werden innerhalb oder außerhalb der Unternehmung erfolgreich durchgeführt; Ergebnisse der Forschung, Entwicklung sowie Konstruktion, Inventionen bzw. „Innovationsideen“ werden der Unternehmung ausreichend zur Verfügung gestellt (→ Technologietransfer). (2) Die Führung erkennt die ökonomische Relevanz der Forschungs- und Entwicklungsergebnisse/Investitionen (→ technologische Voraussagen, → Technologiefolgenabschätzung) und besitzt die Innovationsbereitschaft und -fähigkeit, die ursprünglichen Erfindungen produktionsreif zu entwickeln, herzustellen und zu vermarkten bzw. als Verfahrensinnovationen einzusetzen. (3) Ein Technologiemanagement wird institutionalisiert, um eigene Forschungs- und Entwicklungsvorhaben oder technisches Know-how durch Technologietransfer nicht der Eigendynamik und dem Zufall zu überlassen, sondern gezielt eine Innovation zu erzielen. – b) Mit dem Führungsproblem rücken weitere Aspekte und Faktoren von (technischen) Innovationen im Unternehmen in den Vordergrund: Die Notwendigkeit von Innovation für Unternehmen führt im konkreten Innovationsprozess zu *inner- und außerbetrieblichen Folgeproblemen* (erhebliche Innovationswiderstände, Akzeptanzprobleme), die durch das innovierende Unternehmen als weitere Führungsprobleme mitbewältigt werden müssen: (1) Das Objekt der Innovation (Produkt-, Material-, Informations- und/oder Verfahrensinnovation) induziert i.d.R. *Sozialinnovationen*, z.B. Veränderungen der → Ablauforganisation, Verhaltensänderung bei den Organisationsmitgliedern mittels → Organisationsentwicklung, Verhaltensänderungen bei Lieferanten und Kunden. (2) Innovative Problemstellungen zeichnen sich durch *dominante Merkmale* wie Neuheitsgrad, Komplexität, Unsicherheit/Risiko und Konfliktgehalt aus. (3) Innovationen werden innerbetrieblich durch *sozial-organisatorische Bedingungen* unterstützt (Zielsystem, Anreizsystem, Führungsstil, Projektmanagement etc.). (4) *Spezifische Führungsfunktionen, -techniken und -attitüden eines Fach- und Machtpromotors* als Mitwirkungsformen des Managements. (5) *Schaffung innovationsfördernder Rahmenbedingungen* sowie Erfassung und Förderung *„kreativen“ Personals* mittels betrieblichen Vorschlagswesens, → Qualitätszirkeln, Erfinder-Beauftragten etc. (6) Bereitstellung von *Risikokapital* (Venture-Capital). (7) Berücksichtigung von marktorientierten Diffusionsbedingungen und -determinanten als Probleme eines *Innovationsmarketings* (Variablen der Kunden, Variablen des Sozialsystems, Variablen und Instrumente des Marketings) als auch wahrgenommene Charakteristika der Innovation durch den potenziellen Kunden (relativer Vorteil, Anschaulichkeit des Vorteils, „spielerische“ Aneignungsmöglichkeiten der Vorteile der Innovation, Neuartigkeit/Komplexität, Grad der Anpassung an bestehende Struktur wie Kompatibilität und Integrationsfähigkeit).

Innovationsbarrieren – Ursachen für das Verzögern bzw. Verhindern von Innovationsprojekten aufgrund ablehnendem intuitiven und z.T. irrationalen menschlichem Verhalten gegenüber (Er-)Neuerungen, z.B. durch das Festhalten an Gewohnheit und Tradition. Die Barriereforschung ist ein eigener sozial- und organisationspsychologischer Bereich der → Innovationsforschung. Die Analyse und Berücksichtigung von Ursachen von Innovationsbarrieren kann den Erfolg von Innovationen auch positiv beeinflussen (→ Consensus Management).

Innovationscontrolling – Informationsbeschaffung, Entscheidungsunterstützung und Koordination des Innovationsmanagements unter Berücksichtigung der zeit- und kostenoptimierten Planung und Realisierung des Innovationsprogramms oder konkreter Innovationsprojekte. Induziert wird die Entwicklung eines Innovationscontrollings häufig durch die Einsicht, dass neue Produkte in der Markteinführung nicht erfolgreich waren und die Entwicklung und Produktion nicht den Marktanforderungen entsprachen bzw. zu teuer oder technisch nicht befriedigend realisiert wurden. Das Innovationscontrolling wird am → Innovationsprozess ausgerichtet. Neben der Ableitung von Innovationszielen des Unternehmens aus Umsatz-, Gewinn- und Wertsteigerungszielen durch Anwendung der → Gap-Analyse unterstützt das Innovationscontrolling die Ideenbewertung und -auswahl. Projekt- und programmbezogene Innovationsbudgets und ihre Quantifizierung z.B. durch das Target Budgeting stellen weitere Aufgaben des Innovationscontrolling dar. Das Innovationscontrolling bildet eine Querschnittsfunktion zum Projektcontrolling bzw. der Absatzwirtschaft. Qualitative und quantitative Verfahren sowie → Kennzahlen bzw. → Kennzahlensysteme unterstützen die Transparenz der Zielerreichung des Innovationsmanagements.

Innovationsdichte – Messziffer zur Messung regional unterschiedlicher technischer → Innovationen je 10.000 oder 100.000 Einwohner einer Gebietseinheit. Gezählt werden entweder → Patente oder Meldungen in Fachzeitschriften.

Innovationsfähigkeit – Leistungsfähigkeit einer Institution, bezogen auf das Hervorbringen von Neuerungen. Innovationsfähigkeit wird bestimmt durch → Innovationspotenzial und → Innovationsklima. Kriterien zur Beurteilung der unternehmerischen Innovationsfähigkeit nach European Management Forum: (1) Hohe Wachstumsrate im Vergleich zu Unternehmen der gleichen Branche, (2) beachtenswerte soziale Leistungen, (3) Verhalten in wirtschaftlichen Krisensituationen, (4) Qualität von Planungsmechanismen, (5) externe Beziehungen, (6) rationeller Einsatz materieller Ressourcen, (7) Organisation der Produktion, (8) Geschäftsdynamik, (9) Umfang von Forschung und Entwicklung, (10) Auslandsaktivitäten, (11) finanzielle Sicherung der Zukunft, (12) Persönlichkeit der Unternehmensleitung.

Innovationsförderung – 1. *Begriff:* Maßnahmen der → Wirtschaftsförderung, die den Unternehmen die Durchführung von Innovationen erleichtern sollen. – 2. *Ziele:* Stärkung der Fähigkeit und Bereitschaft der Unternehmen, ihre Position im Wettbewerb (v.a. auch im internationalen Wettbewerb) durch innovatorische Bemühungen zu verbessern. Beschleunigung der Realisierung technischen Fortschritts auf Unternehmensebene, bezogen auf die Entwicklung neuer Produktionsverfahren *(Verfahrensinnovationen)* und/oder neuer Produkte *(Produktinnovationen).* – 3. *Formen:* a) Unterstützung der Unternehmen bei eigenen Forschungs- und Entwicklungsaktivitäten. Die Unterstützung kann *projektbezogen* sein, d.h. für bestimmte Projekte, die als förderungswürdig definiert sind, können finanzielle Hilfen in Anspruch genommen werden *(Projektförderung, direkte Forschungsförderung).* Sie kann aber auch allg. auf die Stärkung der Forschungs- und Entwicklungsressourcen abzielen, z.B. durch Förderung des Personaleinsatzes *(Personalförderung).* – b) Förderung der *Forschungskooperation* oder der *Auftragsforschung.* Diese Formen der Innovationsförderung wenden sich v.a. an kleine und mittlere Unternehmen, die keine oder keine ausreichend dimensionierten eigenen Forschungsabteilungen besitzen. – c) Erleichterung des Zugangs zu neuem Wissen durch Beratung und Vermittlung technologischer Informationen (→ Technologietransferförderung). Damit wird v.a. darauf gezielt, die Verbreitung (Diffusion) technischer Neuerungen zu beschleunigen. – d) Unterstützung bei der *Markteinführung* neuer Produkte. – 4. *Instrumente und Träger:* a) In der Bundesrepublik Deutschland erfolgt die *direkte Projektförderung* überwiegend durch *zweckgebundene Finanzzuwendungen.* – *Beispiele:* Fachprogramme des Bundesministeriums für Wirtschaft und Technologie (BMWi) für Bereiche wie Energieforschung, Multimedia, innovative Netzwerke u.a. (Zuwendungen in Höhe eines bestimmten Prozentsatzes der zuwendungsfähigen Kosten). Vergleichbare Fördermaßnahmen gibt es auch auf Ebene der Bundesländer sowie der EU. – b) *Indirekte Instrumente der Innovationsförderung* zielen auf die Beseitigung von (vermuteten) Innovationsengpässen ohne nähere Spezifizierung der Innovationsziele. Hierzu gehören (1) *Zuwendungen zu den Personalkosten* (in Deutschland derzeit nur für die neuen Bundesländer); (2) *Zuwendungen zu den Investitionskosten* (Investitionszuschüsse) oder langfristige und zinsgünstige Investitionskredite. (3) Förderung *technologieorientierter Unternehmensgründungen* oder von Unternehmensbeteiligungen. (4) Steuerliche Erleichterungen wie *Sonderabschreibungsmöglichkeiten* für Wirtschaftsgüter des → Anlagevermögens, die der → Forschung und Entwicklung (F&E) dienen. (5) Staatliche *Bürgschaften* oder *Garantien* an Unternehmen, um den Zugang zu bankmäßiger Fremdfinanzierung zu erleichtern. – c) *Förderung der Informationsbeschaffung* durch staatlich finanzierte Beratung oder kostenlose Inanspruchnahme von Technologie-Transfer-Agenturen. Kooperationsförderung bes. im europäischen Raum durch Programme wie EUREKA.

Innovationsforschung – Teil der Wirtschaftswissenschaften; beschäftigt sich mit der Beschreibung und Erarbeitung von Erklärungsansätzen für die Entstehung von → Innovationen als Grundlage für die Ableitung von Gestaltungsempfehlungen für → Innovationsprozesse. Im Hinblick auf die hohe wirtschaftliche Bedeutung der Innovation besitzt die Innovationsforschung neben der volkswirtschaftlichen eine ausgeprägte betriebswirtschaftliche Orientierung, wobei u.a. folgende Fragestellungen im Vordergrund stehen: (1) Woher kommen die Anregungen für erfolgreiche Innovationen? (2) Welche Erfolgsfaktoren bestimmen die innerbetriebliche Realisierung von Innovationen? (3) Welche Faktoren bestimmen den Markterfolg eines neuen Produktes? (4) Wie planen, organisieren und kontrollieren erfolgreiche Unternehmen den Produktplanungs- und -entwicklungsprozess? (5) Wie können potenzielle Kundenprobleme erkannt und in Innovationsprojekten berücksichtigt werden? Zur Beantwortung dieser Fragen versucht die Innovationsforschung durch empirische Untersuchungen Kenntnisse über Innovationsprozesse zu erweitern und zu vertiefen. Das einzelne Unternehmen erwartet von der Innovationsforschung u.a. generelle Informationen über das Innovationsverhalten anderer Unternehmen der Branche, anderer Branchen und anderer Staaten als Grundlage für Analogieschlüsse für das eigene Innovationsverhalten (z.B. Kriterien erfolgreicher Innovationen, → Innovationsbarrieren) und speziell die Entwicklung und Bereitstellung von Instrumenten, deren Anwendung die Durchführung von Planungs- und Entscheidungsprozessen, die zur Klärung der genannten Fragen erforderlich sind, unterstützt und erleichtert. Die Innovationsforschung hat als vergleichsweise junge Disziplin zwar bereits sehr wesentliche und für die Gestaltung und Durchführung von Innovationsprozessen in der Praxis sehr hilfreiche Ergebnisse erarbeitet, jedoch ohne dass eine konsistente „Theorie der Innovation“ existiert. In Anbetracht der Ambivalenz bes. der technischen Innovation wird in jüngster Zeit Innovationsforschung häufig verbunden mit → Wirkungsforschung, welche v.a. mit der Entwicklung von z.T. sehr umfassenden Konzepten wie der → Technologiefolgenabschätzung, der → Technikbewertung oder der → Technikwirkungsanalyse beschäftigt ist.

Innovationsführer – Die → Strategie, als Innovationsführer am Markt aufzutreten, ist eine Variante der Timing-Strategie für → Innovationen. Der Innovationsführer versucht durch seine technologische Kompetenz, ein zeitlich befristetes Monopol aufzubauen und Markteintrittsbarrieren, z.B. durch Schutz der entwickelten Technologie durch → gewerbliche Schutzrechte, zu schaffen. Weitere Markteintrittsbarrieren gegenüber möglichen Imitatoren sind die Etablierung der Marktführerposition, der Aufbau von Abnehmerloyalitäten, das Setzen von Produktstandards und die Nutzung von Erfahrungskurveneffekten. Als Innovationsführer am Markt aufzutreten birgt jedoch ein Risiko, wie sich aus der hohen Rate an Misserfolgen bei → Produktinnovationen ersehen lässt. Ein Unternehmen, das plant, als Innovationsführer aufzutreten, sollte folgende Fähigkeiten aufweisen: (1) Beherrschung des Standes der Technik im relevanten Technologiefeld, (2) Verfügbarkeit von ausreichenden Investitionsmitteln und bei Bedarf auch → Venture-Capital, (3) erhöhte Flexibilität und geringe Regelungsintensität innerhalb der Organisationsstruktur.

Innovationshöhe – Abstand einer → Innovation gegenüber bisherigen Lösungen; dieser kann den Umfang der → Produktfunktionen (v.a. der Gebrauchsfunktionen) betreffen, die Art der technischen Realisierung (verwendete Produkt-Technologien), den Funktionserfüllungsgrad, Erscheinungsbild (Design) etc. Die Frage einer „optimalen" Innovationshöhe ist zu klären, weil eine zu „große" Innovationshöhe dem Unternehmen zwar Wettbewerbsvorteile gegenüber Mitbewerbern ermöglicht, jedoch das Risiko mangelnder Akzeptanz und, damit verbunden, eines nur sehr langsamen Adoptions- und Diffusionsprozesses zunimmt.

Innovationsklima – für ein Unternehmen spezifische Rahmenbedingungen bzw. organisatorische Voraussetzungen für das Hervorbringen von Neuerungen. Innovationsklima ist Voraussetzung für unternehmerische → Innovationsfähigkeit. Internes Innovationsklima ist eng verwandt mit dem Organisationsklima und -niveau und wird v.a. vom Führungsstil und dem Ausmaß der informellen Kommunikation geprägt. Öffentliches Innovationsklima ist Ergebnis der Politik auf lokaler, regionaler und staatlicher Ebene in Form von Innovations-, Technologieförderungs-, Bildungs-, → Steuerpolitik sowie sonstigen Teilbereichen der Politik, z.B. → Umweltpolitik.

Innovationskooperation – Zusammenarbeit zweier oder mehrerer Unternehmen zur Realisierung eines oder mehrerer Innovationsprojekte als Alternative zur Eigen- oder Fremdentwicklung. Innovationskooperationen können rechtlich unterschiedlich ausgestaltet werden. Je nach Ausgestaltungsart kann die Innovationskooperation umfassende marktbeeinflussende Rahmenvereinbarungen nach sich ziehen. (1) Zweckgebundene Innovationskooperationen fußen auf vertraglicher Basis, (2) → Joint Ventures sind rechtlich selbstständig und (3) informelle Kooperationen bestehen ohne explizite vertragliche Regelungen. Unterschieden werden außerdem die Partner innerhalb einer Innovationskooperation. Unter horizontaler Innovationskooperation wird der Zusammenschluss zwischen zwei direkten Wettbewerbern verstanden. Die vertikale Innovationskooperation bezeichnet den Zusammenschluss von Kunden und Lieferanten, und die diagonale Innovationskooperation verbindet marktfremde Unternehmen, z.B. zur Verbesserung des gemeinsamen Umweltschutzes. Die Entscheidung für oder gegen eine → Innovationskooperation wird aus der → Innovationsstrategie abgeleitet.

Innovationsmanagement

von Prof. Dr. Martin G. Möhrle

I. Innovationsmanagement – Wettbewerbsstärke durch Neuerung

Innovationsmanagement ist eine betriebliche Kerntätigkeit, die im Wesentlichen an den Eigenschaften einer Innovation ausgerichtet ist und damit Managementaspekte verbindet. Der Begriff der Innovation lässt sich aus dem lateinischen Wortstamm *novus* ableiten und umschreibt die Einführung von etwas Neuem. Im betriebswirtschaftlichen Sinn ist dieses Neue enger zu fassen. Es bedarf der unternehmerischen Relevanz, um eine Neuerung im betriebswirtschaftlichen Sinn als Innovation bezeichnen zu dürfen.

II. Zwecke des Innovationsmanagements

Betriebliches Innovationsmanagement zielt auf die Wertsteigerung eines Unternehmens. Dieser Zweck wird erreicht durch eine neuartige Kombination von Mitteln und Zwecken, die sich ausdrückt in

- der Gestaltung eines neuen Produktes,
- der Gestaltung eines neuen Prozesses im Sinn eines technischen Verfahrens,

- der Gestaltung einer neuen Dienstleistung,
- der Gestaltung einer neuen internen wie externen Organisation, etwa eines Unternehmensnetzwerks sowie
- der Gestaltung einer Kombination aus dem Vorgenannten.

Auf die meisten dieser Zwecke wies bereits der österreichische Nationalökonom → Schumpeter (1883–1950) hin, der den Zweck des Innovationsmanagements auch als „kreative Zerstörung", also als die Ablösung eines Bestehenden durch etwas Besseres, charakterisierte. Sicher hängt es von der Zeit und der Branche ab, welche der vorgenannten Zwecke wie und in welcher Intensität verfolgt werden. Als Beispiel sei die Werkzeugmaschinenindustrie herangezogen, deren Unternehmen sich früher v.a. mit Produktinnovationen am Markt positioniert haben. In dieser Branche spielen heutzutage im Gegensatz zu früher neue Dienstleistungen wie Auslastungsgarantien oder Fernwartung eine bedeutende Rolle, was zu einer Umstellung des Innovationsmanagement in vielen Unternehmen geführt hat.

III. Nebenbegriff Technologiemanagement

Vom Innovationsmanagement ist v.a. der Begriff des Technologiemanagement abzugrenzen. Hierbei hilft eine ressourcenorientierte Betrachtung, nach der ein Unternehmen sich v.a. durch die Weiterentwicklung und Neukombination von Ressourcen den Herausforderungen des Marktes stellen sollte. Ressourcen werden dabei als Produktionsfaktoren verstanden, die nach Durchführung von Veredelungsprozessen erstens über Relevanz für Absatzmärkte verfügen, zweitens eine Behauptung gegenüber Konkurrenten ermöglichen und drittens im Wettbewerbsvergleich heterogen sind. *Technologiemanagement* betrifft nun hauptsächlich die Bereitstellung und Weiterentwicklung der technologieorientierten Ressourcen, *Innovationsmanagement* den Aspekt der neuartigen Kombination von Ressourcen. Beide Arten des Managements berühren und überschneiden sich v.a. da, wo im Rahmen einer Innovation der Einsatz neuer Ressourcen erforderlich wird.

IV. Struktur – Konkretisierung klassischer Managementfunktionen

Im Innovationsmanagement werden die klassischen Managementfunktionen im Unternehmen für die Gestaltung und Bereitstellung von Innovationen konkretisiert. Die klassischen Managementfunktionen umfassen Ethik, Politik, Planung und Kontrolle, Führung, Organisation und Führungskräfteentwicklung.

Unter der *Ethik* wird das der Organisation zugrundeliegende Wertesystem verstanden. An die Innovationsethik stellen sich zwei besondere Anforderungen: Erstens muss das Management einen Ausgleich herbeiführen zwischen der häufig aus den wissenschaftlichen Disziplinen herrührenden Ethik und der Unternehmensethik. Bspw. kann ein Chemiker aufgrund den in seiner Wissenschaft herrschenden ethischen Grundeinstellungen einer Patentierung von pharmazeutischen Wirkprinzipien ablehnend gegenüberstehen. Zweitens muss das Management die Mitglieder der Organisation auf das Positive von Neuerungen einstimmen, um die Innovationsbereitschaft zu fördern.

Die *Innovationspolitik* wird in Form einer Grundsatzplanung verschiedener Bereiche umgesetzt. Gegenstand einer solchen Grundsatzplanung ist bspw. die Inanspruchnahme staatlicher Förderung für Innovationsprojekte. Es ist festzulegen, ob, wann und in welchem Ausmaß Innovationsprojekte mithilfe staatlicher Förderung durchgeführt werden sollen.

In der *Innovationsplanung und -kontrolle* sind zwei wesentliche Ebenen zu betrachten. Auf der Ebene des Unternehmens oder eines Unternehmensbereichs ist v.a. das langfristige Innovationsportfolio, d.h. die Kombination der zu verfolgenden Innovationsprojekte, zu planen und zu kontrollieren. Auf der Ebene einzelner Projekte ist deren Verlauf zu planen und zu kontrollieren. Im Rahmen der Innovationsplanung und -kontrolle ist zudem die Innovationsplanung mit den anderen Planungen wie der Absatz-, Produktions- oder Personalplanung eines Unternehmens abzustimmen.

Eine besondere Herausforderung an die *Innovationsführung* im Sinn der persönlichen Beeinflussung eines Mitarbeiters oder einer Gruppe besteht in der Personalstruktur. So sind in Innovationsbereichen zum einen überwiegend hoch- und höchstspezialisierte Fachkräfte zu führen. Zum anderen ist eine Brücke zu schlagen zwischen verschiedenen Kulturen, wobei gerade der Brückenschlag zwischen Marketing- und F&E-Kultur besondere Bedeutung besitzt.

Die *Innovationsorganisation* unterscheidet sich von der üblichen betrieblichen Organisation in der Anforderung an die Neuartigkeit und Flexibilität sowie die Rekonfigurierbarkeit der betroffenen Einheiten. Gleichzeitig ist das Bedürfnis nach verlässlichen Grundstrukturen zu spüren, wie es in Innovationsprozessmodellen zum Ausdruck kommt. Innerhalb der Innovationsorganisation sind zudem die rollenbezogenen Rahmenbedingungen festzulegen, die die Innovation überhaupt erst ermöglichen.

Die *Innovationsführungskräfteentwicklung* ist v.a. durch das Konzept der „Dual Ladder" geprägt. Neben die übliche Linie der Führungskräfte tritt eine zweite Linie, in der höchstqualifizierte Fachkräfte aufgenommen werden. Dies birgt verschiedene Problemkreise, bspw. die Ausgestaltung des Wechsels zwischen den beiden Linien.

Innovationsmarketing – Aspekt von Marketingkonzepten zur Gestaltung innovationsfördernder Unternehmenskultur und -prozesse. Notwendigkeit zur → Innovation aufgrund ständig wechselnder Konsumentenbedürfnisse und Obsoleszenz vieler Produkte.

Innovationspolitik → Technologiepolitik, → Wachstumspolitik.

Innovationsportfolio – Mittel zur gemeinsamen Entwicklung der Geschäftsfeld- und → Technologieplanung eines Unternehmens. Eingesetzt wird das Innovationsportfolio zur gezielten Suche nach zu bearbeitenden Innovationsfeldern. Die Erfolgsdimensionen Innovationsfeldstärke und Innovationsfeldattraktivität bilden den Rahmen für das Innovationsportfolio. Die unternehmensinterne Erfolgsdimension Innovationsfeldstärke setzt sich aus den Hauptindikatoren Differenzierungs- und Implementierungspotenzial zusammen. Das Differenzierungspotenzial symbolisiert die Fähigkeit eines Unternehmens sich durch technologische Innovationen von den Wettbewerbern abzuheben. Das Implementierungspotenzial einer → Technologie wird, durch die Fähigkeit, sie in eine abgegrenzte Marktleistung einzubetten, beschrieben. Die unternehmensexterne Erfolgsdimension Innovationsfeldattraktivität besteht aus den Hauptindikatoren Probemlösungs- und Diffusionspotenzial. Das Weiterentwicklungspotenzial und der zeitliche Aufwand sowie das Entwicklungsrisiko einer Technologie fließen in den Hauptindikator Problemlösungspotenzial ein. Abgegrenzt wird der Hauptindikator vom Diffusionspotenzial, welches die Marktdurchdringungschancen technologischer Entwicklungen abbildet. Ergebnis der Betrachtung durch das Innovationsportfolio ist die Positionierung der Innovationsfelder. Unter Zuhilfenahme der strategischen Geschäftsplanung lassen sich für die identifizierten Innovationsfelder Investitionsprioritäten ableiten.

Innovationspotenziale – Voraussetzung und Mittel, um eine → Innovationsfähigkeit zu gewährleisten, welche für das Erreichen der angestrebten Position im → Innovationswettbewerb erforderlich ist. Die rechtzeitige Umsetzung von Innovationspotenzialen in marktfähige Innovationen erfolgt im Zuge von → Innovationsprozessen, wobei die Innovationsbereitschaft von größter Bedeutung ist. Abgesehen von technischen Innovationspotenzialen als Voraussetzung für technische Innovationen, ist Innovationspotenzial in Form von Teamfähigkeit, Organisationsformen für (Klein-)Gruppenarbeit, → Motivation, → Kooperation, → Organisationsentwicklung oder Mitarbeiterführung größtes Augenmerk beizumessen.

Innovationsprozess – Hauptobjekt der → Innovationsforschung, bezeichnet die Umsetzung existierender und/ oder neuer Erkenntnisse in marktfähige (neue) Problemlösungen. Der wirtschaftliche Bezug der → Innovation ergibt sich daraus, dass Erfolg bzw. Misserfolg von Innovationen ausschließlich von deren Akzeptanz am Markt bestimmt wird. So darf der Innovationsprozess nicht nur unter rein technischen Aspekten organisiert werden, sondern muss bes. bei der technischen Innovation als interdisziplinärer Prozess gestaltet werden und Mitarbeiter aus allen wichtigen Unternehmensbereichen einbeziehen. Dem Innovationsprozess als Umsetzungsprozess sind bei technischen Innovationen Aufgaben der → Forschung und Entwicklung (F&E) vorgelagert, deren Ziel die Gewinnung neuer naturwissenschaftlich-technischer Erkenntnisse im Zuge von Erfindungs-/ Inventionsprozessen ist. Der Innovationsprozess endet mit der Einführung der neuen Problemlösung am Markt. Phasen des Innovationsprozesses am Beispiel der Produktinnovation: (1) Erfassung von Bedarf und Dringlichkeit von Maßnahmen der Innovation; (2) funktionsbezogene Planung; (3) → Produktentwicklung; (4) → Produktgestaltung; (5) Produktionsüberleitung; (6) Markteinführung.

Innovationsrate – Kennzahl zur → Operationalisierung des Anteils von Neuprodukten am Gesamtumsatz eines Unternehmens bezogen auf einen definierten Zeitraum. Unter Neuprodukten werden alle Produkte subsummiert, die je nach Branchenzugehörigkeit des Unternehmens von diesem z.B. in den letzten drei, fünf oder neun Jahren eingeführt wurden.

Innovationsstrategie – steht in direkter Abhängigkeit zur übergeordneten Unternehmensstrategie und dient als strategischer Ausrichtungspunkt der → Innovationsprozesse. Um die durch das Unternehmen angestrebten Ziele effektiv und effizient zu erreichen, ist die Innovationsstrategie mit den übrigen Teilstrategien, wie z.B. der Marketing- oder Technologiestrategie, abzugleichen. Die Innovationsstrategie wird in einem schrittweisen Prozess entwickelt. Ausgangspunkt dieser Entwicklung ist die Grundsatzentscheidung, Innovationsaktivitäten durchzuführen. In einem ersten Schritt wird die Analyse der strategischen Ausgangsposition in Bezug auf unternehmensinterne wie -externe Rahmenbedingungen durchgeführt. Im Anschluss daran wird die strategische Zielposition unter Berücksichtigung zentraler Faktoren wie Kosten, Qualität und Zeit bestimmt. Der dritte und letzte Schritt der Innovationsstrategie-Entwicklung umfasst die Festlegung der strategischen Mittel zur Erreichung der gesetzten Innovationsziele. Insgesamt befriedigt die abgeleitete Innovationsstrategie unterschiedliche Aspekte. (1) Ergebnisorientierte Aspekte der Innovationsstrategie umfassen die Abgrenzung des relevanten Innovationsbereichs und der Innovationsgegenstände sowie Grundaussagen zu Innovationsarten und anzuwendender Timing-Strategie. (2) Potenzialbezogene Aspekte der Innovationsstrategie werden durch Identifikation und Festlegung der Kernkompetenzen sowie Aufbau und Erhalt eines

Wissens- und Technologiepools präzisiert. (3) Prozessbezogene Aspekte der Innovationsstrategie werden durch Identifikation relevanter Informationsquellen oder den Zukauf von Technologien oder Wissen über den Markt festgelegt.

Innovations- und Diffusionsforschung – Teilgebiet der → Regionalanalyse, der sich mit dem raum-zeitlichen Wandel von sozioökonomischen, räumlichen Systemen aufgrund von → Innovationen und → Diffusionen befasst. Dabei bedient sich die Innovations- und Diffusionsforschung weitgehend behaviouristischer Vorstellungen über das Handeln von Menschen (→ Satisfizer).

Innovationswettbewerb – wirtschaftlicher Leistungswettstreit zwischen Wirtschaftssubjekten am Markt auf der Grundlage des Hervorbringens und der Diffusion von Innovationen. Die Frage des optimalen Zeitpunktes für das Einführen eines neuen Produktes am Markt ist zumindest unter folgenden zwei Aspekten zu betrachten: (1) Rechtzeitigkeit, bezogen auf die potenziellen Abnehmer, und (2) Rechtzeitigkeit, bezogen auf die Konkurrenz. – *Antriebskräfte:* Verhalten der Konkurrenz und der Konsumenten, technologische Entwicklung (auch in fremden Branchen), geänderte bzw. neue Bedürfnisse von Kunden oder wirtschaftliche Situation des Unternehmens. Offenkundiges Zeichen für einen intensiven Innovationswettbewerb in einer Branche ist die Präsentation von neuen Produkten in immer kürzeren Zeitabständen, wobei der tatsächliche Innovationsgrad oft sehr gering ist (Scheininnovation). Dies erfordert unternehmensintern eine Verkürzung der Innovationszeiten. Der Innovationswettbewerb und bes. die zunehmende Innovationsdynamik wird aus betriebs- und volkswirtschaftlicher Sicht zunehmend fragwürdig, v.a. in Zusammenhang mit der durch diese(n) mitverursachten und beschleunigten Schädigung und z.T. irreversiblen Zerstörung der → natürlichen Umwelt. – Vgl. auch → Technologiemanagement.

innovative Entscheidung → programmierbare Entscheidung.

innovatives Milieu → kreatives Milieu.

Innovator – Gruppe von → Adoptoren, die ein neues Produkt als Erste kaufen und damit die Verbreitung von → Innovationen in Gang setzt. Innovatoren besitzen eine hohe Risikobereitschaft.

Innungskrankenkassen – durch die Handwerksinnungen aufgrund der Vorschriften des Sozialgesetzbuches V (SGB V) und der Handwerksordnung (HandwO) errichtete → Krankenkassen für alle bei Innungsmitgliedern (Handwerksmeister) beschäftigten → Gesellen, Auszubildenden und sonstigen Arbeitnehmern. Die Innungskrankenkassen sind → Körperschaften des öffentlichen Rechts mit Selbstverwaltung. – Freiwillige Mitgliedschaft für Betriebsinhaber und Familienangehörige ist möglich. Die Satzungen der meisten Innungskrankenkassen ermöglichen auch anderen Versicherten die Aufnahme. – *Voraussetzung für die Gründung* einer Innungskrankenkasse ist, dass in den Mitgliedsbetrieben regelmäßig mind. 1.000 Versicherungspflichtige (→ Versicherungspflicht) beschäftigt werden. Behördliche Genehmigung erforderlich. Für die Rechtsverhältnisse der Innungskrankenkassen sind die §§ 157 ff. SGB V maßgeblich. Genehmigung der Aufsichtsbehörde und Zustimmung der Innungsversammlung.

Input – I. Produktionstheorie: Mengenmäßiger Einsatz von → Produktionsfaktoren in einem Kombinationsprozess (Betrieb). – *Gegensatz:* → Output.

II. Systemtheorie/Kybernetik: Beziehungsaufnahme zwischen → System und Umwelt in Form der Aufnahme der drei Grundkategorien Materie, Energie und Information.

Inputkoeffizient → Produktionskoeffizient.

Input-Output-Analyse – volkswirtschaftliche Modellrechnung, in der mithilfe von → Input-Output-Tabellen volkswirtschaftliche Prognosen oder Simulationen ausgeführt werden. In der einfachen Form geht man von der Annahme einer linear-limitationalen Produktionstechnik aus, d.h. man unterstellt, dass aller Einsatz von Produktionsfaktoren (Input) der Höhe des in der Analyse zu variierenden Produktionsausstoßes (Output) proportional ist. Diese Modelle werden sowohl für Produktions- als auch für Preisuntersuchungen verwendet.

Input-Output-Rechnung – Teil der → Volkswirtschaftlichen Gesamtrechnung (VGR), der die Aufstellung und Auswertung von → Input-Output-Tabellen umfasst.

Input-Output-Tabellen – Teil der → Volkswirtschaftlichen Gesamtrechnung (VGR), der in Form eines in sich geschlossenen Rechenschemas die Güterströme, die zwischen den zu → Produktionsbereichen zusammengefassten Produktionseinheiten eines Wirtschaftsraums in einer bestimmten Periode fließen, darstellt. Die gütermäßige Verflechtung wird so sichtbar, also welche Güter in welchem Umfang jeder Produktionsbereich verbraucht und welche Güter in die intermediäre und letzte Verwendung eingehen.

Insasse – Fahrgast in einem Transportmittel (Fahrzeug), für den auch beim Kraftfahrzeug trotz der → Gefährdungshaftung (§ 7 StVG) eine bes. Insassenunfallversicherung (→ Kraftfahrtversicherung) abgeschlossen werden kann.

Insassenunfallversicherung – 1. *Begriff:* Versicherungsart der privaten → Unfallversicherung für nicht namentlich genannte, ständig wechselnde Insassen von Beförderungsmitteln, im Regelfall von → Kraftfahrzeugen (Kfz). – 2. *Merkmale:* Die Insassenunfallversicherung zählt im Grunde zum Zweig der Unfallversicherung, weshalb sich der Versicherungsschutz ausschließlich auf die Deckung von Schäden, die den berechtigten Insassen aufgrund eines Unfalls beim

Benutzen, Lenken, Be- und Entladen und Abstellen des Kraftfahrzeugs sowie beim Ein- und Aussteigen entstehen. Vom Schutz der Insassenunfallversicherung ausgeschlossen sind die in der Berufsfahrerversicherung versicherten Kraft- und Beifahrer. Die Insassenunfallversicherung kann nach dem Pauschalsystem oder dem Platzsystem abgeschlossen werden.

Inselparabel – auf → Phelps zurückgehende und von → Lucas in die → Konjunkturtheorie eingeführte Parabel, die verdeutlichen soll, dass es trotz rationaler → Erwartungen wegen unvollständiger Information zu → Konjunkturschwankungen kommen kann, weil Marktteilnehmer nicht zwischen Änderungen des gesamtwirtschaftlichen Preisniveaus und denen von relativen Preisen unterscheiden können. Sie verfügen nur über Informationen über ihre eigene Umgebung (Insel), nicht aber über den Rest der Welt.

Insert – Zwischeneinblendungen innerhalb der in Blöcke zusammengefassten → Fernsehwerbung (z.B. Mainzelmännchen). Die Bilder der Inserts können die von Werbespots vermittelten Bilder überlagern, die z.T. langweiliger und schwächer sind. Solche Bildüberlagerungen erschweren die → Erinnerung.

Insichgeschäft – Geschäft, das jemand mit sich selbst als → Vertreter zweier verschiedener Personen oder im eigenen Namen und gleichzeitig als Vertreter des Geschäftspartners abschließt. Nur zulässig, wenn die beteiligten Vertragspartner dem Vertreter das → Selbstkontrahieren gestattet haben oder das Rechtsgeschäft ausschließlich in der Erfüllung einer Verbindlichkeit besteht (§ 181 BGB).

Inside Lag → Lag.

Inside Money – *Innengeld*. 1. *Begriff*: Teil der Geldversorgung einer Volkswirtschaft, der auf einer Verschuldung des privaten Sektors (private Unternehmungen, Haushalte oder Geschäftsbanken) beruht. Es umfasst nur das durch bankgeschäftliche Geldschöpfung (→ Geldtheorie) geschaffene Buchgeld; das vom Staat bzw. der Zentralbank geschaffene Geld bleibt hierbei unberücksichtigt. – *Gegensatz:* → Outside Money. – 2. *Bedeutung:* Die Unterscheidung zwischen Außen- und Innengeld hat unter geldtheoretischen Gesichtspunkten mit Blick auf den Vermögenscharakter des Geldes Bedeutung. Während dem Außengeld Vermögenscharakter zugesprochen wird, stellt nach überwiegender Auffassung das Innengeld kein Vermögensgut dar. Die Vertreter dieser Auffassung begründen dies mit der Tatsache, dass im privaten Sektor den Forderungen gleichhohe Verbindlichkeiten gegenüberstehen. Die Differenz zwischen Soll- und Habenzinsen, deren Kapitalisierung auf Vermögenscharakter hinweist, bleibt dabei unberücksichtigt, was wiederum von Kritikern dieser Differenzierung nach Außen- und Innengeld angeführt wird.

Inside-out-Planung – 1. *Begriff*: → Planungsphilosophie, bei der man davon ausgeht, dass das Unternehmen gegenüber der Umwelt eine gewisse Autonomie besitzt und diese beeinflussen kann. – 2. *Merkmale*: Planungsüberlegungen setzen an den eigenen Zielen an und betrachten erst in zweiter Linie die Anpassungserfordernisse der Umwelt. – *Gegensatz:* → Outside-in-Planung.

Insider – Personen, die kraft ihres Amtes, ihrer Funktionen oder ihrer Beteiligung am Kapital des Emittenten oder eines mit dem Emittenten verbundenen Unternehmens auf legalem Wege Nachrichten aus Unternehmen (→ Insider-Informationen), welche die Erwartungen über angemessene Preise von Wertpapieren beeinflussen, früher als die Mehrzahl der gegenwärtigen oder potenziellen Anteilseigner erhalten oder selbst gestalten. – Vgl. auch → Insiderverzeichnis, → Directors Dealing, → Marktmissbrauchsrichtlinie.

Insiderinformationen – konkrete Information über nicht öffentlich bekannte Umstände, die sich auf den oder die Emittenten von Insiderpapieren oder auf diese selbst beziehen und die geeignet sind, im Falle ihres öffentlichen Bekanntwerdens den Börsen- oder Marktpreis der → Insiderpapiere erheblich zu beeinflussen, § 13 I → Wertpapierhandelsgesetz (WpHG). Bez. der Umstände muss mit hinreichender Wahrscheinlichkeit davon ausgegangen werden können, dass sie in Zukunft eintreten werden. Insbesondere bei Zwischenschritten eines noch nicht abgeschlossenen Entscheidungsprozesses (z.B. einem geplanten → Unternehmenszusammenschluss) besteht seit jeher Rechtsunsicherheit, ab wann die Schwelle zur rechtlich relevanten Insiderinformation überschritten ist, die dann auch grundsätzlich (→ Insiderverzeichnis) unverzüglich zu veröffentlichen wäre, sog. Ad-hoc-Pflicht, → Börsenkommunikation. Der → EuGH hat in seinem Urteil v. 28.6.2012 (Geltl/ Daimler AG, Az. C-19/11) zur Eintrittswahrscheinlichkeit einer Insiderinformation jedenfalls klargestellt, dass das Ausmaß der Auswirkungen der zu erwartenden Unstände oder des Ereignisses auf den Kurs im Zusammenhang mit der Würdigung der Eintrittswahrscheinlichkeit nicht zu berücksichtigen ist. Die Eignung zur Kursbeeinflussung liegt vor, wenn ein verständiger Anleger die Information bei seiner Anlageentscheidung berücksichtigen würde. Der Entwurf einer EU-Verordnung, die wesentliche Teile der → Marktmissbrauchsrichtlinie ersetzen soll, sieht eine Art der Insiderinformation vor, bei der sowohl auf das Merkmal der „präzisen" Information als auch auf das Kursbeeinflussungspotenzial verzichtet wird. Das Regulierungsvorhaben ist noch im Gange und die sog. „Insiderinformation light" könnte wieder entfallen.––Erwerb oder Veräußerung von Insiderpapieren unter Verwendung von Insiderwissen ist mit einer Freiheitsstrafe bis zu fünf Jahren oder mit Geldstrafe, bei Leichtfertigkeit mit einer Freiheitsstrafe bis zu einem Jahr oder mit Geldstrafe bedroht. Der Versuch ist ebenfalls strafbar. Ordnungswidrigkeiten können die unbefugte Weitergabe von Insideinformationen oder die Verleitung zu Erwerb oder

Veräußerung von Insiderpapieren sein und mit Geldbußen bis zu 200.000 Euro geahndet werden. – Vgl. auch → Insider, → Directors Dealing, → Marktmissbrauchsrichtlinie.

Insider-Outsider-Theorien → Arbeitsmarkttheorien.

Insiderpapiere – Finanzinstrumente, die für die Insiderüberwachung nach dem Wertpapierhandelsgesetz definiert werden (§ 12 → Wertpapierhandelsgesetz (WpHG)). Entscheidend ist ihre öffentlich angekündigte oder erfolgte Stellung des Antrags auf Zulassung zum Handel an einem → organisierten Markt oder zur Einbeziehung in den → regulierten Markt oder in den → Freiverkehrin allen Staaten des europäischen Wirtschaftsraumes. Der Begriff der Finanzinstrumente enthält neben den Aktien, Aktienzertifikaten, Schuldverschreibungen, Genussscheinen, Optionsscheinen und weiteren, Aktien und Schuldscheinen vergleichbaren Wertpapieren, sowie Investmentanteilen u.a. auch Rechte und Terminkontrakte, vgl. § 2 IIb WpHG.--Vgl. zur künftigen Ausweitung des Anwendungsbereichs, → Marktmissbrauchsrichtlinie.

Insider-Regeln → Marktmissbrauchsrichtlinie.

Insider-Richtlinie – EG-Richtlinie 89/592 des Rates vom 13.11.1989 zur Koordinierung der Vorschriften betreffend Insider-Geschäfte. Umgesetzt im Abschn. über „Insiderüberwachung" des → Wertpapierhandelsgesetzes (WpHG). Um das Vertrauen der Anleger in funktionsfähige Finanzmärkte zu sichern, enthielt sie das Verbot, nicht öffentlich bekannte Tatsachen über den Emittenten von beträchtlicher Bedeutung für den Kurs eines Wertpapiers, bes. einer Aktie (→ Insiderinformation), selbst auszunutzen, an Dritte weiterzugeben oder für Empfehlungen zu verwenden. Dem Verbot unterlagen sowohl „Primär-Insider" (deren Kenntnisse aus einer Leitungsfunktion, einer Kapitalbeteiligung oder sonstiger beruflicher Beziehung zum Emittenten herrühren) als auch „Sekundär-Insider", v.a. Mit- und Zuarbeiter der ersteren. Die EU-Mitgliedsstaaten waren durch die Richtlinie gehalten, (präventive) Eingriffsmaßnahmen vorzusehen und Sanktionen (auch strafrechtlicher Art) gegen Verstöße festzulegen. – Aufgehoben durch Art. 20 der → Marktmissbrauchsrichtlinie 2003/6/EG zum 12.4.2003 und inhaltlich ersetzt durch die dort statuierten Regelungen zur Insider-Information, die – soweit erforderlich – im Wertpapierhandelsgesetz (WpHG) in deutsches Recht umgesetzt wurden.

Insiderverzeichnis – *Insiderliste*. Verpflichtung von Emittenten börsennotierter Wertpapiere (s. → Börsennotierung), Verzeichnisse über Mitarbeiter zu führen, die bestimmungsgemäß Zugang zu → Insiderinformationen haben (§ 15b I WpHG). Die Verzeichnisse sind unverzüglich zu aktualisieren und der BaFin auf Verlangen zu übermitteln. Insiderlisten dienen dazu (1) bei Verdachtsfällen der BaFin eine schnelle Ermittlung zu ermöglichen, (2) die auf der Liste verzeichneten Personen präventiv zum vorsichtigen Umgang mit Insiderinformationen zu sensibilisieren, indem sie über die rechtlichen Pflichten, die sich aus dem Zugang zu Insiderinformationen ergeben, sowie über die Rechtsfolgen von Verstößen aufzuklären sind, und (3) den Emittenten die Einhaltung Ihrer Geheimhaltungspflichten zu ermöglichen und zu erleichtern. So erlangen *Insiderverzeichnisse* auch Bedeutung für die sog. Selbstbefreiung von der Ad Hoc-Publizität (s. → Börsenkommunikation), wonach der Emittent von der Pflicht zur Veröffentlichung von Insiderinformationen solange befreit ist, wie es der Schutz seiner berechtigten Interessen erfordert, keine Irreführung der Öffentlichkeit zu befürchten ist und der Emittent die Vertraulichkeit der Insiderinformation gewährleisten kann, § 15 III WpHG.

Insolvenz → Zahlungsunfähigkeit, → Insolvenzgrund.

Insolvenzanfechtung – Recht des → Insolvenzverwalters, gewisse kurz vor → Insolvenzeröffnung von oder mit dem → Gemeinschuldner zum Nachteil der → Insolvenzgläubiger vorgenommene Rechtshandlungen in ihren Wirkungen rückgängig zu machen und die veräußerten Vermögenswerte zur → Insolvenzmasse zu ziehen (§§ 129–147 InsO). – *Zweck:* Um eine gleichmäßige Befriedigung aller Insolvenzgläubiger zu erreichen, soll verhindert werden, dass der Schuldner bei drohender Insolvenz Rechtshandlungen zu seinem persönlichen oder zum Vorteil einzelner Gläubiger vornimmt; einzelnen Gläubigern soll die Möglichkeit genommen werden, sich im letzten Augenblick auf Kosten der Gesamtheit der Gläubiger zu sichern.

I. Allgemeine Voraussetzungen: 1. Von dem Schuldner oder ihm gegenüber muss vor Insolvenzeröffnung eine wirksame *Rechtshandlung* vorgenommen worden sein, z.B. Verfügungs- und Verpflichtungsgeschäft, benachteiligende Prozesshandlung. – 2. Die anteilige Befriedigung der Insolvenzgläubiger muss durch Minderung der Insolvenzmasse *beeinträchtigt* sein.

II. Einzelfälle: Grundsätzlich sind Rechtshandlungen, die vor Eröffnung des Insolvenzverfahrens vorgenommen wurden und Insolvenzgläubiger benachteiligen, anfechtbar (§ 129 InsO). – 1. Anfechtbar sind in den letzten drei Monaten vor Insolvenzeröffnung oder aber nach Stellung des Insolvenzantrags vorgenommen Rechtshandlungen, durch die einem Insolvenzgläubiger eine Befriedigung oder Sicherung ermöglicht wurde und der Schuldner zz. der Handlung zahlungsunfähig war. Voraussetzung ist jeweils, dass der Gläubiger zz. der Handlung um die Zahlungsunfähigkeit bzw. den Insolvenzantrag wusste. Bei nahe stehenden Personen (§ 138 InsO), also Verwandten des Schuldners oder von Mitgliedern von Vertretungsorganen von juristischen Personen oder von persönlich haftenden Gesellschaftern, wird diese Kenntnis vermutet, bei den anderen muss sie der

Insolvenzverwalter beweisen (§ 130 InsO). – 2. Anfechtbar sind weiter im letzten Monat vor dem Insolvenzantrag oder dem zweiten und dritten Monat vor dem Insolvenzantrag vorgenommene Rechtshandlungen, durch die ein Insolvenzgläubiger befriedigt wurde, obwohl ihm dies nicht oder noch nicht zustand, wenn entweder der Schuldner zahlungsunfähig war oder der Gläubiger um die Benachteiligung der Insolvenzgläubiger wusste. Bei nahe stehenden Personen wird dieses Wissen wieder vermutet (§ 131 InsO). – 3. Auch eine in den letzten drei Monaten vor Insolvenzantrag vorgenommene Rechtshandlung, die Gläubiger unmittelbar benachteiligt, kann angefochten werden, wenn der andere Teil die Zahlungsunfähigkeit des Schuldners kannte oder wenn die Rechtshandlung zwar nach Insolvenzantrag vorgenommen wurde, der andere Teil zz. des Rechtsgeschäfts jedoch die Zahlungsunfähigkeit oder den Insolvenzantrag kannte (§ 132 InsO). – 4. Bei der Absichtsanfechtung kann eine in den letzten zehn Jahren vor Eröffnung des Insolvenzverfahrens oder auch nach diesem Antrag mit dem Vorsatz, seine Gläubiger zu benachteiligen, vorgenommene Rechtshandlung angefochten werden, wenn der andere Teil zz. der Handlung diesen Vorsatz kannte (§ 133 InsO). – 5. Anfechtbar ist auch ein entgeltlicher Vertrag mit nahe stehenden Personen, durch den die Insolvenzgläubiger benachteiligt werden, es sei denn, dieser wurde früher als zwei Jahre vor dem Eröffnungsantrag geschlossen oder dem anderen Teil war die Benachteiligungsabsicht des Gläubigers nicht bekannt (§ 133 II 2 InsO). – 6. Bei der sog. Schenkungsanfechtung ist auch eine unentgeltliche Leistung des Schuldners anfechtbar, wenn sie nicht früher als vier Jahre vor dem Antrag auf Eröffnung des Insolvenzverfahrens vorgenommen wurde (§ 134 InsO). – 7. Eine in den letzten zehn Jahren vor dem Insolvenzantrag oder nach diesem Antrag vorgenommene Rechtshandlung, die für die Forderung eines Gesellschafters auf Rückgewähr eines Darlehens oder einer wirtschaftlich entsprechenden Leistung Sicherheit gewährt hat, kann ebenfalls angefochten werden. Wurde Befriedigung gewährt, muss die Rechtshandlung im letzten Jahr vor oder nach dem Insolvenzantrag vorgenommen worden sein, um anfechtbar zu sein (§ 135 I InsO). Gleiches gilt im Hinblick auf dieBefriedigung von Darlehensforderungen Dritter, für die ein Gesellschafter eine Sicherheit bestellt oder sich verbürgt hatte (§ 135 II InsO). – 8. Ferner ist anfechtbar eine Rechtshandlung, durch die einem stillen Gesellschafter seine Einlage ganz oder teilweise zurückgewährt oder sein Anteil an dem erlittenen Verlust ganz oder teilweise erlassen wurde, wenn die zugrunde liegende Vereinbarung im letzten Jahr vor Antrag auf Eröffnung des Insolvenzverfahrens oder nach diesem Antrag getroffen wurde (§ 136 InsO).

III. Durchführung: Falls keine Einigung zu erzielen ist, kann die Insolvenzanfechtung nur durch Erhebung der Klage seitens des Insolvenzverwalters geltend gemacht werden, und zwar binnen drei Jahren seit Insolvenzeröffnung (§ 146 InsO). – *Anfechtungsgegner* ist derjenige, der anfechtbar empfangen hat, oder dessen Gesamtrechtsnachfolger. Dieser ist verpflichtet, das aus dem Vermögen des Gesamtschuldners Weggegebene zur Insolvenzmasse zurückzugewähren (§ 143 InsO), und zwar so, als wenn die Weggabe nicht erfolgt wäre (grundsätzlich Rückgabe in Natur; Geldersatz nur, wenn Rückgewähr in Natur nicht möglich ist, auch infolge von Veräußerungen der Sache). – Eine eingeschränkte *Haftung des Einzelrechtsnachfolgers* besteht nur, wenn er unentgeltlich erworben hat oder beim Erwerb die Umstände kannte, die den Erwerb seines Vorgängers anfechtbar machten oder eine dem Schuldner nahe stehende Person (§ 138 InsO) nachweist, dass ihr die Anfechtungsgründe unbekannt waren (§ 145 InsO). Hatte der Gegner eine *Gegenleistung* erbracht und ist diese noch unterscheidbar vorhanden oder ist die Masse um den Wert der Gegenleistung bereichert, so kann der Gegner seine Leistung voll zurückverlangen, und zwar als → Massegläubiger (andernfalls nur → Insolvenzforderung; § 144 InsO). Wird das zu Befriedigung einer Verbindlichkeit geleistete aufgrund der Insolvenzanfechtung zur Masse zurückgewährt, so lebt die *Forderung* wieder auf.

Insolvenzantrag – Antrag auf Eröffnung des → Insolvenzverfahrens: Formelle Voraussetzung zur → Insolvenzeröffnung, neben dem Vorliegen eines → Insolvenzgrundes. – *Antragsberechtigt* und verpflichtet sind der Schuldner und jeder → Insolvenzgläubiger (§ 13 InsO). – *Verpflichtet* zur Stellung eines Insolvenzantrags sind der Vorstand der AG und Genossenschaft, organschaftliche Vertreter einer OHG und KG, sofern persönlich haftender Gesellschafter keine natürliche Person ist, und der Geschäftsführer der GmbH (§ 92 AktG, § 99 GenG, § 130a HGB, § 64 GmbHG). Antragspflichtig bei juristischen Personen sind somit normalerweise die organschaftlichen Vertreter der Gesellschaft. Im Fall, dass diese ausfallen (sog. *Führungslosigkeit*), können stattdessen der Aufsichtsrat oder die Gesellschafter zur Anmeldung verpflichtet sein (vgl. näher bei → Führungslosigkeit). – *Frist:* Der Antrag auf Insolvenzeröffnung muss zur Vermeidung von Schadensersatzansprüchen und strafrechtlicher Verfolgung innerhalb von drei Wochen nach Eintreten des → Insolvenzgrundes (§ 15a InsO) gestellt werden. – Keine *Formvorschrift.* Insolvenzantrag muss schriftlich gestellt werden. – Der Schuldner als Antragsteller muss nicht mehr wie noch nach § 104 KO eine *Vermögensübersicht* (sog. Konkursbilanz) und ein *Verzeichnis* der Gläubiger und Schuldner einreichen oder unverzüglich nachreichen. → Glaubhaftmachung ist gesetzlich nicht vorgesehen, doch *eröffnet* das Gericht das *Verfahren* nur, wenn es von der Richtigkeit der Angaben, v.a. hinsichtlich des → Insolvenzgrundes und der vorhandenen Masse, überzeugt ist. – Der Insolvenzgläubiger als Antragsteller muss *glaubhaft* machen: (1) Dass ihm eine Forderung gegen den Schuldner zusteht (meist durch Vorlage eines Schuldtitels, Wechsels, Kontoauszugs); (2) dass ein → Insolvenzgrund vorliegt (Bescheinigung über fruchtlose → Pfändung, Wechselprotest, Mitteilung des Schuldners über → Zahlungseinstellung, notfalls auch eine → eidesstattliche Versicherung). – Der Antrag kann bis zur Veröffentlichung oder Zustellung des Eröffnungsbeschlusses *zurückgenommen* werden.

Insolvenzbeschlag – Inbegriff der Wirkungen, die die → Insolvenzeröffnung in Ansehung der → Insolvenzmasse ausübt, bes. Bindung des gesamten, dem → Gemeinschuldner zz. der Insolvenzeröffnung gehörenden pfändbaren Vermögens zugunsten der → Insolvenzgläubiger, Wegfall des Verwaltungs- und Verfügungsrechts des Gemeinschuldners und Übergang auf den → Insolvenzverwalter.

Insolvenzdelikte – Straftaten im Zusammenhang mit der Eröffnung oder Durchführung eines → Insolvenzverfahrens (§§ 283–283d StGB). Die strafrechtlichen Bestimmungen bezwecken teils den Schutz der Gläubiger gegen böswillige oder leichtsinnige Schuldner, teils die Ermöglichung einer ordnungsgemäßen Durchführung des Insolvenzverfahrens.

I. Insolvenzdelikte des Schuldners: 1. *Bankrott* (§§ 283, 283a StGB) liegt vor, wenn der Schuldner bei → Überschuldung oder bei drohender oder eingetretener → Zahlungsunfähigkeit: (1) Bestandteile seines Vermögens, die im Fall der Eröffnung des Insolvenzverfahrens zur Insolvenzmasse gehören, beiseite schafft oder verheimlicht oder in einer den Anforderungen einer ordnungsgemäßen Wirtschaft widersprechenden Weise zerstört, beschädigt oder unbrauchbar macht; (2) in einer den Anforderungen einer ordnungsgemäßen Wirtschaft widersprechenden Weise Verlust- oder Spekulationsgeschäfte oder Differenzgeschäfte mit Waren oder Wertpapieren eingeht oder durch unwirtschaftliche Ausgaben, Spiel oder Wette übermäßige Beträge verbraucht oder schuldig wird; (3) Waren oder Wertpapiere auf Kredit beschafft und sie oder die aus diesen Waren hergestellten Sachen erheblich unter ihrem Wert in einer den Anforderungen einer ordnungsgemäßen Wirtschaft widersprechenden Weise veräußert oder sonst abgibt; (4) Rechte anderer vortäuscht oder erdichtete Rechte anerkennt; (5) Handelsbücher, zu deren Führung er gesetzlich verpflichtet ist (§§ 238 ff. HGB), zu führen unterlässt oder so führt oder verändert, dass die Übersicht über seinen Vermögensstand erschwert wird; (6) Handelsbücher oder sonstige Unterlagen, zu deren Aufbewahrung ein Kaufmann nach Handelsrecht verpflichtet ist, vor Ablauf der für Buchführungspflichtige bestehenden Aufbewahrungsfristen beiseite schafft, verheimlicht, zerstört oder beschädigt und dadurch die Übersicht über seinen Vermögensstand erschwert; (7) entgegen dem Handelsrecht Bilanzen so aufstellt, dass die Übersicht über seinen Vermögensstand erschwert wird, oder es unterlässt, die Bilanz seines Vermögens oder das Inventar in der vorgeschriebenen Zeit aufzustellen; (8) in einer anderen, den Anforderungen einer ordnungsgemäßen Wirtschaft grob widersprechenden Weise seinen Vermögensstand verringert oder seine wirklichen geschäftlichen Verhältnisse verheimlicht oder verschleiert; (9) durch eine unter (1) bis (8) bezeichnete Handlung seine Überschuldung oder Zahlungsunfähigkeit herbeiführt. Eine Strafbarkeit ist nur dann gegeben, wenn der Schuldner seine Zahlungen eingestellt hat oder über sein Vermögen das Insolvenzverfahren eröffnet oder der Eröffnungsantrag mangels Masse abgewiesen worden ist. – *Strafe:* Freiheitsstrafe bis zu fünf Jahren oder Geldstrafe, bei → Fahrlässigkeit Freiheitsstrafe bis zu zwei Jahren oder Geldstrafe, in bes. → schweren Fällen Freiheitsstrafe von sechs Monaten bis zu zehn Jahren. – 2. *Verletzung der Buchführungspflicht* (§ 283b StGB) liegt vor, wenn jemand: (1) Handelsbücher, zu deren Führung er gesetzlich verpflichtet ist, zu führen unterlässt oder so führt oder verändert, dass die Übersicht über seinen Vermögensstand erschwert wird; (2) Handelsbücher oder sonstige Unterlagen, zu deren Aufbewahrung er nach Handelsrecht verpflichtet ist, vor Ablauf der gesetzlichen Aufbewahrungsfristen beiseite schafft, verheimlicht, zerstört oder beschädigt und dadurch die Übersicht über seinen Vermögensstand erschwert; (3) entgegen dem Handelsrecht Bilanzen so aufstellt, dass die Übersicht über seinen Vermögensstand erschwert wird, oder es unterlässt, die Bilanz seines Vermögens oder das Inventar in der vorgeschriebenen Zeit aufzustellen. – *Strafe:* Freiheitsstrafe bis zu zwei Jahren oder Geldstrafe. – 3. → Gläubigerbegünstigung (§ 283c StGB) liegt vor, wenn der Schuldner nach Zahlungseinstellung oder Eröffnung des Insolvenzverfahrens einen Gläubiger mit der Absicht der Bevorzugung unberechtigterweise sichert oder befriedigt und wenn die Gläubigerbegünstigung absichtlich oder wissentlich tatsächlich herbeigeführt worden ist. – *Strafe:* Freiheitsstrafe bis zu zwei Jahren oder Geldstrafe.

II. Insolvenzdelikte anderer Personen: Sog. *Schuldnerbegünstigung* (§ 283d StGB) liegt vor, wenn jemand in Kenntnis der einem anderen drohenden Zahlungsunfähigkeit oder nach Zahlungseinstellung, in einem Insolvenzverfahren oder in einem Verfahren zur Herbeiführung der Entscheidung über die Eröffnung des Insolvenzverfahrens eines anderen, Bestandteile des Vermögens eines anderen, die im Fall der Eröffnung eines Insolvenzverfahrens zur Insolvenzmasse gehören, mit dessen Einwilligung oder zu dessen Gunsten beiseite schafft oder verheimlicht oder in einer den Anforderungen einer ordnungsgemäßen Wirtschaft widersprechenden Weise zerstört, beschädigt oder unbrauchbar macht. Eine Strafbarkeit ist nur dann gegeben, wenn der Gemeinschuldner seine Zahlungen eingestellt hat oder über sein Vermögen das Insolvenzverfahren eröffnet oder der Eröffnungsantrag mangels Masse abgewiesen worden ist. – *Strafe:* Freiheitsstrafe bis zu fünf Jahren oder

Geldstrafe, in bes. schweren Fällen Freiheitsstrafe von sechs Monaten bis zu zehn Jahren.

Insolvenzdividende – *Insolvenzquote;* der vom → Insolvenzverwalter auf die Forderungen der → Insolvenzgläubiger nach Verwertung der → Insolvenzmasse ausgeschüttete Prozentsatz. Bei *Abschlagsverteilungen* bestimmt der Insolvenzverwalter (oder auf seinen Antrag ggf. der → Gläubigerausschuss) die Höhe der Insolvenzdividende (§ 195 InsO). Über die voraussichtliche *Höhe* der Insolvenzdividende erhalten die Gläubiger meist schon in der ersten Gläubigerversammlung einen Überblick.

Insolvenzeröffnung – 1. *Voraussetzung:* → Insolvenzantrag. – 2. Vor Insolvenzeröffnung prüft das → Insolvenzgericht: (1) Seine Zuständigkeit, (2) Zulässigkeit des Insolvenzantrags, (3) Vorliegen eines → Insolvenzgrundes, (4) Vorhandensein einer den Kosten des Verfahrens entsprechenden → Insolvenzmasse. Fehlt letztere und wird kein Kostenvorschuss gezahlt, wird der Antrag „mangels Masse" abgewiesen und der Schuldner in das Schuldnerverzeichnis eingetragen (§ 26 II InsO). Sind die Voraussetzungen zu (1) bis (4) erfüllt, so ist das Verfahren nach Anhörung des Schuldners zu eröffnen. – 3. *Eröffnungsbeschluss:* a) Hauptsächlicher *Inhalt:* Stunde der Eröffnung, Ernennung des → Insolvenzverwalters, evtl. Bestellung eines vorläufigen → Gläubigerausschusses, Berufung der ersten → Gläubigerversammlung auf einen nicht über einen Monat hinaus anzuberaumenden Termin (der häufig mit dem allg. Prüfungstermin verbunden wird), → offener Arrest und Frist zur → Anmeldung der → Insolvenzforderungen. – b) *Die öffentliche Bekanntmachung* erfolgt durch eine zentrale und länderübergreifende Veröffentlichung im Internet. Bes. Mitteilungen an die ihrem Wohnsitz nach bekannten Gläubiger und Schuldner (§ 30 II InsO). – 4. *Sofortige Beschwerde gegen Insolvenzeröffnung:* Steht nur dem → Gemeinschuldner, gegen die Ablehnung dem Antragsteller zu (einzulegen binnen zwei Wochen nach öffentlicher Bekanntmachung oder Zustellung des Beschlusses, § 34 InsO). Sie hat keine aufschiebende Wirkung. Hebt das Beschwerdegericht den Eröffnungsbeschluss auf, treten die mit der Eröffnung verknüpften Rechtsfolgen rückwirkend außer Kraft, jedoch bleiben die vom Insolvenzverwalter vorgenommenen Rechtshandlungen gültig.

Insolvenzforderung – die einem Insolvenzgläubiger zustehende Forderung (Gegensatz Anspruch auf → Aussonderung, → Absonderung und Masseanspruch). Anmeldung beim Insolvenzverwalter unter Angabe des Betrages und Schuldgrundes (§ 174 I InsO). Insolvenzforderung wird im Prüfungstermin geprüft und ist festgestellt, wenn weder der Insolvenzverwalter noch ein anwesender Insolvenzgläubiger widerspricht oder ein erhobener Widerspruch beseitigt ist (§ 178 InsO). Die Feststellung der Insolvenzforderung wirkt wie ein rechtskräftiges Urteil gegenüber dem Insolvenzverwalter allen Insolvenzgläubigern (§ 183 InsO); sie ist auf Wechseln, Schuldscheinen oder ähnlichen Urkunden zu vermerken (§ 178 II InsO).

Insolvenzgeld – 1. *Begriff:* Leistung der → Bundesagentur für Arbeit für im Inland beschäftigte Arbeitnehmer, die aus den letzten drei Monaten vor Eintritt des Insolvenzfalls ihres Arbeitgebers oder gleichgestellten Ereignissen noch Ansprüche auf Arbeitsentgelt haben (§ 3 IV Nr. 5 SGB III, §§ 165 ff. SGB III). – 2. *Umfang:* Die Höhe entspricht dem Nettoarbeitsentgelt und wird für maximal drei Monate gewährt. – Vgl. auch → Arbeitslosenversicherung, → Sozialversicherung.

Insolvenzgericht – gerichtliche Instanz zur Abwicklung des Insolvenzverfahrens (§ 2 InsO).

I. Zuständigkeit: Zuständig ist das → Amtsgericht, in dessen Bezirk ein Landgericht seinen Sitz hat für dessen Bezirk (§ 2 I InsO) und in dem der → Gemeinschuldner seine gewerbliche → Niederlassung hat; bei mehreren Niederlassungen entscheidet der Sitz der Hauptniederlassung. Fehlt eine gewerbliche Niederlassung, bestimmt sich das Gericht nach dem allg. → Gerichtsstand (Wohnsitz) des Gemeinschuldners (§ 3 InsO). Die Zuständigkeit ist zwingend.

II. Aufgaben: 1. *Entscheidende Funktionen:* (1) Eröffnung und Beendigung des → Insolvenzverfahrens, (2) Berufung und Leitung der → Gläubigerversammlung, (3) Gewährung der Stimmrechte, falls in der Gläubigerversammlung keine Einigung erzielt wird, (4) Ernennung des → Insolvenzverwalters und Festsetzung seiner Vergütung, Bestellung des vorläufigen → Gläubigerausschusses und (5) auf Antrag Untersagung der Durchführung zweckwidriger Beschlüsse der Gläubigerversammlung (§ 78 InsO). – 2. *Beaufsichtigende Funktionen:* (1) Überwachung des Gläubigerausschusses und des Insolvenzverwalters, den das Insolvenzgericht durch Ordnungsstrafen zur Erfüllung seiner Pflichten anhalten kann (§ 58 II InsO); (2) Genehmigungsrecht hinsichtlich einiger Handlungen des Insolvenzverwalters, wie Unterstützung des Gemeinschuldners, → Schlussverteilung (§§ 196 InsO); (3) die → Insolvenzforderungen sind beim Insolvenzgericht anzumelden, das den → Prüfungstermin im Insolvenzverfahren durchführt, dessen Ergebnis in die → Insolvenztabelle eingetragen wird. – 3. Das Insolvenzgericht *entscheidet nicht* über Bestand und Vorrecht von Forderungen, über Rechte auf → Aussonderung und → Absonderung, Masseansprüche oder die Insolvenzanfechtung. Diese Streitigkeiten sind im Prozessweg auszutragen.

III. Rechtsmittel: Gegen Beschlüsse des Insolvenzgerichts ist → sofortige Beschwerde gegeben, sofern nicht eine Entscheidung ausdrücklich als unanfechtbar bezeichnet ist. Einlegung binnen zwei Wochen nach → Zustellung (oder öffentlicher Bekanntmachung) beim Amts- oder Landgericht. Die Beschwerde steht jedem zu, der durch die Entscheidung beschwert ist (§ 6 InsO).

Insolvenzgläubiger – I. Begriff: Gläubiger, denen z.Z. der → Insolvenzeröffnung ein begründeter Vermögensanspruch an den Gemeinschuldner zusteht (§ 38 InsO). – 1. *Keine Insolvenzforderungen sind:* Ansprüche rein familienrechtlicher Art auf eine persönliche Leistung, nicht durch → Zwangsvollstreckung erzwingbare Ansprüche, Zinsen und Kosten für die Zeit nach Insolvenzeröffnung, Rechte auf → Aussonderung oder → Absonderung, → Masseansprüche. – 2. Behandlung der *einzelnen Ansprüche:* (1) Neben der Kapitalforderung werden mit demselben Rang eingesetzt die vor Insolvenzeröffnung erwachsenen Kosten, Vertragsstrafen und Zinsen (§ 39 III InsO); (2) → betagte Forderungen gelten als fällig, nicht fällige unverzinsliche werden um Zwischenzinsen gekürzt (§ 41 InsO); (3) Forderungen, die nicht auf Geld lauten, deren Geldbetrag unbestimmt oder ungewiss ist, sind mit dem Schätzungswert einzusetzen, wiederkehrende fällige Leistungen werden kapitalisiert (§§ 45, 46 InsO); auflösend bedingte Forderungen werden wie unbedingte behandelt, aufschiebend bedingte berechtigen nur zur Sicherung (§§ 42, 189–191 InsO); (4) haften mehrere Gemeinschuldner als → Gesamtschuldner, so kann der Gläubiger die Forderung in jedem Verfahren geltend machen (§ 43 InsO).

II. Verfahren: 1. *Anmeldung:* Jeder Insolvenzgläubiger hat das Recht, die Einleitung des → Insolvenzverfahrens zu beantragen. Der Insolvenzantrag bedarf eines Rechtschutzbedürfnisses, das bei einer ausstehenden geringfügigen Forderung fehlt. Es besteht keine Pflicht, sich an dem Verfahren zu beteiligen. Wer die Anmeldung beim → Insolvenzgericht unterlässt, wird bei den Verteilungen nicht berücksichtigt. – Kein Insolvenzgläubiger kann Einzelvollstreckungen während des Insolvenzverfahrens in die Masse oder das insolvenzfreie Vermögen des Gemeinschuldners betreiben (§ 89 InsO). – 2. *Die Befriedigung der Insolvenzgläubiger* erfolgt anteilsmäßig. Es gibt keine → bevorrechtigten Gläubiger mehr, wie es noch § 61 KO vorsah. Nachrangig zu befriedigen sind lediglich die Insolvenzgläubiger, die Zinsen seit → Insolvenzeröffnung, durch das Insolvenzverfahren entstehende Kosten, Geldstrafen, Geldbußen oder Zwangsgelder, Forderungen auf eine unentgeltliche Leistung des Schuldners oder auf Rückgewähr eines kapitalersetzendes Darlehens geltend machen (§ 39 InsO).

Insolvenzgrund – Anlass zur Eröffnung eines → Insolvenzverfahrens. – 1. *Zahlungsunfähigkeit* (§ 17 InsO): Das ist ein auf Mangel an Zahlungsmitteln beruhendes, nach außen erkennbares und voraussichtlich dauerndes Unvermögen eines Schuldners, seine fälligen Geldschulden zu erfüllen; *dagegen nicht* (1) bei voraussichtlich vorübergehender Zahlungsstockung, (2) wenn sich der Schuldner trotz etwaiger Überschuldung ausreichende Mittel im Kreditweg beschaffen kann, (3) wenn der Schuldner sich weigert, Zahlungen zu bewirken. Zahlungsunfähigkeit kann auch vorliegen, wenn der Schuldner zwar wertvolles, aber unveräußerliches Vermögen besitzt (Illiquidität). Wichtigste Erscheinungsform der Zahlungsunfähigkeit: → Zahlungseinstellung. – 2. *Überschuldung:* Überwiegen der Schulden über das Vermögen. – 3. Zusätzlich zu den bisherigen Konkursgründen sieht § 18 InsO den Insolvenzgrund der drohenden Zahlungsunfähigkeit vor, der bereits dann vorliegt, wenn der Schuldner voraussichtlich nicht in der Lage sein wird, die bestehenden Zahlungsverpflichtungen im Zeitpunkt der Fälligkeit zu erfüllen. Allerdings muss der → Insolvenzantrag von dem Schuldner selbst gestellt werden, weil nur dieser beurteilen kann, ob Zahlungsunfähigkeit droht. – 4. *Insolvenzgrund und Gesellschaftsformen:* (1) Zahlungsunfähigkeit ist Insolvenzgrund bei natürlichen Personen, OHG und KG; (2) Zahlungsunfähigkeit oder Überschuldung ist Insolvenzgrund bei AG, GmbH, Verein (§ 19 InsO) sowie bei OHG und KG, falls kein persönlich haftender Gesellschafter eine natürliche Person ist (§ 19 InsO), → Gesellschaftsinsolvenz; (3) bei → Nachlassinsolvenz sind Überschuldung und Zahlungsunfähigkeit Insolvenzgrund und wenn der Erbe oder Testamentsvollstrecker den Antrag stellt, auch die drohende Zahlungsunfähigkeit (§ 320 InsO); (4) bei Genossenschaften ist die Überschuldung nur dann Insolvenzgrund, wenn die Mitglieder Nachschüsse bis zu einer Haftungssumme zu leisten haben und die Überschuldung ein Viertel des Gesamtbetrages der Haftungssummen aller Mitglieder übersteigt, die Mitglieder keine Nachschüsse zu leisten haben oder die Genossenschaft aufgelöst ist (§ 98 GenG).

Insolvenzmasse – I. Begriff: Das gesamte einer → Zwangsvollstreckung unterliegende Vermögen des Schuldners bzw. → Gemeinschuldners im Zeitpunkt der → Insolvenzeröffnung und das er während des Verfahrens erlangt (§ 35 InsO).

II. Umfang: Bewegliche Sachen; Grundstücke und grundstücksgleiche Rechte; Forderungen; das Geschäft des Schuldners; Arbeitseinkommen bis zur Insolvenzeröffnung, soweit eine → Lohnpfändung zulässig ist; Ansprüche aus Versicherungsverträgen; Urheberrechte an Werken der Literatur, Tonkunst, bildenden Kunst und Fotographie gehören nur zur Insolvenzmasse, wenn der Gemeinschuldner die Einbeziehung bewilligt; bei Erfinderrechten (Patenten, Gebrauchsmustern), soweit schon Vorbereitungen zu ihrer Verwertung getroffen sind, kann auch die Anmeldebefugnis zur Insolvenzmasse gehören; die Marke fällt mit dem Geschäftsbetrieb, zu dem es gehört, in die Masse und kann mit diesem ohne Zustimmung des Schuldners veräußert werden.

III. Ausgeschlossen: die nach § 811 ZPO unpfändbaren Sachen mit Ausnahme der (unpfändbaren) Geschäftsbücher und des Betriebsinventars landwirtschaftlicher Güter, Apotheken etc.; Familien- und Persönlichkeitsrechte; bei Insolvenz der Personengesellschaft das Privatvermögen der Gesellschafter; Sachen Dritter, die der Aussonderung unterliegen.

IV. Verfahren: 1. Streitigkeiten zwischen Schuldner und Insolvenzverwalter über die *Zugehörigkeit* von Gegenständen zur Insolvenzmasse entscheidet das Insolvenzgericht (§ 36 IV InsO). – 2. Der Insolvenzverwalter ist verpflichtet, die Masse in *Besitz* zu nehmen; dies kann er bei dem Gemeinschuldner mit einer vollstreckbaren Ausfertigung des Eröffnungsbeschlusses unter Mithilfe eines → Gerichtsvollziehers erwirken. Weigert ein Dritter die Herausgabe, so ist der Insolvenzverwalter auf Klage und Vollstreckung angewiesen. – 3. Über die vorhandene Insolvenzmasse muss der Verwalter (grundsätzlich in Gegenwart eines Urkundsbeamten oder Gerichtsvollziehers) ein *Inventar* aufstellen und die Gegenstände bewerten (§ 151 InsO). Auf seinen Antrag muss der Schuldner eidesstattlich versichern, keine Kenntnis von zur Insolvenzmasse gehörendem, nicht im Inventar angegebenem Vermögen zu haben (§ 153 II InsO). – 4. Über die *Art der* → Verwertung der Insolvenzmasse entscheidet der Insolvenzverwalter nach pflichtmäßigem Ermessen; zu einigen wichtigen Handlungen bedarf er der Zustimmung von → Insolvenzgericht, → Gläubigerausschuss oder → Gläubigerversammlung (§ 160 InsO). – 5. Die Insolvenzmasse kann durch → Absonderung und → Aufrechnung *gemindert,* durch → Insolvenzanfechtung *vermehrt* werden.

Insolvenzordnung (InsO) – i.d.F. vom 5.10.1994 (BGBl. I 2866 m.spät.Änd.), trat zum 1.1.1999 in Kraft. *Grundzüge der Regelung:* In der Insolvenzordnung ging die Konkursordnung von 1877 und die Vergleichsordnung von 1935 und die in den neuen Bundesländern noch geltende → Gesamtvollstreckungsordnung in einem einheitlichen Insolvenzverfahren auf. Die Voraussetzungen für die Eröffnung des neuen Verfahrens werden so ausgestaltet, dass die Abweisung mangels Masse von der Regel wieder zur Ausnahme wird. U.a. ist vorgesehen: (1) Zur Eröffnung reicht es aus, dass die Gerichts- und Verwaltungskosten für das gesamte Verfahren gedeckt sind. (2) Masseverbindlichkeiten aus fortbestehenden Dauerschuldverhältnissen hindern die Eröffnung nicht. Sie werden bei Masseunzulänglichkeit nur anteilig erfüllt. (3) Bei juristischen Personen haften für die Verfahrenskosten subsidiär die Geschäftsführer, wenn sie nicht nachweisen, dass sie ihre Antragspflicht ohne Verschulden verletzt haben. – d) Mit dem Einverständnis der Gläubiger kann der Schuldner im Insolvenzverfahren verwaltungs- und verfügungsbefugt bleiben und dabei lediglich unter die Aufsicht eines „Sachverwalters" gestellt werden. (4) Das Anfechtungsrecht ist verschärft, damit Vermögensverschiebungen im Vorfeld des Insolvenzverfahrens besser rückgängig gemacht werden können. (5) Der Ablauf des Insolvenzverfahrens wird weitgehend von der Autonomie der Gläubiger bestimmt. V.a. entscheiden die Gläubiger darüber, ob und in welcher Weise versucht werden soll, das Unternehmen des Schuldners zu sanieren. Die Reorganisation des Schuldners und die übertragende Sanierung stehen gleichberechtigt nebeneinander. (6) Über einen → Insolvenzplan, der nicht nur eine Sanierung, sondern auch eine Liquidation vorsehen kann, entscheiden die wirtschaftlich Betroffenen nach Maßgabe des Wertes ihrer Rechtsstellung. Die Erfüllung eines Sanierungsplans kann nach der Aufhebung des → Insolvenzverfahrens vom → Insolvenzverwalter überwacht werden. (7) Für den Liquidationsfall sind alle allg. Konkursvorrechte beseitigt. (8) Die Kreditsicherheiten behalten im Insolvenzverfahren ihren wirtschaftlichen Wert. Die Ausübung dieser Rechte ist jedoch an die Bedürfnisse des Verfahrens angepasst: Bei Gegenständen des Schuldnervermögens, die zur Sicherung übereignet oder zur Sicherung abgetreten sind, oder einem verlängerten Eigentumsvorbehalt unterliegen, ist im Grundsatz der Insolvenzverwalter verwertungsberechtigt. Die Kosten der Feststellung, der Erhaltung und der Verwertung der genannten „besitzlosen Mobiliarsicherheiten" werden vorab aus dem Verwaltungserlös entnommen. Solange die Sicherheiten nicht verwertet werden, ist dem gesicherten Gläubiger laufend eine Nutzungsentschädigung aus der Insolvenzmasse zu zahlen. Der einfache Eigentumsvorbehalt wird von diesen Regelungen nicht erfasst. Er berechtigt zur Aussonderung. (9) Der Sozialplan im Insolvenzverfahren wird in der Anlehnung an das Gesetz über den Sozialplan im Konkurs- und Vergleichsverfahren mit den dort genannten Höchstgrenzen geregelt. (10) Das Arbeitsgericht kann dem Insolvenzverwalter gestatten, eilbedürftige, unvermeidbare Betriebsänderungen durchzuführen, ohne einen Interessenausgleich mit dem Betriebsrat zustandegebracht zu haben. (11) Streitigkeiten über den Kündigungsschutz, bes. bei Betriebsveräußerungen, können durch einen Interessenausgleich zwischen Insolvenzverwalter und Betriebsrat weitgehend vermieden werden. (12) Ein Schuldner, der trotz redlichen Bemühens wirtschaftlich gescheitert ist, erhält nach Durchführung eines Insolvenzverfahrens die Chance, sich von seinen restlichen Schulden zu befreien (→ Restschuldbefreiung). Zur Vermeidung von Missbräuchen wird diese Schuldbefreiung an harte Bedingungen geknüpft. Der Schuldner muss vor der Verfahrenseröffnung gläubigerschädigende Handlungen unterlassen, im Verfahren konstruktiv mitwirken und schließlich während einer „Wohlverhaltensperiode" von sechs Jahren nach der Aufhebung des Verfahrens sein pfändbares Einkommen zur Befriedigung der Gläubiger zur Verfügung stellen. (13) Zusätzlich existiert ein neu konzipiertes → Verbraucherinsolvenzverfahren, das außergerichtliche Verhandlungen zwischen Schuldner und Gläubiger fördern soll und notfalls ein vereinfachtes → Insolvenzverfahren vorsieht, da das allg. Insolvenzverfahren auf Unternehmens- und nicht auf Privatinsolvenzen zugeschnitten ist.

Insolvenzplan – bietet den Beteiligten einen rechtlichen Rahmen zur einvernehmlichen Bewältigung der aufgetretenen Probleme abweichend von der → Insolvenzordnung (InsO). Der Insolvenzplan kann von dem → Insolvenzverwalter oder dem Schuldner vorgelegt werden (§ 218 InsO) und muss die bisher getroffenen Maßnahmen darstellen (§ 220 InsO) und darlegen, wie die bisherige Rechtsstellung der Beteiligten geregelt werden soll (§ 221 InsO). Die Gläubiger sind je nach Art ihrer → Forderungen in Gruppen einzuteilen und innerhalb der Gruppe gleich zu behandeln (§§ 222–226 InsO). Der Insolvenzplan, der vom → Insolvenzgericht unter bestimmten Umständen zurückgewiesen werden kann (§ 232 InsO), bedarf der Zustimmung von Schuldner (§ 247 InsO) und Gläubiger, wobei erforderlich ist, dass in jeder Gruppe die Mehrheit der abstimmenden Gläubiger dem Insolvenzplan zustimmt und zusätzlich die Summe der Ansprüche der zustimmenden Gläubiger mehr als die Hälfte der Summe der Ansprüche der abstimmenden Gläubiger beträgt (§ 244 InsO). Der Insolvenzplan erwächst nach Bestätigung durch das → Insolvenzgericht in → Rechtskraft (§§ 248, 254 InsO), sodass die in dem Insolvenzplan getroffenen Vereinbarungen für alle Beteiligten verbindlich sind. Stundungen oder Erlass von Forderungen werden jedoch hinfällig, wenn der Schuldner mit der Erfüllung des Planes erheblich in Rückstand gerät (§ 255 InsO). Die Überwachung der Erfüllung des Insolvenzplans durch den → Insolvenzverwalter kann in dem Insolvenzplan selbst vorgesehen werden.

Insolvenzprognose – Mit einer Kreditvergabe gehen Kreditgeber das Risiko ein, dass der Kredit nicht fristgerecht, nur teilweise oder gar nicht zurückgezahlt wird. Deshalb werden im Rahmen der → Kreditwürdigkeitsprüfung Einflussfaktoren untersucht, mit denen das → Kreditrisiko gemessen und beurteilt werden kann. Besonders beeinträchtigend ist es, wenn der Kreditgeber während der Kreditlaufzeit insolvent wird. Eine Prognose über eine mögliche zukünftige Insolvenz ist v.a. im → Firmenkundengeschäft von großer Bedeutung. – Für eine Prognose von Unternehmensinsolvenzen gibt es eine Vielzahl von Verfahren, insbes. induktive Verfahren (Scoringverfahren, Expertenmodelle) und mathematisch-statistische Verfahren. Weit verbreitet sind die empirisch-statistische Verfahren der → Diskriminanzanalyse, mit denen ausgewählte Kennzahlen und Kennzahlenkombinationen zu einem Trennwert (individueller Diskriminanzwert) so verdichtet werden, dass eine Aussage in Bezug auf die Insolvenzgefährdung möglich ist. Ein weiteres Verfahren zur Insolvenzprognose ist die Prognose mithilfe Künstlicher Neutraler Netze. Im Gegensatz zur Diskriminanzfunktion besteht hier die Möglichkeit einer nichtlinearen Trennung zwischen solventen und insolventen Unternehmen. Zur Ergänzung werden weiterhin simulationsgestützte Verfahren eingesetzt, um die erwartete Entwicklung eines Unternehmens aus verschiedenen Zukunftsszenarien abzuleiten (Monte-Carlo-Simulation). Aus der Simulation wird dann die Wahrscheinlichkeit einer Insolvenz berechnet. Dieser Verfahren bedienen sich auch Ratingagenturen, die die Ergebnisse in Ratingnoten für Unternehmen und Staaten umrechnen. – Vgl. auch → Diskriminanzanalyse, Ratingverfahren, → Kreditwürdigkeitsprüfung.

Insolvenzquote → Insolvenzdividende.

Insolvenzsicherung bei betrieblicher Altersversorgung → Betriebsrentengesetz (BetrAVG).

Insolvenzstatistik – Für wirtschaftspolitische Planungsentscheidungen werden über Insolvenzverfahren monatliche und jährliche Erhebungen als Bundesstatistik durchgeführt. Auskunftspflichtig sind je nach den Erhebungsmerkmalen die zuständigen Amtsgerichte, Insolvenzverwalter, Sachwalter und Treuhänder (vgl. §§ 1,2 und 4 des Insolvenzstatistikgesetzes vom 7.12.2011 (BGBl. I S. 2582), in Kraft ab dem 1.1.2013.)

Insolvenzstatus – 1. *Begriff*: Gegenüberstellung, in der die Gegenstände der Insolvenzmasse und die → Verbindlichkeiten des → Schuldners aufgeführt und einander gegenübergestellt werden (§ 153 I InsO). – 2. *Ausgestaltung*: Die Aufgabe des Insolvenzstatus beruht in einer komprimierten und transparenten Darstellung der in den Unterverzeichnissen (Masseverzeichnis gemäß § 151 InsO und → Gläubigerverzeichnis gemäß § 152 InsO) aufgeführten Sachverhalte. Die konkrete Ausgestaltung hat sich an dem Zweck des Insolvenzstatus zu orientieren, der zum einen in der Ermittlung einer voraussichtlichen Insolvenzquote und zum anderen in der Information der Verfahrensbeteiligten über die Vermögenslage des Schuldners besteht. – 3. *Bewertung*: a) Zur → Bewertung der einzelnen Gegenstände der Insolvenzmasse wird bei der Erstellung der Vermögensübersicht auf die Bewertungsvorschrift des § 151 II InsO verwiesen. Danach sind sowohl die Fortführungs- als auch die Liquidationswerte anzugeben, sofern sich beide Werte voneinander unterscheiden. → Buchwerte sind gemäß der Intention des Gesetzgebers hingegen nicht zulässig. Während bei Annahme der Stilllegung somit regelmäßig auf Einzelveräußerungswerte zurückgegriffen wird, wäre im Fall einer unterstellten Unternehmensfortführung prinzipiell das Ertragswertverfahren anzuwenden. Die hierbei bestehende Problematik der Zuordnung eines Ertragswerts auf mehrere einzelne Positionen führt indessen zu keiner zweckmäßigen Lösung. Vor diesem Hintergrund wird in der Praxis auf die Nutzung von Wiederbeschaffungswerten abgestellt. – b) Die Verbindlichkeiten sind grundsätzlich zu dem Betrag im Insolvenzstatus anzusetzen, mit dem der Anspruch eines Gläubigers geltend gemacht wird. Dabei ist, wie auch bei der Bewertung der Gegenstände, das Einzelbewertungsprinzip zu beachten. – c) Die bedeutendste Änderung gegenüber der bisherigen Vorgehensweise bei der Erstellung der Konkurs(-eröffnungs-)bilanz stellt die verpflichtende Angabe von

Liquidations- und Fortführungswerten dar. – 4. *Anwendung:* Mit Wirkung vom 1.1.1999 tritt die Insolvenzordnung an die Stellung der bisher anzuwendenden Konkurs- und Vergleichsordnung.

Insolvenzstraftaten → Insolvenzdelikte.

Insolvenztabelle – nach § 175 InsO Verzeichnis der beim Insolvenzgericht angemeldeten Insolvenzforderungen, das im Prüfungstermin (Prüfungstermin im → Insolvenzverfahren) vom Insolvenzrichter geprüft (§ 176 InsO) und in dem das Ergebnis der Prüfung vermerkt wird. – Zwecks streitiger Feststellung einer nicht wie beantragt festgestellten Forderung durch → Klageerhebung gegen den Bestreitenden hat das Gericht dem Gläubiger einen *Auszug* aus der Insolvenztabelle zu erteilen (§ 179 InsO). – Die *Eintragung* der Feststellung in die Insolvenztabelle wirkt wie ein rechtskräftiges → Urteil gegenüber allen → Insolvenzgläubigern (§ 178 III InsO). Diese können mit einem beglaubigten Auszug nach Beendigung des Verfahrens wegen ihres Ausfalls gegen den Schuldner vollstrecken, wenn nicht der Schuldner im Prüfungstermin der Feststellung ausdrücklich widersprochen hat (§ 201 InsO).

Insolvenzverfahren – dient der gemeinschaftlichen Befriedigung der Gläubiger (1) durch Verwertung des Vermögens und Erlösverteilung oder (2) Sanierung des Unternehmens durch einen Insolvenzplan.

I. Beteiligte: 1. *Insolvenzgericht* ist das Amtsgericht, in dessen Bezirk ein Landgericht seinen Sitz hat. Es hat alle das Verfahren betreffenden Verhältnisse aufzuklären und teils entscheidende, teils beaufsichtigende Aufgaben. – 2. → Insolvenzverwalter: Er verwaltet, verwertet und verteilt die → Insolvenzmasse und erstellt den → Insolvenzplan. – 3. → Gläubigerversammlung: Oberstes, vom Insolvenzgericht einzuberufendes Organ im Insolvenzverfahren, entscheidet grundsätzlich mit absoluter Mehrheit. Stimmrecht haben nur Insolvenzgläubiger. Wichtigste Aufgabe: Vorschlag und Wahl des Gläubigerausschusses sowie eines anderen als den vom Insolvenzgericht bestellten Insolvenzverwalter. – 4. *Gläubigerausschuss:* Ein grundsätzlich fakultatives Organ, das den Insolvenzverwalter unterstützt und überwacht. – 5. → Insolvenzgläubiger: Persönliche Gläubiger zz. der → Insolvenzeröffnung. – 6. → Gemeinschuldner: Der mit Insolvenzeröffnung die Verwaltung über sein Vermögen verlierende Schuldner.

II. Ablauf: 1. *Eröffnungsverfahren:* → Insolvenzeröffnung. – 2. *Feststellung der Vermögens- und Schuldnermasse:* Der Insolvenzverwalter hat (1) die zur Masse gehörenden Gegenstände in Besitz zu nehmen und zu verwerten; (2) Sachen, die nicht zur Insolvenzmasse gehören, auszusondern (→ Aussonderung); (3) Absonderungsberechtigten Befriedigung zu gestatten (→ Absonderung). – Vgl. auch → Insolvenzanfechtung, → Anmeldung, Prüfungstermin im Insolvenzverfahren. – 3. *Verteilung der Masse:* (1) Während des Verfahrens, soweit ausreichende Masse vorhanden ist (→ Abschlagsverteilung), (2) nach vollständiger Verwertung (→ Schlussverteilung), (3) nach deren Ausführung (Nachtragsverteilung). – Die Anordnung, Vorbereitung und Durchführung ist grundsätzlich Sache des Insolvenzverwalters. Vor den Insolvenzgläubigern sind die → Massegläubiger zu befriedigen.

III. Aufhebung: Nach Abhaltung des → Schlusstermins durch gerichtlichen Beschluss. → Öffentliche Bekanntmachung im Bundesanzeiger und Amtsblatt. Ggf. auch → Einstellung des Insolvenzverfahrens.

IV. Rechtsmittel: 1. Gegen Insolvenzeröffnung kann der Gemeinschuldner, gegen *Ablehnung* der Eröffnung der Antragsteller → sofortige Beschwerde einlegen (binnen zwei Wochen beim Amts- oder Landgericht, Fristbeginn bei Zustellung oder öffentlicher Bekanntmachung). – 2. Gegen alle *anderen gerichtlichen Entscheidungen* sofortige Beschwerde eines jeden, der durch den Beschluss benachteiligt wird, sofern im Gesetz nicht ausdrücklich etwas anderes bestimmt ist.

V. Internationales Insolvenzrecht: 1. Mit der VO (EG) Nr. 1346/2000 vom 29.5.2000 über das Insolvenzverfahren ist das Insolvenzrecht in der EU in wesentlichen Teilen vereinheitlicht. Die VO (EG) Nr. 1346/2000 verfolgt das Ziel, Insolvenzverfahren grundsätzlich Wirksamkeit in der gesamten EU zu verleihen und Normen anzubieten, die die Kollisionen zwischen den Rechtsordnungen der Einzelstaaten vermeiden. Die VO kennt Haupt- und Sekundärinsolvenzverfahren. Sekundärinsolvenzverfahren sind zum einen solche, die neben dem Hauptinsolvenzverfahren in einem Mitgliedsstaat nur das in einem anderen Mitgliedsstaat belegene Vermögen erfassen, zum anderen sog. Partikularverfahren, die ohne Eröffnung eines Hauptinsolvenzverfahrens nur das im Eröffnungsstaat belegene Vermögen erfassen. Für die Eröffnung des Hauptinsolvenzverfahrens liegt die Zuständigkeit bei dem Mitgliedsstaat, in dessen Gebiet der Schuldner den Mittelpunkt seiner hauptsächlichen Interessen hat (Art. 3 I VO (EG)). Bei Gesellschaften und juristischen Personen ist des regelmäßig der Ort des satzungsmäßigen Sitzes. – 2. Das dt. Internationale Insolvenzrecht außerhalb der VO (EG) Nr. 1346/2000 lehnt sich an die Regelung der VO an, ist aber weniger kooperationsfreundlich, da es weltweit gilt. – Vgl. auch §§ 335–358 InsO.

VI. Steuerliche Behandlung: 1. *Einkommensteuer:* Das Insolvenzverfahren wird wie eine → Abwicklung behandelt. – 2. *Gewerbesteuer:* Die Gewerbesteuerpflicht eines Betriebes erlischt nicht durch die Eröffnung des Insolvenzverfahrens (§ 4 II GewStDV), sondern erst mit der Schließung des Geschäfts. Wenn der Insolvenzverwalter die Bestände nach und nach versilbert, bleibt die Steuerpflicht bestehen, anders als im Fall der Einstellung des Betriebes außerhalb des Insolvenzverfahrens. Die Aufhebung des Insolvenzverfahrens (§ 200 InsO) beendet die Steuerpflicht nur dann, wenn der Betrieb nicht weitergeführt wird.

Eine Kapitalgesellschaft bleibt selbst dann steuerpflichtig, wenn der Insolvenzverwalter den Betrieb stilllegt. Im Insolvenzverfahren wird der vom Tag der Insolvenzeröffnung bis zur Beendigung des Verfahrens erzielte → Gewerbeertrag auf die einzelnen Jahre verteilt, und zwar in gleicher Weise wie bei der Abwicklung eines Gewerbebetriebes (§ 16 GewStDV).

Insolvenzverschleppung – im Falle der Zahlungsunfähigkeit oder der Überschuldung einer juristischen Person haben die Mitglieder der Vertretungsorgane ohne schuldhaftes Zögern, spätestens jedoch nach drei Wochen einen Insolvenzantrag zu stellen, sonst drohen Freiheitsstrafen bis drei Jahren oder Geldstrafen (§ 15a InsO).

Insolvenzverwalter – derjenige, der während des → Insolvenzverfahrens das dem Schuldner entzogene Verwaltungs- und Verfügungsrecht ausübt.

I. Ernennung: 1. Durch das *Gericht* bei → Insolvenzeröffnung. Es ist eine geschäftskundige, von den → Insolvenzgläubigern und dem → Gemeinschuldner unabhängige Person zu bestellen, deren Fähigkeiten (juristisch und wirtschaftlich) den jeweiligen Aufgaben entsprechen sollen. – 2. Die erste → Gläubigerversammlung hat Vorschlags- und Wahlrecht über die Ernennung eines anderen Insolvenzverwalters. – 3. *Entlassung* nur auf Antrag der Gläubigerversammlung oder des Gläubigerausschusses (§§ 57, 59 InsO).

II. Aufgaben: 1. *Allgemein:* Der Insolvenzverwalter hat die → Insolvenzmasse in Besitz zu nehmen, nicht zugehörige Teile auszuscheiden (→ Aussonderung), Verträge abzuwickeln, die Masse zu verwerten und den Erlös an die Gläubiger zu verteilen. Ihm obliegt die Durchführung der → Insolvenzanfechtung. Er untersteht der Aufsicht des → Insolvenzgerichts. – 2. *Im Einzelnen:* a) Der Insolvenzverwalter hat nach Eröffnung des Insolvenzverfahrens die Bücher dem Gericht zur Schließung vorzulegen und ein Inventarverzeichnis der einzelnen Gegenstände mit Wertangabe, die erforderlichenfalls durch Sachverständige zu ermitteln ist, zu fertigen (§ 151 InsO). Bei der Verwertung der Masse ist er grundsätzlich frei, in einigen wichtigen Fällen (z.B. bei freihändigem Grundstücksverkauf, Anhängigmachung von Prozessen (§ 160 InsO) bedarf er der Zustimmung des Gläubigerausschusses, der Gläubigerversammlung oder in seltenen Fällen auch des Gerichtes. – b) Bei der Feststellung der → Insolvenzforderungen ist entscheidend, ob der Insolvenzverwalter diese anerkennt. Bestreitet er, kann der Gläubiger gegen ihn auf Feststellung der Forderung klagen (§ 179 InsO). – c) Prozesse für die Masse führt er als Partei kraft Amtes. – d)

Jahr	Konkurse/Insolvenzen insgesamt	Konkurse/Insolvenzen mangels Masse abgelehnt	Vergleichs-verfahren	Inlolvenzen insgesamt
1991	12.904 (401)	9.667 (73)	39	13.344
1992	14.064 (1.185)	10.403 (516)	37	15.316
1993	17.482 (2.761)	12.853 (1.548)	73	20.316
1994	20.050 (4.836)	14.997 (3.057)	67	24.942
1995	21.688 (7.071)	16.072 (4.662)	56	28.815
1996	23.063 (8.393)	17.010 (5.836)	53	31.509
1997	24.177 (9.185)	17.982 (6.547)	35	33.393
1998	24.402 (9.545)	18.134 (6.850)	30	33.977
1999	34.038	21.542		
2000	42.259	21.357		
2001	49.326	22.360		
2002	84.422	21.551		
2003	100.723	22.134		
2004	118.274	21.450		
2005	136.554	19.279		
2006	161.430	15.607		
2007	164.597	13.206		
2008	155.202	12.107		

(bis 1998 alte Bundesländer, in Klammern neue Bundesländer)

*VerglO durch Insolvenzordnung abgeschafft.

Bei → gegenseitigen Verträgen, die noch von keiner Seite vollständig erfüllt sind (z.B. Lieferung unter → Eigentumsvorbehalt), hat er ein Wahlrecht (§ 103 InsO). – e) Über die Ausschüttung der Masse an die Gläubiger vgl. → Verteilungsverfahren. – f) Der Insolvenzverwalter kann einen Insolvenzplan vorlegen (§ 218 InsO). – g) Bei Abschluss des Verfahrens hat der Insolvenzverwalter der Gläubigerversammlung Rechnung abzulegen. Werden keine Einwendungen erhoben, ist er entlastet. Für die Erfüllung seiner Pflichten ist er allen Beteiligten verantwortlich (§ 60 InsO). – h) Festsetzung der Vergütung und der Auslagen erfolgt durch das Insolvenzgericht (§§ 63–65 InsO) nach der Insolvenzrechtlichen Vergütungsverordnung vom 19.8.1998 (BGBl. I 2205) m.spät.Änd.

III. **Haftung:** Nach § 60 InsO ist der Insolvenzverwalter für die Erfüllung der ihm obliegenden Pflichten allen Beteiligten verantwortlich. – a) *Interne Verantwortlichkeit:* Insolvenzverwalter haftet für schuldhafte Pflichtverletzung bei der Inbesitznahme, Verwaltung und Verwertung der Insolvenzmasse. Führt er das Geschäft des Schuldners fort, obliegen ihm die Pflichten des ordentlichen und gewissenhaften Geschäftsleiters. – b) *Externe Verantwortlichkeit:* Gegenüber Aus- und Absonderungsberechtigten gilt dasselbe, was für die Inbesitznahme und Verwaltung der Insolvenzmasse gilt. Dem Masseschuldgläubiger ist er für ordnungsgemäße Erfüllung der Verpflichtungen verantwortlich. Führt der Insolvenzverwalter das Geschäft ganz oder teilweise fort, so haftet er den Gläubigern von Masseschuldansprüchen, wenn er hätte erkennen können, dass er die Masseverbindlichkeiten nicht würde tilgen können.

Insolvenzwarenverkauf – Nach § 6 UWG a.F war es verboten, in Prospekten, Anschlägen und sonstigen öffentlichen Bekanntmachungen auf die Herkunft von Waren aus einer → Insolvenzmasse hinzuweisen, wenn sie nicht mehr zur Insolvenzmasse gehören. Auf Wortwahl kam es nicht an, es entschied die Verkehrsauffassung. Das Verbot erfasste auch die Ankündigung von Insolvenzwarenverkäufen nach Beendigung des Insolvenzverfahrens. Seit der UWG-Novelle 2004 besteht dieses generelle Verbot nicht mehr. Verboten ist es aber nach wie vor, für einen Insolvenzwarenverkauf auf eine Weise zu werben, die eine konkrete Gefahr der Irreführung beim Publikum begründet (§ 5 UWG).

Insourcing – Reintegration von Leistungsprozessen, die den → Kernkompetenzen eines Unternehmens entsprechen und die evtl. zuvor durch → Outsourcing aus dem Leistungsumfang des Unternehmens ausgegliedert wurden.

Inspektion – Maßnahme der → vorbeugenden Instandhaltung. Inspektion ist die geplante oder ungeplante, laufende oder zufällige Überwachung von Anlagen. Sie dient der möglichst frühzeitigen Erkennung von potenziellen oder in absehbarer Zeit mit Sicherheit eintretenden Produktionsstörungen (Abweichungen vom Verfahrensstandard, fehlerhafte Produkte oder Produktionsunterbrechungen).

Inspektionskosten → Instandhaltungskosten.

Inspektionszertifikat – Bei → Akkreditiven, aber auch aufgrund amtlicher Importvorschriften ist oft ein Waren-Kontroll-Zertifikat (Pre-Shipment Inspection Certificate (PSI)) erforderlich, das durch dazu befugte Stellen/Behörden ausgefertigt wird und die Übereinstimmung der verpackten und verschifften Ware mit der Bestellung bzw. den Importvorschriften des Einfuhrlandes bescheinigt.

Instandhaltung → vorbeugende Instandhaltung.

Instandhaltungskosten – 1. *Begriff:* → Kosten zur Erhaltung der Betriebsanlage in einsatzfähigem Zustand. – Entsprechend dem Instandhaltungsbegriff nach DIN-Norm 31051 Kosten für Wartungs- *(Wartungskosten),* Inspektions- *(Inspektionskosten)* und Instandsetzungsmaßnahmen *(Instandsetzungskosten)* bzw. nach dem Ziel der einzelnen Maßnahmenarten differenziert Kosten für anlagenbezogene Verschleißbeobachtung, Verschleißhemmung und Verschleißbeseitigung. – 2. *Arten:* a) *Fremdinstandhaltungskosten:* für von Unternehmensexternen erbrachte Instandhaltungsmaßnahmen. – b) *Eigeninstandhaltungskosten:* in Instandhaltungskostenstellen anfallende Kosten. – 3. *Kostenrechnerische Erfassung und Verrechnung:* Fremdinstandhaltungskosten werden als primäre Kostenart in der Kostenartenrechnung erfasst und zumeist den die Leistungen nachfragenden → Kostenstellen direkt zugeordnet. Eigeninstandhaltungskosten werden im Rahmen der → innerbetrieblichen Leistungsverrechnung instandhaltungsauftragsweise oder per → Umlagen weiterverrechnet. Kosten für werterhöhende Instandsetzungsmaßnahmen sind zu aktivieren und als → Abschreibungen periodenweise weiterzuverrechnen. – 4. *Handelsrechtliche/steuerliche Behandlung/Bilanzierung:* (Laufende) Instandhaltungskosten sind i.d.R. als → Erhaltungsaufwand zu qualifizieren und damit als Aufwand bzw. → Betriebsausgaben oder → Werbungskosten absetzbar. Umfangreiche Instandsetzungskosten (Großreparaturen) sind dagegen i.d.R. als → Herstellungsaufwand zu aktivieren. – Handelsrechtlich besteht die Pflicht zur Bildung einer → Rückstellung für im Geschäftsjahr *unterlassene Instandhaltungen,* wenn sie innerhalb von drei Monaten nach dem Bilanzstichtag nachgeholt werden (ebenso steuerlich).

Instandhaltungsplanung – systematische Vorbereitung und Festlegung aller Aktionen, die erforderlich sind, um die Funktionsfähigkeit der Produktionsanlagen einer Industrieunternehmung bis zum Ende der wirtschaftlichen Nutzungsdauer vor Beeinträchtigungen zu schützen bzw. bei Verschleiß und Störungen wiederherzustellen (→ vorbeugende Instandhaltung). Die Instandhaltung beinhaltet somit die zielorientierte Suche alternativer Instandhaltungsmaßnahmen, deren Beurteilung sowie die Auswahl der Instandhaltungsstrategie mit dem höchsten Zielerreichungsgrad. – *Monetäre Hauptziele der Instandhaltung:* Minimierung der → Instandhaltungskosten; Minimierung der → Stillstandskosten. – Die Instandhaltungsmaßnahmen lassen sich in zwei *grundsätzliche Vorgehensweisen* unterscheiden: (1) Maßnahmen → vorbeugender Instandhaltung; (2) Maßnahmen ausfallbedingter → Instandsetzung.

Instandsetzung – grundsätzliche Vorgehensweise der Anlageninstandhaltung (→ Instandhaltungsplanung). Die Instandsetzung beinhaltet alle Maßnahmen zur Beseitigung von Schäden an Produktionsanlagen, die deren Nutzung beeinträchtigen (können). Die Instandsetzung grenzt an den Ersatz ganzer Produktionsanlagen und erfasst die Reparatur oder den Austausch von Baugruppen und einzelnen Anlagenteilen. – Vgl. auch → vorbeugende Instandhaltung.

Instandsetzungskosten → Instandhaltungskosten.

Instant Gratification – die sofortige Befriedigung von Wünschen und → Bedürfnissen, häufig durch den Kauf eines Produkts oder einer Dienstleistung, die der Bedürfnisbefriedigung dient.

Instant Messaging – Internetdienste, die eine text- oder zeichenbasierte Kommunikation in Echtzeit ermöglichen.

Instanz – Element der → Aufbauorganisation. – 1. *Begriff:* Eine Leitungseinheit (→ organisatorische Einheit) mit → Weisungsbefugnis gegenüber den ihr hierarchisch untergeordneten → organisatorischen Einheiten (z.B. → Stellen), die je nach dem Instanzaufbau der Unternehmung selbst Instanzcharakter haben können. – 2. *Arten* (nach der Zahl der Handlungsträger, mit denen eine Instanz besetzt ist): a) → Singularinstanz; b) → Pluralinstanz. – 3. *Instanzenaufbau:* Hierarchie der Instanz.

Instanzentiefe → Leitungstiefe.

Instanzenweg → Einliniensystem.

Institut – 1. Durch die Sechste KWG-Novelle eingeführter Oberbegriff für → Kreditinstitute und → Finanzdienstleistungsinstitute. – 2. Bezeichnung einer Einrichtung des Staates bzw. einer Selbstverwaltungskörperschaft mit vorwiegend wissenschaftlichen Aufgaben. – 3. Benutzung der Bezeichnung für gewerbliche Unternehmen, soweit sie überhaupt infrage kommt, nur mit Hinweis auf den gewerblichen Charakter gestattet (z.B. Beerdigungsinstitut); sonst als irreführende Angabe unzulässig gemäß § 5 UWG.

Institut der Deutschen Wirtschaft e.V. (IW) – von Verbänden und Unternehmen der privaten Wirtschaft getragenes Wirtschaftsforschungsinstitut (→ Wirtschaftsforschungsinstitute); gegründet 1951 mit Sitz in Köln. – *Arbeitsgebiet:* Alle Bereiche der Wirtschafts- und Sozialpolitik, des Bildungs- und Ausbildungssystems sowie der gesellschaftlichen Entwicklung.

Institut der Wirtschaftsprüfer in Deutschland e.V. (IDW) – Fachorganisation der → Wirtschaftsprüfer (WP) und → Wirtschaftsprüfungsgesellschaften auf freiwilliger Basis; Sitz in Düsseldorf. – *Aufgaben:* Das Institut der Wirtschaftsprüfer in Deutschland fördert die Fachgebiete des Wirtschaftsprüfers und tritt für die Interessen des Wirtschaftsprüferberufes ein; es hat v.a. für die fachliche Förderung der Wirtschaftsprüfer und des beruflichen Nachwuchses zu sorgen. Mitglieder können sich in fachlichen Zweifelsfällen von grundsätzlicher Bedeutung beraten lassen. Die Fachausschüsse erstellen → Prüfungsstandards/sonstige Standards, die die Auffassung des Berufes zu fachlichen Fragen darstellen und zur Entwicklung beitragen sollen. Das Institut der Wirtschaftsprüfer in Deutschland kann zu Fach- und Berufsfragen, die den gesamten Wirtschaftsprüferberuf betreffen, auch gutachtlich Stellung nehmen. – *Organe:* Wirtschaftsprüfertag; Verwaltungsrat; Vorstand. – *Internationale Zusammenarbeit:* Das Institut der Wirtschaftsprüfer in Deutschland ist an der internationalen Zusammenarbeit der Berufsorganisationen der wirtschaftsprüfenden Berufe beteiligt; es ist Mitglied der → International Federation of Accountants (IFAC), sowie der → Féderation des Experts Comptables Européens (FEE). – *Veröffentlichungen:* Zeitschrift „Die Wirtschaftsprüfung"; Fachnachrichten für Mitglieder; Herausgeber des Wirtschaftsprüfer-Handbuchs. – *Sonstiges:* IDW Verlag für Rechnungslegung, Wirtschaftsprüfung, Steuerrecht und Betriebswirtschaft; Wirtschaftprüfer-Akademie (WPA).

Institute for Public Sector Accounting Research (IPSAR) → Financial Accountability and Management (FAM).

Institute of International Finance (IIF) – *Institute of International Finance, Inc.;* 1983 von 35 Großbanken aus Europa, den USA, Japan und Südamerika als Reaktion auf die internationale Schuldenkrise gegründet. Das IIF hat heute über 450 Mitglieder aus 70 verschiedenen Ländern (Stand Ende 2012). Zu seinen Mitgliedern zählen die größten Commercial Banks und Investment Banks sowie zunehmend auch Versicherungsunternehmen. – *Sitz:* Washington, D.C. – *Ursprüngliche Ziele:* Verbesserung der Verfügbarkeit und Qualität der finanziellen und wirtschaftlichen Informationen über Schuldnerländer, um in Zusammenarbeit mit dem Internationalen Währungsfonds und der Weltbank Informationen über finanzielle Lage, Entwicklungspläne, wirtschaftspolitische Zielsetzungen und Verschuldungssituation der potenziellen Kreditnehmer zusammentragen und den Mitgliedsbanken zur Verfügung stellen zu können. – *Heutige Aufgaben und Ziele:* fachliche Unterstützung der Mitglieder bspw. durch Länderanalysen zu Schwellenländern, politische Interessenvertretung, Öffentlichkeitsarbeit, Entwicklung von Maßnahmen zur Sicherung der Finanzmarktstabilität (Industriestandards, Best-Practice-Methoden), Schaffung von Netzwerken zum gegenseitigen Erfahrungsaustausch.

Institut für Arbeitsmarkt- und Berufsforschung (IAB) – Forschungseinrichtung der → Bundesagentur für Arbeit; Sitz in Nürnberg. – *Aufgabe:* Arbeitsmarkt- und Berufsforschung; im Einzelnen: eigene Forschung, Erhebungen, theoretische und methodische Grundlagenarbeiten, Informationen und Dokumentation, Beiträge zur Umsetzung von Forschungsergebnissen, Politikberatung, Beiträge zur Abstimmung der einschlägigen Forschung, Förderung der Arbeitsmarktstatistik, Verbindung zur Hochschulwissenschaft, Forschungsaufträge, Vertragsforschung.

Institut für Auslandsbeziehungen (IfA) – 1951 als Nachfolgerin des Deutschen Auslands-Instituts wiedergegründet. – *Aufgabe:* Förderung des Kulturaustausches zwischen den Völkern. – Der Erfüllung dieser Aufgabe dienen die *Einrichtungen* des Instituts: Fachbibliothek; Photothek; Buch- und Zeitschriftenversand; Ausstellungsabteilung (Veranstaltung von dt. Ausstellungen im Ausland und ausländischen Ausstellungen im Inland); Auswandererberatung durch „gemeinnützige Auswandererberatungsstelle"; Öffentlichkeitsarbeit auf internationalen Messen; Vorbereitungsseminare für dt. Wirtschaftskräfte; dt. Sprachkurse für Ausländer; Regionalreferate: Nordamerika, Lateinamerika, Südosteuropa, Afrika, Nah-Mittelost und Asien. – *Veröffentlichungen:* Zeitschrift für KulturAustausch (vierteljährlich), Ländermonographien, Dokumentationen zur auswärtigen Kulturpolitik.

Institut für Weltwirtschaft (IfW) – unabhängiges, bes. an der weltwirtschaftlichen Forschung orientiertes → Wirtschaftsforschungsinstitut an der Universität Kiel mit umfangreicher Forschungstätigkeit und international bedeutendem Bibliotheks-, Archiv- und Dokumentationsbereich. Gegründet 1914. – *Arbeitsgebiet:* Anwendungsorientierte Wirtschaftsforschung, v.a. auf den Gebieten Wachstum, Strukturpolitik und internationale Arbeitsteilung; Umwelt- und Ressourcenökonomik; Raumwirtschaft; Entwicklungsökonomie und weltwirtschaftliche Interpretation; Konjunktur. – *Wichtige Veröffentlichungen:* Weltwirtschaftliches Archiv/Review of World Economics; Kieler Studien.

Institut für Wirtschaftsforschung → Deutsches Institut für Wirtschaftsforschung (DIW), → Hamburgisches Welt-Wirtschafts-Archiv (HWWA), → ifo Institut für Wirtschaftsforschung, → Institut für Wirtschaftsforschung Halle (IWH), → Rheinisch-Westfälisches Institut für Wirtschaftsforschung (RWI).

Institut für Wirtschaftsforschung Halle (IWH) – selbstständiges, unabhängiges und gemeinnütziges → Wirtschaftsforschungsinstitut mit überregionaler Bedeutung; wurde zum 1.1.1992 vom Bund und dem Land Sachsen-Anhalt gegründet mit Sitz in Halle (Saale). – *Hauptaufgaben:* Empirische Wirtschaftsforschung und wissenschaftliche Begleitung des Transformationsprozesses in Ostdeutschland und in den Ländern Mittel- und Osteuropas sowie Forschungen zur Industriepolitik.

Institution – 1. *Begriff:* Eine allgemein anerkannte Definition des Begriffs fehlt bis dato. Institutionen beeinflussen, entsprechend dem ökonomischen Ansatz zur Erklärung menschlichen Verhaltens (G.S. → Becker), als Restriktionen die Handlungen von Menschen. Zu den Institutionen zählen so unterschiedliche Dinge wie Märkte, Gesetze, Bräuche, Zahlungsmittel oder Standardverträge. Die Analyse der Entstehung, Wirkung und Gestaltung von Institutionen ist Gegenstand der → Neuen Institutionenökonomik. Schotter (1986) definiert Institutionen als „Set von Regeln, die individuelles Verhalten beschränken und das soziale Ergebnis individuellen Handelns definieren." Im dt. Sprachraum definieren Erlei, Leschke und Sauerland (2007) Institutionen als Verträge oder Vertragssysteme sowie Regeln oder Regelsysteme „jeweils inklusive ihrer Durchsetzungsmechanismen durch [...] die das Verhalten von Individuen kanalisiert wird." – 2. *Merkmale:* Institutionen sind als soziale Phänomene relevant für die Interaktion einer Gruppe von Menschen (Kollektiv). Institutionen senken (oder erhöhen) die Kosten der Interaktion von Individuen (Transaktionskosten). Sie erleichtern (oder erschweren) die Realisierung von Kooperationsvorteilen, da sie die Erwartungssicherheit in Bezug auf das Verhalten der potentiellen Kooperationspartner erhöhen. Institutionen entstehen häufig evolutorisch, d.h. sie bilden sich in Interaktionen heraus. Die beteiligten Individuen lernen, welche Verhaltensmuster sich in Interaktionen als erfolgreich (mit Blick auf die eigenen Ziele) erweisen. Solche informellen Institutionen werden oftmals auch formalisiert und als Regel oder Regelsystem offiziell in einem Kollektiv (z.B. Staat oder Unternehmen) eingeführt (formelle Institutionen). Verstöße gegen Regeln müssen mit glaubhaften Sanktionen bedroht werden. Dies können gesetzliche (rechtliche) Sanktionen oder auch soziale Sanktionen (z.B. Ausschluss aus dem Kollektiv) sein. Ohne glaubhafte Sanktionsmechanismen verlieren Institutionen als kollektives Kapital ihren Wert und erodieren. Werden Institutionen nicht von einer Mehrheit der Kollektivmitglieder akzeptiert, sind hohe Kontroll- und Sanktionskosten (Zwang) notwendig, um sie zu erhalten. Dies ist i.d.R. nicht produktiv. – 3. *Abgrenzung:* a) *Institution und Organisationen:* → Organisationen sind Personenkollektive, deren Mitglieder sich organisiert haben, um ihre individuellen Ziele besser erreichen zu können (Kooperationsvorteile). D.C. → North definiert Organisationen als Institutionen zzgl. der beteiligten Personen, z.B. Unternehmen, Verbände oder Entscheidungsgremien in Gebietskörperschaften. In einer Unternehmung verkörpert das Vertragsgeflecht die institutionelle, die beteiligten

Personen „die persönliche Seite der Unternehmung". – b) *Institution, Werte und Normen:* Unter einem Wert versteht man in der Soziologie eine grundlegende, zentrale, allg. Zielvorstellung und Orientierungsleitlinie für menschliches Handeln und soziales Zusammenleben innerhalb einer Subkultur, Kultur oder sogar im Rahmen der Menschheit (Hillmann). Werte sollen nicht zu den Institutionen gezählt werden, weil ihre Nichtbeachtung nicht sozial sanktionierbar ist und sie auch nicht zu gleichen und stabilen Verhaltenserwartungen führen. Normen sind solche Regeln, die sich aus Werten ableiten. Normen sind informelle Regeln (informelle Institutionen). – Vgl. auch → Verfügungsrechte, → Wirtschaftsethik. – 4. *Klassifikation:* a) *Formelle vs. informelle Institutionen:* Diese Klassifikation setzt an der Formalität der Regelkomponente einer Institution an. Zumeist (aber nicht immer) sind Verfassungsregeln, Gesetz und Verordnungen dazu zu rechnen. Informelle Institutionen sind Regeln, die i.d.R. nicht schriftlich fixiert sind und deren Bestandteile bisweilen gar nicht vollständig genannt werden können, wie etwa die Regeln des Fairplay. Diese Unterscheidung geht auf North zurück.b) *Externe vs. interne Institution:* Diese Klassifikation fragt nach der Art der Sanktionierung einer Institution. Regelverstösse können von den Mitgliedern einer Gesellschaft selbst sanktioniert werden, ohne auf den Staat zurückzugreifen. – *Beispiele:* Gewohnheiten, Sitten und Traditionen, deren Einhaltung durch Sanktionen gesichert wird, die von den Mitgliedern einer Gesellschaft selbst vorgenommen werden. Bei externen Institutionen erfolgt die Sanktionierung durch Vertreter des Staates, also extern von der Gesellschaft. Externe Institutionen sind also z.B. Gesetze. Diese Unterscheidung geht auf Kiwit und Voigt zurück.

Institutional Investor-Länderrating – im Rahmen des durch den „Institutional Investor" (US-Monatsmagazin) durchgeführtes → Länderrating. Von ca. 100 im internationalen Geschäft tätigen Banken werden mehr als 100 Länder zweimal jährlich in Bezug auf das dort gegebene → Kreditrisiko beurteilt. Hierbei wird eine Skala zugrunde gelegt, die von 0 (Kreditrisiko ist nicht akzeptabel) bis 100 (keinerlei Kreditrisiko) geht. Die Einzelantworten werden, nach einem nicht bekannten Schlüssel gewichtet, zu einem Gesamtscore (Risiko-Index) aggregiert (sog. *Institutional Investor-Index*).

Institutionalismus – Anfang des 20. Jh. an Bedeutung gewinnende Richtung amerikanischer Nationalökonomen, u.a. Veblen, Commons und Mitchell. Anknüpfend an die → historische Schule betont der Institutionalismus die historische Interpretation ökonomischer Wirklichkeit. Kennzeichnend für den Institutionalismus sind: (1) Betonung der Dynamik des Wirtschaftsablaufs gegenüber der Statik des Gleichgewichts; (2) Darstellung soziologischer, psychologischer und rechtlicher Phänomene und deren Einfluss auf Wirtschaftsordnung, wirtschaftliches Verhalten; (3) Bestimmung des Wirtschaftsablaufs nicht durch das Marktgeschehen, sondern durch die das Marktgeschehen bestimmenden Institutionen. (4) Vorläufer der → Neuen Institutionenökonomik.

institutionelle Einkommensverteilung – *institutionelle Verteilung;* Verteilung der Einkommen (→ Einkommensverteilung) auf die Klassen der unselbstständig Beschäftigten (Arbeitnehmer) und Selbstständigen. Berücksichtigt man, dass z.B. einzelne Haushalte Einkommen aus verschiedenen ökonomischen Funktionen beziehen können, erweitert die institutionelle Einkommensverteilung die → funktionale Einkommensverteilung um die → Querverteilung. – Vgl. auch → Verteilungstheorie, → Pasinetti-Ansatz.

institutioneller Umweltschutz – Der institutionelle Umweltschutz ist ein fiskalisches und über staatliche Ausgaben gesteuertes Instrument zur Umsetzung umweltpolitischer Ziele. Infolge der → Finanzierung des institutionellen Umweltschutzes werden die Aktivitäten der Akteure der → Umweltpolitik (z.B. → Sachverständigenrat für Umweltfragen (SRU), → Bundesumweltministerium, Deutsche Bundesstiftung Umwelt) initiiert und gefördert. So entsteht eine indirekte Wirkung auf die Prinzipien der Umweltpolitik. – Vgl. auch → Umweltschutz.

institutioneller Wandel → Neue Institutionenökonomik; → Wirtschaftssoziologie.

institutionelle Theorie der Haushaltung – 1. *Charakterisierung:* Die institutionell orientierte → Haushaltstheorie befasst sich mit dem Nachfrageverhalten als einer Aktivität, die über die reine Konsumwahl hinausgeht. Nach Lancaster hängt der → Nutzen der → Güter unmittelbar von deren spezifischen Eigenschaften ab, die in unterschiedlicher Weise Nutzen stiften, und nur mittelbar von den nachgefragten Güterarten an sich. Damit unterliegt das nutzenmaximierende Verhalten des Haushalts zwar weiterhin der durch die → Bilanzgerade gegebenen Einkommensrestriktion, ist aber um einen produktionstheoretischen Gesichtspunkt zu erweitern. Dieser bringt den Zusammenhang zwischen den am Markt erworbenen Gütern und dem daraus zu ziehenden Nutzen zum Ausdruck. – 2. *Gütertransformation im Haushalt:* Die Beschreibung der Transformation von Güterinputs in Nutzen-Outputs durch den Haushalt erfolgt durch die → Haushaltsproduktionsfunktion, die inhaltlich dessen Konsumtechnik widerspiegelt. Die aus der Konsumaktivität des Haushalts resultierenden Outputs gehen als Argumente in die → Nutzenfunktion ein. Der Haushalt muss also jene (effizienten) Konsumaktivitäten bestimmen, die ihm bei gegebener Konsumtechnik und gegebener Budgetgerade zur größten Menge bestimmter Gütereigenschaften verhelfen. Die Parameter dieses Kalküls sind, da sie sich auf die objektiven Gütereigenschaften beziehen, für alle Haushalte gleich und unabhängig von der jeweiligen Präferenzstruktur. Letztere kommt ins Spiel, wenn der Haushalt aufgrund seiner Nutzenfunktion entscheidet, welche der effizienten Konsummöglichkeiten er tatsächlich zu realisieren beabsichtigt und welches Güterbündel in der Folge nachgefragt wird. – 3. *Zeitbedarf des Konsums:* Die Zeit, die ein Haushalt für seine Konsumaktivitäten benötigt, berücksichtigt der Ansatz von Becker. Während eines bestimmten Betrachtungszeitraums muss nach Abzug der Arbeitszeit die verbliebene Zeit ausreichen, um alle geplanten Konsumaktivitäten auch zu verwirklichen. Gerade in Wohlstandsgesellschaften können die Möglichkeiten des Konsums so umfangreich sein, dass sie wegen knapper zur Verfügung stehender → Konsumzeit nicht genutzt werden können. Auch hier wird ein produktionstheoretischer Ansatz gewählt, nach dem ein Haushalt originäre Konsumgüter, die er am Markt erwirbt, in produzierte Konsumgüter transformiert, die wiederum als Argumente in die Nutzenfunktion eingehen. Die Haushaltsproduktionsfunktion wird aber durch die Zeitquanten erweitert, die für diese Konsumaktivität benötigt werden. – Die *Nutzenmaximierung* unterliegt nicht mehr ausschließlich einer geldlichen Beschränkung, die durch die Bilanzgerade widergespiegelt wird, sondern auch einer zeitlichen. Die Verbindung zwischen der zur Verfügung stehenden Konsumzeit und der Höhe des Arbeitseinkommens wird bei gegebenem Lohnsatz durch die Entscheidung des Haushalts über die Allokation der verfügbaren Gesamtzeit auf Arbeits- und Konsumzeit hergestellt. Die Höhe des Einkommens variiert dann mit dem Anteil der Konsumzeit an der Gesamtzeit. Die Nutzenmaximierung kann folglich als Maximierung unter Nebenbedingungen mit zeitlichen und monetären Restriktionen betrachtet werden, deren Grenze durch das → Totaleinkommen des Haushalts gegeben ist. Im Becker-Modell ist damit die Bestimmung eines allgemeinen Gleichgewichts möglich, das simultan das Angebots- und Nachfrageverhalten des Haushalts erklärt.

institutionelle Verteilung → institutionelle Einkommensverteilung.

institutionelle Werbung – *Firmenwerbung, Institutionenwerbung;* Pflege eines firmenspezifischen, alle einzelnen Werbemaßnahmen überlagernden Werbestils. Viele Unternehmen streben danach, den im Laufe der Jahre erworbenen Goodwill, der sich in einer positiven Grundhaltung der Umworbenen gegenüber dem Betrieb ausdrückt, für ihre Marketing-Aktivitäten zu nutzen (→ Public Relations (PR)). Die institutionelle Werbung nähert sich der → Corporate Identity an, sobald an die Stelle von zunächst eindimensionalen mehrdimensionale, an der Unternehmensphilosophie ausgerichtete Werbekonzeptionen treten.

Institutionenethik → Wirtschaftsethik, → Dilemmastruktur.

Institutionenlehre des Handels – Teilgebiet der → Handelsbetriebslehre. Untersuchungsgegenstand sind alle Institutionen, deren wirtschaftliche Tätigkeit ausschließlich oder überwiegend auf die Beschaffung von Waren und deren Absatz ohne wesentliche Be- oder Verarbeitung ausgerichtet ist, z.B. die Unternehmen des Groß- und Einzelhandels, des Einfuhr- und Ausfuhrhandels sowie Börsen, Auktionen, Messen und Ausstellungen als Marktveranstaltungen. – Vgl. auch → Distributionsorgane.

Institutionenwerbung → institutionelle Werbung.

Institutionsprüfung → Prüfung.

Institut zur Erlangung der Hochschulreife – *Kolleg;* staatliche Bildungseinrichtung, die berufstätig gewesenen jungen Erwachsenen die Möglichkeit bietet, in 2,5 bis 3 Jahren die allgemeine Hochschulreife im Rahmen des → zweiten Bildungsweges zu erlangen. – *Aufnahmebedingungen:* (1) Abgeschlossene Berufsausbildung, (2) mittlerer Bildungsabschluss, (3) Alter zwischen 19 und 28 Jahren, (4) Aufnahmeprüfung. – Die *Inhalte* des Instituts zur Erlangung der Hochschulreife decken sich weitgehend mit denen der gymnasialen Oberstufe; berufliche Inhalte finden kaum Berücksichtigung.

Instore-Medien – Medien, die am Point of Purchase eingesetzt werden, um den Kunden zu unterhalten oder ihm Werbung zur Anregung von Spontankäufen präsentieren zu können, z.B. Instore-Radio und Instore-TV.

Instrumentalinformationen – Informationen über die Reaktion der betrieblichen Umwelt (z.B. Abnehmer, Konkurrenten oder staatliche Stellen) auf den Einsatz → marketingpolitischer Instrumente. Es interessiert auch, wie die Unternehmung selbst auf Maßnahmen aus dem Bereich der Umwelt reagieren kann.

Instrumentalismus – philosophisch-erkenntnistheoretische Sichtweise, wonach wissenschaftliche Theorien keine Widerspiegelungen der natürlichen oder sozialen Realität, sondern ausschließlich Werkzeuge, Instrumente oder Mittel zu deren Beherrschung bzw. zur Voraussage von Ereignissen sind. Spezielle Ausprägung des → Pragmatismus. – *Gegensatz:* Philosophisch-erkenntnistheoretischer Realismus, der in Theorien kognitive Mittel zur möglichst objektiven Erfassung der Realität erblickt.

Instrumental Lag → Lag.

Instrumentenvariable – Ist in einem → Regressionsmodell eine erklärende Variable mit dem Störterm korreliert, so bezeichnet man eine Variable, die stark mit dieser Variable korreliert (sog. Instrument-Relevanz) und gleichzeitig mit dem Störterm unkorreliert (sog. Instrument-Exogenität) ist, als Instrumentenvariable. – Instrumentenvariablen werden im Rahmen der sog. Instrumentenvariablenschätzung (→ Instrumentenvariablenschätzer) benötigt. Die Instrument-Relevanz kann durch eine Regression der mit dem Störterm korrelierten erklärenden

Variablen auf die Instrumente und die anderen exogenen Variablen der Regressionsbeziehung geprüft werden. Die Signifikanz der Instrumente in dieser Regression entscheidet über ihre Relevanz. Die Instrument-Exogenität wird i.d.R. mit dem sog. → Sargan-Test geprüft.

Instrumentenvariablenschätzer – Zur Veranschaulichung sei ein Regressionsmodell $Y_i = \beta_0 + \beta_1 X_i + \varepsilon_i$ betrachtet, in dem die erklärende Variable mit dem Störterm korreliert ist. Wurde eine Instrumentenvariable Z für X gefunden, so kann z.B. der Instrumentenvariablenschätzer für β_1 als

$$\hat{\beta}_1 = \frac{\sum y_i z_i}{\sum x_i z_i}$$

angegeben werden, wobei x_i, y_i und z_i für die Abweichungen der jeweiligen Variablen von ihren Stichprobenmittelwerten stehen. Er stellt nichts anderes als die Stichprobenkovarianz zwischen Y und Z dividiert durch die Stichprobenkovarianz zwischen X und Z dar und ist ein konsistenter Schätzer für β_1. Wären die Instrumentenvariable Z und X nicht korreliert, so wäre der Schätzer nicht definiert. Ein Vergleich mit der Formel des OLS-Schätzers (→ Kleinstquadratemethode, gewöhnliche) zeigt, dass im Zuge der Instrumentenvariablenschätzung nicht einfach nur die Variable X durch die Variable Z ersetzt wird. – Liegen mehrere Instrumente für X vor, so verwendet man nicht das Z mit der höchsten Korrelation mit X, sondern berücksichtigt alle Z in geeigneter Weise. Dies geschieht in der Praxis meist mit der sog. zweistufigen Kleinstquadratemethode (→ Kleinstquadratemethode, zweistufige), die eng mit dem Instrumentenvariablenschätzer verwandt ist. Diese wird meist auch für Modelle herangezogen, in denen mehrere erklärende Variablen mit dem Störterm korreliert sind. – Ob die Durchführung einer Instrumentenvariablenschätzung bzw. die Anwendung der zweistufigen Kleinstquadratemethode überhaupt erforderlich ist, kann mit dem → Hausman-Wu-Exogenitätstest geprüft werden.

In-Supplier – Kennzeichnung einer Anbieterposition im Investitionsgütermarketing. Ein In-Supplier ist bereits Lieferant beim nachfragenden Unternehmen; er wird versuchen, die Geschäftsbeziehungen auszubauen, weitere Lieferbeziehungen des Abnehmers zu anderen Lieferanten zu seinen Gunsten umzuleiten und die → Lieferantentreue des Abnehmers zu festigen. – *Gegensatz:* Out-Supplier. Es besteht noch keine Lieferbeziehung mit dem nachfragenden Unternehmen; durch Ergänzung oder Verdrängung von In-Suppliern versucht er, eine solche Position selbst zu erreichen.

Insurance Linked Securities – Für die Verbriefung von Risiken eingesetzte Obligationen, bei denen die Auszahlung von Zins und/oder Nominalwert vom Eintritt und vom Ausmaß eines Versicherungsereignisses abhängen. Bei den zugrunde liegenden Risiken handelt es sich um einzelne Spitzenrisiken oder um Risiken aus ganzen Portefeuilles.

Insurance Management → Risikomanagement.

Intangible Assets – engl. für → immaterielles Wirtschaftsgut.

Integral – 1. *Umkehroperation zur* → Differenzialrechnung: $F(x) + C = \int f(x)\,dx$ mit $F'(x) = f(x)$, wobei F als Stammfunktion und $\int f(x)\,dx$ als unbestimmtes Integral bezeichnet wird, C steht für alle reellen Zahlen. – 2. *Berechnung von Flächen:* Eine Fläche zwischen einer Funktion und der x-Achse im Intervall von a bis b lässt sich mithilfe des bestimmten Integrals berechnen:

$$\int_a^b f(x)\,dx = [F(x)]_a^b = F(b) - F(a).$$

Integralqualität – jene Aspekte der → Qualität eines Investitionsgutes, die als technische Eigenschaften die Eignung des Gutes bezüglich seiner Integrierbarkeit bzw. → Kompatibilität mit anderen Maschinen/Anlagen des Kunden bestimmen. Je niedriger die Integralqualität, desto größer die Kaufwiderstände bei den Kunden.

Integrated Circuit → IC.

Integrated Framework (IF) – 1997 durch WTO, Weltbank (→ IBRD), → IWF, das International Trade Center (→ ITC), → UNCTAD und → UNDP gegründet. Vorrangiges Ziel des IF ist es, das Thema Handel in den nationalen Entwicklungsstrategien zu verankern. Ein Organ des IF ist das Integrated Framework Steering Committee (IFSC) das den Prozess des IF überwacht, lenkt und Richtlinien vorgibt. Mitglieder dieses Organs sind die sechs Kernorganisationen, die beteiligten Entwicklungsländer und die Geberländer. Ein zweites Organ, die IF Working Group, betreibt das kurzfristige Management; es wird von der WTO geleitet. Der IF Trust Fund (IFTF) schließlich ist für das Sammeln und Verwalten von Ressourcen verantwortlich, die für die verschiedenen Projekte benötigt werden.

Integrated Services Digital Network → ISDN.

Integration – Herstellung einer Einheit oder Eingliederung in ein größeres Ganzes.

I. Unternehmenstheorie: → dynamisch-evolutorische Theorie der Unternehmung, → Governance-Structure-Theorie der Unternehmung, → Grenzen der Unternehmung, → Theorie der Mehrproduktunternehmung, → Transaktionskostentheorie der Unternehmung.

II. Organisation: → Koordination.

III. Außenwirtschaft: Zusammenführung zweier oder mehrerer Volkswirtschaften. Dies reicht von der Verringerung bzw. dem Abbau von → tarifären Handelshemmnissen und → nicht tarifären

Handelshemmnissen bis zur Vereinheitlichung verschiedener Bereiche der Wirtschaftspolitik. – Als *handelspolitische Maßnahme* bedeutet Integration die Verringerung oder Beseitigung von Handelshemmnissen zwischen den integrierenden Ländern, bei Aufrechterhaltung der Handelshemmnisse gegenüber Drittländern. Behalten die Länder ihre eigenen Handelspolitiken gegenüber Drittländern, spricht man von einer → Freihandelszone, gehen sie zu einer gemeinsamen Handelspolitik nach außen über, spricht man von einer → Zollunion. In einem gemeinsamen Markt (in der EU auch → Binnenmarkt genannt, vgl. → EU und → EG, → EEA) werden die sog. vier Freiheiten realisiert: Freiheit des Waren- und Dienstleistungsverkehrs, Kapitalmarktintegration sowie die Freizügigkeit der Arbeitnehmer und Niederlassungsfreiheit. In einer → Wirtschaftsunion als dann folgende Stufe der Integration ist die Wirtschaftspolitik (Fiskal- und Strukturpolitik, Sozialpolitik) zumindest koordiniert. Findet zudem eine gemeinsame Zentralbank mit einer gemeinsamen Währung Anwendung, dann ist mit der Wirtschafts- und → Währungsunion die höchste Stufe der wirtschaftlichen Integration realisiert (Beispiel EU, → EWWU). – *Wirkungen:* → Handelsschaffung, → Handelsablenkung. – Vgl. auch → regionale Integration, → Regionalismus, → Handelspolitik, → Wirtschaftsunion, → Währungsunion.

IV. Wettbewerbstheorie: wirtschaftlicher oder rechtlicher Zusammenschluss mehrerer Unternehmen (→ Unternehmenszusammenschluss). Integration und → Unternehmenskonzentration werden häufig synonym verwendet. – *Arten:* (1) Horizontale Integration: Zusammenschluss von Unternehmen derselben Produktionsstufe; (2) Vertikale Integration: Zusammenschluss von Unternehmen unterschiedlicher, durch Angebots- und Nachfragebeziehungen verbundener Produktionsstufen. – Zur Bedeutung der Integration für die strategische Planung vgl. → Wertschöpfungsstrategie.

Integrationsamt – in den Ländern nach dem SGB IX eingerichtete Behörde, deren Aufgabe es ist, im Rahmen der Regelung zur Teilhabe schwerbehinderter Menschen am Arbeitsleben (1) die Schwerbehinderten- → Ausgleichsabgabe zu erheben und zu verwenden, (2) beim → Kündigungsschutz schwerbehinderter Menschen (§§ 85 ff. SGB IX) mitzuwirken, (3) die begleitenden Hilfen im Arbeitsleben in enger Zusammenarbeit mit der Bundesagentur für Arbeit und den übrigen Rehabilitationsträgern durchzuführen und (4) die bes. Hilfen nach § 117 SGB IX im Fall der Weigerung zu entziehen (§ 102 I SGB IX). Die Länder sind ermächtigt, Aufgaben und Befugnisse der Integrationsämter nach dem Schwerbehindertenrecht auf örtliche Fürsorgestellen zu übertragen (§ 107 II SGB IX).

Integrationsformen → Freihandelszone, → regionale Integration, → Regionalismus, → Zollunion.

Integrationsgrad – gibt an, wie oft ein stochastischer Prozess differenziert werden muss, um einen stationären Prozess (→ Stationarität) zu erhalten. – Man sagt, dass ein Prozess vom Grad null integriert oder kurz I(0) ist, wenn er bereits stationär ist. Ist er nicht stationär, sind es jedoch seine ersten → Differenzen $\Delta Y_t = Y_t - Y_{t-1}$, so bezeichnet man ihn als integriert vom Grad eins oder kurz I(1). Sind erst seine d-ten Differenzen $\Delta^d Y_t$ stationär, ist er entsprechend I(d). I.d.R.sind ökonomische Variablen I(0) oder I(1), selten I(2).

Integrationstest → Testen.

integrierte Finanzplanung – mit der → Gesamtplanung oder allein mit der → Erfolgsrechnung einer Unternehmung koordinierte → Finanzplanung. Koordination wegen der Interdependenz der Pläne der einzelnen Funktionsbereiche einer Unternehmung aus planungstechnischen Gründen notwendig, aber wegen hoher Planungskosten nur beschränkt möglich. Bei einer Integration von Finanz- und Erfolgsrechnung dient eine Planbilanz als Zwischenglied.

integrierte Kommunikation – 1. *Begriff:* inhaltliche und formale Abstimmung aller Maßnahmen der Marktkommunikation, um die von der Kommunikation erzeugten Eindrücke zu vereinheitlichen und zu verstärken. Die durch die → Kommunikationsmittel hervorgerufenen Wirkungen sollen sich gegenseitig unterstützen. Die integrierte Kommunikation wird z.T. unterschiedlich weit gefasst. Je nach Definition kann sie sich auf interne und externe Kommunikation beziehen und neben der Gestaltung auch organisationale/personale Aspekte umfassen. – 2. *Dimensionen der Integration:* (1) zeitliche Integration aller kommunikativen Maßnahmen einer Marke und (2) Integration zwischen den Kommunikationsmitteln. – 3. *Mittel der Integration* ist die formale und/oder inhaltliche Integration. – a) *Formale Integration:* Zu den formalen Mitteln der integrierten Kommunikation zählen die Corporate-Design-Maßnahmen (→ Corporate-Design), z.B. bestimmte Farben, und bildliche Firmen- und Markensignale (Wort-Bild-Kombinationen sowie Präsenzsignale). Die formale Integration transportiert keine spezifischen Positionierungsinhalte, sie dient in erster Linie der gedanklichen Verankerung des Angebots und erleichtert dem Konsumenten die Erinnerung. So eignet sich die formale Integration v.a. für die → Aktualisierung. – b) *Inhaltliche Integration:* Zu den inhaltlichen Mitteln der integrierten Kommunikation zählen wiederkehrende verbale Aussagen (Slogans, gesprochene, gesungene und geschriebene Programmformeln). Die verbalen Aussagen können einen identischen Wortlaut haben oder sinngemäß die gleichen Positionierungsinhalte enthalten. Weiteres Mittel der inhaltlichen integrierten Kommunikation sind Bilder, die die Positionierung des Angebots widerspiegeln. Die bildlichen Inhalte können entweder als unterschiedliche Bildmotive mit gleichem Bildinhalt oder als → Schlüsselbilder umgesetzt sein. Erst die inhaltliche Integration ermöglicht die Vermittlung der → Positionierung. – 4. *Bedeutung:* Zur Umsetzung der Positionierung eines Angebots ist die integrierte Kommunikation von zentraler Bedeutung, da durch diese langfristig klare Gedächtnisstrukturen und ein klares Image von einem Angebot aufgebaut werden. Dies mündet dann in einem Aufbau und Erhalt des Markenwertes – bei gegebener Relevanz der Positionierung und bei einer entsprechenden wahrgenommenen Eigenständigkeit. – 5. *Theoretischer Hintergrund:* Bei der integrierten Kommunikation handelt es sich um ein Lernkonzept. Dabei geht es sowohl um das erstmalige Lernen von Informationen, die unter einem Angebot gespeichert werden sollen, als auch um das Wiederauffrischen von mit dem Angebot gespeicherten Informationen. Dazu sind entsprechende Wiederholungen der Angebotsinformationen erforderlich. Dabei gilt: Je geringer das → Involvement von Konsumenten, desto mehr konsistente Wiederholungen sind erforderlich, um angebotsspezifische Gedächtnisstrukturen aufzubauen. Bes. bei geringem Involvement der Empfänger sind Erkenntnisse zur Imagerytheorie wichtig, da hier bildliche Integrationsmittel bessere Wirkungen erzielen als sprachliche Integrationsmittel.

integrierte ländliche Entwicklung – Konzept zur Förderung des ländlichen Raums in Entwicklungsländern. Die Ausschöpfung des latenten → Produktionspotenzials kleinbetrieblicher Landwirtschaft soll Wachstumsimpulse auf der Entstehungsseite des → Nationaleinkommens ergeben, wodurch auch eine gleichmäßigere → Einkommensverteilung angestrebt und die → absolute Armut überwunden wird. Integrierte ländliche Entwicklung wendet sich an die ländliche Gesellschaft als Ganzes und strebt eine Verbesserung der produktiven Beschäftigung armer Bevölkerungsgruppen an. – *Ziel* ist ein selbsttragender Entwicklungsprozess, welcher mit verstärkter Eigeninitiative der betroffenen Bevölkerung einhergeht. Schwerpunkte liegen in der Förderung von Kleinstunternehmern und in der Verbesserung der Situation der Gruppe der Pächter. – *Maßnahmen* integrierter ländlicher Entwicklung erstrecken sich u.a. auf den technologischen Bereich der landwirtschaftlichen Produktivitätsförderung, den Aufbau der dazu notwendigen leistungsfähigen Dienstleistungsstruktur, eine Änderung der Agrarverfassung (Verteilung des Grundeigentums, Rechtsstellung der Pächter), den Ausbau der ländlichen materiellen Infrastruktur und die Verbesserung der sozialen Infrastruktur. – Vgl. auch → Entwicklungspolitik.

integrierte Produktpolitik – Verbesserungen von Produkten durch Berücksichtigung der Umweltauswirkungen während des gesamten → Lebenszyklus (vernetztes, ganzheitliches Denken: F&E, Ressourcen, Fertigung, Transport, Nutzung, Verwertung bis zur Entsorgung). – Vgl. auch → Produktpolitik.

integrierter Umweltschutz – 1. *Begriff:* Umweltpolitischer Ansatz der Unternehmensführung mit dem Ziel, Emissionen und Abfälle gar nicht erst entstehen zu lassen. Statt Reparatur erfolgt Vermeidung oder zumindest Verwertung (Präventivkonzept). – 2. *Möglichkeiten:* Emissionsarme Produktionsverfahren, Aufbereitung und Rückführung von Materialströmen, Abfallvermeidungs-/Abfallverwertungsmaßnahmen, Produktgestaltung. – 3. *Ebenen:* a) Produktebene (z.B. Produktrecycling, Öko-Design); b) Produktions- bzw. Prozessebene. – *Formen:* Statt Denken und Handeln in Kategorien von Einzelproblemen (z.B. Abwasserbehandlung) bzw. einzelner Umweltmedien (Luft, Wasser, Boden) Gesamtüberblick über alle umweltrelevanten Tatbestände des Betriebes und der Umwelt als Ganzes. – 4. *Voraussetzung:* Ganzheitliche Konzepte (umweltbezogene Strategien, Managementsysteme, Informationen, Organisationsstrukturen, Dokumentationssysteme und Controllingsysteme etc.). – *Gegensatz:* → additiver Umweltschutz. – Vgl. auch → präventiver Umweltschutz, → Vorsorgeprinzip.

integriertes Management – Die zunehmende Komplexität und Dynamik der durch das → Management zu bewältigenden Aufgaben hat in vielen Unternehmungen zu einer verstärkten organisatorischen → Arbeitsteilung und persönlichen → Spezialisierung der Mitarbeiter geführt. Die sich auf diesem Wege abzeichnende Tendenz, unverbundene Insellösungen für Teilprobleme zu entwickeln, steht der Forderung nach vernetzten Systemen und ganzheitlichem Verhalten entgegen. Ansätze eines integrierten Managements versuchen, grundsätzliche Interdependenzen von notwendigerweise zu berücksichtigenden Elementen des Managements innerhalb eines umfassenden Bezugsrahmens aufzuzeigen und Methoden für deren gegenseitige Abstimmung bereitzustellen.

integriertes Marketing – weist auf das Koordinationserfordernis bei der Gestaltung und Umsetzung von Marketingkonzepten nach innen und nach außen hin; grundsätzlich dem Begriff → Marketing innewohnend, doch ein häufig anzutreffendes falsches Verständnis von Marketing lässt die Betonung der Koordination sinnvoll erscheinen.

integriertes Rechnungswesen – eng verbundenes, wechselseitige Abhängigkeiten berücksichtigendes (interdependentes) Gesamtsystem der verschiedenen Teile des → Rechnungswesens, dessen Teilrechnungen über ein → Informationssystem miteinander verknüpft sind und sich gegenseitig ergänzen. Die Integration der einzelnen Rechenzweige führt sowohl zu einer Reduktion der Erfassungskosten als auch zu einer Verbesserung der Aussagefähigkeit des Rechnungswesens. Wesentliche Hilfestellung in einer Integration leistet die EDV (→ Kostenrechnungssoftware).

integriertes Service- und Datennetz → ISDN.

integrierte Technologien – Abk. *IUT*; 1. *Begriff:* Integrierte Technologien sind neben den additiven → End-of-the-pipe-Technologien (EOP-Technologien) eine Ausprägung von Verfahrensinnovationen. – 2. *Abgrenzung IUT- von EOP-Technologien:* IUT-Technologien reduzieren, im Gegensatz zu den additiven EOP-Technologien, unter Berücksichtigung inputrelevanter Vorstufen und outputrelevanter Folgestufen bereits die Entstehung von Umweltbelastungen. Reine EOP-Technologien sind dem Leistungserstellungsprozess nachgeschaltet. Der Übergang zwischen den beiden Technologieausprägungen kann jedoch fließend sein. – 3. *Ökologische Vorteilhaftigkeit von IUT-Technologien:* EOP-Technologien setzten das Prinzip der Beseitigung um, welches im Vergleich zum Vermeidungsansatz der IUT-Technologien grundsätzlich eine geringere Priorität aufweist. Es gilt der Grundsatz: Vermeiden ist besser als Verwerten oder Beseitigen. Jedoch ist die ökologische Vorteilhaftigkeit differenziert zu betrachten. Es ist im Einzelfall zu prüfen, welche Technologie als ökologisch vorteilhaft zu betrachten ist. Die Leistungsfähigkeit von EOP-Technologien ist begrenzt und im Zeitpunkt ihres maximalen Entwicklungsgrades existieren weiterhin hohe Entwicklungspotenziale der IUT-Technologien (vgl. Kreikebaum 1990, S. 120). – 4. *Ökonomische Vorteilhaftigkeit:* Die Frage, welche Technologieform ökonomisch vorteilhaft ist, kann nicht verallgemeinert werden. EOP-Technologien können i.d.R. schnell und kostengünstig eingeführt werden, jedoch steigen die Kosten bei zunehmender Entlastungsforderung i.d.R. überproportional an. Die Kosten für IUT-Technologien sind für eine maximal zu erreichende Ökologieverträglichkeit fix (Zabel 1995, S.14). Welche Alternative ökonomisch vorteilhaft ist, hängt daher i.d.R. von gesetzlich vorgeschriebenen bzw. selbst angesetzten Reduzierungszielen ab.

Integrierte Versorgung

von Prof. Dr. Volker Eric Amelung, PD Dr. Christian Krauth und Prof. Dr. Axel Mühlbacher

I. Historische Entwicklung und gesetzliche Rahmenbedingungen

Bereits seit Ende der 1980er-Jahre zielen die Gesundheitsreformen darauf ab, das Gesundheitswesen strukturell neu auszurichten und einzelne Versorgungsbereiche enger miteinander zu verzahnen. Eine ganz neue Bedeutung erhielt die integrierte Versorgung aber durch das Gesundheitsmodernisierungsgesetz (GMG) von 2004. Durch die Neudefinition der §§ 140 SGB V erhielt diese Organisationsform einen immensen Spielraum. Bisherige Reformmaßnahmen ließen nur begrenzte Ausgestaltungsmöglichkeiten konkreter Programme zu. Mit dem Gesundheitsmodernisierungsgesetz wurden erstmals die → Kassenärztlichen Vereinigungen (KV) explizit als Vertragspartner nicht mehr vorgesehen. Stattdessen können nunmehr einzelne Ärzte und Ärztenetze im Rahmen des Einzelvertragssystems direkte Vertragspartner der Krankenkassen werden (→ selektives Kontrahieren). Bis auf die oberste Zielvorgabe, eine patientenorientierte und sektorenübergreifende bzw. interdisziplinär-fachübergreifende Versorgung voranzutreiben, ist die konkrete Ausgestaltung der Verträge zu Inhalten und Vergütung den Vertragsparteien überlassen. Zudem können → Krankenkassen mit Managementgesellschaften, die nicht direkter Versorger sind, kontrahieren. Die bis Ende 2008 geltende Anschubfinanzierung eröffnete neue finanzielle Perspektiven für die Vertragspartner. So musste seit 2004 jede Krankenkasse ein Prozent der Gesamtvergütung sowie der Krankenhausvergütung zur Förderung der integrierten Versorgung einbehalten (680 Mio. Euro per anno). Zusätzlich wurde die Beitragssatzstabilität für IV-Verträge aufgehoben. Durch das GKV-Wettbewerbsstärkungsgesetz von 2007 erfuhr die integrierte Versorgung eine weitere Aufwertung. Zur besseren Verzahnung der einzelnen Leistungsbereiche des Gesundheitssystems wurde die → Pflegeversicherung als weiterer möglicher Vertragspartner zur integrierten Versorgung eingebunden. Zusätzlich legt der Gesetzgeber eine stärkere Betonung auf eine bevölkerungsbezogene flächendeckende Versorgung, die derzeitig eher selten in der Praxis umgesetzt wird. Den Krankenkassen werden neue Möglichkeiten gegeben, ihren Versicherten → Wahltarife anzubieten. Zu beachten ist, dass sämtliche IV-Verträge nicht dem → Kontrahierungszwang unterliegen, sondern alle Vertragsparteien (Krankenkassen, Leistungserbringer und Versicherte) freiwillig an einem Programm teilnehmen können. Hieraus ergibt sich ein besonderer Anreiz, IV-Programme für ihre Akzeptanz in der Praxis an den Bedürfnissen aller Beteiligten auszurichten.

II. Strukturelle Rahmenbedingungen und Ziele

Es gibt keine einheitliche Definition zur integrierten Versorgung. Die integrierte Versorgung entstand im Kontext des → Managed Care-Konzepts, das in den USA seinen Ursprung hat. Gemäß § 140a SGB V soll mittels integrierter Versorgungsformen eine verschiedene Leistungssektoren übergreifende Versorgung der Versicherten oder eine interdisziplinär-fachübergreifende Versorgung ermöglicht werden. Die Integrierte Versorgung kann aber weitreichender als die im Gesetzestext augenscheinliche Definition interpretiert werden. Generell versteht man unter integrierter Versorgung sektoren- und/oder berufsfeldübergreifende Versorgung. Treiber für die integrierte Versorgung sind der demografische Wandel und das damit einhergehende veränderte

Krankheitspanaroma mit chronischen Erkrankungen und Multimorbidität. Ziel ist es mittels verschiedener Instrumente eine bessere Verzahnung der Leistungsbereiche der GKV-Versorgung zu ermöglichen. Dadurch sollen Wirtschaftlichkeits- und Qualitätspotentiale mobilisiert werden. Ein optimiertes Management entlang des Behandlungsprozesses soll den Patienten in den Mittelpunkt stellen und eine richtige Diagnose, zur richtigen Zeit am richtigen Ort gewährleisten. Ziel im Sinne des Managed Care-Konzepts ist es, eine gesteuerte Versorgung unter medizinischen und betriebswirtschaftlichen Gesichtspunkten zu erzielen um dadurch Wirtschaftlichkeits- und Qualitätspotentiale freizusetzen. Die Möglichkeit zur Kontraktion der Krankenkassen mit Managementgesellschaften eröffnet hierbei neue Chancen, den Versorgungsprozess stärker unter Effizienzgesichtspunkten zu organisieren. Im Sinne der allgemeinen Managementlehre handelt es sich bei der integrierten Versorgung um die Optimierung von Wertschöpfungsketten.

III. Konkrete Ausgestaltung

1. Horizontale und vertikale Integration:

Die integrierte Versorgung kann in die horizontale und vertikale Integration unterschieden werden. Die Konzentration der vertikalen Integration liegt in der sektorenübergreifenden Leistungserbringung (z.B. Hausarzt mit Facharzt). Die horizontale Integration zielt hingegen auf die interdisziplinär-fachübergreifende Zusammenarbeit einzelner Leistungserbringer binnen eines Sektors ab (z.B. verschiedene Fachärzte).

2. Integrationstiefe und Integrationsbreite:

In Abhängigkeit der konkreten Ausgestaltung eines IV-Programms kann die Integration unterschiedlich tief ausfallen: von der Integration einzelner Leistungsbereiche eines Sektors bis hin zur vollständigen Integration sämtlicher am Versorgungsprozess beteiligten Leistungsanbieter über alle Sektoren hinweg. Mittels der Indikationsbreite wird ex ante das Versichertenkollektiv definiert, welches durch das konkrete Programm gezielt angesprochen werden soll. Die Indikationsbreite kann sich auf eine spezifische Indikation beschränken (indikationsbezogen). Das von der Gesetzgebung erklärte Ziel ist jedoch die Indikationsbreite auf gesamte Populationen und somit auf unterschiedlichste Indikationen auszudehnen (indikationsübergreifend). Bislang wurden weitestgehend indikationsbezogene Programme realisiert, vorrangig in Form von Disease-Management-Programmen. Der Vorteil liegt hierbei in der eindeutigen Konzentration auf eine konkrete Indikation: Behandlungsleitlinien und klinische Behandlungspfade können leichter entwickelt werden, die Evaluation der Programme hinsichtlich Qualität und Kosten ist einfacher und auch die Programmausschreibung der Krankenkassen kann eindeutiger formuliert werden.

3. Zielgruppenauswahl:

Bei der Auswahl der Zielgruppen können verschiedene Kriterien herangezogen werden. Besondere Bedeutung gewinnt seit der Verabschiedung des morbiditätsorientierten Risikostrukturausgleichs (→ Morbi-RSA) in 2007 die epidemiologischen Kriterien Indikation und Schweregrad. Demnach hat das Bundesversicherungsamt Krankheitsbilder identifiziert, denen in der Gesundheitsversorgung aufgrund ihrer ökonomischen Fallschwere, Prävalenz und vermuteten Verbesserungspotentiale besondere Beachtung zukommen soll. Ähnlich der Anschubfinanzierung bieten diese Indikationen durch ihre gesonderte finanzielle Berücksichtigung einen ökonomischen Anreiz integrierte Versorgungsformen schwerpunktmäßig an ihnen auszurichten. Zusätzlich können weitere Kriterien zur Marktsegmentierung herangezogen werden. Beispiele hierfür sind soziodemografische Kriterien wie Geschlecht, Alter und Beruf, verhaltensorientierte Kriterien wie Einschreibe- oder Compliancewahrscheinlichkeit (→ Compliance) oder aber auch geografische Kriterien. Mittels Routinedaten der Krankenkassen ist es möglich, umfangreiche Analysen zu Krankheitsgruppen, Behandlungsverläufen durchzuführen. Auf Grundlage der sich daraus ergebenden Daten kann die Kosten-Effektivität der geplanten IV-Programme prognostiziert werden.

4. Instrumente:

Instrumente der integrierten Versorgung stellen wesentliche Elemente von → Managed Care dar. Durch sie erfährt ein Programm seine konkrete Ausgestaltung. Die Neuregelungen der §§ 140 a – d SGB V eröffnen einen erheblichen Spielraum in der Entwicklung konkreter Programme. Sämtliche gesetzlich legitimierte Instrumente bzw. Integrationsformen können miteinbezogen werden. Mit dem Gesundheitsmodernisierungsgesetz hat das bedeutende Instrument des → selektiven Kontrahierens auch in Deutschland Legitimation erfahren. Ebenfalls können seit 2004 und müssen seit 2007 Krankenkassen ihren Versicherten ein Hausarztmodell anbieten. Die → hausarztzentrierte Versorgung (Gatekeeping) geht auf das Gatekeepingprinzip von Managed Care zurück und verpflichtet eingeschriebene Versicherte für mindestens ein Jahr bei Erstkonsultation einer Krankheit grundsätzlich einen vorab festgelegten Hausarzt aufzusuchen, welcher den weiteren Verlauf der Behandlung koordiniert. Durch das GKV-Wettbewerbsstärkungsgesetz wurde die Instrumentenvielfalt weiter ausgebaut. So ist es nun den Krankenkassen erlaubt, allen ihren Versicherten sämtliche Formen der Prämiengestaltung wie Selbstbehalttarifierung oder Beitragsrückerstattung anzubieten. Auch die bedeutenden indikationsbezogenen Instrumente → Disease Management und → Case Management gewinnen in der Praxis zunehmend an Bedeutung und werden durch die besondere Berücksichtigung von 80 chronischen Krankheiten im verabschiedeten → Morbi-RSA finanziell unterstützt.

Integrität – ist das auf Erfahrungen und Erwartungen gestützte Ansehen bzw. → Vertrauen, das ein Akteur A bei anderen Akteuren B (C, D, usw.) hat, hinsichtlich der Berücksichtigung der (berechtigten) Interessen von B bzw. der Einhaltung von Verträgen sowie formellen und informellen Regeln. Der Aufbau von Integrität ist eng mit der Übernahme von → Verantwortung verbunden.

Intellektualismus – erkenntnistheoretische Sichtweise, die einseitig den Stellenwert der Vernunft als Ursprung der Erkenntnis betont (daher auch: *Rationalismus*). – *Hauptvertreter:* R. Descartes, G.W. von Leibniz. Intellektualismus kann als radikale Alternative zum → Empirismus interpretiert werden, für den eine Überbetonung des Stellenwerts von Erfahrungstatsachen charakteristisch ist. Eine Berücksichtigung beider Formen des Erkennens erfolgt im → Kritischen Rationalismus.

Intelligent Software Agent – Programm, das auf Anforderung und Eingabe von → Daten hin einen Routineprozess durchführt. Im Kontext des → E-Commerce werden Intelligent Software Agents v.a. für die Informationssuche (z.B. Preisvergleich) eingesetzt.

Intensität – technische Leistung eines Aggregates, definiert durch:

$$\frac{\text{Anzahl der Produktionseinheiten}}{\text{Zeit}}.$$

Intensitätsabweichung → Abweichungen.

Intensitätsgrad – *Lastgrad;* neben dem → Zeitgrad eine Komponente des → Beschäftigungsgrades. Definiert durch:

$$\frac{\text{Ist-Intensität}}{\text{Plan-Intensität}} = \frac{x(i)}{t(i)} : \frac{x(p)}{t(p)}.$$

intensitätsmäßige Anpassung – organisatorische Maßnahme zur Erhöhung oder Verringerung der Ausbringung bei unveränderter Arbeitszeit und konstanter Anzahl von Betriebsmitteln durch Variation der → Intensität. → Anpassung nur zwischen Mindest- und Maximalintensität möglich. Da normalerweise bei intensitätsmäßiger Anpassung von der Optimalintensität abgewichen wird, steigen die Stückkosten an. Bei steigender Beschäftigung erfolgt eine intensitätsmäßige Anpassung erst, wenn die → zeitliche Anpassung ausgeschöpft ist; bei rückläufiger Beschäftigung wird entweder die zeitliche Anpassung oder das → Intensitätssplitting gewählt. – Vgl. auch → Gutenberg-Produktionsfunktion.

Intensitätsrente → Grundrente.

Intensitätssplitting – 1. *Begriff:* Wechsel zwischen mehreren Produktionsgeschwindigkeiten, Sonderform der → intensitätsmäßigen Anpassung (→ Gutenberg-Produktionsfunktion; → Anpassung). – 2. *Merkmale:* Intensitätssplitting kommt zum Einsatz, wenn aus technischen Gründen keine → zeitliche Anpassung möglich ist bzw. eine zeitweise Stilllegung der Produktion zu hohen Wiederanlaufkosten führen würde. – *Beispiel:* chemische Prozesse, Hochofenprozess. Durch ein Intensitätssplitting, bei dem (wie in der Abbildung „Intensitätssplitting" dargestellt) die beiden Produktionsgeschwindigkeiten d_{min} und d_1, bei der ein Fahrstrahl vom Punkt (d_{min}, $k(d_{min})$) an die Kurve zur Tangente wird, entsprechend der gewünschten Ausbringungsmenge konvex kombiniert werden, lassen sich die Kosten für alle dazwischen liegenden Produktionsgeschwindigkeiten unter den bei rein → intensitätsmäßiger Anpassung geltenden Betrag senken. Durch Intensitätssplitting kann somit immer ein konvexer Verlauf der Gesamtkostenfunktion erreicht werden. Es lässt sich zeigen, dass beim Intensitätssplitting zwischen höchstens zwei Produktionsgeschwindigkeiten gewechselt wird. – Vgl. Abbildung „Intensitätssplitting".

Intensitätssplitting

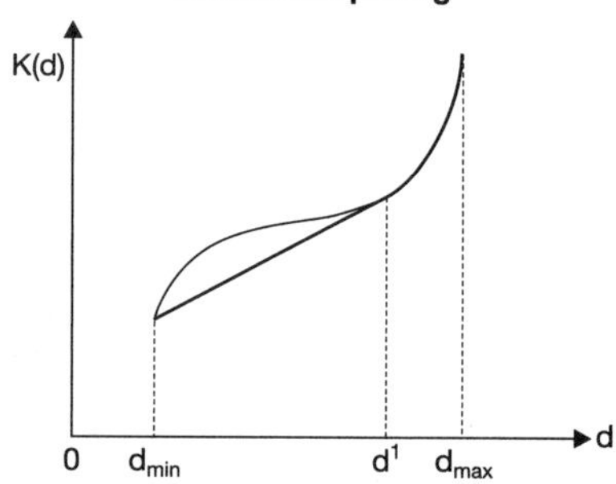

intensives Wachstum → extensives Wachstum.

Intensivinterview → Tiefeninterview.

Interactive Shopping – Form des → Teleshopping, bei der Zuschauer über die Fernbedienung jederzeit Informationen über alle Produkte abrufen und sie ordern können. Das gilt z.T. auch für Produkte, die in Spielfilmen gezeigt werden (→ Product Placement).

Interaktion – 1. *Begriff:* Wechselseitige Beziehung, die sich über unmittelbare oder mittelbare Kontakte zwischen zwei oder mehreren Personen ergibt, d.h. die Summe dessen, was zwischen Personen in Aktion und Reaktion geschieht. Auf Interaktion baut das gesamte in einer → Unternehmung ablaufende

Geschehen auf. – 2. *Arten:* a) *Funktionale Interaktion:* Ergibt sich vorwiegend aus Erfordernissen und Zusammenhängen der formal geplanten Struktur und formaler Arbeitsabläufe in der Unternehmung. – b) *Optionale Interaktion:* Vorwiegend zurückzuführen auf die in den persönlichen Bedürfnissen, Einstellungen und Zielen begründeten freien Wahlen der Organisationsteilnehmer zur Aufnahme interpersonaler Kontakte; Ergänzung zur funktionalen Interaktion. – 3. Quantitative und qualitative *Messung* von Interaktion kann mittels eines Interaktiogramms (Atteslander) erfolgen.

Interaktionsanalyse → Cross-Impact-Analyse.

Interaktionsansätze – Erklärungsansätze des → organisationalen Kaufverhaltens, die die wechselseitigen Beziehungen zwischen den verschiedenen Parteien auf der Anbieter- und Nachfrageseite analysieren. Die Interaktionsansätze geben die isolierte Betrachtung einseitig beeinflussbarer Käuferorganisationen auf; sie sehen den Beschaffungsvorgang als Austauschprozess, der durch das Verhalten von Anbieter- und Käuferorganisationen bestimmt wird (→ Episodenkonzept). Interaktionsansätze liegen als personale und organisationale Erklärungskonzepte vor.

Interaktionsökonomik – nimmt ihren Ausgang in Interaktionen zwischen Akteuren und nicht – wie in der → Neoklassik üblich – in dem Problem der Allokation knapper Ressourcen. Interaktionen werden dabei als Nichtnullsummenspiele, d.h. als Spiele mit gemeinsamen und konfligierenden Interessen modelliert. Im Mittelpunkt der Interaktionsökonomik steht die Frage nach den Bedingungen (→ Institution) gelingender gesellschaftlicher Kooperation.

Interaktionstheorie der Führung – Ansatz der Führungsforschung und Führungslehre, der davon ausgeht, dass → Führung ein interaktiver Prozess ist, beeinflusst von den Persönlichkeitsmerkmalen der Geführten und des Führers sowie der relevanten Situation. – Vgl. auch → Führungstheorien.

interaktive Preisfindung → Preisfindung durch Einbindung des Kunden, z.B. im Rahmen von → Auktionen oder → Preisverhandlungen.

interaktiver Betrieb → Dialogbetrieb.

interaktives Marketing – Teilaspekt der → Marketingkonzeption, bes. anzutreffen in Bereichen, die starke Interaktion mit dem Kunden erfordern (z.B. Anlagen und Sondermaschinen, Dienstleistungen). – *Ziel:* Gestaltung der Qualität der Interaktion mit dem Kunden.

Inter-American Development Bank → IDB.

Interamerikanische Entwicklungsbank → IDB.

Interbank Convention on Payments (ICP) – vom → EPC im Rahmen des SEPA-Prozesses im Februar 2003 verabschiedete Konvention für grenzüberschreitende Überweisungen in Euro in der EU. Dadurch wird u.a. gewährleistet, dass der angewiesene Betrag einer Überweisung dem begünstigten Kunden in voller Höhe gutgeschrieben wird. – Vgl. auch → CRED-EURO.

Interbanken-Clearing → Clearing.

Interbankengelder → Nostroguthaben.

Interbank Rate – *Interbankrate;* Zinssatz, zu dem an einem Geldmarkt Geldgeschäfte *(Interbankgeschäfte)* unter Banken abgeschlossen werden. – Vgl. auch → Referenzzinssatz, → EONIA, → LIBOR, → EURIBOR.

Interbankverbindlichkeiten → Interbankverschuldung.

Interbankverschuldung – *Interbankverbindlichkeiten;* Gesamtheit aller von Geschäftsbanken bei anderen Geschäftsbanken aufgenommenen Mittel. Die Interbankverschuldung ist ein Indikator für den horizontalen Abhängigkeitsgrad innerhalb des Geschäftsbankensektors, aber auch für den Emanzipationsgrad der Geschäftsbanken von der jeweiligen Zentralbank.

interdependentes Modell → Mehrgleichungsmodell.

Interdependenz – I. Wirtschaftstheorie: Bezeichnung für die gegenseitige Abhängigkeit und Beeinflussung volkswirtschaftlicher Größen. Bei makroökonomischen keynesianischen und neukeynesianischen Totalmodellen handelt es sich meistens um vollständig interdependente ökonomische Systeme, die nicht rekursiv, sondern nur simultan gelöst werden können. – Vgl. auch → Totalanalyse, → Totalanalyse offener Volkswirtschaften.

II. Entscheidungstheorie: 1. *Sachliche Interdependenz (horizontale Interdependenz):* Die bei einer Zeitpunktbetrachtung bestehenden Wechselbeziehungen zwischen verschiedenen → Entscheidungsfeldern in einer Unternehmung. – 2. *Zeitliche Interdependenz (vertikale Interdependenz):* Wechselbeziehungen zeitlich aufeinander folgender Entscheidungen (→ mehrstufige Entscheidung).

III. Organisationstheorie: 1. *Begriff:* gegenseitige Abhängigkeit → organisatorischer Einheiten bei ihrer Aufgabenerfüllung. – 2. *Formen:* a) *Gepoolte Interdependenz:* Mehrere organisatorische Einheiten greifen auf eine Ressource zu. – b) *Sequenzielle Interdependenz:* Ein Objekt wird nacheinander von verschiedenen organisatorischen Einheiten einmal bearbeitet.c) *Reziproke Interdependenz:* Ein Objekt wird nacheinander von mehreren organisatorischen Einheiten bearbeitet, kehrt dabei aber wieder zu einer organisatorischen Einheit zurück, die das Objekt bereits bearbeitet hat.

Interdependenzanalyse – Sammelbegriff für einen Teil der Verfahren der statistischen Datenanalyse. Alle Methoden, die keine Partitionierung der Datenmatrix vornehmen, also eine Wechselwirkung der Variablen untereinander untersuchen und nicht wie die → Dependenzanalyse Abhängigkeiten analysieren. – *Am meisten verwendete Verfahren:* → Faktorenanalyse, → Conjoint Measurement, → Clusteranalyse, → multidimensionale Skalierung (MDS).

Interdependenz der Ordnungen – **I. Allgemein:** 1. *Begriff:* Verschiedene Teilordnungen der Gesellschaft (etwa Wirtschaft, Recht, Politik, Kultur) befinden und entwickeln sich in wechselseitiger Abhängigkeit. – 2. *Theoriebildungen:* Diese in abstrakter Form leicht einsichtige Aussage findet sich in unterschiedlichen Konkretisierungen in verschiedenen Bereichen der Sozialwissenschaften. In den modernen Sozialwissenschaften erscheint die Vorstellung einer Interdependenz der Ordnungen auch als Theorie der Wechselbeziehungen teilautonomer gesellschaftlicher Subsysteme (z.B. Luhmann) oder institutionell geprägter sozialer Handlungssysteme (z.B. Coleman). Analysen einer Wechselbeziehung zwischen wirtschaftlichen und politischen Institutionen und Abläufen finden sich auch bei Ökonomen wie → Schumpeter (1950) und Olson (1985) sowie in den Werken von → Hayek.

II. Ordnungsökonomik: Der Begriff Interdependenz der Ordnungen wurde von → Eucken (1952/1990) geprägt, in enger Beziehung zu einem „Denken in Ordnungen", welches die → Freiburger Schule der Ordnungsökonomik kennzeichnet. Im Mittelpunkt der Arbeiten der Freiburger Schule steht die Begrenzung bzw. Kontrolle von Macht in zwei interdependenten Ausprägungen: *Wirtschaftliche* → Macht als Folge von Kartellierungen oder anderen Formen von Wettbewerbsbeschränkung lässt sich häufig auf staatliche Initiativen bzw. wettbewerbspolitische Unterlassungen zurückführen. Wirtschaftliche Machtgruppen wiederum können auch *politische Macht* gewinnen, indem sie als gut organisierte Interessengruppen (Olson) Einfluss auf den politischen Prozess nehmen, um so auch Privilegien zu erhalten. Machtbegrenzung und Machtkontrolle werden deshalb im Bereich der Wirtschaft und des Staates zu zentralen Aufgaben der Wirtschafts- und Rechtsordnung. – 1. *Beziehungen zur Wirtschaftsordnung:* Hinsichtlich der Möglichkeiten wirtschaftlicher Machtausübung wurde bes. auf die kontrollierenden Wirkungen des Wettbewerbs verwiesen (→ Wettbewerbstheorie). Offene Märkte, Privateigentum, Vertragsfreiheit und Haftung bilden den Ordnungsrahmen für die Ausübung und Kontrolle wirtschaftlicher Macht (Eucken, 1952/1990). Dadurch, dass in einer solchen *Wettbewerbsordnung* wirtschaftliche Macht tendenziell gering und instabil gehalten wird, ist die Privatautonomie des einzelnen vor privater Willkür bereits weitgehend geschützt. Die Wettbewerbsordnung baut auf rechtlichen Voraussetzungen auf („Privatrechtsgesellschaft", Böhm, 1966), zu deren Durchsetzung der Staat als eine mit Zwangsgewalt ausgestattete Instanz benötigt wird. Hiermit taucht das Machtproblem in seiner zweiten Dimension auf: Individuelle Handlungsfreiheit verlangt neben dem Schutz *durch* den Staat auch den Schutz *vor* dem Staat. Dem Schutz der Privatautonomie vor Akten hoheitlicher Willkür dient die Bindung aller Staatsgewalten an die Verfassungsregeln der → Rechtsstaatlichkeit. – 2. *Beziehungen zur politischen Ordnung:* Die „Entsprechungszusammenhänge zwischen Staatsverfassung und Wirtschaftsordnung" (Böhm, 1950) lassen sich normativ dahingehend zusammenfassen, dass im Dienste einer freiheitlichen und prosperierenden Gesellschaft die Grundsätze sowohl der *Rechtsstaatlichkeit* als auch der Marktmäßigkeit gewährleistet sein sollen. Positiv gewendet kann die Interdependenz von politischer und wirtschaftlicher Ordnung als Hypothese formuliert werden, wonach eine funktionierende Wettbewerbsordnung und bestimmte Mindeststandards freiheitlich-rechtsstaatlicher Staatsordnungen (bes. Garantie individueller Freiheitsrechte, Gewaltenteilung, Willkürverbot) notwendig koexistieren. Zumindest als Komplementarität ist diese Beziehung empirisch recht gut nachzuweisen. Noch deutlicher dürfte die Unvereinbarkeit freiheitlicher Rechtsstaatsprinzipien mit den Anforderungen zentralverwaltungswirtschaftlicher Wirtschaftssysteme empirisch bestätigt worden sein. – 3. *Beziehungen zur Werteordnung:* Ein weiterer Aspekt der Interdependenz der Ordnungen betrifft die Beziehungen formal-rechtlicher Arrangements der Staats- und Wirtschaftsverfassung zu den gesellschaftlich vorherrschenden *Werthaltungen, Sitten und Konventionen.* Die Bedeutung einer solchen kulturellen Ordnung aus tradiertem Rechtsempfinden und informelle Institutionen für die Legitimität, Entstehung bzw. Wirksamkeit der offiziellen Rechtsordnung ist etwa von Weber (1921/72), Hayek (1969) bzw. North (1990) analysiert worden. Diese Aspekte dürften nicht zuletzt im Verlauf institutioneller Umbruchprozesse, wie etwa der Systemtransformationen in Mittel- und Osteuropa von erheblicher Bedeutung sein (Mummert, 1995; Elster, 1995; Offe, 2008). – 4. *Wettbewerbsordnung und Demokratie:* Zwischen *demokratischen Entscheidungsverfahren der Politik* und marktwirtschaftlichen Koordinations- und Kontrollprozessen lassen sich sowohl Komplementaritäten als auch Konflikte begründen und beobachten. So wird im Rahmen der Ordnungsökonomik argumentiert, Demokratie könne nur dann als Bindung staatlichen Handelns an gesellschaftlich geteilte Zielvorstellungen und als Schutz individueller Handlungsfreiheit wirken, wenn sie als rechtsstaatlich beschränkte Demokratie verfasst sei (Hayek, 1944; Weede, 1990). Ansonsten könnten wirtschaftliche Machtgruppen bzw. Verteilungskoalitionen ihren politischen Einfluss geltend machen, um auf dem Wege privilegierender Interventionen die allg. Regeln der Wettbewerbsordnung zu unterlaufen. Dies wiederum verringere die Anpassungs- und Entwicklungspotenziale des Systems und damit das Wirtschaftswachstum (Olson, 1985). – *Ordnungspolitische Konsequenzen:* Dass jeder Staat Gefahr läuft, zum Spielball der Gruppeninteressen zu werden, haben bereits die Gründer der

Freiburger Schule des Ordoliberalismus erkannt. So legt etwa Eucken (1952/1990) mit seinen konstituierenden und regulierenden Prinzipien der Wirtschaftsverfassung zwei *staatspolitische Grundsätze* zugrunde, „damit ein unabhängiger Staat entsteht, der selbst eine ordnende Potenz werden kann". Demnach ist zum einen der Einfluss wirtschaftlicher Machtgruppen so weit wie möglich zu beschränken, während der Einfluss der Politik auf die Wirtschaft einem strikten Primat allg. Ordnungspolitik vor intervenierender Wirtschaftslenkung unterworfen werden soll. Nur so sei der Staat in der Lage, als Hüter einer freien Wirtschaftsordnung zu wirken. Hier wird der Bezug zur modernen → Konstitutionenökonomik deutlich.

Interdependenzkosten – Summe aus den → externen Kosten des Überstimmtwerdens (der im → Abstimmungsverfahren überstimmten Bürger) und den Konsensfindungskosten (der überstimmenden Bürger). – Vgl. auch ökonomische Theorie der Verfassung (→ Konstitutionenökonomik).

Interdisziplinarität – Verfahren der Suche nach Problemlösungen durch Einbeziehung von Erkenntnissen möglichst aller durch ein Problem tangierten Fachdisziplinen.

Interesse – I. Bürgerliches Recht/Handelsrecht: 1. *Begriff:* Für den beim → Schadensersatz aus → Vertrag geltend zu machenden Unterschied zwischen der Vermögenslage des Geschädigten vor und nach dem schädigenden Ereignis. – 2. *Arten:* a) Bisweilen, z.B. bei Anfechtung wegen Irrtums, ist nur das *negative Interesse (Vertrauensinteresse)* zu ersetzen, d.h. der Ersatzberechtigte ist so zu stellen, als wenn der Vertrag nicht geschlossen worden wäre (z.B. Ersatz der Vertragskosten). – b) Beim *positiven Interesse (Erfüllungsinteresse):* Wenn Schadensersatz statt Leistung verlangt wird, ist der Berechtigte in die Lage zu versetzen, in der er sich befinden würde, wenn der Vertrag ordnungsgemäß erfüllt worden wäre.

II. Versicherungswesen: Versichertes Interesse ist die Wertbeziehung einer bestimmten Person zu einer versicherten Sache, einer Rechtsposition oder einem sonstigen bestimmten Gut. Kennzeichnend ist, dass der → Versicherungsnehmer oder → Versicherte durch den Versicherungsfall einen wirtschaftlichen Schaden erleidet. Ein anfänglicher oder nachträglicher Interessenmangel führt dazu, dass die Pflichten der Vertragspartner aus dem Versicherungsvertrag wegfallen. So kann z.B. der Versicherungsnehmer den Versicherungsvertrag bis Wegfall des versicherten Interesses außerordentlich kündigen. So kann z.B. der Versicherungsnehmer den Versicherungsvertrag bei Wegfall des versicherten Interesses außerordentlich kündigen (§ 80 VVG).

Interessenausgleich – 1. *Begriff:* Einigung zwischen Arbeitgeber und Betriebsrat darüber, ob, wann und in welcher Weise eine geplante → Betriebsänderung durchgeführt werden soll. – 2. *Inhalt:* Der Interessenausgleich betrifft alle Fragen, die nicht in den → Sozialplan gehören; z.B. können Umfang und Zeitpunkt einer Maßnahme, Umschulungsmaßnahmen und Beschäftigungsgarantien Ergebnis eines Interessenausgleichs sein. Im Interessenausgleich können die Arbeitnehmer, denen gekündigt werden soll, namentlich bezeichnet werden *(Namensliste).* – 3. Das *Verfahren* über den Interessenausgleich ist in § 112 BetrVG geregelt. Ein Interessenausgleich ist schriftlich niederzulegen und vom Betriebsrat und Unternehmer zu unterzeichnen. Kommt ein Interessenausgleich nicht zustande, kann die → Einigungsstelle angerufen werden. Diese kann nur auf eine gütliche Einigung hinwirken und nicht wie beim Sozialplan verbindlich entscheiden. – 4. *Folgen:* Sobald der Interessenausgleich abgeschlossen ist oder feststeht, dass die Verhandlungen darüber gescheitert sind, kann der Unternehmer mit der geplanten Betriebsänderung beginnen. Bei Kündigungen von Arbeitnehmern, die im Interessenausgleich in einer Namensliste benannt sind, wird vermutet, dass sie sozial gerechtfertigt sind und die *Sozialauswahl* kann nur auf grobe Fehlerhaftigkeit überprüft werden. Beginnt der Unternehmer früher, kann der Betriebsrat eine → einstweilige Verfügung auf Unterlassung der Betriebsänderung erwirken (strittig) und entlassene Arbeitnehmer eine → Abfindung verlangen (§113 III BetrVG). Weicht der Arbeitgeber vom Interessenausgleich ab, können deshalb entlassene Arbeitnehmer Abfindungen oder sonst nachteilig betroffene Arbeitnehmer Ausgleich des Nachteils verlangen (§ 113 BetrVG). Ansonsten kann die Ausführung nicht erzwungen werden.

Interessengemeinschaft – I. Begriff: 1. *Allgemein:* Zusammenschluss von mehreren Personen, Unternehmen oder Institutionen zur Interessenwahrnehmung auf vertraglicher Basis (→ Vertrag). – 2. *Im wirtschaftlichen Sinn:* → Unternehmenszusammenschluss rechtlich selbstständig bleibender Unternehmungen zur Wahrung und Förderung gemeinsamer Interessen, häufig → Gesellschaften des bürgerlichen Rechts (GbR). – Zu *unterscheiden* sind Betriebs-, Verteilungs-, Produktions-, Rationalisierungs- und Gewinngemeinschaften (Gewinnverteilung nach bestimmtem Schlüssel). Die den zusammengeschlossenen Unternehmen viel Freiheit lassenden Gewinngemeinschaften werden oft zur → Finanzierungsgemeinschaft durch gemeinsame Kapitalbeschaffung für finanzschwache Mitglieder der Interessengemeinschaft. – Die Interessengemeinschaft steht in der Stufenleiter der *Konzentrationsformen* zwischen → Kartell und → Konzern; Grenzen fließend. Interessengemeinschaften sind oft Vorläufer von → Trusts.

II. Steuerliche Behandlung: 1. *Einkommensteuer:* Liegt eine ernsthaft gemeinte Vereinbarung über den Ausgleich von Verlusten und Gewinnen vor, so sind die Ausgleichsleistungen bei den einzelnen Unternehmen als → Betriebsausgabe abzugsfähig. Bei den empfangenden Unternehmen sind diese

Ausgleichsbeträge → Betriebseinnahmen. – 2. *Umsatzsteuer:* → Arbeitsgemeinschaft.

Interessengruppen – *Pressure Groups.* 1. *Begriff:* Organisierte Gruppen (z.B. → Verbände), die nicht demokratisch legitimiert sind, jedoch versuchen, den Willensbildungsprozess der staatlichen Entscheidungsträger zu beeinflussen, um spezifische Interessen durchzusetzen, z.B. gruppenspezifische Privilegien zu erwirken (→ Rent Seeking). Im Deutschen ursprünglich Interessentengruppen. Für die Politiker sind Interessengruppen deshalb von Vorteil, weil diese die Wählerpäferenzen zu relativ niedrigen Kosten artikulieren. – 2. *Arten der Einflussnahme:* a) Durch die Beeinflussung der öffentlichen Meinung (z.B. Nichtregierungs-Organisationen und Verbände) können Interessengruppen auf den demokratischen Willensbildungsprozess einwirken. – b) Zu politischen Entscheidungsträgern haben Interessengruppen in einer pluralistischen Gesellschaft vielfältigen formalen und informalen Zugang: Legislative und Exekutive greifen bei Gesetzgebungsverfahren auf das Sachwissen der Interessengruppen in Anhörungs- und Konsultationsverfahren zurück. Verbandsvertreter pflegen Kontakte zu Parteien, Parlamentariern, Regierung und Beamten (→ Lobbyismus). Sie besetzen auch Partei- und Staatsämter. – c) Interessengruppen können selbst am Willensbildungsprozess teilnehmen, wenn sie korporatistisch in staatliches Handeln eingebunden sind. Viele Verbände in Deutschland sind keine typischen Pressure Groups, z.B. Gewerkschaften, Kammern usw. Diesem Phänomen hat sich weniger die Neue Politische Ökonomie als vielmehr die sozialwissenschaftliche Verbändeforschung gewidmet. – 3. *Probleme der Einflussnahme:* Interessen, die sich in Gruppen schlecht organisieren lassen, können sich nur schwer Geltung verschaffen (z.B. ist die Organisation der Interessen auf Seiten der Einkommensentstehung weniger schwierig als auf der Seite der Einkommensverwendung) und damit nicht zum Ausgleich der Partikularinteressen beitragen. Die verteilungswirksamen Privilegien behindern das marktmäßige Ausleseverfahren, verzerren die Allokation und sind schwer abzubauen, da die Aufhebung von Vergünstigungen politisch unattraktiv ist (→ politischer Unternehmer). Aus dem Wettbewerb zwischen Pressure Groups können nach G. Becker (1983) allerdings Gemeinwohlvorteile erwachsen.

Interessentheorie → Äquivalenztheorie.

Interessenverband – *Pressure Group;* freiwilliger Zusammenschluss von Personen, Unternehmen etc. mit dem Ziel der Interessenvertretung. Die Belange treffen auf die Mitglieder, aber nicht auf die gesamte Bevölkerung zu bzw. nicht gleichermaßen zu, oder werden nicht bevorzugt seitens des Staates verfolgt. – Vgl. auch → Lobby, → Verband.

Interessenvertretung → Lobbying.

Interessenwerte – in der Börsensprache → Aktien, die Gegenstand von *Interessenkäufen* gewisser Personen oder Gruppen sind; Interessenkauf z.B. zur Erlangung der Majorität oder Sperrminorität (→ Minderheitsrecht).

Interessenzusammenführungsmethode → Pooling-of-Interest-Methode, → Kapitalkonsolidierung.

Interest Rate Futures → Financial Futures.

intergenerationelle Verteilung – Verteilung von Einkommen, Vermögen und Ressourcen zwischen den Generationen. Die Forderung nach intergenerationeller Gerechtigkeit ist ein Hauptanliegen des Nachhaltigkeitspostulats.

Intergeneration-Equity-Prinzip – *intergenerative Gerechtigkeit;* ähnlich dem → Pay-as-You-Use-Prinzip. 1. *Begriff:* Zukünftige Generationen sollten mit ihren Steuerzahlungen den Schuldendienst bedienen und somit zu der Finanzierung heutiger öffentlicher, kreditfinanzierter Aufgaben beitragen, wenn es sich um die gesamte Gesellschaft angehende Aufgaben handelt (z.B. Maßnahmen zur Beseitigung von Kriegs(folge-)schäden) oder wenn es rentable Vorhaben mit einer hohen volkswirtschaftlichen Rentabilität sind (objektbezogener Deckungsgrundsatz). – 2. *Kritikpunkte:* (a) Nutzungsdauer öffentlicher Investitionen ist ungenau zu erfassen; (b) Präferenzen zukünftiger Generationen können nicht berücksichtigt werden.

intergeneratives Marketing – Form des Massenmarketings, bei der nach gemeinsamen Ansatzpunkten bei jungen und alten Menschen gesucht wird, um mit einer Marketingstrategie mehrere Generationen gleichzeitig ansprechen zu können. – *Gegensatz:* → Marktsegmentierung.

Interim Management – Beim Interim Management arbeiten selbstständig tätige Interim Manager für einen definierten Zeitraum (üblicherweise 3-18 Monate) i.d.R. in unternehmerischer Verantwortung in einem Unternehmen in einer Führungsposition der ersten und zweiten Ebene. Interim Manager werden in unterschiedlichen Situationen und Aufgabengebieten eingesetzt, z.B. zur Überbrückung bei unvorhersehbaren Vakanzen beim Ausfall einer Führungskraft, zur Restrukturierung und → Sanierung, im → Projektmanagement, zur Einführung neuer Programme oder bei der → Gründung, Übernahme oder Veräußerung von Unternehmen. Vermittelt werden die Einsätze der Interim Manager über ein persönliches Netzwerk oder einen Interim Provider, ein Unternehmen (oder auch eine Einzelperson), das Interim Manager gewerbsmäßig vermittelt.

Interimsabkommen – *Zwischenabkommen,* völkerrechtliches Vertragswerk, das nicht endgültig in Kraft getreten ist. – *Beispiele:* → Europa-Abkommen, → regionale Integration.

Interimsbilanzen → Zwischenbilanzen.

Interimskonto – *Zwischenkonto;* Hilfskonto, das lediglich Verrechnungsfunktionen erfüllt.

Interimsschein → Zwischenschein.

inter-industrieller Handel → Intra-industrieller Handel, → substitutiver Handel. – *Gegenteil:* → komplementärer Handel

interkulturelle Konsumentenforschung – Untersuchung und Erfassung von Konsumentenverhaltensmustern in unterschiedlichen Kulturräumen (bes. Untersuchung von Risiko- und Informationsverhalten, Werten, Einstellungen, Lebensstil, Kaufentscheidungen, Einkaufsgewohnheiten, Medianutzung, Schenkverhalten). Ergebnisse der interkulturellen Konsumentenforschung sind u.a. Entscheidungsgrundlage für Planungs- und Gestaltungsprozesse des → internationalen Marketing. Interkulturelle Konsumentenforschung wird eingesetzt zur Erfassung und Beschreibung grenzüberschreitender bedarfshomogener Marktsegmente (→ internationale Marktsegmentierung, → Auslandsabsatzmarktforschung), der Selektion von Auslandsmärkten sowie zur Gestaltung des internationalen → Marketing-Mix. Im Rahmen der interkulturellen Konsumentenforschung ist kritisch zu hinterfragen, inwieweit mit einem verwendeten Forschungsdesign und Messinstrumentarium tatsächlich kulturelle Differenzen und nicht nur kulturbedingt unterschiedliche Reaktionsweisen auf die verwendeten Methoden ermittelt werden.

interkulturelles Management – *multikulturelles Management, Cross-Cultural Management.* 1. *Begriff:* Interkulturelles Management ist Teil des → internationalen Managements. Im Unterschied zu diesem ist interkulturelles Management nicht auf die Koordination des Unternehmens gegenüber dessen gesamter Umwelt (ökonomische, technische, rechtliche Umwelt etc.), sondern ausschließlich auf das Umweltsegment „Kultur“ gerichtet. Ziel des interkulturellen Managements ist der erfolgreiche Umgang mit Managementproblemen in interkulturellen Überschneidungssituationen. Unter Kultur kann ein kommunikativ vermitteltes, dynamisches Orientierungssystem verstanden werden, das Grundannahmen über die menschliche Existenz, Werte, Normen und Symbole bereithält. Die Kulturinhalte unterscheiden sich zwischen den jeweiligen Kulturträgern, sie sind infolge von Sozialisationsprozessen einer beliebigen und schnellen Veränderung entzogen und prägen das konkrete Handeln der Angehörigen von sozialen Einheiten (Nationen, Organisationen, Gruppen). – 2. *Ansätze:* Aus Managementsicht ergibt sich das Problem, wie eine einheitliche Führung eines gleichzeitig in mehreren Ländern und damit mehreren Kulturen oder Kulturkreisen präsenten Unternehmens (Multikulturalität) erfolgreich realisiert werden kann. Hilfestellungen hierzu kann die kulturvergleichende Managementforschung geben, in deren Zentrum die Entwicklung von Theorien und Modellen über den Einfluss kultureller Faktoren auf die Managementprozesse steht. Als Teil der kulturvergleichenden Managementforschung zeigt die vergleichende Landeskulturforschung kulturspezifische Unterschiede und Gemeinsamkeiten anhand bestimmter Untersuchungsdimensionen, z.B. Risikofreudigkeit, auf. Interkulturelle Studien gehen über einen Vergleich insofern hinaus, als sie Problemfelder bei Begegnungen von Angehörigen unterschiedlicher Kulturen (z.B. bei Geschäftsverhandlungen oder bei der Führung von Mitarbeitern durch entsandte Manager) analysieren und damit Ansatzpunkte für das Management derartiger Interaktionssituationen (Akzeptanz von Mehrdeutigkeit in kulturellen Überschneidungssituationen, Entwicklung einer synergetischen Kultur etc.) bieten. – Ein zentraler Aspekt des interkulturellen Managements besteht in der Suche nach eindeutigen Aussagen darüber, wie die → Unternehmenskultur (und die sich darin widerspiegelnde Landeskultur) zwischen den Tochterunternehmen und der Muttergesellschaft transferiert werden soll. Für diesen Kulturtransfer lassen sich drei grundsätzlich verschiedene Alternativen entwickeln (vgl. Abbildung „Interkulturelles Management – Drei Strategien zum Kulturtransfer“): a) *Monokulturelle Strategie:* Die Unternehmenskultur der Heimatbasis wird auf die Auslandsniederlassung übertragen. Man sieht also die eigene Unternehmenskultur den ausländischen gegenüber als dominant an und sorgt durch entsprechende Managementaktivitäten dafür, dass in den ausländischen Niederlassungen eine zur Muttergesellschaft identische Unternehmenskultur entsteht. – b) *Multikulturelle Strategie:* Tochtergesellschaften entwickeln eigene Unternehmenskultur und passen diese der eigenen Landeskultur an. Das Ergebnis ist dann eine Situation, bei der die Tochtergesellschaften sogar eine vollkommen andere Unternehmenskultur aufweisen können als die Muttergesellschaft. – c) *Mischkulturstrategie:* Die Kulturvermischung findet zwischen den Tochtergesellschaften und der Muttergesellschaft statt, und als Ergebnis entsteht eine einheitliche Unternehmenskultur. Anders als bei der reinen Monokultur, die auf einen Kulturexport der Muttergesellschaft zu den Töchtern hinausläuft, findet hier eine Kultursynthese statt.

Interkulturelles Management – Drei Strategien zum Kulturtransfer

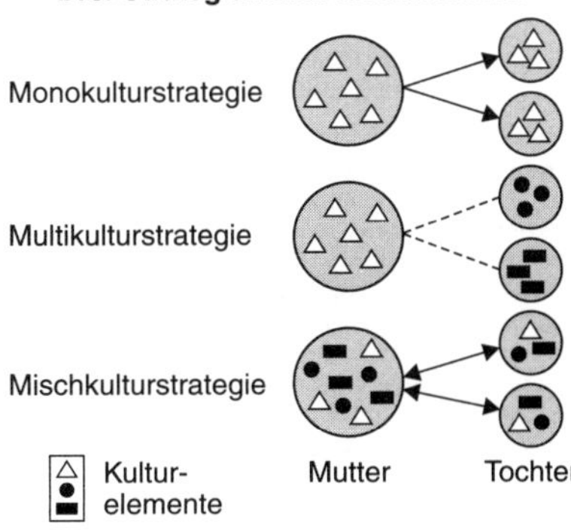

interkulturelles Training – Maßnahmen, die der Vorbereitung von ins Ausland zu entsendenden Mitarbeitern (z.B. → Expatriate) auf andersartige Kulturräume sowie einer Optimierung des Interaktionsverhaltens zwischen Angehörigen unterschiedlicher Kulturen dienen (→ Auslandseinsatz). Ziele derartiger Maßnahmen sind eine Verdeutlichung der kulturell geprägten Werte-, Normen- und Handlungsstruktur der jeweiligen Fremdkultur(en), eine Sensibilisierung für kulturelle Unterschiede und eine Vermittlung von Fertigkeiten für eine erfolgreiche interkulturelle Kooperation. Interkulturelle Trainingsmethoden können in inhaltsorientierte (Vermittlung von Wissen über Fremdkulturen) und prozessorientierte (Verbesserung der sozialen Sensibilität sowie des zwischenmenschlichen Interaktionsverhaltens) unterteilt werden. – Vgl. auch → interkulturelles Management.

intermediäre Finanzgewalt – Begriff für → Parafisci, geprägt von F.K. Mann und W. Herrmann.

intermediärer Sektor → Dritter Sektor.

Intermediary – Bank, die im Rahmen eines Swapgeschäfts (→ Swap) als „Vermittler" zwischen den Tauschpartnern eingeschaltet wird.

Intermediaselektion – *Intermediavergleich;* im Rahmen der → Mediaselektion durchgeführte Auswahl geeigneter Werbeträgergruppen bzw. -arten (z.B. Tageszeitung, Illustrierte, Plakatsäule, Fernsehen, Film, Funk). – *Kriterien* bei einer Entscheidung hinsichtlich der Werbeträgergruppen: (1) Situation, (2) Verhältnis Werbung/Medium, (3) Darstellungsmöglichkeit, (4) Zeitfaktor, (5) Auswahlmöglichkeiten (Zielperson), (6) Durchdringung/ → Reichweite, (7) Erscheinungshäufigkeit, (8) Verfügbarkeit, (9) Kosten. – Vgl. auch → Intramediaselektion → Media, → Mediaanalyse, → Streuung, → Streuplan.

Intermediation – Begriff, der mit der Verbreitung des → Electronic Business entstanden ist, steht für die Einschaltung von → Absatzmittlern und → Absatzhelfern in die Wertkette. Für die Abwicklung von Realgüter-, Nominalgüter- und Informationsströmen (→ Handelsfunktionen) werden mit elektronischer Technik arbeitende Dienstleister eingeschaltet. – *Gegensatz:* → Disintermediation.

Intermediavergleich → Intermediaselektion.

intermittierende Beratung – auch als Zebraeinsatz bezeichneter Beratungsansatz, bei dem der Einsatz der Berater abwechselnd vor Ort und dann für einen Zeitraum ferngesteuert von Sitz des Beraters aus durchgeführt wird. Eine intermittierende Beratung wird u.a. dann durchgeführt, wenn eine große geografische Distanz zwischen dem Sitz des Beraters und der zu beratenden Organisation besteht, z.B. in der → Entwicklungsländerberatung.

intermodaler Transport → kombinierter Verkehr.

internalisierte Effekte – 1. *Begriff:* Ist sowohl die Verursachung einer Umweltbelastung als auch die Verantwortung für diese für ein Unternehmen gegeben, dann können diese Effekte als internalisiert bezeichnet werden. Ist die Verantwortung durch das Unternehmen nicht gegeben, dann wird von → externen Effekten gesprochen. In diesem Kontext können Effekte auch als Kosten und Erlöse angesehen werden. – 2. *Ausprägungen:* Alle Anforderungen der Stakeholder (→ Anspruchsgruppen) sind für alle Umweltgüter internalisiert, die auf dem Markt erworben wurden. Außerdem sind alle Effekte internalisiert, denen z.B. eine öffentlich-rechtlicher Verpflichtungen zugrunde liegt. – 3. *Schwierigkeit:* Internalisierte Effekte sind oft in anderen Kostenpositionen enthalten und eine Isolation ist nötig, um diese präzise ausweisen zu können. Des Weiteren existieren Erfassungsschwierigkeiten z.B. durch Langzeit- und Distanzeffekte. – 4. *Internalisierung externer Effe^kte:* Externe Effekte, also solche die das Unternehmen bisher zwar verursacht, jedoch aufgrund fehlender Ansprüche der Stakeholder oder rechtlicher Verpflichtungen keine Verantwortung übernimmt, können freiwillig internalisiert werden. Ob und in welchem Umfang Unternehmen externe Effekte internalisieren, ist durch ihre → Ökologieorientierung bestimmt bzw. inwieweit eine zukünftige zwangsweise Internalisierung abzusehen ist.

Internalisierung – Übernahme von Normen und Werten in die Motiv- und Handlungsstruktur von Individuen, die so Teil der Persönlichkeit und werden. Nur auf der Basis internalisierter Normen und Werte kann selbstbestimmtes Handeln auf Dauer gestellt werden. Internalisierung erfolgt durch Sozialisation und Erziehung.

Internalisierung externer Effekte – 1. *Begriff:* Durch die Internalisierung externer Effekte soll die volkswirtschaftliche relevante Fehlallokation (→ Marktversagen) beseitigt werden. Die Internalisierung externer Effekte führt zur Übereinstimmung zwischen privater und gesamtwirtschaftlicher Rentabilitätsrechnung und somit zum → Pareto-Optimum. – 2. *Bedeutung:* In der → Umweltpolitik ist eine vollständige Internalisierung externer Effekte wegen der Probleme einer ökonomischen Bewertung der Umweltschäden sowie der Verursacher nicht möglich. Das Verursacherprinzip kann jedoch als Leitbild der Umweltpolitik (→ umweltpolitische Leitbilder) dienen, welches durch das Gemeinlastprinzip und durch das Vorsorgeprinzip ergänzt wird. – 3. *Beispiele:* Eine Internalisierung externer Effekte kann durch unterschiedliche Instrumente erfolgen. Bei einer geringen Anzahl Beteiligter und einem guten Informationsstand der Beteiligten sind Verhandlungslösungen möglich (→ Coase-Theorem). Nimmt die Anzahl der Beteiligten zu, so bieten sich → Ökosteuern und Zertifikate an.

International Accounting Standards Board (IASB) – *Kennzeichnung:* früher *International Accounting Standards Committee (IASC),* ist eine 1973 insbesondere von Wirtschaftsprüfungsgesellschaften gegründete privatrechtliche Organisation, deren Aufgabe die Erarbeitung und Veröffentlichung von international harmonisierten Rechnungslegungsverlautbarungen ist. Über die Förderung der weltweiten Akzeptanz dieser Verlautbarungen soll eine internationale Verbesserung und Harmonisierung von Rechnungslegungsgrundsätzen, -methoden und -verfahren erreicht werden. – 2. *Organisation:* Im Zuge einer umfassenden Reorganisation zum Jahreswechsel 2000/2001 hat die Trägerorganisation des International Accounting Standards Board (IASB), die IASC Foundation (mittlerweile IFRS-Foundation), eine neue Satzung erlassen, ihren bisher als IASC Board bezeichneten Standardisierungsrat neu besetzt und in International Accounting Standards Board umbenannt. Die Mitglieder der in London ansässigen IFRS Foundation setzen sich aus den auf dem Gebiet der → Rechnungslegung tätigen Berufsgruppen zusammen. Ein Gremium von 22 Treuhändern vertritt die IFRS Foundation, etwa bei der Ernennung der Mitglieder des International Accounting Standards Board und weiterer Gremien. Das International Accounting Standards Board besteht aus 15 Mitgliedern (Stand 2012), die sowohl unterschiedliche Regionen als auch verschiedene Interessengruppen repräsentieren sollen. Ihm obliegt im Wesentlichen die Erarbeitung und Veröffentlichung von Rechnungslegungsverlautbarungen. Bei seinen Fach- und Führungsaufgaben wird das IASB von einem Mitarbeiterstab unterstützt. Daneben nehmen die nationalen Standardisierungsgremien (etwa das Deutsche Rechnungslegungs Standards Committee [DRSC]) und andere Interessengruppen über eine Mitarbeit im IFRS Advisory Council sowie in diversen Advisory Committees Einfluss auf die Arbeit des IASB. Der bis zur Verabschiedung der Rechnungslegungsverlautbarungen zu durchlaufende Standard-Setting Process ähnelt dem des → Financial Accounting Standards Board (FASB). Sämtliche interessierte Personen oder Verbände weltweit haben die Möglichkeit, über schriftliche Stellungnahmen oder öffentliche Anhörungen ihre Ansichten in diesen Prozess einzubringen. – 3. *Verlautbarungsart:* Zentrale Verlautbarungsart des IASB sind die → International Financial Reporting Standards (IFRS), zu denen bisher auch die (z.T. obsoleten) 41 International Accounting Standards (IAS) gehören. Die IFRS sind fortlaufend nummeriert und regeln jeweils einzelne spezielle Rechnungslegungsbereiche. Der erste vom IASB veröffentlichte IFRS 1 beschreibt die erstmalige Anwendung der IFRS durch Unternehmen, die bisher nach anderen Rechnungslegungssystemen bilanzieren. Derzeit liegen 13 IFRS-Standards vor (Stand 2012). Sämtliche IAS/IFRS basieren auf dem vom IASC im Jahr 1989 veröffentlichten „Framework for the Preparation and Presentation of Financial Statements“ (Framework). Es enthält Ausführungen zu Zielsetzung und Grundprinzipien der Rechnungslegung. Daneben werden vom IFRIC in unregelmäßigen Abständen weitergehende Interpretationen zu bestehenden Rechnungslegungsstandards herausgegeben. Bisher existieren 20 Interpretations (Stand 2012).––Vgl. auch → Internationale Rechnungslegung.

International Air Transport Association (IATA) – internationale Institution zur weltweiten Interessenvertretung des kommerziellen → Luftverkehrs. Tätig z.B. auf den Gebieten der Rationalisierung, Standardisierung und Sicherheit im internationalen Luftverkehr und in der Ab- und Verrechnung von Forderungen und Verbindlichkeiten zwischen Luftverkehrsgesellschaften (IATA Clearing House).

International Association for Research in Income and Wealth → IARIW.

International Association of Mutual Insurance Companies → AISAM.

International Association of Public Transport → UITP.

International Atomic Energy Agency → IAEA.

International Bank Account Number → IBAN.

International Bank for Reconstruction and Development → IBRD.

International Banking Act – erlassen 1978 vom US-Kongress; regelt die Neugründung bzw. Umwandlung von US-Filialen von → Auslandsbanken zur Erzielung der Gleichstellung mit US-amerikanischen Banken.

International Business Studies → internationale Betriebswirtschaftslehre.

International Centre for Settlement of Investment Disputes → ICSID.

International Chamber of Commerce → ICC.

International Civil Aviation Organization → ICAO.

International Classification of Nonprofit Organizations (ICNPO) – 1. *Begriff und Geschichte:* Internationale Klassifikation von → Nonprofit-Organisationen (NPO), die 1992 von Lester M. Salamon und Helmut K. Anheier vorgeschlagen wurde. Die ICNPO hat sich mittlerweile fest in der NPO-Community etabliert und findet im einschlägigen Schrifttum häufig Anwendung, trotz einer Vielzahl von „konkurrierenden“ Klassifikationen (wie z.B. der International Standard Industrial Classification (ISIC) der Vereinten Nationen, der General Classification of Economic Activities (NACE) der Europäischen Union sowie der National Taxonomy of Exempt Entities (NTEE), die vom National Council of Charitable Statistics in den USA entwickelt wurde). – 2. *Merkmale:* Die ICNPO unterscheidet insgesamt zwölf unterschiedliche Klassen von NPO: (1) Culture and Recreation, (2) Education and Research, (3) Health, (4) Social Services, (5) Environment, (6) Development and Housing, (7) Law, Advocacy and Politics, (8) Philanthropic Intermediaries and Voluntarism Promotion, (9) International, (10) Religion, (11) Business and Professional

Assocoiations, Unions, (12) Not Elsewhere Classified. – 3. *Bedeutung einzelner Klassen:* Von größter ökonomischer Bedeutung sind in nahezu allen westlichen Industrienationen die Klassen (1) bis (4), weil sie die meisten Arbeitsplätze repräsentieren und das größte finanzielle Volumen aufweisen.

International Commercial Terms → Incoterms.

International Co-Operative Alliance → ICA.

International Development Association → IDA.

internationale Agrarpolitik – 1. *Begriff:* Als Teilgebiet der → Agrarpolitik umfasst die internationale Agrarpolitik die Besonderheiten und speziellen Probleme der Agrarpolitik auf internationaler Ebene. – 2. *Aufgaben:* (1) Grundlegend geht es um die *Gestaltung des internationalen Agrarhandels* und die Frage, wie einzelne Agrarstandorte sich in die internationale Agrarwirtschaft integrieren sollten. (2) Als spezieller Problembereich gehört in diesen Zusammenhang auch die *Kritik* an den internationalen Konsequenzen der Agrarpolitik der EU wie generell am Agrarprotektionismus in Industrieländern, der in der Tendenz zu einem Druck auf den Weltmarktpreis und damit zu einer unfairen Konkurrenz für Agrarproduzenten in Drittländern sowie zu einer Destabilisierung von Weltagrarmärkten führt. Deshalb wird der Abbau des Agrarprotektionismus seit der Uruguay-Runde 1984 im Rahmen der WTO-Verhandlungen (→ Welthandelsorganisation) intensiv diskutiert. (3) Zur internationalen Agrarpolitik gehören auch internationale Bemühungen zur *Förderung der Agrarentwicklung in Entwicklungsländern.* Das geschieht etwa durch finanzielle und → technische Zusammenarbeit und durch Institutionen der internationalen Agrarforschung. (4) Zur internationalen Agrarpolitik gehört schließlich die Beschäftigung mit globalen *Umweltfragen* der Agrarwirtschaft (Abholzung des Regenwaldes, Treibhauseffekt).

internationale Akquisition – Form der → Direktinvestition, die durch den Erwerb von Beteiligungen (Geschäftsanteile, Vermögensanteile) an einem im Ausland ansässigen Unternehmen oder durch den vollständigen Erwerb eines ausländischen Unternehmens gekennzeichnet ist. Die Motive können – neben reinen Finanzinvestitionen – sein: Zugang zu → Ressourcen (z.B. Rohstoffe, aber auch Know-how), schneller Markteintritt, Erfüllung oder Umgehung von Local Content-Vorschriften (→ Local Content), Erzielung von → Economies of Scale und → Economies of Scope, Verbesserung der Marktpräsenz und der Marktanteile. – Vgl. auch internationales → Joint Venture.

Internationale Arbeitskonferenz (IAK) → ILO.

Internationale Arbeitsorganisation (IAO) → ILO.

internationale Arbeitsteilung – 1. *Begriff:* Bezeichnung für die weltweite Struktur des Einsatzes der → Produktionsfaktoren und die Spezialisierung einzelner Länder auf die → Produktion verschiedener Güter. Internationale Arbeitsteilung stellt sich mit der Aufnahme des → Außenhandels bzw. der Beseitigung von → tarifären und → nicht tarifären Handelshemmnissen ein. Eine *Verzerrung* der internationalen Arbeitsteilung durch Handelshemmnisse beeinträchtigt die → Handelsgewinne. – 2. *Wirkungen:* Internationale Arbeitsteilung impliziert eine Verflechtung der Volkswirtschaften untereinander, die u.a. auch eine Übertragung von Konjunktur- und Preisniveauimpulsen positiver wie negativer Art mit sich bringen kann (→ internationaler Konjunkturverbund, → Inflation). Ziel internationaler Abkommen im Bereich der Handels- und Währungspolitik (→ GATT bzw. → World Trade Organization (WTO), → IWF) ist es deshalb, solche negativen Wirkungen auszuschalten und eine volle Nutzung der Handelsgewinne zu erreichen. – 3. *Bedeutung:* a) Für → *Industrieländer* gilt der weitgehend unumstrittene Grundsatz, dass eine ungestörte internationale Arbeitsteilung allen Beteiligten Vorteile bringt; gleichwohl wird auch hier verschiedentlich staatlicher Einfluss auf die Entwicklung der internationalen Arbeitsteilung befürwortet (→ Protektionismus). – b) Für → *Entwicklungsländer* wird die Vorteilhaftigkeit stärker in Frage gestellt und oft für diese Länder mit verschiedenen Begründungen eine mehr oder weniger stark interventionistische → Außenwirtschaftspolitik bis hin zur Abkoppelung vom Weltmarkt empfohlen (→ Dependencia-Theorien). – Vgl. auch → neue internationale Arbeitsteilung.

Internationale Atomenergie-Organisation → IAEA.

Internationale Bank für Wiederaufbau und Entwicklung → IBRD.

internationale Beschaffungspolitik – 1. *Begriff:* Internationale Beschaffungspolitik ist auf die Sicherstellung der erforderlichen Qualität und die Verfügbarkeit von Roh-/Hilfs-/Betriebsstoffen, Vorprodukten und Dienstleistungen gerichtet, wobei die systematische Nutzung internationaler Beschaffungsquellen und damit eine Erweiterung der Bedarfsdeckungsmöglichkeiten im Vordergrund steht. International tätige Unternehmen können ihren Bedarf über die lokalen → Beschaffungsmärkte, über → Drittländer sowie konzernintern über andere Unternehmenseinheiten decken. Durch die internationale Präsenz können internationale Unternehmen Unvollkommenheiten der Märkte für die Minimierung der Beschaffungskosten nutzen, wobei es jedoch produktspezifisch hinsichtlich Qualitätszielen und Kostenzielen zu optimieren gilt. – 2. *Beschaffungsorganisation:* Die strategische Relevanz der Beschaffung erfordert eine Koordination auf Gesamtunternehmungsebene. Im Einzelfall ist zu entscheiden, ob und welche Materialien zentral über ein Mutterhaus oder dezentral durch Auslandseinheiten bezogen werden (Global Sourcing). Eine weitere Variante besteht darin, dass der Konzernbedarf materialspezifisch gebündelt und von einer Auslandseinheit beschafft wird. Zunehmende Bedeutung erhalten aus strategischer

Perspektive der Aufbau und die Pflege internationaler Lieferantenbeziehungen. Beispiele hierfür sind die Förderung von Leistungspotenzialen der internationalen Lieferanten sowie deren (Know-how-)Nutzung in Bezug auf Innovationen, Qualität, Logistik (→ Just in Time (JIT)) u.a.

internationale Betriebswirtschaftslehre – *International Business.* 1. *Begriff:* Multi- bzw. interdisziplinär ausgelegte Bearbeitung von Problemen der internationalen Unternehmenstätigkeit. – 2. *Internationale Unternehmenstätigkeit:* → Internationale Unternehmungen zeichnen sich gegenüber rein nationalen Unternehmen dadurch aus, dass ihre Beschaffung, Leistungserstellung oder -verwertung in mind. zwei Volkswirtschaften erfolgt. Nach der Art der grenzüberschreitend transferierten Ressourcen bzw. der Dauerhaftigkeit der eingegangenen internationalen Bindung kann dabei zwischen (1) dem Außenhandel mit Sachgütern, (2) dem Außenhandel mit Dienstleistungen, (3) internationalen kooperativen Arrangements ohne Kapitalbeteiligung (z.B. Lizenzhandel, → Franchise, → internationale strategische Allianzen) sowie (4) der Tätigung direktinvestiver Auslandskapitalanlagen (z.B. → Zweigniederlassungen oder → Tochtergesellschaften) differenziert werden. – 3. *Entscheidungsprobleme* der internationalen Betriebswirtschaftslehre liegen v.a. in den Feldern: (1) Verstehen interkultureller Differenzen (→ interkulturelles Management); (2) Umweltwahl (→ Standortpolitik); (3) internationaler Ressourcentransfer; (4) integrative Gestaltung des internationalen Wertschöpfungssystems. – Vgl. auch → internationales Management.

internationale Corporate Identity – Entwicklung des Selbstbildes eines grenzüberschreitend tätigen Unternehmens, das sowohl nach innen auf die Einstellung der Mitarbeiter als auch nach außen auf das Erscheinungsbild des Unternehmens gerichtet ist. Gerade die Gestaltung des äußeren Erscheinungsbildes prägt die Art und Weise der Wahrnehmung des Unternehmens durch Außenstehende wie Kunden, Lieferanten, Kreditgeber oder Kooperationspartner und somit dessen Fremdbild. Die internationale Corporate Identity wird durch materielle, interaktionale und sprachliche Symbole geprägt. Materielle Symbole wie Bauwerke oder Unternehmenslogo manifestieren das äußere Erscheinungsbild einer Unternehmung. Werte, Normen und Einstellungen werden als interaktionale Symbole bezeichnet und vermitteln einen Eindruck von den herrschenden Grundannahmen in der Unternehmung. Sprachliche Symbole bieten durch den im Unternehmen vorhandenen Sprachstil ebenfalls einen Zugang zur Unternehmungskultur. Für international tätige Unternehmen stellt sich die bes. Herausforderung, über die Vermittlung ihrer internationalen Corporate Identity zu einer Annäherung ihrer Fremdbilder in unterschiedlichen Ländern beizutragen. In unterschiedlichen Kulturkreisen tätigen Unternehmen fällt es im Vergleich zu rein nationalen Unternehmen tendenziell schwerer, eine Identity (im Sinn eines „Wir-Gefühls") zu entwickeln, denn die unterschiedlichen Erfahrungsbereiche weisen i.d.R. nur wenige Schnittmengen auf.

internationale Dachkampagne → internationales Marketing.

internationale Direktinvestition – 1. *Begriff:* bes. Form der internationalen *Kapitalanlage* von Ersparnissen, die mit der Managementkontrolle über das investierte → Kapital verbunden ist. I.d.R. mit der Entstehung von multinationalen Unternehmungen verbunden. – 2. *Faktoren:* Internationale Direktinvestition kann durch das Zusammenwirken dreier Faktoren erklärt werden: (1) Der Investor muss in irgendeiner Weise einen organisatorischen oder *Know-how-Vorteil* (*organizational advantage*) besitzen, an den die Wirksamkeit des investierten Kapitals gebunden ist. (2) Das Gastland muss über einen örtlichen Vorteil (z.B. billige Arbeitskräfte) verfügen (*locational advantage*). (3) Es muss vorteilhaft sein, das erwähnte organisatorische Know-how über firmeninterne Kontrolle anstelle von Markttransaktionen zum Einsatz zu bringen. Diese drei Faktoren werden gelegentlich mit dem Kürzel *OLI* zusammengefasst. – Vgl. auch → Direktinvestition, → internationale Faktorwanderungen, → Joint Venture.

internationale Distributionspolitik – alle grenzüberschreitenden Entscheidungen über Distributionsziele, die Wege der zu vermarktenden Leistungen von den Orten und Ländern ihrer Entstehung zu den Ländern und Orten der Endkäufer sowie die Planung, Realisation und Kontrolle der Maßnahmen zur strategiekonformen Gestaltung der Distributionsprozesse. Damit können der internationalen Distributionspolitik drei Aufgabenkomplexe subsumiert werden: (1) die Wahl der Distributions- bzw. Vertriebswege und damit verbunden die Wahl der Distributionsorgane; (2) das strategiekonforme Management des internationalen Distributionssystems; (3) die physische Distribution der auf verschiedenen internationalen Märkten nachgefragten Absatzleistungen. – Vgl. auch → internationales Marketing.

internationale Einfuhrbescheinigung – *Importzertifikat (IC), Einfuhrzertifikat;* Bescheinigung, auf Anforderung des ausländischen Käufers von den in seinem Land zuständigen Behörden ausgestellt. Die internationale Einfuhrbescheinigung dient bei genehmigungs- und überwachungspflichtigen Waren der → End User Control (EUC).

internationale Einkommensverteilung – 1. *Begriff:* Die internationale Einkommensverteilung befasst sich mit der Verteilung von Einkommen über Ländergrenzen hinweg. – 2. Messung: Die Analyse der internationalen Einkommensverteilung kann auf Basis verschiedener Konzepte erfolgen, die häufig parallel angewendet werden.a) *Unterschiede in den* → Pro-Kopf-Einkommen: Die Ausprägung der internationalen Einkommensverteilung kann durch einen

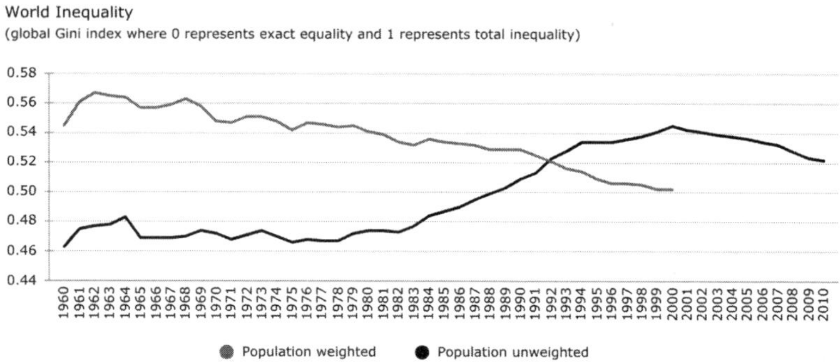

Vergleich der durchschnittlichen Pro-Kopf-Einkommen zwischen verschiedenen Ländern untersucht werden. Die empirischen Entwicklungen der vergangenen Jahre lassen auf einen Rückgang der so ermittelten internationalen Einkommensungleichheit schließen. – b) *Unterschiede in den intranationalen Einkommensverteilungen:* Das Ausmaß der internationalen Einkommensverteilung kann durch einen Vergleich der innerhalb verschiedener Länder vorzufindenden Einkommensverteilungen bestimmt werden. Hierzu können bspw. die → Gini-Koeffizienten verschiedener Länder miteinander verglichen werden. Die empirischen Entwicklungen der vergangenen Jahre lassen auf eine Erhöhung der so ermittelten Einkommensungleichheit in zahlreichen Ländern schließen. Der Grad der Ungleichverteilung ist dabei in Entwicklungsländern wesentlich höher als in den Industrienationen. – c) *Globale Messgröße:* Zur Analyse der internationalen Einkommensverteilung kann eine länderübergreifende Kennzahl ermittelt werden, um so eine Fülle von Informationen in einer einzigen Messgröße abzubilden. Hierzu kann bspw. ein einziger Gini-Koeffizient für ausgewählte Länder der Welt berechnet werden. Die entsprechenden empirischen Entwicklungen der vergangenen Jahre unterscheiden sich je nach genauer Vorgehensweise. Der Gini-Koeffizient für rund 170 Länder lässt auf eine starke Erhöhung der internationalen Einkommensungleichheit ab Anfang der 1980er-Jahre schließen, wobei jedoch seit Beginn des 21. Jh. wieder ein leicht rückläufiger Trend festzustellen ist. Gewichtet man diesen Gini-Koeffizienten hingegen mit der Bevölkerungsanzahl der betrachteten Länder, so ist seit den 1960er-Jahren eine Verringerung der so gemessenen internationalen Einkommensungleichheit zu verzeichnen (vgl. Abbildung „World Inequality"). Eliminiert man aus diesem gewichteten Gini-Koeffizienten die Länder China und Indien, so ist wiederum ein Anstieg der internationalen Einkommensungleichheit ab Anfang der 1980er-Jahre festzustellen. 3. *Ursachen der Ungleichheit in der Einkommensverteilung:* Gelegentlich ‚wird vermutet, dass die Ungleichheit in der Einkommensverteilung mit voranschreitender Entwicklung zunächst zu- und danach abnimmt (→ Kuznets-Kurve). Neben dem wirtschaftlichen Entwicklungsniveau spielt jedoch auch eine Vielzahl soziodemographischer und politischer Faktoren eine wichtige Rolle. So nahm etwa der Anteil der von weniger als 1,25 Dollar am Tag lebenden Bevölkerung (→ Armutsindikatoren) im Laufe der vergangenen Jahrzehnte in Südostasien und Lateinamerika deutlich ab, während er bspw. in Subsahara-Afrika nur wenig zurückging. – 4. *Konsequenzen:* Die internationale Ungleichverteilung der Einkommen hat einige schwerwiegende Folgen. Gerade in den armen Ländern ist das Bevölkerungswachstum hoch und behindert deren Entwicklung (sog. Armutsfalle). Die weltweite Ungleichverteilung der Einkommen führt zu sich verstärkenden Wanderungsbewegungen von Süden nach Norden und von Osten nach Westen, die zu erheblichen sozialen Spannungen führen (→ Bevölkerungspolitik, Bevölkerungsökonomik). Die internationale Ungleichverteilung der Einkommen verschärft auch die globalen Umweltprobleme und erschwert eine durchgreifende Neuorientierung der Wirtschafts- und Umweltpolitik, weil die armen Länder auf die Notwendigkeit ihrer ökonomischen Entwicklung verweisen und die reichen Länder auf hohem Wachstum bestehen, weil sie nur dann den armen Ländern helfen können. – Vgl. auch → Einkommensverteilung.

Internationale Energieagentur → IEA.

internationale Entlohnung – Regelung der Entlohnung (→ Arbeitsentgelt) von Mitarbeitern in internationalen Unternehmungen unter verschiedenen kulturellen, ökonomischen, politischen und rechtlichen Umweltbedingungen. Die Entlohnungspolitik kann → ethnozentrisch anhand einheitlicher Richtlinien des Stammhauses ausgerichtet sein, oder → polyzentrisch entsprechend lokaler Regelungen. Bei befristeten → Auslandseinsätzen werden die betreffenden

Mitarbeiter üblicherweise weiterhin vom Stammhaus entlohnt. Finanzielle Anreize für einen Auslandseinsatz dienen u.a. auch als Kompensation der hierdurch für den Mitarbeiter entstehenden Zusatzkosten. Die Vergütungsstruktur bei einem Auslandseinsatz sieht meist zusätzlich zum direkten Gehalt Zusatzleistungen vor: Auslandszulage, Lebenshaltungskostenausgleich, Wohnzulage, Auslandsversicherung, Kosten für die Ausbildung der Kinder. Die internationale Entlohnungspolitik bewegt sich in einem Spannungsfeld zwischen der Berücksichtigung lokaler Rahmenbedingungen (z.B. unterschiedliche Lebenshaltungskosten) einerseits sowie der Sicherstellung einer internationalen Vergleichbarkeit von Entgeltstrukturen andererseits.

Internationale Entwicklungsorganisation → IDA.

internationale Erschöpfung – bis zum Inkrafttreten des Markengesetzes galt für Kennzeichenrechte (→ geschäftliche Bezeichnungen und → Marken) der Grundsatz internationaler → Erschöpfung, mit dem Inkrafttreten des Markengesetzes gilt für die Kennzeichnungsrechte der eingeschränkte Grundsatz der Erschöpfung in den EU-Mitgliedsstaaten und des EWR (§ 24 MarkenG).

internationale Faktorbewegungen → internationale Faktorwanderungen.

internationale Faktormobilität – Grad der Reagibilität → internationaler Faktorwanderungen (→ Arbeit, → Kapital) auf internationale *Faktorpreisunterschiede*. Bei perfekter Faktormobilität würden Faktorwanderungen sofort und in solchem Ausmaß erfolgen, dass internationaler *Faktorpreisausgleich* erfolgt. – Vgl. auch → internationale Kapitalmobilität.

internationale Faktorwanderungen – internationale Bewegungen von originären → Produktionsfaktoren. – *Unterscheidung*: (1) *bei* → *Arbeit:* → Migration. (2) *Bei* → Kapital: Unterscheidung zwischen Finanzkapitalbewegungen und Sachkapitalwanderungen. *Sachkapitalbewegungen* verändern – wie → Migration – die Faktorausstattung eines Landes. *Finanzkapitalbewegungen* können auch ohne Veränderung der Realkapitalausstattung eines Landes stattfinden, und zwar einfach durch Erwerb oder Verkauf von Eigentumsrechten an bestehendem Sachkapital und den damit verbundenen Einkommensansprüchen (→ internationaler Kapitalverkehr, → internationale Kapitalmobilität). – In einem *statischen Kontext* beinhaltet die internationale Bewegung von Sachkapital den Abbau, den → Transport, und die Wiederinbetriebnahme von schon einmal installierten → Produktionsanlagen. – Im *dynamischen Kontext* bedeutet die internationale Beweglichkeit von Finanzkapital u.a. die Verfügbarkeit von ausländischen Ersparnissen zur Installation neuer → Anlagen im → Inland (→ Nettoinvestitionen). – Auf diese Weise wird die → internationale Kapitalmobilität mitunter von großer Bedeutung für die Entwicklung der Sachkapitalausstattung eines Landes. – Bei internationaler Kapitalmobilität wird die internationale Verteilung des Sachkapitalbestandes der ganzen Welt von der internationalen Verteilung der Eigentumsansprüche auf diesen Kapitalbestand entkoppelt. Werden heimische Ersparnisse nicht im Inland, sondern im Ausland investiert, so spricht man von *internationalen Investitionen* (→ internationale Portfolioinvestition, → internationale Direktinvestition). – Die → internationale Faktormobilität kann durch die subjektive Bindung der Faktoreigner an einzelne Länder oder durch wirtschaftspolitische Maßnahmen (Migrationspolitik, → internationale Kapitalverkehrskontrollen) beschränkt sein. – *Wanderungsanreize:* Ob und in welchem Ausmaß bei Abwesenheit solcher Barrieren internationale Faktorbewegungen auch tatsächlich stattfinden, hängt von den Wanderungsanreizen ab. Die → Außenwirtschaftstheorie sieht einen wesentlichen Bestimmungsgrund für internationale Faktorbewegungen in *internationalen Faktorpreisunterschieden*. – Vgl. auch → Faktorpreisausgleichstheorem, → Handelspolitik.

internationale Fertigung → internationale Produktion.

internationale Finanzholding – entweder eine als Bindeglied zwischen einer Muttergesellschaft im Stammland und Unternehmenseinheiten in Gastländern angesiedelte Beteiligungsverwaltungsgesellschaft oder eine Spitzeneinheit im internationalen Unternehmensverbund. Die internationale Finanzholding ist Teil eines Unternehmensverbundes oder → Konzerns. Kennzeichen einer Finanzholding ist der auf Dauer angelegte Erwerb sowie die Verwaltung von Beteiligungen an rechtlich selbstständigen Unternehmenseinheiten. Die internationale Finanzholding ist zwischen internationalen institutionellen Investoren mit → Portfolio-Investitionen in unterschiedlichen Ländern und einer strategischen Managementholding mit Tochtergesellschaften in unterschiedlichen Ländern einzuordnen. Bei der internationalen Finanzholding beschränkt sich die gemeinsame Führung auf die Finanzierungsfunktion. Problematisch für die internationale Finanzholding ist die internationale Vergleichbarkeit der Erwerbskandidaten sowie der internationale Vergleich des Erfolgs der einzelnen Unternehmenseinheiten. Von Bedeutung für den internationalen Vergleich sind bes. unterschiedliche Besteuerungssysteme sowie die Entwicklung von → Wechselkursen, Inflationsraten, Zinsen und politischen Risiken. Vorteile für die internationale Unternehmensführung können aus der Ansiedlung der Finanzholding an einem steuerlich und finanziell privilegierten Standort resultieren. Wenn eine Finanzholding in einem (im Verhältnis zum Stammland) niedriger besteuerten Land eingerichtet wird, sind steuerliche Nachteile von Gewinnausschüttungen an die Muttergesellschaft verringerbar.

Internationale Finanz-Korporation → IFC.

internationale Finanzpolitik → internationales Finanzmanagement.

internationale Forschung und Entwicklung – 1. *Begriff:* Internationale F&E zeichnet sich dadurch aus, dass die Projektakteure aus verschiedenen Ländern stammen und/oder Projektaktivitäten grenzüberschreitend arbeitsteilig unter Einsatz von Ressourcen aus mehreren Ländern durchgeführt werden. – 2. *Motive:* Gründe → internationaler Unternehmungen, F&E-Aktivitäten (→ Forschung & Entwicklung) vom Stammland in Gastländer zu verlagern oder zusätzliche F&E-Aktivitäten in Gastländern neu anzusiedeln, sind vielfältig: In Branchen, in denen es weltweit führende Know-how-Zentren gibt (z.B. Computertechnologie), ist eine Ansiedelung in der Nähe dieser Zentren erforderlich, um rasch auf deren Ressourcen zugreifen zu können. Bei lokal differenzierenden Grundstrategien (→ internationales Management) müssen die Produkte den spezifischen Marktbedürfnissen angepasst werden; eine Verlagerung der F&E in Schwerpunktländer vermeidet von vornherein eine einseitige „Heimatmarktentwicklung", wodurch kostenintensive Anpassungen entfallen und die Wahrscheinlichkeit für den Markterfolg steigt. Durch internationale Kooperationen können die F&E-Kosten gesenkt werden (z.B. Airbus-Entwicklung). Die lokale Präsenz ist häufig Voraussetzung, um an internationalen F&E-Förderprogrammen/-mitteln zu partizipieren. – 3. *Organisation:* Je nach Motiv können F&E-Verantwortungen an → Auslandstochtergesellschaften bzw. → Auslandsniederlassungen abgegeben werden, Unternehmensteile im Ausland frühzeitig in den F&E-Prozess einbezogen oder internationale F&E-Kooperationen aktiv eingegangen werden.

internationale Führungskräfteförderung → Auslandseinsatz, → internationale Personalentwicklung.

internationale Größenvorteile → Größenvorteile.

Internationale Handelskammer → ICC.

Internationale Handelsorganisation → ITO.

internationale Kapitalbewegungen – 1. *Begriff:* Transaktionen zwischen Volkswirtschaften, die i.d.R. Änderungen von Höhe und/oder Struktur ihrer *Nettoauslandsposition* bewirken. Sie werden in der → Zahlungsbilanz erfasst. – 2. *Systematisierung nach verschiedenen Kriterien:* a) *Autonome vs. induzierte internationale Kapitalbewegungen:* Autonome internationale Kapitalbewegungen beruhen auf unabhängig gefassten Entscheidungen, d.h. werden losgelöst von anderen internationalen Transaktionen bzw. anderen Zahlungsbilanzposten durchgeführt. Induzierte internationale Kapitalbewegungen resultieren aus Saldenänderungen anderer Positionen der Zahlungsbilanz (z.B. Finanzierung eines Leistungsbilanzdefizits, Devisenmarktinterventionen der → Zentralbank). – b) *Kurzfristige vs. langfristige internationale Kapitalbewegungen:* Als kurzfristige internationale Kapitalbewegungen zählen solche mit einer Laufzeit bis zu einem Jahr, solche mit längerer Laufzeit gelten als langfristige internationale Kapitalbewegungen. Diese Abgrenzung ist allerdings nicht unproblematisch, weil Positionen der einen Kategorie relativ leicht in die andere umgewandelt werden können. Bei den langfristigen internationalen Kapitalbewegungen wird weiter unterschieden zwischen → Direktinvestitionen und → Portfolio-Investitionen. – c) *Unentgeltliche vs. entgeltliche internationale Kapitalbewegungen:* Im Gegensatz zu unentgeltlichen internationalen Kapitalbewegungen (z.B. verlorene Zuschüsse im Rahmen von Entwicklungshilfe, Beiträge an internationale Organisationen; einseitige Übertragungen) ziehen entgeltliche (zweiseitige) internationale Kapitalbewegungen kompensierende Leistungszuflüsse bzw. -verpflichtungen nach sich. – d) *Nach der Erfassung in der Zahlungsbilanz:* internationale Kapitalbewegungen von privaten Wirtschaftssubjekten, Wirtschaftsunternehmen und öffentlichen Haushalten werden in der Bundesrepublik Deutschland in der → Kapitalbilanz bzw. → Übertragungsbilanz erfasst, solche der Zentralbank in der Devisenbilanz. – 3. *Motive für autonome internationale Kapitalbewegungen:* a) Bei *entgeltlichen internationalen Kapitalbewegungen:*Internationale Divergenzen der ökonomischen, sozialen und politischen Bedingungen, z.B. hinsichtlich Geld- und Kapitalmarktzinsen, steuerlicher Behandlung, Wechselkurserwartungen, internationale Devisenspekulation, Grenzproduktivität des Kapitals in der Gegenwart und deren erwarteter zukünftiger Entwicklung, Marktzugangsbeschränkungen durch Zölle, Kontingente u.a., sozialer und politischer Stabilität (Sicherheit für Person und Eigentum, Verstaatlichungstendenzen), sonstiger wirtschaftspolitischer Maßnahmen (Gewährleistung monetärer Stabilität, staatliche Lohn- und Preiskontrollen, Devisenbewirtschaftung u.a.). – b) Bei *unentgeltlichen* internationalen Kapitalbewegungen politische, moralische, humanitäre, aber auch wirtschaftliche Motive (→ Entwicklungshilfe).

internationale Kapitalmobilität – in der → monetären Außenwirtschaftstheorie verwendeter Begriff für den Grad der internationalen Verflechtung der Kapitalmärkte. Bei Abwesenheit von → internationalen Kapitalverkehrskontrollen und bei Risikoneutralität der Anleger liegt *perfekte Kapitalmobilität* vor, es kommt zur ungedeckten → Zinsparität. Andernfalls entstehen → Risikoprämien. – Vgl. auch → internationale Faktormobilität, → Zahlungsbilanzausgleich.

internationale Kapitalstruktur – Die → Kapitalstruktur von Unternehmen unterliegt als Folge der Internationalisierung der Unternehmenstätigkeit gleichfalls einem Internationalisierungsprozess, welcher dadurch charakterisiert werden kann, dass die finanziellen Ressourcen eines Unternehmens nicht mehr ausschließlich oder überwiegend nur von heimischen Kapitalgebern in Inlandswährung, sondern in gewissem Umfang von ausländischen Kapitalgebern bereitgestellt werden und/oder mit Zahlungsströmen, die in Auslandswährung denominiert sind, verbunden sind. Für die Beurteilung des Ausmaßes der Internationalität der Kapitalstruktur sind folglich bes. zwei Aspekte der → Kapitalbeschaffung von Relevanz. Zum einen ist die geografisch-kulturelle Zuordnung der Kapitalgeber zu berücksichtigen. Eine internationale Kapitalstruktur zeichnet sich dadurch aus, dass die Kapitalgeber aus unterschiedlichen Ländern stammen. Mit zunehmender → kultureller Distanz zwischen den Kapitalgebern und dem Heimatland des Unternehmens nimmt dabei tendenziell die Internationalität der Kapitalstruktur zu. Zum Zweiten bedarf es einer Identifikation der Währung(en), in welcher (in welchen) die im Rahmen des Kapitalüberlassungsvertrags vereinbarten Zahlungsströme denominiert sind. Der Internationalisierungsgrad einer Kapitalstruktur steigt demzufolge tendenziell mit Abschluss von Kapitalüberlassungsverträgen, innerhalb derer Zahlungsströme vereinbart sind, die in fremder Währung denominiert sind. Die Fremdkapitalstruktur großer Unternehmen weist typischerweise einen relativ hohen Grad an Internationalisierung auf, der durch die Aufnahme von Kapitalressourcen, z.B. am Euro-Geldmarkt etwa über die Emission von → Euro-Notes oder → Euro Commercial Papers (ECP) und am Euro-Kapitalmarkt über die Ausgabe von Euro-Bonds, resultiert (→ Euromärkte). Doch auch die Internationalisierung des Eigenkapitals dieser Unternehmen wird zunehmend forciert. Internationale Börsenlistings sind eine Möglichkeit zur Internationalisierung des Eigenkapitals; als wichtigstes Hemmnis gegen Börsennotierungen im Ausland gelten die Offenlegungsanforderungen ausländischer Börsenaufsichtsbehörden. Die Heterogenität der Rechnungslegung bewirkt so eine (partielle) Segmentierung der nationalen Kapitalmärkte, welche die optimale Allokation von Kapital beeinträchtigt.

internationale Kapitalverkehrskontrollen – *administrative Behinderungen* des → internationalen Kapitalverkehrs. Diese können in Gestalt von → Steuern auf → Kapitalimporte bzw. → Kapitalexporte vorliegen, oder in Form von *Mengenrestriktionen*, *Genehmigungspflichten* oder *Meldepflichten* für internationalen Kapitalverkehr. – Vgl. auch → internationale Kapitalmobilität, → Zahlungsbilanzausgleich.

Internationale Klassifikation der Krankheiten – Abk. *ICD*; → Todesursachenstatistik.

internationale Kommunikationspolitik – 1. *Begriff*: Entscheidungen über den grenzüberschreitenden Einsatz informations- und kommunikationsbezogener Instrumente zur Übermittlung von Informationen und Bedeutungsinhalten, die der Beeinflussung von Meinungen, Einstellungen, Erwartungen und Verhaltensweisen gemäß spezifischer Zielsetzungen dienen. Überlegungen zum adäquaten, internationalen Instrumenteneinsatz zielen auf Möglichkeiten einer inhaltlichen Standardisierung (Ermittlung einer zielgruppengerechten Ansprache, z.B. ernst oder humorvoll, rational oder emotional), einer formalen Standardisierung (Bestimmung verbaler und visueller Gestaltungselemente, z.B. können Werbebotschaften wortgetreu übersetzt werden?) sowie einer Standardisierung der Mediaplanung (Welche → Werbeträger können zur Erreichung ländergreifender Zielgruppen eingesetzt werden?). Die Kommunikationsinstrumente (→ Werbung, → Public Relations (PR), → Behavioral Branding, → Verkaufsförderung und → persönlicher Verkauf) sind auf die Markenindentität abzustimmen und u.a. nach länderspezifischen Markt- und Wettbewerbsstrukturen, Einkaufsgewohnheiten, Medienstruktur, Agenturkompetenz sowie rechtlich-politischen (→ Werbebeschränkungen, Zulässigkeit vergleichender → Werbung) und kulturellen Besonderheiten (Sprache, Tradition, Einstellungen etc.) auszuwählen und zu gestalten. – 2. *Möglichkeit der Organisation* der internationalen Kommunikationspolitik zwischen Stammhaus und ausländischen Unternehmenseinheiten: (1) zentrale Planung und Ausführung der internationalen Werbepolitik und Anpassung der Werbemittel an die jeweiligen Zielmärkte, soweit erforderlich (v.a. Sprache), (2) Kooperation und Abstimmung zwischen Zentrale und lokalen Einheiten bei Planung, Gestaltung und Durchführung, (3) autonome Planung und Durchführung der Kommunikationspolitik durch nationale Unternehmenseinheiten bei zentraler Budgetkontrolle. Eine Orientierung am → internationalen Produktlebenszyklus ist unerlässlich, da je nach Phasenstadium spezifische Kommunikationsaktivitäten erforderlich sind. Bei der Umsetzung sind bei der internationalen Mediaplanung v.a. die inhaltliche, zeitliche und mengenmäßige Abstimmung des internationalen Mediaplans (→ Streuplan), Sprachbarrieren als Verbreitungsgrenze oder grenzüberschreitende Reichweiten einzelner Kommunikationsträger (z.B. Satellitenfernsehen) zu bedenken. – Vgl. auch → internationales Marketing, → internationale Public Relations, → Kommunikationspolitik.

internationale Kooperation – *Internationale Partnerschaft*. 1. *Begriff*: eine auf vertraglicher Grundlage basierende, grenzüberschreitende Zusammenarbeit zwischen rechtlich selbstständigen Unternehmen. – 2. *Formen:* Es werden internationale Kooperationen mit und ohne Kapitalbeteiligung unterschieden. – *Beispiele* für internationale Kooperationen ohne Kapitalbeteiligung: → internationale Lizenzen, → internationales Franchising, → internationale Projekte, virtuelle Kooperationen. Unter internationalen Kooperationen mit Kapitalbeteiligung fallen internationale → Joint Ventures. Internationale Unternehmensnetzwerke und internationale strategische Allianzen können sowohl mit als auch ohne Kapitalbeteiligung auftreten. – Vgl. auch → Exportgemeinschaft, → Exportkartell.

internationale Koordination – 1. *Begriff*: Unter internationaler Koordination versteht man die Abstimmung der Unternehmensaktivitäten im internationalen Unternehmensverbund, die aufgrund zahlreicher Interdependenzen zwischen den geografisch verstreuten Unternehmensteileinheiten notwendig ist.

Ziel einer Abstimmung ist die Erzielung von Synergieeffekten im Unternehmen. Die internationale Koordination bewegt sich in einem Spannungsfeld zwischen zentraler Kontrolle im Unternehmensverbund und Autonomie der ausländischen Tochtergesellschaften einer Unternehmung. Während über zentrale Kontrolle sichergestellt werden kann, dass in den Auslandsgesellschaften Entscheidungen im Einklang mit der Zentrale getroffen werden, fördert die Autonomie des Tochtergesellschaftsmanagements Motivation, unternehmerische Initiative und lokale Anpassung. – 2. *Koordinationsinstrumente:* Koordination kann über den Einsatz unterschiedlicher etwa struktureller (→ Entscheidungszentralisation), personenorientierter (→ Auslandseinsatz), technokratischer (→ Berichtssysteme) oder kultureller (→ internationale Corporate Identity) Instrumente erfolgen. – Vgl. auch → internationale Mutter-Tochter-Beziehungen.

internationale Kreditmärkte → Euromärkte.

International Electronical Commission → IEC.

internationale Liquidität → Liquidität.

internationale Lizenz – 1. *Begriff:* kooperative Auslandsmarkteintrittsstrategie (→ internationale Kooperation, → internationale Markteintrittsstrategien, → Lizenz). Mit der Lizenz räumt der Inhaber eines gewerblichen Schutzrechts (z.B. Patent) oder eines urheberrechtlichen Verwertungsrechts die aus diesen Rechtspositionen resultierenden, wirtschaftlich verwertbaren Teilrechte dem Lizenznehmer ein. Bei internationalen Lizenzverträgen stammen Lizenzgeber und -nehmer aus unterschiedlichen Ländern. – 2. *Entgelte für Lizenzierung:* Der Lizenznehmer zahlt für die Inanspruchnahme der intangiblen Vermögenswerte Lizenzgebühren. Diese treten i.d.R. in Form von Pauschallizenzgebühren oder laufenden Lizenzgebühren auf. Welche Höhe die jeweiligen Gebühren dabei annehmen, variiert in Abhängigkeit von Faktoren wie Innovationsgehalt, Laufzeit und räumlicher Gültigkeit der Lizenz. – 3. *Vorteile/Nachteile:* Der Lizenzgeber erhält → Lizenzgebühren sowie die Möglichkeit, den ausländischen Markt (des Lizenznehmers) zu erschließen. Die Vergabe von internationalen Lizenzen ist v.a. für kleinere Unternehmungen mit geringer Kapitalausstattung und Auslandserfahrung geeignet. Der Markteintritt durch internationale Lizenzen ist sinnvoll, wenn Zielländer Importe und Direktinvestitionen ausländischer Unternehmen behindern. Probleme von internationalen Lizenzen können unterschiedlicher technologischer und kultureller Entwicklungsstand oder mangelhafte Kontrollmöglichkeiten sein, sodass die vom Lizenzgeber erwartete Qualität der Marktbearbeitung durch den Lizenznehmer nicht gewährleistet ist. Die Etablierung des Lizenznehmers zum potenziellen Konkurrenten auf Auslandsmärkten sowie der Wegfall bestimmter Absatzmärkte, die vom Lizenznehmer exklusiv beliefert werden, sind als Nachteile anzuführen. – Vgl. auch → Lizenz.

Internationale Logistik

von Prof. Dr. Ingrid Göpfert

I. Begriff

Der Begriff internationale Logistik bezeichnet Logistiksysteme und -prozesse, die die nationalen Grenzen überschreiten. Ein Blick in die gegenwärtige Wirtschaftspraxis zeigt, dass bereits heute die große Zahl der Logistiksysteme grenzüberschreitend ausgelegt ist. Das bildet das Ergebnis der fortschreitenden Internationalisierung in Industrie, Handel und Dienstleistung. Ein wahrer Internationalisierungsschub setzte weltweit Anfang der achtziger Jahre ein. Seit dieser Zeit beobachten wir einen beschleunigten und progressiven Verlauf des Internationalisierungsprozesses. Prognosen schreiben diesen Trend auch für die Zukunft fort. Unter der Wissenschaftsdisziplin Logistik ist die internationale Logistik zu verstehen (→ internationales Management).

II. Konzeption

Ausgangsbasis für die Konzeption der internationalen Logistik bilden die Auffassungen über Logistik. Hierbei hat sich mehrheitlich das Verständnis durchgesetzt, wonach unter Logistik das Management der Material- und Warenflüsse sowie der Informations- und Geldflüsse in Wertschöpfungssystemen zu verstehen ist (→ Logistik). Danach besteht die große Herausforderung der Logistik darin, die Wertschöpfungsprozesse im Unternehmen oder in einem unternehmensübergreifenden Netzwerk so zu konfigurieren und zu koordinieren, dass die Kundenaufträge in kurzer Zeit und hoher Qualität zu niedrigen Kosten erfüllt werden.

Inhalt einer Konzeption sind Aussagen über Ziele, Aufgaben und Instrumente. Die Ziele der Internationalen Logistik sind:

Die Wertsteigerung von Produkten durch *Logistikserviceleistungen.* Die sich vom Mutterland unterscheidenden fremden Kulturbereiche setzen spezifische Erwartungen an den Logistikservice.

Die Reduzierung/Optimierung der *Logistikkosten.* Dazu gehören v.a. die Kosten für die Planung und Steuerung transnationaler Produktionsnetze, für die weltweite Beschaffung (Global Sourcing), die internationale Distribution der Fertigwaren (Global Distribution) und die Kosten für die internationalen Gütertransportnetze.

Die Anpassungs- und Entwicklungsfähigkeit der länderübergreifenden *Logistiksysteme* (Beschaffungs-, Produktions-, Distributions- und Entsorgungslogistiksysteme).

Die Aufgaben der internationalen Logistik können in drei Aufgabenfelder unterteilt werden. Ein erstes Aufgabenfeld beinhaltet auf der strategischen Managementebene die Abstimmung zwischen den Internationalisierungsstrategien des Unternehmens und der Logistik. So sind die logistischen Anforderungen in einem exportorientierten Unternehmen ganz andere als in einem Unternehmen mit Direktinvestitionen und Auslandstöchtern. Da die Logistik einen entscheidenden Wettbewerbsfaktor in internationalen Unternehmen bildet, nimmt sie auch in hohem Maße Einfluss auf die Entscheidungen über die Internationalisierungsstrategien. Das zweite Aufgabenfeld fasst alle Aufgaben zusammen, die sich auf die internationale Standortverteilung der Wertaktivitäten (z.B. die Standorte der Produktionswerke, die Standorte von Forschungs- und Entwicklungszentren sowie die Standorte von Lagerhäusern/Distribution Center) und auf die Gestaltung der Material-, Waren-, Informations- und Geldflüsse zwischen den Standorten und kooperierenden Unternehmen beziehen. Das dritte Aufgabenfeld beinhaltet die Umsetzung der Strategien und Wertschöpfungssystemstrukturen in operative Geschäftserfolge (z.B. Umsatzwachstum auf den Auslandsmärkten und Return of Capital Employed).

Zur Durchführung der genannten Aufgaben bedient sich die internationale Logistik der bekannten Managementinstrumente. Das sind im Besonderen die Szenario-Technik zur Analyse und Prognose der für die Logistik relevanten Umweltbedingungen, die Portfoliotechnik zur Auswahl der internationalen Logistikstrategien sowie die Produktionsplanungs- und Steuerungssysteme (PPS) bzw. Advanced Planning and Scheduling Systems (APS).

III. Internationale Logistikstrategien

Die internationalen Logistikstrategien hängen direkt mit den internationalen Strategien von Unternehmen zusammen. Im Wesentlichen werden vier Strategietypen unterschieden; angefangen von der nur exportorientierten Strategie eines Unternehmens mit Sitz im Heimatland bis hin zur globalen Strategie eines Weltmarktunternehmens. Jeder Strategietyp besitzt sein spezifisches internationales Logistiksystem. Das heißt, dass z.B. zu der globalen Strategie eines internationalen Unternehmens typischerweise auch nur eine globale Logistikstrategie passt. Die Merkmale der vier internationalen Logistikstrategietypen sind:

1. Exportorientierte Logistikstrategie:

Ein Unternehmen mit einer exportorientierten Logistikstrategie produziert ausschließlich auf dem Heimatmarkt. Die internationalen Geschäftsaktivitäten werden durch den Warenexport geprägt. Diese Aktivitäten können von dem Import von Einsatzgütern begleitet sein. Für die Logistik folgt daraus, dass sich die internationalen Logistikprozesse auf den grenzüberschreitenden Transport der Import- und Exportgüter, die i.d.R. nicht in Regie des Unternehmens sondern eingeschalteter Exporteure sowie Importeure wahrgenommen werden, reduziert.

2. Multinationale Logistikstrategie:

Bei dieser ist das Unternehmen auf den einzelnen nationalen Absatzmärkten mit der kompletten Wertschöpfungskette jeweils präsent. Forschung und Entwicklung und Produktion der auf den Auslandsmärkten nachgefragten Waren sind in den jeweiligen Ländern angesiedelt. Zwischen den Auslandsmärkten finden keine übergreifenden Abstimmungen statt. Die höchste Umsetzungsstufe der multinationalen Strategie findet sich in dem dezentralen Modell des Weltmarktunternehmens wieder. Die dazu passenden Logistiksysteme sind umfassend an die nationalen Besonderheiten angepasst. Es sind autonome Systeme. Lokale Marktnähe bildet die zentrale Zielsetzung dieser Strategie. Synonyme Bezeichnungen sind Lokale oder Länderspezifische Logistikstrategie.

3. Einfache globale Logistikstrategie:

Diese ist typisch für das zentralisierte Organisationsmodell des Weltmarktunternehmens. Globale Effizienz ist die Zielsetzung. Produziert wird an einem zentralen Standort in der Welt, von dem aus die Waren weltweit distribuiert werden. Die Logistiksysteme sind weltweit aufgestellt. Das Logistikmanagement der Beschaffungs-, Produktions-, Distributions- und Entsorgungsprozesse wird für alle Beschaffungs- und Absatzmärkte zentral wahrgenommen. Länderspezifische Bedingungen werden bis auf den Einfluss auf die Durchführung von Gütertransporten ignoriert.

4. Transnationale Logistikstrategie:

Die Wertaktivitäten (F&E, Produktion, etc.) sind auf die vorteilhaftesten Standorte in der Welt verteilt. Zwischen diesen Standorten findet ein intensiver Leistungsaustausch in Form des integrierten Netzwerks mit ständigem Austausch von Komponenten, Produkten, Informationen und Ressourcen statt. Globale Effizienz, lokale Marktnähe und hohe Innovationsfähigkeit sind die zentralen Strategieziele. Synonyme sind Globale Koordinationsstrategie oder Mischstrategie. Die Anforderungen an die Koordination der Material-, Waren-, Informations- und Geldflüsse sind bei der transnationalen Logistikstrategie am größten.

internationale Managementaus- und -weiterbildung → internationale Personalentwicklung.

internationale Managemententwicklung → internationale Personalentwicklung.

internationale Markenpolitik – im internationalen Markt Gestaltung von Produktname und Markenzeichen. Ziel der internationalen Markenpolitik ist, dem Produkt bzw. Unternehmen Differenzierungspotenzial im internationalen Wettbewerb und damit Wiederverkauf und Schutz vor Imitation durch die Konkurrenz zu sichern (internationaler → Marketing-Mix). Strategien der internationalen Markenpolitik können sein, einen Auslandsmarkt durch die Neueinführung einer eigenen Marke oder durch den Kauf einer im Ausland bereits etablierten Marke zu erschließen. Zu beachten ist eine länderspezifische, kommunikationsgerechte Modifikation der Markenelemente (Markenname und -zeichen) nach kulturellen und warenzeichenrechtlichen Aspekten. Im Rahmen der internationalen Markenpolitik ist die Entscheidung zwischen dem Einsatz von Welt-, Regional- und Lokalmarken zu treffen. Das Madrider Markenabkommen bietet die Möglichkeit einer internationalen Markenanmeldung mit Wirkung für alle Vertragsstaaten. Seit 1996 besteht die Möglichkeit, eine Gemeinschaftsmarke mit einheitlicher Wirkung für die gesamte EU beim Europäischen Markenamt in Alicante anzumelden.

internationale marketingpolitische Instrumente → internationales Marketing.

internationale Marktauswahl → Auslandsmarktselektion, → internationales Marketing.

internationale Marktbearbeitungsstrategien → internationales Marketing.

internationale Markteintrittsstrategien – 1. *Begriff:* Wahl der Form des Zuganges zu Auslandsmärkten: (1) → Ausfuhr bzw. Export (direkt/ indirekt); (2) internationale Know-how- und Technologieverträge: Übertragung schlüsselfertiger Anlagen, technische Serviceverträge, → internationale Lizenzen, Koproduktionen, → internationales Franchising; (3) Direktinvestitionen: (a) Beteiligungen: → Joint Ventures, → strategische Allianzen, internationale Unternehmensnetzwerke, (b) Alleineigentum: Neugründung, → Akquisition. – 2. *Entscheidungskriterien:* Je nach Unternehmenssituation (z.B. Unternehmensstrategie, internationaler Strategie, Kapitalausstattung) und externer (Markt-)Situation (Marktgröße, Wettbewerb) ist aus verschiedenen Alternativen der Markterschließung zu wählen. Länderspezifische Kriterien (→ Länderrating) sind: Vertriebsnetz und Qualifikation potenzieller Auslandsmarktpartner, tarifäre und nicht-tarifäre → Markteintrittsschranken, politisch-soziale Situation. Die politische Stabilität eines Landes ist eine zentrale Entscheidungsgröße zur Bestimmung des Kapitaleinsatzes im Ausland (→ Länderrisiko). – Vgl. auch → internationales Marketing.

internationale Marktforschung → Auslandsabsatzmarktforschung, → interkulturelle Konsumentenforschung.

internationale Marktsegmentierung – 1. *Begriff:* Aufspaltung des Weltmarktes in Teilmärkte mit dem Ziel, in sich möglichst homogene, nach außen aber möglichst heterogene Segmente abzugrenzen (→ Marktsegmentierung), um eine Selektion von Auslandsmärkten und eine segmentgerechte Marktbearbeitung vornehmen zu können. – 2. *Verfahren:* Im Rahmen einer Grobauswahl werden zunächst Ländersegmente anhand spezifischer Länderkriterien gebildet. Segmentierungskriterien können sozio-ökonomischer (Bruttonationaleinkommen, Kaufkraft etc.), politisch-rechtlicher (→ Länderrisiko, Wirtschaftssystem etc.), natürlich-technischer (Klima, Infrastrukturen etc.) und sozio-kultureller Natur (Religion, Sprache, Wertesystem, Kaufverhalten etc.) sein. Anschließend wird innerhalb der ausgewählten Ländermärkte zwischen verschiedenen Nachfragesegmenten differenziert (z.B. nach Einkommen, Geschlecht etc.). Einen weiteren Ansatz stellt dagegen die weltweite bzw. über Ländergrenzen hinweg gehende Segmentierung von Abnehmern nach verschiedenen kaufrelevanten Merkmalen dar (z.B. Jugendliche mit gleichen Interessen). – Vgl. auch → Auslandsabsatzmarktforschung, → interkulturelle Konsumentenforschung.

internationale Marktwahlstrategien → internationales Marketing, → Auslandsmarktselektion.

internationale Messen → Messen, die dem zuständigen internationalen Verband (Union des Foires Internationales, UFI, Paris) angeschlossen und von ihm genehmigt worden sind und von zahlreichen Ländern beschickt werden. – *Anders:* → Auslandsmessen.

internationale Mutter-Tochter-Beziehungen – Gesamtheit aller formalen und informalen Beziehungen, welche zum einen die Zusammenarbeit zwischen der Muttergesellschaft im Heimatland und den Unternehmenseinheiten im Ausland sowie zum anderen die Zusammenarbeit zwischen den Unternehmenseinheiten im Ausland (→ Auslandsniederlassung, → Auslandstochtergesellschaft) regeln. Die Ausgestaltung dieser Beziehungen kann auf unterschiedliche Weise etwa über einen Austausch von Finanzmitteln, von Unterstützungs- und Serviceleistungen, über Leistungsverflechtungen und Entscheidungsbeteiligung erfolgen. Je nach konkreter Ausgestaltung ergeben sich unterschiedliche Konsequenzen für die → internationale Koordination im Unternehmensverbund. Die Gestaltung der internationalen Mutter-Tochter-Beziehungen bewegt sich in einem Spannungsfeld zwischen Akzeptanz der Unternehmenseinheiten im Ausland als gleichberechtigte Partner im internationalen Unternehmensverbund (→ Dezentralisation) und der Notwendigkeit zur abgestimmten Gestaltung der Unternehmensaktivitäten (→ Zentralisation).

International Energy Agency → IEA.

internationale Normen – 1. *Charakterisierung:* → Normen, die von einer internationalen normenschaffenden Körperschaft (Normungsorganisation) angenommen wurden. Die dt. „nationale Normungsorganisation" ist das → Deutsche Institut für Normung e. V. (DIN). Die Mitglieder sind nicht zur Übernahme der internationalen Normen in das nationale Normenwerk verpflichtet; sie stellen Empfehlungen zur Herausgabe entsprechender nationaler Normen dar. Internationale Normen, denen das DIN zugestimmt hat, werden i.d.R. ohne fachliche Überarbeitung in das dt. Normenwerk (z.B. DIN-ISO-Norm) übernommen. – 2. *Ziel:* Harmonisierung nationaler Normen zur Beseitigung von Handelshemmnissen. – 3. *Zuständigkeit:* → ISO (International Standards Organization) und zu Normungsfragen auf dem Gebiet der Elektrotechnik und Elektronik → IEC (International Electrotechnical Commission) sowie auf weiteren Gebieten u.a. OIML (Organisation Internationale de Métrologie (Légale), ILO (International Labour Organization), ICAD (International Civil Aviation Organization) und UIT (Union Internationale des Télécommunications). – Vgl. auch → europäische Normen.

internationale Ordnungsökonomik – 1. *Charakterisierung:* Die internationale Dimension der → Ordnungsökonomik ergibt sich daraus, dass zwischen den Volkswirtschaften ein Austausch von Gütern und Diensten sowie die Wanderung von → Produktionsfaktoren möglich ist und dass diese Austausch- und Wanderungsbeziehungen durch politische Maßnahmen einzelner Staaten, aber auch von Staatengruppen (z.B. der EU) beeinflusst werden können. Sowohl die grenzüberschreitenden Transaktionen, die mit Tausch und Wanderung verbunden sind, als auch die politischen Maßnahmen sind institutionell geprägt und beeinflussen Struktur sowie Dynamik der betroffenen Volkswirtschaften. Die internationale Ordnungsökonomik betrachtet daher (1) die Spielregeln grenzüberschreitender Transaktionen sowie (2) die internationale Zusammenarbeit von Staaten (und Unternehmen). – *Grenzüberschreitende Transaktionen* beinhalten notwendig den Austausch zwischen verschiedenen Privatrechtssystemen. Aus Sicht der internationalen Ordnungsökonomik unterscheiden sich grenzüberschreitende Transaktionen von binnenwirtschaftlichen Transaktionen aufgrund der Territorialität des Privatrechts. Es sind Transaktionen zwischen Rechtsordnungsfremden (Schmidtchen, 1995). – *Probleme der Rechtsdurchsetzung:* Transaktionen zwischen Rechtsordnungsfremden sind in spezifischer Weise unsicher, weil es kein staatsübergreifendes Gewaltmonopol gibt. Ansprüche gegenüber einem Rechtsordnungsfremden lassen sich nur durch *Rechtshilfe* des anderen Gewaltmonopols absichern. Die Rechtshilfe erfordert ihrerseits → Verträge zwischen den betroffenen souveränen Staaten, für die es aber keine Durchsetzungsinstanz gibt. Wird die Rechtshilfe gewährt, können dennoch – etwa aufgrund der Unterschiedlichkeit der Privatrechtstraditionen – bes. Rechtsdurchsetzungsprobleme auftreten. – *Transaktionskosten und Institutionen:* Das Rechtsdurchsetzungsproblem beim grenzüberschreitenden Tausch verursacht → Transaktionskosten. Sie sind umso größer, je mehr Rechtsterritorien in ein Transaktionsgeflecht einbezogen sind. Die Tatsache, dass dennoch eine Expansion grenzüberschreitender Transaktionen beobachtet werden kann, ist erklärungsbedürftig. Eine zentrale Vermutung lautet, dass die umfangreichen internationalen Wirtschaftsbeziehungen primär die Folge institutioneller Arrangements sind, welche von den unmittelbar an grenzüberschreitenden Transaktionen Interessierten entwickelt wurden. Eine Erklärung wird mit der Figur des „redlichen Kaufmanns" geliefert; es ist die der *Reputation.* Auf sie legt Wert, wer sich auf Handel zwischen Rechtsordnungsfremden spezialisiert und damit auch an wiederholten Transaktionen mit den gleichen Rechtssubjekten interessiert ist (z.B. Großhandelsfirmen im Außenhandel, internationale Handelsmakler und Kommissionäre). Die *Glaubhaftigkeit* von vertraglichen Zusagen kann ferner durch spezifische institutionelle Sicherungen unterstützt werden. – 2. *Internationale Ordnungspolitik:* Souveräne Staaten können auf unterschiedliche Weise Einkommen und Einkommenserzielungschancen von Rechtsordnungsfremden beeinflussen und damit internationale Konflikte verursachen. – a) *Interessenkonflikte:* Beispiele für solche konfliktträchtigen Handlungen sind Handels- und Konvertibilitätsbeschränkungen sowie Wechselkursmanipulationen. Das ordnungspolitische Problem beruht darin, dass es – anders als zwischen Nationalstaaten und den ihrem Rechtssystem unterworfenen Rechtssubjekten – an einer von allen Nationalstaaten akzeptierten Organisation fehlt, welche Regeln für internationales Wohlverhalten durchsetzen könnte. Trotz Abwesenheit einer solchen Organisation interagieren auch Regierungen weltweit in einer Art und Weise, in der Erwartungen über Handlungen anderer relativ große Aussicht haben, bestätigt zu werden. Insofern ist es auch in diesem Fall gerechtfertigt, von einer internationalen Handelnsordnung zu sprechen. – b) *Kollektivgutprobleme:* Werden etwa Regeln für internationalen Handel gesetzt, sind die Regelsetzer nicht nur die Nationalstaaten sondern auch → internationale Organisationen und Gremien. Als Regelsystem hat die internationale Ordnung die Besonderheit, eine Ordnung ohne hierarchische Spitze zu sein. Zu diesem Regelsystem gehört u.a. die → World Trade Organization (WTO). Sie dient der Vorbeugung bzw. Beilegung von Konflikten, die sich aus international relevanten wirtschaftspolitischen Maßnahmen ergeben könnten. Wie die nationalstaatlichen Regelsysteme hat auch die internationale Wirtschaftsordnung Eigenschaften eines öffentlichen Kapitalgutes. Als

Kollektivgut zeichnet sich die Ordnung durch Nichtrivalität (→ Nichtrivalitätsaxiom) aus. Ausschluss ist zwar grundsätzlich möglich, aber nicht wünschenswert, wenn die Vorteile einer internationalen Arbeitsteilung und die – generell – friedensstiftende Wirkung von Handel gewährleistet werden soll. Als *Kapitalgut* gibt die Ordnung einen Strom von Leistungen in der Form von Koordinations- und Konfliktbehandlungshilfen ab. Je mehr sich diese Leistungsabgabe bewährt, desto größer ist der Wert dieses spezifischen Kapitalgutes. – c) *Erklärungsansätze:* Ordnungsökonomisch ist zu fragen, wie es überhaupt zu einer solchen internationalen Wirtschaftsordnung ohne hierarchische Spitze kommt und was ihren Bestand garantiert. Zwei Erklärungsansätze können unterschieden werden: Die Vorstellung von einem stabilisierenden Hegemon einerseits und andererseits die Vorstellung, dass Regierungen sich an internationale Abkommen freiwillig (aus Reputationsgründen) halten, auch wenn sie formell von keiner Organisation zur Einhaltung gezwungen werden können. – d) *Normative Implikate:* Nicht jedes beliebige Regelsystem ist geeignet, Ordnung durch Erwartungsstabilisierung herbeizuführen. Deshalb ist zu fragen, welcher Art die Regeln sein sollten, mit deren Hilfe – unter Berücksichtigung der Besonderheiten der internationalen Ebene – ein möglichst hohes Maß an Ordnung herbeigeführt werden kann. Grundsätzlich gilt, dass *universalisierbare Regeln* geeignet sind, die Koordination zwischen Individuen zu erleichtern und Konflikten vorzubeugen. Bei den zur Universalisierbarkeit gehörenden Eigenschaften der Allgemeinheit und der Gewissheit ergeben sich auch für eine internationale Wirtschaftsordnung keine Probleme. Hingegen kann die Eigenschaft der Offenheit nicht erwünscht sein. Würden z.B. spezifische Handelsbeschränkungen als Abweichungen vom allg. Freihandelsprinzip untersagt, würde Offenheit einer Einladung an die Mitgliedsstaaten einer internationalen Wirtschaftsordnung gleichkommen, neue Formen der Handelsbeschränkung aufzuspüren und diese einzusetzen. Es geht um eine möglichst wirksame Beschränkung der Handlungsfreiheit von Regierungen. Deshalb müsste dieses Regelsystem, abweichend von der Universalisierbarkeit, geschlossen werden, d.h., alle Handlungen wären grundsätzlich zu untersagen, die nicht ausdrücklich erlaubt sind.

internationale Ordnungspolitik → internationale Ordnungsökonomik.

internationale Organisationen – 1. *Begriff:* Auf Dauer angelegte funktionale Zweckverbindungen von Staaten mit eigenen Organen, deren Einrichtung auf völkerrechtliche Verträge zwischen Staaten oder privatrechtliche Vereinbarungen zurückgeht, wobei (in weiter Auslegung) auch die Rechtsform von nationalen Vereinen mit internationaler Mitgliedschaft möglich ist. – Eine allg. anerkannte *Definition* der internationalen Organisationen gibt es bisher nicht. Nationale Organisationen, die auch ausländische Mitglieder aufnehmen, zählen nicht als internationale Organisationen. Stimmrechte müssen so verteilt sein, dass keine nationale Gruppe die Organisation kontrolliert, andernfalls zählt sie nicht als internationale Organisation. Ihre Aufgaben, Befugnisse und Organe werden allein durch den Willen der Mitglieder in *Satzungen bzw. Statuten* festgelegt. – Die *Union of International Associations* in Brüssel nimmt nur solche Organisationen als internationale Organisationen auf, wenn sie mind. aus drei Staaten bestehen oder ein internationales Aufgabengebiet und Mitglieder aus drei Staaten haben bzw. in mind. drei Ländern tätig sind. – Oftmals werden auch *supranationale Organisationen* als internationale Organisationen bezeichnet, die unmittelbar Rechtsvorschriften für die Bürger der Mitgliedsstaaten erlassen können, wobei supranationale internationale Organisationen einen höheren Organisationsgrad aufweisen (z.B. EU). – 2. *Arten:* Traditionell werden die internationalen Organisationen nach Trägerschaft in internationale staatliche Organisationen (Intergovernmental Organizations (IGOs)) und internationale privatrechtliche Vereinigungen (→ Non-Governmental International Organizations (NGOs)) untergliedert. – *Zielsetzungen: IGOs* zielen auf die Zusammenarbeit in unterschiedlichen Bereichen ab. Sie können allg., universell *politische Ziele* verfolgen (z.B. → UN), auf spezielle, *regional begrenzte Ziele* abstellen (z.B. → ASEAN, → OPEC) sowie *wirtschaftspolitische Ziele* verfolgen (z.B. → IWF, → Weltbankgruppe, WTO). *IGOs* sind v.a. in den Bereichen Verteidigung, Wirtschafts- und Währungspolitik, Kultur- und Gesundheitspolitik sowie Technologie konzentriert. *NGOs* dienen vornehmlich der internationalen *Interessenvertretung* (Internationaler Gewerkschaftsbund), *humanitären Zielen* (z.B. Internationales Rotes Kreuz), *ökologischen Zielen* (z.B. World Wide Fund for Nature), *kulturellen Zielen* (z.B. PEN), *weltgesellschaftspolitischen Zielen* (z.B. → Club of Rome (COR)) oder religiösen Anliegen. Obgleich NGOs i.d.R. unpolitische Einrichtungen darstellen, haben sich einige auch politisch engagiert (etwa das Internationale Olympische Komitee). – 3. *Organstruktur:* Bei IGOs besteht meist eine Organtrias: Ein Sekretariat und zwei Repräsentativorgane. Das weitere Repräsentativorgan (Generalversammlung o.Ä.) ist für die Beschlussfassung der grundlegenden Fragen zuständig und tritt seltener zusammen als das engere (meist als Rat bezeichnet), das die Ausführungsbeschlüsse fasst und die Arbeit des Sekretariats überwacht, das für die täglichen Geschäfte zuständig ist und von einem Generalsekretär bzw. Generaldirektor geleitet wird.

Internationale Organisation für Normung → ISO.

internationale Partnerschaft → internationale Kooperation.

internationale Personalentwicklung – *International Management Development;* Teil der Personalpolitik (→ Personalentwicklung, → Personalmanagement), der auf die Förderung von Mitarbeitern hinsichtlich der aus einer internationalen Unternehmenstätigkeit resultierenden Aufgaben abzielt. Die internationale Personalentwicklung umfasst die für eine grenzüberschreitende Unternehmenstätigkeit notwendigen Veränderungen relevanter persönlicher Merkmale (Kenntnisse/Wissen, Erfahrungen, Fähigkeiten), alle hierauf einwirkenden Maßnahmen der Aus- und Weiterbildung sowie die gezielte Vermittlung von Erfahrungen. Internationale Personalentwicklung bezieht sich auf die Zielgruppe der international tätigen Mitarbeiter eines Unternehmens. Häufig eingesetzte Instrumente zur Vermittlung des Wissens und der Fähigkeiten, die im Rahmen einer erfolgreichen Betätigung in fremdkulturellen Kontexten für notwendig erachtet werden, stellen der → Auslandseinsatz, die Bildung internationaler Arbeitsgruppen, internationale → Jobrotation und interkulturelles Training dar. Ziel der internationalen Personalentwicklung ist einerseits die Mitarbeitermotivation (Berücksichtigung individueller Bedürfnisse, Aufzeigen beruflicher Entwicklungschancen) und andererseits die Versorgung des Unternehmens mit entsprechend qualifizierten Mitarbeitern. – Vgl. auch → internationales Personalmanagement.

internationale Planung → internationale Unternehmensplanung.

internationale Portfolioinvestition – rein renditeorientierte grenzüberschreitende Veranlagung von Ersparnissen (→ Finanzkapital), die in keiner Weise mit der Managementkontrolle über das investierte Kapital verbunden ist. – Vgl. auch → internationaler Kapitalverkehr, → internationale Direktinvestition.

internationale Preiskalkulation → internationale Preispolitik.

internationale Preispolitik – *internationales Preismanagement.* 1. *Begriff:* Alle Maßnahmen der Preisgestaltung, -durchsetzung und -sicherung auf Auslandsmärkten (→ internationales Marketing). Ziele der internationalen Preispolitik sind Kostendeckung, Wettbewerbsbeeinflussung und Nachfragelenkung innerhalb des Produktemix. Zentrale preispolitische Gestaltungsparameter sind Preisbezugsbasis (Leistungsumfang), Preiszähler (Entgelt) und → Preisdifferenzierung. – 2. *Preisstrategien:* a) *Abschöpfungspreispolitik:* Umsatzmäßiges Abschöpfen des Auslandsmarktes durch Hochpreispolitik, danach schrittweise Preisabsenkung. – b) *Penetrationspreispolitik:* Niedrigpreispolitik für hohe anfängliche Marktdurchdringung in Auslandsmärkten mit hoher → Preiselastizität. Entscheidend für die Wahl der Preisstrategie ist die Phase des → internationalen Produktlebenszyklus, in der sich das jeweilige Produkt im jeweiligen Markt befindet. – 3. *Internationale Abstimmung der Preisstrategien:* a) *Preisdifferenzierung:* Als Differenzierungskriterien können die Nationalität oder grenzüberschreitende Markteinheiten (→ internationale Marktsegmentierung), die jeweils in weitere Subeinheiten unterteilt werden können, herangezogen werden. Voraussetzung ist eine geringe grenz- bzw. segmentüberschreitende Markttransparenz. Ziel der internationalen Preispolitik ist also, Märkte mit attraktiven Preiselastizitäten auszumachen und dort entsprechende Preisgestaltung und -durchsetzung sicherzustellen. Informationen über Preiselastizitäten und optimale Preisstellung sind mittels → Auslandsabsatzmarktforschung und → interkultureller Konsumentenforschung zu erheben. – b) *Standardisierung:* Bei auf allen Auslandsmärkten gleichen Preisstrategien erfolgt die Preisfestsetzung relativ zum Preisniveau des jeweiligen Landes. – 4. *Internationale Preiskalkulation:* Bei der Kalkulation des Auslandspreises sind wichtige Kosteneinflussgrößen zu bedenken, die für den Auslandsmarkterfolg entscheidend sein können oder aber sogar gegen eine Auslandsmarkterschließung sprechen, z.B. Kostenarten der Exportpreiskalkulation (Exportkalkulation): (1) Auslandsspezifische Herstellkosten (z.B. Sonderausführungen, zulassungstechnische Modifikationen), (2) Exportsonderkosten (Frachten, Zölle), (3) Verwaltungsgemeinkosten für Exportvertrieb, (4) länderspezifische Kosten der Marktbearbeitung. Zu beachten sind weiterhin unterschiedliche Handelsspannen und Zwischenhandelsmargen sowie rechtliche Vorschriften (z.B. → Preisbindung zweiter Hand). – 5. *Sonderformen:* (1) Internationale → Mischkalkulation (preispolitisches Optimum über alle Auslandsmärkte), (2) → Dumping, (3) → Exportsubventionen und → Ausfuhrprämien, (4) Preissicherung (→ Kurssicherung, Fakturierung in Inlandswährung, → Gleitpreisklausel).

internationale Produkthaftung – Gegenstand der → Produkthaftung sind Schäden, die ein fehlerhaftes Produkt, das industriell hergestellt worden ist, an Menschen (Gesundheit) oder Sachen (Eigentum) hervorruft. Es haften in den Ländern der EU alle am Produktionsprozess Beteiligten. Die EU hat eine Richtlinie (1995) zur Angleichung der Rechts- und Verwaltungsvorschriften der Mitgliedstaaten über die Haftung für fehlerhafte Produkte erlassen, die mittlerweile in den meisten EU-Staaten in nationales Recht umgesetzt wurde. Die wesentliche Neuerung dieser EG-Richtlinie ist die verschuldens*un*abhängige Haftung. – Vgl. auch → technische Arbeitsmittel.

internationale Produktion – *internationale Fertigung.* 1. *Begriff:* In Abhängigkeit von einer → Internationalisierungsstrategie sind Entscheidungen institutionaler Art hinsichtlich Anzahl und Ort der produzierenden Unternehmenseinheiten im Ausland (→ Auslandstochtergesellschaften, → Auslandsniederlassungen) zu treffen (→ internationale Standortpolitik). Bei internationalen Unternehmen mit mehreren, vertikal integrierten Fertigungsstätten in verschiedenen Ländern ergibt sich die Notwendigkeit zu einer entsprechenden

Fertigungssteuerung, welche die Abstimmung zwischen den Werken zum Gegenstand hat. – 2. Art- und intensitätsmäßig sind folgende *Formen* zu unterscheiden: a) *Vorproduktion (Teilefertigung):* Die Unternehmenseinheit im Ausland übernimmt für die Muttergesellschaft eine (mehrere) vorgelagerte Stufe(n) der Produktion eines Erzeugnisses oder die Herstellung von bestimmten Teilen des Endproduktes. Es handelt sich demzufolge um einen Zulieferbetrieb, der (neben dem Stammhaus) auch andere (Fremd-)Unternehmen des Gastlandes, des eigenen Wirtschaftsgebietes und in Drittländern beliefern kann. – b) *Montage:* Zusammensetzung vorgefertigter Teile und Baugruppen zu einem fertigen Enderzeugnis (i.d.R. Fließproduktion). – c) *Konfektionierung/Formulierung:* Es lassen sich z.T. deutliche Parallelen zur Auslandsmontage ziehen, mit dem hauptsächlichen Unterschied, dass im Rahmen der Erstellung des markt- bzw. konsumreifen Enderzeugnisses auch in gewissem Umfange eine Manipulationsfunktion ausgeübt wird, z.B. durch Farb- und Formgebung, geschmackliche Zusätze und spezielle Aufbereitung. – d) *Veredelung:* Bei der Veredelung handelt es sich um die Bearbeitung, Verarbeitung oder die Ausbesserung von Waren, Teilen oder Baugruppen. Im Gegensatz zur passiven Veredelung, bei der ein gebietsfremder Vertragspartner zu Bearbeitung, Verarbeitung oder Ausbesserung eingeschaltet wird, übernimmt bei der aktiven Veredelung ein Unternehmen im Inland die Aufgabe der Bearbeitung, Verarbeitung und/ oder Ausbesserung einer Ware für ein anderes Unternehmen aus dem Ausland. – e) *Komplette Auslandsproduktion (Tochterunternehmen, Niederlassung oder Joint Venture):* Bei einer eigenen Produktion im Ausland werden alle oder zumindest die wichtigsten Fertigungsstufen eines Produktes im Gastland durchgeführt. Dies schließt Zulieferungen aus dem Mutterunternehmen nicht aus. Im Auslandsmarkt hat sich ein bis zur Endstufe reichendes Produktionssystem gebildet, sei es als Endstufe einer sukzessiven Entwicklung oder als eine von Anfang an angestrebte und bereits in der ersten Stufe realisierte Form der Betätigung in einem Zielland. – Vgl. auch → internationales Management.

internationale Produktpolitik – 1. *Begriff:* Planung und Gestaltung des internationalen Absatzprogrammes sowie einschlägiger Zusatzleistungen im Rahmen des internationalen Marketing-Mix (→ marketingpolitische Instrumente, → internationales Marketing). – 2. *Besonderheiten:* a) *Markterschließungsstrategien:* Es ist zu entscheiden, ob das heimische Verkaufsprogramm ohne größere Modifikationen auf Auslandsmärkte übertragen werden kann oder ob angesichts spezifischer Anforderungen des Auslandsmarktes gänzlich neue Produkte zu entwickeln sind. Die Entscheidung hierüber ist von der → internationalen Markteintrittsstrategie abhängig (→ Ausfuhr/ → Direktinvestition; → Internationalisierungsstrategien). – b) *Standardisierung/Differenzierung:* Internationale Produktpolitik ist Ausgangspunkt der Auseinandersetzung über länderspezifische Differenzierung und weltweite Standardisierung (→ Globalisierung). Empirische Untersuchungen ergaben bei der Produktpolitik den höchsten Standardisierungsgrad aller absatzpolitischen Instrumente (→ Economies of Scale). Nötig sind hierzu jedoch länderübergreifende Bedarfsstrukturen sowie entsprechende Kostenverläufe (→ internationale Preispolitik). Hinderlich für eine weltweite Standardisierung sind bes. verwendungstechnische (z.B. Energiebedarf), rechtliche (z.B. → Zulassungsgenehmigung) sowie kulturelle (z.B. Geschmacks- und Geruchsempfinden, physiologische Gegebenheiten und Assoziationen) Gegebenheiten. Hohe Bedeutung kommt daher der → Auslandsabsatzmarktforschung bzw. internationalen Marktforschung und → interkulturellen Konsumentenforschung zu. – c) Die art- und mengenmäßige Gestaltung des Absatzprogrammes sowie die Auswahl der zu bearbeitenden Zielmärkte ist auch anhand der Implikationen des → internationalen Produktlebenszyklus vorzunehmen.

internationale Projektfinanzierung → internationales Projekt.

internationale Public Relations – Teil der → internationalen Kommunikationspolitik, welcher auf die einheitliche Darstellung aller Unternehmensteile in der Öffentlichkeit der jeweiligen Präsenzländer gerichtet ist. Zur öffentlichkeitswirksamen Darstellung des Unternehmens bzw. der Branche tritt im internationalen Zusammenhang die Darstellung der jeweiligen Unternehmensnationalität. Geeignete Absender internationaler Public Relations-Maßnahmen sind aus diesem Grunde neben den einzelnen Unternehmungen und Interessengemeinschaften v.a. Handelskammern der jeweiligen Länder. Die Maßnahmen der internationalen Public Relations sind weltweit auf die → internationale Corporate Identity der Unternehmung abzustimmen. – Vgl. auch → Public Relations (PR).

Internationaler Agrar-Entwicklungsfonds → IFAD.

Internationaler Controller Verein – größte Vereinigung von Controllern im dt. Sprachraum. Der Verein wurde 1975 in Deutschland gegründet und richtet sich aktuell europäisch aus.

internationaler Demonstrationseffekt – Einfluss, den → Informationen über soziale und wirtschaftliche Gegebenheiten in Industrieländern auf das soziale und ökonomische Verhalten in Entwicklungsländern haben, bes. auf das Konsumverhalten. Er kann entwicklungshemmende sowie entwicklungsfördernde Wirkungen aufweisen. – 1. *Negative Entwicklungswirkungen* werden u.a. damit begründet, dass bes. die oberen Einkommensgruppen die Konsumgewohnheiten der Industrieländer als Vorbild nehmen und nachahmen, wodurch über erhöhte Nachfrage nach Importgütern die Sparneigung und damit Investitionen sowie die Zahlungsbilanz beeinträchtigt werden. – 2. *Positive Entwicklungswirkungen* werden u.a. darin gesehen, dass die zusätzlich geweckten Bedürfnisse die Leistungsbereitschaft steigern, da nur über sie die Erzielung eines höheren Einkommens realisiert werden kann. Vermehrte Auslandskontakte können die Einstellung zur Arbeit (Arbeitsmoral und -disziplin) positiv beeinflussen und die Adaption technischer Neuerungen und organisatorischer Verbesserungen erleichtern.

internationaler Distributionskanal – Teil der → internationalen Distributionspolitik, der sich auf die Festlegung von Art, Zahl und Anordnung der Absatzorgane zum grenzüberschreitenden Vertrieb des internationalen Verkaufsprogrammes bezieht.

Internationale Rechnungslegung

von Prof. Dr. Bernhard Pellens, Torben Rüthers und Prof. Dr. Thorsten Sellhorn

Die Regulierung der Rechnungslegung war lange Zeit eine Staatsaufgabe und damit von vielfältigen nationalen Besonderheiten geprägt. Die folglich international wenig vergleichbaren Rechnungslegungsdaten behinderten somit das Zusammenwachsen der Kapitalmärkte. Die faktisch immer notwendiger werdende Internationalisierung der Rechnungslegung konkretisierte sich im Juni 2000, als die EU-Kommission in ihrem Papier „Rechnungslegungsstrategie der EU: Künftiges Vorgehen" die EU-weite Anwendung der International Accounting Standards (IAS) bzw. → International Financial Reporting Standards (IFRS) des → International Accounting Standards Board (IASB) als strategisches Ziel formulierte. Mit der „Verordnung des Europäischen Parlaments und des Rates betreffend die Anwendung internationaler Rechnungslegungsstandards" vom 19.7.2002 wurde dieser Schritt rechtskräftig: Demnach müssen kapitalmarktorientierte Unternehmen mit Sitz in der EU seit 2005 bzw. 2007 ihre Konzernabschlüsse nach den IAS/IFRS erstellen. Da das IASB eine privatrechtlich organisierte, internationale Vereinigung ist und deren Standards nicht unmittelbar rechtsverbindlich sein können, müssen diese jeweils ein Annerkennungsverfahren durchlaufen, um auf EU-Ebene bzw. in anderen Ländern rechtsverbindlich zu werden.

Neben den IFRS werden in der Literatur oftmals die vom US-amerikanischen → Financial Accounting Standards Board (FASB) im Auftrag der US-Börsenaufsichtsbehörde (Securities and Exchange Commission (→ SEC)) entwickelten United States Generally Accepted Accounting Principles (→ US-GAAP) zu den internationalen Rechnungslegungsvorschriften gezählt. Die US-GAAP haben zwar als Prototyp einer informations- und kapitalmarktorientierten Rechnungslegung die Entwicklung der IAS/IFRS entscheidend mitgeprägt, dennoch beschränkt sich ihre verpflichtende Anwendung auf die bei der SEC eingereichten Abschlüsse kapitalmarktorientierter Unternehmen. Das US-GAAP-System kann somit nicht als internationales Rechnungslegungssystem i.e.S. verstanden werden.

Der internationalen Rechnungslegung eilt der – empirisch schwer zu überprüfende – Ruf voraus, insbesondere gegenüber den deutschen handelsrechtlichen Vorschriften qualitativ und quantitativ höherwertige Finanzinformationen bereit zu stellen. Die IAS/IFRS verstehen sich als anlegerorientiertes Rechnungslegungssystem, dessen vorrangiges Ziel die Bereitstellung entscheidungsnützlicher Informationen für Investoren und andere Gruppen ist. Der Gedanke des Gläubigerschutzes durch eine vom Vorsichtsprinzip geprägte Ermittlung eines ausschüttungsfähigen Gewinns wird hier nicht verfolgt. Entsprechend erfolgt eine umfassende Bilanzierung der Vermögenswerte und Schulden zum beizulegenden Zeitwert (Fair Value), während nach HGB traditionell die historischen bzw. fortgeführten Anschaffungskosten die Wertobergrenze für Vermögensgegenstande bilden. Ferner fehlt eine Verknüpfung mit der steuerlichen Gewinnermittlung, wie sie in Deutschland aufgrund des Maßgeblichkeitsprinzips bis heute – wenn auch mit deutlich abnehmender Tendenz – besteht. In der internationalen Rechnungslegung rückt der → Konzernabschluss in den Mittelpunkt, der als zentrale Bestandteile neben → Bilanz und Gesamtergebnisrechnung auch eine → Kapitalflussrechnung, eine → Segmentberichterstattung, eine Eigenkapitalveränderungsrechnung sowie einen umfangreichen → Anhang (Notes), die dem Adressaten weitere Informationen zur Verfügung stellen sollen, beinhaltet.

Die IAS/IFRS entwickeln sich kontinuierlich zum globalen Standard für die Rechnungslegung. Sie werden in nunmehr ca. 130 Ländern für die Erstellung von Jahresabschlüssen verwendet. Zudem entschied die SEC nach langen Diskussionen, dass ausländische Emittenten anstatt eines US-GAAP-Abschlusses ebenfalls einen IFRS-Abschluss einreichen können. Eine Entscheidung über eine vollständige Anerkennung der IFRS auch für US-amerikanische Unternehmen steht hingegen noch aus. Insgesamt ist es dem IASB damit gelungen, die Rechnungslegung als einen elementareren Bestandteil der gesamten Corporate Governance nahezu weltweit zu harmonisieren.

internationaler Einkauf → internationale Beschaffungspolitik.

internationale Repräsentanz – Grundeinheit des internationalen Unternehmens im Ausland, ohne eigene Rechtspersönlichkeit. Im Unterschied zu → Auslandsniederlassungen handelt es sich bei internationalen Repräsentanzen meist um kleine Büros (bestehend aus einem oder nur wenigen Mitarbeitern), deren Hauptaufgaben neben der Vermittlung von Geschäften in der Geschäftsanbahnung und Kontaktpflege mit (potenziellen) Kunden, Lieferanten, Banken und staatlichen Stellen (Ministerien) liegen.

internationaler Faktorpreisausgleich → Faktorpreisausgleichstheorem.

Internationaler Fernmeldevertrag – am 2.10.1947 in Atlantic City abgeschlossen. War Grundlage der internationalen Zusammenarbeit der Telekommunikation bis zum Abschluss der Konstitution und Konvention der Internationalen Fernmeldeunion.

Internationaler Fonds für landwirtschaftliche Entwicklung → IFAD.

internationaler Führerschein – ein von einer ausländischen oder dt. Stelle nach Art. 7 und Anlage E des Internationalen Abkommens über Kfz vom 24.4.1926 oder Art. 41 und Anhang 7 des Übereinkommens über den Straßenverkehr vom 8.11.1968 (BGBl. 1977 II 809) ausgestellter Führerschein. Ausstellung geregelt in § 25b der Fahrerlaubnis-Verordnung (FeV) vom 13.12.2010 (BGBl. I 1980) m.spät. Änd.

Internationaler Genossenschaftsbund (IGB) – wurde 1895 in London gegründet und ist die erste internationale Kooperation von nationalen Genossenschaftsverbänden und Genossenschaften. Er hatte zunächst eine konsumgenossenschaftliche Ausrichtung; gegenwärtig sind im IGB alle Genossenschaftssparten vertreten, wobei ein Kriterium der Mitgliedschaft die Einhaltung der Rochdaler Prinzipien (offene Mitgliedschaft, Genossenschaftsdemokratie, Mitgliederförderung etc.) ist. Das Ziel des IGB ist die globale Vertretung aller genossenschaftlichen Organisationen und die Verbreitung genossenschaftlicher Prinzipien in allen Ländern der Welt. Da das Genossenschaftswesen in den verschiedenen Volkswirtschaften unterschiedliche Ausrichtungen hat, ergeben sich auch im IGB teilweise differierende Genossenschaftskonzepte.

Internationaler Gerichtshof → UN.

internationaler Goldstandard – 1. *Begriff:* Bis zum Ende des Ersten Weltkrieges und kurz in der Zwischenkriegszeit geltende, auf Golddeckung basierende → Währungsordnung, charakterisiert durch → feste Wechselkurse und freie Beweglichkeit des Goldes über die Landesgrenzen hinweg. – 2. *Funktionsweise:* Die Zentralbanken der Länder waren im Rahmen dieses Systems verpflichtet, Gold zu einem festen Preis zu kaufen und zu verkaufen; dadurch standen auch alle Währungen untereinander in einem festen Wertverhältnis (→ Goldparität) entsprechend dem Verhältnis zwischen dem Goldgehalt der nationalen Währungseinheiten. Durch Goldströme – und damit Geldströme – im Falle internationaler Zahlungsungleichgewichte sind die Preisniveaus der Länder verändert worden und haben somit den Ausgleich der Zahlungsbilanz restauriert. – Vgl. auch → Zahlungsbilanzausgleich.

internationaler Kapitalverkehr – grenzüberschreitender Tausch von in inländischer oder ausländischer Währung denominierten Finanzaktiva, entweder in Form eines → Kapitalexports oder eines → Kapitalimports. – Vgl. auch → Zahlungsbilanz, → internationale Kapitalmobilität, → Zahlungsbilanzausgleich.

internationaler Konjunkturverbund – internationale Übertragung von Konjunkturschwankungen. – Bei → festen Wechselkursen ist der internationale Konjunkturverbund stärker ausgeprägt. Nach der *Lokomotivtheorie* überträgt sich ein Konjunkturaufschwung (über die Zunahme der → Importe) auch auf die Partnerländer. – Bei → flexiblen Wechselkursen ist der internationale Konjunkturverbund schwach. – Vgl. auch → Zahlungsbilanzausgleich.

internationaler Konjunkturzusammenhang – *internationaler Konjunkturverbund.* 1. *Begriff:* Internationale Übertragung von (nationalen) → Konjunkturschwankungen. – 2. *Übertragungsmechanismus:* Durch Importe und Exporte werden die Konjunkturschwankungen übertragen; dies ist bei festen → Wechselkursen stärker ausgeprägt als bei → flexiblen Wechselkursen. Ein weiterer Übertragungskanal sind die international verflochtenen Kapitalmärkte. – 3. *Messung:* Erfolgt durch ein International Economic Indicator System (IEI), das vom NBER, der OECD und dem Center for International Business Cycle Research (CIBCR), New York entwickelt wird. Dieses System ist ähnlich wie das → Harvard-Barometer aufgebaut und umfasst Leaders, Laggers und Coinciders (→ ABC-Kurven). Für die EU gibt es Indikatoren, die durch EUROSTAT, das statistische Amt der EU, bereitgestellt werden.

internationaler Konzernabschluss → internationales Berichtssystem.

internationaler Preiszusammenhang → Kaufkraftparität.

internationaler Produktlebenszyklus – zyklische Abfolge der Absatzmengen-Deckungsbeitrags-Entwicklung, die üblicherweise in die Phasen Einführung, Wachstum, Reife, Sättigung und Degeneration eingeteilt wird. Da sich Produkte einer Gattung oder eines Unternehmens in einzelnen Ländermärkten etwa aufgrund unterschiedlicher Informationen oder Kaufkraftentwicklungen in verschiedenen Lebenszyklusphasen befinden können, besteht die Möglichkeit, auf dem Wege einer zeitlichen Variation der Produkteinführung in den einzelnen Ländern, den internationalen Produktlebenszyklus gezielt zu beeinflussen (→ Relaunch).

Internationaler Seegerichtshof → Seerechtsübereinkommen 1982/1994.

internationaler Technologietransfer – Weitergabe von technischem und/oder Managementwissen für die Weiterentwicklung und Anwendung in unterschiedlichen Funktionsbereichen, wobei der Transfer zwischen in unterschiedlichen Ländern angesiedelten Unternehmen und/oder Unternehmensteileinheiten stattfindet (→ internationale Unternehmungen, → internationale Kooperationen, internationales → Joint Venture, → internationale Lizenz). Die internationale Produktlebenszyklushypothese (→ internationaler Produktlebenszyklus) erklärt die Verlagerung der Produktion von Industrie- in Entwicklungsländer über unterschiedliche Kostenniveaus, die mit abnehmender F&E-Intensität, → Forschung und Entwicklung (F&E), (bei zunehmender Marktdurchdringung) und ausgereiften Produktionstechnologien und -verfahren an Bedeutung gewinnen. Der unterstellte Zusammenhang, dass F&E-intensive Produktionen zunächst den gleichen Standort für F&E und Produktion bedingen, ist jedoch nicht mehr selbstverständlich. Im Rahmen der → Globalisierung ist bes. bei → globalen Unternehmungen eine zunehmende Entkoppelung zwischen F&E und Produktion zu beobachten. Während z.B. die F&E-Aktivitäten in der Nähe von Know-how-Zentren angesiedelt werden (→ internationale Forschung und Entwicklung), folgt die Wahl der Produktionsstandorte anderen Zielen (Kostenniveau, Verfügbarkeit qualifizierter Arbeitskräfte u.a.). Diese Entwicklung beschleunigt den internationalen Technologietransfer unabhängig vom Produktlebenszyklus.

Internationaler Verband für öffentliches Verkehrswesen → UITP.

internationaler Vertrag – 1. Für das Kaufvertragsrecht gilt, ebenso wie für andere Rechtsgebiete das Territorialprinzip. Danach erlangt das Recht eines Staates lediglich Geltung in dem staatlichen Hoheitsgebiet für das es ausgesprochen wurde. International sind verschiedene Rechtskreise zu unterscheiden. Dadurch sind die kaufvertragsrechtlichen Bestimmungen im Hinblick auf die Rechtstellung des Käufers und des Verkäufers von Land zu Land unterschiedlich. Ein wichtiger Aspekt beim Abschluss eines internationalen Kaufvertrages betrifft daher die Rechtswahl. – 2. Hinsichtlich der Frage, welches Recht dem internationalen Kaufvertrag zugrunde gelegt werden soll, gilt der Grundsatz der Rechtswahlfreiheit. Vereinbart werden kann das nationale Recht des Exporteurs, das nationale Recht des Importeurs, das nationale Reche eines Drittlandes (z.B. Schweizer Recht) oder das UNCITRAL-Kaufrecht. Das UNCITRAL-Kaufrecht regelt Kaufverträge über Waren zwischen Parteien, die ihre Niederlassungen in verschiedenen Staaten haben. Bestehen im Nachhinein Zweifel über die Frage des auf den Kaufvertrag anzuwendenden Rechtes, so greifen die Regelungen des Internationalen Privatrechtes. Das Internationale Privatrecht ist ein Kollisionsrecht, welches von Land zu Land unterschiedlich geregelt ist und bestimmt, nach welchem nationalen Recht der Kaufvertrag beurteilt werden soll.

internationaler Vertriebskanal → internationaler Distributionskanal.

Internationaler Währungsfonds → IWF.

internationaler Zahlungsverkehr → Auslandszahlungsverkehr.

internationaler Zulassungsschein – bes., für bestimmte Zeit nach Art. 4 und Anlage B des Internationalen Abkommens über Kfz-Verkehr vom 26.4.1926 ausgestellter Zulassungsschein für die Teilnahme am Kfz-Verkehr des Inlands für Ausländer und für Deutsche im Ausland. Ausstellung geregelt in § 18 der Fahrzeug-Zulassungsverordnung (FZV) vom 3.2.2011 (BGBl. I 139) m.spät.Änd.

Internationales Arbeitsamt (IAA) – ständiges Sekretariat der Internationalen Arbeitsorganisation (→ ILO). – *Sitz:* Genf. – *Aufgaben:* Funktionen des Sekretariats für alle Dienststellen der ILO. Überwachung der Anwendung und Durchführung der von der ILO verabschiedeten internationalen Konventionen, Empfehlungen und Programme. Bereitstellung der technischen Hilfe der UN innerhalb des Zuständigkeitsbereichs der ILO in den Entwicklungsländern. Wichtige Voraussetzung für die Tätigkeit der ILO sind die von dem IAA auf allen Zuständigkeitsbereichen durchgeführten Untersuchungen und internationalen statistischen Erhebungen. – Als *Ergebnis* seiner Arbeiten auf dem Gebiet der Statistik hat das IAA ein umfassendes Programm von Standardempfehlungen der internationalen Arbeitsstatistiken entwickelt, das laufend aktualisiert wird und die Grundlage für international vergleichbare Erwerbstätigen-, Lohn-, Arbeitszeit- und Sozialstatistiken etc. bildet. – *Organisation:* An der Spitze des IAA steht der Generaldirektor, der gleichzeitig Generalsekretär der ILO ist. Bei seinen Arbeiten wird das Amt von Zweigämtern und Korrespondenten in ca. 40 Mitgliedsstaaten unterstützt. – *Veröffentlichungen:* Veröffentlichungsprogramm der → ILO.

internationales Berichtssystem – 1. *Begriff:* Alle Tätigkeiten mit dem Ziel des grenzüberschreitenden geordneten Informationsaustauschs zwischen internationalen Unternehmensteileinheiten. Einen erheblichen Teilbereich stellt hierbei die rechnungslegungsbezogene Informationsübermittlung (externes und internes Berichtswesen) dar. – 2. *Externes Berichtswesen:* Für das → internationale Management stehen im externen Berichtswesen Fragen der Konsolidierung der Jahresabschlüsse von → Auslandstochtergesellschaften und -beteiligungen im Zentrum (→ Rechnungslegung im internationalen Vergleich, → Konsolidierung). Hauptkriterium des Einbezugs einer Auslandsbeteiligung in den Konsolidierungskreis der Muttergesellschaft ist das Ausmaß der Kapitalanteile sowie der ausgeübten Kontrolle, wobei die Kriterien international uneinheitlich sind. Eine Präzisierung wurde dagegen im Rahmen der EU in der Siebten EG-Richtlinie vorgenommen. Bei der Bilanzierung nicht-konsolidierter Beteiligungen bestehen zwei Varianten: Nach der Cost-Methode werden die Kosten für den Beteiligungserwerb angesetzt, nach der Equity-Methode die aktuellen Buchwerte der Beteiligungsanteile. Unabdingbar für die Erstellung des Jahresabschlusses sind Währungsumrechnungen (Funktionale Währung) sowie die Inflationsbereinigung bei Tochtergesellschaften in Ländern mit einer höheren Inflationsrate als im Stammland. – 3. Auch im *internen Berichtssystem* (Erfolgsbeurteilung der Unternehmensteileinheiten im Ausland) entstehen Probleme durch die Währungsrelationen und die unterschiedlichen Inflationsniveaus. So müssen z.B. in den laufenden Berichten, wenn sie in der Währung des Stammlandes ausgewiesen werden, Gewinne oder Verluste aus Wechselkursschwankungen eliminiert werden. Eine weit verbreitete Alternative hierzu besteht in der Verwendung von – am Ende der Vorperiode festgelegten – Planungs-Kursen auf der Basis prognostizierter Währungsrelationen. Analog kann auch mit erwarteten Kaufkraftverlusten (Inflation) verfahren werden. – 4. Neben den eher technischen Problemen der grenzüberschreitenden Berichterstattung sei auf das Problem der *richtig dimensionierten Berichtstandards* hingewiesen. Dem Bestreben zur konzernweiten Vereinheitlichung der Berichte aus Gründen der Vergleichbarkeit steht die Unterschiedlichkeit von Unternehmensgrößen entgegen, d.h. der Aufwand für die Erstellung der Berichte bes. kleiner Gesellschaften/ Niederlassungen ist in einem angemessenen Verhältnis zu halten. – Vgl. auch → internationales Controlling.

internationales Cash Management – Finanzentscheidungen, die die Allokation von Zahlungsmitteln und die Steuerung von Zahlungsströmen im internationalen Unternehmensverbund betreffen (→ internationales Finanzmanagement). Vom internationalen Cash Management wird gefordert, neben der Gewährleistung der jederzeitigen Zahlungsfähigkeit aller Teileinheiten des internationalen Unternehmens auch dem übergeordneten Rentabilitätsziel Rechnung zu tragen. Bes. Ziele des internationalen Cash Managements sind v.a. Beschleunigung der unternehmensinternen Zahlungen (bes. die zügige Verlagerung von Kassenbeständen vom Ort des Überschusses zum Ort des Bedarfs), bestmögliche Anlage des Liquiditätsüberschusses und Deckung des Finanzbedarfs unter Beachtung des → Wechselkursrisikos bei den kurzfristigen Finanztransaktionen durch Wahl geeigneter Absicherungsinstrumente. Insbesondere in internationalen Konzernen kann es einen Zielkonflikt zwischen der konzernweiten Optimierung der internen Verteilung der Zahlungsmittelbestände und der Sicherung der jederzeitigen Zahlungsfähigkeit aller Teileinheiten kommen. Diese Problematik gewinnt in der Insolvenz einzelner Konzerngesellschaften bes. Bedeutung, wenn zuvor die Konzernobergesellschaft im Rahmen des Cash-Managements liquide Mittel aus dieser Gesellschaft abgezogen hat. Ein solches Vorgehen kann u.U. eine Haftung der Konzernobergesellschaft auslösen. – Kreditinstitute bieten inzwischen *Cash-Managementsysteme* an. Das Leistungsangebot umfasst „Balance Reporting“ (Informationszugriff auf alle weltweit geführten Konten, die über Datenverbund erreichbar sind, einschließlich Saldenübersichten und Fälligkeiten), „Money Transfer“ (elektronische Kontendisposition), „Devisen-Netting“ (internationales Cash-Clearing zwischen Unternehmenseinheiten in verschiedenen Ländern in der jeweiligen Landeswährung) sowie z.T. „Treasury Management“.

internationale Schiedsklauseln – Klauseln in Außenhandelsverträgen, die bei etwaigen Streitigkeiten die Unterwerfung unter einen Schiedsspruch vorsehen, der von einem zuvor vereinbarten → Schiedsgericht gefällt wird. Von der Bedeutung ist das Schiedsgericht der Internationalen Handelskammer (→ ICC). – Vgl. auch → Arbitrage-Klausel, → Incoterms, → Schiedsklausel.

internationales Controlling – Ziel des internationalen Controllings ist die einheitliche Steuerung des Gesamtunternehmens durch → internationale Koordination, Überwachung und Unterstützung der ausländischen Unternehmensteileinheiten (→ internationale Mutter-Tochter-Beziehungen). Das internationale Controlling erfüllt folgende Funktionen: Abstimmung der Leistungsziele und -pläne der Tochtergesellschaften mit denen der Muttergesellschaft, Kontrolle der Zielerfüllung der ausländischen Unternehmensteileinheiten (→ internationales Berichtssystem), Unterstützung der ausländischen Unternehmensteileinheiten mit Führungsinformationen, Sicherstellung eines konzerneinheitlichen Entscheidungsverhaltens. Bes. Probleme des internationalen Controllings resultieren z.B. aus inkompatiblen Berichtssystemen, Informationspathologien, kulturell bedingten Unterschieden bez. Planungsmentalitäten. Es besteht die Gefahr, dass die ausländischen Unternehmensteileinheiten eigene Geschäftspolitiken verfolgen und folglich die Durchsetzung eines einheitlichen Führungskonzeptes erschwert wird.

Internationales Einheitensystem (SI) – *Systéme International d'Unités;* → Einheitensystem mit den Basiseinheiten: Meter (m), Kilogramm (kg), Sekunde (s), Ampere (A), Kelvin (K), Mol (mol) und Candela (cd). Die abgeleiteten Einheiten werden aus den Basiseinheiten durch die Rechenoperationen Multiplikation und Division mit dem Zahlenfaktor 1 gebildet, z.B. m/s für die Geschwindigkeit.

internationales Finanzmanagement – *internationale Finanzpolitik.* 1. *Begriff:* Das internationale Finanzmanagement umfasst alle Aktivitäten einer grenzüberschreitend tätigen Unternehmung zur Beschaffung, Verwaltung und Verwendung von Kapital. Hierzu bedarf es der koordinierten Zusammenarbeit der mit diesen Aktivitäten betrauten Stellen innerhalb aller einschlägigen Unternehmenseinheiten in der Mutter- und den ausländischen Tochtergesellschaften. – 2. *Ziele:* Grundsätzlich ist von den gleichen Zielen wie im nationalen → Finanzmanagement (Rentabilität, Liquidität, Sicherheit, Unabhängigkeit oder Shareholder-Value-Optimierung) auszugehen. Besonderheiten ergeben sich allerdings bei den internationalen Zahlungs- und Kapitalverkehrstransaktionen durch den von güter- oder dienstleistungswirtschaftlichen Aktivitäten ausgelösten Wechsel der Hoheitsgebiete. Dies betrifft bes. das Finanzierungspotenzial im internationalen Unternehmensverbund, Gewinnverwendungsentscheidungen und das Cash Management bei den unternehmensinternen Kapitalmärkten sowie Außenfinanzierungsalternativen und die Eigenkapitalstrukturgestaltung von ausländischen Tochtergesellschaften bei den externen Kapitalmärkten. Aus der gleichzeitigen Betätigung in mehreren Hoheitsgebieten bzw. Kapitalmärkten ergeben sich daher spezifische Subziele, die auf die Handhabung von Länder-, Wechselkurs- und Zinsrisiken, die Gestaltung der Vorsichts- und Transaktionskasse und die steueroptimale Ausgestaltung von Konzernverrechnungspreisen zur Nutzung von Arbitragepotenzialen gerichtet sind.

internationales Franchising – Franchisebeziehung, bei der die Vertragspartner aus unterschiedlichen Staaten stammen. Als Vorteile des internationalen Franchising, die über die Vorzüge des nationalen → Franchise hinausreichen, sind die Nutzung der Marktkenntnisse des Franchise-Nehmers, die zügige Marktdurchdringung mit vergleichsweise niedrigen Investitionen im Ausland sowie die vertraglich festgeschriebene Information des Franchise-Gebers durch den Franchise-Nehmer anzuführen. Der Franchise-Geber sammelt somit zugleich Erfahrungen in dem ihm fremden Markt mit geringem unternehmerischen Risiko. Der wohl größte Nachteil für einen Franchise-Nehmer ist, dass der unternehmerische Gestaltungsspielraum eingeschränkt wird. Durch gezielte Vorgaben vom Franchise-Geber kann vom Franchise-Nehmer nur sehr bedingt auf die Geschäftspolitik Einfluss genommen werden. Für den Franchise-Geber kann insbesondere dieAuswahl der zukünftigen Partner zum Problem werden. Das → Image des gesamten Franchisesystems hängt vom Verhalten der einzelnen Franchise-Nehmer ab. Franchise-Nehmer, die nicht systemkonform agieren, können das gesamte Franchisesystem schädigen. Größere Franchisesysteme haben nicht zuletzt deshalb detaillierte Auswahlverfahren entwickelt, aus denen bestimme Franchise-Nehmer-Profile entstanden sind. – Bedeutsam für eine Entscheidung der Markterschließung durch internationales Franchising ist auch die Beachtung der unterschiedlichen internationalen Rechtssysteme mit den jeweiligen wettbewerbsrechtlichen Rahmenbedingungen. – Vgl. auch → Franchise.

internationales Geschmacksmusterrecht → Haager Abkommen; → Gemeinschaftsgeschmacksmuster.

Internationales Handelszentrum → ITC.

internationales Joint Venture → Joint Venture.

Internationales Management

von Prof. Dr. Johann Engelhard

Die Frage, was unter internationalem Management zu verstehen sei und unter welchen Bedingungen dieses in der Unternehmenspraxis vorzufinden ist, wird in der Literatur bis heute nicht übereinstimmend beantwortet. So bleibt z.B. umstritten, ob bei einem gelegentlich in geografisch nahe Auslandsmärkte exportierenden Unternehmen bereits von einem internationalen Management gesprochen werden kann, oder ob eine kritische Schwelle bei Auslandsmarktaktivitäten überschritten sein müsste, bei der mindestens 25 Prozent des Gesamtumsatzes durch ausländische Unternehmenseinheiten erwirtschaftet werden. Jenseits derartiger Fragen nach einem Mindest-Internationalisierungsniveau der Geschäftsaktivitäten besteht allerdings insoweit Einigkeit, dass beim internationalen Management die Konstitution des Unternehmens und die nationalen Führungskonzepte durch das wachsende Auslandsmarktengagement nicht mehr beibehalten werden können. Vereinfacht formuliert beginnt der Übergang vom nationalen zum internationalen Management folglich dort, wo die Besonderheiten der Auslandsmarktbetätigung eine Neudefinition der Unternehmensstrategien, -strukturen, -systeme und -kulturen erzwingen.

Wissenschaftssystematisch betrachtet liegt die Begründung für internationales Management als einer eigenständigen Teildisziplin der Betriebswirtschaftslehre in ihrem Erfahrungsobjekt. Gemeint sind damit die Eigentümlichkeiten internationaler Unternehmen gegenüber nationalen Unternehmen und die daraus sich ergebenden Konsequenzen für deren Management. Darunter werden üblicherweise zwei Aspekte thematisiert: Die *institutionelle Seite* des Managements, die auf die organisatorische Ausgestaltung zur Wahrnehmung von Führungsfunktionen und die Einflussnahme von Interessengruppen auf das Unternehmen abstellt (→ internationale Unternehmensverfassung, → Corporate Governance), sowie auf Managerkompetenzen und -rollen und die Werthaltungen von Managern. Die *funktionale Seite* umfasst ein Bündel von Planungs-, Organisations-, Durchsetzungs- und Kontrollaufgaben, die auf die erfolgversprechende Abstimmung zwischen dem Unternehmen und seiner Umwelt gerichtet sind (sachbezogene, prozessuale, auf den Leistungserstellungsprozess gerichtete Seite).

An eben dieser Unternehmens-Umwelt-Beziehung und der sich daraus ergebenden Konfigurations-/Koordinations-Problematik können die Unterschiede zwischen dem nationalen und dem internationalen Management verdeutlicht werden: Die Geschäftsaktivitäten (Im-/Exporte, Lizenzverkehr, Gemeinschaftsunternehmen etc.) bzw. der damit zusammenhängende Wertschöpfungsprozess sind geografisch über Ländergrenzen und zumeist auch über Zeitzonen hinweg gestreut (→ Konfiguration). Internationale Unternehmen agieren insofern simultan in mehreren Länder(märkte)n mit unterschiedlich ausgeprägten ökonomischen, politisch-rechtlichen, technologischen und sozio-kulturellen Segmenten. Die Ausgangsbasis für das internationale Managementhandeln fußt somit auf einer Vervielfachung von anders-, teils fremdartigen Umwelten, welche jedoch unter Erfolgsgesichtspunkten integrativ zusammengeführt werden müssen (→ Koordination, → globale Rationalisierung).

Die Fremdartigkeit als subjektive Komponente des Erlebens von Arbeitsbedingungen vor Ort im Ausland lässt sich am eingängigsten am Umweltsegment „(Länder-)Kultur" illustrieren: In Anlehnung an das Konzept von E. Schein soll unter Kultur die auf unterschiedlichen Wirkungsebenen angesiedelte Gesamtheit von Grundannahmen, Werten und Normen sowie Artefakten verstanden werden. Diese Kulturelemente werden in Sozialisationsprozessen tradiert. Sie sind damit Lern- und Verlernprozessen zugänglich und deshalb veränderbar, gleichwohl in ihrer Systemhaftigkeit relativ zeitstabil. Unterschiede in der kulturellen Prägung von Unternehmensangehörigen, wie sie etwa G. Hofstede in seinem Universalienkonzept aufzuzeigen versucht hat, erfordern daher in interkulturellen Überschneidungssituationen (z.B. Verhandlungen oder bei der Mitarbeiterführung im Ausland) eine Anpassung an die kulturspezifischen Ausgangsbedingungen. So dürfte z.B. die stark auf individualistische Aushandlungsprozesse bauende Führungstechnik → Management by Objectives bei den in das Kastenwesen eingebundenen Mitarbeitern einer amerikanischen Tochtergesellschaft in Indien kaum anwendbar sein. Mit der Wahl von ausländischen Zielmärkten sowie deren Anzahl und geografischer und kultureller Entfernung wird insofern auch über das Ausmaß an Umweltkomplexität entschieden, welches unternehmensintern über das Strategiespektrum in den Bereichen Präsenz, Eigentum, Anpassung und Timing zu internalisieren ist.

Die unternehmensinterne Handhabung von länderspezifischer Pluralität, Unterschiedlichkeit und Fremdheit erfordert folglich Koordinationsaktivitäten auf Funktionsbereichs- und Gesamtunternehmensebene. So erfordern Geschäftsaktivitäten in mehreren Währungsgebieten strategische und operative Hedgingmaßnahmen, um das Umtausch- und Umrechnungs- sowie das ökonomische Risiko im Gefolge nicht erwarteter Veränderungen der Wechselkursrelationen zu minimieren. Eine solche Zusammenführung unterschiedlicher Währungen erfolgt auch bei der Konsolidierung der Jahresabschlüsse der rechtlich selbstständigen Unternehmenseinheiten entsprechend Umrechnungsprinzipien von HGB, US-GAAP oder IFRS.

Auf Gesamtunternehmensebene steht die Optimierung von Verbundwirkungen der in unterschiedlichen Ländern domizilierenden Unternehmenseinheiten im Mittelpunkt des Managementhandelns. Durch Arbeitsteilung, Vernetzung und Abstimmung sollen Vorteile aus den Unterschieden zwischen den Ländermärkten hinsichtlich ihrer Produktionsfaktorausstattung, deren Kosten und Risiken, synergetisch über die Verrechnungspreisgestaltung etc. auf eine Weise zusammengeführt werden, die internationalen Unternehmen zu einer Überlegenheit gegenüber rein national agierenden Unternehmen verhilft. Wie im Konzept der operationellen Flexibilität von B. Kogut ausgeführt, bieten sich hierfür die Hebelwirkung der im Vergleich größeren Markt- und Verhandlungsmacht (Leverage) sowie Arbitragestrategien zur Ausschöpfung der Differenzen bei Rohstoff-, Arbeits-, Steuer- und Umweltschutzkosten an. V.a. das Instrument der Moralarbitrage verweist allerdings darauf, dass auch dem Gestaltungsspielraum des Managements internationaler Unternehmen Grenzen gesetzt sind, die über bloße Haftungsansprüche von Geschädigten weit hinausreichen. Zwar gibt es für das Management global agierender Unternehmen bislang keinen universell anerkannten Weltethos als Legitimationsbasis; der Weg hierzu ist allerdings über die wachsende Fülle von Codes of Conduct, internationale Standards und Labels etc. vorgezeichnet.

Internationales Marketing

von Prof. Dr. Christoph Burmann und Dr. Christian Becker

I. Besonderheiten und Aufgaben des internationalen Marketing

Das internationale Marketing gewinnt aufgrund einer immer internationaler werdenden Geschäftstätigkeit von Unternehmen stetig an Bedeutung. Doch was ist internationales Marketing und wie unterscheidet es sich vom nationalen Marketing?

Beim internationalen Marketing handelt es sich nicht um eine Disziplin, die ausschließlich andere Themen adressiert als das „klassische", „nationale" oder „generische" Marketing. Oftmals dominieren Fragestellungen, die auch im generischen Marketing ihre Berechtigung haben, aber im internationalen Marketing eine besondere Beachtung erfahren und daher vertiefend betrachtet werden. Als Beispiel sei die kulturelle Heterogenität genannt, die zweifelsohne zwischen Deutschland und China, aber auch innerhalb eines Landes zwischen verschiedenen ethnischen Gruppen oder Stadt- und Landbevölkerung existiert. Die drei zentralen Besonderheiten des internationalen Marketing ergeben sich aus der parallelen Bearbeitung von heterogenen Ländermärkten und sind in folgender Abbildung dargestellt.

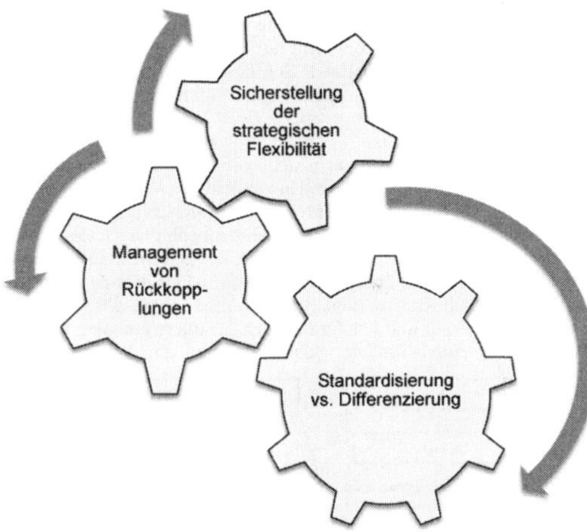

Abbildung 1: Die drei Kernaufgaben des internationalen Marketing

Im Fokus steht die seit Jahrzehnten gestellte Frage der Standardisierung versus Differenzierung der internationalen Marktbearbeitung. Vereinfacht gesagt stehen den Effizienzvorteilen der Standardisierung die Effektivitätsvorteile der Differenzierung gegenüber. Die bisherige Forschung zu dieser Diskussion dominiert das internationale Marketing mit leider sehr widersprüchlichen Ergebnissen und oft wenig hilfreichen Handlungsempfehlungen. Um die Diskussion weiterzubringen, erscheint eine ganzheitliche Perspektive hilfreich zu sein. Hierzu eignet sich das Konzept der identitätsbasierten Markenführung, weil es einerseits die Kompetenz- und Marktperspektive integriert und somit eine „Inside-Out"- mit einer „Outside-In"-Analyse verbindet und andererseits Marken als das verbindende Bezugsobjekt zwischen den Ländermärkten betrachtet. Dadurch wird die Standardisierungsfrage nicht primär anhand von Kostenvorteilen bewertet, sondern startet bei der Ausgangsfrage, welchen Nutzen Marken Nachfragern in verschiedenen Räumen der Welt bieten. Insbesondere die Bedürfnisse in Entwicklungs- und Schwellenländern (z.B. die BRIC-Länder Brasilien, Russland, Indien, China), die durch ihre ökonomische Entwicklung stark an Bedeutung gewinnen, unterscheiden sich z.T. grundlegend von den Bedürfnissen der Nachfrager in den klassischen Absatzmärkten in industrialisierten Ländern. Dies beeinflusst die Frage nach dem optimalen Standardisierungsgrad und führt oft zur Notwendigkeit einer wesentlich stärkeren Anpassung an lokale Besonderheiten als in der Vergangenheit.

Nationale und lokale Anpassungen der Marktbearbeitung führen zur zweiten Besonderheit im internationalen Marketing: der Entstehung von Rückkopplungen zwischen den Ländermärkten. So kann z.B. eine preisaggressive Marktbearbeitung in Land A zu Umsatzeinbußen im benachbarten Land B führen, da Nachfrager das Produkt in Land A statt in ihrem Heimatland B kaufen. Rückkopplungen entstehen aufgrund der heute stärkeren Vernetzung der Märkte, die auf die steigende Mobilität von Menschen und v.a. auf die in den letzten Jahrzehnten dramatisch gestiegene Mobilität von Informationen durch das Internet zurückzuführen ist.

Rückkopplungen entstehen insbesondere dann, wenn Unternehmen in verschiedenen Ländern mit derselben Marke auftreten. In dem obigen Beispiel muss der Nachfrager, sofern er von gleichwertigen Produkten einer Marke in beiden Ländern ausgeht, nur noch die Preise vergleichen. Dies wird ihm z.B. durch das Internet und den freien Warenverkehr innerhalb von Freihandelszonen wie der Europäischen Union, der NAFTA (North American Free Trade Agreement) oder der ASEAN (Association of Southeast Asian Nations) leichter gemacht als früher. Würde der Nachfrager hingegen nicht erkennen, dass es sich um das gleiche oder ein sehr ähnliches Produkt handelt, würde er die Transaktion wahrscheinlich nicht durchführen, weil das Risiko einer falschen Kaufentscheidung sowie der Suchaufwand und damit seine Transaktionskosten deutlich steigen würden. Die Stärke der Rückkopplungen hängen somit entscheidend von der Markierung der Leistungen ab, weshalb die Marke als das zentrale Bezugsobjekt zwischen den verschiedenen Ländermärkten angesehen werden kann. Der Markenführung kommt somit im internationalen Marketing eine zentrale Rolle zu.

Die dritte Besonderheit ergibt sich aus der enorm gestiegenen Komplexität und der hohen Dynamik in einem globalen Wettbewerb. Unternehmen müssen heute nicht nur auf globale Entwicklungen reagieren, wie die Finanzkrise im Herbst 2008 und die seit 2010 anhaltende Eurokrise gezeigt haben, sondern auch auf lokale Veränderungen innerhalb eines Ländermarktes. Mit zunehmender Internationalisierung steigt somit die Bedeutung der Flexibilität für den Unternehmenserfolg.

Ausgehend vom Marketingmanagementprozess nach Meffert, Burmann & Kirchgeorg (2012) unterteilt sich der Managementprozess des internationalen Marketing in vier Abschnitte. Zunächst gilt es die Ziele und Strategien festzulegen. Hierbei muss die Frage einer stärker standardisierten oder differenzierten Marktbearbeitung beantwortet werden. Dies hängt nicht nur von den Rahmenbedingungen des Landes sondern ebenfalls von der strategischen Grundorientierung des Managements ab. Die getroffene Entscheidung muss im Folgenden operationalisiert werden. Hier steht die Frage im Fokus, welche Elemente der Marketing-Mix-Instrumente wie stark standardisiert werden können bzw. differenziert werden sollten. Oft vernachlässigt aber hochrelevant sind die Themen Implementierung und Erfolgsmessung. Im internationalen wie im nationalen Kontext kommt der Rolle der Mitarbeiter eine besonders wichtige Rolle zu. Zur Steuerung des markenkonformen

Abbildung 2: Managementprozess im internationalen Marketing

Mitarbeiterverhaltens ist daher die internationale innengerichtete Markenführung ein wesentlicher Erfolgsfaktor der Implementierung einer Marketingstrategie im internationalen Marketing.

II. Ziele und Strategien im internationalen Marketing

Internationale Zielplanung

Die Zielplanung steht am Anfang jedes Managementprozesses. Die Formulierung eines eindeutigen, operationalen Zielsystems ist wesentlicher Bestandteil einer Marketingkonzeption. Das Zielsystem sollte sowohl die unternehmensinternen Kompetenzen und Ressourcen als auch die unternehmensexterne Umwelt berücksichtigen. Idealerweise werden zunächst die Gesamtunternehmensziele als Oberziele definiert und anschließend erst auf die Ländermärkte heruntergebrochen, da nur so der Unternehmenserfolg über alle Ländermärkte hinweg maximiert werden kann. Dies hat vier Gründe.

Erstens können die Rückkopplungen zwischen den Ländermärkten dazu führen, dass Entscheidungen in einem Ländermarkt (z.B. Preissenkungen) die Erreichung der Ziele in einem anderen Ländermarkt beeinflussen. Somit können die Ziele eines Ländermarktes (z.B. Absatzwachstum durch Preissenkungen) zu einer nicht optimalen Zielerreichung in einem anderen Ländermarkt und somit zu einer nicht optimalen Zielerreichung aus Gesamtunternehmensperspektive führen. Zweitens lassen sich globale Ziele wie eine umweltschonende Produktion oder Skaleneffekte nur aus einer Gesamtunternehmensperspektive optimal erreichen. Drittens stehen zur Bearbeitung der Ländermärkte nur begrenzte Ressourcen zur Verfügung, sodass die Entscheidung einen weiteren Ländermarkt zu bearbeiten i.d.R. mit einer Ressourcenreallokation verbunden ist. Und viertens kann die optimale Gestaltung des Markenportfolios nur aus einer Gesamtunternehmensperspektive erfolgen. Ebenso sollte eine globale Marke zentral konzipiert und gesteuert werden, selbst wenn operative Anpassungen in den Ländermärkten notwendig sind.

Strategische Grundorientierungen

Die Ausgestaltung des internationalen Marketing hängt im Wesentlichen von der vorherrschenden Grundorientierung des Managements bezüglich der bearbeiteten Ländermärkte ab. Dabei lassen sich drei Ausprägungen unterscheiden: Die ethnozentrische, die polyzentrische und die geozentrische Orientierung.

Typ 1: Internationales Marketing

Die Strategie des internationalen Marketing basiert auf einer ethnozentrischen Grundorientierung, die von einer Überlegenheit des Heimatlandes gegenüber dem Rest der Welt ausgeht. Unternehmen mit einer ethnozentrischen Managementeinstellung erwarten, dass ihre Marken in gleicher Weise im Ausland wie im Inland erfolgreich sein werden und eine Berücksichtigung lokaler Besonderheiten nur aufgrund von rechtlichen Gegebenheiten notwendig ist. Der Markteintritt erfolgt i.d.R. per Export der im Inland erstellten Leistungen. Das

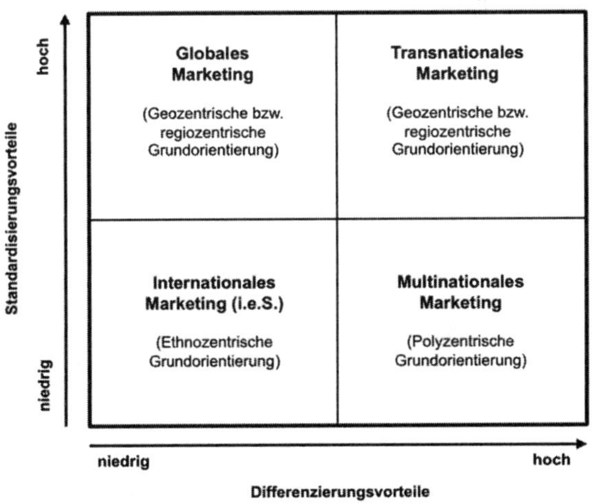

Abbildung 3: Die vier strategischen Handlungsoptionen im internationalen Marketing

internationale Marketing ist die übliche strategische Option zu Beginn des Internationalisierungsprozesses eines Unternehmens, da sie den geringsten Ressourcenaufwand verlangt und die geringsten Anforderungen an die Kompetenzen eines Unternehmens stellt. Das internationale Marketing konzentriert sich auf wenige, dem Heimatland ähnliche Ländermärkte. Dadurch lassen sich nur in begrenztem Maße Economies of Scale realisieren. Die größte Gefahr der internationalen Marketingstrategie liegt in der fehlenden Akzeptanz der internationalen Nachfrager aufgrund einer zu geringen Anpassung an die Besonderheiten der ausländischen Märkte.

Typ 2: Multinationales Marketing

Die strategische Option des multinationalen Marketing ergibt sich aus einer polyzentrischen Grundorientierung, welche die Einzigartigkeit und Unvergleichbarkeit jedes Landes betont und daher eine stark differenzierte Marktbearbeitung fordert. Durch die maximale lokale Anpassung lassen sich bei einer multinationalen Marketingstrategie die Marktpotentiale in den jeweiligen Ländermärkten sehr gut ausschöpfen. Dies kann insbesondere zur Durchsetzung eines Preispremiums führen, weil den Nachfragern aufgrund der maximalen Anpassung an ihre Bedürfnisse ein hoher Nutzen geboten wird. Dem Vorteil der maximalen lokalen Anpassung stehen geringe Kostenvorteile aufgrund niedriger Skaleneffekte gegenüber. Im Extremfall existieren in jedem Land eigene Produktionsstätten und ein eigenes Produktprogramm. Außerdem setzt eine multinationale Marketingstrategie zumeist auf eine dezentrale Organisationsstruktur. Die Landesgesellschaften handeln weitgehend autonom. Da eine maximale lokale Anpassung zu einer schlechteren Kostenposition führt, ist eine Strategie, die auf Kosten- und Preisführerschaft im Markt setzt, nur schwer mit der multinationalen Marketingstrategie vereinbar. Diese setzt vielmehr auf Kundennähe und ein überlegenes, da lokal angepasstes Leistungsangebot.

Typ 3: Globales Marketing

Die meisten Standardisierungsvorteile verspricht die globale Marketingstrategie. Diese geht von einer geozentrischen Grundorientierung aus, die auf dem Grundgedanken der Konvergenzthese nach Levitt (1983) basiert. Anvisiert werden sogenannte Cross-Cultural-Groups, also länderübergreifend homogene Zielgruppen. Ziel des globalen Marketing ist die Verbesserung der internationalen Wettbewerbsfähigkeit durch globale Integration aller Unternehmensaktivitäten. Die Formulierung der Unternehmensziele wird am Weltmarkt ausgerichtet, ohne besondere Berücksichtigung nationaler Bedürfnisse und Wünsche. Dies erfordert die konsequente Ausnutzung von Kostenvorteilen durch standardisiertes Marketing mit der Folge, dass die einzelnen Landesgesellschaften nicht mehr autark operieren, sondern weltweit zur Arbeitsteilung und Spezialisierung verpflichtet sind und zentral gesteuert werden. Unter bewusster Inkaufnahme national suboptimaler Strategien wird versucht, eine weltweit optimale Marketingstrategie zu realisieren. Da bei einer globalen Marketingstrategie landesspezifische Besonderheiten weitgehend vernachlässigt werden, bietet sich diese Strategie nur für ausgewählte Produkte oder Dienstleistungen an. Hierzu zählen stark standardisierbare Dienstleistungen (z.B. Fast Food), High-Tech-Produkte (insb. im B2B-Bereich, z.B. Unternehmenssoftware), Prestige- und Luxusartikel (z.B. Einbauküchen, Uhren, Bekleidung) oder wenig kulturgebundene Produkte (z.B. Salz). Die supranationale Marketingstrategie ähnelt der globalen Marketingstrategie in weiten Teilen. Sie basiert auf einer regiozentrischen Grundorientierung und unterscheidet sich nur dadurch von der globalen Marketingstrategie, dass nicht der gesamte Weltmarkt, sondern länderübergreifende Räume wie z.B. Europa selektiert und standardisiert bearbeitet werden.

Typ 4: Transnationales Marketing

Aus der globalen Marketingstrategie und der Erkenntnis zur Notwendigkeit lokaler Anpassungen entwickelte sich die Idee des „Think Global, Act Local". Diese als transnationales Marketing bezeichnete Mischstrategie versucht, die Standardisierungsvorteile des globalen Marketing mit den lokalen Differenzierunsvorteilen einer multinationalen Strategie zu kombinieren. Eine transnationale Strategie bietet aber einerseits die Chance auf Skaleneffekte und eine gute lokale Wettbewerbsposition, andererseits stellt sie auch höchste Anforderungen an die Kompetenzen und Ressourcen ein Unternehmen und kann daher als die höchste Entwicklungsstufe der internationalen Marktbearbeitung bezeichnet werden.

Standardisierung vs. Differenzierung der Markenführung

In verschiedenen Untersuchungen konnte gezeigt werden, dass ein weltweit einheitliches Markenimage schwer umsetzbar ist. Einerseits unterscheiden sich die Nachfragerbedürfnisse und das Wettbewerbsumfeld zumeist von Land zu Land, sodass eine weltweit identische Positionierung oft nicht erfolgversprechend ist. Andererseits decodieren und bewerten Nachfrager dieselben Informationen unterschiedlich. Dies bedeutet, dass eine vollkommen standardisierte Markenführung in unterschiedlichen Ländern meist zu unterschiedlichen Markenimages führt. Hauptursächlich hierfür ist die Kultur eines Landes.

Diese Unterschiede lassen den Schluss zu, dass eine weitgehende Differenzierung der Markenführung notwendig sei. Demgegenüber steht jedoch, dass die Identität einer Marke „raum-zeitlich gleichartig" sein muss. Eine räumliche Gleichartigkeit widerspricht im Prinzip einer räumlichen Anpassung der Markenidentität womit einer Anpassung der Markenidentität an unterschiedliche Länder Grenzen gesetzt sind. Die Entscheidung der Standardisierung vs. Differenzierung der internationalen Markenführung steht somit in einem Spannungsfeld zwischen Anpassungsbedürfnissen aufgrund heterogener Nachfragerbedürfnisse und Marktsituationen einerseits und dem Markenerfolgsfaktor der Konsistenz, also der Widerspruchsfreiheit, andererseits.

Um diesen Konflikt aufzulösen muss das Anpassungspotential einer Marke genauer analysiert werden. Denn das konstitutive Identitätsmerkmale der Konsistenz verlangt von einer Marke zwar eine gewisse zeitraum- und zeitpunktbezogene Unbeweglichkeit. Sie sollen aber nicht suggerieren, dass eine Marke sich nicht anpassen darf. Vielmehr führt dies zu einem Verlust an Relevanz und Aktualität für die Nachfrager (Markenstarre). Die zweite Problemzone kann als Markenaktionismus beschrieben. Durch eine vollkommene Adaption der Markenidentität an lokale Märkte verliert die Marke an Konsistenz und somit an Klarheit, Einzigartigkeit und Glaubwürdigkeit.

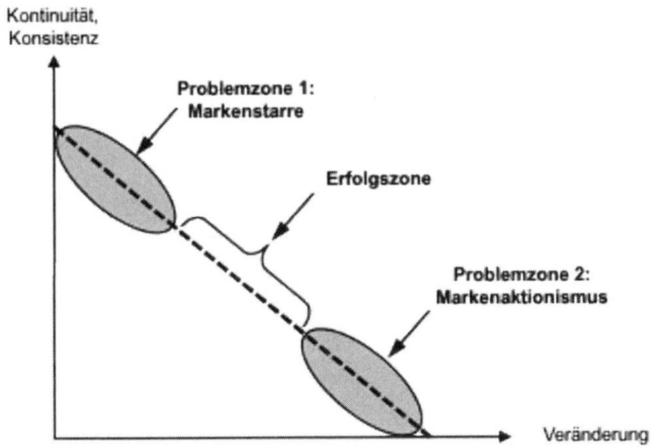

Abbildung 4: Markenführung zwischen Markenstarre und Markenaktionismus

Das Bestreben der Markenführung muss es daher sein, das richtige Maß an lokaler Anpassung auf der einen und Konsistenz auf der anderen Seite zu finden (Erfolgszone). Hierfür ist eine Aufteilung der Markenidentität in essentielle und akzidentielle Merkmale notwendig. Die essentiellen Merkmale der Markenidentität beschreiben deren Wesen. Sie sind der Kern der Markenidentität und für diese unabdingbar. Die Beibehaltung essentieller Merkmale sichert die notwendige Konsistenz in der Markenführung. Hierzu zählen bspw. das wesentliche „Aussehen" der Marke (z.B. das Logo und das Farbschema einer Marke), aber auch deren „Geburtsort" und Historie (z.B. VW als deutsche Automarke), die Kernwerte (z.B. Marlboro und Freiheit) und gegebenenfalls bestimmte Ereignisse aus der Markenhistorie (z.B. Red Bull als Erfinder der Produktkategorie „Energy Drinks"). Essentielle Merkmale können nicht oder nur sehr langfristig und in kleinen Schritten verändert werden. Allerdings kann durch eine unterschiedliche Gewichtung der einzelnen essentiellen Merkmale in den Ländern eine geringe Anpassung an die Marktbedingungen vorgenommen werden. Akzidentielle (periphere) Merkmale sichern demgegenüber die Flexibilität der Marke. Lokale Anpassungen der akzidentiellen Merkmale werden akzeptiert, sofern die essentiellen Markenidentitätsmerkmale identisch sind. Bspw. wird das Prestigebedürfnis beim Autokauf in China oder Thailand durch die aktive und passive Sicherheit befriedigt, in Deutschland hingegen durch das Design des Autos. Eine weltweit einheitliche Positionierung ist somit möglich und erfordert nur gewisse lokale Übersetzungen im operativen Marketing.

Damit der richtige Grad an Standardisierung erreicht wird, muss das Management zentrale Vorgaben für alle Ländermärkte entwickeln und damit den Handlungsspielraum definieren. Bspw. hat VW die folgenden essentiellen Identitätsmerkmale bestimmt, die weltweit gleich sind. In den jeweiligen Ländermärkten werden diese essentiellen Identitätsmerkmale um akzidentielle Identitätsmerkmale ergänzt. Dadurch werden sie in den Länderkontext übersetzt und Anpassungen an die landesindividuellen Bedingungen vorgenommen. Bspw. wird in China das essentielle Merkmal „Responsible" um das akzidentielle Merkmal „Environmental Friendly" ergänzt. Zu diesen essentiellen Identitätsmerkmalen kommt der Slogan „Das Auto", der in jedem Land in deutscher

Sprache verfasst ist und teilweise mit einer Übersetzung ergänzt wird. Dadurch soll die deutsche Herkunft der Marke betont werden, die somit das vierte essentielle Identitätsmerkmal der Marke VW darstellt.

Wie stark sich eine Marke an unterschiedliche Ländermärkte anpassen kann, wird durch den Grad der nachfragerseitigen Rückkopplungen zwischen den Ländern determiniert. So ist z.B. aufgrund der geringen Entfernung, gleichen Sprache und Überschneidungen bei der Mediennutzung (z.B. bei TV-Sendern) mit starken Rückkopplungen zwischen Deutschland und Österreich, aber schwachen zwischen Deutschland und Indien zu rechnen. Je stärker die Rückkopplungen zwischen zwei Ländern sind, desto ähnlicher sollte eine Marke in beiden Ländern positioniert werden.

Sofern nur ein geringes Anpassungspotential besteht, die Nachfragerbedürfnisse aber eine weitreichende Differenzierung erfordern, dann sollte das Unternehmen über eine Mehrmarkenstrategie nachdenken und neben globalen auch lokale Marken aufbauen. Bspw. seien hier die Unternehmen Coca Cola und Anheuser-Busch InBev genannt, die beide über einige wenige globale und hunderte lokale Marken verfügen.

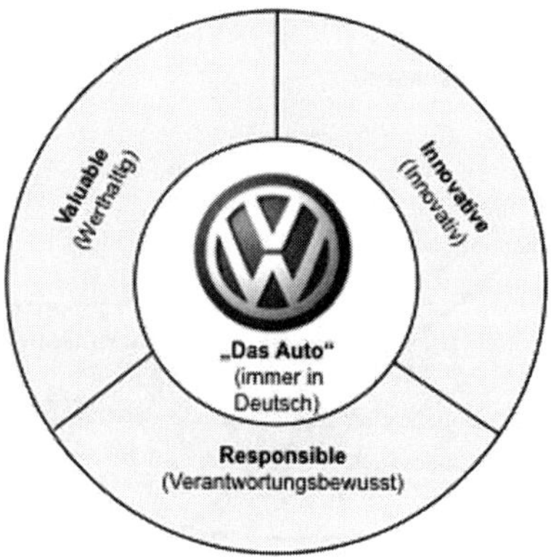

Abbildung 5: Globale Identität der Marke VW

Marktsegmentierung und -auswahl

Die Auswahl der zu bearbeitenden Ländermärkte und ihre Gruppierung zu homogenen Ländergruppen stellen zwei klassische Entscheidungen im Rahmen des internationalen Marketing dar. Ebenso wie im nationalen Marketing umfasst die Marktsegmentierung die beiden Aufgaben der Auswahl geeigneter Ländermärkte (Segmente) und der Erschließung der ausgewählten Ländermärkte im Sinne einer konkreten Marktbearbeitung. Je nach strategischer Grundorientierung des Managements werden zwei verschiedene Vorgehen unterschieden.

Die internationale Marktsegmentierung beschreibt ein mehrstufiges Vorgehen. In einem ersten Schritt werden diejenigen Länder ausgewählt, die zur Bearbeitung erfolgversprechend erscheinen. Anschließend erfolgt eine Segmentierung der Nachfrager und eventuell die Bildung länderübergreifender Segmente. Dieses Vorgehen betont die Unterschiedlichkeit der Ländermärkte.

Demgegenüber betrachtet die integrale Marktsegmentierung die Welt als homogenen Gesamtmarkt und versucht, weltweit gültige Zielgruppen (z.B. Teenager mit gleichen Verhaltensweisen und Interessen) zu finden. Dieses Verfahren wird im Rahmen der globalen Markenführung z.B. bei Modemarken (z.B. Hugo Boss, Zegna), Zigaretten (z.B. Marlboro) oder Parfums (z.B. Chanel) angewendet und zielt auf ein weitgehend standardisiertes, globales Marketing.

Markteintritt: Timing und Erschließung

Für Unternehmen bieten sich verschiedene Strategien zum Markteintritt und zur Marktbearbeitung eines neuen Ländermarktes an. Das Management muss dabei zwei wichtige Entscheidungen treffen: Mit welcher organisatorischen Form (z.B. Export, Franchising oder Joint Venture) soll der Markteintritt und die sich anschließende Marktbearbeitung erfolgen und wie soll der Markteintritt zeitlich gestaltet werden? Im internationalen Management werden insbesondere sechs organisatorische Formen anhand ihrer Komplexität und somit der erforderlichen Kompetenzen und Ressourcen einerseits und dem Internationalisierungsgrad sowie den Kontrollmöglichkeiten andererseits unterschieden.

Das Timing gilt neben der Markteintrittsform als zweiter wichtiger Erfolgsfaktor eines Markteintritts. Bezüglich des zeitlichen Markteintritts wird zwischen länderspezifischen und länderübergreifenden Timingstrategien differenziert. Erstens muss aus einer dynamischen, länderübergreifenden Perspektive entschieden werden, wie viele Ländermärkte in welchem Zeitraum erschlossen werden sollen. Hier gestaltet das Management die Geschwindigkeit der Marktdurchdringung. Zweitens muss bei der länderspezifischen Timingstrategie der exakte Zeitpunkt des Markteintritts bestimmt werden. Bezüglich des Zeitraums des Markteintritts wird zwischen der Wasserfall- und Sprinklerstrategie unterschieden. Bei der Sprinklerstrategie erfolgt eine simultane Erschließung mehrerer Ländermärkte. Ziel ist die möglichst schnelle Realisierung von Skaleneffekten sowie die Verteilung von Markteintrittsrisiken auf eine Vielzahl von Ländermärkten zur Vermeidung einer hohen Abhängigkeit von wenigen ausländischen Märkten. Demgegenüber setzt die Wasserfallstrategie auf eine langsame, abgestufte Erschließung neuer Länder. Dadurch sollen länderübergreifende Flops vermieden werden. Dies soll durch die sukzessive Erschließung der Märkte und das Sammeln von Erfahrungen in den ersten Ländermärkten erreicht werden.

III. Internationales operatives Marketing

Nach der strategischen Planung folgt die Entwicklung und Koordination der zur Umsetzung benötigten Maßnahmen innerhalb des Marketing-Mix (→ internationales operatives Marketing). Der optimale Standardisierungsgrad im operativen Marketing ist von den Umweltbedingungen abhängig. Grundsätzlich gilt: je heterogener die zu bearbeitenden Ländermärkte, desto weniger Standardisierung ist möglich. Allerdings sind je nach Instrument unterschiedliche Umwelteinflüsse wichtig. Bspw. sollten die Preise zwingend an die Wettbewerbsintensität und den Entwicklungsstand einer Volkswirtschaft angepasst werden. Die Kultur eines Landes ist hingegen bei der Gestaltung der Preispolitik von vergleichsweise geringer, bei der Produktpolitik (z.B. kein Verkauf von Rindfleisch in Indien) und der Kommunikationspolitik (z.B. keine freizügige Werbung in islamischen Ländern) jedoch von hoher Bedeutung. Die Qualität der Infrastruktur (z.B. Straßen) beeinflusst v.a. die Distributionspolitik. Insbesondere in Entwicklungs- und Schwellenländern ist die Logistik (z.B. schneller Transport, Sicherstellung einer Kühlkette) eine große Herausforderung. Politische und rechtliche Rahmenbedingungen haben ebenfalls einen hohen Einfluss auf die Gestaltung der Distributionspolitik, z.B. aufgrund von Einfuhrbeschränkungen oder Importzöllen.

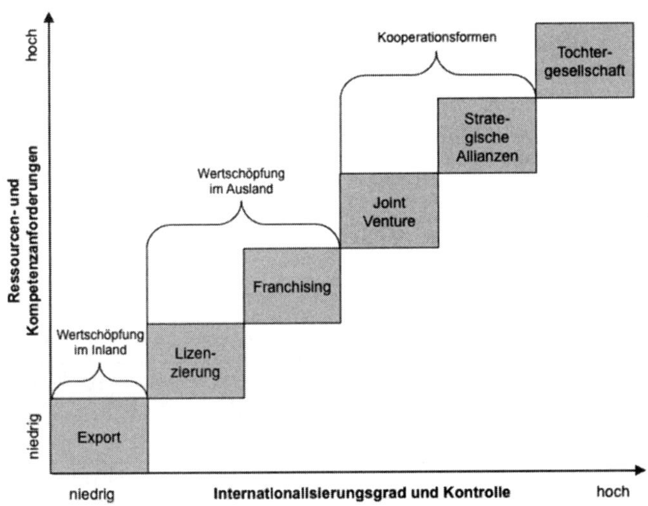

Abbildung 6: Formen des Markteintritts

Marketinginstrument / Einflussfaktor	Preispolitik	Produktpolitik	Kommunikationspolitik	Distributionspolitik
Politische und rechtliche Umwelt	Mittel	Mittel	Mittel	Hoch
Soziodemographie (Alter, Geschlecht, etc.)	Gering	Mittel	Mittel	Mittel
Entwicklungsstand (Einkommen, BIP, etc.)	Hoch	Hoch	Mittel	Hoch
Qualität der Infrastruktur (Straßen, IT, etc.)	Gering	Mittel	Mittel	Hoch
Kulturelle und religiöse Umwelt	Gering	Hoch	Hoch	Mittel
Wettbewerbsintensität	Hoch	Gering	Mittel	Mittel

Tabelle: Ausmaß ausgewählter Einflussfaktoren auf das Standardisierungspotential der vier Marketinginstrumente

IV. Implementierung des internationalen Marketing und Erfolgsmessung

Während die inhaltliche Konkretisierung (Umsetzung) der internationalen Marketingstrategie Aufgabe der Produkt-, Distributions-, Preis- und Kommunikationspolitik ist, erfolgt die Durchsetzung der instrumentell spezifizierten Maßnahmenpläne durch die innengerichtete Markenführung. Im Rahmen der innengerichteten Markenführung werden Maßnahmen betrachtet, die zu einem markenkonformen Mitarbeiterverhalten führen, das letztlich zur Erfüllung des kommunizierten Markennutzenversprechens führt.

Ebenso wie die externe Markenführung werden auch die Instrumente der innengerichteten Markenführung durch nationale Gegebenheiten beeinflusst. Erstens unterscheiden sich Mitarbeiter in verschiedenen Kulturen in ihrer grundsätzlichen Bereitschaft, Commitment gegenüber einer Marke aufzubauen. Zweitens beeinflusst die Landeskultur die Wahrnehmung und Bewertung von internen, markenbezogenen Kommunikationsbotschaften. Drittens lässt sich ein Führungsstil nicht in jedem Land erfolgreich anwenden, da insbesondere die Machtdistanz entscheidend die Akzeptanz von Führungsstilen determiniert. Viertens wird die Unternehmenskultur durch die Landeskultur beeinflusst. Deswegen müssen auch im Rahmen der internationalen innengerichteten Markenführung Anpassungen an die Länderbedingungen vorgenommen werden.

V. Internationales, integriertes Marketingerfolgsystem

Schließlich ist der Aufbau eines internationalen, integrierten Marketingerfolgsystems der letzte wichtige Schritt des internationalen Marketingmanagementprozesses. Damit soll der Beitrag des Marketing zum Unternehmenserfolg nachgewiesen werden. Das Oberziel ist die Steigerung des globalen Markenwertes. Der globale Markenwert ist dabei als aggregierter Markenwert über alle Ländermärkte hinweg zu verstehen. Um diesen zu erhöhen, müssen die Ländermärkte individuell betrachtet werden, da sie nicht nur einen sehr unterschiedlichen Wertbeitrag liefern, sondern auch mit sehr unterschiedlichen Problemen zu kämpfen haben. Erst durch eine differenzierte Analyse erfüllt ein Marketingcontrolling somit die ihm zugedachte Steuerungsfunktion. Im internationalen Marketing ist daher bei der Implementierung eines Marketingcontrollingsystems darauf zu achten, dass identische Daten für jeden relevanten Raum einzeln erhoben werden. Für sehr große Ländermärkte wie China oder Indien kann zudem eine weitere Differenzierung innerhalb eines Landes sinnvoll sein.

internationales operatives Marketing – 1. *Begriff:* Das internationale operative Marketing umfasst die Ausgestaltung der vier Marketing-Mix-Instrumente Preis, Produkt, Kommunikation und Distribution. Hierbei stellt sich insbesondere die Frage nach dem optimalen Grad an Standardisierung versus Differenzierung (=lokale Anpassung). – 2. *Ausprägungen:* a) *Standardisierung vs. Differenzierung der Produktpolitik:* Die Produktpolitik umfasst alle Entscheidungstatbestände, die sich auf die Gestaltung der vom Unternehmen in den Ländermärkten anzubietenden Leistungen beziehen. Der Produktnutzen ist in drei verschiedene Nutzenkategorien unterteil. Den Kern eines jeden Produktes stellt dessen Grundnutzen dar. Er kann bspw. in „Befördern" (Automobil), „Gesundheit erhalten" (Fitnessgeräte) oder „Leuchten" (Glühbirne) bestehen. Auch wenn der Grundnutzen aufgrund seiner zumeist elementaren Bedürfnisbefriedigung häufig international übertragbar ist, kann es bereits hier zu länderspezifischen Unterschieden kommen. Während etwa ein Fahrrad in vielen Entwicklungs- und Schwellenländern primär der Fortbewegung dient, wird es in Industrieländern oftmals nur für sportliche Freizeitaktivitäten verwendet. Der über den Grundnutzen hinaus erbrachte Zusatznutzen eines Produkts gliedert sich in den Erbauungsnutzen und den Geltungsnutzen. Unter dem Erbauungsnutzen wird hierbei die Bedürfnisbefriedigung aus den ästhetischen Eigenschaften eines Produkts verstanden, die stark von modischen und kulturellen Einflüssen geprägt werden. Der Geltungsnutzen repräsentiert die soziale Wirkung eines Produktes. Hierbei handelt es sich v.a. um die Wirkung eines Produktes als Statussymbol und der daraus erwachsenden sozialen Anerkennung. Der Geltungsnutzen basiert im Wesentlichen auf den Reaktionen der sozialen Umwelt sowie dem kulturell geprägten Selbstverständnis des Nachfragers. Insbesondere die national unterschiedlichen kulturellen Ausprägungen von Machtdistanz und Individualismus bewirken eine unterschiedliche Bewertung des Geltungsnutzens. – b) *Standardisierung vs. Differenzierung der Kommunikationspolitik:* Ob und inwieweit eine Standardisierung in der Kommunikationspolitik möglich ist, hängt primär von der internationalen Positionierung einer Marke ab. Ist diese in allen Ländermärkten einheitlich positioniert, ist es sinnvoll, über eine weitgehend standardisierte Kommunikationspolitik die Übermittlung und den Aufbau eines international konsistenten Markenimages zu unterstützen. Ist die Anwendung einer standardisierten Kommunikationspolitik aus Sicht der Marke sinnvoll, dann muss die praktische Anwendbarkeit der Kommunikationsmittel in den einzelnen Ländermärkten geprüft werden. Zu Missverständnissen kann es bspw. bei der Verwendung von Testimonials kommen, wenn diese im Ausland weniger bekannt sind. Vorteile, die aus der Vereinheitlichung der klassischen Werbung resultieren, sind zum einen die Ausnutzung von Synergie- und Ausstrahlungseffekten, bspw. durch das Overlapping. Ein weiterer Vorteil sind die Kosteneinsparungen. Eine weitgehende Vereinheitlichung der klassischen Werbung im internationalen Marketing setzt voraus, dass auch Name und Erscheinungsbild der verwendeten Marken länderübergreifend identisch ist. Die Verständlichkeit und gerade im asiatischen Raum die Lesbarkeit der Schriftzeichen stellen dabei teils erhebliche Hemmnisse dar. – c) *Standardisierung vs. Differenzierung der Preispolitik:* Die Preispolitik zeigt i.d.R. einen sehr geringen Standardisierungsgrad, wobei insbes. die Wettbewerbssituation diesen beeinflusst. Dies bezieht sich v.a. auf den länderübergreifenden Vergleich von absoluten Preisen. Betrachtet man die relativen Preispositionierungen, zeigt sich hingegen ein mittlerer Grad an Standardisierung. Eine zu starke Preisdifferenzierung ist aufgrund von Parallelimporten gefährlich. Aus der Perspektive der Markenführung droht auf Seiten der Nachfrager ferner die Gefahr einer Markenimageerosion, wenn dieselbe Marke in Land A eine exklusive Hochpreisstrategie verfolgt und in Land B zu einem niedrigen Penetrationspreis angeboten wird. – d) *Standardisierung vs. Differenzierung der Distributionspolitik:* Die Distributionspolitik wird in der Praxis von allen Instrumenten am stärksten angepasst. Eine Standardisierung der Distributionspolitik betrifft primär die einheitliche Ausgestaltung der Absatzkanalstruktur. Der Standardisierungsgrad der Distributionspolitik wird stark durch die Handelsstrukturen der bearbeiteten Ländermärkte determiniert und erfordert häufig eine Anpassung an länderspezifische Besonderheiten. Ursächlich hierfür ist die Heterogenität der nationalen Handelsstrukturen. Gerade im Bereich des Einzelhandels beruhen nationale Gegebenheiten häufig auf kulturell gewachsenen Strukturen. So dominieren in Frankreich sog. Hypermarkets (Einzelhandelsgeschäfte mit einer Verkaufsfläche von über 5.000 m^2) die Handelslandschaft, während im Süden Italiens insbesondere kleine bis sehr kleine Einzelhandelsgeschäfte angesiedelt sind. Bedingt durch die Unterschiede in den Verkaufsflächengrößen müssen Produkte zur Erreichung international ähnlicher Distributionsgrade landesabhängig bei unterschiedlich vielen Absatzmittlern gelistet werden.

internationale Sozialpolitik – 1. *Begriff:* Über eine nationalstaatliche → Sozialpolitik (→ Theorie der Sozialpolitik) hinaus war die internationale Sozialpolitik bis in die Gegenwart in erster Linie durch bilaterale und multilaterale Abkommen in Bezug auf Maßnahmen der nationalen Sozialpolitik gekennzeichnet. Die internationale Sozialpolitik konnte einen Einfluss auf die Verbesserung der → Lebenslagen in den einzelnen Ländern nur über die Ratifizierung der zwischenstaatlichen Abkommen durch die nationalen Organe erlangen. Dabei orientieren sich internationale Vereinbarungen eher an den Schlusslichtern als an den Vorreitern der sozialpolitischen Entwicklung. – 2. *Sozialpolitik in der EU:* a) Mit der → EU ist ein selbstständiger übernationaler *Träger* von Politik in Europa entstanden. Der → Europäische Rat kann auf Initiative der Kommission sowie unter Mitwirkung des → Europäischen Parlaments und des Wirtschafts- und Sozialausschusses im Rahmen der Verträge durch Verordnungen auch unmittelbar als Träger von Sozialpolitik in den Mitgliedsstaaten tätig werden. Dies galt nach dem EWG-Vertrag von Rom (1957) zunächst nur in einem eng begrenzten Bereich (der Freizügigkeit und der sozialen Sicherheit der Wanderarbeiter), der jedoch in der Einheitlichen Europäischen Akte (→ EEA) 1986 und im Vertrag von Maastricht (u.a. mit dem Protokoll zur Sozialpolitik) erweitert wurde. – b) Abgesehen von der Reichweite der Beiträge der EU zur sozialpolitischen Willensbildung in den Mitgliedsstaaten bleibt die *Kompetenz der EU* zur Setzung sozialpolitischer Normen mit unmittelbarer Geltung für die Bürger zwar im Wesentlichen auf den Bereich der für die Freizügigkeit und das Wirken des → Wettbewerbs im → einheitlichen Binnenmarkt bedeutsamen Regelungen begrenzt. Angesichts einer auch durch das

Subsidiaritätsprinzip nicht eingeschränkten, extensiven Auslegung dieser Kompetenz ist aber mind. mit einer Einflussnahme von EU-Organen und mit einer zunehmenden Einschränkung des nationalen sozialpolitischen Handlungsspielraumes durch die EU zu rechnen. – c) *Anforderungen, Probleme, Ausblick:* Bei der Wahrnehmung sozialpolitischer Kompetenzen der EU geht es weniger um die ursprüngliche Idee einer Harmonisierung der Sozialstandards, um keine Verzerrungen des Wettbewerbs im Binnenmarkt durch „Sozialdumping" zuzulassen. Dabei würde sich – von einer Fülle technischer Probleme abgesehen – v.a. die Frage des *Niveaus* vereinheitlichter Standards stellen. Den sozialpolitisch hoch entwickelten Ländern würde nur eine Harmonisierung auf hohem Niveau die Furcht vor Konkurrenz durch die Niedriglohnländer mit geringen Sozialstandards nehmen können. Dadurch würden letztere aber komparative Handelsvorteile (→ komparative Vorteile) verlieren, die sie nur bei einer Harmonisierung auf niedrigem Niveau besitzen. Diese Problematik ist auch für die Umsetzung der EU-Charta der Arbeitnehmerrechte von Bedeutung, weil bei der Konkretisierung und Verwirklichung der Arbeitnehmerrechte auf einem einheitlichen „Mindeststandard" in erster Linie sozialpolitische Handlungsverpflichtungen für die Länder mit bes. niedrigem Sozialniveau begründet würden. Eine Harmonisierung der Sozialpolitik konnte seit der Süderweiterung der EG kaum mehr als realisierbar erscheinen. Ebenso geht es nicht in erster Linie um die Umsetzung der *Gemeinschaftscharta der sozialen Grundrechte („Sozialcharta")*, der die Mitgliedsstaaten (außer Großbritannien) zugestimmt und die sie zu einem Bestandteil des Vertrages von Maastricht gemacht haben. Die entscheidende Bedeutung der → EU als Träger von Sozialpolitik dürfte in Zukunft aus dem Wirken des Binnenmarktes und aus ihrer indirekten Gestaltung der nationalstaatlichen sozialpolitischen Handlungsspielräume resultieren, die ihr vertragsgemäß und auf der Grundlage einer rechtsbildenden Rechtsprechung des → EuGH aufgrund von Nicht-Diskriminierungs- und Wettbewerbsregeln offen stehen. – 3. *Weltsozialpolitik:* a) Bislang gibt es keinen *Träger* für eine Weltsozialpolitik. Weltweite internationale Zusammenarbeit der Nationalstaaten vollzieht sich seit der Gründung der Vereinten Nationen (→ UN) am 26.6.1945 in deren Rahmen und v.a. in deren Sonderorganisation, der Internationalen Arbeitsorganisation (→ ILO). Von bes. sozialpolitischer Bedeutung sind auch die entwicklungspolitischen UN-Organisationen sowie die Food and Agriculture Organization (→ FAO), die Weltgesundheitsorganisation (→ WHO) und das Weltkinderhilfswerk (→ UNICEF). Unmittelbar zur Lösung sozialer Probleme in der Welt tragen auch die Nichtregierungsorganisationen (NGO) bei, die weltweit für die Einhaltung der Menschenrechte eintreten, so z.B. das Internationale Rote Kreuz, die Entwicklungsorganisationen der Kirchen, amnesty international und viele andere private Initiativen. – b) *Bedeutung:* Wenn die Vereinten Nationen – von den Möglichkeiten des Weltsicherheitsrates abgesehen – auch noch keine letztlich auf legitime Gewalt gegründete Weltinnenpolitik betreiben können, so haben sie doch entscheidend zur *Entwicklung eines Problembewusstseins* für die sozialen Probleme in der Welt beigetragen. Weltweite soziale Probleme ergeben sich aus der Beurteilung der Lage und Entwicklung von Regionen oder Gruppen im Verhältnis zu universalen menschlichen Grundrechten wie dem Schutz von Leben und Gesundheit, dem Arbeitsschutz und der sozialen Sicherheit. Die Problemlösungsdringlichkeit und -bereitschaft könnte sich angesichts der Vorstellung entfalten, dass der Weltfriede auf Dauer nur auf der Grundlage sozialer → Gerechtigkeit (gleicher Menschenrechte) für alle Menschen gesichert werden kann. Der *Weltsozialgipfel* des Jahres 1995 und die Entdeckung der sozialen Dimension des Welthandels in den Beratungen der Welthandelsorganisation (→ World Trade Organization (WTO)) könnten den Beginn einer Weltsozialpolitik markieren, die sich (wie die nationalstaatliche Sozialpolitik) zunächst bei einer Lösung des Weltsozialproblems der *Kinderarbeit* in vielen Entwicklungsländern und → Schwellenländern entfalten und bewähren könnte.

internationales Patentrecht → Patent Cooperation Treaty (PCT), → Europäisches Patentübereinkommen (EPÜ), → Gemeinschaftspatentübereinkommen (GPÜ).

internationales Personalinformationssystem (IPIS) → Personalinformationssystem.

internationales Personalmanagement – Summe personeller Gestaltungsmaßnahmen mit grenzüberschreitender Ausrichtung zur Verwirklichung der Unternehmensziele. – Im Vergleich zum nationalen Personalmanagement ist das → internationale Personalmanagement durch erhöhte Komplexität und Unsicherheit gekennzeichnet, da sich die unternehmerische Tätigkeit auf zwei oder mehr Länder erstreckt. Unterschiedliche rechtliche Regelungen, kulturspezifische Besonderheiten und Erfordernisse verschiedener Mitarbeitergruppen (aus dem Heimatland des Unternehmens, aus dem Gastland oder aus Drittländern) sind zu berücksichtigen. – Vgl. auch → internationale Personalentwicklung, → internationales Management, → interkulturelles Management.

internationales Preismanagement → internationale Preispolitik.

internationales Privatrecht – Rechtsregeln, die bestimmen, welche Rechtsordnung bei Sachverhalten mit Auslandsberührung von dt. Gerichten anzuwenden ist (z.B. Haager Abkommen, Art. 3–49 EGBGB). Ferner können bestimmte Rechtsordnungen durch Willenserklärung für anwendbar erklärt werden, soweit diese mit dt. Recht nicht absolut unvereinbar sind (Art. 6 EGBGB). Die dt. Rechtsregeln werden zunehmend durch europäisches Recht ersetzt („Rom I – IV").

internationales Projekt – Bei einem Projekt handelt es sich um ein zeitlich begrenztes Vorhaben, das relativ umfangreiche, komplexe Aufgaben zum Inhalt hat und die Einbindung mehrerer Personen erfordert. Außerdem muss für ein internationales Projekt eines oder mehrere der folgenden Kriterien erfüllt sein: Die beteiligten Parteien (Auftraggeber und/oder Auftragnehmer) stammen aus mind. zwei Ländern, die Projektleitung ist international zusammengesetzt, bedeutsame Projektleistungen werden im Ausland erbracht. Verbesserte Informations- und Kommunikationstechnologie ist ein wichtiger Faktor zur Förderung internationaler Projekte. Motivatoren für internationale Projekte sind die Ermöglichung des Zugangs zu innovativen Ressourcen, insbesondere Humankapital, eine größere Vielfalt der generierten Ideen, Produkte und Prozesse, die Ausnutzung von standortspezifischer Expertise, die verbesserte Möglichkeit der Anpassung an lokale Gegebenheiten und die Ausnutzung von Steuervorteilen. – Vgl. auch → internationale Forschung und Entwicklung, → internationales Projektmanagement.

internationales Projektmanagement – 1. *Begriff:* Managementaufgaben, welche im Rahmen eines → internationalen Projektes anfallen. Neben traditionellen betriebswirtschaftlichen Fragestellungen sind hier bes. Problemstellungen relevant, welche aus den Unterschiedlichkeiten von Kultur, Rechtssystem etc. (→ internationales Management) resultieren. – 2. *Aufgaben:* Die Hauptaufgabe besteht in der Anpassung der Projektrealisierung an die für die Projektbeteiligten heterogenen Rahmenbedingungen und ausländischen Projektstandorte. Ein bedeutsames Aufgabenfeld stellt somit die Bildung synergetisch arbeitender multikultureller Teams dar. Hierbei ist auf eine gemeinsame Unternehmenskultur und spezielle interkulturelle Schulungen zu achten. Bei der Leitung internationaler Projekte zählen Konfliktlösung und der Einsatz moderner IuK-Technologien zu Schlüsselaufgaben. – 3. *Finanzierung:* Die Finanzierung von internationalen Projekten stellt eine der wichtigsten Aufgaben des internationalen Projektmanagements dar. Vielfach übernehmen internationale Bankenkonsortien die Rolle des Lead Manager, welche in Zusammenarbeit mit den Anbietern Finanzierungsalternativen erarbeiten. Als Lead Manager bringen die Banken hierbei selber einen Teil des benötigten Kapitals auf, während sie in der Rolle des Financial Advisors nur vermittelnd tätig werden. Bestandteil der Projektfinanzierung ist eine im Vorfeld durchzuführende Analyse der Risiken des internationalen Projekts, bes. unter dem Aspekt der sich ergebenden Wechselkursrisiken.

internationales Prozessrecht → Ausländersicherheit.

internationales Schachtelprivileg → Schachtelprivileg.

Internationales Statistisches Institut (ISI) – *International Statistical Institute;* gegründet 1885. – *Sitz:* Voorburg (Niederlande). – *Mitglieder:* Auf dem Gebiet der Statistik tätige Wissenschaftler aus allen Ländern. Ex-Officio-Mitglieder sind i.d.R. die Leiter der nationalen Statistischen Zentralämter. Als *eigenständige wissenschaftliche Sektionen* gehören dem ISI die Internationale Vereinigung der Erhebungsstatistiker (International Association of Survey Statisticians (IASS)), die Bernoulli-Gesellschaft für mathematische Statistik (Bernoulli Society für Mathematical Statistics and Probability (BSMSP)), die Internationale Vereinigung für Regional- und Städtestatistik (International Association for Regional and Urban Statistics (IARUS)) und die Internationale Vereinigung für automatisierte Datenverarbeitung (International Association for Statistical Computing (IASC)) und die 1985 gegründete Internationale Vereinigung für amtliche Statistik (International Association for Official Statistics (IAOS)) an. – *Ziel:* Gemeinsam mit den UN und ihren Sonderorganisationen die Statistiken auf allen Gebieten zu fördern und zu vereinheitlichen. Breiten Raum nehmen Probleme der Wirtschaftsstatistik ein. Konsultativstatus → ECOSOC, → UNESCO, → UNIDO.

Internationales Steuerrecht (IStR) – I. Begriff: Der Sprachgebrauch hat sich hinsichtlich des Fachbegriffs „Internationales Steuerrecht" in den letzten Jahren und Jahrzehnten erheblich verändert: a) *Heute* versteht man unter „Internationalem Steuerrecht" meist die Gesamtheit aller Normen des in Deutschland gültigen Steuerrechts, das Fallkonstellationen mit internationalem Bezug regelt (insoweit paralleler Sprachgebrauch zu Ausdrücken wie „internationales Erbrecht", „internationales Privatrecht") (Begriff *IStR i.w.S*). – b) Es findet sich in der Literatur aber auch noch ein engeres, *älteres* Begriffsverständnis, bei dem unter „internationalem" Steuerrecht nur solche Normen verstanden werden, die entweder aa) in internationalen Normen enthalten sind, die sich mit der Abgrenzung der sich überschneidenden Besteuerungsbefugnisse zwischen den Staaten befassen *(IStR i.e.S.)* oder bb) die zwar die Abgrenzung der Besteuerungsbefugnisse betreffen, aber nicht unbedingt in internationalen Normen (völkerrechtlichen Verträgen) enthalten sein müssen, sondern evtl. auch in nationalen Regelungen. – c) Der *Unterschied* zwischen den Begriffswelten liegt v.a. darin, wie man nationale Normen begrifflich einordnet, mit denen der dt. Staat die Besteuerung von Auslandssachverhalten regelt, z.B. die Hinzurechnungsbesteuerung. – d) *Stellungnahme*: Da es für die rechtliche Wirksamkeit und den rechtlichen Rang der Bestimmungen keinerlei Unterschied macht, ob eine steuerrelevante Regelung im Völkerrecht oder im nationalen Recht enthalten ist, ist das modernere Begriffsverständnis das zweckmäßigere. – e) Die Bestimmungen über Fälle mit Auslandsbezug, die in nationalen Rechtstexten enthalten sind, werden in der älteren Literatur oft auch als

→ Außensteuerrecht (AStR) bezeichnet. Für eine *Abgrenzung* der Begriffe IStR und Außensteuerrecht aus dieser älteren Perspektive vgl. dort.

II. Quellen: 1. das nicht kodifizierte *völkerrechtliche Gewohnheitsrecht*, soweit es für die Besteuerung von Bedeutung ist. – 2. die bilateralen oder multilateralen → Doppelbesteuerungsabkommen (DBA). – 3. andere bilaterale oder multilaterale *Abkommen* steuerlichen Inhalts, wie etwa Amts- und Rechtshilfeabkommen, die steuerlich relevanten Normen des EG-Vertrages oder des GATT etc. Steuerliche Implikationen solcher internationaler Abkommen werden, sofern es sich um allg. gültig formulierte Normen handelt, oft erst durch höchstrichterliche Entscheidungen allg. bekannt, z.B. durch Entscheidungen des EuGH. – 4. Zum IStR (i.w.S.) gehören sachlich auch die Regelungen verschiedenster nationaler Gesetze, z.B. die Bestimmungen des Außensteuergesetzes, aber auch so grundsätzliche Bestimmungen wie die → unbeschränkte Steuerpflicht.

III. Prinzipien zur Abgrenzung der Besteuerungsbefugnisse der einzelnen Staaten im IStR: Hauptanliegen des IStR ist es, einerseits → Doppelbesteuerungen zu vermeiden oder zu mildern und andererseits aus der Sicht der beteiligten Fiski unerwünschte steuersparende Gestaltungsmöglichkeiten abzubauen. Ob Überschneidungen der gegenseitigen Steueransprüche überhaupt entstehen und inwieweit sie vermieden oder gemildert werden können, wird von den Prinzipien bestimmt, die den steuerbegründenden Ansprüchen der Staaten und den von ihnen angewandten Methoden zur Vermeidung der Doppelbesteuerung zugrunde liegen. Die wichtigsten Prinzipien des IStR: – 1. *Souveränitätsprinzip:* Grundprinzip des IStR. Es besagt, dass die souveränen Staaten in der Ausübung ihrer Steuergewalt und in der Festlegung der Steueransprüche in ihrem Hoheitsgebiet autonom sind. Die Begrenzung der Souveränität auf das eigene Hoheitsgebiet schließt nicht aus, dass wirtschaftliche Sachverhalte, die im Ausland begründet sind, der inländischen Besteuerung unterliegen, wenn nur eine genügende Verbindung zum Staatsgebiet besteht (Genuine Link). – 2. *Universalitäts-(bzw. Totalitäts-)prinzip und Territorialitätsprinzip:* regeln den Umfang des Steueranspruches, den ein Staat für ein bestimmtes Steuergut geltend macht. – a) Beschränkt sich der Steueranspruch auf den inländischen Teil eines Steuergutes (z.B. inländisches Einkommen, inländisches Vermögen etc.), so spricht man vom *Territorialitätsprinzip*. Es entspricht der → beschränkten Steuerpflicht. – b) Erfasst der Steueranspruch dagegen das weltweite (mondiale, universale) Steuergut (z.B. das Welteinkommen oder Weltvermögen) eines Steuerpflichtigen, so folgt dieser Steueranspruch dem *Universalitäts-* oder *Totalitätsprinzip*. Es entspricht der → unbeschränkten Steuerpflicht. – 3. *Nationalitätsprinzip und Wohnsitzstaatprinzip:* bestimmen den Kreis der Steuerpflichtigen, der der unbeschränkten Steuerpflicht und damit der Besteuerung nach dem Universalitätsprinzip unterliegt. – a) Knüpft die unbeschränkte Steuerpflicht an die Merkmale Wohnsitz oder gewöhnlicher Aufenthalt (bei natürlichen Personen) bzw. Sitz oder Ort der Geschäftsleitung (bei juristischen Personen) an, so spricht man von *Wohnsitzstaatprinzip*. – b) Ist die unbeschränkte Steuerpflicht dagegen an die Nationalität gebunden, so handelt es sich um das *Nationalitätsprinzip*. Die meisten Steuerordnungen folgen heute dem Wohnsitzstaatprinzip. – 4. *Wohnsitzprinzip und Ursprungsprinzip:* regeln die Begrenzung der Steueransprüche zwecks Vermeidung oder Milderung der Doppelbesteuerung bei den Steuern vom Einkommen und Vermögen. – a) *Wohnsitzprinzip* bedeutet, dass die Erfassung eines Steuergutes grundsätzlich im Wohnsitzstaat erfolgt, und zwar unabhängig davon, in welchem Staat dieses Steuergut entstanden bzw. belegen ist (z.B. das weltweit erwirtschaftete Einkommen eines Steuerpflichtigen wird in seinem Wohnsitzstaat besteuert). Unterformen des Wohnsitzprinzips sind für Einkünfte und Vermögen aus dem Betrieb von Seeschiffen und Luftfahrzeugen das Schifffahrtsprinzip und für private Pensionen das Pensionenprinzip. – b) Die Begrenzung der Steueransprüche folgt dem *Ursprungsprinzip* (Quellenstaatprinzip), wenn die Erfassung des Steuergutes in dem Staat erfolgt, in dem das Steuergut entstanden ist bzw. belegen ist (z.B. das im Ausland erzielte Einkommen unterliegt in dem jeweiligen ausländischen Staat der Besteuerung, und das im Inland erzielte Einkommen unterliegt der inländischen Besteuerung). Unterformen des Ursprungsprinzips sind für unbewegliches Vermögen und Einkünfte daraus das Belegenheitsprinzip, für Betriebsstättenvermögen und -einkünfte das Betriebsstättenprinzip, für Einkünfte aus selbständiger und unselbständiger Arbeit das Tätigkeitsprinzip, für Aufsichtsratsvergütungen das Tantiemenprinzip, für Arbeitsvergütungen einschließlich Ruhegehältern aus öffentlichen Kassen das Kassenprinzip und für sonstige Einkünfte (z.B. Zinsen etc.) das Quellenprinzip. – 5. *Bestimmungslandprinzip und Ursprungslandprinzip:* regeln die Begrenzung der Steueransprüche bei den indirekten Steuern, bes. bei der Umsatzsteuer. – a) Wird bei grenzüberschreitendem Warenverkehr das Recht auf Erhebung einer allg. und/oder speziellen Verbrauchsteuer dem Bestimmungsland (Verbrauchsland) des Warenverkehrs zugewiesen, so folgt diese Zuteilung des Besteuerungsrechts dem *Bestimmungslandprinzip*. – b) Hat umgekehrt das Land, von dem der Warenverkehr ausgeht (Ursprungsland), das Besteuerungsrecht, so spricht man von *Ursprungslandprinzip*. Derzeit wird fast in allen Steuerordnungen bereits nach unilateralen Normen das Bestimmungslandprinzip angewandt, sodass Doppelbesteuerungskonflikte bei den indirekten Steuern selten bis gar nicht auftreten. Allerdings soll im Rahmen der Verwirklichung des Europäischen Binnenmarktes bei der Umsatzsteuer für innergemeinschaftliche Lieferungen und Leistungen vom Bestimmungslandprinzip langfristig auf das Ursprungslandprinzip übergegangen werden. Derzeit existiert insoweit ein Mischsystem (→ Erwerbsteuer, → Versandhandelsregelung, → Abhollieferung). – 6. *Freistellungsprinzip und Anrechnungsprinzip:* betreffen die Frage, in welcher Weise der Wohnsitzstaat eines Steuerpflichtigen die Doppelbesteuerung bei den Steuern vom Einkommen und Vermögen anstelle oder in Ergänzung zu den unter 4. genannten Prinzipien zur Begrenzung der Steueransprüche vermeiden oder zumindest mildern will. – a) *Freistellungsprinzip* bedeutet, dass der → Wohnsitzstaat die dem → Quellenstaat zugeteilten Steuergüter von der inländischen Besteuerung freistellt. – b) *Anrechnungsprinzip* bedeutet dagegen, dass der Wohnsitzstaat zwar das Besteuerungsrecht des Quellenstaates akzeptiert, jedoch auf sein eigenes Besteuerungsrecht nicht verzichtet. Er rechnet lediglich die bereits entrichteten Steuern nach verschiedenen Verfahren an. – Unterprinzipien des Anrechnungsprinzips sind das Pauschalierungsprinzip und das Abzugsprinzip.

IV. Grundsätze für die nationale Gesetzgebung für Fälle mit internationalem Bezug: Die Doppelbesteuerungsabkommen legen lediglich fest, ob ein Staat bestimmte Einkünfte und/oder Vermögensteile besteuern darf; die Entscheidung, ob er von dieser Befugnis auch Gebrauch machen möchte und in welcher Höhe und nach welchen Regeln er dies tut, muss ein Staat in seiner nationalen Gesetzgebung treffen. Er ist dabei frei in seiner Entscheidung, einzige Vorgabe ist, dass es bei der Festlegung, welche Steuern auf die Dinge, die besteuert werden dürfen, erhoben werden sollen, keine Diskriminierung nach der Staatsangehörigkeit geben darf (Art. 24 OECD-Musterabkommen); schon die Unterscheidung nach dem Wohnsitz (unbeschränkte Steuerpflicht/beschränkte Steuerpflicht) ist aber akzeptabel. Auch die Entscheidung, welchen Steuersatz ein Staat auf die Einkunftsteile, die er nach den DBA besteuern darf, zur Anwendung bringen will, ist der Staat völlig frei; nach heute herrschender Auffassung ist es daher insbesondere immer gestattet, sich bei dem Steuersatz für das steuerpflichtige Einkommen an der Höhe des insgesamt vorhandenen Einkommens zu orientieren (→ Progressionsvorbehalt).

V. Praktische Bedeutung des IStR: Durch die zunehmende internationale Verflechtung haben das IStR und seine Problemstellungen für die Praxis in den letzten Jahren erheblich an Bedeutung gewonnen; heute sind erheblich mehr Unternehmen auf mind. elementare Kenntnis des IStR angewiesen als früher.

Internationale Standardklassifikation der Berufe → ISCO.

internationale Standortpolitik – 1. *Begriff:* Internationale Standortpolitik befasst sich mit der Ausgestaltung der geografischen Verteilung von Unternehmenseinheiten im Ausland. Zentrale Fragen sind hierbei Ort, Höhe und Art der Direktinvestition. Einflussfaktoren auf die → Standortpolitik lassen sich in länderspezifische, produktspezifische und unternehmensspezifische Kategorien einordnen. – 2. *Theoretische Begründung:* Die Hypothese einer durch branchenmäßige und/oder regionale Streuung von Wertpapieren erreichbaren Risikoreduktion des Gesamtwertpapierbestandes wird auf Sachinvestitionen übertragen. Ursache der geografischen Streuung von → Unternehmenseinheiten ist nun der bewusst angestrebte verbundinterne Risikoausgleich. Dieser ist dabei umso stärker, je geringer die Korrelation zwischen den wirtschaftlichen Entwicklungen in den Gastländern ist. Dieser Prozess wird auch als geografische Arbitrage bezeichnet. Risikodiversifikation wird durch geografisch verteilte Standorte erreicht. Internationale Standortvorteile können dabei weltweit genutzt werden, bspw. durch reduzierte Transport-, Arbeits- oder Kommunikationskosten.

internationale Strategie – 1. Internationale Strategie *i.w.S.:* Die internationale Strategie beschreibt die strategische Orientierung eines Unternehmens hinsichtlich der Gestaltung der internationalen Aktivitäten. Abzugrenzen sind eine → multinationale Strategie, → globale Strategie, transnationale Strategie und internationale Strategie i.e.S. Im Rahmen einer multinationalen Strategie werden die einzelnen Ländermärkte bei höchstmöglicher Anpassung an lokale Gegebenheiten unabhängig voneinander bearbeitet. Den Auslandstochtergesellschaften wird idealtypisch völlige Autonomie gewährt. Die multinationale Strategie ist durch eine → polyzentrische Orientierung geprägt. Demgegenüber steht eine globale Strategie, in deren Rahmen grenzüberschreitende Aktivitäten hochgradig zentralisiert und standardisiert werden. Auslandsmärkte werden als homogene Ganzheit angesehen, wobei nachhaltige Wettbewerbsvorteile durch Produkt- und Prozessvereinheitlichung erreicht werden sollen. Lokale Unterschiede werden vernachlässigt bzw. als nicht existent angesehen. Die Grundorientierung ist → geozentrisch. Eine transnationale Strategie strebt nach der Verbindung von globalen, multinationalen und internationalen Strategiekomponenten. So soll bei höchstmöglicher Standardisierung eine ausreichende Berücksichtigung von lokalen Unterschieden erfolgen (→ transnationales Unternehmen). – 2. Internationale Strategie *i.e.S.:* Entsprechend einer internationalen Strategie werden im Heimatland erfolgreiche Konzepte und Produkte auf Auslandsmärkte übertragen. Der Grad der Zentralisation ist als hoch einzustufen. Der Unterschied zu einer globalen Strategie ist darin zu sehen, dass lokale Unterschiede anerkannt werden, Märkte, welche eine hohe Andersartigkeit gegenüber dem Heimatmarkt aufweisen jedoch nicht bearbeitet werden (→ ethnozentrische Grundorientierung). Als Vorteil einer internationalen Strategie wird die hohe Innovationskraft gesehen.

internationale strategische Allianz – formale Verbindung von mind. zwei aus unterschiedlichen

Ländern stammenden und rechtlich selbstständigen Partnern, welche darauf abzielt, eine Marktposition und Wettbewerbsvorteile zu erarbeiten, die aus eigener Kraft nicht erreicht werden könnten. Die beteiligten Partner sind im Regelfall durch gegenseitige Minderheitsbeteiligungen miteinander verknüpft. Im Gegensatz zum internationalen → Joint Venture liegt der Fokus hierbei auf den Mutterunternehmen. Ein Beispiel für derartige Strukturen sind japanische → Keiretsu, welche einen Verbund von einem „fokalen" Industrieunternehmen (das führende Unternehmen), einem Generalhandelshaus, einer Bank sowie zahlreichen Zulieferern darstellen. – Vgl. auch → internationale Kooperation.

internationales Währungssystem – Sammelbegriff für alle rechtlichen und organisatorischen Regelungen, welche die monetären Aspekte der internationalen Wirtschaftsbeziehungen betreffen. Betrifft das Ausmaß der Wechselkursflexibilität (Devisenmarktgleichgewicht) im Fall → fixer Wechselkurse: Detailgestaltung der Verpflichtung zu Devisenmarktinterventionen, Ausmaß an → internationaler Kapitalmobilität bzw. Ausmaß und Art der → internationalen Kapitalverkehrskontrollen. – Vgl. auch → Zahlungsbilanzausgleich, → Wechselkurspolitik, → Bretton-Woods-System.

Internationales Warenverzeichnis für den Außenhandel → SITC.

Internationale Systematik der Wirtschaftszweige → ISIC.

Internationales Zentrum zur Beilegung von Investitionsstreitigkeiten → ICSID.

internationale Transferpreisgestaltung → Transferpreis.

internationale Transfers – einseitige, d.h. ohne unmittelbare Gegenleistung erfolgende *Übertragungen* von Gütern, → Dienstleistungen, oder Finanzaktiva. – *Beispiele:* Entwicklungshilfeleistungen in realer Form (z.B. unentgeltliche Lieferung von Gütern), oder in monetärer Form (Übertragung von Finanzaktiva). – Vgl. auch → Zahlungsbilanz.

internationale Unternehmensführung → internationales Management.

internationale Unternehmensnetzwerke – 1. *Netzwerkbegriff:* Eine auf die Realisierung von Wettbewerbsvorteilen gerichtete Organisationsform ökonomischer Aktivitäten, die sich durch eher kooperative denn kompetitive und relativ stabile Beziehungen zwischen rechtlich selbstständigen, wirtschaftlich jedoch meist abhängigen, in unterschiedlichen Ländern angesiedelten Unternehmen auszeichnet (→ internationale Kooperation). Die zwischen den am Netzwerk teilnehmenden Unternehmen existierenden Beziehungen sind i.d.R. langfristig vertraglich angelegt und personell (z.B. durch Austausch von Führungskräften) sowie technisch-organisatorisch (z.B. interorganisationales Berichtssystem) abgesichert. Die Beziehungen können auch auf Kapitalbeteiligungen basieren, diese sind für diesen Kooperationstypus allerdings nicht konstituierend. Unternehmensnetzwerke sind eine ursprünglich bes. für Japan und Korea typische Organisationsform und werden dort als → Keiretsu bzw. → Chaebol bezeichnet. – 2. *Erscheinungsformen:* Es kann zwischen inter-organisationalen und intra-organisationalen Netzwerken unterschieden werden. Unter Ersterem versteht man langfristige Beziehungen zwischen zwei oder mehreren rechtlich selbstständigen und unabhängigen Unternehmungen. Intra-organisationale Netzwerke werden auch als Netzwerkunternehmungen bezeichnet. Hierbei bestehen Interdependenzbeziehungen zwischen den einzelnen Einheiten einer Unternehmung. Die Beziehungen zwischen der Muttergesellschaft und den weltweit tätigen Tochtergesellschaften werden als Netzwerk interpretiert, welches durch einen Austausch von Materialien, Kapital, Technologien, Mitarbeitern, Werten und Normen sowie durch komplexe Koordination und Kontrolle geprägt ist

internationale Unternehmensplanung – Planung der strategischen und operativen Aktionen eines internationalen Unternehmens, Bestandteil des → internationalen Managements.

internationale Unternehmensverfassung – 1. Werden Unternehmen als *Sozialverband oder Koalition von Interessengruppen* betrachtet, bedarf es eines organisatorisch-institutionellen Rahmens für Führungsentscheidungen. Die Notwendigkeit für eine derartige innere Ordnung besteht darin, die Zulassung und das Einflusspotenzial von Interessengruppen auf Unternehmensentscheidungen zu begrenzen, daraus sich ggf. ergebende Konflikte zu kanalisieren und die Verantwortung des Managements gegenüber den Stakeholdern (Prinzipal-Agent-Beziehung) festzulegen. Die spezifische „Verfasstheit" eines Unternehmens ergibt sich insofern aus der Gesamtheit aller rechtlich verbindlichen konstitutiven und prozeduralen Regelungen, die nicht auf Leistungserstellungsprozesse, sondern auf die Beteiligung und das Zusammenwirken der → Interessengruppen (politische Dimension) im Unternehmen gerichtet sind. – 2. *Grundlagen* hierfür finden sich überwiegend im Gesellschaftsrecht, in satzungsmäßigen Festlegungen, ggf. in Tarifverträgen oder Betriebsvereinbarungen, in → Verhaltenskodizes (z.B. im Deutschen → Corporate Governance-Kodex) oder im Gewohnheitsrecht. Unternehmensverfassungen sind insoweit unmittelbar in der Tradition nationaler Rechtssysteme verankert, die ihrerseits eine im Ländervergleich durchaus unterschiedliche, teils konkurrierende Palette von konkreten Unternehmensverfassungskonzepten mit variierenden Corporate-Governance-Modellen bereithalten. – 3. Die *spezifische Ausgestaltung* einer Unternehmensverfassung ist vordergründig ein Paragraphenwerk; im Kern handelt es sich um kulturgebundene Grundannahmen über die in einer

Wirtschaftsordnung angemessene Rolle von Unternehmen, die Funktion und Legitimation von Managerherrschaft etc., die zu Rechtsstrukturen geronnen sind. Im Grundsatz ist deshalb festzustellen, dass es eine internationale Unternehmensverfassung im Sinn von weitgehend vereinheitlichten Konzepten für die Verfassung international agierender Unternehmen (noch) nicht gibt. – 4. Wenn dennoch eine wachsende *Diskussion* zu diesem Begriff erkennbar ist, so stellt diese auf zwei Fragestellungen ab: (1) *Koordinationserfordernisse* innerhalb eines internationalen Unternehmens, deren Gesellschaften aufgrund geografischer Streuung in unterschiedlichen Rechtssystemen und damit mehreren Corporate-Governance-Räumen angesiedelt sind. Dies betrifft z.B. ländergrenzenüberschreitende Abstimmungen zwischen Angehörigen von einstufigen (Board- bzw. Verwaltungsratkonzept) und zweistufigen (Vorstand und Aufsichtsrat) Organstrukturen, die Wahrnehmung von Arbeitnehmerinteressen in mitbestimmten Unternehmen auf Betriebs- und Unternehmensebene (Deutschland) vs. mitbestimmungsfreien Unternehmen (USA), Kapitalbeschaffungsentscheidungen und daraus resultierende Gesellschafterrechte etc. (2) Die Herausbildung von *transnationalen Unternehmensverfassungskonzepten* wie die → Europäische Wirtschaftliche Interessenvereinigung (EWIV) oder die Europa-AG (Societas Europaea). Über das nationale Recht hinaus wird damit für gesellschaftsrechtlich relevante Aktivitäten von Unternehmen in einer Region (z.B. EU) eine vereinheitlichte oder harmonisierte Verfassungsgrundlage angeboten, die sich nationalstaatlichem Regelungswerk zumindest teilweise entzieht. – Vgl. auch → Unternehmensverfassung.

internationale Unternehmung – I. Begriff: *Multinational Enterprise, Multinational Corporation.* Es existieren verschiedenartige Vorstellungen, anhand welcher Kriterien die Abgrenzung einer internationalen Unternehmung von einem nationalen Unternehmen vorzunehmen sei. Hier sollen darunter Unternehmen verstanden werden, die eine grenzüberschreitende Geschäftstätigkeit in der Art verfolgen, dass sich die strategische und organisatorische Auslegung gegenüber einer Phase rein nationaler Betätigung ändert. Je nach Grad der Internationalität (→ Internationalisierungsgrad) liegen die Aktivitäten in unterschiedlicher Form vor. So kann das Ausmaß der im Ausland erbrachten Wertschöpfung stark variieren. Zudem können die Auslandsaktivitäten in unterschiedlicher Intensität in das Gesamtunternehmen integriert werden. Schließlich besteht Gestaltungsspielraum hinsichtlich der Wahl der bearbeiteten Auslandsmärkte in Bezug auf deren Anzahl und psychischer Distanz.

II. Rechtsform: Bei dem rechtlichen Aufbau des Gesamtsystems (statutarische Organisationsstruktur) ist die Rechtsform der Muttergesellschaft von der gesellschaftsrechtlichen Ausgestaltung der Unternehmenseinheiten im Ausland zu unterscheiden. I.d.R. ist die Muttergesellschaft eine Gesellschaft nationalen Rechts. – *Ausnahme:* → Europäische Wirtschaftliche Interessenvereinigung (EWIV) und → Societas Europaea (SE). Seit mehreren Jahren wird innerhalb der Europäischen Union auch das Projekt einer „Europäischen Privatgesellschaft" (EPG) diskutiert. Die Europäische Kommission hat 2008 einen ersten Entwurf für ein Statut für eine EPG vorgelegt. – Für die ausländischen Einheiten ist jeweils die Entscheidung über die rechtliche Selbstständigkeit zu treffen. Neben Überlegungen zur Marktakzeptanz sind hierbei steuerpolitische Aspekte, Finanzierungsaspekte (→ internationales Finanzmanagement) und Haftungsfragen zu berücksichtigen. Sind innerhalb eines Unternehmensverbunds mehrere Auslandstochtergesellschaften im gleichen Land angesiedelt, ist die Gründung einer Landesgesellschaft zu erwägen, welche die Anteile der im Land vertretenen Gesellschaften hält (Landesholding). Bei der Wahl der Rechtsform sind die landesspezifischen Besonderheiten zu beachten; i.d.R. wird es sich jedoch wegen der Haftungsbegrenzung um eine Form der GmbH oder der AG handeln. Durch die Rechtsprechung des EuGH im letzten Jahrzehnt („Centros", „Überseering", „Inspire-Art") wurde das Prinzip der Personenfreiheit zunehmend auch auf juristische Personen ausgedehnt. In einem Mitgliedsland der EU können sich nunmehr auch juristische Personen niederlassen, die nach dem Rechtsstatut eines anderen Mitgliedslandes gegründet wurden. Dadurch vervielfältigen sich die Möglichkeiten der Rechtsformwahl. Steuerpolitische Überlegungen stehen bei der Gründung von (meist reinen Finanz-) Holdinggesellschaften in niedrig besteuerten Ländern/Regionen im Vordergrund. – Vgl. auch → internationale Finanzholding.

III. Organisationsstruktur: Grundsätzlich lassen sich zwei Strukturtypen von internationalen Unternehmungen abgrenzen. Im Rahmen einer differenzierten Struktur erfolgt die organisatorische Integration sämtlicher Auslandsaktivitäten in einer Organisationseinheit, der International Division. Sämtliche für die Abwicklung der Auslandsbearbeitung notwendigen Aktivitäten sind in dieser Organisationseinheit vereinigt. Demgegenüber stehen integrierte Strukturen, bei welchen für die organisatorische Einordnung der Auslandsaktivitäten identische Gliederungskriterien angewendet werden wie bei Inlandsaktivitäten. So unterstehen bei einer integrierten Funktionalstruktur die evtl. im Ausland angesiedelten Produktionseinheiten dem Bereich Produktion, ebenso wie die im Heimat angesiedelten Einheiten. Gleiches gilt für die anderen Funktionalbereiche. Die unterschiedlichen Organisationsformen erweisen sich für verschiedene Konstellationen als geeignet. Entscheidungskriterien für die Wahl einer spezifischen Organisationsform sind etwa Umfang und Art des Auslandsengagement, strategische Grundorientierung des Unternehmens oder Besonderheiten der Auslandsmärkte. So erscheinen etwa differenzierte Strukturen nur dann als geeignet, wenn das

Auslandsengagement einen relativ geringen Umfang und Komplexität aufweist.

IV. Erklärungsansätze: 1. *Argument des monopolistischen Vorteils:* Der Anstoß für eine Produktionsaufnahme im Ausland und Voraussetzung für deren Erfolg ist die Existenz unternehmensspezifischer (monopolistischer) Vorteile, v.a. ein überlegenes technologisches und Management-Know-how, ein positives Produktimage, eingeführte Markennamen und Größenvorteile bes. in den leistungswirtschaftlichen Funktionen. Diese Vorteile ermöglichen einen Ausgleich eventueller Nachteile auf einem fremden Markt wie politische Eingriffe, Transferrestriktionen, Wechselkursrisiken, hohe Kommunikations- und Koordinierungskosten, Diskriminierung ausländischer Unternehmungen etc. – 2. *Theorie des* → internationalen Produktlebenszyklus: Grundlage dieser Theorie ist das evolutorische Marktkonzept. Mit zunehmendem Reifegrad der Produkte wechselt die Dominanz der erfolgsbestimmenden Faktoren. Von entscheidender Bedeutung sind in der Innovationsphase die Nähe zum Verbraucher, eine flexible industrielle Struktur und Ingenieurleistungen; in der Reifephase die Lohnkosten. Parallel zur Veränderung der Erfolgsdeterminanten vollzieht sich die Verlagerung der Produktion zunächst in Niedriglohn-Industrieländer (Wachstumsphase) und dann in Entwicklungsländer (Reifephase). – 3. *Theorie des oligopolistischen Parallelverhaltens:* Zahlreiche Märkte sind oligopolistisch strukturiert. Die Anbieter auf diesen Märkten beobachten bzw. antizipieren die unternehmerischen Entscheidungen ihrer Konkurrenten sehr genau und versuchen, diesen keine Vorteile erwachsen zu lassen. Deshalb werden sie auf den Aufbau einer Auslandsproduktion eines Wettbewerbers ebenfalls mit Investitionen in diesem Land reagieren, um ihren Marktanteil und den Unternehmensbestand zu verteidigen. – 4. *Theorie der Internalisierung:* Unternehmungen entstehen nach der Transaktionskostentheorie dann, wenn Wirtschaftsprozesse auf (unvollkommenen) Märkten weniger effizient ablaufen als unternehmensintern. Die Leistungsfähigkeit des Marktes ist bes. eingeschränkt bei grenzüberschreitenden Ressourcentransfers, vornehmlich bei internationalen Transfers von technologischem und Management-Know-how, sodass sich hier als leistungsfähigere Alternative die unternehmensinterne Übertragung anbietet: Die unternehmensspezifische Technologie wird nicht an einen Dritten verkauft, sondern auf dem ausländischen Markt durch eine eigene Tochtergesellschaft verwertet. Auf diese Weise werden die Schwierigkeiten bei der Bewertung eines Patents oder Know-how-Bündels bei der Übertragung an ungeschulte Technologieempfänger sowie beim Technologieschutz vermieden. Unvollkommenheiten internationaler Märkte führen also zum Aufbau oder zur Übernahme ausländischer Betriebe. – 5. *Eklektischer Ansatz:* Da die einzelnen Erklärungsansätze nicht ausreichend sind, sich aber ergänzen, erscheint es sinnvoll, diese in einen umfassenden Ansatz zu integrieren. Danach können Unternehmungen nur dann ausländische Märkte bedienen, wenn sie über spezifische (monopolistische) Vorteile verfügen. Die Bedienung des Auslandsmarktes durch Auslandsproduktion wird dem Export oder der Lizenzvergabe dann vorgezogen, wenn die Eigennutzung des Know-how Internalisierungsvorteile erbringt. Der vorzugswürdige Produktionsstandort bestimmt sich nach den relevanten Standortfaktoren und Exporthindernissen.

internationale Versicherungskarte → Grüne Karte.

internationale Währungspolitik → Wechselkurspolitik, → internationales Währungssystem.

Internationale Weiterbildung und Entwicklung gemeinnützige GmbH (InWEnt) – entstanden 2002 aus der Fusion der Carl-Duisberg-Gesellschaft (CDG) und der → Deutschen Stiftung für internationale Entwicklung (DSE); Sitz in Bonn. – *Aufgaben:* Förderung einer sozialen, wirtschaftlichen und ökologischen Entwicklung mittels Fortbildung von Fach- und Führungskräften aus Entwicklungsländern, Vorbereitung deutscher Fachkräfte auf den Einsatz in Entwicklungsländern und Förderung eines Politikdialoges mit anderen Ländern und internationalen Organisationen.

internationale Wettbewerbsfähigkeit – 1. *Begriff:* Internationale Wettbewerbsfähigkeit ist dann gegeben, wenn Unternehmen ihre Produkte auf ausländischen Märkten zu Preisen absetzen können, die die entstandenen Kosten decken und zudem noch eine angemessene Rendite erbringen *(Preis-Wettbewerbsfähigkeit).* Da auch nicht-preisliche → Aktionsparameter – wie Produktqualität, Zeitpunkt und Zuverlässigkeit der Lieferung sowie Finanzierungsbedingungen – für den Absatzerfolg maßgeblich sind, muss der Begriff der Preis-Wettbewerbsfähigkeit um den der *Nicht-Preis-Wettbewerbsfähigkeit* erweitert werden. Der Begriff der internationalen Wettbewerbsfähigkeit ist dabei unternehmensbezogen zu interpretieren. Die internationale Wettbewerbsfähigkeit eines Landes ergibt sich demnach aus der Aggregation der Wettbewerbsfähigkeit der Unternehmen des betreffenden Landes. – 2. Die *Einflussgrößen der internationalen Wettbewerbsfähigkeit* sind teils unternehmensgrößenabhängig, teils unternehmensgrößenunabhängig. – a) Als von der *Unternehmensgröße abhängige Einflussgrößen* sind die Strategievariablen eines Unternehmens im Wettbewerb (Preis- und Nicht-Preis-Aktionsparameter) zu betrachten. Dementsprechend unterscheidet Porter in seiner internationalen Studie (The Competitive Advantage of Nations, London 1990) idealtypisch zwischen zwei Strategien, mit denen ein Unternehmen im *dynamischen Wettbewerbsprozess* Vorteile erringen kann. Ein Unternehmen kann entweder versuchen, bekannte Produkte durch Ausnutzen von Massenproduktionsvorteilen effizienter zu produzieren (→ Economies of Scale) oder durch neue Produkte sowie durch die *Differenzierung* schon am Markt eingeführter Produkte die heterogenen Nachfragerpräferenzen besser zu befriedigen und auf diesem Wege höhere Preise durchzusetzen. Dabei ist es nach Porter v.a. die zweite Strategie, die einem Unternehmen langfristige *Wettbewerbsvorteile* sichert, da Kostenvorteile in der Produktion von der Konkurrenz schnell aufgeholt werden; zudem ist die Existenz von Economies of Scale im Ausmaß begrenzt. – b) Zu den von der *Unternehmensgröße unabhängigen Einflussgrößen* gehören alle Maßnahmen, mit denen die Wirtschaftspolitik auf die Attraktivität eines Industriestandortes Einfluss nimmt, wenn diese Entscheidungen sich auf die Kosten- und Erlösseite eines international tätigen Unternehmens auswirken. Folgende *Politikmaßnahmen* sind dabei von bes. Relevanz: die Geld- und Währungspolitik sowie ihre Orientierung an dem Ziel der Preisniveaustabilität, die Wettbewerbs- und Handelspolitik, die Sozial-, Tarif-, Umweltschutz-, Energie-, Bildungs-, Industrie- und → Steuerpolitik sowie der Ausbau und Zustand der Verkehrs- und Kommunikationswege (Infrastruktur). – Von diesen wirtschaftspolitischen Maßnahmen sind alle Unternehmen – unternehmensgrößen*un*abhängig – gleichermaßen betroffen. – c) M. Porter hat in seiner empirischen Studie im Rahmen eines internationalen Vergleiches *vier Determinanten internationaler Wettbewerbsvorteile* herausgearbeitet: die *örtlichen Standortbedingungen* wie Infrastruktur, Lohnniveau, Ausbildungs- und Technologiestandard sowie Charaktereigenschaften der Mitarbeiter (Fleiß, Präzision, Intuition); die *Nachfragebedingungen* auf dem Heimatmarkt, d.h. die Preis- und Qualitätsansprüche der heimischen Kunden als Antriebsmotor, um im Ausland notwendige Wettbewerbsvorsprünge zu erzielen; die *Intensität des heimischen Wettbewerbs*, der die Innovationskraft der Unternehmen ständig anregt und Anstrengungen im internationalen Wettbewerb fördert; die Existenz von *international wettbewerbsfähigen Zulieferindustrien* und artverwandten Industriezweigen, aus denen wichtige Kuppelressourcen wie Mitarbeiter, Patente und Materialien abgeschöpft werden können. – d) *Folgerung:* Die internationalen Wettbewerbsvorteile eines Unternehmens resultieren aus mehreren der empirisch ermittelten Determinanten. Damit hängt die internationale Wettbewerbsfähigkeit neben der Leistungsfähigkeit eines Unternehmens – gemessen an der Produktivität – von Einflussfaktoren ab, die primär mit seiner relativen oder absoluten Größe nichts zu tun haben. Die Frage eines evtl. Zielkonfliktes zwischen der Sicherung wirksamen Wettbewerbs in der Bundesrepublik Deutschland und einer Verbesserung der internationalen Wettbewerbsfähigkeit deutscher Unternehmen hat sich daher bei der Fusionskontrolle im Rahmen sog. Ministerfusionen (→ Ministererlaubnis) im Sinne von § 42 GWB nur selten gestellt.

internationale Wettbewerbsstrategie → internationale Strategie.

internationale Zahlungsabkommen → Zahlungsabkommen.

Internationale Zivilluftfahrtorganisation → ICAO.

internationale Zollabkommen → Zollabkommen.

International Federation of Accountants (IFAC) – Vereinigung der Verbände von Angehörigen der wirtschaftsprüfenden Berufe, weltweit tätig. Ziel ist die Schaffung eines koordinierten internationalen Berufsstandes mit harmonisierten Grundsätzen. Die International Federation of Accountants erarbeitet international gültige Leitsätze auf fachlichem und berufsethischem Gebiet und zur Aus- und Fortbildung und hält Kontakte mit regionalen Berufsorganisationen. Zu den 157 Mitgliedern gehören das → Institut der Wirtschaftsprüfer in Deutschland e. V. (IDW) und die → Wirtschaftsprüferkammer (WPK).

International Federation of Consulting Engineers – Abk. *FIDIC*, internationale Vereinigung der Ingenieurberater; Sitz in Genf. Das Akronym steht für die franz. Version des Namens. Der FIDIC sind weltweit 74 Partnerverbände anschlossen. Sie hat Kooperationsabkommen mit der European Federation of Engineering Consultancy Associoation (EFCA) und The Pan American Federation of Consultants (FEPAC).

International Finance Corporation → IFC.

International Finance Institute – *internationales Finanzinstitut*, vgl. → Institute of International Finance (IIF).

International Financial Reporting Standards (IFRS) – früher *IAS (International Accounting Standards)*, sind internationale Rechnungslegungsregeln, die vom → International Accounting Standards Board (IASB) herausgegeben werden. Sie sind ab 2005 von kapitalmarktorientierten Mutterunternehmen in der EU bei der Erstellung des Konzernabschlusses zu befolgen. Die IFRS schließen die von der Vorgängerorganisation des IASB, dem International Accounting Standards Committee (IASC), veröffentlichten IAS mit ein und werden daher in der Übergangsphase als IAS/IFRS bezeichnet. Sie orientieren sich konzeptionell grundsätzlich an den amerik. Bilanzierungsgrundsätzen (US-GAAP), mit denen sie im Rahmen eines fortlaufenden Prozesses harmonisiert werden. – Vgl. auch → International Accounting Standards Board (IASB), → Internationale Rechnungslegung.

International Fund for Agricultural Development → IFAD.

International Governmental Organizations → IGOs.

International Investment Position (IIP) – Bestandsstatistik, welche die Vermögenslage eines Landes durch Abbildung seiner Auslandsforderungen und Auslandsverbindlichkeiten widerspiegelt. – Vgl. auch → Net International Investment Position (NIIP).

Internationalisierung – geographische Ausdehnung ökonomischer Aktivitäten über nationale Grenzen hinaus. Internationalisierung ist als Vorstufe bzw. Interimszustand zur → Globalisierung zu verstehen.

Internationalisierung der Wirtschaftsprüfung

von Prof. Dr. Reinhold Hömberg

I. Grenzüberschreitende Wirtschaftsprüfungsleistungen und US-amerikanischer Einfluss

Die Berufsstatistik der Wirtschaftsprüferkammer (WPK) weist für Mitte 2012 mehr als 14.400 → Wirtschaftsprüfer (WP) und mehr als 2.700 → Wirtschaftsprüfungsgesellschaften (WPG) aus. Die zahlreichen Mandate dieser Mitgliedergruppen der WPK können nicht über die in der Bundesrepublik Deutschland und weltweit erhebliche Konzentration auf dem Markt für Prüfungen von Unternehmen hinwegtäuschen. So wird in Deutschland die Mehrzahl der Abschlüsse (Jahresabschlüsse und konsolidierte Abschlüsse) größerer Unternehmen von nur wenigen WPG testiert. Für die Abschlüsse der im Börsenindex DAX notierten Unternehmen sind Abschlussprüfer aus nur vier WPG sowie deren Tochtergesellschaften zuständig (Stand: Abschlüsse für 2011 bzw. 2010/2011), wobei sich die meisten dieser Mandate auf nur zwei der vier WPG verteilen. Jede der deutschen „Großen Vier" gehört einem von vier global organisierten Verbunden oder Netzwerken an, den *„Big Four"*. Nach dem für die Abschlussprüfung geltenden § 319b HGB liegt ein Netzwerk vor, wenn Personen bei ihrer Berufsausübung zur Verfolgung gemeinsamer wirtschaftlicher Interessen für eine gewisse Dauer zusammenwirken. Die jeweiligen nationalen Mitglieder (Prüfungsunternehmen) der vier globalen Netze sind zwar rechtlich und wirtschaftlich weitestgehend selbstständig; die Prüfungsunternehmen eines jeden Netzwerkes treten länderübergreifend aber so einheitlich auf, dass die Netzwerke wie auch ihre jeweiligen nationalen Mitglieder vereinfachend oft als die vier weltweiten Gesellschaften bezeichnet werden. Sie haben – insgesamt betrachtet – jeweils mehr als 140.000 Mitarbeiter und sind jeweils in mehr als 150 Ländern tätig.

Die Internationalisierung der Wirtschaftsprüfung begann in den 1950er-Jahren, als US-amerikanische WPG die Auslandsexpansion ihrer Mandanten begleiteten, teils weil diese grenzüberschreitende Prüfungs- und Beratungsleistungen erwarteten, teils weil die WPG im Ausland eigene Wachstumschancen sahen. Durch Gründungen von ausländischen Tochtergesellschaften, durch Fusionen und Kooperationen, aber auch durch das Ausscheiden einer weiteren bis dahin international führenden WPG nach Bilanzskandalen, formten sich unter maßgeblichem Einfluss großer amerikanischer WPG (der früheren *„Big Eight"*) die vier Verbunde. Neben den Netzwerken der heutigen „Big Four" sind zahlreiche länderübergreifende Kooperationen v.a. mittelgroßer WPG entstanden.

Diese historische Entwicklung deutet an, dass die Internationalisierung der Wirtschaftsprüfung bisher nicht als gleichgewichtige gegenseitige Beeinflussung verschiedener Staaten verstanden werden kann. Angelsächsische Länder, v.a. die USA als die größte Wirtschafts- und Handelsnation und als Staat mit dem bedeutendsten Kapitalmarkt, haben erheblich die Entwicklung von Prüfungsnormen und Prüfungsusancen geprägt. So haben die nationalen amerikanischen Prüfungsstandards des → American Institute of Certified Public Accountants (AICPA) die von der → International Federation of Accountants (IFAC) herausgegebenen internationalen Normen wesentlich beeinflusst.

II. Grenzüberschreitende Rechnungslegungs- und Prüfungsnormen

In vielen Ländern, so in Deutschland, werden die für WP maßgeblichen nationalen Normen durch internationale Institutionen geprägt. Viele Harmonisierungen der Rechnungslegung und Prüfung folgen auch aus wichtigen Rechtsakten der Europäischen Union. Zu prüfen sind zahlreiche Abschlüsse, die nach den Rechnungslegungsvorschriften der → International Financial Reporting Standards (IFRS) aufgestellt sind. Nach näherer Bestimmung des § 315a HGB müssen oder können Konzernabschlüsse nach denjenigen IFRS aufgestellt werden, die von der EU-Kommission übernommen („freigegeben") worden sind. Speziell zum Zwecke der Offenlegung im elektronischen Bundesanzeiger ist auch die Aufstellung eines Einzelabschlusses nach IFRS möglich; vgl. § 325 IIa HGB.

Neben den – zunehmend Einfluss gewinnenden – IFRS sind weltweit die amerikanischen Generally Accepted Accounting Principles (US-GAAP) bedeutsame Bilanzierungsnormen. Für viele Rechnungslegende erscheinen inzwischen *global einheitliche* Bilanzierungsstandards für kapitalmarktorientierte/international tätige Unternehmen erstrebenswert.

Neben die Rechnungslegungsnormen sind länderübergreifend akzeptierte Prüfungsnormen getreten, die International Standards on Auditing (ISA) der IFAC. Die IFAC ist ein Zusammenschluss von mehr als 160 mit dem Rechnungs- und Prüfungswesen befasster Berufsorganisationen aus rund 130 Staaten. Anstelle einer Weiterentwicklung seiner früheren einschlägigen Fachgutachten und Stellungnahmen zum Prüfungswesen hat das Institut der Wirtschaftsprüfer in Deutschland e. V. (IDW) bereits seit Ende der 1990er-Jahre die ISA, unter Berücksichtigung deutscher Besonderheiten, in nationale Prüfungsstandards transformiert.

Als einflussreiche europäische Harmonisierungsquelle für die Prüfung ist v.a. die Richtlinie 2006/43/EG des Europäischen Parlaments und des Rates vom 17.5.2006 über Abschlussprüfungen von Jahresabschlüssen und konsolidierten Abschlüssen (geändert durch die Richtlinie 2008/30/EG vom 11.3.2008) zu nennen. Diese bis zum Jahre 2010 in allen EU-Mitgliedsländern jeweils in nationales Recht umgesetzte „Abschlussprüferrichtlinie" strebt u.a. EU-weite Vereinheitlichungen bei der Zulassung und den zu beachtenden Berufsgrundsätzen von Abschlussprüfern, beim Qualitätssicherungssystem und bei der öffentlichen Aufsicht über Abschlussprüfer an. Besondere Bestimmungen gelten für die Abschlussprüfung von Unternehmen von öffentlichem Interesse. Diese Bestimmungen enthalten erweiterte Unabhängigkeits- und Qualitätssicherungsanforderungen. Zudem hat der Prüfer dieser Unternehmen auf seiner Website einen jährlichen Transparenzbericht zu veröffentlichen. Ein Unternehmen von öffentlichem Interesse muss über einen Prüfungsausschuss verfügen.

Nachdem viele Forderungen der „Abschlussprüferrichtlinie" in der Bundesrepublik zuvor bereits berufsüblich bzw. Bestandteil deutschen Rechts waren oder in den vergangenen Jahren zu nationalem Recht geworden sind, setzte das BilMoG im Jahre 2009 verbliebene Anforderungen der Richtlinie – teilweise durch differenzierte Einzelregelungen – in nationales Recht um. So besitzen nach § 317 V HGB diejenigen ISA, welche von der EU-Kommission übernommen („freigegeben") werden, unmittelbare Geltung. Nach deutschem Recht (§ 317 VI HGB) können die ISA jedoch durch Rechtsverordnung erweitert werden oder es kann eine Nichtanwendung von Teilen dieser Standards verfügt werden. Aufgrund der unmittelbaren Geltung ändert sich zukünftig auch die Bedeutung der IDW-Prüfungsstandards, die fortan primär nur für *nicht* in den ISA geregelte Sachverhalte (dies betrifft etwa den Prüfungsbericht nach § 321 HGB) sowie für Erläuterungen Bedeutung haben.

Im Oktober 2010 veröffentlichte die Europäische Kommission das Grünbuch (Diskussionspapier, das Beratungen entfachen und zu späteren EU-Rechtsakten führen soll) „Weiteres Vorgehen im Bereich der Abschlussprüfung: Lehren aus der Krise". Federführend für den Bereich Wirtschaftsprüfung innerhalb der Europäischen Kommission ist die Generaldirektion Binnenmarkt und Dienstleistungen (GD MARKT), speziell deren Referat Wirtschaftsprüfungswesen. Das Grünbuch beabsichtigt, als Lehre aus der im Jahre 2007 begonnenen Finanzkrise zahlreiche neue Reformen im Wirtschaftsprüfungswesen anzustoßen. Der höchst kontrovers geführten Diskussion zum Grünbuch folgten im November 2011 ein Verordnungsvorschlag sowie ein Richtlinienvorschlag der Europäischen Kommission mit den Titeln „Vorschlag für Verordnung des Europäischen Parlaments und des Rates über spezifische Anforderungen an die Abschlussprüfung bei Unternehmen von öffentlichem Interesse" und „Vorschlag für eine Richtlinie des Europäischen Parlaments und des Rates zur Änderung der Richtlinie 2006/43/EG über Abschlussprüfungen von Jahresabschlüssen und konsolidierten Abschlüssen". Diese modifizierten Reformvorschläge, die im Vergleich zu den zunächst durch das Grünbuch intendierten weniger weitreichend sind, werden ebenfalls kontrovers diskutiert. Zentrale EU-Entwicklungen zu den Reformbestrebungen sind auf den die Abschlussprüfung betreffenden Webseiten der Generaldirektion ersichtlich. Die Einschätzungen der Berufsorganisationen der Prüfer in Europa zu den beabsichtigten EU-Vorschlägen sind z.B. über die Webseiten der FEE (Fédération des Experts-comptables Européens, Brüssel), des Zusammenschlusses der Berufsorganisationen der Prüfer aus mehr als 30 Europäischen Ländern (einschließlich aller EU-Länder), aufrufbar.

III. Grenzüberschreitende öffentliche Wahrnehmung von Besonderheiten und Problemen der Abschlussprüfung

Die öffentliche Wahrnehmung zum Wirtschaftsprüfungswesen, so zum tatsächlichen oder vermeintlichen Fehlverhalten in der Berufsausübung des Abschlussprüfers, endet nicht mehr an Ländergrenzen. Da die Medien über spektakuläre Fehlverhaltensfälle bekannter multinationaler Unternehmen berichten, werden auch in Deutschland inzwischen Bilanzierungs- und Prüfungsprobleme, die in anderen Staaten auftreten, so intensiv wahrgenommen, als wären sie im Inland vorgekommen. In anderen Staaten zur Verbesserung der Prüfungsqualität gezogene oder vorgeschlagene Konsequenzen führen unmittelbar zur Diskussion, inwieweit ihre Übernahme in der Bundesrepublik sinnvoll sein könnte.

Wissenschaftliche Tagungen, auf denen Probleme der Wirtschaftsprüfung erörtert werden, sind ebenfalls zunehmend international geprägt (vgl. z.B. European Accounting Association, European Auditing Research Network, American Accounting Association und ihre Auditing Section, International Symposium on Audit Research [ISAR]).

Alle wichtigen Rechnungslegungs- und Prüfungsprobleme sowie Lösungsansätze werden heute grenzübergreifend diskutiert, so die Gestaltung der Rechnungslegung nach internationalen Normen, die Zusammenarbeit zwischen dem Abschlussprüfer und dem Überwachungsorgan des Unternehmens unter Berücksichtigung international unterschiedlicher Unternehmensverfassungen sowie die Fragen, welches der Inhalt einer gesetzlichen Abschlussprüfung sein sollte und wie die Qualität der Wirtschaftsprüfung gesichert werden kann. Traditionell dient die Abschlussprüfung der Prüfung der Ordnungs- und der Rechtmäßigkeit der Rechnungslegung. Darüber hinausgehende Aufgaben können z.B. die Aufdeckung von Unterschlagungen und bestimmter anderer Delikte, die Beurteilung der Ordnungsmäßigkeit der Geschäftsführung, die Identifikation ungewöhnlich risikobehafteter Geschäfte oder Geschäftsbereiche oder die Fortführungsprognose für das Unternehmen sein. Neben diesen Themenbereichen gehören die nachfolgend angeführten Probleme zu den zentralen Diskussionspunkten. Insgesamt ist in der öffentlichen Diskussion der Trend festzustellen, die Aufsicht über die WP-Arbeit zu intensivieren. Zugunsten staatlicher Vorschriften und Lenkungsmaßnahmen wird dabei der Umfang der Selbstregulierungsmöglichkeit des Berufsstandes der WP tendenziell eingeschränkt.

1. Haftung des Abschlussprüfers

Die Haftung bei Pflichtprüfungen, aber auch bei sonstigen Tätigkeiten des WP, ist in den verschiedenen Staaten unterschiedlich geregelt. Manche Länder kennen bei Pflichtprüfungen keine Haftungsbegrenzung und praktizieren eine weitreichende Dritthaftung.

Demgegenüber besagt die zentrale Schadenersatzregelung des § 323 I HGB in Deutschland Folgendes: Bei einer gesetzlichen Abschlussprüfung haftet der Prüfer bei einer Pflichtverletzung zwar der Kapitalgesellschaft oder einem verbundenen Unternehmen, nicht aber Dritten (etwa Aktionären) gegenüber. Die Haftung gilt bei vorsätzlich oder fahrlässig begangenen Pflichtverletzungen; § 323 II HGB begrenzt bei Fahrlässigkeit die Höhe der Ersatzpflicht für eine Prüfung. Neben § 323 HGB zur Verantwortlichkeit des Abschlussprüfers bestehen weitere Anspruchsgrundlagen, z.B. aus Deliktsrecht, die auch eine Haftung gegenüber Dritten begründen können. Die Normen stellen aber zumeist kein großes Haftungsrisiko dar, z.B. weil in praxi eine vorsätzliche Aktionärsschädigung kaum nachweisbar ist. In der Erhöhung der Haftungssumme und einer Ausweitung der Haftung auf Vermögensschäden Dritter sehen manche Stimmen einen Ansatzpunkt zur Verbesserung der Prüfungsqualität in Deutschland. Haftungsvorschriften nehmen auch Einfluss darauf, ob für WP eine Berufshaftpflichtversicherung vorgeschrieben ist und zu welchen Konditionen eine solche abgeschlossen werden kann. Große, nicht oder nur zu hohen Prämien versicherbare Haftungsrisiken können für ein prüfungspflichtiges, in der Krise befindliches Unternehmen zu der Schwierigkeit führen, ein Wirtschaftsprüfungsunternehmen zu finden, das bereit ist, das Mandat zu übernehmen.

2. Sicherung der Unabhängigkeit des Abschlussprüfers

Vom WP wird ein unabhängiges, durch persönliche oder wirtschaftliche Bindungen nicht beeinträchtigtes berufliches Urteil erwartet. Die Gewährleistung unabhängiger Urteilsfindung streben nationale und internationale Normgeber an, indem sie – in unterschiedlicher Schwerpunktsetzung – einerseits berufsethische Grundsätze formulieren und andererseits präzise Gebote und Verbote für Tätigkeiten des Abschlussprüfers vorgeben. Durch welche Maßnahmen der Berufsgrundsatz der Unabhängigkeit zu sichern ist, unterliegt einer langjährigen, facettenreich geführten Diskussion.

Diskutiert wird im Schrifttum verschiedener Länder u.a. die Frage, welche *Nicht*-Prüfungsleistungen der Abschlussprüfer und seine Gesellschaft für Mandanten erbringen dürfen, v.a., ob und inwieweit die *gleichzeitige* Abschlussprüfung und Beratung möglich sein darf. Zur Beratung zählt auch die Steuerberatung. Unstrittig ist zwar, dass ein Abschlussprüfer im Rahmen eines Mandats die eigene Tätigkeit nicht selbst beurteilen darf; strittig ist jedoch, wie eng dieses Selbstprüfungsverbot im Detail auszulegen ist. Strittig ist darüber hinaus, inwieweit vom Selbstprüfungsverbot nicht berührte sonstige Tätigkeiten des WP – etwa Beratungsleistungen, die auf den Jahresabschluss keine Gestaltungswirkung ausüben – Beschränkungen unterliegen sollen.

Für die handelsrechtliche Pflichtprüfung in Deutschland konkretisiert § 319 HGB detailreich die Auswahl der Abschlussprüfer und die diese betreffenden Ausschlussgründe. Für Unternehmen von öffentlichem Interesse sind die Ausschlussgründe für die Tätigkeit als Abschlussprüfer deutlich erweitert (§ 319a HGB). Z.B. darf bei Unternehmen von öffentlichem Interesse ein WP, der Abschlussprüfer sein will, nach näherer Bestimmung des § 319a I HGB keine Steuerberatungsleistungen signifikanter Art erbringen. Liegt ein Prüfernetzwerk vor, so ist ein WP/eine WPG von der Abschlussprüfung ausgeschlossen, wenn bestimmte Ausschlussgründe für ein Netzwerkmitglied gelten (§ 319b HGB).

Einen wichtigen Dauerdiskussionspunkt stellen auch die in verschiedenen Staaten divergierenden Auffassungen zur Pflichtrotation dar, d.h. zur Frage, ob ein WP ein bestimmtes Mandat zeitlich unbegrenzt oder zeitlich nur begrenzt betreuen darf, und welchen Bedingungen der Abschlussprüferwechsel unterliegt. Z.B. kann es bei grundsätzlicher Pflicht zum Prüferwechsel erlaubt sein, an die Stelle des bisherigen WP einen anderen Abschlussprüfer der gleichen WPG treten zu lassen (im Fall einer *praxisintern* zulässigen Rotation). Für die handelsrechtliche Pflichtprüfung besteht nach näherer Bestimmung des § 319a I HGB eine Rotationspflicht des WP nur hinsichtlich der Abschlussprüfung eines Unternehmens von öffentlichem Interesse nach sieben Prüfungsfällen, es sei denn, seit der letzten Beteiligung des WP an der Abschlussprüfung seien zwei oder mehr Jahre vergangen („*Cooling-off*-Periode"). In praxi bedeutet die Norm insbesondere (nur) die Notwendigkeit zur *internen* Rotation des Unterzeichners des Bestätigungsvermerks/des von der WPG für die Durchführung einer Abschlussprüfung als vorrangig verantwortlich bestimmten WP.

3. Honorierung von Abschlussprüferleistungen

Der Diskussionspunkt der Honorierung betrifft die Frage, nach welchen Grundsätzen WP für ihre Leistungen vom Mandanten zu entgelten und welche weiteren Regelungen zu beachten sind, ob etwa Abschlussprüfer-Honorare einer Veröffentlichungspflicht unterliegen. Die Entgeltregelung darf die Unabhängigkeit des WP nicht gefährden; sie muss den Abschlussprüfer auch in die Lage versetzen, die notwendige Prüfungsqualität zu erbringen. Deshalb ist z.B. diesen Zielen widersprechendes Honorardumping bei Erstprüfungen, aber auch bei Folgeprüfungen zu verhindern. Die Honorarerörterung ist in Verbindung mit der Diskussion zu sehen, welche weiteren Tätigkeiten für den Mandanten potenziell erbracht werden können: Eine – im Vergleich zum dem WP entstehenden Aufwand – unzureichende Honorierung begünstigt die Annahme weiterer Tätigkeiten zur Honorarkompensation und damit die Gefahr, die prüferische Urteilsfreiheit und die zu erbringende Prüfungsqualität zu beeinträchtigen.

Grundlegende Alternativen sind freies Aushandeln von Honorarvereinbarungen zwischen den Vertragspartnern oder staatliche Gebührenordnungen. Eine Gebührenordnung für Pflichtprüfungen bestand zeitweise auch in Deutschland. Die Wirtschaftsprüferordnung (WPO) sieht inzwischen keine Ermächtigung für das Bundeswirtschaftsministerium zum Erlass einer Gebührenordnung mehr vor. Jedoch sind die Vergütungsvereinbarungen des WP der Beachtung von Gesetzesvorschriften unterstellt; nach den §§ 55, 55a WPO darf die Vergütung z.B. nicht vom Ergebnis der Tätigkeit des WP abhängig gemacht werden, abgesehen von besonderen Ausnahmen, die die Beratungstätigkeit und die Interessenwahrung betreffen, in engen Grenzen auch die Hilfeleistung in Steuersachen.

In der Diskussion zur Reform der Abschlussprüfung im Jahre 2012 befürwortete die Wirtschaftsprüferkammer zunächst den Erlass einer Gebührenordnung für gesetzliche Abschlussprüfungen, dann nur die Einführung von "qualitätssichernden Entgeltregelungen" i.S. der Vorgabe von für das Mandat zu leistenden Mindeststundenzahlen bei gesetzlichen Abschlussprüfungen in Abhängigkeit von Eigenarten der jeweils prüfungspflichtigen Unternehmen.

4. Die Abschlussprüfung ergänzende Maßnahmen zur Sicherung der Rechnungslegungsnormen sowie der Prüfungsqualität

Maßnahmen zur Sicherung der Qualität der Rechnungslegung und Abschlussprüfung sind zahlreich denkbar. Nachfolgend werden zwei in Deutschland übernommene Vorgehensweisen der Qualitätssicherung erörtert. In vielen Staaten sind Prüfstellen für Rechnungslegung zur Stärkung des Vertrauens in veröffentlichte Jahres- und Konzernabschlüsse eingerichtet. Die Prüfstellen sind in manchen Ländern staatliche Behörden, in anderen Ländern privatwirtschaftliche Organisationen. Der Ansatzpunkt ihrer Tätigkeit ist folgender: Angenommen, ein Bilanzierender verstößt gegen zentrale Rechnungslegungsvorschriften. Sodann versagen der Gewährleistung der Rechnungslegungsqualität dienende Sicherungsinstanzen, wie der Aufsichtsrat und der WP. Aktionäre oder andere Dritte erkennen die Rechnungslegungsverstöße; ihnen steht jedoch – so sei schließlich angenommen – kein Rechtsanspruch auf Beseitigung der Rechnungslegungsmängel zu, oder ein Gerichtsverfahren würde zu keiner zügigen Entscheidung führen. Für eine derartige Situation ist eine von den Rechnungslegern und den Sicherungsinstanzen unabhängige Prüfstelle nützlich, deren Aufgabe die zügige Geltendmachung oder Durchsetzung *(Enforcement)* der bestehenden Vorschriften ist. Die Prüfstelle nimmt sich Eingaben in ihren Rechten Betroffener oder Eingaben aus der Öffentlichkeit an. Sie kann auch selbstständig tätig werden mit dem Ziel der Überprüfung vermuteter Rechnungslegungsverstöße und deren Abhilfe, gegebenenfalls auch mit dem Ziel einer generellen Stichprobenüberprüfung von Unternehmen im Hinblick auf die Einhaltung von Rechnungslegungsnormen. Die Einrichtung eines „Enforcement-Verfahrens" für die Rechnungslegung bedeutet i.d.R. zugleich die fallweise Qualitätskontrolle der Arbeit des Abschlussprüfers und mögliche berufliche Konsequenzen für diesen, z.B. bei einer nachfolgenden Ahndung festgestellter Pflichtverstöße durch die Berufsaufsicht.

In der Bundesrepublik Deutschland gilt das „Enforcement-Verfahren" für bestimmte Abschlüsse und zugehörige Lageberichte von Unternehmen, deren Wertpapiere i.S.d. § 2 I S. 1 Wertpapierhandelsgesetz (WpHG) an einer inländischen Börse zum Handel im regulierten Markt zugelassen sind. Das Verfahren ist zweistufig eingerichtet. Prüfungsträger sind die Deutsche Prüfstelle für Rechnungslegung DPR e. V. und die Bundesanstalt für Finanzdienstleistungsaufsicht (BaFin). Die DPR ist privatrechlich organisiert; mit ihr müssen Unternehmen nicht kooperieren. Vgl. §§ 342b bis 342e HGB zur DPR. Die BaFin ist dagegen mit hoheitlichen Mitteln ausgestattet. Vgl. §§ 37n bis 37u WpHG zur Prüfung der Bundesanstalt.

Während die Überwachung der Rechnungslegung nur eine indirekte Überwachung des Abschlussprüfers bedeuten kann, dienen externe, von Dritten vorgenommene regelmäßige Qualitätskontrollen der generellen Qualitätsbeurteilung und Qualitätssteigerung der prüferischen Arbeit. Das *Peer Review*, das in Deutschland ebenfalls nach Vorbildern in anderen Ländern eingerichtet wurde, stellt eine Qualitätskontrolle des prüferischen Vorgehens durch andere Berufsangehörige, die Peers (engl. für *Gleiche, Ebenbürtige*), dar. Peer Reviews dienen im Kern der Selbstregulierung des Berufsstandes; sie können dabei einer gewissen staatlichen Aufsicht und Reglementierung unterliegen (für die Bundesrepublik vgl. die für die Durchführung gesetzlich vorgeschriebener Abschlussprüfungen geltenden Vorschriften der §§ 57a bis 57h WPO). Die Kontrolle der Prüfungstätigkeit ist in den verschiedenen Staaten nicht einheitlich geregelt. In der Bundesrepublik Deutschland gilt die nach einem erfolgreichen Peer Review ausgestellte Qualitätskontrollbescheinigung der WPK z.B. für sechs Jahre (im Falle von gesetzlichen Abschlussprüfungen für Unternehmen von öffentlichem Interesse drei Jahre); der zu kontrollierende Prüfer wählt innerhalb der von der WPO bestimmten Grenzen seinen Peer aus dem Kreis hierzu registrierter Prüfer selbst aus. Dagegen ist das Public Company Accounting Oversight Board (PCAOB) als Aufsichtsgremium in den USA für seine teils jährlichen, teils maximal dreijährlich stattfindenden Inspektionen Herr des Verfahrens einer berufsfremden Beaufsichtigung.

Internationalisierung des Handels

von Prof. Dr. Thomas Foscht und Prof. Dr. Prof. h. c. Bernhard Swoboda

I. Einführung

Viele Handelsunternehmen agieren heutzutage beschaffungsseitig international, indem sie Güter direkt oder indirekt importieren; abgestufter international ist der Wissenstransfer im Handel, so bei Führungskräften oder Informationssystemen. Absatzseitig allerdings wird die internationale Expansion aggressiv v.a. von führenden Handelsunternehmen in diversen Handelsbranchen erst seit rund zwei Dekaden vorangetrieben. Die Basis für die Dynamik, aus Sicht westeuropäischer Handelsunternehmen, bildet die zunehmende Sättigung und Konzentration auf den Heimatmärkten und zugleich die Öffnung von neuen Absatzmärkten im Osten Europas und in Asien. Indessen ist der internationale Handel seit der Antike bekannt, man denke nur an die Auslandsaktivitäten der Phönizier, Theber und Römer oder später der Fernhandelshäuser, so der niederländischen Handelskompanien, die während der Industrialisierung bereits ein weltweites Netz von Handelsverbindungen unterhielten. Es handelte sich damals um einen funktionalen Handel – d.h. eine wirtschaftliche Tätigkeit der Beschaffung und des Absatzes von Gütern i.d.R. ohne wesentliche Be- und Verarbeitung – bzw. um Außen- oder Großhandel. Nachfolgend steht der institutionelle Einzelhandel im Vordergrund, d.h. diejenigen Unternehmen, die sich in ihrer Tätigkeit ausschließlich oder überwiegend dem Handel im funktionellen Sinne und zwar gegenüber Endkonsumenten widmen. Vertikal integrierte Handelsunternehmen, insb. in der Fashion-Branche, und solche im E-Commerce zählen ebenso dazu.

Nachfolgend steht die absatzseitige Expansion von Einzelhandelsunternehmen im Ausland im Fokus (vgl. bereits Zentes/Swoboda 1998; zum Großhandel Swoboda 2002). Sie umfasst vielfaltige Entscheidungen, die nicht zuletzt aus den unterschiedlichen Rahmenbedingungen in Auslandsmärkten erwachsen und zugleich interdependent sind und so den Erfolg bestimmen. Derartige Entscheidungen werden systematisch im Überblick behandelt und zwar nachdem die Besonderheiten der Internationalisierung des Handels in Abgrenzung zur Industrie skizziert werden. Ein Ausblick beschließt die Ausführungen.

II. Besonderheiten der Handelsinternationalisierung

Die Internationalisierung des Handels entspricht nur sehr bedingt der Internationalisierung von Industriegüterunternehmen oder anderen Serviceunternehmen (lt. „WTO service list"). Zwei Besonderheiten bezüglich der Dynamik und der Charakteristika des Handels illustrieren dieses.

Während erstens die Internationalisierung produzierender Unternehmen im Export seit über vier Dekaden stark wächst (die Außenhandelsvolumina betrugen gemäß UNCTAD 317 Mrd. US-$ im Jahr 1970 und über 22.000 Mrd. US-$ im Jahr 2011) und die der Direktinvestitionen seit über drei Dekaden (789 Mrd. US-$ im Jahr 1980 und über 20.000 Mrd. US-$ im Jahr 2011), ist eine signifikante Internationalisierung von Einzelhandelsunternehmen „erst" seit Mitte der 1990er-Jahren zu beobachten. Swoboda/Blanke (2013) unterstreichen dies für stark internationalisierte Food-Händler, die in den letzten beiden Dekaden in viele Länder neu eintraten und Auslandsumsatzanteile von bis zu 60% realisierten (vgl. zu den größten vier in der Welt Swoboda/Elsner 2011c), sowie für führende europäische Non-Food-Händler in diversen Branchen, die alleine in der letzten Dekade stark im Ausland expandierten. Nach anfänglichen Eintritten in westliche und dann in mittel-/osteuropäische Länder stehen zunehmend kulturell entfernte, stark wachsende Länder im Fokus. So gilt heute China mit rund 600 Mrd. EUR als weltweit zweitgrößter Einzelhandelsmarkt und IGD Research geht davon aus, dass China bis zum Jahre 2015 das Markvolumen fast verdoppeln und dann vor den USA liegen wird. Ferner wird erwartet, dass die BRIC-Länder nach dem Jahr 2015 unter den Top 5 Volumenmärkten im Handel liegen werden, während Deutschland Position neun einnehmen wird.

Ebenso der Dynamik geschuldet mag der relativ geringe Forschungs- bzw. Wissensstand zur Internationalisierung des Handels sein. Die Industrie wird in der deutschsprachigen betriebswirtschaftlichen Literatur seit der Behandlung des Exports bei Josef Hellauer (System der Welthandelslehre – Ein Lehr- und Handbuch des internationales Handels, Wien 1910) systematisch und intensiv behandelt. Demgegenüber wurde die Internationalisierung der Einzelhandelsunternehmen bisher in relativ wenigen Beiträgen und zudem relativ spät thematisiert (z.B. Zentes/Swoboda 1998; Liebmann/Foscht 2001). Eine weitgehend erschöpfende Bestandsaufnahme der verfügbaren Literatur zeigt, dass bspw. ganze sieben Studien den Erfolg internationaler Handelsunternehmen behandeln (Swoboda/Zentes/Elsner 2009). Der Erfolg wird zudem kaum im jeweiligen Gastland betrachtet, da die meisten Handelsunternehmen dies nicht publizieren (vgl. als Ausnahme Swoboda/Elsner 2011d, 2012).

Zweitens, die Charakteristika internationaler Handelsunternehmen – in Abgrenzung zur Industrie – betreffen das Marketing, das Management und die Finanzierung (vgl. Swoboda/Zentes/Elsner 2009; Zentes/Swoboda/Foscht 2012).

- Die Märkte sind für Händler in stärkerer Weise lokal als für Industrieunternehmen, d.h. lokale Konsumgewohnheiten müssen stärker berücksichtigt werden, während es für die Industrie oft genügt, gewisse Produktanpassungen durchzuführen. Ähnliche Konsequenzen resultieren aus dem direkten Kontakt mit dem Endkunden, der Vielzahl an Kunden und der großen Transaktionshäufigkeit. Zudem verfügt der Handel über mehr Marketinginstrumente als die Industrie, z.B. Standort, Ladenlayout, die – wie das Store Design oder genereller das intellektuelle Kapital – gegenüber Konkurrenten nicht wirkungsvoll geschützt werden können. Weitere Marktunvollkommenheiten prägen den Handel, was z.B. mit der Art und Weise der Produktbündelung zum Wiederverkauf zusammen hängt und staatliche Interventionen bzgl. Landnutzung/Bebauung, Standorte, Öffnungszeiten etc. umfasst.
- Händler managen eine hohe Anzahl an Outlets, d.h. Handelsunternehmen agieren oft mit einem Netzwerk von weit über 500 Läden, die durch ihre räumliche Dislozierung bei gleichzeitiger Netzwerkcharakteristik gekennzeichnet sind; anders als die Wirtschaftsbeziehungen der Industrie. Daher steht bei der Industrie die operationale Effizienz lokaler Einheiten weitaus stärker unter der Kontrolle des Topmanagements als im Handel und im Handel sind neben der Koordination der Beziehung von Muttergesellschaft zur Auslandsniederlassung zusätzlich die Koordination der Verkaufseinheiten relevant. Das Management muss ferner i.d.R. stark an die Konsumkultur des jeweiligen Gastlandes angepasst werden, was die Besetzung von Managementpositionen tangiert.
- Im Handel bestehen andere Kostenstrukturen und andere Quellen für operationale Effizienz: zum einen sind Einstandskosten der Waren – bei erheblichen branchenspezifischen Differenzen – im Handel mit durchschnittlich 80% der Gesamtkosten deutlich höher als in der Industrie und erfordern das Ausnutzen von Skalenvorteilen in Beschaffung und Logistik. Der Auswahl von Lieferanten kommt daher eine kritische Rolle zu, zumal Handelsunternehmen eine hohe Anzahl an Lieferanten haben (selbst kleine Spezialgeschäfte mit bis zu 2 Millionen Euro Umsatz benötigen rund 350 Lieferanten, um ein angemessenes Sortiment zusammenzustellen) und Lieferantenbeziehungen in den Auslandsmärkten oft neu aufzubauen sind, so im Lebensmitteleinzelhandel. Zudem sind ROI- und Cashflow-Ströme im Handel anders als die in der Industrie.Insgesamt resultiert aus den Besonderheiten die Herausforderung zur spezifischen Behandlung der Internationalisierung im Handel, was mit ausgewählten Kernentscheidungen nachfolgend erfolgt.

III. Kernentscheidungen der Internationalisierung im Handel

1. Bezugsrahmen

Die internationalen Aktivitäten schließen im stationären Handel i.d.R. per se die Verlagerung von Kapital- und Managementleistungen ins Ausland ein, anders wie etwa bei Exportaktivitäten der Industrie (ähnlich beim

Versandhandel). Entsprechend komplex können die Entscheidungen im internationalen Kontext behandelt werden, was an dieser Stelle auf zwei Perspektiven reduziert wird.

Aus der Perspektive des Internationalen Managements kann die Planung, Koordination und Kontrolle der Wertschöpfungsaktivitäten behandelt werden (Swoboda/Foscht/Cliquet 2008; Swoboda/Anderer 2008). Entsprechende Spezifika umfassen im Handel die Kernprozesse

- der Marktbearbeitung (v.a. Marketing, mit Marktanalyse- und Vertriebsprozessen) und
- der Supply-Chain (die Beschaffung und Logistik, aber auch die Operationen bei Handelsmarken, also vom Handel markierte Produkte, Artikel und Warengruppen) sowie
- in der Führung des Wertschöpfungssystems (Organisation, Informations- oder Human-Ressource-Management), allerdings sowohl auf der Ebene von Tochtergesellschaften wie auch auf der von Outlets/Filialen.

Man kann auch von „visible offers" und „know how parts of a format (processes and culture)" sprechen (Swoboda/Elsner 2011d, 2012). Die Komplexität der Aufgaben im internationalen Bereich ist i.d.R. deutlich höher als im nationalen, nicht nur im Hinblick auf den höheren Informationsbedarf und die höheren Risiken. Der Blick auf die internationalen Wertschöpfungsprozesse kann auf die Konfiguration, die Koordination und die Transaktionsform bezogen werden (vgl. Swoboda/Foscht/Cliquet 2008).

Demgegenüber steht das internationale Marketing, das definitorisch grenzüberschreitende Aktivitäten sowie länderspezifisches und -übergreifendes Denken und Handeln umfasst. Es ist somit nicht gleichzusetzen mit einem „multiplen nationalen Marketing" (im Sinne isolierter Aktivitäten in einzelnen Märkten), sondern es existieren originäre Aufgabenbereiche, so Fragen des Einstiegs in Ländermärkte (Marktwahl und -eintrittsform) und der Bearbeitung der Ländermärkte unter Beachtung von Interdependenzen (ressourcenmäßiger Art und/oder in Form von Marktwirkungsbeziehungen). Viele Händler stehen relativ am Anfang der Internationalisierung und entscheiden oft noch in Projekten über Markteintritte oder weisen eine weitgehend heimatmarktzentrierte internationale Strategie auf, d.h. transferieren aus dem Heimat- in das Gastland. Die internationale Marketingsicht erscheint gegenwärtig adäquater, um die Besonderheiten der Internationalisierung von Handelsunternehmen zu systematisieren. Nachfolgend werden daher entsprechende Kernentscheidungen im Überblick aber interdependent behandelt und zwar aus einer dynamischen Sicht:

- Marktengagement, d.h. Marktauswahl/-eintritt, aber auch Marktbewertung/-austritt,
- institutionelle Bearbeitungsformen, d.h. Markteintrittsstrategien, aber auch Switches,
- Marktbearbeitung, d.h. initiale Entscheidungen, aber auch Adaptionen oder Standardisierungen,
- Führung, d.h. initiale Integration beim Markteintritt, aber auch länderübergreifende Koordination.

Die dynamische Perspektive kann als „Going International" und „Being International" gesehen werden (Swoboda/Foscht/Pennemann 2009; Zentes/Swoboda/Schramm-Klein 2010).

2. Entscheidungen des „Going International"

Das absatzseitige „Going International" des Handels ist primär durch Umsatzmotive, weniger durch Kosten- oder Effizienzmotive gekennzeichnet. Dies ist naheliegend, da der Handel i.d.R. nicht produziert und sich seine Internationalisierung in einer relativ frühen Phase befindet, in der auch in der Industrie absatzorientierte Motive dominierten. Frühe Arbeiten adressierten derartige Motive (vgl. den Überblick bei Swoboda/Zentes/Elsner 2009). Primär nannten sie die Öffnung neuer Märkte (Osteuropa, Asien), die attraktive Wachstumsoptionen bieten, sowie die Konvergenz der Kundenbedürfnisse, die primär Non-Food-Unternehmen Formatreplikation ins Ausland ermöglichen (Pull-Motive). Auch Heimatlandbedingungen, wie begrenzte Wachstumsoptionen und Verdrängungswettbewerb treiben die Internationalisierung an (Push-Faktoren). Weitere Motive variieren länder- oder handelsbranchenspezifisch (Zentes/Swoboda/Foscht 2012).

Drei hierauf basierende Kernfragen werden mit der „Going-International"-Perspektive verbunden, nämlich die Frage nach der Wahl von Märkten und der Wahl von Markteintrittsstrategien sowie der Wahl der Objekte für die internationale Expansion.

Marktauswahl

Markteintritte erfolgen grundsätzlich auf Basis von zwei Entscheidungsmustern, nämlich strategisch geplant, auf Basis eines Marktselektionsmodells („deliberat"), oder ungeplant, aufgrund von Gelegenheiten, von Bestrebungen autonomer Auslandseinheiten in Nachbarländern, von Konkurrenzbeobachtung usw. („emergent"). Studien, die den Erfolg beider Muster im Handel vergleichen fehlen. Dennoch ist dem geplanten Vorgehen der Vorzug zu geben, da ein zielgerichtetes, langfristiges und damit strategisches Vorgehen die Chance von Fehlentscheidungen reduziert. Zwei grundsätzliche Entscheidungsalternativen sind zu unterscheiden (vgl. dazu Zentes/Swoboda/Schramm-Klein 2010; Swoboda/Schwarz/Hälsig 2007; Swoboda/Olejnik 2011):

- Beim Ziel ein spezifisches, international homogenes (globales) Kundensegment anzusprechen, z.B. bei Fashion-Unternehmen (wie Hermes, Esprit, H&M), werden idealtypisch homogene Kundengruppen in verschiedenen Ländern bestimmt.
- Beim Ziel die attraktiven Ländermärkte für die nächsten Expansionsschritte zu bestimmen, bietet sich die Anwendung eines Selektionsmodells an, das dem Trade-off zwischen Kosten der Informationsbeschaffung und dem Nutzen dieser Informationen Rechnung trägt. Swoboda/Olejnik (2011) berichten über ein entsprechendes mehrstufiges Vorgehen. In mehreren Schritten erfolgt eine Bewertung denkbarer Länder (anhand von Knock-out-Kriterien, Makrodaten usw.), um eine Pipeline attraktiver Länder zu bestimmen. Auf dieser Basis entscheidet das Management über eine eingehende, alle Wertschöpfungsaktivitäten umfassende Feasibility-Study für ausgewählte Länder.

Denkbare Vorgehensweisen in beiden Fällen sind in der Literatur gut dokumentiert und können den Zielen eines jeden Handelsunternehmens angepasst werden (vgl. bspw. spezifische Bewertungskriterien im Fashion-Handel Swoboda/Foscht/Maloles/Schramm-Klein [2009] und Ziele im Food-Handel Swoboda/Schwarz/Hälsig [2007]). Indessen entscheiden Unternehmen oft nicht deliberat und die Muster ihrer Expansion variieren.

Markteintrittsstrategie

Breiter sind die Quellen zur internationalen Markteintrittsstrategie, einer klassischen Entscheidungsdimension im internationalen Management/Marketing mit einer Fülle denkbarer Determinanten (vgl. dazu z.B. Morschett/Schramm-Klein/Swoboda 2010; Morschett/Swoboda/Schramm-Klein 2011). Eintrittsstrategien bilden den institutionellen Rahmen für die Geschäftsaktivitäten in einem Land und werden oft in „full controll modes" (z.B. Tochtergesellschaften, Akquisitionen) und „shared controll modes" (z.B. Joint Ventures, Minderheitsbeteiligungen) unterschieden. Swoboda/Schwarz (2006) nennen die Vor- und Nachteile der im Handel relevanten Eintrittsstrategien: organische Formen, Akquisitionen, Beteiligungen, Joint Ventures, Franchising sowie Lizenzen. Idealtypisch wird die optimale Markteintrittsstrategie für den jeweiligen Markt bestimmt, z.B. Tochtergesellschaften in attraktiven Volumenländern, um die volle Kontrolle über die Expansion ausüben zu können. Indessen verhalten sich wenige Unternehmen in dieser Form, d.h. wählen jedes Mal die Strategie neu. Vielmehr kann die Existenz einer institutionalisierten bzw. präferierten Strategie nachgewiesen werden, so bei Lidl-Tochtergesellschaften, beim Leclerc-Franchising oder bei Walmart-Akquisitionen. Diese Strategie wird üblicherweise präferiert, es sei denn (Swoboda/Elsner 2011a)

- Umweltzwänge im Auslandsmarkt treten auf, die eine Abweichung erfordern (etwa institutionelle Regelungen oder Normen, so in Ländern wie China, Indien und Japan), oder
- Gelegenheiten ergeben sich (z.B. Akquisitionsoptionen in gesättigten Volumenmärkten).

Je erfahrener Handelsunternehmen im Ausland sind und je schneller sie expandieren, umso stärker wird eine institutionalisierte Eintrittsstrategie genutzt (Swoboda/Elsner 2011a), während nur wenige Händler die gesamte Palette von Markteintrittsstrategien nutzen. Vielmehr treten Unternehmen mit spezifischen Strategien in spezifische Märkte ein. Bspw. betritt Walmart die jeweils größten Märkte eines jeden Kontinents mittels Akquisitionen oder Joint Venture (Indien, Japan, China in Asien, Brasilien, Argentinien, Mexiko in Amerika, Deutschland, Großbritannien in Europa oder Südafrika in Afrika) und organisch (kleinere) Märkte in Mittelamerika. Kriterien für die Wahl sind ggf. unternehmensspezifische Parameter (wie Kontroll- oder Risikoniveau) und länderspezifische Parameter (wie Marktattraktivität und -barrieren). Vieles spricht dafür, dass hier gemäß einem Entscheidungsbaum vorgegangen wird, etwa ausgehend von der präferierten Strategie auf Barrieren deren Realisierung schauend, gefolgt ggf. von der Bestimmung von Alternativen bis eine zufriedenstellende Lösung vorliegt.

Eintrittsobjekte

Die Sicht der Eintrittsobjekte in Handelsunternehmen wird entweder nur mit Blick auf die bevorzugten Betriebs- und Vertriebstypen oder gesamthaft auf die Marketinginstrumente oder Angebotsbündel von Waren, Standorten und Dienstleistungen bezogen. I.d.R. tendieren Handelsunternehmen dazu, die bewährten Konzepte zu „exportieren", was bei Akquisitionen oder Joint Ventures und bei attraktiven Volumenmärkten durchbrochen wird.

Oftmals wird dies mit der Entscheidung zum Timing, d.h. dem Eintrittszeitpunkt verbunden, wobei Gielens/Dekimpe (2001) empirisch zeigen, dass Timing ein Erfolgsfaktor in internationalen Handelsunternehmen ist, denn die schnell eintretenden Unternehmen sind erfolgreicher als solche die langsam eintreten (im Lebensmitteleinzelhandel).

Interdependenzen zwischen den Entscheidungen

Diese Entscheidungen werden oft sequentiell betrachtet, da idealtypisch Unternehmen zunächst den attraktivsten Auslandsmarkt bestimmen, gefolgt von der Eintrittsstrategie und dem Expansionsobjekt. Sie sind gleichwohl nicht unabhängig voneinander, da z.B. erstens bei Monobetriebstypenunternehmen die Markt- und Eintrittsstrategiewahl im Hinblick auf die Marktchancen eines spezifischen Betriebstyps erfolgen, und zweitens der Eintritt mittels Akquisition die Auswahl der Auslandsmärkte und das „Eintrittsobjekt" bereits beinhaltet. Die Interdependenzen zwischen den Entscheidungen sind also vielfältig. So hängt die Form des Markteintritts eng mit der Art der Marktbearbeitung, etwa dem Betriebstyp zusammen. Discounter bevorzugen organische Eintritte, wie generell deutsche Unternehmen im Vergleich zu solchen aus den USA. Zudem ist es bei Akquisitionen und Joint Ventures tendenziell schwieriger, Standardisierungen von Marketinginstrumenten und Prozessen durchzuführen, da hier zunächst Potenzialharmonisierungen stattfinden (müssen), die Zeit in Anspruch nehmen. Franchising und die organische Expansion bieten dagegen höhere Standardisierungspotenziale, da der Multiplikation der Konzepte weniger Widerstände gegenüber treten. Standardisierte Marktbearbeitungsstrategien setzen das Vorhandensein bzw. die Akzeptanz bei einer ökonomisch ausreichenden „kritischen Masse" von Abnehmern voraus und begrenzen dadurch den Kreis der potenziellen Ländermärkte, die für einen Markteintritt in Frage kommen.

3. Entscheidungen des „Being International"

Die Entscheidungen beim erstmaligen Eintritt bilden die Basis für folgende Expansionsschritte, d.h. es sind mit Zentes/Swoboda/Schramm-Klein (2010) eine Reihe von Folgeentscheidungen während des „Being International" relevant (Swoboda/Foscht/Pennemann 2009):

- Neben der Marktwahl sind die bearbeiteten Ländermärkte zu bewerten, als Basis für zukünftige Penetrations-, Ressourcenallokations- oder Austrittsentscheidungen.
- Neben der Eintrittsstrategiewahl ist die Frage nach dem Switch der Strategie von Bedeutung, z.B. Erweiterung von Minderheitsbeteiligungen, Überführung eines Joint Venture in eine Tochterstruktur etc.

Die Expansion nach dem Eintritt, also beim „Being International", kann mit Blick auf einzelne Länder (länderspezifisch) und darüber hinaus alle bearbeiteten Länder, also ein Länderportfolio (länderübergreifend), betreffen. Im ersten Fall erfolgt die Expansion bspw. durch die Penetration eines Ländermarktes, die Formatinnovation und -diversifikation, die Switches in der Eintrittsstrategie oder durch Austritte bzw. der damit verbunden Reallokation von Ressourcen (Swoboda/ Foscht/Pennemann 2009; siehe nachfolgend Swoboda/Blanke 2013). Bearbeitet ein Unternehmen mehrere Auslandsmärkte, dann sind die Entscheidungsoptionen zusätzlich mit Fragen verbunden wie „Welche Ländermärkte sollen penetriert, welche sollen verlassen und welche weiteren Ländermärkte sollen betreten werden?".

Marktbewertung als Basis

Diese Expansionsüberlegungen sind für stark internationalisierte Unternehmen relevant und lassen die Nutzung von Ländermarktportfolios sinnvoll erscheinen. Letztere ermöglichen die Kategorisierung von Märkten nach bestimmten Kriterien, so Attraktivität und Barrieren oder Wettbewerbssituation und Marktvolumina. Für deren Konstruktion ist idealtypisch eine dreistufige Vorgehensweise sinnvoll (Swoboda/Schwarz/Hälsig 2007):

- Entscheidung bzgl. der Bewertung bisher bearbeiteter Ländermärkte und/oder weiterer, nicht-bearbeiteter Ländermärkte;
- Entscheidungen bzgl. der Bewertungsdimensionen (z.B. Attraktivität, Barrieren);
- Entscheidung bzgl. der Bewertung der vergangenen/heutigen Situation und/oder der zukünftigen/strategischen Bedeutung (Rolle des jeweiligen Landes).

Werden bspw. die bearbeiteten Ländermärkte bewertet, dann kann dies anhand der bisherigen Entwicklung erfolgen, während neue Märkte meistens strategische Einschätzungen, z.B. bzgl. des Wachstumspotenzials, erfordern. Ein Portfolio mag die Gegenüberstellung von Ländermärkten anhand von Marktbarrieren und -attraktivität abbilden. Ersichtlich wäre dann was heutige und zukünftige Kernmärkte oder Peripheriemärkte sind, die keine großen Wachstumsoptionen mehr versprechen und in denen günstigstenfalls die Position zu halten ist (vgl. dazu Zentes/Swoboda/Schramm-Klein 2010). Dieses Portfolio kann als Basis für die Expansionsentscheidung dienen, i.e.S. länderspezifische Entscheidungen wie Penetration oder Positionssicherung und länderübergreifende Entscheidungen, z.B. wie welches Land zu penetrieren, neu zu betreten oder zu verlassen ist. Zusätzlich folgen Handelsunternehmen oft Unternehmensgrundsätzen, z.B. Öffnung eines Ländermarkts und anschließende Eröffnung von 50 Läden p.a., Aufgabe von Ländermärkten in denen keine marktführende Position erreicht werden kann, usw. (Swoboda/Foscht/Pennemann 2009).

Penetration

Die Penetration als traditionelle Wachstums- und daher Expansionsstrategie umfasst Aktivitäten mit bisherigen Betriebstypen in bisherigen Märkten. Von den Möglichkeiten einzelne oder alle bearbeiteten Ländermärkte zu penetrieren sind zwei hervorzuheben, nämlich

- Anpassung der Marktbearbeitung und
- Ausbau von Ladennetzen.

Die Anpassung der Marktbearbeitung bedeutet eine stärkere Orientierung am lokalen Markt. Verbunden damit sind Fragen nach der lokalen Adaption von Leistungsangeboten, wie Sortiment, Handelsmarken, Preise, Services usw. In Kontrast hierzu stehen eine stärkere länderübergreifende Standardisierung der Leistungsangebote und der Transfer von Sortimenten oder Handelsmarken in Auslandsmärkte, wenn in einem Land die Nachfrage entsprechendes Potenzial bietet. Typisch und herausfordernd ist, dass Formate v.a. aufgrund ihres Innovationscharakters in neuen, v.a. in Schwellenländern, oft eine Zeit lang erfolgreich sind (Gielens/Dekimpe 2001), aber mit Zunahme der Marktsättigung und des Wettbewerbs in diesen Märkten Adaptionen notwendig werden. Die Erkennung des Zeitpunkts für einen notwendigen Strategiewechsel ist eine Herausforderung, denn Unternehmen mögen ggf. zu spät reagieren, also erst dann, wenn die Nachfrage bereits ausbleibt. Typisch ist aber auch, dass Handelsunternehmen einzelne Elemente ihrer Formatstrategie standardisieren (z.B. Ladentyp, Layout, Standorte, also sog. „core elements of the format transfer strategy"), während sie andere adaptieren (z.B. Sortiment, Preis, Verkaufsförderung, also sog „peripheral elements of the format transfer strategy") (Swoboda/Elsner 2011d). Eine Standardisierung von „core" und eine Adaption von „peripheral" determinieren den Erfolg in einem Land. Den Erfolg bestimmen – allerdings nur indirekt, mediiert durch die Instrumente – auch die standardisiert ins Ausland übertragenen Marketingprozesse (Marktanalysen, Entwicklung von Warengruppen, Serviceprogrammen usw.) und der Supply-Chain-Prozess (wie Lieferantenauswahl, Beschaffungslogistik, Warenwirtschaftsprozesse usw.) (Swoboda/Elsner 2012). Diese Prozesse sind den Marketinginstrumenten vorgelagert, sie sind interdependent zu den Instrumenten und sie werden überraschend selten betrachtet, obwohl Beschaffung und Logistik bekannte Erfolgsfaktoren im Handel sind.

Der Ausbau des Ladennetzes in einem Land unterscheidet sich beim organischen Vorgehen nicht von der Strategie der Filialisierung. Analog kann dies für die Entwicklungen von Franchisesystemen ausgeführt werden. Festzuhalten ist nur, dass die Expansion des Filialnetzes im Ausland– stärker als im meist saturierten Heimatmarkt – z.B. durch Akquisition von Konkurrenten erfolgt, zumal Konkurrenten im Ausland aus dem Markt ausscheiden.

Betriebstypeninnovation und -diversifikation

Die Expansion in einem Land kann auf der Betriebstypeninnovation, d.h. der Entwicklung neuer Betriebstypen zur Ansprache der gleichen Kundengruppe, und auch weitergehend der Betriebstypendiversifikation, d.h. der Entwicklung neuer Betriebstypen zur Ansprache neuer Kundengruppen liegen. Die Betriebstypeninnovation meint dabei die Einführung eines neuen Betriebstyps in einen bearbeiteten Ländermarkt, um damit etwa das Marktpotenzial stärker auszuschöpfen und Marktführer zu werden. Vor allem für Mehrbetriebstypenunternehmen bildet dies eine erfolgsversprechende Option, denn sie ziehen durchaus weitere Betriebstypen nach Eintritt mit einem anderen in die Gastländer in Betracht (Swoboda/Elsner 2011c). Alternativ hierzu kann die eigene Entwicklung neuer Betriebstypen im Ausland erfolgen. Neben beiden Formen der kooperativen oder organischen Entwicklung kann ebenso die Akquisition zur Betriebstypeninnovation führen.

Die Betriebstypendiversifikation geht insofern über die Innovation hinaus, als hier die Entwicklung neuer Betriebstypen erfolgt, um neue Kundengruppen in den bereits bearbeiteten Märkten anzusprechen (z.B. ländliche Bevölkerungsgruppen in Entwicklungsländern). Erneut kann dies mittels Selbstentwicklung, Kooperation oder Akquisition erfolgen, d.h. die drei typischen Eigentumsformen bilden den institutionellen Rahmen der Betriebstypendiversifikation.

Switch der Eintrittsstrategie

Der Wandel der Eintrittsstrategie zu einer Betätigungsform mit einer höheren Kontrolle (z.B. von Minderheits- zu Mehrheitsbeteiligungen) ist – anders als in der oft exportierenden Industrie – im Handel von geringerer Relevanz (vgl. in der Industrie Swoboda/Olejnik/Morschett 2010). Switches, i.S. einer fundamentalen Veränderung des institutionellen Rahmens der Marktbearbeitung, sind aber relevant:

- Landesspezifisch zu beobachten sind Änderungen von Joint Ventures zu Tochtergesellschaften (so in China, wo Metro einer der ersten westlichen Händler war, dem die Übernahme der Partneranteile angeboten wurde) und von Minderheits- zu Mehrheitsbeteiligungen (Tesco/Carrefour in China, Walmart in Brasilien/Japan). Dies erfolgt manchmal kurz nach dem Eintritt, z.B. bei Tesco nur vier Jahre nach dem Eintritt in den chinesischen Markt, welcher im Jahre 2004 mittels des Equity Joint Ventures mit der Ting Hisn Group, einem SB-Warenhausbetreiber, vollzogen wurde.
- Länderübergreifend ist der Wandel der institutionellen Markteintrittsstrategie im Zeitverlauf zu beobachten, so im Fall von Tesco oder Walmart, die in der Vergangenheit primär auf Akquisitionen setzten und heute zunehmend eigene Landesgesellschaften bevorzugen.

Derartige fundamentale „mode switches" stehen denkbaren stufenweisen Anpassungen der Betätigungsform gegenüber (vgl. dazu Swoboda/Foscht/Pennemann 2009).

Marktaustritte und Ressourcenallokation

Austritte aus Ländermärkten können in jüngster Zeit verstärkt beobachtet werden, was mit zunehmender Internationalisierung zu erwarten ist, aber für viele Unternehmen sicherlich relativ unerwartet auftritt, nicht zuletzt aufgrund der Folgen der Finanz- und Schuldenkrise in vielen Ländern (vgl. mit Beispielen bereits Swoboda/Schwarz 2006; Swoboda/Foscht/Pennemann 2009). Allerdings sind empirische Studien zu Desinvestition bzw. Marktaustritten relativ selten und werden meistens mit operativen Verlusten („failure, underperformance“) konnotiert, die zu „Divestments“ führen, d.h. einer Reduktion der Marktpräsenz durch (1) Schließung von Läden, (2) organisationale Restrukturierung der Aktivitäten oder (3) dem Verlassen des Marktes („exit“).

Austritte können reaktiv oder proaktiv erfolgen, z.B. bei einer fehlenden strategischen Entwicklungsperspektive (z.B. keine Möglichkeit unter die Top 3 zu kommen) und bei entsprechender Bewertung in den Länderportfolios. Entsprechende Entscheidungen fußen auf Bewertungen der externen und/oder internen Situationen:

- Die zukünftigen Marktbedingungen werden verändert eingeschätzt, so bzgl. Kunden, Konkurrenten oder dem politisch-rechtlichen Umfeld in einem Land.
- Das relative Gewicht des Ländermarktes im Ländermarktportfolio ändert sich, so im Zuge eines Strategiewandels, einer veränderten Ressourcenallokation, einer Neubewertung bzw. (Re-) Konfiguration von Ländermärkten.
- Wechsel zu einem Management, das neue Visionen und Ziele verfolgt und eine Neubewertung des Marktpotenzials vornimmt, sowie ggf. keine emotionale Bindung an ein ehemals selbst ausgewähltes, aber mittlerweile nicht mehr erfolgreiches Land hat.

Zu beobachten sind darüber hinaus durch Probleme im Heimatmarkt motivierte Austritte aus einem oder vielen Auslandsmärkten, günstige Gelegenheiten zur Veräußerung des Auslandsengagements oder Misserfolge, wie Nicht-Erreichung des Break-Even-Points oder des ROI. Schätzungen zufolge erreicht die Mehrheit der Einzelhandelsunternehmen im Ausland den Break-Even-Point nach rund zwei Jahren, während der ROI von der Hälfte der Unternehmen nach drei bis fünf Jahren erreicht wird (vgl. dazu Swoboda/Foscht/Pennemann 2009, S. 135 und die dort angegebene Literatur).

Interdependenzen zwischen den Entscheidungen

Interdependenzen zwischen den Entscheidungen sind offensichtlich, wie bereits bei den Marketinginstrumenten und Prozessen angesprochen.

Eine Adaptionsstrategie ist grundsätzlich bei den eher größeren potenzialreichen Ländern anzunehmen, wie auch stärkere Penetrationsbestrebungen, etwa durch Akquisitionen oder Filialisierung. Diese führt für international agierende Unternehmen zu einem Portfolio mit einer Vielzahl von nationalen/regionalen Betriebstypen, Marketinginstrumenten und -prozessen, die zwar auf die jeweiligen Gegebenheiten (z. B. Kaufkraft, Lifestyles, Geschmacksrichtungen) ausgerichtet sind, zugleich aber Herausforderungen bezüglich der länderübergreifenden Koordination bedeuten.

Auch das „Going International“ und das „Being International“ sind nicht unabhängig voneinander und alle idealtypisch getrennt beschriebenen Entscheidungen werden vielfach determiniert. Der Zusammenhang zwischen „Going“ und „Being International“ ist offensichtlich im Fall hoch internationalisierter Unternehmen. Investitionen in neuen und alten Ländermärkten werden mit Blick auf ihre zukünftigen Rollen im Länderportfolio (Kern-, Peripheriemarkt) und die Ausgestaltung der Marketinginstrumente, der Prozesse und der Führung sowie entsprechender Ressourcen bewertet. Zugleich kann gezeigt werden, dass Unternehmen internationalen Basisstrategien folgen:

- Eine globale Basisstrategie ist durch eine Betonung der Wettbewerbsvorteile einer Integration der Auslandsaktivitäten charakterisiert (identische Marke, Skalenvorteile, vereinfachte Koordination). Hier wird auf eine Adaption an die länderspezifischen Besonderheiten weitgehend verzichtet.
- Eine multinationale Basisstrategie betont demgegenüber die Adaption an die jeweiligen Länderbesonderheiten (maximale Kundenähe), bei weiterer Vernachlässigung von Integrationsvorteilen.
- Eine transnationale Basisstrategie verbindet beide Optionen, was idealtypisch straffe Prozesse und eine ebensolche Führung bei adaptierten Marketingaktivitäten/-instrumenten bedeutet.

Diese Basisorientierung bestimmt die Marktauswahl (z.B. zur Konzeption passende Märkte bei Globalisierung oder großer Volumenmärkte bei Multinationalität) und – wie angedeutet – die Wahl der Transaktionsformen und die Gestaltung der Marktbearbeitungsinstrumente, der Prozesse und der Führung (vgl. dazu Swoboda/Foscht/Pennemann 2009; Swoboda/Elsner/Morschett 2012).

VI. Ausblick

Ziel dieses Beitrages war es – vor dem Hintergrund der Dynamik der absatzseitigen Internationalisierung im Handel – die wichtigsten absatzseitigen Entscheidungen im Überblick zu darzustellen. Nicht beachtet wurden zumindest zwei Aspekte.

Nur erwähnt wurden internationale Strategien von Handelsunternehmen, so eine globale Strategie, d.h. eine weitgehend auf Standardisierung der Leistungsangebote bei gleichzeitig straffer Führung der Auslandseinheiten, oder eine multinationale Strategie, d.h. eine Adaption der Leistungsangebote und eine relativ hohe Autonomie der Auslandsgesellschaften. Mischformen, so die transnationale Strategie, werden empirisch als tendenziell die erfolgreichste Variante gekennzeichnet (Swoboda/Elsner 2011b; Swoboda/Elsner/Morschett 2012). Organisation, Controlling, Personalführung wie auch Zentralisierung und Formalisierung können in einer Beachtung von Strukturen, Prozessen und der Kultur der Unternehmen kondensiert werden. Deren Relevanz leitet sich aufgrund der Dominanz der beschaffungs- und absatzseitigen Internationalisierung im Handel ab. In der Literatur wird die Koordination der Auslandsaktivitäten von Handelsunternehmen kaum beachtet (vgl. die Beiträge bei Swoboda/Anderer 2008).

Strukturell werden die Internationalisierungsbestrebungen von Handelsunternehmen zunehmen. Begleitet wird dieses von einer zunehmenden Konzentration, v.a. in den bereits heute hoch konzentrierten Handelsbranchen. Damit werden aber Nischen für regionale Unternehmen entstehen. Es wächst auch die Marktmacht des Handels und die Anforderungen an die Partner bzw. Lieferanten des Handels. Bspw. wird die selbst internationale Industrie zunehmend genötigt ein länderübergreifendes und damit internationales/globales Key-Account-Management zu etablieren und hinsichtlich seiner Erfolgsfaktoren zu durchleuchten (Swoboda/Schlüter/Olejnik 2011; Swoboda/Schlüter/Olejnik/Morschett 2012).

Im Handel gewinnen im Wettbewerb zu beachtende Cross-Border-Wertschöpfungsprozesse zunehmend an Bedeutung. Anders als in den internationalen Industrieunternehmen – zu denken ist hier an Unternehmen wie General Electric, Siemens usw. – steht der Einzelhandel noch relativ am Anfang. Erschwerend wirkt hier die Tatsache, dass der Handel i.d.R. direktinvestiv in Auslandsmärkte einsteigt und daher der Kapitalbedarf und das Risiko höher sind. Zugleich hat der westliche internationale Einzelhandel letztlich die Herausforderung der Kundennähe als eine zentrale Profilierungsdimension zu lösen, dies insbesondere im Vergleich zu dem zunehmend professionellen und erstarkten Wettbewerb in BRIC-Ländern. Bspw. in China kann gezeigt werden, dass die Internationalität aber auch die lokale Positionierung unterschiedliche Effekte auf die Kundenbindung zu den einzelnen Einkaufsstätten haben, auch im Vergleich zu lokalen oder ausländischen asiatischen Unternehmen (Swoboda/Pennemann/Taube 2012).

Internationalisierungsberatung – 1. *Begriff*: individuelle Aufarbeitung länderübergreifender betriebswirtschaftlicher Problemstellungen zwischen einer Beratungsorganisation und einem Klienten zum Zweck der Entwicklung des internationalen Geschäfts. Teilgebiet des → Consultings. – 2. *Bedeutung*: Die Internationalisierungsberatung gehört zur klassischen Managementberatung. Sie gewinnt im Kontext der → Globalisierung weiter an Bedeutung. Viele Unternehmen haben bereits umfangreiche Erfahrungen in der Außenwirtschaft gesammelt und einen ausreichenden Internationalisierungsgrad erreicht. Sie sind aber durch unterschiedliche Gründe – z.B. Sättigung des Heimmarktes, globaler Wettbewerb, verbesserte Kommunikation und Logistik – gezwungen, ihre Auslandsaktivitäten zu überdenken und zu intensivieren. Die Tendenz zur Internationalisierung verstärkt sich gegenwärtig. Die Beratungsleistung folgt dieser Entwicklung mit Beratungsprodukten innerhalb der Strategieberatung. – 3. *Aufgabe*: Die Internationalisierungsberatung hat die Aufgabe, die Perspektiven, die sich für den Klienten durch die Erweiterung des Länderspektrums ergeben, zu analysieren und daraus abgeleitete Handlungsalternativen vorzustellen. Die Internationalisierung erfordert qualitative Informationen über Märkte, Produktsegmente, Absatzkanäle, Konsumentenverhalten, Kultur und Mentalität der Partner und Absatzmittler. Im Vergleich mit der rein nationalen Marktbearbeitung verlangt sie ein höheres Maß an Koordination der vielfältigen Aktivitäten und damit ein umfangreicheres Projektmanagement. Zudem setzt sie eine sorgfältige Analyse und Kontrolle der mit dem Transfer von Kapital verbundenen Risiken voraus. Durch die Intensivierung des Auslandsgeschäfts steigt die Komplexität der Geschäftstätigkeit, gemessen an Umfang und Natur der Regulierung (Normen, Standards, steuerliche und rechtliche Regelungen, Anforderungen an den Markteintritt). Dies muss bei der Wahl der Organisationsform und der Kommunikationsstruktur berücksichtigt werden. Auch die Anforderungen an das Management steigen (z.B. Transformationsleistung, interkulturelle Kompetenz, Beherrschen der Landessprache) und sind in der Personal- und Weiterbildungsplanung zu berücksichtigen. Ein ganzheitlicher Beratungsansatz fordert letztlich auch die Hervorhebung des strategischen Werts von Desinvestitionen. Ausgehend von der Knappheit der Ressourcen, ist die Notwendigkeit der Konzentration auf ausgewählte Märkte meist ein wichtiger Impuls zur Aufgabe bestehender Geschäftsbereiche, die sich als unwirtschaftlich erweisen. Oftmals ist nur durch die Bündelung der Kräfte ein erfolgreicher Markteintritt in einem anderen Land möglich. Wesentliches Kriterium für professionelle Desinvestition ist nicht Verlustminderung, sondern Wertsteigerung. Erforderlich ist ein Länderportfoliomanagement, das, ausgehend von der gewählten Internationalisierungsstrategie, den Marktaustritt und damit ggf. den Verkauf von Unternehmensteilen mit deutlichem Wertgewinn durchführt, um auf diese Weise andere Aktivitäten zu stützen.

Internationalisierungsgrad – Kennzahl zur Beschreibung des Verhältnisses von Inlandsaktivitäten zu den grenzüberschreitenden Aktivitäten. In Abhängigkeit vom Internationalisierungsgrad treten Veränderungen des strategischen und strukturellen Designs eines Unternehmens auf (→ internationale Unternehmung). Zur Operationalisierung des Internationalisierungsgrads werden vielfach quantitative Größen (wie etwa Auslandsumsatz, Auslandsanteil der Mitarbeiter oder der Fertigung) herangezogen. Konkret handelt es sich um sog. dichotome Maßzahlen, Streuungs- und Konzentrationsmaße sowie ihre Kombination zu Indizes oder Kennzahlenmustern. Bes. unter dem Aspekt der Veränderung von Strategie und Struktur in Abhängigkeit vom Internationalisierungsgrad sind aber auch qualitative Größen wie etwa das Ausmaß der Integration der Auslandsaktivitäten zu berücksichtigen. Zu beachten ist, dass Internationalisierung von Internationalität abzugrenzen ist. Während Internationalisierung den Prozess der Internationalisierung beschreibt, bezieht sich der Begriff „Internationalität" auf den Zustand der grenzüberschreitenden Aktivitäten eines Unternehmens zu einem bestimmten Zeitpunkt.

Internationalisierungsmotive – Triebkräfte, welche ein Unternehmen bewegen, ein Auslandsengagement vorzunehmen oder zu vertiefen; sie werden in ressourcenorientierte (verbesserter Zugang zu Kapital, → Know-how etc.), produktionsorientierte (Produktionskostenvorteil etc.) und absatzorientierte (Ausweitung der → Absatzmärkte, Unternehmenssicherung etc.) Internationalisierungsmotive kategorisiert. – Die Internationalisierungsmotive variieren in Abhängigkeit von zahlreichen Faktoren. So sind bei kleinen und mittleren Unternehmen vielfach andere Motive vorzufinden als bei Großunternehmen, da hier deutliche Unterschiede z.B. in der Finanzkraft festzustellen sind. Zudem ist die Region, in der ein Unternehmen seinen Heimatmarkt hat, relevant. Ist diese Region vergleichsweise klein, drängen Unternehmen stärker mit dem Ziel der Erweiterung des Absatzmarktes ins Ausland. Schließlich verändern sich die Internationalisierungsmotive im zeitlichen Ablauf.

Internationalisierungsstrategie – Gestaltung der Unternehmensentwicklung über das Wachstum in verschiedene Auslandsmärkte. Bedeutender Bestandteil der Internationalisierungsstrategie ist deren Dynamik und Prozesscharakter. Es existieren verschiedene Vorstellungen über die konkrete Ausgestaltung einer Internationalisierungsstrategie. Während die Uppsala-Schule (J.J. Johanson und J.-E. Vahlne) davon ausgeht, dass dieses Wachstum als Anpassung an Umweltveränderungen und Reaktion auf einen Wissens- und Erfahrungszuwachs geschieht und nicht Ergebnis einer bewussten Strategie ist, geht der GAINS-Ansatz davon aus, dass Entscheidungsträger und ihre Merkmale eine zentrale Rolle im Internationalisierungsprozess spielen.

International Labour Organization → ILO.

International Management Development → internationale Personalentwicklung.

International Monetary and Finance Committee → IMFC.

International Monetary Fund (IMF) → IWF.

International Non-Governmental Organizations → INGOs.

International Nonproprietary Names (INN) – von der Welthandelsorganisation (→ WHO) empfohlene internationale Kurzbezeichnungen für pharmazeutische Präparate, die infolge des Beitritts der Bundesrepublik Deutschland zur Satzung der WHO (BGBl. 1974 II 43) freizuhalten und daher dem Kennzeichenschutz nicht zugänglich sind (→ Freihalteinteresse). Zu Abwandlungen vgl. auch → Beschaffenheitsangaben.

International Organization of Securities Commissions (IOSCO) – 1974 als Internationale Organisation der Börsenaufsichtsbehörden (→ Börsenaufsicht) gegründet. Ihre Ziele bestehen in der Förderung der Kooperation zwischen den mehr als 100 Börsenaufsichtsbehörden der Mitgliedsstaaten, der Entwicklung einheitlicher Standards für Börsenzulassung, Wertpapiertransaktionen und Marktaufsicht sowie der zwischenstaatlichen Amtshilfe bei der Verfolgung von Regelverstößen. – Die IOSCO, wegen dem in ihr vorherrschenden US-amerikanischen Einfluss oftmals als internationale → SEC bezeichnet, ist aufgrund ihrer zahlreichen, richtungsweisenden Verlautbarungen zu einer weltweit treibenden Kraft hinsichtlich der Harmonisierung u.a. der Publizitätspflichten börsennotierter Unternehmen geworden. Die IOSCO-Verlautbarungen entfalten keine rechtlich bindende Wirkung. Die IOSCO-Mitgliedsorganisationen verpflichten sich jedoch, auf die Umsetzung der IOSCO-Vorgaben in nationales Recht hinzuwirken.

International Payment Instruction → IPI.

International Public Sector Accounting Standards (IPSAS) – Regelwerk zur → Rechnungslegung im öffentlichen Sektor, dessen Ziel die Vermittlung eines wahren und gerechten Bildes des finanziellen Zustandes ("true and fair view") einer öffentlichen Gebietskörperschaft ist; basieren auf dem IAS-Regelwerk für private Unternehmen und werden auf die Bedürfnisse der öffentlichen Hand angepasst; werden von der → International Federation of Accountants (IFAC) erlassen und besitzen keine rechtliche Bindung; Anwendung finden die IPSAS z.B. in der OECD, NATO, UNO, EU-Kommission.

International Road Transport Union → IRU.

International Society for Third Sector Research (ISTR) – *1. Begriff:* 1992 gegründete multidisziplinäre wissenschaftliche Vereinigung von → Nonprofit-Forschern mit Sitz in Baltimore (Maryland, USA). – 2. *Merkmale*: a) Förderung der Forschung und Lehre auf dem Gebiet der Civil Society, der Philanthropie und des → Nonprofit-Sektors. – b) Herausgeber der wissenschaftlichen Fachzeitschrift → Voluntas. – c) Veranstaltung einer wissenschaftlichen Konferenz im zwei-Jahres-Rythmus.

International Standard Banking Practice for the Examination of Documents under Documentary Letters (ISBP) – Erläuterung zu den → Einheitlichen Richtlinien und Gebräuchen für Dokumenten-Akkreditive (ERA), die im Oktober 2002 von der → ICC verabschiedet wurden. Die ISBP erklären, wie die Regeln der ERA in der Praxis anzuwenden sind und füllen so die Lücke zwischen Theorie und Praxis beim Prüfen von Dokumenten unter einem Akkreditiv. – Die ISBP sind an die Opinions und Decisions der ICC Banking Commission angelehnt.

International Standard Classification of Occupation → ISCO.

International Standard Industrial Classification → ISIC.

International Standards Organization → ISO.

International Statistical Institute → Internationales Statistisches Institut (ISI).

International Telecommunication Union → ITU.

International Trade Center → ITC.

International Trade Organization → ITO.

International Transfer → Auslandseinsatz.

interne Beratung – *Inhouse Consulting*. 1. *Begriff*: → Beratung durch ein Unternehmen, an dem der Auftraggeber einen Mehrheitsanteil besitzt, oder das Personal einer eigenen Beratungsabteilung des Auftraggebers. – 2. *Vor- und Nachteile:* Als Vorteile im Vergleich mit der externen Beratung gelten die bessere Kenntnis des Mutterkonzerns, bessere Beratungskonditionen und der Erhalt des Wissens im Unternehmen. Hinzu kommt, dass bei externen Tätigkeiten einer internen Beratungseinheit das → Image des Mutterkonzerns und interne Referenzprojekte vertrauensfördernd wirken. Dagegen wird argumentiert, dass interne Berater durch ihre Innensicht bestenfalls beschränkte Möglichkeiten haben, Kenntnisse über die Praxis in anderen Branchen zu erwerben, und dementsprechend kaum Wissen von außen zur Anreicherung ihrer Beratungsleistung nutzen können. Außerdem lässt sich i.d.R. der Vorteil der weitreichenden Kenntnisse über die eigene Branche nicht für die Beratung direkter Konkurrenten nutzen, sei es, weil diese fürchten, sensible Informationen preiszugeben, sei es aufgrund von Zweifeln an der Neutralität der Beratungsfirma. Zudem ist es für interne Berater schwieriger, zu firmen- oder führungspolitischen Themen Stellung zu beziehen.

interne Kommunikation – 1. *Begriff*: Interne Kommunikation kennzeichnet zum einen eine Führungsfunktion, die mithilfe von Kommunikations- und Verhaltensmanagement ihre Organisation unterstützt. Zum anderen meint interne Kommunikation auf der operativen Ebene die geplanten Kommunikationsinstrumente (mediale und persönliche Kommunikation). Unterschieden werden zudem die strukturelle interne Kommunikation entlang von Konzern-, Abteilungs- oder Teamstrukturen sowie Kommunikationsprozesse (direkt-indirekte, bilaterale-multilaterale) und -flüsse (top-down, bottom-up, horizontal), die die formelle Organisationskommunikation kennzeichnen. Darüber hinaus umfasst der Begriff auch die informelle Kommunikation, also die aus Unternehmenssicht ungeplante Kommunikation (z.B. Gerüchte). – 2. *Ziel:* Das Ziel von interner Kommunikation ist aus strategischer Sicht, Erfolgspotenziale zu sichern, die sich aus den Unternehmenszielen ableiten, indem anhand von Wahrnehmungs-, Verständnis- und Identifikationsbeiträgen Motivation auf- bzw. Widerstand abgebaut wird. Aus konzeptioneller Sicht greift sie hierfür auf die → Corporate Identity und das interne Markenmanagement zurück. Aus operativer Sicht verfolgt sie dazu informative, edukative und/oder emotionale Ziele. Aus gesetzlicher Sicht hat die interne Kommunikation dabei die Ziele der Pflichtkommunikation der Paragraphen 81 ff. des Betriebsverfassungsgesetzes zu erfüllen wie die Unterrichtungs- und Erörterungspflichten des Arbeitgebers, bspw. über die Veränderungen von Arbeitsbereichen. – 3. *Aspekte:* Der internen Kommunikation wird vielfach ein Wandel attestiert, mit dem sie sich vom zuerst redaktionellen Instrument (Mitarbeiterzeitschrift, schwarzes Brett ...) seit etwa der 1980er-Jahre zum Führungsinstrument wandelt. Das Management der → Unternehmenskultur als Einflussnahme auf Werte und Normen mithilfe von Leitbildprozessen und internen Markenkampagnen steht hierfür wie auch die Konturierung von → Change Communications. Diese Beispiele kennzeichnen interne Kommunikation als interdisziplinäre Managementaufgabe, die auf sog. weiche Faktoren (siehe → harte und weiche Faktoren) Einfluss nimmt und die Bedeutung der multilateralen Kommunikation – also Gruppenphänomene – für den unternehmerischen Erfolg betont. – 4. *Instrumente:* Mitarbeitermedien wie Zeitschriften und Intranet oder die persönliche Kommunikation wie Mitarbeiterveranstaltungen gehören zu den operativen Instrumenten. Zu den Instrumenten von interner Kommunikation als Führungsfunktion gehört etwa die Vorbereitung kaskadischer Information (Top-Down-Kommunikationsfluss) mittels Workshops und Trainings für Führungskräfte, um Kommunikationsinhalte und -dramaturgien zu erarbeiten, die sie in ihre Hierarchien geben, um informative, edukative und/oder emotionale Teilziele auf Führungskräfte- und Mitarbeiterebene zu erreichen. – 5. *Abgrenzung:* Interne Kommunikation ist Teil der → integrierten Kommunikation.

Dabei wird die Bedeutung der internen Kommunikation für die externe Kommunikation häufig betont, indem Mitarbeiter als Markenbotschafter verstanden werden (→ Markencommitment). Da Mitarbeitermotivation und Identifikation nicht nur von Kommunikationsinhalten und -dramaturgien abhängen, sondern zentral von erlebtem Führungskräfte- und Organisationsverhalten, gilt interne Kommunikation als Teil der → Führung.

interne Märkte – 1. *Begriff:* Interne Märkte entstehen, wenn in der Unternehmung der Leistungstransfer zwischen Unternehmungsbereichen durch Einführung interner Preise in eine Markttransaktion überführt wird. Durch den Rückgriff auf interne Preise lassen sich auch Bereichen, die keinen unmittelbaren Kontakt bzw. Zugang zum externen Markt haben, Erlöse und monetäre Bereichserfolge zuordnen (Center-Konzept). – 2. *Theoretische Grundlagen:* Die theoretische Auseinandersetzung mit internen Märkten hat eine lange Tradition. Sie beginnt in der Betriebswirtschaftslehre unter dem Einfluss volkswirtschaftlicher Marktmodelle vor etwa 100 Jahren mit Schmalenbach. Vier Strömungen beschreiben den gegenwärtigen Stand: a) *Mikroökonomische Konzepte* (v.a. Funktion interner Arbeits- und Kapitalmärkte); b) *optimale Verrechnungspreise* (v.a. Optimierung von Allokations- und Anreizeffekten); c) *strategische Positionierung* (v.a. Regelung des Zugangs zum externen Markt); d) Interne Märkte als *Organisationskonzept* (v.a.Förderung des internen Unternehmertums). – 3. *Erscheinungsformen:* a) Auf *realen Märkten* wird über den internen Preis die Allokation von Ressourcen gesteuert. So soll über den Preis bspw. sichergestellt werden, dass die Unternehmungsbereiche die Leistungen der zentralen Marktforschungseinheit auf der Grundlage von Kosten-Nutzen-Überlegungen in Anspruch nehmen. – b) Auf *fiktiven Märkten* erfüllt der Preis nur eine Benchmarking-Funktion; der Leistungsaustausch zwischen den Bereichen ist bereits durch Planung festgelegt (z.B. die Inanspruchnahme des Gießereibereichs durch verschiedenen Produktionsbereiche). Von dem Ausweis eines Bereichserfolges und dem so ausgelösten Ergebnisdruck verspricht man sich auf fiktiven Märkten eine positive Motivationswirkung. Der Ansatz des internen Preises (z.B. markt- oder kostenbasierter Preis) wird dann durch die jeweils verfolgte Motivationskonzeption bestimmt. – 4. Bei der *Beurteilung der Leistungsfähigkeit* der internen Märkte geht es generell um die Frage, ob die Unternehmungssteuerung ganz durch das Konzept einer umfassenden Unternehmungsplanung bestimmt sein soll oder ob (ergänzend) eine dezentrale Marktsteuerung praktisiert werden soll.

interne Prüfung → Prüfung, → interne Revision.

interner Arbeitsmarkt → Arbeitsmarkttheorien.

interne Rendite → interner Zinsfuß.

interne Revision – *interne Prüfung.* 1. *Begriff:* a) *Funktional* entspricht die interne Revision einer → Prüfung durch unternehmensangehörige (mit der Unternehmung durch arbeitsvertragliche Beziehungen verbundene), prozessunabhängige (→ Prozessabhängigkeit) Personen. – b) Im klassischen *institutionellen* Sinn ist interne Revision eine mit der Durchführung von Prüfungsaufgaben befasste Stelle oder Stellengesamtheit (z.B. Abteilung) in der Unternehmung; oft mit der Bezeichnung *Innenrevision.* Bei Konzernen spricht man von → Konzernrevision. – 2. *Abgrenzung:* Der Aufgabenbereich der internen Revision besteht in Überwachung durch Prüfungen, nicht in → Kontrollen. – Interne Revision ist nicht mit → Controlling gleichzusetzen, dessen Tätigkeitsfeld sehr viel weiter zu fassen ist. Die Grenzen zwischen interner Revision und Controlling sind fließend. Während die interne Revision schwerpunktmäßig vergangenheitsorientierte Prüfungen durchführt, widmet sich das Controlling auch und v.a. der zukunftsorientierten Überwachung. – 3. *Aufgaben:* Als organisatorische Einheit (Stelle, Stellenmehrheit) hat die interne Revision die Aufgabe, die Unternehmungsleitung in der Wahrnehmung ihrer Überwachungsfunktion zu unterstützen. Die Prüfungen dienen nicht nur der Einhaltung von Planvorgaben, sondern v.a. der *Information* von Entscheidungsträgern. Interne Prüfungen können beliebige Bereiche der Unternehmung betreffen, mit Ausnahme der Unternehmensführung, die die Prüfungsaufträge erteilt (Weisungsbindung erzeugt Abhängigkeit). – a) *Hauptaufgaben:* (1) *Prüfung im Finanz- und Rechnungswesen* (→ Financial Auditing): Im Wesentlichen Ordnungsmäßigkeitsprüfungen, einschließlich der Prüfung auf dolose Handlungen. Der traditionelle Prüfungsbereich der internen Revision; auch heute von großem Gewicht, da sich betriebliche Vorgänge im Rechnungswesen niederschlagen und dieses, einschließlich der Kostenrechnung, einen wesentlichen Teilbereich des → Informationssystems der Unternehmung darstellt. (2) *Prüfung im organisatorischen Bereich* (→ Operational Auditing): Nicht nur Prüfung der Einhaltung von unternehmensinternen Regeln, sondern auch deren Wirkungsweise auf ihre Zielentsprechung hin; die Bedeutung dieser Prüfungen nimmt ständig zu. Im Wesentlichen Zweckmäßigkeitsprüfungen; zu prüfen ist die Zweckmäßigkeit der → Aufbauorganisation (Organisationsstruktur) und der → Ablauforganisation (Aufgabenabwicklung) im Hinblick auf die Aufgabenerfüllung, einschließlich der Verbindungen und Beziehungen verschiedener Bereiche. – b) *Nebenaufgaben:* Verschiedene Dienstleistungsaufgaben, die oft nur in sehr losem Zusammenhang mit der eigentlichen prüferischen Tätigkeit stehen oder mit ihr nichts zu tun haben, z.B. Inventurmitwirkung. – 4. *Verbindung zur Beratungs- und Begutachtungsfunktion:* → Beratung und → Begutachtung sind andere Funktionen als die Prüfung; in der Praxis werden sie jedoch häufig von der internen Revision wahrgenommen. Dadurch Nutzung der hohen fachlichen Qualifikation der Mitarbeiter der internen Revision; problematisch ist aber der Verlust an

Unabhängigkeit (→ Prozessabhängigkeit). – 5. *Organisatorische Einbindung:* Abhängig von den Aufgaben der betreffenden Unternehmung. Der Unterstützungsfunktion der internen Revision entspricht die Einrichtung einer Stabsstelle bzw. -abteilung (→ Stab) auf Unternehmungsleitungsebene, die einer → Instanz nebengeordnet ist. Bei Zuordnung zu Zwischeninstanzen kann die notwendige Unabhängigkeit verloren gehen. Die interne Revision in Form einer Stabsabteilung kann ihrerseits unterschiedlich nach Verrichtungs- und Objektkriterien organisiert sein; die konkrete Ausgestaltung muss sich wiederum an Zweckmäßigkeitsaspekten der einzelnen Unternehmung orientieren. Die interne Revision muss zur Erfüllung ihrer Aufgaben weit reichende Informationsrechte erhalten. – 6. *Beziehung zur gesetzlich vorgeschriebenen* → Jahresabschlussprüfung: Dem Prüfer eines gesetzlichen Jahresabschlusses ist es nicht gestattet, Prüfungsergebnisse und -urteile der internen Revision unreflektiert zu übernehmen oder mit ihr, z.B. im Wege der Arbeitsteilung, zusammenzuarbeiten; er würde gegen die ihm berufsrechtlich auferlegte Pflicht zur Eigenverantwortlichkeit (→ Berufsgrundsätze für Wirtschaftsprüfer) verstoßen. Der Abschlussprüfer kann die Erkenntnisse der internen Revision jedoch im Rahmen der zur Planung seiner Prüfung erforderlichen Informationsgewinnung, v.a. zur Erkundung von Schwachstellen, berücksichtigen sowie einzelne → Feststellungen aus → Systemprüfungen und aussagenbezogenen Prüfungshandlungen unter bestimmten Voraussetzungen als Feststellungen Dritter übernehmen.

interner Speicher → Zentralspeicher.

interner Zinsfuß – 1. *Begriff:* Verzinsung, die auf das durch das Investitionsprojekt gebundene Kapital erzielt wird. Der interne Zinsfuß informiert über die Rendite von Investitionsprojekten bzw. über die Effektivverzinsung von Finanzierungsmaßnahmen. – 2. *Ermittlung:* Der interne Zinsfuß ist der Diskontierungszinssatz, bei dem der → Kapitalwert des Investitionsprojektes gleich null ist. Der → Barwert der Einzahlungen entspricht in diesem Fall dem Barwert der Auszahlungen. – Vgl. auch → Effektivzinssatz.

internes Datenmodell → Datenmodell, das die physische Organisation der Daten auf ihren Speichermedien beschreibt (→ Datenorganisation). – *Gegensatz:* → externes Datenmodell.

internes Kontrollsystem (IKS) – Die internen Kontrollen können den Arbeitsabläufen vor-, gleich- oder nachgeschaltet sein. – 1. *Aufgaben:* (1) Sicherung und Schutz des vorhandenen Vermögens vor Verlusten; (2) Erstellung genauer, aussagefähiger und zeitnaher Aufzeichnungen; (3) Verbesserung des betrieblichen Wirkungsgrades durch Auswertung von Aufzeichnungen; (4) Unterstützung der innerbetrieblichen Durchsetzung der Geschäftspolitik (Unternehmenspolitik). – 2. *Prinzipien:* a) *Funktionstrennung:* Im Arbeitsablauf sollen vollziehende sowie buchhalterische, ggf. auch sonstige verwaltende Funktionen nicht in einer organisatorischen Einheit (Stelle, Abteilung) vereint sein. – b) Angemessene *organisatorische Regelungen:* Soweit möglich und sinnvoll, sind Arbeitsabläufe zu programmieren; die → Aufbauorganisation ist deutlich abzugrenzen. – c) *Automatik der Kontrolle:* Zur Ausschaltung von Unwägbarkeiten sollte das System der betrieblichen Abläufe sich selbsttätig und zwangsläufig kontrollieren. – 3. *Instrumente:* Organisationsplan, Dienst- und Arbeitsanweisungen, Kontenplan einschließlich der Kontierungsrichtlinien, sämtliche der Dokumentation durchgeführter Kontrollen dienende Aufzeichnungen und Unterlagen, mechanische Kontrollein- und -vorrichtungen (z.B. Stechuhren, kodierte Geldschränke, Mess- und Rechengeräte, EDV-Anlagen zur programmierten oder maschineninstallierten Kontrolle). – 4. *Internes Kontrollsystem (IKS) bei Anwendung computergestützter Buchführungssysteme:* In diesem Fall ist bes. wichtig die Kontrolle der Anlagenbedienung (Kontrollen des Datenzugriffs, von Programmänderungen u.Ä.), der Dateneingabe (Kontrolle der Vollständigkeit, Richtigkeit, Korrekturverfahren bei Fehlern etc.), der Datenverarbeitung (Kontrolle der Vollständigkeit des Verarbeitungssystemablaufs und bei Systemausfällen, maschinell erzeugter Buchungen u.Ä.) und der Datenausgabe (Kontrolle der Richtigkeit, Vollständigkeit, des Zugriffs und der Sicherungsmaßnahmen). Nach Möglichkeit sind solche organisatorischen Regelungen und Verfahren einzusetzen, die maschinelle, fehlerverhindernde, zwangsläufige Kontrollen zur Folge haben. – 5. *Bezug zur externen* → Jahresabschlussprüfung: Im Rahmen der Abschlussprüfung durch unternehmungsexterne → Prüfer wird die Überprüfung der Funktionsfähigkeit des interne Kontrollsystems (IKS) als Form der indirekten → Prüfung durchgeführt; dabei erfolgt im Wesentlichen eine Konzentration auf das System der Buchführung. Die Prüfung des internen Kontrollsystems (IKS) liefert wichtige Hinweise, ob die Unternehmung ihre Geschäftsvorfälle in chronologischer Reihenfolge vollständig, systematisch und rechnerisch richtig erfasst. Ausgehend von den Ergebnissen der internen Kontrollsystem-Prüfung und dem durch die Prüfung gewonnenen Vertrauen in die Fähigkeit des internen Kontrollsystems (IKS), zur Verhütung, Entdeckung und Beseitigung wesentlicher Fehler beizutragen, kann der Prüfer die weiteren Prüfungshandlungen im Rahmen der Prüfungsplanung nach Art und Umfang festlegen. Bei als gut konzipiert und gut funktionierend beurteiltem internen Kontrollsystem (IKS) sind ggf. nur noch – teilweise deutlich – reduzierte weitere Prüfungstätigkeiten erforderlich.

Internes Marketing

von Prof. Dr. Manfred Bruhn

I. Begriff und Merkmale

1. Entwicklung

Die ersten Auseinandersetzungen mit dem Thema des Internen Marketings datieren auf Ende der 1970er- bis Mitte der 1980er-Jahre, wobei v.a. Wissenschaftler aus Schweden und den USA den Begriff „Internal Marketing" geprägt haben. In der Diskussion um die Realisierung von Kundenorientierung und Dienstleistungsqualität entstand zu dieser Zeit die Erkenntnis, dass zum einen die Qualität der von Unternehmen erstellten Leistungen – und hier v.a. Dienstleistungen – von den eigenen Mitarbeitern abhängt und dass zum anderen gerade die Auswahl und Entwicklung von kundenorientierten Mitarbeitern mit den herkömmlichen Methoden der Personalpolitik nicht in zufrieden stellendem Umfang bewältigt werden konnte.

2. Perspektiven

Ausgehend von der ursprünglichen Thematisierung des Internen Marketings haben sich in der Literatur drei getrennte Perspektiven entwickelt:

Mit dem Verständnis des Internen Marketings als *Maxime* ist v.a. eine normative Aussage für die Personalpolitik verbunden. Die wesentliche Grundhypothese lautet hierbei, dass nur durch zufriedene Mitarbeiter auch zufriedene Kunden gewonnen werden können. Daraus resultiert als Gegenstand des Internen Marketings einen entscheidenden Beitrag zur Erhöhung der Mitarbeiterzufriedenheit zu leisten. Hierzu sind Unternehmensentscheidungen sehr stark an den Bedürfnissen der Mitarbeiter und deren Zufriedenheit auszurichten.

Versteht man Internes Marketing als *Methode,* so wird primär der Versuch unternommen, die externen Marketingprinzipien und den externen Marketingmix auf die internen Leistungen zu übertragen. Der Ausgangspunkt dieses Grundverständnisses basiert dabei auf der Annahme einer grundsätzlichen Ähnlichkeit externer und interner Märkte, aus der eine analoge Bearbeitung abgeleitet wird.

Internes Marketing als die *Gestaltung von Austauschbeziehungen* bezieht sich v.a. auf die Analyse und Veränderung von internen und externen Prozessen. Der Unterschied zum Verständnis des Internen Marketings als Maxime liegt darin, dass Marktkunden als der zentrale Ausgangspunkt der Unternehmenstätigkeit angesehen werden. Kunden- und Mitarbeiterzufriedenheit bedingen sich bei diesem Grundverständnis gegenseitig.

3. Begriff

Bei einer kritischen Betrachtung der verschiedenen Perspektiven im Überblick bleibt festzuhalten, dass weder die schematische und unmodifizierte Übertragung des externen Marketinggedankens noch die ausschließliche Berücksichtigung der Mitarbeiterinteressen zielführend sein können. Vielmehr ist den interdependenten Beziehungen zwischen dem Unternehmen, den Mitarbeitern und den externen Kunden ausgewogen Rechnung zu tragen. Im Sinn einer Definition wird Internes Marketing somit als eine systematische Optimierung unternehmensinterner Prozesse mit Instrumenten des Marketing- und Personalmanagements verstanden, um das Marketing als interne Denkhaltung durchzusetzen und letztlich die effiziente Erreichung der marktgerichteten Unternehmensziele zu unterstützen.

4. Merkmale

Auf der Grundlage dieses Verständnisses können folgende Merkmale des Internen Marketings hervorgehoben werden:

Simultane Förderung der Kunden- und Mitarbeiterzufriedenheit: Es gibt kein Primat eines betrieblichen Funktionsbereiches, vielmehr sind die wechselseitigen Prozesse intensiv aufeinander abzustimmen. Dabei müssen die inhärenten Wechselbeziehungen zwischen Kunden und Mitarbeitern berücksichtigt werden.

Systematischer Entscheidungs- und Planungsprozess: Internes Marketing muss als Managementprozess geplant, implementiert und kontrolliert werden. Dies erfordert eine Konkretisierung der Ziele, Strategien und Einzelmaßnahmen.

Interne Denkhaltung: Internes Marketing geht davon aus, dass Marketing nicht nur eine klassische Unternehmensfunktion, sondern auch eine Leitidee darstellt. Damit ist Marketing eine Unternehmensphilosophie, die von allen Führungskräften und Mitarbeitern getragen und intern sowie extern gelebt werden soll. Die Zusammenhänge zwischen Kunden, Unternehmen und Mitarbeitern werden in der Abbildung „Beziehungsdreieck" verdeutlicht.

II. Ziele des Internen Marketings

Die Perspektiven des Internen Marketings zeigen, dass zwar zum einen bestimmte Prioritäten gesetzt werden müssen, dass zum anderen aber eine isolierte Betrachtung dieser Themen aufgrund ihrer inhaltlichen

Verzahnung kaum sinnvoll möglich ist. Bereits in frühen Veröffentlichungen zum Internen Marketing wurde betont, dass die Erreichung des externen Ziels hoher Kundenorientierung bzw. die Sicherstellung von Kundenzufriedenheit v.a. in Dienstleistungsunternehmen eng verbunden ist mit der Notwendigkeit, hochmotivierte und kundenorientierte Mitarbeiter zu gewinnen, weiterzuentwickeln und an das Unternehmen zu binden.

Konkret können drei Zielebenen unterschieden werden:

Kognitive Ziele: Die kognitiven Ziele (erste Ebene) erfassen jene Zielbereiche des Internen Marketings, die mit gedanklichen Prozessen verbunden sind. Unternehmensintern ist z.B. von Bedeutung, dass die Mitarbeiter die externe Marketingstrategie des Unternehmens ebenso kennen wie z.B. die Erwartungen der Kunden. Unternehmensextern sind innerhalb der kognitiven Ziele z.B. die Kenntnis des Leistungsangebotes des Unternehmens durch die (potenziellen) Kunden sowie die Generierung einer herausragenden Position im Evoked Set der Kunden gegenüber konkurrierenden Anbietern wichtig für den angestrebten Markterfolg.

Affektive Ziele: Auf der zweiten Ebene ist z.B. die Entwicklung von Vertrauen von besonderer Bedeutung. Für die Mitarbeiter steht hier die Beziehung zum Unternehmen als Arbeitgeber, für die Kunden die Beziehung zum Unternehmen bzw. dem jeweiligen Berater oder Betreuer im Mittelpunkt. Zufriedenheit ist dabei als wesentliche Voraussetzung des Vertrauens sowohl von Mitarbeitern als auch von Kunden anzusehen.

Konative Ziele: Die konativen Ziele (dritte Ebene) beziehen sich schließlich auf Handlungen bzw. Handlungsabsichten bei Mitarbeitern und Kunden. Gegenüber den Mitarbeitern ist z.B. anzustreben, dass sie sich im Sinn eines Commitment dem Unternehmen verpflichtet fühlen und einen positiven Beitrag zur Erreichung der Unternehmensziele leisten wollen. Darüber hinaus stehen die verschiedenen Aspekte der Mitarbeiterbindung im Mittelpunkt, z.B. die Treue zum Unternehmen als Arbeitgeber.

III. Planungsprozess des Internen Marketings

Die Optimierung interner und externer Prozesse ist mit der Notwendigkeit einer systematischen Planung des Internen Marketings verbunden. Hierbei können acht Schritte unterschieden werden:

– *Interne und externe Situationsanalyse:* Um der Zielsetzung der parallelen Kunden- und Mitarbeiterorientierung gerecht werden zu können, ist es zunächst notwendig, die aktuellen internen und externen Rahmenbedingungen für das Interne Marketing zu ermitteln und zu evaluieren. Das Ergebnis einer SWOT-Analyse ist die

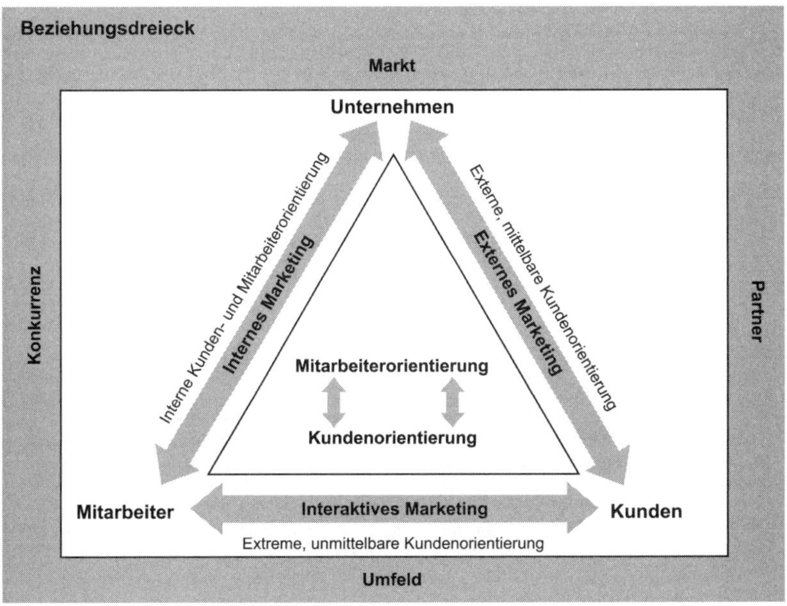

Bestimmung der zentralen Problemstellung des Internen Marketings (z.B. Verbesserung der internen Kundenorientierung von Serviceabteilungen, Durchsetzung einer neuen Marketingstrategie).

– *Bestimmung der Themenschwerpunkte des Internen Marketings:* Aufbauend auf diesen Ergebnissen sind Schwerpunkte innerhalb der Themenbereiche des Internen Marketings zu setzen.

– *Zielbestimmung:* Neben der Definition der für das eigene Unternehmen besonders relevanten Programmbereiche des Internen Marketings ist auch eine konkrete Zielbestimmung in diesen Bereichen vorzunehmen. Von hervorgehobener Bedeutung ist hierbei die Abstimmung zwischen den einzelnen Programmbereichen, um z.B. die parallele Verfolgung konfligierender Ziele zu vermeiden.

– *Segmentierung der Mitarbeiter:* In engem Zusammenhang mit der Bestimmung der Programmschwerpunkte sowie der Zielbestimmung ist als drittes Element der Strategischen Planung des Internen Marketings eine Segmentierung der Mitarbeiter vorzunehmen, da die einzelnen Themenschwerpunkte i.d.R. für die verschiedenen Mitarbeitergruppen von unterschiedlicher Bedeutung sind. Als Segmentierungsmerkmale kommen hierbei Hierarchieebenen, Abteilungen, Regionen, Personenmerkmale u.a. in Betracht.

– *Budgetierung:* Die strategische Bedeutung der Fragestellungen des Internen Marketings muss auch durch die Budgetierung zum Ausdruck gebracht werden. Entsprechend den Prioritäten der einzelnen Themenbereiche sind Budgetpositionen zu bestimmen, um eine unsystematische und unregelmäßige Finanzierung über „Budgetrestposten" zu vermeiden. Spezielle Budgets sind z.B. für Veranstaltungen, interne Marktforschung, Qualitätsprogramme, Motivationsmaßnahmen, Schulungen, Trainings etc. notwendig.

– *Maßnahmenplanung:* Im operativen Bereich sind v.a. Instrumente des Marketing- sowie des Personalmanagements angesprochen. Die originäre Aufgabe des Internen Marketings im Rahmen des Instrumenteeinsatzes besteht darin, die Koordination und Integration der in der Unternehmenspraxis meist isoliert eingesetzten Instrumentalstrategien des Marketing- und Personalmanagements zu verknüpfen. Für die operative Planung ist zu bestimmen, welche Instrumente konkret eingesetzt werden sollen und auf welche Weise die Schnittstellen zwischen dem Aufgabenbereich des Marketing- sowie des Personalmanagements optimiert werden können.

– *Implementierung:* Die Implementierung des Internen Marketings selbst bildet neben der Implementierung der einzelnen Programmschwerpunkte des Internen Marketings einen wesentlichen Teil des Planungsprozesses. Zielsetzung muss es hierbei sein, das Konzept und die Schwerpunkte in aktionsfähige Aufgaben umzusetzen.

– *Erfolgskontrolle:* Am Ende des Planungsprozesses schließt sich die Evaluierung des Internen Marketings an. Im Mittelpunkt steht die Beurteilung der Zielerreichung hinsichtlich der einzelnen Programmschwerpunkte sowie von Strategien und operativen Maßnahmen. Die Erfolgskontrolle stellt damit wiederum den Ausgangspunkt der nachfolgenden Planungsprozesse dar.

IV. Implementierung des Internen Marketings

Die Implementierung des Internen Marketings wird in Unternehmen von einer Vielzahl von Barrieren behindert, die drei zentralen Bereichen zugeordnet werden können.

Zu den *inhaltlich-konzeptionellen Barrieren* gehören v.a. jene Probleme, die auf Fehlinterpretationen des Internen Marketings zurückzuführen sind. So werden dem Internen Marketing nicht nur falsche Inhalte subsumiert; auch die Notwendigkeit einer parallel nach außen und innen gerichteten Marketingorientierung wird nicht erkannt.

Organisatorisch-strukturelle Hindernisse resultieren vielfach aus der Schnittstellenposition des Internen Marketings zwischen Marketing- und Personalmanagement. Zu nennen sind hier v.a. Kompetenzprobleme, Macht- und Abteilungsdenken sowie das Streben nach einer allzu idealtypischen Ausgestaltung des Internen Marketings, das seinerseits die initiale Realisierung einer weitgehend positiven Lösung verhindert.

Die *personell-kulturellen Barrieren* betreffen hingegen resultierende Ängste der Mitarbeiter in Hinblick auf den Ansatz des Internen Marketings, Unklarheiten über das Ausmaß der persönlichen Betroffenheit sowie die fachlich-sozialen Fähigkeiten der Mitarbeiter. Um diese Probleme zu verringern und die Umsetzung sowie Durchsetzung des Internen Marketings zu forcieren, bietet sich ein vierstufiges Verfahren der Implementierung an:

– *Verpflichtung des Managements,* d.h. das Denken und Handeln der Führungskräfte hat den postulierten Grundsätzen des Internen Marketings zu entsprechen. Als Instrumente eignen sich hierzu z.B. Dialogveranstaltungen der Unternehmensleitung mit den Führungskräften, Workshops und Seminare.

– *Kommunikation mit den Mitarbeitern* zur Sicherstellung des Kennens und Verstehens des Internen Marketings durch Einbeziehung der Mitarbeiter in den Dialog mit Vorgesetzten und Unternehmensleitung.

– *Vermittlung des erforderlichen Know-hows* (z.B. Unternehmensleitbild, Strategien, Führungstechniken, Qualitätstechniken und das Kundenkontaktmanagement).

– *Verpflichtung der Mitarbeiter* zur Internalisierung des Internen Marketings auf allen Unternehmensebenen. Eine erfolgreiche Implementierung setzt dabei voraus, dass die Bedeutung des Internen Marketings durch das Handeln der Führungskräfte dokumentiert wird und die Kontinuität der Maßnahmen des Marketing- und Personalmanagements sichergestellt ist. Um Internes Marketing erfolgreich zu implementieren, muss der Umgang von Mitarbeitern und Führungskräften vertikal wie auch horizontal von Vertrauen geprägt sein.

V. Entwicklungstendenzen

Obwohl das Konzept des Internen Marketings in der Literatur bereits eine weite Verbreitung gefunden hat und die Verschmelzung des externen mit dem Internen Marketing zu einem integrierten Marketingansatz im Sinn einer unternehmensorientierten Perspektive Unternehmen verschiedenartige Chancen hinsichtlich der Sicherung und Förderung des zukünftigen Unternehmensbestandes eröffnet, steht eine weit reichende Implementierung in der Unternehmenspraxis noch immer aus. Ein Grund hierfür ist sicherlich in der Tatsache zu sehen, dass es in wissenschaftlicher Hinsicht trotz der Vielzahl an Publikationen noch immer an einem allgemein gültigen Konzept bzw. deren empirischen Evidenz mangelt. Neben einer kontinuierlichen theoretischen und empirischen Durchdringung des Internen Marketings als Forschungsfeld sind zur Schließung der Implementierungslücke in der Praxis noch die folgenden Voraussetzungen zu erfüllen: Anerkennung des Internen Marketings als integrativen Ansatz an der Schnittstelle zwischen Marketing- und Personalmanagement, stärkere Prozessorientierung im gesamten Unternehmen und Auflösung von Bereichsegoismen, Schaffung eines vertrauensvollen Klimas zur Förderung der internen Rahmenbedingungen für ein effizientes Internes Marketing sowie Anerkennung und Belohnung des persönlichen Beitrages der Mitarbeiter für den Unternehmenserfolg.

internes Rechnungswesen – Teil des → Rechnungswesens, dessen Adressaten primär unternehmensinterne Personen oder Stellen sind. Zum internen Rechnungswesen werden zumeist die → Kostenrechnung und → Erlösrechnung sowie die → Investitionsrechnung gezählt. – *Gegensatz:* → externes Rechnungswesen.

internes Schema – Darstellung eines → internen Datenmodells in einer → Datenbeschreibungssprache.

internes Überwachungssystem – soll möglichst die Unternehmungszielerreichung gegen zielstörende Gestaltungsmängel und Abweichungen vom Optimum sichern. Dieses Ziel erreicht man u.a. durch ein → internes Kontrollsystem (IKS) und die → interne Revision. Die Funktionsfähigkeit des nach § 91 II AktG zur Aufdeckung bestandsgefährdender Risiken einzurichtenden internen Überwachungssystems ist im Rahmen der → Jahresabschlussprüfung einer börsenorientierten Aktiengesellschaft zu überprüfen.

interne Subventionierung – 1. *Begriff/Merkmale:* Ausgleich der Defizite einzelner Unternehmens- oder Verwaltungsbereiche aus den Überschüssen anderer Teilbereiche der gleichen Organisation. Auch (kalkulatorischer bzw. preispolitischer) Ausgleich der Defizite eines Erzeugnisses durch Erlöse eines anderen Erzeugnisses; Letzteres trägt die Kosten, die ihm nicht zurechenbar sind (→ Mischkalkulation). Problem ist die Tendenz zur allokativen Fehlsteuerung sowie im Verstoß gegen das → Äquivalenzprinzip. – 2. *Bedeutung:* Im Rahmen der Wettbewerbspolitik wird unter interner Subventionierung (Quersubventionierung) das Verhalten eines Unternehmens verstanden, durch gezieltes → Dumping bei einigen Produkten die Konkurrenz zu behindern (s. hierzu auch → Antidumping-Verordnung). Die Kostendeckung kann durch überhöhte Preise bei anderen Produkten für das gesamte Unternehmen gesichert werden.

Internet – Die beiden Bestandteile des Begriffs Internet, nämlich *Inter* = zwischen und *Net* = Netz verweisen darauf, dass es bei dem Terminus um den Austausch von → Daten zwischen → Computern über Telekommunikationsnetze geht. Präziser lässt sich das Internet als ein dezentral organisiertes, globales → Rechnernetz charakterisieren, das aus einer Vielzahl miteinander verbundener Einzelnetze gebildet wird und in dem die Kommunikation zwischen den einzelnen Rechnern auf der Grundlage des Transmission Control Protocol/Internet Protocol (→ TCP/IP) erfolgt. Die Ursprünge des Internets gehen auf die 1950er- und 1960er-Jahre zurück. Nach dem Sputnik-Schock richtete die US-Regierung 1958 im Verteidigungsministerium die Advanced Research Projects Agency (ARPA) zur Entwicklung innovativer Technologien für die militärische Nutzung ein. 1964 wurde in einem von der RAND Corporation erstellten Bericht über die Absicherung militärischer Kommandostrukturen die für das heutige Internet zentrale Idee der Paketvermittlung vorgestellt. 1969 fällte das US-Verteidigungsministerium die Entscheidung zum Aufbau eines paketvermittelnden Datennetzes ohne zentrale Steuerung und Kontrolle. Dieses sog. → ARPANET sollte militärische und akademische Einrichtungen innerhalb der USA miteinander verbinden. – Bei seinem Start 1969 bestand das Netz aus vier Computern verschiedener Universitäten zwischen denen Daten mit einer Geschwindigkeit von 2,4 kbit/s übertragen werden konnten. In den folgenden Jahren wurde mit der steigenden Zahl der Teilnehmer, der internationalen Vernetzung sowie der Abspaltung des militärisch genutzten Bereichs der Wandel des ARPANET zum heute bekannten offenen Internet vollzogen. – Im Jahr 2001 nutzten ca. 495 Millionen

Menschen weltweit das Internet, seitdem hat sich diese Zahl in den letzten zehn Jahren laut → ITU mehr als vervierfacht. Wurde das Internet bis Ende der 1990er-Jahre noch weitgehend für eine reine Informationsbereitstellung verwendet, wird es seither zunehmend für die digitale Abwicklung von Geschäftstransaktionen und die elektronische Unterstützung von Leistungsprozessen in Unternehmen und Behörden, also für → Electronic Business genutzt. – Den großen Durchbruch in der Öffentlichkeit erlangte das Internet mit der Einführung des → World Wide Web (WWW) (Web), das jedem Benutzer eine grafisch unterstützte Navigation im Internet zum Auffinden von Informationen ermöglicht. Dieser 1989 von Physikern am Kernforschungszentrum CERN in Genf entwickelte Dienst integriert alle bisher genannten Dienste unter einer Oberfläche und kann auch von unerfahrenen Anwendern relativ leicht genutzt werden. Das Grundelement des WWW bilden sog. Hypertext-Seiten. Diese werden in der Beschreibungssprache → HTML (Hypertext Markup Language) erstellt und unter Verwendung des Protokolls → HTTP (Hyper Text Transfer Protocol) im Internet übertragen. Hypertext-Seiten besitzen zur Identifizierung innerhalb des Internets eine Adresse (→ URL = Uniform Resource Locator, z.B. http://www.gabler.de) und können multimediale Elemente wie Text-, Bild-, Video- und Audioinformationen enthalten. Sie werden auf sog. WWW-Servern oder -Hosts abgelegt und sind untereinander durch sog. → Hyperlinks verbunden. Diese werden innerhalb der Seiten durch markierte Textelemente oder Grafiken dargestellt und bieten eine einfache Möglichkeit, kontextbezogen zu einzelnen Seiten zu verzweigen. Die Seiten eines einzelnen Informationsanbieters sind i.d.R. hierarchisch strukturiert und über eine → Homepage zu erreichen. – Der Zugriff auf das World Wide Web erfolgt mittels eines auf dem lokalen Rechner installierten Browserprogramms (→ Browser), das die auf WWW-Servern abgelegten Hypertext-Seiten interpretiert und entsprechend darstellt. Bekannte Browser sind Google Chrome, Microsoft Internet Explorer, Mozilla Firefox, Opera und Safari. – Die Übertragungs- und Paketvermittlungsinfrastruktur des Internets wird von einer Vielzahl von unabhängigen Unternehmen betrieben, die jeweils bestimmte Subnetze kontrollieren und/ oder andere Leistungen anbieten, die für die Internetnutzung erforderlich sein können (z.B. Bereitstellung von Speicherrechnern zur Ablage von Inhalten, die über das Internet abrufbar sein sollen). Internet Access Provider verknüpfen den PC von Endkunden über eine Wähl- oder Festverbindung oder über einen xDSL-Anschluss mit einem Knotenrechner (= Router), von dem aus Datenpakete in das eigentliche Internet eingespeist werden. Jenseits solcher Netzzugangspunkte wird der Verkehr von → Internet Service Providern (ISP) über Verbindungsnetze (= → Backbones) und weitere Router transportiert. Nach der räumlichen Erstreckung der Gebiete, in denen ein ISP TCP/IP-Verkehr aufnimmt und weiterleitet, werden lokale, regionale, nationale und internationale ISP unterschieden. Übergänge zwischen mehreren Internet-Subnetzen verschiedener Betreiber werden zum großen Teil an wenigen ausgewählten Orten über sog. „Peering Points" realisiert. – Das Internet stellte ein breites Spektrum unterschiedlicher Dienste bereit, die einen Austausch von Informationen ermöglichen. Hierzu gehört der Versand elektronischer Briefe (Electronic Mail, → E-Mail). Dieser Dienst ist kostengünstiger und schneller als die, ironisch mit Snail-Mail (Schneckenpost) bezeichnete, herkömmliche Briefpost. Der Anwender kann empfangene oder versandte Nachrichten speichern und bearbeiten oder auch Verteilerlisten für Rundschreiben und Serienbriefe erstellen. Außerdem ist es möglich, beliebige Dateien an eine Nachricht anzuhängen. Voraussetzung zur Nutzung von Electronic Mail ist, dass der Absender die Adresse des Empfängers, unter der dieser Nachrichten erhalten kann, kennt. Eine E-Mail-Adresse, z.B. heinz.mustermann@gabler.de, setzt sich zusammen aus einer Kennung (heinz.mustermann), dem Zeichen @ (at, Klammeraffe) und einer Rechneradresse (gabler.de). Newsgroups sind elektronische Diskussionsforen zu einer Vielzahl von Themen. Artikel (Postings) einzelner Nutzer können weltweit verbreitet und gelesen werden. Die Gesamtheit der Rechner, die diesen Dienst zur Verfügung stellen wird auch als Usenet bezeichnet. Das → File Transfer Protocol (FTP) dient zur systemunabhängigen Übertragung beliebiger Dateien zwischen zwei Computern. Telnet ermöglicht den Zugriff auf andere im Netzwerk befindliche Computersysteme („Remote Login"). Der Anwender kann mit Telnet bspw. die Kapazität von Großrechnern nutzen oder auf Applikationen zugreifen, die auf dem eigenen Rechner nicht zur Verfügung stehen. – Einen einfachen Einstieg in das Internet erhält der Nutzer über sog. → Portale. In themenunspezifischen (= horizontalen) Portalen werden die unterschiedlichsten Links und Serviceangebote auf einer Website bereitgestellt. Diese umfassen typischerweise aktuelle Nachrichten, Börsenkurse, kostenlose E-Mail-Adressen, Preisvergleiche und → Suchmaschinen. Oft kann der Nutzer das Erscheinungsbild der Seiten inhaltlich selbst gestalten, sodass bei weiteren Besuchen nur die als interessant empfundenen Inhalte angezeigt werden (= Personalisierung). Themenspezifische Portale (= vertikale Portale) konzentrieren sich dagegen auf ein Thema und liefern zu diesem umfassende Inhalte in vielfältiger Form, von allg. Überblicken bis hin zu detaillierten Angeboten, bspw. in Form themenspezifischer Diskussionsforen oder Chatrooms. Aus Anbietersicht zielen Internet-Portale auf die Erzeugung und Aggregation von Aufmerksamkeit (Inhalteanbieter), die Erzeugung von Verkehr (Netzbetreiber) sowie eine stärkere Kundenbindung und eine Einleitung von Verkäufen (Leistungsanbieter).

Internetbank → Kreditinstitut, das spezielle Bankdienstleistungen über das Internet bereitstellt. *Tätigkeitsmöglichkeiten:* Kontoführung, Zahlungsverkehr, Wertpapiergeschäft (z.B. Orderaufgabe mit sofortiger Ausführungsbestätigung, Bereitstellung von Real-Time-Kursen). Heutzutage ist es üblich, dass Kreditinstitute - zusätzlich zu anderen Vertriebswegen - Bankdienstleistungen via Internet bereitstellen. - Vgl. auch → Direktbank, → Electronic Banking.

Internet Broking - *Home Broking, Online Broking;* elektronischer Kauf und Verkauf von Wertpapieren ohne Beratung. - *Technische Voraussetzungen:* PC und Internetanschluss, Zugang zu einem Provider, Zugangsprogramm, Konto bzw. Depot bei einem Internet Broker. Internet Broking wird im deutschsprachigem Raum durch Geschäftsbanken im Rahmen des Filialbetriebes, durch Tochtergesellschaften, aber auch durch bankfremde Anbieter offeriert. Geboten wird der Handel aller an dt. Börsen notierten Papiere. Gehandelt wird sowohl im elektronischen Handel (→ EUREX/ → XETRA) als auch im Präsenzhandel. Selbst Intra-Day Trading, also der Kauf und Verkauf gleicher Positionen am gleichen Börsentag, wird dem Kunden angeboten. → Portfolio-Analyse, → Charts, Börseninformationen, Wirtschaftsinformationen sowie zeitnahe Kurse werden zur Verfügung gestellt. Die Preisgestaltung bewegt sich unter den Preisen im konventionellen Bankenwertpapiergeschäft. Durch bes. aggressive Preisgestaltung zeichnen sich die Anbieter im Discount-Broking aus. Um Kannibalisierungseffekte zu vermeiden, pflegen die Banken eine zurückhaltendere Preispolitik. V.a. bei jüngeren und kostenbewussten Verbrauchern fand das Internet Broking schnell Anklang.

Internet Business

von Dr. Markus Siepermann

I. Begriff und Einordnung

Unter Internet Business wird die Abwicklung von Geschäftsprozessen jedweder Art über das → Internet verstanden. Darunter fallen sowohl interne Prozesse, die sich nur auf Kommunikationspartner innerhalb eines Unternehmens beziehen, als auch solche Prozesse, die zwischen zwei Geschäftspartnern außerhalb des Unternehmens bestehen. Internet Business schließt dabei sowohl den Business-to-Business- als auch den Business-to-Consumer-Bereich ein.

II. Merkmale

Bisher vorherrschende Kommunikationsmittel wie Telefon oder Brief werden in verstärktem Maße durch das Medium Internet verdrängt. Im Bereich der internen Kommunikation stellt diese Entwicklung dabei lediglich einen Wechsel des Kommunikationsmediums auf ein neues und in Zusammenhang mit anderen Geschäftsprozessen einheitliches Medium dar, das firmeninterne → Netz basiert nach der Umstellung einheitlich auf dem Internet. Im Bereich der externen Kommunikation sind zwei unterschiedliche Anwendungsgebiete zu unterscheiden: a) Im Business-to-Consumer-Bereich stellt das Internet einen neuen Werbe- und Absatzkanal dar, der herkömmliche Kanäle, wie z.B. Telefon-Shopping, ergänzt aber nicht ersetzt. Als Medium bringt das Internet eine neue Qualität der Kommunikation mit dem Konsumenten mit sich, da nicht mehr das Unternehmen gezielt auf einen Kunden zugehen kann, sondern der Kunde bereits die Bereitschaft in sich tragen muss, das Unternehmen aufzusuchen. b) Im Business-to-Business-Bereich schließt eine durchgängige Verwendung des Internets verschiedene Lücken in der Wertschöpfungskette. Bspw. erfolgen nach der Angebotseinholung Bestellung und Lieferterminabstimmung ebenso über das Internet wie die Beauftragung eines Spediteurs. Das Internet Business wirkt also unterstützend bei bereits länger bekannten Konzepten wie → Just in Time (JIT) oder → Supply Chain Management (SCM).

III. Abgrenzung

Im Gegensatz zum → Electronic Business, das alle elektronischen Medien in die Geschäftsprozesse mit einbezieht, bezeichnet das Internet Business nur die über das Internet abgewickelten Prozesse. Beiden Begriffen ist jedoch gemein, dass sie sich auf Geschäftsprozesse beziehen, die sowohl interne als auch externe Kommunikationspartner beinhalten. Das unterscheidet sie vom Begriff des → Electronic Commerce, bei dem die Sicht auf die internen Abläufe keine Berücksichtigung findet.

IV. Ausprägungen

a) Business-to-Consumer: Das anfangs noch vorhandene, stark ausgeprägte Misstrauen vonseiten des Konsumenten gegenüber dem Handel im Internet aufgrund der räumlichen Distanz zum Anbieter und der Übermittlung persönlicher Daten ist mittlerweile einer allgemeinen Akzeptanz gewichen. Neben → Elecronic Malls,

→ Electronic Shops oder Onlineauktionen sind in den letzten Jahren Konzepte zutage getreten, die dem Kunden den Einkauf zum niedrigsten Preis bieten bzw. suggerieren. Zu diesem Zweck existieren Preisvergleichsroboter, die dem Kunden den günstigsten Anbieter unter mehreren heraussuchen, organisierte Einkaufsgemeinschaften (Powerbuying), denen ab einer gewissen Menge Preisnachlässe gewährt werden, oder den Onlineauktionen ähnliche Konzepte, bei denen der Kunde seinen Wunschpreis für ein Produkt nennt, den ein Anbieter dann akzeptieren kann.

b) Business-to-Business: Die Formen des Internet Business sind v.a. im Bereich des Einkaufs bisher stark ausgeprägt. Zum einen existieren in diesem Bereich Onlineauktionen vergleichbare sog. Communities, in denen komplette Branchen eine Plattform für ihren Einkauf und Absatz finden. Die Teilnehmer dieser Communities können sich über Angebote informieren, Gesuche abgeben und dem günstigsten der sich unterbietenden Anbieter den Zuschlag geben. Diese Vorgehensweise führt jedoch zu einem erhöhten Preisdruck und Einbußen in der Produktqualität. Favorisiert werden deshalb Konzepte, in denen die Zusammenarbeit der Unternehmen mit von diesen anerkannten Zulieferern enger gestaltet wird, ohne den Wettbewerb, der zwar weiterhin stattfindet, weiter zu verschärfen.

V. Probleme

Stellte sich noch vor ein paar Jahren die Frage der Rechtsverbindlichkeit von im Internet getätigten Geschäften, so tritt heutzutage vermehrt der Problembereich des Datenschutzes in den Vordergrund. Internetnutzer geben sensible Informationen wie z.B. Kreditkartendaten nicht nur im Rahmen eines Einkaufs preis, sondern sie hinterlassen auf jeder → Website Informationen über ihr Surfverhalten und dadurch über ihre Interessen und Vorlieben. Diese Daten können von Unternehmen leicht gesammelt, ausgewertet und vielfältig genutzt werden. Vor allem der Einsatz von Website-Statistik-Software wie z.B. Google-Analytics ist dabei kritisch zu betrachten, da die Informationssammlung über das Surfverhalten von Nutzern automatisch und ohne deren explizites Einverständnis geschieht. Noch immer nicht zufriedenstellend gelöst ist die Bezahlung im Internet. Auch wenn vielversprechende Ansätze wie Cybercoins etc. existieren, herrscht immer noch die Bezahlung per Überweisung, Rechnung oder Kreditkarte vor. Darüber hinaus wird vielfach v.a. der Service im Internet Business kritisiert. Durch die starke räumliche Trennung von Anbieter und Nachfrager und wegen des starken Kostendrucks wird vielfach an der Kundenorientierung gespart. Im Business-to-Business-Bereich stellt sich zusätzlich die Gefahr, dass der Mittelstand durch erhöhten Kostendruck gegenüber großen Unternehmen ins Hintertreffen gerät, da die Einsparungspotentiale in mittelständischen Unternehmen weitaus geringer als bei Großunternehmen ausfallen.

VI. Ausblick

Die bessere Vergleichbarkeit von Produktangeboten im Internet hat dazu geführt, dass nicht nur viele kleinere Geschäfte vor Ort aufgegeben haben, sondern auch, dass klassische Warenhäuser seit einigen Jahren mit starken Problemen zu kämpfen haben. Viele klassische Geschäftsbereiche werden durch Geschäftsmodelle im Internet abgelöst. Bereits heutzutage berichtet das klassische Verlagswesen von zahlreichen Absatzproblemen, die durch neue Entwicklungen wie z.B. E-Books hervorgerufen werden. → Video on Demand, Musikdownloads etc. in Verbindung mit portablen Abspielgeräten führen dazu, dass der Zwischenhandel obsolet wird und somit der Verkauf physischer Datenträger immer weiter einbricht. Die Entwicklung im Internet Business geht seit einiger Zeit in Richtung → Web 2.0. Dabei nutzen Anbieter den allgemeinen Vernetzungstrend, indem sie über soziale Netzwerke versuchen, Kontakte zu knüpfen und zu pflegen, Unternehmensimages zu beeinflussen, zusätzliche Leistungen wie Premiumdienste anzubieten etc.

Internet Corporation for Assigned Names and Numbers – private Organisation, die vorwiegend die Vergabe von → IP-Adressen betreut, Protokollparameter koordiniert und die Aufsicht über das → Domain-Name-System innehat.

Internetemission → Emission von → Aktien über das → Internet. Die Internetemission dient bes. kleineren Unternehmen, welche die Dimensionen eines herkömmlichen → IPO nicht erreichen. Die erste im Internet emittierte Aktie war die New Yorker Mikrobrauerei Spring Street Brewing Co. Seitdem wurde diese Form der Kapitalbeschaffung von mehreren kleinen Unternehmungen kopiert. Das Verfahren der Emission kann unterschiedlich gehandhabt werden. Eine Möglichkeit ist die Verankerung eines Zeichnungssystems auf der Homepage der Unternehmung. Eine andere Variante ist es, sog. Internetemissionshäuser in das „Going Public“ zu involvieren. Diese stellen die entsprechenden Emittenten via Internet vor und ermöglichen die Zeichnung online. Die Abrechnungsverfahren differieren und unterliegen einer stetigen Weiterentwicklung in puncto Abwicklungssicherheit. I.d.R. wird die gezeichnete Aktie dem Zeichner erst gutgeschrieben, wenn der Geldeingang beim Emittenten vermeldet wird. Geht das Geld nicht ein, verfällt die Zeichnung.

Internetmarketing

von Prof. Dr. Daniel Markgraf

I. Einführung

In den letzten 25 Jahren hat sich das Internet zu einem integralen Bestandteil unseres Lebens und damit auch immer mehr des Lebens der Kunden entwickelt. Mittlerweile sind mehr als 75% aller Deutschen im Internet aktiv (van Eimeren & Frees, 2012, S. 362). Wie stark das Internet und seine Dienste unser Leben beeinflussen, zeigt sich u.a. daran, dass wir nicht mehr nach Informationen suchen, sondern googeln. Immer öfter schauen wir nicht mehr in ein gedrucktes Lexikon oder Lehrbuch, um uns einen ersten Einblick in ein Thema zu verschaffen, sondern holen uns einen ersten Überblick durch gesammeltes Wissen bei Wikipedia.

Auch wenn nach wie vor die passiv-konsumierende Grundhaltung dominiert (van Eimeren & Frees, 2012, S. 365), konsumieren wir Informationen nicht mehr nur, sondern teilen unser Wissen auch gern mit anderen. Allein in Deutschland existieren mittlerweile mehr als 15,2 Millionen Domains und durchschnittlich werden es pro Tag 2.000 mehr. Geht man einen Schritt weiter und nutzt die Top Ten der Toplevel-Domains als Grundlage, so blicken wir bereits auf 177 Millionen Domains, die um die Aufmerksamkeit der Internetnutzer kämpfen (Denic, 2012). Ohne auf Soziale Netzwerke einzugehen, ist bereits an diesem Punkt zu erkennen, dass es nicht mehr ausreichend ist, einfach nur online zu sein. Zum einen muss das eigene Angebot von potentiellen Kunden gefunden werden und zum anderen muss man dem Kunden etwas bieten, für das er bereit ist zu bleiben und wiederzukehren.

II. Standortbestimmung in der Definitionsfrage

Die gängige Standard- und Grundlagenliteratur im Marketing behandelt das Thema Internet und Internetmarketing noch vergleichsweise stiefmütterlich. Kotler bspw. nimmt die beiden Bereiche nicht separat auf, sondern geht nur am Rande auf einige Anwendungen ein bzw. sieht er darin „... eine Sonderform des Direktmarketing, welche erst durch die Etablierung der neuen elektronischen Medien entstehen konnte" (Kotler, Keller, & Bliemel, 2007). Bruhn geht nur auf den Bereich Social Media als eines der Instrumente in der Kommunikationspolitik ein (Bruhn, 2012). Ebenso ordnet Meffert den Bereich der Kommunikation zu (Meffert, Burmann, Kirchgeorg, 2011).

In der Literatur finden sich darüber hinaus verschiedene Begrifflichkeiten wie Internetmarketing, Onlinemarketing, Webmarketing oder Onlinewerbung, die von einigen Autoren abgegrenzt und von anderen synonym verwendet werden. Kreutzer unterscheidet entsprechend zwischen Online- und Internetmarketing: „Online-Marketing umfasst die Planung, Organisation, Durchführung und Kontrolle aller marktorientierten Aktivitäten, die sich des Telefons und/oder des Internets zur Erreichung von Marketing-Zielen bedienen. Damit stellt das Internet-Marketing (auch E- oder Web-Marketing) ebenso wie das Telefon-Marketing eine Teilmenge des Online-Marketings dar" (Kreutzer, 2012, S. 30). Fritz definiert vergleichbar, allerdings mit dem Ausgangspunkt des Internet-Marketing: „Der Begriff „Internet-Marketing" bezeichnet die systematische Nutzung der Internetdienste (z.B. E-Mail, www, Peer-to-Peer-Dienste) für die Zwecke des Marketing. In zunehmendem Maße werden auch Marketing-Aktivitäten mit verwandten digitalen Technologien, etwa anderer Online-Telekommunikationsmedien, Breitband- und Satellitentechnologien, dem Internet-Marketing zugerechnet [...] und das Internet als Basis des gesamten elektronischen Marketing aufgefasst" (Fritz 2005, S. 7). Die Basis für diese begrifflichen Verwirrungen wird allerdings bereits vorab gelegt, denn häufig wird bereits das reine Transportmedium Internet mit seinen Anwendungen bzw. Diensten gleichgestellt. Das Internet und eine seiner Anwendungen, das WWW, werden vielfach als identisch betrachtet. Kurz sei angemerkt, dass diese Annahme allerdings zu kurz greift, denn es gibt eine Vielzahl von Diensten, welche über das Internet bereitgestellt werden. Somit kann das Internet als eine weltumspannende und laufend wachsende Ansammlung von miteinander verbundenen Computernetzwerken gesehen werden, welche auf Basis einer standardisierten Internet-Protokoll-Familie Informationen austauschen.

Im Rahmen einer wissenschaftlichen Betrachtung kann eine Differenzierung der Begriffe durchaus angebracht sein. Aus Kundensicht ist eine Unterteilung in Online- oder Internetmarketing mittlerweile jedoch nicht mehr zielführend, da der Kunde die technologische Umsetzung immer weniger wahrnimmt, sondern das Internet vielmehr über seine Dienste und genutzten Funktionen definiert. Diese Ansicht setzt sich auch in der Literatur immer stärker durch. Somit kann man Internetmarketing als all jene Aktivitäten zusammenfassen, die im Internet getätigt werden, damit sich die am Austauschprozess Beteiligten gegenseitig besserstellen.

III. Grundlagen des Internetmarketing

Nutzt man die gängige Marketingliteratur als Grundlage für eine Positionsbestimmung im Bereich des Internetmarketing, so ist festzustellen, dass nicht nur noch keine Einigkeit in der Definitionsfrage besteht, sondern vielfach auch nicht deutlich wird, was genau Internetmarketing ausmacht oder als speziell kennzeichnet.

Kollmann formuliert bspw. folgendermaßen: „Der Terminus „Online-Marketing" bezeichnet im Grunde genommen nichts anderes als die Übertragung des traditionellen Marketings auf ein neues Medium; und zwar des Internet" (Kollmann, 2007, S. 13). Diese Einschätzung wird den Anforderungen, die das neue Medium an das Marketing stellt, nicht ganz gerecht. Nicht nur, dass das Internet die seit langem geforderte Interaktion und Kommunikation mit den Kunden ermöglicht, es bietet Chancen und Herausforderungen, die weit darüber hinausgehen. Positiv kann man es mit den Worten von Bryan Wiener, zusammenfassen: „Social marketing eliminates the middlemen, providing brands with the unique opportunity to have a direct relationship with their customers" (360i, 2009, S. 3). Darüber hinaus ist festzustellen, dass man mit dem Kunden nicht mehr nur eine Beziehung aufbauen kann, sondern die Möglichkeit hat, eine eigene Erlebniswelt für jeden einzelnen zu schaffen. Auf der anderen Seite muss man sich als Unternehmen darüber bewusst sein, dass man seine Marke in die Hände seiner Kunden gibt und die Interaktion der Kunden mit dieser bestenfalls steuern, aber nicht kontrollieren kann.

Ebenso ist davon Abstand zu nehmen, das Internetmarketing lediglich als ein weiteres Instrument zu sehen und dieses dem Bereich der Kommunikationspolitik zuzuordnen. Vielfach haben sich in den letzten Jahren völlig neue Geschäftsmodelle entwickelt, bei denen das Internetangebot als das eigentliche Produkt zu sehen ist – die oben genannte Wikipedia ist eines, aber auch Angebote wie Amazon, eBay oder Facebook wären ohne die Strukturen und Möglichkeiten des Internet überhaupt nicht realisierbar. Der Internetauftritt eines Unternehmens ist damit nicht mehr nur ein Kommunikationsinstrument im Rahmen der klassischen 4 P des Marketing, sondern muss selbst aktiv vermarktet werden. Der Auftritt im Web entwickelt sich damit sowohl zum Produkt als auch zum Instrument der Vermarktung. Ebenso verliert die eine Webseite eines Unternehmens als singulärer Anlaufpunkt an Bedeutung – mehr und mehr wird sie zu einem von vielen Anlaufpunkten für den Kunden, um mit dem Unternehmen in Kontakt zu treten und im Idealfall mit ihm zu kommunizieren. „Think of a web site like a hub or a train station; it can be a point of origin or a destination. Some people begin their journey there while others are ending it; some are just in transit, or meeting someone ..." (Jaffe, 2010, S. 221). Dem entsprechend sind auch die unterschiedlichsten Strategien im Umgang mit der Firmenwebseite möglich, nachfolgend seien nur drei dargestellt:

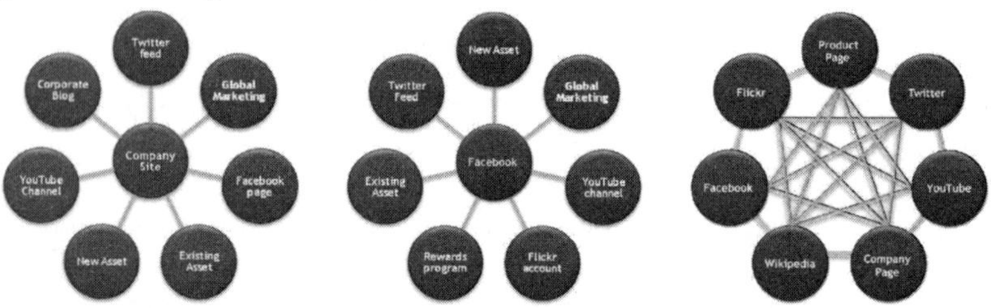

Abbildung 1: Unterschiedliche Social Media Strukturen von Firmenwebseiten (Quelle: 360i, S.16)

Die revolutionäre Bedeutung des Internets und damit auch des Internetmarketing leitet sich in erster Linie auch nicht aus seiner technischen Realisierung ab, sondern aus den durch die neue Systemarchitektur hervorgerufenen Änderungen der sozialen Austauschprozesse. Im Internet realisieren sich drei Prinzipien, welche die positive Wirkung von Netzwerken potenzieren. Es findet sich eine hohe Vernetzungsdichte der Kunden, eine große Anzahl spontan aktiver Elemente und die dadurch hervorgerufene Begünstigung kreisender Erregungen durch das einfache Wiedereinspeisen von Impulsen (Retweet, +1 oder Likes). Durch diese Prinzipien wird zum einen das Auftreten exponentieller Effekte (hypes) gefördert, zum anderen nimmt die Vorhersag- und Steuerbarkeit von Effekten in Netzwerken ab. Die Macht im Marketing wechselt damit im Internet vom Anbieter zum Nachfrager.

Wenn das Internetmarketing nicht als ein Instrument im Rahmen der Kommunikationspolitik zu sehen ist, stellt sich die Frage, ob die 4P insgesamt eine Grundlage für das Internetmarketing bilden können. Ließen sich die Grundlagen der 4P darüber herleiten, was zum Austausch von Produkten benötigt wird, geht es in Zeiten des Internetmarketing eher darum, eine gemeinsame Welt für Unternehmen und Kunden sowie ein gemeinsames Verständnis (mutual understanding) zu schaffen. Nach wie vor sind die meisten Unternehmen jedoch immer noch darauf ausgerichtet, Menschen eher bei der Befriedigung ihrer wirtschaftlichen Bedürfnisse zu helfen als bei sozialen. Dabei geht es eher darum, Beziehungen aufbauen und zu stärken, die Kunden mit anderen Kunden und dem Unternehmen zu vernetzen und dadurch die Kosten zu senken, die Zahlungsbereitschaft zu stärken und ein gemeinsames Verständnis aufzubauen, das den Kunden an die Marke bindet.

Oberstes Ziel ist es nicht mehr nur, den Kunden zum Kauf zu animieren, sondern das Unternehmen gewinnbringend (bereichernd) in die Welt des Kunden einzubringen. Für den Internet Marketing-Mix bietet sich eher das 6C Model von Jaffe als Ausgangspunkt an.

Können die Anforderungen, die durch Content, Commerce und Community gestellt werden, weitgehend oder zumindest teilweise noch durch die Instrumente des Web 1.0 bewältigt werden, so sind die restlichen erst mithilfe der Interaktivität der Instrumente im Web 2.0 wirklich realisierbar.

IV. Instrumente im Internetmarketing-Mix

Die Instrumente des Internetmarketing können auf unterschiedlichen Ebenen der Kommunikation gesehen werden. Der Entwicklung einer Spirale folgend, lassen sich aktuell fünf Ebenen identifizieren, die im Idealfall aufeinander aufbauen, wachsende Anforderungen an das Unternehmen stellen und die Möglichkeiten zur Interaktion intensivieren. Nach wie vor besitzen auf der untersten Ebene die Dienste, die auf den grundlegenden Netzwerkstrukturen des Internet, aber nicht zwangsläufig auf dem WWW basieren, eine grundlegende Bedeutung. Als einer der wichtigsten Dienste kann dabei die E-Mail gesehen werden, über die sowohl eine Information als auch eine direkte Kommunikation mit dem Kunden erfolgen kann. Im Einzelnen lassen sich aktuell folgende Ebenen der Marketinginstrumente im Internet identifizieren:

(1) Klassisches Internetmarketing, welches auf die reine Vermittlung von Inhalten ausgelegt ist und auch noch auf den 4P des Marketing basierend realisiert werden könnte. Neben dem E-Mail-Marketing zählen hierzu bspw. auch reine die Onlineverfügbarkeit von Produkten inklusive deren Beschreibungen für online und offline verfügbare Produkte, der Download von Bedienungsanleitungen oder aber Werbeträger wie Banner und die Nutzung von Affiliate-Programmen.

(2) Das Suchmaschinenmarketing gewann mit der wachsenden Bedeutung von Suchmaschinen und Suchportalen als Einstiegspunkt in das Internet an Bedeutung. Hierbei lässt sich grob in Suchmaschinenoptimierung (SEO) und Suchmaschinenmarketing (Keyword-Marketing, SEA) unterteilen. Während es sich bei SEO um die Manipulation von oder Anpassung an Suchalgorithmen geht, handelt es sich bei SEA um bezahlte Anzeigen, die in den Suchergebnissen geschaltet werden.

(3) Social Media Marketing nutzt die Vorteile von sozialen Netzwerken, Social Bookmarking-Diensten, Media Sharing Plattformen und greift auf Foren & Communities oder Blogs/Corporate Blogs zurück, um eine direkte mehrseitige Kommunikation mit den und zwischen den Kunden zu initiieren. Einen guten Einstieg für einen ersten Überblick über die wichtigsten Social Media Plattformen in Deutschland, stellt das Social Media Prisma dar. Die jeweils aktuelle Version ist unter http://www.ethority.de/weblog/social-media-prisma/ zu finden. Es sei

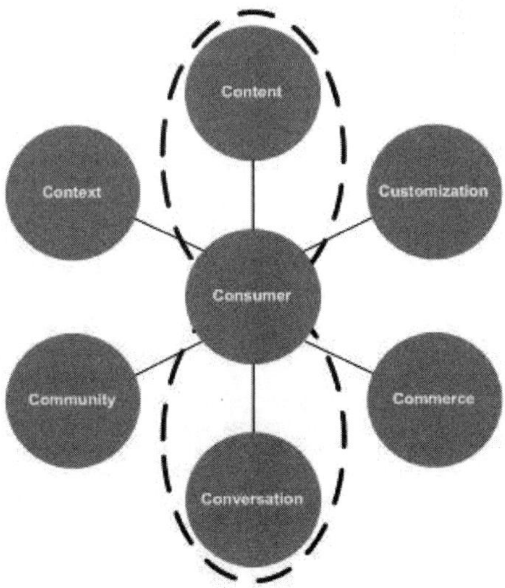

Abbildung 2: 6C-Modell nach Jaffe (Quelle: Jaffe 2010, S. 220)

allerdings darauf verwiesen, dass es sich hierbei zwangsläufig nur um eine vergangenheits- oder bestenfalls gegenwartsbezogene Aufstellung handelt, die nur einen begrenzten Aussagewert für die zukünftige Bedeutung der Plattformen hat.

(4) Die Integration von realer und virtueller Welt steckt aktuell vielfach noch in den Kinderschuhen, kann allerdings als nächste Entwicklungsstufe im Internetmarketing gesehen werden. Erste Anwendungen, wie Mobile Marketing über Apps, SMS/MMS/Join, Mobile Coupons oder QR-Codes, aber auch Location Based Services, sollten bereits heute Bestandteil einer guten Marketingstrategie sein. Diesen Anwendungen gelang mit der zunehmenden Verbreitung von integrierten Kameras und GPS-fähigen Smartphones mit großen Displays der Durchbruch. Deren zunehmende Nutzung und die steigende Leistungsfähigkeit von Smartphones und Tabletcomputern bildet darüber hinaus eine sehr gute Voraussetzung für Anwendungen in der Augmented Reality.

(5) Die Herausforderungen im Rahmen der semantischen Netze (Web 3.0) werden in den nächsten Jahren auch das Internetmarketing prägen. Hierbei wird vorhandenen Informationen eine Bedeutung zugeordnet, um diese für Maschinen in einem Zusammenhang auswertbar zu machen.

Bereits an diesem Punkt ist erkennbar, dass zum einen die Entwicklung hier nicht zu Ende sein wird und in Zukunft weitere Stufen im Internetmarketing zu nehmen sein werden. Zum anderen ist erkennbar, dass die ersten beiden Stufen sehr stark die Entwicklung von Content und Commerce zum Ziel haben und nur ansatzweise zum Aufbau einer Community dienen. Die Bereiche Conversation und Customerization werden ab der dritten Stufe einbezogen und die Einordnung in einen Context wird durch das Unternehmen ab der vierten Stufe ansatzweise und im Rahmen der fünften Stufe vollständig realisierbar. In den vorherigen Stufen kann die Identifikation des Contextes nur durch Communication oder Communities ansatzweise realisiert werden.

V. Erfolgsmessung

Neben den neuen Herausforderungen in der Struktur des Internetmarketing ergeben sich auch neue Möglichkeiten der Erfolgsmessung der verschiedenen Instrumente. Basis für eine Erfolgsmessung ist auch im Internetmarketing die Formulierung eines spezifischen, messbaren, angemessenen, relevanten und terminierten Zieles (smarte Ziele). Auf dieser Basis lässt sich dann eine Vielzahl zielgerichteter Kennzahlen und Abrechnungsmodelle verwenden. Beispielhaft seien für Kennzahlen die Klickrate, Anmeldezahlen, Conversion Rates oder der durchschnittliche Clickpreis genannt. Bei den neuen Abrechnungsmodellen handelt es sich bspw. um „pay per click“, „pay per lead“ oder „pay per sale“. Darüber hinaus bieten sich über Web-Monitoring, Tracking und Web-Analyse auch vielfältige Möglichkeiten mehr über seine Kunden oder die Meinungsbildung zum eigenen Unternehmen/zur eigenen Marke zu erfahren. Ebenso kann durch diese Methoden eine genauere Erfolgsmessung aller Aktivitäten im Internetmarketing erfolgen. Das Marketingbudget kann daher viel zielgerichteter verwendet werden als bei klassischen Marketingmaßnahmen.

VI. Zusammenfassung

Das Internetmarketing hat sich in den letzten Jahren von einem Instrument im Rahmen der Kommunikation im allgemeinen Marketingmix eines Unternehmens zu einem eigenen Thema entwickelt. Es haben sich eigene Anforderungen im Internet-Marketing-Mix gebildet und es wurden Instrumente entwickelt, mit denen sich auf diese Herausforderungen reagieren lässt.

Für Unternehmen bietet sich die Möglichkeit, eine gemeinsame Erlebniswelt mit dem Kunden zu schaffen und ihn so langfristig an das Unternehmen zu binden. Auf der anderen Seite bietet es den Kunden die Möglichkeit, wesentlich stärker auf das Unternehmen einzuwirken und Entscheidungen nach seinem Willen zu gestalten. Inwiefern und in welchem Umfang er diese Möglichkeiten intensiv nutzt wird sich zeigen. Allerdings ist bereits jetzt zu erkennen, dass dem Kunden durch die Instrumente des Internetmarketing gezielter relevante Werbung gezeigt werden kann und es ein besseres Matching zwischen Bedarf und Angebot gibt. Es können individuelle Angebote erstellt und vermarktet werden, die ohne das Internet nie hätten profitabel am Markt etabliert werden können.

Internetökonomie – vorwiegend digital basierte Ökonomie, welche die computerbasierte Vernetzung nutzt, um Kommunikation, Interaktion und Transaktion in einem globalen Umfeld zu ermöglichen.

Internet Service Provider – Abk. *ISP*; auch *Internet-Access-Provider*, Telekommunikationsdienstleister, der Endkunden den Zugang zum → Internet anbietet. ISP bieten über den Internet-Zugang hinaus häufig weitere Internet-Dienste an. Bspw. treten sie auf als: *Netzwerk-Provider*, die Netzwerke sowohl für das Internet als auch für firmeninterne → Intranets zur Verfügung stellen. Die für ein internationales Netzwerk benötigten Standleitungen werden teilweise bei anderen großen Netzwerkbetreibern angemietet. Kunden der Netzwerkbetreiber sind vielfach Internet-Zugangs-Provider. Diesen wird Netzbandbreite (→ Bandbreite) und Datenvolumen verkauft, die sie dann an Endkunden weiterverkaufen. Da Netzwerk-Provider häufig gleichzeitig auch Internet-Zugangs-Provider sind, ist ihre Bezeichnung als ISP zumeist korrekt und umfassend. *Webspace-Provider*, die auf Computern Speicherplatz, Zugang, E-Mail-Adressen und Dienstleistungen für eine Webpräsenz (d.h. → Websites, virtuelle → Server und eigene Internetdomains (→ Domain)) zur Verfügung stellen. *Content-Provider*, die qualifizierte Inhalte, wie etwa Nachrichten, Audio- oder Bewegtbildinhalte, im → World Wide Web (WWW) anbieten. Ein Beispiel hierfür sind Zeitungs- und Zeitschriftenverlage. → Application Service Provider, die gegen Entgelt über ein Netzwerk Softwarekomponenten zur Verfügung stellen und damit die Installation, Wartung und Aktualisierung von Softwareprogrammen auf (firmen-) eigenen Rechnern, ebenso überflüssig machen wie Wartung und Updates.

Internetversteigerung – Art der öffentlichen Versteigerung neben der Versteigerung vor Ort. Durch das Gesetz über die Internetversteigerung in der Zwangsvollstreckung und zur Änderung anderer Gesetze vom 30.7.2009 (BGBl. I S. 2474) hat der Bundesgesetzgeber die Internetversteigerung für das Gebiet der Zwangsvollstreckung, der Verwaltungsvollstreckung und das Fundrecht geöffnet. – 1. Nach seiner Wahl kann der Gerichtsvollzieher nach § 814 ZPO die öffentliche Versteigerung vor Ort oder als allgemein zugängliche Versteigerung im Internet über eine Versteigerungsplattform stattfinden lassen. Das Nähere über die Versteigerung im Internet bestimmen die Landesregierungen durch Rechtsverordnung. Bei der Internetversteigerung ist der Zuschlag der Person erteilt, die am Ende der Versteigerung das höchste Gebot, wenigstens aber das zu erreichende Mindestgebot abgegeben hat (§ 817 ZPO). – 2. Nach § 296 AO können die Vollstreckungsbehörden die öffentliche Versteigerung über die Plattform www.zollauktion.de durchführen. – 3. Nach § 979 BGB kann die Versteigerung von Fundsachen auch als allgemein zugängliche Versteigerung im Internet erfolgen.

interne Varianz – *Binnenklassenvarianz;* bei einer klassierten Häufigkeitsverteilung (→ klassierte Verteilung) die Größe $s_w^2 = \Sigma s_j^2 p_j$, wobei s_j die → Varianz in der j-ten → Klasse und p_j den → Anteilswert der j-ten Klasse an der → Gesamtheit bezeichnet. Die interne Varianz ist also das mit den Klassenanteilen gewogene → arithmetische Mittel der Klassenvarianzen. Sie ergibt zusammen mit der → externen Varianz die *Gesamtvarianz* (→ Varianz, → Varianzzerlegung).

interne Zinsfußmethode → interner Zinsfuß, Investitionsrechnung.

Interorganizational Bargaining → Collective Bargaining.

Interpellation – parlamentarische → Anfrage; Auskunftsrecht des Parlaments gegenüber der Regierung; Mittel der parlamentarischen Kontrolle der Regierung.

interpersoneller Nutzenvergleich – 1. *Begriff/Merkmale:* In der Wohlfahrtsökonomik für die Ableitung von → Wohlfahrtsfunktionen vorgenommener Vergleich individueller → Nutzen. Die nicht paretianische kardinale Wohlfahrtsökonomik leitet auf der Basis interpersoneller Nutzenvergleiche eindeutige Wohlfahrtsaussagen mithilfe von Wohlfahrtsfunktionen ab. Die Frage eines interpersonellen Nutzenvergleichs ist in der neueren Wohlfahrtsökonomik dagegen umstritten. V. Pareto lehnt eine solche Möglichkeit ab und entwickelt als Kriterium das → Pareto-Optimum, um die „Wünschbarkeit" einer Wohlfahrtssteigerung beurteilen zu können. Die Messung des Nutzens erfolgt bei V. Pareto ordinal. Die Wirtschaftssubjekte sollen dabei jeweils angeben, welches Güterbündel sie einem anderen gegenüber vorziehen oder als äquivalent erachten. – 2. *Kritik:* Ein interpersoneller Nutzenvergleich ist nicht möglich, da der Nutzen nicht kardinal messbar ist (Ausnahme: Ansätze der sog. Fühlbarkeitsschwellen). Es gibt keinen natürlichen Nullpunkt des Nutzens und die Skalierung ist arbiträr. Der Nutzen ist ein subjektives Gefühl der Zufriedenheit bzw. des Glücks.

Interpolation – Verfahren zur näherungsweisen Ermittlung eines unbekannten Funktionswertes mithilfe von bekannten Funktionswerten an benachbarten Stellen. Interpolation wird bes. bei → Zeitreihen, bei → Summenfunktionen und bei statistischen Tabellen, etwa der der → Standardnormalverteilung, angewendet. – Dabei kann grafisch oder rechnerisch vorgegangen werden. Interpolation wird meist als lineare Interpolation durchgeführt, d.h. es wird unterstellt, dass die zu interpolierende Funktion f in dem interessierenden Bereich nahezu linear ist. Die Vorgehensweise wird aus dem Diagramm „Interpolation" ersichtlich.

Interpolation

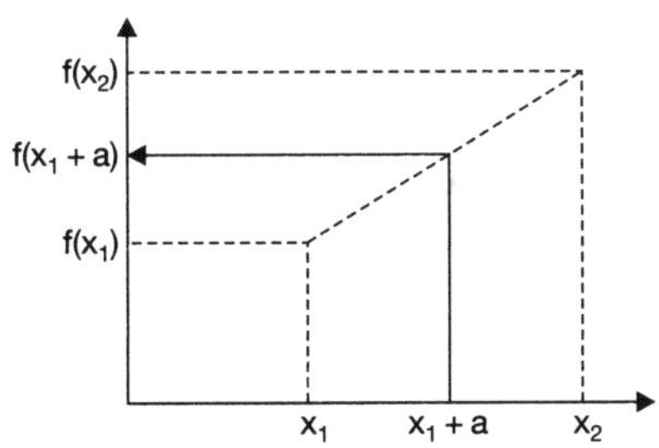

Man setzt also

$$f(x_1 + a) \approx f(x_1) + a\frac{f(x_2) - f(x_1)}{x_2 - x_1}$$

für a aus dem Intervall $[0, x_2\text{-}x_1]$, falls nur die Punktepaare $(x_1, f(x_1))$ und $(x_2, f(x_2))$ bekannt sind. Statt des linearen kann auch ein anderer sinnvoll erscheinender Zusammenhang unterstellt werden.

Interpretation – Verlautbarungsart des → Financial Accounting Standards Board (FASB).

Interpreter → Systemprogramm, das die in einer höheren → Programmiersprache formulierten Anweisungen zur Laufzeit jeweils einzeln in → Maschinenbefehle übersetzt und diese direkt ausführt. Im Gegensatz zum → Compiler wird kein Objektprogramm (→ Programm) erzeugt. – Vgl. auch → Übersetzer.

intersektorale Faktormobilität → Ricardo-Viner-Modell.

Intersektorale Partnerschaften – 1. *Begriff:* Unter dem Begriff intersektorale Partnerschaft wird die bewusste Zusammenarbeit von zwei oder mehreren Organisationen aus verschiedenen Sektoren (Staat, Markt und → Nonprofit-Sektor) bezeichnet. Die Organisationen teilen in einer Partnerschaft Ressourcen, wie z.B. Personal oder Material, um gemeinsam eine bestimmte Aufgabe zu erfüllen, die für eine einzelne Organisation nicht oder nur schlechter realisierbar wäre. – 2. *Merkmale:* Es existieren drei unterschiedliche Typen intersektoraler Partnerschaften:a) Corporate-Nonprofit Partnerschaften,b) Public-Nonprofit Partnerschaften,c) Public-Private Partnerschaften.d) Eine Sonderform bilden ferner die sogenannten dreiseitigen Partnerschaften bzw. die Wertschöpfungsnetzwerke, in denen Organisationen aus allen drei Sektoren kooperieren.

intertemporaler Handel – Ein Land betreibt *intertemporalen Handel,* wenn es ein bestimmtes Gut in der Gegenwart exportiert, um dieses Gut in einer späteren Periode wieder zu importieren, oder umgekehrt. Betrachtet man die Gesamtheit aller Güter, so entsteht intertemporaler Handel wenn ein Land in der gegenwärtigen Periode einen Handelsbilanzüberschuss aufweist, um in der Zukunft Handelsbilanzdefizite haben zu können. – Intertemporaler Handel unterliegt einer *intertemporalen Budgetrestriktion:* Der Gesamtwert der Leistungsbilanzsalden aller Perioden, abdiskontiert zu einem gemeinsamen Zeitpunkt, muss null sein. – Vgl. auch → Zahlungsbilanzausgleich.

intertemporales Gleichgewicht – Form des dynamischen → Gleichgewichts. Hierbei ist unterstellt, dass für jedes Gut ein vollständiges System von Gegenwarts- und → Zukunftsmärkten existiert. Auf diesen werden zu Beginn des Zeithorizonts alle Pläne zu einem Gleichgewicht koordiniert. Danach werden die Märkte geschlossen und ausschließlich die beschlossenen Pläne durchgeführt. Es findet später keine neue Markteröffnung statt. Damit ist ein intertemporales Gleichgewicht eine zeitliche Interpretation eines → stationären Gleichgewichtes. Zu einem realitätsnäheren Gleichgewichtskonzept, das v.a. die Wiedereröffnung von Märkten vorsieht.

intervallfixe Kosten – *sprungfixe Kosten, Sprungkosten;* zwischen → variablen Kosten und → fixen Kosten stehende Kostenkategorie. Intervallfixe Kosten verändern sich nicht mit jeder (geringen) Veränderung der zugrunde liegenden Bezugsgröße (z.B. Beschäftigung), sondern nur mit größeren Veränderungsquanten (z.B. zusätzliche Produktionsschicht). Intervallfixen Kosten liegt eine treppenförmige Kostenfunktion zugrunde (→ Kostenverlauf). Sie werden in der Kostenrechnungspraxis zumeist nicht gesondert berücksichtigt.

Intervallschätzung – Bezeichnung für die Schätzverfahren der Statistik, die auf die Angabe eines Intervalls gerichtet sind, in dem ein zu schätzender → Parameter der → Grundgesamtheit mit einer vorgegebenen Wahrscheinlichkeit liegt. – Das *gebräuchlichste Verfahren* der Intervallschätzung ist die → Konfidenzschätzung. – *Gegensatz:* → Punktschätzung.

Intervallskala – in der Statistik eine → Skala, auf der alternative → Ausprägungen neben Verschiedenheit und einer Rangordnung auch einen Abstand zum Ausdruck bringen; z.B. Temperatur, gemessen in Grad Celsius, oder Länge, gemessen durch die Differenz zu einer Solllänge. – Vgl. auch → Skalenniveau.

intervenierende Variable – im Organismus ablaufende psychische Prozesse im Rahmen des SOR-Modells (→ Käufer- und Konsumentenverhalten), auch als *theoretisches Konstrukt* (z.B. → Einstellungen, → Bedürfnisse, → Motive) bezeichnet, da sich die intervenierenden Variablen einer direkten Beobachtung entziehen, dennoch aber indirekt gemessen werden können.

Intervention – I. Wirtschaftspolitik: staatlicher Eingriff in das Wirtschaftsgeschehen (→ Interventionismus).

II. Betriebswirtschaft: 1. *Allgemein:* Eine von außen initiierte Einflussnahme auf ein System, indem das für das System relevante Umfeld (Kontext) verändert wird. Das betroffene System (z.B. Mitarbeitende, Unternehmen) bestimmt die Bedeutung einer Intervention nach seinen internen Regeln und damit gemäß seiner Geschichte (z.B. der Unternehmenskultur). Interventionen werden z.B. in der Unternehmensberatung und beim → Coaching gemacht. Dazu stehen verschiedene Interventionstechniken zur Verfügung (z.B. → Reframing). – 2. *Beispiele*: Kursintervention im *Börsenwesen* (→ Kursstützung); Interventionen der Zentralbank auf dem Devisenmarkt zur Verteidigung eines meist politisch festgelegten Wechselkurses (→ Außenwirtschaftstheorie).

III. Zivilprozessordnung: *Streithilfe,* die Beteiligung eines Dritten an einem anhängigen Prozess (§§ 64 ff. ZPO). – 1. *Haupt-Intervention:* Inanspruchnahme des Streitgegenstandes des Prozesses durch einen Dritten. – *Beispiel:* A klagt gegen B auf Herausgabe eines Wagens, C behauptete, dessen Eigentümer zu sein. Der Dritte muss beide Parteien des Hauptprozesses beim Gericht, bei dem dieser in erster Instanz anhängig ist (oder war), verklagen; der Hauptprozess kann bis zur Entscheidung der Klage des

Dritten ausgesetzt werden. – 2. *Neben-Intervention:* Beitritt eines Dritten zur Unterstützung einer Prozesspartei. Zulässig, wenn der Dritte ein → rechtliches Interesse an dem Obsiegen einer Partei hat (v.a. wenn er befürchten muss, im Fall des Unterliegens dieser Partei, im Wege des → Rückgriffs in Anspruch genommen zu werden). Beitritt *erfolgt* durch Einreichung eines Schriftsatzes bei dem Prozessgericht, der Beitrittserklärung und deren Grund enthalten muss. Der Schriftsatz wird beiden Parteien vom Gericht zugestellt; widerspricht eine Partei dem Beitritt, so wird über dessen Zulässigkeit durch (mit → sofortiger Beschwerde anfechtbares) Zwischenurteil entschieden. Der Dritte wird nicht Partei, sondern nur *Gehilfe* einer Partei für die Zeit nach seinem Beitritt; die bis dahin vorgenommenen Prozesshandlungen bleiben ihm gegenüber wirksam. Er kann selbstständig alle *Prozesshandlungen* vornehmen (z.B. Tatsachen vortragen, Beweise antreten), darf aber dabei nicht in Widerspruch zu der von ihm unterstützten Partei treten. – *Ausnahme:* § 69 ZPO. Der Beitritt wird bedeutsam, wenn die unterstützte Partei unterliegt und gegen den Dritten *Rückgriff* nimmt; dieser kann dann nicht damit gehört werden, die Hauptpartei sei zu Unrecht verurteilt worden und habe den Prozess schlecht geführt, und zwar insoweit, als er selbst wegen seiner Mitwirkungsmöglichkeit hätte abhelfen können *(Interventionswirkung)*. – Vgl. auch → Streitverkündung.

IV. **Wechselrecht:** Eintreten des Notadressaten bei Nichtzahlung des Wechsels, durch Ehrenannahme oder Ehrenzahlung (→ Ehreneintritt).

Interventionismus – eine ordnungsinkonforme staatliche Wirtschaftspolitik, die nicht nach einem allg. und in sich schlüssigen wirtschafts- oder ordnungspolitischen Leitbild ausgerichtet ist, sondern sich aus einem Bündel punktueller, nachträglich fallweise korrigierender, relativ unzusammenhängender und wenig vorausschauender Maßnahmen zusammensetzt. – *Anders:* → Dirigismus, diskretionäre Wirtschaftspolitik.

Interventionsklage → Drittwiderspruchsklage.

Interventionspflicht – Verpflichtung der → Zentralbank im System → fixer Wechselkurse, durch Devisenkäufe bzw. -verkäufe am → Devisenmarkt einzugreifen (zu intervenieren), wenn der → Wechselkurs am Markt von dem administrativ festgelegten Festkurs abweicht (s. auch → Kaufkraftparität) bzw. die Grenzen der → Bandbreite um die Parität (→ Interventionspunkte) erreicht. Im Falle einer drohenden → Abwertung (→ Aufwertung) der heimischen Währung wird die Notenbank Devisen verkaufen (kaufen), um den festen Wechselkurs zu verteidigen. – Im System frei → flexibler Wechselkurse besteht keine Interventionspflicht der Zentralbank.

Interventionspunkte – in einem System → fixer Wechselkurse die fixierten Grenzen der → Bandbreite um den → Leitkurs, bei deren Erreichen die → Zentralbank verpflichtet ist, durch Devisenkäufe bzw. -verkäufe den Wechselkurs innerhalb der → Bandbreite zu halten (→ Interventionspflicht).

Interview – 1. *Begriff:* Form der → Befragung. Die Ausprägungen von Untersuchungsmerkmalen werden in einem Gespräch zwischen einem Fragesteller (Interviewer) und dem Befragten ermittelt. – 2. *Formen:* a) Nach den *Vorgaben:* (1) *Standardisiertes Interview:* Die Reihenfolge und Formulierung der einzelnen Fragen ist schriftlich vorgegeben, um v.a. eine möglichst hohe Vergleichbarkeit der einzelnen Interviewergebnisse sicherzustellen. (2) *Freies (unstrukturiertes) Interview:* Ziel und Thema der Befragung werden vorgegeben. Reihenfolge und Formulierung der einzelnen Fragen sind dem Interviewer überlassen; der Einfluss des Interviewers ist entsprechend groß. (3) *Strukturiertes Interview:* Neben Ziel und Thema der Befragung wird ein Fragegerüst vorgegeben; der Interviewer kann die Reihenfolge beeinflussen, ggf. Zusatzfragen. – b) Nach der *Anzahl der Befragten:* (1) Einzelinterview; (2) Gruppeninterview. – 3. *Störeffekt:* → Konsistenzeffekt.

Interviewer-Bias → Bias.

Intra-Blockhandel → Außenhandel zwischen den Mitgliedsstaaten einer → regionalen Integration (intraregionaler Handel). Bspw. entfallen allein auf den Außenhandel zwischen den Staaten der EU (Intra-EU-Handel) fast 38% des gesamten Welthandelsvolumens (2010).

Intra-Day Trading – *Day Trading.* Kauf und Verkauf identischer → Wertpapiere am gleichen Börsentag durch professionelle Händler, inzwischen aber auch durch private Investoren über das Internet oder in speziellen Handelsräumen.

Intrahandelsstatistik – Teil der → Außenhandelsstatistik, der den grenzüberschreitenden Warenverkehr zwischen Deutschland und den Mitgliedsstaaten der EU erfasst. Die Intrahandelsstatistik ist notwendig, weil die Zollstellen nicht mehr mit dem Versandverfahren befasst sind. Da die Wirtschaftspolitik weiterhin von den einzelnen Ländern betrieben wird und Fragen der Wettbewerbsfähigkeit und -verzerrung nur anhand von statistischen Erhebungen zu ermitteln sind, sind statistische Angaben zu Lieferungen im EU-Binnenmarkt für die einzelnen Mitgliedsstaaten unentbehrlich. Die Erfassung erfolgt über eine Direkterhebung bei den betroffenen Unternehmen. – Vgl. auch → Extrahandelsstatistik.

intra-industrieller Handel – Weist ein Land innerhalb ein und derselben Industrie sowohl Exporte als auch Importe auf, so nennt man dies *intra-industrieller Handel.* Empirisch v.a. für Industrieländer, und zwar selbst für sehr eng gefasste Industriedefinitionen beobachtbar. – *Erfassung:* Intra-industrieller Handel wird gemessen als Anteil des Absolutbetrags des Nettohandels (Exporte – Importe) innerhalb eines Sektors am gesamten Bruttohandel (Exporte + Importe) dieses Sektors. Diese sektoralen Anteile können über ein gewichtetes Mittel zu einem Gesamtmaß des intra-industriellen Handels aggregiert werden. Eine auf → komparativen Vorteilen beruhende internationale Spezialisierung generiert im Unterschied dazu *inter-industriellen Handel.* Dabei exportiert ein Land bestimmte Güter und importiert dafür Güter eines anderen Sektors (Industrie). Intra-industrieller Handel wird in der → realen Außenwirtschaftstheorie v.a. über Produktdifferenzierung und → Größenvorteile erklärt.

Intralogistik – Planung, Durchführung und Kontrolle innerbetrieblicher Materialflüsse in Fertigungs- und Handelsunternehmen sowie in öffentlichen Einrichtungen mittels fördertechnischer Systeme und unterstützender Informationssysteme.

intramarginaler Anbieter → marginaler Anbieter.

Intramediaselektion – *Intramediavergleich;* Wahl zwischen spezifischen Werbeträgern (→ Media) innerhalb der Werbeträgergruppe (z.B. Zeitschriftentitel, Fernsehspot). – *Haupteinflussgrößen:* (1) räumliche → Reichweite, (2) zeitliche Verfügbarkeit, (3) quantitative (globale)/qualitative (gruppenspezifische) Reichweite, (4) Nutzungspreis. – Vgl. auch → Intermediaselektion, → Mediaplanung, → Mediaanalyse, → Mediaselektion.

Intramediavergleich → Intramediaselektion.

Intranet – unternehmens- bzw. organisationsinternes Computernetzwerk, welches auf dem Internetprotokoll → TCP/IP basiert. Das Intranet dient zur Unterstützung unternehmensinterner Prozesse. Der Datentransfer zwischen Intranet und → Internet bzw. → World Wide Web wird durch eine sog. → Firewall reguliert.

Intransparenz → Komplexität.

Intrapreneuring – auch Intrapreneurship (der Begriff setzt sich zusammen aus den beiden engl. Wörtern *Intracorporate* und *Entrepreneur*) bzw. Binnenunternehmertum bezeichnet das unternehmerische Verhalten von Mitarbeitern in Unternehmen und öffentlichen Einrichtungen. Mitarbeiter sollen sich demnach so verhalten, als ob sie selbst → Unternehmer (Entrepreneur) wären. – Vgl. auch → Entrepreneurship.

Intrapreneurship → New Venture Management.

intrasektoraler Strukturwandel – In begrifflicher Abgrenzung zum → sektoralen Strukturwandel bezeichnet man als intrasektoralen Strukturwandel Veränderungen in der Arbeitsteilung innerhalb einzelner → Sektoren der Volkswirtschaft. Ein wichtiger Aspekt dabei betrifft *Verschiebungen* zwischen Produktions- und Dienstleistungstätigkeiten. Zur Analyse derartiger Verschiebungen kann man die → Beschäftigungsstruktur nach den funktionalen Merkmalen des ausgeübten Berufs oder der ausgeübten Tätigkeit untersuchen. – In der Bundesrepublik Deutschland waren Anfang der 1960er-Jahre etwa gleich viele Erwerbstätige in Fertigungs- wie in Dienstleistungsberufen beschäftigt. Der Wandel der Wirtschaftsstrukturen, v.a. die Erhöhung der Dienstleistungsintensität der Produktion, ist Folge des allg. technischen Fortschritts, neuer Produktions- und Fertigungsverfahren sowie veränderter wirtschaftlicher und gesellschaftlicher Rahmenbedingungen.

Intra-Unternehmenshandel – Handelsströme, die zwischen den verschiedenen, weltweit verteilten Standorten bzw. Wertschöpfungseinheiten → multinationaler Unternehmungen stattfinden. Auf den Intra-Unternehmenshandel entfällt schätzungsweise ein Drittel des Welthandels.

Invalidität – I. Sozialversicherung: gesetzliche → Rente wegen Erwerbsminderung.

II. Betriebliche Altersversorgung (bAV): In der → betrieblichen Altersversorgung (bAV) liegt Invalidität vor, wenn der Arbeitnehmer aufgrund von körperlichen, geistigen oder seelischen Gebrechen voraussichtlich auf Dauer nicht in der Lage ist, seine Arbeitsleistung für das Unternehmen in vertragsmäßiger Weise zu erbringen. Die näheren Voraussetzungen können in der Versorgungsordnung definiert werden. Häufig wird insbesondere bei Direktzusagen auf die Voraussetzungen der gesetzlichen Erwerbsminderung abgestellt. Hat ein Arbeitgeber eine Invaliditätsrente zugesagt, so bezieht der Arbeitnehmer, wenn er zum Zeitpunkt des Eintritts des Versorgungsfalls die Invaliditätsvoraussetzungen erfüllt, die betriebliche Invaliditätsleistung.

III. Private Unfallversicherung: 1. *Begriff:* Eine Invalidität im Sinne der privaten Unfallversicherung liegt vor, wenn die körperliche oder geistige Leistungsfähigkeit der versicherten Person durch einen Unfall dauerhaft beeinträchtigt wird. Eine Beeinträchtigung ist dauerhaft, wenn sie voraussichtlich länger als drei Jahre bestehen wird und eine Änderung des Zustands nicht erwartet werden kann. – 2. *Merkmale:* Die Invaliditätsleistung gilt als die Kernleistung der privaten Unfallversicherung. Innerhalb eines Jahres nach dem Unfall muss die Invalidität eingetreten, innerhalb von 15 Monaten nach dem Unfall von einem Arzt schriftlich festgestellt und beim Unfallversicherer geltend gemacht worden sein. Die Invaliditätsleistung wird i.d.R. in einem Kapitalbetrag ausgezahlt (deshalb auch: „Invaliditätskapital"). Die Höhe der Invaliditätsleistung richtet sich nach dem Invaliditätsgrad unter Berücksichtigung der Gliedertaxe. Die Versicherungssumme (Grundsumme) für die Invaliditätsleistung wird bei Vertragsabschluss festgelegt. Bei evtl. vereinbarter Progression kann sich diese Summe noch erhöhen. Durch Sondervereinbarungen mit dem Versicherer können die Anspruchsfristen auch z.B. auf 18 Monate heraufgesetzt werden.

Invaliditätsleistung – 1. *Begriff:* Versicherungsleistung im Fall der → Invalidität. Kernleistung in der privaten Unfallversicherung. Eine Invalidität im Sinne der privaten Unfallversicherung liegt vor, wenn die körperliche oder geistige Leistungsfähigkeit der versicherten Person durch einen Unfall dauerhaft beeinträchtigt wird. Eine Beeinträchtigung ist dauerhaft, wenn sie voraussichtlicht länger als drei Jahre bestehen wird und eine Änderung des Zustands nicht erwartet werden kann. – 2. *Merkmale*: Die Leistung bei Invalidität gilt als die Kernleistung der privaten Unfallversicherung. Innerhalb eines Jahres nach dem Unfall muss die Invalidität eingetreten, innerhalb von 15 Monaten nach dem Unfall von einem Arzt schriftlich festgestellt und beim Unfallversicherer geltend gemacht worden sein. Die Invaliditätsleistung wird i.d.R. in einem Kapitalbetrag ausgezahlt (deshalb auch: „Invaliditätskapital"). Die Höhe der Invaliditätsleistung richtet sich nach dem Invaliditätsgrad unter Berücksichtigung der Gliedertaxe. Die Versicherungssumme (Grundsumme) für die Invaliditätsleistung wird bei Vertragsabschluss festgelegt. Bei evtl. vereinbarter Progression kann sich diese Summe noch erhöhen. Durch Sondervereinbarungen mit dem Versicherer können die Anspruchsfristen auch z.B. auf 18 Monate heraufgesetzt werden.

Invarianzbehauptung → Gesetzesaussage.

Inventar – 1. *Umgangssprachlich:* die zum Betrieb eines Unternehmens gehörigen Einrichtungsgegenstände. – 2. *Rechnungswesen:* das im Anschluss an eine → Inventur über Vermögensgegenstände und Schulden aufgestellte Verzeichnis nach § 240 HGB. – Vgl. auch → Inventur.

Invention – ein tatsächlich neuer Gegenstand oder eine tatsächlich neue Idee. Sie unterliegt den gleichen Prozessen der → Adoption und → Diffusion wie die → Innovation.

Inventur – 1. *Begriff:* körperliche oder buchmäßige Bestandsaufnahme aller Vermögensgegenstände und Schulden eines Unternehmens, die in der Bilanz dem Grunde nach angesetzt werden müssen bzw. können (→ effektive Inventur und → Inventurrichtlinien). Körperliche Bestandsaufnahme erfolgt zu einem bestimmten Zeitpunkt durch Messen, Wiegen, Zählen (→ Buchinventur). Soweit Hilfsbücher zur Mengenkontrolle einzelner Vermögensteile des Umlaufvermögens geführt werden (Warenbücher, Effektenbücher, Wechsel- und Akzeptbücher), können sie die Inventur erleichtern; eine körperliche Bestandsaufnahme ist aber auch bei der Führung dieser Handbücher zur Aufdeckung von Verlusten, etwa durch Diebstahl, Schwund, erforderlich. Die Bestandsaufnahme findet ihren Niederschlag im → Inventar. Rechnungsabgrenzungsposten brauchen nicht, können aber inventarisiert werden (→ Buchinventur). – 2. *Gesetzliche Vorschriften:* a) § 240 HGB fordert für den Geschäftsbeginn und für jedes Geschäftsjahr neben der → Bilanz die Aufstellung eines Inventars, dessen Grundlage die durch die Inventur festgestellten Bestände (z.B. Geld, Wertpapiere, Warenvorräte) sind. Die ermittelten Mengen müssen bei (oder nach) der Inventur bewertet werden. Bei mit → Festwerten angesetzten Vermögensgegenständen (§ 240 III HGB) ist i.d.R. nur alle drei Jahre eine körperliche Bestandsaufnahme durchzuführen. – b) Einer körperlichen Bestandsaufnahme der Vermögensgegenstände bedarf es nicht, soweit durch Anwendung eines den Grundsätzen ordnungsmäßiger Buchführung entsprechenden anderen Verfahrens gesichert ist, dass der Bestand der Vermögensgegenstände nach Art, Menge und Wert auch ohne die körperliche Bestandsaufnahme für diesen Zeitpunkt festgestellt werden kann (§ 241 II HGB). – 3. *Formen:* Die Inventur kann auf verschiedene Weise durchgeführt werden. – a) Die gebräuchlichste Methode ist die körperliche Bestandsaufnahme am Bilanzstichtag (wie ursprünglich vom Gesetz verlangt). – Vgl. auch → Stichtagsinventur. – b) Bei Vorhandensein einer Lagerbuchführung, die in der Lage ist, die Bestände „fortzuschreiben", besteht die Möglichkeit einer → laufenden Inventur (permanente Inventur). Die laufende Inventur ist nicht auf das Vorratsvermögen beschränkt. – c) Gemäß § 241 III HGB brauchen in dem Inventar für den Schluss eines Geschäftsjahres Vermögensgegenstände unter folgenden Voraussetzungen nicht mehr verzeichnet zu werden: (1) Der Kaufmann muss ihren Bestand aufgrund einer körperlichen Bestandsaufnahme oder einer laufenden Inventur nach Art, Menge und Wert in einem bes. Inventar verzeichnet haben, das für einen Tag innerhalb der letzten drei Monate vor oder der beiden ersten Monate nach dem Schluss des Geschäftsjahres aufgestellt ist; (2) aufgrund des bes. Inventars muss durch Anwendung eines den Grundsätzen ordnungsmäßiger Buchführung entsprechenden Fortschreibungs- oder Rückrechnungsverfahrens gesichert sein, dass der am Schluss des Geschäftsjahres vorhandene Bestand der Vermögensgegenstände für diesen Zeitpunkt ordnungsgemäß bewertet werden kann (vor- oder nachverlegte Stichtagsinventur). – d) Bei der Aufstellung des Inventars darf der Bestand der Vermögensgegenstände auch mit anerkannten mathematisch-statistischen Methoden aufgrund von Stichproben ermittelt werden (§ 241 I HGB).

Inventurbilanz – Gegenüberstellung der durch → Rohbilanz und → Inventur ermittelten Aktiven und Passiven. – Vgl. auch → Hauptabschlussübersicht (HAÜ).

Inventurdifferenzen – im → Handel Differenzen zwischen dem buchmäßig errechneten Wert und dem Wert des durch körperliche Aufnahme am → Inventurtag tatsächlich festgestellten Bestands an → Handelswaren. – *Ursachen:* Diebstahl durch Kunden, Personal oder Lieferanten; Fehler bei Warenerfassung, Preisauszeichnung, Kassieren, im Rechnungswesen bei der körperlichen Bestandsaufnahme; Schwund; Verderb oder Bruch.

Inventurprüfung – Teil der jährlichen → Jahresabschlussprüfung. – 1. Die Inventurprüfung *umfasst* bes. die Prüfung der Bestände an Roh-, Hilfs- und Betriebsstoffen, Halb- und Fertigerzeugnissen sowie fertig bezogenen Waren, also des gesamten

→ Vorratsvermögens, einschließlich der Überprüfung aller Posten, die im → Inventar aufgeführt sind. – 2. *Durchführung:* Im Rahmen der jährlichen Abschlussprüfung durch freiberufliche Prüfer, bei Großbetrieben u.U. vorbereitet durch die innerbetriebliche Revision (→ interne Revision). Anwesenheits- und Auskunftsrechte des Abschlussprüfers gemäß § 320 II HGB. – 3. *Umfang:* a) Feststellung der Übereinstimmung des Vorratsvermögens mit den Ergebnissen der in Urschrift aufzubewahrenden → Inventur sowie der mengenmäßig und wertmäßig richtig errechneten Vorräte in Betrieben, Filialen und bei Dritten (z.B. bei Spediteuren oder Veredlern in der Textilindustrie). Anstelle der körperlichen Bestandsaufnahme aller betrieblichen Bestände an einem Stichtag (→ Stichtagsinventur) kann bei ordnungsmäßiger Lagerbuchführung eine laufende Überprüfung und Berichtigung der Buchbestände (→ laufende Inventur) treten. – b) Prüfung der von der Unternehmung errechneten Herstellungs- und Anschaffungskosten anhand der Unterlagen (Eingangsrechnungen, Kostenrechnungen und Betriebsabrechnung) im Interesse einer gesetzentsprechenden Bilanz, → Gewinn- und Verlustrechnung (GuV).

Inventurrichtlinien – von Mittel-, Groß- bzw. Konzernunternehmen aufgestellte Richtlinien zwecks Gewährleistung einer einheitlichen → Inventur (Stichtag, Termin- und Aufnahmeplan, Inventurorgane und Revision, Vorarbeiten u.Ä.) und Rahmenregelung dabei auftretender Fragen (z.B. hinsichtlich zahlen- und mengenmäßiger Erfassung und Kontierung der Bestände, Erfassung des Maschinenbelags, des Fremdeigentums). Bei computergestütztem Rechnungswesen durch Ausdruck von Inventurlisten vorbereitet.

Inverkehrbringen – Jedes Überlassen einer Sache, sei es mit, sei es ohne Entgelt, gleichgültig an wen. Eine Mehrheit von Abnehmern ist nicht erforderlich, vgl. etwa bei § 146 StGB, Geldfälschung.

Inverse – 1. *Synonym* für → Umkehrfunktion. – 2. Die Inverse zur → Matrix A ist eine quadratische Matrix A^{-1}, die mit der quadratischen Matrix A multipliziert die Einheitsmatrix ergibt: $A \cdot A^{-1} = A^{-1} \cdot A = E$. Die Bildung der Inversen einer Matrix ist ein oft benötigtes Verfahren, um Gleichungen aufzulösen, da eine der Division entsprechende Operation in der Matrizenrechnung nicht existiert. – Es gibt verschiedene Verfahren zur Berechnung. – *Beispiel* für ein praktisches Verfahren: Schritt: Bildung einer erweiterten Matrix (Anhängen der entsprechenden Einheitsmatrix an die Matrix A, zu der die Inverse gebildet werden soll). Schritt: Umformung der Matrix A in die Einheitsmatrix ausschließlich durch folgende Zeilenumformungen: (1) Vertauschen von zwei Zeilen; (2) Multiplikation (Division) einer Zeile mit einer Konstanten (ungleich Null); (3) Addition (Subtraktion) einer Zeile zu einer anderen Zeile wobei jeweils dieselben Umformungen an der entsprechenden Zeile der angehängten Einheitsmatrix vorgenommen werden müssen.Schritt: Gelingt die Umformung von A in die Einheitsmatrix, so ist die angehängte Matrix die Inverse A^{-1}. Gelingt die Umformung nicht, existiert zu A keine Inverse A^{-1}. Vgl. auch → Matrizenoperation.

inverse Mills-Ratio – Verhältnis aus der Dichte- und Verteilungsfunktion der Standardnormalverteilung, jeweils berechnet an der gleichen Stelle.

inverser Handel – 1. *Begriff:* In der → realen Außenwirtschaftstheorie diskutierte Konstellation, in der die Struktur des Außenhandels verschiedener Länder nicht ihren → komparativen Vorteilen entspricht, indem z.B. Güter mit einem komparativen Kostenvorteil nicht exportiert, sondern importiert werden. Ursache dieses inversen Handels kann sein, dass ein Gut, das faktisch einen komparativen Vorteil aufweist, zu einem überhöhten Preis angeboten wird, etwa aufgrund von Faktorpreisen, die wesentlich über den gesamtwirtschaftlichen → Opportunitätskosten liegen. – 2. Bei manchen Autoren wird von inversem Handel (z.T. auch von Handel ohne komparative Kostenvorteile) auch dann gesprochen, wenn die divergierenden → Grenzkosten bzw. marginalen Opportunitätskosten sich aufgrund unterschiedlicher *Nachfragefunktionen* in den Handel treibenden Ländern und nicht in erster Linie aufgrund unterschiedlicher Transformationskurven ergeben.

inverse Zinsstruktur – bes. Kapitalmarktsituation, in welcher ausnahmsweise höhere Zinssätze für kurzfristige Geldanlagen (Geldmarktzins) als für langfristiges Geld (Kapitalmarktzins) erzielt werden. – Vgl. auch → Zins, → Zinsstrukturkurve.

Invertierbarkeit – Kann ein → MA(q)-Prozess als → AR(p)-Prozess dargestellt werden, so ist er invertierbar. Invertierbarkeit bei den MA(q)-Prozessen ist das Gegenstück zur → Stationarität bei den AR(p)-Prozessen. Damit ein MA(q) invertierbar ist, müssen die Wurzeln seines charakteristischen Polynoms außerhalb des Einheitskreises liegen.

Investition – 1. *Begriff:* langfristige Bindung finanzieller Mittel in materiellen oder in immateriellen Vermögensgegenständen. Bei Investitionsentscheidungen steht die zielgerichtete Verwendung der durch die → Finanzierung beschafften Finanzmittel im Mittelpunkt. In der → Bilanz wird die Mittelverwendung auf der Aktivseite abgebildet, wobei Investitionsentscheidungen i.d.R. direkte Auswirkungen auf die Höhe des Anlagevermögens haben und zusätzlich indirekte Auswirkungen auf die Höhe des Umlaufvermögens. – *Gegensatz:* → Desinvestition. – 2. *Arten:* Nach Art des *Investitionsobjekts* lassen sich folgende Investitionen unterscheiden: – a) → Realinvestition oder Sachinvestition (z.B. Maschinen, Kraftfahrzeuge), – b) → immaterielle Investition (z.B. Software, Patente), – c) → Finanzinvestition; (z.B. Beteiligungen, Forderungen). – Investitionen können des Weiteren nach dem *Anlass* unterschieden werden, wobei sich die Investitionsanlässe in der Praxis häufig überschneiden: – a) → Gründungsinvestition oder Errichtungsinvestition, – b) → Ersatzinvestition, – c) → Erweiterungsinvestition, – d) → Rationalisierungsinvestition. – 3. *Charakteristika:* Investitionen sind durch ein *hohes Volumen* an finanziellen Mitteln, durch die langfristige *Kapitalbindung*, durch eine hohe *Komplexität* und vielfältige *Interdependenzen* zu verschiedenen betrieblichen Teilbereichen charakterisiert. Darüber hinaus sind sie i.d.R. nicht oder nur unter hohen Kosten reversibel. – 4. *Vorteilhaftigkeitsbeurteilung:* Angesichts ihrer Charakteristika erfordern Investitionen einen strukturierten und sorgfältigen *Entscheidungsprozess* (→ Investitionsplanung), in dessen Mittelpunkt die → Investitionsrechnung steht. Mithilfe von Investitionsrechenverfahren werden die Auswirkungen der Investition auf die *monetären Unternehmensziele* (z.B. Rentabilität, Wertsteigerung) erfasst. Die Auswirkungen einer Investition auf die *nicht monetären Ziele* des Unternehmens (z.B. Marktanteilswachstum, soziale Ziele, Umweltziele) fließen ebenfalls in den Investitionsentscheidungsprozess ein, allerdings außerhalb der Investitionsrechnung.

Investitionsabzugsbetrag – Die Vorschriften zur Ansparabschreibung und zur Investitionszulage wurden durch folgende Vorschriften ab dem Veranlagungszeitraum 2008 ersetzt: 1. *Investitionsabzugsbetrag*: Die Neuregelungen zum Investitionsabzugsbetrag (§ 7g I EStG) sind bereits ab dem Veranlagungszeitraum 2007 anzuwenden, sofern das Wirtschaftsjahr nach dem 18.8.2007 endet. Durch die neue Vorschrift werden die Anschaffung oder Herstellung eines abnutzbaren beweglichen Wirtschaftsguts des Anlagevermögens begünstigt. Nach § 7g EStG können 40 Prozent der voraussichtlichen Anschaffungs- oder Herstellungskosten außerbilanziell steuermindernd berücksichtigt werden. – 2. *Voraussetzungen für die Begünstigung*: Damit der Investitionsabzugsbetrag gewährt wird, sind die folgenden Punkte zu berücksichtigen: a) Das Betriebsvermögen darf bei Gewerbebetrieben oder der selbständigen Arbeit dienenden Betrieben bei Gewinnermittlung nach § 4 I oder § 5 EStG nicht 235.000 Euro überschreiten; ab dem Veranlagungszeitraum 2009 erfolgt eine zeitliche Befristung auf zwei Jahre und die Anhebung der Grenze auf 335.000 Euro; ab dem Jahr Veranlagungszeitraum 2011 beträgt die Grenze wieder 235.000 Euro; – b) bei Betrieben der Land- und Forstwirtschaft darf der (Ersatz-) Wirtschaftswert von 125.000 Euro nicht überschritten werden. Ab dem Veranlagungszeitraum 2009 ist eine zeitliche Befristung auf zwei Jahre zu berücksichtigen. Außerdem wird die Grenze auf 175.000 Euro angehoben; Ab dem Veranlagungszeitraum 2011 beträgt die Grenze wieder 125.000 Euro. – c) bei Einnahme-Überschuss-Rechnern (Betrieben mit Gewinnermittlung nach § 4 III EStG) darf der Gewinn von 100.000 Euro nicht überschritten werden. Ab dem Veranlagungszeitraum 2009 ist eine zeitliche Befristung auf zwei Jahre zu berücksichtigen. Außerdem wird die Grenze auf 200.000 Euro ohne Investitionsabzugsbetrag angehoben; ab dem Veranlagungszeitraum 2011 beträgt die Grenze wiederum 100.000 Euro; – d) darüber hinaus muss beabsichtigt sein, die Anschaffung oder Herstellung des begünstigten Wirtschaftsguts voraussichtlich in den folgenden drei Wirtschaftsjahren vorzunehmen; – e) außerdem muss eine fast ausschließliche betriebliche Nutzung in einer inländischen Betriebsstätte mindestens bis zum Ende des dem Wirtschaftsjahr der Anschaffung oder Herstellung folgenden Wirtschaftsjahr bezweckt sein; die Funktion des begünstigten Wirtschaftsguts muss benannt und die voraussichtlichen Anschaffungs- oder Herstellungskosten in den beim Finanzamt einzureichenden Unterlagen angegeben werden. – 3. *Maximaler Abzugsbetrag:* Die Abzugsbeträge dürfen insgesamt nicht mehr als 200.000 Euro je Betrieb betragen. Die Höchstgrenze gilt für das Wirtschaftsjahr des Abzugs und der drei vorangegangenen Wirtschaftsjahre. Die Begünstigung gilt auch, wenn hierdurch Verluste entstehen oder sich erhöhen. – 4. *Abzugsbetrag im Wirtschaftsjahr der Anschaffung* (§ 7g II EStG): Im Wirtschaftsjahr der Anschaffung bzw. Herstellung ist der Investitionsabzugsbetrag gewinnerhöhend in Höhe von 40 Prozent der tatsächlichen Anschaffungs- oder Herstellungskosten hinzuzurechnen. Die maximale Auflösung beläuft sich auf die Höhe des tatsächlich in Anspruch genommenen Betrages. Die Inanspruchnahme der gewinnmindernden Kürzung in Höhe von bis zu 40 Prozent der Anschaffungs- oder Herstellungskosten führt zu einer Verminderung der Bemessungsgrundlage für die Abschreibung. – 5. *Besonderheiten:* Soweit der Investitionsabzugsbetrag nicht bis zum Ende des dritten auf das Wirtschaftsjahr des Abzugs folgenden Wirtschaftsjahrs außerbilanziell korrigiert wurde, ist der Abzug im Wirtschaftsjahr des Abzugs rückgängig zu machen und entsprechend zu verzinsen (§ 233 AO). Bei fehlender (fast) ausschließlicher betrieblicher Nutzung des Wirtschaftsguts bis zum Ende des dem Wirtschaftsjahr der Anschaffung oder Herstellung folgenden Wirtschaftsjahres in einer inländischen Betriebsstätte des Betriebs sind sowohl der Investitionsabzugsbetrag und als auch die ursprünglich vorgenommenen Gewinnminderungen bzw. -erhöhungen entsprechend zu korrigieren. Hier ist jedoch ein abweichender Zinslauf (§ 233a IIa AO) zu vernachlässigen. – 6. *Sonderabschreibung (§ 7g V, VI EStG) für Investitionen ab dem 1.1.2008:* Sonderabschreibungen bis zu insgesamt 20 Prozent der Anschaffungs- oder Herstellungskosten bei abnutzbaren beweglichen Wirtschaftsgütern des Anlagevermögens können im Wirtschaftsjahr der Anschaffung oder Herstellung sowie in den folgenden vier Wirtschaftsjahren als Sonderabschreibung geltend gemacht werden. Die Begünstigung gilt unabhängig von der Inanspruchnahme des Investitionsabzugsbetrages. Zu beachten ist, dass die Vorschrift auch für Wirtschaftsgüter anzuwenden ist, welche nicht „neu" sind. Als Voraussetzungen gelten die oben genannten Größenmerkmale. Darüber hinaus muss die Nutzung im Wirtschaftsjahr der Anschaffung oder Herstellung und im darauffolgenden Wirtschaftsjahr erfolgen.

Investitionsbilanz → Bewegungsbilanz, die für einen Betrachtungszeitraum die Kapitalbewegungen nach Herkunft und Verwendung ausweist.

Investitionsfalle – tritt im Rahmen der IS-LM-Analyse (→ IS-LM-Modell, → makroökonomische Totalmodelle geschlossener Volkswirtschaften, Nachfrageseite) auf, wenn die Investitionen zinsunabhängig sind. In diesem Fall verläuft die IS-Kurve senkrecht im Hicksschen Zins-Einkommen-Diagramm, sodass eine Geldmengensteigerung das Realeinkommen unverändert lässt. Zwar sinkt in diesem Fall der Zinssatz, doch die Investitionen bleiben konstant und mit ihnen das Realeinkommen. – Der Grenzfall einer vertikal verlaufenden IS-Kurve ist bei extrem pessimistischen unternehmerischen Erlös- oder Ertragserwartungen denkbar, diese führen dazu, dass nach der Methode der → Grenzleistungsfähigkeit des Kapitals kein Investitionsvorhaben mehr gewinnbringend ist.

Investitionsförderung – *Investitionshilfen;* staatliche finanzielle Förderung gewerblicher Investitionen; Bestandteil der → Wirtschaftsförderung. – 1. Investitionsförderung wird i.d.R. als eine *spezifische Förderung* betrieben: a) *Sektorale Investitionsförderung* ist die Begünstigung der Investitionen von Unternehmen in bestimmten Wirtschaftszweigen. – b) *Regionale Investitionsförderung* begünstigt Investitionen in bestimmten Regionen (→ Regionalpolitik). – c) Investitionsförderung für *bestimmte Unternehmensgruppen,* bes. kleine und mittlere Unternehmen (→ Mittelstandsförderung). – d) Begünstigung *bestimmter Investitionstatbestände,* z.B. Umweltschutzinvestitionen, Investitionen für → Forschung und Entwicklung (F&E). – 2. Instrumente: a) *Steuerliche Anreize:* (1) *Sonderabschreibungen* (in der Bundesrepublik Deutschland für bestimmte Investitionskategorien wie Forschung und Entwicklung, zeitweilig auch für Umweltschutzinvestitionen; in den neuen Bundesländern zeitlich befristet für alle Investitionen); (2) *Investitionsfreibeträge* (Minderung der Steuer-Bemessungsgrundlage) und *Investitionsprämien* (Abzug von der Steuerschuld) sind vergleichbare Instrumente, in der Bundesrepublik Deutschland aber nicht praktiziert. – b) *Direkte Finanzhilfen* in Form von → Investitionszulagen (in den neuen Bundesländern, zeitlich befristet bis Ende 2004) oder *Investitionszuschüssen* (in den alten Bundesländern im Rahmen der Gemeinschaftsaufgabe „Verbesserung der regionalen Wirtschaftsstruktur"; vereinzelt auf der Ebene der Bundesländer; für bestimmte Investitionen aus Förderprogrammen der EU). Investitionszulagen sind für das begünstigte Unternehmen steuerfrei, Investitionszuschüsse sind dagegen zu versteuern. – c) *Zinsgünstige, langfristige Investitionskredite* der → Kreditanstalt für Wiederaufbau (KfW) oder auch landeseigenen → Wirtschaftsförderinstituten. Derartige Investitionskredite weisen gegenüber normalen kommerziellen Bankkrediten i.d.R. längere Laufzeiten (zehn Jahre und mehr), günstige Festzinskonditionen und meistens das Recht auf (kostenfreie) vorzeitige Tilgung auf. – d) *Öffentliche Bürgschaften,* die den Unternehmen eine bankmäßige Fremdfinanzierung ermöglichen, wenn banküblich Kreditsicherheiten nicht ausreichend gestellt werden können oder das Investitionsvorhaben mit erhöhten Risiken behaftet ist (erfolgt i.d.R. durch → Bürgschaftsbanken).

Investitionsfunktion – 1. *Begriff:* Funktionale Beziehung zwischen den Investitionseinflussgrößen und der Höhe der Investitionsausgaben in der makroökonomischen Theorie. – 2. Die wahrscheinlich älteste Investitionsfunktion ist das → Akzelerationsprinzip von Clark (1917); weitere Investitionsfunktionen wurden aufgestellt u.a. von Tinbergen, Klein und Goldberg, Frisch. – 3. Als wichtigster Bestimmungsfaktor für die Investitionshöhe wird sowohl in der Keynesschen Lehre als auch in der neoklassische Theorie der *Zinssatz* gesehen. Die Zinsabhängigkeit der Investitionsnachfrage wird dabei mithilfe des Konzepts der Grenzleistungsfähigkeit bzw. → Grenzproduktivität des Kapitals gezeigt (→ Grenzleistungsfähigkeit des Kapitals, → Kapitalproduktivität). Die Keynessche Investitionsfunktion hängt dabei – im Unterschied zum neoklassischen Ansatz – von den unternehmerischen Ertrags- oder Erlöserwartungen ab, die häufigen Schwankungen unterliegen können. Demzufolge beschreibt die Keynessche Investitionsfunktion einen eher instabilen Zusammenhang zwischen Zins und Investitionsausgaben.

Investitionsgesetz – das nach der Wiedervereinigung erlassene Investitionsgesetz ist abgelöst worden vom Gesetz über den Vorrang für Investitionen bei Rückübertragungsansprüchen nach dem Vermögensgesetz i.d.F. vom 4.8.1997 m.spät.Änd. – Das InVorG (BGBl. I 1996) regelt neben § 3 VermG, unter welchen Voraussetzungen Verfügungen zugunsten bes. Investitionen möglich sind, obwohl eine Anmeldung zur Rückgabe von enteigneten und in Volkseigentum überführten Grundstücken oder Gebäuden vorliegt und an sich eine Verfügungsbeschränkung eingreift. Einschränkung des Grundsatzes „Rückgabe vor Entschädigung". – Vgl. auch → Vermögensgesetz.

Investitionsgüter – 1. *I.w.S.:* Leistungen, die von Nichtkonsumenten direkt oder indirekt für die Leistungserstellung zur Fremdbedarfsdeckung (private und öffentliche Unternehmungen) bzw. zur kollektiven Deckung des Eigenbedarfs (öffentliche Haushaltungen) beschafft werden. I.d.R. sind mit der Beschaffung organisationale Kauf-Verkaufs-Interaktionen verbunden (→ organisationales Kaufverhalten). – 2. Auch *engere Fassungen* des Begriffs, z.B. Investitionsgüter als gewerbliche Gebrauchsgüter (Anlagen, Maschinen).

Investitionsgüterhandel – Teil des → Produktionsverbindungshandels.

Investitionsgüterindex → Produktionsindex.

Investitionsgüterkreditversicherung – 1. *Begriff:* Versicherung des → Ausfallrisikos von Forderungen aus Lieferungen von langlebigen Wirtschaftgütern und/ oder Werklieferungen mit mittleren oder langfristigen Laufzeiten gegenüber gewerblichen Kunden. – 2. *Arten:* Die Investitionsgüterkreditversicherung wird als Einzeldeckung oder als revolvierende Deckung ausgestaltet. Die revolvierende Deckung beinhaltet wie in der → Warenkreditversicherung einen → Rahmenvertrag und Einzelverträge. Diese kommen zustande, wenn der Kreditversicherer auf den Antrag des Versicherungsnehmers Versicherungsschutz mittels einer Kreditmitteilung festsetzt. Der Versicherungsnehmer ist verpflichtet, oberhalb der im Versicherungsschein genannten Antragsgrenze für alle Forderungen gegen seine Kunden in den versicherten Ländern ausreichende Versicherungssummen zu beantragen (vgl. Antragspflicht). Die Investitionsgüterkreditversicherung in Form der revolvierenden Deckung ist eine laufende Versicherung i.S.d. §§ 53 ff. VVG.

Investitionsgüter-Typologie → Gütertypologie.

Investitionshilfen → Investitionsförderung.

Investitionskette – 1. *Begriff:* Neben einem geplanten Investitionsobjekt werden auch dessen Nachfolgeprojekte in die → Investitionsplanung einbezogen. Eine Investitionskette lässt sich nach der Art der einbezogenen Investitionsobjekte sowie nach der Laufzeit unterscheiden. Objektbezogen spricht man von einer *identischen* Investitionskette, wenn es sich jeweils um das gleiche Investitionsobjekt handelt. Anderenfalls handelt es sich um eine *unterschiedliche* Investitionskette. Bezogen auf die Laufzeit ist bei einer *endlichen* Investitionskette die Anzahl der Folgeprojekte begrenzt, während sie bei einer *unendlichen* Investitionskette unbegrenzt ist. – 2. *Bedeutung:* Bei einer Investitionskette wird die Vorteilhaftigkeit der gesamten aus mehreren Investitionsobjekten bestehenden Kette ermittelt. Relevant für die Vorteilhaftigkeit sind nicht nur der Zielbeitrag (z.B. → Kapitalwert) des einzelnen Objekts, sondern auch die Ersatzzeitpunkte und damit die Nutzungsdauer der einbezogenen Investitionsobjekte.

Investitionskontrolle – Soll-Ist-Vergleich zwischen den realisierten und den geplanten Werten eines Investitionsprojektes. Ziele der Investitionskontrolle sind zum einen die Ermittlung von Planungsabweichungen und deren Ursachen (→ Abweichungsanalyse) sowie zum anderen die Verbesserung der → Investitionsplanung.

Investitionskredit – *Investitionsdarlehen*; mittel- bis langfristiger Kredit an Unternehmen zur Finanzierung des Anlagevermögens. Mit diesem Kredit werden v.a. Anlagegüter wie Produktionsanlagen, Lagerhallen oder Fahrzeuge finanziert, die dem Unternehmen langfristig zur Verfügung stehen. – Gegensatz: → Betriebsmittelkredit. – Vgl. auch → Anlagekredit, → Mittelstandsförderung.

Investitionsmultiplikator – *elementarer Multiplikator;* 1. *Begriff:* Die durch den reziproken Wert der → marginalen Sparquote bestimmte Messzahl, die im Rahmen des einfachen keynesianischen Gütermarktmodells (→ Einkommen-Ausgaben-Modell) angibt, um wie viel das Volkseinkommen steigt, wenn die Investitionsausgaben als → autonome Größe um eine Einheit steigen:

$$dY = \frac{1}{s} \cdot dI,$$

wobei: dY = Änderung des Volkseinkommens; s = marginale Sparquote; dI = Investitionsänderung. – *Beispiel:* Beträgt die marginale Konsumquote c = 0,8, so ist in einer geschlossenen Volkswirtschaft ohne staatliche ökonomische Aktivität die Sparquote s = 0,2 (denn c + s = 1). Werden dauerhaft zusätzliche Investitionen dI in Höhe von 100 Einheiten getätigt, so ergibt sich eine mehrfache Einkommenssteigerung von insgesamt

$$dY = \frac{1}{0{,}2} \cdot 100 = 500 \text{ Einheiten.}$$

2. *Erläuterung:* Die mehrfache Einkommenssteigerung ist das Ergebnis eines Multiplikatorprozesses auf dem Gütermarkt, der von der autonomen Investitionssteigerung angestoßen wird. Die Erhöhung der Investitionsnachfrage um 100 Einheiten bedeutet einen gleich großen Anstieg der gesamtwirtschaftlichen Güternachfrage. Im keynesianischen Gütermarktmodell (→ Einkommen-Ausgaben-Modell) führt die Nachfrageerhöhung um 100 Einheiten zunächst zu einem Anstieg von Produktion und Einkommen um ebenfalls 100 Einheiten (und zwar in der Investitionsgüterindustrie). Von dem zusätzlichen Einkommen fließen entsprechend der marginalen Sparquote 20 Einheiten in das Sparen, entsprechend der marginalen Konsumquote werden 80 Einheiten nachfragewirksam. In der nächsten Multiplikatorrunde steigen Produktion und Einkommen daher um 80 Einheiten (wobei diese Steigerung in der Konsumgüterindustrie erfolgt). Von diesem zusätzlichen Einkommen werden gemäß der marginalen Konsumquote 80 Prozent, d.h. 64 Einheiten, wiederum nachfragewirksam. In der nächsten Multiplikatorrunde steigen Produktion und Einkommen um 64 Einheiten. Dieser Prozess der Produktions- und Einkommenssteigerung setzt sich, streng gesehen, unendlich lang fort. Er lässt sich mathematisch durch eine unendliche geometrische Reihe beschreiben, deren Wert unter den getroffenen Annahmen bei 500 Einheiten liegt. Der Investitionsmultiplikator beträgt im vorliegenden Fall fünf, denn aus der ursprünglichen Erhöhung der Gesamtnachfrage von 100 Einheiten ergibt sich eine fünfmal so hohe Einkommenssteigerung. Unter realistischeren Bedingungen ist der Wert des Investitionsmultiplikators allerdings

deutlich kleiner, da neben der privaten Ersparnisbildung weitere Sickerverluste in Form von Steuerzahlungen an den Staat und Abflüssen in das Ausland (erhöhte Importgüternachfrage) zu berücksichtigen sind. – Aus modelltheoretischer Sicht nimmt der Investitionsmultiplikator bereits auch dadurch ab, wenn der reine Gütermarktansatz um den monetären Sektor erweitert wird, d.h. zum → IS-LM-Modell übergegangen wird. In diesem Fall sind Rückwirkungen vom Geldmarkt in Form von Zinssteigerungen zu berücksichtigen, die zu einem Rückgang der zinsabhängigen Investitionen und damit des Investitionsmultiplikators führen. In offenen Volkswirtschaften, die sich modelltheoretisch durch das → IS-LM-Z-Modell (→ Totalmodelle offener Volkswirtschaften, Nachfrageseite) darstellen lassen, sind zudem Wechselkurseffekte zu berücksichtigen. Bei hoher Kapitalmobilität ergibt sich im System flexibler Wechselkurse eine Aufwertung der heimischen Währung, die wiederum im Normalfall den heimischen → Außenbeitrag (Handelsbilanzsaldo) verschlechtert und einen weiteren Rückgang der gesamtwirtschaftlichen Güternachfrage bewirkt. Im Grenzfall der vollkommenen Kapitalmobilität sowie einem flexiblen Wechselkurssystem würde sich für den Investitionsmultiplikator sogar ein Wert von null ergeben.

Investitionsobjekt – 1. *Begriff*: Gegenstand eines Investitionsvorhabens (→ Investition). Investitionsobjekte sind materielle Vermögensgegenstände (z.B. Maschinen, Kraftfahrzeuge) oder immaterielle Vermögensgegenstände (z.B. Software, Patente). Forschungs- und Entwicklungs- sowie Marketingstrategien stellen ebenfalls Investitionsobjekte dar. Im Rahmen von Unternehmensübernahmen (→ Akquisition) werden schließlich ganze Unternehmen bzw. der zu erwerbende Unternehmensbereich als Investitionsobjekte angesehen. – 2. *Vorteilhaftigkeitsbeurteilung*: Über die Realisierung eines Investitionsprojektes entscheidet die → Investitionsplanung auf Grundlage der monetären Zielbeiträge (→ Investitionsrechnung) sowie der nicht monetären Zielbeiträge des Projektes.

Investitionsobjektplanung und -kontrolle – 1. *Begriff*: Planungs- und Kontrollsystem für Investitionsobjekte, für die sich eine eigenständige → Projektplanung und -kontrolle nicht lohnt, die aber zu wichtig sind, um sie summarisch im Rahmen der → Bereichsplanung und -kontrolle zu behandeln. – 2. *Merkmale*: Die Investitionsobjektplanung und -kontrolle legt für eine Klasse von Investitionsobjekten fest, wie auf den verschiedenen Stufen des Investitionsplanungs- und -kontrollprozesses (→ Investitionsplanung) zu verfahren ist und welche Stellen zu beteiligen sind. Durch festgelegte Verfahren der Investitionsbeantragung und -bewertung wird eine Formalisierung des Prozesses angestrebt. – Vgl. auch → Unternehmensplanung.

Investitionsperiode – Zeitraum, in dem die Investitionsausgaben getätigt werden (→ Kapitalbildung).

Investitionsplan – Aufstellung der für einen bestimmten Zeitraum (→ Planungsperiode) geplanten → Investitionen eines Unternehmens. Der Investitionsplan geht in den → Finanzplan ein. – Vgl. auch → Investitionsplanung.

Investitionsplanung – 1. *Begriff*: Bestandteil der strategischen → Unternehmensplanung. Die Investitionsplanung ist der Prozess, der sich mit der Analyse, Bewertung und Umsetzung von Investitionsprojekten befasst. Ergebnis der Investitionsplanung ist das Investitionsprogramm. Objekte der Investitionsplanung sind → Gründungsinvestitionen bzw. Errichtungsinvestitionen, → Ersatzinvestitionen, → Erweiterungsinvestitionen, → Rationalisierungsinvestitionen und → Desinvestitionen. – 2. *Bedeutung*: Die Investitionsplanung wird durch das Produkt- bzw. Dienstleistungsangebot des Unternehmens bestimmt. Aufgrund dieser Interdependenzen steht die Investitionsplanung in engem Zusammenhang zur → Finanzplanung, → Produktionsplanung und → Absatzplanung. – 3. *Planungsmethoden*: Die Investitionsplanung nutzt v.a. die Verfahren der → Investitionsrechnung, um Investitionsobjekte zu beurteilen und das Investitionsprogramm zusammenzustellen. Das Ergebnis der Investitionsplanung ist der → Investitionsplan. – Vgl. auch → Investitionsobjektplanung und -kontrolle.

Investitionspolitik – Bestandteil der Unternehmenspolitik. Findet materiell ihren Niederschlag im Umfang und in den Schwerpunkten der Investitionstätigkeit, formal in der → Investitionsplanung.

Investitionsquote – Anteil der → Bruttoinvestitionen am → Bruttoinlandsprodukt (BIP).

Investitionsrechnung – I. Begriff: Rechenverfahren, mit denen die finanzielle Vorteilhaftigkeit von Investitionsprojekten ermittelt wird. Investitionsrechenverfahren haben eine zentrale Funktion bei Investitionsentscheidungen, da sie die monetären Zielbeiträge der geplanten Investitionsprojekte bewerten. Ergänzend zu den Ergebnissen der Investitionsrechnung werden in der Investitionsplanung die Beiträge der Investitionsprojekte zur Erfüllung der nicht monetären Unternehmensziele (z.B. Sozial- oder Umweltziele) berücksichtigt.

II. Funktion: Investitionsrechenverfahren verfolgen das Ziel, Investitionsentscheidungen unter Bezug auf die monetären Unternehmensziele (→ Ziel) ökonomisch zu fundieren. Hierzu wird der durch das Investitionsprojekt (→ Investition) generierte Zahlungsstrom prognostiziert und zu einer einzigen Zielgröße (z.B. → Rentabilität) verdichtet, anhand derer die Vorteilhaftigkeit des Investitionsvorhabens beurteilt wird. Die Investitionsrechnung beantwortet folgende Fragen: – 1. *Absolute Vorteilhaftigkeit:* Die Investitionsrechnung überprüft, ob ein bestimmtes Investitionsprojekt unter finanziellen Aspekten realisiert werden soll. Aus ökonomischer Perspektive sollten nur Investitionen realisiert werden, die einen positiven

Beitrag zur Erfüllung der monetären Unternehmensziele leisten. Wenn ein geplantes Projekt einen negativen Zielbeitrag leistet, ist es für Investoren günstiger, nach alternativen Anlagemöglichkeiten zu suchen (z.B. am → Kapitalmarkt). – 2. *Relative Vorteilhaftigkeit:* Beim Vergleich von alternativen Investitionsprojekten, deren Realisierung sich gegenseitig ausschließt, ist es Aufgabe der Investitionsrechnung, die unter finanziellen Aspekten vorteilhafteste Alternative auszuwählen. Die Ermittlung der relativen Vorteilhaftigkeit ist erforderlich, wenn ein Unternehmen aufgrund beschränkter Ressourcen (z.B. bei Kapitalrationierung, ausgeschöpften Produktionskapazitäten oder begrenzten personellen Ressourcen) nicht sämtliche zur Auswahl stehende Projekte gleichzeitig realisieren kann. – 3. *Ersatzproblem:* Im Rahmen der Bestimmung der optimalen Nutzungsdauer überprüft die Investitionsrechnung, ob eine vorhandene Anlage unter finanziellen Aspekten durch eine neue Anlage ersetzt werden soll (→ Ersatzinvestition). – Die skizzierten Fragenkomplexe sind in der Unternehmenspraxis eng miteinander verknüpft. Investitionsprojekte sind häufig sowohl Ersatz- als auch Erweiterungsinvestition. Darüber hinaus konkurrieren die Projekte i.d.R. mit alternativen Investitionsprojekten um die knappen Ressourcen des Unternehmens. Aufgabe der Investitionsrechnung ist es, unter Berücksichtigung der monetären Unternehmensziele die vorteilhaften Projekte aus der Vielzahl an Investitionsmöglichkeiten auszuwählen und in das Investitionsprogramm aufzunehmen.

III. Investitionsrechenverfahren im Überblick:

In Theorie und Praxis existiert eine Vielzahl von Investitionsrechenverfahren, die unterschiedliche Zielgrößen zur Vorteilhaftigkeitsbeurteilung von Investitionsvorhaben verwenden. Üblicherweise wird zwischen *statischen* und *dynamischen* Rechenverfahren unterschieden. – 1. *Statische Investitionsrechenverfahren* abstrahieren von der zeitlichen Struktur des durch das Investitionsprojekt generierten Zahlungsstroms. Stattdessen ermitteln sie Erfolgsgrößen für ein exemplarisches Durchschnittsjahr, wobei auf Prinzipien der → Kostenrechnung sowie der → Erfolgsrechnung zurückgegriffen wird. Bei den auch als Näherungs- oder Praktikerverfahren bezeichneten statischen Investitionsrechenverfahren handelt es sich um einperiodige Modelle. Angesichts ihrer vergleichsweise einfachen Anwendung sowie des geringen Informationsbedarfs besitzen die statischen Investitionsrechenverfahren auch heute noch praktische Relevanz, insbes. für Ersatzinvestitionen mit begrenztem Investitionsvolumen. – 2. *Dynamische Investitionsrechenverfahren* beziehen die zeitliche Struktur der durch das Investitionsprojekt generierten Ein- und Auszahlungen explizit in die Vorteilhaftigkeitsbeurteilung ein. Im Gegensatz zu den statischen Rechenverfahren handelt es sich bei den dynamischen Investitionsrechenverfahren daher um Mehrperiodenmodelle. Dynamische Rechenverfahren berücksichtigen den Umstand, dass gleich hohe Zahlungen zu verschiedenen Zeitpunkten unterschiedlich bewertet werden. Daher führen dynamische Investitionsrechenverfahren sowohl bei der absoluten als auch bei der relativen Vorteilhaftigkeitsbeurteilung zu genaueren Ergebnissen als die statischen Rechenverfahren. Trotz ihrer höheren Komplexität gelten die dynamischen Investitionsrechenverfahren daher bereits seit Jahren als State-of-the-Art in Theorie und Praxis der Investitionsrechnung. Insbes. bei hohen Investitionsvolumina oder bei Investitionen in ein für das Unternehmen neues Geschäftsfeld ist eine dynamische Investitionsrechnung zwingender Bestandteil des Investitionsentscheidungsprozesses (→ Investitionsplanung).

IV. Statische Investitionsrechenverfahren: 1. *Charakteristika:* Statische Investitionsrechenverfahren orientieren sich an einem für das geplante Investitionsprojekt typischen Durchschnittsjahr, sodass die einzelnen Jahre innerhalb der geplanten Nutzungsdauer nicht im Detail analysiert werden müssen. Um ein repräsentatives Durchschnittsjahr zu erhalten, werden einmalige Zahlungen periodisiert. Ein Beispiel für die Periodisierung von Zahlungsgrößen sind die zur Realisierung des Investitionsvorhabens erforderlichen Anschaffungsauszahlungen. Diese werden durch die Bildung von Abschreibungen periodisiert. Infolge der Fokussierung auf ein Durchschnittsjahr abstrahieren statische Rechenverfahren von der zeitlichen Struktur des Zahlungsstroms, der durch das zu bewertende Investitionsvorhaben generiert wird. Das bedeutet, dass identische Zahlungen gleich stark gewichtet werden, auch wenn diese Zahlungen zu unterschiedlichen Zeitpunkten anfallen. – 2. *Verfahren:* Zu den statischen Investitionsrechenverfahren zählen die → Kostenvergleichsrechnung, die → Gewinnvergleichsrechnung, die Rentabilitätsvergleichsrechnung sowie die → Amortisationsrechnung: – a) Die *Kostenvergleichsrechnung* ermittelt die bei Realisierung von Investitionsprojekten entstehenden Kosten pro Jahr. Dabei wird die Investitionsalternative mit den geringsten jährlichen Kosten präferiert. – b) Die *Gewinnvergleichsrechnung* bezieht neben den Kosten auch die Umsatzerlöse in die Vorteilhaftigkeitsbeurteilung ein. Als Zielgröße wird der durchschnittliche Gewinn pro Jahr ermittelt, wobei das Ziel des Verfahrens darin besteht, den aus einer Investition realisierbaren Gewinn zu maximieren. – c) Die *Rentabilitätsvergleichsrechnung* errechnet eine relative Zielgröße (in Prozent), die neben dem erwirtschafteten Gewinn auch das investierte Kapital berücksichtigt. Zur Ermittlung der → Rentabilität wird der Gewinn pro Jahr durch das durchschnittlich investierte Kapital dividiert. Zielsetzung des Verfahrens ist die Maximierung der Rentabilität. – d) Die *Amortisationsrechnung* ermittelt den Zeitraum, der bis zum Rückfluss des investierten Kapitals vergeht. Im Rahmen der Vorteilhaftigkeitsanalyse verfolgt die Amortisationsrechnung das Ziel, die Amortisationszeit

(→ Amortisation) zu minimieren. In der Praxis wird die Amortisationszeit vielfach als Maßstab für das Investitionsrisiko verwendet. – 3. *Aussagefähigkeit:* Die statischen Investitionsrechenverfahren weisen eine geringe Komplexität auf und haben nur einen begrenzten Informationsbedarf. Daher sind sie relativ einfach anzuwenden. Aufgrund der vergleichsweise restriktiven Prämissen führen statische Investitionsrechenverfahren beim Alternativenvergleich allerdings nur dann zu sinnvollen Ergebnissen, wenn Investitionsalternativen hinsichtlich der Nutzungsdauer oder des Kapitaleinsatzes vergleichbar sind. Der entscheidende Kritikpunkt gegenüber den Verfahren besteht jedoch darin, dass Investitionsentscheidungen auf Basis eines Durchschnittsjahres getroffen werden. Die Durchschnittsbetrachtung stellt eine starke Vereinfachung der Realität dar, da sämtliche Informationen über die zeitliche Verteilung der Rückflüsse ausgeblendet werden. Daher bieten sich statische Investitionsrechenverfahren insbes. für Ersatzinvestitionen mit begrenztem Investitionsvolumen an, z.B. beim Ersatz eines betrieblichen Kraftfahrzeugs.

V. Dynamische Investitionsrechenverfahren: 1. *Charakteristika:* Dynamische Investitionsrechenverfahren, die ihren Ursprung in der kapitalmarktorientierten Finanzierungs- und Investitionstheorie haben, orientieren sich an den durch ein Investitionsprojekt generierten Ein- und Auszahlungen. Sie berücksichtigen dabei die gesamte Investitionslaufzeit (→ Planungsperiode). Dynamische Investitionsrechenverfahren, v.a. die Kapitalwertmethode und die interne Zinsfußmethode, sind heute die in der Praxis am häufigsten genutzten Verfahren zur rechnerischen Fundierung von Investitionsentscheidungen. Die Verfahren weisen folgende Charakteristika auf: – a) *Orientierung an Zahlungsströmen:* Im Gegensatz zu den statischen Verfahren berücksichtigen dynamische Investitionsrechenverfahren die für das Investitionsprojekt prognostizierten Aus- und Einzahlungen und keine Kosten- oder Erlösgrößen. – b) *Berücksichtigung der zeitlichen Struktur:* Dynamische Investitionsrechenverfahren setzen die einzelnen Ein- bzw. Auszahlungen zum Zeitpunkt ihres Entstehens an und machen sie durch Auf- bzw. Abzinsung vergleichbar. – c) *Opportunitätskostenprinzip:* Investitionsprojekte werden vor dem Hintergrund der individuellen Handlungsalternativen des Investors bewertet. Die Rendite der besten alternativen Kapitalverwendungsmöglichkeit bestimmt die Opportunitätskosten des Investors. Auf Basis der Opportunitätskosten wird der Kalkulationszinssatz abgeleitet, der in der dynamischen Investitionsrechnung zur Auf- bzw. Abzinsung des mit dem Investitionsprojekt verbundenen Zahlungsstroms dient. – 2. *Verfahren:* Unter dem Begriff der dynamischen Investitionsrechenverfahren werden verschiedene bar- bzw. endwertorientierte Verfahren zusammengefasst. – a) Grundlegendes dynamisches Rechenverfahren ist die → Kapitalwertmethode, die den Wert eines Investitionsprojektes als → Barwert sämtlicher projektbezogener Zahlungen errechnet. Zielgröße der Kapitalwertmethode ist der in Währungseinheiten (z.B. Euro) gemessene Vermögenszuwachs, den der Investor durch Realisierung des betreffenden Investitionsvorhabens erzielt. Die weiteren dynamischen Investitionsrechenverfahren basieren auf der Kapitalwertmethode, auch wenn sie eine andere Zielgröße verwenden und die Rechenmethodik entsprechend modifizieren. – b) Die *Annuitätenmethode* ermittelt das wiederum in Währungseinheiten (z.B. Euro) ausgedrückte jährliche Einkommen, das der Investor durch Realisierung des Investitionsprojektes zusätzlich erzielt. Die dynamische Amortisationsrechnung ermittelt die Amortisationszeit des Investitionsvorhabens und damit ebenfalls eine absolute Zielgröße (in Jahren). – c) Die dynamische → Amortisationsrechnung ermittelt den Zeitraum, der vergeht, bis die ursprünglichen Investitionsauszahlungen unter Berücksichtigung von Zinsen zurückgeflossen sind. – d) Die interne Zinsfußmethode ermittelt die mit dem Investitionsvorhaben erzielbare Rendite (→ interner Zinsfuß). Im Gegensatz zu den bisher genannten Verfahren verwendet die interne Zinsfußmethode eine relative Zielgröße (in Prozent). – e) Die modifizierte interne Zinsfußmethode verwendet ebenfalls eine prozentuale Zielgröße, wobei jedoch die problematische implizite Wiederanlageprämisse der internen Zinsfußmethode durch eine realitätsnähere Wiederanlageprämisse ersetzt wird (z.B. Anlage zur durchschnittlichen Unternehmensrentabilität). – f) Die *Kapitalwertrate* setzt den → Kapitalwert ins Verhältnis zum investierten Kapital und ist damit ebenfalls eine relative Zielgröße. Diese dimensionslose Größe beschreibt den relativen Beitrag, um den sich das Vermögen des Investors infolge eines Investitionsprojektes erhöht. – 3. *Aussagefähigkeit:* Die dynamischen Investitionsrechenverfahren zeichnen sich durch ihre Zahlungs- und Zukunftsorientierung sowie durch die Berücksichtigung des Opportunitätskostenprinzips aus. Damit werden die Investoren unmittelbar darüber informiert, welchen Beitrag ein Investitionsprojekt zur Erfüllung ihrer finanzwirtschaftlichen Ziele leistet. Grenzen der dynamischen Investitionsrechenverfahren resultieren aus dem für die Ermittlung der Zahlungsreihe erforderlichen Planungs- und Prognoseaufwand sowie auf der ebenfalls aufwändigen Ableitung des relevanten Kalkulationszinssatzes.

VI. Berücksichtigung von Steuern: In der Unternehmenspraxis lösen Investitionsentscheidungen regelmäßig steuerliche Konsequenzen aus, sodass Steuern bei der Investitionsbeurteilung zu berücksichtigen sind. Es wird dabei zwischen gewinnunabhängigen und gewinnabhängigen Steuerarten unterschieden. – 1. *Gewinnunabhängige* Steuern sind *Substanz- oder Verbrauchsteuern* (z.B. → Grundsteuer, → Mineralölsteuer). Diese Steuerzahlungen sind Auszahlungen, die bei der Prognose der

Zahlungsreihe analog zu anderen betrieblichen Auszahlungen geplant werden. Die → Umsatzsteuer ist ebenfalls eine gewinnunabhängige Steuerart, die letztlich vom Endverbraucher getragen wird. Bei den vom Unternehmen vereinnahmten Umsatzsteuerzahlungen handelt es sich um durchlaufende Posten, die um die gezahlte Umsatzsteuer (Vorsteuer) vermindert und an den Fiskus abgeführt wird. In der Investitionsrechnung ist die Umsatzsteuer daher nicht zu berücksichtigen. – 2. *Gewinn- bzw. ertragsabhängige* Steuern (z.B. → Einkommensteuer, → Körperschaftsteuer, → Gewerbesteuer) mindern ebenfalls die zukünftigen Einzahlungsüberschüsse. Steuerbemessungsgrundlage sind allerdings nicht die Einzahlungsüberschüsse, sondern der steuerpflichtige Gewinn. Daher werden die Steuerzahlungen in der Investitionsrechnung üblicherweise durch ein Näherungsverfahren bestimmt. Hierzu werden die betrieblichen Einzahlungsüberschüsse um die steuerrechtlich relevanten Abschreibungen (→ Absetzung für Abnutzung (AfA)) vermindert. Die Differenz wird anschließend mit dem durchschnittlichen Ertragsteuersatz des Unternehmens multipliziert, um die ertragsabhängigen Steuerzahlungen zu ermitteln. Die Einzahlungsüberschüsse nach Steuern errechnen sich schließlich als Differenz zwischen den Einzahlungsüberschüssen vor Steuern und den Steuerzahlungen. Die Einzahlungsüberschüsse nach Steuern werden dann mit einem Kalkulationszinssatz nach Steuern abgezinst, um den → Kapitalwert unter Berücksichtigung von Steuern zu ermitteln. Bei anderen Investitionsrechenverfahren erfolgt die Berücksichtigung von Steuern in analoger Weise, indem sowohl die jährlichen Erfolgsgrößen als auch der Kalkulationzinssatz um steuerliche Auswirkungen korrigiert werden.

VII. Berücksichtigung von Unsicherheit: 1. *Problematik:* Die bisher beschriebenen Rechenverfahren beurteilen Investitionen grundsätzlich unter der Annahme von Sicherheit, d.h. bei Vorliegen vollkommener Information. In der Unternehmenspraxis sind die meisten der benötigten Einflussgrößen jedoch unsicher. Die Unsicherheit betrifft die erwarteten Umsatzeinzahlungen, die Auszahlungen für die betriebliche Leistungserstellung, die Nutzungsdauer sowie den verwendeten Kalkulationszinssatz (→ Opportunitätskosten). Für die Investitionsrechnung stellt sich die Aufgabe, die → Unsicherheit bzw. das → Risiko in den Entscheidungsprozess (→ Investitionsplanung) so zu integrieren, dass der Investor eine rationale Entscheidung treffen kann. Grundsätzlich werden Investitionsentscheidungen unter Unsicherheit ebenfalls auf Basis der o.g. statischen und dynamischen Investitionsrechenverfahren getroffen. Zur Berücksichtigung der Unsicherheit können mehrwertige Zielgrößen ermittelt werden, indem unterschiedliche Szenarien untersucht werden (→ Szenario-Technik). Ist dagegen eine einwertige Zielgröße gewünscht, werden die Einflussgrößen modifiziert (z. B. durch Risikozuschläge). Hierzu dienen folgende Verfahren: – a) *Pauschale Korrekturverfahren* modifizieren die für die Höhe der Zielgröße (z.B. → Kapitalwert) relevanten Einflussgrößen (z.B. Ein- und Auszahlungen, Kalkulationszinssatz, Nutzungsdauer). In Abhängigkeit von der Wirkungsrichtung einer Einflussgröße wird das Risiko entweder durch einen Risikozuschlag (z.B. im Kalkulationszinssatz) oder durch einen Risikoabschlag (z.B. auf die Einzahlungsüberschüsse) erfasst. – b) *Kapitalmarktorientierte Risikoberücksichtigung:* Kapitalmarktmodelle (z.B. → Capital Asset Pricing Model (CAPM), Weighted Average Cost of Capital (→ WACC)) nutzen Kapitalmarktdaten, um die risikoabhängigen Renditeforderungen der Investoren abzuleiten. Investoren sind i.d.R. risikoavers und erwarten für die Übernahme des Investitionsrisikos eine Prämie. Daher liegen die risikoadjustierten Renditeforderungen regelmäßig oberhalb des risikofreien Kalkulationszinssatzes. In der Investitionsrechnung dienen die nach dem CAPM bzw. WACC-Ansatz ermittelten Renditeforderungen als Kalkulationszinssatz, um den Kapitalwert zu berechnen. – 3. *Aussagefähigkeit:* Im Vergleich zu den pauschalen Korrekturverfahren weist die kapitalmarktorientierte Risikoberücksichtigung Vorteile hinsichtlich Transparenz, Objektivierbarkeit und Investorenorientierung auf. Grenzen der Kapitalmarktmodelle resultieren aus der Datenverfügbarkeit sowie der Datenqualität. In der Finanzierungspraxis hat sich die Kapitalkostenermittlung mithilfe des CAPM sowie des WACC-Ansatzes weitgehend durchgesetzt, sodass diese Modelle heute als State-of-the-Art der Risikoberücksichtigung in der Investitionsrechnung gelten.

Investitionsrisiko – Unsicherheit hinsichtlich der Vorteilhaftigkeit einer Investition. Bei Investitionsentscheidungen unter Risiko besteht die Möglichkeit, dass die zukünftigen Einzahlungsüberschüsse bzw. Renditen eines Investitionsprojektes schwanken. Die Schwankungsanfälligkeit (→ Volatilität) der Einzahlungsüberschüsse beinhaltet die Gefahr geringerer Rückflüsse. Letzteres bedeutet für den Investor eine Verschlechterung seiner Vermögensposition. – Vgl. auch → Finanzierungsrisiko.

Investitionsschutzabkommen – zwischenstaatliches (völkervertragrechtliches) Abkommen, in welchem das Gastland Kapitalanlegern aus dem Ausland Entschädigungsleistungen garantiert, falls Vermögensteile enteignet werden. Weltweit bestehen mehr als 3000 Investitionsschutzabkommen. Deutschland hat bilaterale Investitionsschutzabkommen mit 131 Staaten (Stand 2012). Privatwirtschaftliche Investitionsschutzabkommen können Investoren abschließen. Die zur Weltbankgruppe gehörende Multilateral Investment Guarantee Agency (→ MIGA) bietet gleichfalls Schutzinstrumente für Direktinvestitionen in Entwicklungsländern an.

Investitionsstrategie – Ist ein Unternehmen auf einem wachsenden Markt tätig und verfügt über einen relativ hohen Marktanteil, dann sollte diese Stellung ausgebaut oder zumindest gehalten werden. Eine solche Strategie erfordert die Investition zusätzlicher finanzieller Mittel. Man spricht daher von einer Investionsstrategie (auch Wachstumsstrategie). Trotz des kurzfristig ungünstigen Cashflows (infolge der Investitionsausgaben) ist die Investitionsstrategie sinnvoll, da das Unternehmen langfristig den Gewinn steigern kann.

Investitionsstruktur – 1. Aufgliederung der gesamtwirtschaftlichen → Bruttoinvestitionen nach → Wirtschaftszweigen *(sektorale Investitionsstruktur).* – 2. Aufgliederung nach *Investitionskategorien,* z.B. Bau-, Ausrüstungsinvestitionen; Erweiterungs-, Rationalisierungsinvestitionen o.Ä.

Investitionsteuer – in der wirtschaftlichen Umgangssprache verwendete Bezeichnung für die → Umsatzsteuer auf den → Selbstverbrauch.

Investitionstheorie – 1. *Begriff:* Teilbereich der Finanzierungs- und Investitionstheorie. Während die → Finanzierungstheorie die Frage der Finanzmittelbeschaffung untersucht, analysiert die *Investitionstheorie* die optimale Verwendung der aufgenommenen Finanzmittel. – 2. *Bedeutung:* Im Sinn der entscheidungsorientierten Betriebswirtschaftslehre verfolgt die Investitionstheorie das Ziel, theoretisch fundierte Optimierungsregeln für Investitionsentscheidungen abzuleiten. Hierzu werden Investitionprojekte aus dem Blickwinkel eines rational handelnden Investors analysiert, der seinen monetären Nutzen maximieren will (→ Investitionsrechnung). Die Optimierungsregeln gehen dabei i.d.R. von risikoaversen Investoren aus (→ Risikopräferenz), die bei einem gegebenen Risiko die Rendite der Investition maximieren wollen. – 3. *Zusammenhang:* Angesichts der engen Interdependenzen von → Investition und → Finanzierung fließen in die Investitionstheorie Erkenntnisse der → Finanzierungstheorie und der → Kapitalmarkttheorie ein. Weitere Verbindungen bestehen zur Produktions-, Kosten- und Absatztheorie.

Investitions- und Tilgungsfonds – nicht rechtsfähiges → Sondervermögen des Bundes errichtet durch Gesetz vom 2.3.2009 (BGBl. I 416, 417) m.spät.Änd. Aus dem Sondervermögen wurden folgende Maßnahmen des Konjunkturpakets der Bundesregierung vom 14.1.2009 finanziert: Finanzhilfen für zusätzliche Zukunftsinvestitionen der Kommunen und Länder mit bis zu 10 Milliarden Euro, Investitionen des Bundes mit bis zu 4 Milliarden Euro, Programm zur Stärkung der Pkw-Nachfrage mit bis zu 5 Milliarden Euro (sog. → Abwrackprämie), Ausweitung des zentralen Innovationsprogramms Mittelstand mit bis zu 900 Millionen Euro und Förderung anwendungsorientierter Forschung im Bereich Mobilität mit bis zu 500 Millionen Euro.

Investitionsvorrangbescheid → Vermögensgesetz.

Investitionsvorranggesetz → Vermögensgesetz.

Investitionszulage – 1. *Begriff:* Eine staatliche Zahlung, die dem Steuerpflichtigen für bestimmte Investitionen gewährt werden kann. – 2. *Rechtsgrundlagen:* Nach dem Investitionszulagengesetz sind Erstinvestitionen in neue bewegliche Wirtschaftsgüter und in neue Wirtschaftsgebäude begünstigt, die in einem Betrieb oder in einer Betriebsstätte in den neuen Bundesländern verbleiben bzw. dort verwendet werden und damit zum Aufbau und zur Stärkung der Wirtschaft in diesem Gebiet beitragen. Gefördert werden nur bestimmte Wirtschaftszweige. Dazu gehören unverändert das verarbeitende Gewerbe und die produktionsnahen Dienstleistungen und neuerdings auch Beherbungsgewerbe. Das InvZulG 2007 setzt im Wesentlichen die bisherige Förderung nach dem InvZulG 2005 fort. – 3. *Förderfähige Investitionen:* Gefördert werden (a) die Anschaffung und Herstellung von neuen abnutzbaren beweglichen Wirtschaftsgütern des Anlagevermögens und (b) die Anschaffung neuer Gebäude, Eigentumswohnungen, in Teileigentum stehender Räume und anderer Gebäudeteile, die selbstständige unbewegliche Wirtschaftsgüter sind sowie die Herstellung neuer Gebäude. – 4. Von einer Förderung *ausgeschlossen* sind geringwertige Wirtschaftsgüter, Luftfahrzeuge und Personenkraftwagen. – 5. Förderfähig sind nur *Erstinvestitionsvorhaben,* d.h. die Anschaffung oder Herstellung von Wirtschaftsgütern, bei (a) Errichtung einer neuen Betriebsstätte, (b) Erweiterung einer bestehenden Betriebsstätte, (c) Diversifizierung der Produktion einer Betriebsstätte in neue, zusätzliche Produkte, (d) grundlegender Änderung des Gesamtproduktionsverfahrens einer bestehenden Betriebsstätte oder (e) Übernahme eines Betriebs, der geschlossen worden ist oder geschlossen worden wäre, wenn der Betrieb nicht übernommen worden wäre und wenn die Übernahme durch einen unabhängigen Investor erfolgt. – 6. *Investitionszeiträume:* Es gilt Folgendes (a) Investitionsbeginn vom 21.7.2006 bis 31.12.2006, (b) Investitionsbeginn vom 1.1.2007 bis 31.12.2009, (c) Investitionsabschluss nach dem 31.12.2006 und vor dem 1.1.2010, (d) Investitionsabschluss nach dem 31.12.2009, soweit vor dem 1.1.2010 Teilherstellungskosten entstanden bzw. Teillieferungen erfolgt sind. (e) Es ist eine Zugehörigkeits- (Zugehörigkeit zum Anlagevermögen eines Betriebs oder einer Betriebsstätte eines förderfähigen Betriebs des Anspruchsberechtigten oder eines mit diesem verbundenen Unternehmens im Fördergebiet), Verbleibens- (Verbleiben in der Betriebsstätte eines solchen Betriebs des Anspruchsberechtigten oder eines mit diesem verbundenen Unternehmens im Fördergebiet) und Nutzungsvoraussetzung (Nutzung in jedem Jahr zu nicht mehr als 10 Prozent für private Zwecke) im Bindungszeitraum vorgesehen. Der Bindungszeitraum beträgt fünf Jahre; er verringert sich auf drei Jahre für Kleinstunternehmen und kleinere und mittlere Unternehmen für nach dem 31.12.2006 begonnene Erstinvestitionsvorhaben. Der Bindungszeitraum beginnt erst mit Beendigung des gesamten

Erstinvestitionvorhabens. – 7. *Höhe der Förderung:* Die Förderung beläuft sich auf (a) 12,5 Prozent für alle Betriebe des verarbeitenden Gewerbes, der produktionsnahen Dienstleistungen bzw. des Beherbungsgewerbes; (b) 15 Prozent für begünstigte Betriebe in Randgebieten (lt. Anlage 3 zum InvZulG 2007). (c) Für kleinere und mittlere Unternehmen erhöht sich die Investitionszulage für Investitionen in bewegliche Wirtschaftsgüter auf 25 Prozent für begünstigte Betriebe und auf 27,5 Prozent für begünstigte Betriebe in Randgebieten. – 8. *Ertragsteuerliche Behandlung der Investitionszulage*: Die Investitionszulage ist steuerfrei. Der Steuerpflichtige kann von den vollen Anschaffungs- und Herstellungskosten abschreiben bzw. die vollen angefallenen Aufwendungen gewinnmindernd geltend machen (§ 9 InvZulG). – 9. Nach dem Investitions-Zulagengesetz 2010 ist eine Förderung als Folgeregelung des InvZulG 2007 ab 2010 zulässig. Die Förderung gilt für Investitionen, welche nach dem 31.12.2009 und vor dem 1.1.2014 abgeschlossen sind oder für die bis zum 31.12.2013 Teilherstellungskosten entstanden oder Teillieferungen erfolgt sind. Im Vergleich zum Investitionszulagengesetzt 2007 sinken die Fördersätze. Darüber ist eine erhöhte Förderung für Randgebiete entfallen.

Investitionszuschüsse → Investitionsförderung.

Investivlohn → Vermögensumverteilungspolitik.

Investment – 1. *Begriff:* vielfach synonyme Verwendung für → Investition, insbes. für → Finanzinvestition. – 2. *Spezielle Interpretation:* Investmentgesellschaften sind Unternehmen, die Investmentfonds für private oder institutionelle Anleger auflegen, vertreiben und verwalten. Diese Gesellschaften unterliegen dem → Investmentgesetz (InvG) sowie der Aufsicht durch die → Bundesanstalt für Finanzdienstleistungsaufsicht (BaFin).

Investmentaktiengesellschaft → Investmentgesetz (InvG).

Investmentbank → Spezialbank im angelsächsischen Trennbankensystem. Trotz der Aufhebung des Glass-Steagall Acts und der damit verbundenen Abschaffung der gesetzlichen Trennung zwischen Geschäftsbanken und Investmentbanken operieren einige Banken im angelsächsischen Gebiet weiterhin hauptsächlich im Investment-Banking-Bereich. Diese Bereiche umfassen überwiegend kapitalmarktbasierte Unternehmensfinanzierungen, im Wertpapiergeschäft (Handel, Emission), M&A-Geschäfte sowie Eigenhandel. – *Gegensatz:* → Commercial Bank.

Investment Banking – i.w.S. das Geschäft moderner → Investment Banken. Dazu gehören → Mergers & Acquisitions (Fusionen und Übernahmen), Corporate Finance (Unternehmensfinanzierung), Structured Finance (Projektfinanzierung und → Asset Backed Securities (ABS), Capital Markets (Emission und Platzierung von Wertpapieren), Sales & Trading (Sekundärhandel am Kapitalmarkt), Asset Management (Kapitalanlage für Kunden) sowie Principal Investment (Eigengeschäft der Investmentbank). I.e.S. ist es das Kerngeschäft der klassischen Investmentbank im angloamerikanischen Raum, das auf die Kapitalaufnahme am Primärmarkt und den Wertpapierhandel am Sekundärmarkt gerichtet war.

Investment by Owners – *Einlage, Kapitalerhöhung,* → Conceptual Framework.

Investmentclub – Vereinigung von Privatpersonen zum Zweck des gemeinsamen langfristigen Wertpapiersparens (Anlage in festverzinsliche Wertpapiere sowie Aktienspekulation); meist in der Rechtsform einer → Gesellschaft bürgerlichen Rechts (GbR). Durch Zusammenlegung kleinerer und mittlerer Sparbeträge werden Mittel für gemeinsame Rechnung an der Börse eingesetzt. Daneben können mit Finanzanlagen an der Börse nicht so vertraute Sparer Einblick in das Wertpapiergeschäft an der Börse erhalten. Um die Rechte der Kleinaktionäre bemüht sich in Deutschland auch die Aktionärsvereinigung Deutsche Schutzvereinigung für Wertpapierbesitz e. V.

Investmentfonds – *Sondervermögen,* 1. *Allgemein:* Für das EU-Richtlinien konforme Sondervermögen sind Kombinationen von Wertpapieren, Geldmarktinstrumenten, Bankguthaben, Investmentanteilen und Derivaten möglich. Daneben gibt es in Deutschland Investmentfonds als Immobilien-Sondervermögen, Gemischte Sondervermögen und Altersvorsorge-Sondervermögen, → Hedge-Fonds, Infrastruktur-Sondervermögen sowie seit 2009 Mitarbeiterbeteiligungs-Sondervermögen. Investmentvermögen können auch gesellschaftsrechtlich als → Investmentaktiengesellschaft (InvAG) gegründet werden. Wichtig ist die Bezeichnung für jeden Investmentfonds, die eine Unterscheidung ermöglichen muss und nicht irreführen darf. Hierzu hat die → Bundesanstalt für Finanzdienstleistungsaufsicht (BaFin) eine Richtlinie erlassen. Diese legt fest, welche Voraussetzungen erfüllt sein müssen, damit ein Fonds bspw. als „ → Geldmarktfonds“ benannt werden darf. – 2. *Arten:* a) *Nach Vermögensgegenständen:* Eine Kapitalanlagegesellschaft kann verschiedene Investmentfonds mit unterschiedlicher Zusammensetzung auflegen und verwalten. – b) *Nach dem Volumen des Investmentfonds:* Hier sind offene und geschlossene Investmentfonds zu unterscheiden. Bei offenen Investmentfonds werden ohne Begrenzung neue → Anteile am Investmentvermögen an die Anleger verkauft und in weiteres Sondervermögen investiert. Dagegen haben geschlossene Investmentfonds ein von vornherein vorgegebenes Volumen. Sie sind in Deutschland nur üblich für → Immobilienfonds und unterliegen nicht dem → Investmentgesetz (InvG). Im Zuge der Umsetzung der → AIFM-Richtlinie, die bis zum 22.7.2013 in nationales Recht umzusetzen ist, soll jedoch im geplanten → Kapitalanlagegesetzbuch (KAGB) die Regulierung nicht nur der Verwalter, sondern auch der geschlossenen Fonds selbst vorsehen werden – c) *Nach der Streuung unter die Anleger:* Während Publikumsfonds breiten Absatz an private und institutionelle Anleger finden können, dürfen die Anteile an → Spezialfonds von nicht mehr als 30 Anlegern gehalten werden, die keine natürlichen Personen sein dürfen. – d) *Nach der Behandlung der Erträge:* Fonds mit regelmäßiger Ertragsausschüttung oder thesaurierende Fonds. Letztere legen erwirtschaftete Erträge sofort wieder in demselben Fonds an.

Investmentgeschäft – Ehemals Bankgeschäft nach § 1 I Nr. 6 KWG, bestehend in der Verwaltung von Investmentvermögen durch → Kapitalanlagegesellschaften sowie weiteren im → Investmentgesetz (InvG) definierten, damit im Zusammenhang stehenden Dienstleistungen und Nebendienstleistungen. Das Investmentänderungsgesetz (InvÄndG) vom 21.12.2007 (BGBl. I 3089) ordnet das Betreiben des Investmentgeschäfts nicht mehr als Bankgeschäft ein, die KAG ist danach kein Kreditinstitut, sondern ein Institut sui generis. Wer allerdings nach dem Entwurf des Umsetzungsgesetzes zur → AIFM-Richtlinie weder Organismen für gemeinsame Anlagen in Wertpapiere (OGAW) oder alternative Investmentfonds (AIF) auflegt und weder den Anforderungen der OGAW-Richtlinie oder der AIFM-Richtlinie und damit den Anforderungen des geplanten → Kapitalanlagegesetzbuchs (KAGB) entspricht, betreibt künftig unerlaubtes Investmentgeschäft. – Investmentvermögen sind Vermögen zur gemeinschaftlichen Kapitalanlage, die durch Fondsanleger bereitgestellt und nach dem Grundsatz der Risikomischung in nach dem Investmentgesetz zugelassenen Vermögensgegenständen angelegt werden. Die dadurch gebildeten → Investmentfonds sind Sondervermögen, deren → Anteile von den Anlegern jederzeit zurückgegeben werden können. Seit April 2000 ist für einige Investmentfonds auch **der Handel** an der → Börse möglich. – Vgl. auch → **Exchange Traded Funds.**

Investmentgesellschaft → Investmentgesetz (InvG); → Investmentgeschäft.

Investmentgesetz (InvG) – 1. *Begriff:* Gesetzliche Grundlage für ein modernisiertes und international wettbewerbsfähiges → Investmentgeschäft in Deutschland, entstanden durch Umsetzung von Änderungsrichtlinien zur EG-Richtlinie zur Koordinierung der Rechts- und Verwaltungsvorschriften betreffend bestimmte Organismen für gemeinsame Anlagen in Wertpapieren (neugefasst durch Richtlinie 2009/65/EG v. 13.7.2009, ABl. L 302 v. 17.11.2009, S. 1, OGAW-Richtlinie) und durch Zusammenlegung des Gesetzes über Kapitalanlagegesellschaften (→ KAGG) und des Auslandsinvestmentgesetzes (AuslInvestmG). Das InvG ist neben dem Investmentsteuergesetz der Hauptbestandteil des Investmentmodernisierungsgesetzes vom 15.12.2003 (BGBl. I 2676), eines Artikelgesetzes, das weitere Gesetze modifiziert. Im Zuge der Umsetzung der → AIFM-Richtlinie, die bis zum 22.7.2013 in nationales Recht umzusetzen ist, soll nach dem Regierungsentwurf vom Dezember 2012 ein → Kapitalanlagegesetzbuch (KAGB) geschaffen und zugleich das InvG aufgehoben werden. – 2. *Angleichung an europäisches Recht:* Da alle → Investmentfonds, die der OGAW-Richtlinie entsprechen, den → Europäischen Pass nutzen dürfen – d.h. in jedem anderen EU-Mitgliedsstaat ohne zusätzliche Genehmigung vertrieben werden können – ist die Übertragung von Änderungen der EG-Richtlinie in nationales Recht von großer Bedeutung. Die beiden letzten Änderungen betrafen einerseits die Erweiterung der Vermögensgegenstände, in die ein Investmentfonds investieren kann, über Wertpapiere hinaus, und andererseits die Einbeziehung von Verwaltungsgesellschaften. Die OGAW-Richtlinie unterscheidet drei Rechtsformen als Organisationsform für richtlinienkonforme Investitionsfonds: (1) Die Vertragsform, bei der eine Verwaltungsgesellschaft den Investmentfonds verwaltet, dies entspricht der dt. → Kapitalanlagegesellschaft (KAG) und dem → Sondervermögen; (2) die Form des Trust und (3) die Satzungsform mit der Investmentgesellschaft. Das Investmentgesetz regelt das vereinfachte Anzeigeverfahren für dt. Kapitalgesellschaften und ausländische Verwaltungsgesellschaften, die den Europäischen Pass nutzen wollen (§§ 12 ff. InvG). Im Zuge der Neufassung der OGAW-Richtlinie wurde u.a. die Möglichkeit einer grenzüberschreitenden kollektiven Portfolioverwaltung durch Ausweitung des Europäischen Passes geschaffen, eine Erleichterung von grenzüberschreitenden Fondsverschmelzungen vorgenommen und die „wesentlichen Anlegerinformationen" eingeführt. Bei letzteren handelt es sich um ein Informationsdokument, das den Anleger in die Lage versetzen soll, eine fundierte Anlageentscheidung zu treffen, ohne weitere Dokumente konsultieren zu müssen. Die Anforderungen sind in der EU harmonisiert, um ein einheitliches Anlegerschutzniveau sicherzustellen. Nicht auf die OGAW-Richtlinie geht die Investmentaktiengesellschaft zurück. Diese Rechtsform hat sich v.a. in Luxemburg und Irland etabliert und ist im Investmentgesetz mittlerweile nur noch mit variablem Kapital enthalten, nachdem bisher in Deutschland die Investmentaktiengesellschaft mit fixem Kapital von der Praxis nicht angenommen wurde. Investmentaktiengesellschaften haben gegenüber KAG ein niedrigeres Anfangskapital (mind. 300.000 Euro) zu leisten und sollen v.a. Anbietern von → Hedge-Fonds einen vereinfachten Markteintritt ermöglichen. Seit dem InvÄndG sind auch Umbrella-Konstruktionen möglich, sodass die Investmentaktiengesellschaft haftungsrechtlich getrennte Teilgesellschaftsvermögen bilden kann (§§ 96–111a InvG). – 3. *Inhalte:* Das Gesetz definiert zunächst grundlegende Begriffe wie Investmentfonds, Sondervermögen, Vermögensgegenstände und fixiert den Bezeichnungsschutz von KAG, Investmentfonds und Investmentgesellschaften

(§§ 1–5 InvG). Ausführlich geregelt wird die Tätigkeit von Kapitalanlagegesellschaften und Depotbanken (§§ 6–29). Den größten Umfang nehmen Vorschriften zum Sondervermögen ein (§§ 30–95 sowie §§ 112–120). Das Investmentgesetz stuft neben Wertpapieren auch Geldmarktinstrumente, Bankguthaben, Investmentanteile und Derivate als Vermögensgegenstände ein, aus denen Sondervermögen mit konkreter Bezeichnung gebildet werden können. Wegen der Übereinstimmung mit der geänderten OGAW-Richtlinie werden sie als richtlinienkonforme Sondervermögen bezeichnet. Daneben gibt es nicht richtlinienkonforme Sondervermögen wie Immobilien-Sondervermögen, Gemischte Sondervermögen und Altersvorsorge-Sondervermögen, die bereits im KAGG enthalten waren und sich als Publikumsfonds bewährt haben. Dagegen werden die weiteren im KAGG im Einzelnen geregelten Investmentfonds wie → Wertpapier-Sondervermögen oder → Geldmarktfonds nicht mehr explizit aufgeführt, sondern es wird nur exakt bestimmt, welche → Wertpapiere und welche → Geldmarktinstrumente erwoben werden dürfen. Die Strukturierung und die konkrete Bezeichnung wird der Kapitalanlagegesellschaft überlassen. – Auch darüber hinaus lässt das neue Gesetz an vielen Stellen den Erlass von Rechtsverordnungen (so z.B. die Derivateverordnung v. 28.6.2011, BGBl. I 127) zu, was eine schnellere Anpassung an sich ändernde Bedingungen erlaubt. Das InvÄndG hat zudem Infrastruktur-Sondervermögen und sonstige Sondervermögen ermöglicht. – Daneben gibt es Sondervermögen mit zusätzlichen Risiken (Hedge Fund). Hier macht der Gesetzgeber Unterschiede zwischen dem für institutionelle und nur einzelne Privatanleger geeigneten Single Hedge Fund und dem stärker risikobegrenzten, zum öffentlichen Vertrieb an jeden Anleger zugelassenen Dach-Hedge-Fund. Hierfür muss der ausführliche Verkaufsprospekt bes., produktspezifische Angaben und einen auffällig angebrachten vorgeschriebenen Warnhinweis vor möglichen Totalverlusten enthalten. An die Kapitalanlagegesellschaften können durch Rechtsverordnungen Anforderungen an Risiko-Messsysteme gestellt werden, um die Risikoüberwachung abzusichern. – Die beiden letzten Kapitel enthalten Vertriebsvorschriften sowie Bußgeld- und Übergangsvorschriften.

Investmentmodernisierungsgesetz → Investmentgesetz (InvG).

Investment Trust → Investmentgesetz (InvG).

Investmentzertifikate → Anteilscheine.

Investor – natürliche oder juristische Person (Unternehmen), die investiert (→ Investition).

Investor Relations – Abk. *IR*; Maßnahmen von → Aktiengesellschaften (AG), um das stetig steigende Bedürfnis der aktuellen oder potenziellen Aktionäre nach Informationen zu erfüllen aber auch auf ihre sonstigen Erwartungen im veränderlichen Kapitalmarktumfeld flexibel zu reagieren oder diese gar antizipieren zu können. Dazu gehört eine → Dividendenpolitik, die den Erwartungen der Aktionäre auf Ausschüttungen entspricht, und eine Emissionspolitik, die ihre Interessen ausreichend berücksichtigt. Von großer Bedeutung ist es deswegen auch für Gesellschaften, ihre Aktionärsstruktur bzw. Aktionäre zu kennen. Bei Inhaberaktien ermöglichen dies die Stimmrechtsmeldungen des WpHG, wonach ein Aktionär ab 3 Prozent seine Aktienpakete melden muss, vgl. → Wertpapierhandelsgesetz (WpHG). Bei Namensaktien kommt das → Aktienregister hinzu, in das jeder Aktionär einzutragen ist. Zur Arbeit der IR-Abteilungen gehört die umfassende Information durch Aktionärsbriefe und Aktionärszeitschriften, aber auch durch die Erfüllung der gesetztlich vogeschriebenen Publizitätsvorschriften wie der Veröffentlichung von Finanzberichten. – Vgl. → Wertpapierhandelsgesetz (WpHG), → Börsenkommunikation.

Invisible Hand → klassische Lehre, → Tâtonnement.

in Vollmacht (i.V.) – ein bei einer Zeichnung das Vollmachtsverhältnis ausdrückender Zusatz (§ 57 HGB). – Vgl. auch → per.

Involvement – *Ich-Beteiligung;* Grad der subjektiv empfundenen Wichtigkeit eines Verhaltens. Mit steigendem Involvement wird eine wachsende Intensität des kognitiven und emotionalen → Engagements eines Individuums angenommen, z.B. bei der Durchführung von → Entscheidungsprozessen.

InWEnt – Abk. für → Internationale Weiterbildung und Entwicklung.

Inzidentkontrolle – die in bestimmten Fällen gegebene Befugnis der Zivilgerichte, die Rechtmäßigkeit von → Verwaltungsakten als Vorfrage für die Entscheidung eines → Zivilprozesses zu prüfen.

Inzidenz – 1. *Begriff:* Wirkungen einer finanzpolitischen Maßnahme (z.B. Steuererhöhung, Ausgabenvariation) auf die → Einkommensverteilung, wobei unterstellt wird, dass alle Überwälzungsvorgänge abgeschlossen sind. Aufgabe einer Inzidenzanalyse ist es entsprechend, alle Unterschiede in der Einkommensverteilung ohne und mit finanzpolitischem Eingriff darzustellen. – 2. *Formen:* (1) nach der *Berücksichtigung von Überwälzungsvorgängen:* effektive Inzidenz (Berücksichtigung aller Überwälzungsvorgänge, d.h. Abzielung auf tatsächliche Verteilungswirkung), formale Inzidenz (keine Überwälzungsvorgänge, d.h. Abzielung auf vorgesehene Steuerlast); (2) nach der *Art der Ausgaben- oder Einnahmenänderung:* → differenzielle Inzidenz, → spezifische Inzidenz; (3) nach der *finanzpolitischen Maßnahme:* Ausgabeninzidenz, Budgetinzidenz, Steuerinzidenz; (4) nach dem *Betrachtungsraum:* makroökonomische Inzidenz (gesamte Volkswirtschaft), mikroökonomische Inzidenz (Einzelmarkt).

IOSCO – Abk. für *International Organisation of Securities Commissions.*

IP-Adresse – eindeutige Adresse eines → Rechners oder eines Internetservers innerhalb eines → Netzwerks. Um dem Internetnutzer die Navigation zu erleichtern, sind den IP-Adressen Domains zugeordnet. Bisher bestand die IP-Adresse aus vier Zahlenblöcken von jeweils 0 bis 255, also aus insgesamt 32 Bit. Da aber auf absehbare Zeit der Adressraum nicht mehr ausreichen wird, erfolgt zzt. eine Umstellung auf 128 Bit lange Adressen.

IPAT-Gleichung – Der Environmental Impact Index von B. Commoner, auch IPAT-Gleichung genannt, errechnet aus den Faktoren → Bevölkerung (Population "P"), Ausstattung des Einzelnen mit → Wirtschaftsgütern (Affluence "A") und der technologisch bedingten Schädigung durch die Wirtschaftgüter (Technology "T") eine Wirkung (Impact "I") (vgl. Commoner 1972, S. 339-363). – Commoner nimmt an, dass sich die Wirkungen der einzelnen Einflussgrößen durch Multiplikation zu einer Gesamtwirkung ergeben. – Die IPAT-Gleichung lautet: I = P * A* T.

IPC – Abk. für das *Straßburger Übereinkommen über die internationale* → Patentklassifikation.

IPCC – 1. *Begriff:* Das Intergovernmental Panel of Climate Change (IPCC) ist eine 1988 von dem United Nations Environment Programme (→ UNEP) und der World Meteorological Organization (WMO) errichtete Organisation mit Sitz in Genf, die sich der Aufgabe widmet den aktuellen Stand des Klimawandels zu bestimmen sowie dessen mögliche ökologische und sozial-ökonomischen Folgen abzuschätzen. – 2. *Ergebnisse:* Vom IPCC werden regelmäßig Sachstandsberichte (aktuell 4. Aufl.), Sonderberichte, technische Berichte und methodologische Berichte veröffentlicht. Laut des aktuellen Sachstandsberichtes geht das IPCC von einer Temperatursteigerung bis 2099 im Vergleich zur Basisperiode 1980-1999 um 1,1 bis 6,4 °C aus (vgl. IPCC 2007, S. 13). – Vgl. Folgen des → Klimawandels.

IPI – Abk. für *International Payment Instruction.* Die IPI wurde vom → European Committee for Banking Standards (ECBS) entwickelt, um grenzüberschreitende Überweisungen – v.a. in Euro innerhalb der EU – einfacher, günstiger und sicherer zu gestalten. Die IPI entspricht dem Zahlschein im dt. Zahlungsverkehr, d.h. die Daten des Empfängers (z.B. → IBAN, → BIC) sind bereits auf der Überweisung vorgedruckt. Im Zuge der Elektronisierung des Zahlungsverkehrs wurde der EPI (Electronic Payment Initiator) entwickelt: Die EPI ist ein auf → SWIFT-Standard basierender Datensatz, den der Begünstigte dem Überweisenden auf elektronischem Wege zuleitet; anhand der übermittelten EPI initiiert der Zahlungspflichtige die Zahlung. Ziel ist auch hier die vollständig automatisierte Ausführung der → Zahlung (→ STP). – Vgl. auch → Single Euro Payments Area (SEPA).

IPO – Abk. für *Initial Public Offering (Primary Offering, Going Public);* engl. für *Börsenersteinführung* oder *Börsengang*; erstmaliges öffentliches Angebot einer bislang nicht börsennotierten → Aktiengesellschaft (AG) oder → Kommanditgesellschaft auf Aktien (KGaA), Aktien des emittierenden Unternehmens zu zeichnen mit der Zielsetzung, diese an einer Wertpapierbörse zum Handel zuzulassen und zu notieren.

IPSAR – Abk. für *Institute for Public Sector Accounting Research.* – Vgl. hierzu → Financial Accountability and Management (FAM).

IPSAS – Abk. für → International Public Sector Accounting Standards.

irische Finanzierungsgesellschaft → Finanzierungsgesellschaft.

IR-Marke – Abk. für *international registrierte Marke;* → Madrider Markenabkommen (MBA), → Protokoll zum Madrider Markenabkommen. – *Anmeldung, Schutzfristen, Rechtsschutz:* → Marke.

Irradiation → Ausstrahlungseffekte.

irreführende Angaben → irreführende Werbung.

irreführende Firma – dem Grundsatz der → Firmenwahrheit nicht entsprechende Firmenbezeichnung. Die Firma darf keine Angaben enthalten, die geeignet sind, über geschäftliche Verhältnisse, die für die Verkehrskreise wesentlich sind, irre zu führen (§ 18 II HGB). Meist liegt zugleich → unlauterer Wettbewerb vor. – *Gegen* irreführende Firmen kann das Registergericht mit Ordnungsgeldern einschreiten (§ 392 FamFG) oder auch die Löschung der irreführenden Firma (§§ 393, 395 FamFG) betreiben. – Vgl. auch → unbefugter Firmengebrauch, → Unterlassungsanspruch.

irreführende Firmenzusätze – Irreführende Firmenzusätze über Art und Umfang des Geschäftes oder die Verhältnisse des Unternehmers sind ebenso wie → irreführende Firmen unzulässig (§ 18 II HGB). Es genügt, wenn sie im Zweifel zur Täuschung geeignet sind; ob Irreführungen vorgekommen oder beabsichtigt sind, ist gleichgültig. – Auch ein → Firmenzusatz, der zur Unterscheidung der Person oder des Geschäftes dient, darf nicht gegen den Grundsatz der → Firmenwahrheit verstoßen.

irreführende Werbung – objektiv falsche oder/und subjektiv falsch interpretierbare Werbeaussagen. Irreführende Werbung ist → unlauterer Wettbewerb und wird durch die §§ 5, 5a UWG untersagt, ferner durch zahlreiche spezialgesetzliche Vorschriften (§ 8 AMG, § 7 II EichG, §§ 3 f. HWG, §§ 17, 18, 22, 24, 27 LMBG und Verordnungen, z.B. die nach § 19 LMBG erlassenen lebensmittelrechtlichen Kennzeichnungsvorschriften). Spezialvorschriften schließen i.d.R. die Anwendung der Generalklausel nicht aus. Irreführende Werbung löst Unterlassungs-, bei Verschulden Schadensersatz- sowie Auskunftsansprüche aus. Der Tatbestand verlangt eine geschäftliche Handlung eines Mitbewerbers (→ Wettbewerbsverhältnis).

Wertungsmaßstab ist die Verkehrsauffassung der mit der Werbeaussage angesprochenen Verkehrskreise (allgemeiner Verkehr, Fachkreise etc.). Auszugehen ist vom objektiven Gesamteindruck, den die fragliche Aussage unter Berücksichtigung der Begleitumstände auf den Verkehr bei ungezwungener Betrachtung durch den Durchschnittsverbraucher macht, wobei auf den durchschnittlich informierten, situationsadäquat aufmerksamen und verständigen Verbraucher abzustellen ist. Bes. herausgestellte Angaben können ohne Rücksicht auf das „Kleingedruckte" irreführen (→ Blickfang). Soweit bestimmte Angaben (z.B. in Kennzeichnungsverordnungen) gesetzlich vorgeschrieben sind, sind diese zu benutzen (normierte Verkehrsauffassung; Aufklärungspflichten bestehen nur ausnahmsweise unter den Voraussetzungen des § 5a UWG, z.B. bei neu eingeführten Begriffen oder bei Verwendung zusätzlicher Angaben, durch die die vorgeschriebenen irreführend werden). Objektiv richtige Angaben können irreführen, wenn sie den Eindruck bes. Eigenschaften vorspiegeln, obwohl diese zum Wesen der Ware/Leistung gehören oder von allen Mitbewerbern erbracht werden (z.B. Werbung mit Selbstverständlichkeiten, Ausnutzung einer Fehlvorstellung des Verkehrs). Unvollständige Angaben sind irreführend (§ 5a UWG), wenn sie für den Kaufentschluss wesentliche Punkte verschweigen (z.B. Aufklärungspflicht über Verkaufsfahrt und Freiwilligkeit der Teilnahme an der Verkaufsveranstaltung; → vergleichende Werbung). Mehrdeutige Angaben sind irreführende Werbung, wenn ein ernsthaft in Betracht kommendes Fehlverständnis die Irreführungsquote erreicht; hat der Werbende an der Verwendung ein schützenswertes Interesse, kann Irreführung durch Verwendung klarstellender Zusätze ausgeschlossen werden. Bei an sich nicht zu beanstandenden Abwandlungen und nachträglichen Klarstellungen irreführender Angaben kann gleichwohl Irreführungsgefahr bestehen, wenn sich die neuen Angaben an die irreführende Werbung anlehnen, sodass die irreführende Werbung fortwirkt und die neuen Angaben vom Verkehr im Sinn der ursprünglichen unzulässigen Aussage verstanden werden. Es genügt Gefahr der Irreführung, d.h. Eignung zur Irreführung; unerheblich ist, ob bereits jemand einer Täuschung erlegen ist. Die Verkehrsauffassung ermittelt der Tatrichter, der sich auf eigene Sachkunde und Lebenserfahrung stützen kann, sofern er zu den angesprochenen Verkehrskreisen gehört, andernfalls ist Beweiserhebung durch Meinungsforschungsgutachten notwendig. Irreführungen sind erst dann wettbewerbswidrig, wenn sie geeignet sind, den Kaufentschluss zu beeinflussen (Relevanz) und eine hinreichende Irreführungsquote erreichen. Relevanz fehlt, wenn keine schützenswerten Belange der Kunden oder Mitbewerber betroffen sind (z.B. Irreführung über einen für die Kaufentscheidung nebensächlichen Punkt, durch Fehlvorstellung über eine objektiv richtige Angabe). Eine feststehende Irreführungsquote gibt es nicht, maßgebend sind die Umstände des Einzelfalls. Es genügt ein nicht unerheblicher Teil des Verkehrs. Zwischen Irreführungsquote und wettbewerblicher Relevanz besteht Wechselwirkung: Je geringer die Relevanz, desto höher muss die Irreführungsquote sein und umgekehrt. Im Einzelfall ist Interessenabwägung erforderlich, die zur Anlegung strengerer (z.B. im Bereich der Gesundheitswerbung und der Umwelt- oder Biowerbung) oder weniger strenger Maßstäbe (z.B. Fehlvorstellungen der Verbraucher über in den Fachkreisen branchenüblichen Begriff) führen kann. Das Verbot irreführender Werbung ist in einer breiten Kasuistik zu allen Arten werblicher Aussagen durch die Rechtsprechung konkretisiert worden. Weitere Einzelfälle irreführender Werbung sind in der sog. Schwarzen Liste enthalten, die in Umsetzung der Richtlinie über unlautere Geschäftspraktiken als Anhang zu § 3 III in das UWG aufgenommen worden ist. Bei Verstoß gegen § 5 UWG kann sich der Verletzer nicht auf den Einwand der → Unclean Hands berufen, dem Einwand steht der Normzweck des § 5 entgegen, die Allgemeinheit vor Täuschungen zu schützen; → Aufbrauchsfristen kommen in Betracht, wenn sie für den Verkehr keine unzumutbare Beeinträchtigung bedeuten. Irreführende Werbung ist unter den Voraussetzungen des § 16 UWG strafbar.

irreversibel vordisponierte Ausgaben – *vordisponierte Ausgaben;* → Ausgaben, die durch eingegangene Verträge oder infolge faktischen Handelns (etwa bei steuerlichen Folgen) unwiderruflich festgelegt sind, wenn auch i.d.R. unter der Bedingung, dass die Gegenleistung vertragsgemäß erfüllt wird. Die festgelegten Zahlungstermine sind für Finanzplanung und Gelddisposition sowie finanzorientierte Deckungsbudgets relevant, für Entscheidungen und Dispositionskontrollen über die Verwendung der Gegenleistungen irrelevant und ab dem Zeitpunkt der irreversiblen Disposition → Sunk Costs. – Vgl. auch → Disponierbarkeit.

Irreversibilität – Nicht-Umkehrbarkeit, bes. in Bezug auf die Beschaffenheit natürlicher Ressourcen. – *Beispiele:* Ausrottung von Arten, Zerstörung von Landschaften, Abbau erschöpflicher Ressourcen.

Irritation – 1. *Begriff:* Gefühl der Verunsicherung und Störung, welches durch die → Werbung ausgelöst werden kann. Dieses Gefühl führt bei wiederholten Kontakten mit der irritierenden Werbung zu einer Abwehrhaltung beim Rezipienten, was die Akzeptanz- und Überzeugungswirkungen der Werbung herabsetzt. Irritation gehört zu den Gefahren der → Aktivierung. – 2. *Gründe:* a) Es werden irritierende Produkte (z.B. aus dem Intimbereich) beworben. – b) Irritation empfinden gebildete und solche umworbenen Personen, die gegen Werbung negativ eingestellt sind. – c) Der Werbestil ruft Irritation hervor, weil er gekennzeichnet ist durch (1) aufdringliches Argumentieren, (2) Hinweise auf unliebsame Konsequenzen, die auftreten, wenn man das Produkt nicht benutzt sowie (3) aufdringliche, peinliche und geschmacklose aktivierende Reize (z.B. Abbildung von vereiterten Mandeln). – Vgl. auch → Ablenkungseffekt.

Irrtum – *Allgemein:* Fehlerhafte Vorstellung über einen Sachverhalt; Auseinanderfallen von Vorstellung und Wirklichkeit.

I. Zivilrecht: Irrtum bei Abschluss eines → Vertrages oder Vornahme eines anderen → Rechtsgeschäftes berührt Gültigkeit des Geschäfts i.d.R. nicht. – 1. → Anfechtung der Willenserklärung möglich bei Irrtum über Inhalt (Tragweite) der Erklärung (z.B. sagt Leihe, meint Kauf) oder eine Erklärung dieses Inhalts überhaupt nicht abgeben wollte (z.B. unbewusstes Versprechen, Verschreiben), § 119 I BGB; ebenso, wenn der Bote oder eine Telekommunikationseinrichtung eine Erklärung unrichtig übermittelt hat (§ 120 BGB). Als Irrtum über den Inhalt gilt auch der Irrtum über verkehrswesentliche Eigenschaften der Person (z.B. Kreditwürdigkeit) oder Sache (z.B. den Stoff, Kupfer, Eisen, nicht über den Preis; § 119 II BGB). – 2. *Voraussetzung* der Anfechtung stets, dass ohne Irrtum die Erklärung nicht abgegeben worden wäre. – 3. Anfechtung muss *ohne schuldhaftes Zögern* erfolgen, sobald der Irrende von dem Irrtum Kenntnis erlangt (§ 121 BGB). – 4. *Wer anficht,* muss i.d.R. dem anderen Teil das → negative Interesse ersetzen (§ 122 BGB).

II. Strafrecht: Im Bereich des allg. Strafrechts (§§ 16, 17 StGB) und der Ordnungswidrigkeiten (§ 11 OWiG) entfällt bei einem Irrtum über Tatumstände der → Vorsatz, es kann aber wegen → Fahrlässigkeit bestraft werden, wenn es ein entsprechendes Fahrlässigkeitsdelikt gibt. Fehlt dem Täter einer rechtswidrigen Tat das Unrechtsbewusstsein, z.B. weil er die Tat für nicht verboten hält (→ Verbotsirrtum), handelt er ohne Schuld, wenn er den Irrtum nicht erkennen konnte. Ein unvermeidbarer Verbotsirrtum führt zum Ausschluss der Schuld. Ist der Verbotsirrtum vermeidbar, kann die Strafe gemildert werden.

Irrtum im Motiv → Irrtum, der nicht den Inhalt des Vertrages selbst, sondern lediglich Umstände betrifft, die den Betreffenden zum Abschluss des Vertrages bewogen haben (z.B. Irrtum über die Preiskalkulation). I.d.R. keine → Anfechtung möglich.

Irrtumsrisiko – 1. *Begriff:* Komponente des → versicherungstechnischen Risikos. Umfasst die Auswirkungen einer Fehleinschätzung der Zufallsgesetzmäßigkeit der Versicherungsleistungen (Ansatz falscher Kalkulationsgrundlagen) auf die Abschätzung der Wahrscheinlichkeit eines technischen Ruins d.h. des Eintritts des Ereignisses, dass der periodische Gesamtschaden des versicherten Kollektivs die vorhandenen Finanzmittel in Form der Summe aus der vereinnahmten kollektiven Prämie für die Risikodeckung und dem vorhandenen Sicherheitskapital übersteigt. – 2. *Arten:* Die Fehleinschätzung kann zum Einen bei der Analyse der Daten über Versicherungsleistungen früherer Perioden erfolgen. Aber selbst wenn die Zufallsgesetzmäßigkeit der Versicherungsleistungen früherer Perioden korrekt erfasst wurde, besteht im Hinblick auf künftige Perioden zum Anderen noch ein Änderungsrisiko Teilweise (unter Verwendung einer unterschiedlichen Abgrenzung) wird das Irrtumsrisiko auch mit dem Diagnoserisiko gleichgesetzt.

Irrtumswahrscheinlichkeit → Signifikanzniveau.

Irrtum vorbehalten – „Irrtum vorbehalten" ist eine häufig auf Kontoauszügen und Rechnungen verwendete Klausel, die dem Aussteller nachträgliche Berichtigung gestattet; vielfach überflüssig. – Vgl. auch → Irrtum.

IRU – Abk. für *International Road Transport Union;* 1948 gegründete internationale Vereinigung der nationalen Straßentransportverbände. – *Sitz:* Genf. – *Ziel:* Verwirklichung der Interessenlage des Straßentransports (gewerblicher Personen-, gewerblicher Güter- und Werkverkehr). – *Aufgaben:* Vereinheitlichung der → Frachtbriefe (IRU-Frachtbrief), der Zollabfertigung und Ausstellung der → Carnets TIR.

ISAM – Abk. für I*ndex Sequential Access Method,* → Datenorganisation.

ISCO – Abk. für *International Standard Classification of Occupations,* Internationale Standardklassifikation der Berufe; von der Internationalen Arbeitsorganisation (ILO) als Hilfsmittel für die Bereitstellung international vergleichbarer berufs- und erwerbsstatistischer Daten entwickelt. Etwa alle zehn Jahre erfolgt eine Anpassung an neuere Entwicklungen. Die gegenwärtig gültige Ausgabe 2008 (ISCO-08) hat die bislang verwendete Version ISCO-88 abgelöst. Zur Gliederung der Berufshauptgruppen werden vier relativ grobe Qualifikationsebenen (Skill Levels) verwendet, deren inhaltliche Bestimmung in Anlehnung an das Stufensystem der von der UNESCO herausgegebenen International Standard Classification of Education (ISCED) erfolgt ist. – Vgl. auch → Klassifizierung der Berufe (KldB).

ISDN – Abk. für *Integriertes Service- und Datennetz, Integrated Services Digital Network;* universelles digitales Fernmeldenetz der Deutschen Telekom mit zwei 64-Kb/s-Nutzkanälen und einem 16-Kb/s-Signalisierungskanal.

ISE – Abk. für → *imagebasierter Scheckeinzug.*

IS-Gleichung → IS-Kurve.

ISI – Abk. für → Internationales Statistisches Institut.

ISIC – Abk. für *International Standard Industrial Classification of all Economic Activities, Internationale Systematik der Wirtschaftszweige;* seit Sommer 2008 gültig i.d.F. ISIC Rev. 4; weltweite Klassifikation für wirtschaftliche Einheiten, also Unternehmen und Betriebe. Die ISIC wird allen institutionell gegliederten internationalen Statistiken im Rahmen der UN und ihrer Sonderorganisationen sowie der OECD zugrunde gelegt. Aus der ISIC abgeleitet sind die europäische Systematik → NACE und die dt. → WZ. – Vgl. auch → Klassifikationen, → Wirtschaftszweigsystematiken.

IS-Kurve – *IS-Gleichung;* 1. *Begriff:* in der Makroökonomik Bezeichnung für die Gleichgewichtskurve des gesamtwirtschaftlichen Gütermarktes. Dabei wird ein vollkommen elastisches Mengenanpassungsverhalten der Produzenten an Änderungen der gesamtwirtschaftlichen Güternachfrage unterstellt. – 2. *Bedeutung:* a) Im traditionellen, auf Hicks zurückgehenden Keynesianismus spielt die IS-Kurve im Rahmen makroökonomischer Totalmodelle geschlossener und offener Volkswirtschaften eine große Rolle, da sie zusammen mit der → LM-Kurve die Nachfrageseite einer Volkswirtschaft beschreibt. – Vgl. auch → makroökonomische Totalmodelle geschlossener Volkswirtschaften, Nachfrageseite; → Totalmodelle offener Volkswirtschaften, Nachfrageseite. – b) In der → Neukeynesianischen Makroökonomik werden mikrofundierte IS-Gleichungen verwendet, die den vorausschauenden Charakter des Konsums sowie seine Realzinsabhängigkeit betonen; im Ergebnis erhält man dynamische IS-Gleichungen, die aus der → Euler-Gleichung des Konsums resultieren und dadurch gekennzeichnet sind, dass das laufende Einkommen vom zukünftig erwarteten und evtl. auch vom vergangenen Einkommen abhängig ist.

IS-LM-Modell – *Güter-Geldmarkt-Modell;* auf → Hicks zurückgehendes makroökonomisches Fixpreismodell, das die Nachfrageseite einer Volkswirtschaft erfasst. Es handelt sich hierbei um die bekannteste Interpretation der Keynesschen Lehre (→ Keynesianismus) und kann grafisch im Hicks-Diagramm (Zins-Einkommen-Diagramm) dargestellt werden. Das IS-LM-Modell besteht aus der Gleichgewichtskurve des Gütermarktes (→ IS-Kurve) und der Gleichgewichtskurve des Geldmarktes (→ LM-Kurve) und legt simultan die Gleichgewichtswerte des Zinssatzes und des Volkseinkommens fest (→ makroökonomische Totalmodelle geschlossener Volkswirtschaften, Nachfrageseite). Es eignet sich für die Analyse der kurzfristigen Wirkungen von Maßnahmen der → Globalsteuerung. Dabei wird aufgrund der Fixpreisannahme für den gesamtwirtschaftlichen Gütermarkt eine vollkommen elastische Mengenanpassung der Unternehmen an erwartete Nachfrageänderungen unterstellt. Nur durch diese Annahme kann überhaupt die IS-Kurve als eine Gleichgewichtskurve des Gütermarktes aufgefasst werden. – Das Modell betrachtet nur die Nachfrageseite einer geschlossenen Volkswirtschaft und kann zu einem analogen Modell für offene Volkswirtschaften (→ IS-LM-Z-Modell) oder zu Totalmodellen für geschlossene sowie offene Volkswirtschaften durch Berücksichtigung der Angebotsseite (→ makroökonomische Totalmodelle geschlossener Volkswirtschaften, → makroökonomische Totalmodelle offener Volkswirtschaften) erweitert werden.

IS-LM-Z-Modell – Übertragung des → IS-LM-Modells auf offene Volkswirtschaften durch Berücksichtigung internationaler Güter- und Kapitalströme. Dieses Modell geht auf Arbeiten von Mundell und Fleming aus den 1960er-Jahren zurück und wird daher auch als → Mundell-Fleming-Modell bezeichnet. Neben der Gleichgewichtskurve des Gütermarktes (→ IS-Kurve), der Gleichgewichtskurve des Geldmarktes (→ LM-Kurve) wird jetzt auch die Gleichgewichtskurve des Devisenmarktes (→ Z-Kurve) berücksichtigt. Grafisch ist dieses Modell wie schon das IS-LM-Modell in einem Zins-Einkommen-Diagramm darstellbar (→ Totalmodelle offener Volkswirtschaften, Nachfrageseite). Das Modell eignet sich für die Analyse der kurzfristigen Wirkungen geld- und fiskalpolitischer Maßnahmen in alternativen Wechselkurssystemen. Dabei wird typischerweise hohe (im Grenzfall sogar vollkommene) → internationale Kapitalmobilität unterstellt.

IS-LM-Z-Modell einer Währungsunion – makroökonomisches Totalmodell einer → Währungsunion (Zusammenschluss von Ländern, die in ihrer Gesamtheit einen einheitlichen Währungsraum mit einer gemeinsamen Zentralbank bilden). Diese besteht im einfachsten Fall aus zwei Mitgliedsländern U_1 und U_2, die eine Einheitswährung (wie z.B. den Euro), eine gemeinsame Zentralbank (wie z.B. die Europäische Zentralbank) und gegenüber dem Rest der Welt einen gemeinsamen flexiblen Wechselkurs (in Mengennotierung) aufweisen. Kurzfristig kann von einem vollkommen elastischen Güterangebot in den Unionsländern ausgegangen werden. Wird eine in ihrer Gesamtheit kleine offene Währungsunion betrachtet, so besteht das Gesamtmodell entsprechend dem → IS-LM-Z-Modell (→ Totalmodelle offener Volkswirtschaften, Nachfrageseite) für eine kleine offene Volkswirtschaft aus je einer Gütermarktgleichung (→ IS-Gleichung) für die Länder U_1 und U_2, einer gemeinsamen Geldmarktgleichung (→ LM-Gleichung) und der Bedingung für die ungedeckte → Zinsparität. In den IS-Gleichungen ist dabei zwischen dem innergemeinschaftlichen Handelsbilanzsaldo H und dem Handelsbilanzsaldo B gegenüber dem Rest der Welt zu unterscheiden. Die Summe dieser beiden bilateralen Salden bildet dann den gesamten Außenbeitrag des jeweiligen Unionslandes. Das IS-LM-Z-Modell für eine kleine Währungsunion besteht aus den folgenden Gleichungen:

$$Y_1 = C_1(Y_1) + I_1(i_1) + G_1 + H(Y_1, Y_2) + B_1(Y_1, Y^*, E)$$

bzw.

$$Y_2 = C_2(Y_2) + I_2(i_2) + G_2 - H(Y_1, Y_2) + B_2(Y_2, Y^*, E)$$

sowie

$$M = L_1(Y_1, i_1) + L_2(Y_2, i_2),$$

mit $i_1 = i_2 = i^*$. Die erste Gleichung charakterisiert die IS-Gleichung des Landes U_1. Die mit dem Index 1 gekennzeichneten Variablen beziehen sich dabei auf dieses Land. Die gesamtwirtschaftliche

Güternachfrage des Unionslandes U_1 setzt sich aus dem einkommensabhängigen privaten Konsum C_1, der zinsabhängigen privaten Investition I_1, den Staatsausgaben für Güter und Dienste G_1 und den bilateralen Handelsbilanzsalden H und B_1 zwischen den Unionsländern U_1 und U_2 bzw. zwischen U_1 und dem großen Ausland zusammen. Eine Steigerung des Einkommens Y_1 verschlechtert die Handelsbilanzsalden H und B_1, da dadurch die Importe steigen, während eine Zunahme des Einkommens im Partnerland Y_2 bzw. im großen Ausland Y* über die Steigerung der Güterexporte zu einer Verbesserung von H bzw. B_1 führt. Der Handelsbilanzsaldo gegenüber dem großen Ausland hängt außerdem vom flexiblen Wechselkurs E ab, welcher – wie in der Europäischen Währungsunion üblich – in Mengennotierung angegeben wird; demzufolge bedeutet eine Steigerung von E eine Aufwertung der Einheitswährung, was wiederum im Normalfall mit einer Verschlechterung des bilateralen Außenbeitrags B_1 verbunden ist. Für das Land U_2 gilt eine analoge IS-Gleichung; der innergemeinschaftliche bilaterale Handelsbilanzsaldo stimmt dabei bis auf das Vorzeichen mit dem des Partnerlandes U_1 überein. In der gemeinsamen Geldmarktgleichung bezeichnet M das exogen vorgegebene Gesamtgeldangebot der Union, dem die einkommens- und zinsabhängige Geldnachfrage der beiden Länder gegenübersteht. Dabei werden auf den Wert eins normierte Preisniveaus der Länder U_1 und U_2 angenommen. Wird von vollkommener Kapitalmobilität ausgegangen, stimmen die Zinssätze i_1 und i_2 in der Union überein und sind bei Vernachlässigung von Wechselkursänderungserwartungen gleichzeitig mit dem exogen vorgegebenen Auslandszinssatz i* identisch. Abbildung „IS-LM-Z-Modell einer Währungsunion" zeigt die grafische Darstellung des IS-LM-Z-Modells für eine kleine Währungsunion in einem Y_1-Y_2-Diagramm und außerdem die wichtigsten Lageparameter der IS_1-, IS_2- und LM-Kurve.

IS-LM-Z-Modell einer Währungsunion

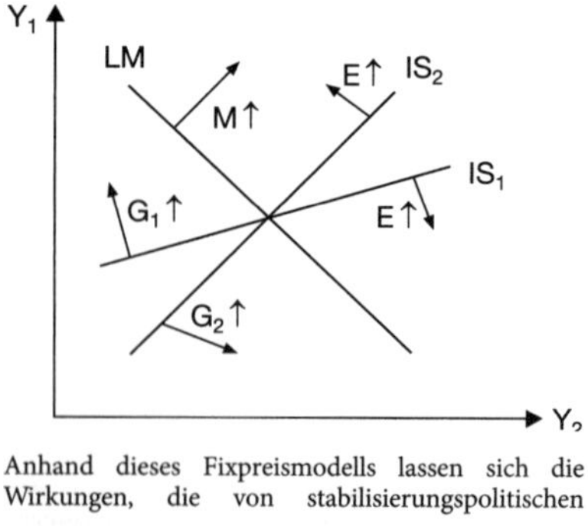

Anhand dieses Fixpreismodells lassen sich die Wirkungen, die von stabilisierungspolitischen Maßnahmen auf die Länder der Union ausgehen, analysieren (→ Stabilisierungspolitik in einer Währungsunion).

ISMA-Effektivzins – internationales Effektivzinsverfahren (nach International Securities Market Association) basierend auf der internen Zinsfußmethode, bei dem auch im unterjährigen Bereich unabhängig von willkürlich festgelegten Zinsverrechnungszeitpunkten mit exponenziellen Zinsen, also mit täglichen Zinseszinsen, kalkuliert wird. Die für einen Tag anfallenden → Effektivzinsen werden somit, unabhängig davon ob eine Zahlung erfolgt oder nicht, täglich kapitalisiert und am nächsten Tag wieder mitverzinst. Aufgrund der EU-Bestimmungen muss die Effektivverzinsung von Krediten nach dem ISMA-Ansatz berechnet werden. Dementsprechend ist dieses Verfahren in die deutsche Preisangabenverordnung (PAngV) übernommen worden. ISMA ist 2005 umbenannt worden in ICMA (International Capital Market Association). – Vgl. → Effektivzins nach PAngV.

ISO – Abk. für *International Standards Organization, International Organization for Standardization, Internationale Organisation für Normung.* – *Sitz:* Genf. Gegründet Februar 1947. – *Organe:* Vollversammlung (in dreijährigen Abständen), Rat (fünf persönliche Ex-Officio-Mitglieder und gewählten Mitgliedsorganisationen), Fachausschüsse, Zentralsekretariat mit angeschlossenen technischen Sekretariaten. – *Ziele:* Entwicklung internationaler Standardnormen in weltweitem Rahmen zwecks Erleichterung des Austausches von internationalen Waren- und Dienstleistungen und zur Förderung der gegenseitigen Zusammenarbeit im Bereich der wissenschaftlichen, technologischen und wirtschaftlichen Aktivitäten. – *Aufgaben und Arbeitsergebnisse:* Arbeitsgremien befassen sich mit der Entwicklung internationaler Standardnormen (→ internationale Normen), vornehmlich im Bereich der Technologie. Der Beitrag der ISO zur technischen Hilfe besteht in der Schaffung eines speziellen Hilfsorgans, das in enger Zusammenarbeit mit UNIDO, UNCTAD und UNESCO Normungsprogramme in Entwicklungsländern fördert. Die als nichtamtliche Organisation gegründete ISO hat durch die intensive Mitarbeit von Vertretern der Regierungen in zahlreichen Normungsausschüssen den Charakter einer halbamtlichen internationalen Organisation angenommen. Konsultativstatus in vielen UN-Organisationen, z.B. → ECOSOC, → FAO, → ILO, → WHO, → UNESCO, → WIPO. – *Wichtige Veröffentlichungen:* ISO-Bulletin (monatlich); ISO-Memento (jährlich); ISO International Standards; Annual Review; ISO Standards Handbooks.

ISO 14000 – von der → ISO erlassene Standards und Richtlinien für Managementsysteme im Bereich des Umweltmanagements. – *ISO 14000 Familie:* Die Normenreihe der ISO 14000-Familie gibt inzwischen weitere Hilfestellungen: (1) Für die Einrichtung von

Umweltmanagementsystemen (ISO 14004), (2) zum Aufbau von Umweltkennzahlensystemen, (3) zur Dokumentation der Umweltleistungen von Unternehmen (ISO 14031), (4) zur Analyse von Umweltlasten durch Produkte (ISO 14040 ff.) und (5) zur umweltbezogenen Kennzeichnung (ISO 14020 ff.).

ISO 26000 – Beim ISO 26000 handelt es sich um einen Leitfaden, der grundlegende Orientierung bei der Umsetzung von → Corporate Social Responsibility geben soll. Im Gegensatz zu anderen ISO-Normen stellt die ISO 26000 keine zertifizierbare Managementsystem-Norm dar.

ISO-Container → Container.

Isodapane – Begriff aus der → Industriestandorttheorie von A. Weber für eine Linie bzw. die geometrische Verortung gleich hoher → Transportkosten. Die Isodapane berechnet sich als die Summe der Transportkosten, die zur Beschaffung der eingesetzten Güter und zum Absatz der Fertigerzeugnisse erforderlich sind. Der tonnenkilometrische Minimalpunkt stellt den tiefsten Punkt auf der durch die Isodapane gebildeten Kostenoberfläche dar.

isoelastische Funktion – Funktion, deren → Elastizität in jedem Punkt den gleichen Wert hat:

$$y = ax^{b,}$$

wobei: b = konstanter Wert der Elastizität. – Einkommenselastizitäten von 1 sind in der Theorie des gleichmäßigen Wachstums (→ Wachstumstheorie) eine notwendige Voraussetzung.

Isogewinnlinie – Lage derjenigen Preiskombinationen zweier Produkte, die zum selben → Gewinn für eines der Produkte führen.

Isokostenkurve – *Isotime, Isokostenlinie, Kostenisoquante;* Menge aller Faktormengenkombinationen, die eine Unternehmung bei gegebenem Budget und bei gegebenen Faktorpreisen höchstens kaufen kann.

isolierende Betrachtungsweise – Ein *Begriff* im Zusammenhang mit der → beschränkten Steuerpflicht: Besteuerungsmerkmale, die nur im Ausland gegeben sind, bleiben bei der Würdigung eines inländischen Sachverhalts im Rahmen der beschränkten Steuerpflicht dann außer Betracht, wenn ihre Berücksichtigung dazu führen würde, dass man keinen inländischen Steueranspruch mehr begründen könnte (§ 49 II EStG). D.h. die Subsidiarität der Einkunftsarten im Bereich der beschränkten Steuerpflicht gilt nicht. – *Beispiel:* Mieten, die ein britisches Unternehmen aus dt. Grundstücken bezieht, werden nicht zu Einkünften aus Gewerbebetrieb umqualifiziert, sondern bleiben steuerrechtlich weiterhin Einkünfte aus Vermietung und Verpachtung. Die Regelung ist vor dem Hintergrund zu sehen, dass Einkünfte aus Gewerbebetrieb eines beschränkt Steuerpflichtigen in Deutschland i.d.R. nur steuerpflichtig sind, wenn sie aus einer hiesigen Betriebsstätte stammen; eine Umqualifizierung von Miet- oder Kapitaleinkünfte in Einkünfte aus Gewerbebetrieb nur, weil diese Einkünfte einem außerhalb Deutschlands liegenden Gewerbebetrieb zufließen, würde also dazu führen, dass diese Einkünfte nicht mehr von der beschränkten Steuerpflicht erfasst wären. Da das nicht gewollt ist, schreibt der Gesetzgeber in solchen Fällen die "isolierende Betrachtungsweise" vor: Die Tatsache, dass die Mieten oder Kapitaleinkünfte im Ausland Einkünfte eines dortigen Gewerbebetriebes werden (= außerhalb Deutschlands gegebenes Besteuerungsmerkmal), wird bei der steuerlichen Beurteilung ignoriert, weil sonst eine Besteuerung gemäß § 49 EStG nicht mehr möglich wäre.

Isolinie – *Isoplethe;* Linie auf einer Karte, die Punkte mit gleichen Merkmalswerten verbindet. Isolinien ermöglichen die zweidimensionale Abbildung eines dreidimensionalen Sachverhaltes (x-, y-Koordinaten des räumlichen Standortes plus z-Koordinate der sachlichen Eigenschaft). Mittels Isolinien lassen sich das Relief, aber auch räumliche Kostenoberflächen (→ Isodapane), Interaktionspotenziale u.Ä. darstellen.

Isomorphie → Modell, → Analogie.

ISO-Normen – *ISO-9000-Regeln;* bilden ein branchen- und produktabhängiges System der Qualitätssicherung von Gütern und Dienstleistungen (→ Qualität). Der 9000er Normenkatalog ist wie folgt unterteilt: (1) ISO 9000: allg. Zielsetzungen der Regeln; (2) ISO 9001: Qualitätssicherungsnachweis für Entwicklung, Konstruktion, Fertigung, Montage, Dienste; (3) ISO 9002: Qualitätssicherung für den Herstellungsprozess; (4) ISO 9003: Qualitätssicherungsstandards für die Funktions- und Produktendprüfung der Güter; (5) ISO 9004: verschiedene Vorschriften, bes. zur Verbesserung betrieblicher Strukturen, Abläufe und Systeme. Die Normen beinhalten konkrete Nachweisstufen zur Erfüllung der Anforderungen. Diese stellen Eckdaten sowohl für die Gestaltung eines das Qualitätsmanagement unterstützenden Berichtswesens als auch z.B. für die Kostenplanung der → Qualitätskosten und der Kosten der Einführung des Systems selbst im Unternehmen (z.B. Umstellungskosten und Prüfkosten für das Zertifikat) bereit. Die EU hat die Standards der ISO-Regeln in die Europa-Normen EN 29000–29004 übernommen.

Isoplethe → Isolinie.

Isoproduktkurve → Isoquante.

Isoquante – *Isoproduktkurve;* Menge aller Faktoreinsatzmengenkombinationen, die zu gleicher Ausbringungsmenge führen. – *Merkmal:* Bei Betrachtung zweier variabler Einsatzfaktoren lässt sich die Isoquante als horizontaler Schnitt (Höhenlinie) durch das → Ertragsgebirge auf Höhe einer konstanten Ausbringungsmenge x und parallel zu der durch die variierten → Produktionsfaktoren (z.B. A und B) aufgespannten Faktorebene veranschaulichen. Bei ertragsgesetzlichen Produktionsfunktionen

(→ neoklassische Produktionsfunktion) verlaufen die (nach rechts im Wert ansteigenden) Isoquanten

$$\overline{x_1}(A,B) < \overline{x_2}(A,B) < \overline{x_3}(A,B)$$

konvex zum Ursprung, woraus das → Gesetz der abnehmenden Grenzrate der Substitution folgt.

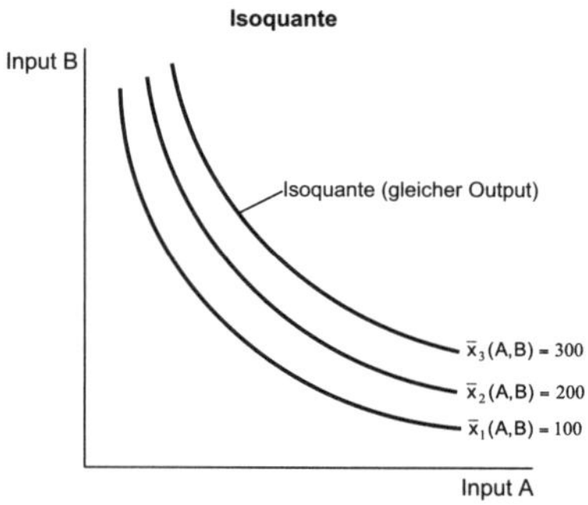

ISO-Zeichen – Zertifikat, das durch akkreditierte Qualitätszertifizierer erteilt wird. Diese werden möglicherweise ihrerseits einem Akkreditierungsverfahren durch den Deutschen Akkreditierungsrat (DAR) unterworfen, damit es nicht zu einer unübersichtlichen Anbietersituation nicht qualifizierter Zertifikationsgesellschaften kommt. Es gibt zahlreiche Qualitätszertifizierer, die teils übergreifend, teils für bestimmte Branchen tätig werden. Das Zertifizierungsverfahren läuft in mehreren Schritten ab: (1) Vorabanalyse anhand einer Checkliste, in der der Zertifizierer abklärt, ob ein Qualitätszertifikat überhaupt möglich ist. (2) Der Zertifizierer überprüft bei positiver Vorentscheidung das Qualitätssystem des Unternehmens (Qualitätshandbücher, -verfahren, -systeme, -kontrollen etc.). (3) Es wird ein Qualitätsaudit durch den Zertifizierer im Unternehmen zur Beurteilung der Effizienz des Qualitätssystems in der Praxis durchgeführt. (4) In abgestimmten Perioden wird ein Kontroll- und Überwachungsaudit des Qualitätssystems durchgeführt. Das Zertifikat ist für drei Jahre gültig und kann bei den Kunden und Lieferanten als „vertrauensbildende Maßnahme" bez. der Qualitätssicherung verwendet werden.

ISPA → Strukturpolitik der Europäischen Union, → EU-Erweiterung.

Issue Analysis – systematische Untersuchung zur Definition eines Zustandes oder einer Problemstellung in einer Organisation. Die Issue Analysis dient der Einkreisung des Consulting-Objekts und ist Voraussetzung für die Lösungsfindung bei einem Beratungsprojekt. Vorteilhaft ist der binäre Ansatz, der sich in einem „Fragenbaum" manifestiert. – *Beispiel:* Handelt es sich um ein operationales oder ein strategisches Problem? Wenn operationales Problem: Handelt es sich im ein kosten- oder um ein umsatzbezogenes Problem? Wenn Kostenproblem: Geht es um Prozesskosten oder um Produktkosten? Wenn Prozesskosten: Ist der Prozess zu komplex, oder verursacht er einen zu hohen Aufwand? Auf diese Weise kann die Fragenkette nach Bedarf beliebig lange fortgesetzt werden. – Die Issue Analysis sollte unter Beachtung des Gesamtsystems durchgeführt werden, damit Abhängigkeiten und Störfaktoren einbezogen werden können.

Issue Monitoring – regelmäßige Beobachtung, Analyse und Bewertung gesellschaftlicher Meinungsbildungsprozesse zu für ein Unternehmen strategisch relevanten, sozialen und ökologischen Themenstellungen. Ziel ist, die Risiken, die durch eine Veränderung der Umfeldbedingungen entstehen und die zu Konflikten führen können, in einem möglichst frühzeitigen Stadium zu erkennen und Abwehrstrategien zu entwickeln. Gleichzeitig werden auch Ansatzpunkte sichtbar, wie das Unternehmen aktiv die gesellschaftliche Meinungsbildung in der Öffentlichkeit für sich nutzen kann (→ Public Relations (PR)). – Vgl. auch Issue Management.

Issues Management – 1. *Begriff:* Issues Management bezeichnet das Risiken- und Chancen-Management von Organisationen. Ein Issue (engl. für *Thema, Aspekt, Angelegenheit*) bezeichnet eine Entwicklung inner- oder außerhalb der Organisation, die dazu geeignet ist, erfolgskritischen Einfluss auf die Handlungsfähigkeit einer Organisation zu nehmen ihre Ziele zu erreichen. – 2. *Ziel:* Das Ziel des Issues Managements ist, in der medialen Öffentlichkeit oder bei bestimmten Dialoggruppen aufkommende, organisationsrelevante Themen frühzeitig zu erkennen und entsprechend zu reagieren. Issues müssen nicht unbedingt negativ sein oder sich krisenhaft entwickeln, auch wenn das Issues Management in Literatur und Praxis im Zuge der Krisenkommunikation häufig als „Krisenradar" interpretiert wird. – 3. *Aspekte:* Im Kontext von → Public Relations (PR), → Unternehmenskommunikation oder Reputationsmanagement bezieht sich das Issues Management auf den → Stakeholder-Ansatz, sodass die Identifikation und Antizipation von Stakeholder-Ansprüchen der Zweck ist. Dabei ist das Issues Management als durchgängiger Prozess zu verstehen: von der Identifikation der Issues bis zur Konzeption und Umsetzung antizipierender Maßnahmen für ihre Bewältigung. – 4. *Instrumente:* Im Rahmen von Issues Management wird zentral das Scanning und Monitoring von Issues unterschieden: Scanning meint die noch unspezifizierte Umfeldbeobachtung auf Chancen- und Risikopotenziale. Die so gesammelten Informationen werden gefiltert und verdichtet. Was als relevant für die Organisation qualifiziert ist, wird kontinuierlich und gezielt beobachtet, was dann als „Monitoring" bezeichnet wird.

Istanalyse – 1. *Begriff:* erste Phase im Phasenmodell der → Systemanalyse. – 2. *Merkmale:* Der Istzustand des Problembereichs, für den ein computergestütztes → betriebliches Informationssystem (→ Computersystem) entwickelt (bzw. ein bestehendes verändert) werden soll, wird erhoben, aufbereitet und kritisch analysiert. – 3. *Ziel:* Feststellung des → Informationsbedarfs für das System, Erstellung einer → Anforderungsdefinition, die als Basis für die nächste Phase (→ Sollkonzept) dient. – Vgl. auch → Informationsbedarfsanalyse. – 4. *Methodik:* Systemabgrenzung (Festlegung des zu analysierenden Bereichs), Systemerhebung, Systembeschreibung sowie die Fakten- und Schwachstellenanalyse.

Istkaufmann – Jeder, der ein Handelsgewerbe betreibt, § 1 I HGB. Handelsgewerbe ist hierbei jeder Gewerbebetrieb, es sei denn, dass das Unternehmen nach Art oder Umfang einen in kaufmännischer Weise eingerichteten Geschäftsbetrieb nicht erfordert, § 1 II HGB. Die frühere Unterscheidung von Musskaufmann und Sollkaufmann ist damit hinfällig.

Istkosten – 1. *Allgemein:* Alle während einer bestimmten Abrechnungsperiode tatsächlich angefallenen → Kosten. – 2. In der Abweichungsanalyse der *Plankostenrechnung:* Die zu Istpreisen bewertete Istverbrauchsmenge.

Istkostenrechnung – Form der → Kostenrechnung, bei der die während einer Abrechnungsperiode tatsächlich angefallenen Kosten ohne Korrekturen auf die produzierten und abgesetzten Kostenträger lückenlos weiterverrechnet werden (→ Nachkalkulation). Manche Kostenarten, deren effektive Höhe erst später feststeht (z.B. Steuern, Gebühren etc.) müssen zu Normal- oder Planwerten angesetzt werden. – *Beurteilung:* Die Istkostenrechnung ermöglicht weder eine Wirtschaftlichkeitskontrolle (den Istwerten werden keine Sollwerte gegenübergestellt), noch liefert sie durch ihre Vergangenheitsbezogenheit hinreichende Grundlagen für dispositive Entscheidungen. Außerdem werden störende Zufallsschwankungen nicht isoliert.

ISTR – Abk. für → International Society for Third Sector Research.

Istspanne – die am Ende einer Abrechnungsperiode ermittelte, tatsächlich erzielte → Handelsspanne. Istspanne dient als Vergleichsgröße, die zur Kontrolle des → Rohertrags der → Sollspanne gegenübergestellt wird.

Istversteuerung – Besteuerungsart der → Umsatzsteuer. Die Steuerschuld entsteht bei dieser Besteuerungsart nicht schon mit Ausführung der Leistung, sondern davon abweichend (erst) mit Ablauf des Voranmeldungszeitraumes, in dem das Entgelt vereinnahmt wurde (§ 13 I Nr. 1b UStG). Istversteuerung gilt gemäß § 20 UStG auf Antrag für Unternehmer, (1) deren → Gesamtumsatz im Kalenderjahr nicht mehr als 250.000 Euro (der für gewerbliche Unternehmer mit Sitz in den alten Bundesländern maßgebliche Betrag wurde ab dem 1.7.2006 auf diesen Betrag verdoppelt. Für Unternehmer in den neuen Bundesländern gilt bis 31.12.2009 eine erhöhte Umsatzgrenze von 500.000 Euro) betragen hat *oder* (2) die von der Verpflichtung befreit sind, Bücher zu führen und aufgrund jährlicher Bestandsaufnahmen Abschlüsse zu machen, *oder* (3) soweit sie Umsätze im Rahmen einer freiberuflichen Tätigkeit ausführen (§ 18 UStG).(4) Istversteuerung gilt außerdem im Rahmen der → Mindest-Ist-Besteuerung, wenn es um Anzahlungen, Vorauszahlungen o.Ä. geht; hier führt die Istversteuerung allerdings nicht zu einer Verlagerung des Zahlungszeitpunkts in die Zukunft, sondern zu einer Verlagerung der Zahlungspflicht vor den normalerweise üblichen Termin. – *Wechsel zur* → Sollversteuerung: Der Unternehmer muss Entgelte, die für frühere Lieferungen oder sonstige Leistungen nachträglich eingehen (Außenstände), bei der Vereinnahmung versteuern. – *Einzelheiten*: R 254 UStR.

Istzahlen – die tatsächlich zustande gekommenen Zahlen, i.Allg. aus der Buchführung, z.B. für Einnahmen, Ausgaben, Forderungen und Verpflichtungen. Verwendung der Istzahlen generell zur Abstimmung mit den entsprechenden Planwerken. Bes. werden die Istzahlen in der → Abweichungsanalyse der Kosten- und Erlösrechnung mit den Planzahlen abgeglichen sowie im → Finanzplan den geschätzten Zahlen (→ Sollzahlen) gegenübergestellt, um daraus die erforderlichen finanzpolitischen Maßnahmen ableiten zu können.

Istzeit – tatsächlich vom Menschen und Betriebsmittel gebrauchte Zeit für die Ausführung bestimmter Ablaufabschnitte (Arbeitsablauf) in einem Arbeitssystem. – *Istzeit-Ermittlung* durch direkte Messung am Arbeitsplatz durch einen Beobachter (→ Arbeitszeitstudie), durch Selbstaufschreibung bzw. Einsatz selbsttätiger Registrierinstrumente, ggf. auch durch Befragung. – *Gegensatz:* → Sollzeit.

IT – Abk. für *Informationstechnologie;* Oberbegriff für alle mit der elektronischen → Datenverarbeitung in Berührung stehenden Techniken. Unter IT fallen sowohl Netzwerkanwendungen, Datenbankanwendungen, Anwendungen der → Bürokommunikation als auch die klassischen Tätigkeiten des → Software Engineering. – Vgl. auch IT-Management.

italienische Buchführung – älteste Form der doppelten Buchführung, die aus einem Grund- und einem Hauptbuch bestand. Die neuere Form verwendet zwei Grundbücher, ein Kassenbuch für Bargeschäfte und ein Tagebuch oder Memorial für sonstige, bes. Kreditgeschäfte. Aus ihnen werden die Buchungsvorfälle in das Hauptbuch übertragen. – Vgl. Abbildung „Italienische Buchführung".

Italienische Buchführung

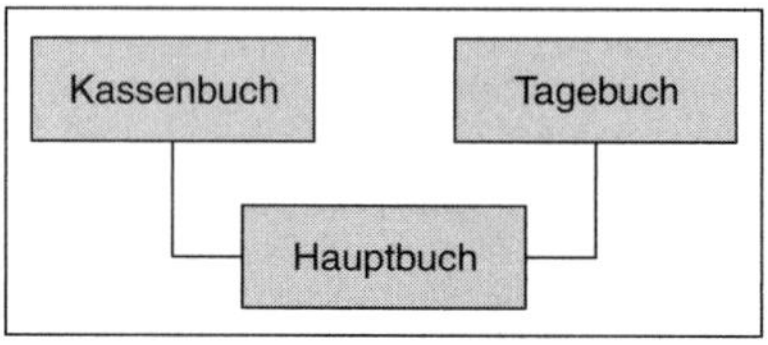

ITC – Abk. für *International Trade Center, Internationales Handelszentrum;* im März 1964 mit *Sitz* in Genf gemeinsam von → World Trade Organization (WTO) und → UNCTAD betriebene Organisation zur Förderung des Exports in Entwicklungsländern. – *Mitglieder:* Alle Mitglieder von UNCTAD und WTO. Die politischen Initiativen zur Gestaltung der ITC-Arbeit gehen von der Joint Advisory Group (JAG) aus, die sich jährlich treffen und WTO und UNCTAD Empfehlungen zur Arbeit des ITC ausspricht. – *Aufgaben:* ITC führt Marktstudien durch und hilft beim Aufbau institutioneller Infrastruktur zur Handelsförderung (Gründung von Handelsförderungsorganisationen, Trade Promotion Organisations). Handelsinformationen werden durch technische Kooperation und Training in Seminaren vermittelt. Zur Verbreitung von Marktinformationen dient ein Nachrichtendienst für Entwicklungsländer. Neben Ausbildungsprogrammen widmet sich ITC der Transparenz von Importregelungen der Industriestaaten. Seit 1987 wird auch Unternehmen technische Hilfe zur Exportförderung angeboten. Hilfestellung umfasst Marketing, Produktion und Finanzierung von Exportprodukten. – *Veröffentlichungen:* International Trade Forum (vierteljährlich), Handbooks on Trade Promotion Techniques, Marktstudien.

IT-Consulting – *IT-Beratung,* → Consulting von Unternehmen bei der Gestaltung von Prozessen, die durch Informationstechnologie (IT) unterstützt werden, sowie bei der Einführung von neuen IT-Systemen und -Anwendungen. Darüber hinaus unterstützen viele IT-Consultants die Unternehmen auch in den Bereichen Systementwicklung und -integration. – Vgl. auch IT-Management.

Item – Grundaufbauelement einer Skala (z.B. eines Tests, eines Indexes, eines Fragebogens). Inhalt eines Items können Fragen, Aussagen, Meinungen o.Ä. sein, die die Auskunftsperson zu einer als Indikator verwendeten Reaktion veranlassen. – Vgl. auch → Itemselektion.

Itemselektion – Auswahl und Zusammenstellung einer Reihe von → Items, z.B. in Form eines Fragebogens. Diese erfolgt in der klassischen Testtheorie durch die Itemschwierigkeit und die Item-Trennschärfe. Zunächst werden durch Überlegung, Literaturstudium, → Expertenbefragungen Items generiert, welche den zu behandelnden Sachverhalt möglichst vollständig erfassen. Dann werden alle Items in eine meist kleinen Stichprobe eingefragt. Die *Itemschwierigkeit* ist der Mittelwert des Items. Dieser sollte zwischen 30 Prozent und 70 Prozent der Spannweite sein. Die Itemtrennschärfe ist die Korrelation des Items mit der Summe der anderen Items. Diese sollte mind. 0,3 sein.

Iteration – Verfahren zur schrittweisen Lösung einer Gleichung oder eines Gleichungssystems. Mithilfe einer ersten Näherungslösung werden weitere Näherungslösungen berechnet, wobei diese Folge von Näherungslösungen unter gewissen Voraussetzungen gegen einen Grenzwert geht, der die Lösung des Gleichungssystems darstellt.

Iterationsverfahren → innerbetriebliche Leistungsverrechnung.

iterativer Algorithmus → Algorithmus, der (im Gegensatz zu einem rekursiven Algorithmus) schrittweise, also iterativ vorgeht. Es werden also nur Schleifen und Verzweigungen verwendet, keine Selbstaufrufe (Rekursionen).

ITO – Abk. für *International Trade Organization, Internationale Handelsorganisation, Organisation Internationale du Commerce;* gemäß Art. I der Havanna-Charta vorgesehene Handelsorganisation der → UN zur Verwirklichung der in der Charta niedergelegten Ziele des Wiederaufbaus und der → Integration der Weltwirtschaft auf handelspolitischem Gebiet. Die Nichtratifizierung der Charta durch die USA führte dazu, dass die ITO nicht institutionalisiert wurde. Die handelspolitischen Abschnitte der Havanna-Charta traten am 1.1.1948 als *General Agreement on Tariffs and Trade* (→ GATT) in Kraft. Durch die Schlussakte der achten Welthandelsrunde (→ Uruguay-Runde) wurde im April 1994 in Marrakesch die → World Trade Organization (WTO) gegründet, die seit 1995 die ursprünglichen Aufgaben der *ITO* und des *GATT* wahrnimmt.

IT-Ressource – 1. *Begriff:* → Ressource im Bereich der Informationstechnologie (→ IT), die ein → Unternehmen bei Aufgaben der elektronischen → Datenverarbeitung (EDV) unterstützt. – 2. *Differenzierung:* IT-Ressourcen können auf Basis der angebotenen Funktionalität klassifiziert werden. – a) *Software-IT-Ressourcen:* IT-Ressourcen, mit denen ein Anwender direkt interagiert. Solche Ressourcen bieten komplette → Anwendungen über ein Nutzerinterface an. – b) Plattform-IT-Ressourcen: IT-Ressourcen, die von anderen Anwendungen genutzt werden. Plattform-IT-Ressourcen stellen dabei entweder Betriebsumgebungen, wie vom Anbieter verwaltete → Server oder Process Engines, bereit oder bieten Anwendungsfunktionalität an, die von kundenspezifischen Anwendungen genutzt wird. Beispiele hierfür sind Abrechnungsdienste oder Mitarbeiterverzeichnisse, die z.B. als Web Service zugänglich sind. – c) *Hardware-IT-Ressourcen:* physikalische oder virtualisierte Server (vgl. → Hardware-Virtualisierung) auf denen vom Kunden verwaltete Software-IT-Ressourcen oder Plattform-IT-Ressourcen installiert werden können.

ITU – Abk. für *International Telecommunication Union, Internationale Fernmeldeunion;* Sitz in Genf. Gegründet 1865 in Paris als Internationaler Fernmeldeverein; seit 1947 Mitglied der → Sonderorganisationen der UN. – 1. *Gesetzliche Grundlage:* Konstitution und Konvention der Internationalen Fernmeldeunion vom 22.12.1992. – 2. *Ziele:* zwischenstaatliche Zusammenarbeit auf den Gebieten des Fernmeldewesens, der Fernmeldetechnik, der Frequenzverteilung und Registrierung, der Gebührengestaltung und Forschung in den genannten Bereichen und in der technisch-wissenschaftlichen Dokumentation. – 3. *Aufgaben und Arbeitsergebnisse:* zahlreiche internationale Übereinkommen und Richtlinien, mit z.T. (z.B. auf dem Gebiet der Frequenzregistrierung) formaler internationaler Anerkennung. Technische Zusammenarbeit der ITU mit Entwicklungsländern als gesondertes Programm im Rahmen der → UNDP.

IVW – Abk. für → Informationsgemeinschaft zur Feststellung der Verbreitung von Werbeträgern e. V.

IVW-Verfahren – anerkannte Methode, welche die → Page Impressions (PI) und → Visits als Standard für die Kontrolle der Effizienz von → Onlinewerbung definiert. – Vgl. auch → Informationsgemeinschaft zur Feststellung der Verbreitung von Werbeträgern e. V. (IVW).

IW – Abk. für → Institut der Deutschen Wirtschaft e. V.

IWF – Abk. für *Internationaler Währungsfonds, International Monetary Fund (IMF);* internationale Organisation zur Schaffung geordneter Währungsbeziehungen zwischen den Mitgliedsländern mit Sitz in Washington, D.C. – 1. *Entstehung:* Errichtet am 27.12.1945 zusammen mit der Weltbank (→ IBRD) auf der Grundlage des am 22.7.1944 vereinbarten Bretton-Woods-Abkommen (→ Bretton-Woods-System); seit 1947 Sonderorganisation der UNO; Änderungen 1969 und 1978, um den geänderten Weltwährungsbedingungen Rechnung zu tragen; 2009: 186 Mitglieder. – 2. *Organe:* (1) *Gouverneursrat* (Board of Governors): oberste Behörde, in die jedes Mitglied einen Vertreter entsendet; tritt i.d.R. einmal jährlich zusammen und ist für grundlegende Fragen zuständig; (2) *Direktorium* (Board of Executive Directors): 24 Exekutivdirektoren, wobei fünf von den Mitgliedern mit den größten Quoten (USA, Bundesrepublik Deutschland, Japan, Frankreich, Großbritannien) ernannt, die anderen aus Mitgliedergruppen gewählt werden, wobei Saudi-Arabien, China und Russland als eigenständige Gruppe auftreten; (3) *Geschäftsführender Direktor:* Präsident des IWF und Vorsitzender des Gouverneursrats; (4) *Beratende Gremien:* International Monetary and Finance Committee (→ IMFC) sowie der gemeinsam von IBRD und IWF eingesetzte Entwicklungsausschuss (→ Development Assistance Committee (DAC)). – 3. *Ziele:* Erleichterung eines ausgeglichenen Wachstums des Welthandels. Zu diesem Zweck: Förderung der Zusammenarbeit auf dem Gebiet der internationalen Währungspolitik, mit der Herstellung der → Konvertibilität der Währung und Errichtung eines multilateralen Zahlungssystems mit Beseitigung von Devisenverkehrsbeschränkungen, Errichtung eines finanziellen Beistandsystems für Länder zur Behebung von Zahlungsbilanzungleichgewichten. – 4. *Kapital:* Jedem IWF-Mitglied wird eine Quote zugewiesen, die sich nach der Höhe des Volkseinkommens, den Währungsreserven und dem Umfang des Außenhandels richtet. Nach ihr bemisst sich das Stimmrecht in den IWF-Organen, die Subskriptionsverpflichtung sowie die Zuteilung neu geschaffener → Sonderziehungsrechte (SZR). Ursprünglich war ein Viertel der Subskription in Gold einzuzahlen, der Rest in Landeswährung. Seit der zweiten Änderung des IWF-Abkommens ist an die Stelle des Goldes das SZR getreten. Bisher wurden die Quoten mehrmals angehoben und betragen 217,4 Mrd. SZR (2009); US-Quote: 17,1 Prozent; Japan: 6,1 Prozent; Deutschland: 6 Prozent. – 5. *Aktivitäten:* a) IWF gewährt *bei Zahlungsbilanzproblemen finanzielle Hilfen*, deren Umfang sich an der Quote des betreffenden Landes orientiert. Ein automatisches Ziehungsrecht hat ein Land im Rahmen der sog. *Reservetranche.* Im Rahmen von sog. Bereitschaftskrediten (Stand-by Arrangement) werden weitere Kreditansprüche unter wirtschaftspolitischen *Auflagen* vergeben (Konditionalität), die mit zunehmender Inanspruchnahme strenger werden. Die Bereitschaftskredite stellen die zentrale Kreditfazilität des IWF dar. Zusätzlich gibt es *Sonderfazilitäten.* Der maximale Kreditrahmen beläuft sich zwischen 400–500 Prozent seiner Quote. Zu den Sonderfazilitäten gehört z.B. seit 1988 die erweiterte Strukturanpassungsfazilität für Entwicklungsländer mit niedrigem Pro-Kopf-Einkommen (PKE). – b) Ursprünglich galten fixe Wechselkurse, die nach *Goldparität oder Dollarparität* festgelegt waren. Nur bei fundamentalem Ungleichgewicht der Zahlungsbilanz konnten Paritäten nach Konsultation mit dem IWF verändert werden. Die Wechselkurse sollten innerhalb einer Bandbreite von 1 Prozent der festgelegten Parität, seit Dezember 1971 von 2,25 Prozent gehalten werden. Seit der zweiten Änderung des IWF-Abkommens vom April 1978 sind die Mitglieder in der Wahl ihres Wechselkurssystems frei. Verboten sind Wechselkursmanipulationen, gefordert ist eine auf Stabilität ausgerichtete binnenwirtschaftliche Finanz- und Wirtschaftspolitik mit dem Ziel der Dämpfung von Wechselkursschwankungen. Der IWF überwacht die Wechselkurspolitik der Mitgliedsländer. Seit 1986 ist der IWF verstärkt auch im Bereich der Förderung der Entwicklungsländer tätig. Dazu wurden Sonderfazilitäten (Strukturanpassungsfazilität (SAF)) und erweiterte Strukturanpassungsfazilitäten (ESAF) unter bes. Konditionalität eingerichtet. Seit 1999 wird die ESAF unter der neuen Bezeichnung Poverty Reduction and Growth Facility (→ PRGF) weitergeführt. Zu den Zielen gehört nun auch die Beseitigung der Armut, in Abstimmung mit dem veränderten Zielkatalog der Weltbank. 1993 wurde eine System-Transformationsfazilität (STF) für jene Mitgliedsstaaten eingerichtet, die in einem Systemübergang stehen und ernsthafte Zahlungsbilanzprobleme haben. Die Konditionalität lag hierbei unterhalb der normalen IWF-Programmkonditionalität und enthielt Maßnahmen, die den Anpassungsprozess beschleunigen sollten. Diese Fazilität wurde allerdings nicht weitergeführt. – 6. *Bewertung:* Der IWF hat zur Linderung von *Währungskrisen* beigetragen. Mit der → Weltbank hat der IWF zur Überwindung des Problems der → Auslandsverschuldung der Entwicklungsländer beigetragen. Eigentlich konzipiert für kurzfristige Hilfen bei Zahlungsbilanzschwierigkeiten, verschob sich sein Aufgabenbereich in Richtung längerfristiger Finanzierung, bes. durch mittelfristige Kredite zum Zwecke der Strukturanpassung in Entwicklungsländern (→ HIPC-Initiative, → SDRM). Nach den Währungs- und Finanzkrisen in Asien, Russland und Lateinamerika gegen Ende der 1990er-Jahre kam der IWF zunehmend in die Kritik. Im Rahmen der Diskussion um eine → Neue Weltfinanzarchitektur wurde auch die Forderung nach einer grundlegenden Reform des IWF laut. Seit der Finanzkrise 2008 wird eine bedeutende Rolle des IWF in einem neuen internationalen Finanzsystem, bes. als Kontrollorgan, diskutiert. – 7. *Publikationen:* Umfangreiche Publikationstätigkeit, u.a. IWF-Survey (23 Ausgaben im Jahr) in englisch, französisch und spanisch; Finance and Development (vierteljährlich) zusammen mit der Weltbank in englisch, französisch, spanisch, deutsch, portugiesisch, arabisch und chinesisch; IWF-Staff-Papers (vierteljährlich): wissenschaftliche Publikation in englisch; World-Economic-Outlook (halbjährlich) etc.

IWF-Interimsausschuss – 1974 vom Gouverneursrat des Internationalen Währungsfonds (→ IWF) eingesetzter Beratungsausschuss zur Überwachung und Weiterentwicklung der internationalen Währungsordnung. Seine zuletzt 24 Mitglieder setzten sich aus den IWF-Gouverneuren derjenigen Mitgliedsländer zusammen, die auch Exekutivdirektoren des IWF stellen. – *Tätigkeiten:* Der IWF-Interimsausschuss löste im Herbst 1974 den Zwanzigerausschuss auf, der beauftragt wurde, grundlegende Reformen des Weltwährungssystems vorzubereiten. Scheitern der Reformvorschläge führten zum IWF-Interimsausschuss, der keine formellen Entscheidungsbefugnisse hat. Trotz Beraterfunktion hat er im Laufe der Zeit ein solches politisches Gewicht erhalten, dass er praktisch die Rolle eines Leitungsgremiums im IWF übernahm. Der IWF-Interimsausschuss kann in einen Rat auf Ministerebene umgewandelt werden, der dann Beschlussvollmachten hätte, wenn der Gouverneursrat mit 85 Prozent aller Stimmen dies beschließt. Der IWF-Interimsausschuss hat verantwortlich an der zweiten Änderung des IWF-Abkommens mitgewirkt, die zur Anpassung nach dem Zusammenbruch des → Bretton-Woods-Systems notwendig wurde. – Seit April 2000 setzt der Interimsausschuss seine Arbeit unter der neuen Bezeichnung International Monetary and Finance Committee (→ IMFC) fort.

IWH – Abk. für → Institut für Wirtschaftsforschung Halle.

J

Jackson System Development (JSD) – 1. *Begriff:* Methode für den Softwareentwurf (s. → Softwareentwurfsmethoden) im Großen, die von M. Jackson und J. Cameron entwickelt wurde. – 2. *Vorgehensweise:* Der Softwareentwurf läuft in den drei Phasen Modellbildung, Funktionsentwurf und → Implementierung ab. Die Modellbildungsphase stellt die Objekte und Ereignisse der Realität, die für das zu entwerfende Modell von Interesse sind, in den Mittelpunkt. Erst im Funktionsentwurf werden dem Modell Systemteile hinzugefügt, die Ergebnisse und somit die geforderten Leistungen des Programms erbringen. Gegenstand der Implementierungsphase ist die kontrollierte Transformation des Entwurfs in ein ablauffähiges Programmsystem unter Beachtung vorhandener Ressourcen und Restriktionen. – 3. *Darstellungsmittel:* a) Objektstrukturdiagramme zur Darstellung der Zusammenhänge zwischen den Ereignissen eines Objekts. – b) Systemspezifikationsdiagramme zur Darstellung der Datenströme aller verbundenen Prozesse. – 4. *Einsatzgebiete:* Das Einsatzgebiet wird begrenzt durch die Grundvoraussetzung, dass Entwurfsobjekte der Realität geordnete Folgen von Ereignissen bewirken oder erleiden. Programmsysteme, deren Objekte statisch (z.B. statistische Auswertung von Zahlenmaterial) sind, können nicht sinnvoll entworfen werden.

Jagdsteuer → Gemeindesteuer.

Jahresabschluss – I. Kennzeichnung: die nach den handelsrechtlichen Vorschriften von allen Kaufleuten aufzustellende → Jahresbilanz (→ Bilanz) und → Gewinn- und Verlustrechnung (GuV), §§-242 ff. HGB. – Vgl. auch → Abschluss. – 1. *Generelle Vorschriften:* Im Rahmen der gesetzlichen Vorschriften sind sämtliche Vermögensgegenstände, Schulden, Rechnungsabgrenzungsposten, Aufwendungen und Erträge im Jahresabschluss auszuweisen. Der Jahresabschluss hat den → Grundsätzen ordnungsmäßiger Buchführung (GoB) bzw. den → Grundsätzen ordnungsmäßiger Bilanzierung zu entsprechen, bes. muss er klar und übersichtlich sein, Saldierungen zwischen Aktiva und Passiva, Aufwendungen und Erträgen sind unzulässig (→ Bilanzgliederung, Gliederung der → Gewinn- und Verlustrechnung (GuV)). Der Jahresabschluss ist in deutscher Sprache und in Euro aufzustellen, vom Kaufmann bzw. dem persönlich haftenden Gesellschafter zu unterzeichnen und zehn Jahre aufzubewahren. – 2. Bei *Kapitalgesellschaften* und Kapitalgesellschaften & Co., bei denen nicht wenigstens ein persönlich haftender Gesellschafter direkt oder indirekt eine natürliche Person ist (Kapitalgesellschaften- und Co.-Richtlinie-Gesetz), ist der Jahresabschluss um einen → Anhang zu erweitern (§-264 I HGB); zusätzlich ist ein → Lagebericht aufzustellen. Die gesetzlichen Vertreter von Kapitalgesellschaften haben den Jahresabschluss und den Lagebericht in den ersten drei Monaten des Geschäftsjahres für das vergangene Geschäftsjahr aufzustellen und den → Abschlussprüfern unverzüglich vorzulegen (§-320 HGB). – *Ausnahmen* für kleine Kapitalgesellschaften (→ Größenklassen): Aufstellungsfrist bis zu sechs Monaten, keine Prüfungspflicht (→ Jahresabschlussprüfung). Zu den Veröffentlichungspflichten vgl. → Publizität. – 3. Bei *Aktiengesellschaften* hat der Vorstand den Jahresabschluss und den Lagebericht unverzüglich nach Aufstellung dem Aufsichtsrat vorzulegen (§ 170 AktG). Billigt dieser nach eigener Prüfung den Jahresabschluss, so ist dieser damit festgestellt. Die Hauptversammlung (HV) kann dann über die Verwendung des Bilanzgewinns beschließen; sie ist hierbei an den festgestellten Jahresabschluss gebunden (§ 174 I AktG); die Rechte der Hauptversammlung sind durch diese gesetzliche Regelung stark eingeschränkt. Wenn sich Vorstand und Aufsichtsrat nicht einigen oder die Feststellung des Jahresabschlusses der HV überlassen wollen, ist dieser Punkt auf die Tagesordnung der Hauptversammlung zu setzen. – Entsprechende Regelungen für die *GmbH* in § 42a GmbHG. – Ergänzende Vorschriften für die Aufstellung von Jahresabschlüssen und Lagebericht für Genossenschaften gemäß §§ 336–339 HGB, wonach ein Aufstellungszeitraum von fünf Monaten gewährt wird. Weitere Vorschriften bestehen für Kreditinstitute gemäß §§ 340, 340a–h, 340k–l HGB, für Versicherungsunternehmen gemäß §§ 341, 341a–h,341 k-l HGB. – 4. Außerdem besteht gemäß § 330 HGB eine Verordnungsermächtigung zum Erlass von *branchenspezifischen Vorschriften* für Gliederung (→ Formblätter), Anhang und Lagebericht. – Vgl. auch → Bilanzgliederung. – 5. Durch Gesetz über die Rechnungslegung von Unternehmen und Konzernen vom 15.8.1969 (BGBl. I 1189) sind die Verpflichtungen für *Großunternehmen*, die nicht Kapitalgesellschaften sind, bez. des Jahresabschlusses z.T. erweitert (→ Rechnungslegung).

II. Aussagefähigkeit: 1. Für *Kapitalgesellschaften und Kapitalgesellschaften und Co.,* bei denen nicht wenigstens ein persönlich haftender Gesellschafter direkt oder indirekt eine natürliche Person ist, verlangt der Gesetzgeber (§ 264 II HGB), dass der Jahresabschluss unter Beachtung der GoB ein den tatsächlichen Verhältnissen entsprechendes Bild der Vermögens-, Finanz- und Ertragslage vermittelt. Welche Aussagen einem diesen Anforderungen genügenden Jahresabschluss zu entnehmen sind, ergibt sich aus den Ergebnissen von → Bilanzanalysen. Zu den grundsätzlichen Aussagemöglichkeiten und -grenzen von Jahresabschlüssen vgl. → Bilanztheorien. – 2.

Zur interessenausgerichteten *Gestaltung* des Jahresabschlusses, um beim Empfänger des Jahresabschlusses (z.B. Gläubiger, Kapitaleigner, Bilanzkritiker) einen bestimmten Eindruck zu erzielen, vgl. → Bilanzpolitik, → Jahresbilanz.

Jahresabschlussprüfung – *Bilanzprüfung.*

I. Inhalt: Die Jahresabschlussprüfung ist eine → Prüfung des am Ende des Geschäftsjahres aufzustellenden → Jahresabschlusses durch einen → Abschlussprüfer. Bei freiwilliger Jahresabschlussprüfung hängt deren Gestaltung im Wesentlichen vom Prüfungsauftrag ab. Bei → Pflichtprüfungen sind die jeweiligen gesetzlichen Bestimmungen maßgebend. Die wichtigste Prüfungspflicht ergibt sich aus §§ 316 ff. HGB, wonach der Jahresabschluss und ggf. der → Lagebericht unter Einbeziehung der Buchführung bei bestimmten Unternehmungen zu prüfen sind. Aufgrund anderer Bestimmungen können sich weitere Prüfungsnotwendigkeiten ergeben. In erster Linie ist die Jahresabschlussprüfung eine umfassende Prüfung der Ordnungsmäßigkeit der Rechnungslegung.

II. Gesetzliche Grundlagen: Gesetzliche Vorschriften zur Jahresabschlussprüfung orientieren sich im Wesentlichen an der Rechtsform, der Größe und der Branchenzugehörigkeit der Unternehmungen. – 1. *Rechtsform- und größenabhängige Prüfungspflichten bei Einzelabschlüssen:* Die Pflicht zur Jahresabschlussprüfung ist getrennt nach Kapitalgesellschaften und Nicht-Kapitalgesellschaften größenabhängig geregelt. Sie ergibt sich aus dem Handelsgesetzbuch bzw. aus dem Gesetz über die Rechnungslegung von bestimmten Unternehmen und Konzernen (§ 6 PublG). Danach ist Prüfungspflicht gegeben, wenn zwei von drei Kriterien für einen bestimmten Zeitraum erfüllt sind: (1) Für *Nicht-Kapitalgesellschaften* im Sinn von § 3 I PublG sind diese Kriterien gemäß § 1 I PublG: Bilanzsumme größer als 65 Mio. Euro, Umsatz in den zwölf Monaten vor dem Abschlussstichtag größer als 130 Mio. Euro, durchschnittliche Zahl der Arbeitnehmer in den zwölf Monaten vor dem Abschlussstichtag größer als 5000. (2) Für *Kapitalgesellschaften und haftungsbegrenzte Personengesellschaften* gilt gemäß § 267 I HGB: Bilanzsumme größer als 4,015 Mio. Euro nach Abzug eines auf der Aktivseite ausgewiesenen Fehlbetrags (§ 268 III HGB), Umsatz in den letzten 12 Monaten vor dem Abschlussstichtag größer als 8,030 Mio. Euro, jahresdurchschnittliche Zahl der Arbeitnehmer größer als 50. Aktiengesellschaften sind bei Börsennotierung unabhängig von ihrer Größe prüfungspflichtig (§ 267 III 2 HGB). – 2. *Bes. Prüfungspflichten bei Einzelabschlüssen:* Zusätzlich zu den auf Größe und Rechtsform abstellenden Prüfungsbestimmungen für den Jahresabschluss nach HGB und PublG gibt es weitere bes. Prüfungsregelungen, v.a. für Genossenschaften (§§ 53–60 GenG; → genossenschaftliche Pflichtprüfung), Versicherungsunternehmungen (§ 341k HGB, §§ 57–60, 64 VAG; → Versicherungsgesellschaft) und Kredit- bzw. Finanzdienstleistungsinstitute (§ 340k HGB, §§ 28, 29 KWG; → Bankbilanz). Versicherungsunternehmen und Kreditinstitute sind unabhängig von ihrer Größe prüfungspflichtig. – 3. *Prüfungspflichten für Konzerne:* → Konzernabschlussprüfung. – 4. Die Jahresabschlussprüfungen *öffentlicher Unternehmen* werden teils durch landesrechtliche Vorschriften geregelt (§ 263 HGB).

III. Prüfungsumfang: Bei gesetzlich vorgeschriebener Jahresabschlussprüfung für Einzelabschlüsse nach HGB und PublG sind der Jahresabschluss (Bilanz, Gewinn- und Verlustrechnung, ggf. Anhang) und die Buchführung nach § 317 I 1, 2 HGB daraufhin zu prüfen, ob die gesetzlichen Bestimmungen und die ergänzenden Bestimmungen des Gesellschaftsvertrages oder der Satzung beachtet wurden. § 317 II HGB verlangt die Prüfung des Lageberichts daraufhin, ob er im Einklang mit dem Jahresabschluss sowie den bei der Prüfung gewonnenen Erkenntnissen des Abschlussprüfers steht, und ob er insgesamt nicht eine falsche Vorstellung von der Lage der Unternehmung erweckt. Zu prüfen ist auch, ob die Risiken und Chancen der künftigen Entwicklung zutreffend dargestellt sind. Nach § 317 IV HGB ist im Rahmen der Jahresabschlussprüfung börsennotierter Gesellschaften zudem die Funktionsfähigkeit des nach § 91 II AktG zur Aufdeckung bestandsgefährdender Risiken einzurichtenden → internen Überwachungssystems zu prüfen.

IV. Typische Prüfungsschwerpunkte: 1. *Buchführung:* Durchzuführen sind im Wesentlichen → Abstimmungsprüfungen, Übertragungsprüfungen, rechnerische Prüfungen und Belegprüfungen. Die systematische Prüfung der Buchführung erfolgt meist in Stichproben (→ Stichprobenprüfung). Schwerpunkte sind die Prüfung der Konten des Zahlungsverkehrs, der Konten des Warenverkehrs und der Personenkonten. Ergebnisse werden in den Arbeitspapieren und im Prüfungsbericht festgehalten. – 2. *Bilanz:* Erforderlich ist die Prüfung der Existenz und Vollständigkeit der Positionen und der Einhaltung der Bilanzierungs-, Bewertungs- und Gliederungsvorschriften. Detaillierte Erläuterungen zur Prüfung von Anlage- und Umlaufvermögen sowie Passiva gibt das WP-Handbuch. – 3. → Gewinn- und Verlustrechnung (GuV): Zu prüfen ist, ob sämtliche Aufwendungen und Erträge vollständig und periodengerecht unter den richtigen Bezeichnungen ausgewiesen wurden. Die Prüfung dient meist der Ergänzung der Bilanzprüfung. Wegen des engen Bezugs zwischen Bilanzpositionen und Positionen der GuV ist hier eine intensive Prüfung kaum noch erforderlich. Bedeutungsvoll ist aber die Prüfung von sonstigen Aufwendungen und Erträgen, die mit der Bilanzprüfung nur unzureichend erfassbar sind. – 4. *Anhang:* Zu prüfen ist, ob handelsrechtlich vorgeschriebene Erläuterungen zu Bilanz und GuV, z.B. zu den angewandten Bilanzierungs- und Bewertungsmethoden oder den Grundlagen der → Währungsumrechnung, gemacht wurden. Zudem muss geprüft werden, ob den weiteren Angabepflichten des HGB und der ggf. einschlägigen Spezialgesetze, wie z.B. AktG und GmbHG, genügt wurde. – 5. *Lagebericht:* Zu prüfen ist, ob der Lagebericht den Geschäftsverlauf und die Lage der Unternehmung einschließlich der Risikosituation so darstellt, dass ein den tatsächlichen Verhältnissen entsprechendes Bild vermittelt wird, und ob er auf Vorgänge von bes. Bedeutung, die nach Geschäftsjahresschluss eingetreten sind, auf die voraussichtliche Entwicklung der Gesellschaft und auf den Bereich Forschung und Entwicklung sowie ggf. vorhandene Zweigniederlassungen eingeht. – Detaillierte Erläuterungen zu den Prüfungshandlungen im Rahmen der Jahresabschlussprüfung enthält das WP-Handbuch.

V. Bericht über die Jahresabschlussprüfung: Der → Prüfungsbericht enthält eine detaillierte schriftliche Darstellung der Art und des Umfangs sowie des Ergebnisses der Prüfung (§ 321 I 1 HGB). – Der Bericht ist vom Prüfer zu unterzeichnen und den gesetzlichen Vertretern vorzulegen; hat der Aufsichtsrat den Auftrag erteilt, muss vor Zuleitung an diesen dem Vorstand Gelegenheit zur Stellungnahme gegeben werden (§ 321 V HGB). – Details zum Prüfungsbericht regelt der → Prüfungsstandard IDW PS 450.

VI. Arbeitspapiere: 1. *Begriff:* Die Arbeitspapiere des Jahresabschlussprüfers bestehen aus den schriftlichen Aufzeichnungen des Prüfers, die im Verlauf seiner Prüfung entstanden sind, und allen beschafften Unterlagen zum Prüfungsobjekt. – 2. *Zwecke:* Die Arbeitspapiere dienen nach IDW PS 460 zur Unterstützung bei der Planung, Durchführung und Überwachung der Jahresabschlussprüfung, als Hilfsmittel bei der Beantwortung von Rückfragen und bei der Vorbereitung von Folgeprüfungen, zur Dokumentation der Prüfungshandlungen und -ergebnisse, zur Nachweissicherung in Regressfällen sowie als Grundlage für den Prüfungsbericht und für Qualitätssicherungsmaßnahmen in der Wirtschaftsprüferpraxis (→ Qualitätssicherung in der Wirtschaftsprüfung). Mit Datum vom 14.4.2007 wurde PS 460 neu gefasst. Weitere Details können dem IDW EPS 460 n.F. entnommen werden.

VII. Bestätigungsvermerk: → Bestätigungsvermerk.

VIII. Planung der Jahresabschlussprüfung: 1. *Notwendigkeit und Begriff:* Jahresabschlussprüfungen sind häufig so komplex, dass eine Planung unerlässlich ist. Die Prüfungsplanung besteht darin, eine allg. Strategie sowie detaillierte Prüfungsschritte der Art, dem zeitlichen Ablauf und dem Umfang nach zu entwickeln, um effizient und zeitgerecht vorgehen zu können. Der gedankliche Entwurf einer bestimmten Ordnung, nach der sich die Durchführung einer bestimmten Prüfung in sachlicher, personeller und zeitlicher Hinsicht vollziehen soll, ist erforderlich. – Eine wichtige Besonderheit besteht im Vergleich zur Planung vieler anderer Arten von Prüfungen darin, dass die Jahresabschlussprüfung aus Termin- und Wirtschaftlichkeitsgründen keine Volluntersuchung des gesamten relevanten Stoffes ist, sondern überwiegend auf der Grundlage von Auswahlen (→ Stichprobenprüfung) stattfindet. Gleichwohl verlangt § 317 I HGB, die Prüfung so anzulegen, dass Rechnungslegungsunrichtigkeiten und -verstöße, die sich auf die Vermögens-, Finanz- und Ertragslagebeurteilung des Unternehmens wesentlich auswirken können, bei gewissenhafter Berufsausübung erkannt werden. Diese Forderung impliziert, den Prüfungsablauf von den jeweils gewonnenen Feststellungen maßgeblich weiter gestalten zu lassen. Die Planung ist somit kein der Prüfungsausführung zeitlich streng vorangehender Schritt; vielmehr greifen beide Schritte ineinander. – 2. *Sachliche Planung:* a) *Ausgangsplanung:* Die Phase der Ausgangsplanung dient der kritischen Einordnung des zu prüfenden Unternehmens; in dieser Phase werden Informationen über die wirtschaftlichen Rahmenbedingungen des Unternehmens, über dessen Geschäftstätigkeit, dessen internes Kontrollsystem und dessen Rechnungswesen gesammelt und analysiert. Primäres Ziel dieser Phase ist es, wenngleich nur orientierend und vielfach vorläufig, Risikobereiche möglicher Unrichtigkeiten und Verstöße zu erkennen. – b) *Prüfprogrammentwicklung:* Die Prüfungsobjekte sind festzulegen, d.h. es werden → Prüffelder und → Prüffeldergruppen gebildet und die durchzuführenden Prüfungshandlungen bestimmt. – Die Ausgangsplanung und die Prüfprogrammentwicklung sind Voraussetzungen für die Prüfungsdurchführung. – 3. *Personal-, Reihenfolge- und Zeitplanung:* Personell sind Prüfer unter Berücksichtigung ihrer zeitlichen Verfügbarkeit sowie ihrer Fähigkeiten und Kenntnisse auszuwählen und den Prüffeldern und Prüffeldergruppen zuzuordnen. Zeitlich sind dabei Anfangs- und Endtermin der Jahresabschlussprüfung sowie die Reihenfolge der Prüfungshandlungen einschließlich der jeweiligen Zeitvorgaben zu planen. – 4. *Planungshilfsmittel:* Zur Erleichterung der Planung benutzen die Prüfungsunternehmen in der Praxis Formblätter. In der wissenschaftlichen Literatur wurden zudem mathematische Verfahren zur Lösung des Personal-, Reihenfolge- und Zeitplanungsproblems entwickelt. Diese Verfahren haben sich in der Praxis aber v.a. deshalb nicht durchgesetzt, weil sie entweder auf sehr restriktiven Annahmen beruhen oder mathematisch nicht leicht verständlich und entsprechend schwer anzuwenden sind. Hinzu kommt, dass selbst methodisch fortgeschrittene, umfangreiche und elegant formulierte Modelle den Prüfungsprozess nur unvollkommen abbilden und meist die sachliche Prüfungsplanung nicht oder zumindest nicht umfangreich ansprechen. – Weitere Details zur Prüfungsplanung enthält der Prüfungsstandard IDW PS 240.

Jahresarbeitsentgeltgrenze – *Versicherungspflichtgrenze.* – 1. *Begriff:* Einkommensgrenze, unterhalb der für Arbeitnehmer in der deutschen gesetzlichen Krankenversicherung (GKV) → Versicherungspflicht gilt. Für Selbstständige, Freiberufler und → Beamte gilt die Jahresarbeitsentgeltgrenze nicht (→ Versicherungsfreiheit). – 2. *Merkmale:* Die Jahresarbeitsentgeltgrenze ist ein Betrag in Euro pro Jahr. Sie wird seit 1970 jährlich so angepasst, wie sich Bruttolöhne und -gehälter je Arbeitnehmer vom vorvergangenen Jahr zum vergangenen Jahr verändert haben. Mit dem Beitragssatzsicherungsgesetz vom 23.12.2002 (BGBl. I S. 2002) hat der Gesetzgeber die Jahresarbeitsentgeltgrenze diskretionär deutlich stärker angepasst als die Löhne und Gehälter gewachsen sind. Da die sich daraus ergebende Jahresarbeitsentgeltgrenze des Jahres 2003 Basis für die Folgejahre ist, wirkt der Eingriff bis heute nach. – 3. *Bedeutung:* Arbeitnehmer müssen sich grundsätzlich bei einer → Krankenkasse in der GKV versichern, sind also pflichtversichert. Dies gilt nicht, wenn ihr Jahreseinkommen die Jahresarbeitsentgeltgrenze übersteigt. Dann können sie entweder als freiwillig Versicherte bei ihrer Krankenkasse bleiben oder Kunde in der privaten Krankenversicherung (PKV) werden. Die Jahresarbeitsentgeltgrenze im Überblick: siehe Tabelle. Für das Jahr 2013 liegt die Jahresarbeitsentgeltgrenze bei 52.200 Euro bzw. bei 4.350 Euro pro Monat. Für Arbeitnehmer, deren Jahresarbeitsentgelt am 31.12.2002 über der Jahresarbeitsentgeltgrenze des Jahres 2002 lag und die an diesem Tag privat krankenversichert waren, gilt seit dem Jahr 2003 eine besondere Jahresarbeitsentgeltgrenze. Diese beträgt für das Jahr 2013 47.250 Euro (3.937,50 Euro monatlich). Ursächlich für die Trennung ist das zum 1.1.2003 in Kraft getretene Beitragssatzsicherungsgesetz, durch das die Jahresarbeitsentgeltgrenze formal von der → Beitragsbemessungsgrenze in der Gesetzlichen Rentenversicherung (GRV) abgekoppelt worden ist. Beide Grenzen gelten bundeseinheitlich und werden jährlich entsprechend der Grundlohnentwicklung angepasst. – 4. *Ausscheiden aus der Versicherungspflicht:* Bis 2006 galt die Regel, dass die Versicherungspflicht für das Folgejahr erlosch, wenn das Einkommen eines Jahres und voraussichtlich auch das des Folgejahres die Jahresarbeitsentgeltgrenze überstieg. Mit dem Gesetz zur Stärkung des Wettbewerbs in der gesetzlichen Krankenversicherung (GKW-WSG) vom 26.3.2007 (BGBl. I S. 378) wurde hingegen geregelt, dass die Versicherungspflicht seit 2007 nur dann endet, wenn das Jahresarbeitsentgelt die Jahresarbeitsentgeltgrenze in drei aufeinander folgenden Kalenderjahren überstiegen hat. Die schwarz-gelbe Bundesregierung hat im Koalitionsvertrag vom Oktober 2009 angekündigt, die alte Rechtslage wieder herstellen zu wollen. – 5. *Konsequenzen der Neuregelungen:* Die jährliche Dynamisierung der Jahresarbeitsentgeltgrenze entsprechend der durchschnittlichen Lohnerhöhungen bewirkte, dass der Anteil der GKV-Mitglieder, die oberhalb der Grenze lagen und sich für einen Wechsel in die private Krankenversicherung (PKV) entscheiden konnten, stabil blieb. Durch die diskretionäre Erhöhung der Jahresarbeitsentgeltgrenze Ende 2002 und die Vorgabe einer mindestens dreijährigen Überschreitung ab 2007 hat sich der potenzielle Kreis der Adressaten für einen Wechsel in die PKV verringert. – 6. *Abgrenzungen:* Die Beitragsbemessungsgrenze regelt, bis zu welcher Höhe Einkommen als beitragspflichtige Einnahmen für die Bemessung zur Beitragszahlung in die GKV heranzuziehen ist. Bis 2002 waren die Jahresarbeitsentgeltgrenze und die Beitragsbemessungsgrenze identisch; durch die diskretionäre Erhöhung nur der Jahresarbeitsentgeltgrenze für das Jahr 2003 liegt die Beitragsbemessungsgrenze seitdem allerdings unterhalb des Niveaus der Jahresarbeitsentgeltgrenze.

Jahresarbeitsverdienst – in der Sozialversicherung das gesamte → Arbeitsentgelt, das der Arbeitnehmer im Laufe eines Jahres für seine geleisteten Dienste aus versicherungspflichtiger Beschäftigung bezieht. In den einzelnen Versicherungszweigen nicht einheitlich berechnet.

I. Krankenversicherung: Ermittlung des zukünftigen Jahresarbeitsverdienstes notwendig, weil die Versicherungspflicht der Arbeiter und Angestellten davon abhängig ist, dass der Jahresarbeitsverdienst die in § 6 I Nr. 1 SGB V festgesetzte Grenze (Jahresarbeitsverdienstgrenze, Jahresarbeitsentgeltgrenze, Versicherungspflichtgrenze) nicht übersteigt. Die Jahresarbeitsentgeltgrenze ist zum 1. Januar eines jeden Jahres neu zu bestimmen. Zuschläge, die mit Rücksicht auf den Familienstand gezahlt werden, bleiben unberücksichtigt. – Bei der Ermittlung des für die Versicherungspflicht eines Angestellten maßgebenden regelmäßigen Jahresarbeitsverdienstes ist jeweils von den zu Beginn des Beschäftigungsverhältnisses zustehenden Bezügen auszugehen. Dies gilt auch dann, wenn Beschäftigungsverhältnisse von vornherein für kürzere Zeitdauer als ein Jahr abgeschlossen werden. Bei schwankenden Bezügen wird der voraussichtliche Jahresarbeitsverdienst im Voraus gewissenhaft geschätzt; die darauf beruhende Entscheidung über die Versicherungspflicht gilt, bis die Schätzungsgrundlage sich ändert. – Eine *nachträgliche Berichtigung* unterbleibt, falls der tatsächliche Verdienst des Jahres hinter dem schätzungsweise angenommenen zurückbleibt oder diesen übersteigt.

II. Unfallversicherung: Die Leistungen der Unfallversicherungen werden nach dem Jahresarbeitsverdienst berechnet. Als Jahresarbeitsverdienst gilt das Arbeitseinkommen des Versicherten im Jahr vor dem Versicherungsfall (§§ 81 ff. SGB VII). Auch ein

	2003	2005	2007	2009	2011	2012
Jährlich	45.900,00 €	46.800,00 €	47.700,00 €	48.600,00 €	49.500,00 €	50.850,00 €
Monatlich	3.825,00 €	3.900,00 €	3.975,00 €	4.050,00 €	4.125,00 €	4.237,50 €

außerhalb des Unfallbetriebes erzieltes Arbeitseinkommen muss berücksichtigt werden. Maßgebend ist stets der Bruttoarbeitsverdienst. – Der Jahresarbeitsverdienst beträgt für Versicherte, die im Zeitpunkt des Versicherungsfalls noch nicht das 18. Lebensjahr vollendet haben, 40 Prozent, bei ab dem 18. Lebensjahr eingetretenen Versicherungsfall 60 Prozent der im Zeitpunkt des Versicherungsfalls gültigen Bezugsgröße nach § 18 SGB IV (§ 85 SGB VII).

Jahresarbeitszeitvertrag → Arbeitszeitmodell zur Flexibilisierung der Arbeitszeit. Die Dauer der Arbeitszeit wird in Form einer bestimmten Stundenzahl auf Jahresbasis festgelegt und zu Beginn eines jeden Jahres fixiert. Die Verteilung des Kontingents an abzuarbeitender Arbeitszeit während des Arbeitsjahres wird zwischen Arbeitgeber und -nehmer flexibel gestaltet. – Vgl. auch → gleitende Arbeitszeit.

Jahresbescheinigung – amtlicher Ausdruck für → Jahressteuerbescheinigung. Für nach dem 31.12.2003 zufließende Kapitalerträge nach § 20 EStG und für Einkünfte aus Veräußerungsgeschäften nach § 23 I S. 1 Nr. 2 bis 4 EStG haben Kreditinstitute und Finanzdienstleistungsinstitute zusammengefasste Jahresbescheinigungen nach amtlichen Muster zu erstellen (§ 24d EStG, StÄndG 2003). Ab dem Veranlagungszeitraum 2009 wird die Jahresbescheinigung nach § 24c EStG aufgehoben. Die Angaben sind dann in der Steuerbescheinigung nach § 45a II und III EStG enthalten.

Jahresbilanz – 1. *Charakterisierung:* die durch § 242 I HGB vorgeschriebene Bilanz, die ein → Kaufmann für den Schluss eines Geschäftsjahres aufzustellen hat. In der Jahresbilanz sind sämtliche Gegenstände des → Anlagevermögens, → Umlaufvermögens, die → Schulden und → Rückstellungen sowie die aktiven und passiven Rechnungsabgrenzungsposten und als Saldo das → Eigenkapital gesondert auszuweisen und hinreichend aufzugliedern (§§ 246, 247 HGB). Die Jahresbilanz ist eine in Form eines Kontos (→ Konten) geführte Geldrechnung, die auf der Sollseite (Aktiva) die Vermögensgegenstände und auf der Habenseite (Passiva) die auf das Vermögen gerichteten Ansprüche der Gläubiger (Fremdkapital) und der Unternehmer (Eigenkapital) jeweils unter Berücksichtigung von Rechnungsabgrenzungsposten darstellt (→ Bilanz). Die Jahresbilanz hat den → Grundsätzen ordnungsmäßiger Buchführung (GoB) zu entsprechen. – Vgl. auch → Jahresabschluss. Sie muss ggf. geprüft (→ Jahresabschlussprüfung) und veröffentlicht (→ Publizität) werden. Nach dem → Maßgeblichkeitsprinzip ist die Jahresbilanz Grundlage für die aus ihr abzuleitende → Steuerbilanz (bes. bei nicht zur Publizität verpflichteten Unternehmen wird vielfach für beide Zwecke nur eine Bilanz erstellt). – 2. *Zwecke:* Form und Inhalt der Jahresbilanz hängen von den verfolgten Zwecken ab. In erster Linie sind die folgenden Bilanzzwecke zu unterscheiden: a) *Informationszweck:* Richtet sich zunächst auf die Selbstinformation des Kaufmanns über – wie der Gesetzgeber zumindest für Kapitalgesellschaften verlangt (§ 264 II HGB) – die tatsächliche Vermögens-, Finanz- und Ertragslage; bei Publizitätspflicht gehören zu den Informationsadressaten z.B. die Gläubiger, die Arbeitnehmer und bes. die ggf. nicht geschäftsführungsberechtigten Kapitaleigner; in Bezug auf Letztere wird der Informationszweck zur Rechenschaftspflicht der Geschäftsführungsorgane. – b) *Ergebnisfeststellungszweck:* Mit der Feststellung der Jahresbilanz wird das Jahresergebnis (→ Jahresüberschuss, → Jahresfehlbetrag) und die Rechnungsgrundlage für die → Gewinnverwendung festgelegt. – c) *Dokumentationszweck:* Durch Dokumentation und Aufbewahrung (→ Aufbewahrungspflicht) soll Urkundenmaterial für mögliche Interessenkonflikte gesichert werden. Zur interessenausgerichteten Gestaltung der Jahresbilanz vgl. → Bilanzpolitik. – 3. *Erstellung:* a) *Vorarbeiten:* Die Jahresbilanz ist grundsätzlich eine Inventurbilanz (→ Bilanz), d.h. auf einer Inventur basierend. Zu dem Problem der körperlichen Bestandsaufnahme und zu den darauf z.T. Rücksicht nehmenden Inventurformen vgl. → Inventur. Die Ergebnisse der Inventur (→ Inventar) gehen in die Buchführung ein. Die Jahresbilanz ist neben der → Gewinn- und Verlustrechnung (GuV) der rechnerische Abschluss der Konten der Buchführung. Zur Technik des Kontenabschlusses als vorbereitende Jahresabschlussmaßnahme vgl. → Hauptabschlussübersicht (HAÜ). – b) *Aufstellung:* Es sind immer drei Aufgaben zu lösen: (1) Die Bilanzierung dem Grunde nach, also die inhaltliche Bestimmung von Vermögen, Kapital, Rechnungsabgrenzungsposten. – Vgl. auch → Aktivierungspflicht, → Aktivierungswahlrecht, → Passivierungspflicht, → Passivierungswahlrecht. (2) Bilanzierung der Höhe nach, d.h. die Bewertung der Aktiva und Passiva; vgl. → Bewertung. (3) Gliederung der Jahresbilanz; vgl. → Bilanzgliederung. – 4. *Aussagefähigkeit:* → Bilanzanalyse.

Jahreseinzelkosten → Periodeneinzelkosten.

Jahresfehlbetrag – Begriff der handelsrechtlichen → Gewinn- und Verlustrechnung (GuV) (§ 275 HGB) sowie der → Bilanz (§ 266 HGB) von Kapitalgesellschaften. Der Jahresfehlbetrag ergibt sich als Überschuss der → Aufwendungen über die → Erträge eines Geschäftsjahres. Gewinn-/Verlustvortrag, Entnahmen und Einstellungen aus/in offene Rücklagen werden bei der Ermittlung des Jahresfehlbetrages nicht berücksichtigt. – *Gegensatz:* → Jahresüberschuss. – Vgl. auch → Bilanzgewinn (-verlust).

Jahresgespräch – Abstimmung der Jahresplanungen zwischen Hersteller und Handel im Rahmen des → vertikalen Marketing. Besprochen werden v.a. Umsatzziele, Konditionen und Maßnahmen zur Verkaufsförderung. Ergebnis ist ein Rahmenabkommen.

Jahresgutachten → Sachverständigenrat zur Begutachtung der gesamtwirtschaftlichen Entwicklung (SVR).

Jahreslohn → Jahresarbeitsverdienst.

Jahresrohmiete – Begriff des Bewertungsgesetzes: der Faktor zur Ermittlung des → Ertragswerts im Ertragswertverfahren für → Mietwohngrundstücke, → Geschäftsgrundstücke, → gemischtgenutzte Grundstücke, → Einfamilienhäuser und → Zweifamilienhäuser. Jahresrohmiete ist das gesamte Entgelt, das die Mieter (Pächter) für die Benutzung des Grundstücks aufgrund vertraglicher Vereinbarungen oder gesetzlicher Bestimmungen nach dem Stand im Feststellungszeitpunkt für ein Jahr zu entrichten haben (§ 79 BewG).

Jahressondervergütung – zumeist am Jahresende gezahlter Betrag, der an den Gewinn des Unternehmens, des Betriebs oder einer Abteilung oder an die Leistung des einzelnen Arbeitnehmers geknüpft ist.

Jahressteuerbescheinigung – 1. *Begriff:* Eine Bescheinigung, in der ein Kreditinstitut (oder eine vergleichbare Institution) einem Kunden sämtliche steuerpflichtigen Kapitalerträge aus allen für diesen Kunden bei ihm geführten Konten und Depots auflisten muss (§ 24d EStG, StÄndG 2003; erstmalig anzuwenden für nach dem 31.12.2003 zufließende Kapitalerträge nach § 20 EStG und für Einkünfte aus Veräußerungsgeschäften nach § 23 I S. 1 Nr. 2 bis 4 EStG). Die Jahressteuerbescheinigung muss nach einem amtlichen vorgeschriebenen Muster ausgestellt werden, und sie muss alle für die Besteuerung der Kapitalerträge und der Spekulationsgeschäfte erforderlichen Angaben enthalten. – 2. *Verpflichtete Institutionen:* Alle Kreditinstitute und Finanzdienstleistungsinstitute, die zur Ausstellung von Steuerbescheinigungen nach § 45a EStG berechtigt sind, ferner Wertpapierhandelsunternehmen und Wertpapierhandelsbanken. – 3. *Rechtsquelle:* § 24c EStG. – 4. Ab dem Veranlagungszeitraum 2009 wird die Jahresbescheinigung nach § 24c EStG aufgehoben. Die Angaben sind dann in der Steuerbescheinigung nach § 45a II und III EStG enthalten.

Jahressteuergesetz – Im Gegensatz zu anderen Ländern (z.B. Großbritannien) sind Steuerrechtsänderungen in der Bundesrepublik Deutschland i.d.R. ad hoc für ein einzelnes Steuergesetz erfolgt. Der damit verbundenen Unübersichtlichkeit will man seit 1995 mit einem Jahressteuergesetz begegnen, das sämtliche steuerlichen Maßnahmen des Jahres zusammenfasst. Die bisherigen Erfahrungen zeigen, dass dies kaum gelingt, da der parlamentarische Beratungsprozess die Vorlage wieder in ihre Bestandteile zerlegt. Das Jahressteuergesetz beinhaltet Anpassungen an Recht und Rechtsprechung, Maßnahmen zur Sicherung des Steueraufkommens sowie Vereinfachungen von Besteuerungsverfahren.

Jahresüberschuss – Begriff der handelsrechtlichen → Gewinn- und Verlustrechnung (GuV) (§ 275 HGB) sowie der → Bilanz (§ 266 HGB) von → Kapitalgesellschaften. Der Jahresüberschuss ergibt sich als positive Differenz zwischen den → Erträgen und → Aufwendungen des betreffenden Geschäftsjahrs. Bei der Ermittlung des Jahresüberschusses werden Gewinn-/Verlustvortrag, Entnahmen und Einstellungen aus/in offene Rücklagen nicht berücksichtigt. – *Gegensatz:* → Jahresfehlbetrag. – Vgl. auch → Bilanzgewinn (-verlust).

Jahresverdiensterhebung – bis 2006 Teil der amtlichen → Lohnstatistik, speziell der Verdiensterhebung in Industrie und Handel. Im Gegensatz zur Vierteljahresstatistik enthielt die Lohn- und Gehaltssumme auch die einmaligen und unregelmäßigen Zahlungen.

Jahreswirtschaftsbericht – nach dem → Stabilitäts- und Wachstumsgesetz (StWG) ein von der Bundesregierung jährlich im Januar vorzulegender Bericht, in dem enthalten sein müssen: (1) *Stellungnahme* zum Jahresgutachten des → Sachverständigenrates zur Begutachtung der gesamtwirtschaftlichen Entwicklung (SVR); (2) *Jahresprojektion* (Darlegung der für das laufende Jahr von der Bundesregierung angestrebten wirtschafts- und finanzpolitischen Ziele), die sich der Mittel und der Form der Volkswirtschaftlichen Gesamtrechnung (VGR) bedienen soll, ggf. mit Alternativrechnung; (3) *Darlegung* der für das laufende Jahr geplanten Wirtschafts- und Finanzpolitik. Diese muss anhand der im Stabilitäts- und Wachstumsgesetz festgelegten wirtschaftspolitischne Ziele begründet werden.

Jahrhundertvertrag – Vereinbarung zwischen der Vereinigung Deutscher Elektrizitätswerke (VDEW) und dem Gesamtverband des dt. Steinkohlebergbaus (GVSt) über den Einsatz von deutscher Steinkohle bei der Stromerzeugung. Ein erster, 1977 abgeschlossener Vertrag sicherte, zusammen mit ergänzenden Vereinbarungen zwischen VDEW und industrieller Kraftwirtschaft sowie der Deutschen Bahn, einen jahresdurchschnittlichen Absatz von 33 Mio. t SKE (Steinkohleeinheit) bis 1987. Eine 1980 zwischen VDEW und GVSt abgeschlossene Zusatzvereinbarung verlängerte die Geltungsdauer bis 1995 und legte eine schrittweise Ausdehnung der Mengen auf zuletzt 47,5 Mio. t SKE pro Jahr (diese Mengen wurden später reduziert) fest; bis zu diesem Zeitpunkt hatte die EG-Kommission den Jahrhundertvertrag vom Kartellverbot des europäischen Rechts (Art. 85 EWGV) freigestellt. Der Jahrhundertvertrag lief im Jahre 1995 aus. – Vgl. auch → Kohlepolitik.

Jahrmarkt – Form des → Markthandels; regelmäßig in größeren Zeitabständen wiederkehrende, zeitlich begrenzte Veranstaltung, auf der eine Vielzahl von Anbietern Waren aller Art anbietet (§ 68 II GewO). – Vgl. auch → Spezialmarkt, auf dem nur Waren bestimmter Art angeboten werden.

Japanische Leitlinie zum Umweltrechnungswesen – 1. *Begriff:* Die Japanische Leitlinie zum Umweltrechnungswesen stellt ein Umweltkostenrechnungssystem dar, welches Elemente der traditionellen → Kostenrechnung mit der Reduzierung von → Umweltaspekten verbindet. – 2. *Entwicklung:* Die "Study Group for Developing a System for Environmental

Accounting" der Envionment Agency Japan veröffentlichte im Jahr 2000 eine erste Version der Leitlinie. Eine aktualisierte Version wurde 2005 veröffentlicht (vgl. Study Group for Developing a System for Environmental Accounting 2000, Ministry of the Environment Japan 2005). – 3. *Geltungsbereich, Systemgrenze, Bewertung:* Der Geltungsbereich ist Japan, jedoch wurde eine internationale Anwendung vom Verfasser angedacht. Bewertet werden können Unternehmen über die Systemgrenze „Cradle-to-Gate≠ (s. → Cradle-to-Cradle). Die Bewertungsgröße ist die Gegenüberstellung der Kosten für betriebliche Umweltschutzmaßnahmen und die physikalischen Umwelteinwirkungen sowie der ökonomischen Effekte durch eingesparte Kosten und höhere Erlöse. – 4. *Ziele:* Ziel der Japanischen Leitlinie ist neben der Erhöhung der innerbetrieblichen Effizienz und Effektivität der Umweltmaßnahmen auch das Umweltbenchmarking. Im Falle einer internationalen Anwendung könnten die Leitlinien Vergleiche über Landesgrenzen hinaus ermöglichen. – 5. *Vorgehen:* 1. periodenweise Ermittlung der Umweltschutzkosten, 2. Einrichtung von entsprechenden Umweltkostenstellen, 3. Aggregierung der Kosten auf Standort- und Unternehmensebene, 4. Abgrenzung der integrierten Maßnahmen, 5. Bestimmung der physikalischen Reduzierung von Umweltaspekten,6. Bestimmung tatsächlicher und geschätzter Erlöse bzw. Kosteneinsparungen. – 6. *Ergebnis:* Die Leitlinie ermöglicht die Steuerung von nachgeschalteten Umweltschutzmaßnahmen und die Identifikation von Kostensenkungspotenzialen bei → End-of-the-pipe-Technologien. – 7. *Kritische Würdigung:* Positiv anzumerken ist, dass neben dem Versuch ein Gesamtkonzept des betrieblichen Umweltkostenrechnungswesen entworfen wird, insbesondere die Einbeziehung externer Kosten durch Wiederherstellungs- und Vermeidungskosten ist hier zu nennen. Negativ anzumerken sind jedoch die Probleme bei der Vergleichbarkeit der Daten und die Intransparenz der Material- und Energieflüsse. Außerdem werden Vorteile von integrierten Maßnahmen nicht erkannt.

Jaunde-Abkommen – *Yaoundé-Abkommen;* → Assoziierungsabkommen nach Art. 198 AEUV. Das erste Jaunde-Abkommen (1964–1969) wurde nach Erlangung ihrer staatlichen Souveränität von 18 Staaten des frankophonen Afrikas (→ AASM) mit der → EWG abgeschlossen. – *Laufzeit des zweiten Jaunde-Abkommens:* 1970–1975. Beide Abkommen gewährten den AASM-Staaten neben einem weitgehend zollfreien Zutritt zum EWG-Markt außerdem Mittel für die finanzielle und technische Zusammenarbeit. – Vgl. auch → Lomé-Abkommen.

Java – objektorientierte → Programmiersprache (vgl. → Objektorientierung), die 1995 von SUN Microsystems entwickelt wurde. Mit Java erstellte Programme können auf allen → Betriebssystemen (BS) eingesetzt werden, für die eine → virtuelle Maschine existiert, da kein → Maschinencode, sondern ein sog. Bytecode resultiert. – Vgl. auch → Enterprise JavaBeans, → Servlet, → Applet.

JavaBeans – objektorientierte → Schnittstelle für → Java, mit deren Hilfe wiederverwendbare Programmbausteine erstellt werden können. Der Unterschied zu einem Applet besteht darin, dass ein → Applet allein in einem Browser lauffähig ist, während ein JavaBeans von einem in Java geschriebenen Programm oder Applet verwendet wird.

Javascript – von Netscape entwickelte Erweiterungssprache für → HTML, um in HTML-Seiten interaktive Elemente verwirklichen zu können. Javascript-Befehle werden vom verwendeten → Browser zur Laufzeit interpretiert und ausgeführt.

Java Server Page – eine auf der Sprache Java basierende Technologie der Firma Sun Microsystems zur serverseitigen Erzeugung dynamischer Inhalte im → World Wide Web. – Vgl. auch → ASP, → PHP.

JCL – Abk. für → Job Control Language.

Jevons – William Stanley, 1835–1882, bedeutender engl. Logiker und herausragender Nationalökonom. Jevons gehört zu den originellsten Denkern, die England in den Wirtschaftswissenschaften hervorgebracht hat. Er wurde berühmt durch seine Ausarbeitung des Grenznutzen-Gedankens (→ Grenznutzen, → Grenznutzenschule) und gehörte mit → Menger und → Walras, aber unabhängig von diesen, zu den Führern der Marginalrevolution, mit der Defizite und Widersprüche in der klassischen Theorie beseitigt wurden. Der Originalität von Jevons tut es keinen Abbruch, dass einige seiner Ideen schon bei → Cournot, → Thünen und → Gossen anzutreffen sind. Nach Jevons entspricht das optimale Austauschverhältnis zweier Güter dem reziproken Wert des Verhältnisses der Grenznutzen der beiden Gütermengen. Die Theorie von Jevons berücksichtigt nicht hinreichend die Einwirkung der Produktionskosten auf das Angebot. Als einer der ersten machte Jevons regen Gebrauch von der Mathematik – auch von grafischen Darstellungen – bei wirtschaftstheoretischen Analysen, auf die spätere Autoren zurückgegriffen haben. Seine volle Bedeutung für die Volkswirtschaftslehre wurde erst Jahrzehnte nach seinem frühen Tod erkannt. – Sein wirtschaftswissenschaftliches *Hauptwerk* „The Theory of Political Economy" (1871) ist zwar keine Gesamtdarstellung wie die von → Smith oder → Marshall, weil es sich auf die Nutzen-, Tausch-, Arbeits- und Kapitaltheorie beschränkt, wegen seiner vorbildlichen Klarheit aber heute noch lesenswert.

Jingle – gesungene Werbebotschaft, die dadurch entsteht, dass zentrale Botschaftsinhalte oder ein bestimmter → Slogan mit Gesang umgesetzt werden.

JIT – Abk. für → Just in Time.

J-Kurven-Effekt – Eine Abwertung der heimischen Währung führt bei gegebenen nominellen Güterpreisen zu einer sofortigen Verteuerung der

Importgüter bzw. Verbilligung der Exportgüter. Angenommen wird, dass die Importgüter in ausländischen Währungseinheiten fakturiert und mithilfe des Wechselkurses in inländischen Währungseinheiten umzurechnen sind, während die Exportgüter in inländischer Währung gehandelt werden. Daraus resultiert kurzfristig eine Verschlechterung der → Leistungsbilanz. Reagieren mittel- bis langfristig bzw. nach Ablauf der Kontrakphase jedoch die gehandelten Gütermengen gemäß den Elastizitätsbedingungen, verbessert sich die Leistungsbilanz wieder, sodass sich im Zeitverlauf eine J-Kurven-artige Entwicklung der Leistungsbilanz ergibt.

Job – 1. *Begriff:* Gesamtheit der → Kommandos (→ Betriebssystem-Anweisungen), → Programme, → Dateien, → Datenträger etc. zur Lösung einer Aufgabe, ursprünglich beim → Stapelbetrieb geprägter Begriff. Wird auch als *Auftrag* bezeichnet. – 2. *Gliederung* des Jobs in einzelne Job Steps (Unteraufträge), z.B. Übersetzen (→ Übersetzer), Binden, Laden. Ausführen eines → Programms, Ausdrucken einer Ergebnisdatei (→ Datei).

Job Accounting – Abrechnung der Leistungen eines → Rechenzentrums. – *Zweck:* verursachungsgerechte Weiterbelastung der Kosten des Rechenzentrums an die → Benutzer, damit eine genaue Kontrolle der Eigenkosten des Rechenzentrums und eine effiziente Nutzung des → Computersystems ermöglicht wird.

Job-AQTIV-Gesetz – Das Gesetz zur Reform der arbeitsmarktpolitischen Instrumente vom 10.12.2001 (BGBl. I 3443) trat am 1.1.2002 in Kraft und hatte als *Leitmotiv* "Aktivieren, Qualifizieren, Trainieren, Investieren, Vermitteln" (AQTIV). Es stellte einen unmittelbaren Vorläufer der → Hartz-Gesetze dar. Das Job-AQTIV-Gesetz führte im Interesse einer Effektivierung der Vermittlungsprozesse spätestens bei der Arbeitslosmeldung die Durchführung einer Chancenprognose aufgrund des Bewerberprofils ein (→ Profiling). Die Schritte der Reintegration wurden in einer *Eingliederungsvereinbarung* zwischen der → Agentur für Arbeit und dem Arbeitslosen festgehalten. Dem Arbeitslosen oblag die Pflicht zur Mitwirkung und aktiven Teilnahme an den Reintegrationsbemühungen. Betriebe, deren Beschäftigte eine → berufliche Weiterbildung absolvieren, konnten Arbeitslose als Stellvertreter einstellen und von der Agentur für Arbeit einen Zuschuss zu deren Arbeitsentgelt erhalten. Die → Arbeitnehmerüberlassung wurde erleichtert, indem die maximale Überlassungsdauer eines Leiharbeitnehmers an einen Entleiher von zwölf auf 24 Monate verlängert wurde. Eine Förderung durch Arbeitsbeschaffungsmaßnahmen war ohne Wartezeit möglich, wenn diese notwendig und andere Formen der Förderung nicht erfolgversprechend waren. – Einige dieser Maßnahmen wurden inzwischen modifiziert, andere abgeschafft sowie neue generiert. – Vgl. zu den (aktuellen) arbeitsmarktpolitischen Instrumenten ausführlich → Arbeitsmarktpolitik, → Arbeitslosenversicherung.

Jobcenter – 1. *Begriff ursprünglich:* gemäß dem Vierten Gesetz für moderne Dienstleistungen am Arbeitsmarkt (→ Hartz-Gesetze) von den Agenturen für Arbeit (→ Agentur für Arbeit) zum 1.1.2005 eingerichtete, einheitliche (Erst-)Anlaufstellen und Weiterleitungsstellen für diejenigen, die einen Arbeitsplatz oder Ausbildungsplatz suchen sowie für Unternehmen, die entsprechende vakante Stellen haben. Sie sollten umfassende Leistungen ganzheitlich anbieten (One-Stop-Shop), zudem nicht nur Angebot und Nachfrage auf lokalen und regionalen Arbeitsmärkten koordinieren, sondern auch weitere Aufgaben übernehmen, u.a. Zuständigkeiten der Sozialämter. – 2. *Begriff heute:* Die gemeinsamen Einrichtungen nach § 44b SGB II und die zugelassenen kommunalen Träger nach § 6a SGB II führen als Träger der Grundsicherung für Arbeitsuchende nach dem Zweiten Buch des Sozialgesetzbuches (SGB II) vom 24.12.2003 (BGBl. I S. 2954) die Bezeichnung Jobcenter (§ 6d SGB II). – 3. *Aufgaben heute:* Die Jobcenter betreuen erwerbsfähige Leistungsberechtigte, also die Bezieher von → Arbeitslosengeld II umfassend. Hierzu zählen nicht nur die Leistungsgewährung zur Sicherung des Lebensunterhalts (passives Leistungsrecht) (§§ 19 ff. SGB II), sondern auch die Vermittlung bzw. Eingliederung in Arbeit (aktives Leistungsrecht) (§§ 14 ff. SGB II). – Vgl. auch → Arbeitsmarktpolitik.

Job Control Language (JCL) – *Kommandosprache;* spezielle Sprache, in der die Kommandos zur Ausführung eines → Jobs an das → Betriebssystem (BS) eines → Computers formuliert werden.

Job Description → Stellenbeschreibung.

Job Diagnostic Survey – Diagnoseinstrument der psychologischen → Arbeitsgestaltung. Der von R. Hackman und R. D. Oldman in 1975 entwickelte Job Diagnostic Survey (JDS) ist als standardisierter Fragebogen aufgebaut, den der Inhaber einer Stelle ausfüllt. Ziel der Befragung ist es, das vom Stelleninhaber wahrgenommene Motivationspotenzial der Stelle zu erkunden (→ Anreize). Durch den JDS können Wirkungen von vergangenen Arbeitsgestaltungsmaßnahmen beurteilt und Potenzial zukünftiger Maßnahmen aufgedeckt werden.

Job Discrimination – I. Personalmanagement: Erscheinung, dass bestimmte Personen im Arbeitsleben benachteiligt (diskriminiert) werden, meist in Form von Unterbezahlung, Anstellung in untergeordneten Positionen oder Behinderung beim beruflichen Aufstieg.

II. Arbeitsrecht: → Gleichbehandlung.

Jobrotation – 1. *Systematischer Arbeitsplatzwechsel* zur Entfaltung und Vertiefung der Fachkenntnisse und Erfahrungen geeigneter Mitarbeiter oder zur Vermeidung von Arbeitsmonotonie und einseitiger Belastung im Sinn einer → Humanisierung der Arbeit, wobei i.d.R. nur der Tätigkeits- nicht aber der Entscheidungsspielraum erweitert wird. – 2. Methode zur *Förderung des Führungsnachwuchses* und zur Weiterbildung betrieblicher Führungskräfte. – 3. *Qualifizierungsmaßnahme* durch Arbeitsmarktpolitik der Arbeitsagenturen, um Mitarbeiter für unterschiedliche Arbeitsplätze zu qualifizieren und Flexibilität zu trainieren.

Job-Search-Theorien → Arbeitsmarkttheorien.

Jobsharing – *Arbeitsplatzteilung;* bes. Form des → Teilzeitarbeitsverhältnisses. Dem Arbeitsverhältnis liegt ein zwischen dem Arbeitgeber und zwei oder mehreren Arbeitnehmern geschlossener Arbeitsvertrag zugrunde, in dem diese sich verpflichten, sich die Arbeitszeit an einem Vollarbeitsplatz zu teilen. Innerhalb der Gesamtarbeitszeit sieht dieses *Arbeitszeitmodell* einen flexiblen Umgang mit der jeweiligen Arbeitszeit der Arbeitnehmer vor. – *Gesetzliche Grundlage:* § 13 Teilzeit- und Befristungsgesetz (TzBfG). – Für den Arbeitgeber liegt ein entscheidender Vorteil gegenüber dem reinen Teilzeitarbeitsverhältnis darin, dass der Arbeitsplatz während der gesamten betriebsüblichen Arbeitszeit besetzt ist. Die Frage, ob der Arbeitnehmer den Partner im Fall einer vorübergehenden Verhinderung vertreten muss, richtet sich nach der für den einzelnen Vertretungsfall geschlossenen Vereinbarung (§ 13 I TzBfG). Die Pflicht zur Vertretung kann auch vorab für den Fall eines dringenden betrieblichen Erfordernisses vereinbart werden; dann ist der Arbeitnehmer zur Vertretung nur verpflichtet, soweit sie ihm im Einzelfall zumutbar ist. – Wegen des *Ausscheidens eines Partners* ist die → Kündigung der anderen Arbeitnehmer nicht zulässig (§ 13 II TzBfG).

Jobshop Sequencing → Reihenfolgeplanung.

Johansen-Kointegrationstest – von Johansen (1988, 1991) vorgeschlagener Test zur Bestimmung der Anzahl der Kointegrationsbeziehungen (→ Kointegration) innerhalb einer Gruppe von Variablen. Er begegnet der Beschränkung des → Engle-Granger-Kointegrationstests auf nur eine Kointegrationsbeziehung bei mehr als zwei zu untersuchenden Variablen.

Joint Implementation – Abk. *JI*; Methode zur Internationalen Verminderung von Schadstoffen der gemeinsamen Umsetzung zwischen Industriestaaten, bei denen sich ein Land A Vermeidungsmaßnahmen im Land B unter bestimmten Umständen anrechnen lassen kann, um seine Verpflichtungen zu erfüllen. Gemäß Art. 6 des → Kyoto-Protokolls (Artikel-6-Projekte) bieten sie als flexible Kyoto-Mechanismen den zu Reduktionsmaßnahmen verpflichteten Ländern, die in Anhang B (Annex B-Staaten) des Kyoto-Protokolls aufgelistet sind, die Möglichkeit zur Reduktion von Treibhausgasen in anderen Ländern, die ebenfalls im Anhang B des Kyoto-Protokolls aufgelistet sind. Auf Projektebene soll die gemeinsame Umsetzung unter Beteiligung privater Körperschaften (insbesondere Unternehmen) erfolgen (→ Clean Development Mechanism). Für die Durchführung von JI-Projekten muss das investierende Land gemäß den Übereinkommen von Marrakesch der Vertragsstaaten folgende Kriterien erfüllen: 1. Ratifikation des Kyoto-Protokolls, 2. Vorliegende Berechnung der Ausstattung mit zugeteilten Emissionsrechten (Assigned Amount Units), 3. Etablierung eines nationalen Systems zur Abschätzung seines Treibhausgasemissionen bzw. Speicherung durch Senken (→ Senkenprojekte), 4. Etablierung eines nationalen Treibhausgasregisters, 5. Rechtzeitiges jährliches Einreichen seines Treibhausgasinventars, 6. Einreichung zusätzlicher Informationen über seine Ausstattung mit zugeteilten Emissionsrechten. – Das gastgebende Land muss mind. die Kriterien 1, 2 und 4 erfüllen.

Joint Photographic Experts Group – ISO Komitee, welches Dateiformate und Komprimierungsstandards für unbewegte Bilder im → World Wide Web festlegt.

Joint Products → Kuppelprodukte.

Joint Venture – 1. *Begriff:* spezifische Kooperationsform. Beim Equity Joint Venture handelt es sich um eine rechtlich selbstständige gemeinsame Unternehmung zweier oder mehrere Partner mit → Kapitalbeteiligung. Die Partnerunternehmen sind jeweils mit Kapital am Joint Venture beteiligt, tragen gemeinsam das finanzielle Risiko der Investition und nehmen Führungsfunktionen im gemeinsamen Unternehmen wahr. Die Kapitalbeteiligung der Partnerunternehmen kann unterschiedlich hoch sein; i.d.R. beeinflusst die Höhe der Kapitalbeteiligung das Ausmaß der Entscheidungsbefugnis der beteiligten Unternehmen im Joint Venture. Beim Contractual Joint Venture hingegen wird kein Gemeinschaftsunternehmen gegründet, sondern es bestehen lediglich Vertragsbeziehungen, die Kosten-, Risiko- und Gewinnverteilung regeln. Sobald die Partner oder das Joint Venture und die Partner aus unterschiedlichen Staaten stammen, handelt es sich um ein internationales Joint Venture. – 2. *Formen:* Joint Ventures lassen sich anhand zahlreicher Kriterien unterscheiden. Diese beinhalten die Zahl der Kooperationspartner, den Kooperationsbereich (Beschränkung auf einen Bereich wie z.B. Produktions-Joint-Venture vs. gesamtunternehmerisches Joint Venture), den Standort, den geografischen Kooperationsbereich, die Kapitalbeteiligung (gleiche vs. ungleiche Anteile der Partner) sowie den zeitlichen Horizont der Kooperation. – 3. *Motive:* Wesentliche Motive für eine Joint-Venture-Gründung liegen v.a. in der Aufteilung des unternehmerischen Risikos auf zwei oder mehrere Partnerunternehmen und in der Nutzung der lokalen Marktkenntnis des Partnerunternehmens. Die Kombination der Stärken des eigenen Unternehmens mit den Stärken des Partnerunternehmens erlaubt die Realisierung von Synergieeffekten und Wettbewerbsvorteilen. – 4. *Probleme:* Zu den Problemen von Joint Ventures zählen v.a. wettbewerbsrechtliche Bestimmungen, der hohe Koordinationsaufwand, der Know-How-Abfluss sowie oft interkulturelle Probleme. Außerdem neigen Joint Ventures zur Instabilität. Dies zeigt sich in ihrer häufig begrenzten Lebensdauer. – Vgl. auch → internationale Kooperation.

Jones-Modell – vom Ökonomen C.I. Jones (1995) entwickeltes Wachstumsmodell. Dieses Modell ist im Wesentlichen identisch zum Romer-Modell, verwendet aber eine allgemeinere Formulierung der Technologie im Forschungssektor, d.h. neue Ideen oder "blueprints" dA/dt werden mit Arbeit, d.h. Forschern L_A und den kumulierten Bestand an Entwicklungen der Veragangenheit A entwickelt, wobei gilt:.

$$\dot{A} = dA/dt = \eta A^{\phi} L_A^{\gamma}$$

I.d.R. wird unterstellt, dass $0<\varnothing<1$, sodass Innovationen die Produktivität der Forschung und Entwicklung in der Zukunft erhöhen. Ein negativer Wert würde bedeuten, dass es zunehmend schwieriger werden würde neue Entwicklungen durchzuführen und dass die offensichtlichen Ideen zuerst durchgeführt werden. Außerdem gilt: $0<\gamma\leq 1$, wobei γ kleiner 1 bedeutet, dass mehr Forscher auch Gefahr laufen würden gleichzeitig dieselbe Erfindung hervorzubringen (im Romer-Modell gilt: $\Phi=\gamma=1$). Diese Formulierung dient dem Zweck, der vorgebrachten Kritik gegenüber dem Romer-Modell Rechnung zu tragen, dass dort die langfristige Wachstumsrate positiv von der Bevölkerungsgröße abhängt (Skaleneffekt). Jones zeigte, dass nach dem Zweiten Weltkrieg sowohl die Anzahl der Wissenschaftler und Ingenieure in den G-5-Staaten als auch das Verhältnis von Wissenschaftlern zu Ingenieuren anstieg. Demgegenüber beobachtete man aber eine stationäre Zeitreihe bzgl. der Wachstumsraten der totalen Faktorproduktivität und des Bruttoinlandsproduktes. – Nimmt man an, dass die Anzahl der Forscher ein Anteil v der zur Verfügung stehenden Arbeit betrage, also L_A=vL, dann ergibt sich für die logarithmierte Wachstumsrate des Outputs im Forschungssektor

$$\ln(\dot{A}/A) = \ln(\eta) + (\phi - 1)\ln(A) + \gamma\ln(\nu) + \gamma\ln(L)$$

Differenziert man nun letzte Gleichung nach der Zeit erhält man Wachstumsraten der jeweiligen Terme. Da die Veränderung der Wachstumsrate von A entlang des gleichgewichtigen Wachstumspfades Null sein muss, genauso wie v, erhält man

$$0 = (\phi - 1)\dot{A}/A + \gamma\dot{L}/L\ ,$$

sodass

$$\dot{A}/A = \frac{\gamma n}{1-\phi}\ ,$$

wobei n die konstante und exogene Wachstumsrate der Bevölkerung angibt. Damit ist der Skaleneffekt nicht mehr vorhanden. Die Wachstumsrate hängt von der Wachstumsrate der Bevölkerung ab. Allerdings ist die langfristige Wachstumsrate nicht mehr durch Politik beeinflussbar. Deswegen wird diese Art von Modell auch semi-endogenes Wachstumsmodell genannt.

Journal – Name für das Tagebuch als Grundbuch der → Buchführung, das chronologisch in beschreibender Form die Eintragungen der Geschäftsvorfälle übernimmt; auch das zusätzliche Grundbuch, das beim Vorhandensein von vier und mehr Grundbüchern die Sammlung der Grundbuchposten für die Übertragung in das → Hauptbuch durchführt.

Journal

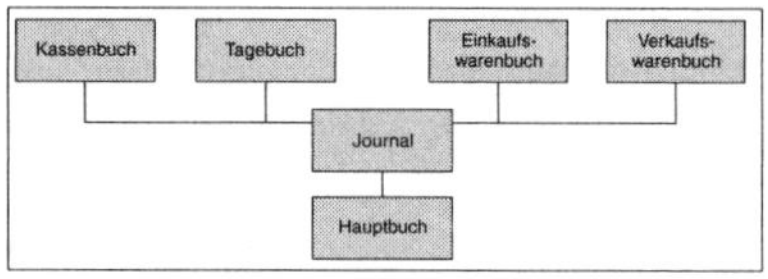

Journalbilanzen – Form des Abschlusses (→ Bilanz), v.a. in der funktionalen Kontorechnung.

Journalist – Mitarbeiter von Zeitungen, Zeitschriften oder Nachrichtendiensten entweder im Angestelltenverhältnis (Schriftleiter) oder als freie Mitarbeiter. Letztere sind nach Umsatzsteuerrecht zu behandeln wie → freie Berufe (gelten als Unternehmer). Auf Antrag kann die Vorsteuer pauschal mit einem Durchschnittsatz von 4,8 Prozent des eigenen Umsatzes angesetzt werden (Anlage zu §§ 69, 70 UStDV, Ziff. IV.4). Die Leistungen der Journalisten unterliegen i.d.R. dem ermäßigten Steuersatz (§ 12 II Nr. 7 UStG).

Joystick – Gerät zur Cursorsteuerung (→ Cursor) auf dem Bildschirm.

JPEG – Abk. für → Joint Photographic Experts Group.

JSP – Abk. für → Java Server Page.

Jubiläumsgeschenke – des Arbeitgebers an Arbeitnehmer. – 1. *Lohnsteuer:* Jubiläumsgeschenke sind, anders als früher, nicht mehr steuerfrei. – 2. *Erbschaftsteuer:* Jubiläumsgeschenke sind i.d.R. als steuerfreie Gelegenheitsgeschenke (§ 13 I Nr. 14 ErbStG) zu behandeln. – 3. *Umsatzsteuer:* Jubiläumsgeschenke sind, wenn sie nicht so geringfügig ausfallen, dass sie als bloße → Aufmerksamkeiten anzusehen sind, vom Arbeitgeber der Umsatzsteuer zu unterwerfen als unentgeltliche Lieferungen und Leistungen an das Personal (§ 3 Ib, § 3 IXa UStG).

Jubiläumsrückstellung – Begriff des Handels- und Steuerbilanzrechts. – 1. *Grundsatz:* Gewährt ein Unternehmer seinen Arbeitnehmern gewohnheitsmäßig anlässlich eines Dienstjubiläums (z.B. wegen 25-jähriger Betriebszugehörigkeit) bestimmte Prämien, so kann hierdurch arbeitsrechtlich ein Anspruch auf eine solche Prämie entstehen. – 2. *Handelsrechtlich* ist, wenn eine Verpflichtung besteht, diese als Rückstellung zu passivieren. – 3. *Steuerrechtlich* ist der Ansatz einer Jubiläumsrückstellung in der Bilanz jedoch nur dann erlaubt, wenn das Dienstverhältnis schon mind. zehn Jahre lang bestanden hat, das Dienstjubiläum eine mind. 15-jährige Betriebszugehörigkeit voraussetzt und die Zusage auf eine Jubiläumszuwendung schriftlich erteilt ist. Außerdem muss der Zuwendungsberechtigte seine Anwartschaft nach dem 31.12.1992 erworben haben.

Jubiläumsverkauf → Abschnittsschlussverkauf.

Jubiläumszuwendung – Zuwendung des Arbeitgebers an einen Arbeitnehmer aus Anlass eines Arbeitnehmer- oder Firmenjubiläums. Die Jubiläumszuwendung soll die Dauer der Betriebszugehörigkeit des Arbeitnehmers honorieren. Die frühere Steuerbefreiung von Jubiläumszuwendungen ist seit 1999 entfallen.

Judikative – die rechtsprechende Gewalt. Sie ist den → Richtern anvertraut; sie wird durch das → Bundesverfassungsgericht (BVerfG), durch die Bundesgerichte und die Gerichte der Länder ausgeübt (Art. 92 GG). – Vgl. auch → Gewaltenteilung.

Jugendarbeit → Jugendhilfe, → Sicherung der Familie und von Kindern.

Jugendarbeitsschutz → Arbeitsschutz für Kinder und Jugendliche.

I. Gesetzliche Grundlage: Jugendarbeitsschutzgesetz vom 12.4.1976 (BGBl. I 965) m.spät.Änd. und Kinderarbeitsschutzverordnung vom 23.6.1998 (BGBl. I 1508).

II. Geltungsbereich: Das Gesetz gilt (1) für die Beschäftigung von Kindern und ohne Rücksicht auf die Wirksamkeit des Arbeits- oder Dienstvertrages für jede Form der Beschäftigung von Jugendlichen, und zwar in der Berufsausbildung (→ Auszubildende, → Praktikanten, → Volontäre), als → Arbeitnehmer und → Heimarbeiter, (2) für sonstige → Dienstleistungen, die der Arbeitsleistung der unter (1) genannten Personen ähnlich sind. – *Kind* ist, wer noch nicht 15 Jahre alt ist; *Jugendliche* sind die 15 bis 18 Jahre alten Personen. Für Jugendliche, die der Vollzeitschulpflicht unterliegen, gelten die Vorschriften für Kinder. – *Ausnahmen:* (1) Gelegentliche geringfügige Hilfeleistungen aus Gefälligkeit, aufgrund familienrechtlicher Vorschriften, in Einrichtungen der Jugendhilfe und in Einrichtungen zur Eingliederung behinderter Menschen; (2) Beschäftigung durch die Personensorgeberechtigten im Familienhaushalt. – Bei *Beschäftigung im Vollzug einer Freiheitsentziehung* gilt das Gesetz entsprechend (§ 62 JArbSchG).

III. Kinderarbeit: 1. Die Beschäftigung von Kindern ist *verboten.* – 2. *Ausnahmen* können von der Aufsichtsbehörde unter gewissen Voraussetzungen und Auflagen zugelassen werden: a) *Kinder zwischen drei und sechs Jahren* können bei Musikaufführungen und anderen Aufführungen, Werbeveranstaltungen, Aufnahmen im Rundfunk, auf Ton- und Bildträgern und Film- und Fotoaufnahmen in der Zeit von 8 bis 17 Uhr bis zu zwei Stunden täglich beschäftigt werden. – b) *Kinder über sechs Jahre* können bei Theatervorstellungen in der Zeit von 10 bis 23 Uhr bis zu vier Stunden täglich und bei den unter a) genannten Aufführungen und Veranstaltungen in der Zeit von 8 bis 22 Uhr bis zu drei Stunden täglich beschäftigt werden. – Nach Beendigung der Beschäftigung ist den Kindern eine ununterbrochene Freizeit von 14 Stunden zu gewähren. – c) *Kinder über 13 Jahre* dürfen (1) durch Personensorgeberechtigte in der Landwirtschaft bis zu drei Stunden täglich; (2) mit Einwilligung der Personensorgeberechtigten bei der Ernte bis zu drei Stunden werktäglich, mit dem Austragen von Zeitungen und Zeitschriften bis zu zwei Stunden werktäglich und mit Handreichungen beim Sport bis zu zwei Stunden täglich, soweit die Beschäftigung leicht ist, beschäftigt werden, nicht jedoch zwischen 18 und 8 Uhr, vor dem Schulunterricht oder während des Schulunterrichts. – 4. Das Verbot der Kinderarbeit *gilt nicht* zum Zwecke der Beschäftigungs- und Arbeitstherapie, im Rahmen des Betriebspraktikums während der Vollzeitschulpflicht und in Erfüllung einer richterlichen Weisung. Das Verbot gilt ferner nicht für die Beschäftigung von Jugendlichen über 15 Jahren während der *Schulferien* für höchstens vier Wochen im Jahr (§ 5 IV JArbSchG). Kinder, die nicht der Vollzeitschulpflicht unterliegen, dürfen im Berufsausbildungsverhältnis oder mit leichten geeigneten Tätigkeiten bis zu sieben Stunden täglich, 35 Stunden wöchentlich beschäftigt werden.

IV. Arbeitszeit der Jugendlichen: 1. *Allgemeine Arbeitszeit:* Höchstens acht Stunden täglich und 40 Stunden wöchentlich. Es gilt die Fünftagewoche. – 2. *Bes. Arbeitszeitregelung:* a) *Allgemein:* Wenn in Verbindung mit Feiertagen an Werktagen nicht gearbeitet wird, darf zur Verteilung der ausgefallenen Arbeitszeit die tägliche Arbeitszeit auf 8,5 Stunden heraufgesetzt werden, jedoch darf die durchschnittliche Wochenarbeitszeit von 40 Stunden nicht überschritten werden. Wenn an einzelnen Werktagen die Arbeitszeit auf weniger als acht Stunden verkürzt ist, können Jugendliche an den übrigen Werktagen derselben Woche 8,5 Stunden beschäftigt werden (§ 8 IIa JArbSchG); damit ist die 4,5-Tage-Woche auch für Jugendliche erreichbar. – b) *Erntezeit:* Jugendliche über 16 Jahre dürfen in der Landwirtschaft bis zu neun Stunden täglich und 85 Stunden in der Doppelwoche beschäftigt werden. – c) *Vorübergehende und unaufschiebbare Arbeiten in Notfällen:* Die Mehrarbeit muss durch Arbeitszeitverkürzung innerhalb der folgenden drei Wochen ausgeglichen werden (§ 21 JArbSchG). – 3. Dem Jugendlichen ist die Zeit zum *Besuch der Berufsschule* zu gewähren. Zeiten des Unterrichts einschließlich Pausen werden auf die Arbeitszeit angerechnet. An Tagen, an denen die Unterrichtszeit mit Pausen mind. fünf Stunden beträgt, ist der Jugendliche ganz von der Arbeit freizustellen sowie in Berufsschulwochen mit einem planmäßigen → Blockunterricht von mind. 25 Stunden an mind. fünf Tagen. Vor einem vor 9 Uhr beginnenden Unterricht darf der Jugendliche nicht beschäftigt werden. Durch den Berufsschulbesuch darf kein Entgeltausfall eintreten. – 4. Bei einer Arbeitszeit von mehr als 4,5 Stunden müssen *Ruhepausen* von 30 Minuten, bei mehr als sechs Stunden von 60 Minuten gewährt werden; die Ruhepausen müssen mind. je 15 Minuten betragen. – 5. Nach Beendigung der täglichen Arbeit ist eine *ununterbrochene Freizeit* von zwölf Stunden zu gewähren. – 6. *Nachtruhe:* a) In der Zeit von 20 bis 6 Uhr dürfen Jugendliche nicht beschäftigt werden. – b) Ausnahmen im Gaststättengewerbe und in Familienbetrieben des Schaustellergewerbes (über 16 Jahre bis 22 Uhr), mehrschichtigen Betrieben (über 16 Jahre bis 23 Uhr), in Bäckereien und Konditoreien ab 5 Uhr (über 16 Jahre) bzw. ab 4 Uhr (über 17 Jahre), aufgrund bes. Bewilligung der Aufsichtsbehörde für Musikaufführungen, Theater etc. (§ 14 VII JArbSchG). – 7. An *Samstagen* dürfen Jugendliche nicht, und am 24. und 31. Dezember dürfen Jugendliche nicht nach 14 Uhr beschäftigt werden. Ausgenommen sind bestimmte Wirtschaftszweige, bei denen die Beschäftigung üblich ist; mind. zwei Samstage sollen in jedem Monat beschäftigungsfrei sein. Zulässige Beschäftigung an Samstagen ist durch Arbeitsfreistellung an anderen Werktagen auszugleichen. – 8. An *Sonn- und Feiertagen* dürfen Jugendliche nicht beschäftigt werden. Ausnahmen sind zulässig für Gast- und Schankwirtschaften, Theater etc. und in Notfällen. Zum Ausgleich ist Freizeit an anderen Arbeitstagen zu gewähren.

V. Urlaub für Jugendliche: Der Urlaub, den der Arbeitgeber Jugendlichen für jedes Kalenderjahr zu gewähren hat, beträgt jährlich (1) mind. 30 Werktage, wenn der Jugendliche zu Beginn des Kalenderjahres noch nicht 16 Jahre alt ist, (2) mind. 27 Werktage, wenn der Jugendliche zu Beginn des Kalenderjahres noch nicht 17 Jahre alt ist, (3) mind. 25 Werktage, wenn der Jugendliche zu Beginn des Kalenderjahres noch nicht 18 Jahre alt ist. Soweit der Urlaub nicht in den Berufsschulferien gegeben wird, ist für jeden Berufsschultag, an dem die Berufsschule während des Urlaubs besucht wird, ein weiterer Urlaubstag zu gewähren.

VI. Jugendarbeitsschutz und Tarifvertrag: Die Tarifvertragsparteien (→ Tarifvertrag) haben die Möglichkeit, in bestimmten Fällen vom JArbSchG abweichende Regelungen zu treffen (§ 21a JArbSchG). Durch Delegation der Normsetzungsbefugnis können die Tarifvertragsparteien die Konkretisierung von Ausnahmeregelungen durch → Betriebsvereinbarung zulassen. Nicht tarifgebundene Arbeitgeber können im Geltungsbereich eines Tarifvertrages die abweichenden tarifvertraglichen Regelungen durch Betriebsvereinbarung oder, soweit ein → Betriebsrat nicht besteht, durch schriftliche Vereinbarung zwischen dem Arbeitgeber und dem Jugendlichen übernehmen.

VII. Beschäftigungsverbote/-beschränkungen für Jugendliche: Jugendliche dürfen nicht mit Arbeiten beschäftigt werden, die ihre Leistungsfähigkeit übersteigen, bei denen sie sittlichen Gefahren ausgesetzt sind, die mit Unfallgefahren verbunden sind, bei denen ihre Gesundheit durch außergewöhnliche Hitze oder Kälte oder starke Nässe gefährdet wird und bei denen sie schädlichen Einwirkungen von Lärm, Erschütterungen, Strahlen oder von giftigen, ätzenden oder reizenden Stoffen ausgesetzt sind. Grundsätzlich dürfen Jugendliche weiterhin nicht (1) mit Akkord- und Fließarbeiten, bei denen durch ein gesteigertes Arbeitstempo ein höheres Entgelt erzielt werden kann, (2) mit allen Arbeiten, bei denen das Arbeitstempo nicht nur gelegentlich vorgeschrieben, vorgegeben oder auf andere Weise erzwungen wird, (3) in einer Arbeitsgruppe mit erwachsenen Arbeitnehmern, die Arbeiten nach (1) verrichten, (4) mit Arbeiten unter Tage und (5) durch Personen, die zu Freiheitsstrafen verurteilt worden sind und die gegen bestimmte Strafvorschriften verstoßen haben, beschäftigt werden.

VIII. Fürsorgepflicht: Leben, Gesundheit und Sittlichkeit der Kinder und Jugendlichen sind dem Schutz des Arbeitgebers anvertraut. Er hat sie über die Unfall- und Gesundheitsgefahren des Betriebes aufzuklären, darf sie nicht züchtigen und hat den Kindern und Jugendlichen, die er in die häusliche Gemeinschaft aufgenommen hat, im Krankheitsfalle Pflege und ärztliche Betreuung zu gewähren. Kindern und Jugendlichen unter 16 dürfen kein Alkohol und keine Tabakwaren gegeben werden, über 16 kein Branntwein etc. Vor Beginn der Beschäftigung eines Jugendlichen und vor dem Ende des ersten Beschäftigungsjahres muss der Jugendliche ärztlich untersucht werden (unterbleiben die Untersuchungen, ist der Beginn der Beschäftigung und die Weiterbeschäftigung verboten); ebenso wenn der Arzt eine Nachuntersuchung anordnet. Der Arbeitgeber hat dem Jugendlichen die für die Untersuchung erforderliche Freizeit zu gewähren, die Kosten der Untersuchung trägt das Land. – Geregelt durch die Jugendarbeitsschutzuntersuchungsverordnung vom 16.10.1990 (BGBl. I 2221).

IX. Durchführung: Das JArbSchG und die dazu ergehenden Vorschriften sind im Betrieb auszulegen oder auszuhändigen. Der Arbeitgeber hat ein genaues Verzeichnis der beschäftigten Jugendlichen mit Angaben über Urlaub, Tag des Beginns der Beschäftigung sowie Samstags- und Sonntagsarbeit zu führen. Zur Aufklärung über Jugendschutz werden bei der obersten Landesbehörde Ausschüsse gebildet. Verstöße gegen das Gesetz werden als Straftaten oder Ordnungswidrigkeiten verfolgt.

jugendgefährdende Schriften → Jugendschutz.

Jugendhilfe – Bezeichnung für die Gesamtheit der Leistungen, die Jugendlichen zur Erziehung, Bildung und Entwicklung gewährt werden. – 1. *Gesetzliche Grundlage:* Jugendhilfe ist geregelt im Sozialgesetzbuch Achtes Buch (SGB VIII) – Kinder- und Jugendhilfe – i.d.F. vom 14.12.2006 (BGBl. I 3134) m.spät. Änd. Mit diesem Gesetz sind die früheren Vorschriften des Jugendwohlfahrtsgesetzes aufgehoben worden. – 2. *Aufgaben:* Die Jugendhilfe geht davon aus, dass jeder junge Mensch ein Recht auf Förderung seiner Entwicklung und auf Erziehung zu einer eigenverantwortlichen und gemeinschaftsfähigen Persönlichkeit hat. Zwar ist Pflege und Erziehung der Kinder das natürliche Recht der Eltern und zuerst die ihnen obliegende Pflicht, die Jugendhilfe soll aber zur Verwirklichung des Rechts auf Förderung der Entwicklung und Erziehung beitragen. – Die Jugendhilfe umfasst im Wesentlichen folgende *Leistungen:* Angebote der Jugendarbeit, Jugendsozialarbeit, zur Förderung der Erziehung in der Familie, zur Förderung von Kindern in Tageseinrichtungen und Tagespflege, Hilfe zur Erziehung, Hilfe für seelisch behinderte Kinder und Jugendliche, Hilfe für junge Volljährige und Nachbetreuung (§ 2 II SGB VIII). Hervorzuheben ist dabei, dass das Angebot an Einrichtungen zur Tagesbetreuung von Kindern seit einigen Jahren (u.a. auf der Basis des Gesetzes zur Förderung von Kindern unter drei Jahren in Tageseinrichtungen und in Kindertagespflege, KiFöG, vom 10.12.2008, BGBl. I 2403) unter finanzieller Beteiligung des Bundes gezielt ausgebaut und zu einem wichtigen Instrument der Familienpolitik geworden ist. Andere Aufgaben sind die Inobhutnahme von Kindern und Jugendlichen ohne Zustimmung des Personensorgeberechtigten, die Erteilung bzw. Rücknahme der Pflegeerlaubnis, die Mitwirkung in Verfahren vor dem Vormundschafts- und Familiengericht und nach dem Jugendgerichtsgesetz, die Amtspflegschaft und Amtsvormundschaft etc. (§ 2 III SGB VIII). – 3. *Träger* der öffentlichen Jugendhilfe sind in erster Linie die Jugendämter und Landesjugendämter, die auch die Kosten zu tragen haben für die Erziehungshilfen, soweit dem Jugendlichen und seinen Eltern die Aufbringung der Mittel aus ihrem Einkommen und Vermögen nicht zuzumuten ist (§ 92 SGB VIII). – Vgl. auch → Sicherung der Familie und von Kindern.

Jugendliche – Personen von 14 bis noch nicht 18 Jahren, (§ 7 Nr. 2 SGB VIII, § 1 I Nr. 2 JuSchG). Die gesetzliche Einordnung ist für eine Reihe von Lebenssachverhalten bedeutsam (→ Jugendarbeitsschutz, → Jugendschutz, → Jugendstrafrecht, → Lebensalter).

Jugendschutz – Während der → Jugendarbeitsschutz Regelungen über die Zulässigkeit der Beschäftigung von Kindern und Jugendlichen trifft und bei der → Jugendhilfe die Förderung und Fürsorge im Vordergrund stehen, dient der Jugendschutz der Abwehr von Gefahren und Gefährdungen für das körperliche, geistige oder seelische Wohl von Kindern und Jugendlichen in der Öffentlichkeit und in den Medien. – *Rechtsgrundlage:* Jugendschutzgesetz (JuSchG) vom 23.7.2002 (BGBl. I 2730) m.spät.Änd. – 1. Die Vorschriften über den Jugendschutz *in der Öffentlichkeit* enthalten detailliert abgestufte Verbote über den Aufenthalt von Kindern und Jugendlichen in Gaststätten, bei Tanzveranstaltungen, in öffentlichen Spielhallen und an jugendgefährdenden Orten (§§ 4–8), über die Abgabe und den Verzehr alkoholischer Getränke in Gaststätten, Verkaufsstellen oder sonst in der Öffentlichkeit (§ 9) und die Abgabe von Tabakwaren und das Rauchen in der Öffentlichkeit. Tabakwaren dürfen in der Öffentlichkeit grundsätzlich nicht mehr in Automaten abgegeben werden (§ 10 II); zulässig sind jedoch Automaten, wenn durch technische Vorrichtungen sicher gestellt ist, dass Kinder und Jugendliche unter 18 Jahren keine Zigaretten entnehmen können. – 2. Die Vorschriften über den Jugendschutz *in den Medien* (§§ 11–15) regeln die Voraussetzungen, unter denen Kindern und Jugendlichen a) die Anwesenheit bei öffentlichen Filmveranstaltungen gestattet werden kann, b) bespielte Videokassetten und andere Bildträger in der Öffentlichkeit zugänglich gemacht werden dürfen, c) das Spielen an elektronischen Bildschirmspielgeräten ohne Gewinnmöglichkeit, die öffentlich aufgestellt sind, gestattet werden kann. Filme und Film- und Spielprogramme werden von der obersten Landesbehörde oder einer Organisation der freiwilligen Selbstkontrolle zur Vorführung freigegeben (§ 11 I). Sie werden mit einer Kennzeichnung versehen (z.B. „Freigegeben ab zwölf Jahren"). Trägermedien (Filme, Videokassetten etc.), deren Aufnahme in die *Liste jugendgefährdender Medien* bekannt gemacht ist, dürfen Kindern und Jugendlichen grundsätzlich nicht zugänglich gemacht werden (Einzelheiten in § 15). – 3. Über die Aufnahme in die *Liste jugendgefährdender Medien* und die Streichung aus der Liste entscheidet die vom Bund errichtete Bundesprüfstelle für jugendgefährdende Medien. Jugendgefährdende Träger- und Telemedien sind v.a. unsittliche, verrohend wirkende, zu Gewalttätigkeit, Verbrechen oder Rassenhass anreizende Medien (§§ 17 f.). Die personelle Besetzung der Bundesprüfstelle und das Vorschlagsrecht dazu, das Verfahren, die Antragsberechtigung und die Führung der Liste regeln die §§ 19–25. Einzelheiten in der Verordnung zur Durchführung des Jugendschutzgesetzes vom 9.9.2003 (BGBl. I 1791) m.spät.Änd. – 4. *Verstöße gegen die Verbote des Jugendschutzgesetzes* sind straf- und bußgeldbewehrt (§§ 27 f.).

Jugendstrafrecht – Das Jugendstrafrecht bezeichnet als Sammelbegriff die für Jugendliche geltenden bes. strafrechtlichen und strafverfahrensrechtlichen Vorschriften. – 1. *Regelung* im Jugendgerichtsgesetz (JGG) i.d.F. vom 11.12.1974 (BGBl. I 3427), zuletzt geändert durch das Gesetz zur Erweiterung der jugendgerichtlichen Handlungsmöglichkeiten vom 4.9.2012 (BGBl.I S. 1854). – 2. Das Gesetz gilt für *Jugendliche* und *Heranwachsende,* soweit diese im Einzelfall aufgrund ihres Reifegrades oder der Art ihrer Tat einem Jugendlichen gleichzustellen sind (§ 105 JGG). Jugendlicher ist, wer z Zt. der Straftat 14, aber noch nicht 18 Jahre (→ Strafmündigkeit), Heranwachsender, wer z.Zt. der Tat 18, aber noch nicht 21 Jahre alt ist. – 3. *Inhalt:* Das Jugendstrafrecht ist am *Erziehungsgedanken* orientiert. Es kennt nicht die im Erwachsenenstrafrecht vorgesehenen → Strafen. An ihre Stelle treten Erziehungsmaßregeln, Zuchtmittel und Jugendstrafe. – 4. *Jugendstrafverfahren* weicht vom allg. Strafprozessrecht erheblich ab (§§ 43–81 JGG), ist v.a. nicht öffentlich (§ 48 JGG).

Jugend- und Auszubildendenversammlung – kann die → Jugend- und Auszubildendenvertretung vor oder nach jeder → Betriebsversammlung im Einvernehmen mit dem → Betriebsrat einberufen. Die Leitung der Jugend- und Auszubildendenversammlung obliegt dem Vorsitzenden der Jugend- und Auszubildendenvertretung (§ 71 BetrVG).

Jugend- und Auszubildendenvertretung – im BetrVG vorgesehene Interessenvertretung für Jugendliche und Auszubildende. Sie ist für alle Betriebe zu wählen, die entweder mind. fünf Jugendliche unter 18 Jahren oder Auszubildende unter 25 Jahren beschäftigen (§§ 60 ff. BetrVG). Die Jugend- und Auszubildendenvertretung soll den zum Betriebsrat nicht wahlberechtigten jugendlichen Arbeitnehmern Gelegenheit geben, ihre bes. Belange im Betrieb selbst zu vertreten. – *Amtszeit:* zwei Jahre. – *Rechte:* Die Jugend- und Auszubildendenvertretung kann zu allen Sitzungen des Betriebsrats einen Vertreter entsenden. – Nach § 78a BetrVG gelten für alle Auszubildenden, die während ihrer Ausbildungszeit zum Mitglied des Betriebsrats, der Jugend- und Auszubildendenvertretung etc. gewählt worden sind, bes. Schutzvorschriften.

Juglar-Zyklus → Konjunkturzyklus.

Juliusturm – Bezeichnung vom ersten Finanzminister der Bundesrepublik Deutschland für angehäufte Kassenreserven in den 1950er-Jahren; genannt nach einem Turm der ehemaligen Zitadelle in Berlin-Spandau, in dem bis 1914 ein Teil der franz. Kriegsentschädigung als „Kriegsschatz" aufbewahrt wurde.

junge Aktien – *neue Aktien;* die bei einer → Kapitalerhöhung neu ausgegebenen → Aktien, im Gegensatz zu den alten Aktien. Die Inhaber *alter Aktien* erhalten i.d.R. ein → Bezugsrecht auf die jungen Aktien oder auf einen Teil davon. Sobald die jungen Aktien den alten hinsichtlich → Dividende etc. gleichstehen, entfällt die Bezeichnung "junge Aktie" und die gesonderte Notierung im Börsenverkehr. – Vgl. auch → Freiaktien.

Junior Debt – *Junior Debenture;* engl. Bezeichnung für *nachrangiges Fremdkapital,* also Fremdkapital, das im Insolvenzfall erst nach anderem Fremdkapital zurückbezahlt wird. Im Rahmen der → Mezzanine-Finanzierung handelt es sich bei den Junior Debts um ungesicherte nachrangige Darlehen, die in ihrem Rang unmittelbar vor dem Eigenkapital stehen. – *Gegensatz:* → Senior Debt.

Juniorfirma → Lernort zur Ergänzung der betrieblichen Ausbildung, an dem kaufmännische Auszubildende weitgehend selbstständig und in eigener wirtschaftlicher Verantwortung, jedoch im rechtlichen Rahmen des Ausbildungsbetriebes, einen Miniaturbetrieb führen, der i.d.R. Gegenstände vertreibt, die in der gewerblichen Ausbildung gefertigt werden. – *Ziel:* Förderung der beruflichen Handlungs- und Problemlösefähigkeit durch die kooperative Bewältigung realer, ganzheitlicher Arbeitsaufgaben im Rahmen einer überschaubaren, aber komplexen Organisationseinheit.

Junk Bond – *Ramsch-, Schrott-, High-Yield-Anleihe,* hochverzinsliche Schuldverschreibung von Emittenten schlechter → Bonität, deshalb mit hohem Risiko. Ursprünglich wurden Junk Bonds in den USA im Zusammenhang mit der Finanzierung von Unternehmensübernahmen (→ Leveraged Buyouts) bei geringem Eigenkapitalanteil begeben. Heute entstehen Junk Bonds auch durch die Abwertung bisher höher eingestufter Unternehmen durch Ratingagenturen in den Speculative Grade.

JURIS – Abk. für *Juristisches Informationssystem für die Bundesrepublik Deutschland;* Sitz in Saarbrücken; größte juristische Datenbank mit juristischen Dokumenten u.a. Rechtsprechung, Literatur, Normen (ca. 99 Prozent des geltenden Bundesrechts).

Jurist – Bezeichnung für die mit der Rechtsanwendung befassten Berufe, in dieser allg. Formulierung weder gesetzlich geregelt noch als Titel etc. geschützt. Die Grundzüge der Juristenausbildung sind in den §§ 5 f. Deutsches Richtergesetz (DRiG) enthalten, Einzelheiten sind in den Vorschriften des → Landesrechts (Juristische Ausbildungs- und Prüfungsordnungen) geregelt. Der Jurist erwirbt nach Studium an einer Universität und praktischer Ausbildung (Referendariat) durch die Ablegung zweier Staatsexamina die Befähigung zum Richteramt. Hierdurch ist er zur Führung des Titels Assessor berechtigt. Die Befähigung zum Richteramt ist Voraussetzung für die Tätigkeit als Richter, Staatsanwalt, → Rechtsanwalt und → Notar. Promotion zum Dr. iuris nach Maßgabe der Promotionsordnungen der einzelnen Fakultäten. – Eine Umstellung des traditionellen Studiums in einen Bachelor- und einen Masterteil ist für die Juristenausbildung ebenso wie für die Medizinerausbildung hoch umstritten. Unabhängig von dieser grundsätzlichen Reformdiskussion vollziehen sich gewichtige Änderungen dadurch, dass zahlreiche Universitäten und auch Fachhochschulen Studien anbieten, die juristische Kenntnisse für andere Berufe vermitteln (Wirtschaftsrecht für Betriebswirte, Planungsrecht für Architekten usw.) oder Aufbaukenntnisse für traditionell ausgebildete Juristen (Mediation, Steuerrecht). Der Trend zur Spezialisierung wird auch daran erkennbar, dass sich Anwälte als → Fachanwälte zulassen können.

juristische Person – Personenvereinigung oder Zweckvermögen mit vom Gesetz anerkannter rechtlicher Selbstständigkeit. Die juristische Person ist Träger von Rechten und Pflichten, hat Vermögen, kann als Erbe eingesetzt werden, in eigenem Namen klagen und verklagt werden. – 1. Juristische Personen des *Privatrechts* sind u.a.: → eingetragene Vereine (e. V.), → Stiftungen, die → Aktiengesellschaften (AG), → Gesellschaften mit beschränkter Haftung (GmbH), → Kommanditgesellschaften auf Aktien (KGaA), eingetragene → Genossenschaften und die → Partnerschaftsgesellschaften (PartG). Teilnahme am Wirtschaftsleben durch gewählte oder mittels Satzung bestimmte Organe, durch die sie handelt. Grundsätzlich keine persönliche Haftung der Gesellschafter oder Mitglieder. Anmeldung zum Handelsregister erfolgt ggf. durch sämtliche vertretungsberechtigten Vorstandsmitglieder bzw. Geschäftsführer. – Juristische Personen sind nicht deliktsfähig, also auch strafrechtlich nicht verantwortlich. An ihrer Stelle können ihre Organträger (Vorstand, Geschäftsführer etc.) bestraft werden (§ 14 I Nr. 1 StGB). Sonderregelung im → Ordnungswidrigkeitengesetz (OWiG) (§§ 29, 30 OWiG). – 2. Juristische Personen des *öffentlichen Rechts* sind z.B. die → Körperschaften des öffentlichen Rechts wie Staat, Gemeinden, Gemeindeverbände, öffentliche Sparkassen. Auch → Anstalten oder → Stiftungen des öffentlichen Rechts, die als selbstständige Träger von Rechten und Pflichten Verwaltungsaufgaben außerhalb der durch die → Behörden dargestellten unmittelbaren Staatsverwaltung erledigen. – Juristische Personen des öffentlichen Rechts können sich hoheitlicher Mittel (z.B. Erlass von → Verwaltungsakten oder Anwendung des Verwaltungszwangs) bedienen. Sie unterliegen der *Staatsaufsicht* durch die zuständige Verwaltungsbehörde.

Just in Time (JIT) – Organisationsprinzip, das die bedarfsgenaue → Implementierung unternehmensinterner und -übergreifender Güteraustauschprozesse zum Ziel hat. Die Just-in-time-Produktion und -Zulieferung strebt über die Schaffung durchgängiger Material- und Informationsflüsse entlang der gesamten Wertschöpfungskette (Fluss- statt Funktionsoptimierung) eine hohe Markt- und Kundenorientierung an, die sich in einem nachfragegerechten Lieferservice für qualitativ hochwertige Leistungen konkretisiert. Als konstitutive Bausteine des Just-in-time-Konzeptes wird i.d.R. eine integrierte Informationsverarbeitung (Einführung des Holprinzips, elektronische Kommunikation in Produktion und Beschaffung, Kombination mehrerer Planungs- und Steuerungsmethoden), die Fertigungssegmentierung (Schaffung produkt- und technologieorientierter Produktionseinheiten, Gruppenorganisation, Flussoptimierung) und die produktionssynchrone Beschaffung angesehen. Die Realisation von Just-in-time-Konzepten führt zur Reduzierung des Umlaufvermögens und verändert somit die vertikale und horizontale Bilanzstruktur.

Justitiar – der ständig mit der Bearbeitung der Rechtsangelegenheiten eines Unternehmens, eines Verbandes, einer Behörde etc. betraute → Jurist. – Vgl. auch → Syndikus.

Justiz – 1. *I.w.S.:* die rechtsprechende Gewalt (→ Gewaltenteilung). – 2. *I.e.S.:* die → ordentliche Gerichtsbarkeit.

Justizverwaltungsakt – Verwaltungsakt der Justizverwaltung. – *Gegensatz:* (1) Entscheidungen der Gerichte, die ihnen als sachlich und persönlich unabhängigen Rechtsprechungsorganen zugewiesen sind, z.B. Entscheidung von Rechtstreitigkeiten; (2) Selbstverwaltung der Gerichte (Geschäftsverteilung). – Dazu gehören etwa Gewährung von → Akteneinsicht, Anerkennung ausländischer Ehescheidungsurteile oder Durchführung der Hinterlegung. Über die Rechtmäßigkeit der Justizverwaltungsakte und die Verpflichtung zum Erlass eines abgelehnten oder unterlassenen Justuzverwaltungsakt entscheiden die Gerichte der → ordentlichen Gerichtsbarkeit (§§ 23 ff. EGGVG).

Justum Pretium – lat. für gerechter → Preis, von den mittelalterlichen Scholastikern vertretene Lehre, wonach derjenige Preis als gerecht anzusehen ist, der die Produktionskosten des betreffenden Gutes deckt, wobei diese aber auf der Grundlage des „standesgemäßen Unterhalts“ der Produzenten kalkuliert sein müssen. Die normative Lehre vom Justum Pretium ist demnach eine Kostentheorie des Preises ohne Berücksichtigung der Nachfrageseite. – Vgl. → Produktions- und Kostentheorie.

K

K → Reichweite.

Kabelweitersendung – aus dem Senderecht abgeleitetes selbständiges urheberrechtliches Nutzungsrecht, ein gesendetes Werk im Rahmen einets zeitgleich, unverändert und vollständig weiterübertragenen Programms durch Kabelsystem oder Mikrowellensysteme weiterzusenden. Dieses Recht kann nur durch Verwertungsgesellschaften geltend gemacht werden, soweit nicht ein Sendeunternehmen diese Rechte für seine eigenen Sendungen geltend macht (§ 20b UrhG). Zweck der Regelung ist es, dass weitersendende Unternehmen nicht gezwungen sein sollen, die einzelnen Urheberrechte an den weitergesendeten Programmteilen gesondert zu erwerben.

Kabotage – I. Allgemein: Beförderungen innerhalb eines Staates sind nationalen Verkehsunternehmen vorbehalten. Durch bilaterale und übernationale Vereinbarungen und im Rahmen der Globalisierung verliert diese Regelung an Bedeutung. So dürfen z.B. Verkehrsunternehmen des Straßengüterverkehrs und der Binnenschifffahrt der EU-Mitgliedsstaaten auch nationalen Verkehr in anderen Mitgliedsstaaten durchführen.

II. Seeverkehrsrecht: 1. Seerechtliche Unterscheidungen als Grundlage für das Recht der einzelnen Staaten, die Küstenschifffahrt der eigenen Flagge vorzubehalten. – 2. *Formen:* (1) *Große Kabotage:* Schifffahrt zwischen Häfen des gleichen Staates, auch zwischen Mutterland und Kolonien. (2) *Kleine Kabotage:* Schifffahrt zwischen Häfen desselben Staates und Meeres. (3) *Fluss-Kabotage:* Schifffahrt zwischen Binnenhäfen eines Staatsgebiets.

III. Internationales Luftverkehrsrecht: Recht eines Staates zur Genehmigung der Beförderung von Flugpassagieren und Fracht durch Flugzeuge innerhalb des eigenen Staatsgebiets.

Kabotagevorbehalt – Recht, das sich i.d.R. ein Staat vorbehält. Er schließt den zwischen zwei Orten des gleichen Staatsgebiets (Binnenverkehr) von ausländischen, also nicht in diesem Staat ansässigen Verkehrsunternehmern durchgeführten Verkehr aus. Innerhalb der EU ist der Kabotagevorbehalt für Unternehmen aus Mitgliedsstaaten weitgehend aufgehoben. – Vgl. auch → Kabotage.

KAD – Abk. für → Kontoauszugsdrucker.

Kaduzierung – Ausschluss von Mitgliedern einer Gesellschaft bei Verzug mit der Einzahlung ihres Kapitalanteils (ggf. der Nachschüsse). Die säumigen Mitglieder werden ihres Anteils für verlustig erklärt: a) Bei der *GmbH* nach fruchtlosem Ablauf der durch Einschreibebrief gesetzten Nachfrist von mind. einem Monat (§ 21 GmbHG). – b) Bei der *AG* nach dreimaliger fruchtloser Aufforderung; Nachfrist beträgt einen Monat von letzter Bekanntmachung oder Aufforderung an (§ 64 AktG). Jeder im → Aktienregister eingetragene Vormann (→ Zwischenaktionär) eines gemäß § 64 AktG ausgeschlossenen Aktionärs haftet für den Rückstand (§ 65 AktG).

Kaffeefahrten → Kundenfang.

Kaffeelager – Steuerlager für Kaffee im Sinn der Kaffeesteuer (§ 7 KaffeeStG).

Kaffeesteuer – 1. *Begriff:* → Verbrauchsteuer auf Kaffee (Röstkaffee, löslicher Kaffee, kaffeehaltige Waren), wird erhoben im Gebiet der Bundesrepublik ohne Büsingen und Helgoland. Erhebung und Verwaltung liegen in der Hand der Zollverwaltung des Bundes (Art. 108 I 1 GG), der Ertrag steht dem Bund zu (Art. 106 I 2 GG). Kaffeesteuer ist eine Mengensteuer. – 2. *Gesetzliche Grundlage:* Kaffeesteuergesetz (KaffeeStG) vom 21.12.1992 (BGBl. I 2 2199) m.spät.Änd. zuletzt mit Wirkung zum 1.1.2007. – 3. *Besteuerungsgrundsätze:* Im Grundsatz wird Kaffeesteuer erhoben auf Kaffee, der im Steuergebiet dem Endverbrauch zugeführt wird. Die → Ausfuhr von Kaffee ist daher steuerbefreit, die → Einfuhr aus anderen Gebieten (auch im Wege des Versandhandels) führt zum Entstehen der Steuerpflicht. Ausnahmen gelten für die Einfuhr von Kaffee aus anderen EU-Mitgliedsstaaten (mengenmäßig unbegrenzt steuerfrei, sofern ein privater Endverbraucher die Einfuhr für seinen eigenen privaten Endverbrauch selbst vornimmt) oder bei der Einfuhr als Reisemitbringsel aus Drittstaaten (500 g Kaffee oder 200 g Auszüge, Essenzen oder Konzentrate bzw. Zubereitungen hieraus; bei Einfuhr durch Bewohner grenznaher Gemeinden, Grenzgänger und ähnliche Personen nur 50 g bzw. 20 g). – 4. *Steuersätze:* Für Röstkaffee 2,19 Euro/kg, für löslichen Kaffee 4,78 Euro/kg, bei kaffeehaltigen Waren gestaffelt nach dem Gehalt an Röst- oder löslichem Kaffee je kg der Ware (§3 KaffeeStG). – 5. *Steuerschuldner, Haftung und Steuerentstehung:* Kaffeesteuer entsteht bei Entnahme aus dem Steuerlager, sofern er danach in den Verbrauch gelangt oder keine weitere Steueraussetzung erfolgt. Die Kaffeesteuer wird dann vom Inhaber des Steuerlagers geschuldet. Sonderregelungen für Spezialfälle (z.B. Versandhandel). Bei Einfuhr aus Drittstaaten gilt Zollrecht (§ 13 KaffeeStG). – 6. *Steuerbefreiungen:* Außer bei Ausfuhr auch bei Vernichtung unter Steueraufsicht, Verwendung als Probe für betriebliche oder amtliche Untersuchungen, Herstellung in Privathaushalten zum Eigenverbrauch. – 7. *Steuererstattung und -vergütung:* auf Antrag, wenn Kaffee nachweislich aus dem freien Verkehr in ein Steuerlager zurückgenommen wird. – 8. *Steueraufsicht:* Herstellung und

Warenverkehr mit Kaffeesteuer unterliegen der Steueraufsicht. Kaffee, für den eine gewerbliche Verwendung anzunehmen ist und für den der Nachweis ordnungsmäßiger Versteuerung oder Steueraussetzung nicht geführt werden kann, kann sichergestellt werden. – 9. *Anzeigepflichten:* bei Einfuhr von Kaffee zu gewerblichen Zwecken aus anderen Mitgliedsstaaten vor Beginn der Beförderung. – 10. *Aufkommen:* rd. 1,1 Mrd. Euro (2007), rd. 1 Mio. Euro (2006), 980,1 Mio. Euro (2003), 1.090,7 Mio. Euro (2002), 1.038,8 Mio. Euro (2001), 1.086,8 Mio. Euro (2000), 1.117,8 Mio. Euro (1995), 986 Mio. Euro (1990), 801 Mio. Euro (1985), 756 Mio. Euro (1980), 647 Mio. Euro (1975), 540 Mio. Euro (1970), 488 Mio. Euro (1965), 352 Mio. Euro (1960), 176 Mio. Euro (1955), 174 Mio. Euro (1950).

KAGG – *Gesetz über Kapitalanlagegesellschaften,* gesetzliche Grundlage für die Tätigkeit der → Kapitalanlagengesellschaften seit 1970, durch alle sog. Finanzmarktförderungsgesetze modifiziert und schließlich durch das → Investmentgesetz (InvG) 2003 abgelöst.

Kahlpfändung→ Pfändung und → Verwertung aller Vermögensgegenstände eines Schuldners. Zur Verhinderung der Kahlpfändung sind in § 811 ZPO gewisse Vermögensstücke für unpfändbar erklärt und dadurch der Zwangsvollstreckung entzogen (→ Unpfändbarkeit); auch das Arbeitseinkommen ist nur teilweise pfändbar (→ Lohnpfändung). – *Rechtsmittel:* Gegen Kahlpfändung kann der Schuldner → Erinnerung einlegen. – Vgl. auch → Vollstreckungsschutz.

Kahneman – Daniel, geb. 1934, Psychologe, der – nach Professuren in Jerusalem, Vancouver und Berkley – seit 1993 in Princeton lehrt; → Nobelpreis für Wirtschaftswissenschaften 2002 (zusammen mit → Smith). Kahneman erhielt Nobelpreis für das Einführen von Einsichten der psychologischen Forschung in die Wirtschaftswissenschaft, bes. im Hinblick auf Beurteilungen und Entscheidungen bei Unsicherheit. Zusammen mit dem 1996 verstorbenen Tversky hat er aufgezeigt, wie Entscheidungen von den Vorhersagen der ökonomischen Theorie abweichen können. – *Grundlegende Arbeit:* Kahneman/Slovic/Tversky (Hrsg.), „Judgement under Uncertainty: Heuristics and Biases" (1982).

Kaiserliche Botschaft → Bismarcksche Sozialversicherungspolitik.

Kai-Teilschein – Form des → Konnossement-Teilscheins. Die Kai-Teilscheine werden vom Besitzer des Original-/Gesamtkonnossements ausgestellt, gegen die am Kai die Ware erst dann ausgeliefert wird, wenn das Konnossement abgestempelt durch die Reederei (Schiffsmakler) der Kaiverwaltung vorliegt.

Kaizen – 1. *Charakterisierung:* Verfahren aus der japanischen Fertigungstechnik; bedeutet konsequentes → Innovationsmanagement oder einfach Verbesserung. Kaizen stellt einen permanenten Verbesserungsprozess dar. Kaizen bedeutet nicht nur Produktverbesserung, sondern Verbesserung aller betrieblichen Prozesse (Entwicklung, Produktion, Vertrieb, Distribution etc.). Die Zielsetzungen sind: (1) Qualität von Anfang an; (2) Standardisierung der Arbeitsvorgänge nach den Überlegungen der beteiligten Mitarbeiter durch Identifikation mit der Aufgabe und korrektes Befolgen der selbst gesetzten Standards; (3) bewusste und eigenverantwortliche Vermeidigung von Ressourcenverschwendung (Zeit, Material); (4) eigenständiges Erkennen und Beseitigen von Schwachstellen. – 2. *Voraussetzungen:* Kaizen setzt einen kooperativen → Führungsstil voraus. Funktionsübergreifende, interdisziplinäre Zusammenarbeit in Gruppen ist ein Grundsatz der Arbeitsorganisation. Konsens statt Einzelentscheidung durch Vorgesetzte, gemeinsame klare Zielformulierungen und intensive Informationsvermittlung von oben nach unten sowie umgekehrt sind weitere wichtige Aspekte des Konzeptes. – 3. Die *Idealvorstellung* ist der qualifizierte, aktive, eigenverantwortliche und kreative Mitarbeiter, der für seinen Einsatz eine differenzierte und individuelle Anerkennung und finanzielle Entlohnung erhält.

Kaldor – Nicholas, 1908–1986, aus Ungarn stammender engl. Nationalökonom, der bis zu seinem Rücktritt 1975 in Cambridge lehrte. Kaldor war Anhänger der Lehre von → Keynes, dem er auf einigen Gebieten – wie dem Wachstum – mehr dem Geist als dem Buchstaben nach folgte. In seinen wirtschaftstheoretischen Arbeiten beschäftigte er sich mit Problemstellungen der Wohlfahrtstheorie (bekannt als das von ihm formulierte → Kaldor-Hicks-Kriterium, eines der wichtigsten → Kompensationsprinzipien), der Kapitaltheorie, der → Konjunkturtheorie und der → Wachstumstheorie (sein Wachstumsmodell ist unter dem Namen Kaldor-Modell bekannt, vgl. zum Modell selbst → Konjunkturtheorie). Kaldor hat eine umfangreiche Tätigkeit als wirtschaftspolitischer Berater entfaltet. Das schriftliche Werk Kaldors besteht nahezu vollständig aus Aufsätzen, die in den „Collected Economic Essays", 8 Bde. (1960–1980), geschlossen erschienen sind.

Kaldor-Fakten – von Nicholas Kaldor (1963) aufgestellter Katalog an stilisierten Fakten, denen der Wachstumsprozess typischerweise folgt und mit *balanced growth* (gleichgewichtigem Wachstum) gleichgesetzt wird: (1) Der Pro-Kopf Output wächst über die Zeit. (2) Die Kapitalausstattung pro Kopf (Kapitalintensität) wächst über die Zeit. (3) Die Verzinsung des Kapitalstocks ist nahezu konstant. (4) Das Verhältnis von physischem Kapital zu aggregiertem Output ist konstant. Damit wachsen beide Aggregate mit gleicher und konstanter Rate. (5) Die Einkommensverteilung zwischen Arbeit und Kapital ist nahezu konstant, d.h. die Lohnquote und die Profitquote sind nahezu konstant.

Kaldor-Hicks-Kriterium – 1. *Begriff:* Das Kaldor-Hicks-Kriterium erweitert die Anwendbarkeit des

→ Pareto-Optimums im Rahmen der → paretianischen Wohlfahrtsökonomik durch die Berücksichtigung des → Kompensationsprinzips. – Das Kaldor-Hicks-Kriterium besagt, dass das → Wohlfahrtsoptimum noch nicht erreicht ist, wenn durch eine nachträgliche allokationsneutrale Umverteilung in Form einer Kompensationszahlung Wohlfahrtsgewinne realisiert werden können. Wenn die potenziellen Gewinner der Umverteilung in der Lage sind, die potenziellen Verlierer durch Kompensationszahlungen zu entschädigen, wirkt die kompensationsbegleitete Umverteilung wohlfahrtssteigernd. Mit anderen Worten: Die gesamten Wohlfahrtsgewinne müssen so groß sein, dass auch nach der vollständigen Entschädigung der Umverteilungsverlierer mind. ein marginaler positiver Nettogewinn übrig bleibt, d.h., eine pareto-superiore Situation erreicht wird. – 2. *Beurteilung:* Die Kritik am Kaldor-Hicks-Kriterium entzündet sich an der impliziten Annahme kostenloser Umverteilungsaktivitäten. Außerdem verlangt das Kaldor-Hicks-Kriterium nicht, dass die Kompensationszahlungen auch tatsächlich geleistet werden. Sie müssen lediglich möglich sein. Schließlich hat Scitovsky nachgewiesen, dass mit dem Kaldor-Hicks-Kriterium nicht eindeutig das → Wohlfahrtsoptimum bestimmt werden kann und aus diesem Grund ergänzend den → Scitovsky-Doppeltest entwickelt.

Kaldor-Hicks-Kriterium

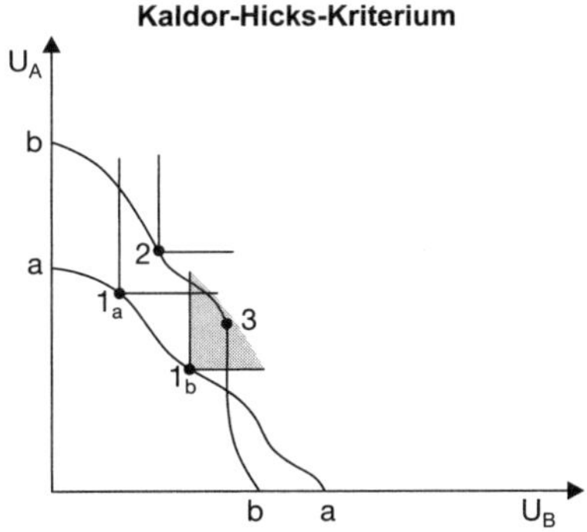

U_A = (ordinaler) Nutzen des A
U_B = (ordinaler) Nutzen des B
aa = Nutzenmöglichkeitskurve des A
bb = Nutzenmöglichkeitskurve des B
\\ = Pareto-Feld

Kaldor-Modell – Modell der → Konjunkturtheorie, von → Kaldor (1940) entwickelt. Wichtigste Konsequenz des Kaldor-Modells ist das Zustandekommen endogener → Konjunkturzyklen, die im Zeitverlauf nicht verschwinden; wurde im → Chang-Smyth-Modell formalisiert.

Kaldors Wachstumsmodell – Wachstumsmodell (→ postkeynesianische Wachstumstheorie) von → Kaldor mit den entscheidenden Größen technischer Fortschritt und Profitrate: (1) → Technische Fortschrittsfunktion (TFF): Mithilfe der TFF gelingt es Kaldor, den positiven Einfluss eines autonomen und induzierten technischen Fortschritts auf die Höhe der gleichgewichtigen Wachstumsrate der Pro-Kopf-Produktion abzubilden. Die TFF basiert auf einer neoklassischen → Produktionsfunktion, die für die Produktionsfaktoren Arbeit, Kapital und technischer Fortschritt sinkende Grenzerträge aufweist. Kaldor endogenisiert und erklärt damit einen Teil des technischen Fortschritts durch die Hypothese, dass mit der Kapitalintensivierung der Produktion weiterer technischer Fortschritt induziert wird. Davon zu unterscheiden ist der *autonome technische Fortschritt* (F^{aut}), der unabhängig von der Kapitalintensivierung ist. N. Kaldors TFF beschreibt nun den Einfluss der zunehmenden Kapitalintensivierung T (Erhöhung des Kapitaleinsatzes (K) je Arbeitskraft (A)) und des technischen Fortschritts auf das intensive Wachstum, d.h. auf die Entwicklung des Nationaleinkommens (X) je Arbeitskraft (A):

$$(1) \qquad W_{X/A} = \alpha W_{K/A} + F^{aut}.$$

Der Parameter α ist die Summe aus der direkten Produktionselastizität des Kapitals (n) und einem Faktor (a), der angibt, in welchem Ausmaß durch die zunehmende Kapitalintensivierung (positives $w_{K/A}$) technischer Fortschritt induziert wird. Diese Gleichung lässt sich auch in der neoklassischen Produktionstheorie ableiten, solange α konstant bleibt. Kaldor behauptet jedoch, α werde bei rascherer Kapitalintensivierung kleiner. Er begründet dies u.a. damit, dass zunächst die profitabelsten Neuerungen und später die weniger profitablen durchgeführt werden. Ein weiterer Grund liege darin, dass die Lerneffekte, die durch den Umgang mit neuen Maschinen erzielt werden, zunächst stark sind und dann immer mehr abnehmen. Dank des im nächsten Abschnitt erläuterten Stabilisierungsmechanismus wird der Wachstumsprozess immer wieder auf den langfristigen Gleichgewichtspfad zurückgeführt, auf dem Nationaleinkommen und Kapitalbestand mit gleicher Rate wachsen. Die Höhe dieser Rate wird allein von der Lage der TFF bestimmt. Dies zeigt die Gleichsetzung von w_X und w_K in Gleichung (1), die zur Gleichung (2) führt:

$$(2) \qquad w^*_{X/A} = F^{aut}/(1-\alpha).$$

Das Tempo des autonomen und induzierten technischen Fortschritts bestimmt die gleichgewichtige Wachstumsrate der Pro-Kopf-Produktion. Die Durchsetzung des technischen Fortschritts betrachtet Kaldor unter gesellschaftlichem Aspekt und spricht von der technischen Dynamik einer Volkswirtschaft, d.h. von ihrer Bereitschaft, neue Techniken anzuwenden und deren Folgen zu akzeptieren. (2) *Profitratenabhängige Investitionen:* Die Unternehmer orientieren sich bei ihrer Investitionsentscheidung an der erwarteten Nachfrageänderung und der erwarteten Änderung der Profitrate bzw. der Verzinsung des eingesetzten Kapitals (G/K); wobei: G = Gewinn = Umsatz – Kosten. Die von Nachfrageänderungen induzierten Investitionen lassen sich aus der TFF ableiten (für $w_A = 0$):

$$(3) \qquad I_t(\Delta N) = (w_{X,t-1} - F^{aut})K_t/\alpha.$$

Festzulegen bleibt, welche *Nachfrageänderung* (DN) die Unternehmer erwarten. Hier wählt Kaldor die folgenreiche Annahme, die erwartete Nachfrageänderung entspräche stets der Wachstumsrate des Nationaleinkommens der Vorperiode. Dadurch werden destabilisierenden Erwartungsfehler, die im Harrod-Domar-Modell eine entscheidende Rolle spielen, ausgeschlossen. Bei den *profitratenabhängigen Investitionen* nimmt Kaldor an, dass sich die Unternehmen an der Änderung der Kapitalproduktivität der Vorperiode orientieren. Diese Annahme stützt auf die definitorische Beziehung G/K = X/K · G/X, wonach ein positiver Zusammenhang zwischen der Profitrate G/K und der Kapitalproduktivität X/K besteht, bes. wenn die Gewinnquote (G/X), wie Kaldor annimmt, konstant ist. Daraus folgt für die profitratenabhängigen Investitionen (wobei τ die Stärke des Einflusses angibt):

$$(4) \qquad I_t(G/K) = \tau d(X_{t-1}/K_{t-1})/dt.$$

Für den gleichgewichtigen Wachstumspfad nimmt Kaldor wie Harrod und Domar Periodengleichgewicht an. Damit gilt auch hier:

$$(5) \qquad w_K^* = I/K = sX/K = s/\beta.$$

Wenn s und β konstant sind, befindet sich die mit dieser Rate wachsende Volkswirtschaft im *dynamischen Gleichgewicht*. Da s annahmegemäß konstant ist, beschränkt sich die Gleichgewichtsbedingung auf die Relation von K und X. Diese darf sich im Zeitablauf nicht verändern, denn nur dann ist β konstant. Durch die Annahme N. Kaldors, die nachfrageinduzierten Investitionen orientierten sich an der realisierten Wachstumsrate der Vorperiode, würde in jeder Periode die Wachstumsrate der Vorperiode reproduziert, sofern es nur diese Investitionen gäbe. Da aber zusätzlich zur Nachfrage auch die Profitratenerwartung relevant ist, gibt es nur eine einzige stabile gleichgewichtige Wachstumsrate. Bei dieser ist die Kapitalproduktivität konstant. In der Abbildung „Kaldors Wachstumsmodell" ist sie mit P_0 gekennzeichnet. Solange das reale Inlandsprodukt und der Kapitalbestand mit unterschiedlichen Raten wachsen, ändert sich dagegen mit der Kapitalproduktivität die Profitratenerwartung so, dass die Akkumulationsrate des Kapitals sich der gleichgewichtigen Wachstumsrate annähert. Hinter diesem Stabilisierungsmechanismus steht die Annahme des *sinkenden Grenzertrages des Sachkapitals*, und zwar trotz des induzierten technischen Fortschritts. Wenn also z.B. in der Abbildung „Kaldors Wachstumsmodell" links von P_0 das Nationaleinkommen rascher wächst als der Kapitalbestand, steigt zwar die Kapitalproduktivität, aber dieser Anstieg ist nicht von Dauer. Vielmehr nähern sich beide Wachstumsraten wegen der zusätzlichen, profitratenabhängigen Investitionen einander an. Im Gleichgewicht ist die Kapitalproduktivität konstant, die Unternehmer rechnen mit einer konstanten Profitrate, und es werden keine profitratenabhängigen Investitionen mehr induziert.

Kaldors Wachstumsmodell

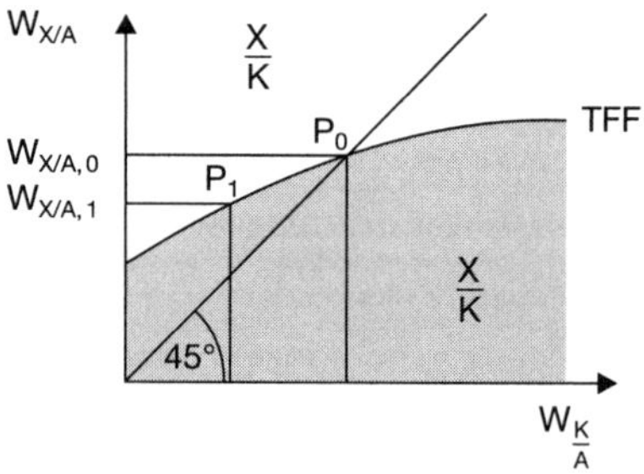

(3) *Modifikation:* Der Zusammenhang zwischen Profitrate und Kapitalproduktivität ist nicht mehr so eng, wenn die *Annahme der konstanten Einkommensverteilung* (G/X) fallen gelassen wird, wie die definitorische Beziehung G/K = G/X · X/K zeigt. Es wäre denkbar, dass eine sinkende Gewinnquote die steigende Kapitalproduktivität teilweise oder vollständig kompensiert. Der Stabilisierungsmechanismus ist damit außer Kraft gesetzt. Dass dieser Fall nicht völlig abwegig ist, zeigt die intensivere Auseinandersetzung mit N. Kaldors Verteilungstheorie (→ Keynes-Kaldor-Verteilungstheorie). Die *stabilisierende Wirkung einer variablen Kapitalproduktivität* hat Kaldor mit der neoklassischen Wachstumstheorie gemein. Dennoch steuert der Unternehmer durch seine Investitionsentscheidungen den Akkumulationsprozess. In der neoklassischen Wachstumstheorie dagegen passen sich die Unternehmer an Faktorpreisveränderungen an, die mit der variablen Kapitalproduktivität einhergehen.

Kaldor-Verteilung → Keynes-Kaldor-Verteilungstheorie.

Kalecki-Verteilung → Keynes-Kaldor-Verteilungstheorie.

Kalenderzeitanalyse – Betrachtungsweise in der betrieblichen Planung und Kostenlehre, durch die das Problem einer geeigneten zeitlichen Differenzierung gelöst werden soll (→ Fristigkeit). Nach der Kalenderzeitanalyse kann der jeweilige Planungszeitraum willkürlich gewählt werden. Im Gegensatz zur → Kurzperiodenanalyse sind auch in abgegrenzten Teilperioden grundsätzlich alle Entscheidungen und

Variationen aller → Produktionsfaktoren zulässig, wenn nur die Auswirkungen, die diese Entscheidungen in anderen Teilperioden nach sich ziehen, bei der Bewertung der Alternativen entsprechend berücksichtigt werden. Diese Bewertung bedeutet allerdings erhebliche Schwierigkeiten, sodass eine echte zeitliche Zerlegung letztlich nicht erreicht wird.

Kalibrierung, statistische – Bei fehlenden Werten in Erhebungen, z.B. unvollständig ausgefüllten Fragebögen, (→ Non-Response-Problem) die Substitution eines solchen mithilfe eines Regressionsansatzes (Regressionsanalyse). Aus einem aus vollständigen Datensätzen ermittelten Regressionsansatz wird für einen weiteren Wert der abhängigen Variablen der zugehörige Wert der unabhängigen Variablen geschätzt. Statistische Kalibrierung gehört neben Imputation zu den Missing-Data-Techniken.

Kalkül – im wissenschaftstheoretischen Sinn ein System von Zeichen und Operationsregeln, bei dem die Bedeutung der Zeichen keine Rolle spielt. Daher auch *formaler Kalkül* bzw. *abstrakter Kalkül*.

Kalkulation – *Selbstkostenrechnung*. 1. *Begriff:* a) *I.w.S.:* Jede Art der rechnungsbezogenen Zusammenfassung von Kosteninformationen (z.B. Kalkulation der Kosten eines Fertigungsverfahrens), d.h. Kalkulation wird gleichgesetzt mit → Auswertungsrechnung. – b) *I.e.S.:* Teilgebiet der → Kostenträgerrechnung; Kalkulation i.d.S. ist gleichbedeutend mit *Kostenträgerstückrechnung*. – 2. *Aufgaben:* Die Kalkulation hat als Kostenträgerstückrechnung das Ziel, die Kosten einzelner Einheiten der produzierten und abgesetzten → Kostenträger zu ermitteln. Einheit ist dabei nicht stets mit Stück gleichzusetzen, sondern kann z.B. auch Charge, Partie oder Auftrag bedeuten. – Kostenträgereinheitsbezogene Kosteninformationen werden bes. für die Preisfindung benötigt. Bei bestimmten Arten öffentlicher Aufträge sind Kostenpreise rechtlich vorgeschrieben (Leitsätze für die Preisermittlung aufgrund von Selbstkosten (LSP)). Beim Angebot neuer oder spezifischer Produkte sind Stückkosten neben nachfragebezogenen Informationen das relevante Datengerüst zur Preisfestsetzung. Im Fall bestehender Marktpreise muss die Kalkulation die Auskömmlichkeit dieser Preise für das Unternehmen überprüfen und zur Ermittlung des preispolitischen Spielraums kostenmäßige → Preisuntergrenzen ermitteln. – Schließlich können Stückkosten auch zum Vergleich mit den Bezugspreisen vergleichbarer Konkurrenzprodukte (Handelswaren oder eigene Produktion?) oder zur Verrechnung von Leistungsbeziehungen in verflochtenen Unternehmen dienen. – 3. *Verfahren:* Die Art des verwendeten Kalkulationsverfahrens hängt wesentlich von der Art der Leistungserstellung ab: a) Bei der Fertigung *homogener oder nur geringfügig differierender Produkte* lassen sich Verfahren der → Divisionskalkulation heranziehen. – b) *Heterogene Leistungsstrukturen* erfordern Verfahren der → Zuschlagskalkulation oder der → Bezugsgrößenkalkulation. – 4. Das Vorliegen von *leistungswirtschaftlicher Verbundenheit* in Form von Kuppelproduktion macht wiederum andere Kalkulationsverfahren erforderlich (→ Kuppelprodukte). – Hinsichtlich des Umfangs der insgesamt auf die einzelnen Kostenträgereinheiten verrechneten Kosten lassen sich → Vollkostenkalkulationen und → Teilkostenkalkulationen unterscheiden. Jedes Verfahren kann grundsätzlich als *Vorkalkulation* oder *Nachkalkulation* angewendet werden. – 5. *Kalkulation im Außenhandel:* a) *Exportkalkulation:* Zu den im Binnenverkehr üblichen Kosten sind zusätzliche Aufschläge für bes. Verpackung, längeren Transport, Gebühren aller Art und größere Risiken einzurechnen (→ Exportkalkulation). – b) *Importkalkulation:* Nach Möglichkeit ist vom Preisniveau des Binnenmarktes auszugehen. Ausländische Offerten sind daraufhin zu überprüfen, ob sie unter Berücksichtigung der zusätzlichen Kosten, wie Transport, Zoll, Steuern, noch Gewinn versprechen. – Vgl. auch → internationale Preispolitik.

Kalkulationsaufschlag im Handel – Erhöhung des → Wareneinstandspreises um einen prozentualen Aufschlag zur Ermittlung des Verkaufspreises (→ Handelsaufschlag). – *Berechnung:* → Handelsspanne.

Kalkulationsfaktor – Kalkulationsaufschlag auf den Wareneinstandspreis zur Ermittlung des Verkaufspreises. – Vgl. auch → Handelsspanne.

Kalkulationsschema – für jedes Kalkulationsverfahren (→ Kalkulation) standardisiertes Vorgehen zur Kalkulation, von dem im Einzelfall jedoch abgewichen werden kann.

Kalkulationsverfahren → Kalkulation.

Kalkulationszeitpunkt → Bezugszeitpunkt.

Kalkulationszinssatz – 1. *Begriff:* Der Kalkulationszinssatz dient zur Abzinsung (→ Diskontierung) von Zahlungsströmen. Ergebnis der Abzinsung ist der → Barwert des Zahlungsstroms. Anwendungsgebiete sind z.B. die → Investitionsrechnung (→ Kapitalwertmethode) oder die finanzwirtschaftliche → Unternehmungsbewertung (Discounted Cashflow). – 2. *Ermittlung:* Der Kalkulationszinssatz wird nach dem Opportunitätskostenprinzip aus der besten alternativen Anlagemöglichkeit des Investors abgeleitet. Wenn das geplante Investitionsprojekt realisiert wird, verzichtet der Investor auf die Rückflüsse aus der alternativen Anlage. Die entgangene Rendite der Alternativanlage entspricht den → Opportunitätskosten des Investors. – 3. *Bedeutung:* Der Kalkulationszinssatz hat entscheidenden Einfluss auf die Höhe des Kapitalwertes und damit grundlegende Bedeutung für jede Investitions- oder Unternehmensbewertung. Auch wenn der Kalkulationszinssatz grundsätzlich auf Basis der subjektiven Handlungsalternativen des einzelnen Investors abzuleiten ist, wird in der Bewertungspraxis vielfach eine Kapitalmarktanlage als Anlagealternative unterstellt. Damit kann der Kalkulationszinssatz aus Kapitalmarktdaten abgeleitet werden und es steht ein objektives Marktkriterium für die Bewertung zur Verfügung. Zur Ableitung des Kalkulationszinssatzes dienen in der Praxis daher i.d.R. Kapitalmarktmodelle (z.B. → Capital Asset Pricing Model (CAPM) oder → WACC). – Vgl. auch → Zinsfuß, → Zinssatz.

Kalkulation von Kuppelprodukten → Kuppelprodukte.

kalkulatorische Abschreibungen – kalkulatorische Kostenart (→ kalkulatorische Kosten), die sich als → Anderskosten aus den bilanziellen → Abschreibungen herleiten. Unterschiede zu diesen können zurückzuführen sein auf einen unterschiedlichen Wertansatz (→ Wiederbeschaffungskosten anstelle von → Anschaffungskosten), eine unterschiedliche Abschreibungsmethode (proportional statt z.B. degressiv) oder einen anderen Abschreibungszeitraum (tatsächliche Einsatzdauer des betreffenden Potenzials vs. steuerlich normierte Nutzungsdauer; → Absetzungen für Abnutzung (AfA)). – *Kritik:* → Abschreibungen.

kalkulatorische Buchhaltung – Bezeichnung für im Wesentlichen nur noch in Klein- und Mittelbetrieben vorfindbare Formen der doppelten Buchführung zu Zwecken der Kostenrechnung, in denen die Kosten nach Kostenarten und Kostenstellen in den Kontenklassen so gruppiert sind, dass die Buchhaltung die Grundlage der → Kalkulation bildet. – Vgl. auch → Betriebsabrechnung, → Betriebsabrechnungsbogen (BAB), → Betriebsbuchhaltung, → Gemeinschafts-Kontenrahmen industrieller Verbände (GKR), → innerbetriebliche Leistungsverrechnung, → Einkreissystem.

kalkulatorische Erlöse – Erlöse für nicht für den Markt bestimmte, innerbetriebliche Leistungen. Kalkulatorische Erlöse werden zumeist aus den Kosten der Leistungserstellung ermittelt (→ innerbetriebliche Leistungsverrechnung), jedoch sind auch andere Wertansätze möglich (z.B. Marktpreis einer identischen oder ähnlichen Fremdleistung, wie einer Handwerkerstunde).

kalkulatorische Kosten – Oberbegriff für → Anderskosten und → Zusatzkosten.

kalkulatorischer Ausgleich → Mischkalkulation.

kalkulatorischer Gewinn – nach den Leitsätzen für die Preisbildung aufgrund von Selbstkosten Gewinn, der (1) das allg. → Unternehmerwagnis abgeltet und (2) bei Vorliegen einer bes. unternehmerischen Leistung einen Leistungsgewinn (nur bei vorheriger Vereinbarung zwischen Auftraggeber und -nehmer) umfasst.

kalkulatorischer Unternehmerlohn – Zusatzkostenart (→ Zusatzkosten), mit der das Entgelt für die leitende Tätigkeit der Unternehmer, die ohne feste Entlohnung sind (z.B. bei Einzelkaufleuten und Gesellschafter-Geschäftsführern in Personengesellschaften), erfasst werden soll. Auch für Angehörige des Unternehmers, die ohne feste Entlohnung mitarbeiten, kann ein entsprechendes Entgelt kalkulatorisch verrechnet werden. Mit dem Ansatz von kalkulatorischem Unternehmerlohn soll der Nutzenentgang des Einsatzes des Unternehmers in einem anderen Tätigkeitsfeld berücksichtigt werden (→ Opportunitätskosten, → wertmäßiger Kostenbegriff). – Die Bestimmung des kalkulatorischen Unternehmerlohns bereitet Schwierigkeit. Gemäß den Leitsätzen für die Preisbildung aufgrund von Selbstkosten (LSP) ist der kalkulatorische Unternehmerlohn in Höhe des durchschnittlichen Gehaltes eines Angestellten mit gleichwertiger Tätigkeit in einem Unternehmen gleichen Standorts, gleichen Geschäftszweiges und gleicher Bedeutung zu bemessen. Als Näherungswert verwendet man häufig die → Seifenformel.

kalkulatorische Wagnisse → Wagnisse.

kalkulatorische Zinsen – Kostenart, die sich z.T. aus → Anderskosten, z.T. aus → Zusatzkosten zusammensetzt. – 1. Mit kalkulatorischen Zinsen soll das *zur Erfüllung des Betriebszwecks notwendige, in Vermögensgegenständen gebundene Kapital* (→ betriebsnotwendiges Kapital) verzinst werden. Aufgrund des Nebeneinanders diverser Finanzierungsquellen (Eigenkapital, unterschiedliche Fremdkapitalarten) löst man sich üblicherweise von den tatsächlichen (pagatorischen) Finanzierungskosten und setzt für die gesamte Kapitalbindung einen einheitlichen Kapitalkostensatz an. – 2. Als *Berechnungsgrundlage für die* kalkulatorischen Zinsen dient das → betriebsnotwendige Kapital. Als betriebsfremde Vermögensteile werden üblicherweise ausgesondert u.a. unbebaute Grundstücke, Wohnhäuser, sofern sie keine Werkswohnungen enthalten, Beteiligungen und Wertpapiere. Zur Bestimmung des Wertes des betriebsnotwendigen Kapitals wird das → Anlagevermögen unter Auflösung etwaiger stiller Reserven zu kalkulatorischen Restwerten, das → Umlaufvermögen zu kalkulatorischen Mittelwerten angesetzt. Von der so errechneten Vermögenssumme wird das → Abzugskapital als (vermeintlich) zinsfrei zur Verfügung gestelltes Kapital (z.B. Lieferantenkredite) abgezogen. – *Berechnungsbeispiel:* Vgl. Abbildung „Kalkulatorische Zinsen – Ansatz". Die Zuordnung der kalkulatorischen Zinsen erfolgt für die Zinsen auf Sachanlagevermögen als Bestandteil der → Anlagenkosten, für Vorräte an Roh-, Hilfs- und Betriebsstoffen als Kostenart der Materialstellen, für Vorräte an Halb- und Fertigerzeugnissen (sofern gesondert umfasst und ausgewiesen) als Kostenart entsprechender Lagerkostenstellen. – 3. *Begründung* der Einbeziehung des Eigenkapitals (ähnlich der Argumentation beim Ansatz → kalkulatorischen Unternehmerlohns) unter Verweis auf entgehende Nutzen einer anderweitigen Anlage der Mittel (→ Opportunitätskosten). Wie bei jeder Zusatzkostenart entstehen aus dieser Annahme Probleme bei der Verwendung der Kosteninformationen zur Fundierung und Kontrolle von Entscheidungen (→ entscheidungsorientierte

Kalkulatorische Zinsen – Ansatz (Beispiel)

	Buchwert		kalkulatorischer Wert	Bemerkungen
	Anfang des Geschäftsjahres	Ende des Geschäftsjahres		
	in 1.000 _Euro			
Aktiva				
Anlagevermögen				
Unbebautes Grundstück	30	30	–	nicht betriebsnotwendig
Grundstück mit Geschäfts-, Fabrik- und Wohngebäuden	180	174	150	ausgeschieden ist betriebsfremdes Wohnhaus
Maschinen und maschinelle Anlagen	150	120	198	kalk. Restwert
Werkzeuge, Betriebs- und Geschäftsausstattung	25	30	34	kalk. Restwert
Beteiligung	45	45	–	nicht betriebsnotwendig
Umlaufvermögen				
Vorratsvermögen	110	15	125	kalk. Mittelwert unter Auflösung stiller Rücklagen
Wertpapiere	8	8	8	
Forderungen	190	196	193	kalk. Mittelwert
Kasse, Postscheck, Bank	18	22	20	kalk. Mittelwert
	756	740	728	
Passiva				
Grundkapital	400	400	–	
Rücklagen	60	60	–	
Wertberichtigungen	2	2	–	
Hypotheken	40	40	–	kalk. Mittelwert
Anzahlungen	70	90	80	
Verbindlichkeiten aus Warenbezügen	164	122	143	kalk. Mittelwert
Reingewinn	20	26	–	
	756	740	223	
Betriebsnotwendiges Vermögen			728	
– Abzugskapital			223	
Betriebsnotwendiges Kapital			505	
Bei 6 % kalk. Zinsen fürs Jahr			30,30	

Kostenrechnung). – 4. *Kalkulatorische Zinsen für Material- und Warenbestände* sind eine zentrale Komponente der → Logistikkosten. Ihre exakte Zurechnung auf einzelne Lagermengen bereitet allerdings Schwierigkeiten. – 5. *Der Ansatz von Kosten für Eigenkapital* findet sich auch in aktuellen Konzepten wertorientierter Unternehmensführung (Shareholder Value, → Weighted Average Cost of Capital (WACC)).

Kalman-Filter – von Kalman (1960) entwickeltes Verfahren, das im Besonderen dazu eingesetzt wird, Modelle mit in der Zeit variierenden Parametern zu schätzen. Hierbei handelt es sich um ein rekursives Schätzverfahren. Insbesondere kommt der Kalman-Filter in der Zeitreihenanalyse bei Unobserved-Components-Modellen zum Einsatz.

kalte Progression → versteckte Progression, → Einkommensbesteuerung.

Kaltstart – Systemstart eines → Computers; nach Einschalten der Stromzufuhr wird das → Betriebssystem (BS) neu gestartet. – Vgl. auch → Booten. – *Gegensatz:* → Warmstart.

Kalveram – Wilhelm, 1882–1951, bedeutender Vertreter der → normativen Betriebswirtschaftslehre. Nach langjähriger erfolgreicher Lehrtätigkeit an allgemeinbildenden und Handelsschulen habilitierte Kalveram 1922 an der Universität Frankfurt a.M. mit einer Schrift über „Kreditbilanzen". Er wurde 1924 als Extraordinarius und 1925 als Ordinarius nach Frankfurt a.M. berufen, wo er bis zu seinem Tod lehrte. – *Lehrgebiet:* Kalveram wandte sich, ausgehend von den seinerzeit aktuellen Fragen der Goldmarkbilanzierung, zunächst der Bankwirtschaft und den Fragen der Finanzierung zu; später, nach 1930, den Problemen der Industriewirtschaft, ihrer Organisation und ihres Rechnungswesens. – Das größte *Verdienst* erwarb sich Kalveram um die Entwicklung der Betriebswirtschaftslehre durch das Bemühen, Theorie und Praxis durch Herausgabe von Lehrbüchern zusammenzuführen, in denen er die Probleme der Praxis systematisch darstellte. – *Hauptwerke:* „Bankbilanzen" (1922); „Die kaufmännische Rechnungsführung unter dem Einfluss der Geldentwertung" (1923); „Praxis der Goldmarkbilanzierung" (1924; 2. Aufl. unter dem Titel: „Goldmarkbilanzierung und Kapitalumstellung" (1925)); „Bankbuchhaltung" (1926); „Die Prüfung der Kreditwürdigkeit" (1937); „Bankbetriebslehre" (1939); „Der zwischenbetriebliche Kostenvergleich und seine Grenzen" (1939); „Kaufmännisches Wirtschaftsrechnen" (1929); „Finanzierung der Unternehmung" (1929); „Industrielles Rechnungswesen", 3 Bde. (1949–1951); „Der christliche Gedanke in der Wirtschaft" (1949); „Die Effektenbörse" (1950).

kamerales Marketing – Marketingkonzept, das fordert, dass die betriebliche Leistungserstellung nicht nur auf die Bedürfnisse des Marktes auszurichten ist, sondern dass auch jene Aspekte zu berücksichtigen sind, die mit den Grenzen des → Wachstums und dem Kosten sparenden Leistungseinsatz (→ Umweltpolitik) zusammenhängen (Societal Marketing).

Kameralismus – dt. Ausprägung des → Merkantilismus, die bes. mit ihren Verwaltungsgrundsätzen bleibenden Einfluss auf die dt. Finanzwissenschaft gewonnen hat.

Kameralistik – *kameralistische Buchführung;* klassischer Rechnungsstil der öffentlichen Verwaltung, der jedoch zunehmend von der Doppik abgelöst wird. Einerseits ist „finanzwirtschaftlich" mithilfe der „Verwaltungsbuchführung" abzurechnen: Nachweis der Einhaltung des Haushaltsrechts und -plans sowie der tatsächlich erreichten Deckung der wirklichen Ausgaben (Überschuss- und Fehlbetragsermittlung) ist wichtigstes Rechnungsziel; daneben Darlegung der Vermögensentwicklung. Andererseits muss bei öffentlichen Unternehmen mithilfe einer „Betriebskameralistik" das *Wirtschaftsergebnis* nach kaufmännischer Art ermittelt werden, wenn man sich nicht der Doppik bedient. – Da in Form von Einnahmen und Ausgaben nur die Geldströme und bes. der Geldverbrauch erfasst werden, wird die Kameralistik nicht mehr als hinreichend leistungsfähig angesehen; auch für öffentliche Verwaltungen ist der Ressourcenverbrauch prägend (Ressourcenverbrauchskonzept, → Speyerer Verfahren). – Vgl. auch → Finanzwissenschaft, → Merkantilismus, → Kameralismus, → Colbertismus.

kameralistische Buchführung → Kameralistik.

Kameralwissenschaft → Kameralistik, → Kameralismus.

Kammer – 1. *Berufsständische Vertretung* auf gesetzlicher Grundlage, z.B. → Industrie- und Handelskammer (IHK), Handwerkskammer, → Landwirtschaftskammer, → Wirtschaftsprüferkammer (WPK), → Steuerberaterkammer. – 2. *Kollegialer Spruchkörper* an einem Landgericht z.B. → Kammer für Baulandsachen, → Kammer für Handelssachen, → Kammer für Steuerberater- und Steuerbevollmächtigtensachen, Strafkammer, → Strafvollstreckungskammer, → Kammer für Wirtschaftsprüfersachen.

Kammer für Baulandsachen – Kammer des Landgerichts, die in der Besetzung mit drei Richtern des Landgerichts und zwei Richtern des Verwaltungsgerichts in einem bes. Verfahren über den Antrag auf gerichtliche Entscheidung gegen bestimmte Verwaltungsakte nach dem Baugesetzbuch entscheidet (§§ 217–232 BauGB).

Kammer für Handelssachen – i.d.R. anstelle der Zivilkammer beim Landgericht geschaffene Kammer zur Entscheidung von Handelssachen. – Als *Handelssachen* gelten bes. Klagen, die betreffen: (1) Ansprüche gegen einen Kaufmann aus beiderseitigem Handelsgeschäft; (2) Ansprüche aus Wechseln, Schecks oder kaufmännischen Orderpapieren; (3) Streitigkeiten zwischen Mitgliedern einer Handelsgesellschaft oder zwischen dieser und ihren Mitgliedern; (4) Streitigkeiten über den Gebrauch der Firma, den Schutz von Marken, Mustern und Modellen; Ansprüche wegen unlauteren Wettbewerbs (§ 95 GVG). (5) Streit zwischen Veräußerer und Erwerber eines Handelsgeschäfts; (6) Streit nach Seerecht; (7) Wettbewerbsstreitigkeiten aufgrund des UWG; (8) nach den 21,22 und 24 des Wertpapierprospektgesetzes oder der §§ 20 bis 22 des Vermögensanlagengesetzes; (9) bestimmte Streitigkeiten nach dem Aktiengesetz, dem Genossenschaftsgesetz, dem § 87 des Gesetzes gegen Wettbewerbsbeschränkungen und § 13 Abs. 4 des Verbraucherschutzdurchsetzungsgesetzes (vgl. § 95 GVG). – *Besetzung:* Die Kammer für Handelssachen ist besetzt mit einem Berufsrichter als Vorsitzendem und zwei → Handelsrichtern. – *Verfahren:* Ein Rechtsstreit kommt nur vor die Kammer für Handelssachen, wenn der Kläger es in der Klageschrift, ggf. im Mahnbescheid, beantragt oder der Beklagte den Antrag auf Verweisung an die Kammer für Handelssachen stellt, wenn die Klage vor einer Zivilkammer anhängig geworden ist (§§ 96 ff. GVG). – Anstelle der Kammer entscheidet der Vorsitzende u.a. bei Säumnis der Partei, über Kosten, im Prozesskostenhilfeverfahren, in Wechsel- und Scheckprozessen und in Sachen im Einverständnis der Parteien (§ 349 ZPO).

Kammer für Steuerberater- und Steuerbevollmächtigtensachen – Kammer des Landgerichtes am Sitz der → Steuerberaterkammer, die im ersten Rechtszug im berufsgerichtlichen Verfahren entscheidet (§ 95 StBerG).

Kammer für Wirtschaftsprüfersachen – Kammer des Landgerichts am Sitz der → Wirtschaftsprüferkammer (WPK), die im ersten Rechtszug im berufsgerichtlichen Verfahren der → Wirtschaftsprüfer (WP) entscheidet (§ 72 WPO).

Kammerrechtsbeistand – Natürliche Personen, die nicht als Rechtsanwälte zugelassen, aber im Besitz einer Erlaubnis zur geschäftsmäßigen Rechtsbesorgung nach dem Rechtsdienstleistungsgesetz (RDG) vom 12.12.2007 (BGBl. I S. 2840) m.spät.Änd. sind, sind in die für ihre Niederlassung zuständige Rechtsanwaltskammer aufzunehmen (§ 209 BRAO). Kammerrechtsbeistände sind in einigen Fällen auch zur gerichtlichen Vertretung befugt, so z.B. in Arbeits- und Sozialgerichtsverfahren (§ 3 RDGEG).

Kampagne → Werbekampagne.

Kampagnebetrieb – Betrieb mit einer von der Erntezeit abhängigen Produktionsweise; Kompensation ist nicht möglich. – *Arbeitsrechtliche Regelung:* analog zu → Saisonbetrieb.

Kampf der Geschlechter – In dem Spiel Kampf der Geschlechter müssen Mann und Frau gleichzeitig zwischen einem Besuch eines Konzerts oder eines Sportereignisses entscheiden. Beide ziehen es vor, gemeinsam auszugehen, statt alleine an einer der beiden Veranstaltungen teilzunehmen. Während die Frau das Konzert dem Sportereignis als gemeinsam besuchte Veranstaltung vorzieht, ist die Vorliebe des Mannes genau umgekehrt. Das Spiel wird typischerweise als 2x2-Bimatrixspiel dargestellt, das sehr häufig symmetrisch ist. Im symmetrischen Fall kann nur willkürlich eines der beiden strikten Gleichgewichte als Lösung ausgewählt werden. Die einzige symmetrieinvariante Lösung ist damit das einzige voll gemischte Gleichgewicht, obwohl dieses von beiden strikten Gleichgewichten auszahlungsdominiert wird. – Vgl. auch → Normalform.

Kampf der Kulturen – umstrittener, auf den US-amerikanischen Politologen S. Huntigton (1993) zurückgehender Begriff. Dieser vertritt die These, dass sich durch zunehmenden Fundamentalismus die Konflikte zwischen den Gesellschaften einzelner, religiös geprägter Kulturräume (→ Kulturerdteil, Kultur) verschärfen. Nach Beendigung des Kalten Krieges geraten nichtwestliche Gesellschaftssysteme durch die allg. beobachtbaren Tendenzen der → Globalisierung in tiefe kulturelle Krisen, während Entwicklungsmodelle, Werte und Normen der westlichen Welt an Bedeutung gewinnen. Es lassen sich drei Möglichkeiten unterscheiden, mit denen nichtwestliche Gesellschaften auf die kulturelle, wirtschaftliche und politische Hegemonie des Westens reagieren können: (1) Rückbesinnung auf regional-lokale Identitäten, die in Fundamentalismus übergehen können; (2) Versuch der Anpassung an die westliche Kultur; (3) Modernisierung ohne Verwestlichung, indem in Koalition mit anderen, nichtwestlichen Gesellschaften wirtschaftliches, politisches und militärisches Wachstum erzielt werden soll.

Kampfparität → Arbeitskampf.

Kanal → Ein-/Ausgabe-Kanal.

Kanban-System – 1. *Begriff:* In Japan entwickeltes System zur flexiblen, dezentralen → Produktionsprozesssteuerung; „Kanban“ bedeutet wörtlich „Karte“ und bezeichnet die Identifizierungskarte, die sich bei jedem Endprodukt, jeder Baugruppe und jedem Einzelteil, das im Betrieb verwendet wird, befindet. – 2. *Vorgehensweise:* Der Kanban hat zwei Funktionen: (1) Wird das entsprechende Teil in einer Produktionsstufe verbraucht, dient der Kanban als Bestellkarte, mit der die vorgelagerte Produktionsstufe zur erneuten Herstellung dieses Teils veranlasst wird. (2) Für das neu produzierte Teil dient der Kanban wieder als Identifikationskarte. Durch das Kanban-System werden jeweils zwei benachbarte Produktionsstufen zu einem Regelkreis verbunden. Das Kanban-System beruht auf dem Hol-Prinzip (→ Holsystem). Nur wenn eine Produktionsstufe „Nachfrage“ entfaltet, wird auf der vorgelagerten Stufe produziert.

Kannibalisierung – Absatzsteigerung eines Produktes auf Kosten eines höherpreisigen Produktes des gleichen Anbieters, herbeigeführt durch konkurrierende Vermarktung der beiden Produkte.

Kannibalismus-Effekt – negativer → Spill-over-Effekt einer Marke auf andere Marken eines

Unternehmens. Marktanteilsgewinne einer Marke (z.B. eines neuen Produktes) gehen zulasten anderer Marken; bes. dadurch begründet, dass differenziert geplante Produktangebote vom Verbraucher als identisch erlebt werden und sich entsprechend die Angebote auf dem gleichen Teilmarkt gegenseitig Konkurrenz machen („eine Marke frisst eine andere auf"). – Vgl. auch → Umbrella-Effekt.

Kannkaufmann – Jemand, der erst durch Eintragung ins Handelsregister (→ Handelsregistereintragung) die Kaufmannseigenschaft erlangt. Zu den Kannkaufleuten gehören Kleingewerbetreibende, soweit sie in das Handelsregister eingetragen sind (§ 2 HGB), sowie Betriebe der Land- und Forstwirtschaft (§ 3 HGB). – *Löschung:* Ist Eintragung ins Handelsregister erfolgt, so ist → Löschung nur nach den allg. Vorschriften möglich, erforderlich also z.B. Geschäftsaufgabe oder Herabsinken zum Kleinbetrieb.

Kannleistungen – in der Sozialversicherung Leistungen, deren Gewährung im Einzelfall in das Ermessen des → Versicherungsträgers gestellt ist *(Ermessungsleistungen).*

kanonische Form – 1. Kanonische Form eines *linearen Gleichungssystems:* jedes zu dem betrachteten linearen Gleichungssystem äquivalente kanonische lineare Gleichungssystem. – 2. Kanonische Form eines *linearen NN-Gleichungssystems:* jedes zu dem betrachteten NN-Gleichungssystem äquivalente NN-Gleichungssystem, bei dem das Teilsystem, das ein lineares Gleichungssystem ist, in kanonischer Form vorliegt. – 3. Kanonische Form eines *linearen Optimierungssystems in Normalform:* jedes kanonische lineare Optimierungssystem, das sich zu einem linearen Optimierungssystem in Normalform mithilfe lösungsneutraler Umformungen erzeugen lässt.

Kanten → Graph.

Kantine – *Werkküche;* Speise-, Verkaufs- und Aufenthaltsraum in Betrieben. – *Kostenrechnerische Erfassung und Verrechnung:* Aufwendungen für Einrichtungen, Unterhaltung und Leistungen der Kantine sind in der Gruppe der freiwilligen sozialen Aufwendungen (→ Sozialkosten) zu erfassen. Bei Selbstbeteiligung der Arbeitnehmer sind die Erträge aus dem Verkauf von Essenbons von den Aufwendungen abzusetzen. Die Umlage in der → Kostenstellenrechnung erfolgt zweckmäßig nach der Kopfzahl der in den → Kostenstellen beschäftigten Personen, wenn die Kantine von allen Betriebsangehörigen benutzt wird.

Kantorowitsch – Leonid Witaljewitsch, 1912–1986, sowjetischer Mathematiker und Wirtschaftswissenschaftler, lehrte in Petersburg und war seit 1964 Mitglied der Akademie der Wissenschaften der UdSSR; → Nobelpreis für Wirtschaftswissenschaften 1975 (zusammen mit → Koopmans). Kantorowitsch entwickelte – wie unabhängig von ihm Dantzig – die Grundlagen des linearen Programmierens. Er setzte dieses Verfahren zur optimalen Nutzung knapper → Ressourcen in einem zentral gelenkten System ein, wofür er den Nobelpreis erhielt. Kantorowitsch ist der bisher einzige Preisträger aus einem Land mit zentraler Planung. Seine wichtigsten Beiträge finden sich im Sammelband „Essays in Optimal Planning" (1976).

KapAEG – Abk. für → Kapitalaufnahmeerleichterungsgesetz.

Kapazität – *Nutzungspotenzial;* maximales Produktionsvermögen eines Potenzialfaktors bzw. eines Potenzialfaktorsystems (Arbeitssystems) in quantitativer (→ quantitative Kapazität) und qualitativer Hinsicht (→ qualitative Kapazität) für eine definierte Bezugsperiode. In Abhängigkeit vom technischen oder organisatorischen Verbund der Potenzialfaktoren bzw. Potenzialfaktorsysteme lässt sich die Kapazitaät einer Produktionsstelle, einer Produktionsstufe, eines Produktionswerkes (-betriebes) und einer ganzen Unternehmung unterscheiden. – Vgl. auch → Kapazitätsmessung, → Kapazitätsauslastungsmaximierung.

Kapazitätsabgleich → PPS-System.

Kapazitätsausgleich → PPS-System.

Kapazitätsauslastungsgrad → Auslastungsgrad.

Kapazitätsauslastungsmaximierung – *Leerzeitenminimierung, Leerkostenminimierung;* Ziel der → Produktionsprozessplanung, → Produktionsprozesssteuerung und → Produktionsprozesskontrolle. Durch die Maximierung der Kapazitätsauslastung wird eine Minimierung der Leerzeiten und damit verbunden der → Leerkosten angestrebt. Die Kapazitätsauslastungsmaximierung tritt als Ziel zunehmend in den Hintergrund, da zum Zwecke der Erhöhung der Flexibilität Überkapazitäten bewusst in Kauf genommen oder sogar gezielt aufgebaut werden.

Kapazitätsausnutzungsgrad – Kennzahl im Rahmen der → Kapazitätsmessung. Die → Kapazität wird durch die maximal mögliche zeitliche und intensitätsmäßige Verwendbarkeit der Potenzialfaktoren bzw. Potenzialfaktorsysteme bestimmt, und der Kapazitätsausnutzungsgrad ergibt sich aus dem Produkt von Lastgrad und Zeitgrad. Der Lastgrad bringt das Verhältnis von erbrachter Produktionsmenge zu maximal möglicher Produktionsmenge in einer bestimmten Zeiteinheit zum Ausdruck. Der Zeitgrad spiegelt das Verhältnis von effektiver Arbeitszeit zu maximal verfügbarer Arbeitszeit in einer Kalenderperiode wieder.

Kapazitätsbelegungsplanung – *Maschinenbelegungsplanung;* Teilbereich der → Produktionssteuerung. Die anlagenorientierte Kapazitätsbelegungsplanung führt die für die Auftragsabwicklung erforderliche Belegung der Kapazitäten auf allen Produktionsstufen durch. Den Kapazitätsbedarfsdaten je Auftrag und Kapazitätsträger nach Art, Menge, Zeitdauer und Termin werden Kapazitätsangebotsübersichten gegenübergestellt, aus denen die maximal verfügbare Kapazität und die bereits erfolgte Kapazitätsbelegung je Kapazitätsträger ersichtlich wird. Anschließend werden zeitliche, intensitätsmäßige und quantitative Anpassungsmöglichkeiten geprüft. – Kapazitätsbelegungsplanung bei *computergestützten Produktionsplanungs- und -steuerungssystemen:* → PPS-System.

Kapazitätserweiterungseffekt → Lohmann-Ruchti-Effekt.

Kapazitätsmechanismen – Mechanismen, die zum Ziel haben, Investitionsanreize im Elektrizitätssektor zu erhöhen. In Energy-Only-Märkten, also Märkten, in denen nur gelieferte Elektrizität vergütet wird, besteht oftmals die Befürchtung, dass nicht ausreichend hohe Investitionsanreize für den Bau neuer Kraftwerke bestehen. Es gibt vielfältige Mechanismen, die in der Diskussion stehen. Der Kerngedanke der Mechanismen ist eine zusätzliche Vergütung von installierter und bereitgehaltener Kapazität. Mögliche Mechanismen sind bspw. strategische Reserve, Kapazitätsmarkt, Kapazitätszahlungen und Kapazitätsoptionen. Obwohl die Versorgungssicherheit grundsätzlich positiv von der Einführung von Kapazitätsmechanismen beeinflusst wird, werden auch Regulierungsrisiken, falsche Anreize und generell Marktverzerrungen als Kritikpunkte genannt.

Kapazitätsmessung – nach Hahn, Laßmann und Steffen, die Bestimmung der quantitativen und qualitativen → Kapazität eines Potenzialfaktors bzw. eines Potenzialfaktorsystems. Die Kapazitätsmessung erfolgt für Produktionsanlagen mit aktiver Beteiligung am Produktionsprozess durch Ermittlung von Output- oder Prozessgrößen bezogen auf eine bestimmte Periode. Outputgrößen sind z.B. Stückzahlen, Masse (Tonnen, Kilogramm), Volumen (Kubikmeter, Liter), Fläche, Länge. Prozessgrößen sind z.B. Maschinenstunden, Fertigungsstunden, Materialdurchsatz. Von der Dimension her wird jede Kapazitätsmessung durch eine Mengen- und eine Zeitkomponente bestimmt:

$$\text{Kapazität} = \frac{\text{max. Produktionsvermögen}}{\text{Bezugsperiode}}.$$

Kann ein Potenzialfaktor bzw. ein Potenzialfaktorsystem mehrere Produktarten realisieren, gibt es bei der Kapazitätsmessung insoweit Probleme, als es so viele Formen der quantitativen Kapazität gibt, wie es unterschiedliche Produktarten gibt. Die quantitative Kapazität wird dann alternativ gemessen durch die jeweils maximal herstellbare Menge einer jeden Produktart. Hier werden Umrüstzeiten vernachlässigt, die durch Produktartenwechsel entstehen können. Bei Vorliegen eines heterogenen Produktionsprogramms erfolgt die Kapazitätsmessung hilfsweise mit Prozessgrößen, i.d.R. mit maximal verfügbaren Produktionsstunden je Potenzialfaktor bzw. Potenzialfaktorsystem. Als Bezugsperiode für die Kapazitätsmessung wird die Kalenderzeit in Form von Tagen, Wochen, Dekaden, Monaten, Quartalen und/oder Jahren herangezogen.

kapazitätsorientierte variable Arbeitszeit (KAPOVAZ) → Arbeit auf Abruf.

Kapazitätsplanung – Bestimmung der Planbezugsgrößen (→ Bezugsgrößen) aufgrund der vorhandenen Kapazität, ausgehend von der theoretischen Maximalkapazität. Um Kapazitätswerte zu erhalten, die als Grundlage der Gemeinkostenplanung geeignet sind, müssen von den theoretischen Maximalkapazitäten der einzelnen Kostenstellen folgende Abschläge gemacht werden: (1) Umrechnung auf die geplanten Schichtzeiten; (2) Berücksichtigung der optimalen → Intensitäten; (3) Berücksichtigung von Leerzeiten (→ Kapazitätsauslastungsmaximierung); (4) Berücksichtigung von technischen Engpässen des Produktionsablaufes. – *Sonderform nach Auler:* Bezugsgrößenplanung aufgrund der Optimalbeschäftigung (Beschäftigung, bei der die Kosten pro Bezugsgrößeneinheit minimal sind). – Vgl. auch → Kapazität, → Engpassplanung, → Kostenplanung, → PPS-System.

Kapazitätsterminierung – Synonym für *Durchlaufterminierung* und *Kapazitätsplanung;* in der Produktionsplanung und -steuerung uneinheitlich verwendeter Begriff für die zeitliche Abstimmung zwischen Kapazitätsangebot und -bedarf.

Kapazitätswirtschaft – in der Produktionsplanung und -steuerung verwendete Bezeichnung für die Koordination des Kapazitätsbedarfs, der durch die → Fertigungsaufträge verursacht wird, mit den verfügbaren Produktionskapazitäten. Häufig mit der → Zeitwirtschaft zusammengefasst. – Vgl. auch → PPS-System.

Kapital – I. Volkswirtschaftstheorie: Kapital wird definiert als → Produktionsfaktor neben → Arbeit und → Boden. Unter Kapital wird in diesem Zusammenhang der Bestand an Produktionsausrüstung verstanden, der zur Güter- und Dienstleistungsproduktion eingesetzt werden kann *(Kapitalstock).* – *Geld für Investitionszwecke:* Es spielt dabei keine Rolle, aus welchen Quellen – Sparen, Unternehmergewinn, Krediten – das Kapital zur Verfügung gestellt wird. Kurzfristig ist für die Bildung von Produktionsausrüstung *(Realkapital)* nur die Finanzierung, nicht aber ein vorausgehendes Sparen notwendig (→ Nettoinvestitionen). Im Gleichgewicht einer geschlossenen Volkswirtschaft müssen allerdings geplante Realkapitalbildung (Investition) und Sparen übereinstimmen. – Kapital als Kategorie der *Außenwirtschaftslehre:* → internationale Kapitalbewegungen, → Zahlungsbilanz. – Vgl. auch → Humankapital.

II. Betriebswirtschaftslehre: Die auf der Passivseite der → Bilanz einzelner Unternehmungen ausgewiesenen Ansprüche an das Vermögen (einschließlich Abgrenzungsposten). – Es wird unterschieden: a) nach *Dauer* und *Gewinnanspruch:* (1)

→ Eigenkapital: grundsätzlich unbefristet, mit Gewinnbeteiligung nur im Fall eines vom Unternehmen erzielten → Reingewinns. (2) → Fremdkapital: lang-, mittel- oder kurzfristiger Kredit i.d.R. mit festem Anspruch auf Verzinsung, auch im Fall eines ausgewiesenen Verlustes, ggf. mit darüber hinausreichendem Gewinnanspruch; b) nach der betriebswirtschaftlichen *Funktion* des Kapitals im Unternehmen: (1) → betriebsnotwendiges Kapital, (2) *Ergänzungskapital,* also für den eigentlichen Betriebszweck nicht notwendiges Kapital – 2. *Ausweis* des Kapitals *in der Bilanz* (Passiv-Seite): a) *Eigenkapital,* abhängig von der Unternehmungsform: (1) bei *Einzelunternehmungen und Personengesellschaften* in den → Kapitalkonten (diese verändern sich je nach Zugang oder Abgang bei Entnahmen, Einlagen, Gewinnen und Verlusten). Bei Unterbilanz erscheint ein *negatives Kapitalkonto (Unterbilanzkonto)* auf der Aktivseite. (2) Bei *Kapitalgesellschaften* auf den Konten: → Gezeichnetes Kapital, (Grundkapital bzw. Stammkapital) sowie zusätzlich auf den Konten: → Rücklagen, → Gewinnvortrag und → Jahresüberschuss. Kapitalverluste dürfen das gezeichnete Kapital nicht mindern, sondern müssen, soweit sie nicht mit Rücklagen verrechnet werden, gesondert ausgewiesen werden. – Vgl. auch → Verlustvortrag, → Jahresfehlbetrag, → Fehlbetrag. – b) *Fremdkapital* (unabhängig von der Unternehmungsform) als: → Verbindlichkeiten, → Rückstellungen. – c) *Rechnungsabgrenzungsposten* (→ Rechnungsabgrenzung) und *Aufwandsrückstellungen* (→ Rückstellungen).

Kapitalabfindung – I. Schadensersatz: Für einen dauernden Schaden wird ein einmaliger Kapitalbetrag gewährt. – *Gegensatz:* → Geldrente. – Bei → unerlaubten Handlungen ist für Beeinträchtigung der Erwerbstätigkeit oder Tötung des Unterhaltspflichtigen grundsätzlich Geldrente zu entrichten; der Verletzte kann jedoch bei wichtigem Grund Kapitalabfindung verlangen (§§ 843, 844 BGB).

II. Sozialleistung: 1. *Unfallversicherung:* → Abfindung. – 2. *Rentenversicherung:* → Abfindung. – 3. *Kriegsopferversorgung:* Kapitalabfindung an Beschädigte im Sinn des BVG (§§ 72 ff. BVG) und für Witwen (§ 78a BVG).

III. Beamtenrecht: Witwenabfindung bei Wiederheirat (§ 21 BeamtVG).

IV. Grundsteuervergünstigung: für Kapitalabfindung, die Kriegsbeschädigten zum Erwerb oder zur wirtschaftlichen Stärkung ihres Grundbesitzes aufgrund des Bundesversorgungsgesetzes (BVG) gewährt wird. Der Besteuerung ist der um die Kapitalabfindung verminderte → Einheitswert zugrunde zu legen, solange die Versorgungsgebührnisse wegen der Kapitalabfindung in der gesetzmäßigen Höhe gekürzt werden (§ 36 GrStG).

V. Steuerrecht: → Abfindung.

Kapitalakkumulation → Goldene Regel der Kapitalakkumulation.

Kapitalanlagebetrug – Es handelt sich um einen speziellen Tatbestand des → Betrugs im Zusammenhang mit dem Vertrieb von Wertpapieren, Bezugsrechten oder von Anteilen, die eine Beteiligung an dem Ergebnis eines Unternehmens gewähren sollen oder dem Angebot, die Einlage auf solche Anteile zu erhöhen. Tathandlung ist unrichtige vorteilhafte Angabe oder das Verschweigen nachteiliger Tatsachen in Prospekten oder in Darstellungen oder Übersichten über den Vermögensstand hinsichtlich der für die Entscheidung über den Erwerb oder die Erhöhung erheblichen Umstände gegenüber einem größeren Kreis von Personen (§ 264a StGB). – *Strafe:* Freiheitsstrafe bis zu drei Jahren oder Geldstrafe (§ 264a StGB).

Kapitalanlagegesellschaft – I. Wertpapiergeschäft: 1. *Begriff:* Institut sui generis mit der speziellen Aufgabe, Sondervermögen in Form von → Investmentfonds mit der Sorgfalt eines ordentlichen Kaufmannes für gemeinschaftliche Rechnung der Anleger zu verwalten (vormals → Investmentgeschäft gemäß § 1 I Nr. 6 KWG). Dabei handelt die Kapitalanlagegesellschaft unabhängig von der Depotbank, die neben der Verwahrung des Investmentvermögens v.a. auch eine Kontrollpflicht hat. Das → Investmentgesetz (InvG) erlaubt der Kapitalanlagegesellschaft neben der Verwaltung von Investmentfonds weitere Dienstleistungen und Nebendienstleistungen. Dazu gehören die individuelle Vermögensverwaltung von Immobilienvermögen, die Verwaltung und Verwahrung ausländischer Investmentfonds, der Vertrieb von zugelassenen in- und ausländischen Investmentfonds sowie der Abschluss von Altersvorsorgeverträgen. – 2. *Ziel:* Kapitalanlagegesellschaften verwalten Investmentfonds, die nach dem Grundsatz der Risikomischung angelegt sind und so zur Risiko-Rendite-Optimierung für den Anleger beitragen sollen. – 3. *Rechtsformen und Aufsicht:* Die Kapitalanlagegesellschaft darf nur in der Rechtsform der Aktiengesellschaft oder der Gesellschaft mit beschränkter Haftung betrieben werden. Sie muss mit einem Anfangskapital von mind. 300.000 Euro ausgestattet sein. Weitere Anforderungen an die Eigenmittel gelten in Abhängigkeit vom Wert des verwalteten Sondervermögens und von der Höhe der Kosten. – Die Kapitalanlagegesellschaft muss die Erlaubnis zum Geschäftsbetrieb bei der Bundesanstalt für Finanzdienstleistungsaufsicht einholen und unterliegt dort regelmäßigen Meldepflichten. – 4. *Sondervermögen:* Sondervermögen sind Investmentfonds, die von einer Kapitalanlagegesellschaft für Rechnung der Anleger verwaltet werden und jederzeit von den Anlegern zurückgegeben werden können. Die Kapitalanlagegesellschaft darf mehrere Sondervermögen bilden, die sich durch ihre Bezeichnung unterscheiden müssen und getrennt zu halten sind. Zur Vereinheitlichung im europäischen Währungsraum wird Sondervermögen in Übereinstimmung mit der EG-Richtlinie über Organismen für gemeinsame Anlagen (OGAW-Richtlinie) gebildet aus Wertpapieren, Geldmarktinstrumenten, Bankguthaben, Investmentanteilen und Derivaten (richtlinienkonformes Sondervermögen). Die einzelnen Vermögensgegenstände sind dabei beliebig kombinierbar. Dagegen sind das Immobilien-Sondervermögen, Gemischte Sondervermögen, Altersvorsorge- und Infrasturktur-Sondervermögen im Einzelnen geregelte Investmentfonds, die sich in Deutschland als Publikumsfonds bewährt haben (nicht richtlinienkonformes Sondervermögen). – 5. *Anlagegrenzen:* a) *Ausstellergrenzen:* Bis zu 5 Prozent des Wertes des Sondervermögens dürfen in Wertpapiere und Geldmarktinstrumente desselben Ausstellers investiert werden. Die Vertragsbedingungen des Investmentfonds können dies auf 10 Prozent erweitern, wenn sämtliche Investitionen in Anlagen dieses Ausstellers 40 Prozent des Sondervermögenswertes nicht überschreiten. Weitere Grenzen betreffen Schuldverschreibungen bestimmter Aussteller, Bankguthaben bei einem Kreditinstitut, kombinierte Anlagen bei derselben Einrichtung und Investmentanteile. Unter bestimmten Bedingungen ist eine Erweiterung der Ausstellergrenzen auf 35 Prozent möglich. – b) *Emittentenbezogene Anlagegrenzen:* Schuldverschreibungen oder Geldmarktinstrumente desselben Ausstellers dürfen für ein Sondervermögen nur bis zur Höhe von jeweils 10 Prozent des Gesamtnennbetrages im Umlauf erworben werden. – 6. *Anteile:* Der Anleger in Investmentfonds erwirbt bestimmte → Anteile an Investmentvermögen, die in Anteilscheinen (Investmentzertifikaten) verbrieft sind. – 7. *Ausblick*: Nach dem Entwurf den → Kapitalanlagegesetzbuchs (KAGB) entfällt der Begriff der Kapitalanlagegesellschaft und wird durch den der Kapitalverwaltungsgesellschaft ersetzt.

II. Steuerrecht: 1. *Rechtsgrundlage:* Investmentsteuergesetz (InvStG). – 2. *Wertpapier-Sondervermögen:* Dies gilt als eigenständiges Körperschaftsteuersubjekt (Zweckvermögen nach § 1 I Nr. 5 KStG), ist jedoch steuerbefreit (§ 38 I KAGG). Die Ausschüttungen, die dieses Sondervermögen tätigt, sowie die Einnahmen, die es nicht zur Kostendeckung oder Ausschüttung verwendet (thesauriert), gelten beim Anteilsinhaber als Einnahmen aus Kapitalvermögen (§ 20 I Nr.1 EStG.) – *Ausnahme:* Wenn die Anteile betrieblich gehalten sind, liegen Betriebserträge vor. Zu den steuerpflichtigen Einnahmen gehören darüber hinaus auch die sog. Zwischengewinne. Diese Einnahmen sind beim Anteilseigner voll zu versteuern (§ 39 KAGG); das → Teileinkünfteverfahren (früher: → Halbkünfteverfahren) gilt nur, soweit in den ausgeschütteten Einnahmen Dividendenerträge enthalten sind. – Steuerfrei sind der Teil der Ausschüttungen des Wertpapier-Sondervermögen, der Gewinne aus Veräußerungsgewinnen, die bei einem Privatanleger steuerfrei wären, enthält. Diese Steuerbefreiung gilt nur, wenn der Anteilsinhaber den Anteil selbst nicht in einem Betriebsvermögen hält (§ 40 KAGG). – Für Beteiligungs-, Investmentfondsanteil-, Grundstücks- und Altersvorsorge-Sondervermögen gelten die Regelungen in ähnlicher Form. – 3. *Ausschüttungen einer Kapitalanlagegesellschaft:* Unterliegen der Kapitalertragsteuer nach KAGG.

Kapitalanlagegesetzbuch (KAGB) – Nach dem Regierungsentwurf eines Gesetzes zur Umsetzung der Richtlinie 2011/61/EU (AIFM-Richtlinie über die Verwalter alternativer Investmentfonds (AIFM-Umsetzungsgesetz – AIFM-UmsG) vom Dezember 2012 geplantes Gesetz. Es soll die → AIFM-Richtlinie v. 8.6.2011, bis zum 22.7.2013 in nationales Recht umsetzen und das InvG unter Übernahme und Neustrukturierung seiner Regelungen aufheben. Das *KAGB* soll als geschlossenes Regelwerk sämtliche europäischen Regulierungsmaßnahmen im Investmentbereich umfassen, und wird sowohl die Regulierung der Verwalter von OGAW (s. → Investmentgesetz (InvG)) und der Verwalter von → Alternativen Investmentfonds als auch die Regulierung der offenen und geschlossenen Investmentfonds selbst vorsehen. Im Gegensatz zum formellen Investmentfondsbegriff des InvG, wonach nur OGAW dem InvG unterfallen, die die Anforderungen des InvG erfüllen, im übrigen aber nicht unzulässig sind und u.U.von anderen Gesetzen teilweise erfasst werden (z.B. Anlageverwaltung nach dem KWG s. → Finanzdienstleistungen), wird das *KAGB* einen materiellen Investmentfondsbegriff zugrunde legen. Fonds müssen künftig entweder der OGAW-Richtlinie oder der AIFM-Richtlinie und damit dem KAGB entsprechen, oder sie sind unzulässig und der Tatbestand des unerlaubten Investmentgeschäfts ist erfüllt.

Kapitalanteil – 1. *Begriff:* Maßstab für die wirtschaftliche Beteiligung des einzelnen Gesellschafters am → Gesellschaftsvermögen einer Personengesellschaft. Von der Beteiligung des Gesellschafters ist der Kapitalanteil nicht zu trennen, also nicht selbstständig übertragbar. – 2. Nach dem Kapitalanteil errechnet sich der *Gewinnanspruch* (Gewinn- und Verlustbeteiligung), die → Entnahme oder bei → Auflösung der Anspruch auf das Reinvermögen. – 3. *Buchung:* Der Kapitalanteil wird auf dem → Kapitalkonto des Gesellschafters in der Passivspalte geführt, er kann aber auch aktiv werden, z.B. durch Verluste (→ negatives Kapitalkonto). Der Kapitalanteil ist streng zu trennen vom → Privatkonto des Gesellschafters.

Kapitalaufnahmeerleichterungsgesetz (KapAEG) – 1998 verabschiedetes Gesetz zur Verbesserung der Wettbewerbsfähigkeit dt. Konzerne an Kapitalmärkten und zur Erleichterung der Aufnahme von → Gesellschafterdarlehen. Dt. Konzerne, die zum Zweck der Zulassung an einer ausländischen Börse einen → Konzernabschluss nach international anerkannten Rechnungslegungsvorschriften (IAS/IFRS, → US-GAAP) aufstellen, wurden früher durch zusätzliche Kosten belastet, weil sie zusätzlich einen Konzernabschluss nach HGB aufstellen mussten. Die nach unterschiedlichen Regelsystemen aufgestellten Abschlüsse wiesen unterschiedliche Ergebnisse aus, was die Vergleichbarkeit der Abschlüsse erschwerte. Das Kapitalaufnahmeerleichterungsgesetz (KapAEG) sah vor, dass kapitalmarktorientierte dt. Mutterunternehmen ihren Konzernabschluss nach IAS/IFRS oder US-GAAP aufstellen und offen legen konnten. Dies befreite von der Verpflichtung einen HGB-Konzernabschluss nach dt. Recht aufzustellen. Die Befreiungsregelung trat am 31.12.2004 wieder außer Kraft.

Kapitalausfuhr → internationale Kapitalbewegungen, → Kapitalverkehr, → Kapitalflucht, → Kapitalexport.

Kapitalbedarf – *Finanzbedarf;* Summe der für die unternehmerischen Teilpläne erforderlichen finanziellen Mittel einer Periode. Die Differenz zwischen (Gesamt-)Kapitalbedarf und den aus der → Innenfinanzierung zur Verfügung stehenden Mitteln der Periode ist der Betrag, der durch → Außenfinanzierung beschafft werden muss. – Vgl. auch → Finanzierung, → Finanzdecke, → Finanzplan, → Finanzplanung, → Kapitalbedarfsrechnung.

Kapitalbedarfsrechnung – Ermittlung des einmaligen und/oder laufenden → Kapitalbedarfs eines Unternehmens zwecks Errichtung, Erweiterung u.Ä. – *Verfahren der Kapitalbedarfsrechnung:* (1) → Finanzplanung; (2) grobe Berechnung bzw. Schätzung meist in Form der → Kapitalgebundenheitsrechnung, seltener nach Art der Deckungsrechnung (auch berichtigte Liquiditätsrechnung).

Kapitalberichtigungsaktien → Freiaktien.

Kapitalbeschaffung – alle Maßnahmen zur → Finanzierung von Unternehmungen mit dem Ziel, den → Kapitalbedarf auf der Grundlage eines → Finanzplans zu decken (Kapitalbeschaffung von Non-Profit-Organisationen: → Fundraising). – 1. *Zu unterscheiden:* a) nach *Form des Kapitals:* (1) Beschaffung von Geld, (2) Beschaffung von Sachgütern. – b) nach *Herkunft des Kapitals:* (1) Beschaffung von Eigenkapital (Beteiligungen, Einlagen), (2) Beschaffung von Fremdkapital (Kredite, Darlehen, Anleihen). – 2. *Bes. gesetzliche Regelung* für die Kapitalbeschaffung bei AG und KGaA gemäß AktG: Kapitalbeschaffung durch → Kapitalerhöhung sowie Ausgabe von → Wandelschuldverschreibungen und → Gewinnschuldverschreibungen.

Kapitalbeteiligung – Beteiligung des Arbeitnehmers am Kapital des arbeitgebenden Unternehmens. Das Aufbringen einer Kapitaleinlage durch den Mitarbeiter kann erfolgen durch → Erfolgsbeteiligung, Unternehmenszuwendungen, staatliche Prämien und Eigenleistungen. Die Verwendungsseite der Kapitalbeteiligung, also die Form der Kapitalbeteiligung, ist abhängig von der Rechtsform der Unternehmung. Je nach Organisationsform ergeben sich Unterschiede in der steuer-, arbeits- und gesellschaftsrechtlichen Behandlung. Zu unterscheiden ist grundsätzlich zwischen Eigen- und Fremdkapitalbeteiligungen sowie eigenkapitalähnlichen Beteiligungen (bes. stille Beteiligung). – Vgl. auch → materielle Mitarbeiterbeteiligung.

Kapitalbeteiligungsgesellschaft – Gesellschaft, die bes. kleinen und mittleren Unternehmen (nichtemissionsfähige) → Kapitalbeteiligungen anbietet; diesen wird dadurch mittelbar der Kapitalmarkt zugängig. – 1. Häufig als *Selbsthilfeeinrichtungen der Wirtschaft* organisiert (ohne Gewinnausschüttung), die überwiegend im gemeinschaftlichen Besitz von Kreditinstituten sind und Aufgaben der → Wirtschaftsförderung erfüllen. In diesem Fall können sie sich aus öffentlichen Mitteln günstig refinanzieren (→ ERP-Programme). Üblich sind Laufzeiten der Kapitalbeteiligungen (stille Beteiligung) zwischen zehn und 15 Jahren. Es wird ein Beteiligungsentgelt erhoben, die Beteiligung wird nach Ablauf aber zum Nennwert an das Unternehmen verkauft. – 2. Rein *kommerzielle Kapitalbeteiligungsgesellschaften* sind überwiegend Tochterunternehmen großer Banken und kaufen und verkaufen Unternehmensbeteiligungen in Gewinnabsicht. – Vgl. → Venture-Capital-Gesellschaft, → Venture-Capital.

Kapitalbewegungen → internationale Kapitalbewegungen.

Kapitalbilanz – Teil der → Zahlungsbilanz (s. → Restposten der Zahlungsbilanz), in dem seit 1995 mit dem Europäischen System Volkswirtschaftlicher Gesamtrechnungen (ESVG), der → Kapitalverkehr, unterteilt in vier Arten, dargestellt wird. Man differenziert zwischen den ausländischen Direktinvestitionen, den → Portfolio-Investitionen, dem Kreditverkehr und den Finanzderivaten.

Kapitalbildung – 1. *Begriff:* a) *Ältere Wirtschaftstheorie:* Spar- und Investitionsvorgang insgesamt. Kapitalbildung bedeutet demnach Konsumverzicht und dadurch ermöglichte Vergrößerung der volkswirtschaftlichen Produktionsausrüstung. Das Angebot an Geldkapital sorgt für Investitionen (→ Saysches Theorem). – b) *Moderne Wirtschaftstheorie:* Spar- und Investitionsvorgang werden zerlegt, da die Spar- und Investitionspläne von zwei verschiedenen Personenkreisen aufgestellt werden und damit geplantes Sparen und geplantes Investieren voneinander unabhängig sind und in ihrer Größe voneinander abweichen können. – 2. *Formen:* a) *Kapitalbildung aus bereits verteiltem Einkommen* (Lohn, Gehalt, Zins- oder Unternehmereinkommen): Die Ersparnisse werden als langfristige Kredite (direkt oder über Kreditinstitute) oder als Beteiligung (z.B. durch Erwerb von Aktien) der Wirtschaft zur Verfügung gestellt. – b) *Kapitalbildung aus noch nicht verteiltem Einkommen oder Selbstfinanzierung:* Gewinne der Unternehmung (Unternehmereinkommen) werden nicht ausgeschüttet, sondern verbleiben in der Unternehmung (Erhöhung des Eigenkapitals, Bildung offener oder stiller Reserven).

Kapitalbudget – Erfassung aller *vermögens*wirksamen Maßnahmen der staatlichen Ausgabenpolitik.

Budgetdefizite erscheinen als Verringerung des Reinvermögens bzw. des Eigenkapitals. – *Zweck:* Das Kapitalbudget soll Auskunft über die effiziente Verausgabung der finanziellen Mittel geben. – *Nachteil:* Nur Sachanlagen werden erfasst, andere wichtige, nicht vermögenswirksame Investitionsausgaben (Bildungsinvestitionen; → Humankapital; → Sozialkapital) dagegen nicht. Es besteht die Gefahr, dass die Ausgabenpolitik der Regierung zu einseitig auf Sachinvestitionen abgestellt wird. – *Gegensatz:* → Laufendes Budget. – Vgl. auch → Haushaltssystematik.

Kapitaldeckungsverfahren – *Kapitaldeckung.* – 1. *Begriff:* grundlegendes Finanzierungsverfahren in der → Privatversicherung, namentlich in der privaten Personenversicherung. Im Gegensatz zum → Umlageverfahren wird gem. dem Kapitaldeckungsverfahren für künftige Versicherungsleistungen ein Kapitalstock aufgebaut, aus dem später die Ansprüche der Versicherten bedient werden. Statt aus laufenden → Beiträgen werden Leistungen aus den Erträgen sowie durch Aufzehren des Kapitalstocks finanziert. Anwendung findet das Kapitaldeckungsverfahren insbesondere in der Privatversicherung, konkret in der → Lebensversicherung, der privaten Rentenversicherung, der privaten Krankenversicherung (PKV) und der privaten Pflegeversicherung, bei denen eine besondere Form des Kapitaldeckungsverfahrens eingesetzt wird (das sog. → Anwartschaftsdeckungsverfahren, das dem individuellen versicherungstechnischen → Äquivalenzprinzip folgt), und bei kollektiven Systemen (z.B. Staatsfonds). – 2. *Kapitaldeckungsverfahren in der PKV:* Das Kapitaldeckungsverfahren gehört zu den Grundmerkmalen der PKV. Gem. § 12 VAG – in Verbindung mit der Kalkulationsverordnung (KalV) – muss die substitutive PKV nach Art der Lebensversicherung kalkuliert werden. Demnach hat die Beitragskalkulation nach dem Äquivalenzprinzip sowie unter Bildung von Alterungsrückstellungen zu erfolgen (§ 12 I und II VAG). Die Alterungsrückstellungen sollen gewährleisten, dass die Beiträge unter ansonsten gleichen Voraussetzungen (u.a. Gültigkeit der aktuellen rechnerischen Sterbe- und Stornotafel; Fortbestand der aktuellen Inanspruchnahme von Gesundheitsleistungen; unbegrenzter Fortbestand des aktuellen Preisniveaus für Leistungen im Gesundheitswesen) grundsätzlich über die gesamte Vertragslaufzeit konstant bleiben. D.h.: Der Versicherte erwirbt in jüngeren Jahren eine → Anwartschaft darauf, dass sein Beitrag im Grundsatz über die gesamte Vertragslaufzeit unverändert bleibt. – 3. *Details:* Um dies sicherzustellen, wird in den Anfangsjahren der Laufzeit eines Krankenversicherungsvertrags ein tatsächlicher Beitrag erhoben, der höher als der augenblickliche Bedarfsbeitrag der betreffenden Person vor dem Hintergrund des aktuellen Krankheitsrisikos ist. Die Differenz, der sog. Sparbeitrag (Sparprämie), wird in der Alterungsrückstellung verzinslich angesammelt. Später, wenn der zu entrichtende Beitrag aufgrund des gestiegenen Lebensalters – und damit i.d.R. auch einer verstärkten Inanspruchnahme von Gesundheitsleistungen – nicht mehr für die benötigten Versicherungsleistungen ausreicht, werden die in der Alterungsrückstellung angesammelten Mittel für den Versicherten unbemerkt zur Abdeckung dieser Finanzierungslücke eingesetzt. Damit werden Beitragssteigerungen allein aufgrund des Älterwerdens grundsätzlich ausgeschlossen. – 4. *Hintergrund:* Mit dem demografischen Wandel, der einen immer höheren Anteil alter Menschen in der Bevölkerung mit sich bringt, und damit verbunden einer steigenden Inanspruchnahme von Gesundheitsleistungen erhöhen sich auch die Ausgaben im Gesundheitswesen. Weil jeder PKV-Versicherte im Versicherungskollektiv die später fälligen Leistungen anspart und somit jeder Versicherte im Prinzip für sich selbst vorsorgt, ist die PKV auf diese Entwicklung mit dem Kapitaldeckungsverfahren und der Bildung von Alterungsrückstellungen relativ gut vorbereitet. Dabei gibt es allerdings Einschränkungen: Auch das Kapitaldeckungsverfahren kann unvorhersehbare Entwicklungen, wie z.B. überdurchschnittliche Kostensteigerungen im Gesundheitswesen oder einen Anstieg der Lebenserwartung, nicht auffangen. – 5. *Abgrenzung zur* → gesetzlichen Krankenversicherung (GKV): In der GKV gilt statt des Kapitaldeckungsverfahrens das Umlageverfahren als finanzielles Strukturprinzip der Krankenkassen, bei dem keine Rückstellungen gebildet werden. Die von der Gesamtheit der Versicherten (und der Arbeitgeber) eingezahlten Versicherungsbeiträge werden sofort wieder an die Leistungsbezieher ausgegeben. Alle laufenden Beitragseinnahmen werden somit in vollem Umfang für die laufenden Ausgaben verwendet.

Kapitaldienst – Zahlungen von Zinsen und Tilgungen für aufgenommene Kredite. – Vgl. auch → Wiedergewinnungsfaktor.

Kapitaldienstfähigkeit – Fähigkeit eines Kreditnehmers (bzw. eines Objekts/Projekts), die zukünftigen Zins- und Tilgungsleistungen eines Kredites (→ Kapitaldienst) aus den laufenden Einkünften bzw. Cash-Flow termingerecht zu tätigen (ohne Berücksichtigung von → Kreditsicherheiten). Kreditinstitute haben entsprechend der Vorgaben der Bankenaufsicht (Bundesanstalt für Finanzdienstleistungsaufsicht –BaFin) vor jeder Kreditvergabe das individuelle Ausfallrisiko unter besonderer Berücksichtigung der Kapitaldienstfähigkeit zu beurteilen. Neben anderen Faktoren sind hierfür das Rückzahlungsverhalten des potenziellen Kreditnehmers in der Vergangenheit, die gegenwärtige Rückzahlungsfähigkeit sowie die zukünftig zu erwartenden Überschüsse zu berücksichtigen. Um die Kapitaldienstfähigkeit zu prüfen, wird bei Privatpersonen das frei verfügbare Einkommen des Kreditnehmers ermittelt, bei Unternehmen werden auf der Grundlage einer Finanzplanung zukünftige Liquiditätsüberschüsse prognostiziert. Weiterhin wird die Kapitaldienstgrenze berechnet, der Betrag, der einem Kreditnehmer maximal für Zinsen und Tilgung zur Verfügung steht. – Vgl. auch → Rating, → Bonitätsprüfung.

Kapitaldienstfaktor → Wiedergewinnungsfaktor.

Kapitaldienstgrenze – Höchstbetrag, den ein potenzieller Kreditnehmer für Zins- und Tilgungsleistungen (→ Kapitaldienst) aufbringen kann. Zur Berechnung wird bei Privatpersonen aus der Gegenüberstellung der laufenden Einkünfte und regelmäßigen Ausgaben zuzüglich einer Sicherheitspauschale das frei verfügbare Einkommen ermittelt. Für Unternehmen wird eine Bilanz-, Erfolgs- und Finanzplanung für die nächsten drei bis fünf Jahre durchgeführt und auf dieser Basis der künftige nachhaltige und ordentlich zu erwartende Cash-Flow prognostiziert. In die Berechnung fließen neben Abschreibungen, Fremdkapitalzinsen, langfristige Rückstellungen, Entnahmen/Ausschüttungen auch Ersatzinvestitionen ein.

Kapitaldispositionsrechnung – statische Interpretation der → Bilanz: Auflösung aller Bilanzpositionen in Kapitalbegriffe. – *Vermögen:* Sachform des Kapitals. Die Aktiv-(Vermögens-)seite der Bilanz gibt Aufschluss über die Kapitaldisposition der Unternehmung (Gewinn- und Verlustrechnung = Kapitalbewegungsrechnung).

Kapitalerhaltung → nominelle Kapitalerhaltung, → substanzielle Kapitalerhaltung.

Kapitalerhöhung – Maßnahme der → Finanzierung der Unternehmung durch Erhöhung des → Eigenkapitals.

I. Personengesellschaften: 1. → Selbstfinanzierung (Nichtverbrauch von Reingewinnen). – 2. *Zusätzliche Kapitaleinlagen bisheriger oder neuer Gesellschafter:* Kapitalerhöhung ist nur mit Zustimmung aller Gesellschafter statthaft, soweit Vertrag oder Satzung nichts anderes bestimmt. Maßgebend für die Höhe der Kapitalerhöhung ist der → Kapitalbedarf des Unternehmens.

II. Kapitalgesellschaften: 1. *Aktiengesellschaften:* a) *Effektive Kapitalerhöhung:* Ausgabe → junger Aktien zu einem festgelegten Bezugskurs. (1) *Ordentliche* Kapitalerhöhung (§§ 182–191 AktG): Von der Hauptversammlung mit 3/4-Mehrheit oder einer anderen, in der Satzung festzuschreibenden Mehrheit zu beschließen. Die → Unter-Pari-Emission ist verboten; bei Über-Pari-Emission ist der Mindestbezugskurs im Beschluss festzusetzen. Die Altaktionäre erhalten ein → Bezugsrecht auf die jungen Aktien; dieses kann mit mind. Dreiviertel-Mehrheit ausgeschlossen werden. Die Kapitalerhöhung kann nur durch Ausgabe neuer Aktien ausgeführt werden. Bei Gesellschaften mit → Stückaktien muss sich die Zahl der Aktien in demselben Verhältnis wie das Grundkapital erhöhen. Bei → Nennwertaktien wie auch bei Stückaktien ist das → Agio gemäß § 272 II HGB in die → Kapitalrücklage einzustellen. (2) *Bedingte* Kapitalerhöhung (§§ 192–201 AktG): Es werden junge Aktien gebildet, die den Inhabern von → Wandelschuldverschreibungen aufgrund ihres Umtausch- bzw. Bezugsrechts (Optionsanleihe) bzw. Arbeitnehmern aufgrund von Gewinnbeteiligungen zustehen. Das Bezugsrecht der Altaktionäre ist in diesen Fällen ausgeschlossen. Auch zur Vorbereitung von Unternehmenszusammenschlüssen wird die bedingte Kapitalerhöhung durchgeführt, um die Eigentümer des übernommenen Unternehmens auszuzahlen. (3) → Genehmigtes Kapital (§§ 202–206 AktG): Ermächtigung des Vorstandes durch Satzung oder Beschluss der Hauptversammlung, eine Kapitalerhöhung durchzuführen; Durchführung erfordert dann die Zustimmung des → Aufsichtsrats. – *Vorteil:* schnellere Reaktion und Anpassung von Emissionsvolumen und Bezugskurs an Kapitalmarktgegebenheiten. – b) *Nominelle Kapitalerhöhung:* Umwandlung von → Gewinnrücklagen und → Kapitalrücklage in Grundkapital; kein Zufluss finanzieller Mittel, nur Angleichung des nominellen Grundkapitals, (→ Kapitalerhöhung aus Gesellschaftsmitteln). Aktionäre erhalten → Freiaktien. – 2. *Gesellschaften mit beschränkter Haftung:* a) *Formelle Kapitalerhöhung:* Nominelle Erhöhung des Stammkapitals durch Vergrößerung einzelner Stammanteile. – b) Aufruf von *Nachschüssen*. – c) → Kapitalerhöhung aus Gesellschaftsmitteln.

III. Andere Unternehmensformen: *Genossenschaften:* a) *Unmittelbare Kapitalerhöhung:* (1) → Selbstfinanzierung; (2) Aufruf von Nachschüssen; (3) Aufnahme neuer Genossen; (4) Zukauf neuer Anteile von bisherigen Genossen. – b) *Mittelbare Kapitalerhöhung:* Erhöhung der → Nachschusspflicht; dient der Erweiterung des Kreditspielraums.

IV. Steuerliche Auswirkungen: 1. *Kapitalerhöhung durch Einlagen:* Bewertung der Bar- oder Sacheinlagen (→ Einlagen). – 2. Bei Kapitalerhöhung durch Ausgabe von *Gratisaktien:* → Freiaktie.

Kapitalerhöhung aus Gesellschaftsmitteln – I. Begriff: Bes. Form der → Kapitalerhöhung bei Kapitalgesellschaften. → Kapitalrücklagen und → Gewinnrücklagen werden in Grund- bzw. Stammkapital umgewandelt.

II. Durchführung: 1. Bei *Aktiengesellschaften* (§§ 207–220 AktG): a) *Voraussetzungen:* Beschluss der → Hauptversammlung mit Dreiviertel-Mehrheit. Anmeldung des Beschlusses zur Eintragung in das → Handelsregister. Uneingeschränkter Betätigungsvermerk des Prüfers für die zugrunde gelegte Bilanz (nicht älter als acht Monate). – b) *Umwandlungsfähigkeit:* Gewinnrücklagen können, soweit sie nicht zweckbestimmt sind, in vollem Umfang umgewandelt werden; die Kapitalrücklage und die → gesetzliche Rücklage nur, soweit sie den zehnten oder den in der Satzung bestimmten höheren Teil des bisherigen Grundkapitals übersteigen. Weist die zugrunde liegende Bilanz einen Verlust oder Verlustvortrag aus, so ist eine Umwandlung von Kapital- und Gewinnrücklage nicht möglich. – c) *Verfahren:* Mit der

Eintragung in das Handelsregister gilt das Grundkapital als erhöht. Die Aktionäre erhalten → Freiaktien im Verhältnis ihrer Anteile am bisherigen Grundkapital. – d) *Bedingtes Kapital* erhöht sich in gleichem Maß wie das Grundkapital, eigene Aktien nehmen an der Erhöhung des Grundkapitals teil. – 2. Bei *Gesellschaften mit beschränkter Haftung* (§§ 57c ff. GmbHG): a) *Voraussetzungen:* Gesellschaftsbeschluss mit Dreiviertel-Mehrheit der abgegebenen Stimmen, öffentliche Beurkundung des Beschlusses, Anmeldung zur Eintragung in das Handelsregister. – b) *Verfahren:* Mit Eintragung ist das Nennkapital erhöht. Bildung neuer Anteile für die Gesellschafter oder Erhöhung des Nennbetrages der Anteile im Verhältnis der Anteile am bisherigen Nennkapital.

III. Steuerliche Sonderregelung: Nach dem Gesetz über steuerrechtliche Maßnahmen bei der Erhöhung des Nennkapitals aus Gesellschaftsmitteln (Kapitalerhöhungssteuergesetz) vom 10.10.1967 (BGBl. I 977) unterliegt die Kapitalerhöhung aus Gesellschaftsmitteln nicht den Steuern vom Einkommen und Ertrag (§ 1 KapErtrStG).

IV. Beurteilung: 1. *Nachteile:* Neue Anteilsrechte sind ab dem Zeitpunkt des Beschlusses (i.d.R. für das ganze laufende Geschäftsjahr) dividendenberechtigt. Im Gegensatz dazu musste das entsprechende Kapital als Rücklage nicht gesondert bedient werden. – 2. *Vorteile:* Durch die sinkenden Kurse wird die Fungibilität der Aktie erhöht; auch erhöht sich dadurch bei gleich bleibender Dividende pro Aktie die Dividendenrendite der Aktionäre. Im Gegensatz zur Bindung in den Gewinnrücklagen ist die Ausschüttung der entsprechenden Mittel als Grundkapital nur unter bestimmten Bedingungen (bei einer → Kapitalherabsetzung) möglich; die Kreditwürdigkeit des Unternehmens wird dadurch erhöht.

Kapitalerhöhungsgesetz (KapErhG) – bestimmt, dass eine Kapitalerhöhung aus Gesellschaftsmitteln nicht zu steuerpflichtigen Einkünften beim Anteilseigner führt, d.h., dass v.a. die Ausgabe der Freianteile nicht als steuerpflichtiger Sachbezug im Rahmen der Einkünfte aus Kapitalvermögen gewertet werden kann (§ 1 KapErhG). Die bisher als thesaurierte Gewinne ausgewiesenen Beträge werden nur noch als (gewöhnliches) Nennkapital ausgewiesen. – Anhand des zu führenden steuerlichen Einlagekontos ist der Ursprung der Beträge (Einlagen der Gesellschafter oder thesaurierte Gewinne) festzustellen; ein Missbrauch (steuerfreie Nennkapitalrückzahlung statt steuerpflichtige Dividendenzahlung aus thesaurierten Gewinn) ist damit ausgeschlossen. Für ausländische Kapitalgesellschaften gilt wegen dieser Missbrauchsgefahr die Regelung, dass Auszahlungen aufgrund einer Kapitalerhöhung als Dividenden anzusehen sind, wenn sie innerhalb von fünf Jahren nach einer Kapitalerhöhung aus Gesellschaftsmitteln vorgenommen wurden.

Kapitalertragsteuer – *Zinsabschlagsteuer.* **I. Steuerrechtliche Regelungen:** 1. *Begriff:* Die Kapitalertragsteuer ist eine bes. Erhebungsform der → Einkommensteuer. Ab 2009 gilt mit dem Einbehalt der Kapitalertragsteuer die Einkommensteuer als abgegolten (§ 43 V S. 1 EStG), sofern nicht der bes. Steuersatz nach § 32d II greift oder die Einkünfte einer anderen Einkunftsart zugerechnet werden (§ 43 V S. 2 EStG), d.h. die Kapitaleinkünfte müssen nicht erklärt werden (vgl. auch → Abgeltungsteuer). Ist die Kapitalertragsteuer nicht abgezogen worden, findet der bes. Steuersatz nach § 32d I EStG Anwendung; es sei denn, es wurde zu einer Veranlagung optiert (§ 32d VI EStG). – 2. *Höhe:* Für Kapitalerträge, die nach dem 31.12.2008 zufließen, beträgt der Steuersatz der Kapitalertragsteuer grundsätzlich einheitlich 25 Prozent (§ 43a I S. 1 Nr. 1 EStG) zzgl. Solidaritätszuschlag von 5,5 Prozent und ggf. Kirchensteuer von 8 bis 9 Prozent. Der einheitliche Steuersatz wird unabhängig davon erhoben, ob der Schuldner oder der Gläubiger die Kapitalertragsteuer trägt. Der Steuersatz beträgt nur 15 Prozent für Leistungen und Gewinne von Betrieben gewerblicher Art. Für vor dem 31.12.2008 zugeflossene Erträge ergeben sich die Steuersätze aus § 43 i.V. mit § 43a EStG. Die Kapitalertragsteuer liegt hierbei zwischen 10 und 35 Prozent abhängig von der Art der Kapitaleinkünfte zzgl. Solidaritätszuschlag. Bspw. beläuft sich die Kapitalertragsteuer bei Dividenden auf 20 Prozent, bei Zinszahlungen 30 Prozent (sog. „Zinsabschlagsteuer"), bei Tafelgeschäften 35 Prozent. Bei Dividenden ist in Altfällen zu beachten, dass die Kapitalertragsteuer bereits mit Zufluss beim Anteilseigner abzuführen ist. – 3. *Erweiterung der Tatbestandsvoraussetzungen der Kapitalertragsteuer ab 2009:* Die Kapitalertragsteuer wird nunmehr auch bei ausländischen Dividenden erhoben, wenn die auszahlende Stelle im Inland belegen ist (§ 43 I Nr. 6 EStG); darüber hinaus auch bei Veräußerungen von Anteilen an einer Kapitalgesellschaft sowie bei Termingeschäften, wenn die Anschaffung der Wertpapiere nach dem 31.12.2008 vorgenommen wird (§ 43 I Nr. 9-12 EStG). Grundsätzlich unterliegen die vollen Kapitalerträge der Kapitalertragsteuer. Die Besteuerung bei Anteilsveräußerungen wird jedoch nur in Höhe des Gewinns vorgenommen, wenn die Wirtschaftsgüter von der Stelle, die die Kapitalerträge auszahlt, erworben und veräußert werden, sowie seither verwahrt und verwaltet sind (§ 43a II S. 2 EStG). Die Übertragung eines verwalteten Wirtschaftsguts gilt bereits als Veräußerung. Dies gilt jedoch nicht, wenn die Mitteilung erfolgt, dass die Übertragung unentgeltlich war. – 4. Sofern die *Abgeltungswirkung* noch nicht greift, gilt die Kapitalertragsteuer für den unbeschränkt Steuerpflichtigen (Steuerinländer) als Vorauszahlung auf die Einkommensteuer; für den beschränkt Steuerpflichtigen hat sie grundsätzlich eine Abgeltungswirkung. – 5. *Kapitalertragsteueranmeldung*: Ab dem 1.1.2009 ist die elektronische Anmeldung der einbehaltenen Kapitalertragsteuer Pflicht.

II. **Kirchensteuer auf Kapitalertragsteuer:** ab dem Veranlagungszeitraum 2009 beträgt die Kirchensteuer auf Kapitalerträge 8 bzw. 9 Prozent von 25 Prozent der Kapitalertragsteuer. Bei der Berechnung wird die Wirkung des Sonderausgabenabzugs der Kirchensteuer mit einbezogen, sodass sich die Kapitalertragsteuer bei einem Kirchensteuersatz von 9 Prozent von 26,375 Prozent (inkl. Solidaritätszuschlag) auf 24,45 Prozent verringert. Sofern der persönliche Einkommensteuersatz unter 25 Prozent liegt, erhält der Steuerpflichtige eine Erstattung der zu viel einbehaltenen Kirchensteuer bei Durchführung einer Veranlagung.

III. **Geografische Begrenzung:** Die Verpflichtung, dt. Kapitalertragsteuer einzubehalten, kann naturgemäß nur auferlegt werden, wenn sich der Gläubiger oder eine Zahlstelle im Inland befinden. Jedoch finden sich bei ausländischen Zahlungen meist auch im Ausland Bestimmungen über die Einbehaltung einer dortigen Kapitalertragsteuer; diese kann dann nur nach den Bestimmungen der Doppelbesteuerungsabkommen herabgesetzt oder bis zur Höhe der anteiligen dt. Steuer auf die dt. Einkommensteuerschuld angerechnet (aber nicht erstattet) werden. Dabei ist zu beachten, dass ausländische Steuern ab dem Veranlagungszeitraum 2009 maximal in Höhe von 25 Prozent der Kapitalerträge anrechenbar sind, sodass keine Erstattung erfolgt. Die bisherige länderbezogene Anrechnung (per country limitation) kommt in diesen Fällen nicht mehr zu Anwendung.

IV. **Möglichkeiten zur Vermeidung der Kapitalertragsteuer:** Sind die Kapitalerträge in Deutschland nicht steuerpflichtig, so kann die Einbehaltung dt. Kapitalertragsteuern von vorneherein vermieden werden, wenn der Empfänger der Kapitalerträge dem Auszahlenden zuvor eine entsprechende amtliche Bescheinigung vorlegt (→ Nichtveranlagungsbescheinigung, § 44a II EStG), einen → Freistellungsauftrag erteilt (§ 44a II EStG) oder – als Steuerausländer – eine Freistellung im Steuerabzugsverfahren (§ 50d EStG) beantragt; darüber hinaus kann im Fall der → Mutter-Tochter-Richtlinie der EU die Kapitalertragsteuer gemäß § 43b EStG vermieden werden. In bestimmten Fällen kommt auch eine nachträgliche Erstattung der Kapitalertragsteuer in Betracht (§§ 44b, 44c, 50d EStG). – Ist der Empfänger der Zahlung steuerbefreit oder ist offensichtlich, dass seine Einkünfte zu keiner Einkommensteuerschuld führen werden, so kann die Kapitalertragsteuer anstelle durch Einzelantrag des Steuerpflichtigen beim Bundesamt für Finanzen auch aufgrund eines → Sammelantrags seines Kreditinstituts vermieden werden.

V. **Aufkommen:** nicht veranlagte Steuern vom Ertrag (davon Zinsabschlag): 14,4 Mrd. Euro (2007, davon Zinsabschlag: 10,7 Mrd. Euro), 11,9 Mrd. Euro (2006, davon Zinsabschlag: 7,6 Mrd. Euro), 12,1 Mrd. Euro (2005, davon Zinsabschlag: 7,0 Mrd. Euro), 12,0 Mrd. Euro (2004, davon Zinsabschlag 6,8 Mrd. Euro), 11,9 Mrd. Euro (2003, davon Zinsabschlag: 7,6 Mrd. Euro), 13,7 Mrd. Euro (2002, davon Zinsabschlag: 8,5 Mrd. Euro), 12,9 Mrd. Euro (2001, davon Zinsabschlag: 6,9 Mrd. Euro), 8,4 Mrd. Euro (2000, davon Zinsabschlag: 5,4 Mrd. Euro).

Kapitalexport – Kauf einer auf ausländische Währung lautenden Forderung durch inländische Wirtschaftssubjekte. Dadurch erhöht sich die Gläubigerposition des Inlandes gegenüber dem → Ausland. Kapitalexporte können auch dadurch erfolgen, dass Inländer von Ausländern auf inländische Währung lautende → Aktiva kaufen (Abnahme der → Auslandsverschuldung). – Vgl. auch → Zahlungsbilanz.

Kapitalflucht – Transfer (s. → Realtransfer) von liquiden Mitteln ins Ausland, ohne Rücktransfer in absehbarer Zeit. Nicht zur Kapitalflucht zählen normale → internationale Kapitalbewegungen, wie z.B. Direktinvestitionen. Motive für die *Kapitalflucht* sind häufig eine hohe Abgabenlast, Vermeidung und Hinterziehung von → Steuern, eine inländische Niedrigzinspolitik, die Verweigerung staatsbürgerlicher Solidarität, oder krimineller Art wie Geldwäsche etc. Die Kapitalflucht wird durch die → Globalisierung und immer intensivere Verflechtung der verschiedenen Volkswirtschaften begünstigt.

Kapitalflussrechnung – *Cashflow Statement, Finanzflussrechnung;* eine verfeinerte finanzwirtschaftliche → Bewegungsbilanz. – 1. *Kennzeichnung:* Eine Kapitalflussrechnung wird im Gegensatz zur Bewegungsbilanz nicht aus der Anfangs- und Schlussbilanz eines Geschäftsjahres (oder einer kürzeren Periode) abgeleitet, vielmehr sollen unter zusätzlicher Verwendung der Aufwands- und Ertragspositionen die Zahlungsströme (Fondsstromrechnung) des Unternehmens dargestellt werden. Bei Erstellung einer internen Kapitalflussrechnung wird auf das Informationsmaterial der Finanzbuchhaltung zurückgegriffen, bei externen Kapitalflussrechnungen auf die → Gewinn- und Verlustrechnung (GuV), das Anlagengitter sowie den Anhang. Als Beispiel für den möglichen Aufbau einer Kapitalflussrechnung vgl. Tabelle „Kapitalflussrechnung – Gliederungsschema (Indirekte Methode)“. Die Kapitalflussrechnung kann als retrospektive (so bei Veröffentlichung als Ergänzung zum Jahresabschluss und im Rahmen der → Bilanzanalyse) oder als prospektive (Planungsinstrument) Rechnung aufgestellt werden. Wesentliche Ziele der Kapitalflussrechnung als retrospektive Fondsrechnung sind: (1) die Ermittlung des Finanzbedarfs, (2) die Darstellung der Deckung des Finanzbedarfs, (3) der Ausweis der Liquiditätsveränderung der Berichtsperiode anhand eines speziellen Finanzmittelfonds sowie (4) die Darstellung der Investitions- und Finanzierungstätigkeit. Dabei gliedert sich die Kapitalflussrechnung regelmäßig in die Teilbereiche: laufende Geschäftstätigkeit, Investitionstätigkeit und Finanzierungstätigkeit. – 2. *Handelsrecht:* Gemäß § 297 I HGB ist die Kapitalflussrechhnung Teil des Konzernabschlusses. Mit der Verabschiedung des Deutschen Rechnungslegungsstandards zur Kapitalflussrechnung (DRS 2) durch das DRSC erfolgte

Kapitalflussrechnung – Gliederungsschema (Indirekte Methode)

1.		Periodenergebnis (einschließlich Ergebnisanteilen von Minderheitsgesellschaftern) vor außerordentlichen Posten
2.	+/–	Abschreibungen/Zuschreibungen auf Gegenstände des Anlagevermögens
3.	+/–	Zunahme/Abnahme der Rückstellungen
4.	+/–	Sonstige zahlungsunwirksame Aufwendungen/Erträge (bspw. Abschreibung auf ein aktiviertes Disagio)
5.	–/+	Gewinn/Verlust aus dem Abgang von Gegenständen des Anlagevermögens
6.	–/+	Zunahme/Abnahme der Vorräte, der Forderungen aus Lieferungen und Leistungen sowie anderer Aktiva, die nicht der Investitions- oder Finanzierungstätigkeit zuzuordnen sind
7.	+/–	Zunahme/Abnahme der Verbindlichkeiten aus Lieferungen und Leistungen sowie anderer Passiva, die nicht der Investitions- oder Finanzierungstätigkeit zuzuordnen sind
8.	+/–	Ein- und Auszahlungen aus außerordentlichen Posten
9.	=	**Cashflow aus laufender Geschäftstätigkeit**
10.		Einzahlungen aus Abgängen von Gegenständen des Sachanlagevermögens
11.	+	Einzahlungen aus Abgängen von Gegenständen des immateriellen Anlagevermögens
12.	–	Auszahlungen für Investitionen in das Sachanlagevermögen
13.	–	Auszahlungen für Investitionen in das immaterielle Anlagevermögen
14.	+	Einzahlungen aus Abgängen von Gegenständen des Finanzanlagevermögens
15.	–	Auszahlungen für Investitionen in das Finanzanlagevermögen
16.	+	Einzahlungen aus dem Verkauf von konsolidierten Unternehmen und sonstigen Geschäftseinheiten
17.	–	Auszahlungen aus dem Erwerb von konsolidierten Unternehmen und sonstigen Geschäftseinheiten
18.	+	Einzahlungen aufgrund von Finanzmittelanlagen im Rahmen der kurzfristigen Finanzdisposition
19.	–	Auszahlungen aufgrund von Finanzmittelanlagen im Rahmen der kurzfristigen Finanzdisposition
20.	=	**Cashflow aus der Investitionstätigkeit**
21.		Einzahlungen aus Eigenkapitalzuführungen (z. B. Kapitalerhöhungen, Verkauf eigener Anteile)
22.	–	Auszahlungen an Unternehmenseigner und Minderheitsgesellschafter (Dividenden, Erwerb eigener Anteile, Eigenkapitalrückzahlungen, andere Ausschüttungen)
23.	+	Einzahlungen aus der Begebung von Anleihen und der Aufnahme von (Finanz-)Krediten
24.	–	Auszahlungen aus der Tilgung von Anleihen und (Finanz-)Krediten
25.	=	**Cashflow aus der Finanzierungstätigkeit**

die notwendige Konkretisierung. Die Ausgestaltung der Kapitalflussrechnung gemäß DRS 2 orientiert sich weitgehend an den bestehenden Vorschriften internationaler Rechnungslegungssysteme (→ International Financial Reporting Standards (IFRS) bzw. → US-GAAP).

Kapitalfonds – Gesamtheit der finanziellen Mittel, die einer Unternehmung zu einem Zeitpunkt zur Verfügung stehen, um den → Kapitalbedarf zu decken. Der Kapitalfonds besteht aus dem gebundenen (investierten) und dem nicht gebundenen (nicht investierten) Teil.

Kapitalforderung – I. Begriff: Forderung, die auf Zahlung von Geld gerichtet ist (z.B. Darlehens- und Hypothekenforderung, Spar- und Bankguthaben, Geldforderung aus Warenlieferungen, Vermögenseinlage des stillen Gesellschafters, Tantiemeforderung). – *Gegensatz:* Forderung auf nichtmonetäre Leistungen (z.B. Forderung auf Waren, auf Wertpapiere, Dienstleistungen).

II. Steuerbilanz: 1. *Grundsätze:* Kapitalforderungen können nach Wahl des Bilanzierenden im Einzel-, im Pauschal- oder im gemischten Verfahren bewertet werden, soweit dies mit den → Grundsätzen ordnungsmäßiger Buchführung (GoB) übereinstimmt. Das Einzelverfahren ergibt die zutreffendsten Werte. Das Pauschalverfahren darf nur angewendet werden bei Kapitalforderungen, die nach ihrer Art, der Person des Schuldners und/oder ihrer Laufzeit zusammengefasst werden können. Pauschalwertberichtigungen beruhen auf einer Schätzung des Ausfallrisikos auf der Grundlage der Erfahrungen der Vergangenheit. Kapitalforderungen sind grundsätzlich mit den → Anschaffungskosten anzusetzen (§ 6 I Nr. 2 EStG), das ist i.d.R. der Nennbetrag, der von dem Schuldner bei Fälligkeit gefordert werden kann. Ein → Agio gehört zu den Anschaffungskosten. – 2. Anstelle der Anschaffungskosten können Kapitalforderungen mit dem niedrigeren → Teilwert angesetzt werden, solange dieser voraussichtlich dauerhaft ist. Die Wertminderung muss, auf objektive Verhältnisse gestützt, geschätzt werden. Gehört die Kapitalforderung, was die Regel sein dürfte, zum Umlaufvermögen und ermittelt der Steuerpflichtige seinen Gewinn durch → Betriebsvermögensvergleich (§ 5 I EStG), so besteht für den Bilanzierenden eine Verpflichtung zur → Teilwertabschreibung. Durch die Wertberichtigung können berücksichtigt werden: das allg. Ausfallwagnis bei Zahlungsunfähigkeit des Schuldners, Reklamationen, Zinsverluste durch verspäteten Geldeingang, Beitreibungskosten, Zinsverlust einer zinslosen oder unterverzinslichen Kapitalforderung, Skontoabzug durch Kunden. – 3. Kapitalforderungen in *ausländischer Währung* sind mit dem Kurs am Bilanzstichtag in Euro umzurechnen.

III. Bewertungsgesetz: 1. *Private Forderungen:* Diese sind mit dem Nennwert zu bewerten, soweit bes. Umstände einen geringeren oder höheren Wert rechtfertigen (§ 12 BewG). – *Beispiel:* Über- und Unterverzinslichkeit, Insolvenzgefahren beim Schuldner. – 2. *Betriebliche Forderungen:* Bewertung richtet sich nach der Steuerbilanz (→ verlängerte Maßgeblichkeit).

Kapitalfreisetzungseffekt → Lohmann-Ruchti-Effekt.

Kapitalgebundenheitsrechnung – Verfahren der → Kapitalbedarfsrechnung. – *Vorgehensweise:* 1. Ermittlung des (bei Erweiterung zusätzlichen) Anlagevermögens (Grundstücke, Gebäude, Maschinen u.Ä.). – 2. Ermittlung der (zusätzlichen) Kosten der Kapitalbeschaffung und Ingangsetzung (Gehälter, Steuern, Gebühren, Einführungswerbung u.a.). – 3. Ermittlung des (zusätzlichen) Umlaufvermögens: (1) bez. der täglichen Kostenvorlagen (Arbeits-, Material-, Zins- u.a. Kosten) entsprechend den technischen Daten der Anlagen und unter Berücksichtigung eines bestimmten Beschäftigungsgrades; (2) bez. seiner zeitlichen Gebundenheit (in Tagen) nach Produktions-, Lagerdauer, Debitorenziel; (3) Umlaufvermögen = tägliche Kostenvorlagen · (zeitliche Gebundenheit + Rohstofflager + Kassen- und Bankbestände zur Abwicklung laufender Geschäfte – durchschnittliches Debitorenziel). – 4. Die Addition der Ergebnisse von 1 bis 3 ergibt den Kapitalbedarf (ohne Berücksichtigung der Lieferantenkredite).

kapitalgedeckte Zusatzversorgung – ergänzt als zweite Schicht des → Drei-Schichten-Modells die Basisversorgung (erste Schicht) und die private Vorsorge (dritte Schicht). Die kapitalgedeckte Zusatzversorgung umfasst die → betriebliche Altersversorgung (baV) und die steuerlich geförderte private Zusatzvorsorge (→ Riester-Rente). In der kapitalgedeckten Zusatzversorgung gilt die → nachgelagerte Besteuerung.

Kapitalgesellschaften – I. Begriff: Eine Gruppe der → Handelsgesellschaften. Im Gegensatz zu → Personengesellschaften steht die kapitalmäßige Beteiligung der Gesellschafter im Vordergrund, nicht deren „Persönlichkeit". Eine Beteiligung ohne Kapitaleinlage ist nicht möglich, eine persönliche Mitarbeit der Gesellschafter nicht erforderlich. Das Zurücktreten persönlicher Gesichtspunkte wird begünstigt durch die der Kapitalgesellschaft eigene Rechtsform der → juristischen Person. Die Anteile der Gesellschafter der Kapitalgesellschaft sind regelmäßig übertragbar, ohne dass hierdurch der Bestand der Kapitalgesellschaft beeinflusst wird. Die Willensbildung (Beschlussfassung) erfolgt i.d.R. nach dem Verhältnis der Kapitalbeteiligung. Das persönliche Vermögen der Gesellschafter haftet nicht für die Schulden der Gesellschaft. – *Ausnahme:* → Komplementär der KGaA.

II. Arten: 1. *Handelsrecht:* Im Sinn des Dritten Buches des HGB (2. Abschn.) gehören zu den Kapitalgesellschaften die → Aktiengesellschaft (AG), die → Kommanditgesellschaft auf Aktien (KGaA) und die → Gesellschaft mit beschränkter Haftung (GmbH). Bei der

AG ist ausschließlich die Kapitalbeteiligung maßgebend, die durch die z.T. große Zahl von Gesellschaftern (→ Aktionären) und die wertpapiermäßige Verbriefung der Gesellschaftsrechte in → Aktien (und damit leichte Übertragbarkeit) bes. in Erscheinung tritt. Demgegenüber lässt die GmbH gewisse personenrechtliche Züge (z.B. Erschwerung der Übertragbarkeit der Anteile, Geschäftsführer oft Gesellschafter) erkennen. Allerdings kann eine AG mit mehreren → Großaktionären nach ihrer praktischen Ausgestaltung viel weniger kapitalistisch gestaltet sein als eine GmbH. - Eine *Mischform* ist die → Genossenschaft.

Kapitalgesellschaften, Spaltung von → Rechtsträger, Spaltung von.

Kapitalherabsetzung - Verringerung des Grund- bzw. des Stammkapitals einer Kapitalgesellschaft. - Zu *unterscheiden:* 1. *Nominelle Kapitalherabsetzung:* Ausgleich von Verlusten oder Wertminderungen durch Anpassung des Eigenkapitals (Sanierung). - 2. *Effektive Kapitalherabsetzung:* Rückzahlung eines Teils des Grundkapitals oder Umwandlung von Grundkapital in Rücklagen.

I. Aktiengesellschaft: 1. *Ordentliche Kapitalherabsetzung* (§§ 222–228 AktG): a) *Voraussetzungen:* Beschluss der Hauptversammlung nur mit Dreiviertel- oder höherer Mehrheit. Im Beschluss ist der Zweck der Kapitalherabsetzung festzulegen, bes., ob Rückzahlungen an die Aktionäre erfolgen sollen. - b) *Verfahren:* Bei → Nennbetragsaktien Herabsetzung des Nennbetrags pro Aktie (Aktienherabsetzung) oder → Aktienzusammenlegung. Mit der Eintragung des Beschlusses im Handelsregister ist das Grundkapital herabgesetzt. - c) Den Gläubigern, die sich binnen sechs Monaten nach Bekanntmachung der Eintragung melden, ist *Sicherheit* zu leisten, soweit sie nicht Befriedigung verlangen können. Zahlungen an Aktionäre sind erst nach Gewährung dieser Sicherheiten gestattet. - d) Eine *Kapitalherabsetzung unter den Mindestnennbetrag des Grundkapitals* (§ 228 AktG) ist nur zulässig, wenn zugleich eine → Kapitalerhöhung ohne → Sacheinlage beschlossen wird. Ziel ist Verlustausgleich bei gleichzeitigem Mittelzufluss. - 2. *Vereinfachte Kapitalherabsetzung* (§§ 229–236 AktG): Es dürfen keine Zahlungen an die Aktionäre erfolgen. Die Kapitalherabsetzung ist zulässig zur Verlustdeckung, Einstellung von Beträgen in die → Kapitalrücklage. Die → Gewinnrücklagen sind vorher ganz aufzulösen, die gesetzliche und Kapitalrücklage insoweit, als sie 10 Prozent des nach Herabsetzung verbleibenden Grundkapitals übersteigen. Gewinne dürfen erst wieder ausgeschüttet werden, wenn die gesetzliche und die Kapitalrücklage 10 Prozent des Aktienkapitals erreichen; höhere Ausschüttung als 4 Prozent auf das Grundkapital ist erst nach Befriedigung oder Sicherstellung der Gläubiger zulässig. - 3. *Einziehung von Aktien* (§§ 237–239 AktG): → Aktieneinziehung.

II. Gesellschaft mit beschränkter Haftung (GmbH): Der Beschluss auf eine Kapitalherabsetzung muss in den Geschäftsblättern bekannt gemacht werden, verbunden mit der Aufforderung an die Gläubiger, sich bei der Gesellschaft zu melden (§ 58 GmbHG). Die Ansprüche der Gläubiger, die der Kapitalherabsetzung nicht zustimmen, sind zu befriedigen oder sicherzustellen.

III. Steuerliche Auswirkungen: Im Sinn des dt. Steuerrechts ist eine Kapitalherabsetzung nur als Rückzahlung von Nennkapital anzusehen, wenn die ausgeschütteten Beträge früher von den Anteilseignern als Einlagen zugeführt worden sind. Stammen die im Zuge der Kapitalherabsetzung ausgekehrten Bezüge dagegen aus Gewinnen der Gesellschaft, die in der Gesellschaft angespart worden waren (Kapitalerhöhung aus Gesellschaftsmitteln o.Ä; oder auch allmählich angespartes Nennkapitals einer ursprünglich mit 1 Euro gegründeten Unternehmergesellschaft), dann wird ihre Auszahlung an die Gesellschafter auch in Form einer Kapitalherabsetzung steuerlich als Auszahlung von Gewinnen (→ Dividende) behandelt. Grund für die Einstufung und Behandlung einer Kapitalherabsetzung als Dividendenzahlung ist die Annahme, dass eine Kapitalgesellschaft vor der Rückzahlung ursprünglicher Einlagen zunächst alle ihre aus Gewinnen thesaurierten Eigenkapitalbestände zurückzahlt. - 1. *Die Besteuerung der als Dividenden eingestuften Beträge* erfolgt gegenwärtig entweder gemäß dem → Teileinkünfteverfahren (wenn die Dividendenerträge durch ein Mutterunternehmen in einem Betrieb vereinnahmt werden) oder gemäß den Grundsätzen der → Abgeltungsteuer (wenn die Dividendenerträge als private Kapitaleinkünfte vereinnahmt werden). - 2. Die steuerlich als *Rückzahlung von Einlagen* eingestuften Zahlungen sind bei im Betriebsvermögen gehaltenen Anteilen vom Buchwert der Anteile abzusetzen; durch diese Buchungstechnik wird erreicht, dass trotz des Zuflusses von Einnahmen der Vorgang erfolgsneutral bleibt. - 3. *Besonderheiten* gelten, wenn eine ausländische Kapitalgesellschaft eine Kapitalherabsetzung vornimmt (Abgrenzung der Beträge dann schwierig oder nicht möglich), z.B. bei der Behandlung von Freiaktien.

Kapitalhilfe - Beitrag zur Finanzierung von Entwicklungsmaßnahmen durch günstige Kredite bzw. nicht rückzahlbare Zuschüsse im Rahmen der → Entwicklungshilfe. Finanziert werden Sachgüter, Anlageinvestitionen sowie die dazu gehörenden Dienstleistungen (Evaluierung, Beratung). Sie kann multilateral (→ IWF, → IBRD, → Lomé-Abkommen) sowie bilateral (→ finanzielle Zusammenarbeit) geleistet werden.

Kapitalimport - Kapitalaufnahme im Ausland zur Finanzierung von Importen oder Investitionen im Inland. Bedeutet → Auslandsverschuldung. - Vgl. auch → Zahlungsbilanz.

Kapitalintensität – *Capital-Labour-Ratio;* Verhältnis zwischen den Produktionsfaktoren Kapital und Arbeit. Kapitalintensität wird berechnet als → Kapitalstock bezogen auf die Erwerbstätigen im Inland. – Vgl. auch → Wachstumstheorie, → neoklassische Wachstumstheorie.

kapitalintensiv – kennzeichnende Bezeichnung für die Bedeutung des Produktionsfaktors → Kapital in einem Unternehmen oder Industriezweig. Die Kostenstruktur der Unternehmen ist durch einen im Vergleich zu anderen Kostenarten hohen Anteil an (fixen) Kapitalkosten (Abschreibungen, kalkulatorische Zinsen etc.) gekennzeichnet. Im Zuge zunehmender Mechanisierung und Automatisierung nimmt die Kapitalintensität zu. – *Anders:* → lohnintensiv, → anlagenintensiv, → arbeitsintensiv, → materialintensiv.

kapitalintensives Gut – Ein → Gut, für dessen Erzeugung unabhängig vom Faktorpreisverhältnis stets mehr → Kapital pro → Arbeit eingesetzt werden muss als für ein anderes Gut, wird als *relativ* → kapitalintensiv bezeichnet. Dieses andere Gut ist dann *relativ* → arbeitsintensiv. – Vgl. auch → Heckscher-Ohlin-Handel, → Heckscher-Ohlin-Theorem.

Kapitalisierung – Umrechnung eines laufenden Ertrags oder einer regelmäßigen Geldleistung (Verzinsung, Rente) auf den gegenwärtigen → Kapitalwert, d.h. → Diskontierung von in der Zukunft liegenden Erträgen auf den Berechnungszeitpunkt.

Kapitalismus – 1. *Begriff:* Historisierende und, v.a. durch die Vertreter des → Marxismus, wertende Bezeichnung für die neuzeitlichen → kapitalistischen Marktwirtschaften mit dominierendem Privateigentum an den Produktionsmitteln und dezentraler Planung des Wirtschaftsprozesses. Entstanden im deutschsprachigen Raum zu der Zeit, als angenommen wurde, dass die einzelnen Volkswirtschaften je nach Entwicklungsstufe eine nicht wiederholbare Spezifik aufwiesen und die einzelnen Stufen mit einer gewissen oder mit zwingender Gesetzmäßigkeit aufeinander folgten (→ historischer Materialismus, → historische Schule). Der Kapitalismus wird unterschiedlich charakterisiert; er sei bestimmt: (1) Durch das Privateigentum an den Produktionsmitteln, verstanden als gesellschaftliches Verhältnis, das den Kapitalisten die unentgeltliche Aneignung der durch die arbeitenden Nichteigentümer hervorgebrachten Wertschöpfung ermögliche (→ Marxismus); (2) durch das Vorherrschen der „kapitalistischen" Gesinnung, d.h. Erwerbsprinzip, Rationalität und Individualismus (Sombart), bzw. durch die rationale Arbeitsorganisation zur Gewinnerzielung auf Basis eines formalisierten Rechnungskalküls (Weber); (3) durch das Vorherrschen von Großbetrieben (Knapp); (4) durch die Dominanz des freien und dynamischen Unternehmertums (→ Schumpeter). – 2. Auch die Ableitung unterschiedlicher *Phasen des Kapitalismus* selbst geschieht nicht einheitlich: (1) Sombart unterscheidet z.B. Früh-, Hoch- und Spät-Kapitalismus; (2) die marxistische Theorie unterscheidet Früh-, → Konkurrenzkapitalismus, → Monopolkapitalismus, → Imperialismus und → Staatsmonopolkapitalismus bzw. → Spätkapitalismus. – 3. *Wirkungen:* Der Kapitalismus sei, so die prinzipiell übereinstimmende Auffassung in den einzelnen Theorien, eine Übergangserscheinung und zerstöre sich mit systemimmanenter Zwangsläufigkeit selbst: a) Die *marxistische Theorie* leitet aus dem Entwicklungsschema des historischen Materialismus den Übergangscharakter des Kapitalismus ab. – b) Für *Schumpeter* führen die zunehmende Bürokratisierung des Wirtschaftsprozesses und die „Automatisierung" des technischen Fortschritts in immer größer werdenden Unternehmen sowie die zunehmende Zurückdrängung der Vertragsfreiheit durch kollektive Absprachen zu einem Funktionsverlust des unternehmerischen Privateigentums und zu seiner zunehmenden Sozialisierung. – c) *Sombart* sieht in der anwachsenden Marktvermachtung, in der Ersetzung des Individual- durch das Kollektivprinzip sowie in den zunehmenden Staatseingriffen in den Wirtschaftsprozess Indizien für die zukünftige zwangsläufige Vorherrschaft des → Sozialismus. – 4. *Beurteilung:* Die den zahlreichen Abgrenzungs- und Periodisierungsversuchen zugrunde liegenden Klassifikationsmerkmale sind nicht logisch zwingend und beruhen auf der individuellen Wertung des einzelnen Wissenschaftlers. Bei den Versuchen zur Periodisierung der Wirtschaftsgeschichte wird nicht beachtet, dass es Grundsachverhalte und -probleme des Wirtschaftens gibt, die in jeder → Wirtschaftsordnung existieren bzw. gelöst werden müssen. Die marxistischen Kapitalismus-Definitionen und -Analysen sind durch die Falsifizierung der geschichtsphilosophischen und wirtschaftstheoretischen Grundannahmen ebenfalls widerlegt. Da schließlich wissenschaftslogisch keine zwingenden Aussagen über die zukünftige geschichtliche Entwicklung abgeleitet werden können, ist die im Kapitalismus-Begriff implizierte Annahme des Übergangscharakters nicht zu beweisen. Eine wissenschaftliche Betrachtung ist leichter möglich, wenn die wertenden Begriffe Kapitalismus und Sozialismus ersetzt werden durch wertfreie Bezeichnung wie → Marktwirtschaft und *zentralgeleitete Wirtschaft.* An die Stelle der Ableitung vermeintlich zwangsläufiger Entwicklungsstufen kann dann eine ordnungstheoretische Analyse der Gestaltbarkeit des Wirtschaftsprozesses treten. Um die Frage, welche dieser beiden Wirtschaftsformen besser in der Lage ist das Wohl der Bevölkerung sicherzustellen, geht es auch in der sog. Kapitalismus-Sozialismus-Debatte.

Kapitalistische Marktwirtschaft – Wirtschaftsordnung, in dem die folgenden zwei Kriterien erfüllt sind: 1. *Eigentumsform:* Das Eigentum an den Produktionsmitteln ist grundsätzlich privat (Kapitalismus) (s. hierzu auch → Neue Weltwirtschaftsordnung); 2. *Koordinationsmechanismus:* Die dezentral aufgestellten Pläne werden mithilfe des

Preismechanismus auf dem Markt koordiniert. – *Anders*: kapitalistische Vertragswirtschaft.

kapitalistische Unternehmensverfassung – 1. *Begriff:* → Unternehmensverfassung, in der die Eigentümer (der Produktionsmittel) mit ihren Interessen die Richtung der Unternehmenspolitik alleine bestimmen sollen (Prinzip der Einheit von Risiko, Kontrolle und Gewinn). – *Rechtlicher Rahmen:* Gesellschaftsrecht. – *Begründung* für die alleinige Auszeichnung der Eigentümer in der Unternehmensverfassung durch das Gesellschaftsmodell des (Wirtschafts-) → Liberalismus sowie von ökonomischer Seite die → klassische Lehre (Klassik) bzw. die → Neoklassik. – 2. *Entstehung der kapitalistischen Unternehmung* als produktives System durch eine Vielzahl von Verträgen zwischen den sich am Wirtschaftsprozess beteiligenden Individuen (Vertragsmodell der Unternehmung). Der auf dem Gesellschaftsvertrag basierende Eigentümerverband (Gesellschaft) schließt mit den für die Leistungsherstellung erforderlichen Personen, den Inhabern der Rohstoffe und Vorprodukte und den Abnehmern der Produkte und Dienstleistungen Verträge ab: – a) Arbeitsverträge (§ 611 BGB), in denen sich Arbeitnehmer verpflichten, für die Dauer des Arbeitsvertrages den Weisungen des Arbeitgebers Folge zu leisten (→ Direktionsrecht); – b) Kaufverträge (§ 433 BGB) zur Verteilung produzierter Güter. – 3. *Annahmen der kapitalistischen Unternehmensverfassung:* Die Interessen von Konsumenten und Arbeitnehmern gleichen sich in einer Wettbewerbswirtschaft im Markt und nicht in der Unternehmensverfassung mit den Interessen der Kapitaleigner ab; rechtlich durch die Annahme der Richtigkeitsgewähr von freiwillig zustande gekommenen Verträgen ausgedrückt. Das öffentliche Interesse wird gewahrt durch einen über die Einhaltung bestimmter Regeln im Wirtschaftsverkehr (→ unlauterer Wettbewerb, → Publizität) ein Gemeinwohl produzierenden Interessenausgleich zwischen den Marktpartnern. Die Herrschaft des Eigentümers in der Unternehmung wird als funktional für das Wohl aller gedacht; der Eigentümer-Unternehmer erfüllt eine „vikarische Funktion". – 4. *Kritik der kapitalistischen Unternehmensverfassung:* – a) Diverse Entwicklungen in Wirtschaft und Recht können als Kritik verstanden werden, bes. → Arbeitsrecht, → Verbraucherpolitik und Publizitätsgesetz (→ Publizität); dadurch sollen die ungleichen Startpositionen der Marktpartner ausgeglichen und dem öffentlichen Interesse verstärkt Geltung verschafft werden. – Ökonomische Tauschvorgänge vollziehen sich im Markt *nicht machtfrei,* die Annahme der Richtigkeitsgewähr der Verträge ist somit korrekturbedürftig. – Die Fundamente der kapitalistischen Unternehmensverfassung, Eigentum und Vertrag, bleiben von diesen Korrekturen allerdings unberührt. Erst durch die → Mitbestimmung der Arbeitnehmer und ihre Inkorporation in die zentralen Entscheidungsorgane der Gesellschaft (→ Aufsichtsrat (AR), → Vorstand) beginnt sich die interessenmonistische kapitalistische Unternehmensverfassung zu einer interessendualistischen zu entwickeln. – b) → Managerherrschaft.

kapitalistische Unternehmung – oft als Gegensatz zur → arbeitergeleiteten Unternehmung gebraucht, wobei in der marxistischen Theorie der Unternehmung die These vertreten wird, die Unternehmung als Hierarchie sei nicht aus Effizienz-, sondern aus Herrschaftsgründen entstanden (Marglin). Anders dagegen die → Team-Theorie der Unternehmung, die eine solche Unterscheidung ablehnt, weil ihr zufolge derjenige Eigentümer ist, der → spezifische Investitionen vorgenommen habe, wobei es sich auch um Humanvermögen handeln kann (z.B. Anwaltssozietäten).

Kapitalkoeffizient – *Capital-Output-Ratio;* Verhältnis zwischen Kapitaleinsatz (K) und gesamtwirtschaftlichem Produktionsergebnis (Y_r). – *Zu unterscheiden:* (1) *Durchschnittlicher Kapitalkoeffizient:* Relation zwischen → Kapitalstock und realem → Bruttoinlandsprodukt (BIP). (2) *Marginaler Kapitalkoeffizient:* Kapitaleinsatzerhöhung für eine zusätzliche Produktionsmengeneinheit. – *Kehrwert:* → Kapitalproduktivität. – Vgl. auch → Wachstumstheorie.

Kapitalkonsolidierung – 1. *Allgemein:* Maßnahme zur Erstellung des Konzernabschlusses. Zur Vermeidung von Doppelerfassungen treten bei der → Vollkonsolidierung an die Stelle des Postens „Beteiligungen" aus dem → Jahresabschluss des Konzermutterunternehmens die Vermögensgegenstände, Schulden, Rechnungsabgrenzungsposten und Sonderposten des Tochterunternehmens. Damit verbunden ist die Aufrechnung des Buchwertes der Beteiligung mit dem Eigenkapital des jeweiligen Tochterunternehmens. Bei einer Beteiligungsquote von unter 100 Prozent wird nur anteilig verrechnet. Zum Ausgleich werden gemäß § 307 HGB in der Konzernbilanz bzw. in der → Konzern-Gewinn- und Verlustrechnung (Konzern-GuV) Kapital- bzw. Erfolgsanteile fremder Gesellschafter ausgewiesen. I.d.R. wird die Kapitalkonsolidierung nach der sog. Erwerbsmethode gemäß § 301 HGB durchgeführt. Dabei wird unterstellt, dass das Mutterunternehmen nicht eine Beteiligung an dem Tochterunternehmen erworben hat, sondern die einzelnen Vermögensgegenstände, Schulden, Rechnungsabgrenzungsposten und Sonderposten dieses Unternehmens (sog. Erwerbsfiktion). – 2. *Aufstellung:* Die Kapitalkonsolidierung ist gemäß § 301 HGB nach der sog. *Neubewertungsmethode* durchzuführen. Demnach werden die stillen Reserven des Tochterunternehmens in einer Handelsbilanz II im Rahmen einer Neubewertung aufgedeckt und in den Folgejahren fortgeführt. Die Kapitalkonsolidierung wird nach dieser Methode auf der Grundlage des in der Handelsbilanz II nach Neubewertung ausgewiesenen Eigenkapitals durchgeführt. Ein aktiver Unterschiedsbetrag entspricht dem Firmenwert, der gemäß § 309 I HGB bei der Folgekonsolidierung abzuschreiben ist. Ein passiver Unterschiedsbetrag (sog.

→ Badwill) ist unter dem Posten „Unterschiedsbetrag aus der Kapitalkonsolidierung“ nach dem Eigenkapital auszuweisen (§ 301 III HGB) und u.U. GuV-wirksam aufzulösen (§ 309 II HGB). – Nach den IFRS ist neben der Neubewertungsmethode auch die sog. Full Goodwill Methode anwendbar. Im Rahmen der Full Goodwill Methode erfolgt nicht nur eine Neubewertung des den Minderheiten zustehenden Nettovermögens, sondern auch die Erfassung des Minderheiten-Goodwills in der Konzernbilanz (IFRS 3 (2008)).

Kapitalkonto – 1. *Begriff:* ein das → Eigenkapital der *Personenunternehmungen* (→ Einzelkaufmann, → offene Handelsgesellschaft (OHG) und → Kommanditgesellschaft (KG)) ausweisendes Konto auf der Passivseite der → Bilanz. – *Negatives* Kapitalkonto (auf der Aktivseite) bei buchmäßiger → Überschuldung der Unternehmung. Das Kapitalkonto wird in der Klasse 3 des → Industrie-Kontenrahmens (IKR) geführt. – *Veränderungen des Kapitalkontos:* (1) auf der Habenseite durch geleistete Einlagen und am Ende des Geschäftsjahres ggf. durch Gewinngutschrift (bei → Kommanditisten bei Volleinzahlung der Kommanditeinlage auf Kontokorrentkonto); (2) auf der Sollseite durch Belastung mit evtl. Verlustanteilen (Gewinnbeteiligung und Verlustbeteiligung); (3) durch Übernahme des Saldos des → Privatkontos am Ende des Geschäftsjahres. – 2. In der Bilanz von → Kapitalgesellschaften unveränderliches Konto des → gezeichneten Kapitals (→ Grundkapital oder → Stammkapital).

Kapitalkosten – 1. *Begriff:* Kosten für das zur Verfügung gestellte Kapital. – 2. *Arten:* a) *Explizite Kapitalkosten:* effektive Zahlungen für Zinsen bei Aufnahme von Fremdkapital an den Gläubiger. Ist der Rückzahlungsbetrag gleich dem Kreditbetrag, so bestehen die Kapitalkosten nur aus den zu zahlenden Zinsbeträgen. Wird dagegen bei Auszahlung des Kredits ein → Disagio eingehalten, so erhöht dies die Kapitalkosten des Kreditnehmers. Der Kapitalkostensatz des Fremdkapitals entspricht nun dem → internen Zinsfuß der Kreditzahlungsreihe. Da die Zinszahlungen für Fremdkapital steuerlich abzugsfähig sind, werden die Fremdkapitalkosten nach Steuern ermittelt. – b) *Implizite Kapitalkosten:* → Opportunitätskosten. – 3. Im Rahmen der → Investitionsrechnung werden die Kapitalkosten als *Kalkulationszinsfuß* (→ Zinsfuß) zur Ermittlung des Kapitalwerts eines Investitionsobjekts verwendet: Die Einzahlungsüberschüsse eines Objekts werden mit dem durchschnittlichen Kapitalkostensatz, einer gewichteten Zusammenfassung der Kapitalkosten für Fremdkapital (explizite Kapitalkosten) und derjenigen für Eigenkapital (implizite Kapitalkosten) diskontiert. Dabei entspricht die Gewichtung der Kapitalarten ihrem Anteil am Kapitaleinsatz für das betrachtete Objekt.

Kapitalmarkt – 1. *Charakterisierung:* Markt für mittel- und langfristige Kapitalanlage und -aufnahme (Laufzeit von mehr als einem Jahr). Der Unterschied zwischen Kapitalmarkt und dem Bankenkredit-/Einlagenmarkt, auf dem ebenfalls langfristige Mittel gehandelt werden, besteht darin, dass die am Kapitalmarkt entstehenden Forderungen bes. fungibel sind. – 2. *Arten:* a) *Organisierter Kapitalmarkt,* dessen ausgeprägteste Form die Börse ist: I.d.R. alle längerfristigen Transaktionen unter Einschaltung von Kreditinstituten und Kapitalsammelstellen. Der organisierte Kapitalmarkt unterliegt der staatlichen Aufsicht. – b) *Nicht organisierter Kapitalmarkt:* Dazu zählen v.a. Kreditbeziehungen zwischen Unternehmen (z.B. langfristiger Lieferantenkredit) und zwischen privaten Haushalten sowie zwischen Unternehmen und Haushalten. – Vgl. auch → Effizienz des Kapitalmarkts.

Kapitalmarktkommission → Zentraler Kapitalmarktausschuss (ZKMA).

Kapitalmarktkommunikation → Berichtswesen, → Börsenkommunikation.

Kapitalmarktlinie → Capital Asset Pricing Model (CAPM).

Kapitalmarktstatistik – zusammenfassender Begriff für die von der Deutschen Bundesbank durchgeführte Emissionsstatistik, die Investmentstatistik, die Statistik über geschlossene Immobilienfonds, die Renditenstatistik festverzinslicher Wertpapiere und die Börsenumsatzstatistik. Dazu gehört ferner die vom → Statistischen Bundesamt (StBA) durchgeführte Statistik der Effektenkurse mit der Berechnung des Index der Aktienkurse (→ Aktienindex). Nachgewiesen werden u.a. Umlauf, Absatz und Tilgung festverzinslicher Wertpapiere inländischer Emittenten, Anleihen ausländischer Emittenten, der Absatz von Aktien zu Nominal- und Kurswerten, der Aktienumlauf, Wertpapierumsätze über amtlich notierte Börsenkurse für ausgewählte festverzinsliche Wertpapiere, Durchschnittskurse für Aktien, Renditen, Mittelaufkommen bei den Kapitalgesellschaften und ihr Fondsvermögen, Geldmittel und Vermögensanlagen der Versicherungsunternehmen. – *Veröffentlichung* durch die → Deutsche Bundesbank in „Monatsberichte“ und „Statistische Beihefte zu den Monatsberichten, Reihe 2: Wertpapierstatistik.“

Kapitalmarkttheorie – untersucht den Zusammenhang zwischen Risiko und Ertrag der Geldanlage in risikobehafteten Vermögensgegenständen, z.B. Aktien, auf einem vollkommenen Kapitalmarkt. Die Kapitalmarkttheorie ist aus der Portfoliotheorie entwickelt worden und analysiert, welche Wertpapierkurse bzw. Wertpapierrenditen sich im Gleichgewicht auf einem vollkommenen Kapitalmarkt einstellen.

Kapitalmarktzins – Zins für langfristige Kredite (Kapitalmarktzins i.w.S.) oder für langfristige Wertpapiere (Kapitalmarktzins i.e.S.), häufig gemessen an der → Umlaufrendite festverzinslicher Wertpapiere. Der Kapitalmarktzins ist abhängig von Angebot und Nachfrage, seine Obergrenze wird von den erwarteten Renditen der Investitionen bestimmt. – Vgl. auch → Zins.

Kapitalproduktivität – 1. *Begriff:* Verhältnis zwischen gesamtwirtschaftlichem Produktionsergebnis (Yr) und Kapitaleinsatz (K). – 2. *Arten:* a) *durchschnittliche Kapitalproduktivität:* Die pro eingesetzter Einheit des Faktors Kapital erzielte Produktionsmenge (Yr / K). Die Kapitalproduktivität steigt im Zeitablauf einerseits durch den Anstieg der → Arbeitsproduktivität (Yr / A), sie sinkt andererseits durch die Erhöhung der Kapitalintensität (K / A). Dies zeigt die definitorische Beziehung: Yr/K = Yr/A · A/K = (Yr / A) / (K / A), wobei A = eingesetzte Arbeit. b) *Marginale Kapitalproduktivität* (Grenzproduktivität des Kapitals): Produktionsmengenzuwachs, der auf den Einsatz einer zusätzlichen Einheit des Faktors Kapital zurückzuführen ist (dYr / dK). – 3. In der → Grenzproduktivitätstheorie der Verteilung ist die Grenzproduktivität des Faktors Kapital im Gleichgewicht dem realen Zinssatz gleich. – Kehrwert: → Kapitalkoeffizient. – 4. In der *Volkswirtschaftlichen Gesamtrechnung (VGR)* ist die Kapitalproduktivität definiert als das Verhältnis von → Bruttoinlandsprodukt (BIP) oder unbereinigter → Bruttowertschöpfung zum → Kapitalstock, jeweils gemessen in konstanten Preisen.

Kapitalrendite → Rentabilität.

Kapitalrückflussdauer → Amortisationsdauer.

Kapitalrücklage – von Kapitalgesellschaften zu bildende → Rücklage. Als Kapitalrücklage sind gemäß § 272 II HGB *auszuweisen:* 1. der Betrag, der bei der Ausgabe von Anteilen einschließlich von Bezugsanteilen über den Nennbetrag oder, falls ein Nennbetrag nicht vorhanden ist, über den rechnerischen Wert hinaus erzielt wird; – 2. der Betrag, der bei der Ausgabe von Schuldverschreibungen für Wandlungsrechte und Optionsrechte zum Erwerb von Anteilen erzielt wird; – 3. der Betrag von Zuzahlungen, die Gesellschafter gegen Gewährung eines Vorzugs für ihre Anteile leisten; – 4. der Betrag von anderen Zuzahlungen, die Gesellschafter in das Eigenkapital leisten.

Kapitalsammelstellen – Sammelbegriff für Institutionen, bei denen in erheblichem Umfang Einlagen erfolgen bzw. deren Geschäftstätigkeit damit verbunden ist, mit diesem Kapital als Anbieter auf dem Geld-, vorwiegend aber auf dem → Kapitalmarkt aufzutreten. Zu den Kapitalsammelstellen zählen v.a. Kreditinstitute, Versicherungen, Sozialversicherungsanstalten, Bausparkassen und Investmentgesellschaften. – Vgl. auch → paramonetäre Finanzierungsinstitute.

Kapitalstock – Maß für den Produktionsfaktor Kapital, das das jahresdurchschnittliche Bruttoanlagevermögen (→ Anlagevermögen) in konstanten Preisen ausweist. Der Kapitalstock spielt bei der Bestimmung des Produktionspotenzials eine wesentliche Rolle. Die Ermittlung erfolgt im Rahmen der → Volkswirtschaftlichen Gesamtrechnung (VGR).

Kapitalstruktur – Bezeichnung für Aufbau und Zusammensetzung von Kapitalrechten einer Unternehmung (Passivseite der Bilanz). Die Kenntnis der Kapitalstruktur ist notwendig für eine Beurteilung der Finanzierung. Untersuchung der Kapitalstruktur u.a. durch Bilanzanalyse. – Vgl. auch → Modigliani-Miller-Theorem.

Kapitalstrukturregel → Finanzierungsregel.

Kapitaltheoretische Kontroverse – Im Mittelpunkt der wissenschaftlichen Auseinandersetzungen stand dabei zunächst die Frage nach der Existenz einer aggregierten Produktionsfunktion, der im Rahmen der neoklassischen Wachstums- und Verteilungstheorie eine zentrale Rolle zukommt. Die Cambridge (England)-Ökonomen kritisierten, dass aus partialanalytischen (mikroökonomischen) Überlegungen abgeleitete Beziehungen auf aggregierte Größen der Makroökonomie übertragen werden. Diese Vorgehensweise ist jedoch nur im modelltheoretischen Spezialfall einer Ein-Gut-Ökonomie angebracht. Anderenfalls tritt das Problem auf, dass zur Bestimmung des Wertes des aggregierten Kapitalstocks die Preise der einzelnen, heterogenen Kapitalgüter bekannt sein müssen, um diese zu einem gesamtwirtschaftlichen Kapitalstock aufaddieren zu können. – Im Verlauf der Debatte wurde klar, dass die Vorgabe einer definierten „Menge an Kapital" vor Kenntnis der relativen Preise der verschiedenen Kapitalgüter grundsätzlich logisch unhaltbar ist. Wie Piero Sraffa (1960) gezeigt hat, müssen beide – die Preise der Kapitalgüter und die Profitrate – simultan bestimmt werden. Eine knappheitstheoretische Erklärung der Profitrate ist daher nicht möglich. Das Problem betrifft nicht nur die Ökonomie insgesamt, sondern auch Wirtschaftssektoren und einzelne Unternehmungen. – Im Ergebnis hat die Kapitaltheoretische Kontroverse einen Zirkelschluss innerhalb der neoklassischen Kapitaltheorie offengelegt, der ihr theoretisches Fundament infrage stellt. Hieraus ergeben sich weitreichende Folgen für andere Teilgebiete des neoklassischen Paradigmas. – Vgl. → Cambridge-Cambridge-Kontroverse, → Verteilungstheorie.

Kapitalumschlag – Kennzahl für das Verhältnis von Umsatz zu Eigen- oder Gesamtkapital. Der Kapitalumschlag zeigt, wie viele Geldeinheiten Umsatz mit einer Geldeinheit Eigen- oder Gesamtkapital erwirtschaftet wurden.

Kapitalverkehr – Gesamtheit der finanziellen Transaktionen, die nicht direkt durch den Waren- und Dienstleistungsverkehr bedingt sind (sonst: → Zahlungsverkehr). – Vgl. auch → internationale Kapitalbewegungen, → Kapitalmarkt.

Kapitalverkehrsfreiheit – seit Gründung der EG im Vertrag vorgesehene, aber erst seit 1990 voll verwirklichte → Grundfreiheit im Rahmen des → Einheitlichen Binnenmarktes (vgl. Art. 63ff. AEUV). Die Kapitalverkehrsfreiheit verbietet jegliche Beschränkung des Kapitalverkehrs zwischen den Mitgliedstaaten und auch zwischen dem Gebiet der EU und Drittstaaten. Verboten ist die unterschiedliche Behandlung von Kapitalanlagen oder Anlegern je nach dem Wohnort des Anlegers oder dem Ort der Kapitalanlage. Ausnahmen sind nur in eng umrissenen Fällen zugelassen, z.B. im Steuerrecht. Die Kapitalverkehrsfreiheit hat nach mittlerweile bereits gefestigter Rechtsprechung → unmittelbare Wirkung, ihre Einhaltung unterliegt der Überwachung durch den Europäischen Gerichtshof. Die Kapitalverkehrsfreiheit besteht seit 1994 auch im gesamten Gebiet des → EWR.

Kapitalverkehrsteuern→ Verkehrsteuern, die den Kapitalverkehr unter Lebenden erfassen. – In der *Bundesrepublik Deutschland* wurden zuletzt nur noch die → Gesellschaftsteuer und die → Börsenumsatzsteuer erhoben; beide geregelt im Kapitalverkehrsteuergesetz (KVStG) und der Kapitalverkehrsteuer-Durchführungsverordnung (KVStDV). Die Gesellschaftsteuer wurde zum 1.1.1992, die Börsenumsatzsteuer zum 1.1.1991 abgeschafft.

Kapitalverkehrsteuerrichtlinie – 1. *Begriff*: Eine Richtlinie der EG (EU) aus dem Jahre 1969 betreffend die indirekten Steuern auf die Ansammlung von Kapital (69/335/EWG vom 17.7.1969), ersetzt durch eine vollständig neu gefasste Version vom 12.2.2008 (Richtlinie 2008/7/EG). Regelt die gemeinschaftsrechtlich verbindlichen Vorgaben für die Erhebung der → Gesellschaftsteuer in den Staaten der EU. – 2. *Wichtigster Inhalt*: a*) Möglichkeit zur Abschaffung der Gesellschaftsteuer:* Die Richtlinie gibt für die Gesellschaftsteuer einen Maximalsteuersatz von 1 Prozent auf das eingebrachte Kapital vor und regelt genau, auf welche Vorgänge Gesellschaftsteuer erhoben werden darf und auf welche nicht. Sie erlaubt den Mitgliedsstaaten aber auch die Festlegung eines Steuersatzes von Null, d.h. die faktische Abschaffung der Gesellschaftsteuer; von dieser Möglichkeit hat Deutschland schon früh Gebrauch gemacht. – b) *Praktische Bedeutung durch Sperrklauseln für gleichartige Steuern*: Die Richtlinie untersagt den Mitgliedsstaaten, neben der harmonisierten Gesellschaftsteuer noch andere, gleichartige Steuern auf das bei Gründung einer Kapitalgesellschaft oder Kapitalerhöhung eingelegte Kapital beizubehalten, da sonst die Begrenzung der Abgabe auf den harmonisierten Steuersatz umgangen werden könnte. Diese Verpflichtung betrifft auch die Staaten, die die Steuer mit Null festgesetzt haben. Erhebt ein Staat also eine Abgabe, die wie eine Gesellschaftsteuer wirkt, kann der Steuerpflichtige unter Berufung darauf, dass diese Steuer im Einzelfall gegen die Vorgaben der EG verstößt und deshalb rechtswidrig ist, die Zahlung erfolgreich verweigern. Aus diesem Grund liegt in der Rechtspraxis heute die hauptsächliche Bedeutung der Kapitalverkehrsteuerrichtlinie in den meisten EU-Staaten längst darin, dass die Steuerpflichtigen – häufig erfolgreich – gerichtlich geltend machen, bestimmte nationale indirekte Steuern seien mit der Kapitalverkehrsteuerrichtlinie nicht vereinbar.

Kapitalvernichtung – Begriff der → Konjunkturtheorie. Kapitalvernichtung tritt in Phasen der wirtschaftlichen Kontraktion ein, wenn ökonomisch und technisch noch verwendbare Produktionsmittel wie Gebäude, Maschinen, Verkehrsanlagen auf Dauer stillgelegt oder, weil unrentabel oder veraltet, finanziell abgeschrieben werden.

Kapitalverwaltungsgesellschaft → Kapitalanlagegesellschaft.

Kapitalverwässerung – ist die Verringerung des Kurswertes der einzelnen Aktie durch Ausgabe von → Berichtigungsaktien oder → jungen Aktien bei einer → Kapitalerhöhung. Da der Emissionskurs der jungen Aktien i.d.R. unter dem Kurs der alten Aktien liegt, ergibt sich insgesamt ein niedrigerer Durchschnittskurs. Dieser Kursverlust für den Altaktionär wird durch das → Bezugsrecht ausgeglichen. – Die Ausgabe von Berichtigungsaktien führt durch den erhöhten Umlauf von Aktien zu Kursverlusten.

Kapitalverwässerung bei Aktiengesellschaften→ Kapitalerhöhung durch Ausgabe von → Gratisaktien oder Aktien unter dem Kurs der alten Aktien (jedoch nicht unter pari, da gemäß § 9 I AktG gesetzlich unzulässig). Sie wird vorgenommen, wenn Aktien zu „schwer" geworden sind, d. h. wenn der Kurs infolge großer Reserven der AG unverhältnismäßig hoch ist. – Vgl. auch → Kapitalerhöhung aus Gesellschaftsmitteln.

Kapitalwert – 1. *Begriff:* → Barwert sämtlicher durch ein Investitionsprojekt generierten Aus- und Einzahlungen (vgl. Abbildung). – 2. *Ermittlung:* Der Kapitalwert (KW_0) wird ermittelt, indem die für die geplante Nutzungsdauer (n) prognostizierten Einzahlungsüberschüsse (C_t) mit dem Kalkulationszinssatz (i) auf den Bewertungsstichtag (→ Bezugszeitpunkt) abgezinst und um die Anschaffungsausgabe (I_0) vermindert werden:

$$KW_0 = -I_0 + \sum_{t=1}^{n} C_t \cdot (1+i)^{-t} + R_n \cdot (1+i)^{-n}$$

Die periodischen Einzahlungsüberschüsse errechnen sich als Differenz der mit dem Investitionsprojekt verbundenen Ein- und Auszahlungen. Im letzten Jahr der geplanten Nutzungsdauer kann ein eventuell vorhandener Restwert (R_n) berücksichtigt werden, der ebenfalls auf den Bewertungsstichtag abgezinst wird. Der Kalkulationszinssatz leitet sich nach dem Opportunitätskostenprinzip aus der besten alternativen Kapitalverwendungsmöglichkeit des Investors ab. In der Praxis dient meistens eine risikoäquivalente Kapitalmarktanlage zur Ableitung des Kalkulationszinssatzes. – 3. *Entscheidungsregel:* Der Kapitalwert hat grundlegende Bedeutung für die Vorteilhaftigkeitsbeurteilung von Investitionen (→ Investitionsrechnung). Investitionsprojekte mit positivem Kapitalwert erwirtschaften eine Rendite, die oberhalb der von den Investoren erwarteten Mindestverzinsung liegt. Diese Projekte erhöhen das Vermögen der Investoren und sollten unter finanzwirtschaftlichen Aspekten realisiert werden. Investitionsprojekte mit negativem Kapitalwert sind dagegen nicht vorteilhaft, da sie die geforderte Mindestverzinsung nicht erreichen. – 4. *Aussagefähigkeit:* Die auf dem Kapitalwert basierende → Kapitalwertmethode gilt heute als State-of-the-Art der Investitionsrechnung. Das Verfahren zeichnet sich durch seine Zahlungs- und Zukunftsorientierung sowie durch die Berücksichtigung des Opportunitätskostenprinzips aus. Damit werden die Investoren unmittelbar darüber informiert, welchen Beitrag ein Investitionsprojekt zur Erfüllung ihrer finanzwirtschaftlichen Ziele leistet. Grenzen der Kapitalwertmethode resultieren aus dem für die Ermittlung der Zahlungsreihe erforderlichen Planungs- und Prognoseaufwand sowie auf der ebenfalls aufwändigen Ableitung des Kalkulationszinssatzes.

Kapitalwertmethode – 1. *Begriff:* Verfahren der → Investitionsrechnung zur Ermittlung der Vorteilhaftigkeit von Investitionsprojekten. Durch Diskontierung sämtlicher mit der Investition verbundenen Ein- und Auszahlungen auf den → Bezugszeitpunkt wird der → Kapitalwert berechnet. – 2. *Bedeutung:* Eine Investition ist vorteilhaft, wenn ihr Kapitalwert positiv ist (absolute Vorteilhaftigkeit). Im Alternativenvergleich wird das Investitionsprojekt mit dem höheren positiven Kapitalwert präferiert (relative Vorteilhaftigkeit). – *Gegensatz:* → Vermögensendwertmethode.

Kapitalzusammenlegung – Begriff des Aktienrechts für die Durchführung einer → Kapitalherabsetzung bei Aktiengesellschaften im Fall der Sanierung.

Kapovaz – Abk. für *kapazitätsorientierte variable Arbeitszeit,* → Arbeit auf Abruf.

Kappung – Die Begrenzung der Kirchensteuer auf einen bestimmten maximalen Prozentsatz des Einkommens, meist zwischen 2,75 und 3,5 Prozent. Die Kappung der Kirchensteuer wird in einigen Bundesländern von Amts wegen durchgeführt, in anderen ist sie nur auf Antrag möglich (in Bayern gar nicht vorgesehen). Der Hintergrund der Möglichkeit zur Kirchensteuer-Kappung liegt darin, dass verhindert werden soll, dass die Kirchensteuer einen so hohen Prozentsatz des Einkommens erreichen könnte, dass Gläubige sich allein aus wirtschaftlichem Druck (z.B. bedingt durch ihre Wettbewerbssituation im Wettbewerb mit anderen Unternehmern) nahezu gezwungen sehen könnten, aus ihrer Kirche auszutreten.

kardinale Nutzentheorie → Nutzentheorie.

Kardinalskala – *metrische Skala;* Sammelbegriff für → Intervallskala und → Verhältnisskala. – Vgl. auch → Skalenniveau.

Karenzentschädigung – Entschädigung, die der Arbeitgeber nach Beendigung des Arbeitsverhältnisses für die Dauer eines vereinbarten → Wettbewerbsverbots an den Arbeitnehmer zu entrichten hat.

Karenzzeit – I. Berufsunfähigkeitsversicherung: 1. *Begriff:* vereinbarter Zeitraum vom Eintritt der → Berufsunfähigkeit bis zur Zahlung der Rente aus der → Berufsunfähigkeitsversicherung. – 2. *Hintergründe:* I.d.R. wird die vereinbarte Berufsunfähigkeitsrente ab Feststellung der Berufsunfähigkeit geleistet. Der Leistungsbeginn kann aber auch durch die Vereinbarung einer Karenzzeit zwischen sechs und 24 Monaten verschoben werden. Karenzzeiten werden vereinbart, um den Versicherungsschutz günstiger zu gestalten. Für den Fortbestand des Leistungsanspruchs muss die Berufsunfähigkeit während der Karenzzeit ununterbrochen bestanden haben. Teilweise müssen während einer Karenzzeit die → Beiträge weiter gezahlt werden. Die am Markt angebotenen Regelungen sind nicht einheitlich.

II. Private Krankenversicherung: Krankentagegeld.

Kargoversicherung – Versicherung der Ladung bei Transporten. *Anders*: Kaskoversicherung. Vgl. auch Transportversicherung.

Karl-Bräuer-Institut – wissenschaftliches Institut des → Bundes der Steuerzahler e. V. (BdSt) mit Sitz in Berlin, am 11.7.1965 gegründet, nach dem Mitbegründer und langjährigen Präsidenten des Bundes der Steuerzahler, Karl Bräuer, benannt. Eingetragener Verein und gemeinnützige Vereinigung im Sinn des steuerlichen Gemeinnützigkeitsrechts. – *Arbeitsgebiet:* Öffentliches Finanz- und Abgabewesen. Durch wissenschaftliche Forschung und wissenschaftlich begründete Gutachten und Stellungnahmen fördert es v.a. Bestrebungen zur Verbesserung des öffentlichen Haushalts- und Abgabewesens und es gibt Veröffentlichungen zu steuer- und finanzpolitischen Themen heraus.

Karriereplanung – Teil der langfristigen → Personalplanung im Bereich des Führungsnachwuchses mit dem Ziel, den zukünftigen Bedarf an Führungskräften durch rechtzeitige personalpolitische Entscheidungen sicherzustellen (→ Personalmanagement). Grundlage der Karriereplanung bildet die → Mitarbeiterbeurteilung. Instrumente sind u.a. Aus- und Weiterbildungsmaßnahmen, → Jobrotation. Sichtbarer Niederschlag der Karriereplanung sind *personenbezogene Laufbahn- oder Karrierepläne* über Tätigkeitsart, -ort und -dauer eines Mitarbeiters, d.h. zugleich Regelung des → Personaleinsatzes auf längere Sicht. Die individuelle Karriereplanung wird ergänzt durch Aufstellung normierter Laufbahnen. Zur Karriereplanung zählt auch die *Nachfolgeplanung.* Sie bietet dem Unternehmen Sicherheit bei der Nachfolge von Positionen. – Karriereplanung dient auch als *Instrument der Anreizpolitik* einer Organisation. – Vgl. auch → Personalentwicklung, → Anreizsystem.

Karteibuchführung – eine durch Einführung der EDV-gestützten Buchführung heute überaltete und weitgehend überholte Form der → Durchschreibebuchführung, bei der die → Sachkonten (Hauptbuch) aus einer Kontenkartei in Papierform bestand. Die Kontenblätter wurden mithilfe von Leitkarten, die unter Anlehnung an den → Kontenplan entwickelt wurden, so eingeordnet, dass sie mühelos zur

Buchung ausgewählt werden konnten. – *Buchung* zumeist in der Weise, dass auf einen eingespannten Journalbogen mit aufliegendem Blaubogen (Blaupapier zum Durchpausen) die zur Buchung gehörenden Kontenblätter aufgelegt wurden. Urschrift auf das Kontenblatt, Durchschrift in den Journalbogen (selten umgekehrt).

Kartell – 1. *Begriff:* gemäß Legaldefinition in § 1 GWB und Art. 101 I AEUV Vereinbarungen zwischen Unternehmen, Beschlüsse von Unternehmensvereinigungen und aufeinander abgestimmte Verhaltensweisen, die eine Verhinderung, Einschränkung oder Verfälschung des Wettbewerbs bezwecken oder bewirken. Kartelle, die zu einer spürbaren Wettbewerbsbeschränkung führen, sind grundsätzlich verboten. Ob im Einzelfall eine Freistellung vom Kartellverbot vorliegt, ist nach § 2 GWB und Art. 101 III AEUV zu beurteilen (→ Deutsches Kartellrecht, → Europäisches Kartellrecht). – 2. *Arten:* (1) → Frühstückskartell, (2) → Gentlemen's Agreement, (3) → abgestimmte Verhaltensweisen, (4) → Preiskartell, (5) → Quotenkartell, (6) → Syndikat, (7) → Normen- und Typenkartell, (8) → Angebots- und Kalkulationsschematakartell, (9) → Exportkartell, (10) → Konditionenkartell, (11) → Rabattkartell, (12) → Spezialisierungskartell, (13) → Einkaufskartell. – 3. *Steuerliche Behandlung:* Legale Kartelle unterliegen je nach Rechtsform der Einkommensteuer oder der Körperschaftsteuer sowie der Gewerbesteuer, und zwar nach den allg. Regeln.

Kartellbehörden – Kartellbehörden sind gemäß § 48 I GWB das → Bundeskartellamt (BKartA), das Bundesministerium für Wirtschaft und Technologie (BMWi) sowie die nach Landesrecht zuständigen obersten Landesbehörden (Landeskartellbehörden). – Die Zuständigkeit des BMWi erschöpft sich dabei auf das Erteilen einer Ministererlaubnis nach § 42 GWB. Das Bundeskartellamt ist exklusiv für die Zusammenschlusskontrolle zuständig und übt darüber hinaus die Kartell- und Missbrauchsaufsicht in solchen Fällen aus, in denen das missbräuchliche Verhalten oder die wettbewerbsbeschränkende Wirkung einer Absprache über das Gebiet eines Bundeslandes hinausreicht. In allen anderen Fällen ist die jeweilige Landeskartellbehörde zuständig (§ 48 II GWB).

Kartellgesetz → Europäisches Kartellrecht, → Deutsches Kartellrecht.

kartellrechtliche Ausnahmebereiche – Ausnahmen vom Kartellverbot für Unternehmen und Verbände der Landwirtschaft einschließlich Fischerei (§ 28 GWB), für bestimmte Verträge der Wasserwirtschaft (§ 31 GWB), für forstwirtschaftliche Erzeugervereinigungen und ähnliche Zusammenschlüsse der Forstwirtschaft (§ 40 BWaldG) sowie für vertikale Preisbindungen bei Zeitungen und Zeitschriften (§ 30 GWB).

Kartellverbot – Verbot von → Kartellen (§ 1 GWB und Art. 101 I AEUV). – *Mögliche Sanktionen bzw. Rechtsfolgen bei Verstößen:* (1) kartellbehördliche Abstellungsverfügung gemäß § 32 GWB; (2) Verhängung eines Bußgeldes bis zu 10 Prozent des Umsatzes des Unternehmens bzw. der Unternehmensvereinigung gemäß § 81 II und IV GWB; (3) Mehrerlösabschöpfung gemäß § 34 GWB; (4) zivilrechtliche Nichtigkeit der Vereinbarungen und Beschlüsse gemäß § 1 GWB i.V. mit § 134 BGB; (5) Geltendmachung von Unterlassungs- und Schadenersatzansprüchen durch die Betroffenen oder deren Interessenvertreter (§ 33 GWB). – *Ausnahmen vom Kartellverbot* sind insbesondere in § 2 GWB und Art. 101 III AEUV geregelt, ferner in § 3 GWB (→ Mittelstandskartelle) sowie in § 30 IIa GWB (Presseverlage und Pressegrossisten). – Vgl. auch → Deutsches Kartellrecht, → Gruppenfreistellungsverordnungen, → Europäisches Kartellrecht.

Kartellverträge – Verträge, durch die sich rechtlich und wirtschaftlich selbstständig bleibende → Unternehmen inbesondere zum Zwecke der Marktbeeinflussung zu einem → Kartell zusammenschließen. – Vgl. auch → Deutsches Kartellrecht, → Europäisches Kartellrecht.

Kartellverwaltungsverfahren – Verfahren, dass die Kartellbehörde von Amts wegen oder auf Antrag einleitet (§ 54 I GWB). In negativer Abgrenzung handelt es sich dabei um alle Verfahren, bei denen es sich weder um Bußgeldverfahren (§§ 81-86 GWB) noch um bürgerliche Rechtsstreitigkeiten (→ Kartellzivilverfahren, §§ 87-89 GWB) handelt. Tätigkeiten, die nicht auf den Erlass einer Verfügung gerichtet sind, gehören nicht zu den Kartellverwaltungsverfahren. Darunter fällt die informierende Tätigkeit der Kartellbehörde wie z.B. die Herausgabe von Bekanntmachungen zu bestimmten wettbewerblichen Themen. Eine förmliche Einleitung des Kartellverwaltungsverfahrens ist nicht erforderlich. Ein Antragsrecht für Dritte zur Verfahrenseinleitung besteht nur dort, wo das Gesetz dies ausdrücklich vorsieht (so im Falle der → Ministererlaubnis nach § 42 I S. 1 GWB oder der Verfahrensbeiladung nach § 54 II Nr. 3 GWB). Verfahrensbeteiligt sind Betroffene, Beigeladene sowie etwaige Antragsteller. In Fusionskontrollverfahren ist bei einem Vermögens- oder Anteilserwerb neben dem Erwerber und dem erworbenen Unternehmen auch der Veräußerer verfahrensbeteiligt (§ 54 II GWB). An Verfahren der Landeskartellbehörden ist auch das Bundeskartellamt beteiligt (§ 54 III GWB).

Kartellzivilverfahren – bürgerliche Rechtsstreitigkeiten, die die Anwendung des GWB, der Art. 101, 102 AEUV oder der Art. 53, 54 des Abkommens über den Europäischen Wirtschaftsraum betreffen. Für Kartellzivilverfahren sind ohne Rücksicht auf den Wert des Streitgegenstandes die Landgerichte ausschließlich zuständig (§ 87 GWB). Das → Bundeskartellamt (BKartA) ist über alle Kartellzivilverfahren zu unterrichten und hat dabei umfangreiche Informations- und Beteiligungsrechte (§ 90 GWB).

Kartenzahlung – 1. *Allgemein:* Kartenzahlung ist eine → Zahlung, bei der kontogebundene und nicht kontogebundene Zahlungskarten eingesetzt werden. – 2. *Arten nach dem Zeitpunkt der Belastung:* a) Die Kontobelastung erfolgt *vor der Nutzung* der Karte als Zahlungsmittel (vorausbezahlte Karte), wie z.B. bei der → Geldkarte. – Vgl. auch → E-Geld. – b) Die Kontobelastung erfolgt weitgehend *zeitgleich mit der Verwendung* der Karte als Zahlungsmittel, wie z.B. bei Zahlungen mit → Debitkarten. – c) Die Kontobelastung erfolgt *nach der Nutzung* der Karte als Zahlungsmittel, wie z.B. bei Zahlungen mit → Kreditkarten.

kartesisches Produkt → Record.

Kartogramm – Form der thematischen Karte, bei der absolute oder relative Mengen oder Verhältniswerte für administrative Gebiete durch statistische Diagramme in topographischen oder topologischen Karten dargestellt werden.

Karussellgeschäfte – 1. *Begriff* aus dem Bereich der Umsatzsteuer, steht in Zusammenhang mit dem Phänomen des Umsatzsteuerbetrugs: Geschäfte, bei denen im Extremfall immer mit denselben Waren gehandelt wird, um Vorsteuererstattungsansprüche zu erschleichen. – 2. *Grundsätzliche Funktionsweise*: Unternehmen A verkaufte an Unternehmen B steuerpflichtig Waren für hohe Beträge; daraus ergeben sich bei B hohe Vorsteuererstattungsansprüche, die B sich von der Finanzverwaltung auszahlen lässt, während Unternehmen A seine Umsatzsteuerschuld beim Finanzamt typischerweise nicht begleicht. Um die hohen Vorsteuererstattungsansprüche des Unternehmens B gegenüber der Finanzverwaltung plausibel zu machen und dadurch die Entdeckung des Betrugsmodells zu verzögern, wurde als Tätigkeit des Unternehmens B gerne der Export gewählt: denn im Exportbereich sind Vorsteuererstattungsüberhänge auch für längere Zeit durchaus normal, gaben also nicht von vornherein zu Misstrauen und zu Überprüfungsmaßnahmen Anlass. Als Kunde des Unternehmens B wurde dann im Ausland (mind.) noch eine Unternehmung C verwendet; von dieser wurden die Waren dann oft wieder ins Inland an A (oder, nach dem Untertauchen der für A verantwortlichen Personen, eine neue, weitere Unternehmung dieser Art) zurückverkauft, und der Vorgang begann von neuem. Davon, dass sich auf diese Art und Weise Waren u.U. immer wieder im Kreis bewegten, rührte die Bezeichnung als „Karussellgeschäft". – 3. *Heutige Situation*: Als Reaktion auf die zunehmende Verbreitung solcher betrügerischer, rein auf die Erzeugung von Vorsteuererstattungen gerichteter Betrugsmodelle sind in allen Staaten der EU die Modalitäten zur Überwachung und Steuerkontrolle bei der Umsatzsteuer erheblich verschärft worden, sodass die Chancen, funktionsfähige Steuerbetrugsmodelle dieser oder ähnlicher Art heute noch praktizieren zu können, drastisch gesunken sind.

Kaskadensteuer – *Lawinensteuer;* Steuer, die auf mehreren Stufen erhoben wird; führt zur Steuer von der Steuer (→ Kaskadenwirkung), z.B. bei der Brutto-Allphasenumsatzsteuer (→ Allphasenumsatzsteuer).

Kaskadenwirkung – *Lawinenwirkung;* Steuerwirkung, die darauf beruht, dass auf jeder Handelsstufe die Steuer im Ankaufspreis enthalten ist, der seinerseits bei jedem weiteren Verkaufsakt die neue Bemessungsgrundlage für die Preiskalkulation bildet. – *Anders:* → Kumulativwirkung.

Kassadevisen – sofort fällige Auslandsguthaben; in der Praxis werden die Kassadevisen allgemeiner Usance folgend dem Käufer erst am zweiten Werktag nach Vertragsabschluss zur Verfügung gestellt. – Vgl. auch → Devisen.

Kassageschäfte – Abschlüsse an der → Börse, die sofort oder ganz kurzfristig erfüllt werden müssen. – *Gegensatz:* → Termingeschäfte.

Kassakonto → Kassekonto.

Kassakurs – der am → Kassamarkt zustandekommende Börsenpreis. Er kann entweder fortlaufend als variabler Kurs oder als Einheitskurs einmal am Tag gebildet werden. Variable Kurse (→ variabler Markt) werden für umsatzstarke Wertpapiere zu jedem möglichen Abschluss festgelegt. Einheitskurse (→ Einheitsmarkt) werden entsprechend der jeweiligen Börsenordnung einmal am Tag festgelegt und dienen der Kursbildung umsatzschwacher Wertpapiere. – *Außenhandel:* → Wechselkurs.

Kassamarkt – Börsenmarkt der Wertpapiere, die nur im → Kassageschäft gehandelt werden.

Kassationskollegialität – Abstimmungsmodus im Rahmen des → Kollegialprinzips. Die multipersonale organisatorische Einheit besteht aus gleichberechtigten Handlungsträgern, die sämtliche Entscheidungen einstimmig treffen müssen, sodass jedes Mitglied der Einheit über ein Vetorecht verfügt. – Vgl. auch → Abstimmungskollegialität, → Primatkollegialität, → Einstimmigkeitsregel.

Kassationsverfahren – gerichtliches Verfahren, bei dem das angerufene Gericht die angefochtene Rechtsvorschrift, den angefochtenen → Verwaltungsakt oder das → Urteil nur aufheben (kassieren), nicht aber abändern darf.

Kasse – 1. *Barmittelbestand* in Industrie-, Handels- und Handwerksunternehmungen und sonstigen wirtschaftlichen Betrieben sowie in Kreditinstituten; liquide Mittel ersten Ranges. – *Umfang:* (1) Für Kreditinstitute besteht die Vorschrift, im Interesse ihrer Liquidität eine bestimmte Barreserve zu halten (§ 11 KWG). (2) Für sonstige wirtschaftliche Unternehmungen ergibt sich der Umfang dieser zinslosen Bestände aus den Anforderungen für die → Zahlungsbereitschaft; im Übrigen Liquiditätsreserven durch Bankguthaben. – Vgl. auch → Kassenhaltung. – 2. In der *Buchführung:* Kurzbezeichnung für das → Kassekonto.

Kasse gegen Dokumente (-Inkassi) → Dokumente gegen Zahlungs-Inkassi.

Kassekonto – *Kassakonto;* aktivisches Konto der Buchführung, das die Barmittel der → Kasse (einschließlich etwaiger Hilfskassen, z.B. Portokasse) ausweist. Passivsalden (Minusbestände) führen steuerrechtlich zur → Verwerfung der Buchführung. – Eine *Aufteilung* des Kassekontos ist schon bei Klein- und Mittelbetrieben lohnend. – *Beispiel* mit Angabe der Kontonummer nach dem IKR: 2880–2889 Hauptkassen und 2890–2899 Nebenkassen (z.B. Portokassen). Am Bilanzstichtag werden die Bestände (Salden) der einzelnen Kassekonten auf den Konten 288 und 289 zusammengezogen.

Kassenarzt – herkömmlicher Begriff für den im SGB V als „Vertragsarzt" bezeichneten niedergelassenen Arzt, der für die Behandlung von Mitgliedern der gesetzlichen → Krankenkassen und deren Familienangehörigen zugelassen ist. – Das Kassenarztrecht ist geregelt in den §§ 72 ff. SGB V.

Kassenärztliche Vereinigung (KV) – 1. *Überblick:* eine der beiden zentralen Organisationen zur Aufgabenwahrnehmung der Selbstverwaltung der niedergelassenen Ärzte und der psychologischen Psychotherapeuten; neben der → Ärztekammer ein Teil der → sozialen Sicherung in Form einer Körperschaft des öffentlichen Rechts. – In Deutschland sind aus dem Kreis der niedergelassenen Ärzte etwa 97 Prozent zur vertragsärztlichen Versorgung im Rahmen der gesetzlichen Krankenversicherung zugelassen. Diese Ärzte müssen Mitglieder der KV sein. In der Bundesrepublik Deutschland gibt es 23 KV. Deren Spitzenorganisation ist die Kassenärztliche Bundesvereinigung (KBV) mit Sitz in Berlin. Die KBV ist die Interessenvertretung der Vertragsärzte auf Bundesebene. – 2. *Aufgabenbereiche:* a) *Sicherstellungsauftrag:* Er besagt, dass die kassenärztliche Versorgung im Rahmen der sozialen Sicherung durch schriftliche Verträge zwischen KV und gesetzlichen Krankenkassen so zu regeln ist, dass eine ausreichende, zweckmäßige und wirtschaftliche Versorgung der Versicherten unter Berücksichtigung des anerkannten Standes der medizinischen Erkenntnis gewährleistet ist. Der Sicherstellungsauftrag umfasst auch einen ausreichenden Notfalldienst. – Eine Unter- wie eine Überversorgung der Bevölkerung ist zu vermeiden. Diesem Zweck dient die Bedarfsplanung, die seit einigen Jahren nur noch in eingeschränktem Umfang den Zugang zur vertragsärztlichen Tätigkeit ermöglicht. – Zur Sicherstellung der Versorgung verfügen die KV über eine Reihe von Instrumenten. Dazu gehört auch die Möglichkeit der Ermächtigung von Krankenhausärzten zur Teilnahme an der ambulanten Versorgung. – b) *Gewährleistungsauftrag:* Er überträgt im Rahmen der sozialen Sicherung der KV die Gewährleistung der ordnungsgemäßen Durchführung der kassenärztlichen Tätigkeit. Diese Aufgabe umfasst bes. die Honorarverteilung gegenüber den Vertragsärzten auf der Grundlage der mit den

Kassenbericht

Nr.	Kassenbericht vom	
Kassenbestand bei Geschäftsschluss		
Ausgaben im Laufe des Tages:		
1. Zahlungen für Wareneinkäufe und Warennebenkosten (Frachten, Verpackungen usw.)		
2. Geschäftsausgaben		
3. Privatentnahmen		
4. Sonstige		
Zusammen		
abzüglich Kassenbestand des Vortags		
= Kasseneingang		
5. abzüglich: sonstige Einnahmen		
= Bareinnahmen (Tageslosung)		
Kundenzahl	Unterschrift	

Verbänden der Krankenkassen abgeschlossenen Gesamtverträge und der Abrechnungsprüfung. Die Abrechnung des einzelnen Arztes gegenüber der KV erfolgt auf der Grundlage eines Leistungsverzeichnisses (Einheitlicher Bewertungsmaßstab für ärztliche Leistungen [BMÄ] und Ersatzkassen-Gebührenordnung [E-GO]), das im Zuge des medizinisch-technischen Fortschritts ständig überarbeitet wird. In diesem Leistungsverzeichnis sind alle abrechenbaren Leistungen aufgeführt und die Bewertungsrelationen zwischen ihnen festgelegt. – c) *Vertragshoheit:* Im Rahmen der sozialen Sicherung besagt sie, dass die KV für den Abschluss von Verträgen mit den Verbänden der gesetzlichen Krankenkassen zur Gestaltung der kassenärztlichen Versorgung zuständig ist. In diesen Verträgen werden die Rechte und Pflichten der Vertragsärzte im Rahmen der gesetzlichen Vorgaben im Einzelnen festgelegt. Neben der Regelung von Honorarfragen werden in solchen Verträgen auch inhaltliche Anforderungen an die vertragsärztliche Tätigkeit definiert. Kommt eine Einigung nicht zustande, kann jeder Vertragspartner das Schiedsamt anrufen.

Kassenbericht – Nachweis der täglichen Bargeldein- und -ausgänge. – *Beispiel:* Vgl. Abbildung „Kassenbericht".

Kassenbuch – eines der → Grundbücher der erweiterten → italienischen Buchführung, in Kontoform geführt. Durch Einstellen des jeweiligen Bargeldbestandes am Beginn eines Tages oder eines Wirtschaftsabschnitts weist das Kassenbuch gleichzeitig durch Aufaddieren der Kasseneinnahmen und Ausgaben und Saldieren den jeweiligen Kassenbestand nach und erfüllt auf diese Weise die Aufgaben eines → Hilfsbuchs mit. Falls das Kassenbuch nicht geführt wird, ist eine Kassenkladde erforderlich, aus der die Übertragung ins → Journal erfolgt. Zum Festhalten der Wareneinnahmen und -ausgaben genügen auch sonstige elektronische Speichermedien u.Ä. – Vgl. auch → Buchführung.

Kassenbudget – Erfassung der tatsächlichen Einnahmen und Ausgaben des Staates; streng auf den Jahresabschluss abgestellt (→ Haushaltssystematik). – *Gegensatz:* → Zuständigkeitsbudget.

Kassenfehlbetrag → Kassenmanko.

Kassenhaltung – 1. *Begriff:* Halten von Bar- und Buchgeldbeständen, um zukünftige Zahlungsverpflichtungen termin- und betragsgenau erfüllen zu können. – 2. *Problem der optimalen Kassenhaltung:* Ergibt sich, da diese Verpflichtungen bez. des Zeitpunkts ihres Eintreffens und ihrer Höhe teilweise unsicher sind. Ist der Kassenbestand höher als die anfallenden Auszahlungen, so entstehen dem Unternehmen → Opportunitätskosten; ist er niedriger als die anfallenden Auszahlungen, treten Verzugszinsen oder Fehlmengenkosten auf. Die dann notwendige Anpassung des Kassenbestandes verursacht zusätzlich Transferkosten (Gebühren, Provisionen). – 3. *Lösungsansätze:* Ein Lösungsansatz besteht in der Anwendung zweiseitiger → Bestellpunktverfahren: Überschreitet der Kassenbestand eine Obergrenze, so wird der überschießende Teil kurzfristig investiert; unterschreitet er eine Untergrenze, so wird er (z.B. durch Auflösung anderer Guthaben) erhöht. Liegt der Kassenbestand zwischen den Bestellpunkten, so ist wegen der zu hohen Transaktionskosten Nichtstun optimal. Die Festlegung der Bestellpunkte kann durch Schätzung der Wahrscheinlichkeitsverteilung der zukünftigen Geldnachfragen aus Vergangenheitsdaten der Unternehmung erfolgen. – Vgl. auch → Geldtheorie.

Kassenhaltungspolitik → Kassenhaltung.

Kassenmanko – *Kassendefizit, Kassenfehlbetrag;* Fehlbetrag der → Kasse, festgestellt durch → Kassenprüfung. Kassenmanko kann entstehen (1) durch Fehler beim Buchen, (2) durch Versehen in der Annahme und Zahlung von Bargeld, (3) durch Diebstahl oder Unterschlagung. Klärt sich das Kassenmanko nicht durch Nachprüfen der Eintragungen auf und kann vom Kassierer auch nicht der Ausgleich gefordert werden, dann ist der Fehlbetrag über das Gewinn- und Verlustkonto auszubuchen. – Vgl. auch → Fehlgeldentschädigung.

Kassenobligation – festverzinsliche → Schatzanweisung mittlerer Laufzeit (maximal vier Jahre), die von der Deutschen Bundesbank im Auftrag der öffentlichen Hand per Ausschreibung (→ Tenderverfahren) verkauft wird.

Kassenprüfung – Prüfung der Übereinstimmung von Kassenkonto und dem tatsächlichen Bestand der → Kasse. – 1. *Grundsätze:* Die Kassenprüfung soll möglichst überraschend durchgeführt werden und erstreckt sich auf den Vergleich der Bargeld-Istbestände mit den -Sollbeständen. Größere Posten sollten lückenlos, die Übrigen stichprobenweise geprüft werden. Bes. Aufmerksamkeit ist Vertretungszeiten (Urlaub oder Krankheit des verantwortlichen Kassierers und des Buchhalters) zu widmen. Bei grundlegender Kassenprüfung ist auch die Angemessenheit bestimmter Ausgaben zu untersuchen. – 2. *Hilfsmittel* der Kassenprüfung sind → Belege, Tagesauszüge, Verkehr mit Nebenkassen (z.B. Porto-, Frachtenkasse). – Auch die *Bankbestände* sind unter Vorlage der neuesten Tagesauszüge zu prüfen. – Bei Handelsgesellschaften ist an Bilanzstichtagen für Hauptgeschäft und Filialen ein unterschriebenes *Kassenprotokoll* anzufertigen. – Vgl. auch → Kassensturz.

Kassenrechnung – Nachweis von Bargeldeinnahmen und -ausgaben, z.B. durch → Kassenbuch oder → Kassekonto.

Kassensturz – Zählung des tatsächlich vorhandenen Kassenbestandes zu einem bestimmten Zeitpunkt; als Maßnahme der → Kassenprüfung (→ Außenprüfung) verbunden mit anschließendem Vergleich des buchmäßigen Kassensollbestandes, um Ordnungsmäßigkeit der Kassenführung festzustellen.

Kassenterminal – *POS-Terminal;* elektronische Registrierkasse, die als Ein-/Ausgabegerät die Endstation eines Datenverarbeitungsvorgangs bildet. Zumeist bietet das Kassenterminal auch die Möglichkeit, Kartenzahlungen zu initiieren. Die Dateneingabe erfolgt manuell auf einer Tastatur oder mittels → Scanner, zum Lesen der Zahlungskarte wird ein Lesegerät (Magnetstreifen oder Chipleser) genutzt. – Vgl. auch → Warenwirtschaftssystem (WWS).

Kassenverstärkungskredit → schwebende Schulden, → öffentliche Kreditaufnahme.

Kassenzahnarzt – herkömmlicher Begriff für den Vertragszahnarzt.

Kassenzahnärztliche Vereinigung – Körperschaft des öffentlichen Rechts, deren Mitglieder, die Vertragszahnärzte, die vertragszahnärztliche Versorgung der gesetzlich Krankenversicherten sicherstellen. Ihre Struktur entspricht weitgehend derjenigen der → Kassenärztlichen Vereinigung (KV). Die 23 Kassenzahnärztlichen Vereinigungen bilden die Kassenzahnärztliche Bundesvereinigung (KZBV).

Kastenwesen – religiös begründete, streng hierarchische Aufteilung einer Gesellschaft in genau von einander abgegrenzte Schichten (Kasten), die sich durch gemeinsame Sitten und Lebensformen auszeichnen. Obwohl Diskriminierungen aufgrund der Zugehörigkeit zu einer Kaste mittlerweile unter Strafe gestellt sind, ist das Kastenwesen des Hinduismus für die Sozialstruktur Indiens, wo die über 3.000 Kasten zu vier großen Blöcken zusammengefasst werden, nach wie vor von weitreichender Bedeutung.

Katallaxie → spontane Ordnung

Katalog – entweder gedruckte oder elektronisch (z.B. im → Internet oder auf → CD-ROM) veröffentlichte Übersicht über das Warenangebot eines Anbieters.

Katalog E – Sammlung von Begriffsdefinitionen aus der Handels- und Absatzwirtschaft, herausgegeben von einem Ausschuss, gefördert durch das für Wirtschaft zuständige Bundesministerium. Die Geschäftsführung liegt beim Institut für Handelsforschung an der Universität zu Köln. Die vorgeschlagenen Begriffsabgrenzungen sind Kompromisse aus unterschiedlichen wissenschaftlichen Vorschlägen und dem Sprachgebrauch in der Praxis mit dem Ziel einer Vereinheitlichung v.a. in an eine breite Leserschaft gerichteten Veröffentlichungen, z.B. Gutachten, Gesetzes- und Verordnungstexte, Gerichtsurteile, Lexika.

Katalogisierungsverfahren → Arbeitsbewertung.

Katalogleistungen – inoffizielle, schlagwortartige Bezeichnung für die in dem Katalog des § 3a IV UStG genannten Arten von → sonstigen Leistungen. – 1. *Grundsätzliche Eigenschaften:* Gemeinsam ist den Katalogleistungen, dass der Ort der sonstigen Leistung (und damit die Steuerbarkeit der Leistung) in das Land des Leistungsempfängers verlagert wird, (1) wenn dieser ein in der EU ansässiger Unternehmer ist, oder (2) wenn er seinen Wohnsitz oder Sitz im Drittlandsgebiet hat (§ 3a III UStG). Außerdem gilt in allen EU-Staaten bei allen Katalogleistungen, dass in grenzüberschreitenden Fällen der inländische Leistungsempfänger anstelle des leistenden ausländischen Unternehmers zum Abzug und Einbehalt der Steuer verpflichtet ist, wenn er ein Unternehmer ist (Art. 196 → Mehrwertsteuersystemrichtlinie). – 2. *Erfasste Leistungen:* (1) Einräumung, Übertragung und Wahrnehmung von Patenten, Urheberrechten, Markenrechten und ähnlichen Rechten oder der Verzicht auf die Ausübung eines solchen Rechts; (2) Werbung und Öffentlichkeitsarbeit; (3) Leistungen als Rechtsanwalt, Patentanwalt, Steuerberater, Steuerbevollmächtigter, Wirtschaftsprüfer, vereidigter Buchprüfer, Sachverständiger, Ingenieur, Aufsichtsratmitglied, Dolmetscher, Übersetzer und ähnliche rechtliche, wirtschaftliche und technische Beratungsleistungen; (4) Datenverarbeitung; (5) Überlassung von Informationen; (6) sonstigen Leistungen im Zusammenhang mit bestimmten Bankumsätzen; (7) Gestellung von Personal; (8) Verzicht auf Ausübung der Rechte unter (1); (9) der Verzicht, ganz oder teilweise eine gewerbliche oder berufliche Tätigkeit auszuüben; (10) Vermittlung einer Katalogleistung, (11) Vermietung beweglicher Gegenstände, ausgenommen Beförderungsmittel; (12) Telekommunikationsleistungen; (13) Rundfunk- und Fernsehdienstleistung; (14) die auf elektronischem Weg erbrachten sonstigen Leistungen; (15) die Gewährung des Zugangs zu Erdgas- und Elektrizitätsnetzen und die Fernleitung, die Übertragung oder Verteilung über diese Netze sowie die Erbringung anderer damit zusammenhängender sonstiger Leistungen. – 3. *Absehbare Rechtsentwicklungen:* Ab 2010 wird die Regelung über Katalogleistungen nur noch für Leistungsbeziehungen mit Nicht-EU-Unternehmern von Bedeutung sein; innerhalb der EU tritt dann die neue Regelung über → innergemeinschaftliche Dienstleistungen (die zum selben Ergebnis führt) an ihre Stelle.

Katalogschauraum – *Catalog Showroom;* → Betriebsform des Handels, die die Funktionen des Versandhandels mit denen des stationären Einzelhandels verbindet. Die Ware kann in einem Vorraum zu einem Lager im Katalog ausgesucht oder anhand von Musterstücken in Ausstellungsräumen persönlich begutachtet werden. Die ausgewählte Ware kann aus angeschlossenem Lager mitgenommen werden oder wird (wie beim → Versandhandel) zugestellt. – Die Vorteile des Verkaufssystems aus Sicht des Kunden liegen in der ungestörten Vorwahl aus dem Katalog und einem üblicherweise guten Preis-Leistungs-Verhältnis. Vorteile aus Sicht des Händlers sind die Kostengünstigkeit der Betriebsform durch günstige Standorte außerhalb der Innenstädte, geringerer Flächenbedarf, unaufwendige Warenpräsentation und Unmöglichkeit des Kundendiebstahls.

Kataster – Grundstücksverzeichnis auf Vermessung beruhend und in einer Sammlung der Kataster-Karten niedergelegt. Bei Einrichtung des → Grundbuchs wird ein Kataster zugrunde gelegt, in dem das Land in Gemarkungen aufgeteilt ist. Für jede Gemarkung besteht ein Flurbuch. Dieses setzt sich zusammen aus Kartenblättern, auf denen die Parzellen eingezeichnet und mit laufenden Nummern bezeichnet sind. – Das Kataster wird in der Bundesrepublik Deutschland von den Katasterämtern oder den Vermessungsämtern geführt.

Kathedersozialisten – ursprünglich zur polemischen Abgrenzung gegenüber den Vertretern des → Marxismus verwendete Bezeichnung für eine Reihe deutscher Nationalökonomen innerhalb der → historischen Schule. Die drückende soziale Lage der Arbeiterschaft (→ Soziale Frage) und die unterschiedlichen Auffassungen über die richtige Gesellschafts- und Wirtschaftspolitik führten zu einem relativ starken politischen Engagement einiger Universitätsprofessoren (wie → Brentano, Schäffle, → Schmoller, von Schönberg, → Wagner), v.a. im Bereich der *Sozialpolitik*. Ausdruck hierfür war u.a. die Gründung des → Vereins für Socialpolitik 1873, dessen Bemühungen lange Zeit bes. Fragen der industriellen Organisation, der sozialen Lage der Arbeiter sowie der Sozialgesetzgebung und -verwaltung galten. Forschungsleitend waren für die Kathedersozialisten zumeist wissenschaftlich nicht untersuchte sozialpolitische Forderungen und ethische Werturteile. Die Verdrängung der positiven Analyse von Zielen und Instrumenten der Wirtschaftspolitik (positive Ökonomik) durch Wertungen wirkte sich auf die wirtschaftstheoretische Forschung und Lehre in Deutschland lange Jahre nachteilig aus und hat zu deren international schwindendem Ansehen geführt. Die von → Weber in diesem Zusammenhang aufgeworfene Frage, ob ethische Normen Gegenstand einer Erfahrungswissenschaft wie der Nationalökonomie sein könnten, lösten den jüngeren → Methodenstreit (Werturteildebatte) aus. Dabei hat sich Webers Auffassung, Werturteile seien nicht beweisbar und hätten deshalb in der wissenschaftlichen Analyse keinen Platz, durchgesetzt.

Kauf → Kaufentscheidung, → Kaufvertrag.

Kaufabsicht – Begriff der Theorie des → Konsumentenverhaltens und der → Marktforschung. Konstrukt, um die Absicht einer Person zu erfassen, von einem bestimmten Produkt eine bestimmte Menge in einem vorgegebenen Zeitraum zu kaufen. – *Bezug zu anderen Variablen des Konsumentenverhaltens:* Die Kaufabsicht wird beeinflusst von den → Einstellungen gegenüber dem betreffenden Produkt (→ Image) und der Einschätzung bestimmter Faktoren, die voraussichtlich die Kaufsituation charakterisieren (z.B. dem erwarteten Preis, der Verfügbarkeit der Ware in einem Geschäft, der für den Kauf verfügbaren Zeit). – Kaufabsichten dienen der Prognose zukünftigen Kaufverhaltens; sie gelten als zuverlässigere Prädiktoren als Einstellungen.

Kauf auf Probe – Abschluss eines → Kaufvertrags unter der Bedingung, dass der Käufer die Ware billigt. Einzelheiten in §§ 454, 455 BGB. – *Anders:* → Kauf zur Probe, → Kauf nach Probe.

Kauf auf Ziel → Zielkauf.

Kaufentscheidung – 1. *Begriff:* a) *Kaufentscheidung i.w.S.:* Der gesamte Prozess von der Produktwahrnehmung bis zur Produktauswahl. – b) *Kaufentscheidung i.e.S.:* Zustandekommen des Kaufentschlusses. Kaufentscheidungen können individuell oder kollektiv (z.B. → organisationales Kaufverhalten von Unternehmen) getroffen werden. – 2. *Arten* nach dem Grund der psychischen → Aktivierung, der gedanklichen Steuerung und des automatischen reizgesteuerten Handelns: a) *Impulsive Kaufentscheidung:* gekennzeichnet durch geringe gedankliche Steuerung, verbunden mit starken Reizsituationen. – b) *Habituelle Kaufentscheidung (habitualisierte Kaufentscheidung):* Aufgrund einer Gewohnheit weitgehend „automatisch" ablaufend; gedankliche Steuerung und psychische Aktivierung des Konsumenten sind gering (→ Lieferantentreue, → Markentreue). – c) *Vereinfachte Kaufentscheidung:* Produktwahl mittels bewährter Entscheidungskriterien (z.B. nach der Höhe des Preises); gedankliche Steuerung ist begrenzt; psychische Aktivierung und Reizsituation beeinflussen die Kaufentscheidung kaum. – d) *Extensive Kaufentscheidung:* Für den Konsumenten einen Lernprozess darstellend; situationsbedingte Reize spielen eine geringe Rolle, Kaufsituation ist mit einer großen psychischen Aktivierung verbunden. Extensive Kaufentscheidungen spielen v.a. bei neuen Kaufsituationen, die für den Konsumenten eine große wirtschaftliche Belastung darstellen, eine Rolle. – *(Idealtypische) Phasen der extensiven Kaufentscheidung:* (1) Problemerkenntnis, (2) Informationssuche, (3) Bildung von Alternativen, (4) Bewertung der Alternativen, (5) Entscheidung, (6) Bewertung der Kaufentscheidung.–Vgl. auch → Kaufverhalten, → Konsumentenverhalten. – 3. *Bezug der Kaufentscheidung zu anderen Variablen des Konsumentenverhaltens:* Die Kaufentscheidung wirkt sich in Form eines Rückkopplungsprozesses auf die → Zufriedenheit und die → Einstellung aus.

Käufermarkt – Marktsituation sinkender Preise. Ursache eines Käufermarkts ist ein Angebotsüberschuss, der sich bei steigendem Angebot und konstanter Nachfrage ergibt, bzw. ein Nachfragedefizit, das sich bei sinkender Nachfrage und konstantem Angebot ergibt. – *Gegensatz:* → Verkäufermarkt.

Käuferstrukturanalyse – Methode der Marktforschung, bei der Käufer auf ihre soziodemographischen Merkmale untersucht werden. Vom Interesse ist dabei, die Käufer einer bestimmten Marke anhand ihrer Merkmale (Alter, Einkommen etc.) zu identifizieren. – Vgl. auch → Käuferwanderung, → Kundenstrukturanalyse, → Marktsegmentierung.

Käufertypologie – *Konsumententypologie;* Typenbildung (→ Typologie) auf Basis kaufrelevanter Kriterien zur → Marktsegmentierung nach soziodemographischen (Alter, Geschlecht, Einkommen etc.) und psychographischen (produktgruppenbezogene → Einstellungen, Persönlichkeitsmerkmale, → Käufer- und Konsumentenverhalten etc.) Merkmalen. Es werden allg. und spezielle Typen betrachtet, die die spezifischen Merkmale von Kunden eines Unternehmens bzw. einer Branche erfassen. – *Ziel:* Ausrichtung der → Marketingstrategie und der → marketingpolitischen Instrumente auf typenspezifische Besonderheiten. – *Verfahren zur Bildung von Käufertypologien:* → AID-Analyse, → Clusteranalyse etc.

Käufer- und Konsumentenverhalten

von Prof. Dr. Thomas Foscht und Prof. Dr. Prof. h. c. Bernhard Swoboda

I. Grundbegriffe

Das Käuferverhalten umfasst das Verhalten von Nachfragern beim Kauf, Ge- und Verbrauch von wirtschaftlichen Gütern bzw. Leistungen. Hiervon abzugrenzen und enger gefasst ist das Konsumentenverhalten, welches sich auf das Verhalten von Endverbrauchern beim Kauf und Konsum von wirtschaftlichen Gütern bzw. Leistungen bezieht. Träger von Kaufentscheidungen sind also Organisationen oder private Personen (Abb. 1). Obwohl meist das Konsumentenverhalten im Mittelpunkt der Käuferverhaltensforschung steht, kommt dem organisationalen Kaufverhalten gesamtwirtschaftlich eine höhere Bedeutung zu. Hervorzuheben ist, dass durch die grundlegenden Unterschiede von organisationalem und privatem Käuferverhalten unterschiedliche Erklärungsansätze zugrunde zu legen sind. Wenngleich idealtypisch die in Abbildung 1 dargestellten vier Perspektiven abzugrenzen sind, wird der Fokus nachfolgend auf das individuelle Kaufverhalten von Konsumenten gelegt.

	individuell	kollektiv
Konsument	individuelle Kaufentscheidungen von Privatpersonen (Konsumentenentscheidungen)	Kaufentscheidungen in privaten Haushalten (Familienentscheidungen)
Organisation	individuelle Kaufentscheidungen in Organisationen (Einkäuferentscheidungen)	kollektive Kaufentscheidungen in Organisationen (Gremienentscheidungen)

Obwohl die Betriebswirtschaft verstärkt durch eine kundenzentrierte Sicht geprägt wird, bleibt die inhaltliche Erklärung des sich zunehmend dynamisch entwickelnden Käuferverhaltens weiterhin eine Domäne der Marketing- bzw. der Käuferverhaltensforschung. Dabei resultieren Herausforderungen u. a. aus Änderungen der sozio-demografischen bzw. sozio-ökonomischen, technischen und politisch-rechtlichen Rahmenbedingungen. Hinsichtlich der sozio-demografischen und sozio-ökonomischen Entwicklungen lassen sich für westliche Industrienationen – neben der steigenden Zahl von Doppelverdiener- und Singlehaushalten und der damit verbundenen Zeitknappheit der Konsumenten – insbesondere die zunehmende Überalterung der Bevölkerung und die steigende Zahl von Nachfragern mit Migrationshintergrund anführen (Zentes/Swoboda/Foscht 2012; Foscht/Swoboda/Schloffer 2011). Diese Veränderungen resultieren letztlich in einem Wandel des Käuferverhaltens: Während sich z. B. Konsumenten früher konsistent verhalten haben und in den 1990er-Jahren ein hybrides Verhalten zu beobachten war, sind heute Verhaltensweisen vordergründig, die durch das gleichzeitige Verfolgen mehrerer Handlungsprinzipien gekennzeichnet sind. Es liegt also ein divergierendes (multioptionales) Verhalten und teils sogar ein paradoxes Verhalten vor (Foscht/Brandstätter/Sinha 2010). Die veränderten Rahmenbedingungen bzw. die Entwicklungen im Käuferverhalten werden aber auch von einem Wandel der Perspektiven begleitet, wie von der auf einzelne Beeinflussungen/Transaktionen ausgerichteten Perspektive zu einer Fokussierung auf Kundenbeziehungen. Dies spiegelt sich in der Entwicklung der Erklärungsansätze des Konsumentenverhaltens – im Sinne eines modernen Bezugsrahmens – wider (siehe im Einzelnen Foscht/Swoboda 2011).

II. Synopse der Erklärungsansätze

Die Wurzeln der Konsumentenverhaltensforschung lagen zunächst in ökonomischen Theorien begründet. In diesem Zusammenhang sind bspw. Theorien und Ansätze der Mikroökonomie anzuführen, die i.d.R. auf Axiomen mit Prämissen, wie vollkommene Information, unbegrenzte Problemlösungskapazität und Rationalität, basieren, auf deren Grundlage optimale Entscheidungen abgeleitet und Empfehlungen für richtiges Verhalten - im Sinne eines optimalen Verhaltens - gegeben werden. Gegen diese Prämissen, wie die Annahme eines sich rational verhaltenden Homo oeconomicus, richtet sich auch die Kritik an diesen Ansätzen, welche die Basis für

Weiterentwicklungen bildet, die sich von einzelnen Annahmen lösen. Informationsökonomische Ansätze gehen z. B. von unvollständiger Information und von unterschiedlich gelagerten Unsicherheitsproblemen bei der Kaufentscheidung aus. Sie nähern sich dem Konsumentenverhalten allerdings eher von einer ökonomischen bzw. kognitiv gefärbten Seite und werden erst seit einigen Jahren mit der verhaltenswissenschaftlichen Kognitions- und Gedächtnisforschung verbunden. Dabei nehmen verhaltenswissenschaftliche Theorien und Ansätze bei der Erklärung und Erforschung des Konsumentenverhaltens eine zentrale Stellung ein.

1. Verhaltenswissenschaftliche, deterministische Ansätze

Die Wurzeln der verhaltenswissenschaftlichen Konsumentenverhaltensforschung sind im Behaviorismus zu sehen, der direkt beobachtbare Größen analysiert. Beobachtbar sind einerseits Stimuli/Reize, die auf ein Individuum einwirken (z. B. Verkaufsförderungsaktionen) und andererseits die dadurch ausgelösten Reaktionen (z. B. der Produktkauf). Das Individuum wird in diesen Stimulus-Response-(SR)-Modellen als Black-Box aufgefasst, sodass die Frage, welche Prozesse im Individuum zum beobachtbaren Verhalten führen, auf dieser Basis nicht erklärt werden kann.

Die Einbeziehung der nicht direkt beobachtbaren Größen charakterisiert den Neo-Behaviorismus, in dem die Black-Box-Betrachtung aufgegeben wird. Die nicht-beobachtbaren, intervenierenden Variablen strukturieren Vorgänge innerhalb des Organismus, weshalb von SOR-Modellen bzw. von SIR-Modellen gesprochen wird (Abb. 2).

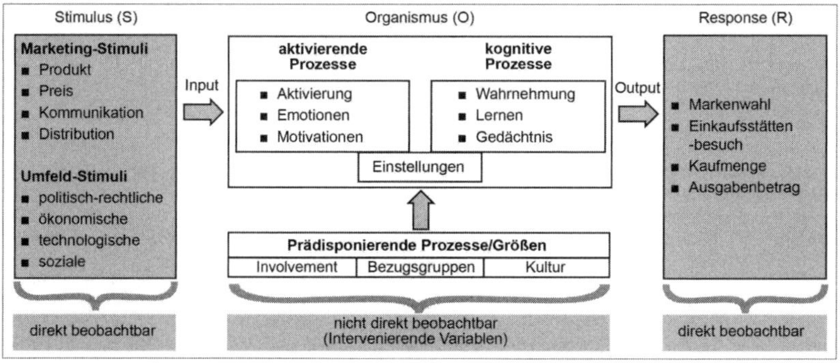

Abb. 2: Neobehavioristisches SOR-Modell des Konsumentenverhaltens
Quelle: in Anlehnung an Kroeber-Riel/Weinberg/Gröppel-Klein 2008; Kuß/Tomczak 2007.

Bereits in den sechziger Jahren des vorigen Jahrhunderts sind auf dieser Basis komplexe Totalmodelle entwickelt worden, in denen versucht wurde, viele (bzw. möglichst alle) Determinanten des Verhaltens gleichzeitig in einem Modell zu berücksichtigen (hierzu zählen die klassischen Arbeiten von Howard/Sheth 1969 und Blackwell/Miniard 2005). Nachteilig erwies sich deren Komplexität, Starrheit und nicht zuletzt deren Messung. Deshalb wandte man sich Modellen geringerer Komplexität und Reichweite zu, die das Konsumentenverhalten in spezifischen Situationen (z. B. bei der Markenwahl, am Point-of-Sale usw.) erklären können. Darüber hinaus öffnete sich die Konsumentenverhaltensforschung zunehmend anderen Disziplinen, wie der vergleichenden Verhaltensforschung, der Tiefenpsychologie, der kognitiven Psychologie oder soziologischen Ansätzen. Seit einigen Jahren wird zur Erklärung und Erforschung des Konsumentenverhaltens auch vermehrt auf die interdisziplinäre Disziplin der Neurowissenschaft abgestellt. Den Forschungsgegenstand der sog. Consumer Neuroscience bildeten bislang bspw. Emotionen, Kaufmotive, die Markenwahrnehmung oder Markenentscheidungen (siehe im Einzelnen z. B. Raab/Gernsheimer/Schindler 2009).

2. Determinanten als Erklärungsgrundlage

Die Grundlage jeder verhaltenswissenschaftlicher Erklärung des Konsumentenverhaltens bilden die psychischen Determinanten des individuellen Kaufverhaltens, wie sie in Partialbetrachtungen auf situative Fragen des Kaufverhaltens bezogen werden und zur enormen Vielfalt von Determinanten, Analysen und Blickwinkeln führen oder in Totalmodellierungen gesamthaft – allerdings zu starr – verbunden werden. Die Vielfalt der Sichtweisen kann in einem Schalenmodell zusammengetragen werden, das eine didaktisch wertvolle Trennung zwischen psychischen, persönlichen sowie sozialen und kulturellen Determinanten ermöglicht (Abb. 3).

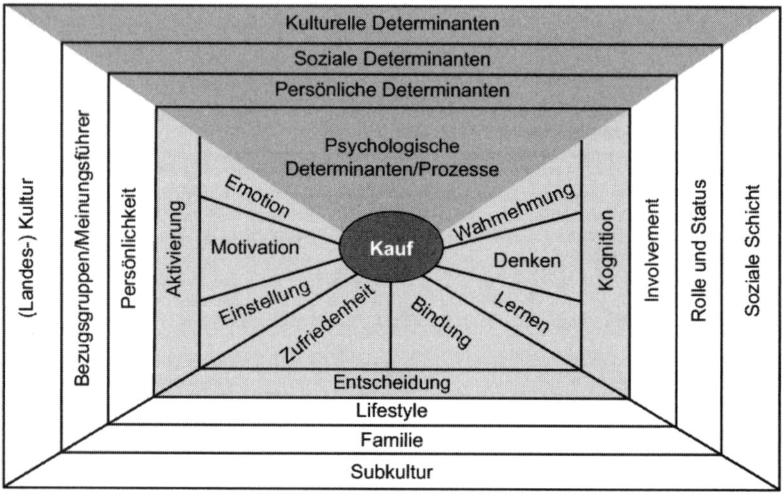

Hierbei entsprechen die psychischen Determinanten, die sich weiter in aktivierende und kognitive Prozesse bzw. Zustände unterscheiden lassen, den Kernüberlegungen der SOR-Modelle. Hinzu kommen mit der Kundenzufriedenheit und der Loyalität Konstrukte, die in der Marketingforschung in der Vergangenheit eine herausragende Bedeutung erlangt haben. Darüber hinaus sind Umweltdeterminanten für das Kaufverhalten relevant, die in persönliche, soziale und kulturelle Determinanten differenziert werden können. Bei den letzten beiden könnte auch von der näheren und der weiteren Umwelt der Konsumenten gesprochen werden. Bezugsgruppen (z. B. Primär- und Sekundärgruppen), Familie und Rolle/Status stellen – diesem Verständnis entsprechend – Ausprägungen der näheren Umwelt eines Konsumenten dar, während (Landes-) Kultur, Subkultur und soziale Schicht die weitere Umwelt bilden. Eine Kurzcharakterisierung der einzelnen Determinanten, Prozesse und Zustände findet sich in Abbildung 4. Für die Erklärung des Konsumentenverhaltens kommt insbesondere den aktivierenden Prozessen und Zuständen eine zentrale Bedeutung zu.

3. Kaufentscheidungstypen

Eine zweite Basis in modernen Konzeptionen des Konsumentenverhaltens bilden Kaufentscheidungstypen. Traditionell ist damit die Systematisierung der komplexen Verhaltensweisen bei individuellen Kaufentscheidungen in Abhängigkeit vom Grad der kognitiven Steuerung gemeint. Zu betrachten sind Entscheidungen mit stärkerer kognitiver Kontrolle (extensiv und limitiert) sowie Entscheidungen mit geringer kognitiver Kontrolle (habituell und impulsiv) (Abb. 5).

Impulsive Entscheidungen	**Limitierte Entscheidungen**
▪ ungeplant/gedanklich kaum kontrolliert ▪ starke Reizsituation und emotionale Aufladung	▪ vorhandene Erfahrungen, bewährte Entscheidungsregeln ▪ „Evoked Set" (keine eindeutige Präferenzen)
Habitualisierte Entscheidungen	**Extensive Entscheidungen**
▪ geringe kognitive Steuerung (reaktiv) ▪ quasi automatischer Prozess (i.d.R. Präferenzen)	▪ hohe kognitive Beteiligung (hoher Informationsbedarf) ▪ starkes Involvement

Aus Sicht der heute vorherrschenden, psychologisch geprägten Konsumentenverhaltensforschung werden – neben der kognitiven Steuerung – weitere Determinanten für das Auftreten einzelner Kaufentscheidungstypen betrachtet. Mögliche Einflussgrößen bilden die Art des auszuwählenden Produktes (z. B. Gebrauchs- und Verbrauchsgüter, Convenience-, Shopping- und Specialty-Goods), die Kaufsituation (z. B. der emotionale Reizwert der Situation, die Neuartigkeit der Situation, der Zeitdruck) oder Prädispositionen des Entscheiders wie die

Psychische Determinanten	
Aktivierende Prozesse und Zustände	
Aktivierung	... stellt die Grunddimension aller Antriebsprozesse dar, versorgt den Organismus mit Energie und versetzt ihn in einen Zustand der Leistungsfähigkeit und -bereitschaft.
Emotionen	... sind Erregungsvorgänge, die angenehm oder unangenehm empfunden werden und mehr oder weniger bewusst sind.
Motivationen	... sind die psychischen Antriebskräfte, die das Handeln mit Energie versorgen und auf ein Ziel ausrichten.
Einstellungen	... ergeben sich aus Motivationen und einer kognitiven Gegenstandsbeurteilung. Entsprechend der E-V-Hypothese beeinflusst Einstellung direkt das Verhalten.
Kognitive Prozesse und Zustände	
Kognitionen	... sind Vorgänge bzw. Prozesse, mit denen das Individuum sich selbst und seine Umwelt erkennt, d.h. es sind Prozesse der gedanklichen Informationsverarbeitung. Sie dienen der gedanklichen Kontrolle und willentlichen Steuerung des Verhaltens.
Informations-aufnahme	... umfasst alle Vorgänge bis zur Übernahme von Reizen bzw. Informationen in den zentralen Prozessor (Kurzzeitspeicher bzw. -gedächtnis), wo die kognitive Verarbeitung stattfindet.
Wahrnehmung	... ist ein Prozess der Informationsverarbeitung, bei dem aufgenommene Umweltreize und innere Signale entschlüsselt und zusammen mit anderen Informationen zu einem inneren Bild der Umwelt und der eigenen Person verarbeitet werden.
Informations-speicherung/ Lernen und Gedächtnis	Lernen ist die Veränderung der Wahrscheinlichkeit für das Auftreten einer bestimmten Verhaltensweise in einer bestimmten Reizsituation. Lernen bezieht sich damit nicht nur auf konkrete Verhaltensänderungen, sondern häufig auf kognitive Veränderungen.
Entscheiden	... bedeutet, eingeschränkt auf den Bereich der (Produkt-)Beurteilung, das Ordnen und Bewerten von Produktinformationen, sodass daraus ein Qualitätsurteil entsteht.
Weitere Determinanten und Moderatoren	
Persönliche Determinanten	
Persönlichkeit	... stellt einen Grundrahmen dar, in dem aktivierende und kognitive Verhaltensmuster ablaufen, wobei die Prädispositionen mit der Persönlichkeit in Beziehung stehen.
Involvement	... bezeichnet die Ich-Beteiligung, das innere Engagement, mit dem sich ein Individuum einem Sachverhalt oder einer Aufgabe widmet.
Lebensstil	... kennzeichnet die charakteristischen Verhaltensmuster Einzelner oder von Gruppen. Im Lebensstil kommen die Wert- und Zielorientierung der Konsumenten zum Ausdruck.
Soziale Determinanten	
Primär- und Sekundär-gruppen	Primärgruppen sind eher kleine Gruppen, für die eine persönliche Interaktion der Mitglieder kennzeichnend ist. Sekundärgruppen sind eher größere Gruppen, für deren Mitglieder ein eher formales Verhältnis charakteristisch ist.
Familien	Die Familie bzw. einzelne Familienmitglieder beeinflussen in Abhängigkeit davon, in welcher Lebenszyklusphase sich die Familie befindet, das Kaufverhalten.
Kulturelle Determinanten	
Soziale Schicht	... umfasst Personen mit gleichem Status. Diese Personen sind durch gleiche Merkmale wie Beruf, Herkunft, Einkommen, Besitz usw. gekennzeichnet.
Kultur und Subkultur	... wird als Hintergrundphänomen bezeichnet. Kultur besteht aus expliziten und impliziten Denk- und Verhaltensmustern, die durch Symbole erworben und weitergegeben werden und eine spezifische, abgrenzbare Errungenschaft menschlicher Gruppen bilden.

Risikoneigung oder das kognitive und emotionale Involvement. Durch die Berücksichtigung ergänzender

Determinanten wird das konkrete (Entscheidungs-) Verhalten letztlich aus einer kombinierten Zugrundelegung sowohl aktivierender als auch kognitiver Determinanten erklärt.

4. Konsumentenverhalten in Kundenbeziehungen

Einen jüngeren Entwicklungszweig zur Erklärung des Konsumentenverhaltens bilden Ansätze, die sich der Kundenzufriedenheit, Kundenbindung und Loyalität – bzw. allgemeiner: dem Kundenbeziehungsmanagement - widmen. Dabei resultiert die Fokussierung auf Kundenbeziehungen daraus, dass belegt wurde, dass langfristige Geschäftsbeziehungen profitabler sind als kurzfristige und, dass Menschen sich nicht nur im privaten Bereich immer weniger binden (lassen wollen), sondern auch in Beziehungen zu Unternehmen häufig sogar bewusst nach Abwechslung suchen (sog. Variety Seeking). Die Ansätze des Kundenbeziehungsmanagements ergänzen die „Beeinflussungsperspektive" der SOR-Modelle, indem sie nicht nur die Wirkungen, sondern auch Interaktionen und Potenziale in langfristigen Kundenbeziehungen hervorheben.

In diesen Ansätzen werden die u. a. aus dem organisationalen Kaufverhalten bekannten Kaufphasen auf die Konsumentenverhaltensforschung übertragen. Entsprechende Phaseneinteilungen orientieren sich oft an den Stufen eines eher kognitiven, „rationalen" Entscheidungsprozesses. Sie unterscheiden bspw. nachstehende Phasen: Prozessanregungs-, Such-, Vorauswahl-, Bewertungs- und Auswahl-, Realisierungs- und Nachkaufphase. Ein deartig detailliertes Phasenraster kann jedoch nicht auf alle Kaufsituationen bzw. Kundenbeziehungen angewandt werden, weshalb folgende reduzierte Unterscheidung wertvoll erscheint: Vorkaufphase, Kaufphase und Nachkaufphase. Diese Dreiteilung entspricht einem Buying Cycle, wobei die letzte Phase bei einem Folgekauf bzw. bei der wiederholten Inanspruchnahme einer Unternehmensleistung erneut eine Vorkaufphase einleiten kann (Abbildung 6).

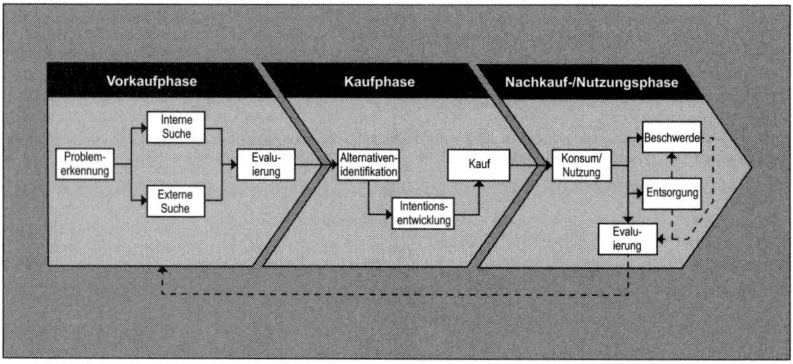

Bei der konkreten Evaluation des Konsumentenverhaltens sind Variationen dieses Prozesses anzunehmen. Dennoch – und dies ist eine Herausforderung – ist es möglich, die in der jeweiligen Phase besonders relevanten Determinanten des Kaufverhaltens, die Kaufentscheidungstypen usw. zu betrachten. Abbildung 7 fasst dies insofern zusammen, als darin verdeutlicht wird, dass je nach Kaufsituation in den drei Phasen alle psychischen Prozesse, weitere Determinanten, Kaufentscheidungstypen oder Marketing-Instrumente relevant sein können. Eine derartige Betrachtung eröffnet mehrere Vorteile. Erstens berücksichtigt der Buying Cycle die zunehmende Notwendigkeit, Austauschbeziehungen mit Konsumenten ganzheitlich zu beachten. Für das Marketing ergibt sich aus einer Phasendifferenzierung die Möglichkeit, auf die spezifischen Bedingungen der einzelnen Phasen einzugehen. Zweitens lenkt der Buying Cycle den Blick verstärkt auf das Nachkauf-Marketing, d.h. nicht nur auf Prozesse vor und während des Kaufvorgangs, sondern auch auf solche danach. Deshalb werden im Rahmen des Kundenbindungsmanagements bspw. nicht nur Kundenbindungsprogramme thematisiert, sondern auch Instrumente des Nachkauf-Marketings, des Nachkauf-Service oder der Nachkauf-Kommunikation (z. B. Nachkaufberatung, Kundenschulung, Kundenkarten und -clubs, Beschwerdemanagement). In diesem Zusammenhang spielt ferner die Betrachtung des Kundenwertes während der gesamten Kundenbeziehung eine zunehmend wichtigere Rolle.

III. Entwicklungsperspektiven

Insgesamt lässt sich heute ein moderner Bezugsrahmen des Konsumentenverhaltens durch ein Streben nach Traditionalität, Prozessualität und Ganzheitlichkeit charakterisieren. Traditionell bilden die im Kontext der SOR-Modelle stehenden psychischen und sozialen Determinanten des Konsumentenverhaltens die Basis der

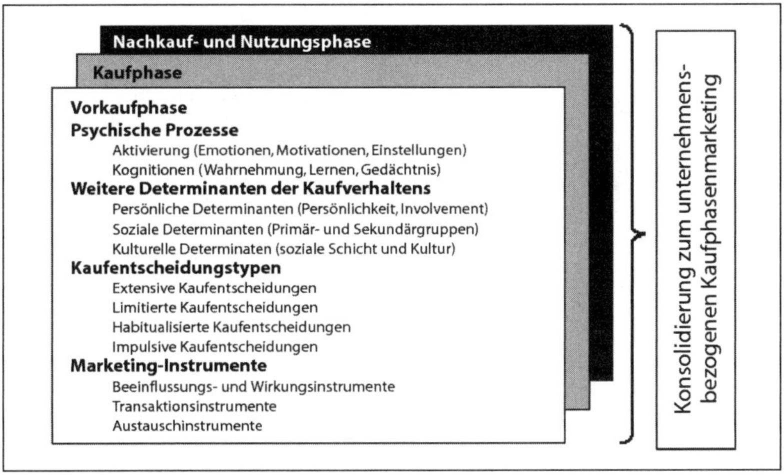

Erklärung. Insbesondere im Zusammenhang mit den psychischen Determinanten bzw. Prozessen können in nächster Zeit weitere Erkenntnisse, die auf der Berücksichtigung der neurowissenschaftlichen Perspektive und der Übertragung von Forschungsmethoden aus der Neurowissenschaft beruhen, erwartet werden. Einen zweiten Ansatzpunkt zur Erklärung bzw. Systematisierung von Verhaltensweisen liefern Kaufentscheidungstypen und einen dritten die Kaufentscheidungsphasen, die bei entsprechender Betrachtung als Buying Cycle, den Gedanken eines integrativen und prozessualen Gesamtmarketings zum Ausdruck bringen.

Käuferwanderung – Untersuchung der Käuferbewegungen zwischen einzelnen Marken, bes. von Bedeutung bei Produktneueinführungen (→ Gain-and-Loss-Analyse, → Markentreue).

Kauffrau → Kaufmann.

Kaufhaus – Betriebsform des → Einzelhandels (→ Betriebsform des Handels); angeboten wird ein sehr tief gegliedertes, branchenhomogenes Sortiment (außer Lebensmitteln) in ausgedehnten Verkaufsräumen. Es gibt sowohl Fachabteilungen mit Beratung als auch Abteilungen mit weit gehender → Selbstbedienung. Standort bevorzugt in innerstädtischen Hauptlagen. Verbreitet sind Kaufhäuser für Textilien, Bekleidung, Möbel, Kinderspielzeug. – *Anders:* → Warenhaus.

Kaufklassen – im Investitionsgütermarketing Begriff für unterschiedliche Kaufsituationen zwecks Erstellung kaufklassenadäquater Marketinglehren: (1) Kaufklassen nach *Komplexität der Kaufsituation* bzw. Routinisierungsgrad des Kaufprozesses: (a) Erst- bzw. Neukauf (*New Task*); (b) modifizierter Wiederkauf (*Modified Rebuy*); (c) reiner Wiederholungskauf (*Straight Rebuy*). (Ordinal skalierte) Charakterisierungsmerkmale dieser → Kaufklassen: Neuigkeitsgrad des Entscheidungsproblems, Informationsbedarf, Berücksichtigung von Alternativen. (2) *Ansatz von Kutschker* mit drei (ordinal skalierten) Merkmalen (Kaufklassen): (a) Neuartigkeit der Problemdefinition; (b) relativer Wert des Investitionsobjekts; (c) Ausmaß des hervorgerufenen organisationalen Wandels.

Kaufkraft – Geldsumme, die einem Wirtschaftssubjekt real zur Verfügung steht. – Vgl. auch → Geldwertstabilität; → Inflation.

Kaufkraft der Exporterlöse → Income Terms of Trade.

Kaufkraft des Geldes → Geldwert.

Kaufkrafteffekt → Einkommenseffekt.

Kaufkraftparität – Situation, in der die Kaufkraft zweier Währungen, gemessen anhand eines Index von verschiedenen Güterpreisen, gleich ist. – *Arten:* (1) *Absolute Kaufkraftparität:* Schreibt man P* bzw. P für den in ausländischer bzw. heimischer Währung ausgedrückten Preis des im Ausland bzw. Inland erzeugten identischen Gutes, und w für den nominellen → Wechselkurs in Preisnotierung, so impliziert die Kaufkraftparität: $P = wP^*$. Bei → fixem Wechselkurs folgt aus der Kaufkraftparitätenbedingung, dass sich das Inland nicht vor Preisniveauschocks aus dem Ausland abschotten kann *(internationaler Preiszusammenhang)*. Hebt man die Fixierung des Wechselkurses auf, so folgt aus der Kaufkraftparitätenbedingung eine Theorie zur Erklärung von Wechselkursbewegungen bei exogen determinierten Preisniveaus (→ Kaufkraftparitätentheorie).(2) *Relative Kaufkraftparität:* Absolute Kaufkraftparität kommt dann nicht zustande, wenn die Güter in den beiden Ländern nicht zu denselben Preisen, ausgedrückt in identischer Währung, angeboten werden. Hierfür verantwortlich sind Transportkosten, Handelshemmnisse, Marktsegmentierung, → nicht handelbare Güter. In diesen Fällen kann die Kaufkraftparität gleichwohl in relativer Form erfüllt sein, sodass die Veränderungsrate des nominellen Wechselkurses in Preisnotierung gleich ist der Inflationsdifferenz zwischen dem → Inland und dem → Ausland. – Vgl. auch → Wechselkurstheorie, → Wechselkurspolitik.

Kaufkraftparitätentheorie – Versuch, den → Wechselkurs bei freien Währungen durch die Kaufkraftverhältnisse in den entsprechenden Ländern zu erklären. – 1. *Naive Kaufkraftparitätentheorie:* Entwicklung der Wechselkurse zwischen zwei Ländern wird durch die Entwicklung des Verhältnisses des Inlandspreisniveaus zum Auslandspreisniveau determiniert. Die Schwäche dieses Ansatzes liegt z.B.: (1) In der Vernachlässigung nationaler Güter (→ unbebaute Grundstücke, → Immobilien, Wohnungsmieten, → Dienstleistungen), die sehr wohl das Preisniveau, aber nicht den → Wechselkurs beeinflussen können; (2) in der Ausblendung anderer Faktoren neben Exporten und Importen, die Devisenangebot und -nachfrage beeinflussen. (3) Abweichungen vom Modell der → vollkommenen Konkurrenz, wie Präferenzen, → Monopole, → Transaktionskosten und → Informationskosten. – 2. *Modifizierte Kaufkraftparitätentheorie:* Veränderung des Wechselkurses pro Zeiteinheit entspricht längerfristig der Veränderung der Preisniveaurelation der betrachteten Länder, ohne dass der Wechselkurs in jedem Zeitpunkt unbedingt mit dem Verhältnis des Preisniveaus übereinstimmen muss. Steigt z.B. das Inlandspreisniveau, so wertet die Inlandwährung ab (d.h., der Preis für eine ausländische Währungseinheit, ausgedrückt in heimischen Währungseinheiten, steigt). Dies wird mit sinkender Nachfrage nach relativ teurer gewordenen Inlandsgütern und damit entsprechend geringer Nachfrage nach der inländischen Währung auf dem Devisenmarkt erklärt. – Vgl. auch → Wechselkurstheorie. – 3. *Kritik:* Der grundlegende Einwand gegen die Kaufkraftparitätentheorie stellt darauf ab, dass Devisenangebot und -nachfrage und der Wechselkurs zwischen zwei Währungen nicht nur von Preisentwicklungen und Güterströmen bestimmt wird, sondern wesentlich auch von Spekulationen, Zinsdifferenzen, Konjunkturentwicklungen im In- und Ausland sowie von politischen Faktoren (→ Streiks, Skandale, Wahlergebnisse etc.).

Kaufkraftstabilität → Inflation.

Kaufkraftüberhang → Geldüberhang.

Kaufkraftvergleich – statistisches Verfahren für den internationalen Preisvergleich, bei dem die nationalen Angaben mithilfe von Paritäten (→ Kaufkraftparität), die die Unterschiede in der Kaufkraft widerspiegeln, in eine gemeinsame Recheneinheit umgerechnet werden. Die Verwendung erfolgt hauptsächlich im internationalen Kontext, etwa um das Preisniveau zu vergleichen, das Bruttoinlandsprodukt oder aber den Wohlstand eines Landes mithilfe des Bruttoinlandsprodukts pro Kopf. Die Erhebung der notwendigen Daten und die Veröffentlichung erfolgt durch die jeweiligen Statistischen Ämter der Länder unter Berücksichtigung von Vorgaben seitens von → Eurostat und der → OECD.

Kaufkraftwährung → Indexwährung.

Kaufmann – *Kauffrau.* 1. *Begriff:* Im Sprachgebrauch jeder kaufmännische Tätige, im Rechtssinne nur, wer selbstständig ein → Handelsgewerbe betreibt (nicht z.B. der Handlungsgehilfe). – *Ausnahme:* Formkaufmann, für den das Bestehen eines Handelsgewerbes nicht Voraussetzung ist. Jede natürliche und juristische Person kann Kaufmann sein, auch Geschäftsunfähige und beschränkt Geschäftsfähige (→ Geschäftsfähigkeit). – 2. *Arten:* → Istkaufmann, → Musskaufmann, → Kannkaufmann und → Formkaufmann. – Vgl. auch → Scheinkaufmann.

kaufmännische Angestellte – Arbeitnehmer, die in einem Handelsgewerbe zur Leistung kaufmännischer Dienste angestellt sind. Es gelten die Vorschriften der §§ 59 ff. HGB über → Handlungsgehilfen. Arbeitgeber muss → Kaufmann sein. Die Abgrenzung der kaufmännischen Dienste von anderen richtet sich nach der Verkehrsauffassung: Kaufmännische Dienste sind z.B. Büroarbeit (z.B. Buchhaltung) sowie einkaufende und verkaufende Tätigkeit. Nicht dazu gehört die Beschäftigung als Techniker.

kaufmännische Anweisung – Wertpapier, von einem Kaufmann ausgestellt, an Order lautend (→ Orderklausel), mit dem ein anderer Kaufmann angewiesen wird, Geld, Wertpapiere oder andere vertretbare Sachen zu leisten, ohne die Leistung von einer Gegenleistung abhängig zu machen (§ 363 I HGB). Die kaufmännische Anweisung gehört zu den → kaufmännischen Orderpapieren. – Vgl. auch → kaufmännischer Verpflichtungsschein.

kaufmännische Buchhaltung → Finanzbuchhaltung.

kaufmännische Dienste – Im Handelsrecht die durch den → Handlungsgehilfen geleistete Tätigkeit. Kaufmännische Dienste erfordern eine Beschäftigung, die gewisse kaufmännische Kenntnisse und Erfahrungen voraussetzt. Rein mechanische Arbeiten sind nicht kaufmännische Dienste, auch nicht, wenn sie mit Schreibarbeiten oder Abrechnungen verbunden sind (z.B. bei Kellnern, Kartenverkäuferinnen im Theater etc.); ebenso wenig gewerbliche Tätigkeiten (z.B. Packen etc.).

kaufmännische Orderpapiere – Die in § 363 HGB aufgezählten gewillkürten → Orderpapiere, nämlich: → Kaufmännische Anweisung (§ 363 I HGB), → kaufmännischer Verpflichtungsschein, → Konnossement (§§ 642 ff. HGB) und Ladeschein (§ 444 HGB). – Für die Form des → Indossaments, die Legitimation des Besitzers, ihre Prüfung und die Verpflichtung des Besitzers zur Herausgabe gelten die Art. 13, 14, 16 und 40 III WG entsprechend. – Konnossement, Lagerschein und Ladeschein sind außerdem → Traditionspapiere.

kaufmännischer Geschäftsbetrieb – Kaufmännisch eingerichteter → Gewerbebetrieb. Voraussetzung ist vollkaufmännische Betriebsführung; hierzu gehört u.a. eine nach gewissen Grundsätzen eingerichtete Buchführung, geordnete Aufbewahrung der Geschäftskorrespondenz, regelmäßig wiederkehrende Inventur und Bilanz, Beschäftigung genügenden Personals. Der Umsatz ist nicht entscheidend, Kleinbetriebe scheiden aber auf jeden Fall aus. Der Betreiber ist → Istkaufmann (§ 1 HGB).

kaufmännischer Verpflichtungsschein – Schriftlich an Order (→ Orderklausel) gestelltes Versprechen eines Kaufmanns auf Leistung von Geld, Wertpapieren oder anderen → vertretbaren Sachen, unabhängig von einer Gegenleistung (§ 363 HGB). Kaufmännische Verpflichtungsscheine kam früher vielfach bei Ausgabe von Anleihen vor, zur Umgehung der bei Inhaberschuldverschreibungen notwendigen staatlichen Genehmigung: Wer eine Anleihe aufnehmen wollte, stellte über die einzelnen Teilbeträge kaufmännische Verpflichtungsscheine aus, auf denen als erster Nehmer die Emissionsbank benannt war, die die Scheine mit ihrem → Blankoindossament versah, sodass sie wie → Inhaberpapiere übertragen werden konnten.

kaufmännisches Zurückbehaltungsrecht – Ein gegenüber den Regeln des BGB verstärktes handelsrechtliches → Zurückbehaltungsrecht (§§ 369–372 HGB). Es handelt sich um ein pfandartiges Befriedigungsrecht eines Kaufmanns bei beiderseitigen Handelsgeschäften an Waren oder Wertpapieren des Vertragsgegners (§ 369 HGB). – 1. *Voraussetzungen:* a) Die Forderung des Gläubigers muss aus einem → beiderseitigen Handelsgeschäft entstanden (nicht durch → Forderungsabtretung erworben) sowie fällig sein. – b) Gegenstand des kaufmännischen Zurückbehaltungsrechts sind nur Waren oder Wertpapiere, die aufgrund eines Handelsgeschäfts (einseitiges genügt) mit Willen des Schuldners in den → Besitz des Gläubigers gelangt und im allgemeinen Eigentum des Schuldners sind. → Gutgläubiger Erwerb des kaufmännischen Zurückbehaltungsrechts ist im Gegensatz zum → Pfandrecht nicht möglich. – c) Das kaufmännische Zurückbehaltungsrecht darf nicht durch Vertrag ausgeschlossen sein (§ 369 III HGB). Auch der Verkaufskommissionär hat kein kaufmännisches Zurückbehaltungsrecht an der zum Verkauf übergebenen Waren. – 2. *Wirkungen:* a) Das kaufmännische Zurückbehaltungsrecht wirkt als persönliches Recht nur gegen den Schuldner, nicht gegen den Dritten, v.a. den Eigentümer, es sei denn, der Dritte hat das Eigentum später durch Abtretung des Herausgabeanspruchs oder ein sonstiges dingliches Recht erlangt (§ 986 II BGB). – b) Das kaufmännische Zurückbehaltungsrecht gibt ein pfandartiges Befriedigungsrecht durch Verkauf aufgrund eines vollstreckbaren Titels im Wege der → Zwangsvollstreckung oder des → Pfandverkaufs (§ 371 HGB). – c) Bei Insolvenz des Schuldners gewährt das kaufmännische Zurückbehaltungsrecht ein Recht zur abgesonderten Befriedigung (§ 51 Nr. 3 InsO).

Kaufnachlass – *Buying Allowance;* Maßnahme der → Verkaufsförderung. Der Kaufnachlass wird i.d.R. nach Abnahme einer bestimmten Einkaufseinheit gewährt und hat nur für einen begrenzten Zeitraum Gültigkeit. Er wird entweder auf der Rechnung ausgewiesen oder in Form eines Schecks zugestellt und soll den Wiederverkäufer dazu anregen, ein Produkt in sein Sortiment aufzunehmen, das er sonst u.U. nicht gekauft hätte. Üblich sind Kaufnachlässe bei der Einführung eines neuen Produktes.

Kauf nach Muster → Kauf nach Probe.

Kauf nach Probe – *Kauf nach Muster;* → Kaufvertrag, der aufgrund einer Warenprobe oder eines Warenmusters abgeschlossen wird, deren Eigenschaften als zugesichert gelten. – *Anders:* → Kauf zur Probe.

Kaufphasen(ansatz) – Versuch einer Systematisierung der Ablaufstrukturen des Kaufentscheidungsprozesses im Investitionsgütermarketing. – *Phasen:* (1) Erkennen eines Bedürfnisses und einer allg. möglichen Lösung; (2) Feststellung des Bedarfs (Art und Menge); (3) genaue Spezifikation des Beschaffungsgutes; (4) Suche nach potenziellen Bezugsquellen; (5) Einholung und Analyse von Angeboten; (6) Bewertung der Angebote und Lieferantenauswahl; (7) Festlegung eines Bestellverfahrens; (8) Leistungsfeedback und Neubewertung.

Kaufpreis – beim → Kaufvertrag von den Parteien i.d.R. frei zu vereinbarendes Entgelt. Soll → Marktpreis entscheiden, ist i.d.R. der für den Erfüllungsort zur Erfüllungszeit geltende Preis maßgeblich.

Kaufpreisrente – auf bestimmte Zeit oder auf Lebenszeit des Rentenberechtigten laufende Rente als Entgelt für den Erwerb von Grundstücken, Unternehmungen oder Unternehmensanteilen. Der kapitalisierte Barwert der Rente unter Berücksichtigung von Zwischenzinsen ist der Kaufpreis. – *Steuerliche Behandlung:* → Rentenbesteuerung.

Kaufpreissammlung – ein bei den Finanzämtern geführtes Verzeichnis zur Ermittlung des → gemeinen Werts von unbebauten Grundstücken. Aus tatsächlich gezahlten Preisen werden Rückschlüsse auf den gemeinen Wert gezogen.

Kaufreihenfolge-Konzept → Markentreue.

Kaufrisiko – 1. *Begriff:* die vom Konsumenten als nachteilig empfundenen Folgen seines Verhaltens, die für ihn nicht sicher vorhersehbar sind; mit dem Kauf von Gütern oder Dienstleistungen verbundene finanzielle, psychologische, produktbezogene, gesundheitsbeeinträchtigende und soziale Kaufrisiken – 2. *Messung:* (1) eindimensionale Messung; (2) mehrdimensionale Messung, bei der mehrere relevante Merkmale von Kaufobjekten erfasst werden. – 3. *Bezug zu anderen Variablen des Konsumentenverhaltens:* Das Kaufrisiko beeinflusst die Informationsaufnahme (→ Aufmerksamkeit, → Wahrnehmung) und wirkt auf die → Kaufabsicht.

Kaufschein – Berechtigungsscheine, Ausweise oder sonstige Bescheinigungen zum Bezug von Waren, die zu scheinbaren oder wirklichen Vorzugspreisen angeboten werden. – Vgl. auch → Kaufscheinhandel.

Kaufscheinhandel – Warenabsatz an → Letztverbraucher mittels → Kaufscheinen, die Ausweisfunktion haben und zum vermeintlich verbilligten ein-, mehrmaligen oder dauernden Einkauf legitimieren (z.B. Einkaufsausweise von Herstellern und Großhändlern); keine Kaufscheine: Mitgliedsausweise von Buchgesellschaften, Tank- und Kreditkarten da keine preisgünstige Einkaufsmöglichkeit eröffnend; zur Toleranzgrenze bei privater Bedarfsdeckung durch Gewerbetreibende vgl. → Hersteller und Großhändlerwerbung. Ausgabe von Kaufscheinen (auch durch Kaufscheinmittler) war nach § 6b UWG a.F. ebenso verboten wie die Abgabe von Waren auf Kaufschein. Ausgenommen waren nur einmalige Berechtigungen, die nach dem Verkauf eingezogen oder sonst ungültig gemacht werden, einzeln auf einen bereits geäußerten Kaufwunsch des Erwerbers ausgestellt werden, seinen Namen, die gewünschte Ware (Warengattung) und den/die Lieferanten enthalten. Das UWG aktueller Fassung sieht kein allg. Verbot des Kaufscheinhandels im Sinn von § 6b UWG a.F. vor; verboten ist der Einsatz von Kaufscheinen aber nach wie vor, wenn er unrichtige Vorstellungen beim Verbraucher hervorruft, etwa über die Preiswürdigkeit des Angebots.

Kaufverhalten – Kennzeichnend für einen Kauf ist es, dass einerseits Waren oder Dienstleistungen auf ein anderes Wirtschaftssubjekt übertragen werden, andererseits eine finanzielle Verpflichtung (nur im Ausnahmefall werden → Kompensationsgeschäfte getätigt) entsteht. Kaufverhalten äußert sich v.a. in den *Aspekten:* (1) Wahl unter verschiedenen Marken (Ausmaß der → Markentreue), (2) → Diffusion bestimmter Verhaltensweisen (z.B. Ausbreitung von Marktneuheiten), (3) → Einkaufsstättenwahl, (4) Art der einkaufenden Person (familiale Kaufentscheidung) und (5) Quantität und Qualität der gekauften Güter.

Kaufverhaltensforschung – Teilgebiet der → Marktforschung, das die Erfassung und Analyse des → Kaufverhaltens bestimmter Zielgruppen zum Gegenstand hat. Einsatzgebiete sind Konsumgüter- und Investitionsgütermarktforschung. Untersuchungsgegenstände sind u.a. der Einfluss von Zeit, Erfahrung und Risikobewusstsein auf das Kaufverhalten. Mithilfe der Kaufverhaltensforschung können die einzelnen Phasen einer Kaufentscheidung identifiziert werden und z.B. für jede einzelne Phase dem Bedürfnis der Zielgruppen entsprechende Entscheidungshilfen angeboten werden.

Kaufvertrag – I. Charakterisierung: 1. *Begriff:* → gegenseitiger Vertrag, durch den sich der Käufer zur Zahlung des in Geld bestehenden → Kaufpreises (sonst Tausch), ggf. zur → Abnahme der Sache, der Verkäufer zur → Übereignung und → Übergabe einer Sache oder zur Übertragung eines Rechts verpflichtet (→ Forderungskauf). Der Kaufgegenstand kann konkret (→ Stückkauf) oder nur der Gattung nach (→ Gattungskauf) bestimmt sein. – 2. *Form:* Der Kaufvertrag ist i.d.R. formfrei, bedarf aber bisweilen der → öffentlichen Beurkundung (z.B. Grundstückskauf, § 311b I BGB). – 3. *Wirkung:* Abgesehen von den Geschäften des täglichen Lebens (→ Handkauf) wird der Käufer durch Abschluss des Kaufvertrags noch nicht Eigentümer der verkauften Sache (→ Abstraktionsprinzip). Auch braucht der Verkäufer nicht Eigentümer der Sache zu sein (→ gutgläubiger Erwerb).

II. Vertragsinhalt: 1. *Pflichten des Verkäufers:* a) Übergabe der verkauften Sache einschließlich etwaigen Zubehörs (§ 311c BGB) an den Käufer und Übertragung des Eigentums. – b) Bei Verkauf eines Rechts Verschaffung des Rechtes und, soweit es zum → Besitz einer Sache berechtigt, Übergabe der Sache (§ 433 BGB), und zwar jeweils frei von Rechten Dritter (§ 453 BGB). Der Verkäufer eines Rechts haftet für dessen Bestand (Verität), nicht aber für die Beitreibbarkeit (Bonität). – c) Der Verkäufer eines Grundstücks muss auch nicht bestehende, aber im → Grundbuch eingetragene Rechte auf seine Kosten zur → Löschung bringen (§ 435 BGB); der Verkäufer haftet bei öffentlichen Abgaben und Lasten nur für Erschließungsbeiträge und sonstige Anliegerbeiträge. – 2. *Pflichten des Käufers:* Zahlung des Kaufpreises und ggf. → Abnahme der verkauften Sache (§ 433 II BGB). – 3. *Gefahrübergang:* I.d.R. mit der Übergabe der Sache an den Käufer, beim → Versendungskauf schon mit der Übergabe an die Beförderungsperson (§§ 446, 447 BGB). Ab Gefahrübergang gebühren dem Käufer die Nutzungen und trägt er die Lasten der Sache (§ 446 BGB). – 4. *Kosten* der Übergabe bei Verkauf eines Rechtes, die Kosten der Begründung und Übertragung gehen zulasten des Verkäufers. Kosten der Abnahme und der Versendung trägt der Käufer. Beim Grundstückskauf oder Kauf eines Rechts an einem Grundstück hat der Käufer alle Kosten der Beurkundung, → Auflassung und der Eintragung im Grundbuch zu tragen (§ 448 BGB). – 5. Den Verkäufer trifft eine wichtige gesetzliche Pflicht zur → Nacherfüllung für Rechts- und Sachmängel des Kaufgegenstandes (→ Rechtsmängelhaftung,

→ Sachmängelhaftung), die vielfach durch → Allgemeine Geschäftsbedingungen (AGB); (vgl. → Lieferungsbedingungen, → Zahlungsbedingungen), → Freizeichnungsklauseln und → Garantien eingeschränkt wird. – 6. *Besonderheiten* bestehen beim → Verbrauchsgüterkauf, → Abzahlungsgeschäft und Verkauf unter → Eigentumsvorbehalt. – 7. Im Übrigen sind auch für den Kaufvertrag die allg. *Vorschriften für* → gegenseitige Verträge bes. hinsichtlich des → Zurückbehaltungsrechts, des → Schuldnerverzugs und der → Unmöglichkeit maßgebend. – 8. Bei *internationalem Kauf* und *Abschluss von internationalen Kaufverträgen* über bewegliche Sachen sind die Art. 27 ff. EGBGB und das UN-Übereinkommen über Verträge über den internationalen Warenkauf vom 11.4.1980 (BGBl. 1989 II 588, 1990 II 1699) zu beachten.

Kauf zur Probe – Bedingungsloser → Kaufvertrag mit unbeachtlicher Angabe des Motivs. – *Anders:* → Kauf auf Probe, → Kauf nach Probe.

Kaufzwang (rechtlicher, psychologischer) → Kundenfang.

Kausalanalyse – 1. Erforschung ursächlicher Zusammenhänge *(Kausalität)*. – 2. *Verfahren*, die auf der Basis korrelativer Beziehungen aus experimentellen und nicht-experimentellen Daten versuchen, Kausalitäten zu überprüfen und zu quantifizieren. Im Mittelpunkt steht die statistische Überprüfung eines sachlogisch begründeten Modells von Wirkstrukturen, dessen Annahme bzw. Nicht-Ablehnung mithilfe empirischer Daten erfolgt. Hieraus ergibt sich der konfirmatorische Charakter der Kausalanalyse – 3. *Ablauf:* Bei der Kausalanalyse wird zunächst ein verbal formuliertes und sachlogisch begründetes Hypothesengeflecht von wenn-dann- oder je-desto-Aussagen grafisch in ein Kausaldiagramm (Kausalmodell) übersetzt. Die Pfade in diesem Diagramm geben die Richtung der vermuteten Beziehungen zwischen den einzelnen Variablen wieder. Das Kausaldiagramm wird anschließend in ein mathematisches Gleichungssystem überführt. Die einzelnen Parameter des Kausalmodells können dann anhand empirischer Daten ermittelt bzw. die Modellstruktur getestet werden. Zeigt sich eine hinreichende Übereinstimmung zwischen dieser geschätzten und der sich aufgrund sachlogischer Überlegungen postulierten Modellstruktur, dann können die einzelnen Modellparameter inhaltlich interpretiert werden. – *Anwendungen:* U.a. zur Kontrolle der Wirkungen von Marketingmaßnahmen, Ermittlung strategischer Erfolgsfaktoren, Ermittlung alternativer Risikokonzepte zur Beurteilung des Länderrisikos. – Vgl. auch → multivariate Analysemethoden, → LISREL, → Pfadanalyse.

Kausalerklärung → Erklärung.

Kausalität → Erklärung.

Kausalmonismus – Bezeichnung für einen methodischen Ansatz von → Konjunkturtheorien, die → Konjunktur im Wesentlichen aus einer einzigen Ursache zu erklären versuchen. – *Gegensatz:* → pluralistische Theorien.

Kausalprinzip – I. Kostenrechnung: (Kosten-)Verursachungsprinzip, das Kosten einer bestimmten → Bezugsgröße dann zurechnet, wenn diese Ursache für den Kostenanfall ist.

II. Sozialpolitik: Prinzip zur organisatorischen Grundlegung sozialpolitischer Maßnahmen. Im Gegensatz zum → Finalprinzip nimmt das Kausalprinzip die Ursache zum Anhaltspunkt und gründet auf diesen Tatbestand (z.B. Unfall) einen Anspruch auf Transferleistungen als Ausgleich für einen Einkommensausfall oder eine Schädigung. Zwischen dem Kausalprinzip und dem Finalprinzip bestehen Rivalitätsbeziehungen.

Kaution – *Garantiesumme;* von Vertragspartnern zur Sicherung der Einhaltung eines → Vertrages verlangte Haftsumme, bes. für eine evtl. später entstehende Forderung. Häufigste Kaution in Form der *Miet-Kaution*. – Vgl. auch → Kautionsversicherung.

Kautionsversicherung – versicherungsvertragliche Verpflichtung des Kautionsversicherers, zugunsten des → Gläubigers des → Versicherungsnehmers Sicherheiten in Form von Bürgschaften oder Garantien herauszulegen (vgl. → Avalkredite). Abgesichert werden i.d.R. Ansprüche aufgrund der Nichterfüllung oder Schlechterfüllung von vertraglichen Verpflichtungen des Versicherungsnehmers.

Kaveling – im kaufmännischen Sprachgebrauch Mindestmenge (Los), die ein Ersteigerer auf einer → Auktion erwerben muss.

Kb – Abk. für → Kilobit.

KB – Abk. für → Kilobyte.

KBA – Abk. für → Kraftfahrt-Bundesamt.

KDD – Abk. für → Knowledge Discovery in Databases.

KE – Abk. für → Knowledge Engineering.

Keiretsu – japanisches Unternehmensnetzwerk (→ Netzwerkorganisation), das sich aus einer großen Zahl verbundener Unternehmen zusammensetzt, zwischen denen (teilweise) Kapitalverflechtungen bestehen und Personalaustausch stattfinden kann. Wesentliche Charakteristika der Keiretsu sind die langfristigen und familienähnlichen, durch gegenseitiges Vertrauen gekennzeichneten Beziehungen zwischen den beteiligten Unternehmen. – Hinsichtlich der *Struktur* der Keiretsu lassen sich unterschiedliche Schichten unterscheiden. Die strategische Führung horizontaler Keiretsus besteht i.d.R. aus einem bedeutenden Industrieunternehmen, einem prominenten Generalhandelshaus und einer zentralen Großbank. Dem inneren Netzwerk der Keiretsu gehören weitere Industrie-, Handels- und Finanzunternehmen an. In den vertikalen Keiretsu steht ein Unternehmen im Mittelpunkt, das weitere Unternehmen entlang der Wertschöpfungskette um sich gruppiert, die als primäre und sekundäre Zulieferbetriebe fungieren. Daneben gibt es eine weit größere Anzahl von Subkontrakt-Unternehmen in einem äußeren Netzwerk. Hierbei handelt es sich zumeist um hoch spezialisierte, kleinere Familienunternehmen, die bei stark ausgeprägter funktionaler → Arbeitsteilung arbeitsintensive Vorprodukte bereitstellen. – Die *ökonomische Bedeutung* der Keiretsu ist beträchtlich und aus veröffentlichten Ranglisten der größten Unternehmen oft nur unzureichend erkennbar, da die Unternehmensverflechtungen nach den geltenden Konsolidierungskriterien teilweise nicht erfasst werden. Die sechs größten Keiretsu sind Mitsubishi, Sumitomo, Mitsui, Fuyo, Sanwa und Dai-Ichi-Kangyo. – *Koreanisches Pendant:* → Chaebol. – Vgl. auch → internationale Unternehmensnetzwerke.

Keller → Stack.

Kellerwechsel – ein auf eine fingierte oder insolvente Person gezogener → Wechsel. Der Kellerwechsel ist grundsätzlich gültig (vgl. Art. 7 WG), es kann jedoch → Betrug oder → Urkundenfälschung vorliegen.

Kennzahlen – *betriebliche Kennziffern.* I. Charakterisierung: Maßstabwerte für den innerbetrieblichen *(betriebsindividuelle Kennzahlen)* und zwischenbetrieblichen *(Branchen-Kennzahlen)* Vergleich (etwa → Betriebsvergleich, → Benchmarking). Dabei handelt es sich um eine Zusammenfassung von quantitativen, d.h. in Zahlen ausdrückbaren Informationen. Kenzahlen dienen der Entscheidungsunterstützung, Steuerung und Kontrolle von Maßnahmen. *Kennzahlen sind* im Zeitvergleich (→ Kennzahlensystem; etwa → Balanced Scorecard; → Return on Investment- bzw. Du-Pont-System) auch von Bedeutung im Rahmen der → operativen Frühwarnung. – Unter statisch-methodischen Gesichtspunkten sind neben Grund- und Absolutzahlen wie Einzelzahlen (z.B. Absatz Produkt X), Summen (z.B. Gesamtumsatz), Differenzen (z.B. Gewinn) und Mittelwerte (z.B. durchschnittlicher Tagesumsatz) zu *unterscheiden:* (1) → Gliederungszahlen, (2) → Beziehungszahlen, (3) → Indexzahlen. Nach dem Inhalt lassen sich Mengen- (etwa Absatz, Mitarbeiterzahl, Zahl der Filialen), Wert- (etwa Umsatz, Kosten, Gewinn) und Zeitgrößen (etwa Termine und Fristen) differenzieren. Schließlich lassen sich Kennzahlen nach Maßgabe ihres zeitlichen Horizonts in Zustandskennzahlen (Berechnung zu einem Zeitpunkt; z.B. Mitarbeiterzahl am 31.12. 2004) und Bewegungskennzahlen gruppieren, die ihrerseits in Ergebniskennzahlen (= Berechnung für einen Zeitraum; z.B. Gewinn für das Jahr 2009) und Entwicklungskennzahlen (= Berechnung zwischen mehreren Zeiträumen oder -punkten; z.B. Gewinnveränderung von 2008 auf 2009) untergliedert werden können. – *Beispiele:* Liquiditäts-*Kennzahlen*, Umschlags-*Kennzahlen* (Lager, Anlagen, Forderungen, Verbindlichkeiten); Kosten im Verhältnis zu Umsatz, zu Erlös;

Kennzahlen

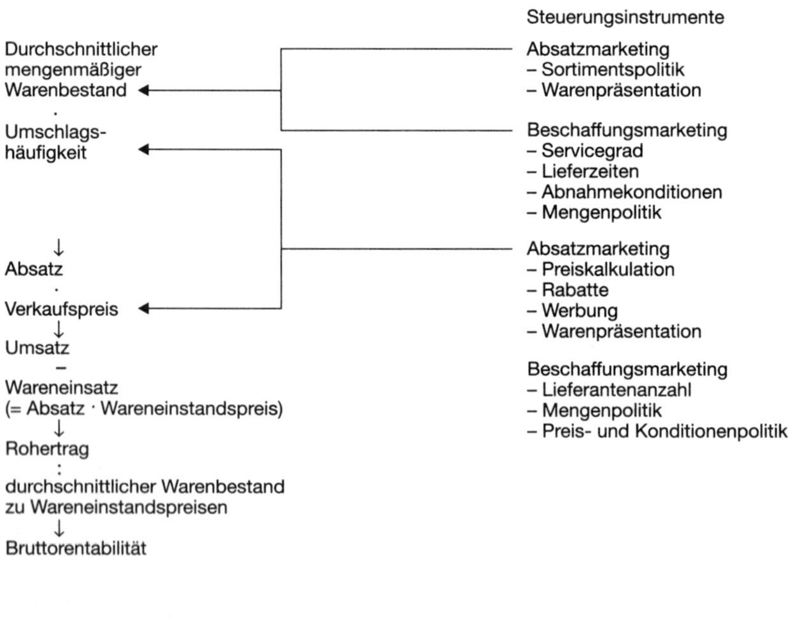

Umsatz je Verkaufskraft, je Kunde, je Auftrag; Reingewinn zu Kosten, zu Eigenkapital etc. Bes. aussagefähig sind *Kennzahlen* der Leistung, Wirtschaftlichkeit, Rentabilität und Liquidität. → Kostenkennzahlen; → Richtzahlen; → Umsatzzahlen; Anlageintensität oder Anlagendeckung. – Vgl. auch → Bilanzanalyse, → Deckungsgrad.

II. Kennzahlen im Handel: Grundzahlen (z.B. absolute Zahlen wie Einzelwerte, Summen, Differenzen, Mittelwerte) oder Verhältniszahlen (z.B. relative Zahlen wie Gliederungszahlen, Beziehungszahlen, Indexzahlen), die einzelne Ergebnisse handelsbetrieblicher Tätigkeit dokumentieren. *Kennzahlen* werden genutzt für → Betriebsvergleiche oder zur Steuerung betrieblicher Prozesse durch das → Handelsmanagement. Die üblichen *Kennzahlen* im Handel knüpfen an den → Produktionsfaktoren des Handels (Ware, Personen, Betriebsmittel, bes. Raum) an. – 1. Zur Steuerung der *Warenwirtschaft* ist die in der Abbildung dargestellte Kette geeignet, deren einzelne Teile mit unterschiedlichen Instrumenten der Unternehmenspolitik beeinflusst werden können. Bei der Bruttorentabilität bleiben sämtliche → Handlungskosten unberücksichtigt. Korrigiert man den → Rohertrag um die einer Ware direkt zurechenbaren Kosten, so erhält man einen → Deckungsbeitrag zur Abdeckung des Blocks der nicht zurechenbaren Kosten. Dieser Deckungsbeitrag, bezogen auf den durchschnittlichen Warenbestand zu Wareneinstandspreisen, ergibt die Nettorentabilität. – 2. Zur Steuerung des *Personaleinsatzes* dienen: Umsatz pro beschäftigte Person (pro Verkaufskraft) oder Anzahl der Kunden pro Verkaufskraft. – 3. Zur Steuerung des *Betriebsmitteleinsatzes* sind gebräuchlich: Umsatz pro m^2 Verkaufsfläche, Umsatz pro laufenden Regalmeter, Umsatz pro Kasse, Deckungsbeitrag pro laufenden Regalmeter. – 4. Für einen *Kostenvergleich* und eine globale *Kostenkontrolle* dienen *Kennzahlen*, gebildet aus einer Gegenüberstellung einzelner Kostenarten zu den Gesamtkosten, z.B. Anteil der Personal- oder Lagerkosten an den Gesamtkosten. Die Aussagefähigkeit dieser *Kennzahlen* ist abhängig von der Betriebsform und der Branche. – 5. Als eine *zusammenfassende Kennzahl* des Handels kann der → Return on Investment (RoI) angesehen werden.

III. Kennzahlen in der Logistik: haben sowohl für das operative als auch das strategische → Logistik-Controlling eine hohe Bedeutung. Ausgehend von den Zielen der Logistik sollen Logistik-*Kennzahlen* über physische, administrative und dispositive Leistungsmengen, die Erreichung von Servicegraden sowie die Logistikkosten Aufschluss geben. Die Zusammenführung der Einzel*kennzahlen* zu einem *Kennzahlens*ystem orientiert sich an der Gesamteffizienz der Logistik. Die Abbildung des Leistungsvolumens der Logistik setzt die Normierung von Leistungsstandards voraus, die für einzelne logistische Leistungen vorgegeben werden. Über die Erfassung der Ist-Leistungsdaten und deren Aggregation lassen sich *Kennzahlen* über die Logistikleistungen bilden wie z.B. das Verhältnis von Ist-Einsatzstunden zu möglichen Einsatzstunden oder die Relation von Ist-Ladung zu möglicher Ladung von Transportmitteln. Die servicegradbezogenen Logistik-*Kennzahlen* dienen zur Beurteilung der Qualität der Logistikleistungen. Sie lassen in diesem Zusammenhang auch Aussagen über die innerbetrieblichen Durchlaufzeiten zu. – *Beispiele* hierfür sind das Verhältnis der termingerecht ausgelieferten Bedarfsanforderungen zu der Gesamtzahl der Bedarfsanforderungen als Maßgröße für die Lieferzuverlässigkeit; die Relation der ab Lager erfüllten Bedarfsanforderungen zu der Gesamtzahl der Bedarfsanforderungen als Kenngröße für die Lieferbereitschaft; der Quotient aus der Anzahl der Beanstandungen und der Gesamtzahl der Bedarfsanforderungen als Ausdruck für die Lieferbeschaffenheit sowie die Beziehung der erfüllten Sonderwünsche als Maßstab für die Lieferflexibilität. Die *Kennzahlen* zu den Logistikkosten setzen an den Ergebnissen der → Logistikkostenrechnung an. Aufgrund der einheitlichen Wertdimension sind sie am ehesten auch bereichs- oder unternehmensübergreifend vergleichbar. Beispielhaft kommen die Transportkosten pro Tonnenkilometer oder die Transportkosten je Sendung zur Anwendung.

Kennzahlen in der Personalwirtschaft → Personalkennzahlen.

Kennzahlensystem – systematische Verknüpfung von Einzel-Kennzahlen. „Stammvater" der Kennzahlensysteme ist die DuPont-Kennzahlenpyramide, deren Spitzenkennzahl, der → Return on Investment (RoI), sukzessiv über mehrere Ebenen hinweg aufgespalten wird. Aktuelle Kennzahlensysteme sind u.a. Werttreiberhierarchien und die → Balanced Scorecard. Kennzahlensysteme lassen sich hinsichtlich ihrer Ausgewogenheit (Grad unterschiedlicher Kennzahleninhalte) und ihres Zusammenhangs (mathematische Verknüpfungen bis hin zu loser sachlogischer Verknüpfung) unterscheiden. Kennzahlensysteme können helfen, eine Informationsüberlastung des Managements durch zu viele Kennzahlen (Kennzahlengräber) zu vermeiden.

Kennzeichen – *Kraftfahrzeug-Kennzeichen;* amtliches Kennzeichen laut Straßenverkehrsrecht, nach Umfang und Inhalt gesetzlich festgelegt; erforderlich für die zum Verkehr zugelassenen Kraftfahrzeuge (Kfz) oder Anhänger (zur Ausgestaltung und Anbringung vgl. § 60 StVZO). – Für Probe- und Überführungsfahrten kann ein bes. rotes Kennzeichen erteilt werden, das zu anderen Fahrten nicht benutzt werden darf. – Nationalitätszeichen, Wappen etc. sind keine Kennzeichen.

Kennzeichenrechte → Marken einschließlich der → geschäftlichen Bezeichnungen.

Kennzeichenstreitsache – Rechtsstreitigkeiten, in denen ein Anspruch aus den im Markengesetz geregelten Rechtsverhältnissen geltend gemacht wird, v.a. Ansprüche aus der Verletzung von → geschäftlichen Bezeichnungen und → Marken, Löschungsklagen (→ Löschung), Ansprüche auf Übertragung der → Agentenmarke etc. Zuständig sind die Landgerichte ohne Rücksicht auf den Streitwert, die Bundesländer haben teilweise von der Möglichkeit der Konzentration (§ 140 II MarkenG) bereits Gebrauch gemacht. Die Mitwirkung von Patentanwälten wird als notwendig anerkannt (§ 140 V MarkenG). Es besteht die Möglichkeit der → Streitwertbegünstigung (§ 142 MarkenG).

KEP-Dienst – *Kurier-, Express- und Paket-Dienst;* Anbieter von KEP-Diensten transportieren vornehmlich Sendungen mit relativ geringem Gewicht (bis ca. 30 kg) und Volumen, wie z.B. Briefe, Dokumente, Päckchen und Kleinstückgüter. Durch diese Restriktionen bez. Maß und Gewicht wird eine hohe Standardisierung in der Abwicklung möglich, sodass der Umschlag und die Sortierung der Transportobjekte einfach zu (teil)automatisieren sind. Damit gelingt es den KEP-Diensten, Sendungen zuverlässig, in kurzer Zeit (24-Stunden-, 48-Stundenservice, Same-Day- bzw. Over-Night-Delivery) und zugleich mit hoher Wirtschaftlichkeit zu befördern.

Kernarbeitszeit – determiniert den Zeitraum zwischen dem spätesten Arbeitsbeginn und dem frühesten Arbeitsende, in der die Arbeitnehmer am Arbeitsplatz anwesend sein müssen. – Vgl. auch → gleitende Arbeitszeit.

Kernbereich → Zentralbereich.

Kerndifferenzierung → Produktdifferenzierung.

Kernel → kooperative Spieltheorie.

Kernenergieagentur → NEA.

Kerngruppe – an der Zielbildung (z.B. einer Unternehmung) beteiligte Gruppe von → Organisationsmitgliedern, die Kraft gesetzlicher oder vertraglicher Legitimierung zur Zielfestlegung vorgesehen ist.

Kernkompetenz – komplexes und dynamisches Interaktionsmuster (Kombinationen) aus Fähigkeiten, Routinen und materiellen Aktiva. Da die materiellen Aktiva i.Allg. imitierbar sind, sind bes. die immateriellen, schwer imitierbaren Routinen und Fähigkeiten von Bedeutung. Fähigkeiten stellen personenabhängige, immaterielle → Ressourcen dar, d.h. sie sind der Sammelbegriff für die personengebundene Wissensbasis. Routinen stellen personenunabhängige immaterielle Ressourcen dar.

Kernkraftwerk – Dampfkraftwerk zur Gewinnung elektrischer Energie aus Kernenergie durch kontrollierte Kernspaltung (Fission). Wesentlicher Bestandteil des Kraftwerks ist der Kernreaktor. Er entspricht dem Kessel in einem Kohlekraftwerk. In seinem zentralen Teil befinden sich die Brennelemente, in denen Kernenergie durch kontrollierte Kernspaltung und radioaktiven Zerfall freigesetzt und in Wärme umgewandelt wird. Die entstehende Wärme wird auf einen Wärmeträger – zumeist Wasser – übertragen. Dadurch wird dieses erwärmt. Direkt im Reaktor oder indirekt in einem Dampferzeuger entsteht Wasserdampf. Der unter Druck stehende Wasserdampf wird einer meist mehrstufigen Dampfturbine zugeführt, d.h. die Umwandlung in elektrische Energie erfolgt wie in konventionellen thermischen Kraftwerken indirekt. – Die in Kernkraftwerken eingesetzten Reaktortypen unterscheiden sich im Wesentlichen durch die verwendeten Kernbrennstoffe, Kühlkreisläufe und Moderatoren. Geeignete spaltbare Kernbrennstoffe sind (auf 4–4,5 Prozent Anteil U_{235}) angereichertes Uran oder Thorium. Das ebenfalls spaltbare Plutonium entsteht als Nebenprodukt aus dem reichlich vorhandenen, aber nicht spaltbaren U_{238} in Kernspaltungsprozessen. – Es gibt zahlreiche technische Lösungen für die Auslegung von Kernkraftwerken: In Mitteleuropa und in den USA sind am häufigsten die sog. Leichtwasserreaktoren in Betrieb, welche normales Wasser als Kühlmittel und Moderator für den Neutronenfluss benutzen. Diese gibt es wiederum in zwei Bauausführungen, nämlich als Druckwasserreaktor und Siedewasserreaktor, die sich durch die Art der Dampfzuführung auf die Turbine unterscheiden. Eine Weiterentwicklung des Druckwasserreaktors ist der European Pressurized Water Reactor (EPR). Eine russische Variante ist der WWER-Reaktor. Leichtwasserreaktoren benötigen angereichertes Uran, Plutonium oder Mischoxide (MOX) als Brennstoff. – Mit schwerem Wasser moderierte Schwerwasserreaktoren erfordern eine große Menge des teuren schweren Wassers, können aber mit natürlichem, nicht angereichertem Uran betrieben werden. Der bekannteste Vertreter dieses Typs ist der in Kanada entwickelte Candu-Reaktor. Gasgekühlte, graphitmoderierte Reaktoren wurden bereits in den 1950er-Jahren entwickelt und sind daher die ältesten kommerziell genutzten Kernreaktoren; das Kühlmittel ist in diesem Fall Kohlendioxid. In Großbritannien sind noch eine Reihe dieser Brennelemente wegen des aus einer Magnesiumlegierung hergestellten Hüllrohrmateriales als Magnox-Reaktoren bezeichneten Anlagen in Betrieb. – Andere Bauweisen und Auslegungen, v.a. der sog. „Brutreaktor", der gezielt aus U_{238} neues spaltbares Pu_{239} erzeugen sollte, scheitern bisher an technischen Problemen und damit der Wirtschaftlichkeit.––Kernkraftwerke weisen hohe spezifische Kapitalausgaben (pro installierter kW Leistung) auf, haben aber andererseits sehr niedrige Brennstoffkosten. Einmal erbaute Kernkraftwerke werden deshalb und auch wegen ihrer technischen Auslegung in der Grundlast gefahren, d.h. sie erzeugen möglichst rund um die Uhr Strom. Zu Revision und Brennelementewechsel werden sie i.d.R. einmal jährlich abgeschaltet.––Die Entsorgung der „abgebrannten" Brennelemente, d.h. mit einer nach etwa drei Jahren für den weiteren Einsatz ungünstigen Isotopenmischung, ist eine derzeit noch nicht endgültig geklärte Frage.––In Deutschland soll gem. Atomgesetz (AtG) in der Fassung der Bekanntmachung vom 15.7.1985 (BGBl. I S. 1565), das zuletzt durch Art. 5

Absatz 6 des Gesetzes vom 24.2.2012 (BGBl. I S. 212) geändert worden ist, die Nutzung der Kernenergie zur gewerblichen Erzeugung von Elektrizität schrittweise und geordnet beendet werden (vgl. → Energiewende).

Kernnachfrage → Preisabsatzfunktion.

kernphysikalische Produktion – Elementartyp der Produktion (→ Produktionstypen), der sich aus dem Merkmal der naturgegebenen Grundlagen der Prozesstechnologie ergibt. – *Beispiel:* Wärmeerzeugung durch Kernspaltung in Kernkraftwerken. – Vgl. auch → biologische Produktion, → chemische Produktion, → physikalische Produktion.

Kettenarbeitsvertrag → Kettenvertrag.

Kettenkonsolidierung – *Sukzessivkonsolidierung;* Methode der Erstellung des → Konzernabschlusses für einen → mehrstufigen Konzern, bei der anders als bei der → Simultankonsolidierung für jeden Teilkonzern innerhalb des Gesamtkonzerns ein Teilkonzernabschluss erstellt wird, der der Konsolidierung auf der nächsthöheren Stufe zugrunde gelegt wird.

Kettenoligopol → relevanter Markt.

Kettenprüfung → kontinuierliche Stichprobenprüfung.

Kettenvertrag – *Kettenarbeitsvertrag;* Aufeinanderfolge (Kettung) von → befristeten Arbeitsverträgen (Beendigung nicht durch Kündigung, sondern durch Zeitablauf). Kettenverträge sind unzulässig, wenn für ihren Abschluss in den wirtschaftlichen und sozialen Verhältnissen der Parteien kein vernünftiger Grund vorliegt. Es wird Umgehung der gesetzlichen Kündigungsschutzbestimmungen angenommen mit der Folge, dass das Arbeitsverhältnis als auf unbestimmte Dauer übergegangen gilt und nur durch Kündigung aufzulösen ist. Durch das Teilzeit- und Befristungsgesetz (TzBfG) werden innerhalb der zweijährigen Höchstbefristigungsdauer bis zu drei Verlängerungen eines befristeten Arbeitsvertrages zugelassen. Ansonsten bedarf die Befristung jedes Arbeitsvertrags eines sachlichen Grundes.

Key Account – Schlüsselkunde eines Unternehmens, der gegenüber den anderen Kunden aufgrund seiner Bedeutung für den Umsatz bzw. den Ertrag bevorzugt behandelt wird (→ Key Account Management).

Key Account Management – Form der → Marketingorganisation. Bevorzugte Behandlung von Abnehmern, die eine Schlüsselposition für den Erfolg einer Unternehmung einnehmen. Derartige Kunden werden als *Key Accounts* bezeichnet. Ihre Machtposition wird im → Absatzkanal als bes. hoch eingeschätzt. Unabhängig von der Organisation ihrer Verkaufsabteilung sind Unternehmen, die von diesen großen und bedeutsamen Abnehmern abhängig sind, gezwungen, neue organisatorische Ansätze zu entwickeln, um den beschaffungsbezogenen Bedürfnissen dieser Kunden gerecht zu werden. Einer dieser Ansätze ist das Key Account Management. Derartige Key Accounts bedürfen – aufgrund ihrer Schlüsselposition für den Erfolg der Unternehmung – einer speziellen Behandlung. Die marketingpolitischen Instrumente müssen daher möglichst genau auf die Key Accounts ausgerichtet werden. Z.B. müssen im Verkauf Mitarbeiter eingesetzt werden, die über einen höheren Erkenntnisstand, bessere Verkaufserfahrungen und umfangreichere Entscheidungsbefugnisse verfügen als der Durchschnittsverkäufer.

Keynes – John Maynard, 1883–1946, engl. Nationalökonom, der – nach einer kurzen Zeit als Beamter – Geschäftsmann und politischer Berater war und seit 1909 zum Lehrkörper des Kings College in Cambridge gehörte. Keynes ist einer der bedeutendsten Nationalökonomen in der Geschichte, von weit reichendem Einfluss auf das Denken innerhalb des Faches und auf die Entscheidungen in der Politik. – Sein *Hauptwerk* „The General Theory of Employment, Interest and Money" (1936) führte zu einer Revolution in den Wirtschaftswissenschaften, die mit der von → Smith vergleichbar ist. Während die → klassische Lehre ihren Schwerpunkt in der → Mikroökonomik hat, liegt der des Keynesschen Systems in der → Makroökonomik. Unter dem Eindruck der Weltwirtschaftskrise gelangte Keynes zu der Überzeugung, dass andauernde Unterbeschäftigung möglich sei (→ Keynesianismus). Diese Gefahr lasse sich nicht durch die traditionellen (angebotsorientierten) Steuerungsmechanismen, zu der bes. die Geldpolitik zählt, meistern, sondern erfordere eine nachfrageorientierte Politik des → Deficit Spending, eine Redistribution der Einkommen und eine Abwehr der importierten Arbeitslosigkeit. Nach dem Zweiten Weltkrieg – bes. in den 1960er- und 1970er-Jahren – ist in den wichtigsten Ländern eine an Keynes orientierte Wirtschaftspolitik betrieben worden, deren regelmäßiges Ergebnis → Inflation und → Arbeitslosigkeit zugleich war (Stagflation), was den Boden für die erfolgreiche Gegenrevolution des → Monetarismus bereitete. – *Weitere Werke:* „The Collected Writings of John Maynard Keynes", 30 Bde. (1971–1988), umfassen nur einen Teil seiner schriftlichen Ausarbeitungen. Einzelne Werke haben schon vor dem Erscheinen der „General Theory" Wissenschaft und Politik beschäftigt. So lehnte Keynes in „The Economic Consequence of Peace" (1919) Reparationsforderungen an Deutschland ab und forderte eine Revision der Versailler Verträge („A Revision of the Treaty" (1922)). Als solide wissenschaftliche Leistung wurde „A Treatise on Money", 2 Bde. (1930), allseitig anerkannt. Im Zweiten Weltkrieg entwickelte er einen Plan zur Kriegsfinanzierung („How to Pay For the War", (1940)). Keynes – ein politisch engagierter Liberaler – hat auch journalistisch eine rege Tätigkeit entfaltet und sich zu allen Tagesfragen geäußert. Er war von 1911–1945 – bis 1926 zusammen mit → Edgeworth – Herausgeber des „Economic Journal", dem er international ein hohes Ansehen verschaffte, von 1913–1945 Sekretär der Royal Economic Society.

Keynes-Effekt – 1. *Begriff:* Wirkungen von Änderungen der realen Geldmenge auf die Güternachfrage. – 2. *Wirkungsweise:* Beim Keynes-Effekt handelt es sich um einen indirekt (über den Wertpapiermarkt) wirkenden → Realkassenhaltungseffekt, der im Rahmen des traditionellen keynesianischen → IS-LM-Modells die Güternachfrage dadurch beeinflusst, dass eine überschüssige Realkassenhaltung zunächst eine Mehrnachfrage nach Wertpapieren hervorruft, die über Zinssenkungen die Investitionsnachfrage und anschließend über einen → Multiplikatorprozess auch die Konsumgüternachfrage beeinflusst. – 3. Das Gegenstück zum Keynes-Effekt wäre ein direkt wirkender Realkasseneffekt, bei dem eine überschüssige Kassenhaltung unter Umgehung des Wertpapiermarktes zu einer unmittelbaren Erhöhung der privaten Konsumgüternachfrage führt. Ein solcher Realkassenhaltungseffekt wird auch als Pigou-Effekt bezeichnet. – Vgl. auch → aggregierte Nachfragekurve, → makroökonomische Totalmodelle geschlossener Volkswirtschaften, Nachfrageseite, → Realkassenhaltungseffekt.

keynesianische Inflationstheorien → Inflationstheorien.

keynesianische Positionen – Weiterentwicklungen von Wirtschaftstheorie und -politik in der Folgezeit und aus Anlass der 1936 erschienenen „Allgemeinen Theorie" von Keynes (sog. Keynessche Lehre). – 1. Auf theoretischem Gebiet sind bes. *zwei Ausprägungen der keynesianischen Theorie* von Bedeutung, beide im Wesentlichen auf → Hicks (1937) zurückgehend: a) Das *IS-LM-Schema* (→ IS-LM-Modell), in dem die Keynessche Analyse auf eine kurzfristige Theorie zur formalen Bestimmung des Gleichgewichtseinkommens bei konstanten Preisen und Löhnen reduziert wird. Nach Ansicht vieler Keynesianer (Robinson, Kaldor, Minsky u.a.) wird damit der Kerngehalt der Keynesschen Lehre nicht getroffen. V.a. fehlen die Aspekte → Unsicherheit und → Erwartung, Rolle des Lohnniveaus im Konjunkturablauf, Bedeutung historischer, institutioneller und sozialpsychologischer Faktoren, Dynamik. Das IS-LM-Modell reduziert die Keynessche Lehre auf eine Theorie zur Ableitung des Gleichgewichts bei Unterbeschäftigung. Die von Keynes analysierten Zusammenhänge zwischen Löhnen, Preisen und Beschäftigung werden nicht aufgenommen. – b) *Formalisierung der Konjunkturzyklen:* Mithilfe eines → Multiplikator-Akzelerator-Modells wird versucht zu zeigen, dass es in einer Marktwirtschaft stets zu zyklischen Entwicklungen kommen muss. Zwar wird die konjunkturelle Instabilität des privaten Sektors explizit formal abgeleitet, die Keynesschen Gedanken zur → Konjunkturtheorie werden dadurch aber nur unvollständig beschrieben. – 2. *Keynesianische Konzeption der* → Globalsteuerung mit dem Ansatzpunkt der gesamtwirtschaftlichen Nachfrage: a) *Begriff:* Die ursprünglich von Keynes als reine Vollbeschäftigungspolitik geplante Strategie wird erweitert zur antizyklischen Steuerung je nach Konjunkturlage. Die Ziele sind für die Bundesrepublik Deutschland im Stabilitätsgesetz (StabG) fixiert. – b) V.a. *zwei grundsätzliche Probleme* behindern den Erfolg dieser Strategie: Vollbeschäftigungspolitik in Rezessionen geht auch zulasten höherer Inflationsraten, die u.U. akzelerieren, bes. wenn die Inflation konzentrationsbedingt verstärkt wird (Stabilitätsdefizit der Globalsteuerung); Antiinflationspolitik führt i.d.R. erst zu Mengenanpassungen bei konstanten oder sogar steigenden Preisen (→ Stagflation, → Stabilisierungskrise) und erst später zu Preissenkungen. Wegen dieser Probleme fordern die Keynesianer wettbewerbs- und einkommenspolitische Absicherungen in zahlreichen Varianten, wie → diskretionären Mitteleinsatz, Regelmechanismen, → regelgebundenen Mitteleinsatz, → Feinsteuerung nach Regionen bzw. Sektoren. – 3. Die eher vordergründig verfahrenstechnische Diskussion dieser Varianten führte am Kern der Problematik (endogene Instabilitätstendenz des Systems) vorbei und war einerseits Anlass zur Ablösung keynesianischer Strategien durch → Monetarismus sowie → Angebotsökonomik und andererseits Grund zur Erweiterung der theoretischen Grundlagen keynesianischer Analyse in Richtung stark formalisierter gleichgewichts- und ungleichgewichtstheoretischer Ansätze wie → Makroökonomik offener Volkswirtschaften, → → Neukeynesianische Makroökonomik und → Neokeynesianische Theorie, aber auch Grund zur Rückbesinnung auf Keynes durch den → Postkeynesianismus. – Vgl. auch → Keynesianismus.

keynesianische Wachstumstheorie → postkeynesianische Wachstumstheorie.

Keynesianismus – I. Begriff: Als Keynesianismus bezeichnet man eine *Denkrichtung innerhalb der Volkswirtschaftslehre,* die sich aus der Wirtschaftslehre des Nationalökonomen → Keynes und der von ihm an der → Neoklassik geübten Kritik entwickelt hat. Der Begriff wird häufig auch synonym für eine interventionistische, primär am Ziel der Sicherung von Vollbeschäftigung orientierte staatliche Wirtschaftspolitik verwendet, wie sie schon von Keynes selbst empfohlen worden war. Der Keynesianismus erlangte nach dem Zweiten Weltkrieg weite Verbreitung in der volkswirtschaftlichen Theorie, aber auch in der praktischen Politik vieler Länder, und stellte bis Anfang der 1970er-Jahre die vorherrschende volkswirtschaftliche Lehrmeinung dar. Probleme einer praktischen Umsetzung keynesianischer Konzepte und theoretische Kritik v.a. durch Vertreter des → Monetarismus ließen die Bedeutung des Keynesianismus seitdem schwinden. In jüngerer Zeit, insbesondere im Anschluss an die Finanzmarktkrise 2008 und die daraus resultierende weltweite Rezession, haben allerdings auf Keynes zurückgehende Konzepte der Konjunktursteuerung (antizyklische Fiskal- und Geldpolitik) wieder stark an Bedeutung gewonnen. – Aus der ursprünglichen Keynesschen Wirtschaftslehre entwickelten sich schon bald nach dem Tod von Keynes *konkurrierende Schulen*, zwischen denen z.T. größere Meinungsunterschiede existieren als zwischen Monetaristen auf der einen Seite und Keynesianern auf der anderen Seite. All diesen Strömungen des Keynesianismus ist jedoch gemeinsam, dass sie eine → Marktwirtschaft für inhärent instabil halten, dass sie die wesentlichen Ursachen gesamtwirtschaftlicher Instabilität in Schwankungen der gesamtwirtschaftlichen Endnachfrage, v.a. der Investitionen, sehen und dass sie die Gefahr eines anhaltenden gesamtwirtschaftlichen Ungleichgewichts mit hoher Arbeitslosigkeit betonen, aus dem sich die Wirtschaft aus eigener Kraft allein aufgrund der von den → Klassikern betonten „Selbstheilungskräfte" nicht befreien kann. Vertreter des Keynesianismus fordern daher Interventionen des Staates in den Wirtschaftsprozess, um durch wirtschaftspolitische Maßnahmen das reale Wirtschaftswachstum anzukurbeln und Vollbeschäftigung zu erreichen. Im Gegensatz zu monetaristischen Empfehlungen, die den Schwerpunkt auf die stabilisierenden Wirkungen einer mittelfristig orientierten → Geldpolitik legen, wollen Keynesianer den gesamten „Instrumentenkasten" staatlicher Wirtschaftspolitik (→ allgemeine Wirtschaftspolitik) nutzen und fordern insbesondere auch einen antizyklischen Einsatz der → Fiskalpolitik.

II. Keynessche Wirtschaftslehre: Keynes legte mit seinem 1936 veröffentlichten Buch „A General Theory of Employment, Interest and Money" den *Grundstein für einen Paradigmen-Wechsel in der Nationalökonomie*, der von späteren Interpreten als wissenschaftliche „Revolution" (Klein) beschrieben wurde. Dabei war der Erfolg seines bahnbrechenden Werkes im Rückblick betrachtet um so erstaunlicher, als es auf einen in der → Makroökonomik heute so verbreiteten formalen Apparat verzichtete und in weiten Teilen weniger klar und präzise geschrieben war als seine schon 1930 veröffentlichte „Treatise on Money". – Das wissenschaftliche Werk von Keynes, das in erster Linie als eine Kritik der Theorie des → allgemeinen Gleichgewichts der Neoklassik und der von ihr geforderten minimalistischen Rolle des Staates im Wirtschaftsprozess anzusehen ist, wird bis heute *kontrovers diskutiert*. Unbestritten ist, dass Keynes sich v.a. darum verdient gemacht hat, das Denken in und die Analyse von gesamtwirtschaftlichen Größen wie Konsum, Sparen, Investition und Einkommen auf eine neue Grundlage zu stellen. Er hat auf diese Weise wichtige Impulse für die Entwicklung der volkswirtschaftlichen → Kreislaufanalyse, der → Volkswirtschaftlichen Gesamtrechnung (VGR) und der gesamten modernen Makroökonomik gegeben. Der Meinungsstreit entzündet sich jedoch bis heute an den von Keynes vorgetragenen Überlegungen zur Erklärung von Wirtschaftskrisen und seinen daraus abgeleiteten Empfehlungen zu ihrer Überwindung. – In seinen Arbeiten, die ganz unter dem Eindruck der „Großen Depression" entstanden, argumentiert Keynes, dass eine Marktwirtschaft offensichtlich nicht so funktioniert, wie es sich die Nationalökonomen in ihren Theorien vorgestellt haben. Seinem eigenen neuen Erklärungsansatz zufolge ist Arbeitslosigkeit keineswegs – wie bei den Klassikern noch – eine eher zufallsbedingte Abweichung vom Normalzustand der Vollbeschäftigung, die sich aufgrund der „Selbstheilungskräfte" des Marktes vergleichsweise rasch und ohne staatliches Zutun ganz von allein wieder einstellen werde. Dem von ihm heftigen kritisierten → Sayschen Theorem der Klassiker stellt er sein *Konzept der gesamtwirtschaftlichen Endnachfrage* entgegen, wobei er als dessen instabilstes und bei allgemeiner wirtschaftlicher Unsicherheit sogar völlig unberechenbares Element die Investitionsnachfrage der Unternehmen ausmacht. Auf diese Weise begründet Keynes, dass eine Marktwirtschaft bei pessimistischen Zukunftserwartungen und nach unten vergleichsweise starren Löhnen in einen Zustand mit hoher Arbeitslosigkeit geraten kann, aus dem es erst vergleichsweise spät (oder nie) eine Erholung aus eigener Kraft geben wird. – Keynes, dem der Spruch „in the long run we are all dead" zugeschrieben wird, forderte daher eine aktive staatliche → Konjunkturpolitik, die seiner Diagnose folgend v.a. die Aufgabe hat, die unzureichende gesamtwirtschaftliche Endnachfrage einer im Zustand der Unterbeschäftigung verharrenden Volkswirtschaft auszuweiten. Dabei sah er, seinem eigenen theoretischen Erklärungsansatz folgend, die Schlüsselrolle für eine Überwindung der Depression in einer *Ankurbelung der Investitionen*, die nicht nur die instabilste Komponente der Endnachfrage sind, sondern zugleich die größten Wirkungen auf Einkommen und Beschäftigung haben. Bei der Suche nach geeigneten wirtschaftspolitischen Maßnahmen billigte Keynes zwar einer expansiven Geldpolitik durchaus Bedeutung zu, die Investitionen durch niedrige Zinsen zu stimulieren. Bei wirtschaftlicher Unsicherheit und pessimistischen Erwartungen sah er aber letztlich die staatliche Fiskalpolitik als wirksamstes Mittel an, um vergleichsweise rasche und starke Effekte auf Einkommen und Beschäftigung zu ermöglichen. Eine Beschleunigung des Inflationstempos nahm er dabei nicht nur billigend in Kauf, vielmehr war eine relativ schnelle Erholung der Preise gegenüber den Löhnen für ihn sogar conditio sine qua non der angestrebten wirtschaftlichen Erholung, weil dadurch über sinkende Reallöhne Beschäftigungssteigerungen ermöglicht werden.

III. Ausprägungen des Keynesianismus: Schon bald nach dem Ableben von Keynes setzten Versuche ein, seine noch ganz unter dem Eindruck der Großen Depression entstandenen Ideen auf die Verhältnisse einer vom Zweiten Weltkrieg zerstörten und desintegrierten Weltwirtschaft zu übertragen. Volkswirte wie → Hicks, → Hansen und → Samuelson bemühten sich, die verbalen Ausführungen von Keynes *in mathematische Formeln zu fassen* und einer breiteren, mathematisch vorgebildeten akademischen

Leserschaft nahezubringen. Auf diese Weise wurden bspw. das Multiplikator-Akzelerator-Prinzip (→ Multiplikator-Akzelerator-Modelle) und das auf Hicks zurückgehende IS-LM-Modell (→ makroökonomische Totalmodelle geschlossener Volkswirtschaften, Nachfrageseite) erdacht und verbreitet, die in nachfolgenden Lehrbuch-Generationen für zentrale Botschaften der Keynesianischen Wirtschaftstheorie stehen. – Diesen ersten Versuchen einer Formalisierung und Konkretisierung der Keynesschen Theorie folgten Ansätze einer *stärkeren Differenzierung und besseren Fundierung einzelner Bausteine des Modells.* Wichtige Beiträge kamen dabei von Vertretern der → Neokeynesianischen Theorie wie Patinkin, Clower, Leijonhufvud und Malinvaud, die die Grundlagen für eine Keynesianische Analyse sich wechselseitig beeinflussender Ungleichgewichte auf Güter- und Faktormärkten legten. Im Mittelpunkt des Interesses stand aber auch der Ausbau des IS-LM-Modells zu Totalmodellen offener Volkswirtschaften (→ Totalmodelle offener Volkswirtschaften, Nachfrageseite), wie dem → Mundell-Fleming-Modell, das die Analyse der kurzfristigen Wirkungen keynesianischer Geld- und Fiskalpolitik in verschiedenen Wechselkursregimen ermöglicht. Von Vertretern des → Neuen Keynesianismus kamen wichtige Beiträge zu einer solideren mikroökonomischen Fundierung keynesianischer Theorien, insbesondere zur Begründung von Lohn- und Preisstarrheiten und deren Konsequenzen für das Entstehen gesamtwirtschaftlicher Instabilitäten. – Die zunehmende Formalisierung und Verfeinerung dieser theoretischen Modelle, die sich zusammenfassend einerseits als Gleichgewichtsmodelle der → Neoklassischen Synthese und → Neuen Neoklassischen Synthese und andererseits als Ungleichgewichtsmodelle der Neokeynesianischen Theorie kennzeichnen lassen, aber auch wachsende empirische Evidenz zugunsten zentraler Hypothesen der verschiedenen Keynesianischen Theorien trugen dazu bei, den grundlegenden Erklärungsansatz zu stützen und ihm in der wirtschaftswissenschaftlichen Disziplin Anerkennung und Geltung zu verschaffen. Begriffe und Kategorien der keynesianischen Analyse waren schon bald nach dem Zweiten Weltkrieg in die nationalen volkswirtschaftlichen Rechnungssysteme eingedrungen und zentrale Hypothesen wie die spezifisch keynesianische Konsumfunktion, keynesianische Überlegungen zur Zinselastizität der Investitionen sowie deren Abhängigkeit von subjektiven Faktoren (→ Animal Spirits) und die keynesianische Erklärung der Nachfrage nach Geld (→ Geldtheorie) prägten zunehmend das Verständnis der Nationalökonomen wie auch der von ihnen beratenen Politiker von wichtigen gesamtwirtschaftlichen Zusammenhängen.

IV. Postkeynesianismus: Vertreter des Postkeynesianismus behaupten, dass sich Keynes' Nachfolger und Interpreten mit ihren Versuchen, das Werk von Keynes gleichsam in einen Kanon von ökonomischen Gesetzmäßigkeiten und in einen formalen Modellapparat im Stile der → Neoklassischen Synthese hineinzuzwängen, schon früh von dem entfernt haben, was Keynes selbst eigentlich sagen und bewirken wollte. Auf diese Weise sind ihrer Auffassung nach eben nicht nur die Form, sondern letztlich auch *zentrale Anliegen, Inhalte und wesentliche Aussagen der ursprünglichen Keynesschen Wirtschaftslehre verfälscht* und z.T. sogar geradezu in ihr Gegenteil verkehrt worden. Aus diesem Grunde verwerfen Postkeynesianer nicht nur das → IS-LM-Modell, von dem sich auch sein „Erfinder" Hicks später selbst distanzierte. Sie lehnen grundsätzlich die bes. für die → Neoklassische Synthese typische gleichgewichtstheoretische Analyse ab und fordern stattdessen ein Denken in Ungleichgewichten mit mehr oder weniger starren Preisen und rationierten Mengen auf Güter- und Faktormärkten. Solche Mengenrationierungsansätze sind modelltheoretisch von Clower (als Hauptvertreter der → Neokeynesianischen Theorie) in den 1960er-Jahren im Rahmen seiner dualen Entscheidungshypothese entwickelt worden. Postkeynesianer sind skeptisch, was die grundsätzliche Prognostizierbarkeit und Stabilität wirtschaftlichen Verhaltens unter Bedingungen allg. Unsicherheit betrifft, und sie betonen, dass die gesamtwirtschaftliche Entwicklung maßgeblich durch die Verteilung von Macht und Einfluss der wirtschaftlichen Entscheidungsträger auf den Faktor-, Güter- und Geldmärkten einer Volkswirtschaft beeinflusst ist. – Es kann nach dem Gesagten nicht verwundern, dass der Postkeynesianismus *kein geschlossenes Theoriegebäude* geliefert hat, das sich mit den formalen Modellen der Neoklassischen Synthese vergleichen ließe. Der gesamte Denkansatz dieser Schule ist geradezu darauf ausgerichtet, für neue Annahmen, Ideen und Konzepte im Sinn der ursprünglichen Lehre offen und entwicklungsfähig zu bleiben. Zu ihren frühesten Vertretern zählen Robinson, eine Schülerin von Keynes, und Kalecki, der zentrale Gedanken der Wirtschaftslehre von Keynes schon um Jahre vorwegnahm und daher wohl eher als Prä-Keynesianer zu charakterisieren ist.

V. Wirtschaftspolitisches Programm: Den skizzierten Zielvorstellungen und Überlegungen entsprechend forderte Keynes und fordern Vertreter des Keynesianismus noch heute in krassem Gegensatz zu Vorstellungen der Klassiker und der Neoklassik eine aktive Rolle des Staates, der ihrer Auffassung nach in den wirtschaftlichen Prozess eingreifen muss, wenn die Selbstheilungskräfte des Marktes versagen. Keynes empfahl dafür in einer anhaltenden Rezession mit Massenarbeitslosigkeit eine *expansive Fiskalpolitik* mit zusätzlichen Staatsausgaben, die durch zusätzliche Kreditaufnahme des Staates zu finanzieren sind, um auf diese Weise Investition, Einkommen, Konsum und gesamtwirtschaftliche Nachfrage zu steigern. Auch eine *expansive Geldpolitik* hielt er für sinnvoll, da sie durch niedrige Zinsen ein günstiges Investitionsklima schaffen kann. Allerdings sah

Keynes durchaus, dass eine solche Geldpolitik bei sehr pessimistischen Erwartungen und allg. wirtschaftlicher Unsicherheit erfolglos bleiben kann (sog. → Investitionsfalle), sodass der Staat auf die Fiskalpolitik angewiesen bleibt, damit der expansive Impuls auf Konsum und Investitionen überspringt. Keynes war sich allerdings auch bewusst, dass staatliche Kreditfinanzierung von zusätzlichen Ausgabenprogrammen in der Rezession eine höhere Staatsverschuldung bedingt, die mittelfristig durch entsprechende Haushaltsüberschüsse und Tilgung der neu entstandenen Staatsverschuldung im Boom kompensiert werden muss. – Keynesianische Empfehlungen zur Rolle und Bedeutung der → *Lohnpolitik und* → *Einkommenspolitik* sind ambivalent und uneinheitlich. Zwar sind sich die meisten Vertreter des Keynesianismus darin einig, dass die Reallöhne bei Unterbeschäftigung zu hoch sind, und sie nehmen mit Keynes an, dass eine Senkung der Reallöhne leichter möglich ist, wenn die Preise steigen als wenn die Nominallöhne fallen, weil sich die Gewerkschaften und ihre Mitglieder Kürzungen der Geldlöhne widersetzen werden. Aus diesem Grunde sehen die meisten Keynesianer den einzig wirksamen Weg zu einer Überwindung von Arbeitslosigkeit in der Steigerung der effektiven Nachfrage. Uneinigkeit besteht hingegen darüber, ob auch Lohnsenkungen oder umgekehrt sogar Lohnerhöhungen das Einkommen steigern und das Beschäftigungsniveau erhöhen. Da Lohnzuwächse nicht nur zusätzliches Einkommen schaffen und den Konsum beleben können, sondern auch die Produktionskosten und die Preise in die Höhe treiben, sind die meisten Vertreter des Keynesianismus mit Robinson der Meinung, dass ein antizyklischer Einsatz der Lohnpolitik weder durchsetzbar noch allein ausreichend ist, um einen hohen Beschäftigungsgrad zu gewährleisten. – Vertreter des Keynesianismus zeichnen sich i.d.R. durch vergleichsweise großen Optimismus aus, was ihre Einschätzung der Leistungsfähigkeit des politischen Systems i.Allg. und die Steuerbarkeit globaler wirtschaftlicher Größen im Besonderen betrifft. Sie unterstellen damit die *prinzipielle „Machbarkeit" einer antizyklischen staatlichen Konjunkturpolitik,* die nicht nur in der Rezession, sondern auch im Boom den Anforderungen der Konzeption genügt. Keynes selbst war in dieser Hinsicht zweifellos skeptischer als viele seiner Anhänger und vermutete sogar, dass angesichts der Unberechenbarkeit des Investorenverhaltens bei allg. wirtschaftlicher Unsicherheit „eine ziemlich umfassende Verstaatlichung der Investition sich als das einzige Mittel zur Erreichung einer Annäherung an Vollbeschäftigung erweisen wird" (Keynes 1936, S. 318). Es waren wohl primär solche Überlegungen, die Kritiker veranlassten, den überzeugten Liberalen Keynes in die Nähe von Marx zu rücken.

VI. Praktische Umsetzungsprobleme und wirtschaftliche Folgen: Die bei der Umsetzung keynesianischer Konjunkturpolitik in der Vergangenheit gemachten Erfahrungen haben in den meisten Ländern gezeigt, dass sich Konzepte einer antizyklischen → Globalsteuerung makroökonomischer Aggregate in der Praxis kaum realisieren lassen. Insbesondere aufgrund langer und variabler Verzögerungen (→ Lag) kamen die geld-, fiskal- und einkommenspolitischen Maßnahmen *oft zu spät und in falscher Dosierung,* sodass sie in vielen Fällen nicht nur das Ziel einer gesamtwirtschaftlichen Stabilisierung nicht erreichten, sondern in einigen Fällen offenbar zusätzliche Instabilitäten erst erzeugt haben. Dabei erwiesen sich keynesianisch orientierte staatliche Investitions- und Ausgabenprogramme insbesondere in föderalistischen Staaten meist als ausgesprochen prozyklisch und damit letztlich sogar krisenverstärkend. – Auch die Verwirklichung der schon von Keynes selbst betonten Aufgabe, nicht nur in der Rezession Staatshaushaltsdefizite zuzulassen, um damit die Konjunktur anzukurbeln, sondern im Boom Staatshaushaltsüberschüsse zu erwirtschaften, um die Konjunktur bremsen und die Staatsverschuldung längerfristig in Grenzen halten zu können, scheitert i.d.R. an grundlegenden Problemen politischer Willens- und Entscheidungsbildung in einer Demokratie. Der Keynesianismus erweist sich daher als ein Programm, das in der wirtschaftspolitischen Praxis höchst asymmetrisch wirkt und deshalb längerfristig zu chronischen Staatshaushaltsdefiziten und damit dann auch zu einer *nahezu ungebrochen steigenden Staatsverschuldung* führt. Daraus können Krisen – wie die derzeitige europäische Staatsschuldenkrise – resultieren, die zu einem Zusammenbruch ganzer Volkswirtschaften oder sogar eines gemeinsamen Währungsraumes führen können. – Gefahren birgt darüber hinaus auch die dem Keynesianismus immanente und von Vertretern der Konzeption meist sogar offen ausgesprochene *Bevorzugung des Ziels der Vollbeschäftigung gegenüber dem Ziel der Sicherung eines stabilen Preisniveaus.* Da der Staat auf diese Weise quasi eine „Vollbeschäftigungsgarantie" abgibt, entlässt er damit die Arbeitsmarktparteien de facto aus ihrer Verantwortung, bei der Lohnfindung darauf zu achten, dass der Arbeitsmarkt geräumt wird. Unter solchen Bedingungen sehen sich Regierung und Zentralbank dann aber immer wieder vor das Dilemma gestellt, entweder den lohnpolitischen Druck, der vom Arbeitsmarkt ausgeht, in Inflation münden zu lassen oder die lohnbedingte Inflation zu bekämpfen und damit dann einen Anstieg der Arbeitslosigkeit in Kauf zu nehmen. Da eine Regierung, die sich in regelmäßigen Abständen zur Wiederwahl stellen muss, vom Wahlvolk v.a. für gravierende Verletzungen des Beschäftigungsziels zur Rechenschaft gezogen wird, ist damit dem Konzept des Keynesianismus in einer Demokratie offenbar ein gewisser „inflationärer Bias" immanent.

Keynes-Kaldor-Verteilungstheorie – *Kreislauftheorie der Verteilung, Nachfragetheorie der Verteilung.* 1. Die nachfrageorientierte Kaldor-Theorie wurde explizit von N.Kaldor entwickelt. Ähnliche

Gedankengänge findet man bereits bei Keynes. Im Übrigen basieren der Kaldor-Ansatz und die vielfältigen Erweiterungen und Modifikationen auf der keynesschen Analyse, werden insofern folgerichtig als keynesianische Verteilungstheorie bezeichnet. N. Kaldor verknüpft explizit die Einkommensverteilung (gemessen an der → Lohnquote) mit der → Investitionsquote, wobei die Investitionsquote durch die autonomen Investitionsentscheidungen der Investoren/Produzenten festgelegt wird. – 2. *Aussagen:* Aufgrund des reinen Kreislaufzusammenhangs muss die Lohnquote sinken, wenn die Investitionsquote steigt bzw. steigen soll. Wird die Investitionsquote quasi autonom durch das Investorenverhalten festgelegt, so sorgt die Variation der Lohnquote für die Aufrechterhaltung des Kreislaufgleichgewichts. Bei kurzfristiger Analyse, d.h. Konstanz von Realeinkommen, Beschäftigung und Lohnniveau, kann diese Anpassung über Preisbewegungen erklärt werden (Umverteilungswirkung von inflationären Multiplikatorprozessen). Verlässt man die kurzfristige Analyse und unterstellt, dass in einer Expansionsphase die Arbeitsproduktivität steigt, und nimmt man weiter an, dass das Lohnniveau verzögert an die Entwicklung von Arbeitsproduktivität und Preisniveau angepasst wird, sinkt die Lohnquote in dieser Phase. Für eine analog aufgebaute Kontraktionsphase gilt das Umgekehrte. Diese Umverteilungswirkungen von Lohn-Lags sind mit heranzuziehen, wenn die in der Realität zu beobachtenden zyklischen Schwankungen der Lohnquote erklärt werden sollen. Für eine langfristige Analyse stellt die Kaldor-Theorie einen Zusammenhang zwischen Verteilung und Wachstum dar. – Vgl. auch → Verteilungstheorie.

Keynes-Ramsey-Rule → Ramsey-Modelle

Keynessche Wirtschaftstheorie → Keynesianismus.

Keynes-Wicksell-Ansatz → monetäre Wachstumstheorie.

Key Visual → Schlüsselbild.

KfW – Abk. für → Kreditanstalt für Wiederaufbau.

KfW Bankengruppe → Kreditanstalt für Wiederaufbau (KfW).

KfW IPEX-Bank → Kreditanstalt für Wiederaufbau (KfW).

KfW Mittelstandsbank – Bestandteil der KfW Bankengruppe (→ Kreditanstalt für Wiederaufbau (KfW)); Förderbank für Existenzgründer, kleine und mittlere Unternehmen (KMU), Freiberufler und Start-ups. Entstanden ist die KfW Mittelstandsbank im Zuge der Fusion von → Deutscher Ausgleichsbank (DtA) und KfW im Juli 2003. – *Förderungsangebote:* langfristige Kredite; → Mezzanine-Finanzierung; Unterstützung bei der Aufnahme von Beteiligungskapital und Risikokapital.

Kfz-Besteuerung → Kraftfahrzeugbesteuerung.

Kfz-Haftpflichtversicherung – 1. *Begriff:* Die Kfz-Haftpflichtversicherung ist im → Pflichtversicherungsgesetz (PflVG) normiert. Danach sind alle Halter von Kraftfahrzeugen und Kraftfahrzeuganhängern verpflichtet, eine Kfz-Haftpflichtversicherung für das Fahrzeug abzuschließen, sofern es auf öffentlichen Straßen und Plätzen betrieben wird und seinen ordentlichen Standort im Inland hat. Die Kfz-Haftpflichtversicherung dient der Deckung der durch das Kraftfahrzeug verursachten Personen- und Sachschäden, um den Schutz der Verkehrsopfer sicherzustellen. – 2. *Pflichtverletzung:* Ein Verstoß gegen die → Versicherungspflicht ist strafbar (§ 6 PflVG). Kennzeichnend für die Kfz-Haftpflichtversicherung ist, dass der Geschädigte seine Ansprüche direkt bei dem gegnerischen Kfz-Haftpflichtversicherer geltend machen kann (§ 3 PflVG) und dieser zusammen mit dem Schädiger gesamtschuldnerisch haftet (→ Direktanspruch). – 3. *Versicherte Gefahren:* In der Kfz-Haftpflichtversicherung stellt der → Versicherer den → Versicherungsnehmer bzw. mitversicherte Personen von Schadenersatzansprüchen z.B. frei, wenn durch den Gebrauch des Fahrzeugs Personen verletzt oder getötet oder Sachen beschädigt oder zerstört werden. – 4. *Mindestdeckung:* In der Kfz-Haftpflichtversicherung sind die Zahlungen des Versicherers auf die Höhe der je Schadenfall für Personen-, Sach- und Vermögensschäden vereinbarten → Versicherungssummen beschränkt. Die Höhe der Mindestdeckung bzw. die Mindestversicherungssumme ergibt sich aus der Anlage 1 zu § 4 II PflVG. In der Praxis werden in 99 % aller Fälle höhere Versicherungssummen als die gesetzliche Mindestdeckung vereinbart. – 5. *Mitversicherte Personen:* Neben dem Versicherungsnehmer sind gem. § 2 II PflVG der Halter, der Eigentümer, der Fahrer, die Beifahrer, die Omnibusschaffner, der Arbeitgeber und öffentliche Dienstherren mitversichert. Diese können ihre Ansprüche selbstständig gegenüber dem Kfz-Haftpflichtversicherer geltend machen. – 6. *Ausschlüsse:* Der in § 2 PflVG beschriebene Umfang der Kfz-Haftpflichtversicherung kann im Wege der Vertragsgestaltung bei bestimmten Ansprüchen bzw. Schadenereignissen eingeschränkt werden. Der Katalog der Ausschlusstatbestände ist abschließend. Weitere vertragliche Ausschlüsse sind unwirksam.

Kfz-Kaskoversicherung – 1. *Begriff:* Die Kfz-Kaskoversicherung ist eine Sachversicherung und Teil der → Kfz-Versicherung. In Form der → Teilkaskoversicherung oder → Vollkaskoversicherung verfügbar. Die Kfz-Kaskoversicherung deckt das Interesse des → Versicherungsnehmers an der Erhaltung des wirtschaftlichen Werts des unter Versicherungsschutz stehenden Kraftfahrzeugs ab. – 2. *Versicherte Gefahren:* In der Kfz-Kaskoversicherung leistet der → Versicherer insbesondere Schadenersatz bei Beschädigung, Zerstörung oder Verlust des Kraftfahrzeugs. – 3. *Haftungsumfang:* Der Umfang der Kfz-Kaskoversicherung entspricht dem Grundsatz, dass die Versicherungsleistung auf den wirklich entstandenen Schaden begrenzt ist. Der Versicherer hat grundsätzlich bei Zerstörung oder Verlust des Kraftfahrzeugs die Höchstentschädigung und bei Beschädigung nur die Wiederherstellungskosten zu ersetzen, wobei diese nicht die Höchstentschädigung überschreiten dürfen.

Kfz-Versicherung – 1. *Begriff:* Versicherung, die die Zweige → Kfz-Haftpflichtversicherung und → Kfz-Kaskoversicherung umfasst. Der Zweig Kfz-Insassenunfallversicherung zählt zwar rechnungslegerisch zur → Unfallversicherung, wird aber i.d.R. ebenfalls als Teil der Kfz-Versicherung angesehen. – 2. → Obliegenheiten in der Kfz-Versicherung: Nicht einklagbare Verhaltenspflichten des Versicherungsnehmers und der mitversicherten Personen, die in den Allgemeinen Bedingungen für die Kfz-Versicherung (AKB) vertraglich vereinbart sind. Dabei lassen sich Pflichten beim Gebrauch des Fahrzeugs und Pflichten im Schadenfall unterscheiden. Vertraglich zulässige Obliegenheiten in der Kfz-Haftpflichtversicherung sind in der KfzPflVV abschließend geregelt. Im Schadenfall bestehen für den → Versicherungsnehmer und → mitversicherte Personen Anzeige-, Aufklärungs- und Schadenminderungspflichten. Die Folgen der Verletzung einer Obliegenheit sind Leistungsfreiheit (bei Vorsatz) bzw. Leistungskürzung (bei grober Fahrlässigkeit). Siehe auch Verwendungsklausel, → Führerscheinklausel. – 3. *Sachschaden in der Kfz-Versicherung:* Beschädigung oder Zerstörung eines Kraftfahrzeugs. Zu differenzieren sind a) Sach- oder Substanzschaden: Reparaturkosten, Wertersatz bei Totalschaden. – b) Sachfolgeschäden: Abschlepp- und Überführungskosten, Bergungskosten, Minderwert, Mietwagenkosten, Nutzungsausfall, Vorhaltekosten, Verdienstausfall. Das Ziel der Kfz-Versicherung in Bezug auf den Sachschaden ist die Wiederherstellung des Zustands gem. § 249 BGB, der ohne das Schadenereignis bestehen würde.

KG – Abk. für → Kommanditgesellschaft.

KGaA – Abk. für → Kommanditgesellschaft auf Aktien.

KGV → Kurs-Gewinn-Verhältnis.

KI – Abk. für → Künstliche Intelligenz.

Kilobit (kb) – Bezeichnung für 2^{10} (= 1.024) → Bits.

Kilobyte (KB) Bezeichnung für 2^{10} (= 1.024) → Bytes.

Kilometerpauschale → Fahrtkosten.

Kinder – I. Begriff: 1. *Bürgerliches Recht:* eigene Abkömmlinge. – In mehrfacher rechtlicher Beziehung ihnen *gleichgestellt* etwaige → Adoptivkinder und Pflegekinder. – 2. *Einkommen- und Lohnsteuerrecht* (§ 32 I EStG): (1) im ersten Grad verwandte Kinder (leibliche Kinder, Adoptivkinder); (2) Pflegekinder. – 3. In Bezug auf das Lebensalter i.d.R. Personen, die noch nicht 14 Jahre alt sind; dann → Jugendliche.

II. Steuerliche Behandlung: 1. *Unterhaltsaufwendungen:* a) Der normale Unterhalt von Kindern wird ab 1996 wahlweise durch einen erhöhten → Kinderfreibetrag (§ 32 EStG) oder ein vom Elterneinkommen unabhängiges → Kindergeld (§§ 62–78 EStG) berücksichtigt. Das Bundeskindergeldgesetz vom 11.10.1995 (BGBl. I 1250) enthält nur noch Regelungen für Sonderfälle, etwa Vollwaisen und beschränkt Steuerpflichtige (→ beschränkte Steuerpflicht). – b) Steuerpflichtigen, denen ein Kinderfreibetrag zusteht, wird für Aufwendungen der Berufsausbildung des Kindes ein → Ausbildungsfreibetrag gewährt (§ 33a II EStG). – c) Aufwendungen für den Unterhalt und eine etwaige Berufsbildung von Kindern, für die weder dem Steuerpflichtigen noch einer anderen Person ein Kinderfreibetrag oder Kindergeld zusteht, sind als außergewöhnliche Belastung abzugsfähig (§ 33a I EStG). Dieser Betrag verringert sich um die 624 Euro übersteigenden Einkünfte der Bezüge des Kindes – 2. *Körperbehinderung von Kindern:* Ein von dem Kind des Steuerpflichtigen nicht in Anspruch genommener Pauschbetrag für Körperbehinderung kann auf Antrag auf den Steuerpflichtigen übertragen werden (§ 33b V EStG). – 3. Vom → Einkommen wird für jedes berücksichtigungsfähige Kind ein → Kinderfreibetrag von 2.184 Euro (bei Zusammenveranlagung 4.368 Euro) von Amts wegen berücksichtigt, sofern er günstiger ist als das Kindergeld. Zusätzlich wird jedem Elternteil ein → Betreuungsfreibetrag von 1.320 Euro (Einzelveranlagung) bzw. von 2.640 Euro (Zusammenveranlagung) pro Jahr gewährt; der Betrag kann auf Antrag auf den anderen Ehegatten übertragen werden. – 4. *Darüber hinaus* sind Kinder, soweit sie gemäß § 32 III–V EStG zu berücksichtigen sind, in folgenden Fällen von Bedeutung: (1) für die Gewährung des Entlastungsbetrages für Alleinstehende (§ 24b EStG); (2) für die Höhe der bei außergewöhnlichen Belastungen den Steuerpflichtigen → zumutbare Belastung; (3) für Steuern, bei denen die Einkommensteuer/Lohnsteuer als Maßstabsteuer (bes. bei der Kirchensteuer) dient; in diesem Fall gilt als Maßstabsteuer die festgesetzte Einkommensteuer unter Abzug des Kinderfreibetrags (statt Kindergeldzahlung); (4) für die Bemessung der Eigenheimzulage (→ Kinderzulage) für Altfälle bis zum 31.12.2005; (5) → *Elterngeld:* wird für Kinder gewährt, die ab dem 1.1.2007 geboren sind. Das Elterngeld wird anstelle des Erziehungsgeldes gezahlt. Die Gewährung beläuft sich auf einen Zeitraum von 12 bis 14 Monate unmittelbar nach der Geburt des Kindes bzw. auf 10 bis 12 Monate nach Ende der Mutterschutzfrist. Die Höhe des Elterngeldes ist abhängig von dem Netto-Erwerbseinkommen des Elternteils. Für Eltern, die vor der Geburt erwerbslos oder arbeitslos waren, wird ein Mindestelterngeld von 300 Euro gezahlt. Ab dem 1.1.2009 ist ein Mindestbezugszeitraum von zwei Monaten für jedes Elternteil zu berücksichtigen. Der Bezugszeitraum kann jedoch ohne Angaben von Gründen einmalig geändert werden. – 5. *Tätigkeit von Kindern im elterlichen Betrieb:* Wenn alle Voraussetzungen eines echten Arbeitsverhältnisses vorliegen (wirksamer Arbeitsvertrag, regelmäßig gezahlter, nicht überhöhter Arbeitslohn, Lohnsteuerabzug, Sozialversicherungspflicht), wird dieses auch steuerlich anerkannt. – Vgl. auch → mithelfende Familienangehörige. – 6. *Neue Altersgrenze bei Kindern:* Ab dem Jahr 2007 hat sich die Altersgrenze für das Kindergeld, den Kinderfreibetrag sowie den Betreuungsfreibetrag geändert, statt wie bisher 27 Jahre gilt nun die Altersgrenze von 25 Jahren.

Kinderarbeit – I. Allgemein: darunter versteht man die – evtl. verdeckte – gewerbliche Beschäftigung von Kindern. In nahezu allen Ländern der Erde existieren Gesetze, die Kinderarbeit für Kinder unterhalb eines unterschiedlich festgelegten Mindestalters verbieten; die Durchsetzung ist allerdings in vielen Entwicklungsländern defizitär. Ob und inwieweit Kinderarbeit ethisch problematisch ist, hängt v.a. von der Art der Beschäftigung, der Intensität und den dabei auftretenden Belastungen und Gefährdungen ab. Aufgrund der oft unterbleibenden Schulbildung sowie der Behinderung körperlicher und geistiger Reifung des Kindes ist Kinderarbeit nicht nur für die Kinder selbst, sondern auch für die Gesellschaft langfristig von Nachteil. Allerdings stellt sie für die Betroffenen und ihre Familien kurzfristig oft die einzige Möglichkeit zur Finanzierung ihres Lebensunterhalts dar.

II. Arbeitsrecht/Sozialrecht: → Jugendarbeitsschutz.

Kinderbetreuung → Sicherung der Familie und von Kindern.

Kinderbetreuungskosten – Aufwendungen, die zur Betreuung eines Kindes entstehen, konnten bis 1999 nur von Alleinstehenden geltend gemacht werden. Der Abzug als → außergewöhnliche Belastung wurde infolge eines Urteils des Bundesverfassungsgerichts vom 10.11.1998 (2 BvR 1057/91; Benachteiligung von Ehe und Familie) seit 2000 bis 2005 durch einen einheitlichen → Betreuungsfreibetrag für jedes Kind ersetzt. – Ab dem Veranlagungszeitraum 2011 können Aufwendungen für Dienstleistungen zur Betreuung eines zum Haushalt des Steuerpflichtigen gehörenden Kindes in Höhe von zwei Drittel der Aufwendungen, höchstens 4.000 Euro je Kind, unter gewissen Voraussetzungen als Sonderausgaben geltend gemacht werden (§ 9c EStG, § 10 Abs. 1 Nr. 5 EStG). Voraussetzungen sind, dass beide Elternteile erwerbstätig sind und die Kinder zwischen 0 und 14 Jahren alt sind bzw. wegen einer vor Vollendung des 25. Lebensjahres eingetretenen körperlichen, geistigen oder seelischen Behinderung außerstande sind, sich selbst zu unterhalten. Aufwendungen für Unterricht, die Vermittlung bes. Fähigkeiten sowie für sportliche und andere Freizeitbetätigungen stellen keine abzugsfähigen Betreuungskosten dar. Voraussetzung für die steuerliche Anerkennung ist, dass die Aufwendungen durch Vorlage einer Rechnung und Zahlung auf das Konto des Erbringers nachgewiesen werden können.

Kindererziehungszeit – Begriff aus der gesetzlichen Rentenversicherung. Kindererziehungszeiten sind Zeiten der Erziehung eines Kindes in den ersten drei Lebensjahren (§ 56 I SGB VI). Sie werden bei dem Elternteil berücksichtigt, dem die Erziehungszeit zuzuordnen ist, wenn die Erziehung im Gebiet der Bundesrepublik Deutschland erfolgt ist oder einer solchen gleichsteht (§ 56 III SGB VI) und der Elternteil nicht von der Anrechnung ausgeschlossen ist (nicht der Versicherungspflicht in der Rentenversicherung unterliegende Personen, z.B. Beamte). Die Kindererziehungszeiten gelten als Pflichtbeitragszeiten, denen 0,0833 Entgeltpunkte je Kalendermonat zugeordnet werden (§ 70 II SGB VI). → Entgeltpunkte für Kindererziehungszeiten werden neben Entgeltpunkten für sonstige Beitragszeiten zusätzlich berechnet bis zu einem bestimmten Höchstbetrag.

Kinderfreibetrag – vom → Einkommen abzuziehender → Freibetrag, der für jedes zu berücksichtigende → Kind des Steuerpflichtigen gewährt wird, wenn nicht die Inanspruchnahme von → Kindergeld günstiger ist. Der Kinderfreibetrag berücksichtigt im Rahmen des → Familienleistungsausgleichs die Aufwendungen für den Unterhalt und die Berufsausbildung von Kindern (zusammen mit dem Freibetrag für den Betreuungs- und Erziehungs- oder Ausbildungsbedarf). Er beträgt 1.320 Euro für das sächliche → Existenzminimum des Kindes, bei Zusammenveranlagung von Ehegatten 2.640 Euro, wenn das Kind zu beiden Ehegatten in einem Kindschaftsverhältnis steht (§ 32 VI EStG). Der Kinderfreibetrag beläuft sich ab dem Veranlagungszeitraum 2010 auf 2.184 Euro bzw. 4.368 Euro. Bei der Veranlagung wird von Amts wegen geprüft, ob der Kinderfreibetrag für den Steuerpflichtigen günstiger ist als das Kindergeld (§§ 62–78 EStG).

Kindergartenplatzgarantie → Sicherung der Familie und von Kindern.

Kindergeld – 1. *Begriff:* aus öffentlichen Mitteln für jedes Kind an Erziehungsberechtigte gewährte Leistung. – 2. *Grundlage:* Aufgrund der Rechtsprechung des Bundesverfassungsgerichts erfolgte 1995 eine grundlegende Neuregelung des sog. → Familienlastenausgleichs bzw. (seither) Familienleistungsausgleichs. Unterschiedliche finanzielle Vergünstigungen für Kinder (Steuerermäßigungen, Kindergeld nach früherem Recht) werden im Regelfall durch ein für alle Familien gleiches und vom ersten Kind an zu zahlendes Kindergeld ersetzt. Seit dem Jahressteuergesetz 1996 wird für das Kind eines unbeschränkt Steuerpflichtigen während des laufenden Kalenderjahres nur noch das Kindergeld (teilweise als Steuervergütung) gezahlt. Nach Ende des Kalenderjahres bei der Veranlagung zur Einkommensteuer zieht das Finanzamt den → Kinderfreibetrag vom zu versteuernden Einkommen ab, falls dies für den Steuerpflichtigen günstiger als die Kindergeldzahlung ist, und verrechnet zuvor gezahltes Kindergeld. – 3. *Voraussetzungen:* a) *Anspruch auf Kindergeld:* Kindergeld erhält, wer im Inland einen Wohnsitz oder seinen gewöhnlichen Aufenthalt hat oder ohne Wohnsitz oder gewöhnlichen Aufenthalt unbeschränkt einkommensteuerpflichtig ist oder so behandelt wird (§ 62 EStG). Ein Ausländer erhält Kindergeld nur, wenn er im Besitz einer Aufenthaltserlaubnis ist. – b) Das Kindergeld *wird gezahlt* u.a. für eheliche und für ehelich erklärte Kinder, nicht eheliche Kinder, adoptierte Kinder, Pflegekinder. Näheres vgl. §§ 32, 63 EStG. – c) Kindergeld wird grundsätzlich *bis zur Vollendung des 18. Lebensjahres* eines Kindes gezahlt. Bis zum vollendeten 25. Lebensjahr kann Kindergeld beansprucht werden für Kinder, die sich in Schul- oder Berufsausbildung befinden oder ein freiwilliges soziales Jahr leisten oder sich wegen eines Gebrechens nicht selbst unterhalten können. Näheres in den §§ 32, 63 EStG. Seit 2012 wird Kindergeld bei Erfüllung der sonstigen Voraussetzungen ohne Überprüfung der Einkünfte und Bezüge des Kindes gezahlt (vorher: entfallen bei Überschreiten einer Einkommensgrenze, 2010/11: 8.004 Euro jährlich). – 4. *Höhe:* a) Das Kindergeld beträgt ab 2010 für das erste und zweite Kind jeweils 184 Euro, für das dritte Kind 190 Euro und für jedes weitere Kind je 215 Euro monatlich. – b) Bezieher von Versichertenrenten aus den gesetzlichen Rentenversicherungen und von Schwerbeschädigtenrenten aus der Unfallversicherung erhalten die Leistungen des Familienlastenausgleichs aus der Rentenversicherung; die zu den Renten gezahlten Kinderzuschüsse und Kinderzulagen sind meist höher, mind. aber ebenso hoch wie das Kindergeld. – c) Bei Zahlung bzw. bestehendem Anspruch auf die Leistung von Kinderzulagen aus der gesetzlichen Unfallversicherung oder Kinderzuschüssen aus den gesetzlichen Rentenversicherungen sowie bei vergleichbaren Leistungen für Kinder von ausländischen, zwischen- oder überstaatlichen Einrichtungen wird das Kindergeld nicht gewährt. – d) Die Zahlung des Kindergeldes erfolgt auf Antrag; bei verspäteter Antragstellung wird rückwirkend höchstens für die letzten sechs Monate Kindergeld gezahlt. – 5. *Kinderzuschlag:* bes. Sozialleistung, die den Bezug von Leistungen der Grundsicherung für Arbeitssuchende oder Sozialhilfe vermeiden soll, wenn sich eine Bedürftigkeit allein aufgrund des Bedarfes von Kindern ergibt (§ 6a BKGG). – 6. *Aufbringung der Mittel/ Durchführung:* Die Aufwendungen für das Kindergeld einschließlich der Verwaltungskosten trägt der Bund. Die Durchführung des Bundeskindergeldgesetzes obliegt der Bundesagentur für Arbeit nach den fachlichen Weisungen des Bundesministers für Wirtschaft und Technologie (BMWi). Sie führt zur Durchführung des Gesetzes die Bezeichnung „Familienkasse". Über die Anträge auf Kindergeld entscheiden die Agenturen für Arbeit. Zuständig ist die Agentur, in deren Bezirk der Berechtigte seinen Wohnsitz hat. – 7. Der *Anwendungsbereich* des Bundeskindergeldgesetzes (BKGG) i.d.F. vom 28.1.2009 (BGBl. I S. 143) m.spät.Änd. beschränkt sich auf Fälle von Personen, die nicht unbeschränkt steuerpflichtig sind und nicht als unbeschränkt steuerpflichtig behandelt werden und die weiteren in § 1 I BKKG genannten Voraussetzungen erfüllen, sowie in Deutschland lebende Vollwaisen und Kinder, bei denen der Aufenthalt der Eltern unbekannt ist, und die nicht bei einer anderen Person als Kind berücksichtigt werden.

Kindergeldkasse – Unter der Bezeichnung Kindergeldkasse obliegt der → Bundesagentur für Arbeit die Durchführung des Bundeskindergeldgesetzes i.d.F. vom 28.1.2009 (BGBl. I 142) m.spät.Änd. Die Bundesagentur für Arbeit führt hierbei die Bezeichnung „Familienkasse". – Vgl. auch → Kindergeld.

Kinder- und Jugendhilfegesetz (KJHG) – SGB VIII – Kinder- und Jugendhilfe – i.d.F. vom 14.12.2006 (BGBl. I 3134) m.spät.Änd. Rechtsgrundlage für die Tätigkeit der Jugendämter im Zusammenwirken mit den Trägern der freien Jugendhilfe. – *Schwerpunkte des Gesetzes:* Verstärkung der allg. Angebote zur Förderung der Jugendarbeit und der Jugendsozialarbeit, Verbesserung der allg. Angebote zur Förderung der Erziehung in der Familie, Verbesserung der Hilfen für Familien in bes. Lebenslagen (Trennungs- und Scheidungssituationen; Alleinerziehende; Betreuung und Versorgung von Kindern in Notfällen), Verbesserung der Tagesbetreuung von Kindern, gesetzliche Verankerung ambulanter und teilstationärer Erziehungshilfen neben den klassischen Formen der Pflegefamilie- und Heimerziehung, Verbesserung der Hilfen für junge Volljährige, vorrangige Zuordnung seelisch behinderter Kinder und Jugendlicher zur → Jugendhilfe und Stärkung des Funktionsschutzes freier Träger durch frühzeitige Beteiligung an der Jugendhilfeplanung.

Kinderzulage – I. Unfallversicherung: Leistung aus der gesetzlichen Unfallversicherung. – Kinderzulage wird seit Inkrafttreten des SGB VII zum 1.1.1997 nur noch gewährt in den Fällen, in denen Bestandschutz besteht (§ 217 III SGB VII).

II. Einkommensteuer: → Eigenheimzulage, welche für Neufälle ab dem 1.1.2006 nicht mehr gewährt wird.

Kinderzuschlag – Zuschlag von bis zu 140 Euro monatlich an gering verdienende Eltern, die mit ihrem Einkommen den eigenen Lebensunterhalt sichern können, nicht aber den ihrer Kinder. Wurde zum 1.1.2005 gemäß dem Vierten Gesetz für moderne Dienstleistungen am Arbeitsmarkt vom 24.12.2003 (BGBl. I 2954) eingeführt. – *Regelungen:* Berechtigte sind die Eltern bzw. Elternteile, in deren Haushalt die Kinder leben. Für den Anspruch auf Kinderzuschlag werden die unter 18-jährigen Kinder berücksichtigt, für die die berechtigte Person auch → Kindergeld erhält. Kinder des Berechtigten, die bei dem anderen Elternteil leben, sind nur bei diesem zu berücksichtigen. Die Eltern sollen mind. über Einkommen oder

Vermögen verfügen, das es ihnen ermöglicht, ihren eigenen Mindestbedarf zu decken; um die Bedarfsprüfung zu erleichtern, gelten für ihre Berechtigung seit dem 1.10.2008 feste Einkommensuntergrenzen. Der Anspruch auf Kinderzuschlag entfällt, wenn das Elterneinkommen den gesamten Mindestbedarf der Familie nach dem Sozialgesetzbuch II (→ Arbeitslosengeld II) deckt. Der Anspruch auf Kinderzuschlag entfällt ebenfalls, wenn auch bei seiner Zahlung Hilfebedürftigkeit nach dem Sozialgesetzbuch II nicht vermieden werden kann und entsprechende Leistungen gewährt werden. Der betroffene Personenkreis hat insofern ein Wahlrecht zwischen der Inanspruchnahme des Kinderzuschlags und der Leistungen der Grundsicherung. Seit 1.1.2011 erhalten Familien zusätzlich zum monatlichen Kinderzuschlag ein sog. „Bildungs- und Teilhabepaket" entsprechend den Bestimmungen in § 28 SGB II. Kinderzuschlag wird von den Familienkassen ausgezahlt.

Kinderzuschuss – Leistung der gesetzlichen → Rentenversicherung unter den Voraussetzungen den § 270 SGB VI. Der Kinderzuschuss erhöht eine Rente aus eigener Versicherung (→ Altersrente, → Erziehungsrente und → Rente wegen Erwerbsminderung) für jedes Kind, für das der Rentenberechtigte vor dem 1.1.1992 einen Anspruch auf Kinderzuschuss gehabt hat. Für Kinder ab vollendetem 18. bis zum 27. Lebensjahr wird Kinderzuschuss nur gewährt, wenn diese waisenrentenberechtigt sind, sich in Ausbildung befinden und bestimmte Einkommensgrenzen nicht überschreiten.

Kinesik – Körpersprache als Form der nonverbalen Kommunikation. Kinesik besitzt bes. bei persönlichen Verkaufsgesprächen eine bes. Bedeutung. Sie wird bestimmt durch Gestik, Körperhaltung und Bewegungen.

Kinky-Demand-Modell – 1. *Begriff*: Oligopolmodell (→ Oligopol) der einfach geknickten Preisabsatzkurve (im Unterschied zur doppelt geknickten Preisabsatzkurve – vgl. → Preisabsatzfunktion, → monopolistische Konkurrenz), das die Preisstarrheit im → Oligopol erklären soll. – 2. *Begründung der Kinky-Dermand-Curve:* Der Knick in „der" Preisabsatzkurve (vgl. Abb. Kinky-Demand-Modell) kommt dadurch zustande, dass bei Annahme heterogener Konkurrenz zwei verschiedene oligopolistische Preisabsatzfunktionen mit asymmetrischer Erwartung über das Konkurrenzverhalten kombiniert werden. Der betrachtete Anbieter 1 befindet sich in der Ausgangslage, die durch einen gleich hohen Konkurrenzpreis ($p_1 = p_K$) chrakterisiert ist, in der Preis-Mengen-Kombination $K(p_1,x_1)$. – a) *Im Falle einer Preissenkung* erwartet er, dass die Konkurrenz mitziehen wird, weil diese sonst je nach Preisunterbietung mehr oder weniger Absatz und Gewinn verlieren würde. Es gilt dann die Preisabsatzfunktion bei weiterhin gleich hohen Konkurrenzpreisen, mit anderen Worten die Preisabsatzfunktion bei „paralleler" Preispolitik:

$$x_1 = x_1(p_1 = p_K)$$

b) *Im Falle einer Preiserhöhung* erwartet er umgekhrt, dass die Konkurrenz nicht mitziehen, sondern ihren Preis konstant halten wird, weil sie dann von seinen Absatzverlusten profitieren könnte. Es gilt in diesem Fall die Preisabsatzfunktion bei konstantem Konkurrenzpreis:

$$x_1 = x_1(p_1, \overline{p}_K)$$

Da die Preisabsatzkurve bei paralleler Preispolitik wegen des ausbleibenden Käuferwechsels steiler verläuft als bei konstantem Konkurrenzpreis (auf letzterer verliert er im Alleingang bei Preiserhöhungen Käufer an die Konkurrenz, während er bei einer alleinigen Preissenkung von der Konkurrenz Käufer gewinnt) entsteht beim Ausgangspreis der besagte Knick. – 3. *Begründung der Preisstarrheit*: Unterstellt man für den betrachteten Oligopolisten Gewinnmaximierung als Zielsetzung, wird an der Lage der Cournot-Punkte auf beiden (durchgängig betrachteten) Preisabsatzkurven sein ganzes Gewinndilemma deutlich. Bei paralleler Preispolitik liegt der gewinnmaximale Cournot-Punkt C_{1a} - unerreichbar! - oberhalb von K auf der gestrichelten Weiterführung des unteren Astes der -geknickten Preisabsatzkurve. Bei konstantem Konkurrenzpreis im gewinnmaximalen Punkt C_{1b} - ebenfalls unerreichbar! – unterhalb von K auf der gestrichelten Fortführung der Preisabsatzkurve bei konstantem Konkurrenzpreis. Quintessenz: Bei einer alleinigen Preiserhöhung würde er sich von C_{1b} entfernen und bei einer parallelen Preissenkung von C_{1a}, sodass er bei einer Preisveränderung in jedem Fall Gewinn einbüßen würde. Also kann er als second-best-Lösung nur den bisherigen Preis beibehalten. Dass es sich im erzwungenen Knickpunkt nicht um eine echtes Gewinnmaximum handelt, wird daran erkennbar, dass zwischen der (horizontalen) Grenzkostkurve und der zu der gekickten Preisabsatzkurve gehörenden Grenzerlöskurve kein Schnittpunkt existiert. Denn die Grenzkostenkurve verläuft senkrecht unterhalb von K zwischen A und B durch eine Sprungstelle. Infolgedessen kann die Gewinnmaximierunsbedingung (Grenzerlös = Grenzkosten) nicht erfüllt werden. – 4. *Kritik:* Damit relativiert sich aber auch das Argument der Preisstarrheit: a) Schneiden die Grenzkosten die Grenzerlöskurve oberhalb von A, ergibt sich ein gewinnmaximierender Preiserhöhungsspielraum auch im Alleingang. – b) Schneiden die Grenzkosten die Grenzerlöskurve unterhalb von B eröffnet sich ein gewinnmaximierender Preissenkungsspielraum, selbst wenn die Konkurrenz mitzieht. – Auch wenn diese Alternativfälle nicht relevant werden, bleibt die Annahme fragwürdig, dass sich die Konkurrenz bei ihrer Preisentscheidung nur an den resultierenden Absatzgewinnen oder -verlusten orientiert. Unterstellt man auch für die Konkurrenz gewinnmaximierendes Verhalten, ergibt sich ein Desinteresse an einer Preisaktion oder -reaktion erst im

Kinky-Demand-Modell

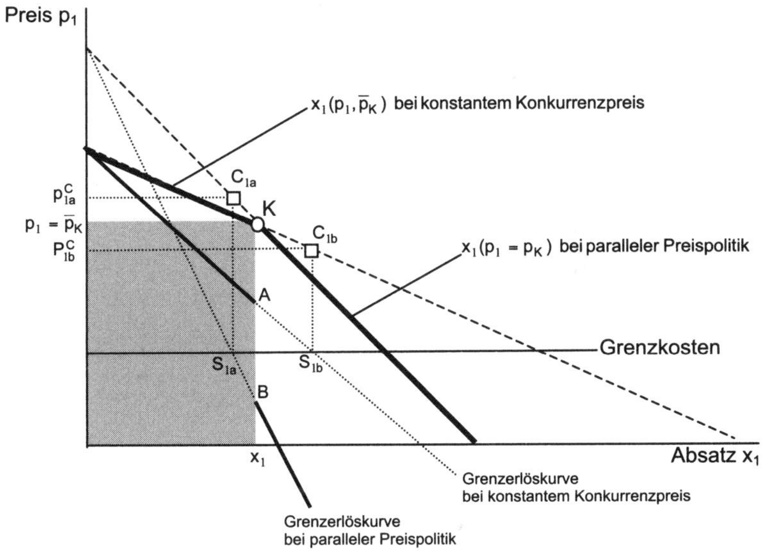

Bertrand-Gleichgewicht. – Vgl. → oligopolistische Preisbildung.

Kinosteuer → Vergnügungsteuer.

Kiosk – Betriebsform des → Einzelhandels (s. → Betriebsformen des Handels); Artikel des kurzfristigen Bedarfs in geringer Sortimentsbreite und -tiefe (z.B. Tabakwaren, Süßigkeiten, Zeitungen; häufig kombiniert mit Getränkeausschank oder Eisverkauf). Bevorzugte Standorte sind Plätze mit dichten Passantenströmen, z.B. Bahnhöfe, Marktplätze, Haltestellen, an Ausfallstraßen. – Vgl. auch → Convenience Store.

Kiosksystem – öffentlich zugängliches, rechnerbasiertes System, bei dem ein Benutzer für kurze Zeit → Informationen abruft und Transaktionen veranlasst. – *Einsatzbereiche* für ein Kiosksystem sind: Bahnhöfe, Flughäfen, Messen, Ausstellungen, Museen, Einzelhandels- oder Bankfilialen.

KI-Programmiersprachen → Programmiersprachen, die sich für die Realisierung von KI-Systemen (→ Künstliche Intelligenz (KI)) eignen. – *Am bekanntesten:* → Lisp, → Prolog.

Kirchenfiskus – 1. *Ursprünglich:* Kirchenvermögen. – 2. *Heute:* Synonym für die Kirchen als besteuernde Institutionen (→ Kirchensteuer). Aufgrund dieses Rechts wird die Kirche zu den → Parafisci gerechnet.

Kirchensteuer – eine zur Deckung des allg. Kirchenbedarfs von steuerberechtigten Religionsgemeinschaften erhobene Steuer. – 1. *Höhe und Bemessungsgrundlage:* In den einzelnen Bundesländern verschieden; i.d.R. besteht die Kirchensteuer in einem Prozentsatz der → Einkommensteuer bzw. → Lohnsteuer (zz. 8 oder 9 Prozent, bei → Pauschalierung der Lohnsteuer 7 bis 9 Prozent) unter Berücksichtigung von Kinderfreibeträgen; höchstens jedoch ein bestimmter Prozentsatz des Einkommens (ca. 2,75-3 Prozent; sog. *Kirchensteuerkappung*). – 2. *Erhebung:* a) *Allgemein:* Von Arbeitnehmern wird die Kirchensteuer im → Lohnabzugsverfahren einbehalten, überzahlte Beträge werden im → Lohnsteuer-Jahresausgleich durch den Arbeitgeber oder bei der Veranlagung zur Einkommensteuer durch das Finanzamt ausgeglichen. – b) *Glaubensverschiedene Ehen* (nur ein Ehegatte gehört einer steuererhebenden Religionsgemeinschaft an): Berechnung der Kirchensteuer nicht nach den zusammengerechneten Einkünften der Ehegatten (Grundsatz der Individualbesteuerung); maßgebend dürfen nur die tatsächlichen Einkünfte des steuerpflichtigen Ehegatten sein. Regelung in den Kirchensteuer-Gesetzen. – c) *Konfessionsverschiedene Ehen* (Ehegatten gehören verschiedenen steuererhebenden Religionsgemeinschaften an): Bei Zusammenveranlagung gilt der

Halbteilungsgrundsatz, d.h. zur Errechnung der Kirchensteuer kann die gemeinsame Einkommensteuer halbiert und auf jede Hälfte der volle Kirchensteuersatz der entsprechenden Religionsgemeinschaft erhoben werden. Bei betragsmäßiger Übereinstimmung der jeweiligen Steuersätze der Religionsgemeinschaften kann die Kirchensteuer zunächst so errechnet werden, als ob beide Ehegatten der gleichen Gemeinschaft angehörten und dann auf jede der beteiligten Gemeinschaften aufgeteilt werden. – 3. *Abzugsfähigkeit:* Gezahlte Kirchensteuern sind in vollem Umfange als → Sonderausgaben abzugsfähig.

Kirchensteuerkappung → Kirchensteuer.

kirchliche Zwecke – steuerlicher Begriff für die Zweckbestimmung von → Spenden. Kirchliche Zwecke begründen (wie auch → gemeinnützige Zwecke) bei der steuerlichen → Einkommensermittlung Abzugsfähigkeit der geleisteten Beträge als → Sonderausgaben (→ Betriebsausgaben bei Körperschaften), wenn als Zweck die unmittelbare und ausschließliche Förderung einer Religionsgemeinschaft des öffentlichen Rechts erkennbar ist. Die Abzugsfähigkeit unterliegt jedoch Beschränkungen im Rahmen von Höchstbeträgen.

Kitchin-Zyklus → Konjunkturzyklus.

Kladde – *Strazze, Vorbuch;* Buch, in dem die Geschäftsvorfälle kurz notiert werden, um erst später in die → Grundbücher eingetragen zu werden.

Klage – 1. *Begriff:* Das an das Gericht gerichtete Begehren um Rechtsschutz; Verlangen nach einem günstigen Urteil. – 2. Zu *unterscheiden:* a) → Leistungsklage: Klage auf Tun oder Unterlassen. – b) → Feststellungsklage: Klage auf Feststellung des Bestehens (positive Feststellungsklage) oder Nichtbestehens (negative Feststellungsklage) eines Rechtsverhältnisses. – c) → Gestaltungsklage: Klage auf Änderung eines bestehenden Rechtszustandes. – *Anders:* → Privatklage. – Vgl. auch → Klageerhebung, → Widerklage.

Klageänderung – jede wesentliche Abweichung von dem in der Klageschrift angegebenen Klageantrag und Klagegrund (§§ 263 ff. ZPO, § 91 VwGO, § 67 FGO, z.B. Stützung des Anspruchs, unter Vortrag anderer Tatsachen, statt auf Geschäftsführung ohne Auftrag auf Darlehen). Klageänderung ist i.d.R. auch bei Wechsel einer Prozesspartei gegeben. Klageänderung ist nach Eintritt der → Rechtshängigkeit nur mit Zustimmung des Gegners zulässig oder wenn das Gericht sie für sachdienlich hält (bes. zur Vermeidung eines weiteren Prozesses).

Klagebefugnis – Recht, Wettbewerbsverstöße gerichtlich zu verfolgen; steht dem unmittelbar Verletzten ohne Weiteres zu und ist für sonstige Mitbewerber und Verbände in § 8 UWG geregelt. Mehrfachverfolgung ist daher möglich (→ Drittunterwerfung). – 1. *Unmittelbar Verletzter:* ist jeder Gewerbetreibende, in dessen geschützte Rechtsposition durch die Verletzungshandlung eingegriffen wird, und der in einem konkreten Wettbewerbsverhältnis mit dem Verletzer steht. Das → Wettbewerbsverhältnis ist konkret, wenn durch die Verletzungshandlung gegenseitige Behinderung im Absatz eintreten kann, gleiche Branche oder Wirtschaftsstufe sind nicht erforderlich, es genügt, dass Behinderung aufgrund der Verletzungshandlung eintritt. Ob in eine geschützte Rechtsposition eingegriffen wird, richtet sich nach dem Schutzbereich der verletzten Norm. § 8 UWG gilt nicht für die Klagebefugnis des unmittelbar Verletzten, sondern setzt sie voraus. – 2. *Mitbewerber:* § 8 III Nr. 1 UWG erweitert die Klagebefugnis auf jeden Mitbewerber. – 3. *Verbände zur Förderung gewerblicher Interessen, Verbraucherverbände:* § 8 III Nr. 2–4 UWG erweitern die Klagebefugnis auf rechtsfähige Verbände, Industrie- und Handelskammern sowie Handwerkskammern. Die Verbände müssen juristische Personen des Privatrechts (z.B. eingetragener Verein) oder öffentlichen Rechts (z.B. Kammern der freien Berufe), die Bekämpfung unlauteren Wettbewerbs satzungsgemäße Aufgabe (Auslegung der Satzung kann genügen), sachliche und personelle Ausstattung hinreichend sein, um diese Aufgabe auch wahrzunehmen. Die Klagebefugnis von Verbänden zur Förderung gewerblicher Interessen ist daran gebunden, dass ihnen eine ausreichende Anzahl selbst klagebefugter Mitbewerber angehört. Mittelbare Verbandszugehörigkeit genügt und liegt vor, wenn dem klagenden Verband solche Verbände als Mitglieder angehören, die ihrerseits eine hinreichende Anzahl selbst klageberechtigter Mitbewerber als Mitglied haben. Mischverbände (Mitgliedschaft besteht aus Gewerbetreibenden und Verbrauchern) sind klagebefugt, wenn Interessenkollisionen ausgeschlossen und die Funktionsfähigkeit des Verbands sichergestellt sind. Die Verbandsklagebefugnis ist wie die der Mitbewerber auf wesentliche Wettbewerbsverstöße beschränkt. Verbände, die die Interessen der Verbraucher wahrnehmen, sind klagebefugt, wenn es sich um sog. qualifizierte Einrichtungen im Sinn von § 4 UKlaG handelt; das sind solche, die in einer Liste des Bundesverwaltungsamtes geführt werden. Die Liste wird zum 1. Januar eines jeden Jahres im Bundesanzeiger bekannt gegeben. – 4. *Missbrauch:* Missbrauch der Klagebefugnis schließt die Geltendmachung von Unterlassungsansprüchen aus. Das ist der Fall, wenn der Anspruchsberechtigte mit der Geltendmachung des Anspruchs überwiegend sachfremde, für sich genommen nicht schutzwürdige Interessen verfolgt und diese als die eigentliche Triebfeder und das beherrschende Motiv der Rechtsverfolgung erscheinen.

Klageerhebung – Einleitung eines Prozesses durch Erhebung einer → Klage. – 1. *Zivilprozessordnung:* Klageerhebung erfolgt im Zivilprozess i.d.R. durch → Zustellung einer von dem Kläger bei Gericht in zweifacher Ausfertigung eingereichten Klageschrift (§ 253 ZPO). Die Ladung zum Termin wird dem Beklagten nach Zahlung des Kostenvorschusses

(→ Gerichtskosten) mit der Klageschrift vom Gericht zugestellt. Diese muss enthalten: Genaue Bezeichnung der Parteien, bei juristischen Personen des gesetzlichen Vertreters, des Gerichts, einen bestimmten Antrag und Angabe des Klagegrundes (d.h. der Gesamtheit der Tatsachen, die nach Auffassung des Klägers den Antrag rechtfertigen); über Streitwert und Beweismittel sollen Angaben gemacht werden. – Im *Laufe eines Prozesses* kann eine Klage (→ Widerklage, → Zwischenfeststellungsklage) ebenso durch Einreichung und Zustellung eines entsprechenden Schriftsatzes oder Antragstellung in der mündlichen Verhandlung erhoben oder der Klageantrag erweitert werden (§ 261 II ZPO). – 2. *Finanz- und Verwaltungsgerichtsordnung, Sozialgerichtsgesetz:* Klageerhebung geschieht in der Verwaltungsgerichtsbarkeit , Sozialgerichtsbarkeit und in der Finanzgerichtsbarkeit durch Einreichung eines Schriftsatzes bei Gericht oder durch Erklärung zur Niederschrift des Urkundsbeamten der Geschäftsstelle (§ 81 VwGO, § 90 SGG, § 64 FGO). Die Klageschrift ist dem Beklagten von Amts wegen zuzustellen.

Klageerzwingungsverfahren – Es geht um ein gerichtliches Verfahren zur Erzwingung der öffentlichen Klage. Voraussetzung ist die → Einstellung des Verfahrens durch die Staatsanwaltschaft nach Abschluss der Ermittlungen, soweit nicht für die Staatsanwaltschaft das → Opportunitätsprinzip gilt oder es um Privatklagesachen geht (§ 172 StPO). Die Einleitung des Verfahrens erfolgt durch Beschwerde des Verletzten an die vorgesetzte staatsanwaltschaftliche Behörde. Gegen deren Entscheidung ist die Anrufung des Gerichts (→ Oberlandesgericht (OLG)) zulässig.

Klagefrist→ *Ausschlussfrist zur Klageerhebung.*

I. Allgemein: Nur ausnahmsweise gesetzlich vorgeschrieben: (1) Z.B. Nichtigkeits-, Restitutionsklage (§ 586 ZPO); (2) Monatsfrist bei → Anfechtungsklagen in Verwaltung-, Finanz- und Sozialstreitigkeiten (§ 74 VwGO, § 47 I FGO, § 87 SGG).

II. Versicherungswesen: Bisher war im → Versicherungsvertragsgesetz (VVG) für *Versicherungsansprüche* eine Klagefrist von sechs Monaten festgelegt (§ 12 III VVG a.F.). Nach dem Gesetz zur Reform des Versicherungsvertragsrechts vom 23.11.2007 – BGB I S. 2631 entfällt diese Regelung.

Klagerücknahme – 1. *Zivilprozessordnung:* bis zur → Rechtskraft des Urteils möglich, aber a) ohne Einwilligung des Beklagten nur bis zum Beginn der mündlichen Verhandlung, b) nach Einlassung (Verhandeln) des Beklagten zur Hauptsache in der mündlichen Verhandlung nur mit dessen Einwilligung (§ 269 ZPO). Klagerücknahme hat zur Folge, dass der Prozess als nicht anhängig geworden gilt; ein (noch nicht rechtskräftiges) Urteil wird ohne Weiteres bedeutungslos; die Kosten des Rechtsstreits hat der Kläger zu tragen. – Der Kläger kann die *Klage von neuem* erheben; der Beklagte kann dem jedoch widersprechen, solange die Kosten des Vorprozesses nicht erstattet sind (§ 269 ZPO). – 2. *Finanz-/Verwaltungsgerichtsordnung/Sozialgerichtsgesetz:* In der Verwaltungsgerichtsbarkeit (§ 92 VwGO) und Finanzgerichtsbarkeit (§ 72 FGO) ähnliche Regelung wie in der ZPO; in der Sozialgerichtsbarkeit kann Klage bis zum Schluss der mündlichen Verhandlung ohne Einwilligung zurückgenommen werden (§ 102 SGG).

Klageverzicht → Verzichturteil.

Klarschriftleser→ Belegleser für mit der Hand (Handschriftleser) oder durch einen → Drucker ausgefüllte Belege. Die Konturen der zu lesenden Zeichen, die mit streng stilisierter Handschrift bzw. durch einen Drucker in Standardschrift an definierter Stelle eingetragen sein müssen (Klarschrift), werden durch einen Lichtstrahl abgetastet und als ein Zeichen des möglichen Zeichenvorrats des Klarschriftlesers zu identifizieren versucht. Die durch den Klarschriftleser nicht erkennbaren Zeichen können nach ihrer Ausgabe auf einem Bildschirm von dem Bediener des Klarschriftlesers visuell bestimmt werden. – Vgl. auch → optische Zeichenerkennung.

Klasse – I. Statistik: Bezeichnung für eines der Intervalle, die bei metrisch skalierten Merkmalen (→ Kardinalskala) zur Bildung einer → klassierten Verteilung festgelegt werden, z.B. Einkommensklassen („bis 1.000"; „über 1.000 bis 1.500"; ...) bei einer Einkommensverteilung. – Vgl. auch → Klassenbildung.

II. Soziologie: Gesamtheit derjenigen Individuen, die sich aufgrund gleicher bzw. ähnlicher ökonomischer Existenzbedingungen (Besitz oder Nichtbesitz von Produktionsmitteln) in vergleichbarer Lage (Soziallage) befinden. – Vgl. auch → Klassentheorie.

III. Informatik: Begriff innerhalb der → Objektorientierung. Eine Klasse fasst → Objekte, die in Struktur und Verhalten gleichartig sind, zusammen. Eine Klasse ist einem → strukturierten Datentyp einer → Programmiersprache gleichzusetzen, auf dessen Objekten zusätzlich zu den Datenstrukturen noch → Funktionen und → Prozeduren definiert sind.

Klassenbildung – *Gruppenbildung;* Verfahren der Aufbereitung einer Liste von Einzelwerten (→ Urliste) eines metrisch skalierten Merkmals (→ Kardinalskala) durch Bildung von nichtüberlappenden (disjunkten) Intervallen (→ Klassen), die den relevanten Wertebereich abdecken. Klassenbildung ist Grundlage einer → klassierten Verteilung und führt zu mehr Übersichtlichkeit, jedoch einem Verlust an Einzelinformationen. Empfehlenswert ist die Bildung von fünf bis 20 Klassen, die nicht zu viele unterschiedliche Breiten aufweisen, um die Übersichtlichkeit zu gewährleisten. Offene Randklassen, d.h. erste bzw. letzte Klassen ohne Unter- bzw. Obergrenze (z.B. bis 100, über 1.000) sind zu vermeiden, da sonst kein klassentypischer Wert, etwa eine Klassenmitte, angegeben werden kann und die grafische Darstellung (→ Histogramm) nicht möglich ist. Häufig liegen Daten nach Erhebungen nur in klassierter Form vor, z.B. bei Fragebögen mit Fragen nach Einkommen in Klassen oder Ausgaben für Urlaub in Klassen. – Gelegentlich wird mit Klassenbildung auch die Zusammenfassung von Ausprägungen eines qualitativen (→ Nominalskala) oder ordinal (→ Ordinalskala) skalierten Merkmals bezeichnet.

Klassendurchschnitt→ arithmetisches Mittel der Merkmalswerte der Elemente einer → Gesamtheit laut → Urliste, die in eine → Klasse (→ Klassenbildung) einfallen. Liegen nur klassierte Daten vor, so kann der Klassendurchschnitt durch die → Klassenmitte approximiert werden, wenn man unterstellt, dass die Daten innerhalb der Klasse gleichmäßig verteilt sind.

Klassenkampf – in der Theorie des → Marxismus das bewegende Moment der geschichtlichen Entwicklung (→ Klassentheorie, → historischer Materialismus).

klassenlose Gesellschaft – ein nahezu allen sozialistischen Richtungen gemeinsamer Begriff für ein anzustrebendes Ziel: eine (als substanzielle Entität aufgefasste) Gesellschaft, in der es keine sozialen Gruppen gibt, zwischen denen → Klassenkampf besteht. – Vgl. auch → Bolschewismus, → Kommunismus, → Marxismus, → Diktatur des Proletariats.

Klassenmitte→ arithmetisches Mittel aus Klassenober- und Klassenuntergrenze (s. → Klassendurchschnitt).

Klassenmuster → Standard.

Klassentheorie – 1. *Charakterisierung:* Die ökonomischen Theorien der → Physiokratie, der → Klassiker und des → Marxismus unterteilen die Gesellschaftsmitglieder nach unterschiedlichen Klassifikationsmerkmalen in einzelne *Klassen (soziale Gruppen)* und (v.a. der Marxismus) analysieren die ökonomischen Beziehungen zwischen diesen. – 2. *Theorien:* a) *Physiokratischer Ansatz:* Ausgehend von der Rolle der einzelnen Gesellschaftsmitglieder im Prozess der gesellschaftlichen Wertschöpfung und deren Verteilung wird zwischen → Classe Productive, → Classe Stérile und → Classe Distributive unterschieden. Dieser Ansatz teilt die Schwächen der zugrunde liegenden physiokratischen Wertschöpfungstheorie. – b) *Klassische Theorie:* Die einzelnen Klassen werden nach der Art der Einkommenserzielung voneinander unterschieden; als Klassen ergeben sich Lohn-, Gewinn- und Bodenrentenempfänger. – c) *Marxistische Klassentheorie*: Die Klassen werden nach deren eigentumsrechtlichen Stellung in Bezug auf die Produktionsmittel unterteilt, und zwar in die der *Eigentümer* und *Nichteigentümer*. Im → Kapitalismus sind dies die *Arbeiterklasse (Proletariat)* und die *Kapitalistenklasse (Bourgeoisie)*. Entsprechend der Lehre über die → Ausbeutung führte das Privateigentum an den Produktionsmitteln dazu, dass die Kapitalisten den Arbeitern die von ihnen geschaffene Wertschöpfung vorenthalten (→ Mehrwerttheorie). Hieraus folgten widersprüchliche Klasseninteressen, die sich im Klassenkampf zwischen Ausbeutern und Ausgebeuteten manifestierten. Dieser Kampf beziehe sich auf die Macht im Staat, der hier als Instrument der Unterdrückung der ausgebeuteten durch die ausbeutende Klasse aufgefasst wird. Die Klassenauseinandersetzung wird als der bewegende *Motor der geschichtlichen Entwicklung* angesehen (→ historischer Materialismus). Im Endzustand des Kommunismus könne es per definitionem keine unterschiedlichen Klassen und damit auch keine Ausbeutung mehr geben. Auch könne der Staat dann „absterben", d.h. an die Stelle der „Herrschaft über Menschen" trete dann die „Verwaltung von Sachen" (Produktions- und Konsumgüter). In einer Übergangsphase müsse die Arbeiterklasse nach der sozialistischen Revolution jedoch eine → Diktatur des Proletariats errichten, um die widerstrebende Kapitalistenklasse umzuerziehen bzw. zu „zerschlagen" und die Produktionsverhältnisse (in nicht-marxistischer Terminologie: → Wirtschaftsordnung) rechtlich-organisatorisch umzugestalten. – Die marxistische Klassentheorie teilt die Schwächen der zugrunde liegenden geschichtsphilosophischen und ökonomischen Lehren des Marxismus. – Vgl. auch → dialektischer Materialismus, → Arbeitswertlehre, → Krisentheorie.

klassierte Daten – entstehen durch die Einteilung metrischer Daten einer → Urliste in Klassen (→ Klassenbildung) oder werden in dieser Form erhoben (z.B. Zugehörigkeit zu einer Einkommensklasse von über x Euro bis y Euro).

klassierte Verteilung – tabellarisch oder grafisch dargestelltes Ergebnis der → Aufbereitung einer → Urliste von Merkmalswerten auf dem Wege der → Klassenbildung. Die klassierte Verteilung umfasst die → Klassen und ihre → Häufigkeiten. Die grafische Darstellung erfolgt in Form eines → Histogramms.

Klassifikation der Wirtschaftszweige → WZ.

Klassifikationen – verbindliche Einteilungen wirtschaftlicher oder anderer Tatbestände mit dem Ziel, die Auswertung statistischer Sachverhalte zu ermöglichen oder zu vereinfachen, indem eine vollständige und überschneidungsfreie Erfassung gewährleistet wird. Klassifikationen existieren für zahlreiche Tatbestände. Zentrale Klassifikationen sind → Wirtschaftszweigklassifikationen, → Güterklassifikationen und → Berufsklassifikationen. Daneben existieren aber auch Klassifikationen zur regionalen Gliederung (→ NUTS) zur Einordnung von Krankheiten, Verletzungen und Todesursachen, Klassifikationen im Bildungs- und Gesundheitswesen sowie Klassifikationen zur Systematisierung der Ausgaben öffentlicher (Staatsausgaben nach Verwendungszweck) oder privater (→ SEA) Haushalte.

Klassifikationen der Güter – *Güterklassifikationen*; Systematiken zur einheitlichen Einordnung von produzierten Gütern. Je nach Anwendungsgebiet kommen Systematiken zum Einsatz, die am Außenhandel orientiert sind, oder Produktionssystematiken. Zu ersteren gehören auf internationaler Ebene das → Harmonisierte System zur Bezeichnung und Codierung von Waren (HS), für die Anwendung in der EU die → Kombinierte Nomenklatur (KN) sowie die PRODCOM-Liste. Zu den Produktionssystematiken zählen die international verwendete Central Product Classification (CPC) sowie die Statistische Güterklassifikation in Verbindung mit den Wirtschaftszweigen in der Europäischen Wirtschaftsgemeinschaft (CPA). In Deutschland wird zur Klassifikation von Gütern das Systematische Verzeichnis für die Produktionsstatistiken (GP) verwendet. – Vgl. auch → Klassifikationen, → Wirtschaftszweigsystematiken.

Klassifizierung der Berufe (KldB) – Systematik zur einheitlichen Erfassung der Berufe in Deutschland. Bis vor kurzem wurden in Deutschland zwei Versionen der KldB verwendet: die → Bundesagentur für Arbeit nutzte mit der KldB 1988 eine andere Version als das Statistische Bundesamt mit der KldB 1992. Im Jahr 2011 werden diese beiden Klassifikationen durch die in der Bundesagentur für Arbeit neu entwickelte Klassifikation der Berufe 2010 (KldB 2010) abgelöst. Die KldB 2010 ist eine vollständige Neuentwicklung, die die aktuelle Berufslandschaft in Deutschland realitätsnah abbildet. Die in den letzten Jahrzehnten deutlich veränderten Berufsstrukturen können damit künftig besser abgebildet werden. Die internationale Vergleichbarkeit von Berufsinformationen wird ebenfalls deutlich verbessert, da die KldB 2010 eine hohe Anschlussfähigkeit an die → ISCO aufweist. – Der Aufbau der KldB 2010 ist hierarchisch mit fünf Gliederungsebenen. Sie ist nach zwei Dimensionen gegliedert, der sog. Berufsfachlichkeit und dem Anforderungsniveau. Die Berufsfachlichkeit determiniert die Gruppierung der Berufe in den vier oberen Ebenen der Klassifikation anhand der Ähnlichkeit der sie auszeichnenden Tätigkeiten, Kenntnisse und Fertigkeiten. Die Untergliederung auf der untersten Ebene erfolgt anhand des Anforderungsniveaus, das die unterschiedlichen Anforderungen von Helfertätigkeiten bis zu hoch komplexen Tätigkeiten in vier Stufen erfasst.

Klassiker – 1. *Begriff:* Gruppe vorwiegend angelsächsischer Ökonomen, die mit ihren Forschungen und Erkenntnissen etwa von 1750 bis 1850 die Grundlagen der modernen Nationalökonomie geschaffen haben. Die bekanntesten Klassiker sind → Smith, → Ricardo, → Malthus und → Mill. Ihr wichtigster Vorläufer ist → Hume. Bedeutende nicht-angelsächsische Klassiker sind der Franzose → Say und der Deutsche → Thünen. – 2. *Lehre der Klassiker:* → klassische Lehre.

klassische Lehre – 1. *Begriff:* Als klassische Lehre bezeichnet man die ökonomischen Vorstellungen der → Klassiker, v.a. der engl. Klassiker (Smith, Ricardo, Malthus und Mill). Die Abgrenzung ist weder nach Personen noch nach Lehrinhalten völlig eindeutig. Das wichtigste Werk der klassischen Lehre ist Smiths „The Wealth of Nations". – 2. *Inhalt:* a) *Grundlagen:* Objekt der klassischen Analyse ist das wirtschaftliche Handeln des Individuums, das v.a. durch *Eigennutz* erklärt wird (utilitaristischer Ansatz). Präzisiert wird diese Vorstellung durch das Bild des → Homo oeconomicus. Smith versuchte zu zeigen, dass das eigennützig handelnde Individuum nicht nur die eigene Wohlfahrt vermehrt, sondern auch dem allg. Wohl dient. Auf diese Sicht gründet sich die Forderung des → klassischen Liberalismus nach individueller Freiheit bei weitestgehender Zurückhaltung des Staates *(Laissez-faire-Prinzip)*, dessen Hauptaufgabe in der Sicherung der Freiheit des Einzelnen sowie der Schaffung eines ordnungspolitischen Rahmens besteht. Voraussetzung dafür, dass das individuelle Streben nach Eigennutz tatsächlich auch das Gemeinwohl fördert, ist das Vorhandensein eines wirksamen *Konkurrenzmechanismus*, das Smith mit dem Bild der unsichtbaren Hand *(Invisible Hand)* veranschaulicht. Das *Konkurrenzgleichgewicht* (Marktgleichgewicht) wird so automatisch erreicht. – Zentrales Anliegen der klassischen Lehre ist die *langfristige Analyse*, die Erklärung des Trends und nicht die kurzfristigen Abweichungen von diesem. Schwerpunktmäßig befasst sich die klassische Lehre mit Produktion, Preisbildung, Verteilung, Beschäftigung und Wachstum. – b) *Produktion und Preisbildung:* (1) *Produktion und Angebot* stehen im Vordergrund der klassischen Lehre, nicht Konsum und Nachfrage. Zwar müssen die produzierten Güter für die Nachfrager Nutzen stiften, jedoch wird dies als selbstverständlich angesehen und nicht weiter analysiert. Die klassische Lehre unterscheidet die drei → Produktionsfaktoren Arbeit, Kapital und Boden. Das Bild der Wirtschaft ist stark durch die Produktionsbedingungen der Landwirtschaft geprägt. Rohstoffvorräte und Lebensmittel, die zur Versorgung der Arbeiter während der Produktionsperiode dienen, werden zum Kapital gezählt. Dem entspricht die Unterscheidung zwischen einem fixen und einem variablen Teil des Kapitalstocks, letzterer wird als Lohnfonds bezeichnet. Solange noch kein Kapital angehäuft und der Boden ein freies Gut ist, sind nach der klassischen Lehre die Tauschrelationen (→ relative Preise) ausschließlich durch die Menge der bei der Produktion eingesetzten Arbeit erklärt. Den Preis, der sich aufgrund der eingesetzten Arbeitsmenge ergibt, bezeichnet die klassische Lehre als → natürlichen Preis. Der Marktpreis kann nur temporär um diesen schwanken, falls es zu Abweichungen von Angebot und Nachfrage kommt; langfristig muss er mit dem natürlichen Preis übereinstimmen. Die Tauschrelationen verändern sich, wenn zusätzliche Kapitaleigentümer und Grundbesitzer auftreten, weil diese Kapital und Boden nur dann für die Produktion zur Verfügung stellen, wenn sie dafür entschädigt werden. Für die ökonomische Analyse ist dies aber ohne prinzipielle Bedeutung. (2) *Die Nachfrage* spielt bei der Preisbestimmung keine Rolle. Sie beeinflusst lediglich die getauschten Mengen. Während die relativen Preise durch die

Produktionssphäre bestimmt werden, ist das Preisniveau durch die Geldmenge bestimmt. Nach der klassischen Lehre bildet das Geld einen Schleier, der die realwirtschaftlichen Vorgänge verdeckt, aber nicht beeinflusst. Da das Geld keinen direkten Nutzen stiftet, hat eine Veränderung von Geldmenge oder Umlaufgeschwindigkeit lediglich eine Veränderung des Preisniveaus zur Folge *(Neutralität des Geldes)*, aber keinen Einfluss auf Beschäftigung und Produktion. Monetärer und realer Sektor sind also voneinander unabhängig *(klassische Dichotomie)*. – c) *Verteilung, Beschäftigung und Wachstum:* Die Güternachfrage ist nicht nur für die Preisbestimmung unbedeutend. Sie hat auch keinen Einfluss auf die Höhe des Gesamteinkommens, sondern bestimmt lediglich die Produktionsstruktur. Die Frage, ob die Gesamtnachfrage ausreicht, um die produzierte Gütermenge aufzunehmen, stellt sich nicht. Die klassische Lehre argumentiert dabei mit dem *Sayschen Theorem*, nach dem sich jedes Angebot seine eigene Nachfrage schafft. Die Ursache für die Produktionstätigkeit ist der Wunsch nach Bedürfnisbefriedigung. Das durch die Produktionstätigkeit erzielte Einkommen fließt entweder in den Konsum oder es wird gespart. Das Sparen wird direkt oder indirekt – über eine Kreditgewährung – zur Bildung von Sachkapital verwendet, stellt also keinen Nachfrageausfall dar. In einer Naturalwirtschaft ist – auf längere Sicht – ein solcher Nachfrageausfall unmöglich. In einer → Geldwirtschaft kann es zu einem gesamtwirtschaftlichen Nachfragedefizit nur kommen, wenn das Einkommen weder verausgabt noch als Kredit zur Verfügung gestellt wird. Die Möglichkeit der → Hortung wird von der klassischen Lehre mit der Begründung zurückgewiesen, dass das Halten von Geld keinen Nutzen stifte. Es können nur Nachfragedefizite auf einzelnen Märkten auftreten, denen jedoch Überschussnachfragen auf anderen Märkten gegenüberstehen. Wegen des Konkurrenz- bzw. Preismechanismus werden diese partiellen Ungleichgewichte jedoch nicht dauerhafter Natur sein. So führt die Konkurrenz der Arbeitsanbieter untereinander dazu, dass der Lohnsatz sich auf eine Höhe einstellt, die mit der Beschäftigung aller Arbeitswilligen vereinbar ist. Es existiert nur *freiwillige Arbeitslosigkeit*. – Wächst der Kapitalstock rasch genug, kann die Vollbeschäftigung mit steigenden Reallöhnen und sinkenden Profiten einhergehen. Eine positive Differenz zwischen tatsächlichem Lohnsatz und Existenzminimum führt nach der klassischen Lehre zu einer Zunahme des Arbeitsangebots. Dies hat einen wachsenden Konkurrenzdruck zwischen den Arbeitnehmern zur Folge, sodass der Lohnsatz schließlich wieder auf die Höhe des natürlichen Lohns absinkt. Trotz Konkurrenz auf den Gütermärkten resultieren positive Unternehmergewinne (→ Arbeitswertlehre). – 3. *Beurteilung:* Die klassische Lehre ist keine völlig einheitliche Theorie. Gemeinsam ist den Klassikern eine *utilitaristische*, d.h. auf individuellem Nutzen und letztlich kollektiver Wohlfahrt basierende Auffassung und die Vorstellung eines ökonomischen, *allgemeinen Gleichgewichts*, das entweder nicht oder nur vorübergehend verlassen wird. Beide Punkte sind häufig auch Gegenstand der *(Prämissen-)Kritik:* Am utilitaristischen Menschenbild wird kritisiert, dass es von unrealistischen Voraussetzungen ausgehe. Das Individuum müsste Handlungsalternativen haben und seine Präferenzen dürften von anderen nicht beeinflusst werden. In der klassischen Lehre wird von jedem sozialen Verhalten abstrahiert. Die schon von Mill geforderte Konkretisierung des Konzepts durch Einbeziehung anderer Motive blieb weitgehend aus. Die auf dem Sayschen Theorem aufbauende *Gleichgewichtsidee* wird umfassend im Rahmen des Keynesianismus kritisiert. – 4. *Weiterentwicklung* der klassischen Lehre durch die → Neoklassik.

klassischer Liberalismus – Denkrichtung des → Liberalismus. Kennzeichnend ist die Forderung nach Meinungsfreiheit, Gleichheit vor dem Gesetz („Herrschaft des Gesetzes") und Individualeigentum an den Produktionsmitteln (einschließlich der Selbstverantwortung für deren effizienten Einsatz). Die gesellschaftlichen Institutionen und Regeln werden als das Produkt eines kulturellen Entwicklungs- und Ausleseprozesses aufgefasst: Institutionelle Neuerungen entstehen angesichts aktueller Problemlagen durch das spontane Handeln der Menschen und treten in Konkurrenz zu bisherigen Lösungen, wobei sich diejenigen durchsetzen, die am zweckdienlichsten sind. Das so aus dem selbstinteressierten und autonomen Handeln der Menschen entstehende Ordnungsgefüge konstituiert eine für alle Gesellschaftsmitglieder akzeptable Ordnung und gewährleistet die individuelle (politische und ökonomische) Freiheit. Um diesen Ausleseprozess zu ermöglichen, soll der Staat eine für alle Menschen unterschiedslos verbindliche Rechtsordnung errichten, die Verteidigung gegenüber Angriffen von außen sicherstellen und eine Reihe für die gesellschaftliche und ökonomische Entwicklung relevanter → öffentlicher Güter (Adam Smith: Sicherheit, Rechtsprechung, Verteidigung, Infrastruktur) bereitstellen. Dass Tendenzen zur Beschränkung des marktwirtschaftlichen Wettbewerbs bestehen, wird zwar erkannt, jedoch wird angenommen, dass die Ursachen hierfür primär die staatlichen Aktivitäten sind, deren Beschränkung auf das mögliche Mindestmaß gefordert wird. – Vgl. auch → Neoliberalismus, → Laissez-Faire-Liberalismus.

klassisches System → Körperschaftsteuersystem.

klassisches Wertparadoxon – theoretisches Problem im Zusammenhang mit den kostenorientierten, „objektiven" Wertlehren der klassischen Wirtschaftstheorie (→ Arbeitswertlehre): Diese kann nicht schlüssig erklären, warum ein → Gut mit hohem gesellschaftlichen Gesamtnutzen einen geringen Preis (z.B. Wasser) und ein Gut mit geringem gesellschaftlichen Gesamtnutzen (z.B. ein Gemälde von Rembrandt) dagegen einen hohen Preis haben kann. Das klassisches Wertparadoxon ist lösbar im Rahmen der „subjektiven" Wertlehre der Grenznutzentheorie, die vom individuellen Nutzen in Abhängigkeit von der zur Verfügung stehenden Menge eines Guts unter der Annahme abnehmender → Grenznutzen ausgeht: Reichlich vorhandenes Wasser verschafft einen geringen individuellen Grenznutzen und hat einen entsprechend niedrigen Preis, während ein knappes Gut wie z.B. ein einmaliges Gemälde einen hohen Grenznutzen stiftet, woraus ein hoher Preis resultiert.

Klausel – 1. Nebenabrede bei *Verträgen* (→ Handelsklauseln). – 2. Einzelbestimmung des *Versicherungsvertrags* zur Abänderung (Erweiterung, Beschränkung) des Deckungsumfangs zwecks Anpassung an den individuellen Versicherungsbedarf. – *Arten:* (1) Standard-Klauseln (feste Klausel) werden für eine Vielzahl zukünftiger Fälle formuliert und sind Allgemeine Versicherungsbedingungen (AVB); (2) auf den Einzelfall zugeschnittene Klausel (wilde Klausel), die nicht der Aufsicht unterliegen und nicht revisibel sind; rechtlich: Besondere Versicherungsbedingungen (BVB), v.a. Makler-Klausel.

KldB – Abk. für → Klassifizierung der Berufe.

Kleiderordnung → Ordnung des Betriebs.

Kleidung → Berufskleidung.

Klein – Lawrence Robert, geb. 1920, amerik. Nationalökonom, der seit 1958 an der University of Pennsylvania in Philadelphia lehrt; → Nobelpreis für Wirtschaftswissenschaften 1980. Klein ist ein Wegbereiter der → Ökonometrie. Berühmt wurde Klein durch seine gesamtwirtschaftlichen Modelle mit hunderten von Gleichungen, deren Berechnungen Computer erfordern. Das von ihm entwickelte „Brookings Econometric Model Project" ist das größte Modell, das jemals für ein Land konstruiert worden ist („The Brookings Model" (1975, zusammen mit Goldberger)). Auch wenn die Zeit solche Großmodelle hinter sich gelassen hat, so waren sie doch ein wichtiger Beitrag für die ökonometrische Verfahrensweise. Klein war ursprünglich ein Anhänger der Lehre von → Keynes, zu deren Verbreitung er in den Vereinigten Staaten beigetragen hat („The Keynesian Revolution" (1947)). In späteren Jahren ging er auf Distanz zu dieser Lehre, so bes. in „The Economics of Supply and Demand" (1983).

Kleinaktionär→ Aktionär, der aufgrund seiner geringen Kapitalbeteiligung und des dementsprechend geringen Stimmrechts als Einzelner keinen nennenswerten Einfluss auf die Gesellschaft ausübt. – *Gegensatz:* → Großaktionär.

Kleinauftragszuschlag – Preisaufschlag für eine Abnahmemenge pro Auftrag, die unter der vom Lieferanten festgelegten Mindestmenge liegt. – Vgl. auch → Mindermengenaufschlag, → Kost-Plus-System.

Kleinbeleg → Kleinbetragsrechnung.

Kleinbetragsrechnung – *Rechnung für Kleinbetrag;* Begriff des Umsatzsteuerrechts für Rechnungen bis zu 150 Euro. Eine Kleinbetragsrechnung muss lediglich folgende Angaben enthalten: den vollständigen Namen und die vollständige Anschrift des liefernden oder leistenden Unternehmers, das Ausstellungsdatum, Menge und handelsübliche Bezeichnung der gelieferten Gegenstände oder Art und Umfang der sonstigen Leistungen, Entgelt und Steuerbetrag in einer Summe, sowie den Steuersatz (§ 33 UStDV). Insbesondere Name und Anschrift des Rechnungsempfängers brauchen in der Kleinbetragsrechnung also nicht angegeben zu sein.

Kleinbetragsverordnung – Rechtsverordnung vom 19.12.2000 (BGBl. I 1790, 1805; BStBl. 2001 I 18). – Die Kleinbetragsverordnung dient der Verfahrensökonomie. – 1. Festsetzungen von Steuern und Steuermessbeträgen werden nur dann geändert oder berichtigt, wenn die Abweichung von der bisherigen Festsetzung bestimmte *Mindestbeträge* überschreitet, im Einzelnen: Einkommen-, Körperschaft-, Erbschaft-, Grunderwerb- und Umsatzsteuer mind. zehn Euro (§ 1 KBV); Gewerbesteuermessbetrag mind. zwei Euro (§ 2 KBV); Investitions- oder Eigenheimzulage mind. 10 Euro (§ 4 KBV). Wohnungsbauprämie wird nur zurückgefordert, wenn die Rückforderung mind. zehn Euro beträgt (§ 5 KBV). Bei der gesonderten und einheitlichen Feststellung von Einkünften wird die Feststellung nur geändert, wenn sich die Einkünfte bei mind. einem Beteiligten um mind. 20 Euro erhöhen oder ermäßigen (§ 3 KBV). – 2. Die Regelungen gelten *sowohl zugunsten als auch zuungunsten* des Steuerpflichtigen. Sie gelten nicht für erstmalige Festsetzungen. – 3. Daneben bestehen im einzelnen gesetzliche Sonderregelungen und verschiedene Kleinbetragsregelungen für das *Erhebungsverfahren.*

Kleinbetrieb – I. Arbeitsrecht: Betriebe mit geringer Anzahl von Arbeitnehmern. Für Kleinbetriebe gelten manche arbeitsrechtlichen Gesetze nicht: 1. Nach § 23 KSchG gilt das *Kündigungsschutzgesetz* (→ Kündigungsschutz) nur in Betrieben, in denen i.d.R mehr als fünf Arbeitnehmer (ausschließlich der Auszubildenden) beschäftigt sind. Für Arbeitnehmer, die ab 1.1.2004 eingestellt sind, ist die maßgebliche Betriebsgröße zehn Arbeitnehmer. – 2. Das *Betriebsverfassungsgesetz* gilt nicht in Betrieben, die i.d.R. weniger als fünf Arbeitnehmer beschäftigen (§ 1 BetrVG). Mitbestimmung des Betriebsrats bei → personellen Angelegenheiten (§ 99 BetrVG) und bei → Betriebsänderungen (§§ 111 ff. BetrVG) nur in Unternehmen mit i.d.R. mehr als 20 Beschäftigten. In Kleinbetrieben bis zu 50 wahlberechtigten Arbeitnehmern gilt das vereinfachte Wahlverfahren nach § 14a BetrVG.

II. Steuerrecht: Einteilungskriterium für die → Außenprüfung. – Vgl. auch → Betriebsgrößenklassifikation.

kleine Aktiengesellschaft – *Business AG;* durch das Gesetz für kleine Aktiengesellschaften und zur Deregulierung des Aktienrechts vom 2.8.1994 (BGBl. I 1961) geschaffene Möglichkeit der → Gründung von

Aktiengesellschaften durch nur einen Gründer und der Schaffung von Aktien im Nennbetrag von 1 Euro.

Kleineinkommen – statistisch nicht erfassbare Gelegenheits- oder Nebeneinkünfte von unständig oder geringfügig beschäftigten Personen, die von keiner gesetzlichen Meldepflicht betroffen sind.

kleines Land – Ein Land, das zu den auf dem → Weltmarkt bestimmten → Terms of Trade aus seiner Sicht beliebige Mengen exportieren bzw. importieren kann, ohne die Weltmarktpreise zu beeinflussen, wird als kleines Land bezeichnet. Es handelt sich um ein Land mit geringer → Marktmacht, tatsächlich muss es sich nicht um ein Land mit geografisch geringer Ausdehnung handeln. Verursachen hingegen Veränderungen der Importnachfrage bzw. des Exportangebots eines Landes Weltmarktpreisveränderungen (Veränderungen der Terms of Trade), so handelt es sich um ein → großes Land. – Vgl. auch → Handelspolitik.

kleine und mittlere Unternehmen → Mittelstand.

Kleingarten – Garten, der zur Gewinnung von Gartenbauerzeugnissen für den Eigenbedarf und zur Erholung dient und in einer Anlage liegt. Einzelheiten geregelt im Bundeskleingartengesetz vom 28.2.1983 (BGBl. I 210) m.spät.Änd.

Kleingewerbetreibender – 1. *Begriff:* Teilnehmer am gewerblich-industriellen Erwerbsleben, dessen Betrieb nach Art und Umfang keinen → kaufmännischen Geschäftsbetrieb erfordert. Allein auf den Umsatz des Betriebes kommt es nicht an, obwohl dieser einen Anhaltspunkt geben kann. – *Weitere Anhaltspunkte:* Höhe des Betriebskapitals, Organisation des Betriebes etc. Die Landesregierungen können die Abgrenzung nach steuerlichen Gesichtspunkten oder anderen Merkmalen bestimmen. – 2. *Rechtsstellung:* Der Kleingewerbetreibende ist nur Kaufmann, sofern er im Handelsregister eingetragen ist (Kannkaufmann, § 2 HGB). – 3. *Steuerrechtliche Behandlung:* (1) *Einkommensteuerlich* ist der Kleingewerbetreibende trotz seiner geringen Betriebsgröße als regulärer Gewerbetreibender zu behandeln (Einkünfte aus Gewerbebetrieb, § 15 EStG). (2) Die *Gewerbesteuer* knüpft an diese Beurteilung an, trägt der geringen Betriebsgröße aber dadurch Rechnung, dass sie einen Freibetrag von 24.500 Euro vorsieht (§ 11 GewStG). (3) *Umsatzsteuerlich* kann ein Kleingewerbetreibender als → Kleinunternehmer zu beurteilen sein, mit der Folge, dass er sich wie ein Privatmann behandeln lassen kann; die Einstufung als Kleinunternehmer ist allerdings von exakt genormten Umsatzgrenzen abhängig (§ 19 UStG).

Klein-Goldberger-Modell – auf keynesianischer theoretischer Grundlage basierendes → ökonometrisches Modell der USA, das u.a. zur Simulation von → Konjunkturschwankungen dient.

Kleingruppe → Gruppe.

Kleingut→ Stückgut mit relativ geringem Gewicht (bis ca. 30 kg), das häufig aber nicht ausschließlich von hierauf spezialisierten Logistikbetrieben, den → KEP-Diensten (Kurier-, Express- und Paketdiensten) befördert wird.

Kleinkraftrad → Kraftrad (Krad) (auch mit Beiwagen) mit einem Hubraum bis 50 ccm und einer durch die Bauart bestimmten Höchstgeschwindigkeit von nicht mehr als 45 km/h (Anlage XXIX zu § 20 IIIa Satz 4 StVZO)). Die Lenkung eines Kleinkraftrads erfordert eine → Fahrerlaubnis der Klasse M (§ 6 der Fahrerlaubnisverordnung). Die Straßenverkehrs-Zulassungs-Ordnung (→ Straßenverkehrsrecht) gilt auch für Kleinkrafträder - Vgl. auch → Leichtkraftrad.

Kleinmaterial – zusammenfassende Bezeichnung für kleine Beschaffungsgüter eines Betriebes. Zum Kleinmaterial gehören z.B. Nägel, Schrauben, Beschläge. – *Kostenabrechnungstechnische Erfassung und Verrechnung:* Nur in kleinen Betrieben werden die Beschaffungsmengen sofort als Verbrauch behandelt, also keine Bestände geführt; in größeren Betrieben Behandlung wie fertig → bezogene Teile.

Kleinpreisgeschäft – Betriebsform des → Einzelhandels (s. → Betriebsformen des Handels) mit einem flachen Sortiment qualitativ eher geringwertiger Waren zu möglichst niedrigen Preisen.

Kleinsendung – Waren, die nicht kommerziell aus Drittstaaten in die EU eingeführt werden. Kleinsendungen sind von Eingangsabgaben (Zoll) und der Einfuhrumsatzsteuer befreit, wenn der Gesamtbetrag der Sendung einen bestimmten Betrag nicht übersteigt. Zudem dürfen bei Tabakwaren, Alkohol und alkoholischen Getränken, Parfüms, Kaffee oder Tee bestimmte Höchstmengen nicht überschritten werden. – Zu unterscheiden von Sendungen von geringem Wert (EUSt-frei bis 22 Euro, § 1a EUStBefreiungsVO ab 2008) und von Waren, die im privaten Reiseverkehr eingeführt werden

Kleinstbetrieb → Betriebsgrößenklassifikation.

Kleinste-Quadrate-Regressionsgerade – Begriff der → Regressionsanalyse. Man erhält die Kleinste-Quadrate-Regressionsgerade $y = a + b\,x$, wenn eine Gerade derart aus einem empirischen Befund von n Beobachtungswertepaaren $(x_i;y_i)$, $i = 1, \dots, n$, gewonnen wird, dass die Summe der quadrierten vertikalen Abweichungen der Punkte $(x_i;y_i)$ von der Kleinste-Quadrate-Regressionsgerade minimal ist. Die Koeffizienten a und b werden also durch Minimierung von $\Sigma\,(y_i - a - bx_i)^2$ bez. a und b festgelegt.

Kleinstquadratemethode, dreistufige – konsistentes und asymptotisch effizientes Schätzverfahren (engl. *Three Stage Least Squares, 3SLS*) für die unbekannten Koeffizienten vollständig linearer interdependenter → Mehrgleichungsmodelle. Im Gegensatz zur zweistufigen Kleinstquadratemethode (s. → Kleinstquadratemethode, zweistufige) 2SLS, die ein Schätzverfahren für eine einzelne Gleichung darstellt, handelt es sich hier um einen System-Schätzer. Es wird also das gesamte Mehrgleichungsmodell geschätzt. Dies ermöglicht die kontemporäre Korrelation der Störterme zwischen den verschiedenen Gleichungen des strukturellen Modells. – Die Systemversion von 2SLS ist 3SLS. Zuerst werden die identifizierten strukturellen Gleichungen mit 2SLS geschätzt. Die daraus resultierenden Residuen werden in einem weiteren Schritt verwendet, um die Kovarianzmatrix der → Störterme zu schätzen, die wiederum verwendet wird, um alle strukturellen Koeffizienten gemeinsam zu schätzen. Wie fast alle Schätzverfahren mit voller Information sind diese zwar bei richtiger Spezifikation effizienter als Eingleichungsmethoden, aber auch rechenaufwändig und manchmal mit numerischen Problemen bei der Lösung verbunden. Daher werden in der Praxis teilweise Schätzverfahren mit beschränkter Information (z.B. 2SLS) vorgezogen, weil diese auch weniger anfällig gegenüber etwaigen Fehlspezifikationen in Teilen des Modells sind.

Kleinstquadratemethode, gewöhnliche – Für ein einfaches lineares → Regressionsmodell $Y_i = \beta_0 + \beta_1 X_i + \varepsilon_i$ ergeben sich die OLS-Schätzer zu

$$\hat{\beta}_1 = \frac{\sum x_i y_i}{\sum x_i^2}$$

und

$$\hat{\beta}_0 = \bar{Y} - \hat{\beta}_1 \bar{X},$$

wobei x_i und y_i für die Abweichungen der Variablen $\bar{x}$ und $\bar{y}$ von ihrem jeweiligen Stichprobenmittelwert und stehen. Der Schätzer des Parameters β_1 ist also nichts anderes als die Stichprobenkovarianz von X und Y dividiert durch die Stichprobenvarianz von X. Die → Residuen der OLS-Schätzung sind im Mittelwert stets null und nicht mit der Variable X korreliert. – Im Fall eines linearen Regressionsmodells, bei dem der bedingte Erwartungswert des Störterms gegeben aller erklärender Variablen null ist und bei dem der Störterm → weißes Rauschen darstellt, ergibt die gewöhnliche Kleinstquadratemethode → beste lineare unverzerrte Schätzer. Für obiges Modell besitzen die OLS-Schätzer unter diesen Annahmen die Varianzen

$$Var(\hat{\beta}_0) = \frac{\sum X_i^2}{n \sum x_i^2} \sigma^2$$

und

$$Var(\hat{\beta}_1) = \frac{\sigma^2}{\sum x_i^2}$$

wobei n für den Stichprobenumfang, x_i für Abweichungen der Ausprägungen der Variablen X von ihrem Stichprobenmittel und σ^2 für die konstante Varianz des stochastischen Störterms steht, die erwartungstreu über

$$\hat{\sigma}^2 = \frac{\sum e_i^2}{n-2}$$

geschätzt werden muss. $\hat{\sigma}$ ist der sog. Standardfehler der Regression. Die Wurzeln aus den obigen Varianzen bezeichnet man als Standardfehler der OLS-Schätzer. Sie sind nur dann korrekt, wenn die Annahmen bez. des stochastischen Störterms erfüllt sind. – Treffen die genannten Annahmen nicht vollständig zu, dann verlieren die so bestimmten Schätzer teilweise diese BLUE-Eigenschaft. Die Annahmen sind daher mit geeigneten Testverfahren (→ Hausman-Test, → Autokorrelationstest, Heteroskedastizitätstest) zu überprüfen. Abweichungen von den Annahmen kann u.U. durch folgende „alternative" Schätzverfahren begegnet werden: (1) → Kleinstquadratemethode, verallgemeinerte; (2) Instrumentenvariablenschätzung (→ Instrumentenvariablenschätzer) oder → Kleinstquadratemethode, zweistufige; (3) GMM-Schätzung (→ Momentenmethode, verallgemeinerte) oder → Kleinstquadratemethode, dreistufige. – Die Residuen einer gewöhnlichen Kleinstquadrateschätzung sind die Basis für viele ökonometrische Testfunktionen. Da die Kleinstquadrateschätzfunktionen bei einem linearen → Einzelgleichungsmodell mit nur exogenen Variablen als erklärenden Variablen lineare Funktionen der stochastischen Störterme sind, lässt sich in diesem Fall aus der Verteilung der Störterme die Verteilung dieser Schätzfunktionen einfach bestimmen. Üblicherweise wird von einer Normalverteilung der Störterme ausgegangen, wodurch auch die OLS-Schätzer normalverteilt sind. Sind die erklärenden Variablen teilweise stochastischer Natur, kann meist nur noch eine asymptotische bzw. approximative Verteilung angegeben werden.

Kleinstquadratemethode, verallgemeinerte – Sind die Varianzen der → Störterme in linearen → Einzelgleichungsmodellen verschieden (Heteroskedastizität) und/oder sind die Störvariablen autokorreliert (Autokorrelation), dann sind OLS-Schätzer (→ Kleinstquadratemethode, gewöhnliche) nicht länger effizient und die ausgewiesenen Standardfehler der Schätzer falsch. – Angenommen die Heteroskedastizitäts- bzw. Autokorrelationsstruktur des Modells ist bekannt. Man weiß von welchen Variablen die bedingte Varianz des stochastischen Störterms in welcher funktionalen Form bei bekannten Funktionsparametern abhängt. Außerdem kennt man den AR(p)-Prozess inkl. seiner Parameter, dem der stochastische Störterm folgt. In einem solchen Fall kann das vorliegende Regressionsmodell so transformiert werden, dass eine Anwendung der OLS-Schätzer auf dieses transformierte Modell bzw. die sog. GLS-Gleichung wieder effiziente Schätzungen liefert. Diese Transformation und die Schätzung des resultierenden Modells ist als verallgemeinerte Kleinstquadratemethode (engl. *Generalized Least Squares, GLS*) bekannt. Den OLS-Schätzer bezeichnet man in diesem Zusammenhang auch als GLS-Schätzer. Wird GLS zur Bekämpfung von Autokorrelation eingesetzt, geht bei der Transformation eine Beobachtung verloren. Nur wenn diese nach der sog. → Prais-Winsten-Transformation berücksichtigt wird, sind die OLS-Schätzer des transformierten Modells effizient. – Das Problem bei dem praktischen Einsatz eines solchen Schätzverfahrens besteht darin, dass die Parameter der Heteroskedastizitäts- bzw. Autokorrelationsstruktur meistens unbekannt sind. Sie müssen geschätzt werden, was jedoch nur konsistent möglich ist (z.B. im Falle von Autokorrelation mit dem → Cochrane-Orcutt-Schätzer bei Autokorrelation oder dem → Hildreth-Lu-Schätzer bei Autokorrelation). Man spricht dann auch von → FGLS (engl. *Feasible Generalised Least Squares*). FGLS ist daher nur für große Stichproben tauglich. In kleinen Stichproben kann der Fehler bei der Schätzung der Parameter der Heteroskedastizitäts- bzw. Autokorrelationsstruktur dazu führen, dass FGLS nicht unbedingt effizienter ist als OLS. Selbst in großen Stichproben ist FGLS nur dann effizienter, wenn die funktionale Form der Heteroskedastizitäts- bzw. die Autokorrelationsordnung der Autokorrelationsstruktur korrekt erfasst wurden. Wenn nicht, kann es sogar zu verzerrten Schätzungen kommen. Aufgrund dieser Problematik wird in der Praxis in großen Stichproben meist die Verwendung von → Newey-West-Standardfehlern bevorzugt.

Kleinstquadratemethode, zweistufige – Schätzverfahren (engl. *Two Stage Least Squares, 2SLS*), das eingesetzt wird, wenn eine oder mehrere erklärende Variablen mit den Störterm eines linearen → Regressionsmodells korreliert sind und je endogener erklärender Variable mehr als eine → Instrumentenvariable vorliegt. Diese Schätzmethode setzt Linearität des Modells voraus und wird häufig bei der Schätzung einer Gleichung eines interdependenten → Mehrgleichungsmodells verwendet. – In einem ersten Schritt werden dabei jeweils die mit dem Störterm korrelierten Variablen auf alle exogenen Variablen der Gleichung und alle Instrumente regressiert. Die aus diesen Hilfsregressionen geschätzten Werte für die endogenen Regressoren, die als Linearkombination exogener Variablen nicht mit dem Störterm korreliert sind, werden dann in einem zweiten Schritt anstelle der endogenen → Regressoren ins Ursprungsmodell eingesetzt und das so entstehende neue Modell geschätzt. – Bei 2SLS handelt es sich um ein sog. Schätzverfahren mit beschränkter Information, da die Informationen über die Gesamtstruktur des Modells nicht ausgenutzt werden. – Vgl. auch → Kleinstquadratemethode, dreistufige.

Kleinunternehmer – 1. *Begriff*: Kleinunternehmer sind Unternehmer, deren Umsatz so geringfügig ist, dass das Umsatzsteuergesetz ihnen in wesentlichen Punkten die Erfüllung der umsatzsteuerlichen Pflichten nicht zumuten will. – 2. *Umsatzsteuerliche Behandlung:* a) *Grundsatz:* Der Kleinunternehmer gilt umsatzsteuerlich weiter als Unternehmer i.S.d. § 2 UStG und ist deswegen von den umsatzsteuerlichen Verpflichtungen nur dann befreit, wenn eine spezielle Sonderbestimmung (entweder in der Regelung für Kleinunternehmer in § 19 UStG oder an einer anderen Stelle des UStG) dies ausdrücklich so vorsieht. – b) Die Steuer für *eigene Umsätze des Kleinunternehmers* wird nicht erhoben, im Gegenzug steht dem Kleinunternehmer aber auch kein Vorsteuerabzug zu. Da die Kleinunternehmerregelung somit für den Betroffenen auch nachteilig sein kann, steht ihm ein Optionsrecht zur Regelbesteuerung zu (§ 19 II UStG); eine solche Option bindet dann für mind. fünf Jahre. Anderweitige Optionsrechte, durch die ein regelbesteuerter Unternehmer teilweise einen an sich steuerfreien Umsatz für steuerpflichtig erklären kann (z.B. Vermietung von Gebäuden an andere Unternehmer, § 9 UStG), sind für den Kleinunternehmer nachrangig, d.h. er kann solche Optionen überhaut nur dann nutzen, wenn er zuvor auf seinen Kleinunternehmerstatus verzichtet hat. Es ist also nicht möglich, sich nur für einige ausgewählte Umsätze zur Steuerpflicht zu entscheiden und im Übrigen den Kleinunternehmerstatus zu behalten. – c) *Dennoch zu entrichtende Steuerbeträge*: Ist der Kleinunternehmer dagegen Kunde eines anderen Unternehmers bei einem Umsatz, für den die *Steuerschuldnerschaft des Leistungsempfängers* vorgesehen ist (§ 13b des Gesetzes), so ist diese Steuer dennoch zu zahlen. Ebenso gilt die Regelung, dass, wer unberechtigt Umsatzsteuer in einer Rechnung ausweist, diese auch zu entrichten hat, auch für Kleinunternehmer (§ 14c UStG). Für Zwecke der → Erwerbsteuer gelten Kleinunternehmer, sofern sie nicht auf ihren Kleinunternehmerstatus verzichtet haben, als → Halbunternehmer. Beim Bezug von → innergemeinschaftlichen Dienstleistungen aus anderen Mitgliedsstaaten haben sie regulär die Umsatzsteuer für die bezogene Dienstleistung zu entrichten (§ 13b UStG, ab 2010). Hat ein Kleinunternehmer wegen Beteiligung an solchen Vorgängen eine Umsatzsteuererklärung abzugeben, geht sein Kleinunternehmerstatus allein hierdurch nicht verloren. – 3. *Relevante Umsatzgrenzen*: Kleinunternehmer ist nur, wessen Umsatz im Vorjahr die Schwelle von 17.500 Euro nicht überstiegen hat und im laufenden Kalenderjahr seine Umsätze nicht so weit ausweitet, dass er voraussichtlich 50.000 Euro übersteigen wird. Einschlägig für die Messung dieser Grenzen ist der → Gesamtumsatz, gekürzt um die Umsätze von Wirtschaftsgütern des → Anlagevermögens einschließlich der darauf entfallenden Steuer. – 4. *Europarechtliche Grundlagen*: Der Status des Kleinunternehmers ist in Europa nicht in allen Einzelheiten harmonisiert, insbesondere nicht hinsichtlich der Betragsgrenzen. Einschlägig sind die Art. 281 ff. der Mehrwertsteuersystemrichtlinie und bestimmte Ausnahmegenehmigungen und Sonderregelungen. Um zu verhindern, dass jemand die Vorteile aus den Kleinunternehmerregelungen mehrfach ausnutzt, indem er Umsätze geschickt auf mehrere Länder aufteilt, kann jeder den Kleinunternehmerstatus nur in dem Land in Anspruch nehmen, in dem er ansässig ist (vgl. dementsprechend den Einleitungssatz zu § 19 I UStG).

Klimarisiken – 1. *Begriff:* Klimarisiken für Unternehmen können in regularische → Risiken, physische Risiken, rechtliche Risiken, Reputationsrisiken und in wettbewerbs- und strategiebezogene Risiken unterteilt werden (vgl. Günther et. al. 2007). Jedes Risiko stellt auch immer eine Chance dar. – 2. *Klimarisikoarten: Regularische Risiken* entstehen durch staatliche Regulierung (z.B. → Emissionshandel).*Physische Risiken* entstehen durch den Anstieg des Meeresspiegels, der Temperatur und Veränderung der klimatischen Bedingungen.*Rechtliche Risiken* behandeln Risiken von Prozessen und Risiken durch Strafen und Sanktionierungen (→ Sanktion).*Reputationsrisiken* umfassen Risiken, die das öffentliche Ansehen eines Unternehmens betreffen.*Wettbewerbs- und strategiebezogene Risiken* beinhalten Wettbewerbsfaktoren (z.B. Energieeffizienz).

Klimawandel – Unter dem Begriff Klimawandel wird in allg. Verwendung die anthropogen verursachte Veränderung des Klimas auf der Erde verstanden. – Dieser Überlegung liegt die Annahme zugrunde, dass der Ausstoß von Treibhausgasen zu einer Erhöhung der Jahresdurchschnittstemperaturen führt (vgl. → IPCC). Neben Veränderungen der Vegetationen und Niederschlagshäufigkeiten, Anstieg des Meeresspiegels usw. ist auch mit einer Zunahme von Extremwetterereignissen zu rechnen (s. auch → Klimarisiken). Die Veränderungen führen daher auch für Unternehmen zu potenziellen Risiken und Chancen.

Klimawandelanpassung – Die Anpassungsmaßnahmen können technologischer Art (z.B. Bau einer Flutmauer, Einbau einer Klimaanlage bei erhöhten Durchschnittstemperaturen), aber auch organisatorischer Art sein (z.B. flexible Lagerungsmöglichkeiten für Produktionsbetriebe, längere Ruhepausen für Bauarbeiter bei großer Mittagshitze).

Klubtheorie → ökonomische Theorie des Clubs.

Klumpen – in der Statistik Bezeichnung für → Teilgesamtheiten (Primäreinheiten) beim → Klumpenstichprobenverfahren.

Klumpenauswahl – Verfahren der → Zufallsauswahl, bei dem Befragungspersonen in Gruppen gegliedert sind und jeweils ganze Gruppen ausgewählt werden. Die Gruppen oder Klumpen sollten in sich heterogen sein und spiegeln die Struktur der → Grundgesamtheit wider. Untereinander sollten die Gruppen vergleichbar sein. Jedes Element der Grundgesamtheit gehört nur einer dieser Klumpen an. – *Beispiel:* Aus zufällig ausgewählten Schulen werden alle Schüler befragt.

Klumpeneffekt – beim → Klumpenstichprobenverfahren die Erscheinung, dass eine vergleichsweise wenig wirksame (→ Wirksamkeit) → Schätzung von → Parametern der → Grundgesamtheit dadurch zustande kommt, dass die Primäreinheiten (→ Klumpen) bez. der Untersuchungsmerkmale homogen sind, also niedrige Varianzen aufweisen. Der Klumpeneffekt wird durch Bildung möglichst inhomogener Klumpen vermieden.

Klumpenstichprobenverfahren – Spezialfall eines → höheren Zufallsstichprobenverfahrens. Wird eine → Grundgesamtheit in → Teilgesamtheiten (Primäreinheiten; „Klumpen“) zerlegt und gelangen sämtliche Elemente der zufällig ausgewählten Klumpen in die Stichprobe, so liegt ein Klumpenstichprobenverfahren vor. Ein Klumpenstichprobenverfahren ist umso vorteilhafter, je inhomogener die Klumpen bez. der Untersuchungsmerkmale sind (→ Klumpeneffekt).

KN – Abk. für *Kombinierte Nomenklatur, Combined Nomenclature (CN)*

knappes Gut – *wirtschaftliches Gut, Wirtschaftsgut;* → Gut, das nicht zu jeder Zeit und an jedem gewünschten Ort in der gewünschten Qualität und Menge zur Verfügung steht (verfügbare Gütermenge < Bedarfsmenge). – *Gegenteil:* → freies Gut.

Knappheit – folgt aus der Tatsache, dass die Menge der → Güter, die zur vollständigen Befriedigung der menschlichen → Bedürfnisse (Sättigung) notwendig ist, deren Verfügbarkeit bzw. die Möglichkeiten der Produktion übersteigt. Knappheit bzw. → knappe Güter sind der Grund des wirtschaftenden Handelns von Menschen. Die auf → Märkten jeweils auftretenden → Preise sind Ausdruck dieser Knappheitsrelation (Knappheitspreise).

Knappheitspreise → Knappheit.

Knappschaft – einheitlicher Versicherungsträger für die Durchführung der → Knappschaftsversicherung (§ 136 SGB VI). Seit 1.1.2005 Deutsche Rentenversicherung Knappschaft-Bahn-See.

knappschaftliche Rentenversicherung → Knappschaftsversicherung.

Knappschaftsausgleichsleistung – Sonderleistung für langjährig unter Tage beschäftigte Bergleute, die wegen struktureller Veränderungen im Bergbau ihren Arbeitsplatz aufgeben müssen, mind. 55 Jahre alt sind und keinen Anspruch auf Rente wegen Erwerbsminderung haben (§ 239 SGB VI).

Knappschaftsrente → Bergmannsrente.

Knappschaftsruhegeld – Leistung der knappschaftlichen Rentenversicherung (→ Knappschaftsversicherung). Es gelten im Wesentlichen die allg. Rentenvorschriften des SGB VI über die → Altersrente mit knappschaftlichen Besonderheiten. Danach haben über die allg. Vorschriften (§§ 35–39 SGB VI) langjährig unter Tage beschäftigte Versicherte Anspruch auf Altersrente, wenn sie das 62. Lebensjahr vollendet und die → Wartezeit von 25 Jahren erfüllt haben (§ 40 SGB VI). – Die Altersrente kann als → Vollrente oder als → Teilrente in Anspruch genommen werden (§ 42 SGB VI).

Knappschaftsversicherung – Zweig der dt. Sozialversicherung.

I. Rechtsgrundlagen: Seit 1.1.1992 gilt das SGB VI – gesetzliche Rentenversicherung – mit Sonderregelungen für im Bergbau Beschäftigte.

II. Umfang: Krankenversicherung und knappschaftliche Rentenversicherung für alle in knappschaftlichen Betrieben oder berufsständischen Organisationen des Bergbaus beschäftigten Arbeiter und Angestellten, durchgeführt von der aus der Reichsknappschaft hervorgegangenen Bundesknappschaft. – 1. *Krankenversicherung:* im Wesentlichen nach den Vorschriften des SGB V durchgeführt. Für die Beurteilung der Versicherungspflicht und der Versicherungsberechtigung sowie für Art und Umfang der Leistungen sind die Bestimmungen des SGB V maßgeblich. – 2. *Rentenversicherung:* ebenfalls geregelt im SGB VI mit z.T. Sonderbestimmungen für die Knappschaftsversicherung wie z.B. die §§ 40, 45, 60, 79–87, 136–141, 239, 252 SGB VI. – Vgl. auch → Knappschaftsausgleichsleistungen.

III. Geltungsbereich: *Pflichtversichert* sind nach § 137 SGB VI u.a. alle in Bergbaubetrieben beschäftigten Arbeiter und Angestellten ohne Rücksicht auf die Höhe des Verdienstes.

IV. Leistungen: 1. *Maßnahmen* zur Erhaltung, Besserung und Wiederherstellung der Erwerbsfähigkeit. – 2. *Versichertenrenten:* Neben den Renten nach den §§ 35 ff. SGB VI: Altersrente für langjährig unter Tage beschäftigte Bergleute, Rente für Bergleute. – 3. *Hinterbliebenenrenten:* Witwen-/Witwerrente, → Waisenrente und Rente an die frühere Ehefrau. – 4. → Beitragserstattung. – 5. → Knappschaftsausgleichsleistung.

V. Beiträge: Die Pflichtversicherten der knappschaftlichen Rentenversicherung tragen die Beiträge entsprechend dem Vomhundertsatz der Rentenversicherung der Arbeiter und Angestellten; im Übrigen werden die Beiträge vom Arbeitgeber getragen (§ 168 III SGB VI).

VI. Gesetzliche Unfallversicherung: Sie wird nach § 114 I SGB VII in Verbindung mit der Anlage 1 von der Bergbauberufsgenossenschaft in Bochum durchgeführt.

Knebelungsvertrag→ Vertrag, der den Vertragspartner in unzumutbarer Weise der wirtschaftlichen Freiheit beraubt und nicht nur zulässigerweise beschränkt. Knebelungsvertrag kann gemäß § 138 I BGB wegen → Sittenwidrigkeit nichtig sein. Abgrenzung nur im Einzelfall möglich. Auch die → Sicherungsübereignung des gesamten Warenlagers kann als Knebelungsvertrag angesehen werden (→ Kredittäuschungsvertrag). – Vgl. auch → Globalabtretung.

Knotenkostenstelle – Kostenstelle innerhalb einer Kostenrechnungssoftware, die alleine Verrechnungs- bzw. Verdichtungszwecken dient.

Knotenrechner→ Computer, die sowohl in öffentlichen als auch in privaten → Netzen eingesetzt werden, wenn diese vermascht werden sollen. Knotenrechner übernehmen für die Übertragung der → Daten die Wegfindung durch das Netz, die Pufferung von Daten für Geschwindigkeitsanpassungen etc. Sie melden bzw. beheben aufgetretene Übertragungsfehler.

Know-how – Spezialwissen aus betrieblichen oder technischen Erfahrungen, z.B. Produktionserfahrungen, bes. Absatzerfahrungen u.Ä. Das Know-how kann im Wege der Erfahrenshingabe vertraglich *(Know-how-Vertrag)* einem anderen Betrieb, ähnlich wie bei der → Lizenz, zur Verfügung gestellt werden.

Know-how-Referenz → Referenzanlage bzw. -leistung.

Know-how-Vereinbarungen – vom Kartellverbot freigestellt durch die Technologietransfer- → Gruppenfreistellungsverordnung (Verordnung (EG) Nr. 772/2004 der Kommission vom 27.4.2004 über die Anwendung von Art. 81 III EG-Vertrag auf Gruppen von Technologietransfer-Vereinbarungen; ABl. L 123 vom 27.4.2004, S. 11). Die Technologietransfer-GVO betrifft neben Know-how-Lizenzvereinbarungen auch Patentlizenzvereinbarungen zwischen zwei Unternehmen, die diesen die Produktion der Vertragsprodukte oder Dienstleistungen ermöglichen. Vereinbarungen dieser oder ähnlicher Art, die nicht ausdrücklich verboten sind, sind vom Verbot des Art. 101 I AEUV (vormals: Art. 81 I EGV) freigestellt, sofern die festgelegten Marktanteilsschwellen nicht überschritten werden. Sie liegen bei 20 Prozent für Vereinbarungen zwischen Wettbewerbern und bei 30 Prozent für Vereinbarungen zwischen Nicht-Wettbewerbern. Bei Wettbewerbern wird dabei auf den gemeinsamen Marktanteil abgestellt, während bei Nicht-Wettbewerbern die individuellen Marktanteile der beteiligten Unternehmen betrachtet werden. Außerhalb des durch die Marktanteilsschwellen geschützten Bereichs ist eine Einzelfallprüfung nach Art. 101 III AEUV (vormals: Art. 81 III EGV) auf Grundlage der Technologietransfer-Leitlinien notwendig, die die Technologietransfer-GVO insoweit ergänzt.

Knowledge Discovery in Databases (KDD) – *Knowledge-Discovery-in-Databases (KDD)-Prozess;* umfassender Datenanalyseprozess, in dessen Kern Verfahren des → Data Mining zur Anwendung kommen. Der-Knowledge-Discovery-in-Databases (KDD)-Prozess umfasst folgende Phasen: (1) *Problemabgrenzung:* Zunächst muss sich der Analytiker mit dem Anwendungsbereich vertraut machen und das Problem eingrenzen. (2) *Definition der Data-Mining-Aufgabe:* Der Analytiker muss festlegen, welche → Daten für das untersuchte

Problem relevant sind, welche Arten von Aussagen (Modelltypen) das Data Mining liefern soll und wie die Interessantheit dieser Aussagen bewertet werden soll. (3) *Datenvorverarbeitung:* Die zuvor für problemrelevant befundene Datenbasis wird aus unterschiedlichen Datenbeständen (z.B. Scannerdaten unterschiedlicher Filialen) extrahiert und zu einem gemeinsamen Datenbestand zusammengeführt. Fehlende, widersprüchliche und als falsch identifizierte Daten werden aus den Datenbeständen entfernt. (4) *Codierung:* Viele Verfahren benötigen die Daten in einer bestimmten Form; → neuronale Netze z.B. häufig in einer dichotomen (0,1 oder -1,1) oder stetigen Form (nur Werte der Intervalle (0,1) oder (–1,1)), sodass die Daten u.U. codiert werden müssen. (5) → Data Mining. (6) *Modellvalidierung:* Das im Data Mining generierte Modell muss anhand von neuen Daten, die nicht für die Modellgenerierung herangezogen wurden, überprüft werden. (7) *Decodierung:* Eine Decodierung der Ergebnisse aus

Gabler Wirtschaftslexikon

Ko-Pe

Gabler Wirtschaftslexikon

Ko-Pe

18., aktualisierte und erweiterte Auflage

Springer Gabler

ISBN 978-3-8349-3464-2
DOI 10.1007/978-3-8349-3875-6

Die Deutsche Nationalbibliothek verzeichnet diese Publikation in der Deutschen Nationalbibliografie; detaillierte bibliografische Daten sind im Internet über http://dnb.d-nb.de abrufbar.

Springer Gabler

1. Auflage 1956, ..., 18., aktualisierte und erweiterte Auflage 2014

Redaktion: Stefanie Brich, Claudia Hasenbalg, Dr. Eggert Winter (Schriftleitung)
Korrektorat: Inge Kachel-Moosdorf
Layout und Satz: workformedia | Frankfurt am Main | München

Gedruckt auf säurefreiem und chlorfrei gebleichtem Papier

Springer Gabler ist eine Marke von Springer DE.
Springer DE ist Teil der Fachverlagsgruppe Springer Science+Business Media
www.springer-gabler.de

Verzeichnis der Abkürzungen

a. – anno (Jahr)
Abb. – Abbildung
AbfVerbG – Abfallverbringungsgesetz
AbgG – Abgeordnetengesetz
Abk. – Abkürzung
ABl – Amtsblatt
ABl EG – Amtsblatt der Europäischen Gemeinschaften
ABl EU – Amtsblatt der Europäischen Union
Abschn. – Abschnitt
Abt. – Abteilung
AbwAG – Abwasserabgabengesetz
ADSp – Allgemeine Deutsche Spediteurbedingungen
AEG – Allgemeines Eisenbahngesetz
a.F. – alte Fassung
AFB – Allgemeine Bedingungen für die Feuerversicherung
AG – Aktiengesellschaft; Amtsgericht; Ausführungsgesetz
AGB – Allgemeine Geschäftsbedingungen
AHB – Allgemeine Geschäftsbedingungen für die Haftpflichtversicherung
AKB – Allgemeine Bedingungen für die Kraftfahrtversicherung
AktG – Aktiengesetz
allg. – allgemein
amerik. – amerikanisch
AMG – Arzneimittelgesetz
AO – Abgabenordnung
AR – Aufsichtsrat
ArbGG – Arbeitsgerichtsgesetz
ArbNErfG – Arbeitnehmererfindergesetz
ArbPlSchG – Arbeitsplatzschutzgesetz
ArbStättV – Arbeitsstättenverordnung
ArbZG – Arbeitszeitgesetz
Art. – Artikel
ASiG – Gesetz über Betriebsärzte, Sicherheitsingenieure und andere Arbeitskräfte für Arbeitssicherheit
AStG – Außensteuergesetz
ATG – Altersteilzeitgesetz
AtG – Atomgesetz
AUB – Allgemeine Versicherungsbedingungen für die Unfallversicherung
Aufl. – Auflage
AÜG – Arbeitnehmerüberlassungsgesetz
AuslG – Ausländergesetz
AVB – Allgemeine Versicherungsbedingungen
AvmG – Altersvermögensgesetz
AWB – Allgemeine Bedingungen für die Leitungswasserversicherung
AWG – Außenwirtschaftsgesetz
AWV – Außenwirtschaftsverordnung
AZ – Aktenzeichen
AZO – Allgemeine Zollordnung

BaföG – Berufsausbildungsförderungsgesetz
BAG – Bundesarbeitsgericht
BAnz – Bundesanzeiger
BAT – Bundesangestelltentarif
BauGB – Baugesetzbuch
b.a.w. – bis auf weiteres
BBankG – Gesetz über die deutsche Bundesbank
BBergG – Bundesberggesetz
BBesG – Bundesbesoldungsgesetz
BBG – Bundesbeamtengesetz
BBiG – Berufsbildungsgesetz
BDSG – Bundesdatenschutzgesetz

BEG	– Bundesentschädigungsgesetz
ber.	– berichtigt
BerBiFG	– Berufsbildungsförderungsgesetz
BErzGG	– Bundeserziehungsgeldgesetz
bes.	– besonders(-e, -es, -er)
BetrAVG	– Gesetz zur Verbesserung der betrieblichen Altersvorsorge
BetrVG	– Betriebsverfassungsgesetz
BeurkG	– Beurkundungsgesetz
BewG	– Bewertungsgesetz
bez.	– bezüglich
BFH	– Bundesfinanzhof
BGB	– Bürgerliches Gesetzbuch
BGBl	– Bundesgesetzblatt (I = Teil I, II = Teil II, III = Teil III)
BGH	– Bundesgerichtshof
BHO	– Bundeshaushaltsordnung
BImSchG	– Bundes-Immissionsschutzgesetz
Bin(n)SchG	– Binnenschifffahrtsgesetz
BiRiLiG	– Bilanzrichtlinien-Gesetz
BM	– Bundesminister(ium)
BNatSchG	– Bundesnaturschutzgesetz
BOKraft	– Verordnung über den Betrieb von Kraftfahrtunternehmen im Personenverkehr
BörsG	– Börsengesetz
BörsZulV	– Börsenzulassungsverordnung
BPatG	– Bundespatentgericht
BPersVG	– Bundespersonalvertretungsgesetz
BpO	– Betriebsprüfungsverordnung
BRAGO	– Bundesgebührenordnung für Rechtsanwälte
BranntwMonG	– Branntweinmonopolgesetz
BRRG	– Beamtenrechtsrahmengesetz
BSG	– Bundessozialgericht
BSHG	– Bundessozialhilfegesetz
bspw.	– beispielsweise
BStBl	– Bundessteuerblatt
BtMG	– Bundesbetäubungsmittelgesetz
BUrlG	– Bundesurlaubsgesetz
BVerfG	– Bundesverfassungsgericht
BVerfGE	– Amtliche Sammlungen von Entscheidungen des Bundesverfassungsgerichts
BVerfGG	– Gesetz über das Bundesverfassungsgericht
BVerfSchG	– Bundesverfassungsschutzgesetz
BVerwG	– Bundesverwaltungsgericht
BVG	– Bundesversorgungsgesetz
BZRG	– Bundeszentralregistergesetz
bzw.	– beziehungsweise
ca.	– circa
DepotG	– Depotgesetz
d.h.	– das heißt
DPMA	– Deutsches Patent- und Markenamt
DRiG	– Deutsches Richtergesetz
DVO	– Durchführungsverordnung
EAG	– Europäische Atomgemeinschaft
EAGV	– Vertrag über die Europäische Atomgemeinschaft
EEG	– Erneuerbare-Energien-Gesetz
EGBGB	– Einführungsgesetz zum Bürgerlichen Gesetzbuch
EGGVG	– Einführungsgesetz zum Gerichtsverfassungsgesetz
EGHGB	– Einführungsgesetz zum Handelsgesetzbuch
EGKS	– Europäische Gemeinschaft für Kohle und Stahl
EGKSV	– Vertrag über die Europäische Gemeinschaft für Kohle und Stahl

EGStGB	– Einführungsgesetz zum Strafgesetzbuch
EGV	– Vertrag zur Gründung der Europäischen Gemeinschaft
EGVVG	– Einführungsgesetz zum Versicherungsvertragsgesetz
EJG	– Eurojust-Gesetz
engl.	– englisch
EnWG	– Energiewirtschaftsgesetz
ErbStDV	– Erbschaftssteuer-Durchführungsverordnung
ErbStG	– Erbschaftssteuer- und Schenkungsgesetz
EStDV	– Einkommensteuer-Durchführungsverordnung
EStG	– Einkommensteuer-Gesetz
EStH	– Einkommensteuer-Hinweise
EStR	– Einkommensteuer-Richtlinien
etc.	– et cetera
EU	– Europäische Union
EuGH	– Europäischer Gerichtshof
EuGVÜ	– Europäisches Gerichtsstands- und Vollstreckungsabkommen
EUV	– Vertrag über die Europäische Union
e.V.	– eingetragener Verein
evtl.	– eventuell
EVO	– Eisenbahn-Verkehrsordnung
EWGV	– Vertrag über die Europäische Wirtschaftsgemeinschaft
f.	– folgende(-r/-s)
FAG	– Finanzausgleichsgesetz
ff.	– folgende
FG	– Finanzgericht
FMStG	– Finanzmarktstabilisierungsgesetz
FGG	– Gesetz über die Angelegenheiten der freiwilligen Gerichtsbarkeit
FGO	– Finanzgerichtsordnung
franz.	– französisch
FstrG	– Bundesfernstraßengesetz
FVG	– Finanzverwaltungsgesetz
GBO	– Grundbuchordnung
GbR	– Gesellschaft bürgerlichen Rechts
geb.	– geboren
GebrMG	– Gebrauchsmustergesetz
GenG	– Genossenschaftsgesetz
GeschmMG	– Geschmacksmustergesetz
GewO	– Gewerbeordnung
GewStDV	– Gewerbesteuer-Richtlinien
GKG	– Gerichtskostengesetz
ggf.	– gegebenenfalls
GmbH	– Gesellschaft mit beschränkter Haftung
GmbHG	– Gesetz betreffend die Gesellschaften mit beschränkter Haftung
GMBl	– Gemeinsames Ministerialblatt
GO-BT	– Geschäftsordnung des Bundestages
GrEStG	– Grunderwerbsteuergesetz
griech.	– griechisch
GVG	– Gerichtsverfassungsgesetz
GWB	– Gesetz gegen Wettbewerbsbeschränkungen (Kartellgesetz)
GwG	– Geldwäschegesetz
H.	– Heft
HAG	– Heimarbeitsgesetz
HandwO	– Handwerksordnung
HGB	– Handelsgesetzbuch
HGrG	– Haushaltsgrundsätzegesetz
hl.	– heilig(-e, -er)
h.M.	– herrschende Meinung

Hrsg. – Herausgeber
HypBankG – Hypothekenbankgesetz

i.Allg. – im Allgemeinen
i.d.F. – in der Fassung
i.d.R. – in der Regel
i.e.S. – im engeren Sinn
inkl. – inklusive
InsO – Insolvenzordnung
InvG – Investmentgesetz
i.V. – in Verbindung
i.w.S. – im weiteren Sinn

JArbSchG – Jugendarbeitsschutzgesetz
Jg. – Jahrgang
JGG – Jugendgerichtsgesetz
Jh. – Jahrhundert

KapCoRiLiG – Kapitalgesellschaften- und Co-Richtlinie-Gesetz
KG – Kommanditgesellschaft
KGaA – Kommanditgesellschaft auf Aktien
KMU – klein- und mittelständische Unternehmen
KonTraG – Gesetz zur Kontrolle und Transparenz im Unternehmensbereich
KostO – Kostenordnung
KraftStG – Kraftfahrzeugsteuergesetz
KrW-/AbfG – Kreislaufwirtschafts- und Abfallgesetz
KschG – Kündigungsschutzgesetz
KStDV – Körperschaftsteuer-Durchführungsordnung
KStG – Körperschaftsteuergesetz
KStR – Körperschaftsteuer-Richtlinien
KUG – Kunsturhebergesetz
KWG – Gesetz über das Kreditwesen

lat. – lateinisch
LHO – Landeshaushaltsordnung
LMBG – Lebensmittel- und Bedarfsgegenständegesetz
LPartG – Lebenspartnerschaftsgesetz
LStDV – Lohnsteuer-Durchführungsverordnung
LStR – Lohnsteuer-Richtlinien
LZB – Landeszentralbank

MarkenG – Gesetz über den Schutz von Marken und sonstigen Kennzeichen
MEZ – Mitteleuropäische Zeit
mind. – mindestens
MinölStG – Mineralölsteuergesetz
Mio. – Millionen
MitBestG – Gesetz über die Mitbestimmung der Arbeitnehmer
MOG – Marktordnungsgesetz
MoMitbestG – Montan-Mitbestimmungsgesetz
Mrd. – Milliarden
MRRG – Melderechtsrahmengesetz
m.spät.Änd. – mit späteren Änderungen
MuSchG – Mutterschutzgesetz

n.Chr. – nach Christus
n.F. – neue Fassung
Nr. – Nummer

o.Ä. – oder Ähnliches
OEG – Opferentschädigungsgesetz

OHG	–	offene Handelsgesellschaft
OLG	–	Oberlandesgericht
ÖPNV	–	öffentlicher Personennahverkehr
OVG	–	Oberverwaltungsgericht
OWiG	–	Gesetz über Ordnungswidrigkeiten
p.a.	–	per anno (pro Jahr)
PartGG	–	Partnerschaftsgesellschaftsgesetz
PatG	–	Patentgesetz
PAuswG	–	Personalausweisgesetz
PBefG	–	Personenbeförderungsgesetz
PflVG	–	Pflichtversicherungsgesetz
PostG	–	Postgesetz
ProdHaftG	–	Produkthaftungsgesetz
PublG	–	Publizitätsgesetz
PVÜ	–	Pariser Verbandsübereinkommen
RfStV	–	Rundfunkstaatsvertrag
RGBl	–	Reichsgesetzblatt
RKG	–	Reichsknappschaftsgesetz
RPflG	–	Reichspflegegesetz
RVO	–	Reichsversicherungsordnung
s.	–	siehe
S.	–	Seite
SchG, ScheckG	–	Scheckgesetz
SchiffsG	–	Schiffsgesetz
SchRO	–	Schiffsregisterordnung
SchwbG	–	Schwerbehindertengesetz
SeemG	–	Seemannsgesetz
SGB	–	Sozialgesetzbuch
SGG	–	Sozialgerichtsgesetz
SigG	–	Signaturgesetz
sog.	–	sogenannte(-r, -s)
Sp.	–	Spalte(-n)
StabG	–	Stabilitätsgesetz
StBErG	–	Steuerberatungsgesetz
Std.	–	Stunde(-n)
StGB	–	Strafgesetzbuch
StPO	–	Strafprozessordnung
TDG	–	Teledienstgesetz
TEHG	–	Treibhaus-Emissionshandelsgesetz
TierSG	–	Tierseuchengesetz
TKG	–	Telekommunikationsgesetz
TVG	–	Tarifvertragsgesetz
TzBfG	–	Teilzeit- und Befristungsgesetz
u.a.	–	und andere; unter anderem
u.Ä	–	und Ähnliche(-s)
UBGG	–	Gesetz über Unternehmensbeteiligungsgesellschaften
UKlaG	–	Unterlassungsklagengesetz
UmweltHG	–	Umwelthaftungsgesetz
UmwG	–	Umwandlungsgesetz
UmwStG	–	Umwandlungssteuergesetz
UrhRG	–	Urheberrechtsgesetz
UStDV	–	Umsatzsteuer-Durchführungsverordnung
UStG	–	Umsatzsteuergesetz
UStR	–	Umsatzsteuer-Richtlinien
usw.	–	und so weiter
u.U.	–	unter Umständen

UVPG – Gesetz über die Umweltverträglichkeitsprüfung
UWG – Gesetz gegen den unlauteren Wettbewerb

v.a. – vor allem
VAG – Versicherungsaufsichtsgesetz
VBL – Versorgungsanstalt des Bundes und der Länder
v.Chr. – vor Christus
VerbKrG – Verbraucherkreditgesetz
VerlG – Verlagsgesetz
VG – Verwaltungsgericht
VGH – Verwaltungsgerichtshof
vgl. – vergleiche
VO – Verordnung
VOB – Vergabe- und Vertragsordnung für Bauleistungen
VOF – Verdingungsordnung für freiberufliche Leistungen
VOL – Verdingungsordnung für Leistungen
vs. – versus
VSF – Vorschriftensammlung der Bundesfinanzverwaltung
VStG – Vermögenssteuergesetz
VVG – Versicherungsvertragsgesetz
VwGO – Verwaltungsgerichtsordnung
VwVfG – Verwaltungsverfahrensgesetz

WaffG – Waffengesetz
WEG – Wohneigentumsgesetz
WeinG – Weingesetz
WG – Wechselgesetz
WHG – Wasserhaushaltsgesetz
WiStG – Wirtschaftsstrafgesetz
WoBauG – Wohnungsbaugesetz
WoGG – Wohngeldgesetz
WpHG – Wertpapierhandelsgesetz
WPO – Wirtschaftsprüferordnung
WRV – Weimarer Reichsverfassung

Hinweise für den Benutzer

Die zahlreichen Sachgebiete des Gabler Wirtschaftslexikons sind nach Art eines Konversationslexikons in mehr als 25.000 Stichwörter gegliedert. Unter einem Stichwort ist die Erklärung zu finden, die dem Benutzer sofort erforderliches Wissen ohne mehrmaliges Nachschlagen vermittelt. Die zahlreichen Verweiszeichen (→) zielen auf Begriffe, die dem Leser zusätzliche Informationen bieten und eine Einordnung in größere Zusammenhänge ermöglichen.

Die alphabetische Reihenfolge ist – auch bei zusammengesetzten Stichwörtern – strikt eingehalten. Dies gilt für Begriffe, die durch Bindestrich verbunden sind, als auch für Begriffe, die aus mehreren durch Leerzeichen oder Kommata getrennten Wörtern bestehen. In beiden Fällen erfolgt die Sortierung als sei der Bindestrich bzw. das Leerzeichen oder das Komma nicht vorhanden. So steht z.B. „Business-to-Business-Consumer-Market“ vor „Business Tool“. Die Umlaute ä, ö und ü wurden bei der Einordnung in das Alphabet wie die Grundlaute a, o und u behandelt, ß ist wie ss anzusehen.

Geläufige Synonyme und anglo-amerikanische Termini werden jeweils am Anfang eines Stichwortes aufgeführt.

Rechtsvorschriften sind, soweit notwendig, angegeben. Dabei ist z.B. „§ 3 I UWG“ zu lesen als „Paragraph 3 Absatz 1 des Gesetzes gegen den unlauteren Wettbewerb“. „BGBl I 1414“ bedeutet „Bundesgesetzblatt Teil I, Seite 1414“; das Erscheinungsjahr ergibt sich aus dem im Text angegebenen Zeitpunkt der Bekanntmachung der Rechtsvorschrift.

Ko

Koalition – I. Organisation: Zeitlich begrenzter Zusammenschluss von mind. zwei Personen oder → Gruppen, die gemeinsam ihre in *Verhandlungsprozessen* zum Ausgleich gebrachten Interessen zu erreichen versuchen. Nach Mitgliedschaft in der Organisation kann zwischen *internen* (Unternehmensleitung, übriges Management und Arbeitnehmer) und *externen* (z.B. nicht geschäftsführende Anteilseigner, Marktpartner, Repräsentanten des öffentlichen Interesses) Koalitionen unterschieden werden. Die Bildung von Koalitionen und Koalition-Beziehungen wird bes. im Zusammenhang politischer Prozesse und mit der Ausübung von Macht in der Organisation untersucht.

II. Arbeitsrecht: 1. *Begriff:* Vereinigungen von Arbeitnehmern oder -gebern zur Wahrung ihrer Interessen bei der Gestaltung von Arbeits- und Wirtschaftsbedingungen. Es braucht sich nicht um Zusammenschlüsse von Angehörigen eines Berufs zu handeln (→ Berufsverbände, → Berufsverbandsprinzip). In der Bundesrepublik Deutschland grenzen sich die Arbeitnehmer- und Arbeitgeberverbände (→ Berufsverbände) überwiegend nach Industriezweigen (→ Industrieverbandsprinzip, → Industriegewerkschaften (IG)) ab. – 2. *Bedeutung:* Koalitionen genießen einen bes. verfassungsrechtlichen Schutz (Art. 9 III GG), → Koalitionsfreiheit. Nur Koalitionen sind tariffähig (§ 2 I TVG), zusätzlich der einzelne Arbeitgeber (→ Tariffähigkeit). Grundsätzlich können nur Koalitionen einen rechtmäßigen → Arbeitskampf führen (Streikmonopol der Gewerkschaften, → Streik). Sie dürfen ihre Mitglieder vor den → Arbeitsgerichten vertreten (→ Arbeitsgerichtsbarkeit). – 3. *Geschichte:* Zunächst bildeten sich im 19. Jh. die Gewerkschaften, um der Übermacht der Arbeitgeberseite entgegenzuwirken. Darauf antworteten die Arbeitgeber mit der Gründung eigener Verbände. – Vgl. auch → Gewerkschaft. – 4. *Voraussetzungen* aufgrund der Entstehungsgeschichte: a) *Freiwillige Zusammenschlüsse* (Ausnahmsweise ist den Innungen Tariffähigkeit verliehen worden, § 54 III Nr. 1 HandwO). – b) *Zusammenschluss für eine gewisse Dauer* (Bestandsgarantie), nicht für einen einmaligen Zweck (Ad-hoc-Koalition), um etwa das Verbot des wilden Streiks (→ Streik) zu umgehen. – c) Eine *Vereinigung,* deren Zweck die Wahrung und Förderung von Arbeits- und/oder Wirtschaftsbedingungen auf der Grundlage des geltenden Tarifrechts (→ Tarifautonomie, → Tarifvertrag) ist. – d) Eine *gegnerfreie Vereinigung,* d.h. ein Verband, der Arbeitgeber und -nehmer umfasst, ist keine Koalition. – e) Eine von der Gegenseite *unabhängige Vereinigung,* was nur bei überbetrieblicher Organisation gewährleistet ist. – *Ausnahme:* Gewerkschaften der Eisenbahner und Postbediensteten sind wegen ihrer Größe Koalition – *Nicht erforderlich:* Rechtsfähigkeit. Die Gewerkschaften sind meist als nicht rechtsfähige Vereine organisiert. – 5. *Aufnahmeanspruch:* Wegen überragender Machtstellung erkennt die Rechtsprechung grundsätzlich einen solchen Anspruch an. – 6. *Bestehende Koalitionen:* → Gewerkschaften, → Berufsverbände.

III. Spieltheorie: → kooperative Spieltheorie.

Koalitionsfreiheit – Recht für jedermann und alle Berufe, zur Wahrung und Förderung der Arbeits- und Wirtschaftsbedingungen Vereinigungen zu bilden (Art. 9 III GG). – 1. *Individuelle Koalitionsfreiheit:* Die Koalitionsfreiheit steht „jedermann" zu, auch Ausländern. Koalitionsfreiheit gilt für alle Berufe, auch für Beamte, Richter, Ärzte (hier aber Einschränkung oder Ausschluss des Streikrechts, → Arbeitskampf). Die individuelle Koalitionsfreiheit beinhaltet auch, sich für die Koalition, der man beigetreten ist, zu betätigen. – 2. *Kollektive Koalitionsfreiheit:* Auch die Koalition als solche ist geschützt; dazu gehören: – a) *Bestandsgarantie für die Verbände.* – b) *Betätigungsgarantie:* Recht, durch spezifisch koalitionsgemäße Betätigung die durch Art. 9 III GG gestellten Aufgaben zu erfüllen, z.B. Abschluss von Tarifverträgen (→ Tarifautonomie), Mitwirkung im Bereich der Betriebsverfassung, Anhörung im Gesetzgebungsverfahren, Vertretung der Mitglieder der Koalition vor den Arbeitsgerichten, Verteilung von Werbe- und Informationsmaterialien durch betriebsangehörige Gewerkschaftsmitglieder außerhalb der Arbeitszeit und während der Pausen. Jede Betätigung der Koalition ist geschützt, die für die Erhaltung und Sicherung der Koalition unerlässlich ist. – c) *Schutz der Koalitionszwecke und der Kampfmittel:* Der Gesetzgeber hat ein Tarifvertragssystem zur Verfügung zu stellen und muss den Arbeitskampf zulassen. Der Arbeitskampf (→ Streik, → Aussperrung) ist durch Art. 9 III GG institutionell geschützt. – 3. *Drittwirkung:* Das Grundrecht der Koalitionsfreiheit gilt auch im privatrechtlichen Bereich, also etwa im Verhältnis Arbeitgeber und Arbeitnehmer (Art. 9 III 2 GG). Danach sind Abreden, die die Koalitionsfreiheit einschränken, nichtig; hierauf gerichtete Maßnahmen sind rechtswidrig. – *Beispiel:* Eine Aussperrung, die gezielt nur Gewerkschaftsmitglieder erfasst, nicht Organisierte dagegen ausnimmt. Der Einzelne wie die Koalition können wegen der Verletzung der Koalitionsfreiheit Schadensersatzansprüche geltend machen. – 4. *Negative Koalitionsfreiheit:* Freiheit des Einzelnen, einer Koalition fernzubleiben. Sie ist nach überwiegender Meinung ebenfalls durch Art. 9 III GG geschützt, da sie die Kehrseite des Rechts ist, sich zu einer Koalition zusammenzuschließen. Das Prinzip des → Closed

Shop, nach dem nur organisierte Arbeitnehmer eingestellt werden dürfen (Organisationsklausel), darf nicht vereinbart werden.

Koaxialkabel – Medium für die Übertragung von → Daten, bei dem die Daten mittels elektromagnetischer Wellen über zwei ineinander liegende (koaxial angeordnete) Kupferleiter übertragen werden. Eine hohe Sicherheit gegen Störungen durch elektrische Felder und Breitband-Übertragung ist dadurch möglich (→ Breitband). – *Nachteile* gegenüber → Glasfaserkabel: geringere Breite des Übertragungsbandes und geringere Sicherheit (einfach anzapfbar). – *Vorteil:* billiger.

Kodezisionsverfahren → EU-Gesetzgebung, → Europäisches Parlament.

Kodierung → Codierung.

Kodifikation – Zusammenfassung von Rechtsvorschriften eines bestimmten Rechtsgebiets in einem einheitlichen Gesetz (Codex), z.B. dem Bürgerlichen Gesetzbuch (BGB), dem Sozialgesetzbuch (SGB) u.a.

Koeffizient – Zahl, die als Faktor bei einem → Term mit Variablen steht, z.B. 2 und 5 bei dem Term $2x^3 + 5x$.

Koevolution – 1. *Begriff:* Gemeinsame, aufeinander abgestimmte Entwicklungen, z.B. verschiedener Arten, Prozesse oder Systeme. Die Entwicklung des kognitiven Apparates (→ Kognition), der Sprache, Kultur, Technik etc. hat zu einer Abkopplung des sozioökonomischen Systems vom biologischen Selektionsdruck geführt und diesen durch immer differenziertere Selbststeuerungsprozesse abgelöst. Evolutionär erworbene und an die relativ einfach strukturierte Lebenswelt des Menschen früherer Evolutionsstadien angepasste Verhaltensweisen, kognitive Muster und Denkgewohnheiten erweisen sich im Umgang mit den damit verbundenen komplexen Problemen (→ Komplexität) als inadäquat und gefährlich (→ evolutionäre Erkenntnistheorie, → Konstruktivismus). – 2. Während die kulturelle und technisch-ökonomische Entwicklung eine rasante Dynamik entfaltet, dabei den *Koevolutionszusammenhang* mit der → Biosphäre durchbricht und so einen sehr komplexen Problemdruck schafft, entwickeln sich die kognitiven Problemlösungsfähigkeiten in weitaus geringerem Maße. Die → ökologische Krise kann als ein Resultat dieser evolutiven Scherenentwicklung, als evolutionäre Anpassungskrise sowohl unserer Erkenntnis- und Verhaltensstrukturen, als auch der technischen Produkte und ökonomischen Institutionen verstanden werden. Der evolutionäre Ansatz ist umfassender als die der traditionellen Umweltpolitik zugrunde liegenden Theorien des Markt- und Staatsversagens. – Vgl. auch → industrielles Ökosystem, → Systemmanagement.

Koexistenz – politischer Begriff für ein friedliches Nebeneinanderleben von Völkern oder Menschen verschiedener politischer Weltanschauungen.

Kofinanzierung – Darlehen der Weltbank (→ IBRD), gewährt in Zusammenarbeit mit anderen Institutionen: V.a. Regierungen und Regierungsstellen, Exportkreditorganisationen sowie privaten Finanzinstitutionen (bes. Geschäftsbanken). Die vertragliche Ausgestaltung ist unterschiedlich. In Zusammenhang mit der Verschuldungskrise hat die Kofinanzierung an Bedeutung gewonnen.

Kognition – *Kenntnis, Erkenntnis;* in konstruktivistischer Perspektive (→ Konstruktivismus) ein biologisches Phänomen der Lebensbewältigung. Demnach verfügt ein Lebewesen über Kognition, wenn es in der Lage ist, seine Fortexistenz unter dem Einfluss von (störenden) Außenreizen zu erhalten. Die Zuschreibung von Kognition geschieht durch einen Beobachter des Lebewesens, wenn er bei diesem erfolgreiche Störungsbewältigung feststellt. Kognition kann also auch mit überlebensverträglichem Handeln umschrieben werden. In Bezug auf die Möglichkeit des neuzeitlichen Menschen, Erkenntnisse über seine überlebensrelevante Umwelt zu generieren, werden zunehmend Kognitionsbarrieren (Virtualisierung und Entsinnlichung der Welt, Problematik der Begrenzung des Zeithorizonts menschlicher Wahrnehmung, Komplexitätszuwachs der überlebensrelevanten Umwelt) diskutiert. Derartige neuzeitliche Tendenzen scheinen die evolutionäre Passung des Menschen und damit seine Überlebensfähigkeit zu gefährden (→ Koevolution). – Innerhalb des psychischen Systems werden kognitive Vorgänge, die als gedankliche oder rationale Prozesse verstanden werden, den aktivierenden Konzepten → Emotion, → Motivation und → Einstellung gegenübergestellt. Die kognitiven Prozesse beziehen sich auf die Informationsaufnahme des Menschen durch die Wahrnehmung, die Beurteilung des Wahrgenommenen, die Speicherung des Wahrgenommenen im Gedächtnis sowie die Verknüpfung dieser Gedächtnisinhalte zu einem System des Wissens.

kognitive Dissonanz – 1. *Begriff:* → Kognitionen sind Erkenntnisse des Individuums über die Realität. Einzelne Kognitionen können in einer Beziehung zueinander stehen. Kognitive Dissonanz entsteht, wenn zwei zugleich bei einer Person bestehende Kognitionen einander widersprechen oder ausschließen. Das Erleben dieser Dissonanz führt zum Bestreben der Person, diesen Spannungszustand aufzuheben, indem eine Umgebung aufgesucht wird, in der sich die Dissonanz verringert oder selektiv Informationen gesucht werden, die die Dissonanz aufheben. – 2. *Beispiel:* Das Wissen über ein erhöhtes Krebsrisiko kann bei Rauchern kognitive Dissonanz hervorrufen, denn die positive Einstellung zum Rauchen steht im Widerspruch zu den unerwünschten Konsequenzen. – 3. *Möglichkeiten der Dissonanzreduktion:* (1) Vermeidung von kognitiver Dissonanz durch Nichtwahrnehmung oder Leugnen von Informationen; (2) Änderung von Einstellungen oder Verhalten (Verzicht auf das Rauchen, Abwerten der Glaubwürdigkeit medizinischer Forschungsergebnisse); (3) selektive Beschaffung und Interpretation dissonanzreduzierender Informationen (z.B. ein starker Raucher wurde 96 Jahre alt). – 4. *Bedeutung für das Marketing*: kognitive Dissonanz kann vor und nach wichtigen Kaufentscheidungen auftreten. Sie entsteht sehr oft, wenn die betrachteten Alternativen sowohl Vor- als auch Nachteile haben. Dies führt zu einem kognitiven Konflikt für den Entscheider, wodurch es (bezogen auf den Kaufprozess) zu einer Verzögerung oder gar zu einem Nichtkauf bzw. Rücktritt vom Kauf kommen kann. Ziel des Marketings muss es deshalb sein, kognitive Dissonanz zu verhindern bzw. zu reduzieren. Möglichkeiten: Vermindern der Bedeutung einer Entscheidung, Nachkauf-Werbung auf Gebrauchsanweisungen etc.

kognitive Karte → Mental Map.

Kognitivismus → Ethik.

Kohärenz des Steuersystems – 1. *Begriff*: Ein Schlüsselbegriff aus dem → Europarecht; der innere Zusammenhalt einer gesetzlichen Norm, gemeint v.a.: das → Steuerrecht. Die „Kohärenz des Steuersystems" ist ein zentrales Argument bei der Auseinandersetzung um die Vereinbarkeit einzelner nationaler Steuervorschriften mit dem Europarecht. – 2. *Bedeutung*: a) *zunehmende Konflikte zwischen nationalem und europäischem Recht:* Der nationale Gesetzgeber ist in der Gestaltung seines Steuergesetzes nach dem EG-Vertrag frei, soweit es nicht Vorgaben der EU gibt. Es sind jedoch in diesem Rahmen z.B. auch die allg. gehaltenen Vorgaben der europarechtlichen Grundfreiheiten zu beachten, sodass steuerliche Regelungen zwar frei gewählt werden dürfen, sie aber z.B. nicht ohne einen zwingenden Rechtfertigungsgrund die Möglichkeiten der Unternehmen, sich im Ausland niederzulassen, behindern oder weniger attraktiv machen dürfen. Die Konflikte, bei denen nationale steuerliche Vorschriften vor dem Hintergrund der Grundfreiheiten sich als rechtswidrig herausstellen, haben in den letzten Jahren und Jahrzehnten ständig zugenommen, da es infolge der zunehmenden Internationalisierung der Wirtschaft auch immer mehr praktische Fälle gibt. – b) *mögliche Rechtfertigung, Grundregeln für die Überprüfung*: Nationale Steuerregeln, die die Wirkung der Grundfreiheiten beeinträchtigen, können jedoch vom Europarecht toleriert werden, wenn sie sachlich gerechtfertigt sind. Dabei muss jede steuerliche Regelung einzeln betrachtet werden; Effekte anderer Regeln dürfen nicht in die Debatte eingeführt werden. – c) *Rolle der „Kohärenz"*: In diesem Zusammenhang ist es nötig, abzugrenzen, wann mehrere steuerliche Bestimmungen/steuerliche Effekte Teil ein und desselben Ganzen bilden (= eine Regelung) oder nicht zwingend miteinander zu tun haben (= mehrere, verschiedenen Regelungen, deren gemeinsame Betrachtung sich europarechtlich verbietet). Der Grundsatz der „Kohärenz" besagt in diesem Zusammenhang, dass sachlich zwingend zusammen hängende Vorschriften auch zusammenhängend zu betrachten sind: hängt also z.B. eine Nichtabsetzbarkeit bestimmter Ausgaben (nur für Ausländer) sachlich zwingend zusammen damit, dass die zugehörigen Einnahmen ihrerseits ebenfalls (nur für Ausländer) nicht steuerpflichtig sind, kann ein Staat nicht europarechtlich gezwungen werden, einem EU-Bürger die Abzugsfähigkeit der Ausgaben zuzugestehen, ohne zugleich auch die Steuerpflicht der zugehörigen Einnahmen durchsetzen zu können. Es geht also letztlich darum, inhaltlich zusammengehörige Vorschriften auch zusammengehörend anzuwenden. – 3. *Einzelheiten*: Nachdem die Mitgliedsstaaten mehrere Jahre lang tendenziell versucht hatten, zu argumentieren, alle steuerlichen Vorschriften ihres Steuerrechts bildeten insgesamt ohnehin ein untrennbares Ganzes (was eine gerichtliche Prüfung einzelner Bestimmungen fast unmöglich gemacht hätte), hat der Europäische Gerichtshof das Wesen der „Kohärenz" einer Steuerregelung zunehmend enger definiert, z.B.: a) keine gemeinsame Betrachtung einer Ausgabe beim Steuerpflichtigen X mit ihren steuerlichen Folgen beim Empfänger Y, – b) keine Berücksichtigung pauschal unterstellter, im Einzelfall aber nicht wirklich immer eintretender Zusammenhänge. Dementsprechend wird die im Steuerrecht übliche, europarechtlich aber auch in anderen Rechtsbereichen nicht akzeptierte Sitte, Zusammenhänge typisierend zu unterstellen, obwohl sie im Einzelfall nicht existieren, bei der Definition der Kohärenz einer Regelung nicht akzeptiert.

Kohäsion – Wirtschaftlicher und sozialer Zusammenhalt (Art. 174 AEUV). Eine der Hauptaufgaben der → EU besteht heute in der Förderung der Kohäsion zwischen den Mitgliedsstaaten. Bereits in der Präambel der zum 1.1.1958 errichteten → EWG wurde bestimmt, dass mit der Gemeinschaftsgründung dazu beigetragen werden soll, die zwischen den einzelnen Teilräumen des Gemeinsamen Marktes bestehenden Divergenzen bez. ihrer wirtschaftlichen und sozialpolitischen Leistungskraft abzubauen und dadurch den Zusammenhalt der Gemeinschaft zu festigen. Mit der Einheitlichen Europäischen Akte (→ EEA) wurde dem Kohäsionsziel in Gestalt der Aufnahme eines eigenen Titels „Wirtschaftlicher und Sozialer Zusammenhalt" (Titel XVIII, Art. 174-178 AEUV) ein deutlich erhöhter Stellenwert zugewiesen. Um einen möglichst effektiven Einsatz der Mittel zu gewährleisten, wurde in Art. 174 AEUV der Grundsatz der vorrangigen Konzentration auf eine Verringerung des „Rückstands der am stärksten benachteiligten Gebiete" festgeschrieben. Zentrale Bedeutung erlangte die Kohäsionsförderung schließlich dadurch, dass mit dem Vertrag über die EU die „Stärkung des wirtschaftlichen und sozialen Zusammenhalts" in den Katalog der integrationspolitischen Hauptziele (Art. 4 II lit. c AEUV) aufgenommen wurde. Mit dem → Vertrag von Lissabon wird eine dritte Dimension hinzu kommen, und zwar die des territorialen Zusammenhalts, d.h. einer ausgewogenen, nachhaltigen Raumentwicklung. – Im Förderzeitraum 2007-2013 stehen der Kohäsionspolitik 35,7 Prozent des gesamten → EU-Haushalts zur Verfügung, das sind 347,41 Mrd. Euro. Deutschland erhält aus diesen Mitteln 26,34 Mrd. Euro. Mithilfe der drei Strukturfonds werden die folgenden drei Ziele gefördert: – a) Konvergenz (→ EFRE, ESF, → Kohäsionsfonds), insgesamt ca. 82 Prozent der Strukturmittel), – b) regionale Wettbewerbsfähigkeit und Beschäftigung (→ EFRE, ESF), insgesamt ca. 16 Prozent der Strukturmittel, – c) europäische territoriale Zusammenarbeit (EFRE), insgesamt ca. 2,5 Prozent der Strukturmittel. Die Bedeutung des Kohäsionsziels kommt ferner darin zum Ausdruck, dass im Förderzeitraum 2007-2013 die Strukturfonds weitgehend an die Prioritäten der → Lissabon-Strategie für Wachstum und Beschäftigung gebunden sind: 60 Prozent aller Ausgaben unter dem Ziel „Konvergenz" und 75 Prozent unter dem Ziel „Regionale Wettbewerbsfähigkeit und Beschäftigung" sollen diesen Prioritäten zu Gute kommen. – In Ergänzung der bereits bestehenden Strukturfonds im Jahre 2002 sind der Europäische Solidaritätsfonds zur Unterstützung bei Naturkatastrophen und im Jahre 2006 der Europäische Globalisierungsanpassungsfonds zur Unterstützung von Arbeitnehmern, die aufgrund des Globalisierungsdrucks entlassen worden sind, eingerichtet worden. – IPA: Das Kohäsions-Instrument für Heranführungshilfe IPA (Instrument for Pre-Accession Assistance) hat seit Januar 2007 die bestehenden Programme und Instrumente für die Beitrittskandidaten PHARE, PHARE CBC (Cross-Border-Co-operation), ISPA (Instrument for Structural Policies for Pre-Accession, Strukturpolitisches Instrument zur Vorbereitung auf den Beitritt), SAPARD (Special Accession Programme for Agriculture and Rural Development, Beitrittsprogramm für Landwirtschaft und ländliche Entwicklung), CARDS (Community Assistance for Reconstruction, Development and Stabilisation; Gemeinschaftsunterstützung für Wiederaufbau, Entwicklung und Stabilisierung) und das Finanzierungsinstrument für die Türkei ersetzt. IPA bereitet die Beitrittskandidaten auf die Europäischen Fonds vor, die dieselben Bereiche abdecken. – Der Kohäsionspolitik kommt in der derzeitigen Wirtschaftskrise eine große Bedeutung zu, da sie einerseits eine wichtige Finanzquelle darstellt, mit deren Hilfe die Auswirkungen der Krise abgemildert werden können und Investitionen zur wirtschaftlichen Wiederbelebung und zum Schutz und zur Fortbildung der Arbeitnehmer getätigt werden können. Die Kommission hat zusätzlich beim EFRE und dem ESF eine erleichterte, flexiblere und vorgezogene Mittelverwendung in der Krise ermöglicht.

Kohäsionsfonds – 1. *Gegenstand:* Art. 177 AEUV bestimmt, dass in Ergänzung zu den herkömmlichen Strukturfonds der Europäischen Union (→ EU) ein spezieller Kohäsionsfonds zu errichten ist, durch den zu Vorhaben in den Bereichen Umwelt und transeuropäische Netze finanziell beigetragen wird. Der Kohäsionsfonds wurde am 30.3.1993 provisorisch und am 25.5.1994 definitiv errichtet (Verordnung (EG) Nr. 1164/94; inzwischen ersetzt durch die Verordnung (EG) Nr. Nr. 1084/2006). Auch die am Europäischen Wirtschaftsraum (→ EWR) teilnehmenden EFTA-Staaten (→ EFTA) (ohne Schweiz) leisten Beiträge zur Finanzierung des Kohäsionsfonds. – 2. Der *Kern der Zielsetzung* des Kohäsionsfonds besteht darin, dass eine Verbesserung infrastruktureller Gegebenheiten einer effektiveren Erschließung potenzieller Integrationsvorteile (Senkung von Transaktionskosten) zu dienen vermag. Speziell geht es darum, das wirtschaftliche Gefälle zwischen den EU-Mitgliedstaaten sowie die strukturellen Nachteile einzelner Mitgliedstaaten zu reduzieren. Umwelt- bzw. Verkehrsinfrastruktur-Vorhaben, die in den Genuss von Fondsmitteln kommen sollen, müssen zwischen der → Europäischen Kommission und dem betreffenden Mitgliedsstaat vereinbart sein. – 3. *Mittelausstattung:* Für den Siebenjahreszeitraum 2007-2013 beträgt die Mittelausstattung 70 Mrd. Euro. – 4. *Förderfähige Länder:* Der Kohäsionsfonds hilft den Mitgliedstaaten, deren BIP pro Einwohner unter 90 Prozent des EU-Durchschnitts liegt. Zwischen 2007-2013 werden folgende Mitgliedstaaten gefördert: Bulgarien, Rumänien, Zypern, Estland, Griechenland, Ungarn, Lettland, Litauen, Malta, Polen, Portugal, die Tschechische Republik, die Slowakei und Slowenien. Spanien erhält eine Übergangsförderung. Bis Ende 2013 wird die Wirksamkeit der Maßnahmen überprüft. – Vgl. auch → Kohäsion.

Kohlepolitik – *Begriff:* Maßnahmen zur Sicherung und Erhaltung des → Steinkohlenbergbaus (Kernanteil) sowie Schaffung von wettbewerbsfähigen Rahmenbedingungen für den subventionsfreien Braunkohlebergbaus mit dem Ziel, die Versorgungssicherheit in Deutschland zu gewährleisten. – *Beihilfen:* Staatliche Beihilfen für den Steinkohlenbergbau waren nach dem 2002 ausgelaufenen Vertrag über die Gründung der Europäischen Gemeinschaft für Kohle und Stahl (EGKSV) genehmigungspflichtig. Staatliche Zuschüsse waren danach nur zulässig, um einen Ausgleich zwischen den Produktionskosten und den erzielten Erlösen pro Tonne zu erreichen (nur in den Absatzbereichen Strom- und Stahlerzeugung). – Die durch das Dritte Verstromungsgesetz vom 13.12.1974 eingeführte → Ausgleichsabgabe (sog. Kohlepfennig) als Finanzierungsinstrument wurde 1994 vom Bundesverfassungsgericht als nicht verfassungskonform erklärt; diese Regelung lief Ende 1995 aus. – Das Gesetz über Hilfen für den dt. Steinkohlebergbau bis zum Jahr 2005 (Steinkohlebeihilfengesetz) vom 17.12.1997 sieht jährlich abnehmende Zuschüsse durch den Bund und das Land Nordrhein-Westfalen vor, was zu einem Rückgang der Förderkapazitäten bei den Bergbauunternehmen führt. Erhielt der Bergbau 1998 ca. 4,76 Mrd. Euro Beihilfen, so waren für das Jahr 2005 nur noch 2,71 Mrd. Euro vorgesehen. Im Rahmen des für den Zeitraum 2006 - 2010 genehmigten Umstrukturierungsplans für den dt. Bergbau, der weitere Bergwerkstilllegungen einschließt, hatte die EU-Kommission für 2009 weitere Beihilfen für außergewöhnliche Kosten und Belastungen als auch zur laufenden Förderung genehmigt. Ein weiterer Abbau der Produktionsmengen wird vorausgesetzt. - Von allen Wirtschaftszweigen erhält der Bergbau nach der → Landwirtschaft die meisten Subventionen.

Kohonen-Karte → Kohonen-Netze.

Kohonen-Netze - 1. *Begriff:* spezielles zweischichtiges → neuronales Netz. Der Name geht auf den Entwickler T. Kohonen (1982) zurück. - 2. *Aufbau:* bestehend aus Eingabeschicht und der Kohonenschicht. Verknüpfung der Eingabeschicht mit den Neuronen der Kohonenschicht, den Kohonenneuronen. - 3. *Zielsetzung:* Beschreibung einer gegebenen Datenmenge durch prototypische Muster. Jeder Prototyp umfasst ein bestimmtes Cluster an Falldatensätzen. Für die Clusterung bzw. Klassifikation relevant sind die Kohonenneuronen, die i.d.R. topologisch angeordnet sind. Diese Kohonenneuronen bezeichnet man auch als Kohonen-Karte. Der Lernprozess nutzt diese Nachbarschaftsbeziehung zwischen den Kohonenneuronen aus. - 4. *Aufgabenbereiche:* Klassifikation, Clusterung. Anwendungsbereiche sind z.B. Identifikation von Kundenklassen, Marktsegmenten, Störungskategorien in der Fertigung.

Kohorte - Personengruppe mit gemeinsamen zeitbzw. jahrgangsspezifischen demografischen Merkmalen (Geburtskohorte, Heiratskohorte). - Vgl. auch → Bevölkerungsvorausschätzung.

Kointegration - liegt vor, wenn eine Linearkombination stochastischer Prozesse, die alle vom gleichen Grade d integriert sind, integriert ist vom Grade d* mit $d^* < d$. Eine solche Linearkombination heißt Kointegrations-Beziehung und die Prozesse heißen kointegriert, was bedeutet, dass zwischen ihnen eine langfristige Beziehung besteht. Für kointegrierte Prozesse existiert eine Fehlerkorrekturdarstellung (→ Fehlerkorrekturmodell). Die Prüfung auf Kointegration ist Gegenstand der → Kointegrationstests.

Kointegrationsmodell - Sind z.B. die Variablen Y und X in einem Modell $Y_t = \beta_0 + \beta_1 X_t + \varepsilon_t$ jeweils integriert vom Grad eins (→ Integrationsgrad), d.h. sind die Variablen nicht stationär, ihre ersten → Differenzen aber schon, und sind sie nicht kointegriert, so weisen sie keine langfristige Beziehung zueinander auf. Ihre kurzfristige Beziehung kann daher durch Schätzung des Modells in ersten Differenzen beschreiben werden. Es ist dabei zu beachten, dass dadurch zwar einer → Scheinregression begegnet werden, sich die Modellbedeutung aber ändern kann. Würde man eine solche Vorgehensweise auch bei kointegrierten Niveauvariablen wählen, würde der Langfristzusammenhang zwischen ihnen vernachlässigt. Schätzt man das Modell mit den kointegrierten Variablen, bildet man den Langfristzusammenhang ab, jedoch nicht den kurzfristigen. Zudem können die gewöhnlichen Testverfahren nicht verwendet werden, da die OLS-Schätzer (→ Kleinstquadratemethode, gewöhnliche) selbst asymptotisch nicht normalverteilt sind. Für kointegrierte Variablen wurden daher spezielle Verfahren zur Schätzung der interessierenden Parameter entwickelt. Zu den wichtigsten zählen neben dem dynamischen OLS-Schätzer von Stock und Watson (1993) die Kointegrationsmodelle, die erstmalig von Sargan (1984) eingesetzt und von Engle und Granger (1987) popularisiert wurden. - In einem Kointegrationsmodell werden im einfachsten Fall (vgl. oben) die Differenzen der erklärten Variablen Y durch die Differenzen der erklärenden Variablen X und den um eine Periode verzögerten Störterm $\varepsilon_{t-1} = Y_{t-1} - \beta_0 - \beta_1 X_{t-1}$ erklärt, der in der Praxis durch die Residuen einer zugehörigen OLS-Schätzung angenähert wird. Im Modell sind also nur Variablen enthalten, die integriert vom Grad null sind. Die Störtermvariable kann als Fehlerwert betrachtet werden, um den Y_t kurzfristig von seinem Langfristwert abweicht.

Kointegrationstest - Testverfahren, das überprüft, ob integrierte Variablen kointegriert (→ Kointegration) sind, d.h. ob zwischen ihnen eine langfristige Beziehung besteht. Interessiert man sich dafür ob zwei Variablen X und Y kointegriert sind, wird in der Praxis meist der → Engle-Granger-Kointegrationstest herangezogen. Zur Bestimmung der Anzahl der Kointegrationsbeziehungen innerhalb einer Gruppe von mehr als zwei Variablen ist der → Johansen-Kointegrationstest am gebräuchlichsten.

Kolchose - russische Bezeichnung für sozialistische Kollektivwirtschaft im Sinne eines landwirtschaftlichen Großbetriebs, der durch → Kollektivierung ehemals bäuerlicher Privatbetriebe in der Sowjetunion und den anderen Staaten des „Ostblocks“ entstanden ist. Eine Kolchose konnte die landwirtschaftliche Nutzfläche und die Betriebseinrichtungen eines oder mehrerer Dörfer umfassen, deren Bewirtschaftung in genossenschaftlicher Form auf Großblockfluren bzw. in großräumig betriebener Viehzucht erfolgte. Die Kolchose-Bauern durften Gartenland und wenige Stücke Vieh privat nutzen. In der DDR war Landwirtschaftliche Produktionsgenossenschaft (LPG) die Bezeichnung für Kolchose. Nach dem Ende des sozialistischen Systems in Ostmittel- und Osteuropa wurden die Kolchosen z.T. reprivatisiert, z.T. in andere Rechtsformen überführt. - vgl. → Sowchose.

kollationieren - abstimmen, vergleichen (z.B. in der Buchhaltung, im Warenverkehr) von Eintragungen desselben Inhalts in zwei Listen, Büchern, Texten etc., um die Richtigkeit von Eintragungen und Übertragungen zu kontrollieren; z.B. Listen des Wareneingangs nach Fakturen und nach Frachtbriefen. Übereinstimmung wird durch Häkchen oder Punkte neben den Zahlen vermerkt. - Vgl. auch → Abstimmung.

Kolleg → Institut zur Erlangung der Hochschulreife.

Kollegialprinzip – 1. *Begriff:* Verfahren der gemeinsamen Willensbildung in → organisatorischen Einheiten, in denen mehrere Handlungsträger zusammengefasst sind *(Kollegialsystem)*. Entscheidungen, die die multipersonale Organisationseinheit als Ganzes betreffen, werden von sämtlichen zur Einheit gehörenden Handlungsträgern getroffen. – 2. *Abstimmungsmodi:* (1) → Primatkollegialität, (2) → Abstimmungskollegialität und (3) → Kassationskollegialität. – *Gegensatz:* → Direktorialprinzip.

Kollegialsystem → Kollegialprinzip.

Kollegium – 1. *Begriff:* Multipersonale → organisatorische Einheit, in der → Handlungsträger verschiedener Stellen zusammengefasst werden. In der Praxis werden Kollegien mit unterschiedlicher Terminologie auch als Ausschuss, Komitee, Gremium, Kommission oder → Pluralinstanz bezeichnet. – 2. *Zweck:* Als Instrument der → Koordination dient das Kollegium v.a. der unmittelbaren → Kommunikation und der Nutzung von Spezialkenntnissen seiner Mitglieder. – 3. *Arten:* a) Nach *Kompetenz* des Kollegiums: Informations-, Beratungs-, Entscheidungs- und Ausführungs-Kollegium. – b) Nach *Zeitdauer* der Institutionalisierung des Kollegiums: Befristet oder auf Dauer angelegt.

Kollegschule – seit Änderung des Schulverwaltungsgesetzes (Berufskolleggesetz) vom 25.11.1997 in Nordrhein-Westfalen im → Berufskolleg aufgegangen.

kollektierender Großhandel → Aufkaufhandel.

Kollektion – in einer Auswahlsendung zusammengestelltes Warenangebot eines Herstellers oder eines Groß- bzw. Einzelhändlers.

Kollektiv → Grundgesamtheit.

Kollektivarbeitsrecht → Arbeitsrecht.

Kollektivbedürfnisse – *Gemeinbedürfnisse.* 1. *Historisch:* → Bedürfnisse, die aus dem Zusammenleben in einer Gesellschaft entstehen und durch diese ausgedrückt werden. – 2. In der *neuen Forschung:* (1) *Individuelle Bedürfnisse,* die nicht über den Markt befriedigt werden können, sondern nur durch → öffentliche Güter; (2) *meritorische Bedürfnisse,* die sich prinzipiell über den Markt befriedigen lassen, wegen deren Bedeutung die zugehörenden Güter aber vom Staat bereitgestellt werden. Die Kollektivbedürfnisse werden als Rechtfertigung für staatliche Eingriffe in die Marktwirtschaft und die Finanzwirtschaft (→ Finanzwissenschaft) angesehen.

kollektive Intelligenz → Web 2.0.

kollektive Marktbeherrschung → Marktbeherrschung.

Kollektivembargo → Embargo.

Kollektiventscheidung – *kollektive Entscheidung;* → Entscheidung einer Personenmehrheit als → Entscheidungsträger. Die Beziehungen zwischen den beteiligten Personen sind zu berücksichtigen (interpersonale Prozesse), die sich in Konflikten, Koalitionsbildungen, Machtbeziehungen u.Ä. äußern. Beschreibung und Erklärung der Kollektiventscheidung erfolgen meist mithilfe sozialpsychologischer Ansätze. Schwerpunkte bei der Gestaltung der Kollektiventscheidung liegen v.a. bei der Koordination, Zielbildung und Information. – *Erklärungsansätze und Analysen:* → Teamtheorie, → Abstimmungsverfahren, → Neue Politische Ökonomie. – *Gegensatz:* → Individualentscheidung.

kollektive Präferenz(relation) – Zusammenfassung individueller → Präferenzordnungen von Mitgliedern einer Gruppe zu einer kollektiven Präferenzordnung der Gruppe. – Vgl. auch → Theorie der Kollektiventscheidungen, → Arrow-Unmöglichkeitstheorem, → Condorcet-Paradoxon.

kollektive Preispolitik – bewusst oder unbewusst gleiches Verhalten einer Gruppe von Anbietern oder Nachfragern in ihren preispolitischen Maßnahmen auf einem gemeinsamen Markt. Eine Unternehmung treibt bewusst kollektive Preispolitik, wenn sie ihre Preise abhängig von anderen Unternehmen macht, d.h. sich der → Preisführerschaft eines stärkeren Unternehmens unterwirft. – *Schärfste Form* der kollektiven Preispolitik ist der Zusammenschluss zu einem → Kartell.

kollektives Arbeitsrecht → Arbeitsrecht.

Kollektivgut → öffentliches Gut.

Kollektivierung – Überführung von Privat- in Gemeinschaftseigentum, insbesondere bezüglich landwirtschaftlicher und gewerblicher bzw. industrieller Produktionsmittel. V.a. die weitgehende Überführung der Landwirtschaft, aber auch von → Industrie und Handwerk in den meisten ehemals kommunistischen Staaten von einzelbewirtschaftetem Privateigentum in landwirtschaftliche Produktionsgenossenschaften (→ Kolchose) bzw. Gemeinschaftseigentum wird als Kolllektivierung bezeichnet.

Kollektivismus – dem → Individualismus entgegengesetztes gesellschaftspolitisches Gestaltungsprinzip. Es beruht auf der Annahme, dass die Menschen sich bei selbstinteressiertem Handeln nicht freiwillig so verhalten, wie dies dem Wohl der Gesamtgruppe (des Staates) entspricht. Anstelle der Selbstbezogenheit muss daher, ggf. durch Erziehungs- und Zwangsmaßnahmen, die Gruppenbezogenheit treten; das Individuum ist der Gruppe (Kollektiv) unterzuordnen. Die dabei implizierte These, eine Gruppe sei mehr als die Summe ihrer Mitglieder und sie habe ein eigenständiges, übergeordnetes Interesse, das gegen die Kollektivmitglieder (jedoch in deren eigenem, von ihnen nicht erkannten Interesse) durchzusetzen sei, wird von den Vertretern des → Liberalismus bestritten. Wie groß die Gefahr ist, dass politische Führer ihre eigenen Ziele in den Rang von Gemeinwohlinteressen stellen und unter Berufung hierauf die anderen

Menschen unterjochen, zeigen die Erfahrungen mit den totalitären Herrschaftsformen (Diktaturen) des 20. und 21. Jh.

Kollektivkonsum – Teil der → Konsumausgaben des Staates, der nicht dem → Individualkonsum zugerechnet wird.

Kollektivmarke – 1. *Begriff:* Unter einer Kollektivmarke ist ein Fachverbandszeichen zu verstehen, das durch einen Verband für gleiche Waren oder Dienstleistungen seiner Mitglieder erlangt werden kann. Rechtsfähige Verbände (auch Dachverbände, Spitzenverbände und juristische Personen des öffentlichen Rechts) können Inhaber von Kollektivmarken sein (→ Marke), die dazu dienen, Waren oder Dienstleistungen der Verbandsmitglieder von denjenigen anderer Unternehmen nach ihrer betrieblichen oder geografischen Herkunft, ihrer Art, Qualität oder sonstigen Eigenschaften zu unterscheiden (§§ 97 ff. MarkenG). Sie weisen die Besonderheit auf, dass die Benutzung durch einen dazu Befugten (oder auch nur durch den Verband selbst) zur rechtserhaltenden Benutzung genügt (§ 100 II MarkenG, → Benutzungszwang) und zur Rechtsverfolgung im Verletzungsfall die Zustimmung des Inhabers der Kollektivmarke erforderlich ist, wenn die Markensatzung (§ 102 MarkenG) nichts anderes bestimmt (§ 101 MarkenG). Kollektivmarken sind wie andere Marken auch nur dann eintragungsfähig, wenn sie Unterscheidungskraft besitzen, wobei die Besonderheit gilt, dass Kollektivmarken abweichend von § 8 II Nr. 2 MarkenG auch ausschließlich aus Zeichen oder Angaben bestehen können, die im Verkehr zur Bezeichnung der geografischen Herkunft der Waren oder Dienstleistungen dienen, wenn sich mit der Angabe für den Verkehr bestimmte Vorstellungen von Herkunft, Art oder Qualität der Ware oder Dienstleistung verbinden. – 2. *Beispiele:* Thüringer Rostbratwurst, Dresdner Christstollen oder Aachener Printen.

Kollektivmaße – in der Statistik Bezeichnung für Kenngrößen der → Verteilung in einer → Gesamtheit, etwa → Mittelwerte, → Streuungsmaße, → Konzentrationskoeffizienten.

Kollektivmonopol – Bildung eines → Monopols durch ein marktbeherrschendes → Kartell.

Kollektivprokura → Gesamtprokura.

Kollektivsparen – *gemeinsames Sparen*; mehrere Personen sparen im Kollektiv. Die Konditionen werden dabei vertraglich geregelt und das Kollektiv üblicherweise unabhängig verwaltet, z.B. → Bausparen. – Vgl. auch Bausparkollektiv.

Kollektivvertrag – 1. *Begriff:* Form eines Vertrages, der nicht zwischen einzelnen Vertragsparteien, sondern verbindlich für ein Kollektiv geschlossen wird. Oberbegriff für → Tarifvertrag und → Betriebsvereinbarung bzw. (im öffentlichen Dienst) → Dienstvereinbarung. – 2. *Kollektivverträge im Gesundheitssystem:* Kollektivverträge sind im dt. Gesundheitssystem üblich. Wie die ambulante Versorgung durch die Kassenärzte vollzogen wird, ist zum einen in den Richtlinien des Gemeinsamen Bundesausschusses festgelegt und wird andererseits durch Kollektivverträge geregelt. Diese verbindlichen Verträge werden zwischen den Kassen(zahn-)ärztlichen Vereinigungen – → Kassenärztliche Vereinigung (KV) – oder der Kassen(zahn-)ärztlichen Bundesvereinigung und den Verbänden der Krankenkassen bzw. einzelnen → Krankenkassen geschlossen und sollen flächendeckend gleiche Regelungen für alle Vertragsärzte sichern. Die Kollektivverträge sind somit die vertraglichen Vereinbarungen die für alle Vertragsärzte und die Krankenkassen der Gesetzlichen Krankenversicherung gelten. In ihnen werden die Einzelheiten der Vergütung der vertragsärztlichen Versorgung geregelt. – 3. *Beispiele:* Beispiele für Kollektivverträge auf Bundesebene sind die Bundesmantelverträge, in denen die Einzelheiten der Organisation der vertragsärztlichen Versorgung festgelegt sind. Auf Landesebene sind es die Gesamtverträge, in denen die Krankenkassen und die Kassen(zahn-)ärztlichen Vereinigungen bspw. die Höhe der Gesamtvergütung für die vertragsärztlichen Leistungen vereinbaren. – 4. *Abgrenzung:* Kollektivverträge stehen im Gegensatz zu Selektiv- oder Einzelverträge, die u.a. in der → integrierten Versorgung (§ 140 SGB V) oder der → hausarztzentrierten Versorgung (Gatekeeping) (§ 73b SGB V) eingesetzt werden.

Kollektivvertretung → Gesamtvertretung.

Kollektivwerbung → kooperative Werbung.

Kollinearität → Multikollinearität.

Kollusionslösung – Oligopolmodell (→ Oligopol), in dem die Anbieter in einem → Kartell ihre Aktionen so aufeinander abstimmen, dass sie den Gesamtgewinn der Branche maximieren. Sie verhalten sich wie ein Monopolist und betreiben gemeinsame Gewinnmaximierung. Problematisch ist in der Praxis die Gewinnaufteilung (→ Kollektivmonopol; → Macht).

Kölner Schule – Kurzbezeichnung für die von → Schmalenbach begründete betriebswirtschaftliche Tradition; benannt nach dem Wirkungsort E. Schmalenbachs. – Vgl. auch → Betriebswirtschaftslehre (BWL).

Kolonialismus – 1. *Begriff:* Politik der Inbesitznahme und Ausbeutung fremder, meist überseeischer Gebiete v.a. durch europäische Länder zwischen dem 16. und 20. Jh. Kolonialismus ist durch die territoriale Machtausweitung eines Staates mittels langfristig angelegter militärischer, politischer und/oder wirtschaftlicher Kontrolle über die unterworfene Kolonie gekennzeichnet. – 2. *Typen von Kolonien:* a) *Siedlungskolonien:* Durch Emigranten der Kolonialmächte v.a. in agrarischen Gunsträumen gegründete Kolonien, geprägt durch Großgrundbesitz und Plantagenwirtschaft (→ Plantage); – b) *Wirtschaftskolonien:* Zur Sicherung der Rohstoffversorgung (→ Rohstoffe) der

Kombination

Kombination k-ter Ordnung	mit Berücksichtigung der Anordnung	ohne Berücksichtigung der Anordnung
Ohne Wiederholung (n = Anzahl der Elemente der Grundmenge)	$K_{k(n)} = \frac{n!}{(n-k)!}$	$K_{k(n)} = \binom{n}{k}$
Mit Wiederholung (n = Anzahl der verschiedenen Elemente in der Grundmenge)	$K_{k(n)} = n^k$	$K_{k(n)} = \binom{n+k-1}{k}$

Mutterländer gegründete Kolonien ohne ausgeprägte Zuwanderung; – c) *Militärkolonien:* Aus geopolitischen Erwägungen, ursprünglich v.a. zur Sicherung wichtiger Seewege gegründete Kolonien; – d) *Strafkolonien:* Als Aufenthalts- bzw. Verbannungsort für Sträflinge des Mutterlandes gegründete Kolonien. – 3. *Bedeutung:* Die Zeit nach dem Zweiten Weltkrieg wird als Phase der Entkolonialisierung und der antikolonialen Befreiungskämpfe v.a. in Asien und Afrika bezeichnet. Der Erfolg dieser Bewegung kommt im sog. Nationbuilding und der Zunahme unabhängiger Staaten zum Ausdruck. In vielen → Entwicklungsländern sind die zurückgebliebenen Wirtschaftsstrukturen des Kolonialismus schwer zu überwindende Entwicklungshemmnisse, die willkürliche Grenzziehung durch die ehemaligen Kolonialmächte stellt häufig die Ursache für regionale Konflikte und Kriege dar.

Kombilohn → Niedriglohnsektor.

Kombilohn-Modelle – 1. *Idee:* Sie sollen bestimmten Arbeitnehmern, v.a. solchen mit geringer oder fehlender Qualifikation und daher niedriger Produktivität, oder bestimmten Gruppen, v.a. Langzeitarbeitslosen (→ Arbeitslosigkeit), die Integration in den Arbeitsmarkt erleichtern oder ermöglichen, indem ihre Entgelte durch staatliche Transferzahlungen aufgestockt werden. Die Leistung erfolgt an Arbeitnehmer, nicht an Arbeitgeber (→ Arbeitsmarktpolitik). – 2. *Hoffnungen und Befürchtungen:* Erwartet werden u.a. zusätzliche Anreize zur Aufnahme niedrig entlohnter Tätigkeiten, etwa für Bezieher von → Arbeitslosengeld II, sowie Sekundäreffekte, etwa durch Steuermehreinnahmen, Abnahme der Schwarzarbeit sowie Erschließung neuer Tätigkeitsfelder, v.a. im Bereich einfacher Dienstleistungen. Befürchtet werden u.a. Marktverzerrungen, Mitnahme- und Verdrängungseffekte, hohe Kosten, v.a. bei flächendeckender Einführung, sowie eine Aufweichung tarifvertraglich vereinbarter Standards. – 3. *Alternativen:* Diskutiert werden u.a. eine negative Einkommmensteuer, ein gesetzlicher Mindestlohn, der die Einkommen im wachsenden Niedriglohnsektor auf ein Subsistenz sicherndes Niveau anheben würde sowie ein (bedingungsloses, garantiertes) Grundeinkommen bzw. Bürgergeld.

Kombination – Begriff aus der → Kombinatorik. Unter einer Kombination k-ter Ordnung versteht man die Zusammenstellung von k Elementen aus einer Grundmenge von n Elementen. – Es wird die Unterscheidung getroffen, ob alle Elemente der Grundmenge verschieden sind (Kombination ohne Wiederholung), oder ob mind. zwei Elemente der Grundmenge gleich sind (Kombination mit Wiederholung). – Weiter kann bei Kombination unterschieden werden, ob die Reihenfolge der Elemente eine Rolle spielen soll (Kombination mit Berücksichtigung der Anordnung) oder nicht (Kombination ohne Berücksichtigung der Anordnung). – Vgl. Tabelle „Kombination". – Vgl. auch → Permutation, → Fakultät, → Binomialkoeffizient.

Kombinationspatent – Erzeugnis- oder Verfahrenspatent (→ Patentkategorien), das durch das Zusammenwirken mehrerer Elemente gekennzeichnet ist. Es genügt die funktionelle Verschmelzung der Einzelmerkmale zur Erreichung eines Gesamterfolgs (Zusammenwirken der Kombinationsmerkmale in der Gesamtkombination). Zur Erfindung gehören diejenigen Merkmale, in denen sich der erfindungsgemäße Erfolg der Kombination verwirklicht; im Verletzungsfall (→ Äquivalente) ist unerheblich, ob sich die danach entscheidenden Kombinationsmerkmale im „Oberbegriff" oder im „Kennzeichen" eines entsprechend gegliederten → Patentanspruchs befinden.

Kombinationsprozess – Zusammenwirken der → Elementarfaktoren (objektbezogene Arbeit, Betriebsmittel, Werkstoffe) unter der Leitung des → dispositiven Faktors, um einen bestimmten Ertrag zu erzielen. I.d.R. sind mehrere Kombinationsmöglichkeiten gegeben, die zum gleichen Ertrag führen. – Der optimale Kombinationsprozess ist derjenige, der den gewünschten Ertrag mit den geringsten Kosten erzielt (→ Minimalkostenkombination).

Kombinationszeichen – Marke, die aus unterschiedlichen Elementen zusammengesetzt ist und ihre Unterscheidungskraft aus der Kombination ihrer Elemente bezieht (→ Marke). Neben Bild- und

Wortbestandteilen können weitere optische und akustische aber auch haptische, olfaktorische und geschmackliche Elemente Bestandteil des Kombinationszeichens sein.

Kombinatorik – Teilgebiet der Wahrscheinlichkeitsrechnung. In der Kombinatorik werden Anzahlberechnungen von möglichen → Kombinationen durchgeführt. – *Beispiel* dafür ist das Lotto-Spiel, 6 Zahlen aus 49 auszuwählen. Die Kombinatorik gibt Regeln an, nach denen sich solche Anzahlen berechnen lassen.

kombinatorischer Algorithmus→ Algorithmus, der nur die diskrete Veränderung von Objekten erfordert (z.B. Hinzufügen oder Löschen von Kanten in einem Graphen, Veränderung von Werten durch Addition/ Subtraktion ganzer Zahlen, etc.), erlaubt insb. keine Multiplikationen, Divisionen, etc.

Kombinierte Nomenklatur – Abk. *KN*, engl. *Combined Nomenclature (CN)*; verbindliche Klassifikation für zolltarifliche und außenhandelsstatistische Zwecke der EU und ihrer Mitgliedsstaaten, die aber auch von bestimmten Staaten angewendet wird, mit denen die EU bilaterale Handelsabkommen geschlossen hat. Sie berücksichtigt die Erfordernisse des gemeinsamen Zolltarifs und des Außenhandels bzw. der Außenhandelsstatistik der Europäischen Gemeinschaft sowie anderer Gemeinschaftspolitiken in den Bereichen Wareneinfuhr und – ausfuhr. Die Kombinierte Nomenklatur baut auf dem → Harmonisierten System (zur Bezeichnung und Codierung der Waren) (HS) auf, ist jedoch tiefer untergliedert. Wie dieses erlangt sie zunehmend Bedeutung als Definitions- und Beschreibungsklassifikation. Revidierte Fassungen treten jährlich zum 1. Januar in Kraft. – Vgl. auch → Warenklassifikationen des Außenhandels.

kombinierter Transport → multimodaler Transport.

kombinierter Verkehr – I. Begriff: Bezeichnung für den → Transport von Gütern mit zwei oder mehr Verkehrsträgern ohne Wechsel des Transportgefäßes. Das Vorliegen eines einheitlichen Beförderungsvertrages ist dabei nicht zwingende Voraussetzung. Ziel des kombinierten Verkehrs ist es, durch Verknüpfung verschiedener Transportmittel durchgängige Transportketten vom Versender zum Empfänger (Haus-zu-Haus-Verkehr) zu bilden und dabei die spezifischen Vorteile der einzelnen Verkehrsträger zu nutzen.

II. Arten/Formen: 1. *Kombinierter Verkehr mit unselbstständigen Ladeeinheiten:* Ladegefäße, die ohne Hilfsmittel nicht zur Ortsveränderung von Gütern geeignet sind. Als Ladeeinheiten werden v.a. Container in unterschiedlicher Form (Übersee-, ISO-, Binnen- und Luftverkehrscontainer) und Größe (Klein-, Mittel- und Großcontainer) sowie Wechselaufbauten eingesetzt. Für den k*ombinierten Verkehr* von bes. Bedeutung sind die Großcontainer, die in Bezug auf ihre Eckbeschläge auf Straßen-, Schienen-, und Wasserfahrzeuge ausgelegt sind. – Im kombinierten Verkehr mit austauschbaren Ladeeinheiten sind im Prinzip *Kombinationen zwischen allen Verkehrsträgern* denkbar (Schiene/Straße, Straße/Flugzeug, Schiene/ Flugzeug, Schiene/Schiff, Straße/Schiff, Flugzeug/ Schiff). – Eine *Sonderstellung* nehmen die für den kombinierten Verkehr Schiene/Straße entwickelten *Wechselaufbauten* ein; dabei handelt es sich um nicht stapelbare Ladegefäße, die i.d.R. mit vier ausklappbaren Stützbeinen ausgerüstet sind. Wechselaufbauten können von bes. ausgerüsteten Straßenfahrzeugen ohne fremde Hilfe abgesetzt und aufgenommen werden. – 2. *Kombinierter Verkehr mit selbstständigen Ladeeinheiten* (Huckepack-Verkehr i.w.S.): Transport eines Verkehrsmittels durch ein anderes. – a) *Huckepack-Verkehr (i.e.S.):* Verladung und Beförderung von Straßenfahrzeugen auf Schienenfahrzeugen; im Huckepack-Verkehr der Bahnen Beförderung von Wechselaufbauten, Sattelaufliegern und Lkw mittels bes. Wippen- und Taschenwaggons. – b) Eine Sonderform des kombinierten Verkehrs Schiene/Straße bildet die *„Rollende Landstraße"*, bei der auf Spezialtiefladewaggons mit durchgehendem Boden ganze Lastzüge oder Sattelzüge befördert werden. – c) *Roll-on/Roll-off-Verkehr (Ro-Ro-Verkehr):* kombinierter Verkehr von Landfahrzeugen auf Wassertransportmitteln, wobei Kraftfahrzeuge und/oder Schienenfahrzeuge über spezielle Laderampen mit eigener Kraft ein Ro-Ro-Schiff bzw. ein Fährschiff befahren und verlassen. I.w.S. umfasst dieser Begriff auch die Beförderung rollender Ladung ohne eigenen Antrieb (z.B. Trailer), die mit bes. Umschlaggeräten auf das Schiff gebracht werden. – d) *Barge-Verkehr:* kombinierter Verkehr von schwimmfähigen, antriebslosen Ladebehältern auf Seeschiffen; entwickelt zur Bildung von Transportketten Binnengewässer-See-Binnengewässer. Lash-Leichter (Bargen) werden im Binnenverkehr als Teile von Schubverbänden befördert und in Seehäfen als Ganzes auf Seeschiffe verladen. Barge-Verkehre haben im Seeverkehr nur noch eine relativ geringe Bedeutung.

III. Umschlag: Die Wirtschaftlichkeit des kombinierten Verkehrs hängt entscheidend vom Vorhandensein optimaler Schnittpunkte in der Transportkette zwischen den Verkehrsträgern ab. Als bes. Infrastruktureinrichtungen für den kombinierten Verkehr haben sich zunehmend sog. Terminals herausgebildet, z.B. Hafen-Containerterminals und Container-Bahnhöfe mit bes. Einrichtungen (Hebe- und Förderzeuge) für den Vertikalumschlag sowie Huckepack-Bahnhöfe mit speziellen Kopf- und Seitenrampen. In den letzten Jahren sind die Anforderungen an die informatorischen Schnittstellen in den Terminals zur Einbindung des Vor- und Nachlaufs gewachsen.

Komitee → Kollegium.

Komitologie – Bezeichnung für ein spezifisches Beteiligungsverfahren in der EU: Der → Rat der Europäischen Union (Ministerrat) überträgt der → Europäischen Kommission generell die Befugnisse zur Durchführung der erlassenen Gesetze/Rechtsakte.

Der Ministerrat kann hierbei bestimmte Modalitäten zur Ausübung dieser Befugnisse in der jeweiligen Rechtsgrundlage festlegen. Diese Modalitäten sind gleichbedeutend mit verschiedenen Ausschussverfahren zur Beratung und Kontrolle der Kommission und sind im Komitologie-Beschluss 1999/468/EG vom 28.7.1999 und vom Juli 2006 geregelt. Der Beschluss definiert vier Ausschussverfahren, die die Einflussmöglichkeiten der Kommission und des Rats in abgestufter Weise festlegen: Den Beratenden Ausschuss, den Verwaltungsausschuss, den Regelungsausschuss und den Ausschuss für Regelungsverfahren mit Kontrolle.

Kommanditaktionäre→ Aktionäre einer → Kommanditgesellschaft auf Aktien (KGaA).

Kommanditeinlage→ Einlage des → Kommanditisten. Kommanditeinlage ist zugleich die → Haftsumme (Hafteinlage).

Kommanditgesellschaft (KG) – I. Wesen: Kommanditgesellschaft ist eine Personengesellschaft, deren Zweck auf den Betrieb eines → Handelsgewerbes unter gemeinschaftlicher → Firma gerichtet ist. Sie besteht aus einem oder mehreren persönlich haftenden Gesellschaftern (→ Komplementären) und mind. einem Gesellschafter, dessen Haftung auf die Einlage beschränkt ist (→ Kommanditist). Auch → juristische Personen können Kommanditist oder Komplementär sein. Die → Haftsumme des Kommanditisten ist ins → Handelsregister einzutragen. – *Rechtsgrundlage:* §§ 161–177a HGB, ergänzend gelten Vorschriften über → offene Handelsgesellschaft (OHG) und → Gesellschaft → bürgerlichen Rechts (GbR).

II. Errichtung: Erfolgt durch Gesellschaftsvertrag, der u. a. Dauer, Kündigungsmöglichkeit und Haftsumme des Kommanditisten bestimmt. – Einlagen (auch Kommanditanteile) sind unübertragbar, sofern nicht im Gesellschaftsvertrag etwas Abweichendes bestimmt ist, z. B. Übertragbarkeit der Kommanditanteile bei Zustimmung (1) der Komplementäre, (2) einer Mehrheit der Gesellschafter. Herabsetzung der Kommanditeinlage(n) ist grundsätzlich möglich, jedoch gegenüber den Gesellschaftsgläubigern unwirksam, solange sie nicht im Handelsregister eingetragen und verlautbart ist. Das Innenverhältnis der Gesellschafter bestimmt sich weitgehend nach dem Kommanditvertrag, sonst gemäß §§ 163 ff. HGB. Ein gesetzliches → Wettbewerbsverbot besteht nur für die Komplementäre, § 165 HGB, doch ergeben sich auch für die Kommanditisten Einschränkungen aus der Treuepflicht des Gesellschafters.

III. Firmenbezeichnung: Die → Firma muss einen auf das Bestehen einer Gesellschaft hinweisenden Zusatz (§ 19 HGB) enthalten. → Firmenzusätze sind, wie auch sonst, erlaubt.

IV. Geschäftsführung/Vertretung: Grundsätzlich nur durch die Komplementäre, also für Kommanditisten ausgeschlossen. Der Gesellschaftsvertrag kann Mitgeschäftsführung oder (selten) Alleingeschäftsführung vorsehen. Auch kann der Kommanditist durch Erteilung von → Handlungsvollmacht oder → Prokura Vertretungsmacht erhalten. Zustimmung der Kommanditisten ist zur Vornahme eines Geschäfts, das über den gewöhnlichen Betrieb des Handelsgewerbes der Gesellschaft hinausgeht, erforderlich (§ 164 HGB).

V. Stimmrecht der Kommanditisten: 1. *Gesetzliche Regelung:*Bei grundlegenden Gesellschafterbeschlüssen, wie Abänderung des Gesellschaftsvertrages, Aufnahme neuer Gesellschafter, Auflösung der Gesellschaft, hat der Kommanditist gleichberechtigt mitzuwirken. – 2. Durch *Vertrag* können dem Komplementär Vorrechte eingeräumt werden; Beschränkung der Kommanditistenrechte (z. B.: Mehrere Kommanditisten sind durch einen von ihnen zu Bestimmenden zu vertreten). – 3. Bei *größeren Kommanditgesellschaften*kann – analog zur AG – für wichtige Beschlüsse Abstimmung nach Kapitalbeteiligung mit einfacher, 3/4-, 4/5-Mehrheit vereinbart werden, mitunter bei gleichzeitiger Einräumung von Stimmrechtsvorteilen für die Komplementäre.

VI. Bilanz/Kontrollrecht: 1. *Aufstellung* der Bilanz ist Aufgabe der Komplementäre. – 2. *Kontrollrecht* der Kommanditisten: a) Nach Gesetz auf Erhalt einer Abschrift der Jahresbilanz und Prüfung ihrer Richtigkeit durch Einsicht in Bücher und Schriften. – b) Durch Vertrag (1) auf jederzeitige Einsichtnahme in das Rechnungswesen durch einen beauftragten Dritten zu erweitern, (2) Ausübung des Kontrollrechts beschränkt auf jährliche Prüfung und Berichterstattung durch Wirtschaftsprüfer oder Bücherrevisor, ggf. ergänzt durch Bestimmung über die Feststellung des Jahresabschlusses durch die Gesellschafterversammlung.

VII. Gewinn- und Verlustverteilung: 1. *Gesetzlich:*Verzinsung des Kapitals mit 4 Prozent oder, sofern der Jahresgewinn hierzu nicht ausreicht, niedrigerem Satz (§§ 168, 121 HGB); Restgewinn bzw. Jahresverlust nach einem angemessenen Verhältnis. – 2. *Vertraglich:*a) Angemessene Gewinnbeteiligung der Komplementäre für Geschäftsführung und volles Risiko, u. U. in Form eines festen, monatlich unabhängig vom Jahresertrag zu gewährenden Bezugs oder bei Gewinnverteilung gemäß Kapitalbeteiligung durch gesonderte Tantiemen. Gewinngutschrift beim Kommanditisten auf Sonder(Darlehens-)Konto, beim Komplementär auf Privat- oder Kapitalkonto. – b) Verlustverteilung nach Anteilen; der Kommanditist nimmt am Verlust nur bis zur Höhe seines Kommanditanteils und etwaiger Rückstände auf die Einlage teil. Darüber hinausgehende Verlustanteile sind durch spätere Gewinne zu tilgen, bedeuten aber keine Schuld des Kommanditisten gegenüber der KG. – Vgl. auch → Gewinn- und Verlustbeteiligung.

VIII. Zwangsvollstreckung in das Gesellschaftsvermögen: Es ist ein Titel gegen die KG erforderlich; soll gegen einzelne Gesellschafter vollstreckt werden, bedarf es eines Titels gegen diese.

IX. Auflösung/Abwicklung: Aus den gleichen Gründen und wie bei der OHG. Ebenso gelten die Grundsätze der OHG für das Ausscheiden eines Gesellschafters oder Ausschließung aus der KG. In die Rechte eines verstorbenen Kommanditisten rücken, falls der Kommanditvertrag nichts anderes bestimmt, sodann die → Erben ein, die ihre Haftung jedoch auf den Nachlass beschränken können (§§ 2058 ff. BGB).

X. Steuerrecht: 1. *Allgemeines:* Die Kommanditgesellschaft entsteht steuerrechtlich mit dem Geschäftsbeginn; sie gilt i.d.R. als → Mitunternehmerschaft. – 2. *Einkommensteuer:* Die Kommanditgesellschaft als solche unterliegt nicht der Einkommensteuer. Die Gewinne werden einheitlich und gesondert festgestellt und bei den Gesellschaftern zur Einkommensteuer herangezogen. Der → Bescheid enthält den Gewinn (Verlust) der Kommanditgesellschaft sowie die Beteiligten und die auf jeden einzelnen entfallenden Gewinn-(Verlust-)Anteile. Er bildet die bindende Grundlage für die Einkommensteuerveranlagung der Beteiligten. Die Gewinnanteile sind → Einkünfte aus Gewerbebetrieb. – *Besonderheiten:* → Negatives Kapitalkonto. – 3. *Gewerbesteuer:* Die Kommanditgesellschaft ist selbstständiges Steuersubjekt, wenn die Gesellschafter als Mitunternehmer eines → Gewerbebetriebes anzusehen sind. – 4. *Umsatzsteuer:* Die Kommanditgesellschaft ist Unternehmer und hat ihre Umsätze zu versteuern. Unentgeltliche Leistungen an die Gesellschafter oder diesen nahe stehenden Personen werden als → unentgeltliche Wertabgaben versteuert. Umsätze zwischen der Kommanditgesellschaft und ihren Gesellschaften sind umsatzsteuerbar (→ Gesellschaftsleistungen).

Kommanditgesellschaft auf Aktien (KGaA) – I. Charakterisierung: 1. *Begriff:* Handelsrechtliche Unternehmungsform, Mischform von → Kommanditgesellschaft (KG) und → Aktiengesellschaft (AG). – 2. *Rechtliche Grundlagen:* §§ 278–290 AktG. – 3. *Rechtliche Gestaltung:* a) Die KGaA ist eine → juristische Person. Ein oder mehrere Gesellschafter haften als → Komplementäre, die Übrigen (→ Kommanditisten, Kommandit-Aktionäre) nur mit ihrer Einlage, die durch die → Aktie verbrieft ist. – b) Die Vorschriften über → Gründung und Verwaltung sind mit gewissen Abweichungen die gleichen wie bei der AG. Die Beschlüsse der → Hauptversammlung bedürfen der Zustimmung der Komplementäre bei Angelegenheiten, für die auch bei der KG das Einverständnis der Komplementäre und Kommanditisten erforderlich ist. Die Komplementäre haben in der Hauptversammlung nur ein Stimmrecht für ihre Aktien, keines in den Fällen des § 285 I AktG. – c) → Umwandlung in eine KG ist durch Beschluss der Hauptversammlung mit Zustimmung aller Komplementäre möglich. Soweit Sondervorschriften nichts anderes bestimmen, gelten sämtliche Bestimmungen für die AG sinngemäß, bes. bez. der → Publikationspflicht, des → Jahresabschlusses etc. – 4. *Wirtschaftliche Bedeutung:* Die KGaA hat nur geringe Verbreitung gefunden. Doch kann die Persönlichkeit der Komplementäre der KGaA bes. Vertrauen verschaffen.

II. Steuerliche Behandlung: Entsprechend der Mischnatur der KGaA zwischen Personen- und Kapitalgesellschaft trennen Ertrags- und Substanzbesteuerung zwischen der Behandlung des Anteils der Komplementäre und der Kommandit-Aktionäre. – 1. *Gesellschaftsebene:* Nach den allg. Grundsätzen des dt. Ertragsteuerrechts sind die Gewinne von Personengesellschaften von jedem einzelnen Gesellschafter zu versteuern (Mitunternehmerprinzip), die Gewinne einer Kapitalgesellschaft dagegen von der Gesellschaft selbst. Da die KGaA eine Mischform von Personen- und Kapitalgesellschaft darstellt, wäre es systemgerecht, wenn der Anteil der Gesellschafter, die einem Personengesellschafter vergleichbar sind – also: der Komplementäre –, von diesen individuell versteuert werden müssten, derjenige Teil des Gewinns, der dem körperschaftsteuerlich organisierten Teil der Gesellschaft zukommt, aber gemäß den Regeln der Körperschaftsteuer behandelt werden würde. So liegt der Fall in der Tat: Die KGaA unterliegt formal zwar als Kapitalgesellschaft insgesamt der Körperschaftsteuerpflicht nach den allg. Besteuerungsregeln, aber die Gewinnanteile und Geschäftsführungsvergütungen der Komplementäre sind bei der Einkommensermittlung der KGaA abzuziehen (§ 9 Nr.2 KStG) und stattdessen von den Komplementären individuell zu versteuern (§ 15 I Nr.3 EStG), sodass letztlich nur der Anteil der Kommanditaktionäre der Körperschaftsteuer unterliegt. – 2. *Gesellschafterebene:* Der Komplementär einer KGaA wird steuerlich wie der einer normalen Kommanditgesellschaft behandelt, der Gewinnanteil und die Leistungsvergütungen des persönlich Haftenden sind also Einkünfte aus Gewerbebetrieb (§ 15 I Nr.3 EStG). Die Kommanditaktionäre haben dagegen werden einem Aktionär einer Kapitalgesellschaft gleichgestellt, sie haben daher nur den ausgeschütteten Gewinn zu versteuern (Dividendeneinkünfte, bei im Privatvermögen gehaltenen Beteiligungen i.d.R. Einkünfte aus Kapitalvermögen, § 20 I Nr.1 EStG), und evtl. zwischen ihnen der KGaA abgeschlossene Verträge (z.B. Arbeitsverträge) werden steuerlich anerkannt, wenn sie den zwischen einander fremden Dritten üblichen Bedingungen entsprechen.

Kommanditist – Gesellschafter einer → Kommanditgesellschaft (KG). – 1. *Haftung des Kommanditisten:* Nur beschränkt mit seinem Vermögen, nämlich bis zur Höhe der in dem → Handelsregister eingetragenen → Kommanditeinlage (→ Haftsumme). Hat ein Kommanditist dem *Beginn der Gesellschaft vor Eintragung* zugestimmt, so haftet er für die in der Zeit vor der Eintragung begründeten Verbindlichkeiten unbeschränkt, es sei denn, der Gläubiger kannte die Beteiligung als Kommanditist (§ 176 I HGB). Bis zur Höhe seiner Einlage haftet der neueintretende Kommanditist auf jeden Fall auch für die vor seinem Eintritt begründeten Verbindlichkeiten (§ 173 HGB). – 2. *Eingeschränkte Rechtsstellung des Kommanditisten innerhalb der Gesellschaft:* Keine Befugnis zur → Geschäftsführung (§ 164 HGB), auch nicht zur → Vertretung (§ 170 HGB). Ihm steht lediglich ein → Überwachungsrecht zu. Erteilung von → Prokura gegenüber Kommanditisten ist zulässig und gebräuchlich. – 3. *Steuerliche Behandlung:* → Kommanditgesellschaft (KG).

Kommanditvertrag→ Gesellschaftsvertrag, mit dem eine Kommanditgesellschaft errichtet wird. Der Kommanditvertrag muss die Höhe der → Einlage bestimmen, zumal diese für die Eintragung im → Handelsregister erforderlich ist. – Vgl. auch → Kommanditgesellschaft (KG), → Kommanditist.

Kommanditwechsel→ trassiert-eigener Wechsel, der i.Allg. von der Hauptniederlassung einer Bank als → Aussteller auf eine Zweigniederlassung als → Bezogene gezogen wird.

Kommando – *Betriebssystemkommando;* Anweisung an ein → Betriebssystem (BS). Kommandos sind in der entsprechenden → Job Control Language (JCL) zu formulieren.

Kommandosprache → Job Control Language (JCL).

Kommentar – 1. *Erläuterungen* oder kritische Anmerkungen zu einem Druckwerk oder ähnlichem (v.a. zu Gesetzestexten). – 2. Bei der → Programmentwicklung eine Erläuterung, die im Text eines Quellprogramms (→ Programm) steht. Kommentare dienen nur der Verständlichkeit und sind für den menschlichen Leser vorgesehen. – 3. *Kritische Stellungnahme* in Presse, Rundfunk oder Fernsehen; urheberrechtliche Behandlung. – Vgl. auch → Zeitungsartikel.

kommerzielles Marketing → Marketing.

Kommission – 1. *Organisation:* zeitlich befristetes → Kollegium. – 2. *Kommission der Europäischen Union:* → Europäische Kommission.

Kommissionär – Derjenige, der es gewerbsmäßig unternimmt, Waren oder Wertpapiere für Rechnung eines anderen *(Kommittenten)* im eigenen Namen zu kaufen oder zu verkaufen (→ Kommissionsgeschäft gemäß § 383 HGB). Kommissionär ist stets → Kaufmann.

I. Pflichten des Kommissionärs: 1. Beim *Ausführungsgeschäft:* a) Sorgfältige und im Zweifel persönliche Ausführung mit dem Streben nach den günstigsten Bedingungen für den Kommittenten. Übersteigt der Kaufpreis das → Limit des Verkäufers oder bleibt der Ankaufspreis dahinter zurück, muss er den Unterschied dem Kommittenten vergüten (§ 387 HGB). Haftung bei Verlust und Beschädigung des Kommissionsgutes (§ 390 HGB). – b) Der Kommissionär muss grundsätzlich den Weisungen des Kommittenten folgen. Bei unberechtigtem Abweichen hat der Kommittent das Recht, Schadensersatz zu fordern und das Geschäft zurückzuweisen (§ 385 HGB). Bei Abweichung von einer Preisbegrenzung muss der Kommittent nach dem Empfang der Ausführungsanzeige unverzüglich das Geschäft zurückweisen, sonst gilt die Abweichung als genehmigt (§ 386 I HGB). Erbietet sich der Kommissionär sogleich mit der Ausführungsanzeige zur Deckung des Preisunterschieds, kann der Kommittent nicht zurückweisen; ein eventueller bes. Schaden ist ihm zu ersetzen (§ 386 II 2 HGB). – 2. Beim *Abwicklungsgeschäft:* (1) Unverzügliche Anzeige des Ausführungsgeschäftes (§ 384 II HGB) und Benennung des neuen Vertragspartners, sonst haftet der Kommissionär persönlich auf Erfüllung (§ 384 III HGB). (2) Rechenschaftsablegung und Herausgabe alles aus der Geschäftsbesorgung Erlangten (§ 384 II HGB). (3) Zur Haftung für die Erfüllung der Verbindlichkeit des Vertragsgenossen vgl. → Delkredere und → Delkredereprovision. (4) Über die bes. Anforderungen an die *Buchführung* des Kommissionär zur Heraushebung des Eigentums des Kommittenten vgl. → Kommissionsgeschäft.

II. Rechte des Kommissionärs: 1. *Vergütung:* a) Der Kommissionär erhält → Provision. Der Anspruch entsteht grundsätzlich erst, wenn das mit dem Dritten abgeschlossene Geschäft zur Ausführung gekommen ist (§ 396 I HGB). – b) Ersatz der Aufwendungen erhält der Kommissionär auch bei Nichtabschluss oder Nichtausführung des Geschäfts mit dem Dritten, sofern er schuldlos ist. Zu den Aufwendungen gehört die Vergütung für die Benutzung eigener Lagerräume und Beförderungsmittel (§ 396 II HGB). – c) Ggf. → Delkredereprovision. – 2. *Sicherungsrechte:* a) Kommissionär hat ein → gesetzliches Pfandrecht bzw. Befriedigungsrecht am Kommissionsgut, soweit es in seinem Besitz ist, wegen aller Forderungen aus laufender Rechnung in Kommissionsgeschäften (§§ 397 f. HGB). → Gutgläubiger Erwerb des Pfandrechts ist möglich (§ 366 II HGB). Kommissionär darf sich wegen dieser Ansprüche bevorzugt aus den Forderungen gegen Dritte aus dem Ausführungsgeschäft befriedigen (§ 399 HGB). – b) → Kaufmännisches Zurückbehaltungsrecht, wenn der Kommittent → Kaufmann ist (§ 369 HGB). – 3. Bei einer *Einkaufskommission,* die beiderseitiges Handelsgeschäft ist, hat der Kommissionär wegen der abgelieferten Waren in Bezug auf die *Rüge- und Aufbewahrungspflicht* des Kommittenten die günstige Stellung eines Verkäufers (§ 391 HGB; → Handelskauf). – 4. *Selbsteintritt* des Kommissionärs: Bei der Einkaufs- oder Verkaufskommission von Waren, die einen Markt- oder Börsenpreis haben oder Börsenpapieren, die einen amtlich festgestellten Börsen- oder Marktpreis haben, kann der Kommissionär durch ausdrückliche Erklärung, selbst als Käufer oder Verkäufer auftreten (§§ 400, 405 HGB). Auch bei Selbsteintritt muss der Kommissionär die Interessen des Kommittenten wahren (§ 401 I HGB). Er behält Anspruch auf die gewöhnliche Provision und Aufwendungsersatz (§ 403 HGB), ebenso auf sein Pfandrecht und das kaufmännische Zurückbehaltungsrecht (§ 404 HGB).

III. Steuerliche Behandlung: 1. *Umsatzsteuerlich* bestehen Sonderregelungen, wonach der Verkaufskommissionär nicht als Vermittler, sondern als Verkäufer der Ware gilt, also nicht nur seine Provision, sondern den gesamten Veräußerungserlös der USt zu unterwerfen hat. Ähnliche Sonderregelungen auch für Einkaufskommission und Dienstleistungskommission. – 2. *Ertragsteuerlich* ist dagegen die Provision zu versteuern; sie zählt zum Gewinn des Kommissionärs aus Gewerbebetrieb (§ 15 EStG). – Einzelheiten s. unter → Kommissionsgeschäft.

Kommission der Vereinten Nationen für internationales Handelsrecht → UNCITRAL.

Kommission für Anlagensicherheit – früher: Störfall-Kommission. Beim Bundesministerium für Umwelt, Naturschutz und Reaktorsicherheit (BMU) zur Beratung der Bundesregierung zu bildende Kommission, die gutachtlich Möglichkeiten zur Verbesserung der Anlagensicherheit aufzeigen soll. In die Kommission für Anlagensicherheit sind neben Vertretern der zuständigen Bundesbehörden, der Wissenschaft, der Umweltverbände, der Gewerkschaften, der beteiligten Wirtschaft und der für den Immissions- und Arbeitsschutz zuständigen Landesbehörden zu berufen (§ 51a III BImSchG).

Kommissionierlager → Lagerbereich.

Kommissionierung – Vorgang der Zusammenstellung von Gütern nach vorgegebenen Aufträgen (→ Auftragsabwicklung) aus einem Gesamtsortiment. Der Kommissioniervorgang erfolgt entweder einstufig oder mehrstufig. Bei der einstufigen Kommissionierung wird zusätzlich nach Einzelaufträgen und Auftragsserien unterschieden. Der Kommissionierer führt jedoch stets den gesamten Auftrag durch. Bei der mehrstufigen Kommissionierung werden die Aufträge zur Verbesserung der Effizienz nacheinander in Teilaufträgen abgewickelt.

Kommissionsagent→ Kaufmann, der ständig damit betraut ist, Waren im eigenen Namen für Rechnung eines anderen zu kaufen oder zu verkaufen. – *Stellung* des Kommissionsagenten in seinen persönlichen Beziehungen zu dem Unternehmer ist gleich der des → Handelsvertreters, während im Übrigen die durch die Geschäftsbesorgung begründeten Beziehungen nach den Vorschriften betreffend den → Kommissionär (§§ 383 ff. HGB) zu beurteilen sind. – Dritten gegenüber *haftet* der Kommissionsagent als Kommissionär, wenn er nicht erkennbar als Agent abgeschlossen hat.

Kommissionsgeschäft – I. Begriff: die geschäftliche Betätigung eines → Kaufmanns im eigenen Namen für fremde Rechnung, geregelt in den §§ 383–406 HGB. *Rechtlich* ist das Kommissionsgeschäft ein auf eine Geschäftsbesorgung im Sinn des § 675 BGB gerichteter → gegenseitiger Vertrag.

II. Arten: 1. Nach dem *Objekt:* (1) *echtes Kommissionsgeschäft:* Einkaufs- oder Verkaufsgeschäft von → Waren oder → Wertpapieren eines Kommissionärs; (2) *unechtes Kommissionsgeschäft:* sonstige kommissionsweise übernommene Geschäfte des Kommissionärs, z.B. → Inkassokommission. – 2. Nach dem *Wirkungsbereich:* (1) Kommissionsgeschäft im *Überseehandel:* Ausführung von Exportkommissionen (→ Konsignationshandel) und Importkommissionen; (2) Kommissionsgeschäft im *Binnenhandel* auf dem Gebiet der Effektenkommission sowie im Kunst- und Antiquitätenhandel; bei sonstigen Wirtschaftsgütern nur ausnahmsweise.

III. Durchführung: 1. Vom Kommissionsvertrag ist zu unterscheiden der Verkauf selbst (sog. *Ausführungsgeschäft*) und das darauf folgende *Abwicklungsgeschäft,* durch das der Kommissionär dem Auftraggeber das Ergebnis des Ausführungsgeschäfts gutbringt. Da der Kommissionär das Ausführungsgeschäft in eigenem Namen abschließt, wird er im Verhältnis zu seinem Vertragspartner allein berechtigt und verpflichtet. Im Innenverhältnis geht das Geschäft aber auf Rechnung des Kommittenten. – 2. Deswegen darf der Kommissionär von seinem Vertragspartner ggf. auch den *Schaden* des Kommittenten (→ Drittschaden) verlangen, den dieser durch Nicht- oder Schlechterfüllung des Ausführungsgeschäfts erleidet. – 3. Die *Forderungen* aus dem Ausführungsgeschäft stehen dem Kommissionär zu. Erst mit der → Forderungsabtretung gehen sie auf den Kommittenten über (§ 392 I HGB). Um aber diese Forderungen schon vorher vor dem Zugriff der Gläubiger des Kommissionärs zu schützen, gelten nach § 392 II HGB die Forderungen des Kommissionärs aus dem Ausführungsgeschäft im Verhältnis von Kommittent zu Kommissionär und dessen Gläubiger als solche des Kommittenten, der ggf. das Recht zur → Drittwiderspruchsklage und → Aussonderung ausüben kann. – 4. Dagegen bleibt der Kommissionär im Verhältnis zum Vertragspartner des Ausführungsgeschäfts *Gläubiger.* Dieser kann also mit Gegenansprüchen aus anderen Geschäften, die er mit dem Kommissionär getätigt hat, aufrechnen, sodass insoweit der Kommittent nicht geschützt ist.

IV. Rechte/Pflichten: → Kommissionär.

V. Eigentumsverhältnisse am Kommissionsgut: 1. Bei dem *Verkaufs-Kommissionsgeschäft* bleibt das Eigentum beim Kommittenten, bis der Kommissionär es kraft seiner Ermächtigung wirksam auf den Ankäufer überträgt. Bei Insolvenz des Kommissionärs hat der Kommittent Recht auf → Aussonderung, bei Vollstreckung in das Kommissionsgut → Drittwiderspruchsklage. – 2. Beim *Einkaufs-Kommissionsgeschäft* wird der Kommissionär Eigentümer der im eigenen Namen gekauften Waren und Wertpapiere und bleibt es bis zur Übereignung an den Kommittenten, zu der er gemäß § 384 II HGB verpflichtet ist. – 3. Für das *Effekten-Kommissionsgeschäft* sind im → Depotgesetz (DepotG) bestimmte Schutzvorschriften erlassen.

VI. Wirtschaftliche Bedeutung: bes. groß im Effektengeschäft; im Außenhandel; hier ist das Kommissionsgeschäft v.a. bei Waren üblich, deren Verkaufschancen von vornherein nicht allzu hoch veranschlagt werden können.

VII. Buchführungspflicht: bei Durchführung von Kommissionsgeschäften strengen Vorschriften unterworfen, weil das Eigentum von Kommittenten auf bes. Konten ausgewiesen werden muss, mind. dadurch, dass neben die vom → Kontenplan entnommene Kontonummer das Kommissionsgeschäft gesetzt wird. – 1. Bei der *Einkaufskommission* erwirbt der Kommissionär das rechtliche Eigentum an den durch den Kommissionsauftrag erworbenen Waren. Der Kommittent wird aber sofort wirtschaftlicher Eigentümer. Jeder Kommissionsauftrag wird auf einem bes. Konto dargestellt. Die Durchführung einer Einkaufskommission wird wie in der Tabelle „Kommissionsgeschäft – Kontokorrentkonto" dargestellt gebucht.

Kommissionsgeschäft – Kontokorrentkonto

Frachten und Spesen des Kommittenten	Gutschrift für eingegangene Waren
Provision und ggf. Delkredereprovision des Kommittenten	Gutschrift der Salden aus dem Kommissionswarenkonto
Überweisung an den Kommittenten	

Der Kommittent bucht die Beträge auf einem Kontokorrentkonto des Kommissionärs entgegengesetzt. – 2. Bei *Verkaufskommission* bleibt die Ware bis zu ihrem Verkauf Eigentum des Kommittenten; Buchung des Kommissionärs erfolgt wie in Tabelle „Kommissionsgeschäft – Kommittentenkonto" und Tabelle „Kommissionsgeschäft – Komissionswarenkonto" dargestellt.

Kommissionsgeschäft – Kommittentenkonto

Einkaufsrechnung	Begleichung durch den Kommittenten
Barspesen des Kommittenten	
Provision des Kommittenten	

Kommissionsgeschäft – Kommissionswarenkonto

Wareneingang	Warenverkauf
Saldo zur Gutschrift auf das Kontokorrentkonto des Kommittenten	

VIII. Umsatzsteuerrecht: 1. *Grundsatz:* Beim Kommissionsgeschäft wird das zugrunde liegende Geschäft zerlegt in zwei gleichartige Geschäfte zwischen Kommittent und Kommissionär bzw. Kommissionär und dem Dritten. – 2. *Kommissionsgeschäft über Gegenstände* (§ 3 III UStG): Nach diesen Grundsätzen gilt bei einer Verkaufskommission gegenüber dem Endkunden umsatzsteuerlich der Kommissionär als der Verkäufer der Ware, und es wird unterstellt, dass der Auftraggeber (Kommittent) ihm diese Ware unmittelbar zuvor verkauft hat. Beide Geschäfte sind dann nach normalen umsatzsteuerlichen Grundsätzen zu behandeln. Zu beachten ist, dass der Kommissionär somit USt nicht nur auf seine Provision zu zahlen hat, sondern auf den gesamten Verkaufserlös, und dass er umsatzsteuerlich auch nicht seine Tätigkeit als Dienstleistung gegenüber dem Kommittenten abrechnen darf, sondern so behandelt wird, als hätte er von diesem den Gegenstand erworben (Weiterleitung des Erlöses abzgl. der Provision gilt umsatzsteuerlich als Zahlung des Kaufpreises an den Kommittenten). – 3. *Kommissionsgeschäfte über sonstige Leistungen* (§ 3 XI UStG): Seit 2004 wird bei sämtlichen Kommissionsgeschäften über sonstige Leistungen (Leistungskommission) davon ausgegangen, dass der Auftraggeber die fragliche Leistung dem Kommissionär erbringt und dieser eine Leistung derselben Art dann dem Dritten erbringt (bzw. umgekehrt). Jede der beiden Dienstleistungen wird dann isoliert für sich nach den Regeln über die Besteuerung sonstiger Leistungen behandelt. Auch hier kann der Kommissionär umsatzsteuerlich keine „Vermittlungsprovision" an den Auftraggeber abrechnen. – 4. *Andere Staaten der EU:* Die Regelung, dass das Kommissionsgeschäft in zwei gleichartige Geschäfte zwischen Kommissionär und Kommittent bzw. Kommissionär und Drittem aufzuspalten ist, findet sich in der Sechsten EG-Umsatzsteuerrichtlinie und ist daher im Prinzip europaweit vorgeschrieben. Allerdings dürfen Staaten, die bei ihrem Beitritt zur EU eine andere Sichtweise hatten, diese b.a.w. beibehalten.

IX. Ertragsteuern: 1. *Grundsatz*: Ertragsteuerlich gilt die umsatzsteuerliche Fiktion nicht; steuerpflichtig ist hier also die Provision des Kommissionärs, sie stellt einen Teil seines Gewinns aus Gewerbebetrieb dar. Von den steuerpflichtigen Betriebseinnahmen (Provision) können also zugehörige Betriebsausgaben in Abzug gebracht werden. – 2. Bei *internationalen Konstellationen* (ausländischer Kommittent, inländischer Verkaufskommissionär) unterliegt die Provision des Kommissionärs der Steuerpflicht im Inland, weil der Kommissionär i.d.R. jemand sein wird, der seinen Betrieb hier unterhält; der Gewinn des Auftraggebers aus dem Auftrag wird jedoch im Inland nur dann steuerpflichtig, wenn in den Vorgang eine eigene Betriebsstätte des Auftraggebers im Inland verwickelt ist oder der Kommissionär so stark in die Tätigkeit des Auftraggebers eingebunden ist, dass er als dessen ständiger Vertreter (Art. 5 OECD-MA) im Inland gilt. Dadurch sind Kommissionsgeschäfte international für Sachverhaltsgestaltungen attraktiv, da sich der Großteil des Gewinns aus einem Warenverkauf – der Anteil des Auftraggebers nämlich – der inländischen Besteuerung entziehen und ins Land des Auftraggebers verlagern lässt. – 3. Bei *Geschäften zwischen verbundenen Unternehmen im internationalen Rahmen* sind diese grundsätzlich verpflichtet, ihre Leistungen untereinander mit marktgerechten Preisen abzurechnen (Verrechnungspreisproblematik). Hinsichtlich der Festlegung dieser Preise hat die Vereinbarung von Kommissionsgeschäften zwischen einem Herstellerunternehmen und einem ihm gehörenden Vertriebsunternehmen einen administrativen Vorteil, weil sich für die Höhe der marktgerechten Provision bei einem Kommissionsgeschäft viel leichter überzeugende Vergleichswerte finden lassen, als wenn die Vertriebsgesellschaft die fraglichen Waren vom Herstellerunternehmen ankaufen würde; das liegt daran, dass der Kommissionär beim Kommissionsgeschäft nicht das Absatzrisiko trägt und daher die Provision eines Kommissionärs, anders als die Handelsspanne eines Händlers, von der konkreten Natur des gehandelten Produktes weitgehend unabhängig ist.

Kommissionshandel – Geschäftsabschluss im eigenen Namen für fremde Rechnung. – *Gegensatz:* → Eigenhandel.

Kommissionstratte – *Kommissionswechsel.* 1. *Begriff:* Für Rechnung eines Dritten gezogener → Wechsel (Art. 3 III WG). – *Beispiel:* Im → Remboursgeschäft zieht der Exporteur für Rechnung des ausländischen Käufers auf dessen Bank (die dem Käufer eine entsprechende Kreditzusage gegeben hat). – 2. *Haftung* des Ausstellers wird dadurch nicht ausgeschlossen oder eingeschränkt. Die Deckungsklausel („und stellen ihn auf Rechnung des N.N."), die das der Wechselziehung zugrunde liegende Rechtsverhältnis kennzeichnet, ist wechselrechtlich ohne Bedeutung; der Aussteller haftet trotz des Vermerkes.

Kommissionsvertreter → Kommissionsagent.

Kommissionswechsel → Kommissionstratte.

Kommittent – Beim → Kommissionsgeschäft derjenige, für dessen Rechnung die Kommission ausgeführt wird.

Kommunalabgaben – aufgrund eigener → Finanzhoheit von den Gemeinden und Gemeindeverbänden erhobene → Abgaben, i.d.R. Grundlage der → Gemeindefinanzen. Zu den Kommunalabgaben gehören v.a. die → Gemeindesteuern, Gebühren (Müllgebühren), Beiträge und die sonstigen an die Gemeinden zu entrichtenden Abgaben (z.B. Konzessionsabgaben). Die entsprechenden Kommunalabgabengesetze sind zu beachten.

Kommunalanleihe → Kommunalobligation.

Kommunalaufsicht – Staatsaufsicht über → Gemeinden und → Gemeindeverbände auf der Grundlage der von den Ländern erlassenen Gemeindeordnungen. Sie bezieht sich auf die gesamte kommunale Tätigkeit einschließlich der Rechtsetzung (→ Gemeindesatzung). Wegen der Selbstverwaltungsgarantie (Art. 28 II GG) ist die Kommunalaufsicht i.d.R. → Rechtsaufsicht.

Kommunalbetrieb – gewerbliche Unternehmen der Gemeinden und der Kreise. Kommunalbetriebe befriedigen allg. Bedürfnisse der Bevölkerung wie z.B. Wasser- und Energieversorgung, Unterhaltung und Einrichtung von Nahverkehrsmitteln (→ Versorgungsbetriebe). Kommunalbetriebe sollen keine Aufgaben übernehmen, die von der Privatwirtschaft besser gelöst werden könnten. Sie können als → Eigenbetrieb geführt werden und sind als solche rechtlich zwar Teil der Kommunalverwaltung, aber organisatorisch gegenüber der übrigen Verwaltung verselbstständigt. Im Unterschied dazu sind die Eigengesellschaften der Kommunen auch rechtlich verselbstständigt, regelmäßig in der Rechtsform der GmbH. – Vgl. auch → Kommunale Unternehmen

Kommunaldarlehen → Kommunalkredit.

kommunale Gebietsreform – Neuabgrenzung der Gemeinden und Gemeindeverbände, die v.a. 1968 bis 1978 in der Bundesrepublik Deutschland zwecks Erhöhung der Verwaltungseffizienz durchgeführt. Formen der Gebietsreform sind a) Gemeindeteilungen, b) Gemeindezusammenschlüsse und c) Gemeindeschlüsseländerungen. Ziel war es, die Lebensbedingungen der ländlichen Bevölkerung an die der Stadt anzugleichen. In diesem Zuge wurde v.a. auf die Stärkung der ländlichen Gemeinden geachtet und besonderes Augenmerk auf die Ballungsräume gelegt.

kommunaler Finanzausgleich – Summe der (vertikalen) Finanzbeziehungen zwischen einem Bundesland und seinen Gemeinden und Gemeindeverbänden und der (horizontalen) Finanzbeziehungen zwischen den Gemeinden und Gemeindeverbänden untereinander. – 1. *Vertikaler Finanzausgleich zwischen Land und Gemeinden:* Zwischen einem Land und seinen Gemeinden ist ein exakter rechnerischer Ausgleich von → Finanzbedarf und → Finanzkraft nicht möglich. Der Ausgleich wird daher vom Grundgesetz lediglich pauschal geregelt. Art. 106 VII GG bestimmt: Von dem Länderanteil am Gesamtaufkommen der Gemeinschaftsteuern fließt den Gemeinden und Gemeindeverbänden insgesamt ein von der Landesgesetzgebung zu bestimmender Hundertsatz zu. Die Höhe dieser Beteiligungsquote (→ Steuerverbundquote) ist von Land zu Land unterschiedlich, weil auch die Aufgabenverteilung zwischen beiden Ebenen von Land zu Land variiert. – 2. *Horizontaler Finanzausgleich zwischen Gemeinden:* Auch die Finanzausstattungen der einzelnen Gemeinden weisen große Unterschiede auf. Der deswegen notwendige

Finanzausgleich erfolgt wiederum als vertikaler Ausgleich mit horizontalem Effekt; Ausgleichsmasse ist die Beteiligungsquote an den Ländersteuereinnahmen. – Das *Verfahren* beginnt wiederum mit der Ermittlung des Finanzbedarfs, ausgedrückt in der Bedarfsmesszahl oder → Ausgleichsmesszahl. Diese basiert auf der (in vielen Bundesländern nach Größenklassen gewichteten) Einwohnerzahl der einzelnen Gemeinde (Hauptansatz) zzgl. evtl. Ergänzungsansätze (z.B. Zahl der Schüler). Der so ermittelte Gesamtansatz wird mit dem → Grundbetrag multipliziert, einer Geldgröße, die sich aus dem insgesamt zur Verfügung stehenden Zuweisungsvolumen ergibt. Bei der Berechnung der originären Finanzkraft der Gemeinden werden nur die wichtigsten Steuereinnahmen der Gemeinden berücksichtigt. Mit landeseinheitlichen → Hebesätzen wird daraus eine fiktive → Steuerkraftmesszahl berechnet. Bedarfsmesszahl und Steuerkraftmesszahl werden gegenübergestellt. Die Differenzen werden durch → Schlüsselzuweisungen (teilweise) ausgeglichen. Das Ausgleichsmaß ist von Land zu Land unterschiedlich. Neben diesen Ausgleichszuweisungen bestehen diskretionär vergebene → Bedarfszuweisungen an die Ausgleichsstockgemeinden sowie vielfältige Lenkungszuweisungen, durch die die Länder das Ausgabengebaren der Gemeinden zu beeinflussen versuchen, mit denen z.T. aber auch eine weitere Verringerung der kommunalen Finanzkraftunterschiede angestrebt wird. – Vgl. auch → Finanzausgleich.

Kommunaler Spitzenverband – freiwilliger Zusammenschluss → kommunaler Gebietskörperschaften und deren Regionalverbände auf Bundesebene. – *Aufgaben:* Förderung der kommunalen Selbstverwaltung; Erfahrungsaustausch; Interessenvertretung. – Dazu zählen v.a. Deutscher Städte- und Gemeindebund (Zusammenschluss kreisangehöriger Städte und Gemeinden; Sitz in Berlin), Deutscher Städtetag (Zusammenschluss kreisfreier und eines Teils der kreisangehörigen Städte; Sitz in Berlin und Köln), Deutscher Landkreistag (Zusammenschluss der Landkreise; Sitz in Berlin). – Zusammengeschlossen zur *Bundesvereinigung der Kommunalen Spitzenverbände.*

kommunale Selbstverwaltung – bezeichnet gemäß Art. 28 Abs. 2 GG das Recht der → Gemeinden als Träger der kommunalen Selbstverwaltung, alle Angelegenheiten der örtlichen Gemeinschaft im Rahmen der Gesetze in eigener Verwantwortung zu regeln. Für diese institutionelle Selbstverwaltungsgarantie müssen nach Art. 28 Abs. 2 S. 3 GG die Grundlagen der finanziellen Eigenverantwortung gewährleistet sein. Die Selbstverwaltungsgarantie umfasst insbesondere Fragen der Finanz- und Kommunalabgabenhoheit, Personalhoheit, Organisationshoheit, Planungshoheit und Satzungshoheit. – Bei freiwilligen Selbstverwaltungsaufgaben kann die Gemeinde entscheiden, ob und wie eine Aufgabe erledigt wird. Pflichtige Selbstverwaltungsaufgaben muss die Gemeinde entsprechend gesetzlicher Bestimmungen zwingend wahrnehmen, sie kann jedoch selbst entscheiden, wie sie diese Verpflichtung gewährleistet. Die Entscheidung über das „Ob" besitzt die Gemeinde bei den Pflichtaufgaben nicht mehr, allein über das „Wie" der Aufgabenwahrnehmung besteht noch Entscheidungsfreiraum.

kommunales Marketing – Übertragung von Erkenntnissen und Ansätzen des → Marketings auf Kommunen oder Regionen. Ziele sind zum einen die Erhöhung der Akzeptanz der kommunalen Leistungen durch die Bürger sowie ihre Identifikation mit der Kommune. Andererseits wird angestrebt, die Kommune nach außen als Wirtschaftsstandort sowie im Hinblick auf Kultur, Sport und Fremdenverkehr zu profilieren und sie bes. attraktiv zu gestalten.

kommunale Unternehmen – *öffentliche Unternehmen der Kommunen;* → öffentliche Unternehmen auf Gemeinde- bzw. Kreisebene. Schwerpunkte liegen im Bereich der Verkehrs-, Versorgungs- und Wohnungswirtschaft sowie bei den Sparkassen. – Kommunale Unternehmen sind im Gegensatz zu öffentlichen Unternehmen des Bundes oder der Länder (→ Öffentliche Unternehmen des Bundes; → Öffentliche Unternehmen der Länder) dadurch gekennzeichnet, dass mehrheitlicher oder alleiniger Träger des Unternehmens die jeweilige → Gebietskörperschaft ist. Diese übt die erforderliche *Direktionsgewalt* aus. *Kommunen* (→ Gemeinde) sind nach den Gesetzgebungen der Länder dazu verpflichtet, einen Beteiligungsbericht vorzulegen, durch den interessierte Bürger und der *Gemeinderat* über den Bestand an kommunalen Unternehmen informiert werden. Ebenso gehen viele Gebietskörperschaften dazu über, freiwillige Corporate Governance Kodizes (→ Corporate Governance Kodex) und Grundsätze guter Unternehmensführung mit ihren Beteiligungen zu vereinbaren. – *Tätigkeitsbereiche:* a) Kommunale Unternehmen werden zumeist im Bereich der *freiwilligen* und *pflichtigen Selbstverwaltungsaufgaben* genutzt. *Freiwillige Selbstverwaltungsaufgaben*, für die keine inhaltlichen Vorgaben des wie und ob einer Betätigung bestehen, unterliegen den Kompetenzgrenzen der *Gebietskörperschaften* (→ Gebietskörperschaft). Bspw. zählt die Unterhaltung von öffentlichen Einrichtungen der Daseinsvorsorge durch → Versorgungsbetriebe und Verkehrsbetriebe, sowie die Unterhaltung von Sportplätzen, Schwimmbädern oder im kulturellen Bereich der Betrieb von Museen, Konzerthallen, Theatern, Bibliotheken und Museen in diesen Tätigkeitsbereich. Ebenso kann man die Gründung und Errichtung von Sparkassen hinzuzählen. – b) Bei *pflichtigen Selbstverwaltungsaufgaben* ist landes- und bundesrechtlich bestimmt, dass Kommunen die Aufgaben erfüllen müssen. Die Art und Weise der Aufgabenerfüllung obliegt der jeweiligen → Gebietskörperschaft. Zu den pflichtigen Selbstverwaltungsaufgaben, die zumeist von kommunalen Unternehmen erbracht werden, zählen u.a. die Wohnungsbauförderung, die

Abfall- und Abwasserbeseitigung, Straßenbau, Städtebau und -sanierung sowie besondere Aufgaben im Bereich der Jugend- und Sozialhilfe. – c) Wirtschaftliche Betätigung: Wirtschaftliche Betätigungen sind Tätigkeiten der Kommune, die von Privatunternehmern mit der Absicht der *Gewinnerzielung* vorgenommen werden dürfen. Der so gezogene Vergleich stellt vornehmlich auf die *Art und Weise der Tätigkeit* ab und nicht auf eine bestehende oder nicht bestehende *Konkurrenzsituation*. Die Entgeltlichkeit der Leistung sowie eine tatsächliche Gewinnerzielung weisen als Indizien auf eine *kommunale Wirtschaftstätigkeit* hin. Die Abgrenzung zu einer *nichtwirtschaftlichen Tätigkeit* ist allerdings nicht immer eindeutig. Einige Autoren schlagen vor, dass es sich bei *nichtwirtschaftlichen* Unternehmen um solche Unternehmen handelt, „deren Betrieb den Gemeinden ausdrücklich aufgegeben ist und die nach den bisherigen Erfahrungen nicht gewinnbringend betrieben werden können" (Hoppe et al 2012: 49). Keine wirtschaftlichen Betriebe sind solche kommunalen Unternehmen, die unter den Bereich der kommunalen Pflichtaufgaben fallen, Hilfsbetriebe, die zur Deckung des Eigenbedarfs der Gemeinde dienen sowie Einrichtungen des Bildungs-, Gesundheits- und Sozialwesens, der Kultur, des Sports, der Erholung, der Abfall- und Abwasserbeseitigung, der Straßenreinigung sowie Einrichtungen ähnlicher Art. – Als Wirtschaftseinheiten der Kommunen, die auch von Privaten Rechtsträgern betrieben werden dürfen, wurden bereits in der ersten Eigenbetriebsverordnung von 1838 aufgeführt: a) → Versorgungsbetriebe (Wasserwerke, Gaswerke, Elektrizitäts- und Fernheizwerke (auch Verteilungsbetriebe), b) *Verkehrsbetriebe* (Straßenbahnen, Kleinbahnen, Kraftverkehrsbetriebe, Industriebahnen, Anschlussbahnen, Gleisbetriebe, Hafenbetriebe, Speicher, Lagerhäuser, Häfen, Flughäfen und Fähren), c) Betriebe der Urproduktion/*Verarbeitungsbetriebe* (Güter, Molkereien, Milchhöfe, Sägewerke, Salinen, Brunnenbetriebe, Kies- und Kalkbetriebe, Braunkohlebergwerke, Ziegeleien, Mühlen), d) *Sonstige Betriebe* (Selbstständige Gaswerkproduktionen, Selbstständige Installationsbetriebe, Eisfabriken, Milchkühl- und Kühlanlagen, Wein- und Ratskellereien, Stadthallen, Reklamebetriebe) – Für die wirtschaftlichen Unternehmen der Gemeinden gelten die besonderen Anforderungen des Gemeindewirtschaftsrechts. – Besondere Betätigungsgrenzen: Die Gemeinden dürfen wirtschaftliche Unternehmen ungeachtet ihrer Rechtsform nur errichten, übernehmen, wesentlich erweitern oder sich daran beteiligen, wenn bestimmte Zulässigkeitsvoraussetzungen erfüllt sind (sogenannte Schrankentrias): den öffentlichen Zweck, die Leistungsfähigkeit der Gemeinde und die Subsidiarität. Ebenso unzulässig ist der Betrieb eines Bankunternehmens, soweit es sich nicht um eine Sparkasse handelt. – Der *öffentliche Zweck* entfällt, wenn die Gewinnerzielungsabsicht den einzigen Zweck der wirtschaftlichen Betätigung darstellt. Die Leistungsfähigkeit bezieht sich v.a. auf die *Verhältnismäßigkeit* von Art und Umfang der Betätigung zur Leistungsfähigkeit der Gemeinde. Die Subsidiaritätsklausel verlangt, dass wirtschaftliche Betätigungen von Gemeinden nur dann zulässig sind, wenn diese nicht besser oder wirtschaftlicher durch Private erfüllt werden. – *Rechtsformen:* Die kommunalen Unternehmen werden je nach Aufgabenbereich als öffentlich-rechtliche oder privatrechtliche Betriebe geführt. Zu nennen seien unter den *öffentlich-rechtlichen Organisationsformen*: a) → Regiebetrieb (als Teil der unmittelbaren Kommunalverwaltung), b) → Eigenbetrieb, c) Anstalt des öffentlichen Rechts (→ Anstalt), d) Stiftungen des öffentlichen Rechts (→ Stiftung), e) Zweckverbände (→ Zweckverband). – Zu möglichen privatrechtlichen Organisationsformen zählen: a) GmbH (→ Gesellschaft mit beschränkter Haftung (GmbH)), b) Aktiengesellschaft (AG), c) GmbH & Co. KG (→ Gesellschaft mit beschränkter Haftung (GmbH)), d) → Genossenschaft, e) Stiftung des privaten Rechts (→ Stiftung), f)Rechtsfähiger Verein (→ Verein).

kommunale Wirtschaftsförderung – 1. *Begriff:* Maßnahmen der → Wirtschaftsförderung, die auf kommunaler Ebene selbstständig und eigenverantwortlich, auch im Rahmen der kommunalen Finanzhoheit, durchgeführt werden. – 2. *Ziele* sind die Erhaltung oder Stärkung der kommunalen Wirtschaftskraft, die Verbesserung des Arbeitsplatzangebots, ggf. auch die Verbesserung der örtlichen Versorgung mit Gütern und Dienstleistungen. – 3. Die für die Praxis wichtigsten *Formen* können als *Bestandspflege* sowie als *Ansiedlungspolitik (Standortmarketing)* bezeichnet werden. – 4. *Instrumente* der kommunalen Wirtschaftsförderung sind in erster Linie im Bereich der Infrastruktur zu sehen: Verbesserung örtlicher Verkehrswege, Bauleitplanung und Bebauungsordnung sowie die Ausweisung von Gewerbeflächen. V.a. zur Ansiedlung neuer Gewerbe können günstige Standortvoraussetzungen durch Unterstützung der Einrichtung von *Gewerbeparks* oder *Gründerzentren* geschaffen werden. Hierbei stellt eine Kommune Gewerbeflächen zur Verfügung, ggf. auch Immobilien, die ansiedlungswilligen Unternehmen zum Kauf oder zur Miete angeboten werden. In gewissen Grenzen (Prinzip sparsamer Haushaltswirtschaft) können durch die Gestaltung der Mietkonditionen sowie der Kaufpreise zusätzliche Anreize gesetzt werden. Die Möglichkeiten zur *finanziellen Förderung* von Unternehmen sind auf kommunaler Ebene allerdings durch die Grundsätze der kommunalen Finanzverfassung und des Haushaltsrechts beschränkt. Diese schließen z.B. eine direkte Subventionierung normalerweise aus. Auch die Gewährung von Bürgschaften, ein auf Bundes- oder Landesebene verbreitetes Instrument der Wirtschaftsförderung, ist für die kommunale Wirtschaftsförderung nur begrenzt einsetzbar (nur für Unternehmen, die Leistungen im öffentlichen Auftrag erbringen). Die Abgabenpolitik (bes. die → Gewerbesteuer) kann unternehmerische Standortentscheidungen ebenfalls beeinflussen.

Kommunalkredit – *Kommunaldarlehen, Körperschaftskredit.* – 1. *Begriff:* alle Forderungen an inländische Körperschaften und Anstalten des öffentlichen Rechts oder für die eine solche Körperschaft oder Anstalt die volle Gewährleistung übernommen hat, unabhängig davon, ob zur Deckung Schuldverschreibungen ausgegeben wurden oder nicht. Sie werden überwiegend zur Finanzierung von Infrastrukturmaßnahmen (Verkehr, Gesundheit, Kultur) eingesetzt. Kreditgeber können grundsätzlich alle Kreditinstitute sein, allerdings werden Kommunalkredite überwiegend von öffentlich-rechtlichen Kreditinstituten vergeben. Kreditnehmer sind Körperschaften wie Bund, Länder, Kommunen und kommunale Zweckverbände und öffentlich-rechtliche Anstalten wie z.B. Rundfunkanstalten oder Krankenhäuser. – 2. → Bonität: Aufgrund des Rechts zur Erhebung von Steuern und der Beaufsichtigung durch entsprechende Behörden werden die Kredite ohne bes. Sicherheiten vergeben. Vor Kreditvergabe werden lediglich die Zahlungsfähigkeit entsprechend des Haushaltsplans und die Verpflichtungen aus anderen bestehenden Schuldverhältnissen (→ Kapitaldienst) geprüft. Für Kommunalkredite haften die Schuldner mit ihren gesamten Vermögen und mit dem Steueraufkommen; ein Insolvenzverfahren ist ausgeschlossen. Zur Beurteilung der Finanzsituation sind die Vorschriften des Haushaltsrechts zu beachten. – 3. *Arten:* Kommunalkredite werden nach der Laufzeit und nach dem Verwendungszweck eingeteilt. Nach der in der Kreditwirtschaft üblichen Einteilung werden Kredite unter einem Jahr Laufzeit als kurzfristig, bei Laufzeit von einem Jahr bis unter vier Jahren als mittelfristig und bei Laufzeiten von vier Jahren und mehr als langfristig angesehen. Im Gegensatz hierzu werden unter kommunalwirtschaftlichen Gesichtspunkten Kommunalkredite als kurzfristige Kredite betrachtet, wenn ihre Laufzeit weniger als vier Jahre beträgt. Sie gelten als mittelfristig bei Laufzeiten von vier Jahren bis unter zehn Jahren und als langfristig bei zehn Jahren und mehr. Vom Verwendungszweck her gesehen wird zwischen Kassenkrediten, die in Form des Kontokorrentkredits aufgenommen werden, und langfristigen Kommunalkrediten, die als Investitionskredite in Form von → Schuldscheindarlehen aufgenommen werden, unterschieden. Kassenkredite, im eigentlichen Sinne keine Kommunalkredite, werden v.a. zur Überbrückung kurzfristig auftretender Finanzlücken zwischen Einnahmen und Ausgaben verwendet. Sie können ohne bes. Genehmigung bis zu einer bestimmten Höhe der im Verwaltungshaushalt veranschlagten Einnahmen aufgenommen werden. – 4. *Begrenzung:* Das maximale Kreditvolumen ergibt sich in erster Linie aus den in den Gemeindeordnungen enthaltenen Vorschriften über die Haushaltsführung der Gemeinden, aber auch aus den Haushaltsordnungen des Bundes und der Länder. Danach dürfen Kredite grundsätzlich nur zur Deckung eines unabweisbaren Bedarfs und auch dann lediglich zur Finanzierung von Investitionsvorhaben aufgenommen werden. Bei Bund und Ländern darf von diesen Grundsätzen nur abgewichen werden, wenn die Kreditaufnahme „zur Abwehr einer Störung des gesamtwirtschaftlichen Gleichgewichts" (Art. 109 II GG) notwendig ist. – 5. *Refinanzierung:* Landesbanken, private Hypothekenbanken und öffentlich-rechtliche Grundkreditanstalten refinanzieren sich durch Ausgabe von → Kommunalobligationen, Sparkassen überwiegend durch Spareinlagen, Sparbriefe/ Sparkassenbriefe, Sparkassenobligationen, → Inhaberschuldverschreibungen. – 6. *Unechter (indirekter) Kommunalkredit:* Der durch eine öffentlich-rechtliche Körperschaft verbürgte Kredit an Private hat v.a. Bedeutung im Wohnungsbau und bei der Ansiedlung von Unternehmen in strukturschwachen Regionen. Im Wohnungsbau werden z.B. sog. 1b-Hypotheken von Landeskreditanstalten oder Wohnungsbauförderungsgesellschaften der Länder übernommen oder verbürgt. Bei einem öffentlich verbürgten Wirtschafts- oder Industriekredit tritt die Bürgschaft oft an die Stelle einer unmittelbaren Kreditgewährung des Bundes oder eines Landes. Bei unechten Kommunalkrediten können auch Landesbanken oder Sparkassen Gewährleistungen übernehmen.

Kommunalobligation – *Kommunalanleihe, Kommunalschuldverschreibung,* heute: *öffentlicher Pfandbrief;* von Kreditinstituten mit Sitz in Deutschland ausgegebene gedeckte Schuldverschreibung aufgrund erworbener Forderungen gegen staatliche Stellen, vgl. § 1 I Nr. 2 → Pfandbriefgesetz (PfandBG). Emittenten benötigen eine Erlaubnis der Bundesanstalt für Finanzdienstleistungsaufsicht (BaFin). Sie dienen der Refinanzierung von Kommunaldarlehen bzw. von Darlehen mit Kommunaldeckung. § 20 I S. 1 PfandBG lässt jede schriftlich durch die öffentlichen Hand als einfredefrei anerkannte Forderung zur Deckung zu. Auch Forderungen aus dem Bereich der → Public Private Partnerships (PPP) sind deckungsstockfähig. Kommunalobligationen besitzen → Mündelsicherheit. Bez. des Gläubigerschutzes bestehen strenge gesetzliche Regelungen.

Kommunalschuldverschreibung → Kommunalobligation.

Kommunalsteuern → Gemeindesteuern.

Kommunalsteuersystem → Gemeindesteuersystem.

Kommunalverfassung → Gemeinde.

Kommunalverschuldung – Kapitalbeschaffung der Gemeinden und Gemeindeverbände, denen der direkte Weg zur Notenbank und meist auch der zum organisierten Kapitalmarkt versperrt ist; daher vorwiegend durch Direktkredite (meist in Form von Schuldscheindarlehen). – *Schuldenpolitische Sonderregelungen für Gemeinden:* (1) Sie dürfen Kredite nur dann aufnehmen und in den → Vermögenshaushalt einstellen, wenn eine andere Finanzierung nicht möglich oder wirtschaftlich unzweckmäßig ist, und nur für genau definierte Zwecke (Investitionen, Investitionsförderung, Umschuldung). (2) Der Gesamtbetrag der Kreditaufnahme bedarf der Genehmigung durch die Kommunalaufsicht und ist zu versagen, wenn die kommunale Verschuldung zu der dauernden Leistungsfähigkeit der Gemeinden im Widerspruch steht. – Vgl. auch → öffentliche Kreditaufnahme, → Haushaltssystematik, → Haushaltssatzung, → Verschuldungsgrenze.

Kommunalwirtschaft – *Gemeindewirtschaft;* Sammelbegriff für diejenigen kommunalen Einrichtungen, die Entgelte (Gebühren oder Beiträge) für die von ihnen erbrachte Versorgungs- oder Entsorgungsleistung erheben, v.a. Stadtwerke, → kostenrechnende Einrichtungen der Gemeinde (z.B. Straßenreinigung, Entwässerung, Müllabfuhr) sowie wirtschaftliche Unternehmen mit eigener Rechtspersönlichkeit (Eigengesellschaften). Das Recht der Kommunen auf wirtschaftliche Betätigung zur Erfüllung öffentlicher Aufgaben ist Teil der kommunalen Selbstverwaltung im Sinn der *Selbstverwaltungsgarantie* (Art. 28 II GG). Grenzen ergeben sich aus dem *öffentlichen Zweck* (Gewinnerzielung allein stellt keinen ausreichenden öffentlichen Zweck dar), der *kommunalen Leistungsfähigkeit* (Betätigung soll nach Art und Umfang in einem angemessenen Verhältnis zur Leistungsfähigkeit und zum voraussichtlichen Bedarf der Kommune stehen) und der *Subsidiarität*. – Mit Bezug auf den *öffentlichen Zweck* unterliegt die Betätigung über das Gemeindegebiet hinaus in vielen Fällen besonderen Voraussetzungen (sog. *Örtlichkeitsprinzip*). Die expliziten Erläuterungen und Anforderungen an die wirtschaftliche Betätigung der Gemeinden sind in den *Kommunalverfassungen* der Bundesländer gesetzt. – In den Kommunalverfassungen einiger ostdeutscher Bundesländer ist der Vorrang der privaten Wirtschaftstätigkeit ausdrücklich statuiert (*strenges Subsidiaritätsprinzip*). Die Gemeinde hat dann im Interesse einer sparsamen Haushaltsführung dafür zu sorgen, dass Leistungen, die von privaten Anbietern genauso gut oder wirtschaftlicher erbracht werden können, diesen Anbietern übertragen werden. Hierfür müssen im Einzelfall Vergleichsrechnungen vorgenommen werden.

Kommune → Gemeinde.

Kommunikation – I. Kommunikationswissenschaft: 1. *Begriff:* a) *I.w.S.:* Prozess der Übertragung von Nachrichten zwischen einem Sender und einem oder mehreren Empfängern. – b) *I.e.S.:* Austausch von Botschaften oder Informationen zwischen Personen. Als Kommunikationskanäle werden die Sprache einerseits sowie die Körpersprache (nonverbale Kommunikation), u.a. Mimik, Gestik, Blickkontakt, räumliche Distanz verwendet. In der wissenschaftlichen Analyse werden die kommunizierenden Personen meist Kommunikator und Rezipient genannt, die zwischen beiden vermittelnde Nachricht auch Mitteilung oder (allg.) Zeichen. Ein abstrakter Ansatz zur Analyse von Kommunikations- und Zeichenprozessen ist die → Semiotik. – 2. *Inhalt/Inhaltsaspekte:* Der Ausdruck „Mitteilung" verweist darauf, dass Kommunikator und Rezipient etwas miteinander teilen. Dieses Gemeinsame ist zunächst der „Inhalt" der Mitteilung. Es können drei Inhaltsaspekte analytisch unterschieden werden: (1) Ihr Bezug auf Objekte oder Sachverhalte *(Darstellungsfunktion)*, (2) der Bezug auf Eigenschaften oder Absichten des Kommunikators *(Ausdrucksfunktion)* und (3) der Bezug auf Reaktionen der Rezipienten *(Appellfunktion)*. Darüber hinaus hat jede Mitteilung auch einen *Beziehungsaspekt*. Sie definiert und reguliert die soziale Beziehung zwischen Kommunikator und Rezipient. – Vgl. auch → Kommunikationsforschung, → Kommunikationspolitik.

II. Organisation: 1. *Begriff:* Prozess, bei dem Informationen mit dem Ziel, sich über Aufgaben zu verständigen, ausgetauscht werden. Fach- und Führungskräfte verbringen den größten Anteil ihrer Arbeitszeit mit Kommunikation. Die Effizienz der Kommunikation wird neben der individuellen Fähigkeit der Personen auch wesentlich durch die Kommunikationsstruktur beeinflusst. – 2. *Typen:* (1) Nach dem *Inhalt der Aufgabe*, in deren Rahmen die Kommunikation durchgeführt wird: Einzelfallbezogene (individualisierte), sachfallbezogene und routinefallbezogene (programmierte) Kommunikation; (2) nach der *formalen Regelung des Kommunikationsweges:* Dienstweggebundene und ungebundene Kommunikation; (3) nach der *organisatorischen Eingliederung der Kommunikationspartner:* Innerorganisatorische und organisationsübergreifende Kommunikation; (4) nach dem *auslösendem Kriterium:* Formelle (d.h. durch den Organisationsplan bestimmte) und informelle (d.h. im Rahmen zwischenmenschlicher Kontakte stattfindende) Kommunikation; (5) nach dem *Empfänger* der zu übermittelnden Information: → Individualkommunikation und → Massenkommunikation; (6) nach der *Richtung des Informationsflusses:* Ein- und wechselseitige Kommunikation; (7) nach der *zeitlichen Abstimmung der Kommunikationspartner* und des damit verbundenen Erfordernisses einer Zwischenspeicherung der übermittelten Informationen: Synchrone und asynchrone Kommunikation; (8) nach den *organisatorischen Ebenen*, denen die Kommunikationspartner zugeordnet sind: Horizontale und vertikale Kommunikation.

Kommunikationsbeziehung – jeder kommunikative Zusammenhang zwischen zwei oder mehreren → Kommunikationspartnern. – 1. *Vertikale Kommunikationsbeziehung* (veraltet auch *Befehlsweg*): Zwischen → Vorgesetzten und Untergebenen oder umgekehrt; dient v.a. der Übermittlung von → Weisungen von oben sowie von Kontrollinformationen nach oben. – 2. *Horizontale Kommunikationsbeziehung:* Zwischen → Handlungsträgern gleicher Ebene der

→ Hierarchie. – Vgl. auch → Interaktion, → Kommunikation.

Kommunikationscontrolling – 1. *Begriff:* Das Kommunikationscontrolling meint in Übertragung und Anwendung des allgemeinen Controllingbegriffs die Planung, Steuerung und Kontrolle der → Unternehmenskommunikation. – 2. *Ziele, Methode und Instrumente:* Wenn die → Reputation ein Oberziel der Unternehmenskommunikation ist, umfasst das Kommunikationscontrolling (1) die Kostenmessung für die Organisation und Bereitstellung von Kommunikationsinhalten z.B. in Form der Kostenerfassung für die Medienproduktion oder Eventorganisation, (2) die mit diesen Kosten erzielte Informationsbereitstellung bspw. in Form von Reichweitenmessungen durch Auflagenzählungen, Einschaltquoten oder Websiteaufrufen in Medien, (3a) die erreichte Wahrnehmung z.B. durch Bekanntheits- oder andere Wissensabfragen mit Instrumenten der empirischen Sozialforschung bei definierten Zielgruppen, (3b) die erreichte Verhaltensänderung durch die eingesetzten Instrumentarien belegt z.B. durch Motivationssteigerungen oder Akzeptanzsteigerungen. Da Reputation als Ziel kein Selbstzweck ist, sondern einen Wertschöpfungsbeitrag leisten soll, umfasst das Kommunikationscontrolling auch (4) erreichte Erfolgsbeiträge bspw. durch mehr Käufe für kommunizierte Leistungen oder verringerte Widerstände mithilfe von → Change Communications. – 3. *Aspekte:* Erst die integrierte Messung aller vier Ebenen erfüllt die Voraussetzung für ein vorwärtsgerichtetes Kommunikationscontrolling mit der dann möglichen Anpassung des Kommunikationsmanagements zur verbesserten Zielerreichung. Die oben genannten Ebenen werden in Anlehnung an die US-amerikanische Literatur auch hierzulande oft als (1) Input-, (2) Output-, (3a) Outgrowth-, (3b) Outcome- und (4) Outflow-Ebene bezeichnet. Z.T. wird die Evaluation der Kommunikation als Messung nur ausgewählter Teilziele im Sinne der rückwärtsgerichteten Kontrolle einzelner Kommunikationsinstrumente abgrenzt, was historisch oder pragmatisch begründbar ist. V.a. in der wissenschaftlichen Debatte genießt das Kommunikationscontrolling eine zunehmende Aufmerksamkeit, die der praktischen Anwendung allerdings weit voraus ist. So wird etwa die → Balanced Scorecard als konzeptioneller Ansatz für das Kommunikationscontrolling vielfach diskutiert, die gemäß unterschiedlicher Studien rund 60 Prozent der Unternehmen einsetzen, hier aber nur je nach Studie etwa 20 Prozent auch explizit die Unternehmenskommunikation mit umfangreichen Zielsystemen im obigen Sinne zu messen versuchen. Die Erfolgsmessung konzentriert sich aufgrund der Komplexität, der Messanfälligkeit und des monetären wie zeitlichen Aufwands bei dem Großteil der Unternehmen v.a. auf die erste und zweite Messebene. Problematisch ist bei diesen Controllingversuchen nicht nur den eindeutigen und maßgeblichen Zusammenhang von Kommunikationsinstrumenten und deren Wirkung über alle Messebenen hinweg zu belegen, da es um personenübergreifende Wahrnehmungsgrößen und damit weiche Faktoren (siehe → harte und weiche Faktoren) geht. Zudem geht diese Messung von geplanter Unternehmenskommunikation aus. In der Praxis sind aber v.a. auch ungeplante kommunikative Prozesse die erfolgskritischen, wie → Skandale von Unternehmen zeigen. Diese werden mit den obigen Messebenen aber konzeptionell gar nicht berücksichtigt.

Kommunikationsdienst – Form des Informationsaustauschs. – *Merkmale:* (1) Die → Kommunikation zwischen den Kommunikationspartnern erfolgt auf der Basis festgelegter Standards (Prozeduren, Sprache, technische Einrichtungen etc.). (2) Der Träger des zugehörigen Kommunikationsnetzes (→ Netz) garantiert eine bestimmte Übertragungsgüte (Qualität, Geschwindigkeit). (3) Es existiert ein Verzeichnis der Teilnehmer des Kommunikationsdienstes.

Kommunikationsforschung – Teilgebiet der Marketingforschung. Die Kommunikationsforschung untersucht: (1) *Kommunikatoren,* ihre Merkmale, v.a. ihre Einstellungen und ihr Verhalten, ihre Position und Rolle in Medienorganisationen. (2) *Medieninhalte* auf Themen und Tendenzen, auf die Präsentation von Realität und Fiktion (Unterhaltung) hin, v.a. auch mit dem Ziel der Inferenz auf Kommunikationsabsichten und Beeinflussungspotenziale. (3) *Medien* als einzelne Institutionen und als Mediensystem, ihre Struktur und Organisation, ihre historische und gegenwärtige Entwicklung, unter technischen, ökonomischen, rechtlichen, politischen Aspekten. (4) *Publikum der Medien,* seine Merkmale, Motive und die Muster des Mediennutzungsverhaltens, wobei teils mit hohem finanziellen Aufwand in der sog. Mediaforschung das Publikum der verbreiteten Medien regelmäßig für die Zwecke der Werbung charakterisiert wird.(5) *Wirkung der Medien* auf Wissen und Vorstellungen, Einstellungen und Verhalten, auf Individuen, soziale Gruppen und gesellschaftliche Subsysteme, auf Normen, Werte und gesamtgesellschaftliche Strukturen und Prozesse.

Kommunikationsinstrumente → Kommunikationspolitik.

Kommunikationsmittel – technische Einrichtungen, die der → Informationsübermittlung dienen (Telefon, Telefax u.a.). – Vgl. auch → Kommunikation, → Kommunikationspolitik.

Kommunikations-Mix – Ergebnis des Entscheidungsprozesses über den kombinierten Einsatz der Kommunikationsinstrumente. – Vgl. auch → Kommunikationspolitik.

Kommunikationsnetz – Gesamtheit der zwischen einigen oder allen betrieblichen Handlungsträgern bestehenden strukturierten → Kommunikationsbeziehungen. – *Darstellung* mithilfe von → Graphen, wobei die Knoten die einzelnen

→ Kommunikationspartner und die sie verbindenden Kanten die → Kommunikationswege bzw. Kommunikationskanäle symbolisieren.

Kommunikationspartner – Subjekte und/ oder Objekte, zwischen denen eine → Kommunikationsbeziehung besteht. Bei der Interpretation der Unternehmung als Mensch-Maschinen-System sind drei *Kontakte* von Kommunikationspartnern möglich: (1) Zwischen Mensch und Mensch (z.B. Telefongespräch), (2) zwischen Mensch und Maschine (z.B. Programmierung einer EDV-Anlage), (3) zwischen Maschine und Maschine (z.B. automatisierte Fertigung). – Vgl. auch → Kommunikation.

Kommunikationspolitik – I. Marketing: 1. *Begriff:* Teil des → Marketing-Mix; Ziel- und Maßnahmenentscheidungen zur Gestaltung der Marktkommunikation als Element aktiver Marketingpolitik. Kommunikationspolitik umfasst alle Maßnahmen des Unternehmens, die darauf gerichtet sind, Informationen über das Angebot und das Marketing eines Unternehmens nach außen an verschiedene Anspruchsgruppen und nach innen an die eigenen Mitarbeiter des Unternehmens zu vermitteln und die Empfänger im Dienste des Marketings zu beeinflussen. Der kombinierte Einsatz der verschiedenen Instrumente wird als Kommunikationsmix bezeichnet. Dieser Einsatz muss im Sinn der integrierten Kommunikation erfolgen. – 2. *Instrumente* (entweder Bestandteile der Massenkommunikation und/oder der persönlichen Kommunikation): a) → Werbung *(Media-Werbung, Advertising):* versuchte Verhaltensbeeinflussung mittels bes. Kommunikationsmittel. Werbung ist vorwiegend ein Mittel der Massenkommunikation (→ Above-the-Line-Kommunikation). Weitere Instrumente gehören zur → Below-the-Line-Kommunikation: – b) Öffentlichkeitsarbeit (→ Public Relations (PR)): die Politik des Werbens um das Vertrauen der Öffentlichkeit. Sie wendet sich an die gesamte Öffentlichkeit und dient der Schaffung und Gestaltung des Firmenimages, um Unternehmensziele besser realisieren zu können. – c) → Persönlicher Verkauf *(Personal Selling, Sales Force):* auf dem unmittelbaren Kontakt zwischen Verkäufer und Käufer beim Absatz von Waren und Dienstleistungen beruhend. Große Bedeutung bes. beim Angebot erklärungsbedürftiger Waren (z.B. → Investitionsgüter). – d) → Verkaufsförderung *(Sales Promotion):* zeitlich gezielt und marktsegmentspezifisch einzusetzendes Instrument der Kommunikationspolitik. Verkaufsförderung informiert und beeinflusst v.a. kurzfristige Verkaufsorganisationen, Absatzmittler und Käufer durch personen- und sachbezogen erweiterte Leistungen des Angebots. Käufer werden am Verkaufsort (→ Point of Sale (POS)) mit speziellen Maßnahmen und Methoden angesprochen. – e) → Event: Die unmittelbar erlebbare Inszenierung von bes. Ereignissen im Rahmen der Unternehmenskommunikation. Merkmal eines Events ist die Möglichkeit zur Interaktion. – f) → Sponsoring: finanzielle oder sachliche Unterstützung von Personen, Personengruppen, Institutionen und Veranstaltungen durch einen Sponsor, der im Gegenzug klar definierte Gegenleistungen erhält. – g) → Product Placement: visuelle oder verbale Platzierung eines Produktes oder einer Dienstleistung im redaktionellen Teil eines Mediums bzw. in einer nicht werblichen Programmform (z.B. Spiel-, Fernsehfilm). – h) Neue Below-the-Line Werbeformen: Hierzu gehören → Viral Marketing, → Guerilla Marketing, → Ambush Marketing oder → Ambient Medien. Umsetzung. – i) Interne Kommunikation (→ Behavioral Branding): Umsetzung der → Markenidentität mittels Komminkation nach innen an die eigenen Mitarbeiter des Unternehmens. – 3. *Ziele:* Hauptziel der Kommunikationspolitik ist die Positionierung des Angebots, damit es für Abnehmer attraktiv wird und sich von der Konkurrenz abhebt. – 4. *Wirkung:* Umsetzung der strategischen Ziele. Strategische Ziele sind dabei die Positionierung durch Aktualität, emotionale Positionierung und informative Positionierung. So liegt z.B. die Wirkung einer emotionalen Kommunikationspolitik in den bei der Zielgruppe tatsächlich vermittelten (gemessenen) emotionalen Produkt- und Dienstleistungserlebnissen. – Vgl. auch → internationale Kommunikationspolitik.

II. Kommunikationswissenschaft: 1. *Begriff:* Durch die wachsende Bedeutung von → Information und → Kommunikation in der Gesellschaft fühlen sich der Staat und die verschiedensten Interessengruppen zunehmend herausgefordert, auf diesen Sektor einzuwirken. Seit Ende der 1960er-Jahre hat sich die Bezeichnung Kommunikationspolitik (neuerdings häufig auch *Medienpolitik*) eingebürgert für Aktivitäten, die auf die Ordnung der gesellschaftlichen Kommunikation gerichtet sind, speziell auf die Organisation des Mediensystems. – 2. Die Kommunikationspolitik steht in *enger Wechselbeziehung zur allg. staatlichen Ordnung,* zur Art der Herrschaftsstruktur, politischen Willensbildung und Repräsentation. Sie ist daher einerseits Ausdruck des in der staatlichen Ordnung angelegten Wertsystems, andererseits bestimmt sie die Verwirklichung der Grundwerte entscheidend mit. Aus diesem Grunde kommt dem Art. 5 GG, der Meinungs-, Informations- und Pressefreiheit verbrieft, eine Schlüsselrolle für unsere staatliche Ordnung zu. Das Bundesverfassungsgericht hat diese Auffassung in mehreren Grundsatzentscheidungen bekräftigt. – 3. *Kommunikationspolitische Ordnung der Bundesrepublik Deutschland:* Kommunikationspolitische Auffassungen, Absichten, Maßnahmen konkretisieren sich vielfältig, u.a. in Memoranden, Parteiprogrammen, Gesetzen und Verordnungen. Für die kommunikationspolitische Ordnung der Bundesrepublik Deutschland sind, neben verschiedenen Artikeln des Grundgesetzes, v.a. die Landespressegesetze und die Rundfunkgesetze bzw. -staatsverträge bestimmend. Auf die Entwicklung der Kommunikationspolitik haben auch einschlägige Entscheidungen des Bundesverfassungsgerichts großen Einfluss. In der öffentlichen Diskussion spielen ferner die Berichte verschiedener Regierungskommissionen eine große Rolle, etwa der Bericht der „Kommission für den Ausbau des technischen Kommunikationssystems (KtK)", sowie die von Zeit zu Zeit herausgebrachten Berichte der Bundesregierung über die Lage der Medien (Medienbericht). – 4. *Kommunikationspolitische Ordnung auf internationaler Ebene:* Für die Ordnung der internationalen Kommunikation sind v.a. die Ergebnisse der regelmäßigen „World Administrative Radio Conference" bedeutsam, auf der sämtliche Frequenzzuteilungen für Radio, Fernsehen und Satellitenfunk geregelt werden. Auf anderen Handlungsebenen, v.a. in den Gremien der UNESCO, wird schon seit Jahren der Plan einer „Neuen Internationalen Informationsordnung" kontrovers diskutiert. In diesem Zusammenhang entstand auch der viel beachtete Bericht der MacBride-Kommission, der eine Bestandsaufnahme des internationalen Kommunikationssystems und seiner Probleme zu geben versucht. – 5. *Perspektiven:* Kommunikationspolitik entwickelte sich zu einem eigenständigen Teilgebiet der Politik, zugleich auch zu einer kommunikationswissenschaftlichen Teildisziplin, einer „Solldisziplin", die sich mit den Zielen und Mitteln der gesellschaftlichen Organisation von Kommunikation befasst.

Kommunikationsprotokoll → Protokoll.

Kommunikationsprozess – Gesamtheit der kommunikativen Beziehungen (unternehmensintern wie auch -extern) und deren Ablauf im betrieblichen → Kommunikationssystem. Abgesehen von informellen Erscheinungen im Wesentlichen mit dem Begriff → Informationsprozess identisch.

Kommunikationsstrategie – Maßnahmen grundsätzlicher Art zur Erreichung von Kommunikationszielen. Kommunikationsstrategien können sich in Verwendung einzelner, als auch in Kombination mehrerer Kommunikationsinstrumente niederschlagen. – *Grundlage* ist eine → Marketingkonzeption auf Basis einer Marktanalyse (Erfassung der Marktsituation) und die Entwicklung eines strategischen Werbeplans (→ Werbeplanung) zur Festlegung der grundsätzlichen Aussagen der Werbebotschaft gemäß den → Werbezielen.

Kommunikationssystem – Summe aller möglichen → Kommunikationsbeziehungen und → Kommunikationswege zwischen betrieblichen → Handlungsträgern. Das Kommunikationssystem weist dabei Schnittstellen zu unternehmensexternen Interessengruppen auf. – Vgl. auch → Kommunikation.

Kommunikationsweg – jede → Kommunikationsbeziehung zwischen zwei → Kommunikationspartnern im Rahmen des betrieblichen → Kommunikationssystems. – *Vertikale Kommunikationswege* berühren mehrere Ebenen der → Hierarchie (auch Befehlskette); *horizontale Kommunikationswege* verlaufen auf derselben Hierarchieebene. – Die *Leistungsfähigkeit* des Kommunikationssystems hängt von der Anzahl der Kommunikationswege und deren Kapazität ab. – Vgl. auch → Kommunikation, → Weisung.

Kommunismus – 1. *Begriff:* Kommunismus steht zumeist für umfassende Gütergemeinschaft und Gleichheit der Lebensbedingungen aller Gesellschaftsmitglieder. Derartige Ideen finden sich zwar bereits bei Platon („Politeia"), T. Campanella („Der Sonnenstaat") und T. Morus („Utopia") und wurden auch z.B. von den urchristlichen Gemeinden, religiösen Sekten des Mittelalters oder im Jesuitenstaat in Paraguay (1609–1769) praktiziert, jedoch entstehen sie als ein ausdrücklicher Gegenentwurf zur bestehenden Gesellschaftsordnung erst mit und in der Folge der Französischen Revolution. Diese Ideen zielen im 19. und beginnenden 20. Jh. auf die Abschaffung der durch → Laissez-Faire-Liberalismus (→ Liberalismus) und die damit einhergehenden sozialen Missstände geprägten kapitalistischen → Wirtschaftsordnung. In diesem Zusammenhang werden *Kommunismus* und → Sozialismus oft synonym verwandt. – 2. Eine *Abgrenzung zwischen Kommunismus und Sozialismus* erfolgt gelegentlich dahingehend, dass der Kommunismus die radikale Form der Ziele und der Mittel zu deren Erreichung beschreibt. Kommunisten nennen sich auch diejenigen Vertreter des → Marxismus, die die angestrebte neue Ordnung nicht durch evolutionäre Reformen, sondern durch einen revolutionären Umsturz errichten wollen (→ Bolschewismus, → Marxismus-Leninismus). – Im Marxismus selbst werden Kommunismus und Sozialismus *geschichtsphilosophisch voneinander abgegrenzt* (→ historischer Materialismus): Der Kommunismus bildet dabei den Endzustand der zwangsläufigen geschichtlichen Entwicklung. Er wird beschrieben als eine Überflussgesellschaft mit Gemeinschaftseigentum an den Produktionsmitteln, in der Arbeitsteilung, Leistungsdruck und der Gegensatz von geistiger und körperlicher Arbeit aufgehoben sind, die Arbeit keine Fron, sondern ein Bedürfnis ist, in der die gesellschaftliche Produktion aufgrund unmittelbarer gesellschaftlicher Absprachen in und zwischen den Produktionsassoziationen in Übereinstimmung mit den gesellschaftlichen Bedürfnissen erfolgt und in der die Konsumgüter entsprechend den individuellen Bedürfnissen verteilt werden („Jeder nach seinen Fähigkeiten, jedem nach seinen Bedürfnissen", Marx). Der Sozialismus wird dagegen als eine den Kommunismus vorbereitende Übergangsphase („niedere Form des Kommunismus") nach der revolutionären Beseitigung des → Kapitalismus aufgefasst. – 3. *Kritik:* Der Kommunismus als Gesellschaftskonzeption enthält ausgesprochen menschenfreundliche Ideale (Überfluss, Abwesenheit von Zwang etc.). Wie er jedoch entstehen soll, wie die → Koordination des Wirtschaftsprozesses unter kommunistischen Bedingungen konkret zu erfolgen hat und unter welchen Ordnungsbedingungen dieser Zustand erhalten werden kann, wurde bis heute nicht schlüssig abgeleitet. V.a. das Koordinationsproblem wurde, abgesehen von einigen vagen Hinweisen, von Marx und Engels nicht analysiert. Auch die bisherigen empirischen Erfahrungen mit kommunistischen und sozialistischen Wirtschafts- und Gesellschaftsordnungen deuten darauf hin, dass solche Systeme langfristig nicht funktionsfähig sind. Das liegt auch daran, dass das Menschenbild des nicht selbstinteressierten, sondern ausschließlich gruppenbezogenen und gesellschaftlich bewussten Individuums allen bisherigen Erfahrungen über die Natur des Menschen widerspricht. Die notwendige Umerziehung, mit deren Hilfe auch ggf. andere konzeptionelle Mängel einer kommunistischen Ordnung kompensiert werden sollen, birgt die große Gefahr, dass sich der humane Charakter des Kommunismus in sein Gegenteil verkehrt.

komparative Kosten → Opportunitätskosten; → komparative Vorteile.

komparative Vorteile – 1. *Begriff:* Eine von mehreren Grundlagen der internationalen Spezialisierung und des internationalen Handels. Hypothetische Referenzsituation ist die → Autarkie. Wenn in einem Land bei Autarkie der → Preis des Gutes 1 im Vergleich zum Gut 2 geringer ist als in einem anderen Land, dann hat dieses Land einen komparativen Vorteil beim Gut 1. – 2. *Ursachen* komparativer Vorteile sind Produktivitätsunterschiede (→ Ricardianisches Modell) oder internationale *Faktorausstattungsunterschiede* (→ Heckscher-Ohlin-Handel). Länder exportieren bei → Freihandel Güter bei denen sie komparative Vorteile aufweisen, und importieren Güter bei denen andere Länder komparative Vorteile aufweisen. Wenn man mehr als zwei Güter und mehr als zwei Länder betrachtet, dann ist allerdings die Verbindung zwischen komparativen Vorteilen und der → Handelsstruktur nicht mehr für jedes beliebige Güter- und Länderpaar eindeutig gegeben. Der eben erwähnte Zusammenhang zwischen komparativen Vorteilen und der Handelsstruktur gilt dann nur im Durchschnitt.

komparativ-statische Analyse → Analyse-Methoden.

Komparativwerbung → vergleichende Werbung.

Kompatibilität – 1. *Allgemein:* Verträglichkeit verschiedener Objekte oder Sachverhalte. – 2. *Datenverarbeitung:* v.a. die Möglichkeit, verschiedene Hardwarekomponenten (z.B. Geräte unterschiedlicher Hersteller) bzw. verschiedene Softwareprodukte zusammen oder aufeinander abgestimmt zu benutzen. – 3. *Wirtschaftswissenschaften:* Vereinbarkeit unterschiedlicher Zielsetzungen (Unternehmungsziele, wirtschaftspolitische Ziele). – Vgl. auch → Hardware, → Software.

kompatible Schnittstellen – *K-Schnittstellen.* 1. *Begriff:* unter Berücksichtigung von Normungsarbeiten entwickeltes Konzept definierter → Schnittstellen, z.T. schon als Norm verabschiedet. – 2. *Ziel:* die Entkopplung der Anwendungsprogramme von den Basissystemen (Dateiverwaltungs-, → Datenbank- und Datenkommunikationssysteme), sodass Anwendungs- und Basissoftware unabhängig voneinander weiterentwickelt werden können und die Abhängigkeit von bestimmter → Hardware und Basissoftware entfällt.

Kompensationsgeschäft – I. Wertpapiergeschäft: Verrechnung von entgegengesetzt lautenden Aufträgen durch eine Bank, ohne dass diese über eine Börse abgewickelt werden; Kauf- oder Verkaufsaufträge von Kunden für im Inland zugelassene Wertpapiere mussten gemäß § 22 BörsG a.F. über eine Börse abgewickelt werden, falls keine andere Weisung vorlag. Durch die Umsetzung der → MiFID im Jahre 2007 wurde die Regelung gestrichen, vgl. zum Hintergrund auch → Börse.

II. Handel/Außenhandel: *Gegengeschäft, Gegenseitigkeitsgeschäft.* 1. *Begriff:* Kompensationsgeschäfte sind dadurch gekennzeichnet, dass Wirtschaftssubjekte bewusst wechselseitig Leistungen aneinander abgeben bzw. voneinander abnehmen, unabhängig davon, ob zusätzliche Zahlungsströme erfolgen oder nicht. Dies ist bes. bedeutsam für Länder mit Devisenknappheit. Internationale Kompensationsgeschäfte werden auch als *Counter-Trade-Geschäfte* bezeichnet. Bei der Vollkompensation (sog. Bartergeschäft) gleichen sich die Warenströme wertmäßig vollständig aus (Kompensationsquote 100 Prozent), während bei der Teilkompensation ein Teil des wertmäßigen Warenstromes durch einen Zahlungsstrom ausgeglichen wird. Eine Überkompensation liegt dann vor, wenn die Gegenkäufe wertmäßig höher als die Verkäufe sind. Es haben sich verschiedene Formen von Kompensationsgeschäften herausgebildet. – 2. Wichtige *Formen:* (1) *einfache Kompensation:* Austausch der Leistungen durch zwei Parteien. (2) *Dreiecksgeschäft:* Einschalten von drei Parteien, wobei jede Partei Abnehmer und Lieferant einer anderen Partei ist. (3) *Parallelgeschäft:* Sachlich zusammenhängende, wechselseitige Belieferung wird mithilfe von zwei einseitigen Geschäften abgewickelt und die jeweiligen Leistungen durch einen entsprechenden Zahlungsstrom abgegolten. (4) *Auflagengeschäft:* Kompensationsgeschäfte, die vertraglich nicht so konkret festgelegt sind und eher den Charakter eines „Gentleman's Agreement" haben. (5) *Junktimgeschäft:* Geschäft, das durch eine umgekehrte Reihenfolge des Parallelgeschäfts gekennzeichnet ist. Ein Importeur, der an einer ausländischen Ware interessiert ist, sucht sich einen Exporteur, der bereit ist unter Bezahlung einer entsprechenden Prämie seine Gegengeschäftsverpflichtung an den Importeur abzutreten. Er führt, indem er seinen Import mit der zukünftigen Gegengeschäftsverpflichtung des Exporteurs junktimiert, das beabsichtigte Importgeschäft durch. (6) *Bartergeschäft:* Kompensationsgeschäft, bei dem nur Warenaustausch ohne zusätzlichen Zahlungsstrom stattfindet. (7) *Buy-Back-Geschäft (Rückkaufgeschäft):*

Kompensationsgeschäft, bei dem die mit der gelieferten Anlage erstellten Produkte (z.B. Grundstoffe, Fertigerzeugnisse) vom Anlagenlieferanten gekauft werden, zur eigenen Verwendung, wenn die Produkte den quantitativen, qualitativen und zeitlichen Anforderungen der eigenen Produktion entsprechen, oder zur Vermarktung über entsprechende Kanäle, z.B. durch Gegengeschäftshändler (Kompensateure). – Vgl. auch → Kompensationshandel.

Kompensationshandel – *Tauschhandel, Gegengeschäft; Kompensationsgeschäft.* 1. *Begriff:* Unterschiedliche Vereinbarungen zum wechselseitigen Warenaustausch ohne Transfer von Zahlungsmitteln, wobei die damit verbundene zwischenstaatliche Wertübertragung nur in Form von Gütern bzw. Dienstleistungen erfolgt. Entwicklungsländer praktizieren Kompensationshandel von Kapitalgüterimporten zum Schutz ihrer Zahlungsbilanz und als Hilfe zur weltweiten Vermarktung nicht wettbewerbsfähiger heimischer Güter. Kompensationshandel wird auch in Transformationsländern praktiziert. Gründe waren Devisenknappheit und generelle Schwierigkeiten im nationalen Geld- und Kreditverkehr. – 2. *Tauschhandelsformen:* a) → Kompensationsgeschäft (Gegenseitigkeitsgeschäft, Bartergeschäft): Tausch von Ware gegen Ware auf der Basis eines Vertrages ohne Finanztransaktionen, wobei Weltmarktpreise als Anhaltspunkte dienen. Wird häufig bei Rohstoffen durchgeführt. – b) *Parallelgeschäft (Counterpurchase):* Bezeichnet zwei voneinander unabhängige Verträge mit getrennten Zahlungsverpflichtungen, die durch ein Protokoll miteinander verbunden sind, wobei Kontrolle und Abrechnung über sog. Evidenzkonten erfolgen. Der Gegenbezug kann auch auf Dritte (z.B. Banken, Handelshäuser) übertragen werden *(Dreiecksgeschäft).* – c) *Direkte Kompensation (Rückkaufgeschäft, Buy-Back-Geschäft):* Lieferung und Gegenlieferung stehen in technischer Beziehung zueinander. Zur Teilfinanzierung bereitgestellter Produktionsanlagen werden bestimmte Mengen der später hergestellten Waren abgenommen. Mit diesen Kompensationsgeschäften wird oft auch ein Technologietransfer verbunden. – d) *Offset-Geschäft:* Großlieferungen werden mit umfangreicher, industrieller Kooperation und Entwicklung im Importland verbunden. Technologie- und Know-how-Transfer sind vorgesehen. – 3. *Bewertung:* Bei Entwicklungsländern werden Kompensationshandel zu Instrumenten der Etablierung langfristiger Handelsbeziehungen, zu einem Medium für Technologietransfer und zur Arbeitsplatzschaffung verwendet, wobei kurzfristig der Absatz von Überschüssen auf Spotmärkten an Bedeutung verliert. Durch Preiszugeständnisse verlieren Kompensationshandel an Wert. Es existieren Schätzungen, dass mehr als 10 Prozent des Welthandels über Kompensationshandel abgewickelt werden.

Kompensationskalkulation → Mischkalkulation.

Kompensationskriterien → Kompensationsprinzip.

Kompensationsprinzip – gilt für gesamtwirtschaftliche Situationen, in denen durch die Möglichkeit der Zahlung von Kompensationsleistungen ein → Wohlfahrtsoptimum erreicht werden kann. Mithilfe des Kompensationsprinzips wird im Rahmen der Wohlfahrtsökonomik das → Pareto-Optimum durch das → Kaldor-Hicks-Kriterium erweitert. – Vgl. auch → Scitovsky-Doppeltest, → Little-Kriterium.

Kompensationssteuer – bis 1959 für Kompensationsgeschäfte erhobene Zusatzsteuer zur → Börsenumsatzsteuer.

Kompensationszahlungen bei Exporterlösausfällen – seit 1963 unter genau festgelegten Bedingungen gewährte Sonderkredite des → IWF, um sinkende Ausfuhrerlöse eines Landes zu kompensieren.

kompensatorische Finanzierung – Budgethilfen für Entwicklungsländer bei Exporterlösausfällen. – Vgl. auch → STABEX.

Kompetenz – I. Öffentliches Recht: Zuständigkeit zum Erlass von → Hoheitsakten, bes. die Kompetenz zur Gesetzgebung (→ Gesetzgebungskompetenz).

II. Organisation: 1. *Kompetenz i.e.S.:* Befugnis, Maßnahmen zur Erfüllung von → Aufgaben zu ergreifen, für deren Bewältigung der Kompetenzträger die → Verantwortung trägt. – 2. *Kompetenz i.w.S.:* Sämtliche organisatorischen, d.h. offiziellen, generell und dauerhaft wirksamen Vorschriften für Handlungen in organisatorischen Einheiten. – 3. *Arten:* → Entscheidungskompetenz, → Realisationskompetenz, → Kontrollkompetenz.

Kompetenzabgrenzung – organisatorische Formulierung von → Kompetenz durch → Segmentierung und → Delegation. – Vgl. auch → Konfiguration, → Stellenbeschreibung.

Kompetenzbereich – die einer → organisatorischen Einheit zugeordneten → Kompetenzen. – Vgl. auch → Delegationsbereich, → Stellenbeschreibung.

Kompetenzdelegation → Delegation.

Kompetenzergänzungsklausel – 1. Klausel in Art. 352 AEUV, die es ermöglichen soll, dass im Rahmen der in den Verträgen festgelegten Politikbereiche Befugnisse geschaffen werden, die in den Verträgen festgelegten Befugnissen nicht vorgesehen sind, aber der Verwirklichung der Ziele der Verträge dienen. Geeignete Vorschriften kann der Rat (Ministerrat) auf Vorschlag der Kommission und nach Zustimmung des Europäischen Parlaments erlassen. – 2. Der deutsche Vertreter im Rat darf einem solchen Vorschlag nur zustimmen oder sich enthalten, nachdem hierzu ein Gesetz gemäß Art. 23 Abs. 1 GG in Kraft getreten ist. Andernfalls muss der deutsche Vertreter ablehnen (sog. Flexibilitätsklausel in § 8 des Integrationsverantwortungsgesetzes vom 22.9.2009 (BGBl. I S. 3022).

Kompetenzerweiterungsklausel – Im Bereich der Justiziellen Zusammenarbeit in Strafsachen sehen Art. 83 Abs. 1 und Art. 86 Abs. 4 AEUV die

Möglichkeit vor, dass das Europäische Parlament und der Rat (Ministerrat) durch Richtlinien in bestimmten Kriminalitätsbereichen mit grenzüberschreitender Dimension wie Terrorismus, Menschenhandel, Drogenhandel Mindestvorschriften zur Festlegung von Straftaten und Strafen bestimmen. Nach Art. 83 Abs. 1 AEUV kann der Rat je nach Entwicklung der Kriminalität andere Kriminalitätsbereiche einbeziehen. Er beschließt einstimmig nach Zustimmung des Europäischen Parlaments. Der deutsche Vertreter im Rat darf einem solchen Beschlussvorschlag nur zustimmen oder sich enthalten, nachdem hierzu ein Gesetz nach Art. 23 GG in Kraft getreten ist (§ 7 des Integrationsverantwortungsgesetzes (IntVG) vom 22.9.2009 (BGBL. I S. 3022). Gleiches gilt , wenn der Europäische Rat die Ausdehnung der Befugnisse der Europäischen Staatsanwaltschaft nach Art. 86 Abs. 4 AEUV beschließen will.

Kompetenzkompetenz – Recht, Entscheidungskompetenzen zu verteilen; liegt in → Demokratien beim Verfassungsgeber.

Kompetenzsystem – im Rahmen der → Aufbauorganisation System der für die einzelnen → organisatorischen Einheiten formulierten → Kompetenz. – Vgl. auch → Konfiguration.

Komplementär – Natürliche oder juristische Person, die als Gesellschafter einer → Kommanditgesellschaft (KG) oder einer → Kommanditgesellschaft auf Aktien (KGaA) für deren Verbindlichkeiten mit ihrem vollen Vermögen haftet. Rechtsstellung entspricht der eines Gesellschafters der OHG.

komplementärer Handel – Beim komplementären Handel ergänzen sich die Handelsstrukturen der beteiligten Länder, indem gegenseitig Waren gehandelt werden, die im Empfängerland nicht produziert werden – *Beispiel:* Erdöl – High-Tech-Maschinen. – *Gegensatz:* → substitutiver Handel.

komplementäre Werbung → kooperative Werbung.

Komplementärgut – 1. *Begriff:* → Gut, dessen Verwendung zwangsläufig oder gewöhnlich die Verwendung eines anderen Gutes bedingt. – 2. *Merkmale:* Die Güter sind so miteinander verbunden, dass sich beide im Absatz ergänzen und gegenseitig fördern. Steigt der → Preis des für den Ge- oder Verbrauch „primären" Gutes, so nimmt u.U. nicht nur die Nachfrage nach diesem Gut, sondern – in gleichem Maße – die Nachfrage nach allen Komplementärgütern ab (negative → Kreuzpreiselastizität). – 3. *Beispiele:* Briefpapier und Briefumschläge; Kugelschreiber und Kugelschreiberminen.

Komplementärinvestition → Differenzinvestition.

komplexe Markenarchitektur – beschreibt eine → Markenarchitektur, bei der zwei oder mehr Marken auf unterschiedlichen Hierarchieebenen angeordnet sind. – Vgl. auch → Markenarchitektur.

komplexe Prüfung → Prüfung.

Komplexionsgrad → optimaler Komplexionsgrad.

Komplexität – 1. *Begriff:* Gesamtheit aller voneinander abhängigen Merkmale und Elemente, die in einem vielfältigen aber ganzheitlichen Beziehungsgefüge (→ System) stehen. Unter Komplexität wird die Vielfalt der Verhaltensmöglichkeiten der Elemente und die Veränderlichkeit der Wirkungsverläufe verstanden. – 2. *Merkmale:* Komplexität ist durch Anzahl und Art der Elemente und deren Beziehungen untereinander bestimmbar. Komplexe Prozesse weisen eine *Eigendynamik* auf und sind meist irreversibel, sodass Handlungen nicht rückgängig gemacht werden können. Wichtigstes Merkmal komplexer Situationen ist die *Intransparenz* für den Entscheider: Er hat keine Möglichkeit, das Netzwerk zirkulärer Kausalität intuitiv zu erfassen, keine Möglichkeit exakter Modellierung und exakter Prognosen, er muss mit Überraschungen und Nebenwirkungen rechnen. Der Umgang mit komplexen Systemen erfordert ein hohes Maß an Wissen über die kausalen Zusammenhänge der Systemelemente (Art der → Vernetzung) und die Fähigkeit, Komplexität auf wenige Merkmale und Muster zu reduzieren (Komplexitätsreduktion). – Vgl. auch → Systemmanagement.

Komplexitätstheorie → Informatik.

Konation – die mit einer → Einstellung verbundene Handlungsabsicht; sie ist somit die Prädisposition z.B. zur Wahl eines bestimmten Produktes.

Kondiktion→ Anspruch aus einer → ungerechtfertigten Bereicherung.

Konditionalität – *Conditionality;* Bezeichnung für die Bedingungen und wirtschaftspolitischen Auflagen, zu denen der → IWF Kredite an seine Mitglieder vergibt. Traditionell sind die wirtschaftspolitischen Auflagen auf die makroökonomische Politik gerichtet. Üblich sind Obergrenzen für den staatlichen Finanzierungssaldo und für den Zuwachs der Geldmenge. Seit dem Anlaufen der → Strukturanpassungsprogramme (SAP) in den 1980er-Jahren macht der IWF auch Auflagen über Strukturreformen (Deregulierung und Liberalisierung), dabei stimmt er sich mit der Weltbank (→ IBRD) ab. Konditionalität ist die umstrittenste Seite der Politik des IWF, sie wird v.a. in den Empfängerländern als Hauptproblem der IWF-Politik empfunden. Als rechtliche Basis der Konditionalität kann Art. V, Abschn. 3, der Statuten des IWF angesehen werden, in dem der IWF ermächtigt wird, Mitgliedsländern mit Zahlungsbilanzproblemen bei der Gestaltung ihrer Politik zu unterstützen und für die gewährten Kredite geeignete Schutzmaßnahmen (Safeguards) zu treffen. Seit 1955 ist es üblich, dass ein Land, das IWF-Mitteln über seine Reservetranche hinaus in Anspruch nimmt, seine Wirtschaftspolitik an Auflagen des IWF orientiert. In der Theorie entwirft das Land ein wirtschaftliches Reformprogramm, das der IWF in Form von quantifizierbaren Vorgaben als Bedingung in seine Kreditverträge aufnimmt. Bei Verfehlen der

Vorgaben, werden die vierteljährlich fälligen Auszahlungen des Kredites gestoppt. Zahlreiche Kritiker haben jedoch darauf hingewiesen, dass der IWF in der Praxis die wirtschaftlichen Reformen als „Conditiones sine qua non" vorgibt und dass die Mitsprache- und Mitgestaltungsrechte gerade der kleinen Länder eher gering sind. Seit der → Asienkrise unternimmt der IWF deshalb Anstrengungen, um die Partizipation der Empfängerländer bei der Gestaltung der Konditionalität zu verstärken.

Konditionen – *Geschäftsbedingungen*, → Allgemeine Geschäftsbedingungen (AGB), → Lieferungsbedingungen, → Zahlungsbedingungen.

Konditionenkartell→ Kartell zur Regelung allgemeiner Geschäfts-, Lieferungs- und Zahlungsbedingungen. Nach § 1 GWB und Art. 101 I AEUV grundsätzlich verboten. Bei der Prüfung, ob ein bestimmtes Konditionenkartell im Einzelfall nach § 2 GWB und Art. 101 III AEUV von diesem Verbot ausgenommen ist, sind maßgeblich die „Leitlinien zur Anwendbarkeit von Art. 101 des Vertrages über die Arbeitsweise der Europäischen Union auf Vereinbarungen über horizontale Zusammenarbeit" (ABl. C 11 vom 14.1.2011, S. 1) heranzuziehen.

Konditionenpolitik – Teilbereich der → Kontrahierungspolitik. Konditionenpolitik umfasst vertragliche Regelungen über → Rabatte, → Lieferungsbedingungen und → Zahlungsbedingungen sowie → Garantieverpflichtungen.

Konditionensystem – Gesamtheit aller Konditionen (z.B. → Boni, → Rabatte, → Skonti), die vom Unternehmen gewährt werden. Das Konditionensystem soll die Absatzziele optimal fördern und eine sich ergänzende Wirkung aller Konditionen sicherstellen.

Konditionsbeitrag – in absoluten Geldeinheiten ausgedrückte Differenz der zwischen Bank und Kunde vereinbarten Kondition und dem am Geld- und Kapitalmarkt gültigen Zins für Gelder gleicher Laufzeit. Als Bezugsbasis gilt i.d.R. das durchschnittliche Volumen.

kondizieren – Die Geltendmachung eines Anspruchs aus → ungerechtfertigter Bereicherung.

Kondratieff-Zyklus → Konjunkturzyklus.

Kondukte – 1. *Begriff:* Kondukte stellen unerwünschte → Kuppelprodukte dar, die nicht dem Sachziel der Unternehmung zuzuordnen sind (Kondukte vom Lateinischen conducere für mit-führen, d.h. mit dem Produkt mitgeführter, unerwünschter → Output). – 2. *Ausprägungen:* Diese können in fester, flüssiger, gasförmiger oder (energetischer) Form vorliegen. Die Abgrenzung von erwünschtem und unerwünschtem Output beruht auf einer relativen Einschätzung in Abhängigkeit von Zielsystem, technologischen Bedingungen, Mengenbegrenzungen, Qualitätsanforderungen, Informationsdefiziten und Zeitaspekten. Gegenstand der Wertschöpfungsstufe → Entsorgung ist somit das Management von Kondukten.

Konfektionierung – im Rahmen der → unmittelbar kundenorientierten Produktion letzte Fertigungsstufe eines Erzeugnisses, das aus einer größeren Roh- oder Grundstoffmenge bzw. Produkteinheit gewonnen wird, z.B. Herstellung von Bekleidungsstücken, Abfüllvorgänge.

Konferenz – 1. *Allgemein:* In gleichmäßigem Turnus wiederkehrende oder aus bes. Anlass anberaumte Sitzung zum allg. Erfahrungsaustausch oder zwecks Diskussion und evtl. Entscheidung über ein bestimmtes Problem. – 2. In der *Organisation:* → Kollegium.

Konfidenzintervall – *Vertrauensbereich;* Intervall, das im Wege der → Konfidenzschätzung eines → Parameters der → Grundgesamtheit ermittelt wurde und dem ein bestimmtes → Konfidenzniveau (z.B. 0,9, 0,95, 0,99) zugeordnet ist. – Genauer: Seien α eine fest vorgegebene Wahrscheinlichkeit im Intervall (0,1), $X_1, \ldots, X_n$ stochastisch unabhängige und identisch verteilte Zufallsvariablen mit einer Verteilung, deren Parameter θ unbekannt ist sowie $\hat{o}$ und $\hat{u}$ Funktionen der Zufallsvariablen. Das zufällige Intervall $[\hat{u}, \hat{o}]$ heißt Konfidenzintervall zum Konfidenzniveau (oder zur Vertrauenswahrscheinlichkeit) 1-α für den Parameter θ einer Verteilung P_θ, falls

$$P_\theta(\theta \in [\hat{u}, \hat{o}]) \geq 1 - \alpha$$

für alle in Frage kommenden Parameter θ gilt.

Konfidenzkoeffizient → Konfidenzniveau.

Konfidenzniveau – *Konfidenzkoeffizient;* bei der → Konfidenzschätzung der Prozentsatz, der das „Vertrauen" (die Konfidenz) angibt, mit welchem das → Konfidenzintervall den wahren Wert des zu schätzenden → Parameters einschließt. Das Konfidenzniveau wird meist als 90%, 95% oder 99% gewählt.

Konfidenzschätzung – Methode zur Ermittlung einer Menge, in der der unbekannte Parameter θ einer Wahrscheinlichkeitsverteilung (→ Grundgesamtheit) mit einer Mindestwahrscheinlichkeit von 1-α (→ Konfidenzniveau) liegt. Meist ist eine solche Menge ein Intervall (→ Intervallschätzung, → Konfidenzintervall); dann muss gelten:

$$P_\theta(\theta \in [\hat{u}, \hat{o}]) \geq 1 - \alpha$$

für alle möglichen Parameter θ. Dabei sind die Intervallgrenzen Funktionen der Stichprobenvariablen. Genauer wird das Konfidenzintervall $[\hat{u}, \hat{o}]$ als zweiseitiges Konfidenzintervall bezeichnet. Ist eine der Grenzen vorgegeben (z.B. $-\infty$ oder ∞), so spricht man von einem einseitigen Konfidenzintervall. – Nach der Realisierung einer Stichprobe sind die Intervallgrenzen relle Zahlen, und damit wäre die obige Wahrscheinlichkeit stets gleich Null oder Eins. Dann verwendet man die Häufigkeitsinterpretation in der Form: In $(1 - \alpha) \cdot 100$ Prozent der Fälle schließt das so gebildete Konfidenzintervall den zu schätzenden Parameter ein.

Konfiguration – I. Informatik: 1. *Aufbau eines konkreten* → Computers in einem bestimmten Betrieb; gemeint sind i.d.R. die ausgewählten Geräte bzw. Baueinheiten. – 2. *Konfiguration der Software:* Verteilung der Funktionalität von Anwendungen (z.B. Client/Server-Systeme, → Verteilte Datenbanken) wie auch das Anpassen der Programmparameter an die Gegebenheiten der Systemumgebung (z.B. Größe und Ort des Swapfiles etc.). Teilweise auch die Adaption der Funktionalität von → Software an individuelle Anforderungen (→ Customizing).

II. Organisation: Äußere Form oder Gestalt der → Organisationsstruktur. In der Konfiguration spiegeln sich die Elemente und die Beziehungen des → Leitungssystems wider. Die Konfiguration wird bestimmt durch die → Leitungsspanne und die → Leitungstiefe.

Konfigurationsmanagement – 1. *Begriff:* Planung und Weiterentwicklung der Hardware- und Software-Infrastruktur (→ Hardware, → Software) eines Unternehmens als ständige Managementaufgabe für die Leitung der Organisations-/DV-Abteilung. – 2. *Arten:* a) *Strategisches Konfigurationsmanagement:* umfasst Entscheidungen hinsichtlich der Organisation der → Datenverarbeitung (Zentralisierung/Dezentralisierung von → Anwendungen), die damit verbundenen Konfigurierungsalternativen (→ Konfiguration), die Herstellerpolitik (Beschaffung von einem oder mehreren Herstellern) sowie die Auswirkungen auf die interne DV-Aufbauorganisation des Unternehmens. – b) *Operatives Konfigurationsmanagement:* erstreckt sich auf Entscheidungen über den → Systembetrieb, die Durchführung der Wartung, kleinere Ersatzbeschaffungen u.Ä.

Konfiskation – Entziehung des → Eigentums zugunsten des Staates (→ Fiskus) ganz ohne oder ohne ausreichende Entschädigung. Verfassungsrechtlich nicht zulässig (Art. 14 III GG). – *Sonderfall:* → Einziehung von Gegenständen, mit denen eine strafbare Handlung begangen wurde oder die durch eine strafbare Handlung erworben wurden. – *Anders:* → Enteignung.

Konflikt – 1. *Begriff:* Prozess der Auseinandersetzung, der auf unterschiedlichen Interessen von Individuen und sozialen Gruppierungen beruht und in unterschiedlicher Weise institutionalisiert ist und ausgetragen wird. – 2. *Arten:* a) *Grundsätzlich:* (1) Sind sich die Parteien des Konflikts bewusst, liegt ein *manifester Konflikt* vor. (2) Wenn sich die Parteien des Konflikts (noch) nicht bewusst sind, die Situation aber so angelegt ist, dass ein Konflikt sehr wahrscheinlich ist oder die Parteien sich ihrer unvereinbaren Handlungstendenz zwar bewusst sind, sie deren Verwirklichung aber noch nicht gewagt haben, dann liegt ein *latenter Konflikt* vor. – b) *Sozialer Konflikt:* Interaktion zwischen Akteuren, wobei mind. ein Akteur Unvereinbarkeiten im Denken, Fühlen und Verhalten mit dem zweiten Akteur in einer Art erlebt, dass im Realisieren eine Beeinträchtigung stattfindet. (1) *Zielkonflikt:* Zwei oder mehr in einem Abhängigkeitsverhältnis agierende Personen verfolgen unterschiedliche Ziele. (2) *Bewertungskonflikt:* Die Effektivität oder Wirkung unterschiedlicher Methoden zur Zielerreichung werden unterschiedlich bewertet. (3) *Verteilungskonflikt:* Die Parteien können sich nicht über die Verteilung von → Ressourcen (persönliche, monetäre, technische o.Ä.) einigen. (4) *Persönlicher Konflikt:* Menschen verspüren intrapsychisch unterschiedliche Entscheidungs- oder Verhaltenstendenzen. (5) *Beziehungskonflikt:* In der zwischenmenschlichen Beziehung kommt es zu Störungen. (6) *Rollenkonflikt:* Menschen sind widersprüchlichen Rollen(-erwartungen) ausgesetzt. – c) *Konflikte in Organisationen:* Spannungssituationen, in denen voneinander abhängige Menschen versuchen, unvereinbare Ziele zu erreichen oder gegensätzliche Handlungspläne zu verwirklichen. – 3. *Funktion von Konflikten:* Konflikte führen zu einem gesellschaftlichen Wandel: zur Anpassung sozialer Normen bzw. der Entwicklung neuer sozialer Normen und Regeln. Dadurch entstehen neue soziale Strukturen und Institutionen. Hinter dieser Position, die Konflikt als funktional für die Gesellschaft definiert, steht ein Konflikt-Modell einer Gesellschaft, das auf der Annahme eines Pluralismus unterschiedlicher und auch kontroverser Interessen, Einstellungen und Werte beruht und in dem die gewaltfreie Regelung von Konflikten die zentrale Integrationsleistung darstellt. Soziale Konflikte können jedoch nicht grundsätzlich als funktional im Sinn sozialer Integration begriffen werden (v.a. Kriege, Revolutionen, Bürgerkriege).

Konfliktmanagement – Feststellung, Steuerung und Regelung von → Konflikten durch spezifische Handhabungsformen, etwa Verhandlung, Vermittlung, Schlichtung einschließlich Zwangsschlichtung. – Vgl. auch → Mediation.

Konflikttheorien – Analyse ökonomischer und gesellschaftlicher Dauerkonflikte und daraus abzuleitender Verhaltensweisen von Gruppen, Organisationen und Institutionen. Der traditionelle Gleichgewichtsbegriff im Sinn umfassender Planerfüllung wird als irrelevant angesehen. Ruhezustände (z.B. aufgrund vorübergehender Kompromisse) sind zwar möglich, aber nicht als Gleichgewichte im traditionellen Sinn zu bezeichnen, da sie endogen bereits wieder den Keim für neue Konflikte und damit Bewegung in sich tragen. Konflikttheorien erleichtern die Einbeziehung realistischer Phänomene wie z.B. Irreversibilitäten, Verhaltensweisen außerhalb der Maximierungshypothese, Existenz von Gruppen, Organisationen und Institutionen, → Unsicherheit, Oligopolsituationen und gesellschaftliche Dauerkonflikte und Interessengegensätze. – Vgl. auch → Antigleichgewichtstheorie, → Verteilungstheorie, → Gleichgewicht.

Konglomerat → Mischkonzern.

Kongruenzprinzip → Bilanzidentität.

konjekturale Anpassung – Anpassung der Absatzmenge an den „mutmaßlichen" Preis oder Anpassung des Preises an die erwartete Absatzmenge. Die *konjekturale* → Preisabsatzfunktion stellt sich bei erwarteter → Normalreaktion (der Nachfrage) im Preis-Mengen-Diagramm i.d.R. als eine fallende Kurve dar.

Konjunktion – im aussagenlogischen Sinn Verknüpfung von zwei oder mehreren Aussagen. Wird auch als *logisches Produkt* bezeichnet und symbolisch dargestellt durch p Λ q (sprich p und q). Die Kombination der Wahrheitswerte von Aussagen führt zu einer *Wahrheitsmatrix.*

Konjunktur – 1. *Begriff:* Mehr oder weniger regelmäßige Schwankungen aller wichtigen gesamtwirtschaftlichen Größen wie z.B. Produktion, Beschäftigung und Preise. Hieraus können zyklische Schwankungen der gesamtwirtschaftlichen Aktivität, gemessen z.B. durch den Grad der Kapazitätsauslastung (→ Auslastungsgrad), hergeleitet werden. – 2. Im *allg. Sprachgebrauch* wird der Begriff Konjunktur etwas unpräzise als Aufschwung bzw. Aufschwungphase verwendet. – 3. In der → Konjunkturtheorie wird der Begriff Konjunktur verwendet, um die Existenz von zyklischen Bewegungen (→ Konjunkturzyklus) anzuzeigen und die wirtschaftliche Lage eines Sektors oder der gesamten Wirtschaft im Verlauf eines solchen Zyklus zu beschreiben. Die Konjunkturtheorie ist bestrebt, Erklärungsansätze für das Entstehen und den Verlauf von Konjunkturzyklen zu liefern. – Vgl. auch → Mengenkonjunktur, → Preiskonjunktur, → Konjunkturschwankungen.

Konjunkturausgleichsrücklage – bei der → Deutschen Bundesbank angesammelte unverzinsliche Guthaben des Bundes und der Länder. Nach näherer Maßgabe des → Haushaltsplans oder einer Rechtsverordnung der Bundesregierung haben bei einer die volkswirtschaftliche Leistungsfähigkeit übersteigenden Nachfrageausweitung Bund und Länder zur Erreichung der Ziele des → Stabilitäts- und Wachstumsgesetzes (StWG) als Operationalisierung einer antizyklischen Finanzpolitik (→ finanzpolitische Stabilisierungsfunktion) der Konjunkturausgleichsrücklage Mittel bis zu 3 Prozent der jährlich erzielten Steuereinnahmen zuzuführen (§§ 15 ff. StWG). – *Zweck:* Die Konjunkturausgleichsrücklage soll bei einer Abschwächung der allg. Wirtschaftstätigkeit im Interesse des gesamtwirtschaftlichen Gleichgewichts zusätzliche Ausgaben finanzieren. Durch die Einführung der Schuldenbremse in die Verfasung ist die Konjunkturausgleichsrücklage allerdings obsolet geworden, da nicht gegenfinanzierte Ausgaben nur noch bei schweren konjunkturellen Einbrüchen oder bei ungeplanten Haushaltsüberschüssen auf dem Kontrollkonto getätigt werden dürfen.

Konjunkturbarometer – *Wirtschaftsbarometer;* methodisches Verfahren zur Messung und Vorhersage des konjunkturellen Verlaufs (→ Konjunkturindikatoren, → Konjunkturprognose). Das Konjunkturbarometer beruht auf der Annahme, dass das mehrfach beobachtete Aufeinanderfolgen statistischer Indikatoren invariant ist. Wenn also in der Vergangenheit bestimmte Zeitreihen der allg. konjunkturellen Entwicklung immer vorausgeeilt sind, wird postuliert, dass das auch in Zukunft der Fall sein wird. – *Heute gebräuchlich:* Konjunkturindikatoren. – Vgl. auch → Harvard-Barometer.

Konjunkturdiagnose – 1. *Begriff:* Bestimmung des konjunkturellen Ist-Zustands einer Wirtschaft. – *Anders:* → Konjunkturprognose. – 2. *Methoden:* a) → Zeitreihenanalyse: Zeitreihen bestimmter makroökonomischer Größen (z.B. Bruttoinlandsprodukt, Volkseinkommen, Konsum und Investitionen) können herangezogen werden. Zu einer differenzierteren Konjunkturdiagnose wird eine Vielzahl weiterer Zeitreihen verwendet. – b) → Konjunkturindikatoren, die mittels Zeitreihen konstruiert werden können. – c) *Befragungen* zahlreicher Unternehmen über den gegenwärtigen Konjunkturzustand: In der Bundesrepublik Deutschland werden solche Befragungen vom → ifo Institut für Wirtschaftsforschung durchgeführt (→ Konjunkturtest, → Tendenzbefragung). – d) *Vergleich von* → Produktionspotenzial und tatsächlicher Produktion: Aus diesem Vergleich wird der konjunkturelle Zustand einer Wirtschaft abgeleitet (→ Auslastungsgrad). – Bes. *Probleme* weist die Diagnose des unteren und oberen Wendepunktes (→ Konjunkturphasen) auf: Nach dem unteren (oberen) Wendepunkt müssen die gesamtwirtschaftlichen Aktivitäten zu(ab-)nehmen, sodass die Diagnose dieser Wendepunkte die Prognose des zukünftigen Konjunkturverlaufs impliziert. – 3. *Anwendung:* Wichtig für die → Konjunkturpolitik, da eine genaue Kenntnis des gegenwärtigen Konjunkturzustands notwendig ist, um geeignete wirtschaftspolitische Maßnahmen nach Art, Höhe und zeitlichem Einsatz ergreifen zu können. – Vgl. auch → Gemeinschaftsdiagnose.

Konjunkturdienst – periodische, wirtschaftliche Berichterstattung mit der Absicht, Ergebnisse der → Konjunkturforschung für die Allgemeinheit nutzbar zu machen. Dem Konjunkturdienst dienen in der Bundesrepublik Deutschland z.B. folgende Veröffentlichungen: „ifo-Schnelldienst" des ifo-Instituts für Wirtschaftsforschung, München; „iwd" des Instituts der Deutschen Wirtschaft, Köln sowie die Publikationen anderer Wirtschaftsforschungsinstitute.

konjunkturelle Arbeitslosigkeit → Arbeitslosigkeit.

konjunktureller Impuls – 1. *Begriff* der → Finanzwissenschaft: konjunktureller Einfluss des → Budgets. – Vgl. auch → Budgetkonzepte. – 2. *Konzept des* → Sachverständigenrates zur Begutachtung der gesamtwirtschaftlichen Entwicklung (SVR) zur Messung der konjunkturellen Anstoßwirkung, die der öffentliche Haushalt durch seine Budgetpolitik auslöst.

konjunkturelles Defizit – der Teil des Gesamtdefizits der öffentlichen Haushalte, der eindeutig konjunkturell entstanden ist, v.a. über konjunkturbedingte

Steuerausfälle auf der Einnahmenseite des Haushalts (z.B.

geringe Gewerbesteuer durch verminderte Produktion), aber auch durch induzierte Mehrausgaben (z.B. an die Bundesagentur für Arbeit). – *Gegensatz:* → strukturelles Defizit.

konjunkturelle Verstärkereffekte – Bezeichnung der → Konjunkturtheorie für die Kräfte, die den konjunkturellen Auf- oder Abschwung verstärken. Konjunkturelle Verstärkereffekte können z.B. aus dem Zusammenwirken von → Multiplikator und Akzelerator oder aus sich verändernden → Erwartungen entstehen.

Konjunkturempfindlichkeit – Ausmaß der Abhängigkeit wirtschaftlicher Aktivitäten von Konjunktureinflüssen.

Konjunkturforschung – 1. *Begriff:* Wissenschaftlich-methodisches Bemühen, die konjunkturelle Entwicklung der Wirtschaft zu analysieren, zu erklären und zu prognostizieren. Man versteht unter Konjunkturforschung zumeist die empirisch orientierte Konjunkturbetrachtung im Unterschied zu der rein theoretischen Konjunkturlehre. – Vgl. auch → Konjunktur, → Konjunkturtheorien. – 2. *Teilgebiete:* Branchenbeobachtung, → Konjunkturdiagnose, → Konjunkturprognose sowie die Verfolgung der jeweiligen konjunkturellen Entwicklung der einzelnen gesamtwirtschaftlichen Größen auch in internationalen Kontext – 3. *Verfahren:* (1) Die mit → Konjunkturindikatoren arbeitenden Verfahren; (2) analytische Verfahren, die am Instrumentarium der → Volkswirtschaftlichen Gesamtrechnung (VGR) ansetzen; (3) ökonometrische Konjunkturmodelle (→ Ökonometrie). – 4. *Träger:* → Sachverständigenrat zur Begutachtung der gesamtwirtschaftlichen Entwicklung (SVR), → Wirtschaftsforschungsinstitute, Universitätsinstitute, Verbände, Banken und private Beratungsgesellschaften.

Konjunkturforschungsinstitute → Wirtschaftsforschungsinstitute.

konjunkturgerechter Haushalt – *Budgetkonzept;* Weiterentwicklung des Konzepts des → konjunkturneutralen Haushalts. Der konjunkturgerechte Haushalt stellt deutlicher auf einen konjunkturellen Impuls der öffentlichen Haushalte ab. Die gemäß dem konjunkturneutralen Haushalt ermittelten tatsächlichen expansiven oder kontraktiven Impulse werden mit denjenigen verglichen, die notwendig wären, wenn bei einer gegebenen Abweichung vom Gleichgewichtspfad die Haushaltspolitik ein Nachfragedefizit oder einen Nachfrageüberschuss ausgleichen sollte. Der konjunkturgerechte Haushalt zeigt die quantitativen Effekte der jeweiligen Haushaltspläne an.

Konjunkturgeschichte – chronologische Darstellung der Wirtschaftsbewegungen seit Erkenntnis ihres zyklischen Ablaufs. Konjunkturgeschichte löste die nicht an Periodizität gebundene → Krisengeschichte ab. – 1. *Voraussetzungen:* Echte → Konjunkturen konnten sich erst in einer ausgebildeten → Marktwirtschaft (mit weit gehender Entfaltung der privat- und weltwirtschaftlichen Arbeitsteilung) einstellen. Wirtschafts- und Sozialgeschichte lehren, dass sich dieser enge Zusammenhang aller Wirtschaftselemente im Laufe des 18. Jh. einspielte und Anfang des 19. Jh. zu klaren Konjunkturbildungen führte. – 2. *Beginn:* Die Geschichte der periodischen Wirtschaftszyklen beginnt nach T. Baranowski mit der engl. Krise von 1825. Dafür spricht, dass danach drei gleich lange – 10- bis 11-jährige Zyklen (Krisen von 1836, 1847, 1857) – folgten; andererseits lassen die Goldfelderentdeckungen und ein sprunghafter organisatorisch-technischer Fortschritt um 1850 erkennen, in welch hohem Maße die Konjunkturverläufe von äußeren Datenveränderungen beherrscht werden. – 3. *Umkehrpunkte:* Wendejahre des Aufschwungs nach der Krise von 1857 waren: 1866/1867, 1873, 1882, 1890, 1900, 1907, 1913 (aufgefangen durch den Ersten Weltkrieg). Die Intervalle weisen eine deutliche Tendenz zu immer kürzeren Zyklen auf. – 4. *Nach 1920:* Im Wesentlichen durch kriegs- und nachkriegsbedingte Störungen bestimmt; aus ihnen folgte die von ungewöhnlich hoher → Arbeitslosigkeit begleitete Krise und langandauernde → Depression der 1930er-Jahre. Alle bedeutenden marktwirtschaftlich organisierten Volkswirtschaften versuchten, durch staatliche Eingriffe und verschiedenartige Lenkungsmaßnahmen den Konjunkturzyklus abzuschwächen. – 5. *Nach 1945:* Die Konjunkturen verlaufen gleichfalls stark staatlich beeinflusst. Die früher mit großen sozialen Härten und zahllosen Unternehmungszusammenbrüchen verbundenen Depressionsphasen verliefen wesentlich milder. Teilweise wurden im Abschwung (→ Konjunkturphasen) lediglich die realen → Wachstumsraten der wirtschaftlichen Aktivitäten reduziert, sie wurden aber nicht negativ. Somit fand noch im Abschwung ein Wirtschaftswachstum statt, das jedoch im Vergleich zum Aufschwung niedriger war. – 6. *Nach 2007:* In diesem Sinne sind auch infolge der Finanz- und Wirtschaftskrise ab 2008 weltweit Konjunkturprogramme verabschiedet worden, die neben Bürgschaften und anderen Sicherungsformen auch Investitionen in Milliardenhöhe vorsehen, um die negativen gesamtwirtschaftlichen Folgen der durch die sog. → Subprime-Krise 2007 in den USA ausgelöste → Finanzkrise einzudämmen.

Konjunkturindikatoren – 1. *Begriff:* Ökonomische Zeitreihen und aus ihnen abgeleitete Messgrößen, die den Konjunkturverlauf anzeigen. – 2. *Konstruktion:* Die gebräuchlichste Konstruktion von Konjunkturindikatoren geht auf ein Verfahren zurück, das von W.C. Burns und F. Mitchell für das → National Bureau of Economic Research (NBER) entwickelt wurde. Danach werden ökonomische Zeitreihen in drei Gruppen zusammengefasst: Vorlaufende, gleichlaufende und nachlaufende Reihen (Leading, Coinciding and Lagging Series, auch Leaders, Laggers und Coinciders genannt), die dem „eigentlichen" Konjunkturverlauf, dargestellt durch den Referenzzyklus (hypothetischer Vergleichszyklus), zeitlich vorauseilen, mit ihm zusammenfallen oder ihm hinterhereilen. – 3. *Anwendung:* Unbestritten kann mit Konjunkturindikatoren der vergangene Konjunkturverlauf gemessen werden. Die Prognosegüte der vorlaufenden Indikatoren ist nicht sehr hoch. In der Regel liefern sie nur in Kombination mit anderen Prognosegrößen rechtzeitige und verlässliche Hinweise auf die künftige Konjunkturentwicklung (→ Konjunkturdiagnose, → Konjunkturprognose).

Konjunkturkomponente – in der Zeitreihenanalyse die Komponente einer Zeitreihe (→ Zeitreihenkomponenten), die dem Konjunktureinfluss zugeordnet und meist in den → Trend integriert wird.

Konjunkturmodell – Erklärung der Existenz und Prognose von → Konjunkturschwankungen durch das Erstellen eines formalen → Modells. Um formal als Konjunkturmodell gelten zu können, muss ein Konjunkturmodell Differenzen- und/oder → Differenzialgleichungen 2. Ordnung aufweisen oder aus einem System von Differenzen- und/oder Differenzialgleichungen bestehen, das endogene Schwingungen hervorbringen kann. – *Zu unterscheiden:* → endogene Konjunkturmodelle und → exogene Konjunkturmodelle. – *Zur Darstellung von Einzelmodellen:* → Konjunkturtheorie.

konjunkturneutraler Haushalt – Budgetkonzept des → Sachverständigenrates zur Begutachtung der gesamtwirtschaftlichen Entwicklung (SVR), erstmals in seinem Jahresgutachten 1967/1968 entwickelt und angewendet, im Jahresgutachten 1994/1995 mit einem größeren Gewicht zugunsten der Messung des strukturellen Defizits und des → konjunkturellen Impulses weiterentwickelt. – Ein Haushaltsvolumen ist nach diesem Konzept dann *konjunkturneutral,* wenn es für sich genommen unmittelbar keine Abweichungen der Auslastung des → Produktionspotenzials von dem bewirkt, was mittelfristig als normal angesehen wird. – Aus der Konstruktion des konjunkturneutraler Haushalts resultierende *Regeln:* (1) Konjunkturneutral sind die → öffentlichen Ausgaben dann, wenn sie, auf ein Basisjahr bezogen, proportional zum Produktionspotenzial zu- oder abnehmen. Als Basisjahr wird der Zeitraum angenommen, in dem die öffentlichen Ausgaben eine den allokativen und distributiven Zielinhalten gemäße Quote aufweisen. – (2) Konjunkturneutral sind *Steuereinnahmen,* die den gleichen prozentualen Zuwachs wie das → Volkseinkommen aufweisen (→ Aufkommenselastizität gleich Eins). – (3) Konjunkturneutral ist die *öffentliche Verschuldung* (→ öffentliche Kreditaufnahme), insoweit ihre Zuwachsrate der des Produktionspotenzials entspricht. – Vgl. auch → konjunkturgerechter Haushalt.

Konjunkturpaket II – Als Folge der durch die → Subprime-Krise in den USA ausgelösten weltweiten → Finanzkrise wurden international Konjunkturprogramme verabschiedet, die neben Bürgschaften und anderen Sicherungsformen auch Investitionen in Milliardenhöhe vorsehen. In Deutschland wurde Oktober 2008 der → Finanzmarktstabilisierungsfonds (SoFFin) geschaffen, der über 480 Mrd. Euro verfügt. Im November 2008 wurde das 15 Punkte umfassende Maßnahmenpaket „Beschäftigungssicherung durch Wachstumsstärkung" („Konjunkturprogramm I") verabschiedet, dessen Kern die Förderung der Kurzarbeit war. Das im Februar 2009 verabschiedete „Konjunkturpaket II" der Bundesregierung sah Sonderausgaben in Höhe von 50 Mrd. Euro, also etwa 2 Prozent vom BIP vor; Kernstück war ein Investitionsprogramm in Höhe von 17,3 Mrd. Euro für Schulen, Hochschulen, Verkehrswege und öffentliche Gebäude sowie eine → Abwrackprämie bei der Verschrottung von älterer PKWs, wenn gleichzeitig ein Neuwagen gekauft wurde.

Konjunkturphasen – *1. Begriff:* Phasen zyklischer Schwankungen des Bruttoinlandsprodukt um den Auslastungsgrad des Produktionspotenzials, die auch als Konjunkturzyklus bezeichnet werden. *2. Merkmal:* Zurückgehend auf → Schumpeter werden neben oberem und unterem Wendepunkt *vier* Konjunkturphasen unterschieden. Misst man den Konjunkturzyklus von einem unteren Wendepunkt zum nächsten, so erhält man das *Vier-Phasen-Schema* (vgl. Abbildung „Konjunkturphasen"). (1) Die *Aufschwungsphase* nach dem unteren Wendepunkt wird als Erholung oder *Expansionsphase* bezeichnet, gekennzeichnet durch verbesserte Kapazitätsauslastung, steigende private Investitionen und Beschäftigung, zunehmendes Volkseinkommen und erhöhten privaten Konsum. (2) Die Erholung geht in den *Boom (Hochkonjunktur, Prosperität)* über, sobald die → Produktionsfaktoren mehr als im Trend üblich ausgleastet sind. Diese Phase dauert an, bis die Volkswirtschaft ihre Auslastungsgrenze erreicht, und eine Erhöhung des realen Volkseinkommens nicht mehr möglich ist. Es kommt zu starken Preissteigerungen und Störungen auf dem Geld- und Kapitalmarkt. (3) Nach Erreichen des oberen Wendepunktes geht die Entwicklung in einen *Abschwung* über, in dem in der Boomphase bei überhöhtem Zinsniveau durchgeführten Investitionen sich als unrentabel erweisen. Es kommt zu einem Rückgang der privaten Investitionen, höherer Arbeitslosigkeit und zu einer Stagnation des privaten Konsums. Gewinne und Beschäftigung sinken, zahlreiche Unternehmen geraten in Schwierigkeiten. (4) Die Phase vor dem unteren Wendepunkt ist die *Depression (Krise),* gekennzeichnet durch hohe → Arbeitslosigkeit, geringe Kapazitätsauslastung, geringe Investitionstätigkeit und hohe Bankenliquidität. – 2. *Klassifikation nach Haberler:* Es werden zwei Phasen und zwei Wendepunkte unterschieden: (1) Aufschwung (Prosperitätsphase,

Konjunkturphasen

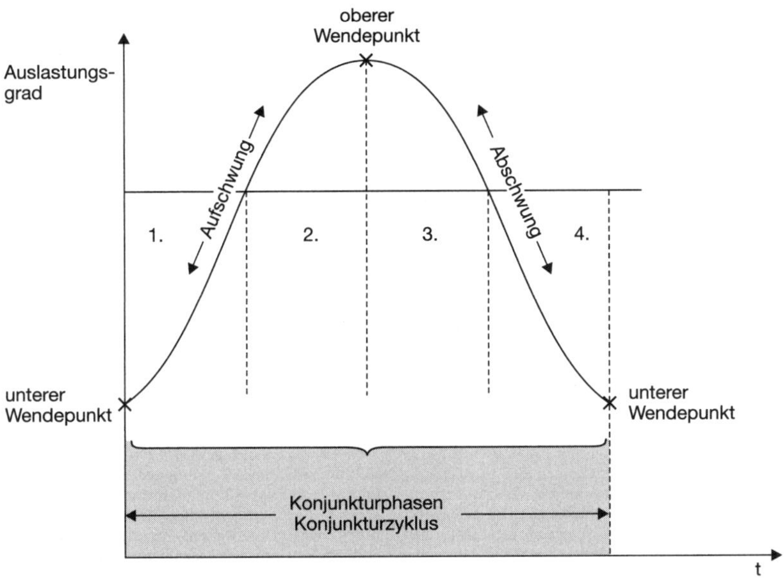

Expansion), (2) Niedergang (Depressionsphase, Kontraktion), (3) oberer Wendepunkt (Niedergang, Krise im technischen Sinn), (4) unterer Wendepunkt (Aufschwung, Wiederbelebung). – 3. *Messung:* (1) → Auslastungsgrad; (2) → Bruttoinlandsprodukt (BIP) oder vergleichbare Größe.

Konjunkturpolitik – 1. *Begriff:* a) *Konjunkturpolitik i.w.S.:* Maßnahmen der staatlichen Wirtschaftspolitik, die einen hohen Auslastungsgrad der Produktionskapazitäten (v.a. einen hohen Beschäftigungsstand) sowie ein stabiles Preisniveau und eine ausgeglichene Zahlungsbilanz erreichen und sichern sollen. Konjunkturpolitik i.w.S. entspricht weitgehend der → Stabilisierungspolitik. Diese Begriffe werden im täglichen Sprachgebrauch häufig synonym verwendet. – b) *Konjunkturpolitik i.e.S.:* Gesamtheit aller Maßnahmen, die auf die Verstetigung der Nachfrage- und Produktionsentwicklung und einen hohen Auslastungsgrad der Produktionskapazitäten abzielen. Unter → Stabilitätspolitik wird i.d.R. das speziellere Ziel verstanden, den Binnenwert und den Außenwert der Währung zu stabilisieren. Abzugrenzen ist Konjunkturpolitik auch von → Wachstumspolitik, die nicht auf die kurzfristige Verstetigung des Wirtschaftsablaufs abzielt, sondern den Wachstumstrend der Wirtschaft, also die Menge aller dauerhaft rentablen Produktionsmöglichkeiten (→ Produktionspotenzial) erhöhen soll. – 2. *Ziele:* Die Zielsetzung der Konjunkturpolitik i.e.S. besteht darin, starke Konjunkturausschläge zu vermeiden und auf anhaltende Vollbeschäftigung hinzuwirken. Die Wirtschaft soll im Gleichgewicht gehalten werden und das gesamtwirtschaftliche Angebot im Gleichschritt mit der gesamtwirtschaftlichen Nachfrage expandieren. Zudem soll das außenwirtschaftliche Gleichgewicht gewahrt werden. Ob das in der Praxis der Fall ist, wird mithilfe des Produktionspotenzials und seines Auslastungsgrads ermittelt. Erfolgreich ist die Konjunkturpolitik, wenn es ihr gelingt, Abweichungen des Auslastungsgrades vom Normalauslastungsgrad klein zu halten, also starke Rezessionen mit der Folge von Unterbeschäftigung sowie konjunkturelle Überhitzungen mit der Folge von Produktionsengpässen und starken Preisniveausteigerungen zu vermeiden. – 3. *Instrumente:* a) *Fiskalpolitik:* Im Zuge einer Rezession können entweder die öffentlichen Ausgaben (z.B. öffentliche Investitionen) erhöht und/oder die öffentlichen Einnahmen (z.B. Steuern) vermindert werden, um die im privaten Sektor vorhandene Kaufkraft zu stärken. Es wird ein negativer Budgetsaldo der öffentlichen Haushalte geschaffen, um die Gesamtnachfrage zu beleben (→ Deficit Spending) und in einem Konjunkturaufschwung einen Budgetüberschuss zu realisieren, um einer Überbeanspruchung des Produktionspotenzials entgegenzuwirken. Eine solche antizyklische Entwicklung des

Budgetsaldos ergibt sich bereits aus der Ausgestaltung des dt. Steuersystems. Das Steueraufkommen geht in Rezessionsphasen stark zurück, während viele Staatsausgaben (z.B. Arbeitslosengeld) in der Rezession ansteigen. Der öffentliche Haushalt wirkt somit automatisch konjunkturstabilisierend (→ automatische Stabilisierung). Eine Voraussetzung für die stabilisierende Wirkung des öffentlichen Budgets ist es, dass die in Aufschwungsphasen reichlich fließenden Steuermittel stillgelegt werden, und dann in der Rezession für zusätzliche Ausgaben zur Verfügung stehen. – b) *Geldpolitik:* Die Geldpolitik kann mit ihrem Instrumentarium die gesamtwirtschaftliche Nachfrage nicht unmittelbar beeinflussen, aber über Zinssatz- und Geldmengenänderungen hat sie indirekt starken Einfluss auf die Ausgabendispositionen der privaten Haushalte und Unternehmen. Die Wirksamkeit einer konjunkturpolitisch orientierten Geldpolitik hängt im Wesentlichen von der Stärke des Zusammenhangs von monetärem und realem Bereich einer Wirtschaft ab. Die keynesianische Erklärung dieses Zusammenhangs betont die Liquiditätskomponente geldpolitischer Maßnahmen; eine Erhöhung der Bankenliquidität reduziert die Zinssätze und somit die Kreditkosten und beeinflusst auf diesem Wege die realen Investitionen. Die monetaristische Erklärung betont hingegen die Vermögenskomponente: Geldmengenerhöhungen stoßen eine lange Kette von Substitutionsvorgängen an. Zunächst steigt die Nachfrage nach Wertpapieren und an Finanzaktiva, was deren Rendite sinken und am Ende der Kette zu höherer Geldnachfrage führt. Reale Effekte der Geldpolitik sind aber nur vorübergehend; langfristig steigt allein das Preisniveau. – c) *Arbeitsmarktpolitik:* In jüngster Zeit zählen auch arbeitsmarktpolitische Maßnahmen wie v.a. die Förderung der Kurzarbeit zur Stabilitätspolitik. – 4. *Probleme:* Diagnose und Prognose des Konjunkturzyklus (→ Konjunkturprognose); Dosierung und Terminierung konjunkturpolitischer Maßnahmen; Wechselkursregime (→ Stabilisierungspolitik in einer großen offenen Volkswirtschaft; → Stabilisierungspolitik in einer kleinen offenen Volkswirtschaft).

Konjunkturprognose – 1. *Begriff:* Bedingte Vorhersage über den Verlauf der künftigen konjunkturellen Entwicklung. Eine Konjunkturprognose basiert auf der → Konjunkturdiagnose und Regelmäßigkeiten im Konjunkturverlauf, deren Auftreten auch in der Zukunft mit einer gewissen Verlässlichkeit erwartet werden kann. Sie ist sowohl theoretisch als auch empirisch fundiert und beruht auf bestimmten Annahmen (z.B. über den zukünftigen Kurs der inländischen Wirtschaftspolitik, die weitere Entwicklung der → Wechselkurse, der Konjunktur im Ausland etc.). – 2. *Gegenstand der* Konjunkturprognose ist das Zahlenwerk der → Volkswirtschaftlichen Gesamtrechnung (VGR), das ein konsistentes Gesamtbild der Wirtschaftslage vermittelt. Einzelne Größen, denen im Rahmen der Konjunkturprognose bes. Aufmerksamkeit zukommt, sind die Veränderungsraten des realen Bruttoinlandsproduktes, des privaten Konsums, der Investitionen, der Aus- und Einfuhr, der Preise, der Einkommen und der Beschäftigung. – 3. *Der Zeithorizont der* Konjunkturprognose umfasst bis zu sechs oder acht Quartale. In der Öffentlichkeit finden jene Konjunkturprognosen bes. Beachtung, die am Ende des laufenden für das folgende Kalenderjahr abgegeben werden. – 4. *Ziel der* Konjunkturprognose ist es v.a., die Wendepunkte im Zyklus und die Stärke der konjunkturellen Ausschläge zu prognostizieren, und aufzuzeigen, mit welchem Kurs in der Geld-, Finanz-, Sozial- und Lohnpolitik verhindert werden kann, dass es zu stärkeren Abweichungen von den gesamtwirtschaftlichen Zielen kommt. Die Prognose der Wendepunkte ist eine *Zeitpunktprognose;* sie ist damit wesentlich schwieriger und auch ungenauer als die übliche Zeitraumprognose, die eine Aussage über die konjunkturelle Entwicklung über einen längeren Zeitraum macht. – 5. *Verfahren:* Für die kurzfristige Konjunkturprognose (bis zu einem Quartal) haben sich *extrapolative Verfahren,* die bestimmte Regelmäßigkeiten der zu prognostizierenden Zeitreihe in der Vergangenheit erfassen, als durchaus nützlich erwiesen (→ Zeitreihenanalyse). Die traditionelle Konjunkturprognose stützt sich v.a. auf geeignete → Konjunkturindikatoren, die gegenüber der wirtschaftlichen Aktivität einen zeitlichen Vorlauf aufweisen. Konjunkturindikatoren ermöglichen jedoch nur qualitative Konjunkturprognosen. → Ökonometrische Modelle lassen dagegen auch quantitative Schätzungen sowohl des Konjunkturverlaufs als auch z.B. von Wahrscheinlichkeiten zu, mit der z.B. eine Rezession zu erwarten ist. Neben sehr stark disaggregierten Modellen (200 und mehr Gleichungen) werden auch hoch aggregierte Modelle verwandt. – 6. *Praxis:* a) In der praktischen Konjunkturprognose finden zumeist alle beschriebenen *Verfahren* gleichzeitig Anwendung. Prognosewerte für die wichtigsten Größen der Volkswirtschaftlichen Gesamtrechnung (VGR) werden zumeist in einem *iterativen Verfahren* erstellt. Zunächst werden die bereits weitgehend festgelegten Variablen (z.B. zukünftige → Staatsausgaben aufgrund eines bereits verabschiedeten → Budgets) und exogenen Variablen (s. → Variable, exogene) zusammengestellt. Dann wird eine erste Schätzung der Nachfrage- und Verteilungsrechnung vorgenommen. Anschließend erfolgt eine Berücksichtigung der Rückkopplungseffekte, bis eine konsistente Schätzung aller Variablen des Systems erreicht ist. – b) *Veröffentlichungen:* Die großen → Wirtschaftsforschungsinstitute Deutschlands sowie der → Sachverständigenrat zur Begutachtung der gesamtwirtschaftlichen Entwicklung (SVR) veröffentlichen regelmäßig Konjunkturprognosen. Diese werden u.a. mit ökonometrischen Modellen erstellt, und sie gehen auch in die → Gemeinschaftsdiagnose dieser Institute ein. Konjunkturprognosen für die Weltwirtschaft werden u.a. von der OECD und vom Internationalen Währungsfonds (→ IWF) erstellt. – 7. *Beurteilung:* Niemand kann sicher wissen, was sich in Zukunft ereignen wird. Konjunkturprognosen müssen daher zwangsläufig Prognosefehler aufweisen. Diese können beruhen auf (1) einer Fehlspezifikation des Prognosemodells, (2) falschen Annahmen über die exogenen Variablen, (3) exogenen Störungen (z.B. Ölpreisschock, Schuldenkrise) und (4) einer Revision des der Schätzung zugrunde liegenden statistischen Datenmaterials. Die Güte von Konjunkturprognosen ist in der Öffentlichkeit umstritten. Am zuverlässigsten sind jene Konjunkturprognosen, die aus dem iterativen Zusammenwirken von Fachleuten und ökonometrischen Prognosemodellen hervorgegangen sind.

Konjunkturprogramm – 1. *Begriff:* In Zeiten konjunkturellen Abschwungs, bspw. bedingt durch hohe Arbeitslosenzahlen, zu geringem Binnenkonsum oder aber einer globalen Krise wie in der → Finanzkrise 2008/2009, greift der Staat im Rahmen seiner → Konjunkturpolitik in das marktwirtschaftliche Geschehen mithilfe zeitlich befristeter Maßnahmenbündel ein, die man als Konjunkturprogramme bezeichnet. – 2. *Ziel:* Konjunkturprogramme zielen darauf u.a. mit Steuersenkungen und Ausgaben wie direkten staatlichen Investitionen und auch durch Förderung privater Investitionen die Nachfrage im Wirtschaftskreislauf wieder anzuregen und damit zur Belebung des → Arbeitsmarktes und der Wirtschaft insgesamt beizutragen. – 3. *Klassische Maßnahmen:* (a) Steuer- und Abgabensenkungen, (b) Senkung der Sozialversicherungsbeiträge, (c) Erhöhung von Sozialleistungen, (d) vermehrte staatliche Investionen/ Ausgaben. – 4. *Beispiele:* (a) Gewährung steuerlicher Vergünstigungen: z.B. verbesserte Abschreibungsmöglichkeiten, (b) verstärkte Vergabe öffentlicher Aufträge (z.B. in den Bereichen Straßenbau, Stadtsanierung, Umwelschutz) oder aber durch die Gewährung von Investitionszulagen (u.a. für strukturschwache Regionen zur Arbeitsplätzeschaffung), (c) Senkung der Beiträge z.B. zur Krankenversicherung. – 5. *Ursprung:* Der Gedanke staatlichen Eingreifens in das Wirtschaftsgeschehen durch staatliche Investionen in Zeiten der Rezession geht auf John Maynard → Keynes zurück. Er hielt die Nachfrage für den Dreh- und Angelpunkt der Konjunktur. Daher müsse der Staat in Abschwungphasen auch unter Inkaufnahme von Verschuldung diese ankurbeln. Um erfolgreich zu sein, müsen die Maßnahmen rechtzeitig erfolgen, gezielt und zeitlich begrenzt sein. – Vgl. auch → Konjunkturpaket II.

Konjunkturrat – 1. *Begriff:* 1967 nach § 18 StWG errichtete Institution (Beratungsgremium) zur konjunkturpolitischen Koordinierung von Bund, Ländern und Gemeinden, um eine konsistente → Konjunkturpolitik auf allen Ebenen des föderativen Staates zu sichern. – 2. *Besetzung:* Bundesminister für Wirtschaft und Arbeit (Vorsitz) sowie der Finanzen, je ein Vertreter eines Landes und vier Vertreter der Gemeinden, Gemeindeverbände; die Deutsche Bundesbank hat das Recht, an den Sitzungen teilzunehmen. – 3. *Schwerpunkt/Aufgabenbereich:* Prinzipiell alle Aspekte der → Stabilisierungspolitik (wie im StWG kodifiziert); bes. Möglichkeiten der Deckung des Kreditbedarfs der öffentlichen Haushalte (→ Debt Management). Der Konjunkturrat ist zu hören, wenn über eine Begrenzung der öffentlichen Kreditaufnahme befunden wird (§§ 19–25 StWG). – 4. *Bedeutung:* Zusammen mit den übrigen Instrumenten der zurückgedrängten Stabilisierungspolitik keynesianischer Prägung hat der Konjunkturrat an Bedeutung verloren.

Konjunkturschwankungen – *Konjunkturwellen;* wirtschaftliche Wechsellagen, bzw. zyklische Bewegung wirtschaftlicher Größen im Zeitablauf. Die Erklärung des Zustandekommens von Konjunkturschwankungen ist Gegenstand der → Konjunkturtheorie. – Vgl. auch → Konjunkturzyklus.

Konjunkturstabilisierung → Stabilisierungspolitik.

Konjunkturtest – genauer: *ifo-Konjunkturtest;* Verfahren der Wirtschaftsbeobachtung. Vom → ifo-Institut für Wirtschaftsforschung entwickelte Methode, seit 1950 praktisch angewandt. Es erfolgt eine monatliche Befragung von über 7.000 Unternehmen zu ihrer Einschätzung der konjunkturellen Lage und ihrer kurzfristigen Erwartungen. Der ifo-Konjunkturtest ist in mehr als 300 Produktgruppen bzw. Märkte untergliedert. Aus den Meldungen zum ifo Konjunkturtest wird der ifo Geschäftsklima-Index, Frühindikator für die konjunkturelle Entwicklung, abgeleitet. Die vom ifo-Institut entwickelte Methode wurde von anderen Ländern z.T. mit Änderungen übernommen.

Konjunkturtheorie – 1. *Begriff:* Teil der → Volkswirtschaftstheorie, der sich mit dem Erklären des Zustandekommens von zyklischen Bewegungen (→ Konjunktur, → Konjunkturschwankungen) meist makroökonomischer Größen beschäftigt. – 2. *Modelle:* a) *Autoregressive Konjunkturmodelle:* In diesen theoretischen Modellen werden Konjunkturschwankungen auf Zeitverzögerungen (→ Lag) bzw. auf eine geeignete zeitliche Struktur zurückgeführt, wie sie in Differenzen- oder Differenzialgleichungen zum Ausdruck kommen. Optimierungsansätze und Zufallseinflüsse spielen in diesen Modellen keine Rolle, vielmehr wird die Erklärung des Konjunkturphänomens auf das simultane Zusammenwirken (meist makro-)ökonomischer Größen zurückgeführt. (1) *Lineare Konjunkturmodelle:* Ein Konjunkturmodell heißt *linear,* wenn seine zugrunde liegenden dynamischen Gleichungen linear sind oder wenn seine Eigenschaften nicht von denen linearer Systeme abweichen. – *Beispiele:* Zu den bekanntesten linearen Konjunkturmodellen zählen (a) die → Multiplikator-Akzelerator-Modelle von → Samuelson (1939) und → Hicks (1950). Das Zusammenwirken von linearem → Multiplikator (über die Konsumfunktion) und linearem Akzelerator (über die Investitionsfunktion) führt zu einer linearen Differenzengleichung zweiter

Ordnung, deren qualitative Lösungen abhängig sind von den Werten der unterstellten Parameter des Systems. (b) *Weitere wichtige lineare Modelle* stammen von Metzler (Lagerhaltung), Kalecki (Investitionsverhalten) und Phillips (stetiges Multiplikator-Akzelerator-Modell). Als *Lösungen* werden unterschieden: *Gedämpfte Schwingungen* (die → Amplituden der Variablen verschwinden im Zeitverlauf), *harmonische Schwingungen* (die Amplituden der Variablen sind konstant im Zeitverlauf) und *explosive Schwingungen* (die Amplituden steigen beständig, sodass die Werte der Variablen über alle Grenzen anwachsen). Vom Standpunkt der Konjunkturtheorie sind lediglich gedämpfte Schwingungen relevant, da explosive Schwingungen in der Realität nicht vorkommen und harmonische Schwingungen darüber hinaus nur für exakt eine Parameterkonstellation denkbar sind. Da gedämpfte Schwingungen den Konjunkturverlauf im Zeitablauf verschwinden lassen, sind in solchen linearen Modellen andauernde exogene → Schocks notwendig, um persistente Konjunkturschwankungen zu erzeugen. Damit wird letztlich die Erklärung des Konjunkturphänomens auf exogene Faktoren zurückgeführt. (c) Zu den linearen Konjunkturmodellen zählen auch die *Modelle mit rationalen Erwartungen.* Eine bes. Rolle kommt hierbei den Modellen der → Neuen Klassischen Makroökonomik zu. Rationale Erwartungen im Zusammenhang mit Informationsdefiziten und Störungen im monetären Bereich sind für die Auslösung und das Andauern von Konjunkturschwankungen verantwortlich (Lucas 1975). In der Neukeynesianischen Makroökonomie sind hingegen Preis- und Lohnrigiditäten ursächlich für die Schwankungen. (2) *Nicht lineare Konjunkturmodelle:* Sie ermöglichen die Erzeugung von Schwingungen, die nicht auf exogene Einflüsse angewiesen sind. Die mathematische Struktur der Modelle ist allein für das Auftreten von anhaltenden Konjunkturschwankungen verantwortlich. Zu den frühesten nicht-linearen Modellen zählen die Modelle von → Kaldor (1940), Hicks (1950) und Goodwin (1951). Unterschieden werden können sie nach der Art des verwendeten mathematischen Instrumentariums: (a) Modelle unter Verwendung des → Poincaré-Bendixson-Theorems: Grundlage ist ein zwei-dimensionales → Differenzialgleichungssystem mit instabilem Gleichgewicht. Wird die Dynamik durch ein abgeschlossenes Gebiet begrenzt, entstehen → Grenzzyklen. (b) Modelle unter Verwendung von *Bifurkationstheorien:* Grundlage ist ein zwei- oder mehrdimensionales Differenzial- oder Differenzengleichungssystem. Wird ein Parameter des Modells beständig erhöht, kann ein zunächst stabiles Gleichgewicht instabil werden. Beim Übergang von stabilem zu instabilem Gleichgewicht entstehen (Konjunktur-)Schwankungen. (c) → Räuber-Beute-Modelle: Die Variablen eines Konjunkturmodells verhalten sich zueinander wie Räuber- und Beute-Populationen in biologischen Modellen (z.B. Lohn- und → Beschäftigungsquote). Die Anfangswerte der Variablen bestimmen die (konstante) Amplitude des entstehenden Zyklus. Hinter dieser Beschreibung steht die Hypothese, dass Konjunkturschwankungen das Ergebnis von Verteilungskämpfen sind. (d) Neuere Ansätze, die in mittelfristigen makroökonomischen Modellen die mathematische Eigenschaft des *Chaos* nachweisen (→ Chaos-Theorie) sowie jene ökonomischen Modelle, in denen sog. Katastrophen, d.h. große plötzliche Sprünge der Variablen auftreten. (3) *Stochastische Ansätze:* Die Bedeutung zufallsbedingter Einflüsse für den Konjunkturverlauf wird in praktisch allen Konjunkturtheorien erkannt, ohne dass sie in jedem Einzelfall explizit berücksichtigt werden. Es gibt jedoch Erklärungsansätze, die gerade diese *Zufallseinflüsse* in das Zentrum der Konjunkturerklärung rücken. E. Slutzky (1937) zeigte bereits, dass Konjunkturschwankungen sich in ihrer zeitlichen Struktur genauso verhielten wie stochastische Zeitreihen, ohne dass damit jedoch eine Erklärung der Konjunkturschwankungen geliefert wurde. W. Krelle (1959) entwickelte ein Konjunkturmodell, in dem Entstehung, Frequenz und Amplitude der Konjunkturschwankungen rein stochastisch bedingt sind. – a) *Optimierungsansätze:* In diesen Modellen werden Konjunkturschwankungen aus dem Optimierungsverhalten von Entscheidungsträgern hergeleitet. Im Vordergrund stehen hierbei Modelle der → Neuen Politischen Ökonomie. Die Regierung eines demokratischen Staates maximiert z.B. die Anzahl der Wählerstimmen bei einer Wahl mit geeigneten wirtschaftspolitischen Maßnahmen unter Berücksichtigung ökonomischer Nebenbedingungen, z.B. der → Phillips-Kurve. Die Lösung dieses Optimierungsansatzes führt zu einem zyklischen Verlauf von Rate der → Inflation und → Arbeitslosenquote, sodass diese (Konjunktur-)Schwankungen letztlich durch das politische System bedingt sind. In neuester Zeit wurde gezeigt, wie das Optimierungsverhalten im Rahmen einer staatlichen Wirtschaftspolitik Konjunkturausschläge verstärken kann. – b) *Real-Business-Cycle-Modelle (RBC-Modelle):* Von den Konjunkturtheorien der → Neuen Klassischen Makroökonomik sind die RBC-Modelle von bes. Bedeutung. *Stochastische Schocks* wirken über die Produktionsfunktion auf das gesamtwirtschaftliche Angebot ein, sodass zusammen mit Verstärkereffekten Schwankungen der gesamtwirtschaftlichen Produktion auftreten können, die als Konjunkturschwankungen interpretierbar sind. Die *Verstärkereffekte* können z.B. über die Zeitdauer der Investitionsgüterproduktion oder über substituierendes Verhalten bez. Arbeitszeit und Freizeit eingeführt werden. Die *empirische Relevanz* der RBC-Modelle ist allerdings umstritten. – c) *Ökonometrische Konjunkturmodelle:* Für die vergangene konjunkturelle Entwicklung einer Wirtschaft wird auf der Basis theoretischer Überlegungen ein dynamisches ökonometrisches Modell statistisch geschätzt (→ Ökonometrie). Ist die Schätzung hinreichend gut, kann dieses ökonometrische Konjunkturmodell zur → Konjunkturprognose herangezogen werden.

Konjunkturwellen → Konjunkturschwankungen.

Konjunkturzuschlag – konjunkturdämpfende Maßnahme (→ Konjunkturpolitik). Im Konjunkturaufschwung wird ein Teil des steuerpflichtigen Einkommens zusätzlich abgeschöpft und bei der → Deutschen Bundesbank stillgelegt; im Konjunkturabschwung soll der Konjunkturzuschlag zurückgezahlt werden. Einen Konjunkturzuschlag kann die Bundesregierung per Verordnung und damit rasch erheben. Seit Einführung der Schuldenbremse wird dessen Funktion aber vom Kontrollkonto übernommen, auf das konjunkurell bedingte Mehreinnahmen oder Minderausgaben im Bundeshaushalt gebucht werden müssen und die bei schlechter Konjunkturlage mobilisiert werden können.

Konjunkturzyklus – Bezeichnung für den Zeitabschnitt zwischen Beginn der ersten und Ende der letzten → Konjunkturphase. Der Konjunkturzyklus wird meistens von einem oberen (unteren) Wendepunkt zum nächsten oberen (unteren) Wendepunkt gemessen. Die → Konjunkturtheorie unterscheidet Zyklen verschiedener *Länge:* (1) *Kitchin-Zyklus* (drei bis vier Jahre), auch als *Mitchell-Zyklus* bezeichnet; 1923 von J. Kitchin in den USA und Großbritannien festgestellt; Existenz umstritten; (2) *Juglar-Zyklus* (sieben bis elf Jahre); 1860 von C. Juglar festgestellt; dieses ist der Konjunkturzyklus i.e.S; (3) *Kondratieff-Zyklus* (50 bis 60 Jahre); 1926 von N.D. Kondratieff festgestellt. – Vgl. auch → Konjunkturgeschichte, → politischer Konjunkturzyklus.

konkav – *rechtsgekrümmt.* Eine → Funktion heißt in einem Intervall konkav, wenn in diesem Intervall alle Sekanten (Strecke zwischen zwei Punkten der Funktion) unterhalb des Graphen liegen bzw. wenn $f''(x_0) < 0$ für x ist. Diese Krümmung entspricht einer Rechtskurve. – *Gegensatz:* → konvex.

konkludente Handlungen – stillschweigende Handlungen, die den Schluss zulassen, dass der Handelnde ein → Rechtsgeschäft abschließen will, z.B. kann Verbrauch unbestellt zugesandter Waren Annahme des Kaufangebotes sein. Soweit für das → Rechtsgeschäft keine → Formvorschriften bestehen, kann jede → Willenserklärung durch konkludente Handlungen abgegeben werden.

Konklusion → Deduktion, → Prämisse.

konkrete Fahrlässigkeit – Verletzung der → Sorgfalt in eigenen Angelegenheiten. – Vgl. auch → Fahrlässigkeit.

konkrete Rechengrößen → originäre Rechengrößen.

Konkurrenz→ Wettbewerb zwischen Nachfragern oder Anbietern. Dabei ist zu unterscheiden zwischen tatsächlicher Konkurrenz als Preis- oder Nicht-Preiswettbewerb und → potenziellem Wettbewerb.

Konkurrenzanalyse – *Konkurrenzaufklärung, Konkurrenzuntersuchung, Wettbewerbsanalyse.* 1. *Begriff* der Marketingforschung: Er umfasst (1) die Ermittlung der Anbieter einer Ware auf dem Absatzmarkt (Mitbewerber) sowie die Analyse ihrer Struktur und ihrer Maßnahmen; bes. wichtig sind hier der Marktführer und seine Erfolgsfaktoren; (2) die Ermittlung der Ersatzartikel der eigenen Ware (Substitutionsprodukte, Surrogatkonkurrenz), (3) die Ermittlung der bedürfnisfremden (oder entfernt verwandten) Anbieter (vertikale Konkurrenz). – 2. *Gegenstand der Untersuchung* eines Mitbewerbers sind: (1) seine wirtschaftlichen Voraussetzungen (z.B. Kapitalstruktur); (2) seine derzeitige Position im Markt; (3) seine Organisationsstruktur; (4) seine Sortimentsstruktur; (5) die Struktur seiner Beziehungen zu Lieferanten und Abnehmern (z.B. Kommunikationswege, Vertragsbeziehungen). – 3. *Verfahren:* Z.B. liefert in den verbandlich organisierten Wirtschaftszweigen die → Verbandsstatistik (bzw. → Branchenstatistik) Anhaltspunkte oder sogar Branchenkennziffern (→ Branchenbeobachtung); → Expertenbefragung; im Übrigen können auch die von Konjunkturinstituten veröffentlichten → Marktanalysen herangezogen werden. Bes. wichtig sind auch → Handelspanels und → Verbraucherpanels. – 4. *Ziel:* Die Konkurrenzanalyse soll (1) langfristige Entscheidungen ermöglichen (→ Investitionspolitik), indem sie mögliche Positionierungen im Wettbewerbsumfeld aufzeigt; (2) durch Beobachtung der Verschiebungen und Veränderungen in der Konkurrenzlage kurzfristige Dispositionen erleichtern; (3) Möglichkeiten zur Kooperation mit Mitbewerbern aufzeigen.

Konkurrenzaufklärung → Konkurrenzanalyse.

Konkurrenzen, Tateinheit, Tatmehrheit – Eine oder mehrere Handlungen eines Täters können das Strafrecht und einzelne seiner Tatbestände unterschiedlich bzw. mehrfach betreffen. Für diesen „Konfliktfall“ (daher *Konkurrenzen*) muss vonseiten des Gesetzes, nicht zuletzt vor dem Hintergrund der Rechtssicherheit, Vorsorge im Sinne einer Klarstellung getroffen werden. Auch die Prozessökonomie bei der Aburteilung eines solchen Täters fordert dies, indem eine Bündelung/Erfassung mehrerer Strafhandlungen in einem Urteil sinnhaft ist. – Damit befassen sich insbesondere die §§ 52 ff. StGB: § 52 StGB regelt die Tateinheit (auch *Idealkonkurrenz*): Verletzt dieselbe Handlung mehrere Strafgesetze oder dasselbe Strafgesetz mehrmals, so wird nur auf eine Strafe erkannt. Sind mehrere Strafgesetze verletzt, so wird die Strafe nach dem Gesetz bestimmt, das die schwerste Strafe androht. § 53 StGB regelt die Tatmehrheit (auch *Realkonkurrenz*): Hat jemand mehrere Straftaten begangen, die gleichzeitig abgeurteilt werden, und dadurch mehrere Freihheitsstrafen oder Geldstrafen verwirkt, so wird auf eine Gesamtstrafe erkannt. Im Zusammenhang mit diesen Figuren werden von der Rechtslehre und den Gerichten verschiedene Unterformen diskutiert und angewandt. – Stichworte hierzu sind z.B.: *Dauerstraftat, fortgesetzte Handlung, mitbestrafte Vortat, Nachtat.*

Konkurrenzforschung → Konkurrenzanalyse, → Marktforschung.

Konkurrenzkapitalismus – 1. *Begriff* des → Marxismus für die privatwirtschaftlichen Marktwirtschaften während der Industriellen Revolution bis etwa 1870. – 2. *Charakterisierung:* Im Gegensatz zur Harmoniethese des → Liberalismus, der auf die „Invisible Hand" des freien Marktwettbewerbs als bestmöglicher Koordinationsform des Wirtschaftsprozesses vertraut, analysieren Marx und Engels den Wettbewerb vor dem Hintergrund einer Konflikttheorie: Er erscheint dabei als ein „anarchischer", d.h. gesamtgesellschaftlich ungeplanter *Kampf der Unternehmer gegeneinander,* die alleine um des Profits willen und nicht zur gesellschaftlichen Knappheitsminderung produzieren. Dabei komme es zu einer fortwährenden Vermachtung der Märkte (Zentralisation des Kapitals), sich periodisch verschärfenden Wirtschaftskrisen (→ Krisentheorie) und zugleich zu einer andauernden Verschwendung von Ressourcen sowie zu Arbeitslosigkeit und Verelendung der Lohnabhängigen. – 3. *Beurteilung:* Diese These wurde unter dem Eindruck des → Laissez-Faire-Liberalismus formuliert. Zwar kann die der Analyse zugrunde liegende marxistische Wirtschaftstheorie als widerlegt gelten; unabhängig davon zeigen jedoch die Erfahrungen aus dieser Epoche, in der der Wirtschaftsprozess durch keine staatliche Ordnungskonzeption beeinflusst wurde, wie wichtig die staatliche Setzung einer Rahmenordnung ist, innerhalb derer der → Wettbewerb erst seine gesamtgesellschaftlich wohlfahrtsfördernde Wirkung entfalten kann.

Konkurrenzklausel → Wettbewerbsklausel.

Konkurrenzsozialismus – 1. *Begriff:* Konzeptionen einer Wirtschaftsordnung, in denen (bei Staatseigentum an den Produktionsmitteln) die staatliche Planung der gesamtwirtschaftlichen Entwicklung (Wachstumsrate, Branchenstruktur, Investitionsquote etc.) mit der Koordination der einzelwirtschaftlichen Aktivitäten der Unternehmer und privaten Haushalte über Märkte verbunden werden soll; als *realisiertes Modell* gilt die → staatssozialistische Marktwirtschaft in Ungarn. – 2. *Theoretische Modelle:* Die u.a. von → Taylor, → Lerner und v.a. von Lange formulierten Modelle des Konkurrenzsozialismus sollen das theoretische → Unmöglichkeitstheorem von Mises widerlegen und den Nachweis erbringen, dass trotz fehlender Wettbewerbsmärkte bei Staatseigentum an den Produktionsmitteln eine rationale Güterallokation möglich ist. Die Notwendigkeit der Wirtschaftsrechnung auf der Basis von Güter- und Faktorpreisen wird dabei prinzipiell anerkannt. Diese Preise sollen jedoch durch staatliche Instanzen ermittelt werden: Sie sollen von letzteren jeweils so lange variiert werden, bis von den nach dem Gewinnprinzip arbeitenden Staatsunternehmen bei Befolgung der Gewinnmaximierungsregeln das optimale Güterbündel produziert wird. – 3. *Beurteilung:* Die theoretischen Modelle sind demjenigen der vollständigen Konkurrenz nachgebildet und teilen dessen Schwächen. Sie basieren auf den unrealistischen Annahmen, dass sowohl die Staatsbürokratie (die jeweiligen Branchenbürokratien) als auch die Betriebsleiter keine eigenen Interessen verfolgen, die Staatsbürokratie über vollkommene Informationen verfügt und die Staatsunternehmen reine Reaktionsautomaten sind.

Konkurrenzsystem – Regelungsform der → Steuerertragshoheit zwischen öffentlichen Aufgabenträgern im aktiven Finanzausgleich. Beim Konkurrenzsystem kann jeder Aufgabenträger nach Belieben auf jede Einnahmequelle zugreifen und Bemessungsgrundlage, Abgabepflicht, Tarifverlauf und -niveau frei wählen. Das Konkurrenzsystem bietet einerseits den Aufgabenträgern damit das höchste Maß an Einnahmeautonomie, erlaubt andererseits keine Koordination der Einnahmewirkungen der gesamten öffentlichen Hand. – Vgl. auch → Mischsystem, → Trennsystem.

Konkurrenzuntersuchung → Konkurrenzanalyse.

Konkurrenzverbot → Wettbewerbsverbot.

Konkurrenzwährung – *entnationalisiertes Geld, Parallelwährung.* 1. *Charakterisierung:* Ein von Hayek stammender Begriff mit dem Vorschlag, das internationale → Währungssystem zu reformieren. Durch Beseitigung des gesetzlichen Annahmezwangs der jeweiligen Währungen sollen die nationalen Geldschöpfungsmonopole überwunden werden. Die privaten Kreditbanken dürfen ihre eigenen Zahlungsmittel ausgeben, deren Tauschwert sich über die freie Preisbildung als Kurswert fortlaufend nach Angebot und Nachfrage bestimmt. Eine expansive Kreditvergabe durch einzelne Privatbanken würde wegen der dann eintretenden Kursverluste automatisch nach oben begrenzt sein. Auch die Zentralbanken und die nachgelagerten Institute, die durchaus weiterhin bestehen können, müssten dann dem Wunsch des Publikums nach wertstabilen Zahlungsmitteln nachkommen, da sie andernfalls mit einem Verlust an Marktanteilen zu rechnen hätten. – 2. *Begründung:* Die Notwendigkeit einer Konkurrenzwährung wird mit der These begründet, dass das Geldschöpfungsmonopol durch die Regierungen bzw. Zentralbanken unter dem politischen Druck marktmächtiger Gruppen fortwährend missbraucht wird.

Konkurrenzzone → Preisabsatzfunktion.

konkurrierende Gesetzgebungskompetenz → Gesetzgebungskompetenz, die sowohl dem Bund als auch den Ländern zusteht (Art. 72, 74, 105 II GG). Im Bereich der konkurrierenden Gesetzgebung haben die Länder die Befugnis zur Gesetzgebung, solange und soweit der Bund von seiner Gesetzgebungszuständigkeit nicht durch Gesetz Gebrauch gemacht hat (Art. 72 I GG). Macht der Bund davon abschließend Gebrauch, tritt für die Länder eine Sperrwirkung im Umfang der bundesgesetzlichen Regelung ein. Entgegenstehendes Landesrecht tritt außer Kraft. Ein Gesetzgebungsrecht des Bundes besteht nach Art. 72

II GG, wenn und soweit die Herstellung gleichwertiger Lebensverhältnisse im Bundesgebiet oder die Wahrung der Rechts- oder Wirtschaftseinheit im gesamtstaatlichen Interesse eine bundesgesetzliche Regelung erforderlich macht. Diese sog. Erforderlichkeitsklausel wurde durch die → Föderalismusreform I durch Gesetz vom 28.8.2006 (BGBl. I. 2034) jedoch erheblich eingeschränkt. Diese gilt nur noch bei bestimmten Fällen des Art. 74 GG. In einem weiteren Bereich hat der Bund zwar die Gesetzgebungskompetenz, die Länder können jedoch abweichende Regelungen treffen, Art. 72 III GG (sog. Abweichungsgesetzgebung). Hierzu gehören Teile des Naturschutzes, der Landschaftspflege und des Jagdwesens, die Bodenverteilung, die Raumordnung, Teile des Wasserhaushaltsrechts, die Hochschulzulassung sowie die Hochschulabschlüsse. Ansonsten kann der Bund tätig werden, ohne dass zusätzliche Voraussetzungen erfüllt sein müssen, Art. 72 I GG. Auf den in Art. 74 GG genannten Gebieten, z.B. Bürgerliches Recht, Arbeitsrecht, Sozialversicherung, Recht der Wirtschaft (Gewerbe, Handel, Bank- und Börsenwesen) hat der Bund von seiner konkurrierenden Gesetzgebung weitgehend Gebrauch gemacht.

Konkurs – seit dem 1.1.1999: Insolvenz (s. hierzu → Insolvenzverfahren).

Konkursausfallgeld – seit dem 1.1.1999: → Insolvenzgeld.

Konkursbilanz – seit dem 1.1.1999: → Insolvenzstatus.

Konkursordnung – i.d.F. vom 20.5.1898 m.spät.Änd. Die Konkursordnung wurde zum 1.1.1999 von der → Insolvenzordnung (InsO) abgelöst.

Konkursquote – seit dem 1.1.1999: → Insolvenzdividende.

Konkursvorrecht → bevorrechtigte Gläubiger.

Konkurswarenverkauf → Insolvenzwarenverkauf.

Konnektionismus – interdisziplinäre Forschungseinrichtung der Kognitionswissenschaft. Gegenstand des Konnektionismus ist die Entwicklung und Analyse informationsverarbeitender Systeme, die wesentliche Eigenschaften kognitiver Prozesse nachbilden (→ neuronale Netze, konnektionistische Modelle). Die Informationsverarbeitung erfolgt hochgradig parallel in einem Netz einfacher, vielfältig miteinander verknüpfter Verarbeitungseinheiten (Neuronen). Charakteristisch sind die verteilte Repräsentation von Informationen, die Selbstorganisation und Lernfähigkeit sowie die Fehlertoleranz der Systeme.

Konnexitätsprinzip – verfassungsrechtliche und finanzwissenschaftliche Regel, nach der die Kosten für die Erfüllung einer öffentlichen Aufgabe (→ Finanzierungshoheit) von demjenigen Aufgabenträger zu tragen sind, der über Art und Intensität der Aufgabenerfüllung entscheidet („wer bestellt, bezahlt"). – Die *Anwendung* des Konnexitätsprinzips (in der Praxis) ist wegen der nicht kongruenten Aufteilung von → Gesetzgebungskompetenz und → Verwaltungshoheit (→ Politikverflechtung) und wegen der Existenz von → Gemeinschaftsaufgaben häufig schwierig und führt zu politischen Auseinandersetzungen zwischen den beteiligten Aufgabenträgern. – In den Bundesländern mittlerweile im Verhältnis zwischen Land und Kommunen, denen vom Land öffentliche Aufgaben übertragen werden, die zu Kosten bei den Kommunen führen, weitgehend eingeführt. So lautet etwa Art. 71 III Satz 1-3 der Landesverfassung von Baden-Württemberg: „Den Gemeinden oder Gemeindeverbänden kann durch Gesetz die Erledigung bestimmter bestehender oder neuer öffentlicher Aufgaben übertragen werden.Gleichzeitig sind Bestimmungen über die Deckung der Kosten zu treffen. Führen diese Aufgaben, spätere vom Land veranlasste Änderungen ihres Zuschnittes oder der Kosten aus ihrer Erledigung oder spätere vom Land nicht veranlasste Änderungen der Kosten aus der Erledigung übertragener Pflichtaufgaben nach Weisung zu einer wesentlichen Mehrbelastung der Gemeinden oder Gemeindeverbände, so ist ein entsprechender finanzieller Ausgleich zu schaffen."

Konnossement – *Bill of Lading*. 1. *Begriff:* im → Seefrachtgeschäft eine auf Verlangen dem Ablader (auch in mehreren Originalen) vom Verfrachter ausgestellte Urkunde, in der er den Empfang der Güter bescheinigt und ihre Auslieferung an den Berechtigten verspricht (§§ 642 ff. HGB). – a) Das *Bord-Konnossement* (An-Bord-*Konnossement*) wird erst nach Abladung der Güter an Bord ausgestellt. – b) Das *Übernahme-Konnossement* bestätigt nur die Übernahme zur Beförderung, ohne dass eine Abladung an Bord stattgefunden hat. – 2. *Funktionen:* Das *Konnossement* ist ein → Wertpapier, durch die Orderklausel (Ausstellung „an Order") wird es zum → Orderpapier, dessen Rechte durch Indossament und Übergabe übertragbar sind. Ohne diese Orderklausel ist es ein Rektapapier, dessen Rechte nur durch Zession und Übergabe übertragbar sind. – 3. Das *Konnossement* bestimmt die *Rechtsstellung des Empfängers:* Es ist nicht wie der → Frachtbrief Begleitpapier der Ware, sondern Empfangspapier und zugleich Traditionspapier (seine Übergabe ersetzt i.Allg. Übergabe des Gutes). – 4. Solange das Schiff *unterwegs* ist, kann der Befrachter (Ablader) nur Anweisungen an den Schiffer wegen Rückgabe oder Auslieferung des Gutes erteilen, wenn er ihm sämtliche Originale des *Konnossements* zurückgibt; dasselbe gilt, wenn ein Konnossementsinhaber die Auslieferung der Güter verlangt, bevor das Schiff den Bestimmungshafen erreicht. – 5. Mit *Ankunft* des Schiffs in dem Bestimmungshafen können die Güter an den legitimierten Konnossementsinhaber eines Originals des *Konnossements* ausgeliefert werden (§ 648 II HGB).

Konnossement-Anteilsschein – Form der → Konnossement-Teilscheine. Das Konnossement geht auf den Konnossementhalter (Bank, Spediteur, Lagerhalter etc.) über, der mit der Aufteilung beauftragt worden ist; das Konnossement wird nicht wie bei den anderen Formen der Konnossement-Teilscheine aus dem Verkehr gezogen.

Konnossementsgarantie – *Bill of Lading Guarantee;* Form der → Bankgarantie, die den Garantiebegünstigten (die Reederei) vor den finanziellen Folgen von Schäden/ Nachteilen schützt, die durch Aushändigung der Ware ohne Vorlage des Konnossements oder durch die Ausstellung eines Ersatzkonnossements entstehen können. – Vgl. auch → Indemnitätsbrief.

Konnossements-Klauseln – Bezeichnung für zusätzlich getroffene vertragliche Abreden, die auf den Konnossementsvordrucken neben den Eintragungen auf der Vorderseite, auf der Rückseite in den Beförderungsbedingungen bes. gekennzeichnet werden. – *Beispiele:* Paramount-Klausel (Hinweis auf die Haager Regeln); Neue Jason-Klausel (gemeinsame Schadenstragung in Sonderfällen); Both-to-Blame-Collission-Klausel (Schadensregelung bei Kollisionen mit Schuld auf beiden Seiten); Himalaya-(Cargo-) Klausel (Haftung der Schiffsangestellten). – Die eingedruckte „kassatorische Klausel" gibt die genaue Anzahl der ausgestellten Original-Konnossemente an. – Neben den eingedruckten Klauseln tragen Konnossemente bisweilen noch Klauseln, die mit Stempelaufdruck oder Schreibmaschine hinzugesetzt wurden, z.B. Angaben, die einen mangelhaften Zustand der Ware und/oder der Verpackung vermerken.

Konnossement-Teilschein – Aufteilung eines (Gesamt-)Konnossements in Teilscheine. Konnossement-Teilscheine werden eingesetzt, wenn ein Importeur für eine Lieferung mehrere Abnehmer hat. – *Formen:* (1) → Kai-Teilschein; (2) → Reederei-Lieferschein; (3) → Konnossement-Anteilsschein.

Konotation – mit einem Objekt verbundene zusätzliche Vorstellungen, die nicht unbedingt in dem Objekt selbst, sondern evtl. in der Erfahrung des Subjektes begründet sind. – *Gegensatz:* → Denotation.

Konrad-Adenauer-Stiftung e.V. – gegründet 1964. – *Aufgaben:* Politische Bildung; Förderung der wissenschaftlichen Aus- und Fortbildung junger Menschen; Förderung internationaler Zusammenarbeit und europäischer Einigung.

Konsensethik – 1. *Begriff:* Obwohl die Bezeichnung Konsensethik bislang nicht terminologisch geworden ist, lassen sich eine Reihe von unterschiedlichen, gegenwärtig bedeutsamen ethischen Ansätzen subsumieren. Eine Konsensethik begründet moralische Normen auf dem Konsens bzw. der Zustimmung derer, für die sie jeweils als verbindlich gelten. In kognitivistischen Versionen (→ Ethik) wie der Diskursethik oder der Gerechtigkeitstheorie von Rawls (→ Gerechtigkeit) werden die Begründungen zu einem Erkenntnisproblem; in den – weiter verbreiteten – nichtkognitivistischen Varianten wird moralisches Sollen auf menschliches Wollen zurückgeführt, dem per Konsens moralische oder rechtliche Restriktionen auferlegt werden, sodass Normen als kollektive Selbstbindungen verstanden werden. – 2. *Bedeutung:* Ähnlich wie beim Utilitarismus liegt die Bedeutung der Konsensethik in dem programmatischen Verzicht auf jede dem Menschen externe Instanz zur Moralbegründung (→ Ethik). Stärker noch als im Utilitarismus wird in der Konsensethik → Moral als Instrument zur Lösung gesellschaftlicher Probleme betrachtet. – 3. *Konsens:* Die Problematik des Konsenses lässt sich am Modell des Gesellschaftsvertrages erörtern. – a) *Neuere Vertragstheorie:* Während die *klassische Konzeption des Gesellschaftsvertrages* (Hobbes, Locke, Rousseau, Kant) auf eine Begründung des Staates bzw. staatlicher Herrschaft gerichtet war, zielt die neuere Vertragstheorie auf die Begründung allgemeiner, politisch-ethischer Prinzipien und Normen. (1) *Privat- und Gesellschaftsvertrag:* Das Modell des Gesellschaftsvertrages ist der *Privatvertrag:* Aufgrund freier Entscheidung erlegen sich die Beteiligten wechselseitig Rechte und Pflichten auf. Der *Gesellschaftsvertrag* gilt seit Kant als Gedankenexperiment; es handelt sich um einen hypothetischen Vertrag, nicht um einen faktischen, wenn auch empirische Zustimmung in expliziter Form – Wahlen, öffentliche Diskurse – und/oder impliziter Form – Verbleib, Befolgung, „konkludentes Handeln" – von großer Bedeutung sind. (2) *Bestandteile der Theorie des Gesellschaftsvertrages:* (a) Zustand vor dem Vertrag (status naturalis, Naturzustand, Urzustand, Original Position), (b) Vertragsschluss und (c) Zustand nach dem Vertragsschluss (status civilis, Gesellschaftszustand). Die Prinzipien und Normen von (c) bilden das Ziel der Ableitung. Bei (b) ist allein die kalkulierende Vernunft am Werk. Somit hängt (c), seine Rechtfertigung und seine Bestimmungen, von der Modellierung des Naturzustandes und deren Plausibilität ab. Dabei wird die Frage zentral, wie Normativität in diese Ableitung eingebracht wird. – Sieht man einmal von Nozick ab, der insofern kein strenger Vertragstheoretiker ist, als sich sein (Minimal-)Staat als unbeabsichtigtes Nebenprodukt anderes intendierender individueller Handlungen ergibt, wiederholen sich die grundlegenden Alternativen der klassischen Gesellschaftsvertragstheorien von Hobbes, Locke und Kant unter den veränderten Bedingungen der Gegenwart bei → Buchanan, Gauthier und Rawls. – b) *Rawls* erlegt der ökonomisch kalkulierenden Vernunft explizit normative Bedingungen im Naturzustand (Original Position) auf: Er verbirgt hinter dem „Schleier des Nichtwissens" (Veil of Ignorance) alle jene individuellen Bestimmungen, die dem Entscheidungssubjekt eine Zuschneidung der Gerechtigkeitsgrundsätze (→ Gerechtigkeit) auf den eigenen Vorteil erlauben würden (z.B. Präferenzen, soziale Stellung, bes. Fähigkeiten), und „erzwingt" durch diese Modellierung die Unparteilichkeit. – c) Bei *Buchanan* gibt es wie bei Hobbes im Naturzustand keinerlei Rechte. Er will insofern „realistischer" sein als Hobbes, als die Akteure im Naturzustand keineswegs gleich stark sind. Motor des Vertragsschlusses ist die Aussicht aller auf Kooperationsgewinne, die durch Recht und Rechtsschutzstaat (Protective State) alle, also die „Schwachen" und die „Starken", besser stellen können. Ergebnis ist der *Verfassungsvertrag*, in dem aber immer die ungleichen Naturzustandspositionen – auch nach Neuverhandlungen, die von Zeit zu Zeit nötig werden – einen Niederschlag finden. Außer Rechtsschutz produziert der Staat als Leistungsstaat (Productive State) auch öffentliche Güter, und insofern sind wohlfahrtsstaatliche Maßnahmen vorgesehen. – Auch Buchanan kommt ohne *normative Elemente* nicht aus: Das strikte Konsenserfordernis, das „Postulat" des normativen methodologischen → Individualismus, die Fokussierung auf → Regeln statt Einzelergebnisse etc. Neuerdings baut Buchanan Elemente wie den öffentlichen Diskurs in die Konzeption ein. Allerdings werden diese normativen Elemente einfach gesetzt. – d) *Gauthier* geht, anders als Rawls und in Übereinstimmung mit Buchanan, zentral vom Gefangenendilemma aus und begründet den Konsens über grundlegende Regeln und Normen mit den Kooperationsgewinnen, die für alle Beteiligten und Betroffenen winken: Aus individuellen Vorteilskalkulationen erlegen alle Akteure ihrem Handeln moralische Beschränkungen auf. Diese haben aber bei Gauthier nicht den Charakter äußerlicher, institutioneller Sanktionen wie bei Buchanan, vielmehr werden sie als Dispositionen von Individuen internalisiert. Es handelt sich um Einstellungen, denen der Einzelne folgt. Moralisch gebändigte Vorteilsmaximierung (Constrained Maximization) lautet sein Programm. Die Frage, ob und ggf. mit welchem Gewicht jeder Einzelne einbezogen wird, beantwortet Gauthier mit dem Rückgriff auf Locke, der jedem Menschen schon im Naturzustand elementare Rechte zugesprochen hatte. – e) Die Konsensethik begründet Moral im Konsens aller. Im Unterschied zum Utilitarismus steht in der Form des ursprünglichen Vetorechts jedes (potenziellen) Vertragspartners die *„Autonomie"* der *„Person"* an der Spitze der Theorie. Nur mit ihrer Zustimmung können dann moralische Normen etabliert werden, die den einzelnen auch in den Fällen binden, in denen eine Verletzung der Norm ihm im Einzelfall größere Vorteile bringen würde. – 4. *Handlungsmotivation:* Die Konsensethik weiß durchweg, dass zwischen der Zustimmung zu Normen und ihrer Befolgung streng zu unterscheiden ist und die Befolgung aufgrund von → Dilemmastrukturen eigene Probleme aufwirft. Der *Diskursethik* (Apel, Habermas) geht es primär um Begründungsprobleme; die theoretische Einsicht in die Gültigkeit elementarer Normen hat lediglich die schwach motivierende Kraft des besseren Arguments; erst neuerdings wendet sie sich *Fragen der Implementation* von Normen in der modernen Gesellschaft zu und stellt die Bedeutung v.a. des Rechts heraus. Rawls hält die *Vorteilskalkulation à la Hobbes* für die Phase der Entwicklung einer öffentlichen Moral, genauer Gerechtigkeitsvorstellung, für hilfreich; aber eine solche auf ökonomische Kalküle gestützte Moral bleibt prekär, und sie muss in einen dauerhaften und über die Gesellschaft verbreiteten „Gerechtigkeitssinn" überführt werden, der dann so autonom wird, dass er der Stützung durch Vorteile entbehren kann. Dasselbe will Gauthier für die *individuelle moralische Einstellung* erreichen: Unabhängigkeit der konkreten Entscheidungen von aktuellen Vorteilskalkulationen. Auch Buchanan und die Nachfolger sehen eine relative Unabhängigkeit einzelner Entscheidungen von aktuellen Vorteilskalkulationen als den Sinn von Moral an. Sie machen allerdings geltend, dass die individuelle Motivation, moralischen Normen zu folgen, gesellschaftlich nur so lange erwartet werden kann, wie die Akteure nicht systematisch und auf Dauer mit (schweren) Nachteilen zu rechnen haben: Vorteile bleiben hier die auf Dauer notwendige Bedingung für moralische Einstellungen in der Gesellschaft. – 5. *Moral als Grund von Freiheit:* Moralische Normen werden von den Akteuren oft, bes. in Konfliktfällen, als unerwünschte Handlungsbeschränkungen erfahren. Die Konsensethik macht deutlich – das ist vielleicht das stärkste Argument zu ihren Gunsten – dass individuelle Freiheit durch gemeinsame Handlungsbeschränkungen erweitert und sogar erst etabliert wird. Im Chaos des „Krieges aller gegen alle" gibt es keine Verlässlichkeit wechselseitiger Verhaltenserwartungen: Die möglichen Kooperationsgewinne (Potential Gains) lassen sich nur durch Erwartungssicherheit stiftende Regeln aneignen. Im Wege kollektiver Selbstbindung geltende Handlungsbeschränkungen schaffen und erweitern Handlungsmöglichkeiten, d.h. Wohlstand und individuelle Freiheit.

Konsensprinzip – *abstraktes Konsensprinzip;* Begriff des Grundbuchrechts, der die Frage betrifft, inwieweit der Grundbuchrichter bei einer Eintragung materiell-rechtliche Grundlagen. Konsensprinzip baut auf dem → Abstraktionsprinzip auf. – Soweit Einigung vor Eintragung nachgewiesen werden muss, spricht man vom → materiellen Konsensprinzip, sonst (soweit → Eintragungsbewilligung ausreicht) vom → formellen Konsensprinzip.

Konsequenzeffekt – Effekt, dass bei einer → Befragung die zuvor befragten Sachverhalte die Antworten der folgenden Fragen beeinflussen können. Eine Sonderform ist der → Konsistenzeffekt.

konservatives Testen – bei → statistischen Testverfahren mit diskreten Prüfverteilungen, bei denen ein vorgegebenes → Signifikanzniveau nicht exakt eingehalten werden kann, die Verfahrensweise, ein faktisches Signifikanzniveau zu wählen, das kleiner, jedoch dem vorgegebenen möglichst nahe ist. Konservatives Testen bewirkt eine Tendenz zur Aufrechterhaltung der zu prüfenden → Nullhypothese und zur Erhöhung des → beta-Fehlers. – Vgl. auch → Adjustierung des Signifikanzniveaus, → Randomisierung.

konservierende Strukturpolitik → sektorale Strukturpolitik.

Konsignationshandel – *Konsignationsverkauf;* Form des → Kommissionsgeschäftes. – 1. *Verfahren:* Die Ware wird vom Konsignanten (Export-Kommissionär) in das Konsignationslager des ausländischen Konsignators (überseeischen Verkaufs-Kommissionärs) gegeben, der häufig Makler der Konsignanten ist. Die Ware bleibt Eigentum des Konsignanten. Der Konsignator versucht, die Waren zu einem möglichst günstigen (hohen) Preis für Rechnung des Konsignanten zu verkaufen. Er selbst erhält eine Provision. In gewissen Zeitabschnitten, die in Ländern mit → Devisenbewirtschaftung aus Gründen der Devisenkontrolle amtlicherseits auf einen nicht allzu großen Zeitraum beschränkt sind, muss der Konsignator über die aus dem Lager entnommene Ware abrechnen und die Zahlung leisten. Er sorgt dann für Wiederauffüllung des Lagers. Wird das Konsignationslager als Freilager (z.B. im Gebiet eines → Freihafens) geführt, so braucht nur die zum Verkauf entnommene Ware verzollt zu werden. Der Konsignator kann unverkäufliche Ware zurückschicken, ohne die oft sehr erschwerte Zollrückerstattung beantragen zu müssen. Da er für seine Auslagen in der Sendung selbst Deckung hat, ist sein Risiko nicht groß. – 2. *Bedeutung:* Der Absatz auf dem Konsignationsweg durch Makler ist ein wirksames Mittel zur Umsatzbeschleunigung, wenn Sofortkäufer nicht verfügbar sind. Konsignationshandel ist bes. bei Waren üblich, die nur nach Besichtigung gekauft werden (z.B. Teppiche, Schmuck). Er kommt aber auch bei verderblichen Waren vor. Seit die großen Firmen im Ausland eigene Verkaufsorganisationen mit eigenen Vertretern unterhalten, ist der Konsignationshandel stark zurückgegangen.

Konsignationslager → Konsignationshandel.

Konsignationsverkauf → Konsignationshandel.

Konsistenz – I. Statistik: in der → Inferenzstatistik Bezeichnung für eine wünschenswerte Eigenschaft einer → Schätzfunktion. Eine Schätzfunktion U_n heißt *konsistent* für einen zu schätzenden → Parameter der → Grundgesamtheit, wenn die Folge (U_n) von Schätzfunktionen mit steigendem Stichprobenumfang n gegen den Parameter *stochastisch konvergiert (schwache Konsistenz)*, d.h., dass die → Wahrscheinlichkeit, dass sich der Parameter und der → Schätzwert um mehr als eine beliebig kleine positive Größe unterscheiden, mit wachsendem Stichprobenumfang gegen 0 geht (s. → Gesetze der großen Zahlen).

II. Wissenschaftstheorie/Wirtschaftstheorie: Begriff zur Kennzeichnung bestimmter Eigenschaften von Annahmesystemen. Annahmen sind konsistent, wenn sie widerspruchsfrei sind. – Vgl. auch → Konsistenzpostulat.

Konsistenzeffekt – *Konsequenzeffekt;* innerer Störeffekt beim → Interview. Der Befragte sieht seine Antworten im Zusammenhang und bemüht sich, sie widerspruchsfrei (konsistent) aufeinander abzustimmen.

Konsistenzpostulat – Forderung nach Widerspruchsfreiheit innerhalb der verschiedenen Aussagen eines theoretischen Systems (→ Theorie). Konsistenzpostulat erlangt bes. im Zusammenhang mit der Axiomatisierung von Theorien Bedeutung (→ Axiom).

Konsolidation → Konsolidierung.

konsolidierte Deckungsbeitragsrechnung – Die Umsätze zwischen einzelnen Konzerngesellschaften (Innenumsätze, konzerninterne Lieferungen und Leistungen) werden i.d.R. zu Markt- oder marktnahen Preisen oder kostenorientierten Preisen (Gemeinkosten- und Gewinnzuschläge, Opportunitätskosten und/oder Soll-Deckungsbeiträge enthaltend) verrechnet. Sie enthalten zum Zeitpunkt des internen Umsatzes (aus Konzernsicht) nicht realisierte Erlöse und Gewinne (genauer: „Zwischen-Deckungsbeiträge"), die bei der empfangenden Gesellschaft als Kosten in Erscheinung treten. Dies führt zu falschen Vorstellungen über die Erfolgsquellen und zu Fehlentscheidungen bei den Subgesellschaften. Koordination und Ausrichtung auf das Gesamtinteresse erfordern eine konsolidierte, entscheidungsorientierte Erlös-, Kosten- und Deckungsbeitragsrechnung. – Der *entscheidungsrelevante Konzerndeckungsbeitrag (konsolidierter Deckungsbeitrag)* ist der Überschuss des relevanten Konzernaußenumsatzes über die relevanten Konzernkosten. Dazu müssen die echten Einzelkosten der Zwischenprodukte (wie bei einem unabhängigen Unternehmen) nach dem → Identitätsprinzip ermittelt und den im Außenmarkt erzielten Einzelerlösen gegenübergestellt werden (analog zur mehrstufigen → Deckungsbeitragsrechnung kann nach Produktgruppen etc. differenziert werden). Auch die Periodenbeiträge der einzelnen Konzerngesellschaften können konsolidiert werden.

konsolidierter Abschluss – *konsolidierte Bilanz;* Zusammenfassung der Einzelbilanzen und Gewinn- und Verlustrechnungen von Unternehmungen, die zu einem Konzern gehören. – Vgl. auch → Konzernabschluss (Konzernbilanz).

Konsolidierung – *Konsolidation.*

I. Finanzwissenschaft: Begrenzung und Rückführung von öffentlichen → Defiziten in den Haushalten der Gebietskörperschaften und → Parafisci (Haushaltskonsolidierung).

II. Betriebswirtschaftslehre: 1. Transformation von Schulden in Eigenkapital oder langfristige Verbindlichkeiten.*Anders:* → Sanierung. – 2. Aufrechnung konzerninterner Vorgänge (z.B. Beteiligungen, interne Warenströme).Vgl. auch → Konzernabschluss.

III. Bankwesen: Zusammenziehung unterschiedlicher → Anleihen zu einer einheitlichen; auch als *Unifizierung* bezeichnet.

Konsolidierungshilfe → Schuldenbremse.

Konsolidierungskreis – 1. *Begriff:* Bezeichnung für die in den → Konzernabschluss einzubeziehenden Unternehmen. – 2. *Regelungen nach HGB:* Nach § 294 HGB Mutterunternehmen sowie *alle* Tochterunternehmen; auch Gemeinschaftsunternehmen, die gemäß § 310 HGB nach der Methode der → Quotenkonsolidierung einbezogen werden. – 3. *Regelungen nach IFRS:* Nach den IFRS hat ein Mutterunternehmen ebenfalls in seinen Konzernabschluss gemäß IAS 27.12 sämtliche Tochterunternehmen einzubeziehen. Vor der endgültigen Einbeziehung hat jedoch das Mutterunternehmen zu prüfen, ob das Tochterunternehmen nach IFRS 5 als *zu Veräußerungszwecken gehalten* zu klassifizieren ist und damit nach den Vorschriften dieses Standards zu bilanzieren ist.

Konsols → Consols.

Konsorten – Mitglieder eines → Konsortiums.

Konsortialgeschäfte – Geschäfte, die von mehreren Banken, meist unter Führung einer einzelnen Bank (Konsortialführer, → Lead Manager) getätigt werden, i.d.R. bei größeren Emissionsgeschäften, Börseneinführungen (z.B. → IPO), Kreditgewährungen und Bürgschaftsübernahmen. Das Geschäft wird nach vereinbarten Quoten (Konsortialquoten) auf die Mitglieder des Konsortiums aufgeteilt.

Konsortialkredit – *syndizierter Kredit;* → Metakredit; → Kredit, der von mehreren Banken (Bankenkonsortium) gewährt wird. Neben der Höhe des Kredits, die für eine Bank allein wegen KWG-rechtlicher Bestimmungen (→ Kreditwesengesetz (KWG), → Großkredit) nicht darstellbar ist, stellt die Verteilung des Gesamtrisikos auf die Konsorten stets den eigentlichen Zweck eines Konsortialkredites dar.

Konstante – 1. *Mathematik:* Größe, deren Wert sich nicht ändert. – 2. *Informatik:* in der → Programmentwicklung ein → Datenelement (seltener auch eine → Datenstruktur), dessen Wert einmal festgelegt wird und bei der Ausführung des → Programms nicht verändert werden kann. – *Gegensatz:* → Variable.

konstante Kosten – 1. Fixe Gesamtkosten (auf die Periode bezogen konstant). – 2. Feste durchschnittliche Produktionskosten (auf das Stück bezogen konstant).

konstante Preise – die für Zwecke des Zeitvergleichs statistischer Größen (z.B. Nationaleinkommen) vorgenommene rechnerische Standardisierung der realen oder jeweiligen Werte, indem aus dem Produkt (Menge + Qualität · Preis) der Preis auf Höhe eines Referenzzeitraums fixiert wird, sodass der Volumenausdruck also jeweils deflationiert oder inflationiert erscheint.

konstanter Skalenertrag – Die Produktionstechnik einer Einproduktunternehmung weist konstanten Skalenertrag auf, wenn bei einer Erhöhung aller Faktoreinsatzmengen um das λ-fache die Ausbringungsmenge ebenfalls um das λ-fache steigt ($\lambda > 0$). – *Formal:* Ist x ein Inputvektor und f eine → Produktionsfunktion, so gilt: $f(\lambda x) = \lambda\, f(x)$ für alle $\lambda > 0$, d.h. f(x) ist homogen vom Grad 1 (→ Linearhomogenität). – Vgl. auch → Homogenität und → homogene Produktionsfunktion.

konstantes Kapital – Bezeichnung der Wirtschaftstheorie des → Marxismus für die im Produktionsprozess eingesetzten Kapitalgüter (Anlage- und Umlaufgüter), die dieser Theorie zufolge keine zusätzlichen Werte schaffen, sondern nur ihren eigenen Wert auf die neuen Produkte übertragen. – *Gegensatz:* → variables Kapital. – Vgl. auch → organische Zusammensetzung des Kapitals.

Konstitutionenökonomik – 1. *Gegenstand:* Im Vordergrund der Konstitutionenökonomik steht die Analyse der Wahl von Regeln („Choice of Rules", konstitutionelle Ebene) im Gegensatz zur Analyse von Wahlhandlungen bei gegebenen Regeln („Choice within Rules", post-konstitutionelle Ebene). Eine Verfassung ist dabei das fundamentale Regelsystem für die Akteure im politischen Bereich. Bisher wurden Institutionen und Verfassungen in der Ökonomik häufig nicht explizit berücksichtigt – und ihre Funktionsfähigkeit damit implizit unterstellt. Konstitutionenökonomen geben diese Annahme auf und machen die Wahl des Regelrahmens selbst einer ökonomischen Analyse zugänglich. Es kann dann einerseits nach den Legitimationsmöglichkeiten von Staat und Verfassung gefragt werden (normative Konstitutionenökonomik) und andererseits danach, wie Verfassungsregeln tatsächlich gewählt und durchgesetzt werden und wie sie sich im Zeitablauf ändern (positive Konstitutionenökonomik). – 2. *Normative Konstitutionenökonomik:* Die normative Konstitutionenökonomik ist an der Beantwortung folgender Fragen interessiert: Wie sollten Gesellschaften vorgehen, um eine „gerechte" oder „faire" Verfassung zu generieren? Welche Fragen sollten auf der konstitutionellen Ebene geklärt werden – und welche auf der post-konstitutionellen? Welchen Inhalt sollten Verfassungsregeln haben? Welchen Eigenschaften sollten Verfassungsregeln genügen? Diese Fragen werden von Vertretern der NKÖ nicht direkt beantwortet. Stattdessen wird ein auf der Gesellschaftsvertragstheorie in der Tradition von Hobbes beruhender Analyserahmen bereitgestellt. Verfassungsregeln gelten als legitimiert, wenn ihnen – unter bestimmten Bedingungen – alle Mitglieder einer Gesellschaft hätten zustimmen können. Dies ist die Anwendung des Pareto-Kriteriums auf ganze Gesellschaften wie es bereits von Wicksell (1896) vorgeschlagen wurde. Die einstimmige Zustimmung zu einer Regel bedeutet, dass sie pareto-superior ist, weil jeder, der sich durch eine Regel zu verschlechtern erwartet, gegen die Regel stimmen würde und die Zustimmung mithin nicht mehr einstimmig erfolgte. Dieser heuristische Gedanke kann unterschiedlich konkretisiert werden: So können die Bedingungen, unter denen rationale Individuen eine Entscheidung über eine Regel treffen, ganz unterschiedliche sein: Sie können unter allgemeiner Unsicherheit über die Zukunft getroffen werden, aber auch unter Abstraktion von den konkreten Eigenschaften der regelwählenden Personen (ob sie arm oder reich, jung oder alt sind etwa). Diese Vorstellungen werden auch als Schleier der Unsicherheit bzw. des Nichtwissens bezeichnet. Ein anderer Aspekt ist die Konkretisierung dessen, was unter Einstimmigkeit verstanden werden soll: Soll diese tatsächlich, empirisch vorliegen oder reicht es aus, wenn Wissenschaftler argumentieren, dass rationale Individuen keinen Anlass hätten, diese oder jene Regel abzulehnen (hypothetischer Konsens)? Der lediglich hypothetische Konsens kann kritisiert werden, weil mit ihm eine Vielzahl sehr verschiedener Regeln „legitimiert" werden kann abhängig davon, welche Annahmen der Wissenschaftler über die Präferenzen der Individuen trifft (z.B. in Bezug auf deren Risikoneigung, ihre Gegenwartspräferenz etc.). Individuen müssen sich überlegen, über welche Fragen sie allein entscheiden wollen (Farbe der Badezimmerfliesen) und welche Gegenstand einer kollektiven Entscheidung (Straßen, Brücken etc.) werden sollen. Falls sie sich für eine kollektive Entscheidung aussprechen, müssen sie die jeweils erforderliche Mehrheit klären. Nur bei einer Entscheidungsregel, die Einstimmigkeit vorsieht (→ Einstimmigkeitsregel), können sie sicher sein, nie überstimmt zu werden. Allerdings ist diese Regel auch mit hohen Entscheidungskosten verbunden: Je höher das erforderliche Quorum, desto höher dürften sie sein. Die Kosten, die dadurch entstehen, bei einer kollektiven Entscheidung überstimmt zu werden, können externe Kosten genannt werden. Je höher das erforderliche Quorum, desto niedriger dürften sie sein. Buchanan und Tullock (1962) haben die Summe aus beiden Kostenarten Inerdependenzkosten genannt und argumentiert, dass es rational sei, die Interdependenzkosten zu minimieren. Das bedeutet, dass nicht alle Entscheidungen einstimmig getroffen werden müssen, dass jedoch die Regeln, welche das Treffen von Entscheidungen mit einem niedrigeren Quorum ermöglichen, einstimmig verabschiedet worden sein sollen, um als legitimiert gelten zu können. – 3. *Positive Konstitutionenökonomik*: Vertreter der positiven Konstitutionenökonomik sind daran interessiert, die Entstehung und Entwicklung von Verfassungsregeln über die Zeit und unter Rückgriff auf ökonomisches Instrumentarium zu erklären. Sie unterscheiden dabei zwischen explizitem Verfassungswandel, bei dem auch der Text der Verfassung geändert wird und implizitem Verfassungswandel, bei dem es zu einer Re-Interpretation des unveränderten Verfassungstexts kommt. – a) *Expliziter Verfassungswandel:* Dieser kann als das Ergebnis einer Verschiebung der relativen Verhandlungsmacht organisierter Gruppen rekonzeptualisiert werden. Sie kann Konsequenz verschiedener Faktoren wie technischem Fortschritt, aber auch der effektiveren Organisationsstruktur von Interessengruppen sein. Auf welche Regeln sich die Verhandlungspartner schließlich einigen werden, hängt wiederum von einer Vielzahl von Faktoren ab. Als Beispiel dafür, dass auch das Abstimmungsverhalten von Delegierten an Verfassungsversammlungen mithilfe des ökonomischen Modells erklärt werden kann, sei auf die verschiedenen Studien von McGuire und Ohsfeldt verwiesen. Sie erklären das Abstimmungsverhalten der Delegierten, die an der Verabschiedung der US-Verfassung 1787 beteiligt waren, unter Rückgriff auf die individuellen ökonomischen Interessen der Delegierten sowohl in Philadelphia einerseits und in den 13 Staaten andererseits. – b) *Impliziter Verfassungswandel:* Man könnte annehmen, dass in Staaten mit einer unabhängigen Justiz ein bes. hohes Maß an implizitem Verfassungswandel zu beobachten sein müsste. Geht man davon aus, dass (Verfassungs-)Richter daran interessiert sind, dass ihre Entscheidungen von den anderen Regierungsorganen Exekutive und Legislative nicht ignoriert oder überstimmt, sondern umgesetzt werden, dann kann zunächst gezeigt werden, dass die Präferenzen der derzeitigen Mitglieder von Exekutive und Legislative eine wichtige Restriktion im Entscheidungsverhalten der Richter sind, ihre Unabhängigkeit tatsächlich also beschränkt ist. Weiter ist es möglich, Prognosen über den Umfang des zu erwartenden impliziten Verfassungswandels in Abhängigkeit von der jeweils gültigen institutionellen Struktur zu generieren: Je größer die Zahl der Kammern, die einer Gesetzgebung zustimmen müssten, mit der die (Verfassungs-)Rechtsprechung aufgehoben werden kann, desto schwieriger ist es, die Rechtsprechung zu korrigieren. Daraus ergibt sich: Je höher die Zahl der Kammern, desto höher der Umfang zu erwartender impliziter Verfassungsänderung. Der Umfang ist auch korreliert mit dem Parteiensystem (bei Mehrheitswahlrecht kommt es tendenziell zu einem Zweiparteiensystem und Einparteienregierungen; parlamentarische Mehrheiten sind dort leichter zu organisieren, folglich wird der Umfang impliziten Verfassungswandels in Systemen mit Verhältniswahlrecht c.p. höher sein als in Systemen mit Mehrheitswahlrecht). – c) *Angrenzende Forschungsprogramme*: Von Buchanan werden sechs aktuelle Forschungsrichtungen genannt, die eng mit der Konstitutionenökonomik verwandt sind: (1) Ökonomische Theorie der Politik (Public Choice), (2) Theorie der Eigentumsrechte, (3) ökonomische Theorie des Rechts, (4) politische Ökonomie der Regulierung, (5) Neue Institutionenökonomik und (6) ökonomische Theorie der Geschichte (New Economic History). Die ökonomische Theorie der Politik ist primär an der Prognose von Politikerverhalten innerhalb eines gegebenen Regelsystems interessiert, während die Konstitutionenökonomik ja gerade die Änderungsmöglichkeiten als zentralen Fokus hat. Buchanan weist darauf hin, dass die Theorie der Eigentumsrechte, die ökonomische Theorie des Rechts und die politische Ökonomie der Regulierung sehr viel stärker als die Konstitutionenökonomik innerhalb des orthodoxen Analyserahmens der Neoklassik verbleiben. Das wird z.B. an der Nutzung der

Pareto-Optimalität als orthodoxem Effizienzkriterium der Neoklassik deutlich. In Bezug auf die → Neue Institutionenökonomik könnte man argumentieren, dass diese einen breiteren Erkenntnisgegenstand hat als die Konstitutionenökonomik. Werden Institutionen als sanktionsbewährte Regeln definiert, dann sind Verfassungsregeln → Institutionen. Das Erkenntnisobjekt der Neuen Institutionenökonomik ist jedoch breiter, weil auch Institutionen der post-konstitutionellen Ebene wie z.B. ordentliche Gesetze analysiert werden, aber auch Institutionen, deren Durchsetzung nicht durch den Staat, sondern durch Private erfolgt, wie z.B. Sitten oder Konventionen. – Vgl. auch → Rechtsökonomik.

konstitutive Entscheidung → Metaentscheidung.

Konstruktionskosten – bes. Art der → Entwicklungskosten, die für Entwurf und Durchführung von technischen Neuerungen durch Ingenieure in betriebseigenen oder auch in Spezial-Konstruktionsbüros entstehen. In vielen Fällen ist eine Belastung unmittelbar auf die einzelnen Aufträge möglich (→ Sondereinzelkosten der Fertigung). Wo dies nicht möglich ist, werden die Konstruktionskosten anteilig als → Fertigungsgemeinkosten den jeweils beteiligten Fertigungsstellen belastet. In größeren Betrieben mit eigenen Konstruktionsbüros sind zu diesem Zweck die Kosten in einer → Hilfskostenstelle zu sammeln; Kosten für Angebotsentwürfe sind den → Vertriebskosten zuzuschlagen.

Konstruktionsstellen – im Sinn der Kostenrechnung: Kostenstellen im Entwicklungs- und Konstruktionsbereich. Konstruktionsstellen erbringen Leistungen, deren Kosten entweder direkt den hausinternen Produkten (zumeist als → Sondereinzelkosten der Fertigung) zugerechnet oder in der → innerbetrieblichen Leistungsverrechnung den einzelnen Kostenstellen belastet werden.

Konstruktionsstückliste → Stückliste.

Konstruktionszeichnung – technische Zeichnung, die technische Gebilde als zweidimensionale Modelle darstellt und Bestandteil des technischen Informationsflusses einer → Industrieunternehmung ist. In Konstruktionszeichnungen werden die Grundeigenschaften technischer Gebilde modelliert. Diese sind die Formen, die Abmessungen, die Oberflächenbeschaffenheit, die Stoffeigenschaften, die Strukturen und die Funktionen, die als Ergebnisse des Konstruierens in den Konstruktionszeichnungen grafisch gespeichert werden. – *Anwendung*: Konstruktionszeichnungen werden als Entwurfszeichnungen im Rahmen der → Produktplanung und als Angebotszeichnungen bei unmittelbar kundenorientierten Produkten benötigt. Aus Konstruktionszeichnungen werden → Stücklisten abgeleitet. Sie dienen als technische Produktionsunterlagen der → Produktionsprozessplanung, → Produktionsprozesssteuerung, -durchführung und → Produktionsprozesskontrolle.

Konstruktives Misstrauensvotum – Der Bundestag kann dem Bundeskanzler das Misstrauen nur dadurch aussprechen, dass der Bundestag mit der Mehrheit seiner Mitglieder einen Nachfolger wählt und den Bundespräsidenten ersucht, den Bundeskanzler zu entlassen. Der Bundespräsident muss diesem Ersuchen entsprechen. Zwischen dem Antrag und der Wahl müssen 48 Stunden liegen (Art. 67 GG).

Konstruktivismus – Erkenntnistheorie, die sich mit der Frage beschäftigt, wie wir zu unseren Erkenntnissen bzw. zu unserem Wissen kommen. Der Konstruktivismus geht davon aus, dass gewisse Zweifel an dem Glauben angebracht sind, dass Wissen und Wirklichkeit übereinstimmen. Der Konstruktivismus postuliert, dass Wissen nicht das Ergebnis eines Abbildes im Sinn eines Entdeckens der objektiv vorliegenden Wirklichkeit ist, sondern das Ergebnis eines Erfindens der Wirklichkeit. Das menschliche Gehirn erzeugt kein fotografisches Abbild von Wirklichkeit, sondern es schafft mithilfe von Sinneswahrnehmungen ein eigenes Bild der Welt. Wahr ist, was wahr-genommen wird. Der Konstruktivismus verleugnet die Wirklichkeit selbst nicht. Er behauptet nur, dass die Aussagen über die Wirklichkeit dem eigenen Erleben, der eigenen Geschichte, der eigenen Entwicklung und den eigenen (beschränkten) physischen Möglichkeiten der Wahrnehmung entspringen. Aufgabe des Konstruktivismus ist es deshalb zu zeigen, wie → Wirklichkeitskonstruktionen gemacht werden. Mit anderen Worten: Der Konstruktivismus nimmt Abschied von der absoluten Wahrheit. Die Aussagen des Konstruktivismus haben weitreichende Konsequenzen für die Betriebswirtschaftslehre und für das Management. Sie zeigen, dass Management nicht in erster Linie bedeutet, die Wirklichkeit richtig zu sehen und zu erkennen und daraus die richtigen Schlussfolgerungen für die Führung von Mitarbeitenden und Unternehmen zu ziehen, sondern dass bereits in der Betrachtung der unternehmerischen Wirklichkeit diese konstruiert bzw. erfunden wird. Dies heißt letztlich, dass Führungskräfte viele Möglichkeiten haben, Unternehmen zu entwickeln und zu gestalten, da Management letztlich die Konstruktion bzw. Erfindung von Führung ist.

Konsul – zur Wahrung wirtschaftlicher Interessen eines Staates berufener und durch Exequatur zugelassener amtlicher Vertreter eines Landes. Der Konsul genießt im Gegensatz zum Botschafter nur beschränkte Vorrechte, ist aber meist befugt, für den vertretenen Staat auf dem Gebiet des Urkunds- und Passwesens tätig zu werden. – *Rechtsgrundlage* für die Bundesrepublik Deutschland: Konsulargesetz vom 11.9.1974 (BGBl. I 2317).

Konsum – *Konsumtion.*

I. Allgemein: Verbrauch und/oder Nutzung materieller und immaterieller Güter durch Letztverwender.

II. Marketing: Untersuchungsgegenstand sind bes. die Einflussfaktoren der Höhe des Konsum in einzelnen

Güterbereichen, der Produktwahl und der → Einkaufsstättenwahl. – Vgl. auch → Kaufverhalten, → Käufer- und Konsumentenverhalten.

III. Volkswirtschaftliche Gesamtrechnung: Teil der Verwendung des → Bruttoinlandsprodukts (BIP). Konsum wird nach dem Ausgaben- und nach dem Verbrauchskonzept abgegrenzt. – 1. Nach dem *Ausgabenkonzept* enthält Konsum die Konsumausgaben der privaten Haushalte, der privaten Organisationen ohne Erwerbszweck und des Staates. – 2. Nach dem *Verbrauchskonzept* werden die Konsumausgaben des Staates in individualisierbare und kollektive Güter (→ Kollektivkonsum) aufgespalten und der individualisierbare Teil dem → Individualkonsum der privaten Haushalte zugerechnet. Entsprechend ist nach dem Verbrauchskonzept der Individualkonsum der privaten Haushalte größer als deren Konsumausgaben.

Konsumaktivität → institutionelle Theorie der Haushaltung.

Konsumausgaben des Staates – Wert der Güter, die vom Staat produziert werden (ohne selbsterstellte Anlagen und Verkäufe) zzgl. der vom Staat auf dem Markt gekauften Güter, die ohne irgendwelche Umwandlungen als soziale Sachtransfers den privaten Haushalten für ihren Konsum zur Verfügung gestellt werden.

Konsument – *Endverbraucher;* Einzelperson, Haushalt oder größere Gruppe mit gemeinsamer Zielsetzung beim → Konsum. I.d.R. wird unterstellt, dass ein Konsument mit dem Ziel der Nutzenmaximierung und unter Berücksichtigung physiologischer und ökonomischer Beschränkungen einen optimalen Konsumplan bzw. ein optimales Konsumgüterbündel als → Nachfrage nach Konsumgütern auswählt. – Vgl. → Nachfragetheorie des Haushalts.

Konsumentenethik – 1. *Allgemein:* Konsumentenethik ist eine Form der → Wirtschaftsethik, die sich auf Konsumenten als Akteure bezieht. Eine zentrale Funktion kommt der primären Verantwortung zu. Die Verbraucher sollen Verantwortung gegenüber sich selbst, gegenüber der Umwelt und in Bezug auf Unternehmen tragen. Neben die Konsumentenethik treten Produzenten- und Investorenethik; darüber hinaus muss sich z.B. der Einzelhandel verantwortungsbewusst zeigen. – 2. *Verantwortung:* Verantwortung gegenüber sich selbst bedeutet, dass der Konsument sich als freier und mündiger Mensch für oder gegen Produkte und Dienstleistungen entscheidet. Auch das Verhältnis zum eigenen Körper bzw. zur eigenen Gesundheit spielt eine Rolle. Verantwortung gegenüber der (natürlichen) Umwelt impliziert, dass der Konsument die Produktionsbedingungen und ihre Folgen für die Umwelt kennt und geeignete Produkte auswählt oder meidet. Verantwortung in Bezug auf Unternehmen, etwa → Industrie und Einzelhandel, drückt sich darin aus, dass der Konsument im Wissen um die Produktions- und Arbeitsbedingungen sein Verhalten anpasst und Einfluss nimmt. – 3. *Entwicklungen und Grenzen:* Moralische Fragen sind für Konsumenten von großer Bedeutung. Der Boom des sogenannten Fairen Handels und der Trend zu biologischen Produkten und nachhaltigen Konzepten sind Indizien dafür. Die vegetarische und vegane Ernährung breitet sich aus, weil die Verbraucher auf sich selbst und ihre (natürliche, belebte) Umwelt achten. Obwohl die Konsumenten gemeinschaftlich über eine enorme faktische Macht verfügen, ist es fraglich, ob sie individuell eine sekundäre oder gar tertiäre Verantwortung haben, also zur Verantwortung zu ziehen bzw. haftbar zu machen sind. Ihrer Verantwortung sind schon insofern Grenzen gesetzt, als sie manipuliert werden und nicht alle über ausreichend Zeit und Geld verfügen. Verbraucherzentralen und Einrichtungen für den Konsumentenschutz versuchen zur Informiertheit und Mündigkeit beizutragen.

Konsumentenforschung – Forschung, die das Konsumentenverhalten zum Gegenstand hat. Konsumentenforschung wird teilweise als ein interdisziplinärer und verselbständigter Wissensbereich verstanden, dessen Theorien bes. im kommerziellen Marketing und in der Verbraucherpolitik Anwendung finden. Untersuchungsgegenstand kann z.B. das Verhalten beim Einkauf von Markenartikeln, Reaktionen von Bürgern auf politische Beeinflussung oder die Änderung der Einstellungen zum Umweltschutz sein. – Mittel sind → Befragungen, aber auch die Analyse von → Verbraucherpanels. – Vgl. auch → interkulturelle Konsumentenforschung, → Verbrauchsforschung.

Konsumentenkredit – *Verbraucherkredit,* → Verbraucherdarlehen. 1. *Begriff:* Kredit an private Haushalte, der der Finanzierung des Güterverbrauchs dient. Der Konsumentenkredit wird entweder als Ratenkredit über Darlehenskonten oder als Dispositionskredit über Kontokorrentkonten bereitgestellt (→ Kreditvertrag). – 2. *Arten:* Konsumentenkredite werden heute als persönliche Kredite, Privatkredite, Privatdarlehen, Allzweckdarlehen o.Ä. bezeichnet und in verschiedenen Varianten verfügbar gemacht. Die Kredithöhe ist i.Allg. auf 25.000 Euro begrenzt; bei höheren Beträgen ist eine bes. Sicherung, z.B. durch eine Grundschuld erforderlich. Die Laufzeit beträgt i.d.R. höchstens 72 Monate. Parallel zum Konsumentenkredit kann eine Kreditlebensversicherung (Restschuldversicherung) Schutz für den Fall des Todes oder der Arbeitsunfähigkeit des Kreditnehmers bieten. – 4. *Kreditbesicherung:* Als Kreditsicherheiten können eingesetzt werden: die Abtretung des pfändbaren Teils von Lohn- und Gehaltsforderungen (Regelfall), die Übernahme einer Bürgschaft, bei Ehegatten grundsätzlich die Mitverpflichtung des anderen Partners (etwa durch Schuldbeitritt). Dispositionskredite sind Überbrückungskredite und i.d.R. ungesichert (Blankokredite); das festgesetzte Kreditlimit steht aber in einem bestimmten Verhältnis zur Höhe der regelmäßigen Zahlungseingänge auf dem

(Kontokorrent-)Konto, bes. zur Höhe der monatlichen Lohn- oder Gehaltszahlungen (s. auch → Überziehungskredit). Zur Beurteilung der Kreditwürdigkeit verlangen die Kreditinstitute vom Kreditnehmer Einkommensnachweise, da die Verpflichtungen aus einem Konsumentenkredit in einem angemessenen Verhältnis zum Einkommen und zu laufenden Belastungen stehen und Rückzahlungsraten tragbar sein sollen. Ferner wird eine SCHUFA-Auskunft eingeholt (→ SCHUFA). – 5. *Effektivzinsangaben:* Bei Ratenkrediten gelten die allg. Bestimmungen der Preisangabenverordnung für Kreditangebote, Werbung sowie Preisaushang. Sie betreffen stets nur (Letzt-)Verbraucher und eine Verwendung für deren private Zwecke (§ 6 Preisangabenverordnung (PAngV) i.d.F. vom 18.10.2002 (BGBl. I 4197) m.spät.Änd.). Bei Dispositionskrediten über Kontokorrentkonten sind nicht die Gesamtkosten des Kredits als (anfänglicher) effektiver Jahreszins, sondern der (Nominal-)Zinssatz pro Jahr und die Zinsbelastungsperiode anzugeben, wenn diese nicht kürzer als drei Monate ist und keine weiteren Kreditkosten anfallen (§ 6 IX PAngV; § 493 BGB; Effektivverzinsung von Krediten).

Konsumentenrente – *Consumer Surplus;* Differenz zwischen dem Geldbetrag, den die Konsumenten für ein → Gut äußerstenfalls zu bezahlen bereit wären (maximale Zahlungsbereitschaft) und dem Marktpreis. Die Konsumentenrente ist im Schaubild „Konsumentenrente" die Fläche des Dreiecks, das durch die Nachfragekurve, die Ordinate (y-Achse) und die Marktpreisgerade gebildet wird. Alfred Marshall verwendet im Rahmen seiner Aussagen zur → Wohlfahrtsökonomik die Konsumentenrente als Wohlfahrtsmaß. Sie ist volkswirtschaftlich am größten, wenn die Bedingungen der → vollkommenen Konkurrenz auf allen Märkten gegeben sind und die Preise gleich den Grenzkosten der Produzenten sind. – *Gegenteil:* → Produzentenrente.

Konsumentenrente

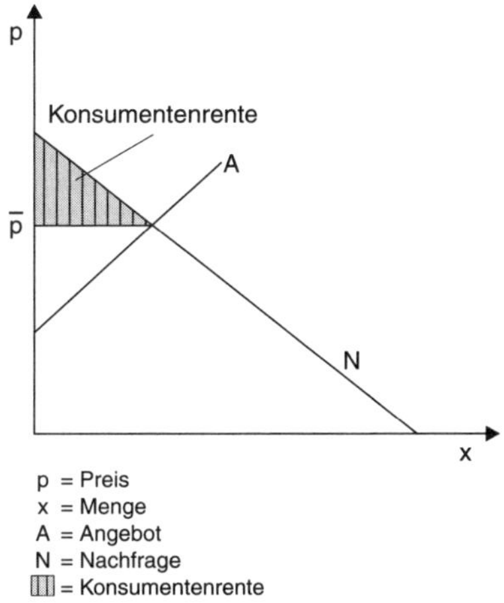

Konsumentensouveränität – Leitbild der Wettbewerbspolitik. Konsumentensouveränität versteht den Konsumenten als vollständig informiertes und rational handelndes Wirtschaftssubjekt. Ziel der Wettbewerbspolitik ist demnach, die Informationen zu verbessern und die Bedingungen der → vollkommenen Konkurrenz herzustellen. – Das Leitbild Produzentensouveränität geht davon aus, dass Produzenten ihre Souveränität durch manipulierende Werbung und Beschränkungen des Wettbewerbs bestimmen. Die Wettbewerbspolitik sollte konsequent durch Missbrauchsaufsicht über → marktbeherrschende Unternehmen vorgehen. – Die sog. freie Konsumwahl ist eine zwischen der Konsumentensouveränität und der Produzentensouveränität liegende Vorstellung.

Konsumententypologie → Käufertypologie.

Konsumentenverhalten – 1. *Begriff:* Einkaufs-, Konsum- und Informationsverhalten von privaten Haushalten. – Gegenstand der *Analyse des Konsumentenverhaltens* sind die verschiedenen Aspekte dieser Verhaltensweisen, bes. Art der gekauften Güter und Dienstleistungen, bevorzugte Einkaufsstätten, Rolle einzelner Haushaltsmitglieder bei Kauf und Konsum sowie die diesen Prozess beeinflussenden Faktoren. – *Erklärung des Konsumentenverhaltens:* Häufig werden hypothetische Konstrukte bzw. intervenierende Variablen herangezogen, mit denen erfasst wird, wie die von außen wirkenden Stimuli im Insystem der Konsumenten verarbeitet werden und das Verhalten beeinflussen (→ Käufer- und Konsumentenverhalten, → Kaufentscheidung). – 2. *Phasen des Konsumentenverhaltens* (idealtypisch): (1) Bewusstwerden eines Mangelzustandes, (2) Suche nach Alternativen, (3) Bewertung der Alternativen, (4) Treffen der Auswahlentscheidung, (5) Kauf, (6) Bewertung der Kaufentscheidung. – 3. *Bezug zu anderen Variablen des Insystems:* Das Konsumentenverhalten wird bes. durch → Bedürfnisse, wahrgenommenes Kaufrisiko, → Einstellungen, → Markenkenntnisse und → Kaufabsichten der Konsumenten beeinflusst.

Konsumerismus – bewusste Kritik breiterer Verbraucherschichten an Missständen in der Güter- und Dienstleistungsversorgung. Im Mittelpunkt stehen die Kritik am unternehmerischen Marktverhalten und die Forderungen eines verstärkten Schutzes von Konsument und natürlicher Umwelt. Angestrebt wird Verbraucheraufklärung (Produkttests) und -erziehung (mithilfe der Medien) sowie Erwirkung gesetzlicher Maßnahmen im Hinblick auf Gesundheit und Sicherheit (Waschmittel, Arzneimittel, Zigaretten) des Verbrauchers. Die genannten Entwicklungen führten zur Bildung verschiedener Interessenorganisationen (Arbeitsgemeinschaft der Verbraucher, Bonn; Stiftung Warentest, Berlin;

Verbraucherzentralen in den Bundesländern) sowie zu Einflussnahmen auf das unternehmerische Verhalten (Societal Marketing).

Konsumfunktion – Darstellung der funktionalen Abhängigkeit der Konsumausgaben von verschiedenen Einflussfaktoren wie Einkommen, Preise, Vermögen, Zinsniveau. – 1. *Annahmen über die Bestimmungsgründe der Konsumnachfrage* (Konsumhypothesen) stellen aufgrund der Aufteilung des Einkommens (Y) auf Konsum (C) und Sparen (S), d.h. Y = C + S, zugleich Hypothesen über das Sparverhalten dar. Die einfachste Konsumhypothese besagt, dass der Konsum vom laufenden Einkommen abhängt, und zwar so, dass mit steigendem Einkommen die Konsumnachfrage steigt:

$$C = C(Y),$$

mit $0 < dC/dY < 1$. Die Ableitung dC/dY repräsentiert die marginale → Konsumquote (c). Wegen Y = C + S folgt die → Sparfunktion:

$$S = Y - C(Y) = S(Y).$$

– 2. *Verläufe:* a) Keynes unterstellte einen *speziellen Verlauf* der Konsumfunktion: Nach seinem „fundamentalen → psychologischen Gesetz" nimmt der Konsum mit steigendem Einkommen zu, allerdings nur unterproportional. Ferner ging Keynes davon aus, dass die durchschnittliche Konsumquote (C/Y) mit steigendem Einkommen sinkt. Keynes betrachtete das Sparen als Luxus und nahm daher an, dass die Reichen einen höheren Anteil ihres Einkommens sparen können als die Armen. – b) Vereinfachend wird in der ökonomischen Theorie häufig mit einer *linearen* Konsumfunktion gearbeitet:

$$C = C_0 + cY,$$

mit C_0 = Basiskonsum oder → autonomer Konsum > 0, 0 < c = konstant < 1. Diese Konsumfunktion ist mit dem psychologischen Gesetz von Keynes vereinbar, denn für die marginale Konsumquote gilt:

$$dC / dY = c < 1$$

und für die durchschnittliche

$$C / Y = C_0 / Y + c.$$

Dabei nimmt C / Y mit wachsendem Einkommen ab. Grafisch ergibt sich die Darstellung „Konsumfunktion".

– 3. *Empirische Untersuchungen* (v.a. von Kuznets, 1946) zeigen eine langfristig konstante durchschnittliche Konsumquote. Erklärungen: (1) → Relative Einkommenshypothese; (2) permanente Einkommenshypothese (→ permanentes Einkommen); (3) Lebenszyklushypothese (Lebenszeit-Einkommenshypothese). Neben dem in den letzten Ansätzen als Konsumdeterminante berücksichtigten Vermögen wird in der Literatur darüber hinaus ein spezifischer realer Vermögenseffekt diskutiert, der das Konsumverhalten im Konjunkturverlauf stabilisiert (Pigou, 1941): Bei einem Anstieg des realen Vermögensbestandes durch eine Preissenkung (etwa im

Konsumfunktion

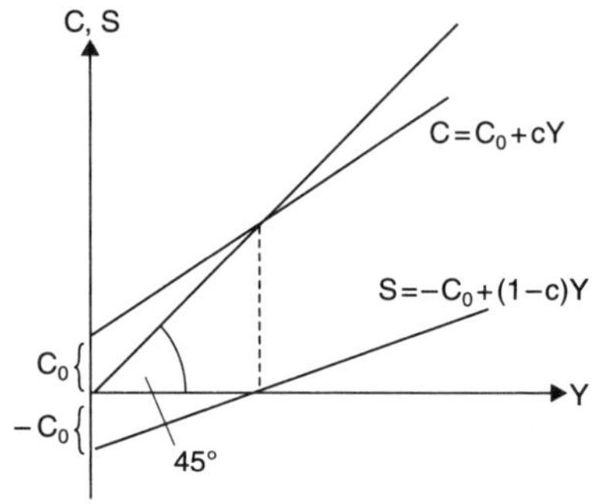

Abschwung) steigen die Konsumausgaben bei gegebenem Einkommen, weil das geplante Sparen reduziert werden kann. Dadurch wird der Abschwung gebremst. – 4. Die *Abhängigkeit der Konsumquote von der* → Einkommensverteilung wird auf Keynes zurückgeführt und wurde von Kaldor formalisiert. Die Konsumausgaben (C) bestehen aus: (1) Ausgaben aus Lohneinkommen ($C_L = c_L L$) und (2) Ausgaben aus Gewinneinkommen ($C_G = c_G G$); es gilt:

$$C = c_L L + c_G G.$$

Mit der Verteilungsgleichung Y = L + G folgt:

$$C = (c_L - c_G) L + c_G Y$$

$$C = [(c_L - c_G) L / Y + c_G] Y.$$

Dabei ist der Ausdruck in der eckigen Klammer die von der Lohnquote (L / Y) abhängige Konsumquote, wobei gilt:

$$0 < c_G < c_L < 1.$$

Mit steigender Lohnquote L/Y steigen die Konsumausgaben (Kaufkrafteffekt). – 5. *Dynamische Funktionen:* In dynamischen Modellen (→ dynamische Makroökonomik) werden verschiedene *zeitliche Verzögerungen* (→ Lags) in die Konsumfunktion eingebaut. Zudem wird zwischen *kurz- und langfristigen Funktionen* unterschieden, wobei angenommen wird, dass die kurzfristige Konsumfunktion flacher als die langfristige verläuft, was der → relativen Einkommenshypothese entspricht. Außerdem kann der laufende Konsum auch vom zukünftig erwarteten Konsum und vom Realzins abhängen, wenn die Konsumnachfrage aus einem intertemporalen Nutzenmaximierungsansatz abgeleitet wird. – Vgl. auch → Euler-Gleichung des Konsums.

Konsumgenossenschaft – Verbrauchergenossenschaft, die ihren Mitgliedern durch Großeinkauf, ggf. auch durch eigene Fertigung, preisgünstige Konsumgüter beschafft. Ursprünglich nur Lebensmittel, später Ausdehnung auf Gebrauchsgegenstände wie Textilien, Schuhe, Haushaltswaren und Möbel, auch auf eigene Herstellungsbetriebe. Die Konsumgenossenschaft erfüllt damit den Förderungsauftrag zum Nutzen der Mitgliederhaushalte. Da ab 1954 durch das Rabattgesetz die Rückvergütung auf den Warenumsatz auf nur 3 Prozent beschränkt sowie das → Nichtmitgliedergeschäft möglich und üblich wurde, kam es zu einer Verwässerung der Vorteile der konsumgenossenschaftlichen Mitgliedschaft. Die Konsumgenossenschaften haben international – v.a. in Großbritannien, aber auch in Deutschland – eine lange Tradition. In ihnen wurden wichtige Genossenschaftsprinzipien wie die *Rochdaler Prinzipien* entwickelt, deren Konzeption für die gesamte Genossenschaftsbewegung Impulse gegeben hat. Zur Stärkung der Wettbewerbsfähigkeit wurden in den 1970er-Jahren verstärkt Konsumgenossenschaften in Aktiengesellschaften umgewandelt, woraus sich dann die Coop AG entwickelte. Deren wenig erfolgreiche Geschäftspolitik hat dann letztlich dazu geführt, dass in Deutschland nur noch relativ wenige Konsumgenossenschaften – zumeist auch in der Rechtsform der eG – übrig geblieben sind, wobei sich durch die dt. Vereinigung wieder eine Stärkung der konsumgenossenschaftlichen Position ergab. Es bestehen in ganz Deutschland gegenwärtig Konsumgenossenschaften, die bes. im Lebensmitteleinzelhandel tätig sind und eine unterschiedliche Firmenbezeichnung tragen. 2011 gab es in Deutschland 31 konsumgenossenschaftliche Unternehmen, mit 350.000 Mitgliedern, 14.300 Mitarbeitern und einem Umsatz von 1,83 Mrd. Euro. – Vgl. auch → Genossenschaftswesen.

Konsumgewinne aus internationalem Handel – Internationaler Handel beinhaltet die Möglichkeit, die von einer Volkswirtschaft erzeugten Güter zu bestimmten Tauschverhältnissen (→ Terms of Trade) gegen andere Güter zu tauschen. Dies eröffnet zusätzliche Konsummöglichkeiten, die immer dann zu positiven Wohlfahrtswirkungen führen, wenn die verschiedenen Güter in den Augen der Konsumenten gegeneinander substituierbar sind.

Konsumgewohnheiten → Verbrauchsgewohnheiten.

Konsumgüter – *Konsumwaren;* alle → Güter, die von → Konsumenten (→ Letztverbrauchern) verbraucht (→ Verbrauchsgüter) oder genutzt (→ Gebrauchsgüter) werden.

Konsumgütermarktforschung → Marktforschung über Konsumgüter, insbesondere durch → Befragung, → Handelspanel und → Verbraucherpanel.

Konsumhypothesen → Konsumfunktion, → Realplanung.

Konsumismus – übersteigertes → Bedürfnis nach Konsum.

Konsumklimaindex – von der Forschungsstelle für empirische Sozialökonomik, Köln, und der Gesellschaft für Konsumforschung (GfK), Nürnberg, aus repräsentativen Befragungen von privaten Haushalten ermittelte Einschätzung der Konsumneigung und der Konsumabsichten. Erfragt werden die Beurteilung der allg. wirtschaftlichen Lage, der vergangenen und zukünftigen persönlichen Haushaltslage und die Einstellung zur vergangenen und zukünftigen Einkommensentwicklung. – Vgl. auch → Konjunkturindikatoren.

Konsum-Lag → Robertson-Lag.

Konsumquote – Begriff der → Makroökonomik. Der Konsum (C) hängt von verschiedenen Einflussfaktoren ab; als primärer Einflussfaktor wird jedoch das Volkseinkommen (Y) angesehen (→ Konsumfunktion). – 1. Die *durchschnittliche* Konsumquote wird durch C/Y gegeben. Sie gibt den Teil des Einkommens an, der für Konsumzwecke verwendet wird. – 2. Die *marginale* Konsumquote wird aus der 1. Ableitung der Konsumfunktion nach dem Volkseinkommen, d.h. dC/dY entwickelt. Sie gibt an, um welchen Betrag der Konsum steigt, wenn das Volkseinkommen um einen infinitesimalen Betrag (näherungsweise eine Einheit) steigt. Ihr Wert liegt i.d.R. unter 1. – Durchschnittliche Konsumquote und durchschnittliche Sparquote sowie marginale Konsumquote und marginale Sparquote ergänzen sich jeweils zu 1, wenn von der → Hortung abgesehen wird (→ Multiplikator). In makroökonomischen Gütermarktmodellen, in denen die staatliche ökonomische Aktivität berücksichtigt wird, beziehen sich die durchschnittliche und marginale Konsumquote auf das verfügbare Einkommen $Y^v = Y - T = (1 - t)\,Y$, wobei: Y^v = verfügbares Einkommen, $T = t \cdot Y$ = Steuerzahlungen an den Staat mit $0 < t$ = Steuersatz < 1.

Konsumstruktur – Zusammensetzung des → Konsums der privaten Haushalte. Anteile einzelner Ausgaben (Nahrung, Kleidung, Wohnungsmiete etc.) an den Gesamtausgaben. Die Konsumstruktur eines Haushalts hängt u.a. von der Haushaltsgröße (Personenzahl), dem Alter und dem verfügbaren Einkommen der Haushaltsangehörigen ab. – Statistische Basis für die Ermittlung typischer Konsumstrukturen sind Einkommens- und Verbrauchsstichproben. Veränderungen der Konsumstruktur im Zeitablauf sind eine wichtige Determinante im → sektoralen Strukturwandel. – Vgl. auch → Drei-Sektoren-Hypothese.

Konsumtechnik → institutionelle Theorie der Haushaltung.

Konsumtheorie – Lehre von den Bestimmungsfaktoren des → Konsums, seiner kurz- und langfristigen Abhängigkeit. Maßgebend sind ökonomische, soziologische und psychologische Faktoren; sie werden jeweils als Schwerpunkt in den verschiedenen Konsumtheorien hervorgehoben. Ein geschlossenes Gesamtkonzept existiert außerhalb der mikroökonomischen → Haushaltstheorie nicht.

Konsumtion → Konsum.

Konsumwaren → Konsumgüter.

Konsumzeit – jene Zeitquanten, die ein → Haushalt im Rahmen der → institutionellen Theorie der Haushaltung benötigt, um Gütereigenschaften gemäß seiner Konsumtechnik so zu transformieren, dass sie ihm → Nutzen stiften.

Kontaktbewertungskurve → Werbewirkungsfunktion.

Kontaktchance – Maß der → Wahrscheinlichkeit, dass ein Inserent mit seinem → Werbemittel in Kontakt mit der → Zielgruppe kommt.

Kontakter → Werbeberufe.

Kontaktfrage → Eisbrecher.

Kontakthäufigkeit – *Kontaktzahl;* durchschnittliche Anzahl der Kontakte einer Zielperson oder auch Zielgruppe mit einem → Werbeträger. Der positive Zusammenhang von → Erinnerung und → Werbewirkung lässt darauf schließen, dass durch mehrmalige Wiederholungen von Werbebotschaften (und somit durch Erhöhung der Kontakthäufigkeit) die Werbewirkung gesteigert werden kann.

Kontakt-Service → Werbeberufe.

Kontaktstrecke – Ausdehnung eines Artikels im Regal des Händlers, gemessen in Metern. Durch die Kontaktstrecke wird das akquisitorische Potenzial eines Artikels beeinflusst.

Kontaktzahl → Kontakthäufigkeit.

Konten – 1. *Grundsätzliches:* Jedes Konto hat eine Soll- und eine Habenseite (auch: Debet- und Kreditseite). a) Bei *Aktivkonten* (Konten der Aktivseite der → Bilanz) stehen Anfangsbestand und Zugänge im Soll, Abgänge und Endbestand im Haben. – b) Bei *Passivkonten* (Konten auf der Passivseite der Bilanz) stehen umgekehrt Anfangsbestand und Zugänge im Haben, Minderung und Endbestand im Soll. – c) Bei *Aufwandskonten* stehen die Zugänge im Soll, evtl. Minderungen und der Saldo im Haben. – d) Bei *Ertragskonten* stehen die Zugänge im Haben, evtl. Minderungen und der Saldo im Soll. – 2. *Arten:* a) *Bestandskonten:* Konten für einzelne Vermögens- oder Schuldenteile, die nur reine Ein- und Ausgänge, also weder Gewinn noch Verlust ausweisen: z.B. Kassenkonto, Bankkonto, Konten für Kunden und Lieferanten. Die Konten beginnen mit dem aktiven oder passiven Anfangsbestand, zeigen die Vermehrungen oder Verminderungen und ergeben aus der Addition der Seiten und Berechnung des Saldos den Endbestand. Sie schließen über → Bilanz ab. – b) *Erfolgskonten:* Konten für Aufwendungen und Erträge; sie schließen über das Gewinn- und Verlust-Konto ab. – c) → Gemischte Konten (→ Bestandserfolgskonto): Sie verrechnen sowohl Bestand als auch Erfolg vereint, z.B. das Waren-Konto alter Prägung, indem das Soll den Anfangsbestand und die Einkaufswerte der Waren ausweist, das Haben die Veräußerungswerte, in denen Gewinn oder Verlust enthalten sein kann. Der Endbestand dieser gemischten Konten wird durch → Inventur ermittelt und zum Abschluss der Konten auf der Habenseite eingestellt. Erst danach ergibt der Saldo zwischen Soll und Haben den Warenrohgewinn oder Warenrohverlust. Durch Einführung der → Kontenrahmen sind die gemischten Konten praktisch beseitigt. – d) Als *gemischte Konten* werden auch *Erfolgskonten* bezeichnet, die sowohl Aufwendungen als auch Erträge aufnehmen (z.B. Zinskonto). Durch das → Verrechnungsverbot gemäß § 246 II HGB grundsätzlich unzulässig. Ebenfalls verboten sind Konten, in denen sowohl geschäftliche als auch private Vorgänge erfasst werden. – 3. *Kontengliederung:* Die Ordnung bzw. Gliederung der Konten eines Betriebes erfolgt nach einem → Kontenplan; die dt. und die meisten ausländischen → Kontenrahmen sehen Kontenklassen vor, die nach der Dezimalklassifikation in Gruppen, Arten und Unterarten je nach den Bedürfnissen eines Betriebes weiter aufgeteilt werden. – Vgl. auch → Einzelhandelskontenrahmen, → Großhandelskontenrahmen, → Gemeinschafts-Kontenrahmen industrieller Verbände (GKR), Handwerkskontenrahmen, → Industrie-Kontenrahmen (IKR).

Kontenabruf – 1. *Allgemeines:* Seit dem 1.4.2005 können die Finanzbehörden nach pflichtgemäßem Ermessen im automatisierten Wege über das → Bundeszentralamt für Steuern bestimmte bei den Kreditinstituten gespeicherte Konteninformationen abrufen (§ 93 VII i.V.m. § 93b AO). Im Einzelnen sind dies folgende *Bestandsdaten* zu Konten- oder Depotverbindungen: (1) die Nummer eines Kontos, das der Verpflichtung zur Legitimationsprüfung (→ Kontenwahrheit) unterliegt oder eines Depots, (2) der Tag der Errichtung und der Tag der Auflösung des Kontos oder Depots, (3) der Name, sowie bei natürlichen Personen der Tag der Geburt, des Inhabers und eines Verfügungsberechtigten sowie (4) der Name und die Anschrift eines abweichend wirtschaftlich Berechtigten. Konten*bewegungen* und Konten*bestände* können auf diesem Weg indes nicht ermittelt werden. – 2. *Zulässigkeit:* Der Datenabruf ist nach der bis zum 31.12.2008 geltenden Fassung zulässig, wenn dies zur Festsetzung oder Erhebung von Steuern erforderlich ist und ein zuvor an den Steuerpflichtigen gerichtetes Auskunftsersuchen nicht zum Ziel geführt hat oder keinen Erfolg verspricht. In der ab dem 1.1.2009 geltenden Fassung ist der Kontenabruf ausdrücklich nur in den folgenden Fällen zulässig: (1) der Steuerpflichtige beantragt eine Einkommensteuerfestsetzung mit dem Ziel, die der → Abgeltungsteuer unterliegenden Kapitaleinkünfte in die Einkommensteuerveranlagung einzubeziehen; (2) der Steuerpflichtige stimmt einem Kontenabruf zu; (3) die abgeltungsteuerpflichtigen Kapitalerträge sind in den Fällen des § 2 Vb 2 EStG einzubeziehen; (4) der Kontenabruf ist zur Feststellung von Kapitaleinkünften und Einkünften aus privaten Veräußerungsgeschäften (§§ 20, 23 EStG) in Veranlagungszeiträumen bis einschließlich 2008 bzw. (5) zur Erhebung von bundesgesetzlich geregelten Steuern erforderlich. – 3. *Vorgehensweise:* Der

Betroffene ist vor einem Abrufersuchen auf die Möglichkeit des Kontenabrufs hinzuweisen, wobei dies auch durch einen ausdrücklichen Hinweis in amtlichen Vordrucken und Merkblättern geschehen kann. Nach Durchführung eines Kontenabrufs ist der Betroffene zu benachrichtigen. Die Rechtmäßigkeit eines Kontenabrufs kann vom → Finanzgericht überprüft werden. – 4. *Berechtigung* zum Kontenabruf haben neben den Finanzbehörden auch die Verwaltungen der Grundsicherung für Arbeitsuchende nach dem Zweiten Buch SGB, der Sozialhilfe nach dem Zwölften Buch SGB, der Ausbildungsförderung nach dem BAföG, der Aufstiegsfortbildung nach dem Aufstiegsfortbildungsgesetz und des Wohngeldes nach dem Wohngeldgesetz, soweit dies zur Überprüfung des Vorliegens der jeweiligen Anspruchsvoraussetzungen erforderlich ist. Weitere Voraussetzung ist auch insoweit, dass ein vorheriges Auskunftsersuchen an den Betroffenen nicht zum Ziel geführt hat oder keinen Erfolg verspricht (§ 93 VIII AO).

Kontenanruf → Buchungssatz.

Kontenkalkulation – kalkulatorische Untersuchung der Kostenrechnung in Kreditinstituten, aus der sich ergibt, ob die durch Führung eines bestimmten Kundenkontos entstehenden Kosten aus dem Ertrag des gleichen Kontos gedeckt werden. Problem der Gemeinkostenzuordnung und damit einer aussagefähigen → Deckungsbeitragsrechnung. Investitionslasten für Hard- und Software sowie Personal stehen Erträge durch den Wertstellungsgewinn beim Float und die niedrige Guthabenverzinsung entgegen.

Kontenklassen – Ergebnis einer Systematisierung der → Buchführung nach dem → Kontenrahmen. In Deutschland und vielen anderen europäischen Ländern nach der Dezimalklassifikation: Die einzelnen → Bestandskonten und → Erfolgskonten (Aufwands- und Ertragskonten) sowie die Abschlusskonten werden einer der 10 Klassen zugeteilt. Kontenklassen im Rahmen des Kontenrahmens vgl. → Einzelhandelskontenrahmen, → Großhandelskontenrahmen, → Gemeinschafts-Kontenrahmen industrieller Verbände (GKR), → Industrie-Kontenrahmen (IKR). Die Kontenklassen können je nach den Bedürfnissen der einzelnen Wirtschaftsgruppen *weiter untergliedert* werden, und zwar im Zehnersystem in sog. *Kontengruppen* (01 bis 09 oder 21 bis 29) bzw. in *Kontenarten* (010 bis 019) und schließlich in *Kontenunterarten* (0100 bis 0199).

Kontenkontrolle – Überprüfung der Buchung auf den → Konten. Kontenkontrolle *erfolgt* durch Vergleichen (→ kollationieren): 1. in der *Übertragungsbuchhaltung* (1) der Buchungsbelege mit der Grundbucheintragung, (2) der Grundbucheintragung mit Übertragung in das Hauptbuch; – 2. bei der → Durchschreibebuchführung nur zwischen Beleg und Urschrift, da die Durchschrift Übertragungsfehler ausschließt. – Eine zahlenmäßige Kontenkontrolle der Eintragungen ergibt sich bei der doppelten Buchführung *zwangsläufig* aus der Seitenaddition der Soll- und Habenspalten. Bei Unachtsamkeit sind allerdings Kontenverwechslungen möglich. – 3. Bei computergestützter Buchführung (→ computergestützte Finanzbuchhaltung) ist Kontenkontrolle nur bei der Dateneingabe erforderlich. Rechenfehler und Datentransportfehler (z.B. Über- und Vortragsfehler) sind – von technischem Versagen und Systemfehlern abgesehen – ausgeschlossen.

kontenlose Buchführung → Offene-Posten-Buchführung.

Kontenplan – die unternehmensindividuelle systematische Gliederung aller → Konten der Buchführung, zugeschnitten auf den Geschäftsbetrieb des jeweiligen Unternehmens. Seit Einführung der → Kontenrahmen – auf deren Basis der Kontenplan erstellt wird – für Zwecke des → Betriebsvergleichs vereinheitlicht: (1) durch *Dezimalklassifikation,* die die Konten der Finanz- und Betriebsbuchhaltung-Bestands- und Erfolgskonten (Aufwands- und Ertragskonten) – innerhalb des Kontenrahmens in 10 → Kontenklassen (0–9) systematisch einordnet; (2) durch *Differenzierung* des Kontenrahmens für Fertigungsbetriebe, Großhandels- und Einzelhandelsbetriebe (Schemata der Kontenrahmen: → Gemeinschafts-Kontenrahmen industrieller Verbände (GKR), → Industrie-Kontenrahmen (IKR), → Großhandelskontenrahmen und → Einzelhandelskontenrahmen).

Kontenrahmen – Systematik der Gliederungsgrundsätze für die Ordnung des Rechnungswesens (zuerst durch Schär und Schmalenbach), in den europäischen Staaten überwiegend nach der Dezimalklassifikation. Staatliche Regelung in Deutschland seit 1937 entsprechend den Forderungen der → Grundsätze ordnungsmäßiger Buchführung (GoB); sog. Buchführungsrichtlinien, entworfen von den damaligen Wirtschaftsgruppen unter Mitwirkung des Rationalisierungs- und Innovationszentrum der Deutschen Wirtschaft e. V. (RKW). *Anwendung heute* nicht mehr verbindlich vorgeschrieben. – *Einteilung der Konten* in zehn → Kontenklassen (0–9), die wiederum nach dem Dezimalsystem in Gruppen unterteilt sind. Für die Aufteilung der Klassen in Gruppen und die Unterteilung der Gruppen in Untergruppen bestehen z.T. weitgehende Empfehlungen der Wirtschafts- und Fachverbände. In diese Klassen und Gruppen sind die einzelnen Konten einzuordnen; dadurch sind sie branchenweise einheitlich nummeriert. Falls einzelne Konten in einem Betrieb nicht gebraucht werden, sind die Nummern nicht anderweitig zu besetzen. – Vgl. auch → Einzelhandelskontenrahmen, → Gemeinschafts-Kontenrahmen industrieller Verbände (GKR), → Großhandelskontenrahmen, → Handwerks-Kontenrahmen, → Industrie-Kontenrahmen (IKR).

Kontenspalte – die mit Soll oder Haben, → Debet oder → Kredit, Aktiva oder Passiva bzw. mit Soll/ Ist/

Rest überschriebenen Kolonnen auf den einzelnen → Konten der kaufmännischen doppelten oder der kaufmännischen kameralistischen → Buchführung.

Kontentheorien → Buchhaltungstheorien.

Kontenwahrheit – steuerrechtlicher Begriff der AO (§ 154 AO): Niemand darf auf einen falschen oder erdichteten Namen für sich oder einen Dritten ein Konto errichten oder Buchungen vornehmen lassen, Wertsachen in Verwahrung geben oder verpfänden oder sich ein Schließfach geben lassen. Jeder, der für einen anderen Konten führt, Wertsachen verwahrt oder als Pfand nimmt (Kreditinstitute, aber auch andere Personen im gewöhnlichem Geschäftsverkehr) hat sich über die Person und Anschrift des Verfügungsberechtigten Gewissheit zu verschaffen. Wer gegen die Kontenwahrheit verstößt, kann für die Ansprüche aus dem Steuerschuldnis, die deswegen nicht verwirklicht werden können, haftbar gemacht werden (§ 72 AO; → Haftung).

Kontereffekt – *Backwash-Effekt.* 1. *Begriff:* Auf → Myrdal zurückgehende negative Folgewirkung der → Integration unterentwickelter Gebiete mit fortgeschritteneren Regionen beim Spiel freier Marktkräfte. – 2. *Erklärung* der Kontereffekte: a) Arbeitskräfte aus Entwicklungsländern wandern in entwickelte Länder aufgrund der dort höheren Löhne, besseren Arbeitsbedingungen und günstigeren Sozialleistungen aus. Die Abwanderung junger und qualifizierter Arbeitskräfte senkt das → Humankapital in unterentwickelten Regionen (→ Braindrain, → Todaro-Modell). – b) Kapital fließt wegen besserer Renditen in Industrieländer ab. – c) Freier Handel verdrängt entwicklungswirksame Industrieproduktion wegen (temporärer) Unterlegenheit im → Wettbewerb zulasten des Aufbaus eigener Industriestrukturen. – 3. *Schlussfolgerungen:* Interventionistische Außenwirtschaftspolitiken sollen die Abwanderung von Produktionsfaktoren behindern. Kurzfristige Förderungen (→ Erziehungszoll) sollen Industrien zur Wettbewerbsreife verhelfen.

Kontext-Effekt → Ausstrahlungseffekte.

Kontierung – 1. Die Feststellung (Vorschreibung) der Konten zur Buchung eines *Geschäftsvorfalls.* Die *Vorkontierung* mit Angabe der zur Buchung benötigten Konten auf dem Buchungsbeleg erfolgt i.Allg. durch den Buchführungsleiter, gewöhnlich mittels Stempels, der leere Räume für die Eintragung der Konten vorsieht. Kontierung erleichtert die Buchungsdurchführung und gewährleistet die Gleichmäßigkeit bei der Buchung gleichartiger Fälle. – 2. Eine Kontierung erfolgt ferner bei der betrieblichen *Uraufschreibung,* d.h. bei der zahlen- und mengenmäßigen Erfassung der Lagerbestände, der Zwischenprodukte, des Maschinenbelags, der Fremdware etc. in Inventurlisten.

Kontingent – vom Staat festgesetzte wert- oder mengenmäßige → Quote zur Begrenzung eines Warenangebots, etwa bei der → Ausfuhr oder → Einfuhr oder im Zug planwirtschaftlicher Maßnahmen. – Im internationalen Handel haben v.a. *Einfuhrkontingente* (Einfuhr- bzw. → Importkontingentierung) handelspolitische Bedeutung. Diese werden entweder *autonom* fixiert oder in zwischenstaatlichen Verhandlungen *vertraglich* vereinbart (→ Handelsabkommen). – Vgl. auch → Außenwirtschaftspolitik.

kontingenter Bewertungsansatz → Contingent Valuation.

Kontingentverteilung → Verteilungsverfahren.

Kontingenz – 1. *Allgemein:* Möglichkeit und Notwendigkeit, aus mehreren Alternativen auswählen zu können und zu müssen, d.h. eine → Selektion zu treffen. Damit werden Alternativen ausgeschieden, die ebenfalls möglich und nützlich gewesen wären, was oft mit dem charakteristischen Satz für die Kontingenz umschrieben wird: „Es könnte auch anders sein." – 2. *Statistik:* In der → deskriptiven Statistik und in der → Inferenzstatistik Bezeichnung für den Zusammenhang zweier → Merkmale, die entweder → qualitative Merkmale mit mind. zwei Ausprägungen oder → quantitative Merkmale mit → Klassenbildung sind; z.B. Zusammenhang zwischen Automarke und Alter bei einer Gesamtheit von Autobesitzern. Zur Quantifizierung von Kontingenz können *Kontingenzkoeffizienten* ermittelt werden. – Die *Prüfung* der Existenz von Kontingenz erfolgt mithilfe → statistischer Testverfahren.

Kontingenzanalyse → Kontingenz

Kontingenzkoeffizient → Kontingenz, vgl. auch → Assoziation

Kontingenztabelle – Tabelle, in der die → Häufigkeiten der möglichen Kombinationen von → Ausprägungen zweier oder mehrerer interessierender → Merkmale (nominal, ordinal oder klassiert) verzeichnet sind; mit ihrer Hilfe wird die → Kontingenz von Merkmalen untersucht.

Kontingenztheorie der Führung→ Führungstheorie von F. E. Fiedler. Wichtiges Kennzeichen der Kontingenztheorie der Führung ist es, dass situativen Einflüssen *(Kontingenzfaktoren)* auf den Führungserfolg eine zentrale Bedeutung eingeräumt wird, d.h. unterschiedliche Führungsstile sind in unterschiedlichen Situationen unterschiedlich effizient. Fiedler unterscheidet einen aufgaben- und einen mitarbeiterorientierten → Führungsstil. Der Führungserfolg sowohl von mitarbeiter- als auch aufgabenorientierten Führern wird nach Fiedler von der situativen Günstigkeit (Positionsmacht des Vorgesetzten, Merkmale der Aufgabenstruktur sowie interpersonellen Beziehungen) bestimmt. – Fiedler zufolge ist es bei unzureichendem Führungserfolg zweckmäßig, entweder situative Bedingungen zu verändern oder Führungspersonen anders einzusetzen. Änderungen des individuellen Führungsstils erscheinen hingegen nicht sinnvoll, da dieser eher als überdauerndes Persönlichkeitsmerkmal denn als kurzfristig veränderbares

Verhaltensmuster interpretiert wird. – Vgl. auch → Leader-Match-Konzept.

kontinuierliche Produktion – Elementartyp der Produktion (→ Produktionstypen), der sich aus dem Merkmal der Kontinuität des Materialflusses ergibt. Bei kontinuierlicher Produktion erfolgen Transporttätigkeiten und Produktionstätigkeiten simultan und ohne zeitliche Unterbrechung; die Produktionsvorgänge werden also während der Förderung von Werkstoffen, Halbfabrikaten, Bauteilen etc. ausgeführt. – *Beispiel:* Brennen von Zement im Drehrohrofen. – *Gegensatz:* → diskontinuierliche Produktion.

kontinuierlicher Verbesserungsprozess → Kaizen.

kontinuierliche Stichprobenprüfung – auch *Kettenprüfung* genannt; stellt eine Verbindung zwischen → Abnahmeprüfung und → Produktionskontrolle dar. Durch eine ununterbrochene, aber in ihrer Intensität wechselnde Kontrolle soll sichergestellt werden, dass der Ausschussanteil nach der Kontrolle einen vorgegebenen Wert nicht überschreitet. Kennzeichnend ist der vom Fehleranteil abhängige Übergang von der Stichprobenkontrolle zur Vollkontrolle und umgekehrt. Die Prüfergebnisse der kontinuierlichen Stichprobenprüfung liefern auch Informationen für die Korrektur des Produktionsprozesses.

Kontinuitätsprinzip → Bilanzkontinuität.

Konto → Konten.

Kontoabrechnung – von Kreditinstituten in bestimmten Zeitabständen (i.d.R. monatlich oder quartalsweise) erstellte Zusammenstellung der Erträge und Kosten eines Kontos. Bestandteile einer Kontoabrechnung sind die Zinsen (Soll- und/oder Habenzinsen), die Kontoführungsgebühren sowie Auslagenersatz für Porto und evtl. weitere Gebührenpositionen.

Kontoauszug – schriftliche Darstellung aller Umsätze auf einem Konto: Kontoauszüge enthalten alle Kontobewegungen sowie Anfangs- und Endbestand für den entsprechenden Zeitraum. Durch die Bereitstellung des Kontoauszuges kommt die Bank ihrer Pflicht nach, ihre Kunden zu informieren. Der Kunde hat die Pflicht, Bewegungen auf dem Girokonto, mittels Kontoauszug, zu kontrollieren. Ein Kontoauszug kann täglich (Tagesauszug), wöchentlich (Wochenauszug) oder monatlich (Monatsauszug) erfolgen. Die Kontoauszüge werden den Kunden von den Kreditinstituten per Postversand zugestellt bzw. zur Abholung im Kreditinstitut bereitgehalten oder im → Homebanking zur Verfügung gestellt. Mit → Kontoauszugsdruckern (KAD) bieten Kreditinstitute ihren Kunden die Möglichkeit, sich bei Bedarf die Auszüge selbst zu erstellen. – Vgl. auch → Kontokorrent.

Kontoauszugsdrucker (KAD) – im Rahmen der → Bankautomation dem Kunden zugängliches Selbstbedienungsgerät, das bei Bedarf (nach Eingabe einer Bankkundenkarte als Berechtigungsausweis) den → Kontoauszug erstellt. Die vom System für den Druck des Kontoauszuges benötigten Angaben sind auf einem Magnetstreifen (→ Magnetstreifenkarte) oder einem Chip (→ Chipkarte) gespeichert, der auf der Karte angebracht bzw. in diese integriert ist.

Kontoeröffnung – *Kontoeinrichtung.* – Vgl. auch → Bankkonto, → Girovertrag, → Schufa.

Kontoführungsgebühren → Preisaushang.

Kontoführungskosten → Arbeitsentgelt.

Kontokorrent – *ital. conto=Rechnung und corrente=laufend*; rechtliche Grundlage, auf der laufende Bankkonten (Kontokorrent-Konten) geführt werden; dort werden alle Gutschriften und Belastungen eines Bankkunden (Privat- oder Geschäftskunden) vom Kreditinstitut erfasst. Es dient zur Abwicklung aller Bankgeschäfte, v.a. des Zahlungsverkehrs, und kann sowohl kreditorisch als auch debitorisch geführt werden. Die Merkmale des Kontokorrents sind in § 355 HGB näher geregelt. – Vgl. auch → Bankkonto, → Girokonto.

Kontokorrentkonto → Kontokorrent, → Personenkonto.

Kontokorrentkredit – *Kredit in laufender Rechnung;* → Kredit, den der Kreditnehmer innerhalb der festgesetzten Laufzeit durch Verfügungen über sein Konto bis zur vereinbarten → Kreditlinie in Anspruch nehmen kann. Der Kontokorrentkredit an Unternehmen ist ein → Betriebskredit, der der Finanzierung der Gütererzeugung und Güterbereitstellung dient (→ Betriebsmittelkredit, → Saisonkredit, → Überziehungskredit, → Zwischenkredit). Der Kontokorrentkredit an Privatpersonen wird als standardisierter → Dispositionskredit zur Verfügung gestellt und dient der Konsumfinanzierung (→ Konsumentenkredit). – *Rechtsgrundlagen für die Abwicklung des Kontokorrentkredites* sind neben dem → Kreditvertrag die Allgemeinen Geschäftsbedingungen der Kreditinstitute (AGB), die Bestimmungen des HGB über das Kontokorrentkonto (§§ 355 ff. HGB) und die Bestimmungen des BGB über das Darlehen (§§ 488 ff., 493 ff. BGB). – *Kosten für den Kreditnehmer:* a) Zinsen auf den in Anspruch genommenen Betrag; b) beanspruchen Kunden mehr Kredit als ihnen zugesagt ist, so berechnet die Bank einen Zinszuschlag (Überziehungszinsen); c) Kontoführungsgebühren, Bearbeitungsgebühren je nach Anlass.

Kontokorrentvertrag – Vertrag zur Erleichterung des Zahlungs- und Abrechnungsverkehrs zwischen Personen, die in laufender Geschäftsverbindung stehen.

I. Voraussetzungen des kaufmännischen Kontokorrentvertrages: (§§ 355–357 HGB): (1) Kaufmannseigenschaft eines Vertragsteils; (2) dauernde Geschäftsverbindung zwischen den Parteien, aus der beiderseitige Geldansprüche entstehen können; (3) die Abrede, die beiderseitigen Geldansprüche in regelmäßigen Zeitabschnitten durch Verrechnung

(Saldierung) und Feststellung des sich ergebenden Überschusses auszugleichen *(Kontokorrentabrede).*

II. **Wirkungen:** Die beiderseitigen Forderungen und Leistungen werden durch den Kontokorrentvertrag gebunden und zu bloßen Rechnungsposten: 1. Keine Partei kann über ihre einzelnen Forderungen gesondert verfügen, sie verpfänden, abtreten, zur → Aufrechnung benutzen oder einklagen. – 2. Die Ansprüche gelten als gestundet, kein → Verzug. – 3. Die → Verjährung ist gehemmt. – 4. Die Zahlungen innerhalb des Kontokorrents wirken nicht schuldtilgend und werden nur als verzinsliches Guthaben gebucht.

III. **Verrechnung und Saldofeststellung:** 1. *Vollzug:* Eine Partei stellt die beiderseitig im Laufe der Rechnungsperiode entstandenen Ansprüche und Leistungen nebst Zinsen in Rechnung und teilt der anderen Partei den ganzen Rechnungsabschluss und den sich ergebenden Saldo mit. Die Verrechnung ist bis zum Schluss der Rechnungsperiode oder Kündigung des Kontokorrentvertrages aufgeschoben. – 2. *Rechtliche Wirksamkeit*erlangt der Saldo erst durch seine vertragliche Anerkennung beider Parteien (Saldovertrag), die auch stillschweigend z.B. durch Fortsetzung des Kontokorrentverkehrs erfolgen kann. – a) Verweigert der Empfänger die Anerkennung des Saldos nicht, entsteht ein abstraktes → Schuldanerkenntnis(§§ 781, 782 BGB), das formlos gültig ist und einen selbstständigen Verpflichtungsgrund erzeugt. – b) Zugunsten des Saldos bleiben nach § 356 HGB die mit den einzelnen Forderungen verbundenen Sicherheiten → Pfandrechte, → Bürgschaftenund Insolvenzvorrechte für den Saldo weiter bestehen, soweit sich dieser mit der gesicherten Forderung deckt. – c) Das Saldoguthaben kann aufgrund der Anerkennung selbstständig eingeklagt werden. – d) Vom Ablauf der Kontokorrentperiode ist der Saldo, auch soweit die einzelnen Posten unverzinslich sind oder sie Zinsen erhalten, bei beidseitigem Handelsgeschäften mit 5 Prozent zu verzinsen (§§ 355, 352 HGB). – 3. *Saldovortrag:*Übertragung des Saldos als erster Kreditposten auf neue Rechnung bei der Fortsetzung des Kontokorrentverhältnisses (bloßer Rechnungsposten).

IV. **Pfändung:** Gläubiger einer Vertragspartei können: (1) Einzelne in das Kontokorrent fallende Forderungen nicht pfänden, da die Abtretung unmöglich ist (§ 851 ZPO). (2) Den künftigen Saldo pfänden, wie er sich ergibt, wenn im Zeitpunkt der Pfändung abgerechnet würde, oder den Saldo zum Schluss der Rechnungsperiode (§ 357 HGB).

V. **Kein Kontokorrentvertrag:** → offene Rechnung oder → laufende Rechnung unter Nichtkaufleuten.

Kontokorrentvorbehalt → erweiterter Eigentumsvorbehalt.

Kontonummer – Nummer, unter der das Konto eines Bankkunden bei einer Bank geführt wird. – Vgl. auch → IBAN.

Kontorwissenschaften – von der → Handelswissenschaft gepflegter Teil der → Betriebswirtschaftslehre (BWL). Kontorwissenschaften umfassten v.a. Buchhaltung und Korrespondenz, Handelslehre, Wirtschaftsrechnen, Geografie und Warenkunde. Sie waren demnach eine rein auf das Kaufmännisch-Technische ausgerichtete Kunstlehre.

Kontoscreening – Verpflichtung nach dem Vierten → Finanzmarktförderungsgesetz, seit dem 1.7.2002 sämtliche Geschäfts- und Privatkonten regelmäßig auf verdächtige Transaktionen zu überprüfen (vgl. § 25a I Nr. 4 KWG).

Kontoüberziehung – Inanspruchnahme eines → Kontokorrentkredits ohne Vereinbarung oder über einen mit der Bank vereinbarten Rahmen hinaus. Im Rahmen der Kontoüberziehung unterscheidet man zwischen der eingeräumten Überziehungsmöglichkeit (§ 504 BGB) oder der geduldeten Kontoüberziehung (§ 505 BGB). Bei der eingeräumten Kontoüberziehung wird einem Kunden ein Kreditlimit in Form eines → Überziehungskredits (→ Dispositionskredits) auf dem laufenden Konto eingeräumt. Wird diese Obergrenze überschritten, so handelt es sich um eine geduldete Kontoüberziehung. Hat das Kreditinstitut dem Verbraucher einen Überziehungskredit eingeräumt, sind dem Verbraucher u.a. mitzuteilen: die Höchstgrenze des → Darlehens, der jeweilige Jahreszins, die Bedingungen für die Zinssatzänderung und die Regelung über die Vertragsbeendigung (§ 492 II BGB i.V.m. Art. 247 EGBGB). Bei einer Kontoüberziehung sind nach Nr. 12 VI AGB Banken bzw. Nr. 18 AGB Sparkassen im Preisaushang (Preisangabenverordnung) aufgeführte (Überziehungs-)Zinsen zu zahlen. Duldet ein Kreditinstitut eine Kontoüberziehung länger als drei Monate, muss es einen Verbraucher über den Jahreszins, die Kosten sowie die diesbezüglichen Änderungen unterrichten, was auch in Form eines Ausdrucks auf einem → Kontoauszug geschehen kann (§ 504 Abs. 2 Nr. 2 BGB). – Vgl. auch → Überziehungskredit.

kontrahieren – einen → Vertrag schließen.

Kontrahierungspolitik – wichtiges → marketingpolitisches Instrument, Ziel- und Maßnahmenentscheidungen zur vertraglichen Absicherung der Transaktionsbedingungen bei einem Verkauf. Kontrahierungspolitik ist ausgerichtet auf die Gestaltung des *Kontrahierungsmix* mit den Entscheidungsbereichen → Preispolitik, Absatzfinanzierungspolitik und → Konditionenpolitik.

Kontrahierungszwang – I. Recht

Abschlusszwang; gesetzliche Pflicht zum Abschluss eines Vertrages, bei dem u.U. auch der Inhalt festgelegt ist (z.B. für Eisenbahn, Post, Energieversorgungsunternehmen); Ausnahme von der → Vertragsfreiheit. Kontrahierungszwang wird allgemein dann bejaht, wenn eine öffentliche Versorgungsaufgabe (sog. Daseinsvorsorge) besteht. Über die §§ 19 I i.V.m. 19 II Nr. 1, 20 I oder V GWB ebenfalls

Kontrahierungszwang möglich, soweit das fragliche Unternehmen Normadressat ist und eine unbillige Behinderung oder eine Ungleichbehandlung ohne sachlich gerechtfertigten Grund anzunehmen ist. Erforderlich ist eine umfassende Interessenabwägung im Einzelfall.

II. Versicherungswirtschaft → *Annahmezwang.* – 1. *Begriff:* Pflicht zur Versicherungsnahme bzw. zur Annahme von Versicherungsanträgen, durch die die grundsätzlich geltende Abschlussfreiheit der Vertragsparteien einschränkt wird. – 2. *Merkmale und Anwendungsbereiche:* Der Kontrahierungszwang begründet eine gesetzlich geregelte Verpflichtung des Risikoträgers auf Inanspruchnahme einer Versicherungsdeckung zum Schutz des Drittgeschädigten (der Risikoträger wird damit zum Versicherungsnehmer) und/ oder eine gesetzlich geregelte Verpflichtung des Versicherers auf Annahme von Versicherungsanträgen zum Schutz des Versicherungsinteressenten sowie ggf. ebenso des Drittgeschädigten. Anwendungsbereiche sind bspw. die → Kfz-Haftpflichtversicherung und die → Krankenversicherung. – 3. *Kontrahierungszwang in der Kfz-Haftpflichtversicherung:* Seitens des Kfz-Halters besteht in der Kfz-Haftpflichtversicherung einerseits als Risikoträger die Pflicht zur Versicherungsnahme und andererseits in seiner Eigenschaft als Versicherungsinteressent ein einklagbarer Anspruch gegenüber dem von ihm gewählten Versicherer auf Abschluss eines Versicherungsvertrags; auch der betreffende Versicherer hat insofern einen Kontrahierungszwang. Nach § 5 PflVG darf ein Versicherungsantrag nur in Ausnahmefällen innerhalb von zwei Wochen nach Eingang abgelehnt werden; sonst gilt er als angenommen (Annahmefiktion). – 4. *Kontrahierungszwang in der Gesetzlichen Krankenversicherung (GKV):* Insbesondere Arbeitnehmer, aber auch weitere gesetzlich definierte Personengruppen unterliegen der Versicherungspflicht in der GKV. Die gesetzlichen Krankenkassen sind zur Aufnahme neuer Versicherter generell unabhängig von deren Alter, Gesundheitszustand oder Einkommen verpflichtet. – 5. *Kontrahierungszwang in der Privaten Krankenversicherung (PKV):* Angesichts des privatrechtlichen Grundsatzes der Vertragsfreiheit kennt die PKV grundsätzlich keinen Kontrahierungszwang. Dementsprechend gibt es auf Seiten der Kunden auch keine Versicherungspflicht. Eine rechtliche Verpflichtung der Versicherungsunternehmen, zur Annahme eines Vertrags gibt es allerdings in folgenden Ausnahmefällen: – a) Versicherungsschutz bei Neugeborenen von Eltern mit PKV-Schutz: beginnt ohne Wartezeit und ohne Gesundheitsprüfung unmittelbar nach der Geburt, wenn das Kind spätestens zwei Monate nach der Geburt bei der Versicherung angemeldet wird (§ 198 VVG). – b) Dauernde Öffnung der PKV für Beamtenanfänger: Beamtenanfänger sowie deren Familienangehörige werden nicht aus Risikogründen abgelehnt, und Risikozuschläge werden auf maximal 30 % begrenzt. – c) Erleichterter Wechsel in die PKV für GKV-versicherte Beamte: Kein GKV-versicherter Beamter wird aus Risikogründen abgelehnt und Risikozuschläge werden auf maximal 30 % des tariflichen Betrags begrenzt. – d) Kontrahierungszwang für die Aufnahme in die private Pflegepflichtversicherung (§ 110 III SGB XI). – e) Kontrahierungszwang bei zurückkehrenden Nichtversicherten, die der PKV zuzuordnen sind, seit dem 1.7.2007 im modifizierten Standardtarif (§ 315 SGB V). – f) Kontrahierungszwang im Basistarif seit dem 1.1.2009 für versicherungsberechtigte Personen gemäß dem GKV-Wettbewerbsstärkungsgesetz (GKV-WSG).

III. Health Care Management → Die Krankenkassen der gesetzlichen Krankenversicherung unterliegen dem Kontrahierungszwang. Demnach sind sie dazu verpflichtet, neue Mitglieder unabhängig von deren Alter, Gesundheitszustand und ihrer finanziellen Leistungsfähigkeit aufzunehmen. In der privaten Krankenversicherung galt der Kontrahierungszwang bis Ende 2008, mit Ausnahme einiger bestimmter Gruppenversicherungsverträge, nicht. Seit dem 1.1.2009 müssen allerdings auch die privaten Krankenversicherer eine Grundversicherung mittels eines Basistarifes anbieten. Für diesen Tarif gilt der Kontrahierungszwang. Unmittelbar verbunden mit dem Kontrahierungszwang ist der Risikostrukturausgleich (vgl. auch → Morbi-RSA). Durch den Kontrahierungszwang können die Krankenkassen die bei ihnen Versicherten und damit auch das versicherte Risiko nicht beeinflussen. Dies führt zu ungleichen Belastungen und Risikostrukturen unter den Versicherungen. Mithilfe des Risikostrukturausgleichs sollen die Unterschiede ausgeglichen werden.

Kontrakt → Vertrag.

Kontrakteinkommen – zusammenfassende Bezeichnung der Wirtschaftstheorie für diejenigen → Einkommen, deren Höhe von vornherein durch Vertragsabschluss (Kontrakt) festgelegt wird, unabhängig vom Ergebnis der Produktion. Dazu gehören bspw. Lohn, Gehalt, Fremdkapitalzins, Pacht. – Es wird unterschieden zwischen Kontrakteinkommen im Sinne eines → statischen Einkommens einerseits und Residualeinkommen i.S.d. → dynamischen Einkommens andererseits. – *Gegensatz:* → Überschusseinkommen.

Kontraktion → Konjunkturphasen.

Kontraktkurve – *Verhandlungskurve.* Die Kontraktkurve stellt eine Aneinanderreihung pareto-optimaler Punkte dar. Die in der Wohlfahrtsökonomik verwendete Kontraktkurve entsteht innerhalb der → Edgeworth-Box dadurch, dass sich die → Indifferenzkurven der Tauschpartner tangieren. Der sich ergebende geometrische Ort aller Tangentialpunkte der beiden Indifferenzkurvensysteme wird als Kontraktkurve bezeichnet.

Kontraktkurve

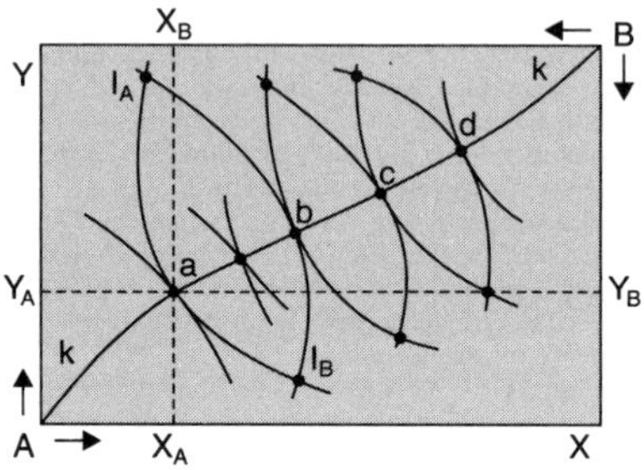

kk = Kontraktkurve
I_A = Indifferenzkurven des A
I_B = Indifferenzkurven des B
x = Gut x, y = Gut y

Gemäß der Besitzverteilung in der Ausgangssituation kann sich jeweils ein anderer Punkt auf der Kontraktkurve ergeben. Sobald ein Punkt auf der Kontraktkurve durch Verhandlungen der Tauschpartner erreicht ist (hier wird für die konkrete Tauschlösung das Verhandlungsgeschick der Marktpartner ausschlaggebend sein), muss dieser unter pareto-optimalen Bedingungen eingehalten werden (Allokationsoptimum). In den pareto-optimalen Tangentialpunkten (a, b, c etc.) stimmen die → Grenzraten der Substitution beider Tauschpartner überein und sind gleich den relativen Güterpreisen. Die → Grenzraten der Substitution werden berechnet als Verhältnis der Grenznutzen der betrachteten Güter. Ob der erreichte Tangentialpunkt volkswirtschaftlich betrachtet „besser" ist als ein anderer auf der Kontraktkurve, kann aufgrund der beschränkten Aussagefähigkeit des → Pareto-Optimums nicht abgeleitet werden. Zur Lösung dieses Problems ist die → Bergsonsche Wohlfahrtsfunktion entwickelt worden.

Kontraktlogistik – langfristige Übernahme komplexer logistischer Dienstleistungspakete durch Speditionen, Paketdienste und sonstige Logistik-Dienstleister. Dabei werden mehrere Basis-Dienstleistungen wie Transport, Lagerung, Umschlag, (teilweise) Montage und Konfektioniertätigkeiten sowie einfache Produktions- oder Montagetätigkeiten miteinander kombiniert. Der Dienstleister wird damit zum Systemlieferanten für Logistikleistungen.

Kontraktmanagement – *Managementvertrag, Management Contracting, Performance Contracting.*

I. Verwaltungsreform: Kontraktmanagement ist ein Element der Verwaltungsreform, v.a. auf kommunaler Ebene, für eine ergebnisorientierte Steuerung des Verwaltungshandelns. Kontraktmanagement beinhaltet eine vertragliche Vereinbarung über die zu erbringenden Leistungen in Form von Zielen und mit definierten Indikatoren über die hierfür bereitgestellten Ressourcen (nach der konzeptionellen Idee des New Public Management sollen die Ressourcen beim Kontraktmanagement in Form von Globalbudgets (→ Globalbudgetierung) bereitgestellt werden) und über die Art der Berichterstattung hinsichtlich Ergebnissen und eventuellen Abweichungen. Kontraktmanagement kann auf unterschiedlichen Ebenen im politisch-administrativen System zur Anwendung kommen und bezieht sich zum einen auf den Abstimmungsprozess zwischen Rat und Verwaltung, zum anderen auf die Abstimmung der dezentralen Fachbereiche über ein zentrales Controlling (→ Neues Steuerungsmodell (NSM)). Kontraktmanagement entspricht weitgehend der Praktizierung des → Management by Objectives mit vertraglicher Bindung unter Aufhebung der traditionellen Trennung von Fach- und Ressourcenverantwortung in öffentlichen Verwaltungen. – Die Instrumente (auch Dokumente), mit denen Kontraktmanagement umgesetzt wird, werden weitgehend synonym als Kontrakte, Leistungsvereinbarungen, Leistungsvertrag oder auch Performance Agreement bezeichnet.

II. Außenhandel: 1. *Begriff:* spezielle Form der Zusammenarbeit im Auslandsgeschäft. Ein Unternehmen aus einem fremden Wirtschaftsgebiet stellt als „Contracting Firm" Management-Know-how – fallweise gemeinsam mit der erforderlichen personellen Basis – zur Verfügung, während die Partnerseite („Managed Firm") aus dem Gastland oder/und aus fremden Wirtschaftsgebiet die Direktinvestition trägt. Bei der „Contracting Firm" kann es sich – je nach Aufgabenstellung und Zielsetzung der Kooperation – um ein eigenständiges Unternehmen handeln, das auf dem über Kontraktmanagement abzudeckenden Problembereich bzw. in der vom Investor gewählten Branche bereits tätig ist (z.B. im Hotelsektor, im Schiffsbau, im Speditionswesen), oder um Dienstleistungsunternehmen mit entsprechend fachlicher Ausrichtung, die sich auf solche Projekte spezialisiert haben (z.B. Consulting Engineers, sonstige Consultingfirmen, Speditionen). – 2. *Bedeutung:* Diese Form der Zusammenarbeit bietet sich bes. für Unternehmen an, wenn sie Branchen bzw. Wirtschaftsstufen von geringer bzw. keiner überregionalen Marktbedeutung angehören. Außerdem sollten die auf organisatorischer und technischer Ebene zu lösenden Managementprobleme weniger komplex, zum größeren Teil standardisierbar sein und sich auf einfacherem Niveau befinden; Aufgaben mit administrativem und Kontrollcharakter sind für Kontraktmanagement bes. geeignet. Kontraktmanagement ist auch auf anderen Ebenen einsetzbar (z.B. im Rahmen von Lizenzgeschäften bei Vertragsfertigung und Joint Ventures). – 3. *Vertragsregelung:* Das Management- bzw. Dienstleistungsunternehmen erhält – neben einem Kostensatz (für Personal und sonstige Aufwendungen) – eine ebenfalls vertraglich festgelegte Ertrags- bzw. Erfolgsbeteiligung. – Kontraktmanagement hat Projektcharakter, ist also von begrenzter Dauer und in vielen Fällen endergebnisorientiert. – Oft ist für eine Herstellerfirma aus dem Ausland damit die Einleitung eines geplanten Direktengagements im Gastland verbunden. In diesem Fall müsste sich der fachspezifisches Management-Know-how exportierende ausländische Partner vertraglich durch eine Option auf Erwerb von Anteilen an der „Managed Firm" spätestens nach Ablauf des Managementvertrages absichern; andernfalls besteht die Gefahr, dass die „Contracting Company" mit Auslauf des Managementvertrages und einer Nicht-Verlängerung hieraus keinen weiteren (Folge-)Nutzen ziehen kann.

Kontraktmarketing – *Kontraktvertrieb;* Absatz von Produkten und Dienstleistungen auf Basis von Verträgen, die für einen bestimmten Zeitraum oder für eine bestimmte Zahl von Verkaufsvorgängen gelten. Kontraktmarketing ist Ausdruck einer → Kooperation. – *Erscheinungsformen:* → Rahmenvereinbarung, → Vertriebsbindung, → Alleinvertrieb, → Franchise u.a.

Kontraktpolitik → Einkaufspolitik.

Kontraktproduktion → unmittelbar kundenorientierte Produktion.

Kontraktvertrieb → Kontraktmarketing.

Kontraprotest→ Wechselprotest wegen unterbliebener Ehrenzahlung (→ Ehreneintritt).

Kontrastgruppenanalyse → AID-Analyse.

Kontrollbudget→ Budget, das der reinen buchhalterischen Kontrolle der staatlichen Aktivität dient, ohne Rücksicht auf Effizienzkriterien.

Kontrolle – I. Charakterisierung: 1. *Begriff:* Durchführung eines Vergleichs zwischen geplanten und realisierten Größen sowie Analyse der Abweichungsursachen; nicht eingeschlossen ist die Beseitigung der festgestellten Mängel. Kontrolle ist eine Form der → Überwachung, durchgeführt von direkt oder indirekt in den Realisationsprozess einbezogenen Personen oder Organisationseinheiten. – *Abgrenzung:* a) Zum *Controlling:* → Controlling (Planung, Steuerung und Kontrolle) umfasst u.a. auch die Mängelbeseitigung. – b) Zur → internen Revision: v.a. dadurch, dass Kontrolle ein ständiger Vorgang ist, der laufende Prozesse möglichst lückenlos überwacht und meist von (vorgesetzten) Mitarbeitern der gleichen Organisationseinheit durchgeführt wird. – c) Zur → Prüfung: Der Überwachungsträger ist in den kontrollierten Prozess einbezogen (→ Prozessabhängigkeit). – 2. *Entscheidungsprozess-Phase:* a) *I.e.S.:* letzte Phase des → Entscheidungsprozesses, d.h. der Prozess der Sicherstellung, dass die Durchführung mit dem Geplanten übereinstimmt. – b) *I.w.S.:* alle Phasen des Entscheidungsprozesses, d.h. ein überlagernder Prozess der Willensbildung und -durchsetzung. – 3. *Grundsätzliche Zwecke:* (1) Kontrollinformationen können Daten für nachfolgende Planungen liefern (sachlogische Dimension); (2) Kontrollinformationen können für die Mitarbeiterbeurteilung herangezogen werden (motivationale Dimension). Aus den teilweise verschiedenen und konfliktären Kontrollanforderungen dieser Dimensionen ergeben sich die bes. Gestaltungsprobleme der Kontrolle. – 4. Kontrolle ist häufig in ein ausdifferenziertes *Planungs- und Kontrollsystem* eingebunden. Auf diese Weise wird versucht, die Kontrolle so vollständig wie möglich durchzuführen und frühzeitig in die laufenden Prozesse einzugreifen.

II. Arten: 1. *Plan-Kontrolle:* dient der Willenssicherung. Eine Kritik am Plan ist unzulässig und würde zu einer Schwächung der Plan-Unterstützung durch die Beteiligten führen. – 2. *Prämissen-Kontrolle:* Überwachung und ggf. Revision der Planannahmen. Daraus entsteht das → Dilemma der Kontrolle, dass man einerseits zum Zweck der Durchsetzung am Plan festhalten und andererseits eine Planveränderung aufgrund von Lernprozessen möglich sein muss. – 3. *Strategische Kontrolle:* Überwachung der Realisierung von → strategischen Programmen; stellt aufgrund der nur teilweise möglichen Quantifizierung von strategischen Plänen die Unternehmensführung vor bes. Probleme. – 4. *Operative Kontrolle:* Überwachung der operativen Programme und der entsprechenden Bereiche. – 5. *Indirekte Kontrolle* der strategischen Pläne und Prämissen erfolgt im Rahmen der aus den Strategien abgeleiteten operativen Pläne und Prämissen. So können die im Rahmen des üblichen operativen Kontrollprozesses gewonnenen Informationen gleichzeitig für eine Überprüfung der Strategien und ihrer Planannahmen herangezogen werden. – *Beispiel:* Bei der Durchsprache von Preis- oder Mengenabweichungen im Rahmen einer flexiblen Plankostenrechnung ergeben sich Hinweise, dass die Ursachen nicht bei dem Kostenstellenleiter, sondern in den unzutreffenden Planerwartungen des strategischen Programms liegen. Es können sich Konsequenzen für die weitere Aufrechterhaltung der strategischen Planannahmen ergeben. – 6. *Direkte Kontrolle* bezieht sich dagegen explizit auf die Überwachung strategischer oder operativer Planaussagen. Dort gibt es eine autonome Kontrolle, die (laufend) kalendergesteuert oder (ad hoc) ereignisgesteuert ist. – 7. *Verfahrens-Kontrolle* überprüft, ob nach den vorgeschriebenen Richtlinien gehandelt worden ist. – 8. *Ergebnis-Kontrolle* bezeichnet dagegen den Vergleich der Plandaten mit den realisierten Daten. – 9. *Ex-Ante-Kontrolle:* Versucht wird, Soll-Wird-Abweichungen zu antizipieren. – 10. *Ex-Post-Kontrolle:* Abgestellt wird auf Soll-Ist-Abweichungen.

III. Einsatzgebiete: 1. *Buchhaltung:* a) *Zweck:* Sicherung der Ordnungsmäßigkeit des Rechnungswesens, Schutz vor Vermögensverlusten durch unbefugte Zugriffe (z.B. in Kassen-, Wertpapier- oder Materialbestände), Falschbuchungen, Missbrauch und Fälschung von → Belegen. Die Summe aller organisatorischen Kontrollmaßnahmen wird als → internes Kontrollsystem (IKS) bezeichnet. – b) Schutz gegen *formelle Buchhaltungsfehler* durch Prüfung der Richtigkeit und Vollständigkeit der Buchungen

(Kontierungsfehler, Doppelbuchungen, fehlende Buchungen), der Rechenoperationen (Additionen, Salden) und der Datentransportvorgänge (Übertragungsfehler, Konten-, Spalten- und Zahlenverwechslungen) durch → Kontenkontrolle und Systemprüfungen; manuelle oder maschinelle Testläufe (z.B. bei EDV-Programmen u.Ä.), soweit nicht maschinelle oder sonstige zwangsläufige Kontrolle das Auftreten von Fehlern bereits verhindern. – c) Kontrolle der *materiellen Übereinstimmung* buchmäßig ausgewiesener Bestände mit den tatsächlich vorhandenen erfordert die Durchführung von → Inventuren (z.B. → Kassenprüfung, → Kassensturz). – 2. *Strategisches Management:* → strategische Kontrolle.

Kontrolleinheit – *interne Revision.* → Organisatorische Einheit mit → Kontrollkompetenz.

Kontrollfrage – Frage, die der Prüfung dient, ob bei der Beantwortung eines → Fragebogens die Befragten ausweichende oder gar falsche Antworten gegeben haben. Durch Vergleich der Antworten auf Fragen und Kontrollfragen werden → systematische Fehler des Materials erkannt, sodass sie ggf. bei der Auswertung ausgeschaltet werden können.

kontrollierbare Kosten – 1. *I.e.S.:* → Kosten, die direkt bei einer Aktivität oder Kostenstelle durch einen Verantwortlichen (oder eine Personengruppe gemeinsam) an einer bestimmten Stelle der Organisationshierarchie (innerhalb der betrachteten Periode und beim betrachteten Bezugsobjekt) maßgeblich beeinflusst werden können. Ggf. muss zwischen → Kontrollierbarkeit der Art, der Maßnahme, der Mengen- oder Preiskomponente, Terminen, Teilfunktionen etc. unterschieden werden. – Vgl. auch → verantwortungsorientiertes Rechnungswesen. – 2. *I.w.S.:* Es werden auch Natureinflüsse oder (durch den Staat, Geschäftspartner, Konkurrenten) fremdgesteuerte Einflussfaktoren einbezogen, soweit deren Einfluss quantifizierbar oder für die Interpretation relevant ist. – Vgl. auch → Kontrollierbarkeit.

Kontrollierbarkeit – 1. *Begriff:* a) *I.w.S. (neuere Begriffsauffassung):* → Disponierbarkeit (Beherrschbarkeit, Beeinflussbarkeit). – b) *I.e.S. (ältere Begriffsauffassung):* Nachprüfbarkeit. Letztere Bedeutung überwiegt im Rechnungswesen. Zu unterscheiden sind: (1) Kontrollierbarkeit der Ordnungsmäßigkeit und formalen Richtigkeit, (2) Kontrollierbarkeit als Beurteilung aufgrund qualitativer Kriterien und (3) Kontrollierbarkeit als materielle Nachprüfbarkeit auf Basis quantitativer Kriterien. Entscheidungs-, Planungs- und Prognosekontrolle, Ermittlung der Entscheidungswirkungen, die über den Verantwortungsbereich hinausreichen können, und des Erreichens vorgegebener Ziele gewinnen gegenüber der bloßen Ausführungs- oder Verhaltenskontrolle an Bedeutung. – 2. *Allgemeine Grundregeln/ Voraussetzungen:* Allgemein setzt eine quantitative materielle Kontrolle voraus: eine *objektive, intersubjektiv nachprüfbare Abbildung des Betriebsgeschehens* mit einer Differenzierung der Daten nach ihrer Beeinflussbarkeit (→ Disponierbarkeit) durch die kontrollierenden Verantwortlichen und Abhängigkeit von hinzunehmenden Einflussgrößen sowie der materiellen, logischen Richtigkeit und der Genauigkeit der rechnerischen Abbildung der Ist-Daten bzw. der Vorgabe- und Prognosesicherheit bei Soll- und Wird-Daten. – 3. *Personelle und zeitliche Teilung des Entscheidungsfeldes:* Bei den einzelnen Verantwortlichen sind nur solche Vorgänge und Rechengrößen kontrollierbar, die sie für oder während des betrachteten Zeitraums maßgeblich beeinflussen konnten. Dies erfordert (1) eine Differenzierung nach der „örtlichen" und zeitlichen Verteilung der Entscheidungswirkungen eines Verantwortlichen und (2) eine Kennzeichnung der erfassten Vorgänge nach den zuständigen Verantwortungsträgern bei den einzelnen Erfassungsbereichen (z.B. Kosten- und Leistungsstellen) und damit (3) eine Unterscheidung zwischen (a) Entscheidungs- und Verantwortungs(kosten)stelle und (b) Erfassungs(kosten)stelle. – Vgl. auch → verantwortungsorientiertes Rechnungswesen.

kontrollierter Emissionshandel – pragmatische Variante der → Umweltzertifikate unter Einbeziehung von Elementen der Auflagenpolitik (→ Umweltauflage). Seine wesentlichsten Elemente sind die → Ausgleichspolitik, → Glockenpolitik und das → Emissionsbanking. – *Realisierung eines Emissionsrechtshandels auf EU-Ebene bzw. in Deutschland:* → Umweltzertifikat.

Kontrollinstrument – zur Erfüllung von Kontrollaufgaben eingesetztes Hilfsmittel. Hierzu zählen u.a. Stichprobenanalysen und Abweichungsanalysen.

Kontrollkartentechnik – statistisches Instrument der → Produktionskontrolle. Die Kontrollkartentechnik kann sowohl für die → Variablenkontrolle als auch für die Attributenkontrolle eingesetzt werden. Die Kontrollkarte bzw. Qualitätsregelkarte ist ein Formblatt zur grafischen Darstellung von Werten, die bei der Qualitätsprüfung einer fortlaufenden Reihe von Stichproben aus dem Produktionsprozess anfallen. Die Prüfergebnisse werden mit Grenzlinien auf der Qualitätsregelkarte verglichen und bei einer Überschreitung werden vorab definierte Maßnahmen bez. des Produktionsprozesses und ggf. auch bez. der folgenden Prüfungen ausgelöst. Als Grenzlinien werden Warn- und Eingriffsgrenzen unterschieden, die nach statistischen Gesichtspunkten festgelegt werden. Die Überschreitung einer Warngrenze führt zu einer stärkeren Überwachung des Prozesses, während der Zweck der Eingriffsgrenzen die rechtzeitige Auslösung von Korrekturmaßnahmen zur Prozess-Verbesserung ist.

Kontrollkompetenz→ Kompetenz für die Durchführung von → Kontrollen.

Kontrollmeldeverfahren – 1. Ein *Begriff* aus dem Gebiet des Internationalen Steuerrechts, genau aus dem Gebiet der Quellenbesteuerung: Ein Verfahren, nach dem derjenige, der eine Vergütung an einen beschränkt steuerpflichtigen Empfänger auszahlt, diejenigen Minderungen der Quellensteuern, die nach den Doppelbesteuerungsabkommen (DBA) oder anderen Sonderregelungen des Gesetzes einschlägig sind, von sich aus anwenden darf, ohne die Finanzverwaltung vorher in jedem Einzelfall um Zustimmung zu fragen. – 2. *Systematische Hintergründe*: Normalerweise dürfen Personen, die Zahlungen vorzunehmen haben, für die eine Quellensteuer (Steuerabzug an der Quelle) vorgesehen ist, ganz generell keinerlei Ermäßigung der gesetzlich vorgesehenen Regelbesteuerung beachten, ohne dazu im konkreten Einzelfall behördlich ermächtigt zu sein. Wer von sich aus weniger als den regulären Quellensteuersatz einbehält, wird auch dann für den Minderbetrag in Haftung genommen, wenn der Zahlungsempfänger sich das Geld ohnehin hätte erstatten lassen können; wer vorsätzlich so vorgeht, kann sogar wegen Steuerdelikten belangt werden. Von diesem Grundsatz bildet das Kontrollmeldeverfahren eine Ausnahme: Personen, die sich für ausreichend fachkundig halten, dürfen sich vom Bundeszentralamt für Steuern ermächtigen lassen, bei geringfügigen Zahlungen an beschränkt Steuerpflichtige (einzelne Zahlung < 5000 Euro, Jahresbeträge pro Empfänger < 40.000 Euro) selbst zu entscheiden, ob gesetzliche Sonderregelungen eine geringere Belastung ermöglichen. Dadurch soll eine Überbelastung der Behörden durch Erstattungs- oder Freistellungsanträge für Kleinbeträge vermieden werden. – 3. *Voraussetzungen*: Formloser Antrag an das Bundeszentralamt für Steuern, Selbstverpflichtung, alle Zahlungen, für die das Verfahren angewandt wurde, am Jahresende unter Angabe der jeweiligen Empfänger an das Bundeszentralamt zu melden (daher der Name), Haftung für alle Vorgänge, bei denen fehlerhaft zu wenig Steuern einbehalten wurden, Selbstverpflichtung, alle Zahlungsempfänger darauf hinzuweisen, dass das Bundeszentralamt von der Zahlung erfahren und seinerseits das Heimatstaatfinanzamt des Empfängers davon informieren wird. – 4. *Einzelheiten, Fundstellen*: § 50d V, VI EStG. – *Anders*: → Freistellungsbescheinigung durch das → Bundeszentralamt für Steuern.

Kontrollmitteilungen – 1. *Allgemeines:* Auswertungen von Feststellungen, die ein Außenprüfer anlässlich der → Außenprüfung über die Verhältnisse dritter Personen trifft (§ 9 BpO 2000). Kontrollmitteilungen sind insoweit zulässig, als die Feststellungen für die Besteuerung dieser Personen von Bedeutung sind oder eine unerlaubte Hilfeleistung in Steuersachen betreffen (§ 194 III AO). Sie dienen bes. zur stichprobenhaften Überwachung der Ordnungsmäßigkeit der Buchführung, der Aufdeckung nicht verbuchter und nicht versteuerter Geschäftsvorfälle. – 2. Zur *Verpflichtung* von Behörden und Rundfunkanstalten, den Finanzbehörden Kontrollmitteilungen zu übersenden, vgl. → Mitteilungsverordnung.

Kontrollnummernbeseitigung → Behinderungswettbewerb, selektives Vertriebssystem.

Kontrollspanne → Leitungsspanne, → logistische Kontrollspanne.

Kontrollsteuern – 1. *Begriff:* Kontrollsteuern dienen zur Bekämpfung illegaler Steuerzuwiderhandlungen: Eine Steuer gibt Anhaltspunkte für die Erfüllung der Steuerpflicht bei einer anderen. – 2. *Formen:* a) *Materialsteuer:* Bei ihrer Erhebung werden Tatbestände bekannt, die der Verwaltung Hinweise für die Erfüllung der Steuerpflicht bei anderen Steuern bieten. – *Beispiel:* Mehrwertsteuer gibt bes. bei Kleinunternehmen Anhaltspunkte auf den Gewinn des Unternehmens. – b) *Zangensteuern:* wirken auf grobe Formen der Steuertäuschung. So kontrolliert die → Erbschaftsteuer nachträglich die Erfüllung der Einkommensteuer des Erblassers.

Kontrollstruktur → Steuerkonstrukt.

Kontrolltheorie – Methode zur Lösung intertemporaler Optimierungsprobleme mit Nebenbedingungen.

Kontroll-Zertifikat → Inspektionszertifikat.

Konvent der Europäischen Union → Europäischer Konvent.

Konvention → Verfügungsrechte.

Konventionalstrafe → Vertragsstrafe.

konventionelle Datenorganisation – Synonym für → Dateiorganisation.

konventioneller Landbau – stellt das Gegenstück zum → alternativen Landbau dar und gilt als „moderne" Art des Landbaus, die sich durch Großflächenwirtschaft in → Monokulturen, dichte Fruchtfolgen, Einsatz großer Mengen von Agrochemikalien sowie chemischen Mitteln der Schädlingsbekämpfung auszeichnet. Vom konventionellen Landbau gehen beträchtliche Belastungen für die Umwelt aus, die sich in Landschaftsverbrauch, Belastung des Grundwassers mit Nitraten und Bodenerosion sowie anderen Änderungen und Schäden in den Agroökosystemen ausdrücken.

Konvergenzkriterien – Im Protokoll Nr. 21 zum *Vertrag über die EU* (→ EUV) wurden als Voraussetzung für die Teilnahme an der Dritten Stufe (Endstufe) der → *Europäischen Währungsunion* (EWU) folgende rechtsverbindlichen makro-ökonomische Konvergenzkriterien festgelegt: (1) Die *jährliche Neuverschuldung* der öffentlichen Haushalte eines zur Teilnahme qualifizierten Mitgliedslands darf maximal 3 Prozent und (2) die *öffentliche Gesamtverschuldung* maximal 60 Prozent seines Brutto-Inlandsprodukts betragen; (3) die nationale, mithilfe eines speziell zu diesem Zweck geschaffenen Verbraucherpreisindex (→ Harmonisierter Verbraucherpreisindex (HVPI)) ermittelte → *Inflationsrate* darf diejenige der drei preisstabilsten EU-Mitgliedsstaaten um nicht mehr als 1,5 Prozentpunkte überschreiten; (4) die jeweilige

Währung muss in den zwei Jahren, die der Prüfung vorangehen, die im → EWS vorgesehenen normalen Bandbreiten ohne starke Spannungen eingehalten haben; insbesondere darf der betroffene Staat den bilateralen Leitkurs seiner Währung innerhalb des gleichen Zeitraums nicht gegenüber der Währung eines Mitgliedsstaats von sich aus abgewertet haben; (5) das Niveau der *langfristigen Zinsen* der betreffenden nationalen Währung muss mind. ein Jahr vor der Prüfung nicht mehr als zwei Prozentpunkte über dem entsprechenden Niveau der drei preisstabilsten EU-Mitgliedsstaaten gelegen haben.

Konvergenzprogramm – Maßnahmen, die bei einem übermäßigen Haushaltsdefizit einzuleiten sind. Als übermäßig wird das Defizit dann eingestuft, wenn die Neuverschuldung dauerhaft, ohne Grund, wie z.B. die Deutsche Einheit, höher als 3 Prozent des → Bruttoinlandsproduktes (BIP) ist bzw. wenn der gesamtstaatliche Schuldenstand die Quote von 60 Prozent des BIP übersteigt. – Vgl. auch → Stabilitäts- und Wachstumspakt.

Konvergenztheorie – 1. *Charakterisierung:* Der Konvergenztheorie zufolge sind die → Wirtschaftsordnungen industrialisierter Länder, die anfänglich unterschiedlich strukturiert sind, gleichen technischen und wirtschaftlichen Sachzwängen ausgesetzt und müssen daher ähnliche Lösungswege einschlagen: Die Wirtschaftsordnungen werden sich daher immer ähnlicher. (1) Für *privatwirtschaftliche* → Marktwirtschaften wird ein wachsender staatlicher Einfluss auf den Wirtschaftsprozess und ein Funktionsverlust des Privateigentums bei sich ausweitender Managerherrschaft unterstellt. (2) Für → staatssozialistische Zentralplanwirtschaften wird eine Entideologisierung der Wirtschaftslenkung, die Dezentralisierung der Planungsrechte und ebenfalls ein Machtzuwachs der Manager abgeleitet. Dies führe zu einer Annäherung der institutionellen, politischen und ökonomischen Strukturen und Strategien. – 2. *Ansätze:* In welcher Richtung dieser Angleichungsprozess erfolgt und in welchem Umfang er die unterschiedlichen wirtschaftlichen Teilordnungen (→ Morphologie) erfasst, wird unterschiedlich gesehen: (1) Eine Position geht davon aus, dass die privatwirtschaftliche Marktwirtschaft den *„Marsch in den Sozialismus"* antreten muss (→ Schumpeter, → Kapitalismus). (2) Dagegen wird einem anderen Ansatz zufolge angenommen, dass die sozialistischen Zentralplanwirtschaften sich den privatwirtschaftlichen Marktwirtschaften annähern müssen (Rostow, Boettcher). (3) Bei der *„umfassenden" Konvergenztheorien* wird unterstellt, dass beide Wirtschaftsordnungen sich gleichzeitig auf ein einheitliches, gemischtes System hinbewegen und dass dessen Ordnung die optimale Mischung der einzelnen Teile der ursprünglichen Wirtschaftsordnungen ist (Tinbergen, Galbraith). (4) Die *„partielle" Konvergenztheorie* beinhaltet, dass nur einzelne Teilordnungen sich angleichen, während die anderen weiterhin systemspezifisch unterschiedlich bleiben (Wiles, Küng). – 3. *Kritik:* Gegen diese Annahmen wird eingewendet, dass es sich hierbei um ein nur oberflächliches Verständnis unterschiedlich organisierter Wirtschafts- und Gesellschaftssysteme handelt und die Diagnose und Erklärung institutionellen Wandels methodologische Schwächen beinhaltet. Die v.a. von den Ansätzen (3) und (4) hervorgehobene Annäherung der Planungstechniken sage nichts darüber aus, wie und von wem diese jeweils angewendet werden. Einer fundierten ordnungstheoretischen Analyse könnten sie so insgesamt nicht standhalten. – Vgl. auch → gemischte Wirtschaftsordnung.

Konversion – I. Bürgerliches Recht: Umdeutung des Parteiwillens: Entspricht ein (z.B. wegen Formmangels) nichtiges → Rechtsgeschäft den Erfordernissen eines anderen Rechtsgeschäfts, so gilt das letztere, wenn anzunehmen ist, dass die Parteien es bei Kenntnis der → Nichtigkeit gewollt hätten (§ 140 BGB).

II. Bankwesen: Umwandlung der Schuldbedingungen einer → Anleihe durch Umwandlung in eine neue (Konvertierungsanleihe) mit verändertem Zinsfuß, veränderter Laufzeit und/oder veränderten Tilgungsbedingungen, meist nach vorheriger Kündigung. Wird auch als *Konvertierung* bezeichnet.

Konversionsanleihe → Tilgungsanleihe.

Konversionsschuldverschreibung → Young-Anleihe.

Konvertibilität – *Konvertierbarkeit.* 1. *Begriff:* Element liberaler → Außenwirtschaftspolitik, bei der das Recht besteht, Währungsguthaben in andere Währungen umzutauschen und zu transferieren. Realisierung der Konvertibilität ist eines der Ziele des → IWF. – 2. *Arten:* a) *Volle Konvertibilität:* Konvertibilität ohne jede Einschränkung, d.h. für in- und ausländische natürliche und juristische Personen, für laufende Zahlungen und Kapitaltransaktionen sowie sämtliche Währungen. – b) *Beschränkte Konvertibilität:* (1) bezogen auf Person bzw. Institution: Das Recht zum Umtausch inländischer in fremde Währung kann auf Ausländer bzw. ausländische Zentralbanken (bzw. Inländer bzw. inländische Zentralbanken) beschränkt werden *(Ausländerkonvertibilität bzw. Inländerkonvertibilität).* (2) Bezogen auf Verwendungszweck: Die Konvertibilität gilt lediglich für Zahlungen aus laufenden Transaktionen (Waren- und Dienstleistungsverkehr) sowie Schuldendienste; Kapitaltransaktionen unterliegen dagegen Beschränkungen. (3) Bezogen auf Währungen: Nur bestimmte Währungen können gegen einheimische Währung eingetauscht werden. – 3. *Wirtschaftliche Bedeutung:* Förderung der internationalen Arbeitsteilung durch Verzicht auf Beeinträchtigung des Waren- und Dienstleistungsaustausches sowie Ermöglichung → internationaler Kapitalbewegungen.

Konvertierbarkeit → Konvertibilität.

Konvertierung → Konversion.

Konvertierungsanleihe → Konversion.

Konvertierungsrisiko → Transferrisiko.

konvex – *linksgekrümmt.* Eine → Funktion heißt in einem Intervall konvex, wenn in diesem Intervall alle Sekanten (Strecke zwischen zwei Punkten der Funktion) oberhalb des Graphen liegen bzw. wenn f'' (x_0) > 0 für x ist. Diese Krümmung entspricht einer Linkskurve. – *Gegensatz:* → konkav.

Konzentration – Konzentration bedeutet im statistischen Sinne die Vereinigung eines hohen Anteils der Merkmalsausprägungen auf eine relativ geringe Anzahl der Merkmalsträger; wirtschaftspolitisch wird darunter die Ballung ökonomischer Größen, einschließlich der Verfügungsmacht verstanden. – *Beispiele* für Ballungen ökonomischer Größen sind: die *Einkommens- oder Vermögenskonzentration* bei den Haushalten (Verteilung), die *Betriebs- bzw.* → Unternehmenskonzentration oder die *Konzentration der Verfügungsmacht* in den Händen von Entscheidungsträgern.

Konzentrationsformen des Handels – 1. *Begriff:* → Betriebsformen des Handels, deren Betriebsstätten von einer Zentrale einheitlich geführt werden, z.B. bei Filialunternehmungen. Sämtliche von den Managern der Zentralebene getroffenen Entscheidungen können aufgrund der Weisungsrechte gegenüber den Filialleitern durchgesetzt werden. – *Gegensatz:* → Kooperation. – 2. *Vorteile:* erhebliche Rationalisierungsvorteile, z.B. bei Bestellmengenpolitik; Realisierung einheitlicher Marketingkonzepte; Voraussetzung für rasche Entscheidungsfindung. – 3. *Nachteile:* Gefahr der Bürokratisierung; zu geringe Anpassung an die regional unterschiedlichen Konsumbedürfnisse in den → Einzugsgebieten der Filialen; Demotivation und daraus folgend mangelnde Initiative der Filialleiter. Abbau der Nachteile erfordert u.U. hohen Kontrollaufwand. – 4. *Formen:* Neben Filialbetrieben werden → Warenhäuser, → Konsumgenossenschaften und → Franchising zu den Konzentrationsformen des Handels gerechnet, obwohl hier die Leiter u.U. weitergehende Entscheidungsbefugnisse haben. Manche → kooperative Gruppe des Handels entwickelt sich in Richtung einer Konzentrationsform des Handels. Regiebetriebe und Kooperationskaufleute sind Beispiele für den fließenden Übergang von Kooperation zu Konzentration im Handel.

Konzentrationskoeffizient – *Konzentrationsmaß;* in der Statistik Koeffizient zur Messung der absoluten bzw. relativen → Konzentration. – Für die Messung der *relativen Konzentration* wird oft der → Gini-Koeffizient verwendet, dessen Ermittlung u.a. mithilfe der → Lorenzkurve möglich ist. – *Absolute Konzentration* wird z.B. mithilfe des → Herfindahl-Koeffizienten oder mittels → Konzentrationsraten gemessen. I.d.R. ist der Wertebereich von Konzentrationskoeffizienten auf das Intervall von 0 bis 1 eingeschränkt. Konzentrationskoeffizienten können i.d.R. als spezielle relativierte → Streuungsmaße interpretiert werden.

Konzentrationsmaß → Konzentrationskoeffizient.

Konzentrationsmessung – Eine Möglichkeit der Konzentrationsmessung ist der → Gini-Koeffizient. Dieser wird verstanden als Ausmaß der Abweichung von der Gleichverteilung, bei der x Prozent der Merkmalsträger über x Prozent der Merkmalsausprägungen verfügen. Ein weiteres Konzentrationsmaß ist der Herfindal-Hirshman-Index (HHI), den die Generaldirektion Wettbewerb der Europäischen Kommission neben der herkömmlichen Marktanteilsbetrachtung bei ihrer wettbewerblichen Analyse von Zusammenschlussvorhaben heranzieht. Der HHI beschreibt die Summe der quadrierten Marktanteile der verschiedenen Anbieter auf dem → relevanten Markt.

Konzentrationsprinzip – Prinzip, das in der Statistik einen Spezialfall einer → bewussten Auswahl (→ Auswahlverfahren) kennzeichnet. Entfällt ein Großteil des → Gesamtmerkmalsbetrages auf wenige Elemente, dann werden nach dem Konzentrationsprinzip nur die Elemente (voll) erhoben, die einen erheblichen Merkmalsbetrag besitzen. – *Beispiel:* Zur Erfassung der Entwicklung des Bierabsatzes in Bayern werden nur die (geeignet abgegrenzten) Großbrauereien berücksichtigt; die Hausbrauereien mit ihren sehr kleinen Absatzzahlen bleiben außer Acht.

Konzentrationsrate – Maßgröße für absolute → Konzentration, die angibt, welcher Anteil am → Gesamtmerkmalsbetrag auf die i größten → Merkmalsträger (i.e. Merkmalsträger mit den größten Beobachtungswerten) entfällt. Z.B. werden jährlich die Anteile am Gesamtumsatz eines Wirtschaftszweiges veröffentlicht, die auf die sechs (oder 10, 25, 100) umsatzgrößten Unternehmen entfallen. – Vgl. auch → Konzentrationskoeffizient.

Konzentrationstheorie – 1. *Begriff:* Bestandteil des wissenschaftlichen → Sozialismus. Im System von Marx die Konzentration des neuzubildenden und bereits vorhandenen Kapitals zunächst in Unternehmen durch Reininvestitionen der Gewinne und dann über Exporation der schwachen Unternehmen in wenigen übergroßen → Monopolen (→ Zentralisation des Kapitals), die die gesamte Güterversorgung für eine Volkswirtschaft übernehmen. Zusammen mit anderen Faktoren führt dies schließlich zum Zusammenbruch des → Kapitalismus. – 2. *Beurteilung:* a) Die Aussagefähigkeit einer Theorie kann nur nach gezielten Falsifizierungsversuchen beurteilt werden. Als Theorie der zukünftigen Entwicklung entzieht sich die Marxsche Theorie weitgehend solchen Falsifizierungsversuchen, da Marx in keinem Fall den Zeitpunkt des Eintretens seiner Prognosen fixiert hat. – b) Empirisch lässt sich für viele Bereiche der Wirtschaft eine zunehmende Konzentration nachweisen, v.a. in Produktion, Handel sowie im Banken- und Versicherungswesen; daneben bestehen jedoch sehr viele kleine und mittlere Unternehmen in diesen Branchen, sodass eine Konzentration im Sinn der Marxschen Prognosen nicht entstanden ist.

Konzeption → wirtschaftspolitische Konzeption.

konzeptionelles Datenmodell – *konzeptuelles Datenmodell;* → Datenmodell, das die globale logische Struktur aller → Daten eines Unternehmens (oder zumindest eines mit einem → Datenbanksystem erfassten Teilbereichs) implementierungsunabhängig beschreibt und diese in einer fassbaren und systematischen Form strukturiert darstellt. – Vgl. auch → Entity-Relationship-Modell, → SERM.

konzeptionelles Schema – *konzeptuelles Schema;* Darstellung des → konzeptionellen Datenmodells in einer → Datenbeschreibungssprache. – *Beschreibung:* → Entity-Relationship-Modell, → SERM.

Konzeptionskonformität – Kriterium zur Überprüfung, ob ein wirtschaftspolitischer Mitteleinsatz (→ wirtschaftspolitische Mittel) mit den gesellschaftlichen Grundwerten und den wirtschaftspolitischen Grundsätzen (→ wirtschaftspolitische Konzeption) übereinstimmt. – Vgl. auch → Marktkonformität, → Systemkonformität. – *Gegenteil:* Konzeptionsinkonformität.

Konzeptionstest→ Pretest der Wirkung eines Produktes im Kontext einer Werbeanzeige. – Vgl. auch → Konzepttest, → Werbung.

Konzepttest → Pretest des Marketingkonzepts (→ Marketing) für ein i.d.R. neues Produkt hinsichtlich seiner Marktchancen. Das Produktkonzept muss dafür hinreichend beschrieben werden können. Neben Informationen über die Produktakzeptanz (→ Akzeptanztest) und die Uniqueness des Konzepts werden auch Angaben erhoben, die eine Positionierung im Markt sowie eine → Segmentierung der Verbraucher ermöglichen.

konzeptuelles Datenmodell → konzeptionelles Datenmodell.

konzeptuelles Schema → konzeptionelles Schema.

Konzern – I. Charakterisierung: 1. *Begriff:* Sind ein herrschendes und ein oder mehrere abhängige Unternehmen unter der einheitlichen Leitung des herrschenden Unternehmens zusammengefasst, so bilden sie einen Konzern. Die einzelnen Unternehmen sind Konzernunternehmen. Liegt ein → Beherrschungsvertrag oder eine → Eingliederung vor, sind die Unternehmen als unter einheitlicher Leistung zusammengefasst anzusehen. Sind rechtlich selbstständige Unternehmen, ohne dass das eine Unternehmen von dem anderen abhängig ist, unter einheitlicher Leitung zusammengefasst, bilden auch sie einen Konzern (§ 18 AktG). – Vgl. auch → Konzernunternehmen, → verbundene Unternehmen. – 2. *Konzernarten:* a) Aufgrund der im Konzern überwiegenden *Bindung:* → Beteiligungskonzern, → Vertragskonzern, Eingliederungskonzern (→ Eingliederung). – b) Nach den die Konzernierung verursachenden *Interessen:* → Finanzkonzern, → Sachkonzern. – c) Nach der Art der *produktionstechnischen* Zusammenfassung: Horizontalkonzern, Vertikalkonzern, diagonaler Konzern; → Mischkonzern. – d) Nach Art des *Abhängigkeitsverhältnisses:* → Koordinationskonzern, → Subordinationskonzern. – e) Nach der *internen Struktur:* Einstufiger Konzern, → mehrstufiger Konzern. – 3. *Auswirkungen:* Die Konzentration des Kapitals oder auch der Managerleistung durch Personalunion im Vorstand und in den gegenseitigen Aufsichtsräten bewirkt die Koordinierung der Gesamtfertigung sämtlicher zum Konzern gehöriger Betriebe und Unternehmungen, die ähnlich wie im → Trust horizontal oder vertikal miteinander verbunden sein können. – 4. *Ziel:* Rationalisierung des technischen Produktionsablaufs, nicht Marktbeherrschung oder Zentralisierung der Finanzierung. Das gegenseitige Interesse an der Wirtschaftlichkeitssteigerung und Rationalisierung wird durch Gewinnpoolung oder gegenseitige Dividendenzusage gesichert. – 5. *Mitbestimmung:* → Mitbestimmung im Konzern, → Konzernbetriebsrat.

II. Rechnungslegungs-Sondervorschriften: Gelten bes. für den → Konzernabschluss, den Konzernlagebericht und die → Konzernabschlussprüfung (§§ 290–324 HGB), diese wurden insbesondere durch das → Bilanzrechtsmodernisierungsgesetz (BilMoG) verändert; weitere Vorschriften im Publizitätsgesetz vom 15.8.1969 (→ Rechnungslegung).

Konzernabschluss – 1. *Kennzeichnung:* Konzernabschluss ist der → Jahresabschluss der wirtschaftlichen Einheit → Konzern, bestehend aus Konzernbilanz, → Konzern-Gewinn- und Verlustrechnung (Konzern-GuV) (HGB) bzw. Gesamterfolgsrechnung (IAS/IFRS), → Konzernanhang (konsolidierter Abschluss) und Kapitalflussrechnung (Bestandteil des Anhangs). Nach HGB ist die Aufstellung eines Konzernabschlusses (einschließlich → Konzernlagebericht) gesetzlich *vorgeschrieben* (1) für Mutterunternehmen i.S.d. HGB, d.h., für inländische Kapitalgesellschaften und Kapitalgesellschaften & Co., bei denen nicht wenigstens ein persönlich haftender Gesellschafter direkt oder indirekt eine natürliche Person ist (vgl. § 264a HGB) und gemäß § 290 I HGB ein beherrschender Einfluss im Sinne von § 290 II HGB besteht sowie (2) für inländische Mutterunternehmen i.S.d. Publizitätsgesetzes (→ Rechnungslegung). In den Konzernabschlüssen sind grundsätzlich alle *inländischen und ausländischen Konzerntöchter* einzubeziehen (→ Weltabschluss). Die größenabhängigen Befreiungen gemäß § 293 HGB (→ Größenklassen) und die Befreiungen gemäß §§ 291, 292, 296 HGB sind zu beachten. Seit 2005 bzw. 2007 müssen kapitalmarktorientierte Mutterunternehmen in der EU den Konzernabschluss nach den IAS/IFRS aufstellen (vgl. Internationale Rechnungslegung). Der IFRS-Konzernabschluss umfasst – im Vergleich zum HGB-Konzernabschluss – zusätzlich eine Segmentberichterstattung sowie eine Eigenkapitalveränderungsrechnung. – Konzernabschlüsse sind durch *Konzernabschlussprüfer* (→ Abschlussprüfer, → Wirtschaftsprüfer (WP)) zu prüfen und wie der Jahresabschluss von großen Kapitalgesellschaften (→ Größenklassen) zu veröffentlichen (→ Publizität). – 2. *Zweck:* Da die wirtschaftliche Einheit Konzern in Bezug auf den Konzernabschluss wie ein rechtlich einheitliches Unternehmen (Einheitsfiktion) anzusehen ist, werden durch den Konzernabschluss grundsätzlich die gleichen Ziele verfolgt wie durch den → Jahresabschluss: Der Konzernabschluss soll im Rahmen der → Grundsätze ordnungsmäßiger Buchführung (GoB) ein den tatsächlichen Verhältnissen entsprechendes Bild der Vermögens-, Finanz- und Ertragslage vermitteln. – Der Konzernabschluss ist de jure *nicht* Basis für die Gewinnausschüttung (→ Jahresbilanz) und die Besteuerung (→ Steuerbilanz), ferner hat der Konzernabschluss keinen Einfluss auf die Stellung der Gläubiger (der einzelnen Konzernunternehmen). – 3. *Aufstellung:* Aus der Einheitsfiktion ergibt sich, dass der Konzernabschluss, der aus der Zusammenfassung der Jahresabschlüsse der Konzernunternehmen entsteht, um alle wirtschaftlichen Beziehungen zwischen den Konzernunternehmen zu bereinigen ist (→ Konsolidierung). Zur Vorbereitung der Konsolidierung sind die in den Konzernabschluss einzubeziehenden Einzelabschlüsse hinsichtlich des Bilanzstichtages, der angewandten Bilanzansatz- und Bewertungsregeln sowie der Währung zu vereinheitlichen. – Vgl. auch → Handelsbilanz II. – Folgende Korrektur von Doppelerfassungen (*Konsolidierungsmaßnahmen)* sind in dem angepassten Summenabschluss erforderlich: a) (1) Aufrechnung des Beteiligungsbuchwertes gegen das Eigenkapital der Beteiligungsgesellschaft (→ Kapitalkonsolidierung), (2) Aufrechnung von konzerninternen Forderungen und Schulden (→ Schuldenkonsolidierung), (3) Eliminierung von Gewinnen und Verlusten aus wirtschaftlichen Beziehungen der Konzernunternehmen untereinander, da sie aus der Sicht des Konzerns unrealisierte Ergebnisse (→ Zwischenergebniseliminierung) sind, (4) Aufrechnung von Aufwendungen und Erträgen aus Beziehungen zwischen in den Konzernabschluss einbezogenen Unternehmen (Aufwands- und Ertragskonsolidierung), (5) Anpassung der latenten Steuern, soweit die konsolidierungsbedingten Ansatzveränderungen temporärer Natur sind. – b) Das Konsolidierungsverfahren wird beeinflusst von der Intensität der *Beherrschungsmöglichkeit* zwischen den verbundenen Unternehmen; danach ist zu unterscheiden: (1) *Vollkonsolidierung:* Vermögensgegenstände, Schulden, Aufwendungen und Erträge aus den Jahresabschlüssen der Tochterunternehmen werden bereinigt um Korrekturen nach der Einheitsfiktion in den Konzernabschluss einbezogen. – Vgl. auch → Vollkonsolidierung. (2) *Quotenkonsolidierung:* Führt ein Konzernunternehmen gemeinsam mit einem Nichtkonzernunternehmen ein anderes Unternehmen, so dürfen dessen Jahresabschlussposten entsprechend der Beteiligungsquote in den Konzernabschluss einbezogen werden. – Vgl. auch → Quotenkonsolidierung. (3) *Equity-Bewertung:* Zur Einbeziehung von Gemeinschafts- und assoziierten Unternehmen; vgl. → Equity-Methode. – *Gesetzliche Regelung* der Konsolidierung: §§ 300–312 HGB bzw. IFRS 3, IAS 28, IAS 31. – 4. *Aussagefähigkeit:* Der Konzernabschluss ist eine wesentliche Ergänzung zu den Jahresabschlüssen der einzelnen Konzernunternehmen, denn er bildet die gesamte wirtschaftliche Einheit ab und beseitigt durch die Konsolidierung der konzerninternen Beziehungen die in den Einzelabschlüssen bestehenden Verfälschungen der Vermögens-, Finanz- und Ertragslage. Der Konzernabschluss kann den Einzelabschluss jedoch nicht ersetzen, da vielfältige Rechtsbeziehungen an die rechtlich selbständigen Konzernunternehmen gebunden sind.

Konzernabschlussprüfer → Konzernabschlussprüfung, → Abschlussprüfer.

Konzernabschlussprüfung – 1. *Bedeutung:* → Pflichtprüfung des Abschlusses und des Lageberichts (→ Jahresabschlussprüfung) eines Konzerns gemäß § 316 II HGB. – 2. *Prüfung der Rechnungslegung des Konzerns:* Die Prüfung des Konzernabschlusses hat sich darauf zu erstrecken, ob die gesetzlichen Vorschriften und ggf. Satzungsbestimmungen der Obergesellschaft über die Aufstellung des Konzernabschlusses beachtet wurden. Der Konzernlagebericht ist daraufhin zu prüfen, ob er mit dem Konzernabschluss sowie mit den bei der Prüfung gewonnenen Erkenntnissen des → Abschlussprüfers in Einklang steht und ob die Angaben im Konzernlagebericht nicht eine falsche Vorstellung von der Lage des Konzerns erwecken. – 3. *Einbeziehung der Einzelabschlüsse:* Der Abschlussprüfer des Konzernabschlusses hat im Regelfall auch die im Konzernabschluss zusammengefassten Jahresabschlüsse darauf zu prüfen, ob sie den Grundsätzen ordnungsmäßiger Buchführung entsprechen und ob die für die Übernahme in den Konzernabschluss maßgeblichen Vorschriften beachtet wurden (§ 317 III HGB). – 4. *Prüfung des Überwachungssystems:* Im Rahmen der Konzernabschlussprüfung ist bei börsennotierten Muttergesellschaften auch die Einrichtung und Eignung eines (konzernweiten) internen Überwachungssystems gemäß § 91 II AktG zu prüfen. – 5. *Prüfungsträger:* Der Prüfer des Konzernabschlusses wird von den Gesellschaftern des Mutterunternehmens gewählt. Falls kein anderer Prüfer bestellt wird, gilt als Konzernabschlussprüfer, wer als Prüfer des in den Konzernabschluss einbezogenen Jahresabschlusses des Mutterunternehmens bestellt worden ist. Als Konzernabschlussprüfer können nur → Wirtschaftsprüfer (WP) und → Wirtschaftsprüfungsgesellschaften fungieren.

Konzernanhang – 1. *Allgemein:* Neben Konzernbilanz und Konzern-Gewinn- und Verlustrechnung zwingender Bestandteil des Konzernabschlusses. Zur Aufstellungspflicht, Prüfung und Publizität des Konzernanhangs vgl. → Konzernabschluss,

→ Konzernabschlussprüfung. Der Konzernanhang und der Anhang des Jahresabschlusses des Mutterunternehmens dürfen gemäß § 298 III HGB zusammengefasst werden. – 2. *Inhalt:* a) *Angabepflichten:* Sie umfassen: (1) *Erläuterungen* zur Konzernbilanz und zur Konzern-Gewinn- und Verlustrechnung (z.B. Angabe der angewandten Bilanzierungs-, Bewertungs- und Konsolidierungsmethoden; Erläuterungen zur Fremdwährungsumrechnung sowie zu Abweichungen von zuvor angewandten Bilanzierungs-, Bewertungs- und Konsolidierungsmethoden; Angaben zur Abgrenzung des Konsolidierungskreises). (2) *Ergänzungen* zu Konzernbilanz und Konzern-Gewinn- und Verlustrechnung (wie z.B. Restlaufzeiten und Besicherungen von Verbindlichkeiten; nicht in der Konzernbilanz enthaltene Haftungsverhältnisse; Aufgliederung von Umsatzerlösen; Arbeitnehmeranzahl; Bezüge von Mitgliedern der Leitungsorgane). Die Pflichtangaben zum Konzernanhang ergeben sich aus den Vorschriften der §§ 290 ff. HGB, bes. der §§ 313, 314 sowie des § 298 I HGB, der u.a. auf entsprechend anzuwendende Vorschriften zum → Anhang des Einzelabschlusses verweist. – b) *Freiwillige Angaben:* Sie sind zulässig, wenn dadurch nicht Klarheit und Übersichtlichkeit des Konzernanhangs (§ 297 II HGB) verletzt werden. – *Beispiele:* Nebenrechnungen zur Eliminierung von → Scheingewinnen, → Kapitalflussrechnungen.

Konzernbetriebsrat – kann (nicht: muss) für einen → Konzern im Sinn von § 18 I AktG durch Beschlüsse der → Gesamtbetriebsräte errichtet werden, zusammengesetzt aus je ein bis zwei Mitgliedern aller Gesamtbetriebsräte. Der Konzernbetriebsrat ist für Angelegenheiten zuständig, die den Gesamtkonzern oder mehrere Konzernunternehmen betreffen (§§ 54 ff. BetrVG). – Vgl. auch → Mitbestimmung im Konzern.

Konzernbilanz → Konzernabschluss.

Konzernbilanzrichtlinie → Siebte EG-Richtlinie.

Konzerndeckungsbeitrag → Deckungsbeitrag, → konsolidierte Deckungsbeitragsrechnung.

Konzern-Gewinn- und Verlustrechnung (Konzern-GuV) – 1. *Regelungen nach HGB*: Als Bestandteil des → Konzernabschlusses ist die Konzern-Gewinn- und Verlustrechnung (Konzern-GuV) gemäß § 297 III HGB so aufzustellen, als ob die einbezogenen Unternehmen insgesamt ein einziges Unternehmen wären. In die Konzern-Gewinn- und Verlustrechnung dürfen daher nur Aufwendungen und Erträge aus den → Gewinn- und Verlustrechnungen (GuV) der zu konsolidierenden Unternehmen aufgenommen werden, die aus wirtschaftlichen Beziehungen mit nicht zum Konzern gehörenden Unternehmen erwachsen sind. Aufwendungen und Erträge aus Geschäften zwischen den in den Konzernabschluss einbezogenen Unternehmen sind darum gemäß § 305 HGB gegeneinander aufzurechnen oder bei Anwendung des Gesamtkostenverfahrens ggf. in die Posten „Bestandsveränderungen" oder „andere aktivierte Eigenleistung" umzugliedern (Aufwands- und Ertragskonsolidierung). Außerdem müssen Gewinne und Verluste aus konzerninternen Beziehungen bei betroffenen Posten der Konzern-Gewinn- und Verlustrechnung (z.B. Umsatzerlöse oder andere Erträge) eliminiert werden (→ Zwischenergebniseliminierung). Die Aufwands- und Ertragskonsolidierung wird auf alle in der Form der → Vollkonsolidierung oder der → Quotenkonsolidierung in den Konzernabschluss einbezogenen Unternehmen angewendet (also nicht auf assoziierte Unternehmen). Die Aufwands- und Ertragskonsolidierung kann gemäß § 305 II HGB unterbleiben, wenn die zu konsolidierenden Aufwendungen und Erträge hinsichtlich der Vermögens-, Finanz- und Ertragslage von untergeordneter Bedeutung sind. – Auf die Gliederung der Konzern-Gewinn- und Verlustrechnung werden gemäß § 298 HGB, soweit die Eigenart des Konzernabschlusses keine Abweichungen verlangt, die Vorschriften für die Gewinn- und Verlustrechnung des → Jahresabschlusses einer großen Kapitalgesellschaft (→ Größenklassen) entsprechend angewendet; d.h. bes.: Die Konzern-Gewinn- und Verlustrechnung kann nach dem → Gesamtkostenverfahren oder dem Umsatzkostenverfahren gegliedert werden, die einmal gewählte Darstellungsform ist grundsätzlich beizubehalten. Die mit der Konsolidierung verbundene Übernahme von Aufwands- und Ertragsposten aus der Einzel-GuV in die Konzern-Gewinn- und Verlustrechnung kann aus Konzernsicht zur Änderung der Postenbeurteilung führen (z.B. Verwaltungskosten einer Konzernvertriebsgesellschaft sind aus Konzernsicht Vertriebskosten). – 2. *Regelungen nach IFRS*: Im Unterschied zu den Regelungen nach HGB wird die Erfolgsrechnung nach IFRS als Gesamterfolgsrechnung bezeichnet. In der Gesamterfolgsrechnung sind gemäß IAS 1 alle in einer Periode erfassten Aufwands- und Ertragspositionen, unabhängig davon, ob sie im Hinblick auf das Periodenergebnis GuV-wirksam oder GuV-neutral gebucht wurden, zu berücksichtigen. Hinsichtlich der Unterteilung sollen entweder alle Aufwendungen und Erträge in einem Rechenwerk zusammengefasst werden, wobei das Periodenergebnis einen Zwischensaldo der GuV-wirksamen Aufwands- und Ertragspositionen bildet oder es erfolgt eine Darstellung in zwei separaten Teilrechenwerken.

Konzern-Klausel – Ausnahme-Regelung von der Beschränkung des Zinsabzugs im Rahmen der → Zinsschranke; ein vollständiger Betriebsausgabenabzug von Zinsaufwendungen ist möglich, wenn der Betrieb eines Einzelunternehmers, eine Personengesellschaft oder eine Kapitalgesellschaft (Betrieb) nicht oder nur anteilig zu einem Konzern gehören („Konzernklausel"). Damit soll ein Befreiung von den Beschränkungen der Zinsschranke für Kapitalgesellschaften, die sich im Streubesitz befinden, und Unternehmen, die keine weiteren Beteiligungen halten, erreicht werden.

Für Zwecke der Anwendung der Zinsschranke gilt ein erweiterter Konzernbegriff. Ein Betrieb gehört demnach zu einem Konzern, wenn er nach den maßgeblichen Rechnungslegungsstandards mit einem oder mehreren anderen Betrieben konsolidiert wird; es ist jedoch ausreichend, wenn lediglich die Möglichkeit der Konsolidierung besteht. Die tatsächliche Konsolidierung ist nicht maßgebend.

Konzernlagebericht – Gemäß § 315 I HGB sind im Konzernlagebericht zumindest Geschäftsverlauf und die Lage des Konzerns so darzustellen, dass ein den tatsächlichen Verhältnissen entsprechendes Bild vermittelt wird; dabei ist auch auf die Risiken der künftigen Entwicklung einzugehen. Der Konzernlagebericht soll zudem auf Vorgänge von bes. Bedeutung, die nach dem Schluss des Konzerngeschäftsjahres eingetreten sind, auf die voraussichtliche künftige Entwicklung des Konzerns sowie auf den Bereich Forschung und Entwicklung eingehen. Zudem besteht für kapitalmarktorientierte Unternehmen die Pflicht, das interne Kontroll- und Risikomanagementsystem zu beschreiben (§ 315 II HGB). – Zur Aufstellungspflicht, Prüfung und Publizität des Konzernlageberichts vgl. → Konzernabschluss, → Konzernabschlussprüfung. Der Konzernlagebericht und der Lagebericht des Mutterunternehmens dürfen gemäß § 315 III i.V. mit § 298 III HGB zusammengefasst werden. – Das → International Accounting Standards Board (IASB) hat die Regulierung der Konzernlageberichterstattung den nationalen Regulierern überlassen bzw. arbeitet diesbezüglich mit der IOSCO zusammen.

Konzernmitbestimmung → Mitbestimmung im Konzern, → Konzernbetriebsrat.

Konzernorganisation – Gestaltung der → Organisation eines → Konzerns. Die Besonderheiten der Konzernorganisation im Vergleich zur Organisation einer rechtseinheitlich verfassten Einheitsunternehmung beruhen v.a. darauf, dass sich die organisatorischen Gestaltungsimplikationen des Organisationsrechts bei Konzernunternehmungen durch die Existenz mehrerer rechtlicher Einheiten (Konzernunternehmen) vervielfältigen und durch das Auftreten spezieller Regelungen für die (rechtsformübergreifenden) Beziehungen zwischen den Konzernunternehmen intensivieren. Dabei variiert der organisationsrechtliche Datenkranz für die Konzernorganisation v.a. mit den jeweils gewählten bzw. zur Wahl stehenden Rechtsformen der einzelnen Konzernunternehmen (z.B. AG oder GmbH) und den zugrunde gelegten Unternehmensverbindungen, z.B. faktische (§§ 311 ff. AktG), beherrschungsvertragliche (§§ 291 ff. AktG) oder eingliederungsvermittelte (§§ 319 ff. AktG) Konzernbindung. – Vgl. auch → Holdingstruktur.

Konzernprüfung → Außenprüfung.

Konzernrechnungslegung

von Prof. Dr. Dr. h.c. Ralf Michael Ebeling

I. Zwecke der Konzernrechnungslegung

Gehört ein Unternehmen als Mutter- oder Tochterunternehmen einem Konzern an, so ist die Aussagefähigkeit seines Jahresabschlusses aufgrund konzerninterner Beziehungen sowie der Möglichkeit konzerninterner Sachverhaltsgestaltungen eingeschränkt. D.h., die dem Jahresabschluss zugedachten Funktionen (Dokumentationsfunktion, Ausschüttungsbemessungsfunktion und Informationsfunktion) können nur eingeschränkt erfüllt werden. Mit der Erstellung eines Konzernabschlusses sollen diese Funktionsverluste aufgehoben werden, indem nicht die einzelne rechtliche Einheit, sondern die gesamte wirtschaftliche Einheit abgebildet wird. Da bei der Erstellung des Konzernabschlusses der so genannten Einheitsfiktion gefolgt wird, wonach der Konzernabschluss so aussehen soll, wie der Einzelabschluss aussehen würde, der aufzustellen wäre, wenn der Konzern eine rechtliche Einheit wäre, dürfen sich konzerninterne Beziehungen im Konzernabschluss nicht niederschlagen.

Da der Konzernabschluss nicht auf der Grundlage einer originären Buchführung erstellt wird, sondern ein derivativer Abschluss ist, der aus den Einzelabschlüssen der in den Konsolidierungskreis einbezogenen Unternehmen abgeleitet wird, verbleibt die Aufgabe der Erfüllung der Dokumentationsfunktion der Buchführung bei den einzelnen rechtlichen Einheiten. Die Erfüllung dieser Funktion ist auch bei konzernverbundenen Unternehmen nicht eingeschränkt, da lediglich die Geschäftsvorfälle und die Schulden zu dokumentieren sind. Hingegen soll der Konzernabschluss die Informationsfunktion besser erfüllen als der Einzelabschluss des Mutterunternehmens eines Konzerns sowie die Summe der Einzelabschlüsse aller zu einem Konzern gehörenden Unternehmen. Darüber hinaus kann der Konzernabschluss Anhaltspunkt für die Ausschüttungsbemessung sein, das Gesellschaftsrecht in Deutschland nimmt diesbezüglich jedoch nicht auf den Konzernabschluss Bezug. Im rechtlichen Sinn verbleibt deshalb die Ausschüttungsbemessungsfunktion bei den Einzelabschlüssen. Gleiches gilt für die Maßgeblichkeit für die Steuerbilanz. Da bei der Ableitung des Konzernabschlusses aus den Einzelabschlüssen Vereinfachungen zur Anwendung kommen, die bei der Erstellung eines Einzelabschlusses nicht möglich sind, ist zweifelhaft, ob der Konzernabschluss auch geeignet wäre, im rechtlichen Sinn die Ausschüttungsbemessungsfunktion sowie über eine eventuelle Maßgeblichkeit die Steuerbemessungsfunktion zu erfüllen.

II. Konzernrechnungslegungspflicht und Abgrenzung des Konsolidierungskreises

Die Konzernrechnungslegungspflicht ist für Kapitalgesellschaften und bestimmte Kapitalgesellschaften und Co. in § 290 I und II HGB geregelt sowie für Nichtkapitalgesellschaften, die unter das Publizitätsgesetz fallen, in § 11 I PublG. Im Grundsatz ist jedes in Deutschland ansässige Mutterunternehmen, das weltweit mind. über ein Tochterunternehmen verfügt, zur Erstellung eines Konzernabschlusses verpflichtet. In § 290 I HGB wird ein Tochterunternehmen als Unternehmen definiert, auf welches ein Unternehmen (Mutterunternehmen) unmittel- oder mittelbar einen beherrschenden Einfluss ausübt. Im Absatz 2 sind dazu vier Kriterien genannt, bei denen ein beherrschender Einfluss stets besteht: Stimmrechtsmehrheit, mehrheitliches Organbesetzungsrecht als Gesellschafter, Beherrschungsvertrag bzw. Satzungsbestimmung und Tragung der Mehrheit der Risiken und Chancen bei einer Zweckgesellschaft. Zugleich wird damit der Konsolidierungskreis abgegrenzt, weil im Grundsatz jedes Tochterunternehmen im Wege der Vollkonsolidierung in den Konzernabschluss einzubeziehen ist.

Gemäß der so genannten Stufenkonzeption werden im Konzernabschluss auch Gemeinschaftsunternehmen und assoziierte Unternehmen anders abgebildet als im Einzelabschluss, nämlich nach der Methode der Quotenkonsolidierung bzw. der Equity-Bewertung. Hingegen werden im Konzernabschluss nach deutschem HGB einfache Beteiligungsunternehmen wie im Einzelabschluss mit ihren Anschaffungskosten angesetzt, ebenso Tochterunternehmen, Gemeinschaftsunternehmen oder assoziierte Unternehmen, die ausnahmsweise nicht im Wege der Vollkonsolidierung, der Equity-Bewertung bzw. der Quotenkonsolidierung in den Konzernabschluss einbezogen werden.

Damit wird zugleich angedeutet, dass es Ausnahmen von den Regelmethoden der Abbildung der verschiedenen Arten von Beteiligungsunternehmen gibt (§§ 296 f. HGB). Ausnahmen gibt es darüber hinaus von der Pflicht zur Erstellung eines Konzernabschlusses. Konzerne, die bestimmte Schwellenwerte nicht überschreiten, müssen gemäß § 293 HGB nicht in einem Konzernabschluss abgebildet werden. Darüber hinaus bestehen gemäß der §§ 291 und 292 HGB Möglichkeiten der Befreiung von der Pflicht zur Erstellung eines Teilkonzernabschlusses.

III. Vorgehensweise bei der Erstellung eines Konzernabschlusses

Die einzelnen Konsolidierungen werden ausgehend von der Summenbilanz und der Summen-GuV durchgeführt. In die Summenbilanz und Summen-GuV können jedoch nicht die originären Einzelabschlüsse der Konzernunternehmen (Mutter- und Tochterunternehmen) einbezogen werden. Gegebenenfalls sind Anpassungen erforderlich, d.h. es sind so genannte Handelsbilanzen II zu erstellen. Bspw. sind bei ausländischen Tochterunternehmen die Einzelabschlüsse nach anderen Rechnungslegungsvorschriften erstellt, auf den Konzernabschluss eines deutschen Mutterunternehmens ist jedoch das Recht des Mutterunternehmens anzuwenden. Da kapitalmarktorientierte Unternehmen aufgrund der IAS-Verordnung und gem. § 315a HGB verpflichtet sind, die IAS/IFRS anzuwenden, ist in solchen Fällen gegebenenfalls eine Anpassung der Einzelabschlüsse an diese internationalen Rechnungslegungsvorschriften notwendig. Ein anderer Grund für die Erstellung von Handelsbilanzen II besteht darin, dass die Bilanzpolitik für den Konzernabschluss losgelöst von den Einzelabschlüssen ausgeübt werden kann. Außerdem sind steuerliche Wertansätze und Sonderposten grundsätzlich zu eliminieren. Des Weiteren sind Wahlrechte bezogen auf den gesamten Konzernabschluss einheitlich auszuüben und bei außerhalb des Euro-Raumes ansässigen Tochterunternehmen ist eine Währungsumrechnung erforderlich. Unter Umständen sind die Abschlüsse der Konzernunternehmen nicht auf den Konzernabschlussstichtag erstellt, sodass Zwischenabschlüsse aufzustellen sind.

IV. Konsolidierungsmethoden

Abgesehen von der Aufwands- und Ertragskonsolidierung können sich alle Konsolidierungen sowohl auf die Konzernbilanz wie auf die Konzern-GuV auswirken. Soweit sich die Konsolidierungen auf die Konzernbilanz beziehen, können sie eine Veränderung des Konzernüberschusses gegenüber dem Summenüberschuss zur Folge haben.

Bei der Kapitalkonsolidierung (§ 301 HGB) wird der Anschaffungswert der Beteiligung mit dem darauf entfallenden, auf der Grundlage der Werte zum Erwerbszeitpunkt des Tochterunternehmens neu bewerteten bilanziellen Eigenkapitals eines Tochterunternehmens verrechnet. Soweit bei dieser Verrechnung ein positiver (aktivischer) Unterschiedsbetrag verbleibt, handelt es sich um einen derivativen Geschäfts- oder Firmenwert, der in der Konzernbilanz anzusetzen und in der Folge planmäßig bzw. außerplanmäßig abzuschreiben ist. Ein negativer (passivischer) Unterschiedsbetrag führt in den Folgejahren zu sonstigen betrieblichen Erträgen.

Sind Fremdgesellschafter an dem betreffenden Tochterunternehmen beteiligt, so werden in der Konzernbilanz innerhalb des Eigenkapitals Anteile fremder Gesellschafter ausgewiesen (§ 307 I HGB). Die Erfolgsanteile fremder Gesellschafter werden unter der GuV nach dem Konzernüberschuss nachrichtlich angegeben (§ 307 II HGB).

Bei der Schuldenkonsolidierung (§ 303 HGB) werden konzerninterne Forderungen und Verbindlichkeiten, aber auch Rückstellungen, Anzahlungen und Rechnungsabgrenzungsposten gegeneinander verrechnet.

Bei der Zwischenerfolgseliminierung (§ 304 HGB) werden konzernintern aufgrund von Lieferungen und Leistungen zwischen Konzernunternehmen generierte Gewinne und Verluste storniert, soweit sich die gelieferten Vermögensgegenstände am Konzernbilanzstichtag noch innerhalb des Konzerns befinden. Die Zwischenerfolgseliminierung ist ein Umbewertungsvorgang, der zu einer Bewertung der konzernintern gelieferten Vermögensgegenstände zu den so genannten Konzernanschaffungs- bzw. Konzernherstellungskosten führt.

Ergebnisse von Tochterunternehmen und Gemeinschaftsunternehmen wie auch assoziierten Unternehmen gehen phasengleich in den Konzernüberschuss ein. Gewinnausschüttungen sind daher reine Finanzmitteltransfers, die sich im Konzernabschluss nicht als Beteiligungserträge niederschlagen dürfen. Sind solche Erträge aus den Einzelabschlüssen kommend im Summenabschluss ausgewiesen, so sind sie zu eliminieren, indem der Ertrag storniert und als Bestandteil der Gewinnrücklagen ausgewiesen wird.

Die Aufwands- und Ertragskonsolidierung (§ 305 HGB) bezieht sich lediglich auf die GuV, indem konzerninterne Aufwendungen und Erträge, die einander entsprechen, gegeneinander verrechnet oder konzerninterne Erträge als Bestandserhöhung bzw. als andere aktivierte Eigenleistung ausgewiesen werden. Dies ist z.B. der Fall, wenn ein Konzernunternehmen an ein anderes Konzernunternehmen Miete oder Zinsen gezahlt hat. Wichtig ist die Abgrenzung der Aufwands- und Ertragskonsolidierung von der Zwischenerfolgseliminierung. Hat ein Konzernunternehmen an ein anderes bspw. Fertigerzeugnisse mit Gewinn veräußert und sind die Fertigerzeugnisse am Konzernbilanzstichtag noch im Konzern vorhanden und damit in der Konzernbilanz ausgewiesen, so sind sie auf die Konzernherstellungskosten abzuwerten. Korrespondierend damit ist in der GuV der Gewinn zu eliminieren.

Hat das belieferte Konzernunternehmen die Fertigerzeugnisse bereits weiter veräußert, so stellt sich der Sachverhalt lediglich als Fall der Aufwands- und Ertragskonsolidierung dar. Der Innenumsatzerlös des liefernden Konzernunternehmens ist mit dem Materialaufwand des belieferten Unternehmens zu verrechnen.

Gemeinschaftsunternehmen können gemäß § 310 HGB anteilmäßig konsolidiert werden. In diesem Fall sind die Aktiva und Passiva sowie die Erträge und Aufwendungen des Gemeinschaftsunternehmens entsprechend der Beteiligungsquote in die Summenbilanz zu übernehmen. Die Konsolidierungsmaßnahmen sind anteilmäßig durchzuführen. Kapital- und Erfolgsanteile fremder Gesellschafter sind bezogen auf das Gemeinschaftsunternehmen nicht auszuweisen.

Eine Bewertungsmethode, die jedoch nach deutschem HGB nur im Konzernabschluss angewendet wird, ist die Equity-Bewertung von Beteiligungen an assoziierten Unternehmen (§ 312 HGB). Dabei wird nach wie vor eine Beteiligung in der Konzernbilanz ausgewiesen und in der Konzern-GuV werden darauf bezogene Beteiligungserträge abgebildet. Es wird jedoch der Anschaffungswert der Beteiligung um anteilige Eigenkapitalveränderungen beim assoziierten Unternehmen fortgeschrieben. Auf diese Weise werden Gewinne und Verluste assoziierter Unternehmen phasengleich im Konzernabschluss erfolgswirksam. Im Rahmen der Equity-Bewertung werden allerdings auch Komponenten des Anschaffungswertes der Beteiligung erfolgswirksam abgeschrieben, nämlich soweit sie auf stille Reserven des assoziierten Unternehmens sowie einen anteiligen Geschäfts- oder Firmenwert entfallen.

Soweit die in der Konzernbilanz ausgewiesenen Wertansätze von den Werten in der Summenbilanz abweichen, ist eine Anpassung der latenten Steuern erforderlich, wenn es sich um so genannte temporäre Differenzen handelt (§ 306 HGB). Im Ergebnis sollen dadurch im Konzernabschluss latente Steuern bezogen auf Bewertungsdifferenzen zwischen dem Konzernabschluss und den Steuerbilanzwerten abgegrenzt werden.

V. Konzernrechnungslegung nach IAS/IFRS

Gemäß der EG-Verordnung vom 19.7.2002 müssen alle kapitalmarktorientierten Mutterunternehmen ihren Konzernabschluss nach IAS/IFRS erstellen. Daneben gestattet der deutsche Gesetzgeber auch nicht kapitalmarktorientierten Mutterunternehmen die Erstellung eines IAS/IFRS-Konzernabschlusses.

Die Vorgehensweise und die Konsolidierungsmethoden unterscheiden sich nach IAS/IFRS nicht grundlegend von den Regelungen nach deutschem HGB. Seit dem Bilanzrichtliniengesetz von 1985 sind die deutschen Konzernrechnungslegungsvorschriften bereits sehr stark angelsächsisch geprägt. Die Unterschiede betreffen vielmehr Ansatz und Bewertung der Vermögenswerte und Schulden. Die erforderlichen Anpassungen sind in den Handelsbilanzen II vorzunehmen, sofern nicht bereits die Handelbilanzen I nach IAS/IFRS erstellt werden.

Auch den Konzernrechnungslegungsvorschriften nach IAS/IFRS liegt das Stufenkonzept zugrunde. Das HGB hat durch das BilMoG zudem weitere Anpassungen an die IFRS erfahren. Abweichungen existieren allerdings bezüglich der Ausnahmen von den skizzierten Grundsätzen. Aufgrund anderer Ausnahmen wird der Konsolidierungskreis teilweise anders abgegrenzt. Darüber hinaus unterscheidet sich die Weiterverrechnung der aktivischen oder passivischen Unterschiedsbeträge aus der Kapitalkonsolidierung z.T. von den Regelungen nach HGB. Daneben orientieren sich die einschlägigen Deutschen Rechnungslegungsstandards bereits vollständig an den Vorgaben der IAS/IFRS, soweit dies im Rahmen der Vorschriften des HGB möglich ist. Weitere Anpassungen erfolgen mit dem 2010 in Kraft getretenen BilMoG.

Konzernrecht – Bezeichnung für das Recht der → verbundenen Unternehmen (§§ 15 ff., 291–328 AktG).

Konzernrevision → interne Revision im Rahmen eines Konzerns, die Überwachungsaufgaben der Konzernleitung wahrnimmt. Aufgaben und Probleme sind analog der internen Revision in Unternehmungen.

Konzernrichtlinie → Mutter-Tochter-Richtlinie.

Konzernsolvabilität – 1. *Begriff:* Aufsichtrechtlich geforderte Fähigkeit von Versicherungskonzernobergesellschaften, ihre Existenz und die dauernde Erfüllbarkeit der eingegangenen Verpflichtungen jederzeit durch ausreichende Solvabilitätsmittel sicherzustellen. Der Nachweis der Konzernsolvabilität wird zusätzlich zum Nachweis der → Solvabilität der Einzelversicherungsunternehmen gefordert (Solo-Plus-Solvabilität). – 2. *Ziele:* Die Konzernsolvabilität wurde eingeführt, um a) die bes. Gefährdung von einzelnen Erstversicherungsunternehmen im Konzernverbund zu berücksichtigen und b) die Mehrfachnutzung von Eigenmitteln in vertikalen Konzernen (Double gearing) zu kontrollieren. – 3. *Abgrenzung zur Solo-Solvabilität:* Die Berechnung der Konzernsolvabilität bezieht generell alle Versicherungsunternehmen und Nicht-Versicherungsunternehmen des Versicherungskonzerns ein. Grundsätzlich folgt die Berechnung der Ist-Solvabilität und der Soll-Solvabilität den Formeln für die Solo-Solvabilität, wobei jedoch die Mehrfachverwendung von Eigenmitteln und die konzerninterne Eigenmittelschöpfung ausgeschlossen werden. Damit ergibt sich für den Konzern eine bereinigte Solvabilität. – 4. *Rechtsgrundlage und Berechnungsmethode:* Gesetzliche Grundlage für die Ermittlung der Konzernsolvabilität ist § 104a-i VAG i.V. mit der SolBerV, die zwei Ermittlungsmethoden vorsieht a) Basis der Berechnung ist im Regelfall der konsolidierte handelsrechtliche Konzernjahresabschluss nach HGB oder IFRS. Durch die Konsolidierung wird die Mehrfachnutzung von Eigenmitteln vermieden und konzerninternes Geschäft neutralisiert (Konsolidierungsmethode). – b) Wenn ein Konzernjahresabschluss nicht vorliegt oder wenn die Aufsichtsbehörde eine entsprechende Genehmigung ausspricht, kann die Berechnung der Konzernsolvabilität auch auf Grundlage der Einzeljahresabschlüsse vorgenommen werden, indem vorliegende Doppelzählungen abgezogen werden (Abzugs- und Aggregationsmethode).

Konzernsteuerquote – das Verhältnis von Steueraufwand zum Jahresergebnis vor Steuern in der Konzernbilanz.

Konzernunternehmen – Begriff des Konzernrechts für Unternehmen unter einheitlicher Leitung (§ 18 AktG).

Konzernvorbehalt → erweiterter Eigentumsvorbehalt.

Konzertierte Aktion – 1. *Begriff:* a) *Allgemein:* Versuch, das Verhalten unterschiedlicher Interessengruppen auf freiwilliger Basis miteinander abzustimmen; gemäß § 3 StWG vorgesehen, aber ohne Angaben, ob und in welcher Form die Konzertierte Aktion zu institutionalisieren ist. – b) *Institution:* Ein vom Bundesminister für Wirtschaft ausgewählter und einberufener Gesprächskreis *(Konzertierte Aktion):* 1967 erstmalig einberufen, seit 1976 faktisch aufgelöst. – 2. *Zweck:* Die Konzertierte Aktion diente zur Absicherung einer „offenen Flanke" (Schiller) der im Stabilitätsgesetz kodifizierten → Fiskalpolitik keynesianischer Prägung; der Koordination mit der Geldpolitik unter Wahrung der Unhabhängigkeit der Bundesbank und v.a. der einkommenspolitischen Koordination zwischen Bundesregierung und Tarifpartnern (informelle Abstimmung), da nur eine einkommenspolitische Absicherung die Fiskalpolitik davor bewahrt, durch lohnpolitisches „Fehlverhalten" unterlaufen zu werden. Durch die Konzertierte Aktion sollten zudem wichtige gesellschaftliche Gruppen in die konjunkturpolitische Willensbildung und Verantwortung einbezogen werden. – 3. *Bedeutung:* Die Konzertierte Aktion war in den Aufschwungsphasen recht erfolgreich, geriet bei der Verteilung des Mangels in den Rezessionen der 1970er-Jahre aber unter Druck; die Fronten verhärteten sich. Seit einer Klage der Arbeitgeber zum Mitbestimmungsgesetz ist die Konzertierte Aktion nicht mehr einberufen worden. Ansatzweise wurde versucht sie im Bündnis für Arbeit (ohne Bundesbank) wiederaufzuleben zu lassen. Aber auch dies scheiterte.

Konzession – 1. *befristete behördliche Genehmigung* zur Ausübung eines konzessionspflichtigen Gewerbes oder Handels, z.B. im Verkehrsbereich (→ Verkehrspolitik). – 2. *Verleihung eines bes. Rechts an einer öffentlichen Sache,* z.B. an einer Straße, einem Wasserlauf, am Betrieb einer Eisenbahn, Straßenbahn oder einer Fähre.

Konzessionsabgabe – Entgelt, das ein Versorgungsunternehmen an eine Gebietskörperschaft, typischerweise eine Gemeinde oder Zweckverband, für die Nutzung der im Gemeindebesitz befindlichen Verkehrsräume für die dort verlegten Leitungen entrichten muss. Faktisch wirkt sich die Konzessionsabgabe als eine kommunale Steuer auf leitungsgebundene Energieträger aus. Sie basiert auf der Verordnung über Konzessionsabgaben für Strom und Gas von 1992, m.spät.Änd.

Konzessionsvertrag – Vertrag, durch den eine Gebietskörperschaft einem Versorgungs- oder Verkehrsunternehmen das ausschließliche Recht einräumt, die Einwohner mit Strom, Gas, Wasser oder Verkehrsleistungen zu versorgen und dabei erlaubt, öffentliche Straßen, Plätze etc. für die Verlegung der Verkehrswege bzw. Versorgungsleitungen zu benutzen. Im Zuge der Deregulierung bzw. Liberalisierung der Strom- und Gasversorgung wurde das durch den Konzessionsvertrag bisher gewährte Exklusivrecht der Versorgung aufgehoben und durch ein einfaches Wegerecht ersetzt.

Kooperation – *zwischenbetriebliche Kooperation.*

I. Begriff: Zusammenarbeit zwischen meist wenigen, rechtlich und wirtschaftlich selbstständigen Unternehmungen zur Steigerung der gemeinsamen Wettbewerbsfähigkeit. – *Intensitätsstufen der Zusammenarbeit:* (1) Informationsaustausch; (2) Erfahrungsaustausch; (3) Absprachen; (4) Gemeinschaftsarbeiten ohne Ausgliederung einer (mehrerer) Unternehmensfunktion(en); (5) Gemeinschaftsarbeiten mit Ausgliederung einer (mehrerer) Unternehmensfunktion(en); (6) Gütergemeinschaft; (7) Bildung eines Kooperationsmanagements; (8) Gemeinschaftsgründung; (9) rechtliche Ausgliederung des Kooperationsmanagements. – Die Intensitätsstufen (7) und (9) beziehen sich auf die gesamte Kooperationsinstitution und deren Organisationsgrad, die restlichen Intensitätsstufen auf die Art und Weise der Kooperationsbeziehungen.

II. Formen: 1. Nach den *beteiligten Wirtschaftsstufen:* a) *Horizontale Kooperation:* Zusammenarbeit zwischen Wettbewerbern der gleichen Wirtschaftsstufe, die gleichartige oder eng substituierbare Güter anbieten, z.B. zwischen Herstellern von Haushaltsgeräten oder zwischen Lebensmittel-Einzelhändlern. Die Horizontal-Kooperation kann die gesamte Branche (Branchen-Kooperation) oder nur wenige Unternehmen eines Wirtschaftszweiges umfassen (Gruppen-Kooperation). – b) *Vertikale Kooperation:* Zusammenarbeit zwischen Betrieben, die unterschiedlichen Wirtschaftsstufen angehören, z.B. Kooperation zwischen Industrie und Handel bei Vertriebsbindungen, bei der vertikalen Preisbindung oder innerhalb des Handels, etwa zwischen Großhandel und gewissen Einzelhändlern bei den freiwilligen Ketten. – 2. Nach den *gemeinschaftlich durchgeführten Funktionen:* a) Die Kooperation kann sich auf nahezu alle betrieblichen Funktionen erstrecken, z.B. auf → Beschaffung, → Produktion, → Absatz und → Finanzierung: *gesamtfunktionelle Kooperation.* – b) Meist bleibt die Zusammenarbeit auf einzelne Funktionen beschränkt: *Teilfunktionelle* bzw. *sektorale Kooperation,* z.B. Beschaffungs-, Produktions-, Absatz-, Verwaltungs- oder Finanz-Kooperation. – 3. Nach den *Marktgebieten, auf die sich die kooperative Tätigkeit erstreckt:* a) Zusammenarbeit auf regionalen oder überregionalen *Inlandsmärkten.* – b) Zusammenarbeit auf *Auslandsmärkten,* und zwar im Hinblick auf die Beschaffung (Import-Kooperation) und bez. des Absatzes (Export-Kooperation). – 4. Nach der *beabsichtigten Dauer kooperativer Aufgabenerfüllung:* a) Zusammenarbeit beim Erhalt bzw. der Erfüllung eines Einzelauftrags *(Auftrags-Kooperation).* – b) Zusammenarbeit in bestimmten Bereichen auf längere Sicht *(kurz-, mittel- oder langfristige Kooperation).*

III. Kartellrechtliche Beurteilung: Mit der Kooperation von Unternehmungen sind vielfältige volks- und betriebswirtschaftliche sowie steuer-, gesellschafts- und kartellrechtliche Probleme verbunden. Während manche Kooperationen, etwa von kleinen und mittleren Unternehmen, zu einer spürbaren Wettbewerbsbelebung führen, können von anderen Kooperationen Wettbewerbsbeschränkungen ausgehen, die das Marktergebnis negativ beeinflussen. Aufgrund der oben aufgezeigten großen Vielfalt an Formen und Intensitätsstufen von Kooperationen ist daher von den Kooperationsteilnehmern in jedem Einzelfall selbst zu prüfen, ob die Kooperation gegen das Verbot des § 1 GWB und des Art. 101 I AEUV verstößt oder ob eine Legalisierung gemäß der §§ 2f. GWB und Art. 101 III AEUV in Betracht kommt. Sie können dabei auf Merkblätter und Leitlinien des *Bundeskartellamts* und der → Europäischen Kommission zurückgreifen, die Hilfestellung bei der Selbsteinschätzung sowie bei der Auslegung der einschlägigen kartellrechtlichen Bestimmungen geben. Ferner besteht die Möglichkeit, die Kartellbehörde um eine Entscheidung zu bitten, nach der bez. der Kooperation die Voraussetzungen des § 1 GWB und des Art. 101 I AEUV nicht vorliegen, sodass die Kartellbehörde keinen Anlass zum Tätigwerden sieht (§ 32c GWB).

IV. Kooperation im Auslandsgeschäft: → Internationale Kooperation, → regionale Integration.

Kooperationsabkommen – Völkervertragsrechtliches Abkommen zwischen zwei Staaten oder Staatengemeinschaften, geht über die in → Handelsabkommen üblichen Vereinbarungen über eine Förderung des gegenseitigen Warenaustausches hinaus und umfasst außerdem Absprachen über eine politische, wirtschaftliche, finanzielle und technische Zusammenarbeit in den Bereichen der industriellen Fertigung, der landwirtschaftlichen Erzeugung und des Handels.

Kooperationserleichterungen für kleine und mittlere Unternehmen → Kooperation; → Mittelstandskartell.

Kooperationsformen des Handels – 1. *Begriff:* Formen horizontaler und vertikaler → Kooperation im Handel (→ kooperative Gruppen des Handels). – a) *Horizontale Kooperationen,* d.h. die Zusammenarbeit von Handelsunternehmen auf der gleichen Wertschöpfungsstufe, sind historisch als Gegenbewegung zur Konzentration im Handel in Form von Großbetriebsformen des Handels (→ Warenhäuser, → Filialunternehmung, → Konsumgenossenschaften) und als Reaktion auf die Konzentration auf der Herstellerstufe entstanden. Die kooperierenden Betriebe gliedern einzelne Teilaufgaben aus, z.B. die Beschaffung (→ Einkaufsgemeinschaften, → Einkaufskontore) oder übertragen mehrere Teilfunktionen zur gemeinsamen Wahrnehmung auf das neugegründete Kooperationsorgan (→ Full-Service-Kooperation). Diese Kooperationsformen des Handels sind wettbewerbsrechtlich nach §§ 1 ff. GWB zu beurteilen. – b) *In vertikalen Kooperationen* arbeiten Unternehmen vor-/nachgelagerter Stufen zusammen; so z.B. bei → freiwilligen Ketten, bei denen ein Großhändler mit ausgesuchten Einzelhändlern (→ Anschlusskunden) gleichlautende Verträge zur Marktbearbeitung abschließt. Ähnlich bei → Vertragshändlern und Franchise-Vereinbarungen (→ Franchise). Wettbewerbsrechtlich sind derartige Kooperationsformen des Handels nach §§ 14 ff. GWB (Vertikalvereinbarungen) zu beurteilen. – 2. Das *Grundproblem* der Kooperationsformen des Handels liegt darin begründet, einerseits die Willensbildung innerhalb der Kooperation so zu vereinheitlichen, dass ihre Wettbewerbsfähigkeit gegenüber den → Konzentrationsformen des Handels gestärkt wird, und andererseits die Motivation der selbstständigen Händler zu einem aktiven, den lokalen Markterfordernissen gerecht werdenden Handeln nicht zu schmälern.

Kooperationskaufmann – 1. *Begriff:* Grundmodell zur Realisierung einer intensiven Partnerschaft innerhalb einer Kooperation (→ Kooperationsformen des Handels). – 2. *Zielsetzung* ist die Hilfe bei der Existenzgründung, z.B. bei der Umwandlung von → Regiebetrieben oder Errichtung bzw. Anmietung neuer Läden. – 3. *Zentrale Ideen:* Finanzierung des Vorhabens durch die Kooperationszentrale, verbunden mit der Verpflichtung zur baldigen Rückzahlung aus den erwirtschafteten Gewinnen. Erfolg durch Eigeninitiative des Einzelhändlers, dem die alleinige Geschäftsführung übertragen wird, oft verbunden mit der vertraglichen Verpflichtung zu einer möglichst hohen → Einkaufskonzentration.

Kooperationslösungen – 1. *Begriff:* Kooperationslösungen sind nicht fiskalische Instrumente zur Umsetzung umweltpolitischer Ziele. Ihre Umsetzung wird in Form wechselseitiger Verträge bzw. Abkommen, rechtlich verbindliche Absprachen oder durch die Gründung von ökologiebezogener Zweckverbänden realisiert. Beispiele für Kooperationslösungen sind → Branchenabkommen, Selbstverpflichtungs- (→ Selbstverpflichtungen) und Selbstbindungsabkommen. – 2. *Kritische Würdigung:* Kooperationslösungen sind für die Teilnehmer ökonomisch effizient und grundsätzlich marktwirtschaftskonform. Außerdem weist das Instrument eine schnelle Einsatzfähigkeit und eine hohe Flexibilität auf. Auch die Vorbildfunktion und die Nutzung fachlicher Kompetenzen von Umweltverbänden sind positiv hervorzuheben. Des Weiteren besteht für Unternehmen die Möglichkeit ordnungsrechtlichen Maßnahmen zuvorzukommen. Kooperationslösungen sind jedoch nur geringfügig ökologisch effizient und ihnen fehlt u.U. eine gewisse Zielgenauigkeit. Außerdem besteht die Gefahr, dass ursprünglich geplante → Umweltziele, v.a. bei rechtlich unverbindlichen Absprachen, „aufgeweicht" werden. Der Wettbewerb kann durchaus verzerrt bzw. gehemmt werden und es besteht die Gefahr, dass Kompromisse auf Kosten der Allgemeinheit getroffen werden. Des Weiteren verzögern bzw. verhindern Kooperationslösungen ordnungsrechtliche Vorhaben. Dies kann zu einer Verschleppung anstatt der Lösung von Problemen führen und eine Art umweltpolitischen Punktionalismus hervorrufen.

Kooperationsmechanismen – Erscheinungsformen der Zusammenarbeit immanenter Einrichtungen, die gewährleisten sollen, dass die Kooperationspartner miteinander bzw. untereinander erfolgreich in Kooperation treten können. Kooperationsmechanismen bedingen, fördern und koordinieren die Beziehungen zwischen den einzelnen Kooperationsträgern im Hinblick auf einen gemeinsam verfolgten Zweck. Die wesentlichsten Kooperationsmechanismen sind: institutionale Verknüpfung (z.B. Schaffung gemeinsamer Einrichtungen), kooperative Integration (Förderung der Zusammenarbeit durch selbstständige, aber aufeinander abgestimmte Maßnahmen der beteiligten Kooperationspartner) und funktionale Verknüpfungen, die auf eine funktionale Integration der Partner abzielen.

Kooperationsmethode – angewandtes Verfahren, das Grundlagen und Voraussetzungen für gemeinsames Handeln schafft und das bereits zur Erreichung bestimmter Kooperationszielsetzungen führen kann. Zu den Kooperationsmethoden zählen alle Formen einer institutionalisierten Kommunikation (v.a. Konsultationen, Absprachen, Konferenzbeschlüsse und Verträge), derer sich die Kooperationspartner bedienen, um (1) gemeinsame Zwecke und Ziele zu bestimmen, (2) Realisierungs- bzw. Handlungsvoraussetzungen zu schaffen und (3) einen bestimmten Kooperationserfolg zu erringen.

Kooperationsprinzip – 1. *Begriff:* Das Kooperationsprinzip ist Teil der umweltpolitischen Prinzipientrias in Deutschland (vgl. auch → Vorsorgeprinzip und → Verursacherprinzip). – 2. *Ziel:* Ziel des Kooperationsprinzips ist die Verankerung des → Umweltschutze → s als gemeinsame Aufgabe von Staat,

Bürgern und Unternehmen. Anwendung findet das Prinzip in der Umweltbildung und Umweltinformation, Selbstverpflichtungserklärungen der Wirtschaft und anderer Akteure sowie der Einbindung der gesellschaftlichen Gruppen in die Weiterentwicklung der → Umweltpolitik.

Kooperationsverfahren → EU-Gesetzgebung, → Europäisches Parlament.

kooperative Gruppen des Handels – Oberbegriff für alle → Kooperationsformen des Handels. Die Mitglieder dieser Gruppen stehen untereinander im Wettbewerb und müssen sich gegenüber den Konzentrationsformen des Handels (Warenhäuser, Konsumgenossenschaften, Filialunternehmungen, Versandhandel) behaupten. Daher spricht man auch vom *Gruppenwettbewerb im Handel:* Die Gruppen konkurrieren untereinander und tragen den Wettbewerb beschaffungsseitig mittels Einkaufskontoren bzw. Zentralorganisationen und absatzseitig über die lokalen Verkaufsstätten, differenziert nach Betriebsformen, aus.

kooperativer Föderalismus – Mitte der 1960er-Jahre in der Bundesrepublik Deutschland entstandener und durch die sog. Troeger-Kommission formulierter Begriff zur Beschreibung der (damals zunehmenden) Tendenz und Neigung, öffentliche Aufgaben durch Bund und Länder gemeinsam zu erfüllen (→ Gemeinschaftsaufgaben). – Der Gedanke des kooperativen Föderalismus fand in Form der Art. 91a, 91b und 104a IV GG seinen Niederschlag in der Finanzverfassung.

kooperativer Führungsstil → Führungsstil.

kooperative Spieltheorie – häufig von beeindruckender mathematischer Eleganz gekennzeichnet, hat aber in den Wirtschafts- und Sozialwissenschaften wenig Anklang gefunden – Ausnahmen sind die Theorie der Konkurrenzökonomie sowie die experimentelle Wirtschaftsforschung. Ebenso können nichtkooperative Spiele in → extensiver Form oder (→ Agentennormalform) → Normalform kooperatives Verhalten abbilden. In der kooperativen Spieltheorie wird dies vorausgesetzt, während es in der nichtkooperativen Theorie durch individuelle Entscheidungen begründet werden muss. Nur die nichtkooperative Theorie kann daher Aussagen über die Bedingungen treffen, die für Kooperation erforderlich sind. – Bezeichnet N die Spielermenge und v(C) den maximalen Gewinn der Mitglieder der Koalition $C \subset N$, so ist das wichtige Konzept des Kerns durch die Menge der Auszahlungsvektoren

$$x = (x_1, \ldots, x_n) \text{ mit } \sum_{i \in C} x_i \geq v(C)$$

für $C \subset N$ mit Gleichheit für C = N bestimmt. Gemäß dem mengenwertigen Kern-Konzept verlangt jede Koalition für ihre Mitglieder so viel, wie sie sich selbst sichern kann. Allerdings kann der Kern leer sein, z.B. für N = {1, 2, 3}, v(C) = 1, falls C mind. zwei Mitglieder enthält, und v(C) = 0 sonst. Da

$$x_1 + x_2 \geq 1 = v(\{1, 2\})$$
$$x_1 + x_3 \geq 1 = v(\{1, 3\})$$
$$x_2 + x_3 \geq 1 = v(\{2, 3\})$$

folgt

$$2(x_1 + x_2 + x_3) \geq 3$$

und damit ein Widerspruch zu

$$x_1 + x_2 + x_3 = 1.$$

Andere mengenwertige Lösungskonzepte sind die *stabilen Mengen,* die *Verhandlungsmengen,* sowie der *Kernel,* die z.T. stets nicht leer sind. Bes. durch die frühe Anwendung von Edgeworth (1881) hat sich der Kern trotz seiner gelegentlichen Leere als für die Wirtschaftstheorie bedeutsames Lösungskonzept erwiesen. Außer den mengenwertigen Lösungen gibt es die sog. *Wertkonzepte der kooperativen Spieltheorie:* V.a. die kooperative Verhandlungslösung von Nash (1953), der Wert von Shapley (1953) sowie der von Schmeidler (1969) vorgeschlagene Nucleolus. Die größtenteils axiomatisch begründbaren Konzepte beschreiben Auszahlungsaufteilungen, die gewissen intuitiven Anforderungen entsprechen. Die Wertkonzepte bieten daher Ansatzpunkte, eine willkürfreie Kostenträgerrechnung zu entwickeln. – Vgl. auch → Spieltheorie.

kooperative Werbung – *Kollektivwerbung;* 1. *Begriff:* Alle Formen kooperativer Zusammenarbeit mehrerer Anbieter auf dem Gebiet der → Werbung. – 2. *Grundformen:* a) Nach der Stufenzugehörigkeit der kooperierenden Unternehmen (Zugehörigkeit zur gleichen oder zu hintereinander folgenden Wirtschaftsstufen): (1) horizontale Werbung; (2) vertikale Werbung. – b) Nach der Art der Bekanntgabe der Werbetreibenden: (1) Gemeinschaftswerbung; (2) Sammelwerbung. – 3. *Kombinationen:* a) Horizontale Gemeinschaftswerbung: I.d.R. kooperieren Unternehmen der gleichen Branche (Wirtschaftsstufe) werblich miteinander. Zustandekommen und Bestand hängen naturgemäß stark davon ab, inwieweit die überwiegende Mehrzahl der Branchenmitglieder für eine Mitwirkung gewonnen werden können. – *Formen:* (1) Gruppenwerbung: Von Beginn an wird eine Begrenzung der Zahl der Teilnehmer angestrebt; diese beschränkende Anzahl konkurrierender Anbieter wirbt gegen den Rest der eigenen Branche. (2) Verbundwerbung (komplementäre Werbung): Unternehmen der gleichen Wirtschaftsstufe, aber unterschiedlicher Branchen betreiben gemeinsam Werbung; charakteristisch im Fall bedarfsverwandter Erzeugnisse (z.B. Fluggesellschaft/Reisebekleidung). – b) Vertikale Gemeinschaftswerbung: kooperative Werbung von Partnern unterschiedlicher Wirtschaftsstufen, z.B. die als am weitesten verbreitete Form von freiwilligen Gruppen bzw. Ketten der Groß- und Einzelhändler. – c)

Sammelwerbung: alle sonstigen Formen der kooperativen Werbung, in denen Unternehmen im Gegensatz zur Gemeinschaftswerbung unter Namensnennung gemeinsam werblich auftreten (Einzelhändler einer Ladenstraße). Differenzierung in eine horizontale oder vertikale Variante ist denkbar. – Vgl. auch → Handelswerbung, → institutionelle Werbung, → Werbung.

Koopmans – Tjalling Charles, 1910–1985, aus den Niederlanden stammender Nationalökonom, der 1940 in die Vereinigten Staaten emigrierte, in der Cowles Commission arbeitete und in Yale (1955–1981) lehrte; → Nobelpreis für Wirtschaftswissenschaften 1975 (zusammen mit → Kantorowitsch). Koopmans begründete die → Aktivitätsanalyse oder das lineare Programmieren, die – unabhängig von ihm – von Kantorowitsch schon vor dem Zweiten Weltkrieg entwickelt worden war. Er wandte diese Technik – wie zuvor Dantzig – zunächst auf das Transportproblem an. In weiteren Arbeiten zeigte er, dass die Aktivitätsanalyse sich auf ganz verschiedenen Gebieten – wie der Ressourcenallokation, dem Wirtschaftswachstum und dem allgemeinen Gleichgewicht – einsetzen lässt und nicht-lineare Beziehungen nicht ausschließt. – *Wichtige Werke:* „Optimum Utilization of the Transportation System" (1949); „Three Essays on the State of Economic Science" (1957) und „On the Concept of Optimal Economic Growth" (1965).

Koordinatensystem – von R. Descartes entwickeltes System zur Veranschaulichung der Lage eines Punktes im zweidimensionalen Raum. Im Koordinatensystem mit zwei im Nullpunkt senkrecht aufeinander stehenden Achsen (senkrechte Achse: Ordinate bzw. y-Achse; waagerechte Achse: Abszisse bzw. x-Achse) können alle Punkte mit den Koordinatenwerten (x,y) dargestellt werden. – Im dreidimensionalen Raum sind drei Koordinaten (x, y, z) erforderlich.

Koordination – I. Organisation: 1. *Begriff:* Anlass zu Koordination besteht, wenn zwischen den arbeitsteiligen (→ Arbeitsteilung) Handlungen der organisatorischen Einheiten → Interdependenzen existieren. – 2. *Aufgaben:* a) Koordination löst Verteilungskonflikte. – b) Koordination trägt dazu bei, dass die Arbeitsabläufe so gestaltet werden, dass Doppelarbeit vermieden wird und sich eine optimale Reihenfolge realisieren lässt. – c) Koordination führt dazu, dass die Unternehmensziele stets bewusst gemacht, in der täglichen Arbeit einheitlich angewandt und ggf. auf Verbesserungs- und Änderungsmöglichkeiten hin überprüft werden. – d) Koordination gleicht Wissens- und Wahrnehmungsunterschiede unter den → Organisationsmitgliedern aus. – 3. *Grenzen:* Der Einsatz von Koordinationsinstrumenten verursacht Kosten (→ Abstimmungskosten) und Demotivationseffekte. Ein Verzicht auf Koordination hingegen verursacht → Autonomiekosten. Im Hinblick auf die → organisatorische Effizienz stellt sich somit die Frage nach dem optimalen Koordinationsgrad.

II. Volkswirtschaft: 1. *Begriff:* Abstimmung von Wirtschaftsplänen in einer arbeitsteiligen Wirtschaft. Realgüterwirtschaftlich betrachtet besteht ein Koordinationsbedarf hinsichtlich (1) der Konsumpläne der Haushalte und der Produktionspläne der Unternehmen sowie (2) der Produktionspläne der Unternehmen, die untereinander in Zulieferbeziehungen stehen. – 2. *Arten:* a) *Marktmäßige Koordination (Ex-Post-Koordination):* Die bei juristischer (→ Vertragsfreiheit, *Privatautonomie*, § 311 BGB) und planerischer Selbstständigkeit gefassten Wirtschaftspläne werden schrittweise einander angepasst, wobei divergierende Wirtschaftspläne Preisbewegungen auslösen und auf die Wirtschaftspläne korrigierend zurückwirken. Eine Koordination ergibt sich allmählich nach Ablauf einiger Perioden. Überwiegendes Koordinationsprinzip in der → Marktwirtschaft. – b) *Zentralplanmäßige Koordination (Ex-Ante-Koordination):* Die Abstimmung der Wirtschaftspläne erfolgt vor ihrer späteren Durchführung. Eine Koordinationsinstanz erarbeitet, ausgehend von einer wirtschaftlichen Zielsetzung, die Leistungsbeiträge der beteiligten Wirtschaftseinheiten und weist sie als verbindliche Planvorgaben zu. Die Koordination ist bei der Planausführung ohne spätere Korrekturnotwendigkeiten somit gewährleistet. Überwiegendes Koordinationsprinzip in der → Zentralverwaltungswirtschaft und in der → Organisation.

III. Außenwirtschaft: → regionale Integration.

Koordinationskonzern→ Konzern, bei dem der Zusammenschluss der konzernierten Unternehmen als gleichberechtigte Partner erfolgt, z.B. durch paritätische Beteiligung bzw. Interessengemeinschafts-, Gewinnpoolungsvertrag u.Ä. – *Gegensatz:* → Subordinationskonzern.

Koordinationskosten → Abstimmungskosten.

Koordinationsversagen – Bezeichnung für eine Situation, in der die Entscheidungsträger ein Ergebnis erreichen, das für alle schlechter ist als ein Ergebnis, das sich durch eine Koordination ihrer Strategien erzielen ließe. Koordinationsversagen wird im → Neuen Keynesianismus als eine Ursache für mangelnde Preisflexibilität angesehen. Kommt es z.B. zu einem Rückgang des nominalen Geldangebots, würde eine proportionale Verminderung aller Preise die Realkasse unverändert lassen und somit negative Auswirkungen der Geldangebotsverringerung auf Einkommen und Beschäftigung verhindern. Wegen des Auftretens von → Gesamtnachfrageexternalitäten wird ein einzelnes Unternehmen sich genauso verhalten wollen wie alle anderen Unternehmen: Geht dieses Unternehmen davon aus, dass die anderen Unternehmen ihre Preise senken, wird es seinen Preis auch senken, geht es jedoch davon aus, dass die anderen Unternehmen ihre Preise beibehalten, wird es seinen Preis auch beibehalten. Könnten sich alle Unternehmen auf eine Preissenkung verständigen, wäre dies für alle vorteilhaft, weil sich ein Rückgang von Einkommen und

Beschäftigung verhindern ließe. – *In der Realität* wird eine solche Koordination jedoch häufig nicht auftreten. Weil die einzelnen Unternehmen mit Preisinflexibilität bei den anderen Unternehmen rechnen, kommt es dann im Sinne einer sich selbsterfüllenden Prophezeiung tatsächlich zu makroökonomischen Preisstarrheiten, obwohl dies für alle mit Nachteilen verbunden ist.

Kopenhagen-Kriterien → EU-Erweiterung.

Kopenhagen-Prozess – Auf dem Rat der EU-Bildungsminister in Kopenhagen am 30.11.2002 beschlossener Prozess im Rahmen der Lissabon-Strategie der Europäischen Union. Grundlagen des Prozesses sind freiwillige Zusammenarbeit, Dezentralität und aktive Einbeziehung der Sozialpartner. In der Kopenhagener Erklärung vereinbarten EU-Kommission und Bildungsminister Leitlinien für die verstärkte europäische Zusammenarbeit in der beruflichen Aus- und Weiterbildung. Die Vorhaben im Einzelnen waren: (1) Stärkung der europäischen Dimension der beruflichen Bildung, (2) verbesserte Transparenz der nationalen Bildungssysteme und berufsqualifizierender Abschlüsse, (3) Einführung gemeinsamer Instrumente zur Qualitätssicherung, (4) Entwicklung von Grundsätzen zur Anerkennung von informell und non-formal erworbenen Qualifikationen und Kompetenzen und (5) eine verstärkte internationale Zusammenarbeit in einzelnen Wirtschaftssektoren. – Auf den zweijährig stattfindenden Folgekonferenzen (Maastricht 2004; Helsinki 2006; Bordeaux 2008; Brügge 2010) wurden Ziele weiter differenziert und Fortschritte diskutiert. Dabei kam es durch die Einbeziehung weiteren Staaten (z.B. Kroatien, Norwegen, Türkei), die Beteiligung der europäischen Sozialpartner und die Ausweitung auf Bildungsbereiche jenseits der beruflichen Bildung zu einer mehrfachen Öffnung des Prozesses. – Zu den wichtigsten konkreten Ergebnissen zählen: (1) der europäische Bildungspass (EUROPASS) als einheitliches Dokumentationsinstrument für Qualifikationen und Kompetenzen (2004); (2) der Europäische Qualifikationsrahmen (EQR, 2008): In zahlreichen Ländern wurden seither darauf bezogene nationale Qualifikationsrahmen (NQR) entwickelt und eingeführt, sodass inzwischen ein System der einheitlichen Beschreibung von Qualifikationen anhand einer achtstufigen Matrix existiert; (3) ein gemeinsamer europäischer Bezugsrahmen zur Qualitätssicherung von Berufsbildungsergebnissen (EQAVET, 2010). – In anderen Themenbereichen stehen konkrete Ergebnisse noch aus, hier wurden bisher lediglich gemeinsame Prinzipien vereinbart. Dies gilt für das Modell eines Leistungspunktesystems für die Berufliche Bildung (ECVET) und die Anerkennung non-formal und informell erworbener Lernergebnisse.

Kopfmehrheit – Begriff des Insolvenzverfahrens: Eine nach Kopfzahl, nicht nach dem Betrag der → Insolvenzforderungen berechnete Mehrheit. – Vgl. auch → Abstimmung.

Kopfpauschale – 1. *Begriff*: Auf das Individuum bezogene, pauschalisierte Vergütungs- oder Finanzierungsform. Vorteile sind die Praktikabilität, der Anreiz zum effizienten Umgang mit den gewährten Mitteln bzw. die Abwesenheit negativer Erwerbsanreize durch in dieser Form erhobene Finanzierungsbeiträge. – 2. *Vorschlag* zur Reform der Finanzierung der *gesetzlichen* → *Krankenversicherung*: Anders als im bisherigen System sollen einkommensunabhängige, pauschale Beiträge oder Beitragsbestandteile festgesetzt werden. Je nach Ausgestaltung ist eine beitragsfreie Mitversicherung von Ehepartnern dabei zumeist nicht mehr vorgesehen, für Kinder können reduzierte Sätze gelten. Soziale Härten sollen über das Steuer-Transfer-System abgefedert werden. Der jetzige Arbeitgeberbeitrag soll entfallen und einkommenserhöhend an die Arbeitnehmer ausgezahlt werden. – Vgl. auch → Rürup-Kommission. – 3. *Praktische Bedeutung*: Mit den seit 2009 möglichen Zusatzbeiträgen der Mitglieder gesetzlicher Krankenkassen und zum 1.1.2011 geänderten Regelungen zur Höhe dieser Zusatzbeiträge und zu einem darauf bezogenen Sozialausgleich werden Schritte in Richtung einer Finanzierung der gesetzlichen Krankenversicherung durch Kopfpauschalen unternommen (→ Gesundheitsreform).

Kopfsteuer – in Ansatz und Wirkung primitivste Form der → Steuer. Die Kopfsteuer trifft jedes erwerbsfähige Steuersubjekt ohne Rücksicht auf seine steuerliche Leistungsfähigkeit in gleicher Höhe (→ Leistungsfähigkeitsprinzip), wahrt aber das Prinzip der Entscheidungsneutralität der Besteuerung (weil die Höhe der Steuer von wirtschaftlichen Dispositionen völlig unabhängig ist).

Kopierabgabe → Geräteherstellerabgabe, → Fotokopie.

Kopieren – 1. *Allgemein:* Nachbilden bzw. Nachahmen einer Situation, eines Vorgangs, eines Gegenstandes etc. – 2. Im Bereich der *Reproduktion* von Bild und/oder Text das Vervielfältigen durch Bilderzeugung in einem sensiblen Material (z.B. Fotokopieren). – 3. In der *Datenverarbeitung* das in Hinblick auf → Datensicherung erwünschte und erlaubte Erstellen neuer Dateien, Programme, Texte und Programmbefehle, ohne die ursprünglichen Daten zu vernichten. – 4. *Urheberrecht:* Das Kopieren ist eine Form des Vervielfältigens eines Werks; insoweit gelten die Vorschriften des Urheberrechts über das Vervielfältigungsrecht des Urhebers (§ 16 UrhG) und die näheren Bestimmungen über das Vervielfältigen zu privaten und gewerblichen Gebrauch in den §§ 53 ff. UrhG und über technische Schutzmaßnahmen gegen das Vervielfältigen (§§ 95a UrhG).

Koppelprodukte → Kuppelprodukte.

Koppelungsthese – These, die besagt, dass das Beschäftigungssystem gegenüber dem Bildungssystem dominant sei (Subordinationsthese), und dass sich das Bildungssystem einseitig veränderten

Anforderungen des Beschäftigungssystems anpasst. – *Anders:* → Entkoppelungsthese.

Koppelungsvorschriften – Vorschriften, durch die festgelegt wird, dass die Hebesätze für → Gewerbesteuer und → Grundsteuer in einem bestimmten Verhältnis zueinander stehen müssen, d.h. dass die Höhe des Hebesatzes für die Gewerbesteuer an die Höhe des Hebesatzes für die Grundsteuer gekoppelt wird.

Kopplungsangebote → Kundenfang.

Kopplungsgeschäfte – 1. *Begriff:* auch *Kopplungsbindungen.* Verpflichtung einer Vertragspartei, zusätzlich zum eigentlich gewünschten Gut (Koppelungsprodukt) eine andere – meist nicht gewünschte – Ware oder Dienstleistung abzunehmen, die weder sachlich noch handelsüblich zum gewünschten Gut dazugehört (gekoppeltes Produkt). Die Koppelung kann durch Zwang (insbesondere auf Druck eines marktbeherrschenden Anbieters des Koppelungsproduktes) oder durch Preisanreize bewirkt werden. Koppelungsgeschäfte können zum Ausschluss der Wettbewerber vom Markt für das gekoppelte Produkt führen und die wirtschaftliche Bewegungsfreiheit des dergestalt vertraglich Gebundenen einschränken. – 2. *Kartellrechtliche Beurteilung:* Kopplungsgeschäfte verstoßen grundsätzlich gegen das Verbot des § 1 GWB und Art. 101 I AEUV. Koppelungen im Vertikalverhältnis können gemäß der Vertikal-GVO von diesem Verbot freigestellt sein, wenn sich der Marktanteil des Lieferanten sowohl beim Koppelungsprodukt als auch beim gekoppelten Produkt auf maximal 30 Prozent beläuft. Zudem möglicher Missbrauch einer marktbeherrschenden Stellung (§ 19 I, II Nr. 2 GWB) sowie möglicher Verstoß gegen das Verbot unbilliger Behinderung anderer Unternehmen durch marktbeherrschende oder marktstarke Anbieter (§§ 19 I i.V.m. II Nr. 1, 20 I GWB).

Kopplungsverkäufe – Sonderform des → Bundling, auch „tie-in sales" genannt. An den Kauf eines Hauptproduktes sind weitere Käufe von Nebenprodukten gekoppelt, z.B. müssen bei Nassrasierern die Klingen separat gekauft werden oder bei Druckern die Druckerpatronen.

Körperbeschädigte – Gruppe von Sozialleistungsempfängern, deren Renten oder Fürsorgeanspruch auf Verletzung bzw. andere Beschädigung in der Ausübung beruflicher oder auch militärischer Pflichten gestützt wird. – Vgl. auch → Kriegsopfer, → Beschädigtenrente. – *Steuerliche Behandlung:* → Pauschbeträge.

Körperersatzstücke – Begriff der Sozialversicherung. – Vgl. auch → Hilfsmittel.

körperliche Bestandsaufnahme → effektive Inventur.

körperliche Durchsuchung – I. Strafprozessrecht

Strafprozessuale Zwangsmaßnahme: Die körperliche Untersuchung des Beschuldigten darf zur Feststellung von Tatsachen angeordnet werden, die für das Verfahren von Bedeutung sind. Entnahmen von Blutproben und andere körperliche Eingriffe, vom Arzt vorgenommen, sind ohne Einwilligung des Beschuldigten zulässig, wenn kein Nachteil für die Gesundheit zu befürchten ist. Anordnung durch den Richter, bei Gefährdung des Untersuchungserfolgs auch durch die Staatsanwaltschaft und ihre Hilfsbeamten. Näheres regelt § 81a StPO. – Personen, die als → Zeugen in Betracht kommen, dürfen ohne ihre Einwilligung nur untersucht werden, soweit festgestellt werden muss, ob sich an ihrem Körper eine bestimmte Spur oder Folge einer Straftat befindet. Dazu gehören auch Untersuchungen zur Feststellung der Abstammung und die Entnahme von Blutproben, wenn kein Nachteil für die Gesundheit zu befürchten ist und die Maßnahme zur Erforschung der Wahrheit unerlässlich ist (§ 81c StPO). – Vgl. auch → genetischer Fingerabdruck, → Leibesvisitation, → Werkschutz.

II. Zollrecht 1. *Begriff:* Zu den Möglichkeiten der Zollkontrollen gehört die körperliche Durchsuchung nach § 10 III Zollverwaltungsgesetz (ZollVG). Es geht um die Feststellung, ob Waren in oder unterhalb der Kleidung sowie in Körperöffnungen verborgen sind. Die körperliche Durchsuchung ähnelt mithin der Überholung. Sie ist abzugrenzen von der körperlichen Untersuchung nach § 81a StPO, bei der es um Eingriffe in den Körper geht mit dem Ziel, Körperschmuggel zu entdecken. – 2. *Voraussetzungen:* Liegen zureichende tatsächliche Anhaltspunkte dafür vor, dass der zollamtlichen Überwachung unterliegende Waren vorschriftswidrig mitgeführt werden, können Personen körperlich durchsucht werden. – 3. *Durchführung:* Die körperliche Durchsuchung hat an hierfür geeigneten Orten zu erfolgen. Zulässig ist sowohl das Abtasten des bekleideten Körpers als auch das Hineingreifen in und zwischen die am Körper getragenen Bekleidungsstücke. Ferner können Körperhöhlen und Körperöffnungen (Mund, Nase, Ohren, Vagina und After) des unbekleideten Körpers betrachtet werden. Ob die Körperöffnungen im Rahmen der Durchsuchung auch auf Fremdkörper wie etwa Betäubungsmittel hin untersucht werden dürfen oder ob das bereits Gegenstand der körperlichen Untersuchung gem. § 81a StPO ist, ist umstritten. Falls die körperliche Durchsuchung das Schamgefühl verletzen kann, ist sie von Zollbediensteten gleichen Geschlechts vorzunehmen.

Körperschaft – 1. *Begriff:* Zusammenschluss, der als → juristische Person eigene Rechtsfähigkeit besitzt und durch → Organe vertreten wird. – 2. Zu *unterscheiden:* a) *Körperschaft des Privatrechts:* → Aktiengesellschaft (AG), → Kommanditgesellschaft auf Aktien (KGaA), → Gesellschaft mit beschränkter Haftung (GmbH), → Genossenschaft, bergrechtliche Gewerkschaft, → rechtsfähiger Verein. – b) *Körperschaft des öffentlichen Rechts:* → Körperschaften des öffentlichen Rechts. – 3. *Besteuerung:* Körperschaften

unterliegen der → Körperschaftsteuer. – Vgl. auch: → ausländische Körperschaft.

Körperschaft des öffentlichen Rechts – 1. *Begriff:* Verband des öffentlichen Rechts, der außerhalb der durch die Behörden dargestellten unmittelbaren Staatsverwaltung öffentliche Aufgaben unter staatlicher Aufsicht und ggf. unter Einsatz hoheitlicher Mittel wahrnimmt. – Im *Unterschied zur* → Anstalt des öffentlichen Rechts ist sie mitgliedschaftlich organisiert. – 2. *Errichtung einer bundesunmittelbaren Körperschaft des öffentlichen Rechts* im Bundesgebiet bedarf eines Bundesgesetzes nach Art. 87 GG. – 3. *Rechtsstellung:* Körperschaften des öffentlichen Rechts sind → juristische Personen, können daher Träger von Rechten und Pflichten sein, im eigenen Namen klagen und verklagt werden. Sie genießen verschiedene Vorrechte, ihre Bediensteten sind Beamte und Angestellte des öffentlichen Dienstes. – 4. *Beispiel:* Gemeinden, Kreise, Ortskrankenkassen, Landesversicherungsanstalten, Berufsgenossenschaften, Rechtsanwaltkammern, Ärztekammern, Hochschulen. – Eine Sonderstellung nehmen die *Kirchengemeinden* ein. – Vgl. auch → Gebietskörperschaften.

Körperschaftsteuer – I. Charakterisierung: Erstmals erging 1920 im Rahmen der → Erzbergerschen Finanzreform (1919/1920) ein Körperschaftsteuergesetz. – *Zweck* der Körperschaftsteuer ist die Besteuerung des → zu versteuernden Einkommens der Kapitalgesellschaften oder anderer juristischer Personen oder nicht-rechtsfähiger Vereine und Zweckvermögen des Privatrechts und der Betriebe gewerblicher Art von juristischen Personen des öffentlichen Rechts. → Gewinnermittlung nach den Vorschriften des EStG und des KStG. – Mit der Einführung des → körperschaftsteuerlichen Anrechnungsverfahrens (→ Körperschaftsteuersystem) zum 1.1.1977 (sog. *Körperschaftsteuerreform*) wurde die bisherige Doppelbelastung ausgeschütteter Gewinne mit Einkommen- und Körperschaftsteuer aufgehoben und durch eine Einfachbelastung entsprechend den individuellen Gegebenheiten des begünstigten Anteilseigners ersetzt. Die Körperschaftsteuer als eigenständige Steuer wurde nicht beseitigt, sondern die volle Anrechnung der Körperschaftsteuerbelastung der ausgeschütteten Gewinnanteile eingeführt. Durch das Steuersenkungsgesetz 2001 wurde sodann aus europarechtlichen Gründen auf ein neues Verfahren, das → Halbeinkünfteverfahren, umgestellt, mit dem die wirtschaftliche Doppelbelastung aus KSt und ESt auf andere Weise als bisher beseitigt wurde. Der Grundgedanke des neuen Systems bestand darin, dass die Körperschaftsteuer etwa in Höhe der halben Einkommensteuerspitzenbelastung erhoben wurde (anfänglicher KSt-Satz im neuen System 25 Prozent), und auf der Ebene der Einkommensteuer die Dividende dann nur noch zur Hälfte steuerlich erfasst wurde, sodass „im Großen und Ganzen" die Gesamtbelastung einer Investition im Bereich der Kapitalgesellschaften letztendlich einer Einmalbelastung der Gewinne im Bereich der Einzel- und Personenunternehmen in etwa entsprach. – Mit der *Unternehmensteuerreform 2008* blieb das System als solches im Grundsatz unverändert; allerdings wird seitdem die Gewichtung zwischen der KSt-Ebene und der Einkommensteuer-Ebene anders verteilt: Als Körperschaftsteuer werden seit 2008 nur noch 15 Prozent verlangt (in etwa 40 Prozent der regulären Gesamtbelastung von Gewinnen bei einkommensteuerpflichtigen Unternehmen), bei der späteren Ausschüttung der Nettogewinne als Dividende werden dann entweder 60 Prozent der Dividende noch steuerlich berücksichtigt (im Bereich von Dividenden, die zu Betriebseinkünften gehören) oder die Belastung der Dividende wird in noch stärker pauschalierter Form erhoben, indem der Steuersatz einheitlich auf 25 Prozent festgesetzt wird (im privaten Bereich, d.h. bei Erfassung unter den „Einkünften aus Kapitalvermögen"). Seitdem spricht man, wo Dividenden nicht mehr halb, sondern zu einem Anteil von 60 Prozent steuerlich erfasst werden, nicht mehr vom Halbeinkünfteverfahren, sondern vom → Teileinkünfteverfahren; für die weitergehende Vereinfachung, bei privaten Einkünften den Steuersatz auf 25 Prozent der Einnahme zu pauschalieren, hat sich der Begriff → Abgeltungsteuer durchgesetzt.

II. Geltende Körperschaftsteuer: 1. *Gesetzliche Grundlagen:* Körperschaftsteuergesetz (KStG) i.d.F. vom 15.10.2002 (BGBl. I 4144) m.spät.Änd. und die Körperschaftsteuer-Durchführungsverordnung (KStDV). – Die Körperschaftsteuer ist eine → Gemeinschaftsteuer. – 2. *Steuerpflicht:* a) beginnt und endet im Prinzip mit der → Rechtsfähigkeit juristischer Personen: (1) *Beginn* mit Vertragsabschluss. (2) *Ende* mit der völligen → Abwicklung, bei Kapitalgesellschaften mit Ausschüttung des Vermögens, frühestens mit Ablauf des Sperrjahres. – b) *Umfang:* (1) → Unbeschränkte Steuerpflicht: sämtliche Einkünfte bei Kapitalgesellschaften, Erwerbs- und Wirtschaftsgenossenschaften, Versicherungsvereinen auf Gegenseitigkeit, sonstigen juristischen Personen des privaten Rechts, nicht rechtsfähigen Vereinen, Stiftungen, Anstalten, Zweckvermögen, Betrieben gewerblicher Art von juristischen Personen des öffentlichen Rechts, die Sitz oder Geschäftsleitung im Inland haben. Bei nicht rechtsfähigen Personenvereinigungen, Anstalten, Stiftungen und Zweckvermögen nur dann, wenn deren Einkommen weder nach dem KStG noch nach dem EStG unmittelbar bei einem anderen Steuerpflichtigen zu versteuern ist. (2) → Beschränkte Steuerpflicht: inländische Einkünfte bei Körperschaften, Personenvereinigungen und Vermögensmassen, die weder ihre Geschäftsleitung noch ihren Sitz im Inland haben, bzw. die aus sonstigen Gründen nicht unbeschränkt Steuerpflichtig sind (§ 2 KStG i.V. mit § 49 EStG). – 3. *Steuerbefreiung:* a) *Subjektive:* z.B. ganz oder teilweise namentlich bei gewissen Unternehmen des Bundes, bei Staatsbanken, bei Verfolgung kirchlicher, gemeinnütziger oder mildtätiger Zwecke, bei sozialen Kassen, bei Berufsverbänden, bei öffentlich rechtlichen Versicherungs- und Versorgungseinrichtungen von Berufsgruppen (§ 5 KStG). – b) *Objektive:* Mitgliederbeiträge rechtsfähiger und nicht rechtsfähiger Personenvereinigungen (§ 8 V KStG) Dividenden und Gewinne aus der Veräußerung von Anteilen an anderen Körperschaften (§ 8b KStG). – 4. *Besteuerungsgrundlage:* a) Nach § 7 I KStG bemisst sich die Körperschaftsteuer nach dem → zu versteuernden Einkommen, das sich aus dem → Einkommen, vermindert um die Freibeträge für → bestimmte Körperschaften und Erwerbs- und Wirtschaftsgenossenschaften sowie Vereine, die Land- und Forstwirtschaft betreiben, errechnet (§ 7 II KStG); das Einkommen wiederum ermittelt sich nach den Bestimmungen des EStG und den bes. Vorschriften des KStG (→ Einkommensermittlung). Für unbeschränkt steuerpflichtige Körperschaften, die nach den Vorschriften des HGB zur Führung von Büchern verpflichtet sind, gelten alle Einkünfte als Einkünfte aus Gewerbebetrieb (→ Einkommen). – b) Während einer Übergangszeit bis zum 31.12.2006 waren für die Bemessung der Körperschaftsteuer auch die → Gewinnausschüttungen relevant, soweit sie aus in der Geltungszeit des körperschaftsteuerlichen Anrechnungsverfahrens gebildeten Rücklagen vorgenommen wurden. Es kam mit Ausnahme des sog. Moratoriums zu einer Körperschaftsteuerminderung in Höhe von 1/6 der ausgeschütteten Dividenden, solange das aus der Zeit des alten Systems verbliebene Körperschaftsteuerguthaben noch zur Finanzierung dieser Minderung ausreichte (Einschränkungen: Körperschaftguthaben), bzw. zu einer Körperschaftsteuererhöhung, soweit die Gewinnausschüttungen auf das sog. EK 02 zurückgingen (Nachversteuerung der Ausschüttung; Herstellung der Ausschüttungsbelastung von 30 Prozent). Letztmalig zum 31.12.2006 wurde der Bestand des EK 02 und des Körperschafsteuerguthabens festgestellt. In 2007 wird keine KSt-Minderung bzw. KSt-Erhöhung bei Ausschüttungen vorgenommen. Seit 2008 soll nunmehr eine ratierliche Auszahlung des Körperschaftsteuerguthabens in zehn gleichen Jahresraten erfolgen. Analog hierzu ist ein pauschaler Erhöhungsbetrag aus dem EK 02 in zehn unverzinslichen Jahresraten an das zuständige Finanzamt zu zahlen. – 5. *Steuertarif:* Seit Einführung des Halbeinkünfteverfahrens existiert im Rahmen der Körperschaftsteuer nur noch ein Steuersatz, und zwar 15 Prozent (bis 31.12.2007: 25 Prozent); bes. Steuersätze wie z.B. → Betriebsstättensteuersatz und abweichender Steuersatz für → Ausschüttungsbelastung sind entfallen. – 6. *Steuerfestsetzung und -erhebung:* a) Die *festzusetzende Körperschaftsteuer* ergibt sich aus dem zu versteuernden Einkommen multipliziert mit dem Steuersatz, korrigiert um die Änderungen, die sich wegen Körperschaftsteuererhöhung und -minderung ergeben können. – b) Für die *Veranlagung und Entrichtung* der Körperschaftsteuer sind die einkommensteuerlichen Vorschriften entsprechend anzuwenden. Auf die festgesetzte Körperschaftsteuer werden angerechnet (1) die → Vorauszahlungen des Veranlagungszeitraums, (2) die einbehaltene → Kapitalertragsteuer, (3) die anzurechnende Körperschaftsteuer und (4) die anzurechnenden festgesetzten und entrichteten ausländischen Körperschaftsteuern (§ 26 I KStG).

III. Finanzwissenschaftliche Beurteilung: 1. *Charakteristik* und *Steuersystematik:* a) *Grundlegend:* Zur theoretischen Grundlegung der Körperschaftsbesteuerung vgl. → Unternehmensbesteuerung. Danach ist gemäß der *Integrationstheorie* eine Körperschaftsteuer überflüssig, weil die Besteuerung der Körperschaftserträge in die → Einkommensbesteuerung zu integrieren sei. Gemäß der *Separationstheorie* aber sei die Körperschaftsteuer als eine Sondersteuer auf Erträge juristischer Personen, in Sonderheit der Kapitalgesellschaften, immer zu erheben wegen ihrer bes. Leistungsfähigkeit. Die bis 2000 geltende Körperschaftsteuer von 1977 ist zwar der Separationstheorie folgend eine *Sondersteuer* auf die Rechtsform der Unternehmung, aber keine auf ökonomischen Vorstellungen beruhende *allg. Unternehmensteuer*, denn sie erfasst nicht alle in einer Wirtschaftseinheit anfallenden Gewinne und Kapitaleinkünfte; sie ist ferner keine reine Einkommensteuer. Vielmehr hält sie einen Mittelweg ein und vereinigt zwei gänzlich verschiedene Steuern in sich: eine Teilgewinn- oder Sonderunternehmungsteuer und eine Quellensteuer der Einkommensteuer. – b) *Steuersätze:* Im Anrechnungsverfahren (bis 2000) waren die zwei Steuersätze unterschiedlicher Höhe Ausdruck völlig verschiedener Steuerarten: (1) Der *Regelsteuersatz* in Höhe von 40 Prozent war eine „Personensteuer" allenfalls in rechtsformaler Hinsicht, nämlich als Besteuerung der „juristischen Personen". (2) Demgegenüber war der *Ausschüttungssteuersatz* in Höhe von 30 Prozent auch ökonomisch eine Personensteuer, da das Anrechnungsverfahren die Überleitung dieser Steuer in die persönliche Einkommensteuer herstellte. Das gilt letztlich auch für Beteiligungsverhältnisse, bei denen die Ausschüttungssteuer zunächst auf die Körperschaftsteuer angerechnet wird. Die Ausschüttungssteuer ist letztlich eine Gliedsteuer der Einkommensteuer (→ mehrgliedrige Steuer), erhoben als *Quellensteuer.* – c) → Bemessungsgrundlage: Steuergegenstand der Körperschaftsteuer mit dem Regelsteuersatz ist der Unternehmensgewinn, bemessen nach dem „zu versteuernden Einkommen" des Einkommensteuergesetzes. Das macht aber die Körperschaftsteuer keineswegs zur „Einkommensteuer der juristischen Personen". Ökonomisch ist die Körperschaftsteuer eine → Ertragsteuer. Das → Leistungsfähigkeitsprinzip spielt bei ihr keine Rolle. Im Ergebnis kann man die Körperschaftsteuer als *Ertragsteuer auf das zu versteuernde Einkommen des Einkommensteuergesetzes* definieren. – 2. *Wirkungen:* Die Wirkungen der Körperschaftsteuer auf die Verhaltensweisen der Wirtschaftssubjekte und auf die gesamtwirtschaftlichen Größen sind v.a. unter dem Aspekt der Reformziele zu beurteilen, die man mithilfe des Anrechnungsverfahrens und der Steuersatzfestlegung erreichen wollte: a) Die Selbstfinanzierung war wegen des hohen Steuersatzes (bis 1977: 50 Prozent) unter bestimmten Umständen teurer als bei Anwendung des Einkommensteuergesetzes. – b) *Kapitalmarktpolitisch* versprach die Beseitigung der Zweifachbelastung über die Finanzierungsstrategie der → „Schütt-aus-hol-zurück-Politik" eine günstige Entwicklung der *Eigenkapitalbildung* in den Unternehmen und zugleich der vermehrten und gleichmäßigeren *Vermögensbildung* in privater Hand; dieser Erfolg hat sich nicht eingestellt, obgleich die Ausschüttungsbelastung bei einigen Anteilseignern je nach Ausschüttungsbetrag und Grenzsteuersatz günstiger war. – c) Der → Ausländereffekt wurde dadurch eingeschränkt, dass der Ausschüttungssteuersatz von 15 auf 36 Prozent erhöht (seit 1994 galt ein Steuersatz von 30 Prozent) wurde. Der negative Ausländereffekt erhöhte sich durch die gleichzeitig erhobene Kapitalertragsteuer. – d) Nach wie vor ist die Körperschaftsteuer keine *rechtsformneutrale* Steuer, wobei der Kapitalgesellschaft eine von vornherein höhere Ertragsfähigkeit als anderen Rechtsformen unterstellt wird. Jedoch hängt die Ertragsfähigkeit von vielen ökonomischen Faktoren ab. Dem Gebot der Allokationsneutralität der Besteuerung entspräche es, die bes. Ertragsleistung nicht durch höhere Steuern zu demotivieren. – e) Hinsichtlich der *Überwälzung* der Körperschaftsteuer in den Preisen liegen widersprüchliche Berechnungsergebnisse und Annahmen vor; tendenziell wird unterstellt, dass die Körperschaftsteuer überwälzbar ist. – f) Als Maßnahme der → Verteilungspolitik erscheint die Körperschaftsteuer ungeeignet, da sich das Aktiensparen generell nicht durchgesetzt hat. – g) Die Körperschaftsteuer gilt wie die Einkommensteuer als Instrument der → Konjunkturpolitik bzw. → Stabilisierungspolitik. – 3. Die *Ertragshoheit* der Körperschaftsteuer besitzen Bund und Länder (→ Gemeinschaftsteuern).

IV. Aufkommen: 16,7 Mrd. Euro (2008), 23,7 Mrd. Euro (2007), 22,9 Mrd. Euro (2006), 16,33 Mrd. Euro (2005), 8.275,2 Mio. Euro (2003), 2.864,1 Mio. Euro (2002), – 425,6 Mio. Euro (2001), 23.574,8 Mio. Euro (2000), 9.272,7 Mio. Euro (1995), 15.384,9 Mio. Euro (1990), 16.277 Mio. Euro (1985), 10.902 Mio. Euro (1980), 5.141 Mio. Euro (1975), 4.456 Mio. Euro (1970), 4.177 Mio. Euro (1965), 3.329 Mio. Euro (1960), 1.591 Mio. Euro (1955), 741 Mio Euro (1950).

Körperschaftsteueränderung – Begriff aus der Zeit des → körperschaftsteuerlichen Anrechnungsverfahrens (1977 bis 2000): Damals wurde bei Ausschüttung die bisherige steuerliche Belastung der auszuschüttenden Gewinne so verändert, dass sie der → Ausschüttungsbelastung (von zuletzt 30 Prozent) angeglichen wurde. Daraus folgte, dass durch die Ausschüttung höher belasteter Rücklagen eine Körperschaftsteuerminderung ausgelöst werden musste, während es bei der Ausschüttung geringer belasteter Rücklagen zu einer Körperschaftsteuererhöhung (Hochschleusung der Belastung, i.d.R. von Null, auf die Ausschüttungsbelastung) kommen musste. Aufgrund einer Sonderbestimmung unterblieb die Körperschaftsteueränderung jedoch bei der Ausschüttung von EK 01 (steuerfreie Auslandseinkünfte) und EK 04 (frühere Einlagen der Anteilseigner). Als das Anrechnungsverfahren abgeschafft wurde, wurde die bisherige Körperschaftsteuerminderung – nach mehreren andersartigen Zwischenlösungen – schließlich durch die Auszahlung der noch verbliebenen latenten Körperschaftminderungspotenziale und die Verpflichtung zur ratierlichen Entrichtung der noch nicht realisierten latenten Erhöhungspotenziale, beides jeweils in zehn gleichen Jahresraten, ersetzt (Zeitraum 2008-2017).

Körperschaftsteuerbefreiung – eine Sonderregelung, wonach keine Körperschaftsteuer zu zahlen ist, obwohl nach den allg. Grundsätzen eigentlich steuerbare Einkünfte vorhanden sind. Anders als bei der Einkommensteuer, wo es nur sachliche Steuerbefreiungen gibt (d.h. lediglich Befreiungen für bestimmte Betätigungen einer Person, aber niemals a priori für alles, was die Person tut), gibt es bei der Körperschaftsteuer auch persönliche Steuerbefreiungen: insbesondere § 5 KStG zählt eine lange Liste von juristischen Personen auf, die umfassend von der Körperschaftsteuer ausgenommen sind (persönliche Körperschaftsteuerbefreiungen; deren Wirkung wird allerdings durch eine bestimmte Regelung zur beschränkten Steuerpflicht wirtschaftlich etwas vermindert, § 2 Nr.2 KStG). Sachliche Steuerbefreiungen bei der Einkommensteuer gelten, wenn Körperschaften ihre Voraussetzungen faktisch erfüllen können, auch bei der Körperschaftsteuer; ein Beispiel für eine zusätzliche sachliche Befreiung, die nur im Rahmen der Körperschaftsteuer gilt, ist die Behandlung von → Dividenden; ein Beispiel für eine sachliche Steuerbefreiung bei der Einkommensteuer, die nicht auch bei der Körperschaftsteuer gelten kann, ist dagegen z.B. die Befreiung für Krankengeld aus der gesetzlichen Sozialversicherung, § 3 Nr.1 EStG (denn Körperschaften können Krankengeld nun einmal nicht beziehen, also fehlt es hier an der wesentlichen Voraussetzung für die Befreiung!)- Vgl. auch → Körperschaftsteuer.

Körperschaftsteuer-Durchführungsverordnung (KStDV) – Rechtsverordnung, durch die Ermächtigungen des Körperschaftsteuergesetzes ausgefüllt werden. Die KStDV enthält im Wesentlichen formelle und materielle Ergänzungen zum Körperschaftsteuergesetz. Die KStDV 1994 beschränkt sich in ihrem materiellen Teil auf Regelungen zu den sozialen Kassen und VVaG. – *Derzeitige Fassung:* KStDV 1994 i.d.F. vom 22.2.1996 (BGBl. I 365).

Körperschaftsteuererhöhung → Körperschaftsteueränderung.

Körperschaftsteuerguthaben – 1. *Begriff:* Anspruch gegen den Fiskus, den eine unbeschränkt steuerpflichtige Kapitalgesellschaft in Zeiten des → körperschaftsteuerlichen Anrechnungsverfahrens wirtschaftlich bereits erworben haben kann, dessen Realisierung aber an die Ausschüttung von thesaurierten Gewinnen gebunden war. Nach Abschaffung des Anrechnungsverfahrens wurde dieser Anspruch, da er eigentumsähnlichen Charakter hatte, nicht ersatzlos gestrichen, sondern es wurde vorgesehen, dass er während einer Übergangszeit realisiert werden kann. Nachdem zunächst vorgesehen wurde, dass die Realisierung des Körperschaftsteuerguthabens weiterhin vom Umfang der Gewinnausschüttungen einer Gesellschaft abhängen sollte, erwies sich diese Lösung im Laufe der Zeit als wenig praktikabel bzw. fiskalisch ungünstig; daher gilt heute die Regelung, dass die noch verbliebenen Teile des KSt-Guthabens in gleichen Jahresraten vom Staat in der Zeit zwischen 2008 und 2017 zurückgezahlt werden soll. – 2. *Hintergründe:* Im körperschaftsteuerlichen Anrechnungsverfahren wurde bei Ausschüttungen die Belastung der auszuschüttenden Gewinne grundsätzlich auf (zuletzt) 30 Prozent gesenkt (einfache Berechnung des Anrechnungsanspruchs des Dividendenempfängers); gegenüber der bei der Entstehung von Gewinnen zu zahlenden höheren Körperschaftsteuer (zuletzt: 40 Prozent) ergab sich eine entsprechende Körperschaftsteuerminderung. Befanden sich beim Übergang zum Halbeinkünfteverfahren hoch belastete Beträge noch in den Rücklagen, erfolgt bei der Ausschüttung der entsprechenden Rücklagen auch weiterhin eine Erstattung von 10 Prozent Körperschaftsteuer an die Gesellschaft. – *Vereinfachungen:* (1) Die Gesamthöhe aller potenziell realisierbaren Erstattungen pro Gesellschaft wurde in einer Summe berechnet (das Körperschaftsteuerguthaben). (2) Es wurde unterstellt, dass die Ausschüttungen von Gewinnen in Zukunft zunächst immer aus den hoch belasteten Altrücklagen erfolgen. (3) Anstatt von einer Herabsetzung der alten Steuerbelastung von 40 Prozent auf 30 Prozent zu sprechen, wurde – mathematisch äquivalent – zunächst eine Erstattung von 1/6 der Ausschüttung vorgesehen, solange bis das gesamte Körperschaftsteuerguthaben aufgebracht sein würde. Danach war in der Zeit zwischen April 2003 und Ende 2005 jegliche Nutzung des Körperschaftsteuerguthabens aus fiskalischen Gründen vollständig ausgeschlossen, später kam es dann schließend zur heutigen Regelung über die Auszahlung in 10 gleichen Jahresraten über die Zeiträume 2008 bis 2017. – 3. *Bilanzielle Behandlung:* Der Anspruch auf das KSt-Guthaben ist seit 2007 in der Handelsbilanz zu aktivieren (mit dem Barwert), die Erträge aus der Aktivierung, aus der Zuschreibung infolge des im Zeitverlauf steigenden Barwerts bzw. der Vereinnahmung der jährlichen Raten sind steuerfrei. – 4. *Rechtsgrundlage:* § 37 KStG.

Körperschaftsteuergutschrift → Anrechnungsanspruch.

körperschaftsteuerliches Anrechnungsverfahren – Vollanrechnungssystem (→ Körperschaftsteuersystem), das mit der Steuerreform 2000 durch das → Halbeinkünfteverfahren (heute: → Teileinkünfteverfahren) abgelöst wurde.

I. Grundlagen: 1. *Ziel:* Mit der Einführung des körperschaftsteuerlichen Anrechnungsverfahrens verfolgte der Gesetzgeber die Zielsetzung, die Mehrfachbelastung des Einkommens von Körperschaften exakt zu beseitigen und die ausgekehrten Gewinnanteile ausschließlich mit dem individuellen Einkommensteuersatz der begünstigten Anteilseigner zur Steuer heranzuziehen. Zur Erreichung dieser Zielsetzung, die gegenüber der früheren Konzeption (KStG 1975) zu einschneidenden Änderungen auf der Gesellschafts- und Gesellschafterebene führte, hat sich der Gesetzgeber eines Systems der Vollanrechnung mit gespaltenem Steuersatz bedient. – 2. Das Anrechnungsverfahren war gekennzeichnet durch *vier Grundentscheidungen:* a) Der Steuersatz betrug im Regelfall 40 Prozent (letzter Wert; zunächst 56 Prozent, dann 50 Prozent und 45 Prozent) und war auf das zu versteuernde Einkommen anzuwenden. – b) Die Belastung ausgeschütteter Gewinne auf der Gesellschaftsebene belief sich auf 30 Prozent (zunächst 36 Prozent) vor Abzug der Körperschaftsteuer (→ Ausschüttungsbelastung). – c) Diese Ausschüttungsbelastung wurde auf der Gesellschafterebene auf die Einkommen- oder Körperschaftsteuer der Anteilseigner angerechnet, d.h. faktisch wurde die Körperschaftsteuer der Gesellschaft bei der Ausschüttung der Gewinne an die Anteilseigner diesen vom Finanzamt wieder zurückgezahlt. Dies geschah dergestalt, dass den Anteilseignern zusätzlich zur Bardividende eine Bescheinigung zur Vorlage beim Finanzamt ausgehändigt wurde, aus der sich ergab, wie hoch der zusätzlich zur Bardividende noch anzurechende KSt-Betrag ausfallen musste. – d) Es wurde jedoch von der Bardividende auch noch → Kapitalertragsteuer einbehalten und ebenfalls bei der Veranlagung vom Finanzamt angerechnet. – 3. *Wirkung:* Das körperschaftsteuerliche Anrechnungsverfahren bewirkte, dass die Körperschaftsteuer ihren eigenständigen Charakter nicht verlor und als Aufwandsposition auf der Gesellschaftsebene erhalten blieb. Die Herstellung einer einheitlichen Ausschüttungsbelastung auf der Gesellschaftsebene hatte zur Folge, dass Steuerermäßigungen oder -befreiungen nicht von der Gesellschaft an den Gesellschafter weitergereicht werden konnten. Der Rechtsform der Kapitalgesellschaft kam insoweit eine Abschirmwirkung zu. Steuerermäßigungen und -befreiungen hatten nur noch den Effekt einer Steuerstundung, die im Ausschüttungsfall aufgehoben wurde. – 4. Die *Entlastung von Körperschaftsteuer* vollzog sich im Ausschüttungsfall in zwei Stufen: a) Die Herstellung der Ausschüttungsbelastung auf der Gesellschaftsebene machte eine Anpassung der → Tarifbelastung an die → Ausschüttungsbelastung erforderlich, was zu einer → Körperschaftsteueränderung führte, soweit die Tarifbelastung der für Ausschüttungen als verwendet geltenden Teilbeträge des verwendbaren Eigenkapitals nicht mit der Ausschüttungsbelastung übereinstimmte. – b) Die zweite Stufe der Entlastung vollzog sich auf der Gesellschafterebene durch Anrechnung der Ausschüttungsbelastung auf die Steuerschuld des begünstigten Anteilseigners. Der Anrechnungsanspruch war auf der Gesellschafterebene Einkommensbestandteil. – 5. Die *Abschaffung* des Systems war notwendig, weil es nur für innerstaatliche Verhältnisse konzipiert war; es gab (1) keine Anrechnung von ausländischen Körperschaftsteuern auf dt. Einkommensteuer der Anteilseigner, (2) keine Anrechnung dt. KSt bei der – im Ausland erfolgenden! – Besteuerung ausländischer Anteilseigner, und (3) keine Vermittlung der Anrechnung für dt. Körperschaftsteuer an dt. Anteilseigner, wenn die fragliche Körperschaft eine ausländische Gesellschaft war. Diese Aspekte sorgten nicht nur für schwere Verzerrungen im grenzüberschreitend tätigen Sektor der Wirtschaft, sondern bargen v.a. auch erhebliche Risiken, europarechtlich als diskriminierend angegriffen zu werden. Daher wurde das System vorsorglich ersetzt; spätere Gerichtsentscheidungen des EuGH bestätigten die Zweifel an der Europarechtskonfomität.

II. Gesellschafterebene: 1. *Anrechnungsfähig* war ausschließlich inländische Körperschaftsteuer, die nach dem 31.12.1976 und vor dem 2001 vollzogenen Übergang zum Halbeinkünfteverfahren angefallen ist. – 2. *Anrechnungsberechtigt* waren nur Anteilseigner, bei denen die Ausschüttungen der inländischen Besteuerung unterlagen, da bei inländischen Anteilseignern nur insoweit die Notwendigkeit einer Eliminierung der Doppelbelastung mit inländischer Steuer bestand und bei ausländischen Anteilseignern eine Eliminierung der Doppelbelastung mit inländischer Körperschaft- und ausländischer Einkommensteuer ohne Einigung über einen Fiskalausgleich mit dem Ausland nicht finanzierbar war. – 3. *Nicht anrechnungsberechtigt* sind v.a.: (1) ausländische Anteilseigner, soweit sie nicht ihre Anteile in einer inländischen Betriebsstätte halten, (2) Körperschaften des öffentlichen Rechts, soweit die Anteile nicht in Betrieben gewerblicher Art gehalten werden, (3) steuerbefreite Körperschaften, soweit die Befreiung reicht. – 4. *Anrechnungsvorgang:* Der → Anrechnungsanspruch, der zuletzt 3/7 der → Bardividende ausmachte, konnte (entsprechend einer Ausschüttungsbelastung von 30 auf einen ursprünglichen Gewinn von 100, was zu einer Dividende von 70 führte) grundsätzlich unabhängig von der Zahlung der Körperschaftsteuer auf der Gesellschaftsebene geltend gemacht werden. Erforderlich war jedoch die Vorlage einer speziellen Bescheinigung, die von der ausschüttenden Körperschaft oder einem Kreditinstitut ausgestellt wurde. Um die Zahl der Veranlagungsfälle nicht unnötig aufzublähen, konnte der Anrechnungsanspruch auf Antrag auch im Vergütungsverfahren geltend gemacht werden. – 5. Für *nicht anrechnungsberechtigte Anteilseigner* erlangten grundsätzlich sowohl die Ausschüttungsbelastung als auch die einbehaltene → Kapitalertragsteuer Definitivcharakter, was zu einer erheblichen Steuerbelastung bes. der ausländischen Anteilseigner führen konnte, da auch die ausländische Steuer berücksichtigt werden muss.

III. Gesellschaftsebene: 1. *Prinzip:* Zur exakten Beseitigung der Doppelbelastung musste auf der Gesellschaftsebene sichergestellt werden, dass die ausgeschütteten Gewinnanteile exakt mit 30 Prozent des ausgeschütteten Gewinns vor Abzug der Körperschaftsteuer belastet sind. Die dazu erforderliche Angleichung der → Tarifbelastung an die → Ausschüttungsbelastung machte eine bes. Rechnung erforderlich, da die Bezugsgrößen der Tarif- und Ausschüttungsbelastung, das zu versteuernde Einkommen und die Ausschüttungen, weder in sachlicher noch in zeitlicher Hinsicht übereinstimmten. Der intertemporale Zusammenhang zwischen der Einkommensentstehung und Einkommensverwendung (Ausschüttungen) wurde durch das → verwendbare Eigenkapital hergestellt, das in seinen unterschiedlich belasteten Teilbeträgen die Vermögensmehrungen in Abhängigkeit von ihrer steuerlichen Vorbelastung aufnahm. Dem verwendbaren Eigenkapital wurden neben den belasteten Einkommensteilen auch steuerfreie Vermögensmehrungen zugeführt. – 2. Eine in § 28 III KStG a.F. enthaltene Fiktion verknüpfte die Ausschüttungen in eindeutiger Weise mit den Teilbeträgen des verwendbaren Eigenkapitals. Nach dieser *Abgangsregel* gelten die am höchsten belasteten Teilbeträge zuerst als für Ausschüttungen verwendet. Die unbelasteten Teilbeträge des verwendbaren Eigenkapitals galten erst dann als für Ausschüttungen verwendet, wenn kein belastetes verwendbares Eigenkapital vorhanden war. Die Körperschaftsteuer-Minderung galt als Bestandteil der Ausschüttungen. – 3. → Nicht abzugsfähige Aufwendungen waren Bestandteile des → zu versteuernden Einkommens und erhöhten insoweit den Bestand an verwendbarem Eigenkapital. Um eine Eliminierung der Körperschaftsteuer-Belastung dieser Einkommensteile zu vermeiden, sah § 31 KStG eine *Verrechnung der nichtabziehbaren Aufwendungen* mit den Teilbeträgen des verwendbaren Eigenkapitals vor, was bewirkte, dass die auf den nichtabziehbaren Ausgaben lastende Körperschaftsteuer Definitivcharakter erlangte. Die mit den ungemildert belasteten Einkommensteilen zu verrechnenden sonstigen nichtabziehbaren Ausgaben wiesen eine körperschaftsteuerliche Definitivbelastung auf. Das verwendbare Eigenkapital als spezifisch steuerrechtliche Größe war nicht identisch mit dem Ausschüttungsvolumen der Gesellschaft, da (1) das Ausschüttungsvolumen nur aufgrund der Handelsbilanz bestimmt werden konnte und (2) die Körperschaftsteuer-Minderungen das Ausschüttungspotenzial erhöhten, während es durch erforderliche Körperschaftsteuer-Erhöhungen gemindert wurde. – 4. Die Herstellung der Ausschüttungsbelastung auf der

Gesellschaftsebene war auch für *Kapitalrückzahlungen* und *Liquidationsraten* erforderlich, soweit im Rahmen dieser Leistungen verwendbares Eigenkapital mit Ausnahme von EK 01 und EK 04 als verwendet galt. Durch die Einbeziehung dieser Vorgänge in das Anrechnungsverfahren sollte gewährleistet werden, dass sich die körperschaftsteuerliche Entlastung in einem geschlossenen System vollzog, das in allen Fällen der Beseitigung der Doppelbelastung Rechnung trägt.

IV. EU-Rechtswidrigkeit: 1. *Allgemein*: Die Europarechtswidrigkeit des Systems in seinen Grundzügen ist durch die Rechtsprechung des EuGH mittlerweile bestätigt. In der Tat liegt auf der Hand, dass ein System, das nur bei inländischen Gesellschaften mit inländischen Anteilseignern und inländischen Einkünften funktioniert, für eine internationalisierte Lebensumwelt nicht mehr tauglich ist und schon seiner Konzeption nach dem Gebot des EG-Vertrages, die grenzüberschreitende Betätigung in der EU nicht gegenüber innerstaatlichen Aktivitäten zu benachteiligen, nicht genügen kann. – 2. *Noch offene Spezialfragen:* Der BFH hat in seinem Beschluss vom 23.1.2008 (I R 21/06) den EuGH mit der Frage befasst, ob auch der sog. Sperrbetrag im Anrechnungsverfahren (§ 50c EStG) europarechtskonform war und legte diese Frage daher dem EuGH zur Entscheidung vor. Der Sperrbetrag sah vor, dass bei der Frage nach der Zulässigkeit von ausschüttungsbedingten Teilwertabschreibungen darauf geachtet wurde, von wem der Anteilseigner die betreffenden Anteile erworben hatte; dadurch sollten bestimmte Modelle, die einem Steuerausländer auf indirekte Weise das körperschaftsteuerliche Anrechnungsguthaben verschaffen konnten, verhindert werden. Der BFH bemängelte insbesondere, dass die Regelung negative steuerliche Folgen daran bindet, dass Anteile von einem Ausländer gekauft wurden (was einen Eingriff in die Kapitalverkehrsfreiheit darstellt) und die einzige Rechtfertigung für diese Regelung darin besteht, ein System vor Missbräuchen zu schützen, das aber seinerseits europarechtswidrig (und damit möglicherweise: gar nicht schutzwürdig) war. Dieses Problem ist bislang noch nicht entschieden (beim EuGH anhängig unter C-182/08).

Körperschaftsteuerminderung → Körperschaftsteueränderung.

Körperschaftsteuer-Richtlinien (KStR) – i.d.F. vom 13.12.2005 (BStBl. 2005 Sonder-Nr. 2), ergänzt durch Amtliche Körperschaftsteuer-Hinweise (KStH), enthalten im Wesentlichen Verwaltungsanordnungen sowie Entscheidungen der → Finanzgerichtsbarkeit und Erörterungen von Zweifelsfragen bei der Gesetzesauslegung. Zur Vermeidung unbilliger Härten und aus Gründen der Verwaltungsvereinfachung geben sie Anweisungen an die Finanzämter, wie in bestimmten Fällen verfahren werden soll. Die KStR sind für die → Finanzverwaltung bindend, nicht jedoch für Gerichte und die Steuerpflichtigen, da es sich nicht um gesetzliche Vorschriften, sondern lediglich um Anweisungen der Finanzbehörden an ihre Mitarbeiter handelt.

Körperschaftsteuerstatistik – Teil des Systems der → Steuerstatistiken, das bei den steuerpflichtigen Körperschaften Einkünfte, (zu versteuerndes) Einkommen, Sondervergünstigungen und Körperschaftsteuer sowie einige Merkmale wie Sitz und Wirtschaftszweig erhebt. Mit der Körperschaftssteuerstatistik werden Informationen über die Veranlagungen zur Körperschaftsteuer, die Belastung der einzelnen Unternehmen und die Wirkungsweise des Steuersystems bereitgestellt. Damit ist es möglich Berechnungen über Auswirkungen von geplanten Steuerrechtsänderungen auf der Ebene des Steuerpflichtigen zu erstellen. Neben der dreijährlichen Körperschaftsteuerstatistik existiert seit einiger Zeit – beginnend mit dem Veranlagungsjahr 2005 – auch eine jährliche Körperschaftsteuerstatistik, um die Aktualität der Daten zur Körperschaftsteuer zu erhöhen. Der Merkmalskatalog ist zwischen beiden Statistiken identisch, es bestehen aber methodische Unterschiede.

Körperschaftsteuersystem – 1. *Begriff:* Gesamtheit der steuerlichen Regelungen, die das Zusammenwirken von → Körperschaftsteuer und → Einkommensteuer auf die aus einer Kapitalgesellschaft stammenden Gewinne regeln (Anfall von Körperschaftsteuer bei Erwirtschaftung der Gewinne durch die Gesellschaft, von Einkommensteuer bei der Ausschüttung als Dividende; ergibt potenziell eine → wirtschaftliche Doppelbelastung). – 2. *Denkbare Formen:* Grundsätzlich kann die wirtschaftliche Doppelbelastung (1) hinsichtlich ihres Ausmaßes ganz, teilweise oder gar nicht beseitigt werden, (2) exakt oder in pauschaler Form, (3) auf der Ebene der Körperschaftsteuer oder bei der Einkommensteuer ansetzen, (4) als Gestaltungsparameter die Bemessungsgrundlage, den Steuersatz oder die Steuerschuld als Produkt dieser beiden Größen nutzen. Demnach ergeben sich, zumal alle diese Möglichkeiten auch kombiniert werden können, in der Theorie eine enorme Vielfalt von Körperschaftsteuersystemen. – 3. *Ausgewählte Formen von Körperschaftsteuersystemen:* a) *Keinerlei Milderungsmaßnahme (klassisches System):* Erhebung von Körperschaftsteuer und Einkommensteuer ohne jede Milderungsmaßnahme; die Erhebung beider Steuern mit teilweise reduzierten Sätze wird gerne als klassisches System bezeichnet, ist aber in Wirklichkeit ein anderes Verfahren (Shareholder-Relief-Verfahren). – b) *Milderung durch Reduzierung der Körperschaftsteuer:* (1) Dividendenabzugssystem durch Absenkung der Bemessungsgrundlage durch Abzug der Dividenden als Betriebsausgaben der Kapitalgesellschaft; bis Anfang der 1990er-Jahre in Griechenland praktiziert. (2) Erhebung der Körperschaftsteuer mit einem reduzierten Steuersatz; technisch nicht vom klassischen System zu unterscheiden; (3)

wirtschaftliche Reduzierung der Körperschaftsteuerschuld durch Vergütung der Körperschaftsteuer an den Anteilseigner: Vollanrechnungssysteme und Teilanrechnungssysteme. – *Beispiele:* → Körperschaftsteuerliches Anrechnungsverfahren in Deutschland von 1977 bis Ende 2000, Italien, Frankreich (Teilanrechnung); innerhalb der EU fast durchgehend wieder abgeschafft. – c) *Milderung durch Reduzierung der Einkommensteuer:* (1) Reduzierung bei der Bemessungsgrundlage: entweder durch vollständige Befreiung der Dividendeneinkünfte von der Einkommensteuer (neues griechisches System) oder durch Ansatz der Dividendeneinkünfte nur zu einem bestimmten Prozentsatz, z.B. nur zur Hälfte, möglich. Hier ist das seit 2001 in Deutschland praktizierte → Halbeinkünfteverfahren (Erfassung der Dividenden nur zu 50 Prozent) ebenso einzusortieren wie das ab 2009 an seine Stelle tretende → Teileinkünfteverfahren (Erfassung der Dividenden zu 60 Prozent, anwendbar nur noch bei Dividenden, die nicht im Rahmen der „Einkünfte aus Kapitalvermögen" zufließen) ersetzt. (2) Reduzierung beim Steuersatz: Versteuerung von Dividenden mit einem gegenüber der sonstigen Einkommensteuer ermäßigten Steuersatz, entweder mit einem Pauschalsatz (z.B. in Belgien) oder z.B. mit dem halben individuellen Einkommensteuersatz des Anteilseigners (Halbsatzverfahren). Hierhin gehört das ab 2009 für dt. Privatanleger (Vereinnahmung von Dividenden nicht betrieblich, sondern als „Einkünfte aus Kapitalvermögen") angewandte Verfahren der pauschalen → Abgeltungsteuer, denn es wird im Rahmen der Abgeltungsteuer auf den vollen Betrag der Dividende ein – gegenüber dem ESt-Spitzensteuersatz stark reduzierter – Pauschalsteuersatz von 25 Prozent angewandt. – Vgl. auch → Unternehmensbesteuerung.

korporativer Akteur – bezeichnet den Umstand, dass Organisationen als handlungsfähige Einheiten in Interaktionen treten können. Hierhinter verbirgt sich eine dreistellige Relation, welche es ermöglicht, dass Organisationen durch ihre Mitglieder wie folgt repräsentiert werden können: Ein natürlicher Akteur *j* tritt als Agent einer Organisation *k* mit einem anderen natürlichen Akteur *i* in Interaktion. Die Handlungen des Akteurs *j* werden dabei derart wahrgenommen, dass *i* diese nicht *j* zurechnet, sondern dem korporativen Akteur *k*. Hierdurch wird es möglich, dass Organisationen Handlungsfolgen und damit auch Verantwortung zugerechnet werden können (→ Corporate Social Responsibility).

Korrektheitsbeweis → Programmverifikation.

Korrektivposten – Begriff der Buchhaltung für Berichtigungsposten zur Abänderung fehlerhafter Eintragungen (radieren ist unzulässig).

Korrekturfaktor – in der Statistik der Faktor (N – n)/(N – 1) mit N als Umfang der → Grundgesamtheit und n als Umfang der Stichprobe (→ Teilerhebung), der den Unterschied der → Varianzen des Stichprobendurchschnitts (→ Stichprobenfunktion) beim Modell mit bzw. ohne Zurücklegen (→ Urnenmodelle) ausdrückt. Der Korrekturfaktor tritt speziell auch als Unterschied der Varianzen einer binomialverteilten und einer hypergeometrisch verteilten → Zufallsvariablen (→ Binomialverteilung, → hypergeometrische Verteilung) bei analogen Gegebenheiten bez. → Parametern auf. Bei kleinem → Auswahlsatz n/N nimmt der Korrekturfaktor fast den Wert 1 an. Bei der → Konfidenzschätzung und bei → statistischen Testverfahren bez. des → Erwartungswertes der Grundgesamtheit braucht der Korrekturfaktor daher nur berücksichtigt zu werden, falls beim Modell ohne Zurücklegen der Auswahlsatz erheblich ist.

Korrelation – in der Statistik Bezeichnung für einen mehr oder minder intensiven Zusammenhang zweier → quantitativer Merkmale bzw. → Zufallsvariablen. Man unterscheidet hierbei zwischen → Maßkorrelation und → Rangkorrelation. – *Positive Korrelation* liegt vor, wenn zu einem hohen Wert des einen Merkmals tendenziell auch ein hoher Wert des zweiten Merkmals gehört; *negative Korrelation*, wenn zu einem hohen Wert des einen Merkmals tendenziell ein niedriger Wert des anderen Merkmals gehört. – *Messung* der Korrelation zweier Merkmale aus vorliegenden Wertepaaren durch → Korrelationskoeffizienten. Bei qualitativen Variablen wird statt von Korrelation von → Assoziation bzw. → Kontingenz gesprochen.

Korrelationsanalyse – in der → deskriptiven Statistik und → Inferenzstatistik Bezeichnung für die Untersuchung der Stärke des Zusammenhangs von zwei → quantitativen Merkmalen (Korrelation). Zur Korrelationsanalyse gehören bes. die Berechnung von → Korrelationskoeffizienten, die → Punktschätzung und → Intervallschätzung dieser Koeffizienten und → statistische Testverfahren zur Prüfung von Werten dieser Koeffizienten. Dabei hat der Fall der Prüfung der Hypothese, ein bestimmter Korrelationskoeffizient sei 0 (Prüfung der Existenz von Korrelation), eine bes. Bedeutung.

Korrelationsdiagramm → Streuungsdiagramm.

Korrelationskoeffizient – *Korrelationsmaß;* Maß, mit dem in der → Korrelationsanalyse die „Stärke" eines positiven oder negativen Zusammenhangs (Korrelation) zwischen zwei → quantitativen Merkmalen bzw. → Zufallsvariablen gemessen werden kann. Ein aus einer → Zufallsstichprobe berechneter Korrelationskoeffizient stellt jeweils eine → Punktschätzung für den entsprechenden Koeffizienten in der → Grundgesamtheit dar. – 1. *Bravais-Pearsonscher linearer Korrelationskoeffizient*: Sind (x_i,y_i), i = 1, ... ,n , die n beobachteten Wertepaare des bivariaten Merkmals (X,Y), so ist der Bravais-Pearsonsche Korrelationskoeffizient durch

$$r_{xy} = \frac{s_{xy}}{s_x s_y}$$

definiert, wobei s_{xy} die empirische → Kovarianz und s_x, s_y die empirischen → Standardabweichungen der Merkmale X und Y in den jeweiligen Stichproben sind. Es ist also mit $r_{xy} = r$

$$r = \frac{\sum (x_i - \bar{x})(y_i - \bar{y})}{\sqrt{\sum (x_i - \bar{x})^2 \sum (y_i - \bar{y})^2}} = \frac{\sum x_i y_i - n\bar{x}\bar{y}}{\sqrt{(\sum x_i^2 - n\bar{x}^2)(\sum y_i^2 - n\bar{y}^2)}}$$

definiert, wobei $\bar{x}$ und $\bar{y}$ die → arithmetischen Mittel der Werte der beiden Variablen bezeichnen (Korrelationskoeffizient der Stichprobe). Dieser Korrelationskoeffizient liegt, anders als die → Kovarianz s_{xy}, immer zwischen −1 und +1. Falls die Punkte $(x_1,y_1), \ldots, (x_n,y_n)$ alle auf einer Geraden mit positiver (negativer) Steigung liegen, ist r = +1 (r = −1). Der Korrelationskoeffizient der Stichprobe hat wünschenswerte Eigenschaften als → Schätzwert für den Korrelationskoeffizient der Grundgesamtheit dann, wenn letztere eine zweidimensionale → Normalverteilung aufweist. Ist (X, Y) eine zweidimensionale Zufallsvariable, wobei Cov (X, Y) deren Kovarianz ist und Var X, Var Y die → Varianzen der beiden Variablen bezeichnen, dann ist deren Bravais-Pearsonscher Korrelationskoeffizient

$$r_{XY} = \frac{Cov(X,Y)}{\sqrt{VarX}\sqrt{VarY}}$$

2. *Spearman-Pearsonscher Rangkorrelationskoeffizient:* Es seien $R(x_i)$ bzw. $R(y_i)$ der → Rang des Wertes x_i bzw. y_i innerhalb der n Werte des ersten bzw des zweiten Merkmals, i = 1, ... ,n . Der Spearman-Pearsonsche Rangkorrelationskoeffizient r_S ist der Bravais-Pearsonsche Koeffizient dieser Rangwerte und ergibt sich vereinfacht als ($r=r_S$):

$$r = 1 - \frac{6}{n(n^2-1)} \sum_{i=1}^{n} (R(x_i) - R(y_i))^2$$

falls $x_1, \ldots, x_n$ und $y_1, \ldots, y_n$ jeweils paarweise verschieden sind. Falls die Punktepaare $(x_1,y_1), \ldots, (x_n,y_n)$ alle auf einer streng monoton steigenden (fallenden) Kurve liegen, ist $r_s = +1$ ($r_s = -1$). Er kann auch bei nur ordinal skalierten Merkmalen (→ Ordinalskala) berechnet werden. Der Wert +1 wird angenommen, wenn die Ränge in den Datenreihen $x_1, \ldots, x_n$ bzw. $y_1, \ldots, y_n$ übereinstimmen. Der Wert -1 wird angenommen, falls die Ränge ein gegenläufiges Verhalten aufweisen.

Korrelationsmaß → Korrelationskoeffizient.

Korrelationsmatrix – 1. Bei einer *mehrdimensionalen* → Zufallsvariablen $(X_1, \ldots, X_n)$ die Zusammenfassung der → Korrelationskoeffizienten r_{ij} (i, j = 1, ..., n) in einem quadratischen Schema; die Korrelationsmatrix ist symmetrisch und weist in der Diagonalen Einsen auf. – 2. Bei einem *Mehrfachregressionsansatz* (s. → Regression, multiple) die Zusammenfassung der (deskriptiven) Korrelationskoeffizienten der exogenen Variablen (s. → Variable, exogene) in einem quadratischen Schema.

Korrespondenz – gesamter Schriftverkehr eines Unternehmens. – Vgl. auch → Aufbewahrungspflicht und → Geschäftsbriefe.

Korrespondenzbank→ Kreditinstitut, das Zahlungsverkehr und andere Dienstleistungen für eine andere Bank erbringt, i.d.R. grenzüberschreitend. Im grenzüberschreitenden Zahlungsverkehr benötigen die Banken zur Durchführung ihres Auslandsgeschäftes ausländische Korrespondenzbanken, mit denen geschäftliche Beziehungen auf bilateraler Basis bestehen. I.d.R. wird eine gegenseitige Kontoverbindung hergestellt, die es ermöglicht, Geschäftsvorfälle in den Währungen der beiden Länder direkt miteinander zu verrechnen. Oft sind mit diesen Geschäftsbeziehungen auch Kreditlinien verbunden. – Vgl. auch → Währungskonto, → Lorokonto, → Nostrokonto.

Korrespondenzprinzip – 1. *Begriff* aus der Körperschaftsteuer im Zusammenhang mit der Behandlung von verdeckten Gewinnausschüttungen und verdeckten Einlagen bei Gesellschaft und Gesellschafter. – 2. Grundsätzliche Problematik: a) *Gewinnausschüttungen* stellen normalerweise bei einer Kapitalgesellschaft, die sie zahlt, keinen Aufwand dar, beim Gesellschafter, der sie erhält, werden sie dagegen oft aufgrund bes. Regelungen gar nicht, nur teilweise oder nur mit einem reduzierten Steuersatz belastet (→ Schachtelprivileg, → Teileinkünfteverfahren, → Abgeltungsteuer). Diese vergünstigte Besteuerung basiert entscheidend auf dem Gedanken, dass der von der Gesellschaft ausgeschüttete Gewinn bei ihr schon zum steuerlichen Gewinn zählte und daher steuerlich bereits vorbelastet ist. – b) *Einlagen* stellen normalerweise erfolgsneutrale Vorgänge dar: Sie werden also typischerweise bei der Gesellschaft, die sie erhält, nicht als Gewinn, sondern als Kapitalzuführung erfasst, und beim Gesellschafter, der sie leistet, bildet die Hingabe des Geldes/Vermögenswertes im Gegenzug auch keinen steuerlich absetzbaren Aufwand, sondern einen Teil der Anschaffungskosten seiner Anteile an der Gesellschaft. – c) Finden die Vorgänge der Gewinnausschüttung oder Einlage nun verdeckt statt, werden prinzipiell auf beiden Ebenen genau dieselben Konsequenzen gezogen (→ verdeckte Gewinnausschüttung, → verdeckte Einlage): Die verdeckte Gewinnausschüttung wird also beim Empfänger ebenso ermäßigt besteuert wie eine offene Gewinnausschüttung, die verdeckte Einlage wird bei der Gesellschaft, die sie erhält, ebenso nicht als Teil des Gewinns angesehen wie eine offen vorgenommene Einlage. Wegen des verdeckten Charakters könnte es jedoch dazu kommen, dass auf einer der beiden Ebenen der Vorgang nicht als solcher bemerkt wird, auf der anderen Ebene dagegen sehr wohl; das hätte u.U. die sinnwidrige Konsequenz, dass beispielsweise der

Betrag einer verdeckten Einlage beim Gesellschafter irrtümlich als Aufwand anerkannt werden würde, bei der Gesellschaft aber der Einlagencharakter erkannt und daher ebenfalls eine Besteuerung unterbleiben würde – mit der Folge, dass hier „legal unversteuerte" Beträge generiert werden könnten. Um solche Effekte zu unterbinden, sieht das KStG ab 2007 vor, dass die günstige Konsequenz einer verdeckten Gewinnausschüttung (reduzierte Besteuerung beim Gesellschafter) oder die günstige Konsequenz einer verdeckten Einlage (keine Besteuerung als Ertrag bei der Gesellschaft, die die Einlage erhält) nur gezogen werden darf, wenn auf der anderen Ebene auch die negative Konsequenz (keine Anerkennung als Aufwand bei der verdeckten Gewinnausschüttung in der Gewinnermittlung der Gesellschaft; kein Abzug als Aufwand beim Gesellschafter im Falle der verdeckten Einlage) tatsächlich gezogen worden ist. Dieser Grundsatz, der die Gewährung der positiven Folgen einer verdeckten Gewinnausschüttung/verdeckten Einlage an die korrespondierende Behandlung des Vorgangs auf der Ebene des jeweils anderen Beteiligten bindet, ist das „Korrespondenzprinzip". Da in der Praxis bei innerdeutschen Fallkonstellationen nach der Entdeckung eines solchen Vorgangs die Steuerbescheide meist aufgrund von Sondervorschriften ohnehin noch bei beiden betroffenen Personen korrigiert werden können, wird das Korrespondenzprinzip v.a. in grenzüberschreitenden Fallkonstellationen zu praktischen Konsequenzen führen.

Korrespondenzversicherung – 1. *Begriff:* Vertrag, der vom Versicherungsnehmer mit einem Versicherer in einem anderen Land abgeschlossen wird, ohne dass der Versicherer im Land des Versicherungsnehmers tätig wird. Die Korrespondenzversicherung wurde u.a. in Deutschland nicht als Betrieb des Versicherungsgeschäfts im Inland angesehen; der Versicherer brauchte daher keine Zulassung im Inland. – 2. *Bedeutung:* Form der → Dienstleistungsfreiheit. Für den → Binnenmarkt hat der Begriff daher keine eigenständige Bedeutung mehr, wohl aber für den grenzüberschreitenden Verkehr mit Drittlandsunternehmen.

Korruption – Vertrags- bzw. normwidriges Verhalten eines Agenten gegenüber seinem Prinzipal (→ Agency-Theorie) aufgrund der Entgegennahme von Geld oder Sachleistungen durch einen Dritten, der sich davon Vorteile durch den Agenten erhofft. Aus wohlfahrtstheoretischer Sicht wird Korruption oft ambivalent eingeschätzt, da sie unter bestimmten Bedingungen auch zu effizienteren Allokationen führen kann. Anhand institutionenökonomischer bzw. -ethischer Überlegungen lässt sich jedoch zeigen, dass Korruption wegen der Verletzung des Vertrags zwischen Prinzipal und Agent generell normativ zu verurteilen ist. In der Praxis ist es nicht immer einfach, darüber zu entscheiden, ab wann eine Handlung als korrupt anzusehen ist; dies ist auch damit verbunden, dass Korruption kulturell höchst unterschiedlich interpretiert wird. Korruptionsprobleme können systematisch nicht auf individueller, sondern nur auf kollektiver Ebene gelöst werden. Sie stellten damit eine ordnungspolitische Herausforderung (→ Ordnungspolitik) dar. – Vgl. auch → Bestechung, → wettbewerbsbeschränkende Absprachen bei Ausschreibungen.

kortikaler Entlastungseffekt – neuraler Effekt, den eine aus konsumentenindividueller Sicht starke Marke hervorrufen kann.

kosmetische Mittel – nach dem Lebensmittel- und Futtermittelgesetzbuch (LFGB) Stoffe oder Zubereitungen aus Stoffen, die dazu bestimmt sind, äußerlich am Menschen oder in seiner Mundhöhle zur Reinigung, Pflege oder Beeinflussung des Aussehens oder des Körpergeruchs oder zur Vermittlung von Geruchseindrücken angewendet zu werden, ausschließlich medizinischer Heilmittel (§ 2 V LFGB). – *Verboten* ist u.a. die Herstellung solcher kosmetischen Mittel, die geeignet sind, die Gesundheit zu schädigen oder bei denen ohne Zulassung verschreibungspflichtige Stoffe im Sinn des Arzneimittelrechts verwendet werden, sowie kosmetische Mittel unter irreführender Bezeichnung gewerbsmäßig in den Verkehr zu bringen. – Vgl. KosmetikVO i.d.F. vom 7.10.1997 (BGBl. I 2410) m.spät.Änd. – *Verstöße* werden als → Straftat (Geldstrafe oder Freiheitsstrafe bis drei Jahre) oder als → Ordnungswidrigkeit (Geldbuße bis 25.000 Euro) geahndet.

Kosten – I. Betriebswirtschaftslehre: 1. *Begriff:* bewerteter Verzehr von wirtschaftlichen Gütern materieller und immaterieller Art zur Erstellung und zum Absatz von Sach- und/oder Dienstleistungen sowie zur Schaffung und Aufrechterhaltung der dafür notwendigen Teilkapazitäten. Kosten werden üblicherweise aus dem Aufwand hergeleitet (→ Abgrenzung). – 2. *Begriffsausprägungen:* (1) → wertmäßiger Kostenbegriff, (2) → pagatorischer Kostenbegriff und (3) → entscheidungsorientierter Kostenbegriff. – 3. *Ermittlung:* aus den → Aufwendungen der Finanzbuchhaltung (1) durch Ausscheiden der neutralen Aufwendungen, (2) durch Einfügung der nicht als Aufwand verbuchten → Zusatzkosten (z.B. kalkulatorischer Unternehmerlohn, kalkulatorische Zinsen auf Eigenkapital) und (3) durch Umformung kalkulatorisch ungeeigneten Aufwandes in Anderskosten als Form der → kalkulatorische Kosten (kalkulatorische Abschreibungen, kalkulatorische Zinsen auf Fremdkapital, kalkulatorische Wagnisse). – Vgl. auch → Kostenrechnung, → Abbaufähigkeit von Kosten.

II. Volkswirtschaftslehre: bewerteter Güterverzehr in der → Produktion. Zu diesem Zweck muss dieser addierbar gemacht werden. Dies geschieht meist dadurch, dass die Gütereinheiten (→ Produktionsfaktoren) in Geldeinheiten ausgedrückt, d.h. mit ihren Preisen (Faktorpreisen) bewertet werden. Grundsätzlich könnte man jedoch auch ein Numeraire-Gut (Standardgut) als Werteinheit definieren (relativer

→ Preis). Beim Bewertungsprozess kann man auf Marktpreise oder auf Wertgrößen im Sinn entgangener Nutzen (→ Opportunitätskosten, Alternativkosten oder Kosten im volkswirtschaftlichen Sinn) zurückgreifen, Letzteres v.a. dann, wenn Marktpreise fehlen oder → externe Effekte auftreten.

Kosten, Versicherung, Fracht – *benannter Bestimmungshafen*, → CIF.

Kostenabweichung → Abweichungen.

Kostenanalyse → Kostenmanagement.

Kostenarten – nach der Art der ver- bzw. gebrauchten Güter oder Dienstleistungen gebildete Teilmengen der Gesamtkosten. – *Anders:* → Kostenkategorien. – *Zu unterscheiden:* (1) *primäre Kostenarten (originäre Kostenarten):* Die Kostengüter werden von Unternehmensexternen bezogen (→ primäre Kostenarten); in der → Kostenartenrechnung erfasst; (2) *sekundäre Kostenarten (abgeleitete Kostenarten):* Die Kostengüter werden als → innerbetriebliche Leistungen selbst erstellt (→ sekundäre Kostenarten); in der → Kostenstellenrechnung erfasst.

Kostenartenrechnung – 1. *Begriff:* Teilbereich der traditionellen → Kostenrechnung, in der die Kosten nach → primären Kostenarten gegliedert erfasst werden. Die Kostenartenrechnung stellt das wesentliche Bindeglied der Kostenrechnung zu anderen betrieblichen Informationssystemen (z.B. Finanz-, Material-, Personal- und Anlagenbuchhaltung) dar. – 2. *Aufgaben:* Die Kostenartenrechnung dient zumeist ausschließlich als Datenlieferant für die nachgelagerten Teilrechnungen (→ Kostenstellenrechnung, → Kostenträgerrechnung); sie kann Auskunft über die betragsmäßige Entwicklung einzelner Kostenarten im Zeitablauf und über die → Kostenstruktur des Unternehmens geben. – 3. *Grundsätze:* (1) *Eindeutigkeit:* Sämtliche Kostenarten müssen klar definiert werden, damit über ihren Inhalt kein Zweifel aufkommen kann. (2) *Überschneidungsfreiheit:* Es muss klar sein, welcher Kostenart ein Kostenbetrag zuzuordnen ist. (3) *Vollständigkeit:* Jeder Kostenbetrag muss einer bestimmten Kostenart zuzuordnen sein. – 4. *Aufbau:* Die Form der Kostenartenrechnung wird maßgeblich von den sie speisenden Informationssystemen geprägt, da es unwirtschaftlich und zu zeitaufwändig wäre, sämtliche Kostendaten jeweils neu zu erfassen. Aufgrund des hohen Anteils der → Grundkosten an den Gesamtkosten folgt der Aufbau der Kostenartenrechnung wesentlich dem für die Finanzbuchhaltung maßgeblichen → Kontenrahmen.

Kostenartenverfahren → innerbetriebliche Leistungsverrechnung.

Kostenartenvergleich → Kostenvergleich.

Kostenauflösung – *Kostenspaltung*; 1. *Begriff:* a) *I.w.S.:* Methode der Zerlegung der Gesamtkosten eines bestimmten Bezugsobjekts nach der Abhängigkeit von bestimmten Kosteneinflussgrößen. – b) *I.e.S.:* Spaltung der Kosten einer → Kostenstelle, eines Kostenstellenbereichs oder des Gesamtunternehmens in von der jeweiligen → Beschäftigung abhängige Kosten (→ variable Kosten, → proportionale Kosten) und davon kurzfristig unbeeinflusste Kosten (→ fixe Kosten). – 2. *Bedeutung:* Die Kostenauflösung ist eine zentrale Voraussetzung dafür, Daten der Kostenrechnung für die Fundierung und Kontrolle von Entscheidungen heranziehen zu können (→ entscheidungsorientierte Kostenrechnung). Ein Teil der Aussagegrenzen der → Vollkostenrechnung ist auf das Fehlen einer Kostenauflösung zurückzuführen. – 3. *Grundsätzliches Vorgehen:* a) Eine exakte Kostenauflösung sollte stets kostenstellen- oder noch differenzierter kostenplatzbezogen erfolgen (→ Kostenplatz). Eine häufig vorfindbare, bereits in der → Kostenartenrechnung erfolgende Kostenauflösung (z.B. Materialkosten = variable Kosten; Mieten = fixe Kosten; Stromkosten = x Prozent variable Kosten, (1 – x)Prozent fixe Kosten) ist sehr ungenau und kann lediglich grobe Richtwerte liefern (so sind etwa Stromkosten in einer Produktionskostenstelle zumeist überwiegend variabel, in einer Verwaltungskostenstelle überwiegend fix). – b) Die kostenstellen- bzw. kostenplatzbezogene Kostenabhängigkeit kann entweder rein auf Erfahrungen der Vergangenheit bezogen oder aufgrund theoretischer Erkenntnisse über die technischen Beziehungen zwischen Leistungsmengen und Kostengütereinsatzmengen ermittelt werden. – 4. *Verfahren:* a) *Mathematische Kostenauflösung:* Verwendet in der Vergangenheit beobachtete Gesamtkostenhöhen bei unterschiedlichen Beschäftigungsgraden.

$$k_v = \frac{K_1 - K_2}{x_1 - x_2}; \; k_f = k_1 - k_v \cdot x_1,$$

wobei: x_1, x_2 = Beschäftigungsgrade; K_1, K_2 = zu den Beschäftigungsgraden x_1, x_2 gehörende Gesamtkosten; k_v = variable (proportionale) Kosten pro Beschäftigungseinheit; k_f = fixe Kosten. Diese spezielle Form der Kostenauflösung in fixe und variable Elemente wird auch als *proportionaler Satz* bezeichnet. – Komplexere Verfahren der mathematischen Kostenauflösung beziehen (z.B. unter Verwendung von Verfahren der Regressionsrechnung) eine größere Anzahl von Beobachtungswerten ein und sind nicht auf die Lieferung linearer Kostenabhängigkeiten beschränkt. – Die Genauigkeit der mathematischen Kostenauflösung hängt wesentlich von der Konstanz der Kostenabhängigkeitsbeziehungen im Zeitablauf ab. – b) *Planmäßige Kostenauflösung:* Die einzelnen Kostenarten werden kostenstellen- oder kostenplatzbezogen jeweils gesondert auf ihre Abhängigkeit von der Leistungsmenge bzw. Beschäftigung untersucht. Basis der Untersuchung sind technische und darauf aufbauende kostentheoretische Zusammenhänge (z.B. → Verbrauchsfunktionen). Zwar baut auch die planmäßige Kostenauflösung auf Erfahrungen der Vergangenheit auf, bezieht aber explizit zu erwartende oder geplante Veränderungen in der Zukunft mit in die Analyse ein.

Kostenaufschlagsmethode – *Begriff aus dem Internationalen Steuerrecht:* Eine der Standardmethoden zur Bestimmung angemessener → Verrechnungspreise zwischen verbundenen Unternehmen innerhalb eines Konzerns. Die Methode beruht auf dem Gedanken, dass ein Unternehmer, um langfristig am Markt bestehen zu können, mind. seine Kosten plus einen für diese Branche als Eigenkapitalverzinsung angemessenen Gewinnzuschlag erwirtschaften muss, da er sonst langfristig entweder insolvent werden oder seine Tätigkeit wegen mangelnder Rentabilität einstellen müsste. Daher ist die Schlussfolgerung berechtigt, dass auch innerhalb eines Konzerns ein Unternehmen von einem verbundenen Unternehmen Preise verlangen muss, die mind. seine Kosten und einen angemessenen Gewinnaufschlag enthalten; daher erklärt sich der Gedanke, dass man mit dieser Methode Schätzwerte für einen Preis, den auch fremde Dritte untereinander vereinbaren würden, selbst dann finden kann, wenn das konkrete Produkt nicht auf dem freien Markt, sondern nur zwischen den Unternehmen des Konzerns gehandelt wird. – Vgl. auch → Wiederverkaufspreismethode, → Preisvergleichsmethode.

Kostenauswertung → Kostenrechnung.

Kostenbegriff → Kosten, → entscheidungsorientierter Kostenbegriff, → pagatorischer Kostenbegriff, → wertmäßiger Kostenbegriff.

Kostenbestimmungsfaktoren – *Kosteneinflussgrößen, Kostenfaktoren;* alle Faktoren, die auf die Höhe der → Kosten einwirken bzw. die Funktionsgesetze von Kostenfunktionen (→ Kostenverlauf) festlegen. Zu den Kostenbestimmungsfaktoren zählen z.B. Art, Zusammensetzung und Umfang der Kapazität (→ fixe Kosten), Fertigungsverfahren (z.B. Intensität, Ausbeutegrad, Seriengröße) und qualitative Auftragszusammensetzung (→ variable Kosten), Arbeitsweise der Arbeitskräfte.

Kostenbudget – für ein bestimmtes Bezugsobjekt periodenbezogen (z.B. monatlich) vorgegebene, nicht zu überschreitende Kostensumme; Teilplan des Budgets im Rahmen des internen Rechnungswesens (→ Budget). – Vgl. auch → flexibles Budget.

Kostencontrolling → Controlling, → Kostenmanagement.

Kostendeckung – Deckung der einem Bezugsobjekt zugerechneten → Kosten durch die durch dieses erwirtschafteten → Erlöse. – *Kostendeckungsprinzip:* → Tragfähigkeitsprinzip.

Kostendeckungsbeitrag → Deckungsbeitrag.

Kostendeckungsprinzip → Tragfähigkeitsprinzip.

Kostendegression → Degression.

Kosten der Lebensführung – einkommensteuerrechtlicher Begriff für Aufwendungen des täglichen Bedarfs (der Lebensführung) des Steuerpflichtigen und seiner Familienangehörigen. Kosten der Lebensführung sind grundsätzlich weder bei der → Einkünfteermittlung noch bei der → Einkommensermittlung abzugsfähig (§ 12 Nr. 1 EStG). Für die Praxis bedeutsam ist, dass Aufwendungen, bei denen sich nicht klar und deutlich trennen lässt, in welchem Umfang sie beruflich und in welchem Umfang sie privat veranlasst sind, vollständig als Kosten der Lebensführung eingestuft werden und deshalb nicht abzugsfähig sind. – *Ausnahme:* zugelassener Abzug als → Sonderausgaben, → Spenden oder → außergewöhnliche Belastungen.

Kostendruckinflation – Inflation, die auf einen Anstieg der Produktionskosten oder der Steuern zurückzuführen ist. – Vgl. auch → produktivitätsorientierte Lohnpolitik, → Inflationstheorien.

Kosteneffizienz – Die Bedingung für Kosteneffizienz ist, dass die Grenzkosten der Schadstoffverminderung für alle beteiligten Emittenten gleich hoch sind. Dies wird dadurch erreicht, dass Unternehmen mit hohen Kosten wenig Schadstoffe und Unternehmen mit niedrigen Kosten viel Schadstoffe vermeiden. → Ökosteuern und Zertifikate erfüllen die Kosteneffizienz bei nicht-diffundierenden Schadstoffen automatisch, weil jedes Unternehmen seine Vermeidung am Ausgleich von Grenzkosten und Preis orientiert. Nicht berücksichtigt wird in der Kosteneffizienz die → dynamische Anreizwirkung von Instrumenten.

Kosteneinflussgrößen – *Kostenfaktoren;* alle Faktoren, die auf die Höhe der → Kosten einwirken bzw. die Funktionsgesetze von Kostenfunktionen (→ Kostenverlauf) festlegen. Zu den Kosteneinflussgrößen gehören neben der Beschäftigung die Faktorpreise, die → Faktorqualität, das Fertigungsprogramm und die Betriebsgröße.

Kosteneinwirkungsprinzip – Variante des (Kosten-) → Verursachungsprinzips, nach dem zur Ermittlung der Kosten zu prüfen ist, welcher Güterverzehr auf den Prozess der Leistungserstellung zwangsläufig einwirkt, sodass dieser ohne ihn nicht zustande kommt.

Kostenentscheidung – 1. *Begriff:* Entscheidung v.a. des Gerichts über die Verpflichtung, die → Prozesskosten zu tragen. – 2. *Zivilprozess:* im → Urteil enthalten, das den Prozess beendet (§ 308 II ZPO). Die zum Tragen der Kosten verurteilte Partei muss die Gerichtskosten und die außergerichtlichen Kosten, soweit sie notwendig waren (v.a. Rechtsanwaltsgebühren), bezahlen. – a) *Grundsätzlich* sind die Kosten der *unterlegenen Partei* aufzuerlegen (§ 91 ZPO); anders nur, wenn der Beklagte keine Veranlassung zur Klageerhebung gegeben hat und den Anspruch sofort anerkennt (§ 93 ZPO). Bei teilweisem Obsiegen und Unterliegen einer Partei sind die Kosten verhältnismäßig zu teilen, außer wenn die Zuvielforderung der Partei gering oder entschuldbar ist (§ 92 ZPO). – b) *Sonderregelung* bei Erledigung der Hauptsache (§ 91a ZPO) und Räumungsklagen (§ 93b ZPO). – c)

Rechtsmittel: Die Kostenentscheidung ist nur zusammen mit der Entscheidung in der Hauptsache anfechtbar. – *Ausnahme:* Bei Erledigung der Hauptsache und → Anerkenntnisurteil → sofortige Beschwerde. – d) *Festsetzung:* Der Betrag der zu erstattenden Kosten wird durch Kostenfestsetzungsbeschluss festgesetzt (→ Kostenfestsetzung). – 3. *Verwaltungshandeln mit der Sachentscheidung:* Festsetzung nach § 14 VerwKostenG. Die Kostenentscheidung bei Widerspruch gegen den Verwaltungsakt richtet sich nach den §§ 72 f. VwGO.

Kostenerfassung – 1. *Charakterisierung:* a) *Begriff:* Kostenartenbezogene Aufzeichnung der Kosten (→ Kostenarten), differenziert nach Kostenbetrag und für → Auswertungsrechnungen relevanten Merkmalen. – b) *Bedeutung:* Der Kostenerfassung kommt für die Genauigkeit, Aussagefähigkeit, Flexibilität, Aktualität und Wirtschaftlichkeit der → Kostenrechnung eine zentrale Bedeutung zu; sie verursacht einen erheblichen Teil der für diese anfallenden Kosten. – 2. *Prinzipien:* a) Die in einer Abrechnungsperiode anfallenden Kosten sind vollständig und einmalig zu erfassen. – b) Die Kostenerfassung sollte möglichst unabhängig vom Kostenverursacher erfolgen, um interessenbedingte Abbildungsfehler zu vermeiden. – c) Genauigkeit, Aktualität und Differenzierung der Kostenerfassung müssen Ergebnis einer Wirtschaftlichkeitsüberlegung sein. – d) Die Kostenerfassung sollte intersubjektiv nachprüfbar sein. – 3. *Zu erfassende Merkmale:* Zahl und Art der zu erfassenden Merkmale der Kosten hängen stark vom verwendeten Kostenrechnungssystem (→ Kostenrechnung) ab: a) In der traditionellen *Vollkostenrechnung* genügt prinzipiell die Erfassung des Kostenbetrags (ggf. getrennt in Mengen- und Wertkomponente), der betreffenden Periode und der Zurechenbarkeit zu einem Kostenträger (→ Einzelkosten) oder einer Kostenstelle (→ Gemeinkosten). – b) In der *entscheidungsorientierten Kostenrechnung* kommen als weitere Merkmale u.a. hinzu die Zurechenbarkeit zu anderen Bezugsobjekten bzw. -größen (z.B. Kunden, Vertriebswegen) und die zeitliche → Abbaufähigkeit von Kosten. – Vgl. auch → Kostenkategorien. – 4. *Erfassungstechniken:* a) *Erfassung der Mengenkomponente:* (1) *Direkte Erfassung* der Mengenkomponente durch Wiegen, Zählen oder Messen führt zu den genauesten Ergebnissen. Sie wird typischerweise bei betragsmäßig bedeutsamen Kostenarten angewandt (z.B. Rohstoffeinsatz) und erfordert einen z.T. erheblichen Erfassungsaufwand (u.a. Materialentnahmescheine, Lohnscheine). Automatisierung der Datenerfassung (z.B. Scanning, Betriebsdatenerfassungssysteme) führt zu einer Ausweitung der direkten Kostenerfassung. (2) Methoden *indirekter Erfassung* der Verbrauchsmengen stützen sich auf leicht erfass- bzw. auswertbare Hilfsgrößen, z.B. bei der Ableitung von Materialverbräuchen aus Stücklisten, von Personaleinsatzzeiten aus Arbeitsgangplänen oder von Betriebsstoffverbräuchen aus Verbrauchsfunktionen. Sie sind stets mit Ungenauigkeiten behaftet. – b) *Erfassung der Wertkomponente:* (1) *Direkte Übernahme aus der Finanzbuchhaltung* (→ Grundkosten); (2) *Umbewertung* aufgrund unterschiedlicher Bewertungsprinzipien (→ Anderskosten) oder aus Vereinfachungs-, Steuerungs- oder Kontrollgründen (z.B. Verwendung von Standard- oder Verrechnungspreisen); (3) *Neubewertung* (→ Zusatzkosten).

Kostenerstattungsprinzip – in der Krankenversicherung *Gegensatz* zum grundsätzlich vorherrschenden Sachleistungsprinzip. Der Versicherte legt die entstandenen Kosten selbst vor und erhält nach Einreichung der quittierten Rechnungen von der Versicherung die Kosten zurückerstattet; in voller Höhe oder teilweise je nach den Versicherungsbedingungen. In der gesetzlichen Krankenversicherung ist Kostenerstattung (außer für freiwillige Mitglieder) nur noch in wenigen gesetzlichen vorgesehenen Ausnahmefällen möglich (§ 13 SGB V). – Vgl. auch → Selbstbeteiligung.

Kostenexplosion – 1. *Begriff:* populärer Begriff, der die Kostenentwicklung im → Gesundheitswesen beschreiben soll. Mit Kostenexplosion ist gemeint, dass die Kosten des Gesundheitswesens seit langem schneller steigen, als es der Wachstumsrate des Nationaleinkommens oder der Wachstumsrate der beitragspflichtigen Einnahmen der Mitglieder entspricht. Dies wird bes. am Beitragssatz zur gesetzlichen → Krankenversicherung deutlich. – 2. *Ursachen:* a) Ein Teil des Anstiegs des Beitragssatzes ist damit zu erklären, dass die Bemessungsgrundlage für die Beitragszahlung durch im Betrachtungszeitraum *gestiegene Arbeitslosigkeit* schmaler geworden ist. Ferner ist, u.a. aufgrund des laufenden → sektoralen Strukturwandels, die → Lohnquote längerfristig gesunken. – b) Steigende Beitragssätze resultieren außerdem aus der → demografischen Alterung, da die Gesundheitsausgaben für einzelne Versicherte i.d.R. mit deren Lebensalter zunehmen. – c) Ein Teil des Kostenanstiegs im Gesundheitswesen wird dem *medizin-technischen Fortschritt* zugeschrieben, der zwar zu einer qualitativ besseren Versorgung der Patienten führt, in der Vergangenheit aber i.d.R. mit überproportional steigenden Ausgaben je Leistungsfall einher ging. – d) *Ineffizienzen:* Neben historisch gewachsenen Ineffizienzen, z.B. mangelndem Wettbewerb zwischen gesetzlichen oder privaten Krankenversicherungen, gibt es im Gesundheitswesen Ineffizienzen, die aufgrund von → Marktversagen entstehen und schwer in den Griff zu bekommen sind. Zu nennen sind v.a.: unzureichende Konsumentensouveränität (asymmetrische Arzt-Patienten-Beziehung, Minderschätzung künftiger Bedürfnisse), Informationsasymmetrien auf Krankenversicherungsmärkten (→ Adverse Selection, → Moral Hazard, Ungewissheit über die langfristige Erfüllbarkeit von Versicherungsverträgen) und steigende Skalenerträge bei Krankenversicherungen. – 3. *Beurteilung:* Da Sozialversicherungsbeiträge → Lohnnebenkosten darstellen, wird die Entwicklung der Beitragssätze sowohl von Arbeitnehmern wie Arbeitgebern bes. kritisch betrachtet und kommentiert.

Kostenfaktoren → Kosteneinflussgrößen.

Kostenfestsetzung – Begriff des Zivilprozessrechts. Die Kostenfestsetzung soll der obsiegenden Partei ohne neuen Prozess einen → Vollstreckungstitel wegen der vom Gegner zu erstattenden Prozesskosten verschaffen. Erforderlich ist ein bei der Geschäftsstelle des Gerichts erster Instanz anzubringendes Gesuch unter Beifügung einer Kostenberechnung (zweifach) und der Belege bzw. → Glaubhaftmachung des Ansatzes. Die Kostenfestsetzung erfolgt, sobald die Hauptentscheidung (z.B. das Urteil) vollstreckbar ist, durch → Kostenfestsetzungsbeschluss (§§ 103 ff. ZPO). – *Rechtsanwälte* können die Kostenfestsetzung auch gegen die eigene Partei betreiben bzw. müssen es, wenn die Partei die Berechnung beanstandet (§ 11 Rechtsanwaltsvergütungsgesetz – RVG – vom 5.5.2004, BGBl. I, 718 m.spät.Änd.). – Vgl. auch → Kostenentscheidung.

Kostenfestsetzungsbeschluss – im Zivilprozess im Kostenfestsetzungsverfahren (→ Kostenfestsetzung) auf Antrag von dem Urkundsbeamten des Gerichts erster Instanz erlassen (§§ 103–107 ZPO). Der Kostenfestsetzungsbeschluss stellt den ziffernmäßigen Betrag der nach der → Kostenentscheidung von dem Gegner etwa zu erstattenden → Prozesskosten fest. Kostenfestsetzungsbeschluss ist → Vollstreckungstitel. – Dagegen *Erinnerung* binnen zwei Wochen seit → Zustellung, gegen die Entscheidung des Gerichts u.U. sofortige Beschwerde.

Kostenführerschaft → Wettbewerbsstrategie.

Kostenfunktion – 1. *Begriff/Charakterisierung:* Die *Gesamtkostenfunktion* gibt alle → Kosten an, die anfallen, wenn eine Menge x eines Gutes bei gegebenen Faktorpreisen q mit der durch die → Produktionsfunktion x = f(r) beschriebenen Technologie produziert wird:

$$K = F(x).$$

2. *Kostenarten:* Man unterscheidet zwischen → *fixen Kosten* (FK), auch als Kosten der Betriebsbereitschaft bezeichnet, und den → *variablen Kosten* (VK). FK variieren nicht mit der Produktion, fallen aber in jedem Fall an, wenn man produktionsbereit sein will (z.B. Ausgaben für Gebäude, Gehälter des Managements). VK beziehen sich z.B. auf Rohstoffe, Energie, Arbeitsleistungen in der Produktion. Die Zuordnung kann im Einzelfall schwierig sein, da langfristig alle Kosten eliminierbar sind, andererseits auch institutionelle Faktoren zu berücksichtigen sind (langfristige Verträge, Ausdehnung des Kündigungsschutzes etc.). Insgesamt gilt:

$$K(x) = FK + VK(x).$$

3. *Verläufe:* Die VK können *proportional, über-* und *unterproportional* mit der hergestellten Menge variieren. Sie können aber auch zunächst unterproportional und dann überproportional steigen (vgl. Abbildung „Kostenfunktion (1)"). Welcher Fall eintritt, hängt einerseits von der Produktionstechnik, andererseits von den Faktorpreisen ab. Berücksichtigt man die Fixkosten, so verschiebt sich die VK(x)-Kurve um den FK-Betrag nach oben (z.B. Abbildung „Kostenfunktion (2)"), es resultiert die Kurve K(x). 4. *Kostenkategorien:* K(x) werden auch → Gesamtkosten oder *Totalkosten* genannt. Daneben gibt es die → *Durchschnittskosten* und die → *Grenzkosten* als weitere Kostenkategorien. Die Durchschnittskosten (DK) werden auch als → *Stückkosten* bezeichnet. Sie werden definiert als

$$DK(x) = \frac{K(x)}{x} = \frac{FK}{x} + \frac{VK}{x} = DFK + DVK(x).$$

DFK nennt man die Fixkosten je Stück, DVK(x) die durchschnittlichen variablen Kosten. Wendet man diese Definition auf die obigen Fälle a bis d (vgl. Abbildung „Kostenfunktion (2)") an, so ergibt sich Abbildung „Kostenfunktion (3)". Die *Grenzkosten* (GK) sind definiert als die Kosten, die dadurch entstehen, dass man eine zusätzliche Einheit produziert. In infinitesimaler Betrachtung stellen sie den Anstieg K'(x) bzw. VK'(x) der totalen oder variablen Kostenfunktion dar. Dies führt zu den Verläufen aus Abbildung „Kostenfunktion (2)". Ist die Kostenfunktion linear, stimmen DVK und GK überein und sind konstant. Steigt die K(x)- bzw. die VK(x)-Funktion überproportional an, steigen DVK und GK monoton an, und es gilt GK > DVK. Umgekehrt verhält es sich, wenn Unterproportionalität vorliegt: DVK > GK, DVK und GK fallen. Im Fall d verlaufen GK, DVK und DK u-förmig. DVK und DK erreichen ihr jeweiliges Minimum, wenn sie auf die GK-Kurve treffen. – 5. *Kosteneinflussgrößen*: Neben der Produktionsmenge hängen die Kosten wesentlich von den Preisen der Einsatzfaktoren, der Faktorqualität, dem Produktionsprogramm und der Betriebsgröße ab. Bei steigenden (fallenden) Faktorpreisen weisen die Kosten auch dann einen steigenden (fallenden) Verlauf auf, wenn die Faktoreinsatzmenge konstant ist. – Vgl. auch → Kostenfunktion, Herleitung aus der Produktionsfunktion.

Kostenfunktion, Herleitung aus der Produktionsfunktion – 1. *Allgemein:* a) Die → Produktionstheorie bildet die Grundlage, um verschiedene → Kostenverläufe zu erklären. Der Zusammenhang lässt sich verdeutlichen, wenn man zunächst auf nur *einen* → Produktionsfaktor A abstellt: x = φ (A). Es gilt definitorisch K(x) = p_A · A (p_A = Lohnsatz, A = Arbeitsmenge). Wegen

$$A = \partial^{-1}(x) \text{ folgt mit}$$
$$K = p_A \cdot \partial^{-1}(x)$$

der behauptete Zusammenhang. Daraus ergibt sich auch die Beziehung zwischen → *Durchschnittskosten* und → *Durchschnittsertrag* einerseits, von

Kostenfunktion (1)

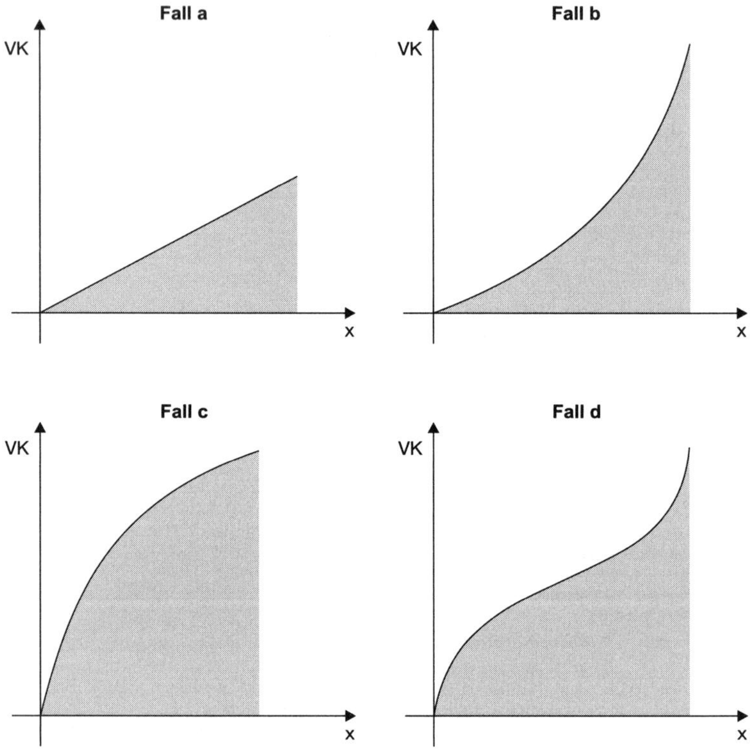

Kostenfunktion (2)

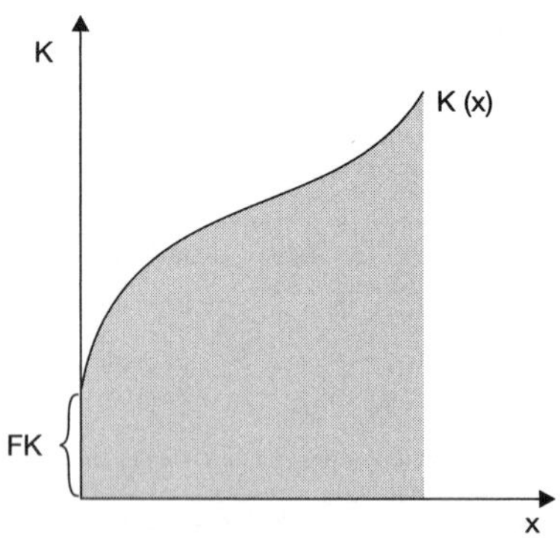

→ *Grenzkosten* und → *Grenzertrag* andererseits. Aus $K(x) = p_A \cdot A$ folgt:

$$DK(x) = \frac{AP_A}{x} = \frac{p_A}{\frac{x}{A}} = \frac{p_A}{DE}$$

(mit DE = Durchschnittsertrag), ebenso gilt:

$$GK = \frac{dK}{dx} = p_A \frac{dA}{dx} = \frac{p_A}{\frac{dx}{dA}} = \frac{p_A}{GE}$$

(GE = Grenzertrag). Man sieht, dass DK bzw. GK fallen, steigen oder konstant bleiben müssen, wenn DE bzw. GE steigen, fallen oder konstant sind, d.h. es handelt sich, bei konstantem Lohnsatz, jeweils um reziproke Größen. D.h. zugleich, dass den *Maxima* der Grenz- bzw. Durchschnittserträge die *Minima* der Grenz- bzw. Durchschnittskosten entsprechen. Die Kostenverläufe sind damit auf die Ertragsverläufe zurückführbar. – b) Bei mehr als einem Produktionsfaktor (A, B, ...) kann man die Kostenfunktion

Kostenfunktion (3)

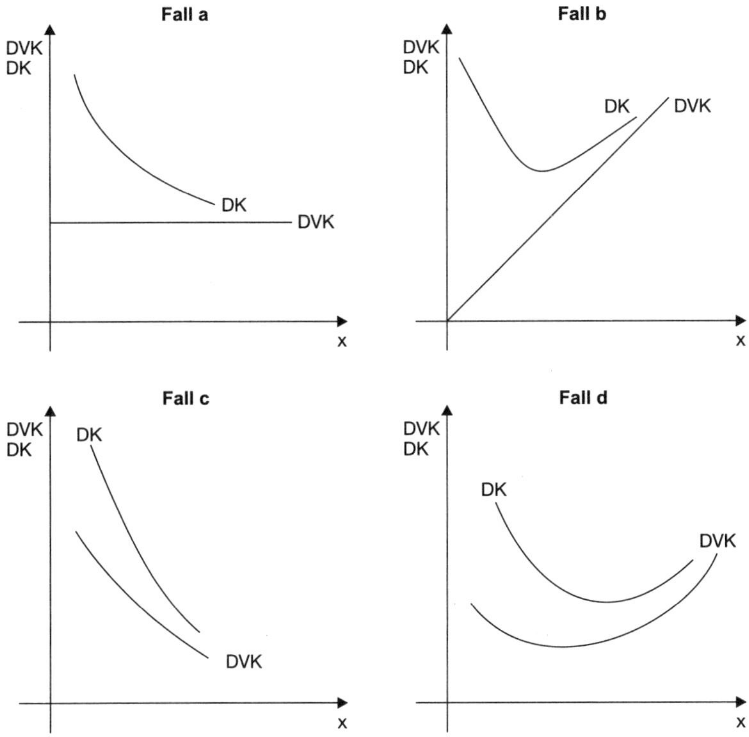

K(x) = A pA + B pB + ...

nicht direkt unter Zuhilfenahme der → Produktionsfunktion x = F(A, B, ...) ableiten. Dies gelingt nur im Hinblick auf spezifische Faktorvariationen. – 2. Den *Fall der partiellen* → Faktorvariation kann man direkt auf denjenigen eines Faktors zurückführen ($\overline{B}$, ... sind konstant). Wenn bei $\overline{x}$ = F(A, $\overline{B}$, $\overline{C}$, ...) nur A variabel ist, so führen die Aufwendungen für $\overline{B}$, $\overline{C}$ etc. zu den FK, der Aufwand von A zu VK(x). Die Zusammenhänge zwischen DK bzw. GK und DE bzw. GE sind dann auf den variierten Faktor zu beziehen. – *Beispiel:* ∂x/∂A, x/A. – 3. Entsprechendes gilt für die *proportionale Faktorvariation* (der Faktoreinsatz Ā, B wird auf das λ -fache erhöht). Wegen

$$
\begin{aligned}
K(x) &= A_{p_A} + B_{p_B} + C_{p_C} + \cdots \\
&= \lambda\overline{A}_{p_A} + \lambda\overline{B}_{p_B} + \lambda\overline{C}_{p_C} + \ldots \\
&= \lambda(\overline{A}_{p_A} + \overline{B}_{p_B} + \overline{C}_{p_C} + \ldots) \\
&= \lambda K(\overline{x}),
\end{aligned}
$$

wobei $\overline{X}$ = F($\overline{A}$, $\overline{B}$, $\overline{C}$, ...) bezeichnet. Unterstellt man eine → homogene Produktionsfunktion, so gilt x = $\lambda^r \cdot \overline{X}$, wobei r den → Homogenitätsgrad bezeichnet; es folgt dann:

$$K(x) = (\frac{x}{\overline{x}})^{\frac{1}{r}} K(\overline{x}).$$

Für r = 1, r < 1 und r > 1 erhält man jeweils die Verläufe a), b) und c). Dies ergibt sich auch aus den Gleichungen

$$DK(x) = \frac{K(x)}{x} = \frac{\lambda K(\overline{x})}{x} = \frac{K(\overline{x})}{\frac{x}{\lambda}} = \frac{K(\overline{x})}{DE_\lambda}$$

bzw.

$$GK(x) = \frac{dK(x)}{dx} = \frac{d\lambda}{dx} K(\overline{x}) = \frac{K(\overline{x})}{\frac{dx}{d\lambda}} = \frac{K(\overline{x})}{GE_\lambda},$$

wobei DEλ und GEλ für das Niveaudurchschnitts- und Niveaugrenzprodukt stehen. – 4. Der Fall der

Kostenfunktion (4)

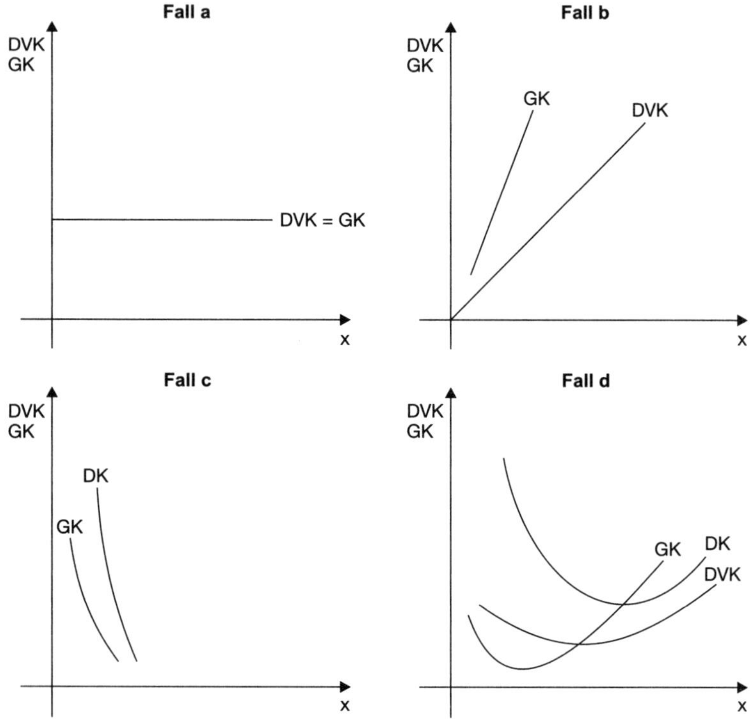

isoquanten → Faktorvariation wird relevant, wenn sich infolge einer Änderung der relativen → Faktorpreise die → Minimalkostenkombination ändert. Damit wird die Verschiebung der Kostenfunktion als Folge dieser Preisänderung erklärt. Für je zwei Faktoren muss $\frac{\partial x}{\partial A} / \frac{\partial x}{\partial B} = \frac{p_A}{p_B}$

(Minimalkostenkombination) gelten, was hier zu einer Beziehung zwischen A und B führt, mit deren Hilfe aus der Definitionsgleichung $K = A\ p_A + B\ p_B$ und der Produktionsfunktion $x = F(A, B)$ die Kostenfunktion K(x) bestimmt werden kann. Entsprechend ergibt sich auch die neue Kostenfunktion nach einer Änderung der Faktorpreisrelation. – 5. Bei der *Leontief-Produktionsfunktion* (→ linear-limitationale Produktionsfunktion) kommt nur die proportionale Faktorvariation in Betracht, weil das Einsatzverhältnis der Faktoren konstant ist. Wegen ($x = \alpha\ A$; $x = \beta\ B$) ergibt sich in diesem Fall (α, β = konstant)

$$K(x) = A_{P_A} + B_{P_B} = \frac{x}{\alpha}\, p_A + \frac{x}{\beta}\, p_B$$

und

$$DK(x) = GK(x) = \frac{p_A}{\alpha} + \frac{p_B}{\beta} = \text{konstant}.$$

kostengleicher Aufwand → Zweckaufwand.

Kostengutschriften – Begriff der → Betriebsbuchhaltung. Kostengutschriften entstehen bei Ansetzung *verrechneter* Kosten in der → Kostenrechnung auf den Habenseiten der Konten für verrechnete → Kostenarten in Kontenklasse 5 des → Gemeinschafts-Kontenrahmen industrieller Verbände (GKR). Die Belastung erfolgt am Periodenende mit den *effektiv entstandenen* Kosten, wobei sich fallweise eine Über- oder Unterdeckung ergibt.

Kostenisoquante → Isokostenkurve.

Kostenkategorien – 1. *I.e.S.:* Einteilung von → Kosten nach ihrem Verhalten bei Ausbringungs- und Beschäftigungsschwankungen. Zu unterscheiden:

(1) → fixe Kosten, (2) → proportionale Kosten, (3) → degressive Kosten, (4) → progressive Kosten und (5) → regressive Kosten. – 2. *I.w.S.:* Einteilung der Kosten nach beliebigen Merkmalen. – 3. *Einzelkostenrechnung:* (1) → Leistungskosten und (2) → Bereitschaftskosten. – *Anders:* → Kostenarten.

Kostenkennzahlen – Messzahlen, meist als → Gliederungszahlen, zur Darstellung des Verhältnisses der Kosten einzelner → Kostenarten, → Kostenstellen und → Kostenträger zu den Gesamtkosten bzw. ihres Anteils am Kostenaufbau eines Leistungsbereichs als Kostenstatistik. Bes. aussagefähig sind Kostenkennzahlen über das Verhältnis von Kostenarten je Arbeitnehmer, Produkteinheit, Maschinenstunde, Ist-Kosten zu Soll-Kosten u.a. Bei erheblichen Abweichungen einzelner Kostenarten von den etwa aus dem internen Zahlen- oder externen → Betriebsvergleich gewonnenen → Richtzahlen wird dispositives Eingreifen übergeordneter Betriebs-(Leitungs-)Stellen erforderlich. – Vgl. auch → Kostenkontrolle.

Kostenkontrolle – 1. *Kontrolle durch externe Stellen:* Erfolgt z.B. bei Festlegung der Angemessenheit von Selbstkostenpreisen für öffentliche Aufträge gemäß VO über die Preise bei öffentlichen Aufträgen. – 2. *Kontrolle der Kostenwirtschaftlichkeit:* Erfolgt durch → Kostenvergleich.

Kostenkurve → Kostenverlauf.

kostenlose Probe – 1. *Arten:* je nach Produktgattung (Convenience, Shopping, Specialty und Bulk Goods) unterschiedliche Art und Weise; z.B.: a) Proben von *unverderblichen bzw. länger haltbaren Convenience Goods* (Kaffee, Tee, Wasch- und Putzmittel, Haar- und Körperpflegemittel etc.) in entsprechender Aufmachung über Hauswurfsendungen (Briefkasteneinwurf), durch Postversand, durch Befestigung an der Verpackung eines anderen Produktes (Cross Sampling), durch Einkleben der Verpackung mit der Probe auf der Inseratseite, z.B. in einer Zeitschrift, oder/ und über den einschlägigen Fachhandel direkt an Verbraucher. – b) *Leicht verderbliche und nur bes. schwer in kleineren Mengen verteilbare Convenience Goods* (Lebensmittel, Nahrungs- und Genussmittel u.Ä.) über den eingeschalteten Einzelhandel, am zweckmäßigsten in Verbindung mit einer Verkaufsschau bzw. Demonstration (mit Verprobung), die von geschulten Händlern bzw. Propagandisten des Herstellers getragen werden. – c) Bei *Shopping Goods* kostenlose Proben kaum möglich; bei bestimmten Specialty Goods (Elektrogeräte, Kfz u.Ä.) für eine bestimmte Zeit kostenlose Überlassung zu Testzwecken. – Vgl. auch → Bemusterung.

kostenlose Produkte – *Free Goods;* Naturalrabatt (→ Rabatt) bei Überschreiten einer vorgegebenen Bestellmenge (Einkaufseinheit). Kostenlose Produkte können als Maßnahme der → Verkaufsförderung eingesetzt werden.

Kostenmanagement – Gesamtheit der Verfahren und Prozesse, die auf eine effiziente und effektive Dimensionierung (Höhe und Zuordnung) und → Strukturierung (u.a.Verhältnis von fixen und variablen Kosten) der Kosten eines Unternehmens abzielen. Häufig verkürzt als *Kostensenkungsfunktion* bezeichnet.

kostenmäßige Preisuntergrenze → Preisuntergrenze.

Kostenminimum – Begriff der → Kostentheorie: Beschäftigungspunkt, bei dem die → Stückkosten ihr Minimum erreichen. Bei linearem → Kostenverlauf liegt das Kostenminimum bei der höchstmöglichen Ausbringungsmenge (Grenze der → Kapazität). – Vgl. auch → Kostenoptimum.

kostenniveauneutrale Lohnpolitik – *preisneutrale Lohnpolitik.* – 1. *Begriff:* Die kostenniveauneutrale Lohnpolitik ist ein vom → Sachverständigenrat zur Begutachtung der gesamtwirtschaftlichen Entwicklung (SVR) in seinem Jahresgutachten 1964/65 vorgeschlagenes lohnpolitisches Konzept, das die Lohnanpassung nach der Produktivitätsregel um die Änderungsrate der sonstigen Produktionskosten, insbes. der Kapitalkosten, des Terms-of-Trade-Effekts und der Arbeitgeberbeiträge zur Sozialversicherung, ergänzt. Die → produktivitätsorientierte Lohnpolitik kann als Sonderfall der kostenniveauneutralen Lohnpolitik aufgefasst werden. – 2. *Modifikation der Produktivitätsregel:* Die Gesamtkosten eines Produktes setzen sich neben den Lohnkosten aus einer Vielzahl anderer Kostenfaktoren zusammen (bspw. Kapitalkosten). Bei an der Produktivitätsregel orientierten Lohnanpassungen können sich damit die gesamten Stückkosten eines Produktes dennoch verändern. Zur Sicherung von Preisniveaustabilität ist es daher nicht ausreichend, die Lohnpolitik einzig an der Produktivitätsregel auszurichten. Vielmehr ist es bei Preisniveaustabilität anstrebenden Lohnanpassungen notwendig, das gesamte Kostenniveau je Produkteinheit der Unternehmen zu berücksichtigen und entsprechend konstant zu halten.–Der Spielraum für Lohnerhöhungen ergibt sich damit nicht ausschließlich auf Basis des Produktivitätsfortschritts, sondern auf Basis eines durch Zu- oder Abschläge modifizierten Produktivitätsfortschritts. Sinken bspw. die Kapitalkosten der Unternehmen, so sind die Löhne entsprechend stärker zu erhöhen als die Produktivität. Die Produktivitätsfortschrittsrate ist in diesem Fall mit einem Zuschlag zu versehen. Umgekehrt dürfen die Löhne bei steigenden Kapitalkosten der Unternehmen nur in geringerem Umfang wie die Produktivität erhöht werden, um das Kosten- und Preisniveau entsprechend konstant zu halten. Die Produktivitätsfortschrittsrate ist in diesem Fall mit einem Abschlag zu versehen. – 3. *Kritik:* Das Konzept ist wie der Ansatz der → produktivitätsorientierten Lohnpolitik rein angebotsorientiert und vernachlässigt die mit der daraus abgeleiteten lohnpolitischen Empfehlung (→ Lohnleitlinie) zu erwartende Änderung der gesamtwirtschaftlichen Nachfrage. Des Weiteren können die sonstigen Kostenfaktoren, die der Ansatz der kostenniveauneutralen Lohnpolitik berücksichtigt, nicht durch die Lohnpolitik beeinflusst und auch nur sehr schwer prognostiziert werden. Die Lohnpolitik nimmt damit die Rolle eines „Lückenbüßers" ein.

Kosten-Nutzen-Analyse – 1. *Begriff:* Verfahren zur vergleichenden Bewertung von Objekten oder Handlungsalternativen; Cost-Benefit-Analyse, Nutzen-Kosten-Analyse, Benefit-Cost-Analyse. – 2. *Merkmale:* Auf der → Wohlfahrtsökonomik beruhendes, v.a. in öffentlichen Haushaltswirtschaften angewendetes Verfahren, v.a. öffentlicher Infrastruktur-Investitionsvorhaben. – 3. *Methodik:* Die zukünftigen, auf den gegenwärtigen Zeitpunkt abdiskontierten privaten und gesellschaftlichen sowie pekuniären und nicht-pekuniären Kosten und Nutzen (Erträge) des einzelnen Projektes werden bestimmt und mit den entsprechenden Größen alternativer Investitionsobjekte verglichen. Gewählt wird die Alternative mit der größten Differenz zwischen Nutzen (Erträgen) und Kosten. – Begründung dieses Entscheidungskriteriums in der Wohlfahrtstheorie, nach der die Kosten eines Investitionsobjektes als Minderung, seine Erträge als Zuwachs gesellschaftlicher Wohlfahrt verstanden werden. Die Sicherung der Rationalität staatlicher Investitionsentscheidungen mittels Kosten-Nutzen-Analyse hängt u.a. davon ab, ob die einzelnen Kosten- und Nutzendeterminanten ausreichend quantifiziert werden können. – 4. *Diskussion:* Da die Bewertungsmaßstäbe der Kosten und Nutzen, der Umfang der in das Kalkül einbezogenen → externen Effekte, die Wahl der relevanten Zeitperiode und damit verbunden die Bestimmung des Diskontfaktors sowie die Berücksichtigung von Nebenwirkungen nicht „objektiv" festgelegt werden können, ist die Kosten-Nutzen-Analyse manipulationsanfällig. – 5. *Anwendungsgebiete:* insbesondere → Umweltökonomik und → Ressourcenökonomik. – Vgl. auch → Nutzwertanalyse, → Kosten-Wirksamkeits-Analyse.

Kostenoptimum – Begriff der → Kostentheorie: Ausbringungsmenge, bei der der Quotient (K/x) mit K = Gesamtkosten und x = Anzahl der Ausbringungseinheiten minimal ist. Im Kostenoptimum stimmen bei bestimmten → Kostenverläufen → Durchschnittskosten und → Grenzkosten überein. – Vgl. auch → Kostenminimum, → Kostenverlauf.

Kostenordnung – Gesetz über die Kosten in Angelegenheiten der → freiwilligen Gerichtsbarkeit i.d.F. vom 26.7.1957 (BGBl. I 861, 960) m.spät.Änd. Regelt die Kosten auf dem Gebiet des Gesetzes über die Angelegenheiten der freiwilligen Gerichtsbarkeit (FGG) einschließlich der Notarkosten.

Kostenplanung – Planung der → Einzelkosten und → Gemeinkosten in der → Plankostenrechnung. – *Planungszeitraum:* Je nach Besonderheiten der Unternehmungen und Branchen, allg. ein Jahr, in Monate unterteilt. – 1. *Beschäftigungsplanung (Bezugsgrößenplanung):* Bestimmung der Planbezugsgrößen (→ Bezugsgröße) aufgrund der zukünftig zu erwartenden Durchschnittsproduktion. – *Verfahren:* (1) → Kapazitätsplanung und (2) → Engpassplanung. – 2. *Einzelkostenplanung:* Unterschiedlich nach Einzelmaterial-, Einzellohnkosten und Sondereinzelkosten der Fertigung und des Vertriebs (→ Einzelkosten, → Sondereinzelkosten). Die Planung erfolgt kostenträgerweise aufgrund exakter technischer Messungen und Analysen. – 3. *Gemeinkostenplanung:* Planmäßige Festlegung der einzelnen Gemeinkostenarten je Kostenstelle mithilfe von Bezugsgrößen (→ Gemeinkosten). – 4. *Kontrolle der Kostenplanung:* → Kostenkontrolle, → Soll-Ist-Vergleich.

Kostenplatz – elementare Abrechnungsbezirke innerhalb von → Kostenstellen. Kostenplätze werden bes. dann eingerichtet, wenn innerhalb einer Kostenstelle unterschiedliche Leistungsarten erbringende Leistungsstellen (z.B. einzelne Produktionsanlagen oder Arbeitsplatzbereiche) vorhanden sind, die gesondert kalkuliert werden sollen. – *Beispiel:* → Logistikkostenplatz. – Vgl. auch → Kostenplatzrechnung.

Kostenplatzrechnung – *Platzkostenrechnung;* Verfeinerung der → Kostenstellenrechnung, die die einer Kostenstelle zugerechneten Kosten auf einzelne, diese Kostenstelle bildende Kostenplätze (→ Kostenplatz) aufteilt, für diese kalkuliert und gesondert weiterverrechnet.

Kosten-Plus-Preisbildung → Cost-Plus Pricing.

Kostenpräkurrenz – zeitliches Voreilen der Kosten, z.B. durch Lernprozesse erklärbar. – *Gegensatz:* → Kostenremanenz.

Kostenprogression → progressive Kosten.

kostenrechnende Einrichtungen – öffentliche Einrichtungen auf kommunaler Ebene (→ Kommunalwirtschaft), die ganz oder teilweise aus Entgelten finanziert werden. Sie entsprechen den klassischen → Gebührenhaushalten wie Stadtentwässerung, Straßenreinigung, Friedhöfe, kommunale Einrichtungen, die heute zunehmend als Eigenbetriebe oder Eigengesellschaften geführt werden. Für die Gebührenkalkulation der kostenrechnenden Einrichtungen tritt an die Stelle der finanzwirtschaftlichen Rechnung (→ Kameralistik) eine betriebswirtschaftliche → Kostenrechnung.

kostenrechnerische Korrekturen – Teil der Abgrenzungsrechnung der Betriebsbuchführung nach dem Industriekontenrahmen, in dem z.B. die in der Gewinn- und Verlustrechnung der Geschäftsbuchführung verrechneten Abschreibungen in anderer Höhe in die Kostenrechnung übergeleitet werden.

Kostenrechnung – 1. *Charakterisierung:* Zentrales Teilgebiet des internen → Rechnungswesens, in dem Kosten erfasst (→ Kostenerfassung), gespeichert, den verschiedensten Bezugsgrößen (z.B. Produkten) zugeordnet und für spezielle Zwecke ausgewertet, d.h. selektiert, verknüpft und/oder verdichtet

(Kostenauswertung) werden. Die einzelnen Rechnungszwecke sind nicht isoliert voneinander zu sehen, z.B. werden die Kosten einer Zwischenproduktherstellung für Make-or-Buy-Entscheidungen, Planungen anzuwendender Fertigungsverfahren, Festlegungen herzustellender und abzusetzender Produkte sowie für Absatzpreisentscheidungen benötigt. – Zur *Unterstützung der Kostenrechnung durch elektronische Datenverarbeitung* vgl. → Kostenrechnungssoftware. – 2. *Adressaten der Kostenrechnung:* Anders als das → externe Rechnungswesen liefert die Kostenrechnung nur in Ausnahmefällen Informationen für Unternehmensexterne (z.B. Staat im Rahmen der Kalkulation der Selbstkosten bei öffentlichen Aufgaben oder für die Preisbestimmung in langfristigen spezifischen Lieferungsbeziehungen). Hauptsächliche Adressaten sind interne Stellen, von der Unternehmensleitung (z.B. periodenbezogene → Deckungsbeitragsrechnungen) bis hin zu einzelnen Kostenstellenleitern (Vorgabe von → Plankosten und → Abweichungsanalysen) und Disponenten (z.B. Instandhaltungskosten zur Bestimmung des optimalen Ersatzzeitpunktes von Anlagen). – 3. *Teilbereiche:* a) → Kostenartenrechnung: Erfassung der Kosten, gegliedert nach den primären Kostenarten. – b) → Kostenstellenrechnung: Erfassung der Kosten für Verrechnung zwischen Kostenstellen; Erfassung in detaillierterer Form, d.h. für Kostenplätze, im Rahmen der → Kostenplatzrechnung. – c) → Kostenträgerrechnung: Kostenausweis je Kostenträger. – Vgl. auch → Erfassungstechnik der Kostenrechnung. – 4. *Kostenrechnungssysteme:* Kostenrechnungssysteme sind eine zur Erfüllung bestimmter Rechnungszwecke bzw. -bereiche konzipierte Gesamtheit von Regeln zur Erfassung, Speicherung und Auswertung von Kosten. I.d.R. erfolgt die Differenzierung anhand der *Kriterien:* a) Zeitbezug der Kostengrößen: Es werden → Istkostenrechnung, → Normalkostenrechnung und → Plankostenrechnung unterschieden; – b) Art und Umfang der Kostenverrechnung: Es werden → Vollkostenrechnung und → Teilkostenrechnung unterschieden. Durch Kombination beider Kriterien ergeben sich die Varianten von Kostenrechnungssystemen. – 5. *Zweck/Zweckbereiche:* Ursprünglich diente die Kostenrechnung primär der Preiskalkulation und der Wirtschaftlichkeitskontrolle einzelner Betriebsteile; zunehmend wird sie jedoch als Instrument zur Beeinflussung, Fundierung und Kontrolle von Entscheidungen angesehen. – a) *Unternehmerische Grundsatzentscheidungen:* Kosten- und Erlösinformationen sind bes. für periodenbezogene Planung, Kontrolle und Analyse des Erfolgs des Gesamtunternehmens notwendig; diese Informationen sind laufend bereitzustellen. Andere unternehmerische Grundsatzentscheidungen (z.B. Diversifikation, Standortwahl) erfordern fallweise ermittelte Kosten- und Erlösdaten. – b) *Preispolitik:* Kosten- und Erlösdaten werden zur Festlegung und Überprüfung der Angebotspreise benötigt. Angebotspreise können nicht direkt aus der Kostensituation eines Unternehmens abgeleitet werden. – *Ausnahme:* Preisbildung für bestimmte öffentliche Aufträge. – Aufgabe der Kostenrechnung ist die Ermittlung von → Preisuntergrenzen und die Beurteilung der Preisauskömmlichkeit. – c) *Vertriebspolitik:* Kostenrechnung dient hier der Analyse und Überwachung von Verkaufsgebieten, Kundengruppen, Kunden und Vertriebswegen; der differenzierte Ausweis von Kosten, Erlösen und Deckungsbeiträgen lässt Stärken und Schwächen der absatzwirtschaftlichen Potenziale erkennen, gezielte absatzpolitische Maßnahmen werden ermöglicht. – d) *Produktionsprogrammplanung:* Kostenrechnung zeigt detailliert die Erfolgsstruktur der einzelnen Programmkomponenten auf, u.a. die genauen Kosten der einzelnen zur Leistungserstellung erforderlichen Produktionsvorgänge. – e) *Ablaufplanung:* Kostenrechnung ermittelt die Erfolgswirkungen unterschiedlicher Fertigungsverfahren, Bearbeitungsreihenfolgen, Bearbeitungsquanten (Losgrößen) und unterschiedlicher Fertigungstermine; sie liefert somit die informatorische Grundlage für Optimierungsrechnungen und Vorgaben für die Kontrollen der Kostenstellenleiter bzw. für diese Kontrollen selbst. – f) *Beschaffungs- bzw. Bereitstellungsplanung:* z.B. Kostenvergleiche zur Lösung von Make-or-Buy-Problemen, Ermittlung von → Preisobergrenzen im Einkauf. – Vgl. auch → Kostenrechnungsgrundsätze. – 6. *Nutzungsarten:* In der Praxis wird Kostenrechnung in etwa ähnlichem Umfang in drei Rollen genutzt. – a) *Instrumentelle Nutzung:* Die Kostenrechnung liefert hier für spezielle Entscheidungsprobleme die benötigten Informationen. – b) *Konzeptionelle Nutzung:* Im Vordergrund steht hier das Schaffen eines gemeinsamen Grundverständnisses. Kostenrechnung spielt in dieser Rolle die Funktion einer betriebswirtschaftlichen Sprache. – c) *Symbolische Nutzung:* Kostenrechnungsinformationen werden zur Begründung auf andere Weise bereits getroffener Entscheidungen verwendet. Zunehmende Komplexität und Dynamik lässt die konzeptionelle Nutzung der Kostenrechnung immer wichtiger werden.

Kostenrechnungsgrundsätze – Abk. für die *Allgemeinen Grundsätze der Kostenrechnung* vom 16.1.1939; ein an die Organisation der gewerblichen Wirtschaft gerichteter Regierungserlass, mit dem der einheitliche Aufbau, die richtige Ausgestaltung und Auswertung der → Kostenrechnung gesichert werden sollte. – *Inhalt:* (1) Mindestanforderungen für Erfassung und Verrechnung der Kosten; (2) Hinweise für den Aufbau der → Kostenartenrechnung, → Kostenstellenrechnung und → Kostenträgerrechnung.

Kostenrechnungssoftware – Programme zur EDV-gestützten Durchführung der → Kostenrechnung, z.B. computergestützte Kosten- und Leistungsrechnung. – 1. *Bedeutung:* Eine manuelle Erstellung der Kostenrechnung ist i.d.R. nicht wirtschaftlich und in der Praxis nicht mehr vorfindbar. Mit Unterstützung der Datenverarbeitung lassen sich die

Anforderungen Aktualität, Flexibilität, vielfältige Auswertbarkeit und Wirtschaftlichkeit gleichermaßen verwirklichen. Die schnelle Weiterentwicklung der Datenverarbeitung und dadurch angestoßene Veränderungen der Leistungserstellung bedingen in Zukunft noch engere Kopplungen der Kostenrechnung mit anderen betrieblichen Informationssystemen, speziell Betriebsdatenerfassungssystemen, die nur bei vollständigem Datenverarbeitungsbetrieb der Kostenrechnung möglich sind. – 2. *Entwicklungsstufen:* a) *(Betriebsindividuelle) Eigenprogrammierung:* Im Unternehmen selbst konzipierte, gewartete und weiterentwickelte Kostenrechnungssoftware, zumeist für spezielle Teilbereiche (z.B. Erfassung und Abrechnung der Personalkosten). – b) → Standardsoftware hat inzwischen einen Leistungsstandard erreicht, der eine vollständige Eigenprogrammierung der Kostenrechnungssoftware unwirtschaftlich macht. – *Leistungsmerkmale:* (1) *Enger Verbund zur* → Finanzbuchhaltung: Hierdurch werden u.a. Erfassungskosten gesenkt. In einigen Systemen ist der Rückgriff bis auf den einzelnen Buchungsbeleg möglich („Einzelpostennachweis"). (2) *Parallelkalkulation:* Parallel können die Softwaresysteme die → Vollkosten und die → Teilkosten (→ variable Kosten, → Einzelkosten) der Kostenträger ermitteln. (3) *Dialogisierung* (→ Dialogbetrieb): Dem Benutzer wird i.Allg. diese Möglichkeit bez. Datenerfassung und -auswertung eingeräumt; ein erheblicher Teil der Datenverarbeitung (z.B. Durchführung der Betriebsabrechnung) erfolgt weiterhin im → Stapelbetrieb. – c) *Kostenrechnungssoftware für Personal Computer:* Im Rahmen der PC-Unterstützung der Kostenrechnung lassen sich Softwarepakete, die die gesamte Kostenrechnung auf PC durchführen und bes. auf Kleinbetriebe zugeschnitten sind, von solcher Standardsoftware unterscheiden, die einzelnen Stellen im Unternehmen von der zentralen Kostenrechnung autonome Kostenanalysen ermöglicht. Hilfsmittel hierzu sind bes. → Tabellenkalkulationssysteme. – 3. *Weiterentwicklungstrends:* a) Die Kostenrechnungssoftware wird stärker *datenbankorientiert* gestaltet (→ Datenbank; → Datenorganisation). Diese Form der Datenorganisation ermöglicht eine universelle Auswertbarkeit der gespeicherten Daten, stößt derzeit jedoch noch an Grenzen der Verarbeitungsgeschwindigkeit und Wirtschaftlichkeit. – b) *Stärkere Einbeziehung des Endbenutzers in die Erstellung von Auswertungen:* Kopplung von PC an die in der zentralen Datenverarbeitung geführte Kostenrechnung. – c) *Stärkere Kopplung* der Kostenrechnung als kaufmännisches Informationssystem *an technische Informationssysteme.*

Kostenrechnungssysteme → Kostenrechnung.

Kostenremanenz – *Kostenresistenz;* → Kostenverlauf im Fall rückläufiger Beschäftigung, bei der die → Gesamtkosten vielfach nicht auf der gleichen → Kostenkurve K_a zurücklaufen, mit der sie vorher bei steigender Beschäftigung zugenommen haben. Sie fallen entsprechend einer darüber liegenden Kostenkurve K_r. Die höheren Kosten werden als remanente Kosten bezeichnet. Die Kostenremanenz kann als Remanenzschleife (Hysteresis-Schleife, vgl. Abbildung „Kostenremanenz (1)") oder als remanenter Kostensprung auftreten (vgl. Abbildung „Kostenremanenz (2)").

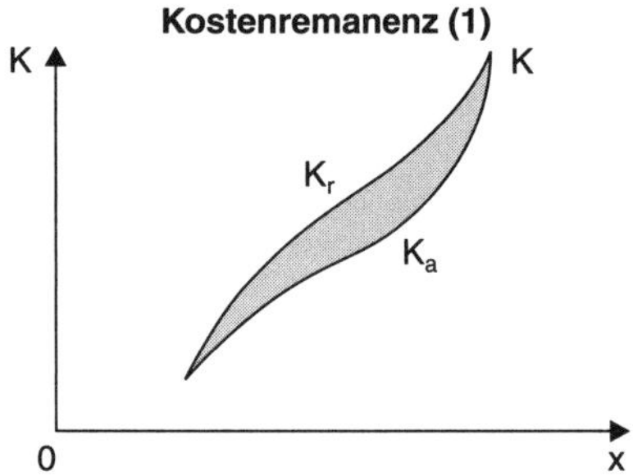

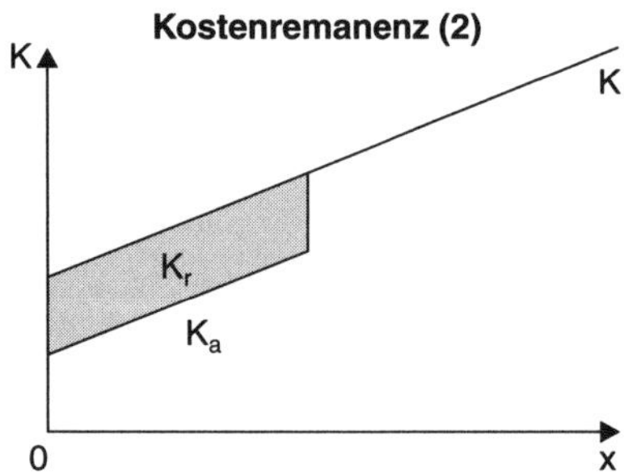

Ursachen: Andersartige Anpassung bei Beschäftigungsabnahmen als bei Beschäftigungszunahmen aus arbeitsrechtlichen, wirtschaftlichen, sozialen, betriebspolitischen, arbeitsorganisatorischen oder psychologischen Gründen. Die Kostenremanenz sollte deshalb nicht unbedingt als ein Nachhinken der Kosten bei Beschäftigungsrückgang, sondern als ein Wirksamwerden anderer → Kostenbestimmungsfaktoren aufgefasst werden.

Kostenresistenz → Kostenremanenz.

Kostenschätzungsmodelle – 1. *Begriff:* im → Software Engineering verwendete Modelle zur Prognose der Kosten, die für die Entwicklungsphase eines Softwareprodukts (z.T. auch für den ganzen Software Life Cycle) zu erwarten sind. – 2. *Arten:* zahlreiche Modelle in Literatur und Praxis entwickelt; z.T. sehr einfache Vorgehensweisen (z.B. Analogieschluss aufgrund früherer Projekte); oft Schätzung aufgrund des Umfangs der → Programme (→ Lines of Code (LOC)); z.T. auch differenzierte Schätzverfahren. – 3. *Bewertung:* prinzipiell wichtige Hilfsmittel für das

→ Projektmanagement (PM), aber meist ungenau aufgrund vieler nicht ausreichend quantifizierbarer Faktoren. Kritisch ist die Basis „Lines of Code", da schlechte Maßgröße für alle Phasen des Software Life Cycle außer der Phase der → Implementierung.

Kostenschlüsselung → Gemeinkostenschlüsselung.

Kostenschwelle → Break-Even-Point.

Kostenspaltung → Kostenauflösung.

Kostenspirale → Kostenverlauf bei Kombination von Maßnahmen zeitlicher und quantitativer Anpassung (→ Anpassung). Es treten aufsteigende (absteigende) Kostenspiralen dann auf, wenn das Faktorpreisniveau steigt (sinkt) und bei Beschäftigungsrückgang der Abbau von → fixen Kosten nicht in vollem Umfang geschieht.

Kostenstatistik → betriebswirtschaftliche Statistik.

Kostenstelle – 1. *Begriff:* Spezielle → Bezugsgröße der Kostenrechnung. Kostenstellen sind als Orte der Kostenentstehung funktionell, nach Verantwortungsbereichen, nach räumlichen Gesichtspunkten, nach Kostenträgergesichtspunkten, nach speziellen abrechnungs- oder leistungstechnischen Gesichtspunkten rechnungsmäßig abgegrenzte institutionelle Teile des Gesamtbetriebs, für die Kosten separat erfasst werden. – 2. *Arten:* a) Vorkostenstelle (→ Hilfskostenstelle) oder → Endkostenstelle; b) → Hauptkostenstelle oder → Nebenkostenstelle; c) → Hilfskostenstelle. – 3. *Prinzipien der Bildung von Kostenstellen:* Innerhalb einer Kostenstelle sollte stets eine eindeutige Beziehung zwischen den anfallenden Kosten und den erzeugten Leistungen bestehen. Zur Wirtschaftlichkeitserzielung und -kontrolle sollte eine Identität zwischen Kostenstelle und Verantwortungsbereich vorliegen. Kostenstellen sollten klar voneinander abgegrenzt sein. Der Grad der Kostenstellendifferenzierung sollte Gegenstand einer Wirtschaftlichkeitsüberlegung sein. – Vgl. auch → Kostenplatz, → Kostenstellenrechnung.

Kostenstellenausgleichsverfahren → innerbetriebliche Leistungsverrechnung.

Kostenstelleneinzelkosten – *Stelleneinzelkosten;* Kosten, die sich für eine einzelne → Kostenstelle exakt erfassen lassen (z.B. Kosten des Kostenstellenleiters). Auslegungsvariante des Begriffs → Einzelkosten; → relative Einzelkosten. – *Gegensatz:* → Kostenstellengemeinkosten.

Kostenstellengemeinkosten – *Stellengemeinkosten;* Kosten, die sich nur mehreren → Kostenstellen gemeinsam exakt zurechnen lassen, z.B. Kosten des Werksleiters, bezogen auf die ihm untergeordneten Fertigungskostenstellen. Sie können nur durch Schlüsselung (→ Gemeinkostenschlüsselung) auf die einzelnen Kostenstellen umgelegt werden. Auslegungsvariante des Begriffs → Gemeinkosten. – *Gegensatz:* → Kostenstelleneinzelkosten.

Kostenstellenrechnung – Teilbereich der → Kostenrechnung, in dem Kosten für → Kostenstellen erfasst und zwischen diesen verrechnet werden. – *Aufgaben:* (1) Erfassung und ggf. Planung der den Kostenträgern nicht direkt zurechenbaren Kostenträgergemeinkosten (→ Gemeinkosten) am Ort des Kostenanfalls (Kostenstelle); eine Wirtschaftlichkeitskontrolle soll somit ermöglicht werden (→ Plankostenrechnung). (2) Verrechnung der kostenstellenbezogen erfassten Kosten vollständig (→ Vollkostenrechnung) oder nur z.T. (→ Teilkostenrechnung) auf die Kostenstellen (→ innerbetriebliche Leistungsverrechnung, → Betriebsabrechnung), die unmittelbar an der Erstellung der Produkte mitwirken (→ Endkostenstellen), um von diesen in der → Kostenträgerrechnung eine Weiterwälzung auf die Kostenträger vornehmen zu können. – *Verfeinerung:* → Kostenplatzrechnung.

Kostenstellenumlageverfahren → innerbetriebliche Leistungsverrechnung.

Kostenstellenvergleich → Kostenvergleich.

Kostensteuern – 1. *Kalkulation:* Steuern, die als Kostenbestandteile in die Kalkulation eingehen, bes. alle gewinnunabhängigen, vom Betrieb zu tragenden Steuern. – Berücksichtigung von Steuern im Fall *öffentlicher Aufträge:* Leitsätze für die Preisermittlung aufgrund von Selbstkosten (LSP). – 2. Im Rahmen der Amtlichen Statistik werden die Kostensteuern in den → Kostenstrukturstatistiken ausgewiesen.

Kostenstruktur – I. Rechnungswesen: Verhältnis von Teilen einer Kostensumme untereinander. Kostenstrukturen werden v.a. auf Kostenarten (relativer Anteil der Materialkosten, Anlagenkosten, Personalkosten etc.) und auf Kostenabhängigkeiten bezogen (relativer Anteil der variablen Kosten und der fixen Kosten) betrachtet.

II. Strukturpolitik: Gliederung der Produktionskosten in verschiedenen → Wirtschaftszweigen nach Kostenarten, z.B. Personal-, Material-, Energiekosten u.Ä.

Kostenstrukturerhebung → Kostenstrukturstatistik.

Kostenstrukturstatistik – laufende, vom → Statistischen Bundesamt (StBA) zentral durchgeführte → Repräsentativerhebungen in einzelnen Bereichen der Wirtschaft. Hauptsächliche Erhebungstatbestände sind Kosten nach Kostenarten, ausgewählte Posten des Jahresabschlusses, Umsatz und Beschäftigte.

Kostensubstitution – aus der → Preistheorie von G. Cassel (1866-1945) in die moderne → Wirtschaftstheorie übernommener Begriff zur Überwindung der statischen → Kostentheorie. Kostensubstitution wird durch die dispositive Leistung der Geschäftsleitung ausgelöst im Interesse quantitativer oder qualitativer → Anpassung der → Faktorkosten an die Marktlage.

Kostentabelle für Zivilprozesse – tabellarische Zusammenstellung der nach dem Gerichtskostengesetz und dem Rechtsanwaltsvergütungsgesetz (RVG) errechneten Gerichtskosten und Rechtsanwaltsgebühren (auszugsweise). Durch das Kostenrechtsmodernisierungsgesetz vom 5.5.2004 (BGBl. I 718) wurde das Kostenrecht umfassend reformiert; vgl. Übersicht „Kostentabelle für Zivilprozesse". Die Tabelle gibt jeweils den Betrag einer vollen Gebühr an. Die tatsächlichen Prozesskosten sind erheblich höher. So hat die unterlegene Partei in einem Zivilrechtsstreit mit einem Streitwert von 10.000 Euro, der im ersten Rechtszug nach mündlicher Verhandlung mit Urteil abgeschlossen wurde und an dem beide Seiten durch Rechtsanwälte vertreten waren, zu zahlen: (1) Gerichtskosten 3 Gebühren à 196 Euro (Nr. 1210 Kostenverzeichnis GKG); d.h. in der Summe 588 Euro. (2) 2,5 Anwaltsgebühren (eigener Rechtsanwalt) à 486 Euro und 2,5 Anwaltsgebühren (gegnerischer Anwalt) à 486 Euro (Nr. 3100 und 3104 Gebührenverzeichnis RVG); d.h. in der Summe 2.430 Euro. Hinzukommen Auslagen (Porto etc.) von mind. 2 · 20 Euro (Nr. 7002 Gebührenverzeichnis RVG). Insgesamt also, wenn nicht weitere Kosten etwa durch Zeugenvernehmungen entstehen, summieren sich die Kosten auf mind. 3.058 Euro.

Kostentabelle für Zivilprozesse

Streitwert bis Euro	Gerichtskosten Euro	Gebühr des Rechtsanwalts Euro
300	25	25
600	35	45
900	45	65
1.200	55	85
1.500	65	105
2.000	73	133
3.000	89	189
4.000	105	245
5.000	121	301
6.000	136	338
7.000	151	375
8.000	166	412
9.000	181	449
10.000	196	486
16.000	242	566
22.000	288	646
30.000	340	758
35.000	369	830
40.000	398	902
45.000	427	974
50.000	456	1.046
110.000	856	1.354
500.000	2.956	2.896
1.000.000	4.456	4.396

Kostentheorie → Kostenfunktion, → Produktions- und Kostentheorie.

Kostentragbarkeitsprinzip → Tragfähigkeitsprinzip.

Kostenträger – wichtige Art von → Bezugsgrößen. Als Kostenträger werden die Absatzleistungen oder → innerbetrieblichen Leistungen bezeichnet, denen in der → Kostenträgerrechnung bzw. → Kalkulation oder → Kostenstellenrechnung bzw. → innerbetrieblichen Leistungsverrechnung Kosten zugerechnet werden. – Vgl. auch → Kostenarten, → Kostenstellen.

Kostenträgereinzelkosten → Einzelkosten.

Kostenträgererfolgsrechnung → Kostenträgerzeitrechnung.

Kostenträgergemeinkosten → Gemeinkosten.

Kostenträgerrechnung – Teilbereich der → Kostenrechnung, der Kosten für → Kostenträger direkt aus der → Kostenartenrechnung (→ Einzelkosten) oder mithilfe von Kalkulationsverfahren (→ Kalkulation) aus der → Kostenstellenrechnung übernimmt und pro Kostenträger für die gesamte Abrechnungsperiode (→ Kostenträgerzeitrechnung) oder pro Einheit eines Kostenträgers (Kostenträgerstückrechnung, → Kalkulation) ausweist.

Kostenträgerstückrechnung → Kalkulation.

Kostenträgerverfahren → innerbetriebliche Leistungsverrechnung.

Kostenträgervergleich → Kostenvergleich.

Kostenträgerzeitrechnung – Teilgebiet der → Kostenträgerrechnung, das die für die → Kostenträger in der betrachteten Abrechnungsperiode (z.B. Monat, Quartal oder Jahr) jeweils angefallenen Kosten ausweist. – *Abgrenzung der Kostenträgerzeitrechnung zur Kostenträgerstückrechnung* (→ Kalkulation): Vom grundsätzlichen Vorgehen her bestehen keine Unterschiede; spezifische Erfassungsprobleme treten nur durch die Berücksichtigung von Lagerbeständen und -bestandsveränderungen auf (→ Gesamtkostenverfahren, → Umsatzkostenverfahren). – *Erweiterung:* Kostenträgererfolgsrechnung (Einbeziehung von → Erlösen).

Kostentragfähigkeitsprinzip → Tragfähigkeitsprinzip.

Kostentreiber → Prozesskostenrechnung.

Kostenüberdeckung – Die in einem Abrechnungszeitraum innerhalb der → Kostenrechnung weiterverrechneten Kosten sind höher als die tatsächlich entstandenen. Kostenüberdeckungen ergeben sich (1) in der → Kostenstellenrechnung bes. als Unterschied zwischen Soll- und Istkosten, (2) in der → Kostenträgerrechnung als Unterschied zwischen normalen und effektiven Zuschlagssätzen.

Kostenüberdeckungen werden am Periodenende entweder entsprechend dem tatsächlichen Kostenanfall nachverrechnet oder gehen direkt in das → Betriebsergebnis ein. – *Gegensatz:* → Kostenunterdeckung.

Kostenüberwälzung → innerbetriebliche Leistungsverrechnung, → Gemeinkostenschlüsselung.

Kostenumlage – pauschale Verrechnung von Gemeinkosten in der Kostenstellenrechnung (innerbetriebliche Leistungsverrechnung) mithilfe von Schlüsseln (→ Gemeinkostenschlüsselung).

Kosten und Fracht – *benannter Bestimmungshafen,* → CFR.

Kosten- und Leistungsrechnung – *Betriebsergebnisrechnung;* i.Allg. mit → Kostenrechnung deckungsgleich verwandter Begriff, der nicht beinhaltet, eine eigenständige Teilrechnung zur Erfassung, Speicherung und Auswertung von Leistungsinformationen zu implementieren. Leistungen werden nur insofern berücksichtigt, als sie häufig Zurechnungsobjekte von Kosten sind (z.B. innerbetriebliche Leistungsverrechnung).

Kostenunterdeckung – Zustand, in dem die in einem Abrechnungszeitraum innerhalb der → Kostenrechnung weiterverrechneten Kosten niedriger sind als die tatsächlich entstandenen. Kostenunterdeckungen ergeben sich (1) in der → Kostenstellenrechnung als Unterschied zwischen Soll- und Istkosten, (2) in der → Kostenträgerrechnung als Unterschied zwischen normalen und effektiven Zuschlagssätzen. Kostenunterdeckungen werden am Periodenende entsprechend dem tatsächlichen Anfall nachverrechnet oder gehen direkt in das → Betriebsergebnis ein. – *Gegensatz:* → Kostenüberdeckung.

Kostenvergleich – Kontrollinstrument zur Überwachung des Kostenanfalls und damit zur Steigerung der → Wirtschaftlichkeit. – *Arten:* a) *Zeitvergleich:* Vergleich der Kosten eines Zeitabschnitts mit den Kosten eines anderen Zeitabschnitts. – b) *Zwischenbetrieblicher Vergleich:* Vergleich der in einer Periode anfallenden Kosten mehrerer Unternehmungen, (1) unmittelbar mit denen eines anderen Betriebs gleicher Branche, Größe und Struktur; (2) mittelbar nach Kenn- bzw. Richtzahlen; (3) ausschließlich der beeinflussbaren (variablen) Kosten. – c) *Innerbetrieblicher Vergleich:* Vergleich von angefallenen Kosten innerhalb einer Unternehmung, der sich auf unterschiedliche Perioden und auf die Kosten derselben Periode beziehen kann. Der Kostenvergleich erstreckt sich prinzipiell auf alle Bezugsgrößen: Kostenarten-, Kostenstellen- und Kostenträgervergleich. – Vgl. auch → Betriebsvergleich, → Kostenmanagement.

Kostenvergleichsrechnung – 1. *Begriff:* Verfahren der statischen → Investitionsrechnung. Zur Vorteilhaftigkeitsbeurteilung von Investitionsprojekten werden die → Kosten der zu vergleichenden Investitionsalternativen für ein repräsentatives Durchschnittsjahr ermittelt. Präferiert wird die Alternative mit den geringsten Kosten pro Jahr. – 2. *Ermittlung:* Die Kosten beinhalten laufende → variable Kosten, laufende → fixe Kosten, → kalkulatorische Abschreibungen und → kalkulatorische Zinsen (vgl. Abbildung „Kostenarten"). – 3. *Beurteilung:* Die *Vorteile* der Kostenvergleichsrechnung sind der geringe Informationsbedarf und die leichte Durchführbarkeit. Die *Nachteile* resultieren aus der Verwendung periodisierter Durchschnittsgrößen sowie aus der fehlenden Berücksichtigung der zeitlichen Zahlungsstruktur.

Kostenverlauf – wirtschaftstheoretische Darstellung der Abhängigkeit zwischen Kostenentwicklung und mengenmäßiger Ausbringung (Output). Als *Kostenkurve* unter der Voraussetzung konstanter Faktorpreise. – Der Kostenverlauf ergibt sich aufgrund der Kosteneinflussgrößen. – Vgl. auch → Kostenfunktion.

Kostenverrechnung – *Kostenverteilung;* Weiterbelastung der bzw. eines Teils der einer bestimmten → Bezugsgröße zugeordneten Kosten auf eine oder mehrere andere Bezugsgröße(n). – *Wichtige Beispiele* für Kostenverrechnungen sind die Entlastung von Vorkostenstellen im Rahmen der → innerbetrieblichen Leistungsverrechnung oder von Endkostenstellen im Rahmen der → Kalkulation. – Vgl. auch → Kostenverteilungsprinzipien, → Gemeinkostenschlüsselung.

Kostenverteilung → Kostenverrechnung.

Kostenverteilungsprinzipien – *(Kosten-)Anlastungsprinzipien, (Kosten-)Zurechnungsprinzipien, (Kosten-)Zuordnungsprinzipien;* Prinzipien, die die Verteilung bzw. Verrechnung von Kosten zwischen unterschiedlichen Bezugsgrößen (→ Kostenverrechnung) regeln. Unterschiedliche Kostenverteilungsprinzipien führen zu unterschiedlichen Ergebnissen der Kostenverrechnung. – *Wichtige Prinzipien:* (1) → Verursachungsprinzip (Finalprinzip), (2) → Identitätsprinzip, (3) → Proportionalitätsprinzip, ähnlich das Prinzip der minimalen Gemeinkostenstreuung, (4) → Leistungsentsprechungsprinzip, (5) → Durchschnittsprinzip und (6) → Tragfähigkeitsprinzip, (7) Prinzip der Gemeinkostenanteilsgleichheit (Kostenanteilsprinzip, Nutzungsprinzip), (8) Anlastung unter unternehmenspolitischen Gesichtspunkten (→ Deckungsbudget). – Die *Auswahl eines* Kostenverteilungsprinzips sollte hinsichtlich der zu erfüllenden Rechnungszwecke der → Kostenrechnung erfolgen.

Kostenverteilungsschlüsselung → Gemeinkostenschlüsselung.

Kostenverursachung → heterogene Kostenverursachung, → homogene Kostenverursachung.

Kostenverursachungsprinzip → Verursachungsprinzip.

Kostenvoranschlag – ausführliche fachmännische Berechnung der voraussichtlichen Kosten der im → Werkvertrag versprochenen Arbeit. – *Zweifache Bedeutung:* (1) *Verbindlicher* Kostenvoranschlag:

Verpflichtung des Unternehmers (z.B. Handwerkers), das Werk zu der im Kostenvoranschlag genannten Summe zu erstellen. Keine Mehrforderung möglich, auch wenn die Ausführung wider Erwarten teurer wird. – (2) *Unverbindlicher* Kostenvoranschlag: Zur *Information* des Bestellers, höherer Vergütungsanspruch also nicht ausgeschlossen. Der Besteller kann kündigen (Unternehmer muss anzeigen), wenn sich herausstellt, dass das Werk nicht ohne erhebliche Überschreitung des Kostenvoranschlags ausführbar ist (§ 650 BGB), andernfalls schuldet er erhöhte Vergütung.

Kostenwert – veralteter Begriff für die in Geld ausgedrückten Mengen an Kostengütern (z.B. Material, Fremdleistungen). – *Wichtige Wertansätze:* → Anschaffungskosten, → Herstellkosten, → Herstellungskosten, → Selbstkosten.

Kostenwerttheorien – I. Wirtschaftstheorie: Objektivistische Werttheorien, die als Grundlage des Wertes die objektive Brauchbarkeit (objektiver Gebrauchswert) eines Gutes und als Maßstab des Wertes die zur Herstellung des Gutes aufgewendeten → Kosten ansehen. Die zeitlich vor den Nutzwerttheorien auftretenden Kostenwerttheorien scheitern an der sog. klassischen Wertantinomie (Contradiction Économique nach Proudhon): Es gibt viele Güter mit hohem Gebrauchs- und niedrigem Tauschwert (Preis), z.B. Brot, andererseits Güter mit niedrigem Gebrauchs- und hohem Tauschwert, z.B. Diamanten. Also besteht kein objektiver Zusammenhang in dem Sinn, dass ein hoher Gebrauchswert auch zu einem hohen Preis führt. Aus diesem Dilemma hilft nur die Berücksichtigung des subjektiven Gebrauchswerts (Nutzen) in Abhängigkeit von der vorhandenen Menge (→ Grenznutzen).

II. Kostentheorie: Teilgebiet, das aufbauend auf der → Produktionstheorie, die das Mengengerüst der Kosten analysiert, aufzeigen soll, welche Größen die Wertkomponente der Kosten determinieren. Im Mittelpunkt steht hierbei die Frage, wie die Kostenwerte im Hinblick auf die jeweiligen Bewertungszwecke festzulegen sind.

Kostenwettbewerb – Art der → Konkurrenz, die durch niedrige Gesamtstückkosten niedrige Verkaufspreise ermöglichen soll. – Vgl. auch → Qualitätswettbewerb.

Kosten-Wirksamkeits-Analyse – in öffentlichen Haushaltswirtschaften angewendetes Verfahren zur vergleichenden Bewertung von Objekten oder Handlungsalternativen, bei dem Elemente der → Kosten-Nutzen-Analyse mit solchen der → Nutzwertanalyse verbunden werden. – *Darstellung:* Als Kostenbarwert werden die direkten Kosten der jeweiligen Alternative erfasst; → externe Effekte bzw. nicht in Geld bewertbare Nutzeneinbußen werden als Negativposten auf der – nicht monetär bewerteten – Nutzenseite berücksichtigt. Die Nutzenmessung erfolgt wie in der Nutzwertanalyse. Gewählt wird diejenige Handlungsalternative, bei der entweder für einen vorgegebenen Nutzwert die geringsten Kosten anfallen oder bei der ein vorgegebener Kostenrahmen den höchsten Nutzwert erzielt.

Kostenzuordnungsprinzipien → Kostenverteilungsprinzipien.

Kostenzurechnung – 1. *Zuordnung* eines primär erfassten Kostenbetrags zu einer Bezugsgröße. – 2. Oftmals *Synonym* für → Kostenverrechnung.

Kostenzurechnungsprinzipien → Kostenverteilungsprinzipien.

Kost-Plus-System – *Cost-plus-System.* 1. *Begriff:* Verfahren der Kostenumlage; auf einen Basispreis werden (je nach zusätzlich entstehenden Kosten) Aufschläge berechnet. Üblich in → kooperativen Gruppen des Handels, um die Handlungskosten auf die Mitglieder zu verteilen, die die Kosten verursacht haben. – *Beispiele:* → Mindermengenaufschläge, → Kleinauftragszuschläge, Zuschläge für zeitlich gesonderte Anlieferung oder Zustellung in räumlich schwer zu erreichende Gebiete. – 2. *Auswirkungen des Kost-Plus-Systems:* Veränderungen des Bestellrhythmus, Auftragskonzentration. – 3. *Wettbewerbsrechtliche Beurteilung:* Gefahr, dass an sich schon benachteiligte (Klein)-Betriebe zu Einstandspreisen beliefert werden, die aufgrund (überhöhter) Kostenzuschläge deutlich höher liegen als die den Großabnehmern berechneten Einstandspreise, z.B. aufgrund der Mengenrabattstaffeln (→ Wareneinstandspreis, → Mengenrabatt, → Mischkalkulation). – *Weitere Bedeutung:* Preiskalkulation durch Gewinnaufschlag auf die Stückkosten.

Kotierung – in der Schweiz gebräuchlicher Begriff für die Zulassung eines Wertpapiers zum amtlichen Börsenhandel durch Beschluss der → Zulassungsstelle.

Kovarianz – in der → deskriptiven Statistik und → Inferenzstatistik Kenngröße für die Stärke des linearen Zusammenhangs zweier → quantitativer Merkmale bzw. → Zufallsvariablen. Sind (x_i, y_i), i = 1, ...,n, die n beobachteten Wertepaare zweier Merkmale, so ist deren Kovarianz durch

$$s_{xy} = \frac{1}{n} \sum (x_i - \overline{x})(y_i - \overline{y})$$

definiert, wobei $\overline{X}$ und $\overline{y}$ die beiden → arithmetischen Mittel sind. Die Kovarianz kann beliebige Werte annehmen. Sie geht in den Zähler des Bravais-Pearsonschen → Korrelationskoeffizienten ein. Ist (X, Y) eine zweidimensionale Zufallsvariable, so ist deren Kovarianz (empirische Kovarianz) durch

$$\text{Cov}(X,Y) = E((X - EX)(Y - EY))$$

gegeben, wobei E den → Erwartungswert bezeichnet.

Koyck-Transformation – von Koyck (1954) vorgeschlagene Methode zur Lösung der auftretenden → Multikollinearität bei der Schätzung von Modellen mit verteilten Lags (→ Lag-Modell) der Form $Y_t = \alpha_0 + \beta_0 X_t + \beta_1 X_{t-1} + \ldots + \beta_s X_{t-s} + \varepsilon_t$. Dabei werden unter speziellen Modellannahmen die verzögerten erklärenden Variablen $X_{t-1}, \ldots, X_{t-s}$ durch die verzögerte zu erklärende Variable Y_{t-1} ersetzt. Bei der Koyck-Transformation ergeben sich jedoch Probleme, weil die verzögerte erklärte Variable dann mit dem Störterm korreliert ist, was zu inkonsistenten OLS-Schätzungen führt.

KPSS-Stationaritätstest – von Kwiatkowski, Phillips, Schmidt und Shin (1992) vorgeschlagener → Einheitswurzeltest, der anders als die Mehrheit anderer Testverfahren Stationarität als Null- und nicht als Alternativhypothese aufweist. – Dieser Test wurde entwickelt, da klassische Testverfahren die Nullhypothese der Nicht-Stationarität (bzw. einer Einheitswurzel) nicht ablehnen, solange es nicht starke Indizien gegen ihre Gültigkeit gibt und daher gewöhnlich auf Nicht-Stationarität schließen. Kwiatkowski, Phillips, Schmidt und Shin (1992) modellieren eine Zeitreihe als die Summe aus einem deterministischen → Trend, einem → Random Walk und einem → weißen Rauschen und testen dann unter Verwendung spezieller kritischer Werte, ob der Random Walk eine Varianz von null aufweist.

Kraftfahrt-Bundesamt (KBA)→ Bundesoberbehörde im Geschäftsbereich des Bundesministeriums für Verkehr, Bau- und Stadtentwicklung (BMVBS); Sitz in Flensburg, Außenstelle in Dresden. Errichtet durch Gesetz vom 4.8.1951 (BGBl. I 488) m.spät. Änd. – *Aufgaben:* Erteilung der Allgemeinen Betriebserlaubnis für Fahrzeuge und Bauartgenehmigungen für Fahrzeugteile; Führung des Zentralen Fahrzeugregisters (ZFR), des → Verkehrszentralregisters (VZR), des Zentralen Fahrerlaubnisregisters sowie die Fahranfängerdatei (§ 2c StVG); Registrierung aller Führerscheine und Fahrzeugbriefe.

Kraftfahrtunfallversicherung → Kfz-Versicherung.

Kraftfahrtversicherung → Kfz-Versicherung.

Kraftfahrzeug (Kfz) – 1. *Begriff:* nicht dauerhaft spurgeführte Landfahrzeuge, die durch Maschinenkraft bewegt werden (§ 2 Nr. 1 der Fahrzeug-Zulassungsverordnung). Die → Zulassung von Kraftfahrzeugen (Kfz) erfolgt durch → Betriebserlaubnis. – 2. *Arten:* → Kleinkraftrad , → Krafträder (Krad), Leichtkraftrad, Personenkraftwagen (Pkw), → Kraftomnibusse (KOM), → Lastkraftwagen (Lkw), Zugmaschinen, Sattelschlepper, Arbeitsmaschinen (vgl. Anlage XXIX zu § 20 IIIa Satz 4 StVZO (EG-Fahrzeugklassen). – 3. *Kostenrechnerische Erfassung und Verrechnung:* Kraftwagen und sonstige Kfz, die dem Betriebszweck zu dienen bestimmt sind, werden in der Buchführung in der Klasse 0 aktiviert und mit ihren Abschreibungen entsprechend der Nutzungsdauer in die Kostenrechnung übernommen. I.d.R. sind die Abschreibungen auf die Kostenbereiche Material, Verwaltung und Vertrieb zu verteilen.

Kraftfahrzeugbesteuerung – Sonderbelastung der im Straßenverkehr zugelassenen Kraftfahrzeuge (Kfz), aufgrund verkehrs-, energie- und umweltpolitischer Ziele erhoben. – 1. *Besteuerung der Kraftfahrzeuge selbst* durch → Kraftfahrzeugsteuer: Steuer auf die Haltung eines Kfz, Berechnung zunehmend an umweltpolitischen Zielen orientiert. – 2. *Besteuerung der für die Kfz benötigte Treibstoffe*: Bis 2006 → Mineralölsteuer (seit 1930 neben der Kfz-Steuer erhoben), ab 2006 dann Belastung der Treibstoffe als Energieerzeugnisse im Rahmen der → Energiesteuer. – 3. Bei der *Einkommen- und Lohnsteuer* stellt sich die Frage, inwieweit die Benutzung eines Kfz für private Zwecke für einen Unternehmer eine Entnahme bzw. für einen Arbeitnehmer einen geldwerten Vorteil darstellen kann und wie man diese Vorgänge ggf. in Geld bewertet: → Ein-Prozent-Regelung.

Kraftfahrzeugbrief – Zulassungsbescheinigung Teil II.

Kraftfahrzeugdichte – *Fahrzeugdichte;* Maßgröße für den örtlichen und zeitlichen Vergleich von Motorisierungsgraden: Zahl der Kfz (Pkw und/oder Lkw etc.) je Quadratkilometer, je Kilometer Straßenlänge oder je Einwohner.

Kraftfahrzeughaftpflichtversicherung → Kfz-Haftpflichtversicherung; → Kfz-Versicherung.

Kraftfahrzeughaftung – I. Haftung seitens des Halters: 1. Der → Halter des Kraftfahrzeuges unterliegt einer → Gefährdungshaftung gemäß der §§ 7 ff. StVG: Wenn beim Betrieb des Kraftfahrzeugs ein Mensch getötet, verletzt oder eine Sache beschädigt wird, hat er dem Verletzten den daraus entstehenden Schaden zu ersetzen. Durch die → Schadensrechtsreform auch Haftung für Insassen und auf → Schmerzensgeld (§ 11 StVG). – 2. *Höchstbeträge*: a) bei einer oder mehreren verletzten oder getöteten Personen grundsätzlich bis zu einem Betrag von insgesamt 5 Mio. Euro; b) bei Sachbeschädigung bis zu 1 Mio. Euro (§ 12 StVG); c) höhere Höchstbeträge bei Unfällen bei der Beförderung gefährlicher Güter (§ 12a StVG); d) keine Hochstbeträge bei Unfällen mit gepanzerten Gleiskettenfahrzeugen (§12b StVG). – 3. *Ausschluss* der Haftung: allg., wenn der Unfall durch → höhere Gewalt verursacht wird; bei Unfall unter Kraftfahrzeugen (§§ 7 II, 17 III StVG). – Vgl. auch → Ausschluss. Der Nachweis für diese Voraussetzungen obliegt dem Halter (aber: → Beweis des ersten Anscheins). – 4. *Sonderregelung* für die Haftung bei → Schwarzfahrt. – 5. Wird ein *Schaden durch mehrere Kraftfahrzeuge* verursacht, so hängt die Ersatzpflicht der Fahrzeughalter im Verhältnis zueinander und der Umfang des Ersatzes von den Umständen, v.a. davon ab, inwieweit der Schaden vorwiegend von dem einen oder anderen Teil verursacht ist (§ 17 I, II StVG). – 6. Bei → Mitverschulden des Verletzten gilt Entsprechendes (§ 9 StVG). – 7. *Verwirkung* der Schadensersatzansprüche, wenn der Ersatzberechtigte nicht spätestens binnen zweier Monate, nachdem er von dem Schaden und der Person des Ersatzpflichtigen Kenntnis erhalten hat, dem Ersatzpflichtigen den Unfall anzeigt. Anzeige nicht erforderlich, wenn der Ersatzpflichtige anderweitig Kenntnis von dem Unfall erhalten hat (§ 15 StVG). – 8. *Verjährung*: gemäß §§ 14 StVG, 195 BGB (→ Verjährung).

II. Haftung seitens des Führers: Der Führer eines Kraftfahrzeuges haftet wie der Halter, kann sich aber entlasten, wenn er den Nachweis erbringt, dass der Schaden nicht durch sein Verschulden verursacht ist (§ 18 StVG).

III. Weitere Haftungsregelung: Bei *Verschulden* haften Halter oder Führer der Höhe nach unbegrenzt wegen → unerlaubter Handlung (§§ 823 ff. BGB). Der Nachweis des Verschuldens obliegt hier dem Verletzten. – Vgl. auch → Beweis des ersten Anscheins.

Kraftfahrzeughalter → Halter eines Kraftfahrzeuges.

Kraftfahrzeugsteuer – aus steuerrechtswissenschaftlicher Sicht eine → Verkehrsteuer (der Kraftfahrzeugsteuer liegt i.d.R. die Anmeldung eines Kfz als Vorgang des öffentlichen Rechtsverkehrs zugrunde) bzw. aus finanzwissenschaftlicher Sicht eine Verbrauch- und Aufwandsteuer, die auf das Halten von Fahrzeugen erhoben wird. Die Kraftfahrzeugsteuer wird von der Landesfinanzverwaltung erhoben und fließt dem Land zu. – 1. *Rechtsgrundlagen:* (1) Kraftfahrzeugsteuergesetz i.d.F. der Bekanntmachung vom 26.9.2002 (BGBl. I 3818) m.spät.Änd.; (2) Kraftfahrzeugsteuer-Durchführungsverordnung i.d.F. der Bekanntmachung vom 26.9.2002 (BGBl. I 3856) m.spät. Änd. – 2. *Steuerbare Vorgänge:* bes. das Halten von Fahrzeugen (Kraftfahrzeuge und Kraftfahrzeuganhänger). Die *Steuerpflicht* beginnt mit der Zulassung und endet mit der Abmeldung des Fahrzeugs bei der Zulassungsbehörde. – 3. *Steuerbefreiungen* oder andere steuerliche Förderungsmaßnahmen, bes.: (1) wegen *Art der Nutzung*, z.B. Feuerlösch- und Krankentransportfahrzeuge sowie Zugmaschinen eines land- und forstwirtschaftlichen oder schaustellergewerblichen Betriebes (§ 3 KraftStG); (2) wegen Bedürftigkeit des Halters Steuerbefreiung oder -ermäßigung für hilflose, blinde oder außergewöhnlich gehbehinderte Personen (§ 3a KraftStG); (3) nach *technischen Merkmalen:* Befreiungen finden sich auch aufgrund umweltpolitischer Erwägungen, z.B. für Kfz, die bes. strenge Umweltauflagen einhalten; diese Befreiungen werden dann meist zeitlich befristet (z.B. für Kfz, die vor einem bestimmten Datum zugelassen werden), denn sie dienen dazu, der Praxis einen Anreiz zu einer schnellen Umstellung auf die strengeren Normen zu geben; (4) im Zuge von *Übergangsregelungen*: Bei der Umstellung der Kfz-Steuer auf eine $C0_2$-orientierte Bemessungsgrundlage wird die Kfz-Steuer für bestimmte Pkw, die in der Zeit zwischen November 2008 und Juni 2009 zugelassen wurden, ein Jahr lang nicht erhoben werden, und danach wird deren Kfz-Besteuerung allmählich bis 2013 auf das neue System umgestellt werden. – Weitere noch relevante Befreiungen: Für bes. partikelreduzierte Fahrzeuge mit Selbstzündungsmotor ist die Steuerbefreiung unter bestimmten Voraussetzunge befristet. Die Befreiung gilt für Fahrzeuge, die in der Zeit vom 1.1.2006 bis zum 31.12.2009 nachträglich verbessert werden (§ 3c KraftStG); für Fahrzeuge, die oft im „Huckepackverkehr" bei der Eisenbahn befördert wurden, kommt eine völlige oder teilweise *Rückerstattung* der Steuer in Frage (§ 4 KraftStG). Elektrofahrzeuge sind ab erstmaliger Zulassung fünf Jahre lang steuerfrei (§ 3d KraftStG). – 4. *Steuerberechnung: a) Parallelität zweier Systeme während einer Übergangszeit (2009-2013):* Die Steuerberechnung erfolgt während eines Übergangszeitraums nach unterschiedlichen Kriterien, je nach dem, ob das Fahrzeug ein vor dem 1.7.2009 zugelassenes Kfz ist oder nicht. Bei älteren Altfahrzeugen (Zulassung vor 5.11.2008) gilt das alte System unverändert weiter, bei zwischen dem 5.11.2008 und 1.7.2009 zugelassenen Altfahrzeugen erfolgt ab 2010 eine Günstigerprüfung, ob die Besteuerung nach den alten oder den neuen Regeln günstiger für den Halter ist. Ab 2013 soll eine Überführung der Altfahrzeuge ins neue System der Besteuerung erfolgen. – b) *Altfahrzeuge (Zulassung vor 1.7.2009):* → Bemessungsgrundlage ist bei Fahrzeugen mit Hubkolbenmotoren der Hubraum, bei übrigen Fahrzeugen das zulässige Gesamtgewicht. Bei Pkw werden zusätzlich die Schadstoff- und Kohlendioxidemissionen, bei den übrigen Fahrzeugen über 3.500 kg werden die Schadstoff- und Geräuschemissionen mit berücksichtigt (§ 8 KraftStG). – c) Der Steuersatz beträgt jährlich für: (1) Krafträder, die durch Hubkolbenmotoren angetrieben werden, 1,84 Euro je abgefangene 25 ccm Hubraum; (2) Pkw mit Hubkolbenmotoren pro angefangene 100 ccm je nach Zulassungsdatum, Schadstoffausstoß und Motorart zwischen 6,75 Euro und 37,58 Euro; (3) andere Kraftfahrzeuge mit einem zulässigen Gesamtgewicht bis 3,5 t für jede angefangenen 200 kg zulässiges Gesamtgewicht zwischen 6,42 Euro und 40,00 Euro (Staffelsätze, mit steigendem Gesamtgewicht steigende Grenzsteuersätze); (4) für alle übrigen Kraftfahrzeuge mit einem zulässigen Gesamtgewicht über 3,5 t für je 200 kg je nach Gewicht, Schadstoffklasse, Geräuschklasse gestaffelte Werte, die jeweils allerdings auf Maximalwerte pro Fahrzeug begrenzt sind (Maximalwerte je nach Fahrzeugklasse 556 Euro, 914 Euro, 1.425 Euro oder 1.681 Euro); (5) für Kraftfahrzeuganhänger pro angefangene 200 kg Gesamtgewicht 7,46 Euro, maximal jedoch 373,24 Euro. Für mit Elektromotoren angetriebene Fahrzeuge ermäßigt sich die Steuer auf die Hälfte; (6) für ausländische Fahrzeuge beträgt die Steuer für jeden ganz oder teilweise im Inland zubegrachten Kalendertag zwischen 0,51 Euro und 3,07 Euro; (7) bei Oldtimer ist eine Jahressteuer von 46,02 Euro oder 191,73 Euro zu entrichten. – d) *Fahrzeuge, die ab dem 1.7.2009 zugelassen werden:* Die Höhe der Steuer richtet sich nach dem $C0_2$-Ausstoß des Fahrzeugs, der amtlich festgestellt wird, zzgl.

eines gewissen hubraumbezogenen Sockelbetrages. Der CO_2-bezogene Wert beträgt 2 Euro pro Gramm CO_2-Ausstoß je Fahrtkilometer; er belastet aber nur den CO_2-Ausstoß, der über einen gewissen Freibetrag hinausgeht (momentan 120g/km). Dieser Freibetrag wird in Zukunft weiter gesenkt werden; hiermit soll der Industrie ein Anreiz gegeben werden, den Schadstoffausstoß der Fahrzeuge immer weiter zu reduzieren; deshalb gilt die Senkung der steuerfrei belassenen Menge jeweils auch nur für neu zugelassene Fahrzeuge. Der hubraumbezogene Sockelbetrag beläuft sich auf 2 Euro je angefangene 100 cm^3 für Pkw mit Fremdzündungsmotor (Otto und auch Wankel) und 9,50 Euro je angefangene 100 cm^3 für Pkw mit Selbstzündungsmotor (Diesel und auch Elsbett). – 5. *Steuerschuldner:* i.d.R. die Person, für die ein Fahrzeug zugelassen ist. – 6. *Verfahren:* Der Halter hat der Zulassungsbehörde eine ggf. mit der Fahrzeuganmeldung identische *Steuererklärung* abzugeben. Das zuständige Finanzamt setzt die Kraftfahrzeugsteuer durch *Steuerbescheid* jährlich im Voraus fest. – 7. Steuergläubiger, Verwaltungshoheit: Seit 2009 fließt das Steueraufkommen aus der Kfz-Steuer nicht mehr wie früher den Ländern, sondern dem Bund zu; dieser übernimmt auch die Verwaltung (dafür Grundgesetz geändert und Art. 106b GG neu eingefügt). – 8. *Aufkommen:* 7,3 Mrd. Euro (2007), 8,9 Mrd. Euro (2006), 7.335,6 Mio. Euro (2003), 7.591,9 Mio. Euro (2002), 8.376,1 Mio. Euro (2001), 7.015 Mio. Euro (2000), 7.058,6 Mio. Euro (1995), 4.306,3 Mio. Euro (1990), 3.758 Mio. Euro (1985), 3.367 Mio. Euro (1980), 2.711 Mio. Euro (1975), 1.958 Mio. Euro (1970), 1.342 Mio. Euro (1965), 754 Mio. Euro (1960), 372 Mio. Euro (1955), 178 Mio. Euro (1950).

Kraftfahrzeugversicherung → Kfz-Versicherung.

Kraftloserklärung von Wertpapieren – 1. Kraftloserklärung von Wertpapieren durch → Aufgebotsverfahren nach §§ 466 ff. FamFG, d.h. durch Ausschließungsbeschluss (§ 478 FamFG), v.a. bei abhanden gekommenen Wertpapieren. Beispiele: § 72 AktG; Art. 90 WG; Art. 59 ScheckG; → kaufmännische Orderpapiere. Die für kraftlos erklärte Urkunde legitimiert dann nicht mehr, auch gutgläubige Erwerber sind nicht mehr geschützt. – 2. Kraftloserklärung von → Aktien, durch die AG a) im Fall der → Kaduzierung (die AG gibt anstelle der alten Urkunde eine neue aus); b) im Fall der → Kapitalherabsetzung bei den trotz Aufforderung nicht zu Umtausch, Abstempelung oder dergleichen eingereichten Aktien (§ 226 AktG); c) bei Aktien, deren Inhalt unrichtig geworden ist (§ 73 AktG).

Kraftomnibusse (KOM)→ Kraftfahrzeuge (Kfz), die nach ihrer Bauart und Einrichtung zur Personenbeförderung bestimmt sind und mehr als acht Sitzplätze haben. Kraftomnibusse sind mit einem → Fahrtschreiber auszurüsten (§ 57a StVZO). Erforderliche Fahrerlaubnis D und D1 (§ 6 der Fahrerlaubnis-Verordnung). – Vgl. auch → Personenbeförderung.

Kraftrad (Krad) – ein durch Maschinenkraft bewegtes, nicht an Gleise gebundenes, auf nicht mehr als zwei Rädern laufendes Landfahrzeug (auch mit Beiwagen) mit einem Hubraum von mehr als 50 ccm oder mit einer durch die Bauart bestimmten Höchstgeschwindigkeit von mehr als 45 km/h (vgl. § 2 Nr.9 der Fahrzeug-Zulassungsverordnung). Lenkung eines Krads erfordert → Fahrerlaubnis der Klasse A (§ 6 der Fahrerlaubnisverordnung). – Vgl. auch → Kraftfahrzeug (Kfz), → Kleinkraftrad, → Leichtkraftrad.

Kraftwagendichte → Kraftfahrzeugdichte.

Kraft-Wärme-Kopplung – 1. *Allgemein*: Kraft-Wärme-Kopplung (KWK) ist ein Sammelbegriff für die gekoppelte Erzeugung von Strom und Wärme in einer Anlage. Im Vergleich zu konventionellen Kraftwerken für die reine Stromerzeugung, in denen die anfallende Wärme nicht ausgenutzt wird, bietet die KWK erhebliche Effizienzverbesserungen. Es bestehen diverse Techniken zur gekoppelten Erzeugung mit diversen Anwendungsbereichen, die sich u.a. nach Temperatur und Anlagengröße unterscheiden. Zentralisierte KWK-Anlagen werden in Verbindung mit Fern- oder Nahwärmenetzen zur Wärmeversorgung (bspw. von größeren Siedlungsgebieten) eingesetzt, wohingegen kleinere Mini- oder Mikro-KWK-Anlagen für einzelne Gebäude geeignet sind. – 2. *Gesetzliche Grundlagen*: Nach dem Gesetz für die Erhaltung, die Modernisierung und den Ausbau der Kraft-Wärme-Kopplung (Kraft-Wärme-Kopplungs-Gesetz – KWKG) vom 19.3.2002, zuletzt geänd. durch Gesetz vom 12.7.2012 (BGBl. I S. 1494) ist es Zweck des Gesetzes, im Interesse der Energieeinsparung, des Umweltschutzes und der Erreichung der Klimaschutzziele der Bundesregierung einen Beitrag zur Erhöhung der Stromerzeugung aus Kraft-Wärme- Kopplung in der Bundesrepublik Deutschland auf 25 Prozent bis zum Jahr 2020 durch die Förderung der Modernisierung und des Neubaus von Kraft-Wärme-Kopplungsanlagen (KWK-Anlagen), die Unterstützung der Markteinführung der Brennstoffzelle und die Förderung des Neu- und Ausbaus von Wärme- und Kältenetzen sowie des Neu- und Ausbaus von Wärme- und Kältespeichern, in die Wärme oder Kälte aus KWK-Anlagen eingespeist wird, zu leisten (§ 1KWKG). – 3. *Begriff*: Kraft-Wärme-Kopplung ist die gleichzeitige Umwandlung von eingesetzter Energie in elektrische Energie und in Nutzwärme in einer ortsfesten technischen Anlage. Als ortsfest gilt auch eine Anlage, die zur Erzielung einer höheren Auslastung für eine abwechselnde Nutzung an zwei Standorten errichtet worden ist. Kraft-Wärme-Kälte-Kopplung (KWKK) im Sinne dieses Gesetzes ist die Umwandlung von Nutzwärme aus KWK in Nutzkältedurch thermisch angetriebene Kältemaschinen. Bei thermisch angetriebenen Kältemaschinen wird Wärme auf einem hohen Temperaturniveau (z.B. Wasserdampf, Heißwasser, Warmwasser) gezielt zum Antrieb eines Prozesses oder mehrerer Prozesse zur

Kälteerzeugung eingesetzt. – 4. *KWK-Anlagen i.S.d. Kraft-Wärme-Kopplungs-Gesetzes* sind Feuerungsanlagen mit Dampfturbinen-Anlagen (Gegendruckanlagen, Entnahme- und Anzapfkondensationsanlagen) oder Dampfmotoren, Gasturbinen-Anlagen (mit Abhitzekessel oder mit Abhitzekessel und Dampfturbinen-Anlage), Verbrennungsmotoren-Anlagen, Stirling-Motoren, ORC (Organic Rankine Cycle)-Anlagen sowie Brennstoffzellen-Anlagen, in denen Strom und Nutzwärme erzeugt werden. Bei KWKK-Anlagen werden die KWK-Anlagen durch eine thermisch angetriebene Kältemaschine ergänzt (§ 2 KWKG).

Kraft-Wärme-Kopplungsgesetz – Das Gesetz für die Erhaltung, die Modernisierung und den Ausbau der → Kraft-Wärme-Kopplung – Kraft-Wärme-Kopplungsgesetz (KWKG) – vom 19.3.2002 (BGBl. I S. 1092) m.spät. Änd. legt die energiepolitischen Rahmenbedingungen für die Förderung von Strom aus KWK-Anlagen in Deutschland fest. Es ist die nationale Umsetzung der Europäischen Richtlinie 2004/8/EC zur Förderung von gekoppelter Strom- und Wärmeerzeugung. Es hat seinen Vorgänger, das Gesetz zum Schutz der Stromerzeugung aus KWK, ersetzt und wurde 2009 und 2012 novelliert. Wichtige Bestandteile des KWKG sind die Vergütung des in KWK-Anlagen erzeugten Stroms sowie die Förderung von (dem Ausbau von) Nah- und Fernwärmenetzen.

Krankenbehandlung – Leistung der gesetzlichen Krankenversicherung (§§ 27–52 SGB V) sowie der gesetzlichen Unfallversicherung, dort als sog. Heilbehandlung (§§ 27 ff. SGB VII). – *Gewährung*, wenn und solange eine Linderung der Beschwerden erreichbar ist, also auch bei unheilbaren Leiden zum Zweck der Erleichterung von Schmerzen. – Die Krankenbehandlung umfasst: ärztliche Behandlung, Versorgung mit Arzneien und anderen Heilmitteln, Ausstattung mit Körperersatzstücken, orthopädischen und anderen Hilfsmitteln und Gewährung von Pflege (→ häusliche Krankenpflege, → Anstaltspflege).

Krankengeld – I. Gesetzliche Krankenversicherung: auch → Ersatzkasse oder Privatkasse (→ Privatversicherung): 1. *Berechtigte:* Versicherte, die infolge von → Krankheit arbeitsunfähig sind; dies bescheinigt der behandelnde Vertragsarzt dem Versicherten. Krankengeld wird nur gewährt, wenn der Arbeitnehmer während der Arbeitsunfähigkeit keinen Lohn oder Gehalt vom Arbeitgeber erhält, als Ersatz für den Entgeltausfall. Wegen derselben Krankheit wird Krankengeld für längstens 78 Wochen gewährt. – 2. Krankengeld auch für längstens zehn Arbeitstage an Versicherte, wenn sie wegen der Beaufsichtigung, Betreuung oder Pflege eines erkrankten Kindes unter zwölf Jahren ihrer Arbeit fernbleiben müssen und dadurch einen Verdienstausfall erleiden; für Alleinerziehende besteht der Anspruch für längstens 20 Arbeitstage. Höchstdauer je Kalenderjahr 25 Arbeitstage bzw. für Alleinerziehende 50 Arbeitstage (§ 45 SGB V). – 3. *Höhe:* Krankengeld beträgt 70 Prozent des wegen Arbeitsunfähigkeit entgangenen regelmäßigen Arbeitsentgelts, soweit es der Beitragsberechnung unterliegt; darf aber 90 Prozent des Nettoarbeitsentgelts nicht überschreiten. Krankengeld wird für Kalendertage gezahlt (§ 47 V SGB V). – 4. *Dauer:* Krankengeld wird von dem Tage an gewährt, an dem die → Arbeitsunfähigkeit vom Arzt festgestellt wird, in allen übrigen Fällen von dem darauf folgenden Tag an. Der Anspruch auf Lohn- oder Gehaltsfortzahlung gegen den Arbeitgeber ist vorrangig. Krankengeld wird bei Arbeitsunfähigkeit wegen derselben Krankheit für höchstens 78 Wochen innerhalb von je drei Jahren gezahlt. Tritt während der Arbeitsunfähigkeit eine weitere Krankheit hinzu, so wird die Leistungsdauer dadurch nicht verlängert. Ist der Versicherte wieder arbeitsfähig und wird er wegen einer neuen Krankheit arbeitsunfähig, so hat er wiederum Anspruch auf Krankengeld für längstens 78 Wochen. – Der Anspruch auf Krankengeld endet, wenn dem Versicherten Rente wegen voller Erwerbsminderung (→ Rente wegen Erwerbsminderung) oder Vollrente wegen Alters (→ Altersrente) zugebilligt wird. – 5. Eine Rente wegen teilweiser Erwerbsminderung wird auf das Krankengeld *angerechnet*. – 6. Ist nach ärztlichem Gutachten der Versicherte als erwerbsunfähig anzusehen, so kann ihm die Kasse eine Frist von zehn Wochen setzen, innerhalb derer er einen Antrag auf Maßnahmen zur → Rehabilitation bei einem Träger der gesetzlichen Rentenversicherung zu stellen hat. Stellt er den Antrag innerhalb der Frist nicht, entfällt der Anspruch auf Krankengeld nach Ablauf der Frist (§ 51 SGB V). Entsprechendes gilt für Versicherte bei Vollendung des 65. Lebensjahres, die die Voraussetzungen für den Bezug der Regelaltersrente erfüllen. – 7. Der Anspruch auf Krankengeld *ruht,* solange v.a. Übergangsgeld, Verletztengeld, Versorgungskrankengeld, Arbeitslosengeld, Arbeitslosengeld II, Unterhaltsgeld, Kurzarbeitergeld oder Saison-Kurzarbeitergeld bzw. Wintergeld gewährt werden (§ 49 SGB V).

II. Gesetzliche Unfallversicherung: → Verletztengeld.

Krankenhaus – 1. *Begriff:* Einrichtung, in der durch jederzeit verfügbare ärztliche und pflegerische Hilfeleistungen Krankheiten, Leiden oder Verletzungen durch Unfallschäden festgestellt, geheilt oder gelindert werden sollen oder Geburtshilfe geleistet wird und in der die zu versorgenden Patienten untergebracht und verpflegt werden. Die medizinisch-technische Ausstattung ist an den Bedarf der Patienten anzupassen. Krankenhäuser sind Leistungserbringer der → sozialen Sicherung und des → Gesundheitswesens. – 2. *Aufgaben:* In Krankenhäusern werden überwiegend stationäre Behandlungen durchgeführt. In Zukunft werden Krankenhäuser als Folge des Gesundheitsstrukturgesetzes (von 1992) vermehrt auch Leistungen im teil-, vor- und nachstationären Bereich sowie ambulante Leistungen erbringen. – 3. Die *Krankenhausträger* sind in Deutschland schwerpunktmäßig öffentlich-rechtliche und freigemeinnützige Institutionen. Relativ unbedeutend sind private Krankenhausträger, wobei freigemeinnützige und öffentlich-rechtliche Träger sich z.T. auch einer privatwirtschaftlichen Rechtsform zur Betreibung von Krankenhäusern bedienen. – 4. Die Krankenhausträger betreiben ihre Krankenhäuser nach Maßgabe der *Vorgaben der staatlichen Krankenhausplanung*. Diese erfolgt in den einzelnen Bundesländern. Für die einzelnen Krankenhäuser werden *Versorgungsaufträge* festgeschrieben, die bes. die Zahl der Fachabteilungen und die jeweilige Bettenzahl bestimmen. Die *Höhe der Entgelte* für Krankenhausbehandlung sowie eine Vielzahl weiterer Regelungen zur konkreten Krankenhausbehandlung werden darüber hinaus zwischen den Krankenhausträgern und den Krankenkassen ausgehandelt. – 5. Die *Finanzierung der Krankenhäuser* erfolgt in Deutschland nach dem *dualen Prinzip*, bei dem Investitions- und Betriebskosten unterschieden werden. Die *Investitionskosten* werden durch öffentliche Fördermittel finanziert. Die laufenden *Betriebskosten*, d.h. die Personalkosten und der Sachmitteleinsatz werden von den Krankenversicherungen gezahlt. Die Abrechnung basierte bis 2003 i.d.R. auf *tagesgleichen Pflegesätzen*, die seit 2004 nur noch für psychiatrische Einrichtungen u.ä. gelten. Für die übrigen Einrichtungen erfolgte zunächst eine budgetneutrale Umstellung auf *diagnose-spezifische Fallpauschalen* (Diagnosis-related groups, DRG), die langfristig in landeseinheitliche *Basisfallwerte* münden sollen. – 6. Das Gesundheitsstrukturgesetz strebte eine *Budgetierung* an, die für die Entwicklung der Gesamtkosten, die mit der gesetzlichen → Krankenversicherung (GKV) abgerechnet werden können, Obergrenzen vorgibt.

Krankenhausbehandlung – I. Gesetzliche Krankenversicherung: 1. *Rechtsanspruch* auf zeitlich unbegrenzte Leistung, wenn dies erforderlich ist, um die Krankheit zu erkennen oder zu behandeln oder Krankheitsbeschwerden zu lindern (§ 39 SGB V). Für mitversicherte Familienangehörige Krankenhausbehandlung wie für den Versicherten. – 2. In der Verordnung von Krankenhausbehandlung sind im Regelfall die beiden nächst erreichbaren geeigneten Krankenhäuser für die vorgesehene Behandlung anzugeben (§ 73 IV SGB V). Wird ohne zwingenden Grund ein anderes als ein solches nächsterreichbares Krankenhaus gewählt, hat der Versicherte die Mehrkosten zu tragen (§ 39 II SGB V). – *Zuzahlungen* des Versicherten (außer Kinder bis zum 18. Lebensjahr) sind in Höhe von 10 Euro täglich für höchstens 28 Tage pro Kalenderjahr unter Beachtung der Belastungsgrenzen nach Maßgabe von § 62 SGB V zu leisten.

II. Unfallversicherung: Über die Bewilligung von Krankenhausbehandlung bzw. die Notwendigkeit hierfür entscheidet der → Durchgangsarzt.

III. Kriegsopferversorgung: Nach § 11 I Nr. 5 BVG Teil der nach dem Bundesversorgungsgesetz (BVG) zu gewährenden Heilbehandlung.

Krankenhaustagegeldversicherung – 1. *Begriff:* Versicherungsform, deren Versicherungsschutz darin besteht, für jeden Tag (auch bei Sonn- und Feiertagen), den sich der → Versicherte im Krankenhaus aufhalten muss, einen vereinbarten Geldbetrag zu leisten. Hierzu ist kein Kostennachweis erforderlich und das ausgezahlte Geld ist steuerfrei. – 2. *Ziel:* Mit der Krankenhaustagegeldversicherung lassen sich zusätzliche Kosten, die durch den Aufenthalt im Krankenhaus entstehen, abdecken. So können z.B. die in der gesetzlichen Krankenversicherung (GKV) geltenden Zuzahlungen beglichen werden. Bes. interessant ist eine Krankenhaustagegeldversicherung für Selbstständige und Freiberufler, die damit bei einem Krankenhausaufenthalt die weiterlaufenden Fixkosten im Büro bzw. in der Praxis ausgleichen oder eine Ersatzkraft für den Betrieb finanzieren können. Die Krankenhaustagegeldversicherung ist nicht zweckgebunden. – 3. *Details:* Die Höhe des Krankentagegeldes hängt unternehmensindividuell von den Tarifbedingungen ab. Einzelheiten sind in den Musterbedingungen 2009 für die Krankentagegeldversicherung (MB/KT 2009) geregelt. – 4. *Bedeutung:* Die Krankenhaustagegeldversicherung wird i.d.R. als Zusatzversicherung zu einem bestehenden privaten oder gesetzlichen Krankenversicherungsschutz abgeschlossen.

Krankenhilfe – 1. *Gesetzliche Krankenversicherung:* Sammelbegriff für die im Fall der → Krankheit zu gewährenden Leistungen der → Krankenkasse (§ 27 SGB V). Die Krankenhilfe umfasst alle Arten von Leistungen, die die Krankenkassen gewähren müssen oder dürfen; das sind: (1) ärztliche und zahnärztliche Behandlung, Versorgung mit Arznei-, Verband-, Heilmitteln und Brillen, Körperersatzstücke, orthopädische und andere Hilfsmittel, Zuschüsse zu den Kosten für Zahnersatz und Zahnkronen, häusliche Krankenpflege, Belastungserprobung und Arbeitstherapie; (2) Krankengeld; (3) Krankenhauspflege; (4) häusliche Krankenpflege; (5) Haushaltshilfe; (6) Zuschüsse zu den Kosten für medizinische Rehabilitation und andere Maßnahmen; (7) sonstige Hilfen. – Auf diese Leistungen haben die Versicherten einen *Rechtsanspruch*, soweit diese gesetzlich vorgeschrieben oder satzungsgemäß vorgesehen sind. – 2. *Sozialhilfe* (§§ 48 ff. SGB XII): ärztliche und zahnärztliche Behandlung, Versorgung mit Arzneimitteln, Verbandsmitteln und Zahnersatz, Krankenhausbehandlung sowie sonstige zur Genesung, Besserung oder Linderung der Krankheitsfolgen erforderliche Leistungen und Hilfe bei Schwangerschaft oder bei Sterilisation. – Auf die Gewährung dieser Hilfe hat der Kranke einen *Rechtsanspruch*.

Krankenkasse – 1. *Begriff und Merkmale:* Träger der → gesetzlichen Krankenversicherung (GKV), in Deutschland in der Form von öffentlich-rechtlichen

Körperschaften geführt, die aufgrund des → SGB V tätig werden und Leistungen der GKV über Verträge mit Leistungserbringern organisieren und finanzieren. Die Krankenkassen sind organisatorisch und finanziell unabhängig und unterstehen der Aufsicht von Bund oder Ländern. – 2. *Gliederung:* Die GKV ist in Deutschland durch eine Vielzahl von einzelnen Krankenkassen gekennzeichnet. Daher lassen sich die Krankenkassen verschiedenen Kassenarten zuordnen, das sind insbesondere → Allgemeine Ortskrankenkassen (AOK), → Betriebskrankenkassen (BKK), → Innungskrankenkassen (IKK), → landwirtschaftliche Krankenkassen (LKK) und → Ersatzkassen (EK); außerdem gibt es die → Deutsche Rentenversicherung Knappschaft-Bahn-See (KBS). Dieses „gegliederte System" der Krankenversicherung ist historisch gewachsen und hat sich bereits gegen Ende des 19. Jahrhunderts herausgebildet, wobei die Gliederung ein politisch befürwortetes Grundprinzip der GKV darstellt. Die traditionelle Zuweisung der Mitglieder zu den einzelnen Krankenkassen wurde mit dem Gesundheitsstrukturgesetz von 1992 zugunsten weitgehender Kassenwahlmöglichkeiten abgeschafft. Unter dem Wettbewerb verlieren die kassenartenspezifischen Merkmale an Bedeutung. – 3. *Organe:* Organe der Krankenkassen sind der (ehrenamtliche) Verwaltungsrat und der von ihm für sechs Jahre gewählte (hauptberufliche) Vorstand. Der Verwaltungsrat wird im Rahmen der Sozialwahlen ebenfalls für sechs Jahre gewählt. Bei AOK, BKK und IKK ist er paritätisch von Arbeitgeber- und Versichertenvertretern besetzt, bei EK nur aus Versichertenvertretern; der Verwaltungsrat der LKK besteht aus Vertretern der selbstständigen Landwirte. Bei der KBS sind die Organe – (ehrenamtliche) Vertreterversammlung und Vorstand sowie eine hauptamtliche Geschäftsführung – auch für die Rentenversicherung zuständig. – 4. *Leistungen:* Die Krankenkassen stellen den → Versicherten Leistungen zur Verfügung, soweit diese nicht der Eigenverantwortung der Versicherten obliegen. Dabei haben Qualität und Wirksamkeit der Leistungen dem allgemein anerkannten Stand der medizinischen Erkenntnisse zu entsprechen und den medizinischen Fortschritt zu berücksichtigen. Die Versicherten erhalten die Leistungen als Sach- und Dienstleistungen (→ Sachleistungsprinzip), soweit gesetzlich nichts anderes vorgesehen ist. Dies bedeutet, dass die Leistungen, anders als in der privaten Krankenversicherung (PKV), nicht zunächst vom Versicherten bezahlt und dann vom Versicherungsunternehmen erstattet werden (→ Kostenerstattungsprinzip). Regelmäßig können die Leistungen nach Vorlage der → Krankenversichertenkarte in Anspruch genommen werden. Über die Erbringung der Sach- und Dienstleistungen schließen die Krankenkassen Verträge mit den Leistungserbringern ab. Krankenkassen, Leistungserbringer und Versicherte haben darauf zu achten, dass die Leistungen wirksam und wirtschaftlich erbracht und nur im notwendigen Umfang in Anspruch genommen werden. Leistungen, die nicht notwendig oder unwirtschaftlich sind, können Versicherte nicht beanspruchen, dürfen die Leistungserbringer (in der Hauptsache Ärzte und Zahnärzte) nicht bewirken und Krankenkassen nicht bewilligen. Lange Zeit waren die Leistungen allein auf das Vorliegen einer Krankheit ausgerichtet. In heutiger Zeit hingegen können bestimmte Leistungen im Rahmen der → Prävention bereits dann in Anspruch genommen werden, wenn Risiken zum Erkranken erkennbar werden. Daneben werden Leistungen nicht nur im Zusammenhang mit einer Erkrankung, sondern auch bei Vorliegen einer Schwangerschaft oder Mutterschaft erbracht. Die Leistungen der gesetzlichen Krankenkassen sind heute zum größten Teil (ca. 95 %) im SGB V festgeschrieben. Sind die spezifischen Leistungsvoraussetzungen erfüllt, besteht auf die Leistungen regelmäßig ein Rechtsanspruch. Die Leistungen lassen sich im Wesentlichen unterteilen in: – a) Leistungen zur Verhütung von Krankheiten und ihrer Verschlimmerung sowie zur Empfängnisverhütung, bei Sterilisation und bei Schwangerschaftsabbruch. Dazu zählen Prävention und Selbsthilfe, betriebliche Gesundheitsförderung, Prävention arbeitsbedingter Gesundheitsgefahren, Förderung der Selbsthilfe, primäre Prävention durch Schutzimpfungen, Gruppen- und Individualprophylaxe zur Verhütung von Zahnerkrankungen, medizinische Vorsorgeleistungen, Empfängnisverhütung, Sterilisation und Schwangerschaftsabbruch. – b) Leistungen zur Früherkennung von Krankheiten. Dazu zählen Gesundheitsuntersuchungen und Kinderuntersuchungen. – c) Leistungen zur Behandlung einer Krankheit. Dazu gehört sowohl die Krankenbehandlung als auch das Krankengeld. Ein Anspruch auf Krankenbehandlung besteht, wenn sie notwendig ist, um eine Krankheit zu erkennen, zu heilen, ihre Verschlimmerung zu verhüten oder Krankheitsbeschwerden zu lindern. Die Leistungen der Krankenbehandlung umfassen: Ärztliche Behandlung einschließlich Psychotherapie, zahnärztliche Behandlung, Versorgung mit Zahnersatz einschließlich Zahnkronen und Suprakonstruktionen, Versorgung mit Arznei-, Verband-, Heil- und Hilfsmitteln, häusliche Krankenpflege und Haushaltshilfe, Krankenhausbehandlung, Leistungen zur medizinischen Rehabilitation und ergänzende Leistungen. Zur Krankenbehandlung gehören auch Leistungen zur Herstellung der Zeugungs- oder Empfängnisfähigkeit, wenn diese Fähigkeit nicht vorhanden war oder durch Krankheit oder wegen einer durch Krankheit erforderlichen Sterilisation verloren gegangen war. Neben den Leistungen der Krankenbehandlung kann zur Sicherung der wirtschaftlichen Existenzgrundlage → Krankengeld gezahlt werden. Unabhängig von einer vorliegenden oder drohenden Erkrankung werden Leistungen auch bei Schwangerschaft und Mutterschaft erbracht. Diese finden ihre Grundlage jedoch nicht im SGB V, sondern in der → Reichsversicherungsordnung (RVO). Die Leistungen umfassen ärztliche Betreuung und Hebammenhilfe, Versorgung mit Arznei-, Verband- und Heilmitteln, stationäre Entbindung, häusliche Pflege, Haushaltshilfe und Mutterschaftsgeld. – 5. *Entwicklungen:* a) Die Zahl der Krankenkassen hat sich von 1.200 Anfang der 1990er-Jahre auf nunmehr 144 (Stand: Oktober 2012) reduziert, insbesondere aufgrund von Fusionen unter dem Druck des Wettbewerbs – Tendenz weiter abnehmend. Seit April 2007 sind kassenartenübergreifende Fusionen zulässig. – b) Rund 90 % der Bundesbürger sind bei einer Krankenkasse versichert, davon 50 Mio. als beitragszahlende Mitglieder und 20 Mio. als familienversicherte Personen. – c) Auf die AOK und die EK entfallen jeweils mehr als ein Drittel der Versicherten. Der „Marktanteil" der BKK liegt derzeit bei rund 20 %, der der IKK bei 7 %. Daneben weist die GKV noch einige Sondersysteme für Seeleute, Landwirte und Bergleute auf, deren Versicherungsträger die LKK und die KBS sind. – d) Grundsätzlich ist jede Krankenkasse von jedem Versicherten frei wählbar, und es besteht ein sog. → Kontrahierungszwang, d.h. die Krankenkasse muss den Versicherten unabhängig von dessen Gesundheitszustand aufnehmen. – e) Mit dem GKV-Wettbewerbsstärkungsgesetz 2007 wurde die Beschränkung, dass Krankenkassen nur innerhalb ihrer Kassenart fusionieren dürfen, mit Wirkung ab dem 1.4.2007 aufgehoben. Gleichzeitig wurde ein Spitzenverband Bund der Krankenkassen geschaffen, der seit dem 1.7.2008 die Aufgaben der bisherigen Spitzenverbände übernimmt. – f) Auch greift der Gesetzgeber in die Finanzautonomie der Krankenkassen ein, da er mit Einführung des Gesundheitsfonds seit dem 1.1.2009 den Beitragssatz gesetzlich fixiert. – 6. *Abgrenzungen:* Private Krankenversicherungsunternehmen als die Träger der PKV werden als Aktiengesellschaften (AG) oder → Versicherungsvereine auf Gegenseitigkeit (VVaG) tätig. Im Rahmen der Zusatzversicherung für gesetzlich Krankenversicherte bestehen seit 2004 (Inkrafttreten von § 194 Ia SGB V) zahlreiche Kooperationen zwischen Krankenkassen und privaten Krankenversicherungsunternehmen.

Krankenkassen – Die gesetzliche → Krankenversicherung wird von 134 Krankenkassen (Stand 1.1.2013) mit ca. 70 Mio. Mitgliedern durchgeführt, die nach regionalen, betrieblichen und berufsbezogenen Kriterien entstanden sind. Wegen des weitgehend verwirklichten → Krankenkassenwahlrechts der in der gesetzlichen Krankenversicherung Versicherten (§§ 173 ff. SGB V) ist bes. die Berufsbezogenheit weitgehend im Abbau begriffen. Krankenkassen sind rechtsfähige Körperschaften des öffentlichen Rechts mit eigener Selbstverwaltung. – Die gesetzliche Krankenversicherung kennt folgende *Kassenarten* (§ 4 SGB V): (1) *Primärkassen:* Allgemeine Ortskrankenkassen, Betriebskrankenkassen, Innungskrankenkassen, die See-Krankenkasse, Landwirtschaftliche Krankenkassen und die Deutsche Rentenversicherung Knappschaft-Bahn-See als Träger der knappschaftlichen Krankenversicherung. (2) → Ersatzkassen, entstanden als alternative Träger zu den ursprünglich berufsständisch gegliederten Primärkassen. – Bes. bei den Primärkassen hat es seit Inkrafttreten des Gesundheitsreform-Gesetzes vom 20.12.1988 (BGBl. I 2477), durch das die Rechtsstellung der Krankenkassen weitgehend aneinander angeglichen worden ist, einen erheblichen Konzentrationsprozess gegeben, ausgelöst auch durch den seit 1996 eröffneten Wettbewerb der Krankenkassen untereinander (→ Gesundheitsreform). Die Anzahl der Krankenkassen hat sich vor diesem Hintergrund von 1990 (1.147) bis 2012 (145) stark reduziert.

Krankenkassenbeiträge des Arbeitgebers zur Sozialversicherung der Arbeitnehmer → Arbeitgeberanteil.

Krankenkassenwahlrecht – Recht der in einer gesetzlichen → Krankenkasse Pflichtversicherten und freiwillig Versicherten (Versicherungsberechtigten) die Krankenkasse, bei der sie Mitglied sein wollen, selbst zu wählen. – 1. *Inhalt:* Versicherungspflichtige und Versicherungsberechtigte können bei der Aufnahme einer Beschäftigung wählen: (1) die Ortskrankenkasse des Beschäftigungs- oder Wohnorts; (2) die Ersatzkasse, deren Zuständigkeit sich nach der Satzung auf den Beschäftigungs- oder Wohnort erstreckt; (3) jede Betriebs- oder Innungskrankenkasse, wenn sie in dem Betrieb beschäftigt sind, für den die Betriebs- oder Innungskrankenkasse besteht; (4) die Betriebs- oder Innungskrankenkasse, wenn die Satzung dies vorsieht (sog. Öffnungsklausel); (5) die Krankenkasse, bei der vor Beginn der Versicherungspflicht der Versicherungsberechtigung zuletzt eine Mitgliedschaft oder eine (Familien-)Versicherung nach § 10 SGB V bestanden hat; (6) die Krankenkasse, bei der der Ehegatte versichert ist; (7) die Deutsche Renteversicherung Knappschaft-Bahn-See als Trägerin der gesetzlichen Krankenversicherung. – Studenten können zusätzlich die Ortskrankenkasse oder jede Ersatzkasse an dem Ort wählen, in dem die Hochschule ihren Sitz hat. – Bestimmte Personengruppen (versicherungspflichtige Jugendliche; Teilnehmer an berufsfördernden Maßnahmen; behinderte Menschen und nach § 5 I 11 und 12 oder nach § 9 SGB V versicherte Rentner) können zusätzlich die Krankenkasse wählen, bei der ein Elternteil versichert ist. Versicherte Rentner können auch die Betriebs- oder Innungskrankenkasse wählen, wenn sie in dem Betrieb beschäftigt gewesen sind, für den die Betriebs- oder Innungskrankenkasse besteht. – Familienversicherte nach § 10 SGB V sind dagegen bei der Krankenkasse versichert, die das Mitglied gewählt hat. – 2. *Verfahren:* Die Ausübung des Wahlrechts ist gegenüber der gewählten Krankenkasse zu erklären. Diese darf die Mitgliedschaft nicht ablehnen (§ 175 I SGB V). Die gewählte Krankenkasse hat nach Ausübung des Krankenkassenwahlrechts unverzüglich eine Mitgliedsbescheinigung auszustellen. – Das Wahlrecht Versicherungspflichtiger ist spätestens zwei Wochen nach Eintritt der Versicherungspflicht auszuüben. Wird das Wahlrecht nicht ausgeübt, hat die zur Meldung verpflichtete Stelle (z.B. der Arbeitgeber) den Versicherungspflichtigen bei der Kasse anzumelden, bei der zuletzt eine Versicherung bestand. Bestand zuvor keine Versicherung, übt die zur Meldung verpflichtete Stelle (z.B. der Arbeitgeber) das Wahlrecht aus und unterrichtet den Versicherungspflichtigen. – 3. *Wirkung*: Der Versicherungspflichtige ist an die Wahl der Krankenkasse mind. 18 Monate gebunden. Im Fall einer Beitragserhöhung ist die Kündigung auch früher möglich, und zwar mit einer Frist von einem Monat zum Ende des auf den Tag des Inkrafttretens der Beitragserhöhung folgenden Monats; im Übrigen ist die Kündigung der Mitgliedschaft mit einer Frist von drei Monaten zum Ende des Kalenderjahres möglich und wirksam, wenn innerhalb der Kündigungsfrist eine anderweitige Mitgliedschaft bei einer Krankenkasse durch eine Mitgliedsbescheinigung nachgewiesen wird. – Das Wahlrecht kann überdies jederzeit bei einem Wechsel des Arbeitgebers neu ausgeübt werden, ohne dass eine Kündigung erforderlich ist. – Freiwillig Versicherte können nach fristgemäßer Kündigung der bisherigen Krankenkasse die Mitgliedschaft bei einer anderen wählbaren Kasse begründen. Die Wahl der neuen Krankenkasse ist dem Arbeitgeber zu melden.

Krankenschein – frühere Form des Ausweises in der gesetzlichen Krankenversicherung über das Bestehen einer Mitgliedschaft in einer → Krankenkasse. Seit 1.1.1992 nahezu vollständig abgelöst durch die → Krankenversichertenkarte.

Krankentagegeldversicherung – 1. *Begriff*: private Verdienstausfallversicherung, die vor Einkommensverlusten bei krankheits- oder unfallbedingter Arbeitsunfähigkeit schützt. Die Krankentagegeldversicherung wird i.d.R. als → Zusatzversicherung zu einem bestehenden privaten oder gesetzlichen Krankenversicherungsschutz abgeschlossen. Im → Versicherungsfall wird für die Dauer einer Arbeitsunfähigkeit ein Krankentagegeld in vertraglichem Umfang gezahlt. – 2. *Details für Arbeitnehmer:* Arbeitnehmer können ein Krankentagegeld bis zur Höhe von 100 Prozent ihres Nettoeinkommens für die Zeit nach Ende der Gehaltsfortzahlung (i.d.R. sechs Wochen nach Krankheitsbeginn) versichern oder anderweitige Krankengeld- bzw. Krankentagegeldansprüche, z.B. in der gesetzlichen Krankenversicherung (GKV) (s. → Krankenversicherung), bis zur Höhe von 100 Prozent des Nettoeinkommens aufstocken. Ein höherer Versicherungsabschluss als 100 Prozent des Nettoeinkommens – auch in Kombination bei mehreren Versicherungsanbietern – ist verboten, um Missbrauch vorzubeugen. – 3. *Details für Selbstständige:* Bei Selbstständigen, die nicht zwangsläufig das Krankengeld bei einer gesetzlichen Krankenkasse versichert haben, ist die Verdienstausfallversicherung bis zur Höhe des Nettoeinkommens mit gestaffelten Karenzzeiten (z.B. ab dem 8., 15., 22. Tag der Arbeitsunfähigkeit usw.) möglich. Genauso wie bei der Krankentagegeldversicherung für Arbeitnehmer kann dabei eine automatische Anpassung des Versorgungsschutzes bei Einkommenssteigerungen (Dynamisierung des Krankentagegelds) tariflich vereinbart werden. – 4. *Zahlungshöchstdauer und Abgrenzung zur gesetzlichen Krankenversicherung:* In der privaten Krankentagegeldversicherung besteht grundsätzlich keine Zahlungshöchstdauer für das Krankentagegeld. I.d.R. ist die Leistungsdauer der Krankentagegeldtarife unbegrenzt, solange (vollständige) Arbeitsunfähigkeit besteht. In der gesetzlichen Krankenversicherung werden dagegen die Krankentagegeldzahlungen an den Versicherten eingestellt, wenn dieser innerhalb von drei Jahren länger als 78 Wochen (inkl. sechs Wochen Lohnfortzahlung bei Arbeitnehmern) wegen ein und derselben Krankheit arbeitsunfähig ist (§ 48 SGB V).

Krankenvergütung → Entgeltfortzahlung.

Krankenversichertenkarte – 1. *Begriff*: Ausweis des Versicherten gegenüber dem Arzt und anderen Leistungserbringern im Rahmen des → Sachleistungsprinzips der → gesetzlichen Krankenversicherung (GKV). Die Krankenversichertenkarte wird von den Leistungserbringern auch zur Abrechnung gegenüber den → Krankenkassen eingesetzt. – 2. *Entwicklungen:* Die Krankenversichertenkarte wurde durch das Gesundheitsstrukturgesetz von 1992 eingeführt und ersetzte die bis dahin üblichen Krankenscheine. Sie wird häufig für die steigende Zahl von Arztkontakten verantwortlich gemacht, da mit ihr mehrere Ärzte parallel kontaktiert werden können. Mit dem Gesetz zur Modernisierung der gesetzlichen Krankenversicherung von 2003 wurde beschlossen, dass die Krankenversichertenkarte zu einer elektronischen Gesundheitskarte erweitert werden soll, die zugleich auch als elektronisches Rezept dienen und medizinische Daten (z.B. für die Notfallversorgung) speichern kann. Die zunächst für 2006 vorgesehene flächendeckende Einführung hat sich verzögert. – 3. *Abgrenzung:* Die meisten privaten Krankenversicherungsunternehmen stellen ihren Versicherten zur Erleichterung der Abrechnung von Kosten stationärer Aufenthalte einen Krankenhausausweis (Klinik-Karte) aus.

Krankenversicherung – **I. Allgemein:** Teil des Systems der sozialen Sicherung. Dazu gehören: 1. *Gesetzliche Krankenversicherung (GKV),* die entweder als Pflichtversicherung unter den Voraussetzungen der §§ 5 ff. SGB V besteht oder unter im Einzelnen geregelten Voraussetzungen als freiwillige Versicherung (Versicherungsberechtigung, vgl. §§ 9 ff. SGB V) geführt werden kann. Träger der gesetzlichen Krankenversicherung sind die Krankenkassen. – 2. *Private Krankenversicherung (PKV),* die für die Krankenvollversicherung nur dem Personenkreis offen steht, der nicht versicherungspflichtig ist oder unter den Voraussetzungen des § 8 SGB V auf Antrag von der Versicherungspflicht befreit ist. Die private Krankenversicherung kommt durch Abschluss eines privatrechtlichen Versicherungsvertrags zwischen dem Versicherungsnehmer und einem privaten Versicherungsunternehmen zustande. Die Versicherungsunternehmen, die Versicherungsverträge zur Absicherung des Krankheitsrisikos abschließen, unterliegen der Aufsicht durch die Bundesanstalt für Finanzdienstleistungsaufsicht (BaFin).

II. Gesetzliche Krankenversicherung: 1. *Begriff:* Die gesetzliche Krankenversicherung (GKV) ist der älteste Zweig der → Sozialversicherung. Sie ist die durch das Sozialgesetzbuch V normierte → Pflichtversicherung gegen das Krankheitsrisiko. Als Geburtsstunde der GKV gilt die Einführung des Krankenversicherungsgesetzes durch Bismarck im Jahr 1893. Die GKV gilt als erste Säule der dt. Sozialversicherung neben der gesetzlichen Rentenversicherung, gesetzlichen Unfallversicherung, gesetzlichen Arbeitslosenversicherung und sozialen Pflegeversicherung. In der GKV sind knapp 90 Prozent der dt. Bevölkerung versichert. – 2. *Versichertenkreis und Trägerschaft:* Gemäß § 1 SGB V hat die Krankenversicherung als Solidargemeinschaft die Aufgabe, die Gesundheit der Versicherten zu erhalten, wiederherzustellen oder den Gesundheitszustand zu verbessern. In der GKV sind alle sozialversicherungspflichtigen Beschäftigen, deren sozialversicherungspflichtiges Einkommen unter der Versicherungspflichtgrenze liegt, sowie Bezieher von Leistungen der gesetzlichen Rentenversicherung und von Arbeitslosengeld I und II pflichtversichert. Darüber hinaus sind Ehegatten ohne eigenes Einkommen und Kinder bis zu einer gewissen Altersgrenze beitragsfrei mitversichert. Sozialversicherungspflichtige Arbeitnehmer mit einem Entgelt über der Versicherungspflichtgrenze sowie Beamte und Selbstständige sind von der → Versicherungspflicht in der GKV freigestellt, können sich jedoch unter gewissen Bedingungen freiwillig in der GKV versichern. Diese drei Gruppen können sich auch in der privaten Krankenversicherung (PKV) vollversichern, sozialversicherungspflichtige abhängig Beschäftigte müssen dazu ein Jahr (von 1.1.2007 bis 31.12.2010: drei aufeinander folgende Jahre) lang über der Versicherungspflichtgrenze verdient haben. Die Versicherungspflichtgrenze entspricht 75 Prozent der Beitragsbemessungsgrenze der gesetzlichen Rentenversicherung. Die Träger der GKV sind die gesetzlichen Krankenkassen, die als Körperschaften des öffentlichen Rechts organisiert sind. – 3. *Leistungen:* Grundprinzip der GKV ist das → Sachleistungsprinzip. So umfasst der Leistungskatalog ärztliche und zahnärztliche Behandlungen, Krankenhausaufenthalte, Arznei-, Heil- und Hilfsmittel, gewisse haushaltsnahe Dienstleistungen sowie Präventionsmaßnahmen, Kranken- und Mutterschaftsgeld. Der einzelne Leistungskatalog ist in den Satzungen der jeweiligen Krankenkasse geregelt und weist lediglich geringe Schwankungsbreiten auf. Die Abrechnung der Leistungen vonseiten der Leistungserbringer erfolgt im ambulanten und stationären Bereich direkt mit der Krankenkasse. Bei Medikamenten, Krankenhausaufenthalten sowie ambulanten Leistungen kann es zu Zuzahlungen der Versicherten kommen. – 4. *Finanzierung:* Im Gegensatz zur gesetzlichen Rentenversicherung und gesetzlichen Arbeitslosenversicherung ist die GKV seit dem 1.7.2005 nicht mehr paritätisch von Arbeitnehmern und Arbeitgebern bzw. Rentnern und gesetzlicher Rentenversicherung finanziert. Zzgl. zu den allg. Beiträgen, die paritätisch finanziert werden, müssen die Versicherten einen Sonderbeitrag in Höhe von 0,9 Prozent ihres Einkommens zur Finanzierung des Krankengelds und des Zahnersatzes leisten. Die Beiträge werden auf beitragspflichtige Einnahmen bis zu einer Beitragsbemessungsgrenze erhoben, die unter der Versicherungspflichtgrenze liegt. Neben den Beiträgen, die den Hauptteil der Finanzierung aufbringen, gibt es noch Zuzahlungen der Versicherten zu bestimmten Leistungen sowie einen Bundeszuschuss zur Finanzierung sog. versicherungsfremder Leistungen, wie etwa das → Mutterschaftsgeld. Darüber hinaus wurde zum 1.1.2009 der Gesundheitsfonds eingeführt. Die Beiträge fließen gemeinsam mit allgemeinen Haushaltsmitteln (→ Bundeszuschuss) in den Gesundheitsfonds. Die Krankenkassen erhalten eine einheitliche Grundpauschale pro Versichertem aus dem Gesundheitsfonds. Hinzu kommen alters-, geschlechts- und risikoadjustierte Zuschläge, um die unterschiedliche Risikostruktur der Versicherten der einzelnen Krankenkassen zu berücksichtigen und gegenüber anderen Kassen auszugleichen (morbiditätsorientierter Risikostrukturausgleich). Ein zusätzlicher Finanzbedarf, der über die Zuweisungen des Gesundheitsfonds hinausgeht, soll von den gesetzlichen Krankenkassen über Einsparungen oder die Erhebung von Zusatzbeiträgen (→ Gesundheitsreform) gedeckt werden. Seit 1.1.2011 gilt bundesweit ein einheitlicher Beitragssatz von 15,5 Prozent. Einschließlich des mitgliederbezogenen Sonderbeitrags von 0,9 Prozent trägt der Arbeitnehmer davon 8,2 Prozentpunkte und der Arbeitgeber 7,3 Prozentpunkte. Zukünftige Ausgabensteigerungen sollen nicht mehr über weitere Erhöhungen des Beitragssatzes, sondern über die Erhebung von Zusatzbeiträgen finanziert werden. Ein Sozialausgleich soll sicherstellen, dass kein Mitglied durch die einkommensunabhängigen Zusatzbeiträge über Gebühr belastet wird. Eine sog. „Überforderungsklausel" greift dann, wenn der durchschnittliche Zusatzbeitrag die Grenze von zwei Prozent der beitragspflichtigen Einnahmen eines Mitglieds übersteigt. Die Prüfung erfolgt bei der Beitragsabführung durch den Arbeitgeber bzw. durch die Rentenversicherung. – 5. *Reformen:* → *Gesundheitsreform.*

III. Private Krankenversicherung: 1. *Begriff:* Private Krankenversicherung (PKV) bezeichnet die Gesamtheit der privatrechtlich organisierten Versicherungswirtschaft (Versicherungen oder Versicherungen auf Gegenseitigkeit), die eine Absicherung gegen Kosten für medizinisch notwendige Heilbehandlungen oder

Unfallfolgen und für sonstige vereinbarte Leistungen bei einem privaten Versicherungsunternehmen anbietet. Die privaten Krankenversicherungsunternehmen sind im Verband der privaten Krankenversicherung organisiert und unterliegen der Aufsicht durch die Bundesanstalt für Finanzdienstleistungsaufsicht. Gut 10 Prozent der Bürger in Deutschland sind in der PKV vollversichert. – 2. *Rechtliche Grundlagen:* PKV-Unternehmen können in der Rechtsform des VVaG oder der AG betrieben werden. Zum Geschäftsbetrieb bedarf es der sog. Erlaubnis der Aufsichtsbehörde. Neben den allg. Regelungen des Versicherungsvertrags- und -aufsichtsrechts gelten insbesondere die einschlägigen Rechtsvorschriften zur PKV (insbes.: §§ 192 ff. VVG, §§ 12 ff. VAG). Der Verband der privaten Krankenversicherung e. V. hat Musterbedingungen für die einzelnen Produktarten beschlossen. – 3. *Produkte:* Über 70 Prozent des Umsatzes der PKV-Unternehmen werden mit der Krankheitskostenvollversicherung für Personen erzielt, die nicht gesetzlich krankenversichert sind. Diese Personen sind auch verpflichtet, bei den PKV-Unternehmen eine Pflegepflichtversicherung (→ Private Pflegepflichtversicherung) abzuschließen. In der Krankheitskostenzusatzversicherung werden gesetzlich Versicherten Leistungen angeboten, die über den Leistungskatalog der Krankenkassen hinausgehen (z.B. privatärztliche Behandlung im Krankenhaus). Die → Krankentagegeldversicherung leistet Einkommensersatz bei Arbeitsunfähigkeit. Die Krankheitskostenvollversicherung muss nach Art der → Lebensversicherung betrieben werden (Bildung von Alterungsrückstellungen). Seit 2009 sind die PKV-Unternehmen verpflichtet, einen brancheneinheitlich kalkulierten Basistarif anzubieten, für den Kontrahierungszwang herrscht und in dem keine Risikozuschläge erhoben werden dürfen. – 4. *Versicherte:* Im Gegensatz zur gesetzlichen Krankenversicherung sind in der PKV nur Arbeitnehmer versichert, deren Bruttojahreseinkommen oberhalb der gesetzlich festgelegten → Versicherungspflichtgrenze liegt. Darüber hinaus können sich auch Selbstständige, Beamte (einkommensunabhängig) und Freiberufler vollversichern. Private Zusatzversicherungen sind dagegen für jeden Bürger möglich. Eine beitragsfreie → Mitversicherung für Familienmitglieder wie in der GKV gibt es bei privaten Krankenversicherungsunternehmen nicht. Seit dem 1.1.2007 unterliegen Personen, die systematisch der PKV zuzuordnen sind, ebenfalls einer Versicherungspflicht. – 5. *Leistungen und Finanzierung:* Private Krankenversicherungsunternehmen bieten in Deutschland sowohl Vollversicherungen als auch ergänzenden Versicherungsschutz über Zusatzversicherungen an. In der PKV sind die Versicherten selbst Vertragspartner des Arztes oder des Krankenhauses. Dabei gilt das → Kostenerstattungsprinzip, wonach die Versicherten zunächst finanziell in Vorleistungen gehen und die entstandenen Kosten anschließend mit der Krankenkasse abrechnen. Art und Umfang des Versicherungsschutzes sind i.Allg. grundsätzlich nicht gesetzlich geregelt, sondern richten sich nach den Versicherungsbedingungen und den vereinbarten Tarifen, die zwischen den Vertragsparteien ausgehandelt werden. Die → Prämien zur PKV werden individuell und risikoäquivalent kalkuliert. Sie richten sich nach den Risikofaktoren Gesundheitszustand/Vorerkrankungen, Lebensalter bei Eintritt in die Versicherung sowie nach dem Umfang der abzusichernden Leistungen. Seit dem Urteil des EuGH vom 1.3.2011 müssen spätestens ab dem Jahr 2012 aus Gleichbehandlungsgründen Unisex-Tarife angeboten werden. Für die im Alter steigende Inanspruchnahme von Gesundheitsleistungen wird eine Alterungsrückstellung gebildet. – 6. *Abgrenzungen:* Während gut 10 Prozent der Bevölkerung bei einem PKV-Unternehmen krankheitskostenvollversichert sind, sind knapp 90 Prozent bei einer Krankenkasse der gesetzlichen Krankenversicherung versichert. Rund die Hälfte der PKV-Vollversicherten ist zugleich als Beamte beihilfeberechtigt gegenüber ihrem Dienstherrn (Beihilfe). – 7. *Reformen:* Mit dem GKV-Wettbewerbsstärkungsgesetz 2007 ergaben sich auch Veränderungen für den Bereich der PKV. Das Gesetz schreibt vor, dass es seit 1.1.2009 einen bezahlbaren und umfassenden Krankenversicherungsschutz für alle Bürger geben muss. Aus diesem Grund müssen die privaten Krankenversicherungen, neben ihren bestehenden Tarifen, einen → Basistarif anbieten, der den → Standardtarif ersetzt. Der Leistungsumfang dieses Tarifs muss in Art, Umfang und Höhe mit den Leistungen der GKV vergleichbar sein. Der Basistarif, zu dem → Kontrahierungszwang besteht, ist zunächst für alle Neu-Privatversicherten und die Personen ohne Versicherungsschutz, die ehemals PKV-versichert waren oder systematisch der PKV zuzuordnen sind, zugänglich. Die Prämie für diesen Tarif richtet sich nach dem Eintrittsalter des Versicherten, nicht nach seinem Gesundheitszustand. Risikozuschläge, wie in anderen PKV-Tarifen, gibt es hierbei nicht. Der Höchstbeitrag darf zudem den durchschnittlichen Höchstbeitrag in der GKV nicht überschreiten. Neben der Einführung eines Basistarifs schreibt das Gesetz auch die Übertragbarkeit von Alterungsrückstellungen bei einem Tarif- oder Versicherungswechsel unter festgelegten Bedingungen vor. – 8. *Wirtschaftliche Bedeutung:* Die Beitragseinnahmen der PKV-Unternehmen beliefen sich in 2008 auf 30,3 Mrd. Euro. Die Alterungsrückstellungen beliefen sich auf rund 130 Mrd. Euro.

Krankenversicherung der Landwirte – 1. *Berufsständische Versicherung* der Landwirte, eingeführt durch Gesetz zur Weiterentwicklung des Rechts der gesetzlichen Krankenversicherung (Gesetz über die Krankenversicherung der Landwirte (KVLG)) vom 10.8.1972 (BGBl. I 1433), abgelöst durch KVLG 1989 vom 20.12.1988 (BGBl. I 2477, 2557) m.spät.Änd. – 2. *Versicherungspflicht:* Selbstständige Landwirte, d.h. Unternehmer der Land- und Forstwirtschaft einschließlich Wein-, Obst-, Gemüse- und Gartenbau, Teichwirtschaft und Fischzucht; mitarbeitende Familienangehörige; Personen, die Altersgeld oder Landabgaberente erhalten. – *Befreiung* von der Versicherungspflicht unter bestimmten Voraussetzungen (§ 4 KVLG). → Freiwillige Versicherung und Weiterversicherung ähnlich wie bei der allg. → Krankenversicherung möglich. – 3. *Leistungen:* (1) Maßnahmen zur Früherkennung und Verhütung von Krankheiten, (2) → Krankenhilfe, (3) → Mutterschaftshilfe, (4) Familienhilfe, (5) → Betriebshilfe, (6) → Haushaltshilfe. Art, Inhalt und Umfang dieser Leistungen im Wesentlichen wie bei der allg. → Krankenversicherung. – 4. *Beiträge:* Nach Beitragsklassen festgesetzt, bei denen für landwirtschaftliche Unternehmer der Einheitswert, der Arbeitsbedarf oder ein anderer angemessener Maßstab gilt. Näheres regelt die Satzung der einzelnen landwirtschaftlichen Krankenkassen, die bei der landwirtschaftlichen → Berufsgenossenschaft errichtet wurden.

Krankenversicherung der Rentner → Rentnerkrankenversicherung.

Krankheit – I. Sozialversicherung: Gesetzlich nicht definierter, von der Rechtsprechung herausgearbeiteter Begriff des Sozialversicherungsrechts. Krankheit in diesem Sinn ist ein regelwidriger Körper- oder Geisteszustand, der ärztliche Behandlung erforderlich macht und/oder Arbeitsunfähigkeit hervorruft. Die Erwartung eines Heilerfolgs durch ärztliche Behandlung wird nicht gefordert; um einen Anspruch auf Leistungen der gesetzlichen Krankenversicherung hervorzurufen genügt es, wenn eine Aussicht auf Besserung oder Linderung des Zustandes oder auf Erleichterung im Befinden des Patienten besteht. Geht die in einen Dauerzustand über, der keiner Behandlung mehr bedarf oder durch Behandlung nicht mehr beeinflusst werden kann (z.B. Pflegefall), endet die Zuständigkeit der Krankenversicherung.

II. Arbeitsrecht: 1. *Allgemeine arbeitsrechtliche Folgen:* → Entgeltfortzahlung, → Arbeitsverhinderung. Der Anspruch auf Fortzahlung des Arbeitsentgelts wird nicht davon berührt, dass der Arbeitgeber das Arbeitsverhältnis aus Anlass der Arbeitsunfähigkeit kündigt (§ 8 EntgeltfortzG). – 2. *Ordentliche Kündigung:* Krankheit kann den unmittelbaren Kündigungsgrund nach § 1 II KSchG bilden (→ personenbedingte Kündigung). Bei der krankheitsbedingten Kündigung kommt es darauf an, ob – im Zeitpunkt der Kündigung – die Interessen des Betriebs angesichts der Dauer der Erkrankung eine Neubesetzung des Arbeitsplatzes fordern. – a) *Langanhaltende Krankheit:* Kündigung darf nur das letzte Mittel sein, um mit den dadurch verursachten betrieblichen Schwierigkeiten zurechtzukommen. Nach der Rechtsprechung des Bundesarbeitsgerichts muss der Arbeitgeber zunächst Überbrückungsmaßnahmen ergreifen (Einstellung von Aushilfskräften, personelle oder betriebstechnische Umorganisation, Durchführung von Überstunden). Erst wenn diese Maßnahmen nicht mehr zumutbar sind, darf gekündigt werden. – b) *Häufige Kurzerkrankungen:* Es gelten regelmäßig dieselben Grundsätze. Ist im Zeitpunkt der Kündigung mit weiteren Erkrankungen zu rechnen, die zu einer unzumutbaren Beeinträchtigung der betrieblichen Belange führen, kann die Kündigung sozial gerechtfertigt (§ 1 KSchG) sein. Unzumutbar kann die Belastung für den Betrieb sein, weil häufige Kurzerkrankungen sich oft nicht durch die Einstellung von Aushilfskräften überbrücken lassen. Auch die Lohnfortzahlungskosten können ausnahmsweise eine unzumutbare Belastung sein. Je länger ein Arbeitsverhältnis ungestört bestanden hat, desto mehr Rücksichtnahme ist vom Arbeitgeber zu erwarten. – c) Hat ein *Arbeitsverhältnis schon lange bestanden* oder geht die *Behinderung des Arbeitnehmers auf die Tätigkeit im Betrieb* zurück, kann der Arbeitgeber einen Leistungsabfall nicht einfach zum Anlass einer Kündigung nehmen. Der Arbeitgeber muss diesem Arbeitnehmer dann einen Arbeitsplatz zuweisen, der seinem Gesundheitszustand angemessen ist. – 3. Außerordentliche Kündigung: Als wichtiger Grund nach § 626 I BGB für eine außerordentliche Kündigung kann ausnahmsweise eine Krankheit des Arbeitnehmers gelten, wenn sie so schwer ist, dass sie den Vertragszweck gefährdet (z.B. bei langanhaltenden Erkrankungen, häufigen Kurzerkrankungen).

III. Gesundheitsrecht: → übertragbare Krankheiten.

Krankheitskosten – durch → Krankheit verursachte bes. Aufwendungen. – *Steuerliche Behandlung:* Krankheitskosten sind nach Einkommensteuerrecht als Kosten der Lebensführung grundsätzlich nicht abzugsfähig, außer bei typischen → Berufskrankheiten. Bei Überschreitung der → zumutbaren Belastung können Krankheitskosten als → außergewöhnliche Belastung berücksichtigt werden.

Krankmeldung – 1. *Begriff:* unverzügliche Mitteilung des Arbeitnehmers an den Arbeitgeber im Fall einer Erkrankung. Gesetzlich geregelt ist dies in § 5 EntgeltfortzG: Alle Arbeitnehmer haben dem Arbeitgeber die → Arbeitsunfähigkeit und deren voraussichtliche Dauer unverzüglich anzuzeigen und bei einer Dauer von mehr als drei Tagen eine ärztliche Bescheinigung über die Arbeitsunfähigkeit sowie deren voraussichtliche Dauer (Arbeitsunfähigkeitsbescheinigung) spätestens am folgenden Tag nachzureichen. Der Arbeitgeber kann auch früher eine ärztliche Bescheinigung verlangen. Bei Krankheit im Ausland besteht die Verpflichtung zur Übermittlung der Krankmeldung und Aufenthaltsadresse auf schnellstmögliche Art (§ 5 II EntgeltfortzG). – 2. *Folgen von Mitteilungsverstößen:* Ein einmaliger Verstoß der Überschreitung der Meldefrist genügt nicht für eine → ordentliche Kündigung oder → außerordentliche Kündigung. Die Nichtvorlage einer Arbeitsunfähigkeitsbescheinigung kann i.d.R. nur dann eine Kündigung rechtfertigen, wenn hierdurch betriebliche Interessen verletzt werden (im Einzelnen umstritten). – Solange der Arbeitnehmer sich nicht krank meldet oder eine Krankheit nicht nachweist, ist der Arbeitgeber zur Verweigerung der → Entgeltfortzahlung berechtigt (§ 7 EntgeltfortzG).

kreatives Milieu – 1. *Begriff:* Das Konzept des kreativen Milieus betont die bes. Bedeutung einer regionalen Netzwerkarchitektur für die → Regionalentwicklung und bündelt wichtige Fragen zur Dynamik regionaler Wirtschaftsräume. Es beschreibt einen raumgebundenen Komplex, der mit seinem Technologie- und Marktumfeld nach außen geöffnet ist und Know-how, Regeln, Normen und Werte sowie ein „Kapital" an sozialen Beziehungen nach innen integriert und beherrscht. – Geprägt wurde der Begriff des kreativen Milieus durch die sog. GREMI-Gruppe („Groupe de Recherche Européen sur les Milieux Innovateurs"). Seit 1984 forscht diese Gruppe v.a. franz. Soziologen und Regionalwissenschaftler nach den Ursachen für die Unterschiede in der Innovationsfähigkeit und -tätigkeit verschiedener Regionen. Die Gesamtheit der Beziehungen in einem Milieu soll, eingebunden in das soziokulturelle Umfeld (→ Embeddedness), zu einem kollektiven Lernprozess führen. Als Voraussetzung für die Realisierung gilt neben der räumlichen Nähe auch das Vorhandensein von gemeinsamen Wertvorstellungen und Vertrauen. – 2. *Ebenen:* a) *Mikroebene:* Auf dieser Ebene stellt das Milieu ein unsicherheitsreduzierendes Kollektiv dar, das die wechselseitige bzw. funktionale Abhängigkeit von Unternehmen organisiert und informelle Funktionen (Suche, Übertragung, Auswahl, Entschlüsselung, Umgestaltung und Kontrolle von Informationen) bekleidet. Damit wird ein unmittelbarer Einfluss auf die Höhe der → Transaktionskosten ausgeübt. – b) *Kognitive Ebene:* Hier stellt sich das Milieu als zusammenhängender Wahrnehmungsraum dar, der gemeinsame Verhaltensnormen, Organisationsformen und Know-how beinhaltet. – c) *Organisatorische Ebene:* Hier ist das Milieu als Vernetzung von Handeln und Lernen, welches sich durch rege Austauschbeziehungen nach innen wie außen charakterisiert, zu begreifen. – Vgl. auch → Industriedistrikt, → Cluster.

Kreativität – bezeichnet i.d.R. die Fähigkeit eines Individuums oder einer Gruppe, in phantasievoller und gestaltender Weise zu denken und zu handeln. Die Bedingungen für Kreativität werden oftmals nach den vier Ps der Kreativität eingeteilt, und zwar nach person (Person), process (Prozess), product (Produkt) und press (Umwelt). Zu den kreativitätsförderlichen Aspekten der Person gehören bspw. Personenmerkmale wie Offenheit für Erfahrung, Verantwortungsgefühl oder hohe allg. kognitive Fähigkeiten. Der Kreativitätsprozess wird meist als typische Abfolge von Problemidentifikation (Erkennen von Problemen), Vorbereitungsphase (notwendige Informationen werden gesammelt), Generierungsphase (mögliche Lösungen werden entwickelt) und Beurteilungsphase (Analyse der Lösungen) beschrieben. Die Aufgabenstellungen in den einzelnen Phasen können durch den Einsatz verschiedener Techniken unterstützt werden (z.B. Brainwriting in der Vorbereitungsphase). Kennzeichnend für kreative Produkte ist, dass sie gleichzeitig neu und angemessen, nützlich oder wertvoll für die Lösung eines Problem sind. Zu den kreativitätsförderlichen Umweltaspekten gehören bspw. das Teamklima für Kreativität und → Innovation oder eine qualitativ gute Beziehung zwischen Geführten und Führungskraft.

Kreativitätstechniken – *Ideenfindungsmethoden.* 1. *Charakterisierung:* Suchregeln oder Heuristiken (→ Heuristik), die individuelle Gedankengänge oder gruppenorientierte Suchprozesse stimulieren (Stimulation eines kreativen Prozesses). Eine Anwendung bietet sich v.a. bei Problemstellungen an, die kreative Lösungen erfordern (z.B. bei der Suche nach → Innovationen). Durch den Einsatz von Kreativitätstechniken wird die Menge (sowohl in Tiefe als auch Breite) an Ideen, und damit die Wahrscheinlichkeit eine Lösung bei innovativen Problemstellungen zu finden, erhöht. Die qualitativ richtige Lösung zu finden ist jedoch nicht garantiert. – 2. *Kategorien:* (1) *Systematisch-analytische Kreativitätstechniken:* u.a. morphologischer Kasten, sequenzielle Morphologie, modifizierte Morphologie (→ attribute listing), progressive Abstraktion, morphologische Matrix (→ Cross-Impact-Analyse), TILMAG etc.; (2) *kreativ-intuitive Kreativitätstechniken (Kreativitätstechniken i.e.S.):* u.a. Brainstorming-Methoden (klassisches → Brainstorming, Schwachstellen-Brainstorming), Brainwriting-Methoden (Methode 635, Kartenumlauftechnik, Galerie-Methode, → Delphi-Technik, Ideen-Notizbuch-Austausch) und Methoden der intuitiven Konfrontation (Reizwortanalyse, Exkursionssynektik, Synektik, visuelle Konfrontation in der Gruppe, semantische Intuition, Bildmappen-Brainwriting). – 3. *Aspekte/Probleme:* a) *Ansatzpunkte,* um kreatives Verhalten bei Personen und Gruppen zu stimulieren: Je nach kreativitätstheoretischem Ansatz wird die Problemvorgabe (die kreative Prozesse beim Individuum oder der Gruppe herausfordern soll), die kreative Persönlichkeit, der kreative Prozess, das kreative Produkt und die kreative Umwelt favorisiert. – b) *Beschreibung des kreativen Prozesses als solchem:* Der prozessorientierten Perspektive zufolge liegt das entscheidende Kriterium im psychologischen Bezugsrahmen des Denkens, innerhalb dessen der individuelle Schöpfungsprozess möglichst effektiv verläuft, d.h. die kreative Problemlösung bzw. das kreative Produkt wird nicht als plötzlich auftretendes Ereignis betrachtet, sondern als ein Vorgang, der längere Zeit dauert. Es sind Merkmale zu finden, die allen kreativen Prozessen gemeinsam sind. – c) *Übersetzung* bzw. Übertragung des kreativen Prozesses bzw. der notwendigen Heuristiken in eine entsprechende Kreativitätstechnik, um kreatives Verhalten von Personen oder Gruppen zu forcieren, z.B. mittels der Synektik-Methode. – d) *Beschreibung des situativen*

Kontextes, um Kreativitätsblockaden bei Individuen (Auffassungssperren, emotionale Sperren, intellektuelle Sperren, Ausdruckssperren, Fantasiesperren und kulturelle Sperren), Gruppen (Konformitätsdruck, Autoritätsfurcht, interpersonale Konflikte), Organisationsabläufen und -strukturen etc. (z.B. auch durch restriktive Personalpolitik oder hierarchische Organisationsstruktur) zu eruieren, um diese einzuschränken oder zu vermeiden und um den Kreativitätsprozess, sowie den effektiven Einsatz von Kreativitätstechniken nicht zu gefährden. – 4. *Anwendung:* a) Als konkrete Methoden zur *Förderung der Kreativität:* Bei unstrukturierten/-komplexen bzw. innovativen Problemen werden Kreativitätstechniken eingesetzt, um durch sie Personen und/oder Gruppen zu stimulieren, d.h. den Ideenfindungsprozess bei diesen zu forcieren und eine höhere Anzahl von kreativen Ideen zu erzielen, z.B. bei der Suche nach neuen Produktideen. – b) Als konkrete Methoden zur *Erzielung qualitativer Prognosen,* z.B. bei der Voraussage des technischen Fortschritts: Einen Bezugsrahmen hierzu kann eine wissenschaftliche Theorie liefern, deren Funktion darin besteht, die Vorgänge eines bestimmten Objektbereichs (hier technische Entwicklung bzw. technischer Fortschritt) zu erklären und vorauszusagen; die Strukturierung der technologischen Voraussage kann durch bedarfs- und potenzialorientierte Voraussage erfolgen. – Vgl. auch → technologische Voraussage, → Technologiefolgenabschätzung.

Kreativ-Strategie → Copy-Strategie.

Kredit – I. Bankwesen: 1. *Begriff:* I.e.S. die Überlassung von Kapital bzw. Kaufkraft auf Zeit (Kreditgewährung), i.w.S. das Vertrauen in die Fähigkeit und Bereitschaft, Schuldverpflichtungen (Verpflichtung zur Rückzahlung oder zur Bereitstellung der Deckung (Revaluierung)) zu erfüllen (Kreditwürdigkeit). Darüber hinaus wird auch das bei der Fremdfinanzierung überlassene Kapital selbst als Kredit bezeichnet. – 2. *Abgrenzung zwischen Kredit und Darlehen:* Kredit ist gegenüber Darlehen der umfassendere Begriff, da er sich nicht nur auf die Geldleihe, sondern auch auf andere Kreditarten, wie Akzeptkredit und Avalkredit (Formen der → Kreditleihe) und auch auf den Diskontkredit erstreckt. Diese Kreditverhältnisse sind rechtlich nicht als Darlehen, sondern als Geschäftsbesorgungsvertrag, als Bürgschaft bzw. Garantie oder als Kauf zu qualifizieren. Nach der neueren Terminologie des BGB besteht das Darlehen in der Zurverfügungstellung eines Geldbetrags (§ 488 I BGB). – 3. *Kreditbegriff nach Kreditwesengesetz (KWG):* In § 1 I Nr. 2 KWG wird die Gewährung von Gelddarlehen und Akzeptkrediten als Kreditgeschäft bezeichnet. Diskontgeschäft und Garantiegeschäft (im wirtschaftlichen Sinn Kreditgeschäfte) werden in § 1 I KWG gesondert aufgeführt. Bes. umfassend, um alle denkbaren Kreditrisiken zu erfassen und damit ggf. einer Meldepflicht zu unterwerfen, ist der bankaufsichtliche Kreditbegriff des KWG in §§ 19–21: (1) Gelddarlehen aller Art, entgeltlich erworbene Geldforderungen, Akzeptkredite sowie Forderungen aus Namensschuldverschreibungen, (2) die Diskontierung von Wechseln und Schecks, (3) die Stundung von Geldforderungen, (4) Bürgschaften, Garantien und sonstige Gewährleistungen für andere, (5) die Verpflichtung, für die Erfüllung entgeltlich übertragener Geldforderungen einzustehen oder sie auf Verlangen des Erwerbers zurückzuerwerben, (6) Beteiligungen, (7) Gegenstände, über die ein Kreditinstitut als Leasinggeber Leasing-Verträge (Leasing) abgeschlossen hat. Kredit im Sinn von §§ 13, 14 KWG sind Bilanzaktiva sowie Derivate mit Ausnahme der Stillhalterposition von Optionsgeschäften sowie die dafür übernommenen Gewährleistungen und andere außerbilanzielle Geschäfte. – 4. *Arten:* a) nach *Fristigkeit:* (1) kurzfristiger Kredit: Laufzeit unter einem Jahr; (2) mittelfristiger Kredit: Laufzeit von einem Jahr bis unter vier Jahren; (3) langfristiger Kredit: Laufzeit von mind. vier Jahren. – b) Nach *Kreditform:* (1) → Geldleihe, → Darlehen; (2) → Kreditleihe. – c) Nach *Kreditzweck:* (1) zweckfreier Kredit, z.B. Allzweckdarlehen; (2) zweckgebundener Kredit, z.B. Betriebsmittelkredit, Baufinanzierungskredit. – d) Nach *Kreditbesicherung:* (1) gesicherter Kredit; (2) teilweise gesicherter Kredit; (3) ungesicherter Kredit (Blankokredit). – e) Oft auch Unterscheidung von → Personalkredit und → Realkredit, wobei Realkredit i.e.S. nur der durch Grundstücke gesicherte Immobiliarkredit ist (in der Praxis sowohl bei Sicherung durch Grundschuld als auch durch Hypothek zusammenfassend als Hypothekarkredit bezeichnet); bei Sparkassen Unterscheidung in Realkredit, gesicherter Personalkredit und ungesicherter Personalkredit. – f) Nach *Kreditnehmer:* (1) Kredite an Unternehmen und Selbstständige (→ Produktivkredite; in der Praxis als Firmenkredite bezeichnet); (2) Kredite an öffentliche Haushalte (→ Kommunalkredite); (3) Kredite an private Haushalte (→ Konsumentenkredit, → Verbraucherdarlehen). – g) Nach *Kreditgeber:* (1) → Bankkredit; (2) Sparkassenkredit; (3) → Lieferantenkredit. – h) Nach Zahl der *Kreditgeber:* (1) Einzelkredit; (2) Gemeinschaftskredit (→ Konsortialkredit). – i) Nach Form der *Kreditgewährung:* (1) unverbriefte Kredite; (2) verbriefte Kredite (→ Schuldscheindarlehen, → Anleihe).

II. Strafrecht: Das Strafrecht versteht unter Kredit Gelddarlehen aller Art, Akzeptkredite, den entgeltlichen Erwerb und die Stundung von Geldforderungen, die Diskontierung von Wechseln und Schecks und die Übernahme von Bürgschaften, Garantien und sonstigen Gewährleistungen (§ 265b III Nr. 2 StGB, → Kreditbetrug).

Kreditakzept → Bankakzept.

Kreditanstalt für Wiederaufbau (KfW) – 1. *Charakterisierung:* Wirtschaftsförderinstitut, das im Einklang mit strukturpolitischen Zielsetzungen der Bundesregierung, teils auch im Regierungsauftrag, aber in eigener Verantwortung nach bankwirtschaftlichen Grundsätzen handelt. Dies gilt bes. hinsichtlich der bankmäßigen Vertretbarkeit von Kreditrisiken. Im Bereich der inländischen Wirtschaftsförderung werden die Kredite vorwiegend im Rahmen von Kreditprogrammen vergeben, die für alle Kreditnehmer (und die durchleitenden Geschäftsbanken) einheitliche Konditionen vorsehen. Die Kreditanstalt für Wiederaufbau beschränkt sich aufgrund ihres gesetzlichen Auftrags auf solche Kreditgeschäfte, bei denen sie nicht in Konkurrenz zu den Geschäftsbanken tritt (Prinzip der Subsidiarität). Anteilseigner sind der Bund (80 Prozent) und die Bundesländer (20 Prozent). Die KfW Bankengruppe gilt nicht als → Kreditinstitut im Sinn von § 1 → KWG (§ 2 I Nr. 2 KWG); sie unterliegt aber der → Bankenaufsicht mit Bezug auf Millionenkredite nach § 14 KWG und das Refinanzierungsregister (§§ 22a-22f KWG). Dem Vorstand obliegt die Geschäftsführung und die Vermögensverwaltung. Der Verwaltungsrat setzt sich zusammen aus Vertretern der Politik und der Kreditwirtschaft sowie aus verschiedenen Bereichen der Wirtschaft und Vertretern der Gewerkschaften. – *Niederlassungen* befinden sich neben dem Hauptsitz in Frankfurt a.M. auch in Berlin und Bonn. Vertreter der KfW Bankengruppe arbeiten in mehr als 70 Städten weltweit. – Die Kreditanstalt für Wiederaufbau wurde 1948 als Körperschaft des öffentlichen Rechts mit Sitz in Frankfurt a.M. gegründet, um den Wiederaufbau der dt. Wirtschaft zu finanzieren. Dabei entwickelte die Förderbank der Bundesrepublik Deutschland v.a. Programme für den Mittelstand und für Existenzgründer sowie für die Exportfinanzierung. Nach der Wiedervereinigung Deutschlands flossen beträchtliche Mittel in mittelständische Wirtschaftsstrukturen der neuen Bundesländer. – Im Juli 2003 *übernahm die Kreditanstalt für Wiederaufbau die Deutsche Ausgleichsbank (DtA)* mit dem Ziel einer transparenten und effizienten Förderung von Mittelstand und Existenzgründern (→ KfW Mittelstandsbank). Das Inlandsfördervolumen der KfW Bankengruppe betrug im Jahre 2010 66,6 Mrd. Euro. An die gewerbliche Wirtschaft hat die KfW in 2010 28,5 Mrd. Euro ausgereicht. Im weit überwiegenden Teil profitierten hiervon kleine und mittelständische Unternehmen. Im internationalen Geschäft wurden Zusagen in Höhe von weiteren 15 Mrd. Euro erteilt. Das gesamte Neugeschäftsvolumen lag im Jahr 2010 mit 81,4 Mrd. Euro deutlich über dem des Vorjahres (+27 Prozent). – 2. *Hauptaufgaben/Hauptgeschäftsfelder*: Die KfW Bankengruppe profilierte sich in den letzten Jahren auch als Förderbank der europäischen Wirtschaft. Sie ist in den Geschäftsfeldern Investitionsfinanzierung, Export- und Projektfinanzierung, Mezzanine-Finanzierungen, Eigenkapitalprodukte, der finanziellen Zusammenarbeit mit Entwicklungsländern sowie in Beratungsangeboten und weiteren Dienstleistungen tätig. – 3. *Weitere Aufgaben/Geschäftsfelder* sind die Förderung von Umwelt, Wohnen, Infrastruktur und Bildung. Bildungsförderung wird geleistet für Privatpersonen (Bildungskredit, Meister-BAföG, BAföG-Bankdarlehen). Investitionsfinanzierungen dt. Unternehmen im Ausland werden unterstützt (z.B. Neugründungen, Akquisitionen, Joint Ventures). Diese Art von Finanzierung kann sehr flexibel ausgestaltet werden, z.B. durch beteiligungsähnliche Darlehen, bei denen die Kreditanstalt für Wiederaufbau einen Teil des wirtschaftlichen Unternehmensrisikos trägt. Bei Investitionen im Ausland können sog. politische Risiken durch eine Investitionsgarantie des Bundes abgedeckt werden. Strukturierte Finanzierungen bestehen aus der Kombination verschiedener Kapitalmarktinstrumente. Die Kreditanstalt für Wiederaufbau refinanziert ihre Kredite überwiegend auf dem nationalen und internationalen Kapitalmarkt durch die Ausgabe von Schuldverschreibungen (Anleihen) und die Aufnahme von Darlehen. Im Jahr 2010 hat die KfW an den internationalen Kapitalmärkten Mittel in Höhe von 76,4 Mrd. Euro aufgenommen. Für einzelne Kreditprogramme werden auch Mittel des ERP-Sondervermögens eingesetzt (→ ERP-Kredite). In den Jahren 2000/2001 begann die Kreditanstalt für Wiederaufbau Verbriefungsprogramme für Bankkredite (sog. Promotional Mittelstand Loan Securitisation und Provide-Residential Mortgage Securitisation). Dies soll die weitere Vergabe von Mittelstands- Wohnungsbaukrediten ermöglichen. Das „KfW Sonderprogramm 2009" wurde seitens der Bundesregierung als Reaktion auf die Finanzmarktkrise eingeführt, um insbesondere die mittelständische Kreditversorgung sicherzustellen. – Zur *lokalen Finanzierung im Ausland* gewährt die Kreditanstalt für Wiederaufbau Globaldarlehen an Partnerbanken in Europa. Hiermit sollen kleine und mittlere Unternehmen sowie Infrastrukturvorhaben und → Wohnungsbau unterstützt werden. Die im Rahmen der finanziellen Zusammenarbeit mit Entwicklungsländern vergebenen Kredite und Zuschüsse werden aus dem Bundeshaushalt finanziert. – 4. *Tochtergesellschaften und wichtige Beteiligungen:* (1) KfW IPEX-Bank GmbH: für Projekt- und Unternehmensfinanzierung sowie für Handels- und Exportfinanzierung zuständig; (2) Deutsche Investitions- und Entwicklungsgesellschaft mbH (DEG): Förderung des Engagements privater Unternehmen in Entwicklungs- und Transformationsländern; (3) Technologie-Beteiligungs-Gesellschaft mbH (tbg): Betreuung von Altengagements. Neugeschäfte in der Beteiligungsfinanzierung erfolgen durch die KfW Mittelstandsbank; (4) Finanzierungs- und Beratungsgesellschaft (FuB): Abwicklung von Sonderaufgaben der Währungsumstellung und die Geschäftsbesorgung für die Bundesanstalt für vereinigungsbedingte Sonderaufgaben; (5) Deutsche Energie-Agentur GmbH (dena): Förderung rationeller und umweltschonender Energieerzeugung und -nutzung (einschließlich erneuerbarer Energien).

Kreditantrag – 1. Mündlich oder schriftlich vorgetragener *Wunsch einer Privatperson,* eines Unternehmens oder einer Institution auf Gewährung eines Kredits seitens der Bank. Notwendig bei

Firmenkrediten ist eine präzise Darstellung des Finanzierungswunsches in Kurzform, z.B. der Investition und deren Rentabilität, Betriebsmittelbedarf zur Inanspruchnahme von Skonto etc. (→ Kreditunterlagen). – 2. *Formular der Kreditinstitute:* a) Im Privatkundengeschäft: Abfrage aller persönlichen Daten, des Kreditverwendungszwecks, der Einnahmen und Ausgaben des Antragstellers, seines Vermögens und seiner Schulden; – b) im → Firmenkundengeschäft: Kreditprotokoll, enthaltend Name und Rechtsform des Firmenkunden, Engagementsaufstellung (beantragte und bestehende Kredite), Aufstellung der Sicherheiten (neue und bereits bestehende), Hinweise auf vorliegendes Auskunftsmaterial, Rückmeldungen der Deutschen Bundesbank bei Großkrediten, Stellungnahme des Kreditbearbeitenden zu Management, Branche, wirtschaftlichen und finanziellen Verhältnissen, Werthaltigkeit der Sicherheiten, Beurteilung des Kreditverwendungszwecks und der Rückzahlungsmöglichkeiten, Entscheidung der Bank, ob der beantragte Kredit gewährt werden soll oder nicht.

Kreditaufsicht → Kreditwesengesetz (KWG).

Kreditauftrag – formfreier → Auftrag an einen anderen, einem Dritten im eigenen Namen und auf eigene Rechnung → Kredit zu gewähren (§ 778 BGB). Der Auftraggeber haftet für die aus der Kreditgewährung entstandene Forderung wie ein Bürge (→ Bürgschaft).

Kreditauskunft – Urteil über geschäftliche Moral und finanzielle Leistungsfähigkeit einer Einzelperson oder eines Unternehmens. Schutz des Beurteilten gegen → Kreditgefährdung durch § 824 BGB. Zusätzlicher Schutz durch § 4 Nr. 8 UWG (→ Anschwärzung) und § 4 Nr. 7 UWG (geschäftliche → Verleumdung).

Kreditbanken – nach Klassifikation der Statistik der → Deutschen Bundesbank als → Universalbanken tätige private Banken, die vornehmlich im kurzfristigen → Kreditgeschäft tätig sind, aber auch im → Emissionsgeschäft eine wesentliche Rolle spielen. Im Einzelnen handelt es sich um Großbanken, Regionalbanken und sonstige Kreditbanken sowie die Zweigstellen ausländischer Banken.

Kreditbesicherung – Sofern nicht blanko herausgelegt (s. → Blankokredit), werden Kredite ganz oder teilweise durch → Kreditsicherheiten unterlegt, um das Kreditrisiko für den Kreditgeber wirtschaftlich tragbar zu halten. Im Fall der Insolvenz des Kreditnehmers soll der Verlust für das Kreditinstitut möglichst gering gehalten werden.

Kreditbetrug – 1. *Begriff:* (1) in verschiedenen Formen auftretender → Betrug, z.B. als Firmenmissbrauch, Täuschung der Auskunfteien, Vorschub unpfändbarer Personen als Besteller, Nachnahmeschwindel, Schiebungsverträge, mehrfache Sicherungsübereignung; (2) Vorlage falscher Unterlagen oder unrichtige oder unvollständige Angaben im Zusammenhang mit einem Antrag auf Gewährung, Belassung oder Veränderung der Bedingungen eines Kredites zwischen Betrieben oder Unternehmen, die nach Art und Umfang einen in kaufmännischer Weise eingerichteten Geschäftsbetrieb erfordern. Auf Seiten des Kreditnehmers genügt es, wenn der Betrieb (oder das Unternehmen) oder der vorausgesetzte Umfang des Betriebs nur vorgetäuscht wird (§ 265b StGB). – 2. *Strafe:* Freiheitsstrafe bis zu drei Jahren oder Geldstrafe. – 3. *Schutzmaßnahmen:* Einholung einer → Kreditauskunft bei Bank oder Auskunftei, bzw. von Referenzen bei Geschäftsfreunden, Einsicht in die Schwarze Liste beim Amtsgericht (→ Schuldnerverzeichnis), Güterrechts- und Handelsregister sowie ins Grundbuch.

Kreditbilanz → Status.

Kreditbrief – Anweisung an eine oder mehrere Banken, dem Begünstigten Beträge bis zu der im Kreditbrief bezeichneten Höchstsumme auszuzahlen (→ Akkreditiv). Wer aufgrund eines Kreditbriefs Zahlung verlangt, muss sich als sein rechtmäßiger Inhaber legitimieren. – Der → Reisekreditbrief ist eine Sonderform, i.Allg. nicht mehr üblich.

Kreditbürgschaft → Avalkredit.

Kreditderivat – 1. *Begriff:* Kreditderivate sind Finanzderivate (→ Derivate), die es ermöglichen, ein Kreditexposure (d.h. potenzielles Ausfallvolumen) außerbilanziell zu erhöhen oder zu verringern. Durch Kreditderivate wird Kreditexposure vom Käufer zum Verkäufer übertragen. Kreditderivate haben für den Käufer somit Versicherungscharakter. – 2. *Einteilung:* a) Bei *ereignisbezogenen Kreditderivaten* werden typischerweise im Fall eines Credit Events bei der zugrunde liegenden Adresse Zahlungen vom Verkäufer des Kreditderivates an den Käufer geleistet. Ein Credit Event ist ein Ereignis, das einen Ausfall oder eine Verschlechterung der Bonität einer Adresse anzeigt, wie z.B. die Eröffnung des Insolvenzverfahrens (ausfallbezogene Kreditderivate), die Nichterfüllung von Zahlungsverpflichtungen oder eine sich verschlechternde Bonitätseinstufung durch eine Rating-Agentur (ratingbezogene Kreditderivate). Grundsätzlich sind die beteiligten Parteien frei in der Definition des Credit Events. Da die Zahlungen aus dem Kreditderivat jedoch direkt vom Eintritt eines Credit Events abhängen, ist eine eindeutige Definition und eine unabhängige Überprüfbarkeit dieses Ereignisses von zentraler Bedeutung. – b) Bei *marktpreisbezogenen Kreditderivaten* basieren die Zahlungen zwischen den beteiligten Parteien auf der Performance eines bestimmten Finanzinstruments bzw. dessen relativer Performance zum Markt. Grundlegende Idee hierbei ist, dass sich Verschlechterungen in der Bonität einer Adresse negativ auf die Performance eines von ihr emittierten Finanzinstruments auswirken. Bei marktpreisbezogenen Kreditderivaten werden typischerweise im Fall einer guten Performance Zahlungen vom Käufer an den Verkäufer des Kreditderivates, im Fall einer schlechten Performance Zahlungen vom Verkäufer an den Käufer des

Kreditderivates geleistet. – 3. *Funktion:* In Abhängigkeit der genauen Spezifikationen des Kreditderivates erhält der Käufer im Fall einer Bonitätsverschlechterung der zugrunde liegenden Adresse vom Verkäufer Zahlungen aus dem Kreditderivat. Falls beim Käufer ein Kreditexposure bez. der zugrunde liegenden Adresse besteht, so können Verluste aus Wertberichtigungen auf diese Kredite durch Gewinne aus Zahlungen aus dem Kreditderivat ausgeglichen werden. Durch den Kauf des Kreditderivates hat der Käufer somit sein Kreditexposure bez. der zugrunde liegenden Adresse verringert. Im Gegenzug entstehen dem Verkäufer des Kreditderivates Verluste aus den von ihm zu leistenden Zahlungen. Sein Kreditexposure bez. der zugrunde liegenden Adresse hat sich durch den Verkauf des Kreditderivates erhöht. – 4. *Vorteile:* Durch die Übertragung von Kreditexposure durch Kreditderivate ist es möglich, → Kreditrisiken separat zu handeln, unabhängig von bilanziellen Beständen z.B. des Kredit- oder Wertpapierportfolios und den damit verbundenen Marktpreis- und → Liquiditätsrisiken. Es können Kreditrisikopositionen begründet, geschlossen oder verändert werden, ohne dass sich die aktuelle Marktpreisrisikoposition oder Liquiditätssituation wesentlich ändert. Dieses führt zu einer Vereinfachung und Flexibilisierung des Kreditrisikomanagements. Durch Kreditderivate können auf einfache Weise Kreditkonzentrationen reduziert oder der Diversifikationsgrad des Portfolios erhöht werden, ohne dass originäre Kreditbeziehungen geschaffen oder abgebrochen, Ausleihungen reduziert oder erhöht werden. Kreditderivate erlauben mithin ein Kreditrisikomanagement ohne Beeinträchtigung der Bank-Kunde-Beziehung. – 5. *Arten:* In der Praxis haben sich bisher im Wesentlichen die folgenden Produkte herausgebildet: a) *Credit Default Swap bzw. Credit Default Option:* Credit-Default-Produkte ähneln von ihrer Struktur her einer herkömmlichen → Garantie; die Prämie bemisst sich im Wesentlichen nach dem Nominalwert des zugrunde liegenden Finanzinstruments und der Bonität der zugrunde liegenden Adresse. Z.T. werden Credit-Default-Produkte dahingehend unterschieden, ob Physical Settlement oder Cash Settlement vereinbart ist. Ist Physical Settlement vereinbart, so muss der Begünstigte tatsächlich im Besitz des zugrunde liegenden Finanzinstruments sein, um es im Fall eines Credit Events auch liefern zu können (sog. → Credit Default Swap (CDS)). Ist hingegen Cash Settlement vereinbart, so ist die physische Lieferung ausgeschlossen und somit der Besitz des Finanzinstruments nicht notwendige Voraussetzung zur Abwicklung (sog. Credit Default Option). – b) *Credit Linked Note:* Eine Credit Linked Note ist eine strukturierte Schuldverschreibung, die als derivative Komponente eine Credit Default Option enthält. Hierbei ist der Verkäufer der Schuldverschreibung der Begünstigte aus dem darin enthaltenen Derivat. – c) *Total Return Swap:* Beim Total Return Swap wird der Ertrag des zugrunde liegenden Finanzinstruments gegen einen anderen Ertrag getauscht. – d) *Equity Swap:* Der Equity Swap ist ein Total Return Swap, bei dem das zugrunde liegende Finanzinstrument eine → Aktie ist. Es folgt somit ein Tausch der Erträge der Aktien gegen einen sonstigen Ertrag. – e) *Credit Spread Option:* Die Credit Spread Option ist eine Option auf den → Spread zwischen zwei Finanzinstrumenten, von denen mind. eins einem Kreditrisiko unterliegen muss. Credit Spread Options sind in verschiedenen Ausprägungen denkbar. Ihre zugrunde liegende Variable oder Underlying kann sowohl ein Rendite- als auch ein Preisunterschied sein, sie können sich auf Zins- und Dividendentitel beziehen, und sie können verschiedenste, auch exotische, Auszahlungsprofile und -bedingungen haben. – f) *Credit Spread Forward:* Der Credit Spread Forward ist ein → Termingeschäft auf den Spread zwischen zwei Finanzinstrumenten, von denen mind. eins einem Kreditrisiko unterliegen muss. Damit gehört der Credit Spread Forward zur Gruppe der marktpreisbezogenen Kreditderivate. Auch Credit Spread Forward sind in verschiedenen Ausprägungen denkbar. In Analogie zur Credit Spread Option kann ihre zugrunde liegende Variable oder Underlying ein Preis- oder Renditespread sein, und sie können sich auf Zins- oder Dividendentitel beziehen.

Kreditfähigkeit – Fähigkeit, rechtswirksame → Kreditverträge (Darlehensverträge) abzuschließen. Kreditfähig sind voll geschäftsfähige natürliche Personen, → juristische Personen sowie Personenhandelsgesellschaften. – Geschäftsunfähige bzw. beschränkt geschäftsfähige natürliche Personen bedürfen neben der Genehmigung durch ihre gesetzlichen Vertreter (Eltern, Betreuer) noch der Genehmigung des Vormundschaftsgerichts (§§ 1643 I, 1822 Nr. 8 BGB). – Vor Abschluss eines Kreditvertrags wird üblicherweise die Kreditfähigkeit und → Kreditwürdigkeit geprüft.

Kreditfazilität – Gesamtheit aller Kreditmöglichkeiten, die einem Kunden zur Deckung eines Kreditbedarfs bei einer oder mehreren Banken zur Verfügung stehen (zumeist gegen Stellen von Sicherheiten) und die der Kunde nach Bedarf in Anspruch nehmen kann. – Vgl. auch → Fazilität.

Kreditfinanzierung – Form der → Fremdfinanzierung, bei der die Kapitalbeschaffung einer Unternehmung durch Aufnahme von → Krediten erfolgt. – 1. *I.w.S.:* Beschaffung jeder Art von Fremdkapital (langfristig in Form von → Anleihen, → Wandelschuldverschreibungen, → Hypothekarkredit, → Darlehen; kurzfristig in Form von → Bankkredit, → Lieferantenkredit, → Akzepten, → Kundenkredit). – 2. *I.e.S.:* Beschaffung von (meist kurzfristigem) Bankkredit.

Kreditfinanzierungsplan – Teil des → Haushaltsplans. Darstellung der Einnahmen aus Krediten und der Tilgungsausgaben. Gemäß der → Haushaltssystematik der Bundeshaushaltsordnung ist der Kreditfinanzierungsplan dem Haushaltsplan beizufügen.

Kreditfinanzierungsquote – Größe, die den Anteil der → Nettokreditaufnahme an den → öffentlichen Ausgaben bzw. dem → Bruttoinlandsprodukt (BIP) misst. Die Kreditfinanzierungsquote für die Bundesrepublik Deutschland lag im Jahr 2010 bei 14,5 Prozent der bereinigten Ausgaben.

Kreditgarantie → Kreditsicherungsgarantie.

Kreditgarantiegemeinschaften → Bürgschaftsbanken.

Kreditgefährdung – Gefährdung des → Kredits eines anderen durch Verbreitung wahrheitswidriger Behauptungen. Vorsätzliche oder fahrlässige Kreditgefährdung verpflichtet als → unerlaubte Handlung nach § 824 BGB zum Schadensersatz und umfasst auch Pflicht zum Widerruf der kreditschädigenden Behauptung (→ Widerrufsanspruch).

Kreditgeld → Geldmarkt, → Geldtheorie.

Kreditgenossenschaft – *Genossenschaftsbank.* 1. *Begriff:* Kreditinstitute, die als Grundzweck die wirtschaftliche Förderung ihrer Mitglieder durch bankübliche Geschäfte anstreben. Sie sind Kreditinstitute im Sinne von § 1 I KWG, da sie viele der dort aufgeführten klassischen Bankgeschäfte betreiben. Sie bilden neben den privaten Banken (Kreditbanken) und den öffentlich-rechtlichen Kreditinstituten (→ Sparkassen und → Landesbanken) eine der drei Universalbankengruppen im dt. Bankensystem. Historisch gehen sie zurück auf die (ländlichen) Raiffeisenbanken und (städtischen) Volksbanken, die ab Mitte des 19. Jh. in Deutschland aber auch bald in anderen Ländern Europas und weltweit entstanden sind. Zu den Kreditgenossenschaften gehören außerdem die Institute bzw. Institutsgruppen, die als Selbsthilfeeinrichtungen einzelner Berufsgruppen entstanden sind, wie z.B. die Deutsche Apotheker- und Ärztebank eG, die BBBank eG (Beamte), kirchliche Kreditgenossenschaften, die PSD Banken (Postbeschäftigte) und Sparda-Banken (Eisenbahnbeschäftigte). Seit 1974 ist einer Kreditgenossenschaft das → Nichtmitgliedergeschäft erlaubt. – 2. *Aufgaben:* Geschäftspolitisch geht bei der Kreditgenossenschaft grundsätzlich die Förderung ihrer Mitglieder einer maximalen Gewinnerzielung vor. Allerdings macht inzwischen das Nichtmitgliedergeschäft einen nicht unwesentlichen Anteil am Gesamtgeschäft aus. Kreditgenossenschaften arbeiten i.d.R. als Universalbanken und werden durch einen → genossenschaftlichen Finanzverbund („FinanzGruppe") unterstützt. Ein Teil der Kreditgenossenschaften betreibt nebenher das ländliche Warengeschäft. – 3. *Rechtliche Besonderheiten:* Rechtsform der Kreditgenossenschaft ist bis auf wenige Ausnahmen die eingetragene Genossenschaft (eG). Es besteht eine Sondervorschrift für die Berechnung des bankaufsichtlichen Eigenkapitals (→ Haftsummenzuschlag). – 4. *Steuerliche Bedeutung:* → Genossenschaft. – 5. *Bedeutung:* Die 1.139 deutschen Kreditgenossenschaften hatten 2011 über 17 Mio. Mitglieder, unterhielten 13.075 Bankstellen und beschäftigten über 188.037 Mitarbeiter (Stand Ende 2012). Die Zahl der dt. Kreditgenossenschaften nahm in den letzten Jahren weiter fusionsbedingt leicht ab. Unter den Universalbankengruppen erreichten die Kreditgenossenschaften mit einer Bilanzsumme von 736,8 Mrd. Euro (einschließlich der beiden genossenschaftlichen Zentralbanken [DZ Bank und WGZ Bank]) einen Marktanteil von rd. 17,1 Prozent (30.06.2012). Auch in anderen europäischen Ländern, z.T. mit mehreren eigenständigen Gruppen, haben Kreditgenossenschaften eine große (kredit-)wirtschaftliche Bedeutung v.a. für den Mittelstand und Privatkunden.

Kreditgeschäft – Gewährung von Gelddarlehen und Akzeptkrediten; Bankgeschäft im Sinn des § 1 KWG. Der Betrieb des Kreditgeschäfts ist verboten, wenn es durch Vereinbarung oder geschäftliche Gepflogenheit ausgeschlossen oder erheblich erschwert ist, über den Kreditbetrag durch Barabhebung zu verfügen (§ 3 Nr. 3 KWG).

Kredit in laufender Rechnung → Kontokorrentkredit.

Kreditinstitute→ Unternehmen, die Bankgeschäfte gewerbsmäßig oder in einem Umfang betreiben, der einen in kaufmännischer Weise eingerichteten Geschäftsbetrieb erfordert. Gemäß § 1 I 1 KWG müssen für ein Kreditinstitut i.S.d. KWG drei Merkmale gegeben sein: (1) Ein Unternehmen, also nicht eine einzelne natürliche Person, auch wenn es sich um einen Kaufmann handelt; (2) das Betreiben mind. eines der → Bankgeschäfte i.S.d. KWG, im Unterschied zur Definition des EU-Bankrechts; (3) ein gewisser Umfang der Geschäfte, wofür seit der Sechsten KWG-Novelle in erster Linie eine gewerbsmäßige Tätigkeit maßgeblich ist (→ Gewerbe). Welche Geschäfte als Bankgeschäfte i.S.d. KWG gelten, ist in § 1 I Nr. 1 – 12 KWG abschließend aufgezählt. Im EU-Bankrecht bezieht sich der Begriff Kreditinstitut dagegen nur auf Unternehmen, die sowohl das Einlagengeschäft als auch das Kreditgeschäft betreiben. – In Deutschland kommt den Kreditinstituten aufgrund ihres weit gespannten Tätigkeitsfeldes (→ Universalbanken) eine dominierende Rolle als finanzielle Mittler zu. – Vgl. auch → Bank.

Kreditinstitute mit Sonderaufgaben → Banken mit Sonderaufgaben.

Kreditkarte – 1. *Begriff:* → Zahlungskarte, die zur Bargeldbeschaffung an Geldausgabeautomaten und zur bargeldlosen Zahlung eingesetzt wird. Der Schwerpunkt der Nutzung liegt im bargeldlosen Zahlungsverkehr – v.a. bei Zahlungen über → POS. Das die Kreditkarte akzeptierende Vertragsunternehmen erhält den Betrag vom Kreditkartenunternehmen unter Abzug eines Disagios. Das Kreditkartenunternehmen belastet den Karteninhaber mit der Summe aller Transaktionsbeträge (Sammelaufstellung) einer Abrechnungsperiode (vielfach ein Monat). Somit gibt es eine Vorfinanzierung seitens der Kreditkartenorganisation. – *Anders:* → Debitkarte. – 2.

Abgrenzung: a) *Kreditkarten i.w.S.:* gängige Bezeichnung der Zahlungskarten der internationalen Kartenorganisationen (American Express, Diners Club, → Mastercard und Visa), unabhängig davon, ob es sich um echte Kreditkarten i.e.S. oder → Chargekarten handelt. – b) *Kreditkarten i.e.S.:* dem Karteninhaber wird mit einer echten oder revolvierenden Kreditkarte eine Kreditoption mit festem Kreditrahmen eingeräumt, innerhalb dessen er bargeldlos bezahlen kann. Die Kartentransaktionen werden i.d.R. einmal monatlich in Rechnung gestellt, mit der Option, den gesamten Rechnungsbetrag glattzustellen oder in flexiblen monatlichen Raten Rückzahlung zu leisten. Die Raten basieren auf einem Mindestprozentsatz des Rechnungsbetrages bzw. einem monatlichen Mindestbetrag. Der revolvierende Betrag (in Anspruch genommener Kredit) wird zu einem vorgegebenen Zinssatz verzinst.

Kreditkauf – Kauf von Wirtschaftsgütern, bei dem die Leistung des Käufers (Bezahlung) zu einem späteren Zeitpunkt erfolgt und der Verkäufer bis zu diesem Zeitpunkt die Gegenleistung kreditiert. – 1. Kreditkauf von *Kaufleuten* im Rahmen der vereinbarten Lieferungs- und Zahlungsbedingungen (→ Zielkauf). – 2. Kreditkauf von *Konsumenten* als Teilzahlungs- bzw. Abzahlungsgeschäft (Teilzahlungskredit).

Kreditklemme – bezeichnet eine Einschränkung der Kreditvergabe durch das private Bankensystem an Haushalte und insbes. Unternehmen, wodurch negative konjunkturelle Auswirkungen (Rezession) resultieren. – Hintergrund: Selbst wenn das Bankensystem mit ausreichend Liquidität durch die Notenbank versorgt wird, reichen die Banken bei einer Kreditklemme die Liquidität nicht weiter, da sie diese selbst für die Aufrechterhaltung ihrer Zahlungsfähigkeit benötigen. Die letzte Finanzkrise (2007-2009) mündete in wichtigen Industriestaaten in eine Kreditklemme und sorgte für den stärksten konjunkturellen Einbruch seit Ende des Zweiten Weltkriegs. Für Deutschland ist der Nachweis einer Kreditklemme aufgrund der Exportorientierung der Wirtschaft eher schwierig, da auch die Kreditnachfrage in Krisenzeiten stark rückläufig ist.

Kreditkontrolle – I. Kreditkontrolle bei Kreditinstituten: 1. *Interne Kreditkontrolle (Kreditkontrolle i.e.S.):* (1) Kontrolle der Kreditsachbearbeitung vor Auszahlung der Darlehen und vor Bereitstellung der Kredite (→ Kreditprüfung); (2) nach Kreditvergabe sich turnusgemäß wiederholende Prüfung des Kreditengagements (→ Kreditüberwachung). – 2. *Gesetzliche Kreditkontrolle (Kreditkontrolle i.w.S.):* Gesamtheit der währungspolitischen und bankaufsichtlichen Maßnahmen zur Steuerung der Kreditvergabe durch den Geschäftsbankensektor.

II. Kreditkontrolle bei Unternehmen: *Zweck der Kreditkontrolle:* 1. Rechtzeitige Verhinderung von Forderungsverlusten durch geordnetes Mahnwesen. – 2. Schaffung von Unterlagen für die Aufstellung von Finanzstatus (→ Status). – 3. Grundlage für Errichtung von → Finanzplänen aufgrund zu erwartender Entwicklung des Zahlungseingangs, ermittelt durch Auswertung folgender Unterlagen: (1) Bestand an Außenständen; (2) Gliederung der Außenstände nach Groß- und Kleinabnehmern; (3) Gliederung der Kunden nach guten und schlechten Zahlern unter Berücksichtigung der Zahlungsgewohnheiten im Rahmen der branchenüblichen Zahlungsbedingungen; (4) durchschnittlicher Anteil der Zahlungen durch Kundenwechsel am Zahlungseingang und durchschnittlicher Anteil der Zahlungen mit diskontierfähigen Wechseln am Wechseleingang; (5) Übersicht über die Marktlage der abnehmenden Branchen (Saison- und Konjunkturschwankungen) und der sich daraus ergebenden → Liquidität der Abnehmer; (6) eingeholte Informationen über den Stand von Kreditanbahnungs- und -abwicklungsverhandlungen.

Kreditkosten – Kosten der Inanspruchnahme eines → Kredits, bestehend aus → Zins, → Provisionen sowie Auslagen und → Nebenkosten. – Im Bereich des Verbraucherkredits (→ Verbraucherdarlehen) schreibt § 492 BGB die Angabe von Zinsen und aller sonstigen Kosten im schriftlichen Kreditvertrag vor. Bei → Überziehungskrediten gilt § 493 BGB. Bei Verbraucherdarlehen sind die Vorschriften der Preisangabenverordnung zu beachten (Preisaushang, Angabe des Effektivzinses). Diese Bestimmungen betreffen nur Kredite an Letztverbraucher (vgl. § 6 der Preisangabenverordnung (PAngV) i.d.F. vom 18.10.2002 (BGBl. I 4197) m.spät.Änd.

Kreditleihe – 1. *Begriff:* Kreditgeschäft, bei dem die Bank oder Sparkasse dem Kunden ihre eigene Kreditwürdigkeit zur Verfügung stellt. Durch die Kreditleihe werden die Mittel der Bank nur beansprucht, wenn der Kunde seinen Verpflichtungen nicht nachkommt. – 2. *Arten:* → Avalkredit, → Akzeptkredit, Rembourskredit (→ Remboursgeschäft). – *Gegensatz:* → Geldleihe.

Kreditlimit – einem Kunden aufgrund seiner → Kreditwürdigkeit eingeräumter Kredit-Höchstbetrag. – Vgl. auch → Kreditlinie, → Kreditfazilität.

Kreditlinie – 1. *Kreditgeschäft:* Einem Kreditnehmer entsprechend der Kreditzusage eingeräumter Kreditrahmen. Die Krediteinräumung kann nach außen dokumentiert (→ Kreditvertrag) oder intern von der Bank festgesetzt worden sein. – *Offene* Kreditlinien entstehen, wenn die eingeräumten Höchstbeträge nicht beansprucht werden. – *Ähnlich:* → Kreditplafond, → Fazilität. – 2. *Außenhandel:* Beträge, bis zu denen (1) bei bilateralen Verrechnungsabkommen ein Land vom Partnerland Kredit erhalten darf; (2) bei multilateralen Verrechnungsabkommen ein Land (Mitglied) Kredit gewähren muss und/oder Kredite von der multilateralen Verrechnungsstelle erhalten kann.

Kreditliste → schwarze Liste.

Kreditmarkt – *Finanzmarkt.* 1. *Begriff:* Bezeichnung für den weder örtlich noch zeitlich begrenzten Markt, auf dem Finanzmittel gehandelt werden. – 2. Der Kreditmarkt wird *unterteilt* in → Geldmarkt und → Kapitalmarkt. – 3. *Funktion der Kreditinstitute:* a) Kreditinstitute sind auf dem Kreditmarkt als *Kreditnehmer* tätig, indem sie Finanzmittel sammeln. – b) Sie sind *Kreditgeber*, indem sie Gelder ausleihen. – c) Sie sind *Kreditvermittler*, indem sie Anbieter und Nachfrager zusammenführen.

Kreditoren – 1. *Begriff:* a) *I.e.S.:* Gläubiger einer Unternehmung aus den auf Kredit bezogenen Waren (→ Gläubiger). – b) *I.w.S.:* Gläubiger aller Art, z.B. auch Bank- und Darlehensgläubiger, Maschinenlieferanten. – 2. *Buchung:* Die Konten der Kreditoren werden in den Büchern des Unternehmens beim Warenbezug erkannt (Gutschrift ins Haben) und bei Begleichung der Rechnung belastet (Lastschrift ins Soll); häufig in Form des → Kontokorrents.

Kreditplafond – 1. Einem *öffentlichen* → Schuldner (meist gesetzlich) eingeräumte → Kreditlinie. Die Höhe der Kreditplafonds von Bund und Ländern bzw. den → Sondervermögen des Bundes war bis 1994 im Bundesbankgesetz geregelt (§ 20 BBankG). Diese Kreditplafonds waren ausnutzbar durch Kassenkredite oder Schatzwechselkredite. – 2. Kreditplafond im *privaten Sektor* ist der Gesamtbetrag, der zur Kreditgewährung für bestimmte Zwecke zur Verfügung steht, z.B. die Kreditplafonds A, C, D und E der → Ausfuhrkreditgesellschaft mbh (AKA).

Kreditplafondierung – kreditpolitisches Instrument (→ Kreditpolitik); Verfahren der Kreditrationierung, bei dem die Zentralbank oder die Regierung den Kreditgebern (Banken) Vorschriften über die maximale Höhe zusätzlicher Kredite macht, die diese vergeben dürfen. – In der Bundesrepublik Deutschland wird dieses kreditpolitische Instrument nicht angewendet.

Kreditpolitik – Gesamtheit aller Maßnahmen einer Zentralbank bzw. einer nationalen Bankenaufsichtsbehörde zur Regulierung des (1) volkswirtschaftlichen Kreditvolumens und der Kreditkonditionen, (2) der Kreditschöpfung und des Kreditangebots bzw. (3) der Refinanzierungs- und Liquiditätsstrukturen zur Solvenzsicherung. Ziel der Notenbank ist die Beeinflussung der Ausgabentätigkeit der Wirtschaftssubjekte, um damit auf Beschäftigung, Wachstum und Preisentwicklung einzuwirken (→ Geldpolitik; geldpolitische Transmission). Die Strukturrichtlinien dienen der Stärkung des Vertrauens in das Bankensystem.

Kreditprolongation → Prolongation.

Kreditprovision – Entgelt für die Bearbeitung oder Bereitstellung eines Kredits. – Vgl. auch → Provision.

Kreditprüfung → Kreditrevision.

Kreditrationierung – Form des → Marktversagens am → Kapitalmarkt, bei dem v.a. kleinere Unternehmen mit geringen Kreditsicherheiten von der Kreditvergabe ausgeschlossen bleiben, obwohl sie in der Lage und gewillt sind, den Kapitalmarktzins inkl. Risikoprämie zu zahlen.

Kreditrationierungsthese – These über die Reaktion von Kreditgebern auf steigendes Ausfallrisiko durch erhöhten Verschuldungsumfang des Kreditnehmers: Der Kreditgeber schränkt den Kreditumfang ein. – *Anders:* → Risikoabgeltungsthese.

Kreditreserve – Teil der einer Unternehmung zur Verfügung stehenden oder ggf. realisierbaren Kreditsumme (z.B. offene → Kreditlinie), der nicht zur Abdeckung von laufenden Verbindlichkeiten verwandt werden darf, weil er für den Fall zurückbehalten werden muss, dass unerwartet Kapitalbedarf eintritt. – Vgl. auch → Liquiditätspolitik, → Liquiditätsreserven der Geschäftsbanken.

Kreditrestriktion – währungspolitische Maßnahme (→ Geldpolitik) zur Einschränkung des volkswirtschaftlichen Kreditvolumens mit Maßnahmen zur Erhöhung der Kreditkosten. Ziel ist eine Einschränkung der gemeinschaftlichen (bes. der kreditfinanzierten) Nachfrage zur Bekämpfung einer → Inflation.

Kreditrevision – planmäßige, kritische Untersuchung der Kreditengagements eines Kreditinstituts sowie des Inhalts, der Art und des Ablaufs der Kreditentscheidung, -bearbeitung und → Kreditüberwachung durch nicht im Kreditgeschäft selbst tätige Revisoren. Die Kreditrevision befasst sich insbesondere mit der Prüfung und Beurteilung der Einhaltung der Vorgaben nach den MaRisk für das Kreditgeschäft. Die nach Basel II und SolvV erforderlichen Kreditratingsysteme sind von den Kreditinstituten regelmäßig zu überprüfen. Diese Prüfung ist häufig wesentlicher Bestandteil der Aufgaben der Kreditrevision und dient v.a. der Beurteilung des Risikomanagementsystems der Adressenausfallrisiken von Kreditinstituten. Neben Einzelfallprüfungen (Stichprobenverfahren) bedient sich die Kreditrevision risikoorientierter Prozessprüfungen (Systemprüfungen). Die Kreditrevision findet in regelmäßigen oder unregelmäßigen Zeitabständen oder aber aus bes. Veranlassung als Sonderprüfung für einzelne Kreditengagements durch eine neutrale Stelle (interne Revision) statt. Die interne Revision ist direkt der Geschäftsleitung eines Kreditinstitutes angegliedert oder unterstellt. Daneben unterliegen alle Kreditinstitute einer externen Kreditrevision durch Wirtschaftsprüfungsgesellschaften, Prüfungsverbände oder Verbandsrevisoren. Durch die Kreditrevision sollen → Kreditrisiken vermindert und Ausfälle im → Kreditgeschäft minimiert werden.

Kreditrisiko – 1. *Begriff:* spezifisches Wagnis der Geschäftsbanken bei Gewährung von Krediten: Forderungsausfallrisiko, das in der Gefahr des teilweisen oder vollständigen Ausfalls vertraglich vereinbarter Zins- und Tilgungszahlungen besteht, die ein Kreditnehmer zu erbringen hat (Kreditausfallrisiko).

Dem Risiko der Nichterfüllung des Rückzahlungsanspruchs bei einem Barkredit entspricht bei einer Kreditleihe das Risiko der Nichterfüllung des Revalierungsanspruches. – 2. *Arten:* a) *Einzelrisiken:* Hierunter sind Engagements zu verstehen, denen erkennbar eine akute oder eine erhöhte latente Ausfallgefahr anhaftet; – b) *Volumenrisiken:* Mit dem Wachstum des Kreditvolumens steigert eine Bank i.Allg. und unter sonst gleichen Umständen ihr Risikopotenzial; – c) *Streuungsrisiko:* Unter sonst gleichen Umständen ist der Risikogehalt eines Kreditbestandes um so höher, je ungünstiger die Ausleihungen gestreut wurden, d.h. je geringer die → Diversifikation bez. Kredithöhe, Branchen und Regionen (bei Auslandsengagements: Ländern), sowie Art der Absicherung ist. Man könnte auch von Strukturrisiken sprechen. – 3. *Indikatoren:* a) *Einzelrisiken:* Bestand an Einzelwertberichtigungen (EWB) in Prozent der Kundenkredite; Veränderungen der EWB, ohne Verbrauch, in Prozent der Kundenkredite; Anmerkungsbedürftige Kredite (mit erhöht-latenten Risiken) in Prozent der Kundenkredite; Risiken in Großkrediten in Prozent des haftenden Eigenkapitals (hEK) bzw. der Eigenmittel, soweit nicht durch EWB gedeckt. – b) *Volumenrisiken:* SolvV gemäß § 10 KWG; Eigenkapitalquote (hEK in Prozent des Geschäftsvolumens). Abweichung der Wachstumsrate des Kreditvolumens von der gruppendurchschnittlichen Rate nach oben. – c) *Streuungsrisiken:* (1) *Größenstreuung:* Streuungsmaß, errechnet aus der Aufgliederung der Kredite nach Größenklassen; Großkredite in Relation zum hEK (§ 13 III und IV KWG); Durchschnittsbetrag der Forderungen an Kreditinstitute in Prozent der gesamten Interbankforderungen. (2) *Branchenstreuung:* Streuungsmaß, errechnet anhand der Branchengliederung; Kredite an Not leidende Branchen im Verhältnis zum hEK. (3) *Regionale Streuung (national):* Ausleihungen an Schuldner in Gebieten mit schlechter Wirtschaftslage in Prozent der Kundenforderungen; Ausleihungen an Schuldner außerhalb des Geschäftsgebietes in Prozent der Kundenforderungen. (4) *Länderstreuung:* Kredite an Entwicklungsländer und Schwellenländer in Prozent der Kundenforderungen; die fünf höchsten derartigen Länderkredite in Prozent der Kundenforderungen. (5) *Streuung nach der Art der Absicherung:* Blankokredite bzw. -anteile in Prozent der Kundenforderungen; Kredite mit zweifelhaften Sicherheiten (z.B. Sicherungsübereignungen, Forderungsabtretungen) in Prozent der Kundenforderungen; Kredite, die nicht Realkredite und Kommunalkredite sind, in Prozent der Kundenforderungen. – 4. *Inhalt:* I.Allg. wird das Kreditrisiko nur in der mangelhaften Bonität des Kreditnehmers oder aber auch in einer nicht ausreichenden Besicherung gesehen. Dieses Verlustrisiko ist jedoch zu präzisieren und um die Beschreibung weiterer Risiken, die mit einer Krediteinräumung verbunden sein können, zu ergänzen (Einzelrisiken): a) Bei *Auslandskrediten* ist darauf hinzuweisen, dass trotz guter Bonität des Schuldners Verluste entstehen können, wenn ausländische staatliche Stellen den Devisentransfer *(Transferrisiko)* für Zinsen und Tilgung verbieten, keine Devisen vorhanden sind oder die Verwertung von Sicherheiten unmöglich gemacht wird. – b) Ein → Liquiditätsrisiko kann für das Kreditinstitut entstehen, wenn der Kreditnehmer mit seinen Zins- und Tilgungsraten in Verzug gerät (Terminrisiko). Obwohl Kreditinstitute wegen ihrer vergleichsweise guten Möglichkeiten, sich Liquidität zu beschaffen (z.B. über Geldmarkt), dieses Risiko meist auffangen, können sich daraus negative Wirkungen auf die Rentabilität ergeben. Ferner kann der erwartete Ertrag aus einem Kreditgeschäft auch dadurch gefährdet werden, dass bei fest vereinbarten Kreditzinssätzen durch Verteuerung der Refinanzierung die Zinsspanne sinkt (→ Zinsänderungsrisiko). Dieses Risiko lässt sich durch kongruente Refinanzierung oder Überwälzung auf den Kreditnehmer (Zinsgleitklausel, Vorfälligkeitsgebühr/-entgelt) begrenzen. – c) Gleiches gilt für das → Währungsrisiko, das bei Währungskrediten zum Tragen kommt, wenn am Fälligkeitstag für den Umtausch des Fremdwährungsbetrags in die eigene Währung ungünstigere Kurse zugrunde liegen als erwartet. – 5. *Einzelrisiken und Gesamtrisiko:* Jedes Kreditgeschäft kann durch mehrere Faktoren negativ beeinflusst werden. Diese Risikoursachen können einzeln oder in einer bestimmten Kombination zu einem teilweisen oder völligen Kreditausfall führen. Es liegt daher nahe, auf Kreditrisiken einen Portfolioansatz anzuwenden, der die Korrelationen der Verlustrisiken aus den einzelnen Krediten berücksichtigt. Solch eine portfolioorientierte Betrachtungsweise der Kreditrisiken setzt sich seit den 1990er-Jahren zur Messung und Steuerung der Kreditrisiken mehr und mehr durch.

Kreditrisiko aus Lieferungen und Leistungen – Die Kreditrisiken sind für den Warenkreditgeber wegen der im Vergleich mit Banken schwierigeren Informationsbeschaffung und der schlechten Sicherheitenposition größer als bei Kreditinstituten. Er muss deshalb bes. auf die Streuung von Risiken achten, um nicht durch Insolvenz der Kunden selbst in Mitleidenschaft gezogen zu werden. – *Instrumente der Risikominimierung:* a) Versicherung der Debitoren über eine Kreditversicherung; – b) Einräumung von Kreditlimiten für einzelne Abnehmer und deren strenge Überwachung; – c) → Factoring; – d) → Forfaitierung. In die Limitberechnung gehen ein: (1) die derzeitige (oder mögliche) durchschnittliche Warenabnahme des Kunden, (2) das gewährte Zahlungsziel, (3) die Kreditwürdigkeit des Kunden (Nachfrage bei Auskunfteien und Banken), (4) evtl. gestellte Sicherheiten und (5) Höchstdeckungsgrenze der Warenkreditversicherung.

Kreditschöpfung der Geschäftsbanken → Geldtheorie.

Kreditschutz – 1. *Organisation* (bes. für den kreditgebenden Einzelhandel) zur Sicherung gegen → Kreditbetrug durch die Kunden. Auf gemeinnütziger

Kreditsicherheiten – Arten

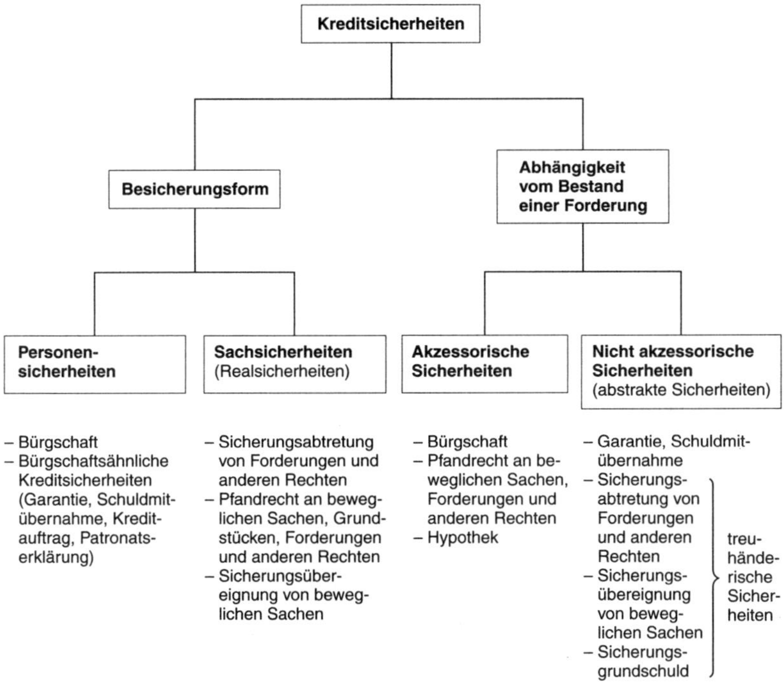

Grundlage tätige Vertrauensorganisation, die ihren Mitgliedern schnell Auskünfte über die Belastung von Abzahlungskunden gibt. Die Mitglieder machen laufend Meldung über von ihnen gewährte Kredite und ihre Erfahrungen bez. der → Kreditwürdigkeit einzelner Kunden. – 2. *Bes. Kreditschutzvereine* für die Sicherung von wirtschaftlichen Unternehmungen gegen neu eröffnete Scheingesellschaften oder schlechte Schuldner. Die Kreditschutz-Vereine sind Auskunfteien ähnlich; zusätzlich ziehen sie Forderungen ein und ermöglichen gemeinsames Vorgehen bei Insolvenzen. – Vgl. auch Schutzgemeinschaft für allg. Kreditsicherung (→ SCHUFA).

Kreditsicherheiten – 1. *Begriff:* Vermögensgegenstände (→ Sachen und → Rechte), die den → Gläubiger gegen das Ausfallrisiko (→ Kreditrisiko) aus einer Kreditgewährung absichern sollen. Auf Sicherheiten bestehen Kreditinstitute v.a. im mittel- und langfristigen Bereich, weil dort der Verlass auf die weiter bestehende → Kreditwürdigkeit (Bonität) des Kreditnehmers angesichts der nicht vorhersehbaren künftigen wirtschaftlichen Entwicklungen oft nicht gegeben und daher die Gewährung eines Blankokredites mit nicht vertretbaren Risiken verbunden ist. – 2. *Arten:* (1) Nach der Art des Sicherungsgegenstandes: → Personensicherheiten, → Sachsicherheiten; (2) im Hinblick auf die Abhängigkeit von der zu sichernden → Forderung: Akzessorische Kreditsicherheiten, nicht akzessorische (abstrakte) Kreditsicherheiten. – Vgl. Abbildung „Kreditsicherheiten – Arten". –3. *Qualität:* Bei Personensicherheiten bildet das gesamte der → Zwangsvollstreckung unterliegende → Vermögen (abzüglich der → Schulden) des Sicherungsgebers die Vermögens- und damit Sicherungsgrundlage. Bei Sachsicherheiten entscheidet der zu ermittelnde Wert des Sicherungsgegenstandes. Die Werthaltigkeit soll während der Laufzeit des → Kredites erhalten bleiben. Die Qualität der Bewertung erweist sich regelmäßig im Insolvenzverfahren. Personensicherheiten versagen im → Insolvenzverfahren des Sicherheitengebers, weil sie nur eine einfache Insolvenzforderung darstellen, während die Sachsicherheiten ein bevorzugtes Recht in Form der → Absonderung gemäß §§ 49 ff. InsO gewähren. – 4.

Kreditsicherheit – Maßnahmen der Kreditsicherung

Kreditsicherung

- **Kreditprüfung**
  Prüfung der
  – Kreditfähigkeit
  – Kreditwürdigkeit
  – angebotenen Sicherheiten
  des den Antrag stellenden Kreditnehmers
- **Kreditstreuung**
  Verteilung der Kredite auf unterschiedliche
  – Kunden
  – Branchen
  – Kreditarten
  – Laufzeiten
- **Kreditlimitierung**
  Festsetzung von Kredithöchstbeträgen für
  – einzelne Kunden
  – Kreditarten
  – Geschäftssparten
- **Kreditbesicherung**
  Vereinbarung von Sicherungsrechten für den Fall der
  – vollständigen
  oder
  – teilweisen nicht vertragsgemäßen
  Erfüllung des Kreditvertrages
- **Kreditüberwachung**
  Überwachung von
  – Zinszahlungen
  – Tilgungen
  – Kreditlimiten
  – Sicherheiten
  – Kreditwürdigkeit

Ersatzsicherheiten: Als Ersatzsicherheiten (Ersatzsicherheiten im Kreditgeschäft) haben sich → Patronatserklärungen, Organschaftserklärungen sowie → Negativ-Erklärungen und Positiverklärungen, der Kommanditrevers und das Zurücktreten mit Forderungen herausgebildet. – 5. *Überwachung:* Abhängig von der Art der Kreditsicherheit wird das Kreditinstitut im Rahmen der → Kreditüberwachung von Zeit zu Zeit untersuchen, ob die Sicherheit noch vorhanden und in gutem Zustand ist und deren Wert überprüfen. – 6. *Verwertung:* Bei Insolvenz eines Kreditnehmers und Abwicklung seines Kreditengagements wird die Gläubigerbank die ihr zur Verfügung stehenden Sicherheiten schnellst- und bestmöglich verwerten, um den Ausfall an → Kapital und → Zinsen niedrig zu halten. Die Methode und die Schwierigkeit der → Verwertung ist von der Art der Sicherheit abhängig. – 7. *Maßnahmen der Kreditsicherung:* a) *Kreditprüfung:* Prüfung der → Kreditfähigkeit, der → Kreditwürdigkeit des antragstellenden Kreditnehmers und der angebotenen Sicherheiten. – b) *Kreditstreuung:* Verteilung der Kredite auf unterschiedliche Kunden, Branchen, Kreditarten, Laufzeiten. – c) *Kreditlimitierung:* Festsetzung von Kredithöchstbeträgen für einzelne Kunden, Kreditarten, Geschäftssparten. – d) → Kreditbesicherung: Vereinbarung von Sicherungsrechten für den Fall der vollständigen oder teilweisen nicht vertragsmäßigen → Erfüllung des → Kreditvertrages. – e) → Kreditüberwachung: Überwachung von Zinszahlungen, → Tilgungen, → Kreditlimits, Sicherheiten, der künftigen Entwicklung der Kreditwürdigkeit des Schuldners. – Vgl. Abbildung „Kreditsicherheit – Maßnahmen der Kreditsicherung".

Kreditsicherung – Hingabe von Vermögenswerten oder Rechten daran als Sicherung des Gläubigers vor Verlusten aus gewährten Krediten. – *Möglichkeiten der Kreditsicherung:* (1) Belastung von Grundstücken durch Eintragung von → Hypotheken oder → Grundschulden in das Grundbuch; (2) → Sicherungsübereignung oder Sicherungszession von Mobilien, bes. des Warenlagers; (3) Verpfändung bzw. Beleihung von sonstigen Vermögenswerten, z.B. Lombardierung von Wertpapieren; (4) Bürgschaftsübernahme durch Dritte (→ Bürgschaft) oder andere Verpflichtungserklärungen, z.B. Negativ- oder Positiverklärungen; (5) → Eigentumsvorbehalt bei Lieferung von Waren auf Ziel. – Vgl. auch → Kreditsicherheiten.

Kreditsicherungsgarantie – *Kreditgarantie;* Form der → Bankgarantie, die den Garantiebegünstigten (Kreditgeber) vor den finanziellen Folgen des Risikos schützt, dass ein Schuldner seine Verpflichtungen aus einem Kreditverhältnis nicht bzw. (je nach Garantieinhalt) nicht rechtzeitig erfüllt.

Kreditstatus → Status.

Kredittäuschungsvertrag – Vertrag, bei dem die Parteien bewusst Außenstehende über die → Kreditwürdigkeit des einen Partners täuschen. – *Beispiel:* Geheimgehaltene → Sicherungsübereignung des gesamten Warenlagers kann, sofern es sich praktisch um den einzigen Vermögensgegenstand des Schuldners handelt, gegen die guten Sitten verstoßen und gemäß § 138 BGB als Kredittäuschungsvertrag nichtig sein.

Kredittheorie → Geldtheorie.

Kreditüberwachung – laufende Beobachtung, Beurteilung und Auswertung von Kreditrisiken. Die Kreditüberwachung in einer Bank hat eine Informations- sowie eine Sicherungsfunktion. Sie muss sicherstellen, dass negative Entwicklungen von Kreditengagements rechtzeitig erkannt werden. Durch entsprechende Aktivitäten (Krisen-,

Sanierungsmanagement) soll das Kreditrisiko dann wieder in den Normalbereich zurückgeführt werden, ansonsten ist die Abwicklung des Engagements erforderlich.

Kreditunterlagen – Der Bank müssen zur Entscheidung über einen → Kreditantrag die Bilanzen der letzten drei Jahre nebst → Gewinn- und Verlustrechnungen (GuV) vorliegen sowie ggf. Lage- und Bilanzbericht. Zum laufenden Geschäftsjahr ist die Einreichung von Zwischenzahlen und der Unternehmensplanung wünschenswert oder sogar erforderlich. – Bei einer Neuverbindung müssen (bei eingetragenen Firmen) Handelsregisterauszug und bei Gesellschaften die aktuelle Fassung des Gesellschaftsvertrages präsentiert werden. – Bei Übernahme der persönlichen Haftung von Inhabern, Gesellschaftern, Geschäftsführern benötigt die Bank eine aktuelle Aufstellung des Privatvermögens und der privaten Schulden; sowie zur Klärung der steuerlichen Situation Steuerbescheide, bes. zur Einkommensteuer. – Sofern das Privatvermögen persönlich haftender Personen Immobilienvermögen beinhaltet, sind Objektunterlagen (Taxe oder technische Unterlagen, Lichtbilder, Ertragsrechnungen, Grundbuchauszüge, ggf. auch Miet- oder Darlehensverträge) für die Bank von Interesse. – Geldvermögen kann durch Konto- oder Depotauszüge nachgewiesen werden. – Der letzte Betriebsprüfungsbericht des Finanzamtes kann ebenfalls für die Kreditbeurteilung wichtig sein. – Soll im Rahmen einer zu beantragenden Kreditgewährung ein bisher dem Kreditinstitut unbekanntes Objekt beliehen werden, dann sollten folgende Unterlagen eingereicht werden: (1) Grundbuchauszug, wenn das Objekt bereits Eigentum ist, sonst Kaufvertrag, zumindest im Entwurf, (2) Taxe, wenn noch nicht vorhanden: technische Unterlagen, (3) Zeichnungen, wenn es sich um ein Bauvorhaben handelt, (4) Lichtbilder bei fertigem Objekt, (5) technische Unterlagen, Baugenehmigung bei Bauvorhaben, (6) Lageplan/Katastermaterial, (7) Baukostenaufstellung, nur bei unfertigen Bauvorhaben, (8) Gebäude-Versicherungspolice und (9) Gebrauchsabnahmeschein, soweit vorhanden und erforderlich. – Wichtig ist, dass den Unterlagen ein Inhaltsverzeichnis vorgeheftet ist, alle Blätter durchnummeriert sind und möglichst auf jedem Blatt der Kreditnehmername erkennbar ist. Letzteres ist bes. dann bedeutsam, wenn die Blätter nicht gebunden sind.

Kreditverbriefung – *Asset Securitization*, wertpapiermäßige Verbriefung von Kreditforderungen, die damit handelbar gemacht werden und am Kapitalmarkt platziert werden können. Grundsätzlich sind für eine Verbriefung alle Forderungen geeignet, die regelmäßige Rückflüsse (→ Cash-Flow) aufweisen: Unternehmenskredite, Immobilienkredite, Autokredite, Kreditkartenschulden und viele mehr. Die so besicherten Wertpapiere werden als Asset Backed Securities (ABS) bezeichnet, also durch Vermögen (asset) besicherte (backed) Wertpapiere (securities). – Die Grundstruktur: Zunächst verkauft ein Gläubiger, der Originator (das sind z.B. Banken oder Kreditkartenorganisationen) ein Pool verschiedener Kreditforderungen an eine für diesen Zweck gegründete Gesellschaft (Special Purpose Vehicle – SPV). Diese Zweckgesellschaft emittiert Wertpapiere oder stellt → Schuldscheindarlehen aus und platziert diese am Kapitalmarkt. Die Wertpapiere sind durch die Zahlungsansprüche aus den Krediten besichert. Die Güte der Wertpapiere hängt damit maßgeblich von der Güte der verkauften Kreditforderungen ab. Da die Investoren zumeist die Qualität nicht beurteilen können, wird eine Rating-Agentur mit der Beurteilung der Risiken der ABS beauftragt. Die ursprünglichen Kreditbeziehungen zwischen den Kreditgebern und Kreditnehmern werden nicht geändert, häufig wissen die Kreditnehmer nicht einmal von der Weitergabe. Die Zins- und Tilgungsleistungen der Wertpapiere werden im Wesentlichen aus den Zahlungsrückflüssen der Kredite getätigt. Mit dem Inkasso der Forderungen und aller damit verbundenen Verwaltungstätigkeiten wird ein Service-Agent beauftragt. Darüber hinaus wird ein Treuhänder (Trustee) eingeschaltet, häufig eine Wirtschaftsprüfungsgesellschaft, dem im Interesse der Investoren Kontrollrechte eingeräumt werden. – Vorteile solcher ABS-Transaktionen sind für den Forderungsverkäufer (Originator) v.a. die Beschaffung von liquiden Mitteln, die bei Forderungen bester → Bonität zumeist sehr günstig ist, und die Verbesserung der Bilanzkennzahlen wie z.B. die Eigenkapitalquote. Für Kreditinstitute besteht ein weiterer Vorteil darin, dass die verkauften Forderungen nicht mehr mit haftendem Eigenkapital unterlegt werden müssen, das der Gesetzgeber für risikobehaftende Geschäfte fordert (§§ 10 – 10 c KWG, SolvV). Dadurch entsteht ein Spielraum für die Vergabe neuer Kredite. Für Investoren sind ABS-Anlageformen vorteilhaft, bieten sie ihnen die Möglichkeit, an der breiten Streuung von Forderungen teilzuhaben und ein gutes Rendite-Risikoverhältnis zu realisieren. – ABS-Transaktionen sind seit Anfang der 1990er-Jahre auch in Deutschland verbreitet. Da spezielle ABS-Finanzierungen in den USA und der massenhafte Forderungsausfall von Immobilienkrediten als Auslöser für die Finanzmarktkrise 2008 gesehen werden (→ Subprime-Krise), brach der Markt für die Kreditverbriefung danach erheblich ein. Mittlerweile wurden die Verbriefungsregelungen für Kreditinstitute verschärft und für mögliche Risikorückbehalte aus dem Forderungsverkauf eine Anrechnung auf das haftende Eigenkapital vorgenommen.

Kreditverfügbarkeitstheorie → Availability Doctrine.

Kreditversicherung – *Delkredereversicherung.* – 1. *Begriff:* Versicherung gegen das Ausfallrisiko von Forderungen aus Warenlieferungen, Werklieferungen sowie Dienst- und Werkleistungen. – 2. *Arten:* a) → Warenkreditversicherung, b) → Ausfuhrkreditversicherung, c) Investitionsgüterkreditversicherung,

d) Konsumentenkreditversicherung, e) die Vertrauensschadensversicherung und die → Kautionsversicherung werden in der Literatur ebenfalls als Arten der Kreditversicherung genannt. Dies ist dogmatisch nicht zutreffend, da die Kreditversicherung nur den Ausfall kreditierter Forderungen infolge von → Zahlungsunfähigkeit des Kunden absichert (vgl. Anlage A, Ziff. 14 VAG). – 3. → Versicherungsfall: a) *Merkmale:* Ereignis, das die Leistungspflicht des Kreditversicherers nach Verwirklichung des Ausfallrisikos auslöst. Teilweise knüpfen die Kreditversicherer den Eintritt des Versicherungsfalls nicht nur an den Forderungsausfall infolge von Zahlungsunfähigkeit des Kunden bzw. der Uneinbringlichkeit der versicherten Forderung, sondern auch an die Beauftragung eines Inkassobüros oder Rechtsanwalts, die spätestens zum Ablauf der im → Versicherungsschein festgelegten Wartefrist erfolgen muss. – b) *Auslösende Ereignisse in der Waren-, Ausfuhr- und Investitionsgüterkreditversicherung:* (1) Protracted Default. (2) Insolvenz: Eröffnung des Insolvenzverfahrens über das Vermögen des Kunden bzw. die Abweisung der Eröffnung mangels Masse durch das Insolvenzgericht. (3) Feststellung der Annahme eines Schuldenbereinigungsplans durch das Gericht (vgl. § 308 I InsO). Bei Verbraucherinsolvenzen muss vor Durchführung des Insolvenzverfahrens eine Schuldenbereinigung mit den Gläubigern versucht werden. (4) Zustandekommen eines außergerichtlichen Liquidations- oder Quotenvergleichs mit sämtlichen Gläubigern. (5) Durch den Versicherungsnehmer vorgenommene → Zwangsvollstreckung in das Vermögen des Kunden, die nicht zur vollen Befriedigung geführt hat. (6) Erzielung eines Mindererlöses bei anderweitiger Verwertung der zurückgenommenen Ware, die im Einvernehmen mit dem Kreditversicherer bei drohender Zahlungsunfähigkeit des Kunden durchgeführt wird. – c) *Besonderheiten in der Ausfuhrkreditversicherung:* Da die Versicherungsfälle der Insolvenz, des außergerichtlichen Vergleichs oder der fruchtlosen Zwangsvollstreckung nach ausländischem Recht am Sitz des Kunden beurteilt werden, haben die Kreditversicherer einen Auffangtatbestand geschaffen, indem sie im Ausland ein Ereignis dann als Versicherungsfall ansehen, wenn dieses nach dem Rechtssystem des jeweiligen Schuldnerlands einem der vorgenannten auslösenden Ereignisse entspricht. Bei Deckung des politischen Risikos ist i.d.R. das auslösende Ereignis eingetreten, wenn die vertragsgemäße Erbringung der vereinbarten Leistung durch den Versicherungsnehmer oder nach deren Erbringung die Erfüllung in jeder Form infolge von Krieg, kriegerischen Ereignissen, inneren Unruhen, Aufruhr oder Revolution verhindert wird und die im Versicherungsschein festgelegte Frist, beginnend mit dem Tag der Erteilung eines Inkassoauftrags, ohne Zahlung verstrichen ist. – d) *Auslösendes Ereignis in der Konsumentenkreditversicherung:* Die Zahlungsunfähigkeit wird i.d.R. nachgewiesen, wenn der Versicherungsnehmer (Kreditinstitut) berechtigterweise die Kredite gekündigt oder fällig gestellt hat, weil die vertraglichen Zahlungsverpflichtungen nicht ordnungsgemäß erfüllt wurden. – 4. *Versicherte Forderungen:* Versichert sind nur vertraglich begründete Forderungen aus Waren- und Werklieferungen sowie aus Dienst- und Werkleistungen. Finanzkredite werden nicht vom Versicherungsschutz erfasst. Die Forderungen müssen frei von Gegenrechten des Kunden und im regelmäßigen Betrieb des Versicherungsnehmers entstanden sein. Der Versicherungsschutz beginnt in der benannten Versicherung erst mit der Festsetzung eines Kreditlimits in der Kreditmitteilung und in der Pauschaldeckung mit Beginn des Versicherungsvertrags, sofern die Forderungen im Rahmen der Selbstprüfung liegen. In der Waren- und der Ausfuhrkreditversicherung gilt als Voraussetzung für den Versicherungsschutz, dass Forderungen aus Lieferungen und Leistungen entweder bereits fakturiert sind oder innerhalb von 30 Tagen nach Versendung oder nach der Leistung fakturiert werden. Bei der Deckung des Fabrikationsrisikos und in der Investitionsgüterversicherung beginnt der Versicherungsschutz bereits vor der Faktura, nicht jedoch vor dem in der Kreditmitteilung genannten Termin. Die Allgemeinen Versicherungsbedingungen (AVB) enthalten zudem Bestimmungen, wann der Versicherungsschutz ausgeschlossen ist (vgl. Risikoausschlüsse). – 5. *Selbstbeteiligung:* In der Kreditversicherung und in der Vertrauensschadensversicherung ist der Versicherungsnehmer an jedem Ausfall bzw. Schaden zu einem bestimmten Prozentsatz (üblicherweise zwischen 10 und 30 Prozent) beteiligt. Die AVB sehen i.d.R. vor, dass die Selbstbeteiligung nicht anderweitig versichert oder gesondert abgesichert werden darf. Durch Vereinbarung eines Selbstbehalts hat der Versicherungsnehmer ein eigenes Interesse, den Eintritt eines Versicherungsfalls zu vermeiden und seiner Schadenminderungspflicht nachzukommen. – 6. *Schadenminderungspflicht:* Die AVB erlegen dem Versicherungsnehmer die Obliegenheit auf, mit der Sorgfalt eines ordentlichen Kaufmanns alle zur Vermeidung oder Minderung eines Ausfalls geeigneten Maßnahmen auf eigene Kosten zu ergreifen und dabei den Weisungen des Kreditversicherers zu folgen. Dies bezieht sich insbesondere auf die rechtzeitige Verwertung von Sicherheiten. – 7. *Risikoausschlüsse:* In den AVB der Kreditversicherer sind Ausschlusstatbestände für das Bestehen von Versicherungsschutz geregelt. So besteht für Forderungen gegenüber öffentlich-rechtlichen Abnehmern kein Versicherungsschutz, es sei denn, das politische Risiko wird auch in Deckung genommen (vgl. → Ausfallrisiko), sowie bei Forderungen gegenüber Verbrauchern. Nicht versichert sind zudem Forderungen gegenüber Kunden, an denen der Versicherungsnehmer mittelbar oder unmittelbar mehrheitlich beteiligt ist bzw. im Fall der entsprechenden Beteiligung des Kunden beim Versicherungsnehmer. Nicht versichert sind weiter Ausfälle, die durch Krieg oder durch nukleare Ursachen oder Naturkatastrophen verursacht wurden. Versicherungsschutz besteht nicht für Forderungen aus

Waren- und Werklieferungen sowie Dienst- und Werkleistungen, für deren Durchführung der Versicherungsnehmer die erforderlichen Genehmigungen nicht eingeholt hat, sowie aus der Lieferung von Waren, deren Einfuhr in dem Bestimmungsland gegen ein bestehende Verbot verstößt oder deren Ausfuhr in Deutschland gegen ein bestehendes Verbot verstößt. Ebenfalls nicht versichert sind die Umsatzsteuern, Zölle, sonstige Steuern, die aufgrund des grenzüberschreitenden Verkehrs entstehen, Verzugs- und Fälligkeitszinsen, Vertragsstrafen, Schadenersatzforderungen, Kosten der Rechtsverfolgung und Kursverluste. Besonderheiten in der Waren- und Ausfuhrkreditversicherung: Nicht versichert sind Forderungen aus der Vermietung oder Verpachtung sowie Forderungen, bei denen der Versicherungsnehmer mit seinen Kunden von vornherein ein längeres Zahlungsziel vereinbart, als im Versicherungsschein festgelegt worden ist. Zudem endet der Versicherungsschutz für alle Forderungen aus weiteren Lieferungen und Leistungen automatisch, sobald die im Versicherungsschein festgelegte Ausschlussfrist nach ursprünglicher Fälligkeit überschritten wird.

Kreditvertrag – 1. *Rechtsgrundlagen und Rechtsnatur:* Zwischen Kreditvertrag und Darlehensvertrag besteht kein rechtlicher Unterschied, denn alle Arten von Geldkrediten sind als Darlehen zu qualifizieren und unterliegen den §§ 488 ff. BGB. Das BGB verwendet nur den Begriff „Darlehensvertrag". Da diese Vorschriften überwiegend nicht zwingend sind, werden Kreditverträge oft durch → Allgemeine Geschäftsbedingungen (AGB) und einschlägige Formulare (Formularverträge) näher ausgestaltet. Ein Konsumentenkredit unterfällt u.U. den Schutzvorschriften des → Verbraucherdarlehens (§§ 491–498 BGB) und anderer Finanzierungshilfen (→ Abzahlungsgeschäft, → finanziertes Abzahlungsgeschäft). Soll ein Kredit gesichert werden, wird (bes. bei nicht akzessorischen Kreditsicherheiten bzw. treuhänderischen Sicherheiten) der Kreditvertrag durch eine Sicherungsabrede (Zweckerklärung) oder einen Sicherungsvertrag ergänzt. – 2. *Abschluss:* Bereits die Aufnahme von Verhandlungen über einen Kreditvertrag begründet zwischen den Beteiligten ein geschäftsähnliches → Schuldverhältnis (§ 311 II, III BGB). Der Abschluss eines Kreditvertrags erfordert eine Einigung über alle Regelungen einer Kündigung, die Kreditkosten, die Besicherung, den Gerichtsstand sowie die Einbeziehung der AGB. Oft wird ein Schuldschein ausgestellt, der kein → Wertpapier, aber eine wichtige Beweisurkunde ist. – 3. *Rechte und Pflichten der Beteiligten:* Der Kreditgeber ist verpflichtet, dem Kreditnehmer den Kredit vereinbarungsgemäß für die festgelegte Laufzeit zur Verfügung zu stellen. Ein Widerruf des Darlehensversprechens ist zulässig, wenn in den Vermögensverhältnissen des Kreditnehmers eine wesentliche Verschlechterung eintritt, durch die der Anspruch auf die Rückerstattung gefährdet wird (§ 490 I BGB). Wesentliche Pflichten des Kreditnehmers sind die Zahlung der Kreditzinsen und die Rückführung des Kredits; Letzteres ist freilich rechtlich keine Hauptpflicht im Gegenseitigkeitsverhältnis. Dem Kreditnehmer obliegen bestimmte Nebenleistungen. Bei Krediten für Privatkunden (Privatkundengeschäft) ist die SCHUFA-Klausel, bei Geschäftskunden (im Firmenkundengeschäft) die Negativerklärung bedeutsam. Eine Säumnis des Kreditnehmers bei der Zahlung von Zinsen oder Annuitäten löst nur dann die sofortige Fälligkeit ausstehender Beträge aus, wenn der Kreditvertrag dies vorsieht (Verfallklausel; → Schuldnerverzug). – 4. *Beendigung:* Ein Kreditvertrag mit fester Laufzeit endet grundsätzlich durch Zeitablauf, ansonsten ist eine Kündigung erforderlich (§ 488 III BGB). Ein zeitlich befristeter Kredit kann nach § 314 BGB auch innerhalb der Laufzeit aus außerordentlichem („wichtigem") Grund gekündigt werden (Kreditkündigung). – 5. *Mängel des Kreditvertrags:* Wie bei jedem Rechtsgeschäft können sich Mängel v.a. aus fehlender oder beschränkter Geschäftsfähigkeit, Fehlern im Hinblick auf die Stellvertretung oder eine behördliche Genehmigung sowie aus einer wirksamen Anfechtung ergeben. Zu beachten ist ferner, dass ein Verstoß gegen das Wucherverbot zur Nichtigkeit des Kreditvertrags führt (§ 138 II BGB). Alle Kreditarten mit Ausnahme des Kontokorrentkredits unterliegen dem Verbot des Zinseszinses (§ 248 I BGB), welches auch Umgehungsgeschäfte erfasst, wie v.a. die Abrede, künftiger Zins solle dem Kapital zugeschlagen werden. Hingegen berühren Verletzungen der §§ 13 ff. KWG (Großkredit, Millionenkredit, Organkredit) nach ihrem Schutzzweck nicht das Außenverhältnis zwischen Kreditinstitut und Kreditnehmer; sie führen daher nicht die Unwirksamkeit des Kreditvertrags herbei. Ebenso wenig bewirken Verstöße gegen die gesetzlich vorgeschriebenen Angaben des (anfänglichen) jährlichen Effektivzinses nach der Preisangabenverordnung und nach dem Verbraucherkreditgesetz die Nichtigkeit des Kreditvertrags. – 6. *Sonderregelungen* gelten für den Verbraucherdarlehensvertrag zwischen Unternehmer als Darlehensgeber und Verbraucher als Darlehensnehmer (§§ 491 ff. BGB). – Vgl. auch → Darlehen, Werbung für Kreditverträge.

Kreditwesengesetz (KWG) – Gesetz über das Kreditwesen i.d.F. vom 9.9.1998 (BGBl. I 2776), das durch Art. 2 des Gesetzes vom 1.3.2011 (BGBl. I S. 288) geändert worden ist. – *Hauptzweck:* Sicherung und Erhaltung der Funktionsfähigkeit der Kreditwirtschaft, Gläubigerschutz vor Verlust ihrer Einlagen; es soll die Grundlagen des Kreditwesens durch Regelung des Wettbewerbs, der Publizität und der → Bankenaufsicht sowie durch Vorschriften über Kreditgeschäft und Liquidität festigen. – *Vorschriften im Einzelnen:* Das KWG unterstellt sämtliche Institute (Kreditinstitute und Finanzdienstleistungsinstitute) sowie Institutsgruppen einer staatlichen Bankenaufsicht und führt ein vollständiges Konzessionssystem ein (→ Erlaubnis). Der Sicherheit der Einlagen dienen bes. die Vorschriften über eine Anzeigepflicht für → Großkredite, gewisse → Organkredite und Schaffung einer → Evidenzzentrale, die die beteiligten Kreditinstitute über → Millionenkredite eines Kreditnehmers unterrichtet; einschränkende Vorschriften über die → Liquidität. Weitere Bestimmungen über → Spareinlagen, Schutz der Bezeichnungen Bank und Sparkasse. Eine regelmäßige → Depotprüfung ist angeordnet (§ 29 II). Das Kreditwesengesetz enthält auch eine Reihe *Straf- und Bußgeldvorschriften* (§§ 54–60a). – In der Form des Privatbankiers (Einzelkaufmann) dürfen erlaubnispflichtige Kreditinstitute nicht betrieben werden. – Die letzte wesentliche Änderung erfuhr das KWG durch die 7. KWG-Novelle, die am 1.1.2007 in Kraft getreten ist. Mit ihr wurde die neue Baseler Eigenkapitalvereinbarung (Basel II) umgesetzt und die dt. bankaufsichtlichen Regelungen erheblich überarbeitet. Ergänzt wird das KWG seitdem durch die Solvabilitätsverordnung (SolvV), die Liquiditätsverordnung (LiqV) und die erweiterte Großkredit- und Millionenkreditverordnung (GroMiKV). Die SolvV hat Basel II in deutsches Recht umgesetzt; die ehemaligen Grundsätze I und II über die Eigenmittel und die Liquidität von Kreditinstituten wurden in den Status von Rechtsverordnungen überführt. Insgesamt soll den Kreditinstituten hierdurch die Möglichkeit, Risiken eingehen zu können, begrenzt werden.

Kreditwirtschaft → Geldwirtschaft.

Kreditwürdigkeit – *Bonität;* Maßstab für die Beurteilung der Fähigkeit eines potenziellen privaten oder institutionellen Kreditnehmers, für einen zur Verfügung gestellten Kredit vereinbarungsgemäß Zinsen und Tilgung leisten zu können. Die Kreditwürdigkeit ist abhängig von den persönlichen Verhältnissen sowie von den gegenwärtigen und zu erwartenden zukünftigen Einkommens- und Vermögensverhältnissen eines Kreditnehmers. Diese werden im Rahmen der → Kreditwürdigkeitsprüfung vor der Kreditvergabe überprüft.

Kreditwürdigkeitsanalyse → Kreditwürdigkeitsprüfung.

Kreditwürdigkeitsprüfung – *Kreditwürdigkeitsanalyse;* → Bonitätsprüfung.

I. **Allgemein:** Analyse der persönlichen und wirtschaftlichen Verhältnisse eines potenziellen Kreditnehmers zur Abschätzung des mit einer Kreditvergabe verbundenen Risikos. Das Ergebnis der Kreditwürdigkeitsprüfung dient als Entscheidungsgrundlage für die Gewährung beauftragter bzw. die Belassung eingeräumter Kredite.

II. **Kreditwürdigkeitsprüfung im Firmenkundengeschäft:** 1. *Begriff:* Prüfung der wirtschaftlichen und finanziellen Verhältnisse des Firmenkunden seitens der Bank mit dem Ziel der Risikoeinschätzung des Kreditengagements. – *Grundidee:* Die wirtschaftliche Situation des Kreditnehmers soll gewährleisten, dass gewährte oder neu zu gewährende → Kredite störungsfrei bis zum Ablauf der Kreditbefristung entsprechend den Vereinbarungen zurückgezahlt werden können. – 2. *Grundlagen:* Beurteilung des Managements, Gliederung und Analyse von mind. drei aufeinander folgenden → Jahresabschlüssen und aktuellen Zwischenzahlen, zukunftsorientierte Untersuchung der Branchensituation, Prüfung der vorgelegten kurz- und mittelfristigen Unternehmenspläne auf Plausibilität, Bewertung der privaten Vermögenssituation (bes. bei Einzelunternehmen und Personenhandelsgesellschaften oder bei vorliegenden Gesellschafterbürgschaften). – 3. *Verfahren:* a) Die Beurteilung des Managements kann nicht schematisch oder statistisch erfolgen. Auf dem Prüfstand stehen Alter, Belastbarkeit, Gesundheit, fachliche Kompetenz sowie persönliche Integrität der Inhaber oder → Geschäftsführer des Kundenunternehmens und die bisher im Verlauf der Geschäftsverbindung gemachten Erfahrungen. Wichtig sind auch Betriebsklima im Unternehmen (häufige Fluktuation, sogar von Führungskräften), reibungslose organisatorische Abläufe, bes. auch im → Rechnungswesen und → Controlling. Eventuelle Nachfolgeprobleme müssen v.a. bei auf die Unternehmerpersönlichkeit abgestellten Unternehmen frühzeitig geregelt sein. – b) Die vorgelegten Jahresabschlüsse, Zwischenzahlen und Pläne werden hinsichtlich positiver oder negativer Veränderungen untersucht, um ein möglichst wahrscheinliches Abbild der voraussichtlichen Entwicklung des Kreditkunden in den nächsten Jahren zu projizieren. – *Hauptkriterien:* → Rentabilität, Kapitalverhältnisse, → Liquidität. Dabei muss die Entwicklung des Unternehmens mit der Entwicklung der Branche abgeglichen werden. Weiterhin ist von Wichtigkeit: Welche anderen → Kreditinstitute stehen mit Krediten blanko oder gegen (welche?) Sicherheiten zur Verfügung? – c) In Vermögensaufstellungen aufgeführte Werte sind bei Immobilien anhand von Wertgutachten und Eigenbesichtigung, bei Guthaben und → Wertpapieren anhand von → Kontoauszügen oder Depotauszügen zu verifizieren. Durch Grundbucheinsicht ist zu prüfen, ob die eingesetzten Verpflichtungen korrekt angegeben sein können.

III. **Kreditwürdigkeitsprüfung im Privatkundengeschäft:** 1. *Begriff:* Prüfung der Vermögens- und nachhaltigen Einkommensverhältnisse des Privatkunden seitens der Bank mit dem Ziel der Risikoeinschätzung des Kreditengagements. Die wirtschaftliche Situation des Kreditnehmers soll sicherstellen, dass gewährte oder neu zu gewährende → Kredite störungsfrei bis zum Ablauf der Kreditbefristung entsprechend den Vereinbarungen zurückgezahlt werden können. – 2. *Grundlagen:* Prüfung aktueller Einkommens- und Vermögensunterlagen, der persönlichen Zuverlässigkeit, des Arbeitsplatzrisikos, der Verwendung des beantragten/ der bestehenden Kredite. Wichtig sind auch die bisher mit dem Kunden gemachten Erfahrungen. – 3. *Verfahren:* Die Kreditinstitute haben

Formulare „Selbstauskunft" entwickelt, in denen alle relevanten persönlichen und Einkommens- und Vermögensdaten abgefragt werden. Einkommen sind durch Gehaltsabrechnungen oder andere Bescheinigungen, Vermögen durch Grundbuchauszüge, Konto- und Depotauszüge nachzuweisen. Dem nachhaltigen (durchschnittlichen) Nettomonatseinkommen werden die laufenden Ausgaben (Mieten, Hypothekenzahlungen, Unterhalt, Versicherungen, Kfz-Kosten, sonstige laufenden Kosten) sowie die für den beantragten Kredit zu zahlende Rate gegenübergestellt. Danach muss zumindest der pfändungsfreie Betrag des Familieneinkommens (das Existenzminimum) zum Lebensunterhalt verbleiben. Die persönlichen und Einkommensdaten werden zusätzlich im Rahmen eines Kreditscoring-Systems statistisch erfasst und ausgewertet. Die erreichte Scoringzahl stellt im Kreditgenehmigungsverfahren eine zusätzliche Entscheidungshilfe dar. Über das bisherige Zahlungsverhalten werden routinemäßig Auskünfte eingeholt (→ SCHUFA-Auskunft).

Kreisdiagramm – grafische Darstellung in Kreisform der Aufteilung einer → Gesamtheit in → Häufigkeiten, die auf die Kategorien bzw. → Klassen eines Untersuchungsmerkmals (→ Merkmal) entfallen. Dabei repräsentiert die Kreisfläche den Umfang der Gesamtheit, entsprechend bemessene Segmente stellen die Häufigkeiten dar. Der Winkel eines Kreissegments bestimmt sich als Produkt der entsprechenden relativen Häufigkeit und der Winkelsumme im Kreis (360°). – *Beispiel:* Erwerbstätige nach Stellung im Beruf (in Tausend). – Vgl. Abbildung „Kreisdiagramm".

Kreislauf → Wirtschaftskreislauf.

Kreislaufanalyse – 1. *Begriff/Bedeutung:* Theoretische Analyse des → Wirtschaftskreislaufs. Die Ursprünge der Kreislaufanalyse gehen auf den Physiokraten → Quesnay zurück. Ihre Bedeutung blieb jedoch gering, bis → Marx die Kreislaufanalyse wieder aufgriff, um die Frage nach der Reproduktion des Kapitals zu klären. Wesentliche Impulse zur Entwicklung der modernen Kreislaufanalyse gingen von → Keynes aus, der im Rahmen seiner makroökonomischen Untersuchungen die kreislaufanalytischen Zusammenhänge betrachtete. Bes. Bedeutung hat die Kreislaufanalyse für die → Makroökonomik und die → Volkswirtschaftliche Gesamtrechnung (VGR). – 2. *Zweck:* Ziel der Kreislaufanalyse ist es, das ökonomische Geschehen in einer Volkswirtschaft durch das Schaffen geeigneter Kategorien zu gliedern und die Beziehungen zwischen diesen Kategorien zu analysieren. – 3. *Inhalt:* a) *Kategorien:* (1) *Wirtschaftsobjekte:* → Güter (Sachgüter, Dienstleistungen, Faktorleistungen) und → Forderungen (Geld, Wertpapiere). (2) *Wirtschaftssubjekte:* Diese werden in die Sektoren Unternehmen, öffentliche Haushalte (Gebietskörperschaften, Sozialversicherungen) und private Haushalte (einschließlich der sog. privaten Organisationen ohne Erwerbszweck, wie Verbände, Vereine, Kirchen und politische Parteien) sowie das Ausland eingeteilt.

Kreisdiagramm (Beispiel)

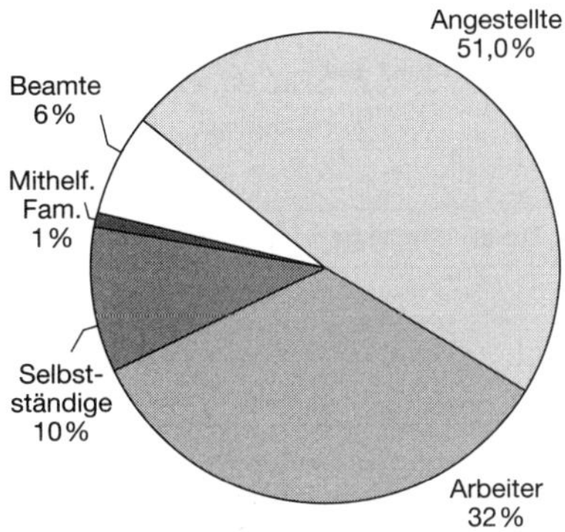

Selbstständige	3.654	10,0%	36
Mithelf. Fam.	414	1,1%	4
Beamte	2.224	6,1%	22
Angestellte	18.668	51,1%	184
Arbeiter	11.567	31,7%	114
	36.536	100,0%	360

Die ökonomische Betätigung der Wirtschaftssubjekte wird ebenfalls gegliedert: Wirtschaftssubjekte können Sachgüter und Dienstleistungen produzieren, Einkommen empfangen und verwenden, Vermögen bilden sowie Kredite nehmen und gewähren. Ferner finden zwischen den Wirtschaftssubjekten ökonomische Transaktionen statt, bei denen Güter oder Forderungen von einem Wirtschaftssubjekt auf ein anderes übergehen. Es wird unterschieden zwischen Transaktionen mit (Tausch) und ohne (Schenkung, Transfer) Gegenleistung. Im Rahmen der Kreislaufanalyse werden die Sektoren durch Pole abgebildet, die zwischen ihnen stattfindenden Transaktionen durch Ströme. Man unterscheidet zwischen realen (Güter) und monetären (Forderungen) Strömen. Jedem realen Strom steht ein entgegengerichteter monetärer Strom in gleicher Höhe gegenüber. – b) *Darstellungsformen:* (1) *Grafische Darstellung:* (a) *Stark vereinfachter Wirtschaftskreislauf* (vgl. Abbildung „Kreislaufanalyse – Vereinfachter Wirtschaftskreislauf"): Diese Darstellungsform enthält nur den Haushaltspol und den Unternehmenspol. Die Abbildung besagt: Zur Güterproduktion bezieht der Unternehmenspol von den Haushalten Faktorleistungen, für die im Gegenzug Faktorentgelte (Y) von den Unternehmen zu den Haushalten fließen. Die Haushalte beziehen von den Unternehmen Konsumgüter, für die Zahlungen (C) zu leisten sind. (b) *Komplexer Wirtschaftskreislauf* (Abbildung „Kreislaufanalyse – Komplexer Wirtschaftskreislauf"): Bei dieser Darstellung werden eine Fülle komplexer Beziehungen zwischen den Polen

Kreislaufanalyse – Vereinfachter Wirtschaftskreislauf

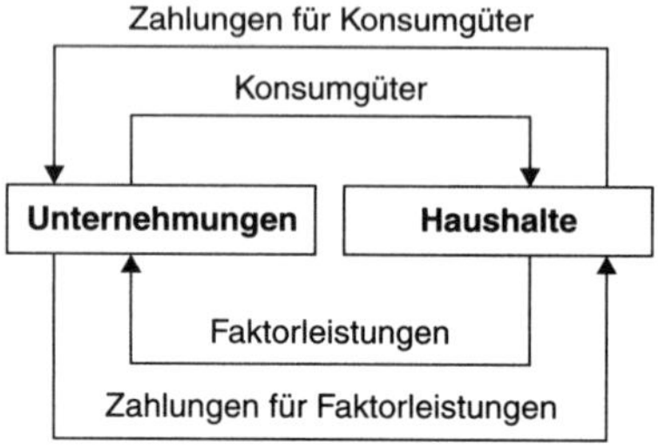

berücksichtigt. Die Haushalte verwenden einen Teil ihres Einkommens zur Bildung von Vermögen (Sparen S). Dies wird durch einen entsprechenden Strom zum Vermögensänderungspol berücksichtigt. Der Teil der Güterproduktion, der nicht als Konsumgüter an die Haushalte verkauft wird, bildet die Investitionen (I; Anlage- und Lagerinvestitionen), für deren Finanzierung ein Strom genau in Höhe des Sparens vom Vermögensänderungspol zum Unternehmenspol fließt. Auch müssen der Staats- und Auslandssektor einbezogen werden. So erhält z.B. der Staatssektor direkte und indirekte Steuern sowie Transferzahlungen von den anderen Sektoren. Er leistet Faktoreinkommen an die im Staatssektor Beschäftigten, er kauft Güter im In- und Ausland, er zahlt Subventionen an die Unternehmen, leistet Transferzahlungen an die Haushalte etc. Der Kreislauf ist damit geschlossen: Für jeden Pol ist die Summe der Zuflüsse gleich der Summe der Abflüsse. – (2) *Kontenform* (vgl. Abbildung „Kreislaufanalyse (1) – Kontenform"): Jeder Pol wird als Konto dargestellt, auf dessen Soll-(Haben-)Seite jeder abfließende (zufließende) Strom erfasst wird. Da sich Zu- und Abgänge entsprechen, sind alle Konten ausgeglichen. – (3) *Matrixform* (vgl. Abbildung „Kreislaufanalyse (2) – Matrixform"): Alle Pole werden als gebende und empfangende Sektoren in Spalten bzw. Zeilen aufgeführt. Die Gleichheit der Zu- und Abflüsse eines jeden Pols kommt hier dadurch zum Ausdruck, dass Zeilen- und Spaltensummen einander entsprechen. Vorteil der Matrixdarstellung: Die Verflechtung der Sektoren wird bes. deutlich; auch bei einer Vielzahl von Polen bleibt die Darstellung noch übersichtlich. – (4)

Kreislaufanalyse – Komplexer Wirtschaftskreislauf

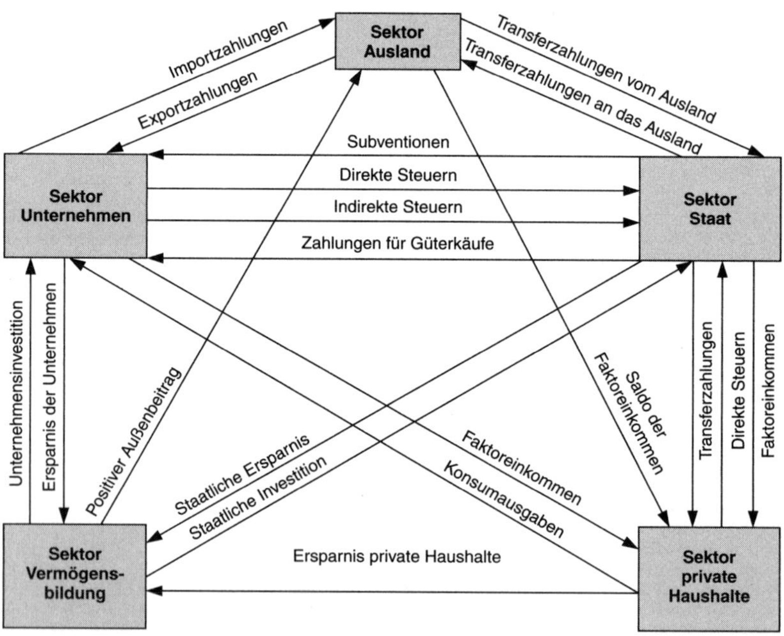

Kreislaufanalyse (1) – Kontenform

Haushalte		Unter-nehmen		Vermögens-änderung	
C	Y	Y	C	I	S
S			I		

Gleichungssystem: Für jeden Pol lässt sich eine Gleichung aufstellen, deren linke Seite die Abflüsse und deren rechte Seite die Zuflüsse zeigt. Für alle Pole zusammen ergibt sich ein Gleichungssystem:

Haushalte: $C + S = Y$

Unternehmen: $Y = C + I$

Vermögensänderung: $I = S$

Diese Form ist v.a. für die Darstellung des Beziehungsverhältnisses einzelner Pole geeignet und liefert direkt wichtige Gleichungen für die makroökonomische Ex-post- und Ex-ante-Analyse (→ Makroökonomik).

kreislauforientiertes Marketing – bes. Form des → Ökomarketings, bei der Unternehmen die im Markt abgesetzten Produkte nach ihrer Nutzungsphase vom Konsumenten wieder zurücknehmen und durch → Recycling die wiedergewonnenen Produktkomponenten oder stofflichen Fraktionen dem Wirtschaftsprozess erneut zuführen. In Deutschland sowie anderen europäischen Ländern ist den Unternehmen gesetzlich eine erweiterte Produktverantwortung auferlegt worden, die eine Rücknahme und Verwertung von Verpackungsabfällen (→ Verpackungsverordnung (VerpackV)) sowie Produkten (Kreislaufwirtschaftsgesetz) nach ihrer Nutzungsphase verlangt.

Kreislauftheorie → Kreislaufanalyse.

Kreislauftheorie der Verteilung → Verteilungstheorie, → Keynes-Kaldor-Verteilungstheorie.

Kreislaufwirtschaftsgesetz (KrWG) – 1. *Zweck des Gesetzes:* Das Gesetz zur Förderung der Kreislaufwirtschaft und Sicherung der umweltverträglichen Bewirtschaftung von Abfällen – Kreislaufwirtschaftsgesetz - (KrWG) vom 24.2.2012 (BGBl. I 212) bezweckt, die Kreislaufwirtschaft zur Schonung der natürlichen Ressourcen zu fördern und den Schutz von Mensch und Umwelt bei der Erzeugung und Bewirtschaftung von Abfällen sicherzustellen (§ 1). Kern der umweltpolitischen Zielsetzung ist die konsequente Vermeidung und Verwertung von Abfällen und damit die Förderung der Kreislaufwirtschaft. Produktion und Konsum sollen so gestaltet werden, dass möglichst wenig Abfälle entstehen, entstandene Abfälle ordnungsgemäß und schadlos verwertet werden und nicht vermeidbare und verwertbare Abfälle umweltverträglich beseitigt werden. – 2. *Geltungsbereich:* Es gilt für die Vermeidung, die Verwertung und die Beseitigung von Abfällen sowie für die sonstigen Maßnahmen der Abfallbewirtschaftung, nicht dagegen für die nach dem → Lebensmittel- und Futtermittelgesetzbuch (LMGB), dem Milch- und Margarinegesetz, dem → Tierseuchengesetz und dem Pflanzenschutzgesetz zu beseitigende Stoffen, für Kernbrennstoffe und sonstige radioaktive Stoffe im Sinn des → Atomgesetzes (AtG), bestimmte Abfälle aus Bergbaubetrieben, für in Gewässer oder Abwasseranlagen eingeleitete oder eingebrachte Stoffe sowie für das Aufsuchen, Bergen, Befördern, Lagern, Behandeln und Vernichten von Kampfmitteln (§ 2 II mit weiteren Ausnahmen). – 3. *Inhalt:* Das KrWG enthält in § 4 die *Abfallhierarchie.* Danach sind Abfälle in erster Linie zu vermeiden, v.a. durch die Verminderung ihrer Menge und Schädlichkeit. Die weiteren Maßnahmen der Abfallbewirtschaftung sind die Vorbereitung zur Wiederverwendung, das Recycling, die sonstige Verwertung, insbesondere energetische Verwertung und Verfüllung sowie am Ende der Rangfolge die Beseitigung. Diese Pflichtenhierarchie wird ergänzt durch die *Grundpflichten* der Kreislaufwirtschaft (§ 7) sowie durch *Pflichten der öffentlich-rechtlichen Entsorgungsträger* (→ Abfallentsorgung). Hierzu tritt die sog. *Produktverantwortung,* wonach derjenige, der Erzeugnisse entwickelt, herstellt, be- und verarbeitet oder vertreibt, zur Erfüllung der Ziele der Kreislaufwirtschaft verantwortlich ist (§ 23). Ferner enthält das KrWG Regelungen über die Zulassung von Abfallbeseitigungsanlagen (§§ 34 ff.), eine

Kreislaufanalyse (2) – Matrixform

Gebende Sektoren \ Empfangende Sektoren	Haushalte	Unter-nehmen	Vermögens-änderung	Zeilen-summe
Haushalte	–	C	S	C + S
Unternehmen	Y	–	–	Y
Vermögensänderung	–	I	–	I
Spaltensumme	Y	C + I	S	–

Verpflichtung der öffentlichen Hand, durch ihr Verhalten zur Erfüllung der Gesetzeszwecke beizutragen (§ 45) sowie eine Abfallberatungspflicht der Entsorgungsträger (§ 46). Überwachungsvorschriften sind in den §§ 47–55 enthalten. Die Bestellung und die Aufgaben des → Betriebsbeauftragten für Abfall sind in den §§ 59, 60 geregelt. Regelungen über die Begehung von Ordnungswidrigkeiten im Sinn des KrWG und die Befugnis zur Einziehung befinden sich in den §§ 69, 70. Auf dem KrWG gründen u.a. die Nachweisverordnung vom 20.10.2006 (BGBl. I 2298) m.spät. Änd., die Verpackungsverordnung vom 21.8.1998 (BGBl. I 2379) m.spät.Änd., die Gewerbeabfallverordnung vom 19.6.2002 (BGBl. I 1938) m.spät.Änd; die Deponieverordnung vom 27.4.2009 (BGBl. I 900) m.spät.Änd., die Verordnung über die Überlassung und umweltverträgliche Entsorgung von → Altfahrzeugen (Altfahrzeug-Verordnung (AltfahrzeugV)) vom 21.6.2002 (BGBl. I 2214) m.spät.Änd., die Verordnung über die Verwertung von Bioabfällen auf landwirtschaftlich, forstwirtschaftlich und gärtnerisch genutzten Böden (Bioabfallverordnung (BioAbfV)) vom 21.9.1998 (BGBl. I 2955) m.spät.Änd.; die Altholzverordnung vom 15.8.2002 (BGBl. I 3302) m.spät.Änd. – Vgl. auch → Abfall, → Abfallentsorgung.

Krelle-Modell – auch als Gleichgewichtsgebiet-Lösung im → Oligopol bezeichnet. Die entscheidende Prämisse ist die des Normalverhaltens. Sie besagt, dass ein Dyopolist auf eine Preisänderung eines Konkurrenten nicht reagiert, wenn diese ihm nicht schadet. Ist hingegen die Maßnahme mit einer Gewinneinbuße verbunden, so versucht er, seine alte Gewinnposition wiederherzustellen oder dieser möglichst nahe zu kommen. Als Lösung des Modells ergibt sich ein Gleichgewichtsgebiet, das fast sämtliche traditionellen Oligopollösungen enthält.

Kreuzcouponierung – Sonderform des → Bundling. Dabei erhält ein Kunde beim Kauf eines Produkts einen Rabattgutschein für ein anderes Produkt, z.B. erhalten Kinobesucher häufig Gutscheine für nahegelegene Restaurants.

Kreuzfahrt – 1. *Begriff*: Durch Schifffahrtsunternehmen zur See oder auf Flüssen erbrachte, mehrtägige Schiffsreise für Privatreisende im Schiffsgelegenheits-(-bedarfs-)verkehr, bei der mehrere Häfen (als Zugangspunkte zu touristischen Zielen) angelaufen werden. – Dabei steht für den Passagier nicht immer ausschließlich der Aspekt der → Beförderung zu touristisch relevanten Zwischenhaltepunkten, sondern auch der Aufenthalt auf dem Schiff selbst im Vordergrund der Produktwahl. Das jeweilige Schiff ist in diesem Fall eine vom Passagier bewusst gewählte → Destination. – Schiffsreisen sind durch zahlreiche (vertikale und horizontale/ begleitende) Zusatzleistungen wie An- und Abreise, Verpflegung und Unterhaltungsprogramme gekennzeichnet. – 2. *Weiteres*: Bez. der Routenwahl (Routing) der Schifffahrtsunternehmen lassen sich insbesondere Turnuskreuzfahrten, Schmetterlingskreuzfahrten, Positionierungskreuzfahrten und klassisches Weltreiserouting unterschieden. Es lassen sich bez. der Produktgestaltung die klassische und die moderne (Clubschiff-, Low-Cost-Kreuzfahrt (s.u.), etc.) sowie die individuelle (Segel-/ Windjammer-, Expeditionskreuzfahrt, etc.) Kreuzfahrtreise als Teilmärkte unterscheiden. Zudem werden, unabhängig von der eigentlichen Produktgestaltung, Studien- und Themenreisen immer beliebter. – Der Kreuzfahrtenmarkt zu See und Fluss erfreut sich einer zunehmenden Beliebtheit, insbesondere in Deutschland. – Der Trend geht derzeit allg. zu immer größeren Schiffseinheiten (sog. Megaliner) mit je nach Kundengruppe (teil-)separierten Aufenthaltsbereichen („ship-in-ship"). Zudem hat das „No-frills"-Konzept (→ No-frills-Strategie) der Low-Cost-Anbieter im Luftfahrtbereich auch den Seekreuzfahrtenmarkt erreicht („easyCruise").

Kreuzgruppenelastizität – beschreibt auf zweiseitigen Märkten in Analogie zur → Kreuzpreiselastizität die prozentuale Nachfrageänderung einer Marktseite (z.B. bei Auktionsplattformen Anzahl Käufer/Kaufinteressenten) im Falle einer Nachfrageänderung auf der anderen Marktseite (z.B. bei Auktionsplattformen Anzahl Händler(angebote)).

Kreuzmengenelastizität – beschreibt in Analogie zur → Kreuzpreiselastizität die prozentuale Nachfrageänderung im Falle der Nachfrageänderung eines anderen Gutes.

Kreuzpreiselastizität – Maß für die prozentuale Absatzänderung eines Gutes im Falle der Preisänderung eines anderen Gutes. Bei einer starken Substitutionsbeziehung zwischen zwei Produkten liegt typischerweise eine (stark) positive Kreuzpreiselastizität vor, d.h. die Preissenkung eines Produkts zieht einen Absatzrückgang eines ähnlichen Produkts nach sich (s. hierzu auch → Substitutionsgüter). Im Falle einer komplementären Beziehung zwischen zwei Produkten ist die Kreuzpreiselastizität i.d.R. negativ (s. hierzu auch → Komplementärgut). In der Praxis wird der Begriff meist für Produkte innerhalb des eigenen Produktportfolios verwendet, kann aber analog auch für Wettbewerbsprodukte genutzt werden.

Kreuzpreiselastizität der Nachfrage→ Elastizität, welche die Mengenreaktion der Nachfrage nach einem bestimmten → Gut (dx_1) im Verhältnis zur Änderung des Preises eines anderen Gutes (dp_2) misst:

$$\eta_{x_1,p_2} = \frac{dx_1}{dp_2}\frac{p_2}{x_1}$$

Sie kann als die Elastizität einer speziellen → Nachfragefunktion des Haushalts (Preiskonsumkurve) aufgefasst werden. Die Kreuzpreiselastizität der Nachfrage ist positiv bei → Substitutivgütern und negativ bei → Komplementärgütern. – Kreuzpreiselastizitäten der Nachfrage lassen sich zur sachlichen → Marktabgrenzung verwenden, da zu einem Markt gehörende Güter aufgrund ihrer funktionalen Austauschbarkeit (zumindest in irgendeinem Preisbereich) eine positive Kreuzpreiselasitzität aufweisen müssen. Aus gleichem Grund wird die Kreuzpreiselasizität (als → Triffinscher Substitutionskoeffizient) zur Abgrenzung von → Marktformen und Konkurrenzbeziehungen herangezogen (→ Triffinsche Marktsituationen). Eine Kreuzpreiselastizität von Null deutet auf eine totale oder partielle Preisautonomie hin.

Kreuztabellierung – statistisches Verfahren zur Häufigkeitsanalyse. I.d.R. Ermittlung von Zusammenhängen zwischen zwei Variablen. Generell sind auch n Variablen zulässig; da aber bei mehrdimensionalen Kreuztabellierungen die Tabellen auseinander gebrochen werden müssen, wird eine gleichzeitige Inspektion mehrerer Merkmale schwierig. Bei zwei Variablen mit n bzw. m Ausprägungen ergeben sich n x m Kombinationen (Zellen), für die absolute und relative Häufigkeiten berechnet werden. So ergeben sich z.B. bei den Variablen „Einkommen" (fünf Kategorien) und „Geschlecht" (zwei Kategorien) zehn Kombinationen. Die Häufigkeit wird dann z.B. für die Kombination Frauen mit einem Einkommen größer als 2.000 Euro berechnet. Zur Feststellung der statistischen Unabhängigkeit der Variablen kann der → Chi-Quadrat-Test herangezogen werden. Zur Messung der → Kontingenz existieren Kennzahlen.

Kriegsbeschädigtenrente → Beschädigtenrente.

Kriegsopfer – Personen, die eine Kriegsbeschädigung erlitten haben *(Kriegsbeschädigte)*, sowie Hinterbliebene von Personen, die an den Folgen einer solchen Schädigung gestorben sind *(Kriegshinterbliebene)*. – Vgl. auch → schwerbehinderte Menschen. – 1. *Anspruch* auf Leistungen nach dem Bundesversorgungsgesetz (BVG) entsteht bei gesundheitlicher Schädigung. – 2. *Umfang:* a) → Heilbehandlung, Krankenbehandlung und Versehrtenleibesübungen (§§ 10–24a BVG); b) Leistungen der Kriegsopferfürsorge (§§ 25–27 f. BVG); c) → Beschädigtenrente, Berufsschadensausgleich und Schwerstbeschädigtenzulage (§§ 30–34 BVG) sowie Pflegezulage (§ 35 BVG); d) → Sterbegeld (§ 37 BVG); e) → Hinterbliebenenrente und Schadensausgleich für Witwen (§§ 38–52 BVG); f) → Bestattungsgeld beim Tod von Hinterbliebenen (§ 53 BVG). – 3. Über das *Verfahren:* vgl. Gesetz über das Verwaltungsverfahren der Kriegsopferversorgung i.d.F. vom 6.5.1976 (BGBl. I 1169) m.spät.Änd. und Sozialgesetzbuch (SGB) X.

Kriegswaffen – nach Art. 26 II GG dürfen zur Kriegsführung bestimmte Waffen nur mit Genehmigung der Bundesregierung hergestellt, befördert und verkauft werden. Eingehende Regelung im Gesetz über die Kontrolle von Kriegswaffen (→ Kriegswaffenkontrollgesetz (KWKG) – KrWaffKontrG i.d.F. vom 22.11.1990 (BGBl. I 2500) m.spät.Änd.

Kriegswaffenkontrolle – Kontrolle der → Einfuhr, → Durchfuhr und → Ausfuhr von Kriegswaffen auf Grundlage des Kriegswaffenkontrollgesetzes (KWKG), die zu den gesetzlichen → Verboten und Beschränkungen (VuB) des grenzüberschreitenden Warenverkehrs zählen. Genehmigungen für Einfuhr, Durchfuhr und Ausfuhr erteilt auf Antrag das → Bundesamt für Wirtschaft und Ausfuhrkontrolle (BAFA). Die tatsächliche Überwachung der genehmigungsbedürftigen Warenbewegung über die Grenze des → Zollgebiets der Europäischen Union wird von der → Zollverwaltung vorgenommen.

Kriegswaffenkontrollgesetz (KWKG) – erlassen worden in Ausführung von Art. 26 II GG. „Zur Kriegsführung bestimmte Waffen dürfen nur mit Genehmigung der Bundesregierung hergestellt, befördert und in Verkehr gebracht werden. Das Nähere regelt ein Bundesgesetz." Aufgrund dieses Verfassungsauftrages beinhaltet das Kriegswaffenkontrollgesetz als Ausführungsgesetz die Regelungselemente der Definition von Kriegswaffen, der Statuierung eines Genehmigungsvorbehaltes – inkl. inhaltlicher Ausgestaltung – und die Festlegung der Genehmigungskompetenz auf Seiten der Bundsregierung. Inhalt des Kriegswaffenkontrollgesetzs sind u.a. Genehmigungspflichten für jeden Umgang mit Kriegswaffen (z.B. auch für den Erwerb/Überlassung der tatsächlichen Gewalt über Kriegswaffen in der Kriegswaffenliste). Daneben bestehen Kriegswaffenbuchführungs- und Bestandsmeldepflichten für Kriegswaffenhersteller und -besitzer. Die Kontrolle erfolgt unmittelbar durch das → Bundesamt für Wirtschaft und Ausfuhrkontrolle (BAFA), u.a. durch Genehmigungserteilung und Betriebsprüfungen sowie mittelbar durch die → Zollverwaltung bei der Prüfung jeder → Verbringung innerhalb der → EU und jeder → Einfuhranmeldung bei der → Einfuhr von Waren aus Drittländern oder → Ausfuhranmeldung bei der → Ausfuhr von Waren in Drittländer außerhalb der EU. Näheres regelt die Verordnung zur Durchführung des Gesetzes über die Kontrolle von Kriegswaffen und die Verordnung über Meldepflichten bei der Einfuhr und Ausfuhr bestimmter Kriegswaffen.

Kriegswirtschaft – Wirtschaftsordnung, in der für militärische Zwecke bei formaler Gewährleistung der individuellen Gewerbefreiheit und des Privateigentums an den Produktionsmitteln der Markt-Preis-Mechanismus bei ausgedehntem staatlichem → Dirigismus größtenteils außer Kraft gesetzt und durch ein administrativ-bürokratisches Allokations- und Verteilungssystem auf der Basis von Ge- und Verboten ersetzt wird. Wegen der faktischen Dominanz der staatlichen Planung handelt es sich bei der Kriegswirtschaft um eine Spezialform der → Zentralverwaltungswirtschaft.

Krise → Konjunkturphasen, → Krisentheorie, → Krisenmanagement, → Unternehmungskrise.

Krisengeschichte – 1. *Anfänge:* Krisen im Sinn von wirtschaftlichen Katastrophen gibt es seit langem, z.B. Tulpenspekulation in Holland (1634–1637), Überspekulation um die Mississippi-Gesellschaft in Frankreich (1717–1719), Südsee-Gesellschaft in England (1719–1720), Nordeuropäische Kreditkrise (1763), durch Kontinentalsperre ausgelöste Warenhandelskrise in England (1810), Missernten 1845/46 in Deutschland. – 2. *Weltweite Krise:* Erstmalig 1859, ausgehend von den USA. Sie löste eine bis dahin beispiellos lange Aufstiegsphase ab und beruhte auf Kapitalmangelerscheinungen bei gleichzeitiger Überproduktion. – 3. Von da an ist Krisengeschichte im eigentlichen Sinn → Konjunkturgeschichte, da sich die konjunkturelle Entwicklung (→ Konjunktur) der Marktwirtschaften immer deutlicher offenbarte und die Krise nicht länger als isolierte Erscheinung bewertet wurde. Insbesondere die Globalisierung der Handelsströme und der Kapitalmärkte erzeugten die globale Anfälligkeit für Krisen.

Krisenmanagement

von Prof. Dr. Ulrich Krystek

I. Begriff und Bedeutung

Der Begriff Krisenmanagement entstand im *politischen Bereich,* wobei dessen erstmalige Verwendung dort umstritten ist, mehrheitlich aber Kennedy im Zusammenhang mit der Kuba-Krise 1962 zugeschrieben wird.

In der *Betriebswirtschaftslehre* findet der Begriff Krisenmanagement erst seit den 1970er-Jahren Verwendung, wenn auch anfangs mit sehr unterschiedlichem Bedeutungsinhalt. Durchgesetzt hat sich eine Begriffsbestimmung etwa folgenden Inhalts: Krisenmanagement ist eine besondere Form der Führung von höchster Priorität, deren Aufgabe es in einem weiteren Sinne ist, alle jene Prozesse in der Unternehmung zu vermeiden (Krisenvermeidung) oder zu bewältigen (Krisenbewältigung), die ansonsten in der Lage wären, den Fortbestand der Unternehmung substanziell zu gefährden oder sogar unmöglich zu machen. Krisenmanagment im engeren Sinne beschränkt sich auf die Bewältigung von Unternehmungskrisen.

Nicht zuletzt angesichts einer, unter dem Eindruck der aktuellen Krisenerscheinungen zu erwartenden, wieder stark steigenden Anzahl von Insolvenzen wird die Bedeutung des Krisenmanagements offensichtlich. Zugleich stellt die zunehmende Internationalisierung der Unternehmungstätigkeit das Krisenmanagement vor neue Herausforderungen. Krisenmanagement kann anhand der Betrachtungsebenen Prozess, Institution und System näher gekennzeichnet werden.

II. Krisenmanagement als Prozess

Krisenmanagement als (Führungs-)Prozess durchläuft (idealtypisch) charakteristische Phasen und ist mit deren Hilfe darstellbar.

1. Identifikation von Unternehmungskrisen

Der Prozess beginnt in der Praxis nicht bereits zu dem Zeitpunkt, in dem das Problem (die → Unternehmungskrise) objektiv entsteht, sondern erst dann, wenn es als solches wahrgenommen wird. Bei nicht rechtzeitiger Identifikation von Unternehmungskrisen verengt sich der Handlungsspielraum eines wirksamen Krisenmanagements wegen der Vernichtung von Alternativen durch Zeitablauf kontinuierlich. Der Früherkennung (→ strategische Frühaufklärung, → operative Frühwarnung) überlebenskritischer Prozesse kommt daher im Rahmen eines umfassenden Krisenmanagements (Krisenmanagement im weiteren Sinne) größte Bedeutung zu. Das → Gesetz zur Kontrolle und Transparenz im Unternehmensbereich (KonTraG) fordert in § 91 II AktG deshalb die Früherkennung solcher, den Fortbestand der Unternehmung gefährdender Entwicklungen.

2. Planung

Hierbei geht es um die Planung von Zielen, die mit der jeweiligen Krisenvermeidung oder -bewältigung verfolgt werden und besonders um die Planung von Strategien und Maßnahmen, mit deren Hilfe solche Wertziele (z.B. Mindestgewinn, Mindestliquidität), Sachziele (z.B. zukunftsträchtige Produkte) und Humanziele (z.B. Sicherung von Arbeitsplätzen, Verhaltensweisen gegenüber Dritten) erreicht werden sollen.

Die Gesamtheit aller Zielerreichungsplanungen strategischen Charakters (Strategien) und operativen Charakters (Maßnahmen) ergibt das Krisenprogramm, das als eine koordinierte, auf die Sicherung überlebensrelevanter Ziele ausgerichtete Summe von Teilplänen bezeichnet wird.

3. Steuerung

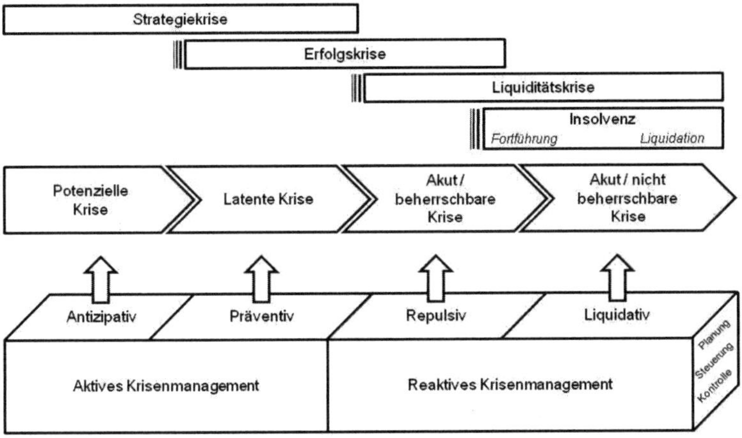

Abbildung: Krisenmanagement und Krisenprozess

Die Realisation der in den jeweiligen Krisenprogrammen festgelegten Planungsinhalte erfolgt zumeist in Form von Projekten. Die Steuerung speziell in akuten Krisenphasen wirft bes. Probleme des anzuwendenden → Führungsstils (der Führungsform) auf.

4. Kontrolle

Kontrolle als notwendige Ergänzung zur Planung folgt der Realisation, begleitet diese oder eilt ihr in Form von Hochrechnungen voraus. Gegenstände jeweiliger Kontrollen sind die gesetzten Ziele, der Verlauf und das Ergebnis des Krisenmanagements.

III. Krisenmanagement als Institution

Krisenmanagement als Institution meint alle diejenigen Führungspersonen (Krisenaktoren), die verantwortlich bei der Identifikation, Planung, Realisation und Kontrolle von Zielen, Strategien und Maßnahmen zur Krisenvermeidung und/oder -bewältigung einzeln oder in Gruppen mitwirken. Zu ihnen zählen: die Führung der Unternehmung, die Aufsichtsgremien der Unternehmung, externe Berater sowie im Insolvenzfall Insolvenzverwalter.

Bei der Krisenvermeidung dominiert die (reguläre) Führung als Krisenaktor, zumeist in Verbindung mit den Aufsichtsgremien der Unternehmung (z.B. Aufsichtsrat) und nicht selten unterstützt durch externe Berater.

Die Krisenbewältigung ist zwar ebenfalls dominante Aufgabe der (regulären) Führung, hier wird jedoch in der Praxis ein verstärkter Bedarf an Mitwirkung externer Berater spürbar. Haben dagegen Unternehmungskrisen ein Stadium erreicht, in dem ein Insolvenzverfahren angemeldet werden muss, so wird das Krisenmanagement als Institution gemäß Insolvenzordnung um den Insolvenzverwalter (ggf. Sachwalter) erweitert. Zur Krisenbewältigung empfiehlt sich häufig die Bestellung eines Chief Restructuring Officers (CRO), der als „oberster Krisenmanager" fungiert.

IV. Krisenmanagement als System

Krisenmanagement als System meint die unterschiedlichen Aktionsfelder (Elemente) der Krisenvermeidung oder -bewältigung, die einem umfassenden Krisenmanagement in Koppelung an die jeweiligen Phasen (Aggregatzustände) von Unternehmungskrisen mit ihren jeweiligen Bedrohungspotenzial zugänglich sind.

Insgesamt lassen sich vier solcher Krisenphasen kennzeichnen: potenzielle Unternehmungskrise, latente Unternehmungskrise, akut/beherrschbare Unternehmungskrise und akut/nicht beherrschbare Unternehmungskrise. Diese Krisenphasen sind vergleichbar mit der in der Literatur häufig zu findenden Unterteilung des Krisenprozesses in eine Strategiekrise, Erfolgskrise, Liquiditätskrise, Insolvenz (vgl. Abbildung).

1. Aktives Krisenmanagement

Antizipatives Krisenmanagement: Bezugspunkt dieser ersten Form des aktiven Krisenmanagements sind potenzielle Unternehmungskrisen, deren Wirkungen die Unternehmung (wenn überhaupt) erst in zukünftigen Perioden treffen. Zentrale Aufgabe des antizipativen Krisenmanagements ist die gedankliche Vorwegnahme möglicher Unternehmungskrisen mithilfe spezifischer Prognosen/Szenarien sowie eine darauf aufbauende Ableitung von Alternativplänen, z.B. im Rahmen des betrieblichen Kontinuitätsmanagements (BKM).

Präventives Krisenmanagement: Bezugspunkt dieser zweiten Form des aktiven Krisenmanagements sind latente Unternehmungskrisen. Zentrale Aufgabe des präventiven Krisenmanagements ist die Früherkennung verdeckt bereits vorhandener Unternehmungskrisen mithilfe von → Frühwarnsystemen.

2. Reaktives Krisenmanagement

Repulsives Krisenmanagement: Bezugspunkt der ersten Form des reaktiven Krisenmanagements sind akute, Unternehmungskrisen, die aus der Sicht der Krisenaktoren auf Basis von Analysen und Prognosen als beherrschbar im Sinn einer unternehmungserhaltenden Krisenbewältigung angesehen werden. Es wird hierbei also eine erfolgreiche Zurückschlagung (Repulsion) der eingetretenen Unternehmungskrise angenommen. Sie ist die aus Berichterstattungen bekannteste Form des Krisenmanagements, die sich allerdings häufig nur noch auf reaktive Maßnahmen und damit auf Formen der Zurückschlagung bereits eingetretener Unternehmungskrisen beschränken muss. Ihre zentrale Aufgabenstellung konzentriert sich auf die Planung, Realisation und Kontrolle von Repulsivmaßnahmen im Sinn von Sanierungsstrategien/-maßnahmen (→ Sanierung). Repulsives Krisenmanagement mit seiner unternehmungserhaltenden Krisenbewältigung soll durch die Bestimmungen der → Insolvenzordnung (InsO) und speziell durch das „Gesetz zur weiteren Erleichterung der Sanierung von Unternehmen" (ESUG) gefördert werden und auch eine Sanierung im Rahmen des Insolvenzverfahrens ermöglichen.

Liquidatives Krisenmanagement: Bezugspunkt des liquidativen Krisenmanagement sind akute Unternehmungskrisen, die für die Unternehmung keine Überlebenschancen mehr bieten, also aus Sicht der Krisenaktoren als unbeherrschbar gelten. Dementsprechend ist es zentrale Aufgabe des liquidativen Krisenmanagements, einen „geordneten Rückzug" im Sinn einer planvollen Liquidation der Unternehmung anzutreten, der Anteilseigner, Mitarbeiter, Fremdkapitalgeber, Kunden, Lieferanten sowie sonstige an der Unternehmung unmittelbar oder mittelbar beteiligte Interessengruppen (Stakeholder) vor (noch) größeren Verlusten schützen kann und zugleich die letzte Möglichkeit einer (wenn auch stark eingeschränkten) Zielerreichung der beteiligten Personen/Personengruppen darstellt. Dies wird ermöglicht durch eine zielorientierte Planung, Realisation und Kontrolle von Liquidativmaßnahmen. Ein liquidatives Krisenmanagement kann im Rahmen des Insolvenzverfahrens oder außerhalb eines solches Verfahrens (sog. freiwillige Liquidation) erfolgen.

Krisenprogramm → Krisenmanagement.

Krisentheorie – I. Konjunkturtheorie: Der Begriff Krise beschreibt eine lang anhaltende Phase des konjunkturellen Niedergangs (auch → Depression). – Vgl. auch → Konjunkturphasen, → Konjunkturtheorie.

II. Marxismus: Die Krisentheorie behauptet, dass die wirtschaftliche Entwicklung des → Kapitalismus notwendigerweise durch immer heftigere Konjunkturkrisen und Disproportionen gekennzeichnet sei. Als generelle Ursache hierfür wird der durch den technischen Fortschritt und durch anwachsende → Akkumulation bedingte → tendenzielle Fall der Profitrate angesehen. – Marx argumentiert wie folgt: Da die Unternehmer dem Profitratenfall durch verstärkte Akkumulation und damit Produktion entgegenzuwirken versuchten, um die geringere Kapitalrentabilität durch vergrößerten Mehrwert (→ Mehrwerttheorie) zu kompensieren, steige der gesamtwirtschaftliche Produktionsumfang zwangsläufig an. Gleichzeitige bewirkt jedoch → Ausbeutung und Verelendung der Arbeiter sowie die Vergrößerung der industriellen Reservearmee, dass die kaufkräftige Nachfrage hinter dem wachsenden Güterangebot zurückbleibe. Dies führe zu periodisch wiederkehrenden konjunkturellen Absatzkrisen. Mittelfristig falle die Kapitalrentabilität durch den technischen Fortschritt und die fortgesetzte Akkumulation immer weiter. Durch die sich häufenden Insolvenzen komme es zu einer fortgesetzten → Zentralisation des Kapitals. Kritisiert wird dieser Ansatz kreislauftheoretisch, weil ungeklärt bleibt, warum die Gewinne bei zunehmender Akkumulation nicht ebenfalls nachfragewirksam werden (Investitionsgüterbedarf) und die Unternehmer keine Konsumgüternachfrage entfalten. – Die marxistische Krisenerklärung ist derjenigen Gruppe von Theorien zuzurechnen, die eine *prinzipielle Instabilität des privatwirtschaftlichen Sektors* unterstellen.

III. Keynesianismus: Auch Keynes geht von einer inhärenten Instabilität marktwirtschaftlicher Systeme aus. Diese beruht auf der fundmanentaler Unsicherheit marktwirtschaftlicher Entscheidungen v.a. auf dem Finanzmaärtken und bei Investitionen. Breitet sich Unsicherheit aus, flüchten Kapitalanleger und Investoren in Liquidität, reduzieren also ihre Ausgaben, was Produktion und Beschäftigung schrumpfen läßt. Höhere Arbeitslosigkeit überträgt die Unsicherheit auf die Konsumenten, was auch sie ihre Ausgaben einschränken und damit die Krise verschärfen läßt. Gegen die Ausbreitung der Unsicherheit hilft nach Keynes nur eine Nachfrageausweitung seitens des Staates, der damit als Gegenpol gegen die inhärente Instabilität des Märktesystem wirkt. Er dient also als Stabilisator eines an sich unsicheren Marktsystems.

IV. Neuklassische Theorien: Entgegengesetzter Auffassung sind z.B. die Vertreter des → Monetarismus, der allgemeinen Gleichgewichtstheorie sowie der Neuen Klassichen Makroökonomie, die annehmen, dass der Wettbewerbsprozess zu einer inhärenten Stabilität des privaten Sektors führe, sodass ein störungsfreier Wirtschaftsablauf gewährleistet sei. Krisen können demnach nur durch Eingriffe von „außen", v.a. durch den Staat, im Marktsystem erzeugt werden.

kritische Belastungswerte – vom → Sachverständigenrat für Umweltfragen (SRU) empfohlenes Instrument der → Umweltpolitik zur Kartierung von Ökosystemen, um ökotoxikologische Wirkungsschwellen zu ermitteln. Solange bestimmte Schwellenwerte bei Schadstoff-Frachten in Ökosystemen nicht überschritten werden, treten nach gegenwärtigem Wissensstand keine Systemschäden auf (Critical-Loads-Konzept). Analog werden kritische Konzentrationen (Critical-Levels-Konzept) ermittelt. Die Umweltbelastungen durch Produktionsproezsse oder Produkte können miteinander vergelichen werden, indem bspw. berechnet wird, welche Wassermengen mit verschiedenen Schadstoffen bis zur kritischen Grenze belastet werden. Probleme des Konzepts sind das Auftreten von Akkumulations-, Synergie- und Umkippeffekten sowie bes. die zeitliche Variabilität kritischer Werte. – Vgl. auch → Bioindikatoren, → Grenzwert, → Ökosystem, → Umweltziele.

kritische Erfolgsfaktoren – Faktoren und Schlüsselgrößen, die für die Erreichung der Gesamtziele einer Unternehmung von zentraler Bedeutung sind. Stimmen diese Faktoren, so wird die Unternehmung als Ganzes erfolgreich sein, zeigen sich dagegen hier Defizite, so beeinträchtigt dies unmittelbar den Gesamterfolg der Unternehmung. – Vgl. auch Informationsbeschaffung, → Informationsbedarf.

kritische Region – *Ablehnungsbereich;* bei → statistischen Testverfahren die Teilmenge der Menge möglicher Stichprobenresultate ($x_1, \dots, x_n$), deren Elemente zur Ablehnung der → Nullhypothese führen. Eine kritische Region wird meist mithilfe einer → Prüfvariablen angegeben, etwa mithilfe des Stichprobendurchschnittes $\bar{x}$; z.B. hat die kritische Region bei der Prüfung der Nullhypothese $\mu \leq \mu_0$ (→ einseitige Fragestellung) über den Erwartungswert μ einer Normalverteilung mit bekannter Varianz σ^2 die Struktur

$$\bar{x} > \mu_0 + c$$

wobei die Konstante c geeignet festgelegt werden muss.

Kritischer Rationalismus – Die Wissenschaftstheorie des Kritischen Rationalismus geht von einer Asymmetrie zwischen der → Falsifikation und der → Verifikation aus. Während Thesen und Theorien durch eine einzige sie widerlegende Beobachtung falsiziert werden, ist eine endgültige Verifikation auch bei noch so vielen bestätigenden Beobachtungen unmöglich. Nach dem von Popper (→ Popper-Kriterium) aus dem logischen → Positivismus heraus entwickelten philosophisch-erkenntnistheoretischen Programm sind alle vorliegenden Theorien als vorläufig anzusehen und permanenten kritischen Prüfungen zu unterziehen *(methodischer Rationalismus),* innerhalb der Realwissenschaften durch die Konfrontation mit Erfahrungstatsachen (Versuch der → Falsifikation) oder Alternativtheorien (→ Pluralismus). – Vgl. auch → Methodologie.

kritischer Vorgang – in der → Netzplantechnik ein → Vorgang, dessen gesamte Pufferzeit (→ Vorgangspuffer) gleich Null ist, d.h. ein verspäteter Beginn bzw. eine zeitliche Verzögerung des betreffenden Vorgangs führt zu einer entsprechenden Verlängerung der gesamten Projektdauer.

kritischer Weg – Begriff der → Netzplantechnik. In einem Vorgangspfeil- oder Ereignisknotennetzplan (→ Netzplan) jeder Weg von der Quelle zur Senke des betreffenden Netzplans, dessen Pfeile ausschließlich sog. kritische Ereignisse repräsentieren. Die Länge eines kritischen Weges ist mit der minimalen Projektdauer identisch.

kritischer Wert – I. Investitionsrechnung: 1. *Begriff:* Wert einer unsicheren Inputgröße, der im Rahmen einer → Sensitivitätsanalyse ermittelt wird. Die unsichere Größe ist variabel, sämtliche anderen Inputgrößen werden als fix angesetzt *(ceteris paribus).* Die Sensitivitätsanalyse sucht den kritischen Wert für die Inputgröße (z.B. Absatzmenge oder Zinssatz), der die Zielgröße (z.B. → Kapitalwert oder Gewinn) mindestens null werden lässt. – 2. *Bedeutung:* Der kritische Wert gibt die untere bzw. obere Grenze der unsicheren Inputgröße an, die nicht unter- bzw. überschritten werden darf, ohne dass das Investitionsprojekt unvorteilhaft wird. Beispiele für kritische Werte sind die → Amortisationsdauer oder der interne Zinsfuß (→ interner Zinsfuß).

II. Statistik: bei → statistischen Testverfahren Wert der → Prüfgröße, der die → kritische Region und den Nichtablehnungsbereich trennt. Bei → einseitigen Fragestellungen gibt es einen, bei → zweiseitiger Fragestellung einen unteren und einen oberen kritischer Wert

kritische Volumina – 1. *Begriff:* Kritische Volumina ist ein Verfahren zur Ökobilanzierung (→ Ökobilanz). Dem Verfahren liegt der wissenschaftliche Standpunkt zugrunde, dass jedes Umweltmedium bis zu einem bestimmten → Grenzwert belastet werden kann, ohne das eine dauerhafte Schädigung auftritt. Bewertet werden Produkte über ihren gesamten

→ Lebenszyklus. Vier Bewertungskategorien: Energieverbrauch, Wasserbelastung, Luftbelastung und feste → Abfälle (vgl. Etterin/ Hürsch/ Topf 1992, S. 71). – 2. *Entstehung:* Ursprünglich wurde das Verfahren 1992 von Etterin, Hürsch und Topf für die Bewertung von Packstoffen entwickelt. – 3. *Geltungsbereich und Systemgrenze:* Der Geltungsbereich des Verfahrens ist auf Europa beschränkt, wobei die Systemgrenze „Cradle-to-Gate" (s. → Cradle-to-Cradle) ist, d.h. der gesamte → Lebenszyklus wird betrachtet. – 4. *Bewertungsobjekt und Bewertungsgröße:* Bewertet werden Produkte mit einem Ökoprofil. Dieses setzt sich aus den vier Kennzahlen Belastung der Luft und des Wassers sowie die Abfallmengen und den Energieverbrauch zusammen.

Kronzeuge – 1. Zeuge, der selbst als Täter oder Mittäter verdächtig oder überführt ist und als Belastungszeuge auftritt. Das Institut des Kronzeugen wurde 1989 (BGBl. I 1059) erstmals bei terroristischen Straftaten in einem Zeitgesetz eingeführt und 1994 (BGBl. I 3186) auf bestimmte Straftaten der Organisierten Kriminalität erweitert. Es trat am 31.12.1999 außer Kraft. – 2. Durch das 43. Gesetz zur Änderung des Strafgesetzbuches – Strafzumessung bei Aufklärungs- und Präbentionshilfe – vom 29.7.2009 (BGBl. I S. 2288) ist die Kronzeugenregelung als Strafzumessungsregel in einem neuen § 46b StGB für besonders schwere Straftaten aufgenommen worden. Danach kann die Strafe gemildert werden, wenn ein Täter durch die Offenbarung seines Wissens dazu beigetragen hat, dass eine Tat nach § 100a Abs. 2 StPO aufgedeckt werden konnte oder er sich einer Dienststelle freiwillig offenbart hat, sodass eine Tat nach § 100a Abs. 2 StPO verhindert werden konnte. – Spezifische Regelungen bestehen für die Geldwäsche (§ 261 X StGB) und das Betäubungsmittelstrafrecht (§ 31 Nr. 1 BtMG).

Krugman – Paul Robin, geb. 1953, amerik. Nationalökonom, lehrt in Princeton; → Nobelpreis für Wirtschaftswissenschaften 2008. Krugman ist der Begründer der Neuen Ökonomischen Geografie, eine Verbindung der → Außenhandelstheorie und der Raumwirtschaftstheorie. *Hauptwerk:* Geography and Trade (1991).

Kryptographie – Anwendung mathematischer Verfahren, um Techniken und → Algorithmen zu entwickeln, welche die Sicherheit der → Daten schützen. Sicherheit umfasst in diesem Zusammenhang bes. Vertraulichkeit, Integrität und die Authentifizierung (Methoden zur Überprüfung der Identität des Senders übermittelter Daten, der z.B. an der Tätigkeit eines Zahlungssystems beteiligt ist, und zur Bestätigung, dass eine → Nachricht bei der Übermittlung nicht verändert wurde). – Zu unterscheiden ist dabei zwischen symmetrischer und asymmetrischer Kryptographie. Bei symmetrischer Kryptographie verwenden Sender und Empfänger den gleichen Schlüssel, den jeder geheim halten bzw. schützen muss. Bei asymmetrischer Kryptographie verwendet jeder Teilnehmer ein Schlüsselpaar, von dem ein Schlüssel geheim zu halten ist und ein Schlüssel öffentlich bekannt gemacht wird. Die Identität des öffentlichen Schlüssels muss gewährleistet werden. Dies kann durch einen sog. Identifizierungsdienst (Public Key Infrastructure) oder durch bilaterale Absprachen gewährleistet werden. Durch die asymmetrische Kryptographie ist eine → digitale Signatur möglich, die unter bestimmten technischen und organisatorischen Voraussetzungen zum rechtlichen Äquivalent einer handgeschriebenen Unterschrift wird. Diese Voraussetzungen sind im dt. Signaturgesetz geregelt (v.a. die Zertifizierung der Schlüssel durch einen zugelasssenen Zertifizierungsdienstleister). – Vgl. auch → Verschlüsselung.

KStH – Abk. für *Körperschaftsteuer-Hinweise*; die amtlichen → Hinweise (H) zur richtigen Anwendung des Körperschaftsteuergesetzes, die in gängigen Textausgaben i.d.R. in unmittelbarem Zusammenhang mit den amtlichen Körperschaftsteuer-Richtlinien (KStR) veröffentlicht sind. Anders als die → Körperschaftsteuer-Richtlinien (KStR), die Regelungscharakter haben, weisen die KStH nur auf Aspekte hin, die durch Rechtsprechung oder anderweitig bereits geklärt sind und bei der Anwendung der betreffenden Vorschrift beachtet werden sollten. Aufgebaut sind die KStH – wie alle entsprechenden amtlichen Hinweise – nach Stichworten, die den entsprechenden Richtlinienstellen beigeordnet sind; zitiert werden sie, indem die Fundstelle und das Stichwort angegeben werden (*Beispiel:* H2 KStH „Beginn der Steuerpflicht").

KStR – die allg. gebräuchliche Abk. für → *Körperschaftsteuer-Richtlinien*.

Kühlgut – Güter, deren Erhalt ihres ökonomischen Werts von produktspezifisch geregelten Temperaturen während des Transports und der Lagerung abhängt; neben einigen industriellen Materialien und Produkten v.a. Nahrungsmittel. Kühlgüter werden in Kühlketten (→ Transportkette) mit speziell ausgerüsteten Fahrzeugen, Lagern und Ladeeinheiten befördert. Dabei hat die durchgängige Protokollierung und Überwachung der Kühlkette hohe Bedeutung.

Kühlkette → Kühlgut.

Kulanz – Gefälligkeit bzw. Entgegenkommen im Geschäftsverkehr, auf das der Begünstigte keinen Rechtsanspruch hat.

Kulanzgewährleistungen → Rückstellungen, → Garantieverpflichtung.

Kultmarke – Markenprodukt mit starkem symbolischem → Zusatznutzen durch die Marke, dessen Status weniger aus physischen als aus psychischen Produkteigenschaften entsteht. Im Gegensatz zum kurzzeitigen und erlebnisorientierten Konsum kommt dem Konsum bei Kultmarken eine höhere und längerwährende Wertigkeit zu. Kultmarken bieten Orientierungs- und Identifikationsmöglichkeiten (bis hin zur Verehrung und Ikonisierung) für den Käufer aufgrund ihres Bezugs zu Lebensstilen (Lifestyle-Marketing) und/oder → Werten. Der Kunde ist eher bereit weitere Produkte derselben Marke oder Zubehör und Erweiterungen zu kaufen. MINI, Apple oder Red Bull können als Beispiele für Kultmarken genannt werden.

Kulturalist → Organisationskultur.

kulturelle Distanz – i.d.R. länder- bzw. regionalspezifische Unterschiede in Rassenzugehörigkeit, Konfession, Sprache und sozialen Normen, welche Entscheidungen und Interaktionen von Akteuren beeinflussen. Bei der Erschließung und Bearbeitung fremder Märkte schaffen kulturelle Elemente v.a. dadurch Distanz, dass sie über Präferenzen für bestimmte Produktmerkmale die Wahlentscheidung kulturfremder Konsumenten zwischen substitutiven Gütern beeinflussen.

Kulturerdteil – Von Albert Kolb Anfang der 1960er-Jahre konzipierter und von Jürgen Newig Anfang der 1980er-Jahre weiter entwickelter Begriff für einen Großraum der Erde subkontinentalen Ausmaßes, der nicht nach physisch-geografischen Kriterien abgegrenzt wird, sondern sich aus der Zusammenfassung von Räumen ähnlich-vergleichbarer kulturlandschaftlicher Entwicklung ergibt. Der Kulturerdteil bildet damit eine quasi-räumliche Einheit, basierend auf dem individuellen Ursprung der Kultur, der bes. einmaligen Verbindung der landschaftsgestaltenden Natur- und Kulturelemente, der eigenständigen, geistigen und gesellschaftlichen Ordnung und dem Zusammenhang des historischen Ablaufs. Grob lassen sich zehn Kulturerdteile identifizieren: Nordamerika (Anglo-Amerika), Lateinamerika (Ibero-Amerika), Europa, Orient, Subsahara-Afrika, Russland bzw. ehemalige Sowjetunion, Ostasien mit Zentralasien, Südasien, Südostasien, Australien mit Ozeanien.

Kulturingenieur → Organisationskultur.

Kulturmanagement – 1. *Begriff:* Förderung, Pflege, Präsentation, Verbreitung, Vermittlung und Verwaltung von Kultur und ihren Einrichtungen sowohl im öffentlichen als auch im privaten Bereich. – 2. *Träger:* a) *Öffentlich:* Theater, Orchester, Museen, kommunale Kinos, Denkmäler, Gedenkstätten, Kulturhäuser und -büros, sog. alternative Kulturzentren sowie Kulturverwaltung, Einrichtungen für Kulturpolitik und -forschung u.a. – b) *Privatwirtschaftlich:* Verlage, Musikindustrie, Filmproduktion sowie gleichfalls Theater, Kinos, aber auch Orchester, Museen etc. – 3. Die *Ziele des Kulturmanagements* weichen häufig von klassischen Unternehmenszielen ab, denn der „Gewinn" an Kultur lässt sich kaum in Zahlen ausdrücken. Dies ist das bes. Problem der „Erfolgsmessung" im Kulturmanagement. An erster Stelle der Managementziele steht hier der ideelle und qualitative Gewinn an Kultur. Um dies aber beurteilen zu können, müssten verbindliche Wertmaßstäbe gelten, an denen ein Kulturgut gemessen werden könnte. – 4. *Aufgaben:* (1) Bereitstellung von kulturellen Grundstrukturen und Ermöglichung von kulturellen Vorhaben; (2) angemessene zielgruppengerechte Vermittlung von Kunst und Kultur; (3) Pflege der traditionellen erhaltenswerten Kulturgüter. – 5. *Finanzierung:* Die öffentliche Finanzierung von Kultur wird aufgrund der zunehmenden Belastungen der öffentlichen Haushalte kritisch betrachtet. Mit dem wachsenden Kulturmarkt in den 1980er-Jahren machten sich Hoffnungen auf eine weit gehende Privatisierung kultureller Ausgaben nach amerik. Muster breit. Mäzenatentum und → Sponsoring, verbunden mit unternehmerisch neu durchdachten Betriebsformen, galten lange Zeit als Rettung aus der chronischen Unterfinanzierung. Unter diesen Bedingungen hätte jedoch bes. neuere, noch nicht etablierte Kultur kaum noch eine Chance.

Kulturschock – menschlicher Verhaltenszustand, der auf der plötzlichen Konfrontation mit fremden, kulturbestimmten Umweltverhältnissen beruht und zunächst eine schockartige Verwirrung auslöst, die v.a. bei weniger auslandsorientierten Menschen in die emotionale Ablehnung einer fremden Kultur mündet.

Kulturstatistik – zusammenfassender Begriff für die Statistiken des Bildungswesens (allg. und berufliches Schulwesen, Studienseminare, Studien- und Berufswünsche, Ausbildungsförderung, Berufsbildung, Hochschulen), die Pressestatistik, die Statistik der Filmwirtschaft, Statistiken über Angebot und Ausnutzung der Theater, Bibliotheken, Museen, Hörfunk- und Fernsehstatistiken, Buchproduktion, Statistiken über Vereinsmitglieder etc.

Kulturwirtschaft – die wirtschaftlichen Erscheinungsformen des kulturellen Lebens, seine materielle Grundlage und Ordnung, bes. Struktur und Tätigkeit der dem kulturellen Leben dienenden Einrichtungen. Dazu zählen u.a. Verlage, Musik- und Filmindustrie, TV und Rundfunk, Institutionen der darstellenden und bildenden Künste, Museen und Gallerien, Buch- und Kunsthandel.

Kulturwissenschaft – im neutralen Sinn Sammelbegriff für Gruppe von Wissenschaften, die sich mit den Ergebnissen menschlichen Handelns bzw. den Schöpfungen des menschlichen Geistes befassen (daher gelegentlich auch: *Geisteswissenschaften*). – Häufig verbindet sich mit Kulturwissenschaft zusätzlich eine bestimmte *methodische Vorstellung:* Anstelle der in naturwissenschaftlichen Bereichen bewährten Suche nach allg. Gesetzmäßigkeiten (→ Gesetzesaussage) wird die → verstehende Methode angewendet; Vorstellung von einem methodischen Dualismus zwischen Natur- und Kulturwissenschaften (→ Hermeneutik).

Kultusministerkonferenz (KMK) – Die Ständige Konferenz der Kultusminister der Länder in der Bundesrepublik Deutschland (Kurzform: Kultusministerkonferenz, www.kmk.org) ist ein Zusammenschluss der für Bildung und Erziehung, Hochschulen und Forschung sowie kulturellen Angelegenheiten zuständigen Minister bzw. Senatoren der Länder. Eine wesentliche Aufgabe der Kultusministerkonferenz besteht darin, durch Konsens und Kooperation in ganz Deutschland Transparenz und Mobilität zu sichern, Gleichwertigkeit der Lebensverhältnisse sicherzustellen und die gemeinsamen Interessen der Länder im Bereich Kultur zu vertreten und zu fördern.

Kumulation – I. Wirtschaftstheorie: Ein sich selbstverstärkender Wirtschaftsprozess, z.B. → Inflation, → Deflation. – Vgl. auch → Wachstumstheorie.

II. Zollrecht: Nach den Bestimmungen vieler → Präferenzabkommen ist es zur Erfüllung der Ursprungskriterien (→ Ursprung, → Ursprungsregeln) zulässig, dass auch Produktionsvorgänge außerhalb des Staates bzw. des → Zollgebietes, dessen Ursprung die Ware erhalten soll, „mitgezählt" (kumuliert) werden, sodass die meist erforderliche Mindestwertschöpfung zur Erlangung der Ursprungseigenschaft leichter erreicht wird. Je nach Ausprägung des Präferenzabkommens können bilaterale oder multilaterale Kumulationen zulässig sein.

kumulative Dividende → Vorzugsaktie.

kumulative Kontraktion – Begriff für eine sich selbstverstärkende Abschwungphase. Nach Keynes besteht die Gefahr von kumulativer Kontraktion wegen möglicher Preis- und Lohnstarrheiten und der Unsicherheit in jedem Abschwung. Um solche kumulativen Prozesse mit der Gefahr tiefer Depressionen zu vermeiden, empfiehlt Keynes, die Wirtschaft stets im Quasiboom zu halten.

kumulative Schuldübernahme → Schuldmitübernahme.

kumulative Verursachung → Kontereffekt.

Kumulativknappheit – 1. *Begriff:* Die Kumulativknappheit (ökologische Kumulativknappheit) ist eine Art der → ökologischen Knappheit (vgl. Müller-Wenk 1978, S. 37f). Kumulativ knappe Ressourcen sind nach einer endlichen Zahl von Nutzungen erschöpft (z.B. Erdölvorkommen) oder die Aufnahmefähigkeit eines Mediums ist erreicht. – 2. *Abgrenzung:* Neben der Kumulativknappheit existiert, im Rahmen der ökologischen Knappheit, die → Ratenknappheit.

Kumulativwirkung – Steuerwirkung, die auf demselben Kalkulationsmechanismus wie bei der → Kaskadenwirkung beruht. Die Kumulativwirkung darf aber mit dieser nicht gleichgesetzt werden, da sie allein die neuerliche Besteuerung der auf jeder Handelsstufe entstandenen Wertschöpfung ohne Steuern betrifft.

kumulierte Abschreibungen – Summe der bisherigen Abschreibungen (→ Wertberichtigungen) eines Vermögensgegenstandes, die auf einem (passiven) Wertberichtigungskonto bzw. bei Kapitalgesellschaften im → Anlagengitter erfasst werden.

kumulierte Leserschaft – Gesamtheit aller Leser, die mit mehreren Ausgaben eines Printmediums mind. einmal erreicht wird.

Kumulierter Energieaufwand (KEA) – Abk. *KEA*; 1. *Entstehung:* Entwickelt wurde die Methode Anfang der 1990er-Jahre in Zusammenarbeit des Öko-Instituts, der Bauhaus-Universität Weimar, des Instituts für ressourcenschonendes Bauen, der Universität Karlsruhe und des Instituts für Industrielle Bauproduktion. Der KEA wird auch in der VDI-Richtlinie 4600, die im Rahmen der VDI-Gesellschaft Energietechnik entstand, beschrieben. – 2. *Geltungsbereich und Systemgrenze:* Die Methode des Kumulierten Energieaufwandes ist weltweit anwendbar. Die Systemgrenze ist hierbei „Cradle-to-Gate" (s. → Cradle-to-Cradle). – 3. *Bewertungsobjekt und -größe:* Mithilfe des KEA können Produkte und Dienstleistungen hinsichtlich ihrer Energieflüsse und ihrer Energiebindung bewertet werden. – 4. *Ziele und Annahmen:* Der KEA stellt den Primärenergieverbrauch von Herstellung, Nutzung und Entsorgung eines Produkts oder einer Dienstleistung dar. So ermöglicht er eine energetische Beurteilung und einen Vergleich zwischen Alternativen. Bei der Bewertung wird angenommen, dass die Energiebereitstellung ein Indikator für → Umweltaspekte ist. – 5. *Kritische Würdigung:* Der KEA liefert erste Anhaltspunkte für Umweltwirkungen und die dafür notwendigen Daten sind teilweise in → Datenbanken erfasst und gut ermittelbar. Außerdem ist das Ergebnis für den Entscheidungsträger leicht zu interpretieren und zu verstehen. Der Energieverbrauch, der durch die eindimensionale Kennzahl dargestellt wird, kann jedoch kein umfassendes Bild aller Umweltwirkungen bieten. Ebenfalls erschweren verschiedene Berechnungsmethoden die Transparenz und die Nachvollziehbarkeit.

Kumulierung – sukzessive Summierung, etwa Kumulierung von → Häufigkeiten oder → Wahrscheinlichkeiten zur Gewinnung einer → Summenfunktion oder → Verteilungsfunktion, oder Kumulierung von Zugangsmengen bzw. Abgangsmengen über die Zeit zur Ermittlung einer zeitlich kumulierten → Zugangsfunktion bzw. → Abgangsfunktion.

Kumulierungsverbot – für → erhöhte Absetzungen und → Sonderabschreibungen: Liegen die Voraussetzungen für die Inanspruchnahme in beiden Fällen vor, so dürfen erhöhte Absetzungen oder Sonderabschreibungen nur aufgrund einer dieser Vorschriften in Anspruch genommen werden (§ 7a V EStG).

Kumulrisiko – 1. *Begriff:* → Risiko von Kumulschäden. Das Kumulrisiko bezeichnet das Risiko, dass im → Risikogeschäft von Versicherungsunternehmen durch den Eintritt ein und desselben zufälligen Ereignisses gleichzeitig bei mehreren oder vielen versicherten Einheiten Schäden ausgelöst werden. Die versicherten Einheiten erweisen sich insofern als nicht unabhängig voneinander. Das Kumulrisiko ist eine besondere Ausprägung des → Zufallsrisikos. Abzugrenzen vom Ansteckungsrisiko. Siehe auch → versicherungstechnisches Risiko. – 2. *Beispiele und Wirkungsfelder:* Typische Beispiele für Kumulrisiken sind → Erdbeben, Hagelstürme (→ Hagel), Kollisionen von Fahrzeugen, die bei demselben Versicherer im Bestand sind, ferner Streiks, innere Unruhen und Kriegsereignisse (Kriegsklausel). Von besonderer Bedeutung ist das Kumulrisiko damit in den → Elementargefahrenversicherungen und in der → verbundenen Wohngebäudeversicherung. Das Kumulrisiko trifft v.a. Versicherer mit hohen Marktanteilen in diesen Versicherungszweigen bzw. mit hoher Versicherungsdichte in einer Region. – 3. *Herausforderungen:* Die größte Herausforderung liegt für die Versicherer darin, Kumulrisiken zu erkennen, zu bewerten und zu beherrschen. Kumulschadenereignisse treten selten auf und führen dann oft dazu, dass ein stark erhöhter Schadenaufwand deutlich negative versicherungstechnische Bruttoergebnisse zur Folge hat. – 4. *Maßnahmen und Instrumente:* Kumulrisiken können über Geopositionierungen (→ ZÜRS) identifiziert werden. Mithilfe der Zeichnungspolitik und von Kündigungen können Kumulrisiken vermieden bzw. reduziert werden. Bei der Gefahr Feuer können Schadenverhütungsmaßnahmen, wie Brandschutzmauern, Kumulrisiken verringern. Das Risiko hoher negativer Ergebnisse erfordert Maßnahmen zum Bilanzschutz, d.h. den Aufbau von Risikokapital und passende Rückversicherungskonzepte. Bei Kumulrisiken mit vielen kleinen Schadenpotenzialen verringern → Selbstbehalte die negativen Ausschläge. – 5. *Aktuelle Entwicklungen:* Der Klimawandel und eine steigende Versicherungsdichte in der erweiterten Elementargefahrenversicherung verstärken die Problematik von Kumulrisiken im Elementarschadenbereich. Hier bestimmen Kumulrisiken auch sehr stark das erforderliche Risikokapital. Das Erkennen, Bewerten und Beherrschen von Kumulrisiken wird künftig im Zuge von → Solvency II für die Elementargefahrenversicherungen und die verbundene Wohngebäudeversicherung von zentraler Bedeutung sein.

Kumulschaden – 1. *Begriff:* Schaden, der aus mehreren oder vielen Einzelschäden besteht, die alle durch dasselbe Schadenereignis verursacht werden. Siehe auch → Kumulrisiko. – 2. *Management:* → Versicherungsunternehmen halten für Kumulschäden teilweise Notfallpläne vor. Sie definieren die organisatorischen Voraussetzungen für erforderliche Sofortmaßnahmen (z.B. Einsatz von Dachdeckern nach Sturmschäden), zum Schutz vor weiteren Beeinträchtigungen (z.B. Sicherung des Inventars vor eindringendem Niederschlagswasser), für die schnelle, abschließende Regulierung der Schäden (z.B. Drive-in bei Hagelschäden an Fahrzeugen, bei denen der Schaden sofort kalkuliert und ausgezahlt wird) sowie für sinnvolle und kostengünstige Reparaturmethoden (z.B. lackschadenfreies Ausbeulen von Hageldellen). – 3. *Herausforderungen:* Die operative Abwicklung von Kumulschäden wirft logistische Probleme auf. Eine große Zahl von Schäden erschwert sowohl die Prognose des gesamten Schadenaufwands als auch die Prüfung der Einzelschäden, was oft zu überhöhten Entschädigungsleistungen führt.

Kumulschadenexzedent – *Schadenexzedenten-Rückversicherung.* In der Kumulschadenexzedenten-Rückversicherung trägt der Rückversicherer die Summe aller Schäden aus einem Schadenereignis (z.B. im Kraftfahrtkaskogeschäft alle durch einen Hagelschlag betroffenen Fahrzeuge eines Erstversicherers) ab dem Überschreiten der Priorität, soweit eine vertraglich vereinbarte Anzahl von Policen oder Risiken von diesem Ereignis betroffen wurde. Form des → nicht proportionalen Rückversicherungsvertrags.

Kumulschadenexzedent-Rückversicherung → Kumulschadenexzedent, → Schadenexzedentenrückversicherung. In der Kumulschadenexzedent-Rückversicherung trägt der → Rückversicherer die Summe aller Schäden aus einem Schadenereignis (z.B. im Kraftfahrtkaskogeschäft alle durch einen Hagelschlag betroffenen Fahrzeuge eines → Erstversicherers) ab dem Überschreiten der Priorität, soweit eine vertraglich vereinbarte Anzahl von Policen oder Risiken von diesem Ereignis betroffen wurde. Form des → nicht proportionalen Rückversicherungsvertrags.

Kunde – tatsächlicher oder potenzieller Nachfrager auf Märkten. Kunden können Einzelpersonen oder Institutionen (→ organisationales Kaufverhalten) mit mehreren Entscheidungsträgern sein. Sog. Schlüsselkunden sind aus der Anbietersicht aufgrund ihres Kaufvolumens oder anderen Merkmalen von bes. Bedeutung (→ Key Account Management).

Kundenanzahlungen – Vorauszahlungen der Kunden auf erteilte Aufträge. Kundenanzahlungen sind gesondert zu buchen und in der → Bilanz auf der Passivseite gesondert unter den Verbindlichkeiten als „Erhaltene Anzahlungen auf Bestellungen" auszuweisen (§ 266 III HGB); sie können gemäß § 268 V HGB auch offen von dem Posten „Vorräte" abgesetzt werden. – Vgl. auch → Kundenkredit.

Kundenauftrag – durch einen Kunden ausgelöste Aufforderung, eine spezifische Leistung bzw. ein spezifisches Gut (Produkt oder Produktbündel) zu erstellen, was nur durch bestimmte Aktionen (Arbeiten, Operationen, Tätigkeiten) von Aktionsträgern (Potenzialelementen) möglich ist. – Vgl. auch → Auftrag, → Auftragsabwicklung, → Innenauftrag.

Kundenauftragsfertigung → Make to Order.

Kundenbarometer – jährliche Erhebung im Auftrag der Deutschen Marketingvereinigung. Mithilfe von ca. 25.000 telefonischen und persönlichen Interviews werden Zufriedenheits- und Bindungsdaten für das Leistungsangebot von über 700 Anbietern von Produkten und Dienstleistungen aus ca. 50 Branchen erfragt.

Kundenbefragung → Abnehmerbefragung.

Kundenbeschwerdestelle – Das dt. Kreditgewerbe bietet seinen Kunden mit dem sog. Ombudsmann-Verfahren die Möglichkeit, Kundenbeschwerden an unabhängige Schlichtungsstellen bei den Spitzenverbänden des dt. Kreditgewerbes zu richten, um Streitigkeiten zwischen Banken und ihren Kunden schnell und gütlich bzw. einvernehmlich zu schlichten. Für juristische Personen gibt es diese Möglichkeit nur bei der Anwendung des Überweisungsgesetzes sowie beim Missbrauch von Zahlungskarten. Die Kundenbeschwerdestelle nimmt v.a. dann die Beschwerde nicht an, wenn der Beschwerdegegenstand bereits bei einem Gericht anhängig ist (§ 3 SchlichtVerfVO). Die Kundenbeschwerdestelle holt die Stellungnahme des betroffenen Kreditinstituts ein, leitet diese an den Beschwerdeführer weiter und veranlasst ggf. einen Schlichtungsvorschlag eines unabhängigen Schlichters mit dem Ziel einer außergerichtlichen Einigung. – Vgl. auch → Schlichtungsstelle der Deutschen Bundesbank.

Kundenbindung – Bindung eines Nachfragers an einen bestimmten Anbieter zum Zweck der Realisierung bzw. Planung wiederholter Geschäftsabschlüsse innerhalb eines bestimmten Zeitraums.

Kundenbindungssystem → Direct Marketing.

Kundenclub – Bemühen von Unternehmen, Kunden in Clubs zu organisieren, um so eine höhere Kundenbindung bzw. Kundenloyalität sowie eine unentgeltliche Mund-zu-Mund-Werbung zu erzielen. Clubveranstaltungen dienen dem persönlichen Informationsaustausch sowie der Durchführung von Events. Die Unternehmung kann gezielte Werbeaktionen durchführen und durch Befragungen wichtige Marktforschungsinformationen z.B. für die Entwicklung von Innovationen erhalten; Sondermodelle können getestet werden; Clubmitgliedern werden spezielle Preisnachlässe gewährt. Verbreitet bei Büchern, Möbeln, Motorrädern, Automobilen.

Kundendatenmanagement – systematische Aufbereitung aller relevanten Kundendaten, die im Verkaufssystem eines → Warenwirtschaftssystem (WWS) anfallen, z.B. Zusammensetzung der Einkäufe (Art und Anzahl der Artikel und deren Preise), Ort, Zeit und Häufigkeit der Einkäufe, Anzahl und Art der Beschwerden und Retouren. Gelingt es, diese Daten mithilfe von personenbezogenen, einkaufsverhaltensrelevanten Daten (z.B. Kundendaten) zu verknüpfen (→ Data Warehouse), so ist im Idealfall eine gezielte individuelle Kundenansprache möglich.

Kundendienst – 1. *Begriff:* Dienste eines Herstellers oder Händlers, die er seinen Abnehmern vor dem Kauf (→ Pre-Sales-Service), kaufbegleitend (→ episodenbegleitende Dienstleistungen) oder nach dem Kauf (→ After-Sales-Service) erbringt. – 2. *Zweck* ist die Gewinnung von Dauerkunden. – 3. *Formen:* (1) nicht warengebundener Kundendienst wie z.B. Kindergärten in Warenhäusern, Besorgung von Theaterkarten durch den Hotelportier u.Ä.; (2) warengebundener Kundendienst wie z.B. Abhol- und Auslieferdienste, Produktdemonstrationen, Montage, Installation, Schulungen über Gebrauch und Bedienung einer Maschine u.a.; (3) technischer Kundendienst wie z.B. Installation, Montage u.Ä.; (4) kaufmännischer Kundendienst wie z.B. kaufmännische Beratung, Bestelldienst, Umtausch u.Ä.

Kundenfang – erfasst Fallgruppen → unlauterer Werbung (§§ 3, 4 UWG). – 1. *Aleatorische Veranstaltungen:* Durch Ausnutzung der Spielleidenschaft gekennzeichnete Veranstaltungen wie Ausspielungen, Preisausschreiben (Preisrätsel) und Gewinnspiele. Ausspielung gegen Einsatz oder Kopplung der Teilnahme an Warenbezug sind grundsätzlich unzulässig (§ 4 Nr. 6 UWG), ebenso täuschende Angaben über Gewinnchancen und deren Höhe (§ 4 Nr. 5 UWG, § 5 UWG – irreführende Werbung). Unzulässiger psychologischer Kaufzwang liegt vor, wenn für Teilnahme oder Abwicklung das Betreten des Geschäftslokals erforderlich ist. Bei Verstoß können Ankündigung und Durchführung der Veranstaltung untersagt werden. Abgeschlossene Verträge sind anfechtbar, bei systematischen Verstößen kann die Geltendmachung von Ansprüchen aus Verträgen erneut wettbewerbswidrig sein (→ Folgeverträge). Als aleatorische Veranstaltung kann → progressive Kundenwerbung auch dann nach § 4 Nr. 1 UWG verboten werden, wenn die bes. Voraussetzungen des § 4 Nr. 6 UWG nicht vorliegen. – 2. *Ausnutzung von Unerfahrenheit und Vertrauen:* Erfasst gezielte Werbemaßnahmen gegenüber Kindern und Jugendlichen (Ausnutzung des Spiel- und Sammeltriebs), Ausübung moralischen Drucks auf Eltern und Ausnutzung des Vertrauens in Fällen der Einschaltung von Autoritätspersonen (Lehrer, Betriebsrat, Dienstvorgesetzter etc.). Verwendung unzulässiger → Allgemeine Geschäftsbedingungen (AGB), Unterlassen gesetzlich vorgeschriebener Belehrungen (Widerrufsbelehrung § 312 BGB) kann Ausnutzung von Unerfahrenheit (Rechtsunkenntnis) sein, wenn der rechtsunerfahrene Verbraucher von der Wahrnehmung seiner Rechte abgehalten werden soll (zu systematischer Ausnutzung: → Folgeverträge), daneben kann der Verstoß unter den Voraussetzungen des → Rechtsbruchs wettbewerbswidrig sein. – 3. *Belästigung:* Erfasst Werbemaßnahmen, die über das mit jeder Werbung verbundene und hinzunehmende Maß hinausgehen. Werbebriefe dürfen nicht als Privatbriefe getarnt werden. Telefon- und Telefaxwerbung gegenüber Privatpersonen ist stets wettbewerbswidrig, sofern der Umworbene nicht sein Einverständnis erklärt hat (§ 7 II Nr. 2 UWG). Bekanntgabe des Anschlusses in Verzeichnissen oder auf Briefbögen reicht ebenso wenig wie vorheriger geschäftlicher Kontakt oder die Bitte um Übersendung von Informationsmaterial, ein bestehendes Vertragsverhältnis rechtfertigt nicht Anrufe zum Zweck des Abschlusses weiterer Geschäfte. Gegenüber Gewerbetreibenden sind Anrufe zulässig, wenn aufgrund konkreter tatsächlicher Anhaltspunkte von deren mutmaßlichem Einverständnis ausgegangen werden kann (§ 7 II Nr. 2 UWG). Haustürwerbung ist grundsätzlich zulässig, solange nicht bes. Umstände vorliegen (z.B. Vertreterbesuche bei Angehörigen von Verstorbenen, Übermittlung eines Gewinns als Vorspann zu Verkaufsgesprächen, Vertreterbesuch aufgrund bloßer Prospektanforderung). Zusendung unbestellter Ware ist unzulässig, kann aber bei geringwertigen Waren hinzunehmen sein, wenn mit der Zusendung ausdrücklich darauf hingewiesen wird, dass weder Zahlungs- noch Aufbewahrungs- und Rücksendepflichten bestehen. Keine Zusendung unbestellter Waren ist die Zusendung unentgeltlicher Warenproben. – 4. *Gefühlsbetonte Werbung*: Appelliert an Mitleid, Hilfsbereitschaft und soziale Verantwortung, nutzt Angst aus oder wirkt unterschwellig. Zulässig sind Hinweise auf sachliche Eigenschaften wie die Herkunft der Ware aus einem Schwerbeschädigtenbetrieb. Strenge Anforderungen werden an Werbemaßnahmen im Gesundheitsbereich und im Bereich der Lebensmittel und Bedarfsgegenstände (§§ 11, 12 LFGB) gestellt, bes. bei Werbung für Tabakerzeugnisse, die im Hörfunk und im Fernsehen gänzlich verboten ist. Werbebeschränkungen bestehen aufgrund bes. Vorschriften des Heilmittelwerbegesetzes, des Lebensmittel- Bedarfsgegenstände- und Futtermittelgesetzbuches, der Nährwert-Kennzeichnungsverordnung, Diätverordnung, Tafelwässerverordnung etc. Übereinstimmend gilt, dass sie die Anwendung des UWG nicht ausschließen. Gesundheitswerbung ist generell nur zulässig, wenn sie gesicherter wissenschaftlicher Erkenntnis entspricht. Werbung mit Hinweisen auf die Umweltfreundlichkeit (Biowerbung) knüpft gleichfalls an emotionale Bereiche an, sodass strenge Anforderungen und Aufklärungspflichten bestehen, weshalb (inwieweit) ein Produkt uneingeschränkt umweltfreundlich oder geringer umweltbelastend ist. Schockierende Werbung kann die guten Sitten im kaufmännischen Verkehr überschreiten, Abwägung mit den Grundrechten der Meinungsäußerungs- und Berufsausübungsfreiheit ist erforderlich. – 5. *Irreführung:* Irreführende Angaben über geschäftliche Verhältnisse sind bereits nach §§ 5, 5a UWG (→ irreführende Werbung) verboten, ergänzend kommen §§ 3, 4 UWG v.a. in Fällen der Täuschung über den werblichen Charakter einer Verlautbarung zur Anwendung (getarnte Wirtschaftswerbung, Verstöße gegen die Pflicht zur Trennung von Werbung und Berichterstattung in Presse, Rundfunk, Fernsehen; → Schleichwerbung, → Trennungsgebot). – 6. *Laienwerbung*: I.d.R. wettbewerbswidrig, im Einzelfall hängt die Wettbewerbswidrigkeit von der Art der beworbenen Waren, vom beworbenen Personenkreis und dem Kreis der eingespannten Laien, ferner von der Anreizwirkung der ausgesetzten Prämien ab. – 7. *Nötigung*: Auch in der Form psychischen Drucks ist diese stets wettbewerbswidrig (z.B. nicht durch eine Notlage bedingte Werbung für Dienste am Unfallort). – 8. *Wertreklame:* Kann unter verschiedenen Gesichtspunkten wettbewerbswidrig sein: Übertriebenes Anlocken liegt vor, wenn die Aussicht auf die Zuwendung gegenüber Güte und Preis des Angebots bestimmend für den Geschäftsabschluss wird. Diese Wirkung geht bes. von Geldgeschenken (auch in der Form von Gutscheinen) aus, kann aber auch bei zeitlich befristeten und solchen Zuwendungen vorliegen, die gegen Betreten des Geschäftslokals gewährt werden, wobei sich die Anlockwirkung mit psychologischem Kaufzwang verbindet. Er entfällt, wenn der Kunde z.B. zur Einlösung von Gutscheinen das Geschäft nicht aufsuchen muss. Rechtlicher Kaufzwang liegt vor, wenn die Zuwendung an den Erwerb der Leistung gekoppelt wird. Maßgeblich ist der erzeugte Eindruck, unerheblich ist, ob die Zuwendung tatsächlich vom Geschäftsabschluss abhängt. Angemessene Erstattung von Fahrtkosten mit öffentlichen Verkehrsmitteln zum Geschäftslokal ist zulässig, die Ankündigung kostenloser Auslandsreisen zur Besichtigung von Grundstücken ist i.d.R. unzulässig. Werbe- und Verkaufsfahrten (Kaffeefahrten) sind grundsätzlich zulässig, kostenlose Zuwendungen (Bewirtung, Geschenke) können sie als Wertreklame unzulässig machen; zur Vermeidung irreführender Werbung muss über Charakter und die Freiwilligkeit der Teilnahme eindeutig aufgeklärt werden. Unentgeltliche Abgabe von Warenproben ist zulässig, solange keine Bedarfsdeckung eintritt oder ein Erprobungszweck nur vorgetäuscht ist. Geld-zurück-Garantien sind unzulässige Wertreklame, wenn entsprechende Leistungen nur vom Werbenden geführt werden oder vom Verkehr nur zufällig oder ausnahmsweise aufzufinden sind. Garantiezusagen sind zeitlich nur in den Grenzen der § 202 II BGB zulässig, äußerstenfalls also auf die Dauer von 30 Jahren. Etwas anderes gilt für die Gewährung einer selbständigen Garantie, die ein eigenständiges Dauerschuldverhältnis begründet, welches unverjährbar ist. Waren- und Leistungskopplungen sind grundsätzlich erlaubt, dadurch bewirkte Erschwerung von Preisvergleichen nur unter bes. Umständen wettbewerbswidrig. Das Vorspannen einer meist betriebs- oder branchenfremden Ware (gekoppeltes Vorspannangebot) ist regelmäßig nur dann zu beanstanden, wenn von der Prüfung der Hauptware übermäßig abgelenkt wird.

Kundenfrequenzanalyse → Kundenstromanalyse.

Kundengeschäft→ Bankgeschäft für fremde Rechnung. – *Gegensatz:* → Eigenhandel (Eigengeschäft). – Vgl. auch → Kommissionsgeschäft, → Effektenkommissionsgeschäft, → Finanzkommissionsgeschäft.

Kundengliederung – 1. *Begriff:* Im Rahmen der organisatorischen Bereichsbildung erfolgt eine → Spezialisierung der → organisatorischen Einheiten nach Kundenmerkmalen. – 2. *Folge:* Die Kundengliederung führt je nach der betroffenen Hierarchieebene und je nach dem Aggregationsgrad des betrachteten Handlungskomplexes zu unterschiedlich breiter → Kompetenz der organisatorischen Einheiten. So kann eine Kundengliederung der zweiten Hierarchieebene

→ organisatorische Teilbereiche etwa für die unterschiedlichen Kundengruppen der Unternehmung ergeben; diese Bereiche lassen sich selbst wiederum kundenorientiert (z.B. in → Stellen) untergliedern, die auf einzelne (Groß-)Kunden ausgerichtet sind. – Vgl. auch → Marktgliederung, → Objektprinzip.

Kundenintegration in NPO – *1. Begriff:* Die Kundenintegration umfasst jegliche Form der Beteiligung der unterschiedlichen Kunden einer → Nonprofit-Organisation (NPO) am Prozess der Sicherstellung der Zweck- bzw. Missionserfüllung. Der Prozess der Missionserfüllung umschließt dabei nicht nur den Leistungserstellungsprozess, sondern auch weitere unterstützende Prozesse, insbesondere den Finanzierungsprozess. – 2. *Merkmale:* Die unterschiedlichen → Kundengruppen können im Rahmen der Nonprofit-Leistungserstellung auf unterschiedliche Art und Weise in den Leistungserstellungsprozess integriert werden, nämlich intuitiv, partnerschaftlich, finanziell oder sich der Integration verweigern. Hieraus ergeben sich jeweils spezifische Managementimplikationen.

Kundenkartei – Erfassung der Kunden eines Unternehmens in einer → Kartei, meist in alphabetischer Ordnung; bei computergestütztem Rechnungswesen nach einer Vielzahl von Kriterien sortierbar. – 1. Das *Kontokorrent* der Kunden. – 2. Hilfsmittel des Marketings: Verzeichnis von Größe und Häufigkeit der Bestellungen, Zahlungseingänge, evtl. Kredithöhe und sonstige Einzelheiten, die im Verkehr mit dem Kunden wichtig sein können. Spezial-Kundenkarteien sind z.B. Besuchskartei, Dekorationskartei.

Kundenkredit – 1. *Einem Kunden gewährter Kredit:* Art der → Aktivfinanzierung zur Absatzsicherung bei Käufermarkt oder zur Einflussnahme auf die Geschäftsführung des Kunden. – 2. *Von dem Lieferanten bei einem Kunden in Anspruch genommener Kredit:* Art der → Passivfinanzierung, dient zur Vorfinanzierung von und als Sicherheit für in Auftrag gegebene hochwertige Spezialobjekte oder zur Sicherung des Warenbezugs bei Verkäufermarkt (→ Kundenanzahlungen).

Kundenlaufstudie → Kundenstromanalyse.

Kundenmanagementorganisation – 1. *Begriff:* Konzept einer → mehrdimensionalen Organisationsstruktur, bei dem eine gegebene Grundstruktur durch die organisatorische Verankerung von → Kompetenz für die aus den einzelnen Kunden(-gruppen) einer Unternehmung resultierenden speziellen Aufgaben ergänzt wird. – 2. *Formen:* a) Die Institutionalisierung des Kundenmanagements kann auf einen → organisatorischen Teilbereich beschränkt oder teilbereichsübergreifend sein. – b) Die Institutionalisierung kann in Form von Kernbereichen (Kernbereichs-Kundenmanagement), → Richtlinienbereichen (Richtlinien-Kundenmanagement), Matrixbereichen (Matrix-Kundenmanagement; → Matrixorganisation), → Servicebereichen und → Stäben *(Stabs-Kundenmanagement)* erfolgen. – 3. Bei der *Auswahl* einer der sich hieraus ergebenden Gestaltungsalternativen sind die angestrebte Reichweite für die Berücksichtigung der Kundenmanagement-Perspektive im arbeitsteiligen Entscheidungsprozess der Unternehmung sowie die spezifischen Vor- und Nachteile der alternativen Bereichsformen abzuwägen.

Kundenmonitoring – in regelmäßigen Abständen wiederholte → Abnehmerbefragung.

Kundennutzen – Grad der Befriedigung von Bedürfnissen (→ Motive), den ein Produkt dem Kunden erbringt. Das absatzwirtschaftliche Nutzenkonzept geht von einer hierarchischen Gliederung verschiedener Nutzenarten aus, aus denen sich der Gesamtnutzen bzw. Produktnutzen additiv zusammensetzt. Der sog. → Grundnutzen schafft dabei die aus den physisch-funktionalen Eigenschaften eines Produktes resultierende Bedarfsdeckung. Der → Zusatznutzen lässt sich in Erbauungsnutzen und Geltungsnutzen unterscheiden. Unter *Erbauungsnutzen* wird die aus den ästhetischen Eigenschaften eines Produktes resultierende Bedarfsdeckung (z.B. Form, Farbe, Geruch) verstanden. Der *Geltungsnutzen* ist die Bedarfsdeckung, die aus den sozialen Eigenschaften (z.B. Prestige) eines Produktes oder einer Leistung resultiert. Grundnutzen und Zusatznutzen bilden zusammen den Gesamtnutzen, der die aus allen Eigenschaften eines Produktes resultierende Bedarfsdeckung repräsentiert.

Kundenorientierung – die Ausrichtung aller marktrelevanten Maßnahmen eines Unternehmens an den Bedürfnissen und Problemen der → Kunden.

Kundenproduktion → unmittelbar kundenorientierte Produktion.

Kundenschulung – Vermittlung von Anwendungswissen für technisch komplexe und erklärungsbedürftige Leistungsangebote durch den Anbieter der Leistung an seine Kunden. Kundenschulungen sind ein Instrument des → Servicemarketings und stärken die Kundenbindung sowie -zufriedenheit.

Kundenschutz – ausdrückliche Zuweisung eines bestimmten Kundenkreises an den → Handelsvertreter. Ist dem Handelsvertreter ein bestimmter Kundenkreis zugewiesen, so hat er Anspruch auf Provision auch für Geschäfte, die ohne seine Mitwirkung – an ihm vorbei – mit seinem Kundenkreis während des Vertragsverhältnisses abgeschlossen werden (§ 87 II HGB). – Der gesetzliche Schutz gilt nicht für *Versicherungsvertreter* (§ 92 III 2 HGB).

Kundensegmente – 1. *Begriff:* Bankkunden haben unterschiedliche Bedürfnisse und Erwartungen an die Leistungserstellung eines Kreditinstitutes. Durch die Segmentierung in möglichst homogene Kundengruppen wird die Voraussetzung einer zielgerichteten Kundenbearbeitung geschaffen. Als Segmentierungskriterien werden gemeinhin *allgemeine Verhaltensmerkmale* (geografisch, soziodemografisch, psychografisch) sowie *spezielle*

Verhaltensmerkmale (Konsumentenverhalten) verwendet. – 2. *Merkmale*: Eine Segmentierung zentraler Kundengruppen erfolgt in Kreditinstituten üblicherweise über Privat- und Firmenkunden. Aus einem marktorientierten Verständnis resultiert hierbei unter Berücksichtigung eines differenzierten Nachfrageverhaltens zumeist eine Einteilung nach soziodemografischen Kriterien (z.B. Vermögen, Einkommen) in Individual- und Mengenkunden. Die verwendeten Termini einzelner Kundengruppen, bspw. im Firmen- und Privatkundensegment sind in den einzelnen Kreditinstituten nicht einheitlich z.B. Firmenkunden, Gewerbetreibende, Retailkunden, Privatkunden, Vermögenskunden, Individualkunden, Private-Banking-Kunden, High Net Worth Individual. – Vgl. → Kundenstrukturanalyse, → Verkaufsförderung, → Marktbeobachtung.

Kundenskonto → Skonto.

Kundenstromanalyse – *Kundenlaufstudie, Kundenfrequenzanalyse;* Analyse der Bewegungen eines Kunden in einem → Ladenlokal des → Einzelhandels. Ziel der Analysen ist, Erkenntnisse über das Kundenverhalten zu erlangen und die → Produktivität der → Verkaufsflächen zu optimieren. Die Durchführung erfolgt als → Beobachtung, an die sich eine → Befragung anschließen kann.

Kundenstrukturanalyse – Erhebung von Einkaufsgewohnheiten, des Mediaverhaltens, des Einzugsgebietes und der demografischen Struktur des Kundenstammes sowie Analyse der Kundendatei. Die Ergebnisse dienen als Grundlage z.B. für die Mediaplanung, die Sortimentspolitik und des Servicenetzes. Traditionell gute Informationen über ihre Kunden haben die Versandunternehmen. Eine wichtige Informationsquelle sind auch die → Verbraucherpanels. – Vgl. auch → Marktforschung, → Marktsegmentierung.

Kundenumsatz→ Lieferungen und → sonstige Leistungen an fremde Wirtschaftseinheiten. Zusammen mit dem → Eigenumsatz bildet Kundenumsatz den → Gesamtumsatz.

Kundenwert – diskontierter Einzahlungsüberschuss, den ein Kunde über die gesamte Zeit seiner Beziehung zu einem Unternehmen für das Unternehmen erzeugt.

Kundenwertpricing – Form der Preisdifferenzierungsstrategie. Preise werden auf den Kundenwert, also den ökonomischen Wert eines Kunden für das Unternehmen, abgestimmt, um strategisch wichtige Kunden durch individuelles Pricing enger an sich zu binden. Beispiel kann ein Vieltelefonierer sein, der wegen seines hohen Minutenaufkommens einen Preisnachlass oder eine kostenfreie Zusatzleistung erhält.

Kundenzufriedenheit – 1. *Begriff:* Nachkaufphänomen, bei dem der Kunde erworbene Produkte oder Dienstleistungen anhand seiner gewonnenen Nutzungserfahrungen beurteilt. In der Käuferverhaltensforschung wird Kundenzufriedenheit als hypothetisches Konstrukt verwendet, welches die Übereinstimmung zwischen den subjektiven Erwartungen und der tatsächlich erlebten Motivbefriedigung bei Produkten oder Dienstleistungen zum Ausdruck bringt. Werden die Erwartungen nicht erfüllt, so liegt Unzufriedenheit vor. Bei unzufriedenen Kunden besteht die Gefahr, dass sie (still) zur Konkurrenz abwandern (Unvoiced Complainers) und/ oder ihre Unzufriedenheit dem Unternehmen (→ Beschwerde) oder anderen Personen (negative Mund-zu-Mund-Propaganda) mitteilen. – 2. *Messung:* Bei der Messung der Zufriedenheit werden merkmals- und ereignisorientierte Verfahren unterschieden. Bei den merkmalsorientierten Verfahren wird die Zufriedenheit gegenüber Leistungsmerkmalen erfasst. Hingegen wird bei den ereignisorientierten Verfahren angenommen, dass Zufriedenheit auf der Bewertung von (kritischen) Ereignissen während der Produktnutzung beruht. – 3. *Wirkung von Kundenzufriedenheit:* Kundenzufriedenheit wird in der Marketingwissenschaft als wesentlicher Einflussfaktor der Kundenloyalität bzw. → Kundenbindung untersucht. In Marketingzielsystemen werden Zufriedenheitsziele als psychographische Zieldimension einbezogen. – Vgl. auch → Zufriedenheit.

Kundenzufriedenheitsforschung – Teilgebiet der → Marketingforschung, das sich mit der Zufriedenheit und der Loyalität der Kunden befasst. Dabei werden meist Einzelfragen (z.B. „Hat der Verkäufer Ihnen die möglichen Sonderausstattungen erläutert?") zu bestimmten *Leistungsbereichen* (z.B. Verkäuferkompetenz) mit einer → Faktorenanalyse verdichtet. Oft wird die Zufriedenheit mit dem Leistungsbereich und die Gesamtzufriedenheit abgefragt. Durch Regressionsrechnung (→ Regression) lassen sich die Wichtigkeiten der Leistungsbereiche für die Gesamtzufriedenheit berechnen. Die Kundenzufriedenheitsforschung wird v.a. bei hochwertigen Gebrauchsgütern (z.B. Automobil) sowie in Servicebranchen wie z.B. Banken, Versicherungen oder Tourismus angewendet. Eine Sonderform der Kundenzufriedenheitsforschung ist die Erforschung der Händlerzufriedenheit.

Kündigung – I. Allgemein: Ein empfangsbedürftiges → einseitiges Rechtsgeschäft, durch das die Beendigung eines regelmäßig dauerhaft laufenden Rechtsverhältnisses (Dauerschuldverhältnis), meist nach Ablauf einer Frist (→ Kündigungsfristen), herbeigeführt werden soll. – Die i.d.R. nur aus wichtigem Grund zulässige → außerordentliche Kündigung oder → fristlose Kündigung löst das Rechtsverhältnis sofort auf.

II. Gesellschaftsrecht 1. *Gesellschaftsvertrag:* a) *Offene Handelsgesellschaft:* Die Kündigung eines Gesellschafters oder eines → Privatgläubigers führt mangels abweichender Vertragsbestimmungen nicht zur → Auflösung der Gesellschaft, sondern nur zum → Ausscheiden eines Gesellschafters (§ 131 III 1 Nr. 3–4 HGB). (1) Für den *Gesellschafter* besteht ein Recht zur Kündigung nur, wenn die Gesellschaft für unbestimmte Zeit eingegangen ist (§ 132 HGB), an die Stelle der sonst allg. zulässigen Kündigung aus wichtigem Grund tritt die → Auflösungsklage oder Ausschließungsklage. Als für „unbestimmte Zeit" eingegangen gilt auch eine Gesellschaft, die für die Lebenszeit eines Gesellschafters eingegangen ist. (a) Die Kündigungsfrist beträgt sechs Monate zum Schluss des Geschäftsjahres. (b) Die Form der Kündigung ist gesetzlich nicht vorgeschrieben. (c) Rücknahme der Kündigung ist nur eingeschränkt möglich. (2) Kündigung durch den *Privatgläubiger* (§ 135 HGB) soll diesem nach fruchtlosem Verlauf der von ihm in das bewegliche Vermögen eines Gesellschafters betriebenen → Zwangsvollstreckung ermöglichen, sich aus dessen → Auseinandersetzungsguthaben zu befriedigen. (a) Über die Voraussetzungen: → Privatgläubiger. (b) Frist der Kündigung: Sechs Monate vor Ende des Geschäftsjahres. (c) Die Erklärung der Kündigung muss auch hier allen Gesellschaftern gegenüber abgegeben werden. Die Vorlage des Schuldtitels, des Pfändungs- und Überweisungsbeschlusses über das Auseinandersetzungsguthaben und eine Bescheinigung über die fruchtlose Zwangsvollstreckung kann von den Gesellschaftern gefordert werden. – b) *Kommanditgesellschaft:* Es gilt gemäß § 161 HGB Entsprechendes. Der Tod des → Kommanditisten hat jedoch eine Auflösung der Gesellschaft nicht zur Folge (§ 177 HGB). – 2. *Handelsvertretervertrag:* Die gesetzliche Frist zur Kündigung beträgt bei einem Vertragsverhältnis auf unbestimmte Zeit nach § 89 HGB im ersten Jahr der Vertragsdauer ein Monat, im zweiten Jahr zwei Monate, im dritten bis fünften Jahr drei Monate, bei mehr als fünf Jahren sechs Monate, jedoch zum Schluss eines Kalendermonats.

III. Arbeitsrecht: 1. Kündigung muss eindeutig und unbedingt sein und sich auf den Arbeitsvertrag im Ganzen beziehen. Vorsorgliche Kündigung und → Änderungskündigung sind echte Kündigungen – Zu *unterscheiden:* a) → Ordentliche Kündigung (Einhaltung bestimmter → Kündigungsfristen); b) → außerordentliche Kündigung. – Vgl. auch → Druckkündigung. – 2. Gesetzlich ist die *Angabe eines Kündigungsgrundes* durch den Arbeitgeber nicht vorgeschrieben (*Ausnahme:* § 15 III BBiG), aber üblich, damit der Arbeitnehmer die Erfolgsaussicht einer Feststellungsklage auf Unwirksamkeit der Kündigung (→ Kündigungsschutz) beurteilen kann. Anspruch auf Bekanntgabe aber bei außerordentlicher Kündigung (§ 626 II BGB); bei ordentlicher → betriebsbedingter Kündigung hinsichtlich der Gründe für die soziale Auswahl (§ 1 III KSchG). – 3. *Formvorschrift:* Kündigung bedarf zu ihrer Wirksamkeit der Schriftform (§ 623 BGB). Die elektronische Form ist ausgeschlossen. Auch mündliche Spontankündigungen des Arbeitnehmers sind nicht mehr wirksam. – 4. *Zugang der Kündigung* ist Voraussetzung ihrer Wirksamkeit: Kündigung muss (als empfangsbedürftige Willenserklärung) so in den Bereich des Empfängers gelangen, dass er sie unter normalen Umständen zur Kenntnis nehmen kann, z. B. durch Einwurf des Kündigungsschreibens in den Briefkasten der Wohnung vor üblicher Leerungszeit. Grundsätzlich kann auch während einer Urlaubsabwesenheit an der Wohnanschrift eine Kündigung zugehen. – 5. *Einhaltung von Fristen:* → Kündigungsfristen. – 6. *Kündigung und Mitwirkung des Betriebsrats:* Das Kündigungsrecht auf Arbeitgeberseite steht dem Arbeitgeber selbst zu. In Betrieben, in denen ein Betriebsrat besteht, muss er gemäß § 102 I BetrVG vor Ausspruch jeder Kündigung den Betriebsrat anhören (→ Anhörung des Betriebsrats). Die Unterlassung vorheriger Anhörung macht die Kündigung unwirksam. – Der Arbeitgeber kann mittelbar durch den Betriebsrat zur Kündigung betriebsstörender Arbeitnehmer gezwungen werden (§ 104 BetrVG). – 7. Die Kündigung eines schwerbehinderten Menschen durch den Arbeitgeber bedarf der vorherigen Zustimmung des Integrationsamts (§ 85 SGB IX). – 8. *Nachschieben von Kündigungsgründen:* Der kündigende Teil kann die Kündigung auch später noch durch zusätzliche, dem Gekündigten nicht mitgeteilte Gründe untermauern. Allerdings sind Gründe, die dem Betriebsrat nicht mitgeteilt worden sind, im Kündigungsschutzprozess nicht verwertbar. In dem Fall muss der Betriebsrat erneut angehört und (hilfsweise) eine weitere Kündigung ausgesprochen werden. Die Kündigung lässt sich nicht auf Gründe stützen, die erst nach Ausspruch der Kündigung entstanden sind. Solche Gründe können nach Betriebsratsanhörung eine neue Kündigung tragen. – 9. Grundsätzlich ausgeschlossen ist eine → Teilkündigung.

IV. Berufsbildungsgesetz: Das Berufsausbildungsverhältnis ist nach Ablauf der → Probezeit nur aus → wichtigem Grund kündbar; die Kündigungsgründe sind anzugeben (§ 15 III BBiG); während der Probezeit kann es ohne Einhaltung einer Frist von beiden Teilen gekündigt werden. Will der → Auszubildende die Berufsausbildung aufgeben oder eine andere Ausbildung aufnehmen, kann er mit einer Frist von vier Wochen kündigen (§ 15 BBiG). Die Kündigung muss immer schriftlich erfolgen.

V. Versicherungsvertragsgesetz: Das Recht zur Kündigung haben: 1. Der *Versicherungsnehmer* (1) zum Ablauf der Vertragszeit sowie zum Ablauf der Versicherungsperiode nach § 11 VVG; (2) in den meisten Versicherungszweigen nach Eintritt eines Schadens; (3) bei Prämienerhöhung nach § 40 VVG; (4) bei Teilrücktritt oder -kündigung durch den Versicherer nach § 29 VVG; (5) bei langfristigen Versicherungsverträgen unter Einhaltung einer Frist von drei Monaten (nach § 11 IV VVG). – 2. Der *Erwerber der versicherten Sache* bei Eigentümerwechsel (§ 96 VVG); dieses Recht kann von den Versicherern nicht ausgeschlossen werden. – 3. Die *Versicherungsgesellschaft* (1) bei sich stillschweigend verlängernden Versicherungen zum Ablauf der Versicherung, (2) bei Verletzung von Obliegenheiten, die vor dem → Versicherungsfall zu erfüllen sind (§ 28 VVG), (3) bei bestimmten Gefahrerhöhungen, (4) bei Nichtzahlung von Folgeprämien, (5) dem Erwerber gegenüber bei Eigentümerwechsel der versicherten Sache, (6) in den meisten Versicherungszweigen nach Eintritt eines Schadens (Fristen und sonstige Einzelheiten sind je nach Versicherungszweig verschieden). – Bei Kündigung einer → Lebensversicherung (ausgenommen Risikolebensversicherung und bestimmte Arten der Rentenversicherung) oder einer Unfallversicherung mit garantierter Beitragsrückzahlung wird unter bestimmten Voraussetzungen der Rückkaufswert ausgezahlt.

Kündigungsfristen – I. Arbeitsverhältnisse: (bei ordentlicher Kündigung): Gesetzlich geregelt für Arbeiter und Angestellte (Arbeitnehmer) gleichermaßen in § 622 BGB: 1. *Mindestfrist:* Kündigungsfrist beträgt grundsätzlich vier Wochen zum 15. oder 1. eines Kalendermonats (§ 622 I BGB). Während einer vereinbarten Probezeit, längstens für die Dauer von sechs Monaten, kann das Arbeitsverhältnis jederzeit mit einer Frist von zwei Wochen gekündigt werden (§ 622 III BGB). Einzelvertraglich kann eine kürzere Kündigungsfrist ansonsten nur vereinbart werden, wenn ein Arbeitnehmer längstens für drei Monate zur vorübergehenden Aushilfe eingestellt ist oder wenn der Arbeitgeber i.d.R. nicht mehr als 20 Arbeitnehmer ausschließlich der Auszubildenden beschäftigt und die Kündigungsfrist vier Wochen nicht unterschreitet (§ 622 V BGB). – 2. Die Kündigungsfrist *verlängert* sich, wenn das Arbeitsverhältnis in dem Betrieb oder Unternehmen zwei Jahre bestanden hat auf einen Monat, fünf Jahre auf zwei Monate, acht Jahre auf drei Monate, zehn Jahre auf vier Monate, zwölf Jahre auf fünf Monate, 15 Jahre auf sechs Monate, 20 Jahre auf sieben Monate, jeweils zum Ende eines Kalendermonats. Die gesetzliche Verlängerung der Kündigungsfrist gilt nur für die Kündigung des Arbeitgebers. – 3. *Kürzere* Kündigungsfristen können durch Tarifvertrag vereinbart werden; im Geltungsbereich des Tarifvertrages ist eine entsprechende Vereinbarung auch zwischen nicht tarifgebundenem Arbeitgeber und Arbeitnehmer möglich (§ 622 IV BGB). – 4. Eine *Verlängerung der Kündigungsfrist* ist sowohl durch Einzelarbeitsvertrag (→ Arbeitsvertrag) als auch durch Tarifvertrag möglich. Für die Kündigung durch den Arbeitnehmer darf jedoch einzelvertraglich keine längere Frist vorgesehen werden als für die Kündigung durch den Arbeitgeber (§ 622 VI BGB). – 5. Ist ein *Arbeitsverhältnis auf eine längere Zeit als fünf Jahre oder auf Lebenszeit* eingegangen, so kann der Arbeitnehmer das Arbeitsverhältnis nach Ablauf von fünf Jahren mit sechsmonatiger Frist kündigen (§ 624 BGB). – 6. Bei Insolvenz des Arbeitgebers kürzen sich vertraglich verlängerte Kündigungsfristen auf die gesetzlichen Fristen ab. – 7. *Auszubildende:* Der Berufsausbildungsvertrag kann während der → Probezeit jederzeit gelöst werden. Danach nur aus → wichtigem Grund oder mit einer Kündigungsfrist von vier Wochen, wenn der Auszubildende die Berufsausbildung aufgeben oder sich für eine andere Berufstätigkeit ausbilden lassen will (§ 15 BBiG). – 8. Für *bestimmte Arbeitnehmergruppen* (z.B. schwerbehinderte Menschen, Betriebsratsmitglieder, werdende Mütter und Wöchnerinnen) besteht ein bes. → Kündigungsschutz mit z.T. längeren Kündigungsfristen.

II. Dienstverhältnisse: (→ Dienstvertrag): Sind diese keine Arbeitsverhältnisse im Sinn des § 622 BGB, richten sich die Kündigungsfrist nach der zeitlichen Zahlung der Vergütung: (1) Bei Vergütung nach Tagen an jedem Tag für den Ablauf des folgenden Tages; (2) bei Vergütung nach Wochen spätestens am ersten Werktag einer Woche für den Ablauf des folgenden Sonnabends; (3) bei Vergütung nach Monaten spätestens am fünfzehnten eines Monats für den Schluss des Monats; (4) bei Vergütung nach Vierteljahren oder längeren Zeitabschnitten sechs Wochen zum Quartalsschluss; (5) wenn die Vergütung nicht nach Zeitabschnitten bemessen ist, jederzeit, wird jedoch die Erwerbstätigkeit des Verpflichteten vollständig oder hauptsächlich in Anspruch genommen, ist eine Kündigungsfrist von zwei Wochen einzuhalten (§ 621 BGB). – Organmitglieder (Vorstand, Geschäftsführer) haben keinen Arbeits-, sondern einen Dienstvertrag. Ihre Kündigungsfrist müsste sich folglich nach § 621 BGB richten. Bei abhängigen Organmitglieder (halten selbst nicht die Mehrheit der Anteile an der Gesellschaft) wendet die Rechtsprechung aber § 622 BGB analog an.

III. Mietverhältnisse: Es gelten unterschiedliche Fristen je nach Mietsache (§§ 580a, 573c BGB): 1. Bei Wohnraum für den Vermieter grundsätzlich nach der Mietdauer, für den Mieter mit einer Dreimonats-Frist. – 2. Bei beweglichen Sachen, Grundstücken und sonstigen Räumen nach Bemessung des Mietzinses mit den gesetzlichen Fristen.

Kündigungsgelder→ Termineinlagen, die im Gegensatz zu → Festgeldern nicht von vornherein befristet sind, sondern über die erst nach vorheriger Kündigung unter Einhaltung einer Kündigungsfrist verfügt werden kann. Kündigungsgelder stehen den Banken i.d.R. längerfristig zur Verfügung. Die Zinsen sind gestaffelt nach verschiedenen Laufzeitbändern.

Kündigungsgründe im Arbeitsrecht – 1. Für eine *ordentliche Kündigung* durch den Arbeitgeber im Anwendungsbereich des KSchG: → Betriebsbedingte Kündigung, → personenbedingte Kündigung, → verhaltensbedingte Kündigung. – 2. Für eine *außerordentliche Kündigung* durch den Arbeitgeber: → Wichtiger Grund.

Kündigungsgrundschuld – eine erst nach Kündigung fällige → Grundschuld. Mangels abweichender Vereinbarung ist die Grundschuld stets Kündigungsgrundschuld. Kündigungsfrist für Eigentümer oder Gläubiger sechs Monate (§ 1193 I BGB).

Kündigungshilfe → Abwerbung.

Kündigungshypothek → Hypothek, die nach fristgerechter Kündigung rückzahlbar ist (§ 1141 BGB). – *Gegensatz:* → Tilgungshypothek.

Kündigungsschutz – I. Arbeitsrecht: 1. *Allgemeiner Kündigungsschutz:* a) *Begriff:* Kündigungsschutz, der für alle Arbeitnehmer besteht, die gewisse betriebliche und persönliche Voraussetzungen erfüllen. Auf → ordentliche Kündigung beschränkt (→ außerordentliche Kündigung). – b) *Rechtsgrundlage:* Kündigungsschutzgesetz (KSchG) i.d.F. vom 25.8.1969 (BGBl. I 1317) m.spät.Änd. – c) *Geltungsbereich:* (1) *Sachlich:* Betriebe und Verwaltungen des privaten und öffentlichen Rechts, mit Ausnahme derjenigen, die i.d.R. fünf oder weniger Arbeitnehmer ausschließlich der Auszubildenden beschäftigen (§ 23 KSchG). Für Arbeitsverhältnisse, die nach dem 31.12.2003 begonnen haben, ist die Grenze auf zehn erhöht. Teilzeitbeschäftigte zählen dabei nur anteilig. (2) *Persönlich:* Arbeitnehmer im Sinn des Arbeitsrechts, deren Beschäftigung ohne Unterbrechung länger als sechs Monate in demselben Betrieb oder Unternehmen bestand (→ Wartezeit für Kündigungsschutz); für Mitglieder der Organe der juristischen Personen und der berufenen Vertreter in Betrieben einer Personengesamtheit gilt Kündigungsschutz nicht. Leitende Angestellte fallen im Grundsatz unter den Kündigungsschutz (§ 14 KSchG). – d) *Inhalt* (§ 1 KSchG): Eine sozial ungerechtfertigte Kündigung ist rechtsunwirksam; diese liegt vor, wenn sie nicht durch Gründe, die in der Person (→ personenbedingte Kündigung) oder in dem Verhalten (→ verhaltensbedingte Kündigung) des Arbeitnehmers liegen oder durch dringende betriebliche Bedürfnisse (→ betriebsbedingte Kündigung), die einer Weiterbeschäftigung des Arbeitnehmers in dem Betrieb entgegenstehen, bedingt ist. Als sozial ungerechtfertigt gilt eine betriebsbedingte Kündigung, außerdem wenn der Arbeitgeber bei der Auswahl des Arbeitnehmers die Dauer der Betriebszugehörigkeit, das Lebensalter, die Unterhaltspflichten und die Schwerbehinderung nicht oder nicht ausreichend berücksichtigt hat. In diese soziale Auswahl sind Arbeitnehmer nicht einzubeziehen, deren Weiterbeschäftigung wegen ihrer Kenntnisse, Fähigkeiten und Leistungen oder zur Sicherung einer ausgewogenen Personalstruktur des Betriebes im berechtigten betrieblichen Interesse liegt (§1 III KSchG). Auf Verlangen sind die Gründe der sozialen Auswahl durch den Arbeitgeber anzugeben. Der Arbeitnehmer muss Kündigungsschutzklage erheben, wenn er geltend machen will, dass die Kündigung rechtsunwirksam ist. – 2. *Bes. Kündigungsschutz:* a) *Begriff:* Kündigungsschutz für bestimmte Gruppen von Arbeitnehmern, bei denen aufgrund bes. persönlicher Verhältnisse oder bes. Funktionen in Betriebsverfassungsorganen oder im Allgemeininteresse liegender Tätigkeiten eine *erhöhte Schutzbedürftigkeit* besteht. – b) *Rechtsgrundlagen* u.a.: (1) Kündigungsschutzgesetz, (2) Mutterschutzgesetz, (3) Schwerbehindertenkündigungsschutz nach den §§ 85 ff. SGB IX, (4) Arbeitsplatzschutzgesetz, (5) Art. 48 II GG (Kündigungsschutz bei Abgeordnetentätigkeit) u.a. – 3. *Kündigungsschutz bei Änderungskündigung:* → Änderungskündigung. – 4. *Betriebsrat:* Mittelbar besteht Kündigungsschutz dadurch, dass eine Kündigung unwirksam ist ohne → Anhörung des Betriebsrats.

II. Mietrecht: → Mieterschutz.

Kündigungsschutzgesetz (KSchG) → Kündigungsschutz.

Kündigungsschutzklage – 1. *Begriff:* Klage des Arbeitnehmers gegen den Arbeitgeber beim Arbeitsgericht auf Feststellung, dass das Arbeitsverhältnis durch eine bestimmte Kündigung nicht aufgehoben worden ist (§ 4 KSchG) oder sinngemäß entsprechendem Antrag. – 2. *Bedeutung:* Die Kündigungsschutzklage ist erforderlich, wenn ein Arbeitnehmer geltend machen will, dass eine Kündigung sozial ungerechtfertigt oder aus anderem Grund rechtsunwirksam ist. Wird die Kündigungsschutzklage nicht innerhalb von drei Wochen nach Zugang der Kündigung erhoben, gilt die Kündigung als von Anfang an rechtswirksam (§§ 4, 7, 13 I KSchG). Bei Versäumung der Frist ist unter strengen Voraussetzungen eine nachträgliche Zulassung der Klage möglich (§ 5 KSchG). – 3. *Verfahren:* Kündigungsgründe muss der Arbeitgeber darlegen und beweisen. Im Verfahren vor dem Arbeitsgericht können beide Seiten auch gleichzeitig die Auflösung des Arbeitsverhältnisses gegen Zahlung einer Abfindung beantragen, wenn dessen Fortsetzung dem Arbeitnehmer aufgrund bestimmter Tatsachen unzumutbar ist bzw. der Arbeitgeber, wenn bestimmte Gründe vorliegen, die eine den Betriebszwecken dienliche Zusammenarbeit nicht erwarten lassen (§ 9 KSchG). Bei einer außerordentlichen Kündigung kann nur der Arbeitnehmer den Auflösungsantrag stellen (§ 13 I 3 KSchG). – 4. *Weiterbeschäftigung:* → Beschäftigungsanspruch.

Kunstgegenstand – Steuerobjekt gemäß Bewertungsgesetz. → Grundbesitz und Kunstgegenstände, deren Erhaltung im öffentlichen Interesse liegt, sind bei der Ermittlung des → Gesamtvermögens bzw. → Inlandsvermögens nur mit 40 Prozent des Wertes (unter erhöhten Anforderungen überhaupt nicht) anzusetzen, sofern (nach spezieller Ermittlung) die jährlichen Kosten die Einnahmen übersteigen (§ 13 I Nr. 2a, b ErbStG).

Künstlersozialabgabe – Umlage zur Finanzierung der → Künstlersozialversicherung; vergleichbar mit dem Arbeitgeberanteil der Beiträge zur Sozialversicherung. – 1. *Rechtsgrundlage:* §§ 23–27 Künstlersozialversicherungsgesetz (KSVG). – 2. *Abgabepflichtig:* wer eines oder mehrere der folgenden Unternehmen betreibt: (1) Buch-, Presse- und sonstige Verlage, Presseagenturen (einschließlich Bilderdienst); (2) Theater- und Konzertdirektionen, sofern nicht ausschließlich vermittelnde Tätigkeit; (3) Herstellung von bespielten Bild- und Tonträgern (ausschließlich alleiniger Vervielfältigungen); (4) Galerien,

Kunsthandel; (5) Werbung (einschließlich Öffentlichkeitsarbeit) für Dritte; (6) Varieté- und Zirkusunternehmen; (7) Rundfunkanstalten; (8) Unternehmer und juristische Personen des öffentlichen Rechts, die Theater (ausgenommen Filmtheater), Orchester, Musikschulen oder Museen betreiben. – 3. *Höhe:* richtet sich nach einem Prozentsatz der gezahlten Entgelte für künstlerische bzw. publizistische Werke und Leistungen von selbstständigen Künstlern oder Publizisten; die Prozentsätze werden für die einzelnen Bereiche (Wort, Musik, bildende Kunst und darstellende Kunst) vom Bundesministerium für Wirtschaft und Arbeit jährlich durch Rechtsverordnung bestimmt (§ 26 IX KSVG).

Künstlersozialkasse – zuständige Stelle zur Durchführung der → Künstlersozialversicherung, durch das Künstlersozialversicherungsgesetz vom 27.7.1981 (BGBl. I 705) m.spät.Änd. eingerichtet und seit 2003 übertragen auf die Unfallkasse des Bundes. Die Künstlersozialkasse erhebt von den Versicherten deren Beitragsanteile, zieht von den Verwertern von Kunst und Publizistik die → Künstlersozialabgabe ein und nimmt den Bundeszuschuss entgegen; diese Mittel werden von der Künstlersozialkasse an die jeweiligen Versicherungsträger (Rentenversicherung: BfA; Kranken- und Pflegeversicherung: Krankenkassen) abgeführt. Die Künstlersozialkasse stellt bes. auch das Bestehen der → Versicherungspflicht fest und entscheidet über die Anträge auf Befreiung mit Wirkung für die BfA bzw. die Krankenkassen. Der Künstlersozialkasse gehören zum 31.12.2011 über 173.000 selbstständige Künstler und Publizisten als Versicherte an.

Künstlersozialversicherung – Zweig der → Sozialversicherung, eingeführt durch das Künstlersozialversicherungsgesetz (KSVG) vom 27.7.1981 (BGBl. I 705) m.spät.Änd., mit dem selbstständige Künstler und Publizisten in das System der sozialen Sicherheit einbezogen worden sind. Die Einbeziehung erfolgt nur in die gesetzliche → Krankenversicherung, die → Rentenversicherung und die → Pflegeversicherung, nicht aber in die gesetzliche → Unfallversicherung. – 1. *Versicherungspflicht:* Für alle Künstler und Publizisten, die nicht nur vorübergehend selbstständig erwerbstätig Musik, darstellende oder bildende Kunst schaffen, ausüben oder lehren oder als Schriftsteller, Journalist oder in anderer Weise publizistisch tätig sind (§ 1 KSVG). Als Künstler oder Publizist gilt nicht, wer einen künstlerisch oder publizistisch tätigen Arbeitnehmer ständig beschäftigt oder als Handwerker in die Handwerksrolle eingetragen ist. – 2. *Versicherungsfrei in der Kranken- und Rentenversicherung* ist, wer nur eine geringfügig künstlerische Tätigkeit ausübt. Abweichend von den Regelungen über → geringfügige Beschäftigung oder Tätigkeit nach § 8 SGB IV, liegt im Sinn des KSVG *geringfügige Tätigkeit* vor, wenn das aus der selbstständigen künstlerischen oder publizistischen Tätigkeit voraussichtlich erzielte Arbeitseinkommen ein Siebtel der → Bezugsgröße des Durschnittsentgelts der gesetzlichen Rentenversicherung (in 2010: West 30.660 Euro, Ost 26.040 Euro) bzw. ein Sechstel des Gesamteinkommens (§§ 16, 18 SGB IV) nicht übersteigt (§ 3 I KSVG). – 3. *Versicherungsfrei in der Rentenversicherung* ist außerdem: Wer bereits aufgrund einer Beschäftigung oder einer nicht unter das KSVG fallenden Tätigkeit in der gesetzlichen Rentenversicherung versicherungsfrei oder von der Versicherungspflicht befreit ist; wer aus einer anderweitigen Beschäftigung oder Tätigkeit Arbeitseinkommen bezieht, es sei denn, die Versicherungsfreiheit beruht auf einer → geringfügigen Beschäftigung oder einer geringfügigen selbstständigen Tätigkeit; wer eine → Altersrente aus der gesetzlichen Rentenversicherung bezieht, landwirtschaftlicher Unternehmer, ordentlicher Studierender ist oder als Wehr- oder Zivildienstleistender rentenversichert ist (§ 4 KSVG). – 4. *Versicherungsfrei in der Krankenversicherung und in der Pflegeversicherung* sind zudem u.a. bereits pflichtversicherte Arbeitnehmer, Landwirte, Empfänger von Arbeitslosengeld bzw. -hilfe und andere Personen, die entweder versicherungsfrei oder von der Versicherungspflicht befreit sind (§ 5 KSVG). Bei höheren Arbeitseinkommen aus der selbstständigen Tätigkeit als Künstler oder Publizist ist auf Antrag Befreiung von der Krankenversicherungspflicht möglich, jedoch frühestens nach fünf Jahren. Die Krankenversicherung nach dem KSVG ist auch möglich bei einem (privaten) Krankenversicherungsunternehmen, muss aber dann die gleichen Leistungen für den Versicherten und seine Angehörigen vorsehen, wie sie der Art nach den Leistungen der → Krankenhilfe der gesetzlichen Krankenkassen entsprechen. – 5. Die *Mittel* werden zur Hälfte durch Beitragsanteile der Versicherten, zu 30 Prozent durch die → Künstlersozialabgabe und durch einen Bundeszuschuss in Höhe von weiteren 20 Prozent aufgebracht (§§ 15, 34 KSVG). – 6. *Höhe der Beiträge* des Versicherten: entsprechend dem Arbeitseinkommen aus den nach dem KSVG versicherten Tätigkeiten. Der Beitragssatz zur Rentenversicherung beträgt die Hälfte des allg. Beitragssatzes zur gesetzlichen *Rentenversicherung.* Der Beitragssatz zur *Krankenversicherung* beträgt die Hälfte des durchschnittlichen Beitragssatzes der gesetzlichen Krankenkassen und wird jährlich jeweils zum 1. Juli vom Bundesminister für Gesundheit und Soziale Sicherung (BMGS) festgestellt. – 7. Die *Leistungen* der Künstlersozialversicherung entsprechen denen der gesetzlichen Kranken- und Rentenversicherung. → Krankengeld beginnt jedoch erst mit dem Beginn der siebten Woche der Arbeitsunfähigkeit (§ 46 II SGB V). – 8. Für die *Durchführung* wurde die → Künstlersozialkasse errichtet.

Künstliche Intelligenz (KI) – *Artificial Intelligence.* 1. *Begriff:* Erforschung „intelligenten" Problemlösungsverhaltens sowie die Erstellung „intelligenter" → Computersysteme. Künstliche Intelligenz (KI) beschäftigt sich mit Methoden, die es einem Computer ermöglichen, solche Aufgaben zu lösen, die, wenn sie vom Menschen gelöst werden, Intelligenz erfordern. – 2. *Teilgebiete:* Die Abbildung „Künstliche Intelligenz" zeigt eine mögliche Gliederung der Künstlichen Intelligenz (KI). – Dabei wird zwischen Methoden und Anwendungen der Künstlichen Intelligenz (KI) unterschieden; wichtige interdisziplinäre Verbindungen sind durch gestrichelte Linien hervorgehoben. – 1. Die bedeutendsten *Methodenbereiche* der Künstlichen Intelligenz (KI) sind die Wissensrepräsentation sowie das Schließen und Folgern zur Nutzung des repräsentierten Wissens. – 2. *Bes. Anforderungen* an die sprachlichen Ausdrucksmittel bei der Erstellung von Künstliche Intelligenz (KI)-Programmen, v.a. die Notwendigkeit der Symbolverarbeitung, machen spezielle → (KI)-Programmiersprachen erforderlich. Diese stellen u.a. bestimmte Wissensrepräsentationsformen zur Verfügung und bieten Möglichkeiten zur Auswertung des Wissens, z.B. durch eingebaute Methoden des Schließens. Ein bekanntes Beispiel ist die Programmiersprache → Prolog (→ logische Programmierung). – 3. Mit der Entwicklung „automatischer Beweiser" für mathematische Theoreme beschäftigt sich das Anwendungsgebiet *Deduktionssysteme.* Darüber hinaus werden Deduktionssysteme auch mit dem Ziel entwickelt, die Abfragemöglichkeiten bei → Datenbanksystemen, die auf dem → Relationenmodell basieren, zu erweitern, z.B. um rekursive → Datenbankabfragen. – 4. Eng verbunden mit Deduktionssystemen ist der Bereich der *automatischen Programmierung.* Auf der Grundlage einer → formalen Spezifikation kann die → Programmverifikation mithilfe eines Deduktionssystems automatisch durchgeführt werden. Daneben gehören zur automatischen Programmierung auch die automatische Erstellung von ablauffähigen Programmen aus formalen Spezifikationen sowie Korrektheitsbeweise für Hardwarekomponenten (z.B. integrierte Schaltkreise, Hardware). – 5. Bei den Methoden zum Verstehen *natürlicher Sprache* und ihrer Anwendung im Rahmen der *Sprachverarbeitung* wird auf Ergebnisse der Linguistik zurückgegriffen, z.B. aus der Syntaxtheorie. Die Spracherkennung stellt neben der Sprachanalyse eine wichtige Aufgabe innerhalb dieses Anwendungsgebiets dar. – 6. Computervision und → Robotics beschäftigen sich u.a. mit der Interpretation von Daten der realen physischen Umwelt. – a) *Computervision* behandelt die Bereiche Bildverstehen (Grauwertanalyse u.a.), Szenenanalyse (z.B. Erkennen geometrischer Objekte aus Linienzeichnungen) und Gestaltwahrnehmung (Beschreibung der inhaltlichen Bedeutung einer Szene, z.B. durch Aufbau eines → semantischen Netzes). – b) Für die Objekterkennung wird auf Computervision in der *Robotik* zurückgegriffen. In diesem klassischen Anwendungsgebiet spielt die Planung und Kontrolle von Roboteraktionen eine wesentliche Rolle. – 7. Im Mittelpunkt der Methodenbereiche → Learning und *Kognitionsmodelle* stehen Besonderheiten menschlicher Intelligenz. – a) Ein wichtiges Ziel des Bereichs *Kognitionsmodelle* ist die Erstellung von Computerprogrammen, die menschliches Problemlösungsverhalten simulieren. – b) Gegenstand des *Learning* sind Methoden, die Computerprogramme in die Lage versetzen sollen, nicht nur auf der Basis des bereits vorhandenen, repräsentierten Wissens zu agieren, sondern durch Auswertung von bekannten Problemen und ihren Lösungen das Wissen selbsttätig zu erweitern. – 8. Während beim Learning menschliche Lernfähigkeit auf den Computer übertragen werden soll, wird im Rahmen des Anwendungsgebiets *ICAI* (Intelligent Computer Aided Instruction) versucht, Menschen bei dem Prozess des Lernens zu unterstützen. Dabei wird auf Erkenntnisse der Pädagogik zurückgegriffen. – 9. *Heuristische Suche* ist ein Methodengebiet aus den ersten Anfängen der Künstliche Intelligenz (KI). Ein Problem bei der Entwicklung von Spielprogrammen ist die Suche nach „guten" Spielzügen; wegen der kombinatorischen Vielfalt explodiert die Anzahl möglicher Züge sehr schnell. Mithilfe von → Heuristiken werden die Suchräume eingegrenzt, sodass Spielsituationen schneller und besser analysiert werden können.

Kunststoffwaren – Die Herstellung von Kunststoffwaren umfasst im Wesentlichen folgende Produktionsprogramme: Halbzeug aus Kunststoff wie Folien, Kunstleder, Tafeln, Platten, Boden- und Wandbeläge, Rohre, Schläuche, Bänder, Profile u.a.; Einzelteile für verschiedene Wirtschaftszweige wie Verpackungsmittel, Lager- und Transportbehälter und -tanks, Bekleidung, Schuhe, Kurzwaren, Haushalts-, Wirtschafts- und Gebrauchsartikel, Laborbedarf u.a.; Fertigbauten aus Kunststoff im Hochbau.

Kupon → Coupon, → Zinsschein.

Kuponsteuer → Kapitalertragsteuer.

Kuppelprodukte – *Koppelprodukte, primär verbundene Produkte, Spaltprodukte, Zwangsanfallsprodukte, Joint Products.* – 1. *Charakterisierung:* a) *Begriff:* Produkte, die bei (technologisch) verbundener Produktion (Kuppelproduktion) simultan in einem Produktionsprozess entstehen, d.h. aus naturgesetzlichen oder technischen Gründen zwangsläufig anfallende Produkte unterschiedlicher Art und Güte (→ technologisch verbundene Produktion). – b) Häufig wird zwischen *Nebenprodukten* und *Abfällen* einerseits und dem *Hauptprodukt* andererseits unterschieden (z.B. Gichtgas, Schlacke, Abwärme neben Roheisen im Hochofenprozess; Sägemehl und Schwarten neben Brettern im Sägewerk). Als Leitprodukt wird das Kuppelprodukt bezeichnet, das die Ausrichtung der Produktion primär bestimmt (kann je nach Marktlage wechseln), als Koprodukte (z.B. Erdölraffination) bezeichnet man gleichrangige Kuppelprodukte. Wird ein Teil der Kuppelprodukte in denselben Prozess oder eine Vorstufe zurückgeführt (→ Recycling), wird von *Kreislaufprodukten* gesprochen. – c) Kuppelprodukte sind Ergebnis eines Trenn-, Zerlegungs-, Umgruppierungs- oder Sortierprozesses.

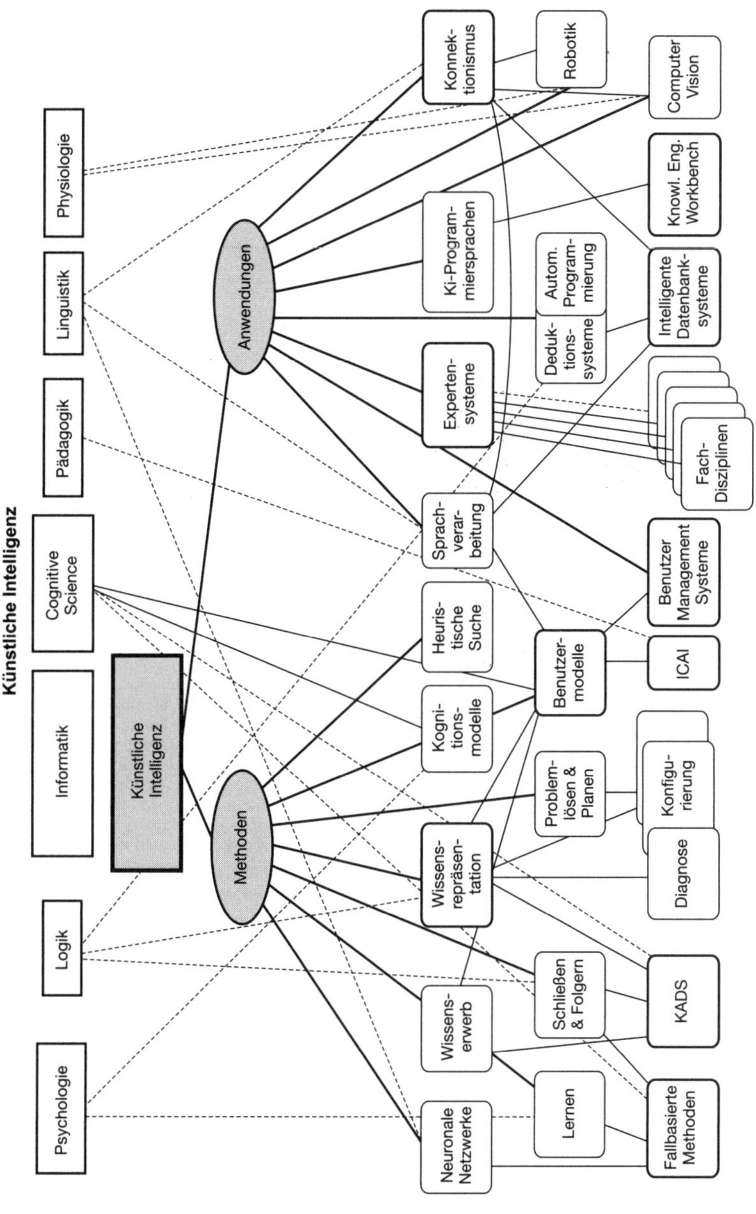
Künstliche Intelligenz
Psychologie
Logik
Informatik
Cognitive Science
Pädagogik
Linguistik
Physiologie
Künstliche Intelligenz
Methoden
Anwendungen
Neuronale Netzwerke
Wissens-erwerb
Wissens-repräsen-tation
Kogni-tions-modelle
Heuris-tische Suche
Sprach-verar-beitung
Experten-systeme
Ki-Program-miersprachen
Konnek-tionismus
Lernen
Schließen & Folgern
Problem-lösen & Planen
Benutzer-modelle
Deduk-tions-systeme
Autom. Program-mierung
Robotik
Fallbasierte Methoden
KADS
Diagnose
Konfigu-rierung
ICAI
Benutzer Management Systeme
Fach-Disziplinen
Intelligente Datenbank-systeme
Knowl. Eng. Workbench
Computer Vision

Die Zwangsverhältnisse wirken sich auch nach dem Spaltpunkt (Split-off Point) auf die Weiterverarbeitungsprodukte *(mittelbare Kuppelprodukte)* bei der Produktions- und Absatzplanung aus. – d) *Mengenrelationen:* Die Zusammensetzung des Bündels nach Art und Mengenverhältnis ist nur in Extremfällen absolut konstant (chemische Zerlegung einfacher Verbindungen, z.B. H_2O). Schwankende Rohstoffqualität und mangelnde Beherrschung führen zu stochastischen Schwankungen der Arten-, Güte- und Mengenverhältnisse. Die Lenkbarkeit der Mengenverhältnisse reicht von engen, naturgesetzlich oder verfahrenstechnisch vorgegebenen Bahnen bis zu relativ großen Spielräumen (z.B. im Sägewerk). Eine Verschiebung der Mengenrelationen oder Ausweitung der Spielräume ist oft durch den Übergang auf eine andere Technik oder Züchtung möglich. – 2. *Produktions- und Absatzproblem:* Je inflexibler die Mengenrelationen, desto größer sind die Spannungen zwischen Produktions- und Absatzverhältnissen, bes. wenn ein Teil der Kuppelprodukte kaum Verwertungsmöglichkeiten bietet und die Speicher-, Transportier- oder Vernichtbarkeit erschwert ist; eine Einschränkung der Produktion der eigentlich gewollten Kuppelprodukte kann u.U. die Folge sein. – Charakteristisch sind starke Preisschwankungen bei nachrangigen Kuppelprodukten, deren Preisuntergrenze im Negativen, bei den alternativ entstehenden Vernichtungskosten, liegen kann. Abhilfe wird durch Kombination von Prozessen mit unterschiedlicher Produktstruktur, Kartelle, Angliederung von Weiterverarbeitungsbetrieben, Entwicklung neuer Verwendungsmöglichkeiten und eine differenzierte Absatzorganisation gesucht. – 3. *Kalkulation:* a) Die für den Kuppelproduktionsprozess anfallenden Kosten sind → variable Gemeinkosten, die sich nicht nach dem → Identitätsprinzip und dem → Verursachungsprinzip auf die einzelnen Spaltprodukte aufteilen lassen. Erst die Weiterverarbeitungskosten sind kostenträgerbezogen separat erfassbar. – b) *Kalkulationsverfahren/-verfahrensgruppen:* (1) *Rest(kosten)wertrechnung (z.T. auch Subtraktionsmethode):* Die Weiterverarbeitungsüberschüsse der Nebenprodukte (Nettoerlöse – Weiterverarbeitungskosten) werden von den Gesamtkosten des Kuppelproduktionsprozesses abgezogen. Der verbleibende Restwert muss vom Hauptprodukt abgedeckt werden; der Restwert liefert Informationen für die Preisfestlegung des Hauptprodukts. Anwendbar, wenn die Kuppelprodukte sich in ein Haupt- und ein bzw. mehrere Nebenprodukte einteilen lassen, bei mehreren Hauptprodukten nur in Kombination mit Verteilungsverfahren. – Vgl. auch → Rest(kosten)wert. (2) *Verteilungsverfahren:* Zur Kostenverteilung werden bestimmte Merkmale der Kuppelprodukte herangezogen z.B. Heizwerte, Molekulargewichte oder Marktpreise; methodisch wird entsprechend der Äquivalenzziffernrechnung (→ Divisionskalkulation) vorgegangen. (3) *Päckchenrechnung:* Auf eine Aufschlüsselung der Kosten der Kuppelprodukte wird zugunsten der Kalkulation einzelner, gesondert disponierbarer → Kuppelprodukt-Päckchen verzichtet. – Vgl. auch → Päckchen-Deckungsbeitrag.

Kuppelproduktion → technologisch verbundene Produktion, → Mehrproduktunternehmung.

Kuppelprodukt-Päckchen – Bündel von → Kuppelprodukten (eines Produktionsprozesses), werden zum Zweck der Kalkulation gebildet (Päckchenrechnung, → Kuppelprodukt).

Kurantmünzen – zum gesetzlichen Zahlungsmittel erklärtes Hartgeld (→ Münzen), dessen Metallwert dem aufgeprägten Nennwert entspricht, und das in voller Höhe in Zahlung genommen werden muss (obligatorisches Geld). – *Gegensatz:* → Scheidemünzen.

Kuratorium – eine vom Staat zur Pflege der Verbindung zwischen den Ministerien und den Selbstverwaltungskörperschaften (bes. Universitäten u.a. Hochschulen) sowie den Stiftungen und Anstalten geschaffene kollegiale Aufsichtsbehörde und Betreuungsstelle. Der Ausschuss wird aus Vertrauensleuten gebildet.

Kuratorium der deutschen Wirtschaft für Berufsbildung – nicht rechtsfähiger Verein; Sitz in Bonn, gegründet 1970. – *Aufgaben:* Unterstützung und Koordination der Arbeit der Mitglieder im Bereich der → Berufsbildung einschließl. der → beruflichen Weiterbildung; Zusammenarbeit mit wissenschaftlichen Instituten der Wirtschaft; Stellungnahmen zu grundsätzlichen Problemen der Berufsbildungspolitik.

Kurierdienst → Kleingut, → KEP-Dienst.

Kurs – Der im börslichen und außerbörslichen Handel festgestellte Marktpreis für fungible Wertpapiere, Devisen (Wechselkurs) oder Waren. Bei Wertpapieren ist zwischen der Kursnotierung in Prozent des Nominalbetrags, z.B. bei Schuldverschreibungen, und der Stücknotierung in absoluten Beträgen, z.B. bei Aktien, zu unterscheiden. Das Börsengesetz verwendet den Begriff → Börsenpreis, der an bestimmte im Gesetz genannte Voraussetzungen gebunden ist und sich nur auf den Handel an der Börse bezieht.

Kursabschlag → Deport.

Kursaufschlag → Report.

Kursaussetzung – Aussetzen der Börsennotierung von Wirtschaftsgütern oder Rechten an der Börse. Es können an der Börse dann für diesen Titel keine Umsätze getätigt werden. Die Börsengeschäftsführung kann den Handel aussetzen, wenn ein ordnungsgemäßer Börsenhandel zeitweilig gefährdet oder wenn dies zum Schutz des Publikums geboten erscheint, § 25 BörsG. Eine Kursaussetzung kann notwendig werden, wenn Ereignisse eintreten, die zu starken Kursänderungen betroffener Papiere führen können. Die Kursaussetzung dient primär dem Schutz breiter Anlegerschichten und soll das temporäre Informationsgefälle ausgleichen. Im Normalfall kann die

Notierung innerhalb weniger Tage nach Ausgleich des Informationsstandes wieder aufgenommen werden.

Kursbericht → Kurszettel.

Kursblatt → Kurszettel.

Kursfeststellung – *Börsenpreisfeststellung*. 1. *Begriff*: Ermittlung der Preise für Wertpapiere, Waren und Derivate im Handel an einer Börse. – 2. *Verfahren:* a) *Kursfeststellung im Präsenzhandel durch Skontroführer:* Diese haben für die ihnen übertragenen Wertpapiere Preise zu stellen, zu denen der größte Umsatz bei größtmöglichem Ausgleich aller vorliegenden Aufträge erfolgt. Dazu werden sog. gerechnete Preise als Eröffnungs-, Einheits- und Schlusskurse festgestellt. Für Wertpapiere, die nicht in die fortlaufende Notierung einbezogen sind, wird börsentäglich nur ein Einheitskurs festgestellt. Dagegen werden bei fortlaufender (variabler) Notierung über die gerechneten Preise hinaus ständig variable Preise festgestellt. Dazu führt der Skontroführer Angebote sofort mit der dazu passenden Nachfrage zusammen. – b) *Kursfeststellung im elektronischen Handel:* Hier werden in Auktionen mit Unterstützung der → Designated Sponsors analog zum Präsenzhandel die Preise ermittelt, bei denen das größte Auftragsvolumen bei minimalem Überhang ausgeführt werden kann. Neben der Eröffnungs- und Schlussauktion gibt es untertägige Auktionen, für die der fortlaufende Handel unterbrochen wird. Im fortlaufenden Handel kommen die Preise durch das Zusammenführen (Matching) von Aufträgen zum jeweils besten im Auftragsbuch angezeigten Geld- oder Brief-Limit, bei gleichem Preis in der Reihenfolge der Eingabe in das System (Preis-Zeit-Priorität) zustande.

Kursgewinn – Unterschied zwischen Ankaufs- und höherem Verkaufskurs eines Wertpapiers unter Berücksichtigung aller Spesen bei unverändertem Geldwert.

Kurs-Gewinn-Verhältnis – *Price Earnings Ratio*. 1. *Begriff*: Kennziffer, die besagt, das Wievielfache des Reingewinns je Aktie den Kurs einer Aktie ausmacht. Der Reingewinn wird aus Jahresabschlussdaten geschätzt. Kurs-Gewinn-Verhältnisse werden regelmäßig in den Kurszetteln für die einzelnen Gesellschaften ermittelt; unterscheiden sich von Branche zu Branche sehr stark. – 2. *Beispiel:* Kurs einer Aktie = 60 Euro, geschätzter Gewinnanteil je Aktie = 5 Euro; Kurs-Gewinn-Verhältnis = 12. – 3. *Bedeutung:* Das Kurs-Gewinn-Verhältnis ist in der fundamentalen → Aktienanalyse ein wichtiges Maß für die Preisbeurteilung einer Aktie.

Kurshinweise → Kurszusätze und -hinweise.

Kursindex – 1. *Begriff*: Kennziffer, die die Kursentwicklung einer bestimmten Auswahl von Aktien- oder Rentenpapieren zeigt. Dafür wird ein bestimmter Basiszeitpunkt auf einen entsprechenden Basiswert gesetzt, z.B. 1.000 Indexpunkte für 1987 beim → Deutschen Aktienindex (DAX). Der heutige Entwicklungsstand von Indizes wird nach verschiedenen Berechnungsmethoden ermittelt, häufig wird dabei die → Marktkapitalisierung berücksichtigt, und auf den Basiswert bezogen. Im Gegensatz zu einem → Performanceindex wird bei einem Kursindex die reine Kursveränderung gemessen und nicht um Zins- und Dividendenzahlungen korrigiert. – 2. *Beispiele:* Dow Jones (Industrial Average), Dow Jones STOXX 50, → REX.

Kursintervention → Kursstützung.

Kursmakler – Vor Inkrafttreten des Vierten → Finanzmarktförderungsgesetzes entsprach die Funktion des Kursmaklers der des → Skontroführers, allerdings beschränkt auf den amtlichen Handel. Eine Übergangsregelung im Börsengesetz (§ 64 IV a.F.) erlaubte den ehemaligen Kursmaklern die Übernahme zum Skontroführer. Die Vorschrift wurde mittlerweile wegen Zeitablaufs aufgehoben.

Kursmanagement → Kurssicherung.

Kursmanipulation → Marktmanipulation.

Kursparität → Kaufkraftparität.

Kurspflege → Kursstützung.

kurspflegende Stellen – Marktteilnehmer, die durch planmäßige Käufe bestimmter Wertpapiere oder Devisen deren Kurse stützen (→ Kursstützung). Kurspflegende Stellen sind i.d.R. Emittenten eines Wertpapiers oder Konsortien der Emissionsbanken (Kurspflegekonsortium). Im Bereich der öffentlichen Anleihen und am Devisenmarkt handelt es sich v.a. um die Deutsche Bundesbank.

Kursrechnung – 1. *Begriff*: Berechnung des Kapitalwerts (Barwerts) einer → Anleihe. – 2. *Berechnung:* Bei festverzinslichen Wertpapieren wird die Zahlungsreihe des Wertpapiers mit dem marktüblichen Zinssatz für die entsprechende (Rest-)Laufzeit abdiskontiert. Bei der Neuemission einer Anleihe kann durch Zu- oder Abschläge (Begebungsgeld, Emissionsdisagio) eine Feinanpassung der Effektivverzinsung (→ Effektivzins) an den Marktzins vorgenommen werden, die sonst nur durch krumme und unbequeme Nominalzinsfüße zu erreichen wären (Berücksichtigung der Börsenusancen).

Kursregulierung – Einflussnahme auf die Kursbildung eines Papiers oder einer Devise durch Kauf- oder Verkauforder, um überhaupt eine Notierung zustande zu bringen oder größere Kursschwankungen zu verhindern. – *Planmäßige Kursregulierung* wird als → Kursstützung bezeichnet.

Kursrisiko – Verlustmöglichkeit bei ungünstiger Entwicklung des Kurses von Wertpapieren und Währungen (→ Wechselkurs). Zur Absicherung gegen Kursrisiken können → Hedging(geschäfte) oder → Kurssicherung durchgeführt werden. Allerdings besteht neben dem Kursrisiko auch gleichzeitig eine

Kurschance, da die Kurse sich für Wertpapier- oder Währungsinhaber auch positiv entwickeln können.

Kurssicherung – Absicherung gegen mögliche Verluste, welche aus einer Abweichung des erwarteten → Wechselkurses vom tatsächlichen Wechselkurs resultieren. Es kann zwischen operativer Kurssicherung und strategischem Wechselkursmanagement unterschieden werden. Im Rahmen der operativen Kurssicherung werden Zahlungsströme gegen ein Wechselkursrisiko gesichert. Gängige Instrumente sind Fremdwährungsfinanzierung, Devisentermingeschäfte, Devisenfutures, Währungsswaps und Währungsoptionen. Das strategische Währungsmanagement verfolgt die gezielte Steuerung von Transaktions-, Translations- und ökonomischen Wechselkurspositionen. – *Beispiel:* Ein deutscher Exporteur hat eine in drei Monaten fällige Forderung in US-Dollar. Diese offene Position birgt ein Risiko. Eine bis dahin erfolgende Aufwertung des Euro würde den Wert der Forderung reduzieren. Die Kurssicherung kann dadurch erfolgen, dass der Exporteur auf dem → Devisenterminmarkt in Höhe der Forderung US-Dollar verkauft. Bei einem → Swapsatz von Null würde ein potenzieller Verlust (Gewinn) aus der offenen Position vollständig durch den Gewinn (Verlust) aus dem Termingeschäft kompensiert werden. – Alternativ zu dem Einsatz von Devisentermingeschäften als Instrument der Kurssicherung können vom Exporteur → Devisenoptionen verwendet werden, die ihm ein höheres Maß an Flexibilität bei begrenztem Verlustpotenzial verschaffen. – Vgl. auch → Hedging und zur Regulierung → EMIR.

Kursstreichung – erfolgt, wenn keine Kauf- und Verkaufsaufträge für ein Börsenpapier vorliegen und somit keine Kursfeststellung möglich ist oder wenn außergewöhnliche Kursveränderungen erwartet werden.

Kursstützung – planmäßige Käufe von interessierten Stellen, um den Kurs von Wertpapieren oder einer Währung vor einem starken Kursrückgang zu schützen. Für umfassende Kursstützung wird meist ein → Konsortium gebildet. – 1. *Kursstützung im Währungsbereich* erfolgt durch → kurspflegende Stellen wie Notenbanken, um z.B. das Absinken einer Währung unter → Interventionspunkte zu verhindern. – 2. *Kursstützung bei Aktien* wird z.B. im Zusammenhang mit der Ausgabe von Bezugsrechten durchgeführt, um den Aktienkurs nicht unter den Bezugspreis der jungen Aktien absinken zu lassen. – *Abgrenzung zur Marktmanipulation:* Das Verbot der → Marktmanipulation des § 20a I 1 Nr. 2 WpHG gilt nicht, wenn die Maßnahmen mit der zulässigen Marktpraxis auf dem betreffenden organisierten Markt oder Freiverkehr vereinbar ist und der Handelnde hierfür legitime Gründe hat. In der Marktmanipulations-Konkretisierungsverordnung vom 1.3.2005 (BGBl. I S. 515) ist die zulässige Marktpraxis aufgeführt. Eine Marktpraxis ist aber nicht bereits deshalb unzulässig, weil sie zuvor nicht ausdrücklich anerkannt wurde. Der Handel mit eigenen Aktien im Rahmen von Rückkaufprogrammen sowie Maßnahmen zur Stabilisierung des Preises von Finanzinstrumenten stellen in keinem Fall einen Verstoß gegen das Verbot des Absatzes 1 Satz 1 dar, soweit diese nach Maßgabe der Verordnung (EG) Nr. 2273/2003 der Kommission vom 22.12.2003 zur Durchführung der Richtlinie 2003/6/EG des Europäischen Parlaments und des Rates – Ausnahmeregelungen für Rückkaufprogramme und Kursstabilisierungsmaßnahmen (ABl. EU Nr. L 336 S. 33) erfolgen. Für Finanzinstrumente, die in den Freiverkehr oder in den regulierten Markt einbezogen sind, gelten die Vorschriften der Verordnung (EG) Nr. 2273/2003. – Zur Regulierung von Leerverkäufen im Zusammenhang mit Kurspflege s. → Leerverkauf.

Kursverwässerung – Maßnahmen mit kurssenkender Wirkung bei der Finanzierung der AG durch Ausgabe von → Gratisaktien oder zusätzlicher → junger Aktien unter dem Kurswert (jedoch nicht unter Pari) der alten Aktien. Kursverwässerung als Mittel der Finanzierungspolitik soll einen infolge Ansammlung hoher Rücklagen (meist durch → Selbstfinanzierung entstandene offene und stille Reserven) hervorgerufenen überhöhten Kurs abschwächen und damit eine bessere Handelbarkeit der Aktien ermöglichen.

Kursverwässerung → Kapitalverwässerung.

Kurswert – der aufgrund des Börsenkurses sich ergebende Wert eines → Wertpapiers. Bei Stücknotierung ist der → Kurs dieses Titels mit seinem Kurswert identisch. Wird der Kurs in Prozent seines Nennwertes angegeben, errechnet sich der Kurswert als: (Nennbetrag x Kurs)/100. Der Kurswert ist für die steuerliche Bewertung von → Aktien relevant, denn aus ihm ergibt sich für die Einkommen- und Körperschaftsteuer ggf. ein niedriger Teilwert (der in der Steuerbilanz statt der Anschaffungskosten angesetzt wird, wenn er dauerhaft ist) und für das Erbschaftsteuerrecht (ErbSt) gilt.

Kurszettel – *Kursbericht, Kursblatt;* regelmäßig, meist börsentäglich erscheinende Liste der an der jeweiligen → Börse notierten → Wertpapiere, unterteilt in → regulierten Markt und → Freiverkehr. In Börsen- und Tageszeitungen werden häufig die amtlichen Kurszettel (ganz oder im Auszug) sowie die Kurse im Freiverkehr veröffentlicht. Banken geben oft Kurszettel von nicht an der Börse gehandelten Wertpapieren heraus.

Kurszusätze und -hinweise – Erläuterungen der Börsenkurse im amtlichen Kurszettel: vgl. Abbildung „Kurszusätze und -hinweise".

Kurtage → Courtage.

Kurtaxe – durch Gemeinden, die als Heilstätten oder Erholungsplätze dienen, von ihren Kurgästen erhobene und auf die Aufenthaltszeit berechnete → Abgabe zur Deckung der im Interesse der Fremden getätigten erhöhten Haushaltsausgaben.

Kurszusätze und -hinweise

b oder bez	bezahlt	zu dem notierten Kurs waren Angebot und Nachfrage ausgeglichen, ausgeführt alle unlimitierten, alle zum notierten Kurs erteilten Aufträge sowie alle höher limitierten Kauf- und alle niedriger limitierten Verkaufsaufträge
bB oder bezB	bezahlt und Brief	ausgeführt wurden alle unlimitierten, alle zum notierten Kurs (Einheitskurs) oder höher limitierten, also sämtliche Kaufaufträge; alle unlimitierten und alle niedriger als der notierte Kurs limitierten, jedoch nur ein Teil der gerade zum notierten Kurs limitierten Verkaufsaufträge
bG oder bezG	bezahlt und Geld	ausgeführt wurden alle unlimitierten und alle zum notierten Kurs (Einheitskurs) oder niedriger limitierten, also sämtliche Verkaufsaufträge; alle unlimitierten und alle höher als der notierte Kurs limitierten, jedoch nur ein Teil der gerade zum notierten Kurs limitierten Kaufaufträge
B (ohne Zusatz)	Brief, Angebot	dem Angebot stand keine oder nur ganz geringfügige Nachfrage zu einem vertretbaren Kurs gegenüber
G (ohne Zusatz)	Geld, Nachfrage	der Nachfrage stand kein oder nur ganz geringfügiges Angebot zu einem vertretbaren Kurs gegenüber
T	Taxkurs	geschätzter Kurs, es lagen keine Umsätze vor
exD, exDiv	ausschl. Dividende	Kurszusatz am Tage des Dividendenabschlags (meist am 1. Börsentag nach der Hauptversammlung)
exBA	ausschl. Berichtigungsaktien	Zusatz falls Berichtigungsabschlag vorgenommen wurde
exB, exBR	ausschl. Bezugsrecht	Kurszusatz am Tage des Bezugsrechtsabschlages (meist der vorletzte Börsentag vor Ablauf der Bezugsfrist)
exZiehung oder exZ		Kurszusatz am Auslosungstage bei verlosbaren Schuldverschreibungen
Z	gestrichen Ziehung	an den beiden dem Auslosungstag vorangehenden Börsentagen ist Notierung des festverzinslichen Papiers ausgesetzt
o. D.	ohne Dividendenschein	
o. Db.	ohne Dividendenbogen	
m. T.	mit Talon	lieferfähige Stücke müssen mit Talon (Erneuerungsschein) versehen sein
o. U.	ohne Umsatz (Kurszusatz in Berlin)	Vermögensänderung
rep.	repariert	Aufträge wurden nur teilweise ausgeführt (Zuteilung)
Abkürzungen und Zeichen, die gewisse unterschiedliche Bedeutung der Kursnotizen selbst betreffen		
^	Gesellschaft hat Vorzugsaktien, die an der Börse amtlich nicht gehandelt werden	
G	Wertpapiere, bei denen bereits eine Gutschrift aus der Wertpapierbereinigung erfolgt ist	
J	Jungscheine	
N	neue Aktien sind ausgegeben, aber noch nicht lieferbar	
V	Verlosung	
•	zum Optionshandel zugelassen	

Kurvendiagramm – grafische Darstellung der Werte einer → Zeitreihe in chronologischer Anordnung. Als Abszissenwert wird der Zeitpunkt oder Zeitraum, als Ordinate der zugehörige Zeitreihenwert eingesetzt. Die entstehenden Punkte werden (zur besseren Veranschaulichung) geradlinig verbunden; die Verbindungslinien haben indessen nur bei Bestandsgrößen eine interpretatorische Bedeutung.

Kurventarif – 1. *Begriff:* → Steuertarifform, bei der der Steuertarif veränderliche Steigerungsquoten aufweist. Die Steuerbetragsfunktion verläuft stetig (vgl. Abbildung „Kurventarif").

Kurventarif

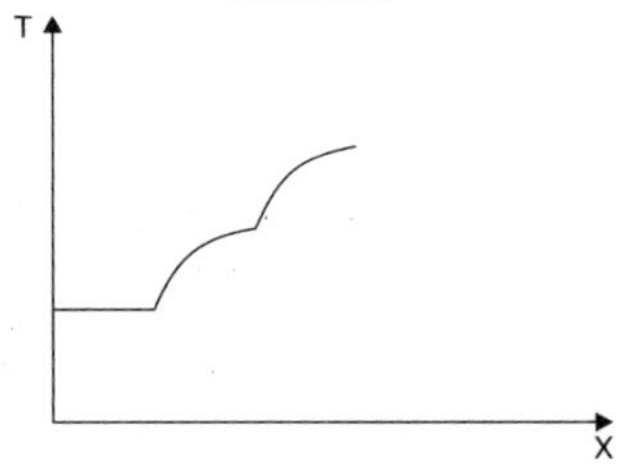

2. *Arten:* a) *Teilmengenstaffelung (Anstoßtarif):* Zuordnung eines bestimmten Steuersatzes jeweils nur zu einer bestimmten Stufe und nur auf die Steuerbemessungsgrundlage dieser Stufe (nicht auf die Gesamtbemessungsgrundlage, wie beim → Stufentarif). Steuerschuld ist die Summe der Steuerbeträge in den einzelnen Stufen. *Merkmal:* Kein sprunghafter Anstieg des Steuerbetrags bei Überschreiten einer Teilmengengrenze; innerhalb eines bestimmten Bereichs bleibt der Steuersatz konstant, bei großen Steuerstufen ein Mangel. Von 1934 bis 1955 für die Einkommensteuer in Deutschland geltend; 1955 mit der Neugestaltung des Einkommensteuertarifs durch den Formeltarif ersetzt. – b) *Spitzentarif:* Vereinfachung der Teilmengenstaffelung, indem jeweils die nummerierten Teilbeträge vorheriger Stufen im Tarif angegeben werden, sodass nur noch von der letzten Stufe der „Spitzenbetrag" ermittelt werden muss. – c) *(Steuerlicher) Formeltarif:* Ermittlung der Steuerschuld mittels mathematischer Gleichungen; technische Verwirklichung der Kombination des progressiven Steuertarifs und des proportionalen Steuertarifs (Teilbereiche). Der Steuerbetrag wird mithilfe einer mathematischen Formel ermittelt, wodurch sich ein stetiger Verlauf der Steuerbetragskurve ergibt; keine sprunghaften Veränderungen der Steuerschuld; innerhalb eines progressiven Besteuerungsbereichs erhöhen sich die Grenzsteuersätze (Spitzensteuersätze) mit jedem kleinsten Zuwachs der Bemessungsgrundlage kontinuierlich.

Kurzarbeit – Herabsetzung der betrieblichen → Arbeitszeit bei entsprechender Kürzung des → Arbeitsentgelts zum Zwecke der vorübergehenden Arbeitsstreckung, v.a. bei Auftragsmangel. – 1. Für tarifgebundene Arbeitnehmer kann die Möglichkeit der *Einführung von* Kurzarbeit im → Tarifvertrag vorgesehen werden. Die tariflichen Regelungen sind meist durch die in allen Betrieben übliche Bezugnahme auf den Tarifvertrag anwendbar. Kurzarbeit kann auch durch → Betriebsvereinbarung eingeführt werden. Das → Direktionsrecht des Arbeitgebers ermächtigt nicht zu der mit Kurzarbeit verbundenen Lohnminderung. Allerdings können sich Arbeitgeber und Arbeitnehmer einverständlich auf die Einführung von Kurzarbeit verständigen oder der Arbeitgeber kann Änderungskündigungen aussprechen. – 2. Kurzarbeit kann nur mit *Zustimmung des Betriebsrats* eingeführt werden (§ 87 I Nr. 3 BetrVG). Das Mitbestimmungsrecht des Betriebsrats nach § 87 I Nr. 3 BetrVG hat auch zum Inhalt, dass der Betriebsrat zur Vermeidung von → Kündigungen die Einführung von Kurzarbeit verlangen und ggf. über einen Spruch der Einigungsstelle erzwingen kann. – 3. Ist bei → Massenentlassungen der Arbeitgeber nicht in der Lage, die Arbeitnehmer während der Sperrfrist zu beschäftigen, so kann die Regionaldirektion der Bundesagentur für Arbeit (→ Landesarbeitsamt) den Arbeitgeber ermächtigen, für die Zwischenzeit Kurzarbeit einzuführen. Dabei bleiben tarifvertragliche Bestimmungen unberührt, die Einführung, Ausmaß und Bezahlung der Kurzarbeit regeln (§ 19 KSchG). – 4. Während einer Kurzarbeitsperiode haben die betroffenen Arbeitnehmer unter bestimmten Voraussetzungen für die ausgefallenen Arbeitsstunden Anspruch auf → Kurzarbeitergeld (§§ 169 ff. SGB III). Dieses kann bis zu 24 Monate gezahlt werden.

Kurzarbeitergeld – 1. *Begriff:* Leistung der → Arbeitslosenversicherung an Arbeitnehmer (§§ 95 ff. SGB III), die noch in beitragspflichtiger Beschäftigung stehen, deren Arbeitszeit aber infolge eines auf wirtschaftlichen Ursachen beruhenden, unvermeidbaren Arbeitsausfalles um mehr als zehn Prozent bei mind. einem Drittel der in dem Betrieb beschäftigten Arbeitnehmer in einem Zeitraum von vier Wochen gekürzt ist (§ 96 SGB III). – 2. *Ziel:* Kurzarbeitergeld soll die bestehenden Arbeitsverhältnisse während der Zeit des Ausfalls erhalten. Kurzarbeitergeld wird auch gezahlt bei einem zur Stilllegung führenden unabwendbaren Ereignis, wenn der Arbeitsausfall durch behördliche oder behördlich anerkannte Maßnahmen verursacht ist, die der Arbeitgeber nicht zu vertreten hat. – 3. *Umfang:* Die Höhe richtet sich i.d.R. nach dem ohne Arbeitsausfall zu erzielenden Arbeitsentgelt. Kurzarbeitergeld beträgt für Arbeitnehmer mit mind. einem Kind 67 Prozent, für alle anderen 60 Prozent des um die gesetzlichen Abzüge verminderten Arbeitseinkommens für die Dauer der Kurzarbeit (§ 105 SGB III). – 4. *Bezugsdauer:* Ausrichtung für eine Dauer von längstens sechs Monaten (§ 104 I SGB III). Nach Ablauf der Bezugsfrist ist eine erneute Zahlung erst nach Ablauf von drei Monaten möglich (§ 104 III SGB III). Die Bezugsdauer kann bis zu zwölf bzw. 24 Monate verlängert werden, wenn in bestimmten Wirtschaftszweigen oder

Bezirken bzw. auf dem gesamten Arbeitsmarkt außergewöhnliche Verhältnisse vorliegen (s. dazu die Verordnungsermächtigung in § 109 SGB III). – Vgl. auch → Saison-Kurzarbeitergeld, → Kurzarbeit.

kurzfristige Beschäftigung – 1. Zur *lohnsteuerlichen Behandlung:* → Teilzeitbeschäftigte. – 2. Zur *Sozialversicherungspflicht:* → geringfügige Beschäftigung.

kurzfristige Erfolgsrechnung – zu Zeiten nur jährlichen Abschlusses der → Finanzbuchhaltung bzw. nur jährlicher Durchführung der → Betriebsabrechnung geprägter Begriff für unterjährige → Erfolgsrechnungen, z.B. monatliche Erfolgsrechnung. Besitzt angesichts der durch die EDV-Führung möglichen hohen Aktualität des Rechnungswesens (→ Kostenrechnungssoftware) konzeptionell keine Bedeutung mehr.

kurzfristige Planung → Fristigkeit, → Unternehmensplanung.

kurzfristige Preiserhöhung – Preiserhöhung für Leistungen, die innerhalb von vier Monaten nach Vertragsabschluss erbracht werden (§ 309 Nr. 1 BGB). Eine Bestimmung über kurzfristige Preiserhöhungen in Allgemeinen Geschäftsbedingungen ist unwirksam, es sei denn, es handelt sich um ein → Dauerschuldverhältnis.

Kurz-Indossament → Blankoindossament.

Kurzperiodenanalyse – auf A. Marshall (1842-1924) zurückgehende Betrachtungsweise in der betrieblichen Planung und Kostenlehre, die kurze Perioden von langen Perioden im Gegensatz zur → Kalenderzeitanalyse nicht durch rein kalenderzeitabhängige Kriterien abgrenzt, sondern über Konstanzbedingungen für bestimmte → Produktionsfaktoren und/oder Entscheidungstatbestände. – Vgl. auch → Fristigkeit, → Operational Time.

Kürzungen → Gewerbeertrag.

kurzzeitige Beschäftigung – 1. *Arbeitsrecht:* → Teilzeitbeschäftigung. – 2. *Sozialrecht:* → geringfügige Beschäftigung.

Küstengewässer – Teil des Meeres, der sich an das Territorium um die Eigengewässer eines Staates anschließt und auf den sich die Souveränität des Küstenstaates erstreckt. Die Küstengewässer sind Teil des Staatsgebietes des Küstenstaates, der den Schiffen anderer Staaten allerdings das Recht der freien Durchfahrt einräumen muss. Die Breite der Küstengewässer gehört zu den völkerrechtlich lange umstrittenen Problemen. Art. 3 des Seerechtsübereinkommens vom 10.12.1982 begrenzt die Küstenmeerbreite auf zwölf Seemeilen. – Vgl. auch → Dreimeilenzone.

Küstenschifffahrt – Schifffahrt im Bereich der Küstengewässer bzw. innerhalb des Seegebietes nationaler Souveränitätszonen. Von der Küstenschifffahrt zu unterscheiden ist die Seeschifffahrt. I.d.R. bestehen in der Küstenschifffahrt keine eigenen Niederlassungen an Land, da der Unternehmer meist gleichzeitig Kapitän ist und die Ladungen vorwiegend von Maklern vermittelt werden, künftig sollen verstärkt Verlagerungen von den Landverkehrsträgern auf die Küstenschifffahrt erfolgen. – *Rechtliche Regelungen:* Nach der Verordnung über die Küstenschifffahrt vom 5.7.2002 (BGBl. I 2555) m.spät.Änd. betreibt Küstenschifffahrt, wer Fahrgäste oder Güter in einem Ort im Geltungsbereich dieses Gesetzes an Bord nimmt und sie unter Benutzung des Seeweges gegen Entgelt an einen Bestimmungsort in diesem Bereich befördert. Küstenschifffahrt darf nur betrieben werden mit (1) Seeschiffen, die nach dem → Flaggenrecht die Bundesflagge führen, (2) Binnenschiffen, die in einem → Schiffsregister im Geltungsbereich dieses Gesetzes eingetragen sind und eine Fahrtauglichkeitsbescheinigung nach der Binnenschiffs-Untersuchungsordnung vom 6.12.2008 (BGBl. I 2450) m.spät.Änd. besitzen und (3) Schiffen, die in einem Mitgliedsstaat der EU registriert sind und unter Flagge eines solchen Staates fahren.

Kuxe – nennwertlose Papiere. Sie bestanden bis 1985. Mit Ihnen waren Bodenrechte und Anteile am Bergwerk verbunden. Kuxe wurden durch eine bergrechtliche Gewerkschaft, die als Kapitalgesellschaft fungierte, betrieben. – 1985 verloren die Kuxe endgültig ihren Sonderstatus und wurden zwangsweise in Aktiengesellschaften umgewandelt. Noch vor dem Zweiten Weltkrieg bestand in Essen die sog. Kuxbörse, auf der Kuxe bereits wie Inhaberaktien freihandelbar waren.

Kuznets – Simon, 1901–1985, aus der Sowjetunion stammender Nationalökonom, der 1922 in die Vereinigten Staaten emigrierte, dort an verschiedenen Universitäten, zuletzt in Harvard (1960–1971), lehrte; → Nobelpreis für Wirtschaftswissenschaften 1971. Die Arbeiten von Kuznets zeichnen sich dadurch aus, dass er theoretische Erklärungen – wie die zur Konjunktur, zum Wachstum oder zum Volkseinkommen – mit statistischen Daten füllte und analysierte. Diese Vorgehensweise trat schon in seinen ersten Publikationen deutlich zu Tage, die er am National Bureau of Economic Research unter der Leitung von → Mitchell erarbeitete: „National Income, 1929–1932" (1934), „National Income and Capital Formation, 1919–1935" (1941) und „National Product Since 1869" (1946). In späteren Werken hat er auf diesen Gebieten international vergleichende Untersuchungen vorgelegt, wie „Economic Growth of Nations: Total Output and Production Structure" (1971). Kuznets war nicht theoriefeindlich eingestellt, aber skeptisch gegenüber Erklärungen, die keine empirische Basis haben. Fachvertreter unterschiedlicher Ausrichtungen – wie Vertreter des Fiskalismus und → Monetarismus – haben auf seine Arbeiten zurückgegriffen. Ohne diese kann man sich die → Ökonometrie nur schwer vorstellen.

Kuznets-Kurve – 1. *Begriff:* Die Kuznets-Kurve beschreibt eine auf Simon Smith Kuznets zurückgehende Relation zwischen der wirtschaftlichen Entwicklung eines Landes und der → personellen

Einkommensverteilung. Der in der Kuznets-Kurve zum Ausdruck kommende Zusammenhang ist empirisch ableitbar und unterliegt historischen und länderspezifischen Einflüssen. – 2. *Erläuterung:* In der Abbildung „Kuznets-Kurve" wird die wirtschaftliche Entwicklung auf der Ordinate durch das → Nationaleinkommen pro Kopf im logarithmischen Maßstab abgebildet. Das Ausmaß der Ungleichverteilung der Einkommen wird auf der Abszisse beispielhaft durch den Einkommensanteil abgebildet, der auf die 40 Prozent der Einkommensbezieher mit den niedrigsten → Einkommen entfällt.

Kuznets-Kurve

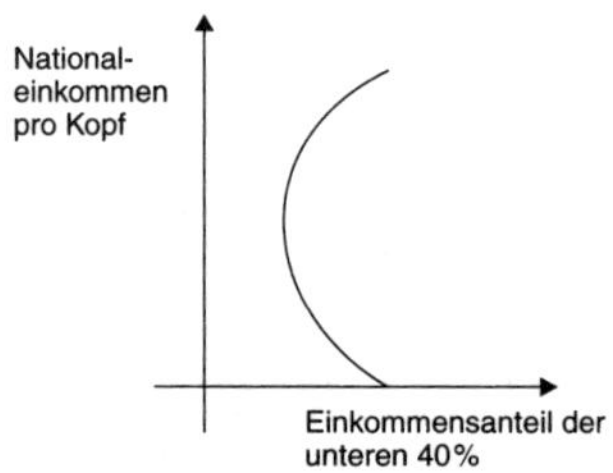

Die Kuznets-Kurve besagt, dass die Ungleichheit der Einkommensverteilung mit steigendem Nationaleinkommen pro Kopf zunächst zunimmt, dann wieder abnimmt. Eine solche Entwicklung kann sich vor dem Hintergrund des Strukturwandels von der Landwirtschaft zur Industriegesellschaft vollziehen. Wenn höher bezahlte Arbeitsplätze in der Industrie entstehen und Arbeitskräfte dorthin abwandern, wird die Einkommensverteilung zunächst ungleicher. Im Laufe der Entwicklung arbeitet der überwiegende Anteil der Arbeitskräfte in der Industrie und das Arbeitsangebot in der Landwirtschafts verknappt sich. Wenn sich jetzt die Löhne in der Landwirtschaft an die der Industrie angleichen, bildet sich die Ungleichheit tendenziell wieder zurück.

Kuznets-U-These – besagt, dass im zeitlichen Verlauf des Entwicklungsprozesses die → Einkommensverteilung zunächst ungleicher und später wieder gleicher wird. Die grafische Darstellung des Verteilungsindikators (z.B. Gini-Koeffizient) gleicht einem umgestülpten „U".

KV – Abk. für → Kassenärztliche Vereinigung.

KWG – Abk. für → Kreditwesengesetz.

KWKG – Abk. für → Kriegswaffenkontrollgesetz.

Kybernetik – vom griech. Wortstamm kybernetes = Steuermann; eine Theorie aller dynamischen Systeme. Sie beschäftigt sich bes. mit der Informationsverarbeitung in dynamischen Systemen und mit deren Regelung und Steuerung. Die Kybernetik erforscht die wesentlichen Eigenschaften von dynamischen Systemen, damit diese die relevanten Informationen verarbeiten können und die Systeme zielgerecht gelenkt werden bzw. sich selbst entsprechend lenken. – Für die Bildung kybernetischer Modelle werden die *Struktur* und das *Verhalten der dynamischen Systeme* erforscht. Die Struktur eines dynamischen → Systems ist durch die Systemgrenzen, die Teilsysteme und die Elemente der Teilsysteme gekennzeichnet. Die Beziehungen zwischen den Strukturelementen, d.h. zwischen dem System und seiner Umwelt, zwischen den Teilsystemen und zwischen allen einzelnen Systemelementen, werden durch den Fluss von Materie, Energie und/oder Informationen hergestellt. Sie werden im kybernetischen Modell in Relationen überführt. Das Verhalten eines Systems wird durch die Art dieser Beziehungen bzw. Relationen charakterisiert. Hierbei interessieren u.a. folgende Fragen: Ist das System stabil? D.h., strebt es einem Gleichgewichtszustand (trotz Störungen) zu? Bei welcher Größenordnung einer Störung ist das weitere Bestehen des Systems gefährdet? Welche Zeit benötigt ein System, um eine Störung zu bewältigen? Treten bleibende Regelabweichungen auf, d.h., bleibt das System auch nach langer Zeit noch vom Gleichgewichtszustand entfernt? Ist das System beobachtbar und steuerbar? – Vgl. auch → Wirtschafts- und Sozialkybernetik.

kybernetische Planung – Planungsmethoden mit den Grundschritten: (1) Problem- bzw. Zieldefinition; (2) Analyse der Bedingungen, unter denen das Problem nicht mehr auftritt bzw. unter denen das Ziel erreicht wird; (3) Operationalisierung, Maßnahmenplanung und Maßnahmeneinsatz. Die Voraussetzungen zur Zielerreichung werden rückwärts gehend (d.h. vom Ziel zum Start) ermittelt. Durch diese Vorgehensweise kann die Zielerreichung als vorprogrammiert angesehen werden. – Vgl. auch → biokybernetische Grundregeln, → Systemmanagement.

Kydland – Finn Erling, geb. 1943, norwegischer Ökonom, der an der Carnegie Mellon University in den USA lehrt; → Nobelpreis für Wirtschaftswissenschaften 2004 (zusammen mit → Prescott). Kydland erhielt den Nobelpreis für seine Beiträge zur dynamischen Makroökonomie. Das Nobelpreiskomitee hebt hervor, dass die Bedeutung dieser Beiträge für die geld- und wirtschaftspolitische Praxis ausschlaggebend für die Preisverleihung gewesen seien.

Kyoto-Protokoll – internationales Abkommen, das 1997 im japanischen Kyoto im Rahmen der Dritten Conference of the Parties (COP3) der UNFCCC unterzeichnet wurde. Es hat eine Begrenzung von Treibhausgas-Emissionen für die sechs derzeit als für das Klima am schädlichsten eingestuften Gase für die Jahre 2008 bis 2012 zum Inhalt. Die Klimapolitik erfordert internationale Kooperation, um langfristig Erfolg zu haben. Das Abkommen trat mit der Unterzeichnung von Russland 2005 in Kraft. Ein Folgeabkommen für die Periode 2012 bis 2020 ist noch nicht abschließend geklärt und wird jährlich auf den COP diskutiert.

L

L/C – Abk. für Letter of Credit, vgl. → Akkreditiv.

Laboratorium – Untersuchungsraum für chemische, physikalische, technische (Forschungs-)Arbeiten; bes. wichtig in Betrieben der Chemischen Industrie. – *Kostenrechnerische Erfassung und Verrechnung:* → Forschungskosten, → Entwicklungskosten.

Laborexperiment → Laborforschung.

Labor-Force-Konzept – Je nach der Beteiligung am Erwerbsleben werden gemäß dem Labor-Force-Konzept → Erwerbspersonen (→ Erwerbstätige und → Erwerbslose) und → Nichterwerbspersonen unterschieden. Gemäß den Empfehlungen der → OECD wird das Labor-Force-Konzept seit 1957 auch in der dt. → amtlichen Statistik angewandt. Die Erwerbsbevölkerung wird nicht nach der überwiegenden Quelle des Lebensunterhalts (Unterhaltskonzept) oder nach Art der Tätigkeit, sondern nach Erwerbsintensität und Beschäftigungsgrad ausgezählt. – Erhebungstatbestände sind a) die *Erwerbsintensität:* (1) Beschäftigte (gegen Entgelt beschäftigte Personen und Personen in bestehendem Beschäftigungsverhältnis, auch wenn sie vorübergehend wegen Urlaub, Krankheit etc. nicht tätig sind) sowie unbezahlt mithelfende Familienangehörige. – (2) Arbeitskraftreserven, d.h. unbeschäftigte bzw. nicht am Erwerbsprozess beteiligte Personen (Arbeitsuchende und vorübergehend keine Erwerbstätigkeit ausübende Personen). – b) der Beschäftigungsgrad der Erwerbspersonen unter a) (1): Je nach der Zahl der geleisteten Wochenstunden gelten die am Erwerbsprozess Beteiligten als Vollbeschäftigte (Arbeitszeit von 40 Wochenstunden und darüber) oder Teilbeschäftigte (aus eigenem Entschluss weniger als die branchenübliche Normalarbeitszeit tätig). Mithelfende Personen werden nur erfasst bei einer Wochenstundenleistung von mind. 15 Stunden. In dieser Gruppe, v.a. in der Landwirtschaft, ist infolge der Häufung mehrerer kurzfristiger Beschäftigungsverhältnisse einer Person die Anzahl der Tätigkeitsfälle größer als die Zahl der erfassten Beschäftigten.

Laborforschung – *Laborexperiment;* Verfahren der → Marktforschung in einer künstlichen, speziell zu diesem Zweck planmäßig herbeigeführten Situation. Laborforschung dient der Durchführung einer → Befragung, → Beobachtung oder eines → Experiments. Das Labor hat den Vorteil, dass viele Bedingungen, die in realer Situation als intervenierende Variable fungieren würden, konstant gehalten werden können. – *Gegensatz:* → Feldforschung.

laboristische Unternehmensverfassung – interessenmonistische Variante zur → Unternehmensverfassung mit dem Ziel, die → Entfremdung des Menschen in der Arbeit aufzuheben. Bekanntes Modell: → Arbeiterselbstverwaltung. – 1. *Prinzipien:* Alle Entscheidungsrechte leiten sich aus der Mitarbeit im Unternehmen ab; alleinige Kontrolle der Arbeitnehmer über die Produktionsmittel und die Verteilung der Wertschöpfung. – 2. *Organisation:* Organe der Arbeiterselbstverwaltung (Legislative) und die des Managements (Exekutive). Das Arbeitskollektiv als Träger der gesamten Selbstverwaltungsrechte wählt den Arbeiterrat. Dieser legt Planungsrichtlinien und Geschäftspolitik fest, bestellt, kontrolliert und beruft Mitglieder des Exekutivvorgangs und des geschäftsführenden Organs (Direktoren) ab. Die Entscheidungen des Arbeiterrats sind vom Exekutivorgan und den Direktoren umzusetzen. – *Gegensatz:* → kapitalistische Unternehmensverfassung.

Laddering → Befragung, deren Grundlage immer weitergehende Fragen nach den Gründen für die vorhergehende Antwort sind. Jeder Antwort folgt eine weitere „Warum-Frage", bis der Befragte nicht mehr antworten kann. Laddering dient dazu, → Marketingstrategien zu entwickeln, die auf die → Motive der Konsumenten ausgerichtet sind und nicht lediglich auf die objektiven Produkteigenschaften, die möglicherweise für den Konsumenten nur bedingt Auslöser für seine Kaufentscheidung sind.

Ladeeinheit – güteraufnehmende Packung (z.B. Kiste, Fass, → Palette, → Container, → Wechselbehälter), das vom Versand- zum Empfangsort mit den enthaltenen Gütern eine geschlossene Gütereinheit bei Transport, Umschlag und Lagerung bildet.

Ladefaktor – statistische Kennzahl der Transportleistung beim Einsatz eines Transportmittels, eines → Fuhrparks oder einer → Flotte in einer Periode:

$$L. = \frac{\text{genutzte Transportkapazität}}{\text{angebotene Transportkapazität}}.$$

Die Transportkapazitäten werden im Personenverkehr in Personen- oder Sitzplatzkilometern *(Sitzladefaktor)* und im Güterverkehr in Tonnenkilometern *(Frachtladefaktor)* gemessen.

Laden – *Ladengeschäft, Verkaufslokal, Einkaufsstätte;* Betriebsstätte im → stationären Einzelhandel, in der den Kunden Waren angeboten werden. Betrieben von einer → Einzelhandelsunternehmung oder von Herstellern (→ Fabrikverkauf). Im Sinn des Handelsrechts auch Verkaufsstand auf einer Ausstellung.

Ladendiebstahl – widerrechtliche Aneignung von Waren in → Handelsbetrieben durch Kunden, aber auch durch Mitarbeiter oder Lieferanten aus → Läden oder deren Lager. *Zunahme* des Ladendiebstahls, v.a. durch verführerische Warenpräsentation zur „Selbstbedienung", was von den Tätern allzu wörtlich genommen wird. Zunehmende Anonymität zwischen Kunden und Laden bzw. dessen Inhaber sowie Wandel der Einstellungen zum Eigentum gelten als Ursachen. – *Eingrenzung* mittels baulicher Maßnahmen, Schulung des Verkaufspersonals, Einsatz von Detektiven und Kameras sowie sonstiger technischer Maßnahmen der Warensicherung; dadurch entstehen weitere Kosten, die neben dem Warenschwund bei der Preiskalkulation zu berücksichtigen sind. Strafrechtliche Ahndung über § 242 StGB und evtl. - bei Mitarbeitern – über § 246 StGB (Unterschlagung).

Ladeneinrichtung – Ausstattung eines → Ladens mit Möbeln, Beleuchtungskörpern, Wand- und Deckenverkleidungen, Fußbodenbelägen, Einkaufswagen u.a. Die Ladeneinrichtung soll den Warenverkauf technisch ermöglichen, aber auch durch atmosphärische Gestaltung werbend wirken. Abnutzung durch Verschleiß und Veralten (→ Ladenverschleiß). – In der Bilanz werden die Gegenstände der Ladeneinrichtung i.d.R. auf der Aktivseite als Betriebs- und Geschäftsausstattung ausgewiesen.

Ladengeschäft → Laden.

Ladenhüter – *Penner;* Produkte mit (im Vergleich zu den übrigen Artikeln des Sortiments) geringer Umschlagshäufigkeit und geringer Attraktivität für die Kunden. Im Einzelhandel auch veraltete, unmoderne, beschädigte, beschmutzte Artikel. Verkauf von Ladenhütern meist mit hohen Preisnachlässen, bes. auf → Sonderveranstaltungen. – *Gegensatz:* → Renner.

Ladenöffnungszeiten – Zeitspannen, während deren der → Residenzhandel seine Ladenkapazität zur Nutzung durch Kunden bereithält. Tatsächliche Ladenöffnungszeiten stimmen mit den nach dem → Ladenschlussgesetz (LadSchlG) des Bundes (gilt nur noch in Bayern) oder der Länder maximal möglichen regelmäßigen Ladenöffnungszeiten nicht immer überein. Viele Betriebe haben kürzere Öffnungszeiten, da sie während mancher Stunden keinen ausreichend hohen Umsatz erwarten bzw. die Ladenöffnungszeiten der Arbeitszeit der Vollzeitkräfte (z.B. 40 Stunden pro Woche) anpassen.

Ladenpreis → Endverbraucherpreis (Verkaufspreis), den die Unternehmung des → Einzelhandels ihren Kunden berechnet.

Ladenschluss – war bis zum 7.11.2006 bundeseinheitlich im Ladenschlussgesetz geregelt. Im Rahmen der Förderalismusreform wurde der Ladenschluss in die ausschließliche Gesetzgebungskompetenz den Länder überführt, die in der Folgezeit „Ladenöffnungsgesetze" verabschiedeten. Seither gilt in Baden-Württemberg, Berlin, Brandenburg, Bremen, Hamburg, Hessen, Niedersachsen, Nordrhein-Westfalen und Schleswig-Holstein für Werktage eine sog. 6x24-Regelung, d.h., die Geschäfte dürfen an Werktagen rund um die Uhr öffnen. Von Bundesland zu Bundesland unterschiedlich geregelt sind die Zahl der verkaufsoffenen Sonntage und diejenigen Sonntage, an denen die Ladenöffnung generell verboten oder erlaubt ist. So dürfen an Adventssonntagen die Läden in Berlin generell geöffnet werden (von 13 bis 20 Uhr), in anderen Bundesländern sind die Adventssonntage von der Erlaubnis zur Ladenöffnung generell ausgenommen, so in Baden-Württemberg, Hessen und Rheinland-Pfalz. Der Verstoß gegen die Ladenöffnungsgesetze verletzt zugleich § 4 Nr. 11 UWG, ist also → unlauterer Wettbewerb.

Ladenschlussgesetz (LadSchlG) – Gesetz über den Ladenschluss i.d.F. vom 2.6.2003 (BGBl. I 744). Es trifft eine allg. Regelung über die Ladenschlusszeiten (§ 3) und sieht Sonderbestimmungen für bestimmte Verkaufsstellen (Apotheken, Zeitungskioske, Tankstellen, Personenbahnhöfe, Flughäfen und Fährhäfen), für bestimmte Orte (Kur- und Erholungsorte), für bestimmte Zeiten und Anlässe (u.a. Verkauf bestimmter Waren an Sonntagen und für den Marktverkehr) vor. Das Ladenschlussgesetz besteht gegenwärtig nur noch in Bayern als partielles Bundesrecht fort, da alle anderen Länder nach Inkrafttreten der → Föderalismusreform I am 1.9.2006 eigene Ladenschluss- oder Ladenöffnungsgesetze erlassen haben. – 1. *Rechtsentwicklung:* Durch die → Föderalismusreform I wurde der Ladenschluss aus dem Katalog der konkurrierenden Gesetzgebungsbefugnis des Bundes herausgenommen (Art. 74 I Nr. 11 GG). Damit liegt die Gesetzgebungskompetenz für eine Neukonzeption der Ladenschluss- bzw. Ladenöffnungszeiten ausschließlich bei den Ländern. Mit dieser Änderung wurde auch die sog. Ladenschlussentscheidung des Bundesverfassungsgerichts vom 9.6.2004 (BVerfGE 111, S. 10ff.) umgesetzt. Das Ladenschlussgesetz des Bundes gilt als partielles Bundesrecht in den Ländern fort, in denen es noch kein eigenes Landesgesetz gibt (Art. 125a GG). – 2. *Allg. Ladenschlusszeiten nach dem partiell fortgeltenden Ladenschlussgesetz:* Verkaufsstellen für den geschäftlichen Verkehr mit Kunden müssen geschlossen sein an Sonn- und Feiertagen, montags bis samstags bis 6 Uhr und nach 20 Uhr, am 24. Dezember bis 6 Uhr und ab 14 Uhr, wenn es sich um einen Werktag handelt. Bäckereien dürfen an Werktagen ab 5.30 Uhr öffnen. – 3. *Ausnahmen:* Sonderregelungen sind für Apotheken vorgesehen; Zeitungskioske dürfen an Sonn- und Feiertagen von 11 bis 13 Uhr, Tankstellen dürfen an allen Tagen während des ganzen Tages geöffnet sein. Letztere dürfen an Werktagen während der allg. Ladenschlusszeiten und an Sonn- und Feiertagen nur Betriebsstoffe, Ersatzteile und Reisebedarf verkaufen. Was Reisebedarf ist, wird in § 2 II abschließend aufgeführt: neben Zeitungen, Straßenkarten u.Ä. auch Schnittblumen, Filme, Tonträger, Lebens- und Genussmittel in kleineren Mengen. Ähnliche Regelungen gelten für Personenbahnhöfe und Flughäfen. Allerdings kann in Städten mit über 200.000 Einwohnern bestimmt werden, dass in Personenbahnhöfen und den baulichen Anlagen, die sie mit dem Nah- und Stadtverkehr verbinden, Waren des täglichen Ge- und Verbrauchs sowie Geschenkartikel an Werktagen von 6 bis 22 Uhr verkauft werden dürfen. Ferner kann bestimmt werden, dass auf internationalen Verkehrsflughäfen und Fährhäfen Waren des täglichen Ge- und Verbrauchs sowie Geschenkartikel während der allg. Ladenschlusszeiten und an Sonn- und Feiertagen auch an andere Personen als Reisende abgegeben werden dürfen. – 4. Die Regelungen sind *wertneutrale Vorschriften*, Verstöße sind nur unter den Voraussetzungen des → Rechtsbruchs sittenwidriger Wettbewerb (→ unlauterer Wettbewerb). Bestimmte Verstöße sind mit Bußgeld oder Strafe bewehrt (§§ 24, 25 LadSchlG). – 5. *In den Bundesländern sind die Regelungen unterschiedlich.* Vielfach – wie etwa in Baden-Württemberg, Berlin, Brandenburg, Bremen, Hamburg, Hessen, Niedersachsen, Nordrhein-Westfalen und Schleswig-Holstein – sind die Ladenöffnungszeiten an den 6 Werktagen, in Mecklenburg-Vorpommern und Sachsen-Anhalt an 5 Werktagen vollständig freigegeben. Unterschiedliche Regelungen bestehen zur Zahl der verkaufsoffenen Sonn- und Feiertage.

Ladenschlusszeiten → Ladenschlussgesetz (LadSchlG).

Ladenverschleiß – *Store Erosion;* Veralten von Läden, deren Innenausstattung und Form der Warenpräsentation, aber auch von → Betriebsformen des Handels (→ Dynamik der Betriebsformen im Handel), bes. von Verkaufsstellen des Einzelhandels (auch von Filialen des Kreditgewerbes oder Betriebsstätten des Dienstleistungsgewerbes). Wichtigste *Ursachen:* Neue Standortkonkurrenz und Wandlungen der Verbrauchereinstellungen. – Vgl. auch → Lebenszyklus.

Laderaumbörsen – *Transportbörsen.* Verbessern die Zuordnung von Kapazitätsnachfrage und -angebot im Straßengüterverkehr. Laderaumbörsen (heute grundsätzlich internetbasiert) sind entweder als schwarzes Brett oder als Börse aufgebaut, über das alle Teilnehmer angebotene Ladungen (seltener Laderaumkapazitäten) einsehen oder handeln können. Bei Wahl eines Angebotes werden Lade- und Lieferdaten, Art, Gewicht und Maße der Ladung dargestellt. Die weitere Abwicklung erfolgt entweder über konventionelle Kommunikationskanäle oder ebenfalls internetbasiert.

Ladeschein – 1. *Begriff:* Ein im Frachtgeschäft vom → Frachtführer ausgestelltes → Wertpapier, in dem der Empfang der zur Beförderung übergebenen Güter bescheinigt und die Aushändigung an den im Ladeschein bezeichneten Empfänger versprochen wird (§§ 444–448 HGB). – 2. *Rechtliche Bedeutung:* Der Ladeschein gehört zu den → kaufmännischen Orderpapieren (§ 363 II HGB). Er ist stets → Traditionspapier. Seine → Übergabe ersetzt i.Allg. die Übergabe des Gutes (§ 448 HGB). Sollinhalt: § 444 I i.V. mit 408 I HGB. – Der Ladeschein ist maßgebend für das Rechtsverhältnis zwischen Frachtführer und Empfänger. Der nach dem Ladeschein zum Empfang Berechtigte (Legitimierte) hat schon vor der Ankunft des Gutes am Ablieferungsort die Verfügungsrechte des Absenders über das Gut (§ 446 II HGB). Nur gegen Rückgabe des Ladescheins darf der Frachtführer i.Allg. Anweisungen des Absenders folgen oder das Gut an den Empfänger ausliefern, sonst macht er sich schadensersatzpflichtig (§§ 446 II 2, 447 I HGB).

Ladung – I. Verkehrswesen: Gesamtheit der Güter im Laderaum bzw. in den Laderäumen eines Transportmittels. – Vgl. auch → Ladeeinheit.

II. Gerichtsbarkeit: Aufforderung zum Erscheinen am Verhandlungstermin. Eine bestimmte → Ladungsfrist ist nur gegenüber den Parteien einzuhalten, nicht gegenüber Zeugen.

Ladungsfrist – Frist, die in einem anhängigen → Prozess zwischen → Zustellung der → Ladung und dem Verhandlungstermin liegen soll. – 1. *Die Ladungsfrist beträgt:* a) bei Zivilprozessen mit → Anwaltszwang mind. eine Woche, sonst drei Tage (§ 217 ZPO); b) im → Wechselprozess bzw. → Scheckprozess und Wechselmahnverfahren bei Zustellung (1) am Ort des → Prozessgerichts: 24 Stunden, (2) in Anwaltsprozessen innerhalb des Landgerichtsbezirks: drei Tage (§§ 604 Abs.2 ZPO).In höheren Instanzen siehe § 604 Abs. 3 ZPO. – 2. *Nichteinhaltung* der Ladungsfrist gibt Anspruch auf → Vertagung. Bei → Klageerhebung ist außerdem die *Einlassungsfrist* zu wahren, d.h. die Frist, die zwischen Zustellung der Klageschrift und dem Verhandlungstermin liegen soll. Sie beträgt bei Prozessen mit → Anwaltszwang mind. zwei Wochen (§ 274 II ZPO); sonst entspricht sie i.d.R. auch wegen der Folgen ihrer Nichtinnehaltung der Ladungsfrist. – 3. Im *arbeitsgerichtlichen* Verfahren gelten die Ladungsfristen nach der ZPO (§ 46 II ArbGG). – 4. Im *verwaltungsgerichtlichen Verfahren* beträgt die Ladungsfrist vor den Verwaltungsgerichten mind. zwei Wochen, beim Bundesverwaltungsgericht (BVerwG) mind. vier Wochen mit Abkürzungsmöglichkeit in dringenden Fällen (§ 102 VwGO). – 5. Vor dem *Finanzgericht* beträgt die Ladungsfrist zwei Wochen, vor dem Bundesfinanzhof (BFH) vier Wochen (§ 91 FGO). – 6. In der Sozialgerichtsbarkeit i.d.R. zwei Wochen (§ 110 SGG). – 7. Im Strafverfahren Ladungsfrist für die Hauptverhandlung mind. eine Woche (§ 217 StPO), im beschleunigten Verfahren 24 Stunden (§ 112a StPO).

Ladungsproblem – *Knapsackproblem, Rucksackproblem;* elementares logistisches Optimierungsproblem (→ Logistik). – 1. *Aufgabe:* Es liegt ein Bestand unteilbarer Gütereinheiten vor, die die Kapazität eines Behälters unterschiedlich beanspruchen; die Behälterkapazität reicht zur Aufnahme des gesamten Güterbestandes nicht aus; es sind diejenigen Gütereinheiten auszuwählen, deren Aufnahme in den Behälter den größten Ertrag bringt. – 2. *Anwendungen:* IT-Systeme zur Optimierung der Kapazitätsauslastung von → Ladeeinheiten, Lagerräumen und Transportmitteln sowie zur Fahrzeugeinsatzplanung. – 3. *Lösungsmethoden:* Verfahren der mathematischen Optimierung.

LAES – Abk. für *Latin American Economic System,* → SELA.

Laffer-Kurve – These von A.R. Laffer über den Zusammenhang von Steuersatz und Steuereinnahmen: Bei einem Steuersatz von Null fallen keine Steuereinnahmen an; wird der Steuersatz allmählich erhöht, steigen die Steuereinnahmen zuerst überproportional an, dann langsamer bis zu einem Maximalpunkt, danach sinken sie. Bei einem Satz von 100 Prozent fallen keine Einnahmen mehr an, da jegliches Interesse an einer der Besteuerung unterliegenden Einkommenserzielung erlischt. Eine rationale Steuerpolitik sollte demnach immer Steuersätze vor Erreichen des Aufkommensmaximums aufweisen. Diesen Sachverhalt erklärten auch das Swift'sche → Steuereinmaleins, das Gesetz der Verringerung der Steuerausfälle, das Gesetz der wachsenden → Steuerwiderstände. – Die Laffer-Kurve spielte im Rahmen der *Reaganomics* und der → Angebotsökonomik eine Rolle als Begründung dafür, dass durch Senkungen des Steuersatzes das Steueraufkommen und das Nationaleinkommen gesteigert werden können; die Realität hat dies widerlegt.

LAFTA – Abk. für *Latin American Free Trade Association; Associación Latino-Americano de Libre Comercio (ALALC), Lateinamerikanische Freihandelsvereinigung;* 1960 gegründete Freihandelszone. 1980 durch → ALADI (Lateinamerikanische Integrationsvereinigung) ersetzt.

Lag – *Time Lag, Zeitverzögerung.*

I. Wirtschaftstheorie/Ökonometrie: 1. *Begriff:* Zeitabschnitt zwischen der Veränderung einer Größe (Ursache) und der Auswirkung dieser Veränderung auf eine andere Größe, z.B.

$$C_t = C(Y_{t-1}),$$

mit Y = verfügbares Einkommen, C = Konsumausgaben, t = Zeitindex. In diesem Beispiel beträgt der Lag eine Periode; inhaltlich handelt es sich hier um den → Robertson-Lag. – 2. *Merkmale:* Vom modelltheoretischen Standpunkt aus ermöglichen Lags die Formulierung *dynamischer Modelle,* die die Analyse von zeitlichen Anpassungsprozessen erlauben (→ Konjunkturtheorie); *mathematisch* handelt es sich bei derartigen → Modellen um → Differenzengleichungen oder → Differenzengleichungssysteme.

II. Wirtschaftspolitik/Finanzwissenschaften: 1. *Begriff:* Zeitraum zwischen Auftreten einer Störung des Wirtschaftsablaufs und seiner Korrektur. – 2. *Arten:* a) Nach der Einflusssphäre der wirtschaftspolitischen Entscheidungsträger: (1) *Inside Lag, innerer Lag, innere Wirkungsverzögerung:* Verzögerung innerhalb der Einflusssphäre der wirtschaftspolitischen Entscheidungsträger, d.h. sie sind im politisch-administrativen Prozess begründet. (2) *Outside Lag, äußerer Lag, äußere Wirkungsverzögerung:* Verzögerung außerhalb der Einflusssphäre des wirtschaftspolitischen Entscheidungsträgers. – b) Nach der *Ursache:* (1) *Disturbance Lag:* Zeitverzögerung, bis die Störung messbar wird. Der Disturbance Lag ist ein Outside Lag. – Als Inside Lag folgen: (2) *Recognition Lag, Erkennungsverzögerung:* Die Information wird wahrgenommen, die Reaktion auf die Störung beginnt. (3) *Diagnostic Lag, Diagnoseverzögerung:* Die Störung wird hinsichtlich ihrer Verursachung und Behebbarkeit analysiert, die grundsätzliche Bereitschaft zum Handeln entsteht. (4) *Decision Lag, Entscheidungsverzögerung:* Entscheidungs- und Abstimmungszeit bei der Wahl geeigneter Maßnahmen. (5) *Instrumental Lag, Durchführungsverzögerung:* Zeitraum zwischen der Entscheidung und der Implementation der ergriffenen Maßnahmen durch die zuständige Bürokratie. – Diagnostic, Decision und Instrumental Lag werden zusammengefasst auch als *Administrative* Lag bezeichnet. (6) Am Ende des Prozesses steht wiederum als *Outside* Lag der *Operational* Lag *(Wirkungsverzögerung),* der die Wirkungsverzögerungen der ergriffenen Maßnahmen im volkswirtschaftlichen Transmissionsprozess beschreibt. – 3. *Wirkungen:* Lags behindern die Funktionsweise eines optimal gestalteten finanz- bzw. wirtschaftspolitischen Eingriffsinstrumentariums; dazu kommt, dass die zeitliche Länge eines Lag für konkrete Maßnahmen nicht oder bestenfalls nur der Tendenz nach bestimmbar ist. – 4. *Folgerungen:* Aufgrund der genannten Lags wirken die Maßnahmen einer → diskretionären Finanzpolitik oder einer diskretionären Wirtschaftspolitik (→ diskretionärer Mitteleinsatz) möglicherweise *prozyklisch* im Konjunkturverlauf (→ Konjunkturzyklus, → Konjunkturpolitik). Daher werden solche Maßnahmen teilweise vollständig abgelehnt (→ Monetarismus), oder es werden Verfahren der → regelgebundenen Finanzpolitik gefordert. – Vgl. auch → Built-in Flexibility, → Built-in Stability.

Lagebericht

von Prof. Dr. Hans-Joachim Böcking, Prof. Dr. Peter Oser und Prof. Dr. Norbert Pfitzer

I. Zweck

Der Lagebericht verkörpert ein rechtlich und funktional eigenständiges Rechnungslegungsinstrument der jährlichen Pflichtpublizität von Unternehmen neben dem Jahresabschluss. Er erläutert den Jahresabschluss und ergänzt diesen um Informationen allgemeiner Art über den Geschäftsverlauf einschließlich des

Geschäftsergebnisses und die Lage der Gesellschaft. Er hat eine ausgewogene und umfassende, dem Umfang und der Komplexität der Geschäftstätigkeit entsprechende Analyse des Geschäftsverlaufs und der Lage der Gesellschaft zu enthalten. Der Lagebericht zeichnet sich v.a. durch seine prognostische Ausrichtung aus. Neben dieser Informationsfunktion kommt dem Lagebericht auch eine Rechenschaftsfunktion zu. Nach dieser haben der Vorstand bzw. die Geschäftsführung im Lagebericht die Vermögens-, Finanz-, und Ertragslage zur wirtschaftlichen Gesamtlage der Gesellschaft zu verdichten, und darzustellen, wie sie die Stellung und Entwicklung der Gesellschaft im Vergleich zum Gesamtmarkt und ihrem unmittelbaren wirtschaftlichen Umfeld einschätzen.

II. Aufstellungspflicht

Grundsätzlich haben die gesetzlichen Vertreter von Kapitalgesellschaften, von nach dem Publizitätsgesetz rechnungslegungspflichtigen Unternehmen, Genossenschaften, Kreditinstituten sowie Versicherungsunternehmen einen Lagebericht aufzustellen. Kleine Kapitalgesellschaften und publizitätspflichtige Personenhandelsgesellschaften sowie Einzelkaufleute sind von dieser Pflicht befreit. Mit dem Inkrafttreten des KapCoRiLiG sind die Bestimmungen für Kapitalgesellschaften auch für Personenhandelsgesellschaften (OHG, KG) anzuwenden, bei denen nicht wenigstens ein persönlich haftender Gesellschafter unmittelbar oder mittelbar eine natürliche Person ist (§ 264a HGB). Unabhängig von einer gesetzlichen Verpflichtung ist es stets möglich, einen Lagebericht auf freiwilliger Basis zu erstellen.

III. Inhalt und Umfang

Gemäß § 289 I und III HGB sind im Lagebericht der Geschäftsverlauf einschließlich des Geschäftsergebnisses und die Lage der Kapitalgesellschaft so darzustellen, dass ein den tatsächlichen Verhältnissen entsprechendes Bild vermittelt wird. Es ist eine Analyse des Geschäftsverlaufs und der Lage inklusive der für die Geschäftstätigkeit bedeutsamsten finanziellen Leistungsindikatoren (und ggf. nichtfinanzieller Leistungsindikatoren bei Kapitalgesellschaften im Sinne von § 267 III HGB) vorzunehmen (Wirtschaftsbericht). In diesem Zusammenhang ist die voraussichtliche Entwicklung mit ihren Chancen und Risiken zu beurteilen und zu erläutern. An dieser Stelle sei erwähnt, dass der Gesetzgeber hierfür einen gemeinsamen Bericht vorsieht. Die Verlautbarung des DRSC zur Lageberichterstattung (DRS 15 „Lageberichterstattung") trennt hingegen in einen Risikobericht und einen Prognosebericht. In der Berichterstattung über den Geschäftsverlauf ist von der Unternehmensleitung darzulegen, wie sich das Unternehmen während der abgelaufenen Berichtsperiode entwickelt hat und welche Ursachen zu dieser Entwicklung beigetragen haben. Die Ausführungen zum Geschäftsverlauf sind damit zeitraumbezogen und vergangenheitsorientiert. Demgegenüber ist die Berichterstattungspflicht über die Lage der Gesellschaft dynamisch ausgestaltet. Entsprechend haben die Ausführungen hierzu auch zukunftsbezogene Angaben zu enthalten. Der Gesetzgeber legt in § 289 II HGB weitere Berichtsteile fest. Demnach soll der Lagebericht einen Nachtragsbericht beinhalten, in dem auf Vorgänge von bes. Bedeutung, die nach dem Schluss des Geschäftsjahres eingetreten sind, eingegangen wird. Weitere Bestandteile sind der Risikobericht über Finanzinstrumente, der Forschungs- und Entwicklungsbericht, der Zweigniederlassungsbericht, sowie der Vergütungsbericht, der die Grundzüge des Vergütungssystems der Gesellschaft für die in § 285 Nr. 9 HGB genannten Gesamtbezüge, soweit es sich um eine börsennotierte Aktiengesellschaft, beinhaltet.

Ferner haben Aktiengesellschaften und Kommanditgesellschaften auf Aktien, die einen organisierten Markt i.S.d. § 2 VII WpÜG durch von ihnen ausgegebene stimmberechtigte Aktien in Anspruch nehmen, im Lagebericht gemäß § 289 IV HGB in einem Berichtsteil Übernahmesachverhalte darzulegen. Durch das BilMoG wurden dem Lagebericht weitere Bestandteile hinzugefügt. Kapitalmarktorientierte Gesellschaften haben nunmehr die wesentlichen Merkmale des internen Kontroll- und des Risikomanagementsystems im Hinblick auf den Rechnungslegungsprozess zu beschreiben (§ 289 V HGB). Durch den neu eingeführten § 289a HGB haben börsennotierte Aktiengesellschaften eine Erklärung zur Unternehmensführung in ihren Lagebericht aufzunehmen, die dort einen gesonderten Abschnitt bildet. Alternativ kann die Erklärung auch auf der Internetseite der Gesellschaft öffentlich zugänglich gemacht werden. In die Erklärung zur Unternehmensführung sind aufzunehmen 1. die Erklärung gemäß § 161 AktG; 2. relevante Angaben zu Unternehmensführungspraktiken, die über die gesetzlichen Anforderungen hinaus angewandt werden, nebst Hinweis, wo sie öffentlich zugänglich sind; 3. eine Beschreibung der Arbeitsweise von Vorstand und Aufsichtsrat sowie der Zusammensetzung und Arbeitsweise von deren Ausschüssen.

Eine Konkretisierung des Inhalts und der Gestaltung des Lageberichts ergibt sich aus den Verlautbarungen des DRSC (DRS 15 „Lageberichterstattung", DRS 15a „Übernahmerechtliche Angaben und Erläuterungen im Konzernlagebericht", DRS 5 „Risikoberichterstattung", DRS 16 „Zwischenberichterstattung" und DRS 17 „Berichterstattung über die Vergütung der Organmitglieder"). Mit der Bekanntmachung der DRS im Bundesanzeiger wird vermutet, dass die DRS den Grundsätzen ordnungsmäßiger Konzernrechnungslegung zuzuordnen sind; ihre Anwendung auf den Lagebericht wird empfohlen. Aufgrund der unbestimmten Rechtsbegriffe der Gesetzesvorschriften wurden im Schrifttum die Grundsätze ordnungsmäßiger Lageberichterstattung entwickelt; diese sind nunmehr teilweise im DRS 15 enthalten. So verlangt bspw. der Grundsatz der Vollständigkeit, dass der Lagebericht alle Angaben zu enthalten hat, die für die Gesamtbeurteilung des Geschäftsverlaufs einschließlich des Geschäftsergebnisses und der wirtschaftlichen Lage, einschließlich der künftigen Entwicklung und deren Chancen und Risiken, erforderlich sind. Es müssen sowohl die Einzelangaben im Lagebericht als auch der gesamte Lagebericht mit der Realität übereinstimmen (Grundsatz der Verlässlichkeit). Des Weiteren sind alle Angaben im Lagebericht eindeutig und für die Berichtsadressaten verständlich zu formulieren (Grundsatz der Klarheit und Übersichtlichkeit). DRS 15 enthält zudem den Grundsatz der Vermittlung der Sicht der Unternehmensleitung und den Grundsatz der Konzentration auf die nachhaltige Wertschaffung. Beide Grundsätze sind Ausdruck einer wertorientierten Unternehmensberichterstattung (Value Reporting). Weitere Konkretisierungshilfen bestehen in den berufsständischen Verlautbarungen des IDW (IDW RH HFA 1.005 „Anhangangaben nach § 285 Satz 1 Nr. 18 und 19 HGB sowie Lageberichterstattung nach § 289 II Nr. 2 HGB in der Fassung des Bilanzrechtsreformgesetzes" und IDW RH HFA 1.007 „Lageberichterstattung nach § 289 I und III HGB bzw. § 315 I HGB in der Fassung des Bilanzrechtsreformgesetzes"). Die gesetzlich festgelegten Berichtsbestandteile des Lageberichts sind nicht abschließend und können durch weitere freiwillige Angaben ergänzt werden.

IV. Prüfung durch den Abschlussprüfer

Der Lagebericht ist Bestandteil der gesetzlichen → Jahresabschlussprüfung (§ 317 II HGB). Der Abschlussprüfer hat zu prüfen, ob der Lagebericht mit dem Jahresabschluss sowie mit den bei der Prüfung gewonnenen Erkenntnissen des Abschlussprüfers in Einklang steht und ob der Lagebericht insgesamt eine zutreffende Vorstellung von der Lage des Unternehmens vermittelt. Dabei ist auch zu prüfen, ob die Chancen und Risiken der künftigen Entwicklung zutreffend dargestellt sind. Die Angaben nach § 289a HGB sind kein Bestandteil der Prüfung. Weitere Anforderungen an die Prüfung des Lageberichts ergeben sich aus den Berichtspflichten des Abschlussprüfers.

So hat der Abschlussprüfer gemäß § 321 I HGB im Prüfungsbericht vorweg zu der Beurteilung der Lage des Unternehmens durch die gesetzlichen Vertreter Stellung zunehmen, soweit die geprüften Unterlagen und der Lagebericht eine solche Beurteilung erlauben. Der Abschlussprüfer hat dabei bes. auf die Beurteilung des Fortbestands und der künftigen Entwicklung des Unternehmens unter Berücksichtigung des Lageberichts einzugehen. Zudem ist vom Abschlussprüfer im Hauptteil des Prüfungsberichts festzustellen, ob der Lagebericht den gesetzlichen Vorschriften und den ergänzenden Bestimmungen des Gesellschaftsvertrags oder der Satzung entspricht (§ 321 II HGB). Gegenüber der Öffentlichkeit testiert der Abschlussprüfer mit einem uneingeschränkten Bestätigungsvermerk, dass der Lagebericht nach seiner Beurteilung insgesamt eine zutreffende Vorstellung von der Lage des Unternehmens vermittelt und, dass die Chancen und Risiken der künftigen Entwicklung zutreffend dargestellt wurden (§ 322 VI HGB). Auf bestandsgefährdende Risiken hat der Abschlussprüfer im Bestätigungsvermerk gesondert einzugehen. Sofern Einwendungen gegen den Lagebericht zu erheben sind, hat der Abschlussprüfer den Bestätigungsvermerk einzuschränken (§ 322 IV HGB). Das IDW hat die Anforderungen an die Prüfung des Lageberichts in IDW PS 350 „Prüfung des Lageberichts" konkretisiert.

Im Rahmen der Verhandlungen des Aufsichtsrates bzw. Prüfungsausschusses über den Jahres-/Konzernabschlusses hat der Abschlussprüfer gemäß § 171 I S. 2 AktG an diesen Sitzungen teilzunehmen und über „wesentliche Schwächen des internen Kontroll- und des Risikomanagementsystems bezogen auf den Rechnungslegungsprozess" zu berichten.

V. Offenlegung

Die für dem Jahresabschluss geltenden Vorschriften finden auch auf die Offenlegung des Lageberichts Anwendung.

VI. Besonderheiten des Konzernlageberichts

Die Bestimmungen zum Konzernlagebericht (§ 315 I,II und IV HGB) entsprechen denen zum Lagebericht mit der Einschränkung, dass im Konzernlagebericht nicht auf bestehende Zweigniederlassungen einzugehen ist. Die Darstellung des Geschäftsverlaufs und der Lage des Konzerns soll eine Gesamtbeurteilung des Konzerns als wirtschaftliche Einheit ermöglichen. Der Konzernlagebericht kann daher nicht als eine Kumulation der Lageberichte einzelner Konzernunternehmen angesehen werden. Eine Zusammenfassung des Konzernlageberichts mit dem Lagebeircht des Mutterunternehmens ist möglich (§ 315 III HGB). Auch hierbei ist zu beachten, dass nicht grundsätzlich von einer Deckungsgleichheit der Lage des Konzerns und der Muttergesellschaft ausgegangen werden kann, sodass eine differenzierende Berichterstattung geboten ist.

Lage der Arbeitszeit – die Lage (tägliche Arbeitszeit) der durch Gesetz, Tarifvertrag und Einzelarbeitsvertrag vorgegebenen Arbeitszeitverpflichtung wird bestimmt durch Beginn und Ende der täglichen → Arbeitszeit, → Pausen und Verteilung der Arbeitszeit auf die Arbeitstage. Die Lage der Arbeitszeit bestimmt der Arbeitgeber kraft seines allg. Direktionsrechts, es sei denn, sie ist bereits im Arbeitsvertrag festgelegt. Allerdings hat er dabei (bei der Lage, nicht bei der Dauer der Arbeitszeit) die erzwingbare

Mitbestimmung des Betriebsrats in → sozialen Angelegenheiten nach § 87 I 2 BetrVG zu beachten (z.B. Einführung und Änderung von Schichtarbeit, Schichtplan, Einführung der → gleitenden Arbeitszeit, Lage der → Kurzarbeit).

Lagefinanzamt – Finanzamt, in dessen Bezirk ein land- oder forstwirtschaftlicher Betrieb, ein Grundstück, ein Betriebsgrundstück oder ein Mineralgewinnungsrecht belegen ist (§ 18 I 1 AO). – Vgl. auch → Betriebsfinanzamt.

Lagemaß – Kenngröße zur Charakterisierung der → Lokalisation einer empirischen oder theoretischen → Verteilung. – Vgl. auch → Mittelwert.

Lageparameter – Parameter einer Wahrscheinlichkeitsverteilung, der sich auch als → Lagemaß ergibt. Beispiel: Bei einer → Normalverteilung ist der Erwartungswert ein Lagemaß und gleichzeitig Parameter der Verteilung.

Lager – Knoten in logistischen Systemen (→ Logistik), in dem Güter vorübergehend gelagert und häufig in ihrer Mengenzusammensetzung (→ Kommissionierung) verändert werden. Lager übernehmen sowohl die Funktion von Liefer- und Empfangspunkten, als auch von Auflöse- und Konzentrationspunkten. Nach der jeweiligen Hauptfunktion des Lagers lassen sich Beschaffungs-, Umschlags- und Verteilungslager (→ Lagerarten) unterscheiden. Entscheidungstatbestände im Rahmen des Lagermanagements sind die Standortwahl (→ Lagerstandort), die Auswahl der Lagersysteme, die technische Ausstattung, die Organisation der Ein-, Um- und Auslagerung sowie die Lagerplatzzuordnung (→ Lagerbereich). Umgangssprachlich wird Lager teilweise auch synonym zu → Lagerbestand verwendet.

Lager-Anteil am Betriebsvermögen – Lager-Kennzahl (→ Kennzahlen). Das Verhältnis zwischen → Lagerbestand und dem in der Unternehmung arbeitenden Vermögen. Bei hohem Lager-Anteil am Betriebsvermögen kann man, sofern es sich nicht um Fehldispositionen handelt, von einem arbeits- oder werkstoffintensiven Betrieb sprechen.

Lagerarten – typische Ausprägungsformen von → Lagern aufgrund der primär zu erfüllenden Funktion. – 1. *Beschaffungslager:* Hauptfunktion ist die Bereitstellung einer ausreichenden Lagerkapazität zur Aufnahme von in der Produktion einzusetzenden Gütern. Aufgrund der engen Bindung der einzulagernden Güter an die Produktion ist das Beschaffungslager i.d.R. dem Produktionsstandort geografisch zugeordnet. – 2. *Umschlagslager:* dienen der kurzfristigen Aufnahme von Gütern beim (→ Umschlag) von einem Transportmittel auf ein anderes. Primäres Ziel von Umschlagslagern ist die Erzielung einer hohen Umschlagsleistung. Standorte von Umschlagslagern sind transportorientiert, d.h. sie befinden sich an dem Umschlagsort zwischen gleichen oder unterschiedlichen Verkehrsträgern (→ kombinierter Verkehr). – 3. *Distributionslager:* Es erfolgt eine Veränderung des Lagergutes bez. seiner mengenmäßigen Zusammensetzung. Distributionslager brechen den Güterfluss zum Abnehmer. Sie dienen primär als Auflösungs- und Sammelpunkt, an dem Güter entsprechend den Kundenwünschen zusammengestellt werden (Kommissionierung). Einflussfaktoren auf die Standorte und Anzahl von Distributionslagern sind mit dem Lager, dem Lagerzu- und -ablauf sowie den Beständen verbundene Kosten und der angestrebte → Lieferservice.

Lageraufnahme → effektive Inventur.

Lagerauftrag – ein Vorratsauftrag, → Innenauftrag.

Lagerautomatisierung – IT-gestützter Ablauf der Ein-, Umlagerungs- und Auslagerungsprozesse. – *Ziel* ist die Steigerung der Wirtschaftlichkeit der Lagerhaltung durch Erhöhung des Lagerumschlages, Reduzierung der Lagerbestände und bessere Auslastung der Lagereinrichtungen sowie die Verkürzung von Lieferzeiten durch schnellere Auslagerung. – *Voraussetzung* ist ein IT-gestütztes → Lagerverwaltungssystem (LVS) mit Schnittstelle zur Steuerung der Fördersysteme und zur Materialwirtschaft.

Lagerbehandlung – 1. *Begriff:* Das → Zolllager dient hauptsächlich zur Lagerung von Waren (Bewilligungsgrund). Gleichwohl ist nicht ausgeschlossen nach Maßgabe des Art. 109 → Zollkodex (ZK) Behandlungen der Waren durchzuführen, sofern diese Vorgänge nicht im Verhältnis zur Lagerung der Waren überwiegen. – 2. *Merkmale:* Als übliche Behandlung sind Vorgänge an Waren zu verstehen, die ihrer Erhaltung, der Verbesserung ihrer Aufmachung oder Handelsgüte oder der Vorbereitung ihres Vertriebs oder Weiterverkaufs dienen (Art. 522 ZK-DVO i.V. mit Anhang 72). Allg., also ohne Einschaltung der → Zollbehörde, sind u.a. zugelassen: Prüfen, Bestandsaufnahmen, Probeentnahmen, Verpacken, Auspacken, Umpacken, einfache Sortiermaßnahmen und alle Behandlungen, die den Zustand der Waren während der Einlagerung erhalten sollen (z.B. Lüften, Trocknen, Kühlen). – 3. *Abgrenzung:* Im Einzelfall zulassungspflichtig durch die Zollbehörde wären u.a. Reinigungshandlungen, Ausbesserungen, Aussortieren, Anbringen von Merkmalen an Waren (z.B. Etiketten), Filtern, Vermischen von alkoholischen Getränken, Zerkleinern. – Ein Zusammensetzen oder Montieren von Waren ist nur insoweit zulässig, als es sich um den Einbau von für die Herstellung der Ware nicht wesentlichem Zubehör in eine fertige Ware handelt. – *Beispiel:* Einbau eines Autoradios oder von Scheibenwischern in Kraftfahrzeugen. Sofern es die Umstände rechtfertigen, können die in das → Zolllagerverfahren überführten Waren vorübergehend aus dem Zolllager entfernt werden. Dies bedarf der Bewilligung durch die Zollbehörde wie auch das Verbringen von Waren von einem Zolllager in ein anderes.

Lagerbereich – Organisationseinheit im → Lager in dem spezifische Lagerhausprozesse realisiert werden. – 1. Im *Wareneingang* erfolgt das Abladen, die informatorische Erfassung, die Eingangskontrolle und das Lagerfertigmachen (z.B. Umladen auf Ladehilfsmittel und Umpacken) der eingehenden Güter. Das *Einheitenlager* dient der Aufnahme der Güter (größere Einheiten) und übernimmt primär die Funktion der Zeitüberbrückung. Das *Kommissionierlager* bildet den Bereich der → Kommissionierung ab und stellt die Güter in kleineren Mengeneinheiten für weitere Bearbeitungsschritte bereit. – 2. In der *Packerei* werden Aufgaben der Verpackung und der Kontrolle ausgeführt. – 3. Die Übergabe der vorbereiteten Güter an den Kunden oder Auslieferer und die Ausführung aller damit zusammenhängenden Aufgaben (Disposition der abholenden Transportmittel, Zwischenlagerung der Güter bis zur Übergabe und Verladung) erfolgt im *Warenausgang*. – 4. Die übergeordnete *Lagerverwaltung* dient der Steuerung und Koordination aller Lager- und Bewegungsprozesse innerhalb der einzelnen Lagerbereiche.

Lagerbestand – *Vorratsvermögen;* Begriff der Buchführung und Bilanz für einen Teil des Umlaufvermögens, das → Lager (Warenlager). – 1. Lagerbestand *umfasst:* (1) bei Handelsunternehmungen den jeweiligen Vorrat an Waren; (2) bei Fertigungsbetrieben den Bestand an Roh-, Hilfs- und Betriebsstoffen, halbfertigen und fertigen Erzeugnissen einschließlich → Handelsware. Auswärtiger Lagerbestand, bes. auch rollende und schwimmende Ware (sofern noch kein → Gefahrübergang) und in Kommission gegebene Waren gehören zum Lagerbestand. Demgemäß gilt ein in Kommission genommenes Lager nicht als Lagerbestand – 2. Lagerbestand wird *ermittelt* (1) durch → effektive Inventur (körperliche Bestandsaufnahme) oder (2) durch → Skontration (laufende Notierung der Zu- und Abgänge). – 3. *Buch- und Lagerbestand* stimmen überein, wenn keine Mess-, Registrier- oder Schreibfehler sowie Materialverluste durch Schwund, Diebstahl etc. auftreten. – 4. *Bilanzierung:* → Jahresbilanz, → Umlaufvermögen. – 5. *Optimaler Lagerbestand:* → optimaler Bestand. – 6. Der Lagerbestand ist Basis wichtiger *Lagerkennziffern:* → Lagerdauer, → Lagerumschlag.

Lagerbestandsmanagement – *Bestandsmanagement.* 1. *Begriff:* Alle Entscheidungen und Handlungen, die einen Einfluss auf → Lagerbestände haben. Lagerbestände werden gebildet zum Ausgleich quantitativer und zeitlicher Diskontinuitäten sowie Überbrückung von Störungen während der Transformationsprozesse in der Supply Chain. Bestandsmanagement ist in den letzten Jahren zu einem wesentlichen Parameter der wirtschaftlichen Gestaltung logistischer Systeme geworden. – 2. *Aufgaben von Beständen:* a) Nutzung von Größendegressionseffekten, z.B. bei der Beschaffung und dem Absatz von Gütern (Rationalisierungsfunktion); – b) Absicherung von Prozessen gegenüber Störungen (Sicherungsfunktion); – c) Ausgleich von Nachfrage- oder Angebotsüberhängen (Ausgleichs- oder Überbrückungsfunktion); – d) Bereitstellung von → Sortimenten (Sortimentsbildungsfunktion); – e) → Umschlag und → Kommissionierung (Sortierfunktion); – f) Produktion bzw. Stoffänderung, z.B. bei Gärprozessen (Produktionsfunktion); – g) spekulative Zwecke (Spekulationsfunktion).

Lagerbuch – ein Nebenbuch der → Lagerbuchführung, in dem die Bestandszugänge und -abgänge des Lagers aufgezeichnet werden.

Lagerbuchführung – 1. *Aufgaben:* a) Art- und mengenmäßiger Nachweis der eingehenden, vorhandenen und ausgehenden Materialien eines Lagers zum Zwecke einer genauen Überwachung des Lagerbestands durch laufende Fortschreibung der Lagerbewegungen und zur Kontrolle der Lagerwirtschaft. – b) Mengen- und wertmäßiger Nachweis des Materialverbrauchs für Zwecke der → Bilanz, → Betriebsabrechnung, → Gewinn- und Verlustrechnung (GuV) und → Kalkulation. – 2. *Verfahren:* Eine gesetzliche Verpflichtung besteht nicht, daher gibt es keine einheitlichen Formen. Zur Bestandsüberwachung genügt eine Lagerkartei (→ Lagerfachkartei), in der die Mengenbewegungen aufgrund von Lieferscheinen und Materialentnahmescheinen erfasst werden (→ Skontration). Neben der art- und mengenmäßigen Erfassung ist auch eine wertmäßige Buchung möglich. Wenn die Lagerbücher belegmäßig nachweisbare, vollständige Angaben über alle Bestandsveränderungen enthalten und mind. einmal jährlich eine körperliche Bestandsaufnahme durchgeführt wird zur Abstimmung des körperlichen mit den buchmäßigen Beständen, so kann das Inventar am Bilanzstichtag aufgrund der → laufenden Inventur aufgestellt werden. V.a. bei → Buchführung mit EDV bieten sich rationelle Möglichkeiten einer Verknüpfung von Finanzbuchhaltung und Materialwirtschaft an. In modernen Lagersystemen ist die Lagerbuchführung mit der automatischen Lagersteuerung synchronisiert.

Lagerbuchhaltung → Materialbuchhaltung.

Lagerdauer → Kennzahl für die Zeit, die eine Ware oder ein Material von der Einlagerung bis zur Entnahme durchschnittlich im → Lager bleibt. a) *Produktionsbedingte Lagerdauer* ist Teil der Produktionszeit, z.B. in der Papier- und Lebensmittelindustrie. – b) *Marktbedingte Lagerdauer* ergibt sich in Abhängigkeit von Beschaffungs- und/oder Absatzmarkt, z.B. durch zeitlichen Ernteanfall, Saisongeschäft, Risikoabdeckung. – Vgl. auch → Umschlagskennzahlen.

Lagerei → Logistikunternehmen, die Lagerung, Umschlag und Kommissionierung, als Leistungsschwerpunkt anbieten und z.T. auch Aufgaben des Bestandsmanagements wahrnehmen. Häufig finden sich Spezialisierungen von Lagereien auf bestimmte Güterarten, da diese sowohl die Anforderungen an die Lagertechnik als auch die Lagerprozesse sehr stark beeinflussen z.B. Lagerung von Massengut, Stückgut oder Spezialgütern wie Kühl- und Gefriergüter.

Lagerente – zentraler Begriff des → Thünen-Modells (Thünenschen Ringe); Form der → Differenzialrente, die auf einem Ertragsvorteil von marktnäheren Böden bzw. → Standorten im Verhältnis zu marktferneren beruht. Bei räumlich als homogen angenommenen Produktionskosten resultiert die Lagerente aus den unterschiedlichen → Transportkosten zum Markt. – Vgl. auch → Grundrente.

Lagerfachkartei – am Ort der Materiallagerung geführte Kartei zur Erfassung von Materialeingängen, -ausgängen und -rücklieferungen in mengenmäßiger Bestandskontrolle im Lager. – *Lagerfachkarten* sind an den einzelnen Lagerfächern anzubringen oder zu einer Kartei zusammenzufassen. – *Wertmäßige* Führung der Bestände erfolgt nicht in der Lagerfachkartei, sondern ggf. in der → Lagerbuchführung.

Lagergebäude – die der Unterbringung des Lagers dienenden Gebäude. – 1. *Einrichtung:* je nach Haltbarkeit, Gewicht, handelsüblicher Verpackung u.a. Eigenschaften des einzulagernden Gutes erbaute Hallen oder Hochhäuser mit zweckentsprechenden Förderanlagen. – 2. *Bilanzierung:* Teil des → Sachanlagevermögens, zur Gruppe Grundstücke und Bauten gehörend. – 3. *Kostenrechnung:* Lagergebäude sind von → Fabrikgebäuden zu trennen, da sie andere → Instandhaltungskosten verursachen und meist anderen Abschreibungssätzen unterliegen. Diese können je nach Ausstattung für die einzelnen Lagerräume unterschiedlich sein, da von der Lagerung im Freien bis zur Lagerung in Spezialgebäuden mit Klimaeinrichtungen Abstufungen im Bauwert und in der Nutzungsdauer bestehen.

Lagergeschäft – I. Handelsbetriebslehre: Warendistribution über die Lager der Glieder der → Handelskette, z.B. beim → Eigengeschäft eines → Einkaufskontors des Großhandels. Auch bei → Fremdgeschäften ist Lenkung des Warenstroms über das Lager des Kontors möglich; vorherrschend ist hierbei jedoch das → Streckengeschäft.

II. Handelsrecht: 1. *Begriff:* Gewerbsmäßig übernommene Lagerung und Aufbewahrung von Gütern durch → Lagerhalter (§§ 467–475h HGB). Das Lagergeschäft ist eine bes. Art des → Verwahrungsvertrags. – 2. *Gegenstand* des Vertrags ist die Lagerung und Aufbewahrung von lagerbaren Gütern. – 3. *Arten der Lagerung:* a) *Sonder-Lagergeschäft,* wenn nichts anderes vereinbart ist. Das Gut ist gesondert aufzubewahren. Es bleibt Eigentum des Einlagerers. – b) *Sammel-Lagergeschäft* (Mischlagerung): Wenn die Aufbewahrung und die Vermischung mit anderen Sachen von gleicher Art und Güte (Getreide in Silos, Benzin in Tanks) gestattet ist. Es entsteht → Miteigentum der beteiligten Einlagerer nach Bruchteilen (§ 469 II HGB). – c) *Summen-Lagergeschäft:* Einlagerung vertretbarer Sachen. Das Eigentum geht auf den Lagerhalter über, und dieser ist nur verpflichtet, Sachen von gleicher Art, Güte und Menge zurückzuerstatten; uneigentlicher Verwahrungsvertrag, auf den die Vorschriften über das Sachdarlehen (→ Darlehen) angewandt werden (§§ 700, 607 ff. BGB).

lagerhaltende Großhandlung → Großhandelsunternehmung, die Lager unterhält (→ Lagergeschäft). Dadurch Überbrückung zeitlicher, aber auch mengenmäßiger, räumlicher und ggf. qualitätsmäßiger Spannungen (→ Handelsfunktionen). Lagerhaltende Großhandlung kann sowohl die Mitglieder der Vorstufe (z.B. Hersteller) als auch der nachgelagerten Stufe (z.B. Einzelhändler) von jeweils eigener Lagerhaltung entlasten. Ihren Abnehmern ermöglicht sie breite Auswahl unter physisch vorhandenen Waren und deren rasche Auslieferung. – *Anders:* → Streckengroßhandlung.

Lagerhalter – I. Begriff: 1. *Allgemein:* derjenige, der gewerbsmäßig die Lagerung und Aufbewahrung von Gütern übernimmt (→ Lagergeschäft). – 2. *Umsatzsteuerrecht:* derjenige, der ein Steuerlager, insbesondere ein Umsatzsteuerlager betreiben darf.

II. Pflichten: 1. *Ersatzpflicht* für Verlust oder Beschädigung des Gutes, wenn er nicht nachweist, dass diese auf Umständen beruhen, die durch die Sorgfalt eines ordentlichen Kaufmanns nicht abzuwenden waren (§ 475 HGB). Die Ansprüche gegen den Lagerhalter wegen Verlustes, Beschädigung oder verspäteter Ablieferung des Gutes verjähren in einem Jahr (§ 475a i.V. mit § 439 I HGB), eine Verkürzung gegenüber einem Verbraucher ist unzulässig (§ 475h HGB). – 2. *Anzeigepflichten* und bes. bedungene oder handelsübliche Erhaltungspflichten. – 3. *Versicherungspflicht* nur bei bes. Anweisung, Hinweispflicht gegenüber dem Verbraucher. – 4. *Gestatten* der Besichtigung des Gutes, der Entnahme von Proben und der zur Erhaltung des Gutes notwendigen Maßnahmen durch den Einlagerer während der Geschäftsstunden (§ 471 HGB). – 5. *Haftungspflicht* auf die entstehende Umsatzsteuer auf aus seinem Umsatzsteuerlager ausgelagerte Waren, wenn der Lagerhalter die persönlichen Daten des Auslagerers nicht in der gesetzlich geforderten Art und Weise aufzeichnet.

III. Rechte: 1. *Anspruch* (1) auf Zahlung der Lagerkosten, das sind Lagergeld und Aufwendungen, die er für erforderlich halten durfte, z.B. Zahlung von Fracht, Zoll und Versicherung (§ 474 HGB); (2) auf Ersatz von Schäden, die ihm durch die Beschaffenheit des Gutes oder durch vertragswidriges Verhalten des Einlagerers entstanden sind (§§ 694 BGB, 468 III HGB). – 2. Gesetzliches *Pfandrecht* wegen der Lagerkosten an dem Gut, solange er es in → Besitz hat oder durch ein → Traditionspapier darüber verfügen kann (§ 475b III HGB). Wegen der anderen Forderungen besteht kein Pfandrecht, u.U. ein → kaufmännisches Zurückbehaltungsrecht nach § 369 HGB. – 3. Anspruch auf *Rücknahme* des Gutes (1) nach Ablauf der vereinbarten Lagerfrist; (2) unter Einhaltung einer Kündigungsfrist von einem Monat, wenn keine

Lagerfrist vereinbart ist; (3) bei dem Vorliegen eines → wichtigen Grundes (§ 473 II S. 2 HGB).

Lagerhaltung → Lagerbestandsmanagement.

Lagerhaltungskosten → Lagerkosten.

Lagerhaltungsprobleme – Problembereich des → Operations Research (OR), der auf die Ermittlung des optimalen → Lagerbestandes und damit verbunden auf die Festlegung der optimalen Bestellmenge und des optimalen Bestellzeitpunktes ausgerichtet ist.

Lagerhaus → Lager.

Lagerinhaber – zollrechtlich die Person, der vom zuständigen → Hauptzollamt ein privates oder öffentliches Zolllager bewilligt worden ist (Bewilligungsinhaber).

Lagerjournal – ein Buch der → Lagerbuchführung, entsprechend dem Grundbuch der doppelten Buchführung. – Inhalt sind die laufenden Lagereingänge und -ausgänge in zeitlicher Reihenfolge. – *Arten:* getrenntes Lagereingangs- und Lagerausgangsjournal oder Gliederung nach Waren-(Material-)gruppen.

Lagerkarte – Mittel der → Lagerbuchführung zur Erfassung der Bestände sowie der Zu- und Abgänge von Material. Für jede Stoffart und Dimension wird eine Lagerkarte geführt. In der einfachsten Form enthält sie nur *Spalten* für Datum, Beleg, Zugang, Abgang und Bestand. Entsprechend mehr Spalten, wenn die Bestände nicht nur mengen-, sondern auch wertmäßig erfasst werden. Der *Kopf* der Lagerkarte enthält die Bezeichnung des Materials, die der Mengenrechnung zugrunde liegenden Maße, Lagernummer, Nummer des zugehörigen Kontos *(Lagerkonto)* der Geschäftsbuchhaltung, Angaben über den erforderlichen Mindestbestand u.Ä. Als Form der *Zu- und Fortschreibung* kann das Konto (→ Konten) oder das → Skontro gewählt werden.

Lagerkonto → Lagerkarte, → Bestandskonten.

Lagerkosten – *Lagerhaltungskosten;* wichtiger Teil der → Logistikkosten. – 1. *Begriff:* Lagerkosten sind die für die Zeitüberbrückung von Lagergütern (Einsatzstoffe, Halb- und Fertigprodukte, Reserveanlagen etc.) anfallenden Kosten der Bereitstellung und Bereithaltung von Lagerkapazität und -betriebsbereitschaft sowie der Vor- und Nachbereitung und Durchführung des Lagerprozesses. – 2. *Bedeutung:* Lagerkosten sind zentrale Erfolgsvariable in vielen logistischen Entscheidungsproblemen (Losgrößenplanung, Realisierung von Logistikkonzeptionen, z.B. Just-in-Time-Produktion) mit entsprechend großer Bedeutung. In der Senkung der Lagerkosten wird ein wesentliches Rationalisierungspotenzial gesehen. – 3. *Bestandteile:* a) *Kosten der Lagerkapazität:* u.a. Kosten der Lagergebäude, Lagereinrichtungen (z.B. Regalsysteme), Lagertransportmittel (z.B. Gabelstapler, Regalförderzeuge) und des Lagerpersonals. – b) *Kosten der Lagerbereitschaft:* u.a. Beleuchtungs- und Heizungs- bzw. Kühlungskosten sowie Instandhaltungskosten. – c) *Kosten der Lagervor- und -nachbereitung:* u.a. Ein-, Um- und Auslagerungskosten (z.B. Treibstoffkosten der Fördermittel), Ver- und Entpackungskosten, Kommissionierungskosten etc. – d) *Kosten der Lagerung selbst:* Neben Kosten der quantitativen und qualitativen Erhaltung der Lagergüter (z.B. Konservierungskosten) fallen bes. Zinskosten für das in den Lagergütern gebundene Kapital an (→ kalkulatorische Zinsen). – 4. *Verrechnung:* Lagerkosten werden überwiegend pauschal auf die Lagergüter verrechnet: a) *Kosten der Eingangslagerung* werden zumeist auf speziellen Materialstellen gesammelt und als → Materialgemeinkosten den Material inanspruchnehmenden Kostenträgern belastet. Die Verrechnung erfolgt materialwertproportional (→ Proportionalitätsprinzip); eine derartige Abhängigkeit ist jedoch allenfalls für die Zinskosten gegeben. – b) *Kosten von Zwischenlagerungen* im Fertigungsbereich werden i.Allg. nicht gesondert erfasst und verrechnet; sie gehen (nicht als solche kenntlich gemacht) undifferenziert in die → Fertigungsgemeinkosten ein. – c) Bez. *Kosten für Ausgangslagerung* im Vertriebsbereich gilt zumeist Entsprechendes, d.h. Verrechnung als Teil der → Vertriebsgemeinkosten. *Genau* lassen sich Lagerkosten dann erfassen und verrechnen, wenn man die Lagerleistungen erbringenden Stellen als → Kostenstelle oder → Kostenplatz separiert, ihre Leistungen exakt aufzeichnet und eine leistungsentsprechende Kostenverrechnung vornimmt.

Lagerordnung – *Lagerplatzordnung;* Möglichkeiten der Lagerordnung sind die feste Lagerplatzzuordnung, die freie Lagerplatzzuordnung innerhalb fester Bereiche, die vollständig freie Lagerplatzzuordnung und die Querverteilung eines Artikels über verschiedene Gänge eines Lagers. Unterscheidungsmerkmal zwischen den verschiedenen Möglichkeiten der Lagerordnung ist die unterschiedliche Gewichtung der Ziele der Transportwegminimierung, der Zugriffssicherheit, der Ein- und Auslagerungszeiten und der Lagerkapazitätsauslastung.

Lagerplanung – Teilkomplex der → Layoutplanung. Die Lagerplanung umfasst die Planung der Läger, die Planung der Fördermittel sowie die Planung einer leistungsfähigen Aufbau- und Ablauforganisation. Die Lagerplanung muss eng mit der → Materialbedarfsplanung, Materialbereitstellungsplanung, → Produktionsplanung und → Investitionsplanung verbunden sein. – *Teilbereiche:* 1. *Lagerinfrastruktur:* (1) Planung der inner- und außerbetrieblichen Lagerstandorte; (2) Planung der Lagereinrichtungen; (3) Planung der Fördersysteme; (4) Gestaltung eines wirkungsvollen Steuerungs- und Kontrollsystems. – 2. *Ablauforganisation:* (1) Planung der Ein- und Auslagerungsprozesse; (2) Planung der Bestandsbewegungen; (3) Planung der Informations- und Steuerungsprozesse sowie der IT-Unterstützung (→ Lagerautomatisierung).

Lagerplatzzuordnung → Lagerordnung.

Lagerproduktion – Produktion, die nicht durch → Kundenauftrag, sondern durch Lagerauftrag (→ Innenauftrag) ausgelöst wird.

Lagerskontro – Aufzeichnung von Lagerbeständen (→ Lagerkarte) mit Zu- und Abgängen nach Menge oder Gewicht. – Vgl. auch → Skontro.

Lagerstandort – grundlegender Entscheidungstatbestand bei der Planung von Lagern. Die Bestimmung des Lagerstandorts erfolgt über mehrere Entscheidungsstufen: Aufbauend auf einer grundsätzlichen regionalen Entscheidung wird im zweiten Schritt der lokale Standort festgelegt. Lösungsansätze zur Standortwahl finden sich in heuristischen Entscheidungsunterstützungsverfahren sowie im Bereich des Operations Research (Problem der Standortoptimierung) auf Basis relevanter Logistikkosten. Weitere wesentliche Einflussfaktoren auf die Standortwahl sind der angestrebte → Lieferservice, die geografische Nachfrageverteilung, verfügbare Transportverbindungen und das Arbeitskräfteangebot an den möglichen Standorten sowie relevante Vorschriften der Landesplanung und der Grundstückspreis.

Lagerstatistik – Teilgebiet der → betriebswirtschaftlichen Statistik. – *Zweck:* Exakt aufgebaute und durchgeführte Lagerstatistik ermöglicht: (1) sichere Betriebspolitik, etwa bei der → Arbeitsvorbereitung, der → laufenden Inventur sowie durch Abkürzung der Lagerzeiten; (2) Rationalisierung des Betriebes durch Unterstützung der Absatzvorbereitung, Bestimmung optimaler Lagergröße, Abstimmung von Verkaufs- und Fertigungsprogramm.

Lagerumschlag – wichtige Betriebskennzahl, ausgedrückt durch das Verhältnis von bewertetem Absatz bzw. Lagerabgang und durchschnittlichem Lagerbestand. – *Zu unterscheiden:* → Lagerdauer, → Umschlagsdauer und → Umschlagshäufigkeit. – Die *Bedeutung* des Lagerumschlags liegt in den mit der Lagerhaltung verbundenen Kapitalbindungs- und Lagerhaltungskosten (z.B. Raum-, Zins-, Lager-, Bewachungs-, Versicherungs-, Verwaltungs-, Schwundkosten).

Lagerung → Lagerbestandsmanagement.

Lagerverkehr – Warenverkehr über Zolllager und → Freizonen. Die in der dt. → Außenhandelsstatistik übliche Unterscheidung zwischen → Generalhandel und → Spezialhandel beruht auf dem unterschiedlichen Nachweis der auf Lager eingeführten ausländischen Waren. Während der Generalhandel die Einfuhr auf Lager und die Ausfuhr aus Lager umfasst, berücksichtigt der Spezialhandel nur die Übergänge aus Lager in den freien Verkehr oder in die aktive Veredelung. Damit ergeben sich die folgenden Zusammenhänge: Einfuhr im Spezialhandel = Einfuhr im Generalhandel + Übergänge aus Lager – Einfuhr auf Lager bzw. Ausfuhr im Spezialhandel = Ausfuhr im Generalhandel – Ausfuhr aus Lager.

Lagerverluste – Verluste an Vorräten (Materialien und Erzeugnissen), die z.B. durch Schwund, Diebstahl, Veralten, Güteminderung, Preisverfall etc. entstehen. – *Kostenrechnung:* Lagerverluste werden zumeist als kalkulatorische → Wagnisse erfasst.

Lagerverwaltungssystem (LVS) – Anwendungssoftware, die alle Lagerprozesse steuert und verwaltet. Ein LVS beinhaltet die Basisfunktionalitäten Wareneingangsabwicklung, Auftragsbearbeitung, Kommissionierung, Lagerverwaltung, Versand und Inventur. – a) *Wareneingangsabwicklung:* artikelspezifische Eingangserfassung mit Abgleich der Bestellung und Zuordnung der Ware zu freien oder fest vorgegebenen Lagerplätzen. – b) *Auftragsabwicklung:* Auf Basis der Auftragsdaten des übergeordneten Warenwirtschafts- oder Materialwirtschaftssystems werden die einzelnen Auftragszeilen entsprechend der gewählten Entnahmestrategie aufbereitet. – c) *Kommissionierung:* IT-technische Unterstützung der Kommissionierung, häufig mit Rückmeldung an das System nach Abschluss einer Sammeltour. – d) *Lagerverwaltung:* Organisation und Kontrolle von Reserve- und Kommissionierlagerbereichen. – e) *Versand:* Unterstützung der Versandaktivitäten durch artikelspezifische Warenausgangserfassung mit Aktualisierung der Bestandsdaten. – f) *Inventur:* Funktionalitäten zur Auswertung der Bestandsmengen zwecks Inventur und Kontenführung.

Lagerzins – der für die durchschnittliche → Lagerdauer berechnete → kalkulatorische Zins, der den Opportunitätskosten des in den Lagervorräten gebundenen Kapitals entspricht; wird i.d.R. von der Unternehmensleitung vorgegeben. – Der *Lagerzinsfuß* ergibt sich aus der durchschnittlichen Lagerdauer mal Jahreszinsfuß geteilt durch 360. Nimmt man einen Jahreszinsfuß von 8 Prozent und eine durchschnittliche Lagerdauer von 60 Tagen an, dann ist der Lagerzinsfuß

$$\frac{60 \cdot 8}{360} = 1,33\%.$$

Lagerzyklus – die z.T. sehr erheblichen, oft saisonal bedingten Schwankungen (→ Saisonschwankungen) in der Lagerhaltung. Lagerzyklus steht auch in Zusammenhang mit dem allgemeinen → Konjunkturzyklus. Demnach erhöhen Unternehmen freiwillig ihre Lagerbestände, wenn sie einen Aufschwung erwarten und bauen sie während des Aufschwungs bei dann gestiegenen Produktionskosten wieder ab. Bei einem erwarteten Abschwung reduzieren sie ihre Bestände. Bei einem unerwarteten Aufschwung oder Abschwung verläuft die Entwicklung umgekehrt. Die Unternehmen müssen aufgrund der plötzlich gestiegenen Nachfrage diese aus Lagerbeständen befriedigen. Bricht der Absatz hingegen plötzlich, wird die Produktion eingelagert.

Laggers → ABC-Kurven, → Konjunkturindikatoren.

Lagging – bewusstes Hinauszögern einer vertraglich fälligen → Zahlung, im → Auslandsgeschäft bes. um einen erwarteten oder konkreten Wechselkursvorteil auszunutzen. Im Gegensatz zum → Leading (bewusstes vorzeitiges Zahlen) ist Lagging vertragswidrig.

Lag-Modell – *dynamisches Modell*; → ökonometrisches Modell, das um eine oder mehrere Perioden verzögerte unabhängige Variablen (→ Variable, exogene) oder abhängige Variablen (→ Variable, endogene) als erklärende Variablen enthält. – Die wirtschaftswissenschaftliche Theorie führt häufig zu dynamischen Modellen, die ökonometrisch durch Lag-Modelle abgebildet werden. Dazu zählen u.a. Anpassungs- und Erwartungsmodelle mit verteilten Verzögerungen der exogenen Variablen oder dynamischen Gleichungssystemen. Die Verwendung der üblichen ökonometrischen Methoden zur Schätzung der Parameter der Lag-Modelle ist vielfach entweder nicht möglich oder induziert nicht wünschenswerte Eigenschaften der Schätzfunktionen. Abhilfe schafft u.U. eine parametrische Spezifikation wie z.B. die → Koyck-Transformation oder die Verwendung komplexer Schätzalgorithmen (z.B. Nonlinear Least Squares, NLS). – *Gegensatz:* → statisches Modell.

Lagrange-Multiplier-Test – asymptotische Testprozedur, kurz LM-Test, deren Teststatistik bei Richtigkeit der Nullhypothese Chi-Quadrat verteilt ist, wobei die Freiheitsgrade der Anzahl der Restriktionen entsprechen. Die auf diesem Prinzip beruhenden Tests erfordern nur die Schätzung des restringierten Modells. Insbesondere im Rahmen der linearen Regression (s. → Regression, lineare) können viele Lagrange-Multiplier-Tests mit einfachen Hilfsregressionen durchgeführt werden. Typische Beispiele sind der → Breusch-Godfrey-Autokorrelationstest, der → Breusch-Pagan-Heteroskedastizitätstest und der → White-Heteroskedastizitätstest. – *Andere* Testprinzipien sind der → Likelihood-Ratio-Test und → Wald-Test.

LAIA – Abk. für *Latin American Integration Association,* → ALADI.

Laie → ehrenamtlicher Mitarbeiter, → Freiwillige.

Laienrichter → Richter ohne vorgeschriebene juristische Ausbildung. Die Laienrichter werden als → ehrenamtliche Richter in der Straf-, Verwaltungs-, Finanz-, Arbeits- und Sozialgerichtsbarkeit tätig. In der Zivilgerichtsbarkeit werden Laienrichter als → Handelsrichter bei der → Kammer für Handelssachen und als → Schöffe in der Strafgerichtsbarkeit eingesetzt. Auch → Berufsgerichte werden oft mit Laienrichtern besetzt. – Laienrichter haben bei ihrer Amtstätigkeit alle Rechte und Pflichten eines Berufsrichters; sie stimmen bes. gleichberechtigt mit diesen ab.

Laienwerbung → Kundenfang.

Laissez-Faire-Führungsstil → Führungsstil.

Laissez-Faire-Liberalismus – *Manchester-Liberalismus;* 1. *Denkrichtung* im → Liberalismus; eine im 19. Jh. praktizierte Wirtschaftspolitik, die durch eine ausgesprochen starke Zurückhaltung des Staates gekennzeichnet ist. Unter einseitiger Verkürzung der Argumentationen des → klassischen Liberalismus wird auf die Beeinflussung des Wirtschaftsprozesses entsprechend einer staatlichen Ordnungskonzeption verzichtet. – 2. *Kritik:* Der → Nachtwächterstaat (Ferdinand Lassalle) korrigiert weder die monopolistische Marktvermachtung noch die sozialen Missständen. → Marktversagen, wie z.B. die minroökonomischen Probleme der öffentlichen Güter oder externen Effekte oder die makroökonomischen Stabilisierungsprobleme, wird nicht berücksichtigt. Im Falle einer Ablehnung der Marktergebnisse aus sozialpolitischen Gründen spricht man von einer Marktablehnung.

Laissez-Faire-Prinzip → klassische Lehre.

Laissez-Faire-Regel – eigentumsrechtliche Regelung als Rahmenbedingung für Verhandlungen zwischen dem Verursacher eines → externen Effekts und dem Betroffenen (→ Coase-Theorem). Bei der Laissez-Faire-Regel besitzt der Verursacher des externen Effekts das Recht an der Ressource (z.B. Umweltressource), um deren Nutzung er mit dem Geschädigten konkurriert. Unter der Laissez-Faire-Regel kompensiert der Geschädigte den Verursacher dafür, dass dieser das Niveau der schädigenden Aktivität senkt.

LAN – Abk. für *Local Area Network,* → lokales Netz.

Landbeschaffung – für Zwecke der *baulichen Nutzung:* gesetzlich geregelt durch die §§ 85 ff. BauGB. Betrifft unbebaute oder geringfügig bebaute Grundstücke. Die Enteignung ist nur zulässig zugunsten der Gemeinde oder eines öffentlichen Bedarfs- oder Erschließungsträgers, wenn das Wohl der Allgemeinheit sie erfordert und der Enteignungszweck auf andere Weise nicht erreicht werden kann (§ 87 BauGB). Sie wird durch die höhere Verwaltungsbehörde durchgeführt. – *Rechtsmittel:* Gegen die Entscheidung der Verwaltungsbehörde ist Antrag auf gerichtliche Entscheidung möglich, über den eine bes. besetzte Kammer des Landgerichts (Kammer für Baulandsachen) entscheidet. Dagegen → Revision zum Oberlandesgericht (Senat für Baulandsachen).

Länderanalyse – zwei Ausgestaltungsformen: 1. → Länderrating, eine quantitative Länderanalyse, – 2. qualitative Länderanalyse mit Informationen zu Strukturdaten, politischen Trends, gesamtwirtschaftlicher Entwicklung, Außenwirtschaft, Finanzstatus o.Ä. einer Volkswirtschaft. Länderanalysen dienen der Risikominimierung und Potenzialeinschätzung beim Auslandsgeschäft.

Länderanteil – Anteil der Länder am Gesamtaufkommen der → Gemeinschaftsteuern.

Länderfinanzausgleich → horizontaler Finanzausgleich; *Gegenteil:* → vertikaler Finanzausgleich; mehrstufiges, gesetzlich vorgeschriebenes Verfahren zum angemessenen Ausgleich der unterschiedlichen Finanzkraft der Länder: 1. *Gesetzliche Grundlage*: Maßstäbegesetz sowie Finanzausgleichsgesetz. – 2. *Maßnahmen des Länderfinanzausgleichs:* a) Ein erster Ausgleich wird durch den *Verteilungsmodus des Länderanteils* an der Umsatzsteuer erreicht (Umsatzsteuervorwegausgleich), die zu 75 Prozent nach der Einwohnerzahl, zu 25 Prozent nach der mangelnden Steuerkraft verteilt. – b) In einer zweiten Stufe erfolgt der eigentliche *(horizontale) Länderfinanzausgleich*. Er beginnt mit der Ermittlung der → Ausgleichsmesszahl, die den Finanzbedarf eines jeden Landes ausdrückt. Sie ergibt sich aus der Zahl der Landeseinwohner, multipliziert mit den bundesdurchschnittlichen Landessteuereinnahmen je Einwohner, zzgl. der Summe der (veredelten, d.h. nach Gemeindegrößenklassen gewichteten) Gemeindeeinwohner des Landes, multipliziert mit den bundesdurchschnittlichen Gemeindesteuereinnahmen je Einwohner. Der so ermittelten Ausgleichsmesszahl wird die → Steuerkraftmesszahl als Maßstab der originären Finanzkraft gegenübergestellt. Sie ergibt sich aus der Summe der Steuereinnahmen des einzelnen Landes zzgl. der Steuereinnahmen seiner Gemeinden. Das Verhältnis zwischen Ausgleichsmesszahl und Steuerkraftmesszahl eines Landes ergibt seine Deckungsrelation. – c) Bundesergänzungszuweisungen im Rahmen des vertikalen Finanzausgleichs an finanzschwache Bundesländer. Sie werden gezahlt, wenn die Finanzkraft eines Bundeslandes auch nach dem horizontalen Finanzausgleich i.e.S. unterhalb von 99,5 Prozent des Länderdurchschnitts bleibt. Der fehlende Betrag wird anschließend zu 77,5 Prozent ausgeglichen. – 3. *Ausgleichsberechtigte Länder* (Nehmerländer) sind 2012: Berlin mit 3,32 Mrd. Euro, Sachsen mit 963 Mio. Euro, Sachsen-Anhalt mit 547 Mio. Euro, Brandenburg mit 542 Mio. Euro, Thüringen mit 541 Mio. Euro, Bremen mit 517 Mio. Euro, Mecklenburg-Vorpommern mit 452 Mio. Euro, Nordrhein-Westfalen mit 402 Mio. Euro, Rheinland-Pfalz mit 224 Mio. Euro, Niedersachen mit 173 Mio. Euro, Schleswig-Holstein mit 129 Mio. Euro, Saarland mit 92 Mio. Euro und Hamburg mit 21 Mio. Euro. – 4. *Neuregelung des Länderfinanzausgleichs:* Mit Urt. v. 11.11.1999 hatte das Bundesverfassungsgericht festgestellt, dass das geltende FAG die für die gesetzliche Ausgestaltung der Finanzverfassung vorgeschriebenen Maßstäbe nicht mit hinreichender Deutlichkeit bestimme und dem Gesetzgeber aufgegeben, dies durch ein Maßstäbegesetz, das rechtfertigungsfähige Zuteilungs- und Ausgleichsmaßstäbe benenne, zu beheben. Dies ist durch das Maßstäbegesetz vom 9.9.2001 (BGBl. I 2302) geschehen. Aufgrund des Maßstäbegesetzes wurde mit dem → Solidarpaktfortführungsgesetz vom 20.12.2001 der Finanzausgleich (regelt den Länderfinanzausgleich bis 2019) reformiert. – Vgl. auch → kommunaler Finanzausgleich.

Ländergesellschaft – Länderverein.

Länderklassifizierung – I. Internationale Wirtschaftsbeziehungen: 1. *Begriff:* Einteilung von Ländern in verschiedene Gruppen anhand objektivierbarer Kriterien. Dieser Vorgang ist für die Arbeit vieler internationaler Organisationen von großer Bedeutung. – 2. *Länderklassifizierung der Weltbank:* Eine wichtige Rolle bei der Länderklassifizierung spielt die Weltbank (→ IBRD), deren Klassifizierungen von anderen wichtigen Organisationen (z.B. IWF, OECD) und Institutionen (z.B. HIPC) übernommen wird. Die Weltbank kennt drei Ansätze zur Länderklassifizierung: (1) Geografisch, (2) nach Einkommen und (3) nach Verschuldungsgrad. – a) Die *Einteilung nach dem Einkommen* erfolgt auf der Basis des jährlichen → Bruttonationaleinkommens (BNE) in US-Dollar, wobei für die Währungskonversion nicht aktuelle Devisenkurse, sondern geschätzte Kaufkraftkurse verwendet werden (sog. Atlas-Methode). Die Länder werden in vier Einkommenskategorien eingeteilt (Basis 2007): (1) geringes Einkommen (Low Income): 935 US-Dollar oder weniger; (2) mittleres Einkommen, unterer Teil (Lower Middle Income): 936 bis 3.705 US-Dollar; (3) mittleres Einkommen, oberer Teil (Upper Middle Income): 3.706 bis 11.455 US-Dollar; (4) hohes Einkommen (High Income): mehr als 11.456 US-Dollar. – b) Die *Einteilung nach dem Verschuldungsgrad* ergänzt die Einteilung nach dem Einkommen. Sie erfolgt im Regelfall auf der Basis zweier Indikatoren. Länder werden als stark verschuldet (Severely Indebted) klassifiziert, wenn der Barwert ihres Schuldendienstes 80 Prozent des BNE oder 220 Prozent der Exporte überschreitet. Bei mittel verschuldeten Ländern bewegen sich diese Indikatoren unterhalb dieser Schwellen, überschreiten jedoch die Werte von 60 Prozent des BNE bzw. der Exporte. Bei Ländern, bei denen Barwertberechnungen aufgrund mangelhafter statistischer Berichtslage nicht möglich sind, werden statt Barwerten Schuldenstände verwendet. Außerdem werden dann ergänzend die Quoten des laufenden Schuldendienstes bzw. der Zinszahlungen zu den Exporten herangezogen. Alle anderen Länder mit geringem oder mittlerem Einkommen werden als gering verschuldet (Less Indebted) klassifiziert.

II. Exportkreditgarantien des Bundes: Einteilung der Exportmärkte in Risikokategorien, mit denen die spezifischen Länderrisiken erfasst werden, zur Berechnung des Entgelts. Seit 1.1.1999 gilt ein OECD-einheitliches siebenstufiges System: Länder mit sehr geringen Risiken werden der Kategorie 1 (geringstes Entgelt) zugeordnet, Länder mit sehr hohem Risiko der Kategorie 7 (höchstes Entgelt).

Länderkontingent – Einfuhrkontingent (→ Einfuhrkontingentierung) für die → Einfuhr allg. oder die Einfuhr bestimmter Waren aus einem bestimmten → Ursprungsland, das sich aus der unterschiedlichen Situation eines Landes gegenüber anderen Produktionsländern ergibt. Für einzelne Länder nach unterschiedlichen Maßstäben aufgestellte

Länderkontingente stellen eine Diskriminierung dar. – *Gegensatz:* → Globalkontingent.

Länderkunde – Fachrichtung der Geografie zur Beschreibung der räumlichen Struktur von Natur und Gesellschaft einzelner → Regionen der Erde mit dem Ziel, die Gesamtheit des Raumes verstehen zu wollen. Sie betont die Einmaligkeit der jeweiligen Räume, d.h. sieht diese aufgrund ihrer spezifischen Totalcharakteristik als Individuen. Länderkunden werden i.d.R. auf Basis von Nationalstaaten verfasst.

Länderlisten – Anlagen zum → Außenwirtschaftsgesetz (AWG) (→ Einfuhrliste) und zur → Außenwirtschaftsverordnung (AWV) (Anlage AL, → Ausfuhrliste). Weitere *Länderlisten* dienen neben Ausfuhrliste und Einfuhrliste zur Regelung des → Außenwirtschaftsverkehrs: *Länderliste K* betrifft Länder (früher zahlreiche Länder, 2012 nur noch Kuba) in die die Ausfuhr von Gütern nach § 7 I AWG wegen ihrer militärischen Endverwendung genehmigungsbedürftig ist. Weitere Länder sind direkt in den Normen der §§ 5c, 5d und 7 IV AWV enthalten.

Länderrating – *Länderanalyse, Länderrisikoanalyse, Country Rating.* 1. *Begriff:* (überwiegend) strategisch ausgerichtete Früherkennungssysteme hinsichtlich der sich für einen Auslandsmarkt ergebenden Chancen und Risiken, ausgelöst v.a. durch politische Ereignisse und soziale, ökonomische und rechtliche Entwicklungen. – 2. *Kriterien:* vgl. Abbildung „Länderrating – Kriterien zur Länderbeurteilung". – 3. *Einzelkonzepte (Beispiele):* (1) → Moody's; (2) Standard & Poors; (3) → BERI (Business Enviroment Risk Information/Intelligence); (4) → Institutional-Investor-Länderrating; (5) → Euromoney-Länderrating. – 4. *Zweck:* frühzeitiges Aufzeigen der sich – nach Einschätzungen von Experten aufgrund voraussichtlicher, meist längerfristiger Entwicklungen maßgeblicher Rahmenbedingungen (für einzelne Auslandsmärkte ergebenden Handlungsvoraussetzungen) im Vergleich mit (1) anderen Ländern (Rangskala) und (2) vorangegangenen Länderratings. Hierdurch sollen der Praxis Orientierungshilfen gegeben werden, um sich rechtzeitig auf die für einzelne Länder absehbaren generellen Entwicklungen einstellen zu können. – 5. *Anwendungsmöglichkeiten:* Länderratings können in Bezug auf voraussichtliche Änderungen relevanter Rahmenbedingungen für einzelne Auslandsmärkte lediglich sehr globale Chancen-Risiko-Hinweise geben, die es dann – mit speziellem Bezug auf Branche, Unternehmenssituation, Beziehungen zu dem jeweiligen Auslandsmarkt etc. – durch das einzelne Unternehmen in geeignete Maßnahmen umzusetzen gilt. Länderratings liefern der Praxis wichtige Basis-Informationen (Orientierungshilfen) für (1) Selektion von (zusätzlichen) Auslandsmärkten (Präselektion) und (2) Beurteilung aktueller Auslandsmärkte im Hinblick auf die Art und Weise eines künftigen Engagements.

Länderrating – Kriterien zur Länderbeurteilung

1 Freiheitsgrad unternehmerischer Betätigung auf dem zu beurteilenden Auslandsmarkt
– Begrenzungen für Auslandsinvestoren – Freiheit der Wirtschaftsordnung – Zugänglichkeit des inländischen Kapitalmarktes für Ausländer – Liberalität der Transferbestimmungen – Beteiligungsauflagen – Beschäftigungsmöglichkeiten für ausländische Arbeitskräfte – Rechtssicherheit – Exportmöglichkeiten eines Landes – Importpolitik
2 Grundsätzliche Voraussetzungen für eine Betätigung auf dem zu beurteilenden Markt
– Arbeitsklima/Sozialer Friede – Verkehrs- und Kommunikationssystem – Marken- und Produktschutz – Bruttosozialprodukt pro Kopf der Bevölkerung oder branchenspezifisches Marktvolumen – Stabilität des politischen Systems (einschl. der Gefahr innerer und von außen drohender Konflikte) – Verfügbarkeit und Energie – Umweltschutzauflagen – Staat als Wirtschaftspartner
3 Volkswirtschaftliche Rahmenbedingungen und deren Entwicklungstendenzen
– Inflation in den vergangenen zwei Jahren – Tendenzen in der Zahlungsbilanz (einschließlich internationaler Zahlungsfähigkeit) – Wachstum in den vergangenen fünf Jahren und Wachstumsperspektiven – Außenwirtschaftliche Belastung durch Öl- und Energieimporte – Währungskonvertibilität

Quelle: Walldorf, E. G., Auslandsmarketing, Wiesbaden 1987, S. 288.

Länderrisiko – 1. *Begriff:* auf einzelne Länder bezogenes, durch Krisensituationen hervorgerufenes Kredit- und Marktrisiko, das in der Gefahr des teilweisen oder vollständigen Ausfalls vertraglich vereinbarter Zins- und Tilgungszahlungen von Marktleistungsnehmern des Landes und des Wertverfalls von Wertpapieren oder Derivaten, die von Marktparametern des Landes abhängen, besteht. V.a. ist hierbei das Risiko einer staatlichen Reglementierung des grenzüberschreitenden Zahlungs- und Kreditrisikos einbezogen (Transferrisiko). → Kreditrisiko und Marktrisiko werden üblicherweise analysiert unter der Annahme normaler Marktbedingungen. Normale Marktbedingungen verschwinden jedoch im Fall von Finanzmarktkrisen. Jede der obigen Risikokategorien ist deshalb zu ergänzen, was zu einer Reihe weiterer Risikokategorien führt. Diese können als Ereignisrisiken bezeichnet werden und sind länderspezifisch auszuwerten. Unter dem Begriff Länderrisiko fasst man die *kredit- und marktbezogenen Ereignisrisiken* zusammen und analysiert, wie sie den verschiedenen Transaktionen mit den jeweiligen Ländern zuzuordnen sind. Der Analyse können unterschiedliche Arten von Finanzmarktkrisen zugrunde gelegt werden. Üblicherweise denkt man an Krisen, die durch die bes. wirtschaftlichen und/oder politischen Gegebenheiten eines Landes bedingt sind und in dem betroffenen Land den grenzüberschreitend abzuleistenden Schuldendienst der Gesamtheit aller Schuldner beeinträchtigen. – *Kreditbezogene Ereignisrisiken* sind v.a. das → Transferrisiko und das Kreditereignisrisiko. Unter dem *Transferrisiko* versteht man das Risiko, dass es in dem betrachteten Land im Verlauf der Krise zu einer weit gehenden Behinderung des internationalen → Zahlungsverkehrs (oder der → Konvertibilität der Länderwährung) kommt, z.B. durch Maßnahmen der Regierung des von der Krise betroffenen Landes (politisches Risiko). In ausländischer Währung denominierte Zins- und Tilgungszahlungen können daneben auch durch einen extremen Wechselkursverfall beeinträchtigt werden. Dem Transferrisiko hinzuzurechnen ist außerdem das Risiko, dass es im Verlauf der Krise zu einem Umschuldungsabkommen zwischen der Regierung des betroffenen Landes und den internationalen Gläubigern kommt, durch das sich der Gegenwartswert der ausstehenden Schuld (gegenüber dem ursprünglichen, vor der Krise erwarteten Gegenwartswert) bei allen beteiligten internationalen Gläubigern reduziert. Unter dem *Kreditereignisrisiko* versteht man das Risiko, dass sich infolge der Krise die wirtschaftlichen Bedingungen derart verschlechtern, dass es in dem betroffenen Land (oder auch in weiteren Ländern) zu einer Erhöhung der Ausfallwahrscheinlichkeiten der Schuldner (und/oder zu einer Erhöhung der Verlustraten im Schadenfall) kommt. – *Marktbezogene Ereignisrisiken* betrachten den potenziellen Wertverfall von Handelsportfolios unter Berücksichtigung von Prognosen über Aktienpreise, Währungskurse und Zinsen des betroffenen Landes. – I.d.R. versuchen Banken, ihr Länderrisiko dadurch zu begrenzen, dass sie für ihre Auslandsaktiva länder- und geschäftsbereichspezifische Länderlimite aufstellen, wobei sie sich von Länder-Ratings leiten lassen. – 2. *Evaluationsverfahren:* → Länderrating. – 3. Zu *Risiken im Auslandsgeschäft für Unternehmen:* → Auslandsgeschäft, → politisches Risiko, → Exportkreditgarantien des Bundes.

Länderrisikoanalyse → Länderrating.

Länderrisikokategorien – Zusammenfassung aller Länderrisiken durch die → Euler Hermes Kreditversicherungs-AG in sieben Kategorien zur Abstufung des Entgelts für die Gewährung von Garantien und Bürgschaften gegen Zahlungsausfälle. – Vgl. auch → Exportkreditgarantien des Bundes.

Länderselektion → Auslandsmarktselektion.

Ländersteuern → Landessteuern.

Länderstrategien → internationale Markteintrittsstrategie, → internationale Standortpolitik.

Landesarbeitsamt – jetzt: *Regionaldirektion;* mittlere Verwaltungsebene im dreistufigen Aufbau der → Bundesagentur für Arbeit. Landesarbeitsamtsbezirke werden auf Länderebene gebildet, wobei auch über die Ländergrenzen hinaus solche Bezirke eingerichtet werden können.

Landesarbeitsgericht – das für Arbeitssachen im zweiten Rechtszug zuständige Gericht der → Arbeitsgerichtsbarkeit (§§ 33–39 ArbGG). Die Landesarbeitsgerichte sind Gerichte der Länder; Verwaltung und Dienstaufsicht obliegt der obersten Landesbehörde (meist Justiz- oder Sozialministerium). – *Besetzung:* Die bei den Landesarbeitsgerichten gebildeten Kammern sind mit je einem Berufsrichter (→ Richter) als Vorsitzenden und je einem ehrenamtlichen Richter aus den Kreisen der Arbeitnehmer und der Arbeitgeber besetzt. – *Zuständigkeit:* → Berufungen und Beschwerden gegen Entscheidungen des Arbeitsgerichts (§§ 64, 78, 87 ArbGG). – *Rechtsmittel:* Gegen Urteile der Landesarbeitsgerichte ist → Revision (§ 72 ArbGG), gegen verfahrensbeendende Beschlüsse Rechtsbeschwerde (§ 92 ArbGG) zum → Bundesarbeitsgericht (BAG) zulässig, wenn vom Landesarbeitsgericht zugelassen oder nach erfolgreicher Nichtzulassungsbeschwerde.

Landesaufbaubanken → Wirtschaftsförderinstitute.

Landesausgleichsämter → Ausgleichsämter.

Landesbanken – *Girozentralen;* regionale Spitzeninstitute der Sparkassenorganisation. Spitzeninstitut und Zentralbank des Sparkassensektors ist die Dekabank Deutsche Girozentrale. – 1. *Aufgaben:* a) Als *Landesbanken* Besorgung der bankmäßigen Geschäfte der Bundesländer und deren Wirtschaftsförderung. Landesbanken sind berechtigt, im Rahmen ihrer Satzung alle bankmäßigen Geschäfte zu betreiben. Aufgrund des Strukturwandels der Finanzmärkte besteht ein wachsender Trend hin zu allgemeinen Geschäftsbanken. – b) Als *Girozentralen* – mit abnehmender Bedeutung – „Sparkassenzentralbank" der Bundesländer mit der Funktion einer zentralen Verrechnungsstelle für den → bargeldlosen Zahlungsverkehr, der Verwaltung von Liquiditätsreserven sowie der Refinanzierung der Sparkassen. – c) Als *Servicebank* Dienstleister für die Abwicklung von Wertpapiergeschäften und für das Auslandsgeschäft. – 2. *Refinanzierung:* Landesbanken refinanzieren sich durch die Ausgabe von → Pfandbriefen,

→ Kommunalobligationen und → Inhaberschuldverschreibungen.

Landesbetrieb – rechtlich unselbstständiger, organisatorisch ausgegliederter Teil der Landesverwaltung (vgl. § 26 Hess LHO). – Im Haushaltsplan des Landes sind nur die Zuführungen und Ablieferungen zu veranschlagen (Nettobetrieb). – *Beispiele:* Hafenbetriebe, Landeskrankenhäuser, → Domänen. – *Pflichten:* Ein → Wirtschaftsplan ist aufzustellen; kaufmännisches Rechnungswesen ist anzuwenden; ein → Jahresabschluss ist aufzustellen sowie eine → Kosten- und Leistungsrechnung durchzuführen. Unberührt gelten die → Haushaltsgrundsätze. – Auf *Bundesebene* entspricht dem Landesbetrieb der → Bundesbetrieb nach § 26 BHO, auf der *Kommunalebene* der Eigenbetrieb.

Landesentwicklungsgesellschaften → Wirtschaftsförderinstitute.

Landesertragsteuern → Landessteuern.

Landesfinanzbehörden → Finanzverwaltung.

Landesgesetze – die von den Parlementen der Länder der Bundesrepublik Deutschland als → Landesrecht erlassenen Gesetze.

Landesholding – im → Außensteuergesetz (AStG) bis zur Einführung des → Halbeinkünfteverfahrens die Bezeichnung für eine Gesellschaft in einem ausländischen Staat, die dort als Holding für mehrere Gesellschaften des Konzerns in diesem Staat fungiert. Eine Landesholding zu sein, war Voraussetzung dafür, dass die Vereinnahmung von Dividenden nicht als – im Rahmen der Hinzurechnungsbesteuerung seinerzeit ungünstige – passive Tätigkeit beurteilt wurden. Die Regelungen über die Landesholding wurden aufgehoben, als die Einstufung von Dividenden als passive Einkünfte im neuen Konzept des Körperschaftsteuersystems überflüssig wurde und damit auch die Sonderregelung für Landesholdings ihren Sinn verlor. – Vgl. auch → Funktionsholding.

Landesjugendamt – Behörde der öffentlichen Jugendhilfe. – Vgl. auch → Kinder- und Jugendhilfegesetz (KJHG).

Landesplanung – Planung für eine den sozialen, kulturellen, wirtschaftlichen und ökologischen Erfordernissen entsprechende Entwicklung und Raumordnung des Landes (→ regionale Disparitäten). Neben den Landesentwicklungsplänen (Raumordnungsplänen) ist regelmäßig eine regionale Raumordnungsplanung (Regionalplan, § 8 Raumordnungsgesetz – ROG) vorgeschrieben. Charakteristisch wie für die Raumordnung auch hier die überörtliche und überfachliche, d.h. integrierte Planung, die von den Ressorts und Kommunen zu beachten ist, aber auch gemeinsam mit ihnen erarbeitet wird (§§ 10 ff. ROG).

Landesrecht – im Gegensatz zum → Bundesrecht die von den Rechtsetzungsorganen eines Bundeslandes erlassenen Rechtsvorschriften sowie das vor dem Inkrafttreten des Grundgesetzes geltende Recht, das nicht als Bundesrecht fortgilt.

Landesrentenbanken → Rentenbanken.

Landessozialgericht – zweitinstanzliches Gericht der Sozialgerichtsbarkeit. – *Zuständig* u.a. für Rechtsmittel, v.a. Berufungen gegen Urteile und für die Beschwerden gegen andere Entscheidungen der → Sozialgerichte. Das Landessozialgericht ist in diesen Fällen zweite Tatsacheninstanz. Erstinstanzliche Zuständigkeit für bestimmte Streitigkeiten (z.B. bestimmte Schiedsentscheidungen, bestimmte Aufsichtsangelegenheiten, Risikostrukturausgleich in der gesetzlichen Krankenversicherung, Finanzausgleich in der gesetzlichen Pflegeversicherung, Entscheidungen und Richtlinien des Gemeinsamen Bundesausschusses). – *Besetzung* der (Fach-)Senate: drei Berufsrichter, zwei ehrenamtliche Richter. – Vor dem Landessozialgericht besteht *kein Anwalts- oder Vertretungszwang.* – *Revision* gegen die Urteile des Landessozialgerichts beim → Bundessozialgericht (BSG) ist nur aufgrund bes. Zulassung durch das Landessozialgericht oder nach erfolgreicher Nichtzulassungsbeschwerde durch das Bundessozialgericht möglich. Zulassung der Revision nur bei grundsätzlicher Bedeutung der Rechtssache, Abweichung von Entscheidungen des Bundessozialgerichts, des gemeinsamen Senats der obersten Bundesgerichte oder des Bundesverfassungsgerichts oder bei Verfahrensmangel (§ 160 SGG).

Landessteuern – 1. Finanzwissenschaftlicher *Begriff* zur Kennzeichnung der → Steuerertragshoheit der Länder: a) *Landessteuern i.e.S.:* → Steuern, deren Aufkommen gemäß Art. 106 II GG allein einem einzelnen Bundesland zufließt; auch als *Landesertragsteuern* bezeichnet. Wichtigste Arten (in der Reihenfolge ihrer Aufkommenshöhe): → Grunderwerbsteuer, → Erbschaftsteuer, Rennwett- und Lotteriesteuer, → Biersteuer, → Feuerschutzsteuer, Spielbankenabgabe. – *Gegensatz:* → Bundessteuern, → Gemeindesteuern. – b) *Landessteuern i.w.S.:* Die Gesamtheit der einem Land zustehenden Steuereinnahmen, die aus den Landessteuern i.e.S. und dem Länderanteil an den → Gemeinschaftssteuern besteht; vgl. → Steuerverbund, → Finanzausgleich. – 2. Die → Steuerverwaltungshoheit über die Landessteuer liegt beim Land, doch ist auch Auftragsverwaltung möglich, ebenso wie eine Verwaltung von Gemeindesteuern durch das Land.

landesüblicher Zinsfuß – *risikoloser Zinssatz, Landeszinsfuß;* Renditedurchschnitt längerlaufender, risikoloser festverzinslicher Wertpapiere inländischer Emittenten (z.B. Staatsanleihen, Pfandbriefe, Kommunalobligationen). Der landesübliche Zinsfuß wird der Errechnung des Ertragswertes zugrunde gelegt und erhält dabei entsprechend dem Risiko der Anlage einen Zuschlag. Er dient den Unternehmen bei Rentabilitätsvergleichen sowie der Bewertung von

Immobilien und Unternehmungen (Ertragswertberechnung). – *Anders:* → Basiszins.

Landesversicherungsanstalt (LVA) – regional gegliederter → Versicherungsträger der → Sozialversicherung zur Durchführung der → Arbeiterrentenversicherung und der → Handwerkerversicherung für die in ihrem Bezirk wohnenden Versicherten, sofern nicht die Zuständigkeit einer Sonderanstalt der Arbeiterrentenversicherung (→ Bahnversicherungsanstalt, → Seekasse, → Knappschaften) gegeben war. Neben den genannten Aufgaben erfüllten sie auch Gemeinschaftsaufgaben auf dem Gebiet der → Krankenversicherung, z.B. Betrieb von Kuranstalten und Heimen, Durchführung der vorbeugenden Gesundheitsfürsorge, Regelung des vertrauensärztlichen Dienstes, Prüfung der Geschäfts-, Rechnungs- und Betriebsführung der Krankenkassen. Seit 1.1.2005 wird der Regionalträger als Deutsche Rentenversicherung mit einem den entsprechenden Regionalträgter kennzeichnenden Zusatz bezeichnet.

Landesversorgungsamt – obere Versorgungsbehörde der Versorgungsverwaltung. Das Landesversorgungsamt führt die Aufsicht über die Versorgungsbehörden und unterliegt der Aufsicht der zuständigen obersten Landesbehörde. Sachlich zuständig ist das Landesversorgungsamt u.a. für Entscheidungen über Anträge auf Badekuren, Heilstättenbehandlung, Kapitalabfindung, Durchführung von Versehrtenleibesübungen nach dem Bundesversorgungsgesetz (BVG).

Landflucht → Binnenwanderung.

Landgericht – Gericht der → ordentlichen Gerichtsbarkeit (Straf- und Zivilgerichte), das im Gerichtsaufbau zwischen Amtsgericht und Oberlandesgericht steht. – 1. Das Landgericht *besteht* aus dem Präsidenten sowie der erforderlichen Zahl von Vorsitzenden Richtern und Richtern und entscheidet durch Kammern, die i.d.R. mit je drei Richtern besetzt sind (§§ 59–78b GVG; vgl. → Kammer für Handelssachen), sofern nicht in den Prozessgesetzen anstelle der Kammer der Einzelrichter zu entscheiden hat (§ 75 GVG). – 2. *Zuständigkeit:* a) *In Zivilsachen* für alle bürgerlichen Rechtsstreitigkeiten, die nicht den Amtsgerichten zugewiesen sind, bes. für alle nichtvermögensrechtlichen Streitigkeiten; für vermögensrechtliche Ansprüche, deren → Streitwert 5.000 Euro übersteigt; für Streitigkeiten, die ihm ohne Rücksicht auf den Streitwert (zwecks Erzielung einer einheitlichen Rechtsprechung) zugewiesen sind, z.B. Ansprüche gegen Beamte oder die für diese nach Art. 34 GG haftende staatliche oder öffentliche Körperschaft wegen → Amtspflichtverletzung; Anfechtung von Hauptversammlungsbeschlüssen; Ansprüche wegen unwahrer Angaben bei der Emission von Wertpapieren (§§ 45 ff. BörsG); zuständig ferner zur Entscheidung über → Berufungen (bei Streitwert über 600 Euro, § 511 ZPO) und → Beschwerden gegen → Urteile und → Beschlüsse des Amtsgerichts mit Ausnahme der amtsgerichtlichen Entscheidungen in → Familiensachen und Kindschaftssachen bei denen das Oberlandesgericht über Rechtsmittel entscheidet. Patentstreitigkeiten sind bestimmten Landgerichten für größere Bezirke zugewiesen (z.B. Frankfurt a.M. für Hessen und Rheinland-Pfalz). – b) *In Strafsachen* ist Landgericht im ersten Rechtszug zuständig zur Aburteilung von → Verbrechen (insoweit auch als Schwurgericht) und → Vergehen, soweit nicht das Amtsgericht oder das Oberlandesgericht zuständig ist; es entscheidet ferner über Berufungen und Beschwerden gegen Urteile und Beschlüsse des Amtsgerichts (§§ 73 ff. GVG). – 3. Vor dem Landgericht besteht i.d.R. → Anwaltszwang. – 4. *Gegen* erstinstanzliche *Urteile* des Landgerichts in Zivilsachen ist Berufung an das Oberlandesgericht, u.U. auch die → Sprungrevision an den Bundesgerichtshof gegeben; *gegen Beschlüsse* i.d.R. Beschwerde an das Oberlandesgericht.

Landhandel → Großhandelsunternehmungen, deren Lieferanten und/oder Kunden landwirtschaftliche Erzeuger sind. Der Landhandel beliefert landwirtschaftliche Betriebe mit Saatgut, Düngemitteln, Maschinen u.a. und/oder kauft deren Agrarprodukte (Getreide, Obst, Gemüse, Vieh u.a.) auf (→ Aufkaufhandel). Ist der Landhandel sowohl lieferanten- als auch abnehmerseitig mit einem landwirtschaftlichen Betrieb verbunden, werden Forderungen aus Warenlieferungen häufig mit Erlösen aus dem Verkauf der Produkte verrechnet. Bei gleichzeitiger Übernahme der Finanzierung der Einsatzgüter bis zur Ernte bzw. Verkaufsfähigkeit besteht die Gefahr der Abhängigkeit des Erzeugers vom Landhandel; dies war der Ursprung für die Entstehung der landwirtschaftlichen → Bezugs- und Absatzgenossenschaften.

Landkreis – Gemeindeverband, kommunale Gebietskörperschaft, die die Garantie der Selbstverwaltung nach Art. 28 II GG genießt. Zugleich untere staatliche Verwaltungsbehörde. Rechtliche Grundlage in den Kreisordnungen der Länder. Als Selbstverwaltungskörperschaft nimmt er Aufgaben von überörtlicher Bedeutung wahr.

Landlocked Developing Countries – Abk. *LLDC*; Entwicklungsländer ohne Meereszugang. Von der UN verwendete Bezeichnung für Entwicklungsländer, welche aufgrund ihrer Binnenlage und den damit verbundenen hohen Transportkosten nur marginal am Welthandel partizipieren können. 2008 klassifizierte die UN 31 Länder als LLDCs, darunter Afghanistan, Armenien oder Tschad.

Landpacht – Pacht von Grundstücken zur landwirtschaftlichen Nutzung, einschließlich Tierhaltung sowie einer gartenbaulichen Erzeugung. – Das Landpachtvertragsrecht ist in den §§ 585–597 BGB eingehend als ein → Dauerschuldverhältnis ausgestaltet unter Hereinnahme sozialer Aspekte im Interesse agrarwirtschaftlicher Belange. Nach dem

Landpachtverkehrsgesetz ist Landpacht grundsätzlich anzeigepflichtig.

Landschaftspflege → Naturschutz.

Land- und Forstwirtschaft – I. Begriff: alle (selbstständigen und Nebenerwerbs-)Betriebe, die sich mit der Nutzung des Bodens (Erdoberfläche) befassen, v.a. Ackerbau, Viehzucht (→ Landwirtschaft) und Waldwirtschaft (→ Forstwirtschaft). Die Land- und Forstwirtschaft ist neben Fischerei und Bergbau ein Zweig der Urproduktion.

II. Statistische Erhebung: → Landwirtschaftsstatistik.

III. Steuerliche Behandlung: 1. *Einkommensteuer:* → Einkünfte. – 2. *Bewertung:* → land- und forstwirtschaftliches Vermögen. – 3. *Umsatzsteuer:* → land- und forstwirtschaftliche Umsätze. – 4. *Gewerbesteuer:* a) Land- und Forstwirtschaft ist auch dann gewerbesteuerfrei, wenn der Absatz der Erzeugnisse nach kaufmännischen Grundsätzen erfolgt. Desgleichen Gärtnereien, wenn sie nicht überwiegend fremde Erzeugnisse hinzukaufen. – b) Landschaftsgärtnereien, die sich mit der Anlegung von Gärten befassen und zu diesem Zweck einen Bestand von Pflanzen halten, sind gewerbesteuerpflichtig, desgleichen Gartenarchitekten und Friedhofsgärtner.

land- und forstwirtschaftliches Vermögen – eine der → Vermögensarten nach dem Bewertungsgesetz.

I. Begriff: alle Wirtschaftsgüter, die einem Betrieb der Land- und Forstwirtschaft zu dienen bestimmt sind, bes. Grund und Boden, Wohn- und Wirtschaftsgebäude, stehende und umlaufende Betriebsmittel, aber nicht Zahlungsmittel, Geldforderungen, Wertpapiere, Überbestände an umlaufenden Betriebsmitteln (§ 33 BewG).

II. Bewertung: 1. *Grundsteuer* (§§ 34–62 BewG): a) → Wirtschaftliche Einheit, für die ein → Einheitswert festgestellt wird, ist der Betrieb der Land- und Forstwirtschaft, der beinhaltet: (1) den *Wirtschaftsteil:* (a) land- und forstwirtschaftliche (landwirtschaftliche, forstwirtschaftliche, weinbauliche, gärtnerische und sonstige land- und forstwirtschaftliche) oder Nutzungsteile; (b) bes. Wirtschaftsgüter (Abbauland, → Geringstland und → Unland); (c) → Nebenbetriebe; (2) den *Wohnteil:* Gebäude und Gebäudeteile, soweit sie dem Betriebsinhaber und zum Hausstand gehörigen Familienangehörigen und den Altenteilern (→ Altenteil) zu Wohnzwecken dienen. – b) *Verfahren:* (1) Dem Wert für den *Wirtschaftsteil* ist der → Ertragswert zugrunde zu legen, festgestellt in einem vergleichenden Verfahren: Die unterschiedliche Ertragsfähigkeit der gleichen Nutzungen in den verschiedenen Betrieben wird durch Vergleich der Ertragsbedingungen beurteilt und durch Zahlen ausgedrückt (→ Vergleichszahlen), die dem Verhältnis der Reinerträge entsprechen. Aus dem 100 Vergleichszahlen entsprechenden Ertragswert wird der Ertragswert für die einzelne Nutzung oder den Nutzungsteil abgeleitet (→ Vergleichswert). → Zuschläge und → Abschläge sind unter bes. Voraussetzungen möglich. Gesondert zu bewerten sind Nebenbetriebe und Abbauland mit dem Einzel-Ertragswert, Geringstland mit dem → Hektarwert von 50 DM (etwa 25 Euro; vgl. § 52 BewG). Unland wird nicht erfasst. – Aus den Vergleichswerten, den Zu- und Abschlägen, den Einzelertragswerten sowie den gesondert zu bewertenden Wirtschaftsgütern ergibt sich unter Berücksichtigung der bes. Vorschriften für einzelne Nutzungen (§§ 50–62 BewG) der *Wirtschaftswert.* (2) Der *Wert für den Wohnteil* wird nach dem Ertragswertverfahren für die Bewertung der Mietwohngrundstücke unter Berücksichtigung der Lage der Gebäude und eines Abschlags von 15 Prozent ermittelt (→ Ertragswert). – c) Den *Einheitswert des Betriebes* bilden zusammen der Wirtschaftswert und der Wohnungswert. – 2. *Erbschaftsteuer* (§§ 140–144 BewG): Der Begriff des land- und forstwirtschaftlichen Vermögens ist mit dem bei der Grundsteuer identisch. Erfasst werden Betriebsteil, Betriebswohnungen und Wohnteil. Die Bewertung des Wirtschaftsteils richtet sich grundsätzlich nach dem gemeinen Wert als sog. Fortführungswert, der im Ertragswertverfahren zu ermitteln ist (§ 163 BewG). Der Regelertragswert ergibt sich aus dem maßgebenden Reinertrag multipliziert mit dem Kapitalisierungsfaktor von 18,6. Betriebswohnungen und Wohnteil werden nach den Vorschriften, die für die Bewertung von Wohngrundstücken im Grundvermögen unter Berücksichtigung der Änderungen durch die → Erbschaftsteuerreform – wirksam ab dem 1.1.2009 - gelten (→ Grundstücke), bewertet (§ 167 I, §§ 182 ff. BewG); → Abschläge sind möglich.

III. Besonderheiten: 1. Der Betrieb kann ein → Betriebsgrundstück darstellen (sofern zu einem gewerblichen Betrieb gehörig) und bildet dann → Betriebsvermögen. – 2. Für nicht als Betriebsgrundstück eingeordnete Betriebe erfolgt *kein* → Einheitswertzuschlag. – 3. *Regelung für die neuen Bundesländer:* Für das land- und forstwirtschaftliche Vermögen in den neuen Bundesländern wird kein Einheitswert, sondern ein → Ersatzwirtschaftswert angesetzt.

land- und forstwirtschaftliche Umsätze – 1. *Begriff* des Umsatzsteuerrechts für → Lieferungen und → sonstige Leistungen sowie → Eigenverbrauch von Gegenständen eines landwirtschaftlichen oder forstwirtschaftlichen Betriebs (auch Tierzuchtbetriebe u.Ä., die überwiegend eigene Erzeugnisse verwenden, sowie Nebenbetriebe). – 2. *Inhalt der Regelung:* Für land- und forstwirtschaftliche Umsätze ist eine Pauschalbesteuerung vorgesehen. Die Steuer beträgt je nach Umsatzart 5,5 Prozent, 10,7 Prozent oder 19 Prozent (ab 1.1.2007) der Bemessungsgrundlage (§ 24 UStG). Die abziehbaren Vorsteuern (→ Vorsteuerabzug) werden pauschal angesetzt, und zwar entweder in Höhe von 5,5 Prozent oder 10,7 Prozent, sodass i.d.R. keine Umsatzsteuer zu entrichten ist. (Nur) Für die Lieferung und den Eigenverbrauch der mit 19 Prozent zu belastenden Produkte, d.h. von Sägewerkserzeugnissen und Getränken, die in der Anlage 1 zum UStG nicht aufgeführt sind, sowie für alkoholische Flüssigkeiten verbleibt jedoch eine Steuerbelastung (19 Prozent Steuer minus 10,7 Prozent pauschale Vorsteuer = 8,3 Prozent). Ein Abzug der Vorsteuern in der tatsächlichen Höhe ist im Gegenzug ausgeschlossen. Daher ist eine → Option für Regelbesteuerung möglich (§§ 24, 24a UStG). Da die Pauschalbesteuerung einer Vereinfachung dient, ist die Befreiung von der → Aufzeichnungspflicht eine logische Folge. – 3. *Europarechtliche Hintergründe:* Die Sonderregelung für land- und forstwirtschaftliche Umsätze geht zurück auf die Vorgaben in Art. 295 ff. der Mehrwertsteuersystemrichtlinie und daher müssen die Bestimmungen des dt. UStG in Übereinstimmung mit diesen Vorgaben ausgelegt und angewandt werden.

Landwirte – Sammelbezeichnung für Personen, die als Bauern, Pächter etc. → Landwirtschaft betreiben. Nicht zu den Landwirten gehören Eigentümer von Erwerbsgärtnereien und Nebenerwerbssiedler. – *Ausbildung:* (1) Die VO über die *Berufsausbildung* zum Landwirt/ zur Landwirtin vom 31.1.1995 (BGBl. I 168) hat den Landwirt als Ausbildungsberuf staatlich anerkannt und den Inhalt der Berufsausbildung umschrieben. (2) Landwirtschaftliches Studium mit akademischem Grad: *Diplom-Landwirt.* – Landwirte unterliegen der *Sozialversicherung:* → Alterssicherung der Landwirte, → Krankenversicherung der Landwirte, → Landwirtschaftliche Unfallversicherung.

Landwirtschaft – I. Allgemein: Teil der → Urproduktion, bei der Boden und Nutztiere neben Arbeit, Kapital und Know-how als Produktionsfaktoren beteiligt sind; Teil der → Land- und Forstwirtschaft. Wird vorwiegend Holz produziert, handelt es sich um → Forstwirtschaft; der Waldbau kann jedoch auch ein landwirtschaftlicher Nebenbetriebszweig sein. Die Einordnung reiner *Tierzucht- und Tiermastbetriebe* in die Landwirtschaft ist unter dem Kriterium der Bodengebundenheit landwirtschaftlicher Produktion nicht ganz unproblematisch; marktordnungsmäßig gehören die Erzeugnisse jedoch zur landwirtschaftlichen Produktion. Auch gartenbauliche Erzeugnisse werden weitgehend durch die landwirtschaftlichen Marktordnungen erfasst; der *Gartenbau* ist jedoch i.d.R. arbeits- und kapitalintensiver sowie stärker spezialisiert. Die Grenzen zwischen Gartenbau, landwirtschaftlicher Obstproduktion und Feldgemüseanbau sind fließend.

II. Handelsrecht: organische Nutzung des Grund und Bodens zur Gewinnung von Nutzungspflanzen (außer Bäumen) und von Nutzungstieren und deren Erzeugnissen, z.B. Ackerbau und Weinbau. Zur Landwirtschaft gehört auch die Umgestaltung der pflanzlichen und tierischen Erzeugnisse, nicht aber Bergbau. – Der *Inhaber einer Landwirtschaft* kann sowohl hinsichtlich des landwirtschaftlichen Unternehmens als auch hinsichtlich eines mit der Landwirtschaft verbundenen → Nebengewerbes durch Eintragung im Handelsregister → Kannkaufmann werden (§ 3 HGB).

Landwirtschaftliche Alterskasse → Alterssicherung der Landwirte.

landwirtschaftliche Arbeitnehmer – Für diesen Personenkreis gelten die §§ 611 ff. BGB. In einzelnen arbeitsrechtlichen Gesetzen finden sich Sonderregeln für die Land- und Forstwirtschaft (§§ 8 III, 14 II, 17 II JArbSchG).

landwirtschaftliche Beisitzer → ehrenamtliche Richter bei den Amtsgerichten, Oberlandesgerichten und beim Bundesgerichtshof im Verfahren über Landwirtschaftssachen (§ 2 II LWVG vom 21.7.1953, BGBl. I 667).

landwirtschaftliche Betriebsformen → landwirtschaftliche Betriebssysteme.

landwirtschaftliche Betriebsgenossenschaften – 1. *Begriff:* zusammenfassende Bezeichnung für a) *Nutzungsgenossenschaften:* (1) Maschinengenossenschaften, (2) Elektrizitätsgenossenschaften, (3) Zuchtgenossenschaften, (4) sonstige Betriebsgenossenschaften; b) *Verwertungsgenossenschaften,* z.B. Molkerei-, Winzergenossenschaften. – 2. *Körperschaftsteuer:* a) Landwirtschaftliche Betriebsgenossenschaften sind gemäß § 5 I Nr. 14 KStG von der → Körperschaftsteuer befreit, wenn sich ihr Geschäftsbetrieb nach der Satzung auf die gemeinschaftliche Benutzung land- und forstwirtschaftlicher Betriebseinrichtungen oder Betriebsgegenstände, auf die Bearbeitung oder Verwertung der von den Mitgliedern selbst gewonnenen Erzeugnisse oder auf die Beratungen und Leistungen für die Produktion oder Verwertung land- und forstwirtschaftlicher Erzeugnisse der Betriebe der Mitglieder beschränkt. – b) Umfasst der Geschäftsbetrieb auch zu mehr als 10 Prozent der Einnahmen eine andere, nicht begünstigte Tätigkeit, so ist die Genossenschaft voll körperschaftsteuerpflichtig, sonst partiell mit dem Ergebnis der nicht begünstigten Tätigkeiten; als nicht begünstigt gilt es auch, wenn die landwirtschaftliche Betriebsgenossenschaft an einer Personengesellschaft beteiligt ist, die einen Gewerbebetrieb unterhält oder eine nicht nur geringfügige Beteiligung an einer steuerpflichtigen Kapitalgesellschaft oder Erwerbs- und Wirtschaftsgenossenschaft besitzt.

landwirtschaftliche Betriebssysteme – *landwirtschaftliche Betriebsformen;* Begriff der → Agrargeografie zur Klassifikation von Agrarbetrieben. Die Art und Anzahl der zugrunde gelegten Merkmale sind unterschiedlich: (1) Nach Diversifizierung des betrieblichen Produktionsprogramms (z.B. Kombination von Ackerbau und Viehhaltung) unter bes. Berücksichtigung des → Bodennutzungssystems und der Vermarktungsform: Marktfrucht-, Futterbau-, Veredelungs-, Dauerkultur- und Gemischtbetriebe. (2) Als weitere Klassifikationsmerkmale werden die Betriebsvielfalt und Faktorenkombination herangezogen. (3) Nach der weltweiten Grobsystematik von

Andreae (1983): Sammelwirtschaften; Graslandsysteme (→ Nomadismus, Ranchwirtschaften, intensive Grünlandwirtschaften); Ackerbausysteme (Wanderfeldbau, Feldgraswirtschaften, Körnerbauwirtschaften, Hackfruchtbauwirtschaften); Dauerkultursysteme (Pflanzungen, → Plantagen).

landwirtschaftliche Bezugs- und Absatzgenossenschaften → Bezugs- und Absatzgenossenschaften.

landwirtschaftliche Buchführung – die → Buchführung der Betriebe der Land- und Forstwirtschaft. – 1. *Buchführungspflicht:* Sie ergibt sich handelsrechtlich für Land- und Forstwirte, die keine Kaufleute kraft Gesetzes sind, erst bei Eintragung ins Handelsregister (§§ 3, 238 ff. HGB). Steuerlich müssen alle Land- und Forstwirte, die einen Gesamtumsatz von mehr als 500.000 Euro oder selbstbewirtschaftete land- und forstwirtschaftliche Flächen mit einem Wirtschaftswert von mehr als 25.000 Euro oder einen Gewinn aus Gewerbebetrieb von mehr als 50.000 Euro oder einen Gewinn aus Land- und Forstwirtschaft von mehr als 50.000 Euro im Kalenderjahr haben, Bücher führen und aufgrund jährlicher Bestandsaufnahmen Abschlüsse machen (§ 141 AO), auch wenn sie handelsrechtlich nicht dazu verpflichtet sind. – 2. *Form:* Ein bestimmtes System ist nicht vorgeschrieben, Fernbuchhaltung (→ Buchstellen) ist verbreitet. Bei Buchführungspflicht sind ein Anbauverzeichnis (§ 142 AO) und ein Warenausgangsbuch (§ 144 V AO) zu führen, wenn Arbeitnehmer beschäftigt werden auch → Lohnkonten.

landwirtschaftliche Genossenschaften – Genossenschaften, die als Beschaffungs-, Dienstleistungs- und Verwertungsgenossenschaften der Landwirte auftreten. Dazu gehören auch die ländlichen Raiffeisenbanken, obwohl diese ihre Bankleistungen nicht mehr primär auf die Landwirtschaft ausrichten. Zu den landwirtschaftlichen Genossenschaften zählen auch die → Agrargenossenschaften. Die Gründung der landwirtschaftlichen Genossenschaften erfolgte bereits im vergangenen Jh. v.a. durch → Raiffeisen (1818-1888) und durch Haas (1839-1913). Sie hatten das Ziel, die Marktschwäche der Landwirte im Bezugs- und Absatzgeschäft auszugleichen, deren Kredit- und Finanzierungsschwäche zu reduzieren und durch die Übernahme von Dienst- und Beratungsleistungen bzw. von Produktionsleistungen (→ Produktionsgenossenschaften) die wirtschaftliche Position der landwirtschaftlichen Bevölkerung zu verbessern. Die Organisation der landwirtschaftlichen Genossenschaften erfolgte zunächst in Orts- bzw. kleineren Regionalgenossenschaften, die jedoch sehr schnell die Notwendigkeit sahen, sich in regionalen Zentralgenossenschaften zusammen zu schließen, um ihre Marktposition und ihre Leistungskapazität zu verbessern. Die Zahl, der landwirtschaftlichen Genossenschaftsunternehmen betrug (2011) 2.564 mit einem Mitgliederbestand von 1,592 Mio., 101.395 Mitarbeitern und einem Umsatz von 48,3 Mrd. Euro.

Landwirtschaftliche Krankenkassen – Träger der → Krankenversicherung der Landwirte nach Maßgabe des Zweiten Gesetzes über die Krankenversicherung der Landwirte (KVLG 1989) vom 20.12.1988 (BGBl. I 2477) m.spät.Änd., errichtet bei jeder landwirtschaftlichen Berufsgenossenschaft. – *Mitglieder:* versicherungspflichtige Unternehmer der Land- und Forstwirtschaft, der Wein- und Gartenbauer und der Fischzucht, mitarbeitende Familienangehörige, Bezieher von Rente nach dem Gesetz über die Alterssicherung der Landwirte (ALG).

Landwirtschaftliche Produktionsgenossenschaft (LPG) – Die Kollektivierung der → Landwirtschaft in der DDR erfolgte seit 1952 in zwei Phasen. Die noch bestehenden mittleren Betriebe und die Kleinbauern wurden bis 1961 und bis 1972 durch Ablieferungsvorschriften, ruinöse Besteuerung und unzulängliche Zuteilung von Saatgut, Maschinen und Krediten gezwungen, sich zu formell gemeinschaftlich organisierten LPG zusammenzuschließen. In den → Produktionsgenossenschaften blieben die Genossen zwar formalrechtlich Eigentümer, doch waren ihre Verfügungs- und Nutzungsrechte kaum größer als bei Staatsbetrieben. Der Anteil der sozialisierten Fläche stieg von unter 3 Prozent 1950 auf 45 Prozent 1959, allein im Jahr 1960 auf 85 Prozent. 1970 waren es 93 Prozent und 1988 96 Prozent. Diese landwirtschaftliche Nutzfläche bewirtschafteten 3.855 Produktionsgenossenschaften und 465 Volkseigene Güter mit einer durchschnittlichen Betriebsgröße von 1.385 bzw. 960 Hektar.

landwirtschaftliche Produktivgenossenschaften → Agrargenossenschaften, → Produktivgenossenschaften.

Landwirtschaftliche Rentenbank – öffentlich-rechtliches Zentralinstitut zur Kreditgewährung an die Landwirtschaft (einschließlich Forstwirtschaft und Fischerei), Sitz in Frankfurt a.M.; gegründet 1949. – Vgl. auch → Banken mit Sonderaufgaben. – *Rechtsgrundlage:* Gesetz über die Landwirtschaftliche Rentenbank i.d.F. vom 15.7.1963 (BGBl. I 465) m.spät.Änd. – *Aufgaben:* Die Landwirtschaftliche Rentenbank ist die deutsche Förderbank für die Agrarwirtschaft und die ländliche Entwicklung. Zentrale Aufgabe ist die Kreditgewährung im Hausbankverfahren und die Übernahme von Bürgschaften an solche Betriebe, die für die inländische landwirtschaftliche Erzeugung, die Vorratshaltung und den Absatz landwirtschaftlicher Produkte von allgemeiner Bedeutung sind. – *Finanzierung:* Kurzfristig am Geldmarkt, langfristig durch Aufnahme von Darlehen und Emission von Schuldverschreibungen. – *Gewinnverwendung:* Der Bilanzgewinn wird für eine das Allgemeininteresse wahrende Förderung der Landwirtschaft und des ländlichen Raums verwendet.

landwirtschaftliches Vermögen → land- und forstwirtschaftliches Vermögen.

Landwirtschaftliche Unfallversicherung – Zweig der gesetzlichen → Unfallversicherung für Land- und Forstwirtschaft, Garten- und Weinbau u.Ä. Die Beiträge werden nach dem Arbeitslohn, dem → Einheitswert oder ähnlichen Maßstäben berechnet.

landwirtschaftliche Waren- und Dienstleistungsgenossenschaften → landwirtschaftliche Genossenschaften.

landwirtschaftlich genutzte Fläche – Summe der landwirtschaftlich oder gärtnerisch genutzten Flächen wie Ackerland, Grünland, Rebland, Obstanlagen etc.

Landwirtschaftsbuchstellen → Buchstellen.

Landwirtschaftskammer – berufsständische Organisation der → Landwirtschaft mit in den einzelnen Ländern unterschiedlicher Rechtsstellung und Bezeichnung. Die Landwirtschaftskammer wurde in einzelnen Ländern aufgelöst und in staatliche Behörden überführt (z.B. in Hessen: Landesamt für Landwirtschaft). – *Aufgaben:* Berufsausbildung; Durchführung öffentlicher Aufgaben in den Bereichen Tier- und Pflanzenzucht und -schutz sowie Agrar-, Umwelt- und Pachtrecht; Förderung der Vermarktung landwirtschaftlicher Produkte; Qualitätssicherung. – In der Bundesrepublik Deutschland gibt es neun Landwirtschaftskammern; mit der dt. Landwirtschaftsgesellschaft und dem Landesverband Gartenbau und Landwirtschaft Berlin e. V. zusammengeschlossen im Verband der Landwirtschaftskammern e. V., Berlin.

Landwirtschaftssachen – 1. *Begriff:* Die nach dem Gesetz über das gerichtliche Verfahren in Landwirtschaftssachen vom 21.7.1953 (BGBl. I 667) m.spät. Änd. den sog. Bauerngerichten zugewiesenen Streitigkeiten, v.a. nach dem Grundstücksverkehrsgesetz, Landpachtverkehrsgesetz und ähnlichen Vorschriften. – 2. Im ersten *Rechtszug* entscheidet das Amtsgericht in der Besetzung mit einem Amtsrichter und zwei Landwirtschaftsrichtern als ehrenamtlichen Richtern, dann das Oberlandesgericht (drei Berufsrichter und zwei landwirtschaftliche Beisitzer) und der Bundesgerichtshof (Besetzung entsprechend OLG 3:2).

Landwirtschaftssektor → primärer Sektor.

Landwirtschaftsstatistik – *Agrarstatistik;* Teilbereich der → amtlichen Statistik, gliedert sich in größtenteils zweijährlich oder in größeren Abständen stattfindende Betriebsstatistiken und jährlich oder in kürzeren Abständen durchgeführte Erzeugungsstatistiken. – Die Landwirtschaftsstatistik umfasst die Bodennutzungserhebung, die Erhebung über die Viehbestände, die Strukturerhebungen in land- und forstwirtschaftlichen Betrieben, die Ernteerhebung, die Geflügelstatistik, die Schlachtungs- und Schlachtgewichtsstatistik, die Milchstatistik, die Hochsee- und Küstenfischereistatistik, die Weinstatistik, die Holzstatistik und die Düngemittelstatistik.

Landwirtschaftszählung – Teil der → Agrarstatistik; Landwirtschaftszählungen liefern eine ausführliche Informationen in tiefer regionaler Gliederung über die Situation in der → Landwirtschaft. Aufgrund des großen Erhebungsaufwands finden sie nur in größern zeitlichen Abständen statt, zuletzt 2010.

langfristige Planung → Fristigkeit, → Unternehmensplanung.

langlebige Konsumgüter → Gebrauchsgüter.

Langsamdreher – Gegensatz von Schnelldreher. – Vgl. auch → Renner.

Längsschnittanalyse – Erfassung und Betrachtung von Daten über längere Zeiträume (Längsschnitt- oder Zeitreihen), um Veränderungen im Zeitablauf zu erkennen sowie Trends und Trendwendungen zu prognostizieren, z.B. durch Trendextrapolationen. – *Wichtige Methode:* → Panel.

Längsschnittuntersuchung – *Longitudinalstudie;* auf verschiedene Zeitpunkte bezogene Informationen müssen möglichst dieselben oder repräsentativ ausgewählte Probanden betreffen. – *Gegensatz:* → Querschnittuntersuchung.

Langzeitarbeitslose – 1. *Definition:* Personen, die ein Jahr und länger als arbeitslos gemeldet sind. – 2. *Konsequenz:* Mit der Dauer der Arbeitslosigkeit sinkt die Wahrscheinlichkeit der Reintegration in den sog. ersten Arbeitsmarkt. – Vgl. auch → Arbeitsmarktpolitik.

Laplace-Regel → Entscheidungsregeln bei Unsicherheit, nach der die Aktion mit dem maximalen Gesamtnutzen ausgewählt wird. Der Gesamtnutzen ist definiert als die Summe der Einzelnutzen für die verschiedenen Umweltzustände. – *Vorgang:* Jedem Umweltzustand in der → Entscheidungsmatrix wird die gleiche Eintreffwahrscheinlichkeit zugeordnet, da keine Vorinformationen darüber bestehen, dass irgendein Zustand mit höherer → Wahrscheinlichkeit eintritt als ein anderer (Gleichwahrscheinlichkeit). Für jede Aktion werden die → Erwartungswerte der Ergebnisse bei den möglichen Umweltzuständen ermittelt. Die Aktion mit dem maximalen Erwartungswert wird ausgewählt. – *Anders:* → Bayes-Regel.

Laplacesche Wahrscheinlichkeitsauffassung → Wahrscheinlichkeitsauffassungen.

Laptop – tragbarer PC (→ Personal Computer (PC)).

Lärm – **I. Arbeitswissenschaft:** wesentlicher, bei der Wahl und Gestaltung des Arbeitsplatzes (→ Arbeitsplatzgestaltung) zu berücksichtigender Faktor. Lärm von bestimmter Frequenz und Lautstärke, bes. unregelmäßiger Lärm, hat gesundheitliche Schädigung und Beeinträchtigung der Arbeitsleistung zur Folge. Beseitigung oder Verminderung des Lärms kann leistungssteigernde Wirkung haben. Entscheidend ist neben der technisch gemessenen Lautstärke die individuelle menschliche Reaktion (Geräuschempfindlichkeit). – Mit folgenden *Wirkungen* muss gerechnet werden: (1) *Lärmbereich I (30–65 dB):* Lärm kann als störend und belästigend empfunden werden. (2) *Lärmbereich II (65–90 dB):* Neben den psychischen Wirkungen treten bereits Verengungen in den Blutgefäßen an Armen und Händen auf. (3) *Lärmbereich III (90–120 dB):* Gefahr einer dauerhaften Gehörschädigung. (4) *Lärmbereich IV (über 120 dB):* Überschreitung der Schmerzgrenze; bereits nach kurzer Einwirkzeit kann ein deutlicher und dauerhafter Hörverlust eintreten. – *Maßnahmen zur Lärm-Dämpfung:* schalldämpfende Baustoffe, Isolierungen, Doppelfenster, zweckentsprechende Maschinenkonstruktionen, Arbeitsplatzverlegung, Gehörschutz u.a.

II. Rechtliche Regelungen zur Lärmbekämpfung: Nach Art. 74 I Nr. 24 GG gehört die Lärmbekämpfung zur konkurrierenden Gesetzgebung des Bundes. Davon hat der Bund v.a. mit dem Bundesimmissionsschutzgesetz (BImSchG) Gebrauch gemacht. Es enthält die wesentlichen öffentlich-rechtlichen Regelungsgrundlagen zum Schutz vor und zur Bekämpfung von Lärm, soweit es um die Errichtung und den Betrieb von Anlagen und den Bau öffentlicher Straßen geht. Zu den Anlagen gehören nicht nur ortsfeste Anlagen, sondern auch Maschinen, Geräte und Fahrzeuge (vgl. § 2 BImSchG). Bedeutsam sind v.a. die auf der Grundlage des BImSchG erlassenen Rechtsverordnungen, namentlich die Verordnung über genehmigungsbedürftige Anlagen (4. BImSchV) i.d.F. vom 14.3.1997 (BGBl. I 504) m.spät.Änd.; die VerkehrslärmschutzVO (16. BImSchV) vom 12.6.1990 (BGBl. I 1036) m.spät.Änd. und die SportanlagenlärmschutzVO (18. BImSchV) vom 18.7.1991 (BGBl. I 1588, 1790) m.spät.Änd.; die Verkehrswegeschallschutzmaßnahmenverordnung (24. BImSchV) vom 4.2.1997 (BGBl. I 172); die Geräte- und Maschinenlärmschutzverordnung (32. BImSchV) vom 25.8.2002 (BGBl. I 3478). Ferner ist die Sechste Allgemeine Verwaltungsvorschrift zum BImSchG (Technische Anleitung zum Schutz gegen Lärm (→ TA Lärm)) vom 26.8.1998 (GMBl 503) von Relevanz. Das Gesetz zum Schutz gegen Fluglärm i.d.F vom 31.10. 2007 (BGBl. I 2550) m.spät.Änd. soll durch die Einführung von → Lärmschutzbereichen die Allgemeinheit vor Gefahren, erheblichen Nachteilen und erheblichen Belästigungen durch Fluglärm in der Umgebung von Flugplätzen schützen; vgl. auch die Landeplatz-Lärmschutz-Verordnung vom 5.1.1999 (BGBl. I 35). – Gemäß Nr. 3.7 des Anhangs zur *Arbeitsstättenverordnung* vom 12.8.2004 (BGBl. I 2179) m.spät.Änd. ist in Arbeitsstätten der Schalldruckpegel so niedrig zu halten, wie es nach der Art des Betriebes möglich ist. Der Schalldruckpegel am Arbeitsplatz in Arbeitsräumen ist in Abhängigkeit von der Nutzung und den zu verrichtenden Tätigkeiten so weit zu reduzieren, dass keine Beeinträchtigungen der Gesundheit der Beschäftigten entstehen. Lärm ist Schall, der das Gehör schädigen kann oder zu bes. Unfallgefahren führt. Daher sind Arbeitsstätten so einzurichten und Arbeitsverfahren so zu gestalten, dass auf den Arbeitenden kein Lärm einwirkt. Wirkt trotz des Ausschöpfens der technischen Möglichkeiten weiterhin Lärm ein, so sind → persönliche Schallschutzmittel zu tragen. Ziel der Lärmbekämpfung gemäß den Bestimmungen der → Unfallverhütungsvorschriften ist jedoch die primäre Lärmminderung (Bekämpfung des Lärms an seinem Ursprung).

Lärmschutzbereich – ein in die *Schutzzonen* 1 und 2 gegliederter Bereich außerhalb des Flugplatzgeländes, der vom Bundesminister des Innern durch Rechtsverordnung aufgrund des Gesetzes zum Schutz gegen Fluglärm i.d.F. vom 31.10.2007 (BGBl. I 2550) festgelegt wird. Im gesamten Lärmschutzbereich dürfen keine Krankenhäuser, Alten- und Erholungsheime sowie Schulen errichtet werden. Das Gleiche gilt für Wohnungen in den bes. gefährdeten Schutzzonen 1. – *Entschädigungsansprüche* stehen denjenigen zu, die durch die genannten Beschränkungen Schäden durch wesentliche Wertminderungen an Grundstücken oder Grundstücksrechten erleiden.

Lash → Barge-Verkehr.

Laspeyres-Index – Indexzahl, bei der die Gewichte g_i (→ Gewichtung) die relativen Wertgrößen (Umsätze) der Basisperiode

$$\frac{p_0^i q_0^i}{\sum p_0^i q_0^i}$$

sind. Zu unterscheiden sind: (1) *Laspeyres-Preisindex*

$$L_{0,1}^P = \sum \frac{p_1^i}{p_0^i} g_i = \frac{\sum p_1^i q_0^i}{\sum p_0^i q_0^i}$$

und (2) *Laspeyres-Mengenindex*

$$L_{0,1}^Q = \sum \frac{q_1^i}{q_0^i} g_i = \frac{\sum q_1^i p_0^i}{\sum q_0^i p_0^i}.$$

Dabei ist 1 die Berichtsperiode, 0 die Basisperiode, p^i sind die Preise und q^i die Mengen der Güter i. Vorteilhaft in Bezug auf die Erhebungspraxis ist beim Laspeyres-Index, dass die Gewichte über mehrere Perioden hinweg beibehalten werden, deshalb wird der Laspeyres-Index gegenüber dem → Paasche-Index in der Praxis bevorzugt. Da sich die Zusammensetzung des Warenkorbes (Güterqualitäten und -mengen) beim Preisindex bzw. das Preisgefüge beim Mengenindex im Laufe der Zeit verändert, müssen nach einem gewissen Zeitraum (z.B. nach fünf Jahren) neue Gewichte festgelegt werden. Die Vergleichbarkeit der Indexzahlen über längere Zeiträume hinweg wird dadurch erschwert. – Vgl. auch → Inflation.

Lassalle – Ferdinand, 1825–1864, Gründer der sozialdemokratischen Bewegung in Deutschland und Schriftsteller. Lassalle – in Berlin als Student das „Wunderkind“ genannt – nahm aktiv an der Revolution 1848 teil und war stark von Hegel, → Marx und Rodbertus beeinflusst, wich aber in einigen Punkten von diesen ab. Die wichtigste Abweichung von Marx war, dass er ein evolutionäres Konzept für den

Übergang vom → Kapitalismus zum → Sozialismus entwickelte. Lassalle formulierte das → eherne Lohngesetz. Sein Werk hat → Bernstein herausgegeben „Gesammelte Reden und Schriften", 12 Bde. (1919–20).

Lasswellsche Formel – erstes Kommunikationsmodell; 1948 von H.D. Lasswell publiziert: „Wer sagt was über welchen Kanal zu wem?" – Heute erweitert durch die Fragen nach der Kommunikationswirkung und der Umweltsituation; für die Werbung gilt: *Wer* (Unternehmen, Werbetreibender) *sagt was* (Werbebotschaft) *unter welchen Bedingungen* (Situation) *über welche Kanäle* (→ Media) *zu wem* (→ Zielgruppe) *mit welchen Wirkungen* (→ Werbewirkung)?

Last der Staatsverschuldung – 1. *Inanspruchnahme von ökonomischen Ressourcen*, die der Staat der (vollbeschäftigten) Wirtschaft entzieht; Last trägt die gegenwärtig betroffene Generation (→ New Orthodoxy Approach). – 2. *Subjektive Nutzeneinbuße;* nicht der Anleiheerwerber, der freiwillig kauft, sondern der zur späteren Tilgung der Anleihe Besteuerte wird die Steuer als Last empfinden (Buchanan). – 3. *Inanspruchnahme zur Tilgung;* Last trägt der Besteuerte. – 4. *Wachstumseinbuße* (→ Aggregate Investment Approach); Last trägt die zukünftige Generation. – 5. *Rechtfertigung der Staatsverschuldung:* objekt- bzw. rentabilitätsorientierte Verschuldungsregel, situationsbezogene Verschuldungsregel, → Pay-as-You-Use-Prinzip, → Intergeneration-Equity-Prinzip. – 6. → Ricardianische Äquivalenz zwischen einer Steuerfinanzierung und einer Nettokreditaufnahme.

Lastenausgleich – 1. *Begriff/Aufgaben:* Neben der Wiedergutmachung nationalsozialistischen Unrechts sowie der Versorgung von Kriegsopfern und Kriegshinterbliebenen stellt der Lastenausgleich ein zentrales Element der zur Bewältigung der Kriegsfolgen dienenden Sozialgesetzgebung dar. Aufgabe des Lastenausgleichs ist es, die Eingliederung der durch Kriegs- und Kriegsfolgeereignisse materiell geschädigten Flüchtlinge und Vertriebenen, Kriegssachgeschädigten, Währungsgeschädigten und Sowjetzonenabwanderer zu unterstützen und Entschädigung für erlittene Vermögensverluste zu gewähren. – 2. *Mittelaufkommen:* Das nach dem Krieg vorhandene Sachvermögen wurde systematisch erfasst und steuerlich belastet; die aufkommenden Mittel wurden einem speziell gebildeten → Ausgleichsfonds zugeführt. Die Abgabeschuld wurde auf 50 Prozent des Einheitswerts des am Währungsstichtag vorhandenen abgabepflichtigen Vermögens festgesetzt und war über einen Zeitraum von 30 Jahren zu bedienen. Diese Vermögensabgabe wurde ergänzt durch zwei Abgaben auf im Rahmen der Währungsreform durch die Umstellung von dinglich gesicherten Verbindlichkeiten (Hypothekengewinnabgabe) sowie von Verbindlichkeiten bilanzierender Unternehmen (Kreditgewinnabgabe) entstandene Währungsgewinne. Diese Abgaben wurden durch im Zeitablauf relativ steigende Zuschüsse von Bund und Ländern an den Ausgleichsfonds ergänzt. – 3. *Leistungen:* Der Lastenausgleich verbindet Entschädigung und Eingliederungshilfe, indem neben Entschädigungsleistungen für den Verlust von Sach- und Geldvermögen auch auf die Eingliederung zielende Leistungen gewährt werden, v.a. Darlehen für den Wohnungsbau, für die gewerbliche Wirtschaft und die Landwirtschaft, Rentenzahlungen, Mittel für den Erwerb von Hausrat sowie Ausbildungshilfen. – 4. *Ausblick:* Auch wenn der Lastenausgleich im Wesentlichen als abgeschlossen gelten kann, werden auch noch in den nächsten Jahren Zahlungen v.a. für die Bezieher von Rentenleistungen erbracht werden.

Lastenausgleichsfonds → Lastenausgleich, → Ausgleichsfonds.

Lastenheft – *Cahier des Charges;* eine Broschüre, die alle wichtigen technischen, wirtschaftlichen und rechtlichen Einzelheiten einer → Ausschreibung enthält: Angaben über Güte und Menge der Ware, technische Abwicklung (z.B. bei Bauvorhaben), Liefer- bzw. Leistungstermin, Angebotstermin, Erfüllungsbedingungen etc.

Lastenzuschuss → Wohngeld.

Lastfahrt – Fahrt eines Transport- oder Fördermittels mit Ladung. – *Gegensatz:* → Leerfahrt.

Lastgrad → Intensitätsgrad.

lästiger Gesellschafter – Gesellschafter, der seine Gesellschafterpflichten gröblich verletzt oder durch anderweitiges Verhalten für die übrigen Gesellschafter untragbar geworden ist. Ein lästiger Gesellschafter kann gemäß § 140 HGB (der sinngemäß auch für GmbH anzuwenden ist) *ausgeschlossen* werden (→ Ausschließung, → Ausschließungsgrund). – Ein lästiger Gesellschafter hat *Anspruch* auf angemessene Abfindung entsprechend dem Wert seines Geschäftsanteils, der i.d.R. höher ist, als sein Kapitalkonto ausweist. – *Steuerliche Behandlung:* a) Liegt die Abfindungszahlung über dem Betrag des steuerlichen Kapitalkontos des lästigen Gesellschafters, so haben die *verbleibenden Gesellschafter* → Anschaffungskosten in Höhe der anteiligen stillen Reserven der bilanzierten und nicht bilanzierten Wirtschaftsgüter und ggf. des → Firmenwerts. Nur ein darüber hinausgehender Betrag ist bei der Gesellschaft als → Betriebsausgaben abzugsfähig. – b) *Beim lästigen Gesellschafter* liegt eine Veräußerung des Mitunternehmeranteils vor. Der Abfindungsanspruch gilt in voller Höhe als Veräußerungspreis. – Vgl. auch → Abfindung.

Lastkraftwagen (Lkw) → Kraftfahrzeug (Kfz), das nach Bauart und Einrichtung nicht zur Beförderung von Personen, sondern zur Beförderung von → Ladungen (Gütern) bestimmt ist. Für Lkw über 7,5 t ist Begrenzung der → Arbeitszeit des Kraftfahrzeugführers und Führung eines → Fahrtschreibers (§ 57a StVZO) vorgeschrieben. – *Fahrverbot:* An Sonntagen und gesetzlichen Feiertagen dürfen in der Zeit von 0 bis 22 Uhr Lkw über 7,5 t auf öffentlichen Straßen des

Bundesgebietes nicht verkehren und Anhänger hinter Lkw (jeder Art) nicht mitgeführt werden. – *Ausnahmen:* kombinierter Güterverkehr Schiene-Straße vom Versender bis zum nächstgelegenen geeigneten Verladebahnhof, Beförderung von frischen Lebensmitteln und dazugehörige Leerfahrten (§ 30 III StVO). Weitergehende Verkehrsverbote im Ferienreiseverkehr. – Vorschriften über die *Abmessungen* in der StVZO; zahlreiche Sondervorschriften im grenzüberschreitenden Güterverkehr.

Lastschrift – I. Buchführung: *i.w.S.* Eintragung auf der Soll-Seite eines Kontos; *i.e.S.* Buchung auf der Soll-Seite eines Kontokorrent-, Darlehens-, Hypotheken- oder Bankkontos. – *Gegensatz:* → Gutschrift.

II. Bankwesen: Einzugspapier, mit dessen Hilfe der Gläubiger (Zahlungsempfänger) durch Vermittlung seiner Bank (erste Inkassostelle) fällige Forderungen zulasten eines Kontos des Schuldners (Zahlungspflichtiger) bei dessen Bankverbindung (Zahlstelle) einziehen kann. Heute ist die Lastschrift meist vollelektronisch. – Vgl. auch → Lastschriftverfahren.

Lastschriftinkasso → Inkassogeschäft.

Lastschriftverfahren – 1. *Begriff:* bargeldloses Zahlungsverfahren, bei dem der Zahlungsempfänger unter Einschaltung eines Kreditinstituts einen Betrag vom Konto des Zahlungspflichtigen abbuchen lässt. Der bankmäßige Zahlungsvorgang wird dabei (anders als bei der Überweisung) vom Zahlungsempfänger ausgelöst. Voraussetzung hierfür ist das Einverständnis des Zahlungspflichtigen. Vorteile des Lastschriftverfahrens für den Gläubiger bestehen v.a. darin, dass er den Zeitpunkt der Zahlung bestimmt und somit weiß, wann er über die entsprechenden Gegenwerte verfügen kann. Der Schuldner andererseits ist der Mühe enthoben, seine Zahlungstermine zu überwachen und → Überweisungen oder → Schecks auszustellen. Er ist allerdings in seinen finanziellen Dispositionen eingeschränkt, da der Zeitpunkt der Belastung seines Kontos durch den Gläubiger bestimmt wird. Rechtsgrundlage für das Lastschriftverfahren ist das zwischen den Spitzenverbänden des Kreditgewerbes sowie der Deutschen Bundesbank vereinbarte Abkommen über den Lastschriftverkehr (Lastschriftabkommen). Darin werden die Aufgaben und Haftungsverhältnisse der beteiligten Kreditinstitute geregelt. – 2. *Verfahrensarten:* a) *Abbuchungsverfahren:* Der Zahlungspflichtige beauftragt seine Bank, die von einem bestimmten Zahlungsempfänger ausgestellten Lastschriften zulasten seines Kontos einzulösen. Der Abbuchungsauftrag des Zahlungspflichtigen ist jederzeit vom Zahlungspflichtigen kündbar. Bei diesem Verfahren steht dem Zahlungspflichtigen kein Widerspruchsrecht gegen die Belastungsbuchung zu. Das Abbuchungsverfahren soll dem individuell gestalteten Zahlungsverkehr dienen, z.B. dem Einzug von Forderungen aus einzelnen Lieferungen und Leistungen. – b) *Einzugsermächtigungsverfahren:* Der Zahlungspflichtige erteilt dem Zahlungsempfänger schriftlich eine Ermächtigung, auf ihn Lastschriften zu ziehen. Bei diesem Verfahren wird dem Zahlungspflichtigen das Recht eingeräumt, ohne Angabe von Gründen der Belastung zu widersprechen und eine Wiedergutschrift des belasteten Betrages zu verlangen. Der Lastschrift kann grundsätzlich zeitlich unbefristet widersprochen werden, wobei die dt. Kreditwirtschaft in ihren AGB (Nr. 7 III) gegenüber ihren Kunden vereinbart hat, dass die Belastungsbuchungen aus Einzugsermächtigungslastschriften spätestens dann endgültig sind, wenn der Zahlungspflichtige der Belastung nicht binnen sechs Wochen nach Zugang des Rechnungsabschlusses widersprochen hat. Das Einzugsermächtigungsverfahren ist für typische Massengeschäfte gedacht und eignet sich neben dem Einzug regelmäßig wiederkehrender Forderungen auch für die Verrechnung von bargeldlosen → Zahlungen mit der Bankkundenkarte und Unterschrift im Handel. In der Praxis hat das Einzugsermächtigungsverfahren eine wesentlich größere Bedeutung als das Abbuchungsverfahren erlangt, da es für die Kreditinstitute rationeller ist. Im Interbankenverkehr werden Lastschriften voll elektronisch abgewickelt (→ elektronischer Zahlungsverkehr/Lastschrift (EZL)). Dem belasteten Kunden werden sie im Kontoauszug angezeigt. Bei Nichteinlösen der Lastschrift (z.B. mangels Deckung auf dem Konto des Zahlungspflichtigen) erfolgt eine Rücklastschrift in vollautomatisierter Form unter Angabe des Rückgabegrundes (z.B. „Konto erloschen" oder „wegen Widerspruchs"). Bei Lastschriftbeträgen ab 3.000 Euro erfolgt zusätzlich eine Eilnachricht an die erste Inkassostelle. – Vgl. auch → Electronic Cash, → ELV, → SEPA-Lastschrift.

Lateinamerikanische Freihandelsvereinigung → LAFTA.

Lateinamerikanische Integrationsvereinigung → ALADI.

Lateinamerikanische Wirtschaftsorganisation → SELA.

latente Genossenschaften – Genossenschaft in einer anderen Rechtsform als der → eingetragenen Genossenschaft (eG), bei der sich die typisch genossenschaftlichen Unternehmenscharakteristika hinter einer Unternehmensform verbergen, die nach außen hin einen genossenschaftlichen Rechtsinhalt nicht erkennen lässt. Es handelt sich um eine Genossenschaft in der Rechtsform einer → Aktiengesellschaft (AG), → Gesellschaft mit beschränkter Haftung (GmbH), → GmbH & Co. KG u.a., die spezifische genossenschaftliche Strukturen enthält, z.B. die Festlegung des Förderungszweckes der Mitglieder in der Satzung, die personalistische Grundstruktur der Genossenschaft in der Weise, dass nur eine bestimmte Anzahl von Genossenschaftsanteilen erworben werden kann sowie die Gültigkeit des genossenschaftlichen → Identitätsprinzips in dem Sinne, dass eine Gleichheit zwischen den Trägern des Unternehmens (den

Aktionären oder den Inhabern der GmbH-Anteile) und den Kunden bzw. den Lieferanten des kooperativen Unternehmens vorhanden ist. Latente Genossenschaften treten vor allem bei landwirtschaftlichen Warenzentralen und gewerblichen Beschaffungszentralen des Einzelhandels, aber auch bei Genossenschaftsbanken auf der Sekundär- und der Primärstufe auf.

latente Konkurrenz – Begriff der → Preistheorie und → Wettbewerbstheorie. Bei Annahme des freien Marktzutritts (→ offener Markt) hängt die Position eines Anbieters nicht nur von den Reaktionen der bereits am Markt befindlichen Anbieter, sondern auch von den Verhaltensweisen möglicher Konkurrenten ab (→ potenzieller Wettbewerb). Falls auf einem Markt überdurchschnittlich hohe Gewinne erzielt werden, ist langfristig damit zu rechnen, dass neue Anbieter auf diesem Markt auftreten. Die von potenziellen Anbietern ausgehende Gefahr für die tatsächlichen Anbieter wird als latente Konkurrenz bezeichnet. Durch sie werden Monopol- bzw. Oligopolmärkte bestreitbar (*Contestable Markets*).

latenter Bedarf – das Vorhandensein eines → Bedarfs ohne geldliche Kaufkraft. Die Absatzpolitik eines erwerbswirtschaftlichen Unternehmens hat die Frage evtl. zukünftiger Kaufkraft zu erwägen, um ggf. den latenten Bedarf zu mobilisieren. – Vgl. auch → Bedarfselastizität.

latente Steuern – 1. *Begriff:* Posten auf der Aktiv- und Passivseite, die zeitliche Differenzen zwischen der → Steuerbilanz und → Handelsbilanz bzw. IFRS-Abschluss ausgleichen. – 2. *Latente Steuern im Einzelabschluss:* Gleichen sich die Differenzen voraussichtlich in den späteren Geschäftsjahren aus, so ist eine sich daraus insgesamt ergebende Steuerbelastung als passive latente Steuern (§ 266 III E. HGB) in der → Bilanz anzusetzen. Für die → Aktivierung von aktiven latenten Steuern (§ 266 II D. HGB) besteht ein Wahlrecht gemäß § 274 I HGB. Quasi-permanente Differenzen sind in die Bilanzierung von latenten Steuern mit einzubeziehen. Der Ausweis von aktiven und passiven latenten Steuern kann separat oder saldiert erfolgen. Latente Steuern auf Verlustvorträge und Zinsvorträge sind zu berücksichtigen, soweit eine Verrechnung innerhalb der nächsten fünf Jahre erwartet wird. Die Beträge der sich ergebenden Steuerbe- und -entlastungen sind gemäß § 274 II HGB mit den unternehmensindividuellen Steuersätzen im Zeitpunkt des Abbaus der Differenzen zu bewerten; eine Abzinsung ist nicht vorzunehmen. Die Auflösung der angesetzten latenten Steuern hat gemäß § 274 II HGB zu erfolgen, sobald die Steuerbe- oder -entlastung eintritt oder nicht mehr mit ihr zu rechnen ist. Der Aufwand oder Ertrag aus der Veränderung bilanzierter latenter Steuern ist in der → Gewinn- und Verlustrechnung (GuV) gesondert unter dem Posten „Steuern vom Einkommen und vom Ertrag“ auszuweisen. Bei einem Ausweis aktiver latenter Steuern dürfen gemäß § 268 VIII HGB Gewinne nur ausgeschüttet werden, wenn die nach der Ausschüttung verbleibenden frei verfügbaren Rücklagen zzgl. eines Gewinnvortrags und abzüglich eines Verlustvortrags mind. dem Betrag entsprechen, um den die aktiven die passiven latenten Steuern übersteigen. Eine Aufgliederung der ausschüttungsgesperrten latenten Steuern hat im Anhang gemäß § 285 Nr. 28 HGB zu erfolgen. Weiterhin ist im Anhang gemäß § 285 Nr. 29 HGB anzugeben, auf welchen Differenzen oder steuerlichen Verlustvorträgen die latenten Steuern beruhen und mit welchen Steuersätzen die Bewertung erfolgt ist. – 3. *Latente Steuern im HGB-Konzernabschluss:* Gemäß § 306 HGB besteht eine Ansatzpflicht für aktive und passive latente Steuern. Ausgenommen von der Steuerabgrenzung sind ein sich im Rahmen der Erstkonsolidierung ergebender Geschäfts- oder Firmenwert, sowie Differenzen, die sich zwischen dem steuerlichen Wertansatz einer Beteiligung an einem Tochterunternehmen, assoziierten Unternehmen oder einem Gemeinschaftsunternehmen im Sinn des § 310 I HGB und dem handelsrechtlichen Wertansatz des im → Konzernabschluss angesetzten Nettovermögens ergeben. Bei der Bewertung sind gemäß § 306 i.V. mit § 274 II HGB unternehmensindividuelle Steuersätze zu verwenden; eine Abzinsung hat nicht zu erfolgen. Die Bewertung der im Rahmen der Erstkonsolidierung berücksichtigten latenten Steuern (§ 301 I HGB) wird ebenso nach den Regelungen des § 274 II HGB durchgeführt. Anhangangaben zu latenten Steuern im Konzernabschluss sind in § 314 I Nr. 21 geregelt. – 4. *Latente Steuern im IFRS-Konzernabschluss:* Die Regelungen der IFRS entsprechen im Wesentlichen denen des HGB und sind im Standard IAS 12 zusammengefasst. --Vgl. auch → Rückstellung für latente Steuern, → Abgrenzungsposten für aktive latente Steuern.

Late Stage – Begriff aus der Venture-Capital-Finanzierung. Im Rahmen des chronologischen Phasenmodells letzte Phase nach der → Expansion Stage. Umfasst Finanzierung eines etablierten Unternehmens zur Überbrückung, z.B. vor einem Börsengang oder der Veräußerung an einen Finanzinvestor oder strategischen Käufer.

Latin American Economic System (LAES) → SELA.

Latin American Free Trade Association (LAFTA) → LAFTA.

Latin American Integration Association (LAIA) → ALADI.

Laufbahnplanung → Personalplanung, → Karriereplanung.

Laufbilder – Filme, denen mangels hinreichender → Eigentümlichkeit kein Urheberrechtsschutz zukommt, denen aber als dem Urheberrecht verwandte Schutzrechte eingeschränkter Rechtsschutz gewährt wird (§ 95 UrhG, → Filmwerk).

laufende Inventur – *permanente Inventur;* eine Form der → effektiven Inventur. – 1. *Kennzeichen:*

Im Gegensatz zur → Stichtagsinventur werden die Bestände nicht an einem bestimmten Stichtag körperlich aufgenommen, sondern „laufend" während des ganzen Geschäftsjahres. Am Bilanzstichtag werden die Bestände aus der buchmäßigen *Bestandsfortschreibung* in das Inventar übernommen. – 2. *Wesentliche Voraussetzungen:* (1) strenge Anforderungen an die Bestandsfortschreibung (z.B. in der → Lagerbuchführung): alle Zu- und Abgänge einzeln nach Tag, Art und Menge; belegmäßiger Nachweis; (2) in jedem Geschäftsjahr mind. einmal Vergleich zwischen Buchbestand und körperlicher Bestandsaufnahme je einzelnem Bestand; gleichzeitige Prüfung aller Bestände je Lagerort nicht erforderlich; (3) Buchbestände sind ggf. an die Bestandsaufnahme anzupassen; (4) laufende Inventur ist nicht auf das Vorratsvermögen (Hauptanwendungsfall) beschränkt, nicht anwendbar auf Vorräte mit unkontrollierbaren Abgängen und bei bes. wertvollen Vermögensgegenständen. – 3. *Durchführung:* in unregelmäßigen und vorher nicht absehbaren Zeitabständen (den Inventurplan sollte nur der Inventurleiter kennen) durch nicht für die Bestände verantwortliche Personen; nur dann ist Kontrollfunktion gewährleistet. – Am *Bilanzstichtag* selbst findet i.d.R. keine bes. Stichtaginventur statt, sodass nachteilige Betriebsunterbrechungen zum Jahresende und der Einsatz sachkundigen Personals für die Bestandsaufnahme vermieden werden. – Die laufende Inventur ist steuerlich nicht zulässig für Bestände, bei denen durch Schwund, Verdunsten, Verderb, leichte Zerbrechlichkeit oder ähnliche Vorgänge ins Gewicht fallende unkontrollierbare Abgänge eintreten, es sei denn, dass diese Abgänge aufgrund von Erfahrungssätzen schätzungsweise annähernd zutreffend berücksichtigt werden können sowie für Wirtschaftsgüter, die – abgestellt auf die Verhältnisse des jeweiligen Betriebs – bes. wertvoll sind (R 5.3 EStR). – 4. Sonderfall der laufenden Inventur ist die sog. *Einlagerungsinventur* bei automatisch gesteuerten Lagersystemen. Die Fortschreibung in den Lagerbüchern ist mit der automatischen Lagersteuerung synchronisiert.

laufender Arbeitslohn – im Sinn des Lohnsteuerrechts der → Arbeitslohn, der dem Arbeitnehmer regelmäßig zufließt. – *Gegensatz:* → sonstige Bezüge.

laufende Rechnung – Abrede über die Verrechnung beiderseitiger Forderungen nach bestimmten Rechnungsperioden. Soweit *ein* → Kaufmann beteiligt ist, liegt i.d.R. ein → Kontokorrentvertrag vor. Wird die Vereinbarung unter Nichtkaufleuten getroffen, können §§ 355–357 HGB nur insoweit herangezogen werden, als es dem evtl. durch → Auslegung zu ermittelnden Willen der Parteien entspricht.

laufendes Budget – Erfassung aller finanziellen Transaktionen, die zu keiner Veränderung des Vermögensstatus einer Gebietskörperschaft führen. – *Gegensatz:* → Kapitalbudget. – Vgl. auch → Haushaltssystematik.

laufende Schuld → laufende Verbindlichkeit.

laufende Übertragungen – Teil der einseitigen Übertragungen, die regelmäßig stattfinden und die vom laufenden → Einkommen z.B. der → Inländer finanziert werden. – Vgl. auch → Zahlungsbilanz.

laufende Verbindlichkeit – *laufende Schuld.* 1. *Begriff:* Schulden mit einer Laufzeit von weniger als drei Monaten (solche mit einer Laufzeit von mehr als einem Jahr werden als → Dauerschulden bezeichnet). Dient der Kredit der Finanzierung des → Anlagevermögens, so wird eine Dauerschuld vermutet, betrifft er das → Umlaufvermögen, so wird eine laufende Verbindlichkeit vermutet. Bei der Abgrenzung ist allerdings immer auf die tatsächlichen Verhältnisse des Einzelfalles abzustellen. – 2. *Gewerbesteuerliche Behandlung:* Seit dem Erhebungszeitraum 2008 sind Entgelte für Schulden als Finanzierungsentgelte (z.B. Zinsen) unabhängig von der Laufzeit der Schulden gewerbesteuerlich mit 25 Prozent bei der Ermittlung des Gewerbeertrages hinzuzurechnen. Ein Freibetrag von 100.000 Euro ist dabei zu berücksichtigen. Vor dem Erhebungszeitraum 2008 waren nur Entgelte für Dauerschulden gewerbesteuerlich hälftig bei der Ermittlung des → Gewerbeertrags hinzuzurechnen. Somit unterlagen Entgelte für Dauerschulden der → Gewerbesteuer, Entgelte für laufende Verbindlichkeiten dagegen nicht.

laufende Versicherung – *offene Police.* – 1. *Begriff:* Form der → Schadenversicherung, bei der die versicherten Risiken zum Zeitpunkt des Vertragsabschlusses zunächst nur der Gattung nach bezeichnet werden, erst später gibt der Versicherungsnehmer dem Versicherungsunternehmen die konkreten Risiken auf. Siehe auch Deklaration. Ausprägung der Transportversicherung. – 2. *Merkmale:* Der Versicherungsnehmer ist verpflichtet, die versicherten Risiken einzeln oder zu bestimmten Terminen gesammelt an den Versicherer zu melden. Damit genießt er auch dann Versicherungsschutz, wenn ein Schaden schon vor der Anmeldung eingetreten ist.

Laufende Wirtschaftsrechnungen privater Haushalte – Die Laufenden Wirtschaftsrechnungen privater Haushalte (LWR) sind eine jährlich durchgeführte Quotenstichprobe zur Erfassung der Einnahmen und Ausgaben privater Haushalte. Daneben liefern sie Informationen über die Wohnverhältnisse und die Ausstattung der Haushalte mit Gebrauchsgütern. Die Laufenden Wirtschaftsrechnungen privater Haushalte dienen der Ermittlung der Feinwägungsschemata des → Verbraucherpreisindex für Deutschland (VPI) und stellen wichtige Daten zur Beurteilung der Einkommenssituation und der Verbrauchsverhältnisse der Bevölkerung bzw. einzelner Bevölkerungsgruppen bereit. Daten der Laufenden Wirtschaftsrechnungen privater Haushalte fließen außerdem in Schätzungen im Rahmen der → Volkswirtschaftlichen Gesamtrechnungen (VGR) ein. Die Datenerhebung erfolgt auf freiwilliger Basis bei einer

Unterstichprobe der Haushalte, die in der vorangegangenen → Einkommens- und Verbrauchsstichprobe (EVS) teilgenommen haben. Beide Erhebungen sind eng aufeinander abgestimmt. Zusammen bilden die in fünfjährigem Turnus erhobene Einkommens- und Verbrauchsstichprobe und die jährlich durchgeführten Laufenden Wirtschaftsrechnungen privater Haushalte das Erhebungssystem der → Wirtschaftsrechnungen privater Haushalte.

Laufkarte – Produktionsunterlage, die im Rahmen der → Produktionsprozesssteuerung erstellt wird. Auf der Laufkarte sind die einzelnen Arbeitsgänge und -stationen zur Bearbeitung eines Auftrages angegeben. Nach Beendigung eines Arbeitsganges wird der entsprechende Realisationsgrad des Auftrages auf der Laufkarte vermerkt.

Laufkunden – Käufer, die ihren Bedarf nicht bei einem bestimmten Einzelhändler oder Dienstleistungsunternehmen decken wie die → Stammkunden, sondern „im Vorübergehen" oder jeweils nach Prüfung des Marktangebots in wechselnden Unternehmen.

Laufwerk → Diskettenlaufwerk.

Law and Economics → Neue Institutionenökonomik, → Rechtsökonomik.

Lawinensteuer → Kaskadensteuer.

Lawinenwirkung → Kaskadenwirkung.

Layer – 1. *Begriff:* Deckungsabschnitt in einem nicht proportionalen Rückversicherungsprogramm, bei dem die → Haftstrecke zwischen der Priorität des → Zedenten und dem Haftungslimit auf der Rückversicherungsseite in mehrere aufeinanderfolgende Teilabschnitte aufgeteilt ist. – 2. *Merkmale:* Die einzelnen Layer können bei verschiedenen (Rück-)Versicherern gedeckt sein.

Layout – **I. Allgemein:** räumliche Anordnung.

II. Innerbetriebliche Standortplanung: räumliche Anordnungsmöglichkeiten für gewisse Objekte innerhalb eines Betriebes (innerbetriebliche Standortverteilung); Gegenstand der → Layoutplanung.

III. Werbung: skizzenhaft angelegter *Entwurf* der Text- und Bildgestaltung eines → Werbemittels. Das Layout dient als Vorlage für Anordnung von Text- und Bildelementen, Formatierung und Verwendung bestimmter Schriftzüge. – *Forderungen an ein Layout:* Eigenständigkeit der Form, Abgestimmtheit auf Produkt und Zielgruppe, Abhebung von Konkurrenzwerbung.

Layouter → Werbeberufe.

Layoutplanung – *innerbetriebliche Standortplanung.*

I. Begriff: 1. *I.w.S.:* Entscheidungsvorbereitung und -fällung über Art, Menge und räumliche Anordnung von Potenzialfaktoren und Arbeitssystemen. – 2. *I.e.S.:* Entscheidungsvorbereitung und -fällung über die räumliche Anordnung von Potenzialfaktoren und Arbeitssystemen; umfasst Groblayoutplanung, → Lagerplanung, → Maschinenlayoutplanung und → Gebäudelayoutplanung.

II. Grundproblemdarstellung: Es existiert eine abgegrenzte Fläche (Standortträger, Anordnungsfläche), auf der eine Menge von Objekten (Anordnungsobjekte) angeordnet werden sollen. Es existieren: (1) zwischen den Anordnungsobjekten gewisse Beziehungen (Kontakte), z.B. Güterflüsse, Formularbewegungen, Kommunikationsbeziehungen; (2) Restriktionen, die die Anordnung von gewissen Objekten an einer ganz bestimmten Stelle oder in einem bestimmten Bereich der Anordnungsfläche fordern oder verbieten (absolute Anordnungsbedingungen) und/oder die räumliche Nachbarschaft gewisser Objekte fordern oder verbieten (relative Anordnungsbedingungen); (3) eine Menge von Zielen; die Ausprägungen der Zielgrößen hängen von der jeweiligen (absoluten und/oder relativen) räumlichen Anordnung der Anordnungsobjekte ab; gesucht ist eine räumliche Anordnung (innerbetriebliche Standortverteilung, Layout), die den Zielen am besten gerecht wird.

III. Modelle: Unter einer Reihe vereinfachender Annahmen lassen sich Probleme der Layoutplanung mithilfe *quadratischer Zuordnungsprobleme* untersuchen. Der Einsatz von Modellen der *Graphentheorie* ist v.a. in jüngerer Zeit Gegenstand wissenschaftlicher Untersuchungen.

IV. Lösungsverfahren: 1. *Verfahren zur Bestimmung optimaler Lösungen für quadratische Zuordnungsprobleme* spielen bei der Layoutplanung in der Praxis kaum eine Rolle, da die zugrunde liegenden Modelle der Vielzahl von Zielen und Nebenbedingungen i.d.R. nicht gerecht werden. – 2.Bei *klassischen Verfahren der Layoutplanung* können dagegen gewisse Gegebenheiten der Realität (v.a. die unterschiedlichen Grundflächenformen der Anordnungsobjekte) besser berücksichtigt werden. Zu unterscheiden sind: a) *Eröffnungs- bzw. Konstruktionsverfahren* zur Erzeugung einer möglichst guten Ausgangslösung, am bekanntesten CORELAP (Computerized Relative Layout Planning). – b) *Verbesserungsverfahren:* Ausgehend von einer vorgegebenen Lösung (etwa durch den Austausch von Standorten) wird versucht, bessere Lösungen zu erzeugen, am bekanntesten CRAFT (Computerized Relative Allocation of Facilities). – c) *Kombinationen* aus a) und b). – 3. Den neuesten Stand der Entwicklung stellen *Dialogverfahren* (Interactive CORELAP, MICROLAY) dar, bei denen der Planer aktiv in den Programmablauf einwirken kann, indem er etwa Zuordnungen vorgibt, Grundflächenformen der Anordnungsobjekte variiert, die Zulässigkeit von Lösungen beurteilt. So sollen einerseits die Fähigkeit der Rechenanlage zur Verarbeitung großer Datenmengen, andererseits die visuellen Fähigkeiten des Planers, seine Erfahrungen und Intuition möglichst gut genutzt werden.

LBA – Abk. für → Luftfahrt-Bundesamt.

LBO – Abk. für → Leveraged Buyout.

LDC – Abk. für *Less Developed Country* (→ Developing Country) oder → *Least Developed Country*.

Lead Country Concept – Vorgehensweise bei der Marktausweitung auf internationale Märkte (→ internationales Marketing). Die Auslandsmärkte werden nicht gleichzeitig, sondern stufenweise erschlossen, wobei ein bestimmtes Land die Führung in der internationalen Strategieentwicklung übernimmt.

Leader-Match-Konzept – führungstheoretischer Ansatz (→ Kontingenztheorie der Führung), der die Effektivität von Führung in den Mittelpunkt der Betrachtung stellt. Ob ein Vorgesetzter (Leader) effektiv ist, hängt von seinem → Führungsstil und der Günstigkeit der Situation ab. Dabei ist der Führungsstil kein typisches Verhaltensmuster, sondern eine dauerhafte Persönlichkeitseigenschaft, die von den motivationsbestimmenden Erfahrungen bestimmt wird. – Fiedler wendet verschiedene soziometrische Verfahren zur Bestimmung des Führungsstils und der Günstigkeit der Situation an, um bei der Gestaltung Hilfen anzubieten.

Leaders → ABC-Kurven, → Konjunkturindikatoren.

Leading – bewusste → Zahlung einer Verpflichtung vor vertraglicher Fälligkeit, im → Auslandsgeschäft, um einen erwarteten oder konkreten Wechselkursvorteil auszunutzen. Im Gegensatz zum → Lagging (Verzögerung der Zahlung über den Fälligkeitstermin hinaus) ist Leading vertragskonform.

Lead Manager – federführende Bank an der Spitze eines → Emissionskonsortiums. – Vgl. auch → Bookbuilding.

Lead User – Nachfrager, deren Bedürfnisse als repräsentativ für einen Markt angesehen werden können und die eine hohe Kaufbereitschaft für zukünftige Produkte besitzen. Durch die Einbeziehung führender Anwender in den gesamten Entwicklungsprozess von Innovationen können Unternehmen wesentliche Wettbewerbsvorteile erreichen. Lead User sollen Bedürfnisse erkennen, bevor sie am gesamten Markt auftreten. Nach der Identifizierung technologischer Trends in den Abnehmersegmenten und der Identifizierung potenzieller Lead User werden der Innovationsbedarf analysiert sowie Lead User-Leistungskonzepte entwickelt und auf ihre Kundensegmentrepräsentanz hin untersucht. Das Lead User-Konzept zeigt die Bedeutung der Symbiose von Produzent und Kunde im Rahmen des Innovationsprozesses (→ Innovation, → Technologiemarketing) auf und ergänzt im Hinblick auf Innovationsquellen die Paradigmen von Angebotsdruck und Nachfragesog um jenes des aktiven Abnehmers. – Vgl. auch → Leapfrogging.

Lean Management – *schlankes Management*. 1. *Charakterisierung:* Managementansatz, nach dem bes. durch die Grundprinzipien Dezentralisierung und Simultanisierung (verbunden mit kooperativen Verhaltensweisen) die Ziele Kundenorientierung und Kostensenkung für die gesamte Unternehmensführung realisiert werden (sollen). Die genannten Grundprinzipien beziehen sich dabei sowohl auf unternehmensinterne als auch auf unternehmensübergreifende Strukturen. – 2. *Grundprinzipien:* a) *Dezentralisierung:* (1) Die unternehmensinterne Dezentralisierung von Aufgaben, Kompetenzen und Verantwortungsbereichen erfolgt v.a. bei den primären Leistungsbereichen der Wertschöpfungskette. Im Mittelpunkt stehen teamorientierte Arbeitsorganisation mit intensiven Kommunikationsbeziehungen zwischen breit qualifizierten Mitarbeitern sowie mit weit reichender Dezentralisation v.a. von Aufgaben der Qualitätssicherung und der Instandhaltung. (2) Die unternehmensübergreifende Dezentralisierung bedeutet eine Verringerung der Leistungstiefe durch Zusammenarbeit mit Partnern vor- und nachgelagerter Wertschöpfungsketten. Wesentliche Bedeutung hierbei erlangen → strategische Allianzen mit Zulieferern, Händlern, Spediteuren und Recyclern. – b) *Simultanisierung:* (1) Die unternehmensinterne Simultanisierung von Prozessen äußert sich v.a. in der Aufgabe der tayloristischen Funktionsspezialisierung einzelner Leistungsbereiche. Konsequent umgesetzt wird dies z.B. im Rahmen des simultaneous engineering durch Integration und Parallelisierung von Produkt-, Prozess- und Potenzialplanung sowie -entwicklung. (2) Unternehmensübergreifende Simultanisierung von Prozessen erfolgt v.a. durch informatorische Vernetzung mit Händlern, Spediteuren und Zulieferern. Herausragende Bedeutung hat dabei die Verfolgung von Pull-Prinzipien, v.a. durch die Anwendung von Just-in-Time-Anlieferung (→ Just in Time (JIT)).

Lean Marketing – Managementkonzept im Marketing, das durch das Überdenken von Marketingstrukturen Stoßrichtungen für die Entwicklung von Unternehmenskonzepten aufzeigen will. – *Ziel:* Erstellung ganzheitlicher strategischer Konzepte; nicht eine einzelne Erfolgsposition wird angestrebt, sondern die gleichzeitige Erzielung mehrerer Wettbewerbsvorteile (→ Wettbewerbsstrategie). – *Kernelemente:* ganzheitliche Sichtweise, Prozessorientierung, Kundenorientierung, Mitarbeiterorientierung, Zulieferintegration, Konzentration auf Kernkompetenzen.

Lean Production – 1. *Begriff:* Lean Production ist der sparsame und zeiteffiziente Einsatz der Produktionsfaktoren Betriebsmittel, Personal, Werkstoffe, Planung und Organisation bei allen Unternehmensaktivitäten. – 2. Die *Ziele* der Lean Production beziehen sich auf die Optimierung der Produktivität der Produktionsfaktoren und der Qualität der Produkte sowie die Flexibilität des Produktionsapparates. (1) Die Produktivität kann verbessert werden, wenn es gelingt, bei gleicher Ausbringungsmenge (Output) den Einsatz einzelner oder aller Produktionsfaktoren zu senken, z.B. durch Abbau von überflüssigen Lagerbeständen, Abbau nicht ausgelasteter

Kapazitäten inkl. Personal, Streichung von Hierarchieebenen, Verkürzung der → Durchlaufzeiten der Produkte durch das Just-in-Time-Prinzip, die flexible Arbeitszeit oder → Business Process Reengineering. (2) Die Produktqualität kann durch die Verbesserung des Produktionsprozesses erhöht werden, z.B. durch ständige Qualitätskontrollen, sofortige Nachbearbeitung defekter Produkte oder Produktteile, Vermeidung von Ausschuss in Produktion und Beschaffung, enge Zusammenarbeit mit den Zulieferfirmen, auch bei der Produktentwicklung. (3) Flexibilität bedeutet die Fähigkeit, ein breites Spektrum von Produktmengen oder Produktvarianten kostengünstig und zeiteffizient herstellen zu können. Dies Ziel kann v.a. durch flexible Arbeitszeit und damit Nutzung temporärer Kapazitäten und durch die Einführung flexibler Produktionssysteme oder der → Jobrotation erreicht werden. – 3. *Grenzen:* (1) Das Modell der Lean Production minimiert die Kapazitäts- und Personalkosten für ein bestimmtes Auftragsniveau. Es vernachlässigt daher in seiner ursprünglichen Form die absatzpolitische Seite und konzentriert sich zu sehr auf Kostenentlastungen. (2) Die Minimierung des Personal- und Kapazitätsbestandes sowie der weit gehende Abbau der Lagerbestände können dazu führen, dass das Unternehmen keinerlei Reserven für unvorhersehbare Störungen in Produktion, Distribution und Beschaffungslogistik aufweist. (3) Die Minimierung der Durchlaufzeiten und Lagerbestände erfordert ein rechtzeitiges Anliefern der von außen bezogenen Einzelteile und Materialien nach dem Just-in-Time-Prinzip. Das bedeutet i.d.R., dass von den Zulieferern häufiger kleine Mengen zum Produzenten transportiert werden müssen, was die Auslastung der Speditionsfahrzeuge ungünstig beeinflusst. Die daraus resultierenden unnötigen Emissionen durch den Transport und andere Umweltbeeinträchtigungen werden vom Lean Production-Konzept nicht betrachtet.

Leapfrogging – *Bockspringen.* 1. *Begriff:* Überspringen bzw. Auslassen einzelner Stufen im Rahmen eines vorgegebenen Prozessablaufs. – 2. *Arten:* a) *Nachfragerseitiges Leapfrogging:* Bei Kaufprozessen wird mit Leapfrogging die bewusste Entscheidung eines Nachfragers bezeichnet, eine gegenwärtig am Markt verfügbare Innovation nicht zu kaufen und die → Kaufentscheidung auf eine in der Zukunft erwartete Produktgeneration zu verschieben. Verfolgt ein Anbieter das Ziel, Nachfrager zum Leapfrogging zu bewegen, etwa weil er gegenwärtig keine marktfähigen Produkte anbietet, jedoch eine neue Generation entwickelt, so bieten sich ihm dazu folgende Möglichkeiten: (1) Durch Vorankündigung zukünftiger Produkte vor ihrer eigentlichen Markteinführung können Erwartungen hinsichtlich des Einführungszeitpunktes und der Leistungsfähigkeit auf der Nachfragerseite induziert werden. (2) Integration des Nachfragers in den Entwicklungsprozess des zukünftigen Produktes. Für Anbieter besteht hier v.a. die Möglichkeit, Prototypen frühzeitig zu präsentieren, mit → Lead Usern zusammenzuarbeiten und dieses gezielt mit Produktinformationen zu versorgen sowie → Beta-Tests mit dem zukünftigen Produkt durchzuführen. – b) *Anbieterseitiges Leapfrogging:* Die bewusste Entscheidung eines Anbieters, in der Entwicklung eine Produktgeneration zu überspringen und die Entwicklungsanstrengungen auf zukünftige Produkte zu konzentrieren. Dem Anbieter kann es dadurch gelingen, im Vergleich zu den Konkurrenten schneller eine ausgereifte (zukünftige) Produktgeneration auf den Markt zu bringen und die Rolle des Marktpioniers einzunehmen. Das Auslassen einer Generation bewirkt jedoch auch einen Erfahrungs- bzw. Kompetenzrückstand des Anbieters, der sich negativ auf Leistungsmerkmale des zukünftigen Produktes und damit auf die zukünftige Wettbewerbsfähigkeit auswirken kann.

Learning – Forschungsbereich der → Künstlichen Intelligenz (KI). Gegenstand ist die Entwicklung von Methoden, die es → Softwaresystemen ermöglichen sollen, sich selbst automatisch zu ändern, sodass z.B. ihre → Performance verbessert oder ihr Leistungsumfang vergrößert wird.

Learning by Doing → dynamische Größenvorteile; Ergänzung um Erfahrungs- und Lerneffekte, z.B. effizientere Ausnutzung der vorhandenen → Produktionsfaktoren, z.B. besserer Einsatz der Maschinen.

Learning by Doing Economies – *Lernkurveneffekte;* können als dynamisierte Effekte von → Economies of Scale interpretiert werden, da die Stückkosten eines Unternehmens nicht nur von der aktuellen Produktionsmenge, sondern auch von der in der Vergangenheit produzierten Menge abhängen. Das Potenzial zur Kostensenkung wird in der → Erfahrungskurve dokumentiert, die angibt, um welchen Prozentsatz die Stückkosten bei einer Verdopplung der Produktionsmenge jeweils fallen. Gründe für diese Ersparnis können Lerneffekte sein, aber auch eine effizientere Produktion, wie z.B. eine Reduktion der Ausschussquoten. Die Erfahrungskurve gibt Auskunft über mögliche → Wettbewerbsstrategien und ist als

Learning by Doing Economies

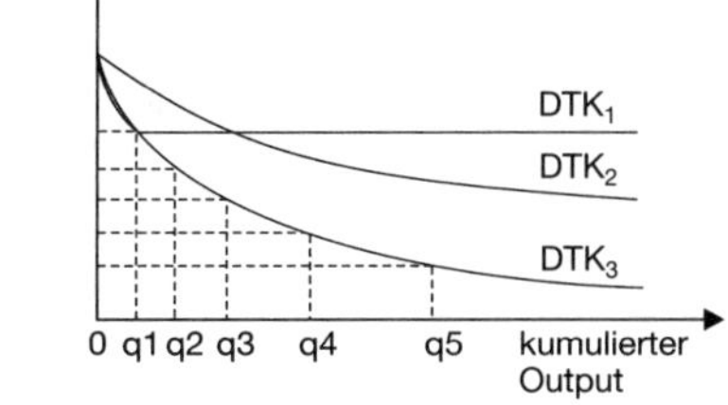

DTK = durchschnittliche totale Kosten

Instrument für die → strategischen Planungen anzusehen. Dieser als *Learning by Doing* bezeichnete Prozess kann zu Wettbewerbsvorteilen eines Unternehmens gegenüber Newcomern führen. Das Phänomen ist seit langem in Unternehmen und Haushalten bekannt, wurde aber zuerst beobachtet und als ökonomisches Konzept formuliert bei der Massenproduktion von Flugzeugen während des Zweiten Weltkrieges. Die Abbildung „Learning by Doing Economies" verdeutlicht alternative *Lernkostenkurven* (DTK_1, DTK_2 bzw. DTK_3) bei kumuliertem Output im Zeitablauf. Wenn Learning by Doing Economies eine große Rolle spielen würde (wie im Fall DTK_3), könnte dadurch eine *Monopolisierungstendenz* ausgelöst werden, die jedoch durch verschiedene Faktoren gemildert wird: (1) Das Potenzial für Kostenersparnisse durch Learning by Doing sinkt im Zeitablauf, da die ständige Wiederholung der Produktionsabläufe immer weniger neue Erfahrungen mit sich bringt. (2) Im Zeitablauf werden sich die Produktionserfahrungen eines Unternehmens durch den Wechsel von Mitarbeitern, das Auslaufen von Patenten und das Publikwerden von Produktionstechniken nicht geheim halten lassen (→ Spillover-Effekt), sodass die Kostennachteile der Konkurrenten geringer sein werden als im Fall vollkommen unternehmensspezifischer Lernkurven. (3) Im Fall eines raschen technologisch bedingten Wechsels des Produktdesigns gehen die Vorteile der Lernkurve verloren; ein Newcomer kann sehr rasch eine neue überlegene Lernkurve realisieren. – Lernkosten-Ersparnisse können bei der Produktion von Gütern eine Rolle spielen; falls diese Kostenersparnisse wesentlich sind, wird die Konzentrationstendenz auf den entsprechenden Produktmärkten verstärkt (→ Unternehmenskonzentration).

Leasing – I. Vertragsformen: 1. *Vertragsbestandteile:* (1) Grundmietzeit, in der i.d.R. kein Kündigungsrecht für den Leasingnehmer zugelassen wird; (2) Vereinbarung von Verlängerungs- oder Kaufoptionen nach Ablauf der Grundmietzeit; (3) Höhe der zu entrichtenden Leasingraten; (4) Übernahme der Gefahr des zufälligen Untergangs oder der wirtschaftlichen Entwertung (Investitionsrisiko) durch Leasinggeber oder Leasingnehmer; (5) evtl. Vereinbarungen über Wartung und Pflege des Leasingobjekts. – 2. *Arten der Vertragsgestaltung:* a) *Operate Leasingverträge:* entsprechen Mietverträgen im Sinn des BGB. Die Kündigung des Vertrags ist i.d.R. bei Einhaltung gewisser Fristen möglich. Der Leasinggeber trägt das gesamte Investitionsrisiko. – b) *Finanzierungs-Leasing-Verträge:* Eine bestimmte Grundmietzeit ist unkündbar. Nach deren Ablauf wird dem Leasingnehmer i.d.R. eine Verlängerungs- oder Kaufoption eingeräumt. Das Investitionsrisiko trägt der Leasingnehmer. Bei Finanzierungs-Leasing-Verträgen mit Verbrauchern gilt § 500 BGB. – Vgl. auch → Mietkauf. – c) *Sale-and-Lease-back-Verträge:* Das Leasingobjekt wird von der Leasinggesellschaft dem Leasingnehmer erst abgekauft und anschließend wieder vermietet bzw. verpachtet.

II. Erscheinungsformen: Für Leasingverhältnisse besteht eine Vielzahl von Vertragstypen. Diese lassen sich nach unterschiedlichen Kriterien systematisieren. Oftmals werden Leasingverträge anhand folgender Kriterien eingeteilt: (1) Art des Leasingobjekts (z.B. Auto-, Maschinen-, Computer-Leasing); (2) Mobilität des Leasingobjekts (Mobilienleasing/Immobilienleasing); (3) Art der Vertragspartner (Privat-Leasing/gewerbliches Leasing); (4) Verhältnis des Leasinggebers zum Leasingnehmer (direktes Leasing/indirektes Leasing);(5) Verhältnis des Leasinggebers zum Hersteller (Sale-and-lease-back); (6) Kalkulation der Grundmietzeit (Vollamortisationsverträge, d.h die gezahlten Leasingraten gleichen die Anschaffungs- bzw. Herstellungskosten und entstandenen Finanzierungs- und Verwaltungskosten mind. aus/Teilamortisationsverträge, d.h. die gezahlten Leasingraten gleichen die Kosten des Leasinggebers am Ende der Grundmietzeit nicht aus und es verbleibt ein Restbetrag).

III. Handels- und steuerrechtliche Behandlung: 1. *Bilanzierung des Leasingobjektes:* a) *Grundsatz: In der Handelsbilanz* sind gemäß § 246 I HGB Vermögensgegenstände grundsätzlich in der Bilanz des Eigentümers aufzunehmen; ist der Vermögensgegenstand jedoch nicht dem Eigentümer, sondern einem anderen wirtschaftlich zuzurechnen, hat dieser den Vermögensgegenstand in seiner Bilanz auszuweisen. Daher ist unstreitig, dass ein Leasinggut genau dann beim Leasingnehmer zu bilanzieren ist, wenn die Vertragskonditionen in ihrer Summe dazu führen, dass das rechtliche Eigentum – das stets beim Leasinggeber verbleibt – zu einer bloßen Formalie herabsinkt. Wann genau ein Leasingvertrag jedoch so strukturiert ist, dass es zu einer so weitgehenden Aushöhlung des rechtlichen Eigentums kommt, ist verschiedenen Sichtweisen zugänglich und in der Literatur folglich umstritten. Laut Grundsatzurteil des BFH vom 26.1.1970 gelten die Leitsätze für die steuerliche Regelung prinzipiell auch für die Handelsbilanz; dem ist unter systematischen Gesichtspunkten zuzustimmen, da in der Steuerbilanz das als Betriebsvermögen anzusetzen ist, was in der Handelsbilanz als Vermögensgegenstand auszuweisen ist und eine steuerliche Ausnahmeregelung, die an dieser Grundregel etwas ändern könnte, nicht vorhanden ist. Daher lässt sich festhalten, dass nach zutreffender Rechtsprechung des BFH in der Handelsbilanz Leasinggüter nach denselben Regeln wie in der Steuerbilanz bilanziert werden müssen; wer in der Handelsbilanz von den Leasingerlassen des BMF (vgl. dazu sogleich) abweichen will, müsste also beweisen, dass die Finanzbehörden die geltende Rechtslage bislang falsch auslegen. – b) *Grundsatz: In der Steuerbilanz* gilt, dass Wirtschaftsgüter in der Bilanz desjenigen anzusetzen sind, dem das wirtschaftliche Eigentum an ihnen gehört (abgeleitet von § 5 I EStG; ferner als allg.

steuerlicher Grundsatz auch in § 39 AO erwähnt). Durch Leasingerlasse des BMF wird geregelt, wann aus der Sicht der Finanzbehörden Leasingverträge so ausgestaltet sind, dass das wirtschaftliche Eigentum auf den Leasingnehmer übergeht und daher dieser die geleasten Gegenstände als eigene Wirtschaftsgüter zu bilanzieren hat. Ist keiner der dort erwähnten Fälle einschlägig, verbleibt das wirtschaftliche Eigentum beim rechtlichen Eigentümer, also dem Leasinggeber, sodass dieser das Wirtschaftsgut in seiner Bilanz anzusetzen hat. – c) *Bilanzielle Folgerungen aus dieser Fallunterscheidung*: (1) Bleibt das wirtschaftliche Eigentum beim Leasinggeber, ist der Leasingvertrag steuerlich als ein ganz normaler Mietvertrag anzusehen: Der Leasingnehmer zahlt eine Miete, die beim ihm zur Betriebsausgabe wird; der Leasinggeber hat das verleaste Wirtschaftsgut als Teil seines Betriebsvermögens zu aktivieren, schreibt es über die Nutzungsdauer ab und behandelt die Mieteinnahmen als laufende Betriebseinnahmen seines Betriebes. (2) Gilt dagegen der Leasingnehmer als wirtschaftlicher Eigentümer, so präsentiert sich der Leasingvertrag wirtschaftlich als ein Kaufvertrag, bei dem der Leasinggeber dem Leasingnehmer den Leasinggegenstand veräußert hat und dieser den Kaufpreis in Raten („Leasingraten") abbezahlt. Somit hat der Leasingnehmer den Gegenstand zu Anschaffungskosten zu aktivieren (§ 253 HGB, § 6 EStG), hierfür muss er, da er in Raten zahlt, einen Barwert seiner Zahlungen berechnen. Zugleich muss er dann, da er durch den „Ankauf" auch eine Kaufpreisverbindlichkeit begründet hat, die Anschaffungskosten auch als Verbindlichkeit bilanzieren. – d) *Abgrenzung im Einzelnen:* Für *Finanzierungs-Leasing* gilt: (1) Bei *Vollamortisationsverträgen* (a) *ohne Optionsrecht* über Grund und Boden wird das Leasingobjekt dem Leasinggeber zugerechnet. Bei derartigen Verträgen über Immobilien und/oder Mobilien erfolgt die Bilanzierung beim Leasinggeber, wenn die Grundmietzeit zwischen 40 und 90 Prozent der betriebsgewöhnlichen Nutzungsdauer des Leasingobjekts beträgt, sonst beim Leasingnehmer; (b) *mit Kaufoption* über Grund und Boden und/oder Immobilien erfolgt die Bilanzierung beim Leasinggeber, wenn der Kaufpreis im Fall der Optionsausübung weder den durch die lineare Abschreibung ermittelten Buchwert noch den niedrigeren gemeinen Wert im Veräußerungszeitpunkt unterschreitet. Bei derartigen Verträgen über Mobilien, sind diese dem Leasinggeber zuzurechnen, wenn der Kaufpreis bei Optionsausübung nicht geringer ist als der durch die lineare Abschreibung ermittelte Buchwert des Objekt oder nicht geringer als der niedrigere gemeine Wert im Veräußerungszeitpunkt und zusätzlich die Grundmietzeit mind. 40 Prozent und höchstens 90 Prozent der betriebsgewöhnlichen Nutzungsdauer beträgt. (c) Mit *Mietverlängerungsoption* über Mobilien tritt an die Stelle des Kaufpreises die Anschlussmiete. (2) Bei *Teilamortisationsverträgen* über Mobilien werden diese dem Leasinggeber zugerechnet, wenn dem Leasinggeber bei Veräußerung des Leasingobjekts am Ende der Mietzeit mind. 25 Prozent des die Restamortisation übersteigenden Teils des Veräußerungserlöses zusteht. Grund und Boden sind grundsätzlich dem zuzuordnen, dem das Gebäude gehört. – Bei *Spezial-Leasingverträgen* erfolgt die Bilanzierung des Objekts grundsätzlich beim Leasingnehmer. – Werden *Operate-Leasingverträge* abgeschlossen, so ist das Leasingobjekt immer beim Leasinggeber zu bilanzieren. – 2. *Gewerbesteuer:* In die Bemessungsgrundlage für die Gewerbesteuer sind grundsätzlich mit 25 Prozent die pauschalierten Finanzierungsanteile von Mieten, Pachten und Leasingraten, bei beweglichem Anlagevermögen mit einem Finanzierungsanteil von 20 Prozent, bei unbeweglichen Vermögen mit einem Finanzierungsanteil von 75 Prozent hinzuzurechnen. Der geltende Freibetrag über 100.000 Euro ist zu beachten. – 3. *Umsatzsteuer:* Umsatzsteuerlich ist für die Beurteilung eines Leasingvertrages entscheidend, ob durch den Abschluss des Vertrages die Verfügungsmacht über den Gegenstand auf den Leasinggeber übertragen worden ist. Falls dies der Fall ist, ist der Vertrag umsatzsteuerlich als Lieferung des Leasinggegenstands an den Leasingnehmer zu würdigen (§ 3 I UStG), falls nicht, als sonstige Leistung, und zwar als Mietvertrag. Da die Verfügungsmacht im Kern dem Begriff des wirtschaftlichen Eigentums entspricht, muss die umsatzsteuerliche Beurteilung des Leasings daher konsequenterweise der ertragsteuerlichen Beurteilung folgen. Findet eine Einstufung als Lieferung statt, ist zu beachten, dass bei der Regelbesteuerung (Besteuerung nach vereinbarten Entgelten) bei Lieferungen die Umsatzsteuer sofort auf den gesamten Kaufpreis entrichtet werden muss, unabhängig davon, ob eine sofortige Zahlung oder eine Ratenzahlung stattfindet; für die umsatzsteuerliche Behandlung des Leasings hat dies zur Folge, dass bei einer solchen Vertragskonstellation schon mit Übergabe des Leasinggegenstands für den Leasinggeber als dem „Verkäufer" des Leasinggegenstands die gesamte Umsatzsteuerschuld für sämtliche vereinbarten Leasingraten auf einen Schlag zu entrichten ist. Zeitgleich hat der Leasingnehmer allerdings auch bereits einen Recht auf den vollen Vorsteuerabzug; hierin unterscheidet sich der Leasingvertrag nicht von einem normalen Vertrag über den Kauf einer Ware auf Kredit. – 4. *Internationale Aspekte*: a) Nach den *Doppelbesteuerungsabkommen* muss bei grenzüberschreitenden Geschäften der Leasinggeber seinen Gewinn in seinem Heimatland (→ Ansässigkeitsstaat) versteuern, wenn er nicht im Land des Kunden über eine Betriebsstätte aktiv geworden ist (Art. 7 OECD-MA). Der Kunde fällt dagegen mit seinem Betrieb unter die Steuergesetze seines eigenen Landes (ebenfalls Art. 7 OECD-MA). Somit sind bei grenzüberschreitenden Leasinggeschäften die Konsequenzen für die Betroffenen jeweils nach unterschiedlichen Steuergesetzen zu beurteilen. – b) *Konsequenzen für die Leasingvertragsgestaltung*: Mind. die Einzelfallregelungen, ab wann davon ausgegangen werden muss, dass durch einen Leasingvertrag das wirtschaftliche Eigentum auf den Kunden übergeht, sind nicht international harmonisiert (weder umsatzsteuerlich noch ertragsteuerlich). Befinden sich Leasinggeber und Leasingnehmer in unterschiedlichen Staaten, kann es also zu einer nicht aufeinander abgestimmten Beurteilung des Vorgangs im Steuerrecht beider Länder kommen, z.B. dass man aus Sicht des Fiskus des Leasinggebers das wirtschaftliche Eigentum beim Leasinggeber, aus der Sicht des Fiskus des Leasingnehmers aber beim Leasingnehmer sieht. Spezielle „cross-border leasing"-Gestaltungen versuchen, solche Beurteilungsdiskrepanzen gezielt so zu steuern, dass sie zum Vorteil der Betroffenen ausfallen. Da es sich jedoch um sehr spezielle Konstellationen handelt, die erheblichen Beratungsbedarf erfordern, finden sich solche Leasingmodelle in der Praxis vorrangig bei Großprojekten.

IV. Beurteilung: 1. *Allgemein:* Zur Beurteilung der Vorteilhaftigkeit des Leasings sind detaillierte Nutzen-Kosten-Analysen unter Berücksichtigung steuerlicher und bilanzieller Auswirkungen durchzuführen. Die Vorteilhaftigkeit des Leasings wird maßgeblich beeinflusst durch die im Leasingvertrag vereinbarten Rechte und Pflichten von Leasinggeber und -nehmer. – 2. *Kosten:* Die Summe der Leasingraten übersteigt die Anschaffungskosten des Leasingobjekts. Die Kosten betragen i.d.R. etwa 130 Prozent des Kaufpreises. – 3. *Liquidität:* Durch Leasing wird eine liquiditätsmäßige Anspannung, wie sie beim käuflichen Erwerb auftritt, vermieden. – 4. *Verschuldungsspielraum:* Dem Argument, die Finanzierung über Leasing sei geeignet, den Verschuldungsspielraum eines Unternehmens auszudehnen, da Leasing aus der Bilanz nicht ohne Weiteres ersichtlich ist und relevante Kennzahlen nicht beeinträchtigt sind, steht die Literatur kritisch gegenüber. Bei Beantragung eines Kredits müssen auch Zahlungsverpflichtungen aus Leasingverträgen offen gelegt werden. – 5. *Investitionsrisiko:* Wenn dem Leasingnehmer ein Recht zur vorzeitigen Kündigung eingeräumt wird, so wird das Risiko wirtschaftlicher Überalterung des Leasingobjekts auf den Leasinggeber abgewälzt. I.d.R. ist die Grundmietzeit jedoch unkündbar. – 6. *Bonitätsanforderungen* der Leasinggesellschaften sind geringer als bei Kreditinstituten. Dies wird mit der besseren Marktkenntnis für das Leasingobjekt und der besseren Verwertung des Leasingobjekts im Vergleich zu Banken begründet. Unternehmen wird so eine „Kapitalquelle" erschlossen, die es ermöglicht, Investitionen auch dann noch durchzuführen, wenn eine Fremdfinanzierung über Kredit unmöglich ist. – 7. *Beratung:* Durch seine guten Produktkenntnisse über das Leasingobjekt kann der Leasinggeber eine Beratungsfunktion übernehmen. – 8. Für die *Hersteller* von Investitionsobjekten kann Leasing den herkömmlichen Verkauf verdrängen und die Vertriebsfunktion erfüllen (z.B. Datenverarbeitungsanlagen). – 9. Ob die Finanzierung über Leasing gegenüber den Alternativen Kauf mit Eigen- oder Fremdfinanzierung *vorteilhaft* ist, muss im Einzelfall bei gegebenen Objektdaten und Vertragsbedingungen geprüft werden. Durch Aufstellen eines Finanzplans unter vollständiger Erfassung aller Ein- und Auszahlungen der jeweiligen Alternative ist ein Vorteilhaftigkeitsvergleich möglich.

V. Leasinggesellschaften: in fast allen westeuropäischen Ländern und den USA. Größte Bedeutung in den USA, der Bundesrepublik Deutschland, Frankreich, Großbritannien. – *Verbände:* Bundesverband Deutscher Leasing-Unternehmen e. V. (BDL), Sitz in Berlin; LEASEUROPE, Sitz in Brüssel (europäischer Dachverband nationaler Leasing-Verbände).

Least Cost Planning – Die Nachfrage nach → Energieträgern ist eine aus der Nachfrage nach → Energiedienstleistungen (Wärme, Kraft, Licht, Kälte etc.) abgeleitete Nachfrage. Das in den USA entwickelte Konzept des Least Cost Planning zielt darauf ab, die Kosten der Energiedienstleistung zu minimieren, indem die Energieversorgungsunternehmen Energiesparmaßnahmen initiieren und unterstützen (Wandel vom Energieversorgungs- zum Energiedienstleistungsunternehmen). Least Cost Planning beinhaltet die systematische Integration von Einsparmöglichkeiten, v.a. durch Elektrizitäts- aber auch durch Gasversorgungsunternehmen, in die Bedarfsplanung. Nachfrageseitige Maßnahmen wie Förderung der Stromeinsparung und Lastmanagement (→ Demand Side Management) sollen neben angebotsseitigen Maßnahmen wie Ersatz und Erweiterung von Kraftwerkskapazität (Supply Side Management) in die Unternehmensplanung integriert werden. Energiesparen soll neben Energiebereitstellung als gleichwertige Quelle zur Deckung der Nachfrage nach Energiedienstleistungen treten (Energieeinsparung). Instrumente des Demand Side Management sind v.a. Einsparprogramme (in einfacher Form z.B. durch Zahlung von Zuschüssen beim Kauf bes. energiesparender Geräte). Dauerhaft erfolgversprechender als umlagefinanzierte Subventionierung von Einsparmaßnahmen dürften Contracting-Modelle sein. Je nach wirtschaftspolitischer Grundausrichtung werden unterschiedliche Least Cost Planning-Konzepte verfochten (z.B. markt- vs. regulierungsorientiertes Least Cost Planning).

Least Developed Country (LDC) – Von den Vereinten Nationen 1971 geprägte Bezeichnung für die am wenigsten entwickelten Länder (früher auch als LLDC bezeichnet) . – *Bis 1990* erfolgte die *Klassifikation* nach drei Indikatoren: (1) → Bruttoinlandsprodukt (BIP) pro Kopf der Bevölkerung in US-Dollar; (2) dem *Economic Vulnerability Index* (→ EVI); (3) dem *Human Assets Index* (HAI), welcher die Kalorienzufuhr und Kindersterblichkeit sowie die Einschulungsrate in Sekundarschulen und die Alphabetisierungsrate Erwachsener misst. Des Weiteren darf die Gesamtbevölkerung nicht größer als 75 Mio. sein. – Im Jahr 2009 haben insgesamt 50 Länder den LDC-Status; dies entspricht ca. 10,5 Prozent der

Weltbevölkerung. – Vgl. auch → Developing Country (DC).

Lebendgeborene – Begriff der → Bevölkerungsstatistik. Geborene, bei denen nach der Scheidung vom Mutterleib entweder das Herz geschlagen, die Nabelschnur pulsiert oder die natürliche Lungenatmung eingesetzt hat. – Vgl. auch → natürliche Bevölkerungsbewegung.

Lebensalter – im Rechtsleben maßgebend für die Entstehung und Ausübung von Rechten und Pflichten. Entscheidend sind immer nur volle Lebensjahre, wobei der Tag der Geburt mitgerechnet wird (§ 187 II BGB); z.B.: Ein am 10.10.1986 Geborener hat mit Ablauf des 9.10.2004 das 18. Lebensjahr vollendet. – *Rechtliche Bedeutung* des Lebensalters im Einzelnen: – Geburt: Beginn der Rechtsfähigkeit (§ 1 BGB) und damit auch der Parteifähigkeit (§ 50 ZPO). 5: Kind darf für bestimmte Fälle der Namensänderung zustimmen (§§ 1617a-1618 BGB). 6: Beginn der Schulpflicht nach Landesrecht. 7: Beschränkte Geschäftsfähigkeit (§ 106 BGB); beschränkte Deliktsfähigkeit mit Ausnahme von Verkehrsunfällen (§ 828 II BGB). 10: Beschränkte Geschäftsfähigkeit (§ 106 BGB); beschränkte Deliktsfähigkeit (§ 828 III BGB). 12: Keine Änderung des religiösen Bekenntnisses gegen den Willen des Minderjährigen (§ 5 RelKErzG). 14: Eigene Entscheidung über das religiöse Bekenntnis (§ 5 RelKErzG); Adoption (§ 1746 BGB); beschränkte strafrechtliche Verantwortlichkeit (§§ 1, 3 JGG), → Strafmündigkeit. 15: Fahren mit fahrerlaubnisfreien Kraftfahrzeugen (§ 10 III FahrerlaubnisVO). 16: Ehemündigkeitserklärung möglich, wenn künftiger anderer Ehegatte volljährig ist (§ 1303 II BGB); Testierfähigkeit (§ 2229 BGB); Erwerb des Führerscheins Klasse A1,S,L,M,T (§ 10 I Nr. 4 FahrerlaubnisVO); Erwerb eines Jagdscheines (§ 17 BJagdG); Tabakgenuss in der Öffentlichkeit zulässig (§ 10 JugSchutzG); Aufenthalt in Gaststätten ohne Erziehungsberechtigten (§ 4 aaO); Ausschank alkoholischer Getränke, ausgenommen Branntwein in Abwesenheit von Erziehungsberechtigten (§ 9 aaO); Anwesenheit bei Tanzveranstaltungen, ohne Erziehungsberechtigte aber nur bis 24 Uhr (§ 4 aaO); Ausweispflicht (§ 1 PersonalausweisG), teilweise aktives Kommunalwahlrecht. 18: Volljährigkeit (§ 2 BGB); aktives und passives → Wahlrecht zum Bundestag (Art. 38 GG); volle Deliktsfähigkeit (§ 828 BGB); erweiterte strafrechtliche Verantwortlichkeit als Heranwachsender (§§ 1, 105 JGG); Führerschein Kl. A, B, BE, C,C1,CE,C1E (§ 10 I Nr. 3 FahrerlaubnisVO); Anwesenheit in Spielhallen (§ 6 JugSchG); Umgang mit Schusswaffen und Munition (§ 2 WaffG); Wehrpflicht (§ 1 WehrPflG). 21: Volle strafrechtliche Verantwortlichkeit; eingeschränkter Unterhaltsanspruch (§ 1603 BGB); Führerschein Klasse D, D1, DE, D1E (§ 10 I Nr. 2 FahrerlaubnisVO). 22: Fahrlehrererlaubnis (§ 2 FahrlG). 24: Zulassung als Kfz-Sachverständiger (§ 2 Kraftfahrzeugsachverständigengesetz vom 22.12.1971 (BGBl. I 2086). 25: Fahrschulerlaubnis (§ 11 FahrlG); Berufung zum ehrenamtlichen Arbeitsrichter (§ 21 ArbGG) und Sozialrichter (§ 16 SozGG); Annahme an Kindes statt möglich (§ 1743 BGB); Berufung zum Schöffen (§ 33 GVG); Führerschein Klasse A bei direktem Zugang (§ 1 I FahrerlaubnisVO). 30: Berufung zum → Handelsrichter (§ 109 GVG), ehrenamtlichen Verwaltungsrichter (§ 20 VwGO), ehrenamtlichen Landesarbeitsrichter (§ 37 ArbGG), Landessozialrichter (§ 35 SozGG). 35: Berufung zum Bundesrichter (Berufsrichter) (§§ 125 GVG, 42 ArbGG, 38 SozGG, 15 VwGO), ehrenamtlichen Bundesarbeitsrichter (§ 43 ArbGG), ehrenamtlichen Bundessozialrichter (§ 47 SozGG). 40: Wahl zum Bundespräsidenten (Art. 54 GG) und Bundesverfassungsrichter (§ 3 BVerfGG). 45: Ende der Wehrpflicht (nicht bei Offizieren und Unteroffizieren und im Verteidigungsfalle) (§ 3 WehrPflG). 60: Ablehnung der Berufung zum Vormund (§ 1786 BGB) und Pfleger (§ 1915 BGB); Ende der Wehrpflicht für Offiziere und Unteroffiziere sowie im Verteidigungsfalle (§ 3 WehrPflG). 65: Regelmäßige Altersgrenze der Beamten und Richter (§ 41 BBG); Ablehnung des Amtes eines Schöffen (§ 35 GVG) oder ehrenamtlichen Arbeitsrichters (§§ 24, 37, 43 ArbGG), Sozialrichters (§§ 18, 35 u. 47 SozGG), Verwaltungsrichters (§ 23 VwGO). 67: Anspruch auf Altersrente (§ 35 SGB VI). 70: Regelmäßige Berufungsgrenze für das Amt des Schöffen (§ 33 GVG).

Lebensdauer – Betriebliche Lebensdauer von Gegenständen: → Nutzungsdauer.

Lebenserwartung – *Lebenserwartung bei Geburt, fernere Lebenserwartung von Altersjahrgängen.* 1. *Begriff:* Die Lebenserwartung drückt die durchschnittliche Anzahl zu durchlebender Jahre aus, die unter herrschenden Sterblichkeitsbedingungen bei Geburt (oder einem späteren Zeitpunkt, häufig ab 60 Jahren) erwartet werden kann. Die Sterbetafelberechnungen der letzten Jahrzehnte haben gezeigt, dass die mittlere Lebenserwartung zunimmt und bei Frauen größer ist als bei Männern. – 2. *Bedeutung:* (a) Die → Sterbetafel, aus der die Lebenserwartung hervorgeht, dient außerdem der Kenntnis des Ausmaßes der Alterung und der zu erwartenden Stärke der Altersjahrgänge. Sie ist gleichbedeutend mit der wachsenden → Überlebenswahrscheinlichkeit der Personen einer bestimmten Altersstufe in die nächsthöhere zu gelangen. (b) Die Zunahme der Lebenserwartung ist von Bedeutung für *Versicherungen* für den Erlebensfall und für Rentenversicherungen, für welche sich erhöhte Verpflichtungen für den Leistungsträger ergeben. Entlastend wirkt die Zunahme der mittleren Lebenserwartung für Kapitalversicherungen auf den Todesfall. (c) *Gesellschaftlich* ergeben sich aus der zunehmenden Lebenserwartung neue Probleme, so die Finanzierung der Altersbezüge und des Gesundheitswesens, die Kosten der mit Langlebigkeit verbundenen Versorgungsprobleme, wie Pflege und die Erhaltung geistiger und körperlicher Gesundheit.

Lebensführung → Kosten der Lebensführung.

Lebenshaltungskosten – I. Amtliche Statistik: → Verbraucherpreisindex für Deutschland (VPI), → Harmonisierter Verbraucherpreisindex (HVPI).

II. Steuerrecht: → Kosten der Lebensführung.

Lebenshaltungspreisindex → Verbraucherpreisindex für Deutschland (VPI).

Lebenslage – Konzept der → Theorie der Sozialpolitik, dessen Bedeutung für die sozialpolitische Forschung v.a. von G. Weisser herausgestellt wurde. Angesichts des unzureichenden Wissens über die Lebenslage sozialpolitischer Zielgruppen lassen sich in der Wissenschaft der Sozialpolitik zwei unterschiedliche Wege der Erfassung der → gesellschaftlichen Schwäche der jeweiligen Lebenslage ausmachen, die beide gleichermaßen als wenig befriedigend erscheinen. (1) Der eine Weg besteht in der Beschränkung auf den formalen Aspekt der *abhängigen Stellung im Arbeitsleben* oder in der Konzentration auf nur ganz wenige und statistisch gut erfassbare Merkmale der Lebenslage, z.B. das Einkommen, v.a. bei ökonomischen Analysen. (2) Auf dem anderen Weg wird versucht, der Vielfalt menschlicher Interessen und Ziele Rechnung zu tragen; dabei wird für eine *umfassende Berücksichtigung von Lebenslagenmerkmalen* jedoch oft eine mangelnde Konkretisierbarkeit und eine nur eingeschränkte empirisch-statistische Erfassbarkeit in Kauf genommen. – Vgl. auch → Armut.

lebenslängliche Leistung – Leistung, die auf die Lebenszeit einer Person beschränkt ist. – 1. *Bewertungsgesetz:* Ermittlung des → Kapitalwerts, der ein Vielfaches des Jahreswerts ist. Der Vervielfältiger ergibt sich aus Anlage 9 zum BewG. Ab 2009 ist der Vervielfältiger nicht mehr aus Anlage 9/9a zum BewG, sondern aus der aktuellen Sterbetafel des Statistischen Bundesamtes zu entnehmen. Die Vervielfältiger werden vom BMF im BStBl. Teil I nach Lebensjahr und Geschlecht veröffentlicht. Wegen der gestiegenen allgemeinen durchschnittlichen Lebenserwartung werden die Kapitalwerte höher als bisher sein. Der Kapitalwert ist unter Berücksichtigung des Zinssatzes von 5,5 Prozent zu ermitteln. – 2. *Einkommensteuer:* → Rentenbesteuerung.

Lebenslauf – Der Lebenslauf (auch Curriculum Vitae) listet die wichtigsten individuellen Daten einer Person auf, er stellt somit eine Darstellung des Lebens- und Ausbildungsganges, z.B. als Teil einer → Bewerbung. Heute meist in tabellarischer Form; Aussagefähigkeit auf Zeitfolgeanalyse und Positionenanalyse beschränkt. In nicht tabellarischer Form gibt Gestaltung und Aufbau des Lebenslaufs erste Hinweise auf die Person des Bewerbers.

Lebensmittelbuch – *Deutsches Lebensmittelbuch;* Sammlung von Leitsätzen, in denen Herstellung, Beschaffenheit oder sonstige Merkmale von Lebensmitteln, die für die Verkehrsfähigkeit von Bedeutung sind, beschrieben werden. Leitsätze werden von der Deutschen Lebensmittelbuch-Kommission beschlossen und veröffentlicht (§ 15 LFGB).

Lebensmittelfälschung – Änderung der Ware, die nach außen nicht erkennbare Qualitätsbeeinträchtigung oder Wertminderung zur Folge hat. Lebensmittelfälschung ist verboten und strafbar gemäß §§ 11, 58 → Lebensmittel- und Futtermittelgesetzbuch (LFGB).

Lebensmittelkennzeichnung – geregelt in der Lebensmittel-Kennzeichnungs-Verordnung i.d.F. vom 15.12.1999 (2464) m.spät.Änd. und in der Nährwert-KennzeichnungsVO vom 25.11.1994 (BGBl. I 3526) m.spät.Änd. sowie in der DiätVO i.d.F. vom 28.4.2005 (BGBl. I 1161) m.spät.Änd. – Vgl. auch die in § 7 → Lebensmittel- und Futtermittelgesetzbuch (LFGB) hinsichtlich der Kenntlichmachung des Gehalts an → Zusatzstoffen geltende Regelung.

Lebensmittelspezialitätengesetz (LSpG) – Gesetz vom 29.10.1993 (BGBl. I 1814) m.spät.Änd. Das Lebensmittelspezialitätengesetz (LSpG) dient der Durchführung der Verordnung (EWG) Nr. 2082/92 des Rates vom 14.7.1992 über Bescheinigungen bes. Merkmale von Agrarerzeugnissen und Lebensmitteln (ABl. EG Nr. L 208, 9). Es regelt die Zuständigkeit der → Bundesanstalt für Landwirtschaft und Ernährung (BLE) für die Durchführung des Bescheinigungsverfahrens, d.h. des in der EWG-Verordnung vorgesehenen Verfahrens über (1) die Eintragung eines Agrarerzeugnisses oder eines Lebensmittels in das von der → Europäischen Kommission geführte Register, (2) Einsprüche gegen beantragte Eintragungen und (3) Änderungen eingetragener Spezifikationen innerhalb des Registers. Darüber hinaus enthält es eine Regelung über Unterlassungs- und Schadensersatzansprüche bei Verstößen gegen Art. 13 oder 15 der EWG-Verordnung. Außerdem wird den Beauftragten der zuständigen Stellen zur Überwachung der EWG-Verordnung die Befugnis eingeräumt, bei Betrieben, die Agrarerzeugnisse oder Lebensmittel herstellen oder in den Verkehr bringen oder innergemeinschaftlich verbringen, einführen oder ausführen, während der Geschäfts- oder Betriebszeit Geschäftsräume und Grundstücke, Verkaufseinrichtungen und Transportmittel zu betreten und zu besichtigen, Proben zu entnehmen, Geschäftsunterlagen einzusehen und zu prüfen sowie Auskunft zu verlangen. Die nach Art. 14 der EWG-Verordnung erforderlichen Kontrollen können nach § 5 LSpG privaten Kontrollstellen übertragen werden. Näheres über die Durchführung des LSpG ist in der Lebensmittelspezialitätenverordnung (LSpV) vom 21.12.1993 (BGBl. I 2428) m.spät. Änd. geregelt.

Lebensmittel- und Futtermittelgesetzbuch (LFGB) – Lebensmittel-, Bedarfsgegenstände- und Futtermittelgesetzbuch i.d.F. vom 22.8.2011 (BGBl. I 1770) m.spät.Änd. – 1. *Zweck* des LFGB ist es u.a. bei Lebensmitteln, kosmetischen Mitteln und Bedarfsgegenständen den Schutz des Verbrauchers durch Vorbeugung gegen eine oder Abwehr einer Gefahr für die menschliche Gesundheit sicherzustellen, vor Täuschung beim Verkehr mit Lebensmitteln,

Futtermitteln, kosmetischen Mitteln und Bedarfsgegenständen zu schützen, die Wirtschaftsbeteiligten darüber zu unterrichten, schließlich bei Futtermitteln den Schutz der → Tiere sicherzustellen und durch Futtermittel die tierische Erzeugung so zu fördern, dass die Leistungsfähigkeit der Nutztiere gefördert und die aus ihnen gewonnenen Lebensmittel und Produkte unbedenklich sind (vgl. § 1 LFGB). – Vgl. auch → Lebensmittelkennzeichnung und → Lebensmittelbuch. – 2. *Lebensmittel* sind alle Stoffe oder Erzeugnisse, die dazu bestimmt sind oder von denen nach vernünftigem Ermessen erwartet werden kann, dass sie in verarbeitetem, teilweise verarbeitetem oder unverarbeitetem Zustand von Menschen aufgenommen werden (§ 2 LFGB mit Verweis auf Art. 2 der Verordnung (EG) Nr. 178/2002). – 3. *Verboten* ist die Herstellung und Behandlung von Lebensmitteln, deren Verzehr geeignet ist, die Gesundheit zu schädigen; dasselbe gilt für das Inverkehrbringen von Stoffen als Lebensmittel; ferner das → Nachmachen von Lebensmitteln, das Gewinnen von tierischen Lebensmitteln mit Stoffen mit pharmakologischer Wirkung, die → Lebensmittelfälschung, das → Inverkehrbringen solcher oder anderer Lebensmittel, denen nicht zugelassene → Zusatzstoffe zugesetzt sind (§§ 5ff., 58ff LFGB). Ahndung als Straftat mit Geldstrafe oder Freiheitsstrafe bis zu drei Jahren und als Ordnungswidrigkeit mit Geldbuße bis zu 25.000 Euro. Daneben → Einziehung möglich.

Lebenspartner → Lebenspartnerschaft.

Lebenspartnerschaft – I. Familienrecht: 1. *Begriff:* Partnerschaft auf Lebenszeit zwischen zwei Personen gleichen Geschlechts (Lebenspartner) nach dem Gesetz über die Eingetragene Lebenspartnerschaft vom 16.2.2001 (BGBl. I 266) m.spät.Änd. (Lebenspartnerschaftsgesetz – LPartG). Geregelt werden dort die Begründung, Rechtswirkung und Aufhebung einer Lebenspartnerschaft – 2. *Rechtsfolgen:* Der Gesetzgeber hat sie denen des → ehelichen Güterrechts nachgebildet. – Die wichtigsten *Folgen* sind: (1) Die Lebenspartner können einen → Lebenspartnerschaftsnamen wählen. (2) Sie sind einander zum angemessenen Unterhalt verpflichtet und sind zur gesetzlichen → Erbfolge berechtigt. (3) Sie können ihre gemeinsamen Vermögensverhältnisse durch Zugewinngemeinschaft (ehemals *Ausgleichsgemeinschaft*) oder durch einen Lebenspartnerschaftsvertrag (Regelung der vermögensrechtlichen Verhältnisse durch Niederschrift bei einem Notar) regeln. (4) Nach Aufhebung der Lebenspartnerschaft schulden die Lebenspartner nachpartnerschaftlichen → Unterhalt und → Versorgungsausgleich.

II. Steuerrecht: 1. *Grundsatz:* Die Lebenspartnerschaft wird steuerlich nicht generell der Ehe gleichgestellt, zunehmend werden aber bei den einzelnen gesetzlichen Regelungen, die die Ehe betreffen, auch Lebenspartnerschaften als begünstigte Lebensformen mit erwähnt. – 2. *Einkommensteuer:* a) Unterhaltszahlungen an ehemalige Lebenspartner sind, anders als an Ehegatten, bislang nicht steuerlich wie Unterhaltszahlungen an Ehegatten absetzbar (§ 10 EStG), können aber bis zur Höhe eines dem Existenzminimum angenäherten Betrages zumindest als außergewöhnliche Belastung abgezogen werden (§ 33a I EStG). – b) Lebenspartner erhalten nicht den Splittingtarif (Zusammenveranlagung, § 26 EStG). – 3. *Erbschaftsteuer:* Lebenspartner gehören erbschaftsteuerlich zur Steuerklasse III (weil nach wie vor nicht genannt in Steuerklassen I und II, vgl. § 15 ErbStG), erhalten jedoch einen Freibetrag von 500.000 Euro ebenso wie Ehegatten, können außerdem Hausrat und andere beweglichen Wirtschaftsgüter in den gesetzlichen Grenzen des § 13 ErbStG steuerfrei vom Partner erben (§ 13 Nr.1 ErbStG), und im Todesfall erhalten überlebende Lebenspartner ebenso wie überlebende Ehegatten einen zusätzlichen Versorgungsfreibetrag in Höhe von bis zu 256.000 Euro (§ 17 ErbStG).

Lebenspartnerschaftsname – gemeinsamer Nachnamen der Lebenspartner einer Lebenspartnerschaft. Die Regeln zur Bildung des Lebenspartnerschaftsnamen entsprechen weitestgehend denen zum → Familiennamen (§ 3 LPartG).

Lebensstandard – Vorstellungen des Verbrauchers darüber, was sein Dasein und seine Umwelt ausmachen soll, ausgedrückt in der Summe der ihm nach Herkommen, Kinderstube, Werdegang etc. angemessen erscheinenden Wünsche. Lebensstandard wird als ideeller Bedarfsfaktor bzw. Bedürfnisformer verstanden, im Gegensatz zum Economic Status (zivilisatorischer Standard).

Lebensstandardsicherung – grundlegendes Ziel der → Alterssicherung in Deutschland. Lebensstandardsicherung soll die relative Einkommensposition, die eine abgesicherte Person während der Zeit vor dem Ruhestand innerhalb ihrer Generation hat, auch im Ruhestand erhalten. Wurde die Lebensstandardsicherung für sozialversicherungspflichtig Beschäftigte in der Vergangenheit vorrangig von Leistungen der → gesetzlichen Rentenversicherung (GRV) erwartet, soll sie nach einer Reihe von → Rentenreformen (Rentenreform 2004 und Rentenreform 2007) auf der Basis aller Leistungen zur Alterssicherung nach dem „Drei-Säulen-Konzept" erreicht werden. Auch in den anderen Bereichen der → sozialen Sicherung werden Lohnersatzleistungen an diesem Ziel ausgerichtet.

Lebensstil – für eine Person oder eine Personengruppe kennzeichnende Kombination von Verhaltensweisen. Diese Kombination stellt ein Muster dar, das die Person oder Personengruppe von anderen sichtbar unterscheidet. Der Lebensstil repräsentiert kulturelle oder subkulturelle Orientierungswerte. Das Konzept des Lebensstils wurde v.a. in die Marktpsychologie aufgenommen, um zu analysieren, welche Verhaltensmuster mit welchen Konsumneigungen verbunden sind. – *Kennzeichnungsmerkmale:* (1) Psychographische Merkmale von Konsumenten, z.B. → Einstellungen und → Motive;

(2) Konsumverhalten: Art und Menge der konsumierten Güter. – *Bedeutung:* Segmentierungskriterium zur Bildung von homogenen Käufergruppen, die im Rahmen der Zielplanung verwendet werden (→ Marktsegmentierung).

Lebensversicherung – I. Charakterisierung; 1. Der *Versicherungsfall* ist das Erleben eines bestimmten Zeitpunkts (Erlebensfall) oder der Tod des Versicherten während der Versicherungsdauer (Todesfall). – *Unterzweige der Lebensversicherung (mit anderen Definitionen des Versicherungsfalls):* Berufsunfähigkeitsversicherung, → Berufsunfähigkeits-Zusatzversicherung (Versicherungsfall = Eintritt der Berufsunfähigkeit), Pflegerentenversicherung und → Dread Disease. – 2. Die *Leistung* kann die Auszahlung eines Kapitalbetrags (Kapitalversicherung i.w.S.) oder einer Rente (Rentenversicherung) sein.

II. Wichtige Versicherungsformen: 1. *Risikoversicherung (abgekürzte Todesfallversicherung):* Die Versicherungsdauer ist zeitlich begrenzt. Erlebt der Versicherte das Ende der Versicherungsdauer, wird die Versicherungssumme nicht fällig. Stirbt er jedoch während dieses Zeitraums, zahlt der Versicherer die vereinbarte Versicherungssumme. Neben Risikoversicherungen mit gleichbleibender Versicherungssumme gibt es auch solche mit fallender oder steigender Versicherungssumme. – Vgl. auch Restschuldversicherung. – 2. *Lebenslängliche Todesfallversicherung:* Die vereinbarte Versicherungssumme wird mit Sicherheit fällig, und zwar beim Tod der versicherten Person. Die Prämie ist daher höher als bei Risikoversicherungen. In „reiner Form" (z.B. Sterbegeldversicherungen) nur noch selten, meistens wird die Leistung bereits gezahlt, wenn der Versicherte das Alter 85 erreicht hat. Bei laufender Prämienzahlung wird diese Versicherungsform sowohl mit Zahlungspflicht bis zum Versicherungsfall als auch mit abgekürzter Prämienzahlungsdauer (höchstens bis zum Alter 60 oder 65) angeboten. Bei Abkürzung der Prämienzahlungsdauer läuft die Versicherung nach Erreichen dieses Zeitpunkts in voller Höhe prämienfrei weiter. – 3. *Versicherung auf den Todes- und Erlebensfall (gemischte Lebensversicherung):* häufigste Form. Die Versicherungsleistung wird beim Tod des Versicherten, spätestens jedoch zum vereinbarten Ablaufzeitpunkt ausgezahlt. Es können auch mehrere Erlebensfallzeitpunkte bestimmt werden (Teilauszahlungsversicherung), z.B. jeweils ein Drittel der Versicherungssumme nach 12, 20 und 30 Jahren seit Versicherungsbeginn. Im Todesfall schuldet der Versicherer je nach Vereinbarung die volle Versicherungssumme oder eine um die bereits erfolgten Auszahlungen verminderte Leistung. – 4. *Versicherung mit festem Auszahlungstermin (Termfixversicherung):* Sonderform der gemischten Lebensversicherung. Die Auszahlung der Versicherungssumme erfolgt auch nach einem Todesfall des Versicherten erst zum festgelegten Termin. Mit dem Tod entfällt jedoch die Pflicht zur Prämienzahlung. Vielfach sind die Versicherer bereit, im Todesfall das diskontierte Kapital auszuzahlen. – 5. *Erlebensfallversicherung: Die* Versicherungsleistung wird nur fällig, wenn der Versicherte den vereinbarten Zeitpunkt erlebt. Die Form der Versicherungsleistung kann eine Kapitalleistung oder Rente (Leibrente mit aufgeschobenem Rentenbeginn) sein. Stirbt der Versicherte vor dem bezeichneten Zeitpunkt (bei Renten: Rentenbeginn), ist in den meisten Tarifen jedoch auch dafür eine garantierte Leistung, z.B. Rückgewähr der eingezahlten Prämien, vorgesehen; ansonsten sind die eingezahlten Prämien verfallen. Rentenversicherungen bieten darüber hinaus meistens eine garantierte Mindestrentendauer von fünf oder mehr Jahren für den Fall, dass der Versicherte kurz nach dem Rentenbeginn versterben sollte, zahlbar an den Begünstigten oder die Erben. Bei Rentenversicherungen mit Kapitalwahlrecht hat der Versicherungsnehmer das Recht, innerhalb eines bestimmten Zeitraums anstelle der Rente eine einmalige Kapitalabfindung zu verlangen. Schließt sich beim Tod des Rentners nahtlos eine Hinterbliebenenrente (Witwenrente) in voller oder geringerer Höhe an, wird vom Rentenübergang gesprochen. – 6. *Zusatzversicherungen zu Lebensversicherungen:* a) Unfall-Zusatzversicherung, b) Berufsunfähigkeits-Zusatzversicherung, c) Risiko-Zusatzversicherung (zur Aufstockung der Todesfalleistung), vereinzelt auch d) Zeitrenten-Zusatzversicherung (nach dem Tod des Versicherten wird bis zum vertraglich bestimmten Zeitpunkt eine Rente gezahlt, häufig zzgl. eines einmaligen Sterbegelds). Wird die zugrunde liegende Lebensversicherung gekündigt, fällt die Zusatzversicherung weg. Die Kündigung der Zusatzversicherung beeinträchtigt dagegen die Lebensversicherung nicht. – 7. *Dread Disease.* – 8. *Sonderformen:* a) *Fondsgebundene Lebensversicherung:* (1) *Begriff:* Lebensversicherung, deren Versicherungsleistung (zumindest die Erlebensfallleistung) an die Wertentwicklung der Anteile eines besonderen Anlagestocks (Sondervermögen, Fonds) gebunden ist. Die Versicherungsverträge werden als *Fondspolicen* bezeichnet. Da die zukünftige Rendite des Fonds unsicher ist, lässt sich auch die Rendite der fondsgebundenen Lebensversicherung nicht prognostizieren. (2) *Grundmodelle: Modell A:* Die Prämien lauten auf Euro und bleiben während der Versicherungsdauer unverändert. Die in der Prämie enthaltenen Sparanteile werden in Anteilen des vereinbarten Fonds, evtl. auch in einem Fonds-Mix, angelegt. Die Höhe der Erlebensfallleistung richtet sich nach der Anzahl der bis zu diesem Zeitpunkt angesammelten Anteile und deren Kurs; für den Todesfall ist eine Mindestversicherungssumme in Euro vereinbart. *Modell B:* Die Versicherungssumme und die Prämien lauten auf Investmentanteile eines bestimmten Fonds. Die Todes- und Erlebensfallleistung und die Prämien sind vom Wert der Anteileinheiten des Fonds zum Fälligkeitstag abhängig. Modell B ist in Deutschland nur von geringer Bedeutung. (3) *Besonderheiten:* Wahlrecht bei der Versicherungsleistung zwischen Sach- (Teile des

Fondsvermögens) und Geldleistung, bei Sachleistung Abzug der Übertragungskosten; Wahlrecht zwischen verschiedenen Fonds mit der Möglichkeit des Fondswechsels (Switch) bei neueren Tarifen; Möglichkeit für den Versicherungsnehmer, die Aufteilung der Prämie in Spar- und Risikoanteil innerhalb gewisser Grenzen selbst zu bestimmen; einmalige und befristete beitragsfreie Vertragsverlängerung (Prolongation) bei Vertragsablauf ohne erneute Gesundheitsprüfung. – b) *Versicherung auf verbundene Leben:* Eine Lebensversicherung auf das Leben von zwei oder mehr Versicherten; i.d.R. Ehegatten oder Teilhaber. Üblicherweise ist die Versicherungsleistung fällig, wenn die Erste der versicherten Personen stirbt. Erleben bei Versicherungen auf den Todes- und Erlebensfall alle Versicherten den Ablauf, ist die Leistung am Ende der Versicherungsdauer fällig. Der Tarif kann aber auch vorsehen, dass die Leistung fällig wird, wenn der Letzte der versicherten Personen stirbt. – c) *Aktienindexgebundene Lebensversicherung:* Kapitalversicherung, deren Leistung an die Entwicklung eines festgelegten Aktienindex gekoppelt ist. Üblicherweise werden eine Mindesttodesfallleistung vereinbart und eine Mindestleistung im Erlebensfall garantiert. – d) *Dynamische Lebensversicherung.* – e) *Vermögenswirksame Lebensversicherung (Vermögensbildungsversicherung):* Gemischte Lebensversicherung (auch Termfixversicherungen, Versicherungen auf verbundene Leben) nach einem besonderen Geschäftsplan. Der Arbeitgeber zahlt die Prämien als vermögenswirksame Leistung aufgrund tarifvertraglicher Regelungen. Gesetzliche Auflagen durch das Fünfte Vermögensbilungsgesetz: Keine Zusatzversicherungen, nur für Arbeitnehmer, Rückkaufswert mindestens 50 Prozent der eingezahlten Prämien. – f) *Kleinlebensversicherung.* – g) *Kollektivlebensversicherung.* – h) *Berufsunfähigkeitsversicherung.* – i) *Pflegerentenversicherung.*

III. Vertrag und Beteiligte: An einem Lebensversicherungsvertrag sind beteiligt: (1) Versicherungsnehmer, (2) Versicherer, (3) versicherte Person (Versicherter). Ist der Versicherte nicht mit dem Versicherungsnehmer (Antragsteller) identisch, so bedarf es gemäß § 150 II VVG bei Versicherungen, die auch für den Todesfall Leistungen vorsehen, grundsätzlich der Einwilligung des Versicherten. (4) Daneben kann der Versicherungsnehmer einen Begünstigten bzw. Bezugsberechtigten bezeichnen (Bezugsberechtigung).

IV. Prämie (Beitrag): Die Prämie richtet sich nach der Versicherungsform, dem Eintrittsalter des Versicherten, der Versicherungsdauer, der Prämienzahlungsdauer, die nicht mit der Versicherungsdauer übereinstimmen muss (Einmalprämien, bei lebenslänglichen Todesfallversicherungen evtl. Abkürzung, z.B. Ende der Prämienzahlungspflicht bei Vollendung des 60. oder 65. Lebensjahres). Sie ist auf Grundlage des Äquivalenzprinzips berechnet. Für Versicherungen auf den Todesfall bzw. auf den Todes- und Erlebensfall bedarf es vor der Annahme des Vertrags durch den Versicherer grundsätzlich einer *Gesundheitsprüfung* (Erklärung des Versicherungsnehmers und/ oder des Versicherten über den Gesundheitszustand; ab einer bestimmten Versicherungssumme ärztliche Untersuchung). Auch *anomale Risiken* (Vorerkrankung oder Krankheit des Versicherten, gefährlicher Beruf, Tropenaufenthalt u.a.) können üblicherweise für den Todesfall Versicherungsschutz erlangen, jedoch zu dem Risiko angemessenen Bedingungen (Risikozuschlag auf die Prämie mit oder ohne Rückgewähr im Erlebensfall, Wartezeit, Abkürzung der Versicherungsdauer, Staffelung der Versicherungssumme).

V. Überschussbeteiligung: *(Gewinnbeteiligung, Beitragsrückerstattung):* Die Rechnungsgrundlagen zur Kalkulation der Prämien basieren auf äußerst vorsichtigen Annahmen, damit langfristige Verträge selbst unter ungünstigen Bedingungen erfüllt werden können. Daher entstehen Überschüsse („Rohüberschuss" aus höheren Zinserträgen, geringerer Sterblichkeit, Verwaltungskostenersparnissen), die zum überwiegenden Teil an die Versicherungsnehmer zurückfließen müssen (mindestens 90 Prozent der Überzinsen, 75 Prozent der Sterblichkeitsgewinne, 50 Prozent der „Kostengewinne"). Ein Teil des für die Versicherungsnehmer bestimmten Überschusses wird unmittelbar über die *Direktgutschrift* ausgeschüttet, der verbleibende Rest zunächst der Rückstellung für Beitragsrückerstattung zugewiesen (§ 56a VAG). Daraus erhalten die Versicherungsnehmer mit zeitlicher Verzögerung von ein bis zwei Jahren jährlich einen bestimmten Anteil (laufender Überschussanteil). Zusätzlich wird in der Rückstellung für Beitragsrückerstattung meist ein *Schlussüberschussanteil* angesammelt *(Schlussüberschussanteilfonds)*, aus dem bei Ablauf der Versicherung und unter bestimmten Voraussetzungen auch bei vorzeitiger Beendigung des Vertrags eine entsprechende Zusatzleistung an den Versicherten ausgezahlt wird. Art (Gewinnverteilungssysteme) und Bedingungen (z.B. Wartezeit) der Überschussbeteiligung sind bei den einzelnen Versicherern sehr unterschiedlich. – Die *laufenden Überschussanteile* werden beim Versicherer zugunsten des Versicherungsnehmers verzinslich angesammelt, als Prämie zur Erhöhung der Versicherungssumme bzw. Rente (Bonussystem: Summenzuwachs, Rentenzuwachs), oder zur Abkürzung der Versicherungsdauer (v.a. bei Versicherungen mit langer Versicherungsdauer) bzw. der Prämienzahlungsdauer verwendet. Weiterhin kommen die Barauszahlung oder die Verrechnung mit fälligen Prämien in Frage.

VI. Garantiewert: 1. *Rückkaufswert, Rückvergütung:* Betrag, der dem Versicherungsnehmer bzw. Anspruchsberechtigten bei Aufhebung des Vertrags (grundsätzlich nur auf Verlangen des Versicherungsnehmers) vor Eintritt des Versicherungsfalls zusteht. Der Garantiewert ist grundsätzlich die Obergrenze für die Beleihung einer Lebensversicherung (Policendarlehen, Vorauszahlung). – 2. *Prämienfreie*

Versicherungssumme: Der Versicherungsnehmer kann jederzeit für den Schluss der laufenden Versicherungsperiode die Umwandlung in eine prämienfreie Versicherung verlangen, sofern das angesparte Deckungskapital dazu ausreicht. Der Versicherer verwendet das Deckungskapital als Einmalprämie und setzt die Versicherungssumme entsprechend herab. Die prämienfreie Summe ist höher als der Rückkaufswert. Die Kündigung des Vertrags durch den Versicherer wegen Nichtzahlung der Folgeprämien (§ 38 Abs. 2 VVG) führt grundsätzlich zur prämienfreien Versicherung (§ 175 I, § 165 Abs.1 VVG). – 3. *Garantiewerttabellen:* Die Versicherer sind verpflichtet, die Versicherungsnehmer über die Höhe dieser Werte zu unterrichten.

VII. Versicherungsfall: Der Versicherungsnehmer hat den Eintritt des Versicherungsfalls, nachdem er von ihm Kenntnis erlangt hat, dem Versicherer unverzüglich anzuzeigen. Steht das Recht auf die vertragliche Leistung des Versicherers einem Dritten zu, ist auch dieser zur Anzeige verpflichtet. (§30 Abs. 1 VVG). Dem Versicherer sind vom Anspruchsteller die in den Versicherungsbedingungen genannten Unterlagen einzureichen. Im Todesfall kann der Versicherer aufgrund der Inhaberklausel (hinkendes Inhaberpapier) den Inhaber des Versicherungsscheins als anspruchsberechtigt ansehen, es sei denn, Anschein oder Tatsachen sprechen dagegen (Bezugsrecht einer anderen Person, Abtretung etc.). Bei einer Versicherung für den Todesfall ist der Versicherer nicht zur Leistung verpflichtet, wenn sich die versicherte Person vor Ablauf von drei Jahren nach Abschluss des Versicherungsvertrags vorsätzlich selbst getötet hat. Dies gilt nicht, wenn die Tat in einem die freie Willensbestimmung ausschließenden Zustand krankhafter Störung der Geistestätigkeit begangen worden ist (§ 161 Abs.1 VVG).

VIII. Verwendungsmöglichkeiten/Besteuerung: 1. *Für private Zwecke:* a) *Versorgung bzw. Vorsorge:* Die Leistungen der gesetzlichen Rentenversicherung (GRV) und anderer kollektiver Versorgungseinrichtungen werden durch betriebliche Altersversorgung (bAV) und individuelle Vorsorge, v.a. durch Lebensversicherungen, ergänzt (Alters- und Hinterbliebenenversorgung). Dies ist zunehmend notwendig, um die Versorgungslücken zu schließen, die die GRV angesichts ihrer sinkenden Leistungsfähigkeit (bes. vor dem Hintergrund der demografischen Entwicklungen) hinterlässt. – b) *Einkommensteuerliche Behandlung bei Altverträgen bis 2004:* Beiträge zur Lebensversicherung sind unter bestimmten Voraussetzungen im Rahmen der Höchstbeträge für → Vorsorgeaufwendungen als Sonderausgaben im Sinn des § 10 IV EStG bis zu den Höchstbeträgen von 2.400 Euro oder 1.500 Euro abzugsfähig. Die *Zinsen* aus Sparanteilen der Lebensversicherungsbeiträge gehören grundsätzlich zu den Einkünften aus Kapitalvermögen (§ 20 I EStG). – *Ausnahmen:* Zinsen aus Lebensversicherungen, die i.S.d. § 10 I Nr. 2b EStG begünstigt sind, sowie aus fondsgebundenen Lebensversicherungen, wenn sie mit Beiträgen verrechnet werden oder im Versicherungsfall bzw. bei Vertragsrückkauf nach zwölf Jahren ausgezahlt werden. Die Auszahlung in Renten wird mit dem gleichbleibenden Ertragsanteil besteuert, der ab 2005 gesunken ist. – c) *Einkommensteuerliche Behandlung bei Neuverträgen ab 2005:* Mit Einführung des Alterseinkünftegesetzes wurde die Besteuerung der Renten umfassend geändert. Seither ist bei der Lebensversicherung zwischen Altverträgen (Vertragsabschluss vor dem 1.1.2005) und sog. Neuverträgen zu unterscheiden. Für Neuverträge entfallen der Sonderausgabenabzug und die Steuerfreiheit der Versicherungserträge. Die Erträge müssen aber nicht während der Vertragslaufzeit (Ansparphase), sondern erst bei Auszahlung der Ablaufleistung versteuert werden. Die Besteuerung wird in Höhe von 50 Prozent der Ablaufleistung der Versicherung abzgl. der gezahlten Beiträge vorgenommen, wenn die Mindestlaufzeit 12 Jahre beträgt und die Fälligkeit nach Vollendung des 60. Lebensjahrs liegt. – d) *Erbschaftsteuerliche Behandlung:* Im Todesfall ausgezahlte Lebensversicherungen fallen nicht in den Nachlass, sind aber beim Berechtigten unmittelbar als → Erwerb von Todes wegen (§ 3 ErbStG) zu versteuern. – 2. *Für betriebliche Zwecke:* a) *Versicherungen des Betriebs für Arbeitnehmer und freie Mitarbeiter* (→ Direktversicherung; die dort aufgezeigten steuerlichen Vorteile beziehen sich nur auf Versicherungen zugunsten von Arbeitnehmern). – b) *Versicherungen für den Betrieb:* (1) *Begriff:* Der Betrieb ist Versicherungsnehmer. Im Gegensatz zur Direktversicherung wird kein Bezugsberechtigter bezeichnet. Im Versicherungsfall steht die Leistung dem Betrieb zu. Versicherte Person ist ein Arbeitnehmer, ein freier Mitarbeiter oder auch ein Mitgesellschafter. (2) *„Echte Rückdeckungsversicherung"*: Versicherungen zur Rückdeckung betrieblicher Direktzusagen. *Vollrückdeckung* oder auch kongruente Rückdeckung bedeutet, dass die Versicherung in Art und Höhe dem Inhalt der Ruhegeldverpflichtung entspricht. Mit *Teilrückdeckung* oder partieller Rückdeckung sind Versicherungen gekennzeichnet, die sich nur auf ein bestimmtes Risiko (z.B. nur auf den Todesfall, also auf Leistungen an Hinterbliebene) oder einen Teilbetrag der Verpflichtung beziehen. Für die Teilrückdeckung eignen sich neben Risikoversicherungen u.a. lebenslängliche Todesfallversicherungen. (3) *„Unechte Rückdeckungsversicherung"*: Beim Tod eines Mitarbeiters oder bei dessen Ausscheiden aus dem Betrieb entstehen neben evtl. Leistungen der betrieblichen Altersversorgung manchmal erhebliche Aufwendungen (Anstellung und Einarbeitung einer neuen Kraft) oder Ertragseinbußen (Wegfall von Kundenbeziehungen u.a.). Mit einer Versicherung auf das Leben solch einer „Schlüsselkraft" *(Keyman-Versicherung)* oder auf das Leben eines Handelsvertreters (zur Sicherung eines evtl. Ausgleichsanspruchs) wälzt der Betrieb das Risiko (Liquiditätsengpass, Gewinnausfall) ganz oder teilweise auf den Versicherer ab. (4) *Steuerliche Behandlung der Rückdeckungsversicherung:* (a) *Steuerbilanz:* Die Prämien sind Betriebsausgaben. Der Rückdeckungsanspruch ist in Höhe des geschäftsplanmäßigen Deckungskapitals der Versicherung zu aktivieren. (b) *Bewertungsgesetz:* Vor Fälligkeit der Versicherungsleistung gehört die Versicherung gemäß § 12 IV BewG mit 2/3 der eingezahlten Prämien oder dem Rückkaufswert zum Betriebsvermögen. Rentenversicherungen werden nach dem Rentenbeginn mit den in der Anlage 9 zum § 14 BewG angegebenen Barwertbeträgen bewertet. (5) *Bedeutung der Rückdeckungsversicherung:* Instrument der Risikopolitik des Betriebs. Mit ihr kann der fehlende Risikoausgleich herbeigeführt werden. Bes. wichtig ist dies für kleine Unternehmen, für Einzelzusagen und bei Kapitalverpflichtungen. – 3. *Lebensversicherung und Kredit:* a) *Kredit durch Lebensversicherung:* In Höhe des Rückkaufswerts besteht ein „Vermögenswert". Durch Abtretung oder Verpfändung der Versicherungsansprüche z.B. an ein Kreditinstitut oder an einen Lieferanten dient der Lebensversicherungsvertrag zur Sicherung oder häufig als Grundlage für einen Kredit. Grundsätzlich sind auch Versicherer bereit, *Policendarlehen* zu gewähren, das sind verzinsliche Vorauszahlungen der Versicherungsleistungen, gut geeignet zur kurz- und mittelfristigen Finanzierung. Der Darlehensnehmer ist flexibel, da er selbst die Rückzahlungstermine und -beträge bestimmt. Ist die Versicherung beim Eintritt des Versicherungsfalls noch beliehen bzw. besteht noch eine Vorauszahlung, so steht dem Versicherungsnehmer bzw. Bezugsberechtigten nur die um die Schuld verminderte Leistung zur Verfügung. – b) *Lebensversicherung bei einem Kredit:* Die auf das Leben des Schuldners abgeschlossene Todesfallversicherung gibt dessen Angehörigen und dem Gläubiger Sicherheit. Stirbt der Schuldner vor Tilgung der Schuld, so ist das Geld für die Rückzahlung vorhanden. Soll die Tilgung auf jeden Fall (sowohl im Todesfall als auch bei Erreichen des Tilgungstermins) mit der Lebensversicherungsleistung erfolgen, bedarf es einer Versicherung auf den Todes- und Erlebensfall.

Lebenszeit-Einkommenshypothese – Lebenszyklus-Hypothese.

Lebenszyklus – I. Betriebswirtschaftslehre: 1. *Begriff:* Konzept, das von der Annahme ausgeht, dass die zeitliche Entwicklung eines Objektindikators (z.B. → Absatz eines Produktes) in charakteristische Phasen unterteilt werden kann und einem glockenförmigen Verlauf folgt, d.h. es wird von einer begrenzten Existenz des Objekts ausgegangen. – 2. *Produkt-Lebenszyklus:* Es wird davon ausgegangen, dass die Nachfrage nach einem Produkt unterschiedliche Phasen durchläuft, von seiner Entstehung und Einführung des Produktes am Markt bis hin zu dem Zeitpunkt, an dem es vom Markt verschwindet. Der Verlauf entsteht durch eine Vielzahl von Einzeleffektenn, wie bspw. die Anzahl der Adoptoren, der Kaufmenge pro Kauf, der Wiederkaufrate, der Kauffrequenz, dem Preisniveau oder dem Konkurrenzverhalten. – 3. *Teilphasen* (vgl. Abbildung „Lebenszyklus"): a) *Einführung:* startet mit der Markteinführung und endet, wenn der Stückgewinn des Produkts positiv wird; – b) *Wachstum:* bis zum Wendepunkt der Absatzmengenkurve, d.h., Absatzmengen steigen nicht mehr progressiv an; – c) *Reifezeit:* bis zum zeitlichen Maximum des Stückgewinns. – d) *Sättigung:* gekennzeichnet durch sinkende Stückgewinne, durch i.d.R. sinkende Preise und steigende Werbekosten, Ende mit dem absoluten Umsatzmaximum; – e) *Degeneration:* erzielbare Absatzmenge nimmt zunehmend ab. – 4. *Kritik:* Die Phasenabgrenzung ist nur aus der Rückschau und bei erfolgreich am Markt eingeführten Produkten möglich. Das Modell suggeriert einen naturgegebenen Ablauf, es lässt dynamische Entwicklungen (z.B. technischer Fortschritt, Modeströmungen, Anspruchswandel) und Handlungen, die der Reife-, Sättigungs- und Degenerationsphase entgegenwirken, außer Acht. Es handelt sich bei der Glockenkurve um eine idealtypische Darstellung, die in der Praxis häufig abweicht. – 5. *Bedeutung:* Innerhalb des strategischen Managements soll der Lebenszyklus als Analyseinstrument Anwendung finden. Auf ihm aufbauend soll u.a. die Bestimmung des → Altersprofils des Produktionsprogramms möglich sein. Die Bedeutung ist aber relativ gering, da nur wenige Objektentwicklungen dem idealisierten Verlauf des Lebenszykluses folgen und es äußerst schwierig ist, die Position des Objekts im Lebenszyklus zu bestimmen. Vgl. auch → internationaler Produktlebenszyklus.

II. Wirkungsforschung: 1. *Allgemein:* Das Produktlebenszykluskonzept der → Wirkungsforschung betrachtet das Produktleben im Sinn einer Produktbiografie und differenziert dieses in verschiedene

Lebenszyklus

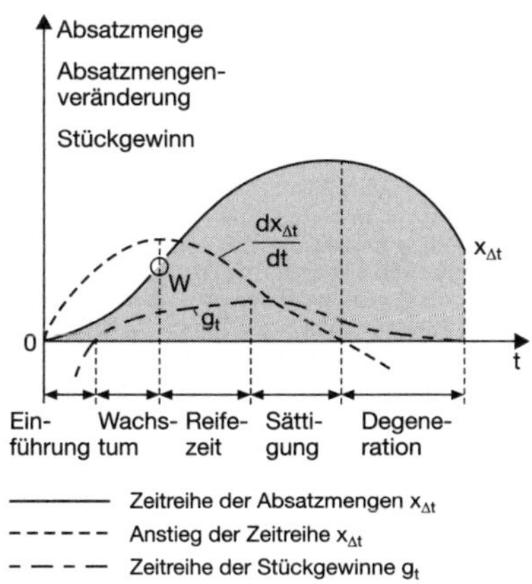

Phasen, wobei jedoch keine konsistente Aufteilung und Bezeichnung der einzelnen Phasen existiert. Exemplarisch sei hier das Produktlebenszykluskonzept der → Technikwirkungsanalyse genannt. – 2. *Phasen:* a) Forschung (im Sinn von Wirtschafts- oder produktnaher Forschung); – b) Entwicklung und Innovation; – c) Materialwirtschaft/Produktion); – d) Absatz/Marketing; – e) Produktnutzung (bezeichnet die Verwendung, und zwar den konsum- oder verwendungsorientierten Gebrauch oder Verbrauch von Produkten); – f) Phase nach der Nutzung (setzt an dem Punkt ein, an welchem ein Produkt nicht mehr entsprechend seinem ursprünglichem Verwendungszweck gebraucht wird bzw. gebraucht werden kann, und endet dort, wo das Produkt die verschiedenen Entsorgungswege der herkömmlichen → Entsorgung oder die verschiedenen Arten des → Recycling durchläuft). – 3. *Anwendung:* Das der Wirkungsanalyse zugrunde liegende Produktlebenszyklusmodell ist als ganzheitlich zu bezeichnen; das zu untersuchende Objekt wird im zeitlichen Ablauf seines Existierens von der „Wiege bis zur Bahre" erfasst.

Leckage – Teilverlust flüssiger Güter aus Behältern (Kanistern, Fässern, Kesselwagen). 1. *Transportversicherung:* (1) *Als gewöhnliche Leckage* (Rinnverlust, mit dem bei normalem Reiseverlauf gerechnet werden muss) i.Allg. ausgeschlossen (§ 131 II VVG), (2) als *außergewöhnliche Leckage* (Leckverlust infolge typischer Transportgefahren, z.B. Transportmittelunfall oder höhere Gewalt) mitversichert. – 2. *Sachversicherung:* v.a. Versicherung von Tank- und Fassleckage. – 3. *Wasserrecht:* Auslaufen aus Anlagen; Haftpflichtrisiko (Gewässerschäden-Haftpflichtversicherung).

Le Coutre – Walter, 1885–1965, Betriebswirt. Habilitation 1920 in Köln; 1923–1933 Professor in Mannheim; 1933–1949 Wirtschaftsberater; ab 1950 Professor in Mannheim; Honorarprofessor an der Universität Heidelberg. Ehrendoktor der Hochschule für Welthandel, Wien. – *Hauptarbeitsgebiete:* Rechnungswesen, Bilanztheorie und Betriebsorganisation. Le Coutre ist Hauptvertreter der statischen Bilanztheorie, die er zu einer modernen Theorie – zur Lehre von der „Totalen Bilanz" – entwickelte, bei der das Schwergewicht nicht mehr auf der Beständebilanz liegt, sondern auch auf der Umsatzbilanz und auf der Aufwands- und Ertragsrechnung, die als Erfolgsbilanzen „die Dynamik des Betriebes" darzustellen haben. Seine Arbeiten haben auf Theorie und Praxis des Rechnungswesens großen Einfluss gehabt. – *Wichtigste Veröffentlichungen:* „Grundzüge der Bilanzkunde", 2 Bde. (1922–1924); „Die Sanierung" (1924); „Praxis der Bilanzkritik", 2 Bde. (1926); „Betriebsorganisation" (1930); „Organisations-Lexikon" (gemeinsam mit W. Thoms, 1930); „Zeitgemäße Bilanzierung" (1934); „Einrichtung und Umstellung der Buchhaltung nach dem Kontenrahmen" (1940); „Erfordernisse ordentlicher Buchführung" (1958).

Leeraktien – nicht voll eingezahlte Aktien einer AG, bei der auch voll eingezahlte Aktien vorhanden sind. Sind Leeraktien vorhanden, werden, falls die Satzung nichts anderes bestimmt, vom Gewinn zunächst 4 Prozent auf die eingezahlten Beträge ausgeschüttet, der Rest wird nach dem Nennwert der Aktien gleichmäßig verteilt (§ 60 AktG).

Leerfahrt – Fahrt eines Transport- oder Fördermittels ohne Ladung, z.B. bei fehlender Nachfrage zu bestimmten Zeiten auf einzelnen Teilstrecken im → Linienverkehr, zwischen Ent- und neuen Beladeorten im → Gelegenheitsverkehr oder zwischen Lastabgabe und Lastaufnahme im innerbetrieblichen Transport. – *Gegensatz:* → Lastfahrt.

Leergut – bei Anlieferung von Materialien anfallene gebrauchte Verpackungs- oder Ladehilfsmittel sowie Mehrwegverpackungs- oder Mehrwegladehilfsmittel. – Für Transportverpackungen besteht eine Rücknahmeverpflichtung durch den Versender.

Leerkassettenabgabe → Geräteherstellerabgabe.

Leerkosten – Begriff für den Teil der → fixen Kosten, der auf rechnerisch nichtgenutzte Kapazität entfällt. Berechnung durch Leerkostenfunktion (x_m = Maximalausbringung = Kapazität, x = Istausbringung, K_f = fixe Kosten, K_L = Leerkosten):

$$K_L(x) = (x_m - x)\frac{K_f}{x_m}.$$

Die Leerkosten fallen von ihrem Höchstwert K_f für x = 0 linear bis zum Wert 0 für $x = x_m$ (Abbildung „Leerkosten"). – *Gegensatz:* → Nutzkosten. – Vgl. auch → Leerkostenanalyse.

Leerkosten

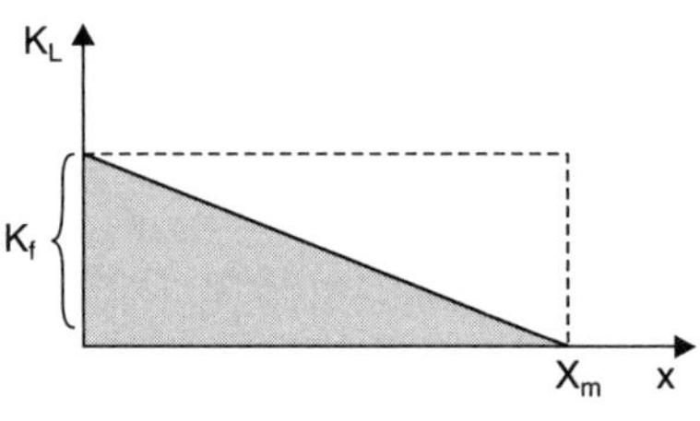

Leerkostenanalyse – *Leer- und Nutzkostenanalyse.* 1. *Aufgabe:* Die Leerkostenanalyse dient in der Grenzplankostenrechnung der laufenden Kontrolle der Ausnutzung der fixen Kosten. – 2. *Methode:* Für jede Kostenstelle wird eine ihrer Kapazität entsprechende Maximalbezugsgröße festgelegt; auf dieser Basis werden die → Leerkosten, der Prozentsatz (wie viel Prozent der fixen Kosten Leerkosten pro Kostenstelle sind) berechnet. – 3. *Bedeutung:* Der Leerkostenanteil gilt als Indikator für die Dringlichkeit der Anpassung der → Kapazität an die Beschäftigung. – Entscheidungstheoretisch erweist sich dieses Konzept als sehr problematisch.

Leerkostenminimierung → Kapazitätsauslastungsmaximierung.

Leerübertragung – kennzeichenrechtlicher Begriff, mit dem die Übertragung eines Kennzeichenrechts (→ geschäftliche Bezeichnung, → Marke) ohne den zu dem Kennzeichen gehörenden Geschäftsbetrieb gemeint ist. Für geschäftliche Bezeichnungen gilt auch nach dem Inkrafttreten des MarkenG, dass die Bezeichnung ohne den Geschäftsbetrieb nicht übertragen werden kann, eine Leerübertragung also unwirksam ist. Für Marken ist die Bindung des Kennzeichens an den Geschäftsbetrieb aufgehoben worden; eine Leerübertragung, die nach der Aufhebung der Bindung der Marke an den Geschäftsbetrieb vorgenommen worden ist, ist daher rechtswirksam.

Leer- und Nutzkostenanalyse → Leerkostenanalyse.

Leerverkauf – *Blankoverkauf, Fixgeschäft, Short Sale.* 1. *Terminologie:* Es sind Transaktionen zu unterscheiden, die durch eine Wertpapierleihe unterlegt sind (Leerverkauf) und solche, bei denen eine vergleichbare Absicherung fehlt (nackter oder ungedeckter Leerverkauf, Naked Short Sale). – *Rechtlich:* Die → Bundesanstalt für Finanzdienstleistungsaufsicht (BaFin) versteht unter von einer Wertpapierleihe gedeckten Leerverkäufen nicht nur solche, bei denen der Verkäufer im Zeitpunkt des Verkaufs bereits Eigentümer der Wertpapiere ist, sondern auch solche, bei denen er zum Zeitpunkt der Transaktion einen schuldrechtlich oder sachenrechtlich unbedingt durchsetzbaren Anspruch auf Übereignung von Aktien gleicher Gattung hat oder einen solchen Anspruch hat, der zur Übereignung von Aktien gleicher Gattung führt. Besteht eine solche rechtliche Position zum Zeitpunkt des Abschlusses des Kaufvertrags nicht, handelt es sich um einen ungedeckten Leerverkauf. Der Begriff der „Leihe“ in diesem Zusammenhang ist missverständlich, da der Entleiher das Eigentum an den Wertpapieren erwirbt und nur Wertpapiere gleicher Gattung besorgen und zurückgeben muss. Es handelt sich um ein Sachdarlehen gemäß § 607 ff. BGB. Vgl. auch § 54ff. → Investmentgesetz (InvG). – *Ökonomisch:* ökonomisch entsteht bei beiden Formen durch den Verkauf der Aktie eine offene Verbindlichkeit (Rückgabeanspruch aus der Leihe), die zudem noch durch Kursschwankungen wertveränderlich ist. Bei ungedeckten Leerverkäufen ist das Risiko, dass der Verkauf nicht ohne Verzug erfüllt werden kann, gegenüber Transaktionen, bei denen der Deckungserwerb von Aktien zum Zeitpunkt des Verkaufs schon vereinbart ist, höher. Wie jeder Verkauf gehen auch Leerverkäufe in die Kursfeststellung ein; bei ungedeckten Transaktionen fehlt dabei das marktliche Korrektiv von Angebot und Nachfrage an verleihbaren Aktien, sodass unabhängig von deren Verfügbarkeit ein Kursbeinflussungspotenzial ausgenutzt werden kann. Ungedeckte Leerverkäufe als Spekulationsstrategie sind daher ein umstrittenes Instrument. Ungedeckte Leerverkäufe können allerdings auch ein Mittel der Market Maker sein, um ihrer Aufgabe, für Liquidität im Markt zu sorgen, gerecht zu werden. – 2. *Spekulationsstrategie:* Leerverkäufe können bewusst in aktiven Anlagestrategien eingesetzt werden, um an fallenden Kursen zu verdienen. Der Leerverkäufer verkauft die Papiere heute, die er dann zu einem späteren Zeitpunkt billiger am Markt einzukaufen versucht. Ein Leerverkäufer hat seinem Vertragspartner innerhalb der Erfüllungsfrist von zwei Tagen die Papiere zu liefern (Börsenterminologie: t+2). Um der Lieferverpflichtung aus dem Leerverkauf nachkommen zu können, besorgt er sich die Papiere im Rahmen der Wertpapierleihe bzw. eines Wertpapierpensionsgeschäftes. Die Wertpapierleihe wird i.d.R. für einen längeren Zeitraum als t+2 vereinbart. Um am Ende der Leihfrist der Rückgabeverpflichtung gegenüber dem Verleiher bzw. Pensionsgeber nachzukommen, muss der Leerverkäufer sich die entliehenen Papiere bis zum Ende der Leihfrist bzw. des Wertpapierpensionsgeschäftes wieder beschaffen. Sind die Kurse erwartungsgemäß gefallen, kann er sich billiger eindecken und mit geringem Kapitaleinsatz aus der Differenz zwischen Leerverkauf und Eindeckungsgeschäft profitieren. Bei steigenden Kursen ist allerdings ein unbegrenzter Verlust denkbar. Die Glattstellung der Verbindlichkeit kann auch aufgrund eines sog. *Short Squeeze* kurzfristig erforderlich werden, z.B. wenn der Broker, der zur Wertpapierleihe eingeschaltet wurde, seine Short Position schließen muss, weil keine Aktien mehr zur Leihe zur Verfügung stehen. Es wird vermutet, dass die kurzzeitige Kursexplosion der Aktie der Volkswagen AG im Oktober 2008 auf einen Short Squeeze zurückzuführen ist. Zuvor war bekannt geworden, dass sich nur noch wenige Aktien im Streubesitz befinden, die man zur Glattstellung hätte erwerben können. In einer solchen engen Marktsituation versuchen Leerverkäufer wegen des drohenden Kursanstiegs sich umgehend Aktien zu sichern, um ihr Verlustrisiko zu begrenzen; sind viele Short Positionen zu schließen, kann es zu einem starken Kursanstieg kommen. – 3. *Regulierung:* Leerverkäufe sind gesetzlich nicht speziell geregelt, eine Definition für Fonds enthält allerdings § 112 I Nr. 2 InvG: Verkauf von Vermögensgegenständen für gemeinschaftliche Rechnung der Anleger, die im Zeitpunkt des Geschäftsabschlusses nicht zum Sondervermögen gehören. Im Zuge der Finanzkrise hat die BaFin mit Allgemeinverfügungen beruhend auf § 4 I → Wertpapierhandelsgesetz (WpHG) ab 2008 (zeitweilig) ungedeckte Leerverkäufe von Aktien bestimmter Kreditinstitute, Börsenbetreiber, Versicherungsunternehmen und weiteren Unternehmen der Finanzbranche verboten, da bei der derzeitigen Lage der Kapitalmärkte ein Einwirken auf die Marktpreise zu exzessiven Preisbewegungen führe, welche die Stabilität des Finanzsystems gefährden könnten. Vergleichbare Regelungen wurden auch in anderen europäischen und nicht-europäischen Jurisdiktionen wie den USA geschaffen. Seit 1.11.2012 gilt die EU-Verordnung Nr.

236/2012 über Leerverkäufe und bestimmte Aspekte von Credit Default Swaps (EU-LeerverkaufsVO) und vier konkretisierende Ausführungsvorschriften (Delegierte Verordnung v. 5.7.2012, u.a. hinsichtlich Begriffsbestimmungen, Durchführungsverordnung zur Festlegung technischer Durchführungsstandards (Nr. 827/2012 29.6.2012), Delegierte Verordnungen Nr. 826/2012 v. 29.6.2012 und Nr. 236/2012 v. 5.7.2012, beide im Hinblick auf technische Regulierungsstandards. Die nationalen Leerverkaufsregelungen, insbesondere auch die Regelungen zur Anzeige von Market-Maker-Tätigkeiten (Tätigkeiten nach § 30h II 3, § 30j III 1 und § 30i IV WpHG i.V.m. den Vorschriften der Leerverkaufs-Anzeigenverordnung, LAnzV) wurden damit zum 31.10.2012 obsolet. Die EU-Leerverkaufsregulierung sieht Verbotsregelungen für ungedeckte Leerverkäufe in Aktien und öffentlichen Schuldtiteln sowie ungedeckten Credit Default Swaps (CDS) auf öffentliche Schuldtitel (Art. 12 ff. EU-LeerverkaufsVO) und Transparenzregelungen für Netto-Leerverkaufspositionen in Aktien, öffentlichen Schuldtiteln und gegebenenfalls CDS (Art. 5 ff. EU-LeerverkaufsVO) vor. Für Market-Making und Primärhändlertätigkeiten enthält Art. 17 EU-LeerverkaufsVO eine Ausnahme von den Beschränkungen ungedeckter Leerverkäufe und den Transparenzpflichten hinsichtlich Netto-Leerverkaufspositionen. Dies erfordert eine spät. 30 Kalendertage vor Inanspruchnahme der Ausnahme mitgeteilte Absichtsanzeige an die BaFin unter Beifügung vollständiger Unterlagen.

Leerwechsel → Finanzwechsel.

Leerzeitenminimierung → Kapazitätsauslastungsmaximierung.

Legalisation – Beglaubigung amtlicher Urkunden, v.a. zum Gebrauch im Ausland, z.B. durch Konsulate.

Legalität – *Gesetzmäßigkeit;* Übereinstimmung des Handelns sowohl des Einzelnen als auch der Behörden mit dem geltenden Recht.

Legalitätsprinzip – 1. Begründet im *Strafprozess* die Pflicht der Strafverfolgungsbehörden, bei Vorliegen zureichender Anhaltspunkte wegen aller gesetzlich strafbaren und verfolgbaren Handlungen einzuschreiten (§§ 152 II, 163, 165 StPO) und Klage zu erheben, wenn ein hinreichender Tatverdacht besteht. – *Gegensatz:* → Opportunitätsprinzip. – 2. Im *Grundbuchrecht* besagt das Legalitätsprinzip, dass in bestimmten Fällen vor der Eintragung ins → Grundbuch die → Einigung nachgewiesen werden muss. – Vgl. auch → materielles Konsensprinzip.

Legate-Marketing – 1. *Begriff:* Prozess der Durchführung, Vorbereitung und Kontrolle aller Maßnahmen zur privaten Mittelbeschaffung aus Vermächtnissen. – 2. *Merkmale:* Aufgrund der direkten Konfrontation mit dem Tod des Spenders als zukünftigem Erblasser ist die Marketingkommunikation besonders anspruchsvoll. – Vgl. auch → Nonprofit Marketing; → Fundraising.

Legehennenbetriebsregistergesetz – vom 12.9.2003 (BGBl. I 1894) m.spät.Änd. regelt die Registrierung von Betrieben zur Haltung von Legehennen zum Zwecke der Kennzeichnung von Eiern und dient zudem der Umsetzung und Durchführung von Rechtsakten der EU. Das Legehennenbetriebsregistergesetz gilt für Betriebe mit mind. 350 Legehennen (legereife Hennen der Art Gallus gallus, die für die Erzeugung von Eiern, die nicht für Vermehrungszwecke bestimmt sind, gehalten werden) und Betrieben mit weniger als 350 Legehennen, sofern die Betriebe Eier in den Verkehr bringen, die nach Art. 4 Abs. 1 der Verordnung (EG) Nr. 1028/2006 des Rates vom 19.6.2006 mit Vermarktungsnormen für Eier (ABl. EU Nr. L 186 S. 1) zu kennzeichnen sind. Das Legehennenbetriebsregistergesetz enthält Vorschriften über die Betriebsaufnahme, die Erteilung von Kennnummern an die Ställe, das Inverkehrbringen von Eiern ab 1.1.2004, die Überwachung und Befugnisse der zuständigen Behörden und den Außenverkehr. Außerdem enthält es Bußgeldvorschriften. Näheres in der Legehennenbetriebsregisterverordnung (LegRegV) vom 6.10.2003 (BGBl. I 1969).

Legende – erläuternde Beischrift bzw. Bildunterschrift zu Tabellen oder grafischen Darstellungen. Eine Legende soll in prägnanter Form charakterisieren, welcher Sachverhalt tabellarisch oder grafisch veranschaulicht wird.

Legislative – die gesetzgebende, rechtsetzende Gewalt, z.B. → Bundestag. – Vgl. auch → Gewaltenteilung.

Legislaturperiode – *Wahlperiode;* Zeitabschnitt zwischen dem ersten Zusammentritt eines Parlaments (z.B. des → Bundestages) bis zur Neuwahl. Die Legislaturperiode in der *Bundesrepublik Deutschland* beträgt i.d.R. vier Jahre (so im Bund, Art. 39 I Satz 1 GG), teilweise fünf Jahre (z.B. Landtag Rheinland-Pfalz).

Legitimation – 1. Ausweis. – Vgl. auch → Ausweispflicht. – 2. Vgl. auch → nicht eheliches Kind.

Legitimationskarte – jetzt: → Reisegewerbekarte, → Gewerbelegitimationskarte.

Legitimationspapiere – Urkunden, bei denen der Aussteller ohne Prüfung der Empfangsberechtigung an den Inhaber der Urkunde leisten, jedoch auch Legitimierung des Inhabers als des Verfügungsberechtigten verlangen kann (§ 808 BGB). – 1. *Qualifizierte Legitimationspapiere,* auch → hinkende Inhaberpapiere genannt: Geben zwar den Namen des Gläubigers der Forderung an, die versprochene Leistung kann grundsätzlich aber mit befreiender Wirkung an jeden Inhaber erfolgen. Übertragung der Legitimationspapiere nicht wie Inhaberpapiere durch Übereignung des Papiers, sondern nur durch Abtretung der verbrieften Forderung. „Das Recht am Papier folgt dem Recht aus dem Papier". – Zu den Legitimationspapieren gehören Sparbücher, Versicherungsscheine, Depotscheine, Pfandscheine der öffentlichen Pfandleiher. – 2. *Einfache Legitimationspapiere* oder *schlichte Legitimationspapiere:* Geben keinen Berechtigten namentlich an, z.B. Garderobenmarken, Gepäckscheine.

Legitimationsübertragung – I.Allg. Übertragung der Ausübung des → Stimmrechts von Aktien an einen Dritten. Legitimationsübertragung geschieht wie die Übereignung; bisweilen auch durch → Prokuraindossament. Die Legitimationsübertragung verschafft dem Ermächtigten gegenüber Dritten, v.a. der AG, die volle Aktionärsstellung (ausgenommen die Legitimationsübertragung durch offenes Prokuraindossament). Im Innenverhältnis zu dem Vollmachtgeber ist der Bevollmächtigte an das zwischen ihnen bestehende Rechtsverhältnis (z.B. → Auftrag) gebunden.

Lehrling – die zum Zwecke ihrer Ausbildung in einem → Berufsausbildungsverhältnis stehende Person. Der Begriff Lehrling findet sich nicht im Berufsbildungsgesetz; er ist durch den des → Auszubildenden ersetzt worden, der einen weiteren Bedeutungsumfang hat, da auch Anlernlinge im Sinn des früheren Rechts dazugehören. In der Handwerksordnung wird die Bezeichnung Lehrling unter Hinzufügung „Auszubildender" in Klammern verwendet (§§ 21 ff. HandwO).

Lehrlingsausbildung – *Lehrlingsanleitung;* Ausbildung im Rahmen des → Berufsausbildungsverhältnisses (Lehrverhältnisses) im Handwerk. – 1. *Befugte Personen* (§§ 21 ff. HandwO): Lehrlinge (Auszubildende) darf nur ausbilden, wer persönlich und fachlich geeignet ist. Fachlich geeignet ist, wer die beruflichen sowie die berufs- und arbeitspädagogischen Fertigkeiten, Kenntnisse und Fähigkeiten besitzt, die für die Vermittlung der Ausbildungsinhalte erforderlich sind. Die fachliche Eignung besitzt insbesondere, wer die Meisterprüfung in dem Handwerk, in welchem die Anleitung erfolgen soll, abgelegt hat. Weitere Tatbestände, unter denen die fachliche Eignung vorliegt in § 22b f. HandwO. – 2. *Entziehung der Befugnis bei:* (1) Wegfall der Voraussetzungen nach § 21 HandwO für die Ausbildungsstätte, insbesondere wenn der Betrieb nach Art oder Einrichtung zur Ausbildung von Lehrlingen ungeeignet ist, auch aufgrund einer übermäßig hohen Zahl von Lehrlingen. (2) wenn die persönliche oder fachliche Eignung nicht oder nicht mehr vorliegt.

Lehrplan – systematische Zusammenfassung von Lerninhalten, die über die Realisierung von Lernzielen innerhalb eines vom Plan vorgegebenen Zeitraums im Rahmen eines schulischen Bildungsganges vom Lernenden erarbeitet und angeeignet werden sollen. Auf der Grundlage der Kulturhoheit der Länder werden die Lerninhalte und Lernziele von Lehrplan-Kommissionen der Länder entworfen und auf dem Verordnungsweg von den einzelnen Kultusministern verbindlich vorgeschrieben. – Vgl. auch → Curriculum, → wirtschaftsberufliche Curriculumentwicklung.

Lehrwerkstatt – Sammelbezeichnung für alle schulischen, betrieblichen und überbetrieblichen Ausbildungsstätten wie Laboratorien, Simulationseinrichtungen, Übungswerkstätten in der gewerblich-technischen oder Ausbildungs- und Übungsbüros (→ Übungsfirma) in der kaufmännisch-verwaltenden Berufsausbildung. – *Ziel:* Vermittlung von Einsichten in ganzheitlich-komplexe praktische Zusammenhänge; diese sind weder mit traditionellen schulischen Lernformen noch durch die Mitarbeit im Produktionsprozess zu gewinnen. – *Kennzeichnend* für den → Lernort Lehrwerkstatt ist die Vermittlung berufspraktischer Fähigkeiten und Fertigkeiten durch systematische (lehrgangsmäßige) und produktionsunabhängige Lernprozesse unter Anleitung bes. qualifizierter Ausbilder.

Leibenstein → Unternehmenskonzentration, → X-Ineffizienz.

Leibesvisitation – 1. *Begriff:* körperliche Durchsuchung, u.a. angewandt auf Arbeitnehmer beim Verlassen des Betriebes, nur unter der Voraussetzung bes. Rechtfertigungsgründe und bei Beachtung der Verpflichtung zu völliger Gleichbehandlung. Weibliche Betriebsangehörige sind nur von Frauen zu durchsuchen. – 2. *Rechtfertigungsgründe:* (1) Schutz von Leben und Gesundheit der Belegschaft; (2) Sicherung des Betriebes und des Betriebseigentums. Umstritten ist, ob der Arbeitgeber einseitig aufgrund seines Weisungsrechtes zu Leibesvisitation berechtigt ist. Die h.M. fordert eine vertragliche Grundlage bei Einzelarbeitsvertrag, Betriebsvereinbarung oder Tarifvertrag. – 3. Verpflichtung zur *Gleichbehandlung:* keine willkürliche Auswahl der zu visitierenden Personen, sondern möglichst stichprobenweise Leibesvisitation unter Anwendung einer Automatik (z.B. Aufleuchten eines roten Lichtes in unregelmäßigen Abständen beim Durchgang der Belegschaftsmitglieder) zur Auswahl der Betroffenen. – Vgl. auch → Torkontrolle, → Durchsuchung, → Werkschutz.

Leibrente – 1. *Begriff:* Wiederkehrende Zahlung, die davon abhängig ist, ob eine oder mehrere Person(en), die vorab festgelegten Fälligkeiten erlebt (erleben). Das BGB regelt Dauer und Betrag der Rente (§ 759), die Vorauszahlung (§ 760) und die Form des Leibrentenversprechens (§ 761). – 2. *Erscheinungsformen:* a) Eine lebenslängliche Leibrente wird periodisch wiederkehrend gezahlt, solange die Person, auf die die Rente abgeschlossen wurde, lebt. – b) Aufgeschobene Leibrenten sehen die erste Zahlung nicht zum Zeitpunkt des Vertragsabschlusses vor, sondern erst zu einem in der Zukunft liegenden Termin. – c) Steigende Leibrenten sehen monoton steigende Zahlungen vor. – d) Temporäre Leibrenten werden abhängig vom Erleben einer Person geleistet, allerdings nur maximal bis zu einem vorab festgelegten Zeitpunkt. – e) Leibrente mit garantierter Beitragsrückzahlung: Stirbt die Person, auf die die Leibrente Bezug nimmt, vor einem festgelegten Zeitpunkt (i.d.R.

der Rentenbeginn), werden alle bis zum Zeitpunkt des Todes erbrachten → Beiträge für die Leibrente zurückerstattet. – f) Leibrente mit Rentengarantie: Unabhängig davon, ob die Person, auf die sich die Leibrente bezieht, einen in der Zukunft liegenden Auszahlungstermin erlebt, werden sämtliche Leistungen bis zu diesem Zeitpunkt fällig.

leichte Fahrlässigkeit → Fahrlässigkeit im *Gegensatz* zur → groben Fahrlässigkeit.

leichte Papiere – Wertpapiere, v.a. Aktien, die niedrig im Kurs stehen, wodurch diese Papiere leichter zu handeln sind. – *Gegensatz:* → schwere Papiere.

Leichter-Verkehr → Barge-Verkehr.

Leichtkraftrad → Kraftrad (Krad) mit Hubraum von mehr als 50 ccm, aber nicht mehr als 125 ccm und einer Nennleistung von nicht mehr als 11 kw, Fahrerlaubnisklasse A1 (§ 6 Fahrerlaubnis-Verordnung).

Leiharbeitnehmer → Leiharbeitsverhältnis.

Leiharbeitsverhältnis – I. Begriff: Ein Leiharbeitsverhältnis liegt vor, wenn der Arbeitnehmer mit seiner Zustimmung von dem Arbeitgeber (Verleiher), der mit ihm im eigenen Namen einen Arbeitsvertrag geschlossen hat, an einen anderen Arbeitgeber (Entleiher) zur Erbringung von Arbeitsleistung überlassen (ausgeliehen) wird. Zwischen „Verleiher" und „Entleiher" besteht ein zumeist entgeltlicher Vertrag eigener Art über die → Arbeitnehmerüberlassung. Leiharbeitnehmer sind v.a. die von Zeitarbeits-Unternehmen eingestellten und an andere Unternehmen überlassenen Arbeitskräfte. – Ein sog. *unechtes Leiharbeitsverhältnis* liegt vor, wenn der Arbeitnehmer von vornherein zum Zwecke der Arbeitsleistung bei Dritten eingestellt wird. – Die Tätigkeit der Unternehmen, die gewerbsmäßig Arbeitnehmerüberlassung betreiben, ist geregelt durch das *Arbeitnehmerüberlassungsgesetz* (AÜG) i.d.F. vom 3.2.1995 (BGBl. I 185) m.spät.Änd.

II. Rechtliche Behandlung: 1. *Pflichten:* a) Dem *Verleiher-Arbeitgeber* obliegen grundsätzlich alle Arbeitgeberpflichten (→ Arbeitgeber), v.a. ist er zur Lohnzahlung verpflichtet. Unwirksam sind Vereinbarungen, die für den Leiharbeitnehmer für die Zeit der Überlassung schlechtere als die im Betrieb des Entleihers geltenden wesentlichen Arbeitsbedingungen einschließlich des Arbeitsentgelts vorsehen (Grundsatz des „equal pay"). Dies gilt nicht, wenn der Verleiher einem zuvor arbeitslosen Leiharbeitnehmer für die Dauer von insgesamt höchstens sechs Wochen mind. ein Nettoarbeitsentgelt in Höhe des zuvor erhaltenen → Arbeitslosengelds zahlt. Diese Regelung gilt nicht, wenn mit demselben Verleiher bereits ein Zeitarbeitsverhältnis bestanden hat oder ein Tarifvertrag abweichende Regelungen zulässt (§ 9 Nr. 2 AÜG). Nach dem AÜG kann der Anspruch auf Vergütung bei fehlender Beschäftigung (→ Annahmeverzug) nicht ausgeschlossen werden (§ 11 AÜG). – b) Der *Arbeitnehmer* ist verpflichtet, seine Arbeitsleistung dem Entleiher zu erbringen. Der Leiharbeitnehmer ist nicht verpflichtet, bei einem Entleiher tätig zu sein, soweit dieser von einem Arbeitskampf unmittelbar betroffen ist. Er hat den Weisungen des Entleihers nachzukommen (→ Direktionsrecht); Leiharbeit wird stets nach Weisungen des Entleihers durchgeführt. Daher gilt das AÜG nicht, wenn ein Arbeitnehmer nach Weisungen seines Arbeitgebers im Rahmen eines → Werkvertrages oder → Dienstvertrages bei einem anderen Arbeitgeber tätig wird. – 2. *Folge einer fehlenden Erlaubnis zur Arbeitnehmerüberlassung:* Wenn dem Verleiher die erforderliche Erlaubnis fehlt, gilt ein Arbeitsverhältnis mit dem Entleiher als zustande gekommen (§ 10 AÜG). – 3. *Voraussetzungen für eine Beendigung des Leiharbeitsverhältnisses:* Dies ist Gegenstand der Vereinbarung zwischen Verleiher und Entleiher. Das Arbeitsverhältnis zwischen Leiharbeitnehmer und Verleiher bleibt davon unberührt; dies kann allein von den Parteien des Arbeitsvertrages beendet werden. – Vgl. auch → Arbeitnehmerüberlassung. – 4. *Betriebsverfassungsrechtliche Regelungen:* Leiharbeitnehmer sind im Betrieb des Entleihers zu Betriebsratswahlen (→ Betriebsrat) nicht wählbar. Wahlberechtigt sind sie, wenn sie länger als drei Monate eingesetzt werden. Sie können sich allein auf einige betriebsverfassungsrechtliche Grundrechte berufen (vgl. § 14 II AÜG). – Vor der Übernahme eines Leiharbeitnehmers zur Arbeitsleistung ist der Betriebsrat des Entleiherbetriebes nach § 99 BetrVG zu beteiligen (§ 14 III AÜG). – 5. Besonderheiten gelten bei *vorübergehender Arbeitnehmerüberlassung im Konzern* (§ 1 II Nr. 2 AÜG). Insbesondere bedarf es keiner Erlaubnis zur Arbeitnehmerüberlassung.

Leihe – die unentgeltliche Überlassung des Gebrauchs einer Sache (§§ 598–606 BGB). Der *Verleiher* muss den Gebrauch gestatten, haftet nur für → Vorsatz und → grobe Fahrlässigkeit und kann i.d.R. die Sache jederzeit zurückfordern. Der *Entleiher* haftet für jedes Verschulden, muss die Sache pfleglich behandeln, darf sie nicht weiterverleihen und muss sie nach Zeitablauf oder → Kündigung zurückgeben. – *Gegensatz:* Die entgeltliche Gebrauchsüberlassung (→ Miete).

Leihzins → Zinsen.

Leistung – I. Betriebswirtschaftslehre: 1. *Begriff:* Das (gelungene) Ergebnis eines betrieblichen Erzeugungsprozesses. – *Begriffsfassungen:* (1) Mengenmäßiger Output, z.B. produzierte Stückzahl, bearbeitete Verwaltungsakte; (2) Wert des Prozessergebnisses, d.h. der bewertete mengenmäßige Output. Leistung ist in letzterem Sinn Gegenbegriff der → Kosten, wird aber in dieser Bedeutung zunehmend durch den Terminus → Erlös ersetzt. – 2. *Arten:* Von bes. Bedeutung für die Kostenrechnung: Unterscheidung von absatzbestimmten Leistungen (Kalkulation in der → Kostenträgerrechnung) und → innerbetrieblichen Leistungen (Kalkulation in der

→ Kostenstellenrechnung). – Vgl. auch → Leistungseinheit, → Leistungserfassung.

II. Zivilrecht (§ 241 I BGB): *i.e.S.*: Handlung oder Unterlassung, zu der der Schuldner aufgrund eines → Schuldverhältnisses verpflichtet ist (z.B. → Übereignung der verkauften Sache etc.). – *I.w.S.*: Leistungsgegenstand, z.B. die zu übereignende Sache selbst. – *Anders*: Schutzpflicht. – Vgl. auch → Leistungsstörungen.

III. Umsatzsteuerrecht: Der Oberbegriff für → Lieferung und → sonstige Leistungen.

Leistung an Erfüllungs Statt → Leistung, die der Schuldner nicht schuldet, sondern anstelle einer geschuldeten erbringt. Nimmt der Gläubiger die Leistung als Erfüllung an, erlischt die Verbindlichkeit (§ 364 I BGB). – *Anders*: Leistung → erfüllungshalber.

Leistungen zur Eingliederung in Arbeit nach SGB II – I. Rechtsgrundlage: §§ 14 ff. des Zweiten Buches des Sozialgesetzbuches (SGB II) zur Regelung der Grundsicherung für Arbeitsuchende vom 24.12.2003 (BGBl. I 2954) in der Fassung der Bekanntmachung vom 13.5.2011 (BGBl. I 850 [2094]) m.spät.Änd. – II. Begriff und Ziel: Die Träger der Leistungen (§§ 6 ff. SGB II) unterstützen erwerbsfähige Hilfebedürftige und Leistungsberechtigte umfassend mit dem Ziel der Eingliederung in Arbeit (*Grundsatz des Förderns*) (§ 14 SGB II). – III. Wichtigste Instrumente: – 1. *Eingliederungsvereinbarung (§ 15 SGB II)*: Die → Agentur für Arbeit soll im Einvernehmen mit dem kommunalen Träger mit jeder erwerbsfähigen leistungsberechtigten Person die für ihre Eingliederung in Arbeit erforderlichen Leistungen vereinbaren. Hierin ist insbes. zu bestimmen, welche Leistungen der Erwerbsfähige erhält, welche Bemühungen er in welcher Häufigkeit zur Eingliederung in Arbeit mindestens unternehmen muss und in welcher Form diese Bemühungen nachzuweisen sind, welche Leistungen Dritter, insbes. Träger anderer Sozialleistungen, er zu beantragen hat. Die Eingliederungsvereinbarung soll zunächst für sechs Monate abgeschlossen werden. Sie kann danach erneuert werden. – 2. *Sofortangebot (§ 15a SGB II)*: Erwerbsfähigen, die innerhalb der letzten zwei Jahre laufende Geldleistungen, die der Sicherung des Lebensunterhalts dienen, weder nach dem SGB II noch nach dem Dritten Buch des Sozialgesetzbuches (SGB II) zur Arbeitsförderung vom 24.3.1997 (BGBl. I S. 594) SGB III bezogen haben, sollen bei der Beantragung von Leistungen nach dem SGB II unverzüglich Leistungen zur Eingliederung in Arbeit angeboten werden. – 3. *Leistungen zur Eingliederung (§ 16 SGB II)*: Zur Eingliederung in Arbeit erbringt die Agentur für Arbeit Leistungen nach § 35 SGB III. Sie kann für erwerbsfähige Hilfebedürftige u.a. folgende Leistungen der aktiven Arbeitsförderung (§§ 29 ff. SGB III) erbringen: Beratung und Vermittlung, Leistungen zur Aktivierung und beruflichen Eingliederung, Leistungen zur Berufsausbildung, Leistungen zur beruflichen Weiterbildung, Leistungen zur Aufnahme einer sozialversicherungspflichtigen Beschäftigung. – 4. *Kommunale Eingliederungsleistungen (§ 16a SGB II)*: Zur Verwirklichung einer ganzheitlichen und umfassenden Betreuung und Unterstützung bei der Eingliederung des erwerbsfähigen Leistungsberechtigten in das Erwerbsleben können die folgenden Leistungen erbracht werden: Betreuung minderjähriger oder behinderter Kinder, häusliche Pflege von Angehörigen, Schuldnerberatung, psychosoziale Betreuung, Suchtberatung. – 5. *Einstiegsgeld (§ 16b SGB II)*: Dieses kann bei Aufnahme einer sozialversicherungspflichtigen oder selbstständigen Erwerbstätigkeit erbracht werden, wenn es zur Eingliederung in den allgemeinen Arbeitsmarkt erforderlich ist. Das Einstiegsgeld wird, soweit für diesen Zeitraum eine Erwerbstätigkeit besteht, für höchstens 24 Monate gezahlt. Bei der Bemessung der Höhe sollen die vorherige Dauer der → Arbeitslosigkeit sowie die Größe der Bedarfsgemeinschaft berücksichtigt werden, in welcher der erwerbsfähige Leistungsberechtigte lebt. – 6. *Leistungen zur Eingliederung von Selbstständigen (§ 16c SGB II)*: Personen, die eine selbstständige, hauptberufliche Tätigkeit aufnehmen oder ausüben, können Darlehen und Zuschüsse für die Beschaffung von Sachgütern erhalten. Die Zuschüsse dürfen einen Betrag von 5.000 Euro nicht übersteigen. Ferner können Personen, die eine selbstständige, hauptberufliche Tätigkeit ausüben, durch geeignete Dritte via Beratung oder Vermittlung von Kenntnissen und Fertigkeiten gefördert werden, wenn dies für die weitere Ausübung der selbstständigen Tätigkeit erforderlich ist. Die Vermittlung von beruflichen Kenntnissen ist jedoch ausgeschlossen. Sämtliche Leistungen werden nur gewährt, wenn zu erwarten ist, dass die selbstständige Tätigkeit wirtschaftlich tragfähig ist und die Hilfebedürftigkeit durch die selbstständige Tätigkeit innerhalb eines angemessenen Zeitraums dauerhaft überwunden oder verringert wird. Zur Beurteilung der Tragfähigkeit soll die Agentur für Arbeit die Stellungnahme einer fachkundigen Stelle verlangen. – 7. *Arbeitsgelegenheiten (§ 16d SGB II)*: Erwerbsfähigen Leistungsberechtigten können zur Erhaltung oder Wiedererlangung ihrer → Beschäftigungsfähigkeit, die für eine Eingliederung in Arbeit erforderlich ist, Arbeitsgelegenheiten zugewiesen werden, wenn die verrichteten Arbeiten zusätzlich sind, im öffentlichen Interesse liegen und wettbewerbsneutral sind. Hierbei haben Leistungen zur Eingliederung in Arbeit, mit denen die Aufnahme einer Erwerbstätigkeit auf dem allgemeinen Arbeitsmarkt unmittelbar unterstützt werden kann, Vorrang gegenüber der Zuweisung in Arbeitsgelegenheiten. Diese darf sich zudem innerhalb eines Zeitraums von fünf Jahren nur maximal auf 24 Monate belaufen. Den erwerbsfähigen Leistungsberechtigten ist während einer Arbeitsgelegenheit zuzüglich zum → Arbeitslosengeld II von der Agentur für Arbeit eine angemessene Entschädigung für Mehraufwendungen zu zahlen. – 8. *Förderung von*

Arbeitsverhältnissen (§ 16e SGB II): Arbeitgeber können auf Antrag für die Beschäftigung von zugewiesenen erwerbsfähigen Leistungsberechtigten durch Zuschüsse zum Arbeitsentgelt gefördert werden, wenn zwischen dem Arbeitgeber und der zu beschäftigenden Person ein Arbeitsverhältnis begründet wird. Dieser Zuschuss richtet sich nach der Leistungsfähigkeit des Arbeitnehmers und beträgt bis zu 75 Prozent des berücksichtigungsfähigen Arbeitsentgelts. – 9. *Freie Förderung (§ 16f SGB II):* Die Agentur für Arbeit kann die Möglichkeiten der gesetzlich geregelten Eingliederungsleistungen durch freie Leistungen zur Eingliederung in Arbeit erweitern. Bei dieser Ermessensleistung ist auch eine Kombination oder Modularisierung von Förderinhalten zulässig. – IV. Finanzierung: Der Bund trägt die Aufwendungen der Grundsicherung für Arbeitsuchende einschließlich der Verwaltungskosten, soweit die Leistungen von der Bundesagentur erbracht werden (§ 46 I SGB II). Der Bund kann festlegen, nach welchen Maßstäben die Mittel auf die Agenturen für Arbeit zu verteilen sind. Bei der Zuweisung wird die Zahl der erwerbsfähigen Leistungsberechtigten zugrunde gelegt (§ 46 II SGB II). Die Bundesagentur für Arbeit leistet an den Bund einen Eingliederungsbeitrag in Höhe der Hälfte der jährlichen, vom Bund zu tragenden Aufwendungen für Leistungen zur Eingliederung in Arbeit und Verwaltungskosten (§ 46 III SGB II). – Vgl. zur Abgrenzung der Leistungen zur Eingliederung in Arbeit nach SGB II von der (aktiven) Arbeitsförderung nach SGB III ebenfalls → Arbeitsmarktpolitik, → Sozialhilfe und → Sozialpolitik.

Leistungsabschreibung – *variable Abschreibung;* Abschreibung, die sich nach der Leistungsabgabe, der Inanspruchnahme des Vermögensgegenstandes richtet. – Vgl. auch → Abschreibung.

Leistungsabweichung → Abweichungen.

Leistungsaustausch – I. Kostenrechnung: → innerbetriebliche Leistungsverrechnung.

II. Umsatzsteuer: Zusammenfassende Bezeichnung für eine → Lieferung oder → sonstige Leistung gegen → Entgelt, betrifft also den Fall, dass jemand an einen anderen eine Leistung erbringt, um damit eine gewollte, erwartete oder erwartbare Gegenleistung auszulösen. Leistung und Gegenleistung müssen also innerlich miteinander verknüpft sein. Dagegen spielt es für das Vorliegen eines Leistungsaustausches keine Rolle, ob die Gegenleistung freiwillig oder nicht gleichwertig ist. Kein Leistungsaustausch liegt vor, weil es an einer Leistung fehlt, bei: (1) Rückgängigmachung einer Lieferung (→ Rückgabe); (2) bei → Erbschaften. – An einer Leistung „gegen Entgelt" fehlt es dagegen bei (1) → Schenkungen, (2) → Schadensersatzleistungen (einschließlich Verzugs-, Fälligkeits- und Prozesszinsen, Vertragsstrafen), (3) → Gesellschafterbeiträgen, (4) → Mitgliederbeiträgen, wobei es in allen diesen Fällen Abgrenzungsprobleme geben kann. Da der Leistungsaustausch im Normalfall notwendige Voraussetzung für die → Umsatzsteuer darstellt, kommt es in den genannten Fällen nicht zu einer Umsatzsteuerschuld. – In einigen, weiteren Fällen, in denen die Voraussetzungen eines Leistungsaustausches nicht gegeben sind, fingiert das Gesetz jedoch dennoch einen Leistungsaustausch: (1) → unentgeltliche Wertabgaben; (2) → Verbringung.

leistungsbedingte Abschreibung – Abschreibung auf Basis der Leistungsmenge, vgl. auch → Leistungsabschreibung, → Mengenabschreibung, → Abschreibung.

Leistungsbeistellung – Begriff des Umsatzsteuerrechts für das Zurverfügungstellen von Leistungen, d.h. → Lieferungen und → sonstigen Leistungen *(Leistungsbeistellung i.w.S.)* oder ausschließlich von sonstigen Leistungen *(Leistungsbeistellung i.e.S.)*, durch den Auftraggeber an den Hersteller eines Werkes. Die beigestellte (sonstige) Leistung ist nicht Bestandteil der Leistung des Werkunternehmers; denn der Werkunternehmer kann dem Auftraggeber keine „Leistung" dadurch erbringen, dass er ihm eine (beigestellte) Leistung zurückgibt, die dem Auftraggeber die gesamte Zeit über bereits gehört hat. Für die Frage, ob etwas vom Auftraggeber dem Auftragnehmer (Werkunternehmer) beigestellt wird oder nicht, kommt es auf die Eigentumsverhältnisse (wirtschaftliche Verfügungsmacht) an: Beschafft der Werkunternehmer Material oder ähnliche Produktionsfaktoren aus rechtlicher Sicht selbst (= im eigenen Namen), so gehen diese insoweit später als Bestandteil der fertigen Leistung mit auf den Auftraggeber über, haben diesem aber noch nicht vorher gehört; von einer Beistellung kann daher dann nicht gesprochen werden. Wenn dagegen rechtlich der Auftraggeber die betreffenden Materialien oder Vorleistungen beschafft – selbst wenn der Auftragnehmer bei der Beschaffung der Leistung als Agent (Einkauf im fremden Namen) oder Berater mitwirkt -, stellt der Auftraggeber diese Dinge dem Auftragnehmer zur Ausführung des Auftrages nur bei. – *Beispiel:* Werkunternehmer A berät den Auftraggeber B bei der Beschaffung der beizustellenden und von C zu bewirkenden Leistung. Beschafft hingegen A im eigenen Namen und für Rechnung des B die Leistung von C, umfasst die Leistung des A an B auch diese Leistung. – *Formen der Leistungsbeistellung (i.w.S.):* → Materialbeistellung, → Personalbeistellung.

Leistungsbereitschaft – 1. *Allgemein:* Voraussetzung für das Erbringen von → Leistungen *(Betriebsbereitschaft).* Hierzu sind nicht nur die Bereitstellung der entsprechenden → Produktionsfaktoren erforderlich, sondern auch andere Vorbereitungsmaßnahmen. Aufrechterhaltung der Leistungsbereitschaft verursacht fixe Kosten (→ Bereitschaftskosten). – 2. *Personalwirtschaftlich:* neben Leistungsfähigkeit grundlegende Determinante des Arbeitsverhaltens. Das Ausmaß der individuellen Leistungsbereitschaft ist abhängig von der Motivstärke und den Merkmalen der Arbeitssituation (Tätigkeitsmerkmale, finanzielle

Anreize, Vorgesetztenverhalten etc.). Die Leistungsbereitschaft stellt den Umfang dar, indem der Mitarbeiter bereit ist sein Leistungsvermögen der Unternehmen zur Verfügung zu stellen.

Leistungsbeteiligung – Form der → Erfolgsbeteiligung nach leistungsbezogenen Zurechnungsgrößen. Bemessungsgrundlage ist die im Abrechnungszeitraum erzielte Arbeitsleistung, wobei die individuelle, gruppenbezogene oder kollektive Arbeitsleistung für die Leistungsbeteiligung ausschlaggebend sein kann. Voraussetzung ist vielfach ein gut ausgebautes System der Kostenrechnung.

Leistungsbeurteilung → Mitarbeiterbeurteilung.

Leistungsbewertung → Arbeitsbewertung, → Lohngruppen, → Leistungsgrad.

leistungsbezogene Entgelte – arbeitsrechtlicher Begriff für Entgelte, bei denen wie beim → Akkordlohn und → Prämienlohn die Höhe des Arbeitsentgelts unmittelbar durch das von dem betreffenden Arbeitnehmer erzielte konkrete Arbeitsergebnis beeinflussbar sein muss (→ Leistungslohn). Nach § 87 I Nr. 11 BetrVG unterliegt die Festsetzung der Akkord- und Prämiensätze und vergleichbaren leistungsbezogene Entgelte, einschließlich der Geldfaktoren, dem erzwingbaren Mitbestimmungsrecht des Betriebsrats in → sozialen Angelegenheiten. Nach der Rechtsprechung des BAG sind nur solche mit Akkord- und Prämienlohn vergleichbare leistungsbezogene Entgelte, bei denen eine „Leistung" des Arbeitnehmers, gleichgültig worin diese besteht, gemessen und mit einer Bezugsleistung verglichen wird und bei denen sich die Höhe der Vergütung in irgendeiner Weise nach dem Verhältnis der Leistung des Arbeitnehmers zur Bezugsleistung bemisst. – Anteils-, Leistungs- und Abschlussprovisionen sind nicht leistungsbezogene Entgelte in diesem Sinn.

Leistungsbilanz – I. Bilanzierung: Von Anhängern der → dynamischen Bilanztheorie geschaffener Begriff für die → Erfolgsrechnung. – Vgl. auch → Gewinn- und Verlustrechnung (GuV).

II. Außenwirtschaft: Zusammenfassung der → Handelsbilanz, der → Dienstleistungsbilanz, der Einkommensbilanz sowie der → Bilanz der laufenden Übertragungen. – Vgl. auch → Zahlungsbilanz.

Leistungsbilanzmultiplikator → Zahlungsbilanzmultiplikator.

Leistungsbudget → Performance Budget.

Leistungsbündel – 1. *Begriff:* Güter, die sich aus → Sachgütern und → Dienstleistungen zusammensetzen. – 2. *Merkmale:* Anstelle einer strengen Abgrenzung von Sachgütern und Dienstleistungen werden oft alle Güter als Leistungsbündel aufgefasst, die aus bestimmten Anteilen beider Güterkategorien bestehen. – 3. *Ausprägungen:* Durch Gegenüberstellung der beiden für Dienstleistungen als typisch erachteten Merkmale „Immaterialität" und „Grad der Integration des → externen Faktors" lassen sich verschiedene Typen von Leistungsbündeln identifizieren, vgl. Abbildung „Leistungsbündel".

Leistungsbündel

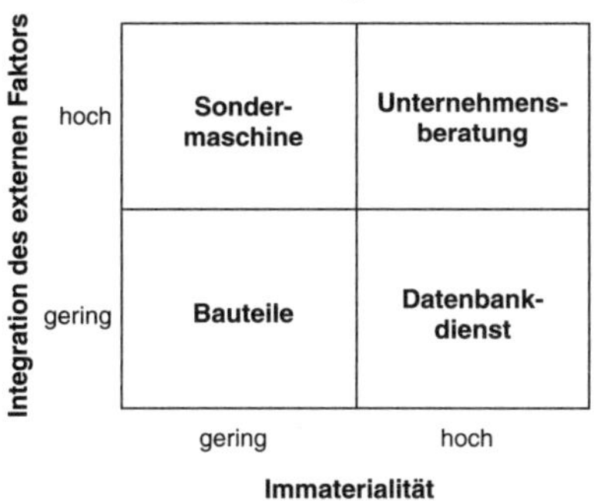

In Anlehnung an: Engelhardt/Kleinaltenkamp/Reckenfelderbäumer: Leistungsbündel als Absatzobjekte, in: ZfbF 45, 1993, S. 417

Leistungscontrolling → Kostenmanagement.

Leistungseigenverbrauch → unentgeltliche Wertabgaben.

Leistungseinheit – die Mengeneinheit des Ergebnisses eines betrieblichen Erzeugungsprozesses (→ Leistung), zu messen in Stück, kg, t, PS oder sonstigen Maßeinheiten (→ gesetzliche Einheiten). Zur Errechnung der Kosten je Leistungseinheit dient die → Kalkulation.

Leistungsentgelte → Transformationsausgaben.

Leistungsentsprechungsprinzip → Kostenverteilungsprinzip, in dem die Kosten in einer „Gesamtkostenanteilsrechnung" nach Maßgabe der Größenrelationen der → Leistungseinheiten auf die betrieblichen Produkte verrechnet werden sollen.

Leistungserfassung – leistungsartenbezogene Aufzeichnung der → Leistungen, differenziert nach Leistungsmenge und zur Erfüllung spezieller Rechnungzwecke relevanten Merkmalen (z.B. Leistungsempfänger, Leistungsqualität). Aufgrund der Vielfältigkeit der in einem Unternehmen erstellten Leistungen und bes. der bei Dienstleistungen (z.B. Verwaltungsleistungen) bestehenden Messprobleme ist die Leistungserfassung im Vergleich zur → Kostenerfassung in der Praxis deutlich weniger ausgeprägt.

Leistungsfähigkeitsprinzip – *Ability to Pay Principle.* 1. *Charakterisierung:* Fundamentalprinzip der Besteuerung (→ Besteuerungsprinzipien). Anders als das → Äquivalenzprinzip, das auch als Steuerrechtfertigung verstanden wird und ein Angebot von Staatsleistungen überhaupt begründen will, ist das Leistungsfähigkeitsprinzip lediglich ein *Steuerlastverteilungsprinzip.* Das Angebot an Staatsleistungen wird vorausgesetzt; nur ihre Finanzierung wird geregelt. In der → Finanzwissenschaft sowie in Steuerrecht und -politik umstritten. – 2. *Theoretische Fundierung:* a) Das Leistungsfähigkeitsprinzip ist mit den → Opfertheorien verknüpft worden, um zu beweisen, dass mit ihm eine → Steuerprogression notwendigerweise verbunden ist. Dies musste in die Irre führen, weil die Kritik an den Opfertheorien nachweisen konnte, dass mit ihnen beliebige Tarifverläufe konstruiert werden können, weil ferner auch die Kritik an der den Opfertheorien zugrunde liegenden Nutzentheorie die Opfertheorien selbst ad absurdum führt. – b) In der modernen Finanzwissenschaft wird daher das Leistungsfähigkeitsprinzip mit Blick auf grundlegende *Gerechtigkeitsvorstellungen und politische Wertungen* und Entscheidungen interpretiert. Notgedrungen bleibt dabei das Leistungsfähigkeitsprinzip unscharf, weil sowohl die Gerechtigkeitsauffassungen in der Gesellschaft als auch die Indikatoren einer Leistungsfähigkeit unterschiedlich interpretierbar sind. – c) (1) Grundsätzlich muss die *„horizontale" Gerechtigkeit* definiert werden: Soll jeder Besteuerte gleich behandelt werden, muss bereits die Bemessungsgrundlage der Steuer eindeutig und umfassend gestaltet sein. Daneben verlangt die *„vertikale" Gerechtigkeit*, dass jeder in dem Maße Steuern trage, wie er es könne. Wer über eine größere ökonomische Leistungsfähigkeit (Ausstattung mit Kaufkraft) verfügt, soll ein überproportional höheres Steueropfer tragen. Da dieses sich theoretisch nicht exakt bestimmen lässt, muss politisch darüber entschieden werden (Höhe der Freibeträge, Verlauf der Progressionskurve). (2) Als *Indikatoren der Leistungsfähigkeit* gelten Einkommen, Vermögen und Ausgaben (Konsum); Einkommen-, Vermögen-, aber auch eine persönliche → Ausgabensteuer sind mit dem Leistungsfähigkeitsprinzip vereinbar. In den meisten Staaten werden Einkommensteuern erhoben, oft verbunden mit Vermögensteuern. Unter dem Indikatoraspekt wird in der Finanzwissenschaft diskutiert, welche Einkommensbegriffe (→ Quellentheorie, → Reinvermögenszugangstheorie) mit dem Leistungsfähigkeitsprinzip kompatibel sind. – 3. *Wirkungen:* In dieser Hinsicht zeigt sich die Ambivalenz des Leistungsfähigkeitsprinzips. Einerseits ist es erforderlich, ein recht hohes Progressionsmaß einzurichten, wenn man die Steuertraglast deutlich auf die höheren Einkommensschichten verlagern und dadurch Ziele der *Umverteilungspolitik* erreichen will; andererseits können hohe Progressionsmaße den Leistungswillen der einzelnen lähmen (Disincentive-Effekt) und solchermaßen die gesamtwirtschaftliche Produktivität beeinträchtigen, was eine Verfehlung der *Allokationsziele* bedeutet.

Leistungsfunktion → Verbrauchsfunktion, spezifische Darstellung der wechselweisen Abhängigkeiten zwischen Ertrag (→ Ausbringung) und → Intensität eines Betriebsmittels oder einer Betriebsmittel-Kombination. Die Intensität (d) wird in technischen Einheiten gemessen und als Funktion der Ausbringung (x) aufgefasst: d = f (x), d.h. mit der Zu- oder Abnahme der Intensität ist ein entsprechender Zuwachs oder eine Minderung des Ertrags verbunden; ebenso lässt sich bei → intensitätsmäßiger Anpassung die verlangte Intensität als Funktion der Ausbringung verstehen.

Leistungsgarantie → Liefergarantie.

Leistungsgebot – ist die an den Steuer- bzw. Haftungsschuldner gerichtete Aufforderung, einen bestimmten Abgabenbetrag bis zu einem bestimmten Termin an die Finanzkasse zu entrichten. Es ist ein → Verwaltungsakt, wird regelmäßig mit dem entsprechenden Steuer- bzw. Haftungsbescheid (§ 219 AO) verbunden, und ist Voraussetzung für den Beginn des Vollstreckungsverfahrens (§ 254 I AO). Eines Leistungsgebotes bedarf es nicht, wenn (1) eine aufgrund einer → Steueranmeldung geschuldete Leistung nicht erbracht worden ist, (2) bestimmte steuerliche Nebenleistungen zusammen mit der Hauptleistung beigetrieben werden (§ 254 II AO).

Leistungsgerechtigkeit → Verteilungsgerechtigkeit, → Sozialpolitik in der Marktwirtschaft.

Leistungsgesellschaft → Verteilungsgerechtigkeit.

Leistungsgrad – Verhältnis von beeinflussbarer Ist-Mengenleistung zu beeinflussbarer Bezugs- oder Normalmengenleistung:

$$\text{Leistungsgrad} = \frac{\text{beobachtete Ist-Mengenleistung}}{\text{vorgestellte Bezugsmengenleistung}}\ 100\%$$

Leistungsgruppen – Qualifikationsstufen aufgrund der nach → Lohngruppen gegliederten Tarifverträge, nach denen Arbeitnehmer in der amtlichen → Lohnstatistik zum Zweck der besseren Analyse der Ergebnisse eingeordnet werden.

Leistungskette → Wettbewerbsstrategie.

Leistungsklage – Form der → Klage. Der Kläger begehrt die Verurteilung des Beklagten zu einem bestimmten Tun oder Unterlassen (auf Zahlung, Herausgabe, Abgabe einer Willenserklärung etc.). U.U. kann auch Klage auf künftige Leistung erhoben werden, v.a. wenn zu erwarten ist, dass sich der Schuldner der rechtzeitigen Leistung entziehen werde (z.B. Einwendungen gegen künftige Zahlungspflicht erhebt; §§ 257–259 ZPO).

Leistungskommission → Kommissionsgeschäft, das nicht eine Ware, sondern eine sonstige Leistung zum Gegenstand hat, z.B. die Vermietung von Ferienwohnungen (→ Ferienhaus) durch einen gewerblichen Vermieter, der gegenüber den Feriengästen im eigenen Namen auftritt, während die vermieteten Wohnungen privaten Kapitalanlegern gehören, die ihn zur Vermietung der Wohnungen lediglich beauftragt haben. Umsatzsteuerlich wird die Leistungskommission so behandelt, als hätte der Kommissionär die Leistung selbst an den Dritten erbracht und als hätte der Auftraggeber eine Leistung derselben Art zuvor an ihn erbracht. Das bedeutet v.a., dass das vom Kunden an den Kommissionär gezahlte Entgelt in vollem Umfang steuerpflichtig ist, obwohl der Eigentümer der Wohnung selbst ein Privatmann ist.

Leistungskontrolle – betriebsorganisatorische Maßnahme zur Überprüfung der erstellten Leistung (Menge und Qualität) im Verhältnis zur aufgewandten Zeit. Im Industrieunternehmen ist eine Leistungskontrolle weitgehend auszuschalten durch → Fließproduktion und durch → Akkordlohn in der Verwaltung, z.B. durch Einschaltung gewisser Kontrollen (Aktenzeichen, Anzahl der bearbeiteten Vorgänge oder Briefe etc.), im Handelsunternehmen durch statistische Erfassung der Arbeitsleistung (Umsatz je Verkäufer etc.). – *Anders:* → Produktionskontrolle.

Leistungskosten – 1. *Begriff:* → Kosten, die sich automatisch mit Art, Menge, Reihenfolge und Wert der tatsächlich beschafften, erzeugten oder manipulierten und abgesetzten Leistungen, Leistungsproportionen (bei nicht beliebig teilbaren Leistungen: Chargen, Losen, Partien etc.) oder Leistungsbündeln bzw. -päckchen (bei Kuppelproduktion und anderen verbundenen Leistungen) ändern. – *Gegensatz:* → Bereitschaftskosten. – 2. *Untergliederung.* Leistungskosten werden nach den Haupteinflussfaktoren oder Faktorbündeln, den Grundfunktionen (z.B. beschaffungs-, erzeugungs-, absatzbedingt) und weiteren Merkmalen (z.B. Erfassungsweise, Ermittlungsgenauigkeit) untergliedert.

Leistungskurve – Die Leistungskurve, auch Arbeitskurve genannt, ist die Darstellung der Arbeitsleistung eines Arbeitnehmers in Abhängigkeit von der Tageszeit unter Berücksichtigung seiner Durchschnittsleistung (100 Prozent). Sie weist, wie man der Grafik entnehmen kann, ein Vormittags- und ein Nachmittagsmaximum auf. – Vgl. Abbildung „Leistungskurve".

Leistungskürzung → Abgabenüberhebung.

Leistungslohn – Leistungslohn wird auch leistungsorientierte Vergütung genannt. Er ist eine Form der Entlohnung, bei der nicht nur die im Betrieb verbrachte Anwesenheitszeit vergütet, sondern die während der Anwesenheitszeit vollbrachte Leistung berücksichtigt wird. – *Formen:* (1) → Akkordlohn; (2) → Prämienlohn; (3) → Zeitlohn.

Leistungskurve

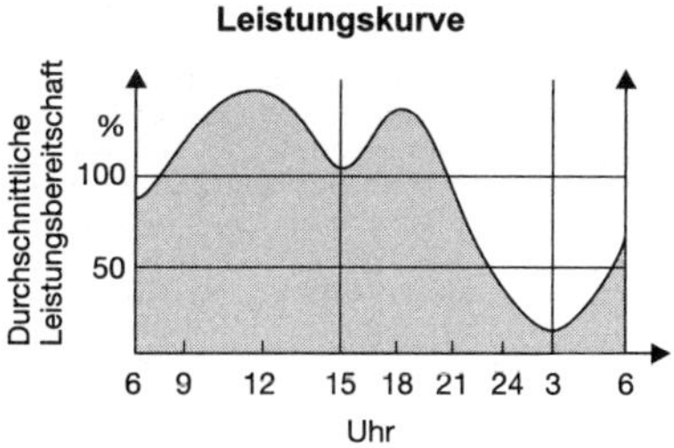

Leistungsort – 1. *Bürgerliches Recht:* Ort, an dem der Schuldner eine → Leistung zu erbringen hat (§ 269 BGB). Der Leistungsort entspricht dem → Erfüllungsort. – 2. *Umsatzsteuerrecht:* Im Umsatzsteuerrecht hat der Ort der Lieferung/Ort der sonstigen Leistung nichts mit bürgerlich-rechtlichen Leistungsort zu tun, sondern ist ein künstlich definiertes Kriterium, mit dem das Gesetz festlegt, wann umsatzsteuerliche Verpflichtungen im Inland erledigt werden müssen und wann nicht. – Vgl. auch → Lieferung, → sonstige Leistung.

Leistungspolitik → marketingpolitische Instrumente.

Leistungsprämie → Prämie.

Leistungspreis – an den Herstellkosten orientierter Verrechnungspreis bei der Abrechnung → innerbetrieblicher Leistungen zwischen den Fertigungsabteilungen eines Betriebs.

Leistungsprinzip → Verteilungspolitik, → Verteilungstheorie.

Leistungsprogramm → Absatzprogramm.

Leistungsrechnung – Teil des innerbetrieblichen Rechnungswesens, dem in der Praxis zunehmend Bedeutung zukommt. Systematische Erfassung, Speicherung und Auswertung von Mengen-, Zeit- und Qualitätsdaten, die die betriebliche Leistungserstellung messbar machen und abbilden. Bedeutung sowohl als Basisrechnung für die Kostenrechnung (→ Kosten- und Leistungsrechnung) als auch für eigene Planungs- und Kontrollaufgaben. – Vgl. auch → Leistungserfassung, → Kosten- und Leistungsrechnung.

Leistungsschutzrechte – die dem Urheberrecht verwandten Rechte an wissenschaftlichen Ausgaben urheberrechtlich nicht geschützter Werke und Texte sowie an Ausgaben nachgelassener Werke (§§ 70, 71 UrhG), die Rechte an Lichtbildern (§ 72 UrhG), die Rechte zum Schutz der ausübenden Künstler (§§ 73–83 UrhG), der Hersteller von Tonträgern (§§ 85, 86 UrhG), der Sendeunternehmen (§ 87 UrhG) und der Datenbankhersteller (§§ 87a ff. UrhG, → Datenbank).

Leistungsstörungen – Umstände, welche nach der Terminologie der → Schuldrechtsreform die → Leistung innerhalb eines → Schuldverhältnisses hindern oder beeinträchtigen. Leistungsstörungen bestehen in (1) → Nichtleistung (→ Leistungsverzögerung inkl. → Schuldnerverzug, → Unmöglichkeit), (2) → Annahmeverzug, (3) → Schlechtleistung. – *Anders:* Verletzung einer → Schutzpflicht.

Leistungsüberwachung → technische Überwachungseinrichtung.

Leistungsvergleich → vergleichende Werbung.

Leistungsvergütungen – 1. *Begriff:* Im Ertragsteuerrecht die Bezeichnung für die Beträge, die der

Gesellschafter einer Personengesellschaft von seiner Personengesellschaft handelsrechtlich als Vergütung für Leistungen, die er der Gesellschaft erbracht hat, erhält, z.B. für die Vermietung von Grundstücken oder anderen Wirtschaftsgütern oder für Arbeitsleistung (als Geschäftsführer der Gesellschaft). – 2. *Steuerliche Behandlung:* Leistungsvergütungen sind ertragsteuerlich nicht abzugsfähig; sie sind als eine (Vorab-)Auszahlung von Gewinnen der Gesellschaft an den betreffenden Gesellschafter zu behandeln. – 3. *Bilanzielle Behandlung:* Da die Leistungsvergütung handelsrechtlich in der Gesellschaftsbilanz als Aufwand zu verbuchen ist und diese Behandlung für die Steuerbilanz der Gesellschaft übernommen wird (→ Maßgeblichkeitsprinzip), muss die steuerlich richtige Darstellung der Leistungsvergütung durch eine Nebenrechnung in der → Sonderbilanz des betreffenden Gesellschafters gesichert werden. In dieser wird die – in der Gesellschaftsbilanz als Aufwand verbuchte – Leistungsvergütung wieder als Sonderbetriebseinnahme erfasst, sodass sich, wenn das Ergebnis aus Gesamthandelsbilanz und Sonderbilanz des einzelnen Gesellschafters zur Berechnung der gesamten aus der Gesellschaft stammenden Erträge für Zwecke der Einkommen- und Gewerbesteuer wieder zusammengeführt werden, insgesamt das zutreffende Bild ergibt.

Leistungsverrechnung → innerbetriebliche Leistungsverrechnung.

Leistungsverweigerungsrecht – die einem Schuldner unter gewissen Voraussetzungen zustehende Befugnis, die Erbringung der ihm obliegenden gesamten → Leistung vorübergehend oder für dauernd zu verweigern. – Vgl. auch → Einrede der Vorausklage, → Zurückbehaltungsrecht, → Verjährung, → Leistungsstörungen. – Eine Bestimmung in *Allgemeinen Geschäftsbedingungen,* durch die die dem Vertragspartner des → Verwenders zustehende → Einrede des nichterfüllten Vertrags oder ein ihm zustehendes Zurückbehaltungsrecht ausgeschlossen oder eingeschränkt wird, ist unwirksam (§ 309 Nr. 2 BGB).

Leistungsverzögerung – 1. *Begriff:* Fall der → Leistungsstörung, bei dem der Schuldner die fällige Leistung nicht rechtzeitig erbringt. Die Leistungsverzögerung ist eine → Pflichtverletzung, wenn dem Gläubiger ein wirksamer, fälliger und durchsetzbarer Anspruch auf die Leistung zusteht. Das Verschulden des Schuldners für die Leistungsverzögerung wird vermutet (§ 280 I 2 BGB). Der → Schuldnerverzug ist nach der → Schuldrechtsreform lediglich ein Unterfall der Leistungsverzögerung, da er an das zusätzliche Erfordernis der → Mahnung anknüpft. – 2. *Rechtsfolgen:* a) (Einfacher) Schadensersatz, der nicht in einem → Verzugsschaden besteht, bei schuldhafter und pflichtwidriger Leistungsverzögerung (§ 280 I BGB). – b) Schadensersatz statt der Leistung bei schuldhafter und pflichtwidriger Leistungsverzögerung, wenn die Leistung abgelehnt werden darf (→ Ablehnung), § 281 BGB. – c) → Aufwendungsersatz anstelle von Schadensersatz statt der Leistung (§ 284 BGB). – Sonderregeln für → gegenseitige Verträge. – Vgl. auch → Schadensersatz.

Leistungsvorbehalt → Wertsicherungsklausel.

Leistungswettbewerb – Werbemaßnahmen, die den freien Willen des Kunden durch die eigene, gewerbliche Leistung beeinflussen wollen. Die Unterscheidung in Leistungswettbewerb und Nichtleistungswettbewerb ist ein Kriterium zur Konkretisierung der Generalklausel des → unlauteren Wettbewerbs.

Leistungswucher – Form des → Wuchers (§ 291 I 3 StGB).

Leistungszeit – Teil der Arbeitszeit, währenddessen der Arbeitnehmer produktiv tätig ist. – *Gegensatz:* → Bereitschaftszeit.

Leistungszulage → Zulage.

Leistungszusage – Form der Versorgung in der → betrieblichen Altersversorgung (baV). Früher vorherrschend, heute seltener vereinbart. Bei der Leistungszusage steht die dem Arbeitnehmer durch den Arbeitgeber zugesagte Leistung im Versorgungsfall im Vordergrund, während bei der → beitragsorientierten Leistungszusage und der → Beitragszusage mit Mindestleistung ein Beitragsprimat gilt.

Leistungszuschlag – Bestandteil der Renten der knappschaftlichen Rentenversicherung (Bergmannsrente, Knappschaftsrente und Knappschaftsruhegeld; → Knappschaftsversicherung) gemäß § 85 SGB VI. Ein Leistungszuschlag wird gewährt, wenn der Versicherte mind. sechs Jahre ständige Arbeiten unter Tage verrichtet hat. Für jedes volle Jahr solcher Arbeiten werden zusätzlich → Entgeltpunkte angerechnet; vom sechsten bis zum zehnten Jahr = 0,125; vom elften bis zum zwanzigsten Jahr = 0,25 und für jedes weitere Jahr = 0,375 Entgeltpunkte.

Leitbild – 1. *Wettbewerbspolitik:* → wettbewerbspolitische Leitbilder. – 2. *Umweltpolitik:* → umweltpolitische Leitbilder. – 3. *Werbung:* → Schlüsselbild.

leitender Angestellter – I. Begriff: Mit der Wahrnehmung von Arbeitgeberfunktionen betraute Person. Da keine einheitliche gesetzliche Definition besteht, entscheidet die Verkehrsauffassung. Nach der Rechtsprechung ist leitender Angestellter, wenn eine Gesamtwürdigung ergibt, dass ein Angestellter ausreichend bedeutsame unternehmerische Aufgaben wahrnimmt, dabei einen erheblichen Entscheidungsspielraum zu verantworten hat und dies auch seiner Dienststellung und seinem Dienstvertrag entspricht. Der Begriff des leitenden Angestellten ist für das Kündigungsschutzgesetz (§§ 14, 17 KSchG), das Arbeitsgerichtsgesetz (§ 22 II Nr. 2 ArbGG) und das → Betriebsverfassungsgesetz (§ 5 III, IV BetrVG) jeweils eigenständig bestimmt. Abzugrenzen ist der leitende Angestellte vom außertariflichen Angestellten (→ AT-Angestellter).

II. Rechtsstellung: Arbeitsrechtlich bleibt der leitende Angestellte *grundsätzlich* „echter" → Arbeitnehmer. – Es bestehen zudem folgende *Sondervorschriften:* 1. *Arbeitszeit:* Leitender Angestellter sind vom ArbzG ausgenommen (§ 18 I Nr. 1 ArbzG). – 2. *Kündigungsschutz:* Bei Geschäftsführern, Betriebsleitern und ähnlichen leitenden Personen, soweit sie zur selbstständigen Einstellung oder Entlassung berechtigt sind, ist das Arbeitsverhältnis auf nicht zu begründenden Antrag des Arbeitgebers im Kündigungsschutzprozess durch Gerichtsurteil auslösbar (§ 14 KSchG). – 3. *Betriebsverfassungsgesetz:* Diesem unterstehen nicht leitende Angestellte, die zur selbstständigen Einstellung und Entlassung berechtigt sind oder Generalvollmacht oder Prokura besitzen oder eigenverantwortlich Aufgaben wahrnehmen (z.B. Wirtschaftsprüfer, Leiter des betrieblichen Sicherungswesens im Bergwerk, nicht dagegen Abteilungsleiter im Verkauf), die ihnen wegen deren Bedeutung für Bestand und Entwicklung des Betriebes im Hinblick auf bes. Erfahrungen und Kenntnisse übertragen sind (§ 5 III BetrVG). Sie besitzen kein aktives und passives Wahlrecht bei der Wahl des Betriebsrats; kein Mitwirkungs- und Mitbestimmungsrecht des Betriebsrats bei Einstellung, Umgruppierung, Versetzung und Entlassung des leitenden Angestellten, aber Pflicht des Arbeitgebers, dem Betriebsrat Mitteilung zu machen (§ 105 BetrVG). Leitende Angestellte können → Sprecherausschüsse gemäß dem Sprecherausschussgesetz vom 20.12.1988 (BGBl. I 2312, 2316) bilden, die ihre Gruppeninteressen vertreten. – 4. *Mitbestimmungsgesetz:* Leitende Angestellte im Sinn des BetrVG haben das aktive und passive Wahlrecht im Rahmen der Wahl der Aufsichtsratsmitglieder der Arbeitnehmer (§ 3 MitbestG). Das MitbestG hat den leitenden Angestellten einen Sitz im Aufsichtsrat der vom Gesetz erfassten Unternehmen zuerkannt (§ 15 II 3 MitbestG). – 5. *Arbeits- und Sozialgerichtsbarkeit:* Leitende Angestellte dürfen nur auf Arbeitgeberseite als ehrenamtliche Richter bei Arbeits- und Sozialgerichten fungieren (§§ 22 II Nr. 2, 37 II, 43 III ArbGG, §§ 16 IV Nr. 4, 35 I, 47 SozGG). – 6. *Institutionalisierung:* Etwa zehn eigene Verbände der leitenden Angestellten, die in der → Union der Leitenden Angestellten (ULA) als Spitzenverband zusammengefasst sind.

Leitkurs – meist vertraglich im Rahmen eines → Währungssystems vereinbarter fixer Orientierungskurs, von dem die Devisenkassakurse (Marktkurse) nach oben und unten innerhalb einer bestimmten → Bandbreite abweichen dürfen. – Vgl. auch → EWS II (seit Einführung des *Euro*), → Währungsintegration.

Leitpreis → Preisführerschaft.

Leitprodukt – bei der Produktionsplanung von → Kuppelprodukten mithilfe der mathematischen Programmierung ausgewähltes Produkt, dem die gesamten variablen Kosten des Kuppelprozesses einschließlich der Rohstoffkosten zugeordnet werden. Den übrigen Kuppelprodukten werden beim Aufbau der Planung keine Kosten angelastet. Durch Restriktionen wird sichergestellt, dass die Mengenrelationen der Kuppelprodukte eingehalten werden.

Leittextmethode – bisher überwiegend in der gewerblich-technischen → Berufsausbildung eingesetzte Methode, bei der mithilfe von visuellen, auditiven und audiovisuellen Medien (Leittexte, z.B. schriftliche Übungsanleitungen, Videofilme, technische Zeichnungen etc.) Auszubildende in einem relativ selbst gesteuerten Lernprozess komplexe Aufgaben und Probleme bearbeiten und lösen sollen.

Leitungsbefugnis → Weisungsbefugnis.

Leitungskosten – die in den → Leitungskostenstellen anfallenden Kosten. Aufgrund der mangelnden Quantifizierbarkeit der ihnen zugrunde liegenden Leistungen erweist sich eine exakte Verrechnung der Leitungskosten auf die Leistungsempfänger als problematisch bzw. unlösbar.

Leitungskostenstellen → Kostenstellen, deren Mitarbeiter Leitungsfunktionen wahrnehmen und die bei der Kostenplanung eine Sonderstellung einnehmen, da sich ihre Leistungen nicht oder nur unzureichend quantifizieren lassen (→ Leitungskosten). – *Zu den Leitungskostenstellen gehören:* Technische Betriebsleitung, Meisterbereichsstellen, Arbeitsvorbereitung, Terminbüro, Technische Planung etc.

Leitungsspanne – *Führungsspanne, Kontrollspanne, Span of Control.* 1. *Begriff:* Charakteristisches Merkmal eines → Leitungssystems, das die Anzahl der → Stellen ausdrückt, die einer → Instanz direkt untergeordnet sind. Die Leitungsspanne kann dabei von → Instanz zu Instanz variieren. – 2. *Optimale bzw. maximale Leitungsspanne:* Angesichts der Grenzen der Leitungskapazitäten ergibt sich für die → Organisationsgestaltung das Problem der Festlegung der maximalen bzw. optimalen Leitungsspanne „Faustregeln" (→ Organisationsprinzipien) der älteren Organisationslehre und der Praxis, wonach die optimale Leitungsspanne zwischen drei und 25 Stellen umfasst und mit höheren Ebenen der Hierarchie abnimmt, können zumindest für eine pauschale Anwendung nicht hinreichend sachlogisch begründet und empirisch abgesichert werden. Die optimale Leitungsspanne ist vielmehr einzelfallabhängig nach einer Untersuchung der jeweiligen Einflussgrößen der Leitungskapazität und der aus den Anforderungen der → Koordination resultierenden Leitungsbelastung der betrachteten Instanz festzulegen. – Vgl. auch → Konfiguration.

Leitungssystem – *Liniensystem.* 1. *Begriff:* Im Rahmen der → Aufbauorganisation die Verknüpfung von → Stellen durch Leitungsbeziehungen, die die → Weisungsbefugnis der jeweils übergeordneten → Instanz gegenüber den Handlungsträgern der untergeordneten → organisatorischen Einheiten ausdrücken. – 2. *Grundformen:* (1) → Einliniensystem; (2) → Mehrliniensystem; (3) → Stab-Linienorganisation.

Leitungstiefe – *Gliederungstiefe, Instanztiefe.* 1. *Begriff:* Charakteristisches Merkmal eines → Leitungssystems, das die Anzahl der Ebenen der Hierarchie ausdrückt. Dabei ist es nicht notwendig, dass jeder → organisatorische Teilbereich eine identische Leitungstiefe aufweist. – 2. *Optimale Leitungstiefe:* Bei konstanter Zahl der → Organisationsmitglieder führt eine Verringerung der Leitungstiefe zu einer Erhöhung der → Leitungsspanne. Für jeden organisatorischen Teilbereich ist daher ein optimales Verhältnis von Leitungsspanne und Leitungstiefe wichtig. Eine Zunahme der Leitungstiefe beeinflusst die → organisatorische Effizienz aufgrund der verlängerten → Informations- und → Kommunikationswege negativ.

Leitungswasser – 1. *Begriff:* In der Gefahr Leitungswasser werden Schäden am Rohrnetz, an Anlagen oder Einrichtungen eines Gebäudes aufgrund von Frost oder Bruch sowie infolge davon durch Nässe abgedeckt. – 2. *Rechtsgrundlagen:* Allgemeine Bedingungen für Leitungswasserversicherung (AWB 2010). – 3. *Probleme:* Bei Leitungswasserschäden ist die Unterscheidung zwischen → Sanierung und → Versicherungsfall sehr schwierig. Seit Mitte der 1990er-Jahre steigen die Schäden erheblich an, da die Leitungsnetze altern und korrodieren. Dieses → Änderungsrisiko war in der Konstruktion der gleitenden Neuwertversicherung innerhalb der verbundenen Wohngebäudeversicherung nicht berücksichtigt und führte zu erheblichen Verlusten. Im Falle von Frost kann es zusätzlich zu Kumulen kommen. – 4. *Maßnahmen bzw. Instrumente:* In den Annahmerichtlinien wird der Zustand der Gebäude berücksichtigt und unbewohnte Gebäude werden nicht oder nur gegen einen Prämienzuschlag versichert. Eingeschränkte Angebote bei maroden Rohren (insbesondere Ableitungsrohren außerhalb des Gebäudes) vermeiden sichere Schäden. Eine Beitragsstaffel nach Alter bzw. Baujahr des Gebäudes berücksichtigt die Risikosituation im Beitrag. Beitragsanpassungsklauseln ermöglichen es, auf Änderungen in der Risikosituation, z.B. auf eine steigende Schadenhäufigkeit, zu reagieren. Die Steuerung der Schadenbehebung über Handwerkernetze eröffnet Optionen auf eine Reduzierung von Preissteigerungen, auf günstigere Reparaturmethoden und auf eine verbesserte Abgrenzung von Sanierung und Schadenfall. – 2. *Rechtsgrundlagen:* Allgemeine Bedingungen für die Leitungswasserversicherung (AWB 2010).

Leitungswasserversicherung – spezielle → Sachversicherung gegen Schäden an Gebäuden oder beweglichen Sachen durch bestimmungswidrig ausgetretenes → Leitungswasser sowie gegen Schäden an Zu- und Ableitungsrohren und an bestimmten Einrichtungen der sanitären Installation durch Rohrbruch oder → Frost. Als eigenständiger → Versicherungszweig findet die Leitungswasserversicherung insbesondere bei landwirtschaftlichen und gewerblichen Risiken Verwendung. Darüber hinaus ist die Gefahr Leitungswasser auch im Rahmen der → verbundenen Hausratversicherung und der → verbundenen Wohngebäudeversicherung mit gedeckt. Industrielle Risiken können über die → Extended-Coverage-Versicherung gegen die Gefahr Leitungswasser versichert werden.

Leitwährung – jene Währung innerhalb eines → internationalen Währungssystems, die als internationales → Zahlungsmittel und Reservemittel sowie als internationale Anlagewährung verwandt wird. Die Leitwährung wird auch als *Ankerwährung* bezeichnet, weil die Wechselkurse der Währungen aller anderen Länder in einer relativ stabilen Beziehung zur Leitwährung gehalten werden. Die Leitwährung dient somit auch als Recheneinheit zur Bestimmung des Wertes aller Währungen.

Leitzins – wird von den → Zentralbanken festgelegt und ist ein Instrument der → Geldpolitik. Der Leitzins ist der → Zinssatz zu dem sich → Geschäftsbanken bei den Zentralbanken refinanzieren können. Die Geschäftsbanken haben dazu Sicherheiten, meist in Form von → Wertpapieren, zu hinterlegen. Die Wertpapierhinterlegung wird auch als Wertpapierpensionsgeschäft bzw. „Repo-Geschäft" bezeichnet. Die Beschaffung von → Liquidität über Zentralbanken ist in den letzten Jahren stetig zurückgegangen, da sich Geschäftsbanken untereinander zum Interbankensatz Geld geliehen haben. Im Zuge der Finanzkrise ist diese Finanzierungsquelle aufgrund des Vertrauensverlusts im August 2007 fast gänzlich zum Erliegen gekommen, und die Zentralbanken stellen wieder mehr Liquididät zur Verfügung, um die Stabilität des Bankensystems zu gewährleisten.

Leitzinsen – Die Zentralbank entscheidet aufgrund geldpolitischer Erfordernisse, zu welchen Zinssätzen sie den Kreditinstituten → Zentralbankgeld bereitstellt. Sie nimmt damit Einfluss auf die kurzfristigen Soll- und Habenzinsen der Kreditinstitute. Den Zentralbankzinsen kommt die Rolle von Leitzinsen zu, da andere kurzfristige Zinsen an sie angekoppelt sind (Zinsführerschaft). Bis zur Einrichtung des → Europäischen Systems der Zentralbanken (ESZB) legte die Deutsche Bundesbank mit dem → Diskontsatz als untere und dem → Lombardsatz als obere Begrenzung einen Zinskorridor am Geldmarkt fest. Als Refinanzierungskonditionen bilden nun im Euroraum die Sätze der Spitzenrefinanzierungsfazilität die obere Begrenzung und die Einlagenfazilität die untere Begrenzung des Zinskorridors (→ Geldpolitik). Der Hauptrefinanzierungssatz sowie die Verzinsung des Mindestreservesolls mit dem Hauptrefinanzierungssatz sorgen dafür, dass der Hauptrefinanzierungssatz der Leitzins für den → Geldmarkt ist.

Lenkungsfehler – Fehler, die v.a. bei der willentlichen Beeinflussung komplexer Systeme (→ Komplexität) entstehen. – Vgl. auch → Systemmanagement.

Lenkungspreise – spezielle Form von → Verrechnungspreisen, die trotz eines sachlich und ggf. auch organisatorisch geteilten Entscheidungsfeldes

(Dezentralisation von Entscheidungskompetenz und -verantwortung) eine optimale Erreichung des Gesamtziels der Unternehmung sicherstellen sollen. – Vgl. auch → Lenkungsrechnung.

Lenkungsprinzip → Prinzipal-Agent-Theorie.

Lenkungsrechnung – spezielle Form einer → Planungsrechnung, die so gestaltet ist, dass ihr Ergebnis eine motivierende Wirkung auf den Vollzug der Planungsaufgabe ausübt. – Vgl. auch → Lenkungspreise.

Lenkungsteuer → Ordnungsteuer.

Lenkungszuweisung – Geldzuweisung zwischen öffentlichen Aufgabenträgern, die mit bestimmten (Empfangs-, Verwendungs-, Eigenbeteiligungs-)Auflagen verbunden ist, um die politischen (Ausgaben-) Entscheidungen der Zuweisungsempfänger zu beeinflussen. – Als *Rechtfertigung* werden von den Zuweisungsgebern bessere Sachkenntnis bzw. höherer Informationsstand, das Bemühen um die Meritorisierung bestimmter Aufgaben und die Notwendigkeit, (regionale) externe Effekte der von den Zuweisungsempfängern erfüllten Aufgaben internalisieren zu müssen (→ Internalisierung externer Effekte), angeführt. – Vgl. auch → Zweckzuweisung, → Finanzzuweisung.

Leontief – Wassily, 1906-1999, kam 1931 aus Russland über Deutschland und China in die Vereinigten Staaten, wo er v.a. in Harvard (1946–1975) lehrte; → Nobelpreis für Wirtschaftswissenschaften 1973. Leontief, ein in St. Petersburg ausgebildeter Mathematiker, hat die → Input-Output-Rechnung erfunden und praktisch angewendet. Sein ganzes wissenschaftliches Leben hat er mit der Ausarbeitung, Verfeinerung und Anwendung dieser Technik zugebracht. Wichtigster Niederschlag dieser Arbeit sind die Bücher „The Structure of American Economy, 1919–1929" (1941) und „Studies in the Structure of the American Economy" (1953, mit anderen Autoren) sowie „Essays in Economics", 2 Bde. (1966/1977).

Leontief-Lerner-Wohlfahrtsfunktion – lautet für n Gütermengen: $U = f(x_1, x_2, \dots x_n)$. Die im Rahmen der Außenwirtschaftstheorie entwickelte Leontief-Lerner-Wohlfahrtsfunktion wird auch in der Wohlfahrtsökonomik verwendet. Die gesellschaftliche Wohlfahrt wird direkt durch die zur Verfügung stehenden Gütermengen bestimmt, nicht durch die individuellen, aufaddierten → Nutzenfunktionen. – Vgl. auch → Lerner, → Leontief.

Leontief-Modelle → lineare Wachstumsmodelle.

Leontief-Paradoxon – Ergebnis einer 1953 von *Wassiliy Leontief* vorgelegten empirischen Untersuchung, wonach die Kapitalintensität der US-amerikanischen Exporte im Jahr 1947 geringer war als die Kapitalintensität der US-Importe (→ kapitalintensives Gut, → arbeitsintensives Gut). Nachdem die USA nach dem Zweiten Weltkrieg international fraglos ein relativ kapitalreiches Land waren, stand dieses Ergebnis im völligen Widerspruch zum → Heckscher-Ohlin-Handel. – *Erklärungsansätze für das Paradoxon:* a) *Verletzung des* → Heckscher-Ohlin-Theorems, hervorgerufen durch → umschlagende Faktorintensitäten, unterschiedliche Nachfragepräferenzen, unterschiedliche Produktionstechnologien, Marktunvollkommenheiten, Handelsbilanzungleichgewichte. – b) *Mängel im Testverfahren:* Verzerrung der Daten, Nichtberücksichtigung von → Humankapital und natürlichen Ressourcen. Das *Leontief-Paradoxon* bildete die Grundlage für zahllose weitere empirische Untersuchungen, die den Widerspruch zwischen → Theorie und Empirie wieder etwas abschwächten, aber auch bestätigten. In den 1980-er Jahren wurde gezeigt, dass *Leontiefs* Ergebnisse dem *Heckscher-Ohlin-Vanek-Modell* in gewissem Sinn durchaus entsprachen. Gleichwohl aber bleibt der Eindruck, dass die *Heckscher-Ohlin-Theorie* des internationalen Handels nur sehr beschränkt empirische Bestätigung erfahren kann.

Leontief-Produktionsfunktion → linear-limitationale Produktionsfunktion.

Lerneffekt – innerer Störeffekt bei der → Befragung. V.a. bei längeren → Fragebögen wird dem Befragten durch vorangegangene Fragen ein Wissen vermittelt, das bei der Beantwortung weiterer Fragen benutzt wird und damit die Ergebnisse verzerrt (→ systematischer Fehler). Lerneffekte können auch bei → Panels durch die wiederholte Abfrage auftreten (→ Paneleffekt).

Lernen – absichtlicher (intentionales Lernen), beiläufiger (inzidentelles und implizites Lernen), individueller oder kollektiver Erwerb von geistigen, körperlichen und sozialen Kenntnissen und Fertigkeiten. Aus lernpsychologischer Sicht wird Lernen als ein Prozess der relativ stabilen Veränderung des Verhaltens, Denkens oder Fühlens (verarbeiteter Wahrnehmung der Umwelt oder Bewusstwerdung eigener Regungen) aufgefasst (→ Qualifikation).

lernende Organisation → Wissensmanagement.

Lerner – Abba Ptachya, 1903-1982, brit./amerik. Wirtschaftswissenschaftler, geboren in Russland und aufgewachsen in London, arbeitete zunächst in verschiedenen Berufen, bevor er 1929 als Student an die London School of Economics (L.S.E.) kam. – Wegweisend für sein ökonomisches Interesse waren seine frühen Verbindungen zu der Fülle von sozialistischen Bewegungen (z.B. der Fabian Society), die in den Zwanzigerjahren des vergangenen Jahrhunderts in Großbritannien vorherrschend waren. – Während seiner Zeit an der L.S.E, beeinflusst u.a. durch Lionel Robbins, veröffentlichte er zahlreiche bedeutende Artikel zur Mikroökonomie und brachte zusammen mit Paul Sweezy und Ursula K. Webb 1933 das *Review of Economic Studies* heraus. Auch stand er durch seine Artikel in vorderster Front des „Paretian Revival" der Dreißigerjahre, mit dem u.a. die Lausanner Schule der volkswirtschaftlichen Neoklassik die engl. Sprachbarriere durchbrach und das die

Idee der Marginalistischen Revolution wieder aufleben ließ. – In seiner Zeit in Cambridge 1934-35 kam er in Kontakt zu John Maynard → Keynes und erkannte unmittelbar nach Erscheinen von Keynes Hauptwerk „The General Theory of Employment, Interest and Money" 1936 dessen Signifikanz und legte von diesem Zeitpunkt an den Schwerpunkt seiner Arbeit auf die Erforschung und Erweiterung der Keynesschen Makroökonomie. – 1937 übersiedelte Lerner in die USA, wo er an zahlreichen Universitäten tätig war, ohne irgendwo wirklich Fuß zu fassen. Seine dort in großer Zahl erschienenen Artikel und Bücher, ab 1944 verlagerte sich der Schwerpunkt seiner Arbeit weg von der reinen Wirtschaftstheorie zur Wirtschaftspolitik, machen A.P. Lerner zu einem der einflussreichsten Ökonomen des 20. Jahrhunderts. – Vgl. auch → Lerner-Effekt, → Lerner-Samuelson-Theorem, → Leontief-Lerner-Wohlfahrtsfunktion.

Lerner-Effekt – von → Lerner vertretene empirisch überprüfbare These: Geht man von dem Wunsch nach Bildung einer Sicherheitsreserve als dominierendem Sparmotiv aus, geht die Sparneigung umso mehr zurück, je mehr der Vermögensbestand in der Relation zum laufenden Einkommen wächst. Entsprechend nimmt die Konsumneigung zu. Makroökonomisch verändert eine derartige Verhaltensweise der privaten Haushalte z.B. die Bedingungen für konjunkturpolitisch motivierte, schuldenpolitische Maßnahmen (→ Deficit Spending).

Lerner-Samuelson-Theorem – Das *Lerner-Samuelson-Theorem* (→ Faktorpreisausgleichstheorem). Benannt nach *Abba P.* → Lerner, (dem die Ausformulierung 1933 gelang) und *Paul A.* → Samuelson (der im Jahr 1948 das → *Lernersche* Symmetrietheorem wieder entdeckt hat).

Lernersches Symmetrietheorem – Das → Theorem besagt, dass der Effekt einer Exportsteuer (→ Ausfuhrzoll) in jeder Hinsicht derselbe ist wie der Effekt eines → Einfuhrzolls vom selben *Ad-Valorem-(*→ Wertzoll-)Ausmaß. Bei realwirtschaftlicher Betrachtung spielen nur die relativen Preise eine Rolle, und der relative Preis des importierten Gutes kann im Inland nicht nur durch einen Importzoll über die → Terms of Trade angehoben werden, sondern auch durch eine Exportsteuer (*Ausfuhrzoll*). Eine Exportsteuer (ein *Ausfuhrzoll*) bewirkt, dass der für den heimischen Produzenten relevante Preis des exportierten Gutes unter den Weltmarktpreis sinkt. Zu diesem geringeren Preis ist er dann auch bereit im Inland anzubieten, und es entsteht im Inland eine relative Verbilligung des exportierten Gutes. Dies aber ist gleichbedeutend mit einer relativen Verteuerung des importierten Gutes wie sie bei einem *Einfuhrzoll* zustande kommt. – Vgl. auch → Lerner, → Handelspolitik, → tarifäre Handelshemmnisse.

Lernkosteneffekte → Learning by Doing Economies.

Lernkurve – beschreibt den Zusammenhang zwischen der Häufigkeit der Wiederholung eines → Produktionsprozesses und dem Input-/Output-Verhältnis dieses Prozesses. V.a. Übungseffekte des operativen Produktionspersonals und organisatorische Verbesserungen führen zumeist zu einer arithmetisch- oder geometrisch-degressiven funktionalen Beziehung. Derartige Lerneffekte erklären auch einen erheblichen Teil von → Erfahrungskurven.

Lernort – Ort, an dem der Lernprozess stattfindet. – *Arten:* Primäre Lernorte dienen ausschließlich der Wissensvermittlung (z.B. Schulen), sekundär vorranging anderen Aufgaben (z.B. betriebliche Leistungserstellung). Integrierte Lernorte bedürfen keiner Ergänzung durch andere Institutionen. Nach Standort wird zwischen betrieblichem und außerbetrieblichem Lernort unterschieden. Derzeit sind zum einen eine Pluralisierung der Lernorte und zum anderen eine Wiederbelebung des ertragsintensiven Lernorts Arbeitsplatz zu beobachten.

Lernstatt – Gruppe von i.d.R. sechs bis acht (freiwilligen) Mitarbeitern, die eine selbst gestellte Aufgabe bearbeitet. Ursprünglich entwickelt zur besseren betrieblichen Integration von ausländischen Mitarbeitern. Erfahrungen zeigten, dass so auch betriebliche Probleme zu lösen seien (Hawthorne-Effekt). Die Lerngruppen beschäftigen sich z.B. mit Themen, die im Zusammenhang mit der Bildung eines Qualitätsbewußtseins, der Schaffung einer Indentifikation mit dem Betrieb, der Bereitschaft für Veränderungen, einer übergreifenden Zusammenarbeit und der persönlichen wie fachlichen Qualifikationerweiterung stehen. Unterschiedliche Beurteilung: keine quantitative bzw. qualitative Überprüfung der Ergebnisse; wegen Freiwilligkeit keine Kontinuität in der Nutzung. – *Sonderform:* → Qualitätszirkel.

Lerntheorien – Lerntheorien sind Modelle und Hypothesen, die versuchen paradigmatisch Lernen psychologisch zu beschreiben und zu erklären. Der augenscheinlich komplexe Vorgang des Lernens, also der relativ stabilen Verhaltensänderung, wird dabei mit möglichst einfachen Prinzipien und Regeln erklärt. – 1. *Behavioristische Lerntheorien:* Geht von einem Zusammenhang zwischen beobachteten Reizen und den sich daraus ergebenden Reaktionen aus (Wiederholen von belohntem Verhalten, Unterlassen von bestraftem Verhalten). – 2. *Kognitive Lerntheorien:* Lernen als höherer geistiger Prozess; Wissenserwerb als bewusst gestalteter und komplexer Vorgang. – 3. *Theorie des sozialen Lernens:* Wissenserwerb unbewusst durch Beobachtung und Nachahmung.

Lerntransfer – 1. *Begriff:* die Fähigkeit, eine gelernte Aufgabe auf eine andere, vergleichbare Situation zu übertragen. Übertragung und Anwendung des in einer Aus-, Fort- oder Weiterbildung (→ Training) erworbenen Wissens auf die berufliche Situation. Der Lerntransfer sollte bereits in der Lernsituation gefördert werden, z.B. indem Übungen im Training viele Elemente der Arbeitssituation enthalten, ausdrücklich auf die Anwendungsmöglichkeiten des Gelernten in der Praxis hingewiesen wird, die positiven Auswirkungen der Anwendung des Gelernten aufgezeigt werden etc. Ursachen für die mangelnde Umsetzung sind vielfach Umfeldbedingungen wie eingefahrene Verhaltensmuster, Arbeitsroutinen etc. Flankierende Fördermaßnahmen des Lerntransfers sollten deshalb nicht nur den betroffenen Mitarbeiter, sondern v.a. das betriebliche Umfeld einbeziehen. – 2. *Arten*: (1) positiver Transfer: Etwas bereits Gelerntes beschleunigt das Erlernen neuer Aufgaben; (2) negativer Transfer: Etwas bereits Gelerntes erschwert oder blockiert das Erlernen einer neuen Aufgabe; (3) Nulltransfer: Eine bereits erlernte Aufgabe bzw. Fähigkeit hat keinerlei Auswirkungen auf das nachfolgende Lernen; (4) lateraler Transfer: ermöglicht die Übertragung des bisher Gelernten auf einen Lerninhalt mit identischem Schwierigkeitsgrad; (5) vertikaler Transfer: ermöglicht die Übertragung des bisher Gelernten auf einen Lerninhalt mit höherem Schwierigkeitsgrad.

Leser-Blatt-Bindung – Maß für die Stärke der (auch emotionalen) Verbundenheit eines Lesers zu einer → periodischen Druckschrift. Werbemittel, die in Werbeträgern mit starker Leser-Blatt-Bindung erscheinen, haben eine größere Werbewirkung.

Leser pro Ausgabe → Reichweite.

Leser pro Nummer → Reichweite.

Leserumfrage – Methode der → Meinungsforschung. Das Problem der Auswahlmethode für die → Repräsentativerhebung in Bezug auf den zu befragenden Personenkreis wird gelöst, indem die Leserschaft einer bestimmten Zeitung oder Zeitschrift angesprochen wird (Readers Interest Research). Ergebnisse sind nur zu generalisieren für eine dieser Leserschaft entsprechende Verbraucherschicht.

Lesestift – *Lesepistole;* → Eingabegerät für einen → Computer: ein mit der Hand zu bedienendes Lesegerät in Stift- bzw. Pistolenform, mit dem Codes aus Warenauszeichnungen und Etiketten (z.B. → Barcodes) optisch abgetastet werden können.

Less Developed Country (LDC) → Developing Country (DC).

Letter of Authority – Sonderform des → Akkreditivs, Form der → Ziehungsermächtigung. Ermächtigung des Käufers an den Verkäufer, nach Verschiffung der Ware dokumentäre Tratten auf ihn oder seine Bank zu ziehen und einer Bank zum Ankauf anzubieten, um gleich nach dem Versand der Ware in den Besitz des Gegenwertes zu gelangen, ohne auf die Durchführung des Inkassos zu warten.

Letter of Credit (L/C) → Akkreditiv.

Letter of Intent – in den USA gebräuchliche Bestätigung einer vorläufigen Bestellung, die unter gewissen Voraussetzungen noch endgültig erteilt werden soll. – Im allg. Sprachgebrauch vorvertragliche, je nach Rechtsraum und Formulierung teilweise aber verbindliche „Absichtserklärung".

Letter of Lien – *Letter of Trust, Trust Receipt;* Urkunde, in der der Importeur der Bank, die das Geschäft finanziert, bescheinigt, dass die ihm durch Aushändigung des → Konnossementes bereits übergebene Ware noch nicht sein Eigentum ist, sondern als Pfand zur Verfügung der Bank bleibt; *lien* (engl.): Pfandrecht, dingliches Sicherungsrecht.

letztes Gebot – bei Versteigerung, v.a. → Zwangsversteigerung, der Betrag, der als Letzter von einem Bieter genannt wird. Nach dreimaligem Aufruf erfolgt der → Zuschlag. Der Bieter wird zum → Ersteher.

Letztverbraucher – Endverbraucher, die die Ware/Leistung weder weiterveräußern noch sonst gewerblich verwenden (verarbeiten etc.). Dazu gehören auch Gewerbetreibende, die ihren privaten Bedarf an betriebsfremden Waren/Leistungen decken (→ Hersteller- und Großhändlerwerbung, → Kaufscheinhandel).

letztwillige Verfügung – einseitige → Verfügung von Todes wegen (→ Testament).

Leuchtmittelsteuer – eine zum 1.1.1994 abgeschaffte → Verbrauchsteuer auf die Herstellung oder Einfuhr von Leuchtmitteln, die unabhängig davon zu zahlen war, ob der Steuergegenstand zur Beleuchtung verwandt wurde. – Aufkommen 1993: 110 Mio. Euro.

Leveraged Buyout – Bezeichnung einer speziellen Finanzierungskombination im Fall der Übernahme bzw. des Kaufs eines Unternehmens durch neue Eigentümer (auch Buyout genannt). Bes. Merkmal ist, dass in hohem Maße Fremdkapital für den Kaufpreis aufgenommen wird. Dies erzeugt eine potenzielle Hebelwirkung der Kapitalstruktur (→ Leverage-Effekt), die die Eigenkapitalrentabilität des Investors erhöhen soll. Die Tilgung und Zinszahlung der meist hohen Verschuldung obliegt dem übernommenen Unternehmen.

Leveraged Buyout (LBO) – kreditfinanzierter Kauf eines Unternehmens, bei dem die Kreditmittel v.a. aus dem zukünftigen → Cashflow des Zielunternehmens zurückgeführt werden sollen.

Leverage-Effekt – *Hebelwirkung der Kapitalstruktur, Hebelwirkung des Verschuldungsgrades, Hebelwirkung des Fremdkapitals;* Änderung der erwarteten Eigenkapitalrendite aufgrund der Substitution von Eigen- durch Fremdkapital. Es gilt:

$$r_E = r_G + (r_G - i)\frac{FK}{EK}$$

mit r_G = erwartete Rendite auf das eingesetzte Gesamtkapital, r_E = erwartete Rendite auf das eingesetzte Eigenkapital, i = Fremdkapitalzinssatz, FK = Fremdkapital, EK = Eigenkapital. Ist die erwartete Gesamtkapitalrendite größer als der Fremdkapitalzinssatz i und sind beide unabhängig von der Kapitalstruktur bzw. vom Verschuldungsgrad gegeben, steigt die erwartete Eigenkapitalrendite linear mit dem Verschuldungsgrad. Aus der genannten Gleichung kann gefolgert werden: Je höher der Verschuldungsgrad, desto höher die erwartete Eigenkapitalrendite. – Der Leverage-Effekt gilt jedoch auch in umgekehrter Richtung: Liegt die erwartete Gesamtkapitalrendite unter dem Fremdkapitalzinssatz, sinkt die erwartete Eigenkapitalrendite linear mit dem Verschuldungsgrad.

Leviathan – ursprünglich vom engl. Staatsphilosophen Hobbes, 1588–1679, eingeführte Bezeichnung für den allmächtigen Staat. Die im Anschluss an Hobbes etablierte kontrakttheoretische Begründung des Staates nimmt zunächst einen anarchischen Urzustand der Gesellschaft an, der im Extrem durch einen Krieg aller gegen alle gekennzeichnet ist. Zur Herstellung einer dauerhaften Friedensordnung etabliere sich auf naturrechtlichen Grundlagen durch einen Gesellschaftsvertrag der Staat als Repräsentant der Gesellschaftsmitglieder. Diese übertragen zugleich ihre ursprünglichen Rechte, nach eigenem Ermessen völlig frei zu handeln, an den Staat. Dadurch werde der Staat zum unanfechtbaren Leviathan einem „sterblichen Gott" unter dem „unsterblichen Gott", dem es zufällt die Menschen notfalls mit Gewalt gegenüber sich selbst und gegenüber anderen Völkern zu beschützen. – In den *Ansätzen der* → Finanzwissenschaft oder Public-Choice-Theorie wird der Leviathan, im Gegensatz zu Hobbes, als freiheits- und wohlstandsvernichtender bürokratischer Apparat verstanden. Der interventionistische Wohlfahrtsstaat dient als Prototyp einer Entwicklung zum Leviathan, die „Zähmung des Leviathan" als programmatische Formel für verschiedenste Reformansätze (s. → Konstitutionenökonomik).

Lewis – William Arthur, 1915–1991, aus Britisch Westindien stammender Nationalökonom, der zunächst in England lehrte (London und Manchester) und – nach zwischenzeitlicher Tätigkeit als Vice-Chancellor der University of the West Indies – seit 1963 Professor of Economics in Princeton war; → Nobelpreis für Wirtschaftswissenschaften 1979 (zusammen mit → Schultz). Lewis entwickelte als einer der ersten Ökonomen nach dem Zweiten Weltkrieg Theorien zur Ökonomik der Entwicklungsländer. Sein berühmtester Beitrag ist der Aufsatz „Economic Development with Unlimited Supplies of Labour", in: The Manchester School, 22 (1954), in dem er das Modell einer dualen Ökonomik der Entwicklungsländer (städtischer, industrialisierter Sektor vs. ländlicher, traditioneller Sektor) konzipiert (→ Dualismus-Theorie). Trotz der Kritik, die dieses Modell erfahren hat, ist es die wichtigste Grundlage für die spätere Ausarbeitung der Entwicklungsländerökonomie geworden. Sein Buch „The Theory of Economic Growth" (1955), das in deutscher Übersetzung vorliegt, ist eine Gesamtdarstellung des Themas für den akademischen Unterricht.

lexikografische Auswahlregel → Entscheidungsregel, bei der sich die Auswahl der optimalen Aktion vorerst nach nur einer Zielgröße (erster Buchstabe des Alphabetes) richtet. Erreichen dabei mehrere Alternativen den Optimalwert, werden schrittweise weitere Zielgrößen (weitere Buchstaben) bis zur endgültigen Entscheidung (lexikographische Reihenfolge) herangezogen.

Liabilities – *Schulden,* → Conceptual Framework.

Liability Rule → Verfügungsrechte.

liberales Paradoxon – 1. *Begriff:* von → Sen entwickeltes Theorem der → Wohlfahrtsökonomik, welches das → Arrow-Paradoxon um das Axiom der individuellen Freiheit erweitert. Sen geht davon aus, dass jeder Mensch einen autonomen Entscheidungsspielraum haben sollte, innerhalb dessen er unabhängig von anderen verbindliche Entscheidungen treffen kann. Ausgehend von dieser Zusatzbedingung zeigt Sen, dass es Situationen gibt, in denen es Konflikte zwischen Gesellschaftsmitgliedern geben kann, die es unmöglich machen, zwischen privaten und gesellschaftlichen Entscheidungen zu trennen. In solchen Situationen fehlt die Basis für die Aggregation von Präferenzen und die Ableitung von gesellschaftlichen → Wohlfahrtsfunktionen. Sen fordert deshalb, nicht nur Nutzeninformationen sondern auch Restriktionen für individuelles Handeln (z.B. Rechtsvorschriften) in die Wohlfahrtsökonomik miteinzubeziehen. Das → Pareto-Optimum sollte nur noch auf solche Entscheidungen angewandt werden, die keine Auswirkung auf die autonome Entscheidung eines anderen haben. Denn ansonsten gerät man in die paradoxe Situation, dass das eigentlich liberale Pareto-Optimum zu illiberalen Ergebnissen führt. – 2. *Bewertung:* Sens liberales Paradoxon löst das Arrow-Problem nicht. Sen führt jedoch die Wohlfahrtsökonomik aus der Sackgasse der reinen Nutzenbetrachtung heraus, indem es ihm mit dem liberalen Paradoxon gelingt, institutionelle Gesichtsichtspunkte in die Theorie zu integrieren.

Liberalisierung – 1. *Begriff:* Befreiung des → Außenhandels von mengenmäßigen Beschränkungen (Kontingente und andere → nicht tarifäre Handelshemmnisse). Der Begriff der Liberalisierung wurde von der → OECD eingeführt, deren Mitglieder sich am 18.8.1950 auf ein Liberalisierungsprogramm, niedergelegt im sog. Liberalisierungskodex, einigten, das den schrittweisen Abbau aller intraeuropäischen Mengenbeschränkungen vorschrieb. Unter Liberalisierung des Außenhandels i.w.S. wird gelegentlich auch die Befreiung des Handels von allen *Handelshemmnissen* und damit die Wiederherstellung des → Freihandels verstanden. – 2. *Durchführung* der Liberalisierung zwischen den OECD-Ländern wurde ermöglicht und gestützt durch die gleichzeitige Multilateralisierung des Zahlungsverkehrs (→ IWF). Die Liberalisierungsvorschriften erstrecken sich nur auf den Privathandel zwischen den Staaten, jedoch wurde der nichtliberalisierungsfähige Staatshandel wesentlich eingeschränkt. Ferner wurde die Liberalisierung des Warenverkehrs durch eine analoge Befreiung des Dienstleistungsverkehrs (Liberalisierung der „unsichtbaren Einfuhren") ergänzt (1955). Schutzklauseln ermöglichten den Ländern im Fall von Zahlungsbilanzschwierigkeiten den Rückgriff auf neue Beschränkungen (Entliberalisierung unter bestimmten Bedingungen). Sie wurden jedoch immer seltener in Anspruch genommen. Auch die Welthandelsorganisation (engl. *World Trade Organization* (→ WTO)) sorgt sich um die Liberalisierung des Warenverkehrs (→ GATT) und des Dienstleistungsverkehrs (→ GATS). Zudem wird im Rahmen der WTO ein handelsbezogener Schutz geistiger Eigentumsrechte gewährt.

Liberalismus – 1. *Charakterisierung:* Individuelle Freiheit und Selbstverantwortung betonende Gesellschaftskonzeption; geistige Wurzeln liegen in der durch die Aufklärung beeinflussten englischen und schottischen Moralphilosophie des 18. Jh. (u.a. Locke, Hume, Stewart, Smith). Zunächst als politische Bewegung gegen den Absolutismus entstanden, wurde der Liberalismus bald auch als Gestaltungsprinzip für die → Wirtschaftsordnung aufgegriffen. Die Vertreter des Liberalismus betonen, dass politische Freiheit nur dann realisiert werden kann, wenn auch die Freiheit der wirtschaftlichen Betätigung gewährleistet ist. Demzufolge fordert der Liberalismus eine freie Marktwirtschaft einschließlich des → Freihandels. – 2. *Denkrichtungen:* (1) → Klassischer Liberalismus; (2) → Laissez-Faire-Liberalismus; (3) → Neoliberalismus.

LIBOR – Abk. für *London Interbank Offered Rate;* → Referenzzinssatz (Briefkurs) für viele Finanzinstrumente des Geldmarktes, zu dem international tätige Großbanken Euro-Geldmarktgeschäfte in London abschließen. – *Bildung:* Der LIBOR wird täglich als Durchschnittszinssatz aus den Brief-Sätzen von 8, 12 bzw. 16 internationalen Großbanken, je nachdem für welche Währung gefixt wird, berechnet. Er deckt die häufigsten Termingeschäftslaufzeiten ab (ein, zwei, drei, sechs und zwölf Monate).--*Manipulation:* 2010 nahmen zunächst die Britischen Behörden Ermittlungen wegen des Verdachts der Manipulation des LIBOR auf. Es stellte sich heraus, dass mehrere Großbanken über Jahre falsche Angaben, v.a. in der Finanzkrise 2008 zu niedrige Angaben zur Verschleierung ihrer wirklichen Refinanzierungskosten und zur Stützung ihrer Handelsgewinne gemacht haben. Mehrere Finanzinstitute mussten im Jahr 2012 Strafzahlungen, teilweise über 1 Mrd. Euro, leisten. Infolge des Skandals wurde der Entwurf der EU-Kommission zur Überarbeitung der → Marktmissbrauchsrichtlinie v. 2011 am 25.7.2012 um den Tatbestand der Benchmarkmanipulation ergänzt, s. → Marktmanipulation. Die EU-Kommission prüft zudem eine Regulierung z.B. dahingehend, dass Indizes statt durch Schätzungen künftig nur noch auf Grundlage realer Transaktionen ermittelt werden sollen.

Licence to operate – auch Betriebslizenz genannt, bezeichnet die gesellschaftliche Akzeptanz von Unternehmen. Diese basiert auf der intersubjektiven Wahrnehmung der Gesellschaftsmitglieder und lässt sich damit nicht formal erwerben. Im Zuge der ansteigenden Kritik an Unternehmen und ihrer Wertschöpfung gewinnt die Frage nach ihrer Sicherung zunehmend an Relevanz. Eine fehlende Licence to operate manifestiert sich in einem schleichenden Verlust der unternehmerischen Kooperationsfähigkeit, infolgedessen die unternehmerische Wertschöpfung erschwert wird; sie kann damit auch als die Basis der unternehmerischen Wertschöpfung bezeichnet werden. Ihr Management ist Bestandteil von → Corporate Social Responsibility.

Lichtbildwerke – Lichtbilder, die einen den Urheberrechtsschutz rechtfertigenden Grad an → Eigentümlichkeit aufweisen (§ 2 I Nr. 5 UrhG), alle anderen Fotografien und ähnlich hergestellten Erzeugnisse heißen Lichtbilder; ihnen kommt als den Urheberrechten verwandten Rechten Leistungsschutz nach § 72 UrhG zu. Lichtbildwerke genießen den vollen Urheberrechtsschutz auch hinsichtlich der Schutzfrist (70 Jahre nach dem Tode des Autors § 64 I UrhG); für Lichtbilder gelten die kürzeren Schutzfristen des § 72 III UrhG.

Lichtgriffel – *Lichtstift;* → Eingabegerät für einen → Computer. Lichtempfindlicher Stift, der als Zusatzeinrichtung zu einem Bildschirm benutzt werden kann. Mit seiner Hilfe können auf dem → Bildschirm Punkte und Flächen markiert oder Kurven (durch ihren Verlauf und die Endpunkte) dargestellt werden.

Lichtleiter → Glasfaserkabel.

Lichtstift → Lichtgriffel.

Lichtwellenleiter → Glasfaserkabel.

Lidlohn – bis zur Abschaffung wegen praktischer Bedeutungslosigkeit zum 1.7.2007 bei der Zwangsversteigerung eines land- oder forstwirtschaftlichen Grundstückes nach § 10 ZVG als Rangklasse 2 bevorrechtigte Ansprüche aus Arbeits- und Dienstverhältnissen wegen der laufenden und der aus dem letzten Jahr rückständigen Beträge.

Liebhaberei – Begriff des Einkommen- und Körperschaftsteuerrechts für eine nicht auf → Einkünfteerzielungsabsicht gerichtete Tätigkeit. Liebhaberei ist nach der Rechtsprechung nicht nur bei natürlichen Personen und Personengesellschaften möglich, sondern auch bei Kapitalgesellschaften. Liebhaberei ist ertragsteuerlich irrelevant, daher können v.a. die angefallenen Verluste nicht mit anderen, steuerpflichtigen Einkünften steuermindernd verrechnet werden.

Lieferantenauswahl → Einkaufspolitik.

Lieferantenbeeinflussung → Einkaufspolitik.

Lieferantenbeurteilung – Ziel der → Beschaffungsmarktforschung. Dabei werden alle potenziellen Lieferanten für die einzelnen Einsatzgüter hinsichtlich eines Kriterienkataloges bewertet. Aufgrund der Tendenzen zu langfristigen Lieferanten/Abnehmer-Beziehungen und einer Abkehr von der Mehrquellenversorgung kommt einer realistischen Einschätzung des Leistungspotenzials von Lieferanten eine zunehmende Bedeutung zu. – Die Globalisierung der Beschaffungsaktivitäten, die wachsenden Beschaffungsvolumina und die kontinuierliche Ausdehnung der Anforderungskataloge erschweren Beschaffung und Auswertung relevanter Informationen. – Empirische Untersuchungen hinsichtlich verwendeter Beurteilungskriterien haben übereinstimmend ergeben, dass als *Hauptanforderungen,* branchenübergreifend und unabhängig von der Kaufsituation (Neukauf oder Wiederholungskauf), Qualität und Preis des Beschaffungsobjektes sowie → Lieferservice und Innovationsfähigkeit des Lieferanten gelten. – *Vorgehensweise:* Zur Operationalisierung der Entscheidungskriterien wurden deren Ausprägungen im Rahmen eines Scoring-Modells gemäß unterscheidbarer Erfüllungsgrade gewichtet. Der Gesamtpunktwert pro Lieferant ergibt sich demnach als Summe seiner Kriterienwerte, die sich jeweils durch Multiplikation von kriterienspezifischem Gewicht mit lieferantenspezifischer Kriterienausprägung ermitteln lassen.

Lieferantenbuch – Nebenbuch der → Buchführung, wesentlicher Teil des Kontokorrents, in dem für die einzelnen Lieferer Konten geführt werden. An die Stelle des gebundenen Buches tritt heutzutage i.d.R. eine Lieferantendatei. Die Führung eines konventionellen Kontokorrents kann auch durch den beleg- oder datenmäßigen Nachweis der jeweils offenen Posten (→ offene-Posten-Buchführung) ersetzt werden.

Lieferantenentwicklung → Einkaufspolitik.

Lieferantenförderung → Einkaufspolitik.

Lieferantenkredit → Kredit, den Lieferanten ihren Kunden durch Gewährung eines Zahlungsziels einräumen, eine typische Form des kurzfristigen Kredits. – *Fristen:* im Durchschnitt ein bis drei Monate, zuweilen nach der Absatzdauer der gelieferten Waren (bis sechs Monate, auch länger) bemessen. Bis zum Zahlungseingang häufig → Eigentumsvorbehalt. Da der Kunde bei früherer Zahlung i.d.R. Skonto abziehen kann (nach Zeitspannen gestaffelt), empfiehlt sich oft die Aufnahme eines Bankkredits zum Barkauf mit Skontoabzug. – Der Lieferantenkredit bezweckt Absatzsicherung oder Beeinflussung der Geschäftsführung des Kundenunternehmens. Hohe Zinsbelastung durch Lieferantenkredit wird im Warenpreis einkalkuliert. – Der Lieferantenkredit erscheint in der → Bilanz unter der Bezeichnung „Verbindlichkeiten aus Lieferungen und Leistungen". – *Bes. Form:* → Warenwechsel.

Lieferantenpflege → Einkaufspolitik.

Lieferantenpolitik → Einkaufspolitik.

Lieferantentreue – Dauerhaftigkeit der Geschäftsverbindung zwischen Lieferant (→ In-Supplier) und Abnehmer. – 1. Bei *Investitionsgütern:* Lieferantentreue ist im Wesentlichen abhängig von der → Integralqualität der angebotenen bzw. gelieferten Leistungen und von den Erfahrungen des Kunden während der gesamten Abwicklungs- und Nutzungsdauer, auch hinsichtlich → After-Sales-Services (ausgedrückt in habitualisiertem Käuferverhalten und langfristigen Lieferverträgen, wenn keine Beschaffungsrichtlinien dagegen stehen). – 2. Beim *Handel:* Lieferantentreue bei Markenartikeln (→ Markentreue) ist relativ größer als bei nicht markierten Waren; v.a. wenn der Kunde erwartet, dass der Handelsbetrieb bestimmte Waren/Marken führt. Lieferantentreue ist bes. von der Wettbewerbssituation bei Hersteller und Handel, Art und Intensität der Werbung und Verkaufsförderung des Herstellers gegenüber Handel und Endverbraucher abhängig.

Lieferbedingungen – *Lieferbedingungen.* 1. *Allgemein:* im Handelsverkehr übliche, bei → Kaufverträgen und → Werkverträgen getroffene Vereinbarungen, die die näheren Einzelheiten der Vertragsabwicklung festlegen, z.B. Abmachungen über Verpackung, Aufmachung, Liefertermin, Erfüllungsort etc. – Lieferungsbedingungen sind keine → Bedingungen im Rechtssinne, sondern Bestandteile des betreffenden Vertrages. – 2. *Im Außenhandel:* v.a. Abreden darüber, wann und wo die zu liefernde Exportware dem Käufer oder seinem Auftraggeber übergeben wird (von Bedeutung für den Übergang des Lieferrisikos). – Vgl. auch → Incoterms. – 3. *Rechtlich:* Die Lieferungsbedingungen können im Einzelfall vereinbart werden, sich aus Gesetz oder nach → Handelsbrauch ergeben oder in → Allgemeinen Geschäftsbedingungen (AGB) enthalten sein. – 4. *Neben* Lieferungsbedingungen sind → Zahlungsbedingungen, vielfach mit diesen verbunden als sog. *Lieferungs- und Zahlungsbedingungen,* üblich.

Lieferbereitschaft → Lieferzuverlässigkeit.

Lieferbereitschaftsgrad → Lieferzuverlässigkeit.

Lieferbeschaffenheit → Lieferservice.

Lieferbindung – *gebundene Hilfe, Tied Aid;* Vergabe von → Kapitalhilfe unter der Auflage, sie für Beschaffungsaufträge im Geberland zu verwenden. Als Begründung wird eine Zahlungsbilanzentlastung des Geberlandes und die Sicherung von Arbeitsplätzen angegeben. Oft werden Mischfinanzierungen praktiziert. Eine Lieferbindung ist i.d.R. nur notwendig, wenn andere Länder zu günstigeren Konditionen liefern können. Daher ergibt sich für das Nehmerland ein finanzieller Nachteil, wodurch der reale Wert der Hilfe sinkt. Der mit der Lieferbindung verbundene Eingriff in die Vertragsfreiheit steht im Widerspruch zu der von den westlichen Geberländern geforderten Liberalisierung der Weltwirtschaft. Wegen des verhältnismäßig geringen Volumens der Lieferbindung werden kaum Beschäftigungseffekte im Geberland bewirkt. Sie schadet dem Ruf der Exportwirtschaft, da sie eine mangelnde Wettbewerbsfähigkeit signalisiert.

Lieferfähigkeit vorbehalten – Handelsklausel in Lieferungsverträgen, die den Verkäufer, wenn er sich selbst nicht rechtzeitig eindecken kann, gegen Schadensersatzansprüche des Käufers schützen soll. Der Verkäufer kann sich auf die Klausel nur berufen, wenn er sich nach Treu und Glauben auch hinreichend bemüht hat, die Ware zu beschaffen.

Lieferflexibilität – beschreibt die Fähigkeit des Auftragsabwicklungssystems des Versenders/Lieferanten, auf sich kurzfristig verändernde Bedürfnisse des Empfängers einzugehen. Teilaspekte sind Alternativen hinsichtlich der Auftragsmodalitäten (z.B. Mindestmengen) und v.a. Informationen, mit denen ein Empfangspunkt über die Lieferung versorgt wird.

Lieferfrist – Bei Kauf- und Werkverträgen: die Zeit zwischen Abschluss des Vertrags und Lieferung der Ware oder der Werkleistung. – Vgl. auch → Lieferzeit.

Liefergarantie – *Delivery Guarantee;* Form der → Bankgarantie, die den Garantiebegünstigten (Käufer) vor den finanziellen Folgen des Risikos schützt, dass der Lieferant (Garantieauftraggeber) nicht vertragsgerecht, v.a. nicht termingerecht liefert oder leistet. Die Höhe der Garantiesumme beträgt hierbei i.d.R. fünf bis fünfzehn Prozent des Vertragwertes.

Liefergegenstand → Gegenstand der Lieferung.

Liefergenauigkeit → Lieferungsbeschaffenheit.

Lieferhäufigkeit → Lieferservice.

Lieferschein – Anweisung an einen → Lagerhalter auf Auslieferung → vertretbarer Sachen (z.B. noch zu liefernder Waren). Lieferschein ist → Anweisung im Sinn des BGB, wenn der Empfang der Ware von einer Gegenleistung (z.B. Kaufpreiszahlung) abhängig gemacht ist; andernfalls kann der Lieferschein → kaufmännische Anweisung sein, wenn er an Order gestellt ist. Bezieht er sich auf bestimmte eingelagerte Waren, ist er überhaupt keine Anweisung im Rechtssinn, ebenso wenig wie die im Verkehr ebenfalls *Lieferschein* genannte Mitteilung des Boten über eine Warenlieferung.

Lieferschwelle – 1. *Begriff*: eine Bagatellgrenze für die Anwendung der sog. → Versandhandelsregelung. – 2. *Betroffene Personen*: Die Lieferschwelle betrifft nur Lieferanten, die (a) Umsätze mit Kunden aus anderen EU-Staaten tätigen, wenn (b) diese Kunden Privatpersonen sind, d.h. nicht der Erwerbsteuer unterliegen, und (c) der Lieferant die betreffenden Liefergegenstände selbst in das betreffende Land befördert oder versendet hat (also keine → Abhollieferung vorliegt). – 3. *Bedeutung*: Die Lieferschwelle legt fest, ab welchem Umsatzvolumen ein Lieferant die Umsatzsteuer für Lieferungen an Privatkunden in anderen Mitgliedsstaaten im Zielland der Ware bezahlen und sich daher dort steuerlich registrieren lassen muss. Aus der Sicht des EU-Mehrwertsteuersystems kommt jeweils dem Bestimmungsland die Entscheidung darüber zu, ab wann es ausländische Lieferanten seiner Besteuerung unterwerfen will; daher zählt für die Frage, wann ein deutscher Lieferant z.B. in Spanien umsatzsteuerpflichtig wird, nicht die von Deutschland, sondern die von Spanien festgesetzte Lieferschwelle. Wird die Schwelle überschritten, ohne dass sie bereits im Vorjahr überschritten war, tritt von dem Umsatz an, mit dem der Schwellenwert überschritten wird, Steuerbarkeit des Verkäufers im anderen Land ein. – 4. *Aktuelle Lieferschwellenwerte*: werden von der dt. Finanzverwaltung für alle EU-Länder gesammelt und in Abschn. 42j UStR zur Kenntnisnahme durch die Betroffenen veröffentlicht. Aufgrund EG-rechtlicher Vorgaben beträgt die Lieferschwelle in vielen Ländern entweder 35.000 oder 100.000 Euro; den niedrigsten Lieferschwellenwert hat Italien mit etwas mehr als 29.000 Euro.

Lieferservice – 1. *I.w.S.: Logistikservice:* die Leistungsfähigkeit eines Logistiksystems, charakterisiert durch die vom Empfänger (Nutzer) wahrgenommene Qualität von → Lieferzeit, → Lieferzuverlässigkeit, → Lieferungsbeschaffenheit und → Lieferflexibilität. – Die Abwägung zwischen Logistikservice und Logistikkosten unterliegt dem Primat der Wirtschaftlichkeit. – 2. *I.e.S.: Home Delivery Services:* Auslieferung von per Telefon, Fax oder → Internet bestellten Waren nach Absprache an den Kunden oder an bes. Lieferadressen zu vom Kunden gewünschten Zeiten.

Liefertermin – Zeitpunkt, zu dem eine Lieferung auszuführen ist. Mangels bes. Vereinbarung kann der Gläubiger sofortige Lieferung verlangen, der Schuldner sie sofort bewirken (§ 271 BGB, → Zeitbestimmung). – *Versäumung* des vereinbarten Liefertermins begründet i.d.R. → Schuldnerverzug mit den sich daraus ergebenden Rechtsfolgen. Sonderregeln beim → Fixgeschäft bzw. → Handelsfixkauf.

Lieferung – Tatbestandsmerkmal bei der → Umsatzsteuer. – 1. *Begriff*: Verschaffung der Verfügungsmacht über einen Gegenstand, d.h. eine Leistung eines Unternehmers, durch die dieser (oder ein von ihm beauftragter Dritter) den Abnehmer oder eine von diesem beauftragte dritte Person befähigt, im eigenen Namen über einen Gegenstand zu verfügen (§ 3 I UStG). – 2. *Voraussetzungen:* a) *Gegenstand:* Der Umsatz muss einen körperlichen Gegenstand (§ 90 BGB) bzw. → Tiere betreffen. Übertragung von Rechten oder Anteilsrechten ist daher keine Lieferung (sondern → sonstige Leistung). Dagegen sind Umsätze über Sachgesamtheiten und über bestimmte Wirtschaftsgüter, die im Geschäftsverkehr wie Sachen behandelt werden (Gas, Wasser, Strom, Wärme, aber auch Firmenwert und Kundenstamm), als Lieferung anzusehen. – b) *Verschaffung der Verfügungsmacht* bezeichnet die Verschaffung des wirtschaftlichen, nicht des rechtlichen Eigentums. Daher ist z.B. die bloße Sicherungsübereignung keine Lieferung, wohl aber der Verkauf gestohlener Ware oder das Leasinggeschäft, wenn der Gegenstand dadurch wirtschaftliches Eigentum des Leasingnehmers wird. – 3. *Abgrenzungen:* a) *zwischen Lieferung und sonstiger Lieferung:* Bezieht sich ein Umsatz nicht auf die Übertragung eines Gegenstands, liegt keine Lieferung, sondern eine sonstige Leistung vor. Zur speziellen Abgrenzungsproblematik bei → Werkverträgen vgl. → Werklieferung und Werkleistung. – b) *Abgrenzung zwischen dem Vorliegen nur einer einheitlichen oder mehreren verschiedenen Leistungen:* Ein einheitlicher wirtschaftlicher Vorgang darf umsatzsteuerlich nicht in mehrere verschiedene Leistungen aufgespalten werden; geschieht dies in den Vereinbarungen zwischen den Beteiligten, ist dies unbeachtlich. Entscheidend ist allein die wirtschaftliche Natur der Leistungen; sind mehrere untereinander gleichwertige Faktoren so miteinander verflochten, dass sie bei natürlicher Betrachtung hinter dem Gesamten zurücktreten, so liegt eine einheitliche Leistung vor. Entscheidend für die Einstufung der Gesamtleistung als Lieferung oder sonstige Leistung ist die wichtigste Komponente (Hauptleistung). Leistungselemente, die unselbstständige → Nebenleistungen darstellen, werden nach den Regeln für die Hauptleistung behandelt. Die Frage ist entscheidend für die Bestimmung des steuerberechtigten Staates (Ort der Lieferung/ sonstigen Leistung), die Anwendung von Befreiungen, die Bestimmung von Steuersätzen. – c) *Abgrenzung des Umfangs der Leistung:* Stellt der Besteller/Kunde dem Unternehmer seinerseits (Vor-)Leistungen zur Verfügung, kann es fraglich sein, ob die Lieferung des Unternehmers nur den von ihm selbst erstellten Teil der Gesamtleistung umfasst oder ob der Vorgang so zu deuten ist, dass einerseits der Unternehmer eine Leistung erbringt, die die gesamte fertige Leistung umfasst, und andererseits der Besteller/ Kunde den Unternehmer im Gegenzug zzgl. zur vereinbarten Barzahlung mit der Erbringung der Vorleistung bezahlt (Deutung als → tauschähnlicher Umsatz; Effekt: Höhere Bemessungsgrundlage und daher u.U. wesentlich höhere Umsatzsteuerbelastung). Lösung durch die Regelungen von Gesetz und Rechtsprechung zu den Fragenkomplexen → Gehaltslieferung, → Materialbeistellung. – 4. *Steuerberechtigter Staat:* In welchem Staat eine Lieferung steuerbar ist, bestimmt sich nach genauen gesetzlichen Bestimmungen, die zu jeder Lieferung einen *Ort der Lieferung* festlegen. Die betreffenden Regeln sind nicht zwingend an den wirklichen räumlichen Abläufen orientiert, sondern der Ort der Lieferung wird i.d.R. so definiert, dass sich das vom Gesetzgeber gewünschte Ergebnis einstellt (meist: Zuweisung der Besteuerungsbefugnisse nach dem Bestimmungslandprinzip, für Kontrollzwecke aber oft auch Steuerbarkeit nach Ursprungslandprinzip mit anschließender Steuerbefreiung des Umsatzes vorgesehen). – a) *Grundregel:* Sofern die Ware im Zuge der Lieferung bewegt wird (befördert/ versandt, durch Lieferant, Kunde oder einen Dritten), ist der Ort der Lieferung dort, wo die Beförderung oder Versendung an den Kunden beginnt (§ 3 VI UStG). – b) Bei *ruhender Lieferung,* d.h. Vorgängen ohne Warenbewegung: Ort der Lieferung ist dort, wo der Gegenstand sich z.Z. der Verschaffung der Verfügungsmacht befindet (§ 3 VII UStG). – c) *Bes. Bestimmungen* für spezielle Fälle in § 3c UStG (→ Versandhandelsregelung), § 3e UStG, § 3f UStG sowie § 3g EStG. – 5. *Bes. Formen von Liefergeschäften:* → Kommissionsgeschäft, → Reihengeschäft (mit der Spezialform → Dreiecksgeschäft), Gebrauchtwarenhandel (→ Differenzbesteuerung). – 6. *Fiktiv als Lieferung behandelt* werden bestimmte Arten von → unentgeltlichen Wertabgaben und innergemeinschaftliche → Verbringungen.

Lieferungsbedingungen – Zwischen den Begriffen „Lieferbedingungen" und „Lieferungsbedingungen" besteht sachlich kein Unterschied. Der gängige Term ist „Lieferbedingungen", obgleich „Lieferungsbedingungen" auch weit verbreitet ist und sich in diversen Referenzen findet. Nicht wenige Unternehmen verwenden sogar beide Begriffe im selben Vertragstext. – Vgl. also bei → Lieferbedingungen.

Lieferungsbeschaffenheit – gibt an, inwieweit die gelieferten Waren in Art und Menge dem Auftrag des Empfängers entsprechen *(Liefergenauigkeit)* und ob sie den Empfangspunkt ohne Beschädigungen *(Lieferungszustand)* erreichen. Schlechte Lieferungsbeschaffenheit führt zu einer nachhaltigen Störung der Abnehmer-Lieferanten-Beziehung. Fehlerursachen liegen bes. in der → Kommissionierung und der → Auftragsabwicklung begründet. Der Lieferungszustand ist wesentlich von der → Verpackung abhängig. Lieferungsbeschaffenheit kann z.B. über die Zahl der Reklamationen zur Zahl der Gesamtlieferungen gemessen werden.

Lieferungsgemeinschaft → Exportgemeinschaft.

Lieferungsgeschäft → Termingeschäfte, → Lieferungsvertrag.

Lieferungsort – 1. *Handelsrecht:* → Erfüllungsort, → Leistungsort. – 2. *Umsatzsteuerrecht:* Der Lieferort (Ort der Lieferung) im Umsatzsteuerrecht hat keine inhaltliche Verbindung zum Lieferungsort, sondern stellt ein künstliches Kriterium dar, mit dem der Gesetzgeber steuert, ob steuerliche Pflichten im Inland zu erfüllen sein sollen oder nicht. – Vgl. auch → Lieferung, → sonstige Leistung, → Ort der Lieferung, → Ort der sonstigen Leistung.

Lieferungs- und Leistungsaval – von einem Unternehmen, das eine Lieferungs- oder Leistungspflicht zu erfüllen hat, durch ein Kreditinstitut gestellter → Avalkredit, bei dem sich das Kreditinstitut verpflichtet, dass dieses Unternehmen die festgelegte Lieferung oder Leistung erbringt. Andernfalls zahlt die Bank die Bürgschafts- oder Garantiesumme.

Lieferungs- und Zahlungsbedingungen → Lieferungsbedingungen, → Zahlungsbedingungen.

Lieferungsvertrag – Vertrag über entgeltliche Lieferung von dem Lieferanten selbst noch zu *beschaffender* Sachen. Der Lieferungsvertrag ist → Kaufvertrag, auf den ggf. auch die Sondervorschriften über den → Handelskauf Anwendung finden. – Hat der Lieferant die Sache aus von ihm zu beschaffendem Stoff erst *herzustellen,* liegt ein → Werklieferungsvertrag vor.

Lieferungsverzug → Schuldnerverzug.

Lieferungswerk – Begriff des → Urheberrechts für in mehreren Lieferungen erscheinendes Werk mit natürlichem Abschluss, im Gegensatz zu solchen mit unbegrenzter Folge, wie Zeitungen und Zeitschriften oder Sammlungen (z.B. von Entscheidungen). Loseblattausgaben können Charakter des Lieferungswerks, aber auch der Zeitschrift haben. Es gelten für die Berechnung der Schutzfrist einige Besonderheiten (§ 67 UrhRG).

Lieferungszustand → Lieferungsbeschaffenheit.

Lieferzeit – Zeitspanne zwischen der Aufgabe des Auftrags durch den Empfänger bis zur Verfügbarkeit der Ware durch den Empfänger. Inbegriffen sind somit auch Zeitanteile für die Auftragsübermittlung und die Prüfung der Ware im Wareneingang des Empfängers. Wird wesentlich durch die Auftragsabwicklungs- (→ Auftragsabwicklung) und die Transportzeit (→ Transport) beeinflusst. Kürzere Lieferzeiten ermöglichen niedrigere Lagerbestände und zeitnähere Disposition.

Lieferzuverlässigkeit – Wahrscheinlichkeit, mit der ein zugesagter Lieferzeitpunkt vom Versender eingehalten wird. Wesentliche Einflussfaktoren sind die Zuverlässigkeit der einzelnen Teilprozesse bei der Auftragserfüllung und die Lieferbereitschaft. – Die *Lieferbereitschaft* gibt an, in welchem Umfang der Lieferant den Auftrag ab Lager erfüllen kann. Insofern besteht ein Zusammenhang zum → Sicherheitsbestand des Lieferantenlagers. – Die Lieferzuverlässigkeit ist über den *Lieferbereitschaftsgrad* quantifizierbar. Dieser kann z.B. das Verhältnis von eingegangenen zu erfüllten Aufträgen angeben.

Liegenschaft – 1. *I.w.S.:* → Grundstücke (Immobilien) im Gegensatz zu → beweglichen Sachen. – 2. *I.e.S.:* Gewerbefläche; Grundstück mit oder ohne Bebauung, das entsprechend einem Flächennutzungsplan (→ Bauleitplanung) und ggf. einem kommunalen → Bebauungsplan als industriell oder gewerblich zu nutzende Fläche ausgewiesen ist oder faktisch entsprechend genutzt wird.

Liegenschaftsgesellschaft der Treuhandanstalt (TLG) → Treuhandanstalt.

Liegenschaftsvollstreckung → Zwangsvollstreckung in das unbewegliche Vermögen.

Life Cycle Costing – 1. *Beschreibung:* Life Cycle Costing (Lebenszykluskostenrechnung) ist ein Verfahren zur lebenszyklusorientierten (→ Lebenszyklus) Bewertung von Investitionsalternativen. Die Methode zielt durch die Betrachtung zukünftiger Zahlungsströme auf eine Identifikation von Austauschbeziehungen (Trade-offs) ab. – 2. *Entstehung:* Ihren Ursprung hat die Methode in den 1930er-Jahren, als sie für die Beschaffung von Traktoren eingesetzt wurde. Eine Reihe von Varianten wurde entwickelt, wobei die hier vorgestellte Methode die Überlegung ansetzt, dass die Anschaffungskosten nur für einen kleinen Teil der über den gesamten Lebenszyklus anfallenden Kosten verantwortlich sind. – 3. *Geltungsbereich und Systemgrenzen:* Das Life Cycle Costing (LCC) kann weltweit angewendet werden und weist aufgrund seiner Lebenszyklusbetrachtung die Systemgrenze „Cradle-to-Grave" (s. → Cradle-to-Cradle) auf. – 4. *Bewertungsobjekt und Bewertungsgröße:* Bewertet werden können Projekte, Produkte und Dienstleistungen, wobei jeweils die Material- und Energieflüsse, die zu späteren Ein- und Auszahlungen führen, als Bewertungsgröße dienen. – 5. *Ziel und Annahmen:* Die Methode betrachtet die Investitionsalternativen aus Gesamtkostensicht und versucht diesen Gedanken in der Planung, Bewertung und dem Vergleich der Alternativen sowohl aus Beschaffungs- als auch aus Entwicklungsperspektive umzusetzen. Damit der Vergleich durchführbar ist, wird angenommen, dass die zu bewertenden Alternativen gleiche Funktionalität bieten. – 6. *Vorgehensweise:* – a) *Zielfestlegung:* Vor der Identifikation möglicher Alternativen müssen die geforderten Funktionen und Leistungen festgelegt werden. – b) *Identifikation möglicher Alternativen:* Auf Grundlage der Zielfeststellung werden Alternativen identifiziert, die die Anforderungen erfüllen. – c) *Erfassung der notwendigen Informationen:* Zu den zu erfassenden Informationen gehören u.a. die Dauer des Lebenszyklus, die Höhe des Diskontierungssatzes und die Bestimmung der zukünftigen Zahlungsströme. – d) *Festlegung der Zielkosten:* Festlegung akzeptabler Kosten in den einzelnen Phasen des Lebenszyklus. – e) *Ergebnisanalyse:* Diskontierung der anfallenden Zahlungsströme auf den Anschaffungszeitpunkt (siehe → Kapitalwert). – 7. *Ergebnis:* Nach der Diskontierung der identifizierten Zahlungsströme auf den Anschaffungszeitpunk kann die Alternative mit den geringeren Lebenszykluskosten als vorteilhaft angesehen werden. – 8. *Kritische Würdigung:* Positive Aspekte des Verfahrens sind die Betrachtung des Lebenszyklus, die Möglichkeit Trade-offs zu identifizieren und die Kombinierbarkeit mit Methoden der Ökobilanzierung (LCA). Problematisch gestaltet sich u.U. jedoch die Datenerfassung und -prognose sowie deren Unsicherheit. Außerdem können Liquiditätsengpässe die Umsetzung der Ergebnisse der Analyse behindern.

Life Cycle Initiative der UNEP – 1. *Begriff:* Die → UNEP DTIE (United Nations Environment Programme – Division of Technology, Industry and Economics) startete zusammen mit der SETAC (Society of Environmental Toxicology and Chemistry) eine internationale Lebenszyklusinitiative, um weltweit das Denken in → Lebenszyklen zu fördern. – 2. *Ziele:*

Zu ihren Zielen gehören Informationen über erfolgreiche Umsetzungen zu sammeln und zu verbreiten, die Bereitstellung von Wissen über Schnittstellen zwischen Lebenszyklusdenken und anderen Konzepten und die Entwicklung von Indikatoren und → Strategien.

Life-Style-Segmentierung – Form der → Marktsegmentierung, bei der die von den individuellen Lebenszielen abhängigen Lebensgewohnheiten (z.B. Mitgliedschaft in Vereinen, Art der Freizeitgestaltung, Wohn-, Reise-, Lesegewohnheiten u.a.) das Segmentierungskriterium darstellen. – Zugrunde liegt der Gedanke, dass Menschen gemäß etablierten Verhaltensgewohnheiten und Einstellungsmustern leben, die ihre Handlungen und Interessengebiete bestimmen.

LIFFE – Abk. für *London International Financial Futures and Options Exchange;* erste europäische Börse für → Financial Futures, die 1982 gegründet wurde. Mit der Fusion von LIFFE und London Traded Option Market (LTOM) 1992 entstand die zu dieser Zeit drittgrößte Börse der Welt. Gehandelt werden Futures und Optionen in den fünf Hauptwährungen (US-Dollar, Euro, Britisches Pfund, Yen, Schweizer Franken) auf Rentenwerte, Geldmarktwerte, Aktien, Aktienindizes, Swaps und Waren. Bis 1999 wurde in London auf dem Parkett gehandelt. Erst als das Computersystem der → EUREX auch im → Bund Future größere Umsätze verbuchte, startete die LIFFE das Computernetz LIFFE-Connect und bietet somit auch eine hervorragende kostengünstige Handelsplattform. Umsatzstärkste Segmente sind kurzfristige Euro-Zinsfutures und Euro-Zinsoptionen. 2002 ging die LIFFE zunächst in der → Euronext N. V. auf und ist mittlerweile Teil der → NYSE Euronext.

Lifo – I. Allgemein: Abk. für *Last-in-first-out;* Prioritätsprinzip (→ Priorität) der Warteschlangentheorie, nach dem zuletzt ankommende Transaktionen zuerst bedient werden. Angewandt u.a. bei der Reihenfolgeplanung. – Vgl. auch → Fifo.

II. Handelsbilanz: Verfahren zur Bewertung gleichartiger Vermögensgegenstände des Vorratsvermögens, bei dem unterstellt wird, dass die zuletzt gekauften Waren zuerst verkauft bzw. verwendet werden (§ 256 HGB). In der Bilanz werden die Vorräte mit den Anschaffungskosten der zuerst beschafften Waren angesetzt; bei Preissteigerungen also der niedrigste Einstandwert der Vorräte, wodurch das Ergebnis niedriger ausgewiesen wird und → stille Rücklagen gebildet werden.

III. Steuerbilanz: Die Lifo-Methode kann gemäß § 6 I Nr. 2a EStG grundsätzlich von *Gewerbetreibenden* in Anspruch genommen werden, die aufgrund gesetzlicher Vorschrift zur Buchführung verpflichtet sind oder freiwillig Bücher führen. – In Betracht kommen *gleichartige Wirtschaftsgüter* des Vorratsvermögens. Gleichartigkeit liegt vor bei gleichartiger Warengattung oder gleicher Funktion. Auch annähernde Preisgleichheit wird vorausgesetzt. – Die Unbestimmtheit bez. des anzuwendenden Verfahrens wird durch R 6.9 EStR 2008 eingeschränkt, wonach bei der Bewertung des Vorratsvermögens grundsätzlich von der Lifo-Methode auszugehen ist. R 6.9 EStR 2008 unterscheidet folgende Methoden: (1) Beim *permanenten Lifo-Verfahren* werden die Zu- und Abschläge des Wirtschaftsjahres in chronologischer Reihenfolge berücksichtigt. Die Zugänge werden mit ihren tatsächlichen Anschaffungskosten angesetzt, während die Abgänge mit den Wertansätzen der letzten Zugänge bewertet werden. – (2) Beim *Perioden-Lifo-Verfahren* werden nicht alle Zu- und Abgänge während des Geschäftsjahres einzeln zugeordnet und wertmäßig fortgeschrieben. Es wird lediglich der mengenmäßige Bestand am Ende der Periode ermittelt und mit dem Anfangsbestand verglichen. Der Steuerpflichtige kann auch den Überbestand für jedes Wirtschaftsjahr als eigenen Posten (Layer) fortführen und bei einem Endbestand, der niedriger ist als der Anfangsbestand, nach der Lifo-Methode auflösen. Die Layer sind nach Lifo-Methode einer → Teilwertabschreibung zugänglich. – *Abweichungen:* Die Lifo-Methode wird im Normalfall (Perioden-Lifo) beim Jahresabschluss angewendet. Von der Lifo-Methode kann in den folgenden Wirtschaftsjahren nur mit Zustimmung des Finanzamts abgewichen werden.

Liikanen-Report – Der Liikanen-Report – benannt nach dem finnischen Notenbank-Chef Erkki Liikanen – ist ein im Oktober 2010 veröffentlichter Reformvorschlag einer von der EU-Kommission beauftragten Expertengruppe. Der Reformvorschlag soll zur Stabilisierung des EU-Bankensystems und zur Vermeidung zukünftiger Schieflagen von Banken beitragen. – Kernelement des Vorschlags ist eine Abtrennung des Handelsgeschäfts vom traditionellen Einlagen- und Kreditgeschäft innerhalb der Universalbanken. Hierdurch soll die Übertragung von Risiken des Handelgeschäfts in andere Bereiche der Bank verhindert werden und somit insbes. Gefährdungen der Einlagen von Privatkunden ausgeschlossen werden. Die Einlagen der Banken dürften nicht mehr zur Finanzierung von Geschäften im Investmentbanking herangezogen werden. Zudem soll auch der Weiterverkauf von Anleihen an andere Banken künftig nicht mehr erlaubt sein, wodurch eine wesentliche Ertrags- und Finanzierungsquelle entfällt. Anders als bei der Einführung eines Systems von → Trennbanken bleibt es den Banken allerdings weiterhin gestattet, beide Geschäftsbereiche unter dem Dach einer Holdunggesellschaft zu betreiben. – Der Liikanen-Report enthält neben der Forderung nach einer organisatorischen Trennung von Banken auch weitere Vorschläge zur Eliminierung von Risiken im Bankensystem: So sollen Kreditbeziehungen mit bestimmten Finanzmarktakteuren wie Hedgefonds untersagt werden und die Auszahlung variabler Vergütungen für Bankmitarbeiter modifiziert werden. Angeregt wird, einen fest vorgeschriebenen Teil der variablen

Vergütung in Form von „bail-in"-Instrumenten wie z.B. nachrangigen Anleihen auszuzahlen. Damit sollen u.a. Anreize für ein „Gamble for Resurrection" vermindert werden, also der Versuch von Bankmanagern, ein Institut, das kurz vor der Insolvenz steht, durch Geschäftsstrategien mit hohen Risiken noch zu sanieren. – Die Reaktionen auf die Vorschläge des Liikanen-Reports waren zwiespältig: Kritiker bemängeln, dass eine reine organisatorische Trennung die Übertragung von Risiken nicht wirkungsvoll verhindern kann, und fordern daher die Einführung eines Systems von Trennbanken. Z.T. wird davor gewarnt, dass die organisatorische Abtrennung sogar eine destabilisierende Wirkung auf das System haben könnte, weil Banken aus Ertragsgründen höhere Risiken im Eigenhandel eingehen. Von der Abtrennung potentiell betroffener Großbanken wie die Deutsche Bank und auch der Bankenverband Die deutsche Kreditwirtschaft stellen dagegen Vorteile des aktuellen Universalbankensystems in den Vordergrund, bei dem Hausbanken ihren Kunden alle wesentlichen Bankdienstleistungen aus einer Hand anbieten. Darunter fallen auch Absicherungsgeschäfte gegen Währungs-, Zins und Rohstoffrisiken, die bei Umsetzung der Vorschläge nur noch erschwert zur Verfügung gestellt werden können.

Likelihood-Ratio-Test – asymptotische Testprozedur, die bei Richtigkeit der Nullhypothese Chi-Quadrat verteilt ist, wobei die Freiheitsgrade der Anzahl der Restriktionen entsprechen. Die auf diesem Prinzip beruhenden Tests erfordern sowohl die Schätzung des restringierten als auch des nicht restringierten Modells, wobei diese auf der → Maximum-Likelihood-Methode beruhen müssen. – *Andere* Testprinzipien sind der → Lagrange-Multiplier-Test und → Wald-Test.

Likert-Skalierung – Verfahren der summierten Schätzungen; → Skalierungsverfahren zur Messung der → Einstellung, basiert auf Rating-Skalen (→ Rating). – 1. *Konstruktion* der Skala, ähnlich aufwendig wie bei der → Thurstone-Skalierung: (1) Bildung einer großen Menge von Statements mit extrem positiven und negativen Ausprägungen. (2) Bewertung der Statements auf einer Fünf-Punkte-Skala durch Testpersonen. (3) Berechnung von Skalenwerten für jede Testperson durch Addition der Itemwerte und Ordnung der Testpersonen nach den Skalenwerten. Bildung zweier Extremgruppen aus dem Viertel mit den höchsten und dem Viertel mit den niedrigsten Skalenwerten. (4) Für jedes Statement werden dann Mittelwerte aus den beiden Extremgruppen gebildet, deren Differenz als Diskriminationsmaß des → Items angesehen wird. Die Statements mit dem höchsten Diskriminationsmaß werden ausgewählt. – 2. *Anwendung:* Die Testpersonen geben den Grad ihrer Zustimmung bzw. Ablehnung zu den ausgewählten Statements nach dem Fünf-Punkte-Maßstab an. Ihr persönlicher Skalenwert ergibt sich durch Addition der einzelnen Itemwerte. – 3. *Hauptkritikpunkt:* Personen mit gleichem Skalenwert müssen nicht unbedingt die gleiche Einstellung haben, da dieser Skalenwert durch Addition völlig unterschiedlicher Statementbewertungen zustande gekommen sein kann.

Lillsches Reisegesetz – Gravitationsmodell der Abhängigkeit der Zahl der Reisenden zwischen zwei Orten von reiserelevanten Eigenschaften der Orte und der Reisedistanz:

$$R = \frac{Q \cdot Z}{D^2}$$

mit R = Anzahl Reisender je Zeiteinheit, Q = „Reisewert" des Quellortes, Z = „Anziehungswert" des Zielortes, D = Distanz zwischen den Orten. Maßgrößen des Reise- und des Anziehungswertes sind z.B. Bevölkerungszahlen, Haushaltseinkommen, Fremdenverkehrs- oder andere Dienstleistungsangebote der Orte. Dieses eher veraltete und einfache Reisegesetz wird heute abgelöst durch umfassende Untersuchungen und Aussagen im angebotsbezogenen → Destinationsmanagement einerseits und in nachfragebezogenen Reiseanalysen andererseits.

lim – Abk. für *limes* (→ Grenzwert).

limes → Grenzwert.

Limit – 1. *Allgemein:* durch Planung bzw. Erfahrung ermittelte mengen- oder wertmäßige Begrenzung. – 2. *Börse:* Begrenzung des Preises nach oben (bei Kauf) oder nach unten (bei Verkauf) bei Börsenaufträgen. Liegt ein Kaufauftrag vor, so wird der Auftrag ausgeführt, wenn das Limit über dem Börsenkurs liegt. Liegt dagegen ein Verkaufsauftrag vor, so wird der Auftrag nur dann ausgeführt, wenn unter oder zum aktuellen Börsenkurs limitiert wurde. Limitierte Aufträge werden auch als → Limit Order bezeichnet. Findet während der Auftragsgültigkeit eine Gewinnausschüttung statt, so wird am Abschlagtag das Limit um die Höhe der Ausschüttung ermäßigt. – Im Terminhandel steht der Begriff *Limit* auch für die Höchstzahl der Futures-Kontrakte, die eine Person je Börsentag erwerben darf. – 3. *Kommissionsgeschäft:* → Limitpreis. – 4. *Kreditwesen:* → Kreditlimit, → Kreditlinie, → Kreditplafond.

limitationale Einsatzfaktoren – Übertragung des ökonomischen Begriffs der → Limitationalität auf die betriebswirtschaftliche Ertragstheorie (Gutenberg). Bei der Erzeugung eines bestimmten Ertrags (Ausbringung) kann das Verhältnis der limitationalen Einsatzfaktoren (→ Produktionsfaktoren) nicht verändert werden. Steht von einem limitationalen Einsatzfaktor mehr als die benötigte Menge zur Verfügung, kann dieser Überschuss nicht verarbeitet werden, d.h. es ist kein zusätzlicher Ertrag und kein Ersatz (→ Substitution) eines anderen limitationalen Einsatzfaktors möglich.

limitationale Produktionsfunktion – *Produktionsfunktion mit* → limitationalen Einsatzfaktoren; → Produktionsfunktion, bei der das

Faktoreinsatzverhältnis technisch konstant ist. Die → Faktorproduktivität und die Faktorkoeffizienten (→ Produktionskoeffizient) können jedoch variieren, da für unterschiedliche Ausbringungsmengen unterschiedliche Faktorkombinationen erforderlich sein können. – Zu *unterscheiden:* (1) → linear-limitationale Produktionsfunktion (Leontief-Produktionsfunktion) und (2) nicht linear-limitationale Produktionsfunktion (→ Gutenberg-Produktionsfunktion, Produktionsfunktion vom Typ B).

Limitationalität – Begriff zur Kennzeichnung des Tatbestands, dass die Faktoreinsatzmengen in technisch eindeutiger Beziehung zur geplanten Produktmenge stehen. Wird ein → Produktionsfaktor innerhalb einer Kombination mehrerer Faktoren über die meist technisch bestimmte Relation hinaus vermehrt, so bleibt diese überschüssige Einsatzmenge ohne produktive Wirkung. Es besteht keine Möglichkeit der → Substitution. – Vgl. auch → limitationale Produktionsfunktion, → limitationale Einsatzfaktoren.

Limited Edition – 1. *Begriff:* bildet eine spezielle Form von → Produktlinienerweiterungen. – 2. *Merkmale*: Es handelt es sich um zusätzliche, begrenzt verfügbare Angebote in der gleichen Produktkategorie unter demselben Markennamen. Die Differenzierung zu bestehenden Produkten erfolgt durch eine moderat atypisch ausgeprägte Variation in Produkteigenschaften, wie z.B. die Sorte, Form, Farbe, Größe oder Zusammensetzung. Limited Editions nehmen dadurch eine Sonderstellung innerhalb der Produktlinie ein. Aus der Begriffsbestimmung lassen sich zwei grundlegende Merkmale festmachen, in denen sich Limited Editions von klassischen Produktlinienerweiterungen differenzieren. Dies ist zum einen die begrenzte Verfügbarkeit. Eine Kenntlichmachung der Begrenzung erfolgt durch Hinweise, wie z.B. „Limited Edition", „Nur für kurze Zeit" oder „Limitierte Auflage". Zum anderen ist für Limited Editions eine moderate Atypizität charakteristisch.

limitierte Dividende → Vorzugsaktie.

Limit Order – Kauf- oder Verkaufauftrag von Wertpapieren mit festgelegtem Preis (→ Limit) oder auch festgelegter Zeit.

Limitplanung → Limitrechnung.

Limitpreis – I. Mikroökonomik: Preis, bei dem die Gefahr der aktuellen Konkurrenz durch einen Marktzutritt weiterer Anbieter aller Voraussicht nach ausgeschaltet werden kann (marktzutrittsverhindernder Preis). Auch für Monopolisten (→ Monopol) besteht eine → latente Konkurrenz, z.B. durch Erschließung ergiebigerer Quellen, Erfindung von Surrogaten u.Ä., und zwar um so stärker, je höher der → Monopolpreis angesetzt wird. Vom Standpunkt der langfristigen → Gewinnmaximierung aus kann es unter dem Einfluss → potenziellen Wettbewerbs deshalb günstiger sein, freiwillig unterhalb des kurzfristig gewinnmaximalen Monopolpreises (→ monopolistische Preisbildung) anzubieten.

II. Kommissionsgeschäft: Preisbegrenzung, die z.B. der Kommittent dem Kommissionär setzt und die bei einem Verkauf nicht unterschritten, bei einem Kauf nicht überschritten werden darf, bes. der angegebene Kurs bei Börsenaufträgen.

Limit Pricing → monopolistische Preisbildung.

Limitrechnung – im → Handel bei der → Beschaffung von → Waren angewandte Methode zur Erlös- und Bestandsplanung: Ausgehend von Planumsätzen für eine Periode (Tage, Wochen, Monate, Jahre) wird für den jeweiligen *Planungszeitraum* der Soll-Lagerbestand ermittelt. Dieser, bewertet mit den → Anschaffungskosten, ergibt das *Einkaufs-Limit* pro Planungsperiode. Wegen der stark differenzierenden Lagerumschlagshäufigkeiten ist eine gesonderte Berechnung für einzelne Artikel notwendig. Zusammenfassung von Artikeln mit gleicher Umschlagshäufigkeit ist möglich. Will ein Einkäufer oder Filialleiter dieses Einkaufsbudget über- oder unterschreiten, so müssen diese Abweichungen mit der zentralen Unternehmensleitung abgesprochen werden.

Limits to Growth – Der → Club of Rome veröffentlichte bisher drei Auflagen des Buches „Limits to Growth" (dt. Titel: „Grenzen des Wachstums"), das die → Industrialisierung, das → Bevölkerungswachstum, die Unterernährung, den Abbau nicht erneuerbarer Ressourcen und die → Umweltverschmutzung thematisiert. Die Entwicklungen werden als globale Trends beschrieben. – *1. Auflage 1972:* „Die Grenzen des Wachstums. Bericht des Club of Rome zur Lage der Menschheit". – *2. Auflage 1993:* „Die neuen Grenzen des Wachstums". – *3. Auflage 2008:* „Grenzen des Wachstums – Das 30-Jahre Update: Signal zum Kurswechsel". – In der dritten Auflage werden mehrere Szenarien über den Zeitraum von 2002 bis 2100 betrachtet. Die Autoren gehen davon aus, dass bei unverändertem Lebensstil und der derzeitigen Entwicklung bereits 2030 eine große Umweltkatastrophe droht. Ihrer Meinung nach könne selbst eine strenge Umsetzung der derzeitigen Umwelt- und Effizienzstandards diesen Trend nur abmildern.

Lindahl-Modell – Modell von Lindahl zur Bestimmung des → optimalen Budgets in einer Demokratie (→ Budgettheorie). Ausgehend von der Annahme zweier nach ökonomischen Gesichtspunkten in sich homogener Gruppen von nutzenmaximierenden Bürgern zeigt Lindahl, dass sich die optimale Höhe des öffentlichen Budgets analog zur Bestimmung der Gleichgewichtsmenge eines privaten Gutes durch den Preismechanismus ergibt. Die Rolle des Preises übernimmt dabei der prozentuale Anteil der jeweiligen Gruppe an den gesamten Bereitstellungskosten für öffentliche Güter. Die beiden Gruppen orientieren sich bei der Entscheidung für eine Budgethöhe am Grenznutzen der dieser Budgethöhe entsprechenden Menge des öffentlichen Gutes. Abnehmenden Grenznutzen unterstellt, wird die Nachfrage einer

Gruppe nach dem öffentlichen Gut mit steigendem (sinkendem) prozentualen Anteil an den Gesamtkosten sinken (steigen). Man erhält somit zwei entsprechende Nachfragefunktionen, sodass ein Gleichgewichtspunkt (Lindahl-Gleichgewicht) bestimmt werden kann.

Linder-Hypothese → Hypothese zur → Handelsstruktur. Sie bezieht sich auf den industriellen Bereich, und hier wiederum v.a. auf Sektoren mit einem gewissen Potenzial an Produktdifferenzierung. Zentrales Element dieser Hypothese ist die aus der → Produktzyklus-Theorie entlehnte Vorstellung, dass die Entwicklung differenzierter industrieller Güter zumindest anfangs eine gewisse Nähe zu den Nachfragern erfordert. Die → Produktion solcher Güter erfordert mithin die Existenz eines hinreichend großen heimischen Marktes. Erst nach Aufnahme der heimischen Produktion können Exporte in andere Länder entstehen, in denen ebenfalls Nachfrage nach solchen Gütern besteht. Dies sind v.a. Länder mit einem ähnlichen → Pro-Kopf-Einkommen, jedenfalls dann, wenn die → Nachfragestruktur unter sonst gleichen Bedingungen sehr stark mit der Nachfrage variiert. Erst mit zunehmendem → Einkommen entsteht eine verstärkte → Nachfrage nach Produkten mit einem hohen Potenzial an Produktdifferenzierung. – Da dieselben Überlegungen für die Entstehung der Produktion und des Exports in anderen Ländern gelten, entsteht → intra-industrieller Handel. – Das Handelsvolumen zwischen zwei Ländern wird umso größer sein, je höher die Pro-Kopf-Einkommen der beiden Länder sind, je ähnlicher die beiden Länder in ihren Einkommensniveaus sind, und je geringer die Distanz zwischen den beiden Ländern ist. – Vgl. auch → Gravitationsmodell, → Linder-These.

Linder-These – 1. *Begriff:* Die Linder-These besagt, dass der Export von Industrieprodukten ohne bereits bestehenden → Binnenmarkt für diese Güter kaum möglich ist. Beitrag zur Erklärung der ausgeprägten Intensität des Außenhandels zwischen Ländern mit vergleichbar hohem → Pro-Kopf-Einkommen und deshalb ähnlichen Nachfragestrukturen, so v.a. zur Erklärung des intensiven Handels zwischen den Industriestaaten. – 2. *Begründung:* a) Um neue Produktionsbereiche aufzunehmen, muss der Unternehmer von der Existenz einer latenten Nachfrage überzeugt sein. Dies abzuschätzen fällt zunächst auf dem Inlandsmarkt leichter. – b) → Internationale Wettbewerbsfähigkeit erfordert kostengünstige → Produktion, die oft (wegen hoher fixer Kosten) nur bei großen Stückzahlen realisierbar ist. Ohne Inlandsmarkt für dieses → Produkt liegt darin ein erhebliches → Risiko für potenzielle Investoren. – c) Exportfähig sind oft nur qualitativ hochwertige Produkte. Diese Standards sind ohne inländische Erprobungs- und Reifephase kaum erreichbar. – d) Argument für wirtschaftliche → Integration zwischen Entwicklungsländern (→ Süd-Süd-Kooperation), da zwischen diesen Ländern die Ähnlichkeit der Nachfragestrukturen und Entwicklungsniveaus eher gegeben ist und deshalb die Märkte der Integrationspartner leichter überschaubar und die Absatzchancen für Güter minderer → Qualität größer sind. – Vgl. auch → Linder-Hypothese.

lineare Abschreibung – Abschreibungsverfahren, charakterisiert durch eine gleichmäßige Verteilung der Anschaffungs-, Herstellungs- oder Wiederbeschaffungskosten eines Anlagegutes auf die Jahre seiner betriebsgewöhnlichen Nutzung (→ Abschreibung). Die Nutzungsdauer (n) richtet sich nach der erfahrungsgemäßen wirtschaftlichen Leistungsfähigkeit. Von den Anschaffungs- und Herstellungskosten (AHK) wird, v.a. bei größeren Anlagen, der Rest-(Schrott-)wert (RE) abgezogen. – *Höhe* der jährlichen Abschreibungsquote (R):

$$R = \frac{AHK - RE}{n}.$$

Die lineare Abschreibung ist das in den meisten Kostenrechnungssystemen übliche Abschreibungsverfahren, da sie rechnungstechnisch einfach ist und alle Teilperioden der Nutzungsdauer gleichmäßig („normalisiert“) belastet. – Vgl. auch → Abschreibung.

lineare Aktivitätsanalyse – 1. *Begriff:* Ansatz der → Produktionstheorie, der zu ertragsgesetzlichen Verläufen führt. – 2. *Merkmale:* Grundlage der linearen Aktivitätsanalyse sind die linear-limitationalen Faktoreinsatzmengenverhältnisse der → Leontief-Produktionsfunktion. – 3. *Abgrenzung:* Im Unterschied zu anderen ertragsgesetzlichen → Produktionsfunktionen (klassische und neoklassische Produktionsfunktion) basiert die lineare Aktivitätsanalyse auf technischen Zusammenhängen. – 4. *Ziele:* Die lineare Aktivitätsanalyse leitet ihre produktionstheoretischen Aussagen ausgehend von wenigen Grundannahmen und Postulaten her. – 5. *Entwicklung:* Die lineare Aktivitätsanalyse wurde in den 1950er-Jahren für mikroökonomische Betrachtungen durch T.C. Koopmans (1910-1985) begründet und in den 1960er-Jahren auf betriebswirtschaftliche Zusammenhänge insbesondere durch W. Wittmann (1925-1988) übertragen. – 6. *Axiome:* (1) Die → Technologiemenge ist abgeschlossen. (2) Die „Nullaktivität“ (keine Produktion) ist Element der Technologiemenge. (3) Unmöglichkeit des Schlaraffenlands: Es ist keine positive Ausbringungsmenge möglich, ohne Produktionsfaktoren einzusetzen. (4) Irreversibilität: technische → Aktivitäten sind nicht umkehrbar. – 7. *Eigenschaften:* a) *Proportionalität:* Durch Multiplikation einer Basisaktivität mit einem Faktor lassen sich alle Aktivitäten auf dem zugehörigen (linearen) Produktionsprozess erreichen. – b) *Additivität:* Zwei technisch mögliche Aktivitäten lassen sich auch gemeinsam durchführen. – c) *Free Disposal:* Es ist technisch möglich, sich unerwünschter Einsatzfaktoren oder Produkte zu entledigen. – Durch Ausnutzung von Proportionalität und Additivität ergeben sich gemischte Prozesse bzw.

→ Prozesskombinationen. Trotz linear-limitationaler Faktoreinsatzmengenverhältnisse auf dem einzelnen Prozessstrahl ist es daher in der Technologiemenge insgesamt möglich, Einsatzfaktoren gegeneinander zu substituieren, d.h. an die Stelle der Faktorsubstitution tritt die → Prozesssubstitution. – 8. *Auswirkungen:* Die durch diese Eigenschaften beschriebene konvexe Technologiemenge hat die Form eines Kegels mit der Spitze im Ursprung des Güterraums (Kegeltechnologie). – 9. *Ergebnisse:* Durch parametrische Variation einzelner Restriktionen in einer als lineares Programm dargestellten linearen Technologie lassen sich ertragsgesetzliche Verläufe (→ Produktionsfunktion, → Isoquante, → Transformationskurve) herleiten. Diese bestätigen sich auch bei der Einbeziehung von Umweltwirkungen bzw. -gütern. – 10. *Beurteilung:* Die lineare Aktivitätsanalyse hat sich als tragfähiges Konzept erwiesen, um aus wenigen Annahmen mit einfachen Hilfsmitteln umfassende produktionstheoretische Aussagen herzuleiten. Eine Erweiterung um fast alle betriebswirtschaftlich relevanten Sachverhalte (z.B. Absatzgrenzen, Finanzierungsentscheidungen, Auflagen) ist leicht möglich, sodass sie einen weiten Geltungsbereich aufweist.

lineare Funktion – Gerade bzw. Ebene im Raum. In der Funktionsgleichung ist der höchste Exponent 1.

1. *Gerade:*

$$f(x) = mx + b.$$

2. *Ebene:*

$$f(x;y) = z = ax + by + c.$$

3. *Mehrdimensional:*

$$f(x_1, x_2, \ldots, x_n) = a_1x_1 + a_2x_2 + \ldots + a_nx_n.$$

lineare Kosten → proportionale Kosten.

lineare Liste – 1. *Begriff:* bei der → Programmentwicklung benutzte → abstrakte Datenstruktur; Grundlage für speziellere abstrakte Datenstrukturen (→ Stack, → Queue). – 2. *Rekursive Definition:* Eine lineare Liste ist entweder leer oder sie besteht aus einem Knoten, der mit einer linearen Liste verknüpft ist. – 3. *Verwendung* i.Allg. dann, wenn → Daten in einer Ordnungsreihenfolge benötigt werden.

lineare Optimierung – *lineare Planungsrechnung, lineare Programmierung, Linear Programming.*

I. Allgemein: 1. *Begriff:* Teilgebiet des → Operations Research (OR), das sich mit dem theoretischen Hintergrund, der Modellierung mit und der Lösung von mathematischen Optimierungssystemen der Form

$$(1)\ x_0 = c_1x_1 + c_2 + \ldots + c_nx_n$$

$$(2)\ \begin{array}{l} a_{11}x_1 + a_{12}x_2 + \ldots + a_{1n}x_n \bigcirc_1 b_1 \\ a_{21}x_1 + a_{22}x_2 + \ldots + a_{2n}x_n \bigcirc_2 b_2, \\ \vdots \\ a_{m1}x_1 + a_{m2}x_2 + \ldots + a_{mn}x_n \bigcirc_m b_m, \end{array}$$

$$(3)\quad x_0 \to \text{Max! oder } x_0 \to \text{Min!},$$

befasst. In dem linearen Optimierungsproblem (1)-(3) gehören die Parameter $c_1, c_2, \ldots, c_n, a_{11}, a_{12}, \ldots, a_{mn}, b_1, b_2, \ldots, b_m$ zur Zielfunktion, Koeffizientenmatrix bzw. „rechten Seite"; die Variablen $x_1, x_2, \ldots, x_n$ sind so zu bestimmen, dass sämtliche Restriktionen von (2) erfüllt sind, und die Zielfunktion (1) maximiert oder minimiert wird. – Die Lösungsmenge beschreibt ein Polyeder. Jeder Lösung aus dieser Lösungsmenge ist durch die Zielfunktion eine Zahl x_0 (Zielfunktionswert) zugeordnet, die in Verbindung mit einer der Vorschriften von (3) (Zielvorschrift) eine Beurteilung der Güte der betreffenden Lösung erlaubt. Die Zielvorschrift x_0 → Max! besagt dabei, dass eine Lösung mit einem größeren Zielfunktionswert besser ist als jede andere Lösung mit einem kleineren Zielfunktionswert. Eine solche Lösung nennt man optimal. – Der Begriff *linear* erklärt sich dadurch, dass die Zielfunktion (1) und sämtliche Restriktionen (2) linear sind (lineare Zielfunktion, lineare Restriktionen). – Es ist bekannt, dass für ein lineares Optimierungsproblem genau eine der drei Alternativen gilt: (a) das Problem ist unbeschränkt, d.h. zu jeder zulässigen Lösung findet man stets eine zulässige Lösung mit besserem Zielfunktionswert, oder (b) das Problem ist unzuläassig, d.h. es existiert überhaupt keine Lösung, die alle Restriktionen erfüllt, oder (c) es existiert eine optimale Lösung mit endlichem Zielfunktionswert. Im Fall (c) wird der optimale Zielfunktionswert in einer Ecke des Lösungspolyeders angenommen, von denen es nur endlich viele gibt und was das sog. Simplexverfahren nahe legt.

II. Grundlegende Fragestellungen: 1. *Optimale Lösung:* Im Zusammenhang mit linearen Optimierungsproblemen drängt sich die Frage auf, welche Lösung von (2) den durch (1) definierten Zielwert x_0 maximiert (oder minimiert) bzw. wie man ggf. erkennt, dass eine solche optimale Lösung nicht existiert. Zur Beantwortung derartiger Fragen wurden eine ganze Reihe von Verfahren (Simplexmethode, Innere-Punkte-Verfahren, Ellipsoid-Methode) entwickelt und in entsprechende Standardsoftware eingebettet, die geeignet ist, auch sehr große Probleme der Praxis (d.h. Probleme mit vielen Variablen und Restriktionen) zu lösen. – 2. Beim *Einsatz linearer Optimierungsprobleme in der Praxis* besteht häufig Ungewissheit über die tatsächlichen numerischen Werte der Koeffizienten $c_1, ..., c_n, a_{11}, ..., a_{mn}, b_1, ..., b_m$; z.T. ist sogar unklar, ob bestimmte Restriktionen von (2) überhaupt auftreten. Wie man im Hinblick auf derartige Situationen – ausgehend von einer ersten optimalen Lösung – auf einem möglichst einfachen Wege Alternativrechnungen (postoptimale Rechnungen) durchführen kann, ist eine weitere Problemstellung. – 3. Vor dem gleichen Hintergrund untersucht man im Rahmen von *Sensitivitätsanalysen*, wie sich bestimmte Koeffizienten (v.a. die Koeffizienten $c_1, ..., c_n$ der Zielfunktion (1) bzw. die rechten Seiten $b_1, ..., b_m$ der Restriktionen (2)) ändern dürfen, ohne dass eine gefundene optimale Lösung (bzw. eine gefundene kanonische Form des Optimierungssystems) die Eigenschaft der Optimalität verliert. – 4. Die *parametrische lineare Optimierung* befasst sich mit der noch erweiterten Fragestellung, welche optimalen Lösungen sich jeweils ergeben, wenn gewisse Koeffizienten (Koeffizienten der Zielfunktion und/oder die rechten Seiten der Restriktionen) in Abhängigkeit von einem oder mehreren Parametern schwanken können. – 5. Die *Dualitätstheorie* der linearen Optimierung untersucht den Zusammenhang zwischen gewissen Paaren von linearen Optimierungssystemen. Ihre Erkenntnisse sind für die Entwicklung von Rechenverfahren von Bedeutung. – 6. Die bei *Anwendung in der Praxis* vorkommenden *linearen Optimierungssysteme* sind i.d.R. sehr groß (Millionen Variablen, hundertausende Restriktionen), lassen sich aber i.A. relativ schnell optimal lösen.

III. Spezielle Strukturen: Optimierungssysteme der Praxis zeichnen sich i.d.R. nicht nur durch dünn besetzte Koeffizientenmatrizen aus (d.h. nur verhältnismäßig wenige von null verschiedene Koeffizienten), diese sind außerdem oft nach einem gewissen Schema angeordnet, z.B. weil nicht alle Variablen in allen Restriktionen auftauchen. Derartige speziell strukturierte Systeme ergeben sich etwa bei der mathematischen Formulierung von Transportproblemen und Zuordnungsproblemen, von Wege- und Flussproblemen in Graphen (Netzplantechnik). Sie lassen sich mit traditionellen Simplexmethoden lösen, daneben gibt es aber Lösungsverfahren, die durch eine Ausnutzung der jeweiligen speziellen Koeffizientenstruktur erhebliche Vorteile in Bezug auf Rechenzeit und Speicherbedarf erzielen.

IV. Erweiterungen: Durch bestimmte Umformungen und Techniken lassen sich die Methoden der linearen Optimierung z.T. auch zur Untersuchung von Fragen über solche Optimierungssysteme einsetzen, deren Struktur nur unvollständig mit der des Systems ((1), (2)) übereinstimmt: – 1. Gewisse (d.h. mind. eine, möglicherweise aber auch alle) *Variablen* dürfen nur ganze Zahlen (ganzzahliges Optimierungsproblem) bzw. nur die Werte Null oder Eins annehmen (binäres Optimierungsproblem). – 2. Gewisse Probleme der *nicht-linearen Optimierung* lassen sich ebenfalls mit linearen bzw. geringfügig modifizierten linearen Methoden lösen. Hierzu gehört u.a. die Bestimmung von optimalen Lösungen für quadratische Optimierungsprobleme und bestimmte separable Optimierungsprobleme. – 3. Im Rahmen der linearen Optimierung bei *mehrfacher Zielsetzung* stehen solche linearen Optimierungssysteme im Mittelpunkt, bei denen den Lösungen des Restriktionssystems (2) anhand verschiedener Zielfunktionen gleichzeitig mehrere Zielwerte zugeordnet sind. Nur in ganz seltenen Ausnahmefällen existiert jetzt noch eine Lösung, die im Hinblick auf alle Zielfunktionen und -vorschriften gleichzeitig optimal ist. Die für diese Optimierungssysteme entwickelten Verfahren bezwecken deshalb nicht die Ableitung einer in diesem Sinn idealen Lösung, sondern es geht vielmehr um die Ableitung von allen oder einigen effizienten Lösungen bzw. bei interaktiven Verfahren um die Ermittlung einer für den Entscheidungsträger akzeptablen Kompromisslösung.

V. Ökonomische Anwendung: Von allen Methoden des Operations Research haben diejenigen der linearen Optimierung (neben denen der Netzplantechnik) die weiteste Verbreitung in der ökonomischen Praxis gefunden und sich bewährt. Empirischen Untersuchungen zufolge liegen ihre Einsatzschwerpunkte in der Grundstoff-, der chemischen, der Eisen- und Stahl- sowie der Nahrungs- und Genussmittelindustrie. Bez. der betrieblichen Funktionsbereiche sind in erster Linie Anwendungen im Produktionsbereich (zur Lösung von Problemen der Produktionsprogrammplanung, Produktionssteuerung und Zuschnittplanung), im Absatzbereich (Transportproblem), in der Lagerhaltung (Bestimmung optimaler Lagerbestände) sowie im Beschaffungsbereich (Transportproblem, Mischungsproblem, Bestellmengenproblem) anzuführen. – In stärkerem Maße setzen sich schließlich auch integrierte Modelle zur simultanen Planung verschiedener Funktionsbereiche (Produktions- und Absatzbereichs) durch.

lineare Planungsrechnung → lineare Optimierung.

lineare Programmierung → lineare Optimierung.

lineare Steuersenkung – Begriff der wirtschafts- und finanzpolitischen Diskussion für eine Herabsetzung der Einkommen- und Körperschaftsteuer um denselben Prozentsatz. – *Gegensatz:* „Gezielte Begünstigung" einzelner Kreise oder Schichten.

lineare Subventionsverkürzung – *Rasenmähermethode*; Begriff des Steuerrechts für Kürzung der staatlichen Subventionen auf die Weise, dass alle gesetzlich vorgesehenen Subventionen in demselben Ausmaß gekürzt werden.

lineare Wachstumsmodelle – Wachstumsmodelle für eine Wirtschaft mit n Gütern und m Produktionsverfahren. Das derart strukturierte *von-Neumann-Modell* erlaubt es, die maximal mögliche Wachstumsrate zu ermitteln. Zu dieser Modellklasse gehören auch die *Leontief-Modelle*, in denen vereinfachend angenommen wird, zu jedem Gut gehöre nur ein Produktionsverfahren und vice versa (m = n). Untersucht wird v.a., ob ein solches Modell zu einem Gleichgewichtspfad tendiert. In *Turnpike-Modellen* schließlich wird untersucht, welchen Pfad eine Wirtschaft einschlagen sollte, die von einer gegebenen Anfangsstruktur aus eine abweichende optimale Struktur im Endzustand anstrebt. Dabei zeigt sich, dass unter bestimmten Bedingungen nicht eine allmähliche Anpassung am günstigsten ist, sondern das Benutzen einer „Schnellstraße" (Turnpike) mit anderen Strukturen, aber sehr hohem Wachstumstempo, und erst späterem Umschwenken in Richtung auf die optimalen Strukturen. – Vgl. auch → neoklassische Wachstumstheorie.

Linearhomogenität – *Homogenität vom Grade 1;* in der ökonomischen Theorie häufig verwendete Sonderform der → Homogenität. Wird bei einer linear-homogenen → Produktionsfunktion die Einsatzmenge aller → Produktionsfaktoren um den Faktor λ vervielfacht, steigt der → Output ebenfalls auf das λ-fache; man spricht in diesem Fall auch von *konstanten Skalenerträgen* (→ Skalenertrag). Die Summe der → partiellen Produktionselastizitäten aller Faktoren hat in diesem Fall ebenfalls den Wert 1.

Linearkombination → Variable, die als lineare Funktion von einer oder mehreren anderen Variablen erklärt ist. Sind $x_1, ..., x_k$ Variablen und $a_o, ..., a_k$ Konstanten, so ist

$$y = a_o + a_1x_1 + ... a_kx_k$$

eine Linearkombination von $x_1, ..., x_k$. In der Statistik interessieren bes. die → Verteilungen von Linearkombinationen von → Zufallsvariablen oder statistischen → Merkmalen.

linear-limitationale Produktionsfunktion → Leontief-Produktionsfunktion; *Begriff* der → Produktions- und Kostentheorie. Bei der linear-limitationalen → Produktionsfunktion werden die Faktoren stets in einem konstanten Einsatzverhältnis eingesetzt; jede Änderung dieses Einsatzverhältnisses widerspricht dem Prinzip der → Effizienz. Ist die Produktionsfunktion linear-homogen, dann sind die Faktoreinsatzmengen (→ Input) der Höhe der Ausbringung (→ Output) direkt proportional (→ Homogenität). Ein → Produktionsprozess obiger Art weist folgende Eigenschaften auf: (1) Das Verhältnis der Faktoreinsatzmengen ist konstant; (2) der → Produktionskoeffizient a_i ist konstant; (3) die Leistungsabgabe der → Produktionsfaktoren ist konstant (v.a. Betriebsmittel); (4) die Qualität der Produktionsfaktoren ist konstant. – Die Bezeichnung Leontief-Produktionsfunktion wird v.a. bei makroökonomischer Betrachtung verwendet. Bei mikroökonomischer Betrachtung geht die linear-limitationale Produktionsfunktion in die → lineare Optimierung über.

Linear Structural Relations System → LISREL.

Line Extension – *Produktlinienerweiterung;* 1. *Begriff:* Ausweitung des → Absatzprogramms eines Unternehmens durch → Produktdifferenzierung bzw. Vertiefung des Sortiments. – 2. *Merkmale:* Die zusätzlichen Angebote sind eng mit den bisherigen Angeboten verbunden, da sie eine ähnliche Funktion erfüllen, an die selbe oder angrenzende Zielgruppen verkauft werden und im Normalfall über die gleichen Distributionspunkte verkauft werden. – 3. *Zweck:* Anreiz für eine Line Extension ist eine am Markt etablierte Produktlinie, deren Umfang als zu gering wahrgenommen wird. Die Erweiterung der Produktline dienst somit der Optimierung des Angebotes eines Unternehmens. Das Unternehmen kann mit der Line-Extension neue Kundengruppen ansprechen, dem Wettbewerb im aktuellen Segment ausweichen, Marktlücken schließen oder sein Qualitätsimage anpassen. – 4. *Arten:* Eine Produktlinie kann in verschiedene Richtungen ausgedehnt werden: a) *Ausweitung nach unten:* Ein Unternehmen, das am oberen Ende des Marktes agiert, kann seine Marktabdeckung durch preisgünstigere Produkte nach unten erweitern. Das günstigere Angebot muss allerdings den Erwartungen an die Marke gerecht werden und sollte möglichst wenig Kannibalisierungseffekte auslösen. – b) *Ausweitung nach oben:* Das Unternehmen erweitert seine Marktabdeckung in höherpreisige Segmente, muss die neuen Zielgruppen allerdings von der Höherwertigkeit überzeugen. – c) *Ausweitung nach unten und oben:* Kombination der beiden vorangegangenen Alternativen.

Line Extensions → Produktlinienerweiterung.

Lines of Code (LOC) – 1. *Begriff:* in der Datenverarbeitung Anzahl der Zeilen eines → Programms (bzw. eines → Softwaresystems). – 2. *Verwendung:* (1) Aussagen über die Größe von Programmen oder Softwaresystemen; (2) Basis für → Kostenschätzungsmodelle (problematisch); (3) Berechnungsbasis für Programmiererproduktivität (problematisch).

Linienerfolgsrechnung – kurzfristige Erfolgsrechnung zur Ermittlung der Ergebnisse des → Linienverkehrs auf einzelnen → Relationen und/oder in einzelnen Streckennetzen während einer Periode; meist als → Deckungsbeitragsrechnung.

Linienflug → Linienflugverkehr.

Linienflugverkehr – 1. *Begriff:* Der im dt. → Luftverkehrsgesetz (LuftVG) aufgeführte Begriff des Linienflugverkehrs (synonym: Fluglinienverkehr) orientiert sich am Abkommen von Chicago (ICAO-Abkommen) von 1944. Nach dem LuftVG betreiben jene → Fluggesellschaften Linienflugverkehr, „die Personen oder Sachen gewerbsmäßig durch Luftfahrzeuge auf bestimmten Linien öffentlich und regelmäßig befördern" (LuftVG, § 21, I). – *Anders:* Gelegenheitsverkehr. – 2. *Merkmale:* Linienflugverkehr ist wie folgt gekennzeichnet: a) *Gewerbsmäßigkeit:* Die → Beförderung von Passagieren, Fracht und Post erfolgt entgeltlich, die → Fluggesellschaft hat eine

Gewinnerzielungsabsicht. – b) *Öffentlichkeit:* Fluglinienverkehr steht der Allgemeinheit zur Verfügung, jedermann darf mit jedem Beförderungszweck am Fluglinienverkehr teilnehmen. – c) *Regelmäßigkeit:* In einem vorher veröffentlichten → Flugplan werden Abflug- und Ankunftszeiten für periodische Flüge über einen längeren Zeitraum festgelegt. Der Flugbetrieb ist ohne Rücksicht auf die aktuelle Zahl der gebuchten Passagiere aufrecht zu erhalten. – d) *Linienbindung:* Linienflugverkehr wird auf einer im Voraus festgelegten Strecke zwischen Ausgangs-Flughafen, eventuellen Zwischenlande-Flughäfen und End-Flughafen abgewickelt. – e) *Betriebspflicht:* Linienfluggesellschaften sind verpflichtet, den Flugbetrieb auf einer Linie während der Dauer der Genehmigung aufrecht zu erhalten. Eine Entbindung von der → Betriebspflicht kann in Ausnahmefällen erfolgen. – f) *Beförderungspflicht:* Sie bezeichnet den grundsätzlichen → Kontrahierungszwang für die Linienfluggesellschaft gegenüber einem Kunden. Ausnahmen von der Beförderungspflicht liegen vor, wenn von den zu befördernden Personen oder Gütern Gefahren für Mitreisende oder Dritte ausgehen. – g) *Tarifpflicht:* Flugpreise und Beförderungsbedingungen sind zu veröffentlichen.

Linienproduktion → Straßenproduktion.

Linienschifffahrt → Seeschifffahrt.

Liniensystem → Leitungssystem.

Linienverkehr – regelmäßige Verkehrsverbindung zwischen einem bestimmten Ausgangs- und Endpunkt zur Beförderung von Personen oder Gütern, wobei Fahrpläne mit definierten Abfahrts- und Ankunftszeiten vorausgesetzt werden. Die bessere Kalkulierbarkeit des Verkehrsangebots für die Nachfrager erhöht die Attraktivität fahrplanmäßiger Beförderungsvorgänge. – *Gegensatz:* → Gelegenheitsverkehr.

Linux – 1991 von L. Torvalds entwickeltes, an Unix orientiertes → Betriebssystem (BS), das ursprünglich für → Personal Computer (PC) gedacht war, aber immer größere Verbreitung auch auf anderen Plattformen findet. Linux wird kostenlos über das → Internet vertrieben, kann jedoch auch gegen eine geringe Gebühr von sog. Distributoren erworben werden, die zum eigentlichen Betriebssystem noch zusätzliche Nutzprogramme hinzufügen. Aufgrund des Kostenvorteils und wegen seiner großen Stabilität findet Linux in Unternehmen wachsende Verbreitung und wird inzwischen auch von vielen → Hardware-Anbietern unterstützt.

Liquidation – Abwicklung der Geschäfte einer aufgelösten → Handelsgesellschaft. – Vgl. auch → Abwicklung. – *Buchhalterische Durchführung:* → Abwicklungsbilanz. – *Finanztechnische Durchführung:* → Finanzierung.

Liquidationsbilanz → Abwicklungsbilanz.

Liquidationsverein → Liquidation.

Liquidationsverkauf → Veräußerung von Gegenständen des Anlage- und Umlaufvermögens im Fall der Insolvenz zum Zwecke der Erzielung flüssiger Mittel. U.U. werden beim Liquidationsverkauf steuerpflichtige Liquidationsgewinne erzielt.

Liquidationswert – Summe der Veräußerungswerte der einzelnen Vermögensteile eines Unternehmens bei der → Auflösung. Die Höhe des Liquidationswertes ist stark von dem zur Verfügung stehenden Zeitrahmen abhängig.

Liquidatoren → Abwickler.

liquidieren – in Zahlungsmittel umwandeln.

Liquidität – I. Betriebswirtschaftslehre: 1. *Begriff:* Fähigkeit und Bereitschaft eines Unternehmens, seinen bestehenden Zahlungsverpflichtungen termingerecht und betragsgenau nachzukommen. Die Sicherung der Liquidität besteht in der Aufgabe, Geld und liquidisierbare Vermögensgegenstände (→ Fungibilität) zum Zweck der zeitpunktgerechten Kapitalbeschaffung bereitzustellen. – Vgl. auch → Liquiditätspolitik, → Illiquidität, → Überliquidität. – 2. *Determinanten:* a) *Güterwirtschaftliche Liquidität:*Tausch- bzw. Veräußerungsfähigkeit von Wirtschaftsgütern. Güter haben, abhängig von ihren technischen Eigenschaften und Zeit- bzw. Kostenaufwand der Käufersuche, unterschiedliche Liquiditätsgrade. – b) *Verliehene Liquidität:* Mögliche Beleihbarkeit eines Wirtschaftsguts durch ein Kreditinstitut (Stütze). Diese Art der Gewinnung von Liquidität hat den Vorteil, dass das entsprechende Wirtschaftsgut nicht veräußert werden muss und so Verluste durch schnelle erzwungene Veräußerung nicht auftreten. – c) *Zukünftige Liquidität:* Fähigkeit, durch zukünftige Erträge zu einem späteren Zeitpunkt Liquidität zu erlangen. Sie wird anhand des → Finanzplans gemessen. – d) *Antizipierte Liquidität:* Ein Unternehmen lässt seine zukünftigen Überschüsse durch ein Kreditinstitut beleihen. Diese Bereitstellung von Kapital ohne Sicherheiten durch das Kreditinstitut erfordert eine strenge → Kreditwürdigkeitsprüfung. – 3. *Arten:* a) *Vertikale Liquidität:* Prozess der Geldwerdung von Vermögensgegenständen („Verflüssigung") entsprechend den Zahlungsverpflichtungen. – b) *Horizontale Liquidität:* Grad der Belastung von Kapitalansprüchen (Zins, → Tilgung).

II. Wirtschaftstheorie/Geldtheorie: 1. *Allgemein:* Liquidität stellt die durch → Geld oder andere Tauschmittel repräsentierte Verfügungsmacht über Bedarfsgüter dar. Mittels Aufrechterhaltung der Liquidität bei einzelnen Wirtschaftssubjekten wird gesamtwirtschaftlich der Kreislauf von Gütern und Nutzleistungen ermöglicht; die Liquidität verschafft die Verfügungsmacht über knappe Güter und bestimmt wirtschaftliche Entscheidungs- und Handlungsfreiheit. – Die volkswirtschaftliche Liquidität ist abhängig von der *optimalen Versorgung der Wirtschaft mit Zahlungsmitteln bzw. Geld.* Aufgabe der Notenbank ist es, die Liquidität der Volkswirtschaft den

Erfordernissen der Konjunktur zur Sicherung der Stabilität anzupassen (→ Geldpolitik). – 2. *Liquidität der Kreditinstitute (Bankenliquidität):* a) Kreditinstitute müssen ihre Mittel so anlegen, dass eine ausreichende Zahlungsbereitschaft jederzeit gewährleistet ist. Für die Beurteilung sind die von der → Bundesanstalt für Finanzdienstleistungsaufsicht (BaFin) aufgestellten Grundsätze maßgebend (§ 11 KWG). – b) Falls erforderlich, kann die staatliche Aufsichtsbehörde zur Sicherung der Liquidität Entnahmen durch die Inhaber oder Gesellschafter, Gewinnausschüttung und Kreditgewährung untersagen oder beschränken (§ 45 KWG). – c) *Messung/Beurteilungskriterien:* Die Liquidität der Kreditinstitute wird gemäß der Verordnung über die Liquidität der Institute (LiqV) gemessen. Die LiqV konkretisiert die Anforderungen des § 11 I KWG, wonach Kreditinstitute jederzeit ausreichend zahlungsfähig sein müssen. – 3. *Internationale Liquidität:* Die i.d.R. nicht vom Inland zu schaffenden Zahlungsmittel, mit denen Zahlungen an das Ausland geleistet werden können. Hierzu gehören in erster Linie die → Währungsreserven des betreffenden Landes (Gold, → Sonderziehungsrechte (SZR), → Reservetranche, → Devisen und → Sorten), aber auch z.B. der nicht genutzte Teil der Kreditlinien bei internationalen Organisationen (außerhalb des → IWF) oder Banken. Lediglich die sog. „Hartwährungsländer" können internationale Liquidität selbst schaffen, da ihre Währungen als internationales Zahlungsmittel akzeptiert werden.

Liquiditätsbeitrag – durch die Entscheidung über eine bestimmte Maßnahme ausgelöster Überschuss der Einzahlungen über die Auszahlungen. Wenn die Ein- und Auszahlungen zeitlich auseinander fallen oder über mehrere Zeitpunkte verteilt sind, muss die Entwicklung des Liquiditätsbeitrags im Zeitablauf verfolgt werden. Am Ende der i.Allg. mehrphasigen Realisation des „Geschäfts" (d.h. nach Erfüllung aller gegenseitigen Verpflichtungen und Ablauf der Gewährleistungsfristen) stimmen Liquiditätsbeitrag und → Deckungsbeitrag überein.

Liquiditätsbilanz – eine unter dem Gesichtspunkt der → Liquidität der Unternehmung aufgestellte Bilanz, meist in Form eines → Status. Die Liquiditätsbilanz dient als Unterlage für Maßnahmen der Finanzierung und ggf. der → Sanierung; sie soll das Maß der Zahlungsbereitschaft einer Unternehmung durch Gegenüberstellung des Finanzierungsbedarfs einerseits und dessen Deckung andererseits für bestimmte Zeitpunkte ersichtlich machen. *Aktiva* sind aufgeteilt nach Liquidierbarkeitsgraden, z.B. (1) innerhalb vier Wochen, (2) innerhalb drei Monaten, (3) später realisierbare Vermögensteile, (4) Anlagewerte; *Passiva* nach Fälligkeit, z.B. (1) innerhalb vier Wochen, (2) innerhalb drei Monaten, (3) später fällige Verbindlichkeiten, (4) Eigenkapital.

Liquiditätserhaltung – Maßnahmen, die die Zahlungsbereitschaft einer Unternehmung sicherstellen sollen. Hauptaufgabe unternehmerischer Finanzierungspolitik (→ Liquiditätspolitik). Betrifft i.w.S. Kapitalbeschaffung, Verhältnis von Eigen- und Fremdkapital, i.e.S. Geldbeschaffung zur Gewährleistung kurzfristiger Liquiditätserhaltung. Zur Vorbereitung, Durchführung und Kontrolle der Liquiditätserhaltung dient die → Finanzplanung.

Liquiditätsfalle – Bereich einer unendlichen Zinselastizität der Geldnachfrage gemäß der Liquiditätspräferenztheorie von → Keynes. Kein Wirtschaftssubjekt erwartet in der Liquiditätsfalle bei dem herrschenden niedrigen Zinssatz eine positive Rendite auf Wertpapierhaltung. Wer bei diesem Zinssatz Wertpapiere hat, kann sie nicht ohne Kursverluste verkaufen; wer Geld hält kauft aus Angst vor Kapitalverlusten keine Wertpapiere. Kauft die Zentralbank Wertpapiere im Rahmen einer expansiven → Offenmarktpolitik erhält sie zum herrschenden Zinssatz/Kurs jede gewünschte Menge. Die Wirtschaftssubjekte halten das zusätzliche → Zentralbankgeld (es fällt in die Liquiditätsfalle) in ihrem Vermögen; sie strukturieren ihre Vermögenshaltung dann soweit wie möglich zugunsten der Geldhaltung (vollkommene Liquiditätspräferenz) um. Die Geldmengenexpansion führt zu keiner Erhöhung der gesamtwirtschaftlichen Aktivität (Investition etc.).

Liquiditätsgrad – 1. *Begriff:* Kennzahl, die das Verhältnis von Zahlungsverpflichtungen zu → flüssigen Mitteln ausdrückt; auch als *Deckungsgrad* bezeichnet. Der Liquiditätsgrad zeigt, wie oft die kurzfristigen Verbindlichkeiten durch Umlaufvermögensteile unter der Annahme gedeckt sind, die bilanziellen Wertansätze der Vermögensgegenstände ließen sich als Verkaufserlös erzielen. Im Rahmen der → Bilanzanalyse besteht allerdings das Problem, dass die Bilanzen lediglich Stichtagsbestände an Vermögen und Kapital aufweisen. Dies hat zur Folge, dass eine Vielzahl liquiditätswirksamer Informationen der Bilanz nicht entnommen werden können. So fehlen z.B. Angaben über die aus den zahlreichen Dauerschuldverhältnissen resultierenden Zahlungsmittelbewegungen, über Verpflichtungen und Ansprüche aus schwebenden Geschäften bzw. über kurzfristig verfügbare oder mobilisierbare Finanzreserven. – 2. *Arten:*

1. *Liquidität 1. Grades:*

$$\frac{\text{liquide Mittel}}{\text{kurzfristige Verbindlichkeiten}} \cdot \mathbf{100.}$$

2. *Liquidität 2. Grades (Quick Ratio):*

$$\frac{\text{liquide Mittel} + \text{kurzfristige Forderungen}}{\text{kurzfristige Verbindlichkeiten}} \cdot$$

3. *Liquidität 3. Grades (Current Ratio):*

$$\begin{aligned} &\text{liquide Mittel} \\ &+ \text{kurzfristige Forderungen} \\ &+ \text{Warenbestände} \\ &= \text{kurzfristige Verbindlichkeiten} \cdot \mathbf{100.} \end{aligned}$$

Liquiditätskoeffizient → Working Capital, Ratio

Liquiditäts-Konsortialbank GmbH – am 25.9.1974 unter dem Eindruck der Herstatt-Bank-Krise von der Deutschen Bundesbank, dem Bundesverband deutscher Banken, dem Deutschen Sparkassen- und Giroverband, dem Bundesverband der deutschen Volks- und Raiffeisenbanken sowie der Bank für Gemeinwirtschaft gegründetes Kreditinstitut mit Sitz in Frankfurt a.M. – *Aufgabe:* Die Liquiditäts-Konsortialbank GmbH betreibt Bankgeschäfte mit Kreditinstituten zur Sicherung von deren Liquidität. Dabei verfolgt sie die gesamtwirtschaftliche Zielsetzung, die bankmäßige Abwicklung des Zahlungsverkehrs im Inland und mit dem Ausland zu gewährleisten. Auf diesem Wege sollen Insolvenzen von Kreditinstituten und damit verbundene Verluste dazugehöriger Kundeneinlagen verhindert werden. Als Teil der freiwilligen Einrichtungen der Kreditinstitute zur Einlagensicherung ist es ihr oberstes Ziel, das Vertrauen in das gesamte Kreditwesen aufrechtzuerhalten. Nur wenn ein an sich gesundes Kreditinstitut in Liquiditätsschwierigkeiten zu geraten droht, werden Stützungsmaßnahmen eingeleitet. In diesem Fall zieht das betroffene Kreditinstitut einen Wechsel auf die Liquiditäts-Konsortialbank GmbH, den diese akzeptiert. Anschließend wird das Bankakzept der Bundesbank zum Rediskont eingereicht. – Die Liquiditäts-Konsortialbank GmbH ist organisatorisch bei der → Ausfuhrkreditgesellschaft mbH (AKA) eingegliedert und wird mit dieser in Personalunion geführt.

liquiditätsmäßige Preisuntergrenze → Preisuntergrenze.

Liquiditätspapiere → Schatzwechsel und → unverzinsliche Schatzanweisungen, die der Bund der → Deutschen Bundesbank auf Verlangen zur Verfügung stellen musste, wenn die → Mobilisierungspapiere bis zum vollen Wert der Ausgleichsforderung in Umlauf gebracht waren. Die Liquiditätspapiere existieren nicht mehr.

Liquiditätsplan – 1. *Begriff:* Im Bereich der betrieblichen Teilpläne ist der Liquiditätsplan im Rahmen der Finanzplanung als Einnahmen-/Ausgabenplan einzuordnen, wobei Schnittstellen zum Erfolgs-, Investitions-, Produktions- und Lagerplan bestehen. Aufgrund der von der Unternehmensleitung oder den zuständigen Stabsstellen prognostizierten Vorgaben (Umsätze, Zahlungsziele der Kunden und bei Lieferanten, Einkäufe, nicht ausgenutzte Kreditlinien von Betriebsmittelkrediten, anstehende Investitionen und noch nicht valutierte Darlehen, Darlehenstilgungen) wird geplant, i.Allg. zunächst in der Form eines mittelfristigen (ein bis vier Jahre) Rahmenplans, der alle erwarteten Zahlungsflüsse in der Prognoseperiode aufnimmt. Dabei nimmt die Planungsunsicherheit mit wachsender Entfernung der Planperiode vom Planungszeitpunkt immer mehr zu. Die kurzfristigen Liquiditätspläne fügen sich in den Rahmenplan ein; sie werden wochen-, monats- oder quartalsweise bis zu jährlich aufgestellt. – Vgl. auch Abbildung „Liquiditätsplan – Muster“. – 2. *Zweck:* Jederzeitige Sicherstellung der betrieblichen Zahlungsfähigkeit durch Ergreifen rechtzeitiger Vorsorgemaßnahmen aufgrund sich aus dem Liquiditätsplan ergebender Tendenzen. Vorsorgemaßnahmen können z.B. sein: (1) Erhöhung von Betriebsmittelkreditlinien, Stellung von Darlehensanträgen; (2) Einflussnahme auf die Zahlungsströme bei Kunden (durch Änderung der Zahlungsbedingungen) oder bei Lieferanten (Verzicht auf Skontierung, Verlängerung der Zahlungsziele); (3) Hinausschiebung nicht unbedingt notwendiger Ausgaben/Investitionen.

Liquiditätspolitik – I. Betriebswirtschaftslehre: Gesamtheit der Maßnahmen, die der Aufrechterhaltung der Zahlungsbereitschaft (Liquidität) einer Unternehmung dienen.

II. Volkswirtschaftslehre: 1. *Begriff:* Maßnahmen, die zur Steuerung der Bankenliquidität eingesetzt werden. Hierbei dient der → Liquiditätssaldo als Indikator für die Geldpolitik. – 2. *Aufgaben:* Verhinderung der Illiquidität und Zahlungsunfähigkeit durch die termingerechte Zuverfügungstellung von Bargeld bzw. liquidisierbaren Vermögensgegenständen; Vermeidung zu hoher Kassenbestände und ähnlicher Liquiditätsreserven über längere Zeit (Überliquidität, da diese zu sinkender Rentabilität führt).

Liquiditätspolitik über den Devisenmarkt – Um von → Devisenmärkten ausgehende Störungen ihrer → Geldpolitik zu beschränken, entwickelte die → Deutsche Bundesbank in der Zeit fester Wechselkurse devisenpolitische Instrumente, mit denen sie die internationalen Geldströme beeinflussen konnte. Es handelte sich zunächst vorwiegend um Devisenswapgeschäfte (→ Swapgeschäfte), später dann auch um → Devisenpensionsgeschäfte.

Liquiditätspräferenztheorie von Keynes → Geldtheorie, → makroökonomische Totalmodelle geschlossener Volkswirtschaften, Nachfrageseite.

Liquiditätsprüfung → Außenprüfung.

Liquiditätsreserven der Geschäftsbanken – Summe der liquiden oder kurzfristig liquidierbaren Aktiva der Banken, die zwangsweise („Zwangsreserven“, → Mindestreserve) oder freiwillig (→ freie Liquiditätsreserven) bei der jeweiligen Zentralbank gehalten werden. Die Liquiditätsreserven der Geschäftsbanken sind in der traditionellen Geld- und Kreditschöpfungstheorie eine wichtige Größe für die Geldpolitik, da nach ihr Kreditinstitute mit dem freien Teil der Liquiditätsreserven der Geschäftsbanken einen Kreditschöpfungsprozess einleiten, der erst dann zum Stillstand kommt, wenn die anfänglich vorhandenen Reserven vollständig durch Barabhebung und zusätzliche Mindestreservebelastungen absorbiert worden sind. – Vgl. auch → Liquiditätssaldo.

Liquiditätsrisiko – Gefahr, anstehenden Zahlungsverpflichtungen nicht mehr uneingeschränkt und fristgerecht nachkommen zu können. Liquiditätsrisiken beinhalten damit stets auch

Liquiditätsplan – Muster

Liquiditätsplan	**Periode (Woche, Monat, Quartal, Jahr)**	**Periode**	**Periode**	**Periode**
Vorgaben				
Umsatz (o. MwSt)				
Waren/Materialeinkäufe				
Kunden-/Lieferantenziel … Tage				
Einnahmen und Ausgaben				
Kundenzahlungen				
Sonstige Einnahmen				
Einnahmen (inkl. Mehrwertsteuer)				
Roh-, Hilfs- u. Betriebsstoffe				
Fremdleistungen				
Handelswaren				
Bezugskosten				
Personalkosten				
Mieten/Raumkosten				
Verwaltungskosten				
Fahrzeugkosten				
Vertriebskosten				
Betriebliche Steuern				
Beiträge, Gebühren				
Versicherungen				
Sonstige Kosten				
Kreditkosten				
Darlehenstilgungen				
Geschäftsführervergütung				
Körperschaft-, Gewerbesteuer				
Gewinnausschüttung				
Umsatzsteuer-Zahllast				
Wechseleinlösungen				
Privatentnahmen (Personenfirma)				
Privatsteuern (Personenfirma)				
Ausgaben (inkl. MwSt)				
Investitionen				
Darlehensauszahlungen				
Anlagenverkäufe				
Außerordentlicher Bereich				
Gesamtsaldo				
Liquiditätssaldo-Vortrag				
Liquidität (kumuliert)				

Fristigkeitsrisiken. – Zu *unterscheiden:* → Refinanzierungsrisiko, → Terminrisiko und → Abrufrisiko.

Liquiditätssaldo – Indikator der → Geldpolitik. Der Liquiditätssaldo umfasst Bestände an aktuellem und potenziellem Zentralbankgeld im Besitz der Kreditinstitute, d.h. die Summe aus → Mindestreserven und → freien Liquiditätsreserven der Banken. In der konsolidierten Bilanz aller Kreditinstitute entspricht der Liquiditätssaldo der Differenz zwischen allen Einlagen von Nichtbanken und allen an Nichtbanken gewährten Krediten. – Das *Liquiditätssaldo-Konzept,* nach dem der Liquiditätssaldo eine zentrale Steuergröße für die Zentralbankpolitik ist, wurde v.a. von dem Liquiditätstheoretiker C. Köhler gestaltet, ist aber seit Übergang zur Steuerung der Zentralbankgeldmenge in der aktuellen Diskussion in den Hintergrund getreten, obwohl sich prinzipiell nichts geändert hat. Nach wie vor bedeutet Steuerung der Zentralbankgeldmenge Steuerung der Bankliquidität und damit des Liquiditätssaldos.

Liquiditätssteuerung → Geldpolitik.

Liquiditätsstützen – Summe der notfalls zur Verfügung stehenden Kreditbereitschaft (v.a. nicht beanspruchter, aber zugesagter kurzfristiger Kontokorrentkredite) zur Sicherstellung der Zahlungsbereitschaft, falls die zur Erfüllung von Zahlungsverpflichtungen erforderlichen Mittel aus dem Kapitalumschlag nicht eingehen. Liquiditätsstützen werden bei Ermittlung der relativen → Liquidität den liquiden Mitteln 1. bis 3. Grades (→ Liquiditätsgrad) zugerechnet.

Liquiditätstheorie – 1. *Keynesianische Liquiditätstheorie:* → Geldtheorie. – 2. *Liquiditätstheorie des Geldes:* → Geldtheorie.

Lisp – *List Processing Language.* 1. *Begriff:* deklarative → Programmiersprache, zwischen 1956 und 1962 von J. McCarthy am Massachusetts Institute of Technology (MIT) entwickelt. – 2. *Sprachelemente:* Grundlegende → Datentypen sind Atome und Listen (anders in prozeduralen Programmiersprachen). Ein Atom kann ein Literal oder eine Zahl darstellen; Elemente einer Liste können Atome und Listen sein. Operationen sind (standardmäßig vorgegebene oder selbst definierte) → Funktionen mit → Parametern. Der Ablauf eines Lisp-Programms wird durch die Konstrukte Funktionsaufruf (auch rekursiv, → Rekursion) und Alternative festgelegt. – 3. *Einsatzgebiete:* in der → Künstlichen Intelligenz (KI) weit verbreitete Programmiersprache. – 4. *Versionen:* Ein Sprachstandard existiert nicht; bekannteste Versionen: Common Lisp, Interlisp-D, Franz-Lisp, Golden Lisp.

LISREL – Abk. für *Linear Structural Relations System;* multivariates Verfahren (→ multivariate Analysemethoden) der → Kausalanalyse. Kombination von Elementen der → Regressionsanalyse bzw. → Pfadanalyse mit Elementen der → Faktorenanalyse. V.a. ist es möglich, unterschiedliche Messkonzepte für die miteinander verknüpfbaren Variablen in die Analyse einzubeziehen. – *Ähnliche Ansätze:* EQS (EQuantionS)-Ansatz; PLS (Partial Least Squares)-Ansatz.

Lissabon-Strategie – für Wachstum und Beschäftigung wurde im März 2000 vom → Europäischen Rat beschlossen. Sie zielte ursprünglich darauf ab, die EU bis zum Jahre 2010 zum weltweit dynamischsten und wettbewerbsfähigsten Wirtschaftsraum zu machen. Da die Erfolge der Strategie ausblieben, wurde im Rahmen der Halbzeitbewertung im Jahre 2005 eine Vereinfachung und Neuausrichtung vorgenommen. Die Lissabon-Strategie hat ihre Ziel gleichwohl nur unzureichend erfüllt. Dies lag v.a. am geringen Produktivitätszuwachs von Teilen der europäischen Wirtschaft. Sie ist im Jahre 2010 abgelöst worden von der Strategie „Europa 2020".

List – Friedrich, 1789–1846, dt. Nationalökonom, der 1817–1820 in Tübingen lehrte, nach einer Haftstrafe 1825–1832 als Emigrant in den Vereinigten Staaten lebte und sich nach seiner Rückkehr als Schriftsteller in Deutschland und Frankreich durchs Leben schlug. List und sein Werk sind schwer in ein System einzuordnen; keinesfalls ist List als ausgesprochener und unbedingter Gegner der klassischen Theorie anzusehen. Zwar betonte er gegenüber der kosmopolitischen Lehre der → Klassiker die Bedeutung der Nation (daher: „Nationalökonomie"), wich aber von der klassischen → Außenwirtschaftstheorie (→ Ricardo) nur insoweit ab, dass er Schutzzölle (→ Erziehungszoll) für im Aufbau befindliche Industrien als Übergangsmaßnahme während eines Stadiums der volkswirtschaftlichen Entwicklung (→ Stufentheorie) vorschlug. Zu Unrecht wird List als Gewährsmann des → Protektionismus angesehen. – *Hauptwerk:* „Das nationale System der politischen Ökonomie" (1841). Die Gedanken von List führt die List-Gesellschaft fort (1925–1934, neu gegründet 1954).

Listenpreis – der in einer Preisliste angegebene Preis. Der Listenpreis dient als Grundlage für die Bezugspreiskalkulation. Von ihm sind (1) abzuziehen: alle Skonti, Rabatte bzw. Provisionen, die der Käufer vereinbarungsgemäß oder der Auftragsmenge entsprechend beanspruchen kann; (2) hinzuzurechnen: alle anderen Kosten, sofern die Preisofferte auf → Free- oder → Loco-Basis beruht.

Listing → Zulassung von Wertpapieren zum Börsenhandel.

Listung – Aufnahme eines Produkts in das Sortiment eines Handelsbetriebs. – Vgl. auch → Listungsgebühren.

Listungsgebühr – Anbieten oder Fordern einer Gebühr für Aufnahme eines Artikels in den → Ordersatz; den Leistungswettbewerb im Handel gefährdend.

Little-Kriterium – berücksichtigt neben den Anforderungen des → Kaldor-Hicks-Kriteriums sowie des

→ Scitovsky-Doppeltests die Frage, ob die den Übergang vom Ausgangs- zum Zielzustand bewirkende Umverteilung aus verteilungspolitischer Sicht wünschenswert ist oder nicht. Little wendet sich mit seiner normativen Formulierung des → Wohlfahrtskriteriums ausdrücklich gegen die Möglichkeit der → Wertfreiheit in der Wohlfahrtsökonomik. – Vgl. auch → Pareto-Optimum.

Live Communication – Oberbegriff für Kommunikationsinstrumente, die eine persönliche Begegnung und das aktive Erlebnis der Zielgruppe mit dem Hersteller und seiner Marke in einem inszenierten und häufig die Emotionen ansprechenden Umfeld in den Mittelpunkt stellen. Das Zusammenwirken dieser Elemente sowie die direkte und persönliche Interaktion zwischen Hersteller und Zielgruppe sollen zu einzigartigen und nachhaltigen Erinnerungen führen (→ Markenkenntnis, → Einstellung). Zu den Instrumenten der Live Communication zählen v.a. Messen, Showrooms, Events, Promotions und spezifische Formen des persönlichen Verkaufs. – Vgl. auch → Event Marketing.

Lizenz – *Licensing.* 1. *Begriff:* die vom Inhaber eines → gewerblichen Schutzrechts oder urheberrechtlichen → Verwertungsrechts einem Dritten eingeräumte Befugnis, die dem Rechtsinhaber zustehenden Verwertungsrechte auszuüben (→ Nutzungsrecht). Lizenzen i.e.S. sind Nutzungsrechte an den technischen Schutzrechten (→ Patent, → Gebrauchsmuster, → Sortenschutzrecht), ferner an Halbleiterrechten (→ Halbleiterschutzrecht) und → Marken, in der Sache aber auch die Dritten eingeräumten → Nutzungsrechte an → Geschmacksmustern, Schriftzeichen und urheberrechtlichen → Verwertungsrechten. Im Einzelnen: *Berechtigung zur Nutzung* von (1) Erfindungen oder von Schutzrechten für Erfindungen (Patente), (2) Gebrauchsmustern oder deren Anmeldungen, (3) Marken, Copyrights, (4) technischem Know-how (Technologie-Transfer), (5) kaufmännischem, v.a. Marketing- und Management-Know-how; alle mit der vertraglich fixierten Erlaubnis zur Nutzung von Urheberrechten und/oder mit Know-how-Überlassungsabkommen verbundenen (v.a. absatzmarktorientierten) Planungen und Handlungen des Lizenzgebers. – Vgl. auch → internationale Lizenz. – 2. *Arten:* a) *ausschließliche* und *nicht ausschließliche (einfache) Lizenz. – b) unbeschränkte* und *beschränkte Lizenz:* Ein Rechtsübergang oder die Erteilung einer weiteren Lizenz berührt im Patent- und Gebrauchsmusterrecht die vorher erteilten ausschließlichen oder einfachen Lizenzen nicht (§ 15 III PatG, § 22 III GebrMG). U.U. kommt die Erteilung einer → Zwangslizenz in Betracht. – c) *Nach dem Gegenstand der Lizenz:* → Produktlizenz, → Produktionslizenz, → Markenlizenz, → Vertriebslizenz. – 3. *Lizenzgebühren:* Es gibt keine Richtlinien bzw. Grundsätze mit allg. gültigem Charakter für die Bemessung von Lizenzgebühren. Die Bemessung kann sich am Umsatz bzw. Absatz *(Umsatz- oder Stücklizenzgebühren),* u.U. in Jahresstaffeln und mit garantiertem Mindestbetrag, orientieren oder als einmalig zu zahlende *Pauschallizenzgebühr* ausgestaltet sein. Außerdem sind Kombinationsformen der beiden Grundformen denkbar. – Vgl. auch → Lizenzgebühren. – 4. *Bilanzierung:* a) *Handelsbilanz:* Lizenz als immaterielles Anlagegut (→ immaterielle Wirtschaftsgüter) aktivierbar. – b) *Steuerbilanz:* Lizenz als immaterielles Wirtschaftsgut aktivierungspflichtig, sofern Lizenz durch einmalige Zahlung käuflich erworben ist.

Lizenzbereitschaft – Erklärung des Anmelders oder Inhabers eines → Patents gegenüber dem Patentamt, jedermann die Benutzung der Erfindung gegen angemessene Vergütung zu gestatten (§ 23 PatG). Sie beinhaltet den Verzicht auf das alleinige Recht zur Benutzung der patentierten Erfindung und hat eine Ermäßigung der Patentgebühren zur Folge. Lizenzbereitschaft kann gemäß Art. 2 II EPÜ auch für ein → europäisches Patent erklärt werden, das mit Wirkung für die Bundesrepublik Deutschland erteilt ist.

Lizenzgebühren – I. Begriff: die aus dem Lizenzvertrag zu zahlenden Entgelte für die Verwertung bes. von → Lizenzen und → Patenten.

II. Kostenrechnung: 1. *Regelmäßig wiederkehrende,* meist mit der Beschäftigung steigende oder fallende Zahlungen werden i.d.R. als → Sondereinzelkosten der Fertigung bzw., falls nach Umsatz abgerechnet wird, als → Sondereinzelkosten des Vertriebs erfasst. – 2. *Einmalige* Zahlungen werden aktiviert und die in ihrer Höhe von der Lizenzdauer abhängigen, daraus resultierenden Abschreibungsbeträge (→ Abschreibung) in die Kostenrechnung übernommen.

III. Umsatzsteuerrecht: Der Lizenzgeber erbringt mit der Überlassung eines Patents, Warenzeichens etc. zur Verwertung durch den Lizenznehmer eine → sonstige Leistung im Sinn des Umsatzsteuergesetzes. Sie ist steuerpflichtig, sofern sie im Inland erbracht wird; der Ort der sonstigen Leistung ist i.d.R. dort, wo der Empfänger sein Unternehmen betreibt. – Mit der Lizenz verbundene, entgeltliche Nebenleistungen, wie z.B. die sachgemäße Erteilung von Rat- und Verbesserungsvorschlägen, werden wie die Hauptleistung behandelt. I.d.R. steht dem Lizenznehmer in Höhe der in der gezahlten Lizenzgebühr enthaltenen Umsatzsteuer auch der Vorsteuerabzug zu.

IV. Ertragsteuerrecht: 1. *Behandlung beim Zahlenden:* Lizenzgebühren stellen bei dem, der sie zahlt, abzugsfähige Betriebsausgaben dar (§ 4 IV EStG). Sie werden bei der Gewerbesteuer zu einem Viertel wieder dem Gewerbeertrag hinzugerechnet, also zu einem bestimmten Umfang mit Gewerbesteuer belastet (§ 8 Nr. 1 Buchstabe f GewStG ab 2008). – 2. *Behandlung beim Empfänger:* Beim Empfänger können Lizenzgebühren steuerpflichtige Einkünfte aus selbständiger Arbeit sein, § 18 I EStG, sofern es sich um einen Einzelerfinder handelt, der seine Erfindung selbst verwertet. Der Regelfall ist jedoch, dass es sich um Betriebseinnahmen eines gewerblichen Betriebes handelt (wenn die Lizenzgebühren einer Einzelunternehmung oder einer Kapitalgesellschaft zufließen) oder dass es sich um Einkünfte aus Vermietung und Verpachtung von Rechten handelt (§ 21 EStG; sofern das lizenzierte Recht z.B. Patent geerbtes privates Vermögen darstellt). – 3. *Besonderheiten*: Sind Zahlender und Empfänger durch bes. Beziehungen miteinander verbunden, muss geprüft werden, ob die Konditionen für die Lizenzgebühren angemessen sind. Ist das nicht der Fall, werden allerdings nur die unangemessenen Teile der gezahlten Lizenzgebühr als verdeckte Gewinnausschüttung oder verdeckte Einlage angesehen, der angemessene Teil der Zahlung bleibt steuerlich anerkannt.

V. Steuerliche Besonderheiten bei grenzüberschreitenden Fallkonstellationen: 1. Die *Umsatzsteuer* für die Lizenzzahlung an einen Lizenzgeber, der nicht im Inland ansässig ist, ist durch den Kunden zu entrichten (Steuerschuldnerschaft des Leistungsempfängers, § 13b UStG). Der an den Lizenzgeber ausgezahlte Betrag ist also nur ein Nettobetrag; der Lizenzgeber darf umsatzsteuerlich auch nur eine Nettorechnung stellen und keinesfalls den Empfang von Umsatzsteuer quittieren. Diese Regelung ist auch in anderen EU-Staaten dieselbe (seit 2010: Einstufung als innergemeinschaftliche Dienstleistung). – 2. *Doppelbesteuerungsabkommen*: Bei den *Ertragsteuern* sehen die Doppelbesteuerungsabkommen vor, dass die Versteuerung der Lizenzgebühren i.d.R. nur im Staat des Lizenzgebers erfolgt (Art. 12 OECD-MA). In einigen selteneren Fällen wird dem Staat, aus dem die Lizenzgebühren stammen, das Recht zugestanden, eine geringfügige Quellensteuer zu erheben (oft: 5 Prozent der Lizenzzahlung). Eine Regelung des EU-Rechts, wonach eine Besteuerung im Herkunftsstaat bei grenzüberschreitenden Lizenzzahlungen von einem EU-Mitgliedsstaat in einen anderen hinein untersagt ist, gilt nur für Zahlungen zwischen direkt miteinander verbundenen Mutter-, Tochter- und Schwesterkapitalgesellschaften, aber schon nicht mehr für Zahlungen von Enkelgesellschaften. – 3. *Nationales dt. Recht*: Auf die Zahlung von Lizenzgebühren an einen Empfänger, der nur beschränkt steuerpflichtig ist, sieht das dt. Steuerrecht die Einbehaltung einer Quellensteuer von 15 Prozent zzgl. eines 5,5-prozentigen Solidaritätszuschlages vor (in der Summe 15,825 Prozent), § 50a I EStG. Mit der Einbehaltung dieser Abzugssteuer sind die steuerlichen Verpflichtungen des ausländischen Zahlungempfängers gegenüber dem dt. Staat dann abgegolten (§ 50 II EStG, § 32 KStG). Der Steuerabzug ist jedoch auch dann von der zahlenden Person zwingend vorzunehmen, wenn nach einem Doppelbesteuerungsabkommen der Empfänger an sich das Recht hätte, in Deutschland gar nicht der Besteuerung unterworfen zu werden (§ 50d EStG). Die nach dem Abkommen eigentlich gebotene Steuerfreiheit wird vielmehr in solchen Fällen erst dadurch hergestellt, dass das Bundeszentralamt für Steuern auf Antrag des Empfängers vom einbehaltenen Steuerabzugsbetrag den Betrag erstattet, der nach dem Doppelbesteuerungsabkommen (oder anderen Sonderregelungen) nicht einbehalten werden darf. Hält der Zahlende dieses Verfahren nicht ein und verzichtet er eigenmächtig auf den Einbehalt der vorgeschriebenen Steuer, haftet er für die nicht abgeführte Steuer; hat er vorsätzlich gehandelt, ist auch eine Bestrafung wegen Steuerhinterziehung denkbar (da die Bestrafung wegen Nichtanmeldung einer Steuer generell nicht davon abhängt, ob diese Steuer später erstattet werden könnte).

Lizenzverlustversicherung – Versicherung, die dazu dient, Luftfahrern, die wegen Lizenzverlusts aus dem aktiven Dienst bei einem Luftfahrtunternehmen ausscheiden, den Übergang zu einer anderen Beschäftigung durch eine Kapitalzahlung zu erleichtern bzw. den Zeitraum bis zur Pensionierung zu überbrücken. → Versicherungsnehmer sind v.a. Luftfahrtunternehmen, die damit tarifvertragliche Verpflichtungen absichern.

Lizenzvertrag – 1. *Begriff*: Vertrag, mit dem der Inhaber eines → gewerblichen Schutzrechts (→ Patent, → Gebrauchsmuster, → Geschmacksmuster, Schriftzeichen, → Halbleiterschutzrecht, → Marke) die vollständige oder teilweise Auswertung des Schutzrechts einem Dritten gegen Zahlung von Lizenzgebühren überlässt. Lizenzen können räumlich, zeitlich und inhaltlich beschränkt übertragen werden, sie sind dinglich wirkende Abspaltungen des dem Lizenzgeber vorbehaltenen Benutzungsrechts, ihre Überschreitung ist daher eine Verletzung des Schutzrechts und löst entsprechen Ansprüche des Rechtsinhabers aus. Art und Umfang der Lizenz richten sich nach den vertraglichen Abreden, die nach dem → Zweckübertragungsgrundsatz auszulegen sind. – 2. *Arten der Lizenz:* Einfache Lizenzverträge geben dem Lizenznehmer ein Benutzungsrecht, ohne den Lizenzgeber an eigener Verwertung oder an der Einräumung weiterer einfacher Lizenzvertrag zu hindern. Ausschließliche Lizenzverträge schließen den Rechtsinhaber regelmäßig von der eigenen Verwertung ebenso aus wie von der Vergabe weiterer Lizenzverträge. Der ausschließliche Lizenzvertrag hat im Gegensatz zum einfachen Lizenzvertrag ein eigenes Klagerecht zur Verfolgung von Rechtsverletzungen. Inhaber rechtmäßig erteilter Lizenzen genießen → Sukzessionsschutz (§§ 15 III PatG, 30 IV MarkenG). Im Gegensatz zum → Urheberrecht (→ Nutzungsrecht) hat der Inhaber eines ausschließlichen Lizenzvertrages grundsätzlich das Recht zur Vergabe von Unterlizenzen. Die einfache Lizenz ist nicht übertragbar, der ausschließliche Lizenzvertrag ist ohne nähere persönliche Bindung der Vertragspartner grundsätzlich vererblich und übertragbar, soweit der Vertrag nichts anderes bestimmt. Eine Betriebslizenz ist regelmäßig an den Betrieb gebunden und kann daher auch nur mit dem Betrieb (Betriebsteil), zu dem sie gehört, übertragen werden. – 3. *Inhalt:* Lizenzverträge können grundsätzlich formfrei abgeschlossen werden, unterliegen aber den Vorschriften des nationalen Kartellrechts, bes. den §§ 16–18 GWB, ferner ist das Kartellrecht des EG-Vertrages (Art. 85 f. EG-Vertrag) und das sekundäre Gemeinschaftsrecht der EU zu beachten. Die Pflichten der Vertragsparteien richten sich nach den im Einzelfall sehr unterschiedlichen Gestaltungen der Verträge. Der Lizenzgeber hat i.d.R. die Pflicht, das Schutzrecht aufrechtzuerhalten, nämlich die Jahresgebühren zu zahlen, Angriffe auf den Bestand abzuwehren, im Verhältnis zu einfachen Lizenznehmern auch Verletzungen zu verfolgen. Den Lizenznehmer trifft die Pflicht zur Zahlung der vereinbarten Lizenzgebühren, bei ausschließlichen Lizenzen regelmäßig die Pflicht zur Ausübung der Lizenz, ferner Pflichten zu gesonderter Buchführung und Rechnungslegung. – 4. *Leistungsstörungen und Gewährleistung:* Es gelten die vertraglichen Abreden sowie das allg. bürgerliche Vertragsrecht, ergänzt um eine entsprechende Anwendung der Bestimmungen über die Rechtspacht (§§ 581, 535 ff. BGB). Der Lizenzgeber haftet für die technische Ausführbarkeit und Brauchbarkeit der lizenzierten Lehre nach Grundsätzen des Sachmängelhaftung, nicht auch für deren wirtschaftliche Verwertbarkeit. Arbeiten zur Herbeiführung der Marktreife und die Möglichkeit sinnvoller wirtschaftlicher Verwertung liegen regelmäßig im Risikobereich des Lizenznehmers. Der Lizenzgeber haftet aber für den Bestand des Schutzrechts z. Zt. des Vertragsschlusses. Ist es noch nicht erteilt, hat er die Erteilung herbeizuführen; wird das Schutzrecht nicht erteilt, haftet er dem Lizenznehmer nach §§ 453, 437, 325 BGB. Gleiches gilt für eine eventuelle → Abhängigkeit und → Vorbenutzungsrechte (§§ 581 II, 536, 537, 437 BGB). Liegen Sach- oder Rechtsmängel vor, kann der Lizenznehmer die Zahlung der Lizenzgebühren verweigern, bis der Mangel behoben ist. Die Haftung des Lizenzgebers erfasst im Zweifel nicht den zukünftigen Bestand des Schutzrechts. Trotz rückwirkender Kraft von Nichtigkeitsentscheidungen bleibt der Lizenzvertrag daher grundsätzlich als Rechtsgrund für die wechselseitigen Leistungen während des Vollzugs bis zur Nichtigerklärung oder → Löschung des Schutzrechts erhalten und wird nicht rückabgewickelt, der Lizenznehmer ist daher auch bis zur Nichtigerklärung oder Löschung des Schutzrechts zur Zahlung der Lizenzgebühren verpflichtet (vgl. für Markenlizenzverträge § 52 MarkenG). Bei Beendigung des Lizenzvertrages endet die Nutzungsbefugnis des Lizenznehmers und das Nutzungsrecht fällt an den Schutzrechtsinhaber zurück.

Ljung-Box-Test – von Ljung und Box (1978) vorgeschlagene Modifikation des → Box-Pierce-Tests zur Prüfung der Nullhypothese, dass alle Autokorrelationskoeffizienten einer Variablen bis zu einem bestimmten Lag k gleich null sind, gegenüber der Alternativhypothese, dass mind. einer von null verschieden ist. – Die Teststatistik für eine Stichprobe des Umfangs n, welche sich als Produkt aus n(n+2)/(n–k) und der Quadratesumme der interessierenden k geschätzten Autokorrelationskoeffizienten ergibt, folgt bei korrekter Nullhypothese und großen Stichprobenumfängen approximativ einer Chi-Quadrat-Verteilung mit k Freiheitsgraden. Überschreitet der Wert der Teststatistik den kritischen Wert aus der Chi-Quadrat-Verteilung, kann die Nullhypothese abgelehnt werden. – Im Vergleich zum Box-Pierce-Test hat sich gezeigt, dass die Teststatistik des Ljung-Box-Test auch in kleineren Stichproben vorteilhafte Eigenschaften aufweist, warum dieser gerade hier dem Box-Pierce-Test vorgezogen wird.

Lkw – Abk. für → Lastkraftwagen.

LLDC – *früher:* → Least Developed Country, *heute:* → Landlocked Developing Countries.

Lloyd's of London – 1. *Begriff:* Versicherungsmarkt von Einzelversicherern (members). Die Zeichnung des Geschäfts erfolgt nicht durch die Einzelversicherer, sondern durch professionelle → Underwriter, die in → Syndikaten zusammengefasst sind. Vermittelt wird das Geschäft durch zugelassene Versicherungsmakler, die *Lloyd's broker*. – 2. *(Aufsichts-)Rechtliche Verhältnisse von Lloyd's auf dem dt. Markt:* Auch die Lloyd's Einzelversicherer genießen → Niederlassungsfreiheit und → Dienstleistungsfreiheit in Europa. Da Lloyd's of London keine Rechtspersönlichkeit, sondern einen Markt darstellt, bedurfte es bes. Regeln auch im dt. Recht. Nach § 110b VAG dürfen die Einzelversicherer die Geschäftstätigkeit nur ausüben, wenn Lloyd's of London darauf verzichtet, Rechte daraus herzuleiten, dass die → Zwangsvollstreckung auch in Vermögenswerte von Einzelversicherern erfolgt, gegen die der Titel nicht wirkt. Ansprüche aus dem im Inland über eine Niederlassung der Einzelversicherer betriebenen Versicherungsgeschäft können nur durch und gegen den Hauptbevollmächtigten geltend gemacht werden. Ein so erworbener Titel wirkt für und gegen die an dem Versicherungsgeschäft beteiligten Einzelversicherer. Aus einem gegen den Hauptbevollmächtigten erzielten Titel kann in die von ihm verwalteten, im Inland belegenen Vermögensgegenstände aller Einzelversicherer vollstreckt werden.

LM-Gleichung → LM-Kurve.

LM-Kurve – *LM-Gleichung;* 1. *Begriff:* In der Makroökonomik Bezeichnung für die Gleichgewichtskurve des gesamtwirtschaftlichen Geldmarktes. Dabei wird der Geldmarkt als fiktiver Markt aufgefasst, der sich spiegelbildlich zum gesamtwirtschaftlichen Wertpapiermarkt verhält. – 2. *Bedeutung:* a) Im traditionellen → Keynesianismus ist die LM-Kurve Bestandteil makroökonomischer Totalmodelle, die den monetären Sektor einer Volkswirtschaft beschreibt und zusammen mit der → IS-Kurve die Nachfrageseite repräsentiert. Die LM-Kurve ist dadurch charakterisiert, dass dem realen Geldangebot eine gleich große reale Geldnachfrage gegenübersteht, die in positiver Weise vom Realeinkommen und in negativer Weise vom Wertpapierzins abhängig ist. Dabei wird das Geldangebot in traditionellen makroökonomischen Totalmodellen als Steuerungsinstrument der Zentralbank aufgefasst, sodass die Geldmenge eine exogene und der Zins eine endogene Variable der LM-Kurve darstellen. – Vgl. auch → makroökonomische Totalmodelle geschlossener Volkswirtschaften, Nachfrageseite; → Totalmodelle offener Volkswirtschaften, Nachfrageseite. – b) In der → Neukeynesianischen Makroökonomik lässt sich eine Geldnachfragefunktion aus einem intertemporalen Nutzenmaximierungsansatz eines repräsentativen Haushalts ableiten, sofern die Realkassenhaltung als nutzenstiftend angesehen wird. Es ergibt sich dann eine einzelwirtschaftliche und gesamtwirtschaftliche Geldnachfragefunktion, die in negativer Weise vom Konsum (und nicht mehr vom Einkommen) abhängig ist. In der resultierenden LM-Kurve wird dann i.d.R. nicht mehr die Geldmenge, sondern der Zins als exogene Variable und damit als relevante Instrumentvariable der Zentralbank aufgefasst. Da der Zins gleichzeitig Bestandteil der neukeynesianischen → IS-Gleichung ist, wird in neukeynesianischen Totalmodellen häufig auf die explizite Modellierung einer eigenständigen LM-Kurve verzichtet. Die → Neukeynesianische Makroökonomik wird daher auch als Makroökonomik ohne LM-Kurve bezeichnet. – Vgl. auch → Neukeynesianische Makroökonomik, dynamisches Grundmodell.

LM-Test → Lagrange-Multiplier-Test.

Loanable Funds Theory – von → Ohlin, Robertson und → Lerner entwickelte → Zinstheorie, nach der die Höhe des → Marktzinses durch das verfügbare Kreditangebot (Sparen) und Nettoveränderung der Geldmenge und die Kreditnachfrage (Investition und Erhöhung der Kassenhaltung) determiniert wird.

Lobby – 1. Amerik. für *Vorraum, Empfangshalle von Hotels oder auch Wandelhallen des Parlaments*. – 2. Eine aus dem Amerikanischen übernommene Bezeichnung für die Einflussnahme von Interessenvertretungen auf die Entscheidungen von Parlament und Regierung.

Lobbying – 1. *Begriff:* Die möglichst vollständige Ausnutzung der Möglichkeiten der Einflussnahme von → Nonprofit-Organisationen (NPO) auf das politische System. – 2. *Merkmale:* Für NPO ergeben sich unterschiedliche Möglichkeiten, um auf Entscheidungsträger und Entscheidungsprozesse einzuwirken (der sogenannte Umfeld-Beeinflussungsmix). – 3. *Ausblick:* a) Neben dem politischen System bezeichnet Lobbying auch Aktivitäten in demokratisch-organisierten Systemen wie z.B. → Verbänden: Einzelne Mitglieder eines Verbandes sind häufig machtlos, der Verband hingegen wird als Verhandlungspartner eher anerkannt und kann daher Einfluss nehmen auf bspw. die Exekutive und die Legislative. – b) Einige NPO sind zur Missionserfüllung i.d.R. unmittelbar auf das politische System angewiesen.

Lobbyismus – Einflussnahme organisierter → Interessengruppen (z.B. Verbände, Vereine, Nichtregierungsorganisationen) auf Exekutive und Legislative, bspw. in der Form von Anschreiben, Telefonaten, Anhörungen, Vorlagen, Berichten, Studien usw. Gegenleistungen der Interessengruppen an die Politiker können spezifische Informationen, Spenden etc. sein. Lobbyismus kann sich auch in der Androhung von politischem Druck (Streik, Lieferboykott, Abbau von Arbeitsplätzen) äußern.

LOC – Abk. für → Lines of Code.

Local Area Network (LAN) → In-House-Netz, → lokales Netz.

Local Content – regionaler Wertschöpfungsanteil der Produkterstellung, der sich durch Erbringung lokaler bzw. nationaler Zulieferteile bzw. am Montagestandort erbrachter Arbeitsleistung aufaddiert. Vorschriften zur Erwirtschaftung von Local Contents richten sich im Rahmen der internationalen Marktbearbeitung von → Freihandelszonen an Unternehmen aus Drittstaaten und sollen diese zur Befolgung der nationalen Wirtschaftspolitik anleiten. Sie stellen handelsbezogene Investitionsauflagen dar und verstoßen teilweise gegen geltendes Welthandelsrecht (→ World Trade Organization (WTO)).

Localization Economics → Lokalisationsvorteile.

Location-based-Marketing – vertriebs- oder vermarktungsbezogene Nutzung von → Location-based-Services.

Location-based-Services – 1. *Begriff:* sind standortbezogene Dienste, die auf die aktuelle Aufenthaltsposition abgestimmte Informationen zur Verfügung stellen (bspw. Restaurants, Tankstellen oder Sehenswürdigkeiten). – 2. *Merkmale:* Zur Standortbestimmung wird ähnlich wie bei Navigationsdiensten auf GPS-Daten zurückgegriffen, alternativ kann auch die Funkzelle genutzt werden, in der das Telefon eingbucht ist. – 3. *Arten:* Zu unterscheiden ist zwischen reaktiven und proaktiven Diensten: a) reaktive Dienste: die Angebote müssen durch den Nutzer direkt angefragt werden (bspw. Anfrage nach einem griechischen Restaurant in der Umgebung), – b) proaktive Dienste: reagieren automatisch bei Eintritt in eine bestimmte Zone (bspw. Freischaltung von Rabattgutscheinen wenn Sie an einem Café vorbeigehen oder in ein Geschäft eintreten). – 4. *Gefahren:* a) Die Veröffentlichung des Standortes lässt natürlich auch andere Nutzer wissen wo man sich gerade befindet oder auch nicht. – b) Eine Überwachung/Nachverfolgung von Bewegungsprofilen kann nicht ausgeschlossen werden, auch wenn Sie laut deutschem Telemediengesetz theoretisch unterbunden wird. – 5. *Dienste:* Foursquare, Google Places oder Facebook Places.

Lock-in-Effekt → Wertzuwachssteuer.

Locking-in-Effekt → Availability Doctrine.

Lockvogelangebote → irreführende Werbung durch Vortäuschen eines preisgünstigen

Gesamtangebots, obwohl nur einzelne Waren und nicht das ganze Sortiment preisgünstig abgegeben werden, oder Vortäuschen einer ausreichenden Menge von Ware zum beworbenen Preis (Ware, die auf Lager liegt und in angemessener Zeit herbeigeschafft oder sonst besorgt werden kann, genügt, für unvorhergesehene Ereignisse wie höhere Gewalt, nicht zu vertretende Lieferschwierigkeiten, vorzeitigen Ausverkauf liegt Beweislast beim Werbenden); die Werbung für eine Vielzahl preisgünstig angebotener Waren ist nicht ohne weiteres irreführend, wenn nur ein Artikel nicht in ausreichender Menge vorhanden ist.

loco – *loko;* Begriff des kaufmännischen Sprachgebrauchs für „am Ort".

Loco-Geschäft – *Loko-Geschäft;* Außenhandelsgeschäft, bei dem die Ware bei Abschluss des Kaufvertrages bereits am Lager des Importeurs liegt.

Lofo – Kurzbezeichnung für *Lowest-in-first-out.* Verbrauchsfolgeverfahren, das unterstellt, dass die Waren mit den niedrigsten → Anschaffungskosten zuerst verbraucht werden. Anwendung des Lofo-Verfahrens im handelsrechtlichen Jahresabschluss zur Bewertung von gleichartigen → Vermögensgegenständen des → Vorratsvermögens ist strittig. Die Vorräte werden dabei zu den teuersten Preisen bilanziert. Diese Vorgehensweise widerspricht dem → Vorsichtsprinzip und stimmt daher nicht mit den → Grundsätzen ordnungsmäßiger Buchführung (GoB) überein. Nach Einkommensteuerrecht ist dieses Verfahren nicht zulässig. – *Gegensatz:* → Hifo.

Logarithmus – 1. *Begriff/Bedeutung:* Der Logarithmus ergibt sich durch eine Umkehrung des → Potenzierens in der Gleichung: $x^n = y$: $n = \log_x y$ (gelesen: n ist der Logarithmus y zur Basis x). Der Logarithmus von y zur Basis x ist die Zahl, mit der x zu potenzieren ist, um y zu erhalten. – Für die Wirtschaftswissenschaften sind zwei Logarithmen wichtig: (1) der dekadische Logarithmus (Basis 10): log x oder lg x; (2) der natürliche Logarithmus (Basis e): ln x , wobei e = 2,71828... die → Eulersche Zahl ist. – 2. *Regeln* (für jede Basis): (1) $\log_a 1 = 0$, denn $a_0 = 1$; (2) $\log x + \log y = \log (x \cdot y)$; (3) $\log x - \log y = \log (x / y)$; (4) $\log (x^n) = n \cdot \log x$. Die Regel (4) ermöglicht, Variablen im Exponenten zu berechnen.

Logarithmusfunktion – Durch die Umkehrung der → Exponentialfunktion ergibt sich die Logarithmusfunktion: $f(x) = \log_a x$. Die ökonomische Anwendung der Logarithmusfunktion liegt v.a. in der Umformung von Exponentialfunktionen, wie sie z.B. in der Finanzmathematik benötigt werden. – Vgl. auch → Logarithmus, → Exponentialgleichung.

Logfile → Datei, in der alle bzw. zuvor definierte Aktionen und Ereignisse eines Systems protokolliert werden. Insbesondere sind Logfiles beim Betrieb von Webseiten relevant, in denen alle erfassbaren → Daten der → Benutzer einer → Website protokolliert werden. Hierzu zählen u.a. seine → IP-Adresse, das Datum des Zugriffs, der Browser-Typ (→ Browser) und die Bezeichnung der angeforderten Datei. Durch die Auswertung des Logfile kann der → Traffic einer Website berechnet und das Verhalten der Nutzer analysiert werden.

Logik – Kunst des Denkens. Im allg. Sprachgebrauch: (1) Fähigkeit, folgerichtig zu denken; (2) Notwendigkeit, Zwangsläufigkeit. I.e.S. ist Logik die Lehre von den *formalen Beziehungen zwischen Denkinhalten,* deren Beachtung im tatsächlichem Denkvorgang für dessen (logische) Richtigkeit entscheidend ist.

Login – Anmeldung bei einem Internetdienst (z.B. → E-Mail), wobei i.d.R. der Benutzername sowie ein → Passwort abgefragt werden. – Vgl. auch → Account.

logische Programmierung – Art der → Programmierung, die v.a. in der → Künstlichen Intelligenz (KI), speziell im Bereich der → Wissensrepräsentation, große Bedeutung besitzt. Logische Programmierung basiert auf der Prädikatenlogik. – *Bedeutendste Programmiersprache:* → Prolog.

logisches Datenmodell – auf die spätere → Implementierung ausgerichtetes → Datenmodell, das die → Daten für den späteren Einsatz bereits vorstrukturiert. – Vgl. auch → konzeptionelles Datenmodell.

logische Wissensrepräsentation → deklarative Wissensrepräsentation, bei der Wissen in Gestalt logischer Ausdrücke dargestellt wird.

Logistik – umfasst alle Aufgaben zur integrierten Planung, Koordination, Durchführung und Kontrolle der Güterflüsse sowie der güterbezogenen Informationen von den Entstehungssenken bis hin zu den Verbrauchssenken. Häufig findet auch die Seven-Rights-Definition nach Plowman Anwendung; danach sichert Logistik die Verfügbarkeit des richtigen Gutes, in der richtigen Menge, im richtigen Zustand, am richtigen Ort, zur richtigen Zeit, für den richtigen Kunden, zu den richtigen Kosten. – In der *betrieblichen Praxis* werden unter der Logistik-Funktion immer noch unternehmensspezifisch unterschiedliche Aufgaben subsumiert. In Anlehnung an P. Klaus lassen sich drei Konzepte unterscheiden. Unter dem Begriff der „TUL-Logistik" werden die operativen Aktivitäten des Transportierens, Umschlagens/Kommissionierens und Lagerns zusammengefasst. In einem erweiterten Verständnis „Koordinationslogistik" werden zusätzlich die planenden und steuernden Aktivitäten des Koordinierens und der ganzheitlichen Optimierung arbeitsteiliger Funktionen betont. Hierzu zählen Beschaffungs-, Produktions-, Distributions- sowie Redistributions- und Servicefunktionen zum Zweck der Befriedigung von Kundenbedürfnissen. Eine dritte, in den letzten Jahren in den Vordergrund getretene Bedeutung der Logistik, akzentuiert die dynamischen Aspekte des Mobilisierens und Fließens von Objekten in Netzwerken. Logistik als Flow Management zielt auf die unternehmensübergreifende Konfiguration von Netzwerken bzw. Fließsystemen und deren Management. Dabei werden auch

Menschen, Informationen und andere nicht-materielle Entitäten (z.B. Dienstleistungen) in die Gestaltung miteinbezogen. – Die übergeordneten *Ziele* der Logistik liegen (1) in der Kostensenkung der logistischen Aktivitäten, (2) in der Verbesserung von Wert und Nutzen von physischen Produkten und Dienstleistungen sowie (3) in der Verbesserung der Flexibilität logistischer Systeme bez. Veränderungen in den Umfeldbedingungen. – Die *Bedeutung* der Logistik für den Unternehmenserfolg ist in den letzten Jahren kontinuierlich gewachsen. Ursachen dafür sind die Globalisierung der Märkte und Wertschöpfungsketten, die wachsende Durchdringung der logistischen Prozessketten mit Informations- und Kommunikationstechnologien, die verstärkte Individualisierung der Produkte für Konsumgütermärkte sowie die Deregulierung der Transport- und Telekommunikationsmärkte.

Logistikbudget – Instrument des → Logistik-Controlling, weist für bestimmte Planperioden Aufwendungen aus, die als Sollvorgaben für die Führungskräfte der Logistik dienen. Das Logistikbudget stellt dabei ein Teilbudget des gesamten Unternehmensbudgets dar, das den Anteil zum Ausdruck bringt, der der Logistik an den insgesamt zu Verfügung stehenden Ressourcen zufließt. – Die *Planung von Logistikbudgetansätzen* gelingt im Gegenstromverfahren durch einen Abgleich von Top-down-Vorgaben und Bottom-up-Planungen. Während bei der Top-down-Vorgehensweise ein Logistikbudget anteilsmäßig aus der Budgetvorgabe für das ganze Unternehmen abgeleitet wird, erfolgt bei dem Bottom-up-Ansatz die Ermittlung des Logistikbudgets auf der Grundlage einer kostenstellenweisen Logistikkostenplanung. Als Verfahren zur Budgetaufstellung kommen die inputorientierte und die outputorientierte Budgetierung in Frage. Bei der erstgenannten stellen die Logistikkosten vergangener Perioden den Ausgangspunkt für die Budgetaufstellung dar. Die letztgenannte Methode sieht dagegen vor, die Logistikbudgets auf der Basis der spezifischen Logistikbedarfe einzelner Produkte oder Dienstleistungen, die über Leistungsbezugsgrößen der Logistik zum Ausdruck gebracht werden, zu ermitteln. Dies kann über die Programmbudgetierung erfolgen, bei der Maßnahmenbündel entsprechend ihres Zielbeitrags ausgewählt und bewertet werden.

Logistik-Controlling – 1. *Begriff/Charakterisierung:* Die Anwendung der Controllingkonzeption (→ Controlling) in der → Logistik soll die Ausschöpfung von spezifischen Rationalisierungsreserven ermöglichen, indem eine Informationsbasis geschaffen wird, mit deren Hilfe die logistischen Prozesse zielorientiert geplant, gesteuert und kontrolliert werden können. Bei der Bereitstellung der relevanten Informationen ist v.a. dem schnittstellenübergreifenden Charakter des Logistikkanals, der Verknüpfung des Logistiksystems mit angrenzenden Funktionsbereichen sowie dem vertikalen Integrationsgrad, d.h. der Einbindung der Beschaffungs- und Absatzmärkte in den Informationsaustausch, Rechnung zu tragen. – 2. *Instrumente:* Die Logistikkosten- und -leistungsrechnung (→ Logistikkostenrechnung), die Logistikbudgetierung (→ Logistikbudget) sowie Kennzahlensysteme für die Logistik (→ Kennzahlen). – 3. *Ziele/Aufgaben:* Das Logistik-Controlling übernimmt damit auf der operativen Ebene die Aufgabe, die Ziele der Logistik zu präzisieren und messbar zu machen, die Logistikplanung zu unterstützen und die Effizienz der Logistik durch laufende Erfassung und Auswertung von Logistikleistungen und -kosten in Verbindung mit regelmäßigen Abweichungsanalysen zu verbessern. Aus strategischer Sicht trägt das Logistik-Controlling dazu bei, die Logistik koordinierend in die strategische Unternehmensplanung einzubinden, Logistikstrategien als Funktionalstrategien zu formulieren und eine strategische Kontrolle für die Logistik aufzubauen.

Logistikinformationssystem → logistische Informationssysteme.

Logistikkanal → Distribution, → Distributionslogistik.

Logistikkennzahlen → Kennzahlen.

Logistikkosten – 1. *Begriff:* für die Überwindung von Raum-, Zeit- oder Mengendisparitäten anfallende → Kosten der Bereitstellung und Bereithaltung von Logistikkapazität und -betriebsbereitschaft sowie der Planung, Durchführung und Kontrolle einzelner logistischer Prozesse (Lagerung, Transport, Kommissionierung, Palettierung etc.). – Vgl. auch → Logistik. Logistikkosten setzen sich im Wesentlichen zusammen aus: → Lagerkosten, → Transportkosten, Kosten der Kommissionierung, Handlingkosten und Kosten der Logistikplanung und -steuerung. Wird unternehmensbezogen in unterschiedlicher Begriffsweite definiert. – 2. *Erfassungs- und Abgrenzungsprobleme:* a) Da viele Transport- und Lagervorgänge untrennbar mit Produktionsvorgängen verbunden sind (z.B. Materialbewegung in integrierten Anlagenstraßen), lassen sich anteilige Logistikkosten oftmals nur schwer abgrenzen. – b) Im Materialfluss tritt zumeist eine Vielzahl von Kurztransporten und -lagerungen auf; eine gesonderte Erfassung der hierfür anfallenden Kosten erweist sich oftmals als unwirtschaftlich. – c) Es bestehen erhebliche Abgrenzungsschwierigkeiten der Querschnittsfunktion Logistik von anderen betrieblichen Funktionen (z.B. Kosten der Produktionssteuerung, IT-Kosten). Umfang und Inhalt des Logistikkostenbegriffs müssen deshalb unternehmensindividuell festgelegt werden. – Vgl. auch → Logistikkostenrechnung, → Logistikleistung.

Logistikkostenplatz → Logistikleistungen erbringender → Kostenplatz. Logistikkostenplätze sind v.a. ein geeignetes erfassungs- und abrechnungstechnisches Hilfsmittel, um die in → Fertigungskostenstellen erbrachten Transporte und Lagerungen gesondert abzubilden.

Logistikkostenrechnung – 1. *Begriff:* zentrales Instrument des → Logistik-Controlling, das die für die Koordinations-, Planungs-, Steuerungs- und Kontrollaufgaben notwendigen Kosteninformationen bereitstellt. Als Pendant zur Logistikkostenrechnung gilt die Logistikleistungsrechnung, die Anregungsinformationen für logistische Problembereiche liefert, die Planung logistischer Ressourcen ermöglicht, die Bildung von → Logistikbudgets unterstützt, sowie die Voraussetzungen für eine fundierte Planung und Kontrolle von Logistikentscheidungen schafft. – 2. *Vorgehensweise:* Die Logistikkostenrechnung sieht zunächst einen kostenstellenbezogenen Ausweis der Logistikkosten vor, wobei Abgrenzungsfragen im Vordergrund stehen. Diese können aus einem unzureichenden Erfassungsgrad von Logistikleistungen (z.B. Kosten nicht bestandsgeführter Läger), Schwierigkeiten bei der Berechnung von Fehlmengenkosten (z.B. Kosten fehlmengenbedingter Produktionsumstellungen), Kostenzurechnungsproblemen bei kunden- oder lieferantenbezogener Trägerschaft logistischer Leistungen (z.B. Auslieferungskosten bei Lieferung ab Werk oder Anlieferungskosten bei Lieferung frei Haus) oder aus der organisatorischen Abgrenzung der Logistik (z.B. Kosten der Produktionsplanung und -steuerung) resultieren. Nach einer Differenzierung der Logistikkosten in leistungsabhängige Kosten und Bereitschaftskosten erfolgt teilweise die verursachungsgerechte Weiterverrechnung der Logistikkosten auf diejenigen Kostenstellen, die Logistikleistungen beanspruchen. Die Entscheidung, welche Kostenkomponenten dabei zum Ansatz kommen, hängt primär vom Zeithorizont der Betrachtung ab. In der Kalkulation wird versucht, die Logistikkosten möglichst differenziert den Kalkulationsobjekten, i.d.R. den Produkten, zuzuordnen und nicht über pauschale Material-, Fertigungs- und Vertriebsgemeinkostenzuschlagsätze zu verrechnen. Dies gelingt über einen möglichst weit gehenden Ausweis der Logistikkosten als produktspezifische Einzelkosten in der Kostenträgerrechnung. Die Gesamtschau der jeweiligen Logistikkosten aller Produkte im Rahmen der Ergebnisrechnung lässt dann z.B. Aussagen über den Anteil der Logistikkosten am Umsatz zu. Die → Prozesskostenrechnung löst sich von der Umlage über die Kostenstellen auf die Leistungen. Sie legt Kostensätze für die einzelnen Logistikaktivitäten fest und addiert den bewerteten Faktorverzehr der jeweils relevanten Aktivitäten.

Logistikkostenstelle → Logistikleistungen erbringender betrieblicher Abrechnungsbezirk (→ Kostenstelle); wichtig z.B. sind innerbetriebliche Läger, einzelne Bereiche des internen und externen Fuhrparks, Planungs- und Steuerungsabteilungen (z.B. Fahrzeugeinsatzplanung).

Logistikleistung – die von der betrieblichen → Logistik erbrachten Leistungen. *Begriffsauffassungen:* (1) Beitrag zur Sicherstellung der Verfügbarkeit im Unternehmen benötigter Ressourcen; zu messen z.B. mithilfe von Servicegraden. (2) vollzogene Raum- und/oder Zeitveränderung von Objekten (v.a. Material und Waren), im einfachsten Fall zu messen als Produkt aus Transportentfernung und Transportgewicht (tkm). (3) Durchführung eines Raum- und/oder Zeitveränderungsprozesses, z.B. das Fahren eines beladenen, aber auch leeren Lkws von A nach B. (4) Bereitstellung von logistischer Kapazität zur Durchführung von Lager- und Transportprozessen, z.B. das Ausleihen eines Gabelstaplers von einer Transport- an eine Fertigungskostenstelle. – Vgl. auch → Logistikkosten, → Logistikkostenrechnung.

Logistikleistungsrechnung → Logistikkostenrechnung.

Logistikmanagementorganisation → Funktionsmanagementorganisation.

Logistikorganisation – Teilaufgabe im logistischen Managementprozess (→ Logistik), die als Aufbauorganisation die Integration der Logistik in die bestehende Organisation und als Ablauforganisation die material- und informationsflussorientierte Koordination der Unternehmungsprozesse beinhaltet. – Die traditionell dezentrale Wahrnehmung logistischer Einzelfunktionen durch verschiedene Organisationseinheiten (v.a. Beschaffung, Produktion, Vertrieb) führt innerhalb der Logistik zu Zielkonflikten und erschwert die Ausnutzung kosten- und leistungsmäßiger Synergien zwischen den logistischen Teilsystemen. Durch die *Bildung einer eigenständigen Organisationseinheit Logistik* wird die Realisierung dieser Effekte angestrebt. Die Zusammenfassung der Logistikaufgaben kann in eindimensionalen Organisationsmodellen nach Verrichtungen, Objekten (z.B. Produkten, Geschäftsbereichen) oder regionalen Aspekten erfolgen. Die teilweise zu beobachtende Integration der Logistik in eine Matrixorganisation als mehrdimensionales Organisationsmodell führt bei einer funktions-objektorientierten Matrixorganisation zur kompetenzmäßigen Unterordnung der Linienfunktion „Logistik" gegenüber dem horizontalen Produkt-Management-System, bei einer produktionsfaktorfunktionsbezogenen Organisationsform überlagert sie das horizontale Leitungsystem der güterwirtschaftlichen Grundfunktionen. – *Gestaltungsdimensionen der Logistikorganisation* sind die Stabsstellen (beinhaltet die Zusammenfassung von Planungsfunktionen), Linieninstanzen (Steuerung des Güter- und Informationsflusses), Zentralisationsgrad (dezentral, zentral, Teilzentralisation) und Hierarchieebenen, wobei letztere auch als Indikation für die Bedeutung der Logistik im Unternehmen interpretiert werden können. – Die Komplexität und Verschiedenartigkeit der zu erfüllenden Logistikaufgaben beeinflusst die *interne Struktur* dieser Abteilung. Der Flussorientierung als logistische Leitidee folgend bietet sich die Strukturierung in Beschaffungs-, Produktions- und Distributionslogistik als Linienfunktionen an, während Stabsstellen die Systemplanung und das Logistik-Controlling übernehmen.

Logistikplanung – Kernfunktion im logistischen Managementprozess (→ Logistik). Dient der vorausschauenden Koordination von Transport-, Umschlags-, Lager- und Unterstützungsprozessen zwecks Sicherstellung einer art- und mengenmäßig, räumlich und zeitlich abgestimmten Versorgung von Bedarfsträgern mit Gütern. Dementsprechend steigt der logistische Planungsbedarf mit zunehmender Arbeitsteilung, Dislozierung und der Heterogenisierung von Zeitmustern der Wirtschaft. Zentrale Inhalte der Logistikplanung stellen die artmäßigen (z.B. Kommissionen), mengenmäßigen (z.B. Losgrößen), räumlichen (z.B. Standorte) und zeitlichen (z.B. Durchlaufzeiten) Komponenten der physischen Überbrückungsleistungen dar. Weiterhin werden logistische Anforderungen auch bei Planungen in der Beschaffung (z.B. Lieferantenabteilungen), Produktion (z.B. Programmplanung, Fertigungsorganisation) und im Marketing (z.B. Verpackungsgestaltung, Vertriebsstrategien) benötigt. – *Modelle/Ansätze:* Der hohe Planungsbedarf in der Logistik hat dazu geführt, dass sich die mathematische Planungsrechnung schon früh mit logistischen Problemstellungen befasst hat. Folglich stehen für operative Teilprobleme der Logistik (Tourenplanung, optimale Los- oder Bestellungsmenge) zahlreiche Planungsmodelle mit exakten Algorithmen oder Näherungsverfahren zur Verfügung. Diese vernachlässigen jedoch vielfach kosten- und erlösmäßige Interdependenzen und führen somit zu suboptimalen Lösungen. Erste strategische Planungsansätze mit Logistikbezug operationalisieren das Nutzenpotenzial einer Logistikkonzeption durch die Gegenüberstellung von Erfolgspotenzial und unternehmensspezifischer Logistikkompetenzen einer Portfolio-Matrix. Je nach geschäftsfeldspezifischer Positionierung lassen sich logistikbezogene Handlungserfordernisse (Normstrategien) ableiten.

Logistikservice → Lieferservice.

Logistiksystem → Logistik.

Logistikunternehmen – *Logistikdienstleister;* → Unternehmen, die im Logistikkanal Dienstleistungen für die verladende Wirtschaft erbringen. Verlader sind alle Industrie-, Handels- und Dienstleistungsunternehmen, die als Nachfrager und damit Auftraggeber von logistischen Dienstleistungen auftreten. Logistikunternehmen sind Betreiber einer Infrastruktur, die Prozesse und Strukturen zur raumzeitlichen Ver- und Entsorgung anbieten. – Nach dem Umfang der Leistungserbringung wird zwischen *System- und Komponentenanbietern* unterschieden. Systemanbieter offerieren im Gegensatz zu Komponentenanbietern ganzheitliche logistische Problemlösungen, indem sie alle erforderlichen Dienstleistungen selbst erbringen oder das eigene Angebot um Leistungen von Komponentenanbietern ergänzen und insgesamt vermarkten (→ Kontraktlogistik). – Nach dem Schwerpunkt der Dienstleistung kann bei Komponentenanbietern zwischen → Spedition, → Transportunternehmen, → Lagerei, Umschlags- (→ Umschlag) und Verpackungsunternehmen (→ Verpackung) unterschieden werden.

logistische Informationssysteme – 1. *Begriff:* strategisches Konzept zur Unterstützung der logistischen Erfolgspotenziale mithilfe von Informations- und Kommunikationstechnologien (IKT). – 2. *Primäres Ziel* ist es, einen durchgängigen unterbrechungsfreien Material- und Informationsfluss zu erreichen. Die physischen Güterprozesse werden im Bereich des Umschlags, der Kommissionierung, der Lagerung und des innerbetrieblichen Transports durch integrierte Materialflusssysteme ähnlich wie der Produktionsbereich zunehmend intgriert gesteuert. Im Straßengütertransport werden z.B. → Telematik-Systeme eingesetzt, die eine Fahrzeugverfolgung und -steuerung über Mobilfunk und Satellitennavigation ermöglichen. – Neben der Prozessgestaltung der physischen Güterprozesse durch integrierte Auftragsabwicklungssysteme spielen *Informationssysteme zur Disposition und Verwaltung* der Betriebsmittel in Logistikunternehmen eine bes. Rolle. Hierzu gehören z.B. Fuhrparkinformations- und Tourenplanungssysteme sowie Container- und Palettendispositions- und -steuerungssysteme. – Unternehmensübergreifende, die gesamte Logistikkette umfassende logistische Informationssysteme ermöglichen neue Formen der Zusammenarbeit zwischen Logistikunternehmen und ihren Kunden. Bes. Bedeutung kommt dabei dem *elektronischen Datenaustausch* (Electronic Data Interchange oder EDI) und internetbasierter Datenkommunikation zwischen allen an einer Logistikkette beteiligten Unternehmen zu. Er führt nicht nur zu einer Verringerung der Übertragungszeiten, der Fehlerquellen und des administrativen Aufwands, sondern ermöglicht eine Verfolgung der Logistikaufträge entlang der Logistikkette und verbessert damit die Dispositions- und Steuerungsmöglichkeiten für die verladende Wirtschaft (→ Sendungsverfolgung). Durch internationale Normung wird der Datenaustausch zunehmend vereinheitlicht. Neben dem EDIFACT-Standard (Electronic Data Interchange for Administration, Commerce and Transport) und des Subsets EDIFOR (Electronic Data Interchange Forwarding) hat der ANSI-Standard (American National Standards Institut) die größte Bedeutung.

logistische Kontrollspanne – Bereich der Einflussnahme auf Planung, Realisierung und Kontrolle des Warenflusses im Logistikkanal (v.a. zwischen Herstellern und Handel). Aufbauend auf dem Informationsvorsprung des Handels gegenüber den Herstellern in der Nutzung IT-gestützter → Warenwirtschaftssysteme (WWS), die schnell Nachfrageänderungen seitens der Kunden aufzeigen, verschiebt sich die logistische Kontrollspanne zunehmend zugunsten des Handels. Auswirkungen zeigen sich z.B. in der Einflussnahme auf Gestaltung von Verpackungen und auf die Logistik zwischen den Beteiligten. Kennzeichnend ist der Wechsel von einer Push-Strategie der Hersteller, Waren durch den Logistikkanal zu „drücken", zu einer

Pull-Strategie des Handels, bei der die Waren bedarfsgerecht vom Kunden über den Handel aus den Vorstufen „gezogen" werden.

Logit-Modell für binäre Daten – ökonometrisches nicht lineares Modell (→ ökonometrische Modelle) zur Erklärung von binären (Codierung: 0 = Ereignis tritt nicht ein, 1 = Ereignis tritt ein) abhängigen Variablen (→ Variable, endogene). Dabei beeinflusst ein Vektor von erklärenden Variablen (→ Variable, exogene), die Wahrscheinlichkeit, dass das Ereignis eintritt. Die gängigste Alternative zum Logit-Modell ist das → Probit-Modell für binäre Daten. – Der bedingte Erwartungswert der binären Variablen (gegeben den exogenen Variablen) entspricht der Wahrscheinlichkeit, dass das Ereignis eintritt. Die exogenen Variablen bestimmen diese Wahrscheinlichkeit nicht auf eine lineare Weise, sondern beim Logit-Modell wird dafür die logistische Verteilung herangezogen. Damit sind die geschätzten Wahrscheinlichkeiten im Gegensatz zum linearen Wahrscheinlichkeitsmodell auf das Intervall [0,1] beschränkt. Die geschätzten Koeffizienten können aufgrund des nicht linearen Modells nicht als marginale Effekte interpretiert werden. Die Schätzung erfolgt i.d.R. mit der → Maximum-Likelihood-Methode. → Heteroskedastizität führt im Gegensatz zum linearen → Regressionsmodell häufig zu verzerrten Schätzern.

Logo – *Firmenzeichen.* 1. *Begriff:* visueller Bestandteil der Markierung (→ Marke) von Produkten. Ein konkretes Logo kann ähnlich einem mnemotechnischen Reiz den Markennamen und sonstige mit der Marke assoziierten Inhalte ins Bewusstsein des Konsumenten bringen, da das Logo leichter verfügbar ist. – 2. *Arten:* (1) *Bildlogos:* Diese können in abstrakte (Zeichenkombinationen, die keinen Bedeutungsinhalt aufweisen) und konkrete (Zeichenelemente, die reale Objekte abbilden) Logos unterteilt werden; (2) *Schriftlogos.* – 3. *Wirkungen:* Konkrete Bildlogos sind den Schriftlogos aufgrund der besseren Verarbeitungs- und Gedächtniswirkung überlegen. – 4. *Gestaltungsanforderungen:* Logos sind so zu gestalten, dass sie aktivieren (→ Aktivierung), Gefallen erzielen, positionierungsrelevante → Assoziationen vermitteln, leicht wahrnehmbar (→ Wahrnehmung) und erinnerbar (Erinnerung) sind.

Logrolling – *Politischer Stimmentausch.* Logrolling ist die gegenseitige Verabredung, in Angelegenheiten von jeweils geringerer Bedeutung abweichend von den eigenen Präferenzen mit dem Tauschpartner zu stimmen, um eine erforderliche Mehrheit oder sogar Einstimmigkeit zu erreichen. Logrolling kann auftreten, wenn in einem Gremium gleichzeitig oder in kurzer Folge zwei (oder mehr) Angelegenheiten entschieden werden. Voraussetzung ist, dass die beteiligten Gruppen (1) einzeln Minderheiten sind, zusammen jedoch eine Mehrheit bilden, (2) in zwei Angelegenheiten entgegengesetzte Präferenzen haben, (3) jeweils in der Angelegenheit intensivere Präferenzen haben, in der sie bei einer Abstimmung ohne Stimmentausch in der unterlegenen Minderheit sind. Logrolling impliziert eine Situation des → Gefangenendilemmas und kann bei Bündelung der Alternativen zum → Condorcet-Paradoxon führen. – Aus Public-Choice-Sicht wird Logrolling kritisiert, da es das Ergebnis der → Kollektiventscheidung beeinflusst, sodass dieses die Präferenzen der Wähler nicht mehr korrekt wiedergibt.

Lohmann-Ruchti-Effekt – *Kapazitätserweiterungseffekt, Kapazitätsfreisetzungseffekt;* die nach Ruchti und Lohmann benannte, jedoch von Marx und Engels zuerst beschriebene Wirkung der verbrauchsbedingten → Abschreibungen als eine Quelle der Neuinvestition. – 1. *Begriff:* Der Lohmann-Ruchti-Effekt beruht auf der Tatsache, dass in den Verkaufspreisen der hergestellten Erzeugnisse der Abschreibungswert für die Anlagennutzung i.d.R. früher vergütet wird, als er für die verschleißbedingte Erneuerung der Anlagegüter benötigt wird, von denen die Abschreibungsbeträge stammen, d.h., dass die Verflüssigung des im Anlagevermögen gebundenen Kapitals und das Ausscheiden verbrauchter Anlagegüter aus dem Produktionsprozess zeitlich auseinander fallen. Werden die in diesem Sinn vorweggenommenen Abschreibungsbeträge laufend investiert, so führt das zu einer Anlagenexpansion, ohne dass es (theoretisch) der Zuführung neuer Mittel (durch Aufnahme von Fremdkapital oder Erhöhung des Eigenkapitals) bedarf. – 2. *Beispiel:* Zehn Maschinen von je 10.000 Wert und einer Nutzungsdauer von je fünf Jahren werden linear abgeschrieben, der Abschreibungsgegenwert wird laufend investiert. Es ergibt sich eine Erweiterung der Kapazität bei gleich bleibendem Kapitaleinsatz (Sp. 3 und 6; vgl. Tabelle „Lohmann-Ruchti-Effekt"). – 3. *Berechnung:* Der *Kapazitätserweiterungseffekt* (KEF) hat dabei folgendes Ausmaß:

$$\mathrm{KEF} = \frac{2n}{n+1} = \frac{2}{1+\left(\frac{1}{n}\right)}$$

mit n = Nutzungsdauer einer einzelnen Anlage in Jahren. Als Prämissen werden unterstellt: (1) gegebene Ausgangskapazität und homogene Aggregate, (2) konstante Wiederbeschaffungspreise, (3) Investition am Jahresende, (4) Abschreibungsdauer entspricht Nutzungsdauer, (5) keine Zinseffekte und (6) Abschreibungsgegenwerte werden auch am Markt vergütet.

Lohn → Arbeitsentgelt, → Lohneinkommen, → Löhne und Gehälter.

Lohnabrechnung → Lohnbuchführung.

Lohnabrechnungszeitraum – Zeitraum, für den die Lohnabrechnung vorgenommen wird (→ Lohnbuchführung). – *Anders:* → Lohnzahlungszeitraum.

Lohnabschlagszahlung – Lohnzahlung in kurzen Zeitabständen (eine Woche, zehn Tage), die nur annähernd dem effektiv verdienten → Arbeitsentgelt entspricht, während die Abrechnung in größeren Zeitabständen (z.B. monatlich) vorgenommen wird.

Lohmann-Ruchti-Effekt

Jahre	Anzahl der Maschinen	Gesamtwert der Anlagen	Summe der Abschreibungen	Reinvestition	Abschreibungs-rest
1	2	3	4	5	6
1	10	100.000	20.000	20.000	–
2	12	100.000	24.000	20.000	4.000
3	14	96.000	28.000	30.000	2.000
4	17	98.000	34.000	30.000	6.000
5	20	94.000	40.000	40.000	6.000
6	14	94.000	28.000	30.000	4.000
7	15	96.000	30.000	30.000	4.000
8	16	96.000	32.000	30.000	6.000
9	16	94.000	32.000	30.000	8.000
10	16	92.000	32.000	40.000	–
11	16	100.000	32.000	30.000	2.000
12	16	98.000	32.000	30.000	4.000
13	16	96.000	32.000	30.000	6.000
14	16	94.000	32.000	30.000	8.000
15	16	92.000	32.000	40.000	–
16	16	100.000	32.000	30.000	2.000
17	16	98.000	32.000	30.000	4.000
18	16	96.000	32.000	30.000	6.000
19	16	94.000	32.000	30.000	8.000
20	16	92.000	32.000	40.000	–

Die Differenz zwischen Summe der in einer Abrechnungsperiode gezahlten Abschläge und dem ermittelten Lohnanspruch (Restlohn) wird an dem der Abrechnung folgenden Zahltag ausgezahlt.

Lohnabtretung → Forderungsabtretung.

Lohnabzüge – Minderung des → Bruttoarbeitsentgelts. – 1. Lohnabzüge durch *öffentlich-rechtliche Vorschriften* (Steuergesetze und Sozialversicherungsvorschriften) angeordnet; der Arbeitgeber ist zur Vornahme des Abzuges verpflichtet, z.B. Abzug der Lohnsteuer, ggf. der Kirchensteuer und des Arbeitnehmeranteils an der Sozialversicherung. – 2. Abzüge aufgrund *vertraglicher Abmachungen* der Parteien über das Arbeitsverhältnis und der sie ergänzenden gesetzlichen oder tariflichen Bestimmungen (privatrechtliche Lohnabzüge): (1) Lohnabzüge wegen Schlechtleistung oder Schädigung. Der Arbeitgeber rechnet mit Lohnabzügen seine Schadensersatzforderungen gegen die Lohnforderung auf; (2) Lohnabzüge kraft Zurückbehaltungsrechts des Arbeitgebers in Fällen, in denen ihm eine Gegenforderung gegen den Arbeitnehmer zusteht (z.B. Erzwingung der Rückgabe von Sachen); (3) Lohnabzüge wegen Abtretung der Lohnforderung durch den Arbeitnehmer an einen Dritten (→ Forderungsabtretung) bzw. wegen Verpfändung (→ Lohnpfändung); (4) Lohnabzüge bei Vertragsstrafen.

Lohnabzugsverfahren – eines der Arbeitsgebiete der → Lohnbuchführung. – 1. Abzug der Beiträge zur *Sozial- und Arbeitslosenversicherung* für versicherungspflichtige Beschäftigte durch den Arbeitgeber und Abführung zusammen mit seinem eigenen Beitragsanteil an die für den Einzug des Beitrags zuständige Stelle. – Vgl. auch → Gesamtsozialversicherungsbeitrag, → Einzugsstellen. – 2. Einbehaltung der → Lohnsteuer durch den Arbeitgeber.

Lohnausfallprinzip – in Gesetzen vorgesehenes Prinzip zur Berechnung des → Arbeitsentgelts, wenn ein Arbeitgeber, ohne dass der Arbeitnehmer die Arbeitsleistung erbringt, das Arbeitsentgelt fortzuzahlen hat. Das Lohnausfallprinzip besagt, dass der Arbeitgeber die Vergütung zu zahlen hat, die der

Arbeitnehmer erzielt hätte, wenn er weitergearbeitet hätte. Das Lohnausfallprinzip bedingt eine Berechnung aufgrund von hypothetisch angenommenen Daten. Zur Ermittlung der Vergütung ist auf einen vergleichbaren Arbeitnehmer derselben Arbeitsgruppe oder des Betriebs abzustellen. Wird z.B. bei der → Entgeltfortzahlung oder bei der Vergütungsfortzahlung beim → Annahmeverzug des Arbeitgebers angewandt. – *Anders:* → Referenzperiodensystem.

Lohnausfallvergütung → Baugewerbe.

Lohnausgleich – 1. *Lohnausgleich bei Arbeitszeitverkürzung:* Bezeichnung für die von Gewerkschaften vielfach angestrebte tarifliche Zusicherung im Rahmen von Lohnvereinbarungen, nach denen die Wochenarbeitszeit ohne Kürzung der Löhne und Gehälter aus beschäftigungspolitischen Gründen herabgesetzt werden soll (→ Arbeitsmarktpolitik, → Arbeitszeitpolitik). – 2. Im Wege der → Betriebsvereinbarung festgesetzte *freiwillige Leistung des Arbeitgebers:* Erstattung der Differenz zwischen → Krankengeld und durchschnittlichem → Arbeitsentgelt bei länger als sechs Wochen dauernder Krankheit. – Vgl. auch → Arbeitsverhinderung. – *Anders:* Krankenzuschüsse. – 3. *Lohnausgleich bei Schlechtwetter:* Saison-Kurzarbeitergeld, → Wintergeld.

Lohnbeleg – Abrechnung.

Lohnbuchführung – *Lohn- und Gehaltsabrechnung, Lohnabrechnung, Lohnrechnung;* Teilgebiet der → Buchführung. – 1. *Aufgabe:* Erfassung, Abrechnung und Buchung der Arbeitsentgelte (Löhne und Gehälter in jeder Form) sowie der gesetzlichen und freiwilligen Abzüge hiervon. – 2. *Zweck:* a) Feststellung des Lohn- oder Gehaltsanspruchs des einzelnen Arbeitnehmers für die Periode (sowohl brutto als auch netto); b) Aufbereitung der Lohn- und Gehaltskosten und des mit ihnen im Zusammenhang stehenden Sozialaufwandes für die Weiterverrechnung in der → Betriebsbuchhaltung. – 3. *Unterlagen* für die Lohn- und Gehaltsabrechnung sind: Akkordzettel, Lohnstücklisten, Arbeitszeitkarten, Arbeitsverträge etc. – 4. *Arbeitsgebiet:* a) Die anhand der Unterlagen erfassten Lohnzeiten und Akkordleistungen werden mit den dafür vorgesehenen Lohnsätzen bewertet (Lohnformen). Die bewerteten Zeiten und Leistungen ergeben (ggf. unter Hinzurechnung von Zuschlägen und Zulagen) für die jeweilige Abrechnungsperiode zusammengefasst den *Bruttolohn* (1) für den einzelnen Arbeitnehmer, (2) für die Belegschaft insgesamt, (3) fertigungstechnisch getrennt nach (a) → Fertigungslöhnen und → Hilfslöhnen, (b) den einzelnen → Kostenstellen. Vor Auszahlung der Löhne an die Arbeitnehmer müssen die gesetzlichen Abzüge (→ Lohnsteuer, → Gesamtsozialversicherungsbeitrag) und evtl. freiwillige Abzüge (z.B. Gewerkschaftsbeiträge) berechnet und einbehalten werden. – b) Ferner die Erstellung von Lohnsteuerbescheinigungen, Lohnsteueranmeldung und -abführung, Anmeldung und Abführung der Sozialbeiträge (Kranken-, Pflege-, Renten- und Arbeitslosenversicherung), Bearbeitung vermögenswirksamer Leistungen, Mutterschaftsgeld, Lohnpfändungen, Nachweise für die Berufsgenossenschaft etc. – 5. *Technische Durchführung:* a) In der Lohnbuchführung wird für jeden Arbeitnehmer ein → Lohnkonto geführt. Für die Zusammenstellung der Löhne und Gehälter sowie der Abzüge sind → Lohnlisten einzurichten, in denen die Angaben der einzelnen Lohnkonten für eine Lohnperiode gesammelt werden. Für den Arbeitnehmer (zu seinen Händen) wird ein → Lohnstreifen bzw. die Gehaltsabrechnung angefertigt. Die Summen der Lohnlisten dienen schließlich als Buchungsgrundlage für die → Finanzbuchhaltung. – *Lohnzahlung* heute i.d.R. durch bargeldlose Lohn- und Gehaltszahlung; seltener bar. – b) Wegen der Aufgabenvielfalt wird die Lohnbuchführung heute überwiegend *mithilfe der EDV* durchgeführt (→ computergestützte Lohn- und Gehaltsabrechnung). Kleine Betriebe nutzen dabei häufig die Möglichkeiten der Fernbuchführung (→ Buchstellen). Ein bes. Problem der EDV-Lohnbuchführung ist die Pflege des Anwenderprogramms, da die sich häufig ändernden gesetzlichen Vorschriften stets eine sofortige Programmanpassung erforderlich machen.

Lohn-Drift → Lohn-Gap.

Lohndumping → Sozial-Dumping.

Lohneinkommen – 1. *Begriff:* In der Volkswirtschaftlichen Gesamtrechnung umfassen die Arbeitnehmerentgelte die Bruttolöhne und -gehälter (einschließlich aller Zuschläge, Prämien, Gratifikationen und Naturalleistungen) sowie die Sozialbeiträge der Arbeitgeber. Zu den Sozialbeiträgen der Arbeitgeber gehören einerseits die tatsächlichen Sozialbeiträge (gesetzliche und freiwillige Beiträge zur Renten-, Kranken-, Pflege-, Unfall- und Arbeitslosenversicherung) und andererseits die unterstellten Sozialbeiträge (für Beamtenversorgung, für betriebliche Ruhegeldverpflichtungen und für Aufwendungen der Arbeitgeber im Fall von Krankheit, Unfall und bes. Notlagen). – 2. *Abgrenzungsprobleme:* Unter Verteilungsaspekten umstritten ist die Zurechnung der Unfallversicherung und der betrieblichen Rückstellungen für Altersversorgung zu den Bruttoeinkommen aus unselbstständiger Arbeit. Beiträge zur Sicherung gegen Risiken des Produktionsprozesses (Unfallversicherung) sollten nicht als Bestandteil des Lohneinkommens angesehen werden. Die Nettozuführungen zu Rückstellungen für betriebliche Altersversorgung stellen eine Finanzierungsquelle für die Unternehmen dar und könnten insofern auch den → Gewinneinkommen zugerechnet werden, obwohl es sich nicht um frei disponible Gewinne handelt.. – 3. *Begriff in der Theorie:* In der ökonomischen Klassik existiert eine eindeutige Zuordnung von Einkommensarten zu den sozialen Klassen. Einkommen aus Lohn ist die einzige Quelle, aus der die Arbeiter ihr Einkommen beziehen. In der Neoklassik geht es um die Einkommen der Produktionsfaktoren, die gemäß ihrer Funktion im Produktionsprozess definiert werden. Der Produktionsfaktor Arbeit bezieht Lohneinkommen. Eine Verbindung zwischen dem Lohneinkommen einer sozialen Klasse besteht nicht. – Vgl. → Verteilungstheorie.

Lohnelastizität der Arbeitsintensität → Arbeitsmarkttheorien.

Lohnempfehlungen → einkommenspolitische Empfehlungen, produktivitätsorientierte Lohnpolitik, kostenniveauneutrale Lohnpolitik, vollbeschäftigungskonforme Lohnpolitik.

Lohnersatz → Lebensstandardsicherung, → Lohnersatzfunktion, → Lohnersatzquote.

Lohnersatzanspruch → Lohnersatzfunktion.

Lohnersatzfunktion – gilt für Arbeitslosengeld, Krankengeld und Renten der gesetzlichen Rentenversicherung. Aufgrund der Lohnersatzfunktion orientieren sich diese Sozialleistungen am zuvor erzielten Lohn. – Vgl. auch → Lebensstandardsicherung.

Lohnersatzquote – Begriff der Sozialversicherung. Lohnersatzquote bezeichnet das Verhältnis zum letzten Netto-Arbeitsentgelt bei Transfers mit Lohnersatzfunktion durch eine → Krankenversicherung, die → Arbeitslosenversicherung, die → gesetzliche Rentenversicherung (GRV) oder die gesetzliche → Unfallversicherung. – *Beispiele:* Die Lohnersatzquote beträgt für die Entgeltfortzahlung im Krankheitsfall 100 Prozent, für das *Krankengeld,* das nach sechswöchiger Entgeltfortzahlung gezahlt wird, 70 Prozent und für das *Arbeitslosengeld* 67 Prozent (für kindererziehende Arbeitslose) bzw. 60 Prozent (für Kinderlose). Für die *Unfall- und Rentenversicherung* gibt es eine große Spannweite. Die Lohnersatzquote eines → Eckrentners beträgt nach 45 Beitragsjahren derzeit gut 60 Prozent (netto vor Steuern: 50,1 Prozent). – Vgl. auch → Lebensstandardsicherung.

Löhne und Gehälter – zusammenfassende Bezeichnung für die Bruttobeträge der → Arbeitsentgelte. – Zu Löhnen und Gehältern gehören alle Vergütungen, die die Belegschaftsmitglieder (Arbeiter und Angestellte) und Geschäftsführer sowie Mitglieder des Vorstands erhalten, gleichgültig in welcher Form sie gewährt werden, also auch Sachbezüge, Aufwandsentschädigungen etc. – *Buchung* von Löhnen und Gehältern auf bes. Aufwandskonten als Teil der → Personalkosten (→ Lohnkosten). – *Belege* für berechnete und gezahlte Löhne und Gehälter sind → Lohnlisten und Gehaltslisten. – *Ausweis in der Gewinn- und Verlustrechnung:* – bei → Gesamtkostenverfahren unter Personalaufwand, getrennt in (1) Löhne und Gehälter sowie (2) soziale Abgaben und Aufwendungen für Altersversorgung und für Unterstützung (§ 275 HGB); – bei → Umsatzkostenverfahren nicht separat ausgewiesen sondern in den Herstellungskosten, Vertrieb- und Verwaltungskosten enthalten. – *Abrechnung im Betrieb:* → Lohnbuchführung.

Lohnfonds – Konzept der ökonomischen Klasssik zur Erklärung der Lohnhöhe. Der Lohnfonds besteht aus allen den Lohngütern (Nahrungsmittel, Kleidung usw.), die bereits in der Vorperiode produziert worden sind und die den Arbeitern während der aktuellen Produktionsperiode zur Verfügung gestellt werden können. Der Lohnfonds ist demnach dem Produktionsprozess vorgeschossenes Kapital. Im einfachen Kornmodell der Klassiker lässt sich die gesamte Kornmenge gedanklich in Korn als Saatgut (variables Kapital) und Korn als Konsumgut bzw. für den Lohnfonds (fixes Kapital) aufteilen. Aus der Höhe des Lohnfonds resultiert bei kurzfristig gegebener Anzahl der Arbeiter die Höhe des Arbeitslohnes (=Lohnfonds/Anzahl der Arbeiter). – Vgl. auch → Lohnfondstheorien.

Lohnfondstheorien – 1. *Klassische Lohnfondstheorie:* Von MacCulloch, Mill, Ricardo u.a. vertreten. – 2. *Begriff:* Theorie über die Bestimmung der Lohnhöhe. Gemäß der Lohnfondstheorie bestimmt sich der durchschnittliche Lohnsatz in jeder Periode aus dem Verhältnis von Lohnfonds und der Arbeitsbevölkerung. – 3. *Merkmale*: Da Produktion Zeit benötigt, ist es nach dieser Auffassung notwendig, am Ende eines jeden Produktionsprozesses einen bestimmten Teil der Produktion zur Seite zur legen, um die Arbeitskräfte während des laufenden Produktionsprozesses alimentieren zu können. Dieser Teil des Kapitals ist damit für die laufende Produktionsperiode fix vorgegeben. Langfristig kann das Kapital, das den → Lohnfonds bildet, sich verändern; dies hängt von den jeweiligen Sparentscheidungen der Kapitalbesitzer in der Vorperiode ab. Zu einem gegebenen Zeitpunkt ist der Lohnfonds aber fest vorgegeben und damit ebenso die Lohnhöhe, denn der durchschnittliche Lohnsatz ergibt sich aus der Division des Lohnfonds durch die Anzahl der insgesamt beschäftigten Arbeiter. Mögliche Veränderungen im Lohnsatz von Periode zu Periode entstehen durch unterschiedliches Wachstum von Lohnfonds relativ zum Arbeitskräfteangebot. Steigen, z.B. aufgrund der Kapitalakkumulation, der Lohnfonds und damit der Arbeitslohn über einige Zeit an, kommt es nachfolgend zu einem raschen Bevölkerungswachstum (Malthus) und einer Erhöhung des Arbeitskräfteangebots. Durch das Überangebot von Arbeitskräften sinkt der Arbeitslohn wieder auf die Höhe des Subsistenzniveaus zurück. – 4. *Folgerungen*: Bedeutsam für spätere Debatten (→ ehernes Lohngesetz) war die aus den Lohnfondstheorien abgeleitete Schlussfolgerung, dass die Lohnhöhe langfristig nicht durch Arbeiterkoalitionen beeinflusst werden kann. In der Auseinandersetzung über den Lohnfonds wurde jedoch später deutlich, dass die Zusammenhänge zwischen Kapital und Löhnen komplexer sind, als in den ursprünglichen Lohnfondstheorien angenommen. – 5. *Weiterentwicklungen*: a) Hermann und Brentano modifizierten die Lohnfondstheorie der Klassiker. Sie betonten, dass der Lohn nicht von den Kapitalisten aus einem Fonds bezahlt wird, sondern letztlich von den Konsumenten, die die Produkte kaufen; daher wird der Lohnfonds in Wahrheit von den Konsumenten geschaffen, zu denen auch die Arbeiter gehören. – b) Irrelevant wird das Konzept des Lohnfonds sobald man die Annahme aufgibt, dass die Löhne vor dem Produktionsprozess ausbezahlt werden. – 6. *Moderne Lohnfondstheorie:* Von Böhm-Bawerk, Eucken, Strigl, Stackelberg u.a. vertreten. Der Lohnfondsgedanke wird mit dem Gesetz der Mehrergiebigkeit längerer Produktionsumwege in Verbindung gebracht (→ Agiotheorie).––Vgl. auch → Lohnfonds.

Lohnfortzahlung → Entgeltfortzahlung.

Lohn-Freizeit-Kurve – beschreibt in der Arbeitsangebotstheorie des Haushalts die bei alternativen Reallohnsätzen (pro Stunde) gewählte optimale Aufteilung der einem Haushalt zur Verfügung stehenden Zeit auf Arbeitszeit und auf Freizeit. Ihre Ableitung ist die Vorstufe zur Ermittlung der invers verlaufenden → Arbeitsangebotskurve des Haushalts. – Vgl. auch → Angebotstheorie des Haushalts.

Lohn-Gap – Differenz zwischen dem tatsächlichen Verdienst (Effektivlohn) und dem → Tariflohn *(absolute Niveauspanne)* bzw. die Differenz zwischen Effektivlohn und Tariflohn bezogen auf das Effektivlohnniveau *(relative Niveauspanne)*. Die Veränderungsrate des Lohn-Gap bezeichnet man als Lohn-Drift. – Vgl. auch → Gap, → Effektivlohn.

Lohngerechtigkeit → Äquivalenzprinzip.

Lohngesetz → ehernes Lohngesetz.

Lohngestaltung → betriebliche Lohngestaltung.

Lohngleichheit → Gleichbehandlung.

Lohngruppe – 1. *Arbeitswissenschaft:* Einteilungskriterium bei der Arbeitsbewertung anhand von → Lohngruppenmerkmalen. – 2. *Arbeitsrecht:* → Eingruppierung, → Tariflohn.

Lohngruppenkatalog – Verzeichnis von → Lohngruppen und → Lohngruppenmerkmalen zur Durchführung der summarischen → Arbeitsbewertung. Mit Richtbeispielen versehen für die verbesserte Zu- und Einordnung verschiedener Arbeiten.

Lohngruppenmerkmale – im Rahmen der summarischen → Arbeitsbewertung diejenigen Merkmale, die anhand des → Lohngruppenkatalogs als maßgebend für die pauschale Eingruppierung der im Betrieb vorkommenden Tätigkeiten in eine → Lohngruppe angesehen werden. – *Kriterien* der Lohngruppenmerkmale sind i.d.R. die zur Tätigkeitsausführung erforderlichen → Fachkenntnisse und → Geschicklichkeit. Auf Basis allg. Lohngruppenmerkmale werden zusätzlich spezielle Lohngruppenmerkmale aufgestellt. Selbst letztere umfassen noch eine derartig große Zahl verschiedener Tätigkeiten, dass sie nur allg. Hinweise bez. einer Eingruppierung geben können; für praktische Belange dienen deshalb Richtbeispiele als Ergänzung. – *Beispiele:* Lohngruppe 1: einfachste Arbeiten, die ohne jegliche Ausbildung nach kurzer Anweisung ausgeführt werden können. – Lohngruppe 2: einfache Arbeiten, die eine geringe Sach- und Arbeitskenntnis verlangen, aber ohne jegliche Ausbildung nach einer kurzfristigen Einarbeitungszeit ausgeführt werden können; oder einfachste Arbeiten von erschwerender Art. – Lohngruppe 3: Arbeiten, die eine Zweckausbildung oder ein systematisches Anlernen bis zu sechs Monaten, eine gewisse berufliche Fertigkeit, Übung und Erfahrung verlangen; ferner einfache Arbeiten von bes. erschwerender Art. – Lohngruppe 4: Arbeiten, die Spezialkönnen verlangen, das erreicht wird durch eine abgeschlossene Anlernausbildung; oder einfachere Arbeiten von ganz bes. erschwerender Art. – Lohngruppe 5: Facharbeiten, die neben beruflicher Handfertigkeit und Berufskenntnissen einen Ausbildungsstand verlangen, wie er entweder durch eine fachentsprechende, ordnungsgemäße Berufslehre oder durch eine abgeschlossene Anlernausbildung und zusätzliche Berufserfahrung erzielt wird. – Lohngruppe 6: schwierige Facharbeiten, die bes. Fertigkeiten und langjährige Erfahrungen verlangen; oder Arbeiten, die eine abgeschlossene Anlernausbildung erfordern und unter bes. erschwerenden Umständen ausgeführt werden müssen. – Lohngruppe 7: bes. schwierige oder hochwertige Facharbeiten, die an das fachliche Können und Wissen bes. hohe Anforderungen stellen und völlige Selbstständigkeit und hohes Verantwortungsbewusstsein voraussetzen. Ferner schwierige Facharbeiten unter bes. erschwerenden Umständen. – Lohngruppe 8: hochwertigste Facharbeiten, die meisterliches Können, absolute Selbstständigkeit, Dispositionsvermögen, umfassendes Verantwortungsbewusstsein und entsprechende theoretische Kenntnisse erfordern.

Lohngruppenverfahren → Arbeitsbewertung.

Lohnherstellung → unmittelbar kundenorientierte Produktion.

Lohnillusion → Monetarismus.

lohnintensiv – Bezeichnung für eine Kostenstruktur von Unternehmungen bzw. Industrien, gekennzeichnet durch einen im Vergleich zu anderen Kostenarten hohen Anteil an Arbeitskosten. Maßgeblich ist nicht die Zahl der Beschäftigten. – Lohnintensiv sind z.B. (trotz des erheblichen Anlagevermögens) Bergbau, feinmechanische und optische Industrie. – *Anders:* → anlagenintensiv, → arbeitsintensiv, → kapitalintensiv, → materialintensiv.

Lohnkarte – Bezeichnung für ein → Lohnkonto, das nicht nur den lohnsteuerlichen Bestimmungen entspricht, sondern zugleich als Abrechnungsblatt der → Lohnbuchführung für den einzelnen Arbeitnehmer dient.

Lohnkonto – zur Erleichterung der Nachprüfung des Lohnsteuerabzugs am Ort der Betriebsstätte, in der der Lohn vom Arbeitgeber ermittelt wird, für jeden Arbeitnehmer zu führendes Konto (§ 41 I EStG, § 4 LStDV). Ist durch die → Lohnbuchführung zu führen. Das Lohnkonto ist auch im Interesse der Berufsgenossenschaft (Unfallversicherung) zu führen. – 1. *Angaben:* a) *Allg. Angaben zur Person des Arbeitnehmers* (§ 4 I LStDV): Die im Lohnkonto zu notierenden Angaben werden in § 4 LStDV ausführlich aufgeführt. U.a. sind zu notieren: Name, Geburtstag, Wohnort, Wohnung des Arbeitnehmers, der amtliche Gemeindeschlüssel der Gemeinde, die die Lohnsteuerkarte ausgestellt hat, das Finanzamt, in dessen Bezirk die Lohnsteuerkarte oder die entsprechende Bescheinigung (für Steuerausländer, die mangels Wohnsitzgemeinde keine Lohnsteuerkarte bekommen können) ausgestellt worden ist, sowie die auf der Lohnsteuerkarte oder der entsprechenden Bescheinigung eingetragenen Besteuerungsmerkmale. Wird die → besondere Lohnsteuertabelle angewandt, ist außerdem der Großbuchstabe B einzutragen. Ändern sich im Laufe des Jahres die Merkmale auf der Lohnsteuerkarte, ist auch der Zeitpunkt der Änderung im Lohnkonto zu vermerken. Ferner sind zu notieren Jahres-, Monats- und Wochenbeträge von auf der Lohnsteuerkarte eingetragenen Freibeträgen und der Geltungszeitraum dieser Freibeträge, sowie ggf. ein Hinweis auf das Vorliegen einer Freistellungsbescheinigung mit näheren Angaben zu deren Inhalt. – b) *Angaben zu den gezahlten Bezügen* (§ 4 II LStDV): der Tag der Lohnzahlung und der Lohnzahlungszeitraum, der Großbuchstabe U, wenn der Lohnanspruch während der Dauer des Dienstverhältnisses für mehr als fünf Arbeitstage im Wesentlichen weggefallen ist, der Arbeitslohn, getrennt nach Barbeträgen und Sachbezügen, und die davon einbehaltene Lohnsteuer. Ferner sind steuerfreie Bezüge zu vermerken mit Ausnahme der nach § 3 Nr. 45 EStG steuerfreien Vorteile und der Trinkgelder. Aufzuzeichnen sind außerdem nach einem DBA steuerfreie oder sonst wie unter Progressionsvorbehalt von der Lohnsteuer freigestellte Bezüge, darüber hinaus auch außerordentliche Einkünfte nach § 34 EStG und die davon einbehaltene Lohnsteuer. Zu vermerken sind auch pauschal besteuerte Bezüge. Das Lohnkonto ist spätestens Ende des Jahres aufzurechnen. – 2. *Aufbewahrungspflicht* besteht für sechs Jahre. – 3. *Führung und Aufbewahrung auf Datenträgern:* Die nach steuerlichen Vorschriften erforderlichen Aufzeichnungen können auf Datenträgern geführt werden, soweit diese Form der Buchführung einschließlich des dabei angewandten Verfahrens den → Grundsätzen ordnungsmäßiger Buchführung (GoB) entspricht (§ 146 V AO). Die Unterlagen können auf Datenträgern aufbewahrt werden, wenn die Daten während der Dauer der Aufbewahrungsfrist verfügbar sind und jederzeit innerhalb angemessener Frist lesbar gemacht werden können (§ 147 II AO). Das Betriebsfinanzamt kann Erleichterungen bei der Führung des Lohnkontos bewilligen (§ 4 III LStDV).

Lohnkontrollen – staatliche Maßnahmen zur Begrenzung der Lohnsteigerungsraten, i.d.R. zur Bekämpfung von → Inflation. Lohnkontrollen waren Gegenstand einer der vier Notverordnungen, mit denen Reichkanzler Brüning in 1931 eine massive Spar- und → Deflationspolitik betrieb.

Lohnkosten – Summe der → Bruttoarbeitsentgelte (Bruttolöhne), die ein Unternehmen während einer Abrechnungsperiode (Woche, Monat, Vierteljahr, Geschäftsjahr) zur Leistungserstellung aufwendet. Zusammen mit Gehältern (→ Arbeitsentgelt) sowie gesetzlichen und freiwilligen → Personalnebenkosten des Betriebes bilden Lohnkosten die → Personalkosten. – *Kostenabrechnungstechnische Erfassung:* In der Vollkostenrechnung als Einzelkosten (Fertigungslöhne) oder Gemeinkosten (→ Hilfslöhne) behandelt, in Abhängigkeit davon, ob sie für unmittelbar produktbezogene Arbeit anfallen oder nicht.

Lohn-Lag – Bezeichnung für den Tatbestand, dass die Entwicklung der → Effektivlöhne (realen Löhne) zu Beginn der konjunkturellen Aufschwungphase der Entwicklung der Gewinne nachhinkt.Gerade bei unerwarteter Inflation geht die → Kaufkraft der Löhne zumindest temporär für die Dauer der Gültigkeit der Tarifverträge zurück, sodass die Lohnempfänger die Verlierer der Inflation sind. – Vgl. auch → Inflation.

Lohnleitlinien – einkommenspolitische Empfehlungen, produktivitätsorientierte Lohnpolitik, kostenniveauneutrale Lohnpolitik, vollbeschäftigungskonforme Lohnpolitik.

Lohnliste – *Lohnjournal;* Hilfsmittel der → Lohnbuchführung: Zusammenstellung, in der die Angaben der einzelnen → Lohnkosten für eine Lohnperiode gesammelt werden. Die Lohnliste enthält nach Arbeitnehmern geordnet Angaben über die Lohnzeit, den Bruttolohn, die Abzüge und den Netto- oder Restlohn. Die Summen der Lohnlisten dienen als Grundlage für die Buchungen in der → Finanzbuchhaltung. Für die maschinelle Erstellung der Lohnzettel und Lohnsteuerbescheinigungen sind Vordruckmuster zu beachten (BStBl. 1984 I 593 ff.). Heute i.d.R. EDV-technisch geführt.

Lohnnebenkosten – 1. *Begriff:* Zu den Lohnnebenkosten gehören in Deutschland die gesetzlichen Arbeitgeberbeiträge zur Sozialversicherung. – 2. *Beitragssätze:* Die Beitragssätze des Arbeitgebers belaufen sich auf 9,45 Prozent für die Rentenversicherung, 7,3 Prozent für die Krankenversicherung, 1,6 Prozent für die Unfallversicherung, 1,5 Prozent für die → Arbeitslosenversicherung, 1,025 Prozent für die Pflegeversicherung und 0,04 Prozent an Umlage für das Insolvenzgeld. – 3. Ausmass: Der gesetzliche Arbeitgeberbeitrag zur Sozialversicherung liegt damit bei über 21 Prozent des Bruttolohns des Arbeitnehmers, diese Regelung gilt bis zur Höhe von zwei jährlich neu bestimmten Beitragsbemessungsgrenzen. Lohn- und Gehaltsanteile oberhalb der Beitragsbemessungsgrenze sind beitragsfrei. – Vgl. auch → Personalnebenkosten.

Lohnperiode → Lohnzahlungszeitraum.

Lohnpfändung – Pfändung von Arbeitseinkommen. – 1. *Gesetzliche Regelung*: Durch §§ 850a–k ZPO (sozialpolitische Schutzvorschriften, die auch im öffentlichen Interesse erlassen sind) beschränkt. Die Lohn- oder Gehaltsforderungen gegen den Arbeitgeber sind durch §§ 850–850h ZPO geschützt, sonstige Dienstleistungsvergütungen durch § 850i ZPO, Forderungen gegen Geldinstitute bei Kontenguthaben aus Dienst- und Arbeitseinkommen durch § 850k ZPO. Ein Verzicht auf Pfändungsschutz ist unzulässig. – Unter den Begriff des *Arbeitseinkommens* (§ 850 II und III ZPO) fallen v.a. alle fortlaufenden Dienst- und Arbeitsentgelte aus Dienst- und Arbeitsverträgen, einschließlich der fortgezahlten Bezüge, Abfindungen nach §§ 9, 10 KSchG, Ruhestands- und Hinterbliebenenbezüge, Versicherungsrenten, die ein Ruhegehalt ersetzen oder ergänzen und Karenzentschädigungen. – 2. *Pfändungsfreigrenzen:* Gemäß § 850c ZPO sind 985,15 Euro monatlich (226,72 Euro wöchentlich, 45,34 Euro täglich) pfändungsfrei. Der Betrag erhöht sich, wenn der Schuldner nahen Angehörigen Unterhalt gewährt, um 370,76 Euro monatlich (85,32 Euro wöchentlich, 17,06 Euro täglich) für die erste und um 206,56 Euro monatlich (47,54 Euro wöchentlich, 9,51 Euro täglich) für die zweite bis fünfte unterhaltsberechtigte Person bis zu einem Höchstbetrag von 2.182,15 Euro monatlich (502,20 Euro wöchentlich, 100,44 Euro täglich). Eigenes Einkommen des Unterhaltsberechtigten kann auf Antrag des Gläubigers vom Vollstreckungsgericht berücksichtigt werden. – Ist das Arbeitseinkommen höher als die danach unpfändbaren Beträge, so ergibt sich der zulässige Umfang der Lohnpfändung bei Einkommen bis 2.851 Euro monatlich (658 Euro wöchentlich, 131,58 Euro täglich) aus der Lohnpfändungs-Tabelle (Anlage zu § 850c ZPO). Der darüber hinausgehende Teil des Arbeitseinkommens ist voll pfändbar (§ 850c ZPO). Gemäß Pfändungsfreigrenzenbekanntmachung 2009 vom 15.5.2009 (BGBl. I S. 1141) bleiben die pfändbaren Beträge vom 1.7.2009 bis 30.6.2011 unverändert. – 3. *Berechnung des pfändbaren Einkommens* (§ 850e ZPO): Für die Berechnung des pfändbaren Arbeitseinkommens ist vom Nettoeinkommen nach Abzug von Lohnsteuer und Sozialversicherungsbeiträgen auszugehen. Nicht mitzurechnen sind gewisse Teile des Arbeitseinkommens, die absolut unpfändbar sind nach § 850a ZPO (z.B. Vergütungen für Überstunden zur Hälfte, Urlaubsgeld, soweit im Rahmen des Üblichen gezahlt, Weihnachtsgratifikationen bis 500 Euro, soziale Zulagen für auswärtige Beschäftigung, Gefahren- und Erschwerniszulagen). Bedingt pfändbar sind u.a. Renten wegen Körperverletzung und Unterhaltsrenten, die auf gesetzlichen Vorschriften beruhen (§ 850b ZPO). – 4. *Lohnpfändung wegen gesetzlicher Unterhaltsansprüche:* Dem Schuldner ist jedoch so viel zu belassen, als er für seinen notwendigen Unterhalt bedarf (§ 850d ZPO). – 5. Erfordern es *bes. Bedürfnisse des Schuldners* aus persönlichen oder beruflichen Gründen oder der bes. Umfang seiner gesetzlichen Unterhaltspflichten, kann das Vollstreckungsgericht, wenn nicht überwiegende Interessen der Gläubiger entgegenstehen, eine abweichende Regelung treffen (§ 850f ZPO). – 6. Auch das *durch einen Lohnschiebungsvertrag verschleierte Arbeitseinkommen* unterliegt der Lohnpfändung: → Lohnschiebung. – 7. Eine *Lohnpfändung in Lohn- und Gehaltskonten,* die über den pfändungsfreien Betrag hinausgeht, ist auf Antrag des Schuldners vom Vollstreckungsgericht aufzuheben (§ 850k ZPO). – 8. *Änderung der maßgebenden Verhältnisse:* Ändern sich die für die Bestimmung des unpfändbaren Betrages maßgebenden Verhältnisse, so ist der Pfändungsbeschluss auf Antrag eines Beteiligten entsprechend zu ändern (§ 850g ZPO).

Lohnpolitik – 1. *Begriff:* Gesamtheit der Maßnahmen des Staates (staatliche Lohnpolitik) und der an der Lohnbildung beteiligten Parteien (Lohnpolitik der Tarifpartner) zur Beeinflussung von Lohnbildung, -höhe und -struktur. – 2. *Einteilung nach den Trägern:* a) *Staatliche Lohnpolitik:* Teil der → Einkommenspolitik des Staates, welche (1) unter Gewährleistung der → Tarifautonomie durch indikative Maßnahmen, z.B. durch Appelle zur Lohndisziplin, unverbindliche einkommenspolitische Empfehlungen und Kooperationen, oder (2) durch die Tarifautonomie mehr oder weniger aufhebende Zwangsmaßnahmen, z.B. durch Indexierung der Tariflöhne, Lohnkontrollen oder Lohnstopps, versucht, den Lohnbildungsprozess so zu beeinflussen, dass unter Berücksichtigung verteilungspolitischer Auswirkungen (→ Verteilungspolitik) die gesamtwirtschaftlichen Ziele der Stabilisierungspolitik erreicht werden können. – b) *Lohnpolitik der Tarifpartner* (geprägt durch gegensätzliche Verteilungsziele): Die Gewerkschaften versuchen über ihre Tariflohnforderungen, die Arbeitgeberverbände durch Abwehr von Tariflohnsteigerungen, die reale Verteilungsposition ihrer Mitglieder zu verbessern oder zumindest zu halten. Im Rahmen der Tarifautonomie führen Verhandlungen zwischen den Tarifparteien, ggf. nach Arbeitskämpfen oder Einschaltung von Schlichtern, zu Tarifverträgen, in denen u.a. die Tariflöhne mit einer vereinbarten Laufzeit festgelegt werden. – c) *Betriebliche Lohnpolitik:* unternehmensinterne Ergänzungen zu tarifvertraglichen Vereinbarungen bez. übertariflicher Lohnzuschläge (→ Effektivlohn) und zusätzlicher Lohndifferenzierungen. – 3. *Konzepte:* (1) → produktivitätsorientierte Lohnpolitik; (2) → kostenniveauneutrale Lohnpolitik; (3) → expansive Lohnpolitik; (4) vollbeschäftigungskonforme Lohnpolitik.

Lohn-Preis-Spirale – 1. *Begriff:* bezeichnet einen Aufschaukelungseffekt zwischen Lohnerhöhungen auf der einen und Preiserhöhungen auf der anderen Seite aufgrund dauernder Anpassungsreaktionen von Haushalten und Unternehmen auf eine inflationäre Entwicklung (→ Inflation). Diese stabilitätswidrige Entwicklung findet v.a. im Konjunkturaufschwung statt, bei der über den Produktivitätsfortschritt hinausgehende Lohnerhöhungen infolge der steigenden

Lohnstückkosten zu steigenden (Konsumgüter-) Preisen führen, welche wiederum für kompensierende Lohnforderungen seitens der Gewerkschaften verwendet werden etc. – 2. *Folge:* Dient in der wirtschaftspolitischen Diskussion häufig als Argument gegen gewerkschaftliche Lohnforderungen, v.a. gegen eine → expansive Lohnpolitik.

Lohnquote – Die Lohnquote stellt den Anteil des Arbeitnehmerentgeltes am → Volkseinkommen dar und ist ein wichtiger Indikator für die → funktionale Einkommensverteilung. Um Änderungen in der Beschäftigtenstruktur Rechnung zu tragen, wird eine bereinigte Lohnquote ausgewiesen. Gelegentlich finden sich auch Definitionen der Lohnquote, bei denen das Arbeitnehmerentgelt auf andere Sozialproduktsgrößen (z.B. das Bruttoinlandsprodukt) bezogen werden – Vgl. auch → Arbeitseinkommensquote.

Lohnrechnung → Lohnbuchführung.

Lohnregeln → einkommenspolitische Empfehlungen.

Lohnregister – Aufzeichnungsmittel der → landwirtschaftlichen Buchführung. In das Lohnregister sind laufend die Barlöhne und Sachbezüge, die den im Betrieb beschäftigten Arbeitnehmern gewährt werden, einzutragen.

Lohnrigiditäten → Arbeitsmarkttheorien.

Lohnrückstand – Rückstand an → Arbeitslohn. – Lohnrückstande werden bei der Berechnung der *Gewerbesteuer* des betreffenden Betriebes als regelmäßig → laufende Verbindlichkeiten behandelt; ebenso Bankschulden, die zur Bezahlung von Löhnen aufgenommen werden. Seit dem Erhebungszeitraum 2008 sind Finanzierungsentgelte unabhängig von der Laufzeit der damit verbundenen Verbindlichkeit für Gewerbesteuerzwecke mit 25 Prozent hinzuzurechnen. Ein Freibetrag von 100.000 Euro ist dabei zu berücksichtigen.

Lohnsatz – in der Volkswirtschaftslehre die Vergütung für die menschliche Arbeitsleistung. – Vgl. → Lohntheorien.

Lohnsatzabweichung → Abweichungen.

Lohnschein – Hilfsmittel zur Erfassung von Arbeitszeiten sowie zur Verrechnung der → Lohnkosten auf Kostenstellen oder Kostenträger (→ Kostenverrechnung). – Vgl. auch → Lohnverteilung(sblatt).

Lohnschiebung – 1. *Begriff:* Versuche des Schuldners, die Pfändung seines Arbeitseinkommens (→ Lohnpfändung) unter Missbrauch der Bestimmungen über den Pfändungsschutz zu vereiteln. – 2. *Formen:* a) *Vereinbarung über Zahlung des die Pfändungsgrenze übersteigenden Betrages des Arbeitseinkommens an einen Dritten,* z.B. Ehefrau des Arbeitnehmers, zwischen Arbeitnehmer und Arbeitgeber. Der Gläubiger kann aufgrund eines Schuldtitels gegen den Arbeitnehmer auch dieses mittelbare Arbeitseinkommen pfänden; die Pfändung umfasst dabei auch den Anspruch des Dritten gegen den Arbeitgeber, der Pfändungs- und Überweisungsbeschluss ist auch dem Drittberechtigten zuzustellen (§ 850h I ZPO). – b) *Vereinbarung eines verschleierten Arbeitsverhältnisses* zwischen Arbeitnehmer und Arbeitgeber (meist nahe Verwandte): Arbeit oder Dienste, die üblicherweise vergütet werden, werden unentgeltlich oder nur gegen eine unverhältnismäßig niedrige Vergütung geleistet. Im Verhältnis des Gläubigers zum Arbeitgeber gilt eine angemessene Vergütung als geschuldet, deren Höhe im Streitfall unter Berücksichtigung der Umstände des Einzelfalls festgestellt wird, v.a. nach Art der Arbeits- oder Dienstleistung, der verwandtschaftlichen Beziehungen zwischen Arbeitgeber und Arbeitnehmer und der wirtschaftlichen Leistungsfähigkeit des Arbeitgebers (§ 850h II ZPO).

Lohnschutz → Lohnpfändung.

Lohnsenkungsthese – umstrittene These, wonach Nominallohnsenkungen über Preissenkungen und damit im Idealfall bei Lohnquotenkonstanz (Verteilungskonstanz) Realeinkommenserhöhungen und eine Zunahme der Beschäftigung induzieren sollen; Spezialfall, dessen Gültigkeit von einer Vielzahl von Annahmen abhängig ist. Vgl. zum Zusammenhang von Nominallohnsenkungen und Beschäftigungserhöhungen auch den → Keynes-Effekt.

Lohnspitzenverzicht – *Lohnverzicht;* steuerlich anerkannte, schriftlich zu treffende Vereinbarung zwischen Arbeitgeber und Arbeitnehmer auf Herabsetzung des tariflichen oder vertraglichen Arbeitsentgelts zwecks Einreihung des Arbeitnehmers in eine niedrigere Stufe der Steuertabelle. Arbeitsrechtlich gilt § 4 III TVG, der vom Tarifvertrag abweichende Entgeltvereinbarungen zugunsten des Arbeitnehmers umfasst (→ Günstigkeitsprinzip).

Lohnstatistik – I. Amtliche Statistik: *Verdienststatistik;* Erfassung und Messung des Einkommens aus unselbstständiger Arbeit. Zentrale Komponenten der Lohnstatistik sind u.a. die → Verdienststrukturerhebung, die vierteljährliche Verdiensterhebung, die → Jahresverdiensterhebung, die → Tarifstatistik und Indizes wie der → Arbeitskostenindex und der → Index der Tarifverdienste und Arbeitszeiten. – Die Veröffentlichung der Ergebnisse der Lohnstatistik erfolgt zu weiten Teilen in Fachserie 16 des → Statistischen Bundesamtes (StBA). Von Interesse sind die Ergebnisse zum einen für die Betriebe selbst, zum anderen vor dem Hintergrund arbeitsmarkt-, sozial- oder wirtschaftspolitischer Entscheidungen und im Zusammenhang mit Tarifverhandlungen. – Vgl. auch → Löhne und Gehälter.

II. Betriebswirtschaftliche Statistik: Teilgebiet im Rahmen der Statistik von Kostenstruktur und Kostenentwicklung. – Vgl. auch → betriebswirtschaftliche Statistik.

Lohnsteuer – die bei Einkünften aus nichtselbständiger Arbeit durch Abzug vom Arbeitslohn erhobene → Einkommensteuer.

I. Rechtsgrundlagen: §§ 19, 19a, 38–42f EStG; Lohnsteuer-Durchführungs-VO (LStDV), Lohnsteuer-Richtlinien (LStR) und → Lohnsteuertabellen.

II. Ertragshoheit: → Einkommensteuer.

III. Aufgabe: Erfassung des steuerpflichtigen Einkommens bei natürlichen Personen, wenn es ihnen bei unselbstständiger Beschäftigung als Arbeitsentgelt zufließt. Grundlage des fiskalischen Anspruchs sind Bestehen und Inhalt eines vertraglichen Arbeitsverhältnisses.

IV. Wesen: keine Sondersteuer, sondern eine Erhebungsform der → Einkommensteuer in Form des Abzuges unmittelbar an der Einkommensquelle; zunächst nach Maßstab, Höhe und Durchführung weitgehend von der Einkommensteuer gelöst, durch → Lohnsteuer-Jahresausgleich jedoch wieder angeglichen. – Diese Erhebungsform verlagert die Pflicht zur Erhebung und Abführung der Lohnsteuer vom Arbeitnehmer (Steuerschuldner; § 38 II 1 EStG) auf den Arbeitgeber.

V. Lohnsteuerpflicht: Die Lohnsteuer ist bei Arbeitnehmern mit Einkünften aus nichtselbständiger Arbeit (lohnsteuerpflichtige Einkünfte) einzubehalten, die (1) im Inland einen Wohnsitz oder gewöhnlichen Aufenthalt haben (*unbeschränkte Steuerpflicht*) oder (2) im Inland keinen Wohnsitz oder gewöhnlichen Aufenthalt haben, wenn sie entweder im Inland als Arbeitnehmer tätig sind oder ihre ausländische Tätigkeit im Inland verwertet wird (→ beschränkte Steuerpflicht). Zur Einbehaltung verpflichtet sind alle Arbeitgeber, die im Inland einen Betrieb, eine Betriebsstätte, einen ständigen Vertreter oder einen Wohnsitz oder gewöhnlichen Aufenthalt (bzw. Sitz oder Geschäftsleitung) haben; ferner ausländische Arbeitgeber, die gewerbsmäßige → Arbeitnehmerüberlassung betreiben (§ 38 EStG).

VI. Pflichten des Arbeitgebers: (1) Durchführung und Kontrolle des ordnungsgemäßen Lohnsteuerabzugs (Lohnsteuerberechnung) und der Abführung ans Finanzamt; Lohnsteueranmeldungszeitraum ist grundsätzlich der Kalendermonat. Hat die Lohnsteuer für das vorangegangene Jahr zwischen 800 und 3.000 Euro betragen, ist Anmeldezeitraum das Quartal, bei weniger als 800 Euro das Kalenderjahr (§ 41a II EStG). (2) Abgabe von Lohnsteueranmeldungen bei Beginn eines Dienstverhältnisses; (3) Führung des Lohnkontos; (4) Ausfüllung von Lohnsteuerbescheinigungen; (5) Duldung von Lohnsteueraußenprüfungen und Mitwirkungspflicht (§§ 42 ff. EStG).

VII. Pflichten des Arbeitnehmers: (1) Duldung des Lohnsteuerabzugs; (2) Abgabe der Lohnsteuerkarte zu Jahresanfang, ggf. deren Beantragung, v.a. in Fällen, in denen ein zweites oder mehrere Arbeitsverhältnisse eingegangen werden; (3) rechtzeitige Bekanntgabe bei Änderung steuerrelevanter Verhältnisse. Im Fall der schuldhaften Nichtvorlage einer Steuerkarte treten für ihn Nachteile ein: Anwendung der Lohnsteuertabelle nach Steuerklasse VI (§ 39c I EStG).

VIII. Durchführung des Lohnsteuerabzugs beim Arbeitnehmer: 1. Einbehaltung der Lohnsteuer vom *laufenden Arbeitslohn:* Nach Feststellung der Höhe des laufenden Arbeitslohns sind davon abzuziehen: der auf den Lohnzahlungszeitraum entfallende Anteil des → Versorgungsfreibetrags und des → Altersentlastungsbetrags sowie ein etwaiger auf der Lohnsteuerkarte eingetragener Freibetrag (Lohnsteuer-Ermäßigungsverfahren). Der Arbeitslohn des Lohnzahlungszeitraums ist auf einen Jahresarbeitslohn hochzurechnen, der um → Pauschbeträge (je nach Steuerklasse) vermindert wird. Dies ergibt den zu versteuernden Jahresbetrag, auf den der → Einkommensteuertarif (§ 32a EStG) angewendet wird. – 2. Einbehaltung der Lohnsteuer von *sonstigen Bezügen:* Der Arbeitgeber hat den voraussichtlichen Jahresarbeitslohn ohne sonstige Bezüge festzustellen und auf diesen, um die in 1. genannten Freibeträge und evtl. um einen Jahresfreibetrag gekürzt, den Einkommensteuertarif nach Minderung durch Pauschbeträge anzuwenden. Außerdem ist die Lohnsteuer für den maßgebenden Jahresarbeitslohn unter Einbeziehung der sonstigen Bezüge festzustellen. Der Unterschiedsbetrag zwischen den ermittelten Jahreslohnsteuerbeträgen ist die von den sonstigen Bezügen einzubehaltende Lohnsteuer. – Hinsichtlich der *Feststellung des voraussichtlichen Jahresarbeitslohns* ist wie folgt zu verfahren: Ermittlung des Arbeitslohns, der bis zur Zahlung des sonstigen Bezugs bereits zugeflossen ist; Schätzung des bis zum Ablauf des Kalenderjahrs noch zu erwartenden Arbeitslohns; Zusammenrechnung der ermittelten Größen; künftige sonstige Bezüge, mit deren Zufließen bis Ende des Jahres zu rechnen ist, bleiben außer Betracht; künftiger zu erwartender höherer laufender Arbeitslohn (z.B. Gehaltserhöhung) ist zu berücksichtigen, wenn dieser feststeht. – *Ausnahmen von der generellen Besteuerung sonstiger Bezüge:* (1) Sonstige Bezüge, die 150 Euro nicht übersteigen, sind als laufender Arbeitslohn zu behandeln; (2) außerordentliche Einkünfte im Sinn des § 34 I und II Nr. 2 (Entschädigungen) und Nr. 4 (Vergütungen für mehrjährige Tätigkeiten) EStG führen zu einer Ermäßigung der Lohnsteuer (§ 39b III 9 EStG). (3) In einigen Fällen Möglichkeit einer Pauschalierung der Lohnsteuer.

IX. Anmeldung und Abführung: Der Arbeitgeber hat spätestens am zehnten Tag nach Ablauf eines jeden Lohnsteuer-Anmeldungszeitraums (i.d.R. eines Kalendermonats): (1) dem Betriebsstättenfinanzamt eine Steuererklärung einzureichen, in der er die Summe der im betreffenden Zeitraum einzubehaltenden und zu übernehmenden Lohnsteuer angibt (→ Lohnsteueranmeldung), (2) die insgesamt einbehaltene und übernommene Lohnsteuer an das Betriebsstättenfinanzamt abzuführen.

X. Haftung: 1. Der *Arbeitgeber* haftet a) für die Lohnsteuer, die er einzubehalten und abzuführen hat, b) für die Lohnsteuer, die er beim Lohnsteuer-Jahresausgleich zu Unrecht erstattet hat, c) für die aufgrund fehlerhafter Angaben im Lohnkonto, in der Lohnsteuer-Bescheinigung oder im Lohnzettel verkürzte Lohnsteuer. Bei Arbeitnehmerüberlassungen kann der Entleiher unter bestimmten Voraussetzungen haftungsweise für die Lohnsteuer der geliehenen Arbeitnehmer in Anspruch genommen werden (§ 42d EStG). – 2. Der *Arbeitnehmer* kann im Rahmen der Gesamtschuldnerschaft nur in Anspruch genommen werden, wenn a) der Arbeitgeber die Lohnsteuer nicht vorschriftsmäßig vom Arbeitslohn einbehalten hat, b) der Arbeitnehmer weiß, dass der Arbeitgeber die einbehaltene Lohnsteuer nicht vorschriftsmäßig angemeldet hat. – 3. Gegen Arbeitgeber oder Arbeitnehmer werden, wenn sie in Anspruch genommen werden, *Haftungsbescheide* vom Finanzamt erlassen, es sei denn, der Zahlungsverpflichtete hatte die Haftung schriftlich anerkannt oder der Arbeitgeber eine Lohnsteueranmeldung abgegeben.

XI. Lohnsteuer-Jahresausgleich: Erstattung der im Laufe des Jahres zu viel erhobenen Lohnsteuer an die Arbeitnehmer nach Ablauf des Jahres. Er ist von einem Arbeitgeber, der am 31. Dezember des Ausgleichsjahrs mind. zehn Arbeitnehmer beschäftigt, regelmäßig durchzuführen oder durch den Arbeitnehmer beim Finanzamt zu beantragen. Eine → Veranlagung zur Einkommensteuer ist für Arbeitnehmer in bestimmten Fällen zwingend vorgeschrieben, z.B. wenn der Arbeitnehmer neben seinem Arbeitslohn noch andere Einkünfte bezogen hat oder ein Freibetrag auf der Lohnsteuerkarte eingetragen wurde (§ 46 EStG); zu viel einbehaltene Steuern werden erstattet, zu wenig erhobene Steuern nachgefordert. – Vgl. auch → Lohnsteuer-Jahresausgleich.

XII. Elektronisches Verfahren: → Elektronisches Lohnsteuerverfahren.

XIII. Aufkommen: 176.760 Mio. Euro (2008), 167.006 (2007), 122.612,1 Mio. Euro (2006), 133.090, 2 Mio. Euro (2003), 132.189,8 Mio. Euro (2002), 132.625,9 Mio. Euro (2001), 135.733,1 Mio. Euro (2000), 144.542,5 Mio. Euro (1995), 92.581,1 Mio. Euro (1990), 75.482 Mio. Euro (1985), 57.039 Mio. Euro (1980), 36.399 Mio. Euro (1975), 17.939 Mio. Euro (1970), 8.558 Mio. Euro (1965), 4.142 Mio. Euro (1960), 2.251 Mio. Euro (1955), 924 Mio Euro (1950).

Lohnsteuerabzug – eine Aufgabe der → Lohnbuchführung. – Vgl. auch → Lohnsteuerberechnung, → Pauschalierung der Lohnsteuer.

Lohnsteueranmeldung – 1. *Begriff:* Eine Steueranmeldung ist eine Steuererklärung, in der der Steuerpflichtige die Steuer selbst auszurechnen hat (§ 150 I AO); entsprechend ist die Lohnsteueranmeldung die Steuererklärung über die vom Arbeitgeber einbehaltene und anzumeldende Lohnsteuer; ferner bezeichnet man damit auch das Einreichen der Erklärung. – 2. *Fundstellen:* Die Pflicht des Arbeitgebers zur Anmeldung der einbehaltenen → Lohnsteuer regelt § 41a EStG. – 3. *Verpflichtete Personen:* Grundsätzlich jeder Arbeitgeber. Befreit von der Einreichungspflicht sind Arbeitgeber, die keine Arbeitnehmer beschäftigen und dies dem Finanzamt mitteilen. – 4. *Einzureichen* ist die Lohnsteueranmeldung auf elektronischem Weg; die technischen Einzelheiten ergeben sich aus der Steuerdaten-Übermittlungsverordnung. Nur in Härtefällen, in denen die elektronische Übermittlung nicht zumutbar erscheint, kann das Finanzamt auf die elektronische Übermittlung der Lohnsteueranmeldung verzichten. In diesem Fall darf dann der Arbeitgeber die Lohnsteueranmeldung auf amtlichen Vordruck übermitteln; sie ist dann von ihm oder von einer zu seiner Vertretung berechtigten Person zu unterschrieben (§ 41a I EStG). – 5. *Lohnsteuer-Anmeldezeitraum:* I.d.R. ein Kalendermonat; ein Kalendervierteljahr, wenn die im vorangegangenen Kalenderjahr abzuführende Lohnsteuer mehr als 1000 Euro, aber nicht mehr als 4000 Euro betragen hat; ein Kalenderjahr, wenn sie nicht mehr als 1000 Euro betragen hat. – Ein → Verspätungszuschlag bis zu 10 Prozent der endgültig festgestellten Lohnsteuer kann bei nicht rechtzeitiger Abgabe festgesetzt werden; die Abgabe der Lohnsteueranmeldung kann durch Auferlegung eines → Zwangsgeldes erzwungen werden.

Lohnsteuerauskunft – *Anrufungsauskunft;* Auskunft des → Betriebsstättenfinanzamtes auf Antrag eines Beteiligten darüber, ob und inwieweit im einzelnen Fall die Vorschriften über die → Lohnsteuer (nicht: → Kirchensteuer) anzuwenden sind (§ 42e EStG). Auf die Erteilung einer solchen Auskunft besteht ein Anrecht. Die erteilte Auskunft ist gegenüber dem Arbeitgeber bindend; allerdings zählt sie nur für die Lohnsteuer, nicht auch für die spätere Einkommensteuer-Veranlagung des betroffenen Arbeitnehmers durch dessen Wohnsitzfinanzamt. – Anders: → Verbindliche Auskunft (§ 89 II AO).

Lohnsteueraußenprüfung – *Lohnsteuerprüfung;* planmäßig, also nicht nur bei unregelmäßiger Abführung der Lohnsteuer, vom → Betriebsstättenfinanzamt im bestimmten zeitlichen Turnus (i.d.R. zwei Jahre) durchgeführte Prüfung über die ordnungsmäßige Abführung der → Lohnsteuer bei privaten und öffentlichen Arbeitgebern (→ Außenprüfung). – *Prüfungsumfang:* Feststellung der für eine Lohnsteuer in Frage kommenden Arbeitnehmer; Höhe des gezahlten Arbeitslohns einschließlich gezahlter Sachbezüge. Zu wenig gezahlte Lohnsteuer wird durch → Haftungsbescheid nachgefordert. – Neben dem Arbeitgeber ist auch der Arbeitnehmer auf Verlangen bei der Lohnsteueraußenprüfung *mitwirkungspflichtig* (§ 42f EStG).

Lohnsteuerberechnung – Errechnung der einzubehaltenden und abzuführenden → Lohnsteuer vom → Arbeitslohn, durchzuführen nach einer in § 36 II EStG vorgeschriebenen Berechnungsweise. Die Praxis vereinfacht diese Berechnung durch die Benutzung entsprechender → Lohnsteuertabellen oder Computerprogramme. – Gesetzliche, tarifliche oder freiwillige Zuschläge für Mehrarbeit, Sonntagsarbeit etc. sind bis zu bestimmten Höchstbeträgen steuerfrei (§ 3b EStG). – Vgl. auch → Mehrarbeitszuschlag. – *Vereinfachte Lohnsteuerberechnung:* → Pauschalierung der Lohnsteuer.

Lohnsteuerbescheinigung – vom Arbeitgeber für die am Ende des Kalenderjahres bei ihm beschäftigten und für solche Arbeitnehmer, die im Laufe des Jahres bei ihm ausgeschieden sind, auszustellende Bescheinigung (§ 41b EStG). Vordruck einer Lohnsteuerbescheinigung auf der → Lohnsteuerkarte, aber die Bescheinigung erfolgt im Regelfall nicht mehr dort, sondern elektronisch, vgl. unten. – *Anzugeben* sind: (1) Beschäftigungszeit des Arbeitnehmers im Kalenderjahr, (2) Höhe des entsprechenden → Arbeitsentgelts (einschließlich → Sachbezüge), (3) Höhe der abgeführten → Lohnsteuer (ggf. nach der → besonderen Lohnsteuertabelle), (4) Angabe des ausgezahlten Kurzarbeiter- und Schlechtwettergelds sowie die diesen Leistungen entsprechenden Beträge im Sinn des § 32 b II Nr. 1 EStG. – *Befreiung* bei → Teilzeitbeschäftigten oder Arbeitnehmern, bei denen gemäß § 40 oder § 40b EStG in bes. Fällen der Arbeitslohn pauschal besteuert wurde. Ab 2005 ist die klassische Lohnsteuerbescheinigung ersetzt durch die elektronische Lohnsteuerbescheinigung, seitdem händigt der Arbeitgeber dem Arbeitnehmer nur noch einen Ausdruck der elektronischen Lohnsteuerbescheinigung aus; die Lohnsteuerkarte wird dagegen an das Finanzamt übergeben oder vernichtet; das klassische Verfahren wird nur noch in Ausnahmefällen angewandt (§ 41b III EStG). – Vgl. auch → Verdienstbescheinigung, → Lohnsteuerüberweisungsblatt.

Lohnsteuer-Durchführungsverordnung (LStDV 1990) – Steuerrechtsverordnung i.d.F. der Bekanntmachung vom 10.10.1989 m.spät.Änd. Die LStDV enthält Vorschriften über die Besteuerung der Einkünfte aus nichtselbständiger Tätigkeit und die Durchführung des Steuerabzugs vom Arbeitslohn. – Vgl. auch → Lohnsteuer.

Lohnsteuer-Ermäßigungsverfahren – I. Begriff: Das Lohnsteuer-Ermäßigungsverfahren ist ein Teil des Lohnsteuer-(abzug)verfahrens (→ Lohnsteuer), durch das der Bezieher der Einkünfte aus nichtselbständiger Arbeit das Recht erhält, unter bestimmten Voraussetzungen einen Freibetrag auf der → Lohnsteuerkarte eintragen zu lassen (§ 39a EStG). Der Steuerpflichtige braucht somit nicht den → Lohnsteuer-Jahresausgleich abzuwarten, um seine individuell abzugsfähigen Beträge geltend zu machen, sondern kann seine regelmäßig zu zahlende Lohnsteuer schon während des laufenden Kalenderjahrs durch einen förmlichen Antrag beim zuständigen Wohnsitzfinanzamt ermäßigen lassen.

II. Zielsetzung: → Werbungskosten und → Sonderausgaben gehen ohne Vorliegen eines bes. Antrags nur in Form von Pauschalen in die Berechnung der Lohnsteuer ein. Dies führt bei tatsächlichen höheren Werbungskosten oder Sonderausgaben oder bei der Existenz von → außergewöhnlichen Belastungen eines steuerpflichtigen Arbeitnehmers zu *Nachteilen im Vergleich zu Beziehern anderer Einkunftsarten,* die Ausgaben im Rahmen ihrer Einkommensteuervorauszahlungen geltend machen können. Durch das Lohnsteuer-Ermäßigungsverfahren können die während des Kalenderjahrs zu entrichtenden Lohnsteuerbeträge der sich voraussichtlich durch den → Lohnsteuer-Jahresausgleich bzw. durch die Veranlagung zur Einkommensteuer ergebenden Jahressteuer der Höhe nach angepasst werden. – Bei der Ausstellung der Lohnsteuerkarte durch die zuständige Gemeinde werden *von Amts wegen* nach Anweisung des Finanzamts Pauschbeträge für Körperbehinderte und Pauschbeträge für Hinterbliebene (s. hierzu allg. → Pauschbeträge) in einer Summe eingetragen.

III. Berücksichtigungsfähige Beträge: 1. *Einen Mindestbetrag voraussetzende Eintragungen:* Auf Antrag des Arbeitnehmers kann die Eintragung eines Freibetrags auf der Lohnsteuerkarte erfolgen, wenn die Werbungskosten, die bei den Einkünften aus nichtselbständiger Arbeit anfallen, bestimmte Sonderausgaben und außergewöhnliche Belastungen die jeweiligen Pauschbeträge und insgesamt 600 Euro übersteigen. – 2. *Keinen Mindestbetrag voraussetzende Eintragungen:* Ohne Voraussetzung eines Mindestbetrags kann ein Freibetrag auf der Lohnsteuerkarte eingetragen werden bei nicht ausgeglichenen Verlusten, bei selbstbewohntem Wohneigentum, bei der Inanspruchnahme der Steuervergünstigung der § 34f EStG, § 35a EStG sowie bei negativer Summe der Einkünfte aus Kapitalvermögen und bei negativen Einkünften aus Kapitalvermögen (wobei letztere seit Einführung der Abgeltungssteuer kaum noch vorkommen können, im Gesetzestext aber noch genannt sind).

IV. Verfahrensrechtliche Grundsätze: Ein Antrag auf Lohnsteuerermäßigung kann bis zum 30. November des Kalenderjahres gestellt werden, für das die Lohnsteuerkarte gilt. – Bei der Freibetragseintragung auf der Lohnsteuerkarte handelt es sich um eine *gesonderte Feststellung einer Besteuerungsgrundlage* im Sinn des § 179 I AO, die unter dem Vorbehalt der Nachprüfung steht. D.h., dass auch eine rückwirkende Änderung ohne Vorliegen der Voraussetzungen gemäß §§ 172 ff. AO möglich ist.

Lohnsteuerhilfeverein – 1. *Begriff:* Selbsthilfeeinrichtung von Arbeitnehmern zur Hilfeleistung in Lohnsteuersachen für ihre Mitglieder (§ 13 I StBerG). – 2. *Anerkennung* (§§ 14–20 StBerG): erfolgt bei Erfüllung der satzungsmäßigen Voraussetzungen und Abschluss einer Haftpflichtversicherung auf Antrag durch die Oberfinanzdirektion, in deren Bezirk der Verein seinen Sitz hat. Die Anerkennung erlischt durch Auflösung des Vereins, Verzicht auf Anerkennung und Verlust der Rechtsfähigkeit. Die Oberfinanzdirektion kann die Anerkennung unter den Voraussetzungen des § 20 StBerG zurücknehmen oder widerrufen. – 3. *Pflichten* (§§ 21–26 StBerG): Der Lohnsteuerhilfeverein hat Aufzeichnungen zu führen und diese Aufzeichnungen jährlich durch Geschäftsprüfer prüfen zu lassen. Die Hilfeleistung ist sachgemäß, gewissenhaft, verschwiegen und unter Verzicht auf Werbung auszuüben. Die Beratungsstellen des Lohnsteuerhilfevereins müssen durch eine sachgemäße Person geleitet werden. – 4. *Aufsicht* (§§ 27–30 StBerG): Die Mitglieder des Vorstandes und Personen, denen sich der Lohnsteuerhilfeverein bei der Hilfeleistung bedient, haben der Oberfinanzdirektion als Aufsichtsbehörde u.a. Auskunft zu geben und Akten vorzulegen. Die Aufsichtsbehörde kann in den Geschäftsräumen Prüfungen vornehmen.

Lohnsteuer-Jahresausgleich – I. Begriff: Das einkommensteuerliche Verfahren, mit dem Arbeitnehmer überschüssige einbehaltene Lohnsteuern erstattet bekommen können. Der Begriff „Lohnsteuerjahresausgleich" deckt im Grunde zwei Verfahrensarten ab: den Lohnsteuer-Jahresausgleich durch den Arbeitgeber (§ 42b EStG, insoweit noch offizielle Bezeichnung) und den Lohnsteuer-Jahresausgleich durch das Finanzamt (insoweit ist Lohnsteuer-Jahresausgleich zwar auch heute noch die allg. übliche Bezeichnung, war aber nur bis Anfang der 1990er-Jahre die offizielle Bezeichnung des Verfahrens; seitdem wird dieser Vorgang offiziell als Antragsveranlagung bezeichnet).

II. Allgemeiner Hintergrund der Regelung: 1. *Ausnahme von der allg. Steuererklärungspflicht für zahlreiche Arbeitnehmer:* Grundsätzlich sind alle unbeschränkt steuerpflichtigen Personen verpflichtet, jährlich eine Steuererklärung abzugeben (§ 26 EStG). Für unbeschränkt steuerpflichtige Arbeitnehmer, d.h. für alle Personen, bei denen das steuerpflichtige Einkommen ganz oder teilweise aus Einkünften aus nichtselbständiger Arbeit besteht, ist dieser Grundsatz jedoch durchbrochen: Arbeitnehmer müssen eine Jahressteuererklärung nur in bestimmten Sonderfällen abgeben, die in § 46 EStG im Einzelnen aufgeführt sind und, da sie sehr technischer Natur sind, dort bei Bedarf nachgeschlagen werden sollten. Ziel dieser Regelung ist es, der Verwaltung (und den betroffenen Arbeitnehmern, für die das Ausfüllen einer Steuererklärung oft ja erheblichen Aufwand bedeutet) „überflüssige" Verwaltungsarbeit zu ersparen in Fällen, in denen die während des Jahres einbehaltene Lohnsteuer normalerweise die gesamte geschuldete Einkommensteuerschuld ohnehin im Wesentlichen abdecken müsste. Wird somit eine Steuererklärung nicht verlangt und eine Jahressteuerschuld nicht mehr durch Veranlagung berechnet, bleibt die während des Jahres vereinnahmte Lohnsteuer folglich endgültig, und die ESt ist damit pauschal erledigt (§ 46 IV EStG). – 2. *Grund für ein Wahlrecht auf Veranlagung*: Weil der Gesetzgeber nur deshalb auf die Veranlagung verzichtet, weil er davon ausgeht, dass es nur um unwesentliche Beträge geht, könnte es Arbeitnehmer benachteiligen, wenn die Veranlagung für sie außer in den in § 46 EStG genannten Fällen zwangsweise ausgeschlossen würde. Es sind z.B. Fälle ohne Weiteres denkbar, bei denen die während des Jahres einbehaltene Lohnsteuer die gesetzlich geschuldete Jahreseinkommensteuer durchaus auch deutlich übersteigen könnte; für diese Fälle wäre es unangemessen, die Durchführung einer Veranlagung zu verweigern. Daher räumt der Gesetzgeber allen Arbeitnehmern, die nicht schon von § 46 II Nr. 1-7 EStG ausnahmsweise zur Abgabe einer Steuererklärung verpflichtet sind, das Recht ein, freiwillig eine Jahressteuererklärung abzugeben und die gesetzlich geschuldete Jahressteuerschuld bestimmen zu lassen; überschüssige Lohnsteuer-Beträge werden dann erstattet (offizielle Bezeichnung: Antragsveranlagung; § 46 II Nr. 8 EStG).

III. Lohnsteuer-Jahresausgleich durch den Arbeitgeber: 1. *Grundprinzip*: In einer erheblichen Vielzahl von Fällen ergeben sich Überzahlungen der Lohnsteuer über die gesetzlich geschuldete Höhe der Jahreseinkommensteuer zwangsläufig dadurch, dass die Höhe der monatlichen Bezüge während des Kalenderjahrs geschwankt hat, z.B. infolge von Lohnerhöhungen oder ähnlichen Effekten; denn weil die monatliche Lohnsteuer stets auf der Annahme beruht, der in diesem Monat bezogene Lohn sei auch in allen anderen Monaten des Jahres bezogen worden, ist die Progression, die dem Lohnsteuerabzug zugrunde liegt, in solchen Fällen immer im Vergleich zum wirklich angefallenen Jahreseinkommen zu hoch. Um in diesen einfach gelagerten Fällen der Finanzverwaltung und auch den betroffenen Arbeitnehmern unnötige Arbeit zu ersparen, sieht das Gesetz vor, dass der Arbeitgeber in einigen Fällen von sich aus einen Lohnsteuerjahresausgleich vorzunehmen hat. Dieser führt zwar schon den Abbau der genannten progressionsbedingten Überzahlungen herbei, hat aber insoweit keinen endgültigen Charakter, als das Wahlrecht der betroffenen Arbeitnehmer, eine reguläre Einkommensteuerveranlagung durch das Finanzamt zu beantragen, bestehen bleibt. – 2. *Durchführung*: Der Arbeitgeber, der einen Lohnsteuerjahresausgleich durchführt, tut dies ohne bes. Antrag des Arbeitnehmers von sich aus und zahlt den Erstattungsbetrag dadurch an den Arbeitnehmer aus, dass er ihm vom laufenden Lohn in der Zeit vom letzten Lohnzahlungszeitraum des auszugleichenden Jahres bis einschließlich Monat März des folgenden Jahres in Höhe des Differenzbetrags weniger an Lohnsteuer einbehält und auch nur diesen geringen Betrag an die Finanzbehörden abführt (Aufrechnung). Innerbetriebliche Verrechnung mit Lohnsteuerbeträgen anderer Arbeitnehmer und Barzahlung ist bei entsprechender Buchung auf dem → Lohnkonto zulässig. – 3. *Durchführungspflicht:* Arbeitgeber mit mind. zehn Arbeitnehmern am 31. Dezember des Ausgleichjahrs müssen den Ausgleich durchführen; bei weniger als zehn Beschäftigten und bei unständiger Beschäftigung, wenn die beschäftigungslose Zeit nicht durch amtliche Unterlagen (z.B. Arbeitslosen-Meldekarte) nachgewiesen wird, kann der Arbeitnehmer an das zuständige Finanzamt verwiesen werden. § 42b EStG. – 4. *Keine Durchführung* durch den Arbeitgeber ist in Fällen erlaubt, in denen ein Lohnsteuer-Jahresausgleich aus der Sicht des Gesetzes unerwünscht erscheint, z.B. weil der Fall komplex gelagert ist oder zur Berechnung der Jahressteuerschuld Daten erforderlich sind, über die der Arbeitgeber nicht verfügt. Demnach hat ein Lohnsteuer-Jahresausgleich durch den Arbeitgeber zu unterbleiben, wenn: (1) der Arbeitnehmer es beantragt, (2) der Arbeitnehmer im Ausgleichsjahr ständig oder zeitweise nach den Steuerklassen II, III, IV, V oder VI zu besteuern war oder das Faktorverfahren anzuwenden war, (3) auf der Lohnsteuerkarte des Arbeitnehmers ein Freibetrag oder ein Hinzurechnungsbetrag eingetragen ist oder (4) der Arbeitnehmer im Ausgleichsjahr Kurzarbeiter-, Schlechtwetter- oder Winterausfallgeld, Zuschuss zum Mutterschaftsgeld oder bestimmte andere Bezüge erhalten hat (Einzelheiten s. § 42b I Nr. 4 EStG), (5) im Lohnkonto oder der LST-Karte mind. einmal der Buchstabe „U" eingetragen worden ist oder (6) es Besonderheiten bei der Vorsorgepauschale gegeben hatte, – (7) der Arbeitnehmer im Ausgleichsjahr ausländische Einkünfte aus nichtselbständiger Arbeit bezogen hat, die nach einem Doppelbesteuerungsabkommen (DBA) oder unter Progressionsvorbehalt nach § 34c V EStG von der Lohnsteuer freigestellt waren. Ferner ist der Lohnsteuer-Jahresausgleich ausgeschlossen, wenn der Arbeitnehmer während des Jahres teilweise rentenversicherungspflichtig und teilweise rentenversicherungsfrei beschäftigt war (Konkurrenz von → allgemeiner Lohnsteuertabelle und bes. Lohnsteuertabelle). Ein Lohnsteuer-Jahresausgleich hat außerdem stets zu unterbleiben bei → Steuerausländern.

IV. Lohnsteuer-Jahresausgleich durch das Finanzamt (Antragsveranlagung, § 46 II Nr. 8 EStG): Der Lohnsteuer-Jahresausgleich durch das Finanzamt, offiziell nur noch als „Antragsveranlagung" bezeichnet, entspricht der Abgabe einer ganz normalen Einkommensteuerjahreserklärung mit anschließendem Erhalt eines Einkommensteuerbescheides. Dabei werden die einbehaltenen Lohnsteuern auf die Jahreseinkommensteuerschuld angerechnet und evtl. Überschüsse werden dem Arbeitnehmer erstattet. Der Antrag wird einfach dadurch gestellt, dass der Arbeitnehmer nach dem Veranlagungszeitraum eine Einkommensteuererklärung abgibt; hierbei muss darauf geachtet werden, dass die Fristen für die Festsetzung der Einkommensteuer noch nicht abgelaufen sind. Frühere bes. Fristen für die Antragsveranlagung sind aufgehoben worden.

V. Pfändung: Bei Pfändung des Lohnsteuer-Erstattungsanspruchs ist nach Auffassung der Finanzverwaltung der sonst für die Lohnpfändung geltende Pfändungsschutz nicht anzuwenden, die Forderung ist ohne Beschränkung pfändbar.

VI. Beschränkt steuerpflichtige Arbeitnehmer (Steuerausländer mit Lohneinkünften aus dem Inland): 1. *Grundregel*: Bei beschränkt steuerpflichtigen Arbeitnehmern gilt als Grundregel, dass der Lohnsteuerabzug durch den Arbeitgeber endgültig ist und die dt. Einkommensteuerschuld für die betreffenden Einkünfte aus nichtselbständiger Arbeit dadurch auf pauschale Weise erledigt ist (§ 50 II Satz 1 EStG). Diese Regelung ist zwingend, und die betreffenden Lohneinkünfte würden auch selbst dann nicht mehr vom Finanzamt berücksichtigt werden, wenn der Betroffene aus anderen Gründen doch noch eine Steuererklärung in Deutschland abzugeben hätte; vielmehr würde er dann nur noch mit den Einkünften veranlagt, die noch nicht der Lohnsteuer unterlegen haben. *Beispiel:* Ein beschränkt steuerpflichtiger Arbeitnehmer, der in Deutschland Lohneinkünfte von 60.000 Euro erzielt hatte und außerdem auch noch Mieteinkünfte aus einer dt. Immobilie in Höhe von 10.000 Euro hatte, muss wegen der Mieteinkünfte zwar noch eine dt. ESt-Erklärung abgeben, es werden bei der Veranlagung jedoch die Lohneinkünfte nicht berücksichtigt, da deren Besteuerung durch den Lohnsteuerabzug bereits erledigt ist (§ 50 II Satz 1 EStG). – 2. Der Lohnsteuer-*Jahresausgleich durch den Arbeitgeber* ist bei beschränkt steuerpflichtigen Arbeitnehmern generell verboten. – 3. *Ausnahmen, in denen eine Veranlagung mit den Lohneinkünften durch das Finanzamt dennoch möglich ist:* Ein allg. Wahlrecht auf einen Lohnsteuer-Jahresausgleich bzw. eine Antragsveranlagung gibt es nicht, wenn der Steuerpflichtige nur beschränkt steuerpflichtig ist. Es bedarf daher in allen Fällen, in denen ein beschränkt Steuerpflichtige eine Veranlagung erreichen will, einer ausdrücklichen gesetzlichen Sonderregelung. Im Einzelnen gilt: a) Die Abgabe einer Jahreseinkommensteuererklärung mit anschließender Veranlagung durch das Finanzamt ist *zwingend*, wenn (1) zwar eine Arbeitstätigkeit im Inland ausgeübt wurde, es aber keinen Lohnsteuereinbehalt gegeben hat, weil die Tätigkeit nicht für einen inländischen Arbeitgeber ausgeführt wurde, oder (2) wenn der Betroffene im Kalenderjahr von der unbeschränkten Steuerpflicht zur beschränkten Steuerpflicht gewechselt hat oder umgekehrt (§ 2 VII EStG, § 50 II Nr. 3 EStG), oder (3) beim Lohnsteuereinbehalt *irrtümlich* davon ausgegangen worden war, der Arbeitnehmer sei unbeschränkt steuerpflichtig; das gilt allerdings nur dann, wenn diese Annahme sich auf eine unbeschränkte Steuerpflicht nach den Sonderregeln der § 1 II, § 1 III oder § 1a EStG bezieht (§ 50 II Satz 2 Nr. 2 EStG) oder (4) das Finanzamt auf der dem beschränkt Steuerpflichtigen erteilten Bescheinigung für Lohnsteuerzwecke einen Freibetrag oder einen Hinzurechnungsbesteuerung oder ähnliche Eintragungen vorgenommen hat (§ 39d II EStG). – b) Die Einbeziehung der Lohneinkünfte in die Veranlagung eines beschränkt steuerpflichtigen

Arbeitnehmers ist außerdem dann möglich, wenn dieser ein Staatsangehöriger eines Mitgliedstaates der EU oder des übrigen Europäischen Wirtschaftsraums (EWR; Island, Liechtenstein und Norwegen) ist und auch im Gebiet eines dieser Staaten wohnt, sofern er die Veranlagung beantragt (§ 50 II Nr. 4b EStG); diese Regelung ist aus EG-rechtlichen Gründen zwingend, da der Steuergesetzgeber ansonsten gegen das Diskriminierungsverbot im EG-Vertrag und EWR-Vertrag verstoßen würde. – 4. *Terminologisches*: Bei einem Antrag eines beschränkt Steuerpflichtigen auf Veranlagung mit seinen Lohneinkünften ist es bisher allg. eher unüblich, von „Lohnsteuer-Jahresausgleich" oder „Antragsveranlagung" zu sprechen. – 5. *Zu unterscheiden* von einem Antrag eines beschränkt Steuerpflichtigen auf Veranlagung mit seinen Lohneinkünften (z.B. nach § 50 I Nr.4b EStG, s.oben) ist der Antrag eines beschränkt Steuerpflichtigen, als unbeschränkt Steuerpflichtiger behandelt zu werden, ein Antrag, der unter den Voraussetzungen der §§ 1 III, 1a EStG gestellt werden kann; denn dieser Antrag verändert den Status des Steuerpflichtigen grundlegend, sodass er gemäß den Regelungen für die unbeschränkte Steuerpflicht veranlagt wird, während die Berechnung der Jahreseinkommensteuerschuld in den vorgenannten Fällen (Antrag auf Veranlagung als beschränkt Steuerpflichtiger) nach den Regeln für die beschränkte Steuerpflicht erfolgt. Die Bedeutung der Unterscheidung liegt darin, dass bei der Veranlagung als beschränkt Steuerpflichtiger die persönlichen Verhältnisse nicht steuermindernd berücksichtigt werden.

Lohnsteuerkarte – Der Vorläufer der heutigen elektronischen Lohnsteuerabzugsmerkmale, ein Papierdokument, wurde letztmalig für das Kalenderjahr 2010 ausgestellt, behielt aber teilweise bis ins Jahr 2013 ihre Gültigkeit infolge von technischen Problemen bei der Einführung des neuen Verfahrens. Die Lohnsteuerkarte wurde für jeden Arbeitnehmer von der Gemeinde ausgestellt und enthielt Angaben zu den steuerlich relevanten Merkmalen wie Familienstand, Religionszugehörigkeit, etc. Besondere Freibeträge z.B. für erhöhte Werbungskosten konnten auf Antrag durch die Finanzbehörden eingetragen werden. Die Lohnsteuerkarte musste dem Arbeitgeber bei Beginn eines Dienstverhältnisses oder zu Beginn eines Kalenderjahres vorgelegt werden; geschah das nicht, so war die Lohnsteuer auf Grundlage der (ungünstigsten) Lohnsteuerklasse VI zu erheben. Bei mehrfachen Dienstverhältnissen musste zusätzlich eine weitere Lohnsteuerkarte beantragt werden. – In der Übergangszeit zwischen letzter Ausstellung der Lohnsteuerkarten (2010) und endgültiger Einführung des neuen Systems der elektronischen Steuerabzugsmerkmale wurde für Personen, deren Lohnsteuerkarte verloren gegangen war oder die aus anderen Gründen keine besaßen, bei Bedarf von den Finanzämtern eine *Bescheinigung* ausgestellt, die die Karte ersetzt.

Lohnsteuerklassen – Einordnung der unbeschränkt einkommensteuerpflichtigen Arbeitnehmer in sechs Lohnsteuerklassen (§ 38b EStG): *Steuerklasse I:* Arbeitnehmer, die (1) ledig oder (2) verheiratet, verwitwet oder geschieden sind und bei denen die Voraussetzungen für die Steuerklassen III oder IV nicht erfüllt sind. – *Steuerklasse II:* Die unter Steuerklasse I bezeichneten Arbeitnehmer, wenn bei ihnen ein → Entlastungsbetrag für Alleinerziehende (§ 24b EStG) zu berücksichtigen ist. – *Steuerklasse III:* Arbeitnehmer, die verheiratet sind, wenn beide Ehegatten unbeschränkt einkommensteuerpflichtig sind, nicht dauernd getrennt leben und (1) der Ehegatte des Arbeitnehmers keinen Arbeitslohn bezieht oder (2) der Ehegatte des Arbeitnehmers auf Antrag beider Ehegatten in die Steuerklasse V eingereiht wird. Verwitwete Arbeitnehmer für das Kalenderjahr, das dem Kalenderjahr folgt, in dem der Ehegatte verstorben ist. Arbeitnehmer, deren Ehe aufgelöst ist, unter bestimmten Voraussetzungen für das Kalenderjahr, in dem die Ehe aufgelöst worden ist. – *Steuerklasse IV:* Arbeitnehmer, die verheiratet sind, wenn beide Ehegatten unbeschränkt einkommensteuerpflichtig sind, nicht dauernd getrennt leben und der Ehegatte des Arbeitnehmers ebenfalls Arbeitslohn bezieht. – *Steuerklasse V:* Die unter Steuerklasse IV bezeichneten Arbeitnehmer, wenn der Ehegatte des Arbeitnehmers auf Antrag beider Ehegatten in die Steuerklasse III eingereiht wird. – *Steuerklasse VI:* Arbeitnehmer, die nebeneinander von mehreren Arbeitgebern Arbeitslohn beziehen (→ mehrere Dienstverhältnisse), für die Einbehaltung der Lohnsteuer vom Arbeitslohn aus dem zweiten und jedem weiteren Dienstverhältnis.

lohnsteuerliches Ordnungsmerkmal – *eTIN;* eine Kennzahl, die nach einem amtlichen Verfahren für die Durchführung des → elektronischen Lohnsteuerverfahrens aus dem Namen, Vornamen und Geburtsdatum des Arbeitnehmers gebildet werden musste. Das lohnsteuerliche Ordnungsmerkmal durfte nur verwendet werden für die Zuordnung der → elektronischen Lohnsteuerbescheinigung zu dem betreffenden Arbeitnehmer oder für sonstige Zwecke des Besteuerungsverfahrens (§ 41b II EStG). Ab Vergabe der steuerlichen Identifikationsnummern nach § 139b AO ist nur noch die Verwendung der Steueridentiikationsnummer erlaubt; dieser Zeitpunkt hat sich durch technische Schwierigkeiten länger verzögert als ursprünglich geplant (bis Oktober 2010).

Lohnsteuerpauschalierung → Pauschalierung der Lohnsteuer.

Lohnsteuerpflicht – 1. *In subjektiver Hinsicht:* Die Pflicht, vom Arbeitslohn der Arbeitnehmer → Lohnsteuer einzubehalten; sie trifft inländische Arbeitgeber (§ 38 EStG) und ausländische Firmen, die Leiharbeiter ins Inland überlassen. – 2. *In sachlicher Hinsicht* bezeichnet man als lohnsteuerpflichtig auch diejenigen Bezüge (Zahlungen), für die ein Arbeitgeber die Lohnsteuer einzubehalten hat; in diesem

Sprachgebrauch geht es also um die Frage, ob Zahlungen überhaupt nicht der Lohnsteuer unterliegen (z.B. Zahlungen an selbstständige Geschäftspartner) oder ausnahmsweise von der Lohnsteuerpflicht befreit sind (z.B. aufgrund von Steuerbefreiungen oder anderen Sonderregelungen).

lohnsteuerpflichtige Einkünfte – alle in Geld oder Geldeswert bestehenden Einnahmen, die einem Arbeitnehmer aus einem → Dienstverhältnis oder einem früheren Dienstverhältnis zufließen. – Vgl. auch → Arbeitslohn.

Lohnsteuerprüfung → Lohnsteueraußenprüfung.

Lohnsteuer-Richtlinien (LStR) – Verwaltungsanordnungen zum Lohnsteuerrecht, die hauptsächlich Entscheidungen der → Finanzgerichte sowie Erörterungen von Zweifelsfragen zur Beachtung durch die → Finanzverwaltung, die an diese Anweisungen (im Gegensatz zu den Gerichten) gebunden ist, enthalten. Lohnsteuer-Richtlinien können für die richtige Anwendung des Lohnsteuerrechts auch für die Vergangenheit herangezogen werden. – Die Lohnsteuerpflichtigen selbst sind an die in den LStR geäußerten Rechtsmeinungen nicht gebunden; sie können vielmehr gegen eine Entscheidung der Verwaltung, die auf einer solchen Meinung beruht, mit Einspruch und später auch Klage vorgehen. – *Derzeitige Fassung*: LStR 2011 vom 23.11.2010. – *Ergänzung der Lohnsteuer-Richtlinien:* Lohnsteuer-Hinweise. *Zu beachten* ist, dass sich weitere Erläuterungen des Bundesfinanzministeriums zum Inhalt des Einkommensteuergesetzes auch in den Einkommensteuer-Richtlinien finden können (EStR).

Lohnsteuertabelle – Tabelle, in der für jede Höhe des Arbeitslohns unter Berücksichtigung der → Lohnsteuerklassen und → Kinderfreibeträge die entsprechende → Lohnsteuer abzulesen ist. Mit Wegfall des § 38c EStG ist das Bundesministerium der Finanzen (BMF) seit dem 1.1.2001 nicht mehr verpflichtet, Lohnsteuertabellen aufzustellen, heutzutage zu erwerbende Tabellen sind also nicht mehr amtlich. – *Abgeleitet aus den Einkommensteuertabellen* (→ Einkommensteuer-Grundtabelle, → Einkommensteuer-Splittingtabelle): Die Beträge, die für einen bestimmten Zeitraum zu zahlen sind, werden auf einen Jahreslohn hochgerechnet und anhand dessen, unter Berücksichtigung bestimmter Freibeträge und Pauschalbeträge, die von der Jahressteuer auf die auf den Lohnzahlungszeitraum anteilig entfallende Steuer geschlossen. Da je nach persönlichen Verhältnissen des Steuerpflichtigen unterschiedliche Frei- und Pauschalbeträge Anwendung finden und auch die Steuerprogression von den persönlichen Verhältnissen abhängig ist (→ Zusammenveranlagung oder nicht), werden zur Vereinfachung Steuerklassen gebildet.

Lohnsteuerüberweisungsblatt – Erteilung einer → Lohnsteuerbescheinigung nach einem entsprechenden amtlich vorgeschriebenen Vordruck, wenn dem Arbeitgeber keine → Lohnsteuerkarte vorliegt.

Lohnstopp – staatliches Verbot, → Arbeitsentgelte über die an einem bestimmten Stichtag geltenden hinaus zu erhöhen. Ein Lohnstopp gilt in der Praxis als letztes Mittel, um eine → Lohn-Preis-Spirale zu brechen, die außer Kontrolle zu geraten droht.

Lohnstreifen – Form des Lohnabrechnungsbelegs (→ Lohnbuchführung), der dem Arbeitnehmer nach § 41b EStG auszuhändigen ist; fiel in der historischen Lohndurchschreibebuchführung als Durchschrift der Eintragung auf dem → Lohnkonto oder der → Lohnliste an; heute i.d.R. auf elektronischem Wege erzeugt.

Lohnstruktur – Die Betrachtung der Lohnstruktur konzentriert sich auf die Lohndifferenzen, die durch interpersonelle Leistungs- und Qualifikationsunterschiede und durch die Unterschiedlichkeit der Berufe bedingt sind. Neben diesen „erlaubten" Lohndifferenzen sind aber auch interregionale, interbetriebliche und interindustrielle Unterschiede von Interesse.

Lohnstrukturerhebungen → Verdienststrukturerhebung.

Lohnstrukturpolitik → Einkommenspolitik.

Lohnstrukturtheorie – 1. *Begriff:* Theorie, die individuelle und gruppenbezogene Verdienstunterschiede und deren Veränderungen durch die Existenz bestimmter Merkmale, wie Ausbildung, Qualifikation, Beruf, Sektorzugehörigkeit, Region, Betriebsgröße, Geschlecht und Alter, erklärt. – 2. *Folge:* Im Rahmen der Analyse der intersektoralen Lohnstruktur werden die Durchschnittsverdienste zwischen verschiedenen Wirtschaftszweigen, bei der intrasektoralen Lohnstruktur die Lohndifferenziale innerhalb eines Wirtschaftszweiges verglichen. In der Sichtweise der → Humankapitaltheorien (→ Arbeitsmarkttheorien) verursachen Ausbildungs- und Qualifikationsunterschiede über Produktivitätsunterschiede Differenzen in den individuellen Einkommen: Die Hierarchie der Einkommen bestimmt sich in diesem Fall nach der Höhe der getätigten Investitionen in Humankapital.

Lohnstückkosten – gesamtwirtschaftlich die Relation zwischen → Arbeitnehmerentgelt je beschäftigten Arbeitnehmer zum → Bruttoinlandsprodukt (BIP) in konstanten Preisen je Erwerbstätigen. Dadurch, dass im Zähler auf die beschäftigten Arbeitnehmer, im Nenner auf die Gesamtzahl der Erwerbstätigen gezogen wird, sind in dieser Formel die kalkulatorischen Löhne der Selbstständigen berücksichtigt. Für die Wirtschaftsbereiche wird das Arbeitnehmerentgelt auf die (unbereinigte) Wertschöpfung bezogen.

Lohnstufen → Lohngruppenmerkmale, → Arbeitsbewertung.

Lohnsummensteuer – Die Lohnsummensteuer war bis einschließlich 1979 eine Erhebungsform der → Gewerbesteuer. Die Lohnsumme konnte unter Zustimmung der Landesregierung von den Gemeinden als Besteuerungsgrundlage gewählt werden. Durch das Steueränderungsgesetz 1979 wurde die Lohnsummensteuer ab 1.1.1980 abgeschafft.

Lohntarif → Lohntarifvertrag, → Tarif≤lohn.

Lohntarifvertrag – ein i.d.R. mit kürzerer Laufzeit als der → Manteltarifvertrag abgeschlossener → Tarifvertrag, in dem die Höhe der einzelnen Vergütungssätze geregelt ist.

Lohntheorien – 1. *Begriff:* Theorien über Höhe, Bestimmungsgründe und Entwicklung des Lohnes. – 2. *Formen:* a) *Klassische Lohntheorie* (Smith, Ricardo): Im Mittelpunkt steht der langfristige → natürliche Lohn. Dieser wird im Wesentlichen vom Subsitenzniveau bestimmt, das nicht nur biologisch, sondern auch sozial determiniert und damit historisch veränderlich ist. Die Eigenschaft der Löhne, in Richtung des Subsistenzniveaus zu tendieren, wurde über ein starkes Bevölkerungswachstum (Thomas Malthus) begründet, das einsetzt, sobald sich die soziale Lage der Arbeiter deutlich verbessert. Dadurch wird der Lohn wieder auf sein früheres Niveau reduziert. Der kurzfristige Marktlohn ergibt sich aus Arbeitsangebot und -nachfrage und pendelt teilweise erratisch um den natürlichen Lohn (→ Subsistenzmittelfondstheorie des Lohnes). – b) *Marxsche Lohntheorie:* → Marx sah einen anderen Grund für die Tendenz der Löhne, langfristig auf dem Subsitenzniveau zu verharren: Die Kapitalakkumulation und der arbeitsparende Charakter des technischen Fortschritts lassen eine industrielle Reservearmee entstehen, die bewirkt, dass die Löhne das Subsitenzniveau langfristig nicht verlassen können. – c) → Lohnfondstheorien. – d) *Kollektive Verhandlungstheorien des Lohnes:* Durch Berücksichtigung der institutionellen Gegebenheiten auf dem Arbeitsmarkt sollen die Erwartungen und Handlungsweisen der Tarifpartner in den Katalog der Bestimmungsfaktoren des Lohnes einbezogen werden. – e) *Grenzproduktivitätstheorie* (→ Grenzproduktivitätstheorie der Verteilung). – *f)* → *Machttheorie.* – Für einen Überblick der Lohntheorien in den ökonomischen Denkschulen vgl. → Verteilungstheorie.

Lohn- und Einkommensteuerstatistik – Teil des Systems der → Steuerstatistiken; die alle drei Jahre durchgeführte Lohn- und Einkommensteuerstatistik dient der Beurteilung der Wirkung der Einkommensteuer. Neben rein steuerlichen Betrachtungen können mit ihr auch Untersuchungen der Einkommensverteilung durchgeführt werden. Daneben stehen fiskalpolitische Zielsetzungen. Anhand der Einkommensteuerstatistik erfolgen die Zerlegung der Lohnsteuer sowie die Verteilung des Gemeindeanteils an der Einkommensteuer. Erhoben werden von den steuerpflichtigen natürlichen Personen Variablen wie Bruttolohn, Einkünfte, (zu versteuerndes) Einkommen, Sondervergünstigungen, Lohn-, Einkommen- und Kirchensteuer und vermögenswirksame Leistungen einschließlich Arbeitnehmer-Sparzulage und unterschiedliche soziodemografische Merkmale. Die Ergebnisse der Lohn- und Einkommensteuerstatistik werden u.a. auch zur Vervollständigung und Revision der → Volkswirtschaftlichen Gesamtrechnungen (VGR) verwendet. Neben der dreijährliche Lohn- und Einkommensteuerstatistik existiert eine jährliche → Einkommensteuerstatistik. Diese sind eng miteinander verbunden. Unterschiede bestehen in der Periodizität und im Berichtsweg. Daneben enthält die dreijährliche Lohn- und Einkommensteuerstatistik Angaben zu Steuerpflichtigen ohne Einkommensteuerveranlagung und führt eine detailliertere Plausibilitätskontrolle durch als die jährliche Einkommensteuerstatistik.

Lohn- und Gehaltsabrechnung → Lohnbuchführung.

Lohn- und Gehaltskonten – laufende Konten von Arbeitnehmern bei von diesen gewählten Kreditinstituten zur Abwicklung der bargeldlosen Lohn- und Gehaltszahlung.

Lohnveredelung – I. Außenwirtschaftsrecht: Form des Dienstleistungsverkehrs (→ Veredelung). → Rechtsgeschäfte über Lohnveredelung sind auch im → Außenwirtschaftsverkehr frei; Rechtsgeschäfte über aktive Lohnveredelung können nach § 15 AWG beschränkt werden, um einer Gefährdung der Deckung des lebenswichtigen Bedarfs im → Wirtschaftsgebiet entgegenzuwirken; diese Ermächtigungsgrundlage wird in der → Außenwirtschaftsverordnung (AWV) derzeit nicht genutzt. – Vgl. auch → passive Veredelung, → Veredelungsverkehr.

II. Umsatzsteuerrecht: Die Lohnveredelung unterliegt grundsätzlich der Umsatzsteuer. Bemessungsgrundlage ist das → Entgelt. – Lohnveredelung an Gegenständen der → Ausfuhr liegt vor, wenn bei einer Be- oder Verarbeitung eines Gegenstandes der Auftraggeber diesen zum Zweck der Be- oder Verarbeitung in das → Gemeinschaftsgebiet eingeführt hat oder zu diesem Zweck in diesem Gebiet erworben hat und der be- oder verarbeitete Gegenstand (wieder) ausgeführt wird (§ 7 UStG). Sie ist steuerfrei, wenn die Voraussetzungen einer steuerfreien → Ausfuhrlieferung vorliegen, wobei an die Stelle des → ausländischen Abnehmers der ausländische Auftraggeber tritt. Die Steuerfreiheit schließt den → Vorsteuerabzug nicht aus.

III. Zollrecht: Im Gegensatz zur Eigenveredelung ist bei der Lohnveredelung der → Veredeler nicht frei in der Auswahl seiner unveredelten Vorprodukte. Er hat sich sowohl bei den → Zollverfahren der → aktiven Veredelung (in der → EU) als auch bei der → passiven Veredelung (außerhalb der EU) an die Vorgaben des Auftraggebers zu halten.

Lohnverteilung(sblatt) – aufgrund der Wochen- bzw. Monatsabrechnung monatlich aufgestellte Übersicht über den Verwendungszweck der → Lohnkosten mit Angaben darüber, welchen Kostenstellen bzw. Kostenträgern die Lohnkosten anzulasten sind. – Vgl. auch → Lohnschein.

Lohnverzicht → Lohnspitzenverzicht.

Lohnzahlungszeitraum – I. Allgemein: → Arbeitsentgelt.

II. Lohnsteuerrecht: 1. *Begriff:* der (einen Monat, zwei Wochen, sieben Tage oder andere Zeitabschnitte umfassende) Zeitraum, für den der → Arbeitslohn gezahlt, also zwischen Arbeitnehmer und Arbeitgeber regelmäßig abgerechnet wird. Kann der Lohnzahlungszeitraum ausnahmsweise wegen bes. Entlohnungsart nicht festgestellt werden, so gilt als Lohnzahlungszeitraum die tatsächlich aufgewendete Arbeitszeit. – 2. Der Arbeitgeber hat die → Lohnsteuer nach diesem Lohnzahlungszeitraum unter Zugrundelegung der amtlichen → Lohnsteuertabellen zu berechnen und i.d.R. bis zum zehnten des folgenden Monats abzuführen. Ist der Arbeitnehmer während des Lohnzahlungszeitraumes bei seinem Arbeitgeber voll beschäftigt, dann sind, solange das Arbeitsverhältnis andauert, auch solche Arbeitstage mitzuzählen, an denen der Arbeitnehmer keinen Lohn erhält, z.B. wegen Kurzarbeit oder infolge Betriebseinschränkung. Werden nur Abschlagszahlungen geleistet und erst im üblichen Lohnzahlungszeitraum abgerechnet, so wird die Lohnsteuer auch erst mit dieser Abrechnung fällig; das gilt nicht, wenn der Lohnabrechnungszeitraum fünf Wochen übersteigt oder die Lohnabrechnung nicht innerhalb von drei Wochen nach dessen Ablauf erfolgt (§ 39b V EStG).

Lohnzulage → Zulage.

Lohnzuschlag → Zulage.

Lohnzuschlagskalkulation → Lohnzuschlagsverfahren.

Lohnzuschlagsverfahren – *Lohnzuschlagskalkulation;* Methode der → Zuschlagskalkulation, bei der Grundlage für die Berechnung des Zuschlagssatzes für die Verrechnung der Gemeinkosten der → Fertigungslohn ist.

lokales Netz – *Local Area Network (LAN);* Datenkommunikationssystem (→ Netz), das die Übertragung von → Daten zwischen mehreren unabhängigen Datenstationen (v.a. → Rechnern) mit hoher Übertragungsgeschwindigkeit und mit niedriger Fehlerrate in einem begrenzten geografischen Gebiet ermöglicht. Es befindet sich i.d.R. im Besitz und Gebrauch einer einzelnen Organisation. – *Netzwerkarchitekturen:* → Netzwerktopologie. – Verbindung mit anderen Netzen über → Bridges und → Gateway möglich. – Vgl. auch Wide Area Network (→ WAN), → In-House-Netz.

Lokale Suche → Metaheuristik

Lokalisation – Lage einer empirischen → Häufigkeitsverteilung oder einer Wahrscheinlichkeitsverteilung im Sinn eines typischen Niveaus der Merkmals- bzw. Variablenwerte. Zur Kennzeichnung der Lokalisation dienen → Mittelwerte, v.a. das → arithmetische Mittel bzw. der → Erwartungswert und der → Median, .

Lokalisationsvorteile – *Localization Economics;* Teil der externen Ersparnisse (→ Agglomerationseffekte), der sich aus der räumlichen Nähe (Konzentration) von Betriebsstandorten derselben Branche aufgrund der gemeinsamen Nutzung spezifischer regionaler Arbeits-, Beschaffungs- (z.B. industrielle Zulieferer, Bezug bes. Dienstleistungen) und Informationsmärkte (z.B. Forschungseinrichtungen) sowie der Nutzung des Herkunftsimages im Absatz ergibt. – Vgl. → Cluster.

Lokalisierung – Lokalisierung und → Globalisierung sind einander gegenüberstehende, ergänzende und teilweise bedingende Prozesse. Lokalisierung bedeutet die lokale oder regionale Integration und Konzentration der Produktion parallel zu einer weltweiten Vernetzung der Wirtschaft. Die Lokalisierung wirkt den Nachteilen einer → internationalen Arbeitsteilung in ökologischer, ökonomischer und sozialer Hinsicht entgegen, indem neben der transnationalen Ausrichtung von Unternehmen (→ transnationales → Unternehmen) gleichzeitig eine starke Rückbesinnung auf regionale Märkte und deren Vernetzung mit internationalen Märkten stattfindet. Hierbei wird auch von → Glokalisierung gesprochen. Dabei werden Initiativen mit dem Ziel ergriffen, Wirtschaft, Kultur und Politik in der → Region zu reorganisieren. Damit ist die Lokalisierung eine der Voraussetzungen für soziale, ökologische und ökonomische Nachhaltigkeit. Begriffe wie → kreative Milieus, lernende Region und regionale Innovationssysteme versuchen, der lokalen und regionalen Bedeutung wirtschaftlichen Handelns gerecht zu werden.

Lokalität – 1. *Begriff:* → Softwareentwurfsprinzip, das besagt, dass zusammengehörige Dinge in einem → Programm oder → Softwaresystem auch örtlich zusammengefasst werden sollen, d.h. in einem Programm an einer Stelle bzw. in einem → Modul eines Softwaresystems. – 2. *Beispiele:* Zusammenfassung aller → Datenvereinbarungen am Programmanfang oder aller → Befehle, die einer bestimmten Berechnung dienen, an einer einzigen Stelle des Programms; alle Operationen, die der Verwaltung und Bearbeitung einer → abstrakten Datenstruktur dienen, sind in einem Modul zusammengefasst.

Lokaltermin – eine Verhandlung, die das Gericht zur Einnahme des Augenscheins (→ Beweismittel) außerhalb des Gerichtsgebäudes abhält, z.B. am Unfallort (§§ 371 ff. ZPO).

loko → loco.

Loko-Geschäft → Loco-Geschäft.

Lokomotivtheorie → internationaler Konjunkturverbund.

Lombardeffekten → Pfandeffekten.

Lombardkredit – von der Zentralbank gegen Verpfändung von Wertpapieren und Schuldbuchforderungen gewährter kurzfristiger Kredit. Die Deutsche

Bundesbank hatte nach § 19 BBankG das Recht, aber nicht die Pflicht, Kreditinstituten Darlehen gegen Hinterlegung von im Verzeichnis der bei der Bundesbank beleihbaren Wertpapiere (Lombardverzeichnis) einen näher bestimmten Schuldtitel zu geben. Die EZB bietet die Spitzenrefinanzierungsfazilität zum Satz von derzeit 1,5 Prozent (Januar 2013) gegen Sicherheiten an. – Vgl. auch → Lombardsatz.

Lombardsatz – Zinssatz, den Kreditinstitute für → Lombardkredite bei der Deutschen Bundesbank entrichteten. Dieser lag grundsätzlich über dem → Diskontsatz, weil die Kreditinstitute vor Inanspruchnahme von Lombardkrediten erst Rediskontkredite aufnehmen sollten (→ Leitzinsen). Die EZB nimmt den Satz für die → Spitzenrefinanzierungsfazilität als Obergrenze für den Geldmarktzinssatz.

Lomé-Abkommen – 1. *Begriff/Charakterisierung:* Formale Basis der bes. Wirtschaftsbeziehungen zwischen der → EU und den sog. → AKP-Staaten. – 2. *Rechtsgrundlagen:* Seit ihrer Gründung (1958) ist die EU (zuvor → EWG bzw. → EG) verpflichtet, solche außereuropäischen Länder zu assoziieren und wirtschaftlich zu fördern, die zu einem der EU-Staaten langandauernde bes. Beziehungen unterhalten (Art. 198-203 AEUV). Dieser Vorschrift liegen in erster Linie politische Absichten zugrunde; die genannte Verpflichtung kann im Übrigen als eine spezielle Form von Kompensation für die von der Gemeinschaftsgründung zulasten von Nicht-Mitgliedsländern ausgehenden integrationsbedingten Diskriminierungswirkungen (→ Handelsverzerrung) angesehen werden. – *Weitere Rechtsgrundlage:* Art. 207 AEUV, d.h. die Verpflichtung der Mitgliedsstaaten der EU zu einer gemeinsamen Handelspolitik. – 3. *Entwicklung:* a) Den Art. 198 ff. AEUV wurde nach Inkrafttreten der Römischen Verträge zunächst durch die unverzügliche Errichtung des ersten → EEF *(Europäischer Entwicklungsfonds).* Dieser Fonds finanziert v.a. die Entwicklungshilfezusammenarbeit der EU mit den AKP-Staaten sowie mit den überseeischen Ländern und Gebieten (ÜLG). Während die Hilfe für die ÜLG ab 2008 in den → Haushaltsplan der EU einbezogen worden ist, werden die Mittel für die AKP-Staaten von 2008 bis 2013 weiterhin aus den EEF finanziert. Die Instrumente des EEF sind nichtrückzahlbare Hilfe, Risikokapital und Darlehen an die Privaten. – b) Nachdem diese Staaten die Unabhängigkeit erlangten, kam es zur Vereinbarung des Ersten → Jaunde-Abkommens (1964–1969) zwischen den sechs EWG-Staaten und 18 AASM-Staaten (→ AASM). Das Erste Jaunde-Abkommen nahm bereits einige Elemente der späteren Lomé-Merkmale vorweg: Handelspräferenzen, finanzielle und technische Hilfe, gemeinsame Institutionen auf Ministerebene. Nach Auslauf des Ersten → Jaunde-Abkommens trat bis zum 31.1.1975 das Zweite Jaunde-Abkommen in Kraft. Parallel dazu (1971–1975): → Arusha-Abkommen zugunsten der Commonwealthländer Kenia, Tansania und Uganda. – c) Durch den EG-Beitritt Großbritanniens (1.1.1973) vergrößerte sich die Zahl potenzieller Anwärter für eine Assoziierung gemäß Art. 131 ff. EWGV (Art. 206 ff. AEUV) ganz beträchtlich. 1975 kam es zum Abschluss des in Lomé (Hauptstadt von Togo) unterzeichneten Ersten Lomé-Abkommens (1975–1980) zwischen neun EG-Ländern und 46 AKP-Staaten. Der durch die Lomé-I-Konvention begründete bes. Charakter der Wirtschaftsbeziehungen zwischen der EG und den AKP-Staaten ist im Laufe der Zeit fortgeführt und kontinuierlich ausgebaut worden: Lomé-II (1980–1985; zehn EG- und 57 AKP-Staaten); Lomé-III (1985–1990; 12 EG- und 66 AKP-Staaten); Lomé-IV (1990–2000; 12 bzw. 15 EU- und 71 AKP-Staaten); → Cotonou-Abkommen (2000–2007; in 2003: 15 EU- und 79 AKP-Staaten). – 4. *Hauptmerkmale:* a) Der schon im Zuge von Lomé-II und Lomé-III eingeschlagene Weg, vermehrt marktwirtschaftliche Anreize für eine stärkere *Entfaltung der Eigeninitiative* zu etablieren sowie die Effizienz der Gemeinschaftshilfen zu verbessern, wurde mit Lomé-IV durch die Etablierung einer Strukturanpassungsfazilität fortgesetzt. Um einen höheren Selbstversorgungsgrad der AKP-Staaten bei Nahrungsmitteln zu erreichen, wird seit Lomé-II bes. Gewicht auf Maßnahmen zur Erhaltung der natürlichen Lebensgrundlagen sowie zum Ausbau der Landwirtschaft gelegt. Außerdem wird seit Lomé-III die Notwendigkeit betont, dass die lokalen sozialen und kulturellen Gegebenheiten in die entwicklungspolitischen Überlegungen einbezogen werden müssen. – b) *AKP-EU-Handelsbeziehungen:* Seit Anfang an wird das Ziel verfolgt, sowohl den AKP-EU-Handel als auch den Handel zwischen den AKP-Ländern auszuweiten. Fast alle (ca. 99 Prozent) Erzeugnisse mit Ursprung aus den AKP-Staaten haben einen von Zöllen und Kontingenten freien Zutritt zum EU-Raum. Ausgenommen von dieser Vergünstigung sind lediglich solche Erzeugnisse, für die im Rahmen internationaler Warenabkommen spezielle Regelungen bestehen; das Gleiche gilt auch für landwirtschaftliche Produkte, die Gegenstand einer EU-Agrarmarktordnung sind, wobei allerdings die AKP-Staaten eine Präferenzstellung gegenüber sonstigen Drittländern genießen. – Eine *Besonderheit* der handelspolitischen Beziehungen zwischen den beiden Blöcken besteht darin, dass die EU seit Lomé-I auf die *reziproke Gewährung der Handelsvergünstigungen* für ihre eigenen Exporte nach den AKP-Ländern verzichtet. Im Übrigen weist das Abkommen eine bisher nie angewendete *Schutzklausel* auf, nach welcher EU-Importe aus den AKP-Ländern nach beiderseitiger Konsultation partiell und vorübergehend eingeschränkt werden können, falls diese Lieferungen gravierende Störungen einer Branche oder Region innerhalb der EU auslösen sollten. – c) *Verstetigung der Devisenerlöse der AKP-Staaten:* Bereits mit Lomé-I erfolgte die Etablierung des sog. → STABEX-Systems zur Verstetigung der Deviseneinnahmen, welche die AKP-Staaten aus ihrem Export von tropischen und subtropischen Agrargütern in die EU erzielen. Im Rahmen von Lomé-II kam es zur Einrichtung eines an relativ restriktive Bedingungen gebundenen Sonderfonds für die Förderung der Modernisierung und Ausweitung des

Bergbaupotenzials der AKP-Staaten (→ SYSMIN). Sowohl STABEX als auch SYSMIN wurden nach und nach abgebaut und zum 1.1.2008 durch andere Formen der Zusammenarbeit (neue Abkommen) im Rohstoffsektor abgelöst. – d) *Industrielle Kooperation:* Bereits im Zuge der Umsetzung des Lomé-I-Abkommens wurde Mitte der 1970er-Jahre ein *AKP-EG-Zentrum für industrielle Entwicklung* gewerblicher bzw. industrieller Vorhaben (Sitz: Brüssel) geschaffen. – e) Im Zuge der Durchführung des Lomé-II-Abkommens wurde ein beiderseits verwaltetes *Technisches Zentrum für die Zusammenarbeit in der Landwirtschaft und im ländlichen Bereich* errichtet. Außerdem erfolgte seit Lomé-II eine Abkehr von der vorrangigen Förderung von Großprojekten. – f) *Strukturanpassungshilfen:* Weil während der 1980-er Jahre die Auslandsverschuldung vieler AKP-Staaten beträchtlich zugenommen hat, wurde die Gewährung von Strukturanpassungshilfen in das Vierte Lomé-Abkommen aufgenommen. Seit dem Siebten → EEF (1990–1995) werden für diesen Zweck in Form einer Sonderfazilität Mittel ausgewiesen. Deren Einsatz erfolgt in Kooperation mit den Strukturanpassungsprogrammen von → IWF und Weltbank. Die gewährten Finanzhilfen dienen zur wirtschaftlichen und sozialen Abfederung von Wirtschaftsreformen. – g) *Finanzielle Zusammenarbeit:* Für die Gewährung von Finanzhilfen gilt der Grundsatz der vorrangigen Förderung derjenigen AKP-Staaten, deren wirtschaftliches Entwicklungsniveau bes. niedrig ist, die entweder sog. Binnenstaaten oder sog. Inselstaaten sind. Seit dem Dritten Lomé-Abkommen wird verstärkt darauf abgestellt, die Finanzmittel so einzusetzen, dass die Eigeninitiative der einheimischen Bevölkerung angeregt wird. – Das vonseiten der EU für die einzelnen Aufgabenbereiche des Abkommens zur Verfügung gestellte *Mittelvolumen* ist in einem Finanzprotokoll, das Bestandteil des Vertragswerks ist, festgelegt und besteht aus dem jeweiligen EEF und Leistungen der Europäischen Investitionsbank (→ EIB). Schon seit dem Ersten Lomé-Abkommen hat der überwiegende Teil der vom EEF gewährten Mittel den Charakter von *Zuschüssen* getragen. Dieser Anteil ist von Abkommen zu Abkommen erhöht worden. Von den für die Laufzeit der Vierten Lomé-Konvention bereitgestellten Mitteln entfallen rund 90 Prozent auf nicht rückzahlbare → Finanzhilfen. – 5. *Gemeinsame Organe:* Die schon im Zuge des Ersten Jaunde-Abkommens errichteten gemeinsamen Institutionen zur Förderung der Vertragsziele und des wechselseitigen Meinungsaustauschs sind durch die vier Lomé-Konventionen sowie das nachfolgende Cotonou-Abkommen fortgeführt und kontinuierlich ausgebaut worden. Insgesamt sind im Abkommen drei paritätisch besetzte Kontroll- und Entscheidungsorgane verankert: der gemeinsame AKP-EG-Ministerrat (richtungweisende Funktion), der Ausschuss der ständigen Vertreter und die sog. paritätische Versammlung (Initiativrecht). Die Beschlussfassung über die Bereitstellung von Finanzmitteln unterliegt allerdings de facto dem üblichen EU-internen Entscheidungsverfahren (d.h. dem Rat der Europäischen Union unter Mitwirkung des Europäischen Parlaments). – 6. *Bedeutung:* Die AKP-EU-Kooperation bildet den Schwerpunkt der Entwicklungspolitik der EU. – 7. *Perspektiven:* Im Abkommen von Cotonou, das im Jahre 2000 abgeschlossen worden ist, wird die Kooperation zwischen der EU und den AKP-Staaten auf die folgenden fünf Elemente gestützt: (1) politischer Dialog (Forderung nach sog. good governance), (2) Armutsbekämpfung durch Integration in den Welthandel, (3) Reform der wirtschaftlichen Kooperation, (4) Einbeziehung nicht staatlicher Akteure (NGO), (5) Reform der finanziellen Zusammenarbeit. Die einseitigen Handelspräferenzen zugunsten der AKP-Staaten sind teilweise bereits abgebaut worden bzw. sollen in absehbarer Zeit eliminiert werden.

Londoner Abkommen → Londoner Schuldenabkommen.

Londoner Club – Umschuldungsverhandlungen mit überschuldeten Staaten vollziehen sich auf zwei Ebenen: Sofern es sich bei den Gläubigern um staatliche Institutionen handelt, werden Umschuldungen im → Pariser Club in Zusammenarbeit mit dem Internationalen Währungsfonds (→ IWF) verhandelt. Private Gläubiger, vorrangig Banken, arbeiten dagegen im Londoner Club zusammen, bilden aber auch spezielle Konsortien.

Londoner Schuldenabkommen – Abkommen über die dt. → Auslandsverschuldung, abgeschlossen wurde das Londoner Schuldenabkommen am 27.2.1953 in London zwischen der Bundesrepublik Deutschland als Rechtsnachfolgerin des Deutschen Reiches und den Vertretern der USA, Großbritanniens und Frankreichs (Dreimächte-Ausschuss) in Anwesenheit von Vertretern und Beobachtern aus 22 weiteren Staaten für rund 60 Gläubigerstaaten. – *Ziel:* Ermöglichung der Wiederaufnahme des nach 1933 eingestellten Schuldendienstes und Wiederherstellung normaler wirtschaftlicher Beziehungen zwischen der Bundesrepublik Deutschland und den Gläubigerstaaten, bes. der Kreditwürdigkeit der Bundesrepublik Deutschland. – *Inhalt:* Das Londoner Schuldenabkommen über die öffentlichen und privaten Vorkriegsschulden behandelt lediglich Geldverbindlichkeiten in dt. oder ausländischer Währung, die vor dem 8.5.1945 entstanden oder festgestellt oder fällig waren. – Dem Abkommen unterliegen nicht die im Rahmen der Wiedergutmachung entstandenen Schulden. Nicht geregelt bzw. zurückgestellt wurden die Reparationsansprüche gegen das Reich aus dem Ersten Weltkrieg sowie die während des Zweiten Weltkrieges entstandenen Besatzungskosten. Insgesamt beliefen sich die zu regelnden Schuldverhältnisse auf 13,5 Mrd. DM, von denen 6,2 Mrd. DM erlassen wurden.

Londoner Schuldenkonferenz – (vom 28.2. bis 8.8.1952), Konferenz zur Regelung der dt. → Auslandsverschuldung (mit Abschluss im → Londoner Schuldenabkommen) sowie der Verbindlichkeiten

Lorenzkurve – Wertebeispiel

Größenklasse der Merkmalsträger	Anteil der Merkmalsträger		Anteil am Gesamtmerkmalsbetrag	
	der Klasse	kumuliert	der Klasse	kumuliert
I	30 %	30 %	5 %	5 %
II	30 %	60 %	15 %	20 %
III	30 %	90 %	20 %	40 %
IV	10 %	100 %	60 %	100 %

aus der von alliierter Seite gewährten Nachkriegswirtschaftshilfe und verschiedener anderer Schulden, die der Bundesrepublik Deutschland aus Vor- und Nachkriegszeit entstanden sind oder für die sie die Haftung übernommen hat.

London Interbank Offered Rate → LIBOR.

London Stock Exchange – weltweit älteste Börse für den Kauf und Verkauf von Aktien, wobei sie wegen ihres fortschrittlichen und hoch entwickelten Handelssystems auch zu den modernsten Börsen zählt. Sie bietet mit einem Integrated Monitoring und Surveillance System (IMAS) die Möglichkeit, das Geschehen während der Handelszeit ständig zu kontrollieren, um Geschäfte und Kurse zu identifizieren, die erheblich von ihrer vorgesehenen Norm bez. Kurs und Umsatz abweichen. 2007 fusionierte sie mit der Borsa Italiana.

Longitudinalstudie → Längsschnittuntersuchung.

Lorenz-Halbordnung – Begriff der → personellen Einkommensverteilung. Betrachtet man zwei → Einkommensverteilungen anhand ihrer → Lorenzkurven, so kann man nur dann davon sprechen, dass eine Einkommensverteilung „ungleicher" ist als die andere, wenn die entsprechende Lorenzkurve im ganzen Bereich außerhalb der anderen Lorenzkurve verläuft. Schneiden sich die beiden Lorenzkurven, ist ein Vergleich der beiden Verteilungen nicht möglich. Um eine vollständige Rangordnung zu erzielen und damit eine zusammenfassende Aussage hinsichtlich der Ausprägungen der Einkommensverteilungen in einer einzigen Messgröße zu erhalten, können aus den Lorenzkurven z.B. die zugehörigen → Gini-Koeffizienten ermittelt werden.

Lorenzkurve – I. Statistik: Sonderform der grafischen Darstellung einer → Häufigkeitsverteilung für ein Merkmal mit nichtnegativen Ausprägungen, die v.a. die relative → Konzentration veranschaulicht. Zunächst werden die Beobachtungswerte des interessierenden quantitativen Merkmals in aufsteigender Größe geordnet. Für jeden der geordneten Beobachtungswerte wird in einem Koordinatensystem ein Punkt eingezeichnet, dessen Abszisse die kumulierte relative Häufigkeit der geordneten → Merkmalsträger und dessen Ordinate der kumulierte relativierte → Gesamtmerkmalsbetrag (bezüglich der geordneten Werte) ist. Diese werden geradlinig verbunden. Lorenzkurven auf der Basis empirischer Daten sind stets monoton wachsend, stückweise linear, konvex und verlaufen unterhalb der Winkelhalbierenden. Die Lorenzkurve bietet Informationen folgender Art: Die x Prozent der „kleineren" Merkmalsträger (Merkmalsträger mit den kleinsten Werten) vereinigen (nur) y Prozent des Gesamtmerkmalsbetrages auf sich. Die Lorenzkurve wird ebenso für klassierte Daten verwendet. – *Beispiel:* Die Häufigkeitsverteilung von Einkommen gemäß Tabelle „Lorenzkurve – Wertebeispiel" dargestellt ergibt die in der Grafik „Lorenzkurve" dargestellte Lorenzkurve. Die Gerade OQ (Winkelhalbierende) wird als Gleichverteilungsgerade bezeichnet, da sie als Lorenzkurve entsteht, wenn alle Merkmalsträger denselben Merkmalswert haben. Je größer die Fläche A ist, umso größer ist die relative Konzentration. Der Anteil von A an der Fläche des Dreiecks OPQ ist der → Gini-Koeffizient.

II. Verteilungstheorie: Die Lorenzkurve ist die gebräuchlichste Form der Veranschaulichung der → personellen Einkommensverteilung. Man erhält die Lorenzkurve, indem man die Einkommensbezieher nach der Höhe ihres Einkommens anordnet und sie dann, beginnend mit den unteren und fortschreitend zu den oberen Einkommensbeziehern, zu Gruppen von jeweils x Prozent der Bevölkerung zusammenfasst. Anschließend wird ermittelt, wie viel x Prozent des Volkseinkommens auf jede Gruppe

Lorenzkurve

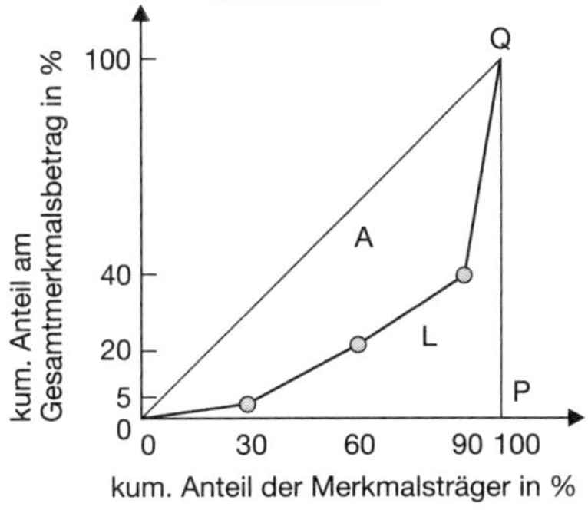

entfallen. In der Lorenzkurve sind die kumulierten Anteile erfasst, sodass man für jeden Prozentsatz der Bevölkerung den auf sie entfallenden Anteil am Volkseinkommen angeben kann. Die Einkommensverteilung ist umso gleichmäßiger, je mehr sich die Lorenzkurve der 45°-Linie nähert. Die 45°-Linie entspricht der Gleichverteilung, da dann x Prozent der Bevölkerung auch einen Anteil am Nationaleinkommen von x Prozent erhalten. – Vgl. auch → personelle Einkommensverteilung, → Gini-Koeffizient, → Lorenz-Halbordnung.

Lorenz-Verteilungsfunktion → Lorenzkurve, → personelle Einkommensverteilung, → Gini-Koeffizient.

Lorokonto – Bezeichnung für ein Konto, das ein Kreditinstitut für ein anderes in- oder heute meist ausländisches Kreditinstitut in einem Korrespondenzverhältnis führt. – *Gegensatz:* → Nostrokonto.

Los – geschlossener Posten einer Produktart oder einer Baugruppe, der ohne Unterbrechung durch die Produktion anderer Produktarten erzeugt wird. – *Ähnlich:* → Serie, → Sorte. – Vgl. auch → Losgröße, → Losgrößenplanung, → Lossequenzenplanung, → gleitende wirtschaftliche Losgröße.

Losauflagehäufigkeit – eines Produktes oder einer Baugruppe in einem Planungszeitraum bezeichnet die durchschnittliche Anzahl aufgelegter Lose (→ Losgröße) je Periode und errechnet sich aus der Division des durchschnittlichen → Nettobedarfs durch die in der Losgrößenbestimmung ermittelte optimale → Losgröße.

Lösch – August, 1906–1945, deutscher Nationalökonom, der sich in Bonn habilitierte, von den Nationalsozialisten aber keine Lehrerlaubnis erhielt, und am Institut für Weltwirtschaft in Kiel eine Zuflucht fand. Lösch versuchte, die Totalanalyse für die Untersuchung raumwirtschaftlicher Zusammenhänge nutzbar zu machen. Sein Modell einer Wirtschaftslandschaft liegt zwischen den früheren partiellen Untersuchungen, z.B. → Webers, und seinem eigenen, wegen seiner Abstraktion schwer fassbaren, raumwirtschaftlichen Gleichgewichtssystem. Es stellt eine Weiterentwicklung der Ansätze von → Thünen und Christaller (1894–1975) dar. – *Hauptwerk:* „Die räumliche Ordnung der Wirtschaft. Eine Untersuchung über Standort, Wirtschaftsgebiete und internationalen Handel" (1940).

Löschung – 1. *Handels- und Gesellschaftsrecht:* Löschung im → Handelsregister, v.a. einer → Firma: a) Löschung *erfolgt* auf → Anmeldung oder von Amts wegen, wenn die Voraussetzungen für ihre Eintragung nicht mehr vorliegen. – b) Die *Anmeldung* ist in § 29 HGB vorgeschrieben; bei OHG und KG erst nach → Abwicklung (§ 157 I HGB); bei der AG ist neben der Auflösung auch der Schluss der Abwicklung anzumelden; erst dieser führt zur Löschung (§§ 263, 273 AktG). Die Anmeldung zur Löschung kann durch Zwangsgeld erzwungen werden (§ 14 HGB). – c) *Von Amts wegen* kann gemäß den §§ 393 ff. FamFG Löschung vorgenommen werden, gleich, ob Firma erloschen oder Eintragung von Anfang an unzulässig war. Löschung auch bei vermögensloser AG, GmbH, KGaA oder Genossenschaft oder bei Nichtigkeit. – 2. *Grundbuchrecht:* Löschung im Grundbuch erfolgt durch sog. *Löschungsvermerk* (§ 46 GBO). Voraussetzung der Löschung ist Antrag sowie Bewilligung desjenigen, zu dessen Gunsten das zu löschende Recht eingetragen ist. Die → Löschungsbewilligung bedarf → öffentlicher Beglaubigung (§ 29 GBO). – 3. *Markenrecht:* Eine → Marke kann gelöscht werden, wenn der Rechtsinhaber auf sie verzichtet (§ 48 MarkenG), wenn sie infolge fünfjähriger Nichtbenutzung (→ Benutzungszwang) verfällt, infolge fehlender Rechtswahrnehmung durch den Inhaber zum → Freizeichen wird oder durch täuschenden Gebrauch verfällt (§ 49 MarkenG). Löschung erfolgt ferner, wenn die Marke trotz Bestehens absoluter Schutzhindernisse oder unter Verletzung älterer Rechte eingetragen worden und daher nichtig ist (§§ 50, 51 MarkenG). Löschungsklagen sind → Kennzeichenstreitsachen (§ 140 MarkenG). Löschungsanträge und Löschungsklagen gegen → IR-Marken sind nicht möglich, an ihre Stelle tritt der Antrag auf Schutzentziehung (§§ 115, 124 MarkenG). Wirkungen der Löschung: → Marke. – 4. *Gebrauchsmuster:* Unterliegen auf Antrag von jedermann der völligen oder teilweisen Löschung wenn sie nicht den materiellen Voraussetzungen des Gebrauchsmusterschutzes (§§ 1–3 GebrMG) entsprechen, mit einer früheren Patent- oder Gebrauchsmusteranmeldung wesensgleich sind oder im Verlauf des Eintragungsverfahrens über den Inhalt der ursprünglichen Anmeldung unzulässig erweitert wurden (→ Erweiterung (unzulässige)); daneben kann derjenige, dem die Erfindung widerrechtlich entnommen wurde (→ Entnahme), Löschungsantrag stellen (§ 15 GebrMG). Über den schriftlichen Antrag entscheidet das → Deutsches Patent- und Markenamt (DPMA), gegen die Entscheidung ist die Beschwerde zum → Bundespatentgericht (BPatG) und gegen dessen Entscheidung die Rechtsbeschwerde zum → Bundesgerichtshof (BGH) möglich (§ 18 GebrMG). Im Fall eines zum Gebrauchsmusterverletzungsprozess parallel betriebenen Löschungsverfahrens kann eine Aussetzung des Verletzungsprozesses in Betracht kommen (§ 19 GebrMG, → Gebrauchsmuster). Patente unterliegen nicht dem Löschungsverfahren, sondern dem → Einspruch und der Nichtigkeitsklage (→ Wiederaufnahme des Verfahrens). – 5. *Geschmacksmuster, Schriftzeichen, Halbleiter:* → Geschmacksmuster und Schriftzeichen unterliegen im Fall des Schutzfristablaufs sowie des Verzichts dem registerrechtlichen Löschungsverfahren (§ 10c I GeschmMG); mangelnde materielle Schutzfähigkeit kann durch Löschungsklage vor den ordentlichen Gerichten geltend gemacht werden (§ 10c II Nr. 1 GeschmMG), ebenso die Anmeldung des Musters durch einen Nichtberechtigten (§ 10c II Nr. 2 GeschmMG), wobei das Gericht dem

Berechtigten die Befugnis zusprechen kann, dasselbe Muster erneut unter Inanspruchnahme der Priorität der Anmeldung durch den Nichtberechtigten anzumelden (§ 10c III GeschmMG). Für Schriftzeichen gelten diese Regelungen kraft Verweisung (Art. 2 I SchriftzeichenG). Halbleiter stehen zwar in ihren materiellen Schutzvoraussetzungen den Geschmacksmustern nahe, neben dem Löschungsgrund mangelnder materieller Schutzfähigkeit kann Löschung aber auch dann beantragt werden, wenn der Anmelder oder Inhaber der Rechts nicht zu den Schutzberechtigten (§ 2 III–VI HalbleiterSchG) gehört oder die Anmeldefristen der § 5 I Nr. 1 und § 5 IV HalbleiterSchG versäumt wurden, daneben hat der durch → Entnahme Verletzte Anspruch auf Löschung (§ 8 I, II HalbleiterSchG). Das Verfahren richtet sich weitgehend nach Gebrauchsmusterrecht, gleiches gilt für das Verhältnis von Löschungsverfahren und Verletzungsprozess (§ 8 IV, V HalbleiterSchG). – Vgl. auch → Amtslöschung.

Löschungsanspruch – das Recht eines Gläubigers einer → Hypothek, vom Eigentümer die Aufhebung einer vor- oder gleichrangigen Hypothek zu verlangen (§ 1179a, b BGB). Der Löschungsanspruch ist wie eine → Löschungsvormerkung gesichert.

Löschungsbewilligung – eine in Form → öffentlicher Beurkundung oder → öffentlicher Beglaubigung erteilte Bewilligung des Berechtigten zur → Löschung eines im → Grundbuch eingetragenen Rechts; erforderlich gemäß § 29 GBO. Soweit der Grundstückseigentümer eine Leistung erbringt, z.B. auf die der → Hypothek zugrunde liegende Forderung zahlt, kann er → Zug um Zug gegen seine Leistung Löschungsbewilligung oder löschungsfähige → Quittung verlangen (§§ 368, 1144 BGB). – Vgl. auch → Grundbuchberichtigungsanspruch.

löschungsfähige Quittung → Quittung.

Löschungsvormerkung → Vormerkung im → Grundbuch, die die künftige → Löschung eines Rechts (z.B. einer rangbesseren → Hypothek bei Rückzahlung) sichert. – Vgl. auch → Löschungsanspruch.

Loseblattbuch – Buch (der Buchführung), dessen Seiten nicht fest gebunden, sondern auswechselbar zusammengehalten werden. Kombination von Kartei und Buch. – Vgl. auch → Loseblattbuchführung.

Loseblattbuchführung – 1. *Begriff:* eine Buchführungsform, bei der die → Bücher nicht in gebundener Form geführt werden, sondern aus losen Blättern (Karteikarten, Journalblättern etc.) bestehen. Dabei können die Eintragungen per Hand, mit Buchungsmaschinen oder Datenverarbeitungsanlagen (Computer) vorgenommen werden. Weitere zulässige Buchführungsform: → Offene-Posten-Buchführung. – 2. *Anwendung:* Bei Buchführung mit gebundenen Büchern ist nur die → Übertragungsbuchführung möglich. Bei Anwendung der → Durchschreibebuchführung muss mind. ein Buch (Grund- oder Hauptbuch) in Loseblattform geführt werden. Auch für die Anwendung von Maschinen (maschinelle Durchschreibebuchführung) und die EDV-Buchführung (→ Buchführung) ist die Zulässigkeit einer Loseblattbuchführung Voraussetzung. – 3. *Handels- und Steuerrecht:* Loseblattbuchführung ist erlaubt (vgl. § 239 IV HGB). Sie genügt den Anforderungen, die an eine ordnungsmäßige Buchführung gestellt werden, wenn (zusätzlich) folgende Voraussetzungen erfüllt werden: a) richtige Zeitfolge der Verbuchung; b) gegenseitige Verweisungen zwischen Grundbuchungen, Konten und Belegen; c) Vorliegen eines übersichtlichen → Kontenplans; d) Nachweis über die bebuchten losen Blätter durch ein Register; e) ordnungsmäßige Belegablage; f) Sicherung gegen Verlegen, Entfernen oder Umstellen von losen Blättern (z.B. durch fortlaufende Nummerierung).

Losgröße – Menge einer Produktart oder einer Baugruppe, die in einer Produktionsstufe als geschlossener Posten (Los) ohne Unterbrechung durch die Produktion anderer Produkte oder Baugruppen gefertigt wird. – *Ähnlich:* → Serie, → Sorte. – Vgl. auch → Losauflagehäufigkeit, → Losgrößenplanung, → Lossequenzenplanung, → gleitende wirtschaftliche Losgröße.

losgrößenabhängige Kosten → Kosten, die sich mit Variation der Losgröße (→ Losgrößenplanung) verändern, z.B. Lagerkosten. – *Gegensatz:* → losgrößenfixe Kosten.

losgrößenfixe Kosten → Kosten, die nicht von der Losgröße (→ Losgrößenplanung) abhängen, sondern mit der Zahl der Loswechsel variieren, z.B. Sortenwechselkosten. – *Gegensatz:* → losgrößenabhängige Kosten.

Losgrößenplanung – Ausgehend vom geplanten → Nettobedarf eines Produktes oder einer Baugruppe wird die optimale → Losgröße je Produkt bzw. Baugruppe ermittelt, bei der die entscheidungsrelevanten Gesamtkosten, d.h. die Summe aus Rüst- und Lagerkosten, minimal sind. Dabei treten die Rüstkosten bei jedem Produktwechsel unabhängig von der produzierten Menge auf und nehmen somit mit sinkender → Losgröße bzw. steigender → Losauflagehäufigkeit zu. Im Gegensatz dazu müssen bei steigender Losgröße bzw. sinkender Losauflagehäufigkeit die produzierten Mengen bis zu ihrer Bedarfsperiode gelagert werden, wodurch die Lagerkosten steigen.

Losreihenfolgeplanung → Lossequenzenplanung.

Lossequenzenplanung – *Losreihenfolgeplanung, Seriensequenzenplanung, Sortensequenzenplanung;* Festlegung des Auflagezeitpunkts von → Losen (bzw. → Serien, → Sorten) verschiedener Produkte bzw. Baugruppen. Die Auflagezeitpunkte müssen derart aufeinander abgestimmt werden, dass eine Lieferbereitschaft gemäß vorgegebenem Servicegrad für alle Produkte und Baugruppen sichergestellt wird.

Losses – *außerbetriebliche Aufwendungen,* → Conceptual Framework.

Lossparen → Gewinnsparen.

Lotka-Volterra-Modelle → Räuber-Beute-Modelle.

Lotterie – 1. *Begriff:* Veranstaltung durch → Ausspielung von Geldgewinnen, wobei aufgrund eines Ziehungsplans der Zufall über Gewinn oder Verlust des Einsatzes entscheidet, durchgeführt von Privatpersonen oder öffentlichen Körperschaften. – 2. *Hauptarten:* Neben der Klassenlotterie heute v.a. Fußballtoto, Zahlenlotto, Rennwette, Tombola. – 3. *Rechtlich* ist der → Lotterievertrag maßgebend. – 4. *Besteuerung* durch → Rennwett- und Lotteriesteuer. Lotteriegewinne sind als → einmalige Vermögensanfälle steuerfrei.

Lotteriesteuer → Rennwett- und Lotteriesteuer.

Lotterievertrag – Der Vertrag besteht zwischen Spielunternehmer und Teilnehmern; er ist gerichtet auf die → Ausspielung von Geldgewinnen. Ist die → Lotterie staatlich genehmigt, so ist der Lotterievertrag verbindlich (§ 763 BGB). – Eine *öffentlich veranstaltete Lotterie* ohne staatliche Genehmigung ist strafbar (§ 284 StGB). – Eine *nichtöffentliche Lotterie* kann zwar auch ohne staatliche Genehmigung veranstaltet werden, doch entstehen durch sie keine klagbaren Verbindlichkeiten.

Louvre-Abkommen – Abkommen der Finanzminister der sieben größten westlichen Industriestaaten (→ G 7, Group of Seven) zur Wechselkursstabilisierung des US-Dollar vom 22.2.1987. Die Vereinbarungen wurden nicht veröffentlicht. Vermutet wird, dass Zielzonen in unbekannter Größenordnung oder aber lediglich eine Abschwächung eines Kursverfalls („sanfte Landung") vereinbart wurden.

Lower Management – 1. *Begriff:* im angloamerikanischen Sprachgebrauch die untere Führungs- bzw. Leitungsebene in Unternehmungen, abgeleitet aus dem institutionellen Aspekt des Managementbegriffs. – 2. Im Rahmen des *Instanzenaufbaus* ist das Lower Management dem → Middle Management untergeordnet. Die Positionen des Lower Managements werden i.Allg. von Vorarbeitern, Meistern und Büroleitern eingenommen. Middle- und Lower Management sind einem doppelten Erwartungsdruck ausgesetzt, da sie einerseits Zielvorgaben ihrer Vorgesetzten erfüllen müssen, andererseits die Mitarbeiter eigene Vorstellungen und Ansprüche durchsetzen wollen. Man spricht bildlich von einer „Hammer-Amboss-Situation". – 3. In *funktionaler* Hinsicht ist das Lower Management mit Planungs-, Organisations-, Steuerungs- und Führungsaufgaben betraut. Im Rahmen dieser Aufgaben hat das Lower Management Routineentscheidungen zu fällen und diese sowie die Entscheidungen übergeordneter → Stellen, zu vollziehen. – Vgl. auch → Führungshierarchie, → Top Management.

Low-Interest-Produkt – Konsumgut, dem die Verbraucher ein geringes Interesse entgegenbringen und das durch → habituelles Kaufverhalten charakterisiert ist. – *Gegensatz:* → High-Interest-Produkt.

Loyalität der Wähler → Wählerloyalität.

Loyalty Marketing – Form des Marketings, die langfristige → Kundenzufriedenheit und → Kundenbindung zum Ziel hat. Die Kunden werden für ihre dauerhafte Treue etwa durch bes. Rabatte, Geschenke, Sonderservices oder Vergünstigungen bei Partnerunternehmen belohnt.

LpA-Wert – Leser pro Ausgabe, Kontaktmaßzahl im Rahmen der Zeitschriften-Leserschaftsforschung. – Vgl. auch → Reichweite.

LpE-Wert – Leser pro Exemplar, Kontaktmaßzahl im Rahmen der Zeitschriften-Leserschaftsforschung. – Vgl. auch → Reichweite.

LPG – Abk. für → Landwirtschaftliche Produktionsgenossenschaft.

LpN-Wert – Leser pro Nummer, Kontaktmaßzahl im Rahmen der Zeitschriften-Leserschaftsforschung. – Vgl. auch → Reichweite.

LSP-Bau – Abk. für *Leitsätze für die Ermittlung von Preisen für Bauleistungen aufgrund von Selbstkosten.*

LSRS → LISREL.

Lucas – Robert Emerson Jr., geb. 1937, amerik. Nationalökonom, der seit 1975 an der University of Chicago lehrt; → Nobelpreis für Wirtschaftswissenschaften 1995. Lucas hat zwar die Theorie der rationalen Erwartungen nicht erfunden – diese geht auf J.F. Muth (geb. 1930) zurück –, ist aber ihr herausragender Interpret und Anwender. Die durchgängige Berücksichtigung von rationalen Erwartungen bei der gesamtwirtschaftlichen Analyse führt zur → Neoklassik, zu deren Begründern Lucas mit → Barro, Sargent (geb. 1943) und Wallace (geb. 1939) gehört. Einen guten Überblick bietet der Sammelband Lucas/Sargent (Hrsg.) „Rational Expectations and Econometric Practice" (1981). Die Untersuchungen von Lucas bewegen sich theoretisch und technisch auf einem hohen Niveau. Trotzdem weiß er immer die Beziehung zu praktischen Problemen, v.a. der → Geldpolitik und der Fiscal Policy, zu ziehen. Seine Arbeiten sind verstreut erschienen. Eine bis 1980 reichende Sammlung findet sich in „Studies in Business-Cycle Theory" (1981).

Lucas-Kritik – vom amerik. Ökonom Lucas geäußerte Kritik an der bis dahin üblichen Abschätzung der Auswirkungen von wirtschaftspolitischen Maßnahmen mithilfe traditioneller ökonometrischer Großmodelle (→ Ökonometrie). Die Lucas-Kritik besagt, dass dieses Vorgehen zu falschen Schlussfolgerungen führt, weil wirtschaftspolitische Maßnahmen zu Erwartungsänderungen führen, die ihrerseits die strukturellen Parameter des ökonometrischen Modells, welches Grundlage für die Schätzungen ist, beeinflussen. Dies wird bei der ursprünglichen Schätzung aber nicht berücksichtigt.

Lücke → Gap, → Produktionslücke.

Lückenanalyse → Gap-Analyse.

lückenlose Prüfung → Prüfung.

Lucky Buy → Badwill.

Ludovici – Carl Günther, 1707–1778, Professor der Philosophie in Leipzig, bedeutender deutscher Enzyklopädist, verfasste in starker Anlehnung an die Arbeiten → Savarys die „Eröffnete Akademie der Kaufleute oder vollständiges Kauffmanns-Lexicon" (5 Bde.; 1752–1756). Der letzte Band dieses besten der damaligen Handelslexika enthielt einen umfangreichen „Grundriss eines vollständigen Kauffmanns-Systems nebst den Anfangsgründen der Handlungswissenschaft" (1756; Neuaufl. hrsg. von Seyffert, 1932), in dem erstmals in Deutschland versucht wird, die betriebswirtschaftlichen Probleme in einer „wissenschaftlichen Systematik" zusammenzufassen. – Vgl. auch → Betriebswirtschaftslehre (BWL).

Luftfahrerschein – der zur Führung oder Bedienung von → Luftfahrzeugen (entsprechend dem → Führerschein) erforderliche amtliche Erlaubnisschein (§ 4 LuftVG i.d.F. vom 10.5.2007 [BGBl. I 698] m.spät. Änd.).

Luftfahrt-Bundesamt (LBA) → Bundesoberbehörde im Geschäftsbereich des Bundesministeriums für Verkehr-, Bau- und Stadtentwicklung (BMVBS), Sitz Braunschweig, errichtet durch Gesetz vom 30.11.1954 (BGBl. I 354) m.spät.Änd. Zahlreiche Aufgaben auf dem Gebiet der Zivilluftfahrt, u.a. Führung der → Luftfahrzeugrolle, Zulassung des Luftfahrgeräts zum Luftverkehr, Prüfung und Überwachung zur Feststellung der Verkehrssicherheit des Luftfahrgeräts, Erlaubniserteilung für Berufsflugzeugführer, Flugunfalluntersuchungen.

Luftfahrtstatistik → Verkehrsstatistik.

Luftfahrzeuge – 1. *Begriff:* nach § 1 II des Luftverkehrsgesetzes i.d.F. vom 10.5.2007 (BGBl. I 698) m.spät.Änd. Flugzeuge, Drehflügler (Hubschrauber), Luftschiffe, Segelflugzeuge, Motorsegler, Frei- und Fesselballone, Drachen, Rettungsfallschirme, Flugmodelle, Luftsportgeräte und sonstige für die Benutzung des Luftraumes bestimmte Geräte, bes. Raumfahrzeuge, Raketen und andere Flugkörper. – Vgl. auch → Luftverkehr. – 2. *Registerpfandrecht:* Luftfahrzeuge können nach dem Gesetz über Rechte an Luftfahrzeugen vom 26.2.1959 (BGBl. I 57) m.spät. Änd. zur Sicherung einer Forderung in der Weise belastet werden, dass der Gläubiger berechtigt ist, wegen einer bestimmten Geldsumme Befriedigung aus dem Luftfahrzeug zu suchen (Registerpfandrecht). Das Registerpfandrecht ist weitgehend der → Hypothek nachgebildet. – a) Es entsteht durch Einigung und Eintragung in das *Register für Pfandrechte an Luftfahrzeugen.* Das Register für Pfandrechte an Luftfahrzeugen wird von dem *Amtsgericht,* in dessen Bezirk das → Luftfahrt-Bundesamt (LBA) seinen Sitz hat, als Registergericht geführt. – b) Der Gläubiger kann seine Befriedigung aus dem Luftfahrzeug und den mithaftenden Gegenständen nur im Wege der → Zwangsversteigerung suchen (§ 171a–n ZVG). – c) Im Übrigen gelten für Luftfahrzeuge, die in der → Luftfahrzeugrolle oder im Register für Pfandrechte an Luftfahrzeuge eingetragen sind, die für → bewegliche Sachen geltenden Vorschriften. – d) Sondervorschriften für *ausländische* Flugzeuge. – Vgl. auch → Luftrecht.

Luftfahrzeugpfandrechtsregister – ein durch die Luftfahrzeugpfandrechtsregisterverordnung (LuftRegV) vom 2.3.1999 (BGBl. I 279) m.spät.Änd. eingerichtetes Register über Pfandrechte an Luftfahrzeugen. Es enthält Registerblätter für Luftfahrzeuge und Ersatzteillager.

Luftfahrzeugrolle – ein von dem → Luftfahrt-Bundesamt (LBA) geführtes Register über die zum Luftverkehr zugelassenen, im Eigentum deutscher Staatsbürger oder bestimmter inländischer Gesellschaften stehenden → Luftfahrzeuge (§§ 2 f. Luftverkehrsgesetz i.d.F. vom 10.5.2007 (BGBl. I 698) m.spät.Änd.).

Luftfrachtbrief – *Air Waybill, Air Consignement Note;* Frachtbrief des → Luftfrachtgeschäfts, *fälschlich* bisweilen als Luft-Konnossement bezeichnet. Der Luftfrachtbrief ist → Frachtbrief, kein → Konnossement; er kann nicht an Order ausgestellt oder begeben werden. Die ersten drei Ausfertigungen gelten als gleichwertige Originale.

Luftfrachtersatzverkehr → Ersatzverkehr.

Luftfrachtführer → Frachtführer.

Luftfrachtgeschäft – gewerbsmäßige Beförderung von Gütern im Luftverkehr. Die Abwicklung des Luftfrachtgeschäfts erfolgt durch die Luftfahrtgesellschaften (als Beförderer), die Ver- bzw. Ablader (die den Umschlag durchführen) und die Luftfrachtagenten der → International Air Transport Association (IATA). – Vgl. auch → Luftrecht.

Luftfrachtverkehr – Transport (einschließlich vor- und nachgelagerter Lagerhaltung) von Gütern mittels Flugzeugen; entweder in Nurfracht-Flugzeugen oder in den Unterflurladeräumen von Passagierflugzeugen.

Luftgüterversicherung → Kargoversicherung.

Luftkaskoversicherung – Erscheinungsform der Luftfahrtversicherung. Versicherung des Luftfahrzeugs gegen Verlust und Beschädigung, meist als Allgefahrenversicherung, in der Luft, am Boden, im Wasser und während des Transports. Krieg (Kriegsklausel) und Terrorismus (Terror) sind meist ausgeschlossen, können aber separat versichert werden. Es ist möglich, die Deckung auf das Bodenrisiko und auf Einzelgefahren zu beschränken.

Luftkorridor → Luftstraße.

Luftrecht – die Rechtsvorschriften über den → Luftverkehr. – 1. *Grundlagen:* Nach Art. 73 Nr. 6 GG hat der Bund die ausschließliche Gesetzgebungskompetenz für den Luftverkehr. Die Luftverkehrsverwaltung wird nach Art. 87d GG in bundeseigener Verwaltung geführt. In Auftragsverwaltung können den Ländern bestimmte Aufgaben durch Zustimmungsgesetz übertragen werden. Aufgrund des § 31 II LuftVG sind die Länder z.B. für die Genehmigung von Flughäfen zuständig. Oberste Luftfahrtbehörde ist das Verkehrsministerium, nachgeordnete Bundesbehörden sind das → Luftfahrt-Bundesamt (LBA) und die Bundesstelle für Flugunfalluntersuchung. → Deutscher Wetterdienst (DWD) und die Deutsche Flugsicherungs GmbH nehmen auch Aufgaben wahr. – Wegen der Internationalität des Luftverkehrs sind ferner bedeutsam die zahlreichen zwei- und mehrseitigen Luftverkehrsabkommen, v.a. das von der Internationalen Zivilluftfahrt-Konferenz beschlossene weltweit geltende Abkommen über die internationale Zivilluftfahrt (ICAO-Abkommen) vom 7.12.1944 (BGBl. 1956 II 411), dessen Anlagen häufig geändert werden und durch Gesetz in dt. Recht transformiert werden müssen. – Daneben ist *EU-Recht* bedeutsam und teilweise in Deutschland unmittelbar geltend: Hier ist v.a. zu nennen die Verordnung (EWG) Nr. 3922/91 des Rates zur Harmonisierung der technischen Vorschriften und der Verwaltungsverfahren in der Zivilluftfahrt, die darauf abzielt, harmonisierte Vorschriften für die Entwicklung, Herstellung, Instandhaltung und den Betrieb von Luftfahrzeugen sowie Personen und Stellen, die diese Tätigkeiten ausführen, festzulegen und auf dem neuesten Stand zu halten. Gleichzeitig sind in der VO eine Reihe technischer Vorschriften (gemeinsame Lufttüchtigkeitsvorschriften = Joint Aviation Requirements (JAR)) aufgeführt, die von den Luftfahrtbehörden (Joint Aviation Authorities (JAA)) ausgearbeitet wurden und in der Gemeinschaft den Status von Rechtsvorschriften haben. – 2. *Wichtigste dt. Rechtsgrundlage* neben den EU-rechtlichen Vorgaben ist das Luftverkehrsgesetz (LuftVG) i.d.F. vom 10.5.2007 (BGBl. I 698) m.spät.Änd. Es enthält (1) *allg. Vorschriften* über Luftfahrzeuge, Eintragung in die Luftfahrzeugrolle, Luftfahrerschein, Anlage von Flughäfen, Luftfahrtunternehmen, Verkehrsvorschriften u.a.; (2) *eingehende Regelungen* der Haftung des Halters von Luftfahrzeugen entsprechend der Kfz-Haftpflicht (§§ 33-43 LuftVG) und zwingende Vorschriften über die Haftung aus dem Beförderungsvertrag. – 3. Auf das Luftverkehrsgesetz sind eine Vielzahl von *Rechtsverordnungen* gestützt, die entsprechend der Regelungen im Straßenverkehrsrecht die Sicherheit und Ordnung des Luftverkehrs gewährleisten sollen. Wichtig sind hier die Luftverkehrs-Zulassungs-Ordnung (LuftVZO) i.d.F. vom 27.3.1999 (BGBl. I 610) m.spät.Änd.; Luftverkehrsordnung (LuftVO) i.d.F. vom 27.3.1999 (BGBl. I 580) m.spät.Änd.; Verordnung über Luftfahrtpersonal (LuftPersV) i.d.F. vom 13.2.1984 (BGBl. I 265) m.spät.Änd.; Betriebsordnung für Luftfahrtgerät (LuftBO) i.d.F. vom 4.3.1970 (BGBl. I 262) m.spät. Änd.; VO zur Prüfung von Luftfahrtgerät (LuftGerPrV) vom 3.8.1998 (BGBl. I 2010). – 3. *Luftprivatrecht:* Die Beförderung von Gütern in der Luft (→ Luftfrachtgeschäft) ist kein → Frachtgeschäft im Sinn des HGB. Es gilt das Recht des → Werkvertrages (BGB), aber unter sinngemäßer Ergänzung durch die Regeln des Landfrachtgeschäfts sowie die entsprechenden allg. Beförderungsbedingungen. Bes. Rechtsvorschriften sind nur bez. der Haftung aus dem Beförderungsvertrag im Luftverkehrsgesetz enthalten. Für den internationalen Verkehr sind Regelungen im Warschauer Abkommen (RGBl. 1933 II 1039) und Montrealer Übereinkommen (BGBl. 2004 II 458)vorgesehen.

Luftreinhaltepläne – von Landesbehörde zu erstellende Pläne über Art und Umfang der festgestellten und zu erwartenden Luftverunreinigungen sowie der durch diese hervorgerufenen schädlichen Umwelteinwirkungen, Feststellung über die Ursachen der Luftverunreinigung und Maßnahmen zu deren Verminderung und zur Vorsorge (vgl. § 47 BImSchG). – Vgl. auch → Immissionsschutz.

Luftreinhaltung – Gesamtheit der Abhilfe- und Vorsorgemaßnahmen zur Bekämpfung der Luftverunreinigung, v.a. durch Staub und Gas. Die beim Betrieb einer → Anlage entgegen verwaltungsrechtlichen Pflichten verursachte und schädliche *Luftverunreinigung* ist eine → Straftat, die mit → Freiheitsstrafe bis zu fünf Jahren oder mit → Geldstrafe geahndet wird (§ 325 StGB). – Vgl. auch → Immissionsschutz.

Luftstraße – *Luftkorridor;* Weg des → Luftverkehrs. Von Flugsicherungsbehörden mit Höhen- und Seitenbegrenzungen festgelegte und kontrollierte Lufträume zur Sicherung des Luftverkehrs.

Luftverkehr – Beförderung von Personen, Post und Fracht mit Luftfahrzeugen (Flugzeugen, Hubschrauber, Luftschiffen, Ballonen etc.) sowie die Benutzung des Luftraums mit Flugmodellen (§ 1 II LuftVG). Der gewerbliche Luftverkehr unterteilt sich in *Linienverkehr* (regelmäßiger flugplanmäßiger, zu öffentlich bekannt gegebenen Abflugzeiten stattfindender Verkehr auf festgelegten Routen zu veröffentlichten Tarifen mit → Betriebspflicht und → Beförderungspflicht) und *Gelegenheitsverkehr,* auch *Bedarfsflug-, Anforderungs-* oder → Charterverkehr (gewerbsmäßige Verkehre insbesondere ohne explizite Linienbindung, Betriebs- und Beförderungspflicht) genannt. Seit 1993 wird innerhalb des europäischen Wirtschaftsraumes keine rechtliche Trennung zwischen diesen Verkehrsformen vorgenommen, sodass bspw. der touristische Linienverkehr, der früher zumeist als Charterverkehr durchgeführt wurde, heute dem → Linienverkehr zugerechnet wird. Zudem unterscheidet man zwischen interkontinentalem, kontinentalem und regionalen Luftverkehr.

Luftverkehrsgesetz (LuftVG) → Beförderungsvertrag – LuftVG i.d.F. vom 25.11.2003, BGBl. I, 2004;

vgl. v.a. die haftpflichtrechtlichen Bestimmungen der §§ 33 ff. LuftVG, greift nur bei Inlandsflügen ein – bei internationalen Flügen ist das → Warschauer Abkommen zu beachten. →

Luftverkehrsverwaltung – Die Luftverkehrsverwaltung wird als Bundesverwaltung geführt. Aufgaben der Flugsicherung können auch durch ausländische Flugsicherungsorganisationen wahrgenommen werden, die nach dem Recht der Europäischen Gemeinschaft zugelassen sind (Art. 87d GG).

Lundberg-Lag – Produktions-Lag, der die zeitliche Verzögerung zwischen Verausgabung des Einkommens (effektiver Nachfrage) und dadurch veranlasster Anpassung der Produktion beschreibt. – *Beispiel:*

$$Q_t = f(Y_{t-1}).$$

Die geplante Produktion der Unternehmer für die gegenwärtige Periode (Q_t) richtet sich dann am Einkommen der Vorperiode (Y_{t-1}) aus. – Vgl. auch → Lag.

Lustbarkeitsteuer – ältere, nichtamtliche Bezeichnung für → Vergnügungsteuer.

Luxusbesteuerung – steuerliche Belastung einer gehobenen Lebenshaltung. – *Formen:* 1. *Luxusbesitzsteuer* (hauptsächlich in Großbritannien): wird auf männliche Dienstboten, Reitpferde, Pferde und Wagen, Wappen, Haarpuder, neuerdings auf Hunde, Kraftwagen, Wohnraum, erhoben. – 2. *Luxusumsatzsteuer* in Deutschland zeitweise bis 1926 in Form erhöhter Umsatzsteuersätze auf gewisse Luxusgüter; Ertrag unbefriedigend. – 3. Der Sache nach Luxusumsatzsteuern i.w.S. sind bzw. waren → Kaffeesteuer, → Schaumweinsteuer, Spielkartensteuer, → Leuchtmittelsteuer, Jagdsteuer, → Vergnügungsteuer.

Luxusprodukt – 1. *Begriff:* höchsten Ansprüchen genügende Leistungen eines Unternehmens (z.B. edle Materialien mit intensiver vertikaler Qualitätskontrolle). – 2. *Merkmale:* Kleinserien- bis Unikatfertigung herrschen vor, damit sind manufakturielle Bezüge verbunden. Neben selektivem Vertrieb spielen die örtliche und zeitliche Preiskonstanz sowie die Traditionsorientierung eine große Rolle. Motive für den Käufer, entsprechend hohe Preise zu bezahlen, liegen in der Selbstbelohnung, in der sozialen Binnendifferenzierung und in der Gewissheit, Erbstücke zu schaffen. Luxusprodukte und die darauf aufbauenden Luxusmarken sind durch Internationalität des Konsums gekennzeichnet.

Luxussteuer – eine in Form einer bes. Luxussteuer oder in Form erhöhter Sätze anderer Steuerarten (Umsatzsteuer, Verbrauchsteuern) erhobene Steuer. – Vgl. auch → Luxusbesteuerung.

LVA – Abk. für → Landesversicherungsanstalt.

LVS – Abk. für → Lagerverwaltungssystem.

M

M1 → Geldmenge.

M2 → Geldmenge.

M3 → Geldmenge.

MA(q)-Prozess – *gleitender Durchschnittsprozess q-ter Ordnung* (engl. *Moving Average, MA*); stochastischer Prozess der nur von einem weißen Rauschen und den q gewichteten Vergangenheitswerten dieses → weißen Rauschens abhängt. MA(q)-Prozesse sind stets schwach stationär (→ Stationarität).

Maastrichter Vertrag – *Vertrag über die EU* (→ EUV); *Vertrag zur Änderung der* → EWG (→ EWGV) in die EG (→ EGV); von den Staats- und Regierungschefs der EWG-Mitgliedsstaaten am 9. und 10.12.1991 in Maastricht vereinbarter und am 7.2.1992 unterzeichneter Vertrag über die EU (in Kraft seit 1.11.1993) mit dem Ziel, die → EWG mit erweiterten und verbesserten Aktionsmöglichkeiten auszustatten – die EWG wurde gleichzeitig umbenannt in → Europäische Gemeinschaft (EG). Der EUV war seinerzeit (bis 1.12.2009) als Mantelvertrag angelegt, der die einzelnen Elemente der Union (z.B. die zunächst drei Europäischen Gemeinschaften, der GASP und der justiziellen und polizeilichen Zusammenarbeit in der dritten Säule) über gemeinsame Bestimmungen zusammenführte. Strukturell stellte der EUV die Union auf drei Säulen: Die (seit 1958 schrittweise ausgebaute) „ökonomische" Säule der zunächst drei Gemeinschaften (→ EGKS aufgehoben, → EWG, → EAG) sowie die beiden neuen „außenpolitischen" und „strafrechtlichen" Säulen der *Gemeinsamen Außen- und Sicherheitspolitik* (→ GASP) und der Zusammenarbeit in den Bereichen Justiz und Inneres, heute *polizeiliche und justizielle Zusammenarbeit in Strafsachen* genannt. Eine weitere EG-/EU-Reform erfolgte mit dem → Vertrag von Nizza 2002. Mit dem → Vertrag von Lissabon wurde das → Drei-Säulen-Modell am 1.12.2009 abgeschafft. An seine Stelle tritt das Gemeinsame-Haus-Modell. – Vgl. auch → EU.

Macht – I. Begriff: Nach → Weber die Chance, „innerhalb einer sozialen Beziehung den eigenen Willen auch gegen Widerstreben durchzusetzen, gleichviel worauf diese Chance beruht". Diese sehr allg. Definition von Macht ist von Arndt im Hinblick auf *wirtschaftliche* Macht weiterentwickelt worden. Danach ist wirtschaftliche Macht Ausdruck von wirtschaftlicher Überlegenheit: „Wer über wirtschaftliche Macht verfügt, ist in der Lage, die Handlungsfähigkeit anderer Wirtschafter auszunutzen und ggf. sogar die Willensentscheidungen anderer Wirtschafter im eigenen Interesse zu beeinflussen. Im Grenzfall entscheidet der Mächtige für den Schwachen".

II. Wettbewerb: 1. *Arten:* a) *(Horizontale) Marktmacht:* In der → Wettbewerbstheorie werden im Hinblick auf die Konkretisierung des unbestimmten Rechtsbegriffes → Marktbeherrschung in § 18 GWB und Art. 102 AEUV zwei Machtkonzepte als Unterfälle horizontaler Marktmacht vertreten: das traditionelle – von Cournot analysierte – *Einzelmachtkonzept* (→ Monopole, Teilmonopole und überragende Marktstellungen eines Unternehmens (vgl. § 18 I GWB) sowie das sog. *Gruppenmachtkonzept,* das von der Zielsetzung der gemeinsamen Gewinnmaximierung (Joint Profit Maximization) von Unternehmensgruppen aufgrund von Absprachen im Sinn von § 1 GWB (→ Kollektivmonopol) oder eines Quasi-Agreements (Gruppendisziplin bzw. Preisführerschaft) i.S.d. § 18 V GWB ausgeht. In der europäischen Wettbewerbspolitik spricht man von kollektiver Marktbeherrschung. – b) *(Vertikale) Partnermacht* im Sinn von H. Arndt, bei welcher es nicht auf die Stellung auf dem → relevanten Markt, sondern auf die Beziehungen und Abhängigkeiten *zwischen* den Marktpartnern (Anbieter und Nachfrager) ankommt; je nachdem, wer dominiert, liegt *Anbieter- oder Nachfragermacht* vor. Der dominierende Marktpartner zwingt dem anderen Partner seinen Willen auf, was bis zur Ausbeutung des Marktpartners gehen kann. – Partnermacht kann jedoch nur bei einer Beeinträchtigung des (horizontalen) Wettbewerbs vorliegen, die im Ergebnis zu einer Einschränkung von Alternativen und damit zu einer vertikalen Abhängigkeit führen kann. Das Konzept der vertikalen Partnermacht ist insofern kein eigenständiger Erklärungsansatz für Macht, sondern nur eine andere (vertikale) Betrachtungsweise desselben Phänomens. – 2. Bei der wettbewerbspolitischen und -rechtlichen *Frage, was angemessene oder unangemessene Marktmacht ist,* handelt es sich – wie auch in anderen Bereichen der Wirtschaftspolitik – um eine Ermessensentscheidung. Anders als z.B. bei der Geld- und → Finanzpolitik sind diese Ermessensentscheidungen jedoch einer richterlichen Kontrolle unterworfen, was an die Justiziabilität der Kriterien entsprechend hohe Anforderungen stellt.

III. Wirtschaftsethik: 1. *Macht und der rechte Gebrauch von* Macht sind ein zentrales Thema der → Ethik seit der griech. Philosophie. Bis in die gegenwärtige → Wirtschaftsethik lassen sich *zwei grundlegende Alternativen des Umgangs mit* Macht unterscheiden. – a) Die Konzeption, die auf *Platon* zurückgeht, hält Macht für erwünscht zur *Verwirklichung sittlicher Ziele* bzw. – in der schwächeren Variante – für unvermeidlich, und sie versucht, die mit Macht offensichtlich verbundenen Gefahren durch die individuelle → Moral der Mächtigen (Bindung an die

→ Gerechtigkeit) unter Kontrolle zu halten: So begegnet man heute in der Wirtschaftsethik der Forderung nach einer „Ethik der wirtschaftlichen Macht". Diese Vorstellung mündet mehr oder weniger offen in totalitäre Gesellschaftsmodelle oder in paternalistische, hierarchische Führungskonzeptionen für Unternehmen und Organisationen. Die moralische Bändigung der Macht soll oft durch entsprechende Erziehung der Machthaber (seit Platon) und durch moralische Appelle, teils mit Hinweis auf die → Verantwortung des Mächtigen, zumindest vor Gott (Hobbes), gefördert werden. – b) Die andere Konzeption versucht, Macht durch entsprechende institutionelle Vorkehrungen zu domestizieren und/oder abzubauen. Diese Strategie steht Pate bei der *Entwicklung des modernen republikanischen bzw. demokratischen Staates:* Bindung des Fürsten an Recht und Gesetz, Verfassung, Rechtsstaat, Gewaltenteilung und parlamentarische Kontrolle sind die historisch bevorzugten Mittel. Seit Kant spielt die öffentliche Kritik an den Mächtigen eine bedeutende Rolle. – 2. *Macht und Wirtschaft:* In der Ökonomik wird hervorgehoben, dass die gesamte Sphäre der Privatautonomie die Macht des Staates einschränkt und der → Wettbewerb generell, auch der Wettbewerb zwischen Staaten, Gesellschaften und ihren Ordnungen, machtbegrenzend wirkt. Für Böhm ist der Wettbewerb „das großartigste und genialste Entmachtungsinstrument der Geschichte"; schon ein potenzieller Wettbewerber (→ potenzieller Wettbewerb) domestiziert Macht. Auf *Unternehmensebene* führt diese Konzeption zu neuen, kooperativen Führungskonzepten, zu Dezentralisierung mit vielen Entscheidungszentren, zur Etablierung von Unternehmensverfassungen und zur Entwicklung entsprechender Unternehmenskulturen. Die moderne → Transaktionskostenökonomik könnte für die wirtschaftsethische Behandlung von Macht systematisch wichtig werden. Im Zentrum steht die Abhängigkeit, in die Interaktionspartner aufgrund transaktionsspezifischer Investitionen geraten können. Macht lässt sich konzeptualisieren als Fähigkeit eines Partners, die → Quasirente des anderen auszubeuten. Rationale Akteure antizipieren das und gehen solche – „an sich" produktive – Interaktionen so lange nicht ein, wie sie nicht durch entsprechende institutionelle Arrangements vor dieser Macht sicher sind.

Macht eines Tests → Gütefunktion, → Teststärke.

Machtpromotor → Buying Center.

Machttheorie – I. Volkswirtschaftstheorie: Richtung der Volkswirtschaftstheorie, mit der die Eigengesetzlichkeit des Wirtschaftslebens verneint wird, in Auseinandersetzung mit Böhm-Bawerk v.a. durch Zwiedineck-Südenhorst, Eucken und Seraphim. Nach dieser Lehre schließt die Gesamtheit wirtschaftlicher Handlungen, v.a. im Hinblick auf die → Preisbildung und sonstige marktwirtschaftliche Erscheinungen, notwendigerweise Machtausübung in sich. – Als *wirtschaftliche Macht* gilt das mit spezifischen ökonomischen Mitteln durchgesetzte Bestreben, andere zur Nachgiebigkeit gegenüber dem eigenen Willen zu veranlassen. Als Marktmacht ist danach die Fähigkeit zu bezeichnen, durch Vorzugspositionen auf dem Markt anderen den eigenen Willen bei einem bestimmten Tauschakt aufzuzwingen (Seraphim).

II. Lohntheorie: Anhänger der sozialrechtlichen Schule, der Fabian Society und v.a. Tugan-Baranowsky vertraten eine → Lohntheorie, der zufolge die Lohnhöhe im Wesentlichen durch Machtkämpfe zwischen den Klassen bestimmt wird. Dagegen steht die verbreitete Sichtweise, nach der man bei der Bestimmung der Höhe der Löhne über keinerlei Spielraum verfüge, da sie durch ein ökonomisches Gesetz eng vorgegeben seien. Seit Beginn der Bildung von ökonomischen Denkschulen wird dies von verschiedenen Theorien postuliert. Dies beginnt mit dem Lohnfondsgedanken der Klassiker, findet sich in der These vom ehernen Lohngesetz Lassalles wieder und wird unmittelbar adressiert in dem Aufsatz von Böhm-Bawerk aus dem Jahr 1914 in seiner Auseinandersetzung mit Rudolf Stolzmann über „Macht oder ökonomisches Gesetz?". Demnach sind jegliche Versuche der Arbeitnehmer und ihrer Organisationen, den Anteil der Lohneinkommen am Sozialprodukt dauerhaft zu ihren Gunsten auszuweiten, von vornherein zum Scheitern verurteilt. Mit der → Grenzproduktivitätstheorie der Verteilung erhielt die Auffassung von der Gerechtigkeit der konkurrenzmäßig bestimmten Löhne ein theoretisch formal geschlossenes Korsett. Moderne Verteilungstheorien, die versuchen, Macht und Verteilungskonflikte zu berücksichtigen, stehen häufig in der Tradition der Arbeiten von Michal Kalecki. Dieser entwickelte mit seiner → Monopolgradtheorie der Verteilung einen Theorieansatz, in dem Machtverhältnisse auf den Güter- und auf den Arbeitsmärkten eine zentrale Rolle bei der Bestimmung der (quotalen) Einkommensverteilung spielen.

III. Abgrenzung: Machttheorien sind nicht mit der Marxschen *Ausbeutungstheorie* gleichzusetzen, da bei Marx das allg. Wertgesetz auch für die Lohnbildung gilt (Äquivalententausch); ebenso nicht zu verwechseln mit der Lohnbestimmung mithilfe der *Theorie des zweiseitigen* → Monopols, obwohl auch bei dieser die Lohnhöhe innerhalb eines bestimmten Bereichs unbestimmt bleibt.

Mackenroth-These → Generationenvertrag.

Madrider Herkunftsabkommen → geografische Herkunftsangaben.

Madrider Markenabkommen (MMA) – mehrseitiger völkerrechtlicher Vertrag und Unterabkommen der → Pariser Verbandsübereinkunft zum Schutz des gewerblichen Eigentums (PVÜ), abgeschlossen in Madrid am 14.4.1891, revidiert in Brüssel (1900), Washington (1911), Haag (1925), London (1934), Nizza (1957) und Stockholm (1967) mit AO, gilt zwischen den Verbandsstaaten in der jeweils gemeinsam ratifizierten Fassung (Art. 16), für die Bundesrepublik

Deutschland ist die Stockholmer Fassung maßgebend (BGBl. 1970 II 418). Es ermöglicht die internationale Registrierung von → Marken (→ IR-Marken), die im Ursprungsland eingetragen sind, setzt also eine national gültige Markenregistrierung voraus. Die IR-Marke ist in ihrem Rechtsbestand auf die Dauer von fünf Jahren an die Heimatmarke gebunden, sofern diese nicht aufgrund einer vor Ablauf der fünf Jahre erhobenen Klage erlischt, danach wird sie selbstständig (Art. 6). – *Ausnahme:* → Telle-quelle-Marken. Die internationale Registrierung erfolgt durch das internationale Büro auf Vermittlung der nationalen Behörde (Art. 3), in der Bundesrepublik Deutschland also des → Deutschen Patent- und Markenamtes (DPMA); ein unmittelbarer Antrag an das internationale Büro auf Registrierung ist nicht möglich. Die internationale Registrierung muss für alle Länder, für die die Nizzaer Fassung gilt, bes. beansprucht werden, dazu gehört auch die Bundesrepublik Deutschland (Art. 3). Die internationale Registrierung führt zum Schutz der Marke nach Maßgabe des jeweiligen nationalen Rechts mit der Besonderheit, dass sich der Zeitvorrang in den jeweiligen Staaten nicht nach dem Tag der Anmeldung wie im dt. Recht richtet, sondern nach dem Tag der internationalen Registrierung. Die Frist zur Wahrung der Unionspriorität (→ Prioritätsrecht) beträgt sechs Monate, eine dt. Marke muss daher sechs Monate nach ihrer Anmeldung international eingetragen sein, um die Unionspriorität zu erlangen (Art. 4). Die nationalen Behörden haben in Grenzen die Möglichkeit, das Gesuch um Ausdehnung des Schutzes zurückzuweisen (refus de protection, Art. 5). Die Schutzdauer der Marke beträgt 20 Jahre und kann verlängert werden, bei Teilzahlung der Grundgebühr zehn Jahre mit der Möglichkeit der Verlängerung (Art. 6, 7). – *Übertragung der Marke:* Art. 9 f. – *Gebühren:* Art. 8. Durch das Markengesetz ist der Schutz der IR-Marke in das dt. Markenrecht integriert worden, das mit den notwendigen Anpassungsregeln (§§ 107 ff. MarkenG) auf IR-Marken entsprechend anzuwenden ist (§ 107 MarkenG).

magisches Dreieck → magisches Vieleck.

magisches Vieleck – Ausdruck dafür, dass versucht werden soll, mehrere teilweise im Konflikt stehende gesamtwirtschaftliche Ziele gleichzeitig möglichst gut zu erfüllen. – 1. *Magisches Dreieck:* Es umfasst die Ziele hoher Beschäftigungsgrad (Vollbeschäftigung), Preisniveaustabilität und Zahlungsbilanzgleichgewicht. – 2. *Magisches Viereck:* Dies umfasst zusätzlich das Ziel (angemessenes) → Wachstum; ist in § 1 StWG vorgesehen. Auf derartige Zielbündel ist heute die Wirtschaftspolitik fast aller westlichen Länder verpflichtet. Dass die verschiedenen Ziele nicht alle gleichzeitig und in vollem Umfang zu erfüllen sind, resultiert aus der wechselseitigen Abhängigkeit der gesamtwirtschaftlichen Variablen. Die wirtschaftliche Interdependenz bedingt also, dass die Zielbündel Zielkonflikte einschließen, was mit dem Attribut „magisch" zum Ausdruck gebracht wird. – Vgl. auch → Stabilisierungspolitik.

magisches Viereck → magisches Vieleck.

Magnetband – 1. *Begriff:* Das Magnetband ist in der elektronischen Datenverarbeitung → Datenträger und externer → Speicher. – 2. *Beschaffenheit:* Physikalisch besteht das Magnetband aus einer Trägerfolie aus Kunststoff, auf die eine magnetisierbare Schicht aufgetragen ist. – 3. *Organisation der Daten:* Die Daten sind auf dem Magnetband sequenziell gespeichert (→ Datenorganisation). – 4. *Anwendung:* Das Magnetband war anfangs in der betrieblichen Datenverarbeitung wichtiges externes Speichermedium. Es verlor an Bedeutung zugunsten der → Magnetplattenspeicher. Magnetbänder werden heute oft zur → Datensicherung eingesetzt.

Magnetkarte → Magnetstreifenkarte.

Magnetplattenspeicher – *Magnet Disk Storage.* 1. *Begriff:* externer → Massenspeicher, der den direkten Zugriff (→ Datenorganisation) zu den gespeicherten → Daten zulässt, daher kurze Zugriffszeiten. – 2. *Arten:* a) *Festplattenspeicher:* fest in die Magnetplatteneinheit eingebaute Plattentürme. – b) *Wechselplattenspeicher:* Plattenspeicher, die nur für die Dauer einer bestimmten Bearbeitung in die Laufwerke eingesetzt werden.

Magnetstreifenkarte – *Magnetkarte;* Karte der Standardgröße 85,6 x 54 x 0,76 mm. In die Magnetstreifenkarte ist ein i.d.R. 12,7 mm breiter Magnetstreifen (Magnetspur) integriert, auf dem → Daten in drei Spuren aufgezeichnet bzw. gelesen werden können. – *Anwendung* vorwiegend als → Debitkarte und → Kreditkarte. Aufgrund der Nachteile (geringe Datenkapazität, mangelnde Fälschungssicherheit) wurde die → Chipkarte entwickelt.

Magnitude-Skalierung → Skalierungsverfahren zur Messung der → Einstellung durch die Bildung von Verhältnisurteilen. Dabei wird die Intensität von Empfindungen proportional zu deren Intensität in Zahlen, die Länge einer Linie oder die Dauer eines Tones umgesetzt. Verstärkter Einsatz im Rahmen von → computergestützten Datenerhebungen.

Mahlzeiten – Behandlung im Lohnsteuerrecht: Mahlzeiten, die ein Arbeitgeber seinen Arbeitnehmern gewährt, gehören als geldwerter Vorteil zum steuerpflichtigen → Arbeitslohn, wenn sie unentgeltlich oder verbilligt abgegeben werden, etwa in Form von Barzuschüssen zur Verbilligung von Mahlzeiten oder von Essensmarken, die zur Einnahme von Mahlzeiten innerhalb oder außerhalb des Betriebes berechtigen. Zuwendungen des Arbeitgebers dieser Art und solche, die nicht dem Arbeitnehmer, sondern einer Kantine oder Gaststätte gezahlt werden, werden grundsätzlich der Lohnsteuer unterworfen. Zur Ermittlung des Vorteils ist vom entsprechenden Sachbezugswert (§ 8 II 2 EStG; Sozialversicherungsentgeltverordnung) der Mahlzeiten auszugehen; von diesem

Wert ist die Zahlung des Arbeitnehmers abzuziehen. Für die Ausgabe von Essensmarken gelten vonseiten der Finanzverwaltung bes. Regeln, wie der dem Arbeitnehmer dadurch zugewendete geldwerte Vorteil bewertet werden soll (R 8 LStR 2008).

Mahnbescheid → Mahnverfahren.

Mahnung – I. Bürgerliches Recht: Aufforderung des Gläubigers an den Schuldner, die geschuldete Leistung zu erbringen. Ist die Schuld fällig, kommt der Schuldner durch erfolglose Mahnung in → Schuldnerverzug (§ 286 BGB). Mahnung kann auch durch konkludente Handlungen, v.a. durch Klageerhebung, Zustellung eines Mahnbescheids, Übersendung einer quittierten Rechnung oder einer Zahlkarte erfolgen. Übersendung unquittierter Rechnung ist i.d.R. keine Mahnung (anders, wenn mehrfach kurz hintereinander). – Durch → Allgemeine Geschäftsbedingungen (AGB) ist eine Bestimmung unwirksam, durch die der Verwender von der gesetzlichen Obliegenheit freigestellt wird, den anderen Vertragsteil zu mahnen (§ 309 Nr. 4 BGB).

II. Steuerrecht: Die Mahnung soll dem Vollstreckungsschuldner i.d.R. vor der Vollstreckung mit Zahlungsfrist von einer Woche verschlossen zugesandt werden (§ 259 AO). Sie ist keine unerlässliche Voraussetzung für den Beginn der Vollstreckung. Sie ist kein → Verwaltungsakt und daher nicht mit dem → Einspruch anfechtbar. Für Mahnungen werden keine Kosten erhoben (§ 337 II 1 AO); Kosten durch einen Postnachnahmeauftrag trägt jedoch der Schuldner (§ 337 II 2 AO).

Mahnverfahren – I. Begriff: Zivilrechtliches Verfahren mit dem Ziel, dem Antragsteller auf schnellerem und billigerem Wege als im gewöhnlichen Zivilprozess einen → Vollstreckungstitel zu verschaffen, ohne die Rechtsstellung des Antragsgegners zu beeinträchtigen (§§ 688–703d ZPO). – Das Mahnverfahren ist *zulässig* für Ansprüche auf eine bestimmte Geldsumme in Euro. Das Mahnverfahren findet nicht statt. (1) Für Ansprüche eines Unternehmers aus einem Verbraucherdarlehen oder -finanzierungshilfen, wenn der effektive Jahreszins den bei Vertragsabschluss geltenden → Basiszinssatz um mehr als zwölf Prozentpunkte übersteigt; (2) wenn die Geltendmachung des Anspruchs von einer noch nicht erbrachten Gegenleistung abhängig ist; (3) wenn die Zustellung des Mahnbescheids durch öffentliche Bekanntmachung erfolgen müsste (§ 688 II ZPO).

II. Zuständigkeit: Ausschließlich zuständig ist das → Amtsgericht (unabhängig von der Höhe des Streitwertes). Die Bundesländer haben die bearbeitung der Mahnsachen auf zentrale Mahngerichte konzentreiret. Einige Bundesländer haben länderübergreifende gemeinsame Mahngerichte eingerichtet. Näheres sieehe www.mahngerichte.de.

III. Verfahren: 1. Der Antragsteller stellt einen *Antrag* auf Erlass eines Mahnbescheides (durch Ausfüllung eines Vordrucks, der durch VO vom 6.5.1977 (BGBl. I 693) m.spät.Änd. für das Mahnverfahren und durch VO vom 6.6.1978 (BGBl. I 705) bei maschineller Bearbeitung vorgeschrieben ist, § 703c ZPO). Es gibt auch die Möglichkeit, den Mahnantrag per Internet an das Mahngericht zu senden, entweder unter Nutzung einer elektronischen Signatur oder im online- Verrfahren per Barcode. Näheres: www.mahngerichte.de. Der Antrag muss enthalten: (1) Parteien, (2) Gericht, (3) Anspruch unter bestimmter Angabe der verlangten Leistung, (4) Erklärung, dass der Anspruch nicht von einer Gegenleistung abhängt und (5) Bezeichnung des für das streitige Verfahren zuständigen Gerichts. – Der Antrag wird *zurückgewiesen,* wenn er nicht den gesetzlichen Bestimmungen entspricht, das Mahnverfahren für den geltend gemachten Anspruch nicht zulässig ist oder die vorgeschriebenen Vordrucke nicht verwandt worden sind; dagegen kein Rechtsmittel, da die Möglichkeit der Klageerhebung gegeben ist. – 2. Das Gericht erlässt den *Mahnbescheid,* der außer den Angaben des Antrags die Aufforderung an den Antragsgegner enthält, binnen zwei Wochen seit Zustellung (bei Vermeidung des Erlasses eines Vollstreckungsbescheides) die behauptete Schuld nebst den geforderten Zinsen und der dem Betrage nach bezeichneten Kosten zu begleichen oder, falls Einwendungen bestehen, Widerspruch zu erheben (§ 692 ZPO). Zustellung von Amts wegen unter Benachrichtigung des Antragstellers. – 3. Erhebt der Antragsgegner *Widerspruch* (bis zum Erlass des Vollstreckungsbescheides zulässig) und beantragt eine Partei (kann bereits im Antrag auf Erlass des Mahnbescheids aufgenommen werden) die Durchführung des streitigen Verfahrens, so gibt das Gericht, das den Mahnbescheid erlassen hat, den Rechtsstreit von Amts wegen an das im Mahnbescheid bezeichnete Amts- oder Landgericht (auch → Kammer für Handelssachen) ab. Das Gericht, an das abgegeben wird, ist hierdurch in seiner Zuständigkeit nicht gebunden. Verlangen die Parteien übereinstimmend die Abgabe an ein anderes Gericht, so ist an dieses abzugeben. Die Geschäftsstelle dieses Gerichtes gibt dem Antragsteller auf, seinen Anspruch binnen zwei Wochen in einer der Klageschrift (→ Klageerhebung) entsprechenden Form zu begründen. Das Mahnverfahren geht dann in das ordentliche Verfahren über. – 4. Wird kein Widerspruch erhoben, kann der Antragsteller innerhalb von sechs Monaten seit Zustellung des Mahnbescheids Erlass eines → Vollstreckungsbescheids beantragen. Dieser wird entweder von Amts wegen oder auf Betreiben des Antragstellers durch den Gerichtsvollzieher zugestellt. Er steht einem → Versäumnisurteil gleich; der Antragsgegner kann binnen zwei Wochen nach Zustellung → Einspruch einlegen, der den Rechtsstreit in das ordentliche Verfahren überleitet.

MAI – Abk. für *Multilateral Agreement on Investment;* im Rahmen der → OPEC 1995 erstmalig diskutierter Versuch, einheitliche Regeln auf dem Gebiet der ausländischen Direktinvestitionen festzulegen. Kernpunkte sind Investitionsschutz, Liberalisierung und Streitschlichtung. Ziel ist die Abschaffung von Verzerrungen der Kapitalflüsse und Gewährleistung einer effizienten Allokation der Ressourcen durch Schaffung von Rahmenbedingungen für den Marktzutritt sowie Rechtssicherheit.

Mailbox – System, das es dem Benutzer eines → Mehrplatzrechners oder eines Rechners in einem Computerverbund bzw. → Netz erlaubt, an bestimmte andere Benutzer Nachrichten und an diese angehängt evtl. auch andere Informationsformen, z.B. Dateien, zu senden. Empfangene Nachrichten werden für jeden Benutzer in seinem „Postkorb" gespeichert. Diesen kann er bei Bedarf ansehen und dabei Nachrichten lesen oder anhören, löschen, editieren, weiterleiten sowie empfangene Dateien in seinen „privaten Datenbereich" übertragen. – Vgl. auch → E-Mail.

Mailing List – über E-Mail-Verteiler meist unregelmäßig versendete Nachrichten zu einem spezifischen Thema. Die Teilnehmer erhalten fortlaufend Beiträge der anderen Abonnenten. Im Gegensatz zum → Newsletter sind Mailing Lists dialogorientiert. Die Verwaltung der Nutzer erfolgt über einen Mailinglisten-Server.

Mainframe – Hochleistungsrechner, den viele → Benutzer (mehrere Hundert) gleichzeitig benutzen können. Kennzeichnend sind eine hohe Verarbeitungsgeschwindigkeit, eine große interne und externe Speicherkapazität und eine große Anzahl von Ein-/Ausgabekanälen. Benötigt klimatisierte Räume und spezielles Bedienungspersonal (Operator). Einsatz in Rechenzentren und großen DV-Abteilungen.

MAIS – Abk. für → Marketing-Informationssystem.

Majoritätskäufe – Aktienkäufe an der Börse durch den oder die Besitzer der Aktienmehrheit einer AG. – *Zweck:* Erreichung oder Stärkung der Stellung der Mehrheitsbesitzer oder Verhütung des Eindringens fremden Einflusses. – Vgl. auch → Aktienpaket.

Make or Buy – *Eigenproduktion oder Fremdbezug;* Entscheidungsproblem im Hinblick auf das Ausmaß der vertikalen Integration einer Unternehmung. Für jede Aktivität im Rahmen der betrieblichen Wertschöpfungskette stellt sich die Frage, ob diese besser vom Unternehmen selbst erbracht und koordiniert werden sollte oder ob diese Aktivität nicht kostengünstiger als Marktleistung von anderen Unternehmen hinzugekauft werden sollte. Bei der Kalkulation der Kosten sind nicht nur die aktivitätsbezogenen variablen und fixen Kosten (ggf. auch → Opportunitätskosten) zu berücksichtigen, sondern auch die anfallenden → Transaktionskosten, die bei der Koordination der Aktivität innerhalb des Unternehmen bzw. bei Bezug über den Markt anfallen.

Make to Order – Auftragsfertigung, Kundenauftragsfertigung, (MTO); Auftragstyp der Fertigung, bei dem die Produkte kundenindividuell nach konkreten Vorgaben gefertigt werden. Der Kundenentkopplungspunkt liegt vor dem ersten Produktionsprozessschritt. Die Auftragsabwicklung erfolgt weitgehend kundenspezifisch. Make to Order ist i.d.R. als Einzel- oder Kleinserienfertigung organisiert.

Makler → 1. *I.e.S.* (im Sinn des BGB): → *Zivilmakler.* – 2. *I.w.S.* (im Sinn des HGB und BörsenG): → *Handelsmakler* und → *Kursmakler.*

Maklerbuch → Orderbuch.

Maklergebühr → Courtage, → Maklerlohn.

Maklerlohn – Vergütung des Maklers, regelmäßig in Form einer → Provision. Der Anspruch auf Maklerlohn entsteht nur, wenn infolge der Tätigkeit des Maklers ein Vertrag zustande kommt. (1) Der → Zivilmakler kann den Maklerlohn nur von seinem Auftraggeber verlangen (§ 652 BGB). (2) Der → Handelsmakler, der regelmäßig für beide Teile tätig ist, erhält den Maklerlohn, wenn nicht anders üblich oder vereinbart, von jeder Partei zur Hälfte (§ 99 HGB). – Vgl. auch → Courtage.

Maklerordnung – *früher:* Bestimmungen über Bestellung, Entlassung und Vertretung der → Kursmakler sowie deren Rechte und Pflichten. Maklerordnung variiert von Börse zu Börse. Sie wird von der zuständigen Landesregierung erlassen. – *Heute vergleichbar:* Verordnung über das Zulassungsverfahren und die Pflichten des Skontroführers (Skontroführerverordnung) v. 10.9.2005 (Hessisches GVBl I S. 646). Ermächtigungsgrundlage: § 28 BörsG.

Maklervertrag → Vertrag eigener Art; dem → Werkvertrag ähnlich, weil der → Maklerlohn nur für Herbeiführung eines bestimmten Erfolgs geschuldet, der Makler (→ Zivilmakler, → Handelsmakler, → Kursmakler) aber zu einer Tätigkeit nicht verpflichtet wird.

Makro-Marketing – Konzeption zur Gestaltung der Beziehungen zu Nicht-Marktteilnehmern und gegenüber der Gesellschaft. Ergänzung des klassischen → Marketing durch gesellschaftliche, ökologische und humanitäre Aspekte (→ Social Marketing, Societal Marketing). Das Konzept des Makro-Marketing vollzieht eine Miteinbeziehung der gesamtgesellschaftlichen Wirkungen im kommerziellen Marketing allg., bes. in die marketingpolitischen Instrumente.

Makromodelle geschlossener Volkswirtschaften → makroökonomische Totalmodelle geschlossener Volkswirtschaften.

Makromodelle offener Volkswirtschaften → Totalmodelle offener Volkswirtschaften.

Makroökonomie → Makroökonomik.

Makroökonomik – *Makroökonomie, makroökonomische Theorie, Makrotheorie.* 1. *Begriff:* Teilgebiet der → Volkswirtschaftstheorie. Die Makroökonomik befasst sich im Gegensatz zur → Mikroökonomik mit dem gesamtwirtschaftlichen Verhalten ganzer

Sektoren. Sie ist eine Analysemethode, die auf der Grundlage institutioneller und funktioneller Aggregate das Wirtschaftsgeschehen in seiner Gesamtheit betrachtet und demzufolge gesamtwirtschaftliche Fragestellungen untersucht. Historisch gesehen steht die Entstehung der Makroökonomik in engem Zusammenhang mit dem von Keynes beeinflussten Aufbau der → Volkswirtschaftlichen Gesamtrechnung (VGR). Bei der Erforschung der ökonomischen Realität greift die Makroökonomik auf gesamtwirtschaftliche Größen zurück, die in der VGR durch → Aggregation aus einzelwirtschaftlichen Größen gewonnen werden. Auch ein Teil der in makroökonomischen Modellen verwendeten Beziehungen zwischen den betreffenden Größen sind der VGR entnommen (Definitionsgleichungen, Gleichgewichtsbedingungen). Durch die Aggregation gehen notwendigerweise Informationen verloren. Andererseits ist gerade dies Voraussetzung, um die vermuteten Zusammenhänge klarer erkennen zu können. – 2. Auf die Makroökonomik kann man die in der Volkswirtschaftstheorie üblichen *Gliederungsprinzipien* anwenden: a) Makroökonomische → Partialanalyse oder makroökonomische → Totalanalyse, je nachdem, ob einzelne Märkte (z.B. Gütermarkt) oder alle Märkte (Güter-, Geld-, Wertpapier- und Arbeitsmarkt) im Zusammenhang betrachtet werden. – b) *Statik* und *Dynamik* (→ dynamische Makroökonomik). – c) Differenzierung unter *historischen und inhaltlichen Gesichtspunkten* zwischen verschiedenen makroökonomischen Lehrmeinungen. (1) Fundamentales Unterscheidungskriterium ist die Frage, ob reale Wirtschaftssysteme sich überwiegend im → Gleichgewicht befinden oder zumindest bei Abweichungen vom Gleichgewicht sehr schnell wieder zu einer Gleichgewichtsposition zurückstreben. Obwohl die Makroökonomik erst in den 1930er-Jahren begrifflich konstituiert wurde, enthalten natürlich schon ältere Theoriegebäude makroökonomische Aussagen, sodass zu den *gleichgewichtsorientierten Makrotheorien* auch → klassische Lehre und → Neoklassik zählen. Gleichgewichtsorientierte Lehrmeinungen jüngeren Datums sind → Monetarismus, → Neue Klassische Makroökonomik, → Neukeynesianische Makroökonomik (→ Neuer Keynesianismus) und → Angebotsökonomik. (2) Die *Ungleichgewichtstheorien* gehen zurück auf die Keynessche Lehre (→ Keynesianismus). In diese Kategorie gehören → Neokeynesianische Theorie und → Postkeynesianismus. Der → Neue Keynesianismus, der in die Kategorie der Gleichgewichtstheorien gehört, hat sich demgegenüber zum Ziel gesetzt, eine mikroökonomische Fundierung makroökonomischer Hypothesen des Keynesianismus (wie z.B. Preis- und Lohnstarrheiten) zu liefern; er knüpft dabei an neoklassische Überlegungen an. Er wird deshalb auch als → Neue Neoklassische Synthese (als Weiterentwicklung der traditionellen → Neoklassischen Synthese oder traditionellen keynesianischen Totalanalyse) bezeichnet. – d) *Makroökonomik geschlossener vs. offener Volkswirtschaften* (→ Totalanalyse offener Volkswirtschaften).

Makroökonomik offener Volkswirtschaften → Totalanalyse offener Volkswirtschaften, → Totalmodelle offener Volkswirtschaften.

makroökonomische Inzidenz → Inzidenz. – *Gegenteil:* → mikroökonomische Inzidenz.

makroökonomisches Modell → ökonometrisches Modell zur Analyse gesamtwirtschaftlicher Entwicklungen oder aggregierter makroökonomischer Teilmärkte (ökonometrische Makromodelle). Ökonometrische Makromodelle basieren meist auf → Zeitreihendaten.

makroökonomische Stabilisierungspolitik → Stabilisierungspolitik.

makroökonomische Stabilitätspolitik → Stabilisierungspolitik.

makroökonomische Theorie → Makroökonomik.

makroökonomische Totalanalyse → Totalanalyse.

makroökonomische Totalmodelle geschlossener Volkswirtschaften – sind typischerweise traditionelle keynesianische Flexpreismodelle (→ Keynesianismus), in denen eine simultane Betrachtung des gesamtwirtschaftlichen Gütermarktes, des Geld- und Wertpapiermarktes sowie des Arbeitsmarktes vorgenommen wird. Im Unterschied zu → Totalmodellen offener Volkswirtschaften bleiben in makroökonomischen Totalmodellen geschlossener Volkswirtschaften internationale Güter-, Dienstleistungs- und Kapitaltransaktionen zwischen dem Inland und dem Ausland unberücksichtigt. Von neukeynesianischen Makromodellen (→ Neukeynesianische Makroökonomik) unterscheiden sie sich darin, dass sie keine vollständige Mikrofundierung besitzen. Makroökonomische Totalmodelle haben den großen Vorteil, dass sie das komplexe wirtschaftliche Geschehen in überschaubarer Form darstellen, sodass konkrete Aussagen über den Istzustand einer Volkswirtschaft möglich sind. Mithilfe solcher Modelle können sowohl eine gesamtwirtschaftliche Gleichgewichtsanalyse durchgeführt als auch die Auswirkungen stabilisierungspolitischer Maßnahmen auf makroökonomische Zielvariablen des Staates untersucht werden. – Im Unterschied zu makroökonomischen Totalmodellen sind *mikroökonomische Totalmodelle* disaggregierte Modelle, die lediglich der formalen Abbildung ökonomischer Zusammenhänge dienen und keine konkreten Aussagen über die ökonomische Realität zulassen. In solchen Walras-Modellen oder Modellen des → allgemeinen Gleichgewichts geht es primär um den Nachweis der Existenz und der Stabilität eines simultanen Gleichgewichts auf allen Güter- und Faktormärkten und damit um die prinzipielle Funktionsweise eines marktwirtschaftlichen Systems. – Makroökonomische Totalmodelle geschlossener Volkswirtschaften bestehen auf der *Nachfrageseite* aus dem → Güter-Geldmarkt-Modell für die geschlossene Volkswirtschaft (→ IS-LM-Modell), welches auf eine gesamtwirtschaftliche Güternachfragefunktion reduziert wird (→ makroökonomische Totalmodelle geschlossener Volkswirtschaften, Nachfrageseite) und auf der *Angebotsseite* aus den Gleichungen des Arbeitsmarktes sowie einer neoklassischen Produktionsfunktion, die zu einer gesamtwirtschaftlichen Angebotsfunktion zusammengefasst werden (→ makroökonomische Totalmodelle geschlossener Volkswirtschaften, Angebotsseite). Dabei wird zwischen dem Keynesschen Unterbeschäftigungsfall, der mit einem rigiden Geldlohnsatz verbunden ist (sog. Keynessche Variante), und dem neoklassischen Vollbeschäftigungsfall, der durch vollkommene Preis- und Lohnflexibilität gekennzeichnet ist (neoklassische Variante), unterschieden. Während die gesamtwirtschaftliche Angebotsfunktion bei völliger Preis- und Lohnflexibilität preisunelastisch verläuft, weist sie bei rigidem Geldlohnsatz einen preiselastischen Verlauf auf. Dies hat die Konsequenz, dass von Maßnahmen der Nachfragesteuerung (Geld- und Fiskalpolitik) bei Vorliegen flexibler Löhne und Preise sowie eines gesamtwirtschaftlichen Gleichgewichts bei Vollbeschäftigung keine Realeinkommens- und Beschäftigungseffekte ausgehen können (→ makroökonomische Totalmodelle geschlossener Volkswirtschaften, Stabilisierungspolitik). Dagegen können mit geld- und fiskalpolitischen Maßnahmen i.d.R. Beschäftigungswirkungen erzielt werden, wenn der Geldlohnsatz rigide ist und eine Situation der Unterbeschäftigung vorliegt. Sowohl die Keynessche als auch die neoklassische Variante makroökonomischer Totalmodelle werden zur sog. → Neoklassischen Synthese gerechnet, da sie aus einer keynesianisch modellierten Nachfrageseite und einer neoklassisch geprägten Angebotsseite bestehen. Weiterentwicklungen existieren in Form neukeynesianischer Totalmodelle, die entsprechend der → Neuen Neoklassischen Synthese zugeordnet werden können.

makroökonomische Totalmodelle geschlossener Volkswirtschaften, Angebotsseite – 1. *Charakterisierung:* In → makroökonomischen Totalmodellen geschlossener Volkswirtschaften wird die Angebotsseite durch die Gleichungen des gesamtwirtschaftlichen Arbeitsmarktes und eine neoklassische Produktionsfunktion beschrieben. Hieraus lässt sich eine gesamtwirtschaftliche Angebotskurve (→ aggregierte Angebotskurve) ableiten, die grafisch in einem Preis-Output-Diagramm darstellbar ist. Dabei ist zwischen dem neoklassischen Vollbeschäftigungsfall, der durch vollkommene Lohn- und Preisflexibilität gekennzeichnet ist, und dem Keynesschen Unterbeschäftigungsfall, der einen rigiden Geldlohnsatz unterstellt, zu unterscheiden. – 2. *Arbeitsmarkt:* Auf dem gesamtwirtschaftlichen Arbeitsmarkt hängt die Arbeitsnachfrage gemäß der neoklassischen → Grenzproduktivitätstheorie in negativer Weise vom Reallohnsatz W/P ab:

$$N^d = N^d\,(W / P)$$

mit $dN^d/d(W/P) < 0$, wobei: W = Geldlohn- oder Nominallohnsatz, P = gesamtwirtschaftliches Güterpreisniveau. In geschlossenen Volkwirtschaften ist – im Unterschied zu offenen Volkswirtschaften – der für die Produzenten relevante Reallohnsatz ebenfalls Bestimmungsfaktor für das Arbeitsangebot der privaten Haushalte (→ Totalmodelle offener Volkswirtschaften, Angebotsseite):

$$N^s = N^s\,(W / P)$$

mit $dN^s / d(W/P) > 0$. In einem Reallohn-Beschäftigungs-Diagramm verläuft die Arbeitsangebotskurve steigend und die Arbeitsnachfragekurve fallend (vgl. Abbildung „makroökonomische Totalmodelle geschlossener Volkswirtschaften, Angebotsseite (1)“).

a) Im neoklassischen Fall der vollkommenen Preis- und Lohnflexibilität ergibt sich auf dem gesamtwirtschaftlichen Arbeitsmarkt stets ein Vollbeschäftigungs-Gleichgewicht, das durch die

makroökonomische Totalmodelle geschlossener Volkswirtschaften, Angebotsseite (1)

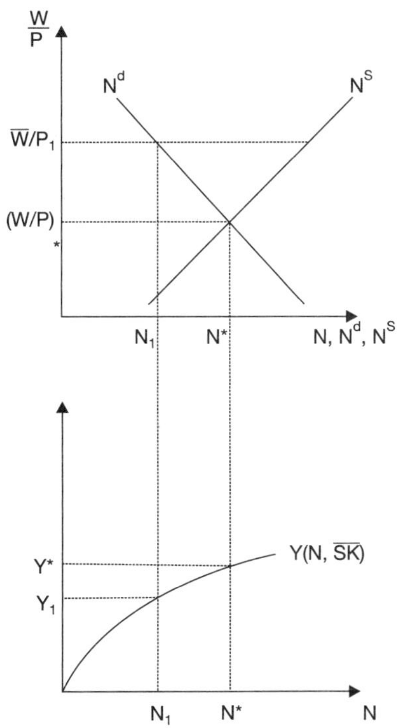

Übereinstimmung von aggregiertem Arbeitsangebot und aggregierter Arbeitsnachfrage gekennzeichnet ist:

$$N^s\,(W/P) = N^d\,(W\,/\,P) \rightarrow N^*, (W\,/\,P)^*.$$

Der Reallohnsatz verharrt in diesem Fall auf seinem gleichgewichtigen Niveau (W/P)*; eine durch eine Senkung des Güterpreisniveaus hervorgerufene Steigerung des Reallohnsatzes löst aufgrund des damit verbundenen Angebotsüberschusses auf dem Arbeitsmarkt unmittelbar eine gleichgerichtete Anpassung des Geldlohnsatzes aus, sodass der Reallohn sofort wieder in seinen Gleichgewichtszustand zurückkehrt. – b) Im Gegensatz dazu sind in der sog. Keynesschen Variante auch dauerhafte Angebotsüberschüsse auf dem Arbeitsmarkt möglich, was durch die Annahme eines nach unten starren Geldlohnsatzes erreicht werden kann. Liegt der Nominallohn auf dem Niveau $W = \overline{W}$ fest, bewirkt eine durch eine Preissenkung erzeugte Steigerung des Reallohnsatzes über sein Gleichgewichtsniveau (W/P)* hinaus keine Anpassung des Geldlohnsatzes nach unten, sodass sich auf dem Arbeitsmarkt ein Zustand unfreiwilliger Arbeitslosigkeit ergibt. In diesem Fall bestimmt die Arbeitsnachfrage als kurze Marktseite die effektive (tatsächliche) Beschäftigung:

$$N = N^d\,(W\,/\,P) < N^s\,(W\,/\,P)$$

mit $W = \overline{W}$ und $\overline{W}/P > (W/P)^*$. – 3. *Gesamtwirtschaftliche Produktionsfunktion, Güterangebotsfunktion:* Herrscht auf dem Arbeitsmarkt aufgrund einer vollkommen flexiblen Lohnanpassung ein dauerhafter Zustand der Vollbeschäftigung (N = N*), gilt für jeden Wert des Güterpreisniveaus P dieses effektive Beschäftigungsniveau N*. Bei Zugrundelegung einer → neoklassischen Produktionsfunktion der Art $Y = Y\,(N, \overline{S}\;\overline{K}\,)$ mit gegebenem Sachkapitalbestand $SK = \overline{S}\;\overline{K}$ und positiver, aber abnehmender Grenzproduktivität des Faktors Arbeit $(\partial Y/\partial N > 0,\ \partial Y^2/\partial N^2 < 0)$ ist dann das gesamtwirtschaftliche Güterangebot Y^s durch das Vollbeschäftigungs-Gleichgewicht N* am Arbeitsmarkt festgelegt:

$$Y^s = Y^* \text{ mit } Y^* = Y(N^*, \overline{SK}).$$

Bei Vorliegen vollkommen flexibler Löhne und Preise erhält man also eine preisunelastische Güterangebotsfunktion Y^s, die in einem Preis-Output-Diagramm vertikal über dem Vollbeschäftigungs-Einkommen Y* verläuft (vgl. Abbildung „makroökonomische Totalmodelle geschlossener Volkswirtschaften, Angebotsseite (2)"). – Wird der Keynessche Unterbeschäftigungsfall betrachtet, der einen rigiden Geldlohnsatz ($W = \overline{W}$) und einen Angebotsüberschuss, also einen Zustand unfreiwilliger Arbeitslosigkeit auf dem Arbeitsmarkt unterstellt, so ergibt sich eine in positiver Weise vom Güterpreisniveau P abhängige Güterangebotsfunktion:

$$Y^s = Y(N^d(\overline{W}/P), \overline{SK}) = Y(P) \text{ mit } dY/dP > 0.$$

Die positive Beziehung zwischen Preisniveau P und Güterangebot Y^s resultiert daraus, dass bei einem Angebotsüberschuss am Arbeitsmarkt die effektive Beschäftigung N durch die unternehmerische Arbeitsnachfrage bestimmt wird, welche bei einer Steigerung von P über die damit einhergehende Senkung des Reallohnsatzes W/P (mit $W = \overline{W}$) zunimmt. Neben diesem preiselastischen besteht die Keynessche Variante der makroökonomischen Angebotsfunktion auch aus einem preisunelastischen Bereich, der im Preis-Output-Diagramm vertikal über dem Vollbeschäftigungs-Einkommen Y* liegt (vgl. Abbildung „makroökonomische Totalmodelle geschlossener Volkswirtschaften, Angebotsseite (3)"). Bleibt nämlich der Geldlohnsatz W im gesamten Unterbeschäftigungsbereich konstant, so führen Preissteigerungen über die damit verbundene Reallohnsenkung zu einem Abbau des Angebotsüberschusses auf dem Arbeitsmarkt, da die Arbeitsnachfrage zunimmt und das Arbeitsangebot zurückgeht. Bei einem

makroökonomische Totalmodelle geschlossener Volkswirtschaften, Angebotsseite (2) und (3)

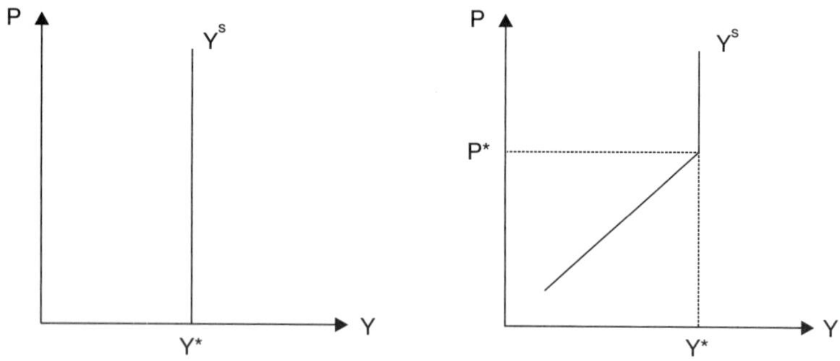

hinreichend großen Wert des Güterpreisniveaus (P = P*) nimmt dann der Reallohn wieder sein Gleichgewichtsniveau an, sodass sich auf dem Arbeitsmarkt der Vollbeschäftigungszustand einstellt, der mit einem Güterangebot in Höhe des Vollbeschäftigungs-Outputs Y* verbunden ist. Treten weitere Preissteigerungen auf, so wird unterstellt, dass der Gleichgewichtszustand am Arbeitsmarkt und das Güterangebot in Höhe des Vollbeschäftigungs-Einkommens Y* erhalten bleiben, was nur dann der Fall ist, wenn sich jetzt der Lohnsatz W vollkommen flexibel nach oben anpasst. Der Reallohn verharrt dann – ebenso wie in der neoklassischen Variante – auf seinem markträumenden Gleichgewichtswert. Die Keynessche Variante der Güterangebotsfunktion weist dann neben einem preiselastischen Unterbeschäftigungs- auch einen preisunelastischen Vollbeschäftigungsbereich auf.

makroökonomische Totalmodelle geschlossener Volkswirtschaften, Nachfrageseite – 1. *Charakterisierung:* In traditionellen → makroökonomischen Totalmodellen geschlossener Volkswirtschaften wird die Nachfrageseite durch zwei Gleichgewichtskurven beschrieben und zwar durch die → IS-Kurve als Gleichgewichtskurve des gesamtwirtschaftlichen Gütermarktes und die → LM-Kurve als Gleichgewichtskurve des Geldmarktes. Dabei wird hinsichtlich des Verhaltens der Wirtschaftssubjekte bei der Aufstellung ihrer Wirtschaftspläne auf dem Güter- und Geldmarkt von → Realplanung (bzw. Freiheit von Geldillusion) ausgegangen. Außerdem stellt die IS-Kurve nur dann eine Gleichgewichtskurve des gesamtwirtschaftlichen Gütermarktes dar, wenn die Produzenten vollkommen elastisch mit ihrem mengenmäßigen Angebot auf Änderungen der gesamtwirtschaftlichen Güternachfrage reagieren. Das → IS-LM-Modell (→ Güter-Geldmarkt-Modell) zeigt die simultane Bestimmung eines Gleichgewichts auf dem Güter- und Geldmarkt. Es kann grafisch im Hicks-Diagramm (Zinssatz-Einkommen-Diagramm) dargestellt werden. Aus dem IS-LM-Modell lässt sich durch Variation des Güterpreisniveaus eine gesamtwirtschaftliche Nachfragekurve (→ aggregierte Nachfragekurve) ableiten, die grafisch in einem Preisniveau-Einkommen-Diagramm darstellbar ist. Dabei ist zwischen dem Normalfall einer preiselastisch verlaufenden Güternachfragekurve und dem Sonderfall einer vertikalen Nachfragekurve zu unterscheiden. – 2. *Gleichgewichtskurven:* a) *Gütermarkt:* In einer geschlossenen Volkswirtschaft mit staatlicher ökonomischer Aktivität gilt für ein Gütermarktgleichgewicht die Bedingung: reales geplantes Güterangebot (Y) = reale geplante Güternachfrage. Die gesamtwirtschaftliche Güternachfrage setzt sich dabei aus der Konsumgüternachfrage C der privaten Haushalte, der Investitionsgüternachfrage I der privaten Unternehmen und der staatlichen Nachfrage G nach Gütern und Dienstleistungen zusammen. Der private Konsum hängt nach dem „fundamentalen → psychologischen Gesetz“ von Keynes in positiver, unterproportionaler Weise vom Einkommen Y ab ($C = C(Y)$ mit $0 < dC / dY < 1$; → Konsumfunktion). Bei Berücksichtigung der ökonomischen Aktivität des Staates ist das Volkseinkommen Y durch das verfügbare Einkommen $Y^v = Y - T$ zu ersetzen, da Steuerzahlungen T an den Staat zu leisten sind. Wird eine proportionale Steueraufkommensfunktion $T = tY$ (mit $0 < t$ = Steuersatz < 1) unterstellt, gilt allg. für die Konsumfunktion $C = C(Y - T) = C((1 - t) Y)$. Die private Investitionsnachfrage ist dagegen eine negative Funktion des Marktzinssatzes i für alternative Wertpapieranlagen ($I = I(i)$ mit $dI / di < 0$). Nach dem Konzept der → Grenzleistungsfähigkeit des Kapitals ist die Investitionsnachfrage außerdem in positiver Weise von den unternehmerischen Ertragserwartungen E über die zukünftigen Nettoerlöse eines geplanten Investitionsobjektes abhängig. Für die Gleichgewichtsbedingung des Gütermarktes einer geschlossenen Volkswirtschaft gilt dann die Gleichung:

$$Y = C((1 - t) Y) + I(i, E) + G.$$

Diese Gleichgewichtsbedingung beschreibt einen negativen funktionalen Zusammenhang zwischen Zins und Einkommen, der sich grafisch in einem Zinssatz-Einkommen-Diagramm veranschaulichen lässt (vgl. Abbildung „makroökonomische Totalmodelle geschlossener Volkswirtschaften, Nachfrageseite (1)“). Eine Steigerung des gesamtwirtschaftlichen Einkommens Y, welche gleichbedeutend mit einer Zunahme des gesamtwirtschaftlichen Güterangebots ist, bewirkt wegen der damit verbundenen unterproportionalen Zunahme des privaten Konsums einen Angebotsüberschuss auf dem gesamtwirtschaftlichen Gütermarkt, der durch eine Zinssenkung ausgeglichen werden kann, da hierdurch im Normalfall eine Erhöhung der privaten Investitionsnachfrage induziert wird. Im Grenzfall extrem pessimistischer unternehmerischer Ertragserwartungen

makroökonomische Totalmodelle geschlossener Volkswirtschaften, Nachfrageseite (1)

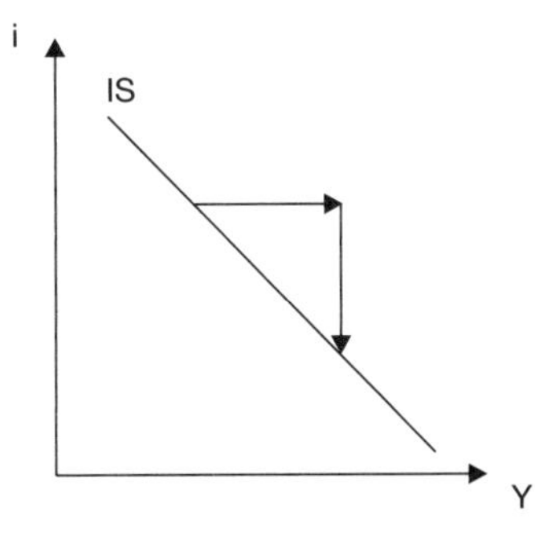

führen Zinssenkungen zu keiner Ausweitung der Nachfrage nach Investitionsobjekten, da ihre interne Verzinsung (Grenzleistungsfähigkeit des Kapitals) weiterhin als geringer eingestuft wird als die (gesunkene) Verzinsung alternativer Finanzanlagen. In diesem Sonderfall der sog. → Investitionsfalle verläuft die Gleichgewichtskurve des Gütermarktes im i/Y-Diagramm vertikal (zinsunelastisch). Die Gütermarkt-Gleichgewichtskurve wird auch als → IS-Kurve bezeichnet, da die Gleichgewichtsbedingung des Gütermarktes bei Vernachlässigung staatlicher ökonomischer Aktivität (G = T = 0) zur Bedingung „geplante private Ersparnis S (= Y – C) = geplante private Nettoinvestition I" äquivalent ist. Die IS-Kurve stellt alle i/Y-Kombinationen dar, für die sich der Gütermarkt im Gleichgewicht befindet. Dabei wird hinsichtlich des Verhaltens der Anbieter (Unternehmer) unterstellt, dass diese sich mit ihrem mengenmäßigen Angebot vollkommen elastisch jeder Nachfrageänderung anpassen. Anderenfalls könnte man sonst nicht mehr von einer Gleichgewichtskurve des Gütermarktes sprechen. – b) *Geldmarkt:* Für ein Gleichgewicht auf dem gesamtwirtschaftlichen Geldmarkt, der in der makroökonomischen Theorie ein fiktiver Markt ist (und nicht mit dem real existierenden Interbankenmarkt zu verwechseln ist), gilt die Bedingung: reales geplantes Geldangebot (M/P) = reale geplante Geldnachfrage (L). Dabei stellt M das nominale, exogen vorgegebene Geldangebot dar, welches durch Deflationierung mit dem gesamtwirtschaftlichen Güterpreisniveau P in das reale Geldangebot übergeführt wird. Bei der Erklärung der realen Geldnachfrage L wird die von Keynes entwickelte Liquiditätspräferenztheorie (→ Geldtheorie) zugrundegelegt, die die Geldhaltung aus einem Transaktions-, Vorsichts- und Spekulationsmotiv heraus erklärt. Aus dem Transaktions- und Vorsichtsmotiv der Kassenhaltung ergibt sich eine positiv vom Einkommen abhängige Geldnachfrage, während das Spekulationsmotiv der Kassenhaltung auf eine negativ vom laufenden Zinssatz abhängige Geldnachfrage führt. Dabei wird von gegebenen, vom aktuellen Zinsniveau unabhängigen Erwartungen der Anleger über das zukünftige Zinsniveau ausgegangen (sog. Normalzinsvorstellungen). Außerdem werden sichere Zinserwartungen (i^e) unterstellt, die sich von Anleger zu Anleger unterscheiden. Dadurch ergibt sich – trotz einer einzelwirtschaftlichen Entweder-oder-Entscheidung bzgl. der Aufteilung des Vermögens in Form von zinslosem Geld und zinstragenden kursvariablen Wertpapieren – gesamtwirtschaftlich gesehen eine stetige, negativ vom Zins abhängige gesamtwirtschaftliche Geldnachfragefunktion, die die Zinserwartung als Lageparameter enthält. Kommt es zu einer allgemeinen Korrektur der Zinserwartung nach oben, nimmt die gesamtwirtschaftliche Geldnachfrage aus dem Spekulationsmotiv zu, da die Zahl der Vermögensbesitzer steigt, die mit Zinssteigerungen bzw. Kursverlusten aus der Wertpapierhaltung rechnen. Wird auf eine explizite Aufspaltung der gesamtwirtschaftlichen Geldnachfrage in eine Transaktions-, Vorsichts- und Spekulationskasse verzichtet, lässt sich die Gleichgewichtsbedingung des Geldmarktes in der kompakten Form:

$$M / P = L(Y,i,i^e)$$

mit $\delta L / \delta Y > 0$, $\delta L / \delta i < 0$ und darstellen. Im i/Y-Diagramm stellt diese → LM-Gleichung im Normalfall eine mit positiver Steigung verlaufende Kurve dar (vgl. Abbildung „makroökonomische Totalmodelle geschlossener Volkswirtschaften, Nachfrageseite (2)"). Da ein Einkommensanstieg über vermehrte Gütertransaktionen eine Zunahme der Transaktions- und Vorsichtskassenhaltung bewirkt, ergibt sich eine Überschussnachfrage auf dem Geldmarkt. Hiermit korrespondiert ein verstärktes Wertpapierangebot der Nachfrager nach Transaktionskasse, weshalb die Kurse sinken und sich die Effektivverzinsung festverzinslicher kursvariabler Wertpapiere erhöht. Ein solcher Zinsanstieg ist erforderlich, um über den daraus resultierenden Rückgang der Spekulationskassenhaltung wieder ein Gleichgewicht auf dem Geldmarkt herzustellen. Bei unveränderter Erwartung über das sich zukünftig einstellende „normale" Zinsniveau führt eine aktuelle Zinssteigerung dazu, dass sich gesamtwirtschaftlich gesehen die Zahl der Anleger erhöht, für die der laufende über dem zukünftig erwarteten Zins liegt und die für die Zukunft mit fallenden Zinsen und steigenden Kursen rechnen und daher lieber Wertpapiere als zinsloses Geld halten wollen. Die gesamtwirtschaftliche Spekulationskassenhaltung geht daher zurück. Entlang der Gleichgewichtskurve des Geldmarktes sind Zins- und Einkommensänderungen gleichgerichtet, während sie entlang der → IS-Kurve genau entgegengerichtet sind. Die → LM-Kurve enthält außerdem noch einen vollkommen zinselastischen (horizontalen) Bereich, der sich ergibt, wenn der Zinssatz i auf seinen unteren Grenzwert i_u gefallen ist. Die Zinsuntergrenze hängt allein

makrookonomische Totalmodelle geschlossener Volkswirtschaften, Nachfrageseite (2)

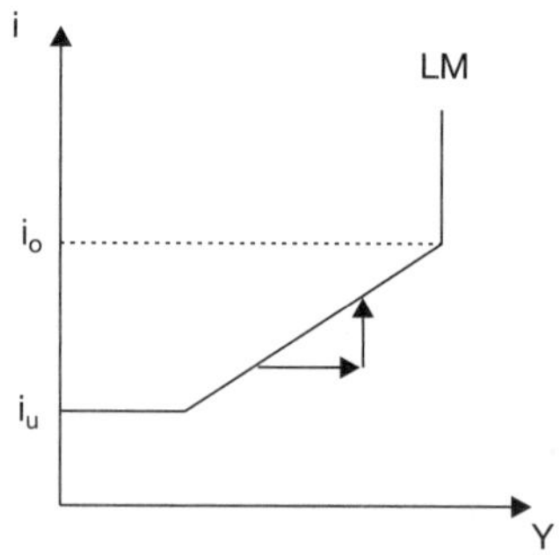

von der Zinserwartung der Anleger mit den geringsten Normalzinsvorstellungen über das zukünftige Zinsniveau ab und ist von kurzfristigen Zinsänderungen unabhängig. Liegt der aktuelle Zins in dieser sog. Keynesschen → Liquiditätsfalle, ist das herrschende Kursniveau festverzinslicher kursvariabler Wertpapiere so hoch, dass alle Anleger von starken zukünftigen Kursverlusten ausgehen und niemand mehr mit einem positiven Gesamtertrag (allenfalls mit einem Gesamtertrag von null) aus der Wertpapierhaltung rechnet. I.d.R. wird daher in der Liquiditätsfalle das gesamte Vermögen nur in Form von risikolosem Geld gehalten. Umgekehrt gibt es eine Zinsobergrenze i_o, ab der alle Wirtschaftssubjekte mit einem positiven Gesamtertrag aus der Wertpapierhaltung rechnen und daher keine Spekulationskassenhaltung stattfindet. Geld wird dann nur noch aus Transaktions- und Vorsichtszwecken gehalten. In diesem sog. klassischen Bereich der LM-Kurve ergibt sich ein vertikaler Verlauf der Geldmarkt-Gleichgewichtskurve. In jüngeren (postkeynesianischen) Ansätzen zur Kassenhaltung wird auch von einer Zinsabhängigkeit der Transaktionskassenhaltung ausgegangen, die sich v.a. bei hohen Zinssätzen einstellt. In diesem Fall ist es nämlich lohnend, diejenigen Teile der Transaktionskasse, die erst gegen Ende der Planperiode für Transaktionszwecke benötigt werden, vorübergehend zinsbringend anzulegen, um → Opportunitätskosten der ertraglosen Geldhaltung zu vermeiden. Die LM-Kurve verläuft dann auch oberhalb der Zinsobergrenze zinselastisch, obwohl in diesem Fall keine Spekulationskassenhaltung stattfindet. – 3. *IS-LM-Modell:* a) *Charakterisierung:* Das → IS-LM-Modell liefert die simultane Bestimmung eines Gleichgewichts auf dem Güter- und Geldmarkt. Gleichzeitig befindet sich dann auch der zum Geldmarkt spiegelbildliche Wertpapiermarkt im Gleichgewicht. Dabei wird von einem exogen vorgegebenen Wert des Güterpreisniveaus P ausgegangen. Außerdem wird von einer vollkommen elastischen Mengenanpassung der Unternehmen auf dem gesamtwirtschaftlichen Gütermarkt ausgegangen. Im Hicks-Diagramm (i/Y-Diagramm) liegt das simultane Strom-Bestands-Gleichgewicht des Güter- und Geldmarktes im Schnittpunkt von IS- und LM-Kurve (vgl. Abbildung „makroökonomische Totalmodelle geschlossener Volkswirtschaften, Nachfrageseite (3)"). Beim Gleichgewichtszins i_0 und Gleichgewichtseinkommen Y_0 stimmt die geplante gesamtwirtschaftliche Güternachfrage genau mit dem geplanten gesamtwirtschaftlichen Güterangebot überein, während gleichzeitig das exogen vorgegebene reale Geldangebot identisch mit der gesamtwirtschaftlich gewünschten realen Geldnachfrage ist. – b) *Störungen:* Treten exogene Störungen im → Güter-Geldmarkt-Modell (→ IS-LM-Modell) auf, ändert sich das simultane Gleichgewicht. Wirtschaftspolitisch bedeutsam sind in diesem keynesianischen Fixpreismodell die Wirkungen geld- und fiskalpolitischer Maßnahmen. – *Geldpolitik:* Eine expansive Geldpolitik, wie z.B. eine expansive → Offenmarktpolitik, führt über die damit verbundene Ausweitung der Geldmenge zu einer Rechtsverlagerung der LM-Kurve. Hiermit ist im Normalfall eine Zinssenkung und bei zinselastischen Nettoinvestitionen eine Erhöhung der privaten Investitionsnachfrage sowie über einen daraus resultierenden → Multiplikatorprozess eine Ausweitung der privaten Konsumgüternachfrage und des gesamtwirtschaftlichen Einkommens verbunden (vgl. Abbildung „makroökonomische Totalmodelle geschlossener Volkswirtschaften, Nachfrageseite (4)"). Eine Einkommensexpansion findet allerdings nur dann statt, wenn das erhöhte Geldangebot mit einer Zinssenkung verbunden ist, d.h. wenn sich die betrachtete Volkswirtschaft in der Ausgangslage außerhalb der → Liquiditätsfalle befindet. Eine Übertragung

makroökonomische Totalmodelle geschlossener Volkswirtschaften, Nachfrageseite (3)

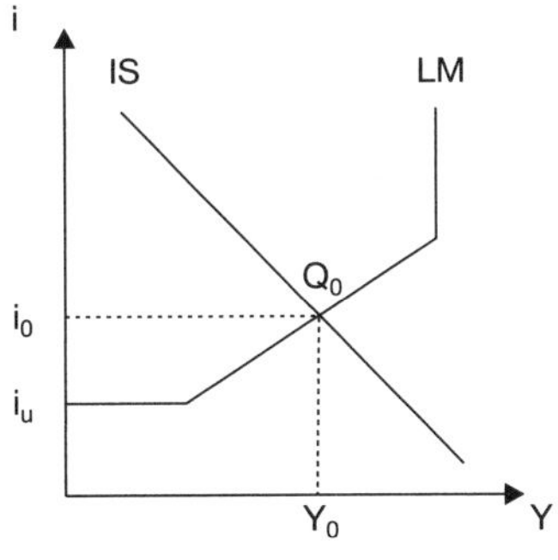

makroökonomische Totalmodelle geschlossener Volkswirtschaften, Nachfrageseite (4)

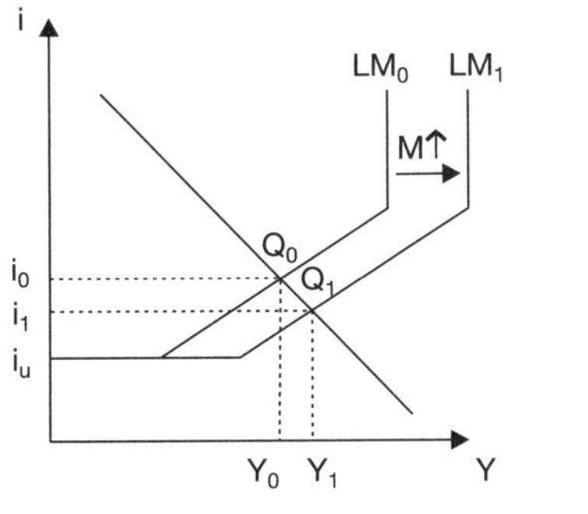

monetärer Impulse in den güterwirtschaftlichen Bereich wäre andernfalls nicht möglich. Der Zinskanal als maßgeblicher Übertragungskanal monetärer Impulse vom monetären zum güterwirtschaftlichen Bereich wäre im vorliegenden IS-LM-Modell ebenfalls unterbrochen, wenn die Situation der → Investitionsfalle vorliegt. In diesem Fall würde es trotz einer Zinssenkung am Geld- bzw. Wertpapiermarkt aufgrund extrem pessimistischer unternehmerischer Zukunftserwartungen zu keiner Ausweitung der privaten Investitionsgüternachfrage kommen, sodass der monetäre Impuls im monetären Sektor der Volkswirtschaft versickern würde. – *Fiskalpolitik:* Eine expansive Fiskalpolitik (Staatsausgabensteigerung, Steuersatzsenkung) bewirkt eine Rechtsverschiebung der IS-Kurve, sodass sich ein neues simultanes Gleichgewicht mit einem im Vergleich zur Ausgangslage gestiegenen Einkommen und Zinssatz ergibt (vgl. Abbildung „makroökonomische Totalmodelle geschlossener Volkswirtschaften, Nachfrageseite (5)"). Die Staatsausgabensteigerung (bzw. Steuersatzsenkung) löst einen expansiven → Multiplikatorprozess am Gütermarkt aus, der bei unverändertem Geldangebot aufgrund des Mehrbedarfs an Transaktionskasse mit einer Zinssteigerung am Geld- bzw. Wertpapiermarkt verbunden ist. Hieraus resultieren zinsinduzierte Crowding-out-Effekte (→ Crowding-out) am Gütermarkt (in Form eines Rückgangs privater Investitionsnachfrage), die die Multiplikatorwirkung der Fiskalpolitik am Gütermarkt verringern (→ Multiplikator). Liegt das Ausgangsgleichgewicht im klassischen Bereich der LM-Kurve und verläuft diese dort vertikal, so ergibt sich ein totales Crowding-out expansiver Fiskalpolitik. Von der Fiskalpolitik würden jetzt nur allokative Wirkungen und keine Einkommenseffekte mehr ausgehen. Eine Staatsausgabensteigerung würde in diesem Sonderfall zu einer Zurückdrängung privater Investitionstätigkeit

makroökonomische Totalmodelle geschlossener Volkswirtschaften, Nachfrageseite (5)

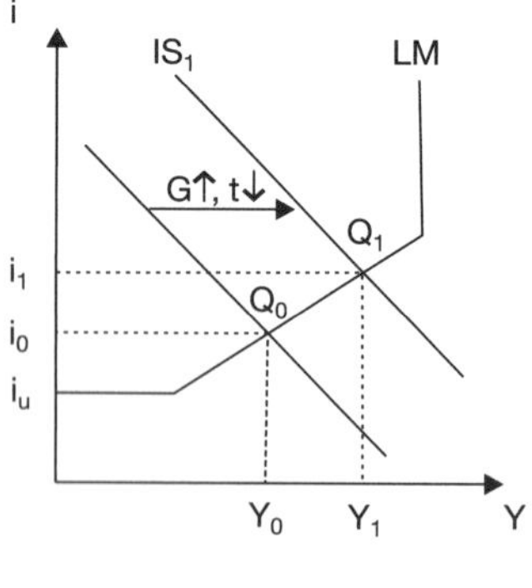

in genau gleichem Ausmaße führen. – 4. *Güternachfragefunktion:* Aus dem IS-LM-System lässt sich eine gesamtwirtschaftliche Güternachfragefunktion ableiten, indem man zu alternativen Werten des gesamtwirtschaftlichen Preisniveaus P das zughörige Güternachfragegleichgewicht Y ermittelt (→ aggregierte Nachfragekurve). Anschaulich ergibt sich die gesamtwirtschaftliche Nachfragekurve, indem man im Hicks-Diagramm die LM-Kurve durch Variation des Preisniveaus entlang der IS-Kurve verschiebt und die zugehörigen P/Y-Kombinationen in ein Preisniveau-Output-Diagramm abträgt. Im Normalfall ergibt sich dann im P/Y-Diagramm eine fallende Nachfragekurve Y^d (vgl. Abbildung „makroökonomische Totalmodelle geschlossener Volkswirtschaften, Nachfrageseite (6)"):

$$Y^d = Y(P) \text{ mit } dY / dP < 0.$$

Eine Senkung des Preisniveaus P führt über die damit verbundene Zunahme der realen Geldmenge zu einer Rechtsverlagerung der LM-Kurve im i/Y-Diagramm (→ Keynes-Effekt). Aus dem Angebotsüberschuss am Geldmarkt resultiert eine Zinssenkung und über die

makroökonomische Totalmodelle geschlossener Volkswirtschaften, Nachfrageseite (6)

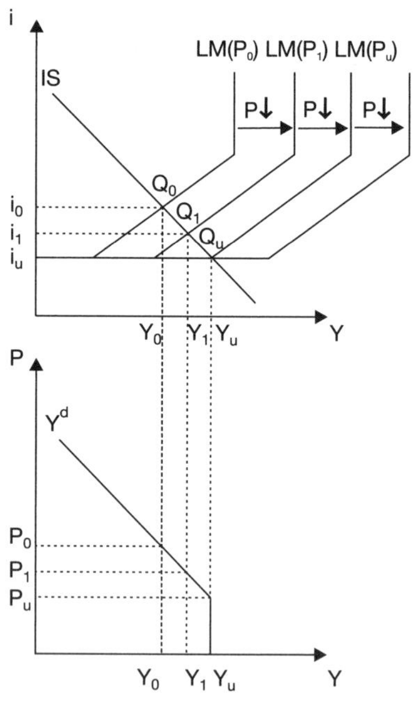

Erhöhung privater Investitionsnachfrage eine Steigerung der gesamtwirtschaftlichen Güternachfrage. Bei sehr niedrigem Preisniveau wird die Zinsuntergrenze bzw. Liquiditätsfalle am Geldmarkt erreicht, sodass weitere Preissenkungen ohne Wirkungen auf den Zinssatz und die aggregierte Güternachfrage wären. Die Güternachfragekurve verläuft daher im unteren Bereich preisunelastisch. Ein überall vertikaler Verlauf der Y^d-Kurve ergibt sich bei Vorliegen der Investitionsfalle. In diesem Sonderfall einer im i/Y-Diagramm vertikal verlaufenden IS-Kurve führen preisinduzierte Änderungen der realen Geldmenge zwar zu gegenläufigen Zinsänderungen, jedoch zu keiner Anpassung der Investitionsnachfrage, da diese bei extrem pessimistischen unternehmerischen Ertragserwartungen nicht auf Zinsänderungen reagiert. – Eine Steigerung der Geldmenge verlagert nur den preiselastischen Bereich der Y^d-Kurve nach rechts und lässt den preisunelastischen Bereich dieser Kurve unverändert. Dagegen können mit Maßnahmen der Fiskalpolitik sowohl der preiselastische als auch der preisunelastische Bereich der gesamtwirtschaftlichen Nachfragekurve verschoben werden.

makroökonomische Totalmodelle geschlossener Volkswirtschaften, stabile Gleichgewichtszustände – 1. *Charakterisierung:* In → makroökonomischen Totalmodellen geschlossener Volkswirtschaften können sich stabile (dauerhafte) gesamtwirtschaftliche Gleichgewichtszustände sowohl in der neoklassischen Variante vollkommen flexibler Löhne und Preise als auch in der Keynesschen Variante nach unten starrer Geldlöhne ergeben. Dabei ist zwischen einem gesamtwirtschaftlichen Vollbeschäftigungs-Gleichgewicht und einem gesamtwirtschaftlichen Unterbeschäftigungs-Gleichgewicht zu unterscheiden, je nachdem, ob auf dem Arbeitsmarkt ein dauerhafter Zustand der Vollbeschäftigung oder unfreiwilliger Arbeitslosigkeit vorherrscht. Anschaulich ist die Existenz eines gesamtwirtschaftlichen Gleichgewichts gegeben, wenn sich die gesamtwirtschaftliche Güterangebots- und -nachfragekurve im Preis-Output-Diagramm schneiden. In diesem Fall befinden sich alle gesamtwirtschaftlichen Märkte in einem Zustand des Gleichgewichts, wobei auf dem Arbeitsmarkt anstelle von Markträumung auch ein Beharrungszustand dauerhafter Unterbeschäftigung vorliegen kann (→ Gleichgewicht). Wie weiter unten ausgeführt wird, können sowohl in der neoklassischen als auch in der Keynesschen Variante des makroökonomischen Totalmodells für die geschlossenene Volkswirtschaft dauerhafte gesamtwirtschaftliche Vollbeschäftigungs- und Unterbeschäftigungs-Gleichgewichtszustände existieren. Ein stabiles gesamtwirtschaftliches Gleichgewicht bei Unterbeschäftigung kann sich auch in der neoklassischen Variante vollkommener Lohn- und Preisflexibilität ergeben, sofern der Preismechanismus versagt, um eine bestehende Nachfragelücke am Gütermarkt (d.h. eine gemessen am Vollbeschäftigungs-Output zu geringe Güternachfrage) über einen deflatorischen Prozess (Preissenkungsprozess) zu beseitigen. – 2. *Neoklassische Variante:* Bei flexiblen Löhnen und Preisen ergibt sich eine preisunelastisch verlaufende gesamtwirtschaftliche Güterangebotsfunktion (→ makroökonomische Totalmodelle geschlossener Volkswirtschaften, Angebotsseite). Dieser Angebotskurve ist die aus dem → IS-LM-System resultierende gesamtwirtschaftliche Güternachfragekurve gegenüberzustellen (→ makroökonomische Totalmodelle geschlossener Volkswirtschaften, Nachfrageseite). Dabei ist zwischen einer im relevanten Bereich preiselastischen und einer preisunelastischen Nachfragekurve zu unterscheiden.a) *Gleichgewicht bei preiselastischer Nachfragekurve:* Bei preiselastisch verlaufender Güternachfragekurve sowie unelastischer Angebotskurve existiert ein Schnittpunkt beider Kurven im Preis-Output-Diagramm (vgl. Abbildung „makroökonomische Totalmodelle geschlossener Volkswirtschaften, stabile Gleichgewichtszustände (1)"). Ist dieser gemeinsame Punkt mit einem positiven Wert des gesamtwirtschaftlichen Preisniveaus P verbunden, liegt ein gesamtwirtschaftliches Gleichgewicht bei Vollbeschäftigung vor. Alle gesamtwirtschaftlichen Märkte (einschließlich des Arbeitsmarktes) befinden sich dann in einem Zustand der Markträumung. Das flexible Güterpreisniveau sorgt durch flexible Anpassung dafür, dass jedes Ungleichgewicht am Gütermarkt durch eine entsprechende Preisanpassung genau ausgeglichen wird und sich die Güternachfrage stets dem durch das Vollbeschäftigungs-Einkommen Y* determinierten Güterangebot anpasst (Saysches Theorem). Liegt z.B. in der Ausgangssituation aufgrund eines sehr hohen Preisniveaus eine Nachfragelücke, also ein Angebotsüberschuss am Gütermarkt vor, kommt es über einen Preissenkungsprozess zu einer allmählichen Steigerung der Güternachfrage, während das Güterangebot durch die gleichzeitig auftretende

makroökonomische Totalmodelle geschlossener Volkswirtschaften, stabile Gleichgewichtszustände (1)

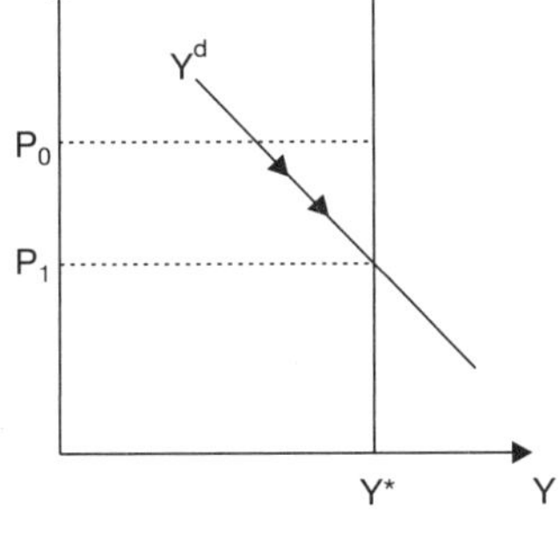

makroökonomische Totalmodelle geschlossener Volkswirtschaften, stabile Gleichgewichtszustände (2) und (3)

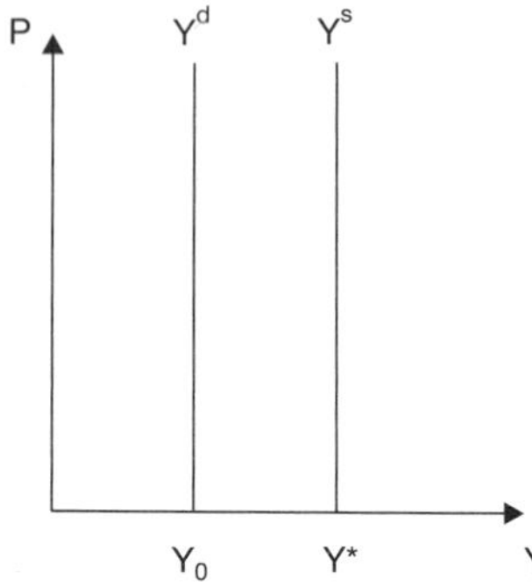

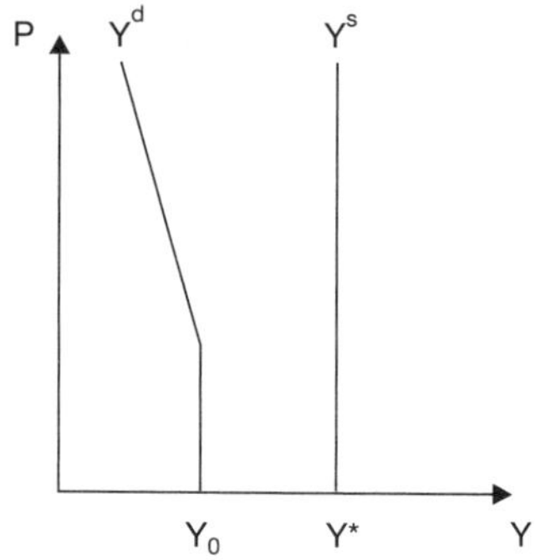

flexible Lohnanpassung nach unten unverändert bleibt. Die Güternachfrage passt sich dabei über den → Keynes-Effekt dem Vollbeschäftigungs-Output an: Durch die Preissenkung ergibt sich ein Anstieg der realen Geldmenge, also ein Angebotsüberschuss auf dem Geldmarkt, der mit einem Nachfrageüberschuss auf dem Wertpapiermarkt korrespondiert. Die Wirtschaftssubjekte versuchen, ihre überschüssige reale Kassenhaltung durch den Erwerb festverzinslicher kursvariabler Wertpapiere abzubauen. Die Folge ist, dass das Kursniveau ansteigt und die Effektivverzinsung sinkt, weshalb für private Investoren bei unveränderter → Grenzleistungsfähigkeit des Kapitals ein Anreiz besteht, verstärkt neu zu produzierendes Sachkapital nachzufragen. Dadurch erhöht sich die private Investitions- und aggregierte Güternachfrage, sodass die in der Ausgangslage bestehende Nachfragelücke am Gütermarkt allmählich beseitig wird. Anschaulich bewegt sich die gesamtwirtschaftliche Güternachfrage entlang der preiselastisch verlaufenden Nachfragekurve Y^d in Richtung auf das Vollbeschäftigungs-Einkommen Y*. Solange der → Keynes-Effekt voll wirksam ist (d.h. die Nachfragekurve im relevanten Bereich fallend und nicht vertikal verläuft), sorgt der Preismechanismus stets für die Anpassung der gesamtwirtschaftlichen Güternachfrage an das durch das Gleichgewicht am Arbeitsmarkt determinierte Güterangebot. – b) Gleichgewicht *bei preisunelastischer Nachfragekurve:* Eine bestehende Nachfragelücke am Gütermarkt kann nicht über einen deflatorischen Prozess beseitigt werden, wenn sich die Volkswirtschaft entweder in der → Investitionsfalle befindet oder durch sinkende Preise in die → Liquiditätsfalle gerät (→ makroökonomische Totalmodelle geschlossener Volkswirtschaften, Nachfrageseite). In beiden Fällen ist der → Keynes-Effekt unwirksam, sodass die Nachfragekurve Y^d entweder überall oder im unteren Bereich preisunelastisch verläuft (vgl. Abbildung „makroökonomische Totalmodelle geschlossener Volkswirtschaften, stabile Gleichgewichtszustände (2) und (3)"). Es existiert dann kein gemeinsamer Schnittpunkt mit der in der neoklassischen Variante ebenfalls preisunelastischen Güterangebotskurve Y^s. Das gewinnmaximierende Güterangebot (→ Grenzproduktivitätstheorie) liegt auf dem Niveau Y*, während das Güternachfragegleichgewicht Y_0, welches sich als Lösung der → IS-Gleichung $Y = C((1 - t) Y) + I + G$ mit gegebener Investitionsnachfrage $I = \bar{I}$ ergibt, kleiner als das Vollbeschäftigungs-Einkommen Y* ausfällt. In dieser Situation eines versagenden Preismechanismus kann ein dauerhaftes gesamtwirtschaftliches Gleichgewicht nur dadurch erreicht werden, dass sich die Unternehmen mit ihrem mengenmäßigen Angebot der Absatzschranke am Gütermarkt anpassen (→ nachfragebeschränktes Gleichgewicht). Sie produzieren dann nicht den eigentlich geplanten, in der vorliegenden

makroökonomische Totalmodelle geschlossener Volkswirtschaften, stabile Gleichgewichtszustände (4)

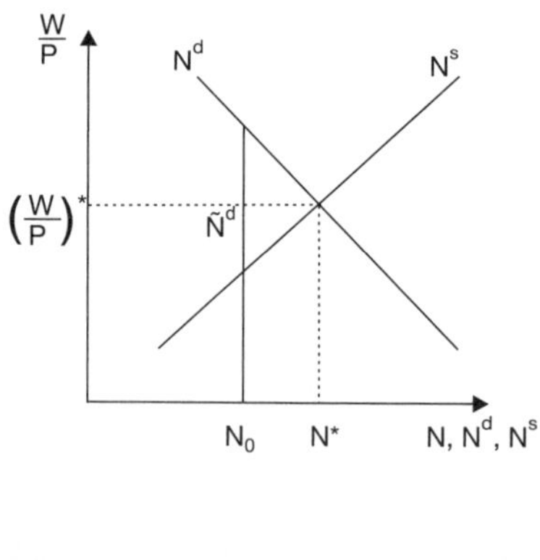

Situation nicht vollständig absetzbaren Vollbeschäftigungs-Output Y*, sondern die kleinere, nachfrageseitig determinierte Produktionsmenge Y_0. Durch dieses Anpassungsverhalten an eine bestehende Mengenrationierungsschranke am Gütermarkt (→ Neokeynesianische Theorie, Mengenrationierungsansatz) werden unerwünschte Lageraufstockungen vermieden. Gleichzeitig ist hiermit ein negativer Spillover (Übertragungseffekt) vom Güter- zum Arbeitsmarkt in Form eines Rückgangs der effektiven Beschäftigung verbunden, da die Unternehmen nur noch soviel Arbeitskräfte nachfragen, wie sie zur Produktion des Güternachfragegleichgewichts Y_0 benötigen. Anschaulich weichen sie dann von ihrer eigentlich geplanten, reallohnabhängigen Arbeitsnachfragekurve N^d ab und gehen zu einer vertikal über N_0 verlaufenden effektiven Arbeitsnachfragekurve $\tilde{N}^d$über (vgl. Abbildung „makroökonomische Totalmodelle geschlossener Volkswirtschaften, stabile Gleichgewichtszustände (4)"). Die tatsächliche Arbeitsnachfrage N_0 ist dabei mit dem effektiven Güterangebot Y_0 über die Produktionsfunktion verknüpft. Selbst beim „richtigen" (markträumenden) Reallohnniveau (W/P)* entsteht dann unfreiwillige → Arbeitslosigkeit, die als konjunkturelle Arbeitslosigkeit bezeichnet werden kann, da sie aus einem (konjunkturell bedingten) Rückgang der gesamtwirtschaftlichen Güternachfrage resultiert. Die Folge ist ein dauerhaftes gesamtwirtschaftliches Unterbeschäftigungs-Gleichgewicht. Dieses kann nicht durch eine flexible Lohn-Preis-Anpassung beseitigt werden, sondern nur über eine Steigerung der effektiven Güternachfrage. – 3. *Keynessche Variante:* Auch in der Keynesschen Variante des makroökonomischen Totalmodells für die geschlossene Volkswirtschaft existieren stabile Gleichgewichtszustände bei Vollbeschäftigung und Unterbeschäftigung (vgl. Abbildung „makroökonomische Totalmodelle geschlossener Volkswirtschaften, stabile Gleichgewichtszustände (5)"). Typischerweise wird unterstellt, dass unabhängig von der herrschenden Situation am Arbeitsmarkt ein einmal erreichtes Lohnniveau nach unten nicht wieder verlassen wird. Dagegen kann sich der Lohnsatz nach oben flexibel anpassen, sofern auf dem Arbeitsmarkt ein Zustand der Vollbeschäftigung herrscht. Liegt Unterbeschäftigung vor, soll der Lohnsatz auch nach oben rigide sein. In diesem Fall bestimmt das aktuell herrschende Niveau des Geldlohnsatzes W die Lage des preiselastischen Bereichs der Güterangebotsfunktion (→ makroökonomische Totalmodelle geschlossener Volkswirtschaften, Angebotsseite). Kommt es bei Vorliegen von Vollbeschäftigung zu Preissteigerungen, passt sich der Geldlohnsatz in proportionaler Weise nach oben an und wird anschließend nach unten nicht wieder verlassen. Eine Lohnanpassung nach oben bewirkt dann eine gleichgerichtete Verschiebung des preiselastischen Bereichs der Güterangebotsfunktion, der wie eine Sperrklinke wirkt, d.h. nicht wieder zurückverlagert wird (→ Ratchet Effect). In diesem Fall können gesamtwirtschaftliche Gleichgewichtszustände bei Vollbeschäftigung nur im Knickpunkt der gesamtwirtschaftlichen Güterangebotsfunktion liegen. – Ausgehend von einem derartigen Vollbeschäftigungs-Gleichgewicht führt ein kontraktiver Nachfrageschock (z.B. eine Verschlechterung unternehmerischer Ertragserwartungen) in ein dauerhaftes gesamtwirtschaftliches Gleichgewicht bei Unterbeschäftigung. Grafisch ergibt sich eine Linksverschiebung der gesamtwirtschaftlichen Güternachfragekurve, sodass der neue Schnittpunkt mit der Güterangebotskurve im preiselastischen Bereich dieser Kurve liegt. Der Preismechanismus sorgt jetzt dafür, dass sich geplante gesamtwirtschaftliche Güternachfrage und geplantes gesamtwirtschaftliches Güterangebot genau ausgleichen. Durch den Nachfragerückgang tritt – gemessen

makroökonomische Totalmodelle geschlossener Volkswirtschaften, stabile Gleichgewichtszustände (5)

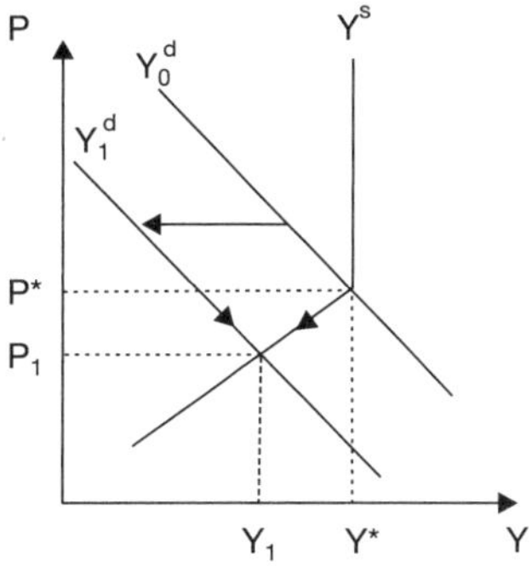

makroökonomische Totalmodelle geschlossener Volkswirtschaften, stabile Gleichgewichtszustände (6)

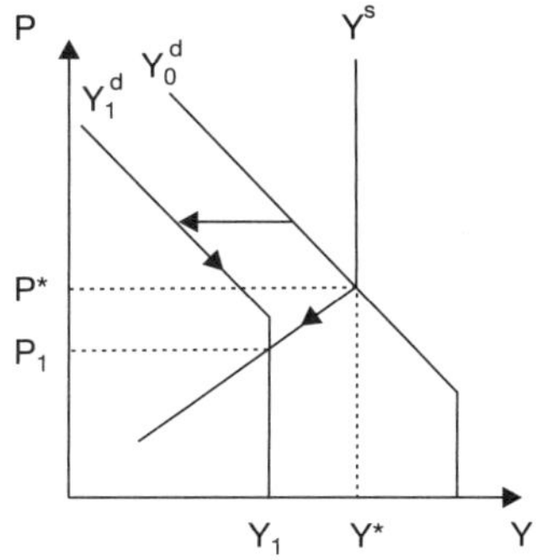

am Vollbeschäftigungs-Output – ein Angebotsüberschuss am Gütermarkt auf, der einen Preissenkungsprozess hervorruft. Nachfrageseitig findet dadurch über den → Keynes-Effekt ein Anstieg der aggregierten Güternachfrage statt, was anschaulich einer Bewegung entlang der nach links verschobenen Güternachfragekurve entspricht. Angebotsseitig kommt es aufgrund des nach unten starren Geldlohnsatzes zu einer Steigerung des Reallohnsatzes und über den damit verbundenen Rückgang der Arbeitsnachfrage (→ Grenzproduktivitätstheorie) auch zu einer Senkung des Güterangebots. Anschaulich ergibt sich eine Bewegung entlang des preiselastischen Arms der Güterangebotskurve. Der deflatorische Prozess führt zwar zu einem stabilen Marktgleichgewicht auf dem Gütermarkt, jedoch bewirkt der nach unten rigide Geldlohnsatz, dass sich auf dem Arbeitsmarkt ein dauerhafter Zustand unfreiwilliger Arbeitslosigkeit einstellt. – Ein dauerhaftes gesamtwirtschaftliches Unterbeschäftigungs-Gleichgewicht würde sich auch dann ergeben, wenn der Preissenkungsprozess in die → Liquiditätsfalle führt, d.h. der Schnittpunkt der Nachfragekurve Y^d mit dem preiselastischen Arm der Güterangebotskurve im vertikalen Bereich der Y^d-Kurve liegt. In diesem Sonderfall passt sich – in Umkehrung zum Sayschen Theorem – das geplante Güterangebot genau der effektiven Güternachfrage Y_1 an, die sich aus der IS-Gleichung mit exogener Investitionsnachfrage ergibt (vgl. Abbildung „makroökonomische Totalmodelle geschlossener Volkswirtschaften, stabile Gleichgewichtszustände (6)“).

makroökonomische Totalmodelle geschlossener Volkswirtschaften, Stabilisierungspolitik – 1. *Charakterisierung:* Im Rahmen → makroökonomischer Totalmodelle geschlossener Volkswirtschaften lassen sich die Wirkungen stabilisierungspolitischer Maßnahmen (v.a. der Geld- und Fiskalpolitik) auf zentrale gesamtwirtschaftliche Variablen analysieren (→ Stabilisierungspolitik). Dabei kann zwischen der neoklassischen und der Keynesschen Variante des makroökonomischen Totalmodells für die geschlossene Volkswirtschaft unterschieden werden. – 2. *Expansive Geld- und Fiskalpolitik im neoklassischen Vollbeschäftigungsfall:* Bei völliger Lohn- und Preisflexibilität lassen Maßnahmen der Nachfragesteuerung das Vollbeschäftigungs-Einkommen und das Gleichgewicht am Arbeitsmarkt unverändert. Im Preis-Output-Diagramm bewirkt ein expansiver Nachfrageimpuls eine Rechtsverlagerung der preiselastischen gesamtwirtschaftlichen Güternachfragekurve Y^d, während die vertikal über dem Vollbeschäftigungs-Output Y* verlaufende Angebotskurve Y^s unverändert bleibt (vgl. Abbildung „makroökonomische Totalmodelle geschlossener Volkswirtschaften, Stabilisierungspolitik (1)”). a) *Expansive Geldpolitik:* Eine Steigerung der Geldmenge hat im Rahmen der neoklassischen Variante des makroökonomischen Totalmodells für die geschlossene Volkswirtschaft lediglich prozentual gleich große Preis- und Lohnsteigerungen zur Folge. Aufgrund einer bestehenden Modelldichotomie zwischen dem realen und monetären Sektor sind monetäre Impulse ohne Wirkungen auf die Gleichgewichtswerte des realen Sektors (→ Neutralität des Geldes, → Dichotomie des Geldes). Dieser wird durch die Gleichungen des Arbeitsmarktes, die Produktionsfunktion und die → IS-Gleichung beschrieben und liefert die von der Geldmenge M unabhängigen Gleichgewichtswerte des realen Inlandsproduktes Y, der Beschäftigung N, des Reallohnsatzes W/P und des Zinssatzes i. Eine Steigerung von M lässt dann aber auch die Komponenten der gesamtwirtschaftlichen Güternachfrage (d.h. den einkommensabhängigen Konsum und die zinsabhängigen Investitionen) sowie die von Y und i abhängige reale Geldnachfrage unverändert, sodass es zur Aufrechterhaltung eines Geldmarktgleichgewichts zu proportionalen Preissteigerungen kommen muss, damit auch das reale Geldangebot konstant bleibt. Das keynesianische Totalmodell liefert also in der neoklassischen Variante analoge Ergebnisse hinsichtlich der Wirkungsweise der Geldpolitik wie die → Neoklassik. – b) *Expansive Fiskalpolitik:* Ebenso bestätigt das keynesianische Totalmodell bei Lohn- und Preisflexibilität Vorstellungen der Neoklassik über die Wirkungsweise der Fiskalpolitik. Eine Staatsausgabensteigerung ist – ebenso wie die Geldpolitik – ohne Realeinkommenswirkungen, sodass auch die aggregierte Güternachfrage unverändert bleibt. Da die staatliche Güternachfrage angestiegen ist, ergibt sich ein totales → Crowding-out privater Güternachfrage, das in keynesianischen Totalmodellen gleichbedeutend mit einem zinsinduzierten Rückgang privater Investitionsnachfrage im Ausmaße der Staatsausgabensteigerung ist. Die Zinssteigerung resultiert aus der Zunahme des Güterpreisniveaus und dem damit verbundenen Rückgang der realen Geldmenge, welcher wiederum einen Nachfrageüberschuss am Geldmarkt erzeugt,

makroökonomische Totalmodelle geschlossener Volkswirtschaften, Stabilisierungspolitik (1)

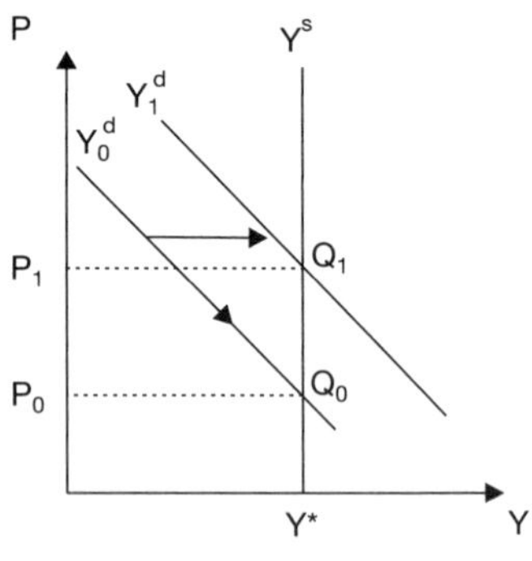

der über eine Anhebung des Zinssatzes beseitigt wird. Expansive Maßnahmen der Fiskalpolitik sind also nur mit allokativen Effekten verbunden und lassen das Vollbeschäftigungs-Einkommen und den Vollbeschäftigungszustand am Arbeitsmarkt unverändert. Es ist daher nicht möglich, die hinter dem Vollbeschäftigungs-Gleichgewicht stehende natürliche → Arbeitslosigkeit mit Maßnahmen der Nachfragesteuerung zu bekämpfen. – Verläuft die gesamtwirtschaftliche Nachfragekurve – ebenso wie die Angebotskurve – aufgrund eines Nachfragedefekts (→ Investitionsfalle, → Liquiditätsfalle) im relevanten Bereich vertikal im Preis-Output-Diagramm (→ makroökonomische Totalmodelle geschlossener Volkswirtschaften, stabile Gleichgewichtszustände), gehen von der Fiskalpolitik trotz des Vorliegens von vollkommener Preis- und Lohnflexibilität Realeinkommenswirkungen aus. Expansive Maßnahmen der Fiskalpolitik führen bei Vorliegen eines Unterbeschäftigungs-Gleichgewichts über die Rechtsverlagerung der vertikal verlaufenden Nachfragekurve zu einem Anstieg des → nachfragebeschränkten Gleichgewichts (vgl. Abbildung „makroökonomische Totalmodelle geschlossener Volkswirtschaften, Stabilisierungspolitik (2)“). Es ergeben sich jetzt keine Crowding-out-Effekte bei einer Staatsausgabensteigerung, da entweder keine Zinssteigerung auftritt (→ Liquiditätsfalle) oder die private Investitionsnachfrage aufgrund extrem pessimistischer Ertragserwartungen nicht auf Zinserhöhungen reagiert (→ Investitionsfalle). Die Multiplikatorwirkung expansiver Fiskalpolitik entspricht in diesem Sonderfall der des reinen Gütermarktmodells (→ Multiplikator). – 3. *Expansive Geld- und Fiskalpolitik im Keynesschen Unterbeschäftigungsfall:* Wird die Keynessche Variante des makroökonomischen Totalmodells für die geschlossene Volkswirtschaft zugrunde gelegt, so gehen bei Vorliegen eines Unterbeschäftigungs-Gleichgewichts (→ makroökonomische Totalmodelle geschlossener Volkswirtschaften, stabile Gleichgewichtszustände) von expansiven Maßnahmen der Geld- und Fiskalpolitik positive Realeinkommens- und Beschäftigungswirkungen aus. Für die Geldpolitik muss dabei die Wirksamkeit des → Keynes-Effektes, d.h. eine preiselastisch verlaufende Güternachfragekurve, unterstellt werden. Anschaulich wird die Güternachfragekurve entlang des preiselastischen Arms der Güterangebotskurve nach rechts verschoben, sodass sich ein neues gesamtwirtschaftliches Gleichgewicht mit einem im Vergleich zur Ausgangslage höheren Output- und Beschäftigungsniveau sowie einem gestiegenem Güterpreisniveau ergibt (vgl. Abbildung „makroökonomische Totalmodelle geschlossener Volkswirtschaften, Stabilisierungspolitik (3)“). a) *Expansive Geldpolitik:* Im Unterschied zum neoklassischen Vollbeschäftigungsfall gehen jetzt von einer Geldmengenexpansion positive Realwirkungen aus. Die Preissteigerung fällt in der Keynesschen Variante unterproportional zur Geldmengenerhöhung aus, sodass sich insgesamt ein Anstieg der realen Geldmenge ergibt, der über eine Zinssenkung und Zunahme der privaten Investitionsnachfrage eine Ausweitung der gesamtwirtschaftlichen Güternachfrage bewirkt. Ebenso erhöht sich das Güterangebot, da die Preissteigerung bei unverändertem Nominallohnsatz im Unterbeschäftigungsbereich zu einer Senkung des Reallohnsatzes führt, die eine Mehrnachfrage nach Arbeit und eine Outputexpansion zur Folge hat. – b) *Expansive Fiskalpolitik:* Eine Staatsausgabensteigerung ist im Unterschied zum neoklassischen Vollbeschäftigungsfall nicht mehr mit einem totalen, sondern nur noch mit einem partiellen → Crowding-out privater Investitionsnachfrage verbunden. Im Vergleich zur neoklassischen Variante ergibt sich jetzt eine geringere Preis- und Zinssteigerung, was sich damit begründen lässt, dass sich der Geldlohnsatz nicht nach oben anpasst.

makroökonomische Totalmodelle geschlossener Volkswirtschaften, Stabilisierungspolitik (2)

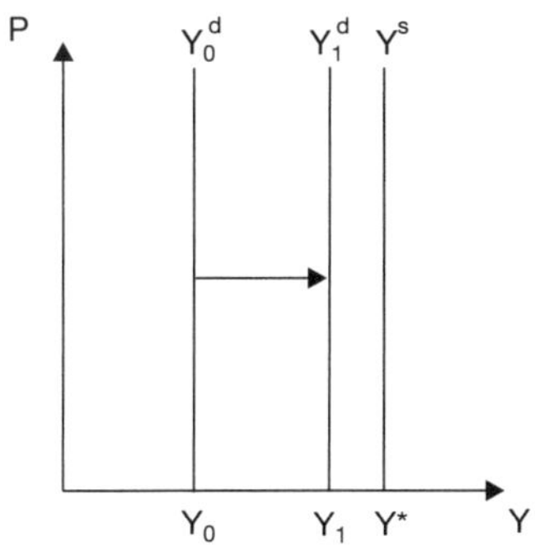

makroökonomische Totalmodelle geschlossener Volkswirtschaften, Stabilisierungspolitik (3)

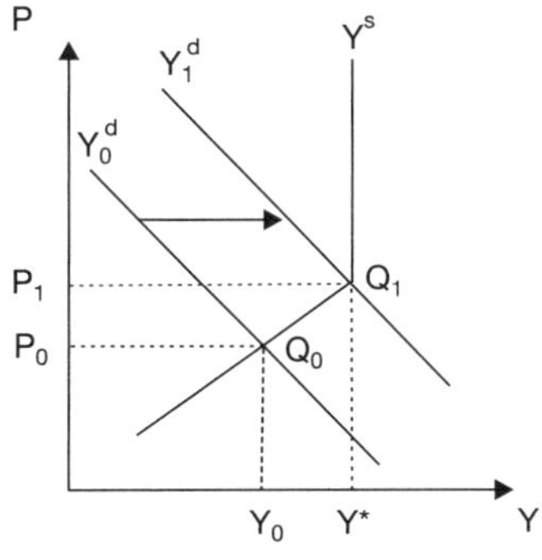

Dadurch sinkt der Reallohnsatz, sodass auf dem Arbeitsmarkt ein Abbau des Angebotsüberschusses stattfindet – c) *Probleme diskretionärer Nachfragesteuerung:* Im Prinzip ist es mit expansiven fiskal- und geldpolitischen Maßnahmen möglich, einen bestehenden stabilen Unterbeschäftigungszustand zu beseitigen, d.h. die Volkswirtschaft wieder in den Zustand der Vollbeschäftigung zurückzuführen. Für die Geldpolitik tritt hierbei das Problem auf, dass die zur Erreichung von Vollbeschäftigung notwendige Zinssenkung u.U. nicht realisierbar ist, weil das dazu erforderliche Zinsniveau unter der Zinsuntergrenze, d.h. dem Zinssatz der Liquiditätsfalle, liegt (→ makroökonomische Totalmodelle geschlossener Volkswirtschaften, Nachfrageseite). Anschaulich würde in diesem Fall der untere preisunelastische Bereich der Güternachfragekurve links vom vertikalen Ast der Angebotskurve liegen. Da durch geldpolitische Maßnahmen nur der preiselastische Bereich der Nachfragkurve Y^d verschoben wird, sind Gleichgewichtszustände, die rechts vom unelastischen Arm der Y^d-Kurve liegen, nicht erreichbar (vgl. Abbildung „makroökonomische Totalmodelle geschlossener Volkswirtschaften, Stabilisierungspolitik (4)"). Problematisch an expansiver Fiskalpolitik sind die damit verbundenen zinsinduzierten Crowding-out-Effekte, weil durch die Zurückdrängung privater Investitionstätigkeit das langfristige Wachstum einer Volkswirtschaft eher gehemmt als gefördert wird. In offenen Volkswirtschaften, d.h. durch die Berücksichtigung des internationalen Güter- und Kapitalverkehrs, treten außerdem noch aufwertungsbedingte Crowding-out-Effekte in Form einer Beeinträchtigung der Güterexporte ins Ausland hinzu (→ Stabilisierungspolitik in einer kleinen offenen Volkswirtschaft). Darüber hinaus ist eine einseitig betriebene expansive Fiskalpolitik im Rahmen einer durch Lohnsatzrigidität gekennzeichneten Zwei-Länder-Währungsunion vom

makroökonomische Totalmodelle geschlossener Volkswirtschaften, Stabilisierungspolitik (4)

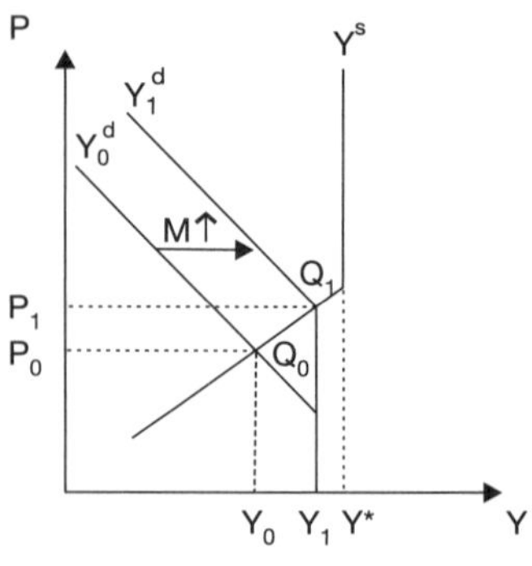

Charakter her eine → Beggar-my-Neighbour-Politik, d.h. eine Politik, die mit Output- und Beschäftigungssenkungen im Partnerland verbunden ist (→ Stabilisierungspolitik in einer Währungsunion). Ein weiteres Problem, das zumindest kurz- bis mittelfristig bei expansiver Fiskalpolitik auftritt, ist das damit verbundene staatliche Budgetdefizit. Im vorliegenden makroökonomischen Totalmodell für die geschlossene Volkswirtschaft gilt für alle Modellvarianten, dass das einkommensabhängige Steueraufkommen im Vergleich zu einer Staatsausgabenerhöhung immer nur unterproportional ansteigt, sodass ein Finanzierungsproblem entsteht. Wird dieses nicht durch Verkauf staatlicher Anleihen an Private auf zukünftige Generationen übertragen, sondern durch eine entsprechende Anhebung des direkten Steuersatzes gelöst (→ makroökonomische Totalmodelle geschlossener Volkswirtschaften, Nachfrageseite), so hat eine vollständig steuerfinanzierte Staatsausgabensteigerung allenfalls geringfügige Outputeffekte. Der Staatsausgabenmultiplikator würde in diesem Fall kleiner als eins ausfallen und nur im Grenzfall einer vertikal verlaufenden Güternachfragekurve entsprechend dem → Haavelmo-Schneider-Theorem den Wert eins annehmen. Wird dagegen das Finanzierungsproblem dadurch gelöst, dass sich der Staat bei der Zentralbank verschuldet (indem diese staatliche Anleihen aufkauft), steigt bei Verzicht auf neutralisierungspolitische Maßnahmen die Geldmenge, sodass es mittel- und längerfristig gesehen zu weiteren Preissteigerungen kommt. Gleichzeitig würde es aber auch zu einem Rückgang der zinsinduzierten Crowding-out-Effekte kommen. Wie das Beispiel der derzeitigen europäischen Staatsschuldenkrise zeigt, kann der Ankauf von Staatsanleihen durch die (Europäische) Zentralbank geradezu erforderlich sein, um Volkwirtschaften mit sehr hoher Staatsverschuldung vor der drohenden Insolvenz zu bewahren. Es bleibt allerdings das grundsätzliche Problem, ob durch eine übermäßige Ausweitung der Geldmenge nicht weitere Krisen (wie Immobilienkrisen oder hohe Inflationsraten) hervorgerufen werden können.

makroökonomische Totalmodelle geschlossener Volkswirtschaften, Weiterentwicklungen – Keynesianische Totalmodelle geschlossener Volkswirtschaften sind in verschiedene Richtungen weiterentwickelt worden. Hierzu zählen v.a. die Übertragung auf offene Volkswirtschaften und die stärkere entscheidungslogische (Mikro-)Fundierung. Durch die explizite Berücksichtigung internationaler Güter- und Kapitaltransaktionen ergeben sich → makroökonomische Totalmodelle offener Volkswirtschaften. Makroökonomische Totalmodelle offener Volkswirtschaften können sich sowohl auf kleine als auch große offene Volkswirtschaften beziehen (→ Totalmodelle großer offener Volkswirtschaften), wobei zwischen dem Keynesschen Unterbeschäftigungsfall und dem neoklassischen Vollbeschäftigungsfall unterschieden werden kann. Im Sonderfall, dass neben den Geldlohnsätzen auch die Güterpreise vollkommen starr sind, ergibt sich das → IS-LM-Z-Modell (→ Mundell-Fleming-Modell), das das → IS-LM-Modell auf offene Volkswirtschaften überträgt (→ Totalmodelle offener Volkswirtschaften, Nachfrageseite). Dieses Fixpreismodell, das den Güter-, Geld- und Devisenmarkt simultan betrachtet, lässt sich auch auf eine Zwei-Länder-Währungsunion übertragen (→ IS-LM-Z-Modell einer Währungsunion). Solche keynesianischen Makromodelle offener Volkswirtschaften sind – ebenso wie die entsprechenden Modelle geschlossener Volkswirtschaften – statische Modelle, die keine explizite Dynamik enthalten. Sie lassen sich aber durch die Annahme einer verzögerten Preis-Lohn-Anpassung vom Phillips-Kurven-Typ (→ Phillips-Kurve) sowie durch die Berücksichtigung rationaler Preis- und Wechselkursänderungserwartungen (→ Erwartungen) in dynamische sattelpunktstabile Makromodelle offener Volkswirtschaften überführen (→ dynamische Makroökonomik, → Sattelpunktstabilität). Mit solchen dynamischen Modellansätzen offener Volkswirtschaften können die intertemporalen Effekte antizipierter und nicht antizipierter geld- und fiskalpolitischer Maßnahmen auf zentrale Makrovariablen (wie Inlandsprodukt und Wechselkurs) untersucht werden. Das bekannteste und mittlerweile klassische Modell dieser Modellklasse ist das von Dornbusch (1976) entwickelte → Dornbusch-Modell, mit dem sich das Overshooting-Phänomen, d.h. das Überschießen des nominellen Wechselkurses im Anschluss an einen monetären Schock erklären lässt. – Die theoretische und empirische Forschung zur monetären Makroökonomik offener Volkswirtschaften basiert in jüngerer Zeit nicht nur auf Modellen vom Mundell-Fleming-Dornbusch-Typ, sondern in zunehmenden Maße auf Makromodellen, die zur Neuen Makroökonomik offener Volkswirtschaften (→ New Open Economy Macroeconomics (NOEM)) gerechnet werden. NOEM-Modelle analysieren offene Volkswirtschaften im Rahmen dynamischer allgemeiner Gleichgewichtsmodelle, die vollständig mikrofundiert sind. Die Dynamik zentraler makroökonomischer Variablen (wie Output und Wechselkurs) wird dabei aus der expliziten mikroökonomischen Modellierung der intertemporalen Optimierungsprobleme von Haushalten und Unternehmen entwickelt. Das bekannteste NOEM-Modell ist das von Obstfeld und Rogoff Mitte der 1990er-Jahre entwickelte → Redux-Modell. Ein weiteres Kennzeichen von NOEM-Modellen ist, dass sie neben der Mikrofundierung von einer verzögerten Preisanpassung sowie von monopolistischer Konkurrenz auf dem Gütermarkt ausgehen. Deshalb lassen sich diese Modelle der ursprünglich für geschlossene Volkswirtschaften entwickelten → Neukeynesianischen Makroökonomik (→ Neuer Keynesianismus) zuordnen. Im Unterschied zu den Modellen der → Neokeynesianischen Theorie werden in NOEM-Modellen keine Mengenrationierungs- und Ungleichgewichtskonstellationen auf dem Güter- und Arbeitsmarkt betrachtet; vielmehr handelt es sich um allgemeine Gleichgewichtsmodelle, die auch Elemente der → Neuen Klassischen Makroökonomik enthalten, wie z.B. die explizite Berücksichtigung der intertemporalen Substitutionsentscheidung zwischen Arbeit und Freizeit. Andererseits unterscheiden sie sich von klassischen und neuklassischen Ansätzen darin, dass von verzögerter Preisanpassung und der Modellwelt der monopolitischen Konkurrenz auf Güter- und/oder Faktormärkten ausgegangen wird.

makroökonomische Totalmodelle offener Volkswirtschaften → Totalmodelle offener Volkswirtschaften.

makroökonomische Verteilungstheorien – Im Mittelpunkt makroökonomischer Verteilungstheorien steht die Verteilung des gesamtwirtschaftlichen Einkommens auf Arbeits- und Kapitaleinkommen (→ Lohn- oder → Arbeitseinkommensquote einerseits und Gewinn- bzw. → Profitquote andererseits). Bei den ökonomischen Klassikern waren darüber hinaus noch die → Bodenrente und ihr Anteil am Gesamteinkommen von großer Bedeutung. Die Makroökonomie betrachtet gesamtwirtschaftliche Größen wie die Beschäftigungshöhe, die Produktion, das Einkommen und deren wechselseitigen Zusammenhänge. Eine fundierte makroökonomische Theorie der Verteilung hat daher die Interdependenzen zwischen diesen Größen, insbes. zwischen Wachstum und Verteilung zu berücksichtigen. Dies betrifft die Tatsache, dass sowohl die Einkommensverteilung das Wachstum als auch umgekehrt das Wachstum die Einkommensverteilung beeinflussen kann. Diese Zusammenhänge treten in der ökonomischen Analyse der → Klassiker der → Politischen Ökonomie (Smith, Ricardo, Mill, Marx u.a.) deutlich hervor. Auch in den meisten → postkeynesianischen Modellen von Wachstum und Verteilung wird diese Wechselwirkung abgebildet. In der makroökonomischen Version der → Grenzproduktivitätstheorie der Verteilung werden die auf der mikroökonomischen Ebene gewonnenen Gesetzmäßigkeiten von Produktion und Einkommensverteilung auf die Gesamtwirtschaft übertragen. Im Rahmen der → neoklassischen Verteilungstheorie wird die funktionale Verteilung aus den technischen Bedingungen der Produktion bestimmt. Dies gilt sowohl im stationären Zusstand wie auch in einem dynamischen Prozess. Im neoklassischen Wachstumsmodell von Solow spielt die quotale Einkommensverteilung eine rein passive Rolle, eine Rückwirkung der Einkommensverteilung auf den Wachstumsprozess ergibt sich nicht. – Vgl. auch → Verteilungstheorie, → postkeynesianische Verteilungstheorie, → neoklassische Verteilungsmodelle, Grenzproduktivitätstheorie der Verteilung, Monopolgradtheorie der Verteilung, Keynes-Kaldor-Verteilungstheorie.

Makrosegmentierung – erster Teil eines zweistufigen Ansatzes der → Marktsegmentierung im Investitionsgüterbereich. Merkmale der

Käuferunternehmung bzw. der Einbindung in gesamtwirtschaftliche Zusammenhänge als *Segmentierungskriterien:* (1) direkt beobachtbare Merkmale (allg.: z.B. Branche, Standort, Unternehmensgröße; situationsspezifisch: z.B. Abnahmemenge, Verwendungshäufigkeit, → Kaufklassen); (2) aus dem Verhalten ableitbare Merkmale (allg. z.B. Art der Entscheidungsregeln; situationsspezifisch z.B. Risikoverhalten). – Eine *Mikrosegmentierung* als zweiter Teil ist nur anzuschließen, wenn das Ziel der Segmentierung (Bildung von Abnehmergruppen, die intern ein möglichst ähnliches Kaufverhalten zeigen) durch die gebildeten Makrosegmente nicht befriedigend erreicht wurde. Sie basiert auf den Merkmalen der einzelnen Mitglieder des → Buying Centers (Buyer Segmentation), z.B. persönliche Charakteristika der Mitglieder, Produktvertrautheit, Einstellungen etc.

Makrotheorie → Makroökonomik.

Makroumfeld – Das Makroumfeld beinhaltet im Rahmen des → Stakeholder-Ansatzes: ökologische, ökonomische, gesellschaftliche, technologische und politische Rahmenbedingungen. Durch die Analyse einzelner Einflussparameter können mögliche Chancen und Risiken identifiziert werden. – Vgl. auch → Aufgabenumfeld, → Anspruchsgruppen.

MAK-Wert – *maximale Arbeitsplatz-Konzentration;* oberer Grenzwert eines Stoffes als Gas, Dampf oder Schwebstoff in der Luft, der nach dem gegenwärtigen Kenntnisstand auch bei längerfristiger Exposition zu keiner gesundheitlichen Beeinträchtigung führt. Dabei wird von einer täglich achtstündigen Arbeitszeit bei 40 Wochenstunden ausgegangen. Die Konzentration wird in mg/m^3, für Gase und Dämpfe auch in ml/m^3 (ppm = Part per Million) angegeben. – Es ist also die Konzentration eines Stoffes, die einem Arbeitnehmer an seinem Arbeitsplatz höchstens zugemutet werden darf.

Mall → Einkaufszentrum.

Malthus – Thomas Robert, 1766–1834, Geistlicher, von 1798 bis 1805 Pfarrer, danach bis zu seinem Tod Professor für neuere Geschichte und politische Ökonomie in Haileybury (Hertfordshire). Malthus, der in Cambridge Geschichte, Sprachen und Literatur studiert hatte und sich als Schüler von → Smith betrachtete, ist im 19. Jh. der berühmteste Nationalökonom gewesen, vor → Ricardo und → Marx. Sein nationalökonomisches Werk, v.a. seine „Principles of Political Economy“ (1820), stand gleichwohl im Schatten seiner Bevölkerungslehre. Seine Schrift „An Essay on the Principle of Population“ (1798) erschien zu seinen Lebzeiten in sechs, z.T. stark erweiterten Auflagen, in denen sich Malthus gegen den Vorwurf wehrte, er sei gegen ein Bevölkerungswachstum, das andere klassische Ökonomen als Quelle des Wohlstands betrachteten. Seine Position sei lediglich, dass die Nahrungsgrundlagen bei steigender Bevölkerung zunehmen müssten. Das nationalökonomische Werk i.e.S. ist der engl. Klassik zuzurechnen, auch wenn er in einigen Punkten eine andere Auffassung vertritt als sein Zeitgenosse Ricardo, mit dem er einen intensiven schriftlichen Gedankenaustausch pflegte. Eine Gesamtausgabe der zahlreichen Schriften von Malthus fehlt bis heute.

Malthussches Bevölkerungsgesetz → Malthus.

Managed Care

von Prof. Dr. Volker Eric Amelung, PD Dr. Christian Krauth und Prof. Dr. Axel Mühlbacher

I. Historische Entwicklung

In den 1920er- und 1930er-Jahren wurden in den USA erste Modelle zu Managed Care entwickelt. Pionierarbeit leistete hierbei die unter dem Namen „Kaiser Permanente“ bekannte Organisation. „Kaiser Permanente“ ist mit über acht Mio. Mitgliedern die größte gemeinnützige Organisation, die mittlerweile über Jahrzehnte umfassende Gesundheitsversorgung und -finanzierung in einem System steuert. Im Wesentlichen erhielten in diesem und weiteren Modellen eingeschriebene Versicherte im Gegenzug für eine pauschale Bezahlung eine gesteuerte medizinische Versorgung durch vertraglich an die Organisation gebundene Ärzte und weitere Leistungserbringer. Infolge des steigenden Kostendrucks im amerikanischen Gesundheitssystem gewann Managed Care seit den 1970er-Jahren zunehmend an Bedeutung. Das in 1973 unter der Regierung von Nixon erlassene HMO-Gesetz forcierte den Durchbruch der Modelle staatlicherseits. Das Gesetz garantierte staatliche Fördermittel zur Entwicklung von Managed-Care-Organisationen. Zudem wurden Arbeitgeber mit mehr als 25 Angestellten verpflichtet im Sinne von Managed Care alternative Krankenversicherungsmodelle zu offerieren. Unter Reagan wurde dieser initiierte Wettbewerb zwischen den Gesundheitsorganisationen weiter vorangetrieben und gewinnorientierte Managed-Care-Organisationen autorisiert, die Gesundheitsversorgung der amerikanischen Bevölkerung bereitstellen zu können. Seit den ersten Entwicklungen in den USA gewinnt das Konzept – wenn auch z.T. kontrovers umstritten – international zunehmend an praktischer Relevanz. Als Vorreiter von Managed Care in Europa gilt die Schweiz. Auch im deutschen Gesundheitssystem wurden viele Managed-Care-Konzepte entwickelt und umgesetzt. Managed Care ist somit nicht dem amerikanischen Gesundheitssystem gleichzusetzen, sondern dort wurden lediglich viele Instrumente entwickelt.

II. Rahmenbedingungen und Ziele

Der demografische Wandel, Veränderungen im Krankheitspanorama, die veränderte Rolle der Medizin in der Gesellschaft, aber auch der medizinische und medizin-technologische Fortschritt sind zentrale Aspekte, die zu veränderten Rahmenbedingungen im Gesundheitswesen führen. Die daraus entstehenden Herausforderungen sind in nahezu allen Industrieländern vergleichbar. Sinngemäß bedeutet Managed Care gesteuerte Versorgung unter medizinischen und betriebswirtschaftlichen Gesichtspunkten und zielt darauf ab, eine leistungsübergreifende Gesundheitsversorgung sicherzustellen. Gleichzeitig Kosten zu senken und die Versorgungsqualität zu steigern, wird nicht als Widerspruch angesehen, sondern die Identifizierung von Potenzial, bei dem dies möglich ist, gilt als zentrale Zielsetzung von Managed Care. Dabei umfasst Managed Care ein ausdifferenziertes Konzept, welches sich diverser Organisationsformen und Instrumente bedient (Abb. 1). Die Bündelung und gezielte Steuerung der Ressourcen sollen Skalenerträge in der Versorgung ermöglichen und Transaktionskosten senken. Durch gezielte Einzelverträge soll sichergestellt werden, dass Patienten zur richtigen Zeit, am richtigen Ort durch den richtigen Leistungserbringer versorgt werden.

III. Organisationsformen

Managed-Care-Organisationen (MCOs) sind Institutionen, die unter Einsatz von Managed-Care-instrumenten die Gesundheitsversorgung organisieren. Unterschieden wird hierbei zwischen versicherungs- und anbieterorientierten Organisationen. Allen gemein ist die zumindest partielle Integration von Leistungserstellung und -finanzierung. Neben diesen MCOs agieren in einem Managed-Care-Umfeld spezialisierte Dienstleistungsunternehmen (Managed-Care-Institutionen), die ausgewählte Leistungskomplexe (z.B. Disease-Management-Programme) anbieten. Zu den wichtigsten versicherungsorientierten Managed-Care-Organisationen gehören *Health Maintance Organisation (HMO):*

1. *closed panel:* die klassische Form einer Managed-Care-Organisation ist die geschlossen organisierte HMO. In der Praxis kaum noch existent, erfolgt hier die vollständige Integration der Leistungserstellung und -finanzierung. In dieser Form erhält die HMO einen ex-ante festgelegten Monats- oder Jahresbeitrag für die eingeschriebenen Versicherten. Sämtliche Leistungen sind aus dem Budget zu erbringen, womit das finanzielle Risiko vollständig auf die HMO übergeht. Die HMO erbringt hier sämtliche Leistungen durch eigene Leistungserbringer. Leistungen außerhalb des Systems werden nicht von der HMO finanziert und somit den Versicherten nicht erstattet.

a) *Staff-HMO:* Die Staff-HMO verkörpert die reinste Form der HMO und ist eine klassische closed panel-HMO. Neben der vollständigen Integration der Leistungserstellung und -finanzierung ist charakteristisch, dass die Leistungsanbieter weisungsgebundene Angestellte der HMO sind und ein regelmäßiges Gehalt erhalten. Zusätzlich ermöglicht die Anwendung des Gatekeepingprinzips umfassende Steuerungs- und Einflussmöglichkeiten der HMO auf die Leistungserstellung. – Das Modell der Staff-HMO verliert zunehmend an praktischer Relevanz. Die immensen Vorhaltekosten und die gleichzeitige Ablehnung der Einschränkungen der Wahl des Leistungserbringers haben dazu geführt, offenere und flexiblere Formen zu entwickeln. In einigen Staaten der USA ist dieses Modell sogar verboten.

b) *Group-HMO:* Auch diese Organisationsform stellt eine klassisch geschlossen organisierte HMO dar (closed panel), die ebenfalls schrumpfende Marktanteile vorweist. Der entscheidende Unterschied zur Staff-HMO besteht darin, dass mit der HMO kooperierende Leistungserbringer keinem Angestelltenverhältnis unterliegen. Prinzipiell organisieren sich Ärzte in großen Praxen, welche wiederum Exklusivverträge mit einer HMO eingehen und i.d.R. durch Kopfpauschalen vergütet werden. Die Wahl der Vergütung innerhalb der Praxisgruppe kann wiederum anders ausgestaltet sein. Trotz selbständiger Position der Ärzte, besteht oft ein enges Kooperationsgeflecht zwischen Arztgruppe und HMO, bspw. in Form unterstützender Tätigkeit durch die HMO bei administrativen Aufgaben.

2. *Open panel:* Aufgrund starker Unzufriedenheit und Wanderungstendenzen der Versicherten in traditionellen Krankenversicherungen mit weniger stark eingeschränkter Ärztewahlfreiheit setzten sich zunehmend offen organisierte HMOs durch. In diesem Ansatz werden i.d.R. sämtliche Leistungen in Höhe der HMO-Vergütung honoriert. Versicherte können selbst entscheiden, ob sie im System behandelt werden wollen oder außerhalb und dann ggf. die Mehrkosten übernehmen. In der Praxis setzen sich vermehrt Mischformen durch. Der stetige Trade-off zwischen Steuerungsmöglichkeit und Wahlfreiheit ist bei der Entwicklung eines Konzeptes zu berücksichtigen. Entsprechend differenzierter Bedürfnisse sollten verschiedene - nach Marktsegmenten gestaltete – Versicherungsprodukte angeboten werden.

Independent Practice Association (IPA-HMO): IPA-HMOs können als eine Art Dachorganisation bzw. Interessenvertretung weiterhin freiberuflich tätiger Ärzte beschrieben werden. Sämtliche Ärzte, die die Aufnahmekriterien der IPA erfüllen, können dieser beitreten. Dadurch kann eine breite Wahlfreiheit zwischen sehr vielen Ärzten den Versicherten ermöglicht werden (open panel). Für eine HMO bedeutet diese eigenständige Organisationsform große Flexibilität und geringe Kapitalressourcen. Gleichfalls impliziert die umfassende

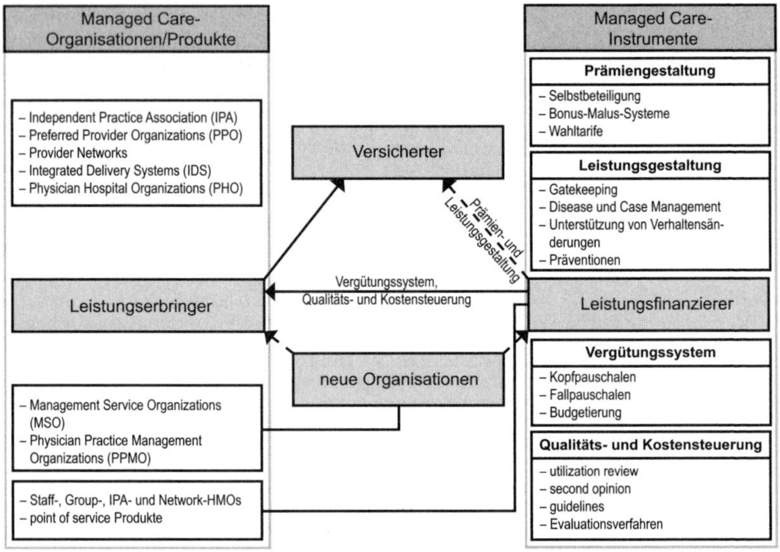

Organisation einer IPA eine geringere Steuerungsmöglichkeit für eine HMO und ungünstigere Vertragskonditionen. Zudem werden keine Exklusivverträge zwischen IPA und HMO geschlossen. Die Vergütungsform erfolgt i.d.R. über Kopfpauschalen, wobei diese innerhalb der IPA anders organisiert werden kann.

Network-HMO: Das Modell stellt eine Weiterentwicklung der Group-HMO dar und soll die Vorteile vorangehender Modelle aufgreifen und entsprechende Nachteile reduzieren. Hierbei binden sich ganze Netzwerke an HMOs, um der geografischen Reichweite der Arbeitgeber, mit denen sie Verträge abschließen, gerecht zu werden. Das Angebot soll möglichst umfassend sein. Andererseits ist der Einfluss im Gegensatz zur IPA-HMO geringer.

Point of service-Produkte (POS): POS stellen neben den oben dargestellten HMO-Modellen eine zweite Kategorie versicherungsorientierter Konzepte dar. Es handelt sich hierbei um ein hybrides Konzept. Innerhalb einer HMO ist eine POS durch die restriktiven Regelungen einer HMO charakterisiert: die Leistungserstellung wird durch das Gatekeeperprinzip dominiert und die Vergütung erfolgt über Kopfpauschalen. Jedoch wird dem Versicherten die bedeutende Wahlfreiheit gegeben, auch außerhalb des Systems einen Leistungserbringer zu konsultieren – dies aber meist ebenfalls mit Einschränkungen, wie z.B. einer Überweisungspflicht zum Spezialisten durch den Gatekeeper. Für diese Wahlfreiheit müssen Versicherte eine Zuzahlung erbringen. Die Vergütung der Ärzte außerhalb des Systems erfolgt über Einzelleistungsvergütung.

Anbieterorientierte Produkte: Die zunehmende Marktmacht der Krankenversicherer führte dazu, dass sich – wie bereits bei der IPA-HMO deutlich wurde – auch Leistungsanbieter zunehmend im Verbund organisierten. Wesentliche Leitgedanken sind, eine Gegenmacht zu den wachsenden HMOs aufzubauen, das Management zu professionalisieren und direkten Einfluss auf die Leistungserbringung nehmen zu können. Auch hier haben sich verschiedene Mischformen zwischenzeitlich herausgebildet:

a) *Preferred Provider Organisation (PPO):* Auf Anbieter- als auch auf Nachfragerseite findet das Konzept derzeitig großen Zuspruch. Für viele der Ärzte stellt diese gesteuerte Organisationsform ein Kompromiss dar. Der Eingriff in die Therapiefreiheit ist geringer als in klassischen HMOs und die Vergütung nach Einzelleistungen bleibt bestehen. Jedoch ist das Konzept mit erheblichen Vergütungsabschlägen (Discounted Fee for Service) im Vergleich zur herkömmlichen Krankenversicherung verbunden, die das Konzept für HMOs lukrativ macht. Die Steuerungswirkung durch die Wahl der Vergütungsform ist eingeschränkt. Dennoch können Behandlungsmaßnahmen durch Instrumente wie guidelines und utilization reviews tendenziell gesteuert und kontrolliert werden. Zudem wird die Einschreibequote der Versicherten in dieses Konzept durch die tendenziell größere Wahlfreiheit an Leistungserbringern begünstigt.

b) *Provider Networks:* Provider Networks gleichen einem Zusammenschluss von Leistungsanbietern zur Bildung strategischer Allianzen. Hierdurch soll die Koordination und Kommunikation verschiedenster Leistungsstufen gestärkt werden. Provider Networks können als eine Art Vorreiter zur Königsdisziplin, des Integrated Delivery Systems, angesehen werden.

c) *Integrated Delivery System (IDS):* dieses Modell ist die weitreichendste Form einer MCO und ist im Wesentlichen mehr theoretisches Konzept, als dass es in der Praxis gelebt wird. Der Schwerpunkt liegt in der ganzheitlichen, systemübergreifenden Versorgung durch ein Netzwerk von Organisationen über das gesamte Leben eines Menschen hinweg. Das Netzwerk erbringt die Leistung selbst oder in Auftrag. Nach innen gleicht das System einer Planwirtschaft. Dadurch sollen Überkapazitäten vermieden, eine hinreichend erforderliche Versorgung gewährleistet und somit Kostensenkungspotentiale generiert und ein integriertes Qualitätsmanagement umgesetzt werden. Das komplexe System bedarf einer umfassenden Funktionsintegration, welche zur Harmonisierung der einzelnen Versorgungselemente einer gleichfalls komplexen und zumeist investitionsträchtigen Informationstechnologie bedarf.

d) *Physicians Hospital Organisation (PHO):* Eine PHO verkörpert eine → Joint Venture zwischen mindestens einem Krankenhaus und einer Gruppe von Ärzten, wobei die Initiative i.d.R. von den Krankenhäusern ausgeht. Der Zusammenschluss bringt verschiedene Vorzüge für die kooperierende Ärzteschaft mit sich. Die Verhandlungsmacht kann gegenüber der HMO gestärkt werden. Gleichfalls können die Transaktionskosten durch quasi Kollektivverträge auf beiden Seiten – auf Seiten der HMO und PHO – gesenkt werden.

Organisationen im Managed Care-Umfeld: a) *Management Service Organisation (MSO):* ihre Tätigkeit umfasst den kompletten Managementbereich der Gesundheitsversorgung. Von der Kapitalbeschaffung bis hin zum Management einer effizienten und qualitativ hochwertigen Leistungserstellung wird durch die Institution gezielt die MCO unterstützt, Wirtschaftlichkeits- und Wettbewerbspotentiale auszuschöpfen.

b) *Physician Practice Management Organisation (PPMO):* Im Gegensatz zu einer MSO wird eine PPMO alleinig von Ärzten initiiert und verfolgt das Ziel einzelpraktizierende Ärzte oder Ärztegruppen koordinierend zu unterstützen. Hierbei sind verschiedene Ausdifferenzierungen des Modells möglich. Auch diese Organisationsform birgt durch Ressourcenbündelung und klare Konzentration auf die gezielte Steuerung der Gesundheitsversorgung unter betriebswirtschaftlichen Aspekten die Chance, Wirtschaftlichkeitspotentiale freizusetzen.

IV. Managed Care-Instrumente

Unter Managed Care-Instrumenten werden die eingesetzten Managementtechniken verstanden. Durch die Festlegung auf bestimmte Managed Care-Instrumente wird somit das Wesen und das Konzept einer MCO konkretisiert. Auf verschiedensten Ebenen kann auf die Leistungserstellung indirekt, aber auch direkt, mit einer bestimmten Intensität Einfluss genommen werden. Bei der Ausgestaltung eines Managed Care-Konzeptes kann grundsätzlich zwischen vier verschiedenen Bereichen unterschieden werden. Von der Prämiengestaltung über die konkrete Leistungsgestaltung bis hin zur Qualitäts- und Kostenkontrolle der erbrachten Leistungen bieten sämtliche Managed Care-Instrumente die prinzipielle Möglichkeit eine gesteuerte Versorgung zu konkretisieren. Die Prämiengestaltung zielt vornehmlich darauf ab, das Verhalten der Versicherten zu steuern oder/und die Versorgungskosten zu minimieren. Abhängig von der konkreten Ausgestaltung der Prämien fällt die Einflussmöglichkeit unterschiedlich groß aus. Der Anreiz für Versicherte sich für eine Prämienform einzuschreiben, liegt i.d.R. in der generell niedrigeren Prämienzahlung. Die Steuerungswirkung bspw. in einer Selbstbehalttarifierung liegt darin, möglichst nicht die Höhe des Selbstbehalts auszuschöpfen; darüber hinaus geht jedoch die Steuerungswirkung verloren. Zudem sollten chronisch Kranke hinreichend in der Prämiengestaltung berücksichtigt werden und z.B. durch eine regelmäßige Praxisgebühr nicht benachteiligt werden. Instrumente der Leistungsgestaltung zielen darauf ab, direkt in den Versorgungsprozess steuernd einzugreifen. Durch den ganzheitlichen Versorgungsansatz sollen Krankheiten (z.B. mittels Präventionsmaßnahmen) vermieden bzw. frühestmöglich erkannt und behandelt werden. Durch das Instrument des Gatekeepings kann einem unkoordinierten Behandlungsverlauf (einschließlich unnötigen (Doppel-)untersuchungen) entgegengewirkt und eine effiziente Versorgung garantiert werden. Ebenfalls können chronisch Kranke und multimorbide Krankheitsfälle durch die Instrumente der Leistungsgestaltung (wie → Disease Management und → Case Management) gezielt versorgt werden. Pendant zur Prämiengestaltung stellen die Instrumente Vergütung und Qualitäts- und Kostensteuerung dar. Hierdurch kann gezielt auf das Verhalten der Leistungserbringer eingewirkt werden. Qualitäts- und Kostensteuerungsinstrumente können unterschiedlich ausgestaltet werden. Guidelines ermöglichen den Therapieablauf seitens Leistungsfinanziers indirekt mitzubestimmen, um somit ineffizienter Leistungserbringung entgegenzuwirken. Eine zu starke Therapieeinschränkung stößt jedoch bei vielen Ärzten auf Kritik. Gleichfalls können utilization reviews und Evaluationsverfahren zur Qualitäts- und

Kostensteuerung eingesetzt werden. Diese Instrumente begünstigen die Weiterentwicklung von Managed Care im Sinne eines lernenden Systems.

Auch ein Vergütungssystem kann auf unterschiedlichste Art ausgestaltet werden. Tendenziell gilt, je pauschaler und prospektiver die Vergütung ausgestaltet ist, desto größer die Gefahr zur Leistungsvorenthaltung. Erfolgt die Vergütung hingegen nach Einzelleistungen und wird am Ende einer bestimmten Zeitperiode gezahlt, besteht die Gefahr zur fragwürdigen Leistungsausweitung. Hier zeigt sich erneut das Dilemma zwischen Steuerungsmöglichkeit der Leistungserstellung und der von den beteiligten Akteuren geforderten Wahlfreiheit. Auch wenn die Arztwahlfreiheit in der praktischen Umsetzung nur eine untergeordnete Rolle spielt, stellt die prinzipielle Möglichkeit der Einschränkung einen bedeutenden Aspekt für die Einschreibung eines Versicherten in eine MCO dar. Ebenso wird der Arzt bei einer starken Fremdbestimmung durch eine MCO sich in seiner Therapiefreiheit eingeschränkt fühlen. Daher ist auch in der Wahl der Instrumente – abhängig vom Marktsegment – stets der geeignetste trade-off zwischen Leistungssteuerung und Wahlfreiheit zu suchen.

Management – angloamerikanischer, im Rahmen des betriebswirtschaftlichen Sprachgebrauchs verwandter Begriff für die Leitung eines Unternehmens.

I. Management als Institution: Management umfasst alle diejenigen, die in der Unternehmung leitende Aufgaben erfüllen. Das Management in diesem weiten Sinn vertritt die Interessen des Unternehmers als Arbeitgeber gegenüber der Arbeitnehmerschaft. Bis auf wenige Ausnahmen sind die Angehörigen des Managements deshalb nicht Mitglied der Gewerkschaften. Sie haben eigene Berufsorganisationen, die aber i.d.R. nicht als Partei auf dem Arbeitsmarkt auftreten, sondern sich der sonstigen beruflichen Förderung ihrer Mitglieder annehmen. Bei den sehr unterschiedlichen wirtschaftlichen und gesellschaftlichen Verhältnissen seiner Mitglieder bildet das Management keine einheitliche Berufsgruppe. – Als *Manager* werden i.Allg. nur die obersten und oberen Führungskräfte der Unternehmen bezeichnet. An sich gehören hierzu nur angestellte Geschäftsführer von Unternehmen, nicht dagegen selbstständige Unternehmer. Heute fühlen sich auch selbstständige Unternehmer als Manager und sind Mitglieder der Managerorganisationen. – Vgl. auch → Führungshierarchie.

II. Management als Funktion: Tätigkeiten, die von → Führungskräften in allen Bereichen der Unternehmung (→ Personalwirtschaft, → Beschaffung, → Absatz, → Verwaltung, → Finanzierung etc.) in Erfüllung ihrer Führungsaufgabe (→ Führung) zu erbringen sind. Häufig wird hier zwischen Plan, Realisierung und Kontrolle differenziert. – a) Zur Planung zählen die Problem- und Aufgabendefinition, die Zielsetzung, die Alternativenplanung und die Entscheidung. – b) Die Realisierung umfasst die Organisation, die Information, Kommunikation, Motivation der Mitarbeiter und deren Koordination. – c) Die Kontrolle besteht aus Rückmeldung, Soll-/Istvergleich für die weitere Planung und Steuerung. In der Fachliteratur finden sich vielfältige ähnlich strukturierte Phasenabfolgen.

III. Managementmethoden: (→ Managementtechniken): Von Wissenschaftlern und Institutionen, die sich mit der Ausbildung von → Führungskräften befassen (→ Personalentwicklung), wurde eine Reihe von Methoden geschaffen. Einen großen Bekanntheitsgrad erreichten die *„Management by ...“-Konzeptionen,* die größtenteils in den USA entwickelt worden sind. Sie sind meistens durch Zielvorgaben für alle Stellen im Unternehmen, mehr oder weniger kooperativen Führungsstil und Delegation von Verantwortung gekennzeichnet. Alle „Management by ...“-Konzeptionen umfassen den Komplex → strategisches Management.

IV. Internationales Management: → globales Management, → interkulturelles Management und → internationales Management.

Management Approach → Segmentberichterstattung.

Management Audit – Prüfung und Beurteilung unternehmerischer Abläufe und Entscheidungen. Ziel ist die Erkennung von Schwachstellen mit Verbesserungsmöglichkeiten sowie die Gewährleistung einer reibungslosen Koordination der Funktionen und Tätigkeiten.

Managementberatung – professionelle beratende Tätigkeit, ausgeübt von einer institutionell unabhängigen und fachlich durch entsprechende Ausbildung und praktische Erfahrung qualifizierten Personengruppe. – *Ziel:* Beitrag zur Lösung von Managementproblemen in Unternehmungen. – 1. *Aufgaben:* (1) Ist-Aufnahme der bestehenden Verhältnisse, (2) Problemidentifikation und Soll-Formulierung, (3) Ausarbeitung und Empfehlung von Vorschlägen zur Problemlösung, (4) Unterstützung zur Durchführung der entsprechenden Maßnahmen und (5) Kontrolle der Funktionsfähigkeit dieser Maßnahmen durch Soll-Ist-Vergleiche. – 2. *Hauptarbeitsgebiete:* Produkt-Management, Marketingmanagement, Management der Verkaufsorganisation, Management der Bereiche Finanzen und Rechnungswesen, Personal-Management, Management des technologischen Bereichs (einschließlich EDV), Programme für Aus- und Weiterbildung der Mitarbeiter und Management der systeminternen → Forschung und Entwicklung (F&E) – (Research and Development). – Vgl. auch → Consulting und → Personalberatung.

Management Buyout (MBO) – Übernahme eines → Unternehmens durch das in dem erworbenen Unternehmen tätige Management. Dies kann als Übernahme eines gesamten Unternehmens oder eines Unternehmensteils, der dann ausgegliedert wird, erfolgen. I.d.R. erfolgt der Management Buyout mithilfe von Private-Equity-Investoren. V.a. anzutreffen im Rahmen von Unternehmensumstrukturierungen oder zur Lösung einer Nachfolgesituation.

Management by Alternatives – Beim Management by Alternatives sind Problemlösungsmöglichkeiten nur unter mehrdimensionalen Aspekten zu sehen. Ziel dieser Managementmethode ist die Ausschöpfung potenzieller Möglichkeiten in Bezug auf Zielsetzung, Planung und Realisierung. – Führungskonzept, das davon ausgeht, dass nur aufgrund mehrerer möglicher alternativen bzw. alternativen Lösungsansätze eine optimale Auswahl getroffen werden kann. – Vgl. auch → Management-by-Techniken.

Management by Breakthrough – ist offensive Führungstaktik, unterstützt von einer aggressiv-kreativen Unternehmenspolitik. Durch eine Mobilisierung aller geistig-schöpferischen Kräfte (z.B. Brainstorming) im Unternehmen soll eine Verbesserung der Marktposition erreicht werden. Alle Aktivitäten der Führung sind auf zwei Hauptziele ausgerichtet: – 1. *Dynamische Veränderungen des Unternehmens* (neue Produkte entwickeln und/oder neue Märkte erobern); – 2. *Stabilisieren des Erreichten*, indem Kontrollen zur rechtzeitigen Erkennung und Abwendung von Fehlentwicklungen durchgeführt werden. – Führungskonzept, das darauf basiert, dass gezielte Brüche in bestehenden Strukturen notwendig sind, um grundlegende Änderungen vorzunehmen. Nimmt seit Jahrzehnten die zz. aktuelle Diskussion um das Reengineering vorweg (Business Process Reengineering). – Vgl. auch → Management-by-Techniken.

Management by Communication – Management by Communication als Führungsstil setzt weitergehenden horizontalen und vertikalen Informationsaustausch der Führungsaufgabe voraus. Bei dieser Managementmethode ist die Übermittlung von Information eine zentrale Funktion der Führungskräfte. – Führungskonzept, das darauf basiert, den Fähigkeiten und der Verantwortungsbereitschaft der einzelnen Mitarbeiter Spielraum zu gewähren. – Vgl. auch → Management-by-Techniken.

Management by Objectives – *Führung durch Zielvereinbarung;* mehrdimensionales Führungskonzept mit Betonung der Bedeutsamkeit von Zielvereinbarungen mit den Mitarbeitern. Durch die Partizipation der Mitarbeiter am Zielfindungsprozess soll eine Verbesserung der Informationsbeschaffung erreicht werden. Es beinhaltet die weit gehende Delegation von Entscheidungsbefugnissen an die Mitarbeiter, regelmäßige Rückkopplung zum Grad der Zielerreichung sowie die Kopplung von Belohnungen an den Grad der Zielerreichung u.a. – Vgl. auch → Management-by-Techniken.

Management by Participation – *Führung durch Beteiligung;* Führungskonzept mit starker Betonung der Mitarbeiterbeteiligung an den sie betreffenden Entscheidungen. Ausgangspunkt ist die These, dass eine Identifikation der Mitarbeiter mit den Unternehmenszielen (und damit ihre Leistung) wächst, je mehr sie an der Formulierung dieser Ziele mitwirken können.Konflikte zwischen den Interessen der Mitarbeiter und den Leistungserwartungen des Unternehmens sollen erst gar nicht entstehen bzw. möglichst reibungslos im Sinne der Unternehmensziele gelöst werden. – Vgl. auch → Management-by-Techniken.

Management by Results – *ergebnisorientierte Führung;* zielgesteuertes Führungskonzept, gekennzeichnet durch einen systematischen Ausbau der Zielplanung zum Führungsinstrument, bes. zur Koordinierung dezentraler Entscheidungen. Management by Results ist eine, verglichen mit dem Management by Objectives, relativ autoritäre Führungskonzeption, bei der die Mitarbeiter nur geringe Mitbestimmungsmöglichkeiten haben. – Vgl. auch → Management-by-Techniken.

Management-by-Techniken – in unterschiedlichsten Formen aus dem Verlangen der Praxis nach verständlichen und einfach zu handhabenden Führungshilfen entstanden. I.d.R. aus der Erfahrung von Führungskräften abgeleitet, nur bedingt auf wissenschaftlichen Erkenntnissen basierend. Diese Techniken sollen dem Management effiziente Verhaltensweisen und Richtlinien vermitteln. Sie stellen i.d.R. nur einen Aspekt des Führungsprozesses in den Vordergrund und sind meist sehr plakativ formuliert. Größere Bedeutung erlangt v.a. das Prinzip des → Management by Objectives, das auf psychologischen Erkenntnissen aufbaut, die eine verhaltenssteuernde Wirkung von Zielen belegen.

Management Consulting → Consulting.

Management Discussion and Analysis (MD&A) – Bestandteil der US-amerikanischen finanziellen Jahresberichterstattung. Sie enthält ergänzende Informationen zu bestimmten finanziellen Größen wie → Liquidität, Kapitalausstattung und → Betriebsergebnis. Das Management ist verpflichtet, in der Management Discussion and Analysis (MD&A) positive und negative Entwicklungen sowie wesentliche Ereignisse und → Risiken darzustellen, die diese Finanzgrößen in der Zukunft beeinflussen werden. Weiterhin sind mögliche Effekte der → Inflation zu berücksichtigen.

Managementebenen → Führungshierarchie.

Management Fee – einmalige, vom Kreditnehmer an den bzw. die Kreditgeber (an ein Konsortium) und evtl. an weitere in die Kreditgewährung einbezogene Beteiligte (Vermittler etc.) zu zahlende Provision, die z.B. bei der Aufnahme von (langfristigen) → Geldmarktkrediten vorkommt.

Managementholding → Holdingstruktur.

Management-Informationssystem (MIS) → Führungsinformationssystem (FIS).

Management Letter – abschließender Bericht über entdeckte Schwachstellen, Verbesserungsmöglichkeiten etc. für die Geschäftsleitung, den der → Wirtschaftsprüfer (WP) als Ergebnis seiner Arbeit neben der → Prüfung (mit → Prüfungsbericht und → Bestätigungsvermerk) verfasst (als Zusatznutzen für das geprüfte Unternehmen).

Managementphilosophie → integriertes Management.

Managementschulen – Fort- und Weiterbildungsinstitutionen für Manager mit abgeschlossener Berufsausbildung und Praxiserfahrung.

I. Allgemein: Es werden Seminare und Tagungen zu einem breiten Spektrum von Themen angeboten, z.B. Erfahrungsaustausch von Führungskräften der obersten Ebene, Wissensvermittlung zu speziellen Gebieten (z.B. Personalplanung, Marketing), allg. Managementtraining. I.d.R. sind Teilnahmevoraussetzungen bez. der abgeschlossenen Berufsausbildung und der Praxis- oder Führungserfahrung zu erfüllen. Oft spielt das Knüpfen von Kontakten zwischen den Teilnehmern eine Rolle. Die Dauer der Kurse reicht von einem oder wenigen Tagen bis zu mehreren Monaten. Die Kosten sind unterschiedlich.

II. Ausbildung zum Master of Business Administration (MBA): In den USA, v.a. an der Harvard Graduate School of Business Administration, wurde ein Programm der Managerausbildung entwickelt, das sehr stark an der Praxis orientiert ist. Von den Teilnehmern werden in Teamarbeit sehr viele Fallstudien (i.d.R. unter hohem Leistungsdruck) gelöst und diskutiert. Studienabschluss nach zwei Jahren ist der MBA. Nach diesem Vorbild wurden an vielen amerik. Universitäten MBA-Studiengänge eingerichtet. – Bei der *Übertragung der MBA-Ausbildung nach Europa* wurde v.a. die internationale Orientierung stark betont, die Fallstudienmethode wurde in weiterentwickelter Form beibehalten. – 1. *Wesentliche Lerninhalte:* (1) Wissenschaftliche Studien über Märkte, Unternehmen und die Psychologie/Soziologie der beteiligten Menschen; (2) Funktionsmechanismen von Unternehmen, Führungsmethoden und -techniken; (3) aktuelle wirtschaftliche Probleme in der Form von Consultingprojekten; (4) relevante, aktuelle Entwicklungen globaler Art. – 2. *Aufnahmebedingungen* (Regelfall): (1) Abgeschlossenes Studium; (2) Berufserfahrung; (3) verschiedene Tests (Graduate Management Admission Test, Test of English as a Foreign Language, eigene Tests); (4) Referenzen; (5) Nachweis der Motivation und Finanzierung. – 3. Die *Dauer des Studiums* reicht von neun Monaten bis zu zwei Jahren; z.T. ist auch ein Teilzeitstudium mit entsprechend verlängerter Dauer möglich. – 4. *Bedeutung:* Das MBA-Diplom wird als für die Karriere sehr förderlich eingeschätzt.

Managementstil – 1. *Begriff:* → Führungsstil. – 2. *Managementstil im internationalen Vergleich:* Im Mittelpunkt stehen die Fragen, die sich für die Führung grenzüberschreitend tätiger Unternehmungen (→ internationales Management) durch die verschiedenen Kulturen ergeben, mit denen die Unternehmung konfrontiert ist. Die Transferierbarkeit von Managementstilen, Management-Know-how und → Führungstechniken in andere Kulturbereiche ist eine der wesentlichen Fragestellungen. Die bisherigen Forschungsergebnisse sind uneinheitlich und ungesichert: Während die universalistische Position von einer weit gehenden Übertragbarkeit mit dem Argument ausgeht, es gäbe Managementaufgaben und -prinzipien sowie entsprechende Methoden, die unabhängig von der jeweiligen Kultur Gültigkeit aufweisen, betonen die Vertreter der kulturdifferenzierenden Position die Kulturgebundenheit von Managementtheorien und -instrumenten und damit auch der Managementstile. Je stärker eine Untersuchung von harten Faktoren, wie z.B. Techniken der Planung, abrückt und sich auf sozio-kulturelle Faktoren einlässt, wie z.B. Machtstrukturen und -ausübung, Arbeitsmotivation, Personalbeurteilung/-förderung oder Führungsverhalten, desto stärker tritt die Kulturgebundenheit von Verhaltensweisen in Erscheinung.

Managementtechniken – Techniken, die von Führungskräften und Managern zur Unternehmens- und Mitarbeiterführung eingesetzt werden. Insbesondere in den 1970er- und 1980er-Jahren wurde eine Vielzahl von Managementtechniken entwickelt, die unter die Bezeichnung → Management-by-Techniken in Theorie und Praxis Verwendung finden.

Management Trust – Form der → Kapitalanlagegesellschaft, bei der die Auswahl der Anlagewerte der Trust-Leitung überlassen bleibt. – *Gegensatz:* Fixed Trust.

Managementvertrag → Kontraktmanagement.

Managerherrschaft – 1. *Begriff:* Weitgehend autonome Kontrolle angestellter Manager und nicht der Eigentümer über die Produktionsmittel. – *Managerbeherrschte Unternehmen:* Kein Eigentümer hält mehr als 1 Prozent des Grund- bzw. Stammkapitals, oder ein oder mehrere Eigentümer halten höchstens 25 Prozent des Kapitals. – *Eigentümerkontrollierte Unternehmen:* Alle anderen Fälle (z.B. → Großaktionäre). – 2. *Verbreitung:* Für die USA bereits Ende der 1920er-Jahre gegeben. In der Bundesrepublik Deutschland waren nach empirischen Untersuchungen Ende der 1970er-Jahre managerkontrolliert 57 Prozent (nach Umsatz 73 Prozent) der 300 größten Unternehmen bzw. 69 Prozent (AG) und 63 Prozent (GmbH) der 455 nach dem → Mitbestimmungsgesetz (MitbestG) mitbestimmten Unternehmen. – 3.

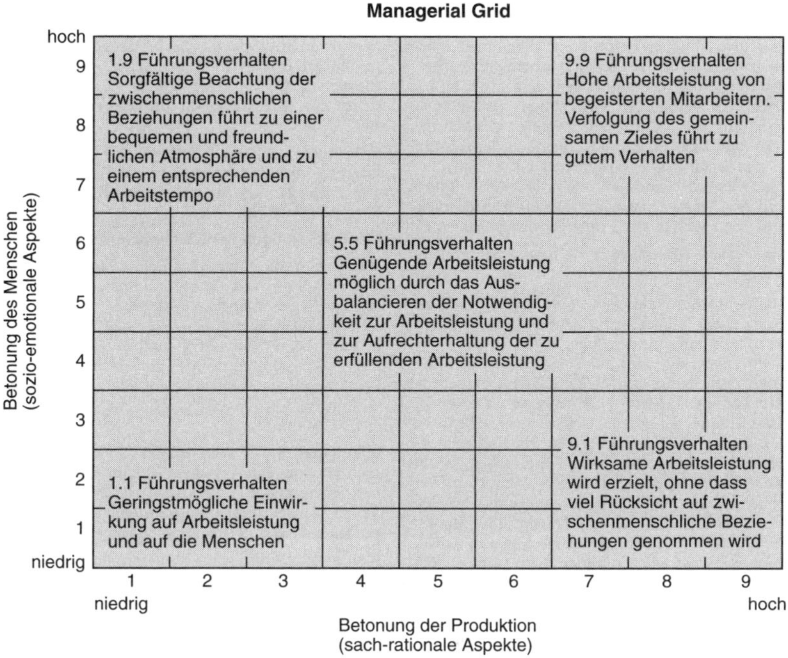

Gründe für die Trennung von Eigentum und Verfügungsgewalt: a) *Professionalisierung des Managements:* Aufgabe der Unternehmensführung ist in hoch entwickelten und arbeitsteiligen Industriegesellschaften zum „Beruf" geworden; Kapitaleigentum reicht nicht als Qualifikationsnachweis für die Führung großer Unternehmen. – b) *Inaktivität und Inkompetenz der* → Kleinaktionäre: Nicht fähig (Ausbildung) oder nicht motiviert (geringe Kapitalbeteiligung), ihre Eigentümerinteressen wahrzunehmen; weder direkt in der Hauptversammlung noch indirekt durch Vertreter im Aufsichtsrat. – 4. *Konsequenzen:* Gefahr einer Entkoppelung von erwerbswirtschaftlicher Motivation und unternehmerischem Handeln; die Legitimationsbasis der → kapitalistischen Unternehmensverfassung bzw. Prinzip der Einheit von Risiko, Kontrolle und Gewinn ist damit fraglich. Gegner der These von der Managerherrschaft (→ Verfügungsrechte) deuten die Managerherrschaft in eine wohlkalkulierte Delegation von Teilrechten der Aktionäre an das Management um; sie bestreiten negative Wirkungen für die Begründung der kapitalistischen Unternehmensverfassung.

Managerial Approach → Finanzmanagement.

Managerial Grid – *Verhaltensgitter;* ist ein wissenschaftliches Modell, das die Kombinationen von verschiedenen Formen des Führungsverhaltens aufzeigt. Differenzierung zwischen Aufgaben- und Mitarbeiterorientierung als Hauptdimensionen innerhalb des Führungsprozesses: Beide Dimensionen verwenden Blake und Mouton, um im Managerial Grid verschiedene Kombinationen zu kennzeichnen (vgl. Abbildung „Managerial Grid"). – Ziel jeder Führungskraft soll es sein, den 9.9 Führungsverhalten über mehrere Phasen einer → Organisationsentwicklung zu erreichen.

Manager-Theorie der Unternehmung – verbleibt im Rahmen der stilisierten bzw. fiktiven Theorie der mikroökonomischen Unternehmung, wendet sich aber gegen das Ziel der → Gewinnmaximierung. Dies geschieht, um dem Einfluss der Trennung von Management und Eigentum auf die Zielbildung der Unternehmung Rechnung zu tragen. Denn Manager sind keine Eigentümer und werden demzufolge ihre eigenen Ziele zu realisieren trachten, die nicht notwendig mit denen der Eigentümer übereinstimmen müssen (→ Prinzipal-Agent-Theorie der Unternehmung). Wie groß der Spielraum für das Verfolgen eigener Ziele ist, hängt dabei von der (ökonomischen) Kontrollierbarkeit des Managements durch die Eigentümer und den Wettbewerb ab. Aufgrund des Informationsgefälles zwischen den Managern und den Aktionären sowie unvollkommen arbeitender Kontrollmechanismen wird ein entsprechender Handlungsspielraum angenommen, der sich in einer Veränderung der Zielfunktion der Unternehmung spiegelt und die → Präferenzen der Manager zum Ausdruck bringt. I.d.R. wird statt der Gewinnmaximierung das Wachstumsziel unter Einhaltung eines Mindestgewinns unterstellt, da das Einkommen und Ansehen von Managern von der Unternehmensgröße und der Zahl ihrer Untergebenen abhängig sei.

Manchester-Liberalismus → Laissez-Faire-Liberalismus.

Mandantenschutzklausel – Vereinbarung zwischen freiberuflich Tätigen (z.B. Steuerberater, Rechtsanwälte) und ihren Angestellten, durch die den Angestellten untersagt wird, für einen bestimmten Zeitraum nach dem Ausscheiden aus dem Betrieb des Arbeitgebers Mandanten des Arbeitgebers selbstständig oder für einen anderen Unternehmer zu betreuen. Auf solche Mandantenschutzklauseln sind nach der neueren Rechtsprechung des Bundesarbeitsgerichts die Vorschriften des HGB über → Wettbewerbsverbote i.d.R. entsprechend anzuwenden; dies bedeutet v.a., dass Mandantenschutzklauseln unverbindlich sind, wenn der Arbeitgeber keine Karenzentschädigung in der gesetzlichen Mindesthöhe (§ 74 II HGB) zusagt.

Mandat – Übertragung der Ausübung von Rechten auf einen anderen. – 1. → Abgeordneter erhält Mandat für die Ausübung der politischen Rechte der Wähler durch die Wahl. Gemäß Art. 38 I 2 GG ist er an Aufträge und Weisungen nicht gebunden und nur seinem Gewissen unterworfen (sog. *freies* Mandat). – 2. → Rechtsanwalt erhält Mandat für die Wahrnehmung der Rechte seines Klienten (Mandanten).

Mängel – I. Bürgerliches Recht: → Rechtsmängelhaftung, → Sachmängelhaftung.

II. Steuerrecht: Mängel in der Buchführung können steuerrechtlich u.a. zur vollständigen oder teilweisen Schätzung des Gewinns führen, v.a. wenn die Angaben und Aufzeichnungen unzureichend sind (§§ 158, 162 II AO). – Vgl. auch → Grundsätze ordnungsmäßiger Buchführung (GoB).

Mängelanzeige – I. Mängelanzeige im Falle einer gekauften Sache: Vom Käufer an den Verkäufer gerichtete Anzeige (konkrete Angabe erforderlich, allg. Redensarten ungenügend), dass die gekaufte Sache → Mängel hat (→ Sachmängelhaftung). – *Mängelanzeige beim Handelskauf:* → Mängelrüge.

II. Mängelanzeige im Falle einer vermieteten Sache: Vom Mieter an den Vermieter gerichtete Anzeige, dass die vermietete Sache Mängel hat (→ Mängelhaftung) oder dass eine Maßnahme zum Schutz der Mietsache gegen eine nicht vorhergesehene Gefahr erforderlich ist. – *Rechtsfolgen bei unterlassener Mängelanzeige* (§ 536c BGB): (1) Der Mieter ist dem Vermieter zum Ersatz des daraus entstehenden Schadens verpflichtet. (2) Soweit der Vermieter infolge der unterlassenen Anzeige keine Abhilfe schaffen konnte, stehen dem Mieter keine Rechte aus Mängelhaftung zu.

III. Mängelanzeige beim Reisevertrag: Beim → Reisevertrag führt die unterlassene Anzeige von Mängeln ebenfalls zum Ausschluss der Mängelhaftung (§§ 651d–651f BGB).

Mängelbeseitigung → Nachbesserungspflicht.

Mängeleinrede – dem Käufer einer Sache, dem Besteller beim → Werkvertrag und Mieter beim Mietvertrag wegen Mängeln zustehende Einrede des nicht erfüllten Vertrags (§ 320 BGB). Die Einrede kann beim Kaufvertrag und Werkvertrag auch nach → Verjährung der Gewährleistungsansprüche (→ Mängelhaftung) erhoben werden, solange ein → Rücktritt vom Vertrag möglich wäre (§§ 438 IV, 634a IV BGB).

Mängelhaftung – Synonym für *Mängelgewährleistung.* Haftung des Verkäufers etc. für → Mängel eines Gegenstandes. – Vgl. auch → Gewährleistung, → Sachmängelhaftung, → Rechtsmängelhaftung und bei den einzelnen Rechtsverhältnissen.

Mängelrüge – Die beim Handelskauf unverzüglich nach Ablieferung der Ware an den Verkäufer abzusendende Mängelanzeige des Käufers (§ 377 HGB), sie ist Voraussetzung zur Erhaltung der Rechte aus der → Sachmängelhaftung. – Vgl. auch → Handelskauf.

mangels Annahme → Rückgriff.

mangels Zahlung → Rückgriff.

Manipulation – I. Kommunikationspolitik/Werbung: 1. *Manipulation i.w.S.:* Form der Beeinflussung, bei der (1) der Beeinflussende andere Personen zu seinem eigenen Vorteil beeinflusst, (2) Einflussmethoden wählt, die für die anderen nicht durchschaubar sind und (3) den anderen das subjektive Gefühl gibt, sich frei entscheiden zu können. Manipulation ist ein häufiger Vorwurf gegen die Wirtschaftswerbung (→ Werbung). Diese sei manipulativ, d.h. vom Individuum nicht bewusst zu kontrollieren und darum zwanghaft. – 2. *Manipulation i.e.S.:* Steuerung des Verhaltens durch solche → Werbung, die vom Individuum nicht bewusst zu kontrollieren ist und somit eindeutig gegen gesellschaftliche Ziele und Normvorstellungen verstößt (→ unlautere Werbung). Eine gewisse Steuerung wird in jedem sozialen System als notwendig und deshalb legitim angesehen. – Vgl. auch → Deutscher Werberat.

II. Handelsbetriebslehre: durch das Handelsunternehmen vorgenommene Anpassung der Ware an die Bedürfnisse der Verbraucher oder Verwender durch Sortieren, Reinigen, Mischen, Umpacken oder Veredeln, z.B. Rösten von Kaffee, Mischen von Tee,

Lagerung von Bananen, Abfüllen und Etikettieren von Wein. – Vgl. auch → Handelsfunktionen.

manipulierte Währungen → Währungssystem.

Mankogeld → Fehlgeldentschädigung.

Mankohaftung → Haftung des Arbeitnehmers für Fehlbestände in einer von ihm geführten Kasse oder in einem von ihm verwalteten Lager. Hinsichtlich der erforderlichen Verschuldens des Arbeitnehmers gelten die allg. Regelungen zur privilegierten Arbeitnehmerhaftung. Vollen Schadensersatz kann der Arbeitgeber also nur bei Vorsatz und grober Fahrlässigkeit verlangen; keinen Schadensersatz schuldet der Arbeitnehmer bei leichter Fahrlässigkeit; bei mittlerer Fahrlässigkeit wird der Schaden nach Zumutbarkeitskriterien aufgeteilt. Ein etwaiges Mitverschulden des Arbeitgebers ist zu berücksichtigen, etwa unzulängliche Sicherungsvorkehrungen, es sei denn, der Arbeitnehmer hat vorsätzlich gehandelt. Hinsichtlich der Darlegungs- und Beweislast für Pflichtverletzung und Verschulden gilt § 619 a BGB.

Mannjahr – *Personenjahr, -monat, -tag;* Maßgröße für die → Arbeitsleistung, die eine Person pro Zeiteinheit (Jahr, Monat oder Tag) erbringt; Substituierbarkeit Zeit gegen Personenzahl unterstellt: z.B. 1 Mannjahr = 1 Person in 1 Jahr = 2 Personen in 1/2 Jahr = 1/2 Person in 2 Jahren.

Manövrierfonds – nach einem Vorschlag von G. Colm zu errichtender Fonds, mit dessen Hilfe eine konjunkturelle Steuerung der Volkswirtschaft durch die Regierung ermöglicht werden soll. Der Manövrierfonds soll an die Stelle des → Eventualhaushalts treten, weil er nicht jährlich neu aufzustellen ist und der langwierige parlamentarische Instanzenweg entfällt. Da der Einsatz des Manövrierfonds ohne Mitsprache der Legislative möglich ist, birgt er Gefahren des Missbrauchs. – Vgl. auch → regelgebundene Finanzpolitik.

Mantel – 1. *Mantel bei Wertpapieren:* Urkunde, in der bei → Aktien das Anteilsrecht bzw. bei → Anleihen die Forderung verbrieft ist. Auf dem Mantel sind u.a. Wertpapiernummer, Firma, bei → Nennwertaktien der Nennbetrag sowie Ausstellungsdatum und Ort, bei Schuldverschreibungen zusätzlich Zinstermin und Zinssatz sowie Teile der Anleihebedingungen zu vermerken. – Außer dem Mantel gehören zum Wertpapier die → Coupons; nur beide zusammen sind verkäuflich. – *Ausnahme:* → Stripped Bonds. – 2. *Aktienmantel* bzw. *GmbH-Mantel:* Die *gesamten* Anteilsrechte einer Kapitalgesellschaft (Aktien, GmbH-Anteile), die ohne den ursprünglichen Geschäftsbetrieb verkauft werden (sog. Mantelkauf). Die den Mantel kaufenden Unternehmer umgehen eine formelle Gründung, um Kosten zu sparen oder eine bes. Konzessionierung zu vermeiden. Die Wiederverwendung eines leeren Gesellschaftsmantels ist wie eine Neugründung zu behandeln. Es sind die Gründungsvorschriften des GmbHG entsprechend anzuwenden (→ Mantelgründung). – 3. *Steuerliche Behandlung:* Körperschaftsteuerlich sind durch den Kauf eines GmbH- oder AG-Mantels steuerliche Vorteile im Wesentlichen nur in Hinblick auf Verlustvorträge (und ggf. Zinsvorträge) denkbar; in allen anderen Punkten unterscheiden sich eine Neugründung einer Gesellschaft und der Erwerb einer Mantelgesellschaft nicht wesentlich in den zukünftigen steuerlichen Belastungen der Gewinne. Ließe man freilich die Nutzung alter Verlustvorträge nach einem Mantelkauf weiter zu, könnten Unternehmensgründer die Verluste fremder Personen für sich wirtschaftlich verwenden, indem sie durch einen Mantelkauf die juristisch formal fortbestehende Identität der Gesellschaft ausnutzen würden; darin läge nicht nur ein fiskalischer Schaden, sondern auch eine unangemessene Subvention solcher Neugründungen gegenüber Wettbewerbern. Daher muss es ein Anliegen des Fiskus sein, die fiskalischen Vorteile eines Mantelkaufs zu unterbinden; das gebotene Mittel hierfür scheint zu sein, die Verlustvorträge (bzw. auch Zinsvorträge) einer juristischen Person nach einem Mantelkaufsvorgang ersatzlos zu streichen, die Gesellschaft also faktisch wie eine Neugründung zu behandeln. Allerdings hat der Gesetzgeber hierbei stets eine Güterabwägung zu treffen, weil ein Fortfall bestehender Verlustvorträge aus Anlass eines Gesellschafterwechsels stets auch ein Hindernis für eine echte Sanierung des alten Unternehmens durch Aufnahme neuer Gesellschafter bilden kann. Daher erklärt es sich, dass die Regelung über die Behandlung von Verlustvorträgen beim Anteilseignerwechsel in einer Kapitalgesellschaft vom Gesetzgeber nicht zu allen Zeiten gleich geregelt war. Gegenwärtig (ab 2008) schreibt § 8c KStG einen anteiligen Untergang der Verlustvorträge einer Gesellschaft bereits vor, wenn mehr als 25 Prozent der Anteile an der Gesellschaft den Eigentümer wechseln, und ein völliger Untergang der Verlustvorträge ist vorgesehen, wenn ein Anteilseignerwechsel mehr als 50 Prozent der Anteile an einer Gesellschaft umfasst, gerechnet jeweils innerhalb von 5 Jahren. Dabei werden Erwerber mit gleichgerichteten Interessen zusammengerechnet.

Mantelgründung → Gründung einer → Kapitalgesellschaft, die nicht auf einen bestimmten → Unternehmensgegenstand und Gesellschafterkreis ausgelegt ist, sondern als Gesellschaft mit allg. Bestimmungen über Namen und Gegenstand auf „Vorrat" gegründet wird und bei der die spätere Anpassung an die wirtschaftliche Verwendung durch Satzungsänderung erreicht werden soll. Die Gründung erfolgt zumeist durch Rechtsanwälte, Notare oder Steuerberater um Freiheit von Vorbelastungen zu gewährleisten. Die Gründe für eine Mantelgründung lagen vielfach in der später schnelleren Verfügbarkeit einer bereits eingetragenen Kapitalgesellschaft als → Rechtsträger mitsamt ihrer Haftungsbeschränkung und Firma unter gleichzeitiger Vermeidung der Gründungsformalitäten. Allerdings hat sich der Vorteil der Schnelligkeit etwas verflüchtigt, weil schnellere Bearbeitungszeiten bei den Gerichten auch bei einer Neugründung "auf der grünen Wiese" auf baldige Eintragung hoffen lassen. Die Zulässigkeit einer Mantelgründung war zwischenzeitlich umstritten. Der BGH hat mittlerweile entschieden, dass die Verwendung von Vorratsgesellschaften des Aktienrechts wie auch diejenige des GmbH-Rechts wirtschaftlich eine Neugründung darstellen. Darauf sind die der Gewährleistung der Kapitalausstattung dienenden Gründungsvorschriften des AktG und des GmbHG einschließlich der registerrechtlichen Kontrolle entsprechend anzuwenden (zur offenen Vorratsgründung BGH, Beschl. v. 9.2.2002, II ZB 12/02=BGHZ 153, 158). Dasselbe gilt grundsätzlich für den Fall der Verwendung eines „alten" → Mantels, einer existenten, im Rahmen ihres früheren Unternehmensgegenstands tätig gewesenen, jetzt aber unternehmenslosen Gesellschaft (BGH, Urt. v. 7.7.2003 - II ZB 4/02=BGHZ 155, 318). Hier ist allerdings bes. Vorsicht geboten, denn eine wirtschaftliche Neugründung kann nur angenommen werden, wenn die Gesellschaft wirklich als völlig "leere Hülse" für ein neues Projekt verwendet wird (vgl. dazu BGH, Beschl. vom 18.1.2010, II ZR 61/09=NJW 2010, 1459). Ein Motiv der Verwendung früher einmal unternehmerisch tätiger Mantelgesellschaften könnte in der – mittlerweile sehr stark eingeschränkten – Möglichkeit, Verluste der Mantelgesellschaft als steuerlichen Abzugsposten für das eigene Unternehmen in Ansatz zu bringen liegen. Zur Haftungsvermeidung bei der Verwendung eines alten Mantels sind u.a. eine entsprechende Offenlegung gegenüber dem Registergericht und entsprechende Versicherungen geboten. Durch die Entscheidungen des Kammergerichts (Urt. v. 7.12.2009, 23 U 24/09) und des OLG München (Urt. v. 11.3.2010, 23 U 2814/09) sind die Haftungsrisiken bei Vorratsgründung und bei Mantelverwendung wieder diskutiert worden.

Mantelkauf → Mantel.

Manteltarifvertrag – *Rahmentarifvertrag;* ein i.d.R. mit längerer Laufzeit als der → Lohntarifvertrag abgeschlossener Tarifvertrag, der i.Allg. die langfristigen allg. Arbeitsbedingungen (z.B. Arbeitszeit, Kündigungsfristen, Urlaub) festlegt.

Mantelzession – eine Art der → Sicherungsabtretung (Zession) von Forderungen, bei der sich der Zedent verpflichtet, dem Zessionär Forderungen in bestimmbarer oder variabler Höhe abzutreten und ihm zu bestimmten Zeitpunkten die abgetretenen Forderungen aufzulisten. Die Abtretung wird erst mit der Übergabe der Forderungsaufstellungen wirksam. Damit wird dem Bestimmtheitsgebot genügt. Mantelzession ist v.a. zur Sicherung von Bankkrediten üblich. Der Gesamtbetrag der abgetretenen Forderungen wechselt und richtet sich jeweils nach der Höhe des beanspruchten Kredits. – Vgl. auch → Globalabtretung, → stille Zession.

manuelle Produktion – Elementartyp der Produktion (→ Produktionstypen), der sich aus dem Merkmal des Mechanisierungsgrades ergibt. Die manuelle Produktion beruht auf dem alleinigen Einsatz von Arbeitskräften und Werkzeugen. – *Beispiel:* Gewinnung von Kohle mit Spitzhacke und Schaufel. – Vgl. auch → maschinelle Produktion, → teilautomatisierte Produktion, → vollautomatisierte Produktion.

Manufaktur – großbetriebliche Warenproduktionsorganisation vor der Industrialisierung. Häufig bereits seit dem Mittelalter existierende produktionstechnisch bedingte großbetriebliche Organisationsformen, die als „primäre" Manufakturen bezeichnet werden, v.a. Bergbaubetriebe, Salinen, Hütten- und Hammerwerke sowie Münzstätten. Die „sekundären" Manufakturen ergänzten v.a. in der Phase des → Merkantilismus die traditionelle Produktionsorganisation von Handwerk und → Verlag, wobei sie sich überwiegend deren Produktionsweisen bedienten. Hierbei spielte die Arbeitsteilung im Sinn der Zerlegung des Produktionsprozesses eine signifikant größere Rolle als in Handwerk und Verlag. Von diesen traditionellen Produktionsformen lässt sich die Manufaktur v.a. durch die Zahl der (ständig) Beschäftigten und die Produktionsmengen abgrenzen. – Zumindest in Deutschland können Manufakturen darüber hinaus aufgrund ihrer juristischen Eigenschaften als staatlich privilegierte Produktionsstätten charakterisiert werden. Diese für die Einrichtung und den Betrieb einer Manufaktur erforderliche Privilegierung (Zulassung) befreite sie zugleich von den vielfältigen zünftlerischen Beschränkungen hinsichtlich Produktionsweise, Produktionsumfang, Beschäftigtenzahl und Absatz (→ Zunft). – In den Manufakturen wurden überwiegend Massenprodukte für den Bedarf der Konsumenten oder des Staates hergestellt (Textilien, Glas, Draht- und Metallwaren). Zwar war die gesamtwirtschaftliche Bedeutung der Manufakturen auch in ihrer Blütezeit (zwischen 1780 und 1820) sehr gering, jedoch wurde technischer und organisatorischer Fortschritt fast ausschließlich in dieser neuen Produktionsform realisiert. Als Produktionsform wurde die Manufaktur von der → Fabrik abgelöst, die sich außer durch die Beschäftigtenzahl v.a. durch den erheblich umfangreicheren Einsatz von Maschinen unterscheidet. Direkte Übergänge von Manufakturen in Fabriken sind allerdings sehr selten.

MAPI-Methode – 1. *Begriff:* vom *Machinery and Allied Products Institute* (MAPI) entwickeltes Rechenverfahren zur Bestimmung der → Rentabilität von Investitionen, insbes. von Ersatzinvestitionen. Es handelt sich um eine Sonderform der internen Zinsfußmethode (→ Investitionsrechnung). Durch Vergleich zwischen der Unternehmenssituation mit oder ohne Realisierung der geplanten Investition wird die Investitionsnotwendigkeit untersucht. – 2. *Annahmen:* a) Unsicherheit der zukünftigen Entwicklung, v.a. des technischen Fortschritts, b) konstante Kapitalstruktur und Finanzierungskonditionen über die gesamte Nutzungsdauer der Investition, c) Steuervorteile der Fremdfinanzierung, d.h. steuerliche

Berücksichtigung von Abschreibungen und Fremdkapitalzinsen.

Marge – 1. *Allgemein:* Differenz zwischen Kursen, An- und Verkaufspreisen, Soll- und Habenzinsfüßen, vorgegebenen Ober- und Untergrenzen u.Ä. – 2. Im *Kreditgeschäft:* häufig Bezeichnung des Aufschlags auf einen → Referenzzinssatz, z.B. LIBOR (Kreditmarge), aber auch allg. die Differenz zwischen Kreditzins und Refinanzierungszins. – 3. Im *Arbitragegeschäft:* Unterschied zwischen Kursen an verschiedenen Börsen (→ Arbitrage). – Vgl. auch → Margin.

Margentarif – Tarifform, bei der kein bestimmter Tarif zur Anwendung vorgeschrieben wird, sondern den Marktteilnehmern ein Spielraum im Bereich der Marge (Bandbreite mit Ober- und Untergrenze) verbleibt, innerhalb dessen der anzuwendende Tarif frei ausgehandelt werden kann. Margentarife können als ± -Werte von einer Margenmitte oder als +Werte von einer Margenuntergrenze bzw. als -Werte von einer Obergrenze definiert werden.

Margin – Einschuss, der an manchen Börsen bei → Termingeschäften als Sicherheit zu hinterlegen ist. Der Einschuss hat die Funktion eines Depots und ist keine Anzahlung. Er wird zu Beginn des Termingeschäftes als Initial Margin bezeichnet und bei fallenden Kursen des Underlying möglicherweise um eine Variation Margin aufgestockt.

Marginalanalyse – Methode der modernen Wirtschaftstheorie, bei der die Effekte einer (geringfügigen) Änderung einer (mehrerer) Variablen auf die Ausgangslage untersucht werden. Bei Vorliegen stetiger Funktionen bedient man sich bei der Marginalanalyse der Differenzial- und Integralrechnung (Infinitesimalrechnung). Weiter umfasst Marginalanalyse auch alle anderen Fälle des Denkens in Änderungen; z.B. lassen sich auch die Methoden linearer Programmierung auf marginalanalytisches Gedankengut zurückführen.

Marginalanbieter → marginaler Anbieter.

Marginalbedingungen → Pareto-Optimum.

Marginal Costing → Direct Costing.

Marginal Costs → Direct Costs.

marginale Importneigung – gibt an, in welchem Ausmaß die Importnachfrage eines Landes bei einer Zunahme des → Bruttoinlandsprodukts (BIP) um eine marginale Einheit zunimmt. – Vgl. auch → marginale Importquote.

marginale Importquote – Änderung der Ausgaben für Importe, die durch eine Änderung des → Volkseinkommens um eine Einheit induziert wird (ausgehend von der Annahme, dass die Importe vom Volkseinkommen determiniert sind). Nach empirischen Untersuchungen ist die marginale Importquote großer Länder (z.B. USA) i.d.R. kleiner als diejenige kleinerer Länder (z.B. Niederlande), was nicht zuletzt mit der Größe und Vielfältigkeit des inländischen Angebots großer Länder erklärt wird, die eine wachsende Inlandsnachfrage eher befriedigen können. – Vgl. auch → marginale Importneigung.

marginaler Anbieter – *Marginalanbieter, Grenzanbieter, Grenzproduzent;* in der → Preistheorie Bezeichnung für diejenigen Anbieter bei → vollkommener Konkurrenz, welche bei dem herrschenden Marktpreis lediglich den Unternehmerlohn und die marktübliche Verzinsung des Eigenkapitals erzielen. Geometrisch liegt bei dem marginalen Anbieter das Minimum der totalen Durchschnittskosten genau auf der Höhe des Marktpreises. – Anbieter, die aufgrund einer günstigeren Kostenstruktur bei gleichem Preis einen positiven Gewinn erreichen, werden demgegenüber als *intramarginale* Anbieter bezeichnet.

marginaler Zuteilungssatz – der Satz beim Zinstender, zu dem gerade noch Liquidität durch die EZB an die Finanzinstitute überlassen wird. – Vgl. auch → amerikanisches Verfahren, → holländisches Verfahren, → Zuteilungssatz.

marginale Sparquote – gibt an, in welchem Ausmaß das → Sparen der privaten Haushalte zunimmt, wenn das → verfügbare Einkommen dieses Sektors um eine (infinitesimal kleine) Einheit steigt. – Vgl. auch → durchschnittliche Sparquote, → Konsumquote.

Marginal Income → Deckungsbeitrag.

Marginalkosten → Grenzkosten.

Marginalprinzip – Kostenrechnungsprinzip, das besagt, dass → Kosten einem Bezugsobjekt bzw.einer Bezugsgröße nur dann zugerechnet werden können, wenn sie nicht angefallen wären, wäre das Bezugsobjekt nicht existent.

Marginal Revenue → Deckungsbeitrag.

Marke – I. Marketing: 1. *Begriff:* Eine Marke kann als die Summe aller Vorstellungen verstanden werden, die ein *Markenname* (*Brand Name*) oder ein *Markenzeichen* (*Brand Mark*) bei Kunden hervorruft bzw. beim Kunden hervorrufen soll, um die Waren oder Dienstleistungen eines Unternehmens von denjenigen anderer Unternehmen zu unterscheiden. – 2. *Merkmale:* Die Vorstellungen werden durch Namen, Begriffe, Zeichen, Logos, Symbole oder Kombinationen dieser zur Identifikation und Orientierungshilfe bei der Auswahl von Produkten oder Dienstleistungen geschaffen. Meffert definiert die Marke als "... Nutzenbündel mit spezifischen Merkmalen, die dafür sorgen, dass sich dieses Nutzenbündel gegenüber anderen Nutzenbündeln, welche dieselben Basisbedürfnisse erfüllen, aus Sicht relevanter Zielgruppen nachhaltig differenziert." Die Definition im Markengesetz orientiert sich an den Zeichen, die ein Vorstellungsbild erzeugen: "Als Marke können alle Zeichen, insbesondere Wörter einschließlich Personennamen, Abbildungen, Buchstaben, Zahlen, Hörzeichen, dreidimensionale Gestaltungen einschließlich der Form einer Ware oder ihrer Verpackung sowie sonstige Aufmachungen einschließlich Farbe und Farbzusammenstellungen geschützt werden, die geeignet sind, Waren oder Dienstleistungen eines Unternehmens von denjenigen anderer Unternehmen zu unterscheiden" (§3 Abs. 1 Markengesetz). Darüber hinaus können aber auch Beziehungen und geographische Herkunftsangaben geschützt werden (vgl. §§ 1 und 5 Markengesetz). – 3. *Arten:* Bezogen auf die Markenbreite kann man die Einzelmarke (nur ein Produkt), die Familienmarke (mehrere Produkte), die Firmen- und die Dachmarke sowie die Gattungsmarke unterscheiden. – 4. *Absender:* Als Markenabsender gelten der Hersteller (Produzentenmarke), der Händler (Handelsmarke, Eigenmarke, Gattungsmarke), der Dienstleister und der Handwerker. – 5. *Funktionen:* a) *Für den Konsumenten* ist eine starke Marke eine verdichtete Information (→ Information Chunk), die (1) Zusatzinformationen (z.B. über die Qualität) liefert und damit das wahrgenommene Kaufrisiko verringert, (2) Orientierungshilfe innerhalb der vielen Angebote ist, (3) Vertrauen schafft, (4) einen emotionalen Anker darstellt, d.h. bestimmte Gefühle und Images vermittelt und (5) zur Abgrenzung und Vermittlung eigener Wertvorstellungen beiträgt. – b) *Für das Unternehmen* dient eine starke Marke (1) zur Differenzierung des eigenen Angebots von der Konkurrenz, (2) als Möglichkeit zur Kundenbindung (3) als Plattform für neue Produkte (Markenausdehnung), (4) als Basis für die Lizenzierung, (5) als Schutz des eigenen Angebots vor Krisen und Einflüssen der Wettbewerber, auch vor Handelsmarken, (6) zur erleichterten Akzeptanz im Handel. – 6. *Bedeutung:* Markenschemata bestimmen, wie Informationen zur Marke aufgenommen, verarbeitet und gespeichert werden. Sie werden zum zentralen Einflussfaktor auf das Kaufverhalten. Außerdem hat die Marke für das Unternehmen v.a. einen hohen Wert, der sich aus den Gedächtnisstrukturen bei den Konsumenten ergibt. Durch die Bekanntheit einer Marke, einer entsprechenden Positionierung und dem integrierten Einsatz der Marketing-Mix-Maßnahmen, können diese Gedächtnisstrukturen aufgebaut und erhalten werden. – 7. *Messung:* kann über die Messung des Markenwertes vorgenommen werden. Der Markenwert kann dabei entweder verhaltenswissenschaftlich oder finanzwissenschaftlich operationalisiert werden. – Vgl. auch → Markenstrategien.

II. Gewerblicher Rechtsschutz: Zu den → gewerblichen Schutzrechten zählendes Kennzeichnungsrecht. – 1. *Rechtsgrundlagen:* Marken werden im nationalen Rahmen auf der Grundlage des Markengesetzes (MarkenG vom 25.10.1994; BGBl. I 3082) m.spät.Änd. geschützt. Das MarkenG enthält eine Neuregelung aller → Kennzeichenrechte, also nicht nur des Markenrechts, sondern auch des Rechts der → geschäftlichen Bezeichnungen. In das MarkenG sind ferner Vorschriften über den Schutz → geografischer Herkunftsangaben integriert, ferner Regelungen für den Schutz von Marken nach dem → Madrider Markenabkommen (MMA) und dem → Protokoll zum Madrider Markenabkommen, nach denen Marken auch international geschützt werden. Neben dem nationalen und internationalen Markenrecht können Marken nunmehr auch in der Form der → Gemeinschaftsmarke auf der Grundlage der → GemeinschaftsmarkenVO geschützt werden. – 2. *Grundzüge:* Das Markengesetz schützt (1) Marken, (2) geschäftliche Bezeichnungen und (3) geografische Herkunftsangaben (§ 1 MarkenG). Als Marken werden Kennzeichen geschützt, die der Unterscheidung der Waren oder Dienstleistungen eines Unternehmens von den Waren oder Dienstleistungen anderer Unternehmen dienen, also Unterscheidungskraft haben, ausgenommen Zeichen, die ausschließlich aus einer durch die Art der Ware selbst bedingten Form, einer zur Erreichung der technischen Wirkung einer Ware bedingten Form oder einer Form bestehen, die der Ware einen wesentlichen Wert verleiht. Dem Markenschutz zugänglich sind Wörter, Personennamen, Abbildungen, Buchstaben, Zahlen, Hörzeichen, dreidimensionale Gestaltungen einschließlich einer Ware oder ihrer Verpackung sowie sonstige Aufmachungen einschließlich Farben und Farbzusammenstellungen. Markenschutz entsteht einmal bundesweit durch die Eintragung eines Zeichens als Marke in das vom Patentamt geführte Register (§ 4 Nr. 1 MarkenG). Neben den Marken, deren Schutz durch Eintragung entsteht, erfasst das Markengesetz auch Benutzungsmarken; das sind Zeichen, die im geschäftlichen Verkehr innerhalb beteiligter Verkehrskreise Verkehrsgeltung erworben haben (§ 4 Nr. 2 MarkenG) und noch besitzen. Im Gegensatz zur eingetragenen Marke kann der örtliche Schutz der Benutzungsmarke je nach Ausdehnung der Verkehrsgeltung regional begrenzt sein (etwa bei ortsgebundenen Dienstleistungen). Dem Markenschutz können absolute (§§ 3, 8, 10 MarkenG) und relative (§ 9 MarkenG) Schutzhindernisse entgegenstehen, wobei die absoluten Schutzhindernisse vor der Eintragung der Marke im Wege der Prüfung durch das → Deutsche Patent- und Markenamt (DPMA) berücksichtigt werden (§ 37 MarkenG), die relativen Schutzhindernisse und das Bestehen einer → notorischen Marke mit älterem Zeitrang im Wege des auf drei Monate ab Bekanntmachung der Markeneintragung befristeten → Widerspruchs geltend gemacht werden können (§ 42 MarkenG). Den Markenrechten gleichrangig werden die geschäftlichen Bezeichnungen vom Markengesetz erfasst (§ 5 MarkenG) und der Prioritätsgrundsatz festgeschrieben (§ 6 MarkenG), wonach im Fall der Kollision von Kennzeichnungsrechten gleich welcher Art der Zeitrang maßgeblich ist, der durch den Tag der Rechtsentstehung festgelegt ist. Das ist bei den förmlichen Rechten, die durch Eintragung entstehen, der Prioritätstag, bei den von Hause aus unterscheidungskräftigen Unternehmensbezeichnungen der Tag der rechtsbegründenden Ingebrauchnahme und bei von Hause aus nicht unterscheidungskräftigen Unternehmensbezeichnungen, Geschäftsabzeichen und Benutzungsmarken

(Ausstattungen), die erst durch Erlangung von Verkehrsgeltung schutzfähig werden, der Tag, für den erstmals Verkehrsgeltung nachgewiesen werden kann (geschäftliche Bezeichnungen, Ausstattung). Insoweit stellt § 12 MarkenG klar, dass aus einer rangälteren Ausstattung ebenso wie aus einem rangälteren Recht an einer geschäftlichen Bezeichnung gegen eine eingetragene Marke vorgegangen und deren Löschung beantragt werden kann; Gleiches gilt für sonstige, v.a. auch vertragliche Rechte, aus denen im gesamten Bundesgebiet die Benutzung der eingetragenen Marke untersagt werden kann (§ 13 MarkenG). Ergänzende Regelungen gelten für → Agentenmarken und → Kollektivmarken. Dem Markeninhaber werden das Kennzeichnungsrecht, das Recht zum ersten Inverkehrsetzen sowie das Recht zur Benutzung der Marke in Geschäftspapieren und in der Werbung (→ Ankündigungsrecht) in der Form (positiver) Benutzungsrechte und (negativer) Verbietungsrechte vorbehalten (§ 14 MarkenG), wobei für die positiven Benutzungsrechte der Erschöpfungsgrundsatz gilt (§ 24 MarkenG, → Erschöpfung). Eingetragene Marken unterliegen dem → Benutzungszwang (§§ 25, 26 MarkenG). Fünfjährige Nichtbenutzung führt zum Verfall des Markenrechts (§ 49 MarkenG, → Löschung) und ggf. zum Entstehen von → Zwischenrechten Dritter (§ 25 MarkenG). Das Markenrecht kann auf Dritte übertragen werden (§ 27 MarkenG). Bei der Übertragung von mit dem bürgerlichen Namen des Berechtigten gebildeten Marken ist grundsätzlich dessen Einwilligung erforderlich (§ 12 BGB), ausgenommen die Verwertung der Marken im Fall des Insolvenzverfahrens (geschäftliche Bezeichnung). Die Einräumung von → Lizenzen ist möglich (§ 30 MarkenG). – 3. *Verfahren:* Marken sind zur Eintragung beim Deutschen Patent- und Markenamt anzumelden (§ 32 MarkenG), soweit sie nicht durch Erlangung von Verkehrsgeltung (Ausstattung) geschützt werden. Näheres über das Verfahren regelt die Markenverordnung vom 11.5.2004 (BGBl. I 872) m.spät. Änd. Sie erhalten als prioritätsbegründenden Tag den Tag des Eingangs der Anmeldung beim DPMA, soweit nicht ein → Prioritätsrecht in Anspruch genommen wird (§§ 34, 35 MarkenG). Die Anmeldung unterliegt einer Formalprüfung und einer Prüfung auf absolute Schutzhindernisse (§§ 36, 37 MarkenG), auf Antrag wird die beschleunigte Prüfung (§ 38 MarkenG) durchgeführt. Rücknahme, Einschränkung und Teilung der Anmeldung sind möglich (§§ 39, 40 MarkenG). Das Eintragungsverfahren endet mit der Zurückweisung der Anmeldung oder ihrer Eintragung. Das Markenrecht kann geteilt werden (§ 46 MarkenG). Die Eintragung wird vom DPMA veröffentlicht und setzt die Widerspruchsfrist des § 42 MarkenG in Lauf, mit der Inhaber von Marken mit älterem Zeitrang die relativen Schutzhindernisse der § 9 I, II, § 10 MarkenG geltend machen können (Widerspruch), der Anmelder kann fehlende Benutzung (§ 43 MarkenG, Benutzungszwang) einwenden und seinerseits → Eintragungsbewilligungsklage (§ 44 MarkenG) erheben. Eingetragene Marken können mit dem ® – Zeichen (R = „registered“) gekennzeichnet werden, es besteht jedoch keine Pflicht. – Das Gesuch um internationale Registrierung der Marken ist ebenfalls beim Deutschen Patent- und Markenamt (DPMA) einzureichen (§§ 108, 120 MarkenG, Madrider Markenabkommen). Die Eintragung der → IR-Marke wird veröffentlicht und setzt die Widerspruchsfrist gemäß der §§ 114, 124 MarkenG in Lauf. – 4. *Schutzdauer:* Das Markenrecht ist auf zehn Jahre ab Anmeldetag befristet und kann gegen Zahlung entsprechender Gebühren um jeweils zehn Jahre verlängert werden (§ 47 MarkenG), es sei denn, der Markeninhaber verzichtet auf sein Recht (§ 48 MarkenG) oder das Markenrecht verfällt (§ 49 MarkenG). Verfallsgründe sind v.a. die Nichtbenutzung, die Entwicklung zur Gattungsangabe infolge fehlender Rechtswahrnehmung und der täuschende Gebrauch der Marken seitens des Rechtsinhabers oder eines mit seiner Zustimmung handelnden Dritten. Der Markenschutz endet ferner, wenn die Marken trotz Bestehens absoluter Schutzhindernisse oder des Bestehens älterer Rechte eingetragen worden und deshalb nichtig sind (§§ 50, 51 MarkenG). Verfall und Nichtigkeit der Marken sind Löschungsgründe (Löschung). Verfall der Marken führt dazu, dass ab Klageerhebung und bei entsprechendem Antrag ab Vorliegen des Verfallsgrundes die Wirkungen der Eintragung als nicht eingetreten gelten (§ 52 I MarkenG), bei Nichtigkeit der Marken gelten die Wirkungen der Eintragung als von Anfang an nicht eingetreten, rechtskräftige und vollstreckte Entscheidungen in Verletzungsfällen bleiben ebenso unberührt wie vor der Entscheidung geschlossene und erfüllte Verträge; die insoweit Geschädigten können Schadensersatz oder Entschädigung unter Billigkeitsgesichtspunkten verlangen (§ 52 II MarkenG). Zur Schutzdauer von IR-Marken: → Madrider Markenabkommen. Löschungs-, Verfalls- und Nichtigkeitsgründe sind bei IR-Marken durch Antrag oder Klage auf Schutzentziehung geltend zu machen (§§ 115, 124 MarkenG). – 5. *Rechtsschutz:* Marken genießen Rechtsschutz gegen die Benutzung identischer Kennzeichen für Waren oder Dienstleistungen, die mit denen identisch sind, für die die Marke Schutz genießt (§ 14 II Nr. 1 MarkenG; Identitätsschutz). Darüber hinaus wird die Marke gegen Verwechslungsgefahr geschützt (§ 14 II Nr. 2 MarkenG). Bekannte Marken genießen Schutz gegen die Verwendung identischer oder ähnlicher Kennzeichen für Waren oder Dienstleistungen außerhalb des Ähnlichkeitsbereichs, wenn dadurch ihre Unterscheidungskraft oder Wertschätzung in unlauterer Weise ausgenutzt oder beeinträchtigt wird. – a) *Verwechslungsgefahr:* Diese besteht bei Vorliegen mehrerer Elemente: Die kollidierenden Kennzeichen müssen identisch oder einander ähnlich sein; ferner müssen die Waren oder Dienstleistungen, für die die Marke geschützt ist und für die das kollidierende Kennzeichen benutzt wird, identisch oder ähnlich sein. Aufgrund der Identität oder Ähnlichkeit der kollidierenden Kennzeichen und der Waren oder Dienstleistungen, für die sie benutzt werden, muss für den angesprochenen Verkehr die Gefahr von Verwechslungen einschließlich der Gefahr, das kollidierende Kennzeichen mit der geschützten Marke gedanklich in Verbindung zu bringen, bestehen. Für die Beurteilung der Ähnlichkeit der kollidierenden Kennzeichen kommt es auf deren Gesamteindruck an, bei eingetragenen Marken auf den Gesamteindruck des eingetragenen Zeichens, bei sachlichen Rechten und dem als Markenverletzung angegriffenen Kennzeichen auf den Gesamteindruck des Kennzeichens in der Form seiner tatsächlichen Benutzung. Bei Wortmarken gilt, dass die Klangwirkung i.d.R. für den Gesamteindruck entscheidend ist, Unterschiede im Schriftbild treten hinter die Klangwirkung zurück. Ein unterschiedlicher Sinngehalt der klanglich ähnlichen Marken kann die Ähnlichkeit mindern oder ausschließen, das Fehlen eines Sinngehalts erhöht i.d.R. die Verwechslungsgefahr. Bei Bildzeichen wird der Gesamteindruck durch die grafische Gestaltung geprägt, bei aus Wort und Bild zusammengesetzten Kombinationsmarken kommt es darauf an, welcher Bestandteil dem Gesamtzeichen den prägenden Charakter verleiht; i.d.R. ist dies der Wortbestandteil. – b) *Schutz der bekannten Marke/ Verwässerungsgefahr:* Bekannte Marken und bekannte geschäftliche Bezeichnungen werden über den Bereich der Verwechslungsgefahr hinaus auch dann geschützt, wenn das kollidierende Kennzeichen weder für ähnliche Produkte noch in ähnlichen Branchen benutzt wird (§ 14 II Nr. 3, § 13 III MarkenG). Voraussetzung des Bekanntheitsschutzes ist neben der Bekanntheit des Kennzeichens, dass sich mit ihm Wert- oder Gütevorstellungen oder eine bes. Originalität verbinden, die durch die Verwendung des Kollisionszeichens auf einen anderen Produktbereich übertragen oder auf ihm ausgenutzt werden. Ausmaß der Bekanntheit des bekannten Kennzeichens, seine Originalität sowie die mit ihm verbundenen Güte- und/oder Wertvorstellungen stehen miteinander in Wechselwirkung, wobei die Bekanntheit eines Kennzeichens ab 30 Prozent Verkehrsgeltung (teils ab 50 Prozent Verkehrsgeltung) angenommen wird. – c) *Ansprüche des Verletzten:* Im Verletzungsfall hat der Markeninhaber Unterlassungs-, bei Verschulden Schadensersatzansprüche (§§ 14, 128 MarkenG), bei fehlendem Verschulden Ansprüche aus ungerechtfertigter Bereicherung (§ 812 BGB), die durch Auskunftsansprüche (→ Auskunftspflicht) und → Vernichtungsansprüche sowie die Möglichkeit der → Grenzbeschlagnahme ergänzt werden. Zu Kollisionen aufgrund der Erstreckung von Kennzeichnungsrechten infolge der Deutschen Einheit vgl. → Weiterbenutzungsrecht. Rechtsstreitigkeiten aus der Kollision von Kennzeichnungsrechten sind → Kennzeichenstreitsachen, für die die Landgerichte zuständig sind (§ 140 MarkenG). – d) *Verjährung und Verwirkung:* §§ 20, 21 MarkenG. – e) *Strafvorschrift:* § 143 MarkenG.

Markenanzahlkonzept → Markentreue.

Markenarchitektur – Anordnung aller Marken eines Unternehmens zur Festlegung der → Positionierung sowie der Beziehung der Marken untereinander und der jeweiligen Produkt-Markt-Beziehungen aus strategischer Sicht. Durch die Kombination klassischer Markenstrategien, wie → Dachmarken, Familienmarken und Einzelmarken, sind → komplexe Markenarchitekturen entstanden.

Markenartikel – 1. *Begriff:* Güter, die mit einer → Marke von Herstellern (Herstellermarke), Händlern (Handelsmarke) oder Dienstleistern (Dienstleistungsmarke) auf den Markt gebracht werden. Die Markierung hat Herkunfts-, Unterscheidungs-, Schutz-, Garantie- und Werbefunktion gegenüber anonymen Gütern und konkurrierenden Markenartikeln. – 2. *Merkmale:* Kennzeichen sind gleichbleibende Qualität (Qualitätssicherheit), eindeutige Identifizierbarkeit, hoher Bekanntheitsgrad und umfassende Marktgeltung. Es wird versucht v.a. die letzten drei durch intensive Verbraucherwerbung zu erreichen. – *Gegensatz:* → No Names.

Markenausdehnung – 1. *Begriff:* Die Markenausdehnung kennzeichnet einen Managementprozess, bei welchem die Werte einer etablierten Marke für neue Produkte durch Verwendung eines gemeinsamen Namens und einer gemeinsamen Ausstattung mit dem Ziel der Übertragung positiver Imagebestandteile genutzt werden. – 2. *Formen der Markenausdehnung:* a) Markentransfer (Markenerweiterung, Brand Extension): Ausdehnung des Angebotes einer Marke in eine neue Produktkategorie. – b) Line Extension: Erweiterung des Angebotes einer Marke in einer bestehenden Produktkategorie. – 3. *Ziel der Markenausdehnung:* Effizienter, effektiver und schneller Aufbau der Markenstärke des neuen Produktes durch Rückgriff auf eine etablierte Marke.

Markenbekanntheit – Man unterscheidet die ungestützte Markenbekanntheit (die Marke wird genannt, wenn nach den Marken in einem Produktfeld gefragt wird) und die gestützte Markenbekanntheit (die Marke wird vorgegeben und es wird gefragt, ob sie bekannt ist.) Wichtiges Ergebnis beim → Werbetracking. – Vgl. auch → Markenkenntnis.

Markencommitment – 1. *Begriff:* beschreibt eine langfristige, durch Einstellung und Verhalten geprägte Bindung interner → Anspruchsgruppen an ein Unternehmen bzw. an eine → Marke. – 2. *Komponenten des Commitment:* (1) *rationales Commitment*, bezieht sich auf die Kosten, die mit dem Verlassen des Unternehmens verbunden sind (= Der Mitarbeiter muss im Unternehmen bleiben). Rationales Commitment führt primär zur Fügsamkeit, d.h. der Aneignung markenkonformer Verhaltensweisen, um Belohnungen zu erhalten und Bestrafungen zu entgehen. (2) *Affektives Commitment*, bezieht sich auf die emotionale Bindung, die ein Mitarbeiter zur Marke hat (= Der Mitarbeiter möchte im Unternehmen bleiben).

Mitarbeiter mit affektivem Commitment identifizieren sich in hohem Maße mit dem Unternehmen, sodass Erfolge bzw. Misserfolge des Unternehmens als die eigenen betrachtet werden. (3) *Normatives Commitment*, beschreibt eine moralische Verpflichtung im Unternehmen zu bleiben (= Der Mitarbeiter fühlt sich verpflichtet, im Unternehmen zu bleiben). Dies führt primär zur → Internalisierung der Werte, die verinnerlicht und als Leitwerte des eigenen Handelns übernommen werden. – 3. *Ziele*: Das Commitment führt zu einer höheren → Leistungsbereitschaft, größerem Eifer und weniger → Fehlzeiten. Zudem erhöht sich die Weiterempfehlungsbereitschaft. Die stärksten Wirkungen gehen vom affektiven Commitment aus. – 4. *Ausprägungen*: Commitment in einem Unternehmen kann sich grundsätzlich auf verschiedene Objekte richten: auf die Unternehmensmarke, Familien- oder Produktmarken bei Unternehmen mit Markenportfolios oder komplexen Markenarchitekturen, es kann sogar abteilungs- und länderspezifisch variieren. – Vgl. auch → Behavioral Branding.

Markenfamilie – 1. *Begriff*: Die Führung mehrerer Angebote unter einer → Marke. – 2. *Vorgehensweise:* Es werden weitere Variationen einer Marke, ausgehend vom Mutterprodukt, angeboten. Die Differenzierung erfolgt durch eine Zusatzbezeichnung oder eine andere Geschmacksrichtung (z. B. Coca-Cola: Coca-Cola Light, Coca-Cola Zero). – 3. *Ziele:* Die Angebote profitieren vom Goodwill einer bekannten und am Markt gut eingeführten Marke. Eine Markenfamilie bietet Effizienzvorteile, da positive → Ausstrahlungseffekte der Marke für das einzelne bzw. neue Produkt genutzt werden können. – Vgl. → Produktfamilie.

Markenfamilienstrategie → Markenstrategien.

Markenführung, multisensuale – 1. *Begriff*: umfassender Prozess zur ganzheitlichen Sinnesansprache einer Markenkommunikation. – 2. *Elemente:* entsprechend des entscheidungsorientierten Führungsverständnisses des Marketings besteht eine multisensuale Markenführung aus a) einer strategischen Markenführungsphase (Situationsanalyse, Ziel- und Strategiedefinition), b) einer operativen Markenführungsphase (Umsetzung, zielbezogene Verwendung von mono-, duo- und multisensualen Kombinationen von Kommunikationselementen) sowie c) einer Markencontrollingphase (Effektivitätskontrolle durch GAP- und Wirkungsanalysen, Übersetzung relevanter Sinneseindrücke in eine ganzheitliche Sinnesansprache zur Vermittlung der Markenidentität an die relevante Zielgruppe). – Die empirische Forschungslage zu → Multisensualität in der Markenführung befindet sich in einem frühen Stadium und bedarf weiterer Vertiefungen.

Markengesetz → Marke.

Markenherkunft – 1. *Begriff*: Markenherkunft beschreibt die Identifikation der markenführenden Organisation mit einem Raum und/oder einer Institution sowie die Historie einer Marke. Die Markenherkunft ist ein essentielles Merkmal der → Markenidentität und prägend für sämtliche Komponenten der Markenidentität. Damit ist die Markenherkunft ein weitreichenderes Konstrukt als → Country of Origin. – 2. *Ausprägungen*: a) *räumliche Markenherkunft:* beschreibt die räumliche Identifikation der markenführenden Organisation mit einem supranationalen (z.B. EU), nationalen (z.B. Deutschland), regionalen (z.B. Rheinland) oder lokalen (z.B. Köln) Raum. Die Markenherkunft ist nicht an reale Standorte (z.B. Produktionsstandort, Unternehmenszentrale) gebunden. b) *institutionelle Markenherkunft:* beschreibt die Identifikation einer Marke mit einer Organisation und/oder einer Branche. – c) *zeitliche Markenherkunft:* beschreibt die Historie einer Marke. – 3. *Wirkung:* Die Herkunft einer Marke prägt wesentlich das → Markenimage. Nachfrager greifen dabei auf vorhandene Schemata (z.B. Image eines Landes) zurück und übertragen diese auf die Marke. Direkter Einfluss auf den funktionalen und symbolischen Markennutzen sowie die Markenpersönlichkeit. Im → internationalen Marketing ist die räumliche Markenherkunft von besonderer Bedeutung, da Nachfrager internationale Marken stark vor dem Hintergrund ihrer räumlichen Herkunft bewerten.

Markenidentität – 1. *Begriff*: Die Markenidentität umfasst diejenigen Merkmale der → Marke, die aus Sicht der internen → Zielgruppen in nachhaltiger Weise den Charakter der Marke prägen. a) *Die Markenidentität (brand identity) i.e.S.* bringt die wesensprägenden Merkmale einer Marke zum Ausdruck, für welche die Marke zunächst nach innen und später auch nach außen steht bzw. zukünftig stehen soll. Demnach handelt es sich bei der *Markenidentität* i.e.S. um ein Führungskonzept, welches sich jedoch erst durch die Beziehung der internen Zielgruppe untereinander sowie deren Interaktion mit den externen Zielgruppen der Marke konstituiert. Mithilfe der *Markenidentität* können demnach die Art der Beziehung der Markenmitarbeiter untereinander und deren Interaktion zu externen Markenzielgruppen (s. → Zielgruppen) erklärt werden. – b) Über die Erklärung des Mitarbeiterverhaltens kann die *Markenidentität i.w.S.* auch als ein Führungsinstrument der Markenführung (s. hierzu → identitätsbasiertes Markenmanagement) interpretiert werden, welches zwei Ziele verfolgt:(1) Die konsistente außengerichtete Kommunikation des Markennutzenversprechens im Sinne einer Soll-Positionierung an allen Brand Touch Points (Berührungspunkte zwischen Nachfragern und Marke) und (2) die innengerichtete Umsetzung und finale Einlösung dieses Versprechens durch ein adäquates Verhalten aller an der Erbringung der Markenleistung beteiligten Personen.

Markenimage – ein in der Psyche relevanter Bezugsgruppen fest verankertes Vorstellungsbild von einem Bezugsobjekt. Es bildet den von den Kunden mit einer Marke verbundenen funktionalen und symbolischen Nutzen sowie die mit der Marke und ihren Kunden bzw. Verwendern assoziierten Eigenschaften ab. Eine starke Assoziation der relevanten Bezugsgruppe mit der Marke erzeut u.a. eine höhere Markenerinnerung (Brand Recall). Dem Ist-Image kann das geplante Soll-Image gegenübergestellt werden. Das Soll-Image ist eine Zielposition, die im Verhältnis zu den Konkurrenzmarken erreicht werden soll. Sie entspricht der angestrebten → Unique Selling Proposition (USP).

Markenimagekonfusion – 1. *Begriff:* Markenimagekonfusion beschreibt einen Geisteszustand, in dem der Nachfrager Informationsverarbeitungsprobleme hinsichtlich der Nutzung von → Marken bei Kaufentscheidungsprozessen bewusst wahrnimmt. Die Marken wirken auf den Nachfrager verwirrend, da sie a) als unklar b) ähnlich bzw. c) nicht glaubwürdig wahrgenommen werden. – 2. *Konsequenzen:* Markenimagekonfusion bewirkt, dass der Nachfrager bei → Kaufentscheidungen nicht mehr primär marken-, sondern preisorientiert vorgeht. Eine weitere, häufig zu beobachtende Reaktion auf Markenimagekonfusion ist der Kaufabbruch.

Markenkenntnis – 1. *Begriff:* Fähigkeit einzelner Konsumenten, einzelne → Marken zu identifizieren und über sie zu sprechen. – 2. *Merkmalsklassen* bei der Kennzeichnung von Marken: a) *Denotative Merkmale:* Eigenschaften, mit deren Hilfe Käufer einzelne Marken unterscheiden und die sie zur Beschreibung einer Marke heranziehen. – b) *Konnotative Merkmale:* Eigenschaften, die Käufer zur Bewertung von Marken heranziehen. – 3. *Formen der Markenkenntnis:* Die beiden Ausprägungen der Markenkenntnis sind die aktive oder passive Markenkenntnis. Passive Markenkenntnis bedeutet, dass der Konsument nur in der Lage ist, eine Marke wiederzuerkennen, wenn er diese sieht oder den Markennamen hört (auch *gestützte Markenbekanntheit*). Aktive Markenkenntnis heißt, dass der Konsument in der Lage ist, zu einem bestimmten Produkt- oder Dienstleistungsbereich aus dem Gedächtnis eine Marke zu nennen (auch *ungestützte Markenbekanntheit*). – 4. *Funktionen der Markenkenntnis:* Die Markenkenntnis stellt die notwendige Voraussetzung der Entstehung eines Images bei den Konsumenten dar; zudem wirkt sie sich auf die kognitive Komponente der → Einstellung und auf das → Kaufrisiko aus. – 5. *Messung der Markenkenntnis:* Erfolgt durch die Messung des → Recalltest oder des → Recognitiontest.

Markenkennzeichnung → Marke, → Logo.

Markenlizenz – Art der → Lizenz. Gegenstand ist das Recht zur (Mit-)Nutzung einer bestehenden → Marke. Die Vergabe von Markenlizenzen kann im Zusammenhang mit einer → Produktlizenz oder → Produktionslizenz oder (wie v.a. bei Konsumgütern häufiger anzutreffen) an Hersteller anderer, zielgruppenverwandter Erzeugnisse erfolgen. Der Lizenzgeber kann die Markenlizenz auf vielfältige Art und Weise ausgestalten. Neben einer Ausschließlichkeit, kann der Lizenzgeber u.a. Einschränkungen hinsichtlich personeller, zeitlicher, räumlicher, sachlicher und/oder qualitativer Art treffen. [Art 30 II; MarkenG] – Die Vergabe einer Markenlizenz ist von einer Auftragsproduktion für einen Hersteller unter dessen Markennamen (→ unmittelbar kundenorientierte Produktion) zu unterscheiden. – Vgl. auch → Lizenzvertrag.

Markenmanagement – 1. *Begriff:* Markenmanagement bezeichnet die heute oft identifikationsorientierte Präsentation des Leistungsangebots von Organisationen oder Personen, mithilfe verdichteter Vorteilsargumente unterschiedlich akzentuierter Nutzenbündel (→ Marke). Unterschieden werden dabei v.a. die oft kombinierten funktionsorientierte (Marke als Nutzen- und Qualitätsbündel), abgrenzungsorientierte (Marke als Positionierungs- und Differenzierungsmerkmal), identifikationsorientierte (Marken aus Bezugsgruppensicht), systemischen (Marken als selbstreferentielle Organismen) sowie rechtliche Markendefinitionen (Markenzeichen), die zentrale Handlungsfelder des Markenmanagements bilden. Damit umfasst dieses nicht nur die Prägung des Markennamens oder Markenzeichens, sondern beinhaltet auch die Analyse, Herleitung, Formulierung und Einhaltung des Werteversprechens. – 2. *Zweck:* Mit Marken verdichten Organisationen z.T. hochkomplexe Leistungsstrukturen und -prozesse oft auf eine Wort- und/ oder Bildmarke als Symbol für ihr Leistungsversprechen gegenüber ihren Bezugsgruppen. So werden mit dem Markenmanagement eine Reihe von Teilzielen verbunden wie die Komplexitätssenkung (vereinfachte Wiedererkennung), Transparenz (Einordnung von Produkten und Diensten), Wiedererkennung (schnellere Auffindbarkeit), Differenzierung (Abgrenzung von ähnlichen Leistungen), Orientierung (beschleunigte Entscheidungsfindung), Identifikation nach innen und außen (Reflexionsflächen eigener Werte), Vertrauensbildung (erwartbare Leistungen), Loyalität (→ Kundenbindung), Preisstabilisierung (Senkung der Preissensibilität) und andere mehr. – 3. *Aspekte:* Unterschieden wird zentral zwischen Unternehmens- und Produktmarken, wobei heute eine Verbreitung des Markenmanagements auf andere Träger wie Politik, Parteien oder Personen stattfindet. Das Markenmanagement hat sich im Zeitablauf etwa seit den 1980er-Jahren von der marktorientierten Betrachtung mit der funktionsorientierten Markendefinition und absenderorientierten Denkweise hin zu einer ergänzenden ressourcen-, kompetenz- und verhaltensorientierten Betrachtung entwickelt, indem sie heute normativ die Werte ihrer Zielgruppen widerspiegeln. Marken werden daher z.T. als sozialer Wille und Reflexionsfläche ihrer Markencommunity verstanden. Bemerkenswert ist die hohe Misserfolgsquote von Neumarkeneinführungen, die je nach Untersuchung bei über 90 Prozent liegt. Umso mehr gelten Markenstrategien als Erfolgspotenzial (Beitrag zur Sicherung des langfristigen Unternehmenserfolgs) im zunehmenden Wahrnehmungswettbewerb. – 4. *Abgrenzung und Instrumente:* Während die Markenanalyse und -bildung den Prozess des Markenaufbaus kennzeichnet, meint die Markenführung den umfassenden Prozess zur ganzheitlichen Sinnesansprache einer Markenkommunikation nach innen und außen. Entsprechend wird der Markenaufbau im → Marketing häufig mit Positionierungsprozessen intensiv diskutiert, während die notwendigen Konsequenzen etwa für das unternehmerische Verhalten eher am Rande diskutiert werden, bspw. im Rahmen der internen → Public Relations (PR) als Kommunikations- und Verhaltensmanagement (Corporate Behaviour). In der traditionellen Markendebatte wird die Markenkommunikation oft mit der Marketingkommunikation wie → Werbung verknüpft. Durch die Ausweitung der Markendebatte ist diese heute als ein Handlungsfeld zu sehen, da sich das Markenmanagement allgemein der strategischen → Unternehmenskommunikation annähert. – Vgl. → Behavioral Branding, → Employer Branding.

Markenpersönlichkeit → Markenidentität.

Markenpiraterie – *Counterfeiting,* → Produktpiraterie. 1. *Begriff:* Markenpiraterie umfasst die detailgetreue Imitation eines Angebotes, welches unter der illegal verwendeten Marke aber erheblich billiger (und qualitativ schlechter) als das Original angeboten wird. – 2. *Mermale:* Das Imitieren bezieht sich v.a. auf den Namen, bestimmte Markenzeichen oder Symbole sowie auf das Design des Produkts und der Verpackung. Technisch bestehen kaum Probleme für Fälschungen aller Art. Neben der direkten Produktnachahmung ist auch die gezielte Markenverwechslung von Bedeutung, indem dem Original zum Verwechseln ähnliche, aber nicht identische Aufmachungen hinsichtlich Markennamen, Designs oder Werbebotschaften verwendet werden.

Markenpolitik → internationale Markenpolitik, → Marke.

Markenpositionierung – Ähnlich der → Produktpositionierung beabsichtigt die Markenpositionierung die Schaffung einer möglichst unverwechselbaren, erfolgsträchtigen Stellung beim Kunden im Verhältnis zum Wettbewerb. Während sich die Produktpositionierung auf produktpolitische Maßnahmen konzentriert, werden bei der Markenpositionierung auch die anderen Marketinginstrumente (Kommunikations-, Distributions-, Service- und Preispolitik) in die Betrachtung einbezogen.

Markenrecall → Recalltest.

Markenrecht → Marke.

Markenrecognition → Recognitiontest.

Markenstrategien – 1. *Begriff:* Bedingte, langfristige und globale Verhaltenspläne zur Erreichung der Markenziele. – 2. *Ausgewählte Formen:* a) *Einmarkenstrategie:* Jedes von der Unternehmung im Markt geführte Produkt erhält eine Marke. Jede Marke erhält nach einem sorgfältigen Auswahlprozess im Unternehmen bes. Aufmerksamkeit und ein entsprechendes Budget, das zur Zielerreichung notwendig erscheint. – b) *Mehrmarkenstrategien (Pilzmethode):* In einem Produktbereich werden mehrere Marken in den Markt eingeführt. Gefahr des → Kannibalismus-Effekt. (1) *Markenfamilienstrategie:* Innerhalb einer Unternehmung werden mehrere Familienmarken nebeneinander geführt; hierdurch kann man versuchen, Kunden mit unterschiedlichem Anspruchsniveau zu erreichen. Trotz hoher Produktstandardisierung soll durch getrennte Markenführung (z.B. getrennte Distribution) eine unterschiedliche Markenposition erreicht werden. Kannibalisierungseffekte können nicht ausgeschlossen werden. (2) *Dachmarkenstrategie:* Sämtliche Produkte einer Unternehmung werden unter einer Marke zusammengefasst *(Schirmmethode).* Durch zusätzliche Produkte unter dem Dach einer Marke ist eine ständige Aktualisierung möglich. Der Käufer fühlt sich in diesen Markenfamilien gut aufgehoben, da er Angebote für seine unterschiedlichen Wünsche auf dem ihm angemessenen Niveau findet. Die Ausweitung des Produktprogramms kann zu einer Konkurrenzverdrängung am Point of Sale (Regalflächenverdrängung) führen. – c) *Markentransferstrategie:* Langfristig aufgebauter Marken-Goodwill von etablierten Marken wird als Grundlage benutzt, um in neue Produktbereiche zu diversifizieren. Voraussetzung dafür ist der Aufbau spezifischer Kompetenz, die vom Kunden wieder erkannt und akzeptiert werden muss, imagemäßige Affinität zur Hauptmarke durch Übereinstimmung sachbezogener Produkteigenschaften (Denotationen) und/oder nicht-sachlicher, emotionaler oder anmutungshafter Produkteigenschaften (Konnotationen).

Markentransferstrategie → Markenstrategien.

Markentreue – *Produkttreue.* 1. *Begriff:* Markentreue liegt vor, wenn sich nachweisen lässt, dass eine bestimmte → Marke mit einer bestimmten Häufigkeit innerhalb einer vorgegebenen Zeitperiode gekauft wird. Mehrfacher Wiederholungskauf einer Marke bzw. eines Markenartikels zeigt eine positive Einstellung des Käufers zu „seiner" Marke. – 2. *Messung:* a) *Kaufreihenfolge-Konzept:* Kaufhäufigkeit derselben Marke innerhalb eines bestimmten Zeitraums bei drei (vier, fünf) aufeinander folgenden Käufen durch einen Konsumenten. Zu unterscheiden: (1) Ungeteilte Markentreue: Kauffolge AAAA; (2) geteilte Markentreue: Kauffolge ABBA. – b) *Marktanteilskonzept:* Anteil, den das Volumen (mengen- oder zeitmäßig) der von einem Konsumenten in einer bestimmten Zeitperiode am häufigsten erworbenen Marke am Gesamtvolumen seiner Käufe innerhalb der jeweiligen Produktkapazität hat. – c) *Markenanzahlkonzept:* Anzahl der innerhalb einer Produktkategorie gekauften

Marken. – Vgl. auch → Kaufverhalten, → Konsumentenverhalten.

Markenverband e.V. – gegründet 1902; Sitz in Berlin. – *Aufgaben:* Sicherung der notwendigen Freiheitsräume für den Markenartikel; Wahrnehmung der Belange der Markenartikelindustrie in Bezug auf Herstellung und Vertrieb; Markenschutz, Wettbewerbspolitik und Wettbewerbsrecht; Zusammenarbeit mit dem Handel; Verbraucherpolitik; Werbung, Mitarbeit in internationalen Organisationen; wissenschaftliche Arbeit. – *Mitgliedschaft* bei der Association Europeénne des Industries de Produits de Marque (AIM), Brüssel.

Markenwert – *Brand Equity;* der Markenwert kann aus finanzwirtschaftlicher und verhaltenswissenschaftlicher Perspektive betrachtet werden. Aus finanzwirtschaftlicher Perspektive stellt sich der Markenwert als Summe der zukünftig durch eine Marke generierbaren Einzahlungsüberschüsse dar. Im Mittelpunkt steht hierbei also eine Quantifizierung des Markenerfolges. Demgegenüber bezieht sich der Markenwert aus verhaltenswissenschaftlicher Perspektive auf das Ergebnis des, im Vergleich zu den Marketingaktivitäten eines objektiv-funktional identischen Produktes, vorteilhaften Verhaltens der Konsumenten gegenüber den Marketingaktivitäten des markenführenden Unternehmens aufgrund positiver Markenassoziationen. Es steht also, im Gegensatz zu der finanzwirtschaftlichen Perspektive, nicht die quantifizierbare Erfolgsgröße, sondern der Anstoß des Markenerfolges im Fokus der Betrachtung.

Markenzeichen → Marke, → Logo.

Market Due Diligence – Konzept der → Due Diligence, das die derzeitige und zukünftige Marktlage des zum Kauf stehenden Unternehmens in die Prüfung einbezieht.

Market Experts – im → XETRA-Handelssystem arbeitende Betreuer für die internationalen → Blue Chips (XETRA Stars), die ständig den Heimatmarkt beobachten und daraufhin faire Kauf- und Verkaufskurse stellen. Gegenüber den → Designated Sponsors unterliegen sie noch strengeren Anforderungen bez. maximaler Spreads sowie Mindestquotierungsvolumen und -dauer.

Marketing – 1. *Begriff:* Der Grundgedanke des Marketings ist die konsequente Ausrichtung des gesamten Unternehmens an den Bedürfnissen des Marktes. Heutzutage ist es unumstritten, dass auf wettbewerbsintensiven Märkten die Bedürfnisse der Nachfrager im Zentrum der Unternehmensführung stehen müssen. Marketing stellt somit eine unternehmerische Denkhaltung dar. Darüber hinaus ist Marketing eine unternehmerische Aufgabe, zu deren wichtigsten Herausforderungen das Erkennen von Marktveränderungen und Bedürfnisverschiebungen gehört, um rechtzeitig Wettbewerbsvorteile aufzubauen. Darüber hinaus besteht eine weitere zentrale Aufgabe des → Marketingmanagements darin, Möglichkeiten zur Nutzensteigerung zu identifizieren und den Nutzen für Kunden nachhaltig zu erhöhen. – 2. *Erweiterung der Definition:* In den letzten Jahren hat sich diese dominant kundenorientierte Perspektive zugunsten weiterer Anspruchsgruppen des Unternehmens (z.B. Mitarbeiter, Anteilseigner, Staat, Umwelt) erweitert. Diese weite Definition des Marketings stellt die Gestaltung sämtlicher Austauschprozesse des Unternehmens mit den bestehenden Bezugsgruppen in den Mittelpunkt der Betrachtung und betont die Rolle des Marketings als umfassendes Leitkonzept der Unternehmensführung. – 3. *Marketingstrategien:* Zur Erreichung der Ziele eines Unternehmens werden → Marketingstrategien entwickelt, die operativ mithilfe der Marketing-Instrumente (die sog. 4P) umgesetzt werden. Dabei handelt es sich um die Instrumente Produkt-/Leistungs- (Product), Preis- (Price), Kommunikations- (Promotion) und Vertriebspolitik (Place). – (1) Die → Produktpolitik umfasst dabei Entscheidungen, die die Gestaltung des Leistungsprogramms eines Unternehmens betreffen. In diesen Bereich fallen z.B. die Analyse, Planung und Umsetzung von Produktveränderungen und Serviceleistungen, die Markenpolitik, Namensgebung sowie die Verpackungsgestaltung. – (2) Im Rahmen der Preispolitik werden die Konditionen festgelegt, unter denen Produkte und Leistungen angeboten werden. Entscheidungsparameter sind z.B. der Grundpreis, Rabatte, Boni und Skonti. – (3) Die → Kommunikationspolitik umfasst alle Maßnahmen, die der Kommunikation zwischen Unternehmen und ihren aktuellen und potenziellen Kunden, Mitarbeitern und Bezugsgruppen dienen. Zu diesem Zweck werden z.B. die Kommunikationsinstrumente der klassischen Mediawerbung, → Direct Marketing, Verkaufsförderung, → Sponsoring, → Public Relations (PR), Messen und Events eingesetzt. – (4) Im Rahmen der Vertriebspolitik wird das Absatzkanalsystem gestaltet, um die räumliche und zeitliche Distanz zwischen Unternehmen und Kunde zu überwinden. Dazu wird i.d.R. auf verschiedene Absatzmittler, d.h. Händler, zurückgegriffen (→ indirekter Vertrieb). – Diese aktivitätsbezogene Auffassung versteht Marketing somit als Bündel von marktgerichteten Maßnahmen, die dazu dienen, die absatzpolitischen Ziele eines Unternehmens zu erreichen. Dieses Verständnis hat bis heute seine Bedeutung erhalten. – 4. *Integration:* Ein Erfolgsfaktor im Rahmen der Umsetzung einer Marketing-Strategie ist die Integration sämtlicher interner und externer Marketing-Aktivitäten. Dies bedeutet, dass die Aktivitäten der internen Abteilungen, wie z.B. → Werbung, → Marktforschung, → Vertrieb aufeinander abgestimmt und koordiniert werden. Dies gilt gleichermaßen für externe Stellen wie z.B. Werbeagenturen und Absatzmittler. Durch eine integrierte Vorgehensweise können Synergieeffekte erzielt und die Wirkung der Marketing-Maßnahmen erhöht werden. Bei der Ausarbeitung und Umsetzung einer Marketing-Konzeption ist zu beachten, dass entsprechend der jeweiligen Branche

und Art einer Leistung spezifische Aufgabenschwerpunkte des Marketings existieren. Diese Besonderheiten werden im Rahmen verschiedener sektoraler Marketing-Theorien berücksichtigt (z.B. Konsumgüter-, Industriegüter-, Dienstleistungs-Marketing, Marketing für Non-Profit-Organisationen). Eine bedeutende aktuelle Entwicklung im Rahmen des Marketings ist in dem Trend zum → Relationship Marketing zu sehen. Dieses Konzept betont den hohen Wert langfristiger Beziehungen zu einer Vielzahl von Anspruchsgruppen eines Unternehmens. In diesem Zusammenhang wird v.a. die Bedeutung der Kundenbindung intensiv diskutiert.

Marketing Assessment – Abschätzen der Folgewirkungen von Marketingentscheidungen, die sich in folgenden Schritten vollziehen: (1) Bestimmung der relevanten Dimensionen der Marketingstrategie, (2) Abschätzen der Wirkungen der geplanten Marketingstrategie hinsichtlich der zu erwartenden ökonomischen, politisch-rechtlichen, öffentlichen und ökologischen Folgen, (3) Abschätzen möglicher Rückwirkungen auf das gesamte Unternehmen, (4) Bewertung der Folgewirkungen, (5) Formulieren von strategischen Handlungsalternativen (zur Vermeidung erwarteter negativer Folgewirkungen für das Unternehmen).

Marketing Audit – Teilgebiet des → Marketingcontrollings. Kontinuierliche, inhalts- und verfahrensorientierte Überprüfung der gesamten Marketing-Management-Entscheidungen; ausgerichtet auf die Früherkennung planungs- und systembedingter Risiken und Fehlentwicklungen im Marketingbereich. – *Teile des Marketing Audits:* Prämissen-Audit, Verfahrensaudit, Ziel-, Strategien- und Maßnahmen-Audit; Prozess- und Organisations-Audit werden ergänzend zur (ergebnisorientierten) → Marketingkontrolle eingesetzt.

Marketingberater → Werbeberufe.

Marketingberatung – 1. *Begriff und Gegenstand:* systematisches, ganzheitliches, interaktives, potenzialorientiertes und i.d.R. längerfristiges → Consulting in Fragen des → Marketings. Das Hauptanliegen der Marketingberatung ist, Änderungen der Märkte und der Kundenbedürfnisse möglichst frühzeitig aufzuzeigen, um daraus resultierende Chancen und Risiken für das Kundenunternehmen ableiten zu können. Solche Änderungen stellen Unternehmen vor die Notwendigkeit, ihre Strategien und Geschäftsmodelle zu überprüfen und geeignete Strukturen und Prozesse zu schaffen, um Neuerungen erfolgreich umzusetzen. Zur Erschließung, Entwicklung und langfristigen Sicherung der unternehmensspezifischen strategischen Erfolgspotenziale des Klienten unterstützt die Marketingberatung das Management bei der Anpassung und Umgestaltung der Ziele, Strategien, Strukturen und Prozesse sowohl in strategischer Hinsicht (→ Strategieberatung) als auch im Hinblick auf die Umsetzung (Umsetzungsberatung). – 2. *Neuere Tendenzen:* Viele Unternehmen sehen in einem zunehmend globalen Qualitäts-, Kosten- und Zeitwettbewerb das Erfordernis, ihren Wert zu steigern, und im Relationship-Marketing ihre zentrale Herausforderung. Die Maxime einer wertorientierten Unternehmensführung verlangt die konsequente Orientierung der Marketingberatung an bestehenden oder neu zu schaffenden Werten. Dabei rücken nicht nur der Markenwert und seine Positionierung (Markenmanagement) immer stärker in den Mittelpunkt der Beratung. Daneben erfordert die Orientierung am langfristigen Kundenwert im Rahmen des Relationship-Marketings (Kundenlebenszyklus) in Anbetracht der Produktvielfalt, veränderter Kundenstrukturen und wechselnder Trends des Verbraucherverhaltens eine Optimierung der Kundenbindung.

Marketingbudgetierung – Planung von verbindlichen Wertgrößen (Sollgrößen) für eine Planungsperiode und für einzelne Verantwortungsbereiche der → Marketingorganisation. Ergebnisse der Marketingbudgetierung sind Marketing-Teilbudgets; diese werden aus einem Marketing-Gesamtbudget gebildet oder zu einem solchen integriert (Koordinationsfunktion der Budgetierung). – Vgl. auch → Budgetierung.

Marketing-Consultant – Berater (→ Consulting) in Fragen des → Marketings.

Marketingcontrolling

von Prof. Dr. Sven Reinecke

I. Begriff

In der deutschsprachigen Marketingwissenschaft erlebt das Thema Marketingcontrolling nach intensiven Forschungstätigkeiten zu Beginn der 1980er-Jahre einen neuen Höhepunkt.

Beim Marketingcontrolling handelt es sich um ein klassisches Schnittstellenthema zweier betriebswirtschaftlicher Teilgebiete. Marketing und Controlling stehen in einem ambivalenten Verhältnis zueinander. Einerseits werden sie als Zwillingsschwestern charakterisiert, weil beides übergreifende Konzepte sind, die nicht das Privileg einzelner Experten sein sollten. Andererseits kommt ein natürlicher Ziel- und Interessenkonflikt zum

Ausdruck, wenn *Marketing als „Führung vom Markt her"* und *Controlling als „Führung vom Ergebnis her"* gesehen wird.

Ein allgemein akzeptierter *Unterschied zwischen Marketing und Controlling* besteht allerdings darin, dass Marketing als unmittelbare Managementaufgabe die Entscheidungsfindung einschließt, während Controlling "lediglich" eine entscheidungsunterstützende Aufgabe wahrnimmt. Controlling wird allerdings als ureigene Managementfunktion angesehen, die in enger Kooperation von Managern und Controllern erbracht wird. Mit anderen Worten: Controlling wird nicht (nur) von Controllern, sondern insbesondere vom Management ausgeübt.

Marketingcontrolling lässt sich somit keineswegs (mehr) mit Rechnungswesen im Marketing gleichsetzen, auch wenn Letzteres eine wesentliche Informationsquelle ist. Die Funktion des Marketingcontrollings besteht darin, die Effektivität und Effizienz einer marktorientierten Unternehmensführung sicherzustellen (Reinecke/Janz 2007, S. 38 f.). *Effektivität* bezeichnet im weiteren Sinne die Wirksamkeit und somit den Output der Leistungserstellung: Werden vorgegebene Ziele erreicht? Effektivität im engeren Sinne definiert den Wirksamkeitsgrad: Liegt die Zielerreichung über einem vorab formulierten Zielniveau? *Effizienz* bezeichnet den Grad der Wirtschaftlichkeit: Eine Maßnahme ist effizient, wenn es zu einem Output/Input-Verhältnis einer Maßnahme keine andere Maßnahme gibt, die ein besseres Verhältnis erzielt (wobei das Verhältnis mindestens 1 betragen muss).

II. Aufgaben

Das Marketingcontrolling nimmt folgende Aufgaben wahr (Abbildung 1):

1. Problembezogene Informationsversorgung

Hierunter fallen die problemspezifische Informationsbündelung und -abstimmung, insbesondere aus dem Rechnungswesen (Deckungsbeitragsrechnungen, Target Costing, Prozesskostenrechnung) und der Marktforschung. Im Informationszeitalter steht dabei das rechtzeitige Erkennen von Technologie- und Marktentwicklungen im Mittelpunkt. Aus managementbezogener Sicht sollte der Schwerpunkt insbesondere auf einer interpretierenden Diagnose dieser Informationen, weniger auf einer reinen Analyse liegen. Zentral ist die benutzer- und stellenadäquate bestmögliche Abstimmung von instrumentendominiertem Informationsangebot, problemdominiertem Informationsbedarf und verhaltensdominierter Informationsnachfrage (Berthel 1975, S. 30). Marketingcontrolling muss somit auf die *spezifischen Problemsichten der jeweiligen Organisationseinheiten* eingehen, bspw. von Produkt-, Kunden(segments)-, Kommunikations- und Distributionskanalmanagement, sowie die Schnittstellen zwischen diesen Einheiten koordinieren.

2. Unterstützung der strategischen und operativen Marketingplanung bezüglich Willensbildung und -durchsetzung

Zu dieser Aufgabe zählt insbesondere die Unterstützung bei der Generierung von Entscheidungsmöglichkeiten. Das fehlende Denken in alternativen Marketingstrategien und -umsetzungsmaßnahmen ist in der betriebswirtschaftlichen Praxis in zahlreichen Marketingkonzepten ein zentraler Rationalitätsengpass, den das Marketingcontrolling offenlegen und zu überwinden helfen sollte. Auch das Bewerten und kritische Hinterfragen der Entscheidungsoptionen im Sinne einer *„contre rôle"* gehört hierzu - sowohl hinsichtlich der finanz- und realwirtschaftlichen Konsequenzen als auch hinsichtlich ihrer Mach- und Durchsetzbarkeit.

Zum *Planungsmanagement* (Weber/Schäffer 2006, S. 250 ff.) gehören die Gestaltung des strategischen und operativen Marketingplanungssystems, insbesondere der *Marketingbudgetierung*. Das Marketingcontrolling unterstützt das Marketingmanagement methodisch und instrumentell, bspw. bei der Auswahl von Markt- und Kundensegmenten sowie bei der Gestaltung von *Anreizsystemen* für Verkauf und Distribution. Ferner übernimmt es die Verantwortung für einige Aufgaben, um Marketingstrategie, -ziele und operative Marketingmaßnahmen aufeinander abzustimmen und eine Umsetzung zu gewährleisten. Dazu zählt insbesondere auch die *Gestaltung der Schnittstellen* und Wechselbeziehungen des Marketings zu den anderen Funktionsbereichen, zumal die gesamte Unternehmensplanung im Regelfall auf einer Absatzplanung beruht.

3. Marketingüberwachung: Durchführung von Marketingkontrollen und –audits

Köhler (2006) fasst *Kontrollen* und *Audits* unter dem Begriff der *Überwachung* zusammen. Kontrollen sind rückblickende Soll-Ist-Vergleiche; sie schließen den Regelkreis des Willensbildungs- und Willensdurchsetzungsprozesses und sind somit ein wichtiger Bestandteil des Marketingcontrollings. Klassischerweise wird zwischen operativen und strategischen Marketingkontrollen differenziert. *Operative Marketingkontrollen* betreffen insbesondere die Kontrolle der Absatzsegmente, der Marketingorganisationseinheiten, der einzelnen Marketinginstrumente sowie des Gesamtmix (Köhler 1992, Sp. 1272). *Strategische Marketingkontrollen* umfassen in Anlehnung an Schreyögg und Steinmann (Schreyögg/Steinmann 1985) die Durchführungskontrolle („Wird die Marketingstrategie auch richtig umgesetzt?"), eine Prämissenkontrolle (Überprüfung der der Marketingstrategie zugrundeliegenden Annahmen) sowie eine ungerichtete strategische Überwachung.

Abbildung 1

Audits sind Ausprägungen einer eher *zukunftsorientierten Überwachung mit Feed-forward-Charakter*, die sich mit den Voraussetzungen für die künftige Nutzung von Erfolgspotenzialen beschäftigen. In Anlehnung an Kotler/Keller (2011) kann ein Marketingaudit definiert werden als eine umfassende, systematische, nicht weisungsgebundene, periodische Untersuchung von Marketingumwelt, -zielen, -strategien sowie von Marketingprozessen, -organisation und -maßnahmen einer strategischen Geschäftseinheit. Es kann als umfassender, handlungsorientierter „*Marketing Health Check*" interpretiert werden, das dazu dient, Herausforderungen und Chancen aufzudecken sowie einen Maßnahmenplan zur Verbesserung der Marketingleistung aufzustellen.

Eine wichtige Funktion des Marketingcontrollings besteht darin zu entscheiden, wann *welche Form der Kontrolle* zu wählen ist. Da die Zielerreichung und somit die Effektivität im Vordergrund steht, sind im Marketing i.d.R. Ergebniskontrollen vorzuziehen, um dadurch die Probleme einer „Marketingprogrammierung" zu vermeiden. *Prozess-* oder gar *Inputkontrollen* sollten subsidiär im Rahmen umfassenderer Marketingaudits sowie in Situationen erfolgen, in denen quantifizierte Zielvorgaben nicht sinnvoll oder möglich erscheinen.

4. Führungsübergreifende Koordinationsfunktion

Bei der Koordinationsfunktion des Marketingcontrollings geht es um jene führungsübergreifenden Koordinationsaufgaben, die in der Praxis zumeist aus konkreten Anlässen heraus auftreten. I.d.R. sind *Tätigkeiten abseits des Marketingroutinegeschäfts* betroffen (analog Weber 2002, S. 404). Hierzu gehören bspw. die Beratung und Unterstützung bei umfassenden Projekten wie der Einführung von Marketingkennzahlensystemen, der Gesamtausrichtung des Marketings auf eine wertorientierte Unternehmensführung, der Neugestaltung von Markenauftritt und -portfolio nach einer Unternehmensübernahme oder aber der Einführung eines Wissensmanagements im Bereich Marketing und Verkauf. Des Weiteren zählen das *Controlling spezifischer Marketing- und Verkaufsprojekte* sowie insbesondere von *Marketingkooperation* mit anderen Unternehmen dazu.

Die geschilderten Koordinationsaufgaben weisen i.d.R. nicht nur Projektcharakter auf, sondern erfordern häufig ein explizites *Veränderungsmanagement* (Weber 2002, S. 390). Marketingcontrolling erfüllt diesbezüglich insbesondere Beratungs-, „Contre Rôle"- und Coachingaufgaben.

Marketingethik – 1. *Begriff:* Marketingethik beschäftigt sich mit den Werten und Normen des Marketings und seiner gesellschaftlichen Verantwortung. Ansätze der Marketingethik sollen bes. eine Berücksichtigung jener Ansprüche sicherstellen, die nicht über den Markt artikuliert werden. – Vgl. auch → Makro-Marketing. – 2. *Ansätze:* Die präskriptive Marketingethik setzt sich mit der Frage auseinander, wie sich Marketingmanager in bestimmten Entscheidungssituationen verhalten sollen. Hierbei wird auf die dem Gesamtverhalten zugrunde liegende Gesinnung (Gesinnungsethik) oder auf die Handlungsfolgen (Verantwortungsethik) abgestellt. Ansätze der deskriptiven und explikativen Marketingethik beschäftigen sich hingegen mit der Beschreibung und Erklärung von Wertorientierungen im Marketing. Inhaltlich werden materiell-ethische und formell-ethische Normen unterschieden. Zu den materiell-ethischen Normen zählen z.B. Verhaltenskodizes im Marketing, ethische Grundsatzkataloge. Sie verdeutlichen, dass Fragen der Marketingethik bereits bei der Festlegung der Unternehmensgrundsätze eine Rolle spielen. Formell-ethische Normen betreffen Entscheidungsmethodiken, die ethisches Handeln fördern. Hier ist die sog. Diskurs-Ethik einzuordnen, bei der ein gleichberechtigter Dialog mit allen Betroffenen (Marktteilnehmer, Anspruchsgruppen) Orientierungen für ethisches Unternehmensverhalten liefern soll.

Marketing Event – inszeniertes Ereignis in Form einer Veranstaltung oder einer Aktion, die den Kunden firmen- oder angebotsbezogene Kommunikationsinhalte erlebnisorientiert vermitteln soll. – Vgl. auch → Event Marketing.

Marketing-Expertensystem → Expertensystem, das marketingspezifische Fragestellungen zum Gegenstand der Problemlösungssuche hat. Marketing-Expertensysteme eignen sich bes. für den Einsatz im → Marketing, da zahlreiche Problemstellungen wissensintensiv (Einfluss anderer Wissensbereiche wie z.B. Psychologie) sind, das Lösungswissen unvollständig und vage (z.B. die Wirkung von Werbeanzeigen auf das → Kaufverhalten) ist sowie die Entscheidungsgrundlage von Fall zu Fall (z.B. Branchenunterschiede) unterschiedlich ist. Einsatzgebiete von Marketing-Expertensystemen sind u.a. die → Marktforschung, v.a. die Datenanalyse (z.B. EXPRESS) und die Werbewirkungsforschung (→ Werbewirkung, z.B. GESWA) sowie die strategische Marketingplanung (z.B. STRATASSIST).

Marketingforschung – *Marketing Research;* alle Aktivitäten zielbezogener und planmäßiger Informationsgewinnung und -aufbereitung zur Identifikation und Lösung betriebsinterner und -externer Probleme bei Marketing-Strukturen, -Prozessen, -Aktivitäten und -Wirkungen. Marketingforschung i.e.S. umfasst lediglich die absatzbezogenen Teile der unternehmensinternen Bereiche und die → Absatzmarktforschung. Marketingforschung i.w.S. umfasst alle marketingrelevanten Bereiche der Unternehmung sowie deren Mikro- und Makro-Umwelt. Sie lässt sich untergliedern in eine interne Marketingforschung und eine externe Marketingforschung Gegenstandsbereich der *internen Marketingforschung* sind alle interdependenten Subsysteme einer Unternehmung (Beschaffungs-, Produktions-, Absatz-, Finanz-, Informations- und Personalwirtschaft) hinsichtlich ihrer marketingbezogenen Wirkungen. – *Beispiele:* Vertriebskostenrechnungen, Lagerkapazitäten, Logistik, Qualität der Außendienstmitarbeiter. Gegenstandsbereich der externen Marketingforschung ist die → Marktforschung (→ Absatzmarktforschung und → Beschaffungsmarktforschung) und die gesellschaftsorientierte Marketingforschung mit den ökonomischen sowie kulturellen, physischen, politisch-rechtlichen und technologischen Komponenten. – Vgl. auch → interkulturelle Konsumentenforschung.

Marketing-Informationssystem (MAIS) – zielbezogen strukturiertes System von Regelungen hinsichtlich der Informationsaufgaben und ihrer Träger sowie der Informationswege, Informationsrechte und Pflichten, Methoden und Verfahren der Informationsspeicherung und -verarbeitung; i.d.R. computergestützt. Ein Marketing-Informationssystem (MAIS) ist Subsystem des → Führungsinformationssystems (FIS). – *Ziel:* Befriedigung des marketingbezogenen Informationsbedarfs durch zielbezogene Kanalisation, Filterung, Verdichtung, Speicherung und Weitergabe möglichst aussagefähiger und problembezogener, am richtigen Ort und zur richtigen Zeit verfügbarer Informationen, um einem Informationsmangel bei Informationsüberfluss entgegenzuwirken. – *Komponenten:* Daten-, Methoden-, Modellbank (Methoden- und Modellbank in der Praxis seltener) und Kommunikationseinrichtungen.

Marketing-Instrumente → marketingpolitische Instrumente.

Marketing Intermediaries → Absatzmittler.

Marketingkoalition – Form der → Kooperation von rechtlich selbstständigen Unternehmen auf vertikaler oder horizontaler Distributionsebene (vertikale bzw. horizontale Kooperation) im Absatz- oder Beschaffungsmarketing. Marketingkoalitionen sind in der Praxis vielfach aufgabenbezogen und zeitlich begrenzt. Konkrete Formen sind z.B. → Joint Ventures oder → strategische Allianzen.

Marketingkontrolle – ergebnisorientierte Überprüfung der Maßnahmen des → Marketings. – *Stufen:* (1) Ergebnismessung auf der Basis eines → Soll-Ist-Vergleichs; (2) (kritische) Analyse evtl. auftretender Abweichungen, um Ansatzpunkte für einen verbesserten Einsatz → marketingpolitischer Instrumente festzustellen. – *Anders:* → Marketingcontrolling.

Marketingkonzeption – strategischer Grundsatzentwurf für die Koordination aller marktbezogenen Aktivitäten einer Unternehmung oder eines marktbezogenen Ausschnitts einer Unternehmung, wie z.B. Wahl der zu bearbeitenden Problemfelder und Kundengruppen, Marktausdehnung, Art der → Marktsegmentierung, Einsatz der → marketingpolitischen Instrumente. – Die Marketingkonzeption ist integraler Bestandteil der strategischen Unternehmungskonzeption (→ strategisches Management); sie ist an der → Wettbewerbsstrategie der Unternehmung zu orientieren sowie mit den anderen funktionalen Bereichen (Forschung und Entwicklung, Beschaffung, Produktion, Finanzierung) abzustimmen. – Die *Durchsetzung* einer Marketingkonzeption erfordert entsprechende Vorkehrungen bei Planung, Organisation und Kontrolle, bei der Informationsversorgung und hinsichtlich des Führungskonzepts.

Marketinglogistik – *Absatzlogistik, Distributionslogistik;* wenig gebräuchliche Bezeichnung für den absatzbezogenen Teilbereich der → Logistik. Marketinglogistik betrifft die Zeit-Raum-Überbrückung von Waren, Personen und Informationen zwischen Lieferant und Abnehmer. – *Aufgabe:* Realisierung der physischen → Distribution, v.a. die Gestaltung des → Lieferservice.

Marketingmanagement – allg. Konzeption der Unternehmungsführung bzw. Unternehmungsphilosophie im Sinn eines konsequent marktbezogenen Denkens. → Marketing ist hier Führungsaufgabe, die sich auf Planung, Steuerung, Kontrolle, Koordination der Unternehmungsaktivitäten im Hinblick auf die Markterfordernisse bezieht.

Marketing-Mix – Kombination der Ausprägungen der zeitraum- und markt- bzw. marktsegmentbezogen eingesetzten → marketingpolitischen Instrumente.

Marketingmodelle → Mediaselektionsmodelle.

Marketing Myopia – Kurzsichtigkeit im Marketing; Ausrichtung der Marketingaktivitäten an kurzfristigen Kundenwünschen. Längerfristige Bedarfs- und Marktentwicklungen werden dabei ignoriert.

Marketingorganisation – marktorientierte, von der → Marketingkonzeption beeinflusste Organisation der Unternehmung (→ Organisationsstruktur). Die Marketingorganisation umfasst alle generellen und dauerhaften → Regelungen zur Erfüllung der mit der Teilfunktion Marketing verbundenen → Aufgaben. – *Gestaltungsfelder:* a) *Entscheidung,* ob überhaupt eine oder mehrere spezielle Organisationseinheiten (→ organisatorische Einheit) für Marketingaufgaben zu etablieren sind. – b) *Spezielle Marketingeinheiten* können an verschiedenen Stellen in der Unternehmungshierarchie platziert werden, bes. in einem → Zentralbereich oder in den Geschäftsbereichen. – c) *Regelung* der Kooperation zwischen den verschiedenen Marketingfunktionen wie Werbung, Marktforschung etc. untereinander sowie zwischen diesen und anderen Funktionsbereichen wie etwa der Neuproduktentwicklung. Je nach Kompetenzausstattung (→ Kompetenz) kann eine Einheit dabei als Kernbereich, → Richtlinienbereich, Matrixbereich, → Servicebereich oder → Stab ausgeformt werden. – d) Die *Hierarchieebene unterhalb der Marketingleitung* kann z.B. nach verschiedenen Marketingfunktionen, nach Produkten oder nach Märkten (kundenorientierte oder regionale Marktsegmente) gegliedert werden. Zur Auswahl einer Gestaltungsform bedarf es einer Beurteilung der alternativenspezifischen Vor- und Nachteile (→ organisatorische Effizienz). – Vgl. auch → Vertriebsorganisation.

Marketingplanung – Entscheidungsprozess zur Festlegung des marktbezogenen Verhaltens einer Unternehmung. Marketingplanung bzw. Marketingpläne sind Führungsinstrumente des → Marketingmanagements zur Bestimmung und Durchsetzung der → Marketingpolitik. – Nach den *Planungsebenen* zu unterscheiden: (1) *strategische Marketingplanung:* Planung der → Marketingkonzeption; (2) *operative Marketingplanung:* Planung der Marketingmaßnahmen, v.a. des Einsatzes der → marketingpolitischen Instrumente. – *Aufbau* und *Prozess* der Marketingplanung erfolgen nach den Grundsätzen der → Unternehmensplanung.

Marketingpolitik – Gesamtheit der Ziel- und Maßnahmenentscheidungen zur Gestaltung der marktbezogenen Aktivitäten der Unternehmung. – *Ebenen:* (1) *strategische Marketingpolitik:* marketingpolitische Grundsatzentscheidungen über Problemlösungsbereiche, Marktfelder und Basisstrategien; (2) *operative Marketingpolitik:* konkrete Gestaltung der → marketingpolitischen Instrumente im Rahmen der vorgegebenen marketingpolitischen Grundsatzentscheidungen.

marketingpolitische Instrumente – 1. *Begriff:* Bündel der für die Marktbearbeitung einsetzbaren Aktivitäten bzw. Instrumente eines Unternehmens. – 2. *Instrumente:* a) *Leistungspolitik* bzw. Produkt- und Programmpolitik: Bestimmung des Leistungsprogramms als Gesamtheit der Produkte und Leistungen (Dienstleistungen) durch Festlegung der Leistungsarten (→ Produktionsprogrammbreite) und der Zahl der Varianten innerhalb der Leistungsarten (→ Produktionsprogrammtiefe); Entscheidung über Produktinnovation, -variation und -elimination; Qualitätspolitik, Standardisierungs- bzw. Individualisierungsentscheidungen, Markenstrategien, Verpackung, Produktgestaltung. – b) → Kommunikationspolitik: Werbung, Verkaufsförderung, kommunikative Seite des persönlichen Verkaufs, Public Relations. – c) → Distributionspolitik: akquisitorische und physische Distribution, vgl. → Distribution. – d) → Kontrahierungspolitik: Preis-, Rabatt-, Lieferkonditionen- und Absatzfinanzierungspolitik. – 3. Die Kombination der Ausprägungen der zeitraum- und markt- bzw. marktsegmentbezogen eingesetzten marketingpolitischen Instrumente wird als → Marketing-Mix bezeichnet; die Kombination der Einzelaktivitäten innerhalb eines Instruments (z.B. Kombination von Werbe-, Verkaufsförderungs- und PR-Aktivitäten und der kommunikativen Seite des persönlichen Verkaufs im Rahmen der Kommunikationspolitik) als *marketingpolitisches Submix.*

marketingpolitisches Submix → marketingpolitische Instrumente.

Marketing Research → Marketingforschung.

Marketingstatistik – Zielgerichtete und systematische Sammlung und zahlenmäßige Aufbereitung von Informationen zu Marketingaktivitäten und Marketingerfolg, wie z.B. → Absatzstatistik, Werbestatistik, Messestatistik etc.

Marketingstrategien – an den Bedarfs- und Konkurrenzbedingungen relevanter Märkte sowie den personellen, finanziellen, technischen und informellen Leistungspotenzialen der Unternehmung ausgerichtete Verhaltenspläne zur Realisierung der Marketingziele. Es existieren verschiedene Erscheinungsformen (→ Wachstumsstrategie).

Marketingziele – die dem Unternehmensbereich → Marketing gesetzten und durch Marketingmaßnahmen beeinflussbaren Vorgaben (Sollzustände). – Vgl. auch → Unternehmungsziele.

Market Maker → Betreuer.

Market Pull – *Demand Pull, Need Pull, Nachfragesog.* Nach dem Market-Pull-Konzept werden Forschungs- und Entwicklungsaktivitäten durch die → Nachfrage der Kunden induziert. Voraussetzung dafür ist die Identifizierung latent unbefriedigter Kundenbedürfnisse, welche im Rahmen der → Marktforschung mit geeigneten Instrumenten, bspw. durch Kundenbefragungen, erfolgt. Die Steuerung der aus diesen Bedürfnissen resultierenden Entwicklungsaktivitäten führt bei bestehenden Programmen meist zu inkrementalen → Innovationen und ist mit einer schnellen Realisierung und relativ geringen Risiken verbunden.

Market Research → Marktforschung.

Market Value Added → Economic Value Added (EVA).

Markierung → Marke, → Markenstrategien.

Markov-Prozess → stochastischer Prozess $(X_t)_{0 \leq t < \infty}$ mit abzählbarem Zustandsraum E, also mit abzählbar vielen möglichen Werten der X_t, bei dem für alle n und alle $t > s > s_n > .. > s_0$ bez. der bedingten Wahrscheinlichkeiten gilt:

$$P\{X_t = j | X_s = i, X_{s_n} = i_n, \cdots, X_{s_0} = i_0\} = P\{X_t = j | X_s = i\}$$

mit $j, i, i_0, ..., i_n \in$ E. Die bedingte Wahrscheinlichkeit $P\{X_t = j | X_s = i\}$ heißt Übergangswahrscheinlichkeit (Wahrscheinlichkeit, dass der Prozess zum Zeitpunkt t den Zustand j hat, wenn er zum Zeitpunkt s den Zustand i einnahm). – Ist der Zustandsraum endlich, so wird der Markov-Prozess *endlich* genannt. – *Bedeutung:* Die „Markov-Eigenschaft" eines stochastischen Prozesses beschreibt, dass die Wahrscheinlichkeit des Übergangs von einem Zustand in den nächstfolgenden von der weiteren „Vorgeschichte" nicht abhängt.

Markowitz – Harry Max, geb. 1927, amerik. Wirtschaftswissenschaftler, nach Tätigkeiten bei den Firmen Rand und IBM seit 1982 Professor an der City University of New York; → Nobelpreis für Wirtschaftswissenschaften 1990 (zusammen mit → Miller und → Sharpe). Markowitz hat – zusammen mit den beiden anderen Preisträgern – die moderne Finanztheorie begründet und sich v.a. mit der Frage optimaler Finanzinvestitionen beschäftigt. In seinem *Hauptwerk* „Portfolio Selection" (1959) entwickelt er verschiedene Optimierungsstrategien für Finanzinvestitionen und schuf mit → Tobin die Theorie der → Portfolio Selection als einer allg. Analyse der Entscheidung bei Unsicherheit. Sein Hauptwerk führt er in der späteren Publikation „Mean-Variance Analysis in Portfolio Choice and Capital Markets" (1987) fort.

Markt – I. Mikroökonomik: 1. *Begriff:* Markt nennt man in *funktioneller* Hinsicht das Zusammentreffen von → Angebot und → Nachfrage, durch das sich im Falle eines Tausches Preise bilden. Mindestvoraussetzung für das Entstehen eines Marktes ist eine potenzielle Tauschbeziehung, d.h. abgesehen vom Tauschmittel (i.d.R. Geld) mind. ein Tauschobjekt (knappes Gut), mind. ein Anbieter und mind. ein Nachfrager. – 2. *Arten:* a) Ein Markt kann *organisiert* oder *nicht-organisiert* sein. Im zuerst genannten Fall liegt ein Markt im institutionellen Sinn vor, auf dem bestimmte festgelegte Regeln gelten; z.B. Wochenmärkte, Jahrmärkte, Auktionen, Ausschreibungen, Börsen. Angebot und Nachfrage werden auch durch Messen und Ausstellungen zusammengeführt. – b) Nach dem *Marktzutritt* kann in offene, beschränkte und geschlossene Märkte unterschieden werden. Wenn der Zugang zum Markt und der Marktaustritt jederzeit für alle Anbieter offen stehen, herrscht freie Konkurrenz, sonst liegt ein *geschlossener* Markt vor. Letzterer kann durch staatliche Verfügung entstehen (z.B. früher durch das Postregal, Konzessionen), auf rechtlichen Gründen beruhen (Patent) oder lediglich faktisch (temporär) gegeben sein. Die resultierenden Wirkungen sind jeweils unterschiedlich. – c) Ein Markt ist *frei,* wenn die Marktpartner ihre Aktionsparameter, bes. den → Preis, frei aushandeln bzw. setzen können. Unterliegt der → Aktionsparameter behördlichen Eingriffen (z.B. in Form von Fest-, Höchst- oder Mindestpreisen – → Preisfunktionen) so liegt ein *regulierter* Markt vor. – d) Nach *Präferenzen* wird folgendermaßen unterschieden: Man nennt einen Markt *homogen,* wenn das Gut technisch homogen ist und als solches auch von den Nachfragern perzipiert wird. Letzteres bedingt, dass *persönliche Präferenzen* zwischen Anbietern und Nachfragern fehlen, Transportkosten nicht auftreten, also ein *räumlicher Punktmarkt* vorliegt, außerdem Angebot und Nachfrage sich auf den gleichen Zeitpunkt beziehen *(zeitlicher Punktmarkt).* Fehlt eine dieser Voraussetzungen, liegt ein *heterogener* Markt vor. – Herrscht auf einem homogenen Markt vollständige → Markttransparenz und reagieren die Beteiligten auf Marktsignale mit unendlicher → Reaktionsgeschwindigkeit, spricht man vom *vollkommenen* Markt. In allen anderen Fällen handelt es sich um einen *unvollkommenen* Markt. Auf einem vollkommenen Markt gibt es einen einheitlichen Preis („Gesetz der Unterschiedslosigkeit der Preise" nach Jevons). „Vollkommenheit" ist als Begriff rein analytisch zu verstehen, wird also im normativen Sinn nicht als überlegen bewertet. – 3. *Marktabgrenzung:* Soll ein Markt bestimmt werden, ist eine Marktabgrenzung in sachlicher, persönlicher, räumlicher und zeitlicher Hinsicht vorzunehmen, d.h. es ist festzulegen, wer unter diesen Kriterien zu den Anbietern und Nachfragern der zum Markt gehörenden Güter zählen soll. Eine allgemeingültige → Marktabgrenzung gibt es nicht, sondern nur im Hinblick auf eine bestimmte Fragestellung bzw. Zwecksetzung. Außerdem ist ein gewisser Grad an „Willkür" nicht vermeidbar. – Vgl. auch → Wirtschaftssoziologie.

II. Ordnungsökonomik: Märkte bzw. Marktwirtschaften werden mit → spontanen Ordnungen gleichgesetzt, während Zentralverwaltungswirtschaften mit gesetzten Ordnungen, → Organisationen, identifiziert werden. Häufig soll die Überlegenheit von Marktwirtschaften über Zentralverwaltungswirtschaften gezeigt werden. Hayek weist dabei auf Folgendes hin: Eine Marktordnung erhöht die Chancen, über verschiedene Güter zu verfügen in höherem Maße als jede andere uns bekannte Ordnung. Die Überlegenheit werde dadurch erreicht, dass jeder Akteur, während er seinen eigenen Zielen folgt, unbeabsichtigt auch die Ziele anderer Personen fördere. Eine Marktordnung sei ein Positiv-Summen-Spiel, das Anreize enthalte, anderen bei der Befolgung ihrer Ziele dienlich zu sein. Preise nehmen dabei eine zentrale Rolle ein: Sie informieren alle Akteure über veränderte Knappheiten, aber auch über veränderte Wertschätzungen und lenken das Verhalten dezentral dahin, dass die dringlichsten Wünsche zuerst befriedigt werden können. Der Wettbewerb kann dabei als Entdeckungsverfahren gedacht werden, das den Beteiligten Wissen über die Wünsche und Fähigkeiten anderer Akteure entdeckt, die ohne seine Nutzung unentdeckt bleiben würden. Bestimmte in der Vergangenheit erzielte Erfolge sind für Gegenwart und Zukunft allerdings bedeutungslos: Pekuniäre Externalitäten sind notwendige Funktionsbedingung einer funktionierenden Marktordnung. Die Sicherung von Einkommenspositionen über staatliche Beihilfen wird von Ordnungsökonomen deshalb abgelehnt. Die abstrakten Regeln, die einer Marktordnung zugrunde liegen, können nur als Chancen interpretiert werden und nicht als Recht auf bestimmte Ergebnisse. – Die *Notwendigkeit des Staates zur Sicherung der spontanen Ordnung Markt:* Traditionell wird von Ordnungsökonomen ein starker Staat gefordert, der die Konzentration von Macht in der Hand einiger weniger Individuen zu verhindern habe. Diese Position ist häufig kritisiert worden, weil sie vernachlässige, dass Vertreter des Staates eine starke Position für eigene Zwecke missbrauchen können. Machtpositionen, die durch das staatliche Gewaltmonopol geschützt werden, seien sogar noch gefährlicher als Macht in der Hand von Privaten.

Marktabgrenzung – Bestimmung des → relevanten Marktes. Einerseits kann dieses auf der Nachfrageseite geschehen, indem man sich die Substitutionsbeziehungen zwischen den Gütern ansieht (→ Substitutionslücke), andererseits kann es eine technisch-funktionelle Verbundenheit auf der Angebotsseite geben. Problem bei der Bestimmung des → Marktanteils bzw. → Marktvolumens und → Marktpotenzials. Nach Zweckmäßigkeitsüberlegungen wird ein Markt nach sachlichen, räumlichen und zeitlichen Kriterien eingeengt. – Vgl. auch → Markt, → Marktsegmentierung.

Marktanalyse – 1. *Charakterisierung:* Systematisch methodische Untersuchung der Stellung einzelner Unternehmungen im Marktgeschehen, die neben der → Marktbeobachtung zur Schaffung der Markttransparenz beiträgt und die Geschäftspolitik des Unternehmens fundiert. Bei einer Marktanalyse interessiert jeweils der *spezielle Markt* für die Produkte einzelner Hersteller oder eines Wirtschaftszweiges hinsichtlich einerseits der Aufwandserfordernisse an den Bezugsmärkten und andererseits der Bedarfslage und daraus zu entwickelnden Ertragsbedingungen am Absatzmarkt. – *Methodisch* beruht die Marktanalyse auf → Statistik und → Meinungsforschung. – 2. *Untersuchungsfeld:* a) *Analyse der Beschaffungsmärkte* für Rohstoffe, Werkzeuge, Vorfabrikate, Energie; auch Arbeitsmarkt. – b) *Analyse der Finanzierungsmärkte:* Kapital-, Geld-, Devisenmarkt. – c) *Analyse der Absatzmärkte* für Haupterzeugnisse, Neben- und Abfallprodukte: (1) *Produktanalyse* sowohl hinsichtlich Beschaffenheit und Leistungsfähigkeit des Produktes als auch bez. der Selbstkostengestaltung sowie bez. einer marktgerechten Ausformung des Produktes selbst wie auch der Verpackung (→ Produkttest, → Merchandising); (2) *Absatzanalyse:* Die Summe aus individuellem und Geschäftsbedarf ergibt die → Nachfrage, deren Kenntnis durch Bedarfsuntersuchung zu ermitteln ist. Daneben ist erforderlich die Kenntnis der derzeitigen und künftigen Angebotskraft des Wettbewerbs (→ Konkurrenzanalyse) sowie der technisch und kommerziell optimalen → Absatzwege. – 3. *Untersuchungszeitraum:* Eine „Momentaufnahme" der strukturellen Beschaffenheit aller Marktelemente; das Nacheinander des Untersuchungsfeldes (Bedarf-Produktion-Wettbewerb-Ansatz), v.a. die richtige → Marktprognose, erfordert jedoch bereits, dass die Marktanalyse sich nicht auf einen Zeitpunkt beschränkt, sondern einen begrenzten Zeitraum umgreift. – 4. *Träger:* Produktanbieter, bes. im Zusammenhang mit dem → Marketing. Im Auftrag einzelner Firmen: → Marktforschungsinstitute. Ergänzend zur Marktbeobachtung: wissenschaftliche Institute.

Marktänderung – in der Marktforschung Bezeichnung eines einmaligen Wandels im Marktgefüge. Marktänderung kann durch → Marktverschiebung (Wachstum und Schrumpfung) vorbereitet, jedoch auch plötzlich, etwa durch politische Ereignisse, hervorgerufen werden. Ursache sind häufig Technologieänderungen. So wurde der Walkman durch den MP3-Player und die analoge Kamera durch die Digitalkamera weitgehend ersetzt.

Marktänderungsrisiko – *Marktrisiko.* 1. *Begriff:* Risiko, dem ein Investor bei der Kapitalanlage durch Schwankungen des Kapitalmarkts ausgesetzt ist. – 2. *Determinanten und Formen:* Das

Marktänderungsrisiko ergibt sich daraus, dass der Wert eines Geschäfts durch Veränderungen der Höhe von Marktpreisen, Kursen, Indizes oder sonstigen Marktfaktoren (→ Volatilität), ihres Verhältnisses untereinander (→ Korrelation) oder aufgrund der Illiquidität im Markt für das jeweilige Geschäft nachteilig beeinflusst wird. Im Wesentlichen wird eine Unterscheidung nach Zinsänderung, Aktienkursänderung, Immobilienpreisänderung und sonstigen Preisänderungen getroffen. Die Einzelrisiken sind bei den einzelnen Assetklassen unterschiedlich zu bewerten. In diesen Kontext gehört auch das Wiederanlage- oder Reinvestitionsrisiko. Dabei handelt es sich um das Risiko, dass der Kapitalrückfluss aus einer Kapitalanlage nur zu ungünstigeren Konditionen wieder angelegt werden kann. – 3. *Umgang mit dem Marktänderungsrisiko:* Die Messung, Kontrolle und Steuerung der Marktpreisrisiken erfolgt im Wesentlichen durch Stresstests (z.B. BaFin- und DAV-Stresstest) sowie nach implementierten Asset-/Liability-Modellen. Im Rahmen des Asset-/Liability-Management werden die verschiedenen Anlagearten unter Gesichtspunkten der Risikotragfähigkeit berücksichtigt. Ebenso dient die Berechnung von Risikobudgets dazu, das Marktänderungsrisiko im → Value at Risk (VaR) oder Expected Shortfall zu quantifizieren.

Marktanpassung – (zeitlich verzögerte) Reaktion des → Marktes bzw. seiner Teilnehmer auf Änderungen der bisher gültigen Marktbedingungen, z.B. Kostenänderungen, Nachfrageverschiebungen, Preisveränderungen, technischen Fortschritt. – Vgl. auch → Marktformen.

Marktanteil – I. Marktforschung: Begriff der Marktforschung zur Kennzeichnung der Bedeutung des Unternehmens am Markt und somit dessen Konkurrenzstärke. Der Marktanteil kann sowohl für den Beschaffungsmarkt als auch für den Absatzmarkt bestimmt werden. I.d.R. dominiert die Bedeutung des Absatzmarktanteils. – *Berechnung:*

$$\frac{\text{eigener Absatz (Umsatz)}}{\text{Gesamtabsatz (-umsatz) aller Anbieter}} \cdot 100.$$

Er kann sowohl mengen- als auch wertmäßig definiert werden und sich auf den Gesamt- oder auch auf einen Teilmarkt beziehen. Schwierigkeiten bei der Bestimmung des Marktanteils liegen in der Bestimmung des räumlich, sachlich und zeitlich → relevanten Marktes sowie in der Beschaffung der Zahlen über den Gesamtabsatz (→ Marktvolumen). Anhaltspunkte geben Absatzstatistiken von Verbänden, Daten statistischer Ämter oder der Einkauf spezieller Daten bei Marktforschungsinstituten (z.B. Handelspanels der Firma Nielsen und der GfK, die eine Berechnung der Marktanteile einzelner Artikel sowohl für den Gesamt- als auch für einen Teilmarkt zulassen). Aus den Daten der → Haushaltspanels lassen sich ebenfalls Zahlen für den Gesamtmarkt ableiten. – Ungleich schwieriger kann die Feststellung des Marktanteils in industriellen Märkten sein. – Vgl. auch → Marktbeherrschung, → Marktmacht.

II. Wettbewerbstheorie: prozentualer Anteil eines Unternehmens am Gesamtumsatz aller Anbieter (oder Nachfrager) auf einem relevanten Markt. *anders:* Verhältnis zwischen der Höhe des eigenen Umsatzes und dem Umsatz des (der) stärksten Konkurrenten. – Vgl. auch → Zusammenschlusskontrolle, → Marktbeherrschungsvermutung, → Wettbewerbstheorie.

Marktanteilskonzept → Markentreue.

Marktattraktivität → Branchenattraktivität.

Marktaustrittsschranken – Faktoren, die den Rückzug eines Unternehmens aus einem Markt erschweren (z.B. arbeitsrechtliche Hemmnisse, hohe Stilllegungskosten, die häufig den Charakter von → Sunk Costs haben, und staatliche Regulierungsmaßnahmen), obwohl (dauerhafte) Nachfrageschwäche und/oder Überkapazitäten den Markt kennzeichnen. Folgen sind Beeinträchtigung des Marktmechanismus und Fehlallokation. – Vgl. auch → potenzieller Wettbewerb.

Marktausweitungsstrategie – Erhöhung des Absatzvolumens bereits produzierter und auf angestammten Märkten abgesetzter Produkte durch den → Absatz auf neuen Märkten.

marktbeherrschendes Unternehmen – 1. *Einzelmarktbeherrschung:* Unternehmen, das die → Marktbeherrschungsvermutung des § 18 IV GWB erfüllt (Marktanteil von mind. 40 Prozent) und darüber hinaus gemäß § 18 I GWB a) ohne Wettbewerber ist oder keinem wesentlichen Wettbewerb ausgesetzt ist oder b) eine im Verhältnis zu seinen Wettbewerbern überragende Marktstellung hat. – 2. *Kollektive Marktbeherrschung:* liegt gemäß § 18 VI GWB vor, wenn a) drei oder weniger Unternehmen über einen Marktanteil von 50 Prozent verfügen oder b) fünf oder weniger Unternehmen einen Marktanteil von zwei Drittel erreichen, es sei denn, diese Unternehmen weisen gemäß § 18 VII GWB jeweils nach, dass zwischen ihnen wesentlicher Wettbewerb herrscht (funktionierender Binnenwettbewerb) und/oder dass sie im Verhältnis zu den übrigen Wettbewerbern keine überragende Marktstellung haben (funktionierender Außenwettbewerb). – Vgl. → Marktbeherrschung.

Marktbeherrschung – Tatbestandsmerkmal der Fusionskontrolle und der Missbrauchsaufsicht (→ Deutsches Kartellrecht, → Europäisches Kartellrecht). – *Individuelle Marktbeherrschung* liegt vor, wenn Unternehmen auf dem sachlich und räumlich relevanten Markt ohne Wettbewerber sind, keinem wesentlichen Wettbewerb ausgesetzt sind oder eine überragende Marktstellung besitzen. – *Überragende Marktstellung* ist praktisch wichtiger; sie verlangt eine Strukturbetrachtung, bei der neben dem → Marktanteil und den Marktanteilsabständen zu den Wettbewerbern zahlreiche weitere Strukturmerkmale wie die Finanzkraft und Marktzutrittsschranken Dritter zu berücksichtigen und in der Gesamtschau zu beurteilen sind (§ 18 III GWB). – *Kollektive Marktbeherrschung* setzt voraus, dass zwischen (wenigen) Unternehmen kein wesentlicher Wettbewerb besteht (§ 18 V GWB). – Von → marktbeherrschenden Unternehmen wird angenommen, dass sie über wettbewerblich nicht hinreichend kontrollierte Verhaltensspielräume verfügen. Zum Schutz der Marktgegenseite (Abnehmer oder Lieferanten des Marktbeherrschers) sowie der Marktnebenseite (Wettbewerber des Marktbeherrschers) werden im Rahmen der kartellrechtlichen *Missbrauchsaufsicht* bei Marktbeherrschern daher strengere Verhaltensmaßstäbe angelegt als bei anderen Unternehmen (vgl. § 19 GWB, Art. 102 AEUV). – In der *Fusionskontrolle* sind Zusammenschlüsse, die zu einer erheblichen Behinderung wirksamen Wettbewerbs führten, insbesondere aufgrund der zu erwartenden Entstehung oder Verstärkung einer marktbeherrschenden Stellung, vom Bundeskartellamt zu untersagen (§ 36 I GWB).

Marktbeherrschungsvermutung – Gemäß § 18 IV und VI GWB wird Marktbeherrschung bei der Missbrauchsaufsicht bzw. Fusionskontrolle vermutet, wenn bestimmte Marktanteile auf dem relevanten Markt erreicht sind. Das Überschreiten der gesetzlich verankerten Marktanteilsschwellen (40 Prozent für ein einzelnes Unternehmen, 50 Prozent für drei oder weniger Unternehmen, zwei Drittel für fünf oder weniger Unternehmen) ist dabei eine notwendige, allein jedoch keine hinreichende Voraussetzung für den Nachweis von Marktbeherrschung, d.h. es müssen plausible qualitative Erwägungen der Kartellbehörde hinzukommen. Die Marktbeherrschungsvermutungen sind widerleglich, die damit verbundene Beweislast trifft insofern die von der Vermutung betroffenen Unternehmen. – Vgl. → marktbeherrschendes Unternehmen; → Marktbeherrschung.

Marktbeobachtung – Teil der → Marktforschung: Beobachtung der Marktentwicklung bzw. der Stellung einzelner Unternehmungen und Wirtschaftsgruppen auf den Beschaffungs- und Absatzmärkten sowie Abschätzung ihrer konjunkturellen Entwicklungsmöglichkeiten durch Auswertung der Betriebsstatistik, der Branchenstatistik und der amtlichen Wirtschaftsstatistik, u.U. durch bes. Institute. Wichtige Instrumente der Marktbeobachtung sind auch die verschiedenen → Panels der Marktforschungsinstitute. – Vgl. auch → Branchenbeobachtung.

Marktberichte – Berichte über die Wirtschaftslage auf bestimmten Märkten (z.B. Waren-, Effekten-, Devisenmärkten). Marktberichte stützen sich auf amtliche oder private Preisnotierungen, Statistiken etc. und dienen u.a. als Quelle für die → Marktforschung.

Marktdesign

von Prof. Dr. Axel Ockenfels

I. Einleitung: Marktdesign als angewandte Forschungsdisziplin

Beispiele für Fragen, mit denen sich Marktdesigner beschäftigen, sind: Welche Marktregeln führen zu effizientem Emissionshandel, und welche Organisationsform der europäischen Strombörse generiert wettbewerbliche Strompreise? Wie können innerbetriebliche Anreizsysteme die Mitarbeiter bestmöglich motivieren? Welche Informationsflüsse erzeugen in anonymen Online- oder Finanzmärkten Vertrauen, und wie können Anreize geschaffen werden, dass die notwendigen Informationen unverzerrt bereitgestellt werden? Nach welchen Zuordnungsregeln sollten Schüler auf Schulen, Ärzte auf Krankenhäuser und Organspender auf Organempfänger verteilt werden? Durch welche Auktionsregeln werden bei Finanzmarktauktionen, Privatisierungen oder im betrieblichen Einkauf Erlöse beziehungsweise Effizienz maximiert? etc.

Die konzeptionellen Einsichten der Wirtschaftstheorie sind bei der Beantwortung solcher praxisrelevanten Fragen unentbehrlich. Zugleich reicht Theorie allein i.d.R. nicht aus. Der Grund ist, dass die Modelle weder alle relevanten Details realer Märkte einfangen, noch allen relevanten Phänomenen realen menschlichen Verhaltens gerecht werden können. Angewandtes Marktdesign erfordert daher den komplementären Einsatz empirischer, experimenteller und theoretischer Methoden, die die relevanten Komplexitäten adressieren können.

Angewandtes Marktdesign ist gewissermaßen per Definition eine Forschungsdisziplin, die nicht vorrangig nach größtmöglicher Verallgemeinerung von Handlungsempfehlungen strebt, sondern sich mit dem ‚engineering' Aspekt konkreter Märkte beschäftigt Handwerkliche Fehler bei der Ausgestaltung der Mechanismen können dabei zu enttäuschenden oder gar katastrophalen Ergebnissen führen, wie Beispiele bei der Versteigerung von Frequenzbändern, beim Design von Energiemärkten oder bei der Fehlregulierung von Finanzmärkten nachdrücklich vor Augen führen. Ein vorrangiges Ziel des angewandten Marktdesigns ist daher, eine wissenschaftliche Literatur darüber aufzubauen, was konzeptionell für die Theorieentwicklung aus erfolgreichen und weniger erfolgreichen Designversuchen gelernt werden kann, und mit welchem Methodenmix trotz der Komplexitäten realer Institutionen und realen Verhaltens wissenschaftlich fundiert Hilfestellung gegeben werden kann.

II. Institutionelle Details

Eine Kernherausforderung des angewandten Marktdesigns ist die Untersuchung der Robustheit von Mechanismen. Finanzmärkte, Strommärkte oder Emissionshandelsmärkte, die unter mehr oder weniger extremen Bedingungen versagen, sind offenbar nicht robust. Zuweilen können bereits scheinbare Kleinigkeiten über den Erfolg oder Misserfolg von Mechanismen entscheiden. Zudem können dieselben Mechanismen in unterschiedlichen sozialen und ökonomischen Einbettungen zu ganz unterschiedlichen Ergebnissen führen.

Wirtschaftstheoretische Modelle vermitteln eine hilfreiche Intuition darüber, wie Märkte und Anreizsysteme auf Verhalten und Marktergebnisse wirken können. Dafür abstrahieren sie oft von institutionellen Details, da andernfalls die mathematische Analyse erschwert, die Allgemeingültigkeit der Schlussfolgerungen eingeschränkt oder die Intuition behindert wird. Angewandtes Marktdesign darf solche Komplexitäten nicht ausblenden. Ob und welche Details in Institutionen und im Verhalten relevant sind, können Robustheitschecks offenbaren.

Robustheitschecks sind – anders als bei anderen angewandten Wissenschaften – noch recht untypisch für die → Wirtschaftswissenschaft. Flugzeugbauingenieure sind zwar auch mit theoretischen Grundlagenkenntnissen (u.a. in den Bereichen Aerodynamik, Thermodynamik, Regelungstechnik, Antriebstechnik, Werkstofftechnik) ausgestattet. Doch sie werden i.d.R. nicht darauf verzichten, die Robustheit eines neu zu entwickelnden Flugzeugsystems auch im Labor ausgiebig zu testen. Dabei werden Millionen elektronische und andere Komponenten unter den relevanten Umgebungsparametern auf Funktionsfähigkeit geprüft, und der Einfluss des Versagens von unzähligen Kombinationen der Einzelkomponenten auf das Gesamtsystem untersucht (einschließlich menschlichem Versagen). Niemand wäre bereit, ein neues System ohne solche wohldefinierten Tests in die Praxis zu entlassen. In der Wirtschaftswissenschaft sieht das bisher anders aus. Es gibt keine Standards in der ökonomischen Literatur für Robustheitschecks bei Märkten und Anreizsystemen. Auch gibt es nur wenig Hilfestellung, wie die Blaupausen der Wirtschaftstheorie handwerklich robust und mit Blick fürs Detail in funktionsfähige Mechanismen umgesetzt werden können. Angewandtes Marktdesign möchte diese Lücke füllen.

Im Folgenden sollen beispielhaft zwei Aspekte beschrieben werden, die durch die Wirtschaftstheorie tendenziell vernachlässigt werden, die sich jedoch beim angewandten Marktdesign zuweilen als kritisch herausgestellt haben: der Einfluss der Kommunikationskanäle und der endogenen Dynamik von Aktionen auf das Marktergebnis. Eine weitere Komplikation, die oft beschrieben wird, sind allokative und informationelle Komplementaritäten beziehungsweise Externalitäten, die zu einem ganzen Bündel von institutionellen und verhaltenswissenschaftlichen Herausforderungen führen.

1. Kommunikationskanäle

Die Ökonomik besitzt keine Theorie, die deskriptiv erfolgreich den weitgehenden Einfluss von Kommunikation und ihrer Kanäle bei Verhandlungskonflikten und unvollständigen Verträgen beschreiben oder prognostizieren könnte. Tatsächlich gilt nämlich, dass zur Überwindung solcher Probleme kein Mittel so erfolgreich zu sein scheint wie Kommunikation – und zwar auch dann, wenn sie theoretisch als irrelevant (dis)qualifiziert wird.

Kommunikationskanäle geraten in der ökonomischen Praxis oft in den Mittelpunkt der Diskussionen. Ein prominentes Beispiel ist das Wettbewerbsrecht, das einen entscheidenden Unterschied zwischen impliziten und expliziten Preisabsprachen macht, obwohl dies aus wirtschaftstheoretischer Sicht jedenfalls nicht ohne weiteres gerechtfertigt werden kann. Analoge Phänomene gibt es in der Auktionsdesignliteratur. Offene Auktionen, in denen gleichzeitig mehrere Objekte versteigert werden, vereinfachen nämlich direkte Kommunikation zwischen den Bietern. Durch die Möglichkeit dynamisch-reziproker Bestrafung und Belohnung sowie impliziter koordinierender Absprachen über die einzelnen Runden hinweg erhöht die Offenheit die Gefahr von Absprachen. So ist es bspw. in großen Auktionen vorgekommen, dass Bieter mit den letzten Ziffern ihrer Gebote erfolgreich Absprachen und Nichtangriffspakte getroffen haben. Bereits die einfache Einschränkung, Gebote nur aus einem vorgegebenen Menü wählen zu dürfen, kann derlei Koordination und dadurch bestimmte Absprachen wirkungsvoll verhindern. Auktionsdesign muss eine Balance finden, in der zum einen die Kommunikationsmöglichkeiten der Bieter untereinander möglichst beschnitten werden, ohne aber den dynamisch-effizienten Preisfindungsprozess zu beeinträchtigen. Diese und ähnliche Überlegungen haben bspw. bei den jüngeren Auktionen virtueller Kraftwerkskapazitäten und von Strom in Deutschland eine Rolle gespielt.

2. Endogene Dynamik

Eine weitere Herausforderung ergibt sich durch die in realen Märkten oft existierende Flexibilität bei der Wahl des Zeitpunktes von ökonomischen Transaktionen. → Spieltheorie unterstellt i.d.R. vereinfachte, exogene Strukturen der Informationsflüsse – und abstrahiert so von der endogenen Dynamik der Aktionen in Echtzeit. Dass dieses Marktergebnisse signifikant beeinflussen kann, illustrieren folgende Beispiele.

Matching. In einer Reihe von Arbeiten zu angewandtem Marktdesign zeigt Alvin Roth, teils mit Koautoren, dass die Wahl des Zeitpunkts ökonomischer Aktionen eine entscheidende Rolle für das Funktionieren oder Versagen von Matching-Märkten spielen kann. Seine Arbeiten beschäftigen sich mit dem Design von Arbeitsmärkten für Ärzte und Ökonomen, dem Design von Prozeduren zur Organallokation bis hin zur Wahl von Schulen in New York City und Boston. Eine der typischen Herausforderungen bei Matching-Märkten ist, dass aus Effizienzgründen zwar auf der einen Seite hinreichend viele Teilnehmer möglichst zur selben Zeit attrahiert werden müssen, aber zugleich auf der anderen Seite Überfüllungseffekte vermieden werden müssen. Dafür muss z.B. der für viele solche Märkte typische Anreiz vermieden werden, *früher* als die Anderen handeln zu wollen. Roth zeigt, dass zentrale Zuteilungsmechanismen die resultierenden ineffizienten Dynamiken in den Griff bekommen können.

Sniping. In einer anderen Serie von Arbeiten, in denen das Zusammenspiel zwischen Theorie, Feld- und Laborforschung für ökonomisches Design besonders zentral ist, steht der Anreiz, *später* zu handeln als die Anderen, im Mittelpunkt des Interesses. Dabei geht es um die endogene Dynamik von Geboten und dem Design der Regel, nach der elektronische Auktionen enden. Bspw. wird beobachtet, dass sich Onlineauktionen zwar in den Preisregeln oftmals nicht unterscheiden, aber in der Regel, nach der die Auktionen enden. Insbesondere benutzen sowohl eBay als auch Auktionen, die von Amazon in den USA angeboten wurden, Zweitpreis-Regeln zur Preisbestimmung. Anders als bei der Vickrey-Auktion finden die Onlineauktionen jedoch in einem dynamischen, offenen Bietkontext statt. Amazon-Auktionen enden dabei mit einem *weichen Ende*, bei dem eine Auktion solange über die angestrebte Laufzeit hinaus verlängert wird bis 10 Minuten lang kein Gebot eingegangen ist. eBay-Auktionen enden dagegen zu einem bis auf die Sekunde vorgegebenen *festen Ende*. Gleichzeitig wird in einem natürlichen Experiment, bei dem Felddaten über die Handelsaktivitäten auf den beiden Auktionsplattformen untersucht werden, beobachtet, dass auf eBay ein signifikanter Teil der Gebote erst in den letzten Minuten beziehungsweise Sekunden abgegeben wird. In der Hektik der Schlussphase können die Preise steil ansteigen und Bieter bei dem Versuch scheitern, noch rechtzeitig auf späte Gebote zu reagieren. Auf Amazon ist dagegen ein solcher Effekt nicht zu beobachten – der Preisfindungsprozess ist gleichmäßiger über die Zeit verteilt, ohne allzu erhöhte Bietaktivitäten kurz vor dem geplanten Ende der Auktion. Der Unterschied zwischen eBay und Amazon wird größer, wenn die Bewertungen Güter korreliert sind, und wenn die Bieter erfahrener sind.

III. Komplexitäten im Verhalten

Bisher war vornehmlich von institutionellen Details die Rede. Angewandtes Marktdesign muss sich jedoch gleichermaßen mit verhaltenswissenschaftlichen Eigenheiten auseinandersetzen – jedenfalls soweit sie sich als relevant herausstellen.

Institutionen spielen für ökonomisches Verhalten eine zentrale Rolle. Der Grund ist, dass Institutionen Anreize beeinflussen, und dass Entscheidungsträger auf Anreize reagieren. Sie tun dies jedoch nicht immer auf rationale (oder egoistische) Weise, wie sie durch das homo oeconomicus Modell definiert ist – doch auch nicht irrational oder chaotisch. Vielmehr liegt dem menschlichen Verhalten eine dem Menschen eigene Rationalität zugrunde, die es oft ermöglicht, Verhalten systematisch zu prognostizieren. Andernfalls wäre Marktdesign als angewandte Disziplin nicht denkbar.

Für Marktdesign relevante Abweichungen vom Standardmodell des homo oeconomicus treten in mindestens zweifacher Weise auf. Erstens spielt die *Motivation* der Marktteilnehmer, einschließlich sozialer Präferenzen, zuweilen eine wichtige Rolle. Beispiele sind das Design innerbetrieblicher Anreizsysteme und von Reputationssystemen. Zweitens gibt es auch Beschränkungen bei der menschlichen *Kognition*. Naive inkrementelle Verhaltensmuster bei eBay, die Unfähigkeit, auch mit schnellen Computern kombinatorische Probleme in Strommärkten in kurzer Zeit lösen zu können, die nur eingeschränkt rationale Informationsverarbeitung in Märkten (die aktuelle Finanzmarktkrise ist womöglich ein gutes Beispiel), sowie die Tatsache, dass weder Wissenschaftler noch Studierende immer alle Herausforderungen und Aufgaben schnell und richtig bewältigen können, sind Beispiele für die nur eingeschränkten Rechenkapazitäten realer Entscheidungsträger.

Zuweilen ist die Meinung zu hören, dass sich soziale Präferenzen und eingeschränkte Rationalität zumindest in realen Märkten mit Händlern, die sich selbst in den Markt selektiert haben und dort Erfahrungen sammeln konnten, nicht weiter auswirken und daher irrelevant sind. Diese Vorstellung erscheint zwar nahe liegend, ist aber oft falsch. Die Theorie selbst legt nahe, dass bereits geringfügige Abweichungen Einzelner vom Rationalverhalten oder von der Eigennutzhypothese das Verhalten *aller* und somit auch das Marktergebnis auf den Kopf stellen können – zumindest in Situationen, bei denen sich individuelle Fehler gegenseitig verstärken – und die experimentelle Evidenz bestätigt dies nachdrücklich. Auch ist die Vermutung, dass sich Experten stets rationaler verhalten als z.B. Studierende, oder dass hinreichend hohe Anreize Irrationalitäten verhindern, ist oft widerlegt worden.

Marktarchitekten müssen sich daher auch mit der Robustheit von Mechanismen bezüglich Abweichungen vom Rationalverhalten beschäftigen. Auch hier sind die Details wichtig. Ein C2C-Internetmarkt wie eBay kann bspw. nicht dieselben Ansprüche an die kognitiven Fähigkeiten seiner Teilnehmer unterstellen, wie die Bundesnetzagentur bei einer Versteigerung von Frequenzen. Im ersteren Fall müssen die Regeln so ausgestaltet sein, dass naive Strategien von erfahrenen Marktteilnehmern nicht ausgenutzt werden können; Robustheit der Marktergebnisse gegenüber nicht-rationalem Verhalten und bei Interaktion von strategischem und naivem Verhalten wird zu einer Kernherausforderung. Im zweiten Fall kann man oft davon ausgehen, dass Strategieexperten zu Rate gezogen werden, die Fehler soweit möglich vermeiden helfen. Eine zu Marktdesign komplementäre Disziplin ist „cognitive engineering", in der es – vereinfacht gesagt – darum geht, es Menschen leicht zu machen, sich optimal zu verhalten.

Obwohl es in den vergangenen Jahren große Fortschritte bei der Erforschung menschlichen ökonomischen Verhaltens gegeben hat, steht die Umsetzung der Ergebnisse in Anreizsysteme und Märkte erst am Anfang. Erste Arbeiten zeigen bspw. im Einklang mit verhaltenswissenschaftlicher Forschung, dass soziale Vergleiche und andere Referenzpunkte bei der Bewertung und Wahrnehmung von Bonus-Auszahlungen für Manager oft eine hochsignifikante Rolle spielen, während die absolute Höhe der Auszahlung keine erkennbare Rolle spielt. Die Wirkung der Bonus-Zahlungen kann durch die Transparenz und Präsentation des Bonussystems systematisch beeinflusst werden. Auch der Einfluss von Reziprozität auf Marktergebnisse kann systematisch durch die institutionelle Ausgestaltung der Regeln beeinflusst werden. Andere Arbeiten beschäftigen sich mit der Beeinflussung eingeschränkt rationalen Sparverhaltens etc.

IV. Die Rolle der Experimentellen Wirtschaftsforschung

Die → experimentelle Wirtschaftsforschung kann als komplementäre Methode zur Theorie und Feldforschung beim angewandten Marktdesign nützlich sein. Insbesondere können Experimente in dreifacher Hinsicht eine Brückenfunktion zwischen Theorie und Praxis bereitstellen:

Theoriebildung und Faktensammlung. Marktdesign erfordert ein Verständnis der kausalen Zusammenhänge von Institutionen, Verhalten und Marktergebnissen. Theorie offenbart oder postuliert Kausalitäten. Eine Aufgabe der Experimentellen Wirtschaftsforschung ist, die theoretisch vermuteten Zusammenhänge und zugrunde liegenden Annahmen auf ihren empirischen Gehalt zu testen. Ein Mechanismus, der sich schon im Labor – also unter exakt den theoretisch postulierten Bedingungen – nicht funktioniert, sollte für die Praxis zumindest mit Vorsicht verwendet werden.

Doch Experimente können auch die Theorie beeinflussen. Tatsächlich ist eine zweite wichtige Aufgabe der Experimentellen Wirtschaftsforschung, Fakten zu sammeln und Verhaltensphänomene und -muster zu identifizieren. Diese können dann Input für deskriptiv relevante Theoriebildung liefern, insbesondere für die Verhaltensökonomik.

Windkanal. Während Experimente zum Testen und zur Entwicklung von Theorie sicherstellen, dass die zugrunde liegenden Annahmen exakt umgesetzt werden, ist es vornehmliche Aufgabe der Windkanaltests, die Praxistauglichkeit von Mechanismen zu erproben. Viele erdachte Marktregeln, Prozeduren oder Algorithmen gibt es (noch) nicht im Feld, sodass keine empirischen Erfahrungen vorliegen, die die prinzipielle Funktionsfähigkeit belegen könnten. Es liegt daher nahe, einen Prototyp des geplanten Mechanismus im Labor zu testen. Die Erarbeitung des Prototyps und die Erprobung im Windkanal sind nützlich sowohl bezüglich der technischen als auch der ökonomischen Robustheit. Erstens können dabei Probleme der praktischen Implementierbarkeit der Marktregeln identifiziert und die Systemzuverlässigkeit geprüft werden. Und zweitens erlaubt ein Windkanaltest, das neue System auch unter Stressbedingungen zu untersuchen - z.B. bei ungünstigen Präferenzkonstellationen, Kostenstrukturen, Informationsszenarien oder Teilnehmerzahlen.

Auch können Aspekte, die in der theoretischen Betrachtung nicht adäquat eingefangen werden, frühzeitig identifiziert und so Probleme vermieden werden. Dazu gehören bspw. der Einfluss der Kommunikationskanäle und der endogenen Dynamik auf Verhalten und Marktergebnisse. Angemerkt sei, dass Feldexperimente dabei eine zunehmend wichtige Rolle einnehmen. Experimente außerhalb des Laboratoriums, so genannte Feldexperimente, können die Wirkungsweise spezifischer Regelwerke einerseits in kontrollierter Form und andererseits zugleich in praxisnahen Szenarien in natürlicher Umgebung untersuchen. Sie können dadurch die Lücke zwischen Labor und Feld schließen, indem sie das Labor ins Feld beziehungsweise das Feld ins Labor bringen.

Kommunikation. Eine letzte Brückenfunktion der Experimentellen Wirtschaftsforschung ist die zwischen Ökonomen und Praktikern. Marktdesign ist eine inhärent interdisziplinäre Aufgabe, doch typischerweise sind nur wenige Manager, Politiker, Marketingexperten, Juristen oder Programmierer dazu in der Lage, den wirtschaftstheoretischen Ansätzen, Überlegungen und Beweisen in gebotener Tiefe folgen zu können. Es zeigt sich, dass die Laborforschung hervorragend geeignet ist, ökonomische Zusammenhänge ‚am eigenen Leib' erfahrbar und begreifbar zu machen. Zudem gilt, dass andere Disziplinen, die am Marktdesign zuweilen beteiligt sind, zwar nicht mit der Wirtschaftstheorie, aber mit experimentellen Methoden vertraut sind.

V. Schlussbemerkung

Marktdesign ist die Kunst, die Ergebnisse ökonomischer und sozialer Interaktion so zu steuern, dass die zugrunde liegenden Ziele wie Effizienz oder Erlösmaximierung erreicht werden. Die Forschung zeigt, dass bereits kleine Fehler im Marktdesign zu dramatischen Fehlsteuerungen führen können, bspw. bis zum Kollaps von Strommärkten. Daher muss sich Marktdesign auch mit den Komplexitäten in den Institutionen und im Verhalten beschäftigen. Dabei spielt die Experimentelle Wirtschaftsforschung eine wichtige Rolle an der Schnittstelle von Theorie und Praxis. Sie kann Fragen beantworten, die Theorie und Felddaten nicht beantworten können, Hypothesen und Kausalitäten testen, die Theorie und Felddaten nahe legen, Fakten und Phänomene sammeln, die Theorie und Feldforschung befruchten können, und schließlich den Marktteilnehmern, Managern und Politikern komplexe ökonomische Zusammenhänge kommunizieren und Hilfestellung bei Designfragen geben. Im Ergebnis profitieren sowohl die Praxis als auch die Wissenschaft.

Marktdurchdringung → Penetration.

Marktdurchdringungspreispolitik → Penetrationspreispolitik.

Marktdurchdringungsstrategie – 1. *Begriff:* Stoßrichtung der Unternehmensaktivitäten, bei der durch Intensivierung des Einsatzes der → marketingpolitischen Instrumente der Absatz bereits vorhandener Produkte auf den gegenwärtig bereits bestehenden Märkten erhöht werden soll. Zweck ist die Erhöhung des → Marktanteils oder die Vergrößerung des → Marktvolumens. – 2. *Formen:* (1) Erhöhung der Verbrauchsintensität bei bestehenden Kunden; (2) Abwerbung potenzieller Kunden bei Wettbewerbern, (3) Aktivierung von → latentem Bedarf.

Markteintrittsschranken – *Marktzutrittsschranken;* Nachteile eines neu auf einen Markt eintretenden Unternehmens gegenüber den auf diesem Markt befindlichen Anbietern. – *Formen:* (1) absolute Kostenvorteile z.B. aufgrund eines Know-how-Vorsprungs; (2) Betriebsgrößenvorteile (je größer, desto größer der Marktanteil) aufgrund der Nutzung von → Skalenerträgen; (3) Produktdifferenzierungsvorteile u.U. aufgrund von Konsumentenpräferenzen für eingeführte Produkte (→ Markentreue, → Markenkenntnis). – *Strategien zur Überwindung von Markteintrittsschranken:* → Markteintrittsstrategien. – *Wettbewerbsrecht:* Durch ein Unternehmen oder einen Unternehmenszusammenschluss entstandene Schranken des Markteintritts in rechtlicher oder tatsächlicher Art sind bei der Prüfung der → Marktbeherrschung (→ Marktmacht) zu berücksichtigen. – Vgl. auch → Marktaustrittsschranken, → potenzieller Wettbewerb, → wirksamer Wettbewerb.

Markteintrittsstrategien – *Eintrittsstrategien.* 1. *Begriff:* Strategien zur Verwirklichung von neuen Geschäften für das Unternehmen, d.h. zur Überwindung von → Markteintrittsschranken. – 2. *Einzelstrategien:* a) *Interne Entwicklung:* Eintritt auf der Basis eigener Ressourcen und Fähigkeiten. – b) *Akquisition:* Kauf eines im neuen Geschäft tätigen Unternehmens. – c) *Lizenznahme:* Erwerb des Rechts auf Nutzung von Name, Produkt oder Dienstleistung des Lizenzgebers in einem exakt abgegrenzten Markt. – d) *Interne Ventures:* Für den Eintritt ins neue Geschäft wird innerhalb des Unternehmens eine eigene organisatorische Einheit gebildet. – e) *Joint Ventures:* Verbund zweier Unternehmen (auch durch Gründung eines dritten Unternehmens). – f) *Venture-Capital-Beteiligungen:* Erwerb von Minderheitskapitalanteilen an Start-up-Unternehmen, die in zukunftsträchtigen Märkten tätig sind. – g) *Akquisitionen zur Fortentwicklung interner Fähigkeiten:* Erwerb eines Unternehmens, um Mitarbeiter zu erhalten, die bereits mit dem neuen Geschäft vertraut sind. – 3. *Markteintrittsstrategien auf internationaler Ebene:* → internationale Markteintrittsstrategien.

Marktentwicklungsstrategie → Wachstumsstrategie.

Markterfassungsstrategien → Marktsegmentierung.

Marktergebnis – *Market Result, Market Performance;* dient als Maßstab, anhand dessen beurteilt werden kann, inwieweit auf dem betrachteten → relevanten Markt das Ziel bestmöglicher Versorgung erreicht wird. Die Höhe des Preises und der Gewinne, die Qualitäten, der Output oder der technische Fortschritt sind Beispiele für Marktergebnisdimensionen. – Marktergebnis wird zur Beschreibung des formalen Aufbaus des Konzepts eines → wirksamen Wettbewerbs verwendet.

Markterkundung – gelegentliche, nicht systematische Untersuchung des Marktes. – *Anders:* → Marktforschung.

Markterschließung – Eröffnung von Absatzmöglichkeiten (Einführung eines Produktes am Absatzmarkt) durch Überwindung des → Marktwiderstandes. Markterschließung gehört zu den Aufgaben des → Marketings; i.d.R. mittels intensiver → Einführungswerbung. – Vgl. auch → Markteintrittsstrategien.

Marktexperimente → Experimentelle Wirtschaftsforschung.

Marktfinanzierung – Form der → Außenfinanzierung, bei der der Unternehmung Kapital vom Markt (→ Kapitalmarkt) zugeführt wird. Marktfinanzierung erfolgt: (1) durch Einlagen z.B. der Aktionäre (→ Beteiligungsfinanzierung), (2) durch Aufnahme von Anleihen u.Ä. (→ Fremdfinanzierung).

Marktformen – Klassifizierung der Märkte (→ Markt) u.a. nach der Anzahl der Marktteilnehmer

Marktformen

Nachfrager / Anbieter	einer	wenige	viele
einer	bilaterales Monopol	beschränktes Monopol	Monopol
wenige	beschränktes Monopson	bilaterales Oligopol	Oligopol
viele	Monopson	Oligopson	(bilaterales) Polypol

und deren relativem Gewicht *(Marktmorphologie).* Durch die Kombination von einem, wenigen, vielen Anbietern und Nachfragern lässt sich das folgende Schema bilden (vgl. Abbildung „Marktformen"). Sind auf beiden Marktseiten sehr viele Akteure („Polypol-Polypson") vorhanden, spricht man auch von *atomistischer* Marktstruktur. Als *vollkommene Konkurrenz* wird das bilaterale Polypol bezeichnet, wenn zusätzlich alle *Vollkommenheitskriterien* erfüllt sind, d.h. die vier *Homogenitätsbedingungen* (Fehlen sachlicher, persönlicher, zeitlicher und räumlicher Päferenzen) und eine *vollständige Markttransparenz.* – Das dargestellte Marktschema stellt nur auf die Anzahl und das Gewicht der Marktseiten, nicht aber auf das Kräfteverhältnis der Akteure einer Marktseite ab. Letzteres lässt sich jedoch in die Analyse einbeziehen. *Beispiel:* Beim *Teilmonopol* bzw. *Teiloligopol* dominiert ein Anbieter bzw. eine Gruppe von wenigen Anbietern marktanteilsmäßig die vielen Übrigen. – Darüberhinaus werden in der Marktformenlehre nach der Beschaffenheit der angebotenen Güter *homogene und heterogene Oligopole* bzw. *homogene und heterogene Polypole* unterschieden. – In der *Preistheorie* werden aus den Marktformen Verhaltensweisen abgeleitet, die für die Preisbildung ausschlaggebend sein sollen, was sich jedoch als zu kurzschlüssig erwiesen hat.

Marktforscher – nicht geschützte Berufsbezeichnung für eine in der Marktforschung tätigen und dafür bes. geschulte Person. Die Organsiation der Marktforscher (Bundesverband der Deutschen Markt- und Sozialforscher e.V., abgekürzt: BVM) führt jedoch eine Berufsrolle, in die man sich unter bestimmten Bedingungen als Marktforscher (BVM) eintragen kann. Marktforscher haben bes. Standesregeln zu beachten. – *Ausbildung:* Marktforscher haben überwiegend einen wirtschafts- oder sozialwissenschaftlichen Hintergrund, teilweise sind sie aber auch in anderen Wissenschaften wie z.B. Psychologie oder Statistik ausgebildet. Neuerdings werden Marktforscher auch in dem Lehrberuf „Fachangestellte für Markt- und Sozialforschung" ausgebildet. – *Tätigkeitsfelder:* Marktforscher sind meist entweder als betriebliche Marktforscher bei Unternehmen tätig, welche Marktforschungsleistungen nachfragen, oder als Institutsmarktforscher bei Marktforschungsunternehmen, die solche Leistungen anbieten.

Marktforschung – *Market Research.* 1. *Begriff:* Die Marktforschung ist ein Teilgebiet der → Marketingforschung. Marktforschung und Marketingforschung haben den gleichen Untersuchungsgegenstand, sofern sie sich auf Absatzmärkte beziehen. Während die Marketingforschung darüber hinaus auch unternehmensinterne marketingrelevante Informationen erhebt und verarbeitet, kann sich Marktforschung auch auf andere Märkte, z.B. Beschaffungsmärkte beziehen. Marktforschung ist die systematisch betriebene Erforschung eines konkreten Teilmarktes (Zusammentreffen von Angebot und Nachfrage) einschließlich der Erfassung der Bedürfnisse aller Beteiligten unter Heranziehung v.a. externer Informationsquellen. Im Gegensatz dazu ist die → Markterkundung nur eine gelegentliche und unsystematische Untersuchung des Marktes. – 2. *Formen:* Man kann zahlreiche Formen der Marktforschung nach unterschiedlichen Kriterien unterscheiden: (1) Nach dem *Untersuchungsobjekt* (→ ökoskopische Marktforschung, → demoskopische Marktforschung); (2) nach dem *Erhebungs- bzw. Bezugszeitraum* (laufend, fallweise, prospektiv, retrospektiv); (3) nach dem *Untersuchungsraum* (lokale, regionale oder internationale Marktforschung); (4) nach *Marktbereichen bzw. Branchen* (Investitionsgüter-, Konsumgüter-, Dienstleistungs-, Handels-, nicht kommerzielle Marktforschung; → Konkurrenzanalyse); (5) nach *Unternehmensbereichen* (→ Beschaffungsmarktforschung, → Absatzmarktforschung, → Personalforschung). – 3. *Ablauf:* (1) Bestimmung und Abgrenzung des Informationsbedarfs; (2) Bestimmung der Untersuchungsmethode; (3) Erstellung der Erhebungsunterlagen; (4) Erhebung der gesuchten Daten; (5) Aufbereitung der gewonnenen Daten, sodass sie das Informationsbedürfnis klären; (6) Präsentation der Ergebnisse und Treffen einer Entscheidung auf der Grundlage der gewonnenen Erkenntnisse. – 4. *Verfahren:* a) *Informationsgewinnung:* Zu unterscheiden sind → Primärforschung und → Sekundärforschung. Letztere verwendet bereits vorhandenes, früher erhobenes Datenmaterial, während im Rahmen der ersteren ausschließlich neue Informationen erhoben werden. – b) *Auswahl der Untersuchungsobjekte* (z.B. Personen, Unternehmen): Die Auswahl erfolgt bei Teilerhebungen i.d.R. mithilfe verschiedener statistischer Verfahren (→ Auswahlverfahren, → Zufallsstichprobenverfahren). – c) *Datenerhebung*

(→ Erhebung): Im Rahmen der Primärforschung erfolgt die Datenerhebung durch → Beobachtung und/oder → Befragung (→ Interview, → Expertenbefragung), die in Form eines → Experimentes erfolgen können. Die Methoden der Datenerhebung können im Rahmen einer → Feldforschung (z.B. → Testmarkt) oder einer → Laborforschung (z.B. Testmarktsimulation) eingesetzt werden. Z.T. gelangen im Rahmen der Marktforschung → apparative Verfahren zum Einsatz. Häufig findet die → computergestützte Datenerhebung Anwendung. Darüber hinaus ist in Wissenschaft und Praxis eine Vielzahl von Untersuchungsmethoden bzw. Testverfahren für spezielle Fragestellungen des Marketings entwickelt worden (z.B. → Akzeptanztest, → Anzeigentest, → Blickregistrierung). – d) *Informationsverarbeitung:* Die Informationsverarbeitung orientiert sich an den Untersuchungszielen, der Zahl der zu verarbeitenden Variablen und der Qualität des Datenmaterials (→ Skalenniveau). Hierbei kommen in Betracht: (1) → Univariate Analysemethoden (z.B. Häufigkeitsauszählung, Häufigkeitsverteilung); (2) → bivariate Analysemethoden (z.B. Kreuztabellierung, Korrelation, einfache Regressionsanalyse); (3) → multivariate Analysemethoden (z.B. → Conjoint Measurement, multiple → Regressionsanalyse, → Varianzanalyse, → Diskriminanzanalyse, → Clusteranalyse, → Faktorenanalyse, → multidimensionale Skalierung (MDS), → Pfadanalyse, → Kausalanalyse); (4) der Einsatz von komplexen Marketingmodellen. – 5. *Anwendungsmöglichkeiten:* Die Ergebnisse der Marktforschung bilden die Grundlage für die Diagnose und → Prognose der künftigen Markt- und Produktentwicklung und damit für die Planung strategischer und operativer Marketingmaßnahmen (→ Marketing). V.a. die Neuproduktplanung und die Erarbeitung kommunikationspolitischer Einzelmaßnahmen ist auf die Heranziehung umfassender Marktforschungsdaten angewiesen. Der Bedarf der Kunden kann erst durch systematische Marktforschung genau ermittelt werden. → Preistests untermauern z.B. die Festlegung konkreter Preise für die einzelnen Sortimentsteile. Mithilfe der → Marktsegmentierung können neue Kundensegmente identifiziert werden. Im Rahmen der Investitionsgütermarktforschung werden die Träger wichtiger Entscheidungen je nach Phase eines einzelnen Projektabschnitts herausgearbeitet. Alle im Rahmen der Marktforschung gewonnenen Daten können mithilfe eines → Marketing-Informationssystems (MAIS) gespeichert sowie entscheidungsorientiert aufgearbeitet werden und bei → Marketing-Expertensystemen als Basis für die Problemlösung auch schlecht strukturierter, marketingspezifischer Fragestellungen dienen.

Marktforschungsdaten – von der → Marktforschung zur Verfügung gestellte Daten.

Marktforschungsinstitute – meist gewerbliche Institute, die → Marktanalysen für Organisationen, Industrie, Handel und Werbeagenturen erstellen und/oder die Daten dafür erheben und aufbereiten. Ein Teil der dt. Marktforschungsinstitute hat sich zum Arbeitskreis Deutscher Marktforschungsinstitute e. V. zusammengeschlossen. Marktforschungsinstitute in der Bundesrepublik Deutschland sind aufgeführt im Handbuch der European Society for Opinion and Marketing Research (ESOMAR) und im Handbuch des Bundesverbands der Deutschen Markt- und Sozialforscher (BVM).

Marktführer – das Unternehmen mit dem größten Marktanteil in einem relevanten Markt.

Marktgleichgewicht → Gleichgewicht.

Marktgliederung – 1. *Begriff:* Im Rahmen der organisatorischen Bereichsbildung die → Spezialisierung der → organisatorischen Einheit nach Marktmerkmalen; Spezialisierung erfolgt nach dem → Objektprinzip. – 2. *Kriterien einer Marktgliederung:* Unterscheidung zwischen stabilen und dynamischen Märkten, geografische Gesichtspunkte (→ Regionalgliederung), Kundenaspekte (→ Kundengliederung) u.a.

Markthandel – *Messhandel;* Form des → ambulanten Handels auf bestimmten, meist in regelmäßigen Zeitabständen abgehaltenen Märkten (Jahrmärkten, Krammärkten, Kirchweihfesten (Kirmes), Weihnachtsmärkten). Vornehmlich in ländlichen und kleinstädtischen Gebieten, aber auch in Großstädten (Altstadtfeste). – *Übliche Angebote:* Textilien, Töpferwaren, kleinere Haushaltswaren, Holzwaren, einfaches Spielzeug, Geschenkartikel, Christbaumschmuck, Trödel, Antiquitäten u.a. Produkte des Kunsthandwerks. Häufig ergänzt um regionale Spezialitäten. – Vgl. auch → Straßenhandel, → Wochenmarkt, → Jahrmarkt, → Spezialmarkt.

marktinkonform – Als marktinkonform werden wirtschaftspolitische Maßnahmen bezeichnet, die der marktwirtschaftlichen Rahmenordnung zuwider laufen, weil der Staat mittels Kontrollen Mengen und Preise für bestimmte Güter festsetzt und damit den Markt-Preis-Mechanismus außer Kraft setzt. – Die Hintergründe solcher marktinkonformen Eingriffe sind hauptsächlich sozialpolitisch motiviert. Bspw. sollen dadurch das Einkommen oder die Versorgung bestimmter Bevölkerungsgruppen gesichert werden. Die Durchsetzung von → Mindestlöhnen in verschiedenen Berufsgruppen ist ein Beispiel für eine marktinkonforme Maßnahme. – Vgl. auch → Dirigismus, → Marktkonformität.

Marktkanal → Absatzkanal, → Absatzwege.

Marktkapitalisierung – *Börsenkapitalisierung;* die mit dem Aktienkurs bewertete Anzahl der börsennotierten Aktien einer Aktiengesellschaft. Im Zusammenhang mit der Bildung von Kursindizes wird auch umgekehrt von einer Wichtung der Aktienkurse mit der Anzahl der börsennotierten Aktien gesprochen. Sie bewirkt, dass neben der Höhe des Aktienkurses auch der Umfang des börsennotierten Grundkapitals den Anteil einer Aktiengesellschaft am Indexstand bestimmt. Der Kurswert der inländischen börsennotierten AGs in Deutschland betrug im Jahre 2007 ca. 2.105.000 Mio. US-Dollar. Zum Vergleich: die Marktkapitalisierung an der → New York Stock Exchange (NYSE) betrug ca. 15.650.000 Mio. US-Dollar. – Vgl. auch → Deutscher Aktienindex (DAX).

Marktkonfiguration → Marktkonstellation.

Marktkonformität – 1. *Allgemein:* Marktkonformität muss innerhalb marktwirtschaftlicher Systeme vorliegen, um nicht die → Systemkonformität zu verletzen. Insbes. darf nicht der Markt-Preis-Mechanismus beeinträchtigt werden. Dabei ist die Abgrenzung des Marktes zu beachten. – *Beispiel:* Zölle tasten den inländischen Preismechanismus nicht an, bedeuten jedoch eine marktwidrige Diskriminierung ausländischer Anbieter. – 2. *Beispiele*: Vertreter des *Ordoliberalismus* und des *Konzepts der Sozialen Marktwirtschaft* fordern die strikte Beachtung der Marktkonformität. Wohlfahrtsstaatliche Eingriffe werden deshalb rigoros abgelehnt. – 3. *Abstufungen*: Der wirtschaftspolitischen Instrumenteneinsatz hat unterschiedliche Folgen für den Markt, für das System bzw. für das Konzept: (a) Systemnotwendig sind Maßnahmen, wie die Sicherung des Privateigentums oder des Wettbewerbs in einer Marktwirtschaft. (b) Systemerhaltend sind z.B. Instrumente, die die Funktionsweise des Preismechanismus auf den Märkten unterstützen. (c) Systemkonform sind Maßnahmen, die mit den Grundsätzen des Systems übereinstimmen. (d) Systeminkonforme Maßnahmen sind nicht mit den Leitgedanken des Systems vereinbar, gefährden aber das System nicht notwendigerweise. (e) Systemgefährdende oder gar systemzerstörende Maßnahmen werden z.B. in der Vergesellschaftung der Produktionsmittel und in der staatlichen Zwangswirtschaft mit Preis- und Lohnkontrollen versehen. – Vgl. auch → Ordnungsökonomik, → Systemkonformität, → Konzeptionskonformität.

Marktkonstellation – *Marktkonfiguration;* Zustand eines → Marktes, wie er sich – v.a. hinsichtlich der Marktstellung und der daraus resultierenden Geschäftspolitik einer Unternehmung – aus dem Zusammenwirken vorherrschender → Marktformen, → Marktstruktur und einzelner Marktkomponenten (z.B. → Angebot, → Nachfrage, Verhaltensweise) ergibt.

Marktlagengewinn – *Q-Gewinn*; nach E. Preiser eine Form des dynamischen Einkommens. Marktlagengewinne exisiteren vorübergehend und entstehen, wenn Investitionen durch Kredite und Geldschöpfung finanziert werden.

Marktleistung – *Allgemein:* Die für den Verkauf (den Markt) bestimmten Erzeugnisse oder Dienstleistungen von Unternehmungen, auch *Absatzleistungen* genannt. – *Gegensatz:* → innerbetriebliche Leistungen.

Marktlohn – nach der Lohntheorie der klassischen Nationalökonomie der sich aus Arbeitsangebot und -nachfrage in der kurzen Frist ergebende → Lohn. Im Mittelpunkt stand bei den Klassikern allerdings der → natürliche Lohn, der langfristig vorherrscht und vom Subsistenzniveau bestimmt wird. – Vgl. auch → Lohntheorien, → Verteilungstheorie.

Marktmacht – Kriterium der Wettbewerbstheorie zur Kennzeichnung des Wettbewerbsgrades auf einem Markt. Marktmacht wird dabei im Sinn von → Marktbeherrschung interpretiert, die tendenziell zur Ausschaltung des Wettbewerbs führt. – Die *Bekämpfung von Marktmacht* durch Verhinderung von Kartellen, Fusionskontrolle und Entflechtung von Konzernen ist die vordringlichste Aufgabe der Wettbewerbspolitik. Die Vermutungstatbestände des Gesetzes gegen Wettbewerbsbeschränkungen (GWB) unterscheiden zwischen den Markt beherrschenden (Teil-) → Monopolen und → Oligopolen. – Vgl. auch → Macht.

Marktmanagementorganisation – 1. *Begriff:* Konzept einer → mehrdimensionalen Organisationsstruktur, bei der eine gegebene Grundstruktur durch die organisatorische Verankerung von → Kompetenz für die aus den einzelnen (meist Absatz-)Märkten einer Unternehmung resultierenden speziellen Aufgaben ergänzt wird. – 2. *Formen:* a) Die Institutionalisierung des Marktmanagements kann auf einen → organisatorischen Teilbereich beschränkt oder teilbereichsübergreifend sein. – b) Die Institutionalisierung kann in Form von Kernbereichen (Kernbereichs-Marktmanagement), → Richtlinienbereichen (Richtlinien-Marktmanagement), Matrixbereichen (Matrix-Marktmanagement; → Matrixorganisation), → Servicebereichen (Service-Marktmanagement) oder → Stäben (Stabs-Marktmanagement) erfolgen. – 3. Bei der *Auswahl* einer der sich hieraus ergebenden Gestaltungsalternativen sind die angestrebte Reichweite für die Berücksichtigung der Marktmanagement-Perspektive im arbeitsteiligen Entscheidungsprozess der Unternehmung sowie die spezifischen Vor- und Nachteile der alternativen Bereichsformen abzuwägen.

Marktmanipulation – Täuschungshandlung im Wertpapiergeschäft, z.B. durch Verbreitung von Gerüchten oder Empfehlungen bei Bestehen eines möglichen Interessenkonfliktes. Die Marktmanipulation unterliegt dem Verbot des § 20a I 1 Nr. 2 WpHG, ergänzt durch die Verordnung zur Konkretisierung des Verbotes der Marktmanipulation (Marktmanipulations-Konkretisierungsverordnung – MaKonV – vom 1.3.2005 (BGBl. I 515).). – Nach dem Entwurf der EU-Kommission von Art. 4 der Richtlinie über strafrechtliche Sanktionen für Insider-Geschäfte und Marktmanipulation vom 20.10.2011, der die → Marktmissbrauchsrichtlinie ändert, sollen folgende vorsätzliche Handlungen künftig als Marktmanipulation strafbar sein: a) Aussenden falscher oder irreführender Signale hinsichtlich des Angebots oder des Kurses eines Finanzinstruments oder damit verbundenen Waren-Spot-Kontrakts oder der Nachfrage danach; b) Beeinflussung des Kurses eines oder mehrerer Finanzinstrumente oder eines damit verbundenen Waren-Spot-Kontrakts, um ein anormales oder künstliches Kursniveau zu erzielen; c) Abschluss einer Transaktion, Erteilung eines Kauf- oder Verkaufsauftrags und jegliche sonstige Tätigkeit an Finanzmärkten, die den Kurs eines oder mehrerer Finanzinstrumente oder eines damit verbundenen Waren-Spot-Kontrakts beeinflusst, unter Vorspiegelung falscher Tatsachen oder unter Verwendung sonstiger Kunstgriffe oder Formen der Täuschung; d) Verbreitung von Informationen, die falsche oder irreführende Signale hinsichtlich Finanzinstrumenten oder mit diesen verbundenen Waren-Spot-Kontrakten aussenden, sofern die betreffenden Personen durch die Verbreitung dieser Informationen einen Vorteil oder Gewinn für sich selbst oder für Dritte erzielen; e) Übermittlung falscher oder irreführender Angaben, die eine falsche oder irreführende Ausgangsbasis bilden, oder vergleichbare Handlungen, durch die die Berechnung einer Benchmark vorsätzlich manipuliert wird (Ergänzung durch den geänderten Entwurf der EU-Kommission vom 25.7.2012). - Vgl. auch → Scalping, → Kursstützung.

Marktmechanismus → Preismechanismus, → Tâtonnement.

Marktmissbrauchsrichtlinie - Kurzbezeichnung für die Richtlinie 2003/6/EG des Europäischen Parlamentes und Rates über Insidergeschäfte und → Marktmanipulation vom 28.1.2003, die die → Insider-Richtlinie von 1989 aufgehoben hat. - Die dt. Umsetzung erfolgte v.a. im → Wertpapierhandelsgesetz (WpHG). Die Aufsichtsbehörde, die → Bundesanstalt für Finanzdienstleistungsaufsicht (BaFin), kann zur Durchsetzung des Insiderhandels- und Marktmanipulationsverbotes oder zur Beseitigung sonstiger Missstände z.B. den Handel aussetzen, wenn dies geboten ist.--Nach dem Vorschlag der EU-Kommission für eine Richtlinie über strafrechtliche Sanktionen für Insider-Geschäfte und Marktmanipulation v. 20.10.2011, KOM(2011) 654, Ergänzung v. 25.7.2012, KOM(2012) 420) sollen künftig alle Mitgliedsstaaten strafrechtliche Sanktionen vorsehen, die effektiv, verhältnismäßig und abschreckend sein müssen. Kernregelungen der bisherigen Marktmissbrauchsrichtlinie sollen allerdings in eine EU-Verordnung über Insider-Geschäfte und Marktmanipulation überführt werden (Entwurf vom 20.10.2011, KOM(2011) 651, Ergänzung v. 25.7.2012, KOM(2012) 421), damit diese in den Mitgliedstaaten unmittelbar gelten. Der Verordnungsentwurf weitet den Anwendungsbereich von Finanzinstrumenten, die zum Handel an einem geregelten Markt zugelassen sind, auf sämtliche Finanzinstrumente aus, die zum Handel auf einem → MTF oder → OTF zugelassen sind, sowie auf alle außerbörslich gehandelten verbundenen Finanzinstrumente, die Auswirkungen auf die erfassten zugrunde liegenden Märkte haben können. Begründet wird dies damit, dass seit der Verabschiedung der → MiFID Finanzinstrumente zunehmend in Swap-Ausführungssystemen oder sog. Broker-Crossing-Systemen (s. → OTF) oder ausschließlich außerbörslich gehandelt werden, und es so zu Aufsichtsarbitrage zwischen Handelsplätzen kommen kann. Die Einheitlichkeit des Anlegerschutzes und die Marktintegrität in der gesamten Union sollen gewahrt werden und es soll durch die Änderung klargestellt werden, dass Marktmanipulation in Bezug auf solche Finanzinstrumente durch außerbörslich gehandelte Derivate wie Credit Default Swaps → (CDS) verboten ist. Der Entwurf ergänzt den Tatbestand der Straftatbestand der Marktmanipulation zudem durch den der Manipulation von Benchmarks (s. → LIBOR).--Vgl. auch → Marktmanipulation; → Scalping; → Directors Dealing; → Insiderinformationen; → Insiderverzeichnis; → Börsenkommunikation zur Ad-Hoc-Pflicht.

Marktnische - Teilmarkt (→ Marktsegment) des Gesamtmarktes, der durch vorhandene Produkte nicht voll befriedigt wird, weil diese den Vorstellungen der potenziellen Käufer nicht in genügendem Umfang entsprechen. Nach dem Verhalten der potenziellen Käufer bis zur Einführung eines entsprechenden Produktes zu unterscheiden: (1) *manifeste Marktnische:* sie verzichten ganz; (2) *latente Marktnische:* sie weichen auf andere Produkte aus. - Vgl. auch → Nischenstrategie.

Marktordnung - gemäß Marktordnungsgesetz (MOG) ein System von Maßnahmen, durch das Angebot und Nachfrage sowie die Preisentwicklung in einer bestimmten Richtung beeinflusst oder gelenkt werden sollen. - Im Einzelnen: 1. *totale Regelung der Angebotsmengen und Bezugsberechtigungen durch zentrale Verwaltungsmaßnahmen* (z.B. Einfuhrkontingentierung, Produktionslenkung mittels Herstell- und Verwendungsverboten): verwirklicht (1) theoretisch in der staatlichen → Zentralverwaltungswirtschaft; (2) praktisch im Bereich der sowjetischen Wirtschaftsverfassung (auch in der ehem. DDR) und in der Kriegs- und Rüstungswirtschaft. - 2. *Staatliche oder andere behördliche Beeinflussung des Marktgeschehens* (z.B. Festsetzung von Marktzeiten, Höchst- und Mindestpreisen, Qualitätsnormen): in der Bundesrepublik Deutschland Marktstützungspolitik zugunsten der Landwirtschaft mittels Einfuhrkontingentierung bzw. Unterhaltung von Marktordnungsstellen, Zollpolitik, Preisbindung für Inlandsprodukte etc. - 3. *Landwirtschaftliche Marktordnung für bestimmte Produkte:* Diese dient dazu, die Existenzfähigkeit der Erzeuger, eine gleichmäßige Versorgung der Bevölkerung und einen gewissen Selbstversorgungsgrad zu sichern. Ferner soll die Preisentwicklung auf den Märkten vor übermäßigen Schwankungen bewahrt bleiben. Die Marktordnung der EU wird auch als gemeinsame Marktorganisationen bezeichnet. - *Gegensatz:* → Marktregelung. - *Anders:* → Wirtschaftsordnung.

Marktordnungsgesetz (MOG) – Gesetz zur Durchführung der gemeinsamen Marktorganisationen. Es schafft die innerstaatliche Rechtsgrundlage für die Durchführung der gemeinsamen Marktorganisationen der EU für landwirtschaftliche Erzeugnisse in der Bundesrepublik Deutschland.

Marktordnungsstelle – ist gemäß § 3 MOG die → Bundesanstalt für Landwirtschaft und Ernährung (BLE). Einzelne Aufgaben können dem → Bundesamt für Wirtschaft und Ausfuhrkontrolle (BAFA) übertragen werden.

marktorientierte (umweltpolitische) Instrumente → Umweltpolitik.

Marktpenetration → Marktdurchdringungsstrategie.

Marktphase – Entwicklungsstadium eines → Marktes. Nach *E. Heuß* durchläuft ein Markt von seiner Entstehung bis zu seinem Endzustand verschiedene Marktphasen mit jeweils unterschiedlichen Angebots- und Nachfragebedingungen, die Heuß in *Experimentier-, Expansions-, Ausreifungs- und Stagnations- oder Rückbildungsphase* einteilt. Diesen vier Marktphasen entsprechen der Pionierunternehmer, der spontan imitierende, der nur unter Druck reagierende Unternehmer sowie der immobile Unternehmer. Als mögliches Einteilungskriterium für die Marktphasen dient die → Einkommenselastizität der Nachfrage. – Die von Heuß vorgenommene *Typisierung von Marktphasen und Unternehmertypus* erlaubt Rückschlüsse für die Wettbewerbspolitik, da die Marktphasen nicht nur mit dem Unternehmertypus, sondern auch mit der → Marktform und den Marktzutrittsschranken sowie den im Wettbewerb eingesetzten Aktionsparametern und Gewinnraten korrelieren.

Marktportefeuille → Capital Asset Pricing Model (CAPM).

Marktpositionierungsmodell → Produktpositionierung, → Markenpositionierung

Marktpotenzial – Aufnahmefähigkeit eines Marktes. Gesamtheit möglicher Absatzmengen eines Marktes für ein bestimmtes Produkt oder eine Produktkategorie. Das Marktpotenzial bildet die obere Grenze für das → Marktvolumen. – Vgl. auch → Absatzpotenzial, → Absatzvolumen.

Marktpreis – 1. Ein von den Klassikern der Nationalökonomie im Gegensatz zum → natürlichen Preis geprägter Begriff für den ausschließlich durch Angebot und Nachfrage auf einem → Markt über die unsichtbare Hand (→ Tâtonnement) bestimmten *Gleichgewichtspreis.* – 2. Der auf einem Markt (Produktenbörse, Effektenbörse, Wochenmarkt, Weltmärkten etc.) entsprechend dem durchschnittlichen Angebot und der allg. Nachfrage *während der Marktzeit* erzielte Preis; auch der bei *staatlicher Preispolitik* festgelegte, am Tageswert orientierte Preis. Dieser durchschnittliche Preis liegt der amtlichen Preisstatistik zugrunde.

Markt-Preis-Mechanismus → Preismechanismus.

Marktpreismethode → hedonischer Ansatz.

Marktproduktion → Angebotsproduktion.

Markt-Produktlebenszyklus-Portfolio → Portfolio-Analyse.

Marktprognose – Voraussage der Marktentwicklung mittels → Marktbeobachtung, indem Zusammenhänge zwischen den Bewegungen verschiedener Märkte oder anderer wirtschaftlicher Faktoren (→ Konjunkturtest) aufgespürt werden, die in ihren zeitlichen Phasen einander nachgeordnet sind. Der Trend von Preisen und Mengen des einen Marktes liefert die Trendprognose für den nachgeordneten und mit dem vorhergehenden in Verbindung stehenden Markt. – Vgl. auch → Prognose.

Marktprozesstheorie → Informationsökonomik.

Markträumungsansatz → Neue Klassische Makroökonomik.

Marktreaktionsfunktion → Responsefunktion.

Marktregelung – Maßnahmen einer Unternehmung zur Unterstützung ihrer Absatz- und Vertriebspolitik. – 1. *Vertraglich* im Rahmen von Kartellen, durch Teil- oder Voll-Monopol im Rahmen von Konzernen oder durch staatliche Preispolitik bzw. durch Kontingentierung der Grundstoffe oder Bewirtschaftung von Halb- und Fertigfabrikaten erzielter Ausgleich zwischen Angebot und Nachfrage. – 2. In der *freien Verkehrswirtschaft* nur mittels (aufgrund systematischer → Marktforschung erzielter) Markttransparenz bez. der nachgefragten Mengen und Qualitäten sowie im Hinblick auf Preise und Abgabebedingungen der Konkurrenz annähernd erreichbar. – *Störung* der Marktregelung führt zu Schwankungen um das mögliche Gleichgewicht. – *Gegensatz:* → Marktordnung.

Marktrisiko – ein Bereich des → Länderrisikos, das zur Bestimmung des Risikos grenzüberschreitender Geschäfte klassifiziert wird. Unter Marktrisiken versteht man die Wahrscheinlichkeit durch falsche Einschätzung der Nachfrage, den Zusammenbruch der Nachfrage o.Ä. dem Unternehmen zu schaden.

Marktsättigungsgrad – Kennzahl bez. Wachstumschancen für ein Produkt im Gesamtmarkt oder in einzelnen Teilmärkten (→ Marktsegment):

$$\frac{\text{Marktvolumen}}{\text{Marktpotential}} \cdot 100.$$

Marktschwankungen – regelmäßig wiederkehrende Verschiebungen der → Marktstruktur; festzustellen durch → Marktbeobachtung. – Zu *unterscheiden:* jahreszeitliche Schwankungen (→ Saisonschwankungen) und → Konjunkturschwankungen. – *Gegensatz:* → Marktverschiebung.

Marktsegment – *Absatzsegment*; Teilmarkt mit einer nach ihrer Reaktion auf → marketingpolitische Instrumente homogeneren Abnehmergruppe als der des Gesamtmarktes. Die Marktsegmente sollen hinsichtlich der gewählten kaufrelevanten Segmentierungskriterien (→ Marktsegmentierung) in sich möglichst ähnlich, untereinander jedoch möglichst unähnlich sein.

Marktsegmentierung – Aufteilung des Gesamtmarktes nach bestimmten Kriterien in Käufergruppen bzw. -segmente, die hinsichtlich ihres Kaufverhaltens oder kaufverhaltensrelevanter Merkmale in sich möglichst ähnlich (homogen) und untereinander möglichst unähnlich (heterogen) sein sollen. – *Hauptzweck* der Marktsegmentierung ist, Unterschiede zwischen den Käufern aufzudecken, um daraus Schlussfolgerungen für segmentspezifische Marketingprogramme (→ Marketing) zu ziehen (→ Kundenstrukturanalyse). Damit ergeben sich zwei *Teilaufgaben:* Es müssen die → Marktsegmente definiert *(taxonomische Marktsegmentierung)* und segmentspezifische Strategien entwickelt und implementiert werden *(managementorientierte Marktsegmentierung).* – 1. *Markterfassungsstrategien* mithilfe kaufverhaltensrelevanter *Segmentierungskriterien:* a) Segmentierung nach demografischen (Religion, Geschlecht, Alter, Haushaltsgröße), nach sozio-ökonomischen (Einkommen, Schulbildung, Beruf) und nach psychographischen Kriterien (Lebensstil, Merkmale der Persönlichkeit). – b) Segmentierung nach Kaufverhaltens- und Responsemerkmalen (Käufer, Nichtkäufer, Verhalten bez. nichtpreislicher Marketinginstrumente, Preisresponse, Preisbereitschaft, Preissensitivität, Preiseinstellung und Sonderangebotsresponse). Der Vorteil der Segmentierung nach allg. Käufermerkmalen (1) liegt in der leichten Messbarkeit der Kriterien, ihr Nachteil ist die relativ geringe prognostische Relevanz bez. des tatsächlichen Kaufverhaltens. Bei einer Segmentierung nach Kaufverhaltens- und Responsemerkmalen (2) werden die unmittelbar relevanten Kriterien für eine Marktsegmentierung zwar direkt erfasst, sind aber relativ schwer beobachtbar und/oder die auf dieser Basis gebildeten Segmente sind nicht gezielt ansprechbar. Deshalb versucht man (3), von den nach Kaufverhaltensmerkmalen definierten Segmenten Beziehungen zu den allg. Käufermerkmalen herzustellen, um dann die Segmente neu zu definieren. Als statistische Methoden werden dabei v.a. die → Regressionsanalyse, die → Clusteranalyse, die → Diskriminanzanalyse, → AID-Analyse und die → multidimensionale Skalierung (MDS) herangezogen. – 2. *Strategien zur segmentspezifischen Marktbearbeitung:* a) konzentrierte Marktstrategie: Bearbeitung nur des lukrativsten Segments (→ Marktnische); b) differenzierte Marketingstrategie: Bearbeitung mehrerer Segmente; c) selektiv differenzierte Strategie: Bearbeitung weniger ausgewählter Segmente. – 3. *Marktsegmentierung im Investitionsgütermarketing:* → Makrosegmentierung. – 4. *Marktsegmentierung auf internationaler Ebene:* → Internationale Marktsegmentierung.

Marktselektion → Auslandsmarktselektion.

Marktsoziologie

von Robert Skok

I. Begriff und Merkmale

Die *Marktsoziologie* oder auch *Soziologie der Märkte* ist ein Teilgebiet der Soziologie, in der Märkte den zentralen Erklärungsgegenstand bilden. Märkte sind zentrale Institutionen und Ordnungsformen moderner Gesellschaften, über die die Zuweisung und Verteilung von Gütern und Dienstleistungen gesteuert wird. Um Marktprozesse und –abläufe sowie die Wechselbeziehung von Märkten zu anderen gesellschaftlichen Teilbereichen angemessen erklären zu können, werden soziologische Theorien und Modelle sowie sozialwissenschaftliche, empirische Methoden eingesetzt, um theoretisch fundierte Annahmen und Hypothesen zu überprüfen. Im Zentrum marktsoziologischer Arbeiten steht die Erklärung und Analyse von: (1) Herausbildungs-, Stabilisierungs- und Transformationsprozessen von Märkten, (2) allgemeinen und/oder spezifischen Marktmechanismen (Institutionen, Normen, Netzwerke und Sozialkapital, Machtbeziehungen und Herrschaftsformen, Tauschbeziehungen), (3) Funktionen von Märkten (Unsicherheitsreduktion, Preisbestimmung), (4) Wechselbeziehungen zwischen Märkten und anderen gesellschaftlichen Teilbereichen (Moralvorstellungen, Religionen) sowie (5) den nach historischen Gesichtspunkten variierenden kulturellen Bedeutungen von Märkten (kulturelle Bedeutung von Tauschprozessen).

II. Entwicklung bzw. Geschichte des Begriffs

Der schottische Moralphilosoph *Adam Smith* entwickelte in seinem Werk „Wohlstand der Nationen" (1978 [1789]) im 18. Jahrhundert eine erste Markttheorie, die den Markt als eine sich selbst regulierende soziale Ordnungsfunktion beschreibt, die Angebot und Nachfrage – ohne jede zentrale Vermittlungs- und Planungsinstanz – so zu steuern vermag, dass die hergestellte Menge an Gütern mit der tatsächlichen Nachfrage übereinstimmt. Obwohl Smith von eigeninteressierten Akteuren ausgeht, ist es bemerkenswert, dass es Märkten gelingen kann, die unterschiedlichen Interessen der Marktakteure so zu führen, dass die individuellen

Bedürfnisse durch den Markttausch befriedigt werden und über die individuelle Zielverfolgung, als nicht intendierte Nebenfolge, die gesamtgesellschaftliche Wohlfahrt steigt; Smith nennt diesen sozialen Mechanismus „unsichtbare Hand". *Karl Marx,* ein weiterer Politökonom, schloss in „Das Kapital" (1968 [1867]) zwar an zentrale Ansichten Adam Smith an, wendet jedoch viele von ihnen kritisch um. Nach Marx sind Märkte nicht in der Lage, die divergierenden Interessengegensätze kapitalistischer Gesellschaften, die sich aus den antagonistischen Klassengegensätzen ausbilden, friedlich zu überwinden. Ende des 19. bzw. Anfang des 20. Jahrhunderts entstanden die ersten Ansätze der Wirtschafts- und Marktsoziologie. Als zentraler Meilenstein der sich neu etablierenden Denkrichtung kann *Max Webers* Werk „Wirtschaft und Gesellschaft" (1985 [1922]) gedeutet werden. Darin gibt Weber der Marktsoziologie zentrale Forschungsperspektiven vor, die bis heute die Marktsoziologie als eigenständige soziologische Teildisziplin begründet, denn „[s]oziologisch betrachtet, stellt der Markt ein Mit- und Nebeneinander rationaler Vergesellschaftung dar" (vgl. Weber 1985 [1922]: 382), welche aus den Interessen- und Konkurrenzkämpfen der Marktteilnehmer hervorgeht. Zudem hat er der jungen Disziplin einen umfangreichen Begriffskatalog mit an die Hand gegeben, so auch seine prominente Definition von Märkten, die weiterhin den Kern einer Vielzahl moderner soziologischer Markttheorien bildet: „Von einem Markt soll gesprochen werden, sobald auch nur auf einer Seite eine Mehrheit von Tauschreflektanten um Tauschchancen konkurrieren" (ebd.: 382). Nach dem Bedeutungsverlust der Wirtschafts- und somit auch der Marktsoziologie nach 1920 wurden nur noch vereinzelt marktsoziologisch relevante Arbeiten verfasst, u.a. „The Great Transformation" (1995 [1944]) von *Karl Polanyi*, dessen Werk in der Soziologie große Beachtung findet. Polanyis Arbeit kann aber nicht als eine dezidiert marktsoziologische Theorie gelesen werden, vielmehr ist sie eine kritisch-historische Rekonstruktion eines normativ-politisch motivierten gesellschaftlichen Wandels. Polanyi beschreibt den Verlagerungsprozess von staatlich gesteuerten und traditionell ausgerichteten Wirtschaftsformen: Redistribution und Reziprozität, hin zu einer Ordnungsform, die die Steuerung der Produktion und Allokation von Gütern allein dem Markt überlässt und sich selbst reguliert – Polanyi nennt sie Marktwirtschaft. Er verweist zudem auf die destruktiven Kräfte, die sich in dieser Ordnungsform ausbilden und sich infolge auf weitere gesellschaftliche Bereiche zerstörerisch ausweiten können; er plädiert in diesem Zusammenhang für die Einbettung von Märkten und meint, dass Märkte staatlichen Regulierungsinstanzen unterstellt werden sollten. Zu Beginn der 1980er-Jahre widmeten sich wieder vermehrt Soziologen, allen voran die US-amerikanischen Soziologen Harrison White, Ronald Burt und Mark Granovetter, ökonomischen Fragestellungen, die auch wieder Märkte zum Gegenstand soziologischer Forschung machten.

III. Unterscheidung von anderen ähnlichen Begriffen

Marktsoziologische Theorien teilen sich mit der Volkswirtschaft den Markt als Erklärungsgegenstand. Solche Ansätze beziehen aber ausdrücklich und auch in Abgrenzung zu ökonomischen Theorien, wie etwa der Neoklassik, soziale Aspekte in ihre Theoriemodelle mit ein, um angemessenere und realistischere Aussagen treffen zu können. So werden u.a. soziale Beziehungen, Institutionen, Normen und Werte in die Untersuchungen integriert, um deren Einfluss auf Marktprozesse zu thematisieren. Ökonomische Modelle hingegen verzichten bewusst auf viele Erklärungsvariablen, die für die Marktsoziologie von Bedeutung sind, da sie das Zustandekommen von Preisen unter der Restriktion knapper Ressourcen und einer möglichst optimalen Allokation von Gütern und Dienstleistung und deren effiziente Produktion und Herstellung zum Thema machen.

IV. Marktsoziologische Erklärungsansätze

Marktsoziologische Theorien lassen sich unterteilen in 1) Netzwerkansätze, 2) institutionelle Markttheorien und 3) kultursoziologische Ansätze (vgl. Beckert (2007): 51).

1. Netzwerkansätze

In dieser Denkrichtung werden Märkte als soziale Beziehungsmuster charakterisiert, die sich als Netzwerke beschreiben lassen. So auch der Ansatz von *Mark Granovetter*, der als Erweiterung des neoklassischen Marktmodells gelesen werden kann (vgl. Deutschmann (2007): 83), da er das Modell des rationalen Handelns beibehält. Er macht aber deutlich, dass Akteure ihre Entscheidungen nicht unabhängig voneinander treffen, sondern sich beim Handeln immer aufeinander beziehen und deshalb Teil einer sozialen Beziehung bzw. in soziale Netzwerke eingebettet sind. Nach Granovetter sind die Strukturen sozialen Handelns besonders handlungswirksam, weniger wirken hingegen allgemeine Moralvorstellungen oder institutionelle Settings. Für die Marktsoziologie sind die Arbeiten von Mark Granovetter von zentraler Bedeutung, da sie zeigen, dass Märkte nicht, wie die Theorie der Neoklassik unterstellt, Orte anonymen Handelns sind; vielmehr weisen diese soziale Beziehungsmuster auf (Granovetter (2000): 191), welche Ressourcen für marktwirtschaftliches Handeln bereitstellen oder aber erst die Handlungsgrundlage, wie etwa Vertrauen, bilden, auf welcher Markthandeln erfolgen kann. Demgemäß ist Markthandeln immer in soziale Beziehungen eingebettet (das Einbettungskonzept Mark Granovetters unterscheidet sich aber von dem Karl Polanyis (vgl. Swedberg (2009): 60)). Eine weitere Theorie, die netzwerktheoretisch argumentiert, ist die von *Harrison White*. Mit seinem Aufsatz „Where do markets come from?" (1981) beschreibt White Märkte als Netzwerke, in welchen Unternehmen sich wechselseitig am Verhalten ihrer Konkurrenten orientieren. Zentral ist die Annahme, dass Unternehmen bestrebt sind, Wettbewerbssituationen zu entschärfen, indem sich die Produzenten auf bestimmte Marktsegmente spezialisieren, da sich erst in diesen Gewinne erzielen lassen. White stellt mit seiner Arbeit den Preismechanismus als zentrale Koordinationsfunktion, der in den ökonomischen Theorien zentral für die Handlungsabstimmung zwischen Anbietern und Nachfragern ist, infrage (vgl. Roth (2010): 39); vielmehr ist es das Anliegen der Produzenten, die Rollenverteilung innerhalb eines Marktes zu reproduzieren. Ein weiterer wichtiger marktsoziologischer Netzwerkansatz ist der von *Ronald Burt*. Mit der Arbeit „Structural holes" (1992) zeigt Burt, dass bestimmte Positionen innerhalb eines Netzwerkes, sogenannte strukturelle Löcher, welche zwei oder mehrere Netzwerke in Beziehung setzen, den Inhaber dieser Position zu Vorteilen verhelfen, indem sie ihn bspw. mit Informationen versorgen, über die andere Akteure nicht verfügen und ihm dementsprechend zu Handlungsvorteilen verhelfen.

2. Institutionelle Markttheorien

Institutionelle Theorien beziehen im Besonderen Institutionen und Regeln in ihre Erklärungsansätze mit ein. Ein prominenter Vertreter dieser Denkrichtung ist *Neil Fligstein*. Fligsteins Ansatz zielt auf die Erklärung und Analyse von Ausbildungsprozessen und Funktionsmechanismen von Märkten ab. Märkte weisen soziale Strukturen auf, die Institutionen ordnen und stabilisieren und die sich – je nach Markt – unterscheiden lassen. Der gewichtige Gedanke ist, dass Märkte über stabile Marktordnungen verfügen müssen, sodass ein „strukturierter Austausch" (vgl. Fligstein (2011): 80) erfolgen kann. Stabile Marktstrukturen gehen aus dem Beziehungsgefüge der Unternehmen hervor, indem die mächtigen, etablierten Unternehmen im Markt die institutionellen Regeln, Kontrollkonzepte bzw. Deutungsmuster und Marktordnungen nach ihren Interessen entwerfen und diese gegenüber den weniger Mächtigen, den sog. Herausforderern durchsetzen und festschreiben, damit die geltende Macht- und Herrschaftsstruktur des Marktes reproduziert und auf Dauer sichergestellt wird. Auf die besondere Rolle des Staates als Ordnungsmacht weißt Fligstein insbesondere in den Phasen der Herausbildung und Transformation hin. Fligstein kann mit seiner Arbeit eindrucksvoll belegen, dass Märkte sozial konstruiert und auf staatliche Akteure angewiesen sind. Weitere institutionelle Ansätze, welche v.a. die kulturelle Bedeutung von Institutionen betonen und ihre Funktion als Träger von Erwartungs- und Wahrnehmungsmuster beleuchten, werden dem *soziologischen Neo-Institutionalismus* zugeordnet.

3. Kultursoziologische Ansätze

Kultursoziologische Ansätze betonen die kulturelle Bedeutung von Märkten. Es sind in erster Linie die Arbeiten von *Pierre Bourdieu*, die diese Denkrichtung prägen. Bourdieu fasst Märkte als Felder auf, die von Macht- und Konfliktlagen durchzogen sind und durch normative, kulturelle bzw. historische Faktoren geformt werden und das Handeln der Akteure innerhalb des Felds bestimmen. In seiner Arbeit zum Eigenheimmarkt (2002) untersucht er u.a. die Funktion des Staates bei der Konstitution des französischen Eigenheimmarktes wie auch die soziale Konstruktion der Präferenzen der Marktakteure (vgl. Florian (2006): 83). Eine weitere wichtige Autorin, die zu den kultursoziologischen Ansätzen gehört und sich Fragen widmet, die das Verhältnis von Markt und Moral (1978) beschreibt, ist *Viviane Zelizer.*

V. Wichtige marktsoziologische Studien

In diesem Abschnitt werden einige wichtige Arbeiten vorgestellt, die für die Marktsoziologie von Bedeutung sind, so auch die Arbeit „Market for Lemons" (1970) des Ökonomen und Nobelpreisträger *George A. Akerlof.* Sie ist für die Marktsoziologie dahingehend von Bedeutung, da sie zentrale Fragestellungen der Soziologie des Marktes abhandelt und Anschlussstellen für die Marktsoziologie bereithält. Akerlof zeigt am Beispiel des Gebrauchtwagenmarktes, dass in Marktsituationen, in welchen Anbieter und Nachfrager über unterschiedliche Informationen bezüglich der Qualität des gehandelten Produktes verfügen, Märkte als Ordnungsmechanismus versagen können. Marktsoziologische Ansätze können, wie es bereits auch einige ökonomische Ansätze getan haben, hierselbst anknüpfen und auf die stabilisierende Wirkung von Institutionen verweisen, wie etwa Konventionen in Form von technischen Standards oder Qualitätssiegel.

Im Zentrum von *Marie-France Garica-Parpets* qualitativer Arbeit (2007) steht die Frage der Ausbildung eines neu entstehenden Spotmarktes. Ganz konkret rekonstruiert sie am Beispiel des Erdbeermarktes in der französischen Gemeinde Fontaine-en-Sologne, wie sich aus einem Netzwerk von Erzeugern und Zwischenhändlern ein Auktionsmarkt aufgrund wirtschaftspolitischer Interventionen ausbildet. Sie beschreibt die dafür notwendigen sozialen Rahmungsprozesse, innerhalb derer sich der nach neo-klassischer Vorstellung geplante Markt formt und etabliert. Die Leistung von Garcia-Parpet ist, dass sie zeigen kann, wie die soziale Rahmung einer sozialen Situation das Handeln der Akteure bestimmt und über diesen Weg ein neuer Markt nach einem bestimmten theoretischen Vorbild geformt wird.

Jens Beckert und *Jörg Rössel* gehen in „Kunst und Preise" der Frage nach, wie sich auf dem zeitgenössischen Kunstmarkt die Preisbildung erklären lässt. Kunstwerke sind zumeist Einzelstücke, deren weitere Wertentwicklung nur schwer vorherzusagen ist. Märkte müssen aber, um eine dauerhafte Nachfrage entstehen zu lassen, stabile Strukturen aufweisen und Unsicherheit reduzieren. Die Unsicherheit speist sich aus der Tatsache, dass der Wert eines Kunstwerks sich weder über die Herstellungskosten noch durch ein knappes Angebot bestimmen lässt. Damit aber ein Markt stabile Strukturen hervorbringt, muss das Wertproblem gelöst sein. Die zentrale These der beiden Forscher lautet, dass das Wertproblem nicht im Markt und somit nicht über die Angebots- und Nachfragebeziehung gelöst wird, sondern im Feld der Kunst. Innerhalb des Kunstfeldes wirken, so Beckert und Rössel, Reputationsmechanismen, beruhend auf einem hohen Maß an übereinstimmenden Beurteilungen, bspw. von Kritikern, Kunsthändlern sowie von relevanten Institutionen, die den Wert der Kunstwerke bemessen. Das Argument ist, dass die Qualität den Preis festlegt, welche aber nicht dem Kunstwerk inbegriffen ist, sondern dem Kunstwerk über den „intersubjektiven Prozess der Bewertung und Reputationsverleihung durch Experten und Institutionen im Feld der Kunst" (Beckert und Rössel (2004): 32) zugeschrieben wird.

VI. Ausblick

Die Erforschung von Märkten als Orte sozialer Beziehungen und Strukturen liefert einen wichtigen Beitrag, um die komplexen Marktprozesse und die damit verbundenen Wirtschaftsabläufe angemessen zu erfassen und darüber hinaus zu erklären. Auf diesem Weg werden die Wechselbeziehungen zwischen Wirtschaft und Gesellschaft sichtbar. Somit leistet die Marktsoziologie einen wichtigen Beitrag zu allgemeinen soziologischen wie auch zu Fragen soziologischer Teildisziplinen und bietet darüber hinaus Schnittstellen, die es ökonomischen Theorien erlaubt, anzudocken und die Erkenntnisse der jeweiligen Nachbardisziplin ertragreich in die eigene Arbeit einfließen zu lassen.

Marktspaltung – Existenz von mehreren Märkten bzw. Marktpreisen für ein homogenes Gut. Marktspaltung kann u.a. entstehen durch (1) → Preisdifferenzierung, (2) Gebietsaufteilung (→ Gebietskartelle) oder (3) im Außenhandel durch Subventionierung oder Besteuerung (→ Steuern). – Vgl. auch → monopolistische Preisbildung.

Marktspanne – Zusammenfassung der → Produktspannen einer bestimmten Gruppe oder der Gesamtheit von verbrauchten und verwendeten in- und ausländischen landwirtschaftlichen Erzeugnissen einer Volkswirtschaft.

Marktstatistik → betriebswirtschaftliche Statistik.

Marktsteuern → indirekte Steuern, die in das Kosten- und Preisgefüge der Unternehmen eingehen und bei freier Preisbildung auf dem anonymen Markt überwälzt werden. Marktsteuern sind im Gegensatz zu → Maßsteuern leichter überwälzbar. → Steuerklassifikation nach dem Kriterium Überwälzbarkeit.

Marktstruktur – *Market Structure;* 1. alle Merkmale, die die Zusammensetzung und das Gefüge eines → Marktes beschreiben. – 2. Die Marktstruktur wird bestimmt durch die Zahl der Anbieter und Nachfrager sowie ihrer → Marktanteile, Art der Güter, → Markttransparenz, → Markteintrittsschranken und → Marktaustrittsschranken, → Marktphase und ggf. weitere Einflussfaktoren. – 3. Der Ökonom von → Stackelberg unterscheidet in Abhängigkeit der Anzahl und Größe auf der Anbieter- und auf der Nachfragerseite die folgenden Marktformen: a) Ein Markt mit einem großen Anbieter und vielen atomistischen Nachfragern wird als → Monopol bezeichnet. Ein Monopson (Nachfragemonopol) liegt vor, wenn einem Nachfrager viele atomistische Anbieter gegenüber stehen. Ein bilaterales Monopol ist eine Marktstruktur mit jeweils einem Anbieter und einem Nachfrager. – b) Steht dem einzigen Anbieter eine überschaubare Anzahl an Nachfragern gegenüber, dann liegt ein beschränktes Monopol vor. Ein beschränktes Monopson ist andererseits eine Marktstruktur mit wenigen Anbietern und einem Nachfrager. – c) Ein → Oligopol liegt nach von Stackelberg vor, wenn es wenige Anbieter (Unterscheidung zwischen dem engen und dem weiten Oligopol) mit einer hohen Anzahl an gemessen am Marktanteil kleinen Nachfragern zu tun haben. Ein Oligopson, auch als Nachfrageoligopol bekannt, ist eine Marktstruktur mit wenigen Nachfragern und vielen Anbietern. Bei einem bilateralen Oligopol handelt es sich um eine Marktstruktur mit jeweils einigen Anbietern und Nachfragern. – d) Die für das Modell der vollständigen Konkurrenz wichtige Marktstruktur des → Polypols liegt vor, wenn sowohl auf der Anbieter- als auch auf der Nachfragerseite viele unbedeutende Marktteilnehmer vorhanden sind. – 4. Marktstruktur dient neben dem Marktverhalten und dem Marktergebnis zur Beschreibung des formalen Aufbaus des Konzepts eines → wirksamen Wettbewerbs.

Marktstrukturtest → Europäisches Kartellrecht.

Marktstudie → Marketingforschung, → Marktforschung.

Markttest – realitätsnahes Verfahren zur Überprüfung der Marktchancen von Produkten. Das Produkt wird probeweise in einem abgegrenzten Markt unter kontrollierten Bedingungen und unter Einsatz ausgewählter oder sämtlicher Marketing-Instrumente verkauft, mit dem Ziel, allg. Erfahrungen über die Marktgängigkeit (z.B. Penetration, Wiederkäufer etc.) eines neuen Produktes und/oder die Wirksamkeit von einzelnen Marketing-Maßnahmen oder Strategien zu sammeln. – Vgl. auch → Testmarkt.

Markttheorie → Informationsökonomik.

Markttransaktionsfunktionen – Größe zur Bestimmung der Entwicklung von ökonomischen Zielvariablen (z.B. Absatzmenge, Umsatz, Bekanntheitsgrad, Einstellung) in Abhängigkeit von den eingesetzten Instrumentalvariablen (→ marketingpolitische Instrumente). – Vgl. auch → Preisresponsefunktion, → Preisresponsemessung.

Markttransparenz – Wissen über Marktvorgänge, v.a. hinsichtlich des Verhaltens anderer Wirtschaftssubjekte und über Marktkonditionen. – *Vollständige* Markttransparenz (neben den Homogenitätsbedingungen ein Kriterium für *vollkommene Märkte*) liegt vor, wenn die Wirtschaftssubjekte alle wesentlichen Informationen über das Marktgeschehen, v.a. über die Preisbildung, besitzen. Je höher die Markttransparenz ist, desto leichter können die Handlungsträger die → Aktions-Reaktions-Verbundenheit erkennen. – Für *Marktprozesse* ist der Grad der Markttransparenz im Hinblick auf die Marktneben- und Marktgegenseite von Bedeutung, da hierdurch einerseits die Verhaltensweisen, andererseits die realisierbaren Wahlmöglichkeiten bestimmt werden. Markttransparenz stellt sich in Marktprozessen tendenziell um so schneller ein, je weniger Marktteilnehmer, v.a. Anbieter, vorhanden sind. Grund hierfür ist der Sachverhalt, dass durch Preissenkungen ausgelöste Abwanderungen von Kunden zu Konkurrenten rasch identifizierbar sind. Bei vielen Anbietern verteilt sich die Wirkung der Abwanderung auf viele Akteure und fällt im Verhältnis so gering aus, dass sie zumindest anfangs von zufälligen Schwankungen nicht unterschieden werden kann. Daher laufen *Lernprozesse* im Oligopol schneller als im Polypol ab, d.h., es kommt schneller zum Übergang von der poly- zur oligopolistischen Verhaltensweise (Aktions-Reaktions-Verbundenheit). Daneben ist für die Markttransparenz auch die → Marktphase von Belang, da schnell mutierende Märkte die Herstellung von Markttransparenz erschweren. – Auf die *Schaffung von* Markttransparenz zur Verhinderung von preislichen Wettbewerbsverstößen zielen *identifizierende Preismeldestellen*. In diesem Fall melden alle beteiligten Firmen Preisveränderungen an eine zentrale Stelle, die dann alle übrigen Firmen hiervon unterrichtet. Nicht erfasst werden dabei allerdings heimliche Preissenkungen, z.B. in Form von Nachlässen.

Markttransparenzstelle – Auf der Grundlage des Gesetzes zur Einrichtung einer Markttransparenzstelle für den Großhandel mit Strom und Gas vom 5.12.2012 (BGBl. I S. 2403) geschaffene Einrichtungen bei der → Bundesnetzagentur und dem → Bundeskartellamt zur laufenden Erfassung und Beobachtung der Entwicklung bestimmter Energiepreise. Die näheren Regelungen hierzu finden sich in §§ 47a ff. GWB. Demnach ist neben einer Markttransparenzstelle für den → Großhandel mit Strom und Gas auch eine Markttransparenzstelle für Kraftstoffe einzurichten. – 1. *Markttransparenzstelle für den Großhandel im Bereich Strom und Gas (§§ 47a bis 47j GWB):* Sie ist bei der Bundesnetzagentur angesiedelt und soll nach dem Willen des Gesetzgebers der Sicherstellung einer wettbewerbskonformen Bildung der Großhandelspreise von Elektrizität und Gas dienen. Ihre Aufgaben werden von Bundesnetzagentur und Bundeskartellamt einvernehmlich wahrgenommen. Hauptaufgabe ist dabei die laufende Beobachtung des gesamten Großhandels mit Elektrizität und Erdgas zur Aufdeckung von Auffälligkeiten bei der Preisbildung, die auf den Missbrauch von → Marktbeherrschung, auf Insiderinformationen oder auf Marktmanipulationen zurückgehen könnten. Hierzu werden auch die Erzeugungsstufe, die Regelenergiemärkte sowie der Emissionshandel in die Betrachtung einbezogen. Für die relevanten Marktteilnehmer und Handelsplattformen besteht eine Datenmeldepflicht. Insoweit sich bei der Datenauswertung durch die Markttransparenzstelle Hinweise auf einen Gesetzesverstoß ergeben, werden umgehend die zuständigen Behörden informiert und der Vorgang an diese abgegeben. Darüber hinaus werden die von der Markttransparenzstelle gesammelten Daten von Bundesnetzagentur und Bundeskartellamt auch für andere Zwecke genutzt, so etwa für das laufende Energiemonitoring (Berichterstattung über die Enwicklung der Energiemärkte), für → Fusionskontrollverfahren und → Sektoruntersuchungen sowie zur Erfüllung weiterer Aufgaben nach dem Energiewirtschaftsgesetz. Weitere Datenverwender sind das Bundesministerium für Wirtschaft und Technologie, das → Statistische Bundesamt sowie die → Monopolkommission. Die Markttransparenzstelle erstellt alle zwei Jahre einen Bericht über ihre Tätigkeit. – 2. *Markttransparenzstelle für Kraftstoffe (§ 47k GWB):* Sie ist beim Bundeskartellamt angesiedelt und dient der Beobachtung des Kraftstoffhandels, um den → Kartellbehörden die Aufdeckung und Sanktionierung von Kartellrechtsverstößen zu erleichtern. Meldepflichtig sind die Betreiber öffentlicher Tankstellen, die Letztverbrauchern Otto- und Dieselkraftstoffe zu selbst festgesetzten Preisen anbieten. Entsprechende Preisänderungen sind der Markttransparenzstelle von den Tankstellen in Echtzeit zu melden. Bei Verdacht auf Wettbewerbsbeschränkungen oder missbrächliches Ausnutzen marktbeherrschender Stellungen informiert die Markttransparenzstelle umgehend die zuständige Kartellbehörde und gibt den Vorgang an diese ab. Die erhobenen Preisdaten werden von der Markttransparenzstelle an interessierte öffentliche Institutionen sowie an Anbieter von Verbraucher-Informationsdiensten weitergegeben. Ziel ist es, den Letztverbrauchern einen einfachen, umfassenden Preisvergleich zu ermöglichen, um hierdurch den → Preiswettbewerb unter den Tankstellen zu intensivieren.

marktüblicher Zinsfuß – für sichere Kapitalanlagen erster Bonität zu erzielender → Zins. Berechenbar aus dem Durchschnitt der → Effektivzinsen für Staatsanleihen, Pfandbriefe und erststellige Hypotheken. Der marktübliche Zinsfuß entspricht dem „reinen Zins", d.h. sämtliche akzessorischen Bestandteile (z.B. Risikoprämien) werden ausgesondert. Von Bedeutung ist der marktübliche Zinsfuß für die Bewertung von Effekten.

Marktuntersuchung – Zustandsprüfung des Marktes in seinen einzelnen Marktfeldern (z.B.

Absatz- oder Käufermarkt, Liefer- oder Herstellermarkt). Marktuntersuchung setzt sich zusammen aus → Markterkundung und → Marktforschung, d.h. dass Marktuntersuchung sowohl Markterkundung als auch systematische Marktforschung sein kann.

Marktveranstaltungen – regelmäßig an bestimmten Plätzen wiederkehrende Zusammenkünfte von Verkäufern (Anbietern) und Käufern (Nachfragern) mit dem Ziel der → Distribution von Waren und/oder des gegenseitigen Informationsaustausches. Veranstaltungsort, Zeitpunkt und Dauer, Teilnehmerkreis sowie die Geschäftsusancen sind klar geregelt. – *Arten:* (1) Marktveranstaltungen auf *Großhandelsebene:* → Messe, → Börse; (2) Marktveranstaltungen auf *Groß- und Einzelhandelsebene:* → Auktion, → Versteigerung, → Ausstellung, → Mustermesse, Musterung, → Einschreibung, → Ausschreibung; (3) Marktveranstaltungen auf *Einzelhandelsebene:* → Jahrmarkt, → Wochenmarkt.

Marktverhalten – *Market Behaviour, Market Conduct;* umfasst alle Aspekte, die Ausdruck von unternehmerischen Entscheidungen und damit – im Gegensatz zur → Marktstruktur – kurzfristig veränderbar sind. – *Beispiele:* Häufigkeit und Zeitpunkt von Preis-, Mengen- oder Qualitätsänderungen im Kampf um Marktanteile im Zeitablauf. Wichtig zur *Abgrenzung* von → Wettbewerb und → Marktbeherrschung ist, ob das Verhalten Ausdruck von *Spirit of Competition* oder von Neigung zu wettbewerbsbeschränkenden Strategien ist. – Marktverhalten dient neben der Marktstruktur und dem Marktergebnis zur Beschreibung des formalen Aufbaus des Konzepts eines → wirksamen Wettbewerbs.

Marktverhaltenstest → wirksamer Wettbewerb.

Marktversagen – 1. *Begriff:* Abweichungen des Ergebnisses marktmäßiger Koordination von der volkswirtschaftlich optimalen → Allokation von Gütern und Ressourcen im Modell der → vollkommenen Konkurrenz. Die Abweichungen zeigen einen potenziellen wirtschaftspolitischen Handlungsbedarf an. – 2. *Ursachen:* (1) Abweichungen der tatsächlichen von den in der Wirtschaftsökonomik unterstellten Bedingungen (Substitutionshemmnisse); (2) mangelnde Marktfähigkeit von Gütern (→ öffentliche Güter, → externe Effekte, → meritorische Güter, → Verfügungsrechte; (3) wettbewerbsbeschränkende Strategien auf einem Markt oder wettbewerbsbeschränkendes Verhalten von Marktteilnehmern; (4) Marktform des Monopols oder monopolähnlicher Strukturen; (5) Makroökonomische Probleme der Instabilität (Konjunktur-, Wachstums- und Strukturprobleme); (6) Marktablehnung bei verteilungs- und sozialpolitischen Schwierigkeiten; (7) → Staatsversagen. – 3. *Problem der Wahl des Referenzmodells:* Als Referenzmodell wird i.d.R. das Modell der → vollkommenen Konkurrenz verwendet (→ Pareto-Optimum). – *Kritikpunkte* der Eignung dieses Modells für die Ableitung wirtschaftspolitischen Handlungsbedarfs: (1) Realitätsferne der Modellannahmen (→ Nirwana-Vorwurf); (2) Vernachlässigung dynamisch evolutorischer Funktionen von Marktprozessen im Modell (→ Wettbewerbsfunktionen, → evolutorische Wirtschaft); (3) Vernachlässigung weiterer wirtschaftspolitischer Ziele neben dem Allokationsziel. – Alternative Ansätze gehen von einer Vorstellung des funktionsfähigen Wettbewerbs bzw. workable competition (z.B. → Chicago School) aus. Unvollkommenheiten, wie z.B. unvollständige Informationen oder verzögerte Anpassungen, sind Vorausstzungen für den dynamischen Wettbewerbsprozess. – 4. *Marktversagen und rationale Wirtschaftspolitik:* Ob die Wirtschaftspolitik tätig werden sollte, ist abhängig von: (1) Korrekturmöglichkeiten wirtschaftspolitischer Handlungsträger (gesamtwirtschaftliche Planung), (2) direkten Kosten wirtschaftspolitischer Maßnahmen, (3) Auswirkungen der Maßnahmen auf andere wirtschaftspolitische Ziele.

Marktverschiebung – Bezeichnung der Marktbeobachtung für die auf Strukturwandlung (→ Marktänderung) zielenden Veränderungen zwischen → Bedarfsgestalt und → Angebot. – *Gegensatz:* → Marktschwankungen.

Marktverstopfung → Behinderungswettbewerb.

Marktverteilung → Verteilungstheorie, → Wohlstandsverteilung.

Marktvolumen – realisierte Mengen (Absatz) bzw. Werte (Umsatz) einer Produktgruppe oder Branche auf einem definierten Markt in der betrachteten Planperiode. I.d.R. nur ein Teil des → Marktpotenzials. Marktvolumen ist notwendig zur Berechnung des → Marktanteils. – Vgl. auch → Absatzpotenzial, → Absatzvolumen.

Marktwert – wird aus dem Marktpreis abgeleitet (§ 253 IV HGB). Der Marktpreis ist der Preis, der an einem Handelsplatz für Waren einer bestimmten Gattung von durchschnittlicher Qualität zu einem bestimmten Zeitpunkt im Durchschnitt bezahlt wurde. Der Marktwert dient der Realisierung des strengen → Niederstwertprinzips im → Umlaufvermögen, d.h. der Sicherstellung des Ausweises nicht realisierter, am Bilanzstichtag aber bereits drohender Verluste (→ Verlustantizipation). Im Rahmen der Internationalisierung der Rechnungslegung kommt der → Bilanzierung zum Marktwert bes. bei der bilanziellen Abbildung von → Finanzinstrumenten eine bes. Bedeutung zu. Dabei dient dieser → Bewertungsmaßstab nicht nur der → Verlustantizipation, sondern auch der Realisierung von → Buchgewinnen. Letztere Vorgehensweise findet seit dem → Bilanzrechtsmodernisierungsgesetz (BilMoG) auch auf den Handelsbestand von Kredit- und Finazdienstleistungsinstituten Anwendung. – *Zu unterscheiden:* → Tageswert, → Zeitwert. – Vgl. auch → Fair Value.

Marktwiderstand – Kennzeichnung einer dem Einsatz → marketingpolitischer Instrumente entgegenstehenden Hemmung des Marktes, die die

Einführung eines neuen oder die Absatzausweitung eines bereits bekannten Produktes erschwert. Die Wirksamkeit des Einsatzes marketingpolitischer Instrumente zur Überwindung des Marktwiderstandes ist z.B. an den erzielten Absatzveränderungen oder Einstellungsänderungen messbar.

Marktwirtschaft – *Verkehrswirtschaft; Vertragswirtschaft.* 1. *Begriff:* → Wirtschaftsordnung mit dezentraler Planung und Lenkung der wirtschaftlichen Prozesse, die über Märkte mittels des → Preismechanismus koordiniert werden. Staatliche Mindestaufgaben sind Setzung der Rahmenbedingungen, innerhalb derer die wettbewerbliche Koordination wirkungsvoll erfolgen kann, sowie Bereitstellung → öffentlicher Güter (→ Liberalismus). Neben der → Ordnungspolitik (Wettbewerbspolitik; Umweltpolitik), die den Rahmen für die wirtschaftlichen Aktivitäten absteckt, gibt es direkte Eingriffe des Staates in den Wirtschaftsablauf. Diese werden als Instrumente der → Prozesspolitik bezeichnet und werden z.B. im → Stabilitäts- und Wachstumsgesetz (STWG) legislativ verankert. – 2. In der Realität gibt es unterschiedliche *Formen* der Marktwirtschaft. Neben der Marktwirtschaft mit Dominanz des Privateigentums an Produktionsmitteln (privatwirtschaftliche Marktwirtschaft) gibt es die – allerdings instabile – Marktwirtschaft mit Dominanz des Staatseigentums (sozialistische Marktwirtschaft in der Volksrepublik China) sowie die Marktwirtschaft mit Gruppeneigentum (→ Arbeiterselbstverwaltung im früheren Jugoslawien; → selbstverwaltete sozialistische Marktwirtschaft). – 3. *Koordinationsformen:* Die einzelwirtschaftlichen Planträger (Unternehmer und Haushalte) treffen ihre Entscheidungen über Produktion, Konsum, Sparen und Investieren und damit über Angebot und Nachfrage auf den einzelnen Märkten nach eigenen Zielvorstellungen im Streben nach Gewinn- bzw. Nutzenmaximierung. Dabei richten sie sich nach den für sie relevanten Marktpreisen, die bei freier Preisbildung die gesamtwirtschaftlichen Knappheitsrelationen der Güter und Leistungen ausdrücken und die wiederum durch die Reaktionen der Wirtschaftssubjekte selbst beeinflusst werden. Dieser permanente Rückkopplungsprozess bewirkt die Abstimmung der Einzelpläne und lenkt das selbstinteressierte Handeln in gesamtwirtschaftlich wohlfahrtsfördernde Bahnen (unsichtbare Hand des Marktes, A. Smith): Sich frei bildende Preise informieren die Planträger über das jeweils zweckmäßigste Handeln, zwingen sie ggf. zu Planänderungen und motivieren sie durch Aussicht auf Gewinn- bzw. Nutzensteigerung. Der Wettbewerb kontrolliert gleichzeitig das individuelle Selbstinteresse, da durch Reaktionen der Marktneben- und -gegenseite und hierdurch induzierte Preisänderungen die permanente Gefahr der Gewinnerodierung sowie bei unsachgemäßen Entscheidungen die Gefahr von Vermögensverlusten besteht. – 4. *Staatsfunktionen:* a) *Voraussetzungen* für eine, auf dem Konzept des → Liberalismus beruhende Ordnung sind: (1) Staatliche Gewährleistung der individuellen Wirtschafts- und Vertragsfreiheit und (2) Etablierung individuell zugeordneter und übertragbarer Eigentumsrechte (Property Rights bzw. Verfügungsrechte) an den wirtschaftlichen Gütern. Auch hat der Staat eine aktive und vorbeugende Politik zum Schutz der Wettbewerbsfreiheit zu betreiben, um das Entstehen wettbewerbshemmender Marktmacht zu verhindern (vgl. zu den konstitutiven und regulierenden Prinzipien einer Wettbewerbsordnung → Freiburger Schule). – b) Die Frage nach *Notwendigkeit und Umfang sonstiger staatlicher Aktivitäten* (z.B. Bereitstellung öffentlicher und meritorischer Güter, Sozial-, Vermögens-, Konjunktur-, Strukturpolitik etc.) wird je nach wirtschaftspolitischem Leitbild (neben Ordoliberalismus z.B. → soziale Marktwirtschaft, → Planification, → Wohlfahrtsstaat) und wirtschaftstheoretischer Konzeption (→ Neoklassik, → Monetarismus, → Keynesianismus etc.) unterschiedlich beantwortet.

Marktzerrüttung – dem → Dumping verwandter Begriff für eine Marktsituation mit folgenden Voraussetzungen: (1) bedeutende Zunahme der Einfuhr eines bestimmten Produkts aus einem bestimmten Land; (2) Preisforderungen dafür, die stark unter den entsprechenden Preisen im Importland liegen; (3) effektive oder drohende ernsthafte Schädigung einer Produktion des Importlandes; (4) Verursachung der Preisdifferenzen durch Subventionen oder Dumpingpraktiken. Die Gefahr einer Marktzerrüttung stellt die Voraussetzung für die Einführung von nicht tarifären Maßnahmen dar, welche eine Störung des Marktes verhindern soll, z.B. durch die Einführung von Anti-Dumping-Zöllen oder von mengenmäßigen Beschränkungen, Quotierungen und Kontingenten.

Marktzins → Zins, der sich auf den Geld- und Kapitalmärkten einer Volkswirtschaft im Durchschnitt einer Periode einstellt.

Marktzinsmethode – 1. *Begriff:* Verfahren der dynamischen → Investitionsrechnung zur Ermittlung der Vorteilhaftigkeit von Projekten. Die Marktzinsmethode ist eine Erweiterung v.a. der → Kapitalwertmethode, da bei der Vorteilhaftigkeitsbeurteilung von Investitionsprojekten verschiedene *laufzeitabhängige Zinssätze* (→ Zinsstruktur) anstelle eines einheitlichen Kalkulationszinssatzes verwendet werden. – 2. *Vorgehensweise:* Nach der Marktzinsmethode wird jeder Einzahlungsüberschuss mit einem *laufzeitadäquaten Zinssatz* diskontiert, wobei die jeweiligen Zinssätze aus der aktuellen Renditestruktur am Geld- und Kapitalmarkt abgeleitet werden (→ Zero-Bond-Abzinsungsfaktor).

Marktzutrittsschranken → Markteintrittsschranken.

Marshall – Alfred, 1842–1924, engl. Nationalökonom, der nach einem Studium in Cambridge in Bristol, Oxford und seit 1885 bis zu seinem Rücktritt 1908 in Cambridge lehrte. Marshall gehört mit → Smith und → Keynes zu den Nationalökonomen, die in der Geschichte des Faches den größten Einfluss ausgeübt haben. Er ist der Begründer und das Haupt der Cambridge-Schule, in der die Klassik mit der modernen Wirtschaftstheorie verbunden ist. Seine bekanntesten Schüler sind → Pigou, sein Nachfolger in Cambridge, und Keynes. Marshalls *Hauptwerk* „Principles of Economics“ (1890), an dem er zwei Jahrzehnte gearbeitet hat und das nur der erste Band einer fünfbändigen Gesamtdarstellung sein sollte, ist zu seinen Lebzeiten in acht Auflagen erschienen. Für viele Jahre war es die Bibel der Ökonomen in der Englisch sprechenden Welt. Sie enthält eine Reihe von Konzepten – wie die → Ceteris-Paribus-Annahme, die „repräsentative Firma“, die → Konsumentenrente und die → Elastizität –, die theoretisches Gemeingut geworden sind. Marshall war ein glänzender Mathematiker und darin seinen Zeitgenossen → Jevons, → Walras und → Barone weit überlegen. Dennoch vermied er mathematische Ableitungen im Text und verbannte sie in Anhänge, wohingegen er zur Veranschaulichung von der grafischen Darstellung regen Gebrauch machte. Marshall war ein origineller Denker hohen Grades, was durch die späten und zögerlichen Publikationen seiner Ausarbeitungen manchmal verkannt wird. So hat er – unabhängig von Jevons – das Marginalprinzip entdeckt und die → klassische Lehre durch die Konzepte von → Grenznutzen und Grenzkosten erweitert (→ Neoklassik). In der Außenhandelstheorie entwickelte er eine geometrische Analyse zur Bestimmung des Gleichgewichts und der Voraussetzungen für Leistungsbilanzverbesserungen bei einer Abwertung (Marshall-Lerner-Bedingung). Intellektuell fühlte sich Marshall dem klassischen Dreigestirn Smith, → Ricardo und → Mill, sowie → Cournot und → Thünen verpflichtet. Von den Zeitgenossen bewunderte er → Clark, während er den Werken von Jevons, → Menger, Walras und → Pareto nur wenig Interesse entgegenbrachte. Marshall war ein hervorragender Kenner der Dogmengeschichte und des zeitgenössischen, bes. auch des sozialistischen Schrifttums. – *Weitere Werke:* „The Early Economic Writings of Alfred Marshall, 1867–1890“ (1977), die Whitaker herausgegeben hat, sowie „Industry and Trade“ (1919) und „Money, Credit and Commerce“ (1923).

Marshall-Lerner-Bedingung → Elastizitätsansatz. Bedingung für eine Normalreaktion der → Leistungsbilanz: Summe der Absolutwerte der Importnachfragefunktionen beider Länder ist größer als 1, wenn das → Angebot beider Länder vollständig preiselastisch ist.

Marshall-Plan → ERP.

Marshallsche Nachfragefunktion → Nachfragefunktion.

Marx – Heinrich Karl, 1818–1883, deutscher Nationalökonom und Vertreter des wissenschaftlichen Sozialismus (→ Marxismus). Die Bedeutung von Marx liegt in seinem geschichtsphilosophisch-soziologischen System und in seiner darauf aufbauenden nationalökonomischen Lehre. Beide zusammen werden als Marxismus bezeichnet. In seiner Geschichtslehre ging Marx von der „dialektischen Methode“ Hegels aus, setzte aber an die Stelle der Idee den dialektischen Materialismus. Viele der Voraussagen von Marx – etwa die zunehmende „Verelendung der Massen“ oder der „Zusammenbruch der kapitalistischen Wirtschaft“ – sind nicht eingetroffen. Nationalökonomisch fußt Marx auf den Klassikern, übernimmt aber z.B. nicht das von ihm kritisierte Bevölkerungsgesetz von → Malthus. In der Wertlehre verlässt Marx die Arbeitswerttheorie → Ricardos (Theorie der relativen Preise); die Arbeit wird bei Marx zur Substanz des Wertes. Neben dem Einfluss von Marx auf die Arbeiterbewegung und die rein sozialistische Literatur blieb seine Wirkung auf die Nationalökonomie gering. Kritische Auseinandersetzungen mit Marx finden sich bei → Böhm-Bawerk, Spann, → Schumpeter, Oppenheimer, Preiser und Peter. – *Hauptwerke:* „Manifest der kommunistischen Partei“ (1848, zusammen mit → Engels), „Kritik der politischen Ökonomie“ (1859), „Das Kapital“, Band I (1867), Band II und III von Engels posthum herausgegeben 1885 bis 1894.

Marxismus – 1. *Begriff:* Gesamtheit der Lehren von → Marx und → Engels; auch die Theorien, die sich auf Marx berufen und ihrem Selbstverständnis nach marxistisch sind. – 2. *Formen:* a) *Wissenschaftlicher Sozialismus* (Marx und Engels) im Wesentlichen bestehend aus: (1) → dialektischer Materialismus; (2) → historischer Materialismus; (3) marxistische Wirtschaftstheorie, durch die die unterstellte geschichtliche Entwicklungsgesetzmäßigkeit (Zusammenbruch des → Kapitalismus und seine revolutionäre Umwandlung in den → Sozialismus bzw. → Kommunismus) bewiesen werden soll (→ tendenzieller Fall der Profitrate, → Krisentheorie). – b) → Marxismus-Leninismus bzw. → Bolschewismus: Entsprechend den praktisch-politischen Erfordernissen der sozialistischen Revolution sowie des Aufbaus des Sozialismus/Kommunismus modifizierte Form des Marxismus. – c) → Neomarxismus. – Vgl. auch → Sozialismus.

Marxismus-Leninismus – 1. *Charakterisierung:* Offizielle Staatsphilosophie in der ehemaligen Sowjetunion und in den ehemaligen RGW-Staaten; bis Mitte/Ende der 1980er-Jahre. – Vgl. auch → Bolschewismus. Sie basiert auf dem → Marxismus, der jedoch, zunächst von Lenin und später v.a. von Stalin, den praktischen Erfordernissen der russischen Revolution und des Aufbaus und der Stabilisierung angepasst wurden. – 2. *Denkrichtungen:* a) Auf *Lenin* geht die These vom → Sozialismus als einer eigenständigen Entwicklungsphase zwischen → Kapitalismus und → Kommunismus zurück (→ historischer Materialismus). – *Kennzeichen:* → Diktatur des Proletariats unter Führung der kommunistischen Partei; Verstaatlichung der Produktionsmittel und zentrale

Planung und Lenkung des Wirtschaftsprozesses; Verteilung nach dem Leistungsprinzip (im Kommunismus nach dem Bedarfsprinzip). – Zwischenzeitlich wurde die Phase des Sozialismus weiter unterteilt: Etappe des Übergangs vom Kapitalismus zum Sozialismus (für die UdSSR bis Ende der 1930er-Jahre); Etappe der Vollendung des Aufbaus des Sozialismus (bis Ende der 1960er-Jahre); Etappe des entwickelten Sozialismus. In der letzten Phase werde die Basis für den Kommunismus geschaffen, ohne dass dabei jedoch eindeutig geklärt wird, wann und unter welchen Bedingungen letzterer realisiert sein wird. – Auf Lenin gehen auch das *Konzept der elitären Kaderpartei* und das innerparteiliche *Organisationsprinzip des* → demokratischen Zentralismus (zentralistischer, straff hierarchisch gegliederter Parteiaufbau) zurück. Auch die Thesen über den → Staatsmonopolkapitalismus gehen auf Lenin zurück. – b) Während Lenin noch von einer baldigen Weltrevolution ausging (so auch L. Trotzkij mit seiner These der „permanenten Revolution"), für die die russische Revolution lediglich die Initialzündung bedeutete, postulierte *Stalin* nach Lenins Tod (1924) den *„Aufbau des Sozialismus in einem Land"*. Als dafür einzuschlagenden Weg setzte er das Prinzip der vorrangigen Förderung der Schwerindustrie bei Vernachlässigung der Konsumgüterindustrie durch, verbunden mit einer Zwangskollektivierung der Landwirtschaft (Ende der 1920er-Jahre). Das auch die Wirtschaftsordnung der ehemaligen Sowjetunion kennzeichnende Modell einer *staatssozialistischen Zentralplanwirtschaft* wurde ebenfalls von Stalin mit dem ersten sowjetischen Fünfjahresplan (1928–1932) konzipiert und verwirklicht. – 3. *Bedeutung/Beurteilung*: Zu beachten ist, dass Marx und Engels, abgesehen von einigen allg. Hinweisen, nichts über die Ausgestaltung der neuen Gesellschafts- bzw. → Wirtschaftsordnung ausführen, sodass unterschiedliche Modelle wie staatssozialistische Zentralplanwirtschaft, staatssozialistische Marktwirtschaft , selbstverwaltete sozialistische Marktwirtschaft oder → Rätedemokratie aus den knappen Hinweisen abgeleitet werden können. Die leninistisch-stalinistische Interpretation des Sozialismus wurde später auf die anderen Staaten des Ostblocks übertragen und auch von zahlreichen Entwicklungsländern übernommen, obwohl bei diesen Staaten z.T. gänzlich andere Ausgangsbedingungen gegeben waren. Der Bolschewismus steht bei seinen Kritikern (Neo- wie Nicht-Marxisten) für ein starres, zentralistisches und bürokratisches System unter dem Herrschaftsmonopol einer autoritär-diktatorischen Partei. Mit den gesellschafts- und wirtschaftspolitischen Umwälzungen der 1980er- und 1990er-Jahre hat der Marxismus-Leninismus in den meisten Staaten des Ostblocks seine Rolle als Staatsdoktrin verloren.

Marxistische Theorie der Unternehmung → kapitalistische Unternehmung, → Theorie der arbeitergeleiteten Unternehmung.

Maschine – I. Sammelbezeichnung: für zweckorientierte technische Vorrichtungen verschiedenster Art und Größe mit i.d.R. beweglichen Teilen. – *Sonderform:* → Werkzeugmaschine. – Vgl. auch → Maschinisierung, → Mechanisierung, → Automatisierung, → maschinelle Produktion.

II. Bilanzierung: Teil des → Sachanlagevermögens. In der → Bilanz Aktivierung zu den → Anschaffungskosten, d.h. Kaufpreis zzgl. → Anschaffungsnebenkosten (Bezugskosten und Montage) oder → Herstellungskosten. → Abschreibung gemäß betriebsgewöhnlicher Nutzungsdauer oder Mengenleistung (→ Mengenabschreibung).

maschinelle Produktion – Elementartyp der Produktion (→ Produktionstypen), der sich aus dem Merkmal des Mechanisierungsgrades ergibt. Die maschinelle Produktion ist durch die Verwendung von Arbeits- und Kraftmaschinen (→ Maschine) gekennzeichnet. – *Beispiel:* Gewinnung von Kohle mit dem Presslufthammer. – Vgl. auch → manuelle Produktion, → teilautomatisierte Produktion, → vollautomatisierte Produktion.

maschinelles Lernen – Anwendung und Erforschung von Verfahren, durch die Computersysteme befähigt werden, selbstständig Wissen aufzunehmen und zu erweitern, um ein gegebenes Problem besser lösen zu können als vorher (→ Learning). – *Formen:* mechanisches Lernen, Lernen durch Unterweisung, Lernen durch Operationalisieren, Lernen aus Analogien, Lernen durch Beispiele, Lernen aus Beobachtungen, Lernen durch Entdeckung, Lernen durch Experimentieren.

Maschinenaufstellung → Maschinenlayoutplanung.

Maschinenbefehl → Befehl für einen elementaren Verarbeitungsschritt in einem Maschinenprogramm (→ Befehl). Ein Maschinenbefehl besteht i.d.R. aus zwei Teilen: (1) *Operationsteil:* gibt an, welche Operation ausgeführt werden soll; (2) *Operandenteil:* enthält eine oder mehrere Operandenadressen (d.h. → Adressen, an denen sich die zu manipulierenden → Daten befinden).

Maschinenbelag – Bezeichnung der Buchführung für in Produktion befindliche Produkte (z.B. Textilien auf Webstühlen), die bei der → Inventur ebenfalls und gesondert erfasst werden müssen. In der *Bilanz* unter dem Posten → *unfertige Erzeugnisse* bzw. *unfertige Leistungen* auszuweisen.

Maschinenbelegung – Im Anschluss an die Auftragsfreigabe müssen die Aufträge den Maschinen endgültig zugeordnet werden. Die hierzu erforderliche Terminierung ist sehr kurzfristig und erfolgt auf der Basis von → Arbeitsgängen, die die eigentliche Bezugsgröße für die Maschinenbelegung sind. Ziel der Maschinenbelegung (Scheduling) ist i.d.R. die Minimierung der Durchlaufzeiten oder der Rüstkosten, wodurch es u.U. zu einer erneuten Losbildung kommen kann (→ Losgrößenplanung). In der Praxis wird die Maschinenbelegung mit heuristischen Methoden durchgeführt (→ Prioritätsregeln).

Maschinenbelegungsplanung → Kapazitätsbelegungsplanung.

Maschinen-Betriebsunterbrechungsversicherung – 1. *Begriff:* Erscheinungsform der technischen → Betriebsunterbrechungsversicherung. Versicherungsschutz wird für die Risiken des Unterbrechungsschadens gewährt, der dadurch entsteht, dass die technische Einsatzmöglichkeit einer im Maschinenverzeichnis dokumentierten betriebsfertigen Maschine, maschinellen Einrichtung oder sonstigen technischen Anlage infolge eines versicherten Sachschadens am Versicherungsort unterbrochen oder beeinträchtig wird. – 2. *Merkmale:* Wesentliches Bedingungswerk sind die Allgemeinen Bedingungen für die Maschinen-Betriebsunterbrechungsversicherung (AMBUB 2011). Der Sachschadenbegriff ist nahezu kongruent mit dem in der Maschinenversicherung und beinhaltet darüber hinaus auch den Garantieschaden als versicherten Sachschaden. Die Berechnung des Unterbrechungsschadens erfolgt unter Anwendung der sog. Ausfallziffer, die für jede technische Anlage im Maschinenverzeichnis zu dokumentieren ist. Es handelt sich um einen individuellen Bewertungsmaßstab einer technischen Anlage, der den prozentualen Anteil am Versicherungswert ausdrückt, der nicht erwirtschaftet werden kann, wenn die betroffene Sache während des gesamten Bewertungszeitraums ausfällt. Ist die im Versicherungsvertrag genannte Ausfallziffer der Sache niedriger als die im Schadenfall berechnete, wird der Unterbrechungsschaden analog den Proportionalitätsregeln der → Unterversicherung ersetzt. Als Alternative zur Ausfallziffer kann die Klausel „Versicherung von Festbeträgen je Produktionseinheit" vereinbart werden, die der vorbeugenden Beweiserleichterung für den Unterbrechungsschaden dient, indem der Preisfaktor der Produktionseinheit vorab festgelegt wird. – 3. *Bedeutung:* Der Anwendungsbereich der Maschinen-Betriebsunterbrechungsversicherung zielt auf technische Anlagen ab, die eine Schlüsselfunktion für den betrieblichen Wertschöpfungsprozess haben. Die Entwicklung komplexer, investitionsintensiver Produktionsanlagen und der daraus erwachsene Bedarf nach Versicherungsschutz spiegeln sich im Prämienaufkommen der Maschinen-Betriebsunterbrechungsversicherung wider, die die bedeutendste Form der technischen Betriebsunterbrechungsversicherung darstellt.

Maschinenbuchführung – *Maschinenbuchhaltung;* → Buchführung, bei der als technische Hilfsmittel Maschinen eingeschaltet werden; heute überwiegend durch → elektronische Datenverarbeitungsanlagen (EDVA) mit Buchführungsprogrammen.

Maschinenbuchhaltung → Maschinenbuchführung.

Maschinencode – 1. Interner → Binärcode, in dem die → Daten in einer → Zentraleinheit dargestellt werden. – 2. Synonym für *Maschinenprogramm* (→ Programm), das im Binärcode eines → Computers dargestellt ist und deshalb von ihm direkt ausgeführt werden kann.

Maschinenethik – 1. *Begriff:* Die → Ethik bezieht sich üblicherweise auf die → Moral von Menschen, von Individuen und Gruppen, und in gewissem Sinne auf die Moral von Organisationen. Es kann in Abweichung davon auch um die Moral von Maschinen wie Agenten, Robotern und Drohnen gehen, also von mehr oder weniger autonomen Programmen und Systemen. Man mag in diesem Fall von einer Maschinenethik sprechen und diese der → Informationsethik (bzw. Computerethik und Netzethik) und der Technikethik zuordnen – oder auf eine Stufe mit der "Menschenethik" stellen. Den Begriff der Moral kann man mit Bezug auf Maschinen (etwa in der Metamaschinenethik) genauso hinterfragen wie den Begriff der Intelligenz. – 2. *Normative Modelle:* Die Pflichtethik oder Pflichtenethik scheint ein normatives Modell zu sein, das sich für die "Implementierung von Moral" anbietet. Mit einer Pflicht, einer Regel vermag eine Maschine etwas anzufangen. Z.B. kann man ihr beibringen, die Wahrheit zu sagen (was immer die Wahrheit im jeweiligen Kontext ist). Kann die Maschine mehr, als irgendeine Regel zu befolgen? Kann sie die Folgen ihres Handelns bedenken und in diesem Sinne verantwortlich agieren? Kann sie also einer Folgen- oder Verantwortungsethik verpflichtet sein? Solche Fragen müssen von der jungen Disziplin beantwortet werden, immer mit Blick auf aktuelle technische Entwicklungen. – 3. *Anwendungsbereiche:* Agenten und → Avatare, die Benutzer unterstützen und vertreten, autonome Systeme an der → Börse (Stichwort "Automatisierter Handel" bzw. "Hochfrequenzhandel"), selbstständig fahrende Autos sowie Kampfroboter und -drohnen eröffnen der deskriptiven und normativen Maschinenethik ein weites Feld: Werden wir in unserer Freiheit und in unseren Möglichkeiten eingeschränkt? Wissen wir immer, dass wir es mit Computern zu tun haben, oder werden wir manchmal getäuscht? Werden die einen von Diensten bevorzugt, die anderen benachteiligt? Schaden uns die Maschinen durch Wort und Tat? Wer übernimmt Verantwortung und lässt sich zur Verantwortung ziehen? Müssen sich die Maschinen uns gegenüber moralisch verhalten und wir uns gegenüber den Maschinen? – 4. *Relevanz:* Die Maschinenethik ist ein Prüfstein für die Ethik. Sie kann neue Subjekte und Objekte der Moral beschreiben und aufzeigen, welcher normative Ansatz jenseits der auf Menschen bezogenen Moralphilosophie sinnvoll ist. Und sie muss klären, ob die normativen Modelle überhaupt maschinenverarbeitbar und -ausführbar sind. In der Metamaschinenethik werden Menschen- und Maschinenethik und von diesen gebrauchte Begriffe verglichen. Die Anwendungsbereiche der

Maschinenethik haben hochrelevante wirtschaftliche und technische Implikationen. Wir brauchen Ethik nicht mehr nur, um unser Zusammenleben zu beschreiben und zu überprüfen, sondern auch um unser Überleben in der → Informationsgesellschaft zu sichern.

Maschinengarantieversicherung – Versicherung von Folgeschäden an Maschinen bzw. versicherten Sachen, die aus Anlass von Konstruktions-, Guss-, Material-, Berechnungs-, Werkstätten- oder Montagefehlern entstehen. Die Maschinengarantieversicherung finanziert die Garantie des Herstellers oder Lieferanten, der zugleich der Versicherungsnehmer ist. Dabei müssen die auftretenden Fehler laut den Garantiebedingungen des Verkaufs- oder Liefervertrags vom Versicherungsnehmer zu vertreten sein. Die Maschinengarantieversicherung ist eine Versicherungsart innerhalb der → technischen Versicherung.

Maschinenkarten → Maschinen- und Gerätekarten.

Maschinenkosten → Anlagenkosten.

Maschinenlayoutplanung – Teilplanungskomplex der → Layoutplanung. Maschinenlayoutplanung beinhaltet die Entscheidungsvorbereitung und -fällung über die räumliche Anordnung der maschinellen Potenzialelemente in einzelnen Abteilungen und Bereichen in Abhängigkeit vom vorherrschenden Produktionstyp. – *Anwendung von Verfahren des Operations Research:* → Layoutplanung.

maschinenorientierte Programmiersprache → Programmiersprache.

Maschinenprogramm → Programm.

Maschinenring – in der → Landwirtschaft Zusammenschluss von Landwirten mit dem Ziel, Landmaschinen- und -geräte gemeinsam nutzen zu können. Der Maschinenring ermöglicht auf diese Weise einen geringeren Kapitaleinsatz beim einzelnen Betrieb und sorgt gleichzeitig für eine bessere Auslastung der vorhandenen Maschinen.

Maschinenschutzgesetz → technische Arbeitsmittel.

Maschinensprache → Programmiersprache.

Maschinensteuer – sozialpolitischer Begriff bzw. politische Forderung nach Einführung eines zusätzlichen Beitragsanteils zur Sozialversicherung, um die Lohnsummenverluste auszugleichen, die durch die zunehmende Rationalisierung der Arbeitsplätze durch Maschinen und Computer entstehen, weil dadurch weniger Arbeitnehmer den gleichen wirtschaftlichen Ertrag erbringen können, die Beitragseinnahmen zur Sozialversicherung aber (möglicherweise) sinken. – Politisch sehr umstritten; derzeit kein geltendes Recht.

Maschinenstundensatz – 1. *I.e.S.:* Kosten einer Anlage (→ Anlagenkosten), bezogen auf eine Zeiteinheit ihrer Nutzung. – 2. *I.w.S.:* Kosten einer Kostenstelle oder eines Kostenplatzes, bezogen auf eine Zeiteinheit der Nutzung der in ihr (bzw. ihm) betriebenen Anlage(n). – Vgl. auch → Maschinenstundensatzrechnung.

Maschinenstundensatzrechnung – Sonderform einer → Bezugsgrößenkalkulation, bei der die Gesamtkosten einer → Endkostenstelle auf die Nutzungszeit der in ihr genutzten → Anlagen bezogen werden. Die Kostenverrechnung erfolgt gemäß der jeweiligen zeitlichen Inanspruchnahme (Fertigungsminuten, Maschinenstundensatz). – Maschinenstundensatzrechnung und → Zuschlagskalkulation werden z.T. parallel angewandt: Kalkulation der → Anlagenkosten mithilfe der Maschinenstundensatzrechnung, Verrechnung der restlichen Kosten (Restgemeinkosten) mithilfe der Zuschlagskalkulation.

Maschinen- und Gerätekarten – *Maschinenkarten;* Vordrucke zur Registrierung und Überwachung der einzelnen Maschinen und Geräte, unterteilt in Maschinen-Leistungs-, Maschinen-Kosten- und Maschinen-Instandhaltungskarten. Maschinen- und Gerätekarten sind Bestandteile der → Anlagenkartei. – *Angaben in Maschinen- und Gerätekarten.:* Bezeichnung und Standort, Hersteller und Lieferant, technische Beschreibung, Instandsetzungen und Änderungen je Jahr, Anschaffungskosten, Abschreibungen etc.; für die Kostenrechnung bes. wichtig die Kostenstellen-Nummer und die kalkulatorischen Abschreibungen. – Vgl. auch → AWF-Maschinenkarten.

Maschinenversicherung – 1. *Begriff:* Bezeichnung für mehrere Arten der → technischen Versicherung; zugleich deren ältester und bedeutendster Teil. Allgefahrenversicherung der im Maschinenverzeichnis aufgeführten betriebsbereiten technischen Anlagen gegen Sachschäden (Maschinenkasko) und/ oder gegen → Vermögensschäden (→ Maschinen-Betriebsunterbrechungsversicherung). Zum Gegenstand der Maschinenversicherung zählen Kraft- und Arbeitsmaschinen sowie weitere technische Anlagen. – 2. *Versicherungsfall:* Der → Versicherungsfall ist ein unvorhergesehener und plötzlich eingetretener Schaden an den versicherten Sachen ohne Rücksicht darauf, ob die Schadenursache mit dem Betrieb zusammenhängt. – 3. *Deckungsumfang:* Versichert sind alle im Maschinenverzeichnis aufgeführten Sachen auf Basis der Allgemeinen Maschinenversicherungsbedingungen sowie der Bedingungen der Vereinigung Deutscher Elektrizitätswerke. Versicherte Schäden sind Schäden durch Bedienungsfehler, Ungeschicklichkeit, Fahrlässigkeit oder Vorsatz Dritter, durch mittelbare und unmittelbare Wirkungen der elektrischen Energie, durch Konstruktions-, Material- oder Fertigungsfehler, durch Wassermangel in Dampfkesseln oder Dampfgefäßen, durch Zerreißen infolge der Fliehkraft sowie durch Sturm, Frost und Eisgang. Nicht zum Deckungsumfang der Maschinenversicherung zählen Verschleißteile aller Art, z.B. Siebe und Schläuche, sowie Betriebsstoffe, die zur Durchführung von Fertigungsprozessen benötigt werden.

Weitere wichtige Ausschlüsse innerhalb der Maschinenversicherung sind Elementarschäden, wie → Erdbeben und Überschwemmung, sowie Schäden durch → Brand, → Explosion, Krieg (Kriegsklausel), innere Unruhen, Streik und Kernenergie (Kernenergieklausel). Prinzipiell wird ein → Selbstbehalt vereinbart. Die bei Vertragsbeginn vereinbarte → Versicherungssumme und die → Prämie werden über die Zeit an sich verändernde Kaufkraftverhältnisse angepasst.

Maschinisierung – Ersatz manueller Arbeiten durch → Maschinen. Menschliche Arbeitskraft ist nicht voll ersetzt, sondern auf eine andere (höhere) Ebene verdrängt (Kontrolltätigkeit). Maschinisierung gestattete historisch die Entwicklung der → Fabrik aus Handwerk und → Manufaktur. – *Vorteile:* Schnellere Arbeitsausführung, größere Kraftentwicklung, teilweise exaktere Arbeit; bei entsprechender Gestaltung ist die Verrichtung mehrerer Arbeitsoperationen gleichzeitig möglich, damit verbunden: Steigerung der Produktivität. – Vgl. auch → Mechanisierung, → Automatisierung.

Mash-Up – Kombination vorhandener Dienste im → Internet, durch die ein weiterer Mehrwert geschaffen wird. Unterschiedliche Datenbestände zweier Dienste werden zusammengebracht, um so Zusatzinformationen zu generieren. Ermöglicht wird dies durch mehr oder weniger offen liegende → Schnittstellen.

Maske – *Bildschirmmaske;* strukturierter Aufbau des Bildschirminhalts (→ Bildschirm) bei einem Dialogsystem für die Eingabe, Änderung oder Ausgabe von → Daten; in der → betrieblichen Datenverarbeitung häufig benutzt, v.a. bei Datenerfassung. – Eine Maske gibt auf dem Bildschirm einen Rahmen vor, in den der → Benutzer Daten wie in ein Formular einträgt, angezeigte Daten verändert oder das → Softwaresystem die gewünschten Daten einträgt. Der → Cursor bewegt sich dabei nur auf den für Eingabe bzw. Änderung vorgesehenen Feldern; die mit unveränderlicher Beschriftung versehenen Teile des → Bildschirms (v.a. die Feldbezeichnungen) können dagegen nicht verändert werden. Eine Maske kann aus einer oder mehreren Bildschirmseiten bestehen. – Einer Maske zugeordnet sind i.d.R. eine Reihe einfacher und komplexer Funktionen wie Cursor-Steuerung (z.B. auf das nächste Eingabefeld positionieren), Plausibilitätsprüfung während der Eingabe, Schutz einzelner Felder vor unberechtigtem Zugriff oder unbefugter Änderung etc. – Gestaltung und Erzeugung einer Maske mittels → Maskengenerator.

Maskengenerator → Softwarewerkzeug zur Gestaltung und Erzeugung von → Masken. – Vgl. auch → Generator.

Maskin – Eric Stark, geb. 1950, amerik. Ökonom, lehrt in Princeton; → Nobelpreis für Wirtschaftswissenschaften 2007 (zusammen mit → Hurwicz und → Myerson). Maskin hat – zusammen mit Myerson – die von Hurwicz begründete "Mechanism-Design"-Theorie weiterentwickelt.

Mass Customization – 1. *Begriff:* Prinzip der kundenindividuellen → Massenproduktion. – 2. *Beschreibung:* Auf Grundlage eines Basisangebotes werden Sach- und Dienstleistungen in einer Vielfalt von Kombinationen angeboten, dass es theoretisch fast jedem Kunden möglich ist, ein seinen Wünschen entsprechendes individuelles Angebot zu erhalten. Der Ansatz ermöglicht eine kundenspezifische Problemlösung ohne dabei auf die Kostenvorteile einer prozessorientierten Massenfertigung zu verzichten. Mithilfe moderner Fertigungsprozesse und intensive Nutzung modernster IuK-Technologien werden die Vorteile der Massen- und Einzelfertigung vereint. Der Kunde kann sich in einer Art Baukastensystem ein individuelles Produkt zusammenstellen und ist bereit dafür einen Aufpreis zu zahlen. Der Trend zur Mass Customization zieht sich durch alle Branchen – vom Auto bis hin zum Müsli. – 3. *Arten:* Es kann zwischen vier unterschiedlichen Umsetzungsmöglichkeiten unterschieden werden: a) *Self Customization:* die Produktindividualisierung erfolgt durch den Kunden selbst (Bsp: Standardsoftware, die durch den Nutzer an seine Bedürfnisse angepasst wird). – b) *Point of Delivery Customization:* Individualisierung erfolgt am Verkaufsort. – c) *Modularization:* das Angebot wird modular auf Basis eines Baukastensystems auf die individuellen Bedürfnisse des Kunden angepasst. – d) *Time based Management:* kundenindividuelle Produktion mit massenhafter Vorfertigung unter Nutzung von Zeitvorteilen.

Masse → Insolvenzmasse.

Masseansprüche – Forderungen, die nach Eröffnung eines → Insolvenzverfahrens bevorrechtigt aus der → Insolvenzmasse befriedigt werden. – Vgl. auch → Massegläubiger.

Massegläubiger – I. Begriff: Gläubiger, die volle Befriedigung aus der → Insolvenzmasse vor allen → Insolvenzgläubigern beanspruchen können (§§ 53–55 InsO).

II. Ansprüche: Ausschließlich durch oder während des Verfahrens entstehend. – 1. *Massekosten:* a) Gerichtliche Kosten für das Insolvenzverfahren. Gläubiger hat für einen nach § 26 II InsO geleisteten Vorschuss Erstattungsanspruch gegen die Masse. – b) Ausgaben für Verwaltung, Verwertung und Verteilung der Masse, z.B. Vergütung des Insolvenzverwalters und Gläubigerausschusses. – c) Die dem Gemeinschuldner und seinen Angehörigen bewilligte Unterstützung (§ 100 InsO). – 2. *Masseschulden:* a) Verbindlichkeiten, die der Insolvenzverwalter innerhalb seiner gesetzlichen Tätigkeit durch Rechtsgeschäfte oder Rechtshandlungen zu *Lasten der Masse* begründet, z.B. Kosten aus der Führung von Masseprozessen oder aus dem Betrieb eines Kraftfahrzeuges für die Masse. – b) *Ansprüche aus Verträgen* für die Zeit von → Insolvenzeröffnung bis zur Beendigung des Vertragsverhältnisses, z.B. aus Miet-, Pacht-, Dienst- oder Gesellschaftsverträgen. – c) Ansprüche aus → gegenseitigen Verträgen, deren Erfüllung vom Insolvenzverwalter kraft seiner Wahlbefugnis (§ 103 InsO) von dem Vertragspartner verlangt wird. – d) Verbindlichkeiten aus einem Sozialplan (§ 123 II InsO). – e) Ansprüche aus *ungerechtfertigter Bereicherung* der Masse, soweit der Wert nach Insolvenzeröffnung zugeflossen ist (sonst gewöhnlich Insolvenzforderung).

III. Durchführung: 1. *Reihenfolge:* Zunächst die Masseschulden unter II Punkt 1 a) bis b), dann Masseverbindlichkeiten, die nach der Anzeige der Masseunzulänglichkeit begründet worden sind, und schließlich alle übrigen, die Verbindlichkeiten nach I Punkt 1 c) jedoch zuletzt (§ 209 InsO). Bei gleichem Rang werden die Forderungen nach dem Verhältnis ihrer Beträge berichtigt. – 2. Der → Insolvenzverwalter hat von sich aus für Befriedigung und Sicherstellung der ihm bekannten Massegläubiger zu sorgen. Bei schuldhafter Pflichtverletzung haftet er persönlich (§ 60 InsO).

Massekosten → Massegläubiger.

Massenänderungskündigung – 1. Mittel des Arbeitskampfes: → Änderungskündigung mehrerer Arbeitnehmer mit dem Ziel der Heraufsetzung von Arbeitsbedingungen oder die vom Arbeitgeber einer Gruppe von Arbeitnehmern gegenüber erklärte Änderungskündigung. Zulässigkeit der Massenänderungskündigung umstritten. Fraglich ist, ob Maßstäbe des Arbeitskampfrechts (→ Arbeitskampf) anzulegen sind. Massenänderungskündigungen auf Arbeitnehmerseite werden von der Rechtsprechung als unzulässiger → wilder Streik angesehen. – 2. Handelt es sich *nicht* um Massenänderungskündigungen zum Zwecke des Arbeitskampfes, so sind betriebsbedingte Massenänderungskündigungen wie eine Massenentlassung zu behandeln, wenn sie zur Beendigung der Arbeitsverhältnisse führen.

Massenbedarfsgüter → Massengüter.

Massenentlassung – 1. *Begriff:* Massenentlassung im Sinn des § 17 KSchG liegt vor, wenn innerhalb von 30 Kalendertagen die nachstehende *Mindestanzahl* von Entlassungen erfolgt (abhängig von der Zahl der regelmäßig Beschäftigten): a) Bei über 20 und unter 60 Arbeitnehmern fünf Arbeitnehmer; b) bei 60 bis weniger als 500 Arbeitnehmer 10 Prozent oder mehr als 25 Arbeitnehmer; c) bei mind. 500 Arbeitnehmern mind. 30 Arbeitnehmer. Es kommt auf die Zahl der Arbeitsverhältnisse an, die innerhalb der Frist erfolgt. Jede vom Arbeitgeber veranlasste Beendigung zählt. – Das Recht zur außerordentlichen Entlassung bleibt unberührt; diese werden bei der Berechnung der Mindestzahl nicht berücksichtigt. – 2. *Bes. Kündigungsschutz zur Verhütung von Arbeitslosigkeit:* a) *Anzeigepflicht der Absicht,* Massenentlassungen vorzunehmen, gegenüber der zuständigen Agentur für Arbeit; beizufügen ist eine Abschrift der Mitteilung an den Betriebsrat sowie die Stellungnahme des Betriebsrats. Einzelheiten sind in § 17 II, III, IIIa KSchG geregelt. Die Anzeige muss vor den Kündigungen erfolgen, anderenfalls sind diese *nichtig.* – b) Hat der Arbeitgeber die Massenentlassung angezeigt, besteht eine *Sperrfrist* von einem Monat nach Eingang der Anzeige bei der Agentur für Arbeit (§ 18 I KSchG). Kündigungen, die innerhalb der Sperrfrist ausgesprochen werden, sind wirksam; die Sperrfrist verlängert auch nicht die Kündigungsfrist; vielmehr wirkt die Sperrfrist wie eine Mindestkündigungsfrist (BAG, 6.11.2008 – 2 AZR 935/07). Die Sperrfrist kann rückwirkend bis zum Tage der Antragstellung verkürzt oder bis zu höchstens zwei Monaten verlängert werden kann. Ist Vollbeschäftigung während der Sperrfrist nicht möglich, kann die Bundesagentur für Arbeit → Kurzarbeit zulassen. – c) Die Kündigungen müssen innerhalb der Freifrist von 90 Tagen ausgesprochen sein, sonst bedarf es einer neuen Massenentlassungsanzeige (§ 18 IV KSchG). – d) Kündigungsschutz ist nicht anwendbar auf *betriebsbedingte Entlassungen in Saison- und Kampagnebetrieben* (§ 22 KSchG). – e) Eine Massenentlassung i.S.d. § 17 KSchG ist i.d.R. zugleich eine Betriebsänderung gemäß § 111 BetrVG, mit dem Betriebsrat muss also ein Interessenausgleich verhandelt werden. Ob auch ein Sozialplan vereinbart werden muss, richtet sich nach § 112 a BetrVG.

Massengüter → Gebrauchsgüter *(Massengebrauchsgüter)* oder → Verbrauchsgüter *(Massenverbrauchsgüter),* die einheitlich von einem großen Verbraucherkreis (Konsumenten oder Produzenten) nachgefragt werden und i.d.R. über einen langen Zeitraum produziert werden. Es kann sich um Produktions- (z.B. Erze, Holz, Stahl, Blech, Röhren, Bleche) und Konsumgüter (z.B. Haushaltswaren, Textilien) handeln. – a) *Produktion:* → Massenproduktion. – b) *Absatz:* Der Absatz von Massengütern erfolgt i.d.R. mittels Massenmarktstrategien über Großbetriebsformen des Einzelhandels (z.B. SB-Warenhäuser, Discountbetriebe). – c) *Standort:* Die Standorte von Erzeuger und Verbraucher (im Fall von Produktionsgütern) von Massengütern sind transportkostenorientiert (→ Transportkosten). – d) *Beförderung:* Im Verkehr sind die Beförderungseinheiten von Massengütern nicht nach Stückzahl (→ Stückgut), sondern nach Gewicht und Volumen bestimmt.

Massenkalkulation – ältere Bezeichnung für → Divisionskalkulation.

Massenkommunikation – *Sekundärkommunikation, indirekte Kommunikation.* 1. *Begriff:* Massenkommunikation umfasst alle Formen von → Kommunikation, bei der Aussagen öffentlich durch technische Verbreitungsmittel bei räumlicher oder zeitlicher oder raumzeitlicher Distanz zwischen den Kommunikationspartnern an ein voneinander getrenntes Publikum vermittelt werden. Die Übergänge zwischen Individualkommunikation und Massenkommunikation sind fließend. Die Massenkommunikation erreicht ein breites Publikum, vermittelt Einflüsse der weiteren Umwelt und ist in der Lage, starke Aufmerksamkeit und Aktualität für ein Angebot zu erzeugen. – 2. *Merkmale*: (1) Einschaltung von Massenmedien, (2) Ein-Weg-Kommunikation (obwohl dies bei neueren technischen Medien (Internet) aufgehoben wird), (3) Distanz zum Publikum, (4) Heterogenität der Empfänger. – 3. *Wirkung*: (1) initiierend, regt die weitere Kommunikation an (Metakommunikation ist die Kommunikation über die von den Medien vermittelten Informationsangebote), (2) Informationswirkung: Vermittlung von Wissen, (3) Beeinflussungswirkungen: Verstärkung von Meinungen, (4) Überzeugungswirkungen: Veränderung von Einstellungen, (5) Nutzenwirkung für den Konsumenten: psychologischer Nutzen durch Aktivierung und emotionale Stimulierung sowie gedankliche Anregung. Inhaltlicher Nutzen liegt in der Vermittlung von Unterhaltung und Entspannung, Information und Bildung, Normen und Verhaltensmustern. – Möglichkeiten der Massenkommunikation sich der Wirkungsweise der persönlichen Kommunikation anzunähern, ist die Simulation der persönlichen Kommunikation oder die Nachahmung von Meinungsführern. – Vgl. auch → Massenmedien.

Massenmedien – technische Mittel zur Vermittlung von → Informationen und → Emotionen bei räumlicher oder zeitlicher oder raumzeitlicher Distanz zwischen den Kommunikationspartnern an ein voneinander getrenntes Publikum. – *Einteilung*: Printmedien, Rundfunkmedien, audiovisuelle Medien, Tonträger, nachrichtentechnische Medien und computergestützte Medien. Das früheste Medium ist die Schrift, die eine visuelle Darstellung und die Speicherung von Information ermöglicht. Durch die Erfindung des Buchdrucks wurden dann v.a. die Möglichkeiten der Vervielfältigung und maschinellen Produktion erweitert. Die spezifische Leistung der modernen Funkmedien liegt v.a. in der raschen und weiten Verbreitung von Mitteilungen; Fotographie, Film, Fernsehen, Video und → Internet haben darüber hinaus die menschlichen Fähigkeiten zur ikonischen Darstellung sowie zur Speicherung und Übertragung von visueller Information erheblich gesteigert. – Vgl. auch → Massenkommunikation.

Massenproduktion – *Massenfertigung;* Elementartyp der Produktion (Produktionstypen). Bei sehr großem Produktionsvolumen kann der Betrieb von der → Serienproduktion zur Massenfertigung übergehen, indem er nur noch ein Produkt in unbegrenzter Zahl herstellt. Die Planung legt dabei der Produktion keinerlei Beschränkung mehr auf, da für den anonymen Markt produziert wird. – *Vorteile:* Nutzung aller Rationalisierungsmöglichkeiten, die durch die große Stückzahl gegeben sind. Daher werden niedrige Stückkosten erzielt. Da keine Umrüstungen der Produktionsanlagen erforderlich sind, bietet sich eine → Automatisierung des Produktionsprozesses an. – *Nachteile:* mangelnde Flexibilität des Produktionsprozesses durch den Einsatz von Spezialmaschinen, was bei Nachfrageänderungen die Existenz des Betriebes bedrohen kann; sehr kostenintensive Produktionsumstellungen. – Vgl. auch → Einzelproduktion, → Serienproduktion, → Sortenproduktion.

Massenspeicher – *Großspeicher;* in der elektronischen → Datenverarbeitung ein → externer Speicher mit hoher Kapazität. – *Bes. Form des Massenspeichers:* → Magnetplattenspeicher, → optische Speicherplatte.

Massenverbrauchsgüter → Massengüter.

Massenzahlungsverkehr – *Kleinzahlungsverkehr, Retail-Zahlungsverkehr;* hierunter fallen alle Zahlungen, die nicht einzeltransaktionsorientiert, sondern zusammen mit anderen Zahlungen in der Stapel- bzw. Batch-Verarbeitung abgewickelt werden. Vornehmlich handelt es sich dabei um Zahlungen von Privatpersonen, die nicht eilbedürftig sind und mit denen i.d.R. kleinere Beträge transferiert werden (z.B. Telekommunikationsgebühren oder Mieten). Nur die Summen der abgewickelten Zahlungen sind für ein Kreditinstitut dispositionsrelevant. Im Nichtbankengeschäft können noch beleghafte Einreichungen vorkommen. – *Gegensatz:* → Individualzahlungsverkehr.

Masseschulden → Massegläubiger.

Masseunzulänglichkeit – Begriff aus dem → Insolvenzverfahren. Masseunzulänglichkeit liegt vor, wenn sich während eines Insolvenzverfahrens herausstellt, dass die → Insolvenzmasse zwar zur Kostendeckung, nicht aber zur Erfüllung der Masseverbindlichkeiten ausreicht (§ 208 InsO). Die → Insolvenzordnung (InsO) enthält dazu in den §§ 209–211 einige Regelungen, insgesamt sind aber noch viele Fragen offen, wie dieser auch als „Konkurs im Konkurs“ bezeichnete Sachverhalt im Einzelnen zu lösen ist.

Masseverbindlichkeiten → Massegläubiger.

Masseverzeichnis → Insolvenzstatus.

Maßgeblichkeitsprinzip – 1. *Begriff:* Das Maßgeblichkeitsprinzip überträgt die handelsrechtlichen Vorschriften, denen der → Jahresabschluss sowohl formal als auch inhaltlich entsprechen muss (→ Handelsbilanz), in den Bereich der → Steuerbilanz. Somit werden durch das Maßgeblichkeitsprinzip die handelsrechtlichen → Grundsätze ordnungsmäßiger Buchführung (GoB) zu einem integralen Bestandteil des Bilanzsteuerrechts. – 2. *Arten:* a) *Materielle Maßgeblichkeit:* Für die steuerliche Gewinnermittlung ist grundsätzlich das Betriebsvermögen anzusetzen, das nach den handelsrechtlichen GoB auszuweisen ist. Kodifizierte und nicht kodifizierte abstrakte handelsrechtliche Normen hinsichtlich der Bilanzierung und Bewertung haben steuerliche Relevanz (§ 5 I S. 1 EStG a.F.). Mit Inkrafttreten des → Bilanzrechtsmodernisierungsgesetzes (BilMoG) wird § 5 I EStG um einen Halbsatz ergänzt (§ 5 I S. 1 Hs. 2 EStG n.F.), wodurch an der materiellen Maßgeblichkeit festgehalten wird. Allerdings wird die Maßgeblichkeit auf eine subsidiäre Maßgeblichkeit reduziert, sodass diese nur zur Anwendung kommt, wenn keine steuerlichen Sonderregelungen vorgehen (s. hierzu c) Durchbrechung der Maßgeblichkeit). – b) *Formelle bzw. umgekehrte Maßgeblichkeit*: Nach § 5 I S. 2 EStG a.F. sind steuerrechtliche Wahlrechte bei der Gewinnermittlung in Übereinstimmung mit der handelsrechtlichen Jahresbilanz auszuüben. Das gilt für die Ausübung sowohl der Bilanzierungs- als auch der Bewertungswahlrechte. Bei Inanspruchnahme eines steuerlichen Vorteils, war es somit erforderlich in der Handelsbilanz den gleichen Wert anzusetzen (sog. umgekehrte Maßgeblichkeit). Mit dem BilMoG wurde mit der Streichung des § 5 I S. 2 EStG die formelle und folglich auch die umgekehrte Maßgeblichkeit abgeschafft. Die Wirtschaftsgüter, die nicht mit dem handelsrechtlich maßgeblichen Wert in der steuerlichen Gewinnermittlung ausgewiesen werden, sind in bes., laufend zu führende Verzeichnisse aufzunehmen. In den Verzeichnissen sind der Tag der Anschaffung oder Herstellung, die Anschaffungs- oder Herstellungskosten, die Vorschrift des ausgeübten steuerlichen Wahlrechts und die vorgenommenen Abschreibungen nachzuweisen. – c) *Durchbrechung der Maßgeblichkeit*: steuerliche Sonderreglungen für die Steuerbilanz, z.B.: Für → Aktivierungswahlrechte in der Handelsbilanz besteht ein Aktivierungsgebot in der Steuerbilanz; für → Passivierungswahlrechte der Handelsbilanz besteht ein Passivierungsverbot in der Steuerbilanz. – 3. *Perspektiven:* Die Zahl der Durchbrechungen der Maßgeblichkeit durch zwingende, vom Handelsrecht abweichende steuerliche Regelungen nimmt zu. Die Maßgeblichkeit wird nicht zuletzt durch das BilMoG zunehmend in Frage gestellt. Denkbar ist die Einführung eines eigenständigen Steuerbilanzrechts oder eine europäische Lösung.

Maßhalteappelle – *gütliches Zureden, Seelenmassage, Moral Suasion;* wirtschaftspolitisches Instrument in Form von politischen Appellen, die das wirtschaftliche Verhalten der gesamten Öffentlichkeit (z.B. Sparen) oder bestimmter Gruppen oder Institutionen (z.B. bei geldpolitischen Zielen an Kreditinstitute) beeinflussen sollen. – *Beispiele*: Maßvolle Lohnabschlüsse und Preisforderungen; → konzertierte Aktion im Rahmen desmStabilitäts- und Wachstumsgesetzes (1967).

Maßkorrelation – Bezeichnung für die → Korrelation bei zwei mind. intervallskalierten (→ Intervallskala) Merkmalen. Die Quantifizierung der Maßkorrelation erfolgt auf der Grundlage des Bravais-Pearsonschen → Korrelationskoeffizienten.

Maßnahmenplanung → Unternehmensplanung.

Maßnahmen zur Arbeitsbeschaffung → Arbeitsbeschaffungsmaßnahmen.

Maßregeln der Besserung und Sicherung – Reaktionsform des Strafrechts auf kriminelles Handeln neben der → Strafe. Es handelt sich um gesetzlich zugelassene Maßnahmen zur Vorbeugung durch Besserung des Täters oder zur Sicherung der Gemeinschaft (§§ 61 ff. StGB). – *Zugelassene Maßregeln der Besserung und Sicherung:* Unterbringung in psychiatrischem Krankenhaus (§ 63 StGB) und in Entziehungsanstalt (§ 64 StGB), → Sicherungsverwahrung (§§ 66, 66a StGB), → Führungsaufsicht (§§ 68 ff. StGB), Entziehung der → Fahrerlaubnis (§§ 69 ff. StGB) sowie → Berufsverbot (§§ 70 ff. StGB).

Maßregelungsverbot – 1. *Allgemein:* Verbot der Benachteiligung, weil der Arbeitnehmer in zulässiger Weise seine Rechte ausübt (§ 612a BGB). – 2. *Tarifrecht:* Klausel in einem nach Durchführung eines Arbeitskampfes abgeschlossenen → Tarifvertrag, nach der es verboten ist, Streikende oder „Rädelsführer“ beim Streik gegenüber Nichtstreikenden oder weniger aktiven Streikteilnehmern zu benachteiligen. Grundsätzlich im Rahmen der → Tarifautonomie zulässig. Einzelheiten sind umstritten: Z.B. ist es umstritten, ob den → Koalitionen das Recht zusteht, kraft Gesetzes entstandene Schadensersatzansprüche auszuschließen.

Maßstäbegesetz → Länderfinanzausgleich.

Maßsteuern → Steuern, die den individuellen Verhältnissen des Steuerpflichtigen genau angepasst sind, z.B. Teile der Einkommensteuer. Im Gegensatz zu Marktsteuern sind Maßsteuern i.d.R. nicht überwälzbar, da durch die Anpassung an die individuellen Verhältnisse des Steuerpflichtigen eine Identität von Steuerzahler und -träger in den meisten Fällen gegeben ist. → Steuerklassifikation nach dem Kriterium Überwälzbarkeit (→ Steuerüberwälzung).

Maßzahl – *Maßgröße;* Sammelbegriff für Kenngrößen einer theoretischen oder empirischen → Verteilung, etwa → Mittelwerte, → Streuungsmaße, → Konzentrationskoeffizienten. Bei theoretischen Verteilungen wird hierfür auch der Begriff (Funktional-) → Parameter verwendet. – I.w.S. werden auch → Verhältniszahlen und → Indexzahlen als Maßzahlen bezeichnet.

Master – 1. *Begriff:* Der Master als akademischer Abschluss (graduate) kommt dem bisherigen dt. Diplomabschluss gleich. Dieser Studienabschluss wird aufgrund der im → Bologna-Prozess getroffenen Vereinbarungen in Deutschland und andern europäischen Staaten sukzessive eingeführt. In englischsprachigen Ländern bisher hauptsächlich verbreitet. – 2. *Merkmale:* Masterstudiengänge setzen den → Bachelor oder einen vergleichbaren Abschluss voraus und können das vorangegangene Studium vertiefen; entweder direkt im Anschluss oder auch nach einer Unterbrechung. Die Studiendauer beträgt i.d.R. zwei Jahre, der Masterabschluss ermöglicht eine anschließende → Promotion. Je nach Angebot der Universität können Ein- oder Mehr-Fach-Studiengänge gewählt werden. – 3. *Mögliche Masterabschlüsse*: Master of Advanced Studies (MAS), Master of Business Administration (MBA), Master of Business Law (M.B.L.), Master of Education (M.Ed.), Master of Engineering (M. Eng.), Master of/in European Studies (M.E.S.),

Master of International Business (MIB), Master of Laws (LL.M.), Master in Psychoanalytical Observational Studies (MPOS), Master of Public Health (MPH), Master of Arts (M.A.), Master of Science (M.Sc.).

Mastercard – weltweit agierendes Kreditkartenunternehmen; die gleichnamige → Kreditkarte wird – zumeist über Banken – in Verkehr gebracht. In der Bundesrepublik Deutschland geben die Kreditinstitute die Mastercard mit institutsindividueller Ausprägung aus. Sie dient zur bargeldlosen Bezahlung von Waren und Dienstleistungen, Bargeldbeschaffung oder Nutzung von automatisierten Kassen des Handels. Ca. 400.000 Akzeptanzstellen existieren bundesweit, weltweit über 25 Mio. – Verfügt werden kann sowohl in klassischer Form durch Vorlage der Karte und Unterzeichnung des Leistungsbeleges, als auch an elektronischen Ladenkassen und Geldausgabeautomaten, hier in Verbindung mit Eingabe der Persönlichen Identifikationsnummer (→ PIN) und nachfolgender positiver Autorisierung durch die Autorisierungszentrale.

Master-KAG – Die Master-KAG (Master-Kapitalanlagegesellschaft), auch Service-KAG, sieht ihre Kernkompetenz im Anbieten von Verwaltungsdienstleistungen, d.h. im Bereich der Fondsauflage, der Fondsbuchhaltung und Fondsadministration auch für Dritte, dem Fondsreporting und Fondscontrolling für institutionelle Anleger. Sie verzichtet ganz oder teilweise auf das Asset Management, d.h. die Steuerung eines Anlageportfolios. Das Portfoliomanagement eines i.d.R. in mehrere Segmente aufgeteilten Masterfonds wird von externen Asset Managern übernommen.

Matchcode – bei → Datenbanksystemen eine Zeichenkette (→ Datentyp), die einen nicht notwendigerweise vollständigen → Suchbegriff darstellt. Ein Suchvorgang bez. des Matchcodes für ein bestimmtes → Datenelement liefert alle → Datensätze, bei denen der Matchcode in dem Datenelement enthalten ist, u.U. an einer festgelegten Stelle (Anfang, Ende etc.).

Matched Samples – *Matching.* Bei simultanen Messungen im Rahmen der Marktforschung sind Matched Samples aufeinander abgestimmte strukturgleiche Stichproben mit einer oder mehreren Experimentalgruppen sowie bei einer Kontrollgruppe (→ experimenteller Markt). Die Kontrollgruppe liefert dann beim Vergleich mit der/den Testgruppe(n) einen Maßstab dafür, wie sich die abhängige Variable verändert, ohne dass sie dem Einfluss der unabhängigen Variablen ausgesetzt ist. Alle übrigen Einflussfaktoren (Störvariablen) sind für alle Gruppen gleich und können hierdurch ausgeschaltet werden.

Matching – I. Außenhandel: → Netting, Covering. Um eine Netto-Exposure (→ Exposure) von Null bei den laufenden Transaktionen zu erreichen, können offene Positionen durch entsprechende spiegelbildliche Positionen geschlossen (kompensiert) werden, z.B. indem einer Dollarforderung eine Dollarverbindlichkeit gegenüber gestellt wird. Dabei sollten Währungsbeträge und Termine möglichst deckungsgleich sein. – Vgl. auch → Hedging.

II. Marktforschung: → Matched Samples.

Material – *Stoffe;* → Rohstoffe, → Hilfsstoffe und → Betriebsstoffe der Fertigung sowie Kleinmaterial, bezogene Normteile, einbaufertige Aggregate, wiederverwertbare Reststoffe etc., d.h.vorwiegend Ausgangsstoffe der Produktion. Halb- und Fertigerzeugnisse und selbst gefertigte Bestandteile gehören nicht zum Material – Vgl. auch → Materialbuchhaltung, → Materialkosten.

Material(bestands)konten – Konten der Klasse 2 des IKR, die der Buchung von Roh-, Hilfs- und Betriebsstoffen sowie fremdbezogener Waren dienen. Die Material(bestands)konten enthalten im Soll den Anfangsbestand und die Materialzugänge, im Haben wird der Verbrauch aufgrund von → Materialentnahmescheinen registriert. Der Saldo entspricht dem Materialbestand, sofern keine Materialverluste (Schwund, Diebstahl etc.), Aufzeichnungsfehler oder Abschreibungen (z.B. gemäß § 253 IV HGB) zu berücksichtigen sind. – Vgl. auch → Warenbestandskonten.

Material(hilfs)stellen – alle → Kostenstellen innerhalb von Produktionsbetrieben, die der Beschaffung, Annahme, Prüfung, Aufbewahrung und Ausgabe des → Materials dienen.

Materialabrechnung → Materialbuchhaltung.

Materialbedarf → Primärbedarf, → Sekundärbedarf, → Tertiärbedarf, → Bedarfsermittlung.

Materialbedarfsermittlung → Bedarfsermittlung.

Materialbedarfsplanung – Ausweis der in einer Planungsperiode benötigten Materialien nach Art, Menge, Qualität und Zeitstruktur (Sekundär-, Tertiärbedarf). – 1. *Ziel* der Materialbedarfsplanung ist die Realisierung einer kostenoptimalen Materialversorgung; im Optimum ist stets nur so viel Material vorhanden, wie kurzfristig benötigt wird. – 2. *Teilbereiche:* a) → Bedarfsermittlung (auch Bedarfsmengenplanung): Gegenüberstellung von → Bruttobedarf und Materialbestand zeigt den Beschaffungsbedarf (→ Nettobedarf) auf. – b) *Sortimentsplanung:* Festlegung der Materialqualitäten, Begrenzung der Materialarten durch Normung und Standardisierung; Analyse von Substitutionsmöglichkeiten; Entscheidung → Make or Buy. – c) *Materialbereitstellungsplanung:* Ermittlung der Bedarfstermine unter Berücksichtigung der jeweiligen Bedarfsstruktur und der Bedingungen auf den Beschaffungsmärkten (→ Bereitstellungsprinzipien). – Vgl. auch → PPS-System.

Materialbeistellung – Begriff des Umsatzsteuerrechts für das Zurverfügungstellen von Material durch den Auftraggeber an den Hersteller eines Werkes. Das beigestellte Material ist nicht Bestandteil der Leistung des Werkunternehmers, auch wenn er bei der Materialbeschaffung als Agent oder

Berater mitwirkt. Materialbeistellung ist eine Form der → Leistungsbeistellung (i.w.S.).

Materialbelege – Buchungs- und Kontrollbelege, wie Lieferscheine der Lieferanten, Eingangsmeldescheine der Einkaufsabteilungen, Bezugs-, Entnahme-, Ausgabe-, Anforderungsscheine für die Materialausgabe (→ Materialentnahmeschein), Rückgabescheine für Material (→ Materialrückgabeschein), das aus dem Betrieb ins Lager zurückkehrt, Lagerverkehrsscheine für Umlagerungen zwischen verschiedenen Lagern, Lagerversandaufträge für den Verkauf von Lagermaterial und Abfällen etc.

Materialbilanz → Stoffbilanz.

Materialbuchführung → Materialbuchhaltung.

Materialbuchhaltung – *Materialabrechnung, Materialbuchführung, Materialrechnung, Lagerbuchhaltung;* mengen- und wertmäßige Erfassung des Eingangs (Lieferlisten), Bestands (Bestände in Eingangs- und Zwischenlägern) und Ausgangs (→ Materialentnahmeschein) von → Material sowie der Zuordnung der → Materialkosten zu Kostenträgern und -stellen. Wesentlicher Datenlieferant der Kostenrechnung. – *Vorgehensweise zur Erfassung:* → Skontration.

Materialeinzelkosten – Bestandteil der → Materialkosten; → Kosten für → Einzelmaterial. – *Gegensatz:* → Materialgemeinkosten.

Materialentnahmeschein – Aufzeichnung, die im Rahmen der → Produktionsprozesssteuerung erstellt wird. Mithilfe von Materialentnahmescheinen werden Materiallagerentnahmen erfasst. Der Materialentnahmeschein dient als Beleg für die Materialbestandsrechnung und zur auftragsbezogenen Erfassung der Materialkosten (→ Material(bestands) konten). – Vgl. auch → Materialbelege.

Materialfluss – Prozesskette aller Vorgänge beim Gewinnen, Be- und Verarbeiten sowie Lagern und Verteilen von Materialien und Gütern innerhalb festgelegter Bereiche; hierzu gehören z. B. die Vorgänge Transportieren, Handhaben, Lagern, Aufenthalt, Prüfen als operative Teilprozesse.

Materialflusskostenrechnung – zielt darauf ab, eine umweltorientierte Ausrichtung der Kostenrechung zu erreichen. Dies erfolgt zum einen, weil die meisten direkten Umwelteinwirkungen von Unternehmen unmittelbar in Zusammenhang mit den Material- und Energieflüssen des Produktionssystems stehen. Zum anderen stellen in produzierenden Unternehmen, Energie und, je nach Branche, auch Material meist den größten Kostenblock dar. – Durch die Materialflusskostenrechnung erreichen Unternehmen ein umfassendes Systemverständnis.

Materialgemeinkosten – in der Vollkostenrechnung die in den → Material(hilfs)stellen anfallenden Kosten für Beschaffung, Prüfung (→ Materialprüfkosten), Lagerung und Abnahme des Materials. Materialgemeinkosten setzen sich v.a. zusammen aus: Löhnen, Gehältern und Personalnebenkosten der im Einkauf, im Lager und bei der Prüfung beschäftigten Personen, Abschreibungen und Instandsetzungen der Lagergebäude und -einrichtungen, Versicherungen der Lagergebäude und Bestände, Heizungs- und Beleuchtungskosten, Verzinsung des im Lager investierten Kapitals etc. (→ Lagerkosten, → Lagerverluste). Bestandteil der → Materialkosten. – Materialgemeinkosten werden bei der → Betriebsabrechnung bzw. in der → innerbetrieblichen Leistungsverrechnung auf das in der Periode verbrauchte Material umgelegt (→ Materialgemeinkostenzuschlag). – *Gegensatz:* → Materialeinzelkosten.

Materialgemeinkostenzuschlag – Prozentsatz, mit dem in der → Zuschlagskalkulation die → Materialgemeinkosten auf das Fertigungsmaterial aufgeschlagen werden, um die gesamten → Materialkosten zu ermitteln.

Material-Intensität pro Serviceeinheit → MIPS.

materialintensiv – Bezeichnung für eine Kostenstruktur von Unternehmungen bzw. Industrien, gekennzeichnet durch einen im Vergleich zu anderen Kostenarten hohen Anteil an → Materialkosten. Materialintensiv sind v.a. Industrien, die (1) wertvolle Rohstoffe verarbeiten (Metallhütten, Textil- und Schmuckwarenindustrie), (2) bei erheblichem Durchsatz normalwertigen Materials dieses lediglich veredeln (Eisenhütten). Bes. Bedeutung für die Erzielung eines guten Betriebsergebnisses haben → Beschaffung und Lagerhaltung (→ Lagerbestandsmanagement). – *Anders:* → anlagenintensiv, → arbeitsintensiv, → kapitalintensiv, → lohnintensiv.

Materialismus → dialektischer Materialismus, → historischer Materialismus.

materialistische Buchhaltungstheorien → Buchhaltungstheorien.

Materiality – *Principle of Materiality, Grundsatz der Wesentlichkeit;* angloamerikanisches Prinzip der → Rechnungslegung. Besagt, dass bei der Aufstellung eines → Jahresabschlusses alle Tatbestände berücksichtigt und offen gelegt werden müssen, die „material" (wesentlich) sind, d.h. wegen ihrer Größenordnung einen Einfluss auf das Jahresergebnis haben und wegen ihres Aussagewertes für die Empfänger von Jahresabschlüssen von Bedeutung sind. Ein Betrag, ein Posten oder ein Tatbestand ist immer „material", wenn seine Berücksichtigung im Jahresabschluss und seine Offenlegung den Einblick in die Vermögens-, Finanz- und Ertragslage einer Gesellschaft verbessern (→ True and Fair View; Fairness of Accounting Presentation). Materiality-Probleme müssen (1) unter Berücksichtigung des gesamten Sachverhaltes und (2) nach dem persönlichen Urteilsvermögen (Professional Judgement) bzw. dem pflichtgemäßen Ermessen des Abschlussprüfers beurteilt und entschieden werden. In das dt. Bilanzrecht (HGB) ist das Wesentlichkeitsprinzip nicht ausdrücklich als allg. Grundsatz aufgenommen. Es ist aber davon auszugehen, dass die Generalnorm des Jahresabschlusses (§ 264 II HGB) – Vermittlung eines den tatsächlichen Verhältnissen entsprechenden Bildes der Vermögens-, Finanz- und Ertragslage im Rahmen der → Grundsätze ordnungsmäßiger Buchführung (GoB) – nur unter Beachtung dieses Grundsatzes möglich ist (bes. § 264 II 2 HGB). Der Gesetzgeber hat zudem in mehrere Einzelvorschriften den Gesichtspunkt der → Wesentlichkeit (Berücksichtigungsgrenze) explizit aufgenommen (z.B. §§ 240 III, 265 VII Nr. 1, 285 Nr. 3, 286 III HGB). Im Rahmen der IFRS konkretisiert der Grundsatz der Wesentlichkeit gemäß RK.29-30 und IAS 1.29-31 den Primärgrundsatz der Relevanz. Eine Information ist in Abhängigkeit ihrer Art als auch von ihrer Auswirkung auf zentrale Größen wie Eigenkapital und Periodenergebnis wesentlich. Zudem wurde dieser Grundsatz in verschiedene Einzelvorschriften explizit aufgenommen (z.B. IAS 36-15-16).

Materialkontrolle → Abnahmeprüfung.

Materialkosten – *Stoffkosten;* Summe aus → Materialeinzelkosten und → Materialgemeinkosten. Dazu gehören z.B. Rohstoffkosten.

Materiallogistik – 1. *Begriff/Charakterisierung:* Teilbereich der Logistik, der alle Aufgaben umfasst, die sich auf den räumlichen, zeitlichen und mengenmäßigen Transfer der in der Produktion eingesetzten Verbrauchsfaktoren von den Lieferanten bis zu ihrer Verarbeitung in einem Produktionsprozess bzw. bis zur Einlagerung im Fertigproduktlager einer Unternehmung beziehen (→ Beschaffungslogistik und → Produktionslogistik), dabei ist die Aufgabenabgrenzung gegenüber den Produktionsplanungs- und Steuerungssystemen unscharf. Die Materiallogistik ist als Teilsystem des gesamten Logistiksystems (→ Logistik) einer Unternehmung anzusehen. – 2. *Aufgaben:* Im Rahmen ihres beschaffungslogistischen Aufgabenteils kommen der Materiallogistik im Einzelnen u.a. folgende Aufgaben zu: Sicherstellung der Materialbereitstellung (Festlegung des Materialbereitstellungsprinzips), Materialbedarfsermittlung (→ Bedarfsermittlung), → Bestellmengenplanung, Gestaltung und Bewirtschaftung der Eingangslager. Im Rahmen ihres produktionslogistischen Aufgabenteiles kommen der Materiallogistik u.a. folgende Aufgabenstellungen zu: Planung und Steuerung der Produktion (Mengenplanung, Termin- und Kapazitätsplanung), Losgrößenplanung, Gestaltung der innerbetrieblichen Transporte und der Zwischenlager. Der Begriff der Materiallogistik ist inzwischen nur noch wenig gebräuchlich.

Materialprüfkosten – die durch die → Abnahmeprüfung im Betrieb entstehenden Kosten. Materialprüfkosten werden i.d.R. im Rahmen der → Materialgemeinkosten verrechnet.

Materialprüfung → Abnahmeprüfung.

Materialrechnung → Materialbuchhaltung.

Materialrückgabeschein – Unterlage der → Materialbuchhaltung, eingeführt zur Erfassung von Rücklieferungen nicht verbrauchter Materialien vom Betrieb an das Lager. Zu erfassen sind nur weiter verwertbare Materialreste, d.h. Material, das aus irgendwelchen Gründen nicht verarbeitet oder gegen anderes umgetauscht wurde, i.Allg. jedoch nicht Abfall. – Vgl. auch → Materialbelege.

Materialverbrauch – Verbrauch an Roh-, Hilfs- und Betriebsstoffen in der industriellen Produktion. – Der Materialverbrauch wird ermittelt durch: (1) *Fortschreibung* (→ Skontration) mithilfe von Materialentnahmescheinen; (2) *Befundrechnung:* Anfangsbestand + Zugänge – Endbestand (Befund durch effektive Inventur) = Abgänge (Verbrauch); (3) *Rückrechnung:* Materialverbrauch = abgelieferte Stückzahl · Bruttomaterialverbrauch pro Stück.

Materialverrechnung – 1. *Materialeingänge* werden aufgrund von Rechnungen und Wareneingangsmeldungen in der Finanzbuchhaltung erfasst. – 2. *Materialentnahmen* werden aufgrund der nach Auftragsnummern und Kostenstellen sortierten Materialentnahmescheine → Kostenstellen oder → Kostenträgern zugerechnet (→ Materialverrechnungskonten).

Materialverrechnungskonten – Konten der Klasse 5 des Gemeinschaftskontenrahmens (GKR), die mit tatsächlich angefallenen → Materialkosten belastet und mit verrechneten Materialkosten erkannt werden (→ Verrechnungskonten).

Materialwert – Preis, mit dem Roh-, Hilfs- und Betriebsstoffe in der → Betriebsbuchhaltung angesetzt werden, i.d.R. in Form eines → Durchschnittspreises. Zur Bewertung in der Handelsbilanz vgl. Vorschriften des HGB und → Bewertungsvereinfachungsverfahren.

Materialwirtschaft – 1. *Begriff:* Materialwirtschaft i.e.S. umfasst die Aufgabe der Versorgung der Produktion mit Material (→ Beschaffung). I.w.S. werden ihr die Gesamtheit aller materialbezogenen Funktionen, die sich mit der Versorgung des Betriebes und der Steuerung des Materialflusses durch die Fertigung bis hin zur Auslieferung der Fertigerzeugnisse befassen, zugeordnet *(integrierte* Materialwirtschaft*).* – 2. *Objekte:* Roh-, Hilfs- und Betriebsstoffe, Zulieferteile, Handelswaren sowie Abfälle. – 3. Die *Aufgaben* der Materialwirtschaft sind technischer Natur (Bereitstellung der benötigten Güter und Dienstleistungen in der erforderlichen Art, Menge und Qualität zur rechten Zeit am rechten Ort) und betriebswirtschaftlich-organisatorischer Natur, d.h., die Wirtschaftlichkeit der Bereitstellung ist zu optimieren (materialwirtschaftliches Optimum). – Zur Erreichung dieses *materialwirtschaftlichen Optimums* sind eine Reihe interdependenter Teilaufgaben zu lösen, z.B. Bedarfsermittlung, Disposition, Bestellmengenplanung, Wareneingangskontrolle, Lagerung und innerbetrieblicher Transport.

Materialzuschlag – Prozentsatz, mit dem in der → Zuschlagskalkulation die → Materialgemeinkosten auf das Fertigungsmaterial zugeschlagen werden, um die gesamten → Materialkosten zu ermitteln.

materielle Bilanzpolitik → Bilanzpolitik.

materielle Maßgeblichkeit → Maßgeblichkeitsprinzip.

materielle Mitarbeiterbeteiligung – Partizipation von Mitarbeitern am Erfolg und/oder Kapital des arbeitgebenden Unternehmens. – Vgl. auch → Erfolgsbeteiligung, → Kapitalbeteiligung.

materielles Konsensprinzip → Konsensprinzip, das besagt, dass bei Eigentumsübertragung von Grundstücken sowie bei Bestellung eines Erbbaurechts zur Eintragung ins Grundbuch der Nachweis des dinglichen Vertrages erforderlich ist (§ 20 GBO). – *Gegensatz:* → formelles Konsensprinzip.

materielles Recht – Rechtsvorschriften, die Gestaltung und Inhalt der Rechtsverhältnisse etc. betreffen. – *Gegensatz:* Formelles Recht, also Verfahrensvorschriften, Prozessrecht etc., die der Durchsetzung des materiellen Rechts dienen. Beispiel: Die Vorschriften des BGB über das Wohnraummietverhältnis und die Kündigung des Mietverhältnisses gehören zum materiellen Recht. Die Durchsetzung der Kündigung vor den Gerichten durch eine Räumungsklage nach den Vorschriften der Zivilprozessordnung gehört zum formellen Recht.

mathematisch-deduktive Methode – gelegentliche Kennzeichnung für das von → Gutenberg eingeführte methodische Vorgehen in der → Betriebswirtschaftslehre (BWL). Aus allg. Tatbeständen (z.B. Ertragsgesetz) werden auf logisch-deduktivem Weg spezielle Sachverhalte abgeleitet (→ Deduktion); häufig mittels mathematischer Operationen (→ Operations Research (OR)). – *Gegensatz:* → empirisch-induktive Methode. – Vgl. auch → Methodenstreit.

mathematische Kostenauflösung → Kostenauflösung.

mathematische Optimierung – *mathematische Programmierung;* Gebiet des → Operations Research (OR), das den theoretischen Hintergrund von → mathematischen Optimierungsproblemen sowie Rechenverfahren zur Bestimmung von zulässigen und optimalen Lösungen für derartige Probleme umfasst.

mathematische Programmierung → mathematische Optimierung.

mathematisches Optimierungsproblem – *mathematische Optimierungsaufgabe;* Problem der mathematischen Optimierung. – 1. *Begriff:* a) Mathematische Aufgabe, bei der es darum geht, aus der Menge der Lösungen eines Restriktionssystems eine Lösung zu bestimmen, der durch eine Zielfunktion $x_0 = f_0 (x_1, x_2, \dots , x_n)$ ein Zielwert zugeordnet ist, der von dem Zielwert keiner anderen Lösung übertroffen oder unterschritten wird. – b) Oft auch die einer solchen Aufgabe zugrunde liegende Fragestellung über ein reales System (→ Transportproblem, Zuordnungsproblem). – 2. *Schreibweisen:*

$x_0 = f_0 (x_1, x_2, \dots , x_n) \rightarrow$ Max! (Min!),

$f_i = (x_1, x_2, \dots , x_n) < (>) 0$, wobei $i = 1, 2,\dots,n$.

3. *Typen:* a) Wird speziell ein möglichst großer Zielwert (Maximum) angestrebt ($x_0 \rightarrow$ Max!), so spricht man von einem *Maximierungsproblem;* strebt man dagegen einen möglichst kleinen Zielwert (Minimum) an ($x_0 \rightarrow$ Min!), so spricht man von einem Minimierungsproblem. Ein Maximierungsproblem lässt sich – ohne die Menge der zulässigen und optimalen Lösungen zu verändern – in ein Minimierungsproblem durch Vorzeichenwechsel überführen. – b) *Lineares Optimierungsproblem* (→ lineare Optimierung) und nicht lineares Optimierungsproblem. – c) *Ganzzahliges Optimierungsproblem,* gemischt-ganzzahliges und kontinuierliches Optimierungsproblem.

mathematische Verfahrensforschung → Operations Research (OR).

MATIF – Abk. für *Marche de Terme International de France,* gegründet 1986, franz. Terminbörse. Das ehemalige Mitglied der Pariser Börse ist wie diese heute in die → NYSE Euronext integriert. An der MATIF werden Futures und Optionen auf Zinsen und Waren gehandelt, im Gegensatz dazu spezialisierte sich die → MONEP auf den Handel dieser → Derivate bezogen auf Aktien und Indizes.

Matrikularbeiträge → Umlagen, die von Gliedstaaten eines Bundesstaates oder ähnlich strukturierten Staatsgebilden (Staatenbund oder internationale Organisation) an den Zentralstaat geleistet werden. Die Bezeichnung stammt aus dem Heiligen Römischen Reich, in dem die Reichsstände ihren Beitrag zu den Kriegskosten nach der sog. Reichsmatrikel zu entrichten hatten. Der Norddeutsche Bund und das Kaiserreich finanzierte sich ebenfalls durch Matrikularbeiträge, die von den dt. Bundesstaaten – entsprechend ihrer Bevölkerungszahl – an das Deutsche Reich abgeführt wurden (Reich als „Kostgänger" der Länder). Erst durch die → Erzberger'sche Finanzreform (1919/1920) wurde die Finanzierung neu geregelt. Vormalige Regelung durch die → Clausula Miquel. – In ihren Anfängen finanzierte sich die → EWG über Matrikularbeiträge.

Matrix – besteht aus m Zeilen und n Spalten. Sie hat m · n Elemente und wird auch als mxn-Matrix bezeichnet.

$$\begin{pmatrix} a_{11} & a_{12} & a_{13} & \dots & a_{n} \\ a_{21} & a_{22} & a_{23} & \dots & a_{2n} \\ . & . & . & \dots & . \\ . & . & . & \dots & . \\ . & . & . & \dots & . \\ a_{m1} & a_{m2} & a_{m3} & \dots & a_{mn} \end{pmatrix}$$

Die einzelnen Elemente in der Matrix werden mit

Matrixorganisation

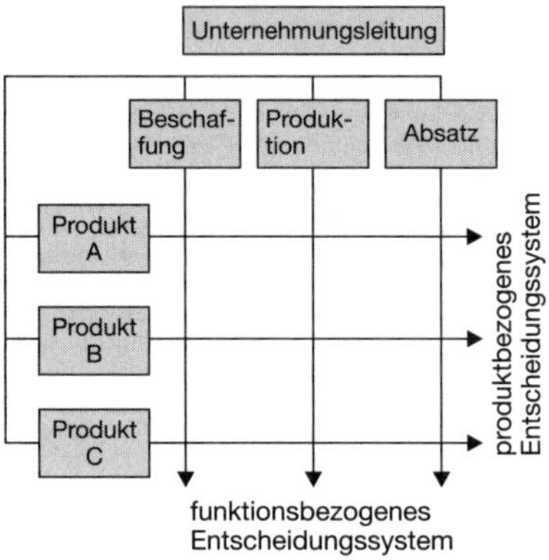

einem doppelten Index gekennzeichnet: a_{ij} (i-te Zeile, j-te Spalte). Diese Elemente stellen i.Allg. reelle Zahlen dar; in der höheren → Matrizenrechnung können die Elemente der Matrix aber auch Funktionen oder selbst wieder Matrizen sein. – Vgl. auch → Matrizenoperationen.

Matrixdrucker – *Rasterdrucker;* mechanischer Zeichendrucker (→ Drucker), bei dem die abzubildenden Zeichen aufgrund gespeicherter Muster vor jedem Anschlag aus einem matrixförmig angeordneten Block kleiner Punkte gebildet werden.

Matrixorganisation – 1. *Begriff:* Grundform einer → mehrdimensionalen Organisationsstruktur, bei der im Zuge der Bereichsbildung für sämtliche durch gleichzeitige Zerlegung eines Handlungskomplexes nach verschiedenen Gliederungskriterien gewonnenen Teilhandlungen (→ Spezialisierung) Entscheidungskompetenzen formuliert und auf Entscheidungseinheiten übertragen werden, die nur gemeinsam Beschlüsse fassen dürfen. Die für mehrdimensionale Organisationsstrukturen charakteristische Berücksichtigung mehrerer Aspekte einer Handlung (etwa der Perspektive der → Funktionen und der Produkte im Entscheidungsprozess) erfolgt bei der Matrixorganisation durch gleichberechtigte organisatorische Verankerung der Handlungsaspekte. – *Beispiel:* Vgl. Abbildung „Matrixorganisation". 2. *Aufbau:* Die Matrixorganisation kann als → Organisationsmodell auf der zweiten oder im Rahmen einer → Teilbereichsorganisation auf niedrigeren Hierarchieebenen ansetzen. Sie ist meist mit einem → Mehrliniensystem verbunden, sodass eine als Schnittstelle bezeichnete → organisatorische Einheit → Weisungen von mehreren hierarchisch übergeordneten Matrixeinheiten erhält; diese unterstehen gemeinsam wiederum einer als Matrixleitung fungierenden → Instanz. – 3. *Vorteile:* V.a. die durch Vermeidung von Einseitigkeiten mögliche Verbesserung der Entscheidungsqualität und die Ausschaltung der spezifischen Stab-Linien-Konflikte. – *Nachteile:* Die praktisch nicht zu vermeidenden Kompetenzüberschneidungen zwischen den Entscheidungseinheiten mit potenziellen Konflikten.

Matrix-Projektorganisation → Organisation, → Projektorganisation, → Projektmanagement (PM).

Matrixspiel → Normalform, → Spieltheorie.

Matrizenoperationen – Folgende Matrizenoperationen werden für das Rechnen mit Matrizen (→ Matrix) benötigt:

(1) Gleichheit von Matrizen:

$$A = B, \text{ wenn alle } a_{ij} = b_{ij};$$

(2) Transponieren (Vertauschen von Zeilen und Spalten):

$$A \Longrightarrow A^T a_{ij} \Longrightarrow a_{ji}, \text{ für alle i und j;}$$

(3) Addition (nur bei derselben Spalten- und Zeilenzahl):

$$A + B \Longrightarrow a_{ij} + b_{ij}, \text{ für alle i und j;}$$

(4) Multiplikation einer Matrix mit einem Skalar (reelle Zahl):

$$c \cdot A \Longrightarrow c \cdot a_{ij}, \text{ für alle i und j;}$$

(5) Skalarprodukt von Vektoren (a' Zeilenvektor, b Spaltenvektor):

$$a' \cdot b = a_1 \cdot b_1 + a_2 \cdot b_2 + a_3 \cdot b_3 + \ldots + a_n \cdot b_n \, \Sigma \, R;$$

(6) Multiplikation von Matrizen (Spaltenzahl der ersten muss mit der Zeilenzahl der zweiten Matrix übereinstimmen):

$$A \cdot B = C \Rightarrow c_{ij} = \sum_{k=1}^{n} a_{ik} \cdot b_{kj}$$

oder c_{ij}: Skalarprodukt der i-ten Zeile von A „mal" der j-ten Spalte von B;

(7) Invertieren: → Inverse.

Matrizenrechnung – Teil der Linearen Algebra. Mit ihr lassen sich größere Datenblöcke kompakt verarbeiten und Beziehungen zwischen verschiedenen Blöcken von Daten können sehr übersichtlich dargestellt werden. – In allen Bereichen der Wirtschaftswissenschaften, z.B. im Rechnungswesen, Controlling oder in der Kostenrechnung, beruhen viele Verfahren auf der Verarbeitung von Datenblöcken. – In der Volkswirtschaftslehre basiert die Input-Output-Analyse, die die Verflechtung zwischen den verschiedenen Sektoren einer Volkswirtschaft untersucht, auf der Matrizenrechnung. – Die Methoden der → linearen Optimierung im Operations Research gehen häufig auf Methoden der Matrizenrechnung zurück. Gefördert durch das Vordringen der IT, die die rationelle Verarbeitung von großen Datenmassen ermöglicht, breitet sich die Anwendung von Methoden der Matrizenrechnung in der betrieblichen Praxis schnell aus. – Vgl. auch → Matrix, → Matrizenoperationen.

Maus → Eingabegerät, v.a. bei Personal Computern.

Maut – Mit dem Autobahnmautgesetz für schwere Nutzfahrzeuge i.d.F. vom 2.12.2004 (BGBl. I 3122) m.spät.Änd. vom 29.5.2009 (BGBl. I 1170) und den ergänzenden Verordnungen ist gesetzlich verankert, dass alle in- und ausländischen Fahrzeuge und Fahrzeugkombinationen, die ausschließlich für den Güterkraftverkehr bestimmt sind oder eingesetzt werden und deren zulässiges Gesamtgewicht mindestens 12 t beträgt, für die Benutzung dt. Autobahnen eine streckenbezogene Autobahnmaut zu entrichten haben. Das Bundesministerium für Verkehr, Bau und Stadtentwicklung (BMVBS) ist ermächtigt, durch Rechtsverordnung die Mauptpflicht auf genau bezeichnete Abschnitte von Bundesstraßen auszudehnen zur Vermeidung von Ausweichverkehr und aus Gründen der Verkehrssicherheit. Die Höhe der Maut ist gestaffelt nach Achszahl und Schadstoffklassen. Mit der Maut-Erhebung und -Abrechnung ist die Toll Collect GmbH beauftragt. – Vgl. auch Autobahngebühr.

maximale Kapazität – Kennzeichnung der mengenmäßigen Höchstleistungsfähigkeit eines Betriebs oder eines Betriebsteils, entsprechend den technischen Daten der einzelnen Betriebsmittel (Umdrehungszahl einer Drehspindel, Durchlass einer Rohrleitung, Hitzeentwicklung eines Ofens u.Ä.) oder einer Betriebsmittelgesamtheit. Die maximale Kapazität ist vorübergehend bei erhöhten Kosten erreichbar; die wirtschaftlichste Ausnutzung (optimale Kapazität) der Betriebsmittel liegt (je nach Wirtschaftszweig und nach den Möglichkeiten, den Leistungsgrad der Maschinen untereinander und der arbeitenden Menschen mit den Maschinen zu „harmonisieren") um 15 bis 20 Prozent unter der maximalen Kapazität. – Vgl. auch → Kapazität.

maximale nachhaltige Ernte → Maximum Sustainable Yield.

maximale Umverteilungsrate – entwicklungspolitische Interpretation des → Gini-Koeffizienten. Sie gibt an, welcher Anteil des Volkseinkommens umverteilt werden muss, damit vollständige Gleichheit erzielt wird. Das Maß leidet gegenüber der Lorenz-Kurve an interpretativer Mehrdeutigkeit. Ob z.B. 50 Prozent des Volkseinkommens an die ärmsten 20 Prozent der Bevölkerung oder an 60 Prozent der Bevölkerung umverteilt werden muss, wird aus der Maßzahl nicht deutlich.

Maximalhypothek → Höchstbetragshypothek.

Maximalprinzip → Wirtschaftlichkeitsprinzip.

Maximalzinssatz → Cap.

Maximax-Regel – Entscheidungsregel bei Unsicherheit (→ Entscheidungsregeln), nach der die Aktion mit dem Maximum der Zeilenmaxima aus der → Entscheidungsmatrix ausgewählt wird. Die Maximax-Regel spiegelt eine optimistische Grundhaltung bzw. das Entscheidungsverhalten eines risikofreudigen Entscheidungsträgers wider. – *Gegensatz:* → Minimax-Regel.

Maximin-Regel → Minimax-Regel.

Maximum → Extremwert.

Maximum-Likelihood-Methode – Methode zur Schätzung der Parameter von → Regressionsmodellen und → ökonometrischen Modellen. Die Parameter der Schätzfunktion werden dabei so gewählt, dass die Wahrscheinlichkeit, genau die Beobachtungspunkte der vorliegenden Stichprobe zu erhalten, maximal wird, d.h. die Schätzwerte maximieren die sog. Likelihood-Funktion. – Die Maximum-Likelihood-Methode lässt sich auch für nicht lineare Einzel- und Mehrgleichungsmodelle verwenden. Die Anwendung der Methode setzt allerdings voraus, dass die Wahrscheinlichkeitsverteilung der → Störterme bekannt ist. Sind diese normalverteilt mit Erwartungswert null und konstanter Varianz, so resultieren daraus die gleichen Schätzfunktionen für die Parameter linearer Einzelgleichungsmodelle wie bei OLS (→ Kleinstquadratemethode, gewöhnliche).

Maximum Sustainable Yield – maximale Menge, die von einer → erneuerbaren Ressource dauerhaft geerntet werden kann. Dies bedeutet, dass der Ressourcenbestand konstant bleibt.

Max-Planck-Gesellschaft zur Förderung der Wissenschaften e.V. (MPG) – gegründet 1948; Sitz in München. – *Aufgaben:* Sie unterhält 80 Forschungsinstitute, Forschungsstellen und Projektgruppen, deren Aktivität sich überwiegend auf Grundlagenforschung in den Natur-, Geistes- und Sozialwissenschaften erstreckt.

Max-Weber-These → Weber erklärt das Leistungsgefälle zwischen protestantischen und katholischen Ländern durch die ökonomischen Folgen religiöser Vorstellungen. Größere Verantwortungsbereitschaft, Risikoübernahme und Sparsamkeit, eine größere Freiheit sowie die Bereitschaft, traditionellen Boden zu verlassen, wurden als entscheidend für die Entwicklung eines leistungsstarken und entwicklungsorientierten Menschenschlags angesehen. Reichtum wurde religiös legitimiert, da er zur Ehre Gottes erwirtschaftet, aber nicht zum Konsum genutzt werden durfte (Gedanke der Haushalterschaft). – Länder, die Protestanten und Juden vertrieben, wie Spanien und Frankreich, fielen in ihrer wirtschaftlichen Entwicklung zurück. Durch Luther bekam der Beruf eine säkulare Bedeutung, was Leistungsanreize ermöglichte. Die unbeabsichtigten ökonomischen Konsequenzen calvinistisch geprägter religiöser Überlegungen führten zur starken Kapitalakkumulation. – Die Max-Weber-These gab Anlass zu einer immer noch währenden Debatte über die religiösen Voraussetzungen der Entwicklung. Empirische Studien haben den Ansatz sowohl widerlegt bzw. differenziert als auch bestätigt.

MBO – Abk. für → Management Buyout.

MBS – Abk. für *Mortgage Backed Securities.* – Vgl. → Verbriefung von Kreditportfolios.

MCF – Abk. für → Multiple Component Facility.

McFadden – Daniel Little, geb. 1937, amerik. Nationalökonom, der seit 1990 an der University of California Berkley lehrt; → Nobelpreis für Wirtschaftwissenschaften 2000 (zusammen mit → Heckman). McFadden hat auf dem Gebiet der individuellen Wahlhandlungen untersucht, welche Kriterien für eine bestimmte Entscheidung ausschlaggebend sind. Nach einem von ihm entwickelten Logit-Modell (s. → Logit-Modell für binäre Daten) werden Voraussagen getroffen, mit welchen Entscheidungen – bei Vorliegen bestimmter Konditionen – zu rechnen ist. Einschlägige Literatur: „Essays on Economic Behavior under Uncertainty" (mit Balch und Wu; 1974).

McKelvey Box – Darstellung der Ressourcenvorräte in Matrixform. Die Vorräte werden nach dem Grad der Gewissheit über ihre Existenz und nach dem Grad ihrer wirtschaftlichen Abbaubarkeit geordnet.

McKinnon-Shaw-These – Analyse zur Bedeutung des Finanzsektors für die wirtschaftliche Entwicklung. Die McKinnon-Shaw-These besagt, dass ohne ausreichende Finanzintermediation größere → Geldmengen zur Durchführung von Investitionen notwendig sind: Der Investor muss zuvor die Finanzmittel selbst ansparen (Eigeninvestor), sodass wegen fehlender Finanzintermediation nicht unbedingt die volkswirtschaftlich produktivste Investition realisiert wird. Der Aufbau einer Finanzintermediation ermöglicht eine höhere Sparfähigkeit und eine effiziente Verwendung der Ersparnisse.

MD&A – Abk. für *Management Discussion and Analysis.*

MDAX → Aktienindex von 50 im → Prime Standard der → Frankfurter Wertpapierbörse (FWB) gehandelten Aktien mittelgroßer Gesellschaften, die sog. Mid Caps. Ihre Marktkapitalisierung und ihr Börsenumsatz liegen direkt unterhalb der DAX-Werte. Der MDAX bezieht nur Unternehmen klassischer Branchen ein. – Vgl. dagegen → TecDAX.

MdB – Abk. für *Mitglied des Bundestags* (→ Abgeordneter).

MdL – Abk. für *Mitglied des (eines) Landtags* (→ Abgeordneter).

MDS – Abk. für → multidimensionale Skalierung.

Meade – James Edward, 1907–1995, engl. Nationalökonom, der in London, Cambridge und – bis zu seinem Rücktritt 1974 – in Oxford lehrte; → Nobelpreis für Wirtschaftswissenschaften 1977 (zusammen mit → Ohlin). Meade wurde ausgezeichnet v.a. für seinen Beitrag zur → Außenwirtschaftstheorie. Er beschrieb das Verhältnis von internem zu externem → Gleichgewicht des Landes, sowohl den vorkeynesianischen Preis- als auch den keynesianischen Einkommenseffekt berücksichtigend. In späteren Werken setzte sich Meade für eine massive Umverteilungspolitik und Lohn- und Preiskontrollen als Mittel zur Bekämpfung von → Inflation und → Arbeitslosigkeit ein. Neben seinem *Hauptwerk* „The Theory of International Economic Policy" (1951/1955) seien erwähnt: „Principles of Political Economy", 4 Bde. (1965–1976) und „Stagflation", Vol. I: Wage Fixing (1982), Vol. II: Demand Management (1983, zusammen mit D. Vines und J. Maciejowski).

Measurement-Theorie der Unternehmung → Team-Theorie der Unternehmung.

mechanische Rechte – Begriff zur Bezeichnung des regelmäßig an die Gesellschaft für musikalische Aufführungs- und mechanische Vervielfältigungsrechte (→ GEMA) vergebenen → Vervielfältigungsrechts und → Verbreitungsrechts von Werken der Musik auf Schallplatten und sonstigen Tonträgern. – Vgl. auch → Zwangslizenz.

Mechanisierung – Unterstützung der menschlichen Arbeitskraft durch den Einsatz von → Maschinen. Der Arbeitsvorgang wird ganzheitlich vom Menschen geleistet; Maschinen haben lediglich die Aufgabe der Übersetzung (z.B. Drehmoment, Drehzahl oder Kraft) und der Werkzeughaltung. – Vgl. auch → Automatisierung, → Maschinisierung.

Mechanisierungsgrad in der Landwirtschaft – Maßzahl zur Kennzeichnung der Ausstattung landwirtschaftlicher → Vollerwerbsbetriebe mit arbeitssparenden Maschinen (ohne Zugmaschinen etc.), mit welcher die bei jeweiliger Mechanisierung erreichte „theoretische" Ersparnis an Arbeitsstunden ausgedrückt und vergleichbar gemacht wird, im Vergleich mit dem Arbeitsaufwand bei geringstem Mechanisierungsstand.

Media – *Klassifikation*: (1) *Insertions-* oder *Printmedien* (z.B. Zeitungen, Zeitschriften; → Printwerbung); (2) *elektronische Medien* (z.B. Datennetze, Fernsehen, Funk, Video, Film; → elektronische Werbung); (3) *Medien der Außenwerbung* (z.B. Plakatanschlag, Verkehrsmittel- und Sportstättenwerbung; → Außenwerbung; → Ambient Medien); (4) *andere Medien* (z.B. Adressbücher, Messen, Sponsoring, Werbegeschenke). – Die Untersuchung der Medien im Hinblick auf ihre *Werbewirkung* erfolgt im Rahmen der → Werbeerfolgskontrolle. – Vgl. auch → Mediaanalyse, → Mediaplanung, → Mediaselektion, → Reichweite, → Streuung

Mediaagentur – spezialisiertes Dienstleistungsunternehmen, das sich Aufgaben widmet, die mit dem Medieneinsatz zu tun haben. Darunter fallen → Mediaanalyse, → Mediaplanung, → Mediaselektion sowie Mediadurchführung (Einkauf und Abwicklung) und -kontrolle.

Mediaanalyse – *Werbeträgeranalyse*. 1. *Begriff*: empirische Datenerhebung im Rahmen der Mediaforschung zur Untersuchung der Nutzerschaft (Leser, Seher, Hörer) von → Werbeträgern (→ Media) als

Entscheidungsgrundlage für den → Streuplan. Sie werden seit 1954 in der Bundesrepublik Deutschland durchgeführt. – 2. *Aufgabe:* Der Mediaanalyse geht es um die Feststellung des Einflusses der Kommunikationskanäle auf den Werbeerfolg. Relevant sind die Ermittlung des Einflusses medienspezifischer Kontaktqualitäten (z.B. des medialen Umfeldes und des Images), die Kosten sowie die Frage, welche → Zielgruppen über einen Werbeträger erreicht werden und wann bzw. über welchen Zeitraum dies geschieht. – 3. *Arten:* Je nach Zielsetzung lassen sich quantitative (Kontaktmenge) und qualitative (Kontaktqualität) Mediaanalyse unterscheiden. Die wichtigsten Mediaanalysen sind die der *Arbeitsgemeinschaft Mediaanalyse*, die *Infratest-Mediaanalyse* und die *Allensbacher-Werbeträger-Analyse.* – Vgl. auch → Media, → Mediaplanung, → Streuung.

Mediadirektor → Werbeberufe.

Medialeiter → Werbeberufe.

Mediamix – optimale Kombination der Werbemedien (→ Werbeträger) im Hinblick auf ihren Beitrag zur Erreichung der → Werbeziele. Einflussfaktoren für den Mediamix sind das inhaltliche und zeitliche Zusammenwirken der Medien, die Bestimmung ihrer unterschiedlichen Gewichtung und die nach ihrem strategisch angestrebten Zielbeitrag optimale Allokation des → Werbebudgets.

Median – *Zentralwert;* ein spezieller mittlerer Wert in einem Datensatz. Ein Wert $\tilde{x}$ heißt Median, wenn mindestens 50% aller Beobachtungswerte kleiner oder gleich $\tilde{x}$ und mindestens 50% aller Beobachtungswerte größer oder gleich $\tilde{x}$ sind. – 1. Sind $x_{(1)} \leq ... \leq x_{(n)}$ nach aufsteigender Größe (Bedeutung) geordnete ordinale Daten, so wird der Median festgelegt auf $\tilde{x} = x_{((n+1)/2)}$, falls n ungerade ist. Falls n gerade ist, stehen die Werte $x_{(n/2)}$ und $x_{(n/2+1)}$ alternativ als Median zur Verfügung. – 2. Sind $x_{(1)} \leq ... \leq x_{(n)}$ die n *nach Größe geordneten* Merkmalswerte eines quantitativen Merkmals, dann wird der Median häufig eindeutig festgelegt. Bei ungeradem n ist der Median der Beobachtungswert $x_{(n+1)/2}$. Ist n gerade, wird als Median das → arithmetische Mittel aus $x_{n/2}$ und $x_{(n+2)/2}$ verwendet. – 3. Bei einer *klassierten Verteilung* von Häufigkeiten wird der Median i.d.R. durch lineare → Interpolation näherungsweise bestimmt. – 4. Bei einer stetigen *Verteilung einer Zufallsvariablen* ist der Median der Variablenwert, für den die Verteilungsfunktion den Wert 0,5 hat. Allgemein wird der Median als 50%-Quantil bestimmt.

Medianwähler-Konzept – zentrales Konzept der → Neuen Politischen Ökonomie; Wähler, der bei einer eindimensionalen Alternativenmenge (d.h. alle Alternativen können auf einer ordinalen oder metrischen Skala geordnet werden) seinen Optimalpunkt im Median der Verteilung der Optimalpunkte aller Wähler hat. Bei ungerader Wählerzahl und eingipfligen Präferenzen (→ Eingipfligkeit) stellt sein Optimalpunkt ein politisches Gleichgewicht im Zwei-Parteien-System dar, da es bei paarweiser Abstimmung die Mehrheit der Stimmen auf sich vereinigen kann (→ Parteienwettbewerb). – Vgl.auch → Hotelling-Regel, mit der beschriebenen Folge einer Angleichung der Parteienprogramme mit der Zielsetzung, die Vorstellungen des Medianwählers zu erfüllen.

Mediaplan → Streuplan.

Mediaplanung – *Streuplanung, Werbeträgerplanung.* 1. *Begriff:* Festlegung der → Media, wobei sich bes. die Frage nach der spezifischen Eignung von Media zur Kommunikation mit der anvisierten → Zielgruppe stellt (→ Mediaselektion); Festlegung der Belegung der → Werbeträger und damit der zeitlichen Abfolge. – 2. *Zweck:* Die richtige Zielgruppe (Werbesubjekte) ist zum richtigen Zeitpunkt mit der ausreichenden Anzahl Werbeanstöße zu kontaktieren, und zwar zu möglichst geringen Kosten. – 3. *Entscheidungskriterien:* a) *Kosten der Medien:* Innerhalb und zwischen den einzelnen Mediagattungen variiert die Preisgestaltung erheblich. (1) Bei *gedruckten Werbeträgern* (→ Printwerbung) sind Flächenanteile der Verrechnungsmaßstab. Um die Vergleichbarkeit und damit die Planbarkeit des Werbeträgers Printmedien zu erleichtern, wird zusätzlich zu den absoluten Anzeigenpreisen der sog. → Tausenderpreis zugrunde gelegt. (2) *Bei Funk und Fernsehen* (→ elektronische Werbung, → Fernsehwerbung, → Funkwerbung) gelten Ausstrahlungszeiten (Sekunden bzw. Fünf-Sekunden-Intervalle) als Berechnungsbasis, mit der Vorgabe bestimmter Mindestlängen für den → Funkspot oder → Fernsehspot und der Herabsetzung des Sekundenpreises bei zunehmender Spotlänge. (3) Bei *Plakatwerbung* variieren die Belegungskosten je nach Anschlagform (Großfläche, Ganzsäule etc.) und Streubereich (national, regional, lokal). – b) *Verbreitungsgrad der Medien:* v.a. die Verteilzahlen der Printmedien, die Zahl der Empfangsgeräte der elektronischen Medien bzw. die Zahl der Homepage-Besucher und die steigende Verbreitung der → Direktwerbung. – c) → Reichweite der Medien: Bei der Selektionsentscheidung (→ Mediaselektion, → Mediaselektionsmodelle) der Werbemanager sind nicht allein die „technischen" Daten der Media (Auflagenhöhe/-struktur und Preis) von Interesse, sondern auch die mithilfe der → Mediaanalyse ermittelte Information über die Leser- und Zuschauerzahlen der einzelnen Werbeträger. – Vgl. auch → Streuung, → Streuplan.

Mediaselektion – Entscheidung über Art und Umfang der in einem → Streuplan zusammengefassten → Werbeträger (→ Media) aufgrund von → Mediaanalysen. Mit Mediaselektion hinsichtlich der Belegung der Werbeträger wird über den größten Teil des → Werbebudgets entschieden. – *Formen:* (1) → Intermediaselektion (Auswahl bestimmter Werbeträgergruppen, z.B. Tageszeitung, Illustrierte, Fernsehen, Radio); (2) → Intramediaselektion (Auswahl innerhalb einer Mediagruppe zwischen mehr oder weniger vielen speziellen Trägern, z.B. Zeitschriftentitel). – *Modelle:* → Mediaselektionsmodelle. – Vgl. auch → Streuung, → Mediaplanung.

Mediaselektionsmodelle – 1. *Begriff:* Modelle, mit denen im Rahmen der → Mediaplanung eine optimale und zielorientierte Auswahl an → Werbeträgern gefunden werden soll. – 2. *Grundtypen:* a) *Rangreihenverfahren* (→ Ranking): Bei diesen Programmen wird versucht, eine Rangfolge der für eine bestimmte → Werbekampagne am besten geeigneten Werbeträger zu ermitteln. – Vgl. auch → Tausenderpreis, → VIP-Modell. – b) *Evaluierungsmodelle* (Bewertungsmodelle): Im Zusammenhang mit Evaluierungsverfahren erfolgt eine Bewertung vorgegebener → Streupläne auf der Basis bestimmter Zielkriterien. Man begnügt sich damit, den für das jeweilige Anliegen relativ besten Plan zu identifizieren. Errechnet wird die Kontaktverteilung und ggf. auch der Leistungswert. – *Unabhängige Variablen:* Festlegung des/ der zu testenden Planes/ Pläne, der → Zielgruppe, evtl. der Mediagewichte und der → Werbewirkungsfunktion. – *Abhängige Variablen:* Kontaktverteilungskurve (Wie viele Personen der Zielgruppe sind mit welcher Häufigkeit erreicht worden?), um die Ermittlung des Leistungswertes eines Plans durch die Verrechnung der Kontaktverteilung mit der Werbewirkungsfunktion sowie in den überwiegenden Fällen die Eruierung der Kosten des Plans in Relation zur Leistung festzustellen. – c) *Optimierungsmodelle:* Modelle, die darauf angelegt sind, Pläne zu erarbeiten, die dem Planungsoptimum entsprechen. Dies kann z.B. durch → lineare Optimierung geschehen. Implizit muss ein Evaluierungsmodell die Pläne bewerten, die das Optimierungsmodell generiert. – d) *Evaluierungs- und Optimierungsmodellen* ist gemeinsam, dass sie nicht nur von der gleichen Modellvorstellung ausgehen, sondern auch das gleiche Datenmaterial zugrunde legen (Umfrage, deren Ergebnisse modelladäquat formuliert sein müssen). Außer diesen gleichen Basisdaten besteht eine weitere Gemeinsamkeit in zwei Elementen der Anweisung durch den Benutzer: die Definition der Zielgruppe und die Bestimmung der → Werbewirkungsfunktion. – 3. *Weitere Entwicklung:* Mit den Mediaselektionsmodellen ist es gelungen, einen Teilbereich der werblichen Realität in kohärenter Weise zu formalisieren (zu simulieren). Sie erscheinen als Fragment möglicher Marketingmodelle. Vorstellbar ist heute schon ein Marketing-Mikro-Modell, das das Konsumverhalten des Verbrauchers integriert, indem neben seinen Verhaltensweisen auch seine → Einstellungen in das Modell aufgenommen werden, um ein verkleinertes und vereinfachtes Abbild des Marktes zu erhalten; v.a. steht dabei die Frage im Vordergrund, wie sich Einstellungen (→ Image) und Verhaltensweisen den Produkten und Marken gegenüber im Feld der werblichen und sozialen Kommunikationsströme verschieben. Damit könnten die Mediaselektionsmodelle nicht nur als Planungswerkzeug, sondern v.a. auch als Kontroll- und Prognoseinstrument eine Verwendung finden. – Vgl. auch → Mediaanalyse, → Streuung, → Werbeforschung, → Werbeziele.

Mediastreuplan → Streuplan.

Mediastreuung → Streuung.

Mediation – Mediation ist ein außergerichtliches vertrauliches und strukturiertes Verfahren, bei dem Parteien mithilfe eines oder mehrere Mediatoren freiwillig und eigenverantwortlich eine einvernehmliche Beilegung ihres Konflikts anstreben (§ 1 Abs. 1 des Mediationsgesetzes vom 21.7.2012 (BGBl. I S. 1577). Der Mediator ist eine unabhängige und neutrale Person ohne Entscheidungsbefugnis, die die Parteien durch die Mediation führt. – 1. Das *Verfahren* der Mediation ist in den §§ 2 ff des Mediationsgesetzes geregelt: Die Parteien wählen den Mediator aus. Dritte können nur mit Zustimmung aller Parteien in die Mediation einbezogen werden. Der Mediator hat Offenbarungspflichten gegenüber den Parteien mit Blick auf seine Neutralität und Unabhängigkeit. Er unterliegt der Verschwiegenheit. – 2. Die *Ausbildung* zum Mediator kann zertifiziert werden. Wer eine den Anforderungen einer Ausbildung, die durch Rechtsverordnung geregelt ist, entsprochen hat, darf sich als zertifizierter Mediator bezeichnen. – 3. *Evaluierung:* Die Auswirkungen des Mediationsgesetzes auf die Entwicklung der Mediation erfolgt durch einen Bericht der Bundesregierung an den Bundestag zum 17.7.2017 (§ 8). – 4. Die Vorschriften über die Mediation haben auch Eingang in die Verfahrensordnungen der verschiedenen Gerichtsbarkeiten gefunden. Nach § 253 Abs. 3 ZPO soll die Klageschrift auch die Angabe enthalten, ob der Klageerhebung der Versuch einer Mediation oder eines anderen Verfahrens der außergerichtlichen Konfliktbeilegung vorausgegangen ist, sowie eine Äußerung, ob einem solchen Verfahren Gründe entgegenstehen. Nach § 278a ZPO kann das Gericht eine Mediation oder ein Verfahren der außergerichtlichen Konfliktbeilegung vorschlagen. Wenn dem gefolgt wird, wie das → Ruhen des Verfahrens angeordnet. Entsprechende oder auf die ZPO verweisende Vorschriften in §§ 54,54a ArbGG, § 202 S.1 SGG, § 173 S. 1 VwGO,§ 155 FGO, § § 23,36a FamFG.

Mediator → Mediation.

Medicator AG – 1. *Begriff:* Die private Krankenversicherungsbranche hat im Juli 2003 die Auffanggesellschaft Medicator AG gegründet. Die Medicator AG steht bereit, die Erfüllung der Versicherungsverträge zu sichern, falls ein Krankenversicherungsunternehmen in eine finanzielle Notlage oder sogar in die Insolvenz geraten sollte. Die Medicator AG übernimmt damit ähnliche Aufgaben wie Protektor für den Bereich der Lebensversicherungen. Die Medicator AG hat ihren Sitz in Köln und verfügt über ein Haftungskapital von 1 Mrd. Euro. Alleiniger Aktionär der Gesellschaft ist der → Verband der privaten Krankenversicherung e. V. (PKV-Verband). – 2. *Sicherungsfall:* Sollte der Fall der finanziellen Notlage eintreten – was bislang in der privaten Krankenversicherung (PKV) (s. → Krankenversicherung) noch nie der Fall war – übernimmt die Medicator AG den gesamten Bestand an Krankenversicherungsverträgen einschließlich der zur Deckung der Verbindlichkeiten aus diesen Verträgen notwendigen Forderungsansprüche. Die Aufgabe der Auffanggesellschaft besteht darin, die übertragenen Bestände sobald wie möglich auf aktive Krankenversicherer weiter zu übertragen und dort in eine wachsende und sich weiter entwickelnde Versichertengemeinschaft einzubinden. Die laufenden Versicherungsfälle werden in der Zwischenzeit von der Medicator AG bzw. von deren Dienstleistern erfüllt.

Medien – 1. Plural von → Media. – 2. Plural von → Medium.

Medienbruch – Erfolgt bei der Übertragung von Informationen innerhalb der Übertragungskette ein Wechsel des → Mediums, so wird von einem Medienbruch gesprochen. Medienbrüche bergen die Gefahr der Informationsverfälschung und ziehen eine Verlangsamung der Informationsbearbeitung nach sich.

Mediendienste-Staatsvertrag (MD-StV) – Der am 1.8.1997 in Kraft getretene Mediendienste-Staatsvertrag der Länder ist aufgehoben worden durch den Neunten Rundfunkänderungsstaatsvertrag vom 5.9.2006. Der Mediendienste-Staatsvertrag war in weiten Teilen wortgleich mit dem vom Bund erlassenen Gesetz über Teledienste. Die parallele Regelung spiegelte den Streit zwischen Bund und Ländern über die Kompetenzverteilung. Die Gesetzgebungskompetenz wurde mit der → Föderalismusreform I neu verteilt. Bez. der Mediendienste wurden der Mediendienste-Staatsvertrag und das Gesetz über Teledienste weitgehend abgelöst durch das am 1.3.2007 in Kraft getretene Telemediengesetz (TMG) des Bundes vom 26.2.2007 (BGBl. I 179) m.spät.Änd. Einige Regelungen wurden in den Rundfunkstaatsvertrag übernommen (Art. 54 ff.).

Medienforschung – Teilgebiet der → Marktforschung, in dem Reichweiten und Nutzungshäufigkeiten von Werbeträgern untersucht werden.

Medienmanagement

von Prof. Dr. Insa Sjurts

I. Medienmanagement als wirtschaftswissenschaftliche Disziplin

1. Medienökonomie und Medienmanagement: Gegenstand der Medienökonomie ist die ökonomische Analyse der Bedingungen journalistischer Produktion, der Distribution und des Konsums von Medieninhalten und Trägermedien. Unterschieden werden können dabei mikro- und makroökonomische Fragen bzw. Entscheidungen. Die makroökonomische Analyse im Rahmen der Medienökonomie bezieht sich auf die Strukturen und volkswirtschaftlichen Prozesse der Medienwirtschaft als Branche. Klassisch sind hier Untersuchungen zum Konzentrationsgrad in den Medienteilmärkten, etwa für Zeitungen und Zeitschriften oder für die Fernsehproduktion. Auch die Diskussion zum Marktversagen und zur Regulierung der Medienwirtschaft bezieht sich auf die Branche. Makroökonomischer Natur ist ebenfalls die Debatte um die Konvergenz von Medien, Informationstechnologie und Telekommunikation in technologischer und industrieller Hinsicht, soweit sie sich auf die jeweiligen Branchen insgesamt bezieht. Der Mikroökonomik zuzuordnen sind die (einzelwirtschaftlichen) Entscheidungen der Produzenten und Konsumenten der Medienwirtschaft und die spezifischen Regulierungsprobleme und Fragen der Unternehmensordnung bei den privaten und öffentlichen Unternehmen der Medienwirtschaft. Diese einzelwirtschaftlichen Entscheidungen und Regulierungsfragen lassen sich einer Betriebswirtschaftslehre der Medien zuweisen. Medienmanagement zielt dabei aus prozessualer Perspektive auf die Steuerung der Handlungen im Realgüterprozess (Beschaffung, Produktion, Absatz), im Wertumlaufprozess (Investition und Finanzierung) und im internen und externen Rechnungswesen.

2. Medienprodukte als ökonomische Güter: Medienprodukte bestehen, analytisch betrachtet, aus zwei Elementen, nämlich aus dem immateriellen kulturellen Produkt (Content) und aus dem materiellen Träger (Medium). Gemessen am Kundennutzen, stellt der Medieninhalt das eigentliche Kernprodukt dar. Dies gilt sowohl aus Sicht der Rezipienten, deren Nachfrage sich auf die informative oder unterhaltende Funktion des Contents richtet, als auch für die Werbetreibenden, für die die Medieninhalte in ihrer Funktion als Türöffner für den Zugang zur Aufmerksamkeit der Rezipienten bedeutsam sind. Stellt man auf den Content als Produktkern ab, zeichnen sich Medienprodukte durch folgende ökonomischen Merkmale aus.

Die ökonomischen Merkmale von Medienprodukten haben weitreichende Auswirkungen auf das strategische Handeln von Medienunternehmen. Hierzu gehören die dominante Orientierung am Werbemarkt, der Trend zu einem reichweiten- bzw. quotenmaximierenden Angebot und die Tendenz zu Qualitätsreduktion und Kostenwettbewerb im Rezipientenmarkt.

Medienökonomie und Medienmanagement

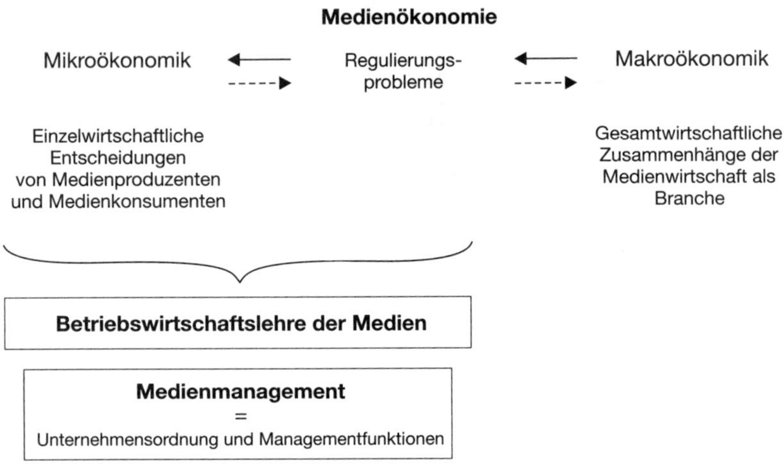

II. Das Medienunternehmen als Institution

1. Begriff: Unternehmen der Medienwirtschaft sind alle Unternehmen, die auf der Wertschöpfungskette der Branche „Medienwirtschaft" tätig sind. Dies sind dann also Produzenten, die ausschließlich Vorprodukte herstellen wie etwa reine Nachrichtenagenturen, freie Autoren als Informationsproduzenten, Filmstudios und Musikverlage sowie Werbe- und Mediaagenturen, weiter Verlage oder Rundfunksender, die die selbst erstellten oder zugelieferten Inhalte zu marktreifen Endprodukten kombinieren, und schließlich die Distributoren von Medienprodukten wie Pressegrossisten oder Kabelnetzbetreiber. Als „Medienunternehmen" sollen jedoch nur die Content-Packager bezeichnet werden, die publizistische und ökonomische Ziele zu erreichen versuchen durch die Kombination der selbst erstellten oder zugelieferten Vorprodukte Information, Unterhaltung und Werbung zu einem marktreifen Endprodukt, dem Medienprodukt.

2. Unternehmensordnung: *Spezifische Probleme:* Bei der Theorie und Politik der Unternehmensordnung (Regulierung) geht es zum einen um das Legitimationsproblem, d.h. welche Interessengruppen die Zielsetzung und Politik des Unternehmens bestimmen (sollen), und zum anderen um das Organisationsproblem, also die Frage der interessenkonformen formalen Entscheidungsstruktur des Unternehmens. Das Legitimationsproblem wird bei Medienunternehmen bezogen auf den privaten und den öffentlichen Rundfunk unter den Stichworten Außenpluralität und Binnenpluralität diskutiert. Für die privaten Medienunternehmen stehen die klassische eigentümerorientierte Verlegerkonstruktion und das laboristische Modell, in dem die Journalisten die Eigentümer des Medienunternehmens sind, unter legitimatorischen und organisatorischen Aspekten zur

Ökonomische Merkmale von Medienprodukten im Rezipienten- und Werbemarkt

	Rezipientenmarkt	Werbemarkt
Marktfähigkeit	stark eingeschränkt	vollkommen
Qualitätsbewertung	Erfahrungs-/Vertrauensgüter	Inspektionsgüter
Zeitelastizität	Verbrauchs- oder Gebrauchsgut	Verbrauchsgut
Materialität	immaterieller Verbrauch	materieller Verbrauch
Kostenstruktur	hoher Fixkostenanteil	geringer Fixkostenanteil

(Quelle: Sjurts 2002, S. 12)

Idealtypischer Zusammenhang der betrieblichen Funktionen

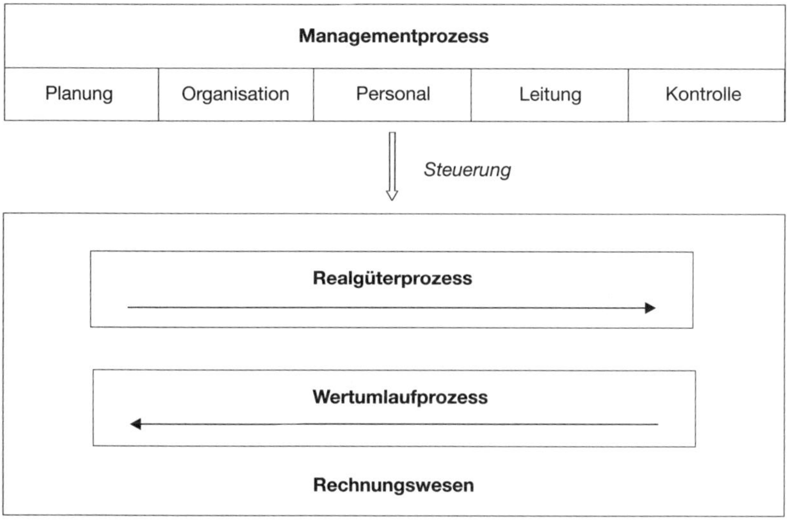

Debatte. Eine Mischform stellt die Mitarbeiterbeteiligung dar (z.B. SPIEGEL-Modell, Bertelsmann). In privaten Medienunternehmen als so genannten Tendenzunternehmen ist die Mitbestimmung der Betriebsräte nach § 118 I BetrVG eingeschränkt. Die Diskussion um Redaktionsstatute zwischen Verlegern und Journalisten zielt auf die sogenannte „innere Pressefreiheit"; diese bezieht sich auf das Legitimations- und das Organisationsproblem in Medienunternehmen.

III. Medienmanagement als Prozess

1. Überblick: Der Managementprozess, der auf die Steuerung des Realgüter- und Wertumlaufprozesses zielt, umfasst nach klassischem Verständnis die Planung, die Realisation mit den Teilfunktionen Organisation, Personal und Leitung, sowie die Kontrolle (vgl. Abbildung „Idealtypischer Zusammenhang der betrieblichen Funktionen"). Die gelegentliche Zuordnung etwa des Marketings, des internen Rechnungswesens (Kostenmanagement) oder auch weiterer Funktionen des Realgüter- oder des Wertumlaufprozesses zum Medienmanagement erscheint insofern irreführend.

2. Die Managementfunktionen im Einzelnen:*Planung, v.a. strategische Planung:* Gegenstand strategischer Planung ist die Bestimmung der Ziele, die Entwicklung von Handlungsoptionen und die Wahl zwischen diesen. Teilaufgaben bilden die Analyse der Strukturen von Medienteilmärkten, der Strategien der Wettbewerber in diesen Märkten und die begründete Ableitung geeigneter Handlungsoptionen. Ebenfalls der Führungsfunktion Planung zuzuordnen ist die Entscheidung zwischen Inhouse-Produktion und Outsourcing. Das redaktionelle Outsourcing stellt dabei für Medienunternehmen einen zunehmend bedeutsamen Spezialfall dar. Die operative Planung mit ihren Programmen und (Einzel-)Maßnahmen beschränkt sich beim Übergang von den langfristigen auf die kurzfristigen Ziele nicht auf die Realisation des strategisch Geplanten, sondern dient auch der eigenständigen Ausschöpfung der Erlös- und Renditepotentiale. Typische Inhalte sind die Finanz- und Investitionsplanung, aber auch die Produktionsplanung von Medienunternehmen.

a) *Organisation:* Bei der Managementfunktion Organisation geht es um die Realisierung des Geplanten. Dem dient v.a. die Generierung organisatorischer Strukturen, durch die in vertikaler und horizontaler Hinsicht die Kompetenzen und Weisungsbefugnisse sowie die Informationswege und Kommunikationssysteme festgelegt werden. Ein bes. Themenfeld für Medienunternehmen bildet dabei die innerorganisatorische Koordination zwischen dem kaufmännischen und dem redaktionellen Bereich. Diese Beziehung ist konfliktträchtig, da sich hierin das systematische Spannungsverhältnis zwischen publizistischen und ökonomischen Zielen widerspiegelt.

b) *Personal und Leitung:* Für die Realisierung des Geplanten bedarf es einer anforderungsgerechten Besetzung der durch die Organisation geschaffenen Stellen (Personalauswahl). Für Medienunternehmen kommen hier Fragen der Auswirkungen von neuen Technologien und der Vereinheitlichung der Arbeitsinhalte (Formatjournalismus) auf Personalbedarf und Qualifikationsprofil der Mitarbeiter ins Visier. Die Führungsfunktion Personal befasst sich weiter mit der Entwicklung (Leistungsbeurteilung) und Erhaltung (Entlohnung) der Humanressourcen. Sie wird dabei von der Sachfunktion Personal (Personalabteilung) unterstützt, hat sich aber auch an deren personalpolitischen Richtlinien zu orientieren. Gegenstand der Führungsfunktion Leitung ist die Sicherstellung der nachhaltigen Orientierung der Mitarbeiter an den (geplanten) Organisationszielen im Aufgabenvollzug. Teilaufgaben bilden u.a. die Entwicklung aufgabengerechter Anreizsysteme für kaufmännische Mitarbeiter und Journalisten oder auch die Strukturierung der Kommunikation und Leitung in Redaktionsteams.

c) *Kontrolle:* Den Managementprozess schließt die Führungsfunktion Kontrolle als Zwillingsfunktion der Planung ab. Hier geht es um den Soll-Ist-Vergleich und die Abweichungsanalyse als Ausgangspunkt für den nächsten Managementzyklus. Themenfelder im Einzelnen bilden die Entwicklung und Implementation zieladäquater Kontrollsysteme, die sowohl Produktionskosten und Akzeptanz beim Publikum abzubilden vermögen als auch die publizistische Qualität als Leistungsindikator berücksichtigen. Medienspezifische Kennzahlen und Kennzahlensysteme werden vielfach auch unter dem Anglizismus Controlling subsumiert.

Medienpolitik → Kommunikationspolitik.

Medien-Substitution – Ersetzung eines bestimmten Umweltbereiches (z.B. Luft) als Aufnahmemedium für Schadstoffe durch einen anderen Umweltbereich (z.B. Wasser).

Medienverbund – Kombination verschiedener → Kommunikationsmittel. – Vgl. auch → Studium im Medienverbund, → Fernstudium im Medienverbund.

Medio – im Bank- und Börsenverkehr der 15. eines jeden Monats; ist dieser ein Sonn- oder Feiertag, der vorhergehende Wochentag. Am Medio zu erfüllende Geschäfte (Termingeschäfte) sind *Mediogeschäfte.* Die an diesem Tag fälligen Börsenleihgelder (oder Wechsel) werden auch als *Mediogelder (Medio-Wechsel)* bezeichnet.–Vgl. auch → Ultimo.

Mediogelder → Medio.

Mediogeschäfte → Medio.

Medium – Einrichtung zur Übermittlung von Informationen, Meinungen etc., v.a. Funk, Fernsehen, Presse und das → Internet (→ Massenmedien).

Medium Quality → Middling.

Medium Term Notes – Abk. *MTN.* Art der Fremdkapitalbeschaffung durch Emission von Wertpapieren in Form von → Notes, die im Rahmen eines spezifizierten Finanzierungsprogrammes begeben werden. Mittelfristige Laufzeiten zwischen einem und zehn Jahren. – *Besonderheit:* Die Papiere werden nicht einmalig oder in regelmäßigen festgelegten Abständen an den Markt gebracht, sondern das Gesamtvolumen wird je nach den wechselnden Bedürfnissen des Emittenten sukzessive mit unterschiedlichen Konditionen in Bezug auf Laufzeit, Verzinsung und Menge ausgegeben (Daueremission, MTN-Programme). Die Papiere auf Euro-Basis werden Euro Medium Term Notes (EMTN) genannt. – Die *Platzierung am Markt* erfolgt entweder direkt oder durch Agents. Der Vorteil der MTN gegenüber Bonds besteht im geringen Umfang der Tranchen, sodass das Investment auch mittleren Unternehmungen zur Verfügung steht. Eine Einführung von MTN an Börsen ist möglich und üblich.

Medizinethik – 1. *Begriff:* Die Medizinethik hat die → Moral in der Medizin zum Gegenstand. Eine empirische Medizinethik – jede Bereichsethik weist einen empirischen und einen normativen Teil auf – untersucht das moralische Denken und Verhalten in Bezug auf die Behandlung menschlicher Krankheit und die Förderung menschlicher Gesundheit. Eine normative Medizinethik befasst sich nach Bettina Schöne-Seifert "mit Fragen nach dem moralisch Gesollten, Erlaubten und Zulässigen speziell im Umgang mit menschlicher Krankheit und Gesundheit". Zudem kann insgesamt der Umgang mit tierischer Krankheit und Gesundheit reflektiert werden. – 2. *Zentrale Fragen:* In der normativen Medizinethik kann, frei nach einer Einteilung von Schöne-Seifert, wie folgt gefragt werden: a) Wie ist die Autonomie von Patienten zu bewerten und zu schützen? b) Wie steht es um die Zulässigkeit fürsorglicher Fremdbestimmung? c) Wie soll mit Patientenverfügungen umgegangen werden? d) Was ist ein lebenswertes Leben und welchen Wert hat das Leben an sich? e) Wie aktiv oder passiv darf man im medizinischen Kontext sein? f) Wie weit darf man in die Natur und in den Körper eingreifen? – Mit der → Wirtschaftsethik sollte sich die Medizinethik ständig austauschen, schon insofern das Gesundheitswesen unter einem hohen ökonomischen Druck leidet. In angrenzenden Bereichsethiken wie der Altersethik und der Sterbeethik wird z.B. die Kommerzialisierung und Instrumentalisierung von Alterspflege und Sterbehilfe erforscht. Im Zentrum der angewandten Ethik kann man die → Informationsethik verorten. Einige Fragen der Medizinethik sind angesichts technologischer Innovationen neu zu stellen: Wie ist die Autonomie von Patienten in der → Informationsgesellschaft zu schützen? Wie steht es um die Zulässigkeit fürsorglicher Fremdbestimmung im virtuellen Raum? – 3. *Weitere Entwicklung:* Mit der Entwicklung von medizinischen

Apps und elektronischen Assistenzsystemen sieht sich die Medizinethik vor neuen Herausforderungen. Auch die Verschmelzung von Mensch und Maschine in sogenannten Cyborgs wird ein wichtiges Anwendungs- und Forschungsfeld sein. Mediziner und Medizinethiker müssen sich informationstechnisch weiterbilden, Informationsethiker sich im Medizinischen und Medizinethischen qualifizieren. Bei Erwerb und Nutzung der Apps und Geräte ergeben sich informations- und wirtschaftsethische Herausforderungen, etwa hinsichtlich des Missbrauchs von Daten und des Ausschlusses von Risikopatienten von Versicherungsleistungen. Nicht zuletzt muss sich die Medizinethik gesellschaftlichen und politischen Diskussionen öffnen, bspw. um die Beschneidung von Kindern oder die Durchführung von Schönheitsoperationen.

medizinische Rehabilitation – wird seit dem 1.7.2001 nach den Vorschriften des Sozialgesetzbuches Neuntes Buch (SGB IX) – Rehabilitation und Teilhabe behinderter Menschen – vom 19.6.2001 (BGBl. I 1046) m.sp.Änd. erbracht. Rehabilitation wird behinderten oder von Behinderung bedrohten Menschen gewährt zur Minderung oder Beseitigung oder zum Ausgleich der Behinderung, der Pflegebedürftigkeit oder einer Einschränkung der Leistungsfähigkeit im Erwerbsleben (§ 26 I SGB IX). Träger der Rehabilitation sind nach § 6 SGB IX u.a. die gesetzlichen Krankenkassen, die Bundesagentur für Arbeit, die Unfall- und Rentenversicherungsträger, Träger der Kriegopferversorgung, Träger der Sozialhilfe. Dabei richten sich die Zuständigkeit und die Voraussetzungen für die Leistungen nach den für den jeweiligen Leistungsträger geltenden Leistungsgesetzen. Ein Katalog der in Betracht kommenden Leistungen zur Rehabilitation findet sich in § 26 II und III SGB IX. Es werden außerdem nach Maßgabe der §§ 44 ff. SGB IX unterhaltssichernde und andere ergänzende Leistungen erbracht, etwa die Zahlung von → Übergangsgeld. Die Gewährung der medizinischen Rehabilitation ist vom Antrag des Berechtigten abhängig.

Medizinprodukte – Mit dem Gesetz über Medizinprodukte (Medizinproduktegesetz (MPG)) i.d.F. vom 7.8.2002 (BGBl I 3146) m.spät.Änd. werden die Richtlinie über aktive implantierbare medizinische Geräte (90/385/EWG), die Richtlinie über Medizinprodukte (93/42/EWG) und die Richtlinie für In-vitro-Diagnostika (98/79/EG) in deutsches Recht umgesetzt. Zweck des MPG ist es, den Verkehr mit Medizinprodukten zu regeln und dadurch für die Sicherheit, Eignung und Leistung der Medizinprodukte sowie für die Gesundheit und den erforderlichen Schutz der Patienten, Anwender und Dritter zu sorgen. Das MPG regelt nur solche Produkte, die für Menschen bestimmt sind. Die Medizinprodukte unterscheiden sich von den → Arzneimitteln dadurch, dass ihr Zweck vorwiegend auf physikalischem Wege erreicht wird, während im Gegensatz dazu Arzneimittel ihren Zweck überwiegend auf pharmakologischem Wege erfüllen. Im MPG sind bes. Definitionen für Hersteller, Inverkehrbringen und Inbetriebnahme enthalten. Medizinprodukte sind dann in allen EU-Mitgliedsstaaten zum freien Warenverkehr zugelassen, wenn sie die CE-Kennzeichnung tragen. Diese darf nur angebracht werden, wenn die Produkte die grundlegenden Anforderungen der einschlägigen Richtlinien erfüllen. In Konformitätsverfahren wird die Konformität der Produkte mit den einschlägigen EG-Richtlinien festgestellt. Das MPG regelt ferner die Voraussetzungen, unter denen die klinische Prüfung eines Medizinprodukts bei Menschen durchgeführt werden darf. Darüber hinaus sind Vorschriften betreffend die Überwachung und den Schutz von Risiken vorgesehen, was u.a. die Pflicht des Herstellers eines Medizinprodukts erfasst, einen Sicherheitsbeauftragten zu bestellen und sich eines Medizinprodukteberaters zu bedienen. Zudem regelt das MPG Zuständigkeiten des → Bundesinstitutes für Arzneimittel und Medizinprodukte (BfArM), der → Physikalisch-Technischen Bundesanstalt (PTB) sowie die Einrichtung eines Bund-/ Länder-Ausschusses und eines Ausschusses für Medizinprodukte beim Bundesministerium für Gesundheit (BMG). Außerdem wird die Einrichtung eines Informationssystems über Medizinprodukte zur Unterstützung des Vollzuges des MPG beim Deutschen Institut für medizinische Dokumentation und Information (DIMDI) bestimmt. – Weitere Regelungen enthalten die MedizinprodukteVO vom 20.12.2001 (BGBl. I 3854), die Verordnung über die Verschreibungspflicht von Medizinprodukten i.d.F. vom 21.8.2002 (BGBl. I 3393), die Verordnung über Vertriebswege für Medizinprodukte vom 17.12.1997 (BGBl. I 3148) m.spät.Änd., die Medizinprodukte-Sicherheitsplanverordnung vom 24.6.2002 (BGBl. I 2131) sowie die Medizinprodukte-Betreiberverordnung i.d.F. vom 21.8.2002 (BGBl. I 3396) m.spät.Änd.

Meeresbodenbergbau → Seerechtsübereinkommen 1982/1994.

Meeresforschung → Seerechtsübereinkommen 1982/1994.

Megabit (Mb) – Bezeichnung für 2^{20} (ca. eine Mio.) → Bit.

Megabrand – ist eine überdurchschnittlich starke → Marke, die weltweit über ein klares, unverwechselbares Profil verfügt (z.B. Coca Cola, McDonalds, Marlboro) und mit kulturübergreifenden Symbolen globale Präsenz aufgebaut hat. Der → Markenwert ist ein essentieller Bestandteil des gesamten Unternehmenswertes.

Megabyte (MB) – Bezeichnung für 2^{20} (ca. eine Mio.) → Byte.

Megacity → Megastadt.

Mega-Event – spezielle Form des → Events. Eine außergewöhnliche, multisensuale Echtzeitveranstaltung, die einen globalen Markt adressiert sowie globales Medieninteresse anvisiert, um als Plattform einer weltweiten Unternehmenskommunikation zu dienen.

Megalopolis – Begriff für flächenhaft verstädterte Zonen mit amorpher Standortverteilung und mind. 25 Mio. Einwohnern, die eine Größenklassifikation ohne theoretischen Bezug darstellt. Als Megalopolis gilt v.a. die → Region Boston-Washington an der Ostküste der USA, die sich durch die Konzentration von Großstädten (→ Stadt), Verkehrsanlagen, Gewerbe- und → Industriestandorten sowie durch intensive und enge sozioökonomische Verflechtungen auszeichnet.

Megamarketing – Konzeption, nach der die angestammten → marketingpolitischen Instrumente durch Instrumente der politischen Einflussnahme (Macht) und der → Public Relations (PR) zu ergänzen sind, da nicht nur Marktpartner Adressaten des → Marketing sind, sondern auch Bürgerinitiativen, Gewerkschaften, Parteien und andere Interessengruppen.

Megastadt – *Megacity, Riesenstadt;* i.d.R. ökonomisches und politisches Zentrum mit subglobal ausgeprägtem → Bedeutungsüberschuss, das Fixpunkt von Informations- und Verkehrsströmen ist und – nach Definition der UN – mind. 10 Mio. Einwohner aufweist. Megastädte sind v.a. jene Riesenstädte in → Entwicklungsländern, welche gravierende Einbußen an Steuerungsfähigkeit erleiden. Nicht abreißende Migrationsströme und ein explodierendes natürliches Bevölkerungswachstum verdoppeln innerhalb von 15 bis 20 Jahren die Bevölkerung einer Megastadt, womit die Bereitstellung von Arbeitsplätzen, Wohnraum und → Infrastruktur nicht mithalten kann. Typisch für Megastädte ist daher ein hoher Bevölkerungsanteil, der in Hüttensiedlungen und → Slums lebt und sein Auskommen im → informellen Sektor erwirtschaftet. Von Megastädten abzugrenzen sind → Metropolen, die auch in → Industrieländern vorkommen und für gewöhnlich die Hauptstadt eines Landes sind, was auf Megastädte nicht unbedingt zutrifft. Abzugrenzen ist auch der Begriff → Megalopolis, bei dem es sich um die regionale Konzentration mehrerer Großstädte verhält. – *Beispiele:* Mexiko-City, São Paulo, Kairo, Lagos, Karachi, Mumbai, Dehli, Kalkutta, Dhaka, Schanghai. – Vgl. auch → Stadt.

Mehrangebot – bei Abgabe von → Geboten im → Zwangsversteigerungsverfahren die Differenz zwischen Mindestgebot (→ Bargebot) und → Meistgebot.

Mehrarbeit – Begriff der alten Arbeitszeitordnung für Arbeit, die über die frühere gesetzliche Normalarbeitszeit von 48 Wochenstunden hinausging. Das Arbeitszeitgesetz (ArbZG), das die AZO abgelöst hat, enthält zu Mehrarbeit nichts. Dagegen handelt es sich bei → Überstunden um über die vertragliche Arbeitszeit hinausgehende Arbeitszeit, welche die gesetzlich zulässige Arbeitszeit nach dem ArbZG nicht überschreitet (→ Arbeitszeit). Überstunden und Mehrarbeit werden aber häufig synonym verwendet. Nach § 124 SGB IX sind schwerbehinderte Menschen auf ihr Verlangen von Mehrarbeit freizustellen. Werdende und stillende Mütter dürfen nach § 8 MuSchG nicht mit Mehrarbeit beschäftigt werden, die dort näher definiert ist.

Mehrarbeitsvergütung – *Überstundenvergütung;* Vergütung für die über die gesetzliche (tarifliche) → Arbeitszeit hinaus geleistete Arbeit. → Mehrarbeit ist grundsätzlich mind. mit dem üblichen Entgelt zu vergüten. Mehrarbeitszuschläge sind im Arbeitszeitgesetz nicht mehr gesetzlich geregelt, meist aber in → Tarifverträgen oder im Einzelarbeitsvertrag. Die Abgeltung sämtlicher Mehrarbeit oder Überstunden mit dem Gehalt wird häufig vereinbart, unterliegt aber AGB-rechtlichen Bedenken (→ Allgemeine Geschäftsbedingungen im Arbeitsrecht): Solche allg. Klauseln sind i.d.R. intransparent und unangemessen. – *Steuerliche Behandlung:* → Mehrarbeitszuschlag.

Mehrarbeitszuschlag – 1. *Begriff:* Zuschlag auf → Grundlohn oder -gehalt, der für → Mehrarbeit (Sonntags-, Feiertags- und Nachtarbeit) oder → Überstunden gezahlt wird; beruhend: (1) Auf gesetzlicher oder tariflicher Grundlage; (2) auf sonstigen Vereinbarungen. – Vgl. auch → Mehrarbeitsvergütung. – 2. *Lohnsteuer:* Mehrarbeitszuschläge sind bis zu folgenden Grenzen steuerfrei (§ 3b EStG): (1) 50 Prozent des Grundlohns für Sonntagsarbeit; (2) 125 Prozent für Arbeiten an gesetzlichen Feiertagen, auch wenn diese auf einen Sonntag fallen, und am 31.12. ab 14.00h; 150 Prozent für Arbeiten an den Weihnachtsfeiertagen und am 1. Mai; (3) für Nachtarbeit 25 Prozent (in der Zeit von 20 Uhr bis 6 Uhr); wenn die Nachtarbeit vor 0 Uhr begonnen wird, steigt der Satz für die Arbeit zwischen 0 Uhr und 4 Uhr auf 40 Prozent. Dabei darf als Grundlohn ein Stundenlohn von max. 50 Euro angesetzt werden.

Mehraufgaben-Prinzipal-Agent-Theorie → Prinzipal-Agent-Theorie.

Mehraufwand bei auswärtiger Tätigkeit – 1. *Begriff:* Aufwendungen des Arbeitnehmers, die ihm aufgrund einer Tätigkeit an einem auswärtigen Ort (→ Arbeitsstätte) entstehen. Für diese Aufwendungen spielt es oft eine Rolle, ob diese Kosten steuerfrei ersetzt werden können (dann steht die Werbungskostenpauschale von 920 Euro dem Arbeitnehmer ungekürzt weiterhin zur Verfügung) oder ob eine Erstattung der Kosten durch den Arbeitgeber aus steuerlicher Sicht zu Einnahmen führt (dann können die Kosten als Werbungskosten geltend gemacht werden, das wirkt sich aber nicht steuersparend aus, soweit der Arbeitnehmer die Werbungskostenpauschale nicht überschreitet) – 2. *Einzelheiten* regeln die Lohnsteuer-Richtlinien und Lohnsteuer-Hinweise in der jeweils gültigen Fassung. – Vgl. auch → doppelte Haushaltsführung, → Reisekosten.

Mehraufwands-Wintergeld → Wintergeld.

Mehraufwendungen – steuerrechtlicher Begriff. 1. Zusätzliche Aufwendungen, die normalerweise privater Natur sein könnten, hier aber aufgrund beruflicher Veranlassung zusätzlich über das Normalmaß entstehen und daher steuerlich berücksichtigungsfähig sind; relevant vor allem bei *auswärtiger Tätigkeit* (→ Mehraufwand bei auswärtiger Tätigkeit). – 2. Durch → doppelte Haushaltsführung entstehen Aufwendungen für Unterkunft, Verpflegung und Familienheimfahrt. – 3. Verpflegung ist bei Dienstreisen, Einsatzwechseltätigkeit und Fahrtätigkeit mit den in § 4 V Nr. 5 EStG gesetzlich festgesetzen Pauschalen anzusetzen.

Mehrbedarf – § 21 SGB II (Mehrbedarf beim Lebensunterhalt bei Arbeitslosengeld II-Berechtigten); § 30 SGB XII (→ Regelsatz der Sozialhilfe).

Mehrblatt-Verfahren – Form der historischen → Durchschreibebuchführung, bei der neben Kontenblatt und Journal weitere Durchschriften (z.B. Kontoauszug, Buchungsbenachrichtigung) gefertigt werden konnten.

mehrdimensionale Organisationsstruktur – 1. *Begriff:* → Organisationsstruktur, bei der durch parallele Verwendung mehrerer Kriterien für die Bereichsbildung auf einer Hierarchieebene → organisatorische Teilbereiche gebildet werden, die auf unterschiedliche Handlungsaspekte ausgerichtet sind. Es sollen gleichzeitig mehrere Dimensionen einer Handlung im Entscheidungsprozess berücksichtigt werden. – 2. *Grundformen* richten sich nach dem Institutionalisierungsgrad der einzelnen Handlungsdimensionen genannten Bereichsbildungsprinzipien, wobei zwischen folgenden Prinzipien der Kompetenzverteilung gewählt werden kann: (1) Ausgliederungsprinzip, (2) Richtlinienprinzip, (3) Matrixprinzip (→ Matrixorganisation), (4) Serviceprinzip, (5) Stabsprinzip (→ Stab-Linienorganisation). – 3. *Konkrete Konzepte* (unter Rückgriff auf die Konstruktionselemente der Stab-Linien- oder der Matrixorganisation): → Funktionsmanagementorganisation, → Produktmanagementorganisation, → Marktmanagementorganisation, → Kundenmanagementorganisation, → Regionalmanagementorganisation u.a. – 4. *Vorteil:* (Angestrebte) Verbesserung der Entscheidungsqualität. – *Nachteil:* Erhöhte Anforderungen an die → Koordination. – *Gegensatz:* → eindimensionale Organisationsstruktur.

mehrdimensionale Skalierung → multidimensionale Skalierung (MDS).

mehrdimensionale Verteilung – empirische oder theoretische → Verteilung im Sinne der Statistik, die sich auf mehr als ein → Merkmal oder mehr als eine → Zufallsvariable bezieht. Eine *mehrdimensionale* → Häufigkeitsverteilung umfasst die verschiedenen Kombinationen von → Klassen bzw. Kategorien der beteiligten Merkmale und die zugehörigen → Häufigkeiten. Speziell ist eine zweidimensionale Verteilung in einer Tabelle mit zweifachem Eingang darzustellen, also wie in folgender Tabelle (durchschnittlicher Arbeitslosenbestand in Deutschland 2008 nach Ost- und Westdeutschland sowie Zugehörigkeit zu den Rechtskreisen SGB II (Grundsicherung) und SGB III (Arbeitslosenvesicherung): Die Verteilungen in der letzten Spalte bzw. letzten Zeile sind die eindimensionalen Verteilungen der Merkmale West-/Ost-Deutschland und Rechtskreiszugehörigkeit; sie werden als *Randverteilungen* bezeichnet. Eine *mehrdimensionale theoretische Verteilung* umfasst bei k beteiligten Zufallsvariablen k-tupel von → Ausprägungen dieser Variablen mit zugehörigen → Wahrscheinlichkeiten oder → Wahrscheinlichkeitsdichten, die durch die gemeinsame → Wahrscheinlichkeitsfunktion bzw. gemeinsame → Dichtefunktion angegeben werden.

mehrdimensionale Zufallsvariable → Zufallsvektor.

mehrere Arbeitsverhältnisse – verschiedene, zeitlich nicht kollidierende → Arbeitsverhältnisse eines Arbeitnehmers. Der Arbeitnehmer darf dadurch nicht gegen die Pflichten aus dem ersten Arbeitsverhältnis verstoßen; er muss in der Lage sein, den übernommenen Verpflichtungen nachzukommen. Das Arbeitszeitgesetz (ArbZG) muss eingehalten werden (→ Arbeitszeit). – *Lohnsteuer:* → mehrere Dienstverhältnisse. – *Sozialversicherung:* → Mehrfachbeschäftigte.

mehrere Betriebe – 1. *Gewerbesteuer:* Mehrere Betriebe desselben Inhabers erfordern gewerbesteuerlich für jeden Betrieb bes. → Gewerbesteuererklärung; auch die Veranlagung zur → Gewerbesteuer erfolgt getrennt. Abgrenzung mitunter schwierig:

Mehrdimensionale Verteilung (Beispiel)

	Rechtskreis SGB III	Rechtskreis SGB II	insgesamt
Westdeutschland	684.053	1.460.626	2.144.679
Ostdeutschland	326.518	796.746	1.123.264
insgesamt	1.010.570	2.257.372	3.267.943

Mehrere Betriebe können durch gemeinsame Buchführung u.a. organisatorische Maßnahmen zu einem einzigen Betrieb vereinigt sein. Bei gleichartigen Betrieben, zumal am selben Ort, besteht eine gewisse Vermutung für die Einheitlichkeit; bei ungleichartigen und wesensverschiedenen Gewerbebetrieben, für die verschiedene Betriebsstätten bestehen, spricht die Vermutung für die Selbstständigkeit der Betriebe. – Vgl. auch → gemischte Tätigkeit. – 2. *Umsatzsteuer:* Auch bei mehreren Betrieben gilt stets der Grundsatz der → Unternehmenseinheit.

mehrere Dienstverhältnisse – bei mehreren Arbeitgebern eingegangene Dienstverhältnisse, v.a. nebenberufliche abhängige Tätigkeit eines Arbeitnehmers (→ mehrere Arbeitsverhältnisse). – 1. *Lohnsteuer:* Bezieht ein Arbeitnehmer aus mehreren Dienstverhältnissen Arbeitslohn, wird die anfallende Lohnsteuer aus jedem Dienstverhältnis unter Vorlage einer jeweils gesonderten → Lohnsteuerkarte zunächst getrennt berechnet: Der Inhalt der Lohnsteuerkarte ist zu berücksichtigen. Auf der ersten Lohnsteuerkarte ist die sich nach den individuellen Verhältnissen des Arbeitnehmers ergebende Steuerklasse (→ Lohnsteuerklassen) bescheinigt, auf jeder weiteren Lohnsteuerkarte die Steuerklasse VI. Der Arbeitnehmer kann wählen, auf welcher Lohnsteuerkarte erhöhte → Werbungskosten und erhöhte → Sonderausgaben eingetragen werden. – Bezieht der Steuerpflichtige aus mehreren Dienstverhältnissen Arbeitslohn, ist seit 1990 in jedem Fall eine Einkommensteuer-Veranlagung durchzuführen. – Bei Zahlung aus gleichen öffentlichen Kassen bedarf es keiner zweiten Lohnsteuerkarte. – 2. *Sozialversicherung:* → Mehrfachbeschäftigte.

Mehrerlös – Der Begriff bezeichnet bei Preisverstößen den Unterschiedsbetrag zwischen dem zulässigen und dem erzielten höheren Preis. Die Abführung des Mehrerlöses ist im Urteil, bei → Ordnungswidrigkeit auch im → Bußgeldbescheid auszusprechen (§§ 8–11 WiStG 1954).

Mehrfachbelastung → Doppelbesteuerung.

Mehrfachbeschäftigter – *Teilbeschäftigter.* 1. *Sozialversicherungsrecht:* Arbeitnehmer mit gleichzeitig verschiedenen versicherungspflichtigen Arbeitsverhältnissen. Jeder Arbeitgeber trägt einen Beitragsanteil für die jeweilige Beschäftigung. Die für die Krankenversicherung zuständige Krankenkasse, die der Arbeitnehmer gewählt hat (§ 173 SGB V), ist → Einzugsstelle für den → Gesamtsozialversicherungsbeitrag aus allen zeitgleich ausgeübten Beschäftigungen. – 2. *Arbeitsrecht:* → mehrere Arbeitsverhältnisse. – 3. *Lohnsteuer:* → mehrere Dienstverhältnisse.

Mehrfachbezieher – Begriff der amtlichen Sozialstatistik für die aus verschiedenartigen Rechtsansprüchen in der Person einzelner Empfänger „verbundenen" Leistungsarten.

Mehrfachgebinde – Angebot von mehreren Einzelstücken eines Produktes in einer gemeinsamen Verpackung. Durch die Bildung eines Mehrstückpreises ist es dem Käufer nur erschwert möglich, einen auf das Einzelstück bezogenen Preisvergleich mit anderen Produkten vorzunehmen. – Vgl. auch → Bundling.

Mehrfachkommunikation – Form der → Kommunikation, bei der gleichzeitige Verbindungen zu unterschiedlichen Teilnehmern über verschiedene → Kommunikationsdienste möglich sind. – Vgl. auch → Massenkommunikation, → Individualkommunikation, → ISDN.

Mehrfachleser – die Leser einer Zeitung oder Zeitschrift, die zusätzlich auch mehrere andere Publikationen lesen, die sich an die gleiche Zielgruppe richten. – Vgl. auch → Doppelleser, → Exklusivleser.

Mehrfachversicherung – 1. *Begriff:* Eine Mehrfachversicherung liegt vor, wenn bei mehreren Versicherungsunternehmen ein Interesse gegen dieselbe Gefahr versichert ist und die → Versicherungssummen zusammen den → Versicherungswert übersteigen oder die Summe der Entschädigungen, die von jedem Versicherungsunternehmen ohne Bestehen der anderen Versicherungen zu zahlen wäre, aus anderen Gründen den Gesamtschaden übersteigt (§ 78 I VVG). – 2. *Würdigung und Folgen:* Der Versicherungsnehmer darf im Versicherungsfall insgesamt nicht mehr als den Ersatz seines Schadens erhalten. Die Versicherungsunternehmen gleichen sich intern aus. Der Versicherungsnehmer hat ein Recht zur Beseitigung der Mehrfachversicherung nach Maßgabe des § 79 VVG.

Mehrfachverwendbarkeit → Universalität.

Mehrfachzuordnung von Kosten – Wesensmerkmal der → Einzelkostenrechnung. Die Kosten werden zunächst zweckneutral in → Grundrechnungen erfasst und gespeichert, aus denen heraus sie in die verschiedensten → Auswertungsrechnungen eingehen können. – *Beispiel:* Die Kosten eines Bauteils lassen sich parallel u.a. den Bezugsgrößen, verarbeitende Kostenstelle, aufnehmender Kostenträger und betroffener Lieferant zuordnen. – *Bedeutung:* Durch die Mehrfachzuordnung von Kosten wird die Aussagefähigkeit der Kostenrechnung erheblich erweitert.

Mehrfirmenvertreter – *Mehrfachvertreter, Mehrfachagent.* 1. *Begriff:* Bezeichnung für einen → Versicherungsvertreter, der zu mehreren Versicherern Vertreterverträge unterhält und für diese als → Versicherungsvermittler tätig ist. – 2. *Typen:* Der Mehrfirmenvertreter kann in verschiedenen Ausprägungen vorkommen. Zum einen als Mehrfirmenvertreter, der für verschiedene Versicherer in Konkurrenz stehende Produkte, z.B. → Lebensversicherungen, vermittelt. Zum anderen gibt es den Typus des Mehrfirmenvertreters, der zwar für mehrere Versicherer tätig ist, aber keine in Konkurrenz stehenden Versicherungsprodukte, sondern für die einzelnen Versicherer jeweils spartengebunden vermittelt. Während der Mehrfirmenvertreter mit Konkurrenzprodukten für die Ausübung seiner Tätigkeit der Erlaubnis nach § 34d GewO bedarf, ist der spartengebundene Mehrfirmenvertreter dem Einfirmenvertreter angenähert und bei Übernahme der uneingeschränkten Haftung durch den/ die vertretenen Versicherer von der Erlaubnispflicht befreit (§ 34d IV GewO).

mehrgemeindliche Betriebsstätte – Begriff des Gewerbesteuerrechts: → Betriebsstätte, die sich auf mehrere Gemeinden erstreckt. Der einheitliche → Gewerbesteuermessbetrag oder Zerlegungsanteil (→ Zerlegung) ist auf die Gemeinden zu zerlegen, auf die sich die Betriebsstätte erstreckt, und zwar nach Lage der örtlichen Verhältnisse unter Berücksichtigung der durch das Vorhandensein der Betriebsstätte erwachsenden Gemeindelasten (§ 30 GewStG).

Mehrgleichungsmodell – 1. *Im einfachsten Fall* ergibt sich ein lineares Gleichungssystem, bei dem die Diskrepanz zwischen Modell und Beobachtung durch Störterme ausgedrückt wird. Die vom Modell zu beschreibenden abhängigen Variablen (→ Variable, endogene) werden auch als gemeinsam abhängige Variablen bezeichnet. Die Entwicklung dieser gemeinsam abhängigen Variablen wird dann durch eben diese gemeinsam abhängigen Variablen, die modellexogenen (→ Variable, exogene) und die verzögerten gemeinsam abhängigen Variablen sowie durch die nichtbeobachtbaren Störterme erklärt. Die exogenen und die verzögerten gemeinsam abhängigen Variablen werden unter dem Begriff vorherbestimmte Variablen zusammengefasst. Das Gleichungssystem, bei dem die modellendogenen, d.h. die gemeinsam abhängigen Variablen als Funktion aller Modellvariablen dargestellt werden, wird als Strukturform eines ökonometrischen Mehrgleichungsmodells bezeichnet. Werden die gemeinsam abhängigen Variablen als Funktion der vorherbestimmten Variablen und der Störvariablen dargestellt, ergibt sich die sog. reduzierte Form eines ökonometrischen Modells. Eine reduzierte Form ist i.d.R. nur bei einem vollständig linearen Modell explizit darstellbar. Die Beschreibung der gemeinsam abhängigen Variablen als Funktion der exogenen Variablen und der Störvariablen ergibt die finale Form eines ökonometrischen Modells. Bei den Relationen eines Mehrgleichungsmodells ist zwischen Definitionsgleichungen und den sog. Verhaltensgleichungen zu unterscheiden. Bei den Definitionsgleichungen sind alle Koeffizienten numerisch bekannt, und die Störvariablen sind identisch null. In den Verhaltensgleichungen treten numerisch unbekannte Koeffizienten auf, deren Werte aufgrund der zur Verfügung stehenden Beobachtungen zu schätzen sind. – 2. Es gibt *verschiedene Typen von Mehrgleichungsmodellen:* Werden z.B. verschiedene endogene Variablen jeweils durch die gleichen exogenen Variablen bestimmt, dann ergeben sich durch die in der Varianz-Kovarianz-Matrix der Störvariablen ausgedrückten Korrelationsbeziehungen über die Modellgleichungen hinweg stochastische Abhängigkeiten, die bei der Schätzung eines solchen Systems scheinbar unverbundener Einzelgleichungsmodelle (engl. *Seemingly Unrelated Regression Model, SUR*) zu berücksichtigen sind. I.Allg. treten bei Mehrgleichungsmodellen auch verzögerte gemeinsam abhängige Variablen als erklärende Variablen auf. Mehrgleichungsmodelle sind deshalb i.d.R. dynamische Modelle (→ Lag-Modell). – Lassen sich dabei die Verhaltens- und Definitionsgleichungen nicht so umordnen, dass sich für die Koeffizientenmatrix der gemeinsam abhängigen Variablen im Fall eines linearen Modells eine untere Dreiecksmatrix ergibt, dann handelt es sich um ein interdependentes Modell. Hat die Koeffizienten- bzw. die Besetzungsmatrix die Gestalt einer unteren Dreiecksmatrix, so liegt ein rekursives Modell vor. Interdependente Modelle erfordern wegen der Korrelation zwischen den Störvariablen und den erklärenden Variablen spezielle Schätzmethoden wie z.B. die dreistufige Kleinstquadratemethode (s. → Kleinstquadratemethode, dreistufige), die → Maximum-Likelihood-Methode oder GMM (→ Momentenmethode, verallgemeinerte). OLS-Schätzer (→ Kleinstquadratemethode, gewöhnliche) sind bei interdependenten Modellen verzerrt und nicht mehr konsistent. Rekursive Modelle sind schätztechnisch einfacher zu behandeln. – Vgl. auch → simultanes System, → Vektorautoregressionsmodell.

mehrgliedriger Tarifvertrag → Tarifvertrag, bei dem auf einer Seite mehrere Verbände oder Unternehmen Vertragspartei sind.

mehrgliedrige Steuer – 1. *Begriff:* Die Gliederung eines ökonomischen Vorgangs (z.B. Einkommensentstehung) und die darauf aufbauende (Einkommens-) Steuer aus erhebungstechnischen Gründen in mehrere selbstständige Steuern. Lediglich eine (evtl. aus steuertechnischen Gründen vorteilhafte) Erhebungsweise. Die selbstständige Steuer wird als *Gliedsteuer* bezeichnet. – 2. *Erkennungsmerkmal für das Gliedverhältnis* der einen zur anderen Steuer ist die → Anrechenbarkeit von Steuern. Im Steuersystem der Bundesrepublik Deutschland sind die Lohnsteuer, die Kapitalertragsteuer, die körperschaftliche Ausschüttungsteuer sowie bestimmte → Abzugssteuern Gliedsteuern zur veranlagten Einkommensteuer.

Mehrheit – 1. *Abstimmung in wirtschaftlichen Unternehmungen:* → Stimmenmehrheit. – 2. *Wahlen:* → Mehrheitswahl.

Mehrheitsbesitz → Mehrheitsbeteiligung.

Mehrheitsbeteiligung – Begriff des Konzernrechts für den Fall, dass (1) die Mehrheit der Anteile eines rechtlich selbstständigen Unternehmens einem anderen Unternehmen gehört oder (2) einem anderen Unternehmen die Mehrheit der → Stimmrechte zusteht. – Das betroffene Unternehmen steht in *Mehrheitsbesitz* (§ 16 AktG). – Bei Mehrheitsbeteiligung besteht u.U. → Mitteilungspflicht.

Mehrheitsprinzip – Prinzip der → Willensbildung, bei dem die Mehrheit entscheidet (→ Stimmenmehrheit, → Mehrheitswahl).

Mehrheitsregel → absolute Mehrheitsregel, → einfache Mehrheitsregel, → qualifizierte Mehrheitsregel.

Mehrheitswahl – Wahlverfahren, bei dem die absolute oder relative Mehrheit der abgegebenen Stimmen in einem Wahlbezirk über den Wahlausgang entscheidet. Absolute Mehrheit = mehr als die Hälfte der abgegebenen Stimmen; relative Mehrheit = Mehrheit der abgegebenen Stimmen (einfache Mehrheit). – *Anders:* → Verhältniswahl.

mehrjährige Finanzplanung – *mittelfristige Finanzplanung (fünfjährige Finanzplanung).* 1. *Charakterisierung:* Seit 1967 (→ Stabilitäts- und Wachstumsgesetz (StWG)) für Bund und Länder, seit 1974/75 für die kommunalen → Gebietskörperschaften gesetzlich vorgeschriebene Ergänzung des traditionellen jährlichen → Haushaltsplans. Die kommunalen Gebietskörperschaften haben als Grundlage für ihre mehrjährige Finanzplanung zusätzlich ein Investitionsprogramm aufzustellen, während bei Bund und Ländern auf die Investitionspläne der Ministerien zurückgegriffen wird. Gegenüber der jährlichen Haushaltsplanung ergibt sich ein um drei Jahre erweiterter Planungshorizont, da das erste Jahr der mehrjährigen Finanzplanung das laufende Kalenderjahr, ihr zweites das des nächsten jährlichen Haushaltsplans ist. Die mehrjährige Finanzplanung wird im Gegensatz zu → Haushaltsgesetz und → Haushaltsplan nicht parlamentarisch festgestellt, sondern von der Bundes-/Landesregierung bzw. der Kommunalverwaltung dem jeweiligen Parlament nur zur Information vorgelegt; sie ist nicht vollzugsverbindlich. – 2. *Zweck:* Mithilfe der mehrjährigen Finanzplanung soll Mängeln der Einjahresbudgetierung – die gleichwohl ihre Existenzberechtigung behält (→ Haushaltsfunktionen) – entgegengewirkt werden. V.a. soll sie: (1) unter *finanzpolitischem Aspekt* die Entscheidungen über längerfristige Prioritäten konkretisieren, Folgekosten aufdecken und zur frühzeitigen Koordination geplanter Maßnahmen verschiedener Planträger beitragen; (2) unter *wirtschaftspolitischem Aspekt* dem privaten Sektor Informationen über die zu erwartenden öffentlichen Aktivitäten vermitteln und konjunkturpolitische Erfordernisse in die Haushaltspolitik einfließen lassen; (3) unter *allgemeinpolitischem Aspekt* die mehrjährigen Programmvorstellungen der Regierung/Verwaltung aufzeigen und durch die Einbindung in eine längerfristige Konzeption die Haushaltsplanaufstellung verbessern und die Haushaltsdebatten versachlichen. – 3. *Gliederung:* a) *Textteil:* Teil, in dem die zugrunde gelegten gesamtwirtschaftlichen Ausgangs- und Entwicklungsdaten erläutert und die Schwerpunkte der Einnahmen- und Ausgabenbereiche dargestellt werden. – b) *Zahlenteil:* Teil, der in Anlehnung an die Systematiken des jährlichen Haushaltsplans (→ Haushaltssystematik) aufbereitet wird. – 4. *Beurteilung:* Die mehrjährige Finanzplanung hat die zunächst in sie gesetzten funktionalen Erwartungen bes. infolge mangelnder Bindungsbereitschaft der Regierungen bzw. Verwaltungen nicht erfüllt (→ Finanzplanungsrat). Sie ist in der Praxis eher durch die traditionell aufgestellten jährlichen Haushaltspläne bestimmt, als dass sie umgekehrt für diese die – gleitend fortgeschriebene – Bezugsgrundlage darstellt.

Mehrkosten – 1. *Begriff:* a) *Mehrkosten i.w.S.:* Die über einen verglichenen Kostenwert (z.B. Eigenfertigungskosten) hinausgehenden Kosten, z.B. Mehrkosten des Fremdbezugs. – b) *Mehrkosten. i.e.S.:* Die über die geplanten Kosten hinausgehenden Kosten, z.B. die Kosten für Fertigungsausschuss, Zeit- und Lohnüberschreitungen, Materialnachforderungen, fehlgeschlagene Entwicklungsarbeiten und Schwund bei lagernden Rohstoffen. – Vgl. auch → Abweichungen. – 2. *Außergewöhnliche Mehrkosten erheblicher Höhe* können als Verluste aus → Wagnissen behandelt werden. – Vgl. auch → Nacharbeitskosten.

Mehrkostenversicherung – 1. *Begriff:* Versicherung zur Deckung von Mehrkosten, die infolge eines versicherten Sachschadens notwendig werden, um eine Unterbrechung oder Beeinträchtigung des versicherten Betriebs abzuwenden oder zu vermindern. – 2. *Merkmale:* Die Mehrkostenversicherung ist wie die → Betriebsunterbrechungsversicherung auf das Sach-Nutzungsinteresse ausgerichtet, ohne dass der mögliche Ertragsausfall Gegenstand des Versicherungsschutzes ist. Die Mehrkostenversicherung bietet sich für Betriebsarten an, bei denen im Schadenfall eine vollständige Substituierbarkeit der betrieblichen Leistungen möglich ist. Die Dauer der Ersatzpflicht ist auf die vereinbarte Haftzeit begrenzt. – 3. *Arten:* a) → technische Versicherungen: Die Mehrkostenversicherung hat vornehmlich in den technischen Betriebsunterbrechungsversicherungen Bedeutung erlangt. Die versicherten Mehrkosten werden in den Bedingungs- und Klauselwerken nach der Dauer ihrer Inanspruchnahme in zeitabhängige und zeitunabhängige Mehrkosten unterschieden. – b) → Feuerversicherung und verwandte Zweige: In der industriellen Feuerversicherung erfolgt die → Mitversicherung der Mehrkosten i.d.R. mithilfe individueller Klauseln, die durch Versicherungsmakler oder Versicherer frei entwickelt und als Deckungserweiterung zur Sachsubstanzversicherung vereinbart werden. Grundsätzlich sind als Mehrkosten die Kosten der Maßnahmen versichert, die der Erhaltung oder der beschleunigten Wiederherstellung der Betriebsleistung dienen. Die Klauseln werden oftmals durch abschließende oder beispielhafte Aufzählungen der jeweiligen versicherten Kostenarten ergänzt.

Mehrleistungen – im Sinn der Sozialversicherung Leistungen, die die → Versicherungsträger neben den gesetzlichen Mindestleistungen (→ Regelleistungen) gewähren können, sofern eine entsprechende Bestimmung in der Satzung enthalten ist. Das Höchstmaß, bis zu dem Mehrleistungen eingeführt werden dürfen, ist – mit Ausnahme für die Krankenversicherungsleistungen der → Knappschaften – durch Gesetz festgelegt. – Vgl. auch → soziale Sicherung.

Mehrlinienprinzip → Mehrliniensystem.

Mehrliniensystem – 1. *Begriff:* Grundform eines → Leitungssystems, bei der hierarchisch untergeordnete → organisatorische Einheiten → Weisungen von jeweils mehreren → Instanzen erhalten *(Mehrlinienprinzip);* geht zurück auf das von Taylor geprägte → Funktionsmeistersystem. – 2. *Anwendung:* Das Mehrliniensystem wird häufig im Zusammenhang mit der → Matrixorganisation angewendet. – 3. *Vorteile:* Entlastung und → Spezialisierung der Instanzen; Beschleunigung und Flexibilisierung der → Kommunikation bei Einschränkung der Möglichkeiten einer Informationsfilterung. – 4. *Nachteile:* V.a. meist unvermeidbare Kompetenzüberschneidungen zwischen den weisungsbefugten Instanzen und daraus resultierende potenzielle Konflikte. – *Gegensatz:* → Einliniensystem.

Mehrmarkenstrategie → Markenstrategien.

Mehrmütterorganschaft – Organschaftsverhältnis zwischen einer Kapitalgesellschaft als Organgesellschaft und mehreren Unternehmen als sog. Obergesellschaften. – Voraussetzung der steuerlichen Organschaft ist es, dass das Mutterunternehmen an der Organgesellschaft die Mehrheit der Stimmrechte besitzen muss; ein Organschaftsverhältnis mit mehreren Obergesellschaften (die Mehrmütterorganschaft) ist im Grundsatz damit ausgeschlossen. Das Mutterunternehmen kann zwar jede Rechtsform haben, auch die einer Personengesellschaft. Nach Rechtslage wird eine Mehrmütterorganschaft jedoch nur noch anerkannt, wenn die als Mutterunternehmen auftretende Personengesellschaft eine echte eigene gewerbliche Tätigkeit ausführt, also tatsächlich in wirtschaftlicher Hinsicht ein eigenständiges Mutterunternehmen darstellt (§ 14 I Nr. 2 KStG). Dass sich mehrere Anteilseigner, die jeder für sich ein eigenständiges Unternehmen betreiben, lediglich zur Verwaltung ihrer Anteile in einer Personengesellschaft zusammenschließen und das Organunternehmen somit "mehrere Muttergesellschaften" hat (klassische Mehrmütterorganschaft), reicht also nicht mehr aus, um eine Organschaftsbeziehung steuerlich anerkennen zu lassen.

Mehrpersonenpreisbildung – Form der → Preisdifferenzierung. Es wird ein Preis für eine gesamte Gruppe verlangt, dabei sinkt das Preisniveau - also der Preis pro Person - mit zunehmender Gruppengröße. Bspw. bieten Schwimmbäder Familientickets zu einem Festpreis an, in dem der Eintritt für zwei Erwachsene und bis zu 6 Kinder inbegriffen ist.

Mehrphasenumsatzsteuer – Umsatzsteuersystem (→ Umsatzbesteuerung), bei dem auf mehreren, aber nicht allen Phasen der Leistungskette → Umsatzsteuer erhoben wird. – *Gegensatz:* → Allphasenumsatzsteuer, → Einphasenumsatzsteuer.

mehrphasige Realisation – (von Erlösen oder Deckungsbeiträgen), Entstehung des → Erlöses und → Deckungsbeitrags über die gesamte Zeitspanne vom Auftragsabschluss bis zur (endgültigen) Erfüllung der beiderseitigen Vertragsverpflichtungen (ausgenommen Zug-um-Zug-Geschäfte ohne Gewährleistungsanspruch). Beginnend mit dem bei Vertragsabschluss vereinbarten Erlös und dem auf Basis der vorkalkulierten Einzelkosten ermittelten vorläufigen → Auftragsbeitrag bieten sich für die mitlaufende Fortschreibung der auflaufenden Einzelkosten, des Erlöses und Deckungsbeitrags mehrere Stadien der Auftragsabwicklung an, z.B. zu den Zeitpunkten der Fakturierung, Abnahme, Minderung, Nachbesserung und Zahlungseingänge. Es sollte jeweils eine Revision der Vorkalkulationswerte, der noch offenen Positionen und der Abschätzung des Restrisikos damit verbunden werden. Bes. wichtig bei langfristigen Aufträgen (z.B. in Baubetrieben und im Anlagengeschäft).

Mehrplatzrechner – *Mehrplatzsystem, Multi-User System;* → Computer, an den mehrere → Terminals

Mehrproduktunternehmung – Produktionsbeziehungen

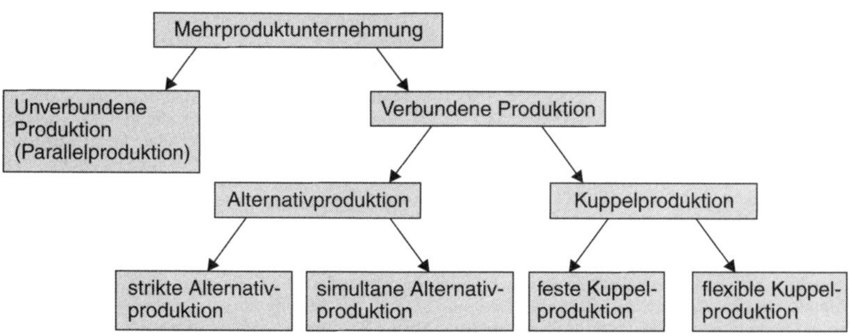

angeschlossen werden können. Das → Betriebssystem (BS) eines Mehrplatzrechners stellt üblicherweise den → Mehrprogrammbetrieb (i.d.R. → Teilnehmerbetrieb) zur Verfügung.

Mehrplatzsystem → Mehrplatzrechner.

Mehrproduktproduktion – Elementartyp der Produktion (Produktionstypen). Mehrproduktproduktion ist dadurch gekennzeichnet, dass das Produktionssortiment eines Unternehmens aus zwei oder mehr unterschiedlichen Artikeln besteht, die jeweils in Varianten hergestellt werden können. Die Produktion kann parallel – d.h. gleichzeitig auf nebeneinander laufenden Anlagen – oder sequenziell – d.h. hintereinander auf denselben Produktionsanlagen – erfolgen. Die ökonomischen Gründe für die Mehrproduktproduktion liegen z.B. aus absatzwirtschaftlicher Sicht in der größeren Risikostreuung, da ein Nachfragerückgang bei mehreren Produkten weniger wahrscheinlich ist und saisonale und konjunkturelle Schwankungen besser ausgeglichen werden können. – Vgl. auch Kuppelproduktion und im Gegensatz → Einproduktproduktion.

Mehrproduktunternehmung – 1. *Charakterisierung:* Eine Mehrproduktunternehmung stellt – grundsätzlich – mehrere Produkte her. Die Abbildung „Mehrproduktunternehmung – Produktionsbeziehungen" stellt die unterschiedlichen Produktionsbeziehungen in einer Mehrproduktunternehmung dar. – 2. *Preisbildung:* Im Fall der *Parallelproduktion* laufen die Produktionsprozesse technisch getrennt voneinander ab, sodass sich im Hinblick auf die Preisbildung Konsequenzen nur für die *Preisuntergrenzen* ergeben (wegen der Gemeinkosten). Bei der *Alternativproduktion* konkurrieren die Produkte um gemeinsame Produktionskapazitäten, und zwar entweder im Sinn des „entweder-oder" *(strikte Alternativproduktion)* oder der Aufteilung *(simultane Alternativproduktion).* Beides hat Konsequenzen für die Preisbildung, da das hergestellte Produkt mind. den Gewinn erwirtschaften muss, der bei der Nutzung der Kapazität für die nicht gewählten Produkte entstünde, d.h., es müssen die → Opportunitätskosten berücksichtigt werden (→ Transformationskurve). Bei der *Kuppelproduktion* fallen die Produkte zwangsläufig zusammen an, wobei das Mischungsverhältnis fest *(fixe Kuppelproduktion)* oder in Grenzen gestaltbar sein kann *(flexible Kuppelproduktion).* In beiden Fällen kann sich die Kuppelproduktion nur auf einen Teil des Produktionsprozesses beziehen *(partielle Kuppelproduktion).* Da bei der Kuppelproduktion das Produktions- nicht mit dem Absatzverhältnis der Güter übereinstimmen muss, kann eine Teilvernichtung der Produktion aus Gründen der Gewinnsteigerung angezeigt sein. Hauptproblem der Preisbildung ist bei der Kuppelproduktion, dass die Kosten auf die einzelnen Produkte nicht zugerechnet werden können. Deshalb spielen hier die Marktpreise, letztlich die Nachfrage, eine bes. Rolle für die Preisbildung. – Grund für die gemeinsame Produktion ist das Auftreten von → Economies of Scale oder Verbundvorteilen (→ Economies of Scope) technischer und/oder organisatorischer Art (Synergieeffekte). Formal wird dies auch durch die *Subadditivität* der Kostenfunktionen ausgedrückt: Bei gemeinsamer Produktion in *einer* Unternehmung sind die Produktionskosten niedriger als die Summe der Kosten bei getrennter Produktion in *zwei* oder *mehreren* Unternehmungen (→ Subadditivität). – Vgl. auch → Theorie der Mehrproduktunternehmung.

Mehrprogrammbetrieb – *Mehrprogrammverarbeitung, Multiprogramming (Mode), Multitasking;* Betriebsart eines Computers, bei der sich mehrere → Programme gleichzeitig ganz oder teilweise im → Arbeitsspeicher befinden und abwechselnd von dem → Zentralprozessor bearbeitet werden. Wann und wie lange die ablaufenden Programme jeweils → Prozessoren, → Speicher, → Ein-/Ausgabe-Kanäle oder → Peripheriegeräte zur Verfügung gestellt bekommen, wird vom → Betriebssystem (BS) (evtl. beeinflusst von Prioritäten, die den Benutzern zugeteilt wurden) gesteuert. Hierbei wird sehr häufig das Timesharing-Verfahren (→ Timesharing) angewendet.

Mehrprogrammverarbeitung → Mehrprogrammbetrieb.

Mehrprojektmanagement → Multiprojektmanagement.

Mehrprozessorsystem – *Multiprozessorsystem, Multiprocessor System;* Computersystem, bei dem ein → Zentralspeicher von zwei oder mehr → Prozessoren gemeinsam benutzt wird. Sie arbeiten entweder gleichberechtigt nebeneinander oder einer übernimmt die Führung („Master-Slave-Prinzip"). – *Beispiel:* Moderne Großrechner verfügen z.T. über mehrere → Zentralprozessoren, die zu einer Einheit zusammengeschlossen sind. – Vgl. auch → Mehrrechnersystem.

Mehrrechnersystem – *Multicomputer System;* Computersystem, bei dem zwei oder mehr → Zentraleinheiten von einem → Programm gesteuert werden. Die Zentraleinheiten verfügen jeweils über mind. einen → Prozessor allein. – Vgl. auch → Mehrprozessorsystem.

Mehrspaltenjournal – Journalbogen der → Durchschreibebuchführung, in dem vier und mehr Spalten bzw. Spaltenpaare vorgesehen sind, die die gesonderte Eintragung in → Personenkonten (Debitoren und Kreditoren) und in → Sachkonten (Bestands- und Erfolgskonten, evtl. weiter unterteilt) ermöglichen.

Mehrstimmrecht – 1. Mehrstimmrecht *bei Genossenschaften:* Zugunsten von Genossen, die den Geschäftsbetrieb der Genossenschaft bes. fördern, kann nach der Satzung ein → Stimmrecht bis zu max. drei Stimmen eingeräumt werden (§ 43 III S. 3. Nr. 1

GenG). – 2. Mehrstimmrecht *bei Aktiengesellschaften:* → Mehrstimmrechtsaktie.

Mehrstimmrechtsaktie → Vorzugsaktie, der durch die Satzung ein erhöhtes → Stimmrecht beigelegt ist. Gemäß § 12 II AktG sind Mehrstimmrechte unzulässig. Damit gilt in Deutschland: *One Share – One Vote.*

Mehrstoffverfahren → Sammel- und Trennverfahren.

Mehrstückpackung → Mehrfachgebinde.

Mehrstufenschema – von der Rechtsprechung des Bundessozialgerichts entwickeltes Schema zur Prüfung der Verweisbarkeit eines Versicherten auf ihm noch zumutbare Tätigkeiten, wenn Rente wegen Berufsunfähigkeit (→ Berufsunfähigkeitsrente) in der gesetzlichen Rentenversicherung streitig ist.

mehrstufige Bedarfsverfolgung – Verfahren der Verfolgung des Bedarfs über alle Stufen des Produktionsprozesses zur Herstellung der Beziehung zwischen Kunden- und Fertigungsauftrag. Spezieller Fall der → Bedarfsverfolgung; erweiterter Fall der → einstufigen Bedarfsverfolgung. Bei der mehrstufigen Bedarfsverfolgung kann durch Bedarfsableitung und Bedarfsdeckung auf jeder Dispositionsstufe sichtbar gemacht werden, zu welchem Kundenauftrag ein bestimmter Produktionsauftrag, z.B. ein Los oder eine Baugruppe, einen Bezug hat. Dies hat allerdings zur Folge, dass ein wesentlich höherer Speicherbedarf für die entsprechenden Daten notwendig ist. Der Vorteil liegt in der erhöhten Identifikationsgeschwindigkeit.

mehrstufige Entscheidungen – Aufspaltung einer Gesamtentscheidung in eine zeitliche Abfolge von Teilentscheidungen. Dabei beeinflusst das Entscheidungsergebnis einer Stufe die Entscheidungssituation der nachfolgenden Stufe. Im Fall mehrstufiger Entscheidungen werden → Aktionen zu → Strategien; die Umweltzustände lassen sich durch → Zustandsbäume darstellen. Eine Lösungsmethode, die derartige zeitliche Interdependenzen zwischen Teilentscheidungen berücksichtigt, ist die → dynamische Optimierung. Auch bei mehrstufigen Entscheidungen lassen sich deterministische und stochastische Varianten (→ Modelle) unterscheiden. – Vgl. auch → Entscheidungsbaum, → flexible Planung, → Principal-Agent-Modelle, → Entscheidungsprozesse, → Spieltheorie.

mehrstufige Produktion – Elementartyp der Produktion (→ Produktionstypen), der sich aus dem Merkmal der Prozessuntergliederung ergibt. Die mehrstufige Produktion ist dadurch gekennzeichnet, dass die Produktion eines Produktes oder einer Baugruppe mehrere Arbeitsgänge umfasst. Die Stufenzahl ist gerade bei → Werkstattproduktion eine bedeutende Einflussgröße für die Durchlaufzeit der Produkte, da die Übergangszeiten zwischen den Arbeitsgängen einen wesentlichen Teil der Durchlaufzeiten ausmachen. Bei → Fließproduktion kommt es in der Investitionsphase und bei der Bildung von Arbeitsstationen auf die Abstimmung der Stufenkapazitäten an, damit Leerzeiten einzelner Stationen bzw. unnötige Zwischenlager vermieden werden. – *Gegensatz:* → einstufige Produktion.

mehrstufiger Betrieb – 1. *Begriff:* Innerbetriebliche Organisationsform von Industriebetrieben. Auf dem Weg des Erzeugnisses vom Urprodukt zum Endprodukt werden mehrere hintereinander liegende Erzeugnisstufen mit marktgängigen Zwischenfabrikaten zusammengefasst, z.B. Braunkohlengrube und Brikettfabrik; Eisenerzgewinnung, Hochofen, Stahlwerk, Walzwerk, Maschinenfabrik. – 2. *Vorteile:* (1) Kostensenkung durch kürzere Transportwege, bessere Kapazitätsausnutzung von Hilfsbetrieben sowie der Einkaufs-, Verwaltungs- und Vertriebsorganisation; (2) Sicherung der Beschäftigung der Vor- und Zwischenerzeugnisse herstellenden Betriebsteile; (3) Sicherung gleichmäßiger Qualität für die nachgelagerten Stufen. – *Gegensatz:* einstufiger Betrieb.

mehrstufiger Konzern → Konzern, in dem mind. ein Tochterunternehmen seinerseits mind. ein Tochterunternehmen hat und damit selbst Mutterunternehmen eines Teilkonzerns ist.

mehrstufiges Zufallsstichprobenverfahren – spezielles → höheres Zufallsstichprobenverfahren. – Beim Spezialfall eines dreistufigen Zufallsstichprobenverfahrens ist die → Grundgesamtheit in mehrere → Teilgesamtheiten („Primäreinheiten"), jede dieser Teilgesamtheiten in mehrere Sekundäreinheiten und jede dieser Sekundäreinheiten in Tertiäreinheiten zerlegt. Aus den Primäreinheiten erfolgt eine uneingeschränkte Zufallsauswahl (→ uneingeschränktes Zufallsstichprobenverfahren); aus den ausgewählten Primäreinheiten werden zufällig Sekundäreinheiten und dann analog Tertiäreinheiten ausgewählt.

Mehrthemenbefragung → Omnibus-Befragung.

Mehr- und Wenigerrechnung – *Differenzenprobe, Plus-Minus-Rechnung, Ergebnisrechnung.* 1. *Begriff/Anwendungsbereich:* ein Verfahren zur Ermittlung der erfolgsmäßigen Auswirkungen von → Bilanzberichtigungen und → Bilanzänderungen sowie zur Abstimmung von → Handelsbilanz und → Steuerbilanz. Sie wird bei der → Außenprüfung zur sachlich differenzierten Darstellung und Kontrolle der erfolgsmäßigen Abweichungen von eingereichter Steuerbilanz und Prüferbilanz eingesetzt; bei Betrieben, die für steuerliche Zwecke keine gesonderten Bücher führen, dient sie zur Ableitung der Steuerbilanz aus der Handelsbilanz. – 2. *Verfahren:* Wertansätze der einzelnen Bilanzpositionen werden schematisch gegenübergestellt und Abweichungen festgehalten. Zum Ausgleich von Aktiva und Passiva der abgeleiteten Steuerbilanz wird ein → Steuerausgleichskonto oder Steuerausgleichsposten gebildet; diese Position zählt zum Eigenkapital.

Mehrwegtransportverpackung – Transportverpackungen, die mehrfach verwendet werden.

Mehrwegtransportverpackungen lassen sich systematisieren in (1) unternehmensinterne Mehrwegtransportverpackungen, (2) Branchen-Mehrwegtransportverpackungen und (3) Poolsysteme. Die ökologischen und betriebswirtschaftlichen Vorteile einer Mehrwegtransportverpackung gegenüber der Einwegtransportverpackung hängen wesentlich von der Zahl der Umläufe sowie von Transportstrukturen und -entfernungen des Einzelfalls ab.

Mehrwegverpackung → Verpackung zur mehrmaligen Nutzung. Mehrwegverpackung schont natürliche → Ressourcen (Umwelt- und Ressourcenökonomik) u.a. durch geringeren Energiebedarf, reduzierte Müllmengen; gleichzeitig sind jedoch Rücknahme- und Sammelorganisation sowie Investitionen für Lager- und Reinigungssysteme erforderlich. – *Gegensatz:* → Einwegverpackung.

Mehrwert → Mehrwerttheorie.

Mehrwertdienste-Rufnummer – Telefonmehrwertdienste, die neben der reinen Telekommunikationsdienstleistung weitere Dienstleistungen anbieten, die über die Telefonrechnung abgerechnet werden. Diese Form der Abrechnung wird von unseriösen Anbietern missbräuchlich genutzt etwa im Wege getarnter, teilweise automatischer Internetanwahlprogramme (→ Dialer) oder durch Irreführung der Nutzer über die Art der Gegenleistung oder die Höhe der anfallenden Kosten. Dem entgegenzuwirken, ist im Telekommunikationsgesetz vom 22.6.2004 (BGBl. I S. 1190) m.spät.Änd. bestimmt, dass (1) jedermann von der Bundesnetzagentur Auskunft über Namen und Anschrift desjenigen verlangen kann, der über eine Rufnummer Mehrwertdienste anbietet; (2) alle 0900er Mehrwertdienste-Rufnummern zu registrieren sind; (3) gewerbs- oder geschäftsmäßige Anbieter von 0190er- oder 0900er-Mehrwertdiensten für die Inanspruchnahme dieser Nummern aus dem Festnetz den Gesamtpreis je Minute zusammen mit der Rufnummer anzugeben und vor der Entgeltpflichtigkeit anzusagen haben. Der Preis für zeitabhängig abgerechnete Dienstleistungen ist auf höchstens 3 Euro pro Minute, für zeitunabhängige auf höchstens 30 Euro pro Verbindung begrenzt. Anwählprogramme über diese Nummern dürfen nur eingesetzt werden, wenn sie bei der Regulierungsbehörde registriert werden (§ 66f TKG).

Mehrwertrate → Mehrwerttheorie.

Mehrwertsteuer – im allg. Sprachgebrauch und v.a. von der EU auch amtlich verwendete Bezeichnung für die seit dem 1.1.1968 eingeführte → Umsatzsteuer mit Vorsteuerabzug. Nach der Einkommensteuer ist die Mehrwertsteuer die wichtigste Einnahmequelle fur den Staat. Mit dem Haushaltsbegleitgesetz 2006 wurde der Normalsatz von 16 Prozent auf 19 Prozent (ab 2007) angehoben. Der ermäßigte Satz (v.a. für Lebensmittel und existenzielle Güter, Zeitschriften, Bücher) beträgt unverändert 7 Prozent. – Vgl. auch → Umsatzbesteuerung, → Kumulativwirkung.

Mehrwertsteuerbefreiungs-Richtlinie → EG-Richtlinie, die regelt, welche Gegenstände bei der Einfuhr aus Drittstaaten von der Einfuhrumsatzsteuer befreit werden müssen. Die Mehrwertsteuerbefreiungs-Richtlinie regelt nicht die Einfuhren von Reisenden in ihrem Reisegepäck oder die private Versendung von Waren in → Kleinsendungen. – *Davon zu unterscheiden*: die Steuerbefreiungsvorschriften, die festlegen, welche Dinge bei der „normalen" Umsatzsteuer steuerfrei geliefert werden können. Diese Steuerbefreiungen sind in der → Mehrwertsteuersystemrichtlinie und ihren Anhängen geregelt.

Mehrwertsteuerbetrug → Umsatzsteuerbetrug.

Mehrwertsteuersystemrichtlinie – *EG-Umsatzsteuerrichtlinie;* 1. *Begriff*: die im Jahre 2006 in Kraft getretene, umfassende Neufassung der früheren 6. EG-Richtlinie über die Umsatzsteuern von 1977 und einiger anderer europarechtlicher Richtlinien über die Umsatzsteuer. – 2. *Inhalt und Funktion*: Die Mehrwertsteuersystemrichtlinie fasst in etwa 400 Artikeln die geltenden Vorgaben der EU über die Ausgestaltung der nationalen Umsatzsteuergesetze zusammen. Die USt-Gesetze der Mitgliedsstaaten müssen entsprechend der Richtlinie gestaltet und ihre Bestimmungen im Zweifel entsprechend den Vorgaben der Richtlinie ausgelegt werden (gemeinschaftskonforme Auslegung); damit ist die Richtlinie praktisch ein mehrwertsteuerrechtliches Grundgesetz in der EU. Das in der Richtlinie enthaltene System wird laufend durch Änderungen im Detail weiterentwickelt. – 3. *Rechtsgrundlage* ist Art. 93 EG-Vertrag; die Verabschiedung der Richtlinienbestimmungen und evtl. Änderungsbeschlüsse muss einstimmig im Rat der EG-Finanzminister erfolgen. Damit diese ihrerseits überhaupt Beschluss fassen können, muss zuvor die EU-Kommission einen entsprechenden Vorschlag unterbreitet haben. – Vgl. auch → Steuerharmonisierung in der EU.

Mehrwerttheorie – 1. *Charakterisierung:* Von → Marx entwickelte Lehre, mit der er den Ursprung des Unternehmergewinns (Profit) aus der → Ausbeutung der lohnabhängigen Arbeiter nachzuweisen versucht. Das der → Arbeitswertlehre zugrunde liegende Preisbestimmungsprinzip wird hierfür auf den Lohn der Arbeitskraft übertragen: Der Preis (Tauschwert) der Arbeit entspricht demjenigen Aufwand, der zu ihrer Wiederherstellung (Reproduktion) gesellschaftlich durchschnittlich notwendig ist. Entlohnt der Unternehmer die Arbeiter so, dass diese ihre notwendigen Ausgaben (u.a. für Ernährung, Kleidung, Miete, für Erziehung und Ausbildung der Kinder) bestreiten können, bezahlt er sie definitionsgemäß zum Wert der Arbeitskraft. Sie müssen jedoch während ihres Arbeitstags länger arbeiten und damit entsprechend der Arbeitswertlehre mehr Tauschwerte produzieren, als ihrem eigenen Wert und damit Lohn entspricht. Die Differenz zwischen Tauschwert der Arbeit und Tauschwert der von den Arbeitern produzierten Güter wird als *Mehrwert* bezeichnet. Ihn kann sich der Unternehmer als Eigentümer der Produktionsmittel aneignen. Das Verhältnis von Mehrwert zu Lohnkosten (→ variables Kapital) wird als *Mehrwertrate* bezeichnet (→ Ausbeutung). – Als Reaktion auf den → tendenziellen Fall der Profitrate versucht der Unternehmer, Marx zufolge, den *Mehrwert zu erhöhen:* (1) Er lässt die Arbeiter bei gleichem Lohn länger arbeiten und so mehr Tauschwerte produzieren *(absoluter Mehrwert)* oder (2) er steigert die Arbeitsproduktivität, sodass in der gleichen Arbeitszeit mehr Produkte bei gleichzeitig sinkendem Wert der Arbeitskraft – durch die gesteigerte Produktivität nimmt der „Reproduktionsaufwand", berechnet in Arbeitsstunden, ab – hergestellt werden *(relativer Mehrwert)*. – 2. *Beurteilung:* Die Mehrwerttheorie wird deswegen kritisiert, weil die einzelnen Elemente des „Reproduktionsaufwands" der Arbeitskraft nicht eindeutig bestimmt sind; dies bewirkt jedoch eine Unbestimmtheit ihres Wertes und damit des Mehrwerts als Differenzbetrag. Zudem hat sie sich, wie ein Blick auf die Lohn- und Arbeitszeitenentwicklung der industrialisierten Welt zeigt, empirisch nicht bestätigt.

Meilenstein – 1. *Begriff:* definierter Punkt (→ Ereignis), an dem im Rahmen eines Projekts der Abschluss einer Einzelaktivität überprüft wird (→ Projektmanagement (PM)). Meilensteine werden i.d.R. bei allen größeren Projekten, v.a. bei der Entwicklung von → Softwaresystemen, angewendet. – 2. *Ziel:* Sicherstellung der im Projektplan festgelegten Termin-, Kosten- und Qualitätsanforderungen. – 3. *Voraussetzung:* Die Überprüfung der Meilensteine erfolgt kontinuierlich und in kurzfristigen Abständen.

Meineid → Verbrechen (§§ 154, 155 StGB). Wer vor Gericht (z.B. als Zeuge) oder vor einer anderen zur Abnahme von Eiden zuständigen Stelle (z.B. Konsulat) *vorsätzlich* falsch schwört oder falsch bekräftigt - „Der Eid ist dann nicht „rein", sondern „mein"." wird mit Freiheitsstrafe nicht unter einem Jahr, bei mildernden Umständen nicht unter sechs Monaten bestraft. – Strafbar (mit Freiheitsstrafe bis zu einem Jahr) ist auch die aus → Fahrlässigkeit falsche Eidesleistung (§ 163 StGB). – Bei rechtzeitiger *Berichtigung* kann eine mildere Strafe verhängt werden oder Straffreiheit eintreten (§§ 158, 163 StGB).

Meinungsforschung – *Demoskopie.* 1. *Charakterisierung:* Teilgebiet der empirischen Sozialforschung zur Ergründung der öffentlichen Meinung (→ Umfrage). Analyse von gesellschaftlichen und wirtschaftlichen Tatbeständen, v.a. → Marktanalyse, Werbewirkungs-Analyse und Erfassung der Auswirkungen gesellschafts- oder betriebspolitischer Maßnahmen (innerbetriebliche Meinungsforschung, → Betriebsklima). – 2. *Methode:* Meinungsforschung beruht meist auf Repräsentativerhebungen mithilfe von → Zufallsstichprobenverfahren oder Quotenverfahren (→ Repräsentativerhebung). Meinungsforschung ist kostspielig, auch bei repräsentativer Erfassung eines kleinen Querschnitts (→ Querschnittuntersuchung), da *erforderlich:* (1) zur Vermeidung des (Interviewer-)Bias eine gründliche Ausbildung der Interviewer (psychologische und technische Schulung sowie Spezialausbildung über den interessierenden Fragenkomplex); (2) technische Einrichtungen zur Ermittlung des optimalen Ausleseverfahrens und zur statistischen → Auswertung. Deshalb überwiegend Institutsarbeit (→ Marktforschungsinstitute). – Vgl. auch → Marktforschung.

Meinungsfreiheit – nach Art. 5 I GG → Grundrecht eines jeden, seine Meinung in Wort, Schrift und Bild frei zu äußern und zu verbreiten und sich aus allg. zugänglichen Quellen zu unterrichten. – *Beschränkung* in den allg. Gesetzen, den gesetzlichen Bestimmungen zum Schutze der Jugend und dem Recht der persönlichen Ehre. Allg. Gesetze im Sinn der Vorschrift sind solche, die sich nicht gegen eine bestimmte Meinung richten.

Meinungsführer – *Opinion Leader;* Mitglied einer kleineren Gruppe, das einen stärkeren persönlichen Einfluss auf die Gruppe ausübt als andere Gruppenmitglieder. Der Meinungsführer hat eine Schlüsselstellung in der Gruppe; er entfaltet im Rahmen der persönlichen Kommunikation bes. Aktivitäten und übernimmt durch seinen größeren Einfluss oft Auslösefunktionen für die Meinungen und Entscheidungen anderer. Allgemeingültige Kriterien zur Identifikation von Meinungsführern existieren bislang nicht.

Meistbegünstigung – 1. *Begriff:* Meistbegünstigung verpflichtet einen Staat, alle handelspolitischen Vergünstigungen, v.a. Zollvorteile, die einem anderen Staat eingeräumt wurden, allen anderen Staaten einzuräumen, mit denen Meistbegünstigung vereinbart ist. – 2. *Arten:* a) *unbedingte und unbeschränkte Meistbegünstigung:* Das Verbot der Diskriminierung erstreckt sich auf alle Einfuhrwaren, alle Länder und alle Arten der Handelserschwerung. – b) *Beschränkte Meistbegünstigung:* Nur vertraglich vereinbarte Waren sind betroffen oder ausdrücklich ausgenommen. – c) *Bedingte Meistbegünstigung:* Gewährung eines Vorteils verlangt eine entsprechende Gegenleistung (Reziprozität). – 3. *Rechtliche Grundlagen:* Meistbegünstigung wurde erstmals 1860 zwischen England und Frankreich vertraglich fixiert. Meistbegünstigung-Verpflichtung kann aus bilateralen Abkommen mit dem Prinzip der Reziprozität beruhen oder auf multilateralen Verträgen. Meistbegünstigung gehört zu den Grundpfeilern der → World Trade Organization (WTO) und gilt auch in den Teilabkommen → GATT, → GATS und TRIPS (s. → TRIPS Abkommen). Bilaterale Liberalisierungsfortschritte gelten automatisch multilateral. – Ausdrücklich ausgenommen von der Verpflichtung zur Meistbegünstigung sind in der WTO → Zollunionen, → Freihandelszonen und Commonwealth-Präferenz, letztere als Altpräferenz. Auf der → UNCTAD-Konferenz in Neu-Delhi (1968) wurden ab 1971 sog. Allgemeine Zollpräferenzen der Industrieländer zugunsten der Entwicklungsländer vereinbart. – 4. *Bedeutung:*

Meistbegünstigung verhindert wirtschaftliche Diskriminierung im internationalen Handel und trägt somit zur Verbesserung der internationalen Arbeitsteilung bei. Allerdings unterliegen immer noch große Teile des Welthandels nicht dem Prinzip der Meistbegünstigung (Ausnahmebereiche). Meistbegünstigung wird durch → nicht tarifäre Handelshemmnisse unterlaufen wie z.B. durch Kontingentierungen der Wareneinfuhr, Differenzierung von Frachttarifen und bürokratischen Maßnahmen der Zollbehörden.

Meistbegünstigungsklausel – Garantie, dass der Anbieter mit keinem anderen Kunden günstigere Vertragsbedingungen vereinbart hat.

Meistbietender – im Zwangsversteigerungsverfahren und auf Auktionen derjenige, der das → Meistgebot abgegeben hat und an den somit der → Zuschlag erteilt wird, durch den der Meistbietende zum → Ersteher wird (§ 81 ZVG).

Meister → Handwerksmeister.

Meisterzwang – Der selbstständige Betrieb eines zulassungspflichtigen Handwerks (Anlage A der HandwO) als stehendes Gewerbe ist nur zulässig, wenn der Betriebsleiter die Voraussetzungen für die Eintragung in die Handwerksrolle mit dem zu betreibenden Handwerk oder mit einem diesem verwandten Handwerk hat. Diese Voraussetzung erfüllt grundsätzlich nur derjenige, der in dem zulassungspflichtigen Handwerk die Meisterprüfung bestanden hat (§ 7 I a HandwO; gleichgestellte Qualifikationen in den §§ 7 II–IX HandwO).

Meistgebot – letztes und zugleich höchstes → Gebot im Zwangsversteigerungsverfahren, bestehend aus dem → Bargebot und → bestehen bleibenden Rechten.

Meldebestand – *Bestellpunkt*. Bestand, bei dessen Erreichen eine → Bestellung ausgelöst wird. Er ergibt sich aus einem festgelegten → Sicherheitsbestand zzgl. des während der Beschaffungszeit zu erwartenden Verbrauchs. Einflussfaktoren für die Höhe des Sicherheitsbestands sind u.a. die Länge der Beschaffungszeit und die angestrebte Lieferbereitschaft (→ Lieferservice). – Vgl. auch → Bestellpunktverfahren.

Meldegeheimnis – Pflicht der bei Meldebehörden beschäftigten Personen, die im → Melderegister festgehaltenen personenbezogenen Daten nicht unbefugt zu einem anderen als dem zur jeweiligen rechtmäßigen Aufgabenerfüllung gehörenden Zweck zu erheben und zu verarbeiten, v.a. bekanntzugeben, zugänglich zu machen oder sonst zu nutzen. – *Rechtliche Regelung* der Übermittlung von Daten zwischen Meldebehörden verschiedener Länder und zwischen Meldebehörden und Behörden oder sonstigen öffentlichen Stellen des Bundes in der Ersten und Zweiten Bundesmeldedatenübermittlungsverordnung vom 21.6.2005 (BGBl. I 1689) und vom 31.7.1995 (BGBl. I 1011) m.spät.Änd.

Meldejahresschaden – 1. *Begriff:* → Schaden, der einem → Versicherungsunternehmen in einem Kalenderjahr gemeldet wurde, und zwar unabhängig davon, ob er auch in dem entsprechenden Kalenderjahr eingetreten ist. – 2. *Merkmale:* Meldejahresschäden setzen sich aus den Geschäftsjahresschäden und den Spätschäden zusammen. – 3. *Bedeutung:* Als Kennziffer beschreibt die Zahl der Meldejahresschäden die Arbeitslast der Schadenabteilungen in dem betreffenden Kalenderjahr.

Meldepflicht – I. Verwaltungsrecht: gesetzlich geregelt durch das Melderechtsrahmengesetz (MRRG) i.d.F. vom 19.4.2002 (BGBl. I 1342) m.spät.Änd. und landesrechtliche Vorschriften. Zukünftig wird der Bund aufgrund seiner nunmehr (→ Föderalismusreform I) ausschließlichen Gesetzgebungskompetenz für das Meldewesen ein Meldegesetz erlassen, das die landesrechtlichen Regelungen ablöst. – 1. *Allgemein:* Meldepflicht besteht beim Bezug in eine und beim Auszug aus einer Wohnung. Der Wohnungsgeber ist zur Mitwirkung verpflichtet. Durch Landesrecht können Ausnahmen von der Meldepflicht zugelassen werden. – 2. *Sonderregelungen* für die Meldepflicht von Binnenschiffern und Seeleuten, für die Unterkunft in Beherbergungsstätten sowie für Personen in Gemeinschaftsunterkünften, Krankenhäusern, Pflegeheimen u.Ä. – 3. Die Meldebehörden führen ein → Melderegister und unterstehen dem → Meldegeheimnis.

II. Steuerrecht: 1. Für die Begründung eines steuerlichen → Wohnsitzes ist die Erfüllung der verwaltungsrechtlichen Meldepflicht nur ein Indiz, aber nicht notwendige Voraussetzung. – 2. *Meldepflicht gegenüber dem Finanzamt* besteht u.a. für die Eröffnung eines Betriebs; auch nachträgliche Erkenntnis unrichtiger steuerverkürzender Steuererklärungen muss dem Finanzamt gemeldet werden (§§ 138, 153 AO). – Vgl. auch → Anzeigepflicht.

Melderegister – zur Erfüllung der Aufgaben der Meldebehörden geführt, enthält Daten, die von den Einwohnern erhoben oder von Behörden und sonstigen öffentlichen Stellen übermittelt werden.

Meldewesen – I. Öffentlich-rechtlich: Registrierung der Einwohner durch die für das Meldewesen zuständigen Behörden der Länder in → Melderegistern, um deren Identität und Wohnungen feststellen und nachweisen zu können. Es besteht → Meldepflicht. Im Melderechtsrahmengesetz i.d.F. der Bekanntmachung vom 19.4.2002 (BGBl. I 1342) ist u.a. auch die Speicherung und Zweckbindung der Daten geregelt.

II. Außerbetrieblich: Anforderungen von Behörden und Wirtschaftsverbänden für Zwecke der Statistik und des Betriebsvergleichs.

III. Innerbetrieblich: Meldungen (Berichte, Rapporte) liefern den zentralen Verwaltungsstellen die für die Lenkung des Betriebes notwendigen Unterlagen, z.B. Berichte der Personalabteilungen über Kranke, aus anderen Gründen Fehlende, Urlauber, zu spät Kommende; des Fahrdienstes über Einsatz und

Kilometerleistungen; der Terminkontrolle über Terminüberschreitungen. – *Zu unterscheiden:* Einmalige und regelmäßige Meldungen. Zur Ersparnis von Arbeitszeit ist notwendig: Sorgfältige Vorbereitung von Meldeplan, Meldevordrucken, pünktliche Ablieferung, statistische Auswertung und Veranschaulichung der Ergebnisse.

Meltzer – Allan H., geb. 1928, amerik. Nationalökonom; lehrt seit 1957 an der Carnegie-Mellon University. Meltzer ist ein bedeutender Vertreter des → Monetarismus. Als Schüler von → Brunner entwickelte er mit ihm in zahlreichen analytischen und empirischen Arbeiten die Theorie des Geldangebots und eine makroökonomische Analyse der Transmission von Geld- und Fiskalpolitik über die Bestandsmärkte für Geld, Bankkredit und Realkapital. Meltzer betont den Informationsaspekt von Geldpolitik und vertritt daher das Konzept der Regelbindung der Geldpolitik. – *Hauptwerk:* „Money, Credit and Policy" (1995).

Memorial – veraltete Bezeichnung für → Journal.

Mengenabschreibung – *verbrauchsbedingte, leistungsbedingte oder technische Abschreibung;* Form der → Abschreibung, deren Bemessung sich nach Beanspruchung in Form der voraussichtlichen Mengenleistung (ausgedrückt in Stück, m, kg etc.) einer Anlage richtet. – 1. *Berechnung:* a) Die *Abschreibungsquote* je Leistungseinheit errechnet sich aus:

$$\frac{\text{Anschaffungswert - Schrottwert}}{\text{Gesamtheit der Erzeugnisse (Stück, kg, hl)}}.$$

b) Die *Abschreibungssumme* je Jahr: Abschreibungsquote je Stück = x Anzahl der Leistungseinheiten im Jahr. – Vgl. auch → Abschreibung. – 2. *Anwendung:* Mengenabschreibung ist nur sinnvoll, wenn einzige bzw. vorherrschende Entwertungsursache der Gebrauch ist und die totale Mengenleistung einer Anlage genau feststeht oder abschätzbar ist (Proportionalisierung der Abschreibung); → gebrochene Abschreibung. – *Gegensatz:* → lineare Abschreibung oder → degressive Abschreibung – 3. *Steuerlich* zulässig bei beweglichen Wirtschaftsgütern des Anlagevermögens, bei denen sie wirtschaftlich begründet ist; der Umfang der Leistung pro Jahr ist nachzuweisen (§ 7 I S. 5 EStG). – Vgl. auch → Absetzung für Abnutzung (AfA).

Mengenabweichung → Abweichungen.

Mengenanpasser – *Preisnehmer, Price Taker;* Wirtschaftssubjekte, die Preise als gegeben (ein „Datum") akzeptieren und ihre Wirtschaftsziele durch Anpassung von Mengen realisieren. Unter → vollkommener Konkurrenz verhalten sich alle Wirtschaftssubjekte als Mengenanpasser.

Mengenanpasserverhalten → polypolistische Preisbildung.

Mengenanpassung – Form der Absatz- und Vertriebspolitik, bei der ein Anbieter sich an die von anderen verlangten Preise mit seiner Absatzmenge anpasst, weil er die Preise nicht zu beeinflussen vermag. – *Gegensatz:* → Mengenfixierung.

Mengenfeststellung – Die Mengenermittlung nach Maßen und Gewichten geschieht i.Allg. durch Wiegen oder Zählen. – Für die gewichtsmäßige Mengenfeststellung bei *hygroskopischen Waren* ist die genaue Festlegung des zulässigen Feuchtigkeitsgehalts wichtig (→ Trockengewicht). – *Mengenverluste* auf dem Transport können durch Mengenfeststellung des Gewichts nach Transportabschluss vom Käufer auf den Verkäufer abgewälzt werden. – Wichtig ist bei der Mengenfeststellung die Ermittlung des *Verpackungsgewichts* (→ Tara). Bei Verkauf → brutto für netto (bfn) ist die Verpackung bei der Mengenfeststellung mitgerechnet. Neben „Tara" mögliche Korrekturen des Warengewichts, die für die Mengenfeststellung von Bedeutung sind: → Gutgewicht, → Fusti, → Refaktie.

Mengenfixierung – Form der Absatz- und Vertriebspolitik. Ein Anbieter fixiert die Absatzmenge. Der zu dieser Absatzmenge gehörige Preis kann aus der → Preisabsatzfunktion abgeleitet werden (mit größerer oder geringerer Sicherheit, je nachdem, ob es sich um monopolistische, polypolistische oder oligopolistische Mengenfixierung handelt). – *Gegensatz:* → Mengenanpassung.

Mengengerüst – 1. *Begriff:* Quantitative und strukturelle Daten eines Unternehmens oder eines Teilbereichs (Produktion, Auftragsbearbeitung etc.), die in der → Systemanalyse erhoben werden (z.B. Anzahl der Buchungen pro Tag, Durchlaufzeit pro Fertigungsauftrag). – 2. *Merkmale:* Im Rahmen der → Istanalyse und des → Sollkonzepts bzw. der → Informationsbedarfsanalyse werden Rahmendaten der Unternehmung und/oder ihrer Teilbereiche benötigt, aus denen Rückschlüsse hinsichtlich des Istzustands und der zukünftigen Konzeption gezogen werden können. Häufig werden die Mengengerüste zu Kennzahlen verdichtet und zu überbetrieblichen Vergleichen herangezogen.

Mengengerüst der Kosten – dem → wertmäßigen Kostenbegriff zugrunde liegende Annahme, jeder Kostenbetrag bilde sich als das Produkt aus Verbrauchsmenge (Mengengerüst) und Wert pro Mengeneinheit. Obwohl überwiegend zutreffend, greift diese Annahme für einige Kostenarten, z.B. Versicherungskosten und Grundsteuer, nicht.

Mengenindex – *Volumenindex;* → Indexzahl zur Ermittlung einer durchschnittlichen reinen Mengenveränderung. Die Berechnung erfolgt mit konstanten Werten (Preisen) im Basis- und Berichtszeitraum. – *Beispiele:* Außenhandels-Volumenindex (→ Außenhandelsvolumen), → Produktionsindex.

Mengenkonjunktur – Zunahme der Produktionsmengen, allgemeiner der realen Produktion, während des Aufschwungs im → Konjunkturzyklus (→ Konjunkturphasen). – *Gegensatz:* → Preiskonjunktur.

Mengenlehre – kurz vor 1900 von G. Cantor begründete Disziplin, in der mit Mengen operiert bzw. gerechnet wird. Die grundlegenden Operationen sind das Bilden der Vereinigungsmenge (Operationszeichen ∪), das Bilden der → Schnittmenge (Operationszeichen ∩) und die Komplementbildung (durch Vorsetzen eines C oder durch einen übergesetzten Querstrich gekennzeichnet).

Mengenleistungsprämie – *Quantitätsprämie;* Mischform aus → Zeitlohn und → Akkordlohn mit gegenüber dem Akkordlohn gedämpfter Leistungsgradabhängigkeit. Anwendung, wenn keine → Akkordfähigkeit vorliegt, weil Vorgabezeiten wegen wechselnder Arbeitsbedingungen oder wegen nicht genauer Erfassbarkeit der einzelnen Teilarbeiten für Akkordentlohnung nicht verwendet werden können. – Vgl. auch → Prämienlohn.

Mengennotierung – Bei der Mengennotierung gibt der → Wechselkurs die Menge an ausländischen Währungseinheiten an, die erforderlich sind um eine Einheit inländischer Währung zu erwerben. – *Beispiel:* 1 Euro = 1, 45 US-Dollar. – Vgl. auch → Wechselkurs, → Devisenkurs.

Mengenrabatt – 1. *Begriff:* Preisvergütung für die Abnahme bestimmter Mengen eines oder mehrerer Produkte in einem Auftrag oder in einer Bezugsperiode (→ Rabatt). Gelegentlich auch → Naturalrabatt (Wahrnehmung quantitativer → Handelsfunktionen). – 2. *Formen:* a) *Artikelrabatt:* Mengenrabatt für die Abnahme bestimmter Mengen eines Produktes bei einem Auftrag. Steigt die Rabatthöhe mit georderter Menge (linear oder progressiv) an, so werden die Rabattsätze pro steigende Auftragsmengen in Rabattstaffeln ausgewiesen. – b) *Auftragsrabatt:* Mengenrabatt bezogen auf die Abnahmemenge sämtlicher in einem Auftrag zusammengefasster Warenbestellungen, z.B. durch einen Einzelhandelsbetrieb bei einem Großhändler. – c) *Gesamt-Umsatzrabatt (Jahresbonus, Treuerabatt):* Mengenrabatt bezogen auf die Abnahmemengen sämtlicher Produkte (unabhängig von der Zahl der Aufträge) in einer Bezugsperiode (z.B. einem Jahr). – 3. *Bedeutung:* Sämtliche Formen des Mengenrabattes sind Gegenleistungen für Kosteneinsparungen; sie dienen im Geschäft des Großhandels mit den selbstständigen Einzelhändlern der → Einkaufskonzentration. Mengenrabatte werden von Herstellern gewährt, um den Handel zur Abnahme der eigenen und nicht der konkurrierenden Marken zu bewegen. – 4. *Rabattspreizung:* Missverhältnis zwischen Anstieg der Rabattsätze (z.B. progressiv) und der zusätzlichen Abnahmemengen (z.B. linear); gilt als den Leistungswettbewerb im Handel schädigende Praktik (Gemeinsame Erklärung). Derartige Rabattgestaltung (etwa durch Hersteller) fordert selbst große Abnehmer im Handel zu weiterer Kooperation im Einkauf heraus, um die günstigsten Konditionen des größten Abnehmers zu erhalten (→ Nachfragemacht). Rabattspreizung erhält für Hersteller dann eine neue Bedeutung, wenn diese ihre Produkte international vertreiben und sowohl Preise als auch Konditionen dem jeweiligen Absatzland anpassen, z.B. Deutschland, Frankreich einerseits und Polen, Rumänien andererseits. International agierende Handelsunternehmen können dann fordern, dass ihnen die günstigsten Preise und Konditionen für sämtliche Abnahmemengen eingeräumt werden.

Mengenrationierungsansatz → Neokeynesianische Theorie.

Mengenstaffel – Staffelpreise für Waren gleicher Zweckbestimmung, abgestuft nach Warenmenge. Häufig mit anderen Staffelungsgesichtspunkten (→ Preisstaffeln) angewandt.

Mengenstandard → Verbrauchsplanung.

Mengensteuer – Steuer, deren Bemessungsgrundlage die physische Einheit des besteuerten Gutes ist. – *Gegensatz:* → Wertsteuer.

Mengentender – 1. *Begriff:* → Tenderverfahren einer Zentralbank, bei dem diese im Voraus den Zinssatz festlegt und die teilnehmenden Geschäftspartner den Geldbetrag bieten, für den sie zum vorgegebenen Zinssatz abschließen wollen. – *Anders:* → Zinstender. – 2. *Zuteilungsverfahren:* Die Zentralbank teilt den Kreditinstituten einen Zinssatz mit, zu dem sie flüssige Mittel zu verleihen bereit ist. Die Gesamtsumme dieses → Offenmarktgeschäftes wird nicht bekannt gegeben. Die interessierten Kreditinstitute melden nun der Zentralbank zurück, welche Beträge sie zu der genannten Kondition aufnehmen wollen. Wird der Angebotsrahmen der Zentralbank durch die Kreditsumme der Interessenten gesprengt, erfolgt eine anteilsmäßige Zuteilung (Basis: Prozentualer Anteil des Kreditwunsches der Kreditinstitute zur Summe des Mengentenders). – Vgl. auch → amerikanisches Verfahren, → holländisches Verfahren, → Rediskont(ierung).

Mengenübersichtsstückliste – Form der → Stückliste. Verzeichnis aller in einer Einheit eines → Fertigerzeugnisses vorkommenden Teile bzw. → Baugruppen nach Materialart und Menge. Nicht ersichtlich ist die genaue strukturelle Zusammensetzung des Fertigungserzeugnisses mit Ausweis der einzelnen → Fertigungsstufen. Sie ist ungeeignet für Materialdisposition in den Zwischenstufen der Fertigung.

Mengenvariante → Variante eines → Teils, die sich von anderen Varianten durch unterschiedliche Einsatzmengen bestimmter Teile einer tieferen → Fertigungsstufe unterscheidet. – *Beispiele:* Motorblock mit 16 (gegenüber 8) Ventilen.

Mengenverlust – Kennzeichnung eines Vorgangs im Produktionsprozess, bei dem die Ausbringungsmenge (Output) geringer ist als die Menge der eingesetzten Materialien (Input), z.B. bei Verhüttungs-, Brenn- und sonstigen chemischen Prozessen. Mengenverluste müssen v.a. bei einer mehrstufigen → Divisionskalkulation beachtet werden, da hier stufenweise unterschiedliche Einsatz- und Ausbringungsmengen vorliegen.

Mengenwechselkurs → Wechselkurs, welcher ausdrückt, welche Menge an ausländischer Währung einer Einheit der inländischen Währung entspricht (z.B. 1 Euro = 1,4582 US-Dollar). Der spiegelbildliche Preiswechselkurs drückt rechnerisch das exakt gleiche Wertverhältnis aus.

Mengenzoll – Zoll, der auf Mengenbasis berechnet wird (→ spezifischer Zoll oder → Wertzoll), z.B. Euro pro Stück oder Gewicht – *Beispiel:* 102,4 Euro/100 kg). Die wertmäßige Belastung eines Gutes durch einen Mengenzoll sinkt mit zunehmendem → Preis. – Vgl. auch → Zoll, → Spezifischer Zoll, → Einfuhrzoll, → Wertzoll, → tarifäre Handelshemmnisse, → Zollzwecke.

Menger – Carl, 1840–1921, österreichischer Nationalökonom, der seit 1872 bis zum Rücktritt 1903 in Wien lehrte, unterbrochen durch eine dreijährige Tätigkeit (1876–1879) als Erzieher des Erzherzogs. Menger entwickelte die Lehre vom → Grenznutzen, fast gleichzeitig mit → Jevons und → Walras, aber unabhängig von beiden. Er wurde dadurch der Begründer der → Österreichischen Grenznutzenschule, die im Gegensatz zur jüngeren → historischen Schule in Deutschland (→ Schmoller) stand (→ Methodenstreit). Seine Beiträge zur Preis- und Einkommensverteilungstheorie auf der Grundlage des Grenznutzens sowie die von ihm begründete Einteilung der Güter (→ Mengersche Güterordnung) gehören zu den unbestrittenen Grundlagen des wirtschaftstheoretischen Denkens. Zu den Schülern von Menger gehörten → Böhm-Bawerk und → Wieser. – *Hauptwerke:* „Grundsätze der Volkswirtschaftslehre" (1871); „Untersuchungen über die Methode der Sozialwissenschaft und politischen Ökonomik insbesonders" (1883) und „Die Irrtümer des Historismus in der deutschen Nationalökonomie" (1884).

Mengersche Güterordnung – 1. *Charakterisierung:* Auf den österreichischen Nationalökonomen → Menger zurückgehende Einteilung der wirtschaftlichen Güter nach Maßgabe ihrer Konsumnähe: (1) Konsumgüter sind Güter erster Ordnung; sie werden erstellt aus Vorprodukten und Produktionsmitteln; (2) Produktionsmittel sind Güter zweiter Ordnung, die wiederum aus Vorprodukten und Produktionsmitteln höherer Ordnung hergestellt werden. Die Güter höchster Ordnung sind die beiden originären Produktionsfaktoren Arbeit und Boden, die, im Gegensatz zu den Kapitalgütern, nicht durch den Einsatz nächsthöherer Güterarten gebildet werden können. – 2. Unter *Rückversetzung eines Gutes innerhalb der Mengerschen Güterordnung* (Einschlagen eines Produktionsumweges) wird sein produktiver Einsatz in einer höheren (konsumferneren) Ordnung als zuvor bzw. die Produktion nicht von Konsum-, sondern von Produktionsmitteln verstanden. Sie soll bei Konsumverzicht in der Gegenwart durch Produktivitätssteigerung größere Konsummöglichkeiten in der Zukunft schaffen. Rückversetzung bedeutet somit durch Konsumverzicht (Sparen) finanzierte Bildung von Produktivkapital (Investition).

Menschenbilder – Vorstellungen über grundlegende Wesensmerkmale des Menschen. – Zu unterscheiden sind bes.: (1) *Complex Man:* Der Mensch hat vielfältige Bedürfnisse, die sich situationsbezogen verändern können. Der Mensch ist ein flexibles, lernfähiges Wesen. – (2) *Social Man:* Der Mensch hat überwiegend auf die soziale Einbettung bezogene Bedürfnisse; v.a. in der Phase der Human Relations dominierendes Menschenbild. – (3) → Homo oeconomicus: der Mensch mit auf ökonomische Zusammenhänge eingegrenzten Zügen. Modellhafte Vorstellung und Annahmen (Rationalprinzip, Nutzenmaximierung, unendliche Anpassungsgeschwindigkeit, vollkommene Transparenz). Dieses Menschenbild liegt der klassischen und neoklassischen Wirtschaftstheorie zugrunde. – (4) Menschenbild v.a. der → Transaktionskostentheorie der Unternehmung: → Opportunismus. – (5) *Theorie X* (Gegentheorie zur Theorie Y; beide von D. McGregor): Der Mensch hat eine angeborene Abneigung gegen Arbeit, ist ohne Ehrgeiz und ohne eigenen Antrieb. Zur Arbeit ist er nur noch unter Androhung von Strafe zu bewegen. – (6) *Theorie Y* (Gegentheorie von Theorie X): Der Mensch hat Freude an anspruchsvoller Arbeit; Selbstdisziplin, Verantwortung und Verstandeskraft sind seine wesentlichen Merkmale. – (7) *Homo sociologicus:* soziologisches Menschenbild, das die soziale Rolle des Menschen und deren Verhaltensprägung in den Mittelpunkt der Betrachtungen stellt. – (8) *Realwissenschaftliches Menschenbild:* ein an den Erkenntnissen der Natur- und Sozialwissenschaften orientiertes Menschenbild, in das biologische Erkenntnisse ebenso integriert werden wie psychologische. – Vgl. auch → Satisfizer.

Menschenrechte → Grundrechte.

Mental Convenience – bezeichnet eine kognitive Entlastung, die affektiv positiv empfunden und erlebt wird und aus der für den Konsumenten vorteilhafte Auswirkungen auf die → Informationsaufnahme und -verarbeitung resultieren. Mental Convenience ermöglicht also die Erfassung eines Sachverhalts ohne große gedankliche Anstrengung und ist darüber hinaus mit positiven affektiven und konativen Folgen verbunden.

Mental Map – *kognitive Landkarte;* subjektive Vorstellung einer räumlichen Situation (Ort, Land, Standortmuster, Distanz) bei einer Person oder Gruppe. Eine solche Karte ist ein Querschnitt durch den Raum, der die wahrgenommene Umwelt eines Menschen zu einem bestimmten Zeitpunkt in sein Inneres projiziert. Sie spiegelt die Welt so wider, wie ein Mensch glaubt, dass sie ist bzw. wie er sie empfindet. Es handelt sich dabei meist nicht um eine korrekte Repräsentation der räumlichen Umwelt, vielmehr können Abweichungen und Verzerrungen gegenüber der Realität auftreten. Die Erforschung und Nutzbarmachung von Mental Maps ist u.a. Gegenstand der → verhaltensorientierten Wirtschaftsgeografie. Mental Maps sind deshalb so bedeutsam, weil das räumliche Handeln von Menschen durch subjektive Wahrnehmungen, die in Mental Maps zum Ausdruck kommen, stark beeinflusst und strukturiert wird. Die → Aktionsräume menschlicher Gruppen lassen sich damit besser identifizieren und voneinander abgrenzen.

Mentoring – Tätigkeit einer erfahrenen Person (Mentor/in), die ihr fachliches Wissen und ihre Erfahrungen an eine unerfahrene Person (Mentee) weitergibt. – Ziel ist die Unterstützung bei der beruflichen und persönlichen Entwicklung. Im Gegensatz zum Coaching ist der Mentor üblicherweise nicht für diese Tätigkeit ausgebildet. – Formal zielt Mentoring auf die Förderung außerhalb des üblichen Vorgesetzten-Untergebenen-Verhältnisses. Inhaltlich geht es darum, informelle Regeln zu vermitteln, in bestehende Netzwerke einzuführen, praktische Tipps zu geben und langfristig die Karriere zu fördern.

Menü → Menütechnik.

Menu Costs – 1. *Begriff:* Methaphorisch zu verstehender Begriff. Er bezieht sich i.e.S. auf die Kosten, die für ein Unternehmen im Zuge von Preisveränderungen anfallen (in einem Restaurant z.B. die Kosten, die für das Neudrucken der Speisekarte anfallen). I.w.S. gehören hierzu aber auch Organisations- und Informationskosten (z.B. die Kosten für das Drucken und Versenden von Preislisten und Katalogen, die Verärgerung von Konsumenten). – 2. *Bedeutung:* Obwohl die Menu Costs insgesamt nur gering sind, wird behauptet, dass sie gleichwohl große gesamtwirtschaftliche Auswirkungen haben können. Kommt es z.B. aufgrund einer Verringerung der → Geldmenge zu einem Rückgang der monetären Gesamtnachfrage, würden die Unternehmen in einem klassischen Modell mit einer proportionalen Preissenkung reagieren, sodass der Output unverändert bliebe. Wird die Existenz von Menu Costs berücksichtigt, kann es für die einzelnen Unternehmen optimal sein, auf die Preissenkung zu verzichten. Die Preissenkung eines Unternehmens hat aber nicht nur Wirkungen auf die Nachfrage nach den eigenen Produkten, sondern über die Realkasse auch auf die Gesamtnachfrage. Die Bedeutung dieser → Gesamtnachfrageexternalität wird i.Allg. deutlich höher sein als der einzelwirtschaftliche Effekt des Verzichts auf eine Preisanpassung. Menu Costs stellen im Rahmen des → Neuen Keynesianismus eine Begründung dafür dar, dass Preisstarrheiten das Ergebnis mikroökonomischen Optimierungsverhaltens sein können. – Werden infolge von Menu Costs statt der Preise die Mengen einer exogenen Störung angepasst, kann es zu Konjunkturschwankungen kommen (→ Konjunkturtheorie).

Menukosten → Menu Costs.

Menütechnik – Technik zur Gestaltung der → Benutzeroberfläche eines Dialogsystems. Dem → Endbenutzer wird jeweils auf dem → Bildschirm die Liste der augenblicklich zulässigen Kommandos bzw. Eingaben in einem Menü angeboten.

Merchandise Allowance → Händlernachlass.

Merchandising – 1. Die *Gesamtheit der verkaufsfördernden Maßnahmen* (→ Verkaufsförderung) im → Handel, v.a. Tätigkeiten am Regalplatz wie Warenplatzierung, Einräumen der Ware oder Preisauszeichnungen etc. – 2. Die *Vermarktung von* → *Lizenzen* (Licensing).

Merchant Bank → Handelsbanken.

Merchant Server – Hard- und Softwareausstattung eines Onlineshops im → Internet Business. Merchant Server-Systeme stellen spezielle Einkaufsfunktionen wie z.B. User Management, Auftragsabwicklung und Kreditkartenauthentifizierung zur Verfügung.

MERCOSUR – Abk. für *Mercado Común del Cono Sur;* → gemeinsamer Markt im südlichen Lateinamerika. – 1. *Errichtung und Ziele:* Grundlage ist das am 26.3.1991 von Argentinien, Brasilien, Paraguay und Uruguay unterzeichnete → Asunción-Abkommen (29.11.1991). Seit 4.7.2006 ist Venezuela fünftes Vollmitglied des MERCOSUR. Durch dieses Vertragswerk, das für den Beitritt weiterer Länder aus der Region offen steht (assoziiert sind Bolivien, Chile, Ecuador, Kolumbien und Peru, über eine Assoziierung mit Mexiko wird seit 2004 verhandelt), verpflichten sich die Mitgliedsstaaten zur schrittweisen Schaffung eines Gemeinsamen Marktes (bis 2011 nicht geschehen), zum Ausbau der wirtschaftspolitischen Koordination, zur Angleichung von Rechtsvorschriften mit Auswirkung auf den innergemeinschaftlichen Handel sowie zum Schutz der Umwelt. Das Abkommen fügt sich in den Rahmen von → ALADI ein und vertieft die dort vereinbarten Abmachungen (die lediglich auf die Integration einzelner Sektoren abzielen). Kernelement des MERCOSUR ist eine weit reichende → Handelsliberalisierung; es existieren einige Schutzklauseln sowie spezifische Ausnahmebereiche, die einer verzögerten Liberalisierung unterworfen sind. Die Mitgliedsländer haben bis Ende 1994 (Paraguay bis Ende 1995; Venezuela noch nicht) untereinander alle → Zölle und → nicht tarifären Handelshemmnisse nach einem vertraglichen Stufenplan abgebaut. Gleichzeitig wurde die Handelspolitik gegenüber Drittländern weitgehend angeglichen und die interne Freizügigkeit von Personen und Kapital hergestellt, sowie ein einheitlicher Außenzolltarif wurde aufgebaut. Damit entspricht das MERCOSUR-Konzept dem einer → Zollunion. Obwohl die Ziele ergeizig waren, sind zwanzig Jahre nach Gründung des MERCOSUR viele Ziele nicht erreicht worden, da zwischen den Mitgliedstaaten Streitigkeiten bestehen. So hat Brasilien erst 2009 dem Beitritt Venezuelas zugestimmt, Paraguay hat bis 2011 dem Beitritt nicht zugestimmt. Der

„Entwicklungsprozess" des MERCOSUR ist noch nicht abgeschlossen. – 2. *Organe:* Die institutionelle Struktur besteht bisher nur aus zwei Organen, dem sog. Rat (Entscheidungsorgan; Einstimmigkeitsprinzip) und der sog. Gemeinsamer-Markt-Gruppe (Initiativrecht, Überwachungsfunktionen, exekutive Aufgaben, kein supranationaler Charakter). Sitz des Sekretariats der „Gruppe" ist Montevideo. Anstelle eines gemeinsamen Gerichtshofs fungiert lediglich ein Schiedsgericht. Außerhalb des Abkommens von Asunción hat sich eine sog. Gemeinsame Parlamentarische Kommission etabliert; außerdem finden regelmäßig informelle Treffen der Wirtschaftsminister mit den Zentralbank-Präsidenten statt. – 3. *Entwicklung:* Der Handel mit den jeweils übrigen Mitgliedsländern spielte in der Vergangenheit nur für die beiden kleinen Teilnehmerstaaten eine größere Rolle. Seit Beginn des schrittweisen Abbaus der Handelsschranken (30.6.1991) hat der Intra-Block-Handel aller vier Integrationspartner jedoch signifikant zugenommen. Seit Anfang 1996 ist Bolivien, seit Mitte 1998 Chile, seit Mitte 2003 Peru und seit Oktober 2004 Kolumbien und Ecuador dem MERCOSUR assoziiert. – 4. *Beziehungen zur EU:* Seit dem 1.7.1999 ist zwischen den EU- und den vier MERCOSUR-Staaten ein Rahmenabkommen zur wirtschaftlichen, politischen und kulturellen Kooperation in Kraft. Kernelement des Vertragswerks bildet die Verpflichtung zu einer zügigen beiderseitigen Verringerung der Handelshemmnisse; bei Vertragsunterzeichnung wurde außerdem die Absicht bekräftigt, im Laufe des ersten Jahrzehnts des 21. Jh. das Ziel einer umfassenden gemeinsamen → Freihandelszone anzustreben. Das EU-MERCOSUR-Abkommen beinhaltet neben den handelspolitischen Vereinbarungen auch Bestimmungen zur Förderung von Investitionen sowie zur Zusammenarbeit in der Forschungs- und Technologiepolitik, sowie zur Kooperation in den Bereichen Wissenschaft und Umweltpolitik.

Merger → Unternehmenszusammenschluss.

Merger Accounting → Pooling-of-Interests-Methode, → Purchase-Methode.

Merger Guidelines – Ausführungsbestimmungen des US-amerikanischen Kartellrechts (→ Antitrust-Gesetzgebung) zur Fusionskontrolle. Die Generaldirektion Wettbewerb der Europäischen Kommission hat Guidelines zu Einzelfragen der europäischen Fusionskontrolle erarbeitet. Das Bundeskartellamt bietet ein ausführlicheres Merkblatt zur dt. Fusionskontrolle an.

Mergers & Acquisitions

von Jun.-Prof. Dr. Mark Mietzner

I. Begriff und Charakterisierung

Mit dem Begriff „Mergers and Acquisitions (M&A)" wird i.d.R. eine Fusion oder eine Verschmelzung zweier Unternehmen zu einer rechtlichen und wirtschaftlichen Einheit (Merger) bzw. der Erwerb von Unternehmenseinheiten oder eines ganzen Unternehmens (Acquisition) bezeichnet. Während bei einem Merger die Aktiva der beteiligten Unternehmen zusammengelegt werden und entweder als eigenständige Organisationseinheit innerhalb des Verbundes fortbestehen oder in einer neu geschaffenen Einheit aufgehen können, erfolgt bei einer (Mehrheits-)Akquisition i.d.R. die Eingliederung der Aktiva des Zielunternehmens (target) in das Käuferunternehmen (acquirer, bidder). Grundlage einer solchen Transaktion bildet immer der Übergang von Eigentumsrechten an einem Unternehmen und damit die Übertragung von aktiv wahrgenommenen Leitungs- und Kontrollrechten. Die Akquisition der Eigentumsrechte erfolgt dabei entweder direkt über den Kauf von Stimmrechtsanteilen (Share Deal) oder in Form eines Asset Deals durch den Erwerb aller vorhandener Aktiva und Verbindlichkeiten gegen Bargeld (cash offer), im Austausch für Aktien des Käufers (stock swap) bzw. anderer Wertpapiere oder als Mischform dieser beiden Zahlungsweisen. Gesetzlich geregelt werden M&A-Transaktionen allgemein durch Bestimmungen zu Unternehmensübernahmen. Einzelne Regelungen finden sich im Kapitalmarktrecht – insbesondere im WpHG – und im Außenwirtschaftsgesetz, im Kartell- und Steuerrecht sowie seit dem 1.1.2002 v.a. im Wertpapiererwerbs- und Übernahmegesetz (WpÜG).

II. Markreaktionen von Übernahmeankündigungen und Motive für M&A-Transaktionen

Die Ankündigung einer geplanten Übernahme führt bei börsennotierten Gesellschaften i.d.R. zu z.T. erheblichen Aktienkursreaktionen, wobei typischerweise die Aktionäre des Zielunternehmens eine Vermögenssteigerung verzeichnen können und die Anteilseigner des Bieterunternehmens im Mittel einen Vermögensrückgang erleiden, der aber nicht immer auch statistisch signifikant ist. Darüber hinaus zeigen empirische Untersuchungen, dass Käuferunternehmen für das Zielunternehmen meist eine deutliche Akquisitionsprämie (Acquisition Premium) – im Vergleich zum Marktwert vor der Ankündigung – zu zahlen bereit sind, was unmittelbar zur Frage nach den Übernahmemotiven führt. Als Grund für die Zahlungsbereitschaft des Bieters lassen sich dabei die durch die Fusion bzw. Übernahme zu erwartenden Synergien anführen, die wiederum im Wesentlichen auf einer Erhöhung der Umsatzerlöse, einer Reduktion der Kosten (Economies of Scale and Scope), einer

Verminderung der Steuerlast oder einer Verringerung der Kapitalkosten beruhen. Aber auch strategische Überlegungen, wie die Steigerung des relativen Marktanteils durch die Übernahme eines Unternehmens der gleichen Branche oder der gleichen Wertschöpfungsstufe (*horizontale Übernahme*) *oder der Erwerb von Firmen der* direkt vor- bzw. nachgelagerten Wertschöpfungsstufe (*vertikale Übernahme*) und dem damit einhergehenden Zugriff auf Ressourcen und Distributionskanäle, können hinter einer Fusions- oder Übernahmeankündigung stehen. Bei Akquisitionen von Unternehmen einer anderen Branche (*laterale Übernahmen*) wird nicht nur auf operative und strategische Verbundvorteile abgestellt, sondern auch auf die Möglichkeit eines schnelleren und/oder billigeren Markteintritts, bspw. durch den Zugang zu Experten und -wissen durch die Übernahme eines existierenden Unternehmens oder die Minimierung der Kapitalkosten durch eine Verstetigung der Ertragslage und damit geringeren Renditeforderungen der Kapitalgeber. Aber auch eine *fundamentale Neupositionierung* eines Unternehmens wurde in der Vergangenheit so eingeleitet (z.B. die Entwicklung der Preussag AG hin zur TUI AG).

Neben den strategisch motivierten Übernahmen stehen bei Finanzinvestoren, zu denen typischerweise Banken, Fondsgesellschaften oder Private-Equity-Investoren gezählt werden, die Ausnutzung einer beobachteten Unterbewertung der Zielgesellschaft, die Möglichkeit der Nutzung von Verlustvorträgen oder die Aussicht über finanzwirtschaftliche und/oder operative Restrukturierungen des Zielunternehmens entsprechende Gewinne realisieren zu können, im Vordergrund bei Unternehmenskäufen. Dabei wird schon deutlich, dass das Engagement von Finanzinvestoren in aller Regel von vornherein mit einer klar kommunizierten zeitlichen Befristung eingegangen wird. Neben Mitteln aus Fonds werden finanziell motivierte Käufe insbesondere in Leveraged Buyout Transaktionen in einem erheblichen Umfang auch mit Fremdkapital getätigt, wobei dieses primär mit dem Cashflow der Zielunternehmen bedient wird. Da Finanzinvestoren i.d.R. keine Synergien realisieren können, stellt der Preis, den diese bei rationaler Preisgestaltung zu zahlen bereit sind, die Wertuntergrenze für das Zielunternehmen dar.

Eine Fusion, bei der zwei oder mehr Unternehmen mit oder ohne vorherigen Anteilserwerb wirtschaftlich verschmolzen werden, kann aus zwei maßgeblichen Gründen Sinn machen. Zunächst kann eine Verschmelzung als Abschluss eines Unternehmenskaufs notwendig sein, wobei rechtliche, organisatorische oder auch steuerliche Gründe dominieren. In rechtlicher und organisatorischer Hinsicht kann eine Fusion ein Teil des notwendigen Integrationsprozesses sein. Schließlich kann unter Umständen erst durch eine Verschmelzung die Nutzung eines Verlustvortrages der Zielgesellschaft oder auch die ergebnismindernde Schaffung von zusätzlichem Abschreibungspotenzial ermöglicht werden. Der zweite maßgebliche Grund für eine Verschmelzung ist die Möglichkeit, eine M&A-Transaktion als Fusion unter Gleichen (Merger of Equals) zu strukturieren. Hierbei schließen sich zwei Unternehmen, deren Wertrelation in etwa die gleiche ist, im gegenseitigen Einvernehmen zusammen, wobei im Gegensatz zu einem Unternehmenskauf meist keine Prämie an die Aktionäre bezahlt wird. Die potenziellen Vorteile eines derartigen Zusammenschlusses – im Vergleich zu einem Unternehmenskauf – sind vielfältig. So lassen sich auch sehr großvolumige Transaktionen, die als Unternehmensübernahmen meist nicht zu finanzieren wären, darstellen. Des Weiteren kommen Synergieeffekte allen Aktionären zugute, da keine Kontrollprämie gezahlt wird. Oft entsteht durch einen gleichberechtigten Zusammenschluss ein deutlich produktiveres Arbeitsumfeld, als im Rahmen einer Übernahme. Schließlich lässt sich ein Merger of Equals beim Vorliegen bestimmter Größen-, Wert- und Eigentumsverhältnisse nach der Pooling-of-Interests-(Interessenzusammenführungs-) Methode bilanzieren. Diese Bilanzierungsmethode bietet den Vorteil, dass durch die Verschmelzung kein zusätzlicher Goodwill entsteht und somit das Ergebnis belastende mögliche Abschreibungen eines zusätzlichen Goodwills vermieden werden.

III. Der Übernameprozess

Der Prozess einer Unternehmensübernahme lässt sich grob in drei Schritte einteilen, wobei die Definition der mit der Übernahme verfolgten Ziele zuerst erfolgen sollte. Nachdem ein Zielunternehmen, das der Übernahmestrategie entspricht, gefunden wurde, erfolgt die Bewertung des potenziellen Zielunternehmens sowie der prognostizierten Synergien. Dabei stellen das *Multiplikator-Verfahren*, das den Wert der Zielgesellschaft auf Basis vergleichbarer börsennotierter Unternehmen (Handelsmultiplikatoren) oder aus ähnlichen Transaktionen (Transaktionsmultiplikatoren) ermittelt, neben der *Discounted-Cashflow-Methode*, die den Unternehmenswert durch Diskontieren zukünftig erwarteter Cashflows berechnet, zwei gängige Bewertungsansätze dar. Im Anschluss an die Bewertung erfolgen die Festlegung des Kaufpreises, die Art des Anteilserwerbs, die Zahlungsweise sowie die Bereitstellung der notwenigen finanziellen Ressourcen. Eine Möglichkeit Unternehmensanteile zu erwerben, stellt der *Ankauf von Aktien über die Börse* dar, wobei diese Vorgehensweise wegen der Gefahr schnell steigender Kurse und der damit verbundenen erheblichen Verteuerung der Transaktion eher seltener vorkommt. In diesem Zusammenhang ist auch zu beachten, dass der kontinuierliche Erwerb von Stimmrechten über die Börse zum Überschreiten bestimmter Meldeschwellen führen kann, wodurch eine Stimmrechtsmitteilung nach § 21 WpHG ausgelöst wird. Bei einem *öffentlichen Übernahmeangebot* (Tender Offer) wird eine große Zahl von Aktionären der Zielgesellschaft gleichzeitig aufgefordert, ihre Anteile innerhalb einer bestimmten Frist zu einem festgelegten Preis zu verkaufen. Letztlich besteht auch die Möglichkeit, ein *großes Aktienpaket von einem Großinvestor* (Paketkauf) zu erwerben. Hinsichtlich der Zahlungsweise wird allgemein zwischen dem Erwerb von Anteilsscheinen gegen Bargeld (Cash Offer) und dem Tausch von Aktien des Zielunternehmens gegen Aktien des Käufers (stock swap) unterschieden, wobei in der Praxis häufig eine Mischform aus Aktientausch und Barangebot Anwendung findet. Dabei stammen die für ein Barangebot notwendigen liquiden Mittel vielfach aus thesaurierten Gewinnen oder Kapitalerhöhungen des Bieterunternehmens oder aus Fremdkapital.

IV. Freundliche und feindliche Übernahmen sowie mögliche Abwehrmechanismen

M&A-Transaktionen finden auf dem Markt für Unternehmenskontrolle statt, der durch Angebot und Nachfrage hinsichtlich unternehmerischer Verantwortung konstituiert wird. Aufgrund der Trennung von Eigentum und Verfügungsgewalt können Probleme im Hinblick auf die Verwendung, der von den Aktionären bereitgestellten und den vom Unternehmen erwirtschafteten finanziellen Ressourcen, resultieren (Prinzipal-Agenten-Konflikt). Der Markt für Unternehmenskontrolle spielt hierbei eine wichtige Rolle in der Disziplinierung des Managements. Bei der Übernahme ist zwischen einer freundlichen und unfreundlichen (feindlichen) Übernahme zu unterschieden, je nachdem ob die Transaktion im Einvernehmen mit dem Management des Zielunternehmens realisiert wird oder nicht. Bei einer beabsichtigten unfreundlichen Übernahme (Hostile Takeover) „bekämpft" das Management des Zielunternehmens diese in aller Regel mit allen zur Verfügung stehenden Mitteln. Da die meisten Übernahmeversuche ihre Begründung in einer bestehenden Unterbewertung der Zielgesellschaft am Kapitalmarkt haben, ist die wirkungsvollste Abwehrmaßnahme eine nachhaltige unternehmenswertsteigernde Geschäftspolitik und deren Kommunikation. Allgemein lassen sich Abwehrmöglichkeiten in zwei Kategorien einteilen. Zum einen in *firmenspezifische* Maßnahmen, die wiederum in präventive und reaktive Schritte unterteilt werden können, sowie in *staatliche* Abwehrmechanismen, die auf den zuvor genannten gesetzlichen Bestimmungen beruhen. Der zentrale Gedanke aller Abwehrmechanismen liegt jeweils in der Verringerung der Attraktivität des Zielunternehmens aus Sicht des Bieters. Mögliche firmenspezifische, präventive Maßnahmen zur Abwehr feindlicher Übernahmen bestehen dabei in der starken Erhöhung des Kaufpreises durch bedingte Rechtsgeschäfte, wie bspw. durch „Giftpillen" (Poison Pills) oder „goldenen Fallschirm" (Golden Parachutes). Während ein goldener Fallschirm häufig eine Sonderzahlung für das Management im Falle einer Übernahme bezeichnet, können Giftpillen den Aktionären des Zielunternehmens besondere Rechte, wie z. B. den Erwerb von Aktien des Käuferunternehmens zu einem Vorzugspreis oder der Teilnahme an einer Kapitalerhöhung unter Ausschluss des Bieters, einräumen. In den beiden hier dargestellten Fällen versucht das Zielunternehmen mithilfe der Giftpillen den eigenen Marktwert relativ zum Bieter zu erhöhen, um damit die Transaktion für den Kaufinteressenten teurer werden zu lassen. Andere präventive Abwehrmechanismen zielen darauf ab, die Kontrollübernahme zu verhindern (vinkulierte Namensaktien, Höchststimmrechte, Staggered Boards) oder eine spätere Umstrukturierung des Zielunternehmens zu behindern (Asset Lockups). Ferner können beim Vorliegen eines konkreten Übernahmeangebotes reaktive Ad-hoc-Abwehrstrategien angewandt werden, die wiederum darauf abzielen, den Unternehmenswert relativ zum Bieter zu steigern. Solche Maßnahmen umfassen bspw. eigene Akquisitionen des Zielunternehmens, die Veräußerungen von für den potenziellen Käufer besonders attraktiven Unternehmensteilen (Crown Juwels), der Unterbreitung eines feindlichen Gegenangebots des Zielunternehmens zur Übernahme des Käufers (Pac Man), gerichtliche Verfahren zur Verzögerung des Übernahmeverfahrens oder die Suche nach einem alternativen, freundlich gesonnenen Käufer (White Knight). Allerdings ist zu berücksichtigen, dass nicht alle aufgezählten Maßnahmen mit dem jeweils geltenden Übernahmerecht in Einklang stehen. Auch gilt es zu bedenken, dass aus Sicht der Corporate Governance Mechanismen zur Abwehr feindlicher Übernahmen als wertmindernd einzustufen sind, da sie disziplinierende Übernahmen behindern. Unterstützt wird diese Sichtweise auch durch die negativen Ankündigungseffekte, die im Zusammenhang mit der Implementierung eines Abwehrmechanismus zu beobachten sind.

Merit Goods → meritorische Güter.

Merit-Order Effekt – Die Merit-Order ist die Einsatzreihenfolge der Kraftwerke, die durch die → variablen Kosten der Stromerzeugung bestimmt wird. Dabei werden zuerst die günstigsten Kraftwerke zur Deckung der Nachfrage aufgeschaltet, das letzte Kraftwerk mit den höchsten Grenzkosten, das zur Deckung der Nachfrage benötigt wird, bestimmt den Preis. – Der Merit-Order Effekt ist die Verdrängung teuer produzierender Kraftwerke durch den Markteintritt eines Kraftwerks mit geringeren variablen Kosten. Dieser Effekt ist v.a. bei Erneuerbaren Energien mit Grenzkosten nahe null zu beobachten. Bspw. sind die Großhandelsstrompreise in Zeiten hoher Wind- oder PV-Einspeisung (auch empirisch) niedriger als in Zeiten geringer Einspeisung. Die Höhe des Effektes hängt neben der Höhe der Einspeisung auch von der Stromnachfrage und der Steigung der Merit-Order-Kurve ab, die von den Technologien und Brennstoffpreisen beeinflusst wird.

meritorische Güter – *Merit Goods.* 1. *Begriff:* Auf Musgrave zurückgehender Begriff für grundsätzlich private Güter, deren Bereitstellung durch den Staat damit gerechtfertigt wird, dass aufgrund verzerrter Präferenzen der Bürger/Konsumenten deren am Markt geäußerte Nachfragewünsche zu einer nach Art und Umfang – gemessen am gesellschaftlich wünschenswerten Versorgungsgrad (Merit

Wants) – suboptimalen Allokation dieser Güter führen. – *Beispiele:* Ausbildung, Gesundheits-, Kulturwesen. – 2. Derart legitimierte Eingriffe des Staates in die individuellen Präferenzen sind *umstritten* (Legitimationsproblematik), verletzen sie doch den Grundsatz des → methodologischen Individualismus. Häufig werden Eingriffe dieser Art auch mit externen Effekten, also einer Abweichung zwischen privaten und gesellschaftlichen Nutzen bzw. Kosten begründet. – *Gegensatz:* demeritorische Güter.

Merit Wants → meritorische Güter.

merkantiler Minderwert – Minderwert eines Kraftfahrzeugs, der nach dem Unfall trotz ordnungsgemäßer Instandsetzung deshalb verbleibt, weil wegen des Verdachts verborgener Schäden beim späteren Verkauf ein geringerer Preis gezahlt werden wird. Als Unfallschaden ist ggf. auch der merkantile Minderwert zu ersetzen; und zwar auch dann, wenn der Geschädigte das Kraftfahrzeug nicht verkauft, sondern selbst weiterbenutzt.

Merkantilismus – 1. *Begriff:* Sammelbegriff für die vom 16. bis 18. Jh. durch → Interventionismus und → Dirigismus gekennzeichneten wirtschaftspolitischen Eingriffe des Staates in den Wirtschaftsprozess. Diese praktisch-politischen Ansätze mit dem Ziel der Steigerung der nationalen Wirtschafts- und Handelskraft basieren auf keiner (da zu dieser Zeit noch nicht ausformulierten) in sich geschlossenen wirtschaftstheoretischen und -politischen Konzeption. Die merkantilistische Literatur erscheint daher als Sammlung punktueller, jeweils problembezogener Ideen und Rezepte. – 2. *Ziele/Mittel:* Merkantilistische Wirtschaftspolitik unterscheidet sich von Land zu Land.a) *Französischer Merkantilismus* (u.a. Sully, v.a. Colbert; → Colbertismus): Gekennzeichnet durch intensive Förderung der gewerblichen Wirtschaft unter Vernachlässigung der Landwirtschaft; Mittel sind u.a. Schaffung eines einheitlichen Zoll- und Marktgebiets, straffe Zentralisierung der politischen und wirtschaftlichen Entscheidungskompetenzen, Steuerreform zur Sanierung der Staatsfinanzen unter Ludwig XIV., Schaffung einer gewerbefördernden Infrastruktur und staatlicher Manufakturen, Anwendung von Preistaxen und Produktionsvorschriften und Ausfuhrverbot für Nahrungsgüter (das inländische Angebot soll hierdurch steigen mit der Folge fallender Preise und dadurch sinkender Löhne, um die Lohnkosten der Güterproduktion zu verringern). – b) *Englischer Merkantilismus* („Bullionismus“, Bullion = Goldbarren; Vertreter: U.a. Malynes, Misselden, Hales): Schwerpunktmäßige Förderung des Außenhandels mit dem Ziel einer permanent aktiven → Handelsbilanz. Zugrunde liegt die Annahme, dass die durch Außenhandelsüberschüsse anwachsenden Edelmetallreserven gleichbedeutend mit nationalem Wohlstand sind. Das wirtschaftspolitische Mittel ist ein ausgeprägter *Handelsprotektionismus* u.a. durch die Beschränkung des Imports auf Rohprodukte, Förderung des Exports von Fertigwaren, Exportverbote für Edelmetalle, Devisenbewirtschaftung und Importzölle. Zur Erreichung einer aktiven Dienstleistungsbilanz und aus Kontrollzwecken wird vorgeschrieben, dass der Transport aller im- bzw. exportierten Waren durch engl. Schiffe zu erfolgen hat (Navigationsakte von 1651). – c) *Deutscher Merkantilismus* („Kameralismus“; Vertreter: U.a. Klock, Becher, Seckendorf, Sonnenfels, Justi): Ziel ist die Mehrung des fürstlichen Schatzes („camera principi“) und das Wiederanwachsen der Bevölkerung nach dem 30-jährigen Krieg („Peuplierung“), da angenommen wird, dass der Reichtum eines Landes von der Bevölkerungszahl und der Größe des Staatsschatzes abhängt. Während die praktische Wirtschaftspolitik des Kameralismus der des französischen Merkantilismus gleicht, werden daneben verwaltungstechnische Verfahrensgrundsätze (kameralistische Rechnungsführung) aufgestellt und systematisiert, die einen bleibenden Einfluss auf die dt. Finanzwirtschaft erlangt haben. – Vgl. auch → Neomerkantilismus; – *Gegenteil:* → Liberalismus; → Laissez-Faire-Liberalismus; → Klassischer Liberalismus.

Merkmal – *statistische Variable, Untersuchungsmerkmal, Untersuchungsvariable, Erhebungsmerkmal;* in der Statistik Bezeichnung für eine an den Elementen einer → Gesamtheit interessierende Eigenschaft, die in individuell unterschiedlichen Varianten (→ Ausprägung) auftritt. – *Beispiele:* Alter, Geschlecht, Einkommen bei einer Personengesamtheit. – Zu *unterscheiden:* → qualitatives Merkmal, → quantitatives Merkmal.

Merkmalsausprägung → Ausprägung.

Merkmalsbesteuerung – Besteuerung der äußeren Merkmale des Steuerobjekts. – Vorteil: Eindringen in persönliche Verhältnisse wird vermieden. – *Nachteil:* ungenaue Erfassung des Objekts. – Vgl. auch → Objektbesteuerung, → Ertragsbesteuerung.

Merkmalsträger – *Element einer Gesamtheit;* in der Statistik Bezeichnung für eine → Untersuchungseinheit, an der bestimmte → Ausprägungen interessierender → Merkmale beobachtet werden.

Merkmalstransformation → Variablentransformation.

Merkposten – in der Bilanz als → Erinnerungswert (1 Euro) erscheinende Position auf der Aktiv- oder Passivseite.

Merkpostenmethode – 1. *Begriff:* Eine Methode zur buchhalterischen Behandlung von stillen Reserven, die vor allem in solchen Wirtschaftsgütern, die über die Grenze in einen ausländischen Staat verbracht werden (→ Verbringung), im Zeitpunkt des Ausscheidens aus der dt. Steuerhoheit vorhanden sind. – 2. *Systematische Hintergründe:* Nach den Grundregeln des Internationalen Steuerrechts können Veräußerungsgewinne (und damit auch stille Reserven) aus Wirtschaftsgütern dann nicht in Deutschland besteuert werden, wenn die Wirtschaftsgüter zu einer ausländischen Betriebsstätte gehören und Deutschland – was der Regelfall ist – mit diesem anderen Land ein → Doppelbesteuerungsabkommen (DBA) geschlossen hat (→ Betriebsstättenprinzip, → Freistellungsmethode). Somit können stille Reserven in einem Wirtschaftsgut, die sich in Deutschland gebildet haben, nur so lange besteuert werden, wie sich dieses Wirtschaftsgut hier befindet; aus diesem Grund ordnet das Gesetz an, dass vorhandene stille Reserven unmittelbar vor dem Ausscheiden aus der dt. Steuerhoheit festzustellen und zu versteuern sind (§ 4 I Satz 3 EStG; fiktive Entnahme). Jedoch führt das dazu, dass das betroffenen Unternehmen Gewinne (die stillen Reserven) versteuern müsste, obwohl noch gar keine entsprechende Liquidität zugeflossen ist. Es besteht daher wirtschaftlich ein Bedarf, die Versteuerung der stillen Reserven zeitlich in die Zukunft zu verschieben. Die Merkpostenmethode ist das Instrument hierzu. – 3. *Funktionsweise*: a) *Grundprinzip*: Nach der grundsätzlichen Idee der Merkpostenmethode werden stillen Reserven in dem Wirtschaftsgut bei der Verbringung ins Ausland zwar aufgedeckt (steuerliche Zuschreibung des Buchwertes auf den aktuellen gemeinen Wert), der daraus resultierende Gewinn aber neutralisiert durch Bildung eines Passivpostens in gleicher Höhe („Ausgleichsposten", „Merkposten", quasi eine steuerfreie Rücklage; der durch die Einbuchung des Passivpostens entstehende Aufwand kompensiert den Ertrag aus der Aufdeckung der stillen Reserven). Dieser Passivposten wird dann allmählich so aufgelöst, wie sich die stillen Reserven tatsächlich realisieren – sei es durch tatsächlichen Verkauf, sei es durch Mehrabschreibungen im Ausland (wo man das Wirtschaftsgut bei Einlage in die dortige Betriebsstätte üblicherweise mit dem aktuellen Wert ansetzen kann und daher mehr abschreiben kann, als man es bei einem Verbleib hier in Deutschland getan haben könnte). Auf diese Art und Weise werden die stillen Reserven zwar für Deutschland gesichert, zugleich aber eine unverhältnismäßige Mehrbelastung des Unternehmens durch Liquiditätsnachteile vermieden. – b) *Regelung in Deutschland*: Seit 2007 ist die Merkpostenmethode gesetzlich geregelt in § 4g EStG, der zahlreiche vereinfachende Vorgaben für ihre Durchführung enthält. So darf bei der Auflösung des Merkpostens nur von einer maximalen Restnutzungsdauer von 5 Jahren ausgegangen werden (zu jedem Bilanzstichtag müssen mind. 20 Prozent des Postens aufgelöst werden), der Merkposten darf überhaupt nur bei Verbringung von Wirtschaftsgütern innerhalb der EU gebildet werden, und es bedarf zu seiner Bildung eines unverzüglichen Antrags an die Finanzbehörden. – 4. *Würdigung*: Da mit jeder anteiligen Auflösung des Passivpostens (Merkpostens) buchhalterisch Ertrag entsteht, ist die Merkpostenmethode nichts anderes als eine steuerfreie Rücklage, die es ermöglicht, die steuerliche Realisation aufgedeckter stiller Reserven technisch über mehrere Jahre zu verteilen und dadurch Steuerstundungseffekte zu nutzen. – 5. Im *Handelsrecht* stellt sich die Frage nach der Zulässigkeit der Merkpostenmethode nicht, weil es handelsrechtlich bei einer Verbringung

Messe-Typologie

Themenbezug / Räumlicher Bezug		Universalmessen (Mehrbranchenmessen)	Fachmessen		
			branchenorientierte Messen	funktionsorientierte Messen	themenbezogene Messen
räumlicher Bedeutungsumfang	regionale Messen				
	nationale Messen				
	internationale Messen				
Standort der Messe	Inlandsmessen				
	Auslandsmessen				
räumliche Mobilität	stationäre Messen				
	mobile Messen				

eines Gegenstands oder eines Rechts von einer inländischen Betriebsstätte in eine ausländische Betriebsstätte desselben Rechtsträgers gar keine Aufdeckung der stillen Reserven geben darf (kein Umsatzakt, kein sonstiger Realisationstatbestand). Die Merkpostenmethode ist also ein rein steuerliches Phänomen.

Merton – Robert Carhart, geb. 1944, amerik. Ökonom, der an der Harvard University lehrt; → Nobelpreis für Wirtschaftswissenschaften 1997 (zusammen mit → Scholes). Merton hat das von Black und Scholes entwickelte Grundmodell für die Ermittlung des Marktwertes von Derivaten variiert und erweitert, sodass es auf eine Vielzahl von → Finanzinvestitionen anwendbar ist.

Messbarkeit → Operationalisierbarkeit.

Messe – 1. *Begriff:* Veranstaltung mit Marktcharakter, die ein umfassendes Angebot mehrerer Wirtschaftszweige oder eines Wirtschaftszweiges bietet; i.Allg. in regelmäßigem Turnus einmal oder mehrmals am gleichen Ort. Verkauf aufgrund ausgestellter Muster für den Wiederverkauf oder für gewerbliche Verwendung. Abgrenzung zur → Ausstellung fließend. – 2. *Gliederung* der Messe *(Messe-Typologie)* nach unterschiedlichen Gesichtspunkten (vgl. Abbildung „Messe-Typologie"), u.a. nach Themenbezug. – 3. *Durchführung:* Messen werden i.d.R. durch → Messegesellschaften organisiert. – 4. Hinsichtlich einer *Messebeteiligung* stellt sich die Frage nach dem für die Präsentation der Leistungen des Unternehmens auf dem Hintergrund der Marketing- und Verkaufsförderungsziele günstigsten Messeumfeld sowie nach der Erreichbarkeit potenzieller Zielgruppen durch einen Messetyp bzw. eine konkrete Messe. Relevant sind außerdem Verbundeffekte mit anderen Instrumenten wie Kongresse, Symposien oder Tagungen. Wesentlich für das Gelingen einer Messe ist eine mit der → Marketingpolitik abgestimmte Vorbereitung und eine entsprechende Nachbereitung der Messe.

Messegesellschaft → öffentliches Unternehmen zur Organisation und Durchführung von → Messen. Rechtsform i.d.R. GmbH. – *Ziele:* Die Messegesellschaften verfolgen gesamt-, regionalwirtschaftliche und kommunale Ziele; betriebliche Ziele der Messegesellschaften beinhalten Leistungsziele (Aussteller- und Besucherzahlen), finanzielle Ziele (Gewinnerzielung, Umsatzvergrößerung) oder Wettbewerbsziele (Erhöhung der Auslandsbeteiligung).

Messegut → Ausstellungsgut.

Messgröße → Messzahl.

Messhandel → Markthandel.

Messniveau → Skalenniveau.

Messung – in der Statistik der Vorgang der Zuordnung von → Ausprägungen eines → Merkmals zu den Elementen einer → Gesamtheit nach Maßgabe der für das Merkmal eingeführten → Skala. Messung bezieht sich, anders als im täglichen Sprachgebrauch, auch auf → qualitative Merkmale.

Messzahl – *Messgröße;* in der Statistik eine → Verhältniszahl, bei der Zähler- und Nennergröße gleichartig und gleichgeordnet sind. Eine Messzahl liegt v.a. vor, wenn sich Zähler- und Nennergröße nur durch verschiedene Zeitbezüge unterscheiden, z.B.

$$\frac{\text{Preis am 2.1. 2004}}{\text{Preis am 2.1. 2003}} \text{ (Preismesszahl)}$$

und

$$\frac{\text{Umsatz 2004}}{\text{Umsatz 2003}} \text{ (Umsatzmesszahl).}$$

Messzahlen sind eine der Grundlagen von → Indexzahlen.

Metaconsulting – *„Beratung über Beratung";* Beratungsdienstleistung, die das Management der Berater und Beratungsprojekte in einem Unternehmen selbst zum Gegenstand hat. Zu den Aufgaben der Metaberater zählen die Analyse des Beratungsbedarfes, die Definition passender Beratungsprojekte, deren Ausschreibung, die Auswahl der am besten geeigneten Berater und die Begleitung der Projekte. Der Metaberater unterstützt v.a. solche Unternehmen, die bislang wenig Erfahrung mit Unternehmensberatung haben. Daher benötigt der Metaberater umfangreiche eigene Erfahrung im → Consulting, um seine Kunden optimal unterstützen zu können. Zum Aufgabenbereich des Metaconsultings zählt mit der Definition geeigneter Beratungsprojekte und deren Betreuung in der Durchführung auch das Multiprojektmanagement, das sich mit dem Management eines ganzen Projektportfolios befasst.

Metaentscheidung – Entscheidung über die Bedingungen, unter denen die → Objektentscheidungen in den einzelnen Funktionsbereichen ablaufen. – *Beispiele:* Entscheidungen über Unternehmensziele, Organisationsstrukturen, Informationssysteme, Rechtsform, Standort. – In der → entscheidungsorientierten Betriebswirtschaftslehre werden Metaentscheidungen auch als *konstitutive Entscheidungen* bezeichnet.

Metaethik → Ethik.

Metageschäft – Geschäft zwischen zwei Partnern, bei dem Gewinn und Verlust geteilt (→ Gelegenheitsgeschäft) werden. Die Beteiligten heißen *Metisten.* Sie werden im eigenen Namen, aber für Rechnung der Meta tätig. Die Funktionen der Partner sind i.d.R. unterschiedlich. – *Umsatzsteuerpflichtig* sind bei der Warenmeta-Verbindung die Innengeschäfte zwischen den Metisten mit dem Einkaufspreis und der Hälfte des erzielten Gewinns.

Metaheuristik – Von einem konkreten Problem unabhängige → Heuristik; bekannt sind v.a. lokale Suchalgorithmen wie Tabu Search, Simulated Annealing oder genetische bzw. evolutionäre Algorithmen. Die Idee ist häufig, zu einer aktuell bekannten Lösung eines Optimierungsproblems sog. *Nachbarn,* d.h. auf eine wohldefinierte Weite *ähnliche* Lösungen zu betrachten, diese bzgl. der Zielfunktion zu bewerten und einen oder mehrere bessere Nachbarn als neue aktuelle Lösungen zu betrachten. Um dabei lokalen Optima zu entkommen, lässt man in manchen Varianten auch Verschlechterungen des Zielfunktionswert zu.

Metakredit → Konsortialkredit; Kreditgeschäft, das von zwei oder mehr Kreditinstituten (Metisten) gemeinsam (konsortialiter) abgewickelt wird. Die Anteile, die die einzelnen Metisten zeichnen, müssen nicht gleich hoch sein. Gewinne und Verluste bzw. Aufwendungen und Erträge aus dem Metakredit werden entsprechend der Anteile auf die Partner verteilt. Wird der Schuldner darüber informiert, dass die Kreditinstitute das Kreditgeschäft gemeinschaftlich abwickeln, spricht man von einem offenen Metakredit. Tritt dagegen nur das konsortialführende Kreditinstitut dem Schuldner gegenüber in Erscheinung, handelt es sich um einen verdeckten Metakredit.

Metalldeckung – Deckung der umlaufenden Banknoten (→ Deckung) durch Edelmetall seitens der Notenbank. Der Nennwert der Noten kann voll oder teilweise gedeckt sein.

Metallgeld → Münzen.

Metallkonten – nach Einführung der Umsatzsteuer (Mehrwertsteuer) auf den Handel mit Barren- und Münzgold von den Kreditinstituten im Edelmetall-Handel geübtes Abrechnungsverfahren. Der Käufer von Gold (Silber) erhält von seiner Bank lediglich eine Gutschrift in Höhe des Werts des erworbenen Edelmetalls. Das Metall selbst bleibt physisch in einem „goldsteuerfreien" Land, z.B. Luxemburg. Verkauft der Kunde, dann wird die verkaufte Menge lediglich von dem Metallkonten abgebucht. Für den Handel auf Metallkonten entfällt die Umsatzsteuer. Edelmetalle können in Metallkonten sowohl in Sammel- als auch Einzelverwahrung gelagert werden.

Metallwährung → Währungssystem.

Metaplanung (MP) – 1. *Begriff*: Planung, die sich nicht auf inhaltliche Ziele, Strategien etc. bezieht, sondern die Gestaltung der Planung bzw. des Planungs- und Kontrollsystems selbst zum Gegenstand hat. – 2. *Merkmale:* Damit kann das Planungs- und Kontrollsystem effizienter gestaltet werden; es kann aber auch überprüft werden, ob die Existenz eines solchen Systems überhaupt eine ökonomische Lösung darstellt. Sie stellt somit auch ein wichtiges Hilfsmittel der Organisation der Planung dar (→ Unternehmensplanung).

Meta-Projektmanagement → Multiprojektmanagement.

Metatheorie → Methodologie.

Metawissen – „Wissen über Wissen"; bei → wissensbasierten Systemen das Wissen über das Vorhandensein und die Anwendbarkeit des in der → Wissensbasis gespeicherten Wissens.

Methode – Begriff aus der Objektorientierung, der eine → Prozedur oder → Funktion bezeichnet.

Methodenbank – *Methodendatenbank.* 1. *Begriff:* computergestützte Sammlung von Methoden zur Lösung betriebswirtschaftlicher, mathematischer, ökonometrischer oder statistischer Probleme. Die Methoden können auf Modelle angewendet werden, die in einer → Modellbank gespeichert sind. – 2. Typische *Verfahren,* die eine Methodenbank zur Verfügung stellt, sind u.a. → lineare Optimierung, → Simulation oder → Zeitreihenanalyse. – 3. *Anwendungen:* z.B. in der → computergestützten Unternehmensplanung, → Produktionsprogrammplanung, → Statistik, → Ökonometrie.

Methodendatenbank → Methodenbank.

Methodenkompetenz – Fähigkeit zur Anwendung von Arbeitstechniken, Verfahrensweisen und Lernstrategien. Methodenkompetenz beinhaltet die Fähigkeit, Informationen zu beschaffen, zu strukturieren, wiederzuverwerten, darzustellen, Ergebnisse von Verarbeitungsprozessen richtig zu interpretieren und sie geeignet zu präsentieren. Ferner gehört dazu die Fähigkeit zur Anwendung von Problemlösungstechniken und zur Gestaltung von Problemlösungsprozessen. Neben → Fachkompetenz und → Sozialkompetenz Teil einer umfassenden → Handlungskompetenz. Gewinnt v.a. im Zusammenhang mit neuen Formen der Arbeitsstrukturierung (Jobenrichment, → teilautonome Arbeitsgruppe) wachsende Bedeutung.

Methodenstreit – I. Volkswirtschaftslehre: 1. *Älterer Methodenstreit:* Zwischen → Schmoller und → Menger geführte heftige wissenschaftliche Kontroverse über die Berechtigung und Notwendigkeit theoretischer Forschung. Schmoller als Vertreter der jüngeren → historischen Schule vertrat die historische Methode (→ Induktion), Menger die theoretische Forschung (→ Deduktion). Menger unterschied zwischen Wissenschaften, die das Individuelle, und solchen, die das Generelle erklären sollen. Die historische Methode sei nur im ersten Fall, die theoretische Methode nur im zweiten Fall anzuwenden. Die Ansicht Mengers setzte sich nach dem Ersten Weltkrieg zunehmend auch auf dem Kontinent durch. – 2. *Jüngerer Methodenstreit (Werturteilsstreit):* Zwischen → Weber und → Sombart als Hauptvertreter (daneben → Diehl, Wolf, Weber) der einen Richtung und Wagner, Philippsberg und Schmoller (daneben Herkner und Hesse) als Hauptvertreter der anderen Richtung ausgetragene wissenschaftliche Kontroverse über die Zulässigkeit von → Werturteilen in den Sozialwissenschaften, bes. der Wirtschafts- und Sozialpolitik. Weber und Sombart vertraten den Standpunkt, Werturteile seien nicht wissenschaftlich beweisbar; mit objektiver Wissenschaft deshalb unvereinbar. Demgegenüber wandten Philippsberg, Schmoller und ihre Anhänger ein, dass der Verzicht auf Werturteile den Verzicht auf Wirtschafts- und

Sozialpolitik als Wissenschaft bedeute. Weber und Sombart behielten im Wesentlichen recht.

II. Betriebswirtschaftslehre: 1. *Erster Methodenstreit,* ausgelöst von den Nationalökonomen Weyermann und Schönitz (Grundlegung und Systematik einer wissenschaftlichen Privatwirtschaftslehre und ihre Pflege an Universitäten und Fachhochschulen, Karlsruhe 1912); suchten die BWL in Form einer *Lehre von der kapitalistischen Privatunternehmung* als festen Bestandteil der Nationalökonomie zu konzipieren. V.a. Schmalenbach hielt dem seine Auffassung von der BWL als *technologisch orientierte Kunstlehre* entgegen, in deren Mittelpunkt der Wirtschaftlichkeitsaspekt stehen soll (Die Privatwirtschaftslehre als Kunstlehre, in: Zeitschrift für handelswissenschaftliche Forschung 1911/1912). – 2. *Zweiter Methodenstreit,* ausgelöst von Rieger (Einführung in die Privatwirtschaftslehre, Nürnberg 1927), richtete sich gegen Schmalenbachs Wirtschaftlichkeitslehre; plädierte für eine Orientierung am *Rentabilitätsaspekt,* der nach seiner Auffassung für die kapitalistische Unternehmung charakteristisch ist. – 3. *Dritter Methodenstreit,* entzündete sich am Werk Gutenbergs (Grundlagen der Betriebswirtschaftslehre, Band 1: Die Produktion, Berlin-Göttingen-Heidelberg 1951); neben inhaltlichen Aspekten über Geltung des → Ertragsgesetzes in der industriellen Produktion und den Verlauf von Kostenkurven wurde die Frage der Zweckmäßigkeit einer → mathematisch-deduktiven Methode oder einer → empirisch-induktiven Methode kontrovers diskutiert. – 4. Seit Beginn der 1970er-Jahre ist deutliche *Belebung der wissenschaftlichen Diskussion* festzustellen. Im Mittelpunkt stehen v.a. die Forderung nach empirischem Gehalt (→ Informationsgehalt) betriebswirtschaftlicher Aussagen, das Problem der Wertfreiheit in der Wissenschaft sowie Überlegungen zur Integration verschiedener sozial- und wirtschaftswissenschaftlicher Einzeldisziplinen (→ Betriebswirtschaftslehre (BWL)).

methodische Frage – Frage in einer → Befragung, die nicht der Ergebnisermittlung dient, sondern die Zuverlässigkeit der Methode sicherstellt. Hierzu zählen z.B. die → Ablenkungsfragen.

Methodologie – *Wissenschaftstheorie, Metatheorie.* 1. *Aufgabe:* Jede Theorie beruht in ihrer Entstehung auf der Anwendung einer bestimmten Methode der Erkenntnisgewinnung. Dabei existieren unterschiedliche Methoden der Theoriegewinnung. Die Methodologie als Wissenschaft von der Wissenschaft systematisiert die Methodenvielfalt und versucht, eine allgemeingültige und verbindliche Methode zu entwickeln. – 2. *Systematische Gliederung:* a) Die *rationalistische Methodologie* stützt sich auf die Vernunft (Ratio) als Quelle der Erkenntnis. Rationalistische Theorien müssen widerspruchsfrei, präzise, berechenbar und beweisbar sein. Dementsprechend können sie nur durch logische → Deduktion aus vorgegebenen Definitionen und Ableitungsregeln (Axiome) gebildet und nur durch den Nachweis des Verstoßes gegen eine der logischen Ableitungsregeln widerlegt werden. – b) Die *empiristische Methodologie* reduziert alle theoretischen Aussagen auf empirisch erfassbare Tatbestände. Empiristische Theorien werden auf induktivem Wege (→ Induktion) gewonnen, indem durch Schlussfolgerungen aus Einzelbeobachtungen auf die Gesamtheit der Realität allgemeingültige Sätze gebildet werden. Diese Theoriensätze können, wenn sie objektiv überprüfbar sind, durch widersprechende Beobachtungen widerlegt werden. Bei subjektiven empiristischen Methodologien kann nur der Beobachter selbst seine Erkenntnisse revidieren (Phänomenologie) oder die Gültigkeit durch einen historischen Wandel aufgehoben werden (→ Hermeneutik). Im Rahmen der Deduktion geht es darum, aus Theorien und Hypothesen empirisch überprüfbare Aussagen zu bilden. Die → Deduktion kann als Umkehrung der Induktion angesehen werden, was im Rahmen verschiedener Methodenstreits in den Wirtschaftswissenschaften kontrovers erläutert worden ist. – c) Zu *synthetischen Methodologie* zählt z.B. die Hegelsche Methode der Dialektik. Die bedeutsamste synthetische Methodologie ist die Methode des → Kritischen Rationalismus, die eine Vereinigung von rational entwickelter Hypothese und empirischen Beobachtungssätzen anstrebt. – d) Eine Ergänzung der genannten Methodologien stellt die *pluralistische Methodologie* dar. Sie akzeptiert die Schwächen und Widersprüche aller Methodologien und propagiert deshalb die freie Wahl einer beliebigen Methode der Theoriegewinnung, ohne einer bestimmten Methodologie einen Anspruch auf Dominanz und alleinige Richtigkeit einzuräumen. – e) In neuerer Zeit werden verstärkt *konstruktivistische Methodologien* diskutiert. Danach werden Theorien nicht als (semantische) „Abbildungen" vorgegebener realer Strukturen verstanden, sondern als „erfundene" Konstrukte, die reale Phänomene beschreiben sollen. Ausgangspunkt jeder Theoriebildung ist nicht die Wirklichkeit, sondern das die jeweilige Theorie konstituierende *Problem* wie etwa das Problem der sozialen Ordnung. – 3. *Bedeutung:* Da es keine alleingültige Methodologie zur Theoriengewinnung gibt, kann mit beliebiger Wahl der Methodologien auch eine entsprechende Zahl von (teilweise sich widersprechenden) Theorien entwickelt werden. Damit wird die Möglichkeit der Dogmatik und Schulenbildung im Wissenschaftsbetrieb eröffnet und die Grenze zwischen Theorie und Ideologie verwischt. Daraus folgt das *Problem der Akzeptanz* von Theorien, in Verbindung mit dem Problem der Abgrenzung derjenigen, deren Theorienakzeptanz bedeutsam ist. – Bei der *wirtschaftspolitischen Verwendung wissenschaftlicher Theorien* (→ allgemeine Wirtschaftspolitik) entsteht dadurch eine Verbindung zwischen dem Träger der Wirtschaftspolitik, der die Anwendung einer bestimmten Theorie akzeptiert, seiner Legitimierung zur Entscheidung darüber und der methodologischen Grundlage der Theorie, die sich letztlich auf das Problem der Auswahl einer bestimmten

Ideologie reduziert. Damit wird zum großen Teil erklärbar, warum kommunistisch-totalitäre Staaten die subjektivistisch entwickelte Marxistische Theorie als Grundlage ihrer Wirtschaftspolitik nehmen, während demokratische Staaten zur Anwendung von Theorien neigen, die aufgrund kritisch-rationaler Analysen gewonnen wurden. – Vgl. auch → methodologischer Individualismus, → methodologischer Kollektivismus, → Wissenschaftstheorie.

methodologischer Individualismus – I. Wissenschaftstheorie: 1. Forschungsleitende Idee, derzufolge die Grundbestandteile der sozialen Welt *Individuen* sind (→ Individualismus), sodass soziale Prozesse und Institutionen unter Rückgriff auf theoretische Aussagen über individuelles Verhalten bzw. Handeln erklärt werden müssen. – *Alternative zum methodologischen Individualismus:* → Methodologischer Kollektivismus (Holismus). – 2. *Lange Tradition*des methodologischen Individualismus innerhalb der Sozialwissenschaften; v.a. B. de Mandeville (1670–1733), → Smith (1723–90), Ferguson (1723–1816), → Bentham (1748–1832) und Mill (1773–1826). Eine (in ihren ideologischen Konsequenzen teilweise problematische) Weiterentwicklung stellt die *utilitaristische Gesellschaftstheorie* dar. Nach vorübergehender Stagnation ist gegenwärtig eine Renaissance der individualistischen Perspektive zu beobachten. – 3. Wegen des Rückgriffs auf Gesetzmäßigkeiten individuellen Verhaltens ist gelegentlich auch von einem *reduktionistischen Programm* bzw. von *Reduktionismus* (gelegentlich auch: *Psychologismus*) die Rede; unzutreffend ist der mögliche Eindruck, dass der methodologische Individualismus den gesellschaftlichen und institutionellen Bedingtheiten des Verhaltens nicht Rechnung tragen kann. – 4. Methodologischer Individualismus stellt ein konsequentes Programm zur *sozialwissenschaftlichen Integration*dar, wobei die Gemeinsamkeit der einzelnen Disziplinen in allg. Gesetzmäßigkeiten individuellen Verhaltens, ihre Besonderheiten in disziplinspezifischen Rahmenbedingungen (→ Erklärung) bestehen. Innerhalb der → verhaltenstheoretischen Betriebswirtschaftslehre wird diese Vorstellung konsequent ausgearbeitet.

II. Wirtschaftstheorie/Neue Politische Ökonomie: Das Verhalten von Gruppen leitet sich aus dem Zusammenwirken des jeweils selbstinteressierten Handelns der einzelnen Gruppenmitglieder ab. Die Gruppe (der Staat) wird also nicht als eine die Summe der Gruppenmitglieder übersteigende Größe mit eigenen Interessen und Handlungen (→ Kollektivismus) aufgefasst.

methodologischer Kollektivismus – *Holismus;* forschungsleitende These, die i.d.R. damit begründet wird, das Ganze (griech.: *holos*) sei mehr als die Summe seiner Teile (→ Kollektivismus). Spielarten des methodologischen Kollektivismus innerhalb der Sozialwissenschaften sind der → Marxismus und der → Funktionalismus. Ausgangspunkt der Analyse ist das soziale System, dem (v.a. vom Funktionalismus) ein allg. Überlebensziel zugeschrieben wird, im Gegensatz zum → methodologischen Individualismus.

Metist – Vertragspartner im → Metageschäft. – Vgl. auch → Metakredit.

Me-Too-Produkt – Imitation am Markt bereits vorhandener Produkte. Durch die Einsparung von Forschungs- und Entwicklungskosten sowie Marketing- und Markterschließungskosten lassen sich Wettbewerbsvorteile über niedrigere Preise aufbauen. Man orientiert sich bei der Produktgestaltung am Pionierprodukt. Der Pionier kann Hinweise auf Messen oder bei anderen Anlässen gegeben haben, die man bereits als Anhaltspunkte für die eigene Entwicklungsarbeit benutzt, um nicht zu viel Zeit zu verlieren. Verbreitet ist auch eine stärker abwartende Haltung, bei der der Folger den Markterfolg des Pionierproduktes abwartet, bevor er in den Markt eintritt. Das Produkt ist den Kunden dann bereits bekannt und die Gefahr des Scheiterns geringer. Je umfangreicher die Schutzmaßnahmen des Pioniers (Patente etc.), ausfallen, um so geringer sind die Einsparungen bei den Entwicklungskosten. Interessanter sind dann die ersparten Markterschließungskosten. Sie werden meist mit einem deutlich niedrigeren Preis erkauft.

Metra-Potenzial-Methode → MPM.

metrische Merkmale – Sammelbegriff für → Merkmale, die gemäß einer → Intervallskala oder → Verhältnisskala in → Ausprägungen zerlegt sind.

metrische Skala → Kardinalskala.

Metropole – *Hauptstadt;* wirtschaftliches, politisches und kulturelles → Zentrum eines Landes (→ Steuerungszentrale). V.a. zentralistisch strukturierte Staaten und viele → Entwicklungsländer weisen eine Metropole auf, die in Größe, Bedeutung und Reichweite ihrer Funktionalität allen anderen Großstädten überlegen ist (z.B. Paris, Lissabon, Athen, Wien, Kairo, Lagos, Teheran, Buenos Aires); dem Föderalismusprinzip folgende Bundesstaaten (z.B. Deutschland, Schweiz) verfügen über keine ausgeprägte Metropole. – Vgl. auch → Stadt.

Metropolregion – 1. *Begriff:* Überstädtisch-regionale Konzentration zentraler politischer und wirtschaftlicher Steuerungsfunktionen (→ Steuerungszentrale). Metropolregionen können mono- oder polyzentrisch sein; entscheidend ist ihre Funktionalität, denn je nach zu betrachtender Funktion ergeben sich unterschiedliche geografische bzw. funktionalräumliche Ausdehnungen. – 2. *Merkmale:* a) *Funktional-qualitative Merkmale:* Vergleichbar mit → Global Cities weisen Metropolregionen einen → Bedeutungsüberschuss auf; sie verfügen über einen bedeutenden Verkehrsknotenpunkt, eine hohe Bevölkerungsdichte und ein nationales Wirtschaftszentrum mit internationalen Verknüpfungen. Hinzu kommen Dienstleistungs- und Finanzstandort, Messe- und Medienstandort, ausgeprägte Forschungs- und Entwicklungsaktivitäten, eine international-kulturelle

Ausrichtung sowie die Konzentration wirtschaftlicher und politischer Entscheidungen. – b) *Strukturelle Merkmale:* Hierzu zählen ein politisch nicht organisiertes und nicht institutionalisiertes Akteurssystem, Formen der auf privatwirtschaftlichen Initiativen beruhenden kooperativen Zusammenarbeit zwischen politischen und wirtschaftlichen Entscheidungsträgern sowie das Interfacing zwischen internationalen, nationalen sowie regionalen ökonomischen und politischen → Netzwerken. – 3. *Funktionen:* Metropolregionen weisen drei wesentliche Funktionen auf: a) *Innovationsfunktion:* Angebot von Knowledge Intensive Business Services (KIBS) für Innovationen im Industrie- und Dienstleistungsbereich. – b) *Gateway-Funktion:* Schaffung von Knotenpunkten zwischen internationalen, nationalen sowie metropolitanen Transportnetzwerken, Räumen und Märkten. – c) *Regulationsfunktion:* Wirtschaftliche, politische und kulturelle Kapazität zur Kontrolle und Steuerung nationaler und internationaler politischer und ökonomischer Vorgänge.

Metzler-Paradoxon – Wenn ein Land als Importeur oder Exporteur auf dem → Weltmarkt von großer Bedeutung ist, dann wird die Einführung eines → Einfuhrzolles oder einer → Exportsubvention den → Weltmarktpreis des importierten Gutes verringern (→ Optimalzoll). Dieser Terms-of-Trade-Effekt (→ Terms of Trade) kann so stark und unerwünscht sein, dass sogar der zollinklusive Inlandspreis dieses Gutes sinkt. Man spricht vom *Metzler-Paradoxon*, benannt nach *Lloyd Metzler*, der 1949 diese theoretische Möglichkeit im Rahmen der Analyse mithilfe des → *Heckscher-Ohlin-Theorems* postuliet hat. Diese Situation wird in der realen Wirtschaft für wenig wahrscheinlich angesehen. – Vgl. auch → Stolper-Samuelson-Theorem, → Handelspolitik, → Heckscher-Ohlin-Theorem.

Mezzanine Debt – Mezzanine Debt ist eine Ausprägung des Mezzanine-Kapitals im Rahmen der → Mezzanine-Finanzierung, die mehr dem Fremdkapital als dem Eigenkapital nahe steht. Typische Instrumente zur Bereitstellung von Mezzanine Debt sind stille Beteiligungen, partiarische Darlehen, Gesellschafter-Darlehen, nachrangige Darlehen sowie Genussrechte und High Yield Bonds. Bei größeren Transaktionsvolumina wird Mezzanine Debt i.d.R. weiter in Junior Subordinated Debt und Senior Subordinated Debt unterteilt. Im Fall einer Liquidation wird Senior Subordinated Debt gegenüber Junior Subordinated Debt bevorzugt bedient.

Mezzanine-Finanzierung – *Mezzanine Financing.* 1. *Begriff:* Finanzierung mit Hybridkapital. Sie bezieht ihre Position zwischen dem stimmberechtigten Eigenkapital und dem erstrangigen Fremdkapital. Eine Mezzanine-Finanzierung enthält sowohl Eigenschaften der Eigen- wie auch der Fremdkapitalfinanzierung. Sie hat ihren Ursprung bei der Finanzierung von → Management Buyouts (MBO) und wird auch bei Wachstumskapitalfinanzierungen und zur Finanzierung von Akquisitionsstrategien eingesetzt. – 2. *Merkmale:* Der Begriff Mezzanine deutet darauf hin, dass es sich um eine Finanzierungsform handelt, die zwischen dem voll haftenden Eigenkapital und einem i.d.R. dinglich besicherten erstrangigen Darlehen steht. Zur Vergütung des damit verbundenen höheren Risikos partizipiert der Mezzanine-Geber häufig zusätzlich zu einer festen Verzinsung des Darlehens am Wertzuwachs des Unternehmens, z.B. mit einer Kaufoption auf einen definierten Anteil am Grundkapital des kreditnehmenden Unternehmens (Equity-Kicker). – 3. *Formen:* In der Praxis ist eine Vielzahl von Gestaltungen der Mezzanine-Finanzierung anzutreffen, die sich z.B. in der Form von typisch oder atypisch stillen Beteiligungen, Genussscheinen oder Wandel-/Optionsanleihen konkretisieren. Abhängig von der Form und der Ausgestaltung werden Mezzanine-Finanzierungsinstrumente bilanziell entweder dem Eigenkapital oder dem Fremdkapital zugerechnet. – 4. *Anbieter:* Inzwischen haben sich in Deutschland neben den spezialisierten Structured-Finance-Abteilungen der Großbanken auch bankenunabhängige Mezzanine-Geber etabliert, auf die v.a. im Rahmen komplexer Finanzierungen, z.B. bei der Durchführung von MBOs, zurückgegriffen wird.

MFN-Zollsatz → Drittlandszollsatz; engl. *Most Favoured Nations.* Nach dem Meistbegünstigungsprinzip der WTO (→ GATT) der anzuwendende → Vertragszollsatz.

MHA – Abk. für *Madrider Herkunftsabkommen*, → geografische Herkunftsangaben.

Micropayment – Zahlung von Kleinbeträgen im → E-Commerce. Aufgrund der geringen Beträge sind für die zugrunde liegenden Geschäfte Kreditkartenzahlungen wegen der hohen Transaktionskosten unwirtschaftlich. Daher wird der Zahlungsvorgang elektronisch durchgeführt. – Vgl. auch → Picopayment.

Microsite – kleine → Website, die von der eigentlichen Website des Informationsanbieters getrennt ist. Microsites dienen häufig zeitlich begrenzten Werbeaktionen für ein Produkt.

Middleman → Absatzmittler.

Middle Management – im angloamerikanischen Sprachgebrauch die mittlere Führungs- bzw. Leitungsebene in Unternehmungen und anderen Institutionen zwischen → Top Management und → Lower Management. Zu dem Middle Management zählen Betriebsleiter und Obermeister im Fertigungsbereich und Abteilungsleiter und Ressortchefs im kaufmännischen Sektor. Sie sind für einen Teilbereich des Unternehmens wie Fertigung, Rechnungswesen etc. verantwortlich. Mitglieder des Middle Management sind Mitarbeiter hierarchisch höherstehender Vorgesetzter und gleichzeitig Vorgesetzte der ihnen hierarchisch nachgeordneten Mitarbeiter und damit einem doppelten Erwartungsdruck ausgesetzt. – Im

Rahmen der Einführung schlanker Hierarchien und Lean Management, wonach ein Teil von Koordinationsaufgaben auf hierarchisch niedriger stehende oder auf → teilautonome Arbeitsgruppen übertragen werden soll, wird ihre bisherige Vorgesetztenposition grundlegend verändert.

Middleware – Softwareschicht, die Kommunikationsdienste für verteilte Anwendungen über Standardschnittstellen bereitstellt und damit eine → Integration der Anwendungen und ihrer Daten ermöglicht.

Middling – *Medium Quality;* Bezeichnung für mittlere Qualität im internationalen Rohstoffhandel (z.B. für Typenbezeichnung der Baumwolle). – *Anders:* → Fair Average Quality.

Midi-Job – 1. *Begriff:* Zwischen dem Segment der → Mini-Jobs und regulärer Teilzeitbeschäftigung führten die → Hartz-Gesetze im Jahr 2003 eine neue „Gleitzone" der sog. Midi-Jobs ein (für monatliche Einkommen oberhalb von 450 bis maximal 850 Euro). Während Mini- wie Midi-Jobber bis zur *Geringfügigkeitsgrenze* steuer- und sozialabgabenfrei verdienen durften, unterliegen die Einkommen bis 450 Euro seit dem 1.1.2013 standardmäßig der Rentenversicherungspflicht (→ gesetzliche Rentenversicherung (GRV)). Damit werden die Arbeitgeberbeiträge zur gesetzlichen Rentenversicherung (15 Prozent vom Lohn) durch die Arbeitnehmer mittels eines reduzierten Beitragssatzes von 3,9 Prozent auf den vollen Beitragssatz (18,9 Prozent) aufgestockt. Allerdings können die Mini-Jobber auch künftig auf ausdrücklichen Wunsch rentenversicherungsfrei bleiben („Opting-out-Klausel"). – In der *Gleitzone* zahlen die Arbeitnehmer ebenfalls vergleichsweise niedrige, allmählich aber auf das reguläre Niveau linear ansteigende Sozialversicherungsbeiträge; die Arbeitgeber hingegen entrichten die normalen Beiträge. – 2. *Ziele:* Die Ziele dieser Form der Lohnsubvention (→ Kombilohn-Modelle) bestehen in der Setzung von Anreizen zur Aufnahme bzw. Ausweitung einer Erwerbstätigkeit, in der Entschärfung der Problematik der Erwerbsarmut (Working Poor) sowie in der Vermeidung der sog. Niedriglohnfalle, die sich ergibt, wenn eine zusätzliche Erwerbstätigkeit infolge steigender Grenzsteuer- bzw. Grenzbeitragssätze nicht attraktiv ist. – 3. *Wirkungen:* Die quantitative Bedeutung der in Öffentlichkeit und Wissenschaft kaum beachteten Midi-Jobs bleibt zwar deutlich hinter der von Mini-Jobs zurück; sie verzeichnen aber sichtbare Steigerungen, d.h. konkret eine Verdoppelung innerhalb weniger Jahre (2003: ca. 600.000, 2010: ca. 1.3 Mio.). Attraktiv sind Midi-Jobs als „Hinzuverdienst", nicht als alleinige Einkommensquelle. – Vgl. auch → Arbeitsmarktpolitik, → Atypische Beschäftigung.

Mietbeihilfen → Wohngeld.

Miete – *Mietvertrag.*

I. Bürgerliches Recht: 1. *Begriff:* die vertragliche, zeitlich beschränkte Gewährung des Gebrauchs einer → Sache gegen Entgelt. Miete unterscheidet sich durch die Beschränkung auf den Gebrauch von der → Pacht (z.B. eines eingerichteten Geschäftes), die auch den Fruchtgenuss einschließt; durch die Entgeltlichkeit von der → Leihe. – *Rechtsgrundlagen:* §§ 535–580a BGB, die durch die → Mietrechtsreform grundlegend neugestaltet wurden. – 2. *Mietvertrag:* formfreier Abschluss entweder auf Zeit (→ Zeitmietvertrag) oder unbestimmte Zeit. – *Ausnahme:* Miete von Grundstücken sowie von Wohnungen oder anderen Räumen über ein Jahr bedarf der → Schriftform. Bei Verstoß gegen das Formerfordernis ist der Vertrag aber nicht unwirksam. Vielmehr gilt er dann für unbestimmte Zeit. Formularmietverträge müssen den Anforderungen des → Gesetzes über → Allgemeine Geschäftsbedingungen (AGB) genügen, was vielfach nicht der Fall ist. Beschränkung der → Vertragsfreiheit durch eine Reihe vertraglich nicht abdingbarer Mieterschutzregelungen bei Vermietung von Wohnraum (→ Mieterschutz), bes. zur Mietererhöhung. – 3. *Pflichten und Rechte des Vermieters:* Der Vermieter muss den Gebrauch der Mietsache gewähren und sie in gebrauchsfähigem Zustand erhalten, z.B. Reparaturen vornehmen, auch soweit sie durch vertragsmäßige Abnutzung erforderlich werden. Bei Vermietung gewerblicher Räume muss er i.d.R. nach Treu und Glauben auch Wettbewerb vom Mieter fernhalten. Der Vermieter eines Grundstücks erwirbt an den eingebrachten pfändbaren Sachen des Mieters ein → Vermieterpfandrecht. – 4. *Pflichten und Rechte des Mieters:* Der Mieter hat den Mietzins zu zahlen, der i.d.R. frei vereinbart werden kann; Zahlung am Schluss der Mietzeit, bei Bemessung nach Zeitabschnitten nach Ablauf der Zeitabschnitte, vertraglich aber meist im Voraus. Häufig Aufteilung in Grundmiete (Kaltmiete) und Nebenkosten, die vertraglich auf den Mieter umgelegt werden. – Vgl. auch → Betriebskosten. Mängel der Mietsache müssen dem Vermieter angezeigt werden. Kommt der Vermieter seiner Erhaltungspflicht nicht nach, kann der Mieter seine Rechte aus → Mängelhaftung geltend machen. Außerdem hat der Mieter alle Einwirkungen auf die Mietsache zu dulden, die zur Erhaltung der Mieträume oder des Gebäudes erforderlich sind; Maßnahmen zur Verbesserung soweit zumutbar. – Untervermietung bedarf der Erlaubnis des Vermieters. Der Mieter von Wohnraum hat aber ggf. einen Anspruch auf Untervermietung (§ 553 BGB). – 5. *Verkauf der Mietsache während des Mietverhältnisses:* Der Mieter beweglicher Sachen kann sich auf sein Recht zum Besitz auch gegenüber dem Erwerber berufen, bei Grundstücken tritt der Erwerber sogar kraft Gesetzes in das Mietverhältnis ein (Kauf bricht nicht Miete). Bei Verkauf von vermieteten Wohnräumen, an denen Wohnungseigentum begründet worden ist oder begründet werden soll, steht dem Mieter ein Vorkaufsrecht zu; näher § 577 BGB. Bei → Zwangsversteigerung und Verkauf durch → Insolvenzverwalter hat der Erwerber ein außerordentliches Kündigungsrecht, er bedarf aber eines berechtigten Interesses bei

Wohnraummiete (§§ 57 ZVG, 111 InsO). – 6. *Beendigung des Mietverhältnisses:* erfolgt durch Zeitablauf oder → Kündigung (→ Kündigungsfristen), soweit nicht Vorschriften über den → Mieterschutz entgegenstehen; der Mieter muss die Sache zurückgeben. Verjährung von Ersatzansprüchen des Vermieters wegen Veränderungen etc. und von Ansprüchen des Mieters auf Ersatz von Verwendungen oder auf Wegnahme in sechs Monaten seit Rückgabe der Sache bzw. Beendigung des Mietverhältnisses. Angehörige des Mieters treten bei seinem Tod in das Mietverhältnis über Wohnräume ein, soweit sie zum gemeinsamen Hausstand gehören.

II. Kostenrechnung/Bilanzierung: → Miet- und Pachtzinsen.

III. Steuerrecht: → Einkünfte, → Miet- und Pachtzinsen, → Vermietung und Verpachtung.

Mieten und Pachten → Miet- und Pachtzinsen.

Mieterhöhung – 1. *Allgemeines:* Die Regelungen über die Miethöhe bei Wohnraum (§§ 557–561 BGB) ermöglichen es dem Vermieter, als Ausgleich für die erschwerte Möglichkeit zur → Kündigung Mieterhöhung während eines laufenden Mietverhältnisses durchzusetzen. – 2. *Formen:* Die Mieterhöhung kann vertraglich ausgeschlossen werden. Neben einer *vertraglichen* Mieterhöhung, v.a. einer künftigen Erhöhungen durch → Staffelmiete und → Indexmiete, kann der Vermieter in folgenden gesetzlichen Fällen die Zustimmung des Mieters zur Mieterhöhung durch Erklärung in → Textform durchsetzen: a) *Ortsübliche Vergleichsmiete:* Die Miete ist seit 15 Monaten unverändert und liegt unter der ortsüblichen Vergleichsmiete, die anhand eines → Mietspiegels oder Mietdatenbank (§ 558e BGB) zu berechnen ist. Grundsätzlich ist die Mieterhöhung bis zur ortsüblichen Vergleichsmiete durch eine Kappungsgrenze von 20 Prozent in drei Jahren beschränkt. – b) → Modernisierungsmaßnahmen: Der Vermieter führt bauliche Maßnahmen durch, die (1) den Gebrauchswert der Mietsache bzw. die allg. Wohnverhältnisse nachhaltig verbessern, (2) nachhaltig Energie oder Wasser einsparen, oder (3) auf vom Vermieter unverschuldeten Umständen beruhen. Der jährliche Mietzins kann dann um 11 Prozent der für die Wohnung aufgewendeten Kosten erhöht werden (§ 559 BGB). – c) *Betriebskosten:* Erhöhungen der Betriebskosten kann der Vermieter anteilig auf den Mieter umlegen, soweit dies im Mietvertrag vereinbart wurde.

Mieterschutz – 1. *Außerordentliche fristlose Kündigung* (§§ 569, 543 BGB): Sie ist trotz Mieterschutz unter Berücksichtigung der Umstände des Einzelfalls, v.a. des Verschuldens, z.B. bei folgendem Verhalten des Mieters zulässig: a) Vernachlässigung oder Überlassung der Mietsache an Dritte, sodass die Mietsache erheblich gefährdet wird. – b) → Verzug mit der Zahlung des Mietzinses in Höhe von zwei Monatsmieten in einem Zeitraum, der sich über mehr als zwei Termine erstreckt. – c) Nachhaltige Störung des Hausfriedens, die für den Vermieter unter Abwägung aller Umstände des Einzelfalls unzumutbar ist. – 2. *Sonstige Kündigungen* (→ Kündigungsfristen): Der Vermieter kann in sonstigen Fällen ein Mietverhältnis durch → Kündigung nur auflösen, wenn er ein berechtigtes Interesse an der Beendigung hat (§ 573 BGB). Der Mieterschutz gilt für (1) die ordentliche Kündigung, (2) die außerordentliche Kündigung mit gesetzlicher Frist. – Vom Mieterschutz sind ausgenommen (3) die ordentliche Kündigung über eine Wohnung in einem vom Vermieter selbst bewohnten Gebäude mit nicht mehr als zwei Wohnungen, (4) grundsätzlich die ordentliche Kündigung innerhalb der vom Vermieter selbst bewohnten Wohnung, (5) bestimmte Teilkündigungen. – Selbst bei Vorliegen eines berechtigten Interesses kann der Mieter der Kündigung bei Vorliegen einer bes. Härte widersprechen und die Fortsetzung des Mietverhältnisses verlangen (§§ 574, 574a BGB). – 3. *Mietaufhebungsvertrag:* Die einvernehmliche Aufhebung ist trotz Mieterschutz jederzeit zulässig. – 4. *Weitere Vereinbarungen:* Ein Recht zum → Rücktritt zugunsten des Vermieters oder eine auflösende → Bedingung sind unzulässig. Das Mietverhältnis gilt als auf unbestimmte Zeit abgeschlossen (§ 572 BGB). – 5. → Zeitmietvertrag: Er ist wirksam, wenn dem Mieter bei Vertragsschluss wahlweise folgende Befristungsgründe schriftlich mitgeteilt werden: a) Die Räume sollen als Wohnung für den Vermieter oder Angehörige genutzt werden. – b) Die Räume sollen in zulässiger Weise beseitigt oder so wesentlich verändern werden, dass die Maßnahmen durch eine Fortsetzung des Mietverhältnisses erheblich erschwert würden. – c) Die Räume sollen an einen zur Dienstleistung Verpflichteten vermietet werden. – Bei allen anderen Befristungsgründen wird das Mietverhältnis wiederum wie ein Mietverhältnis auf unbestimmte Zeit behandelt (§ 575 BGB).

Mieterzuschüsse – Aufwendungen des Mieters für Aufbau und Ausbau von Mieträumen in Form von Baukostenzuschüssen oder Mieterdarlehen. – *Steuerliche Behandlung:* (1) *Beim Vermieter:* Mietvorauszahlungen oder verlorene Zuschüsse (→ Baukostenzuschüsse) zählen zu den Einnahmen aus Vermietung und Verpachtung in dem Jahr, in dem sie zufließen. Billigkeitshalber können sie auf die Laufzeit des Mietvertrages verteilt werden (R 21.5 III EStR). – (2) *Beim gewerblichen Mieter* sind Mieterzuschüsse für Geschäftsräume auf die Dauer des Mietvertrags zu verteilen, sodass sie nicht sofort, sondern während dieser Jahre anteilmäßig den Gewinn mindern.

Mietkauf – Form des → Leasings, bei dem Gebrauchsgüter (z.B. Kraftfahrzeuge, Schreibmaschinen) den Kunden zunächst mietweise überlassen werden und es den Kunden freigestellt wird, nach Ablauf des befristeten Mietvertrages: (1) den Mietgegenstand käuflich zu erwerben, wobei die bisher geleisteten Mietzahlungen angerechnet werden; (2) den Mietvertrag zu verlängern, wobei dann oftmals eine gegenüber dem ersten Mietzeitraum verringerte Mietzahlung vereinbart wird, bis der Gegenstand nach Ablauf einer bestimmten Zeit in das Eigentum des Mieters übergeht, ohne dass ein Restkaufpreis fällig wird; (3) den Mietgegenstand zurückzugeben.

Mietkaution – Sicherheitsleistung des Mieters an den Vermieter für die Erfüllung seiner Verpflichtungen aus dem Mietvertrag (→ Miete). Die Mietkaution darf das Dreifache der Monatsmiete bei Wohnraummiete nicht übersteigen. Sie ist vom Vermieter bei einer Sparkasse oder Bank mit gesetzlicher Kündigungsfrist anzulegen. Die Zinsen stehen dem Mieter zu (§ 551 BGB).

Mietpreisrecht – Rechtsvorschriften über den Mietzins (→ Miete). Für den öffentlich geförderten Wohnungsbau gilt die Neubaumietenverordnung i.d.F. vom 12.10.1990 (BGBl. I 2203) m.spät.Änd. Das Recht, Mieten frei zu vereinbaren, ist begrenzt (→ Mietwucher, → Mietpreisüberhöhung). – Vgl. auch → Mieterschutz, → Staffelmiete, → Mieterhöhung.

Mietpreisüberhöhung → Ordnungswidrigkeit nach § 5 WiStG 1954. Mietpreisüberhöhung begeht, wer vorsätzlich oder leichtfertig für die Vermietung von Wohnräumen oder damit verbundene Nebenleistungen unangemessen hohe Entgelte fordert, sich versprechen lässt oder annimmt. Was ein unangemessen hohes Entgelt ist, definiert § 5 II WiStG 1954. Die Ordnungswidrigkeit kann mit einer Geldbuße bis zu 50.000 Euro geahndet werden.

Mietrechtsreform – Vereinfachung und Neugliederung des Mietrechts im → Bürgerlichen Gesetzbuch (BGB), verbunden mit einem verstärkten → Mieterschutz. Zusätzlich wurden das Miethöhegesetz und das sog. Sozialklauselgesetz integriert sowie die Regeln zu den Betriebskosten zusammengefasst. Rechtsgrundlage ist das Gesetz zur Neugliederung, Vereinfachung und Reform des Mietrechts vom 19.6.2001 (BGBl. I 1149).

Mietspiegel – Übersicht über die ortsübliche Vergleichsmiete, soweit sie von der Gemeinde oder von Vermieter- oder Mieterverbänden gemeinsam erstellt oder anerkannt worden ist; möglich für Gebiet einer oder mehreren Gemeinden; soll im Abstand von zwei Jahren der Marktentwicklung angepasst werden (§ 558c BGB). – Vgl. → Miete.

Mietsteuer – Steuer, die an die Höhe der Miete als Bemessungsgrundlage anknüpft. Von einigen Finanzwissenschaftlern als Ersatz für die → Grundsteuer B vorgeschlagen, weil die Mieten genauere Bemessungsgrundlagen bieten als Einheitswerte.

Miet- und Pachtzinsen – I. Allgemein: Vergütung für die vertragsmäßige Gebrauchs- oder Nutzungsüberlassung der vermieteten Sachen oder Räume bzw. der verpachteten Gegenstände (→ Miete, → Mietpreisrecht, → Mietpreisüberhöhung, → Mietwucher, → Pacht). – Im kaufmännischen Sprachgebrauch auch *Mieten und Pachten.*

II. Gewinn- und Verlustrechnung: Als Aufwendungen für Geschäfts- und Betriebsräume bzw. Betriebsgrundstücke sind Miet- und Pachtzinsen in der → Gewinn- und Verlustrechnung (GuV) ebenso wie Miet- und Pachtzinsen für nicht betrieblich, aber im Rahmen der gewöhnlichen Geschäftstätigkeit genutzte Räume bzw. Grundstücke als „sonstige betriebliche Aufwendungen" auszuweisen (Miet- und Pachtzinsen als → Erträge entsprechend). Werden Miet- und Pachtzinsen für einen bestimmten Zeitraum nach dem Bilanzstichtag im Voraus bezahlt, sind sie als aktive Rechnungsabgrenzungsposten angesetzt; werden sie für eine bestimmte Zeit vor dem Bilanzstichtag nachträglich bezahlt, sind sie als sonstige Verbindlichkeiten abzugrenzen (→ Rechnungsabgrenzung).

III. Kostenrechnung: Werden Miet- und Pachtzinsen für einen längeren Zeitraum im Voraus oder nachträglich bezahlt, so sind sie auf einem → Aufwandsausgleichskonto zeitlich abzugrenzen. – Mietaufwendungen und -erträge für nicht betrieblich genutzte Räume sind keine Kosten und werden über Kontenklasse 2 (betriebsfremde Aufwendungen) verbucht.

IV. Bewertungsgesetz: → Jahresrohmiete.

V. Gewerbesteuerrecht: 1. *Ab dem Erhebungszeitraum 2008* sind Miet- und Pachtzinsen unabhängig von der Gewerbesteuerpflicht des gewerblichen Vermieters mit 25 Prozent der Summe aus (a) 20 Prozent der Miet- und Pachtzinsen inkl. Leasingraten für die Benutzung der im fremden Eigentum stehenden beweglichen Wirtschaftsgütern des Anlagevermögens; (b) 65 Prozent der Miet- und Pachtzinsen inkl. Leasingraten für die Benutzung der im fremden Eigentum stehenden unbeweglichen Wirtschaftsgütern des Anlagevermögens und – (c) 25 Prozent der Aufwendungen für die zeitlich befristete Überlassung von Rechten (hierunter fallen vor allem Konzessionen und Lizenzen ohne Weiterberechtigungslinzenzen) bei der Ermittlung des Gewerbeertrages hinzuzurechnen. Die Hinzurechnung von 25 Prozent aus der Summe erfolgt jedoch nur, soweit die Summe der Miet- und Pachtzinsen den Freibetrag von 100.000 Euro übersteigt. – 2. *Bis zum Erhebungszeitraum 2007 gilt für Miet- und Pachtzinsen für die Benutzung der in fremdem Eigentum stehenden, nicht aus Grundbesitz bestehenden Wirtschaftsgüter des Anlagevermögens:* Bei der Ermittlung des steuerpflichtigen → Gewerbeertrags ist die Hälfte der Miet- und Pachtzinsen dem steuerpflichtigen Betrag hinzuzurechnen. Eine Hinzurechnung zum Gewinn für die Festsetzung des Steuermessbetrages erfolgt dann nicht, wenn die Miet- und Pachtzinsen beim Empfänger zur Gewerbesteuer heranzuziehen sind, außer wenn es sich um Miet- und Pachtzinsen für einen Betrieb oder Teilbetrieb handelt und der Betrag der Vergütungen 125.000 Euro übersteigt. Maßgebend ist jeweils der Betrag, den Mieter oder Pächter für die Benutzung der zu den → Betriebsstätten eines Gemeindebezirks gehörenden fremden Wirtschaftsgüter an den Überlassenden zu zahlen haben. Im Fall einer Hinzurechnung der Miet- und Pachtzinsen zum Gewerbeertrag eines anderen Gewerbebetriebs erfolgt beim Empfänger Kürzung des Gewinns. Eine Hinzurechnung der Miet- und Pachtzinsen darf außerdem dann nicht erfolgen, wenn der Empfänger der Miet- und Pachtzinsen ein Unternehmer aus einem anderen EU-Staat oder des Europäischen Wirtschaftsraumes ist.

Mietverhältnis → Miete, → Mieterschutz.

Mietverlustversicherung – 1. *Begriff:* → Versicherungszweig, der den Mietverlust durch die Beschädigung oder Zerstörung von Gebäuden oder sonstigen Grundstücksbestandteilen infolge der Verwirklichung einer versicherten Gefahr zum Gegenstand des Versicherungsschutzes hat. Der versicherte Mietverlust kann entweder im Ausfall bzw. in der Minderung der Mietzahlung bestehen, sofern der Mieter kraft Gesetzes oder Mietvertrag dazu berechtigt ist, oder bei eigengenutzten bzw. unentgeltlich an Dritte überlassenen Räumen aus dem Nutzungsausfall in Höhe des ortsüblichen Mietwerts sowie etwaiger fortlaufender → Nebenkosten. – 2. *Merkmale:* Die Mietverlustversicherung ist der → Betriebsunterbrechungsversicherung verwandt. Sie wird für gewerblich genutzte Räume mit einem eigenständigem Bedingungswerk (AMB 2010) angeboten, wobei folgende → versicherte Gefahren bzw. Gefahrengruppen kombiniert oder einzeln vereinbart werden können: a) Brand, Blitzschlag, Explosion, Aufprall eines Luftfahrzeugs, b) Leitungswasser, c) Sturm, Hagel. Die Dauer der Entschädigungspflicht ist auf die vertraglich vereinbarte Haftzeit begrenzt, die i.d.R. zwölf Monate beträgt. Im Rahmen der → verbundenen Wohngebäudeversicherung ist das Risiko des Mietverlusts für nicht gewerblich genutzte Räume ohne bes. Vereinbarungen automatisch mitversichert.

Mietvertrag → Miete.

Mietwohngrundstücke → Grundstücksart im Sinn des Bewertungsgesetzes; relevant bei der Einheitsbewertung für Zwecke der Grundsteuer. Bebaute → Grundstücke, die zu mehr als 80 Prozent (berechnet nach der → Jahresrohmiete) Wohnzwecken dienen und weder → Einfamilienhaus noch → Zweifamilienhaus sind (§ 75 II BewG). – *Bewertung für Grundsteuer:* Grundsätzlich nach dem Ertragswertverfahren (§ 76 I, §§ 78 ff. BewG; vgl. → Ertragswert); ausnahmsweise nach dem Sachwertverfahren (§ 76 III, §§ 83 ff. BewG; vgl. → Sachwert; → Grundstücksbewertung). – Für Grunderwerbsteuerzwecke ist der *Bedarfswert* bei der Bewertung von Mietwohngrundstücken heranzuziehen. Für Erbschaftsteuerzwecke ist nach der → Erbschaftsteuerreform – wirksam ab dem 1.1.2009 – grundsätzlich der gemeine Wert zugrunde zu legen. – Vgl. → Grundstücksbewertung.

Mietwucher – Form des → Wuchers (§ 291 I Nr. 1 StGB). Das Wuchergeschäft kann zivilrechtlich nichtig sein (§ 138 II BGB). → Mietpreisüberhöhungen können auch gegen Vorschriften des Mietpreisrechts verstoßen (§ 5 WiStG 1954).

Mietzins → Miete, → Miet- und Pachtzinsen.

Mietzuschuss → Wohngeld.

MiFID – Richtlinie 2004/39/EG des Europäischen Parlaments und des Rates vom 21.4.2004 über Märkte für Finanzinstrumente (Wertpapierdienstleistungsrichtlinie; MiFID, Abk. für *Markets in Financial Instruments Directive*). Die Richtlinie will den Wettbewerb stärken und die Integration des europäischen Finanzmarktes durch Harmonisierung des Regelwerks vorantreiben. Daneben hat siezum Ziel, den Anlegerschutz bei der Inanspruchnahme von Wertpapierhäusern, insbesondere bei der Anlageberatung, zu verbessern, unabhängig davon, in welchem Mitgliedsstaat dieses Wertpapierhaus seinen Sitz hat. Mit der Richtlinie soll ein umfassender rechtlicher Rahmen für die geordnete Ausführung von Aufträgen von Anlegern und die Zulassung und Tätigkeit von Handelsplattformen (→ Börsen, → MTF und → systematische Internalisierer) geschaffen werden. Dies umfasst neue Anforderungen im Bereich der Organisation (v.a. Management von Interessenkonflikten), der Wohlverhaltensregeln (v.a. Informationspflichten wie die Vorhandels- und Nachhandelstransparenz, Geeignetheitsprüfung von Wertpapiergeschäften für Kunden) und der Pflicht zur bestmöglichen Ausführung von Kundenaufträgen (Best Execution). Für letztere Pflicht muss ein System bereitgehalten werden, das zur Sicherstellung der bestmöglichen Ausführung von Kundenaufträgen in der Lage ist. Die MiFID und die Durchführungsrichtlinie 2006/31/EG wurden durch das Finanzmarktrichtlinie-Umsetzungsgesetz v. 16.7.2007 (BGBl I 1330) in deutsches Recht umgesetzt, das wesentliche Vorschriften v.a. des → Börsengesetzes (BörsG) und des → Wertpapierhandelsgesetzes (WpHG) geändert hat. Daneben ist die Verordnung (EG) Nr.1287/2006 der Kommission vom 10.8.2006 zur Durchführung der Richtlinie 2004/39/EG unmittelbar anwendbar. – Nach dem Vorschlag der EU-Kommission v. 20.10.2011 einer Richtlinie über Märkte für Finanzinstrumente zur Aufhebung der Richtlinie 2004/39/EC, soll die *MiFID* grundlegend überarbeitet und um eine Verordnung (MiFIR, Entwurf einer Verordnung über Märkte für Finanzinstrumente und zur Änderung der Verordnung [EMIR] über OTC-Derivate, zentrale Gegenparteien und Transaktionsregister, v. 20.10.2011) ergänzt werden. Ziel der Änderungen ist die Harmonisierung nationaler Vorschriften über den Zugang zur Tätigkeit von Wertpapierfirmen, regulierten Märkten und Marktdatendiensten, die Modalitäten für deren Governance und deren Aufsichtsrahmen. Der Anlegerschutz soll weiter verbessert werden. Die in den Mitgliedstaaten direkt anwendbare MIFIR soll einheitliche Anforderungen festlegen, die für das reibungslose Funktionieren des Marktes für Finanzinstrumente erforderlich sind. Dies gilt z.B.

für die Veröffentlichung von Handelsdaten, die Meldung von Geschäften an die zuständigen Behörden und spezielle Befugnisse für die zuständigen Behörden und die ESMA. Im Rahmen der Revision sollen die Begriffe der systematischen Internalisierer und MTFs um den der → OTFs ergänzt werden.

Mifrifi – Abk. für *mittelfristige Finanzplanung,* → mehrjährige Finanzplanung.

MIGA – Abk. für *Multilateral Investment Guarantee Agency, Multilaterale Investitions-Garantie-Agentur;* Weltbanktochter, die am 12.4.1988 gegründet wurde mit Sitz in Washington, D.C. – *Mitgliedsländer:* 173 (2009). – *Grundkapital:* Ca. 1 Mrd. US-Dollar, woran Deutschland mit 5 Prozent beteiligt ist. – *Ziel:* Förderung der privatwirtschaftlichen Investitionstätigkeit in Entwicklungsländern durch Übernahme von Garantien gegen politische Risiken sowie Beratung der Entwicklungsländer bei ihrer Politik gegenüber → Direktinvestitionen. – *Organe:* Direktorium mit 18 Mitgliedern, von denen 14 zugleich Direktoren der → IBRD und → IDA sind.

Migration – Wanderungsbewegungen von Menschen (Arbeitskräften) zwischen Staaten oder administrativen Untereinheiten eines Staates (→ Binnenwanderung), die zu einem längerfristigen oder dauernden Wechsel des ständigen Aufenthaltsortes der daran beteiligten Personen führen. Häufig durch politische, soziale oder wirtschaftliche Not der sog. *Migranten* hervorgerufen. – Vgl. auch → internationale Faktorwanderungen, → Wanderung.

Migrationspotenzial – umfasst die Abwanderungswilligen einer Region, die sich von einem Verbleib am Ort keine Erfüllung von Lebenszielen versprechen und daher zu einem günstigen Zeitpunkt und auf verschiedenen Wegen in eine aussichtsreichere Region migrieren. Wanderungspotenzial entsteht somit aus der qualitativen Diskrepanz *demografischer, ökonomischer, politischer* und *ökologischer* Zustände zwischen Abwanderungs- und Zielregion. In welchem Umfang sich Abwanderung dann realisiert, hängt von der Motivation und den Möglichkeiten potenzieller Migranten ab. Jedem Migrationsvorgang geht daher eine Abwägung zwischen Abwanderung und Ortsbindung sowie zwischen der Attraktivität einer Zielregion und den Hindernissen, diese zu erreichen, voraus. Fällt diese Abwägung zugunsten der → Migration aus, wird diese eingeleitet.

Mikroökonometrie – Bereich der → Ökonometrie, der sich speziell mit der Schätzung und Analyse von Modellen auf der Basis von Individualdaten (ökonometrische Mikromodelle) beschäftigt. Häufig sind die erklärten Variablen (→ Variable, endogene) von qualitativer Natur (binäre oder ordinale Variablen, vgl. z.B. Probit- oder → Logit-Modell für binäre Daten) oder begrenzt abhängig (vgl. z.B. → Tobit-Modell). Es werden i.d.R. → Querschnittsdaten zugrunde gelegt. Oft wird zusätzlich auch die Paneldatenökonometrie (→ Paneldaten und Paneldatenmodelle) als Teil der Mikroökonometrie betrachtet.

Mikroökonomie → Mikroökonomik.

Mikroökonomik – *Mikroökonomie, Mikrotheorie.* 1. *Begriff:* Die Mikroökonomik analysiert die Entscheidungsprobleme und Koordinationsvorgänge, die aufgrund der Arbeitsteiligkeit des Produktionsprozesses notwendig werden. Sie setzt grundsätzlich an den *Individualitäten* des Wirtschaftsprozesses an, nämlich den → Wirtschaftssubjekten (Haushalte, Unternehmen, Staat) einerseits und den einzelnen Gütern andererseits. – 2. *Zu unterscheiden:* a) *Partialanalyse:* Es wird untersucht, wie das einzelne Wirtschaftssubjekt (Haushalt oder Unternehmen) sich in den über Märkte vermittelten Tauschprozess einfügt (→ Haushaltstheorie und → Theorie der Unternehmung) bzw. wie solche Wirtschaftssubjekte auf einem einzelnen Produktmarkt zusammenwirken. Bei der Partialanalyse wird notwendigerweise von der → Ceteris-Paribus-Annahme Gebrauch gemacht. – b) *Totalanalyse:* Es wird das simultane Zusammenwirken aller am Wirtschaftsprozess beteiligten Wirtschaftssubjekte betrachtet. – Sowohl bei der Partial- als auch bei der Totalanalyse steht die Rolle der → Preise und des Preissystems im Zentrum der Überlegungen (→ Preistheorie). – Zunehmend werden auch das arbeitsteilige Geschehen innerhalb von → Unternehmen und → Haushalten und die Konsequenzen der Art und Weise dieser internen Koordination für die Marktvorgänge analysiert, sodass eine *Theorie der Institutionen* entstanden ist. – Methodisch kann Mikroökonomik als *Gleichgewichts-* oder als *Marktprozesstheorie* (→ Wettbewerbstheorie) sowie als *positive* oder als *normative* Theorie betrieben werden. Letzteres geschieht in der → Wohlfahrtsökonomik. – *Gegensatz:* → Makroökonomik.

mikroökonomische Fundierung der makroökonomischen Theorie – 1. *Begriff:* Unter mikroökonomischer Fundierung der makroökonomischen Theorie versteht man die direkte Ableitung makroökonomischer Verhaltensgleichungen aus dem einzelwirtschaftlichen (also mikroökonomischen) Maximierungsverhalten (Nutzenmaximierung der Haushalte, Gewinnmaximierung der Unternehmung). Häufig wird dabei eine Analogie zwischen einzelwirtschaftlicher und gesamtwirtschaftlicher Verhaltensgleichung postuliert (z.B. reallohnabhängige Arbeitsnachfragefunktion), um das i.d.R. unlösbare Aggregationsproblem zu umgehen. Die aus dem Nutzen- oder Gewinnmaximierungsprinzip gewonnenen makroökonomischen Verhaltenshypothesen besitzen eine mikroökonomische oder entscheidungslogische Fundierung. – Makroökonomische Verhaltenshypothesen, die sich nicht mit dem einzelwirtschaftlichen Rationalprinzip begründen lassen, wie z.B. die auf Keynes (1936) zurückgehende → Konsumfunktion $C = C(Y)$ (→ psychologisches Gesetz), stellen sog. Ad-hoc-Hypothesen dar. Sie lassen sich aber – wie Clower im Rahmen seiner dualen

Entscheidungshypothese gezeigt hat – aus beschränkten Optimierungsansätzen ableiten, wenn im Nutzenmaximierungsansatz der Haushalte Beschränkungen auf dem Arbeitsmarkt berücksichtigt werden (→ Neokeynesianische Theorie) – 2. *Verwendung:* Die → Neue Makroökonomik, zu der die → Neue Klassische Makroökonomik, der → Neue Keynesianismus und die → Neue Makroökonomik offener Volkwirtschaften zählen, ist zum überwiegenden Teil durch makroökonomische Modelle gekennzeichnet, die eine vollständig mikroökonomische Fundierung besitzen.

mikroökonomische Inzidenz → Inzidenz. – *Gegenteil:* → makroökonomische Inzidenz.

mikroökonomische Theorie der Unternehmung – 1. *Gegenstand:* Sie dient bes. im neoklassischen Theoriegebäude (→ neoklassische Theorie der Unternehmung) der deduktiven Ableitung der Branchenangebotsfunktion, die gemeinsam mit der Marktnachfrage unter Annahme → vollkommener Konkurrenz den Marktpreis bestimmt. Für diesen Zweck reiche es aus, von einer stilisierten, fiktiven Unternehmung auszugehen, die ohne Organisationsstruktur wie ein Wirtschaftssubjekt das Gewinnmaximierungsziel (→ Gewinnmaximierung) verfolgt und als → Produktionsfunktion konzipiert ist; dies dient dazu, Veränderungen in den Bedingungen in qualitative Voraussagen von Preis- und Mengenänderungen zu transformieren. – 2. *Stabilitätsproblem:* Unter der Bedingung der vollkommenen Konkurrenz lautet die Gewinnmaximierungsbedingung Grenzkosten gleich → Preis. Diese Bedingung ist aber nur dann mit einem stabilen → Gleichgewicht vereinbar, wenn die Grenzkosten der einzelnen Unternehmung steigen (Sraffa). Steigende und sinkende Grenzkosten führen jedoch zu Problemen bei der Partialanalyse, die die Unabhängigkeit von Angebots- und Nachfragefunktion sowie die Geltung der Ceteris-Paribus-Bedingung für die anderen Märkte voraussetzt. Dabei sind weit reichende → Economies of Scale oder abnehmende Grenzkosten mit der Annahme der vollkommenen Konkurrenz unvereinbar; vorausgesetzt, sie sind nicht branchenintern und unternehmensextern zugleich (Sraffa). Diese Bedingung ist aber nur sehr selten erfüllt, sodass demzufolge die Anwendbarkeit der → Marginalanalyse stark eingeschränkt wird. Um die relevanten Fälle, v.a. die der sinkenden Grenzkosten, behandeln zu können, könnte die vollkommene Konkurrenz durch das → Monopol ersetzt werden. Dieser Angriff Sraffas auf die Branchenangebotsfunktion und letztlich auf die neoklassische Werttheorie wurde mit der Theorie des unvollkommenen Wettbewerbs (Robinson) bzw. der → monopolistischen Konkurrenz (Chamberlin) pariert. Im Kern wird das von Marshall aufgeworfene Problem der Bestimmung des gewinnmaximierenden Angebots durch die Einführung einer fallenden individuellen → Preisabsatzfunktion (sie bringt die Nachfragerpräferenzen für den jeweiligen Anbieter zum Ausdruck, sodass ein heterogener Markt unterstellt wird) und die Gewinnmaximierungsbedingung Grenzerlös gleich Grenzkosten gelöst. Offen bleibt das Problem der Bestimmung einer Branchenangebotsfunktion und der dazu erforderlichen Marktabgrenzung sowie der Nachweis der Stabilität des Branchengleichgewichts. – 3. *Unternehmungsgrenzen:* → Grenzen der Unternehmung.

mikroökonomische Verteilungstheorien → Verteilungstheorie, → Grenzproduktivitätstheorie der Verteilung, → Monopolgradtheorie der Verteilung.

Mikroorganismus – wie mikrobiologische Verfahren dem Patentschutz zugänglich und nicht nach § 2 PatG, Art. 53 EPÜ vom Patentschutz ausgeschlossen (vgl. AO EPÜ Regel 28). Auch für den Schutz des Mikroorganismus als solchen reicht nach der neueren Rechtsprechung die Hinterlegung und Freigabe bei einer anerkannten Hinterlegungsstelle (Liste dieser Stellen ABl. EPA 90, 176 f.). Da die Hinterlegung an die Stelle der Beschreibung der Erfindung unter Einschluss der Patentansprüche tritt, muss die Hinterlegung zugleich mit der Anmeldung erfolgen, bei Inanspruchnahme einer Unionspriorität (→ Prioritätsrecht) spätestens mit der prioritätsbegründenden Voranmeldung in einem anderen Verbandsland, die Tatsache der Hinterlegung muss in den ursprünglichen Anmeldungsunterlagen ebenso mitgeteilt werden wie die Hinterlegungsstelle und -bezeichnung. Zur Freigabeerklärung vgl. Regel 9 AO zum → Budapester Vertrag.

Mikroprogramm – Bezeichnung für die aufeinander folgenden (Mikro-)Befehle, die den Ablauf von elementaren Hardwareoperationen steuern. Durch diese wird ein (bestimmter) → Maschinenbefehl (auf unterster Ebene) realisiert. Die Gesamtheit der Mikroprogramme eines Computers (Firmware) bildet damit die Brücke zwischen seiner → Hardware und seiner → Software. Sie ist deshalb in einem Teil des → Zentralspeichers (Mikroprogramm-Speicher) fest gespeichert.

Mikroprozessor – auf einem → Chip untergebrachter (vollständiger) → Prozessor.

Mikrosegmentierung → Makrosegmentierung.

Mikrotheorie → Mikroökonomik.

Mikrozensus – Der Mikrozensus ist eine laufende Haushaltsstichprobe, bei der jährlich 1 Prozent aller Haushalte befragt wird. Er dient der Bereitstellung von statistischen Informationen über die Bevölkerung und den → Arbeitsmarkt. Damit ist der Mikrozensus eine sog. Mehrzweckstichprobe. Mit dem Mikrozensus werden die Ergebnisse der letzten → Volkszählung fortgeschrieben. Er dient ferner der Evaluierung anderer amtlicher Statistiken wie z.B. der Einkommens- und Verbraucherstichprobe. Außerdem ist die → Arbeitskräfteerhebung in den Mikrozensus integriert. Beim Mikrozensus besteht → Auskunftspflicht. Die Durchführung dieser amtlichen Repräsentativstatistik erfolgt als einstufige geschichtete Flächenstichprobe. Es werden demnach Auswahlbezirke ausgewählt, innerhalb derer eine → Vollerhebung stattfindet. Ein Viertel der an der Stichprobe beteiligten Haushalte (bzw. der Auswahlbezirke) wird jährlich ausgewechselt. Damit ist ein Haushalt vier Jahre Teil der Stichprobe (s. Rotation). Der Mikrozensus liefert statistische Informationen über die Bevölkerungsstruktur, die wirtschaftliche und soziale Lage der Bevölkerung, Erwerbstätigkeit, Arbeitsuche, Ausbildung, Gesundheit und Wohnverhältnisse.

Milcherzeugnisse – Regelung im Milch- und Fettgesetz vom 10.10.1952 (BGBl. I 811) m.spät.Änd. und verschiedenen VO.

mildtätige Zwecke – 1. *Begriff:* Tätigkeit, die ausschließlich und unmittelbar auf die Unterstützung bedürftiger Personen gerichtet ist; bedürftig sind Personen, die wegen ihres geistigen, seelischen oder körperlichen Zustands oder ihrer wirtschaftlichen Lage der Hilfe bedürfen. – 2. *Besteuerung:* Mildtätige Körperschaften sind von der → Körperschaftsteuer befreit. → Spenden für mildtätige Zwecke sind bei der Einkommensteuer als → Sonderausgaben und bei der Körperschaftsteuer als → Aufwendungen abzugsfähig.

Milestone → Meilenstein.

Mill – John Stuart, 1806–1873, Sohn von James Mill, engl. Philosoph und Nationalökonom. Die nationalökonomische Leistung von Mill besteht in seiner systematischen Darstellung der Theorien von → Smith, → Malthus und → Ricardo. Die Einteilung seiner „Principles", des reifsten Werkes der Klassik, war für viele spätere Werke maßgeblich: Production, Distribution, Exchange, Social Progress, The Influence of Government. In der Klarheit der Darstellung ist das Werk kaum zu überbieten. Von Comte (1798–1857) übernahm Mill die Begriffe Statik und Dynamik in die Nationalökonomie. Berühmt wurde sein „Abfall" von der → Lohnfondstheorie 1869. – *Hauptwerke:* „System of Logic", 2 Bde. (1843), „Principles of Political Economy", 2 Bde. (1848) und „On Liberty" (1859). Seit einigen Jahren liegt eine Gesamtausgabe seiner Schriften vor: „Collected Works of John Stuart Mill", 33 Bde. (1963–1991).

Millenium Ecosystem Assessment – 1. *Begriff:* Das „Millenium Ecosystem Assessment" ist eine globale, wissenschaftliche Analyse der Ökosystemveränderungen (→ Ökosystem) und deren Konsequenzen für die Menschheit. – 2. *Entwicklung:* Die Analysemethode wurde von 1.360 Natur- und Sozialwissenschaftlern aus 95 Ländern unter der Koordination der → UNEP entwickelt. Im Zeitraum von 2000 bis 2005 erarbeiteten sie Berichte die von 600 Experten geprüft wurden. – 3. *Ecosystems and human well-being – Opportunities for business and industries:* Die Wirkungen auf die Wirtschaft werden in dem Bericht „Ecosystems and human well-being – Opportunities for business and industries" thematisiert, indem vier Szenarien betrachtet wurden. Diese erstrecken sich über den Zeitraum 2000 bis 2050 und für jedes Szenario wird in eine räumliche Dimension (→ Globalisierung vs. Regionalisierung) und eine Aktionsdimension (proaktiv vs. reaktiv) unterschieden.

4. *Die vier Szenarien:* s. Tabelle unten

5. *Bewertung:* Die Bewertung und Analyse eines → Ökosystems findet anhand der Kategorien Versorgungsfunktion, Regulierungsleistung und kulturelle Leistung sowie Unterstützungsfunktion statt. – 6. *Ergebnisse:* Dass Unternehmen Ökosysteme zur Generierung von Wettbewerbsvorteilen nutzen können, wird durch alle vier Szenarien verdeutlicht. Außerdem werden den Entscheidungsträgern die Konsequenzen ihres Handelns aufgezeigt. Handlungsempfehlungen für die Erhaltung sowie der Verbesserung einer nachhaltigen Nutzung von Ökosystemen können gegeben werden. Zusätzlich könnte die Analyse für die Gestaltung und Novellierung gesetzlicher Rahmenbedingungen dienen.

Miller – Merton Howard, 1923–2000, amerik. Wirtschaftswissenschaftler, der an der Business School der University of Chicago das Fach Unternehmensfinanzierung vertrat; → Nobelpreis für Wirtschaftswissenschaften 1990 (zusammen mit → Markowitz und → Sharpe). Miller, der ursprünglich Wirtschaftsgeschichte und öffentliche Finanzen lehrte, übernahm als junger Dozent auf Bitten seines Dekans die Vorlesungen über Unternehmensfinanzierung. An diesem Thema war auch sein Zimmernachbar → Modigliani interessiert, der nach einer mikroökonomischen Fundierung der Investitionstheorie von → Keynes suchte. Aus der gemeinsamen Arbeit erwuchs das → Modigliani-Miller-Theorem, mit dem die Unternehmensbewertung auf eine neue Grundlage gestellt wird. Hierfür erhielt Miller den Nobelpreis, den Modigliani auch für andere Leistungen schon 1985 zugesprochen bekam. Die inzwischen klassische Untersuchung erschien Anfang der 1960er-Jahre: Miller, Modigliani, „Dividend Policy, Growth, and

Szenario	Merkmal	Annahmen
„Strength Order"	betont heimische Märkte	reaktives Umweltmanagement
„Global Orchestration"	Stark vernetzte Gesellschaft mit globalen Märkten	reaktives Umweltmanagement
„Adapting Modaic"	betont heimische Märkte	proaktives Umweltmanagement
„Techno Garden"	Stark vernetzte Gesellschaft mit globalen Märkten	proaktives Umweltmanagement

the Valuation of Shares", in: Journal of Business, 34 (1961). Einen Überblick zum derzeitigen Stand bietet Miller im Aufsatz „The Modigliani-Miller Propositions after Thirty Years", in: Journal of Economic Perspectives, 2 (1991).

Millionenkredit – 1. *Begriff:* Verschuldung eines Kreditnehmers bei einem Kreditinstitut, die 1,5 Mio. Euro oder mehr beträgt. – 2. *Anzeigepflicht:* Nach § 14 KWG in Verbindung mit § 1 GroMiKV haben die Kreditinstitute, Finanzdienstleistungsinstitute, Finanzunternehmen, Versicherungsunternehmen und Unternehmensbeteiligungsgesellschaften der Deutschen Bundesbank (→ Evidenzzentrale) zum 15. der Monate Januar, April, Juli und Oktober Namen oder Firma und Verschuldung derjenigen Kreditnehmer anzuzeigen, die bei ihnen zu irgendeinem Zeitpunkt im Referenzzeitraum Millionenkredite in Anspruch genommen haben. Bei Gemeinschaftskrediten besteht für alle beteiligten Kreditgeber eine eigene Anzeigepflicht, auch dann, wenn der Anteil des einzelnen Kreditgebers unter 1,5 Mio. Euro liegt. Gestellte Sicherheiten sowie Guthaben des Kreditnehmers bleiben bei der Ermittlung der Gesamtverschuldung außer Betracht. Ergibt sich, dass dem Kreditnehmer von mehreren Kreditinstituten Millionenkredite gewährt worden sind, so hat die Bundesbank die beteiligten Kreditinstitute zu benachrichtigen und dabei die Gesamtverschuldung des Kreditnehmers und die Anzahl (aber nicht die Namen) der beteiligten Kreditinstitute anzugeben.

Million Instructions per Second → MIPS.

Minderheitenanteile → Vollkonsolidierung.

Minderheitsrechte – *Minoritätsrechte.* 1. *Begriff:* Bes. bei Aktiengesellschaften einer bestimmten Minderheit von Aktionären zustehende Rechte. – 2. *Beispiele:* a) Geltendmachung von *Ersatzansprüchen* gegen → Gründer einer AG, → Vorstand oder → Aufsichtsrat auf Verlangen einer Minderheit von 10 Prozent des → Grundkapitals oder von 1 Mio. Euro (§ 147 II 2 AktG). – b) Einberufung einer außerordentlichen → Hauptversammlung auf Verlangen einer Minderheit von 5 Prozent (§ 122 I AktG). – c) *Bekanntmachung* von Gegenständen zur Beschlussfassung der Hauptversammlung (§ 122 II AktG): Minderheit 5 Prozent oder 500.000 Euro. – d) → Anfechtung des Beschlusses über die Verwendung des Bilanzgewinns wegen zu hoher Rücklagenbildung (§ 254 AktG): 5 Prozent oder 500.000 Euro. – e) Anrufung des Landgerichts im → gesellschaftsrechtlichen Spruchverfahren für die Bestimmung der Barabfindung von Minderheitsaktionären in Fällen des sog. → Squeeze-out (§§ 327a–327f AktG). – 3. Minderheitsrechte, die ein bestimmtes Kapital- oder Stimmenquorum voraussetzen, nennt man *formelle* Minderheitsrechte – 4. Von *Sperrminorität* spricht man, wenn eine Minderheitsgruppe von Aktionären aufgrund gesetzlicher oder satzungsmäßiger Quoren bestimmte Beschlüsse verhindern kann. So kann mit der Sperrminorität von 25 Prozent des Grundkapitals und einer Stimme der Beschluss über die Satzungsänderung verhindert werden (§ 179 II S. 1 AktG).

Minderjährige – I. Bürgerliches Recht/Handelsrecht: Personen unter 18 Jahren. Minderjährige stehen unter → elterlicher Sorge oder → Vormundschaft. – Minderjährige, die das siebte Lebensjahr noch nicht vollendet haben, sind *geschäftsunfähig;* nach Vollendung des siebten Lebensjahres *beschränkt geschäftsfähig.*

II. Arbeitsrecht: 1. Nach § 113 I BGB ist ein Minderjähriger, den der gesetzliche Vertreter ermächtigt hat, in Arbeit zu treten, für solche Rechtsgeschäfte unbeschränkt geschäftsfähig, die die Eingehung oder Aufhebung eines Arbeitsverhältnisses (→ Arbeitsverhältnis) der gestatteten Art oder die Erfüllung der sich aus einem solchen Arbeitsverhältnis ergebenden Verpflichtung betreffen *(Arbeitsmündigkeit);* nicht jedoch für den → Berufsausbildungsvertrag. – 2. Nach überwiegender Meinung gilt § 113 BGB für den *Gewerkschaftsbeitritt.* – 3. → Wettbewerbsverbot mit Minderjährigen ist nichtig (§ 74a II 2 HGB). – Vgl. auch → Geschäftsfähigkeit, → Lebensalter.

Minderjährigenhaftungsbeschränkung – Haftungsbeschränkung des volljährig Gewordenen für bestimmte Geschäfte, die dessen Eltern oder andere vertretungsberechtigte Personen während der Minderjährigkeit mit Wirkung für das Kind begründet haben, auf das bei Eintritt der Volljährigkeit noch vorhandene Vermögen des Kindes (§§ 1629a, 1990 BGB). Minderjährigenhaftungsbeschränkung dient dem Schutz des volljährig Gewordenen, dessen nach Volljährigkeit erworbenes Neuvermögen dem Zugriff der Altgläubiger entzogen werden soll.

Minderkaufmann – früher gebrauchter Kaufmannsbegriff; er wurde rechtlich bedeutungslos durch das *Handelsrechtsreformgesetz 1998.*

Mindermengenaufschlag – Preiszuschlag, den ein beschaffendes Unternehmen dann zahlen muss, wenn es weniger als die vom Lieferanten festgelegte Mindestmenge (pro Artikel oder pro Lieferung) bezieht. Dient der Vermeidung zu hoher Kommissionierungs- und Transportkosten. Angestrebt wird mit Mindermengenaufschlag in → kooperativen Gruppen des Handels eine hohe Auftragskonzentration der Einzelhändler auf die Kooperationsgroßhandlung bzw. eine Selektion kleiner, unrentabel arbeitender Einzelhändler (→ Mitgliederselektion). – Vgl. auch → Kost-Plus-System, → Kleinauftragszuschlag.

Minderung – beim → Kaufvertrag, → Werkvertrag, → Reisevertrag und bei der → Miete die Herabsetzung des Preises bzw. des Mietzinses wegen eines Mangels (→ Sachmängelhaftung). – Zur Minderung beim Kauf-, Werk- und Reisevertrag ist der Preis in dem Verhältnis herabzusetzen, in welchem z.Z. des Vertragsabschlusses der Wert der mangelfreien Leistung zu dem wirklichen Wert gestanden haben würde (§§ 441 III, 638 III, 651d I BGB).

Minderung der Erwerbsfähigkeit (MdE) – 1. Begriff v.a. der *gesetzlichen* → Unfallversicherung (§ 56 II SGB VII) und des → sozialen Entschädigungsrechts (Absicherung von Kriegsfolgen, Opferentschädigungsgesetz (OEG) etc.). – a) Bezeichnung des Ausmaßes, um das die normale körperliche und geistige Fähigkeit eines von → Arbeitsunfall, Berufskrankheit oder Kriegsbeschädigung Betroffenen im allg. Erwerbsleben gemindert ist. Im sozialen Entschädigungsrecht ist der Begriff – ohne inhaltliche Änderungen – ab 2008 durch den Begriff Grad der Schädigungsfolge ersetzt worden. – b) Für die einzelnen Gesundheitsstörungen oder Körperschäden abstrakt in Prozentsätzen ausgedrückt, ohne Berücksichtigung der tatsächlichen Einbuße an Erwerbseinkommen im konkreten Fall. Zur Ermittlung dienen *MdE-Tabellen,* die auf langjährigen Erfahrungen von ärztlichen Gutachtern beruhen, z.B. im sozialen Entschädigungsrecht nach den Anhaltspunkten für die ärztliche Gutachtertätigkeit. – c) *Bewertungsmaßstäbe* für das soziale Entschädigungsrecht und die gesetzliche Unfallversicherung im Wesentlichen gleich, jedoch mit Abweichungen. Maßgebend für die Bewertung der MdE ist die individuelle Erwerbsfähigkeit des Betroffenen im Zeitpunkt vor der Schädigung, die mit 100 Prozent anzusetzen ist (auch wenn bereits eine MdE vorlag). In der gesetzlichen Unfallversicherung kann dies bei mehreren Arbeitsunfällen zu MdE-Sätzen von mehr als 100 Prozent führen, da jeder → Arbeitsunfall einzeln zu entschädigen ist. Im sozialen Entschädigungsrecht ist die Höchstgrenze für die Schädigungsfolgen immer 100 Prozent, da nur eine einheitliche Beschädigtenversorgung gewährt wird; bei mehreren Gesundheitsschäden wird hier eine Gesamt-MdE gebildet. – d) Nach dem Grad der MdE richtet sich in der gesetzlichen Unfallversicherung und im sozialen Entschädigungsrecht die *Höhe* der Renten. – 2. Im Recht der *gesetzlichen Rentenversicherung* ist der Grad der MdE für die Beurteilung der → Erwerbsminderung grundsätzlich bedeutungslos. – 3. Im *Schwerbehindertenrecht* ist der Begriff der MdE durch den Begriff → Grad der Behinderung (GdB) ersetzt.

Mindestalter → Lebensalter.

Mindestarbeitsbedingungen – können festgesetzt werden für → Arbeitsverhältnisse in einzelnen Wirtschaftszweigen oder Beschäftigungsarten ohne tarifliche Regelung gemäß Gesetz über die Festsetzung von Mindestarbeitsbedingungen vom 11.1.1952 (BGBl. I 17) m.spät.Änd., zuletzt neu gefasst am 22.4.2009 mit neuer gesetzlicher Kurzbezeichnung: Mindestarbeitsbedingungengesetz (MiArbG), (BGBl. I 818). – 1. *Geltungsbereich:* Das Gesetz gilt für Wirtschaftszweige mit einer Tarifbindung unter 50 Prozent. Bei einer Tarifbindung über 50 Prozent gilt das Arbeitnehmerentsendungsgesetz. – 2. *Inhalt*: Nach dem Gesetz können Mindestarbeits*entgelte* (= → Mindestlöhne) festgesetzt werden, nicht aber andere Mindestarbeitsbedingungen. Die Festlegung der Mindestlöhne erfolgt nach folgender Prozedur: a) Zunächst muss ein sog. ständiger Hauptausschuss *„soziale Verwerfungen"* in einem Wirtschaftszweig feststellen. Der Hauptausschuss besteht aus sieben Mitgliedern, eingeschlossen je zwei Vertreter der Spitzenorganisationen von Arbeitgebern und Arbeitnehmern. – b) Daraufhin setzt ein beim Bundesministerium für Arbeit und Soziales (BMAS) errichteter Fachausschuss für den betreffenden Wirtschaftszweig nach Anhörung von u.a. Arbeitgeber- und Arbeitnehmervereinigungen Mindestlöhne fest. Dabei kann nach Art der Tätigkeit, Qualifikation der Arbeitnehmer und Region differenziert werden. Die Mindestlohnfestsetzung muss geeignet sein, angemessene Arbeitsbedingungen zu schaffen, faire und funktionierende Wettbewerbsbedingungen zu gewährleisten und sozialversicherungspflichtige Beschäftigungsverhältnisse zu erhalten. – c) Auf Vorschlag des Bundesministerium für Arbeit und Soziales können die Mindestarbeitsbedingungen von der Bundesregierung durch Rechtsverordnung erlassen werden. – 3. *Wirkung der Mindestlöhne*: Die erlassenen Mindestlöhne wirken wie ein → Tarifvertrag. Sie gehen Tarifverträgen vor, welche nach dem 16.7.2009 geschlossen wurden und welche die Mindestlöhne unterschreiten. Kritiker sehen darin einen Verstoß gegen die grundrechtlich geschützte Tarifautonomie. – Arbeitnehmer können auf die Mindestlöhne nur in einem gerichtlichen Vergleich verzichten. Mindestlöhne werden nicht von Ausschlussfristen erfasst.

Mindestbargebot → Bargebot.

Mindestbedarf → Existenzminimum.

Mindestbedarfsgerechtigkeit → Theorie der Sozialpolitik, → Sozialpolitik in der Marktwirtschaft.

Mindestbemessungsgrundlage – 1. *Begriff des Umsatzsteuerrechts:* diejenige Bemessungsgrundlage, die zur Berechnung der Umsatzsteuer verwendet wird, wenn ein Entgelt entweder nicht vorhanden ist oder ein Geschäft zwischen nahe stehenden Personen vorliegt, bei denen ein Entgelt unterhalb des üblichen Marktpreises vereinbart worden ist. – 2. *Definition:* Die Mindestbemessungsgrundlage ist unterschiedlich definiert, je nachdem, ob es sich um → Lieferungen oder → sonstige Leistungen handelt: a) Bei Lieferungen entspricht die Mindestbemessungsgrundlage dem Einkaufspreis eines gleichartigen Gegenstands zzgl. der Nebenkosten zum Zeitpunkt des aktuellen Geschehens („zum Zeitpunkt des Umsatzes"), also dem Wiederbeschaffungspreis, den das Unternehmen aktuell für den Gegenstand aufwenden müsste (nicht also dem historischen Einkaufspreis!) – b) bei sonstigen Leistungen, die in der Verwendung eines Gegenstands bestehen, werden als Mindestbemessungsgrundlage (nur) alle diejenigen Kosten berücksichtigt, die zuvor zu einem Vorsteuerabzug berechtigt hatten, – c) bei anderen sonstigen Leistungen bilden alle Kosten die Mindestbemessungsgrundlage. – d) gesetzliche Fundstelle: § 10 IV Nr.1-3

UStG. – e) In anderen Staaten der EU kann die Mindestbemessungsgrundlage teilweise durchaus anders definiert sein. – 3. *Ziel* der Mindestbemessungsgrundlage ist es, unbelasteten privaten Konsum eines Unternehmers und der ihm nahe stehenden Kreise zu verhindern, insbesondere auch eine missbräuchliche Ausnutzung des Vorsteuerabzugs durch Unternehmer zur Entlastung ihres privaten Konsums von der Umsatzsteuer schon im Ansatz unmöglich zu machen. – 4. *Anwendung* der Mindestbemessungsgrundlage in zwei Fallkonstellationen: a) bei einer → unentgeltlichen Wertabgabe, – b) bei Leistungen eines Unternehmers an nahe stehene Personen, Angehörige, Arbeitnehmer oder Gesellschafter; dann ist die Mindestbemessungsgrundlage nur als Mindestbetrag anzusetzen, d.h. wenn das tatsächlich vereinbarte Entgelt nicht höher ist. – 5. *Gemeinschaftsrechtliche Rechtsgrundlagen:* Die Regelungen über die Mindestbemessungsgrundlage beruhen insbesondere auf den Art. 74 ff. und 80 der → Mehrwertsteuersystemrichtlinie.

Mindestbestand → Sicherheitsbestand.

Mindestbesteuerung – Begriff aus der Einkommensteuer: (1) *I.w.S.:* Bezeichnung für Maßnahmen zur Einschränkung der Nutzung von Verlusten zum Zwecke der Steuerersparnis. – (2) *I.e.S.:* Bezeichnung für eine Einschränkung der Verrechnung von Verlusten zwischen den Einkunftsarten. Das Verfahren wurde zwischen 1999 und 2003 angewandt (§ 2 III EStG a.F.) und 2004 durch eine Neuregelung des → Verlustabzugs ersetzt.

Mindestbuchführung – 1. *Handels- und Steuerrecht:* Bei → Buchführungspflicht muss die Buchführung „so beschaffen sein, dass sie einem sachverständigen Dritten innerhalb angemessener Zeit einen Überblick über die Geschäftsvorfälle und über die Lage des Unternehmens vermitteln kann. Die Geschäftsvorfälle müssen sich in ihrer Entstehung und Abwicklung verfolgen lassen" (gleich lautend § 238 I HGB, § 145 I AO). Ein bestimmtes Buchführungssystem ist nicht vorgeschrieben, einfache Buchführung genügt theoretisch; aus der Verpflichtung zur Aufstellung einer Bilanz und einer Gewinn- und Verlustrechnung (§ 242 HGB) ist faktisch jedoch die Pflicht zur Führung von Bestands- und Erfolgskonten und damit zur „doppelten Buchführung" in diesem weiten Sinn abzuleiten. Gebundene Bücher sind nicht erforderlich. → Loseblattbuchführung, → Offene-Posten-Buchführung und Buchführung mithilfe der EDV sind zulässig. Die → Grundsätze ordnungsmäßiger Buchführung (GoB) sind dabei zu beachten. – 2. Die Buchführung eines Kaufmanns muss folgenden *Mindestanforderungen* genügen: a) Es müssen alle Geschäftsvorfälle sachlich richtig und zeitgerecht gebucht werden. Dabei braucht ein Kontokorrentbuch nicht geführt zu werden (→ Offene-Posten-Buchführung). Auch eine chronologische Buchung ist nicht erforderlich, wenn gleichwertige Ordnungskriterien zur Anwendung kommen. – b) Kasseneinnahmen und -ausgaben sollen im Regelfall täglich festgehalten werden; eine bestimmte Form der → Kassenberichte ist nicht erforderlich. – c) In einem → Wareneingangsbuch (einem Wareneingangskonto oder einer geordneten Ablage von Belegen oder Datenträgern) sind alle Wareneingänge mit Angabe des Tages, des Rechnungsdatums, von Namen und Adressen der Lieferanten, der handelsüblichen Bezeichnung und des Preises unter Hinweis auf den Beleg nachzuweisen. – d) Sofern Arbeitnehmer beschäftigt werden, ist ein → Lohnkonto zu führen. – e) Zum Schluss des Geschäftsjahres sind ein → Inventar und ein → Jahresabschluss aufzustellen und das Ergebnis zu ermitteln. – f) Die → Aufbewahrungspflichten sind zu erfüllen.

Mindestdeckungsbeitrag – *Mindestdeckungssatz;* → Solldeckungsbeitrag, der je Leistungseinheit, Auftrag oder in Anspruch genommene Maßeinheit eines (potenziellen) Engpasses etc. nach produktions- und absatzpolitischen Gesichtspunkten vorgegeben wird. Der Mindestdeckungsbeitrag darf bei Preisforderungen oder in Preisverhandlungen nicht unterschritten werden.

Mindestdeckungssatz → Mindestdeckungsbeitrag.

Mindesteinlage – der zur Eröffnung und Aufrechterhaltung eines Kontos (→ Bankkonto) notwendige Betrag.

Mindestgebot – im Zwangsversteigerungsverfahren Vorschrift eines mind. zu erreichenden → Gebotes zur Verhinderung der Verschleuderung von Grundstücken. Bleiben der Betrag des → letzten Gebots und der Kapitalwert der → bestehen bleibenden Rechte im ersten Versteigerungstermin zusammen unter $^{7}/_{10}$ des Grundstückswertes, kann ein Berechtigter, dessen Anspruch nicht voll gedeckt ist, Versagung des → Zuschlags beantragen (§ 74a ZVG).

Mindestgrundkapital → Mindestkapital.

Mindesthaltbarkeitsdatum – 1. *Begriff:* Auf einer Ware oder deren Verpackung angebrachtes Datum, bis zu dem dieses Lebensmittel unter angemessenen Aufbewahrungsbedingungen (insbesondere Einhaltung der im Zusammenhang mit dem Mindesthaltbarkeitsdatum genannten Lagertemperatur) seine spezifischen Eigenschaften behält (§ 7 der Verordnung über die Kennzeichnung von Lebensmitteln vom 22.12.1981), nämlich: Herkunft, Frische, Farbe, Geruch, Geschmack, Konsistenz etc. Gewisse Einbußen an Geruchs- und Geschmacksstoffen, Vitaminen müssen aufgrund der Naturgesetzlichkeit hingenommen werden. Das Mindesthaltbarkeitsdatum gibt weder eine Garantie, dass die Ware vor Ablauf gesundheitlich unbedenklich ist, noch wird ausgeschlossen, dass die Ware nach Ablauf während eines gewissen Zeitraums noch unbedenklich verzehrt werden kann. Für Kosmetika ist das Mindesthaltbarkeitsdatum in § 5 Kosmetikverordnung geregelt. – 2. *Träger:* Das Mindesthaltbarkeitsdatum wird normalerweise vom Hersteller, vielfach (z.B. bei Handelsmarken) vom Handelsbetrieb aufgebracht. Dementsprechend Verteilung der *Verantwortung:* Der Aufbringer hat die Bestimmung des richtigen Zeitraums zu verantworten; der Handelsbetrieb grundsätzlich die Beachtung des Mindesthaltbarkeitsdatums beim Verkauf. – 3. *Konsequenzen:* Die Distribution der Waren muss zeitlich genau kontrolliert werden; das Prinzip „First-in-first-out" ist auf allen Stufen konsequent einzuhalten. Es entstehen Kosten für die kontinuierliche Kontrolle der Wareneingänge und der Lagerbestände nach Restlaufzeiten bis zum Mindesthaltbarkeitsdatum. Die Risikominimierung kann zu kleineren Losgrößen führen. Waren kurz vor Ablauf des Mindesthaltbarkeitsdatums können ggf. nur zu reduzierten Preisen abgesetzt werden, oder der Handel versucht, in den Lieferverträgen eine Rücknahmeverpflichtung des Herstellers zu vereinbaren.

Mindest-Ist-Besteuerung – Begriff des Umsatzsteuerrechts. Bei Anzahlungen (Vorauszahlungen) entsteht die Steuerschuld auch bei → Sollversteuerung, unabhängig vom Zeitpunkt der Ausführung der Leistung, bereits mit Ablauf des Voranmeldungszeitraumes, in dem das Entgelt vereinnahmt wurde. Gleichzeitig kann der → Vorsteuerabzug geltend gemacht werden.

Mindestkapital – *Mindestgrundkapital;* gesetzlich festgelegte Summe des → Eigenkapitals, mit dem AG und GmbH mind. ausgestattet sein müssen. Das Mindestkapital bei der AG (Grundkapital) beträgt 50.000 Euro, bei der GmbH (Stammkapital) 25.000 Euro. Seit dem → Gesetz zur Modernisierung des GmbH-Rechts und zur Bekämpfung von Missbräuchen (MoMiG) gibt es bei GmbHs die Ausnahme für *Unternehmergesellschaften* (§ 5a GmbHG), wo das Stammkapital nur noch 1 Euro betragen kann. Für Einzelunternehmungen, OHGs und KGs ist kein Mindestkapital vorgeschrieben.

Mindestkredit → Dauerschuld.

Mindestlohn – Einen allg. geltenden gesetzlichen Mindestlohn gibt es in Deutschland nicht. Doch gibt es geltende Rechtsgrundlagen zur Einführung eines branchenbezogenen Mindestlohns, nämlich das Gesetz über die Festsetzung von → Mindestarbeitsbedingungen (Mindestarbeitsbedingungengesetz (MiArbG) vom 11.1.1952, zuletzt umfassend novelliert durch Gesetz vom 22.4.2009 (BGBl. I 818) und das Arbeitnehmer-Entsendegesetz (AEntG) vom 20.4.2009 (BGBl. I 799), → Entsendung von Arbeitnehmern. Ob darüber hinaus ein allg. Mindestlohn einzuführen ist oder die bisherigen Möglichkeiten zur Einführung eines branchenbezogenen Mindestlohn bereits schädlich sind, ist rechtspolitisch stark umstritten. – Ergänzend gewährleistet § 138 II BGB einen gewissen Lohnschutz im Einzelfall. Danach ist ein Lohn, welcher nicht zwei Drittel der tariflichen oder üblichen Löhne erreicht, gemäß § 138 II BGB sittenwidrig (vgl. BAG, 22.4.2009 – 5 AZR 436/08).

Mindestnennwert → Nennwert.

Mindestpreis – gesetzlich oder behördlich festgesetzte niedrigste Preisgrenze, die nicht unterschritten werden darf. Verordnung von Mindestpreisen ist ein Mittel der staatlichen Preispolitik, das auf Gütermärkten (insbesondere auf Märkten für landwirtschaftliche Erzeugnisse) bei schlechter Absatzlage ruinöse Konkurrenz verhindern soll. – Als ein Mindestpreisbeispiel auf einem Faktormarkt ist der staatlich → garantierte Mindestlohn zu nennnen, der ein Mindesteinkommen auf dem Arbeitsmarkt sichern soll. – Vgl. auch → Preisfunktionen.

Mindestrendite – 1. *Begriff:* Rendite (→ Rentabilität), die eine → Investition mindestens erwirtschaften soll. Die geforderte Mindestrendite der Investoren ist maßgeblich für den in der → Investitionsrechnung relevanten Kalkulationszinssatz. – 2. *Ermittlung:* Grundsätzlich leiten Investoren ihre Mindestrendite nach dem Opportunitätskostenprinzip (→ Opportunitätskosten) aus der besten alternativen Kapitalverwendungsmöglichkeit ab. In der Praxis wird die Mindestrendite vielfach auf Basis von Kapitalmarktdaten bestimmt.

Mindestrente – Bezeichnung in der Umgangssprache für die *(Sozialversicherungs-)Rente nach Mindesteinkommen.* Nach § 262 SGB VI ist eine Mindestbewertung von vollwertigen Pflichtbeiträgen vor 1992 für langjährige Versicherte möglich. – Eine Mindestrente i.e.S., d.h. mit einem bestimmten Mindestzahlbetrag, kennt das geltende Recht nicht. – Vgl. auch → Grundrente.

Mindestreserve – Guthaben, das die Kreditinstitute bei der nationalen Zentralbank aufgrund der gesetzlichen Verpflichtung zur Haltung von → Liquiditätsreserven hinterlegen müssen. Grundlage ist Art. 19 des Statuts der ESZB/EZB. Die Kreditinstitute müssen demgemäß ihr Mindestreserve-Soll erfüllen. Das Mindestreserve-Soll ist der Prozentsatz (→ Mindestreservesatz) der Verbindlichkeiten aus reservepflichtigen Einlagen. In die Mindestreserve-Basis werden mit einem Reservesatz von derzeit (2009) einem Prozent täglich fällige Einlagen (Übernachteinlagen), Einlagen mit vereinbarter Laufzeit von bis zu zwei Jahren, Einlagen mit vereinbarter Kündigungsfrist von bis zu zwei Jahren, Schuldverschreibungen mit vereinbarter Laufzeit von bis zu zwei Jahren sowie → Geldmarktpapiere einbezogen. Einlagen mit vereinbarter Laufzeit von über zwei Jahren, Einlagen mit vereinbarter Kündigungsfrist von über zwei Jahren, Repogeschäfte und Schuldverschreibungen mit vereinbarter Laufzeit von über zwei Jahren sind grundsätzlich mindestreservepflichtig, unterliegen aber derzeit (2009) einem Reservesatz von null Prozent. Verbindlichkeiten gegenüber Instituten, die selbst den Mindestreserve-Vorschriften unterliegen, sowie Verbindlichkeiten gegenüber der Europäischen Zentralbank (EZB) und den nationalen Zentralbanken werden generell nicht in die Mindestreserve-Basis einbezogen. Um kleinere Institute nicht zu benachteiligen berücksichtigt die Europäische

Zentralbank einheitlich einen pauschalen Freibetrag von 100.000 Euro, der vorab vom Mindestreserve-Soll abgezogen wird. Bei Unterschreitungen des Mindestreserve-Solls muss das Kreditinstitut einen Strafzins zahlen. – Die Meldung des Mindestreserve-Solls erfolgt im Rahmen der Monatlichen Bilanzstatistik (→ Monatsbilanz).

Mindestreservepolitik – 1. *Begriff:* Ausgestaltung von Regelungen, nach denen Kreditinstitute einen bestimmten Mindestumfang von Sichtguthaben bei der Zentralbank zu halten haben (→ Mindestreserve). Die Mindestreservepolitik äußert sich im Erlass von entsprechenden Vorschriften durch die Notenbank. Im Rahmen der Mindestreservepolitik des → Europäischen Systems der Zentralbanken (ESZB) werden die Mindestreserven mit einem Zinssatz, der dem Durchschnittszinssatz für die Hauptrefinanzierungsgeschäfte in der Erfüllungsperiode entspricht, verzinst (→ Geldpolitik). Der Mindestreservesatz beträgt derzeit 1 Prozent auf alle relativ liquiden Verbindlichkeiten der Geschäftspartner. – Die Mindestreservewirkungen hängen im Wesentlichen von der Höhe der → Mindestreservesätze ab. Das Mindestreserve-Soll für einen bestimmten Monat ergibt sich durch Multiplikation der von der Zentralbank geforderten Reservesätze mit dem Durchschnittsstand reservepflichtiger Verbindlichkeiten. Diesem Reserve-Soll wird die Ist-Reserve gegenüber gestellt. – 2. *Bedeutung:* Bei der Mindestreserve handelt es sich um ein geldpolitisches Instrument, das traditionell zur Grobsteuerung des Geldmarktes eingesetzt wurde. Die Mindestreserve hat inzwischen einen ordnungspolitischen Charakter bekommen, indem sie stabile Rahmenbedingungen für den effizienten Einsatz der übrigen geldpolitischen Instrumente schafft. Die Nachfrage nach Zentralbankgeld seitens der Kreditinstitute wird stabilisiert, die Kreditinstitute sind angebunden an die EZB und monetäre Schocks, wie z.B. des Geld- und Kreditschöpfungsmultiplikators, werden durch die Mindestreserve abgemildert.

Mindestreservesatz – Ein Mindestreservesatz von derzeit 1 Prozent nach Abzug eines Freibetrags auf die Einlagen, Termingelder und Schuldverschreibungen mit einer Laufzeit von bis zu zwei Jahren bedeutet, dass das Verhältnis zwischen dem Mindestreservesoll, das die monetären Finanzinstitute auf ihren Girokonten bei den nationalen Zentralbanken zu unterhalten haben, und o.g. Positionen der Bilanzen der → monetäre Finanzinstitute (MFI) gleich 1 Prozent ist.

Mindestreserve-Soll → Mindestreserve.

Mindestschluss – Mindestbetrag oder Mindeststückzahl von Wertpapieren beim Abschluss eines Börsengeschäfts. Der Mindestschluss wurde an allen Parkettbörsen in Deutschland aufgehoben, sodass auch eine einzige Aktie gehandelt werden kann. Der → Skontroführer sorgt dafür, dass keine Preisverzerrungen auftreten. Im → XETRA-System werden illiquide Aktien nicht fortlaufend, sondern in einer Auktion gehandelt, um hier ebenfalls faire Preise zu sichern. Der forlaufende Handel erfordert einen Mindestschluss.

Mindeststeuersatz – I. EU-Recht: 1. *Begriff:* EU-rechtlich festgelegter Steuersatz, der bei bestimmten Steuern mind. erhoben werden muss. Die Wahl eines höheren Steuersatzes steht, sofern nicht weitere Schranken (Steuersatzspanne, Zielsteuersätze) gesetzt sind, jedem Mitgliedsstaat frei. Ziel der Mindeststeuersätze ist es, beim allmählichen Übergang der Verbrauchs- und Umsatzbesteuerung im Binnenmarkt auf das Ursprungslandprinzip einem ruinösen Steuersenkungswettbewerb vorzubeugen. – 2. *Umsatzsteuer:* Mindeststeuersatz für normale Umsätze ist ein Satz von 15 Prozent; allerdings wird dieser Satz regelmäßig nur für einige Jahre befristet vorgeschrieben werden, eine Verlängerung muss jeweils einstimmig im EG-Ministerrat beschlossen werden. Für den ermäßigten Steuersatz ist unbefristet ein Mindeststeuersatz von 5 Prozent vorgeschrieben, hier existieren jedoch Ausnahmen infolge von Übergangsregelungen für einzelne Länder. – 3. *Verbrauchsteuern:* Mindeststeuersätze für Tabak-, Mineralöl- und Biersteuer sind durch EG-Richtlinien vorgegeben und sollen regelmäßig angepasst werden. Bei den übrigen Verbrauchsteuern sind keine Mindeststeuersätze vorgesehen, hier wird eine allmähliche Senkung der Sätze bis hin zur Abschaffung der betreffenden Steuern infolge des Wettbewerbs der Steuersysteme bewusst in Kauf genommen.

II. Einkommensteuerrecht: Bei beschränkter Steuerpflicht wurde für Steuerausländer, die in Deutschland zur Einkommensteuer veranlagt wurden, lange Zeit ein Mindeststeuersatz von 25 Prozent vorgeschrieben (§ 50 III EStG bis Ende 2008), diese Regelung wurde jedoch ab 2009 abgeschafft, da sie als Verstoß gegen das Gemeinschaftsrecht (EG-Recht) angesehen wurde.

Mindestumsatz – Mindestbetrag, den ein Kunde in einem festgelegten Zeitraum umsetzen muss. Erreicht der Kunde diesen Betrag nicht, zahlt er den Mindestumsatz. Mindestumsätze können z.B. im Bereich der Telekommunikation als Alternative zu einer Grundgebühr eingesetzt werden.

Mineralgewinnungsrecht – 1. *Begriff:* das verliehene oder aufgrund staatlicher Erlaubnis zur Ausübung überlassene Recht, Bodenschätze aufzusuchen und zu gewinnen. – 2. *Steuerrechtliche Behandlung:* Das Mineralgewinnungsrecht war bis zum 31.12.1992 als selbstständiges → Wirtschaftsgut mit dem → gemeinen Wert zu bewerten. Für Mineralgewinnungsrecht wurde ein → Einheitswert festgestellt, der i.d.R. als Untereinheit dem → Betriebsvermögen zuzuordnen war. – *Ausnahme:* z.B. verpachtetes Mineralgewinnungsrecht ohne gewerblichen Betrieb im → sonstigen Vermögen. Heute werden die ertragsteuerlichen Werte angesetzt.

Mineralöllager – Steuerlager für Mineralöle im Sinn des Mineralölsteuergesetzes, in dem Mineralöl unter Steueraussetzung gelagert werden darf. Führung eines Mineralöllagers ist erlaubnispflichtig (§ 7 MinölStG).

Mineralölstatistik – amtliche → Fachstatistik der Rohstoff- und Produktionswirtschaft, bei der das → Bundesamt für Wirtschaft und Ausfuhrkontrolle (BAFA) als Träger der Erhebung und Aufbereitung von Prozessstatistiken eingeschaltet ist. Erfragt werden Daten wie Rohöleinkauf, Produktion von Mineralölprodukten, Bestände, Außenhandel und Verkäufe von Mineralölerzeugnissen.

Mineralölsteuer – I. Charakterisierung: eine von der Bundeszollverwaltung erhobene und dem Bund zufließende frühere → Verbrauchsteuer auf eingeführte und im Erhebungsgebiet hergestellte Mineralöle. Die Umsetzung der Energiesteuer-Richtlinie der Europäischen Union in nationales Recht machte es erforderlich, das dt. Mineralölsteuerrecht grundlegend neu zu gestalten. Das Mineralölsteuergesetz galt daher nur bis zum 31.7.2006 und wurde danach von dem Energiesteuergesetz abgelöst (→ Energiesteuer). Die Mineralölsteuer nahm unter den Verbrauchsteuern den ersten Rang ein. Dieses Aufkommen wurde überwiegend aus der Besteuerung von Kraftstoffen erzielt (89 Prozent), kaum dagegen aus Erdgas (6,6 Prozent) und leichtem Heizöl (4,5 Prozent).

II. Aufkommen: 40.036 Mio. Euro (2011), 38.955,0 Mio. Euro (2007) (Energiesteuer), 39.916 Mio. EUR (2006), 40.101,0 Mio. Euro (2005), 43.187,7 Mio. Euro (2003), 42.192,5 Mio. Euro (2002), 40.490 Mio. Euro (2001), 37.826,3 Mio. Euro (2000), 33.176,6 Mio. Euro (1995), 17.701,6 Mio. Euro (1990), 12.537 Mio. Euro (1985), 10.917 Mio. Euro (1980), 8.754 Mio. Euro (1975), 5.886 Mio. Euro (1970), 3.798 Mio. Euro (1965), 1.362 Mio. Euro (1960), 581 Mio. Euro (1955), 37 Mio. Euro (1950).

Mineralölsteuerrichtlinien – Frühere Richtlinien der EG mit Vorgabe zur Besteuerung von Mineralöl, wurden 2003 durch die neue → Energiesteuerrichtlinie abgelöst, die die bisherigen Vorgaben systematischer und übersichtlicher fasste. Im Einzelnen handelte es sich um: 1. Die *Mineralölsteuerstrukturrichtlinie* des Rates der EG (92/81/EWG) vom 19.10.1992 (ABl. EG Nr. L 316, S. 12) m.spät.Änd., regelte einheitlich den Steuergegenstand und die Bemessungsgrundlagen für die → Mineralölsteuer im gesamten Gebiet der EU. – 2. Die *Mineralölsteuersatzrichtlinie:* Richtlinie des Rates der EG (92/82/EWG) zur Annäherung der Verbrauchsteuersätze für Mineralöl (ABl. EG Nr. L 316, S. 19) m.spät.Änd., legte für die in der oben genannten Richtlinie vorgeschriebenen Steuerarten Mindeststeuersätze fest.

Mineralölsteuersatzrichtlinie → Mineralölsteuerrichtlinien.

Mini-Job – 1. *Begriff:* 2003 wurde im Rahmen der → Hartz-Gesetze die → geringfügige Beschäftigung zu Mini-Jobs ausgeweitet; dabei wurden die Entgeltgrenzen (von monatlich 325 auf 400 Euro) erhöht und die Arbeitszeitschwelle (von 15 Wochenstunden) abgeschafft. Seit dem 1.1.2013 ist die Geringfügigkeitsgrenze auf 450 Euro angehoben. – 2. *Abgabenbelastung: a) Arbeitnehmer:* Waren die Einkommen für Arbeitnehmer bis Ende 2012 weder steuer- noch sozialversicherungspflichtig, unterliegen die Löhne bis 450 Euro seit dem 1.1.2013 standardmäßig der Rentenversicherungspflicht (→ gesetzliche Rentenversicherung (GRV)). Damit leisten die Arbeitnehmer mittels eines reduzierten Satzes (3,9 Prozent vom Lohn) ihren eigenen Beitrag zur Erzielung des vollen Beitragssatzes (18,9 Prozent) in der gesetzlichen Rentenversicherung. Allerdings können die Mini-Jobber auch künftig auf ausdrücklichen Wunsch rentenversicherungsfrei bleiben („Opting-out-Klausel“). – b) *Arbeitgeber:* Die Arbeitgeber zahlen 30,88 Prozent pauschale Abgaben (15 Prozent gesetzliche Rentenversicherung, 13 Prozent gesetzliche Krankenversicherung, 2 Prozent Steuern, 0,88 Prozent an Umlagen). Im Bereich „haushaltsnaher Dienstleistungen“ (Privathaushalte) gilt eine niedrigere Abgabenquote von 14,44 Prozent (je 5 Prozent Renten- und Krankenversicherungsbeiträge, 1,6 Prozent zur gesetzlichen Unfallversicherung, 2 Prozent Steuern, 0,21 Prozent an Umlagen); Privathaushalte können jährlich bis zu 510 Euro (2012) von ihrem steuerpflichtigen Einkommen absetzen. Dadurch soll die → Schwarzarbeit in diesem Bereich reduziert werden. – 3. *Entwicklung:* Der Umfang geringfügiger Beschäftigung hat infolge der rechtlich-institutionellen Änderungen zunächst deutlich (von weniger als 13 auf über 20 Prozent der abhängig Erwerbstätigen) zugenommen und stagniert seitdem auf hohem Niveau (von rund 7 Mio.). In neuerer Zeit ist die Tendenz wieder leicht steigend. Mini-Jobs sind neben regulärer Teilzeitbeschäftigung die quantitativ wichtigste Form atypischer Beschäftigung. – 4. *Folgen:* Explizit zu unterscheiden ist zwischen Mini-Jobs als Neben- und als Haupttätigkeit; letztere stellen (mit ca. zwei Drittel) die weitaus größere Gruppe dar. Erstere sind aufgrund ihrer Abgabenprivilegierung attraktiv für anderweitig sozialversicherungspflichtig Beschäftigte als Hinzuverdienst. Letztere erzielen kein existenzsicherndes Einkommen (→ Existenzminimum) bzw. verbleiben im → Niedriglohnsektor, bieten wenig Optionen auf Sicherung der individuellen → Beschäftigungsfähigkeit und sind kaum in die Systeme der sozialen Sicherung integriert. – 5. *Strukturmerkmale:* Der Frauenanteil ist wie bei der Mehrzahl der atypischen Beschäftigungsformen überproportional hoch; überrepräsentiert sind Jüngere (15-24 Jahre) und Ältere (55 Jahre und älter); bei den Tätigkeitsbereichen bzw. Wirtschaftszweigen dominieren die Dienstleistungsbranchen. Die bei der Einführung erhofften Übergänge in sozialversicherungspflichtige Beschäftigung finden nur selten statt (*Lock in-Effekte*), die kurz,- mittel- und langfristigen Prekaritätsrisiken sind hingegen hoch. Um Letztere zu mildern, wurde ab dem Jahr 2013 auch für Arbeitnehmer die Rentenversicherungspflicht eingeführt. In Anbetracht der niedrigen Verdienste werden aber schätzungsweise 90 Prozent der Betroffenen die Opting-Out-Klausel in Anspruch nehmen. – Vgl. auch → Arbeitsmarktpolitik, → Midi-Job, → Atypische Beschäftigung.

Minimalkosten – Kurzbezeichnung für die niedrigsten → Durchschnittskosten oder → Gesamtkosten bei kostenoptimalem Beschäftigungsgrad.

Minimalkostenkombination – I. Preis- und Markttheorie: Faktorkombination, die bei gegebenen Faktorpreisen zu minimalen → Kosten führt. Sie wird realisiert, wenn gemäß dem → Wirtschaftlichkeitsprinzip entweder eine gegebene Menge x zu minimalen Kosten hergestellt wird oder bei gegebenem Kostenbudget die hergestellte Menge x maximiert wird. Die optimale → Budgetgerade muss im ersten Fall (a) die vorgegebene → Isoquante, im zweiten Fall (b) die optimale Isoquante die vorgegebene Budgetlinie tangieren (vgl. Abbildungen „Minimalkostenkombination (a)" und „(b)"). – Bei anderen Budgetlinien kommt es im ersten Fall entweder zur Verschwendung oder die vorgegebene Menge ist nicht realisierbar. Entsprechendes gilt im zweiten Fall. – Die Tangentialbedingung impliziert die Übereinstimmung von der → Grenzrate der Substitution

Minimalkostenkombination (a)

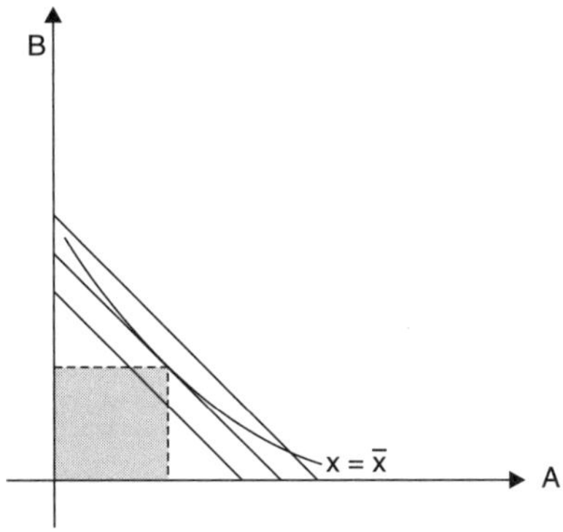

Minimalkostenkombination (b)

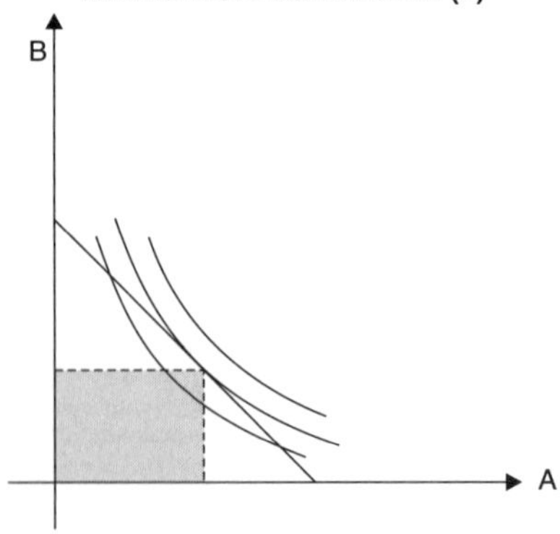

$$\frac{dB}{dA} = -\frac{\partial x}{\partial A} : \frac{\partial x}{\partial B}$$

und der Steigung der Budgetlinie

$$\frac{dB}{dAy} = -\frac{p_A}{p_B},$$

mithin:

$$\frac{dB}{dA} = -\frac{\partial x}{\partial A} : \frac{\partial x}{\partial B} = -\frac{p_A}{p_B}.$$

A und B stellen die im → Produktionsprozess eingesetzten Faktormengen dar. Die Minimalkostenkombination ist eine Voraussetzung der → Gewinnmaximierung.

II. Betriebliche Produktionsfunktion: Diejenige Kombination der → Produktionsfaktoren, die bei einer → substitutionalen Produktionsfunktion bei gegebenem Kostenbetrag den höchsten → Output erbringt, bzw. bei gegebenem Output die geringsten → Kosten verursacht. Bei Substitutionalität besteht die Möglichkeit, einen bestimmten Output durch verschiedene effiziente Kombinationen von Produktionsfaktoren zu erstellen. Erst durch die Berücksichtigung der Kosten kann daher die ökonomisch optimale Kombination der Produktionsfaktoren bestimmt werden. Analytisch wird die Minimalkostenkombination dadurch bestimmt, dass im Optimum die Gleichheit der Verhältnisse der partiellen → Grenzproduktivitäten und der entsprechenden → Faktorpreise gilt:

$$\frac{\delta x}{\delta r_1} : \frac{\delta x}{\delta r_2} : \dots : \frac{\delta x}{\delta r_n} = q_1 : q_2 \cdots : q_n,$$

wobei: $\delta x / \delta r_i$ = partielle Grenzproduktivität des Faktors i, q_i = Preis des Faktors i.

Minimalprinzip → Wirtschaftlichkeitsprinzip.

Minimalzinssatz → Floor.

Minimax-Regel – *Maximin-Regel, Wald-Regel;* Entscheidungsregel bei Unsicherheit (→ Entscheidungsregeln), nach der die Aktion mit dem Maximum der Zeilenminima aus der → Entscheidungsmatrix ausgewählt wird. Die Minimax-Regel spiegelt eine pessimistische Grundhaltung bzw. das Entscheidungsverhalten eines risikoscheuen Entscheidungsträgers wider. – *Gegensatz:* → Maximax-Regel.

Minimax-Risiko-Regel → Savage-Niehans-Regel.

Minimax-Theorem – spieltheoretisches Theorem für zwei Personen; Nullsummenspiele: Gemäß der

Lösung wählt jeder Spieler eine Maximum-Strategie, das ist eine Strategie, für die die minimale Auszahlung maximal ist (man erwartet, dass der Gegenspieler die eigene Auszahlung nummiert und versucht, diesen minimalen Gewinn zu maximieren). – Vgl. auch → Spieltheorie.

Minimum → Extremwert.

Minimum Capital Requirement (MCR) – 1. *Begriff:* Regulatorische Untergrenze des Solvenzkapitals von Versicherungsunternehmen im Rahmen der ersten Säule von → Solvency II. Es stellt die letzte aufsichtsrechtliche Eingriffsschwelle dar, bevor dem Unternehmen die Erlaubnis zum Geschäftsbetrieb entzogen wird. – 2. *Merkmale:* Nach dem aktuellen Diskussionsstand zu Solvency II ergibt sich das MCR aus einem einfachen Faktormodell unter Berücksichtigung des Prämien- und Reserverisikos sowie spartenspezifischer Besonderheiten des Versicherungsunternehmens. Es muss in einem definierten Bereich liegen, der vom erforderlichen → Solvency Capital Requirement (SCR) abhängt. Zusätzlich ist als absolute Untergrenze ein fixierter Kapitalbetrag vorgegeben, der von den betriebenen → Versicherungszweigen abhängt.

Minimumsektor → Ausgleichsgesetz der Planung.

Minister – Leiter einer obersten Bundes- oder Landesbehörde, der seinen Geschäftsbereich unter Beachtung der vom → Bundeskanzler bzw. vom Chef der Landesregierung aufgestellten Richtlinien der Politik selbstständig leitet und dem Bundestag bzw. dem Landesparlament verantwortlich ist.

Ministererlaubnis – einzelfallbezogene Regelung des § 42 GWB, nach der vom → Bundeskartellamt (BKartA) nach § 36 I GWB untersagte Zusammenschlüsse auf Antrag der beteiligten Unternehmen mit Erlaubnis des Bundesministers für Wirtschaft und Technologie dennoch vollzogen werden dürfen. Die Erlaubnis kann mit Bedingungen und Auflagen verbunden werden (§ 42 II GWB). Die alternativ nebeneinander stehenden Erlaubnisvoraussetzungen sind dabei teils wirtschaftlicher („gesamtwirtschaftliche Vorteile"), teils allgemein-politischer Natur („Rechtfertigung durch ein überragendes Interesse der Allgemeinheit"). Hinzu kommt, dass die Erlaubnis nur dann erteilt werden darf, wenn die mit dem Zusammenschluss verbundene Wettbewerbsbeschränkung die marktwirtschaftliche Ordnung nicht gefährdet. Der Bundesminister für Wirtschaft und Technologie hat vor seiner Entscheidung eine Stellungnahme (Sondergutachten) der → Monopolkommission einzuholen und den betroffenen Landeskartellbehörden Gelegenheit zur Stellungnahme zu geben (§ 42 III GWB). – Eine Ministererlaubnis kann nach § 41 III GWB auch für bereits vollzogene Zusammenschlüsse erteilt werden, die ansonsten vom Bundeskartellamt zu entflechten wären.

Ministererlaubnis bei Fusionen → Ministererlaubnis.

Ministerialprinzip – *Ressortprinzip;* Prinzip der Gliederung des Haushaltsplans nach den einzelnen Ministerien (Ressorts; institutionelle Gliederung). In der Bundesrepublik Deutschland angewandt (→ Haushaltssystematik). Die Haushaltsgliederung nach dem Ministerialprinzip dient v.a. der → administrativen Kontrollfunktion. – Mit dieser Gliederung eng verknüpft ist die Problematik des → Inkrementalismus. – *Anders:* → Funktionenplan.

Ministerkartell – *Gemeinwohlkartell.* Mit der Siebten GWB-Novelle abgeschaffte Möglichkeit nach § 8 GWB a.F. zur Freistellung vom Verbot des § 1 GWB für solche Vereinbarungen und Beschlüsse, die zwar aufgrund der Verfolgung außerwettbewerblicher Ziele ansonsten nicht legalisierungsfähig waren, deren Zustandekommen jedoch nach Ansicht des Bundeswirtschaftsministers aus Gründen der Gesamtwirtschaft und des Gemeinwohls dennoch wünschenswert erschien.

Ministerrat der Europäischen Union – wurde umbenannt in → Rat der Europäischen Union, einem Organ der → EU.

Minoritätsrechte → Minderheitsrechte.

Minsky-Effekt – Auch wenn man die Ursachen von → Finanzkrisen im Nachgang gut identifizieren und begründen kann, bleibt die Frage, warum insbesondere professionelle Marktteilnehmer wie Kreditinstitute nicht rechtzeitig gegensteuern. Im Zuge der → Subprime-Krise finden die Ideen des bislang relativ unbeachteten US-Ökonomen *Hyman Minsky* (1919-1996) Eingang in die Diskussion. Im Gegensatz zur Mainstream-Ökonomie vertritt Minsky die Auffassung, dass Volkswirtschaften nicht immer einem Gleichgewichtszustand zustreben. Aus seiner Sicht wird ein Finanzsystem im Laufe eines Aufschwungs automatisch instabil, d.h. Krisensituationen sind ein inhärentes Element des „Kapitalismus". Im Mittelpunkt seiner Überlegungen steht die Finanzierung von Unternehmen, Haushalten und Banken. Dabei lassen sich drei Finanzierungsarten differenzieren. – (1) *Sichere Finanzierungen* bei denen die Kreditnehmer sowohl die Zinsen als auch die Rückzahlungen gewährleisten können. – (2) Bei *spekulativen Finanzierungen* reichen die Einnahmen der Kreditnehmer aus, um die Zinszahlungen nicht aber die Rückzahlungen sicherzustellen. Insbesondere Banken und andere Finanzinstitutionen finanzieren sich auf diese Art und Weise und sind somit auf liquide Finanzmärkte angewiesen, die eine laufende Refinanzierung sicherstellen. – (3) Schließlich gibt es die *Ponzi-Finanzierung;* hier sind die Kreditnehmer weder in der Lage die Kredite zurückzuzahlen noch die Zinszahlungen vollständig zu gewährleisten. Die Kreditnehmer spekulieren darauf, dass die Preise der kreditfinanzierten Assets (im Fall der Subprime-Krise die Immobilienpreise) ansteigen, um somit die Schulden zu tilgen. In einer Aufschwungphase nimmt die Zahl der Ponzi-Finanzierungen zu, da die Gewinnerwartungen sukzessive steigen und steigende Vermögenspreise diese Einschätzung der Marktteilnehmer zunächst bestätigen. Im Laufe der Zeit steigt die Risikobereitschaft der Marktteilnehmer immer weiter an, sie unterschätzen die Risiken und überschätzen die Renditeaussichten. Im Ergebnis steigt die Verschuldung und immer mehr Kreditnehmer wechseln zur spekulativen oder Ponzi-Finanzierung. Kommt es nun zu Erschütterungen des Systems, bspw. durch einen restriktiveren Kurs der Geldpolitik, bleiben die Gewinnaussichten plötzlich hinter den Erwartungen zurück; die Vermögenspreise fallen und die Ponzi-Finanzierer können die Kredite nicht mehr bedienen. Sukzessive werden Verwerfungen auf einzelnen Teilmärkten wie dem US-Hypothekenmarkt auch auf andere Finanzmarktsegmente übertragen (sog. *Minsky-Moment*). Im Ergebnis kommt es zu einem Verfall der Vermögenspreise auf breiter Front und zu erheblichen Auswirkungen auf die reale Sphäre der Volkswirtschaft. Aus Sicht von Minsky lassen sich solche Krisen durch den Aufbau starker öffentlicher Institutionen vermeiden. Die Notenbanken sollen das immer komplexer werdende Finanzsystem überwachen und die Entwicklung neuer Finanzstrukturen steuern. Im Krisenfall können sie die Funktion des „lender of last resort" einnehmen, der durch eine ausreichende Liquiditätsversorgung die Krisenerscheinungen begrenzt. Der Staat soll die Auswirkungen auf die reale Sphäre aufgrund einer sinkenden Investitionsbereitschaft durch eine anti-zyklische Fiskalpolitik keynesianischer Provenienz begrenzen. Durch die Finanzierung der Zusatzausgaben mithilfe zusätzlicher, ausfallsicherer Staatsanleihen wird zugleich das Finanzsystem stabilisiert. Angesichts der Regulierungsdebatten im Nachgang der Subprime-Krise werden die Argumente von Minsky bei den Befürwortern einer stärkeren Finanzmarktregulierung sicherlich auf fruchtbaren Boden fallen. Widerspruch finden seine Thesen allerdings bei jenen Ökonomen, die Regulierungen und den damit quasi automatisch verbundenen Ausweichversuchen der Marktteilnehmer (Regulierungsarbitrage) als eine wesentliche Ursache für Finanzkrisen identifizieren bzw. krisenhafte Erscheinungen nicht generell vermeiden wollen, weil sie Fehlentwicklungen auf den Finanzmärkten beseitigen und zugleich Wegbereiter für eine effizientere Struktur der Finanzmärkte darstellen.

Minus-Stückzinsen – Zinsen für die Zeit von der Einzahlung bis zum Beginn der Laufzeit des → Zinsscheins bei der Zeichnung festverzinslicher Wertpapiere, die den Erwerbern vergütet werden, z.B. in Form eines Abschlags auf den Nennwert.

Minutenfaktor – Teil der Lohnformel beim Zeitakkord (Stückzeitakkord), der den auf eine Minute bezogenen Akkordrichtsatz angibt. Multipliziert mit der durch Arbeitszeitstudien ermittelten → Vorgabezeit und der geleisteten Stückzahl ergibt sich der Bruttolohn. – Vgl. → Akkordlohn

MIPS – I. Informatik: Abk. für *Million Instructions Per Second;* Maß für die Leistungsfähigkeit der → Zentraleinheit eines → Computers; gemessen wird i.d.R. mit einer Reihe von → Programmen, die den → Prozessor wie im normalen Betrieb belasten.

II. Marketing: Die das ganze Produktleben umspannende *Material-Intensität pro Serviceeinheit,* also der gesamte Materialverbrauch pro Einheit Dienstleistung oder Funktion. Jede zusätzliche Dienstleistung, die ein Produkt leistet, halbiert den zuletzt erreichten Wert von MIPS.

III. Umweltökonomie: Abk. für *Material-Intensität pro Serviceeinheit*; ist ein Verfahren zur Ökobilanzierung. Bewertungsgröße ist der Materialverbrauch pro Einheit, Dienstleistung bzw. Funktion über den gesamten Lebenszyklus (vgl. Schmidt-Bleek/Klüting 1994, S. 108). Fünf Kategorien werden betrachtet: biotische Rohmaterialien, abiotische Rohmaterialien, Bodenbewegung in Land- und Forstwirtschaft, Luft und Wasser (vgl. Schmidt-Bleek/Klüting 1994, S. 79 ff.). Aggregation der Werte und Division durch die gesamten Nutzungseinheiten. – *Ergebnis:* aggregierte Kennzahl.

Miquelsche Finanzreform → Finanzreform 1891/93, in deren Rahmen erstmals in Preußen eine progressive, veranlagte → Einkommensteuer, durch eine → Vermögensteuer ergänzt, eingeführt wurde.

Mirrlees – James Alexander, geb. 1936, engl. Nationalökonom, der in Cambridge lehrt; → Nobelpreis für Wirtschaftswissenschaften 1996 (zusammen mit → Vickrey). Mirrlees entwickelte ein mathematisches Modell für eine optimale Einkommensteuer, die trotz eines progressiven Tarifs Anreize zur Einkommenserzielung bieten soll. Er analysierte Entscheidungssituationen mit unvollständiger oder asymmetrischer Information nach einer Methode, die zum Standard für die Untersuchung solcher Fälle wurde.

Mirror Stock → Tracking Stocks.

MIS – Abk. für *Management-Informationssystem,* → Führungsinformationssystem (FIS).

Misalignment – Fehlanpassung des → Wechselkurses, die dadurch zustande kommt, dass der reale → Wechselkurs durch die Veränderung des nominellen Wechselkurses von seinem Gleichgewichtswert abweicht. – Der Gleichgewichtswert des realen Wechselkurses ist allerdings nicht einfach zu ermitteln. Bei empirischen Betrachtungen wird als Vergleichsmaßstab meist die → Kaufkraftparität verwendet. Der gleichgewichtige reale Wechselkurs verändert sich im Laufe der Zeit, und zwar einerseits aufgrund von realwirtschaftlichen Veränderungen im Bereich der → Produktion und der → Nachfrage, andererseits aber auch aufgrund von Bestandsanpassungsprozessen zur Erreichung des → außenwirtschaftlichen Gleichgewichts. – Vgl. auch → Wechselkurstheorie, → Zahlungsbilanzausgleich.

Mischakkord – Sonderform des → Akkordlohns, bei der der Verdienst in einen leistungsabhängigen und in einen leistungsunabhängigen Anteil zerlegt wird, wobei der leistungsabhängige Teil meist eine lineare Beziehung zur Leistung aufweist. Zwischenform von Proportionalakkord und Zeitlohn.

Mischfinanzierung – die bei der Regelung der → Finanzierungshoheit für eine öffentliche Aufgabe getroffene Vereinbarung, nach der die anfallenden Kosten der Aufgabenerfüllung von mehreren Aufgabenträgern gemeinsam getragen werden. Mischfinanzierung ergibt sich nach dem → Konnexitätsprinzip als Folge der Teilung von → Gesetzgebungskompetenz und → Verwaltungshoheit. – Vgl. auch → Gemeinschaftsaufgaben, → Politikverflechtung.

Mischkalkulation – *Ausgleichskalkulation, Kompensationskalkulation, kalkulatorischer Ausgleich, preispolitischer Ausgleich;* Kalkulationsprinzip zur flexiblen Ausnutzung aller Marktchancen bei der Preisgestaltung. Einzelne → Artikel oder Warengruppen werden mit unterschiedlichen Spannen belastet: Bei den Ausgleichsnehmern werden niedrigere, bei den Ausgleichsgebern höhere Spannen (Deckungsspannen, Deckungsraten oder Gewinnzuschläge) als im Durchschnitt kalkuliert.

Mischkonzern – *Konglomerat;* heterogener → Konzern, bei dem zwischen den dem Konzern angehörenden Unternehmen keine leistungsmäßigen Zusammenhänge bestehen. In den letzten Jahren stark zunehmend. – *Gründe:* Verbesserung der Unternehmensleitung, Liquiditäts- und Risikoausgleich zwischen produktionsfremden Unternehmen. – Vgl. auch → Diversifikation.

Mischkosten – aus fixen (→ fixe Kosten) und variablen Teilen (→ variable Kosten) zusammengesetzte → Kosten, die nicht getrennt erfasst wurden oder werden können, z.B. Energie für das Aufrechterhalten der Temperatur eines Glühofens und das Aufheizen der einzelnen Werkstücke. Sie können für Planungszwecke aufgrund technischer Untersuchungen oder statistischer Analysen näherungsweise aufgespalten werden.

Mischraum – Raum, der nicht in seiner Gesamtheit zu einem einzigen Zweck, sondern teils als Wohnung, teils zu anderen Zwecken (z.B. geschäftlichen Zwecken) genutzt wird. Für die Frage, ob Wohnraummietrecht oder Geschäftsraummietrecht anzuwenden ist, ist die überwiegende Nutzung maßgeblich. – *Bewertungsgesetz:* → gemischtgenutzte Grundstücke.

Mischsystem – Gruppe von Regelungsformen der → Steuerertragshoheit zwischen öffentlichen Aufgabenträgern im aktiven Finanzausgleich. – *Formen des Mischsystems:* → Zuschlagssystem, → Verbundsystem. – *Gegensatz:* → Trennsystem.

Mischung und Streuung – Kapitalanlagegrundsätze für Versicherungsunternehmen nach § 54 I VAG. Mischung bezieht sich auf die Arten der Kapitalanlagen und soll vermeiden, dass sich Versicherungsunternehmen einseitig auf bestimmte Anlagearten (z.B. → Aktien oder → Immobilien) beschränken. → Streuung bezieht sich auf die → Schuldner und soll vermeiden, dass zu große Beträge an einzelne Adressaten gebunden werden.

Mischverwaltung – Verwaltungsorganisation, bei der an sich kompetenziell getrennte Verwaltungsebenen Aufgaben zusammen wahrnehmen. Nach der neueren Rechtsprechung des → Bundesverfassungsgerichts (BVerfG) enthält des → Grundgesetz (GG) ein Verbot der Mischverwaltung im Verhältnis von Bundes- und Landesverwaltung. Danach sind die Verwaltungszuständigkeiten von Bund und Ländern grundsätzlich getrennt und können selbst mit Zustimmung der Beteiligten nur in den vom Grundgesetz vorgesehenen Fällen zusammengeführt werden. Zugewiesene Zuständigkeiten sind mit eigenem Personal, eigenen Sachmitteln und eigener Organisation wahrzunehmen. Denn die in den Art. 83ff GG erschöpfend geregelten Verwaltungszuständigkeiten sind grundsätzlich nicht abdingbares Recht. Kompetenzverschiebungen zwischen Bund und Ländern sind selbst mit Zustimmung der Beteiligten nicht zulässig. Vgl. Urt. v. 20.12.2007 – 2 BvR 21433/04 – zu den sog. Arbeitsgemeinschaften nach § 44b SGB II der → Bundesagentur für Arbeit mit den Kommunen. – Auf diese Entscheidung hat der Gesetzgeber durch Einfügung eines neuen Art. 91e in das Grundgesetz (G. vom 21.07.2010, BGBl. I S. 944) reagiert und eine Art der Mischverwaltung als Ausnahmetatbestand grundgesetzlich zugelassen. So können bei der Ausführung von Bundesgesetzen auf dem Gebiete der Grundsicherung für Arbeitssuchende Bund und Länder oder die nach Landesrecht zuständigen Gemeinden und Gemeindeverbände i.d.R. in gemeinsamen Einrichtungen zusammenarbeiten. – Eine weitere Form der Mischverwaltung ist mit der Zusammenarbeit von Bund und Ländern in Fragen der Informationstechnik als Ausnahmetatbestand in Art. 91c GG durch die Föderaalismusreform II (vgl. BGBL. 2009 I S. 2248) aufgenommen worden.

Mischzoll – Kombination aus → Wertzoll und → spezifischem Zoll, wobei einer dieser Zollsätze die Höchst- oder Mindestgrenze des anzuwendenden Zollsatzes angibt. Mischzölle sollen bei Preisschwankungen eine Mindest- oder Höchstzollbelastung gewährleisten. Sie werden bei → Einfuhr in das → Zollgebiet der Gemeinschaft (künftig der → EU) vorwiegend auf landwirtschaftliche Waren angewendet. – *Form:* → Gleitzoll.

Mises – Ludwig von, 1881–1973, österreichischer Nationalökonom, der in Wien und Genf lehrte, 1940 in die Vereinigten Staaten emigrierte, wo er von 1945 bis zu seinem Rücktritt 1969 an der New York University wirkte. Mises ist einer der letzten Repräsentanten der Österreichischen Schule. Sein Einfluss ist in den letzten Jahren, v.a. in den Vereinigten Staaten, erheblich gestiegen. In seiner Wiener Zeit war er hauptberuflich Angestellter der Handelskammer, in deren Räumen er als Privatdozent vierzehntäglich Seminare abhielt, deren Teilnehmer weltweit tätig und berühmt wurden, wie → Hayek, → Röpke, → Haberler, → Morgenstern und → Robbins. Von großer Wirkung sind auch seine Schriften, die ungewöhnlich klar geschrieben sind und die freiheitliche Ordnung mit Argumenten begründen, deren Logik bestechend ist. – Sein *Hauptwerk* „Human Action: A Treatise on Economics" (1949) ist eine engl., in einigen Punkten erweiterte Fassung seiner „Nationalökonomie: Theorie des Handelns und Wirtschaftens" (1940). Von seinen zahlreichen Schriften sind überdies auch heute noch lesenswert: „Theorie des Geldes und der Umlaufmittel" (1912); „Die Gemeinwirtschaft. Untersuchungen über den Sozialismus" (1932) und „Omnipotent Government. The Rise of the Total State and Total War" (1944).

Misfit-Analyse – Instrument v.a. des → strategischen Management mit dem Ziel, Denkanstöße zu geben. – *Analyseverfahren:* Ausgangspunkt bildet die zentrale Hypothese, dass eine Organisation erfolgreich ist, wenn Umfeld, Strategie, interne Kultur sowie Führungs- und logistische Fähigkeiten übereinstimmen (→ Führungsmodelle). Ändert sich etwas im Ausmaß der Umfeldturbulenz, so müssen Misfits (Unstimmigkeiten) im strategischen Verhalten neu zur Übereinstimmung gebracht werden, d.h., die Interaktion von Organisation und Umfeld muss neu ausgestaltet werden. Dies wird begleitet von einer Veränderung der internen Konfiguration wie der → Unternehmenskultur und den Fähigkeiten. Problem- und Eigenkomplexität müssen aufeinander abgestimmt werden. – *Beurteilung:* Misfit-Analyse ist ein relativ grobes, wenig operationalisierbares Instrument.

Mismatch → Beveridge-Kurve, → Arbeitslosigkeit.

Missbrauch – Tatbestandsmerkmal der kartellrechtlichen → Missbrauchsaufsicht.

Missbrauchsaufsicht – Die gesetzlichen Regelungen zur Missbrauchsaufsicht unterwerfen marktbeherrschende und marktstarke Unternehmen einer Verhaltenskontrolle durch die → Kartellbehörde. Es handelt sich dabei um eine wichtige Ergänzung zur → Zusammenschlusskontrolle. Während Letztere als präventive Strukturkontrolle die Entstehung oder Verstärkung marktbeherrschender Stellungen durch externes Unternehmenswachstum verhindern soll, ermöglicht die Missbrauchsaufsicht ex post die Intervention gegen das Verhalten solcher Unternehmen, die ihre marktbeherrschende Stellung aufgrund internen Unternehmenswachstums erlangt haben. Die wichtigsten Normen der Missbrauchsaufsicht sind die §§ 19, 20 GWB und Art. 102 AEUV. Missbräuchlich ist demnach insbesondere – a) die unmittelbare oder mittelbare unbillige Behinderung anderer Unternehmen; – b) die unmittelbare oder mittelbare Diskriminierung anderer Unternehmen ohne sachlich gerechtfertigten Grund; – c) die Forderung von Entgelten oder sonstigen Geschäftsbedingungen, die von denjenigen abweichen, die sich bei wirksamem Wettbewerb mit hoher Wahrscheinlichkeit ergeben würden; – d) die Forderung ungünstigerer Entgelte oder sonstiger Geschäftsbedingungen, als sie das marktbeherrschende Unternehmen selbst auf vergleichbaren Märkten von gleichartigen Abnehmern fordert; – e) die Verweigerung des Zugangs zu Netzen oder anderen Infrastruktureinrichtungen, soweit es hierzu keine Alternative gibt; – f) der Verkauf von Lebensmitteln und anderen Waren oder gewerblichen Leistungen dauerhaft unter Einstandspreis.

Mission → Unternehmensleitbild.

Mission Statement → Unternehmensleitbild.

Misstrauensvotum → Bundeskanzler.

Mitarbeiterbeurteilung – *Personalbeurteilung.* 1. *Begriff:* planmäßige und systematische Beurteilung von Mitgliedern der Organisation durch Vorgesetzte, häufig in regelmäßigen Zeitabständen (i.d.R. ein Jahr). Bewertet wird die Leistung und/oder das Verhalten und/oder die Persönlichkeit. – 2. *Beurteilungsmethoden:* merkmalsorienierte Einstufungsverfahren: stark standardisierte Verfahren, bei denen der Mitarbeiter anhand eines Rasters von Kriterien und einer mehrstufigen Skala bewertet wird. Klassisches Verfahren. – Zielorientierte Verfahren: Die Erreichung zuvor festgelegter Ziele wird beurteilt (Zielerreichungsgrad), dieses Verfahren gewinnt immer mehr an Bedeutung. Rangordnungsverfahren, freie Beurteilung, Kennzeichnungsverfahren haben kaum noch Praxisbedeutung. – In der Praxis liegen oft Mischkonzepte vor, z.B. eine merkmalsorientierte Bewertung kombiniert mit Zielfeststellung und ergänzende freie Beschreibungen. – 3. *Zweck:* Lohn- und Gehaltsdifferenzierung, Leistungsrückkopplung, → Karriereplanung, → Personalentwicklung, berufliche Weiterbildung, → Personalauswahl. – 4. *Arbeitsrechtliche Regelungen:* → Beurteilung des Arbeitnehmers.

mitarbeiterbezogene Planung und Kontrolle – 1. *Begriff:* Operatives Planungs- und Kontrollsystem, das im Unterschied zur bereichsbezogenen → Personalplanung nicht „summarisch" plant, sondern auf den einzelnen Mitarbeiter als Planungseinheit ausgerichtet ist; sie erfüllt somit auch Funktionen einer → Laufbahnplanung. – 2. *Merkmale*: Es geht hier darum, einen Interessenausgleich zwischen den Leistungszielen des Unternehmens und den individuellen Mitarbeiterzielen zu finden. Dabei konzentriert man sich auf einen engeren Kreis von Führungs- und Nachwuchskräften, die für die weitere Unternehmensentwicklung eine bes. Bedeutung besitzen (→ Potenzialanalyse); sie ist daher auch geeignet, Aufgaben im Rahmen eines → strategischen Managements zu übernehmen.

Mitarbeiterführung → Führung.

Mitarbeitergespräch – Instrument der Personalführung, findet in regelmäßigen und unregelmäßigen Abständen zwischen Vorgesetztem und Mitarbeiter statt. – *Hauptformen:* Zielvereinbarungsgespräch, Beurteilungsgespräch, Entwicklungsgespräch, Konfliktgespräch, Informationsgespräch, Problemlösungsgespräch. Häufig orientieren sich diese Gespräche an Personalbögen, Checklisten oder Leitfäden, die u.a. als Strukturgrundlage für das Gespräch dienen.

Mitarbeiterkapitalbeteiligung – Der Vorteil des Arbeitnehmers im Rahmen eines gegenwärtigen Dienstverhältnisses aus der unentgeltlichen oder verbilligten Überlassung von Vermögensbeteiligungen am Unternehmen des Arbeitgebers ist ab dem 1.4.2009 steuerfrei, soweit der Vorteil 360 Euro pro Kalenderjahr nicht übersteigt (§ 3 Nr. 39 EStG). Voraussetzungen hierfür sind a) freiwillige Zuzahlung zusätzlich zum ohnehin geschuldeten Arbeitslohn und b) die Beteiligung muss allen Arbeitnehmern offen stehen.

Mitarbeiterkommunikation – nach innen gerichtete Aspekte der → Kommunikationspolitik.

Mitarbeitermotivation – 1. *Begriff:* Einflussnahme der Führungskraft bzw. des Unternehmens auf den Mitarbeiter, um eine Verbesserung dessen Verhaltens und/oder dessen Leistung zu erzielen (vgl. auch → Arbeitsmotivation). – 2. *Mögliche Ebenen der Einflussnahme:* (1) materielles Umfeld: Arbeitsplatzbedingungen (Sauberkeit, → Arbeitsmittel, → Arbeitszeit, Entlohnung etc.), (2) psychisches Umfeld: → Führungsstil des Vorgesetzten, Zusammenarbeit mit Kollegen, Teamarbeit etc., (3) privates Umfeld: Familie, Freunde, Freizeit, Work-Life-Balance etc.

Mitbesitz – der gleichrangige → Besitz Mehrerer an einer Sache mit eingeschränktem → Besitzschutz zueinander (§ 866 BGB).

Mitbestimmung – Teilhabe aller in einer Organisation vertretenen Gruppen am Willensbildungs- und Entscheidungsprozess. – Im Besonderen *wirtschaftliche Mitbestimmung,* also die institutionelle Teilhabe der Arbeitnehmer(-vertreter) am Willensbildungs- und Entscheidungsprozess in Unternehmen und Betrieb (→ Unternehmensverfassung).

I. Entwicklung: Ausgangspunkt der Forderung nach Mitbestimmung waren der Gegensatz von Kapital und Arbeit und die Situation der Arbeiterschaft im letzten Jh. Ideengeschichtliche Impulse gingen von sozialistischen Ideen, christlichen Soziallehren und Vorstellungen des liberalen Bürgertums aus. Eine erste umfassende Konzeption stellte die Schrift „Wirtschaftsdemokratie" von F. Naphtali (1928) dar. Wichtige gesetzliche Regelungen der Mitbestimmung waren die Gewerbeordnungsnovelle von 1891 (Arbeiterausschüsse) und die Betriebsrätegesetzgebung der Weimarer Republik.

II. Gründe für Mitbestimmung im wirtschaftlichen Bereich: (1) Übertragung des Demokratieprinzips auf die Wirtschaft, (2) Gleichstellung von Arbeit und Kapital, (3) Kontrolle wirtschaftlicher Macht, (4) Würde des Menschen (sozialethisches Postulat). – *Gegenargumente:* (1) Ordnungspolitischer Natur: → Eigentum, → Tarifautonomie und Rolle der → Gewerkschaften; (2) befürchtete ökonomische Konsequenzen in Bezug auf Wettbewerbsfähigkeit, Kapitalbeschaffung und funktionsfähiges Management.

III. Begriff: Als Oberbegriff umfasst Mitbestimmung (nach dem Kriterium der Intensität) verschiedene Abstufungen der Teilhabe (Einwirkungsmöglichkeit): 1. *Mitentscheidung:* stärkste Form der Mitbestimmung. Durch Veto- oder Initiativrecht ist die Gültigkeit von Beschlüssen von der Zustimmung der Arbeitnehmer abhängig; sie beschränkt die eigenverantwortliche Entscheidung des nach dem Gesellschaftsrecht zuständigen Organs. – 2. *Mitwirkung* (Mitberatung im Sinn gemeinsamer Erörterungen; Informations-, Anhörungs- und Vorschlagsrechte): Beeinflussung von Entscheidungen, aber keine Bindung der Entscheidungsträger an die Stellungnahme der Mitwirkenden. – 3. *Paritätische* oder *qualifizierte Mitbestimmung:* paritätische Besetzung des Aufsichtsrates und der Vertretung der Arbeitnehmer im Vorstand, z.B. nach Montan-Mitbestimmungsgesetz (MontanMitbestG).

IV. Ökonomische Wirkungen: Abhängig von Ausfüllung und Gebrauch des juristischen Rahmens; inwieweit Handlungen der Entscheidungsbefugten beeinflusst und der Ablauf des Entscheidungsprozesses oder das Zielsystem verändert werden. Ökonomische Wirkungen der Mitbestimmung können über das hinausgehen oder sich von dem unterscheiden, was die gesetzliche Regelung intendiert oder vermuten lässt.

V. Ebenen der Mitbestimmung: 1. *Überbetriebliche Mitbestimmung:* Beteiligung der Arbeitnehmer(-vertreter) an Wirtschaftsgesetzgebung, -verwaltung und -politik. Eine weitergehendere Begriffsinterpretation umfasst auch die Vertretung der Arbeitnehmer z.B. in Selbstverwaltungseinrichtungen der Krankenkassen oder der Rentenversicherung. – In der Bundesrepublik Deutschland nur vereinzelte Ansätze einer gesetzlichen Fixierung (z.B. Landeswirtschaftsrat in Bremen) im Gegensatz zur Weimarer Republik (Reichswirtschaftsrat). In der Mitbestimmungs-Diskussion Vorschlag eines Systems paritätisch besetzter Wirtschafts- und Sozialräte auf Bundes-, Landes- und Bezirks-(Regional-)ebene vonseiten des DGB in den 1970er-Jahren. – 2. *Unternehmensbezogene Mitbestimmung:* Beteiligung der Arbeitnehmer in den für die Unternehmenspolitik zuständigen Organen (→ Aufsichtsrat, → Vorstand). – Geltende gesetzliche Bestimmungen sind: (1) → Mitbestimmungsgesetz (MitbestG) vom 4.5.1976 (BGBl. I 1153) m.spät.Änd., (2) → Montan-Mitbestimmungsgesetz (MontanMitbestG) vom 12.5.1951 (BGBl. I 347) m.spät.Änd.; das → Mitbestimmungs-Ergänzungsgesetz (MitbestErgG) vom 7.8.1956 (BGBl. I 707) m.spät.Änd., (3) → Drittelbeteiligungsgesetz (DrittelbG) vom

18.5.2004 (BGBl. I 974) m.spät.Änd. sowie (4) Betriebsverfassungsgesetz i.d.F. vom 25.9.2001 (BGBl. I 2518) m.spät.Änd. Das MitbestG erfasst grundsätzlich alle Unternehmen mit eigener Rechtspersönlichkeit und mit mehr als 2 000 Beschäftigten (§ 1 I). Ausnahmen bilden insbesondere die Montan- und Tendenzbetriebe. Es gilt die sog. Unterparität, d.h. Anteilseigner und Arbeitnehmer sind grundsätzlich gleich stark im Aufsichtsrat vertreten. Bei einem erforderlichen zweiten Wahlgang im Aufsichtsrat wählen die Anteilseigner den Aufsichtsratsvorsitzenden, dessen Stimme dann entscheidet. Das MontanMitbestG gilt für alle Montanbetriebe (Kohle, Eisen, Stahl) in der Rechtsform der AG oder der GmbH, wenn mehr als 1.000 Beschäftigte vorhanden sind. Der Aufsichtsrat wird gleich stark von Vertretern der Arbeitnehmer und des Eigenkapitals besetzt. Hinzu kommt ein neutrales Mitglied (Bürgermeister, anerkannte Person), die in Pattsituationen den Ausschlag gibt. Der § 13 I MontanMitbestG sieht vor, dass ein Mitglied des Vorstandes der sog. Arbeitsdirektor ist, der nicht gegen die Stimmen der Arbeitnehmer bestellt bzw. abberufen werden kann. Das Drittelbeteiligungsgesetz erfasst v.a. Aktiengesellschaften (AG), Gesellschaften mit beschränkter Haftung (GmbH) und Erwerbs- und Wirtschaftsgenossenschaften. In diesem Falle erhalten die Anteilseigner 2/3 der Stimmen im Aufsichtsrat, der in Großunternehmen mit mehr als 10 Mio. Euro Eigenkapital bis zu 21 Mitglieder stark sein darf. Von gewerkschaftlicher Seite wird die Ausweitung der paritätischen Mitbestimmung nach MonMitbestG auf Unternehmen aller Wirtschaftsbereiche gefordert, sofern es sich um Kapitalgesellschaften bestimmter Größe (Beschäftigtenzahl, Umsatz, Bilanzsumme als Kriterien) handelt. – 3. *Betriebliche Mitbestimmung*: Beteiligung der Arbeitnehmer (v.a. vertreten durch den → Betriebsrat) an Entscheidungen in sozialen, personellen, ökonomischen und organisatorischen Fragen. Gesetzliche Grundlage: BetrVG. – a) *Beteiligungsrechte des Betriebsrats* besteht in unterschiedlicher Intensität und hinsichtlich verschiedener Gegenstände nämlich in → personellen Angelegenheiten, → sozialen Angelegenheiten und → wirtschaftlichen Angelegenheiten. (1) *Informationsrechte* geben dem Betriebsrat das Recht, vom Arbeitgeber umfassende Unterrichtung unter Vorlage von Unterlagen zu verlangen. Sie bilden oft die Vorstufe weit gehender Beteiligungsrechte. Am bedeutsamsten im Zusammenhang mit Einstellungen (§ 99 BetrVG), Kündigungen (§ 102 I BetrVG), Betriebsänderungen (§ 111 BetrVG). Ansonsten noch geregelt in den §§ 80, 81, 85 III, 89 IV, V, 90, 92, 100 II, 105, 106, 108 V BetrVG. Teilweise kann die Unterlassung, wahrheitswidrige, unvollständige oder verspätete Unterrichtung mit Geldbußen geahndet werden (§ 121 BetrVG). Sie kann auch vom Betriebsrat über das Arbeitsgericht nach § 23 III BetrVG erzwungen werden. (2) Bei den *Anhörungs- und Beratungsrechten* hat der Arbeitgeber den Betriebsrat anzuhören, ihm Gelegenheit zur Stellungnahme zu geben und bei Beratungsrechten ihn um seine Meinung zu fragen und den Verhandlungsgegenstand mit ihm gemeinsam zu erörtern. Bedeutsam ist v.a. das Anhörungsrecht bei Kündigungen nach § 102 BetrVG, da seine Verletzung zur Unwirksamkeit der Kündigung führt. Wichtig auch das Beratungsrecht §§ 111, 112 BetrVG hinsichtlich → Betriebsänderung und → Interessenausgleich, da aus seiner Verletzung teilweise ein Anspruch auf Unterlassung der → Betriebsänderung hergeleitet wird. Weitere Anhörungsrechte sind enthalten in §§ 82 I, 85 BetrVG, Beratungsrechte in §§ 89, 90 I, 92 I 2, 97, 106 I BetrVG. (3) Bei *Widerspruchs- und Vetorechten* darf eine Maßnahmen bei Widerspruch des Betriebsrats nicht aufrechterhalten werden, so bei Einstellungen, Ein-, Umgruppierungen und Versetzungen; bei der ordentlichen Kündigung führt der Widerspruch zu einem Weiterbeschäftigungsanspruch (→ Beschäftigungsanspruch). Der Widerspruch ist in allen Fällen auf bestimmte im Gesetz genannte Gründe beschränkt und ihm kann auf Antrag des Arbeitgebers vom Arbeitsgericht seine Wirkung genommen werden. (4) Bei der *erzwingbaren Mitbestimmung* und der *Mitbestimmung i.e.S.* hängt die Wirksamkeit der Maßnahme des Arbeitgebers von der vorherigen Zustimmung des Betriebsrats ab. Die erzwingbare Mitbestimmung besteht v.a. in → sozialen Angelegenheiten (§ 87 BetrVG) und bei Betriebsänderungen hinsichtlich des → Sozialplans. Der Betriebsrat kann hier auch selbst initiativ werden und Regelungen verlangen. Kommt eine Einigung nicht zustande, so entscheidet die → Einigungsstelle verbindlich. Ein Mitbestimmungsrecht i.e.S. besteht auch beim Erfordernis der vorherigen Zustimmung des Betriebsrats zur Kündigung eines seiner Mitglieder. Diese kann auf Antrag des Arbeitgebers vom Arbeitsgericht ersetzt werden. – b) *Beteiligungsrechte der einzelnen Arbeitnehmer:* Das BetrVG legt in den §§ 81–86 BetrVG Individualrechte des einzelnen Arbeitnehmers gesetzlich fest. Es handelt sich um Unterrichtungs-, Anhörungs- und Erörterungsrechte in Angelegenheiten, die den einzelnen Arbeitnehmer und seinen Arbeitsplatz unmittelbar betreffen. Eine Beschwerde in ihn betreffenden Angelegenheiten kann der einzelne Arbeitnehmer entweder direkt bei der zuständigen Stelle des Betriebes (§ 84 BetrVG) oder über den Betriebsrat (§ 85 BetrVG) erheben. – 4. *Mitbestimmung am Arbeitsplatz:* Kaum Niederschlag in gesetzlichen Regelungen (→ Arbeitsplatzmitbestimmung). – 5. Auf europäischer Ebene ist die Beteiligung bei gemeinschaftsweit tätigen Unternehmen nur schwach in Form eines Anhörungsrechts ausgeprägt. Vgl. dazu §§ 32,33 des Europäischen Betriebsräte-Gesetzes vom 28.10.1996 (BGBl. I 1548) m.spät.Änd. – Vgl. auch → europäischer Betriebsrat.

VI. Mitbestimmung am Miteigentum: In Einzelfällen praktiziert (→ Kapitalbeteiligung).

VII. Mitbestimmung im öffentlichen Dienst: Gesondert geregelt in den Personalvertretungsgesetzen des Bundes und der Länder. – Vgl. auch → Personalrat.

VIII. Mitbestimmung in den EU-Mitgliedsstaaten: *Betriebliche Mitbestimmung* (gesetzliche oder tarifvertragliche Regelungen) relativ einheitlich geregelt; *auf Unternehmensebene* keine der Bundesrepublik Deutschland vergleichbare Regelung (ausgenommen Niederlande); *überbetriebliche Mitbestimmung* ist z.B. in Frankreich stärker ausgeprägt. Die gewerkschaftliche Politik einiger westeuropäischer Länder (Großbritannien, Frankreich, Italien) unterscheidet sich von der dt.; auf Arbeiterkontrolle bzw. auf → tarifvertragliche Mitbestimmung ausgerichtet.

Mitbestimmung im Konzern → Mitbestimmungsrechte im → Konzern. – 1. Auf *Unternehmensebene:* In der Konzernspitze ist ein paritätisch besetzter Aufsichtsrat einzurichten, wenn die Zahl der Arbeitnehmer eines → Konzerns mehr als 2.000 beträgt und die sonstigen Anwendungsvoraussetzungen des Gesetzes erfüllt sind (§ 5 I MitbestG); die Arbeitnehmerrepräsentanten werden von allen Beschäftigten des Konzerns gewählt. Die → Mitbestimmung in den Tochtergesellschaften wird durch die Einrichtung eines mitbestimmten Konzernaufsichtsrates grundsätzlich nicht tangiert. Zur Vermeidung einer befürchteten Kumulierung des Mitbestimmungseinflusses der Arbeitnehmer im Konzern sind bestimmte Beteiligungsrechte der Konzernspitze gegenüber einer mitbestimmten Tochtergesellschaft allein von den Anteilseignervertretern im Aufsichtsrat der Konzernmutter auszuüben (§ 32 MitbestG). Bleibt die Konzernmutter als Personengesellschaft oder Firma mit Sitz im Ausland mitbestimmungsfrei, werden sog. Teilkonzernspitzen fingiert (§ 5 III MitbestG); dasjenige Unternehmen, das in der Konzernhierarchie der Obergesellschaft am nächsten steht und die sonstigen rechtlichen Voraussetzungen erfüllt, gilt als Konzernspitze. – Nach dem → Drittelbeteiligungsgesetz (DrittelbG) erfolgt eine Drittelbeteiligung der Arbeitnehmer im Aufsichtsrat der Konzernspitze nur dann, wenn diese allein oder zusammen mit vertraglich beherrschten bzw. eingegliederten Tochtergesellschaften mehr als 500 Arbeitnehmer beschäftigt. – Für den Montansektor: → Mitbestimmungs-Ergänzungsgesetz (MitbestErgG); „Holding-Novelle"). – 2. Auf *Betriebsebene:* Unabhängig von der Konzernart besteht nach dem BetrVG die Möglichkeit, einen → Konzernbetriebsrat einzurichten. Befindet sich die Konzernspitze im Ausland, so kann ein Konzernbetriebsrat i.d.R. nicht etabliert werden; § 5 III MitbestG ist nicht analog anwendbar. Bei gemeinschaftsweit tätigen Unternehmen werden kraft Gesetzes Europäische Betriebsräte eingerichtet, sofern nicht ein Anhörungs- und Unterrichtungsgremium vereinbart wird (vgl. § 1 des Europäische Betriebsräte-Gesetzes; → europäischer Betriebsrat). – 3. *Probleme:* Mitbestimmung im Konzern müsste im Entscheidungszentrum des Konzerns ansetzen (v.a. bei internationalen Unternehmungen mit Sitz im Ausland nicht gegeben).

Mitbestimmungs-Ergänzungsgesetz (MitbestErgG) – Gesetz zur Ergänzung des Gesetzes über die Mitbestimmung der Arbeitnehmer in den Aufsichtsräten und Vorständen der Unternehmen des Bergbaus und der Eisen und Stahl erzeugenden Industrie vom 7.8.1956 (BGBl. I 707) m.spät.Änd. Regelt die → Mitbestimmung in herrschenden Unternehmen (→ Holdinggesellschaft) der genannten Bereiche. – 1. *Geltungsbereich:* Das MitbestErgG gilt für Holdinggesellschaften, wenn der Gesamtumsatz des Konzerns, an dessen Spitze sie stehen, zu mehr als 50 Prozent von Unternehmen erbracht wird, die dem Montan-Mitbestimmungsgesetz unterliegen (Organtöchter der Montanindustrie). Es gilt nicht mehr, wenn in sechs aufeinander folgenden Geschäftsjahren die Voraussetzungen nicht mehr vorliegen. – 2. *Zusammensetzung des Aufsichtsrats:* Der Aufsichtsrat besteht aus 15 Mitgliedern (erweiterter Aufsichtsrat 21 Mitglieder), wird paritätisch besetzt und durch ein „neutrales Mitglied" ergänzt. Vier Arbeitnehmervertreter müssen Arbeitnehmer aus den Betrieben der Konzernunternehmen sein; drei Arbeitnehmervertreter werden von den Spitzenorganisationen der in den Konzernunternehmen vertretenen Gewerkschaften vorgeschlagen. Alle Arbeitnehmervertreter werden durch Wahlmänner der Belegschaft gewählt. Das „neutrale Mitglied" wird entsprechend der Regelung des Montan-Mitbestimmungsgesetzes bestellt. – 3. Dem *Vorstand,* der vom Aufsichtsrat bestellt wird, muss ein → Arbeitsdirektor angehören. Anders als beim Montan-Mitbestimmungsgesetz besteht hinsichtlich dieses Vorstandsmitglieds kein Vetorecht der Mehrheit der Aufsichtsratsmitglieder der Arbeitnehmerseite.

Mitbestimmungsgesetz (MitbestG) – Gesetz über die Mitbestimmung der Arbeitnehmer vom 4.5.1976 (BGBl. I 1153) m.spät.Änd.

I. Geltungsbereich: 1. Alle Wirtschaftszweige mit Ausnahme der Montanindustrie (Montan-Mitbestimmungsgesetz und Mitbestimmungsergänzungsgesetz) und des → Tendenzbetriebs; 2. Unternehmen, die in der Rechtsform einer AG, KGaA, GmbH, GmbH & Co. KG oder einer Erwerbs- und Wirtschaftsgenossenschaft betrieben werden und i.d.R. mehr als 2.000 Arbeitnehmer beschäftigen sowie für Konzerne (→ Mitbestimmung im Konzern); 3. durch das MitbestG wird die → Mitbestimmung im Aufsichtsrat und Vorstand geregelt; die Mitbestimmung ist (knapp) unterparitätisch. – Vgl. auch → Unternehmensverfassung.

II. Inhalt: 1. *Zusammensetzung und Bildung eines Aufsichtsrats:* In den Unternehmen wird ein Aufsichtsrat gebildet, zu gleichen Teilen durch Anteilseigner und Arbeitnehmer, wobei die Anteilseignerseite jedoch den mit Doppelstimme für die → Pattauflösung ausgestatteten Aufsichtsratsvorsitzenden stellt.

Der Aufsichtsrat besteht aus zwölf (bei Unternehmen bis 10.000 Arbeitnehmern), 16 (bei Unternehmen bis 20.000 Arbeitnehmern) oder 20 (bei Unternehmen über 20.000 Arbeitnehmern) Mitgliedern, davon sechs (acht oder zehn) Vertreter der Anteilseigner und sechs (acht oder zehn) Vertreter der Arbeitnehmer, davon zwei (zwei oder drei) Vertreter von Gewerkschaften, die in dem Unternehmen selbst oder in einem anderen Unternehmen vertreten sind. Arbeitnehmervertreter, zu denen auch leitenden Angestellte gehören, müssen das 18. Lebensjahr vollendet haben, ein Jahr dem Unternehmen angehören und im Sinn des BetrVG wählbar sein. Wahl bei Unternehmen bis 8.000 Arbeitnehmern unmittelbar und bei Unternehmen über 8.000 Arbeitnehmern durch Wahlmänner geheim und nach den Grundsätzen der → Verhältniswahl; Einleitung und Durchführung der Wahl durch Betriebswahlvorstand; Einzelheiten der Wahl für Unternehmen mit einem Betrieb in der Ersten Wahlordnung zum Mitbestimmungsgesetz (1. WOMitbestG) vom 27.5.2002 (BGBl. I 1682), bei Unternehmen mit mehreren Betrieben in der Zweiten Wahlordnung zum Mitbestimmungsgesetz (2. WOMitbestG) vom 27.5.2002 (BGBl. I 1708) und bei Unternehmen in der Rechtsform der Kommanditgesellschaft oder bei Konzernen in der Dritten Wahlordnung zum Mitbestimmungsgesetz (3. WOMitbestG) vom 27.5.2002 (BGBl. I 1741). – 2. Im *Vorstand* ist nach dem Gesetz als gleichberechtigtes Mitglied ein → Arbeitsdirektor zu bestellen (ausgenommen bei der KGaA). Er ist wie alle übrigen Vorstandsmitglieder im selben Verfahren zu wählen.

Mitbestimmungsrecht – 1. *Begriff:* Befugnis zur gleichberechtigten Mitwirkung und Beteiligung an Entscheidungen; jede Form der → Mitbestimmung, sofern sie aufgrund eines Rechtsanspruchs ausgeübt werden kann. – Das Mitbestimmungsrecht kann je nach gesetzlicher Ausgestaltung v.a. folgende Einzelbefugnisse umfassen: a) Angelegenheit im Nichteinigungsfall zur verbindlichen Entscheidung vor eine Schlichtungsstelle zu bringen; b) durch Verweigerung der Zustimmung dem anderen Teil die Möglichkeit einer wirksamen Regelung zu nehmen; c) bei einseitigem Handeln des anderen Teils einen Aufhebungsanspruch vor Gericht geltend zu machen. – 2. *Gesetzliche Regelungen der Mitbestimmung:* a) *Betriebliche Mitbestimmung:* (1) Betriebsverfassungsgesetz i.d.F. vom 25.9.2001 (BGBl. I 2518) m.spät.Änd.; (2) Sonderregelung für den öffentlichen Dienst: Bundespersonalvertretungsgesetz (BPersVG) vom 15.3.1974 (BGBl. I 693) m.spät.Änd. und die Personalvertretungsgesetze der Länder. – b) *Unternehmensmitbestimmung:* Es bestehen in der Bundesrepublik Deutschland *vier Systeme* einer Mitbestimmung bzw. Beteiligung von Vertretern der Arbeitnehmer in den Leitungsorganen von Unternehmen mit eigener Rechtspersönlichkeit: (1) Nach dem → Mitbestimmungsgesetz (MitbestG) vom 4.5.1976 (BGBl. I 1153) m.spät.Änd., (2) nach dem → Drittelbeteiligungsgesetz vom 18.5.2004 (BGBl. I 974) m.spät.Änd., (3) nach dem → Montan-Mitbestimmungsgesetz (MontanMitbestG) vom 21.5.1951 (BGBl. I 347) m.spät.Änd., (4) nach dem → Mitbestimmungs-Ergänzungsgesetz (MitbestErgG) vom 7.8.1956 (BGBl. I 707) m.spät.Änd. – 3. *Einordnung:* Das Mitbestimmungsrecht ist Arbeitsrecht i.w.S.; es ist Bestandteil des Unternehmensrechts bzw. eine Modifizierung des Gesellschaftsrechts. – Vgl. auch → Mitbestimmung.

Mitbewerber → Konkurrenz, → Konkurrenzanalyse.

Mitchell – Wesley Clair, 1874–1948, amerik. Nationalökonom, der von 1913 bis 1919 und von 1923 bis zu seinem Rücktritt 1944 an der Columbia University in New York lehrte, dort 1920 das → National Bureau of Economic Research (NBER) mit begründete, deren Direktor er seit Beginn bis 1945 war. Mitchell gilt mit seinem Lehrer → Veblen und Commons (1862–1945) als Hauptvertreter der amerik. institutionellen Schule, die in geistiger Nähe zur dt. → sozialrechtlichen Schule stand.

Mitchell-Zyklus → Konjunkturzyklus.

Miteigentum – 1. *Bruchteileigentum:* → Eigentum mehrerer an einer Sache (§§ 1008–1011 BGB). Das Rechtsverhältnis der Miteigentümer untereinander richtet sich nach den Vorschriften über die → Gemeinschaft. Jeder Miteigentümer kann Aufhebung der Gemeinschaft, bei beweglichen Sachen durch Verkauf, bei Grundstücken durch Zwangsversteigerung verlangen. Eigentumsklagen stehen jedem Miteigentümer Dritten gegenüber zu; doch kann Herausgabe nur an alle Miteigentümer gefordert werden (§ 1011 BGB). – *Andere Regeln* für die → Gemeinschaft zur gesamten Hand (z.B. Erbengemeinschaft, Gesellschaft). – 2. *Miteigentum der Arbeitnehmer:* → Mitunternehmerschaft.

Miterbe – Teilnehmer einer → Erbengemeinschaft.

Miterfinder – Beruht eine patent- oder gebrauchsmusterfähige → Erfindung auf der Leistung mehrerer, so steht ihnen das Recht auf das → Patent (→ Gebrauchsmuster) gemeinschaftlich zu (§ 6 II PatG, § 13 III GebrMG). Maßgeblich sind die vertraglichen Abreden, fehlen diese, besteht Bruchteilsgemeinschaft nach §§ 741 f. BGB. Miterfinder-Eigenschaft erfordert nicht, dass jeder Miterfinder die spätere Lösung erkannt hat, es reicht ein für den späteren Enderfolg ursächlicher Beitrag, der auch in der Stellung der technischen Aufgabe, der Einflussnahme auf die Lösungswege und darin bestehen kann, die anderen Miterfinder von einem technischen Irrweg abgehalten zu haben. Maßgeblich sind die Umstände des Einzelfalls im Hinblick auf den technischen Erfindungsgedanken. Rein konstruktive Beigaben und mechanische Ausführungsarbeiten nach Weisung reichen nicht zur Begründung der Miterfindereigenschaft. Handelt es sich um eine → Arbeitnehmererfindung, stehen den Miterfindern

Vergütungsansprüche gegen den Arbeitgeber entsprechend dem Anteil an der Erfindung zu.

Mitfahrzentrale – Begriff des Verkehrsrechts für ein Gewerbe, das die Personenbeförderung von Fahrgästen mit privaten Personenkraftwagen vermittelt, gegen ein Gesamtentgelt, das die Betriebskosten der Fahrt nicht übersteigt.

Mitgliederbeiträge – 1. *Begriff:* Beiträge, die Mitglieder einer Personenvereinigung nach den Satzungen zu entrichten verpflichtet sind. – 2. *Körperschaftsteuer:* Mitgliederbeiträge bleiben bei der Ermittlung des Einkommens außer Ansatz (§ 8 VI KStG). Sie sind steuerpflichtig, wenn sie Gegenleistung für eine bes. Leistung des Vereins an das Mitglied darstellen. – 3. *Umsatzsteuer:* Soweit eine Vereinigung zur Erfüllung ihrer den Gesamtbelangen sämtlicher Mitglieder dienenden satzungsgemäßen Gemeinschaftszwecke tätig wird und dafür Mitgliederbeiträge erhebt, die für alle Mitglieder gleich hoch sind oder nach einem für alle Mitglieder verbindlichen Bemessungsmaßstab gleichmäßig errechnet werden, fehlt es an einem umsatzsteuerbaren → Leistungsaustausch *(echte Mitgliederbeiträge).* Werden die Mitgliederbeiträge jedoch als Gegenleistung für eine Leistung der Vereinigung an die Mitglieder gezahlt *(unechte Mitgliederbeiträge),* liegt ein Leistungsaustausch vor, für den Umsatzsteuer anfällt. Das ist der Fall, wenn die Vereinigung ihre Beiträge nach tatsächlicher oder vermuteter Inanspruchnahme staffelt. Es ist aber bereits auch dann der Fall, wenn die Mitglieder die Mitgliederbeiträge deswegen zahlen, weil der Verein ihnen ein Leistungsangebot macht, z.B. die Mitglieder eines Sportvereins aufgrund ihrer Mitgliedschaft die Möglichkeit haben, die vom Verein angebotenen Leistungen zu nutzen. Folglich sind echte Mitgliederbeiträge im Wirtschaftsleben eher selten.

Mitgliederförderung → Förderungsauftrag, → Förderungsgenossenschaft.

Mitgliedermarketing – 1. *Begriff:* Marketingaktivitäten von → Verbänden und anderen mitgliedschaftlichen (Nonprofit-) Organisationen (→ NPO, wie z.B. → Vereine) in den Bereichen Beschaffungsmarketing und Leistungsabgabemarketing. – 2. *Merkmale:* a) Das Beschaffungsmarketing hat eine nach außen und innen gerichtete Dimension: (1) Nach außen gerichtete Dimension („Außenbereich"): Hier geht es um die Gewinnung neuer Mitglieder (eigentliches Mitgliedermarketing). (2) Nach innen gerichtete Dimension („Innenbereich"): Hier steht die Mitgliederaktivierung im Vordergrund, d.h. die Mitglieder sollen neben finanziellen Beiträgen auch Mitarbeit leisten (z.B. in Gremien), Informationen oder auch Know-how an die Organisation liefern. – b) Das Leistungsabgabemarketing umfasst jene Aktivitäten der Organisation, die zum Ziel die Mitgliederpflege und Mitgliederbindung haben, z.B. Zufriedenheitsmessung oder bedürfnisgerechte Leistungsgestaltung.

Mitgliederselektion – Auswahl von Mitgliedern (Kunden) in einer → kooperativen Gruppe des Handels. – *Kriterien:* Umsätze, Betriebsgröße, Kosten der Belieferung, Einkaufskonzentration, Unterstützung des gemeinsamen Handelsmarketings, Einhaltung der Leitideen oder Grundsätze der Kooperation u.a. Selektierte Mitglieder werden i.d.R. auf den Einkauf im → Cash- and-Carry-Großhandel (CC) verwiesen.

Mitgliedschaft in der Genossenschaft – 1. *Erwerb der Mitgliedschaft* in der Genossenschaft durch (1) Unterzeichnung der Gründungssatzung, (2) eine schriftliche Beitrittserklärung, (3) durch Vererbung, wodurch sich satzungsgemäß die Regelung ergeben kann, dass die vererbte Mitgliedschaft mit Ablauf des Geschäftsjahres, in dem der Erbfall eingetreten ist, beendet wird; es kann aber auch die ererbte Mitgliedschaft durch die Erben fortgesetzt werden. – 2. *Beendigung* der Mitgliedschaft in der Genossenschaft: (1) Kündigung seitens des Mitglieds, (2) Kündigung durch einen Gläubiger des Genossenschaftsmitglieds, (3) Aufgabe des Wohnsitzes im Bezirk der Genossenschaft (wenn dies in der Satzung vorgesehen ist), (4) Ausschluss zum Ende des Geschäftsjahres oder die Übertragung des Geschäftsguthabens mit schriftlicher Übereinkunft auf eine andere Person, sofern diese Mitglied wird oder schon Mitglied ist. (5) Es ist selbstverständlich, dass ein Ausscheiden durch den Tod die Mitgliedschaft beendet; (6) auch durch die Auflösung der Genossenschaft ergibt sich eine Beendigung der Mitgliedschaft. – 3. Die *Pflichten* aus der Mitgliedschaft in der Genossenschaft sind: (1) Leistung der satzungsgemäß festgelegten Einzahlungen, (2) Nachschusspflicht im Insolvenzfall, (3) Treuepflicht, wodurch die Mitglieder zu einem positiven Handeln im Interesse der Genossenschaft verpflichtet sind. – 4. Zu den *Rechten* aus der Mitgliedschaft in der Genossenschaft gehören: (1) Recht auf Teilnahme an der Generalversammlung, (2) Stimmrecht im Sinn des Eine-Person-Eine-Stimme-Prinzips, (3) Recht auf Stellung von Anträgen in der Generalversammlung, (4) aktives und passives Wahlrecht, (5) Recht auf gleichmäßige Behandlung, (6) Recht auf Benutzung der gemeinschaftlichen Einrichtungen und (7) auf Teilnahme an der Überschussverteilung. Wenn eine Verschmelzung von Genossenschaften (Fusion) durchgeführt wird, erwerben die Mitglieder der übertragenden Genossenschaft die Mitgliedschaft der übernehmenden Genossenschaft.

mithelfende Familienangehörige – **I. Amtliche Statistik:** Familienangehörige, die in einem Betrieb mithelfen (d.h. am Erwerbsleben beteiligt sind), der von einem Familienmitglied als Selbstständigem geleitet wird, ohne hierfür Lohn oder Gehalt zu erhalten und ohne dass für sie Pflichtbeiträge zur gesetzlichen Rentenversicherung gezahlt werden. In der Bundesrepublik Deutschland von abnehmender Bedeutung.

II. Steuerrecht: Begriff für die im Betrieb mitarbeitenden Familienangehörigen. – 1. *Vergütungen* (Lohn oder Gehalt) an mithelfende Familienangehörige sind grundsätzlich als → Betriebsausgaben abzugsfähig. – 2. Ein *Arbeitsverhältnis zwischen Ehegatten* wird steuerlich anerkannt, wenn es ernsthaft vereinbart und entsprechend den Vereinbarungen tatsächlich durchgeführt wird, z.B. der mitarbeitende Ehegatte im Betrieb keine wesentlich andere Stellung als ein fremder Arbeitnehmer einnimmt. Das gilt auch, wenn der Ehegatte als Arbeitgeber → Mitunternehmer einer → Personengesellschaft ist. – 3. Bei *Mitarbeit von Kindern* wird ein Arbeitsverhältnis i.d.R. anerkannt, wenn das Kind angemessene Bezüge erhält, die auf klaren und eindeutigen Vereinbarungen beruhen. – 4. Sind *Kinder Arbeitgeber der Eltern,* gelten die gleichen Voraussetzungen wie bei Arbeitsverhältnissen zwischen Eltern und Kindern. Ein Arbeitsverhältnis liegt i.d.R. nicht vor, wenn die Mitarbeit nur gering ist und es sich um eine verdeckte Unterhaltsleistung handelt. – 5. *Zwischen Geschwistern* wird ein Arbeitsverhältnis, vorausgesetzt, dass es ernstlich gewollt ist und angemessene Bezüge vorliegen, grundsätzlich anerkannt. – Vgl. auch → Familienmitarbeit.

Mitigation – 1. *Begriff:* Mitigation beschreibt die aktive Verringerung der Treibhausgasemissionen, um die Auswirkungen auf den Klimawandel zu steuern (vgl. Bundesministerium für Bildung und Forschung 2007, S. 11). – 2. *Abgrenzung:* Mitigation ist von → Adaptation abzugrenzen. Adaptation beinhaltet nur einen Anpassungsprozess an veränderte Klimabedingungen und kein proaktives Verhalten.

Mitkalkulation → Zwischenkalkulation.

Mitläufereffekt – *Bandwagon-Effekt;* ist in der Haushaltstheorie eine → Nachfrageinterdependenz; bezeichnet das Auftreten einer Nachfragesteigerung nach einem → Gut aufgrund der Tatsache, dass das Gut auch von anderen Personen konsumiert wird. Der Mitläufereffekt beruht auf dem Bestreben von → Haushalten, die Mitglieder einer bestimmten Bezugsgruppe nachzuahmen. Mitläufereffekte können als teilweise Präferenzangleichung aufgefasst werden und finden ihr Beispiel in Moden aller Art.

Mitnahmeeffekt – häufig kritisierter, aber in seiner Bewertung umstrittener Effekt der Zahlung von → Subventionen oder allg. von finanziellen Anreizmaßnahmen, bei denen auch ohne zusätzlichen Anreiz teilweise oder in vollem Umfang die gewünschte Verhaltensänderung bereits vorgelegen hätte. Die staatliche Förderung kann sowohl dem Grunde als auch der Höhe nach „mitgenommen" worden sein. Die Intention der Anreizmaßnahme, zusätzliche Verhaltensänderungen hervorzurufen wird also nicht erfüllt. – Mitnahmeeffekte lassen sich bei notwendigerweise generalisierenden Förderungsvoraussetzungen nicht gänzlich vermeiden; es dürfte aber eine Abhängigkeit von der Regelungsdichte gegeben sein. Das Ausmaß der Mitnahmeeffekte lässt sich empirisch nicht exakt ermitteln.

Mitstörer → Haftung.

Mitteilung – schriftliche oder mündliche Form der → Kommunikation zwischen über- und untergeordneten sowie gleichberechtigten Stellen. Wird als Aktennotiz, Bericht, Kopie zur Kenntnis gegeben. – *Anders:* → Anweisung.

Mitteilungen in Straf- und Zivilsachen – Durch das Justizmitteilungsgesetz (JuMiG) vom 18.6.1997 (BGBl. I 1430) sind die zahlreichen Mitteilungspflichten der Gerichte und Staatsanwaltschaften über personenbezogene Daten von Betroffenen, die bislang durch Verwaltungsvorschriften geregelt waren, auf eine gesetzliche Grundlage gestellt worden. Damit soll den Anforderungen, die das aus dem allg. Persönlichkeitsrecht entwickelte Grundrecht auf informationelle Selbstbestimmung an eine verfassungsrechtlich unbedenkliche Einschränkung dieses Rechts stellt, genügt werden. Geregelt ist die Zulässigkeit der Übermittlung personenbezogener Daten in den jeweiligen Spezialgesetzen. Nach der Grundsatzregelung im → Gerichtsverfassungsgesetz (GVG) dürfen die Gerichte der ordentlichen Gerichtsbarkeit und die Staatsanwaltschaften personenbezogene Daten zur Erfüllung der in der Zuständigkeit des Empfängers liegenden Aufgaben übermitteln, wenn eine bes. Rechtsvorschrift dies vorsieht oder zwingend voraussetzt oder der Betroffene eingewilligt hat oder offensichtlich ist, dass die Übermittlung im Interesse des Betroffenen liegt oder die Daten aufgrund einer Rechtsvorschrift öffentlich bekanntzumachen sind oder die Verwirklichung bestimmter Rechtsfolgen einer Entscheidung (etwa Verlust des Wahlrechts, Wegfall von Leistungen aus öffentlichen Kassen) der Übermittlung bedarf.

Mitteilungspflicht – I. Aktienrecht: Verpflichtung von Unternehmen, gewisse Beteiligungen schriftlich mitzuteilen. Im Einzelnen in folgenden Fällen: 1. *Gegenüber der AG:* a) Mitteilungspflicht besteht für Unternehmen, denen (1) eine *Beteiligung* an einer AG von mehr als 25 Prozent oder (2) eine → Mehrheitsbeteiligung gehört. – b) Mitzuteilen ist auch, wenn die Beteiligung in mitteilungspflichtiger Höhe *nicht mehr besteht.* – c) Die AG hat das Bestehen einer mitteilungspflichtigen Beteiligung in den → Gesellschaftsblättern *bekanntzumachen* (§ 20 VI AktG). – 2. Bei *Beteiligungen der AG an anderen Kapitalgesellschaften:* Der AG obliegt eine Mitteilungspflicht gegenüber den betroffenen Unternehmen (§ 21 AktG). – Solange eine mitteilungspflichtige Beteiligung nicht mitgeteilt ist, können Rechte aus Aktien und Anteilen, die zu dieser Beteiligung gehören, nicht ausgeübt werden (§§ 20 VII, 21 IV AktG). – 3. *Wechselseitig beteiligte Unternehmen:* Die Mitteilungspflicht obliegt entsprechend 1 und 2, wenn auch nur eines der beteiligten Unternehmen eine AG ist. Rechte aus der wechselseitigen Beteiligung können für höchstens 25 Prozent der Anteile des anderen Unternehmens ausgeübt werden. Ausnahmen, wenn die Mitteilung des Unternehmens erfolgt, bevor es von dem anderen Unternehmen eine Mitteilung erhalten hat und bevor ihm das Bestehen der wechselseitigen Beteiligung bekannt geworden ist (§ 328 AktG).

II. Steuerrecht: Die MItteilungspflichten im Steuer- und weiteren Recht sind vielfältig. Sie ergeben sich z. B. aus der AltvDV (Verordnung zur Durchführung der steuerlichen Vorschriften des Einkommensteuergesetzes zur Altersvorsorge und zum Rentenbezugsmitteilungsverfahren sowie zum weiteren Datenaustausch mit der zentralen Stelle), aus § 102 IV AO (Anzeigepflichten der Notare und die Mitteilungspflichten nach der Zinsinformationsverordnung vom 26.1.2004 [BGBl. I S. 128]), § 31 AO (Mitteilung von Besteuerungsgrundlagen), § 31a AO (Mitteilungen zur Bekämpfung der illegalen Beschäftigung und des Leistungsmissbrauchs), 31b AO (Mitteilungen zur Bekämpfung der Geldwäsche und der Terrorismusfinanzierung), § 93a AO (Allgemeine Mitteilungspflichten), § 138 AO (Anzeigen über die Erwerbstätigkeit), § 29 BewG (Auskünfte, Erhebungen und Mitteilungen des Eigentümer von Grundbesitz an die Finanzbehörde, im EStG z. B. im § 22a EStG (Rentenbezugsmitteilungen an die zentrale Stelle) und im § 39e EStG (Verfahren zur Bildung und Anwendung der elektronischen Lohnsteuerabzugsmerkmale), § 14 GewO (Gewerbeordnung vom 22.2.1999 [BGBl. Teil I 1999, S. 202]; Anzeigepflicht; Verordnungsermächtigung) u.w. – Es gilt nach § 379 AO als Steuergefährung, wenn der Steuerpflichtige der Mitteilungspflicht nach § 138 II AO nicht, nicht vollständig oder nicht rechtzeitig nachkommt. Folge ist die Möglichkeit einer Geldbuße bis zu fünftausend Euro, wenn die Handlung nicht nach § 378 AO geahndet werden kann. Dazu siehe auch → Anzeigepflicht; → Mitteilungsverordnung.

III. Weitere gesetzliche Verpflichtungen: Sie ergeben sich z. B. aus § 6 BImSchV (Gesetz zum Schutz vor schädlichen Umwelteinwirkungen durch Luftverunreinigungen, Geräusche, Erschütterungen und ähnliche Vorgänge vom 15.3.1974 (BGBl. Teil I 1974, S. 721; Ber. S. 1193); Mitteilungspflichten des Dritten), 14d AEG (Allgemeines Eisenbahngesetz vom 27.12.1993 (BGBl. Teil I 1993, S. 2378, ber. 1994 I 2439); Besondere Mitteilungspflichten der öffentlichen Eisenbahninfrastrukturunternehmen), § 18 ArbNErfG (Gesetz über Arbeitnehmererfindungen vom 25.7.1957 (BGBl. Teil I 1957, S. 756); Mitteilung des Arbeitnehmers über eine freie Erfindung an seinen Arbeitgeber), § 11 ATG (Altersteilzeitgesetz Vom 23.7.1996 (BGBl. Teil I 1996, S. 1078); Mitteilungen des Arbeitnehmers über Änderungen der ihn betreffenden Verhältnisse an seinen Arbeitgeber), § 9, 11 BetrAVG (Gesetz zur Verbesserung der betrieblichen Altersversorgung Vom 19.12.1974 (BGBl. Teil I 1974, S. 3610); Melde-, Auskunfts- und Mitteilungspflichten), § 34a BeurkG 8Beurkundungsgesetz Vom 28.8.1969 (BGBl. Teil I 1969, S. 1513), Mitteilungs- und Ablieferungspflichten des Notars), an diversen Stellen des BGB, z. B. § 1851 BGB, § 9 BPersVG (Bundespersonalvertretungsgesetz vom 15. März 1974 (BGBl. Teil I 1974, S. 693) zur (Nicht-)Weiterbeschäftigung Auszubildender), u. a. im § 168a FamFG (Gesetz über das Verfahren in Familiensachen und in den Angelegenheiten der freiwilligen Gerichtsbarkeit vom 17.12.2008 (BGBl. Teil I 2008, S. 2586); Mitteilungspflichten des Standesamts), § 9 FamiMeldeGS (Einheitliche Grundsätze zum Meldeverfahren bei Durchführung der Familienversicherung; Mitteilungspflichten der Krankenkassen untereinander), § 12 FeuerschStG (Feuerschutzsteuergesetz vom 10.1.1996 (BGBl. Teil I 1996, S. 2353) Mitteilungspflicht), § 11 FreizügG/EU (Gesetz über die allgemeine Freizügigkeit von Unionsbürgern vom 30.7.2004 (BGBl. Teil I 2004, S. 1950); Anwendung des Aufenthaltsgesetzes i. V. mit § 87 AufenthG (Gesetz über den Aufenthalt, die Erwerbstätigkeit und die Integration von Ausländern im Bundesgebiet vom 30.7.2004 (BGBl. Teil I 2004, S. 1950); Übermittlungen an Ausländerbehörden)), § 13 FZV (Verordnung über die Zulassung von Fahrzeugen zum Straßenverkehr vom 3.2.2011 (BGBl. Teil I 2011, S. 139); Mitteilungspflichten bei Änderungen), § 83 GBO (Grundbuchordnung vom 24.3.1897 (RGBl. Teil I 1897, S. 139); Mitteilungspflichten des Nachlaßgerichts), § 18 GefStoffV (Verordnung zum Schutz vor Gefahrstoffen vom 26.11.2010 (BGBl. Teil I 2010, S. 1643); Unterrichtung der Behörde), § 1, 13 MiZi (Anordnung über Mitteilungen in Zivilsachen), diverse Regelungen im Sozialgesetzbuch u.w.

Mitteilungsverordnung – 1. *Begriff:* Rechtsverordnung vom 7.9.1993 (BStBl. I 799), in Kraft seit 1.1.1994 – 1. *Grundlage* ist § 93a AO (→ Mitwirkungspflicht), wonach die Bundesregierung zur Sicherung der Besteuerung ermächtigt ist, durch Rechtsverordnung Behörden zu verpflichten, Verwaltungsakte, die die Versagung oder Einschränkung einer steuerlichen Vergünstigung zur Folge haben oder den Betroffenen steuerpflichtige Einnahmen ermöglichen, Subventionen und ähnliche Förderungsmaßnahmen gewähren sowie Anhaltspunkte für Schwarzarbeit, unerlaubte Arbeitnehmerüberlassung oder unerlaubte Ausländerbeschäftigung bieten, den Finanzbehörden mitzuteilen. – 2. *Tatbestand:* Die *Behörden* haben Zahlungen mitzuteilen, wenn der Zahlungsempfänger nicht im Rahmen einer land- und forstwirtschaftlichen, gewerblichen oder freiberuflichen Haupttätigkeit gehandelt hat, oder soweit die Zahlung nicht auf das Geschäftskonto des Zahlungsempfängers erfolgt. Zahlungen sind auch mitzuteilen, wenn zweifelhaft ist, ob der Zahlungsempfänger im Rahmen der Haupttätigkeit gehandelt hat oder die Zahlung auf das Geschäftskonto erfolgt. Eine Mitteilungspflicht besteht nicht, wenn ein Steuerabzug (z.B. Lohnsteuerabzug) vorgenommen wird. Bei fehlender oder geringer steuerlicher Bedeutung der Zahlungen kann ausnahmsweise von einer Mitteilung abgesehen werden. Daneben sind *öffentlich-rechtliche Rundfunkanstalten* verpflichtet, regelmäßig die Honorare freier Mitarbeiter den Finanzbehörden mitzuteilen, die in unmittelbarem Zusammenhang mit der Vorbereitung, Herstellung oder Verbreitung von Hörfunk- und Fernsehsendungen erbracht werden. – 3. *Inhalt:* Es sind anzugeben: anordnende Stelle, Aktenzeichen, Bezeichnung (Name, Vorname, Firma) und Anschrift des Zahlungsempfängers, wenn bekannt seine Steuernummer sowie sein Geburtsdatum, Grund der Zahlung (Art des Anspruchs), Tag der Zahlung oder Zahlungsanordnung. – 4. *Empfänger* der Mitteilungen ist das Finanzamt, in dessen Bezirk der Zahlungsempfänger seinen Wohnsitz hat (natürliche Person) bzw. sich die Geschäftsleitung befindet (Körperschaften, Personenvereinigungen und Vermögensmassen). Die Mitteilungen sind i.d.R. einmal pro Jahr bis zum 30. April des Folgejahrs zu übersenden. Der Betroffene ist von der mitteilungspflichtigen Behörde oder Rundfunkanstalt über die bestehende Mitteilungspflicht als solche und über die tatsächlich erfolgten Mitteilungen zu unterrichten.

mittelbare Diskriminierung → Gleichbehandlung, → AGG im Arbeitsrecht.

mittelbare Patent-, Gebrauchsmusterverletzung – liegt vor, wenn ein Dritter ohne Zustimmung des Patent- oder Gebrauchsmusterinhabers in der Bundesrepublik Deutschland einem Nichtberechtigten Mittel anbietet oder liefert, die sich auf ein wesentliches Element der Erfindung beziehen, und der Dritte weiß oder aufgrund der Umstände offensichtlich ist, dass die Mittel geeignet und bestimmt sind, für die Benutzung der Erfindung verwendet zu werden. Allg. im Handel erhältliche Erzeugnisse werden vom Verbot mittelbarer Verletzung nicht erfasst, sofern der Täter den Belieferten nicht bewusst zu einer Verletzung veranlasst (§ 10 PatG, § 11 II GebrMG); wesentliche Elemente der Erfindung sind Mittel, denen unter Würdigung des Gegenstandes der Erfindung für deren Verwirklichung mehr als untergeordnete Bedeutung zukommt. Das Verbot mittelbarer Verletzung gilt auch für → europäische Patente, die mit Wirkung für die Bundesrepublik Deutschland erteilt sind, da Art. 64 → Europäisches Patentübereinkommen (EPÜ) für die Schutzwirkungen auf das nationale Recht verweist.

mittelbarer Besitzer – im Sinn des BGB derjenige, für den der unmittelbare Besitzer aufgrund eines Rechtsverhältnisses, das ihn auf Zeit zum → Besitz berechtigt oder verpflichtet, als sog. → Besitzmittler den Besitz einer Sache vermittelt (§ 868 BGB). Auch der mittelbare Besitzer ist Besitzer der Sache. – *Gegensatz:* → unmittelbarer Besitzer.

mittelbares Arbeitsverhältnis – Begriff des Arbeitsrechts. Ein mittelbares Arbeitsverhältnis ist gegeben, wenn ein Arbeitnehmer von einem Mittelsmann, der seinerseits selbst Arbeitnehmer eines Dritten (Unternehmer) ist, beschäftigt wird, wobei die Arbeit jedoch unmittelbar für den Unternehmer geleistet wird. – *Hauptfälle:* → Zwischenmeister und Leiter einer Kapelle, deren Mitglieder von ihm selbst engagiert sind. Der Unternehmer (mittelbarer Arbeitgeber) kann vom Arbeitnehmer i.Allg. nur in Anspruch genommen werden, wenn dieser gegenüber dem Mittelsmann nicht zu seinem Recht kommt (Teilung der Arbeitgeberfunktion). Erforderlich ist eine Zusicherung des mittelbaren Arbeitgebers, für die Lohnzahlung einstehen zu wollen. Abweichende Regelung durch bes. Abrede, → betriebliche Übung oder → Tarifvertrag möglich.

Mittelbeschaffung → Fundraising.

Mittelbetrieb → Betriebsgrößenklassifikation.

mittelfristige Finanzplanung → mehrjährige Finanzplanung.

mittelfristige Planung → Fristigkeit, → Unternehmensplanung.

Mittelkurs – Abrechnungskurs im Devisengeschäft; arithmetisches Mittel zwischen → Geldkurs und → Briefkurs.

Mittelstand – *gewerblicher Mittelstand, mittelständische Unternehmen, kleine und mittlere Unternehmen.* Für die Abgrenzung des Mittelstands gegenüber großen Unternehmen wird auf die Höhe des Umsatzes und/oder die Beschäftigtenzahl der Unternehmen, teils auch die Bilanzsumme Bezug genommen. Neben diesen *quantitativen* Merkmalen werden aber auch *qualitative* Aspekte wie die Einheit von Eigentum und unternehmerischer Verantwortung als charakteristisch für den Mittelstand angesehen (Eigentümer-Unternehmer). Allg. akzeptierte statistische Kriterien zur Abgrenzung existieren nicht. Nach einer häufig verwendeten Klassifizierung (→ Unternehmensgrößenstruktur) gelten Unternehmen mit einem Jahresumsatz von mehr als 1 Mio. Euro bzw. weniger als 50 Mio. Euro oder mit zehn bis 499 Beschäftigte als mittelständisch. In der Praxis ist die Frage der Abgrenzung bes. für Maßnahmen der → Mittelstandsförderung relevant.

Mittelstandsempfehlung – frühere Ausnahme vom grundsätzlichen Empfehlungsverbot des § 22 I GWB a.F. zugunsten kleiner und mittlerer Unternehmen. Mittelstandsempfehlungen sind seit der Siebten GWB-Novelle allg. nach § 1 GWB und Art. 101 I AEUV zu beurteilen.

Mittelstandsförderung – 1. *Begriff:* Maßnahmen im Rahmen der → Wirtschaftsförderung zugunsten von Unternehmen des gewerblichen → Mittelstandes. I.e.S. versteht man darunter Fördermaßnahmen ausschließlich für mittelständische Unternehmen; in der Praxis werden aber auch allg. Fördermaßnahmen (z.B. in der regionalen Wirtschaftsförderung; → Regionalförderung) häufig durch eine Zusatzbestimmung qualifiziert, wonach sich die Förderung vorrangig an den Mittelstand richtet. – 2. *Ziele:* Weithin übereinstimmend werden die Ziele der Mittelstandsförderung darin gesehen, bestimmte Nachteile in der Wettbewerbsposition mittelständischer gegenüber großen Unternehmen auszugleichen, die sich aus der geringeren Unternehmensgröße und einer schwächeren Marktmacht ableiten lassen. Die Mittelstandsförderung in der Bundesrepublik Deutschland zielt v.a. auf eine Verbesserung der Markttransparenz durch Unterstützung bei der Gewinnung und Verarbeitung entscheidungsrelevanter Informationen sowie auf Verbesserungen der Finanzierungssituation, hier in erster Linie mit Bezug auf die Investitionsfinanzierung. – 3. *Träger:* Mittelstandsförderung wird auf Bundes- und Landesebene betrieben, zuständig sind überwiegend die Wirtschaftsministerien. Häufig sind, v.a. bei Beratungsleistungen, auch Organisationen der Wirtschaft (z.B. Verbände, Kammern) eingeschaltet. Maßnahmen zur finanziellen Förderung werden in erheblichem Umfang von öffentlichen Kreditinstituten mit Sonderaufgaben wahrgenommen (→ KfW Mittelstandsbank). Auch auf der Ebene der EU hat die Mittelstandsförderung an Bedeutung gewonnen. – 4. *Instrumente:* Mittelstandsförderung wird in erster Linie als → Investitionsförderung betrieben und hier überwiegend mit dem Instrument zinsgünstiger, langfristiger Investitionskredite aus öffentlichen Mitteln oder aus Eigenmitteln öffentlicher Kreditinstitute mit Sonderaufgaben. Daneben spielen Bürgschaftsprogramme sowie die → Beratungsförderung eine Rolle, z.B. in Form von Zuschüssen für die Kosten der Inanspruchnahme von Beratungsleistungen. – Vgl. auch → Technologietransfer.

Mittelstandskartell – 1. *Begriff:* Freistellung vom Kartellverbot des § 1 GWB für horizontale Vereinbarungen und Beschlüsse von Unternehmensvereinigungen unter Beteiligung kleiner und mittlerer Unternehmen (§ 3 GWB). – 2. *Voraussetzung* ist, dass die Vereinbarung bzw. der Beschluss die Rationalisierung wirtschaftlicher Vorgänge durch zwischenbetriebliche Kooperation zum Gegenstand hat, dadurch der Wettbewerb auf dem Markt nicht wesentlich beeinträchtigt wird und hierdurch die Wettbewerbsfähigkeit der kleinen und mittleren Unternehmen verbessert wird. Hauptziel der Regelung ist demnach ein struktureller Nachteilsausgleich gegenüber ebenfalls auf dem Markt tätigen Großunternehmen. Wichtige Grundvoraussetzung für die Freistellung ist ferner, dass das Mittelstandskartell zu keiner spürbaren Beeinträchtigung des Handels zwischen den Mitgliedsstaaten führt. Insofern aber der zwischenstaatliche Handel berührt wird, richtet sich die Beurteilung des Kartells allein nach Art. 101 I, III AEUV, da im europäischen Wettbewerbsrecht eine entsprechende Sonderregelung für kleine und mittlere Unternehmen nicht vorgesehen ist.

Mittelstandspolitik – 1. *Begriff:* (Wirtschafts-)Politische Maßnahmen zugunsten mittelständischer Unternehmen verwandt (Unterstützung des → Mittelstands). – 2. *Ziele:* a) *Bestandspflege:* Erhaltung mittelständischer Strukturen z.B. durch Schutz vor Verdrängungskonkurrenz der Großunternehmen. – b) *Ausgleich unternehmensgrößenbedingter Wettbewerbsnachteile:* Die Marktposition kleiner und mittlerer Unternehmen als Anbieter oder Nachfrager ist aufgrund ihres geringen wirtschaftlichen Gewichts schwach im Vergleich zur Marktposition großer Unternehmen. – c) *Schaffung günstiger Bedingungen* für ein kontinuierliches Nachwachsen kleiner Unternehmen (Erneuerung des Unternehmensbestandes). – 3. *Instrumente:* a) *Wettbewerbs- und ordnungspolitische I.*, die die *Rahmenbedingungen* für mittelständische Unternehmen verbessern: Die Instrumente der Wettbewerbspolitik, v.a. Missbrauchsaufsicht, Fusionskontrollen und Schutz vor unlauterem Wettbewerb, können auch für Ziele der Mittelstandspolitik eingesetzt werden. Differenzierte Systeme der → Unternehmensbesteuerung zur systematischen steuerlichen Entlastung kleiner und mittlerer Unternehmen (in der Bundesrepublik Deutschland nur ansatzweise im Rahmen der → Gewerbesteuer). Ausnahmebestimmungen oder vereinfachte Verfahren bei Regulierungstatbeständen (z.B. Vorschriften der Gewerbeordnung, Erleichterungen beim Vollzug von Umweltschutzauflagen). – b) *Spezifische Fördermaßnahmen* zur Erleichterung unternehmerischer Entscheidungs- und Anpassungsprozesse: → Mittelstandsförderung. – c) *Fördermaßnahmen zugunsten des unternehmerischen Nachwuchses:* → Existenzgründungsförderung.

Mittelstands-Sonderabschreibung → Ansparabschreibung.

Mittelwert – In der Statistik Wert eines statistischen → Merkmals, der die allg. Niveaulage (→ Lokalisation) in der betrachteten → Gesamtheit charakterisiert. – *Arten:* → arithmetisches Mittel, → geometrisches Mittel, → harmonisches Mittel, → Median, → Modus. – Vgl. auch → Gewichtung.

mittlere Feuer-Betriebsunterbrechungsversicherung – 1. *Begriff:* Erscheinungsform der → Feuer-Betriebsunterbrechungsversicherung, die für mittelständische Sachgüter- und Dienstleistungsbetriebe abgeschlossen wird, und deren Versicherungssumme üblicherweise einen Richtwert von 2,5 Mio. Euro nicht überschreitet. – 2. *Merkmale:* Bei den mittleren Feuer-Betriebsunterbrechungsversicherungen handelt es sich im Gegensatz zur → einfachen Betriebsunterbrechungsversicherung um einen rechtlich selbstständigen Vertrag. Die Rechtsgrundlage bilden die Sonderbedingungen für die mittlere Feuer-Betriebsunterbrechungsversicherung (MFBU 2010), die zwar durch die Allgemeinen Versicherungsbedingungen für die Feuer-Betriebsunterbrechungsversicherung (FBUB 2010) vervollständigt werden, aber hinsichtlich der Ermittlung des → Versicherungswerts ein vereinfachtes Summenermittlungsschema vorsehen und die Regelungen zur Prämienrückgewähr ausschließen.

mittlerer Art und Güte → Handelsklausel, die den Verkäufer verpflichtet, eine Durchschnittsqualität zu liefern, und → Mängelrügen des Käufers nur zulässt, wenn unter Durchschnitt geliefert wurde. – Vgl. auch → Middling.

mittlerer quadratischer Vorhersagefehler – Maßzahl (engl. *Root Mean Square Error, RMSE*) zur Beurteilung der Prognosegüte von → Regressionsmodellen. Sie berechnet sich als Quadratwurzel des durchschnittlichen Prognosefehlers, d.h. der durchschnittlichen Abweichung der Prognose von der tatsächlichen Beobachtung, und gewichtet hohe Prognosefehler stärker als geringe. – Vgl. auch → ökonometrisches Prognosemodell.

mittlerer Quartilsabstand – gelegentlich verwendetes → Streuungsmaß, das als halbe Differenz von drittem und erstem → Quartil festgelegt ist.

mittlere Verweildauer → durchschnittliche (mittlere) Verweildauer.

Mitunternehmer – 1. *Begriff*: Die Gesellschafter einer Personengesellschaft, die Mitunternehmerrisiko tragen und Mitunternehmerinitiative entfalten. – a) *Mitunternehmerrisiko* bedeutet Teilhabe am Erfolg oder Misserfolg des Betriebs, i.d.R. durch Beteiligung am Gewinn und Verlust sowie an den stillen Reserven einschließlich eines Geschäftswertes. – b) *Mitunternehmerinitiative* beinhaltet die Teilnahme an unternehmerischen Entscheidungen, d.h., die Möglichkeit zur Ausübung von Rechten, die über die eines bloßen Darlehensgebers hinausgehen. – 2. *Steuerliche Behandlung:* Die Mitunternehmer unterliegen der → Einkommensteuer bzw. → Körperschaftsteuer (bei Kapitalgesellschaften als Mitunternehmer), und zwar mit ihren Gewinnanteilen und den Vergütungen, die aus Leistungsbeziehungen mit der Gesellschaft resultieren (§ 15 I Nr. 2 EStG). – Vgl. auch → Sonderbetriebsvermögen, → Mitunternehmerschaft.

Mitunternehmerschaft – Mehrheit von Mitunternehmern. – 1. *Einkommensteuer:* Die Mitunternehmerschaft selbst ist nicht steuerpflichtig, sondern die → Mitunternehmer. – 2. Die Feststellung der *Gewinnanteile* der einzelnen Mitunternehmer erfolgt durch einheitliche und gesonderte → Gewinnfeststellung (§§ 179 f. AO). – 3. *Bewertung:* Alle Wirtschaftsgüter, die einer Mitunternehmerschaft gehören, bilden eine → wirtschaftliche Einheit und sind dem → Betriebsvermögen zuzurechnen (§ 97 BewG).

Miturheber – mehrere → Urheber, die ein Werk gemeinsam geschaffen haben, ohne dass sie sich ihre Anteile gesondert verwerten lassen (§ 8 UrhG). Den Miturhebern steht das Urheberrecht als Gemeinschaft zur gesamten Hand zu. Mangels abweichender Vereinbarung stellen die Erträgnisse aus der Nutzung des Werkes den Miturhebern nach dem Umfang ihrer Mitwirkung zu. Das Urheberrecht erlischt 70 Jahre nach dem Tode des längstlebenden Miturhebers (§ 65 UrhG). Haben mehrere Urheber ihre Werke zur gemeinsamen Verwertung miteinander verbunden, so kann jeder vom anderen die Einwilligung zur Veröffentlichung, Verwertung und Änderung der verbundenen Werke verlangen, wenn die Einwilligung dem anderen nach Treu und Glauben zuzumuten ist (§ 9 UrhG).

Mitverschluss – Vereinbarung bei *Verpfändung von Waren* (v.a. schwer transportablen). Von den zwei Verschlüssen des Verwahrungsraums kann einer nur vom Verpfänder, der andere nur vom Pfandgläubiger geöffnet werden. – Mitverschluss besteht auch bei der *Vermietung von Schließfächern* durch die Banken.

Mitverschulden – mitwirkendes → Verschulden des Geschädigten bei der Entstehung eines Schadens. Durch Mitverschulden wird die Pflicht des anderen zum → Schadensersatz nicht ausgeschlossen; vielmehr hängt die Ersatzpflicht und ihr Umfang von dem Grad der Verursachung und des Verschuldens des Schadens durch den einen oder den anderen Teil (§ 254 BGB) ab. – Entsprechende Grundsätze gelten auch für die *Kraftfahrzeughaftung* (§§ 9, 17 StVG) und die *Haftung nach dem Haftpflichtgesetz* (§ 4). – *Folge* ist oft eine Teilung des Schadens nach Bruchteilen; wenn das Verschulden des einen Teils erheblich überwiegt, kann dieser allein zum Schadensersatz verpflichtet sein.

mitversicherte Personen – 1. *Begriff*: Personen, die neben dem → Versicherungsnehmer Versicherungsschutz haben. – 2. *Merkmale:* Die mitversicherten Personen sind nicht Vertragspartner des Versicherers. Sie sind im Rahmen eines Vertrags zugunsten Dritter begünstigte Personen i.S.d. § 328 BGB.

Mitversicherung – 1. *Begriff*: gemeinsame anteilsmäßige Absicherung ein und desselben Risikos eines Versicherungsnehmers durch mehrere Versicherer auf der Erstversicherungsebene. – 2. *Merkmal:* Bedeutung erlangt die Mitversicherung speziell bei der Abdeckung von Großrisiken, hauptsächlich in der industriellen → Sachversicherung oder in der Transportversicherung.

mitwirkendes Verschulden → Mitverschulden.

Mitwirkung – Beteiligung des Betriebsrats in Form der Mitwirkung bedeutet *Beratung* und *Mitsprache* bei der Entscheidung des Arbeitgebers, deren Rechtsgültigkeit zwar nicht von der Zustimmung des Betriebsrats (→ Mitbestimmung), wohl aber z.T. von der vorherigen Unterrichtung und Beteiligung des Betriebsrats abhängt (vgl. z.B. §§ 80 II, 99 I, 102 I BetrVG). Das Gebot der vertrauensvollen Zusammenarbeit (§ 2 I BetrVG) erfordert, dass Arbeitgeber und Betriebsrat eine Meinungsverschiedenheit rechtzeitig verhandeln mit dem ernstlichen Willen, zu einer Einigung zu kommen (§ 74 I BetrVG). Eine Verletzung von Aufklärungs- und Auskunftspflichten durch den Arbeitgeber kann gemäß § 121 BetrVG mit Geldbußen geahndet werden. – Vgl. auch → Mitbestimmung.

Mitwirkungspflicht – I. Sozialrecht: Pflichten desjenigen, der → Sozialleistungen beantragt oder erhält; geregelt in §§ 60 ff. SGB I. – 1. *Umfang:* Der

Berechtigte hat v.a. alle Tatsachen anzugeben, die für die Leistung erheblich sind, der Erteilung von Auskünften zuzustimmen, Beweismittel zu bezeichnen und Beweisurkunden vorzulegen, u.U. persönlich beim zuständigen Leistungsträger zu erscheinen, ärztliche und psychologische Untersuchungen, die Teilnahme an Heilbehandlungen zu dulden und an berufsfördernden Maßnahmen teilzunehmen (§§ 60–64 SGB I). – 2. *Grenzen:* Mitwirkungspflicht bestehen nicht, wenn diese zur begehrten Leistung in keinem Verhältnis stehen, die Erfüllung der Mitwirkungspflicht dem Betroffenen aus einem wichtigen Grund nicht zugemutet werden kann oder der Sozialleistungsträger sich durch einen geringeren Aufwand die erforderlichen Kenntnisse selbst beschaffen kann. Behandlungen und Untersuchungen, bei denen im Einzelfall ein Schaden für Leben und Gesundheit nicht mit Wahrscheinlichkeit ausgeschlossen werden kann, die mit erheblichen Schmerzen verbunden sind oder einen erheblichen Eingriff in die körperliche Unversehrtheit bedeuten, können abgelehnt werden (§ 65 SGB I). – 3. *Folgen fehlender Mitwirkung:* Die Leistung kann voll oder teilweise versagt oder entzogen werden, wenn die Voraussetzungen der Leistung nicht nachgewiesen sind. Der Berechtigte muss zuvor auf diese Möglichkeit hingewiesen worden sein. Wird die Mitwirkung nachgeholt, kann die versagte oder entzogene Leistung nachträglich ganz oder teilweise erbracht werden, wobei ggf. gesetzliche Ausschlussfristen beachtet werden müssen.

II. Steuerrecht: 1. Die am Besteuerungsverfahren Beteiligten sind gesetzlich zur Mitwirkung bei der Ermittlung des Sachverhalts verpflichtet. Ihrer Mitwirkungspflicht kommen sie bes. dadurch nach, dass sie die für die Besteuerung erheblichen Tatsachen vollständig und wahrheitsgemäß darlegen und die (nur) ihnen bekannten Beweismittel angeben (§ 90 I AO). Die Erfüllung der Mitwirkungspflicht kann erzwungen werden (→ Zwangsmittel). – 2. *Erhöhte Mitwirkungspflicht* besteht bei Auslandssachverhalten (§ 90 II AO), für die Einkünfteabgrenzung bei international tätigen Konzernen bzw. Gewinnabgrenzung zwischen Stammhaus und Betriebsstätte (§ 90 III AO; vgl. → Gewinnabgrenzungsaufzeichnungsverordnung (GAufzV)) und im Rahmen einer → Außenprüfung (§ 200 AO). – 3. Bei *Nichterfüllung der Mitwirkungspflicht:* Schlussfolgerungen zulasten des Beteiligten zulässig, z.B. bei Nichtbenennung von Gläubigern und Zahlungsempfängern (§ 160 AO), soweit die Finanzbehörde nicht von sich aus zu weiterer Ermittlungstätigkeit verpflichtet ist.

Mixed Economy → gemischte Wirtschaftsordnung.

MMA – Abk. für → Madrider Markenabkommen.

Mobbing – Phänomen in der Arbeitswelt, wobei ein Mitarbeiter durch Kollegen oder Vorgesetzte gezielt und dauerhaft angegriffen und ausgegrenzt wird. Mobbing kann sich z.B. äußern durch Verbreitung falscher Tatsachen, Zuweisung sinnloser Arbeitsaufgaben, soziale Isolation, ständige Kritik an der Arbeit und Gewaltandrohung. Nicht zu Mobbing zu zählen sind kleine Konflikte oder vereinzelt auftretende Streitereien.

Mobile Business – 1. *Allgemein:* Mobile Business kann als Teilbereich des → E-Business verstanden werden, in dem → Information, → Kommunikation, → Interaktion und → Transaktion über mobile Endgeräte und entsprechende Netze stattfinden. So wie E-Business mehr als → E-Commerce meint, also nicht nur den Verkauf und Kauf von → Produkten und → Dienstleistungen, sondern auch andere Belange professioneller Beziehungen, meint Mobile Business mehr als → Mobile Commerce. So ist etwa Mobile Learning eine Ausprägung des Mobile Business, ob es sich um entgeltliche oder unentgeltliche Angebote handelt. – 2. *Entwicklung:* Zur Initialzündung des Mobile Business haben Smartphones und Tablets sowie, damit zusammenhängend, die App Stores beigetragen, über die man → Software, Anwendungen für das Konsumieren von → Medien sowie Produkte wie Spiele und Bücher herunterladen kann. Auch Webapps, die wie native Apps nicht wie normale → Websites wirken, sind von Bedeutung. Etabliert sind Mobile Ticketing (unter Verwendung von DataMatrix- und Aztec-Codes) und Mobile Tagging (mithilfe von → QR-Codes). Zu den wichtigsten Experimentierfeldern gehören Bezahlfunktionen i.S.d. Mobile Payment. Dank der starken Verbreitung von mobilen Endgeräten und der hohen Verfügbarkeit von entsprechenden Netzen und Diensten geht E-Business immer mehr in Mobile Business auf. – 3. *Diskussion:* Beim Mobile Business besteht der Vorteil, dass die Benutzer – anders als im WWW – relativ einfach und eindeutig identifiziert werden können. Dies ist zugleich, wegen der möglichen Überwachung, ein Nachteil. Mehr noch als im klassischen Web wird man zum gläsernen Kunden, der sogar seinen jeweiligen Standort (der über GPS oder mobile Netze festgestellt wird) oder seine persönlichen Kontakte (die auf dem Handy gespeichert sind) verraten mag. Zudem eröffnen die Nutzung von QR-Codes und → Augmented Reality neue Sicherheitsrisiken. Nicht zuletzt nehmen Angriffe und → Spam im mobilen Bereich zu. Dennoch wird sich Mobile Business weiter verbreiten und weitere Transformationen im B2B-, B2C- und B2E-Bereich bewirken.

Mobile Commerce – Spezialform des → Electronic Commerce, bei der mobile Endgeräte zum Einsatz kommen. Für M-Commerce kommen dementsprechend Geräte wie Smartphones oder Tablet-Computer infrage, um die Anbahnung, Abwicklung und Aufrechterhaltung von Leistungsaustauschprozessen mittels elektronischer Kommunikationsnetze und mobiler Zugangsgeräte teilweise oder vollständig zu unterstützen.

Mobile Computing – Umschreibung für den Zugriff mit einem mobilen Kommunikationsgerät auf ein zentrales → Informationssystem. Der Mitarbeiter kann hierbei alle Tätigkeiten ausführen, ohne von einem festen Standort abhängig zu sein. Die Geräte müssen dabei stets mit einer unsicheren Verbindungslage rechnen.

mobile Datenerfassung – *MDE*; Form der → Betriebsdatenerfassung (BDE); Erfassung von Bestell- und Warendaten am Entstehungsort (auf der Verladerampe, im Lager, im Regal) mittels mobiler Datenerfassungsgeräte (MDE-Geräte). So können z.B. Filialverantwortliche in → Einzelhandelsunternehmungen Bestellungen aufgeben, während sie direkt an den Artikelbeständen auf der → Verkaufsfläche stehen.

Mobile Marketing – umfasst alle marketingpolitschen Maßnahmen, die ein Unternehmen unter Einsatz von mobilen Endgeräten einsetzt, um damit das Verhalten von Interessenten und Kunden zu beeinflussen. Kreutzer (2012) nennt hierbei folgende Einsatzgebiete: a) mobile Übermittlung von Informationen (u.a. location-based-services) b) mobile Gewinnung von Informationen, c) mobiler Verkauf und Übermittlung virtueller Produkte und Dienstleistungen, d) mobiler Verkauf von realen Produkten und Dienstleistungen.

Mobiler Bankvertrieb – Mobiler Bankvertrieb ist im Rahmen des sog. Multi-Channel-Vertriebs ein Distributionsweg, über welchen Kreditinstitute ihre → Produkte und Dienstleistungen offerieren. Hierzu zählen bspw. ein eigener Außendienst der Kreditinstitute, Kooperationspartner (z.B. Fondsgesellschaften, → Bausparkassen, Versicherungen) sowie freie Vermittler,die auch individuelle Terminvereinbarungen zur persönlichen oder telefonischen Beratung anbieten.–Vgl. → Fernabsatzvertrag, → E-Commerce.

Mobile Shopping – Form des → Distanzhandels, bei der die Kunden durch die Nutzung von Mobiltelefonen, Personal Digital Assistants (PDA) und anderen mobilen elektronischen Geräten nicht an einen festen Ort angewiesen sind, um Geschäfte anzubahnen und abzuwickeln. – *Anders:* → Teleshopping.

Mobile Tagging – 1. *Begriff:* Beim Mobile Tagging werden Gegenstände mithilfe von 2D-Codes wie QR- und DataMatrix-Codes mit Daten und Informationen angereichert, die über mobile Geräte wie Handys, Smartphones oder Tablets ausgelesen und angezeigt werden. Auf diese Weise verbindet man physische und virtuelle Welt miteinander; man spricht auch von der Physical World Connection (PWC). – 2. *Arten:* Eine verbreitete Einteilung ist diejenige in Commercial Tagging, Public Tagging und Private Tagging. Als Commercial Tagging bezeichnet man die Verwendung von Codes im Rahmen von kommerziellen Anwendungen (etwa des → Mobile Business) und speziell des Mobile Marketing. Bspw. verlinkt man eine gedruckte Anzeige oder einen gedruckten Artikel in einer Zeitung oder Zeitschrift bzw. einen Abschnitt in einem Buch mit einer weiterführenden → Website. Die Codes sind manchmal mit dem → Logo des Unternehmens ausgestattet. Im Public Tagging werden nichtkommerzielle Inhalte weitergegeben. Als → Medium fungieren öffentliche Informationsträger und Kommunikationsmittel, etwa Broschüren oder Plakate, ferner Gebäudefassaden. Beispiele für Inhalte sind kulturelle Informationen, Beschreibungen der Anfahrt zu öffentlichen Gebäuden und verlinkte Bilder von Sehenswürdigkeiten. Mobile Tagging im privaten Bereich nennt sich Private Tagging. Dabei werden persönliche Daten über einen Code an Dritte transferiert. Ein typischer Anwendungsfall sind Visitenkarten, die neben den normalen Angaben einen → QR-Code mit den Kontaktinformationen aufweisen. Dank des Einlesens über das mobile Gerät wird das aufwendige Abtippen unnötig. – 3. *Implikationen:* Durch das Mobile Tagging werden immer mehr Gegenstände mit Daten und Informationen und auch multimedial angereichert; man erfährt etwas über sie und über sie hinaus, kann sie erkennen, einordnen, verstehen und einschätzen. In inhaltlicher Hinsicht rückt der Gegenstand näher; zugleich rückt das mobile Gerät zwischen ihn und den Benutzer. → RFID und andere Identifikationssysteme sowie Innovationen im Bereich der Augmented Reality tragen ebenfalls zu dieser Entwicklung bei. Auch in virtuellen Räumen ist Mobile Tagging möglich; so kann etwa ein Gegenstand in Second Life mit einem QR-Code versehen werden. Dadurch entstehen, wie durch das direkte Tagging mit Text oder mit Bildern, sogenannte Mashups.

mobile Zahlungen – *M-Payments, Handy-Zahlungen;* Durchführung von Zahlungen über Mobiltelefone. Obwohl das mobile Telefon aufgrund seiner mittlerweile starken Durchdringung und seines hohen Personalisierungsgrades gut geeignet für die Bezahlung von Waren und Dienstleistungen ist, blieb bis dato noch der Durchbruch für mobile Zahlungen aus. Ein Grund hierfür liegt sicherlich in der mangelnden Interoperabilität verschiedener Anbieter von mobilen Zahlungen. Abwicklungstechnisch liegt oftmals eine einmalig erteilte Einzugsermächtigung für ein → Lastschriftverfahren zugunsten des Händlers und zulasten des zahlungspflichtigen Mobiltelefonbesitzers vor.

Mobiliarvollstreckung → Zwangsvollstreckung in das bewegliche Vermögen (Mobilien).

Mobilien → bewegliche Sachen.

Mobilisierungspapiere → Schatzwechsel und → unverzinsliche Schatzanweisungen, die der Bund der → Deutschen Bundesbank auf Verlangen zur Geldmarktsteuerung zur Verfügung stellen musste. Mobilisierungspapiere entstanden, indem die aus der Währungsreform von 1948 bestehenden → Ausgleichsforderungen der Bundesbank gegen den Bund in Höhe von 8,1 Mrd. DM teilweise oder ganz „mobilisiert" wurden. – Wegen der gleichartigen kreditpolitischen Funktionen von Mobilisierungspapieren und → Liquiditätspapieren wurde die historisch bedingte Unterscheidung zwischen beiden Papieren bei der Novellierung des Bundesbankgesetzes 1992 aufgegeben.

Mobilität – 1. *Räumliche Mobilität:* → Wanderung. – Vgl. auch → Arbeitskräftemobilität. – 2. *Soziale Mobiltät:* Veränderungen der Schichtzugehörigkeit von Personen oder Personengruppen im Lebenslauf oder in der Abfolge der Generationen (→ Generation).

Mobilitätsbarrieren – Sammelbezeichnung für → Markteintrittsschranken und → Marktaustrittsschranken.

Mobilitätsmanagement – nachfragebezogener Ansatz des Personenverkehrs, der auf die Förderung einer effizienten, nachhaltigen, umwelt- und sozialverträglichen → Mobilität gerichtet ist. Aufgabe des Mobilitätsmanagements ist die Information, Kommunikation, Organisation Koordination und Vermittlung von Mobilitätsangeboten (z.B. Car Sharing, Fahrradverleih, Sammeltaxi).

Mobilitätsziffer – *Wanderungsziffer;* Bezeichnung der amtlichen Statistik für die Gesamtzahl der Wanderungsfälle (Summe der Zu- und Fortzüge) einer jeweiligen Bevölkerung innerhalb eines Zeitabschnitts bezogen auf je 1.000 Einwohner. Sie gibt Aufschluss über die Häufigkeit, mit der Einwohner eines Gebietes ihren Wohnsitz wechseln. – Vgl. auch → Wanderung.

Modal Split – *Verkehrsteilung;* Verkehrsträger- bzw. Verkehrsmittelanteile an der Befriedigung der Gesamtnachfrage nach bestimmten Verkehrsdiensten; Aufteilung der Transportleistung auf die verschiedenen Verkehrsträger bzw. -mittel.

Modalwert → Modus.

Modell – I. Charakterisierung: 1. *Anwendung/Zweck:* Auf der Basis von Funktions-, Struktur- oder Verhaltensähnlichkeiten bzw. -analogien zu einem Original werden Modelle zum Zwecke speziell solcher Problemlösungen benutzt, deren Durchführung am Original nicht möglich oder zu aufwendig wäre. Ein Modell ist also eine Abstraktion des Originals. – 2. *Arten:* Grundlegende Bedeutung kommt der Unterscheidung zwischen *ikonischen* oder *materialen Modellen* (z.B. Globus als Modell der Erde, Nachbildung der äußeren Form eines Automobils für Windkanalversuche) und *sprachlich-semantischen Modellen* (z.B. Modell des Marktverhaltens von Wirtschaftssubjekten; Modelle verschiedener Entscheidungssituationen) zu. Hinsichtlich Ausmaß der Ähnlichkeit zwischen Original und Modell wird zwischen *isomorpher Abbildung* (im Idealfall entspricht jedem Element des Originals ein Modellelement und umgekehrt) und *homomorpher Abbildung* (ausreichende Ähnlichkeit zwischen Original und Modell) unterschieden. – 3. *Modell und Theorie:* Synonyme Begriffsverwendung v.a. dann, wenn es sich um formalisierte (ggf. auch mathematisierte) → Theorien handelt. Da es sich bei Theorien jedoch ausschließlich um sprachliche Gebilde handelt, liegt in diesem Fall eine (unnötig) restriktive Verwendung des Modellbegriffs vor. Andererseits können Theorien insofern als *Teilklasse von Modellen* interpretiert werden, als mit ihrer Hilfe bestimmte Originalobjekte abstrakt und generalisierend beschrieben werden. Innerhalb der Realwissenschaften kann Modellbildung zweckmäßigerweise als *Anwendung von Theorien* auf bestimmte Tatbestände oder Situationen aufgefasst werden *(Teilklasse der theoretischen Modelle).*

II. Modelle in den Wirtschaftswissenschaften: 1. *Bedeutung:* Modelle haben in den Wirtschaftswissenschaften einen hohen Stellenwert. Es gibt allerdings auch zahlreiche Belege dafür, dass das „Denken in Modellen" leicht in eine Sackgasse führen kann (→ Modellplatonismus). – 2. *Typen:* a) *Beschreibungsmodelle,* mit deren Hilfe reale Objekte deskriptiv erfasst werden. – *Beispiele:* Volkswirtschaftliches und betriebliches Rechnungswesen, Instrumente also, die gewisse ökonomische Vorgänge selektiv abzubilden erlauben. Der Zweck besteht in der Erfassung bestimmter Größen (etwa des gesamten Volksvermögens oder der Schulden eines Unternehmens), sodass auch von speziellen *Erfassungsmodellen* gesprochen werden kann. Ferner geht es häufig darum, mithilfe von bestimmten Rechenoperationen zusätzliche Erkenntnisse zu gewinnen (z.B. über die Preisuntergrenze eines Produkts). Stehen derartige Zwecke im Vordergrund, wird von sog. *Ermittlungsmodellen* gesprochen. – b) *Erklärungsmodelle,* die als Anwendung von Theorien auf mehr oder weniger typische Tatbestände zu interpretieren sind. So kann z.B. von einem Modell der individuellen Leistungsbereitschaft gesprochen werden, in das einerseits allg. Motivationstheorien, andererseits spezielle Sachverhalte (Merkmale der betrieblichen Leistungsanreize wie Entgelt, Karriere, Vorgesetztenverhalten etc.) eingehen. Wegen der weitgehenden Strukturidentität von Erklärung und Prognose lassen sich derartige Modelle zudem teilweise auch für prognostische Zwecke verwenden (→ Prognosemodell). Eine spezielle Ausprägung solcher *Prognosemodelle* sind *Simulationsmodelle* (→ Simulation), mit deren Hilfe die Wirkungen alternativer Bedingungskonstellationen „durchgespielt" werden können. – c) *Entscheidungsmodelle,* in die (ggf. hypothetisch eingeführte) Zielvorstellungen von Modell-Benutzern eingehen: (1) Verschiedene Verfahren der (mathematischen) Entscheidungsforschung (→ Operations Research (OR), z.B. lineare Programmierung), die zur Lösung von wohl-strukturierten Entscheidungsproblemen herangezogen werden. (2) Sog. heuristische Verfahren (z.B. Entscheidungsbaumverfahren), die bei der Lösung von schlecht-strukturierten Problemen zur Anwendung kommen können. Entscheidungsmodelle sollen zu maximaler Zielerreichung verhelfen. Eine enge Beziehung zu Erklärungsmodellen besteht insofern, als diese Ziele nicht einfach als gegeben anzunehmen, sondern als erklärungsbedürftige Tatbestände zu betrachten sind.

Modellbank – eine computergestützte Sammlung von betriebswirtschaftlichen Modellen, in der Strukturen realer Probleme abgebildet werden. Mithilfe von Verfahren aus der → Methodenbank können die Modelle bearbeitet (z.B. Optimierungsrechnungen ausgeführt) werden. I.Allg. liegen eine gemeinsame Datenbasis (→ Datenbank) und eine einheitliche → Benutzeroberfläche vor.

Modellierungssprache – *Algebraische Modellierungssprachen* erlauben die Formulierung mathematischer Optimierungsmodelle (lineare, ganzzahlige, etc. Programme) am Computer in einer Programmiersprache. Das Modell, d.h. Variablen, Zielfunktion, Restriktionen etc. werden dabei allgemein beschrieben; die konkreten Daten sind vom Modell getrennt, sodass bei Änderung der Daten nichts am Modell geändert werden muss. Manche Modellierungssprachen erlauben nicht nur solche deklarativen (also beschreibenden) Sprachelemente, sondern auch prozedurale Elemente, d.h. Anweisungen, die den Programmfluss steuern (Verzweigungen, Schleifen).

Modellkosten – durch die Anfertigung von Modellen, z.B. in Gießereien, erwachsende Kosten für Löhne, Material etc. – *Kostenabrechnungstechnische Erfassung:* Modellkosten sind den Kostenträgern, deren Herstellung die Modelle gedient haben, als → Sondereinzelkosten der Fertigung, soweit es sich um einen einzelnen Auftrag handelt, oder als → Gemeinkosten zuzurechnen. Sind die Modelle für die Nutzung in mehreren Abrechnungsperioden bestimmt, so ist eine zeitliche → Abgrenzung erforderlich, falls sie nicht aktiviert und der → Abschreibung unterworfen werden.

Modell mit verteilten Verzögerungen → Lag-Modell.

Modellplatonismus – Bezeichnung für ein in einzelnen Bereichen der Wirtschaftswissenschaften anzutreffendes Verfahren, Theorien und Modelle vor dem möglichen Scheitern an Erfahrungstatsachen durch Anwendung von Immunisierungsstrategien abzusichern. Der Begriff Modellplatonismus wurde in kritischer Absicht von H. Albert („Marktsoziologie und Entscheidungslogik", 1967) eingeführt. Indizien sind v. a. die Benutzung von unspezifizierter → Ceteris-Paribus-Annahme und die Verwendung von Verhaltensannahmen, oft mit nur geringem Realitätsbezug. Albert schlägt vor, den Modellplatonismus durch konsequente Soziologisierung des ökonomischen Denkens zu überwinden, indem von den tatsächlichen Motivstrukturen, Wertorientierungen und Einstellungen der Wirtschaftssubjekte ausgegangen sowie der verhaltensrelevante Kontext berücksichtigt wird (→ methodologischer Individualismus).

Modem – Kunstwort aus „*Modulator*" und „*Demodulator*"; technisches Gerät, das zur Umwandlung von digitalen (→ digitale Darstellung) Signalen in analoge (Modulation) und umgekehrt (Demodulation) dient. Dadurch wird es möglich, digitale Daten über analoge Übertragungswege (v.a. über Fernsprechleitungen) zu übertragen (→ Datenübertragungseinrichtung (DÜE)).

Moderation – Moderation ist ein Instrument, welches die Kommunikation in Teams in der Art und Weise unterstützt und ordnet, dass die Ressourcen der Teilnehmer bestmöglich zum Einsatz kommen. Sie ist weiterhin eine Arbeits- und Darstellungstechnik, die der Moderator in Arbeitsgruppen, bei Konferenzen oder in ähnlichen Situationen einsetzt. Der Moderator bietet Hilfen methodischer Art zur Problemlösung oder auch Konfliktregelung an, ohne dabei inhaltlich Stellung zu beziehen bzw. Partei zu ergreifen. – *Beispiele für Moderationsmethoden:* Sammlung von Vorschlägen, Ideen, Meinungen der Gruppenmitglieder auf Pappkärtchen, die an Stellwände geheftet und dann geordnet werden (Kartenabfrage); anschließende Bewertung von Lösungsvorschlägen, indem die Teilnehmer eine aufgelistete Reihe von Alternativen mithilfe von Klebepunkten bewerten. – Vgl. auch → Organisationsentwicklung.

moderner Sektor → formeller Sektor.

modernisierter Zollkodex – Abk. *MZK*; 1. *Begriff:* wurde am 4.6.2008 mittels VO (EG) Nr. 450/2008 vom 23.4.2008, ABl. 2008 Nr. 145/1 veröffentlicht. Er sollte spätestens am 24.6.2013 mit der bis dahin noch zu schaffenden Durchführungsverordnung (DVO) in vollem Umfang gelten. In Kraft getreten ist er zwar am 24.6.2008, anwendbar sind zunächst aber nur die Ermächtigungsgrundlagen für die DVO. Spätestens am 23.6.2013 sollte er in vollem Umfang angewendet werden. Anfang 2012 legte die Kommisson einen Entwurf für einen → Unionszollkodex vor. Dieser sieht eine Neufassung des MZK vor, die wohl 2015 in vollem Umfang gelten soll – 2. *Inhalt:* Zielsetzung des MZK ist eine stärkere Vereinheitlichung der → Zollverfahren und Zollverwaltungsabläufe. Dabei geht es v.a. darum, die e-government-Initiative auch für den Bereich des Zolls zu implementieren, die bisherigen Regeln einfacher und übersichtlicher zu strukturieren, das Betrugsrisiko zu verringern, Sicherheit und Schutz an den Außengrenzen zu verstärken, die Wettbewerbsfähigkeit der in der Gemeinschaft tätigen Unternehmen sowie der mit solchen Unternehmen Geschäftsverbindungen pflegenden Nichtgemeinschaftsunternehmen zu stärken und damit das wirtschaftliche Wachstum zu fördern, die Kohärenz mit der Gemeinschaftspolitik in anderen Bereichen wie den indirekten Steuern, Landwirtschaft, Handel etc. zu verbessern.

Modeschöpfungen → Ausbeutung.

Modifikationsschein – Tilgungsschein anstelle eines abhanden gekommenen → Schuldscheins, der nicht nur die Rückzahlung eines Darlehens, sondern darüber hinaus bescheinigt, dass der abhanden gekommene Schuldschein ungültig sein soll.

modifizierte Ausfallbürgschaft – *beschränkte Ausfallbürgschaft;* Sonderform der → Ausfallbürgschaft. Der Ausfall gilt bereits als eingetreten, wenn die Befriedigung nicht in einer bestimmten, vertraglich festgelegten Weise (z.B. durch Verwertung der im Vertrag angegebenen Sicherheiten) erfolgt ist. Vielfach wird vertraglich festgelegt, dass der Ausfall als eingetreten gelten soll, wenn der Schuldner seine Zahlungen eingestellt hat oder über sein Vermögen das Insolvenzverfahren eröffnet worden ist, oder man sieht es gar als Ausfall an, wenn der Schuldner nicht innerhalb einer bestimmten Frist nach Fälligkeit der Forderung Zahlung geleistet hat. Der ursprüngliche Sinn der Ausfallbürgschaft ist stark beeinträchtigt.

modifizierte goldene Regel → Ramsey-Modelle

Modigliani – Franco, 1918–2003, aus Italien stammender Nationalökonom, der 1939 in die Vereinigten Staaten emigrierte, dort an verschiedenen Universitäten lehrte, seit 1962 am Massachusetts Institute of Technology; → Nobelpreis für Wirtschaftswissenschaften 1985. Modigliani trug wesentlich zur Weiterentwicklung der Keynesschen Lehre bei (→ Keynesianismus). Er stellte die Lebenszyklus-Hypothese des Konsums auf, die die theoretische Grundlage für individuelles und gesamtwirtschaftliches Sparen bildet. Außerdem entwickelte er gemeinsam mit → Miller das → Modigliani-Miller-Theorem, das die Zusammenhänge von Marktwert, Kapitalstruktur und Kapitalkosten von Unternehmen beschreibt. Seine wichtigsten Arbeiten sind als Aufsätze verstreut erschienen und leicht greifbar in „Collected Papers of Franco Modigliani", 3 Bde. (1980). – *Hauptwerk:* „The Cost of Capital, Corporation Finance and the Theory of Investment" (1958).

Modigliani-Miller-Theorem – 1. *Begriff:* 1958 von → Modigliani und → Miller aufgestellte Theoreme über die Zusammenhänge zwischen Marktwert, Kapitalstruktur und Kapitalkostensätzen. – *Theorem I:* Der Gesamtwert eines Unternehmens einer bestimmten Risikoklasse ist bei gegebenem Investitionsprogramm und damit gegebenem Erwartungswert der Erfolge auf einem vollkommenem Kapitalmarkt im Gleichgewicht unabhängig von der Kapitalstruktur. Das zentrale Theorem I wird durch einen Arbitragebeweis gestützt: Bestehende Marktwertunterschiede zwischen vergleichbaren Unternehmen mit unterschiedlicher Verschuldung werden von rational handelnden Investoren durch Arbitrageoperationen ausgeglichen. – *Theorem II:* Die von den Anteilseignern erwartete Rendite ist eine lineare Funktion des Verschuldungsgrades des Unternehmens. – *Theorem III:* Der Gesamt- oder durchschnittliche Kapitalkostensatz, der als Diskontierungssatz zur Vorteilhaftigkeitsprüfung verwendet wird, ist unabhängig davon, wie diese Objekte finanziert werden. – 2. *Folgerungen:* Änderungen der Kapitalstruktur einer Aktiengesellschaft sind ohne Einfluss auf deren *Marktwert* und die *Reichtumsposition der Eigentümer.* Investoren können durch Wertpapiermischung (Aktien, Anleihen) oder private Verschuldung das Gleiche erreichen wie Unternehmensleitungen durch Variationen der Kapitalstruktur. Kapitalstrukturentscheidungen sind irrelevant. – *Die von den Eigentümern geforderte Rendite* ist eine lineare Funktion des Verschuldungsgrades. Die durchschnittlichen Kapitalkostensätze sind unabhängig vom Verschuldungsgrad. Es existiert also keine, den Gesamtkapitalkostensatz minimierende Kapitalstruktur. – *Investitionsentscheidungen* können über die → Kapitalwertmethode mit den durchschnittlichen Kapitalkostensätzen als Diskontierungssatz unabhängig von der Finanzierung getroffen werden. – 3. Gegenüberstellung mit der sog. *traditionellen These:* Die traditionelle These behauptet die *Existenz einer optimalen Kapitalstruktur.* Zentral ist dabei die Annahme, dass mit von Null aus wachsendem Verschuldungsgrad zunächst nicht nur der Fremd-, sondern auch der Eigenkapitalkostensatz (nahezu) konstant bleibt. Erst bei hinreichend hoher Belastung der Unternehmung mit fixen Zins- und Tilgungsverpflichtungen beginnen Fremd- und Eigenkapitalkostensatz wegen des höheren Risikos zu steigen. Vor diesem Hintergrund lohnt sich auf jeden Fall die Wahl eines über null hinausgehenden Verschuldungsgrads, weil auf diese Weise teures Eigen- durch preiswertes Fremdkapital substituiert und der Gesamtkapitalkostensatz somit gesenkt (der Unternehmenswert also gesteigert) werden kann (*Substitutionseffekt*). Erst wenn mit weiter wachsendem Verschuldungsgrad Eigen- und Fremdkapitalkostensatz derart steigen, sodass der *Substitutionseffekt* überkompensiert wird, lohnt sich schließlich die sukzessive Erhöhung der Fremdkapitalquote nicht mehr. Unbefriedigend an der traditionellen These ist, dass die unterstellten Verläufe von Eigen- und Fremdkapitalkostensatz als Funktion des Verschuldungsgrads nicht theoretisch fundiert sind, sondern ad hoc angenommen werden. Das Modigliani-Miller-Theorem zeigt nun gerade, dass auf dem vollkommenen Kapitalmarkt im Gleichgewicht der Eigenkapitalkostensatz nicht einmal im Bereich sehr geringer Verschuldungsgrade annähernd konstant ist und hat insofern die traditionelle These abgelöst. – 4. *Kritik:* Das Modigliani-Miller-Theorem basiert auf der Annahme eines vollkommenen Kapitalmarktes im Gleichgewicht. Berücksichtigt man Unvollkommenheiten wie die Existenz von finanzierungsabhängigen Steuern und Insolvenzkosten oder ungleich verteilte Informationen zwischen den Marktteilnehmern, lässt sich eine (theoretisch fundierte) Relevanz unternehmerischer Finanzierungsentscheidungen für den Unternehmenswert belegen.

Modul – 1. *Begriff:* im → Software Engineering ein Baustein eines → Softwaresystems, der bei der → Modularisierung entsteht, eine funktional geschlossene Einheit darstellt und einen bestimmten Dienst bereitstellt. – 2. *Typen* (je nach zugrunde liegenden → Modularisierungsprinzipien) bei Modularisierung nach Abstraktion: (1) datenorientiertes

Modul; (2) funktionsorientiertes Modul. – 3. *Komponenten:* (1) *Modulspezifikation:* → Modulschnittstelle; (2) *Modulimplementierung:* → Modulrumpf (→ Implementierung). – 4. *Zusammenfassung* von Modulen zu größeren Komponenten im Rahmen von → Component Ware.

Modulararbeitszeit – Modell der → Arbeitszeitflexibilisierung (→ Arbeitszeitmodelle). Bei der Modulararbeitszeit wird das Konzept der Aneinanderreihung von Teilschichten konsequent durchgeführt, wobei mehr als zwei Teilschichten gleicher oder unterschiedlicher Länge (Arbeitsmodule) mit festgelegtem Beginn und Ende die gesamte Betriebszeit ergeben. Ein Mitarbeiter kann täglich ein oder mehrere und täglich wechselnde Arbeitsmodule belegen. Die Abstimmung erfolgt im Ausgleich mit betrieblichen Notwendigkeiten. Diese soll ein Menü aus Wunsch- und auferlegten Modulen sein; die Mitarbeiter können ihre Module untereinander handeln oder auch selbstständig untereinander aufteilen, dabei müssen jedoch bestimmte Vorgaben des Arbeitgebers beachtet werden. Die Länge, die Lage und die Gliederung der Arbeitszeitmodule werden von den gesetzlichen, tariflichen und betrieblichen Arbeitszeitvorschriften mitbestimmt. Das Modell der modularen Arbeitszeit kann auf Basis von Voll- und Teilzeitarbeit realisiert werden. Um dieses Modell überhaupt realisieren zu können ist es notwendig den Arbeitsanfall und die daraus resultierende notwendige Mitarbeiterstärke zu kennen.

Modularisierung – I. Organisation: Bildung → organisatorischer Einheiten als unternehmerische, sich wechselseitig ergänzende Grundbausteine, die in Abhängigkeit von der konkreten Situation und der zu bewältigenden Aufgabe jeweils unterschiedlich kombiniert werden können. Diese modularen Einheiten zeichnen sich durch eine relativ geringe Größe und gute Überschaubarkeit aus. Bei der organisatorischen Gestaltung werden sie oft mit umfassenden → Kompetenzen und (Ergebnis-)Verantwortung ausgestattet (→ Profitcenter). Dies setzt i.d.R. eine hinreichende Qualifikation und → Motivation der betroffenen → Organisationsmitglieder voraus. Zur Verknüpfung der organisatorischen Einheiten ist die Nutzung moderner Informations- und Kommunikationstechnik notwendig. Das Prinzip der Modularisierung wird v.a. von neueren Organisationskonzepten, wie der → virtuellen Organisation, propagiert.

II. Wirtschaftsinformatik: 1. *Begriff:* Im → Software Engineering die Zerlegung eines umfangreicheren Problems in kleinere Teilprobleme, die als → Module eines Softwaresystems realisiert werden. – 2. *Ziele:* a) *Reduktion der Problemkomplexität* durch Vereinfachung, dadurch Verbesserung der → Softwarequalität, v.a. der Zuverlässigkeit, → Verständlichkeit, → Wartungsfreundlichkeit und → Portabilität. – b) *Schaffung von Teilaufgaben,* die in einem Team *arbeitsteilig* und möglichst unabhängig voneinander gelöst werden können (Modul als Work Assignment). – 3. *Prinzipien zur Modularisierung:* → Modularisierungsprinzipien.

Modularisierungsprinzipien – im → Software Engineering Prinzipien, die bei der → Modularisierung eines Softwaresystems angewendet werden. – *Wichtige Modularisierungsprinzipien:* Abstraktion (→ Datenabstraktion, → funktionale Abstraktion); → Information Hiding; → Schnittstellenminimalität.

Modularität – Eigenschaft eines → Softwaresystems. Modular aufgebaut bedeutet, aus → Modulen zusammengesetzt zu sein.

Modular Sourcing – *System Sourcing*; Beschaffungsstrategie, die durch die Vergabe von Montagetätigkeiten an sog. Systemlieferanten (First Tier Supplier) gekennzeichnet ist, die als Generalunternehmer die Koordination der Material- und Teileströme zwischen ehemaligen direkten Zulieferern (Second Tier Supplier) und dem Abnehmer eigenverantwortlich durchführen. Da die Module den Anforderungen einer verbrauchssynchronen Beschaffung i.d.R. entsprechen, wächst deren Anteil mit der Verbreitung des Modular Sourcings.

Modulrumpf – Teil eines → Moduls, in dem die in der → Schnittstelle spezifizierten Leistungen implementiert (→ Implementierung) werden. – *Gegensatz:* → Modulschnittstelle.

Modulschnittstelle – 1. *Begriff:* der Teil eines → Moduls, in dem die Leistungen spezifiziert werden, die das Modul dem → Benutzer zur Verfügung stellt. – Vgl. auch → Spezifikation. – 2. *Inhalt:* a) *I.w.S.* zählen zur Modulschnittstelle alle Annahmen irgendwelcher Art, die außerhalb des Moduls – von einem Benutzer des Moduls – über das Modul gemacht werden. – b) *I.e.S.* besteht die Modulschnittstelle: (1) bei funktionsorientierten Modulen aus Modulname und Formalparametern, (2) bei datenorientierten Modulen aus Modulname und → Zugriffsoperationen mit Formalparametern (bei abstrakten → Datentypen auch Typname) sowie Angaben, wie die Zugriffsoperationen zu benutzen sind und welche Wirkungen sie haben. – *Gegensatz:* → Modulrumpf.

Modultest → Testen.

Modus – *dichtester Wert, häufigster Wert, Modalwert;* in der Statistik ein spezielles → Lagemaß. Weist ein qualitatives oder → quantitatives Merkmal (z.B. Kinderzahl bei Familien) nur wenige mögliche Ausprägungen auf, ist der Modus die Ausprägung mit der größten Häufigkeit. Bei (klassierten) → Häufigkeitsverteilungen kann nur die Klasse mit der größten Häufigkeit angegeben werden. Bei einer diskreten Wahrscheinlichkeitsverteilung ist der Modus der Wert der Zufallsvariablen mit der größten Wahrscheinlichkeit. Bei einer stetigen Wahrscheinlichkeitsverteilung wird der Wert, an dem die Dichtefunktion (→ Wahrscheinlichkeitsdichte) maximal wird, als Modus bezeichnet.

Modus Ponens – Grundregel der Logik: Wenn gilt „aus A folgt B" und „A ist wahr", dann gilt auch „B ist wahr". Modus Ponens findet sehr häufig bei → wissensbasierten Systemen Verwendung. – Vgl. auch → Modus Tollens.

Modus Tollens – Grundregel der Logik: Wenn gilt „aus A folgt B" und „B ist falsch", dann gilt auch „A ist falsch". Modus Tollens findet bei → wissensbasierten Systemen bisher kaum Verwendung. – Vgl. auch → Modus Ponens.

MOEL – Abk. der → EU für *mittel- und osteuropäische Länder (MOE-Staaten);* Bezeichnung für folgende Staaten: Albanien, Bulgarien, Estland, Litauen, Lettland, Polen, Rumänien, Slowakische Republik, Kroatien, Serbien, Slowenien, Tschechische Republik, Ungarn (u.a.). Mit diesen *MOE-Staaten* wurden → Europa-Abkommen zur Assoziierung an die EU geschlossen (sog. → Assoziierungsabkommen). Die meisten MOE-Staaten sind am 1.5.2004 und 1.1.2007 der EU beigetreten. Kroatien wird voraussichtlich am 1.7.2013 als 28. Mitgliedstaat der EU beitreten; Albanien und Serbien steht der Beitritt zur EU nach dem Thessaloniki-Gipfel von 2003 – wie allen Nachfolgestaaten des Westbalkan (des ehemaligen Jugoslawien) – offen. Montenegro stellte im Dezember 2008, Mazedonien bereits im März 2004, Albanien im April 2009, Serbien im Dezember 2009 den Antrag auf EU-Mitgliedschaft. Bosnien und Herzegowina hat im Februar 2010 einen Beitrittsantrag zur EU angekündigt, aber bislang noch nicht gestellt. Problematisch bleibt das Gebiet Kosovo nach der UN-Resolution 1244, dass seine Unabhängigkeit erklärt hat und von zahlreichen Staaten anerkannt worden ist.

Mogelpackung – unter Verstoß gegen das Eichgesetz i.d.F. vom 23.3.92 (BGBl. I 711) m.spät.Änd. oder die Fertigpackungsverordnung i.d.F. vom 8.3.1994 (BGBl. I 451, 1307) m.spät.Änd. aufgemachte Ware zur Täuschung des Verbrauchers über die Füllmenge. Mogelpackungen sind sittenwidriger Wettbewerb (→ unlauterer Wettbewerb) und → irreführende Werbung (→ Kundenfang, § 7 II EichG, § 6 ff FertigpackVO, § 5 UWG).

Molkereigenossenschaften → Produktionsgenossenschaften.

Moment → Parameter zur Kennzeichnung von Wahrscheinlichkeitsverteilungen. Sind x_1, x_2, ... die Ausprägungen einer diskreten → Zufallsvariablen X und $f(x_1)$, $f(x_2)$, ... die zugehörigen → Wahrscheinlichkeiten, so ist das k-te *gewöhnliche Moment* der Zufallsvariablen X durch

$$E(X^k) = \sum x_i^k f(x_i),$$

gegeben; für k = 1 ergibt sich der → Erwartungswert. – Die Größen $E(X-EX)^k$ sind die *zentralen Momente der Ordnung k* von X; hier ergibt sich für k = 1 der Wert 0 und für k = 2 die → Varianz von X. – Das *3. zentrale Moment* kennzeichnet die → Schiefe einer Verteilung.

Momentenmethode, verallgemeinerte – Schätzmethode, die u.a. dazu dient, effiziente Schätzungen im Falle endogener erklärender Variablen durchzuführen, wenn die Störterme autokorreliert (→ Autokorrelation) oder heteroskedastisch (→ Heteroskedastizität) sind. Das Prinzip der verallgemeinerten Momentenmethode (engl. *Generalised Method of Moments, GMM*) liegt in der Festlegung von Bedingungen für die Momente der unterstellten Verteilung der Störterme des Modells. Die zu schätzenden Parameter werden so gewählt, dass sie möglichst gut im Einklang mit den Bedingungen stehen. Typischerweise sind GMM-Schätzer asymptotisch effizient, verlieren aber ihre Effizienzeigenschaften in kleinen Stichproben.

MoMiG – Abk. für → Gesetz zur Modernisierung des GmbH-Rechts und zur Bekämpfung von Missbräuchen.

monatliche Erfolgsrechnung → kurzfristige Erfolgsrechnung.

Monatsausweis → Monatsbilanz.

Monatsberichte der Deutschen Bundesbank – monatliche Publikation, in der in zusammengefasster Form die Ergebnisse zahlreicher von der → Deutschen Bundesbank auf dem Gebiet des Bank- und Geldwesens bei allen Kreditinstituten in der Bundesrepublik Deutschland durchgeführten statistischen Erhebungen enthalten sind; u.a. Veröffentlichung der gesamtwirtschaftlichen Finanzierungs- und Geldvermögensrechnung im Rahmen der Volkswirtschaftlichen Gesamtrechnungen. Ergänzt durch laufende Berichte über die monetäre und konjunkturelle Lage der dt. Wirtschaft sowie Abhandlungen über kredit- und volkswirtschaftliche Sonderprobleme. Die Monatsberichte der Deutschen Bundesbank sowie der jährliche Geschäftsbericht der Deutschen Bundesbank dienen als Informationsquelle für Beobachtung, Analyse und Prognose v.a. der monetären Lage und Entwicklung der Volkswirtschaft.

Monatsbilanz – 1. *Begriff:* a) monatlicher Bestandsausweis, bei dem die Bestände nicht durch Inventur (→ Inventurbilanz), sondern durch Fortschreibungen der Lagerbücher ermittelt werden; – b) die Zusammenstellung der Monatsumsätze aller Konten (Summen der Verkehrszahlen) für die Übertragung aus den → Grundbüchern in die Konten des → Hauptbuchs. – 2. *Monatsbilanz von Kreditinstituten:* Gemäß § 25 KWG haben Kreditinstitute und Finanzdienstleistungsinstitute der → Deutschen Bundesbank Monatsbilanzen (korrekter *Monatsausweise*) einzureichen, die diese mit ihrer Stellungnahme an die → Bundesanstalt für Finanzdienstleistungsaufsicht (BaFin) weiterleitet. Als Monatsausweise gelten die von den Kreditinstituten gemäß § 18 BBankG der Bundesbank auf bes. Vordrucken einzureichenden

Meldungen zur monatlichen Bilanzstatistik. – Die Erhebungsergebnisse werden in zusammengefasster Form in den → Monatsberichten der Deutschen Bundesbank veröffentlicht.

Monatseinzelkosten → Periodeneinzelkosten.

Monatserhebung im Tourismus – Teil der → amtlichen Statistik mit dem Ziel der kurzfristigen Information über die konjunkturelle Entwicklung im Beherbergungsgewerbe. Daneben liefert die monatliche Erhebung im Tourismus auch Informationen über die Strukturen des Inlandstourismus. Ihre Ergebnisse dienen als Grundlage für tourismuspolitische Entscheidungen, für infrastrukturelle Planungen sowie für Maßnahmen der Tourismuswerbung und der Marktforschung.

Monatsgeld – Zentralbankguthaben, die unter Banken zur Standardlaufzeit von einem Monat verliehen werden.

Mondialreihen – der → Konjunkturforschung dienende wirtschaftsstatistische Reihen von weltwirtschaftlicher Bedeutung. Maßgebliche Größen für Mondialreihen sind Zinsbewegungen am Geld- und Kapitalmarkt, der Welthandel sowie Preisbewegungen bei Welthandelsrohstoffen und -halbfabrikaten. – *Gegensatz:* → Regionalreihen. – Vgl. auch → Barometersystem.

Mondpreise → Preisgegenüberstellung.

MONEP – Abk. für *Marché des options négociables de Paris,* gegründet 1987, ist neben der → MATIF die zweite franz. Terminbörse und ist wie diese und die Pariser Börse heute in die → NYSE Euronext integriert. An der MONEP werden Futures und Optionen auf Aktien und Indizes gehandelt, im Gegensatz dazu spezialisierte sich die → MATIF auf den Handel dieser → Derivate bezogen auf Zinsen und Waren.

monetäre Anpassung – Begriff der Volkswirtschaftstheorie für eine Politik der Anpassung der → Geldmenge (Geldmengenpolitik). – *Beispiel:* Monetäre Anpassung an expansive Fiskalpolitik mit dem Ziel der Stabilisierung des Zinsniveaus. Eine solche akkomodierende Geldpolitik gefährdet aber i.d.R. das Preisstabilisierungsziel.

monetäre Außenwirtschaftstheorie – 1. *Begriff:* Teilbereich der → Außenwirtschaftstheorie, in dem die Rolle des Geldes im Zentrum des Interesses steht. Die monetäre Außenwirtschaftstheorie widmet sich im Sinn einer wissenschaftlichen Arbeitsteilung genau jenen Problemen, die in der → realen Außenwirtschaftstheorie durch geschickte Wahl der Annahmen aus der Betrachtung ferngehalten werden. Die explizite Berücksichtigung des Geldes rückt nun die Existenz *unterschiedlicher Währungen* ins Zentrum der Analyse. Damit zusammenhängend wird die Betrachtung über den internationalen Handel von Gütern und Dienstleistungen auch auf den → internationalen Kapitalverkehr ausgedehnt. – 2. *Problembereiche:* Die wichtigsten Probleme, denen sich die monetäre Theorie widmet, sind: (1) Erklärung von unausgeglichenen Handelsbilanzen über makroökonomische Zusammenhänge sowie deren Beziehung zum internationalen Kapitalverkehr und dem Geschehen auf dem → Devisenmarkt. (2) Detaillierte Analyse der Bestimmungsgründe des internationalen → Kapitalverkehrs. (3) Definition des → außenwirtschaftlichen Gleichgewichts in einer Welt mit internationalem Kapitalverkehr sowie Analyse der entsprechenden Anpassungsmechanismen bei unterschiedlichen Wechselkurssystemen. (4) Wirksamkeit der Stabilitätspolitik in Ökonomien mit internationaler Verflechtung auf den Güter- und Kapitalmärkten bei unterschiedlichen Wechselkurssystemen. (5) Die Wechselkurstheorie als Teilbereich der monetären Außenwirtschaftstheorie untersucht die Bestimmungsgründe des Wechselkursverhaltens für flexible Wechselkurssysteme. (6) Schließlich will die monetäre Außenwirtschaftstheorie die Vor- und Nachteile der Wechselkursflexibilität aufzeigen, um so Hinweise für die Gestaltung des → internationalen Währungssystems zu gewinnen. (7) Erklärung der Währungskrisen. In Modellen verschiedener Generationen wird der Zusammenbruch von Festkursmodellen analysiert. Im Mittelpunkt der spekulativen Attacken stehen die Erwartungen der Anleger, die auch mit den Fundamentaldaten vereinbare Festkurssysteme zum Einsturz bringen können. Es können sog. multiple Gleichgewichte entstehen. – 3. *Methoden:* Bei der Analyse dieser Fragen verwendet die monetäre Theorie weitgehend einen *makroökonomischen Ansatz.* Damit verschwinden zwangsläufig die von der der realen Außenwirtschaftstheorie untersuchten Fragen der Allokation und Verteilung aus dem Blickfeld. Aufgrund der Konzentration auf Probleme der Unterbeschäftigung spielen *Preisstarrheiten* verschiedenster Art in der monetären Theorie eine viel bedeutendere Rolle als in der realen Theorie. – Vgl. auch → Stabilisierungspolitik in einer großen offenen Volkswirtschaft, → Stabilisierungspolitik in einer kleinen offenen Volkswirtschaft, → Wechselkurstheorie, → Zahlungsbilanzausgleich.

monetäre Basis – *Geldbasis;* Summe aus Bargeldumlauf, Mindestreserven und Überschussreserven. Die monetäre Basis ist zentrale Steuergröße aus monetaristischer Sicht (→ Monetarismus). – Vgl. auch → Geld.

monetäre Finanzinstitute (MFI) – dazu zählen: (1) Banken (einschließlich Bausparkassen), (2) Geldmarktfonds, (3) Europäische Zentralbank und (4) Zentralnotenbanken des Eurosystems (→ Europäisches System der Zentralbanken (ESZB)). Die MFI sind in die geldpolitischen Operationen des ESZB (→ Geldpolitik) eingebunden.

monetäre Inflationstheorie – Inflation entsteht demnach nur, wenn die nachfragewirksame Geldmenge schneller wächst als die realen Produktionsmöglichkeiten einer Volkswirtschaft. – Vgl. auch → Inflationstheorien, → Quantitätstheorie.

monetäre Konjunkturtheorien → Konjunkturtheorien, die → Konjunkturschwankungen einer Volkswirtschaft allein oder maßgeblich durch monetäre Größen verursacht sehen: 1. *Rein monetäre Konjunkturtheorien:* Konjunkturschwankungen werden *nur* durch monetäre Größen verursacht. Nach Hawtrey werden die Zyklen durch Mehr- oder Minderproduktion von Gold oder (hauptsächlich) durch Zu- und Abnahme der → Geldmenge infolge von Kreditexpansion und -kontraktion erklärt (→ Inflation, → Deflation). Wicksell sieht die Ursache in Abweichungen des natürlichen Zinsfußes vom Geldzinsfuß (Zinsspannentheorie). – 2. *Monetäre Konjunkturtheorien:* I.w.S. Konjunkturtheorien, die die Konjunkturschwankungen unter Einbeziehung des Geldmarktes erklären (→ Konjunkturtheorie). Friedman erklärt Inflation allein durch eine übermäßige Expansion der Geldmenge (Monetarismus), deren Schwankungn zudem maßgeblich für Konjunkturbewegungen sind. – 3. *Kritik:* Umstritten ist die Frage, ob Konjunkturschwankungen allein durch monetäre Faktoren bewirkt werden, ob die monetären Auswirkungen nur Folgeerscheinung realer Vorgänge sind oder ob eine Kombination realer und monetärer Ursachen die Schwankungen bestimmt. Wegen ihres monokausalen Charakters ist die reine monetäre Konjunkturtheorie als alleiniger Erklärungsversuch der Konjunktur abzulehnen.

monetäre Märkte – Man unterscheidet zwischen nationalen und internationalen monetären Märkten. 1. *Nationale monetäre Märkte*: Ihre Einteilung geschieht nach verschiedenen Kriterien, so z.B. nach der Fristigkeit oder nach den jeweils beteiligten Finanzinstitutionen. Eine in der Literatur häufig anzutreffende Gliederung in fünf Teilmärkte hat sich unter verschiedenen analytischen Gesichtspunkten als zweckmäßig erwiesen: (1) → Geldmarkt, (2) → Kapitalmarkt, (3) Bankeneinlagenmarkt, (4) Bankenkreditmarkt und (5) Markt → paramonetäre Finanzierungsinstitute. Zwischen diesen Märkten besteht eine Abhängigkeit hinsichtlich Substituierbarkeit und Zinsbildung (→ Paralleleffekt). – 2. *Internationale monetäre Märkte:* Sie unterscheiden sich von den nationalen monetären Märkten v.a. dadurch, dass sie keiner nationalen Kontrolle unterliegen. Die Geschäfte auf diesen Märkten werden aus Sicht sowohl des Anbieters wie des Nachfragers nach Geld in fremder Währung durchgeführt. Ebenso wie auf nationaler Ebene spricht man international von Geld-, Kredit- und Kapitalmärkten. – *Wichtige monetäre Märkte* sind z.B. Eurodollarmarkt bzw. → Euromärkte. Die internationalen Finanzmärkte haben sich in den letzten zwei Jahrzehnten so schnell entwickelt, dass über sie ein Großteil der internationalen wirtschaftlichen Aktivitäten abgewickelt wird. Ihre mangelnde Kontrolle sowie ihr erhebliches Kreditschöpfungspotenzial stellt das internationale Finanzsystem ebenso vor Probleme wie nationale Geldpolitiken, für die diese Märkte ein erhebliches Störpotenzial darstellen. – Vgl. auch → Finanzinnovationen.

monetäre Politik → Geldpolitik.

monetärer Ansatz zur Zahlungsbilanztheorie – Ansatz zur Erklärung eines Anpassungsprozesses, der im Fall eines → fixen Wechselkurses zu Leistungsbilanzausgleich führt. Ursprünglich entwickelt für Situationen ohne → internationale Kapitalmobilität. Die Bezeichnung *monetär* soll andeuten, dass unausgeglichene Leistungsbilanzen zu Veränderungen der heimischen → *Geldmenge* führen, die ihrerseits auf die → Leistungsbilanz zurückwirken, und zwar mit der langfristigen Konsequenz des Leistungsbilanzausgleichs. Der Leistungsbilanzausgleich ist hier ein monetärer Prozess. Die Geldmengenveränderung als Resultat einer unausgeglichenen Leistungsbilanz ergibt sich aus der bei → fixem Wechselkurs erforderlichen Devisenmarktintervention. Die Rückwirkung dieser Geldmengenveränderung auf die Leistungsbilanz ergibt sich aufgrund der Abhängigkeit der Absorption von der Geldmenge. Gemäß dem monetären Ansatz zur Zahlungsbilanztheorie ist die Geldmenge also endogen. – Vgl. → monetaristisches Wechselkursmodell.

monetärer Transmissionsprozess → Geldtheorie.

monetäre Theorie → Geldtheorie.

monetäre Wachstumsmodelle → monetäre Wachstumstheorie.

monetäre Wachstumstheorie – 1. *Begriff:* In der monetären Wachstumstheorie wird analysiert, welche Wirkung monetäre Größen, wie Geld, Geldmenge, Inflation, u.a. auf das Wachstum realer Größen wie Kapitalintensität und Pro-Kopf-Konsum haben. Die Klassiker der Nationalökonomie gingen von realen Auswirkungen des Geldes aus (z.B. Smith, Mill). Geld existierte als Warengeld und wurde wie andere Güter getauscht; es gab also relative Preise des Geldes und die Menge des gehandelten Geldes bestimmte direkt den Handel realer Waren. Seitdem die Geldmenge keiner Warendeckung unterliegt, wird Geld mit anderen Maßstäben betrachtet. – 2. *Ansätze:* a) In der *postkeynesianischen Wachstumstheorie* sorgen variable Preise für eine Übereinstimmung zwischen Sparen und Investieren in einer Periode, falls der Mengenausgleich über den Multiplikatorprozess nicht ausreicht. Dieser Ansatz wird als Keynes-Wicksell-Ansatz bezeichnet, weil Mengen (Keynes) und Preise (Wicksell) als Ausgleichsmechanismus angewendet werden. Für die langfristige Analyse sind diese Ansätze jedoch in den Hintergrund geraten, weil sie sich auf die kurze Periode und dessen Gleichgewicht beziehen und nicht auf das langfristige gleichgewichtige Wachstum. – b) Bei den Versuchen, monetäre Phänomene in die *neoklassische Wachstumstheorie* zu integrieren, können drei Modelltypen unterschieden werden. (1) Im *Modell von Tobin* (1965) werden Geld- und Realkapital als alternative Formen der Vermögensanlage angesehen. Eine Zunahme der

Geldmengenwachstumsrate erhöht in diesem Modell die Kapitalintensität und den Pro-Kopf-Konsum (Tobin-Effekt). Der Effekt fand allerdings keine empirische Bestätigung. Kritisiert wurde u.a., dass die Konsum- bzw. Sparentscheidung und die Geldnachfrage der Wirtschaftsobjekte nicht aus Entscheidungskalkülen abgeleitet wurde. (2) Das *Modell von Sidrauski* (1967) begründet die Tradition, Geld als Argument der Nutzenfunktion anzusehen und die Entscheidung von Wirtschaftsobjekten mikroökonomisch herzuleiten. In diesen Modellen wird die sog. Superneutralität des Geldes nachgewiesen: Geldmengenwachstum und Inflation haben keinerlei Wirkung auf reale Größen wie die Kapitalintensität und den Pro-Kopf-Konsum. (3) Im *Modell von Levhari und Patinkin* (1968) wird Geld als Argument der Produktionsfunktion berücksichtigt, indem die Realkasse als Produktionsfaktor modelliert wird. In einer Erweiterung dieses Modells wird die Konsum-/Sparentscheidung von Haushalten in einem intertemporalen Optimierungsmodell hergeleitet. Als Ergebnis folgt, dass bei Zunahme des Geldmengenwachstums Kapitalintensität und Pro-Kopf-Konsum sinken (Stockmann-Effekt). Die nutzentheoretische und die produktionstheoretische Herleitung der Geldnachfrage im Rahmen monetärer Wachstumsmodelle führen also zu unterschiedlichen Ergebnissen. – c) *Neuere Ansätze* versuchen Geld gleichzeitig in der Nutzen- und der Produktionsfunktion zu berücksichtigen. Dabei bestätigen deterministische Modelle den negativen Effekt des Geldmengenwachstums auf reale Größen. Hingegen sind die Ergebnisse stochastischer Modelle, in denen Risiken der ökonomischen Entwicklung berücksichtigt werden, unbestimmt – hier kann sowohl restriktive als auch expansive Geldpolitik eine positive Wachstumswirkung haben. Langfristige empirische Analysen bestätigen jedoch eher die Neutralität geldpolitischer Maßnahmen hinsichtlich des Wirtschaftswachstums und einen eindeutig positiven Zusammenhang zwischen niedriger Inflationsrate und wirtschaftlichem Wachstum. – Vgl. auch → Geldtheorie, → Geldpolitik, → Wachstumspolitik.

Monetarisierung von Umweltschäden → ökonomische Bewertung von Umweltschäden.

Monetarismus – I. Begriff: Wirtschaftswissenschaftliche Schule, die v.a. aus der Kritik der geldtheoretischen Vorstellung der Keynesianischen Theorie (→ Keynesianismus) und der → keynesianischen Positionen entstanden ist. Neben geldtheoretischen Aussagen (insbesondere Zusammenhang zwischen Geldmengenwachstum und Inflation) macht der Monetarismus auch Aussagen zur Einkommens- und Beschäftigungstheorie, zur Verteilungstheorie etc. Der Monetarismus stellt ein geschlossenes wirtschaftstheoretisches System zur Erklärung der ökonomischen Realität dar. – Die *bekanntesten Vertreter* des traditionellen Monetarismus sind → Friedman und Brunner.

II. Annahmen und Kernaussagen: 1. *Relative Stabilität des privaten Sektors:* Das marktwirtschaftliche System tendiert bei flexiblen Preisen zu einem stabilen Gleichgewicht. Darüber hinaus wird angenommen, dass die Dynamik des privaten Sektors stabil ist, exogene Schocks also absorbiert und in eine stabilisierende Bewegung umgeformt werden. – 2. *Neoquantitätstheorie:* Die → Umlaufgeschwindigkeit des Geldes ist vom Geldnachfrageverhalten bestimmt. Die Neoquantitätstheorie geht davon aus, dass Geld eine von mehreren Vermögensformen ist und mit den übrigen in Substitutionsbeziehungen steht; die Portfoliozusammensetzung wird durch die Ertragsraten der einzelnen Vermögensarten bestimmt. Demzufolge hängt die Umlaufgeschwindigkeit des Geldes von den Ertragsraten der einzelnen Vermögenskomponenten ab, wobei ein stabiler Zusammenhang vermutet wird. – 3. *Steuerung der Geldmenge:* Eine Steuerung der → Geldmenge erlaubt es unter den genannten Umständen den geldpolitischen Instanzen, das Nominaleinkommen zu beeinflussen. Die Zentralbank kann jedoch nicht die Geldmenge direkt steuern, da diese Größe auch vom Verhalten der Geschäftsbanken und des Publikums abhängt. Als primärer Ansatzpunkt der Geldmengensteuerung werden daher die von der Zentralbank kontrollierbaren Konzepte der → Zentralbankgeldmenge bzw. der → monetären Basis angesehen. – 4. *Transmissionsmechanismus der relativen Preise:* Der von Keynes entwickelte kredittheoretische Transmissionsmechanismus wird von den Monetaristen als zu eng angesehen und durch einen vermögenstheoretisch orientierten Transmissionsmechanismus der relativen Preise ersetzt. Bei dieser Sicht werden im Prinzip Substitutionsbeziehungen zwischen allen Aktiva vermutet, sodass eine Störung des Portfoliogleichgewichts (z.B. durch eine Erhöhung der Geldmenge) zu Anpassungsvorgängen (Substitutionseffekten) bei sämtlichen Aktiva führt, die aus Änderungen der relativen Ertragsraten resultieren. – 5. *Reale Effekte:* Die Monetaristen gehen davon aus, dass eine einmalige Erhöhung des Geldmengenwachstums nur vorübergehend reale Effekte auf Produktion und Beschäftigung hat (Temporaritätsannahme). Langfristig führt die höhere Wachstumsrate der Geldmenge lediglich zu einer erhöhten Inflationsrate. Die → Phillips-Kurve hat aus dieser Sicht nur kurzfristig eine negative Steigung, langfristig verläuft sie senkrecht. – 6. *Langfristigkeit:* Das Wachstum der realen Produktion wird ausschließlich durch reale Faktoren bestimmt. Im Gegensatz zum → Keynesianismus wird der → Fiskalpolitik im Vergleich zur → Geldpolitik keine große Wirksamkeit unterstellt. Falls die fiskalpolitischen Maßnahmen über Steuern oder Kredite beim Publikum finanziert werden, kommt es nach monetaristischer Auffassung in großem Umfang zur Verdrängung privater Ausgaben (→ Crowding-out), die im Extremfall vollständig sein kann. Werden die Ausgaben über Geldschöpfung finanziert, dann liegt in Wirklichkeit keine Fiskal-, sondern Geldpolitik vor. Aber auch die Geldpolitik hat nur vorübergehende reale Wirkungen. Zudem sind ihre Wirkungen weder im Umfang noch hinsichtlich des Zeitpunktes (aufgrund zeitlicher Verzögerungen (→ Lags)) genau absehbar. – 7. *Wachstums- und Konjunkturzyklen in der Realität:* In der Realität zu beobachtende Wachstums- und Konjunkturzyklen werden auf exogene Störungen des ökonomischen Systems zurückgeführt, die durch den Einsatz diskretionärer Geld- und Fiskalpolitik noch verstärkt werden.

III. Wirtschaftspolitische Konsequenzen: 1. *Verzicht auf diskretionäre Konjunktur- und Beschäftigungspolitik:* Aus den monetaristischen Positionen ergibt sich die Forderung nach dem Verzicht auf jede diskretionäre Konjunktur- oder Beschäftigungspolitik (→ diskretionärer Mitteleinsatz, → Konjunkturpolitik). Wird in der Ausgangslage eine bestimmte Höhe der Unterbeschäftigung diagnostiziert, so lässt sich nicht ohne weiteres feststellen, ob diese unfreiwilliger Natur ist. Nach monetaristischer Auffassung ist der allergrößte Teil der statistisch gemessenen → Arbeitslosigkeit freiwillig und beruht auf falschen Reallohnvorstellungen, Informationsmängeln und Marktstörungen (z.B. Arbeitslosenversicherung, Sozialhilfe). Beschäftigungspolitische Maßnahmen sind in diesem Fall auf Dauer gesehen unwirksam sowie wohlfahrtsmindernd, weil sie nur durch Täuschung und gegen die Präferenzen der Betroffenen durchgeführt werden können. Sollte die Arbeitslosigkeit jedoch tatsächlich unfreiwillig sein, dann führen diskretionäre beschäftigungspolitische Maßnahmen tendenziell zu einer Verschlechterung der Situation, weil das Marktsystem schneller zum Gleichgewicht zurückfindet, wenn es sich selbst überlassen bleibt. Daher wird empfohlen, lediglich eine kontinuierliche trendorientierte Geldmengenpolitik (d.h. eine sog. regelgebundene Geldpolitik (→ regelgebundener Mitteleinsatz)) zu betreiben, die für die monetäre Alimentierung des realen Wachstums sorgt. Eine solche Politik, die die Ankündigung eines Geldmengenziels impliziert, sorgt für die Verstetigung der Erwartungen und die Stabilisierung des Preisniveaus. – 2. *Preisniveaustabilität:* Das Ziel der Preisniveaustabilität genießt Vorrang, weil diese als Voraussetzung für das Funktionieren des marktwirtschaftlichen Anpassungsprozesses angesehen wird. Das Beschäftigungsziel wird von selbst erreicht, wenn dem freien Spiel des Marktes Raum geschaffen wird. – 3. *Ordnungs- und Wettbewerbspolitik:* Von Bedeutung sind daher auch Ordnungs- und Wettbewerbspolitik, die dafür zu sorgen haben, dass die Unvollkommenheiten des Marktsystems beseitigt werden. Der Staat wird im Wesentlichen auf ordnungspolitische Aufgaben beschränkt. Interventionen können beim Vorliegen von → externen Effekten angezeigt sein, müssen aber in jedem Einzelfall unter Abwägung der Vor- und Nachteile begründet werden.

monetaristische Geldmengenregel → Geldmengenregel.

monetaristische Geldnachfragetheorie → Geldtheorie.

monetaristisches Wechselkursmodell – spezielles Modell zur Erklärung des nominellen → Wechselkurses zwischen zwei Währungen. – *Annahmen:* Es unterstellt perfekte Preisflexibilität, perfekte Kapitalmobilität, sowie → Kaufkraftparität, und es betont die Relation zwischen Geldangebot und Geldnachfrage zweier Länder als entscheidenden Bestimmungsgrund für den Wechselkurs zwischen den Währungen dieser Länder. – *Erläuterung:* Schreibt man w für den nominellen Wechselkurs aus der Sicht des Inlandes, M bzw. M* für die Geldmenge des In- bzw. Auslandes, und I(.) bzw. I*(.) für die reale Geldnachfrage des In- bzw. Auslandes, so ergibt sich gemäß dem monetaristischen Wechselkursmodell:

$$w = \frac{[M/I(.)]}{[M^*/I^*(.)]}.$$

Wächst die Geldmenge des Inlandes unter sonst gleich bleibenden Bedingungen stärker als jene des Auslandes, so muss die heimische Währung abwerten, es sei denn, es wächst auch die reale Geldnachfrage im → Inland stärker als im → Ausland. – *Determinanten:* Die reale Geldnachfrage hängt aus der Sicht des monetaristischen Wechselkursmodells vom → Realeinkommen und vom Zinssatz ab. Daraus ergibt sich letztlich, dass der Wechselkurs von dem Verhältnis der beiden Geldmengen (M/M*) dem Verhältnis der beiden Realeinkommen und von der Zinsdifferenz zwischen dem Inland und dem Ausland abhängt. Die Zinsdifferenz ist jedoch über die *ungedeckte* → Zinsparität (perfekte → Kapitalmobilität) mit der Abwertungserwartung für die heimische Währung verknüpft. Die Abwertungserwartung kann über die relative → Kaufkraftparität auch in die Differenz zwischen den Inflationserwartungen im In- und Ausland überführt werden. Während üblicherweise in makroökonomischen Modellen der offenen Volkswirtschaft Geldmengenerhöhungen mit einer Zinssenkung einhergehen (→ Mundell-Fleming-Modell, → Dornbusch-Modell, → Portfolio-Ansatz), kann es im monetaristischen Wechselkursmodell im Anschluss an eine Geldmengenexpansion zu einem sofortigen Nominalzinsanstieg kommen, der durch höhere Inflationserwartungen zustande kommt. – Vgl. auch → Wechselkurstheorie.

Money Market Deposit Account → Finanzinnovationen.

Money Market Mutual Fund → Finanzinnovationen.

monistisches Steuersystem → Steuersystem, das auf dem Gedanken der Besteuerung durch die Erhebung einer → Alleinsteuer basiert. – *Gegensatz:* → pluralistisches Steuersystem.

Monitor – 1. *Synonym* zu → Bildschirm. – 2. → TP-Monitor.

Monitoring – alle Aktivitäten, deren Ziel es ist festzustellen, ob ein Vertragspartner seine Verpflichtungen erfüllt. Monitoring ist im Rahmen der → Agency-Theorie ein Instrument zur Verringerung von → Informationsasymmetrien. – Vgl. auch → strategische Frühaufklärung.

Monokultur – 1. Bezeichnung für die regionale Konzentration der Markterzeugung in der Landwirtschaft auf ein Produkt, etwa Baumwollproduktion, Kaffeeanbau oder Rinderzucht. – 2. Im übertragenen Sinn auch für Teilgebiete oder Städte mit einseitig entwickelter, dabei jedoch krisenanfälliger Industrie, etwa Schiffbau, Schmuckindustrie.

Monopol – 1. *Begriff:* → Marktform, bei der auf der Seite des Angebots nur ein aktueller Verkäufer vorhanden ist (Angebotsmonopol), während die Nachfrageseite viele kleine Nachfrager aufweist. Bei geschlossenem Markt spricht man auch von einem *absoluten Monopo*l, während das Monopol bei offenem Markt als *prozessuales Monopol* bezeichnet wird. – Der Monopolist steht einer → Preisabsatzfunktion gegenüber, die gleichzeitig die Gesamtnachfragefunktion des Marktes ist; sein Aktionsparameter ist entweder der Preis oder die Menge. Die notwendige *Gewinnmaximierungsbedingung* lautet: Grenzkosten = Grenzerlös (→ monopolistische Preisbildung). – 2. *Arten:* a) → natürliches Monopol; b) *rechtliches Monopol* durch den Staat (z.B. Branntwein-Monopol) oder durch Gesetze (z.B. Patentrecht); c) *wirtschaftliches Monopol* durch Vertrag (sog. Kollektiv-Monopol) oder originär (z.B. Kunstwerke oder schöne Seegrundstücke). – 3. *Beurteilung:* a) Bei einem Vergleich der Marktversorgung zwischen dem Monopol und → vollkommener Konkurrenz wird oft behauptet, der Monopolpreis liege über dem bei vollständiger Konkurrenz. Diese Aussage ist aber nur unter der Prämisse gleicher Kostenfunktionen richtig. Ein *natürliches Monopol* kann demgegenüber Kostenvorteile aufweisen. – b) Temporäre Monopolstellungen sind als → Incentive in einer dynamischen Wirtschaft notwendig und erwünscht. Jedoch besteht die Gefahr, dass Unternehmen versuchen, aus der temporären eine dauerhafte Monopolstellung zu machen. – Vgl. auch → bilaterales Monopol, → Monopson.

Monopolgesetzgebung – Bekämpfung der aus dem Missbrauch von → Monopolen und ihrer wirtschaftlichen und politischen Macht drohenden Gefährdung des Wirtschaftslebens in den meisten modern organisierten Staaten. – *Zu unterscheiden:* (1) *Verbotsgesetze:* verbieten Monopole grundsätzlich (z.B. Antitrust-Gesetzgebung); Ausnahmen sind meist mit staatlicher Genehmigung möglich.(2) *Missbrauchsgesetze:* wollen den Missbrauch der Monopolstellung durch die Einrichtung staatlicher Kontrollen verhüten (z.B. Registrierungspflicht für alle monopolartigen Unternehmungen in Schweden). – Vgl. auch → Monopolmissbrauch. – (3) *Mischformen* sind möglich. – (4) Monopolgesetzgebung der *Bundesrepublik Deutschland:* → Deutsches Kartellrecht.

Monopolgewinn – Überschuss des Gesamterlöses über die Gesamtkosten, den ein Monopolist aufgrund seiner Marktposition zu erzielen vermag. Nach Preiser zählt der Monopolgewinn zu den → statischen Einkommen.

Monopolgrad – Maß zur Ermittlung der Abweichung der tatsächlichen Wettbewerbsintensität vom Zustand der vollkommenen Konkurrenz. Der Begriff geht auf → Lerner zurück. Bei Kalecki u.a. wird der Monopolgrad außer von der Wettbewerbsintensität auch noch durch die relative Stärke der Konfliktparteien (Unternehmen und Gewerkschaften) beeinflusst, die entscheidend von der Lage auf dem Arbeitsmarkt abhängt. – Vgl. auch → Monopolgradtheorie der Verteilung.

Monopolgradtheorie der Verteilung – mit den Namen → Lerner, Kalecki, Preiser und Mitra verbundene Theorie (→ Verteilungstheorie). Die Monopolgradtheorie argumentiert wie die → Grenzproduktivitätstheorie der Verteilung von der Angebotsseite aus, macht aber ganz andere Annahme über das preispolitische Verhalten der Unternehmen und berücksichtigt auch Verteilungsauseinandersetzungen. – Ein wichtiger Vertreter der Monopolgradtheorie der Verteilung ist Michal Kalecki. Dieser ging davon aus, dass auf den Märkten für Industriegüter keine vollkommene Konkurrenz herrscht. Außerdem wies er weitere zentrale Annahmen der neoklassischen Theorie (Vollbeschäftigung der Arbeit, Vollauslastung der Kapazitäten) zurück. Unter diesen Voraussetzungen können die Unternehmen ihre Preise durch Zuschlagskalkulation auf die Stückkosten festlegen (Mark-up-Preissetzung). – Ein einfacher Prototyp: Geht man davon aus, dass die Wirtschaft ganz überwiegend monopolistische bzw. oligopolistische Marktformen aufweist, kann man unterstellen, dass die Angebotspreise mithilfe einer Zuschlagskalkulation festgelegt werden. Im einfachsten Fall der Zuschlagskalkulation auf die Lohnstückkosten gilt:

$$P = (1+m)\frac{w_n L}{Y_r}$$

wobei: m = Aufschlagsatz (Monopolgrad), P = Angebotspreis, w_n = Nominallohnsatz, L = Beschäftigung, Y_r = Realeinkommen. Die Höhe die Aufschlagssatzes (degree of monopoly) m wird durch die Intensität des Wettbewerbs auf den Gütermärkten bestimmt, aber auch durch die relative Stärke von Unternehmen und Gewerkschaften, die sich in einem Verteilungskonflikt befinden. In den Ansätzen der Monopolgradtheorie der Verteilung wird die funktionale Einkommensverteilung daher wie schon bei Adam Smith zu einem wesentlichen Teil auch von Verteilungsauseinandersetzungen und von den relativen Kräfteverhältnissen der Konfliktparteien bestimmt. Diese Kräfteverhältnisse, die entscheidend von der Situation auf dem Arbeitsmarkt (Höhe der Arbeitslosigkeit) beeinflusst werden, finden bei Kalecki Ausdruck im sogenannten Monopolgrad, ein Begriff, der bereits von Abba Lerner verwendet wurde, und der als „die Übersetzung historischer Machtverhältnisse in ökonomische Kategorien“ (E. Preiser) bezeichnet werden kann. – Bei Kalecki wird die Lohnquote von zwei Faktoren determiniert: zum einen durch den Monopolgrad, zum anderen durch das Verhältnis der Kosten der (importierten) Rohstoffe zu den Lohnkosten. Während der Anteil der Löhne (bzw. Profite) am gesamten Einkommen aus diesen mikroökonomischen Überlegungen heraus bestimmt wird, werden Lohn- und Profitsumme bei Kalecki unter Bezugnahme auf die → Kreislauftheorie ermittelt. – Vgl. → Verteilungstheorie, → Zuschlagskalkulation.

Monopolgüter – nach den → Klassikern spezifisch seltene Güter, wie Kunstwerke oder natürliche Ressourcen, die nicht beliebig vermehrbar sind. Durch Monopolisierung eines Industriezweiges, z.B. durch Abschluss von Kartellverträgen, kann auch ein ursprünglich beliebig vermehrbares → Gut zum Monopolgut werden.

monopolistische Konkurrenz – 1. *Modell:* von Chamberlin entwickelte Theorie, die Monopolelemente in der Marktform des heterogenen → Polypols berücksichtigt. Im Gegensatz zum homogenen Polypol sind die Anbieter hier in der Lage, den → Preis zu variieren. Dadurch verläuft die individuelle Preisabsatzkurve nicht mehr waagrecht, wie im homogenen Polypol, sondern ist nach rechts unten geneigt, wie beim Monopolisten. Die gewinnmaximale Preis-Mengen-Kombination liegt jeweils für jeden Anbieter in dessen Cournotschem Punkt. – 2. In der Literatur finden sich *zwei Lösungsvorschläge für diese Marktform:* a) *Chamberlinsche Tangentenlösung:* Das Konkurrenzelement dieser Marktform führt durch den möglichen Marktzutritt anderer Anbieter dazu, dass sich die individuellen → Preisabsatzfunktionen der einzelnen Anbieter so weit nach links verschieben, bis die Stückkostenkurve die Preisabsatzkurve nicht mehr schneidet, sondern nur noch berührt. In dieser Tangentialsituation sind die → Gewinne zwar gleich Null, die Stückkostenkurve berührt die Preisgerade jedoch nicht in ihrem Minimum, sondern links davon; es herrscht Gewinn- und Verlustlosigkeit (vgl. Abbildung „Monopolistische Konkurrenz – Chamberlinsche Tangentenlösung“). – b) In der *Gutenbergschen Lösung* wird davon ausgegangen, dass infolge Präferenzen und Intransparenz die individuelle *Preisabsatzfunktion doppelt geknickt* ist. Gutenberg spricht vom *monopolistischen Bereich* bei der polypolistischen Preisabsatzfunktion (vgl. Abbildung „Monopolistische Konkurrenz – Gutenbergsche Lösung“), innerhalb dessen ein Unternehmen seine Aktionsparameter festsetzen kann, ohne Reaktionen der Konkurrenten befürchten zu müssen. – 3. *Wohlfahrtsökonomische Implikationen:* Im heterogenen Polypol produzieren die Marktanbieter im Gleichgewicht Überkapazitäten. Die Produktion erfolgt nicht zu den niedrigsten Kosten und damit der Absatz nicht zu

Monopolistische Konkurrenz – Chamberlinsche Tangentenlösung

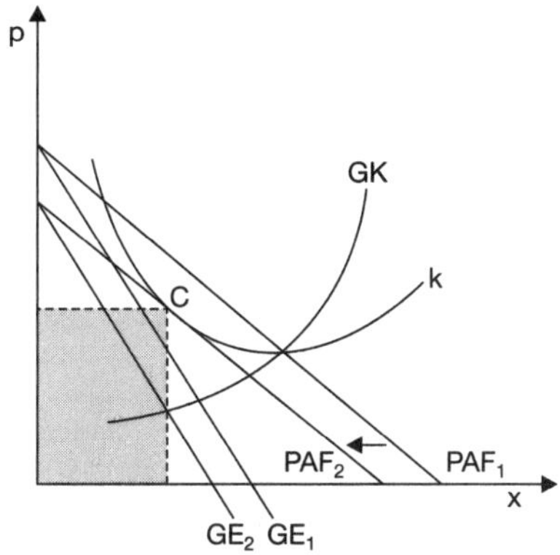

PAF = Preis-Absatz-Funktion
GK = Grenzkostenkurve
k = Stückkostenkurve
GE = Grenzerlösfunktion
C = Cournotscher Punkt

Monopolistische Konkurrenz – Gutenbergsche Lösung

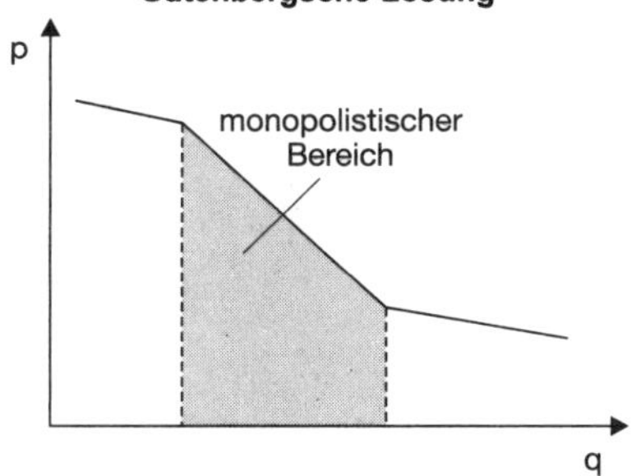

p = Preis
q = Menge

den niedrigsten Preisen. Ein gesamtwirtschaftliches Wohlfahrtsoptimum wird nicht erreicht. Als Maßnahmen zur Korrektur dieses → Marktversagens können die Erhöhung der Markttransparenz (*Verbraucherorganisationen*) oder auch ein potenzieller Marktzutritt und eine konsequente Wettbewerbspolitik mit einer Missbrauchsaufsicht dienen.

monopolistische Preisbildung – Monopolistische → Preisbildungsmodelle unterscheidet man danach, ob es sich um einen homogenen (einfaches Monopol) oder um einen heterogenen Markt handelt (Verbundmonopol), ob die potenzielle Konkurrenz

Monopolistische Preisbildung

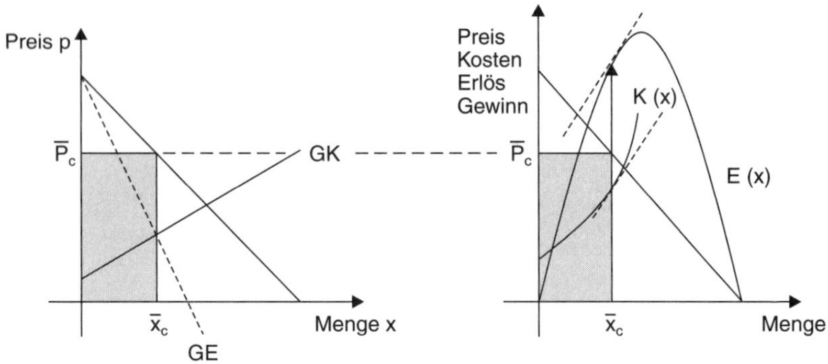

berücksichtigt wird oder nicht, ob Preiseinheitlichkeit vorausgesetzt oder von → Preisdifferenzierung (→ monopolistische Preisdifferenzierung) ausgegangen wird. – 1. *Monopolistische Preisbildung ohne Berücksichtigung der potenziellen Konkurrenz (auf geschlossenem Markt):* a) Geht man davon aus, dass der Monopolist seine → Preisabsatzfunktion und seine Kostenfunktion genau kennt, lässt sich die Preisbildung im Monopol im *Ein-Produkt-Fall* durch die Cournot-Lösung (mit dem Lösungsindex c) darstellen. Da in den deterministischen Preisbildungsmodellen i.d.R. Gewinnmaximierung vorausgesetzt wird, gilt aufgrund der Zielfunktion

$$G(x) = U(x) - K(x) = max$$

die Gewinnmaximierungsbedingung Grenzgewinn = 0 bzw. Grenzumsatz = Grenzkosten:

$$\frac{dG}{dx} = \frac{dU}{dx} - \frac{dK}{dx} = 0$$

bzw.

$$\frac{dU}{dx} = \frac{dK}{dx}.$$

Bei der grafischen Ermittlung des gewinnmaximalen Monopolpreises wird diese Bedingung durch den Schnittpunkt S von Grenzumsatz- und Grenzkostenkurve erfüllt. Senkrecht darunter findet man die (gewinnmaximale) Cournot-Menge x_c, senkrecht darüber auf der Preisabsatzkurve den Cournot-Punkt C, dem wiederum waagerecht auf der Preisachse der (gewinnmaximale) Cournot-Preis p_c zugeordnet ist. – Man kann den Cournot-Punkt grafisch auch über die maximale Differenz zwischen Erlös- und Kostenkurve bestimmen (vgl. Abbildung „Monopolistische Preisbildung“), indem man diejenige Absatzmenge ermittelt, bei welcher die Steigungen der (gestrichelten) Tangenten an die Erlös- und Kostenkurve die gleiche Steigung aufweisen. Da der Tangens der Steigungswinkel den Grenzerlös und die Grenzkosten angeben, wird auch durch die Parallelität der Tangenten die Gewinnmaximierungsbedingung (Grenzerlös = Grenzkosten) erfüllt. – Diese Lösung gilt unabhängig davon, ob je nach Produktions- und Kostenfunktion konstante, steigende oder sinkende Grenzkosten angenommen werden oder ob es sich dabei um die kurz- oder langfristige Grenzkostenfunktion (mit partieller oder isokliner Faktorvariation) handelt. Im letzteren Fall lassen sich entsprechend ein kurzfristiges (nur durch Zufall auch kostenminimales) oder ein langfristiges (in jedem Fall auch kostenminimales) Monopolgleichgewicht unterscheiden. Im Falle eines natürlichen Monopols ist (aufgrund zunehmender Skalenerträge) in jedem Fall von langfristig sinkenden Grenzkosten auszugehen, die zum Beispiel bei einer Cobb-Douglas-Produktionsfunktion mit dem Homogenitätsgrad 2 ($\alpha = \beta = 1$) mit kurzfristig konstanten Grenzkosten kombiniert sind. Liegen bei den Nachfragern des Monopolisten für das gleiche Produkt unterschiedliche Zahlungsbreitschaften vor, lässt sich der Monopolgewinn i.d.R. weiter steigern, wenn statt der Einheitspreispolitik eine eine → monopolistische Preisdifferenzierung verfolgt wird. – b) Die Prinzipien der vorstehenden Preisbildung lassen sich auf den *heterogenen Monopolmarkt* (Mehr-Produkt-Fall) übertragen unter der Annahme, dass vom Monopolisten im Zuge einer → Produktdifferenzierung verschiedene, aber funktional noch austauschbare Produkte angeboten werden (Verbundmonopol). Der Monopolist berücksichtigt dann bei der Preisbildung, dass die von ihm angebotenen Güter wechselseitig konkurrieren und ihre konjekturalen → Preisabsatzfunktionen vom selbstbestimmten „Konkurrenzpreis“ abhängig sind. Preise und Mengen werden unter Berücksichtigung der individuellen Produktnachfrage und produktspezifischen Grenzkosten so festgelegt, dass der Gesamtgewinn aller Produkte maximiert wird. – 2. *Monopolistische*

Preisbildung unter Berücksichtigung → potenziellen Wettbewerbs: Die Preisbildung nach 1. führt i.Allg. zu überdurchschnittlichen Gewinnen, was neue Anbieter auf den Markt lockt, entweder vorübergehend (Hit- and-Run-Aktionen, Contestable Markets) oder auf Dauer. Der dies antizipierende Monopolist besitzt grundsätzlich zwei Strategien, darauf zu reagieren. (1) Er kann einmal an dem hohen Preis festhalten und entsprechende Gewinne einfahren und den Markteintritt grundsätzlich hinnehmen. Dies wird sich nur dann empfehlen, wenn potenzielle Anbieter aus bestimmten Gründen am sofortigen Markteintritt (z.B. wegen eines Patents des Monopolisten) gehindert sind. (2) Die andere Strategie besteht darin, Marktzutrittsschranken gegen die Gefahr → latenter Konkurrenz zu errichten. Beide Strategien sind auf Gütermärkten beobachtbar. Nach der *Theorie des marktzutrittsverhindernden Preises* wird der Monopolist den aktuellen Preis auf ein solches Niveau absenken, dass dem potenziellen Anbieter zum herrschenden Preis nur eine mengenmäßige Restnachfrage verbleibt, die unterhalb seiner mindestoptimalen Betriebsgröße liegt *(Limit Pricing)*. Dabei wird unterstellt, dass die Angebotsmenge des Monopolisten unverändert bleibt (Sylos-Labini-Annahme) und der potenzielle Anbieter dies auch antizipiert. Die Strategie des Monopolisten, durch eine entsprechend niedrige Preissetzung den Markteintritt zu verhindern, ist jedoch (ohne wirksame Selbstbindung) unglaubwürdig. Der Monopolist wird nämlich im Fall des Marktzutritts die eigene Absatzmenge reduzieren, und zwar im eigenen Interesse, um nämlich ein zu starkes Absinken des Preises zu verhindern. Diesen Sachverhalt aber wird der potenzielle Konkurrent antizipieren, sodass er nicht wirklich abgeschreckt wird. Nimmt der Monopolist dies seinerseits vorweg, wird er bei der ursprünglichen Preissetzung des Cournot-Preises bleiben. – Abschrecken kann der Monopolist glaubwürdig hingegen durch *versunkene Kosten (Sunk Costs)*, z.B. indem er *Reservekapazitäten* aufrechterhält, die beim Markteintritt mobilisiert werden können (Preiskampf). Hierdurch entsteht eine wirksame *Marktzutrittsschranke*.

monopolistische Preisdifferenzierung – 1. → Preisdifferenzierung liegt vor, wenn ein Anbieter von seinen Kunden für das gleiche Gut unterschiedliche Preise verlangt. Sie tritt auf, wenn ein Anbieter bei einem Preisvorstoß nach unten zunächst nicht alle seine Kunden zu dem niedrigen Preis bedient oder ein nachstoßender Konkurrent nur bei einzelnen Kunden Preisreduktionen gewährt. Neben solchen eher temporären, *marktprozessbedingten* Preisdifferenzierungen bzw. -diskriminierungen gibt es auf längere Dauer angelegte Varianten, v.a. im Fall des *Monopols* (→ monopolistische Preisbildung). – 2. Preisdifferenzierung setzt in jedem Fall an der unterschiedlichen *Zahlungsbereitschaft* der Nachfrager an. Diese wird Grundlage der → Marktspaltung (deglomerative Preisdifferenzierung), welche zu unterschiedlichen Teilmärkten mit jeweils unterschiedlicher Preisforderung führt. – a) Je nach dem Feinheitsgrad der *deglomerativen* Preisdifferenzierung unterscheidet man zwischen einer *Preisdifferenzierung des ersten, zweiten und dritten Grades* (Pigou). Bei der Preisdifferenzierung *zweiten Grades* werden n Nachfrageschichten gebildet, im Fall der Preisdifferenzierung *ersten Grades* gilt $n \rightarrow \infty$, d.h., sie stellt den Grenzfall der Preisdifferenzierung *zweiten Grades* dar, ist aber wegen der Existenz von *Marktspaltungskosten* praktisch nicht von Bedeutung. Ziel der Preisdifferenzierung ist die Erhöhung des Erlöses und damit des Gewinns. Diese wird möglich durch die an den unterschiedlich hohen → Preiselastizitäten in den einzelnen Nachfrageschichten orientierte Preissetzung. Preisdifferenzierung *dritten Grades* entsteht durch die Umsetzung der Preisdifferenzierung zweiten Grades anhand „praktischer" Kriterien, was i.Allg. zu einer geringeren Trennschärfe zwischen den Teilmärkten führt, als sie mit der Preisdifferenzierung zweiten Grades intendiert ist. – An praktischen Merkmalen setzen die *Typen* und *Techniken* der Preisdifferenzierung an. Man unterscheidet *personelle, sachliche, räumliche* und *zeitliche Preisdifferenzierung*. Im ersten Fall werden Personen je nach vermuteter Zahlungsbereitschaft unterschiedliche Preise abverlangt. Im zweiten Fall versucht man, Preisdifferenzierung über → Produktdifferenzierung (z.B. Luxus- vs. Normalausstattung) zu realisieren. Bei der zeitlichen Preisdifferenzierung wird zunächst ein hoher Preis verlangt, um die höhere Zahlungsbereitschaft auszunutzen, und erst später werden die anderen Nachfrageschichten bedient. Schließlich werden Preise auch in räumlich getrennten Märkten unterschiedlich gesetzt. Gelegentlich werden die Techniken der Preisdifferenzierung miteinander kombiniert. Zu beachten bleibt, dass die Aufrechterhaltung der Marktspaltung mit Kosten verbunden ist. – b) Werden bereits getrennt vorliegende Märkte bei der Preisbildung zusammengefasst und auf den Teilmärkten unterschiedliche Preise gesetzt, so spricht man von *agglomerativer Preisdifferenzierung* Auch hier orientiert sich die Preissetzung an den Preiselastizitäten in den Teilmärkten. Gewinnsteigerung ist ebenfalls das Ziel der Preisdifferenzierung.

monopolistischer Vorteil → internationale Unternehmung.

Monopolkapitalismus – 1. *Charakterisierung:* Im → Marxismus-Leninismus Phase des → Kapitalismus, die seit etwa 1870 dem → Konkurrenzkapitalismus folgen sollte. Beschrieben wird sie durch eine ausgeprägte → Zentralisation des Kapitals und durch die Verschmelzung des Bank- mit dem Industriekapitals durch gegenseitige Beteiligung, zumeist in der Rechtsform der AG („Finanzoligarchie"). Innerhalb dieser Unternehmen erlangten die angestellten Manager eine wachsende Selbstständigkeit, wodurch die Eigentümer (Kapitalisten) zu funktionslosen und ökonomisch überflüssigen „Geldkapitalisten" degradiert würden. Dieser Funktionsverlust des privaten Kapitaleigentums sowie die durch die Zentralisation verursachte umfassende „Vergesellschaftung" der Produktion, d.h. der hohe Grad der gesamtwirtschaftlichen Arbeitsteilung, wird als unmittelbare Vorstufe zum → Sozialismus angesehen. – 2. *Beurteilung:* Die nachträgliche Einführung der Monopolkapitalismustheorie in das Marxsche Entwicklungsschema (→ historischer Materialismus) ist als Ad-hoc-Hypothese zu werten, durch die es trotz zuwiderlaufender Erfahrungen gestützt werden soll (→ Imperialismus, → Staatsmonopolkapitalismus, → Spätkapitalismus). – Die zu der fraglichen Zeit, z.B. in Deutschland, tatsächlich beobachtbare Vermachtung der Märkte durch Monopole und Kartelle hatte ihre Ursache nicht in einer unvermeidbaren Zwangsläufigkeit, sondern in einer falschen staatlichen Ordnungspolitik: Diese förderte, unter dem Einfluss der → historischen Schule der Nationalökonomie als der damals vorherrschenden wirtschaftstheoretischen Denkrichtung im deutschsprachigen Raum, die zunehmende Monopolisierung und Kartellierung als entwicklungsgesetzmäßig unvermeidbar sowie als Beitrag zu Konjunkturdämpfung und Produktivitätssteigerung. Dass jedoch durch entsprechende ordnungspolitische Maßnahmen der Marktvermachtung entgegengetreten werden kann, zeigt z.B. die erfolgreiche Wettbewerbspolitik der USA seit 1890 (Sherman-Act); zunehmende Monopolisierung und Kartellierung sind also keine geschichtliche Zwangsläufigkeit.

Monopolkommission – durch das Zweite Gesetz zur Änderung des Gesetzes gegen Wettbewerbsbeschränkungen vom 3.8.1973 nach dem Vorbild des dt. → Sachverständigenrates zur Begutachtung der gesamtwirtschaftlichen Entwicklung (SVR) und der britischen Monopolkommission gebildetes Sachverständigengremium (§§ 44 ff. GWB). – 1. *Mitglieder:* Die fünf Mitglieder werden auf Vorschlag der Bundesregierung durch den Bundespräsidenten auf die Dauer von vier Jahren berufen. Sie sind in ihrer Tätigkeit unabhängig und nur an ihren gesetzlichen Auftrag gebunden, dürfen weder der Regierung noch einer gesetzgebenden Körperschaft des Bundes oder eines Landes oder dem öffentlichen Dienst angehören; sie dürfen auch nicht Repräsentant eines Wirtschaftsverbandes oder einer Arbeitgeber- bzw. Arbeitnehmerorganisation sein. – 2. *Aufgaben:* Gesetzlicher Auftrag der Monopolkommission ist die Beurteilung des jeweiligen Stands der → Unternehmenskonzentration in der Bundesrepublik Deutschland sowie deren absehbarer Entwicklung unter wirtschafts-, bes. wettbewerbspolitischen Gesichtspunkten und die Würdigung der Kartellrechtspraxis der → Kartellbehörden und der Gerichte zur → Missbrauchsaufsicht und zur Fusions- bzw. → Zusammenschlusskontrolle. Darüber hinaus ist die Kommission aufgefordert, nach ihrer Auffassung notwendige Änderungen der einschlägigen Bestimmungen des Gesetzes gegen Wettbewerbsbeschränkungen (GWB) aufzuzeigen. In Durchführung dieses gesetzlichen Auftrags hat die Monopolkommission alle zwei Jahre zum 30. Juni ein Gutachten zu erstellen („*Hauptgutachten*" oder „Zweijahresgutachten"), das der Bundesregierung zugeleitet wird, die es den gesetzgebenden Körperschaften vorlegt und in angemessener Frist dazu Stellung nimmt. Die Untersuchungsergebnisse und Empfehlungen der Kommission werden damit zum Gegenstand parlamentarischer Diskussion und durch die vorgeschriebene Veröffentlichung darüber hinaus einer breiteren Öffentlichkeit bekannt. – Über die regelmäßige Beurteilung der Konzentrationsentwicklung hinaus erstattet die Monopolkommission zusätzliche Gutachten (sog. *Sondergutachten*), sowohl im Auftrag der Bundesregierung als auch nach eigenem Ermessen. Darüber hinaus hat der Bundesminister für Wirtschaft und Technologie (BMWi) seit der Vierten GWB-Novelle 1980 in allen Zusammenschlussfällen, in denen er im Rahmen eines sog. Ministererlaubnisverfahrens (→ Ministererlaubnis) zu entscheiden hat, die gutachtliche Stellungnahme der Monopolkommission einzuholen. – Die Monopolkommission verfügt über eine Geschäftsstelle in Bonn.

Monopolmissbrauch – 1. *Begriff:* sittenwidrige Ausnutzung eines → Monopols durch Vorschreiben unbilliger und unangemessener Bedingungen (vgl. § 826 BGB). – 2. *Wettbewerbs- und Kartellrecht:* Im deutschen (→ Deutsches Kartellrecht) und → Europäischen Kartellrecht wird der Monopolmissbrauch über die Missbrauchsaufsicht über marktbeherrschende Unternehmen nach den §§ 19, 20, 29 GWB und Art. 102 AEUV erfasst. Monopolmissbrauch kann Unterlassungs- und Schadensersatzklage nach der Generalklausel des → unlauteren Wettbewerbs (§ 3 UWG) oder nach den Schutzvorschriften des deutschen und europäischen Kartellrechts rechtfertigen (Boykott, Kontrahierungszwang).

Monopolpreis → Tauschwert von Monopolgütern, den ein Monopolist aufgrund seiner Marktstellung (ohne aktuelle Konkurrenz) erzielen kann. – Da der Monopolist i.d.R. einen Maximalgewinn erstrebt *(Cournotscher Punkt),* wird der Monopolpreis i.Allg. *über* dem Konkurrenzpreis liegen; er kann im → natürlichen Monopol aber auch auf lange Sicht *unter* dem Konkurrenzpreis liegen, wenn der monopolistische Betrieb aufgrund seiner größeren Kapitalbasis größere Rationalisierungsmöglichkeiten besitzt (→ Skalenertrag). – Vgl. → monopolistische Preisbildung, → monopolistische Preisdifferenzierung.

Monopolrente → Grundrente.

Monopolsteuer → Finanzmonopol.

Monopolunternehmen – 1. *I.e.S:* Markt- und verkehrsbeherrschende, vom Staat durch Gesetz geschaffene und geleitete Unternehmen. – 2. *I.w.S.:* Durch Vertrag im Rahmen der Gesetze oder durch

Eigentum an natürlichen Monopolgütern (z.B. Minerallagerstätten oder Quellen) marktbeherrschende Unternehmen. Die aus der Verfügung dieser ökonomischen Machtstellung fließenden Vorteile können unmittelbar den Trägern (→ Trust, → Konzern, → Fiskus) oder mittelbar dem durch ein staatliches Monopol geschützten Wirtschaftsbereich zugute kommen. Fragwürdig bleiben die gesamtwirtschaftlichen Auswirkungen der Monopolpreisbildung.

Monopolversicherung – 1. *Begriff:* Der Versicherungsschutz darf von ausschließlich einem Versicherer angeboten werden. – 2. *Geschichte:* In Bayern, Baden-Württemberg, Braunschweig, Hamburg, Lippe und Teilen von Hessen und Niedersachsen war die → Feuerversicherung bis 1994 eine Monopolversicherung der jeweiligen öffentlichen Versicherer. In Baden-Württemberg schloss die Monopolversicherung neben der Feuerversicherung auch die Versicherung von Elementarschäden ein. – 3. *Aktuelle Entwicklungen:* Die Monopolversicherung fiel im Zuge der → Deregulierung der → Versicherungswirtschaft 1994. Trotz starken Wettbewerbs halten die ehemaligen Monopolversicherer nach wie vor hohe Marktanteile.

Monopolverwaltung für Branntwein → Bundesmonopolverwaltung für Branntwein (BMonV).

Monopson – *Nachfragemonopol.* Ein Monopson liegt vor, wenn ein Nachfrager einer großen Zahl von Anbietern gegenübersteht (→ Marktformen). Die Preisbildung im Monopson lässt sich für den Fall eines Unternehmens, das auf einem (etwa lokalen) Arbeitsmarkt als alleiniger Nachfrager nach Arbeitsleistungen auftritt, veranschaulichen (vgl. Abbildung „Monopson").

Monopson

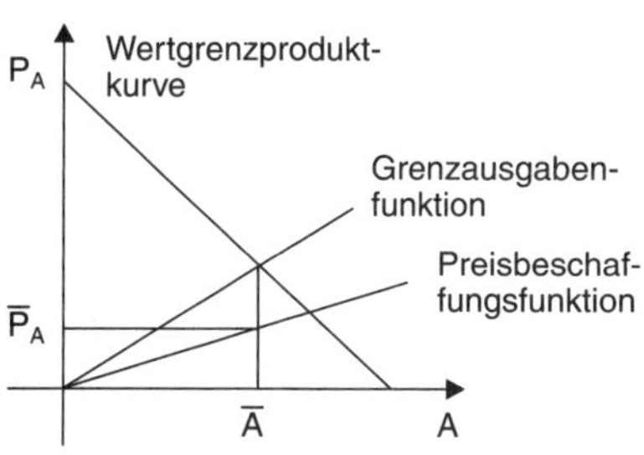

Der Wert der Arbeitsleistungen für die Firma lässt sich aus der Wertgrenzproduktkurve ablesen. Der Monopsonist orientiert sich aber nicht an der → Preisbeschaffungsfunktion (bzw. der → Arbeitsangebotskurve), sondern an der aus ihr abgeleiteten Grenzausgabenfunktion. Der Schnittpunkt beider Kurven legt die nachgefragte Arbeitsleistung fest, der zugehörige Lohnsatz lässt sich dann an der Preisbeschaffungsfunktion ablesen. – Handelt es sich bei dem Monopsonisten um einen Konsumenten, tritt an die Stelle der Wertgrenzproduktkurve die aus der → Nutzenfunktion abgeleitete sog. *Grenzvorteilskurve.*

monotones Schließen – *Monotonic Reasoning;* in der → Künstlichen Intelligenz (KI) Methode des Ableitens neuer Fakten aus einer Menge von → Regeln und Fakten, bei der neue Fakten nicht im Widerspruch zu solchen aus der vorherigen Faktenmenge stehen können.

Monotonic Reasoning → monotones Schließen.

Montage – Zusammensetzen vorgefertigter Teile und → Baugruppen zum fertigen Enderzeugnis. In der Montage ist v.a. → Fließproduktion anwendbar. – Vgl. auch → Außenmontage.

Montageversicherung – Allgefahrenversicherung des Montageobjekts gegen Sachschäden bis zur offiziellen Fertigstellung und Abnahme. Versicherbar sind Konstruktionen aller Art vorwiegend aus Metall. Bauwerke aus Beton, Stein, Erde und Holz können über eine → Bauleistungsversicherung abgedeckt werden. Der Versicherungsfall ist ein unvorhergesehener und plötzlich eingetretener Schaden an den versicherten Sachen ohne Rücksicht darauf, ob die Schadenursache mit der Montage zusammenhängt. Im Zweifel ist das Interesse aller Unternehmer gedeckt, die an dem Vertrag mit dem Besteller des Montageobjekts beteiligt sind. Wegen der Schwere des Montagerisikos ist die Montageversicherung gegenüber anderen leistungspflichtigen Versicherungen subsidiär. Die Montageversicherung ist eine Versicherungsart innerhalb der → technischen Versicherungen.

Montanindustrie – Gesamtheit der auf dem Bergbau aufbauenden Kohlen-, Eisenhütten- und Stahlindustrie. In der Montanindustrie Deutschlands bildeten Zechen und Hütten seit jeher eine eng verbundene wirtschaftliche Einheit. Diese wurde im Bundesgebiet durch die Entflechtung der Besatzungsmächte vorübergehend zerstört, indem reine Zechen- und Hüttenbetriebe aus den Unternehmungen ausgegliedert und zu eigenen Wirtschaftseinheiten zusammengefasst wurden.

Montan-Mitbestimmungsgesetz (MontanMitbestG) – Gesetz über die Mitbestimmung in den Aufsichtsräten und Vorständen der Unternehmen des Bergbaus und der Eisen und Stahl erzeugenden Industrie vom 21.5.1951 (BGBl. I 347) m.spät.Änd.

I. Geltungsbereich: 1. *Unternehmen der Montanindustrie* (einschließlich warm-verarbeitende Unternehmen, die am 1.7.1981 das MontanMitbestG angewandt haben). – 2. *Kapitalgesellschaften,* sofern sie mehr als 1.000 Arbeitnehmer beschäftigen oder Einheitsgesellschaften sind. – 3. Das MontanMitbestG *regelt die* → Mitbestimmung in den Unternehmensorganen Aufsichtsrat und Vorstand. Es verwirklicht die paritätische oder qualifizierte Mitbestimmung.

Bei Wegfall der gesetzlichen Voraussetzung bleibt das MontanMitbestG für sechs weitere Geschäftsjahre anwendbar (§ 1 III MontanMitbestG).

II. Inhalt: 1. *Zusammensetzung und Bildung des Aufsichtsrats:* Alle unter das Gesetz fallenden Gesellschaften bilden unbeschadet ihrer Rechtsform einen Aufsichtsrat. Seine Besetzung erfolgt zu gleichen Teilen (paritätische) durch Anteilseigner und Arbeitnehmer, ergänzt durch den „neutralen Mann". Der Aufsichtsrat besteht aus elf Mitgliedern; er setzt sich wie folgt zusammen: Vier Vertreter der Anteilseigner und ein weiteres Mitglied, vier Vertreter der Arbeitnehmer und ein weiteres Mitglied, ein weiteres Mitglied (neutraler Mann). Das jeweils „weitere Mitglied" soll weder dem Unternehmen noch einer (Spitzen-)Organisation der Arbeitgeber oder Gewerkschaften angehören, sondern das „unabhängige Element" stärken. Zwei Arbeitnehmervertreter müssen dem Unternehmen angehören. Sie und die beiden Mitglieder der Spitzenorganisation werden vom Betriebsrat gewählt und vorgeschlagen. Das elfte Mitglied wird von den übrigen Mitgliedern jeweils mit Mehrheit beider Gruppen vorgeschlagen. Die Hauptversammlung (Gesellschaftsversammlung) wählt alle Aufsichtsratmitglieder, ist jedoch bei den Arbeitnehmervertretern an die Vorschläge der Betriebsräte gebunden. – In Abhängigkeit von der Höhe des Nenn-(Grund-)Kapitals kann der Aufsichtsrat auch 15 oder 21 Mitglieder haben, die Zusammensetzung erfolgt analog. – 2. Im *Vorstand* ist nach dem Gesetz als gleichberechtigtes Mitglied ein → Arbeitsdirektor vorgesehen. Er kann nicht gegen die Stimmen der Mehrheit der Arbeitnehmervertreter im Aufsichtsrat bestellt oder abberufen werden. In der Praxis hat sich herausgebildet, dass der Arbeitsdirektor hauptsächlich für das Sozial-, Personal- und Ausbildungswesen zuständig ist. – 3. Für den Montan-Bereich besteht somit eine *dualistische Ordnung:* Auf betrieblicher Ebene gilt das BetrVG, auf Unternehmensebene das MontanMitbestG (als *lex specialis*).

III. Bedeutung: Das MontanMitbestG wird noch auf etwa 30–40 Unternehmen angewandt.

Montanunion → EGKS.

Monte-Carlo-Methode – Verfahren der stochastischen → Simulation zur näherungsweisen Bestimmung von mathematischen Größen, die abhängig vom Zufall (Verteilungsfunktionen) sind. Die → Zufallszahlen aus dem → Zufallsgenerator gehen direkt in die mathematischen Ausdrücke ein.

Monte-Carlo-Verfahren – Verfahren zur Erzeugung von Zufallsvariablen und Störtermen aus bestimmten Grundgesamtheiten, die u.a. dazu dienen, die asymptotischen Eigenschaften von Schätz- und Testfunktionen zu studieren.

Montrealer Übereinkommen (MontÜbk) → Beförderungsverträge, → Warschauer Abkommen – das Montrealer Übereinkommen (MontÜbk) betrifft die Haftung bei Passagier- und Gepäckbeförderung durch Luftfrachtführer. Es löst für die beigetretenen Staaten das → Warschauer Abkommen (1929, 1955) sowie weitere Teilregelungen ab und ist am 4.11.2003 in Kraft getreten (allerdings in den Staaten, die das MontÜbk ratifiziert haben – Stand 2003: 30 Staaten einschließlich den USA). Bei Unfällen im internationalen Luftverkehr gelten nunmehr für Personenschäden neue Haftungsobergrenzen für nachgewiesene Schäden von umgerechnet 123.318 Euro (Art. 17, 22 MontÜbk), für Gepäckschäden (aufgegebenes und Handgepäck) umgerechnet etwa 1.233 Euro. Bei Übersteigen der Obergrenzen kann ein eingeschränkter Entlastungsbeweis bei Personenschäden unter engen Voraussetzungen geführt werden (kein eigenes Verschulden des Luftfrachtführers, ausschließliches Verschulden Dritter – vgl. Art. 21 MontÜbk) – vgl. auch Art. 17 II MontÜbk zum Wegfall des Haftungslimits bei Gepäckschäden). Die Haftung bei Verspätung von Reisegepäck ist in Art. 19, 22 I, II MontÜbk beschränkt auf umgerechnet ca. 1.233 Euro je Reisendem (möglicher Entlastungsbeweis des Luftfrachtführers).

Moody-Index – in den USA berechneter → Preisindex für Stapelwaren des Welthandels.

Moody's – *Moody's Rating Agency;* Rating-Agentur (→ Credit Rating), die ungefähr 20.000 Emittenten beurteilt. – *Moody's Long-term-Ratingklassen:* Vgl. Übersicht „Moody 's". Die Ratingklassen bis Baa3

Moody's

Moody's	Interpretation
Aaa	beste Qualität des Schuldners
Aa1 Aa2 Aa3	etwas größeres Ausfallrisiko als beim Top-Rating
A1 A2 A3	gute Qualität des Schuldners, veränderte Rahmenbedingungen können die Rückzahlung beeinflussen
Baa1 Baa2 Baa3	durchschnittliche Qualität des Schuldners
Ba1 Ba2 Ba3	Anlagen mit spekulativem Charakter; Gefahr, dass Zinsen und Tilgung nicht gezahlt werden
B1 B2 B3	sehr spekulativ
Caa Ca C	hochspekulative Anlagen

werden eingeordnet in die Gruppe Investment-Grade, bei Ba1 beginnt die Gruppe Speculative Grade. – 2. *Short-term-Ratingklassen:* Prime-1, Prime-2, Prime-3 Investment Grade, Not Prime Speculative Grade. – Vgl. auch → Länderrating.

Moral – *Sitte;* bezeichnet – im Unterschied zur → Ethik als Theorie der Moral – die normativen Regeln, die das Handeln von Menschen faktisch bestimmen bzw. bestimmen sollten, wobei Menschen auf den Verstoß gegen diese Regeln mit Schuldgefühlen reagieren. Die mores umfassten *traditionell* das Spektrum von den Konventionen bis zu sanktionsbewehrten Rechtsregeln. Bei *Kant* erfolgt eine Verengung und Vertiefung des Begriffs Moral auf die Autonomie des Gewissens jedes einzelnen, das allerdings wegen des Anspruchs auf Allgemeingültigkeit seiner Maximen konzeptionell an die Gesellschaft, bei Kant an die Menschheit, gebunden bleibt. Seit *Hegel* wird daher zwischen Moral, „Moralität" im Sinn individueller Überzeugung, und „Sittlichkeit" im Sinn von durch Recht und Verfassung gestütztem, historisch-kulturell bedingtem Institutionensystem einer Gesellschaft unterschieden.

Moral Hazard – *moralisches Wagnis.* 1. *Begriff:* a) *I.w.S.:* Ex-post bzw. nachvertraglicher Opportunismus zwischen Transaktionspartnern führt zum Moral Hazard. Ursache für dieses Risiko ist eine Kollision der Interessen der Vertragspartner sowie Hidden Information (versteckte Information) und/oder Hidden Action (versteckte Handlung). Das Problem besteht darin, dass das Verhalten des besser informierten Partners die Pay-offs (Auszahlungen) des schlechter Informierten beeinflusst. Der schlechter Informierte kann sich nur unvollständig über das Verhalten des Transaktionspartners informieren bzw. dieses evaluieren. – b) *I.e.S.:* Von der Versicherungswirtschaft geprägter Begriff, der ursprünglich im Zusammenhang mit Feuerversicherungen verwendet wurde. Moral Hazard bezeichnet den Anreiz eines feuerversicherten Gebäudeeigentümers, weniger Sorgfalt bei der Schadensvermeidung bzw. -begrenzung aufzuwenden als ein Hausbesitzer ohne Versicherung. Über ähnlich gelagerte Anreize von Krankenversicherten gibt eine umfangreiche Literatur Auskunft. Hier äußert sich Moral Hazard vornehmlich im Verhalten als Trittbrettfahrer bzw. im → Free-Rider-Verhalten in Form einer exzessiven Inanspruchnahme medizinischer Leistungen durch den Versicherungsnehmer. – 2. Als *Instrumente zur Verringerung dieses Wagnisses* bieten sich neben versicherungsvertraglich fixierten Sorgfaltspflichten in Verbindung mit einer Kontrolle der Einhaltung dieser Pflichten im Schadenfall oder einer Selbstbeteiligung des Versicherten alle Instrumente an, die zu einer Interessenangleichung der Vertragspartner führen, wie z.B. Gewinn- oder Kapitalbeteiligungen, Prämiensysteme, Akkordlöhne oder Bonussysteme. Diese Instrumente führen zu einer erfolgsabhängigen Entlohnung des besser informierten Akteurs. Er hat deshalb einen Anreiz, seine Informationen so einzusetzen, dass der Gesamterfolg maximiert wird. Ein Handeln gegen die Interessen seines Vertragspartner wird durch die Erfolgsbeteiligung unattraktiv. Die Informationsasymmetrie zu beseitigen (z.B. durch Überwachung) ist meist ineffizient, weil die notwendigen Informationsbeschaffungskosten des schlechter informierten Partners teurer sind als die Implementierung eines Anreizsystems. – Vgl. auch → Prinzipal-Agent-Theorie, → moralisches Wagnis in Teams.

Moralische Qualität der Marktwirtschaft

von Prof. Dr. Nick Lin-Hi

I. Begriff und Interpretation

Die Bezeichnung „moralische Qualität der Marktwirtschaft" drückt aus, dass das marktwirtschaftliche System prinzipiell im Dienste gesamtgesellschaftlicher Interessen steht und damit mit moralischen Idealen wie → Solidarität oder → Gerechtigkeit vereinbar ist. Den Referenzpunkt für die normative Bewertung der → Marktwirtschaft bildet dabei nicht ein Idealzustand, sondern der Vergleich relevanter Alternativen. So besitzt allein die Marktwirtschaft das Potenzial, wirtschaftliche Aktivitäten derart zu koordinieren, dass überhaupt die Möglichkeit besteht, Milliarden von Menschen mit grundlegenden Gütern und Dienstleistungen zu versorgen. Damit kommt dem marktwirtschaftlichen System eine grundlegende Bedeutung im Hinblick auf die weltweite Ermöglichung eines menschenwürdigen Lebens zu. Die Betrachtung relevanter Alternativen impliziert zudem, dass die moralische Qualität der Marktwirtschaft als solche nicht durch gesellschaftlich unerwünschte bzw. problematische Effekte widerlegt werden kann, zumal sich derartige Effekte in keinem → Wirtschaftssystem vollständig vermeiden lassen.

Die moralische Qualität der Marktwirtschaft indiziert indes nicht, dass das System in jeder spezifischen Situation für den Einzelnen unmittelbar vorteilhaft ist. In konkreten Situationen kann das marktwirtschaftliche System für den Einzelnen bisweilen mit erheblichen Härten einhergehen. Bereits aufgrund des kontinuierlichen gesellschaftlichen und technischen Fortschritts – welcher grundsätzlich im Dienste gesellschaftlicher Interessen steht – bedingt die Marktwirtschaft immer wieder individuelle Zumutungen; hierzu zählen etwa das permanente Risiko des Arbeitsplatzverlusts, die Entwertung von spezifischen → Fachkenntnissen oder die Notwendigkeit zu lebenslangem Lernen. Derartige Zumutungen sind als Preis für die Funktions- und Leistungsfähigkeit der Marktwirtschaft zu verstehen. Langfristig profitieren alle Menschen davon, dass das marktwirtschaftliche System gesellschaftlichen Wohlstand befördert. Aufgrund ihrer Leistungsfähigkeit im Hinblick auf die Realisierung gesellschaftlicher Interessen ist die Marktwirtschaft das derzeit beste bekannte System zur Realisierung der Solidarität aller Menschen.

II. Gesellschaftliche Leistungsfähigkeit der Marktwirtschaft

Die moralische Qualität der Marktwirtschaft ist in ihrer Leistungsfähigkeit zur Realisierung gesellschaftlicher Interessen verwurzelt. Das marktwirtschaftliche System hält Akteure permanent dazu an, in die gesellschaftliche Zusammenarbeit zum gegenseitigen Vorteil zu investieren und damit einen Beitrag für eine gute Gesellschaft zu erbringen. Hierfür werden Akteuren Anreize offeriert, aktuelle und zukünftige Bedürfnisse der Gesellschaft zu befriedigen. So profitieren etwa Konsumenten davon, dass Unternehmen → Arbeitsteilung und → Spezialisierung organisieren sowie in Forschung und Entwicklung investieren. Hierdurch werden Produkte kontinuierlich verbessert und können kostengünstiger am → Marktangeboten werden. Die permanente Neuorganisation von Arbeitsprozessen in Verbindung mit neuen Formen der Arbeitsteilungen leistet zudem einen substantiellen Beitrag zur wirtschaftlichen und gesellschaftlichen Entwicklung von Regionen und Ländern. Über marktwirtschaftliche Strukturen werden global immer mehr Menschen in wirtschaftliche Prozesse eingebunden, wodurch sowohl eine wirtschaftliche als auch gesellschaftliche Entwicklung befördert wird.

Das marktwirtschaftliche System stellt zudem ein wichtiges Element für die Eröffnung und Sicherstellung von individueller → Freiheit dar. Die Marktwirtschaft ermöglicht es dem Einzelnen, sein Leben prinzipiell nach eigenen Vorstellungen frei zu gestalten und individuelle Lebensentwürfe zu verfolgen. Im marktwirtschaftlichen System sind die Menschen vom Grundsatz her in der Lage, sowohl für sich selbst zu sorgen und ihre → Grundbedürfnissezu decken als auch zu bestimmen, wie sich diese Grundbedürfnisse definieren. Hinzu kommen etwa Freiheiten in Bezug auf die Wahl des Berufs, des Arbeitsortes oder von Kooperations- und Geschäftspartnern. Diese freiheitseröffnende Wirkung macht noch einmal deutlich, dass das marktwirtschaftliche System langfristig allen Menschen zugute kommt. Insgesamt bildet die Marktwirtschaft einen wichtigen Pfeiler für den Wohlstand der Nationen und eine freiheitliche Gesellschaft.

III. Funktionslogik der Marktwirtschaft

1. Kanalisierung des Eigeninteresses

Die gesellschaftliche Leistungsfähigkeit der Marktwirtschaft – und damit ihre moralische Qualität – sind unmittelbar damit verbunden, dass Akteuren Informationen und Anreize offeriert werden, die Bedürfnisse von anderen Akteuren zu erfüllen. Akteure werden etwa dazu ermutigt, Güter und Dienstleistungen bereitzustellen, die eigene → Arbeitskraft am Markt anzubieten, in die eigenen Kompetenzen zu investieren oder Forschung und Entwicklung zu betreiben. Auf diese Weise werden wechselseitige Kooperationspotenziale realisiert und Beiträge zu einem gelingenden gesellschaftlichen Zusammenleben geleistet. Indes erbringen Akteure diese Beiträge systematisch nicht aus Nächstenliebe, sondern zur Befriedigung individueller Interessen. Damit sind die in der Marktwirtschaft anfallenden gesellschaftlich erwünschten Effekte zu verstehen als → Nebenfolgen eigeninteressierter Handlungen. Eben hieraus resultiert das gesellschaftliche Programm der Marktwirtschaft: Das → Eigeninteressedes Einzelnen wird derart kanalisiert, dass damit zugleich gesellschaftlich erwünschte Resultate anfallen. Diese Funktionslogik wurde bereits von Adam Smith (1776) deutlich herausgestellt: „Nicht vom Wohlwollen des Metzgers, Brauers und Bäckers erwarten wir das, was wir zum Essen brauchen, sondern davon, dass sie ihre eigenen Interessen wahrnehmen. Wir wenden uns nicht an ihre Menschen-, sondern an ihre Eigenliebe, und wir erwähnen nicht die eigenen Bedürfnisse, sondern sprechen von ihrem Vorteil."

2. Wettbewerb als Disziplinierungsinstrument

Das dem marktwirtschaftlichen System inhärente → Wettbewerbsprinzip fungiert als Disziplinierungsinstrument. Der Wettbewerb forciert Akteure dazu, ihre Ressourcen und Fähigkeiten in gesellschaftlich wertschaffender Weise einzubringen und ihre Anstrengungen permanent hoch zu halten. Erst hierdurch sind Akteure in der Lage, an Tauschprozessen teilzunehmen und mit den erhaltenen Gegenleistungen die eigenen Ziele zu verfolgen. Damit verbunden ist auch ein Druck zu kontinuierlichen Investitionen in individuelle Fähigkeiten und Fertigkeiten. Langfristiger Erfolg im → Wettbewerbsetzt voraus, dass Akteure über Kompetenzen und Ressourcen verfügen, um die Bedürfnisse und Wünsche von anderen bestmöglich befriedigen zu können.

3. Dezentrale Koordination

Ein Merkmal der Marktwirtschaft liegt in der dezentralen Koordination wirtschaftlicher Aktivitäten. Es ist den einzelnen Akteuren freigestellt, welche Leistungen sie auf welche Art und Weise zu welchem Zeitpunkt erbringen. Die Koordination zwischen wirtschaftlichen Akteuren und damit die Zusammenführung von → Angebot und → Nachfrage erfolgen dabei über den → Preismechanismus. → Preise transportieren Informationen über

→ Präferenzen von Marktteilnehmern und liefern damit etwa Hinweise, in welchen Bereichen wirtschaftliche Aktivitäten lohnenswert sind. Die dezentrale Funktionslogik der Marktwirtschaft ermöglicht zudem, implizites Wissen gesellschaftlich fruchtbar zu machen.

IV. Voraussetzungen für die gesellschaftliche Leistungsfähigkeit

1. Funktionsfähige Rahmenordnung

Die gesellschaftliche Leistungsfähigkeit der Marktwirtschaft – und damit auch ihre moralische Qualität – sind stets an das Vorhandensein einer funktionsfähigen Rahmenordnung gebunden. Die Rahmenordnung konstituiert sich dabei aus unterschiedlichen → Spielregeln wie → Verfügungsrechte, Vertragsordnung, Haftungsregeln, → Bilanzierungsvorschriftenoder Arbeitnehmerschutzrechte. Die Aufgabe der Rahmenordnung liegt dabei darin, einen Leistungswettbewerb auf Märkten sicherzustellen. Ein Leistungswettbewerb ist dadurch gekennzeichnet, dass individuelle Leistungsfähigkeit und -bereitschaft die entscheidenden Kriterien zur Erlangung von erwünschten Ressourcen darstellen. Im Leistungswettbewerb werden Akteure dazu angehalten, ihre Eigeninteressen in einer Art zu verfolgen, dass zugleich auch gesamtgesellschaftliche Interessen realisiert werden.

Sowohl das Fehlen als auch eine unzureichende Durchsetzung von Spielregeln führen dazu, dass die Marktwirtschaft ihre gesellschaftliche Leistungsfähigkeit nicht voll entfalten kann. Zudem besteht die Gefahr, dass es in Märkten mit defizitärer Rahmenordnung zu gesellschaftlich unerwünschten Verhaltensweisen und Resultaten kommt, wie etwa die Übernutzung von natürlichen Ressourcen, → Umweltverschmutzung, Menschenrechtsverletzungen oder → Korruption. In vielen Ländern existieren nach wie vor bisweilen gravierende Defizite auf Ebene der Rahmenordnung, infolgedessen die gesellschaftliche Leistungsfähigkeit der Marktwirtschaft lokal unterschiedlich ist.

2. Übernahme gesellschaftlicher Verantwortung

Eine funktionsfähige Rahmenordnung ist zwar eine notwendige, aber noch keine hinreichende Voraussetzung, um die gesellschaftliche Leistungsfähigkeit der Marktwirtschaft zur Geltung zu bringen. In der Realität ist jede Rahmenordnung immer unvollständig bzw. bietet Akteuren Freiheiten. Auf der einen Seite sind Freiheiten gesellschaftlich erwünscht, da sie eine Quelle für Kooperationspotenziale darstellen. Auf der anderen Seite gehen Freiheiten immer mit der Möglichkeit einher, missbraucht zu werden. Die stets existierenden Freiheiten bedingen die Notwendigkeit von gesellschaftlicher Verantwortungsübernahme, auch bezeichnet als → Corporate Social Responsibility (CSR). Im Kern liegt die gesellschaftliche Verantwortung von Akteuren darin, im Sinne einer gesellschaftlichen Zusammenarbeit zum gegenseitigen Vorteil zu agieren und existierende Handlungsspielräume nicht zum Schaden von anderen Marktteilnehmern auszunutzen.

V. Marktwirtschaft in der Kritik

Über die letzten Jahre hinweg lässt sich eine verstärkte Kritik am marktwirtschaftlichen System feststellen. In der Öffentlichkeit verfestigt sich zunehmend die Sichtweise, dass die Marktwirtschaft sowohl im Widerspruch zu gesellschaftlichen Interessen stehe als auch moralische Ideale unterminiere. In Konsequenz büßt die Marktwirtschaft gesellschaftliches → Vertrauenein und verliert auf breiter Ebene an Akzeptanz. Vor dem Hintergrund politischer Funktionslogiken im demokratischen System erwächst hieraus eine ernsthafte Gefahr für die Zukunftsfähigkeit des marktwirtschaftlichen Systems.

Ein grundsätzliches Problem bei der öffentlichen Wahrnehmung resultiert aus dem Umstand, dass primär auf die unerwünschten Effekte der Marktwirtschaft abgestellt wird, wohingegen die positiven Effekte oftmals außen vor bleiben. Hinzu kommt, dass positive Effekte wie die Beförderung des technologischen Fortschritts oder der individuellen Freiheit nicht selten als Selbstverständlichkeiten verstanden werden. Im Zusammenspiel führt dies zu einer Fehleinschätzung der relevanten Alternativen im Hinblick auf die Frage, wie sich in der globalen Gesellschaft die Handlungen von Akteuren derart koordinieren lassen, dass jeder Einzelne über notwendige Informationen und Anreize verfügt, um sich in die gesellschaftliche Zusammenarbeit zum gegenseitigen Vorteil einzubringen.

VI. Ausblick

Es lässt sich kaum verhindern, dass das marktwirtschaftliche System immer wieder zu unerwünschten Effekten führt. Dies wird bereits dadurch bedingt, dass sich wirtschaftliche und gesellschaftliche Strukturen und Prozesse permanent weiterentwickeln, infolgedessen beständig neue Herausforderungen entstehen. Hinzu kommt, dass sich aufgrund der Komplexität von wirtschaftlichen Prozessen Schwächen der Marktwirtschaft bisweilen erst mit erheblicher Zeitverzögerung ersichtlich werden. Generell bedarf die Sicherstellung der gesellschaftlichen Leistungsfähigkeit der Marktwirtschaft damit einer kontinuierlichen Weiterentwicklung von Spielregeln, um neuen Entwicklungen bestmöglich gerecht zu werden. Eine grundlegende Herausforderung hierbei liegt in der Etablierung und Durchsetzung von solchen Regeln, welche die Funktionslogik der Marktwirtschaft nicht unterminieren, sondern befördern. Dies wiederum ist keine Frage von mehr oder weniger Spielregeln, sondern von geeigneten Spielregeln. In diesem Zusammenhang existiert indes die Schwierigkeit, grundlegende Spielregeln auf globaler Ebene zu implementieren. In Zeiten der → Globalisierung fehlt es an Institutionen, welche in der Lage sind, verbindliche Spielregeln weltweit zu definieren und durchzusetzen.

Die Verbesserung der Rahmenordnung reicht indes nicht aus, um die gesellschaftliche Akzeptanz der Marktwirtschaft sicherzustellen. Die Menschen werden nur dann dem marktwirtschaftlichen System vertrauen, wenn sie dieses nicht nur als effizient, sondern auch als moralisch wertvoll verstehen (können). Da sich die Funktionslogik der Marktwirtschaft indes nicht ohne weiteres erschließt, bedarf es der Vermittlung von grundlegenden wirtschaftlichen Zusammenhängen. Anderenfalls besteht die Gefahr, dass die Mitglieder der Gesellschaft besten Wissens und Gewissens im Namen von → Moral gegen die Marktwirtschaft opponieren und Reformen wirkmächtig einfordern, infolgedessen die Bedingungen für ein gelingendes gesellschaftliches Zusammenleben langfristig verschlechtert werden.

moralisches Wagnis → Moral Hazard.

moralisches Wagnis in Teams – 1. *Begriff*: Betrachtet sei ein Problem der Teamproduktion, bei dem lediglich die Gesamtausbringung eines Teams von mehreren Akteuren von dritter Seite beobachtet wird, nicht jedoch die Ausbringung der einzelnen Teammitglieder. Teamproduktion ist verbunden mit den aus Arbeitsteilung und Spezialisierung folgenden Produktivitätsgewinnen. Allerdings steht der Nachteil gegenüber, dass die Teammitglieder in einem Verhältnis der Abhängigkeit zueinander stehen und dass eine Kontrolle notwendig ist, um die moralische Versuchung des Trittbrettfahrers zu vermeiden. Da der einzelne Beitrag nicht mehr zweifelsfrei zugeordnet werden kann, fließen die Erträge aus dem Einsatz des einzelnen Teammitglieds an das Team als Einheit. Weil erst der vollständige Teamgewinn unter allen Teammitgliedern aufgeteilt werden kann, erhält jedes einzelne Mitglied nur einen Teil der von ihm erbrachten Leistung, während er die Kosten seiner Tätigkeit im Team (Mühe, Arbeitseinsatz) allein tragen muss. Dies erzeugt einen Anreiz, das eigene Engagement einseitig abzusenken, um verstärkt vom Einsatz der anderen Teammitglieder zu profitieren. Da alle Teammitglieder diesem Anreizproblem ausgesetzt sind, sinkt die Teamleistung insgesamt auf ein unerwünscht niedriges Niveau: Alle Teammitglieder schaden sich wechselseitig. Dieses „unmoralische Verhalten" wird in der → Agency-Theorie als moralisches Wagnis in Teams bezeichnet. – Vgl. auch → Moral Hazard. – 2. *Lösungen:* Moralisches Wagnis in Teams kann unter gewissen Bedingungen vermieden werden, wenn sich ein Teamchef (Prinzipal) findet, der die Entlohnung der einzelnen Teammitglieder verbindlich festlegt und den darüber hinausgehenden Teamgewinn als sein Einkommen für sich beansprucht. Interpretiert man den Prinzipal als Eigentümer und Manager einer kapitalistischen Unternehmung, dann ist ein Nachweis erbracht, dass in einer kapitalistischen Unternehmung das Problem des moralischen Wagnisses in Teams einer effizienten Lösung zugeführt werden kann. Alchian und Demsetz (1972) haben dagegen argumentiert, eine Überwindung des Problems erfordere die Überwachung der einzelnen Teammitglieder durch einen Dritten. Eine Überwachung des Überwachers sei nicht notwendig, sofern die Kontrollfunktion durch den Residual Claimant (den kapitalistischen Unternehmer) wahrgenommen werde.

Moralkodizes → Verhaltenskodizes.

Moralphilosophie → Ethik.

Moral Suasion → Maßhalteappelle.

Moratorium – I. Allgemein: 1. In Zeiten wirtschaftlicher Schwäche eines Unternehmens (oder Staates) durch die Kreditgeber (Kreditinstitute, Lieferanten) gewährter *Zahlungsaufschub,* d.h., fällige Zinsen und Tilgungen werden gestundet. Moratorien münden oft in Sanierungskredite, wobei die öffentliche Hand gelegentlich für Zusatzkredite → Ausfallbürgschaften (Landesbürgschaften) von 60–80 Prozent gewährt, um Arbeitsplätze zu erhalten. – 2. Auf *Gesetz* oder *Vertrag gegründeter befristeter Zahlungsaufschub* fälliger Zinsen und Kapitalrückzahlungen privater und staatlicher in- und ausländischer Verpflichtungen.

II. Moratorien im Bankwesen: Bei Schwierigkeiten von Kreditinstituten, die zu schwerwiegenden Gefahren für die Gesamtwirtschaft führen können (insbesondere zu Störungen des geordneten Ablaufs des allgemeinen Zahlungsverkehrs), kann die → Bundesanstalt für Finanzdienstleistungsaufsicht (BaFin) vorübergehend das Institut für den Verkehr mit der Kundschaft schließen und ein Zahlungs- sowie Veräußerungsverbot erlassen (§ 47 KWG). Für die Dauer des Moratoriums sind Zwangsvollstreckungen, Arreste und einstweilige Verfügungen gegen das Kreditinstitut sowie das Insolvenzverfahren über das Vermögen des Kreditinstituts nicht zulässig.

Moratoriumsrisiko – 1. *Begriff*: Risiko im Außenhandelsgeschäft, das darin besteht, dass durch gesetzgeberische oder behördliche Maßnahmen in einem Schuldnerland ein → Moratorium (oder ein Zahlungsverbot) erlassen wird, das dem Zahlungspflichtigen die vertragsmäßige Erfüllung seiner Schuld untersagt. – *Anders:* → Transferrisiko. – 2. *Deckung:* Das Moratoriumsrisiko kann im Rahmen des → politischen Risikos durch eine → Exportkreditgarantien des Bundes (sog. Hermes-Deckung) gedeckt werden.

Morbi-RSA – 1. *Begriff:* Morbi-RSA ist die Bezeichnung für den neuen morbiditätsorientierten Risikostrukturausgleich (Morbi-RSA). Der Morbi-RSA ersetzt den bisherigen Risikostrukturausgleich (RSA) seit dem 1.1.2009. Der Morbi-RSA beeinflusst die Zuweisungen aus dem Gesundheitsfonds an die → Krankenversicherungen. – 2. *Umsetzung im dt.* → Gesundheitswesen: Die Einführung des Morbi-RSA ist eine der Strukturänderungen in der GKV, die auf dem GKV-Wettbewerbsstärkungsgesetz (GKV-WSG) basieren. Durch die Einführung des Morbi-RSA soll zukünftig die Morbiditätslast der Versicherten einer Krankenversicherung einen direkten Einfluss auf die Höhe der jährlichen Zuweisungen aus dem Gesundheitsfonds haben. Es sollen die unterschiedlichen finanziellen Lasten unter den Versicherungen besser ausgeglichen und einer Risikoselektion entgegengewirkt werden. Seit der Einführung des Morbi-RSA setzt sich die Zuweisung aus dem Gesundheitsfonds aus der Grundpauschale sowie alters-, geschlechts- und risikoadjustierten Zu- und Abschlägen zusammen. Die Zu- und Abschläge sollen die finanziellen Auswirkungen der Unterschiede innerhalb der nach Geschlecht und Alter getrennten Versichertengruppen (§ 267 II SGB V) und der Morbiditätsgruppen (§ 268 I SGB V) zwischen den Krankenkassen ausgleichen. Die Grundpauschale und die alters-, geschlechts- und risikoadjustierten Zu- und Abschläge dienen zur Deckung der standardisierten Ausgaben der Krankenkassen. Das Bundesversicherungsamt ermittelt die Zuweisungshöhe und setzt die Zuweisung an die Krankenkassen um. Basis zur Ermittlung der morbiditätsabhängigen Zuweisungen ist ein Katalog mit derzeit 80 schweren und kostenintensiven Erkrankungen. Die Krankenkassen erhalten für Versicherte mit diesen Erkrankungen die morbiditätsabhängigen Zuweisungen. Zusätzlich erhalten die Krankenkassen Zuweisungen für sonstige Ausgaben aus dem Gesundheitsfonds. Dazu zählen z.B. die standardisierten Verwaltungsausgaben der Krankenkassen, Kosten für satzungsgemäße Mehr- und Erprobungsleistungen und Ausgaben, die durch die Umsetzung des § 137g SGB V entstehen.

Morgenstern – Oskar, 1902–1977, aus Deutschland stammender Nationalökonom, der in Wien studierte, dort Direktor des Österreichischen Konjunkturforschungsinstituts war, 1938 in die Vereinigten Staaten emigrierte, wo er an der Princeton University bis zu seiner Emeritierung 1970, danach bis zu seinem Tod an der New York University lehrte. Morgenstern, der sich mit ökonomischen Vorhersagen („Wirtschaftsprognosen. Eine Untersuchung ihrer Voraussetzungen und Möglichkeiten" (1928)) und der → Wettbewerbstheorie („Vollkommene Voraussicht und wirtschaftliches Gleichgewicht", in: Zeitschrift für Nationalökonomie, 6 (1935)) beschäftigt hatte, stieß in Princeton auf den aus Ungarn stammenden Mathematiker von Neumann (1903–1957), dessen Aufsatz über die mathematische Theorie der Spiele (→ Spieltheorie) ihm bekannt war („Zur Theorie der Gesellschaftsspiele", in: Mathematische Annalen, 100 (1928)). Ihm lag sehr an einer Diskussion mit von Neumann über die Beziehung zwischen mathematischer Spieltheorie und Wirtschaftstheorie. Aus einer jahrelangen Zusammenarbeit beider Forscher erwuchs das monumentale Werk „Theory of Games and Economic Behavior" (1944). Die Dissertation des Mathematikers → Nash – einem Schüler von Neumanns – aus dem Jahr 1950 über die nichtkooperativen Spiele wurde maßgebliche Grundlage von Arbeiten, die den Kern der modernen Spieltheorie ausmachen (→ Harsanyi und → Selten). In späteren Arbeiten hat sich Morgenstern – neben Fragen der nationalen Verteidigung („The Question of National Defense" (1950) – wieder mit Problemen seiner Wiener Zeit beschäftigt („On the Accuracy of Economic Observations" (1950) und „Predictability of Stock Market Prices" (1970, zusammen mit Granger)).

Morphologie → Kreativitätstechniken, die auf der analytischen Zerlegung eines Problems in Teilprobleme basieren. Für die Teilprobleme werden alternative Lösungen ermittelt; die Gesamtproblemlösung durch Kombination der Teillösungen gesucht. Eine Vielzahl der Alternativenkombinationen wird aus praktischen Aspekten verworfen. – *Bekannteste Morphologie-Methode:* Morphologischer Kasten von F. Zwicky (1966).

Mortalität – *Sterblichkeit;* die in einer Bevölkerung registrierten Sterbefälle in einer Periode, zumeist eines Jahres, nach Altersgruppen, Geschlecht, Familienstand. Bei Einbeziehung sozioökonomischer Merkmale der Person und Sterbeursachen spricht man von *sozialer* Mortalität. – Vgl. auch → Mortalitätsmaße.

Mortalitätsmaße – 1. *Begriff:* Verhältniszahlen zur Erfassung der → Mortalität (Sterblichkeit) in einer Bevölkerung. – 2. *Formen:* a) *Allg. Sterbeziffer (Sterberate):* Zahl der Gestorbenen, bezogen auf Tausend der durchschnittlichen oder mittleren Gesamtbevölkerung einer Periode, zumeist eines Jahres. Für zeitliche und räumliche Vergleiche der Mortalität ist sie wenig verlässlich, weil die Sterbeziffer als Verhältniszahl stark vom Alters- und Geschlechtsaufbau der Bevölkerung abhängt. – b) *Altersspezifische Sterbeziffer:* Zahl der Gestorbenen in einer bestimmten Altersklasse bezogen auf Tausend des Personenbestands dieser Altersklasse einer Periode, zumeist eines Jahres. Häufig wird zusätzlich unterschieden nach Todesursachen, Familienstand, sozioökonomischen Merkmalen etc. – c) *Säuglingssterblichkeit:* Zahl der im ersten Lebensjahr Verstorbenen bezogen auf Tausend der Lebendgeborenen dieses Jahres. Zusätzlich wird nach Sterblichkeit um den Geburtsvorgang und nach erreichtem Lebensalter in Tagen, Wochen etc. aufgegliedert. Man spricht hier von *perinataler Sterblichkeit:* Totgeborene werden ihr zugerechnet oder gesondert ausgewiesen. – d) *Lebenserwartung der Lebendgeborenen oder Lebenserwartung bei Geburt* gemäß → Sterbetafel.

Mortensen – Dale Thomas, geb. 1939, ist ein US-amerik. Wirtschaftswissenschaftler, seit 1965 als Professor an der Northwestern University tätig. Für bahnbrechende Analysen über Märkte, an denen Angebot und Nachfrage nicht problemlos zueinander finden, erhält er 2010 den → Nobelpreis für Wirtschaftswissenschaften (zusammen mit Peter A. → Diamond und Christopher A. → Pissarides). Mortensens Forschung liegt im Arbeitsmarktpolitik und Arbeitsökonomik.

Mortgage Backed Securities – Abk. *MBS*. – Vgl. → Verbriefung von Kreditportfolios.

Motiv – 1. *Begriff:* (Höhere) Motive sind zeitlich relativ überdauernde psychische Eigenschaften von Personen. Sie werden im Zug der Sozialisation erworben und bilden ein verhältnismäßig stabiles System. – 2. *Komponenten:* a) *Aktivierende Komponente:* Triebe, die das Verhalten, ausgelöst durch Störung des biologischen Gleichgewichts, aktivieren und lenken (→ Aktivierung, → Emotionen). – b) *Kognitive Komponente:* bewusster oder willentlicher Prozess der Zielsetzung, der → Wahrnehmung und Interpretation von Handlungsalternativen umfasst, d.h. ein bewusstes Anstreben von Zielen; in der Motivationstheorie ist die Zugehörigkeit der kognitiven Komponente umstritten. – 3. *Arten:* (1) „niedere", physiologisch bedingte Motive (angeborene Triebe und Emotionen, z.B. Hunger, Durst, Schlaf, Sexualität); (2) „höhere" Motive, die erst nach der Befriedigung von Trieben und Emotionen auftreten (z.B. soziale Motive, Selbstverwirklichung). Weitere Unterscheidung nach Komplexität (Zusammenwirken verschiedener Antriebskräfte) und Konkretheit der Motive – 4. *Bedeutung für Marketing und Werbung:* In erster Linie Beschäftigung mit der aktivierenden Komponente: Durch Gliederung der Konsummotivationen in zugrunde liegende Emotionen und Triebe können Zusammenhänge zwischen Antriebskräften und Handlungsabsichten aufgedeckt werden. Für die Werbung ergeben sich daraus Strategiekonzepte, z.B. Ansprechen und Verstärken der sozialen Motive (u.a. Gruppenzugehörigkeit, Prestige) oder Hervorheben der durch eine Marke möglichen Triebbefriedigung. – 5. *Messung:* in erster Linie durch → Befragung. Problematisch ist allerdings das Nichtbewusstsein vieler Antriebskräfte und Handlungsabsichten. Deshalb oft auch Einsatz projektiver und nicht verbaler Befragungsmethoden.

Motivation – Zustand einer Person, der sie dazu veranlasst, eine bestimmte Handlungsalternative auszuwählen, um ein bestimmtes Ergebnis zu erreichen und der dafür sorgt, dass diese Person ihr Verhalten hinsichtlich Richtung und Intensität beibehält. Im Gegensatz zu den beim Menschen begrenzten biologischen Antrieben sind Motivation und einzelne → Motive gelernt bzw. in Sozialisationsprozessen vermittelt. Der Begriff der Motivation wird oft auch im Sinn von Handlungsantrieben oder Bedürfnissen verwendet. – Vgl. auch Motivationspotenzial, → Motivationstheorien, → Arbeitsmotivation, Leistungsmotivation, → Zweifaktorentheorie.

Motivation Research → Motivforschung.

Motivationstheorien – Theorien, die sich mit der Frage, warum und unter welchen Bedingungen Menschen bestimmte Aktivitäten entfalten und Leistungen erbringen, beschäftigen. Moderne Motivationstheorien, wie z.B. die Wert-Erwartungs-Theorie, gehen davon aus, dass Menschen längerfristig wertbesetzte Ziele (z.B. Sicherheit, Anerkennung, Selbstverwirklichung) verfolgen. Bezogen auf die Arbeitsmotivation ist für deren Stärke (1) der Wert eines Handlungsergebnisses für die Erreichung langfristiger Ziele, (2) die Erwartung hinsichtlich der Lösbarkeit von Aufgaben und (3) die Wahrscheinlichkeit, dass die Handlung zum Erreichen der angestrebten Ziele beiträgt, bedeutend. – Vgl. auch → Arbeitszufriedenheit, → Führung.

Motivforschung – *Motivation Research;* Zweig der → Marktforschung, der auf psychoanalytischen Methoden aufbaut. Die Beweggründe (Motive) des bewussten und unbewussten menschlichen Wollens und Handelns, bes. im → Konsumentenverhalten und bei Kaufentscheidungen, werden erforscht und für Zwecke der industriellen Formgebung (Industrial Design, Styling), → Produktdifferenzierung und → Werbung herangezogen. – *Anders:* Motivationsforschung.

motorische Einheit – zentraler Begriff der → Wachstumspoltheorie. Die motorische Einheit kann aus einem einzelnen Unternehmen oder einer Gruppe von Unternehmen bestehen. Ihre wichtigsten Merkmale sind, dass sie groß ist, schnell wächst, die anderen Unternehmen dominiert und bedeutende Interrelationen zu den anderen Einheiten aufweist. Entscheidend sind ihre positiven Einflüsse auf andere Einheiten. Dies führt dazu, dass letztere sich vom Umfang her vergrößern und/oder von der Struktur und der Organisation her verändern. Diese Veränderungen werden durch → Ausbreitungseffekte (Spread Effects) hervorgerufen. Durch diese Effekte der motorischen Einheit wird in den anderen Einheiten Wachstum erzeugt. Eine motorische Einheit ist keine räumlich definierte Einheit.

Motorisierungsgrad → Kraftfahrzeugdichte.

Motorrad → Kraftrad (Krad).

Moving-Average-Modell → MA(q)-Prozess.

Moving Picture Experts Group – ISO Komitee, welches Dateiformate und Komprimierungsstandards für Videosequenzen im → World Wide Web festlegt.

MP3 – Abk. für *Moving Picture Experts Group Audio Layer 3* (s. hierzu allg. → Moving Picture Experts Group).

MPEG – Abk. für → Moving Picture Experts Group. Dateiformat und Komprimierungsstandard für Videosequenzen im → World Wide Web.

MPG – Abk. für → Max-Planck-Gesellschaft zur Förderung der Wissenschaften e. V.

MPM – Abk. für *Metra-Potenzial-Methode;* → Netzplantechnik, die Vorgangsknotennetzpläne (→ Netzplan) verwendet und nur Anfangsfolgen (Mindest- und Höchstabstände) zulässt. Eine weitere Besonderheit besteht in der Möglichkeit, → Bündelbedingungen zu benutzen.

m-Prinzip → Bayes-Regel.

MRP – Abk. für *Manufacturing Resource Planning.* 1. *Begriff:* Klasse von → Softwaresystemen zur Produktionsplanung und -steuerung (→ PPS-System) sowie für die zugrunde liegende bedarfsgesteuerte Planungsphilosophie aus den USA. – 2. Nach dem Integrationsgrad betrieblicher Planungsbereiche zu unterscheidende *Stufen:* a) MRP als Material Requirements Planning geht von einem vorgegebenen Produktionsprogramm aus. Durch → Stücklistenauflösung mit gleichzeitiger Berücksichtigung von Beständen werden die → Nettobedarfe in der sog. Abgleichsrechnung periodengenau ermittelt und auf den zur Herstellung erforderlichen Produktionsanlagen eingelastet. – b) MRP II erweitert MRP um ein Modul der Kapazitätsplanung. Für den Ausgleich zwischen Kapazitätsangebot und -bedarf werden dem Planer rechtzeitig Informationen bereitgestellt, mit denen Erweiterungen des Kapazitätsangebots oder Änderungen des Absatzprogramms in die Planung einbezogen werden können. MRP II beinhaltet außerdem die sog. Geschäftsplanung, mit der z.B. Umsatzziele oder Deckungsbeiträge in die Primärbedarfsplanung einbezogen werden können.

MTF – Abk. für *Mulitlateral Trading Facility*, multilaterales Handelssystem. – Mit der Umsetzung der → MiFID wurde in den §§ 31f ff. WpHG die Möglichkeit geschaffen, außerhalb von → Börsen MTFs zu betreiben. Ein MTF ist eine börsenähnliche Handelsplattform, die nach festgelegten Regeln Kauf- und Verkaufsaufträge in Aktien und anderen Finanzinstrumenten zusammenführt und so einen Vertragsschluss generiert (vgl. § 2 III Nr. 8 WpHG). MTFs unterliegen geringeren Anforderungen als der regulierte Markt der Börsen, z.B. bez. der Zulassung von Finanzinstrumenten. Die Einbeziehung der Finanzinstrumente in den Handel an einem MTF hat für die Emittenten auch keine Zulassungsfolgepflichten wie etwa eine Ad-hoc-Publizitätsplicht zur Folge. Ein MTF kann, aber muss nicht von Börsenträgern betrieben werden. Der Betrieb eines MTFs stellt eine neue Finanzdienstleistung i.S.d. WpHG dar, die auch von Wertpapierdienstleistungsunternehmen erbracht werden kann. Diese können mit den regulierten Märkten der Börsen in Wettbewerb treten und eine alternative Auftragsausführung anbieten. Die BaFin ist für die Überwachung der MTFs zuständig, es sei denn ein Börsenbetreiber betreibt den MTF (z.B. als → Freiverkehr), dann ist die jeweilige → Börsenaufsichtsbehörde der Länder zuständig. Beispiel für ein MTF ist die Handelsplattform Turquoise in London, die von neun Investmentbanken gegründet wurde. Weitere Handelsplattform sind → systematische Internalisierer und nach dem Änderungsentwurf der → MiFID → OTF.

MTN – Abk. für → Medium Term Notes.

Muddling-through-Strategie → Entscheidungstheorie, die von nur wenigen Annahmen ausgeht. Es werden nicht alle möglichen Strategiealternativen gesucht und bewertet, sondern es wird nur eine relativ kleine Zahl von Alternativen betrachtet. Auch die daraus abgeleiteten Konsequenzen werden beschränkt. Es wird also lediglich eine schrittweise Näherungslösung angestrebt.

Mulitlateral Trading Facility → MTF.

Müller-Armack – Alfred, 1901–1978, Nationalökonom und Kultursoziologe. Nach Studium, Promotion (1923) und Habilitation (1926) in Köln wechselte er 1938 an die Universität Münster und wurde dort 1940 *Ordinarius* für Nationalökonomie und Kultur-, bes. Religionssoziologie. 1950–1958 war er Ordinarius für Wirtschaftliche Staatswissenschaften und *Direktor des Instituts für Wirtschaftspolitik* an der Universität zu Köln. – In Abkehr vom → klassischen Liberalismus entwickelte Müller-Armack neben der → Freiburger Schule früh das Konzept der → Sozialen Marktwirtschaft und prägte deren Begriff. Diese war für ihn ein anthropologisch fundierter Gesellschaftsentwurf, der die Freiheit des Marktes mit dem Prinzip des sozialen Ausgleichs verbindet. In ihrem Mittelpunkt steht der Verbraucher; der Staat gewährleistet und gestaltet die Wettbewerbsordnung. Müller-Armack entwickelte das Konzept in seinem umfangreichen wissenschaftlichen und publizistischen Werk und vertrat es als enger *Mitarbeiter* → Erhards im Bundeswirtschaftsministerium. Dort war er 1952–1958 Leiter der Abteilung Wirtschaftspolitik, danach der neu gegründeten Europa-Abteilung und Staatssekretär (CDU). Er engagierte sich bes. bei Gründung und Aufbau der → EWG und bei der Rückkehr zur → Konvertibilität 1958. Er gab dem Prozess der europäischen Integration nachhaltige Impulse, u.a. als *Präsident des konjunkturpolitischen Ausschusses der* → EWG 1960–1963 und als *Verwaltungsratsmitglied der Europäischen Investitionsbank* (→ EIB) 1958–1977. Er trat früh für die Aufnahme Großbritanniens in die EWG, für deren Verbindung mit der → EFTA und für die Assoziierung der überseeischen Gebiete ein. Als 1963 die Aufnahme Großbritanniens scheiterte, reichte Müller-Armack seinen Rücktritt ein. Er lehrte bis 1969 in Köln. 1966–1968 war er *Aufsichtsratsmitglied* bzw. *-vorsitzender der Rheinstahl AG*, 1977–1978 *Vorsitzender der Ludwig-Erhard-Stiftung.*

Mülltourismus – *Abfalltourismus;* nicht-wissenschaftlicher Begriff für die Verbringung von Müll bzw. → Abfall in andere Staaten. Es wird zwischen Müll zur Verwertung (Abfallverwertung) und Müll zur Beseitigung (Abfallbeseitigung) unterschieden.

Die Verschiebung von Müll zur Beseitigung in andere Länder ist größtenteils verboten und moralisch bedenklich, da so Umweltrisiken nicht reduziert, sondern z.B. in → Entwicklungsländer mit niedrigen Deponierungsstandards verlagert werden. Zur Vorbeugung und Reglementierung des ungewollten Mülltourismus wurde auf nationaler Ebene eine Vielzahl von Gesetzen und Verordnungen verabschiedet. Ihren größten Schwachpunkt stellt die mangelnde Klassifizierung von Abfall zur Verwertung bzw. Beseitigung dar. So wird Mülltourismus häufig deshalb möglich, weil Abfälle als → Sekundärstoffe bezeichnet werden. Auf internationaler Ebene ist v.a. das → Basler Übereinkommen über die Kontrolle der grenzüberschreitenden Verbringung gefährlicher Abfälle und ihre Entsorgung aus dem Jahr 1989 anzuführen. Dieses sieht zwar kein allg. Verbot des internationalen Handels mit gefährlichem Abfall vor, stellt aber zumindest einen internationalen Kooperationsrahmen für dessen Kontrolle dar und wird konsequent ausgeweitet.

Multiattributmodell – Technik zur mehrdimensionalen Messung der → Einstellung. Es wird konkreter Bezug auf das Untersuchungsobjekt genommen. Das Multiattributmodell geht davon aus, dass sich die Einstellung gegenüber einem Untersuchungsobjekt aus der Wahrnehmung dessen einzelner Eigenschaften bildet. – Vgl. auch → Skalierungsverfahren.

Multi Channel Retailing – *mehrgleisiger Vertrieb, mehrgleisige Distribution, Mehrwegabsatz, hybride Verkaufssysteme, Mehrkanal-Vertrieb, mehrgleisiger Einzelhandel, Mehrkanalsystem im Einzelhandel.* Der Kunde kann zwischen mehreren Kanälen wählen, z.B. stationärer Einzelhandel, Katalogversand, Onlineshop oder via TV, um Leistungen eines Anbieters nachzufragen. Soweit neben den stationären Geschäften ein → elektronischer Absatzkanal eingeschaltet ist, spricht man auch von Click & Mortar. Multi Channel Retailing liegt auch vor, wenn der Händler allein im stationären Bereich (oder in einem anderen Bereich) mehrere Vertriebslinien führt, z.B. die Tengelmann-Gruppe mit Plus, Kaiser's, Tengelmann und kd. Die Kanäle können integriert sein: Der Kunde kann den Kaufprozess auf mehr als einen Kanal verteilen, z.B. Information im Onlineshop und Kauf im stationären Geschäft, was u.a. bei Conrad Electronic, Douglas, Karstadt, Lands' End, Otto, Plus, Tchibo und Schlecker möglich ist. Oder die Kanäle werden völlig separat geführt: Der Kunde hat nicht die Möglichkeit, mehrere Kanäle einer Handelsunternehmung (z.B. Saturn und Media Markt) bei einem Kaufprozess in Anspruch zu nehmen. Probleme beim Multi Channel Retailing können entstehen, wenn in den einzelnen Vetriebswegen unterschiedliche Strategien (etwa Preisstrategien) eingeschlagen werden, der Kunde aber zwischen den einzelnen Kanälen wählen kann.

Multicomputer System → Mehrrechnersystem.

multidimensionale Skalierung (MDS) – *mehrdimensionale Skalierung;* Verfahren der → multivariaten Statistik. Basis sind Bewertungen von Objekten durch Personen. Durch die Unterschiedlichkeit der Bewertung werden Abstände definiert. Die MDS versucht nun die Objekte in einem geringer dimensionierten Raum (meist in eine Ebene) so zu platzieren, dass die Abstände zwischen den Objekten möglichst gut reproduziert werden. – *Einsatz*: Anschauliche Marktabbildung, welche erkennen lässt wo es über- und wo unterbesetzte Marktsegmente sind. – Vgl. auch → Marktsegmentierung.

Multifaktor-Matrix – 1. *Begriff*: Darstellung der Geschäfte eines Unternehmens (im Sinn der Vorgehensweise einer → Portfolio-Analyse) nach den beiden Dimensionen „Marktattraktivität" (Deckungsbeitragssumme aller Wettbewerber) und „relative Wettbewerbsstärke" (anteiliger Deckungsbeitrag des Unternehmens in Prozent), zu mehreren Zeitpunkten (z.B. für 1987, 1997 und 2000) bewertet und positioniert. Verbindet man diese Positionierungen pro Geschäft zu einer Zeitreihe untereinander, so ergibt sich eine grafische Darstellung des „Kurses" des eigenen Geschäfts im Wettbewerb. – 2. *Vorgehensweise:* a) Zuerst wird der *Handlungsspielraum für mögliche Innovationen in den Strategien analysiert.* Dazu wird das Geschäftssystem bzw. die unternehmensinterne Wertschöpfungskette (→ Wettbewerbsstrategie) rekonstruiert; dies ist die Abfolge der Schritte, mit denen ein Unternehmen in einem gegebenen Geschäft seine Güter und Dienstleistungen produziert und an den Kunden bringt. Jede dieser Wertschöpfungsstufen wird daraufhin untersucht, auf welche Art und Weise im Verhältnis zu den Wettbewerbern die Funktion der Stufe erfüllt wird, ob neue Wege gegangen werden können und wenn ja, wie sich diese Innovationen auf die Wettbewerbsposition und das übrige Geschäftssystem auswirken. – b) Aus dieser Analyse werden dann die sog. *Haupterfolgsfaktoren* ermittelt, die Faktoren, die dem Unternehmen die größten Differenzierungsmöglichkeiten gegenüber Wettbewerbern gewähren. Um derartige Differenzierungsmöglichkeiten innerhalb der Haupterfolgsfaktoren zu generieren, werden die sog. *strategischen Freiheitsgrade* ermittelt, die beim Einsatz des jeweiligen Faktors die größten Wettbewerbschancen versprechen. – c) Aus den zur Verfügung stehenden Möglichkeiten wird dann als Strategie die *Kombination ausgewählt,* die den größtmöglichen Kundennutzen zu niedrigsten Kosten verspricht. Die Menge der derart ermittelten Geschäftsfeldstrategien wird schließlich zur Grundlage der Multifaktor-Matrix gemacht, um so die Investitionsprioritäten festlegen und Finanzierungsbeschränkungen erkennen zu können.

Multifaserabkommen (MFA) – *Multi Fibre Arrangement, Multifibre Agreement, Welttextilabkommen, (1974-1994).* Das Multifaserabkommen regelte den internationalen Handel mit Textilien zwischen Industrieländern und Entwicklungsländern. Es ersetzte

1974 das Baumwolltextilabkommen aus dem Jahre 1962, das mehrfach verlängert wurde und durch die → Uruguay-Runde (→ GATT) in die → World Trade Organization (WTO) integriert wurde. – *Ziele:* Fortschreitende Liberalisierung und Expansion des Welthandels, Vermeidung von Störungen in Export- und Importländern, Sicherung eines zunehmenden Anteils der Entwicklungsländer am Welttextilhandel durch stetige Zunahmen von Textilexporterlösen. – *Bewertung:* De facto stellte das Multifaserabkommen eine protektionistische Beschränkung des → Freihandels zulasten der Entwicklungsländer dar. Der verschärfte Wettbewerb aus lieferstarken Schwellenländern führte zu erheblichen strukturellen Anpassungsproblemen in der Textilbranche der Industrieländer, die mit einem Beschäftigungsrückgang von über 40 Prozent innerhalb eines Jahrzehnts mündete. Daher wurde das MFA zum Schutz für nicht (mehr) wettbewerbsfähige Unternehmen des Textilsektors in Industrieländern genutzt.

Multifibre Agreement → Multifaserabkommen (MFA).

Multifunktionalität der Landwirtschaft – Multifunktionalität umschreibt allg. die Tatsache, dass ein wirtschaftliches Handeln vielfältige Güter und Dienstleistungen sowie andere positive und negative Wirkungen als Koppelprodukte hervorbringt, wobei einige dieser Güter und Dienstleistungen marktfähig sind, während andere sich den Marktmechanismen entziehen. In der → Agrarpolitik wird das Konzept der Multifunktionalität bes. in Industrieländern hinsichtlich der Rechtfertigung von zukünftigen Subventionszahlungen an die Landwirtschaft aufgrund ihrer Koppelproduktion öffentlicher Güter im Bereich der Umwelt einschließlich der Landschaftsgestaltung, der Beschäftigung in ländlichen Regionen, der Ernährungssicherung sowie des Tierschutzes diskutiert und zunehmend umgesetzt.

Multikollinearität – *Kollinearität*; in der Regressionsanalyse die Erscheinung, dass die erklärenden Variablen einer zu schätzenden Regressionsbeziehung mehr oder minder korreliert sind. Der Einsatz der klassischen Schätzverfahren ist bei Multikollinearität zwar nicht gefährdet, es ergeben sich jedoch u.U. bei der Schätzung numerische Probleme (Unmöglichkeit der OLS-Schätzung – → Kleinstquadratemethode, gewöhnliche – wenn eine erklärende Variable eine Linearkombination einer oder mehrerer anderer ist). Bei einem linearen → Einzelgleichungsmodell behält zwar der OLS-Schätzer seine stochastischen Eigenschaften, die Multikollinearität führt jedoch u.U. zu sehr großen Varianzen und damit zu wenig verlässlichen Schätzwerten. Deshalb wird in solchen Fällen auch gelegentlich die Verwendung verzerrter statt erwartungstreuer Schätzer vorgeschlagen. Die Anwendung solcher Schätzer verursacht jedoch anderweitige Probleme.

multikulturelles Management → interkulturelles Management.

Multilateral Agreement on Investment → MAI.

Multilaterale Investitions-Garantie-Agentur → MIGA.

multilaterale Liberalisierung – Alle Vertragspartner der Welthandelsorganisation (→ World Trade Organization (WTO)) nehmen an den völkerrechtlichen Verträgen zur Beseitigung der (tarifären und nicht tarifären) Handelshemmnisse teil (→ GATT, → GATS, etc.); es gibt aber völkervertragsrechtliche Abkommen z.B. für Agrarprodukte oder Textilien, an denen nicht alle WTO-Mitglieder teilnehmen, man spricht dann von plurilateralen Abkommen. – Vgl. → Handelsliberalisierung, → tarifäre Handelshemmnisse, → nicht tarifäre Handelshemmnisse.

multilateraler Handel → Multilateralismus.

Multilaterales Handelssystem → MTF.

multilaterale Zusammenarbeit → Entwicklungshilfe, die von internationalen Organisationen oder mehreren Staaten an ein oder mehrere Entwicklungsländer geleistet wird.

Multilateral Investment Guarantee Agency → MIGA.

Multilateralismus – System mehrseitiger (multilateraler) → Handelsabkommen und → Zahlungsabkommen im internationalen Handel (multilateraler Handel); Grundsatz des → GATT. – Vgl. auch → Bilateralismus, → Regionalismus, → World Trade Organization (WTO).

Multi-Level-Marketing – Form des Direktvertriebs, bei der bereits für ein Unternehmen tätige Verkäufer weitere Verkaufsmitarbeiter gewinnen (Subunternehmer) und die Vergütungen der Verkäufer der Vorstufen von der Verkaufstätigkeit der nachgelagerten Verkäuferstufen abhängig ist. Im Gegensatz zum Schneeballsystem werden die Verkäufer nicht zur Abnahme von Waren bzw. zur Haltung von Lagerbeständen verpflichtet und es besteht ein Rückgaberecht der nicht abgesetzten Waren.

Multi-Line-Deckung – Kombination mehrerer Sparten bzw. Zweige in einem Rückversicherungskonzept. Häufig in Kombination mit einer mehrjährigen Laufzeit (Multi-Year-Police) als Multi-Line-Multi-Year-(MLMY)-Konzept. Durch eine betragliche und zeitliche Abstimmung von Deckungen, Deckungsauslösern (z.B. Double Trigger-Deckung) und Deckungslimiten kann ein hoher Integrationsgrad erreicht werden. → Selbstbehalte und ggf. → Rückversicherungsprämien lassen sich optimieren. Die Kombination mit Risikofinanzierungselementen der → Finanzrückversicherung ermöglichen auch die Integration von traditionell nicht versicherbaren Risiken (siehe Blended Cover).

multimodaler Transport – kombinierter Transport, bedeutet (mind.) zwei verschiedene Transportarten bzw. -mittel (z.B. Land- und Seetransport). Über den gesamten Transportweg wird ein Transportdokument (z.B. ein Konnossement des kombinierten/multimodalen Transports). Der Aussteller haftet i.d.R. für den gesamten Transport, auch wenn er selbst nur eine Teilstrecke ausführt. Vorkommend v.a. bei Container- und Palettenversand.

Multimodalvertrag → Frachtvertrag über eine Beförderung mit verschiedenartigen Beförderungsmitteln (§ 452 HGB). – Vgl. auch → Umzugsvertrag.

Multimomentverfahren – Beobachtungstechnik des Arbeitszeitstudiums, bei der eine Häufigkeitsstudie im Sinn der mathematischen → Stichprobentheorie durchgeführt wird; erfasst wird die Häufigkeit zuvor festgelegter Ablaufarten an einem oder mehreren Arbeitsplätzen mithilfe stichprobenartig durchgeführter Kurzzeitbeobachtungen. In den USA und einigen europäischen Ländern sehr verbreitet. Mit dem Multimomentverfahren kann eine hohe Genauigkeit der Zeitstudien (Multimoment-Zeitstudie) erreicht werden, ohne dass dabei Messgeräte gebraucht werden.

Multinational Corporation (MNC) → internationale Unternehmung, → multinationale Unternehmung.

Multinational Enterprise (MNE) → internationale Unternehmung.

multinationale Strategie – strategische Orientierung eines international tätigen Unternehmens mit polyzentrischer Prägung. Es erfolgt eine größtmögliche Anpassung an lokale Gegebenheiten bei gleichzeitig größtmöglicher Dezentralisierung. Tochtergesellschaften im Ausland handeln weitgehend autonom und unabhängig von der Muttergesellschaft.

multinationale Unternehmung – *multinationales Unternehmen;* international tätiges Unternehmen mit multinationaler strategischer Grundorientierung. – Vgl. auch → internationale Strategie, → multinationale Strategie.

Multipack → Mehrfachgebinde.

multiple Betriebsgrößenvariation – *multiplikative Erweiterung;* Wachstum eines Betriebes (→ Betriebsgrößenvariation) bei unveränderter → Produktionsfunktion, z.B. durch Investition in gleichartige Maschinen, d.h. die technisch-organisatorischen Produktionsbedingungen ändern sich nicht. – *Gegensatz:* → Mutative Betriebsgrößenvariation.

Multiple Component Facility (MCF) – Fazilität, die eine → Option auf unterschiedliche Finanzierungsinstrumente (z.B. → Euro-Notes, → Euro Commercial Papers (ECP) und kurzfristige Bankkredite) beinhaltet. – *Vorteil:* hohe Flexibilität der Kreditnehmer.

multipler Wechselkurs → gespaltener Wechselkurs.

Multiple Sourcing – Der Abnehmer bezieht seine Beschaffungsgüter von mehreren Lieferanten, um preisliche, qualitative und zeitliche Wettbewerbsvorteile aus der Konkurrenz der Lieferaten untereinander zu ziehen und um das eigene Versorgungsrisiko zu reduzieren.

Multiple-Trigger-Deckung – Mehrere Ereignisse (→ Trigger) werden definiert, um eine Versicherungsleistung auszulösen (Double Trigger-Deckung). Diese Risikoereignisse können sowohl aus der Versicherungstechnik als auch aus nicht versicherungstechnischen Bereichen stammen, wie aus der unternehmensinternen (z.B. Entwicklung der Kapitalanlagen) oder externen Finanzentwicklung (z.B. Aktienindex oder Marktzinsniveau) oder aus sonstigen Marktrisiken (z.B. Rohstoffpreisentwicklung). Die Kombination aus versicherungstechnischen und nicht versicherungstechnischen Triggern erlaubt übergreifende Diversifikationseffekte und die Unterstützung eines → Asset Liability Managements (ALM). Je nach Wahl der Trigger (versicherungstechnisch oder nicht) finden Multiple-Trigger-Konzepte innerhalb der traditionellen Rückversicherung, der → Finanzrückversicherung oder auch im → Alternativen Risikotransfer (ART) Anwendung.

Multiplikationen → Reichweitenüberschneidung.

Multiplikationssätze der Wahrscheinlichkeit – Beziehungen zwischen → Wahrscheinlichkeiten von → Ereignissen mit grundlegender Bedeutung in der → Inferenzstatistik. – 1. Sind zwei Ereignisse A und B *stochastisch unabhängig* (→ stochastische Unabhängigkeit), so gilt: $P(A \cap B) = P(A) \times P(B)$; die Wahrscheinlichkeit dafür, dass sowohl A als auch B eintreten, ist also gleich dem Produkt der beiden Einzelwahrscheinlichkeiten. – 2. Wird *stochastische Unabhängigkeit nicht* vorausgesetzt, so ist $P(A \cap B) = P(A) \times P(B|A)$. Dabei ist $P(B|A)$ die Wahrscheinlichkeit für B unter der Bedingung, dass A eintritt (eingetreten ist). Entsprechende Sätze gelten für mehr als zwei zufällige Ereignisse. – In der Wahrscheinlichkeitstheorie sind die genannten Bedingungen als Definitionen zu verstehen, und zwar für die → stochastische Unabhängigkeit zufälliger Ereignisse bzw. für die → bedingte Wahrscheinlichkeit. – Vgl. auch → Wahrscheinlichkeitsrechnung, → Additionssätze der → Wahrscheinlichkeit.

Multiplikator – 1. *Begriff* der Makroökonomik (Kahn, Keynes): Der Multiplikator gibt an, um wie viele Einheiten das Einkommen wächst, wenn → autonome Größen (z.B. Investitionen, Staatsausgaben, Exporte) marginal steigen. Im Rahmen einfacher Partialmodelle des gesamtwirtschaftlichen Gütermarktes kommt es dabei zu einer mehrfachen Einkommenssteigerung, sodass der Wert des Multiplikators größer als eins ist. – *Beispiele:* → Exportmultiplikator, → Importmultiplikator, → Investitionsmultiplikator, → Staatsausgabenmultiplikator, → Steuermultiplikator, → Transfermultiplikator, → Zahlungsbilanzmultiplikator. – 2. Das *allg. Prinzip des* Multiplikators lässt sich demonstrieren, wenn im Rahmen einer partialanalytischen Betrachtung des gesamtwirtschaftlichen Gütermarktes das gesamte Einkommen (Y) aufgeteilt wird in einkommensabhängige Ausgaben f(Y) und autonome Ausgaben A. Es folgt:

$$Y = f(Y) + A.$$

Eine Veränderung der autonomen Ausgaben führt dann zu einer Einkommensänderung in Höhe von

$$dY = \frac{dA}{1 - f'(Y)}.$$

Für den Fall, dass $f(Y) = a \times Y; 0 < a =$ konstant < 1, ergibt sich:

$$dY = \frac{dA}{1 - a}.$$

3. Das allg. Prinzip kann beliebig *erweitert und ergänzt* werden.a) Z.B. folgt für eine vereinfachte offene Wirtschaft mit staatlicher ökonomischer Aktivität:

$$Y = c\, Y^V + I + G + Ex - Im,$$

wobei: $Y^V = Y - tY$ (verfügbares Einkommen), $0 < t$ = konstanter Steuersatz < 1, G = autonome Staatsausgaben, Ex = autonome Exporte, $Im = m \times Y$, $0 < m$ = konstante marginale Importquote < 1. Damit folgt:

$$Y = c\,(1-t)Y + I + G + Ex - m\,Y$$

und

$$dY = \frac{dI + dG + dEx}{1 - c(1 - t) + m},$$

d.h. ein kombinierter Investitions-, Staatsausgaben- und Exportmultiplikator.Ohne staatliche Aktivität folgt hieraus der Exportmultiplikator $1 / (s + m)$ mit $s = 1 - c =$ → marginale Sparquote. – b) Es können auch *Rückwirkungen des Geldmarktes* einbezogen werden. So erhöht ein Anstieg der autonomen Investitionen die Nachfrage nach Geld; dadurch steigt das Zinsniveau, was die Investitionen negativ beeinflusst (→ Investitionsfunktion) und den Multiplikator verringert. – c) Es lassen sich auch Multiplikatoren für makroökonomische Totalmodelle berechnen, in denen das *Preisniveau flexibel* ist. Wenn autonome Nachfragesteigerungen mit einer Erhöhung des Preisniveaus verbunden sind, sinkt die reale Geldmenge, was über den → Keynes-Effekt mit einer weiteren Zinssteigerung verbunden ist, sodass der Multiplikator weiter zurückgeht. In offenen Volkswirtschaften kann zudem die *Wirkung von Wechselkurseffekten* auf den Multiplikator berücksichtigt werden. Bei hoher internationaler Kapitalmobilität kommt es zu einer Aufwertung der heimischen Währung und einem Rückgang des Außenbeitrags, sodass sich neben Zins- auch Wechselkurs-Crowding-out-Effekte ergeben, die den Einkommensmultiplikator noch weiter zurückgehen lassen. – 4. Neben den genannten Multiplikatoren, die die Einkommensteigerung bei veränderten autonomen Ausgaben angeben, werden noch *andere analog aufgebaute* Multiplikatoren benutzt, z.B. Geldschöpfungsmultiplikator im Rahmen der → Geldangebotstheorie.

Multiplikator-Akzelerator-Modelle – meist in Form von → Differenzengleichungen dargestellte mathematische → Konjunkturmodelle, in denen Konjunkturschwankungen durch das Zusammenwirken von → Multiplikator und → Akzelerator verursacht werden. Die bekanntesten Multiplikator-Akzelerator-Modelle stammen von Samuelson (1939) und Hicks (1950). – Vgl. auch → Konjunkturtheorie.

Multiplikatoreffekt – in der → Export-Basis-Theorie Prozess, durch den das ökonomische Wachstum in einer → Region größer wird als das Wachstum des Exportsektors (→ Basic Sector), der als Motor des Wachstums vorgestellt wird.

Multiplikatorprozess – Prozess der Einkommenszunahme ausgelöst durch höhere autonome Ausgaben und verstärkt über die Nachfragewirkung zusätzlichen Einkommens. – Vgl. auch → Multiplikator, → Wachstumstheorie.

Multiprogramming (Mode) → Mehrprogrammbetrieb.

Multiprojektmanagement – *Mehrprojektmanagement; Projektportfolio-Management.* 1. *Begriff:* Gegenstand des Multiprojektmanagements sind Auswahl, Planung, Steuerung und Überwachung der gesamten Projektlandschaft eines Unternehmens oder einer Einheit. – 2. *Ziele:* Das Multiprojektmanagement zielt – mit Blick auf die Erreichung der Unternehmensziele – auf die Auswahl der effektiven Projekte und gleichzeitig auf den effizienten Einsatz der (v.a. technischen, finanziellen, personellen) Ressourcen ab. Es verfolgt damit unmittelbar (strategische) Unternehmenszielsetzungen und sichert Investitionen ab. Das Multiprojektmanagement wird häufig von einem zentralen Projektbüro verantwortet. – 3. *Aufgaben:* Es werden beantragte und laufende Projekte nach einheitlichen Kriterien, v.a. hinsichtlich ihres Beitrags zu den Unternehmenszielen und ihrer Wirtschaftlichkeit, bewertet, priorisiert bzw. repriorisiert. Eine → Portfolio-Analyse zeigt Abhängigkeiten und Synergien zwischen Projekten und verdeutlicht die Risikoexponierung der Landschaft. Überwachende und steuernde Maßnahmen dienen der Prüfung des Projektfortschritts, zielen auf die Lösung von Abgrenzungs- und Schnittstellenproblemen und die Nutzung von Synergien ab. Sie führen – im Bedarfsfall – zur Eskalation, zur Intervention und ggf. zum frühzeitigen Abbruch eines Projektes. Daneben sorgt das Multiprojektmanagement für die Sicherung von Erfahrungswerten (z.B. bewährte Vorgehensweisen aus Einzelprojekten) und deren Anwendung. – Vgl. auch → Projektmanagement (PM). Zunehmend finden bei der Auswahl, Steuerung und Nachbetrachtung die Aspekte des Chancenmanagements, der gezielten Ausrichtung der Projektziele auf den Nutzen und Mehrwert für das Unternehmen, Eingang in das Multiprojektmanagement. Neben der Nutzeneinschätzung zur Auswahl der richtigen Projekte und dem Nutzeninkasso nach Abschluss der Projekte ist die

Überprüfung im Projektverlauf, insbesondere zum ersten Meilenstein, erfolgskritisch.

Multisensuale Markenkommunikation – *Emotional Branding, Marketing-Ästhetik, Brand Sense*; 1. *Begriff*: beschreibt die modalspezifische Erlebnisvermittlung einer Marke in der Kommunikation zur gleichzeitigen Ansprache mehrerer Sinnesorgane bei den Konsumenten. Für die Markenführung gewinnt die modalspezifische Gestaltung der Kommunikation zunehmend an Bedeutung. – 2. *Wirkung*: Der Wahrnehmungsprozess einer Marke wird durch die gleichzeitige Ansprache mehrerer bzw. aller fünf Sinnesorgane intensiver, vielschichtiger und damit reichhaltiger. Die voneinander getrennten Sinnesorgane nehmen die modalspezifischen Informationen über die getrennten Eingangskanäle auf und fügen diese anschließend zu einem ganzheitlichen Bild zusammen. Es wird davon ausgegangen, dass das Erfahren und Erleben einer Marke mit unterschiedlichen Sinnesmodalitäten signifikante Wertschöpfungsbeiträge leisten kann und einen multiadditiven Effekt auf den Aufbau von Markenbekanntheit sowie Stärkung von → Markenimage hat. – 3. *Anforderungen*: Die multisensualen Reize sollten integriert aufeinander abgestimmt sein, damit sie die Aufnahme, Verarbeitung und Speicherung der Informationen erleichtern und die Markenwirkungen verstärken. Die Reize können visueller, akustischer, olfaktorischer, haptischer und gustatorischer Art sein. – Vgl. → multisensuale Markenführung.

Multisensualität – im Rahmen der Markenkommunikation die Ansprache der relevanten Zielgruppe über mehrere menschliche Sinne. Zu den für das Marketing relevanten Sinnen zählen Gesichts- (Optik), Gehör- (Akustik), Geruchs- (Olfaktorik), Geschmacks- (Gustatorik) und Tastsinn (Haptik). Grundlage ist die Annahme, dass die Wirkung der kognitiven Verarbeitung eingehender Reize umso höher ist, je mehr Reizmodalitäten gleichzeitig und ganzheitlich eingesetzt werden. Im Rahmen der Markenkommunikation spricht man auch von → multisensualer Markenführung.

Multitasking – uneinheitlich verwendeter Begriff aus dem Bereich der → Betriebssysteme (BS). – 1. *Parallelverarbeitung innerhalb eines* → Programms: Mehrere aufgerufene Programmteile *(Tasks)* laufen parallel oder quasi-parallel, d.h. ineinander verzahnt, ab; an geeigneten Stellen muss der aufrufende Programmabschnitt auf die Beendigung der „Arbeit“ des aufgerufenen Abschnitts warten. – 2. Synonym für → Mehrprogrammbetrieb, v.a. im Mikrorechnerbereich.

multivariate Analysemethoden – Methoden der statistischen Datenanalyse, die drei oder mehr Variable zum Gegenstand der Untersuchung haben. Die multivariaten Analysemethoden lassen sich nicht ganz überschneidungsfrei in Verfahren der → Dependenzanalyse (z.B. → Regressionsanalyse) und der → Interdependenzanalyse (z.B. → Faktorenanalyse) sowie in exploratorische und konfirmatorische Verfahren gliedern. – *Anders:* → univariate Analysemethoden, → bivariate Analysemethoden.

multivariate Statistik – Teilbereich der → Statistik, bei dem verbundene (gemeinsame) Beobachtungen mehrerer → Merkmale zugrunde gelegt sind (Vektoren oder Tupel von Merkmalen). Die Verfahren der multivariaten Statistik umfassen Strukturen entdeckende (→ Faktorenanalyse, → Clusteranalyse, → multidimensionale Skalierung (MDS)) und Strukturen prüfende (→ Regressionsanalyse, → Varianzanalyse, → Diskriminanzanalyse, Kontingenzanalyse (→ Kontingenz), → LISREL) Verfahren.

Multi-Year-Deckung – Vertragsvereinbarung mit mehrjähriger Laufzeit. Wesentliches Merkmal vieler Konzepte der → Finanzrückversicherung. Häufig findet sich dieses Konzept in Kombination mit mehreren Sparten bzw. Zweigen (Multi-Line-Police) als Multi-Line-Multi-Year-(MLMY)-Konzept. Eine mehrjährige Laufzeit fördert den → Risikoausgleich in der Zeit, insbesondere bei Schäden mit geringer Eintrittswahrscheinlichkeit, aber hohem Schadenausmaß. Innerhalb der Finanzrückversicherung begünstigt eine mehrjährige Laufzeit die explizite Berücksichtigung von Zinsen bzw. Kapitalanlageerträgen und unterstützt den Mechanismus der Risikofinanzierung.

Münchener Patentübereinkommen (MPÜ) → Europäisches Patentübereinkommen (EPÜ).

Mündel – eine unter → Vormundschaft stehende Person.

Mundell – Robert Alexander, geb. 1932, kanadischer Volkswirt, Lehrtätigkeit an der Stanford University, Mitarbeiter des Internationalen Währungsfonds (→ IWF) sowie Berater für die Weltbank (→ IBRD) und die → Europäische Kommission; er leistete bedeutende Vorarbeit zur Einführung des Euro. Er erhielt 1999 den → Nobelpreis für Wirtschaftswissenschaften. Zu Beginn der 1960er-Jahre entwarf er das Grundmodell der Makroökonomik offener Volkswirtschaften; welches zeitgleich und unabhängig davon von Marcus Fleming entwickelt wurde. Das Modell ist deshalb unter dem Begriff → Mundell-Fleming-Modell bekannt geworden. – *Bedeutende Werke:* „A Theory of Optimum Currency Areas“ (1961), „Man and Economics“ (1968).

Mundell-Fleming-Modell – stromgrößenorientiertes makroökonomisches Modell zur Analyse der Wirksamkeit von nachfrageorientierter Geld- und Fiskalpolitik in Ländern mit hoher → internationaler Kapitalmobilität in unterschiedlichen Wechselkurssystemen. Es wird Unterauslastung und ein perfekt elastisches Güterangebot bei starren nominellen Preisen unterstellt. Insofern handelt es sich um einen auf offene Volkswirtschaften übertragenen keynesianischen Fixpreisansatz.Von Interesse sind v.a. die Einkommenswirkungen von Geld- und Fiskalpolitik.

Am einfachsten darstellbar bei perfekter Kapitalmobilität. (1) Bei → fixem Wechselkurs erweist sich die hohe Kapitalmobilität als hilfreich für eine expansiv angelegte *Fiskalpolitik*. Sie verhindert (zumindest für gemessen am Volumen des Weltkapitalmarktes kleine Länder) das für die Fiskalpolitik geschlossener Länder charakteristische → Crowding-out durch Zinserhöhungen, da der Inlandszinssatz wegen der Bedingung der *ungedeckten* → Zinsparität und *stationären Wechselkursänderungserwartungen* an den exogen vorgegebenen Auslandszins gekoppelt ist. Die Zentralbank ist über den fixierten Wechselkurs gezwungen, die expansive Fiskalpolitik mit einer expansiven Geldpolitik über Devisenmarktinterventionen zu begleiten.Im Unterschied zur Fiskalpolitik ist die *Geldpolitik* bei fixem Wechselkurs völlig wirkungslos. Dies folgt aus der Erkenntnis, dass sich die Geldmenge bei fixem Wechselkurs nicht ändert, da eine Erhöhung der heimischen Komponente der → monetären Basis über Devisenmarktinterventionen der Zentralbank zu gleich großen Reserveabflüssen führt, sodass insgesamt im System fester Wechselkurse keine Geldmengenwirkungen auftreten können. Dieses Ergebnis hängt nicht vom Grad der internationalen Kapitalmobilität ab. (2) Bei → flexiblem Wechselkurs führen Kapitalimporte zu einer Aufwertung der heimischen Währung, die den Nachfrageeffekt der *Fiskalpolitik* sofort wieder konterkarieren. Bei perfekter Kapitalmobilität kommt es anstelle eines zinsinduzierten Crowding-out zu einem wechselkursinduzierten Crowding-out, welches die Wirksamkeit der expansiven Fiskalpolitik vollständig unterminiert. Nur bei unvollkommener Kapitalmobilität ergeben sich bei einer Staatsausgabensteigerung positive Einkommens- und Beschäftigungswirkungen, da jetzt die aus der Zins- und Wechselkursreaktion resultierenden Verdrängungseffekte in der Summe geringer ausfallen als der reine Fiskalimpuls. Für die *Geldpolitik* kommt es bei perfekter Kapitalmobilität nicht zu der für geschlossene Ökonomien charakteristischen Zinssenkung, aber an deren Stelle tritt nun eine Abwertung der heimischen Währung mit einem expansiven Effekt auf die heimische Nachfrage. Da die Abwertung der heimischen Währung bei vollkommener Kapitalmobilität stärker ausfällt als bei unvollkommener, erzielt expansive Geldpolitik bei perfekter Kapitalmobilität die größten Einkommenswirkungen im System flexibler Wechselkurse. – Werden *regressive Wechselkursänderungserwartungen* zugelassen, so entstehen bei der *Fiskalpolitik* durch die reale Aufwertung der heimischen Währung Abwertungserwartungen, die ein positives Zinsdifferential aus Sicht des Inlandes implizieren, wodurch spekulationsbedingt die Geldnachfrage sinkt und bei unveränderter Geldmenge Raum für eine Ausweitung der Transaktionskassenhaltung und für eine reale Expansion der Fiskalpolitik selbst bei perfekter Kapitalmobilität geschaffen wird. Die expansive *Geldpolitik* verliert dagegen an Effizienz, da durch die Abwertung eine Aufwertungserwartung für die heimische Währung entsteht, die der Outputexpansion dämpfend entgegenwirkt. Berücksichtigt man des Weiteren die *Preiseffekte von Wechselkursbewegungen* und deren Implikationen für das Geldmarktgleichgewicht, so zeigt sich auch hier, dass die Ergebnisse des traditionellen Mundell-Fleming-Modells relativiert werden. – Vgl. auch → Totalmodelle offener Volkswirtschaften, Nachfrageseite.

Mundell-Theorem – Aussage der → Außenhandelstheorie über die Wirkung eines → Zolls bei → Heckscher-Ohlin-Handel mit → internationaler Kapitalmobilität, benannt nach *Robert A.* → Mundell.

mündelsichere Papiere – zur Anlegung von Mündelgeldern zugelassene → Wertpapiere, insbesondere Pfandbriefe und verbriefte Forderungen; gemäß § 1807 I BGB bes. Bundes- und Länderanleihen (einschließlich Schuldbuchforderungen), vom Bund oder von einem Land garantierte Schuldverschreibungen, Anleihen kommunaler Körperschaften oder ihrer Kreditanstalten, sofern sie von der Bundesregierung mit Zustimmung des Bundesrates zur Anlegung von Mündelgeldern für geeignet erklärt sind. Auch die Anlage in sicheren Hypotheken, Grundschulden und Rentenschulden ist mündelsicher. Nach § 1 der VO über die Mündelsicherheit der Pfandbriefe und verwandten Schuldverschreibungen vom 7.5.1940 (RGBl. I 756) m.spät.Änd. sind zur Anlegung von Mündelgeld geeignet Schuldverschreibungen, die (1) von einer Pfandbriefbank aufgrund des Pfandbriefgesetzes vom 22.5.2005 (BGBl. I 1373) oder (2) von einer Hypothekenbank, von einer Schiffspfandbriefbank oder von der Landwirtschaftlichen Zentralbank aufgrund der folgenden, mittlerweile durch das Gesetz zur Neuordnung des Pfandbriefrechts vom 22.5.2005 (BGBl. I 1373) aufgehobenen Gesetze ausgegeben worden sind: Gesetz über die Pfandbriefe und verwandte Schuldverschreibungen öffentlich-rechtlicher Kreditanstalten, Hypothekenbankgesetz, Schiffsbankgesetz und Gesetz über die Einrichtung der Deutschen Rentenbank-Kreditanstalt. – Vgl. auch → Mündelsicherheit.

Mündelsicherheit – **I. Begriff**: Bedeutung geht über die Anlage von Mündelgeldern hinaus; bei der Anlage von Kapitalien wird vielfach gesetzlich oder vertraglich Mündelsicherheit verlangt. – *Rechtsgrundlage:* §§ 1807 ff. BGB.

II. Anlageformen: 1. Die Anlage von *Mündelgeldern* soll grundsätzlich nur erfolgen: In sicheren inländischen Hypotheken, Grund- oder Rentenschulden, in → mündelsicheren Papieren, in Spareinlagen bei inländischen öffentlichen Sparkassen, die zur Anlegung von Mündelgeld für geeignet erklärt worden sind oder bei anderen Kreditinstituten, die einem Einlagesicherungsfonds angehören. – 2. *Eine andere Anlage* (z.B. in Aktien oder Anteilscheinen) ist mit Erlaubnis des Vormundschaftsgerichts möglich; die Erlaubnis soll nur verweigert werden, wenn die andere Anlage den Grundsätzen einer wirtschaftlichen

Vermögensverwaltung zuwiderlaufen würde (§ 1811 BGB).

Mundpropaganda → Word-of-Mouth.

Münzen – *Metallgeld, Münzgeld.* 1. *Begriff/Entwicklung:* Metallscheibchen, die als Zahlungsmittel fungieren. Um Tauschakte v.a. bei Mehrfachtausch zu vereinfachen, wurden schon früh Edelmetalle eingesetzt, da diese die für ein allg. akzeptiertes Tauschgut wichtigen Eigenschaften der Homogenität, Teilbarkeit, Haltbarkeit und Seltenheit aufweisen. Bis Ende des 19. Jh. wurden fast ausschließlich Kurantmünzen aus Gold und/oder Silber als gesetzliche Zahlungsmittel mit unbeschränkter Annahmepflicht emittiert. Seitdem haben → Banknoten die Funktion der wertvollen, aber schwer handhabbaren Kurantmünzen übernommen. Nach Art. 2, § 3 des Dritten Euro-Einführungsgesetzes besteht keine Pflicht für die Annahme von mehr als 50 Münzen im Gesamtbetrag von mehr als 100 Euro, ebenso brauchen Gedenkmünzen des Bundes im Betrag von mehr als 100 Euro bei einer einzelnen Zahlung nicht angenommen zu werden. Scheidemünzen dienen weiterhin dem Kleinverkehr. – 2. *Arten:* (1) → Kurantmünzen; (2) → Scheidemünzen. – Vgl. auch → Geld, → Münzumlauf.

Münzgeld → Münzen.

Münzgesetz → Münzhoheit und i.d.R. auch Stückelung der → Münzen eines Landes, vielfach auch die Einlösbarkeit der → Scheidemünzen regelndes Gesetz.

Münzgewicht – Gewichtseinheit, die bei der gesetzlichen Fixierung des Metallgehalts der Währungseinheit zugrunde gelegt wird, i.Allg. das Kilogramm.

Münzgewinn – Ertrag des Münzregals (→ Münzhoheit). Früher benutzten die Staaten und Fürsten das Münzregal vielfach dazu, durch unterwertige Ausprägung einen Münzgewinn zu erzielen. In neuerer Zeit wurde bei der Ausprägung des Kurantgeldes (z.B. Goldmünzen) nur Prägegebühr (Schlagschatz) erhoben. Einen erheblichen Münzgewinn bringt die Prägung der → Scheidemünzen. – In der *Bundesrepublik Deutschland* geht der Münzgewinn aufgrund des Münzregals des Bundes in den Bundeshaushalt ein. – Vgl. auch → Seignorage.

Münzhandel – Geschäfte mit im Gebiet der Bundesrepublik Deutschland befindlichen nicht kursfähigen ausländischen Gold- und Silbermünzen.

Münzhoheit – *Münzregal;* Recht des Staates, das Münzwesen zu regeln. Die Münzhoheit umfasst folgendes Rechtebündel im Zusammenhang mit der Prägung von Münzen: (1) Recht der Währung: Recht zur Festlegung von Form und Deckung des gesetzlichen Zahlungsmittels; (2) Recht des Münzfußes: Recht zur Festlegung von Größe und Einteilung des Wertmaßstabes (Nennwert); (3) Recht des Gepräges: Recht zur Festlegung der äußeren Kennzeichen des Zahlungsmittels; (4) Münzrecht (→ Münzumlauf): Recht zur Festlegung von Münzorganisation und Recht auf den Münzgewinn. – *Bundesrepublik Deutschland:* Gemäß dem „Gesetz über die Ausprägung von Scheidemünzen" vom 8.7.1950 hat die Bundesregierung die Münzhoheit inne, die zuvor bei der Bank deutscher Länder lag. Die Prägung der als gesetzliche Zahlungsmittel fungierenden Münzen erfolgt im Auftrag und auf Rechnung des Bundes. Die geprägten Münzen dürfen jedoch nur von der Deutschen Bundesbank, die dem Bund den Münzgewinn gutschreibt, in Umlauf gebracht werden. Auch in der Europäischen Währungsunion verbleibt das Recht zur Ausgabe von (Euro- und Cent-)Münzen in Deutschland bei der bisherigen Regelung – also grundsätzlich bei den Mietgliedstaaten, wobei allerdings der Emissionsumfang der Genehmigungspflicht durch die Europäische Zentralbank unterliegt.

Münzregal → Münzhoheit.

Münzstätten – Prägestätten für Münzen in der Bundesrepublik Deutschland: Berlin (A), München (D), Stuttgart (F), Karlsruhe (G), Hamburg (J).

Münzstückelung → Scheidemünzen.

Münzumlauf – Umlauf von → Münzen in einem Land, die als gesetzliches Zahlungsmittel dienen. – Vgl. auch → Notenumlauf.

Münzverbrechen → Geld- und Wertzeichenfälschung.

Münzvergehen → Geld- und Wertzeichenfälschung.

Musikinstrumentenversicherung – Versicherung des Verlusts von Musikinstrumenten aller Art einschließlich Zubehör und von Beschädigungen durch beliebige Gefahren, soweit nicht ausgeschlossen. Sonderbedingungen gelten für elektrische oder elektronische Übertragungs-, Verstärker- und sonstige Geräte.

Musikurheberrecht → Urheberrecht an Musikschöpfungen, für dessen Schutzfähigkeit Formgebung und Gestaltung der musikalischen Idee maßgebend sind, entsprechend streng ist der Melodienschutz: Eine → freie Benutzung kommt schon dann nicht mehr in Betracht, wenn die Melodie des benutzten Werks in dem neuen Werk erkennbar ist (§ 24 II UrhG). Die → mechanischen Rechte und → Aufführungsrechte werden i.d.R. von der Gesellschaft für musikalische Aufführungs- und mechanische Vervielfältigungsrechte e.V. (→ GEMA) wahrgenommen, der Musikverleger kann sie nur erwerben, wenn der Urheber keiner → Verwertungsgesellschaft angeschlossen ist. Trotz gegenteiliger Formulierungen in zahlreichen Musikverlagsverträgen erwirbt der Musikverleger i.d.R. nur das grafische Vervielfältigungs- und Verbreitungsrecht, als Äquivalent dafür ist er mit Abschluss des Musikverlagsvertrages an den Einnahmen der GEMA beteiligt, wenn er der GEMA angeschlossen ist. – Vgl. auch → Verlagsrecht.

Musikverlag – durch die Besonderheiten des → Musikurheberrechts gekennzeichnete bes. Form des → Verlagsrechts, bei dem der Verleger regelmäßig das Recht der grafischen Vervielfältigung (Papiergeschäft) und einen Beteiligungsanspruch an den Einnahmen der Gesellschaft für musikalische Aufführungs- und Vervielfältigungsrechte e. V. (→ GEMA) erwirbt, die regelmäßig die sog. Nebenrechte wie Aufführungs-, Senderecht und Recht zur Aufnahme auf Bild- und Tonträger wahrnimmt, die wirtschaftlich in aller Regel die Hauptrechte darstellen. Der Zweck des Musikverlagsvertrages ist daher regelmäßig darauf gerichtet, dass der Verleger die notwendigen Verbindungen zur Verwertung der bei der Verwertungsgesellschaft liegenden Nebenrechte schafft und diese durch den Notendruck anregt. Ihn trifft eine entsprechende Förderungspflicht, die durch die nicht unerheblichen Beteiligungsansprüche nach den Verteilungsplänen der GEMA abgegolten wird.

Musskaufmann – Der Begriff wurde im *Handelsrechtsreformgesetz 1998* ersetzt durch den → Istkaufmann.

Musterkollektionsversicherung – Versicherung von Schäden an Muster- und Verkaufswaren in Koffern, Taschen etc. des Handelsreisenden während der Transporte und üblichen Aufenthalte, verursacht durch Transportmittelunfall, höhere Gewalt, Elementarschäden, Einbruchdiebstahl, Diebstahl u.a. Gefahren, mit Ausnahme von Gold- und Silberwaren, Edelsteinen etc.

Musterlager – Schaustellungen von Mustern zum Zwecke des Verkaufs gleicher oder ähnlicher Ware. – *Anders:* Verkaufslager (Konsignationslager). – Vgl. auch → Distanzgeschäft, → Konsignationshandel.

Mustermesse – hausinterne Messeveranstaltung von → Einkaufskontoren des Großhandels und von Zentralen → kooperativer Gruppen des Handels. Lieferanten werden aufgefordert, von den Einkäufern und Musterungskommissionen vorausgewählte Muster zu einem bestimmten Termin, an dem alle interessierten Mitglieder zusammenkommen, auszustellen. Auf den Mustermessen erhalten die Mitglieder einen konzentrierten Überblick über das aktuelle Warenangebot und die aktuellen Preise, aufgrund dessen sie später ihre Bestellungen ausfertigen können. Die Einkaufskontore und Zentralen treffen Entscheidungen über Aufnahme bzw. Streichung im → Ordersatz und schließen → Eigengeschäfte ab.

Musterprotokoll → Gesetz zur Modernisierung des GmbH-Rechts und zur Bekämpfung von Missbräuchen (MoMiG).

Musterrabatt – im Außenhandelsgeschäft an Zwischenhändler (z.B. an Importhändler im Ausland) gewährter Rabatt für kleinere Warenmengen, die als Verkaufsmuster vorgesehen sind; Höhe bis zu 50 Prozent. Der Musterrabatt soll dem Zwischenhändler einen Anreiz geben, Aufträge aufgrund der Referenzmuster die Lieferfirma zu akquirieren.

Musterregister – vom Patentamt geführtes Register der → Geschmacksmuster.

Musterrolle – 1. *Gebrauchsmusterrecht:* → Gebrauchsmusterrolle. – 2. *Geschmacksmusterrecht:* → Musterregister. – 3. *Seerecht:* → Anmusterung.

Mustersatzung – für die Selbstverwaltungsangelegenheiten der Gemeinden oder für einen bestimmten Zweig von Unternehmungen ausgearbeiteter Satzungsentwurf (→ Satzung), nach dem alle gleichartigen Körperschaften des öffentlichen Rechts, Genossenschaften etc. ihre Satzungen ausrichten sollen, z.B. Mustersatzung für die öffentlich-rechtlichen Sparkassen und Wohnungsgenossenschaften.

Mustersteuerordnung – von den Ländern erlassene Rahmenbestimmungen für den Erlass und die Ausgestaltung von Steuersatzungen durch die Gemeinden. Zwar steht den Gemeinden kein originäres Recht zur Auferlegung von Steuern zu, doch wird allg. angenommen, dass die Länder ihr begrenztes Steuererfindungsrecht (Art. 105 IIa GG) auf die Gemeinden delegieren können. Die Mustersteuerordnungen sind keine Rechtsnormen; sie dienen aber den Genehmigungsbehörden der Länder als Richtlinien für die Genehmigung gemeindlicher Steuersatzungen.

Muster und Proben von geringem Wert – Sendungen, die aufgrund zollamtlicher Entscheidung als Warenmuster und -proben ohne Handels- bzw. Weiterveräußerungswert angesehen werden. Sie dienen dazu, Aufträge für Waren entsprechender Art zu beschaffen. Die Waren bleiben zollfrei. Wirtschaftlich geht ihr Wert in den später importierten Waren auf, die bei Überführung in den zollrechtlich freien Verkehr zu verzollen sind. Die Zollbehörden können die Befreiung davon abhängig machen, dass die Waren auf Dauer unbrauchbar gemacht werden. Das kann durch bes. Entwertung (Zerreißen, Lochen, Winkelschnitt in Feder, Stanzlöcher in Schuhsohle, aufgeschnittenes Gehäuse etc.) geschehen. – Vgl. auch → Warenmuster.

Musterung – Veranstaltung, bei der ausgewählte Hersteller aufgefordert werden, ihre Waren zu einem fixierten Termin an einem bestimmten Ort einem abgegrenzten Kundenkreis zu präsentieren. Musterungen werden durchgeführt von Einkaufsveinigungen des Handels für ihre Mitglieder oder von → Handelsvertretern für ihre Kunden; sie dienen der Information und auch dem Abschluss von Geschäften. Auf Vor-Musterungen zeigen v.a. Bekleidungshersteller eine breite Palette von Kollektionsentwürfen, die später auf der Haupt-Musterung als Kollektionen vorgestellt werden. – Vgl. auch → Mustermesse.

mutative Betriebsgrößenvariation – Wachstum eines Betriebes, (→ Betriebsgrößenvariation), bei dem sich die technisch-organisatorischen

Produktionsbedingungen verändern. – *Gegensatz:* → Multiple Betriebsgrößenvariation.

Muttergesellschaft – *Obergesellschaft.*

I. Begriff: Gesellschaft (Kapital- oder Personengesellschaft), die kapitalmäßig (aufgrund von → Beteiligungen) oder sonst unmittelbar oder mittelbar einen beherrschenden Einfluss auf ein oder mehrere andere Unternehmen (→ Tochtergesellschaft) ausüben kann, vgl. § 290 I 1 HGB. § 290 HGB wurde durch das → Bilanzrechtsmodernisierungsgesetz (BilMoG) geändert, u.a. durch Einführung der bloß faktischen Beherrschungsmöglichkeit nach Absatz 1. –- Es liegt eine Beherrschung stets vor (unwiderlegliche Vermutung), wenn die Fälle des § 290 II HGB gegeben sind, so z.B. wenn Stimmenrechtsmehrheit besteht (§ 290 II Nr. 1 HGB). Welches Maß der Einflußnahme für eine beherrschende Stellung erforderlich ist, lässt sich mitunter nur im Einzelfall bestimmen. – Vgl. auch → Holdinggesellschaft, → Konzern, → internationale Mutter-Tochter-Beziehungen.

II. Steuerrecht: 1. *Im Zusammenhang mit der Konzernbesteuerung (Organschaft):* Das Unternehmen, das Organträger (Obergesellschaft) des Organkreises ist. – 2. *Im Zusammenhang mit der Besteuerung von Dividenden:* (1) *Doppelbesteuerungsabkommen:* Meist eine Kapitalgesellschaft, die zu mind. 20 Prozent (oder 10 Prozent) an einer anderen Kapitalgesellschaft beteiligt ist. (2) *Mutter-Tochter-Richtlinie:* Eine Kapitalgesellschaft mit Sitz in einem EU-Mitgliedsstaat, die mit mind. 10 Prozent (vor 2005: 25 Prozent, danach allmähliche Senkung der Schwelle auf die heutigen 10 Prozent) an einer Tochterkapitalgesellschaft in einem anderen EU-Staat beteiligt ist. (3) *Gewerbesteuer:* Ein Unternehmen (jeglicher Rechtsform), das an einer Kapitalgesellschaft zu mind. 15 Prozent (vor Erhebungszeitraum 2008: 10 Prozent) beteiligt ist. (4) *Körperschaftsteuer:* Jede Körperschaft, die Dividenden empfängt, unabhängig von der Beteiligungsquote. – In allen genannten Fällen ist vorgesehen, dass es durch die Besteuerung der Dividenden bei der Muttergesellschaft nicht zu einer überhöhten Gesamtbelastung der von der Tochtergesellschaft erwirtschafteten Gewinne kommen darf; dies wird von Deutschland i.d.R. durch eine Befreiung dieser Dividenden bei der Muttergesellschaft (→ Schachtelprivileg) gesichert.

Mutterschaftsgeld – 1. *Begriff:* Geldleistung an Frauen während der Mutterschutzfristen durch die Krankenkasse oder den Bund (§ 13 des Mutterschutzgesetzes [MuSchG] i.d.F. vom 20.6.2002 [BGBl. I 2318] m.spät.Änd.). – 2. *Mutterschutzgeld in Höhe des Netto-Arbeitsentgelts:* a) *Voraussetzung:* Laufendes Mutterschutzgeld erhalten Mitglieder einer gesetzlichen Krankenkasse, die bei Beginn der Schutzfrist nach § 3 II MuSchG (sechs Wochen vor dem voraussichtlichen Tag der Entbindung) in einem Arbeitsverhältnis stehen oder in Heimarbeit beschäftigt sind oder deren Arbeitsverhältnis während ihrer Schwangerschaft vom Arbeitgeber zulässig aufgelöst worden ist, sofern sie in der Zeit vom Beginn des zehnten bis zum Ende des vierten Monats vor der Entbindung mind. zwölf Wochen pflichtversichert waren und in einem Arbeitsverhältnis gestanden haben von der gesetzlichen Krankenkasse. Ist zu Beginn der Schutzfrist nach § 3 II MuSchG kein Versicherungsverhältnis gegeben, so richtet sich der Anspruch auf Mutterschutzgeld nach § 13 II MuSchG und die Leistung geht in voller Höhe zulasten des Bundes. – b) *Dauer:* Mutterschutzgeld wird für sechs Wochen vor der Entbindung und für acht Wochen, bei Früh- und Mehrlingsgeburten für zwölf Wochen nach der Entbindung gezahlt; anschließend → Elternzeit mit → Elterngeld (vgl. Bundeselterngeld- und Elternzeitgesetz [BEEG] vom 2.12.2006 [BGBl. I, 2748] m.spät.Änd.). Der Anspruch auf Mutterschutzgeld endet mit dem Tod der Versicherten. – c) *Höhe:* Als Mutterschutzgeld wird das um die gesetzlichen Abzüge verminderte durchschnittliche kalendertägliche Arbeitsentgelt der letzten drei abgerechneten Kalendermonate vor Beginn der Schutzfrist gewährt. Es beträgt höchstens 13 Euro für den Kalendertag. Einmalige Zuwendungen sowie Tage, an denen infolge Kurzarbeit, Arbeitsausfällen oder unverschuldeter Arbeitsversäumnis kein oder ein vermindertes Arbeitsentgelt erzielt wurde, bleiben außer Betracht. – Ist danach eine Berechnung nicht möglich, so ist das durchschnittliche kalendertägliche Arbeitsentgelt einer gleichartig Beschäftigten zugrunde zu legen. – d) *Zuschuss zum Mutterschaftgeld (§ 14 MuSchG):* Das Mutterschutzgeld für versicherte Arbeitnehmerinnen und nichtversicherte Arbeitnehmerinnen ist auf höchstens 13 Euro für den Kalendertag begrenzt. Sofern das durchschnittliche kalendertägliche Netto-Arbeitsentgelt den Betrag von 13 Euro übersteigt, erhalten diese Frauen den übersteigenden Betrag als Zuschuss von ihrem Arbeitgeber. Diese Regelung verstieß wie das Bundesverfassungsgericht mit Beschluss vom 18.11.2003 festgestellt hat gegen den Grundsatz der Gleichbehandlung der Geschlechter (Art. 3 II GG). Der Gesetzgeber hatte bis zum Ende des Jahres 2005 eine grundgesetzkonforme Regelung zu treffen. Bis dahin blieb § 14 I MuSchG weiterhin anwendbar. Der Entscheidung des Bundesverfassungsgerichts hat der Gesetzgeber ab 1.1.2006 dadurch Rechnung getragen, dass er das Umlageverfahren für die Arbeitgeberaufwendungen bei Schwangerschaft und Mutterschaft auf alle Arbeitgeber (ausgenommen landwirtschaftliche Unternehmungen mit ausschließlich mitarbeitenden Familienangehörigen und Dienststellen sowie diesen gleichgestellte militärische Einrichtungen nach genauerer Bestimmung nach § 11 II des Aufwendungsausgleichsgesetzes vom 22.12.2005 [BGBl. I 3686] m.spät.Änd.) ausgedehnt hat. Frauen, deren Arbeitsverhältnis während der Schwangerschaft vom Arbeitgeber zulässig aufgelöst wurde, erhalten den Zuschuss zulasten des Bundes von der für die Zahlung des Mutterschaftsgeld zuständigen Krankenkasse. – 3.

Mutterschaftgeld in Höhe des Krankengeldes: a) *Voraussetzung:* Nach § 200 II Satz 6 RVO erhalten andere Versicherte Mutterschaftsgeld in Höhe des Krankengeldes. Hierzu gehören z.B. versicherungspflichtige Selbstständige, freiwillig versicherte Frauen mit Anspruch auf Krankengeld, die in keinem Arbeitsverhältnis stehen, sowie arbeitslose Frauen. – b) *Dauer:* analog zu 1 a). – c) *Höhe:* Mutterschaftsgeld nach § 200 II Satz 6 RVO wird in Höhe des Krankengeldes gewährt. – 4. *Sonstiges:* a) Anspruch auf laufendes Mutterschaftsgeld entsteht mit jedem Tag, an dem die Voraussetzungen erfüllt sind, frühestens mit Beginn der Schutzfrist nach § 3 II MuSchG. Für die Dauer des Anspruchs auf laufendes Mutterschaftsgeld wird Krankengeld nicht gewährt; das als einmalige Leistung zu gewährende Mutterschaftsgeld hat diese Wirkung nicht. Der Anspruch auf laufendes Mutterschutzgeld ruht, wenn und soweit Arbeitsentgelt gezahlt wird. – b) Mutterschaftsgeld nach dem Mutterschutzgesetz ist steuerfrei (§ 3 Nr. 1d EStG), unterliegt aber dem → Progressionsvorbehalt (§ 32b I c EStG).

Mutterschaftshilfe – früher: *Wochenhilfe;* Leistungen, die in der gesetzlichen Krankenversicherung von Krankenkassen an weibliche Mitglieder vor und nach der Entbindung gewährt werden.

Mutterschaftsurlaub – *Mutterurlaub.* Der durch Gesetz vom 25.6.1979 (BGBl. I 797) eingeführte erweiterte → Mutterschutz ist durch die → Elternzeit nach dem Bundeselterngeld- und Elternzeitgesetz (BEEG) vom 5.12.2006 (BGBl. I 2748) m.spät.Änd. ersetzt worden.

Mutterschutz – **I. Begriff:** Nach Art. 6 IV GG der Anspruch jeder Mutter auf Schutz und Fürsorge der Gemeinschaft. Gesetzlich geregelt ist bisher nur der Schutz der erwerbstätigen Mutter durch das Mutterschutzgesetz (MuSchG) i.d.F. vom 20.6.2002 (BGBl. I 2318) m.spät.Änd., die VO zum Schutze der Mütter am Arbeitsplatz vom 15.4.1997 (BGBl. I 782) m.spät. Änd., die VO über Mutterschutz und Elternzeit für Beamtinnen des Bundes vom 12.2.2009 (BGBl. I 320) sowie entsprechende Ländergesetze und die Mutterschutzverordnung für Soldatinnen i.d.F. vom 18.11.2004 (BGBl. I 2858) m.spät.Änd.

II. Geltungsbereich des MuSchG: (1) Alle Frauen, die in einem → Arbeitsverhältnis stehen, auch erwerbstätige Frauen in der Landwirtschaft; (2) weibliche in → Heimarbeit Beschäftigte und ihnen Gleichgestellte, soweit sie am Stück mitarbeiten (§ 1 MuSchG).

III. Inhalt des MuSchG: 1. *Gestaltung des Arbeitsplatzes* (§ 2 MuSchG): a) Bei Einrichtung und Unterhaltung des Arbeitsplatzes einschließlich Maschinen, Werkzeugen und Geräten und bei Regelung der Beschäftigung sind die erforderlichen Vorkehrungen und Maßnahmen zum Schutze von Leben und Gesundheit der werdenden oder stillenden Mutter zu treffen. – b) Bei Arbeiten, die im Stehen oder Gehen zu verrichten sind, sind Sitzgelegenheiten zum Ausruhen bereitzustellen. – c) Bei Arbeiten im Sitzen ist Gelegenheit zur Unterbrechung und Bewegung zu geben. – d) Weitere Anordnungen können durch Rechtsverordnung getroffen werden. – 2. *Beschäftigungsverbote* (§ 3 MuSchG): Für deren Anwendung ist es erforderlich, dass die Arbeitnehmerin den Arbeitgeber rechtzeitig unterrichtet. – a) *Vor der Entbindung* (§ 3 MuSchG): (1) Bei durch ärztliches Zeugnis nachgewiesener *Gefährdung von Leben oder Gesundheit* von Mutter oder Kind bei Fortdauer der Beschäftigung; (2) während der letzten *sechs Wochen vor der Entbindung* mit Ausnahme der widerruflichen Bereiterklärung zur Arbeitsleistung; (3) unabhängig von Konstitution und Gesundheitszustand der werdenden Mutter bei bestimmten *schweren oder gesundheitsgefährdenden Arbeiten* (§ 4 MuSchG). Als schwere Arbeit gelten u.a.: (a) Arbeiten, bei denen Lasten von regelmäßig mehr als 5 kg oder gelegentlich mehr als 10 kg mit der Hand gehoben, bewegt oder befördert werden; bei mechanischer Hilfe darf die körperliche Beanspruchung diese Grenze nicht überschreiten; (b) nach Ablauf des fünften Monats der Schwangerschaft Arbeiten, bei denen die Frau stehen muss, soweit diese Beschäftigung täglich vier Stunden überschreitet; (c) Arbeiten, bei denen sich die Frau häufig erheblich strecken oder beugen oder bei denen sie sich dauernd hockend oder gebückt halten muss; (d) Arbeiten mit hoher Fußbeanspruchung; (e) Schälen von Holz; (f) Arbeiten mit Gefahr der Berufserkrankung (→ Berufskrankheit); (g) nach Ablauf des 3. Monats Arbeit auf Beförderungsmitteln; (h) Arbeiten mit erhöhten Unfallgefahren; (i) Akkordarbeit und Fließbandarbeit mit vorgeschriebenem Arbeitstempo. (4) Mehr-, Nacht-, Sonn- und Feiertagsarbeit (§ 8 MuSchG). – b) *Nach der Entbindung* (§ 6 MuSchG): (1) Bis zum *Ablauf von acht Wochen* darf die Wöchnerin nicht beschäftigt werden; Frist verlängert sich bei Früh- und Mehrlingsgeburten auf zwölf Wochen. (2) Bei *nicht voller Leistungsfähigkeit* darf die Wöchnerin nur entsprechend ihrer Leistungsfähigkeit gemäß ärztlichem Zeugnis herangezogen werden. (3) Stillende Mütter dürfen *nicht mit schweren oder gesundheitsgefährdenden Arbeiten* beschäftigt werden (§§ 6, 4 MuSchG). – 3. *Wirtschaftliche Sicherung:* a) *Leistungen:* (1) *Weiterzahlung des Arbeitsentgelts bei Beschäftigungsverboten* (§ 11 MuSchG): Für den Fall, dass wegen eines nicht generellen Beschäftigungsverbots oder wegen des Mehr-, Nacht- oder Sonntagsarbeitsverbots die Frau teilweise oder völlig mit der Arbeit aussetzen muss, ist vorgeschrieben, dass der Arbeitgeber das Arbeitsentgelt weiterzugewähren bzw. (bei lediglich geminderter Arbeitsleistung) einen Ausgleich zu zahlen hat, der die Gesamtleistung von Arbeitsentgelt und Ausgleich auf die Höhe des normalen Arbeitsentgelts bringt. (2) Gewährung von → Mutterschaftsgeld (§ 13 MuSchG). (3) Zahlung eines *Zuschusses zum Mutterschaftsgeld* (§ 14 MuSchG): Mutterschaftsgeld. – b) Gewährung von → Elternzeit. – c) *Kündigungsverbot:* Besteht mit der Wirkung der Nichtigkeit (§ 9 MuSchG) für die gesamte Zeit der Schwangerschaft und für die ersten vier Monate nach der Entbindung. Eine in Unkenntnis der Schwangerschaft ausgesprochene Kündigung (auch außerordentlicher) ist wirkungslos, wenn die Mitteilung der Schwangerschaft oder Entbindung durch die Mutter innerhalb zwei Wochen nach Zugang der Kündigung oder bei unverschuldeter Nichteinhaltung dieser Frist unverzüglich mitgeteilt wird. Darüber hinaus ist die Kündigung während der Elternzeit ausgeschlossen (§ 18 Bundeselterngeld- und Elternzeitgesetz [BEEG] v. 5.12.2006 [BGBl. I 2748] m.spät.Änd.). Ausnahmen nur mit vorher eingeholter Erlaubnis der obersten Landesbehörde für Arbeitsschutz, z.B. bei wiederholten schwerwiegenden Verfehlungen der Mutter. – *Kein Kündigungsschutz* besteht (1) bei → befristeten Arbeitsverträgen, die während der Schutzfrist auslaufen, (2) bei Auflösung des Arbeitsverhältnisses in beiderseitigem Einverständnis (→ Aufhebungsvertrag) und (3) bei → Anfechtung des Arbeitsvertrages (kein Anfechtungsgrund, wenn trotz Befragens bei Vertragsabschluss eine schon bestehende Schwangerschaft verschwiegen wird); (→ Offenbarungspflicht). – Eine Frau kann während der Schwangerschaft und während der Schutzfrist nach der Entbindung selbst das Arbeitsverhältnis ohne Einhaltung einer Frist zum Ende der Schutzfrist nach der Entbindung kündigen (§ 10 MuSchG). – d) Der Arbeitgeber hat die *Freizeit* zu gewähren, die zum Stillen (§ 7 MuSchG) oder zur Durchführung der Untersuchungen im Rahmen der → Mutterschaftshilfe erforderlich ist (§ 16 MuSchG). Ein Entgeltausfall darf hierdurch nicht eintreten. – e) Das *kalendertägliche* → Mutterschaftsgeld beträgt höchstens 13 Euro (§ 200 RVO). Übersteigt das durchschnittliche kalendertägliche Arbeitsentgelt der letzten drei abgerechneten Kalendermonate oder bei wöchentlicher Abrechnung der letzten dreizehn Wochen vor dem Beginn der Sechs-Wochen-Schutzfrist das gezahlte Mutterschaftsgeld, so hat der Arbeitgeber den Unterschiedsbetrag zu zahlen (§ 14 MuSchG). – 4. *Durchführung:* a) *Aufsicht* über die Ausführung der Vorschriften des Mutterschutzes obliegt den nach Landesrecht zuständigen Behörden. Diese Aufsichtsbehörden haben dieselben Befugnisse und Obliegenheiten wie die Gewerbeaufsichtsbeamten nach § 139b GewO. – b) Unverzügliche *Benachrichtigungspflicht* des Arbeitgebers bzw. Auftraggebers gegenüber der Aufsichtsbehörde bei Bekanntwerden einer Schwangerschaft. Er ist der Aufsichtsbehörde gegenüber auskunftspflichtig. In Betrieben, die regelmäßig mehr als drei Frauen beschäftigen, ist ein Abdruck des Mutterschutzgesetzes an geeigneter Stelle auszulegen oder auszuhändigen. – c) *Zuwiderhandlungen* gegen die Vorschriften des Mutterschutzes werden als Ordnungswidrigkeit oder Straftat geahndet.

Mutter-Tochter-Richtlinie – *Richtlinie über das gemeinsame Steuersystem der Mutter- und Tochtergesellschaften verschiedener Mitgliedsstaaten*, auch: *Konzernrichtlinie;* EG-Richtlinie (ABl. EG Nr. L 225 vom 20.8.1990, geändert durch ABl. EU L 13 vom Januar 2004) zur Harmonisierung der Besteuerung von Gewinnausschüttungen, die von einer Tochtergesellschaft an ihre Muttergesellschaft vorgenommen werden. Die Mutter-Tochter-Richtlinie ist gemeinsam mit der → Fusionsrichtlinie die erste im Rahmen der Harmonisierung der Steuerpolitik verabschiedete Regelung zu den → direkten Steuern. Ziel der Richtlinie ist die Vermeidung der Doppel- oder Mehrfachbesteuerung der diesen Dividenden zugrunde liegenden Gewinne. – *Regelungen:* a) Die von der Tochtergesellschaft ausgeschüttete Dividende wird im Staat der Muttergesellschaft entweder gar nicht besteuert (→ Schachtelprivileg), oder die von der Tochtergesellschaft bei der Erwirtschaftung der Dividende schon bezahlte Körperschaftsteuer wird auf die Steuer angerechnet, sodass im Endeffekt der Gewinn im Konzern wirtschaftlich nur einmal besteuert wird. – b) Auf die ausgeschütteten Gewinne darf keinerlei Quellensteuer erhoben werden (Art. 5 und 6 Mutter-Tochter-Richtlinie). – *Voraussetzungen:* Zwischen Mutter- und Tochtergesellschaft muss eine Beteiligung von mindestens 10 Prozent (ab 2009, zuvor galten höhere Schwellenwerte, anfangs sogar 25 Prozent) bestehen, die beiden Gesellschaften müssen Kapitalgesellschaften und in unterschiedlichen EU-Staaten ansässig sein. – *Ausnahmen:* Bei Ausschüttungen anlässlich einer Liquidation darf der Staat der Muttergesellschaft von den Regeln der Mutter-Tochter-Richtlinie abweichen. – *Umsetzung in nationales deutsches Recht:* a) Bei *Gewinnausschüttungen einer dt. Tochterkapitalgesellschaft* an eine ausländische Muttergesellschaft im Sinne der Mutter-Tochter-Richtlinie wird die einzubehaltende Kapitalertragsteuer (§§ 43, 43a EStG) der ausländischen Muttergesellschaft entweder auf Antrag erstattet oder – wenn ein entsprechender Antrag bereits vor einer Ausschüttung gestellt wird – nach Erteilung einer Freistellungsbescheinigung durch das Bundeszentralamt für Steuern gar nicht erst erhoben. Es wird in beiden Fällen allerdings kontrolliert, ob die ausländische EU-Muttergesellschaft nicht möglicherweise lediglich missbräuchlich in die Beteiligungskette eingeschaltet worden ist, um die Kapitalertragsteuer zu sparen und die Mutter-Tochter-Richtlinie zu nutzen. Nationale Vorschriften, die präzisieren, wann ein Missbrauch vermutet wird, sind in § 50d III niedergelegt, in diesen Fällen besteht nach Ansicht der dt. Finanzverwaltung dann kein Anspruch auf Anwendung der Richtlinie zugunsten der ausländischen Gesellschaft. – b) Beim *Erhalt von Dividenden ausländischer Tochtergesellschaften* durch ihre inländischen Mutterkapitalgesellschaften werden die Vorgaben der Mutter-Tochter-Richtlinie im KStG durch § 8b KStG umgesetzt, indem die Dividenden bei der dt. Muttergesellschaft von der Besteuerung freigestellt werden. Dabei werden allerdings 5 Prozent der erhaltenen Dividenden im Rahmen der Ermittlung des zu versteuernden Einkommens als nicht abzugsfähige Betriebsausgaben angesehen, eine Maßnahme, die die

Mutter-Tochter-Richtlinie ausdrücklich erlaubt. Im Rahmen der Gewerbesteuer werden die Vorgaben durch eine Kürzungsvorschrift in § 9 GewStG umgesetzt.

Mutterurlaub → Mutterschaftsurlaub.

Mutual Purchase → Fresh-Start-Methode.

Mutungsintervall → Konfidenzintervall.

MVA - Abk. für *Market Value Added,* → Economic Value Added (EVA).

Myerson - Roger Bruce, geb. 1951, lehrt an der University of Chicago; → Nobelpreis für Wirtschaftswissenschaften 2007 (zusammen mit → Hurwicz und → Maskin). Myerson erhielt den Nobelpreis für den Entwurf ökonomischer Mechanismen, der von Hurwicz begründet und von ihm - mit Maskin - weiterentwickelt wurde.

Myrdal - Gunnar, 1898–1987, schwedischer Nationalökonom, Soziologe und Politiker; → Nobelpreis für Wirtschaftswissenschaften 1974 (zusammen mit → Hayek). Als Ökonom wurde Myrdal bekannt durch seine Arbeiten zur Rolle von → Werturteilen in den Wirtschaftswissenschaften und zur Bedeutung von → Erwartungen bei der Preisbildung. Er beschäftigte sich mit generellen Problemen und der Ökonomik der Entwicklungsländer. - *Hauptwerke:* „Das politische Element in der nationalökonomischen Doktrinbildung" (1932), „Der Gleichgewichtsbegriff als Instrument der geldtheoretischen Analyse" (1933) und „Economic Theory and Underdeveloped Regions" (1957).

Mystery Shopper - *Silent Shopper;* Personen, die im Auftrag eines Anbieters bei diesem selber verdeckt als potenzielle Käufer auftreten und dabei eine reale Kaufsituation simulieren, um dadurch Hinweise auf Verbesserungsmöglichkeiten in der Leistungserstellung zu gewinnen. Die Ergebnisse werden dann an den Anbieter berichtet.

N

NAB – Abk. für *New Arrangements to Borrow;* Verträge zwischen dem → IWF und mehreren Mitgliedsländern bzw. deren Zentralbanken, unter denen diese dem IWF Kreditlinien zum Einsatz im Rahmen seiner Kreditprogramme mit Mitgliedsländern zur Verfügung stellen. Die NAB wurden im Januar 1997 durch den Exekutivrat des IWF beschlossen und selten aktiviert. Die NAB ergänzen die → GAB (General Arrangements to Borrow).

NACE – Abk. für *Nomenclature Générale des Activités Économiques dans les Communautés Européennes; statistische Systematik der Wirtschaftszweige in der EU;* auf der → ISIC aufbauende, teilweise feiner untergliederte Wirtschaftszweigsystematik wobei die Unterteilungen durch die Gliederungspositionen der → CPA beschrieben sind. Eine frühere Fassung ist bereits seit 1970 als Berichterstattungsklassifikation, die aktuelle Fassung auch als Erhebungsklassifikation durch Ratsverordnung für alle Mitgliedsstaaten der EU verbindlich vorgeschrieben. Jedoch können nationale Versionen von den Mitgliedsstaaten verwendet werden, sofern sie sich an der vorgegebenen Struktur orientieren. In Deutschland ist dies die Wirtschaftszweigsystematik → WZ. Die NACE hat das Ziel, die Vergleichbarkeit zwischen den nationalen und den europäischen Klassifikationen und damit zwischen den nationalen und den europäischen Statistiken zu verbessern. Eine Revision erfolgt in unregelmäßigen Abständen. Die NACE Rev. 2 ist vom 1.1.2008 an für Statistiken, in denen auf Wirtschaftszweige Bezug genommen wird, anzuwenden. Die Klassifikation findet bspw. in Unternehmensregistern, Arbeitsmarktstatistiken und kurzfristigen Indikatoren Anwendung. – Vgl. auch → Klassifikationen, → Wirtschaftszweigsystematiken.

Nachahmung fremder Leistung und Kennzeichen → Ausbeutung.

Nachanmeldung → Prioritätsrecht, → Entnahme.

Nacharbeitskosten – *Nachkosten.* 1. *Begriff:* Die durch die Beseitigung von Fehlern bzw. Minderqualitäten an angearbeiteten oder fertigen Erzeugnissen nach Abschluss des eigentlichen Fertigungsprozesses entstehenden → Kosten. – 2. *Kostenabrechnungstechnische Erfassung und Verrechnung:* Nacharbeitskosten werden kostenträgerbezogen erfasst und verrechnet. Schwankt ihre Höhe im Zeitablauf stark, setzt man an ihrer Stelle häufig Durchschnittswerte als Wagniskosten (→ Wagnisse) an. – Vgl. auch → Mehrkosten.

Nachbarn 1. *Bürgerliches Recht:* → Nachbarrecht. – 2. *Graphentheorie:* → Graph.

Nachbarrecht – Eigentumsrecht des Nachbarn, geregelt in §§ 906 ff. BGB und im Landesrecht. Neben diesem privaten Nachbarrecht ist das öffentliche Nachbarrecht (z.B. öffentliches Baurecht) zu beachten.

Nachbarschaftsgeschäft – *Tante-Emma-Laden;* Betriebsform des Einzelhandels. Kleinbetriebe mit Nachbarschaftslage in Wohngegenden. Nachbarschaftsgeschäfte bieten ein enges und flaches → Sortiment, vorwiegend aus Lebensmitteln und wenigen Gütern des kurzfristigen Haushaltsbedarfs, mit relativ hohem Preisniveau häufig in → Fremdbedienung an. Das „Monopol der Nähe" ist angesichts der wachsenden Mobilität der Verbraucher und des scharfen (Preis-)Wettbewerbs übriger Betriebsformen stark bedroht. In manchen Gegenden haben Nachbarschaftsgeschäfte jedoch noch eine wichtige Versorgungsfunktion (→ Unterversorgung) und bilden darüber hinaus einen Kristallisationspunkt der kleinräumlichen Kommunikation. – Vgl. auch → Gemischtwarengeschäft, → Convenience Store.

nach Bedarf → Handelsklausel, durch die der Käufer sich vorbehält, die Ware je nach Bedarf vom Verkäufer abzurufen.

nach Belieben → Handelsklausel, bei der der Lieferzeitpunkt in dem freien Belieben des Käufers (Abruf nach Belieben) oder des Verkäufers (Lieferung nach Belieben) liegt.

nach Besicht → auf Besicht.

Nachbesserung → Kaufvertrag.

Nachbesserungspflicht – Verpflichtung des Verkäufers beim → Kaufvertrag und Unternehmers beim → Werkvertrag zur Beseitigung eines Mangels an der verkauften bzw. herzustellenden Sache auf Verlangen des Käufers bzw. Bestellers. Der Verkäufer bzw. Unternehmer hat die erforderlichen Reparaturkosten, z.B. für Transport und Material, zu tragen (§§ 439 II, 635 II BGB). – Vgl. auch → Nacherfüllung, → Gattungskauf, → Stückkauf.

Nachbezugsrecht – Recht auf Nachzahlung von → Dividenden früherer Jahre bei Vorzugsaktien. Auf die Stammaktien entfällt dann, falls die Satzung dies bestimmt, eine Dividende nur, wenn die Vorzugsaktionäre wegen ihres Nachbezugsrechts befriedigt sind. Wird der rückständige Vorzugsbeitrag im folgenden Jahr nicht neben dem vollen Vorzug dieses Jahres nachgezahlt, haben die Vorzugsaktien bis zur Nachzahlung in jedem Fall → Stimmrecht (§ 140 AktG).

Nachbürgschaft → Bürgschaft, die für den Fall abgeschlossen wird, dass der Hauptbürge seine Verpflichtungen nicht erfüllt.

Nachdeckungspflicht – Pflicht zur Nachlieferung weiterer Pfandobjekte, um die aufgrund von

Kursrückgängen verringerte Deckungsmarge eines durch Wertpapierverpfändung gesicherten Kredits wiederherzustellen (→ Pfandrecht, → Lombardkredit).

Nachentrichtung von Beiträgen – 1. *Gesetzliche* → Rentenversicherung; jetzt: *Nachzahlung.* – *Frist: Pflichtbeiträge* sind wirksam, solange der Anspruch auf ihre Zahlung noch nicht verjährt ist. *Freiwillige Beiträge* sind unwirksam, wenn sie nach Ablauf des Kalenderjahres, für das sie gelten sollen, nicht spätestens bis zum 31. März des folgenden Jahres entrichtet werden. Die Nachzahlung von Beiträgen (Pflicht- und freiwillige Beiträge) kann in Fällen bes. Härte, v.a. bei drohendem Verlust der Rentenanwartschaft auch nach diesen Fristen zugelassen werden, wenn den Versicherten an der nicht rechtzeitigen Beitragszahlung kein Verschulden trifft. Der entsprechende Antrag kann nur innerhalb von drei Monaten nach Wegfall des Hinderungsgrundes gestellt werden. Eine Wiedereinsetzung in den vorigen Stand ist ausgeschlossen (§ 197 SGB VI). – Die Nachzahlung von Beiträgen ist darüber hinaus für verschiedene Sachverhalte vorgesehen in den §§ 204–207, 284–285 SGB VI. Die Vorschrift über die Berechtigung und die Beitragsberechnung zur Nachzahlung findet sich in § 209 SGB VI. – 2. *Freiwillige Unfallversicherung*: Der Beitrag kann nur innerhalb von zwei Monaten nach der Zahlungsaufforderung gezahlt werden; ansonsten erlischt die Versicherung. Eine Neuanmeldung bleibt so lange unwirksam, bis der rückständige Beitrag oder Beitragsvorschuss entrichtet worden ist (§ 6 SGB VII).

Nacherbe – der durch → Verfügung von Todes wegen eingesetzte → Erbe, der Erbe werden soll, nachdem zunächst ein anderer Erbe (→ Vorerbe) geworden war (§§ 2100–2146 BGB). Der Nacherbe ist im Zweifel auch → Ersatzerbe des Vorerben. Bis zum Eintritt der Nacherbfolge (Nacherbfall) besteht eine *Anwartschaft,* die Erbschaft künftig zu erwerben, die im Grundbuch eingetragen werden kann und vererblich ist. Die Frist der → Ausschlagung beginnt erst mit dem Nacherbfall. – *Erbschaftsteuerliche Behandlung*: Der Übergang des Erbes vom Vorerben auf den Nacherben unterliegt als eigenständiger Erwerb von Todes wegen der Erbschaftsteuer, wenn die Nacherbschaft durch Tod des Vorerben eintritt. Hinsichtlich der Steuerklasse kann der Nacherbe wählen, ob das Verhältnis zum Vorerben oder das Verhältnis zum ursprünglichen Erblasser der Besteuerung zugrunde gelegt werden soll (§ 6 ErbStG).

Nacherbenvermerk – Vermerk in Abt. 2 des Grundbuchs über die Nacherbschaft. Der Nacherbenvermerk ist von dem Grundbuchamt nach § 51 GBO in allen Fällen einzutragen, in denen es bei Vor- und Nacherbschaft den → Vorerben als Eigentümer etc. in das Grundbuch einträgt, wenn nicht → Nacherbe oder → Testamentsvollstrecker auf die Eintragung verzichtet.

Nacherfüllung – 1. *Begriff:* Rechtlicher Oberbegriff der → Schuldrechtsreform für Nachbesserung (→ Nachbesserungspflicht) und Nachlieferung (→ Nachlieferungspflicht) wegen einer mangelhaften Sache beim → Kaufvertrag und → Werkvertrag. – 2. *Formen:* a) Beim → Gattungskauf kann der Verkäufer zwischen Nachbesserung und Nachlieferung wählen (§ 439 BGB). Der Verkäufer kann jedoch die gewählte Art der Nacherfüllung oder sogar die gesamte Nacherfüllung verweigern, (1) wenn sie unmöglich ist (→ Unmöglichkeit) oder (2) wenn sie nur mit unverhältnismäßigen Kosten möglich wäre. – b) Beim → Stückkauf kann der Käufer neben der Nachbesserung nur dann Nachlieferung verlangen kann, wenn es sich um eine Sache handelt, die einer → vertretbaren Sache wirtschaftlich entspricht (z.B. Nachlieferung eines typengleichen Vorführwagens beim Kauf eines mangelhaften gebrauchten Vorführwagens). – c) Beim Werkvertrag kann der Unternehmer zwischen Nachbesserung oder Neuherstellung des Werks wählen (§ 635 I BGB). Der Unternehmer kann die Nacherfüllung aus ähnlichen Gründen wie beim Kauf verweigern.

Nacherhebungs-VO – im → Zollkodex (ZK) aufgegangene Verodnung.

nachfällige Posten – in der → Zinsrechnung Bezeichnung für solche Gut- oder Lastschriften, die erst nach dem Abschlusstag fällig werden. Sollen derartige Posten in die Zinsberechnung per Kontoabschluss einbezogen werden, ist ein bes. Rechenverfahren erforderlich.

Nachfassaktion – zusätzliche Aufforderung an die Teilnehmer einer schriftlichen postalischen → Befragung (oder Werbeaktion mit Rückantwort), die → Fragebögen (Antwortkarten) auszufüllen und zurückzusenden. Ziel ist, die → Ausschöpfungsquote und damit die → Repräsentativität der Umfrage zu erhöhen.

Nachfeststellung – die nachträgliche, erstmalige Feststellung eines → Einheitswerts auf einen anderen (späteren) Zeitpunkt als den Hauptfeststellungszeitpunkt gemäß § 23 BewG; (→ Hauptveranlagung). – Nachfeststellung ist *vorzunehmen,* wenn nach dem Hauptfeststellungszeitpunkt (1) eine → wirtschaftliche Einheit (Untereinheit) neu entsteht; (2) eine bereits bestehende wirtschaftliche Einheit (Untereinheit) erstmals zu einer Steuer herangezogen werden soll; (3) für eine bereits bestehende wirtschaftliche Einheit (Untereinheit) ein bes. Einheitswert nach § 91 II BewG festzustellen ist. – Der Nachfeststellung werden die Verhältnisse im → Nachfeststellungszeitpunkt *zugrunde gelegt,* bei Nachfeststellung der Einheitswerte für → Grundbesitz jedoch die des → Hauptfeststellungszeitpunkts. Auf Nachfeststellung folgt i.d.R. → Nachveranlagung. – *Anders:* → Fortschreibung.

Nachfeststellungszeitpunkt – 1. *Begriff* des Steuerrechts: Termin der → Nachfeststellung: a) Bei der

Entstehung einer → wirtschaftlichen Einheit (Untereinheit) der Beginn des Kalenderjahres, das auf die Entstehung der wirtschaftlichen Einheit (Untereinheit) folgt. – b) In den Fällen, dass eine bestehende *wirtschaftliche Einheit (Untereinheit) erstmals zu einer Steuer herangezogen* werden soll oder für sie ein bes. Einheitswert nach § 91 II BewG festzustellen ist, der Beginn des Kalenderjahres, in dem der Einheitswert erstmals der Besteuerung zugrunde gelegt wird (§ 23 II BewG). – 2. *Besonderheiten:* Abweichende Stichtage für die Zugrundelegung der Bestands- und/oder Wertverhältnisse nach §§ 27, 35 II, 54, 59 BewG bleiben unberührt.

Nachfolgeberatung – 1. *Begriff:* Nachfolgeberatung ist eine komplexe Consulting-Dienstleistung, die sich mit der Nachfolge des Gründers oder geschäftsführenden Unternehmers insbesondere in mittelständischen Unternehmen befasst. Ziel ist die Absicherung der qualifizierten Nachfolge und die Organisation des Generationenwechsels. – 2. *Problemstellungen:* Ein Generationenwechsel an der Spitze eines Unternehmens kann nicht kurzfristig erfolgen, sondern ist ein langfristig angelegter Prozess mit spezifischen Problemstellungen und birgt aufgrund der hohen emotionalen Beteiligung der Beteiligten ein hohes Konfliktpotenzial. Ein wesentlicher Aspekt der Nachfolgeberatung ist die Verteilung und weitere Entwicklung des unternehmerischen Vermögens: Dabei geht es um die Übertragung der Anteile am Unternehmen mit den entsprechenden steuer- und gesellschaftsrechtlichen Regelungen sowie um die Klärung, wie die eventuelle Auszahlung von Familienmitgliedern oder anderen Teilhabern zu finanzieren ist. Zum anderen ist mit Blick auf die Zukunft die Führung des Unternehmens als Einnahmequelle für verbleibende Familienmitglieder zu klären, sei es in der Funktion des Managers oder Gesellschafters. Die Nachfolgeberatung beginnt i.d.R. noch vor der Organisation des Übergabeprozesses mit der Sondierung, ob der Nachfolger überhaupt gewillt und in der Lage ist, das Unternehmen zu übernehmen. Steht in der Familie oder im Umfeld des Unternehmens generell oder in absehbarer Zeit kein Nachfolger zur Verfügung, kann der Einsatz eines Fremdmanagers oder in letzter Konsequenz auch der Verkauf des Unternehmens in Betracht gezogen werden. – 3. *Beratungsansätze:* Nachfolgeberatung wird häufig von Experten aus Rechts-, Steuerberatung und Wirtschaftsprüfung durchgeführt, die die erbschafts- und ertragsrechtlichen Folgen des Generationenwechsels prüfen und die Unternehmen bei der Umsetzung strategischer Pläne und der organisatorischen Neugestaltung unterstützen. Ein weiterer Ansatzpunkt für Berater ist die Suche nach dem geeigneten Nachfolger und seine Positionierung im Unternehmen. Hier haben sich u.a. folgende Beratungsleistungen bewährt: Entwicklung eines neuen Firmenleitbildes und einer Zukunftsvision unter neuer Führung, Moderation bei Konflikten und schwierigen Führungssituationen in der Phase des Wechsels, → Coaching des Nachfolgers als Führungskraft.

Nachfolgezusatz – ein bei einer Firmenfortführung der Firma zulässigerweise beigefügter Zusatz, (→ Firmenzusatz) gemäß § 22 HGB, z.B. „vormals", „Erben", „Nachf.".

Nachforderung – 1. Nachforderung *bei Börsengeschäft:* Im Nochgeschäft Nachforderung bzw. Nachlieferung bei entsprechendem Abschluss. – 2. *Nachforderung im Sinn einer Preiserhöhung* ist i.Allg. innerhalb gewisser Grenzen bei einer vertraglich vereinbarten Leistung zulässig, wenn mit Preisvorbehalt (→ Preis freibleibend) abgeschlossen wurde; wenn nicht, gilt der Grundsatz *pacta sunt servanda,* d.h., ein Erhöhungsverlangen kann rechtlich nicht durchgesetzt werden.

Nachforderungszinsen → Vollverzinsung.

Nachfrage – 1. *Begriff:* Entscheidung und Streben der Wirtschaftssubjekte, Güter i.w.S. zu erwerben. Als wichtigste Determinante der Nachfrage wird der → Preis angesehen. Formal ein Punkt der Konsummenge. – Die Wirtschaftstheorie erfasst das Nachfrage-Verhalten durch → Nachfragefunktionen. – 2. *Ausprägungen:* (1) *Mikro- und makroökonomische Nachfragefunktionen:* Erstere werden für einzelne Nachfrager und einzelne Güter ermittelt, letztere für volkswirtschaftliche Aggregate (z.B. gesamtwirtschaftliche Investitionsfunktion); (2) *Funktionen nach den Güterarten,* auf die sich die Nachfrage bezieht: Z.B. Faktor-, Konsumgüter-, Geldnachfragefunktionen; (3) *monetäre und reale Nachfragefunktionen,* je nachdem ob die Nachfrage in Geld- oder Gütereinheiten ausgedrückt wird; (4) *geplante und effektive Nachfragefunktionen.* – Vgl. auch → abgeleitete Nachfrage, → Nachfragefunktion des Haushalts, → Nachfragetheorie des Haushalts, → Nachfragestruktur, → aggregierte Nachfragekurve.

nachfragebeschränktes Gleichgewicht – Begriff der Makroökonomik. Ist die gesamtwirtschaftliche Güternachfrage nicht groß genug, um die gewinnmaximale Produktion der Unternehmen aufzunehmen, ist das → Nationaleinkommen durch die Höhe der Nachfrage determiniert. – *Gegensatz:* → Angebotsbeschränktes Gleichgewicht.

Nachfrageelastizität – relative Änderung der nachgefragten Menge (→ Nachfrage) bezogen auf eine relative, (infinitesimal) kleine Änderung des Preises (→ Preiselastizität) oder eine (infinitesimal) kleine Änderung des Einkommens (→ Einkommenselastizität der Nachfrage). – Vgl. auch → Elastizität.

Nachfragefunktion – 1. → Nachfragetheorie des Haushalts: a) *Marshallsche Nachfragefunktion:* Funktionale Beziehung zwischen nachgefragten Güterbündeln, Güterpreisen und dem Einkommen eines Konsumenten. – b) *Hickssche Nachfragefunktion* (kompensierte Nachfragefunktion): Funktionale Beziehung zwischen nachgefragten

Güterbündeln in Abhängigkeit von den Güterpreisen bei einer Variation des Einkommens, die es dem Konsumenten erlaubt, ein konstantes Nutzniveau aufrechtzuerhalten. – 2. *Theorie der Unternehmung:* Die *Faktornachfragefunktion* einer Unternehmung gibt die nachgefragten Faktoreinsatzmengen in Abhängigkeit von Güter- und Faktorpreisen an.

Nachfragefunktion des Haushalts – *Preiskonsumkurve;* gibt in der → Nachfragetheorie des Haushalts die Mengen eines → Gutes an, die ein → Haushalt zu unterschiedlichen Preisen ceteris paribus nachfragt (→ Nachfragefunktion). Durch die Aggregation der verschiedenen individuellen Nachfragefunktionen der Haushalte kann man zur Marktnachfragefunktion für ein bestimmtes Gut gelangen.

nachfrageinduzierte Inflation → Inflationstheorien.

Nachfrageinflation → Inflationstheorien, → Demand Pull Inflation.

Nachfrageinterdependenz – tritt im Sinn der → Haushaltstheorie (→ Nachfragetheorie des Haushalts) dann auf, wenn der → Nutzen, den ein → Gut einem → Haushalt stiftet, nicht nur von diesem Gut selbst, sondern auch vom Verhalten der übrigen Haushalte abhängig ist. Das Nachfrage- und Konsumverhalten bringt somit → externe Effekte (z.B. Neid) hervor und wird wiederum von solchen berührt. Die Nachfrager agieren nicht mehr vollkommen unabhängig voneinander, sondern unter dem Einfluss der gesellschaftlichen Umwelt auf ihre → Präferenzen, der sich auf die Lage und Gestalt der → Nachfragefunktion des Haushalts auswirkt. Als Nachfrageinterdependenz werden gewöhnlich → Mitläufereffekt, → Snobeffekt und → Vebleneffekt aufgefasst.

Nachfragemacht – Fähigkeit von Personen in nachfragenden Wirtschaftsorganisationen gegenüber Personen aus Anbieterorganisationen, die Bewertung der Tauschbedingungen im Sinn der eigenen Individual- oder Organisationsziele durchzusetzen, bzw. die Fähigkeit von Personen aus Anbieterorganisationen, angestrebte Änderungen dieser Bedingungen zu verhindern. Die reale Tatsache von Nachfragemacht ist streng zu trennen vom Missbrauch von Nachfragemacht.

Nachfragemonopol → Monopson.

Nachfrageoligopol – *Oligopson;* eine → Marktform, bei der wenige relativ große Nachfrager zahlreichen relativ kleinen Anbietern gegenüberstehen. Hierbei spüren die Nachfrageoligopolisten wegen der Größe ihrer → Marktanteile jeweils die einkaufspolitischen Maßnahmen ihrer Konkurrenten, während die Anbieter für sich allein betrachtet keinen spürbaren Einfluss auf den Preisbildungsprozess ausüben können. – Konkurrieren nur zwei Nachfrager miteinander, so liegt ein *Nachfragedyopol* vor. – Vgl. auch → Oligopol.

nachfrageorientierte Wirtschaftspolitik → Keynesianismus.

Nachfragestruktur – Gestalt der Nachfrageseite des → Marktes nach Anzahl der Marktteilnehmer: (1) *atomistische oder polypsonistische Nachfragestruktur:* um ein Gut bewirbt sich eine große Anzahl kleiner Nachfrager; (2) *oligopsonistische Nachfragestruktur:* → Nachfrageoligopol; (3) *monopsonistische Nachfragestruktur:* → Monopson. – Eine Kombination der *Nachfragestrukturen* mit der Struktur des Angebots ergibt die → Marktformen. – Vgl. auch → Konsumstruktur, → Exportstruktur.

Nachfragetheorie der Verteilung → Keynes-Kaldor-Verteilungstheorie.

Nachfragetheorie des Haushalts – 1. *Begriff:* Theorie der Verausgabung von Einkommen und Teil der → Haushaltstheorie. Die Nachfragetheorie des Haushalts beschreibt, in welcher Weise ein Haushalt das ihm zufließende → Einkommen durch seine → Nachfrage nach → Gütern auf Gütermärkten verbraucht. – 2. *Determinanten:* Die Höhe der Güternachfrage eines Haushalts ist durch die Höhe seiner geplanten Konsumsumme bestimmt. Sie ergibt sich als Differenz zwischen dem Einkommen, das durch sein Faktorangebot bestimmt wird und dem Sparen. Nach Friedman wird dagegen der Umfang der individuellen Konsumgüternachfrage in erster Linie vom → permanenten Einkommen und weniger von der Einkommenshöhe der laufenden Periode bestimmt. – Auf der Basis seiner → Präferenzen, die als außerökonomische Verhaltensdeterminante aufgefasst und somit als gegeben angesehen werden, teilt der Haushalt die Konsumsumme unter Berücksichtigung der Güterpreise optimal auf alle Konsumgüter auf, die in seinen Begehrskreis fallen. Dabei lässt sich der Zusammenhang zwischen Gütern und subjektiven Präferenzen formal durch die → Nutzenfunktion beschreiben. Sie illustriert die Eignung eines Gutes, individuelle Bedürfnisse zu befriedigen, indem es Nutzen stiftet. Mit den prinzipiellen Fragen der *Messbarkeit des Güternutzens* setzt sich die → Nutzentheorie auseinander. – 3. *Haushaltsgleichgewicht/Haushaltsoptimum:* Nimmt man an, dass der → Haushalt seine Präferenzen in eine konsistente → Präferenzordnung einstellt, die auch als System von → Indifferenzkurven darstellbar ist, so lässt sich das Haushaltsgleichgewicht bei Mengenanpasserverhalten ableiten. Voraussetzung: Die auf die Geldeinheiten bezogenen → Grenznutzen aller konsumierbaren Güter und des Geldes gleichen sich gemäß dem zweiten → Gossenschen Gesetz aus. Dies tritt genau dann ein, wenn – im Fall nur zweier Güter – die → Grenzrate der Substitution gleich dem Güterpreisverhältnis sowie gleich dem Verhältnis der ersten partiellen Ableitungen der → Nutzenindexfunktionen ist. Eine solche Situation lässt sich formal darstellen als der Tangentialpunkt der → Bilanzgeraden (die sich als Äquivalent zur Konsumsumme ergibt, da der Haushalt annahmegemäß die zum Konsum bestimmten Einkommensteile voll verausgabt), mit der äußersten nun erreichbaren Indifferenzkurve (vgl. Abbildung „Nachfragetheorie des Haushalts – Haushaltsgleichgewicht").

Nachfragetheorie des Haushalts - Haushaltsgleichgewicht

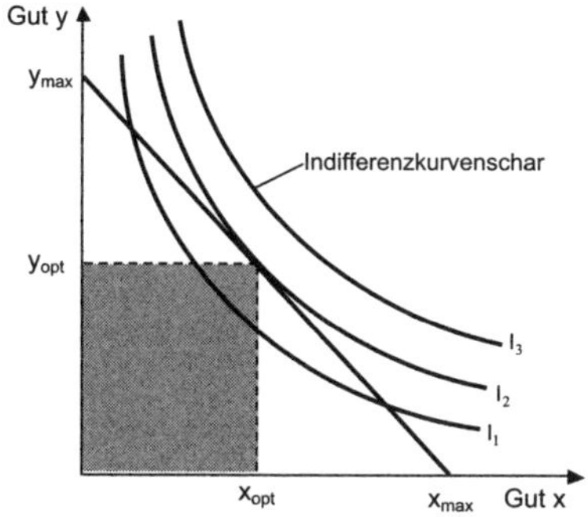

4. *Änderungen:* a) *Änderungen des Einkommens:* Die Auswirkungen von Änderungen der Konsumsumme, z.B. aufgrund einer Variation des Einkommens, lassen sich anhand von → Einkommenskonsumkurven beschreiben. Aus ihnen lassen sich unmittelbar die → Einkommensnachfragefunktionen (Engelkurven) ermitteln (vgl. Abbildung „Nachfragetheorie des Haushalts – Ableitung der Nachfragefunktion"). b) *Änderungen der Güterpreise:* Verändern sich ceteris paribus die Güterpreise, so kann das Nachfrageverhalten mittels der Preiskonsumkurve (→ Nachfragefunktion des Haushalts) beschrieben werden. Der Umfang der Nachfrageveränderung wird durch die direkte Preiselastizität der Nachfrage bestimmt. Der Übergang vom alten zum neuen Haushaltsgleichgewicht kann gemäß der → Slutsky-Hicks-Gleichung als → Substitutionseffekt und als → Einkommenseffekt betrachtet werden. Ersterer beschreibt das Ersetzen des relativ teurer gewordenen Gutes durch das relativ verbilligte, letzterer bezieht sich auf die Realeinkommensveränderung, die eine Preisänderung stets impliziert. Ob sich insgesamt ein positiver oder negativer Nachfrageeffekt ergibt, hängt von der jeweiligen Stärke der Teileffekte ab. Im Normalfall wird die mengenmäßige Nachfrage entsprechend einer von links oben nach rechts unten fallenden individuellen Nachfragefunktion mit sinkendem Preis zunehmen (vgl. Abbildung „Nachfragetheorie des Haushalts – Wirkung einer Preisvariation auf den Haushaltskonsum"). Beim Auftreten des → Giffen-Paradoxons lässt sich dagegen ein anomaler Verlauf ableiten, der eine Zunahme der Nachfrage nach einem Gut bei steigendem Preis bedingt. Ein Zusammenhang der betreffenden Preisänderung mit der Nachfrage nach anderen Gütern kann durch die → Kreuzpreiselastizität der Nachfrage gemessen werden. 5. *Weiterentwicklungen:* a) → Nachfrageinterdependenzen. – b) *Qualitätsunterschiede:* Eine Erweiterung der herkömmlichen Theorie stellt die Berücksichtigung des Einflusses der Güterqualität auf das Nachfrageverhalten dar. Die subjektive Bewertung der Qualität wird durch die Annahme in die Nutzenfunktion integriert, einem Gut werde seitens der Haushalte eine um so höhere Qualität beigemessen, je höher der Preis ist. Preisänderungen ziehen dann nicht nur einen → Substitutionseffekt und → Einkommenseffekt, sondern auch einen Qualitätseffekt nach sich. Variiert das Einkommen, so werden unterschiedliche Güterqualitäten dann relevant, wenn nun Güter höherer Qualität verstärkt nachgefragt werden bzw. im Fall eines Einkommensverlusts die Haushaltsnachfrage auf Güter minderer Qualität verlagert wird. – c) *Unvollständige Information:* Lässt man unvollständige

Nachfragetheorie des Haushalts – Ableitung der Nachfragefunktion

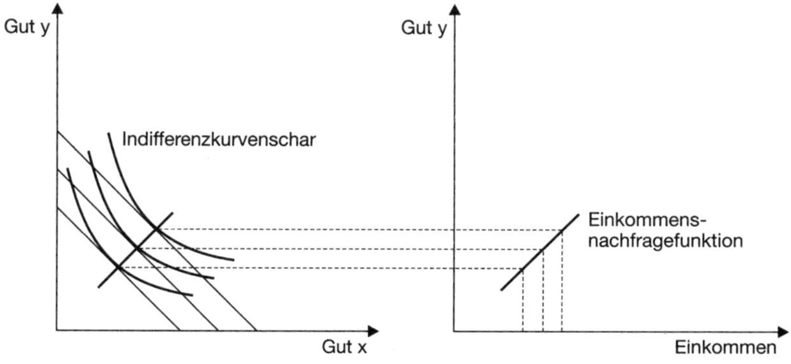

Nachfragetheorie des Haushalts – Wirkung einer Preisvariation auf den Haushaltskonsum

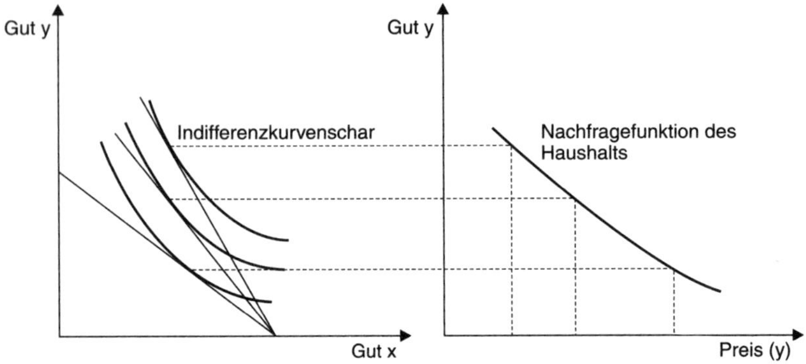

Information zu, so müssen bestimmte Güter anhand des Kriteriums ihrer Qualitätssicherheit in → Erfahrungsgüter, → Suchgüter und → Vertrauensgüter eingeteilt werden.

Nachfrageüberhang – *Nachfrageüberschuss;* → Preisfunktionen, → Totalanalyse.

Nachfrageverschiebungsinflation → Inflationstheorien.

Nachfrist – eine nach Fristablauf noch bestehende oder gesetzte Frist. – 1. Nachfrist beim *Schuldnerverzug:* → Ablehnung. – 2. Nachfrist im *Verlagsrecht:* Wenn ein Verleger von seinem Recht zur Neuauflage keinen Gebrauch macht, kann der Verfasser ihm eine angemessene Nachfrist als → Ausschlussfrist setzen, nach deren fruchtlosem Ablauf der Verfasser vom Vertrag zurücktreten darf (§ 32 Verlagsgesetz – VerlG).

nachgelagerte Besteuerung – 1. *Begriff:* Prinzip das vorsieht, die Beiträge zur Altersvorsorge im Zeitpunkt der Zahlung als steuerlich abzugsfähig zu berücksichtigen und im Gegensatz hierzu die spätere Auszahlung der Rentenleistungen in voller Höhe „nachgelagert" zu versteuern. Die nachgelagerte Besteuerung wurde im Rahmen des Alterseinkünftegesetzes eingeführt, welches zum 1.1.2005 in Kraft getreten ist. – 2. *Schrittweise Umsetzung:* Basierend auf dem → Alterseinkünftegesetz (AltEinkG) erfolgt ab 2005 bis 2040 die schrittweise Umsetzung zur nachgelagerten Besteuerung der Rentenleistungen und zur Steuerfreistellung der Altersvorsorgeaufwendungen. Ziel der schrittweisen Umsetzung war bzw. ist die Vermeidung hoher Steuerausfälle für den Staat, die bei sofortiger Umsetzung zu erwarten waren. Außerdem sollte eine Doppelbesteuerung vermieden werden. – 3. *Hintergründe für die Umsetzung zur nachgelagerten Besteuerung:* a) Bis zum Jahr 2004 unterlagen Renten aus der gesetzlichen Rentenversicherung, aus berufsständischen Versorgungswerken und der Alterssicherung der Landwirte nur mit dem sog. Ertragsanteil der Besteuerung, wohingegen Beamtenpensionen und Pensionen aus betrieblicher Altersvorsorge nahezu in vollem Höhe von der Einkommensteuerbesteuerung erfasst wurden. Außerdem wurden Arbeitnehmer-Rentenbeiträge bereits bei Zahlung einkommensteuerlich berücksichtigt, sodass eine Besteuerung der späteren Rentenleistungen zu einer Doppelbesteuerung des Arbeitnehmeranteils führte. Das Bundesverfassungsgericht hat aufgrund einer Klage entschieden, dass die Besteuerung der Pensionen in voller Höhe und die Nichtbesteuerung von Renten gegen das Grundgesetz verstieß und nicht mit dem Gleichbehandlungsgrundsatz vereinbar war. – b) Im Rahmen der nachgelagerten Besteuerung sollte u.a auch der Umsetzung des Nettoprinzips dienen, welches der Einkommensteuer zugrunde liegt. – c) Das Alterseinkünftegesetz wurde im Rahmen der steuerlichen Begünstigung der privaten kapitalgedeckten → Altersvorsorge (sog. Rürup-Rente) eingeführt, welches der Umsetzung von Reformmaßnahmen diente. – 4. *Besteuerung:* Für Renten aus der gesetzlichen Rentenversicherung, aus berufsständischen Versorgungseinrichtungen, aus landwirtschaftlichen Alterskassen und für Renten aufgrund einer privaten kapitalgedeckten Leibrentenversicherung (nach § 10 I Nr. 2 EStG, → Basisrente) erfolgt ab dem Veranlagungszeitraum 2005 die schrittweise Umsetzung der nachgelagerten Besteuerung. Die Bestandsrenten sowie die im Jahr 2005 neu gewährten Renten werden In Höhe von 50 Prozent dem zu versteuernden Einkommen hizugerechnet. Mit der schrittweisen Umsetzung zur nachgelagerten Besteuerung wird der steuerpflichtige Rentenanteil in 2-Prozent-Schritten von 50 Prozent im Jahr 2005 auf 80 Prozent im Jahr 2020 und in 1-Prozent-Schritten ab dem Jahr 2021 bis 100

Prozent im Jahre 2040 hochgestuft. So beläuft sich bspw. der steuerpflichtige Rentenanteil bei Rentenbeginn bis 2005 auf 50 Prozent, bei Rentenbeginn 2006 auf 52 Prozent etc., bis er letztendlich bei Rentenbeginn ab 2040 100 Prozent erreicht. Der bei Rentenbeginn ermittelte Teil der Rente, der nicht der Besteuerung unterliegt (im Jahr 2005 bspw. 50 Prozent), wird betragsmäßig festgeschrieben. Dies führt dazu, dass der Erhöhungsbetrag voll besteuert wird, wenn eine Rentenerhöhung vorgenommen wird. Zu beachten ist, dass Leibrenten aus privaten Rentenversicherungsverträgen, die weder Riester- noch Basisrenten darstellen, sowie Leistungen aus Direktversicherungen nach § 40 EStG wie bisher mit dem Ertragsanteil besteuert werden.

nachgelassenes Werk – ein nach dem Tod des Urhebers erstmals veröffentlichtes Werk. Erfolgt die Veröffentlichung erlaubterweise nach Erlöschen des Urheberrechts oder handelt es sich um die Veröffentlichung eines im Geltungsbereich des Urhebergesetzes niemals geschützten Werkes mehr als 70 Jahre nach dem Tod des Urhebers, erwirbt derjenige, der das Werk veröffentlicht, ein ausschließliches und übertragbares Verwertungsrecht, das auf 25 Jahre ab Erscheinen, bei einer früheren ersten öffentlichen Wiedergabe ab dieser, befristet ist (§ 71 UrhG).

nachgiebiges Recht – *dispositives Recht;* Rechtsvorschriften, die durch Vereinbarungen der Parteien abgeändert werden können. Nachgiebiges Recht sind die meisten Vorschriften des Rechts der → Schuldverhältnisse und des HGB über → Handelsgeschäfte. – *Gegensatz:* → zwingendes Recht.

Nachgründung – umschreibt Verträge, welche die Aktiengesellschaft in den ersten beiden Jahren nach ihrer Errichtung mit einem bestimmten Personenkreis, nämlich Gründern oder Aktionären, die mit mehr als zehn Prozent an der Gesellschaft beteiligt sind, abschließt und aufgrund derer die Gesellschaft Anlagen oder sonstige Vermögensgegenstände zu einer zehn Prozent ihres Grundkapitals übersteigenden Vergütung erwerben soll (§ 52 I AktG). Die Vertretungsmacht des Vorstands (§ 78 AktG) wird für Verträge dieser Art dahingehend beschränkt, dass ihre Wirksamkeit u.a. von folgenden Voraussetzungen abhängig gemacht wird: (1) Zustimmung der → Hauptversammlung (HV). (2) Eintragung in das Handelsregister (→ Handelsregistereintragung). (3) Prüfung durch einen oder mehrere Gründungsprüfer (→ Gründungsprüfung). Durch die Voraussetzungen soll die Umgehung der Sachgründungsvorschriften (§§ 27, 32 ff. AktG) verhindert und letztlich die Kaufpreisaufbringung gesichert werden. Des Weiteren wird die Aktiengesellschaft dadurch vor übermäßiger Einflussnahme ihrer Gründer auf den Vorstand bewahrt.

nachhaltige Entwicklung – *Sustainable Development.* 1. *Begriff* aus der Umwelt- und Ressourcenökonomik der Wachstumstheorie.

I. Wirtschaftstheorie: 1. *Bedeutung:* Seit dem 1987 erstatteten Bericht der „Brundtland-Kommission" der Vereinten Nationen einer der populärsten Begriffe in der öffentlichen Umweltdiskussion. Bezeichnet eine Verbesserung der gesellschaftlichen Wohlfahrt („Entwicklung"), die nicht nur für die Gegenwart, sondern auch für alle kommenden Generationen eintreten soll („Nachhaltigkeit"). – 2. *Inhalt:* Enquete-Kommission „Schutz des Menschen und der Umwelt" (1994) nennt vier Grundregeln: (1) Die Abbaurate erneuerbarer Ressourcen soll deren Regenerationsrate nicht überschreiten (Aufrechterhaltung der ökologischen Leistungsfähigkeit). (2) Stoffeinträge in die Umwelt müssen sich an der Belastbarkeit der als Senken dienenden Umweltmedien in allen ihren Funktionen orientieren. (3) Nicht erneuerbare Ressourcen sollen nur in dem Umfang genutzt werden, in dem ein physisch und funktionell gleichwertiger Ersatz in Form erneuerbarer Ressourcen oder höherer Produktivität der nicht erneuerbaren Ressourcen geschaffen wird. (4) Das Zeitmaß anthropogener Einträge bzw. Eingriffe in die Umwelt muss in einem ausgewogenen Verhältnis zu der Zeit stehen, die die Umwelt zur Reaktion benötigt. – 3. *Kritik:* Der Begriff der nachhaltigen Entwicklung wird in außerordentlich unterschiedlicher Weise gedeutet. Bes. besteht Uneinigkeit darüber, welche Indikatoren zur Messung der gesellschaftlichen Wohlfahrt verwendet werden sollen. Die traditionelle wirtschaftstheoretische Literatur betrachtet lediglich das Ziel eines dauerhaft aufrechtzuerhaltenden Pro-Kopf-Konsums. In jüngerer Zeit wird dagegen stärkeres Gewicht auf die Integration ökologischer Gesichtspunkte sowie der intra- und intergenerativen Gerechtigkeit gelegt. Die in der Diskussion verwendeten Begriffe von n.E. unterscheiden sich bes. hinsichtlich der Annahmen über die Substituierbarkeit von natürlichen Ressourcen und reproduzierbarem Kapital. – 4. Die *Eingliederung der nachhaltige Entwicklung in die Politik der Europäischen Union* als dritte Säule der Strategie von Lissabon („wettbewerbsfähigster Wirtschaftsraum" bis zum Jahr 2010) wurde von den EU-Staats- und Regierungschefs im Juni 2001 in Göteborg beschlossen. Um Nachhaltigkeit zu erzielen, muss laut Beschluss von Göteborg die Wettbewerbsfähigkeit die drei Dimensionen der nachhaltigen Entwicklung berücksichtigen: Die wirtschaftliche, die soziale und die ökologische.

II. Entwicklungspolitik: Entwicklungspolitisches Paradigma der 1990er-Jahre, das als Konsensformel für den Interessenausgleich zwischen Nord und Süd galt. Im politischen Raum hat dieser Begriff weite Akzeptanz gefunden, wobei die Operationalisierung Schwierigkeiten bereitet. Der → Brundtland-Bericht stellt dabei die vordringlich zu befriedigenden Bedürfnisse der Armen in den Vordergrund, wobei ökologische Grenzen berücksichtigt werden. → Wachstum soll so erfolgen, dass auch zukünftige Generationen ihre Bedürfnisse noch befriedigen können. – *Ansatzpunkte für wirtschaftspolitische Maßnahmen* werden in der Eindämmung des Bevölkerungswachstums und in der Verbesserung von Ausbildung, Gesundheit und Ernährung (Bildung von → Humankapital) gesehen. – Vgl. auch → Entwicklungspolitik.

Nachhaltige Geschäftsprozesse

von Prof. Dr. Frank Leymann und Alexander Nowak

I. Einführung:

Geschäftsprozesse repräsentieren eine Folge von Wertschöpfungsaktivitäten mit dem Ziel der Sicherstellung der Wettbewerbsfähigkeit eines Unternehmens. Geschäftsprozesse beschreiben, welcher Input einem Unternehmen zugeführt wird, welche Ressourcen innerhalb eines Unternehmens verarbeitet werden und welcher kundenspezifische Output durch das Unternehmen generiert wird. Ein effizientes Geschäftsprozessmanagement unterstützt Unternehmen bei der Gestaltung der Geschäftsprozesse auf Basis der strategischen Ziele des Unternehmens und definiert damit maßgeblich den nach außen wirksamen Einfluss eines Unternehmens. Für die Automatisierung von Geschäftsprozessen vgl. auch Geschäftsprozesstechnologie.

Die Nachhaltigkeitsperspektive in Geschäftsprozessen als Teildisziplin des → Umweltmanagements setzt die Erweiterung der vorhandenen unternehmenskritischen Dimensionen → Kosten, → Qualität, Zeit und Flexibilität voraus. Das Ziel nachhaltiger Geschäftsprozesse ist es, die ökologische Effizienz (→ ökologische Treffsicherheit) des Unternehmens langfristig zu verbessern, ohne die Wettbewerbsfähigkeit des Unternehmens zu beinträchtigen. Nachhaltige Geschäftsprozesse fokussieren dabei insbesondere auf drei unterschiedliche Aspekte: Ökonomie, Ökologie und Soziales (siehe Abbildung 1). Diese Aspekte sind unter dem allgemeinen Grundsatz der → Nachhaltigkeit zu betrachten, gesamtwirtschaftlich nicht mehr Ressourcen zu verbrauchen als langfristig zur Verfügung stehen. Sie können sowohl einzeln, als auch als Kombination betrachtet werden und bestimmen somit die strategische Ausrichtung der Nachhaltigkeit der Geschäftsprozesse eines Unternehmens. Vor diesem Hintergrund ergeben sich die folgenden Begrifflichkeiten:

Ökonomische Nachhaltigkeit: Das Ziel ökonomischer Nachhaltigkeit besteht auf der einen Seite darin, den Ertrag des Unternehmens zu maximieren, aber auf der anderen Seite die Ressourcen, welche für diesen Ertrag benötigt werden, langfristig zu erhalten. Die ökonomische → Effizienz ist für die Sicherstellung der optimalen Ressourcennutzung und Produktion ein entscheidendes Kriterium.

Ökologische Nachhaltigkeit: Der Fokus der ökologischen Nachhaltigkeit liegt auf der allgemeinen Widerstandsfähigkeit und dem Gesundheitszustand von Ökosystemen. Die Zielsetzung besteht darin, den negativen Umwelteinfluss, der durch die Geschäftsprozesse eines Unternehmens entsteht, zu reduzieren.

Soziale Nachhaltigkeit: Die soziale Nachhaltigkeit bezieht sich weitgehend auf die Verbesserung von individuellem und sozialem Wohl, hervorgerufen durch die Steigerung des → Sozialkapitals. Soziale Nachhaltigkeit fokussiert den Einfluss ökonomischen Handels auf die gesamte Gesellschaft, u.a. in Form von Geschäftsprozessen.

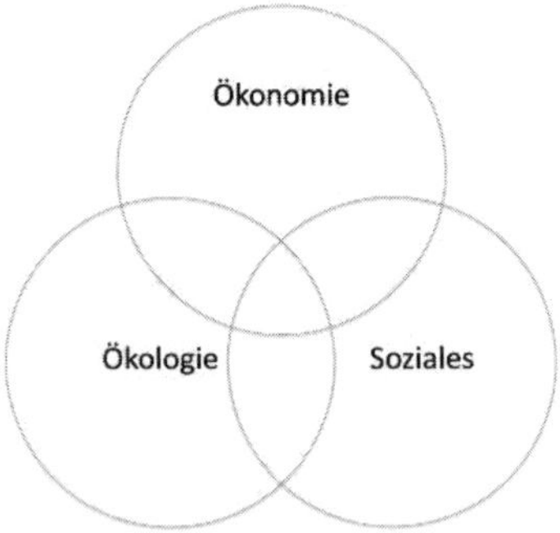

Abbildung 1: Aspekte der Nachhaltigkeit in Geschäftsprozessen

II. Nachhaltige Optimierung von Geschäftsprozessen

Geschäftsprozessmanagement und → Business Process Reengineering bieten für die Optimierung von Geschäftsprozessen hinsichtlich der konventionellen Dimensionen Kosten, Qualität, Zeit und Flexibilität bereits geeignete Grundlagen und Methoden, müssen für eine umfassende nachhaltige Betrachtung jedoch in entscheidenden Bereichen erweitert werden. Der Nachhaltigkeitsaspekt in heutigen Geschäftsprozessen unterliegt häufig der Beschränkung auf die Bereiche Ökologie und Ökonomie. Diese Dimensionen der Nachhaltigkeit sind i.d.R. kurzfristig und einfacher quantifizierbar als soziale Aspekte und können somit öffentlichkeitswirksam platziert werden (vgl. auch → Marketing).

Abbildung 2 zeigt den Lebenszyklus eines Geschäftsprozesses unter den ökonomischen und ökologischen Gesichtspunkten (vgl. auch Geschäftsprozesstechnologie) und veranschaulicht die relevanten Phasen bei der Ausführung von Geschäftsprozessen. Um Nachhaltigkeitsaspekte entsprechend abzudecken, ist unter Berücksichtigung der Bereiche Ökologie und Ökonomie eine Erweiterung des Lebenszyklus notwendig: Neben konventionellen Key Performance Indicators (KPI) müssen zunächst strategische Ziele in Form von ökologischen Indikatoren definiert werden, welche die Zielvorgaben an die auszuführenden Prozesse darstellen. Die ökologischen Indikatoren werden in diesem Zusammenhang auch Key Ecological Indicators (KEI) genannt.

KPI und KEI haben impliziten Einfluss auf alle Phasen des Lebenszyklus. KEI haben allerdings auch expliziten Einfluss auf die Gestaltung einzelner Phasen des Lebenszyklus. Dieser Einfluss wird in Abbildung 2 durch gestrichelte Linien dargestellt und im Folgenden erläutert:

(1) Die *Modellierung* eines Geschäftsprozesses anhand der strategischen Zielsetzungen der Nachhaltigkeit. Die Aktivitäten eines Geschäftsprozesses werden neben den ökonomischen Aspekten auch anhand ihres Umwelteinflusses ausgewählt. Unterstützt wird die Modellierung von nachhaltigen Geschäftsprozesses zudem durch die Bereitstellung von bereits bewährten Verfahrensmustern (engl. *Pattern*), die zielorientierte Lösungsvorschläge für eine nachhaltige Prozessoptimierung bereitstellen. Dies kann gegebenenfalls zu vollständig neuen Strukturen eines Prozesses führen.

(2) Die *Konfiguration* des Geschäftsprozesses, welche definiert, wie einzelne Aktivitäten konkret realisiert werden, bspw. unter Verwendung welcher Technologie eine Aktivität ausgeführt wird.

(3) Die *Ausführung* der Aktivitäten, die sich durch spezifische ökologische Anforderungen von der herkömmlichen Ausführung unterscheiden kann. Dies kann bspw. die gesammelte Ausführung von Aktivitäten mehrerer Prozessinstanzen zu einem bestimmten, definierten Zeitpunkt sein. Bei der Ausführung der Geschäftsprozesse müssen alle relevanten Informationen, sowohl ökonomischer als auch ökologischer Herkunft, ermittelt und dauerhaft gespeichert werden.

Um Nachhaltigkeitsaspekte in den nachfolgenden Phasen adäquat abzudecken, werden zusätzlich umfangreiche Überwachungs- und Sensorfunktionalitäten benötigt, welche den Ablauf eines Prozesses in allen Bereichen dokumentieren und für eine ökologische Analyse transparent machen. Die Menge der gesammelten Informationen bildet anschließend die Grundlage für eine detaillierte ökologische und ökonomische Analyse eines Geschäftsprozesses. Die Ergebnisse der Analyse können dann zur ökologischen Verbesserung eines Geschäftsprozesses in der Modellierungsphase dazu beitragen, einen ökologisch und ökonomisch optimierten Geschäftsprozess zu gestalten.

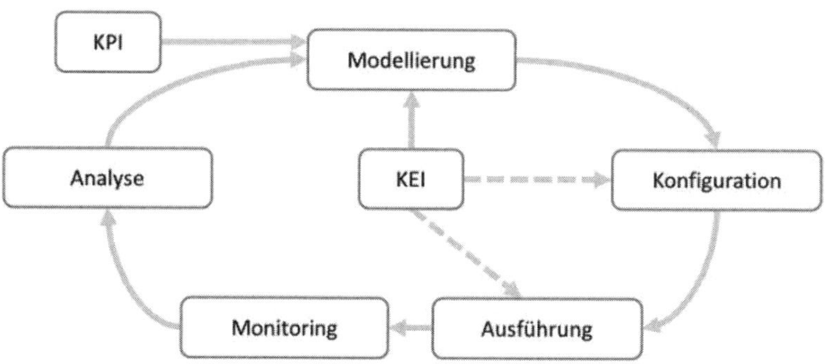

Abbildung 2: Der Lebenszyklus eines Geschäftsprozesses

Ein wichtiger Bestandteil von Optimierungsverfahren von Geschäftsprozessen (vgl. auch Prozessoptimierung) ist die integrative Betrachtung des Lebenszyklus. Für die Aufrechterhaltung der Wettbewerbsfähigkeit eines Unternehmens ist es daher wichtig, alle Optimierungskriterien, d.h. ökonomische, ökologische und soziale Aspekte gleichermaßen zu betrachten und für potenzielle Zielkonflikte einen Kompromiss zu finden. Dieses Optimierungsziel kann jedoch umfangreiche Problemstellungen aufwerfen, auf die ein Unternehmen in Abhängigkeit seiner strategischen Zielvorgaben individuell reagieren muss.

III. Möglichkeiten der ökologischen Verbesserung von Geschäftsprozessen

In der Industrie sind bereits erste Ansätze nachhaltiger Geschäftsprozesse erkennbar. Um die Erfahrungen durchgeführter Optimierungsvorhaben wiederzuverwenden, lassen sich aus der Menge der Lösungsansätze, welche sich als besonders gut herausgestellt haben, allgemeine Verfahrensmuster extrahieren (engl. *Patterns*). Diese Muster beschreiben für allgemeine Problemstellungen konkrete Optimierungsmöglichkeiten des Geschäftsprozesses hinsichtlich der Verbesserung seiner Nachhaltigkeit. Ein sehr häufig verwendetes Verfahrensmuster dieser Art ist die Kompensation von CO_2-Emissionen. Durch den Einsatz dieses Musters werden die durch einen Geschäftsprozess verursachten Emissionen zwar nicht direkt reduziert, d.h. der Geschäftsprozess bleibt unverändert bestehen, jedoch werden die Gesamtemissionen durch Kompensationsaktivitäten reduziert – bspw. durch Investitionen in klimafreundliche Projekte zur Aufforstung von Wäldern. Ein weiteres Muster ist die schrittweise Substitution einzelner Komponenten eines Geschäftsprozesses hinsichtlich ökologisch nachhaltigerer Alternativen. Diese können gegebenenfalls Auswirkungen auf die gesamte Wahrnehmung eines Geschäftsprozessen in der Öffentlichkeit haben. Wichtig ist jedoch, dass die Verbesserung eines Geschäftsprozesses nicht ausschließlich die werbewirksame Darstellung des Prozesses beinhaltet, sondern sich auf eine reelle, langfristige Verbesserung des Prozesses fokussiert.

Für die konkrete Umsetzung von Verbesserungsansätzen stellt sich die Frage, wie die Gesamtheit der ökonomischen, ökologischen und sozialen Aspekte auf Geschäfts- und Technologieebene abgedeckt werden können. Eine Möglichkeit zur Entwicklung nachhaltiger Geschäftsprozesse bietet bspw. der Einsatz neuer Technologien oder der Einsatz erneuerbarer Ressourcen. Neue Technologien können i.d.R. durch die mit ihrem Einsatz einhergehenden ökologischen Verbesserungspotentiale darüber hinaus zu einer effizienteren Ressourcennutzung beitragen. Dies bedeutet, dass nicht nur die Optimierung von Geschäftsprozessen selbst, sondern auch die Nutzung neuer Technologien die Geschäftsprozesse und deren Umwelteinfluss verbessern können. Ein Beispiel mit zunehmender Wichtigkeit für Unternehmen besteht in der Nutzung von → Cloud Computing, d.h. die Migration bestehender Anwendungen in Cloud-Infrastrukturen um eine höhere Effizienz durch verbesserte Ressourcennutzung erreichen.

IV. Fazit

Es existieren unterschiedliche Methoden und Technologien, welche für die Verbesserungen von Geschäftsprozessen auf ökonomischer, ökologischer und sozialer Ebene geeignet sind. Welche hiervon in einem konkreten Anwendungsfall passend sind, richtet sich u.a. nach den Geschäftsprozessen, den Produkten, der Unternehmensphilosophie, den strategischen Zielen und der Kompromissbereitschaft eines Unternehmens. Nachhaltigkeit in Geschäftsprozessen erfordert zudem die Betrachtung und entsprechende Erweiterung des gesamten Prozesslebenszyklus. Ein wichtiger Aspekt ist die individuelle, an den konkreten strategischen Zielen ausgerichtete Adressierung des potenziellen Zielkonflikts zwischen den einzelnen Optimierungsperspektiven und der zugehörigen Unternehmensstrategie.

Nachhaltige Unternehmensführung – Der Arbeitskreis Nachhaltige Unternehmensführung der Schmalenbachgesellschaft für Betriebswirtschaft hat zehn Thesen für eine Nachhaltige Unternehmensführung aufgestellt: (1) Realisiere Werteorientierung als Grundlage strategischer Unternehmensführung. (2) Lebe Führung als Tugend. (3) Wähle eine unabhängige und kompetente Aufsicht. (4) Investiere in Vertrauenswürdigkeit. (5) Schaffe neue Arbeitswelten. (6) Gehe sorgsam mit den Umweltressourcen um. (7) Nimm Risiken wahr und stelle Verbindlichkeit her. (8) Aktiviere Selbsterneuerungskräfte nach Störfällen. (9) Handle und kommuniziere wahrhaftig, glaubwürdig und konsistent. (10) Achte auf transparente Berichterstattung.

Nachhaltigkeit – I. Steuerrecht: 1. *Umsatzsteuerrecht:* → Unternehmer. – 2. *Einkommensteuerrecht:* → Gewerbebetrieb.

II. **Wirtschaft:** Das in der Forstwirtschaft seit Jahrhunderten angewandte Prinzip der Nachhaltigkeit ist unter dem Aspekt der Ökonomik als Art des Wirtschaftens zu bezeichnen, bei welcher derzeitige Bedürfnisse befriedigt werden, ohne zukünftigen Generationen die Lebensgrundlagen zu entziehen (Sustainable Development). Kennzeichnung durch langfristig orientiertes Denken und Handeln, um ein Fließgleichgewicht der natürlichen Ressourcen zu erreichen. – Vgl. auch → nachhaltige Entwicklung.

III. **Ethik:** Nachhaltigkeit (auch: nachhaltige Entwicklung) ist ein normativer Schlüsselbegriff der modernen Gesellschaft. Seine gewachsene Bedeutung ist Resultat zunehmender gesellschaftlicher Problemlagen, angefangen von Armut über Umweltverschmutzungen bis hin zum Klimawandel. Als konsensfähig gilt die Interpretation von Nachhaltigkeit im Sinne der *triple bottom line*, welche die Dimensionen Ökologie, Ökonomie und Soziales umfasst. Gleichzeitig liegt dem Nachhaltigkeitsbegriff eine erweiterte Berücksichtigung der Zeitdimension zugrunde; bes. Fokus liegt dabei auf der Möglichkeit, durch heutige Handlungen zukünftige Handlungsbedingungen, insbesondere Potenziale und Restriktionen, positiv wie negativ beeinflussen zu können. Insgesamt wird damit die Idee der inter- und intragenerativen → Gerechtigkeit transportiert. Da mit zunehmendem Konkretisierungsgrad die Unschärfe des Nachhaltigkeitsbegriffs zunimmt, ist Nachhaltigkeit aus ethischer Sicht nicht als operative Zielstellung zu verstehen, sondern eine regulative Idee. Die regulative Idee bezieht sich auf die Erhaltung einer offenen Zukunft, welche einen hinreichenden Kapitalstock an gesellschaftlichen Vermögenswerten (u.a. Natur-, → Humankapital und Produktionskapital) voraussetzt. Aus Sicht der → Wirtschaftsethik wird damit v.a. das Problem nach den Bedingungen angesprochen, unter denen Menschen langfristige → Investitionen (i.w.S.) in grundlegende gesellschaftliche Kapitalgüter tätigen.

IV. Prozessmanagement: Vgl. auch ökologische Nachhaltigkeit, ökonomische Nachhaltigkeit, soziale Nachhaltigkeit und → Nachhaltige Geschäftsprozesse.

Nachhaltigkeitsbericht – *Citizenship Report;* Neuentwicklung im Zuge der → Umweltberichterstattung. – *Inhalt:* Aussagen zur Nachhaltigkeitsstrategie eines Unternehmens. – *Form:* Meistens einjährig; entweder drei Berichte gemäß den Säulen der Nachhaltigkeit (Geschäftsbericht, Sozialbericht, Umweltbericht) oder ein integrierter Bericht *(Corporate Citizenship Report)*. – Vgl. auch → Nachhaltigkeit.

Nachhaltigkeitsberichterstattung – zunehmende Erweiterung der klassischen → Umweltberichterstattung zu einer externen und → internen Kommunikation über Nachhaltigkeitsstrategien. – *Ausprägungen:* eigenständige Umweltberichte oder → Sozialberichte; integrierte → Nachhaltigkeitsberichte (Geschäftsbericht plus Umweltbericht plus Sozial-/ Gesellschaftsbericht; Corporate Citizenship Reports); oft sind auch verwandte Themen wie Gesundheit und Sicherheit integriert (Safety and Health Reports). Zunehmend erfolgt eine Standardisierung (z.B. Guidelines der → Global Reporting Initiative). – Vgl. auch → Corporate Citizenship.

Nachhaltigkeitsfaktor – durch das Gesetz zur Sicherung der nachhaltigen Finanzierungsgrundlagen in der gesetzlichen → Rentenversicherung (RV-Nachhaltigkeitsgesetz) zur Ergänzung der → Rentenformel der gesetzlichen Rentenversicherung eingeführter Faktor, der bewirkt, dass der Anstieg der Renten bei einer Erhöhung der Zahl der Rentner im Verhältnis zur Zahl der Beitragszahler gedämpft wird und die Beitragszahler dadurch entlastet werden (§ 68 I Satz 3 Nr. 3, IV SGB VI). Die jährliche → Rentenanpassung wird durch den Nachhaltigkeitsfaktor vom Verhältnis von Rentnern zu Beitragszahlern abhängig gemacht. Das bedeutet, dass sich die Rentenanpassung vermindert, wenn sich die Zahl der Rentner zulasten der Beitragszahler verändert und umgekehrt. – Vgl. auch → Rürup-Kommission.

Nachhaltigkeitsfonds → ethisches Investment.

Nachhaltigkeitsindex → ethisches Investment.

Nachhaltigkeitsindikatoren – Kenngrößen für die Trendbeschreibung zentraler Problemfelder einer → nachhaltigen Entwicklung in der ökologischen, ökonomischen, sozialen und partizipatorischen Dimension. Sie dienen als Monitoring für die Umsetzung der → Agenda 21 der → OECD. – Die im Rahmen der Rio-Konferenz 1992 von der UN ins Leben gerufene → Commission on Sustainable Development (CSD) übernahm zunächst den methodischen Ansatz der OECD (→ Umweltindikatoren), der jedoch wesentlich erweitert und auch auf soziale, wirtschaftliche und institutionelle Bereiche ausgedehnt wurde. 1997 übergab die CSD einen umfassenden Satz von 134 Einzelindikatoren an 22 Staaten (u.a. an Deutschland) zur Erprobung. Basierend auf den Erfahrungen wurde 2001 ein überarbeiteter Satz von 58 Indikatoren (davon 19 umweltrelevante Indikatoren) erstellt, der 2006 durch einen verbesserten Satz von 96 Indikatoren, einschließlich 50 Schlüsselindikatoren ersetz wurde.

Nachhaltigkeitsmarketing – 1. *Begriff:* Spezifische Ausrichtung des Marktingansatzes an dem normativen Leitbild der → nachhaltigen Entwicklung. Nachhaltigkeitsmarketing wird auch als Weiterentwicklung des Ökomarketings verstanden. Nachhaltigkeitsmarketing setzt die Einbeziehung ökologischer und sozialer Ziele bei der Gestaltung von Markttransaktionen voraus. Es umfasst die Planung, Koordination, Durchsetzung und Kontrolle aller markt- und nichtmarktbezogenen Transaktionsaktivitäten zur Vermeidung oder Verringerung ökologischer und sozialer Probleme, um über eine dauerhafte Befriedigung der Bedürfnisse aktueller und potenzieller Kunden, unter Ausnutzung von Wettbewerbsvorteilen und bei Sicherung der gesellschaftlichen Legitimität die angestrebten Unternehmensziele zu erreichen. – 2. *Merkmale und Besonderheiten:* a) Die nachhaltige Entwicklung stellt ein auf Handlungsprinzipien gestütztes Leitbild dar, das bei verschiedenen Stakeholdern weltweite Verbreitung gefunden hat. Hierdurch erlangt die Auseinandersetzung mit dem Leitbild auch für das kommerzielle Marketing eine bes. Bedeutung (internationaler stakeholderübergreifender Orientierungsrahmen). – b)

Integrationserfordernis von ökonomischen, ökologischen und sozialen Zieldimensionen in das Unternehmenszielsystem erfordert auch für das Marketing, die Transaktionsbeziehungen auf der Grundlage eines erweiterten Zielkataloges zu gestalten. Mit der Ausweitung des Zielkataloges erweitert sich auch das Feld der proaktiv zu berücksichtigenden Zielgruppen bzw. Stakeholder (Integrationserfordernis). – c) Die Forderung nach Verteilungsgerechtigkeit führt zu einer expliziten Auseinandersetzung mit Nachfragern (sozialschwache und arme Bevölkerungen), die bisher keinen Zugang oder keine Ressourcen zur Durchführung von Transaktionen haben (Kapazitätsproblem). – d) Die Forderung nach intergenerativer Verteilungsgerechtigkeit führt zu einer Abschätzung der Transaktionsfolgen für jene, die bisher noch nicht als Nachfrager auf den Märkten ihre Bedürfnisse und Ansprüche artikulieren können (Gratifikationsproblem).

Nachhaltigkeitsrat – Der Nachhaltigkeitsrat (Rat für Nachhaltige Entwicklung) ist ein von der Bundesregierung 2001 berufener Rat, der Beiträge für die Umsetzung der nationalen Nachhaltigkeitsstrategie entwickelt, konkrete Handlungsfelder und Projekte benennt und das öffentliche Interesse am Thema → Nachhaltigkeit stärken soll. Er besteht aus 13 Personen des öffentlichen Lebens.

Nachhaltigkeitsregeln – Die Nachhaltigkeitsregeln wurden 1994 von der → Enquete-Kommission Schutz des Menschen und der Umwelt des dt. Bundestages entwickelt. Sie beinhalten ökologische, ökonomische und soziale Regeln und bilden die drei Dimensionen der → Nachhaltigkeit ab. Insbesondere sollten die Regeln die konkrete Umsetzung der Nachhaltigkeitsdimensionen erleichtern. Sie haben jedoch keinen rechtlich verbindlichen Charakter. – Die ökologischen Regeln wurden 1994 vom → Sachverständigenrat für Umweltfragen (SRU) und 2002 vom → Umweltbundesamt (UBA) weiterentwickelt.

Nachhaltigkeitsstrategie Deutschland – vom Bundeskabinett am 17.4.2002 als „Perspektiven für Deutschland: Unsere Strategie für eine nachhaltige Entwicklung" beschlossen. – *Inhalt:* Das Dokument mit 330 Seiten nennt 21 Indikatoren (und Ziele) für das 21. Jh. (→ Nachhaltigkeitsindikatoren). Die Bundesregierung spricht von einem Zielviereck: Generationengerechtigkeit, Lebensqualität, sozialem Zusammenhang und internationaler Verantwortung.

Nachhaltigkeitswürfel – 1. *Begriff:* Der Nachhaltigkeitswürfel ist eine dreidimensionale Darstellung der drei inhaltlichen Kategorien → nachhaltiger Entwicklung: Ökonomie, → Ökologie und Soziales. – 2. *Merkmale:* Sein Mittelpunkt beschreibt den Ausgangspunkt (den gegenwärtigen Zustand). Ausgehend von diesem Punkt können verschiedene Alternativen hinsichtlich ihrer Nachhaltigkeitswirkung bewertet werden. Eine eindeutige Vorteilhaftigkeit einer Handlungsalternative ist dabei nur gegeben, wenn ein Zustand in allen drei Wirkungskategorien besser als der Ausgangspunkt bewertet werden kann.

Nachhandelstransparenz – *Post Trade.* Im Rahmen der Nachhandelstransparenz müssen → Börsen, → MTFs und → systematische Internalisierer seit der Umsetzung der → MiFID in deutsches Recht den Umfang, den Kurs und den Zeitpunkt der mit Aktien und mit Aktien vertretenden Zertifikaten getätigten Geschäfte unverzüglich, möglichst auf Echtzeitbasis, veröffentlichen (§§ 31 BörsG, 31g III WpHG). Dies gilt auch für Wertpapierdienstleistungsunternehmen bei Finanzkommissionsgeschäften, Eigenhandel, Abschluss- und Anlagevermittlung bez. Aktien und Aktien vertretenden Zertifikaten, wenn sie diese Geschäfte außerhalb der Börse oder eines MTF abschließen (§ 31h WpHG). Die Pflichten gelten bei Börsen nur, wenn die Aktien und Aktien vertretenden Zertifikate im regulierten Markt zugelassen oder in den regulierten Markt einbezogen sind, für die übrigen Verpflichteten nur dann, wenn sie zum Handel an einem organisierten Markt zugelassen sind. – Vgl. auch → Vorhandelstransparenz.

Nachholverbot – Begriff des Steuerrechts: 1. Verbot, der → Pensionsrückstellung jährlich andere Beträge zuzuführen als die sich aus der versicherungsmathematischen Berechnung ergebenden gleichmäßigen Unterschiedsbeträge zwischen den Gegenwartswerten am Anfang und am Ende des Wirtschaftsjahres (vgl. § 6a IV 1 EStG). – 2. Grundsätzlich Verbot, absichtlich unterlassene → Absetzungen für Abnutzungen (AfA) oder → Sonderabschreibungen nachzuholen. – *Anders:* Rückwirkungsverbot (→ Rückwirkung).

Nachindossament – 1. *Beim Wechsel:* → Indossament, das nach → Verfall eines Wechsels angebracht worden ist. Es hat dieselben Wirkungen wie ein Indossament vor Verfall. – Ein Nachindossament nach Protesterhebung oder nach Ablauf der hierfür bestimmten Frist hat nur die Wirkung einer gewöhnlichen → Forderungsabtretung. Ein nicht datiertes Indossament gilt als vor Ablauf der Protestfrist auf den Wechsel gesetzt, bis das Gegenteil bewiesen wird (Art. 20 II WG). – 2. *Beim Scheck:* Entsprechendes gilt für das Nachindossament bei Schecks (Art. 24 II ScheckG).

Nachkalkulation – 1. *Begriff:* Eine auf die Leistungseinheit bezogene → Kalkulation, der die für die Leistungserhebung tatsächlich angefallenen Kosten (→ Istkosten) zugrunde liegen. – *Gegensatz:* → Vorkalkulation. – 2. *Zweck:* a) *Kostenermittlung und -kontrolle,* vorwiegend bei Einzel- und Kleinserienfertigung, die Unterlagen für die nächste Vorkalkulation und damit gleichzeitig für die künftige Preisstellung liefert; b) *Errechnung der Istgewinnspanne* durch Vergleich von effektiven Kosten und erzielten Erlösen; c) *Kontrolle der Betriebsgebarung* durch Gegenüberstellung von Soll- und Istkosten. – 3. *Verfahren:* → Kalkulation.

Nachkaufgarantie → Ersatzteilgeschäft.

Nachkauf-Marketing → After-Sales-Service.

Nachkosten → Nacharbeitskosten.

Nachlass – *Erbschaft;* Bezeichnung des BGB für das hinterlassene Vermögen als Ganzes (Aktiva und Passiva). – *Vererblich sind auch:* Rechte an der Firma (§ 22 HGB), Kennzeichenrechte, gewerbliche Schutzrechte (Marken, Gebrauchsmuster,Geschma cksmuster), Urheber- und Erfinderrechte sowie der Besitz (§ 857 BGB), auch der Schmerzensgeldanspruch. – Zum Nachlass *gehören nicht:* Höchstpersönliche und vertragsmäßig auf eine bestimmte Person beschränkte Rechte, wie i.d.R. Mitgliedschaft, → Nießbrauch, Anspruch auf Leibrente u.a.

Nachlassbesteuerung – eine in der Bundesrepublik Deutschland nicht gebräuchliche, meist progressiv gestaltete Form der → Erbschaftsbesteuerung als → Objektbesteuerung. – *Bemessungsgrundlage* ist der um Schulden und Lasten gekürzte, unverteilte → Nachlass („letzte Vermögensteuer des Erblassers"). Die Erben selbst empfangen ihren Anteil steuerfrei.

Nachlässe – Abzüge in Form von → Erlösschmälerungen und Preisnachlässen aufgrund von → Mängelrügen, die auf den Warenpreis gewährt werden. Gewährte Nachlässe schmälern die Warenumsatzerlöse, erhaltene Nachlässe mindern die → Anschaffungskosten der eingekauften Güter. – *Anders:* → Rabatt.

Nachlassgericht – meist das → Amtsgericht des letzten Wohnsitzes des Erblassers (§§ 72 ff. FGG). – *Aufgabenbereich:* Nach Eröffnung der → Verfügung von Todes wegen kann das Nachlassgericht u.a. Fürsorgemaßnahmen für den → Nachlass treffen (z.B. Nachlasspflegschaft, Nachlassverwaltung); ggf. feststellen, dass ein anderer Erbe als der Fiskus nicht vorhanden ist, → Erbschein erteilen, → Testamentsvollstreckung überwachen, gütliche → Erbauseinandersetzung herbeiführen. – Die Tätigkeit des Nachlassgerichts gehört zum Bereich der → freiwilligen Gerichtsbarkeit. – Die Verfügungen sind i.d.R. mit der → Beschwerde anfechtbar.

Nachlassgläubiger – Gläubiger der → Nachlassverbindlichkeiten. Ihnen gegenüber greift → Erbenhaftung Platz.

Nachlassinsolvenz – 1. *Begriff:* Eine nur den → Nachlass als Sondervermögen des Erben ergreifende → Sonderinsolvenz (§§ 315–331 InsO, §§ 1980 ff. BGB). Möglich nur über den ganzen Nachlass, nicht über einen Erbteil. – 2. *Zweck* der Nachlassinsolvenz ist, im Interesse des Erben und der → Nachlassgläubiger eine Trennung des Nachlasses vom sonstigen Vermögen zu erreichen. – 3. *Antragsberechtigt:* Erbe, Nachlassverwalter, Testamentsvollstrecker, Nachlasspfleger und jeder Nachlassgläubiger; verpflichtet dazu (zur Vermeidung der Schadensersatzpflicht) Erbe und Nachlassverwalter. Alleiniger *Insolvenzgründe* sind → Überschuldung des Nachlasses, Zahlungsufähigkeit und, wenn der Erbe oder Nachlassverwalter die Eröffnung des Verfahrens beantragt, auch die drohende Zahlungsunfähigkeit (§ 320 InsO). – 4. *Zuständig* ist das → Amtsgericht, in dessen Bezirk der Erblasser z.Z. seines Todes den allg. Gerichtsstand hatte. – 5. *Insolvenzgläubiger* sind nur die Nachlassgläubiger und solche Gläubiger, deren Forderungen aus der bisherigen Nachlassbehandlung entstanden sind, nicht aber Privatgläubiger der Erben. – 6. Bes. *Bestimmungen* der InsO (§§ 321–331 InsO) sollen erreichen, dass der Nachlass soweit möglich so wiederhergestellt wird, wie er z.Z. des Erbfalls bestand. – 7. Die *Haftung* des Erben wird durch die Nachlassinsolvenz auf den Nachlass beschränkt.

Nachlasskonkurs – seit dem 1.1.1999: → Nachlassinsolvenz.

Nachlasspflegschaft – 1. *Wesen:* → Pflegschaft für den endgültigen → Erben, deren Aufgabe die Erhaltung und Verwaltung des → Nachlasses bis zur endgültigen → Annahme der Erbschaft, bisweilen auch nur Prozessvertretung, ist (§§ 1960 ff. BGB). – 2. *Bestellung* des Nachlasspflegers durch das → Nachlassgericht. – 3. Nachlasspflegschaft *endet* nach Bekanntwerden des Erben durch Aufhebungsbeschluss.

Nachlassverbindlichkeiten – 1. *Begriff:* Schulden des → Erblassers (Erblasserschulden) und die aus Anlass des Erbfalls entstehenden Verbindlichkeiten (Erbfallschulden) sowie die Kosten der Verwaltung des Nachlasses. Für Nachlassverbindlichkeiten haftet der Erbe (→ Erbenhaftung). – 2. Für die Berechnung der *Erbschaftsteuer* können die Nachlassverbindlichkeiten von dem maßgebenden Wert abgezogen werden (§ 10 V ErbStG). Im Einzelnen werden erbschaftsteuerlich als Nachlassverbindlichkeiten anerkannt: a) die vom Erblasser herrührenden Schulden, b) Verbindlichkeiten aus Vermächtnissen, Auflagen, Pflichtteilen, Erbersatzansprüchen, die der Erbe zu erfüllen hat, c) Beerdigungskosten (ohne speziellen Nachweis Abzug eines Betrages von 10.300 Euro). Erbschaftsteuerlich ausdrücklich nicht vom Erbe abzugsfähig sind dagegen Kosten für die Verwaltung des Nachlasses. – 3. Wenn Nachlassverbindlichkeiten höher sind als das Erbe, können sie u.U. als → außergewöhnliche Belastungen bei der → Einkommensteuer geltend gemacht werden.

Nachlassvergleich – ab 1999 vom Nachlassinsolvenzverfahren (§§ 315 ff. InsO) abgelöst. Dieses bewirkt die Beschränkung der → Erbenhaftung.

Nachlassverwaltung – zum Zwecke der Befriedigung der Nachlassgläubiger durch das → Nachlassgericht angeordnete Verwaltung des → Nachlasses (§§ 1975 ff. BGB). – *Anordnung:* (1) auf Antrag des → Erben oder (2) auf Antrag eines → Nachlassgläubigers, wenn Grund zu der Annahme besteht, dass die Befriedigung der Nachlassgläubiger aus dem Nachlass durch das Verhalten oder die Vermögenslage des Erben gefährdet wird (§ 1981 BGB). Der Nachlassverwalter hat den Nachlass zu verwalten und die

→ Nachlassverbindlichkeiten zu berichtigen; andere Gläubiger als Nachlassgläubiger können nicht in den Nachlass vollstrecken (§ 1984 BGB). Die Nachlassverwaltung führt zu einer Beschränkung der → Erbenhaftung auf den Nachlass (§ 1975 BGB).

Nachlauf → Transportkette.

Nachleistungen – Leistungen, die im Rechnungszeitabschnitt erstellt werden, für deren zugehörigen Aufwand die Zahlungen aber bereits in einem früheren Zeitabschnitt erfolgt sind. – Vgl. auch → Rechnungsabgrenzung.

Nachlieferung → Kaufvertrag.

Nachlieferungspflicht – Verpflichtung des Verkäufers beim → Kaufvertrag zur Lieferung einer Ersatzsache anstelle der gelieferten mangelhaften Ware. Der Verkäufer hat die erforderlichen Kosten (z.B. für die Ersatzware und den Transport) zu tragen (§ 439 II BGB). – Vgl. auch → Nacherfüllung.

Nachmachen – Das Anfertigen einer Sache oder Ware, welcher der Anschein verliehen wird, etwas anderes zu sein, als sie in Wirklichkeit ist; Nachmachen von Lebensmitteln ist verboten und strafbar (§§ 11Abs.2 Nr. 2 , 59 Lebensmittel- und Futtermittelgesetzbuch); vgl. Nachmachen von Geld, Wertzeichen und Wertpapieren (§§ 146 ff. StGB).

Nachnahme – I. Postwesen: Einziehungsverfahren durch die Post, vgl. → Inkassogeschäft. Vgl. § 422 HGB.

II. Buchung: Da bei einer Nachnahme der Besteller beim Empfang der Sendung neben den reinen Warenkosten auch die Nachnahmepostgebühr zu entrichten hat, sind zwei Buchungssätze möglich: (1) Buchung von Warenkosten und Nachnahmegebühr auf Wareneinkaufskonto; (2) Belastung der Warenkosten auf Wareneinkaufskonto und der Nachnahmegebühr auf Konto Warenbezugskosten. – Vgl. auch → Beschaffungskosten. Da die Anschaffungskosten gemäß § 255 I HGB auch die Bezugskosten umfassen, müssen im Fall (2) die beiden Konten zum Abschluss in der Schlussbilanz wieder zusammengefasst werden.

III. Umsatzsteuerrecht: Der vom Empfänger entrichtete Nachnahmebetrag gehört zum → Entgelt, ungeachtet einer Kürzung durch die Post um die Zahlkarten- oder Postanweisungsgebühr für die Rücküberweisung.

Nachnahmekosten – Gebühren für → Nachnahmen. Nachnahmekosten gehören bez. Kostenerfassung und -verrechnung zu den → Beschaffungskosten.

Nachricht – Menge aller von einem Absender ausgesendeten Daten. In der → Objektorientierung kommunizieren die einzelnen Objekte eines Systems über Nachrichten, die die Ausführung von einzelnen Aktionen anstoßen. – Vgl. auch → Information, → Redundanz.

Nachrichtenübertragung → Kommunikation, → Informationsübermittlung.

Nachrichtenverkehr – Beförderung von Nachrichten (Informationen) mittels interner und externer Informationsverbindungen (→ Informationssystemen). Zur Beförderung bzw. Übermittlung der Nachrichten werden unterschiedliche Nachrichten-Techniken eingesetzt.

Nachschau – Verfahren im Rahmen der → Steueraufsicht. Die von der Finanzbehörde mit der Steueraufsicht beauftragten Amtsträger sind berechtigt, auf Grundstücken, in Räumen und Fahrzeugen von Personen, die eine gewerbliche oder berufliche Tätigkeit selbstständig ausüben und denen ein der Steueraufsicht unterliegender Sachverhalt zuzurechnen ist, während der Geschäfts- und Arbeitszeit Prüfungen vorzunehmen und sonstige besteuerungserhebliche Feststellungen zu treffen (§ 210 I AO). Nachschau ist jederzeit zulässig, wenn der Verdacht besteht, dass Verstöße gegen Zoll- und Verbrauchsteuergesetze, v.a. dass sich in den betreffenden Räumen Schmuggelwaren oder nicht ordnungsgemäß versteuerte verbrauchsteuerpflichtige Waren befinden, aufgedeckt werden können; bei Gefahr im Verzug darf eine → Durchsuchung von Wohn- und Geschäftsräumen ohne richterliche Anordnung erfolgen (§ 210 II AO). Übergang zur → Außenprüfung ist möglich (§ 210 IV AO).

Nachschieben – für *Nachschieben von Waren*; → Abschnittsschlussverkäufe, → Räumungsverkäufe.

Nachschüsse → Nachschusspflicht.

nachschüssige Rente → Rente.

Nachschusspflicht – I. Begriff: Durch Gesetz, Satzung oder Vertrag festgelegte oder auszuschließende beschränkte oder unbeschränkte Verpflichtung für Gesellschafter, an ihre Gesellschaft unter bestimmten Voraussetzungen zahlenmäßig beschränkte oder unbeschränkte Nachschüsse auf die schon bestehende Einzahlungen (Anteile) zu leisten. Nachschüsse dienen meist der Sanierung.

II. Formen: 1. *Gesetzliche Nachschusspflicht:* bei der Genossenschaft mit beschränkter und unbeschränkter Haftung (→ Haftpflicht). – 2. Nach *Vereinbarung* ist Nachschusspflicht bei der Gesellschaft mit beschränkter Haftung zulässig; Einzahlung hat nach dem Verhältnis der Gesellschaftsanteile zu erfolgen (§ 26 GmbHG). – 3. *Keine gesetzliche Nachschusspflicht* für die Aktionäre von Aktiengesellschaften (→ Nebenverpflichtungen der Aktionäre), die Gesellschafter einer Offenen Handelsgesellschaft oder Kommanditgesellschaft. – 4. Bei *Versicherungsvereinen auf Gegenseitigkeit und einigen öffentlich-rechtlichen Versicherern* werden aufgrund der Satzung oder allg. Versicherungsbedingungen von den Versicherungsnehmern Nachschüsse erhoben, wenn die jährliche Prämieneinnahme zur Deckung der im entsprechenden Zeitraum angefallenen Versicherungsleistungen und Verwaltungskosten nicht ausgereicht hat.

III. Befreiung: von der Nachschusspflicht für GmbH-Gesellschafter durch Überlassung ihrer Beteiligung (→ Abandon) an die Gesellschaft. – Die Nachschusspflicht kann bei → Genossenschaften ausgeschlossen bzw. beschränkt werden (vgl. § 6 Ziff. 3 GenG).

Nachschusspflicht der Genossen – Im Fall der Insolvenz (→ Insolvenzverfahren) der eingetragenen → Genossenschaft sind die Genossen verpflichtet, Nachschuss zur Insolvenzmasse zu leisten, wenn der Anspruch der → Massegläubiger oder die bei der Schlussverteilung berücksichtigten Forderungen aus dem Genossenschaftsvermögen nicht befriedigt werden können. Das Statut (→ Satzung) kann jedoch die Nachschusspflicht ausschließen (§ 105 I S. 1 letzter HS GenG) oder auf eine → Haftsumme beschränken (§ 6 Nr.3, § 22a und § 119 GenG).

Nachsichtakkreditive – Oberbegriff für → Akkreditive, bei denen die Auszahlung des Akkreditivgegenwerts an den Begünstigten nicht im Gegenzug zur Dokumentenaufnahme erfolgt (wie dies bei → Sichtzahlungsakkreditiven grundsätzlich der Fall ist), sondern erst nach Ablauf der sog. Nachsichtfrist. Zu den Nachsichtakkreditiven zählen die → Akkreditive mit hinausgeschobener Zahlung (Deferred-Payment-Akkreditive) sowie die → Akzeptakkreditive, bei denen der Zahlungszeitpunkt bis zur Wechselfälligkeit hinausgeschoben ist.

Nachsichtinkassi – Oberbegriff für → Dokumente gegen Akzept-Inkassi und → Dokumente gegen unwiderruflichen Zahlungsauftrag-Inkassi, weil mit diesen Inkassi i.Allg. ein Zahlungsziel (eine Nachsichtfrist) für den Importeur verbunden ist.

Nachsichtseffekt – Störeffekt bei der Einstellungs- und Imagemessung. Die Testpersonen schätzen ihnen bekannte Untersuchungsobjekte tendenziell günstiger ein als die ihnen unbekannten Stimuli. – *Ähnlich:* → Halo-Effekt. – Vgl. auch → systematischer Fehler.

Nachsichtwechsel → Wechsel, der eine bestimmte Zeitspanne nach Sicht (d.h. nach Vorlage beim → Bezogenen) fällig ist (Art. 33 I und Art. 35 I WG). Andere Wechselarten gemäß Wechselgesetz sind der → Sichtwechsel, der → Datowechsel und der → Tagwechsel.

Nachtarbeit – 1. *Charakterisierung:* Nachtarbeit ist jede Arbeit, die mehr als zwei Stunden der Nachtzeit (23 bis 6 Uhr) umfasst (§ 2 II, III ArbZG). Nachtarbeit ist meist aus technischen Gründen (z.B. Papier- oder Stahlerzeugung) oder aus Gründen der Versorgung der Bevölkerung mit bestimmten Leistungen (z.B. Krankenschwester, Polizei, Verkehrsbetriebe) unvermeidlich. Nachtarbeit ist aufgrund der festen menschlichen Tagesrhythmik (Biorhythmus) mit bes. Problemen belastet. So erreicht die physiologische Leistungsfähigkeit in der Nacht im Durchschnitt nur unter Normal liegende Werte und auch die Tiefpunkte werden in der Nacht (ca. 3 Uhr) erreicht. Dies liegt an den sog. Zeitgebern, die die menschliche Physiologie in Ruhe- und Spannungszustände versetzen. – 2. *Arbeitsrechtliche Regelung:* → Arbeitszeit, → Frauenschutz, → Jugendarbeitsschutz. – Vgl. auch → Schichtarbeit.

Nachtarbeitszuschlag → Mehrarbeitszuschlag.

Nachteilsausgleich – I. Sozialrecht: Sammelbegriff für die Vorschriften über Hilfen für behinderte Menschen zum Ausgleich behinderungsbedingter Nachteile oder Mehraufwendungen (§ 126 SGB IX). Derartige Hilfen werden z.B. gewährt bei erheblicher Beeinträchtigung der Bewegungsfähigkeit im Straßenverkehr, der Notwendigkeit einer Begleitperson, bei Hilflosigkeit, Blindheit. Für die Gewährung des Nachteilsausgleichs kommt es nur auf Art oder Schwere, nicht aber auf die Ursache der Behinderung an. – Die *Berechtigung* für die Inanspruchnahme eines Nachteilsausgleichs wird in dem Schwerbehindertenausweis durch bestimmte Merkzeichen festgestellt.

II. Arbeitsrecht: → Interessenausgleich.

nachträgliche Anschaffungskosten – Bestandteil der → Anschaffungskosten. – *Beispiel:* Nachträgliche Preiskorrekturen nach oben erhöhen die Anschaffungskosten, etwa Nachzahlungen aufgrund eines Urteils oder Schiedsspruches, oder wenn nach den getroffenen Vereinbarungen der endgültige Kaufpreis von späteren Ergebnissen abhängig gemacht wird.

nachträgliche Sicherungsverwahrung → Sicherungsverwahrung.

Nachtragshaushalt → Haushaltsplan, der die Positionen, die in einem bereits verkündeten Haushalt geändert werden sollen, umfasst. Der Nachtragshaushalt ist nicht als → Haushaltsüberschreitung anzusehen, sondern als originärer Haushalt, der nach denselben, allerdings beschleunigten Verfahren aufgestellt, beraten und durchgeführt wird wie Jahreshaushaltspläne (§§ 32, 33 BHO). – *Spezielle Form:* → Rektifikationsetat. – Vgl. auch → Ergänzungshaushalt, → Eventualhaushalt.

Nachtragsverteilung – im Insolvenzverfahren Verteilung der nach der → Schlussverteilung noch anfallenden Insolvenzmasse (z.B. aus zunächst sichergestellten Beträgen, §§ 189–191, 203–205 InsO). Nachtragsverteilung nur auf Anordnung des Insolvenzgerichts. Berücksichtigt werden nur die im Schlussverzeichnis aufgeführten Insolvenzgläubiger. Der Insolvenzverwalter muss die verfügbare Masse und den zur Ausschüttung gelangenden Prozentsatz öffentlich bekannt machen und hat über die Verwaltung und Verteilung der Nachtragsmasse dem Insolvenzgericht Rechnung zu legen.

Nachtsprung – Personen- oder Güterbeförderung im Hauptlauf einer → Transportkette während der Nacht.

Nachtwächterstaat – auf Lassalle zurückgehende polemische Bezeichnung für die Rolle des Staates zu Zeiten des → Laissez-Faire-Liberalismus, als der Wirtschaftsprozess durch keinerlei wirtschaftspolitische Eingriffe beeinträchtigt wurde und der Staat sich auf den Schutz des Eigentums beschränkte.

Nachunternehmer – *Nebenunternehmer;* der vom → Hauptunternehmer im Auftrag des Auftraggebers zur Ausführung von Nebenarbeiten beauftragte Unternehmer.

Nachveranlagung – Nachveranlagung des → Steuermessbetrages im Fall einer → Nachfeststellung des Einheitswertes (§ 18 GrStG).

Nachverfahren – nach der Zivilprozessordnung ein Verfahren zur endgültigen Entscheidung eines Rechtsstreits, in dem ein → Vorbehaltsurteil ergangen ist. Das Nachverfahren setzt das Vorverfahren vor dem gleichen Gericht zwischen denselben Parteien fort. Es endet damit, dass das Vorbehaltsurteil für vorbehaltlos erklärt oder aufgehoben und die Klage abgewiesen wird. – Nachverfahren ist *möglich* bei → Aufrechnung des Beklagten im Prozess mit einer Gegenforderung (deren Bestehen im Nachverfahren geprüft wird) sowie im Urkunden-, Wechsel- und Scheckprozess (alle Beschränkungen hinsichtlich der zulässigen → Beweismittel entfallen). – Einen *Schaden,* den der Beklagte bei Vollstreckung des Klägers aus dem (später aufgehobenen) Vorbehaltsurteil oder durch → Sicherheitsleistung zur Abwendung der Vollstreckung erlitten hat, kann er bereits im Nachverfahren geltend machen (§§ 302, 600 ZPO). – Vgl. auch → summarisches Verfahren.

Nachversicherung – in der → Rentenversicherung die nachträgliche Einbeziehung in die Versicherung von Personen (z.B. Beamten, Berufssoldaten, Soldaten auf Zeit, aber auch Ordensmitglieder, Diakonissen, Rotkreuzschwestern), die aus einer rentenversicherungsfreien Beschäftigung ausscheiden, ohne dass ihnen oder ihren Hinterbliebenen nach beamtenrechtlichen Vorschriften Versorgung gewährt wird. Für die Zeit, in der sie sonst rentenversicherungspflichtig gewesen wären, sind sie nachzuversichern. Der Arbeitgeber oder Dienstherr hat die Beiträge allein zu tragen und an die Rentenversicherung nachzuentrichten (§§ 8, 96, 281, 285 SGB VI).

Nachversteuerung – spätere Versteuerung von gewährten Abzugsbeträgen bei der Einkommensteuer, wenn die Bedingungen, unter denen der Abzug gewährt wurde, nicht erfüllt werden. – 1. Nachversteuerung von den als Sonderausgaben abgezogenen Lebensversicherungsbeiträgen, wenn die Versicherungsansprüche der Tilgung oder Sicherung eines Darlehens dienen, dessen Finanzierungskosten Betriebsausgaben oder Werbungskosten sind (§ 10 I 1 EStG, § 29 EStDV). – 2. *Nachversteuerung von den als* → Sonderausgaben *abgezogenen Prämien bei Rentenversicherungen* (Altfälle bis 2004) gegen Einmalbetrag, wenn vor Ablauf von zwölf Jahren seit Vertragsabschluss die Versicherungssumme ganz oder teilweise ausgezahlt, der Einmalbetrag ganz oder z.T. zurückgezahlt oder die Ansprüche aus dem Versicherungsvertrag ganz oder z.T. abgetreten oder beliehen werden (§§ 10 V Nr. 2 EStG, 30 EStDV). Seit Einführung des Alterseinkünftegesetzes vgl. → nachgelagerte Besteuerung. – 3. *Nachversteuerung von als Sonderausgaben abgezogenen* → *Bausparkassenbeiträgen* (für Altfälle bis 2004), wenn vor Ablauf von zehn Jahren seit Vertragsabschluss die Bausparsumme ganz oder z.T. ausgezahlt, geleistete Beiträge ganz oder z.T. zurückgezahlt oder Ansprüche aus dem Bausparvertrag abgetreten oder beliehen werden (§§ 10 V Nr. 3 EStG, 31 EStDV). – 4. *Nachversteuerung bei* → negativem Kapitalkonto, das durch Einlagen- und Haftungsminderung entsteht oder sich erhöht (§ 15a III EStG). – 5. *Nachversteuerung bei schädlicher Verfügung über Vermögensbeteiligungen* vor Ablauf der Sperrfrist von sechs Jahren (§ 19a II EStG) durch → Pauschbesteuerung. – 6. *Nachversteuerung unter bestimmten Voraussetzungen*, wenn ein nachversteuerungspflichtiger Betrag im vorangegangenen Wirtschaftsjahr nach § 34a EStG (→ Thesaurierungsrücklage) festgestellt wurde.

Nachweisgesetz – vom 20.7.1995 (BGBl. I 946) m.spät.Änd. 1. *Zweck des Gesetzes*: Mit dem Nachweisgesetz soll eine größere Rechtssicherheit durch die Verpflichtung zur schriftlichen Fixierung der wesentlichen Arbeitsbedingungen geschaffen werden. Nach § 2 I 7 des Gesetzes hat der Arbeitgeber *spätestens einen Monat nach dem vereinbarten Beginn* des Arbeitsverhältnisses *die wesentlichen Vertragsbedingungen schriftlich* niederzulegen, die Niederschrift zu unterzeichnen und dem Arbeitnehmer auszuhändigen. Der Nachweis selbst ist nicht konstitutiv (rechtsbegründend). Auch ohne Nachweis ist der Arbeitsvertrag gültig. Er dient lediglich der Information des Arbeitnehmers und des Arbeitgebers über die Rechte und Pflichten. Die Verletzung der Nachweispflicht ist auch nicht bußgeldbewehrt. – 2. *Mindestbestandteile* der Niederschrift für Arbeitsverhältnisse im Inland sind: a) Name und Anschrift der Vertragsparteien, b) vereinbarter Beginn des Arbeitsverhältnisses, c) vorhersehbare Dauer bei befristeten Arbeitsverhältnissen, d) Arbeitsort oder Hinweis darauf, dass der Arbeitnehmer an verschiedenen Orten beschäftigt sein soll, e) eine Tätigkeitsbeschreibung, f) Zusammensetzung und Höhe des Arbeitsentgelts einschließlich der Zuschläge, der Zulagen, Prämien und Sonderzahlungen und anderer Bestandteile des Arbeitsentgelts und deren Fälligkeit, g) Regelarbeitszeit, h) Dauer des jährlichen Erholungsurlaubs, i) Kündigungsfrist, j) Hinweis auf Tarifverträge, Betriebs- und Dienstvereinbarungen, die auf das Arbeitsverhältnis anzuwenden sind. – 3. Bei *geringfügig Beschäftigten* ist außerdem der Hinweis über die rentenversicherungsrechtliche Stellung aufzunehmen. – 4. Bei *Entsendung ins Ausland* sind zusätzliche Angaben nötig: a) Dauer der Auslandstätigkeit, b) Währung der Entgeltzahlung, c) Zusätzliches Arbeitsentgelt einschließlich Sachleistungen, d) Bedingung für die Rückkehr. – 5. Wird ein *schriftlicher Arbeitsvertrag* dem Arbeitnehmer ausgehändigt, der alle nach dem Nachweisgesetz geforderten Angaben enthält, entfällt die Verpflichtung zur Niederschrift. – 6. Bei *Änderung der wesentlichen Vertragsbedingungen* sind dem Arbeitnehmer spätestens einen Monat später die Änderungen schriftlich mitzuteilen. – 7. Bei *bereits bestehenden Arbeitsverhältnissen* bei Inkrafttreten des Gesetzes ist den Arbeitnehmern nur auf ihr Verlangen innerhalb von zwei Monaten eine Niederschrift auszuhändigen, wenn sie noch keinen schriftlichen Arbeitsvertrag oder keine schriftliche Bestätigung der Vertragsbedingungen haben. – 8. *Geltungsbereich:* Das Nachweisgesetz gilt für alle Arbeitnehmer einschließlich leitende Angestellte. Ausgenommen sind nur die Arbeitnehmer, die vorübergehend zur Aushilfe von höchstens einem Monat eingestellt werden (§ 1 des Gesetzes). Sonderreglungen gelten für die zu ihrer → Berufsbildung (§ 4 BBiG) und Leiharbeitnehmer, die entsprechenden Schutz gewähren. Das Nachweisgesetz gilt nicht für → arbeitnehmerähnliche Personen. – 9. *Rechtsfolgen bei fehlendem Nachweis:* Verantwortlich dafür, dass die wesentlichen Arbeitsbedingungen schriftlich fixiert werden, ist der Arbeitgeber. Unterlässt er dies, so sieht das Nachweisgesetz keine gesonderte Sanktionen vor. Der Arbeitgeber hat aber bei Streit über die Vertragsbedingungen Beweisnachteile hinzunehmen.

Nachweismakler – Makler, der lediglich die Gelegenheit für den Abschluss eines Vertrages nachweist, ohne den Abschluss selbst zu vermitteln. Für den Nachweismakler gelten nur die Vorschriften für den → Zivilmakler (§§ 652 ff. BGB). Für einen Provisionsanspruch des Nachweismaklers ist erforderlich, dass sich der Abschluss des Hauptvertrages zumindest auch als Ergebnis einer für den Erwerb wesentlichen Maklerleistung darstellt; davon ist auszugehen, wenn der Kunde durch den Nachweis des Maklers den konkreten Anlass bekommen hat, sich um das nachgewiesene Objekt zu kümmern.

Nachwirkung – Fortgeltung der Normen eines → Tarifvertrags oder einer → Betriebsvereinbarung nach deren Beendigung. Die Nachwirkung endet mit Abschluss eines neuen Tarifvertrags oder einer neuen Betriebsvereinbarung.

Nachzahlung → Abschlusszahlung.

Nachzügler – Gruppe von → Adoptoren, die ein neues Produkt erst in einer sehr späten Phase des Lebenszyklus kaufen. Nachzügler sind häufig traditionsorientiert und wenig risikobereit.

NAFTA – Abk. für *North American Free Trade Agreement, Nordamerikanische Freihandelszone;* am 17.12.1992 unterzeichnete, zum 1.1.1994 in Kraft getretene Freihandelszone zwischen Kanada, Mexiko und den USA. Die NAFTA verfügt über einen Streitschlichtungsmechanismus, der etwa dem der WTO entspricht, aber nur bei internen Handelsstreitigkeiten in Aktion tritt.

Nahrungsmittel – der menschlichen Ernährung dienende Erzeugnisse des Pflanzen- und Tierreichs. – *Gesetzliche Regelung:* → Lebensmittel- und Futtermittelgesetzbuch (LFGB).

Nahrungsmittelhandwerk – Unternehmungen, deren Haupttätigkeit die Herstellung bestimmter Waren (Brot, Back-, Konditoreiwaren, Fleisch und Fleischwaren) ist. Sie verkaufen ihre Produkte häufig in eigenen Verkaufsstellen (Bäckereien, Metzgereien, Konditoreien). Der Übergang zur → Einzelhandelsunternehmung ist oft fließend, v.a. wenn die Unternehmungen des Nahrungsmittelhandwerks in erhöhtem Maß fremde Ware zukaufen (z.B. Bäcker: Milch, Sahne, Aufschnitt, Süßigkeiten, Kaffee; Fleischer: Brötchen, Milch, Konserven, Delikatessen). Neuerdings bietet das Nahrungsmittelhandwerk häufig fertige Speisen in Schnell-Imbiss-Restaurants an. Das Nahrungsmittelhandwerk ist zunehmend in Einkaufskooperationen organisiert (→ Einkaufsgenossenschaft).

Nahrungsmittelhilfe – Nahrungsmittellieferungen zu Vorzugsbedingungen an Entwicklungsländer. Sie wird oft als Sofort- oder Katastrophenhilfe geleistet. Gelegentlich wird versucht, sie entwicklungswirksam einzusetzen, z.B. als Teil des Arbeitsentgeltes für Beschäftigte in Entwicklungsprojekten (Food for Work). Oft dient sie als Budgethilfe, wenn durch ihren Verkauf Staatseinnahmen (meist auf sog. Gegenkonten) geschaffen werden. – Mit Ausnahme der Katastrophenhilfe ist sie jedoch umstritten, da damit strukturelle Agrarüberschüsse der Industrieländer an den Weltmarkt abgegeben werden und somit die Entwicklungsanstrengungen im Agrarbereich der Entwicklungsländer behindert werden. Soweit es sich um Lieferungen aus Industriestaaten handelt, ist Nahrungsmittelhilfe als doppelt gebundene Hilfe (→ Lieferbindung) ökonomisch inferior.

Nahrungsmittelproduktion – statistische Bezeichnung für alle Nahrungsmittel und Rohprodukte, die für gewerbliche Zwecke verfügbar werden. Dazu gehören: (1) pflanzliche Erzeugnisse, die für die menschliche Ernährung direkt verwendet werden oder zur Verarbeitung im Ernährungsgewerbe dienen; (2) tierische Erzeugnisse aus den verschiedenen Zweigen der landwirtschaftlichen Veredlungswirtschaft (auch für Futterzwecke verwendete Erzeugnisse); (3) der Eigenverbrauch der landwirtschaftlichen und nichtlandwirtschaftlichen Erzeuger; (4) die über den Markt verwerteten Mengen; (5) ferner Veränderungen des Viehbestandes, bereinigt um die Einfuhren von Zucht- und Nutzvieh. Die Nahrungsmittelproduktion enthält auch die Mengen, die aus eingeführten Futtermitteln erzeugt wurden und die Ausfuhren an Nutz- und Schlachtvieh. Als Saatgut verwendete Mengen, Bruteier und Pferdefutter sind nicht eingeschlossen. – *Berechnung* in → Getreideeinheiten (GE). – Vgl. auch → Nettonahrungsmittelproduktion.

Name – Wort, mit dem Personen oder Gegenstände bezeichnet werden. – Vgl. auch → Familienname, → Namensrecht, → Pseudonym (Deckname), → Firma.

Named Perils-Deckung – *Benannte Gefahren-Versicherung.* – 1. *Begriff:* Versicherungsdeckung nach dem Prinzip der Spezialität der Gefahren, die nur die im Versicherungsvertrag ausdrücklich benannten Gefahren (→ versicherte Gefahren) umfasst. Eine zusätzliche Voraussetzung ist, dass die versicherten Gefahren auf die → versicherten Sachen, die versicherten Personen und das versicherte Vermögen einwirken und dort zu versicherten Schäden führen. – *Anders:* Multi Risks-Deckung. – *Gegensatz:* All Risks-Deckung. – 2. *Abgrenzung:* Im Unterschied zur All Risks-Deckung sind bei der Named Perils-Deckung die sog. „unbenannten Gefahren" nicht mitgedeckt; zudem trägt der Versicherungsnehmer die Beweislast für den Eintritt eines versicherten Schadens durch eine versicherte Gefahr (→ Versicherungsfall).

Namensaktie – 1. *Eigenschaften:* Namensaktien sind trotz ihrer Bezeichnung keine Namens-, sondern → Orderpapiere (§ 68 AktG). Sie können durch → Indossament (auch → Blankoindossament) oder durch Abtretung des Rechts (→ Forderungsabtretung) übertragen werden. Die Eigentumsübertragung kann durch die Satzung erschwert werden (vinkulierte Namensaktie, § 68 II AktG). Da als Aktionär nur gilt, wer im Aktienregister eingetragen ist, muss bei Übertragung der Aktie eine Löschung und Neueintragung erfolgen. Namensaktien sind erforderlich, wenn der Gegenwert bei der Ausgabe nicht vollständig bezahlt wird. – 2. *Bedeutung für die Börsennotierung:* Durch elektronische Medien ist auch für Namensaktien inzwischen die Girosammelverwahrung möglich und die Fungibilität im Börsenhandel nicht eingeschränkt. Dies gilt auch für vinkulierte Namensaktien, sie sind bei börsennotierten Gesellschaften jedoch selten. Ausnahme ist z.B. die zum Aktienindex DAX gehörige Deutsche Lufthansa AG, die durch das Luftverkehrsnachweissicherungsgesetz (LuftNASiG) zur Ausgabe vinkulierter Namensaktien verpflichtet ist. International ist die Namensaktie die gebräuchliche Aktienform (z.B. Registered Share in den USA). Sie ist im internationalen Börsenhandel an einigen Börsen, z.B. an der New York Stock Exchange (NYSE), eine Voraussetzung für die Zulassung. Mittlerweile sind fast die Hälfte der DAX-Gesellschaften Namensaktiengesellschaften. – 3. *Hintergrund:* Zumindest theoretisch ermöglicht die Ausgabe von Namensaktien der Gesellschaft einen besseren Überblick über die Zusammensetzung des Aktionärskreises als bei der anonymen Inhaberaktie. Ihre Aktionäre zu kennen, hat für die börsennotierten Gesellschaften in den letzten Jahren immer mehr an Bedeutung gewonnen (→ Investor Relations). Die derzeitige Realität der → Aktienregister entspricht dem aber nicht immer.

Namenspapier – *Rektapapier.* 1. *Namenspapier i.e.S.:* → Wertpapier, das auf den Namen einer bestimmten Person lautet und bei dem nur der namentlich genannte Inhaber oder sein Rechtsnachfolger zur Geltendmachung des verbrieften Anspruchs berechtigt ist. – *Beispiele:* Hypothekenbriefe und nicht auf den Inhaber lautende Grundschuldbriefe, bürgerlichrechtliche Anweisung. – *Übertragung* erfolgt durch Abtretung des Anspruchs (→ Forderungsabtretung). Der Eigentumsübergang ist Folge der Forderungsabtretung (das Recht an dem Papier folgt dem Recht aus dem Papier). – 2. *Namenspapier i.w.S.:* Auch geborene → Orderpapiere (z.B. → Wechsel, → Scheck, → Namensaktie), die auf Namen lauten, werden durch die negative Orderklausel zu Rektapapieren.

Namensrecht – 1. Absolutes *Recht zum ungestörten Gebrauch des* → Namens und Verhinderung unbefugten Gebrauchs (§ 12 BGB). – 2. *Recht zur Namensführung:* → Familienname. – 3. Geschützt wird nicht nur der bürgerliche Name, sondern auch der *Firmenname,* und zwar nicht nur der Name als Bestandteil der → Firma des Einzelkaufmanns, sondern auch der vom bürgerlichen Namen abweichende Firmenname des Einzelkaufmanns, der OHG, der KG, der Name der juristischen Personen privaten und öffentlichen Rechts wie AG, GmbH , auch Städtnamen, Wappen, Behördenbezeichnungen etc.; auch der gekürzte Name (z.B. Domain-Name, E-Mail-Adresse). – 4. Beim Gebrauch *im geschäftlichen Verkehr* besteht Schutz nach § 15 MarkenG (geschäftliche Bezeichnung). – 5. Der Name des → Urhebers auf einem Werk der Literatur oder der Tonkunst begründet Vermutung der Urheberschaft eines Werkes und → Urheberschutz für den Genannten (§ 10 UrhG). Sonderregeln gelten für die unter einem → Pseudonym erschienenen oder die → anonymen Werke.

Namensscheck → Scheck, in dem ein namentlich bezeichneter Berechtigter benannt ist. Der Namensscheck ist, soweit er nicht (wie regelmäßig) mit → Inhaberklausel versehen ist, ein → Orderscheck.

Namenstest – Teil des → Produkttests, Methode für die Überprüfung der Namenseignung (z.B. bei Markennamen) hinsichtlich Assoziationswirkung, Klang, Ansprechbarkeit, Prestige und Einprägsamkeit. Durch Parallelvergleiche kann der optimale Name aus mehreren Namensvorschlägen ermittelt werden. Die Gesamtwirkung eines Namens ist durch die Frage zu testen, welches von zwei sich nur im Namen unterscheidenden Produkten lieber gekauft würde. – Vgl. auch → Wortassoziationstest.

Nämlichkeit – Identität bes. von Waren, die in einem → Zollverfahren vorübergehend ein- oder ausgeführt oder die im Zollgebiet der Gemeinschaft unter Zollkontrolle befördert werden. Sicherung der Nämlichkeit durch Nämlichkeitsmittel (→ Nämlichkeitssicherung). Die Zollbehörden treffen die geeigneten Maßnahmen um die Nämlichkeit der Waren zu sichern, wenn eine solche Sicherung erforderlich ist.

Nämlichkeitsmittel – Mittel der → Nämlichkeitssicherung. Nämlichkeitsmittel sind der Zollverschluss (Raum- oder Packstückverschluss) und Nämlichkeitszeichen wie Plomben, Raumverschluss, Siegel und Stempel, ferner zollamtliche Bewachung oder Begleitung, aber auch Muster, Abbildungen, Beschreibungen der Waren, Festhalten bes. Kennzeichen, Fabrik- oder Lagernummern, Fahrgestell- und Motornummern etc. – Nämlichkeitszeichen dürfen ohne zollamtliche Mitwirkung nur von Personen entfernt werden, wenn diese bes. zugelassen sind oder es zur Abwendung eines Schadens etwa an Waren oder Beförderungsmitteln erforderlich ist.

Nämlichkeitssicherung – im → Zollverfahren alle Vorkehrungen, um die → Nämlichkeit (v.a. Menge, Gattung, Beschaffenheit) der Waren durch Nämlichkeitsmittel festzuhalten, die es ermöglichen, sie wiederzuerkennen und die Einhaltung der Voraussetzungen des Zollverfahrens, zu dem die Ware angemeldet wurde, zu gewährleisten (Art. 72 ZK).

narratives Interview – Form der → Befragung, die darauf zielt, den Befragten zum Erzählen persönlicher Erfahrungen zu veranlassen, um so etwas über seine → Einstellungen zu erfahren.

Nascent-Entrepreneur – *nascent*, engl. für *neu aufkommend, in der Entstehung begriffen*. 1. *Begriff*: bezeichnet den werdenden Gründer bzw. → Existenzgründer. – 2. *Merkmale:* Nascent-Entrepreneurs haben erste Schritte (z.B. Raum gesucht, Kredit beantragt) zur Umsetzung der → Gründungsidee unternommen. Im Unterschied zum Gründer befinden sich Nascent-Entrepreneurs im Gründungsprozess. – 3. *Geschichte:* Der Begriff wurde vom Entrepreneurial Research Consortium (ERC) geprägt, das in den USA ab 1998 die Panel Study of Entrepreneurial Dynamics (PSED) initiierte. Vergleichbare Studien gab es in Schweden, Norwegen und den Niederlanden, Piloterhebungen in Deutschland und Großbritannien.

NASDAQ – *National Association of Securities Dealers Automated Quotations.* Als weltweit erster elektronischer Aktienmarkt wurde die NASDAQ 1971 gegründet und wird seit 2008 von der → NASDAQ OMX Group betrieben. Die NASDAQ hat durch Bereitstellung einer effizienten Umgebung für → Venture-Capital zum Erreichen der Wachstumsziele unzähliger junger und innovativer Unternehmen beigetragen und die Platzierung der Unternehmensanteile ermöglicht. Damit ist sie Vorbild gewesen für alle später entstandenen europäischen Marktsegmente für Wachstumsunternehmen, wie auch den → Neuen Markt.

NASDAQ-Composite → Aktienindex für alle an der → NASDAQ gehandeltne Hightech-Werte. Er umfasst über 3.000 Unternehmen. Das Pendant in Deutschland war der → NEMAX All Share Index am → Neuen Markt, heute der → TecDAX.

NASDAQ OMX Group – die Börsengesellschaft umfasst sechs Kontinente mit weltweit 3.400 Listings, die einen Börsenwert von sechs Billionen US-Dollar aufweisen. Zu ihr gehören seit 2008 die → NASDAQ und die NASDAQ OMX Europe, eine Handelplattform (→ MTF) mit Sitz in London.

Nash – John Forbes Jr., geb. 1928, amerik. Mathematiker, der an der Princeton University und am Massachusetts Institute of Technology gelehrt hat; → Nobelpreis für Wirtschaftswissenschaften 1994 (zusammen mit → Harsanyi und → Selten). Nash ist ein Schüler des Mathematikers Neumann, der gemeinsam mit → Morgenstern die mathematische → Spieltheorie als Werkzeug für ökonomische Analysen entwickelte. V.a. jener Teil der Spieltheorie, der bindende Absprachen ausschließt (nichtkooperative Spiele), hat die Wirtschaftsforschung befruchtet. Nash führte den Begriff eines Gleichgewichts ein, der Voraussagen über das Ergebnis strategischer Interaktionen erlaubt. In seiner Dissertation erweiterte er das Nullsummenspiel zweier Personen um einen Lösungsansatz, der eine beliebige Auswahl von Spielern und Präferenzen zulässt. Im → Nash-Gleichgewicht werden die Erwartungen sämtlicher Spieler erfüllt, ihre Strategiewahl ist optimal. Damit kommt Nash – wenn auch auf anderen Wegen – zum selben Ergebnis wie → Cournot in seiner Oligopoltheorie. – Die beiden Arbeiten, für die Nash den Nobelpreis erhielt, sind: „Equilibrium Points in N-Person Games", in: Proceedings of the National Academy of Science USA, 36 (1950) und seine Dissertation „Non-Cooperative Games", in: Annals of Mathematics, 54 (1951).

Nash-Gleichgewicht – Konzept der → Spieltheorie. Im Nash-Gleichgewicht verhalten sich alle Spieler (Wirtschaftssubjekte) optimal bei gegebenen Aktionen der anderen Spieler. – Vgl. auch → Gleichgewicht.

Nasse Hütte – Standorttyp der → Montanindustrie. Seit den 1960er-Jahren besteht, v.a. in rohstoffarmen → Industrieländern wie z.B. Italien und Japan, der Trend, Hüttenwerke an der Küste zu errichten, weshalb man auch von „nassen Hütten" spricht. Die Gründe dafür liegen im zurückgehenden Koksanteil beim Hochofenprozess und in der verstärkten Verwendung hochprozentiger Importerze.

Nassgewicht → Gutgewicht in Form einer unberechneten Mehrlieferung als Ausgleich für Gewichtsverluste durch Verdunsten der in den zu liefernden Waren enthaltenen Feuchtigkeit auf dem Versandweg. Häufig im Handel mit festen Brennstoffen (z.B. Holz).

Nassi-Shneiderman-Diagramm → Struktogramm.

National Bureau of Economic Research (NBER) – Wirtschaftsinstitut in den USA, Sitz in New York, gegründet 1920. Das National Bureau of Economic Research (NBER) stützt sich größtenteils auf die Zusammenarbeit mit Universitäten. – *NBER-Indikatoren:* → Konjunkturindikatoren.

Nationaleinkommen – früher: *Sozialprodukt.* Größe, die sich ergibt, indem vom → Inlandsprodukt die → Primäreinkommen abgezogen werden, die an die

→ übrige Welt geflossen sind, und umgekehrt jene Primäreinkommen hinzugefügt werden, die von inländischen Wirtschaftseinheiten aus der übrigen Welt bezogen wurden. Es stellt die Summe der Inländern zugeflossenen Primäreinkommen dar und ist zu unterscheiden vom (konzeptionell eng zusammenhängenden) → Volkseinkommen. Das Nationaleinkommen wird brutto (→ Bruttonationaleinkommen (BNE)) und netto (→ Nettonationaleinkommen) nachgewiesen.

Nationaler Allokationsplan (NAP) – Gemäß der Emissionshandelsrichtlinie vom 3.10.2003 sind die EU-Mitgliedsstaaten verpflichtet, nationale Allokationspläne zur Umsetzung des klimapolitischen Instrumentes zu verabschieden. Sie bestimmen die Gesamtmenge der zu vergebenen Zertifikate (Makroplan) als auch deren Verteilung auf Ebene der Tätigkeitsbereiche sowie auf Ebene der Anlagen (Mikroplan). 2005-2007 erfasste der Emissionshandel in Deutschland rund 1.850 Anlagen, die für rund 55 Prozent der CO_2 Emissionen in Deutschland verantwortlich sind. Der Nationale Allokationsplan 2008-2012 für die Bundesrepublik Deutschland (NAPII) gilt für die zweite Handelsperiode und behandelt auch Sektoren, die nicht zum Emissionshandel verpflichtet sind. Gegenüber der ersten Handelsperiode wurde die Gesamtmenge vergebener Zertifikate um 57 Mio. Tonnen CO_2 gekürzt und rund 90 Prozent statt zuvor 100 Prozent der Zertifikate den Unternehmen kostenlos zugeteilt. – Vgl. → Naturschutz.

Nationaler Normenkontrollrat → Normenkontrollrat.

Nationales Waffenregister → Waffenrecht.

Nationales Zollrecht – 1. *Begriff:* Der → Zollkodex (ZK) und seine Durchführungsverordnung sehen außer der weiteren Anwendung bisheriger Gemeinschaftsregelungen für bestimmte Bereiche die Fortgeltung des nationalen Rechts der Mitgliedsstaaten auf ihrem Gebiet vor. Es handelt sich hierbei u.a. um spezielle Vorschriften bes. hinsichtlich der Zuständigkeiten, einzelner Zollbefreiungen, über die Erfassung des Warenverkehrs, die Befugnisse der Zollverwaltung, den grenznahen Raum an der EU-Außengrenze (früher Zollgrenzbezirk), Beistandspflichten anderer Behörden, die Pauschalverzollung, die Ermächtigung für Verfahrensregelungen sowie Zollordnungswidrigkeiten und Zollstraftaten. Diese materiellen und formellen Rechtsvorschriften sind v.a. aus dem Zollgesetz (ZG) von 1961 und der Allgemeinen Zollordnung (AZO) entnommen und im Zollverwaltungsgesetz vom 21.12.1993 und in der Zollverordnung vom 31.12.1993 m.spät.Änd. zusammengefasst worden; ZG und AZO wurden aufgehoben. – 2. *Dienstvorschriften:* Hinzu kommen die Dienstvorschriften des Bundesministerium der Finanzen (BMF). Sie sind zwar an die Organe der Zollverwaltung gerichtet und für diese verbindlich, enthalten jedoch eine Reihe von Bestimmungen, die eine unmittelbare Bedeutung auch für die Personen haben, die zollrechtliche Pflichten erfüllen müssen. Über Art. 3 GG und den Grundsatz der Selbstbindung der Verwaltung entfalten sie bei Ermessensausübung der Zollstellen gegenüber dem Wirtschaftsbeteiligten unmittelbare Geltung. – 3. *Marktordnungsrecht:* Auf → Agrarzölle (früher Abschöpfungen), die in den EU-Mitgliedsstaaten aufgrund der gemeinsamen Marktorganisationen für landwirtschaftliche Erzeugnisse erhoben werden, finden die für Zölle geltenden Vorschriften Anwendung. Ergänzend treten die Vorschriften im → Marktordnungsgesetz (MOG) hinzu. – 4. *Außenwirtschaft:* Inhaltlich stimmt das Zollrecht stark mit dem Außenwirtschaftsrecht überein, das national im Außenwirtschaftsgesetz (AWG), der Außenwirtschaftsverordnung (AWV) und den diesbezüglichen Dienstvorschriften seinen Niederschlag gefunden hat. Die materiellen außenwirtschaftsrechtlichen Vorschriften wurden in der EU sukzessiv harmonisiert oder auch unmittelbar durch Ratsverordnungen geregelt, während das Verfahrensrecht in der nationalen Kompetenz verblieb. Die Vorschriften über die Überwachung der Ausfuhr wurden sodann in den ZK und in die ZK-Durchführungsverordnung aufgenommen. Für die Einfuhr verweist der ZK jedoch lediglich auf die Anwendung der „handelspolitischen Maßnahmen", im Übrigen enthalten er und seine Durchführungsverordnung keine speziellen Regelungen. – 5. *Umsatzsteuer:* Die Vorschriften der Mehrwertsteuer für Ein- und Ausfuhren beruhen auf EG-Richtlinien und wurden ab 1.1.1993 an den Einheitlichen Binnenmarkt angepasst.

Nationalitätsprinzip → Internationales Steuerrecht (IStR).

Nationalökonomie → Volkswirtschaftstheorie.

Naturalgeld – Form des → Geldes; Gegenstände, die allg. hohe Wertschätzung genießen werden als allg. Tauschmittel verwandt, z.B. Vieh, Getreide, kostbare Muscheln, Waffen. Als brauchbarstes Tauschmittel erwiesen sich Metalle, die später als genormte Barren und schließlich als → Münzen in Verkehr kamen. – Vgl. auch → Warengeld.

Naturalherstellung – *Naturalrestitution;* grundsätzliche Form des → Schadensersatzes (§ 249 BGB). Es wird der Zustand hergestellt, der bestehen würde, wenn das schädigende Ereignis nicht eingetreten wäre (z.B. Reparatur). – Infolge der vielen gesetzlichen Ausnahmen bildet jedoch praktisch der Geldersatz die Regel.

Naturalienregister – Teil der → landwirtschaftlichen Buchführung.

Naturalisation – Erwerb der → Staatsangehörigkeit eines fremden Staates nach Ablauf einer bestimmten Aufenthaltsdauer und nach Erfüllung bestimmter gesetzlicher Voraussetzungen. – Naturalisation von Ausländern in der *Bundesrepublik Deutschland:* → Einbürgerung.

Naturalismus → Ethik.

Naturallohn – *Sachlohn;* unmittelbar in Sachgütern geleistete Form des → Arbeitsentgelts; die einzig denkbare Lohnform in arbeitsteiligen → Naturalwirtschaften, heute selten, da Naturallohn in den modernen → Geldwirtschaften durch das Verbot des → Trucksystems auf eine Ergänzung der (tariflich festgelegten) Barlohn-Vergütungen beschränkt ist (z.B. beim landwirtschaftlichen Deputat, Deputatkohle im Bergbau). Naturallohn wird nur mehr als zusätzliches Entgelt toleriert (z.B. private Geschäftswagennutzung) – *Gegensatz:* → Geldlohn. – *Lohnsteuer:* Bei der Ermittlung des lohnsteuerpflichtigen Arbeitslohns wird der Naturallohn pauschaliert dem Geldlohn zugeschlagen (→ Sachbezüge).

Naturalobligation – eine unvollkommene Verbindlichkeit, Anspruch, der keinen gerichtlichen Rechtsschutz genießt, nicht klagbar ist (z.B. Ansprüche aus → Spiel und Wette, § 762 BGB). Das zur → Erfüllung von Naturalobligation Geleistete kann nicht zurückgefordert werden.

Naturalrabatt – Art des → Mengenrabatts. → Rabatt in Form einer nicht verrechneten Warenlieferung bei Abnahme einer bestimmten Menge innerhalb eines vereinbarten Zeitraums.

Naturalrestitution → Naturalherstellung.

Naturalwirtschaft – Bezeichnung für eine geldlose Volkswirtschaft; Tausch von Ware unmittelbar gegen Ware.

Naturalzins – die in einer Naturaltauschwirtschaft (→ Naturalwirtschaft) für die zeitweilige Überlassung einer Gütermenge bezahlte Vergütung.

Naturkapital – drei Arten von → Kapital können unterschieden werden: Naturkapital, künstliches Kapital (z.B. → Technik) und → Humankapital.

natürliche Arbeitslosigkeit – *normale Arbeitslosigkeit, Vollbeschäftigungsarbeitslosigkeit.* 1. *Begriff:* Diejenige → Arbeitslosigkeit, die unter Berücksichtigung der Unvollkommenheiten des Arbeitsmarktes als mit Vollbeschäftigung vereinbar angesehen wird. Zur natürlichen Arbeitslosigkeit zählen neben freiwilliger Arbeitslosigkeit v.a. die friktionelle und strukturelle Arbeitslosigkeit. – 2. *Probleme:* Es ist nicht möglich, die Höhe der natürlichen Arbeitslosigkeit exakt zu bestimmen, daher besteht Gefahr der Tendenz zur Interpretation jeder Höhe der Arbeitslosigkeit als natürliche Arbeitslosigkeit. Auf keinen Fall handelt es sich um eine stabile, eindeutig definierbare und messbare Größe. Die natürliche Arbeitslosigkeit kann nicht mit den traditionellen Instrumenten der → Globalsteuerung bekämpft werden. – Vgl. auch → Stabilisierungspolitik, → Geldtheorie, → Neue Klassische Makroökonomik.

natürliche Bedürfnisse → Bedürfnisse, die ausschließlich aus den physischen Eigenschaften des Menschen resultieren und durch seinen Wunsch zu Überleben geprägt sind (z.B. Nahrung, Schlaf).

natürliche Bevölkerungsbewegung – Veränderung der Bevölkerungszahl und -zusammensetzung durch Geburten, Sterbefälle, Eheschließungen und Ehelösungen; erfasst und ausgewiesen in der → Bevölkerungsstatistik, v.a. durch Lebendgeborenen- oder Gestorbenenüberschüsse. → Wanderungen rechnen nicht zur natürlichen Bevölkerungsbewegung.

natürliche Kostenarten → primäre Kostenarten.

natürliche Personen – im Rechtssinne alle Menschen. – *Gegensatz:* → juristische Personen.

natürliche Ressource → Ressourcenökonomik.

natürlicher Lohn – von den Klassikern (v.a. Ricardo) vertretene → Lohntheorie, nach der der langfristige (natürliche) Lohn sich durch die zur Erhaltung des Arbeiters und seiner Klasse notwendigen Kosten (→ Existenzminimum, → Subsistenzlohn) bestimmt. Der kurzfristige, durch Arbeitsangebot und -nachfrage bestimmte Marktlohn pendelt um den natürlichen Lohn, der als Gravitationszentrum für die teilweise zufälligen Schwankungen des Marktpreises angesehen wird.

natürlicher Preis – im Gegensatz zum → Marktpreis ein ausschließlich durch die Größe der Aufwendungen bei der → Produktion von → Gütern bestimmter → Preis. Der natürliche Preis wurde von den Vertretern der objektiven → Preistheorie, v.a. von den → Klassikern, als endgültig bestimmend für den Marktpreis angesehen, bei dem im Einzelfall das Verhältnis von Angebot und Nachfrage ausschlaggebend wirkt.

natürlicher Zins – *originärer Zins;* Begriff von → Wicksell für die → Zinsrate, die ein Investor als Nettorendite aus einer Investition erzielt. Für Wicksell stellt jede Abweichung des → Geldzinses vom natürlichen Zins eine Gleichgewichtsstörung und damit eine wesentliche Determinante des Konjunkturverlaufes dar *(Zinsspannentheorem).* – Vgl. auch → Wicksellscher Prozess.

natürliches Monopol – Situation, in der die firmeninternen Kostendegressionen (→ Economies of Scale) in Relation zur gegebenen Marktgröße so wichtig sind, dass im Wettbewerb auf Dauer nur ein Unternehmen überleben würde. Abnehmende langfristige Durchschnittskosten können insofern eine Monopolstellung implizieren, als ein einziges Unternehmen das Gut kostengünstiger herstellen kann als jede andere Anbieterzahl (strikte Subadditivität der Kosten des Monopolisten). Zusätzliche Bedingung für ein Monopolverhalten sind irreversible und damit versunkene Kosten. – *Beispiele:* Leitungsnetze (Strom, Gas, Wasser, Telekommunikation), Verkehrswege (Eisenbahn).

natürliche Umwelt – 1. *Begriff:* Komplexes → System mit den Elementen (Subsystemen) Lebewesen, irdische Atmosphäre (Luft), Hydrosphäre (Gewässer), Lithosphäre (Boden einschließlich Bodenschätze) und den zwischen diesen bestehenden Beziehungen. Natürliche Umwelt kann als Menge vielfältiger funktioneller Einheiten aus Organismen und unbelebter Natur interpretiert werden (→ Ökosystem). Voraussetzung für die Existenz des Systems ist die Sonnenenergie, von außerhalb des Systems. – 2. *Funktion:* a) *Bereitstellung* von Gütern bzw. natürlichen Ressourcen: (1) Zur *Befriedigung menschlicher Existenzbedürfnisse* (z.B. Atemluft, Trinkwasser, Nahrung); (2) zur Güterproduktion (z.B. Energieträger, Bodenschätze, Holz) und so unmittelbar (→ Konsumgüter) oder mittelbar (→ Investitionsgüter) zu Konsum bzw. Bedürfnisbefriedigung; (3) *Absorption* stofflicher und energetischer → Rückstände von Produktion und Konsum. – b) Natürliche Ressourcen sind nicht (z.B. Bodenschätze) oder nur beschränkt (z.B. Holz, Fische) reproduzierbar; Rückstände sind nicht oder nur beschränkt abbaufähig. Ressourcenentnahmen bzw. Rückstandsangaben, die die *Regenerationsfähigkeit* der natürlichen Umwelt übertreffen, führen zu → Umweltbelastung.

natürliche Wachstumsrate – von Domar, einem Vertreter der postkeynesianischen Wachstumstheorie, geprägter Begriff. Die natürliche Wachstumsrate beschreibt die Wachstumsrate des Arbeitskräftepotenzials. Bei der Annahme eines konstanten durchschnittlichen Kapitalkoeffizienten steigen nach Domar der Kapitalbestand, die Investitionen und letztlich das Sozialprodukt einer Volkswirtschaft im langfristigen Wachstumsgleichgewicht mit der natürlichen Wachstumsrate. – Vgl. auch → postkeynesianische Wachstumstheorie.

natürliche Zahlen → Zahlenmengen.

natürlichsprachliche Systeme → Computersysteme, die in der Lage sind, einen eingeschränkten Ausschnitt der geschriebenen bzw. gesprochenen Sprache zu verstehen. Für die Entwicklung werden Prinzipien und Methoden der → Künstlichen Intelligenz (KI) genutzt, v.a. aus dem Bereich der → wissensbasierten Systeme.

Naturraumausstattung → Naturraumpotenzial.

Naturraumpotenzial – Versuch, das Leistungsvermögen eines Naturraumes für die wirtschaftlichen Bedürfnisse einer Gesellschaft zu bestimmen. Es ist kein naturwissenschaftlicher Begriff, der nur die natürlichen Grundlagen beschreibt, sondern er bewertet diese gemäß den Anforderungen, die die Gesellschaft an sie stellt. Der Begriff des Naturraumpotenzials wurde im Wissenschaftssystem der sozialistischen Staaten entwickelt.

Naturrecht – *Vernunftrecht;* ein im Gegensatz zum staatlich gesetzten positiven Recht im Wesen des Menschen (in seiner „Natur") oder seiner Vernunft begründetes Recht, das, weil es „natürlich" und damit unwandelbar und allgemeingültig ist, allem positiven (d.h. von Menschen gesetzten und damit wandelbaren) Recht vorhergehen soll. Bes. Bedeutung der Naturrechtslehre im 17. und 18. Jh., auch für die Entstehung und Entwicklung der „klassischen" Nationalökonomie und Bevölkerungslehre, die von der Annahme einer naturrechtlichen Gesetzmäßigkeit des Wachstums von Wirtschaft und Bevölkerung ausging.

Naturschutz – *Rechtsgrundlage:* Bundesnaturschutzgesetz vom 29.7.2009 (BGBl. I 2542) m.spät.Änd. Das Naturschutzrecht war bis zur → Föderalismusreform I Rahmenrecht, das durch Ländergesetze ausgefüllt und ergänzt wurde. Der Naturschutz gehört nunmehr zur konkurrierenden Gesetzgebung. – *Ziele des Naturschutzes und der Landschaftspflege:* Natur und Landschaft sind im besiedelten und unbesiedelten Bereich so zu schützen, dass 1. biologische Vielfalt, 2. Leistungs- und Funktionsfähigkeit des Naturhaushalts, 3. Vielfalt, Eigenart und Schönheit sowie der Erholungswert von Natur und Landschaft auf Dauer gesichert sind; der Schutz umfasst auch die Pflege, die Entwicklung und soweit erforderlich die Wiederherstellung von Natur und Landschaft (allgemeiner Grundsatz, vgl. § 1 I BNatSchG).

Naturzustand → Konsensethik.

NBER – Abk. für → National Bureau of Economic Research.

NBER-Indikator → Konjunkturindikatoren.

NBO – Abk. für Nonbusiness-Organisation (vgl. → Nonprofit-Organisation).

NC-Anlage – 1. *Begriff:* numerisch gesteuerte (Numerical Control) Werkzeugmaschine, die automatisch die einzelnen Bearbeitungsschritte zur Erstellung eines Werkzeugstücks durchführt. Die Arbeitsfolge ist durch ein → NC-Programm festgelegt, das i.d.R. von einem → Datenträger eingelesen und von der Steuerung der NC-Anlage ausgewertet wird. – 2. *Typische Anwendungsbereiche:* Bohren, Fräsen, Schweißen bei komplexen Teilen und umfangreichen Aufgaben. – Vgl. auch → CNC-Anlage, → DNC-Anlagen.

NC-Programm – Programm zur Steuerung einer → NC-Anlage. Zur Erstellung von NC-Programmen werden spezielle → Programmiersprachen (z.B. Exapt, Apt) verwendet. Ein NC-Programm wird zur Ausführung mithilfe eines → Datenträgers in die NC-Anlage übertragen. – *Typische Aufgaben:* Ermittlung der Koordinatenwerte für gesteuerte Achsen der NC-Anlage, Überwachung der Maschinenzustände, Positionierung der Maschine, Abweichungsrechnungen (→ Soll-Ist-Vergleich, Toleranzen).

NEA – Abk. für *Nuclear Energy Agency.* 1. *Begriff:* Kernenergie-Agentur der → OECD, gegründet am 20.12.1957 von den Mitgliedern der → OEEC, ihre Satzung trat am 1.2.1958 in Kraft, Sitz Paris. – 2. *Mitglieder:* Sämtliche OECD-Mitgliedsstaaten mit Ausnahme von Neuseeland. – 3. *Struktur:* Lenkungsausschuss (Steering Committee) und Sekretariat bei der OECD. Die NEA arbeitet eng mit der IAEA (International Atomic Energy Agency) sowie mit der Europäischen Kommission zusammen. – 4. *Ziele:* Förderung und Entwicklung der Kernenergie zu friedlichen Zwecken durch Errichtung gemeinsamer technischer und industrieller Anlagen, Harmonisierung und Rationalisierung nationaler Forschungs- und Investitionsprogramme, wissenschaftlich-technischer Erfahrungsaustausch; Zusammenarbeit auf dem Gebiet der technischen Ausbildung, Liberalisierung des internationalen Handels mit Kernbrennstoffen. Ferner erarbeitet die NEA Sicherheits- und Gesundheitsvorschriften und entwarf u.a. Konventionen über nukleare Haftpflicht (1968) und Sicherheitskontrolle (1957).

Near Banks – *banknahe Institute, Quasibanken;* in der Bundesrepublik Deutschland Bezeichnung für Anbieter von → Finanzdienstleistungen, die nach § 1 KWG nicht zu den Kreditinstituten zählen, jedoch aufgrund ihres Leistungsangebots als Substitionskonkurrenten von Banken gelten können. – *Beispiele:* Versicherungen, Kreditkarten-Organisationen. – Vgl. auch → Non Banks.

Near Video on Demand – TV-Konzept, bei dem das Angebot zeitlich versetzt wiederholt angeboten wird, sodass der Kunde den Nutzungszeitpunkt in engen Grenzen selbst bestimmen kann. – Vgl. auch → Video on Demand, → Pay per View, → digitales Fernsehen.

Nebenabreden – einem in → Schriftform oder in Form → öffentlicher Beurkundung niedergelegten Rechtsgeschäft beigefügte, aber nicht beurkundete Abreden. Wer sich auf Nebenabreden beruft, muss beweisen, dass sie vereinbart sind und neben der beurkundeten Erklärung gelten sollen, weil das beurkundete Rechtsgeschäft nach der Rechtsprechung immer die Vermutung der Vollständigkeit und Richtigkeit für sich hat; bei gesetzlich vorgeschriebenem Formzwang ist dann vielfach gemäß § 139 BGB das ganze Geschäft nichtig.

Nebenamtlichkeit in Genossenschaften – vorhanden, wenn ein Amt in der Genossenschaft gegen Entgelt im Nebenberuf ausgeübt wird. Nebenamtliche Vorstandsmitglieder sind wie Mitglieder des Vorstandes, die hauptamtlich tätig sind, einzustufen. Sie unterscheiden sich von diesen nur im Hinblick auf den zeitlichen Umfang ihrer genossenschaftlichen Betätigung. Im Gegensatz zum → Ehrenamt ist bei nebenamtlichen Vorstandsmitgliedern zwischen ihnen und der Genossenschaft ein Dienstvertrag abzuschließen. Es ist auch möglich, dass Aufsichtsratsmitglieder ein Nebenamt ausüben, wenn sie für ihre Tätigkeit eine Vergütung erhalten und ein Dienstvertrag abgeschlossen ist. Nebenamtlichkeit kommt in der Geschäftsführung kleinerer gewerblicher Warengenossenschaften bzw. Wohnungsgenossenschaften vor.

Nebenberuf → Nebentätigkeit.

Nebenbeschäftigung → geringfügige Beschäftigung.

Nebenbetrieb – I. Betriebswirtschaftslehre: → Produktionsnebenbetrieb.

II. Steuerrecht: Betrieb, der einem Hauptbetrieb zu dienen bestimmt ist. – 1. *Einheitsbewertung:* Land- und forstwirtschaftliche Nebenbetriebe gehören als unselbstständige Teile zum Wirtschaftswert des land- und forstwirtschaftlichen Betriebs. Nebenbetriebe sind gesondert mit dem Einzelertragswert zu bewerten (§§ 42, 46 BewG; vgl. → Ertragswert). – 2. *Bedarfsbewertung:* Der betreffende Ertragswert ist auch relevant für den → Bedarfswert (→ Erbschaftsteuer). – 3. *Einkommensteuer:* Einkünfte aus einem land- und forstwirtschaftlichen Nebenbetrieb gehören zu den → Einkünften aus Land- und Forstwirtschaft, wenn der Nebenbetrieb nicht einen selbstständigen → Gewerbebetrieb darstellt. Im Wesentlichen ist zu unterscheiden zwischen Be- oder Verarbeitungs- und Substanzbetrieben. – a) Ein Be- oder Verarbeitungsbetrieb ist als Nebenbetrieb anzusehen, wenn die be- oder verarbeiteten Erzeugnisse des Hauptbetriebs überwiegend für den Verkauf bestimmt sind, z.B. Brennereien, Mühlen, Molkereien. – b) Substanzbetriebe sind als Nebenbetriebe zu qualifizieren, wenn die gewonnenen Substanzen im landwirtschaftlichen Betrieb Verwendung finden, z.B. Kies-, Ton- und Lehmgruben, Steinbrüche.

Nebenbücher – Hilfsbücher der kaufmännischen Buchführung, die die Aufgabe haben, das → Hauptbuch zu ergänzen und zu erläutern, z.B. Warenbücher, Wechselbücher, Akzeptbücher, Effektenbücher, das Kontokorrentbuch mit Einzelkonten für auf Kredit kaufende Kunden oder auf Ziel liefernde Lieferanten. – Vgl. auch → Bücher.

Nebenbuchhaltungen – Bezeichnung für → Anlagenbuchhaltung, → Lagerbuchführung und → Lohnbuchführung.

Nebenbuchung – Eintragungen in → Nebenbücher oder Hilfsbücher; vorwiegend zur Mengenkontrolle sowie zur Ergänzung von Sammel- oder Kollektivkonten (z.B. des Kreditoren- oder Debitorenkontos).

Nebeneinkünfte – steuerrechtlicher Begriff. Nebeneinkünfte sind grundsätzlich einkommen-/lohnsteuerpflichtig. – *Ausnahme:* (1) Aufwandsentschädigungen für bestimmte nebenberufliche Tätigkeiten (z.B. als Übungsleiter, Betreuer, Pfleger o.Ä.) in Höhe von 2.100 Euro (§ 3 Nr. 26 EStG). Allerdings dürfen zugehörige Aufwendungen nur als Betriebsausgaben oder Werbungskosten abgezogen werden, wenn sie die steuerfreien Einnahmen übersteigen. – (2) Sonderregelung bei Bezug von → Einkünften aus nichtselbständiger Arbeit, von denen ein Steuerabzug vorgenommen wurde: Nebeneinkünfte, die nicht der → Lohnsteuer unterliegen, werden zur → Einkommensteuer nur insoweit herangezogen, als sie 410 Euro übersteigen (§ 46 II Nr. 1, III EStG). Betragen sie mehr als 410 Euro, aber nicht mehr als 820 Euro, ist vom → Einkommen ein Betrag in Höhe des

Unterschiedbetrages zu 820 Euro abzuziehen (§ 70 EStDV). – Vgl. auch → Härteausgleich.

Nebenertrag – *Nebenerlöse;* Erträge aus der Verwertung von Abfällen, Reststoffen oder Schrott. Nebenerträge werden in der *Buchführung* als Umsatzerlöse erfasst, soweit sie der gewöhnlichen Geschäftstätigkeit zuzurechnen sind. In der *Kostenrechnung* werden sie häufig auch als → Kostengutschrift auf die entsprechenden Materialkonten oder, soweit eine direkte Zurechnung möglich ist, auf die entsprechenden Halb- und Fertigfabrikatekonten übertragen.

Nebenerwerbsgründung – *Teilzeitgründung.* 1. *Begriff:* Nebenerwerbsgründung bezeichnet eine → Gründung, die neben einem beruflichen Haupterwerb vorgenommen wird. – 2. *Merkmale:* Die Nebenerwerbsgründung zeichnet sich dadurch aus, dass der Gründer (→ Existenzgründer) gleichzeitig einer i.d.R. abhängigen Beschäftigung nachgeht. Motive für eine Nebenerwerbsgründung sind nicht nur der Zuverdienst, sondern oft auch die Möglichkeiten, Gründungsideen auf Marktfähigkeit sowie die eigenen Fähigkeiten zu testen; eine Reihe von Nebenerwerbsgründungen entwickelt sich zu einem Vollzeitunternehmen. – 3. *Abgrenzung:* Von Nebenerwerbsgründungen unterschieden werden Zuerwerbsgründungen als Gründungen von nicht berufstätigen Personen (z.B. Studierende, Rentner). – 4. *Empirisch* ist der Umfang der Nebenerwerbsgründung über den → Mikrozensus des Statistischen Bundesamtes erfassbar, in dem in diesem Zusammenhang eine zweite Erwerbstätigkeit abgefragt wird.

Nebenerzeugnis – *Nebenprodukt;* Erzeugnis, das entsteht (1) ähnlich wie → Abfall, aus dem gleichen Grundstoff und meist im gleichen Arbeitsgang wie das Hauptprodukt, (2) durch Verarbeitung von eigenen Abfallstoffen.– *Beispiele:* Anfall von Koks, Teer und Ammoniak als Nebenerzeugnis bei der Gaserzeugung, Anfall von Salzsäure in der Sodafabrikation. – Vgl. auch → Kuppelprodukte.

Nebenfiskus → Parafisci.

Nebenfolgen – Rechtsfolgen der Straftat, die keinen speziellen Strafcharakter haben. Abgrenzung zur → Nebenstrafe fließend. Als Nebenfolge gilt der Verlust der → Amtsfähigkeit, der Wählbarkeit und des Stimmrechts (§ 45 StGB) und die Bekanntgabe der Verurteilung (§§ 165, 200 StGB).

Nebengeschäfte – *kaufmännische Nebengeschäfte;* Geschäfte eines Kaufmanns, die nicht unmittelbar zu seinem Betrieb gehören. Auch solche Nebengeschäfte sind → Handelsgeschäfte, sofern nur ein Zusammenhang mit einem kaufmännischen Betrieb denkbar ist (§ 344 HGB). – *Umsatzsteuer:* Nebengeschäfte gehören, da sie im Zuge der gesamten beruflichen bzw. gewerblichen Tätigkeit vorkommen, zum Rahmen des Unternehmens und unterliegen daher ebenso wie Hilfsgeschäfte der Umsatzsteuer.

Nebengewerbe – Ein neben Land- oder Forstwirtschaft betriebenes, „innerlich" durch dieses gestütztes, nicht ganz selbstständiges Unternehmen, z.B. Molkerei, Brennerei etc. – Erfordern Art und Umfang des Nebengewerbes einen in kaufmännischer Weise eingerichteten Geschäftsbetrieb, so darf der Unternehmer sein Nebengewerbe in das Handelsregister eintragen lassen (§ 3 HGB). – Vgl. auch → Kannkaufmann.

Nebenkassen – betriebsorganisatorisch zur Entlastung der Hauptkasse oder zur Vermeidung langer Wege erforderliche „kleine" Kassen. – 1. Nebenkassen für die *Auszahlung* von geringfügigen Beträgen zur Entlastung der Buchhaltung. Der Kassenverwalter erhält entweder je nach Bedarf von der Hauptkasse Zuweisungen gegen Quittung, oder sein Kassenbestand wird nach Abrechnung wieder auf einen festen Betrag aufgefüllt. – 2. Reine *Einnahmenkassen,* die ihre Bestände in regelmäßigen Abständen an die Hauptkasse abliefern. Tagesabschlüsse und jederzeitige Kontrollbereitschaft sind erforderlich.

Nebenklage – 1. *Begriff:* Förmliche Unterstützung der öffentlichen → Klage der Staatsanwaltschaft im Strafverfahren durch eine mit eigenen prozessualen Rechten ausgestattete Privatperson mit dem Ziel der Bestrafung des Angeklagten (§§ 395 ff. StPO; vgl. → Nebenkläger). – 2. *Zulässigkeit:* Bei den in § 395 StPO genannten, die Verletzung höchstpersönlicher Rechtsgüter betreffenden Straftaten durch Anschlusserklärung des Nebenklägers und Zulassung des Gerichts, wenn die Staatsanwaltschaft bereits öffentliche Klage erhoben hat, beim → Strafbefehl erst dann, wenn Termin zur Hauptverhandlung anberaumt oder der Antrag auf Erlass eines Strafbefehls abgelehnt worden ist.

Nebenkläger – Es handelt sich um eine Art von Streitgehilfen der Strafverfolgungsbehörde (→ Staatsanwaltschaft), der mit der → Nebenklage im eigenen Interesse die Verurteilung eines → Beschuldigten wegen einer Straftat anstrebt. Der Nebenkläger ist von der Staatsanwaltschaft unabhängig und hat in dem Verfahren nach erfolgtem Anschluss eigene prozessuale Rechte; er hat z.B. das Beweisantragsrecht, das Fragerecht, das Recht der Beanstandung von Anordnungen des Vorsitzenden, das Recht zur Abgabe von Erklärungen oder er kann selbstständig Rechtsmittel einlegen. Nebenkläger kann → Prozesskostenbeihilfe für die Zuziehung eines Rechtsanwalts erhalten (§ 397a StPO).

Nebenkosten – Kosten, für die eine enge sachliche Verknüpfung zu einer bestimmten, betragsmäßig zumeist weit bedeutsameren → Kostenart besteht. – *Beispiele:* → Anschaffungsnebenkosten, Lohnnebenkosten.

Nebenkostenstelle → Endkostenstelle, die keine Haupt-, sondern Nebenprodukte fertigt, z.B. Verarbeitung von Abfallstoffen. – *Gegensatz:* → Hauptkostenstelle.

Nebenleistungen – I. Verkehrswirtschaft: Die Deregulierung des Verkehrssektors hat für den Frachtverkehr die Regelung der Nebenleistungen gegenstandslos werden lassen, da die Verkehrsunternehmen individuelle Preise mit den Verladern aushandeln können. Für den Personenverkehr sind z.B. die öffentlichen Eisenbahnen verpflichtet, „Tarife aufzustellen, die alle Angaben, die zur Berechnung eines Entgeltes für die Beförderung von Personen und für Nebenleistungen im Personenverkehr notwendig sind ... enthalten" (§ 12 II AEG).

II. Umsatzsteuerrecht: Eine Leistung, die wirtschaftlich von einer anderen, wichtigeren Leistung nicht getrennt werden kann. Nebenleistungen werden daher als Teil der Hauptleistung besteuert. – Vgl. auch → Lieferungen.

Nebenleistungsaktiengesellschaft → Aktiengesellschaft (AG), deren Aktionären Nebenverpflichtungen (→ Nebenverpflichtungen der Aktionäre) obliegen.

Nebenprodukt → Nebenerzeugnis.

Nebenstellenanlage – *Private Branch Exchange (PBX);* private Vermittlungseinrichtung mit angeschlossenen Endeinrichtungen (v.a. Telefone), über die die Kommunikation der Teilnehmer untereinander erfolgt; Verbindung mit dem öffentlichen Fernsprechnetz über eine gemeinsame Zentralnummer.

Nebenstrafe – Begriff des Strafrechts für das neben der Verurteilung zu → Geldstrafe oder → Freiheitsstrafe erteilte → Fahrverbot zwischen einem und drei Monaten (§ 44 StGB); nicht zu verwechseln mit der Entziehung der → Fahrerlaubnis (→ Maßregeln der Besserung und Sicherung).

Nebentätigkeit – Berufstätigkeit, die von Erwerbspersonen neben ihrem Hauptberuf ausgeübt wird.

I. Arbeitsrecht: Grundrecht der Berufsfreiheit (Art. 12 GG) schützt auch die Freiheit, mehrere Arbeitsplätze (→ mehrere Arbeitsverhältnisse) gleichzeitig zu haben. – *Beschränkungen:* a) Nebentätigkeit darf nicht so weit gehen, dass Pflichten aus dem ersten Arbeitsverhältnis verletzt werden; b) Gesamtarbeitszeit bei mehreren Arbeitgebern darf die Höchstgrenze des Arbeitszeitgesetzes nicht übersteigen; c) während des Urlaubs ist eine dem Urlaubszweck widersprechende Erwerbstätigkeit nicht zulässig (§ 8 BUrlG); d) gleichzeitige Tätigkeit bei einem anderen Unternehmen im Geschäftsbereich des Arbeitgebers setzt dessen Zustimmung voraus (§ 60 I HGB; → Wettbewerbsverbot). Bes. Regelungen gelten für die Nebentätigkeit der Beamten nach dem Beamtengesetz.

II. Steuerrechtliche Behandlung: → Nebeneinkünfte.

III. Sozialversicherung: → geringfügige Beschäftigung.

Nebenunternehmer → Nachunternehmer.

Nebenverpflichtungen der Aktionäre – Begriff des Aktienrechts. Außer → Einzahlungspflicht bestehen i.Allg. für Aktionäre keine Nebenverpflichtungen. Ausnahmsweise kann bei Ausgabe → vinkulierter Aktien die Satzung Aktionären die Verpflichtung auferlegen, wiederkehrende, nicht in Geld bestehende Leistungen zu erbringen (z.B. Lieferung von Rüben bei Rübenzucker-AG); Einzelheiten in §§ 55, 180 AktG. – Die *Vergütung* für Nebenverpflichtungen der Aktionäre ist in § 61 AktG geregelt.

Nebenwirkungen – bezeichnen die nichtintendierten Wirkungen von Handlungen. Es gibt erwünschte und unerwünschte Nebenwirkungen; die *Ökonomie* diskutiert die Problematik z.T. unter → externen Effekten. In der → Wirtschaftsethik sind Nebenwirkungen in zweifacher Hinsicht von Bedeutung: Zum einen stellt sich die Frage der Verantwortungsethik (→ Ethik) von Akteuren für die – voraussehbaren – Nebenwirkungen des Handelns. Zum anderen entsteht die Einzelwissenschaft Ökonomie aus der Notwendigkeit, die wirtschaftlichen Gesamtergebnisse der „Volkswirtschaft" generell als nichtintendierte Resultate Handlungen aufzufassen, wofür dann das System der → Regeln entscheidend wird, nach denen die aggregierten Resultate aus den individuellen intentionalen Handlungen hervorgehen; folgerichtig ist der Begriff → Verantwortung neu zu konzipieren.

Negativattest → Zeugnis des → Registergerichts über das Fehlen einer bestimmten Eintragung oder weiterer Eintragungen im Handelsregister. – *Gegensatz:* → Positivattest.

Negativattest (Kartellrecht) – Entscheidung der Kartellbehörde gemäß § 32c GWB, nach der sie bez. einer konkreten Vereinbarung oder einer bestimmten Verhaltensweise von Unternehmen von ihren Befugnissen nach den §§ 32 und 32 a GWB (→ Abstellungsverfügung; → einstweilige Maßnahmen) keinen Gebrauch machen wird. Es steht dabei im pflichtgemäßen Ermessen der Kartellbehörde, ob sie dem entsprechenden Antrag des bzw. der betroffenen Unternehmen entsprechen möchte. Das Negativattest ist nicht gleichbeutend mit einer Freistellung und steht unter dem Vorbehalt eines späteren kartellbehördlichen Einschreitens, falls neuere Erkenntnisse über die Vereinbarung oder Verhaltensweise die tragenden Gründe der Entscheidung nach § 32c GWB berühren. Im System der Legalausnahme wird die Kartellbehörde Negativatteste regelmäßig auf Präzedenzfälle mit bes. Breitenwirkung beschränken. Grundsätzlich haben die Unternehmen selbst einzuschätzen, ob eine Vereinbarung gegen das Verbot des § 1 GWB und Art. 101 I AEUV verstößt bzw. ob eine missbräuchliche Verhaltensweise im Sinne der §§ 19 bis 21 und 29 GWB und Art. 102 AEUV vorliegt.

negative Einkommensteuer – ein die → Einkommensteuer und die Personaltransfers (→ Transfers) integrierendes System. Jeder Bürger ohne Einkommen erhält vom Staat eine das → Existenzminimum deckende Unterstützungszahlung (Transferleistung, daher *negative Einkommensteuer);* diese nimmt in dem Maße ab, wie der Bürger eigenes Einkommen erzielt. Ab einer politisch festgelegten → Armutsgrenze beginnt die „positive" Einkommensteuer, d.h. die steuerliche Belastung. Die Armutsgrenze muss so gelegt werden, dass das allg. Existenzminimum, Pauschalen für → Werbungskosten und → Sonderausgaben, Arbeitnehmer-, Kinder- und Weihnachts-Freibeträge unbesteuert bleiben. – *Vor-/Nachteil:* Der negativen Einkommensteuer wird eine erhebliche Einsparung an Verwaltungskosten, aber auch der Verlust des Arbeitsanreizes nachgesagt.

negative Koalitionsfreiheit → Koalitionsfreiheit.

negative Orderklausel → Rektaklausel.

negativer Erlös – in der → Erlösrechnung ausgewiesene negative Erfolgsvariable (→ Erlöse), die für die Nichterfüllung der Verpflichtungen eines abgeschlossenen Geschäfts anfallen, z.B. Konventionalstrafen.

negativer Geschäfts- oder Firmenwert → Badwill.

Negativ-Erklärung – *Negative Pledge;* Verpflichtungserkärung des Kreditnehmers, für andere gegenwärtige oder zukünftige Kreditverbindlichkeiten keine Sicherheiten zu bestellen; i.d.R. verbunden mit einer Pari Passu Clause. – Vgl. Darlehen gegen Negativerklärung.

negatives Interesse – *Vertrauensinteresse;* Form des → Schadensersatzes. Es ist der Schaden zu ersetzen, der durch das Vertrauen auf die Gültigkeit des Vertrages entstanden ist. – Vgl. auch → Interesse.

negatives Kapital – liegt vor, sobald die Schulden das Vermögen eines Unternehmens übersteigen. – 1. Bei *Einzelunternehmen* erscheint in der Bilanz das Kapitalkonto als Unterbilanzkonto (Verlustkonto) auf der Aktivseite (vgl. Tabelle „Negatives Kapital"). – 2. *Bei Personengesellschaften* werden die Kapitalkonten der Gesellschafter negativ; die Summe der → negativen Kapitalkonten ist das negative Kapital (Unterbilanz). – 3. Bei *Kapitalgesellschaften* wird die buchmäßige → Unterbilanz in der Bilanz durch den Aktivposten „Nicht durch Eigenkapital gedeckter Fehlbetrag" (§ 268 III HGB) ersichtlich. – *Anders:* → Überschuldung.

negatives Kapitalkonto – I. Begriff und Bedeutung: 1. Das negative Kapitalkonto wird auf der Aktivseite der Bilanz ausgewiesen. Seine *Entstehung* hängt mit Veränderungen zusammen, denen bei Einzelfirmen (→ Einzelkaufmann) und → Personengesellschaften das Kapital i.Allg. unterliegt. Verluste und → Entnahmen können die Verbindlichkeiten des Unternehmens höher werden lassen als die positiven Vermögenswerte, sodass sich ein Kapitalkonto auf der Aktivseite der Bilanz ergibt (→ Unterbilanz). Bei Personengesellschaften wird der Kapitalanteil eines jeden Gesellschafters getrennt ausgewiesen, sodass negative und positive Kapitalkonten in einer Bilanz nebeneinander zu finden sind. – 2. Mit dem negativen Kapitalkonto sind sowohl handels- und gesellschaftsrechtliche als auch steuerrechtliche *Wirkungen* verbunden. Bei Personengesellschaften ist dabei die haftungsrechtliche Position des Gesellschafters von großer Bedeutung.

II. Handels- und Gesellschaftsrecht: Handels- oder gesellschaftsrechtliche Rechtsfolgen können in Zusammenhang mit negativen Kapitalkonten entstehen, die aus einer nach handelsrechtlichen Vorschriften erstellten Bilanz (→ Handelsbilanz) hervorgehen. – 1. Negative Kapitalkonten *unbeschränkt haftender Gesellschafter einer Personengesellschaft* ziehen nach (abdingbaren) gesetzlichen Vorschriften i.d.R. folgende Konsequenzen nach sich: (1) Die jährliche Vorausverzinsung des eingezahlten Kapitals entfällt (§ 121 I HGB). (2) Das gewinnunabhängige Entnahmerecht entfällt in Verlustjahren (§ 122 I HGB). (3) Scheidet der Gesellschafter mit negativem Kapitalkonto aus, ist er den übrigen Gesellschaftern zum Ausgleich des

Negatives Kapital

Aktiva		Passiva	
Bei Einzelunternehmen			
Vermögen	70.000 Euro	Verbindlichkeiten	90.000 Euro
Unterbilanz	20.000 Euro		
	90.000 Euro		90.000 Euro
Bei Personengesellschaften			
Vermögen	130.000 Euro	Verbindlichkeiten	160.000 Euro
Kapitalkonto A	20.000 Euro		
Kapitalkonto B	10.000 Euro		
	160.000 Euro		160.000 Euro

Kapitalkontos verpflichtet (§ 105 II HGB, §§ 735, 739 BGB). – 2. Bei dem negativen Kapitalkonto eines *beschränkt haftenden Gesellschafters* (→ Kommanditisten) sind folgende Konsequenzen möglich: (1) Nach herrschender handelsrechtlicher Auffassung ist die Bildung eines negativen Kapitalkontos aufgrund von Verlustzuweisungen möglich, obwohl der Kommanditist bei seinem Ausscheiden nur in Höhe seines Kapitalanteils für Verluste der Gesellschaft haftet (§ 167 III HGB). (2) Der Kommanditist ist verpflichtet, erwirtschaftete und ihm anteilig zugewiesene Gewinne zur Auffüllung seines Kapitalkontos bis hin zur vereinbarten Einlage zu verwenden (Gewinnentnahmesperre, § 169 I HGB). (3) Scheidet der Kommanditist mit negativem Kapitalkonto aus, ist er nicht zum Ausgleich des Kapitalkontos verpflichtet (§ 167 III HGB). Die verbleibenden Gesellschafter übernehmen in diesem Fall das negative Kapitalkonto, indem sie ihr eigenes Kapitalkonto um den auf sie entfallenden anteiligen Betrag mindern.

III. Steuerrecht: 1. *Bewertungsrecht:* Bei der Bewertung des → Betriebsvermögens von Einzelfirmen und Personengesellschaften muss das negative Kapitalkonto des Unternehmens oder eines Gesellschafters nicht mit dem jeweiligen Anteil am Betriebsvermögen identisch sein, der bei Anwendung der bewertungsrechtlichen Vorschriften niedriger, gleich oder höher liegen kann. – a) Das negative Kapitalkonto eines Einzelunternehmers führt i.d.R. zu einem negativen Wert des Betriebs, es sei denn, dass durch die Wertansätze nach dem Bewertungsgesetz für Grundstücke des Betriebes, Beteiligungen an Personen- oder Kapitalgesellschaften der Wert des negativen Kapitalkontos ausgeglichen oder überschritten wird. – b) Verbleibt bei Personengesellschaften für einen oder mehrere unbeschränkt haftende Gesellschafter ein negativer Anteil am Betriebsvermögen, so kann er mit positiven Werten aus anderen Vermögensarten verrechnet werden. – 2. *Einkommensteuer:* Einkommensteuerlich relevant können sowohl die *Bildung* als auch die *Auflösung* negativer Kapitalkonten sein, die aus einer nach steuerlichen Vorschriften erstellten Bilanz (→ Steuerbilanz) der Unternehmung hervorgehen. – a) *Unbeschränkt haftende Gesellschafter:* Einkommensteuerliche Wirkungen sind bei erfolgswirksamer Entstehung negativer Kapitalkonten zu beachten, mithin bei Verlusten. Die Verluste sind ausgleichs- und abzugsfähig (§ 10d EStG), wenn die Gesellschaft nicht als → Verlustzuweisungsgesellschaft angesehen wird (§ 2b EStG). Entsprechend sind die Gewinne, mit denen das negative Kapitalkonto in Folgejahren aufgefüllt wird, als steuerpflichtige → Einkünfte zu erfassen. Scheidet ein Gesellschafter aus und übernehmen die anderen Gesellschafter seinen Anteil, so erzielt der Ausscheidende einen → Veräußerungsgewinn (§ 16 I EStG), wenn die → Abfindung den Buchwert des Kapitalkontos übersteigt. Dies gilt grundsätzlich auch bei negativen Kapitalkonten. Erhält der Ausscheidende keine Auszahlung, wohl aber seinen Gegenwert an den stillen Reserven dadurch, dass die übernehmenden Gesellschafter auf ihren Ausgleichsanspruch verzichten und Haftungsfreistellung gewähren, so entspricht der Veräußerungsgewinn dem negativen Kapitalkonto; kein Veräußerungsgewinn ist dann anzunehmen, wenn trotz Freistellung von Betriebsschulden aufgrund der Lage des Betriebs mit einer Inanspruchnahme durch die Gläubiger der Gesellschaft zu rechnen ist. Ist der ausscheidende Gesellschafter auf Dauer nicht in der Lage, sein negatives Kapitalkonto auszugleichen, entsteht ein Veräußerungsgewinn, da er von der Ausgleichsverpflichtung endgültig befreit ist. In diesem Fall haben die verbleibenden Gesellschafter den Forderungsausfall wie einen Verlust zu behandeln. – b) *Beschränkt haftende Gesellschafter:* Die Kritik an der Zulässigkeit negativer Kapitalkonten für Kommanditisten wurde von der Rechtsprechung des BFH zurückgewiesen, der das negative Kapitalkonto auch für Kommanditisten einer gewerblichen Personengesellschaft grundsätzlich für zulässig erklärt hat, es sei denn, am Bilanzstichtag steht fest, dass ein Ausgleich des negativen Kapitalkontos mit künftigen Gewinnanteilen wahrscheinlich nicht mehr möglich ist. Entsteht oder erhöht sich das negative Kapitalkonto des Kommanditisten durch Verluste, wird die sofortige Verlustverrechnung durch § 15a EStG begrenzt. Nach dieser Vorschrift sind die einem Kommanditisten oder einem Gesellschafter mit vergleichbarem Haftungsstatus zugewiesenen Anteile am Verlust der Personengesellschaft nur noch insoweit ausgleichs- oder abzugsfähig nach § 10d EStG, als durch sie kein negatives Kapitalkonto entsteht oder erhöht wird oder eine über das vereinbarte Kapitalkonto hinausgehende Haftung im Handelsregister eingetragen ist. Darüber hinausgehende Verluste bleiben zeitlich unbegrenzt mit künftigen Gewinnanteilen des Gesellschafters verrechenbar. Der Zeitpunkt der Verrechenbarkeit von Verlustanteilen beschränkt haftender Gesellschafter hängt somit u.a. auch von dem Stand des Kapitalkontos ab. Dabei sind in das für Zwecke des § 15a EStG festzustellende Kapitalkonto das Konto aus der Steuerbilanz der Personengesellschaft und das Konto der → Ergänzungsbilanz, nicht jedoch das Konto der → Sonderbilanz des Gesellschafters einzubeziehen. Wird das so definierte Kapitalkonto negativ, ist ein sofortiger → Verlustausgleich oder -abzug nicht mehr möglich, es sei denn, der Kommanditist haftet laut Handelsregister mit einem über sein Kapitalkonto hinausgehenden Betrag. Scheidet der Kommanditist aus der Gesellschaft aus und hat er seine Einlage in voller Höhe geleistet, so entsteht für ihn in Höhe des negativen Kapitalkontos ein Veräußerungsgewinn; er kann um die noch nicht verrechneten, nach § 15a EStG verrechenbaren Verluste gekürzt werden, sodass im Ergebnis nur der Teil des negativen Kapitalkontos einer → Nachversteuerung unterliegt, der nicht durch Verluste entstanden ist, die unter die Verlustbeschränkungen des § 15a EStG gefallen sind.

negatives Schuldanerkenntnis – formfreier Vertrag, durch den der eine Vertragspartner anerkennt, dass ihm gegenüber dem anderen keine Forderung zustehe, z.B. auch durch Quittungserteilung. Negatives Schuldanerkenntnis wirkt wie → Erlass (§ 397 II BGB). – Ein vom Gläubiger in der *irrigen* Annahme, dass keine Forderung bestünde, abgegebenes negatives Schuldanerkenntnis kann → kondiziert werden (§ 812 II BGB).

negative Wirtschaftsgüter – im Gegensatz zu den (positiven) → Wirtschaftsgütern in der → Steuerbilanz alle passivierungsfähigen Lasten, wie Verbindlichkeiten, Garantieverpflichtungen, Pensionsanwartschaften, noch nicht fällige Miet- und Zinsschulden (passive Rechnungsabgrenzungsposten) etc.

Negativklausel – *Negative Pledge Clause.* Klausel in den Anleihekonditionen (→ Anleihe), die eine Finanzierungsbeschränkung des Emittenten (bzw. Schuldners) vorsieht, gemäß der er verpflichtet ist, für die Laufzeit der Anleihe keine anderen Verbindlichkeiten zu besichern, seinen Grundbesitz nicht anderweitig zu verpfänden oder im Fall einer neuen → Emission den alten Gläubigern eine gleichrangige Sicherung einzuräumen.

Negativwirkung – Es handelt sich um eine Auswirkung des → Publizitätsprinzips des Handelsregisters. Die Negativwirkung besagt, dass die im Handelsregister fehlende Eintragung und Bekanntmachung die Unkenntnis des Dritten grundsätzlich entschuldigt (§ 15 I HGB), soweit es sich um eintragungspflichtige Tatsachen handelt. Es kann also z.B. der entlassene Prokurist, dem die Prokura entzogen, die Entziehung aber nicht eingetragen ist, wirksam Forderungen einziehen, ohne dass die Tatsache der Entziehung der Prokura einem Dritten entgegengehalten werden kann – es sei denn, es war ihm trotzdem bekannt.

Negativzins – vom Gläubiger zu zahlende Strafzinsen, die in Ausnahmefällen auf Bankeinlagen (→ Einlagen) erhoben werden, z.B. im Fall eines starken Zustroms von Spekulationsgeldern. – Vgl. auch → Devisenspekulation.

Negentropie → Syntropie.

Negotiation – *Negoziation.* 1. *Bankwesen:* Verkauf eines → Wertpapiers, v.a. Begebung einer öffentlichen Anleihe im Wege der festen Übernahme durch Bank oder Konsortium; ebenso: Ankauf von Dokumenten mit eigenem Geld. – 2. *Außenhandel:* → Negoziierungskredit.

Negoziation → Negotiation.

Negoziationskredit → Negoziierungskredit.

negoziierbares Akkreditiv – *Negoziierungsakkreditiv;* umfasst die feststehende Verpflichtung der akkreditiveröffnenden Bank, vom Akkreditivbegünstigten gezogene Tratten und/oder unter dem negoziierbaren Akkreditivbegünstigten vorgelegte Dokumente ohne Rückgriff auf Aussteller und/oder gutgläubige Inhaber zu bezahlen, sofern die im Akkreditiv vorgeschriebenen Dokumente vorgelegt werden und die Akkreditivbedingungen erfüllt sind. Der Ausdruck negoziierbares Akkreditiv (bzw. „Negoziierung") findet in Praxis und Literatur keine einheitliche Anwendung. Die Eigenheiten des negoziierbaren Akkreditivs sind am ehesten beim → Commercial Letter of Credit erkennbar. – Vgl. auch → Akkreditiv.

Negoziierungsakkreditiv → negoziierbares Akkreditiv.

Negoziierungskredit – *Negoziationskredit, Drawing Authorisation.* 1. *Begriff:* im Auslandsgeschäft übliche Finanzierungsform, bei der von Dokumenten begleitete Tratten (→ gezogener Wechsel) auf der Grundlage von Ziehungsermächtigungen angekauft werden. – 2. *Arten:* (1) Kreditgewährung (Bevorschussung) an Exporteure auf Grundlage vorgelegter Exportdokumente und in Verbindung mit Dokumenteninkassi; (2) Kreditgewährung (Bevorschussung) an Exporteure auf Grundlage vorgelegter Exportdokumente und in Verbindung mit Dokumentenakkreditiven (→ Akkreditive), die zugunsten der Exporteure eröffnet sind. (3) Kreditgewährung (Bevorschussung) an Exporteure auf Grundlage vorgelegter Exportdokumente und in Verbindung mit → Ziehungsermächtigungen.

Neighbourhood Office Center – *Nachbarschaftsbüro;* in unmittelbarer Nähe zu Wohnbereichen eingerichtete Büroräume, in denen Beschäftigte unterschiedlicher Organisationen ihre → Büroarbeit erledigen können; ermöglicht wird dies durch den Einsatz neuer Kommunikationstechnologie (v.a. vernetzte multifunktionale Bildschirme; vgl. → Netz, → Kommunikation), die die Kommunikationswege der räumlich integrierten Büros ersetzt. – Vgl. auch → Telearbeit.

NEMAX 50 – Aktienindex, der die wichtigsten Werte des → Neuen Marktes umfasst und Mitte 1999 ca. 80 Prozent des Gesamtumsatzes und 85 Prozent der Gesamtmarktkapitalisierung widerspiegelte. Der NEMAX 50 wurde mit der Neusegmentierung der FWB am 1.1.2003 ersetzt durch den → TecDAX.

NEMAX All Share Index – Performanceindex nach Laspeyres des → Neuen Marktes, in dem alle Titel des Segments berücksichtigt wurden. Mit der Schließung des Neuen Marktes eingestellt.

Nennbetrag → Nennwert.

Nennbetragsaktie – gesetzliche Bezeichnung für die → Nennwertaktie.

Nennkapital → Nominalkapital.

Nennwert – *Nennbetrag, Nominalwert.* 1. *Nennwert eines Zahlungsmittels:* Gesetzlich festgelegter Wert eines Zahlungsmittels, den es kraft seiner Eigenschaft als gesetzliches Zahlungsmittel erhält. Der Nennwert bildet zugleich die Recheneinheit. Existieren mehrere offizielle Zahlungsmittel nebeneinander, so muss ihr gegenseitiges Wertverhältnis in einem Nennwertsystem festgelegt sein. Nennwert in der Europäischen

Wirtschafts- und Währungsunion ist 1 Euro = 100 Cent. – 2. *Nennwert einer Aktie, Anleihe etc.*: Nennwert entspricht dem auf dem → Mantel aufgedruckten Geldbetrag. Er ergibt sich durch Division von gezeichnetem Grundkapital bzw. Schuldsumme durch die Anzahl der hierüber auszugebenden Aktien oder Obligationen. Nach § 8 II AktG beträgt der Mindestnennwert von Aktien 1 Euro. Bei festverzinslichen Wertpapieren wird der Nennwert am Ende der Laufzeit an den Gläubiger zurückbezahlt, falls kein anderer Rückzahlkurs angegeben ist. – Der Nennwert kann vom Marktwert und Vermögensteuerwert stark abweichen, v.a. bei Aktien. – *Anders:* → Effektivwert, → Kurswert. – Vgl. auch → Nennwertaktie, → Quotenaktie.

Nennwertaktie – *Nennbetragsaktie, Summenaktie;* Form der → Aktie, die auf eine feste Summe (→ Nennwert, nach § 8 II AktG mind. ein Euro) lautet. Die Einlageverpflichtung des Aktionärs ist darauf begrenzt, ausgenommen, es wird ein höherer Ausgabebetrag festgelegt (→ Kapitalerhöhung). Das Verhältnis des Nennwerts zum → Grundkapital ergibt den Umfang der von der Aktie repräsentierten → Beteiligung. – *Gegensatz:* → Quotenaktie, → Stückaktie.

nennwertlose Aktie → Quotenaktie.

Neobehaviorismus – verhaltenswissenschaftliche Forschungsrichtung, weiterentwickelt aus dem → Behaviorismus unter Aufgabe des Black-Box-Prinzips. Der Organismus gilt nach Empfang des Stimulus als intervenierende Variable, die die nachfolgende Reaktion maßgeblich beeinflusst (SOR-Konzept); Einflussfaktoren des nicht beobachtbaren Vorgangs sind → Emotion, → Motivation und → Einstellung des Individuums. – Vgl. auch → Käufer- und Konsumentenverhalten.

Neoempirismus → Empirismus.

Neo-Faktorproportionen-Theorie – Weiterentwicklung des Faktorproportionentheorems im Anschluss an das → Leontief-Paradoxon. *Wassily Leontief* hatte 1947 für die USA nachgewiesen, dass kapitalintensive Güter importiert und arbeitsintensive Güter exportiert werden. Das erschien widersprüchlich, da die USA als hochentwickeltes Industrieland über relativ viel Sachkapital verfügten. Eine Erklärung für diesen Widerspruch ist die mangelnde Berücksichtigung des → Humankapitals. Die Neo-Faktorproportionen-Theorie spezifiziert die → Produktionsfunktion so, dass neben den → Produktionsfaktoren Sachkapital und → Arbeit auch → Humankapital erfasst werden. – Vgl. → Heckscher-Ohlin-Handel.

Neokeynesianische Theorie – Erweiterung der theoretischen Grundlagen der keynesianischen Analyse, da die Verkürzung der Keynesschen Lehre auf *Rigiditätsfälle* (→ keynesianische Positionen) zur Erklärung der Realität mit andauernden Ungleichgewichten nicht befriedigen konnte. Nominale Rigiditäten in Form von Preis- und Lohnstarrheiten sind nur eine von mehreren Ursachen für Ungleichgewichte und z.T. nur Folge der wahren Ursachen, wie → Unsicherheit, Monopolisierung. – 1. *Ausgangspunkt* der hier anknüpfenden Neokeynesianischen Theorie (*Ungleichgewichtstheorie*) ist das *Patinkin-Modell* (Patinkin, 1955), ein Ungleichgewichtsansatz, in dem *anhaltende Abweichungen vom Gleichgewicht* möglich und wahrscheinlich sind, wenn die Trägheit der Anpassungsmechanismen (Zins- und preisinduzierter → Realkassenhaltungseffekt) die Erreichung des Gleichgewichts auf dem Gütermarkt verzögern und es daher zu Rückwirkungen auf dem Arbeitsmarkt kommt. Damit führt auch der Lohn-/Preismechanismus nicht zu einem grundsätzlich bestehenden Gleichgewicht zurück. Reallohnsenkungen vermindern in solchen Situationen die Arbeitslosigkeit nicht, da sich dadurch die im Vergleich zum Vollbeschäftigungseinkommen zu geringe gesamtwirtschaftliche Güternachfrage nicht erhöhen lässt. – Der Patinkinsche Ungleichgewichtsansatz wurde dann Ausgangspunkt einer Reihe von *Ungleichgewichtstheorien,* von denen einige der bekanntesten kurz charakterisiert werden (Clower, Leijonhufvud, Barro/Grossman, Malinvaud). – 2. Clower, dessen Analyse von Leijonhufvud intensiv aufgegriffen wurde, vertritt eine *duale Theorie* (duale Entscheidungshypothese): Im Gleichgewicht ist ein bestimmtes Entscheidungssystem wirksam, in Ungleichgewichtszuständen ein anderes Entscheidungssystem, welches sich vom Gleichgewichtsfall löst. Nach Störungen des Gleichgewichts (z.B. am Arbeitsmarkt) sind für die Konsumentscheidungen nicht mehr die Preise bestimmend, sondern die vorgegebenen Mengen (d.h. das aus dem Rückgang der mengenmäßigen Arbeitsnachfrage resultierende Einkommen). Die (notionale oder unbeschränkte) Nachfrage ist nicht mehr relevant, sondern stellt nur noch potenzielle oder eigentlich geplante (hypothetische) Nachfrage dar. Stattdessen gelten jetzt die effektiven Nachfragefunktionen. Die effektive Nachfrage ist im Unterschied zur hypothetischen nicht nur von den Relativpreisen, sondern auch von der Mengenschranke des jeweils anderen Marktes (im Beispiel von der Rationierungsschranke der Arbeitsmarktes) abhängig. Dadurch wird die effektive Konsumnachfrage der privaten Haushalte aber keynesianisch, d.h. einkommensabhängig. Die ursprüngliche Störung am Arbeitsmarkt überträgt sich auf den Gütermarkt und wirkt dann wieder auf den Arbeitsmarkt zurück. Das konsistente, aus Mengenrationierungen resultierende Ungleichgewicht verfestigt sich und kann auch durch den Übergang zu flexiblen Preisen nicht beseitigt werden. Der Preismechanismus versagt. Wenn einmal zu *„falschen" Preisen* gehandelt wird, sog. false trading, kann sich das Ungleichgewicht auf Güter- und Arbeitsmarkt „verfestigen". – 3. *Weiterentwicklungen und Integrationsversuche* der Ansätze von Patinkin und Clower sind die Ansätze von Barro/Grossman und Malinvaud. In beiden kommt es zu gegenseitigen Interdependenzen zwischen den Märkten (Gütermarkt und

Arbeitsmarkt). Ungleichgewicht und Rationierung in einem Markt führen zum Ungleichgewicht im jeweils anderen Markt *(Mengenrationierungsansatz).* Die Ungleichgewichte können sich aufschaukeln und in einem „gleichgewichtigen" Ungleichgewichtszustand mit wechselseitiger Rationierung auf Güter- und Arbeitsmarkt verharren. Solche Ruhezustände sind nicht mehr durch die Übereinstimmung der hypothetischen, sondern der effektiven Angebots- und Nachfragepläne gekennzeichnet. Ist die Wirtschaft einmal in einer Ungleichgewichtssituation festgefahren, so ist der Preismechanismus weitgehend außer Kraft gesetzt *(Ungleichgewichtsgleichgewicht).* Das allgemeine Gleichgewicht (mit gleichgewichtigem Preisvektor) ist dabei als Spezialfall anzusehen. Das allgemeine Gleichgewichtsmodell neoklassischer Prägung bleibt Ausgangs- und Bezugspunkt der Ungleichgewichtstheorien; insofern werden sie häufig auch als temporäre Gleichgewichtsmodelle bei Mengenrationierung bezeichnet. Unbestritten erfassen sie nur einen Aspekt Keynesscher Lehre, nämlich den des Unterbeschäftigungsgleichgewichts aufgrund fehlender effektiver Nachfrage, während andere Aspekte, z.B. Unsicherheit und deren Konsequenzen, nicht einbezogen werden. – Vgl. → Mengenrationierungsansatz.

Neokeynesianismus → Neuer Keynesianismus, → Neue Keynesianische Makroökonomik, → Keynesianismus, → Keynes-Kaldor-Verteilungstheorie.

Neoklassik – *neoklassische Theorie.* 1. *Charakterisierung:* Weiterentwicklung der → klassischen Lehre. Die Neoklassik folgt dem Gleichgewichtsansatz der Klassik. Die bedeutendsten Veränderungen gegenüber der Klassik liegen im Übergang von der objektiven zur subjektiven Wertlehre und der damit verbundenen Betonung des Marginalkalküls. Darüber hinaus treten nun Probleme der Allokation und Verteilung gegenüber denen der Produktion und des Wachstums in den Vordergrund. – *Wichtigste Vertreter:* → Jevons, → Menger, → Walras. – 2. *Inhalt:* Im Zentrum der Neoklassik steht die Analyse der Verteilung der Güter auf die Konsumenten bei gegebener Faktormenge und das Problem der → Allokation, d.h. die Frage, wie die vorhandenen knappen Faktoren eingesetzt werden müssen, um eine bestmögliche Bedürfnisbefriedigung zu erreichen. Dabei wird extensiv auf die → Marginalanalyse zurückgegriffen, die von der Produktionssphäre auch auf die Nachfragesphäre (→ Grenznutzenschule) ausgedehnt wird. Während in der Klassik der Arbeitslohn durch die → Lohnfondstheorien und die Güterpreise über die Produktionskosten erklärt werden, wird in der Neoklassik die Bedeutung des Marktpreises betont, der sich aus dem Zusammenspiel von Angebot und Nachfrage ergibt. Angebots- bzw. Nachfrageverhalten werden dabei aus Grenzproduktivitäts- bzw. Grenznutzenüberlegungen abgeleitet. Die Nachfrage spielt nicht nur bei der Bestimmung der Zusammensetzung der Produktion eine Rolle, sondern auch bei der Festlegung der relativen Preise. Die Frage, ob das Volumen der Gesamtnachfrage ausreicht, um die Produktion zu absorbieren, wird auch von der Neoklassik nicht beachtet. Im Prinzip wird weiterhin die Gültigkeit des Sayschen Theorems vorausgesetzt, aber die Bedeutung des Preismechanismus bes. unterstrichen, der als völlig flexibel angenommen wird. – 3. *Zentrales Modell:* Walras' Modell des → allgemeinen Gleichgewichts. – 4. *Bedeutung:* Mit der Entwicklung der subjektiven Werttheorie und des Marginalkalküls hat die Neoklassik einen kaum zu überschätzenden Beitrag geleistet. Walras gelang die erste Darstellung eines geschlossenen mathematischen Totalmodells zur formalen Abbildung des ökonomischen Geschehens einer Gesamtwirtschaft. Dieses Modell diente gleichzeitig dem Nachweis der Existenz, Stabilität und Eindeutigkeit eines gesamtwirtschaftlichen Gleichgewichts bei Vollbeschäftigung. Es darf jedoch nicht übersehen werden, dass die Ergebnisse der neoklassischen Theorie auf sehr restriktiven Annahmen beruhen. Fundamentale Kritik an der Neoklassik übte → Keynes. Er bezog sich dabei v.a. auf die Rolle, die das Geld in der Neoklassik spielt (→ Neutralität des Geldes), auf die Behandlung des → Arbeitsmarktes (der sich in der Neoklassik stets im Zustand der Vollbeschäftigung befindet) und die Annahme der vollständigen Voraussicht sowie der vollkommenen Preis- und Lohnflexibilität (→ Keynesianismus).

neoklassische Arbeitsmarkttheorie → Arbeitsmarkttheorien.

neoklassische Produktionsfunktion – 1. *Begriff:* Ertragsgesetzliche → Produktionsfunktion mit von Anfang an abnehmenden Grenzerträgen (s. → Ertragsgesetz). – 2. *Eigenschaften:* a) Bei → totaler Faktorvariation weist die neoklassische Produktionsfunktion konstante oder → abnehmende Skalenerträge auf. – b) Bei → partieller Faktorvariation zeigen sich positive, nicht-zunehmende (bzw.

neoklassische Produktionsfunktion

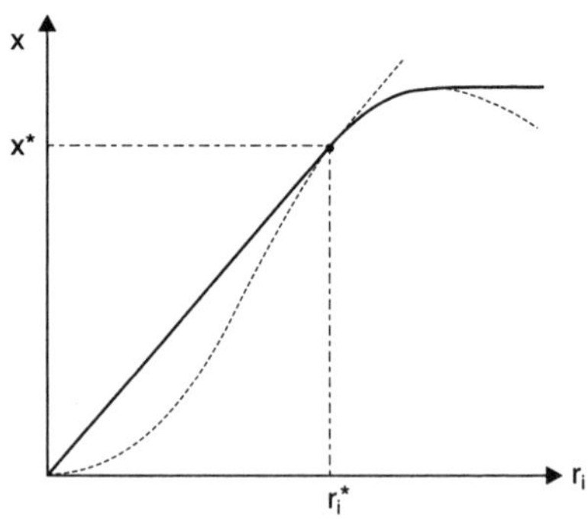

abnehmende) Grenzerträge. – c) Die → Isoquante ist monoton fallend und konvex mit einer abnehmenden → Grenzrate der Substitution. – 3. *Entwicklung:* Die neoklassische Produktionsfunktion ergibt sich aus der klassischen Produktionsfunktion, indem man (wie in der Abbildung „Neoklassische Produktionsfunktion" dargestellt) deren ineffiziente Bereiche (→ Effizienz) durch geeignete Konvexkombinationen ausgewählter Produktionspunkte ersetzt. So wird der konvexe Bereich der klassischen Produktionsfunktion durch Konvexkombination der Nullaktivität (→ Aktivität) und des Punkts (r_i^*, x^*), an dem ein Fahrstrahl an die Kurve zur Tangente wird, dominiert. Der vierte Bereich des klassischen Ertragsgesetzes mit abnehmendem Gesamtertrag wird durch eine Disposal-Aktivität dominiert, bei der die überschüssigen Faktormengen nicht eingesetzt werden. – 4. *Beurteilung:* Obwohl die neoklassische Produktionsfunktion ein theoretisches Konstrukt ist, hat sie sich in vielen Anwendungsbereichen sowohl auf gesamtals auch auf einzelwirtschaftlicher Ebene empirisch bewährt. Ihre Eigenschaften lassen sich in späteren Ansätzen der → Produktionstheorie immer wieder nachweisen.

Neoklassische Synthese – Oberbegriff für traditionelle makroökonomische Totalmodelle, die aus einer keynesianisch geprägten Nachfrageseite (→ IS-LM-Modell, → IS-LM-Z-Modell, → makroökonomische Totalmodelle geschlossener Volkswirtschaften, Nachfrageseite, → Totalmodelle offener Volkswirtschaften, Nachfrageseite) und einer neoklassisch modellierten Angebotsseite (→ makroökonomische Totalmodelle geschlossener Volkswirtschaften, Angebotsseite, → Totalmodelle offener Volkswirtschaften, Angebotsseite) bestehen. Dabei wird zwischen der Keynesschen Variante, bei der der Geldlohnsatz starr ist und Unterbeschäftigung auf dem Arbeitsmarkt herrscht, und der Neoklassischen Variante, bei der völlige Preis- und Lohnflexibilität herrscht und sich der Arbeitsmarkt stets im Zustand der Vollbeschäftigung befindet, unterschieden. Modelle der Neoklassischen Synthese sind gesamtwirtschaftliche Gleichgewichtsmodelle, die sowohl Unterbeschäftigungs- als auch Vollbeschäftigungsgleichgewichtsmodelle sein können. Sie beinhalten sowohl Elemente der keynesianischen als auch der neoklassischen Theorie. Man spricht daher auch von der keynesianisch-neoklassischen oder neoklassisch-keynesianischen Synthese. Vgl. auch Neue Neoklassische Synthese.

neoklassische Theorie → Neoklassik.

neoklassische Theorien der Unternehmung – 1. *Merkmale:* Gemeinsamer Kern der hier als neoklassisch bezeichneten Unternehmenstheorien ist die Orientierung an partiellen und totalen Gleichgewichtszuständen (→ Gleichgewicht), das Ausblenden von endogenen Innovationen, die Voraussetzung einer gegebenen Menge von Handlungsalternativen, die für Wahlhandlungen zur Verfügung stehen sowie die Annahme des Prinzips der marginalen Substitution. Diese Ansätze sind trotz erheblicher Unterschiede auf die statische → Allokation bezogen. Dabei bildet das allgemeine Gleichgewicht den Referenzzustand der optimalen Allokation (→ Wohlfahrtsökonomik). – 2. *Auswirkungen auf die Allokation:* Die optimale Allokation kann durch die Unternehmung entweder gestört oder verbessert werden. Im ersten Fall beeinträchtigt das (marktformenabhängige) Verhalten den Markt als Allokationsmechanismus. Im zweiten Fall verringern Unternehmungen (und andere Institutionen) Funktionshemmnisse der marktlichen Koordination und verbessern die Allokation. – a) Zunächst erfolgt die Einbettung der Unternehmung in die *neoklassische Markt- und Preistheorie* rein unter dem Produktionsaspekt in der → mikroökonomischen Theorie der Unternehmung. Es handelt sich dabei um die mikroökonomische → Produktionstheorie, die im Zusammenhang mit der → Marktform Bestandteil der → Wettbewerbstheorie ist. Da davon ausgegangen wird, die Unternehmung verhalte sich wie eine Ein-Mann-Unternehmung, die ihren Gewinn maximiert, spielen die Marktform und die Verhaltensweise für die Allokation eine zentrale Rolle. – b) Das Verhalten der Unternehmung kann sich auch unmittelbar auf die *Effizienz der Unternehmung* selbst auswirken. Werden Unternehmungen von Managern geleitet, die nicht Eigentümer sind, kann sich rationales Verhalten der Manager auf die Zielbildung, das Verhalten und das ökonomische Ergebnis der Unternehmung auswirken, wie die → Manager-Theorie der Unternehmung zeigt. Weiter führt die Trennung von Eigentum und Kontrolle unter der Annahme unvollkommener Informationen zu Effizienzeinbußen und der Frage der Gestaltung effizienter Anreiz- und Kontrollmechanismen in der → Prinzipal-Agent-Theorie der Unternehmung. Ähnliche Probleme ergeben sich u.a. in der → Team-Theorie der Unternehmung. – c) Die Benutzung des Marktmechanismus verursacht – wie die von Organisationen – *Kosten.* Sie wirken sich auf die → Allokation aus. Die → Transaktionskostentheorie der Unternehmung und die → Governance-Structure-Theorie der Unternehmung greifen auf diese Marktbenutzungs- und Organisationskosten zurück, um Existenz, Struktur und → Grenzen der Unternehmung zu erklären. Dabei werden verschiedene institutionelle Arrangements miteinander verglichen. Im Gegensatz zu a) wird die Unternehmung nicht als → Produktionsfunktion, sondern als Vertragsnexus begriffen und der Austausch inkl. der Informationsprobleme in den Vordergrund gestellt. Das Verhalten der Unternehmung richtet sich auf eine Minimierung der Transaktionskosten und der Produktionskosten. – d) Marktversagen auf dem Markt für Informationen (Informationsparadoxon) – und damit Kosten der Informationsbeschaffung und -übertragung – erklären nach K.J. Arrow die Existenz von Unternehmungen. Unternehmungen sparen Informationskosten ein *(Economies of Information)* und erlangen zudem viele Informationen kostenlos. Dieser Vorteil ist jedoch begrenzt. – e) Marktversagen drückt sich auch im Fehlen einer vollständigen Palette von Zukunfts- und Versicherungsmärkten aus. Dies führt zu *unvollständigen Verträgen* und *Anpassungskosten*, die die Unternehmung erklären (→ Governance-Structure-Theorie der Unternehmung). Knight begründet die Unternehmung als Ersatz für fehlende Versicherungsmärkte bei → Moral Hazard; sein Ansatz ist jedoch nicht neoklassisch.

neoklassische Verteilungsmodelle – Modelle, die mit vollständigen neoklassischen Wachstumsmodellen unter Einbeziehung der Grenzproduktivitätstheorie (→ Grenzproduktivitätstheorie der Verteilung) identisch sind. Variationen ergeben sich durch alternative Ausgestaltungen der Nachfrage-, Produktions- und Arbeitsangebotsfunktion. Dadurch, dass durchgängig die Grenzproduktivitätsregel beibehalten wird, wird die → Lohnquote im → Gleichgewicht wesentlich durch die Art und Form der → Produktionsfunktion sowie die Art des → technischen Fortschritts (Neutralitätskonzepte) bestimmt. Bei Abwesenheit von technischem Fortschritt und bei Annahme einer linear-homogenen Produktionsfunktion hängt die Höhe der Lohnquote nur von der Höhe der → Kapitalintensität ab. Im neoklassischen Wachstumsgleichgewicht ist die Kapitalintensität konstant, insofern auch die Lohnquote. Bei Anpassungsprozessen zum Gleichgewicht variiert die Lohnquote je nach Größe der → Substitutionselastizität. Die Konstanz der Lohnquote im Gleichgewicht kann nur mit größter Vorsicht als Verteilungsgesetz interpretiert werden. Das wird deutlich, wenn man die einfache Grenzproduktivitätsregel für Fälle unvollkommenen Wettbewerbs (Oligopol, Monopol) formuliert. Je nach Wettbewerbsintensität ergeben sich alternative Gleichgewichte. Anders als in den → Verteilungstheorien der ökonomischen Klassiker oder in den → Monopolgradtheorien der Verteilung wird in neoklassischen Verteilungsmodellen die funktionale Verteilung allein aus den „technischen Bedingungen" bzw. aus rein ökonomischen Gesetzmäßigkeiten abgeleitet. Im neoklassischen Standardansatz der Verteilung gibt es keinen Platz für Marktmacht, für soziale Einflussfaktoren oder die Berücksichtigung von Verteilungskonflikten. Erweiterungen der neoklassischen Gleichgewichtsanalyse durch Einbeziehung eines autonomen technischen Fortschritts, der Vermögensverteilung (Pasinetti-Ansatz) oder des Falls eines reallohnabhängigen Arbeitsangebots ändern die Modellstruktur und die Modellergebnisse nicht grundsätzlich. Als grundlegendes Problem der neoklassischen Verteilungsmodelle bleiben die produktionstheoretischen Grundlagen. Die → kapitaltheoretischen Kontroverse hat deutlich werden lassen, dass die Annahme der Existenz einer gesamtwirtschaftlichen Produktionsfunktion und die damit zusammenhängende Vorgabe einer definierten „Menge an Kapital" unabhängig von den Preisen der verschiedenen Kapitalgüter und damit der Profitrate logisch unhaltbar ist. Wie im Rahmen der → Debattedeutlich wurde, basieren die neoklassischen Wachstums- und Verteilungsmodelle auf einem gedanklichen Zirkelschluss, durch den ihr theoretisches Fundament infrage gestellt wird.

neoklassische Wachstumstheorie – 1. *Begriff:* Unter neoklassischer Wachstumstheorie werden wachstumstheoretische Arbeiten zusammengefasst, deren Methodik durch neoklassische Eigenschaften charakterisiert sind. – 2. *Merkmale:* a) Es wird davon ausgegangen, dass sämtliche Preise und Löhne flexibel sind. Folglich sind Märkte für Güter und Produktionsfaktoren jeweils durch einen Ausgleich von Angebot und Nachfrage gekennzeichnet. Es herrscht → vollkommene Konkurrenz. – b) Der Produktionsprozess eines Landes wird anhand einer *aggregierten Produktionsfunktion* beschrieben: Das Sozialprodukt wird durch den Einsatz von physischem Kapital (Sachkapital) und Arbeit erzeugt. Es wird angenommen, dass das Einsatzverhältnis der Produktionsfaktoren variabel ist und dass die Grenzerträge der Produktionsfaktoren mit zunehmendem Einsatz sinken. Ferner beinhaltet die Produktionsfunktion einen als konstant angenommenen Faktor, mit dem berücksichtigt wird, dass die Produktivität der neu eingesetzten Faktoren im Zeitablauf steigt (etwa durch verbesserte Techniken und qualifiziertere Ausbildung). Allerdings wird dieser Faktor auch als „Restgröße" der Produktionsfunktion bezeichnet, weil alle Steigerungen des Outputs, die nicht auf einen rein zahlenmäßig erhöhten Einsatz der Faktoren Arbeit und Kapital zurückgeführt werden, diesem Faktor zugerechnet werden. Möglich ist damit auch, dass mit dieser Restgröße positive Einflüsse auf den Output gemessen werden, die nicht explizit in der Produktionsfunktion benannt sind. – c) Die *Ausstattung einer Volkswirtschaft mit Sachkapital* (hier allg. als Kapital bezeichnet) erfolgt im Laufe der Zeit dadurch, dass ein Teil des Einkommens gespart wird. Da das Modell als geschlossene Volkswirtschaft konzipiert ist, beschreibt diese Ersparnisbildung zugleich den Umfang der Investitionen in neues Sachkapital. Der Kapitalbestand einer Volkswirtschaft ist im Zeitablauf ferner durch eine abnutzungsbedingte Wertminderung gekennzeichnet. – 3. *Ziele:* Die neoklassische Wachstumstheorie versucht zu erklären, unter welchen Bedingungen durch den Einsatz von originären Faktoren (wie natürlichen Ressourcen und menschlicher Arbeitskraft) und produzierten Faktoren (wie Maschinen und erlerntem Fähigkeiten) wirtschaftliches → Wachstum entsteht und dauerhaft sein kann. – 4. *Methode:* Im Mittelpunkt steht das Konzept des Wachstumsgleichgewichts (→ Steady State), das im Fall der neoklassischen Wachstumstheorie dadurch gekennzeichnet ist, dass die Wachstumsraten von Modellvariablen konstant sind. Das Wachstumsgleichgewicht ist ein Zustand, in dem sich alle Produzenten und Nachfrager optimal an die Güter- und Faktorpreise anpassen. Die Identifizierung eines solchen Zustands ist der erste Analyseschritt der neoklassischen Wachstumstheorie. Im zweiten wird geprüft, ob das Gleichgewicht stabil ist: Entwickeln sich Volkswirtschaften von unterschiedlichen Ausgangssituationen aus (oder nach Störungen) zu einem Wachstumsgleichgewicht hin? Im dritten Schritt wird geprüft, welche Veränderungen der Ergebnisse eintreten, wenn Annahmen in Bezug auf exogene Einflüsse verändert werden. – 5. *Ansätze:* Die zwei grundlegenden Ansätze werden durch die jeweilige Annahme in Bezug auf die Ersparnisbildung unterschieden: a) *Exogene Ersparnisbildung:* Das von → Solow 1956 (siehe auch → Solow-Modell) veröffentlichte Modell erklärt die Ersparnisbildung nicht durch das Verhalten der Bürger, sondern diese wird als gegeben angenommen. Solow zeigt, dass sich Ökonomien zu einem Gleichgewicht hin entwickeln, in dem Output und Kapitalstock mit derselben Rate wachsen wie das Arbeitsangebot (von dem angenommen wird, dass es mit dem Wachstum der Bevölkerung übereinstimmt). Weil das Verhältnis des pro Arbeitseinheit eingesetzten Kapitals die → Kapitalintensität der Produktion beschreibt, kann man auch formulieren: Eine Wirtschaft ist im Steady State dadurch charakterisiert, dass die Kapitalintensität im Zeitablauf konstant ist. Aufgrund der Modellstruktur ist jede weitere durch die Kapitalintensität definierte Größe im Zeitablauf konstant: Die Faktorproduktivitäten (das Verhältnis Output zu eingesetzten Faktoren), die Verteilung des Einkommens (mit Preisen bewertete Erträge der Produktionsfaktoren) auf die Produktionsfaktoren Kapital und Arbeit, sowie die Faktorpreise. Aus der konstanten Arbeitsproduktivität folgt, dass die Produktion mit der Wachstumsrate des Arbeitseinsatzes (bzw. der Bevölkerung) wächst. Der zweite positive Einfluss auf die Produktion geht von der Sparquote aus: Je höher die Sparquote, die in diesem Fall der Investitionsquote entspricht, desto höher ist der Kapitalbestand einer Volkswirtschaft und desto höher ist damit die Kapitalintensität und folglich auch die Wachstumsrate des produzierten Outputs. Die Stabilitätsanalyse zeigt, dass sich das System im Zeitablauf hin zu einem Wachstumsgleichgewicht entwickelt: Im Normalfall liegt die anfängliche Kapitalintensität unter der gleichgewichtigen und es erfolgt ein Konvergenzprozess der Wirtschaft hin zum Gleichgewichtszustand. Dieser Anpassungsprozess ist dadurch gekennzeichnet, dass die Wachstumsraten des Pro-Kopf-Einkommens am Beginn des Aufholprozesses umso höher sind, desto weiter die anfängliche Kapitalintensität zu diesem Zeitpunkt vom Gleichgewicht entfernt ist. – b) *Endogene Ersparnisbildung:* In der Produktionsbeschreibung stimmen die Modelle von F.A. Ramsey (1928; → Ramsey-Modelle) sowie die Generationenmodelle von Samuelson (1958) und Diamond (1965) (s. → Generationenmodelle) mit den neoklassischen Eigenschaften des Solow-Modells überein. Die Sparentscheidung der Bürger wird aber jeweils als Reflex ihrer Konsumentscheidungen im Zeitablauf beschrieben. Als methodisches Konzept wird ein repräsentativer Haushalt betrachtet, der durch die zeitliche Verteilung des Lebenskonsums seine Wohlfahrt maximiert. Die Beschreibung des Wachstumsgleichgewichts und der Anpassung an ein solches stimmt in beiden Modelltypen qualitativ mit der Aussage von Solow überein; allerdings ist nun die Kapitalintensität und damit das Pro-Kopf-Einkommen im Wachstumsgleichgewicht umso geringer, desto stärker die Präferenzen der Bürger für den gegenwärtigen Konsum sind. In Ramsey-Modellen kann, anders als im Diamond-Modell und im → Solow-Modell, ineffiziente Überakkumulation von Kapital hervorgerufen durch Übersparen nicht auftreten. – 6. *Folgerungen und Ergebnisse:* Solow zeigt erstens, dass durch eine dauerhafte Erhöhung der Spar- bzw. Investitionsquote ein höheres Steady-State-Niveau bzgl. Kapitalinetnsität und Pro-Kopf-Einkommen erreicht werden kann, und zweitens, dass Wachstum der pro-Kopf-Größen nur während eines Anpassungsprozesses hin zu einem stabilen, stationären Gleichgewicht möglich sind. Mit diesen Ergebnissen widerlegt Solow die beiden zentralen Aussagen der keynesianischen Wachstumstheorie (→ postkeynesianische Wachstumstheorie), dass Wachstumsprozesse von Volkswirtschaften grundsätzlich zur Instabilität (Harrod) oder Stagnation (Domar) neigen. Solow selbst hat bereits 1957 im Rahmen einer empirischen Studie erste wichtige Konkretisierungen seines Modells vorgelegt. Er findet heraus, dass sich der Output einer Arbeitsstunde in den USA im Zeitraum zwischen 1909 und 1949 in etwa verdoppelt hat. Diese Entwicklung wird nur zu einem Anteil von 1/8 auf einen Anstieg des Kapitaleinsatzes pro Arbeitseinheit zurückgeführt; 7/8 des Wachstums wird durch die Restgröße totale Faktorproduktivität bestimmt. Dieses Ergebnis zeigt einerseits, dass technischem Fortschritt bei der Erklärung wirtschaftlichen Wachstums die entscheidende Rolle zukommt, aber andererseits auch die Schwäche des Erklärungsansatzes, weil eine Restgröße der Produktionsfunktion den größten Einfluss auf das Ergebnis hat. – 7. *Aktuelle Entwicklung:* Es hat einige Jahrzehnte gedauert, bis Ökonomen die Endogenisierung des technischen Fortschritts gelungen ist . Diese Arbeiten werden als → neue Wachstumstheorie (endogene Wachstumstheorie) bezeichnet, weil sie den technischen Fortschritt und damit das Wirtschaftswachstum explizit modelltheoretisch erklären wollen. Dabei wendet sich ein Teil dieser Arbeiten von rein neoklassischen Modellrahmen ab und sieht gerade in der Modellierung von Marktunvollkommenheiten bessere Möglichkeiten zur Erklärung wirtschaftlicher Entwicklungen. Andere Arbeiten bleiben im neoklassischen Analyserahmen und versuchen, durch verschiedene Modifizierungen Fortschritte in der Erklärung von Wirtschaftswachstum zu erzielen. Interessanterweise hat sich dabei die Struktur des neoklassischen Wachstumsmodells von Solow als relativ robust erwiesen, wenn in die von Solow konzipierte Produktionsfunktion weitere Faktoren aufgenommen werden. Insbesondere die 1992 von Mankiw, Romer und Weil veröffentlichte Erweiterung um den Faktor → Humankapital hat dazu geführt, dass die neoklassische Wachstumstheorie in der Tradition von Solow in der aktuellen Forschung nach wie vor eine zentrale Stellung einnimmt.

Neokolonialismus – direkte Beherrschung der Länder der Dritten Welt über Spielregeln des kapitalistischen Weltmarktes. Die vom Kolonialismus befreiten Entwicklungsländer konnten allenfalls eine De-Jure-Unabhängigkeit erreichen; die direkte Beherrschung wurde durch eine indirekte abgelöst. Militärische, politische, kulturelle, technologische, finanzielle und wirtschaftliche Abhängigkeiten stellen Mechanismen des Neokolonialismus dar. Der Begriff wurde von K. Nkrumah thematisiert und als „letztes Stadium des → Imperialismus" bezeichnet.

Neoliberalismus – Denkrichtung des → Liberalismus. Forderungen des → klassischen Liberalismus werden aufgegriffen, das Konzept jedoch aufgrund der Erfahrungen mit dem → Laissez-Faire-Liberalismus, sozialistischen → Zentralverwaltungswirtschaften und dem konzeptionslosen → Interventionismus, der spätestens seit Beginn des 20. Jh. die Wirtschaftspolitik der meisten marktwirtschaftlichen Ordnungen kennzeichnet, korrigiert. Betont wird wieder die Ordnungsabhängigkeit des Wirtschaftens und die Bedeutung privatwirtschaftlicher Initiative. Stärker als im klassischen Liberalismus, wird berücksichtigt, dass der Wettbewerb durch privatwirtschaftliche Aktivitäten bedroht ist, da sich ihm die Marktteilnehmer durch die Erlangung von Marktmacht zu entziehen versuchen. Daher soll der Staat den freien Wettbewerb aktiv vor dem Entstehen privatwirtschaftlicher Marktmacht wie auch vor staatlich verursachter Marktvermachtung schützen (s. → Interdependenz der Ordnungen). – Die in der Bundesrepublik Deutschland vertretene Ausgestaltung des neoliberalen Konzeptes wird als *Ordoliberalismus* bezeichnet, der auf die in den 1930er-Jahren begründete → Freiburger Schule zurückgeht.

Neomarxismus – entstanden v.a. in Westeuropa während der 1960er-Jahre; Entwürfe einer sozialistischen Gesellschaft aufgrund der Ablehnung der sowjetisch-bolschewistischen Marx-Interpretation (→ Bolschewismus). Daneben ist man bestrebt, die Basistheoreme von Marx den zwischenzeitlich eingetretenen sozioökonomischen Veränderungen anzupassen. – Vgl. auch → Marxismus.

Neomerkantilismus – Bezeichnung für die sich seit dem Ende des 19. Jh. abzeichnende interventionistische Wirtschaftspolitik (→ Interventionismus) mancher Staaten, die durch ihre administrative Lenkung des Wirtschaftsprozesses, durch ihre einseitig auf Exportförderung ausgerichtete Handelspolitik bzw. sogar ihre Bestrebungen nach Autarkie an den → Merkantilismus erinnert.

Neoquantitätstheorie → Geldtheorie, → Inflationstheorien.

Neo-Schumpeter-Hypothesen – behaupten einen Zusammenhang zwischen der absoluten Unternehmensgröße (sog. Neo-Schumpeter-Hypothese I (NSH I)) bzw. der relativen Unternehmensgröße (sog. Neo-Schumpeter-Hypothese II (NSH II)) und dem technischen Fortschritt: (1) Die *NSH I* geht davon aus, dass die Effektivität von → *Forschung und Entwicklung* (F&E) mit der absoluten Unternehmensgröße steigt, da Großunternehmen über die notwendigen finanziellen Ressourcen für risikoreiche Innovationen verfügten. Zudem könnten Großunternehmen mehrere F&E-Projekte gleichzeitig betreiben, was das Risiko mindere. Außerdem könnten Forschungsanlagen besser genutzt werden, sodass → Economies of Scale bzw. → Economies of Scope bei der Produktion von Innovationen realisiert werden würden. – *Empirische Untersuchungen* zeigen jedoch, dass die Bürokratie in Großunternehmen auf Forschungsaktivitäten demotivierend wirkt und schneller zu Diseconomies führt als bei der Produktion, d.h. die mindestoptimale Unternehmensgröße wird im F&E-Bereich viel früher erreicht als im Produktionsbereich. (2) Die *NSH II* geht von einem Zusammenhang zwischen Innovationsaktivitäten und der relativen Unternehmensgröße im Vergleich zum Marktvolumen aus. Danach müssen Unternehmen ex ante über Marktmacht und die Aussicht auf ein zeitlich begrenztes → Monopol mit Pioniergewinnen verfügen, um die für F&E-Investitionen notwendigen Mittel anzusammeln und sich vor raschen Marktzutritten Dritter schützen zu können. (3) Neuere *empirische Forschungen* in den 1980er-Jahren haben jedoch gezeigt, dass eine allg. kausale Verknüpfung von technischem Fortschritt und absoluter bzw. relativer Unternehmensgröße im Sinne der NSH I und II empirisch nicht haltbar ist. Einen wesentlich höheren Erklärungswert haben dagegen Industriecharakteristika wie unterschiedliche Produktionstechnologien, Patentierfähigkeit der Produkte und Wachstum der Märkte; sie bestimmen den Entwicklungsprozess einer Branche, der sowohl die absolute und die relative Unternehmensgröße als auch den technischen Fortschritt simultan determiniert. Häufig ist darauf verwiesen worden, dass die F&E-Aktivitäten aufgrund der übermäßigen Bürokratie, des mangelnden Wettbewerbsdrucks sowie aufgrund der Tendenz zu Doppel- bzw. Parallelarbeit ineffizient sind.

NEPAD – Abk. für *Neue Partnerschaft für Afrikas Entwicklung;* initiiert im Juli 2001, umfasst es ein Konzept der afrikanischen Staats- und Regierungschefs mit starker Eigenverantwortung der afrikanischen Länder bei der Armutsbekämpfung. Weitere Grundsätze sind Achtung von Menschenrechten und Rechtsstaatlichkeit sowie gute Regierungsführung. Diese Schlüsselelemente sollen u.a. dem Ziel dienen, das Vertrauen im In- und Ausland gegenüber den afrikanischen Regierungen zu erhöhen, um zukünftig mehr Direktinvestitionen anzuziehen und somit die eigene Entwicklung nachhaltig forcieren zu können. – *Mitgliedsstaaten:* Neben Südafrika, Nigeria, Senegal, Algerien und Ägypten (Steuerungskomitee) auch Botsuana, Kamerun, Äthiopien, Gabun, Kenia, Mauritius, Libyen, Angola, Ruanda, Kongo, Tunesien, Ghana, Mosambik und Mali. – Ein wichtiges neues Element ist der → Peer Review.

Net Assets – *Eigenkapital,* → Conceptual Framework.

Net Barter Terms of Trade – Kehrwert der → Commodity Terms of Trade.

Net-Change-Prinzip – *Änderungsrechnung;* 1. *Merkmale:* Prinzip bei der Planung, nach dem bei Erstellung eines Plans nur Datenänderungen berücksichtigt werden, die gegenüber einem früher erstellten Plan in der Zwischenzeit eingetreten sind. Der Plan wird fortgeschrieben. – 2. *Anwendung:* in der → betrieblichen Datenverarbeitung v.a. bei → ereignisorientierter Planung zugrunde gelegt. – *Gegensatz:* → Neuaufwurfsprinzip.

Net International Investment Position (NIIP) – Bestandsstatistik, welche durch Saldierung der Auslandsforderungen und Auslandsverbindlichkeiten die Vermögenssituation eines Landes wiederspiegelt (auch Nettoauslandsverschuldung). Die jährliche Veränderungen dieser Statistik resultiert v.a. aus der Leistungsbilanz, jedoch führen auch Wertberichtigungen aufgrund veränderter Wechselkurse, Abschreibungen oder Vermögensübertragungen zu einer nicht unwesentlichen Veränderung. – Vgl. auch → International Investment Position (IIP).

Net Operating Profit After Taxes (NOPAT) → Economic Value Added (EVA).

Net Realizable Value – *zu erwartender realisierbarer Verkaufserlös,* → Conceptual Framework.

Netting – 1. *Allgemein:* Verrechnung gegenläufiger Zahlungsbewegungen, um Anzahl und Volumen von Zahlungsbewegungen innerhalb von nationalen oder multinationalen → Konzernen zu verringern (Cash-Management-Systeme). – 2. *Verrechnung von Zinszahlungen:* Interest Netting. – 3. *Verrechnung von sich aufhebenden Positionen* bei Swapgeschäften, Futures-Kontrakten und → Optionen an Terminbörsen. Aufrechnungsvereinbarungen bewirken unter bestimmten Voraussetzungen eine ermäßigte Anrechnung in der Solvabilitätsverordnung. – 4. *Netting von Währungspositionen:* Wird eingesetzt, um gegensätzliche → Währungsrisiken gleicher Fälligkeit miteinander aufzurechnen und nur die verbleibende Nettoposition kurszusichern. Hierdurch lässt sich das risikobehaftete Fremdwährungsvolumen und damit vermeintlich das Währungsrisiko reduzieren. – 5. *Netting durch Novation:* Das Ersetzen zweier bestehender Kontrakte zwischen zwei Parteien über die Lieferung von Beträgen in einer bestimmten Währung an einem bestimmten Tag durch einen einzigen Kontrakt, durch den die ursprünglichen Kontrakte erfüllt werden und damit erlöschen. Das Netting kann in verschiedenen Formen ausgestaltet sein: a) bilaterales Netting durch Novation: Netting zwischen nur zwei Parteien (z.B. FXNET), b) multilaterales Netting durch Novation und c) Substitution: Netting zwischen mehr als zwei Parteien (eine dritte Partei tritt als → Gläubiger bzw. → Schuldner in die Kontrakte zwischen zwei Parteien ein). Eine rechtlich weniger klar ausgestaltete Form des Netting stellt die Positionenaufrechnung dar.

netto – (1) nach Abzug der Steuern, Abschreibungen etc. (z.B. Nettopreis, Nettolohn, Nettonationaleinkommen); (2) ohne Verpackung (z.B. Nettogewicht, → Nettoeinkaufspreis); (3) Saldengröße (z.B. Nettokapitalimporte als Differenz aus Kapitalimport und -export). – *Gegensatz:* → Brutto.

Nettoanlageinvestitionen → Anlageinvestitionen.

Nettoanlagevermögen → Anlagevermögen.

Nettoanpassung – Instrument der gesetzlichen Rentenversicherung zur Sicherung der → dynamischen Rente und des → Generationenvertrags. Die Nettoanpassung passt die gesetzlichen Renten an die Veränderung des Nettoeinkommens der jeweils aktiven Versicherten an. Die Rente wächst demnach grundsätzlich mit den laufenden Arbeitsentgelten. Steigt aber die Abgabenlast der aktiven Versicherten (z.B. weil die Zahl der Rentner steigt), so vermindert sich die Anpassungsrate der Renten. – Vgl. auch → Nachhaltigkeitsfaktor.

Nettoauslandsaktiva – Nettobestand an → Forderungen des Inlandes gegenüber dem Ausland. Erhöht durch → Kapitalexporte und Zunahme der → Devisenreserven der → Zentralbank , verringert durch → Kapitalimporte sowie durch Abnahme der Devisenposition der → Notenbank. – Vgl. auch → Auslandsverschuldung, → Zahlungsbilanz.

Nettoauslandsposition → Volkswirtschaftliche Gesamtrechnung (VGR).

Nettobedarf – Um den Nettobedarf zu erhalten, ist dem → Bruttobedarf inkl. der Reservierungen der verfügbare Lagerbestand (Lageranfangsbestand – Sicherheitsbestand + geplanter Lagerzugang) gegenüberzustellen.

Nettobedarfsermittlung → Bedarfsermittlung, → Nettobedarf.

Nettobilanz – Bezeichnung für die Saldenbilanz der → Hauptabschlussübersicht (HAÜ).

Nettodividende – der Betrag einer Dividende, den der Anteilseigner netto ausgezahlt bekommt, also die Dividende (früher: → Bardividende) abzüglich der Kapitalertragsteuer. Bei Personen, die der Abgeltungsteuer unterliegen, entspricht die Nettodividende ab 2009 neuerdings tatsächlich dem Betrag, der den Betroffenen nach Abzug ihrer persönlichen Einkommensteuerbelastung netto verbleibt.

Nettoeffekt des Recyclings – 1. *Begriff:* Der Nettoeffekt des → Recyclings dient zur Bewertung der ökologischen Vorteilhaftigkeit von Verwertungsprozessen. – 2. *Merkmale:* Da eine vollständige Kreislaufführung nicht möglich ist (zweiter Hauptsatz der Thermodynamik), könnte grundsätzlich auch von → Downcycling, anstelle von Recycling, gesprochen werden. Der Nettoeffekt des Recyclings stellt der Summe der inputbezogenen Stoff- bzw. Energieeinsparung und der outputbezogenen Schonung der Aufnahmemedien die Summe der zusätzlichen Stoff- und Energieinputs durch Verwertungsprozesse und der zusätzliches Belastung der Aufnahmemedien durch Verwertungsprozesse gegenüber. Für die Bewertung ist somit das Vorzeichen des Nettoeffektes ausschlaggebend. Ist dieses positiv, dann ist eine Verwertung ökologisch vorteilhaft. Wenn nicht, dann überwiegen die zusätzlichen Belastungen des Verwertungsprozesses.

Nettoeinkaufspreis – *Preiskennzahl;* → Bruttoeinkaufspreis zzgl. aller (direkt zurechenbaren) Bezugsnebenkosten (z.B. Transportkosten) und abzüglich aller (direkt zurechenbaren) Preiskorrekturen (z.B. Rabatte, Skonti).

Nettoeinkommen – ergibt sich, wenn vom → Bruttoeinkommen einer Person bzw. eines Haushaltes die direkten Steuern (Einkommensteuer, Kirchensteuer und Solidaritätszuschlag) sowie die Pflichtbeiträge zur Sozialversicherung (Arbeitslosenversicherung, gesetzliche Rentenversicherung, gesetzliche Kranken- und Pflegeversicherung) abgezogen werden. – Vgl. auch → Bruttoeinkommen, → Individualeinkommen.

Nettoeinkommen aus unselbstständiger Arbeit → Bruttoeinkommen aus unselbstständiger Arbeit abzüglich → Lohnsteuer und Sozialbeiträgen der → Arbeitnehmer.

Nettoeinkommen aus Unternehmertätigkeit und Vermögen → Bruttoeinkommen aus Unternehmertätigkeit und → Vermögen abzüglich öffentlicher Abgaben auf Einkommen aus Unternehmertätigkeit und Vermögen (→ direkte Steuern, Lohnausgleichsabgaben, Pflichtbeiträge der Selbstständigen) und zzgl. sonstige Zu- und Abrechungen.

Nettoergebnisrechnung – kostenträgerbezogene Gegenüberstellung von → Vollkosten und → Nettoerlösen (→ Nettogewinn). Kennzeichnend für Vollkostenrechnungssysteme (→ Vollkostenrechnung). – *Gegensatz:* → Bruttoergebnisrechnung.

Nettoerlös – um → Erlösschmälerung reduzierter → Bruttoerlös. – Vgl. auch → Erlös.

Netto-Etatisierung – Ausweis des Jahresergebnisses (saldierter Ausweis) im Trägerhaushalt (Eigenbetrieb). – *Gegensatz:* → Brutto-Etatisierung, → Globalbudgetierung.

Nettogehalt → Nettolohn.

Nettogeldvermögen – Saldo aus → Forderungen und → Verbindlichkeiten.

Nettogeschäfte – Börsengeschäfte in nicht am regulierten Markt zugelassenen Wertpapieren, bei denen die Bank im Verhältnis zum Kunden als Eigenhändler (→ Eigenhandel) auftritt. Die Abrechnung erfolgt netto zum Kurswert, d.h. ohne Provision, Abwicklungsgebühr, → Courtage und Börsenhälfte.

Nettogewinn – die Differenz aus Erlösen und Gesamtkosten für einzelne Kostenträger (→ Nettoergebnisrechnung) oder für das Gesamtunternehmen. – *Gegensatz:* Bruttogewinn (→ Deckungsbeitrag).

Nettogewinnzuschlag → Gewinnzuschlag.

Nettoinlandsprodukt → Inlandsprodukt.

Nettoinvestitionen – Differenz zwischen → Bruttoinvestitionen und → Abschreibungen. Eine positive Differenz bedeutet eine Vergrößerung des Realkapitalbestandes, eine negative Differenz entsprechend eine Verminderung. – Vgl. auch → Investition.

netto Kasse → Handelsklausel, die jeden Abzug (z.B. Zahlungsskonto) ausschließt.

Nettokreditaufnahme – *Nettoneuverschuldung;* Schuldenaufnahme am Kreditmarkt (→ öffentliche Kreditaufnahme) abzüglich Schuldentilgung. Kennziffer der Nettokreditaufnahme: → Kreditfinanzierungsquote. – *Umfang:* → Öffentliche Finanzen. – *Gegensatz:* → Bruttokreditaufnahme.

Nettokurs – bei der Emission festverzinslicher Wertpapiere der Verkaufskurs abzüglich der Bonifikation an Großabnehmer, wie z.B. Kreditinstitute und andere Kapitalsammelstellen (Versicherungen).

Nettolohn – 1. Der *Nettolohn* bzw. das *Nettogehalt* bezeichnet den Teil des Lohns, der an den Arbeitnehmer ausgezahlt wird und damit für den Lebensunterhalt verfügbar ist. Nettolohnrechnung ist Aufgabe der → Lohnbuchführung. – 2. Nettolohn als *vereinbartes Arbeitsentgelt (Nettolohnvereinbarung):* Lohnsteuer und Beiträge zur Sozialversicherung werden nach dem entsprechenden Bruttolohn berechnet; sie sind in voller Höhe durch den Arbeitgeber abzuführen.

Nettonahrungsmittelproduktion – Erzeugung aus heimischer Bodenleistung. Die Nettonahrungsmittelproduktion wird aus der → Nahrungsmittelproduktion durch Abzug der Futtermitteleinfuhren errechnet. – *Berechnung* in → Getreideeinheiten (GE).

Nettonationaleinkommen → Bruttonationaleinkommen (BNE) abzüglich der → Abschreibungen. – Vgl. auch → Nationaleinkommen.

Nettoneuverschuldung → Nettokreditaufnahme.

Netto-Output-Vektor – *Netput-Vektor;* Produktionsplan einer Unternehmung, dargestellt durch einen Vektor y des euklidischen Raumes R^n. Wird ein Gut als Input verwendet, so setzt man $y_i < 0$, wird ein Gut produziert, dann gilt $y_i > 0$.

Nettoprämie – I. Versicherung im Allgemeinen: Nach dem sog. → Äquivalenzprinzip jährlich über die vereinbarte Zahlungsdauer zu entrichtende → Prämie, deren → Barwert – ermittelt mit den für die Prämienkalkulation unterstellten Schadeneintrittswahrscheinlichkeiten und den durchschnittlichen Schadenhöhen – dem mit den gleichen Grundlagen gerechneten Barwert der Versicherungsleistungen entspricht. Die Nettoprämie eines zufälligen → Risikos ist als dessen → Erwartungswert definiert.

II. Lebensversicherung im Speziellen: 1. *Begriff:* Wie oben. Zu den Rechnungsgrundlagen zählen hier – im Sinne der Schadeneintrittswahrscheinlichkeit – die unterstellten biometrischen Ausscheidewahrscheinlichkeiten. Hinzu kommt der Rechnungszins. Bei einer Versicherung gegen Einmalprämie stimmt die Nettoprämie mit dem Barwert der Versicherungsleistungen überein. – 2. *Nettoprämie und Deckungsrückstellung:* Die Nettoprämie spielt auch bei der Berechnung der ungezillmerten Deckungsrückstellung in der → Lebensversicherung eine Rolle, die der Differenz zwischen dem Barwert der Versicherungsleistungen und dem Barwert der zum Bewertungszeitpunkt noch ausstehenden Nettoprämien entspricht. Die ungezillmerte Deckungsrückstellung nach m Versicherungsjahren entspricht dem Endwert der bis zu diesem Zeitpunkt mit dem Rechnungszins aufgezinsten Sparprämien. Im Gegensatz zur gezillmerten Deckungsrückstellung findet hier also eine Saldierung mit dem Barwert der noch nicht getilgten zillmerfähigen Abschlusskosten nicht statt. Siehe auch → Zillmern, → gezillmerte Nettoprämie.

III. Im Zusammenhang mit der passiven Rückversicherung: Versicherungsprämie, die dem Erstversicherer nach Abgabe von Anteilen an den Rückversicherer (→ Rückversicherungsprämie) verbleibt. Wird auch als „Prämie für eigene Rechnung" bezeichnet.

Nettopreis – der Preis, auf den keine → Nachlässe gewährt werden.

Nettoprinzip → Nettorechnung.

Nettoproduktionsabgaben – Saldo aus → Produktions- und Importabgaben einerseits und → Subventionen andererseits.

Nettoquote – in der → Produktionsstatistik Verhältnis von Nettoproduktionswert zu Bruttoproduktionswert in Prozent. – 1. *Höhe:* a) Die Nettoquote ist bes. hoch in der → Urproduktion, da hier kaum Rohstoffe, sondern nur Betriebs- und Hilfsstoffe vorgeleistet sind, z.B. Bergbau und Gewinnung von Steinen und Erden, außerdem hoch in Industriezweigen, wo Material zu verhältnismäßig hochwertigen Fertigerzeugnissen verarbeitet wird, z.B. Herstellung von Computern oder Maschinenbau. – b) Die Nettoquote ist *niedrig* bei verhältnismäßig einfacher Be- und Verarbeitung, z.B. im Ernährungsgewerbe. – 2. *Zweck:* (1) Strukturziffer; (2) Vergleichsmaß für die Gewichtung einzelner Erzeugnisgruppen bei Berechnung einer → Indexzahl der industriellen Produktion.

Nettorechnung – 1. *I.w.S.:* Die Erfolgsrechnung, in der Aufwendungen und Erträge mehr oder weniger stark saldiert werden *(Nettoprinzip);* die handelsrechtliche Gewinn- und Verlustrechnung ist hingegen eine → Bruttorechnung (§§ 246 II, 275 HGB). Kleine und mittelgroße Kapitalgesellschaften (→ Größenklassen) dürfen das Rohergebnis in einer Nettorechnung erstellen (§ 276 HGB). – 2. *I.e.S.:* Der Saldo des Wareneinkaufskontos, der nach Abgabe des Endbestandes an das Schlussbilanzkonto (Buchung: Schlussbilanzkonto an Wareneinkaufskonto) verbleibt, wird auf das Warenverkaufskonto übertragen (Buchung: Warenverkaufskonto an Wareneinkaufskonto). Auf dem Warenverkaufskonto stehen sich Warenverkauf (verkaufte Ware zum Verkaufspreis) und Wareneinsatz (verkaufte Ware zum Einstandspreis) gegenüber. Der Saldo ergibt den → Warenrohgewinn, der auf das Verlust- und Gewinnkonto übertragen wird.

Nettoregistertonne → Bruttoregistertonne (BRT).

Nettoreproduktionsrate (NRR) – Maß zur Beurteilung, ob die Geborenen eines Jahres ausreichen, um die Elterngeneration zu ersetzen (ohne Berücksichtigung der Wanderungen). Die Nettoreproduktionsrate (NRR) gibt die Zahl von Töchtern an, die von einer Frauengeneration geboren wurden. Netto heißt, dass auch die Überlebenswahrscheinlichkeit (Säuglings-, Kinder- und Jugendsterblichkeit) des weiblichen Geschlechts miteingerechnet wird, womit sich die reale Chance der Töchter, ihrerseits Mütter der kommenden Generation zu werden, ergibt. Unter Mitbedacht der → Sexualproportion bedeutet eine Nettoreproduktionsrate (NRR) von 1,0 die Zwei-Kind-Familie und vollen Elternersatz in der nächsten Generation.

Nettoumlaufvermögen → Working Capital.

Nettoumsatz – *Reinumsatz;* → Umsatz abzüglich Umsatzsteuer, → Erlösschmälerungen, → Nachlässen aufgrund von Mängelrügen und ähnlichen Umsatzminderungen bzw. → Gutschriften. Die → Umsatzerlöse der → Gewinn- und Verlustrechnung (GuV) sind gemäß §§ 275, 277 I HGB als Nettoumsatz definiert.

Nettoumsatzsteuer → Umsatzsteuer, die in einem bestimmten Prozentsatz vom umsatzsteuerlichen Entgelt ohne Umsatzsteuer geschuldet wird. Die seit dem 1.1.1968 erhobene Umsatzsteuer ist eine Nettoumsatzsteuer, die wegen der Möglichkeit, die auf den Vorleistungen lastende Umsatzsteuer abzuziehen (→ Vorsteuerabzug), regelmäßig nicht kumulativ wirkt (→ Kumulativwirkung), d.h. bei der Weitergabe von Leistungen in der Unternehmerkette entsteht keine „Steuer auf die Steuer". – *Gegensatz:* → Bruttoumsatzsteuer. – Vgl. auch → Umsatzbesteuerung, → Mehrwertsteuer.

Nettoverkaufspreis → Verkaufspreis.

Nettoverteilung – untersucht die Verteilung des Nettoeinkommens auf die an seiner Erstellung beteiligten Produktionsfaktoren (→ Nettoeinkommen aus unselbstständiger Arbeit, → Nettoeinkommen aus Unternehmertätigkeit und Vermögen). Die Betrachtung ist unter verteilungspolitischen Gesichtspunkten interessant, da sie die tatsächlich zur Verfügung stehenden Einkommen berücksichtigt, die letztlich Grundlage der Konsum- und Investitionsentscheidungen sind.

Nettoverteilungsquoten → Gewinnquote, → Lohnquote, → bereinigte Lohnquote, → Arbeitseinkommensquote. Im Gegensatz zu diesen werden jedoch bei der Betrachtung der Nettorelationen die Nettoeinkommen aus unselbstständiger Arbeit und aus Unternehmertätigkeit und Vermögen bzw. das gesamtwirtschaftliche Nettoeinkommen zur Quotenbildung verwandt. - Vgl. auch → Nettoverteilung.

Nettozahlungssystem - Zahlungssystem. - *Gegensatz:* Bruttozahlungssystem.

Nettozins - reines Entgelt für die Gewährung von Kredit (→ Zins), also ohne Risikoprämie und Verwaltungskosten, entspricht den Refinanzierungskosten einer Bank. - *Gegensatz:* → Bruttozins.

Netz - *Datennetz.* 1. *Begriff:* räumlich verteiltes Verbindungssystem zur technischen Unterstützung des Austauschs von Informationen zwischen Kommunikationspartnern. - 2. *Typen:* a) → In-House-Netz: (1) → lokales Netz, (2) → Nebenstellenanlage, (3) herstellerspezifisches Datenverarbeitungsnetz (i.Allg. ein Rechnernetz). - b) *Wide Area Network* (→ WAN): (1) öffentliches WAN, (2) nichtöffentliches WAN. - 3. *Arten:* (1) → geschlossenes Netz oder → offenes Netz; (2) → Verteilnetz oder → Vermittlungsnetz; (3) analoges Netz: Informationen werden in → analoger Darstellung übertragen oder digitales Netz: Informationen werden in → digitaler Darstellung übertragen; (4) Datennetz: Netz, das ausschließlich für die Übertragung von → Daten konzipiert ist; zu unterscheiden: Breitbandnetz (zur Übermittlung von Daten mit hoher, aber auch niedriger Bandbreite) und Schmalbandnetz (zur Übermittlung von Daten mit niedriger Bandbreite). (5) Rechnernetz. - Vgl. auch → Computerverbund(-system), → Netzwerktopologie, → Zugangsverfahren.

Netzausbaubeschleunigungsgesetz Übertragungsnetz (NABEG) - vom 28.7.2011 (BGBl. I 1690), dient der Beschleunigung des Ausbaus von länderübergreifenden oder grenzüberschreitenden Höchstspannungsleitungen und Anbindungsleitungen von den Offshore-Windpark-Umspannwerken zu den Netzverknüpfungspunkten an Land. Das Gesetz regelt die Bundesfachplanung für die Trassenkorridore und das erforderliche Planfeststellungsverfahren. Die Aufgaben nach dem NABEG nimmt die → Bundesnetzagentur wahr. Für die Durchführung der Planfeststellungsverfahren sind die nach Landesrecht zuständigen Behörden zuständig, wenn diese Aufgabe nicht durch Rechtsverordnung nach § 2 Absatz 2 NABEG auf die Bundesnetzagentur übertragen worden ist.

Netzbildungsfähigkeit - 1. *Begriff:* Eignung eines Verkehrssystems zur direkten Durchführung von → Transporten zwischen allen relevanten Raumpunkten. - 2. *Verkehrswertigkeit:* Netzbildungsfähigkeit ist abhängig von der räumlichen Dichte und dem Vernetzungsgrad der Infrastruktur sowie dem Grad der Raumerschließung durch die Verkehrsbetriebe. Bei geringer Netzbildungsfähigkeit entstehen häufig gebrochene Verkehre mit Umlade-/Umsteigevorgängen, die Kosten und Zeitbedarf des Transports ansteigen lassen oder die Bequemlichkeit vermindern. Netzbildungsfähigkeit ist bes. hoch im → Straßenverkehr, mit weitem Abstand folgen Eisenbahn und → Binnenschifffahrt. → Seeschifffahrt und → Luftverkehr sind stets an bestimmte Raumpunkte (Seehäfen, Flughäfen) gebunden; auch der Rohrleitungsverkehr verbindet nur eine geringe Zahl von Raumpunkten miteinander. Erhöhung einer gegebenen Netzbildungsfähigkeit v.a. durch infrastrukturelle Maßnahmen mit gleichzeitigen Auswirkungen auf die gesamte Verkehrswertigkeit des Verkehrssystems. - 3. *Verkehrsaffinität:* In einer stark arbeitsteiligen Wirtschaft, in der Personen-, Güter- und Nachrichtenverkehrsströme zwischen nahezu allen Raumpunkten von Bedeutung sind, spielt die Netzbildungsfähigkeit eine große Rolle zur Beurteilung des Verkehrsangebots aus der Sicht der Verkehrsnachfrager. Geringe Netzbildungsfähigkeit reduziert den Integrationsgrad einer Volkswirtschaft und hat Wohlstandseinbußen zur Folge. Geringere Rolle spielt Netzbildungsfähigkeit v.a. in Industrien, die sich räumlich sehr stark konzentriert haben und deren Absatz- und Bezugsbeziehungen sich auf nur wenige Raumpunkte verteilen (z.B. Schwerindustrie); für die Mehrzahl der Wirtschaftszweige mit deutlicher räumlicher Streuung der Standorte und/oder einer signifikanten räumlichen Verteilung der Absatz- und Bezugsorte gelten jedoch hohe Anforderungen an die Netzbildungsfähigkeit eines Verkehrssystems, denen in bes. Maße der Straßenverkehr gerecht wird und dessen stürmisches Wachstum hierauf beruht. Möglichkeiten zum Ausgleich geringerer Netzbildungsfähigkeit bietet im Güterverkehr z.B. der → kombinierte Verkehr.

Netzneutralität - die diskriminierungsfreie Datenübermittlung und der diskriminierungsfreie Zugang zu Inhalten und Anwendungen, um eine willkürliche Verschlechterung von Diensten und eine ungerechtfertigte Behinderung oder Verlangsamung des Datenverkehrs in den Netzen zu verhindern (vgl. Definition in § 41a Telekommunikationsgesetz (TKG)). Eingefügt durch das Gesetz zur Änderung telekommunikationsrechtlicher Regelungen vom 3.5.2012 (BGBl. I 958) wird in § 41a TKG die Bundesregierung ermächtigt, in einer Rechtsverordnung mit Zustimmung des Bundestages und des Bundesrates gegenüber Unternehmen, die Telekommunikationsnetze betreiben, die grundsätzlichen Anforderungen der Netzneutralität zu regeln. Zudem kann die → Bundesnetzagentur in einer Technischen Richtlinie Einzelheiten über die Mindestanforderungen an die Dienstqualität durch Verfügung festlegen. Von beiden Ermächtigungen wurde noch kein Gebrauch gemacht.

Netzplan – 1. *Begriff:* Spezieller → Graph zur Darstellung der Ablaufbeziehungen zwischen Vorgängen und/oder → Ereignissen eines Projekts. – 2. *Typen:* a) *Vorgangspfeilnetzplan:* Die Vorgänge werden als Pfeile, die Ereignisse als Knoten dargestellt. – b) *Ereignisknotennetzplan:* Die Knoten bilden die Ereignisse ab, die Pfeile dokumentieren lediglich die zeitliche Abfolge zwischen den Ereignissen. – c) *Vorgangsknotennetzplan:* Die Knoten stehen für Vorgänge, während die Pfeile bestimmte Abfolgebeziehungen zwischen ihnen darstellen. – Vgl. auch → Netzplantechnik.

Netzplantechnik – 1. *Begriff:* Klasse von Methoden zur Analyse, Planung, Durchführung und Kontrolle, d.h. zur Unterstützung des Managements, von → Projekten auf der Grundlage der → Graphentheorie. – 2. *Phasen* (simultan ablaufend, möglicherweise Vorwärts- und Rückkopplungen zwischen diesen): a) *Strukturanalyse und -planung:* Diese Phase beinhaltet die Zerlegung des Gesamtprojekts in überschaubare Teiltätigkeiten (→ Graph) und/oder die Ermittlung wichtiger Projektzustände (→ Ereignisse), zu denen etwa Projektbeginn und -ende gehören. Für die Vorgänge sind ihre bei einem bestimmten vorgesehenen, oft kostenminimalen Faktoreinsatz zu erwartenden Ausführungsdauern zu bestimmen; in Bezug auf Vorgänge und Ereignisse müssen ihre gegenseitigen zeitlichen Anordnungsbeziehungen (d.h. ihre zeitliche Reihenfolge) ermittelt bzw. festgelegt werden. Schließlich erfolgt die Darstellung von Vorgängen, ihren Dauern, von Ereignissen und Abhängigkeiten in einem Pfeildiagramm (→ Netzplan). – b) *Zeitanalyse und -planung:* Auf der Grundlage des erstellten Netzplans berechnet man in einer *Vorwärtsrechnung* (ausgehend vom Projektbeginn) für jeden Vorgang dessen frühestmöglichen Anfangs- und Endzeitpunkt bzw. für jedes Ereignis den frühestmöglichen Eintrittszeitpunkt. U.a. erhält man so auch den frühesten Beendigungstermin des Projekts bzw. dessen Gesamtdauer. Nach Vorgabe eines spätesterlaubten Beendigungstermins (der i.d.R. mit dem frühesten Beendigungstermin identisch angenommen wird, aber nicht vor diesem liegen darf) ließe sich analog in einer *Rückwärtsrechnung* für jeden Vorgang ein spätesterlaubter Anfangs- und Endzeitpunkt bzw. für jedes Ereignis ein spätesterlaubter Eintrittszeitpunkt berechnen. Abweichungen zwischen frühestmöglichen und spätesterlaubten Zeitpunkten definieren Pufferzeiten, die auf Ausdehnungsmöglichkeiten (bei Vorgängen) bzw. auf Verschiebungsmöglichkeiten (bei Vorgängen und Ereignissen) hinweisen. Vorgänge bzw. Ereignisse ohne Pufferzeit bezeichnet man als kritisch. Sie sind bei der Ausführung des Projekts bes. sorgfältig zu überwachen, da eine zeitliche Verzögerung bei ihnen sofort das Projekt über den spätesterlaubten Beendigungstermin hinaus verzögern würde. Kritische Vorgänge bieten darüber hinaus Ansatzpunkte zur Verkürzung der Projektdauer (sofern erforderlich). – c) *Kapazitätsanalyse und -planung:* Hat man jedem Vorgang seinen zeitpunktbezogenen Faktorbedarf im Hinblick auf bestimmte interessierende Faktorarten zugeordnet, so kann man für jede Faktorart auf der Grundlage der frühesten Anfangszeitpunkte eine *Kapazitätsbelastungskurve* bestimmen, die für jeden Zeitpunkt des Projekts Auskunft darüber gibt, welche Menge des betreffenden Faktors insgesamt (d.h. über sämtliche in diesem Zeitpunkt auszuführende Vorgänge aufsummiert) gerade benötigt werden. Spitzenbelastungen lassen sich bei konstanten Vorgangsdauern häufig zunächst durch eine zeitliche Verschiebung von Vorgängen im Rahmen ihrer Pufferzeiten abbauen *(Glättung der Kapazitätsbelastungskurve)*. Ohne die Projektdauer zu verlängern lassen sich weitere Glättungen oft dadurch erreichen, dass man bei Vorgängen mit Pufferzeiten die zunächst vorgesehene Faktoreinsatzmenge reduziert (etwa Einsatz von zwei Arbeitskräften anstelle von dreien), was gewöhnlich eine entsprechende Verlängerung der betreffenden Vorgangsdauer bewirkt (bei einem Gesamtbedarf von etwa 30 Manntagen für einen bestimmten Vorgang also eine Verlängerung von 10 auf 15 Arbeitstage). Auch dann kann immer noch zu gewissen Zeitpunkten der Kapazitätsbedarf die vorhandene bzw. beschaffbare Kapazität übersteigen. In einem solchen Fall müssen Vorgänge, die aufgrund der in der Strukturanalyse ermittelten Abhängigkeiten an sich zeitlich parallel ausgeführt werden könnten, hintereinander durchgeführt werden. Es kommt dann zwangsläufig zu einer Verlängerung der Projektdauer, wobei – im Rahmen der bereits vorgegebenen Abhängigkeiten – gewöhnlich eine solche Vorgangsreihenfolge zu bestimmen ist, welche zur geringsten Verlängerung der Projektdauer führt. Eine Glättung bzw. Optimierung in Bezug auf eine Faktorart bewirkt aber wiederum Veränderungen an den Kapazitätsbelastungskurven anderer Faktoren, die bei diesen möglicherweise zu neuen Kapazitätsspitzen bzw. Überbeanspruchungen führen. In der Praxis wird deshalb gewöhnlich eine Reihenfolge der Faktoren vorgegeben, in der die Glättung/Optimierung durchzuführen ist. – d) *Kostenanalyse und -planung:* Aufbauend auf den Ergebnissen der Kapazitätsplanung lässt sich durch Bewertung der jeweiligen Faktoreinsatzmengen mit ihren jeweiligen (Verrechnungs-)Preisen eine Kostenanalyse durchführen und die Entwicklung der Kosten im Zeitablauf, etwa in Form von kumulierten Kostenkurven, darstellen. Eine Kostenplanung ist v.a. erforderlich, wenn die zunächst berechnete minimale Projektdauer über der gewünschten liegt. In diesem Fall muss man überlegen, welche Vorgänge unter Einsatz zusätzlicher Faktoren oder Faktormengen verkürzt werden sollen, sodass einerseits die gewünschte Projektdauer nicht überschritten wird, andererseits die Kosten der Verkürzung der Projektdauer minimal werden. – e) *Liquiditätsanalyse und -planung:* Analog zur Kostenanalyse lässt sich eine Liquiditätsanalyse durchführen, welche ebenfalls auf den geplanten Faktormengen aufbaut, aber deren unterschiedliche (Aus-)Zahlungswirksamkeit berücksichtigt. Eine solche Liquiditätsanalyse ist v.a. bei solchen Projekten angebracht, die sich über sehr lange Zeiträume hinziehen. Auf ihrer Grundlage lässt sich dann eine sorgfältig begründete Einnahmenplanung (etwa der Vorauszahlungen der Projektbesteller) durchführen. – f) *Durchführung und Kontrolle:* Die Ergebnisse der Zeit- und Kapazitätsplanung bilden die Grundlage für die Realisierung des Projekts. Die Ergebnisse der Zeit-, Kapazitäts-, Kosten- und Liquiditätsplanung lassen sich außerdem zu Kontrollzwecken verwenden, indem man sie den tatsächlichen Größen gegenüberstellt und bei unerwünschten Abweichungen Gegenmaßnahmen einleitet. Diese führen regelmäßig zu Revisionen der vorangegangenen Teilplanungen. – 3. *Arten:* a) Nach *Orientierung in Bezug auf ihre Untersuchungsstandpunkte* (1) *Vorgangsorientierte Netzplantechniken* bauen auf Listen von Vorgängen, den Vorgangsdauern und ihrer Abhängigkeiten auf und stellen neue, daraus berechnete Informationen über Vorgänge zur Verfügung. Die Abbildung von Vorgängen kann in Form von Pfeilen (Vorgangspfeilnetzpläne, z.B. CPK) oder in Form von Knoten (Vorgangsknotennetzpläne, z.B. NPK) erfolgen. (2) *Ereignisorientierte Netzplantechniken* (z.B. PERT) bauen auf Ereignisse und ihre zeitliche Abfolge auf. Ereignisse werden stets als Knoten dargestellt Ereignisknotennetzplan), wie in Vorgangsnetzplänen kommen in den Pfeilen lediglich Anordnungsbeziehungen zum Ausdruck. – b) Nach der *Art der Anordnungsbeziehungen, die sie zulassen:* Dabei kann es sich um zeitliche Minimal- oder Maximalabstände handeln, wobei diese Zeitabstände grundsätzlich größer, gleich oder auch kleiner als Null sein können. Als Bezugspunkt für die Festlegung eines zeitlichen Abstands kann bei einem Vorgang sein Beginn oder sein Ende gewählt werden. Entsprechend werden folgende Beziehungstypen zwischen zwei Vorgängen unterschieden: (1) Ende-Anfang-Beziehung (Normalfolge); (2) Anfang-Anfang-Beziehung (Anfangsfolge); (3) Ende-Ende-Beziehung (Endfolge); (4) Anfang-Ende-Beziehung (Sprungfolge). – Vgl. auch → Bündelbedingung. Die meisten Netzplantechniken lassen nur ausgewählte Anordnungsbeziehungen zu. Andere in der Realität auftretende, aber im Netzplan zunächst nicht darstellbare Beziehungen können dann häufig allenfalls durch geschickte Manipulation eingebaut werden. – c) Von einer *deterministischen Netzplantechnik* spricht man, wenn sämtliche Vorgangsdauern bzw. Zeitabstände als sicher angenommen/angesehen werden (z.B. CPM, MPM); bei einer *stochastischen Netzplantechnik* (z.B. PERT) können für die Vorgangsdauern/Zeitabstände dagegen auch Wahrscheinlichkeitsverteilungen angesetzt werden. – 4. *Anwendungen:* Die Methoden der Netzplantechnik bilden – neben denjenigen der → linearen Optimierung – den Teil des → Operations Research (OR), der die weiteste Verbreitung in der ökonomischen Praxis gefunden hat. Das liegt u.a. an der Vielfalt ausgereifter Softwarepakete, die sowohl für Mainframe als auch für Personalcomputer zur Verfügung stehen. Typische Anwendungen in der betriebswirtschaftlichen Praxis betreffen v.a. den Bereich der Produktion (Terminplanung bei Einzelfertigung, etwa von Industrieanlagen, Universitäten, Krankenhäusern, Brücken, Schiffen), die Instandhaltung (Durchführung von Großreparaturen wie etwa an Hochöfen), das Marketing (Einführungsplanung neuer Produkte), das Rechnungswesen (Erstellung von Jahresabschlüssen) oder die Verwaltung (Einführung von EDV-Anlagen).

Netzwerk – 1. i.d.R. als Synonym für → Netz benutzt. – Vgl. auch → Graph. – 2. System von miteinander in über reine marktbezogene Beziehungen hinausgehend verbundenen Akteuren als Zwischenform von → Markt und → Hierarchie. Die Struktur eines Netzwerks wird durch das Verhalten, die Interdependenz, die Intensität der Kopplung und die Macht der Akteure bestimmt. Des weiteren kann man Netzwerke hinsichtlich der Zielsetzung und des Grades der Formalität sowie der räumlichen Anordnung unterscheiden (→ kreatives Milieu, → Industriedistrikt).

Netzwerkanalyse – Teilgebiet der → Regionalanalyse, das sich mit der Beschreibung und Analyse der Struktur und Kapazität von Transportnetzen befasst unter der Verwendung von graphentheoretischen Maßen. Entsprechend geht die Netzwerkanalyse von einer Transformation des topographischen in einen topologischen Raum aus, d.h. Transportnetze werden dargestellt mittels Knoten, die durch sich nicht überschneidende Kanten verbunden werden (planare Graphen). Kanten wie Knoten können „bewertet" werden, z.B. mit Zeit- oder Kostenentfernungen oder mit Kapazitäten. Diese topologischen Darstellungen bilden die Grundlage für die Ermittlung verschiedener Eigenschaften von Netzen wie Konnektivität, Erreichbarkeit/Zugänglichkeit, Orientierung, Größe. Die Verfahren der Netzwerkanalyse lassen sich auch in der Planung der räumlichen Zuordnung von Angebots- und Nachfragestandorten einsetzen (→ Standortallokationsmodelle).

Netzwerk-Ansatz → strategische Netzwerke.

Netzwerk der Wettbewerbsbehörden – *European Competition Network, Abk.: ECN.* Die nationalen Wettbewerbsbehörden der EU-Mitgliedsstaaten bilden zusammen mit der Generaldirektion Wettbewerb der Europäischen Kommission das Netzwerk der europäischen Wettbewerbsbehörden. Es dient der Zusammenarbeit sowie dem regelmäßigen Informationsaustausch bei der Anwendung europäischen Wettbewerbsrechts (hier: Art. 101, 102 AEUV). Ausführlichere Regelungen hierzu einschließlich von Ausführungen zu Beweisverwertungsproblemen beim Austausch vertraulicher Angaben finden sich in § 50a GWB.

Netzwerkeffekte – Effekt, bei dem der Nutzen eines Gutes mit steigender Nutzerzahl (i.d.R.) zunimmt (positive Netzwerkeffekte). Solche Effekte treten insbes. bei Internetplattformen auf, z.B. bei Auktionshäusern oder Kontaktforen. Ein anderes Beispiel können Software-Anwendungen sein. Sinkt der Nutzen mit steigender Nutzerzahl (z.B. Überlastung von Daten-Kommunikationsnetzen oder sinkende Leserzahl mit steigendem Werbeanteil in Print-/Onlinemedien auf zweiseitigen Märkten) spricht man von negativen Netzwerkeffekten. Direkte Netzwerkeffekte bezeichnen Effekte innerhalb eines Marktes/einer Marktseite, indirekte Netzwerkeffekte bezeichnen Effekte zwischen unterschiedlichen Marktseiten (s. → zweiseitige Märkte).

Netzwerkgüter → Güter, die sich dadurch auszeichnen, dass sie wertvoller werden, je mehr andere Personen ein gleiches Gut konsumieren (z.B. Telefone oder Internetzugänge). Netzwerkgüter erzeugen durch den Konsum positive externe Effekte.

Netzwerkmodell → Datenmodell, mit dem Netzwerkstrukturen zwischen Datensätzen beschrieben werden können; Grundlage vieler → Datenbanksysteme (z.B. IDMS, IDS II, MDBS III). Erstmals 1973 vorgeschlagen von der → CODASYL Data Base Task Group (DTBG), heute zumeist durch Relationalmodelle ersetzt.

Netzwerkorganisation – intermediäre Form der → Organisation ökonomischer Aktivitäten zwischen → Markt und → Hierarchie. Bei der (seltener betrachteten) *intraorganisationalen* Netzwerkorganisation gehören die einzelnen Einheiten der Netzwerkorganisation zwar einem rechtlich selbstständigen Unternehmen an, für deren → Koordination wird jedoch verstärkt auf Marktmechanismen zurückgegriffen. Im Fall einer *interorganisationalen*Netzwerkorganisation hingegen schließen sich mehrere rechtlich selbstständige, wirtschaftlich allerdings interdependente Unternehmen zusammen, um durch die wechselseitige Ergänzung oder Bildung von Kernkompetenzen Wettbewerbsvorteile zu erzielen. Durch die Netzwerkorganisation sollen (z.B. Skalen-)Vorteile des vertikal integrierten Großunternehmens und (bes. Flexibilitäts-)Vorteile kleiner Unternehmen kombiniert werden. Aufgrund der vergleichsweise ausgeprägten Autonomie der beteiligten Unternehmen stellt die Netzwerkorganisation ein *polyzentrisches* System dar, das sich durch komplexe, eher kooperative und mehr oder weniger stabile Beziehungen zwischen den Partnern auszeichnet. Wenn die Bildung einer Netzwerkorganisation strategisch motiviert ist und das Netzwerk ein strategisch führendes (fokales) Unternehmen besitzt (→ Strategie), spricht man von einem *strategischen Netzwerk* (z.B. die japanischen → Keiretsu). Im Gegensatz dazu verfügt das *regionale Netzwerk*, das eine ausgeprägte räumliche Konzentration der (meist kleineren) der Netzwerkorganisation angehörenden Unternehmen aufweist, eher über eine informale Struktur und emergente Strategien. – Vgl. auch → Kooperation, → strategische Allianz, → virtuelle Organisation.

Netzwerktopologie – 1. *Begriff:* logische Anordnung und Art der Verbindung der Kommunikationspartner in einem → Netz. – 2. *Grundformen:* a) *Stern-Netz(-werk):* Netz, bei dem sämtliche „Endteilnehmer" physikalisch mit einem zentralen Vermittlungsknoten verbunden sind, z.B. → Nebenstellenanlage. – b) *Ring-Netz(-werk):* Netz, bei dem jeder Knoten mit einem rechten und einem linken Partner verbunden wird, bis sich der Kreis schließt. Die zu übertragenden → Daten werden in eine festliegende Richtung von Knoten zu Knoten übermittelt. Die → Information wird solange weitergegeben, bis sie den Empfänger erreicht, ohne dass ein bestimmter Weg durch das Netz gesucht werden muss. – c) *Bus-Netz(-werk):* Netzwerk, das durch eine Linienstruktur, den → Bus, gebildet wird, der Daten vom Sender in beide Richtungen von Knoten zu Knoten weitertransportiert. Diese Grundform kann zu einer allg. Baumstruktur erweitert werden, indem an Knoten eines zentralen Verteilerbusses weitere Busse angeschlossen werden. – 3. *Mischformen:* Durch Verwendung mehrerer Grundtopologien lassen sich beliebige Mischformen erzeugen. Ein solches Netz nennt man vermascht, wenn ein Knoten mit mehreren oder allen anderen Knoten verbunden ist.

Neuartige Lebensmittel- und Lebensmittelzutaten → Novel-Food-Verordnung (EG).

Neuaufwurfsprinzip – 1. *Begriff:* Prinzip bei der Planung, nach dem bei Erstellung eines Plans zu einem bestimmten Zeitpunkt alle Plangrößen von Grund auf neu ermittelt werden, unabhängig davon, ob bereits ein früherer Plan existiert, der sich auch noch auf zukünftige Zeiträume erstreckt. Frühere Planungen werden ignoriert. – *Gegensatz:* → Net-Change-Prinzip. – 2. *Anwendung:* Das Neuaufwurfsprinzip liegt sehr vielen → computergestützten Planungssystemen und computergestützten Dispositionssystemen (→ Dispositionssystem) in der betrieblichen Datenverarbeitung zugrunde; früher bei → Stapelbetrieb fast ausschließlich angewendet.

Neubeginn der Verjährung → Verjährung.

Neubewertung – Neubestimmung der Wertansätze von → Vermögensgegenständen im Rahmen der Folgebewertung. Gemäß Art. 33 der → Vierten EG-Richtlinie können die Mitgliedsstaaten den Gesellschaften gestatten oder vorschreiben, bestimmte Aktiva neu oder zu ihrem Wiederbeschaffungswert zu bewerten, die den Auswirkungen der Inflation auf die in der → Bilanz ausgewiesenen Posten Rechnung tragen. Der aus einer solchen Neubewertung resultierende Differenzbetrag zu den niedrigeren → Anschaffungskosten bzw. → Herstellungskosten ist dabei erfolgsneutral in eine sog. Neubewertungsrücklage einzustellen. Bei der Transformation der EG-Richtlinie in deutsches Recht wurde von dieser Vorschrift abgesehen. – Vgl. auch → Bewertung, → Fair Value.

Neubewertungsmethode → Purchase-Methode.

Neubewertungsrücklage → Neubewertung.

neue Aktien → junge Aktien.

neue Beweglichkeit → Warnstreik, → Streik.

neue Beweismittel – steuerrechtliche Behandlung: Neue Beweismittel führen zu einer Korrektur von → Steuerverwaltungsakten gemäß § 173 AO, da sie die dort als Tatbestandsmerkmal genannten (neuen) Tatsachen beweisen. Eine Korrektur zugunsten des Steuerpflichtigen ist nur möglich, wenn ihn kein → grobes Verschulden am nachträglichen Bekanntwerden trifft. Beweismittel sind alle zur Aufklärung eines Sachverhaltes dienenden Erkenntnismittel, die geeignet sind, das Vorliegen oder Nichtvorliegen von Tatsachen zu beweisen, wie Urkunden (Verträge, Geschäftspapiere u.a.) und Auskünfte von Auskunftspersonen. Neu ist ein Beweismittel, wenn es „nachträglich bekannt" wird. Das ist dann der Fall, wenn es dem für die Steuerfestsetzung zuständigen Bediensteten bekannt wird, nachdem die Willensbildung über die Steuerfestsetzung abgeschlossen ist. – Vgl. auch → neue Tatsachen.

neue Fahrzeuge – 1. *Begriff aus dem Bereich der Erwerbsteuer:* Zu den neuen Fahrzeugen zählen umsatzsteuerlich: (1) *motorbetriebene Landfahrzeuge* mit einem Hubraum von mehr als 48 ccm oder einer Leistung von mehr als 7,2 kW, die weniger als 6.000 km zurückgelegt haben oder deren erste Inbetriebnahme nicht mehr als sechs Monate zurückliegt; (2) *Wasserfahrzeuge* mit einer Länge über 7,5 m, wenn sie weniger als 100 Betriebsstunden auf dem Wasser haben oder die erste Inbetriebnahme nicht mehr als drei Monate zurückliegt; (3) *Luftfahrzeuge* mit einer Starthöchstmasse über 1.550 kg, wenn sie weniger als 40 Betriebsstunden genutzt worden sind oder die erste Inbetriebnahme weniger als drei Monate zurückliegt. – 2. *Umsatzsteuerliche Bedeutung:* Der Erwerb eines neuen Fahrzeugs aus einem anderen Mitgliedsstaat der EU unterliegt, selbst wenn der Verkauf durch einen Nichtunternehmer erfolgt (→ Fahrzeuglieferer), immer der → Erwerbsteuer, unabhängig davon, zu welcher Personengruppe der Käufer gehört. Hierdurch sollen bei diesen hochpreisigen und sehr leicht transportierbaren Gütern Wettbewerbsverzerrungen innerhalb des europäischen Binnenmarktes vermieden werden. – 3. *Kontrolle* der richtigen Versteuerung erfolgt unter Einschaltung der jeweiligen Zulassungsstellen.

neue Geschäfte → strategische Suchfeldanalyse.

Neue Institutionenökonomik

von Prof. Dr. Dr. Helge Peukert

I. Geschichte

Die Neue Institutionenökonomik (NIÖ) ist eine seit den 1970er-Jahren aufstrebende Forschungsrichtung der Volkswirtschaftslehre. Zu ihren Vorläufern gehören Coase, Demsetz, Alchian, Olson, Buchanan und Tullock, zu ihren Hauptbegründern zählen u.a. Williamson, Jensen und Meckling. Im deutschen Sprachraum hat v.a. Richter die NIÖ vorangetrieben, u.a. durch die institutionenökonomische Neuausrichtung der Zeitschrift für die gesamte Staatswissenschaft und folgerichtige Umbenennung in Journal of Institutional and Theoretical Economics in den 1980er-Jahren. Die NIÖ ist heute eine etablierte weltweite Forschungsrichtung mit eigenen Organisationen, hervorzuheben sind die Jahrestagungen der ISNIE (International Society for New Institutional Economics).

In der neoklassischen Theorie (→ Neoklassik) gilt der institutionelle Rahmen (von Tauschprozessen) als gegeben, die NIÖ untersucht demgegenüber, wie er entsteht und welche Wirkungen er entfaltet. Sie fragt auch normativ, wie Institutionen gestaltet werden sollten, um effizient zu wirken. Die NIÖ ist sowohl als Kritik, aber auch als Weiterentwicklung der Neoklassik zu verstehen. Ähnlich der deutschen → historischen Schule (Schmoller) und der Alten Institutionenökonomik kritisiert sie die Verbannung von Institutionen in den nicht hinterfragten Datenkranz, v.a. im Methodischen (analytisch-formale Analyse) und in der Annahme individueller Rationalität folgt sie aber vielfach der Neoklassik. Nicht einfach ist auch die Abgrenzung zu verwandten und überlappenden Forschungsansätzen wie der ökonomischen Analyse des Rechts, dem Property-Rights-Ansatz (→ Verfügungsrechte), der → Neuen Politischen Ökonomie, Public Choice und etwa dem Prinzipal-Agent-Ansatz (→ Prinzipal-Agent-Theorie). In ihrem Zentrum steht auf jeden Fall die → Transaktionskostenökonomik (Williamson), die die Annahme einer Welt ohne Transaktionskosten, also vollständige Informationen, unzweideutige Verfügungsrechte usw., aufgibt und dementsprechend von der vollständigen Konkurrenz divergierende institutionelle Gegebenheiten nicht als historisch bedingte Irrationalitäten deutet, sondern durch das Vorliegen von Transaktionskosten zu erklären versucht und Märkten keine prinzipielle Überlegenheit als Steuerungsmechanismus mehr unterstellt wird.

II. Begriff und Methode

Die NIÖ bedarf eines abstrakten Institutionenbegriffs, da zwar ökonomische Tauschprozesse im Zentrum ihrer Analyse stehen, neuere Arbeiten sich aber auch mit dem politischen, kulturellen, religiösen und sportlichen Bereich befassen. Wenngleich es keine allseits akzeptierte Definition des Begriffs gibt (eine solche hat aber z.B. auch die Soziologie nach 100 Jahren Forschung nicht hervor gebracht), lassen sich Institutionen als Systeme informeller und formaler Normen oder Regeln kennzeichnen, die menschliches Verhalten in eine bestimmte Richtung lenken (sollen) und sich hierbei bestimmter Anreiz- und Strafinstrumente bedienen. Der Zweck von Institutionen besteht in der Erreichung einer jeweiligen Zielfunktion (Gewinnmaximierung, oder auch die Erlangung kollektiven religiösen Heils). Institutionen können spontan entstehen (Zigarettenwährung nach 1945) oder geplant sein (Zentralbankverfassungen).

Das methodische Leitbild der NIÖ besteht im methodischen Individualismus, die analytische Basiseinheit ist das seinen Nutzen maximierende Individuum, das auch zu opportunistischen Handlungsweisen (z.B. Betrug) neigt, wo sich dies lohnt. Das Kunststück der Institutionenausgestaltung besteht darin, durch das Anreiz- und Strafsystem diese nutzenmaximierenden Individuen zu veranlassen, produktiv zu kooperieren (→ Gefangenendilemma) und nicht auf unproduktive und opportunistische Weise ihren Nutzen bis hin zu Raub, Mord und Erpressung zu verfolgen. Der Misserfolg vieler sich entwickelnder Volkswirtschaften beruht auf der mangelnden Lösung dieses institutionellen Grundproblems und weist auf die Bedeutung der NIÖ auch für die allgemeinere Wirtschaftspolitik hin. Die Grundvermutung der NIÖ lautet, dass sich die Strukturen von Institutionen so entwickeln, dass der Nettoertrag der Transaktionen maximiert wird. Obwohl sich empirisch der Anteil der Transaktionskosten am Bruttosozialprodukt bzw. Bruttoinlandprodukt sich im letzten Jahrhundert ungefähr verdoppelte, stieg die Arbeitsproduktivität um das Zehnfache. Die Empfehlung der NIÖ lautet, die am Besten gegen opportunistisches Verhalten schützende Institution oder Organisationsform (Markt, vertikale Integration usw.) zu wählen, die auch Ehrlichkeit lohnender als Unehrlichkeit macht und insofern eine selbstdurchsetzende Kraft besitzt.

Dennoch erscheinen uns Institutionen in der realen Welt und ihre Resultate recht unvollkommen. Dies hängt damit zusammen, dass auch für Institutionen kein Nirwanaprinzip gilt: Sie stiften Nutzen, aber ihre Einrichtung verursacht auch über rein technische Erfordernisse (z.B. Telefongebühren) hinausgehende Kosten, die als Transaktionskosten bezeichnet werden. Bei der Institution des formalen Vertrages zwischen Tauschpartnern etwa entstehen sie durch die Inspektion und Messung des Tauschgegenstandes, die Suche der Vertragspartner, die Überwachung und Durchsetzung des Vereinbarten, usw. Als klassischer Ausdruck für eine Welt begrenzter Rationalität, unsicherer Zukunftszustände und dem Vorliegen von Transaktionskosten gilt der relationale Vertrag (→ Vertrag), der nicht alle Eventualitäten genau regelt und dessen Lücken durch die Ungewissheit der Zukunft zu erklären sind. Als zweitbeste Alternative bietet sich die vorherige Festlegung eines für beide Seiten akzeptablen und bindenden Entscheidungsverfahrens an.

III. Konzepte und Richtungen

Williamson stellt folgende Entscheidungsvariablen, die auf die Unternehmensebene abzielen, in den Vordergrund: Die eingeschränkte Rationalität der Akteure, der Grad ihres möglichen Opportunismus, die Häufigkeit der Transaktionen, die Unsicherheit über die Umweltzustände und die Spezifizität der Investitionen, d.h. wie eng die Investitionen eines Akteurs an einen bestimmten Tauschpartner gebunden sind (Asset Specificity, das Problem der Ausnutzung bei Abhängigkeit, d.h. das Hold-up-Problem, → spezifische Investitionen). Von diesen Variablenausprägungen hängt es ab, ob ein einfacher Markttausch, vertikale Integration, gegenseitige Beteiligungen, Franchiseverträge oder andere Formen zu wählen sind (→ effiziente Firmengrenze). Eine stark ausgeprägte Hold-up-Situation mag z.B. vertikale Integration nahe legen. Das Problem besteht darin, dass zumeist mit den Vorteilen eines neuen Arrangements auch Nachteile einhergehen (bei einer Fusion z.B. Anreizverschlechterungen, → Hierarchienachteile; → hybride Organisationsformen bieten eine Lösung) und es zur präzisen Bestimmung einer nur schwer zu leistenden Quantifizierung der Effekte bedürfte. Der starke Anspruch der NIÖ besteht dennoch darin, aus der Konstellation der genannten Variablen eindeutig die angemessene Governance oder Kontrollstruktur ableiten zu können, mit der Vermutung, dass sich diese in der realen Welt mit hoher Wahrscheinlichkeit auch durchsetzten wird. Zahlreiche empirische Studien versuchen, diesen Anspruch an Fallbeispielen einzulösen.

Auch der *Property-Rights-Ansatz*, ursprünglich u.a. von Demsetz bereits in den 1960er-Jahren formuliert, geht davon aus, dass die Ausgestaltung der Verfügungs- und Eigentumsrechte die Allokation und wirtschaftliche Nutzung auf vorhersehbare Weise beeinflusst. Spezifisch zugeschriebene, z.B. individuelle Eigentumsrechte an Ressourcen, sorgen für ihren effizienten Einsatz, da der Ertrag ungeschmälert dem Verfügenden zufließt. Eine Volkswirtschaft ist demnach – etwas vereinfacht formuliert – um so effizienter, je unbeschränkter der Privatbesitz an den Produktionsmitteln ausfällt. Auf der Mikroebene entspricht dieses Resultat den Analysen von Alchian und Demsetz, die das Problem des Sich-Drückens bei Teamarbeit durch die Ernennung eines Mitglieds zum Aufseher (Residual Claimant) vorschlagen, der sich den Residualerlös aneignen kann. Das Gegenteil wäre eine im kollektiven Besitz befindliche Ressource (z.B. kommunales Weideland), die zur Übernutzung führen würde (die Tragödie der Allmende, die allerdings etwas entgegen den geschichtlichen Tatsachen voraussetzt, dass es keine gruppenspezifischen Nutzungsnormen gab). Eine weitere These lautet, dass der Druck auf eine Spezifizierung der Eigentumsrechte wächst, wenn die betreffenden Ressourcen wertvoller werden.

Der *Principal-Agent-Ansatz,* der prominent etwa von Jensen und Meckling vertreten wird, geht von einem auftraggebenden Prinzipal aus, der mit einem Agenten einen Vertrag über eine zu erbringende Leistung abschließt. Der Agent versucht gemäß der Annahme individueller Nutzenorientierung, nicht den Vertrag bestmöglich zu erfüllen, sondern seinen eigenen Nutzen z.B. durch gemächlichen Arbeitseinsatz oder dem teilweisen Umleiten der Ergebnisse des Leistungseinsatzes in die eigene Tasche zu mehren. Das Problem ist, dass der Prinzipal den Agenten, z.B. aufgrund unverhältnismäßig hoher Informations- und Kontrollkosten, nur unvollständig kontrollieren kann. Raffiniert ausgestaltete Verträge sollen diesem Manko beikommen. Ein Beispiel auf der Unternehmensebene für dieses als → Moral Hazard bezeichnete Problem ist die Kontrolle des Managements (Agenten) durch die Prinzipale (Aktionäre) und der Versuch, mit Aktienoptionsprogrammen eine Lenkung des Verhaltens des Managements im Interesse der Aktionäre zu erreichen. Der beeindruckenden formalen Modellierung des Principal-Agent-Ansatzes, die auch spieltheoretischen Ansätzen ein weites Feld eröffnet, stehen die Schwächen der Beibehaltung der Annahmen perfekter Rationalität und geringer sonstiger Transaktionskosten gegenüber. Sie kontrastiert mit dem zunächst wenig formalen Ansatz Williamsons, was auf die erstaunliche konzeptionelle Spannweite der NIÖ hinweist.

Die NIÖ greift wie erwähnt auch auf die klassischen Forschungsfelder der Soziologie, der Politikwissenschaft und der Rechtswissenschaft über und gelangt hierbei zu durchaus konturierten, wenn auch kontrovers diskutierten Ergebnissen (z.B. Posners These, Gesetzesrecht sei Effizienz reduzierend, Richterrecht dagegen tendenziell Effizienz fördernd). Eine besondere Rolle spielt hier der Wirtschaftshistoriker North, neben Coase ein weiterer Nobelpreisträger im Umfeld der NIÖ, der sich auch mit den weichen Faktoren wie der Bedeutung von Ideologien, mentalen Modellen und einer auf den Annahmen der NIÖ beruhenden Staatstheorie befasst (der Staat als Einkommensmaximierer im Interesse der Herrschenden durch monopolistische Preisdiskriminierung, d.h. Steuerprogression).

IV. Kritik und Ausblick

Als Kritik wird der NIÖ entgegengehalten, der Begriff der Transaktionskosten sei zu weit gefasst und unscharf. Er erlaube keine klare Ableitung einer optimalen Governance-Struktur und eine Falsifizierung der Hypothesen, da mit etwas Phantasie alle erdenklichen Strukturen begründet werden können, auch unter Einführung neuer Variablen (z.B. Risikoaversion). So ließe sich mit Vertrauensaufbau und Unsicherheitsreduktion eine verstärkte Sozialpartnerschaft zur Senkung der Transaktionskosten gegen den Residual Claimant als in der NIÖ bevorzugte Musterlösung ins Feld führen. Ein weiterer Vorwurf besteht in der einseitigen Fixierung auf Allokationseffizienz und fast vollständiger Ausblendung der Frage der Verteilungsgerechtigkeit und der Kosten, die sozialen Gruppen, z.B. Lohnabhängigen, durch Transaktionskostensenkungen im Globalisierungsprozess entstehen (Ideologieverdacht), die nach dem Pareto-Kriterium eigentlich zu kompensieren wären.

Auch mag man sich fragen, ob sich die Führung von Mitarbeitern praktisch auf der Grundlage der Opportunismusannahme (→ Opportunismus) betreiben lässt, da intensives Überprüfen (Monitoring) die intrinsische Arbeitsmotivation einschränkt. Unzulängliche Einseitigkeit wird auch am Staatsmodell (steuermaximierender Herrscher) kritisiert, das den Kern westlicher Demokratien völlig verfehle und etwa in der Ideologien und Religion nur die Funktion ihrer Vereinfachung von ökonomischen Tauschvorgängen durch Vertrauensbildung berücksichtigt werde. Auch erliegt die ausschließliche Fixierung auf das Ziel des Wirtschaftswachstums dem Vorwurf der Einseitigkeit. Schließlich bestünden wesentliche Unklarheiten etwa in der Frage der Methodologie, wo die Ansprüche der Präzision und Vorhersehbarkeit mit Norths Diktum, dass man Institutionen nicht messen könne und nur Geschichten (Stories) über sie erzählen könne, konfligieren und selbst über so grundsätzlichen Fragen wie der, ob sich effiziente Institutionen in der Geschichte im Großen und Ganzen herausbilden (Alchian) oder nicht (North), keine Übereinstimmung herrscht.

Trotz dieser Kritikpunkte stellt die NIÖ eine wertvolle Ergänzung zwischen neoklassischer Orthodoxie und radikal alternativen Ansätzen wie der Alten Institutionenökonomik dar. Die NIÖ wird wohl auch in Zukunft aus einem weitverzweigten Netz von Ansätzen ohne paradigmatisch leicht auszumachendem Kern bestehen. Ihre Annahmen kommen der realen Welt sehr nahe (begrenzte Rationalität usw.). Selbst wenn der hohe Anspruch der Vorhersagbarkeit nicht eingehalten werden könnte, hat sich die NIÖ dennoch zu einem unverzichtbaren Bestandteil der Volkswirtschaft entwickelt. Basale Konzepte, empirische Fallstudien liegen in einer Vielzahl vor. Auf die momentane Phase der Extension, d.h. der Anwendung auf alle erdenklichen menschlichen Institutionen einschließlich Sport und Religion wird sicherlich eine Phase der Vertiefung folgen müssen. Vielleicht könnte hierbei an die angedeuteten Kritikpunkte angeknüpft werden.

Vgl. auch → Rechtsökonomik.

neue internationale Arbeitsteilung – *New International Divison of Labor;* unternehmensinterne bzw. intrasektorale → Arbeitsteilung, deren Hauptakteure → transnationale Unternehmungen sind. Sie löste die überwiegend horizontal bzw. sektoral strukturierte alte → internationale Arbeitsteilung ab, die auf den Austausch von → Rohstoffen gegen Industrieprodukte zwischen den → Entwicklungsländern und den → Industrieländern (→ Kolonialismus) ausgerichtet war. Zentrale Merkmale sind → Sonderwirtschaftszonen und Prozesse der → Lohnveredelung. Triebkräfte der neuen internationalen Arbeitsteilung sind das große Potenzial an Arbeitskräften in den Entwicklungsländern, dessen Kosten nur einen Bruchteil der Arbeitskosten in den Industrieländern ausmachen, die fortschreitende Fragmentierung der Produktionsprozesse sowie Fortschritte in den Transport- und Kommunikationstechnologien, wodurch die Kosten für Raumüberwindung stark sinken.

Neue Keynesianische Makroökonomik → Neukeynesianische Makroökonomik

Neue Klassische Makroökonomik – 1. *Begriff/Einordnung:* Während zu Beginn der 1970er-Jahre die makroökonomische Debatte entscheidend durch die Kontroverse zwischen Keynesscher Lehre (→ Keynesianismus) und → Monetarismus geprägt wurde, hat sich der Schwerpunkt der Diskussion auf die Auseinandersetzung zwischen neo- und neukeynesianischer Makroökonomik einerseits und Neuer Klassischer Makroökonomik andererseits verlagert. Die Neue Klassische Makroökonomik geht im Gegensatz zu Weiterentwicklungen der keynesianischen Theorie von völliger Flexibilität der Preise und Löhne auf Güter- und Faktormärkten aus, sodass diese Märkte über den Preismechanismus prinzipiell ständig geräumt werden *(Markträumungsansatz).* Eines der *Hauptziele* der Neuen Klassischen Makroökonomik ist die gleichgewichtstheoretische Erklärung von Konjunkturschwankungen. – Die *Einordnung* der Neuen Klassischen Makroökonomik ist umstritten. Viele Ökonomen betrachten sie als moderne Spielart des Monetarismus (sog. Monetarismus zweiter Art); für andere ist die Entfernung zwischen Neuer Klassischer Makroökonomik und Monetarismus größer als die zwischen Monetarismus und Keynesianismus. – Wichtige *Vertreter* der Neuen Klassischen Makroökonomik sind → Lucas, Sargent und Wallace. – 2. Für die Modelle der Neuen Klassischen Makroökonomik sind eine Reihe von *Prämissen* entscheidend: a) *Vollständige Preisflexibilität:* Diese Annahme führt dazu, dass die Märkte prinzipiell im → Gleichgewicht sind. Alle relevanten → Informationen sind in den nur von den Preisen abhängigen Angebots- und Nachfragefunktionen enthalten. Die Marktteilnehmer befinden sich stets auf ihren Funktionen, d.h. getauscht wird zu Gleichgewichtspreisen. Ein Handel zu falschen (nicht markträumenden) Preisen ist im Unterschied zur → Neokeynesianischen Theorie nicht möglich. Abweichungen von tatsächlichem Marktpreis und Gleichgewichtspreis können nicht dauerhaft sein, da sie zu Extraprofiten führen, die von den Wirtschaftssubjekten sofort wahrgenommen und dadurch eliminiert werden. In der Praxis schwanken Preise und Mengen ständig stochastisch um ihre Gleichgewichtswerte. Als Konsequenz werden Modelle der neuen Klassik häufig durch *stochastische Gleichungen* beschrieben. Vertreter der Neuen Klassischen Makroökonomik sehen die Markträumungsannahme oft nicht als getreue Abbildung der Wirklichkeit, sondern als Kunstgriff, der, ähnlich wie die Rationierungsannahme in Ungleichgewichtsmodellen der Neokeynesianischen Theorie, vorwiegend methodischen Charakter hat. – b) *„Natürliche" Unterbeschäftigung:* Für den Arbeitsmarkt wird die Markträumungshypothese durch das Konzept der → *natürlichen* Arbeitslosigkeit spezifiziert. Es gibt danach nur eine Höhe der → Arbeitslosenquote, die mit einem modifizierten walrasianischen Gleichgewicht (ein solches, das Marktunvollkommenheiten, Informationskosten etc. berücksichtigt) vereinbar ist. Diese Arbeitslosenquote ist mit jeder Inflationsrate verträglich. Die dadurch beschriebene Arbeitslosigkeit ist rein angebotsbedingt, somit freiwilliger Natur und kein Ergebnis eines Marktversagens. – Darüber hinaus ist für viele Vertreter der Neuen Klassischen Makroökonomik keine Arbeitslosigkeit wirklich unfreiwillig. Nach ihrer Auffassung ist das Arbeitsangebot in Bezug auf langfristige (also nicht transitorische) Veränderungen des Reallohns weitgehend unelastisch. Diese Ansicht wird aus empirischen Beobachtungen abgeleitet, setzt aber unter theoretischen Aspekten ein auf bestimmte Weise geformtes Präferenzsystem voraus. – Sehr elastisch reagiert das Arbeitsangebot hingegen auf als transitorisch angesehene Reallohnvariationen. Es wird argumentiert, dass die Wirtschaftssubjekte bereit sind, „vorzuarbeiten" (falls der Reallohn transitorisch steigt) bzw. Muße „vorzuholen" (im umgekehrten Fall). Ein beobachtbares Überangebot am Arbeitsmarkt bedeutet daher, dass eine entsprechende Anzahl von Arbeitnehmern mit einem unter ihren Normalvorstellungen liegenden Lohnsatz konfrontiert ist und es deshalb vorziehen, bei dem gegenwärtigen Lohn nicht zu arbeiten. Dies bedeutet aber nicht, dass zum gegenwärtigen Lohn keine Arbeit gefunden werden könnte. – c) *Rationale Erwartungen:* Bei autoregressiven → Erwartungen werden nur die vergangenen Werte der betrachteten ökonomischen Größe zur Erwartungsbildung genutzt. Damit bleibt aber ein Teil der den Individuen zur Verfügung stehenden Informationen unbeachtet, und es kann zu systematischen Erwartungsirrtümern kommen. In der Theorie der rationalen Erwartungen wird das Konzept des Rationalverhaltens auch auf Informationsgewinnung und -verarbeitung übertragen. Die sog. *schwache Form der rationalen Erwartungen* geht davon aus, dass die Wirtschaftssubjekte alle verfügbaren Informationen auf effiziente Weise nutzen, um Erwartungen über die zukünftigen Werte von ökonomischen Variablen zu bilden. In der sog. *starken Form* schließen diese Informationen das relevante ökonomische Modell, seine Struktur und alle Kenntnisse über Parameter sowie exogene und endogene Lag-Variablen ein. Erwartungsirrtümer können auftreten, aber nur aufgrund zufälliger Ereignisse. Die Möglichkeit stochastisch bedingter Erwartungsirrtümer unterscheidet rationale Erwartungen von vollständiger Voraussicht. – d) *Unvollständige Information:* Es wird davon ausgegangen, dass die Wirtschaftssubjekte die wahre Struktur des Modells so genau kennen, dass sie (jedenfalls im Durchschnitt) die Effekte von → Geldpolitik und Fiscal Policy richtig prognostizieren können, falls sie die geld- und fiskalpolitischen Maßnahmen kennen oder richtig vorhersehen. Weiter wird angenommen, dass diese Informationen und Prognosen sich vollständig im Verhalten der Wirtschaftssubjekte niederschlagen. Alle Gewinne, die durch genauere Kenntnis der Situation gemacht werden könnten, sind bereits realisiert. Produktion und Beschäftigung befinden sich auf dem Gleichgewichtsniveau. Da aber weder Geld- noch Fiskalpolitik immer richtig erkannt oder prognostiziert werden können, sind die *Informationen unvollkommen.* – In einer Welt mit unvollkommenen Informationen spielen für das Verhalten der Wirtschaftssubjekte zwei *Aspekte* eine fundamentale Rolle. Erstens geht es darum, zu entscheiden, ob eine wahrgenommene Preisveränderung *temporär* oder *dauerhafter* Natur ist. Zweitens muss das Wirtschaftssubjekt feststellen, ob die Preisveränderung *relativer* Art ist oder im Zusammenhang mit der Änderung des *allg. Preisniveaus* steht. In beiden Fällen kann man von einem *„Dekompositionsproblem"* sprechen, wenn argumentiert wird, dass sich die Wirtschaftssubjekte auf Erfahrungen der Vergangenheit stützen. War der größere Teil der → Varianz des Preises eines Gutes (wozu auch das Gut „Arbeit" gerechnet werden kann) durch permanente Änderungen bedingt, dann wird das Wirtschaftssubjekt auch eine *aktuelle* Preisänderung eher für *permanent* halten. Genauer gesagt wird eine aktuelle Preisänderung anhand der Erfahrungen mit früheren Preisänderungen in eine permanente und eine temporäre Komponente zerlegt. Zu einer Erhöhung des Arbeitsangebots wird es nur in dem Ausmaß kommen, das der temporären Komponente einer aktuellen Lohnerhöhung entspricht. Die Dekomposition einer aktuellen Preisveränderung in *relative* oder *aggregative* Veränderung wird analog erklärt. Waren Preisschwankungen in der Vergangenheit v.a. durch Variationen des Preisniveaus bedingt, dann wird eine aktuelle Preisbewegung auch vorwiegend auf eine allg. Inflation oder Deflation zurückgeführt. War das Preisniveau dagegen mehr oder weniger konstant, dann werden Preisveränderungen hauptsächlich als relativ bedingte Änderungen angesehen; und nur diese haben Mengeneffekte zur Folge. – e) *Neutralitätseigenschaft:* Sie besagt, dass Geld- und Fiskalpolitik, die systematisch auf den Konjunkturzyklus einwirken will, keinen Einfluss auf diesen haben kann. Die Abweichungen von Produktion und Beschäftigung von ihrem „natürlichen" Niveau sind also völlig unabhängig von systematisch durchgeführten wirtschaftspolitischen Maßnahmen.(1) Systematische *Geldpolitik* beeinflusst lediglich die nominalen Größen, wie Preisniveau, Inflationsrate, Nominallohn und Nominalzins. Die Neutralitätseigenschaft geht unmittelbar zurück auf die Annahmen über die Struktur der Wirtschaft (z.B. Existenz einer „natürlichen" Unterbeschäftigung) und die Hypothese der rationalen Erwartungen. Zusammen mit den Annahmen, dass die Wirtschaftssubjekte alle verfügbaren Informationen effizient nutzen und systematische Politiken erkennen, folgt die Neutralitätseigenschaft. (2) Geld- und Fiskalpolitik können dennoch *reale Effekte* haben, nämlich in ihrem nichtsystematischen Teil. Wie oben erwähnt, erfolgt die Dekomposition aufgrund von Erfahrungswerten. Führt eine *kontraktive Geldpolitik* etwa zu Preisveränderungen, wird deren allg. Charakter aber nicht erkannt, so werden die Preissenkungen als relativ aufgefasst, und es kann zu einem Rückgang von Produktion und Beschäftigung kommen. Die realen Effekte einer nicht vorhergesehenen Geld- oder Fiskalpolitik werden um so geringer sein, je größer die Varianz solcher Politikmaßnahmen in der Vergangenheit war. Wurden die Wirtschaftssubjekte in der Vergangenheit häufig durch unvorhersehbare wirtschaftspolitische Aktionen getäuscht, werden sie künftig auf geld- oder fiskalpolitische Signale weniger reagieren. (3) Dies hat einmal zur *Folge,* dass ökonomische Störungen, die eine Anpassung erfordern, fehlinterpretiert werden *(Fehlallokationshypothese);* zum anderen wird eine ursprünglich wirksame Politik, die auf einem Dekompositionsschema beruht, das durch eine stabile Entwicklung der Vergangenheit geprägt wurde, zunehmend unwirksam. – f) *Gleichgewichtsorientierte Erklärung des Konjunkturzyklus (Modell unvollkommener Informationen):* In den Modellen der Neuen Klassischen Makroökonomik wird der → Arbeitsmarkt ganz analog wie der Gütermarkt behandelt. Daher wird allg. nur von „Preisen" gesprochen, die auch den „Lohn" umfassen. (1) Stellt ein repräsentatives Wirtschaftssubjekt fest, dass der Preis seines Gutes gestiegen ist, steht es vor dem oben beschriebenen *Dekompositionsproblem.* Als *temporär empfundene Lohnerhöhungen* führen dazu, dass heutige Muße in die Zukunft verlagert wird und Produktion und Beschäftigung daher in der laufenden Periode zunehmen. Schon relativ kleine Schwankungen in Löhnen und Preisen können zu erheblichen Schwankungen im Arbeitsangebot führen. In welchem Ausmaß dies der Fall ist, hängt davon ab, wie das Dekompositionsproblem gelöst wird, also welche Anteile von vergangenen Preisänderungen permanent bzw. temporär waren. (2) Kennen alle Entscheidungseinheiten die relativen Preise ihrer Güter, dann reicht die Unterscheidung in temporäre und permanente Preisänderungen nicht aus, um einen *generellen Konjunkturzyklus* hervorzurufen. Den gestiegenen *relativen Preisen* in einigen Bereichen stehen gesunkene in anderen

Bereichen gegenüber. Dem erhöhten Arbeitsangebot in einem Teil der Wirtschaft entspricht daher ein vermindertes in einem anderen. Konjunkturelle Schwankungen sind nur möglich, wenn die Wirtschaftssubjekte lediglich die nominalen Preise ihrer eigenen Produkte kennen, nicht aber den allg. Preisindex. Sie stehen dann vor dem *zweiten Dekompositionsproblem*. In Abhängigkeit von den Erfahrungen der Vergangenheit wird eine beobachtete Preisänderung in eine relative und eine absolute Komponente zerlegt. War früher die Varianz der relativen Preise groß, wird auch die aktuelle Preisänderung zum größten Teil als Änderung des relativen Preises aufgefasst. Wird die Preisänderung dann noch überwiegend als temporär angesehen, verändert sich das Arbeitsangebot und damit auch Produktion und Beschäftigung. (3) Ein ganz wesentlicher Aspekt dieser Erklärung des Konjunkturzyklus ist, dass Wirtschaftssubjekte nur über *begrenzte Informationen* verfügen dürfen. Dies gilt für das Dekompositionsproblem, aber auch z.B. für die Auswirkungen eines monetären Impulses auf die Wirtschaft. Hier bezieht die Neue Klassische Makroökonomik eine fast keynesianische Position, indem sie argumentiert, dass nur langfristig ein enger Zusammenhang zwischen Geldmenge und Preisniveau besteht. Die kurzfristige weitgehende Unabhängigkeit ist für die Argumentation aber notwendig, da die Wirtschaftssubjekte sonst anhand der Geldmengenentwicklung das Dekompositionsproblem lösen können. Tritt keine unerwartete Inflation auf, kann es im Rahmen der Neuen Klassischen Makroökonomik aber auch keinen Konjunkturzyklus geben. Neben Geldmengenschocks kommen aus Sicht der Neuen Klassischen Makroökonomik auch Technologieschocks als Ursache für Konjunkturschwankungen infrage. Dies ist Gegenstand der realen Konjunkturtheorie (real business cycle theory, → Konjunkturtheorie) – g) *Hauptergebnisse:* (1) *Es gibt keine unfreiwillige Arbeitslosigkeit.* Arbeitslosigkeit entsteht dadurch, dass temporär der tatsächliche Reallohn als unter dem Normalniveau liegend angesehen wird. Daher substituieren die Arbeitsanbieter künftige Muße gegen heutige. Sie werden nur deswegen als arbeitslos registriert, weil sie ihre Bereitschaft zu arbeiten signalisieren, bei der statistischen Erfassung aber nicht berücksichtigt wird, dass sie dies nur zu einem höheren Reallohn wollen. (2) *Aktivistische Wirtschaftspolitik hat nur solange Erfolg, wie sie nicht erkannt und antizipiert wird.* Eine expansive Geldpolitik hat reale Auswirkungen, wenn in der Vergangenheit die Varianz der Inflationsrate klein war. Unter dieser Bedingung wird eine allg. Preiserhöhung nicht oder nur in geringem Maß antizipiert, sondern vielmehr für eine Erhöhung des relativen Preises gehalten. Da durch eine solche Maßnahme die Varianz der Inflationsrate zunimmt, wird in Zukunft die Geldpolitik weniger wirksam.

Neue Linke → Sozialismus.

Neue Makroökonomik – Darunter versteht man Weiterentwicklungen der traditionellen keynesianischen Theorie, die eine starke Mikrofundierung besitzen (→ mikroökonomische Fundierung der makroökonomischen Theorie). Hierzu zählen die → Neue Klassische Makroökonomik und der → Neue Keynesianismus, wozu die → Neukeynesianische Makroökonomik geschlossener und offener Volkswirtschaften zu zählen sind. Aufgrund ihrer Mikrofundierung handelt es sich bei diesen Weiterentwicklungen um Theorien des → allgemeinen Gleichgewichts. Davon zu unterscheiden sind neuere Ungleichgewichtsansätze, insbesondere die → Neokeynesianische Theorie. – Vgl. auch → Neukeynesianische Makroökonomik, dynamisches Grundmodell, → Neue Makroökonomik offener Volkswirtschaften.

Neue Makroökonomik offener Volkswirtschaften – 1. *Gegenstand:* Die Neue Makroökonomik offener Volkswirtschaften (New Open Economy Macroeconomics, NOEM) stellt eine Weiterentwicklung der traditionellen Makroökonomik offener Volkwirtschaften (→ Totalanalyse offener Volkswirtschaften, → Totalmodelle offener Volkswirtschaften) in Richtung einer stärkeren Mikrofundierung dar. Die Modelle der Neuen Makroökonomik offener Volkswirtschaften sind allg. Gleichgewichtsmodelle mit expliziter Nutzen- und Gewinnmaximierung auf Seiten der Wirtschaftssubjekte. Im Zentrum steht die mikroökonomische Fundierung des traditionellen keynesianischen Makromodells offener Volkswirtschaften (→ Mundell-Fleming-Modell). Ein wesentlicher Vorteil gegenüber diesem Makromodell besteht in der Berücksichtigung einer expliziten Nutzenfunktion für den repräsentativen Haushalt. Dadurch wird – im Unterschied zum Mundell-Fleming-Modell – eine fundierte Wohlfahrtsanalyse zur Beurteilung wirtschaftspolitischer Maßnahmen (Geld- und Fiskalpolitik) ermöglicht. Zudem können jetzt die hiermit verbundenen Effekte – über die kurzfristige Betrachtungsweise des traditionellen Makro-Modells hinausgehend – in einem dynamischen Kontext analysiert werden, sodass zwischen den Wirkungen stabilisierungspolitischer Maßnahmen in der kurzen und langen Frist unterschieden werden kann. – 2. *Einordnung:* Die Makroökonomik offener Volkswirtschaften erfährt durch die neue Modellklasse eine Weiterentwicklung, wie sie für Makromodelle geschlossener Volkswirtschaften längst etabliert ist. In der Neuen Makroökonomik geschlossener Volkswirtschaften, die sich in eine keynesianische (→ Neue Keynesianische Makroökonomik, → Neuer Keynesianismus) und in eine neoklassische Richtung (→ Neue Klassische Makroökonomik) einteilen lässt, geht es stets um die Mikrofundierung makroökonomischer Modelle. Es ist daher nicht überraschend, dass sich wichtige Bausteine der Neuen Keynesianischen Makroökonomik und des Neuen Keynesianismus auch in den Modellen der Neuen Makroökonomik offener Volkswirtschaften wiederfinden. Hierbei handelt es sich um die Berücksichtigung nominaler Rigiditäten wie Preis- und Lohnstarrheiten auf den Güter- und Arbeitsmärkten, Marktunvollkommenheiten auf den Gütermärkten (Modellwelt der monopolistischen anstelle vollständiger Konkurrenz), die mit preissetzendem Verhalten der Anbieter einhergehen, sowie die Mikrofundierung eines kurzfristig nachfrageorientierten unternehmerischen Angebotsverhaltens. Daneben finden sich aber auch Elemente der Neuen Klassischen Makroökonomik in den Modellen der Neuen Makroökonomik offener Volkswirtschaften, wie rationale Erwartungsbildung und die Endogenisierung des langfristigen oder natürlichen Outputniveaus durch explizite Berücksichtigung der Substitutionsentscheidung zwischen Arbeit und Freizeit. – 3. *(Einfachstes) Modell:* → Redux-Modell.

Neue Makroökonomik offener Volkswirtschaften, Wirkungen der Geldpolitik – 1. Im Zwei-Länder-Ansatz des Mundell-Fleming-Fixpreismodells großer offener Volkswirtschaften (→ Mundell-Fleming-Modell) oder im keynesianischen Unterbeschäftigungsmodell für die große offene Volkswirtschaft (→ Totalmodelle großer offener Volkswirtschaften, → Stabilisierungspolitik in einer großen offenen Volkswirtschaft) hat eine inländische Geldmengensteigerung im System flexibler Wechselkurse über einen abwertungsbedingten Nachfrageverlagerungseffekt zugunsten des Inlandes eine *Outputexpansion im Inland* und eine *Outputkontraktion im Ausland* zur Folge. Der Rückgang des Auslandseinkommens gilt trotz der mit expansiver Geldpolitik verbundenen Senkung des Weltzinsniveaus und der daraus resultierenden erhöhten Investitionstätigkeit. In den traditionellen Unterbeschäftigungsansätzen großer offener Volkswirtschaften stellt somit expansive Geldpolitik eine → Beggar-my-Neighbour-Politik dar. Diese Sichtweise wird in den Modellen der → Neuen Makroökonomik offener Volkswirtschaften in Frage gestellt, da jetzt nicht mehr gesamtwirtschaftliche Produktion und Gesamtwohlfahrt gleichgesetzt werden können. – 2. Bei den Wirkungen, die von einer expansiven Geldpolitik des Inlandes auf die beiden Volkwirtschaften ausgehen, kann gemäß dem Grundmodell der Neuen Makroökonomik offener Volkswirtschaften (→ Redux-Modell) zwischen *kurz- und langfristigen Effekten* unterschieden werden. In der kurzen Frist sind die Güterpreise, die aufgrund der Monopolstellung der Anbieter über den Grenzkosten liegen, zunächst noch starr und das Güterangebot zu den gegebenen Absatzpreisen vollständig nachfragedeterminiert. In der langen Frist sind die Preise vollkommen flexibel; dabei kommt es – im Unterschied zu traditionellen Flexpreismodellen offener Volkswirtschaften (→ Totalmodelle offener Volkswirtschaften) – zu Änderungen der → Terms of Trade; außerdem sind die Effekte, die sich aus einer Vermögensumverteilung zwischen den beiden Ländern ergeben, zu berücksichtigen. Ebenso wie in den traditionellen → Totalmodellen großer offener Volkswirtschaften bewirkt die einseitig durchgeführte inländische Geldmengenerhöhung eine dauerhafte Abwertung der Inlandswährung und eine Senkung des Weltzinsniveaus (→ Stabilisierungspolitik in einer großen offenen Volkswirtschaft). Über den Zinseffekt ergibt sich in beiden Ländern eine Nachfrageerhöhung, die im Redux-Modell die Form einer symmetrischen Konsumsteigerung (anstelle einer Investitionssteigerung wie in den traditionellen Modellansätzen) hat. Außerdem findet abwertungsbedingt ein asymmetrischer Konsumverlagerungseffekt zugunsten des aktiven Inlandes statt, der mit einem Leistungsbilanzüberschuss des Inlandes einhergeht. Zinseffekt und Abwertungseffekt wirken jeweils expansiv auf die Nachfrage nach Inlandsprodukten, sodass sich im Inland kurzfristig die Produktion erhöht. Im Ausland ist dagegen die Richtungsänderung des Produktionsniveaus unbestimmt, da Zinseffekt und Abwertungseffekt genau entgegengerichtet auf die Nachfrage nach Auslandsgütern wirken. In den traditionellen keynesianischen Modellansätzen gilt zwar auch diese Gegenläufigkeit; jedoch dominiert in dieser Modellklasse eindeutig der für die Auslandsproduktion kontraktive Abwertungs- bzw. Konsumverlagerungseffekt. Dies ist auch anhand der traditionellen einkommens- und zinsabhängigen, jedoch wechselkursunabhängigen Gleichgewichtsbedingung des ausländischen Geldmarktes erkennbar (→ LM-Kurve). Im Redux-Modell ist dagegen die aus dem intertemporalen Nutzenmaximierungsansatz resultierende Geldnachfragefunktion nicht mehr einkommens-, sondern konsumabhängig, sodass das Vorzeichen der kurzfristigen ausländischen Produktionsänderung maßgeblich von der Konsumelastizität der Geldnachfrage des Auslandes bestimmt wird. Nimmt diese – ebenso wie die Einkommenselastizität der Geldnachfrage in keynesianischen Modellansätzen – den Wert eins an, ergibt sich auch im Redux-Modell ein Rückgang der Nachfrage nach Auslandsgütern und damit kurzfristig eine ausländische Outputkontraktion. – 3. Im Unterschied zu den traditionellen keynesianischen Modellen offener Volkswirtschaften werden in den Modellen der Neuen Makroökonomik offener Volkswirtschaften auch *Vermögenseffekte*, die aus dem dauerhaften Leistungsbilanzüberschuss des Inlandes resultieren, berücksichtigt. Dieser Überschuss bewirkt eine Vermögensumverteilung zugunsten des Inlandes, sodass dieses in eine Nettogläubigerposition gerät. Der Vermögensanstieg bei den inländischen Haushalten hat bei diesen eine Substitution von Arbeit gegen Freizeit zur Folge, wodurch langfristig im Inland Arbeits- und Güterangebot im Vergleich zur Ausgangslage zurückgehen. Dennoch steigt das inländische Konsumniveau dauerhaft an, wobei die Finanzierung über die Zinseinnahmen aus der verbesserten Vermögensposition erfolgt. Im Ausland ergeben sich genau entgegengesetzte langfristige Effekte, die aus der Schuldnerposition resultieren. V.a. steigt dort langfristig die Güterproduktion an, während sie kurzfristig zurückgehen kann. Damit gehen von expansiver Geldpolitik dauerhafte Realeffekte in beiden Ländern aus, obwohl die Güterpreise in der langen Frist flexibel sind. Außerdem kommt es zu einer dauerhaften Verbesserung der inländischen Terms of Trade, da durch die Verknappung der Inlandsgüter deren relativer Preis steigt und durch die Produktionsausweitung ausländischer Güter deren Relativpreis sinkt. Ohne die kurzfristig auftretenden Preisstarrheiten wäre Geldpolitik – ebenso wie in traditionellen Makromodellen mit vollkommener Preis- und Lohnflexibilität (→ Stabilisierungspolitik in einer großen offenen Volkswirtschaft) – neutral in Bezug auf alle Realgrößen und Relativpreise. – 4. Das Redux-Modell erlaubt es, *Wohlfahrtseffekte der Geldmengenexpansion* zu bestimmen, indem entsprechend der Nutzenfunktion des repräsentativen Haushalts der kurz- und langfristige Nettoeffekt aus Konsum-, Realkassen- und Produktionseffekt gebildet wird und anschließend diese beiden Effekte aufaddiert werden. Dabei zeigt sich, dass der Nettowohlfahrtseffekt einer unilateralen (d.h. einseitig durchgeführten) Geldmengenexpansion für beide Länder positiv ist und im Sonderfall, dass der Nutzeneffekt der Realkassenhaltung vernachlässigt wird, sogar übereinstimmt. In diesem Sonderfall wird der Wohlfahrtseffekt für beide Länder durch die Veränderung der Weltgeldmenge determiniert. Dabei spielt es letztlich keine Rolle, in welchem Land die Geldmengenerhöhung vorgenommen wird. Die erreichbare Wohlfahrtssteigerung erhöht sich dabei um so mehr, je größer die dem Modell zugrunde liegende Externalität der Monopolmacht ausfällt, da dann die Wirksamkeit der Geldpolitik in Bezug auf die Realgrößen des Modells zunimmt. Ebenso wie in keynesianisch geprägten mikrofundierten Makromodellen geschlossener Volkswirtschaften ergibt sich auch im Redux-Modell bei Vorliegen von unvollständiger Konkurrenz ein im Vergleich zur vollständigen Konkurrenz suboptimales Outputniveau; dafür erweist sich aber expansive Geldpolitik als effizient und wohlfahrtssteigernd. Im Vergleich zu traditionellen Makromodellen offener Volkswirtschaften vom Mundell-Fleming-Typ zeigen die Wohlfahrtsergebnisse des Redux-Modells, dass eine expansive Geldpolitik bei unvollkommener Konkurrenz und intertemporaler Optimierung der Haushalte trotz des damit verbundenen Konsumverlagerungseffektes nicht mit einer Beggar-my-Neighbour-Politik gleichzusetzen ist. Im Mundell-Fleming-Modell ist dagegen diese Interpretation der Geldpolitik zulässig, da es nur die kurzfristigen Outputeffekte, die für das passive Land kontraktiv sind, abbildet und die langfristigen Angebotseffekte, die aus Vermögensverschiebungen zwischen den beiden Ländern resultieren, vernachlässigt. Außerdem werden im traditionellen Modell die Nutzeneffekte, die aus der Konsumänderung und Änderungen der Terms of Trade resultieren, nicht berücksichtigt, da hier Output und Gesamtwohlfahrt bzw. -nutzen gleichgesetzt werden.

Neuemission → Emission.

Neue Neoklassische Synthese – Oberbegriff für vollständig mikrofundierte Totalmodelle der Neukeynesianischen Makroökonomik geschlossener und offener Volkswirtschaften. Sie stehen in der Tradition der neoklassischen allgemeinen Gleichgewichtstheorie (→ Neue Klassische Makroökonomik), berücksichtigen dabei aber nominale Rigiditäten (wie Preisträgheit) und unterstellen die Modellwelt der monopolistischen Konkurrenz. Insofern enthalten Modelle der Neuen Neoklassischen Synthese Bausteine der neoklassischen und keynesianischen Theorie. Sie unterscheiden sich von der traditionellen → Neoklassischen Synthese darin, dass sie vollständig mikrofundiert sind und bei der Erwartungsbildung der privaten Haushalte und Unternehmen von *rationalen Erwartungen* ausgehen. Durch die Berücksichtigung nominaler Rigiditäten besteht für die Geldpolitik in den Modellen der Neuen Neoklassischen Synthese ein stabilisierungspolitischer Spielraum, während ein solcher in der Neuen Klassischen Makroökonomik nicht gegeben ist. – Vgl. → Neuer Keynesianismus.

Neue Ökonomie

von Prof. Dr. Henning Klodt

I. Begriff und Gegenstand:

Seit den späten 1990er-Jahren wurde die wirtschafts- und strukturpolitische Diskussion in Deutschland und anderen hochentwickelten Ländern stark vom Schlagwort der „Neuen Ökonomie" (New Economy) geprägt. Sie stand unter der Erwartung, dass das Internet und damit verknüpfte Informations- und Kommunikationstechnologien Wachstums- und Produktivitätspotenziale in bislang unbekanntem Ausmaß freisetzen würden.

II. Gesamtwirtschaftliche Bedeutung:

Die Hoffnung auf neue Wachstumspotenziale und neue Märkte erfasste in den Jahren von 1999 bis 2003 zuerst die Börse, und zwar auf eine derart überzogene Weise, dass eine gigantische spekulative Blase entstehen konnte. Mit dem Platzen der Blase und den drastischen Kursverlusten, die bis Anfang 2003 andauerten, ist bei vielen die gesamte Neue Ökonomie in Misskredit geraten. Dies ist jedoch eine verzerrte Perspektive. Zwar sind die Geschäftserwartungen vieler Dot.coms zerplatzt, aber die Verbreitung der Informationstechnologien setzt sich ungehindert fort. In gewissem Sinn können die Dot.coms als Spurensucher auf dem Weg in die Neuen Ökonomie gelten, denn viele ihrer Geschäftsmodelle, die ihnen selbst oftmals kein Glück brachten, sind mittlerweile von etablierten Unternehmen erfolgreich adaptiert worden.

Für viele Beobachter bedeutete die Neue Ökonomie das Ende von Inflation, Arbeitslosigkeit und Konjunkturzyklus – wenn nicht gar das Ende der Knappheit. Keine dieser Hoffnungen war realistisch. Denn die Technologien wandeln sich, doch die grundlegenden ökonomischen Gesetzmäßigkeiten werden durch die Neue Ökonomie keineswegs außer Kraft gesetzt. Die makroökonomisch motivierte Euphorie ist verflogen, doch der Strukturwandel auf mikroökonomischer Ebene ist ungebrochen. Die Zahl der Internetnutzer steigt, Informationsgüter haben sowohl auf der Output- als auch auf der Input-Seite hochentwickelter Volkswirtschaften ein immer höheres Gewicht, und die Digitalisierung der Wertschöpfungsketten steht gerade erst in den Anfängen.

Dabei ist die Neue Ökonomie in enger sektoraler Abgrenzung nach wie vor eher klein. Wenn man dazu nur jene Branchen zählt, die Geräte und Anlagen der Informations- und Kommunikationstechnologie herstellen und vertreiben oder die Kommunikationsdienstleistungen anbieten, erbringt sie in Deutschland etwa 5 Prozent des Bruttoinlandsprodukts und beschäftigt 3 Prozent aller Arbeitskräfte; das sind rund eine Million Personen.

Versteht man unter dem Strukturwandel zur Neuen Ökonomie dagegen einen produktionstechnischen Wandel, der durch das Vordringen von Informationsgütern in praktisch alle Bereiche der Wirtschaft geprägt ist, kann man durchaus den Eindruck gewinnen, dass wir schon seit langem in der Neuen Ökonomie angekommen sind. Kaum eine Branche und kaum ein Arbeitsplatz sind heute ohne den Einsatz moderner Informations- und Kommunikationstechnologie vorstellbar, und diese Entwicklung ist noch längst nicht an ihrem Ende angelangt.

Einen Ansatzpunkt, wie dieser Strukturwandel statistisch erfasst werden kann, bietet die Aufgliederung der Erwerbstätigen nach ihrem ausgeübten Beruf. Sie macht deutlich, dass informationsverarbeitende Tätigkeiten schon seit den späten 1970er-Jahren stetig an Gewicht gewonnen haben und heute in der deutschen Wirtschaft insgesamt bereits rund 43 Prozent aller Tätigkeiten ausmachen.

III. Wettbewerbsstrategien für Informationsgüter:

Eine Ursache dafür, weshalb sich der Übergang zur Neuen Ökonomie eher als Evolution und nicht als Revolution vollzieht, sind die gravierenden Probleme bei der Vermarktung von Informationsgütern. In der Dot.com-Euphorie suchten zahlreiche Investoren nur nach innovativen Ideen, ohne viel darauf zu geben, ob mit diesen Ideen auch Geld zu verdienen ist. Mittlerweile jedoch haben sich viele Dot.coms in Dot.gones verwandelt, da sie letztlich nicht in der Lage waren, die von ihnen angebotenen Informationsgüter zu kostendeckenden Preisen abzusetzen. Erst mit dem Platzen der spekulativen Blase setzte sich die Einsicht durch, dass es besonderer Wettbewerbsstrategien bedarf, um sich auf den Märkten für Informationsgüter auf Dauer behaupten zu können. Die wichtigsten dieser Strategien sind die Bündelung und die Bildung von Produktvarianten, das Anlocken von Schwarzfahrern sowie – nicht zuletzt - den Aufbau von Reputation.

Vertrauen schaffen ist für Unternehmen wichtiger denn je. Unternehmen können selbst Reputation aufbauen oder ihre Qualität durch Vermittlung Dritter belegen lassen. Vertrauen in ein Unternehmen kann die Erwartungen zugunsten des unternehmerischen Produkts beeinflussen und damit hohe Marktanteile bei Netzwerkgütern schaffen. Erfahrungsgüter wie Informationsgüter oder physische Güter mit hohem Informationsanteil können nur von renommierten Unternehmen verkauft werden. Mittler spielen insgesamt eine wichtige Rolle. Sie schaffen nicht nur Vertrauen, sondern stellen unabhängige, für beide Marktseiten zugängliche Handelsplattformen bereit, aggregieren Nachfrage und Angebot und unterstützen das Individuum bei seiner Suche nach Information.

IV. Von der Hierarchie zum Netzwerk:

Auch für die Unternehmensstrukturen und die Arbeitswelt hat die Neue Ökonomie weitreichende Konsequenzen. Moderne Technologien begünstigen einerseits die Auflösung hierarchischer Strukturen und den Übergang zu vernetzten Wirtschaftstrukturen mit kleineren Unternehmenseinheiten und flachen Hierarchien. Andererseits schafft die Neue Ökonomie ihre eigenen Größenvorteile, die aus den extrem niedrigen Grenzkosten bei Informationsgütern oder der überragenden Bedeutung der Reputation für den Markterfolg der Anbieter herrühren.

Neue Größenvorteile entstehen auch dadurch, dass Arbeitsabläufe komplexer und weniger kontrollierbar werden, sodass langfristige Bindungen zwischen Arbeitgebern und Arbeitnehmern an Bedeutung gewinnen. Da zugleich – in Übereinstimmung mit dem Transaktionskostenansatz (→ Transaktionskostenökonomik) - die vertikale Integrationstiefe durch → Outsourcing verringert wird, werden die Unternehmen gleichsam breiter und flacher.

Auch in der Arbeitswelt dürfte sich ein Nebeneinander herausbilden von langfristig stabilen Arbeitsbeziehungen, bei denen die Bindung des → Humankapitals an das Unternehmen im Vordergrund steht, und projektorientierten kurzfristigen Arbeitsbeziehungen, die eher auf Werk- als auf Dienstverträgen beruhen. Ein genereller Trend wird dabei der Anstieg der Qualifikationsanforderungen an die Beschäftigten sein. So verfügen schon heute fast 30 Prozent aller Beschäftigten im Informations- und Kommunikationssektor über eine Hochschulausbildung, während es im Verarbeitenden Gewerbe nur 8 Prozent sind. Dort liegt der Anteil von Arbeitskräften ohne abgeschlossene Berufsausbildung bei 24 Prozent, im Informations- und Kommunikationssektor dagegen bei 12 Prozent. Da in dieser Qualifikationsgruppe das Arbeitslosigkeitsrisiko schon heute besonders hoch ist, könnte der Strukturwandel zur Neuen Ökonomie die strukturelle Arbeitslosigkeit in Deutschland sogar noch verschärfen, wenn die Arbeitsmarktpolitik nicht angemessen reagiert. Hinzu kommt der intrasektorale branchenübergreifende Strukturwandel zugunsten informationsintensiver Tätigkeiten. Besonders deutlich wird dieser Wandel daran, dass noch vor zwei Jahrzehnten nur etwa ein Fünftel aller Arbeitsplätze mit Computern ausgestattet waren, während es heute mehr als drei Fünftel sind.

V. Konsequenzen für die Wirtschaftspolitik:

Neue Herausforderungen hält die Neue Ökonomie auch für die → Sozialpolitik bereit, denn das typische industrielle Arbeitsverhältnis, das es erlaubt, die soziale Sicherung über die Lohnnebenkosten zu finanzieren, verliert rasch an Bedeutung. Das in der öffentlichen Debatte aus Arbeitsmarktgründen geforderte Abkoppeln der Sozialversicherungseinnahmen vom Arbeitseinkommen erhält durch den Strukturwandel zur Neuen Ökonomie also zusätzliches Gewicht, denn flexible, unabhängige Netzwerker lassen sich im heutigen System nicht zu Sozialabgaben heranziehen.

Braucht die Neue Ökonomie mehr oder weniger staatliche Regulierung als die alte Ökonomie? Besonders auf den Märkten für Informationsgüter sowie auf elektronischen Märkten für alle Arten von Gütern gibt es vielfältige Gründe für potenzielles Marktversagen. Dies könnte zu dem Schluss verleiten, dass hier der Staat gefordert sei, um die Funktionsfähigkeit der Märkte zu gewährleisten. Dagegen steht das so genannte Coase-Theorem, nach dem es auch in Fällen von Marktversagen grundsätzlich möglich ist, durch direkte Verhandlungen zwischen den Betroffenen zu einer effizienten Lösung zu gelangen und damit eine gesamtwirtschaftlich optimale Allokation sicherzustellen. Voraussetzung dafür ist allerdings, dass derartige Verhandlungen nicht an prohibitiv hohen Transaktionskosten scheitern. Diese Transaktionskosten wiederum bestehen in erster Linie aus Kosten der Information und Kommunikation, die durch den technologischen Fortschritt spürbar gesunken sind. Die modernen Informationstechnologien ebnen also nicht nur der Neuen Ökonomie den Weg, sondern sie schaffen prinzipiell auch bessere Voraussetzungen dafür, potenzielles Marktversagen ohne staatliche Eingriffe zu überwinden.

Tatsächlich erscheinen direkte staatliche Eingriffe in die Gütermärkte auch in der Neuen Ökonomie nicht nur weitgehend als entbehrlich, sondern auch als schädlich, da sie der Entfaltung neuer wirtschaftlicher Aktivitäten nur im Wege stehen würden. Gleichwohl ist der Staat gefordert, denn die Neue Ökonomie braucht klare und verlässliche Rahmenbedingungen, die sich in mancher Hinsicht von jenen der alten Ökonomie unterscheiden.

Neue Partnerschaft für Afrikas Entwicklung
→ NEPAD.

Neue Politische Ökonomie

von Dr. Enrico Schöbel

Die Neue Politische Ökonomie (NPÖ) stellt eine Ausweitung der ökonomischen Analyse auf den Bereich der Politik dar. Im Mittelpunkt der Untersuchungen stehen politische Institutionen und das Handeln politischer Akteure. Die Vertreter der NPÖ bedienen sich verschiedener ökonomischer Methoden, bspw. der Neoklassik, der Spieltheorie, der Neuen Institutionenökonomik und der experimentellen Wirtschaftsforschung. Außerdem sind Rückgriffe auf klassische Werke der Politischen Ökonomie zu finden.

I. Entstehung:

Im Jahre 1958 veröffentlichte Black „The Theory of Committees and Elections" über die Mathematik des Wahlprozesses. Dieses Buch ermunterte in den 1960er- und 1970er-Jahren mehrere US-amerikanische Ökonomen, sich intensiv mit der staatlichen Willensbildung in demokratisch verfassten Gesellschaften zu beschäftigen, die damit eine große Anzahl von theoretischen, empirischen und experimentellen Arbeiten auslösten. Als Begründer dieses Zweiges der Ökonomie gelten Buchanan und Tullock (The Calculus of Consent, 1962), Tullock (The

Politics of Bureaucracy, 1965), Downs (An Economic Theory of Democracy, 1957; Inside Bureaucracy, 1967) und Niskanen (Bureaucracy and Representative Government, 1971).

II. Gegenstand und Einordnung:

Den Gegenstand der NPÖ bilden die Entscheidungen politischer Akteure. In demokratisch verfassten Gesellschaften sind politische Entscheidungen zumeist Kollektiventscheidungen, bspw. von Regierungen oder Parteien. Es bedarf daher bestimmter Mechanismen zur Koordination individueller Entscheidungen. Hierbei können logische Probleme auftreten, die Gegenstand der Theorie der Kollektiventscheidungen sind, jedoch im Grunde bereits wesentlich früher bekannt waren. Zur Koordination individueller Entscheidungen dienen politische → Institutionen, d.h. politische Normen und Regeln, die das Handeln der Akteure untereinander bestimmen und damit einen Ordnungsrahmen für Kollektiventscheidungen bilden. Solche Institutionen sind nicht starr, sondern unterliegen selbst der Veränderung durch die Akteure. Von dem normativen Ideal der Einstimmigkeit wird in der Realität zumeist abgewichen. Oftmals kommen weniger strikte Entscheidungsfindungsmechanismen zur Anwendung. Die normative Begründung kollektiver Entscheidungen und Entscheidungsregeln durch Werturteile ist Gegenstand des normativen Diskurses in der NPÖ zur Legitimation kollektiven Zwangs. Das Hauptinteresse der NPÖ liegt aber auf der positiven beschreibenden Analyse. Die Autoren untersuchen sowohl die Effizienz von politischen Institutionen als auch deren Wandel. Somit ergeben sich Überschneidungen mit der → Neuen Institutionenökonomik und der → Konstitutionenökonomik. NPÖ, ökonomische Theorie der Politik und Public-Choice-Theorie werden oft als synonyme Begriffe verwendet. Es gibt jedoch Ökonomen, die lediglich das Bestehen von Gemeinsamkeiten zwischen Public Choice und NPÖ betonen, und andere, die Public Choice als Oberbegriff für Theorien zur Erklärung öffentlicher Entscheidungen sehen und damit die verfassungstheoretischen Ansätze (Konstitutionenökonomik) einschließen. Dagegen wird die NPÖ von der → Wohlfahrtsökonomik, die ein staatliches Eingreifen in Fällen von Marktversagen oder Marktunvollkommenheiten normativ rechtfertigt, deutlich abgegrenzt.

III. Grundsätzliche Annahmen:

Im Mittelpunkt der Untersuchung steht das Handeln politischer Akteure, v.a. Wähler, Politiker, Bürokraten, Interessengruppen und Medien. Diese Akteure sind annahmegemäß durch rationales Entscheidungsverhalten gekennzeichnet und agieren wie Privatpersonen. Damit wird das konventionelle neoklassische, spieltheoretische, neue institutionenökonomische usw. Instrumentarium der Ökonomik auf den Bereich der Politik anwendbar. Es wird außerdem angenommen, dass die politischen Entscheidungsträger nicht hauptsächlich am Wohlergehen der Gemeinschaft interessiert sind, sondern v.a. eigene persönliche Interessen verfolgen. Somit können die Politiker als Unternehmer und die Wähler als Konsumenten beschrieben werden. Die Bürokraten stellen die öffentlichen Güter bereit. Das Zusammenwirken von Interessengruppen, Bürokraten und Politikern wird als „Eisernes Dreieck" bezeichnet. Die Medien agieren als Anbieter von Information. Während positive Theorien empirisch belegbar erklären, wie sich die politischen Handlungsträger tatsächlich verhalten, versuchen normative Ansätze, diese Erkenntnisse bewusst zu nutzen, um aufzuzeigen, wie bestimmte Institutionen sein sollen, damit gewisse normative Ziele erreicht werden. Hier besteht ein enger Zusammenhang zur Konstitutionenökonomik, die einige Autoren als normative Public-Choice-Theorie der als positive Public-Choice-Theorie verstandenen NPÖ gegenüberstellen. Allerdings geht der normative Diskurs in der NPÖ über diese enge Systematik weit hinaus und steht inzwischen der positiven eine normative NPÖ und der normativen eine positive Konstitutionenökonomik gegenüber.

IV. Verhalten der politischen Akteure:

Die Wähler gelten als Konsumenten der Politik. Sie sind über die gesamte Breite von Tatsachen und Zusammenhängen des politischen Geschehens schlecht informiert. Die Informationsbereitschaft der Wähler ist annahmegemäß gering. Allgemeine Ideologien stehen anstelle von Wissen. Zudem werden die Wähler von Interessengruppen in ihrer Meinungsbildung beeinflusst.

In einer direkten Demokratie stimmen die Wahlberechtigten unmittelbar gemäß den geltenden Abstimmungsregeln über einzelne Sachverhalte ab. Welche Abstimmungsverfahren zur Bildung einer kollektiven Präferenzrangfolge vorzugsweise geeignet sind, erklären die normativen Ansätze der Public-Choice-Theorie. In einer indirekten Demokratie dagegen konkurrieren Parteien und deren Repräsentanten, die Politiker, um die Machtausübung. Die Politiker streben danach, von der Mehrheit der Wähler gewählt zu werden. Um dies zu erreichen, orientieren sie sich gemäß dem Medianwähler-Konzept an dem Wähler, der genau in der Mitte steht. Dieses Konzept basiert auf den Annahmen, dass die Wähler über eingipfelige Präferenzen verfügen, lediglich eine eindimensionale Präferenzrangfolge besteht und im Parteienwettbewerb nur zwei Parteien (oder Politiker) zur Wahl stehen. Wenn eine Partei die Wähler links der Mitte und die andere Partei die Wähler rechts der Mitte vertritt, dann hängt es von der Entscheidung des Medianwählers ab, welche Partei die Wahl gewinnt. Deshalb werden nach Downs (1957) beide Parteien darum kämpfen, diesen Wähler für sich zu gewinnen. In der Realität entscheiden die Wähler in repräsentativen Demokratien fast immer über mehrdimensionale politische

Programme. Zudem können neue Dimensionen des politischen Wettbewerbs von Parteineugründungen ausgehen, sofern solche zugelassen werden.

Die Behörden gelten als Ausführungsorgane des Staates. Die in der öffentlichen Verwaltung tätigen Bürokraten sind im Gegensatz zu Parteien und Politikern dem Wettbewerb entzogen. Bei ihrer Entscheidungsfindung stehen Bürokraten vor einem Dilemma zwischen individuellen und kollektiven Interessen. Tullock (1965) und Downs (1967) identifizieren vor diesem Hintergrund verschiedene Typen von Bürokraten. In dem Bürokratiemodell von Niskanen (1971) sind Bürokraten dagegen ausschließlich an der Maximierung ihres diskretionären (d.h. zur fallweisen Entscheidung verfügbaren) Budgets interessiert, weil mit dessen Umfang zugleich Einkommenshöhe, Aufstiegschancen sowie persönliche Macht verbunden sind.

Interessengruppen (im Deutschen ursprünglich Interessentengruppen), Lobbies bzw. Pressure Groups stehen ebenfalls außerhalb des Wahlprozesses. Obwohl Interessengruppen nicht über allgemeine Wahlen demokratisch legitimiert sind, sondern lediglich über die Meinungsbildung innerhalb der Gruppe, versuchen sie auf Politiker und Parteien Einfluss zu nehmen, um ökonomische Vorteile, Privilegien und leistungslose Einkommen zu erlangen (→ Rent Seeking). Die homogene Interessenlage in einer überschaubar kleinen Gruppe ermöglicht es, gut organisiert zu sein und damit nach außen hin sehr wirksam aufzutreten. Die gewonnene Beachtung führt dazu, dass solche Gruppen ihre Einzelinteressen relativ gut durchsetzen können. Die einmal gewonnenen Privilegien werden energisch verteidigt. Die NPÖ hebt somit, anders als die sozialwissenschaftliche Verbändeforschung, eher die dem Gemeinwohl entgegenstehende Wirkung von Interessengruppen (im Sinne reiner Pressure Groups) hervor. Gemeinwohlförderliche Effekte können sich jedoch gemäß dem Modell von Becker (1983) infolge eines Wettbewerbs zwischen Pressure Groups ergeben. Im politischen Alltag sind unterschiedlichste Verbände, die spezifische Interessentengruppen vertreten, in vielfältiger Weise in staatliches Handeln eingebunden.

Aus diesen Grundansätzen der NPÖ zum Verhalten politischer Entscheidungsträger wurden zahlreiche weitere Modelle abgeleitet. Nordhaus (1975) bspw. modelliert den politischen Konjunkturzyklus unter Annahme eines Zusammenhangs zwischen Inflationsrate und Unterbeschäftigung. Zahlreiche Autoren übertrugen Ansätze der NPÖ auf internationale Organisationen. Zudem finden sich Public-Choice-Hypothesen in diversen ökonomischen Arbeiten zur öffentlichen Haushaltsführung und zu fiskalföderal konstituierten Systemen (→ ökonomische Theorie des Föderalismus).

V. Aktuelle Forschungsfelder:

Die NPÖ hat sich methodisch und thematisch zu einer sehr breit angelegten Forschungsrichtung innerhalb der Ökonomik entwickelt. Darüber hinaus fanden die Erkenntnisse in anderen Fächern große Beachtung. So haben Public-Choice-Ansätze im Rahmen der Rational-Choice-Theorie Eingang in die Soziologie und die Politikwissenschaft gefunden. Andererseits ist zu beobachten, dass sich die ökonomische Analyse der Politik zunehmend diesen und weiteren Fächern gegenüber öffnet. Verstärkt rücken Erkenntnisse der Psychologie sowie das Recht in das Interesse politisch-ökonomischer Arbeiten. Die ökonomische Analyse des Rechts (Law and Economics bzw. → Rechtsökonomik), die politisch-ökonomisch sein kann, gilt inzwischen als eigenständige Fachrichtung innerhalb der Ökonomik. Zu den aktuellen Forschungsfeldern der Anwendung der ökonomischen Analyse auf den Bereich der Politik zählen der Wandel politischer Institutionen, globale Politikphänomene, das Handeln supranationaler Organisationen, individuelle Einstellungen und Wahrnehmungen der Bürger gegenüber der Politik, die Institutionalisierung von Vertrauen, der Einfluss der Medien, die Wirkung von Politikberatung usw.

Neuer Keynesianismus – *New Keynesian Macroeconomics*, → Neukeynesianische Makroökonomik. 1. *Begriff*: in den 1980er-Jahren entstandene makroökonomische Schule, die im Gegensatz zur gleichgewichtsorientierten Konjunkturerklärung der → Neuen Klassischen Makroökonomik davon ausgeht, dass sich Schwankungen in fundamentalen makroökonomischen Variablen (Einkommen, Beschäftigung) nur erklären lassen, wenn Unvollkommenheiten auf Mikroebene (z.B. starre Löhne und Preise) existieren. – 2. *Neuer Keynesianismus und Keynesianismus:* Der Neue Keynesianismus steht insoweit also in der Tradition der Keynesschen Lehre (→ Keynesianismus). Im Unterschied zu dieser liefert der Neue Keynesianismus eine mikroökonomische Fundierung von Lohn- und Preisstarrheiten. In traditionellen keynesianischen Ansätzen werden Lohnstarrheiten z.B. mit Nominallohnillusion der Arbeitnehmer begründet. Der Neue Keynesianismus versucht zu zeigen, warum es auch bei Rationalverhalten der Individuen zu Starrheiten kommen kann. Dies ist prinzipiell nur möglich, wenn vom Bild des vollkommenen Marktes abgerückt und davon ausgegangen wird, dass die Unternehmen ihre Preise setzen können. Aus diesem Grund ist die typische Marktform, die den Modellen des Neuen Keynesianismus zugrunde gelegt wird, die → monopolistische Konkurrenz. Als mögliche Ursachen für Preisstarrheiten bei mikroökonomischem Rationalverhalten werden diskutiert: → Menu Costs, → gestaffelte Preissetzung, → Koordinationsversagen und Hysteresis (→ Hysterese). – 3. Der Neue Keynesianismus hat mit *anderen Weiterentwicklungen der Keynesschen Lehre* wenig Gemeinsamkeiten. Zwar werden sowohl im Neuen Keynesianismus wie auch im → Postkeynesianismus Preisstarrheiten und monopolistische Marktformen unterstellt, jedoch sind damit die Gemeinsamkeiten auch schon weitgehend erschöpft. Während der Postkeynesianismus sich durch die Bedeutung, die er gesellschaftlichen Konflikten, → Unsicherheit und ökonomischer → Macht zumisst, deutlich vom neoklassischen Paradigma abhebt, knüpft der Neue Keynesianismus insofern an neoklassische Überlegungen an, als er versucht, eine auf dem Maximierungskalkül basierende mikroökonomische Begründung keynesianischer Makrohypothesen zu liefern. Das traditionelle makroökonomische Totalmodell (→ makroökonomische Totalmodelle geschlossener Volkswirtschaften) wird auf diese Weise ersetzt durch ein mikrofundiertes Angebots-Nachfrage-Modell, das auf der Angebotsseite aus einer neukeynesianischen → Phillips-Kurve und auf der Nachfrageseite aus einer dynamischen → IS-Gleichung besteht (→ Neukeynesianische Makroökonomik, dynamisches Grundmodell). Dabei wird Geldpolitik nicht mehr durch Geldmengensteuerung, sondern durch eine regelgebundene Zinssteuerung ersetzt, weshalb auch auf eine (mikrofundierte) LM-Gleichung verzichtet werden kann. Die Neukeynesianische Makroökonomik wird daher in der Literatur gelegentlich auch als Makroökonomik ohne LM-Gleichung bezeichnet. – Von der → Neokeynesianischen Theorie unterscheidet sich der Neue Keynesianismus dadurch, dass er nicht auf wechselseitige Rationierungen auf Güter- und Arbeitsmarkt sowie den Tausch zu „falschen" (nicht markträumenden) Preisen abstellt, sondern dem neoklassischen Gleichgewichtsgedanken folgt. Er wird auch als → Neue Neoklassische Synthese bezeichnet, da er neoklassische Gleichgewichtsansätze mit nominalen Rigiditäten (Preisträgheit) und der Modellwelt der monopolistischen Konkurrenz kombiniert. Im Unterschied zur traditionellen → Neoklassischen Synthese, die traditionelle keynesianische Totalmodelle geschlossener und offener Volkswirtschaften zum Gegenstand hat, sind die Modelle der Neoklassischen Synthese vollständig mikrofundiert.

Neuer Markt – ehemaliges Wachstumssegment der → Frankfurter Wertpapierbörse (FWB), gegründet am 10.3.1997, eingestellt zum 5.6.2003. Ziel des Neuen Marktes war es, risikobewusste Investoren und wachstumsstarke und innovative Unternehmen zusammenzuführen, um den Unternehmen neue Chancen der Eigenkapitalaufnahme zu eröffnen. Für die am Neuen Markt notierten Unternehmungen wurden erweiterte Publizitätsvorschriften eingeführt (Rechnungslegung nach IAS, → US-GAAP oder GoB mit Überleitung, daneben Quartalsberichte). – Der Neue Markt zeichnete sich zudem durch eine aktive Vermarktung durch die → Deutschen Börse AG aus, wobei Liquidität durch ein umfassendes Betreuersystem gewährleistet werden sollte. Trotzdem gab es mit dem Nachlassen des Börsenbooms im Jahr 2000 einige Qualitätsprobleme mit Unternehmen des Neuen Marktes, die mit den bisherigen rechtlichen Regelungen nicht bewältigt werden konnten. Die Deutsche Börse AG beschloss daher infolge des Vierten Finanzmarktförderungsgesetzes (FMG) eine Neusegmentierung ihrer Struktur, begleitet von neuen rechtlichen Rahmenbedingungen. Nach seiner Einstellung wurde das Segment in den → General Standard bzw. → Prime Standard überführt.

Neues Kommunales Rechnungswesen – beschreibt ein auf Basis der Doppik (in Abgrenzung zur → Kameralistik) konzipiertes Rechnungssystem für öffentliche Haushalte. Merkmal des Neuen Kommunalen Rechnungswesen ist, dass es verschiedene Teilmodule des Rechnungswesens in einem Gesamtsystem integriert. Die ursprüngliche konzeptionelle Ausgestaltung erfolgt in der so genannten 3-Komponenten Rechnung. Die drei Komponenten sind namentlich die Vermögens-, Finanz- und Ergebnisrechnung: – a) Die Vermögensrechnung ist dabei vergleichbar mit der Bilanz im kaufmännischen Kontext und gibt Auskunft über die Vermögenslage und die Kapitalherkunft. – b) Die Finanzrechnung stellt die Ein- und Ausgabenrechnung dar und entspricht vereinfacht gesagt dem Informationsgehalt der klassisch einfach kameralen Rechnung oder im kaufmännischen Sinne der Kapitalflussrechnung. Sie gibt Auskunft über die Veränderung der liquiden Mittel. – c) Die Ergebnisrechnung erfasst mit den Aufwendungen und Erträgen den Ressourcenverbrauch und kann als Pendant zur Gewinn- und Verlustrechnung angesehen werden. Die Ergenisrechnung weist ein Jahresergebnis in Form eines Gewinnes oder Verlusts aus, der die Veränderung des Eigenkapitals in der Periode widerspiegelt. – Die 3-Komponenten Rechnung des Neuen Kommunalen Rechnungswesens liefert im Vergleich zu den traditionell kameralen Haushalten vor allem die Zusatzinformation zur Vermögens- und Ertragslage des Gemeinwesens. Kernanliegen ist dabei die Verschiebung vom Geld- zum Resourcenverbrauchskonzept, d.h. es werden in einer Periode alle mit einem Geschäftsvorfall verbundenen Verbindlichkeiten und Forderungen erfasst und nicht nur jene, die in der aktuellen Periode auch zu einem Geldabfluss führen. Klassische Beispiele hierfür sind Abschreibungen, Pensionsverpflichtungen, Rückstellungen. – Als jüngeres Konzept hat die Integrierte Verbundrechnung (IVR) die 3-Komponeten-Rechnung abgelöst oder zumindest ergänzt. Wohingegen bei der 3-Komponenten-Rechnung die Rechnung, also die ex-post-Perspektive, dominiert und abgebildet wird, umfasst die IVR nun auch die Planungsebene. Neben den bekannten drei Komponenten beinhalten die IVR daher noch den Finanzhaushalt und den Ergebnishaushalt (die Vermögensplanrechnung ist von nachrangiger Bedeutung) als Planrechnungen. – *Praktische Bedeutung*: Die Mehrheit der Bundesländer hat für die kommunale Ebene inzwischen den Übergang auf neue kommunale Rechnungsssysteme, die auf Doppik basieren, vorgesehen und vorgenommen. Lediglich eine Minderheit der Länder gewährt ihren Kommunen ein Wahlrecht zwischen kameralen und doppischen Rechnungssystemen. Auf Länderebene präsentiert sich die Lage umgekehrt, hier haben lediglich vier Bundesländer ihre Haushalte auf doppische Systeme umgesetllt, wohingegen die Mehrheit der Länder an kameralen Systemen festhält und diese gegebenenfalls durch so genannten Modelle der Erweiterten Kameralistik modernisieren. Die Praxis auf Länderebene ist dabei wohl maßgeblich durch die Praxis des Bundes beeinflusst, der für sich selbst am kameralen System festhält, da die Länderrechnungen vielfältige Schnittpunkte zur Bundesebene haben. – Die Potentiale des Neuen Kommunalen Rechnungswesens werden immer noch sehr kontrovers und emotional diskutiert. – a) *Gegner*: Die Orientierung an Gewinn oder Verlust ist für Gemeinwesen nicht das „richtige" und massgebliche Entscheidungskriterium, ja sogar ein gefährliches. Die Umstellung sei sehr kostspielig, ohne einen direkten Mehrwert und Nutzen daraus zu bekommen. Letztendlich würden ja „nur" andersartige Führungsinformationen bereitgestellt, die eine faktisch sehr hohe Investition kaum rechtfertigen. Die hilfreichen und sinnvollen Informationen aus einem doppischen System, wie z.B. Pensionsverpflichtungen, Abschreibungen, können auch in einem System der erweiterten Kameralistik, aber deutlich kostengünstiger integriert werden. – b) *Befürworter*: Orientierung an Ein- und Ausgaben setzt Anreize zu ineffizientem Handeln. Mit erweiterter Kameralistik bleibt grundsätzliche Orientierung an Ein-und Ausgaben als Hauptsteuerungsgrößen erhalten und es entstehen vielfältige Schnitttstellenprobleme bei der Integration der Teilrechnungen. Die Einführung und Etablierung des Resourcenverbrauchskonzepts ist notwendige Voraussetzung für einen Kultur- und Wertewandel in der Verwaltung hin zu mehr Kostenbewusstsein.

Neues Ökonomisches System der Planung und Leitung der Volkswirtschaft (NÖS) – 1963 in der DDR eingeführtes Wirtschaftssystem, das den Betrieben mehr Eigenverantwortung geben sollte. Anreize (ökonomische Hebel) sollten der materiellen Interessiertheit der Beschäftigten Rechnung tragen: Die Betriebe erhielten Gestaltungsspielraum bei Einkauf, Finanzierung, Preis- und Absatzgestaltung, und es wurden Arbeitermitverwaltungen eingerichtet. Dadurch sollte die Wirtschaft effizienter und flexibler werden. Das NÖS scheiterte am strukturellen Gegensatz zwischen den dezentralen Elementen und der weiter bestehenden Planungs- und Leitungshoheit der zentralen Instanzen. Seit 1966 wurde das NÖS schrittweise aufgegeben und 1968 durch das Ökonomische System des Sozialismus (ÖSS) ersetzt.

Neues Steuerungsmodell (NSM) – 1. *Begriff*: von der Kommunalen Gemeinschaftsstelle für Verwaltungsvereinfachung (KGSt) Anfang der 1990er-Jahre entwickeltes Konzept für die kommunale → Verwaltungsreform in der Bundesrepublik Deutschland. Das Neue Steuerungsmodell (NSM) gilt als die deutsche Ausprägung des New Public Managements. Das NSM ist dabei zu einem zentralen Leitbild der Reform(debatte) geworden, das inzwischen zwar klar an Prominenz verloren hat aber durch kein neues Leitbild abgelöst wurde. Lange – und mitunter immer noch – wird NSM dabei als Synonym für (eine managementorientierte) Verwaltungsmodernisierung verwendet. – 2. *Inhalt*: Das NSM skizzierte ein Konzept einer neuen Verwaltungsführung und -steuerung, das auf dem Zusammenwirken bzw. der Anpassung verschiedenster Steuerungsmechanismen in der Verwaltung beruht. Ziel war eine aktiv (strategisch) geführte, kundenorientierte Verwaltung, die sich neben Legalität und Legimität auch über Effektivität und Effizienz ausweist. Das Konzept basiert auf drei wesentlichen, eng miteinander verknüpften Kernelementen: Einer dezentralen Führungs- und Organisationssturktur (→ Dezentralisierung), der Outputsteuerung, d.h. der direkten Steuerung der Verwaltung über die Leistungsseite, sowie der Wettbewerbs- und Kundenorientierung. Unter diesen drei Oberthemen reihen sich eine Reihe von Ansätzen und Instrumenten, wie bspw. die Dezentralisierung von Fach- und Ressourcenkompetenz, die → Globalbudgetierung, die Einführung von → Kosten und Leistungsrechnungen sowie ein kommunales → Controlling, → Kontraktmanagement und Ansätze einer systematischen Personalentwicklung – um nur ein paar wichtige zu nennen. – 3. *Praktische Anwendung*: Das NSM ist nach wie vor primär ein Thema auf kommunaler Ebene. Auf Landesebene gibt es inzwischen auch nennenswerte Projekte, die sich am Gedankengut des NSM orientieren. Die kommunale Praxis zum NSM wurde im Jahr 2007 umfassend evaluiert. Als zentrale Ergebnisse können genannt werden: Das umfassende Konzept des NSM, welches als umfassende Reform zur Veränderung der Steuerung konzipiert wurde, wird in dieser Breite kaum angewendet. Stattdessen haben die Kommunen sich einzelne Instrumente herausgepickt, die sie versucht haben umzusetzen und anzuwenden. Auf der Ergebnisseite lässt sich fesstellen, dass mehr Kostenbewusstsein, Effizienzdenken, und Kundenorientierung anzutreffen sind. Von einer geänderten Steuerungslogik kann aber in der Fläche nicht gesprochen werden. – 4. *Perspektiven*: Ausgehend von der NSM-Welle hat sich die Diskussion und Praxis um Management und -instrumente in der Praxis heute funktional spezialisiert. So werden die Reformen und Modernisierungsansätze heute eher unter dem Titel Rechnungswesen, Personalmanagement, etc. addressiert und als funktionale Ansätze ausdifferenziert. Die Abkehr vom NSM besteht daher v.a. darin, dass die „große Paketlösung" als nicht umsetzbar und unrealistisch gilt. Gleichermaßen erinnert die inhaltliche Stoßrichtung und Ausgestaltung der funktionalen Reformen stark an NSM. So ist bspw. das Neue kommunale Rechnungswesen inhaltlich und von der Zielsetzung her komplet „NSM-kompatibel".

neue Tatsachen – steuerrechtliche Behandlung: Neue Tatsachen führen zu einer Korrektur von → Steuerverwaltungsakten gemäß § 173 AO zuungunsten des Steuerpflichtigen oder zu seinen Gunsten, wenn ihn kein grobes Verschulden am nachträglichen Bekanntwerden trifft. Tatsache ist alles, was Merkmal oder Teilstück eines gesetzlichen Steuertatbestandes sein kann, wie Zustände, Vorgänge, Beziehungen und Eigenschaften materieller oder immaterieller Art. Demgegenüber sind Rechtsnormen und Schlussfolgerungen aller Art, bes. steuerrechtliche Bewertungen keine Tatsachen im Sinn von § 173 AO. Neu ist eine Tatsache, wenn sie „nachträglich bekannt" wird. Das ist dann der Fall, wenn sie dem für die Steuerfestsetzung zuständigen Bediensteten bekannt wird, nachdem die Willensbildung über die Steuerfestsetzung abgeschlossen ist.

neue Wachstumstheorie – *endogene Wachstumstheorie.* 1. *Begriff:* Ansätze der → Wachstumstheorie, die Wachstumsraten des Pro-Kopf-Einkommens nicht auf modellexogene Einflüsse zurückführt (wie etwa das → Solow-Modell; → neoklassische Wachstumstheorie), sondern innerhalb der jeweils verwendeten Modellstruktur erklären. – 2. *Merkmale:* Kennzeichen dieser Ansätze ist die modellendogene Erklärung des Wachstums. Dabei argumentieren einige Autoren weiterhin auf Basis neoklassischer Modellannahmen, andere weichen explizit von diesen Annahmen ab und formulieren die These, dass gerade über Marktunvollkommenheiten dauerhaft positives Wachstum erklärt werden kann. Die Ansätze unterscheiden sich zum einen in der Konzeption der Produktionsfunktion, die durch unterschiedliche Faktoren beschrieben wird; etwa durch den Einsatz von Humankapital, Wissen, Forschung und Entwicklung (F&E), Produktvielfalt (Romer-Modell), neuen Produktionsverfahren, Marktstrukturen, oder auch Rahmenbedingungen wie politische Stabilität, moderater Wohlstandsunterschiede, oder ungehinderten internationalen Handel. Dabei wird i.d.R. nicht nur mit dem Modell erklärt, wie Wachstum entsteht, sondern auch, wie die genannten Faktoren erzeugt werden. Angenommen wird, dass die Bürger über bestimmte Anfangsausstattungen verfügen, aber ansonsten die materiellen, aber auch immateriellen Ressourcen herstellen können, die für ein dauerhaft positives Wachstum sorgen. – 3. *Ziele:* Das Hauptanliegen der neuen Wachstumstheorie besteht darin, nicht nur Bedingungen aufzuzeigen, unter denen Wachstum entsteht, sondern die entscheidenden Einflüsse auf das Wirtschaftswachstum zu erklären. Dabei existiert einerseits der Anspruch, bestimmte makroökonomische Kennzahlen (z.B. die → Kaldor-Fakten) zu erklären, andererseits aber auch darüber hinausgehende Fakten, wie die starker Einkommensunterschiede innerhalb (→ Directed Technological Change) oder zwischen Ländern und Veränderungen solcher Divergenzen im Zeitablauf (Unified Growth Theory). – 4. *Methode:* Bei einem Teil der Ansätze unterscheidet sich die verwendete Methodik nicht von der Vorgehensweise vorangegangener Wachstumstheorien, denn auch hier wird untersucht, unter welchen Konstellationen bestimmte Variablen des Modells Gleichgewichtsbedingungen erfüllen, ob diese stabil sind und wie sie auf von außen kommende Veränderungen reagiert. Zu den neuen Wachstumstheorien werden aber auch evolutorische Ansätze gezählt, die sich explizit nicht mit einer Analyse von Gleichgewichtssituationen beschäftigen, sondern gerade die ständige Veränderung von Systemen als Analyserahmen wählen. – 5. *Ansätze:* a) *Ein-Sektoren-Modelle* (AK-Modelle): Diese Modelle gehen von der Annahme aus, dass es in einer Volkswirtschaft nur einen Produktionssektor gibt, in dem mit dem Einsatz eines umfassend definierten Produktionsfaktors Kapital Güter hergestellt werden. Das Kapital ist dabei ein Faktor, der Elemente physischen Kapitals und → Humankapitals vereinigt. Es verfügt über die Eigenschaft, dass der Grenzertrag bei einem zunehmendem Einsatz nicht null wird. Die entscheidende Argumentation der Modelle besagt, dass Humankapital (etwa durch Learning by Doing) so auf das gesamte physische Kapital einer Volkswirtschaft wirkt, dass über dauerhaft positive Grenzerträge des eingesetzten Kapitals permanente Wachstumseffekte erzeugt werden können. – b) *Zwei-Sektoren-Modelle:* Diese Modelle gehen davon aus, dass zwei Produktionsfaktoren existieren, Kapital und Humankapital (oder allg. Wissen), die zusammen mit einem dritten Faktor, Arbeitskraft, Güter herstellen. Zusätzlich werden die drei Produktionsfaktoren in einem zweiten Sektor eingesetzt, um den Faktor Humankapital zu erzeugen. Auch in dieser Variante der neue Wachstumstheorie sorgen positive Auswirkungen des Humankapitals auf die Produktivität des physischen Kapitals dafür, dass dessen Grenzerträge bei zunehmendem Einsatz nicht irgendwann Null werden, sondern dauerhaft positiv bleiben. Allerdings ist dieser Effekt hier nicht exogen (wie bei Solow) oder ein Nebenprodukt der Produktion), sondern die Folge eines gezielten Ressourceneinsatzes von Individuen; diese müssen dafür einen Teil ihrer Arbeitszeit (und damit ihres Einkommens) für die Produktion von Humankapital (i.w.S. Ausbildung) aufwenden, was sich aber auf lange Sicht für sie lohnen wird. Kritisch zu sehen ist, dass Wachstum in diesem Fall allein durch besser ausgebildete Individuen modelliert wird. Andere Formen des → technischen Fortschritts werden nicht berücksichtigt. Einen Erklärungsbeitrag liefern diese Modelle aber zur Beantwortung der Frage, warum Entwicklungsländer auch bei gleicher Kapitalausstattung unterschiedlich schnell wachsen. Es liegt an den divergierenden Bildungsstandards, von denen aus die Bürger weiteres Humankapital bilden können. – c)

Modelle mit Produkt- und Verfahrensinnovationen (Zwei- und Drei-Sektoren-Modelle): Die Erzeugung des technischen Fortschritts wird realitätsnäher erklärt. Neue Produkte werden in einem Forschungssektor entwickelt und in einem zweiten Sektor hergestellt. Eingesetzte Produktionsfaktoren sind jeweils physisches Kapital und Humankapital. Der Erfolg eines Landes in der Entwicklung neuer Produkte beeinflusst die zukünftigen Forschungsaktivitäten positiv. Das Wachstum ist dabei um so stärker, desto höher der Anteil der im Forschungssektor beschäftigten Arbeitskräfte ist (Romer-Modell; → Jones-Modell). Voraussetzung für eine positive Entwicklung ist, dass etwa ein effektiver Patentschutz den innovativen Unternehmen Möglichkeiten einräumt, die Erträge aus ihren Neuerungen abzuschöpfen. Dabei kann die Absicht von innovativen Unternehmen in diesem Forschungssektor Gewinne zu erzielen als treibende Kraft des Wachstums bewertet werden. Auf gleiche Weise lassen sich positive Effekte modellieren, wenn statt der Produktvielfalt eine Qualitätsverbesserung von Produkten angenommen wird. Durch v.a. qualitativ höherwertige Produktionsfaktoren kann in diesem Fall die Güterproduktion einer Volkswirtschaft effektiver erfolgen und dauerhaftes Wachstum erzeugen. – 6. *Folgerungen und Ergebnisse:* Insgesamt habe die verschiedenen Ansätze der neuen Wachstumstheorie erheblich dazu beigetragen, die Entwicklung und Verwertung des technischen Fortschritts zu erklären. Als Folge davon konnte herausgearbeitet werden, welche Einflüsse für die wirtschaftliche Entwicklung eines Landes von zentraler Bedeutung sind. Das Verständnis für die Mechanismen wirtschaftlichen Wachstums ist durch die Arbeiten der neuen Wachstumstheorie erheblich verbessert worden. Eine wichtige Konsequenz dieser Erkenntnisforschritte ist, dass die aus der neuen Wachstumstheorie abgeleiteten Empfehlungen an die → Wachstumspolitik genauer spezifiziert werden können. Es konnten aber auch die Grenzen einer aktiven Wachstumspolitik verdeutlicht werden. – 7. *Weitere Entwicklung:* Bis heute wird eine zunehmende Zahl von Arbeiten veröffentlicht, die sich der neuen Wachstumstheorie zuordnen lassen. Der Fokus dieser Arbeiten richtet sich dabei auf die notwendige empirische Evidenz der Modelle. Eine in den letzten Jahren vorgebrachte Kritik wirft der endogenen Wachstumstheorie vor, dass sie nicht die fundamentalen Ursachen für Wachstum bzw. Unterentwicklung erklärt. Zugespitzt kann man formulieren: Wenn zu geringe Ausgaben für Forschung und Entwicklung sowie Bildung die Ursache für Unterentwicklung sind, warum werden diese dann nicht in Entwicklungsländern durch geeignente Politiken erhöht? D. Acemoglu sieht in diesem Zusammenhang v.a. ineffiziente politische und ökonomsiche Insitutionen als eigentliche fundamentale Ursache für Unterentwicklung an. Die Persistenz dieser ineffizienten Insitutionen wird durch soziale Konflikte und herrschende Machtverhältnisse erklärt.

Neue Weltfinanzarchitektur – Bezeichnung für die Neugestaltung des internationalen Finanzsystems, also der internationalen Finanzmärkte und der internationalen Finanzinstitutionen. Die Debatte über die neue Weltfinanzarchitektur wurde durch die Wirtschafts- und Währungskrise in Asien (1997) angestoßen und erlebt durch die Finanzkrise seit 2008 weitere Anregungen. Gefordert wurde u.a. eine Neudefinition der „Spielregeln" an den internationalen Finanzmärkten und eine grundlegende Reform des → IWF und der Weltbank (→ IBRD). Die Vorschläge reichen von einer völligen Neugestaltung des internationalen Finanzsystems (z.B. Schaffung einer Weltzentralbank), über eine Rückkehr zum Goldstandard bis hin zu detaillierten Vorschlägen der Umgestaltung einer Vielzahl einzelner Bausteine des internationalen Finanzsystems. Seit Anfang 2000 hat sich die Debatte in diesem letzteren Sinn konkretisiert. Sie konzentriert sich auf fünf Bereiche: Erhöhung der Transparenz nationaler Wirtschaftspolitik durch systematische Informationspolitik, Einführung international akzeptierter Standards für Regierungsarbeit (→ Good Governance), Stärkung der nationalen Finanzsektoren (z.B. durch Bankenregulierung), Einbeziehung privater Kreditgeber in die Bereinigung von Finanzkrisen und schließlich die Umgestaltung der Arbeit des IWF und der Weltbank. – Als Teil dieser letzten Teilaufgabe hat der IWF die neue Fazilität der *Contingent Credit Lines (CCL)* eingeführt, womit Ländern geholfen werden soll, die trotz angemessener Wirtschaftspolitik von Währungskrisen bedroht sind. Des Weiteren wird gefordert, das die Finanzmärkte internationalen Spielregeln unterworfen werden sollen. Dem IWF soll hierbei eine wichtige Rolle als Forum der Finanzstabilität und als Kontrollorgan erwachsen. – Radikale Vorschläge wie z.B. die Abschaffung des IWF oder der Weltbank stellen aktuell Minderheitspositionen dar.

Neue Weltwirtschaftsordnung – seit Anfang der 1970er-Jahre von Entwicklungsländern auf internationaler Ebene (→ UN, → UNCTAD) geforderte Änderung der Weltwirtschaftsordnung mit dem Ziel einer Reduzierung der Benachteiligung der Entwicklungsländer bei der → Integration in die Weltwirtschaft. – In jüngster Zeit wurde die Forderung nach einer Neue Weltwirtschaftsordnung von den Globalisierungskritikern (z.B. ATTAC) aufgegriffen. Die Forderungen richten sich im Wesentlichen auf folgende Bereiche: (1) *Internationaler Handel:* Stabilisierung der Rohstoffpreise durch ein integriertes Rohstoffprogramm (→ Buffer Stock), Ankoppelung der Rohstoffpreis- an Industriegüterpreisveränderungen, Beseitigung von Importbeschränkungen in Industrieländern; (2) *Entwicklungsfinanzierung und Ressourcentransfer:* Erhöhung der → Entwicklungshilfe, Koppelung von → Sonderziehungsrechten (SZR) und Entwicklungshilfe sowie Erweiterung und Liberalisierung der Kreditfazilitäten des → IWF, Verstärkung des privaten Kapitalzuflusses in Form von

Direktinvestitionen, Schuldenerlass für die ärmsten Länder und Festlegung günstigerer, allg. verbindlicher Umschuldungsrichtlinien; (3) *Technologietransfer und Reduzierung von technologischer Abhängigkeit:* Revision des internationalen Patentrechts im Sinn einer Begünstigung der Entwicklungsländer, Einführung eines Verhaltenskodexes für den → Technologietransfer, Förderung der Entwicklung angepasster Technologien und Ausbau der Forschungs- und Entwicklungskapazitäten in Entwicklungsländern; (4) *Industrialisierung:* Förderung der Weiterverarbeitung von Rohstoffen in Entwicklungsländern; (5) *stärkere Mitbestimmung der Entwicklungsländer* in den internationalen Organisationen, die von Industrieländern wegen befürchteten Funktionsverlusts abgelehnt wird.

Neugliederung des Bundesgebiets – Umgestaltung der Länder oder Änderung der Landesgrenzen innerhalb des → Bundesgebiets. Neugliederung des Bundesgebiets vorgesehen in Art. 29 I GG, um Länder zu schaffen, die nach Größe und Leistungsfähigkeit ihre Aufgaben wirksam erfüllen können. Maßnahmen der Neugliederungen des Bundesgebiets ergehen durch Bundesgesetz, das der Zustimmung der Bevölkerung der betroffenen Landesteile im Wege einer → Volksabstimmung bedarf; sonstige Gebietsänderungen können durch Staatsverträge vorgenommen werden (Art. 29 VII, VIII GG). Das *Verfahren* der Gebietsänderung ist in Art. 29 II bis VI GG geregelt sowie im Gesetz über das Verfahren bei Volksentscheid, Volksbegehren und Volksbefragung nach Art. 29 VI GG vom 30.7.1979 (BGBl. I 1317), im Gesetz über das Verfahren bei sonstigen Änderungen des Gebietsbestandes der Länder nach Art. 29 VII GG vom 30.7.1979 (BGBl. I 1325) und in der NeugliederungsdurchführungsVO vom 12.11.1984 (BGBl. I 1342).

Neugründung → Gründung.

Neuheit – neben → Erfindungshöhe und → gewerblicher Anwendbarkeit materielle Voraussetzung des Patent- und Gebrauchsmusterschutzes für → Erfindungen, ferner neben Eigenart materielle Voraussetzung des Geschmacksmusterschutzes (→ Geschmacksmuster). – 1. *Patentrecht* (§ 3 PatG; Art. 54 → Europäisches Patentübereinkommen (EPÜ)): → Patente werden nur für neue Erfindungen erteilt, es gilt ein absolut formeller Neuheitsbegriff: Zum Stand der Technik zählen alle bis zum Prioritätstag der Öffentlichkeit zugänglich gemachten Vorveröffentlichungen unbeschadet der Form ihrer Mitteilung (schriftlich, mündlich oder auf sonstige Weise) und ohne räumliche und zeitliche Beschränkung, ferner rangältere nachveröffentlichte nationale Patentanmeldungen und europäische sowie internationale Patentanmeldungen, soweit ihnen die Wirkung einer nationalen Patentanmeldung zukommt. Bei der Neuheitsprüfung ist vom Gegenstand des beanspruchten oder erteilten Patents auszugehen und dessen Zeitrang festzustellen, sodann der Stand der Technik (sog. Entgegenhaltungen) zu diesem Zeitpunkt zu ermitteln und schließlich der Gegenstand des nachgesuchten oder erteilten Patents mit jeder Entgegenhaltung gesondert zu vergleichen; eine Gesamtbetrachtung des Stands der Technik, wie sie für die Prüfung der → Erfindungshöhe maßgeblich ist (mosaikartige Betrachtung des Stands der Technik), ist im Rahmen der Neuheitsprüfung unzulässig. Neuheitsschädlich ist, was sich dem Fachmann aus dem Inhalt der jeweiligen Entgegenhaltung aufgrund seines allg. Fachwissens mühelos erschließt. Dem Stand der Technik darf nicht ein Inhalt beigegeben werden, der sich erst aus jüngeren Erkenntnissen ergibt (Verbot der rückschauenden Betrachtung). – 2. *Gebrauchsmusterrecht* (§ 3 GebrMG): Die für das Patent dargestellten Grundzüge gelten auch für das → Gebrauchsmuster mit der Einschränkung, dass mündliche Vorverlautbarungen ebenso wenig neuheitsschädlich sind wie offenkundige Vorbenutzungen außerhalb der Bundesrepublik Deutschland und der Ausstellungsschutz weiter reicht als im Patentrecht. – 3. *Geschmacksmusterrecht* (§ 1 GeschmMG): Gegenstand des Geschmacksmusterrechts ist der Schutz von Mustern, die neu sind und Eigenart haben (→ Geschmacksmuster). Ein Muster gilt als neu, wenn vor dem Anmeldetag kein identisches Muster offenbart worden ist. Muster gelten als identisch, wenn sich ihre Merkmale nur unwesentlich unterscheiden (§ 2 II GeschmMG). Neuheitsschädlich sind bes. prioritätsältere Geschmacksmusteranmeldungen mit deren Eintragung und Veröffentlichung sowie eigene Vorverbreitung von nach dem Muster gestalteten Erzeugnissen, sofern nicht die Neuheitsschonfrist (§ 6 GeschmMG) oder → Ausstellungsschutz greifen. Auf die subjektive Kenntnis des Mustergestalters von den objektiv vorbekannten ästhetischen Gestaltungen kommt es nicht an. Bei der Neuheitsprüfung erfolgt (anders als bei der Prüfung der Eigentümlichkeit) ein Einzelvergleich der jeweiligen Entgegenhaltung mit dem Gegenstand des hinterlegten Musters nach dem ästhetischen Gesamteindruck der konkreten Mustergestaltung. Für den ästhetischen Gesamteindruck ist die Auffassung des für geschmackliche Fragen aufgeschlossenen und damit einigermaßen vertrauten Durchschnittsbetrachters maßgeblich. Im Urheberrecht ist die Neuheit des Werks keine Voraussetzung seiner Schutzfähigkeit (→ Eigentümlichkeit).

Neuheitsschonfrist → Ausstellungsschutz, → Gebrauchsmuster, → Geschmacksmuster, → Neuheit.

Neujahrszuwendung – Zuwendung des Arbeitgebers an seine Arbeitnehmer aus Anlass des Jahreswechsels. – *Lohnsteuer:* → Sonstige Bezüge.

Neukauf → Kaufklassen.

Neukeynesianische Makroökonomik – Die Neukeynesianische Makroökonomik oder Neue Keynesianische Makroökonomik ist eine vollständig mikrofundierte makroökonomische Theorie. Sie steht in der Tradition der Theorie des dynamischen

→ allgemeinen Gleichgewichts und ist aus der realen → Konjunkturtheorie → (Real Business Cycle Theory) durch Berücksichtigung nominaler Rigiditäten oder keynesianischer Elemente wie Preisträgheit in der kurzen Frist sowie der Marktform monopolistischer anstelle vollständiger Konkurrenz auf realen Märkten entstanden. Die Verhaltensgleichungen der Marktteilnehmer (wie Konsumverhalten der Haushalte oder Preissetzungsverhalten der Unternehmen) werden dabei aus intertemporalen Optimierungsansätzen abgeleitet. Modelle der Neukeynesianischen Makroökonomik gibt es sowohl für geschlossene (→ Neukeynesianische Makroökonomik, dynamisches Grundmodell) als auch für offene (→ Redux-Modell) Volkswirtschaften. Da sie in der Tradition der neoklassischen Gleichgewichtstheorie stehen, sind sie makroökonomische Gleichgewichtsmodelle, die sich grundlegend von den Ungleichgewichtsmodellen (Mengenrationierungsansätzen) der → Neokeynesianischen Theorie unterscheiden. Die Neukeynesianische Makroökonomik wird wegen ihres Bezugs zur neoklassischen Theorie auch als → Neue Neoklassische Synthese bezeichnet. Sie betont im Unterschied zur herkömmlichen → Neoklassischen Synthese (traditionellen Keynesianischen Theorie) die weitgehende Mikrofundierung ihrer Verhaltensgleichungen. – Vgl. auch → Neuer Keynesianismus, → Neukeynesianische Makroökonomik, dynamisches Grundmodell, → Keynesianismus.

Neukeynesianische Makroökonomik, dynamisches Grundmodell – 1. *Charakterisierung*: Das dynamische Grundmodell der Neukeynesianischen Makroökonomik ist ein sog. vorausschauendes makroökonomisches System, das sowohl nachfrage- als auch angebotsseitig durch rationale Zukunftserwartungen gekennzeichnet ist. Die Nachfrageseite wird durch eine dynamische → IS-Gleichung beschrieben, die aus der → Euler-Gleichung des Konsums resultiert, während die Angebotsseite durch eine neukeynesianische → Phillips-Kurve charakterisiert wird. In der IS-Gleichung wird üblicherweise die Outputvariable y durch die Outputlücke $x = y - y^f$ mit dem Flexpreis-Outputniveau y^f ersetzt. Bei konstanter Technologie kann dabei das Outputniveau bei völliger Preisflexibilität (y^f) wie eine exogene Variable aufgefasst werden. Die beiden Modellgleichungen lauten dann

$$(1) \qquad x_t = E_t x_{t+1} - \frac{1}{\sigma}(i_t - E_t \pi_{t+1}) + u_t$$

$$(2) \qquad \pi_t = \beta E_t \pi_{t+1} + \gamma x_t + k_t$$

mit x_t = Outputlücke, π_t = Inflationsrate, i_t = Nominalzins, E_t = rationaler Erwartungsoperator, $\sigma \geq 1$, $0 < \beta < 1$, $\gamma > 0$.

u_t und k_t sind Störvariablen, die einen Nachfrage- bzw. Kostenschock kennzeichnen. Dabei wird typischerweise unterstellt, dass es sich um temporäre Schocks handelt, die einem autoregressiven Prozess erster Ordnung folgen. Im Unterschied zu traditionellen keynesianischen Totalmodellen (→ makroökonomische Totalmodelle geschlossener Volkswirtschaften, → Totalmodelle offener Volkswirtschaften) wird anstelle der Geldmenge der Nominalzins i_t als geldpolitisches Steuerungsinstrument angesehen. Da dieser bereits in der IS-Gleichung (1) auftritt, kann auf eine eigenständige Geldmarktgleichung (→ LM-Gleichung) verzichtet werden. Für die geldpolitische Instrumentvariable i_t wird unterstellt, dass diese einer Regelbindung vom Taylor-Typ folgt. Dabei wird der Zins gemäß J.B. Taylor (1993, 1999) in linearer Weise an die Inflations- und Outputlücke gekoppelt:

$$(3) \qquad i_t = i^* + \delta_\pi(\pi_t - \pi^*) + \delta_x x_t + \nu_t$$

Mit i^* und π^* werden angestrebte Zielwerte von i und π bezeichnet. In numerischen Simulationen werden diese der Einfachheit halber gleich null gesetzt. In der Zinsregel charakterisiert die Größe ν_t einen Zinsschock, der im Grundmodell der Neukeynesianischen Makroökonomik dann von Relevanz ist, wenn die intertemporalen Wirkungen von monetären Schocks auf die vorausschauenden Variablen x_t und Π_t untersucht werden sollen. Für die positiven Koeffizienten δ_π und δ_x in (3) wird üblicherweise $\delta_\pi \geq \delta_x$ unterstellt, sodass dem Inflationsziel ein stärkeres Gewicht als dem Outputziel beigemessen wird. Weiter wird für den Koeffizienten δ_π das Taylor-Prinzip $\delta_\pi > 1$ angenommen. Eine Steigerung der Inflationsrate, die durch einen expansiven Nachfrageschock erzeugt wird, bewirkt dann gemäß (3) eine im Vergleich dazu überproportionale Erhöhung des Nominalzinses, sodass auch der Realzins zunimmt, was sich wiederum dämpfend auf die Güternachfrage und die Inflationsrate auswirkt. Die Annahme $\delta_\pi > 1$ ist damit gleichzeitig eine Stabilitätsbedingung. Sie stellt insbesondere sicher, dass die Zustandsgleichungen des neukeynesianischen Grundmodells, welche vollständig das dynamische Verhalten dieses Systems beschreiben, die Eigenschaft der → Sattelpunktstabilität aufweisen. Setzt man die Zinsregel (3) (mit $i^* = \pi^* = 0$) in die IS-Gleichung (1) ein, ergibt sich für die Zustandsgleichungen die matrizielle Darstellung

$$(4) \qquad A\begin{pmatrix} x_t \\ \pi_t \end{pmatrix} = B\begin{pmatrix} E_t x_{t+1} \\ E_t \pi_{t+1} \end{pmatrix} + C\begin{pmatrix} u_t \\ \nu_t \\ k_t \end{pmatrix}$$

wobei

$$(5) \qquad A = \begin{pmatrix} 1 + \frac{\delta_x}{\sigma} & \frac{\delta_\pi}{\sigma} \\ -\gamma & 1 \end{pmatrix}, \; B = \begin{pmatrix} 1 & \frac{1}{\sigma} \\ 0 & \beta \end{pmatrix}, \; C = \begin{pmatrix} 1 & -\frac{1}{\sigma} & 0 \\ 0 & 0 & 1 \end{pmatrix}$$

Bei Gültigkeit des Taylor-Prinzips hat die Systemmatrix $B^{-1}A$ zwei instabile Eigenwerte, d.h. zwei Lösungen λ_1 und λ_2 der charakteristischen oder quadratischen Gleichung in λ

$$(6) \qquad \det(B^{-1}A - \lambda I_{2,2}) = 0$$

(wobei det = Determinante und $I_{2,2}$ = 2 x 2- Einheitsmatrix), welche außerhalb des Einheitskreises liegen. Diesen beiden Eigenwerten stehen die beiden

Sprungvariablen oder vorausschauenden Variablen x_t und Π_t gegenüber, sodass sich nach den Stabilitätsbedingungen von Blanchard und Kahn (1980) als Folge realer oder monetärer Schocks jeweils eindeutig bestimmte konvergente Anpassungsprozesse für die modellendogenen Variablen x_t , Π_t, i_t und $i_t - E_t\pi_{t+1}$ ergeben. Algebraisch können diese über die sog. Vorwärtslösung des Differenzengleichungssystems (4) ermittelt werden. Dabei zeigt sich, dass die Lösungszeitpfade des rein vorausschauenden Systems allein durch die (exogen vorgegebenen) Persistenz- oder Autokorrelationsparameter der Schockvariablen u_t, ν_t und k_t bestimmt werden. So gilt bei einem (von den Privaten im Voraus nicht antizipierten) stochastischen Kostenschock, der einem autoregressiven Prozess erster Ordnung mit dem Autokorrelationsparameter $0 \leq \rho < 1$ folgt, die Lösungsdarstellung für die Zustandsvariablen x_t und Π_t:

(7) $$E_0 \begin{pmatrix} x_t \\ \pi_t \end{pmatrix} = (A - \rho B)^{-1} \begin{pmatrix} 0 \\ 1 \end{pmatrix} \rho^t$$

Wegen $\rho < 1$ werden durch (7) konvergente Anpassungszeitpfade beschrieben, die langfristig gegen den Anfangs-Steady-State $\overline{x}_0 = 0, \overline{\pi}_0 = 0$ konvergieren. – 2. *Wirkungen eines Kostenschocks:* Die intertemporalen Wirkungen eines temporären Kostenschocks werden durch die Abbildung „Kostenschock im neukeynesianischen Grundmodell" veranschaulicht. Der Schock tritt im Zeitpunkt $t = 0$ auf und entwickelt sich gemäß der Exponentialfunktion

(8) $$E_0 k_t = \rho^t,$$

sodass er im Fall $\rho < 1$ langfristig verschwindet, d.h. in das Nullniveau zurückkehrt. Im Sonderfall, dass der Schock keine Persistenz aufweist ($\rho = 0$), besteht sein Anpassungsprozess nur aus zwei Perioden. Gemäß der Lösungsdarstellung (7) beträgt dann die Anpassung der modellendogenen Variablen im Fall $\rho = 0$ ebenfalls nur aus zwei Perioden. Der Kostenschock erzeugt temporäre → Stagflation (Outputsenkung bei gleichzeitiger Inflation), die mit Nominal- und Realzinssteigerungen verbunden ist. Der Kostenschock führt gemäß der Phillips-Kurve (2) zu unmittelbarer Inflation und wegen des unterstellten Taylor-Prinzips zu einem im Vergleich dazu stärkeren Anstieg des Nominalzinses, sodass auch der Realzins steigt, was nach der IS-Gleichung (1) einen Rückgang des Outputs und der Outputlücke induziert. Im Anschluss an die Schockperiode kehren alle Variablen in monotoner Weise in ihre Ausgangsniveaus zurück. – 3. *Kritik und Weiterentwicklungen:* Die Anpassungsprozesse sind dahingehend zu kritisieren, dass nach den Anfangssprüngen monotone Anpassungsprozesse zurück zum Anfangsgleichgewicht stattfinden. Die Abweichungen vom Anfangsgleichgewicht sind bereits in der Anfangsperiode maximal. Realistisch

Kostenschock im hybriden neukeynesianischen Modell

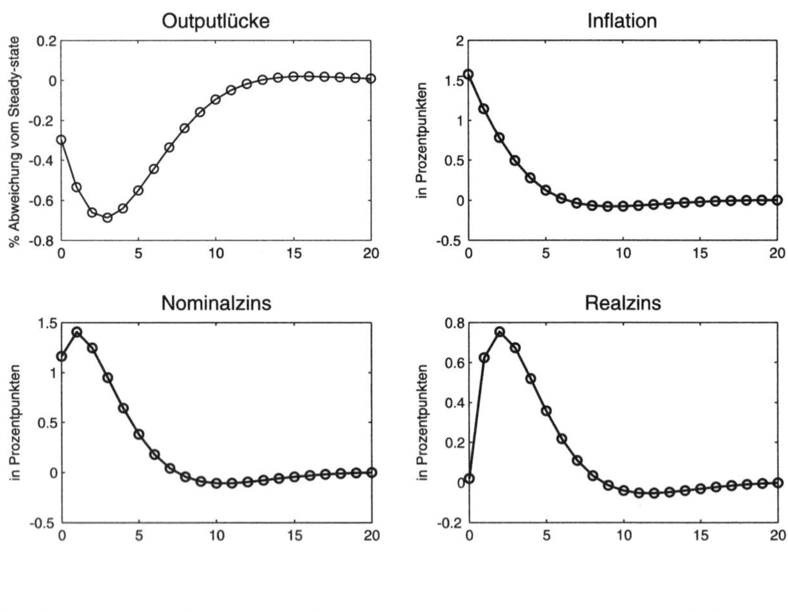

Kostenschock im neukeynesianischen Grundmodell

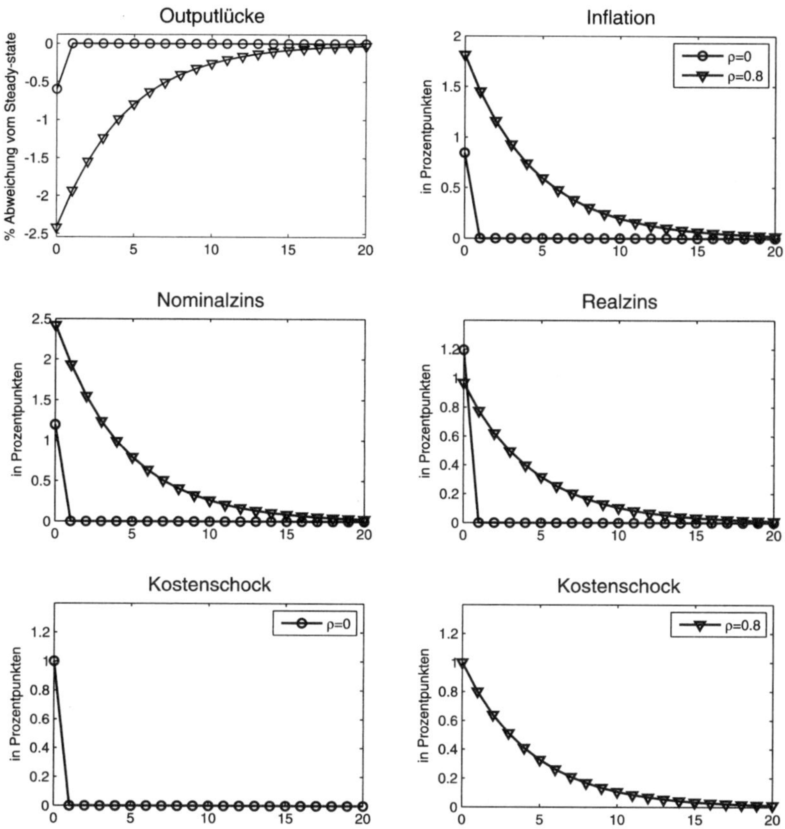

wären dagegen buckelförmige Verläufe, d.h. eine zunächst nur schwache Anfangsreaktion (im Beispiel Stagflation), die sich im Zuge der Anpassung weiter verstärkt, sodass die maximalen Abweichungen vom Anfangs-Steady-State nicht sofort, sondern erst nach einer gewissen Anpassungsdauer eintreten. Erst danach würde es zu einer Abschwächung der Stagflation und der Zinssteigerungen kommen. – Solche buckelförmigen Anpassungsprozesse lassen sich durch sog. → hybride Systeme erzeugen, die in der IS- bzw. Phillips-Kurven-Gleichung neben einem vorausschauenden ($E_t x_{t+1}$ bzw. $E_t \pi_{t+1}$) gleichzeitig auch ein analoges zurückblickendes (x_{t-1} bzw. π_{t-1}) Element enthalten. Solche → Lag-Terme in (1) bzw. (2) lassen sich mit gewohnheitsmäßigem Konsumverhalten (habit formation) bzw. Daumenregeln (rules of thumb) bei der Preisfestsetzung begründen. Als Folge davon treten in den Zustandsgleichungen dieses erweiterten neukeynesianischen Modells jetzt auch vorherbestimmte Variablen und endogene stabile Eigenwerte auf, die dann zusammen mit den exogenen Persistenzparametern das dynamische Anpassungsverhalten der endogenen Modellvariablen bestimmen. Es ergeben sich dann buckelförmige Verläufe, wie durch die Abbildung „Kostenschock im hybriden neukeynesianischen Modell" verdeutlicht werden.

Neunte EG-Richtlinie – *Konzernrichtlinie;* unveröffentlichter Vorentwurf der Europäischen Kommission für eine Konzerne betreffende

→ EG-Richtlinie. – Vgl. auch → Konzernrecht, → europäisches Gesellschaftsrecht, → Unternehmensverfassung.

Neuproduktideen → Kreativitätstechniken.

neuronale Netze – *neuronale Netzwerke*. 1. *Begriff*: Vertreter der subsymbolischen Methoden der → Künstlichen Intelligenz (KI). Die ursprüngliche Intention lag in der Simulation kognitiver Phänomene. – 2. *Aufbau:* Neuronale Netze bestehen aus einer Menge untereinander über Kommunikationskanäle verknüpfter Verarbeitungseinheiten, den Neuronen. – 3. *Arbeitsweise:* Eingabeinformationen werden innerhalb des Netzes von den Neuronen i.d.R. über nicht lineare Funktionen verarbeitet und das Ergebnis über die Kommunikationskanäle an andere Neuronen weiterpropagiert. Die Ausgabeinformationen stellen das Ergebnis der Verarbeitungsprozesse dar. Stärke der neuronalen Netze ist die hochparallele Verarbeitung der Eingabeinformationen, die durch die Verknüpfung der Neuronen und ihrer Verarbeitungsfunktionen ermöglicht wird. Dadurch können sehr komplexe, nicht lineare Abhängigkeiten in den Eingabeinformationen abgebildet werden. Neuronale Netze müssen diese Abhängigkeiten erlernen (→ Learning), was i.d.R. auf der Basis von Erfahrungsdaten geschieht. – 4. *Aufgabenbereiche:* Klassifikations-, Prognose- und Optimierungsaufgaben. Zunehmender Einsatz in betriebswirtschaftlichen Bereichen. Beliebtes Einsatzfeld ist die Finanzwirtschaft, z.B. im Rahmen von Aktienkursprognosen, aber auch z.B. für Absatz-, Umsatzprognosen oder Kreditwürdigkeitsprüfungen. In jüngster Zeit verstärkter Einsatz in der Produktionsplanung, aber auch in der Personalplanung.

neuronale Netzwerke → neuronale Netze.

Neuroökonomik – Forschungsansatz dessen Gegenstand in der systematischen Integration neurowissenschaftlicher Theorien, Methoden und Erkenntnisse in die ökonomische Forschung und Praxis besteht.

neutrale Aufwendungen – *neutraler Aufwand;* Aufwendungen, die keine → Kosten darstellen; d.h. der Aufwand, der nicht → Zweckaufwand, also nicht durch den betrieblichen Leistungsprozess der Periode verursacht oder einmaliger Aufwand außer der Reihe ist. – Neutrale Aufwendungen lassen sich gliedern in: (1) → betriebsfremde Aufwendungen, die nicht zur Erreichung des Betriebszwecks, sondern für Nebenzwecke gemacht werden; (2) → außerordentliche Aufwendungen, die einmaligen Charakter tragen (z.B. Verluste aus Anlageverkäufen); (3) → periodenfremde Aufwendungen, die z.B. früheren Jahren zugerechnet werden müssten (z.B. Steuernachzahlungen); (4) neutrale Aufwendungen, die aufgrund der Leitsätze für die Preisermittlung aufgrund von Selbstkosten (LSP) nicht als Kosten angesetzt werden dürfen; (5) *bewertungsbedingte neutrale Aufwendungen*. – Die Abgrenzung der neutralen Aufwendungen von den Kosten entspricht den Zwecken der Kostenrechnung und erfolgt im IKR im Abgrenzungsbereich über die Klasse 9 (Kontengruppen 90/91).

neutrale Erträge – alle nicht unmittelbar durch den betrieblichen Leistungsprozess der Periode verursachten Erträge sowie Erträge, die einmaligen Charakter tragen; z.B. Buchgewinne aus der Veräußerung von Anlagen, Beteiligungen sowie Wertpapieren; Zins- und Mieterträge eines Industriebetriebs; Steuererstattungen; Eingänge abgeschriebener Forderungen. Neutrale Erträge lassen sich gliedern in → betriebsfremde Erträge, periodenfremde und → außerordentliche Erträge. – Die *Abgrenzung* der neutralen Erträge *von den Betriebserträgen* (Leistungen) entspricht den Zwecken der Kostenrechnung und erfolgt im IKR im Abgrenzungsbereich über die Klasse 9 (Kontengruppe 90/91).

neutrale Institution → Institution.

neutraler Aufwand → neutrale Aufwendungen.

neutraler Erfolg → neutrales Ergebnis.

neutrales Ergebnis – *neutraler Erfolg;* Ergebnis unabhängig vom betrieblichen Leistungsprozess (Gewinn oder Verlust), festzustellen durch Gegenüberstellung von → neutralen Aufwendungen und → neutralen Erträgen; Bestandteil des → Unternehmensergebnisses. – *Gegensatz:* → Betriebsergebnis.

neutrales Geld – 1. *I.e.S.:* → Geld, das sich infolge einer entsprechenden Geldpolitik zum natürlichen Ablauf des Wirtschaftslebens neutral verhält, also auf die Konjunkturbewegungen keinerlei Einfluss ausüben soll. – 2. *I.w.S.:* Wertstabiles Geld, d.h. Geld mit gleichbleibender Kaufkraft.

Neutralisierung → Sterilisierung.

Neutralität der Besteuerung – ordnungspolitischer Besteuerungsgrundsatz, mit Steuern keine allokativen Verzerrungen herbeizuführen. In dieser Allgemeingültigkeit ist die Neutralität der Besteuerung heute überholt, da Steuern neben fiskalischen auch nicht fiskalische Ziele zugrunde liegen (→ nicht fiskalische Besteuerung, → Ordnungsteuer). Abgesehen von gewollten Eingriffen in die Produktions- und Konsumstrukturen soll die Besteuerung jedoch möglichst neutral auf den Wettbewerb wirken. – Renaissance des Grundsatzes im Konzept der → Angebotsökonomik.

Neutralität der Bundesagentur für Arbeit → Arbeitskampf.

Neutralität des Geldes – Begriff der Volkswirtschaftstheorie. Nach klassischen und neoklassischen Vorstellungen besteht eine → Dichotomie zwischen dem realen und monetären Sektor einer Volkswirtschaft. Störungen, die im monetären Sektor auftreten, übertragen sich nicht auf den realwirtschaftlichen Bereich. → Geld ist hinsichtlich der realwirtschaftlichen Größen neutral, da es lediglich Tauschmittelfunktionen erfüllt. Die Höhe des realen Volkseinkommens und die relativen Preise (Preisverhältnisse) der Güter und Faktoren werden ausschließlich durch reale Vorgänge determiniert. Durch das Geld werden lediglich die absolute Höhe der Preise und das nominelle Volkseinkommen bestimmt. Die Hypothese der Neutralität des Geldes setzt Freiheit von Geldillusion, aber auch einen funktionierenden Preismechanismus auf Güter- und Faktormärkten voraus. Dies wurde v.a. von Keynes infrage gestellt, der neben der Kassenhaltung zu Transaktionszwecken als weiteres Motiv die spekulative (zinsabhängige) Geldhaltung einführte. Änderungen der Geldmenge können dann über den → Keynes-Effekt (Zinsänderungen auf dem Wertpapiermarkt und daraus resultierende Änderungen der Investitionsnachfrage) reale Wirkungen entfalten, sofern eine verzögerte Preis- und Lohnanpassung unterstellt wird. – Vgl. auch → Makroökonomische Totalmodelle geschlossener Volkswirtschaften, → Geldtheorie, → klassische Lehre.

Neutrality – *Neutralität;* qualitative Anforderung an Rechnungslegungsinformationen nach den → US-GAAP sowie nach den → International Financial Reporting Standards (IFRS). – Vgl. auch → Conceptual Framework und → Framework.

Neuwert – **I. Bilanzierung** Ausgangsbetrag für die Bewertung von industriellen Bauten oder Wohngebäuden. Der Neuwert ergibt sich z.B. aus den Tagespreisen je Kubikmeter umbauten Raumes unter Berücksichtigung der jeweiligen Bauart. Durch Abschläge, die entsprechend dem Bauzustand und der geschätzten Restnutzungsdauer vorgenommen werden, erhält man den *Zeitwert.*

II. Versicherungswirtschaft → Herstellungskosten oder → Anschaffungspreis einer neuen Sache. Der Neuwert von Gebäuden ist der ortsübliche Neubauwert. Hierzu gehören auch Architektengebühren sowie sonstige Konstruktions- und Planungskosten.

Neuwertversicherung – Die → Versicherungssumme wird nach dem aktuellen → Neuwert der versicherten Sache bestimmt und vereinbart. Sie bildet die maximale Entschädigungssumme für versicherte Schäden an versicherten Sachen und für versicherte Kosten, d.h. es erfolgt keine Anpassung der Versicherungssumme an die Preisentwicklung. Im Unterschied zur → gleitenden Neuwertversicherung besteht damit bei steigenden Preisen und Versicherungswerten das Risiko der → Unterversicherung.

New Basis Accounting → Fresh-Start-Methode.

Newcomer → potenzieller Wettbewerb.

New Economic Geography – von P. Krugman geprägter Begriff für die junge Richtung der Volkswirtschaftslehre, die die Wiederentdeckung der räumlichen Komponente in der Ökonomie betont. Sie baut hauptsächlich auf den Annahmen der traditionellen → Raumwirtschaftslehre und des → raumwirtschaftlichen Ansatzes der → Wirtschaftsgeografie auf und untersucht, welche Faktoren für die Ballung wirtschaftlicher Aktivitäten in einer → Region ausschlaggebend sind. Kritisch zu dieser Strömung äußern sich v.a. dt. Geografen. Ihrer Ansicht nach ist dieser Begriff irreführend, da keine wirkliche Neuorientierung der Wirtschaftsgeografie stattfindet. Für die New Economic Geography nach Krugman ist daher aus wirtschaftsgeografischer Sicht der Terminus → Geographical Economics vorzuschlagen.

New Economic History → Neue Institutionenökonomik.

New Economy – *Neue Ökonomie.* 1. *Statisch:* Sammelbezeichnung für junge, innovative Branchen (Halbleiter, Biotechnologie, Mikroelektronik etc.). – 2. *Dynamisch:* Grundlegende Veränderung der Wirtschaft durch den Einsatz moderner Informations- und Kommunikationstechnologien über alle Bereiche hinweg. – Vgl. auch → Neue Ökonomie.

Newey-West-Standardfehler – von Newey und West (1987) vorgeschlagene konsistente Schätzer der Standardfehler von OLS-Schätzern (→ Kleinstquadratemethode, gewöhnliche), die den Problemen der → Autokorrelation und → Heteroskedastizität Rechnung tragen. – Da OLS-Schätzer im Fall von Autokorrelation und Heteroskedastizität nicht verzerrt sind und GLS-Schätzungen (→ Kleinstquadratemethode, verallgemeinerte) mit einer Reihe von Problemen verbunden sind, wird in der Praxis in großen Stichproben häufig auf Newey-West-Standardfehler zurückgegriffen. Sie ersetzen die bei diesen Verletzungen fehlerhaften OLS-Standardfehler, die unter → Homoskedastizität und Absenz von Autokorrelation hergeleitet werden, und korrigieren damit verfälschte Testentscheidungen. – Vgl. auch → White-Standardfehler.

New Keynesian Macroeconomics → Neuer Keynesianismus, → Neukeynesianische Makroökonomik.

Newly Industrializing Countries (NIC) → Schwellenländer, → Tigerstaaten.

Newly Industrializing Economies (NIE) → Tigerstaaten.

New Open Economy Macroeconomics → Redux-Modell.

New Orthodoxy Approach – theoretische Erklärung für die Unmöglichkeit der zeitlichen Lastenverschiebung durch die öffentliche Verschuldung (→ Last der Staatsverschuldung), vertreten von → Ricardo, später von → Pigou, Shoup und → Lerner. Jede öffentliche Kreditaufnahme erfolgt aus dem derzeitigen → Nationaleinkommen, hat Crowding-out-Effekte (→ Crowding-out) zur Folge, und damit muss allein die heutige Generation eine geringere private Investitions- oder Konsumnachfrage hinnehmen. Eine generative Lastverschiebung ist unmöglich. Das gilt in einem Modell mit ständiger Vollbeschäftigung bei funktionierendem Preis-, Lohn- und Zinsmechanismus. In einem keynesianischen Ansatz wird im

Extremfall keine Verdrängung stattfinden, wenn die Investoren aufgrund pessimistischer Erwartungen in einer Rezession nicht auf Zinsänderungen reagieren (→ Investitionsfalle). Ähnlich geht die → ricardianische Äquivalenz von einer Gleichwertigkeit der Steuerfinanzierung oder der Nettokreditaufnahme aus, sodass keine differentiellen Effekte entstehen. – *Gegensatz:* → Aggregate Investment Approach. – Vgl. auch → Pay-as-You-Use-Prinzip.

New Public Management (NPM) – I. Begriff und inhaltliche Kennzeichnung: NPM steht in der internationalen Diskussion als Leitbegriff für die Reform und Modernisierung von Staat und Verwaltung seit Beginn der 1990er-Jahre. Teilweise wird NPM als neues Paradigma in den Verwaltungswissenschaften angesehen. Gegenstand von NPM ist die Ablösung einer Normen geprägten Steuerung durch ein Verwaltungsmanagement. Allerdings handelt es sich nicht wie beim Bürokratiemodell um ein neues einheitliches Modell. Vielmehr steht NPM als Sammelbegriff für eine weltweite Reformbewegung von Staat und Verwaltung und der damit verbundenen Vielzahl von Reformelementen und Reformtrends. Gleiches gilt im Grunde genommen auch für den deutschen Begriff → Neues Steuerungsmodell (NSM). Die NPM-Bewegung lässt sich einheitlich charakterisieren durch folgende Merkmale: (a) Eine stärkere Markt- und Wettbewerbsorientierung, (b) eine ziel- und ergebnisorientierte Steuerung (Outcome- und Outputorientierung), (c) dezentrale Grundstrukturen und (d) eine instrumentelle und verfahrensmäßige Orientierung am Unternehmensmodell und Wandel von der Binnenorientierung öffentlicher Verwaltungen hin zu Kunden- bzw. Bürgerorientierung. – Diese einheitlichen Merkmale der Reform schlagen sich in unterschiedlichem Umfang und unterschiedlicher Intensität in länder- und kulturspezifischen Reformelementen und unterschiedlich ausformulierten programmatischen Reformansätzen nieder. Dabei stehen für NPM nicht selten länderspezifische Begriffe wie in Deutschland „Neues Steuerungsmodell" oder in der Schweiz und in Österreich „Wirkungsorientierte Verwaltungsführung". Auslöser dieses Reformprozesses waren die Dysfunktionalitäten bürokratischer Grundstrukturen bei zunehmend komplexer werdenden dynamischen Umfeldentwicklungen sowie die anhaltenden Finanzkrisen von Industriestaaten und deren Gebietskörperschaften.

II. Theoretische Grundlagen: NPM entstand zunächst in der Praxis und ist von daher nach wie vor pragmatisch geprägt. Die wissenschaftliche Diskussion des Reformprozesses orientiert sich bes. an den Erkenntnissen der Betriebswirtschaftslehre, der Volkswirtschaftslehre und der Informatik. Dabei stützt sich NPM auf die Public-Choice-Theorie und die → Neue Institutionenökonomik. So erklärt etwa die Theorie der Verfügungsrechte (Property Rights) die Zweckmäßigkeit der Einheit von Fach- und Ressourcenkompetenz. Die Transaktionskostentheorie eignet sich zur Analyse geeigneter Organisations- und Koordinationsformen sowie zur Handhabung des Problems Make or Buy in Verwaltungen. Die → Prinzipal-Agenten-Theorie eignet sich bes. zur Analyse und Gestaltung dezentraler Grundstrukturen mit Auftraggeber-/Auftragnehmer-Beziehungen, eng verbunden mit dem Kontraktmanagement. Schließlich spielt die Organisations-Theorie – etwa mit ihrem Kontingenzansatz – für die Diskussion eine wichtige Rolle.

III. Reformebenen: Die charakterisierenden Merkmale von NPM schlagen sich in den folgenden interdependenten Reformebenen nieder: –(a) gewandeltes Funktions- und Rollenverständnis von Staat und Verwaltungen, (b) externe Strukturreform, (c) Binnenmodernisierung, – wobei diese drei Ebenen insgesamt ausgerichtet sind auf eine stärkere Bürgerorientierung. Bei dem gewandelten Funktions- und Rollenverständnis von Staat und Verwaltungen ist zu differenzieren zwischen politisch-programmatischen Ansätzen wie „schlanker Staat", „aktivierender Staat" oder auch „Good Governance" und den sich in der Praxis konkret abzeichnenden Gestaltungs- und Organisationsprinzipien. Letztere sind geprägt durch den Wandel vom produzierenden zum gewährleistenden Staat. Staat und Verwaltungen ziehen sich auf Kernaufgaben und damit aus unmittelbaren Produktionsprozessen zurück. Sie tendieren nur noch dazu, zu gewährleisten, dass bisher öffentliche Aufgaben überhaupt wahrgenommen werden, unabhängig von der Zuordnung zu einem bestimmten Aufgabenträger. Hiermit verbunden ist der sich für die Zukunft abzeichnende Umbau von Staat und Verwaltungen zu einer schwerpunktmäßigen Beschränkung auf staatliche Agenturen und Kontrollbehörden. Diesen obliegt es primär, Märkte zu schaffen und für die Aufgabenwahrnehmung deren Funktionsfähigkeit zu gewährleisten. Der Gewährleistungsstaat hängt somit unmittelbar mit Privatisierung, Deregulierung, aber auch Regulierung zusammen. Es geht dabei aber nicht nur um Marktorientierung und Wettbewerb, sondern als gleichwertiges Instrument auch um Kooperationen. Die Diskussion konzentriert sich hierbei bisher überwiegend auf die Aufhebung der klassischen ordnungspolitisch geprägten Dichotomie von Staat und Markt. Im Mittelpunkt stehen Kooperationen und strategische Allianzen zwischen öffentlichen und privaten Einheiten in Form von Public Private Partnership (PPP). Zwecks besserer kapazitätsmäßiger Auslastung und Nutzung öffentlich verfügbarer Ressourcen sind aber in gleichem Maße auch Kooperationsstrategien zwischen öffentlichen Einrichtungen bzw. Gebietskörperschaften geboten. Im Rahmen der Verknüpfung von Staatstätigkeit und Bürgerorientierung gewinnt auch der Kommunitarismus in unterschiedlicher Ausprägung an Einfluss. Bei der externen Strukturreform stehen die konkrete Schaffung von Wettbewerbsbedingungen sowie nutzerorientierte Finanzierungsansätze im Vordergrund.

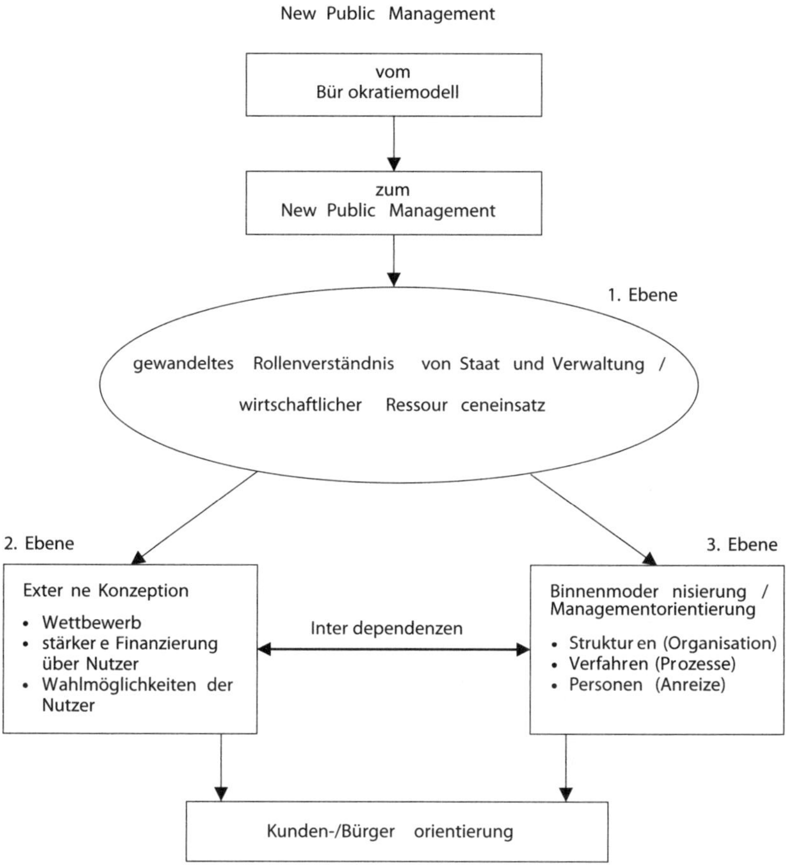

Die Einbeziehung bisher öffentlich wahrgenommener Aufgaben in den Wettbewerb wird v.a. durch die EU-Wettbewerbskonzeption forciert. Die nutzerorientierte Finanzierung zielt darauf ab, Dysfunktionalitäten kollektiver Finanzierungssysteme abzubauen und zu vermeiden. In die externe Strukturreform ist als Schnittstelle zur Binnenmodernisierung auch eine grundlegende Neuorientierung des öffentlichen Personalwesens einzubeziehen. – Bei der Binnenmodernisierung geht es um dezentrale Grundstrukturen, bei denen den einzelnen Einheiten die erstellten Leistungen und der hierdurch tatsächlich verursachte Ressourcenverbrauch zugeordnet werden können. Ein weiterer Schwerpunkt wird in dem Instrumentarium der globalen Budgetierung und in der Reform des öffentlichen Rechnungswesens und Informationssystems gesehen. Dabei setzt sich immer stärker das von K. Lüder entwickelte → Speyerer Verfahren durch, das unter Verknüpfung mit der Reform des Haushaltswesens auch als integrierte Verbundrechnung bezeichnet werden kann. Dies gilt nicht nur für die kommunale Ebene, sondern inzwischen auch in ersten Ansätzen auf staatlicher Ebene, etwa für das Land Hessen, die Stadtstaaten Bremen und Hamburg und in ersten Konzepten auch für Nordrhein-Westfalen. Die integrierte Verbundrechnung verdrängt die sog. erweiterte Kameralistik, bei der die bisherige kamerale Rechnung additiv um eine Kosten-/Leistungsrechnung erweitert wird. Zusätzlich gewinnt die internationale Entwicklung wachsenden Einfluss auf die Reform des öffentlichen Rechnungswesens. Es geht dabei darum, dass an die Stelle des HGB als Referenzmodell für Ansatz und Bewertung die International Public Sector Accounting Standards (IPSAS) an Bedeutung gewinnen. Hieraus ergibt sich dann die Konsequenz, dass die im privatwirtschaftlichen Bereich vorherrschende Trennung zwischen internem und externem Rechnungswesen ganz bes. für den öffentlichen Sektor an Bedeutung verliert. In den Vordergrund treten die integrierte Verbundrechnung, deren Konsolidierung über die dezentralen öffentlichen Einheiten des Konzerns Gebietskörperschaft und daraus abgeleitet die Segmentberichte mit entsprechendem Berichtswesen. Kosteninformationen werden nur noch ergänzend zur Konzernrechnungslegung und den Informationen aus den Segmentberichten erforderlich. – Eine über die integrierte Verbundrechnung hinaus gehende Weiterentwicklung des öffentlichen Informationssystems zielt in Anlehnung an die Balanced Scorecard auf ein öffentliches Managementinformationssystem ab. Eng verbunden mit dem Haushalts- und Rechnungswesen sind Ansätze des Controllings als wesentliches Element der Binnenmodernisierung.

Newsgroup – Sammlung von Diskussionsgruppen zu unterschiedlichen Themen im → World Wide Web. In gebündelter Form werden diese Themen den interessierten Nutzern zugänglich gemacht.

Newsletter – per → E-Mail periodisch versendete Nachrichten, die zielgruppenspezifische Informationen enthalten.

Newtonsches Näherungsverfahren – Methode, die → Nullstellen jeder differenzierbaren Funktion beliebig genau zu bestimmen. – *Schema* (mit s = wählbare Genauigkeitsschranke, f = differenzierbare Funktion): Schritt: Man wähle x_1 in der Nähe einer Nullstelle (Probieren) (es dürfen keine Wendepunkte zwischen angenäherter und tatsächlicher Nullstelle liegen);Schritt: Berechnung von $x_{n+1} = x_n - (f(x_n)/ f'(x_n))$ für n = 1, 2, 3, 4, ...;(1) ist $f(x_{n+1}) = 0$, dann ist x_{n+1} die Nullstelle $\Longrightarrow$ Ende des Verfahrens; (2) ist $|f(x_{n+1})| < s$, dann ist x_{n+1} eine ausreichend angenäherte Nullstelle von f $\Longrightarrow$ Ende des Verfahrens; (3) ist $|f(x_{n+1})| > s$, dann Berechnung von x_{n+2} und $f(x_{n+2})$ und Überprüfung von $f(x_{n+2})$.

New Venture Management – unter New Ventures werden zum einen junge Unternehmen sowie Unternehmensgründungen und zum anderen neue und bes. risikobehaftete Geschäfte eines bestehenden Unternehmens verstanden. Daher kann sich New Venture Management auf die Führung von jungen Unternehmen beziehen, bei der unternehmerische Denkweisen und Fähigkeiten im Mittelpunkt der Betrachtung stehen. Andererseits kann auch die Stimulierung, Organisation und Steuerung unternehmerischer Aktivitäten innerhalb bestehender Organisationen zur Aufnahme neuer und bes. risikobehafteter Geschäfte Gegenstand des New Venture Managements sein. Im zweiten Fall kann zwischen externem New Venture Management (→ Corporate Venture Capital, Venture Nurturing, Venture Spinoffs und New Style Joint Ventures) und internem New Venture Management (Venture Teams und Product Champions) unterschieden werden. – Weiterhin können im zweiten Fall folgende Formen voneinander abgegrenzt werden: (1) New Venture Management zur Ausrichtung der F&E-Anstrengungen (→ Forschung und Entwicklung (F&E)) auf den Markt; (2) New Venture Management zur Schaffung eines strukturellen Kontextes für den Aufbau neuer Geschäfte; (3) New Venture Management zur Stimulierung von Gründungsatmosphäre und unternehmerischer Tugenden im bestehenden Unternehmen. Während sich bei den ersten beiden Formen ein New Venture Management meist auf bestimmte Personen, Abteilungen oder Zeiträume begrenzt, versucht man bei den Konzepten der dritten Form ein unternehmerisches Verhalten auf allen Ebenen zu verwirklichen. Unternehmerisches Verhalten in bestehenden reifen Unternehmen wird damit zum generellen organisatorischen Prinzip (Intrapreneurship).

New York Stock Exchange (NYSE) – die Börse wurde im Jahre 1792 gegründet, wobei sie seit 1817 als feste Organisation besteht. Als nationale Wertpapierbörse wurde sie am 1.10.1934 durch die U.S. Securities and Exchange Commission (SEC) eingetragen. Im Jahre 2006 schlossen sich NYSE und Archipelago Exchange zur NYSE Group zusammen, es erfolgte der Börsengang. 2007 fusionierte die NYSE Group mit der Euronext zur → NYSE Euronext.

Nexus of contracts – eine vertragstheoretische Argumentationsfigur der Organisationsökonomik. Organisationen werden modelliert als Netzwerk von expliziten und impliziten wechselseitigen Verträgen.

NGO – Abk. für → Non-Governmental Organisation (Nichtregierungsorganisation – NRO); vgl. auch → Nonprofit-Organisation (NPO).

NIC – Abk. für *Newly Industrializing Countries*, → Schwellenländer.

Nichtablehnungsbereich – bei → statistischen Testverfahren das Komplement des Ablehnungsbereiches (→ kritische Region).

nicht abtrennbare Kosten → Gemeinkosten.

nicht abziehbare Schuldzinsen → Schuldzinsen.

nicht abzugsfähige Aufwendungen – 1. *Begriff:* Im Einkommensteuerrecht (§ 12 EStG) und im Körperschaftsteuerrecht (§ 10 KStG) verwendeter Begriff für → Ausgaben des Steuerpflichtigen, die bei der → Einkommensermittlung nicht abzugsfähig sind. – 2. Zu den nicht abzugsfähigen Aufwendungen *gehören* neben den nicht abzugsfähigen → Betriebsausgaben und → Spenden: a) im *Einkommensteuerrecht:* (1) die für den Haushalt des Steuerpflichtigen und den Unterhalt seiner Familienangehörigen aufgewendeten Beträge einschließlich solcher Kosten der Lebensführung, die die wirtschaftliche oder gesellschaftliche Stellung des Steuerpflichtigen mit sich bringt; (2) freiwillige Zuwendungen, Zuwendungen aufgrund einer freiwillig begründeten Rechtspflicht und Zuwendungen an eine gegenüber dem Steuerpflichtigen oder seinem Ehegatten gesetzlich unterhaltsberechtigte Person oder deren Ehegatten, auch wenn diese Zuwendungen auf einer bes. Vereinbarung beruhen; (3) die Steuern vom Einkommen und sonstige Personensteuern sowie die Umsatzsteuer für den Eigenverbrauch und für Lieferungen oder sonstige Leistungen, die Entnahmen sind (→ nicht abzugsfähige Steuern); (4) → Geldstrafen. – b) im *Körperschaftsteuerrecht:* (1) Aufwendungen zur Erfüllung von Zwecken des Steuerpflichtigen, die durch Stiftungsgeschäft, Satzung oder sonstige Verfassung vorgeschrieben sind; (2) Steuern vom Einkommen und sonstige Personensteuern sowie die Umsatzsteuer für den Eigenverbrauch (→ nicht abzugsfähige Steuern); (3) in einem Strafverfahren festgesetzte Geldstrafen und Leistungen zur Erfüllung von Auflagen oder Weisungen; (4) die Hälfte der Vergütungen an Mitglieder des Aufsichtsrats, Verwaltungsrats, Grubenvorstands oder andere mit der Überwachung der Geschäftsführung beauftragte Personen. – Vgl. auch → nicht abzugsfähige Betriebsausgaben.

nicht abzugsfähige Betriebsausgaben – Begriff im Einkommensteuerrecht: Bestimmte Ausgaben werden, obwohl sie betrieblich veranlasst sind, nicht zum Abzug von der Bemessungsgrundlage der Einkommensteuer zugelassen, weil der Gesetzgeber der Auffassung ist, solche Ausgaben sollten aus versteuertem Nettoeinkommen beglichen werden. – *Im Einzelnen:* (1) *Aufwendungen für Geschenke* an Personen, die nicht Arbeitnehmer des Unternehmers sind, dürfen nur abgezogen werden, wenn ihre Anschaffungs- oder Herstellungskosten 35 Euro nicht übersteigen. (2) *Bewirtungsaufwendungen* für Bewirtungen aus geschäftlichem Anlass dürfen nur in Höhe von 70 Prozent der angemessenen Aufwendungen abgezogen werden. (3) *Aufwendungen für Gästehäuser* des Steuerpflichtigen sind nicht abzugsfähige Betriebsausgaben, wenn der Steuerpflichtige nicht gerade einen solchen Betrieb unterhält. (4) Jagd und Fischerei, Segeljachten, Motorjachten u.Ä. (5) Verpflegungsmehraufwendungen, soweit sie die gesetzlichen Pauschalen (§ 4 V Nr. 5 EStG) überschreiten. (6) Aufwendungen für Fahrten zwischen Wohnung und Arbeitsstätte, soweit sie die gesetzlichen Pauschalen überschreiten (7) Aufwendungen für ein häusliches → Arbeitszimmer. (8) Andere Aufwendungen, die die Lebensführung berühren und nach allgemeiner Verkehrsauffassung als unangemessen anzusehen sind. (9) Von einem Gericht oder einer Behörde festgesetzte Geldbußen, Ordnungsgelder und Verwarnungsgelder. (10) Zinsen auf hinterzogene Steuern. (11) Ausgleichszahlungen auf außen stehende Anteilseigner einer Organschaft. (12) → Schmiergelder.

nicht abzugsfähige Steuern – 1. *Begriff:* Steuern, die als → nicht abzugsfähige Aufwendungen gelten. – 2. Zu den nicht abzugsfähigen Steuern gehören: a) Im *Einkommensteuerrecht* (§ 12 Nr. 3 EStG): (1) Die Steuern vom Einkommen, (2) sonstige Personensteuern, (3) Umsatzsteuer für Lieferungen oder sonstige Leistungen, die → Entnahmen sind. – b) Im *Körperschaftsteuerrecht* (§ 10 Nr. 2 KStG): (1) Körperschaftsteuer; Solidaritätszuschlag; (2) Kapitalertragsteuer; (3) Erbschaft- und Schenkungsteuer, bes. bei Stiftungen; (4) Umsatzsteuer für Lieferungen und sonstige Leistungen, die Entnahmen oder verdeckte Gewinnausschüttungen sind, und Vorsteuerbeträge für Aufwendungen, bei denen der Vorsteuerabzug ausgeschlossen ist, weil sie Repräsentationszwecken und ähnlichen Zwecken dienen (§ 15 Abs.1a UStG).

nicht akzessorische Sicherheiten → fiduziarische Sicherheiten.

Nichtangriffsabrede – nach § 17 II Nr. 3 GWB grundsätzlich zulässige Klausel in Lizenzverträgen über → gewerbliche Schutzrechte, durch die sich der Lizenznehmer verpflichtet, das lizenzierte Schutzrecht nicht im Wege des → Einspruchs, der → Löschung oder der → Nichtigkeitsklage anzugreifen. Strenger werden Nichtangriffsabreden nach dem Kartellrecht der EU behandelt: Sie sind in Lizenzverträgen, die den Handel zwischen den Mitgliedsstaaten der EU berühren, nach Art. 85 EGV nichtig und grundsätzlich auch nicht freistellungsfähig, wenn sie nach ihrem rechtlichen und wirtschaftlichen Zusammenhang geeignet sind, den Handel zwischen den Mitgliedsstaaten spürbar zu beeinträchtigen. Das gilt auch für einen zur Streitregelung getroffenen Vergleich; allenfalls in einem Prozessvergleich kann eine Nichtangriffsabrede ausnahmsweise zulässig sein.

Nichtannahme der Arbeitsleistung → Annahmeverzug.

nicht an Order → Rektaklausel.

Nichtbanken – Begriff der Volkswirtschaftslehre zur Abgrenzung der → Banken bzw. → Kreditinstitute von den übrigen Wirtschaftseinheiten bzw. Wirtschaftssektoren. Zu den Nichtbanken zählen der Staat, die privaten Haushalte, das Ausland und alle privaten Unternehmungen, soweit diese nicht → Geschäftsbanken sind. Problematisch ist diese Abgrenzung im Hinblick auf die → paramonetären Finanzierungsinstitute, die als Kapitalsammelstellen auch Kreditgeschäfte betreiben und somit Funktionen der Geschäftsbanken übernehmen. Um auch diese geldpolitisch relevanten Akteure zu berücksichtigen, beobachtet die Europäische Zentralbank die monetäre Entwicklung im Sektor der geldschöpfenden Finanzintermediäre → monetäre Finanzinstitute (MFI) –, die in der → konsolidierten Bilanz zusammengefasst sind.

Nichtbeförderung bei Flügen → Beförderungsvertrag; vgl. EG-Verordnungen (EG) Nr. 261/2004 v. 11.2.2004 (ABl. Nr. L 46 v. 17.2.2009, S. 1 – Flug);

Regelung für ein System von Ausgleichsleistungen bei Nichtbeförderung im Fluglinienverkehr (Wahlrecht des Fluggastes: Linienflüge – Erstattung des Flugpreises/ schnellstmögliche Beförderung zum Endziel, spätere Beförderung, bei → Pauschalreisen Entschädigung, im Übrigen Mindestausgleichsleistungen).

nicht börsennotierte Wertpapiere – 1. *Begriff:* Wertpapiere, für die keine Notierungen im → regulierten Markt (früher: → amtlicher Markt und → geregelter Markt) der → Börse erfolgen. – *Gegensatz:* → Börsennotierung. – 2. *Bewertungsgesetz:* Nicht börsennotierte Anteile sind mit dem → gemeinen Wert zu bewerten (§ 11 II BewG); dieser ist, wenn er sich nicht aus Verkäufen ableiten lässt (dann ggf. Berücksichtigung eines → Paketzuschlags), unter Berücksichtigung von Vermögenswert und Ertragsaussichten der Gesellschaft zu schätzen, und zwar nach R 95 ff. ErbStR (→ Stuttgarter Verfahren).

nicht dokumentäre Zahlungsbedingungen – *Allgemein:* Zahlungsbedingungen, bei denen die Zahlung des Schuldners nicht abhängig gemacht wird von der Vorlage bestimmter Dokumente, so wie es bei den Formen des → Dokumenteninkasso (d/p und d/a) sowie → Akkreditiven (*letter of credit:* L/C) der Fall ist. – Vgl. auch → Außenhandelsfinanzierung.

nicht eheliche (Lebens-)Gemeinschaft → eheähnliche Gemeinschaft.

nicht eheliches Kind – Durch das Gesetz zur Reform des Kindschaftsrechts, Kindschaftsrechtsreformgesetz (KindRG) vom 16.12.1997 (BGBl. I 2942) und das → Erbrechtsgleichstellungsgesetz wurde die zivilrechtliche Ungleichbehandlung ehelicher und nicht ehelicher Kinder aufgehoben. Bei nicht miteinander verheirateten Eltern greifen jedoch weiterhin Sonderregeln zur Anerkennung oder Feststellung der Vaterschaft (§§ 1592 ff. BGB) und zur → Unterhaltspflicht (§§ 1615a ff. BGB) ein.

nicht eingezahltes Kapital – der Teil des → Grundkapitals oder → Stammkapitals, der am Bilanzstichtag nicht eingegangen (eingefordert oder nicht eingefordert) ist. – *Behandlung in der Bilanz:* → Ausstehende Einlagen (Einzahlungen).

Nichterfüllung → Nichtleistung.

Nichterhebungsverfahren – Zollverfahren, in die → Nichtgemeinschaftswaren bei der Einfuhr übergeführt werden können, ohne dass Einfuhrabgaben erhoben werden. Für Nichterhebungsverfahren sieht der Zollkodex (ZK) bei ordnungsgemäßen Verhalten keinen Zollschuldentstehungstatbestand vor. – *Einzelverfahren:* (1) → Aktive Veredelung: Das Nichterhebungsverfahren bezeichnet zum einen einen aktiven Veredelungsverkehr gemäß Art 114 IIa ZK, bei dem bei Überführung von Nichtgemeinschaftswaren in dieses Verfahren keine Einfuhrabgaben erhoben oder handelspolitische Maßnahmen angewendet werden. (2) *Weitere Zollverfahren:* Ferner werden als Nichterhebungsverfahren gemäß Art. 84 ZK das → Versandverfahren, das → Zolllagerverfahren, das → Umwandlungsverfahren und die → vorübergehende Verwendung bezeichnet. Bei der vorübergehenden Verwendung kann es auch zur Teilverzollung kommen. – Die *Zusammenfassung* der genannten Zollverfahren unter einem Begriff ist v.a. aus gesetzestechnischen Gründen erfolgt. So gelten für Nichterhebungsverfahren gemeinsame Regelungen, z.B. die Möglichkeit, Sicherheitsleistungen gemäß Art. 88 ZK zu erheben.

Nichterwerbspersonen – Personen, die weder als → Erwerbstätige noch → Erwerbslose gelten, weil sie schulpflichtig sind oder arbeits- bzw. berufsunfähig. – Vgl. auch → Erwerbstätigkeitsstatistiken.

nicht finanzielle Kapitalgesellschaften – Sektor in der → Volkswirtschaftlichen Gesamtrechnung (VGR), der Kapitalgesellschaften, wie AG und GmbH, Personengesellschaften, wie OHG und KG, rechtlich unselbstständige Eigenbetriebe des Staates und der privaten Organisationen ohne Erwerbszweck, wie Krankenhäuser und Pflegeheime, sowie Wirtschaftsverbände umfasst, die als Marktproduzenten in der Haupttätigkeit Waren und nicht finanzielle Dienstleistungen produzieren. – Vgl. auch → finanzielle Kapitalgesellschaften.

nicht fiskalische Besteuerung – Gesamtheit aller steuerlichen Maßnahmen des Staates, die neben der Einnahmeerzielung primär andere wirtschaftspolitische Ziele verfolgen, z.B. zur Lenkung von Produktionsfaktoren (→ Allokation), zur Diskriminierung oder Förderung bestimmter Produkte, zur Einkommensumverteilung (→ Distribution) oder zur Stabilisierung der Wirtschaft (Konjunktur-, Wachstums- und Strukturpolitik). Die unter die nicht fiskalische Besteuerung fallenden Steuern werden → Zwecksteuern genannt. Ungeachtet ihrer Absichten hat jede Steuer fiskalische (→ fiskalische Besteuerung) und nicht fiskalische Wirkungen.

Nichtgemeinschaftswaren – nach Art. 4 Nr. 8 ZK andere als → Gemeinschaftswaren. In aller Regel handelt es sich hierbei zunächst bei der Einfuhr um unverzollte Drittlandswaren, die einem Zollverfahren zugeführt werden müssen. Mit Überführung in den zollrechtlich freien Verkehr werden sie Gemeinschaftswaren. Ansonsten bleibt der Status Nichtgemeinschaftsware erhalten. Gemeinschaftswaren verlieren mit dem Verlassen des Zollgebietes ihren Status und müssen bei Rückkehr erneut, dann aber als Rückwaren regelmäßig zollfrei, in den freien Verkehr übergeführt werden. Die im früheren dt. Zollrecht verwendeten Begriffe wie Zollgut und Freigut sind dem EU-Recht fremd.

nicht handelbare Güter – Güter, die nicht international gehandelt werden können und deswegen in verschiedenen Ländern auch unterschiedliche Preise aufweisen können (z.B. Grundstücke). Diese Preise werden allein durch die *nationalen* Angebots- und

Nachfragebedingungen bestimmt. – *Gegensatz:* → handelbare Güter.

Nichtigkeit – I. Nichtigkeit eines Rechtsgeschäfts: 1. *Begriff:* Vollständige rechtliche Wirkungslosigkeit eines → Rechtsgeschäfts (v.a. eines Vertrages). – 2. Nichtigkeit *tritt* ein, wenn das Rechtsgeschäft gegen ein gesetzliches Verbot (§ 134 BGB) oder die guten Sitten (§ 138 BGB) verstößt (v.a. wucherisch ist, → Wucher), der gesetzlich vorgeschriebenen oder vereinbarten Form ermangelt (§ 125 BGB) oder wirksam angefochten ist (§ 142 BGB, → Anfechtung). – Vgl. auch → Teilnichtigkeit.

II. Nichtigkeit eines Verwaltungsakts: 1. *Begriff:* Ein → Verwaltungsaktist nichtig, wenn er an einem bes. schwerwiegenden und offenkundigen Fehler leidet (Evidenztheorie; § 125 I AO, § 44 I VwVfG) oder die in § 125 II AO, § 44 II VwVfG aufgeführten Nichtigkeitsgründe erfüllt werden. Bes. schwerwiegend ist ein Fehler nach ständiger Rechtsprechung dann, wenn der Verwaltungsakt die an eine ordnungsgemäße Verwaltung zu stellenden Anforderungen in einem so erheblichen Maß verletzt, dass von niemandem erwartet werden kann, ihn als verbindlich anzuerkennen. Offenkundig ist ein Fehler, wenn er von einem Nichtrechtskundigen bei summarischem Überblick über die Sach- und Rechtslage erkannt werden kann. – Betrifft die Nichtigkeit nur einen Teil des Verwaltungsakts, so ist er im Ganzen nichtig, wenn der nichtige Teil so wesentlich ist, dass die Finanzbehörde den Verwaltungsakt ohne den nichtigen Teil nicht erlassen hätte (§ 125 IV AO). – 2. *Rechtsfolgen:* Ein nichtiger Verwaltungsakt ist unwirksam (§ 124 III AO) und kann nicht geheilt werden (§§ 126, 127 AO, §§ 45, 46 VwVfG).

III. Nichtigkeit einer Rechtsnorm (Rechtssatz): Normen, die gegen höherrangiges Recht verstoßen, sind grundsätzlich nichtig. Die Nichtigkeit einer Satzung oder Verordnung kann von jedem Gericht festgestellt werden; die Nichtigkeit von Gesetzen wird ausschließlich vom Bundesverfassungsgericht bzw. von den Verfassungsgerichten der Länder festgestellt. Die Vereinbarkeit einer Rechtsnorm mit dem Europarecht ist ausschließlich vom Europäischen Gerichtshof zu überprüfen; die Unvereinbarkeit führt nicht zur Nichtigkeit der nationalen Norm, sondern zum Anwendungsvorrang des Europarechts.

Nichtigkeitsklage – I. Zivilrecht: → Wiederaufnahme des Verfahrens.

II. Gesellschaftsrecht 1. GmbH : a) Enthält der Gesellschaftsvertrag keine Bestimmung über die Höhe des Stammkapitals oder den Gegenstand des Unternehmens oder sind die Bestimmungen über den Gegenstand des Unternehmens nichtig, kann jeder Gesellschafter, jeder Geschäftsführer und, wenn ein Aufsichtsrat besteht, jedes Mitglied des Aufsichtsrats im Wege der Klage beantragen, dass die Gesellschaft für nichtig erklärt wird. Die Klage ist gegen die Gesellschaft zu richten. Zuständig ist ausschließlich das Landgericht, in dessen Bezirk die Gesellschaft ihren Sitz hat (vgl. § 75 GmbHG i.V.m. §§246-248 AktG). – b) Mit der Anfechtungs- oder Nichtigkeitsklage könnnen fehlerhafte Beschlüsse der Gesellschafterversammlung nach ständiger Rechtsprechung in analoger Anwendung der Vorschriften des Aktienrechts über die Rechtsfolgen fehlerhafter Hauptversammlungsbeschlüsse (§§ 243 ff AktG) angegriffen werden. Die analoge Anwendung rechtfertigt sich daraus, dass das Gmbh-Recht selbst keine Regelungen über die Rechtsfolgen mangelhafter Gesellschafterbeschlüsse kennt. – 2. Aktiengesellschaft: Ein Aktionär, der Vorstand oder ein Mitglied des Vorstands oder Aufsichtsrats kann nach § 249 AktG Klage auf Feststellung der Nichtigkeit eines Hauptversammlungsbeschlusses gegen die Gesellschaft erheben. Die Klage ist binnen eines Monats nach der Beschlussfassung zu erheben und gegen die Gesellschaft zu richten. Zuständigkeit des Gerichts : siehe oben unter 1. Soweit der Beschluss durch rechtskräftiges Urteil für nichtig erklärt wird, wirkt das Urteil für und gegen alle Aktionäre sowie Mitglieder des Vorstands und Aufsichtsrats, auch wenn sie nicht Partei sind. Das Urteil ist vom Vorstand beim Handelsregister einzureichen und bekanntzumachen (vgl. §§ 246 Abs. 2, 248, 248a AktG). Nichtigkeitsprozesse können mit der Anfechtungsprozessen verbunden werden (§ 249 Abs. 2 S.2 AktG). Siehe auch → Anfechtungsklage.

III. Patentrecht: Beim → Bundespatentgericht (BPatG) zu erhebende Klage, mit der geltend gemacht werden kann, dass ein nationales oder europäisches → Patent wegen fehlender Patentfähigkeit oder unzureichender → Offenbarung ganz oder teilweise zu Unrecht erteilt oder unzulässig erweitert (→ Erweiterung (unzulässige)) und daher für nichtig zu erklären ist (§ 22 PatG, Art. 138 → Europäisches Patentübereinkommen (EPÜ)). Mit der Nichtigerklärung gelten die Wirkungen des Patents je nach Umfang der Nichtigerklärung als von Anfang an nicht eingetreten, die Nichtigerklärung des europäischen Patents wirkt nur in dem Mitgliedsstaat, in dem die Nichtigerklärung erfolgt. Über die Nichtigkeitsklage entscheiden die Nichtigkeitssenate des BPatG, über die Berufung gegen deren Urteile entscheidet der → Bundesgerichtshof (BGH).

Nichtintentionalität → Nebenwirkungen.

nicht kommerzielle Marktforschung → Nonprofit-Marktforschung.

nicht kommerzielles Marketing → Nonprofit Marketing.

Nichtleistung – Fall der → Leistungsstörungen. – 1. *Formen:* a) Die → Leistung kann aus tatsächlichen oder rechtlichen Gründen von niemandem oder vom Schuldner nicht erbracht werden (→ Unmöglichkeit). – b) Die Leistung wird verzögert (→ Leistungsverzögerung). – 2. *Rechtsfolgen:* Unmöglichkeit, Leistungsverzögerung, → Schuldnerverzug. – *Anders:* → Schlechtleistung.

Nichtleistungswettbewerb – umfasst Verhaltensweisen, die geeignet sind, einen echten Vergleich der Leistungen der einzelnen Wettbewerber durch die Marktgegenseite auszuschließen. Dabei kann es sich um eine Behinderung der Mitbewerber oder um eine unmittelbare Beeinträchtigung der Entschließungsfreiheit der Kunden handeln, bspw. durch Täuschung, Drohung oder Lockangebote.

Nichtlinearität – 1. *Definition:* Dynamische Systeme, also → Differenzengleichungssysteme der Form

$$x_{t+1} = f(x_t, \lambda, t),$$

oder → Differenzialgleichungssysteme der Form

$$dx / dt = f(x(t), \lambda, t),$$

sind dann nicht linear, wenn die Funktionen $f = f_1, f_2, ..., f_n)$ nicht linear bez. der Zustandsvariablen $x = (x_1, x_2, ..., x_n)$ sind. – 2. *Ökonomische Bedeutung:* Die Nichtlinearität ist konstitutiv für synergetische (→ Synergetik), deterministisch-chaotische (→ Chaos) oder katastrophische Prozesse. Sind wirtschaftliche Beziehungen durch nicht lineare Strukturen gekennzeichnet, kann die Antizipation künftiger Ereignisse auch bei annähernd genauer Kenntnis von Startwerten und funktionalen Zusammenhängen praktisch unmöglich werden. Das Problem nicht linearer Zusammenhänge stellt sich in bes. Weise bei politischen Maßnahmen, die Auswirkungen auf komplexe ökologische Zusammenhänge haben. – Vgl. auch → Komplexität.

Nichtmitgliedergeschäfte – der genossenschaftlichen Geschäftsbetriebe haben in vielen Genossenschaftssparten (v.a. bei Kreditgenossenschaften) stark an Bedeutung gewonnen. Zu berücksichtigen ist dabei allerdings, dass das Ziel der Genossenschaften die Förderung der Mitglieder ist und deswegen das Nichtmitgliedergeschäft als atypisch einzustufen ist. Rechtlich sind Nichtmitgliedergeschäfte schwierig zu beurteilen; ihre Zulässigkeit kann jedoch durch die Regelung in der Satzung über die Mitgliederentscheidung festgelegt werden. Wichtig ist die Relation von Nichtmitglieder- zu Mitgliedergeschäft; es ist problematisch, wenn der Großteil des Umsatzes des genossenschaftlichen Geschäftsbetriebes mit Nichtmitgliedern erfolgt. Der unternehmenspolitische Zweck des Nichtmitgliedergeschäftes kann darin liegen, neue Mitglieder zu werben oder Gewinne zu erzielen, die zur besseren Mitgliederförderung eingesetzt werden bzw. eine bessere Ausnutzung der Unternehmenskapazitäten durch die Nichtmitgliedergeschäfte zu erreichen. Somit sind Nichtmitgliedergeschäfte lediglich Mittel zum Zweck, nämlich zu einer besseren Verwirklichung des → Förderungsauftrages. Die → Satzungen der meisten Genossenschaften beinhalten die Regelung, dass Nichtmitgliedergeschäfte zulässig sind.

nicht monotones Schließen – *Nonmonotonic Reasoning;* in der → Künstlichen Intelligenz (KI) Methode des Ableitens neuer Fakten aus einer Menge von → Regeln und Fakten, bei der neue Fakten im Widerspruch zu solchen aus der vorherigen Faktenmenge stehen können. Dieser Widerspruch wird durch das Löschen der widersprüchlichen älteren oder neuen Fakten aufgelöst. – *Gegensatz:* → monotones Schließen.

nicht negative Reaktion – Anforderung an → Abstimmungsverfahren, das sicherstellt, dass ein Wähler, der sein Wahlverhalten zugunsten einer Alternative ändert, den Wahlausgang damit nicht zu deren Nachteil verschiebt. Nicht negative Reaktion ist eine notwendige Bedingung zur Ausschaltung von → strategischem Abstimmungsverhalten und damit zur Aufdeckung der wahren Präferenzen bei Abstimmungen. – *Gegensatz:* → positive Reaktion.

nicht parametrische (verteilungsfreie) Testverfahren → statistische Testverfahren, bei denen keine Voraussetzung bez. der expliziten Form der → Verteilung der beteiligten → Variablen erforderlich ist, insbesondere z.B. keine → Normalverteilung unterstellt werden muss. – Zu den nicht parametrischen (verteilungsfreien) Testverfahren gehören u.a. Anpassungstests, also Testverfahren, die eine Verteilungshypothese zum Gegenstand haben, und zahlreiche Testverfahren, bei denen nur Rangwertinformationen (→ Rang) ausgewertet werden.

nicht periodische Steuern – *aperiodische Steuern;* Steuern, die unter normalen Verhältnissen nicht regelmäßig entstehen (z.B. Erbschaftsteuern). → Steuerklassifikation nach dem Kriterium der Regelmäßigkeit der Entstehung der Steuer. – *Gegensatz:* → periodische Steuern (z.B. Einkommensteuer).

Nichtpreiswettbewerb – *Non-Price Competition;* Terminus der → Wettbewerbstheorie für alle Formen des Wettbewerbs, die auf den Einsatz des Preises als → Aktionsparameter verzichten und stattdessen auf andere Wettbewerbsformen (Qualität, Service und Werbung) ausweichen. Nichtpreiswettbewerb ist die typische Wettbewerbsform in → Oligopolen mit hoher Interdependenz, in denen eine Verlagerung des Wettbewerbsstrebens vom Preiswettbewerb auf den Nichtpreiswettbewerb stattfindet. – Vgl. auch → Wettbewerbstheorie, → Preiswettbewerb, → Qualitätswettbewerb, → Servicewettbewerb, → Werbung.

nicht programmierbare Entscheidung – *echte Entscheidung.* 1. *Begriff:* → Entscheidung, die durch einen hohen Komplexitätsgrad und geringe Determinierbarkeit charakterisiert ist. Nicht programmierbare Entscheidungen sind vielfach einmalige Entscheidungen, die neuartige unternehmenspolitische Entscheidungen von größerer Tragweite umfassen und die unter großer Unsicherheit der Daten zu fällen sind. – 2. *Formen:* U.a. konstitutive Entscheidungen (z.B. die Wahl der Rechtsform, des Standorts oder Entscheidungen über die Unternehmensorganisation) und Wiederholungsentscheidungen (z.B. Personaleinsatz, Preispolitik). – Vgl. auch → programmierbare Entscheidung.

nicht proportionaler Rückversicherungsvertrag – 1. *Begriff*: Rückversicherungsvertrag, bei dem der Rückversicherer den einen bestimmten Betrag (Priorität) übersteigenden Schadenaufwand des Erstversicherers zu tragen hat. Je nach Vereinbarung erstreckt sich der Deckungsschutz nur auf einen → Versicherungszweig oder auf eine Vielzahl von Zweigen (Umbrelladeckung). Der Vertrag kann entweder so gestaltet sein, dass ab einer Schadenhöhe, die bei einem Risiko eingetreten ist (Einzelschadensexzedent) oder bei einer Summe von Schäden aus einem Ereignis (Kumulschadenexzedent) die Haftung ausgelöst ist. Die Prämiengestaltung für einen solchen Vertrag orientiert sich an der Schadenerfahrung der Vergangenheit, wobei als Kalkulationsverfahren zumeist das Burning-Cost-Verfahren oder die Exposure Rate angewandt werden. – 2. *Formen:* Insbesondere → Einzelschadenexzedent, → Kumulschadenexzedent, Jahresüberschadendeckung. – 3. *Abgrenzung*: Steht im Gegensatz zum → proportionalen Rückversicherungsvertrag.

nicht reaktive Messverfahren – Begriff der → Marktforschung für alle Messinstrumente, die keine Einbeziehung und Motivation der Testpersonen voraussetzen. Die Versuchspersonen wissen nicht, dass sie getestet werden (z.B. → Beobachtung) und können somit auch nicht auf die Messung reagieren.

nicht realisierter Gewinn – Gewinn, der aufgrund gegebener Markt- und Tagespreise bei Veräußerung von Vermögensgegenständen entstehen würde, die tatsächlich nicht oder noch nicht verkauft sind. Nicht realisierte Gewinne dürfen sowohl handels- als auch steuerrechtlich *grundsätzlich nicht ausgewiesen* werden, da die Anschaffungs- bzw. Herstellungskosten handelsrechtlich und nach → Grundsätzen ordnungsmäßiger Buchführung (GoB) die Bewertungsobergrenze bilden (→ Realisationsprinzip). – *Ausnahme:* Großaufträge, z.B. der Bau- oder Schiffsbauindustrie, deren Fertigung sich über mehrere Jahre erstreckt; ein vorsichtig geschätzter Anteil am voraussichtlich erzielbaren Gesamtgewinn bei Vorliegen von Teilabrechnungen kann handels- und steuerrechtlich den einzelnen Jahren zugerechnet werden, auf die sich die Fertigung erstreckt.

nicht realisierter Verlust – buchmäßiger Verlust, der dadurch entsteht, dass bei → Vermögensgegenständen die → Tageswerte unter die Anschaffungs- oder Herstellungskosten sinken. Nicht realisierte Verluste werden bei Vermögensgegenständen des Umlaufvermögens durch Abwertung vorweggenommen, bei Anlagevermögensgegenständen besteht Abwertungsgebot nur bei dauernder Wertminderung. – Vgl. auch → Imparitätsprinzip, → Niederstwertprinzip, → Bewertung.

nicht rechtsfähiger Verein – körperschaftlicher Zusammenschluss, der mangels Eintragung im Vereinsregister oder staatlicher Verleihung der Rechtsfähigkeit entbehrt. – Vgl. auch → Verein.

Nichtregierungsorganisation (NRO) → Non-Governmental Organization (NGO).

nicht relevante Kosten – Begriff der entscheidungsorientierten Kostenrechnung für Teile der Gesamtkosten, die vom Treffen einer bestimmten Entscheidung unabhängig sind, d.h. für betriebliche Entscheidungsprobleme nicht relevant sind. Zu den nicht relevanten Kosten gehören immer die → Sunk Costs. – *Gegensatz:* → relevante Kosten.

nicht rivalisierender Konsum → Nichtrivalitätsaxiom.

Nichtrivalitätsaxiom – Konzept zur Charakterisierung → öffentlicher Güter, wenn auch das → Ausschlussprinzip nicht gilt. Ein Gut erfüllt das Nichtrivalitätsaxiom, wenn dieses von allen Haushalten ohne gegenseitige Beeinflussung in gleichem Umfang konsumiert werden kann (nicht rivalisierender Konsum) z.B. Preisstabilität, Rundfunksendungen. – *Gegenteil:* → Individualgut; → meritorische Güter.

nichtselbstständige Arbeit – 1. *Begriff*: Eine der 7 Einkunftsarten des Einkommensteuerrechts. Einkünfte aus nichtselbstständiger Arbeit haben Personen, die Gelder für geleistete Dienste beziehen; das gilt selbst dann, wenn diese Dienste nicht selbst, sondern von jemand anders geleistet worden sind (so gehört z.B. die Betriebsrente, die an Hinterbliebene des Arbeitnehmers gezahlt wird, zu den Einkünften aus nichtselbstständiger Arbeit, weil sie wegen der früheren Arbeitstätigkeit des verstorbenen Arbeitnehmers gezahlt wird). – 2. *Rechtsquellen*: Was zu den Einkünften aus nichtselbstständiger Arbeit gehört, regelt § 19 EStG, wer „Arbeitnehmer" ist, bestimmt § 1 LStDV. – 3. *Steuerliche Behandlung*: Einkünfte aus nichtselbstständiger Arbeit unterliegen der Einkommensteuer, und zwar bei unbeschränkt steuerpflichtigen Personen gemäß § 2 I Nr. 4 EStG, bei beschränkt steuerpflichtigen Personen nach § 49 I Nr. 4 EStG. Die Einkommensteuer für Einkünfte aus nichtselbstständiger Arbeit hat der Arbeitgeber vom Arbeitslohn einzubehalten und an das Finanzamt abzuführen, wenn er ein inländischer Arbeitgeber ist (→ Lohnsteuer, § 38 EStG). Die Bemessungsgrundlage setzt sich zusammen aus den für die Arbeit erhaltenen Einnahmen (= Geld und geldwerte Vorteile) und → Werbungskosten. – *Anders*: Die Bezeichnung für Einkünfte aus Arbeitstätigkeit in den Doppelbesteuerungsabkommen (DBA) lautet „unselbstständige Arbeit" (um hervorzuheben, dass dort – in einem völkerrechtlichen Vertrag, dessen Inhalt die dt. Seite nicht alleine vorgeben kann! – der Begriffsinhalt nicht automatisch in allen Einzelheiten identisch sein muss mit dem, was das dt. EStG unter nichtselbstständiger Arbeit versteht).

nicht sprachliche Kommunikation → nonverbale Kommunikation.

Nichtstichprobenfehler – in der Statistik → Fehler eines Merkmalswertes oder einer Kenngröße einer → Grundgesamtheit oder Stichprobe, der nicht dadurch bewirkt wird, dass (nur) eine Zufallsauswahl (→ Auswahlverfahren) durchgeführt wurde. – *Gegensatz:* → Stichprobenzufallsfehler.

nicht tarifäre Handelshemmnisse – alle Arten von Handelshemmnissen, die nicht die Form von → tarifären Handelshemmnissen haben wie z.B. technische Vorschriften, industrielles Sicherheitsrecht, Lebensmittelrecht, Arnzeimittelrecht, Zulassungsbedingungen für KfZ u.a. staatliche Maßnahmen. Sie verzerren den Handel bestimmter Güter oder Dienstleistungen auf internationaler Ebene hinsichtlich seiner Zusammensetzung, seiner regionalen Ausrichtung und nicht zuletzt in seinem Umfang. Nicht tarifäre Handelshemmnisse spielen in der realen Wirtschaft eine große Rolle. Weitere Beispiele nicht tarifärer Handelshemmnisse: Maßnahmen, die direkt Warenströme beeinflussen (wie Anmeldeformalitäten für Importe, technische Qualitätsanforderungen an Produkte, Import- und Exportverbote, mengenmäßige Beschränkungen, Importquoten, freiwillige Exportbeschränkungen, Ausfuhrsubventionen, Exportabgaben, staatliche Exportabsicherungen – in Deutschland HERMES-Kredite, Förderungen von Direktinvestitionen), Maßnahmen, die nicht mit handelspolitischen Motiven verknüpft sind, sich aber dennoch auf die Warenströme auswirken (Normen und Standards, z.B. umweltpolitische Produktnormen, Abgasvorgaben, Verpackungsvorschriften, Sicherheitsvorschriften, aber auch Verwaltungsvorschriften und Öffnungszeiten von Behörden) und → Antidumpingzoll, Retorsionszoll, → Ausgleichszoll (auch Strafzoll) und Bevorzugungen in der staatlichen Auftragsvergabe. Nicht tarifäre Handelshemmnisse stellen all jene Behinderungen im → Außenhandel dar, die sich aus Vorschriften und internen Anweisungen für die Verwaltung – insbesondere der → Zollverwaltung – ergeben und so ggf. zu Verzögerungen der Zollabwicklung führen können; verwaltungsbedingte Handelshemmnisse werden „administrative Handelshemmnisse" oder „administrativer Protektionismus" genannt. Nicht tarifäre Handelshemmnisse führen ebenso wie tarifäre Hemmnisse zu Verzerrungen zwischen den Weltmarktpreisen (→ Terms of Trade) und den heimischen Güterpreisen. Bei tarifären Handelshemmnissen führt diese Verzerrung zu Steuereinnahmen, bei mengenmäßigen Restriktionen fallen Quotenrenten an. – Vgl. auch → Handelspolitik, → Importquote, → Äquivalenz zwischen tarifären und nicht tarifären Handelshemmnissen.

Nichtveranlagungsbescheinigung – *Nichtveranlagungsbescheinigung (auch NV-Bescheinigung)* ist eine nach außen gerichtete Bestätigung der Finanzbehörde, wonach eine Steuerveranlagung nicht in Betracht kommt. Eine NV-Bescheinigung erhält jede natürliche Person auf Antrag, die voraussichtlich nicht zur Einkommensteuer veranlagt wird (z. B. weil nur geringe Einkünfte erzielt werden). Die NV-Bescheinigung wird beim zuständigen Finanzamt beantragt und gilt für maximal drei Jahre. Die NV-Bescheinigung wird typischerweise zur Vorlage bei einem Kreditinstitut ausgestellt, damit dieses vom Kapitalertragsteuerabzug absehen kann (§ 44a II Nr. 2 EStG). Damit erübrigt sich ein Freistellungsauftrag. Zu beachten ist, dass die NV-Bescheinigung kein → Freistellungsbescheid darstellt. Im Gegensatz zum Freistellungsauftrag ist sie hinsichtlich der Höhe der Erträge, welche vom Steuerabzug freigestellt sind, nicht begrenzt. Bei Aufforderung durch das Finanzamt ist die Bescheinigung zurückzugeben. Außerdem hat die Rückgabe zu erfolgen, wenn der Inhaber erkennt, dass die Voraussetzungen für ihre Erteilung nicht mehr vorliegen (§ 44a EStG). Darüber hinaus befreit die NV-Bescheinigung nicht von der Steuerpflicht.

Nichtveranlagungsverfügung – *NV-Verfügung;* ein innerdienstlicher Aktenvermerk der Finanzbehörde. Mit ihm wird festgestellt, dass eine Steuerveranlagung nicht durchzuführen ist, nachdem die Prüfung im Ermittlungsverfahren ergeben hat, dass die gesetzlichen Voraussetzungen nicht erfüllt sind. Wegen der regelmäßig fehlenden Rechtswirkung nach außen ist die Nichtveranlagungsverfügung kein → Verwaltungsakt,es sei denn, sie wird dem Betroffenen schriftlich bekannt gegeben und ist mit einer Rechtsbehelfsbelehrung versehen.– *Gegensatz:* → Freistellungsbescheid.

nicht verbale Kommunikation → nonverbale Kommunikation.

Nichtwissenserklärung – Erklärung einer Partei im Zivilprozess hinsichtlich solcher vom Gegner behaupteten Umstände, die weder eigene Handlungen der Partei noch Gegenstand ihrer eigenen Wahrnehmung gewesen sind (§ 138 IV ZPO). – *Folge:* Soweit den Gegner die Beweislast trifft, muss er ggf. → Beweis für seine Behauptung erbringen.

Nicklisch – Heinrich, 1876–1946, Professor an den Handelshochschulen Leipzig, Mannheim und Berlin; herausragender Fachvertreter, der die Entwicklung der → Betriebswirtschaftslehre (BWL) in ihrem Frühstadium mitgeprägt hat. – *Bedeutung:* Nicklisch gilt neben → Schär als Begründer einer ethisch-normativen Betrachtungsweise (→ normative Betriebswirtschaftslehre); entwickelte eine eigenständige Sozialphilosophie und darauf aufbauend eine Lehre von der Betriebsgemeinschaft, deren praktische Umsetzung den Gegensatz zwischen Kapital und Arbeit aufheben sollte (u.a. mittels Ertragsbeteiligung der Mitarbeiter). – *Werke:* „Allgemeine kaufmännische Betriebslehre als Privatwirtschaftslehre des Handels (und der Industrie)" (1912) – nach Umgestaltung und Erweiterung 1929 bis 1932 dreibändig als „Die Betriebswirtschaft" erschienen; ergänzend dazu „Organisation – der Weg aufwärts! Versuch einer

Grundlegung" (1920); Gründer und Herausgeber der „Zeitschrift für Handelswissenschaft und Handelspraxis", seit 1930 umbenannt in „Die Betriebswirtschaft"; Herausgeber des „Handwörterbuchs der Betriebswirtschaft" (1925–1928).

Niederlassung – Ort, an dem ein Unternehmen geführt wird. Das Niederlassungsrecht ist im Wesentlichen in den §§ 13 ff. HGB geregelt. Die Niederlassung ist i.Allg. → Erfüllungsort für Geschäftsschulden und → Gerichtsstand für alle den Gewerbebetrieb betreffenden Klagen. – Neben der Hauptniederlassung können Zweigniederlassungen bestehen. – Vgl. auch → Auslandsniederlassung.

Niederlassung im Ausland → Auslandsniederlassungen.

Niederlassungsfreiheit – 1. *I.w.S.:* Das allen Deutschen zustehende Grundrecht der Freizügigkeit (Art. 11 GG), nämlich das Recht, an jedem Ort innerhalb des Bundesgebiets Aufenthalt und Wohnsitz zu nehmen. – 2. *I.e.S.:* Eine der im EG-Vertrag gewährleisteten Grundfreiheiten zur Errichtung eines → Einheitlichen Binnenmarktes (Art. 43–48 EGV). Sie umfasst die Aufnahme und Ausübung jeder erlaubten selbstständigen Erwerbstätigkeit von EU-Angehörigen in einem anderen Mitgliedsland, die von einer dort eingerichteten Niederlassung ausgeht. Sie umfasst die Gründung und Leitung von Unternehmen, Agenturen, Zweigniederlassungen und Tochtergesellschaften. Berechtigt sind natürliche und juristische Personen sowie alle Gesellschaften, soweit sie Erwerbszwecke verfolgen. Von der → Dienstleistungsfreiheit (Art. 49 ff. EGV) als eine der anderen Grundfreiheiten unterscheidet sich die Niederlassungsfreiheit durch die Dauer der Tätigkeit, von der Arbeitnehmerfreizügigkeit (Art. 39 ff. EGV) durch das Merkmal der Selbstständigkeit der Erwerbstätigkeit. Für Investitionen der Selbstständigen in Zusammenhang mit der Gründung oder dem Betrieb einer Niederlassung finden die Vorschriften über die Kapitalverkehrsfreiheit Anwendung (Art. 43 i.V. mit Art. 56 EGV). Die Niederlassungsfreiheit enthält als sachlichen Therm das Gebiet der Inländergleichbehandlung, d.h. jeder Angehörige der EU, der sich in einem anderen Mitgliedsstaat niederlassen möchte, kann beanspruchen, so behandelt zu werden wie die dort Niedergelassenen.

Niederschlagung von Steuern – eine innerdienstliche Anordnung, dass vorläufig von (weiteren) Beitreibungsversuchen abgesehen wird. Niederschlagung von Steuern wird i.d.R. dann verfügt, wenn feststeht, dass die Beitreibung keinen Erfolg haben wird oder die Kosten der Einziehung außer Verhältnis zu dem zu vollstreckenden Betrag stehen (§ 261 AO). Als rein verwaltungsinterne Maßnahme ist sie kein → Verwaltungsakt. Der Anspruch bleibt weiterhin bestehen und fällig (kein → Erlöschen). Die Maßnahme ist kein → Steuererlass.

Niederschrift in der Hauptversammlung der AG – Eine grundsätzlich vom → Notar zu führende Niederschrift. – *Inhalt:* Alle Beschlüsse der → Hauptversammlung müssen zur Gültigkeit durch die Niederschrift beurkundet sein; anzugeben sind auch Art und ziffernmäßiges Ergebnis der Abstimmung sowie die Feststellung des Vorsitzenden über die Beschlussfassung. – Eine → öffentlicher Beglaubigung bedürfende *Abschrift* der Niederschrift ist vom Vorstand unverzüglich zum Handelsregister einzureichen (§ 130 AktG). Bei nichtbörsennotierten Gesellschaften reicht eine vom Aufsichtsratsvorsitzenden unterzeichnete Niederschrift aus, dort wird also kein Notar benötigt, Ausnahme: Es werden Beschlüsse gefasst, für die das Gesetz eine Dreiviertel-Mehrheit oder eine größere Mehrheit bestimmt (vgl. § 130 I S. 3 AktG).

Niederstwertprinzip – Bewertungsprinzip des Handelsrechts (§ 253 HGB), „abgeleitet" aus dem → Vorsichtsprinzip und Konkretisierung des → Imparitätsprinzips und damit Bestandteil der → Grundsätze ordnungsmäßiger Buchführung (GoB) und → ordnungsmäßiger Bilanzierung. – 1. *Zu unterscheiden:* a) *Gemildertes Niederstwertprinzip:* Bei Vermögensgegenständen des → Anlagevermögens sind bei voraussichtlich dauernder Wertminderung außerplanmäßige Abschreibungen vorzunehmen, um diese mit dem niedrigeren Wert anzusetzen, der ihnen am Abschlussstichtag beizulegen ist. Bei Finanzanlagen können außerplanmäßige Abschreibungen auch bei voraussichtlich nicht dauernder Wertminderung vorkommen. – b) *Strenges Niederstwertprinzip:* Von drei möglichen Wertansätzen, den Anschaffungs- bzw. Herstellungskosten, dem Börsen- oder Marktpreis und dem am Abschlussstichtag beizulegenden Wert ist bei den Vermögensgegenständen des → Umlaufvermögens stets der niedrigste Wert anzusetzen. Dieser Grundsatz der Aufwandsantizipation gilt analog bei der Bewertung von *Verbindlichkeiten* und führt hier zu einem → Höchstwertprinzip. – 2. Das Niederstwertprinzip gilt grundsätzlich auch *steuerrechtlich,* sofern nicht die Ermittlung des → Teilwerts zu Abweichungen führt. – 3. *Zweck des Niederstwertprinzips:* Berücksichtigung des Vorsichtsprinzips (Gläubigerschutz) bei der Bewertung. – 4. Die Bewertung nach dem Niederstwertprinzip hat zur *Folge,* dass im Gegensatz zu nicht realisierten Gewinnen nicht realisierte Verluste ausgewiesen werden. – *Mögliche Folge:* Entstehung → stiller Rücklagen, wenn bei späterem Wegfall der Abschreibungsgründe keine → Zuschreibung vorgenommen wird.

niedrige Besteuerung – Begriff aus dem → Außensteuergesetz (AstG): Eine niedrige Besteuerung liegt vor, wenn die Einkünfte einer ausländischen Kapitalgesellschaft einer Belastung mit Ertragsteuern von weniger als 25 Prozent unterliegen (§ 8 III AStG). Liegt eine niedrige Besteuerung vor, so kommt, wenn passive Einkünfte vorliegen, für dt. Anteilseigner, die an einer solchen Gesellschaft mittelbar oder unmittelbar in einem bestimmten Ausmaß beteiligt sind, eine

Anwendung der → Hinzurechnungsbesteuerung in Frage. – *Anders:* → Niedrigsteuerland.

Niedriglohnsektor – gesetzlich zulässige Bezahlung von Arbeitnehmern unterhalb von Tariflöhnen oder dem durchschnittlichen Lohnniveau auf dem regulären Arbeitsmarkt. Arbeitsmarktpolitische Bedeutung umstritten. Neuerdings wird in der Aktivierung des Niedriglohnsektors ein Ansatz zur Verringerung der Arbeitslosigkeit gesehen. Ausgangspunkt ist die Feststellung, dass im Niedriglohnsektor die Anreize, einer Erwerbsarbeit nachzugehen, nur gering ausgeprägt seien, da das geringe Einkommen kaum die Bedürftigkeitsgrenze für den Bezug von → Sozialhilfe übersteige („Sozialhilfefalle"). Konzepte für einen Ausstieg aus der Sozialhilfe liegen vor in Form der verschiedenen Modelle des sog. Kombilohns, bei dem bei Aufnahme einer sozialversicherungspflichtigen Tätigkeit ein Zuschuss zu den Sozialversicherungsbeiträgen (Mainzer Modell) oder zum Kindergeld oder ein Lohnzuschuss, der nur teilweise auf die Sozialhilfe angerechnet wird (Einstiegsgeld), gewährt wird. Weitergehende Konzepte sehen – wie in den USA und Großbritannien einen staatlichen „Lohnzuschlag für Geringverdienende" vor, der auch Arbeitseinkommen erfasst, die den Bedarf für den Sozialhilfebezug überschreiten.

Niedrigpreisstrategie – Preisstrategie, bei der im Gegensatz zur → Hochpreisstrategie versucht wird, sich durch niedrige Preise vom Wettbewerb abzuheben. Ein Produkt wird zu einem bes. niedrigen Preis auf den Markt gebracht, um schnell hohen Absatz zu generieren und Marktanteile zu gewinnen. Der gewählte Preis liegt u.U. unterhalb des gewinnoptimalen Preises.

Niedrigsteuerland – Begriff des dt. Außensteuergesetzes: Land, in dem das Steuerniveau für einen Steuerpflichtigen mit einem bestimmten Referenzeinkommen um mehr als 25 Prozent unter der in Deutschland zu zahlenden Steuerbelastung liegt. Ein Deutscher, der in ein Niedrigsteuerland umzieht und nicht nur völlig unerhebliche wirtschaftliche Verbindungen mit Deutschland aufrecht erhält, unterliegt mit seinen dt. Einkünften einer verschärften Form der Besteuerung (sog. erweiterte beschränkte Steuerpflicht). – *Analog:* Umzug in einen ausländischen Staat, der kein Niedrigsteuerland ist, ihm persönlich aber eine steuerliche Vorzugsbehandlung einräumt (§ 2 II Nr. 2 AStG).

Nielsen-Panel – erstes von der A.C. Nielsen Company in den USA entwickeltes → Handelspanel, in Deutschland mit Schwerpunkt im Lebensmitteleinzelhandel. – *Inhalt der Handelspanel-Berichte:* a) Produkt-Daten; b) Distributions-Daten: (1) Numerische Distribution, (2) gewichtete Distribution; c) Verkaufsförderungsdaten. – Diese Handelspanel-Daten werden im Normalbericht des Nielsen-Lebensmitteleinzelhandels-Index nach folgenden Gesichtspunkten *aufgegliedert:* (1) Regionale Aufgliederungen in sog. Nielsen-Gebiete (eigene Abgrenzung mit Orientierung an Bundesländergrenzen); (2) Geschäftstypen der Betriebe; (3) Organisationsformen der Betriebe.

Nießbrauch – 1. *Begriff:* Höchstpersönliches, nicht veräußerliches und nicht vererbliches Recht, alle → Nutzungen eines Gegenstandes zu ziehen (§§ 1030 ff. BGB). Die Ausübung des Nießbrauchs kann einem anderen überlassen werden. Die Substanz wird vom Nießbrauch nicht berührt. – 2. Der Nießbrauch kann *bestellt werden* an (1) → beweglichen Sachen, (2) → Grundstücken (Einigung und Eintragung im Grundbuch), (3) Rechten, (4) den einzelnen Sachen und Rechten eines ganzen Vermögens, (5) in Ausnahmefällen auch an im → Schiffsregister eingetragenen Schiffen. – Der Sachnießbrauch ist ein → dingliches Recht mit Schutz gegen den Eigentümer der Sache und Dritte. – 3. *Handelsrecht:* Bes. hinsichtlich der → Firmenfortführung wird die Übernahme eines Unternehmens aufgrund eines Nießbrauchs wie die → Veräußerung des Unternehmens behandelt. – 4. *Steuerliche Behandlung:* Abhängig von der Art des Nießbrauchs (Vorbehaltsnießbrauch, Zuwendungsnießbrauch, Vermächtnisnießbrauch, Sicherungsnießbrauch, Obligatorische Nutzungsrecht oder „fehlgeschlagener Nießbrauch", Bruttonießbrauch, Nettonießbrauch, Quoten- und Bruchteilsnießbrauch) und der Art der Bestellung (entgeltlicher bzw. teilentgeltlicher Nießbrauch, unentgeltlicher Nießbrauch). Steuerrechtlich ist der Nießbrauch insbesondere deshalb von Bedeutung, weil sich mit ihm Einkünfte verlagern lassen, wodurch die Steuerprogression vermieden werden kann. Trotz aller steuerlichen Risiken werden in der Praxis auch heute – insbesondere zwischen Familienangehörigen – noch häufig Nießbrauchsgestaltungen eingesetzt. Zum einen können über einen Nießbrauch „Einkunftsquellen" verlagert werden, z.B. von hoch besteuerten Eltern auf ihre bisher nicht besteuerten Kinder, zum anderen kann im Rahmen der vorweggenommenen Erbfolge Vermögen zwischen den Generationen übertragen werden, ohne die Übertragenden ganz von der Nutzung oder Fruchtziehung auszuschließen (Vorweggenommene Erbfolge). Der größte Nachteil von Nießbrauchsgestaltungen kann darin liegen, dass u.U. alle Abschreibungen und im Einzelfall auch die Werbungskosten oder Betriebsausgaben steuerlich verloren gehen. In der Besteuerungspraxis sind Nießbrauchsgestaltungen insbesondere im Bereich vermieteter Privatgrundstücke anzutreffen. Hierzu hat die Finanzverwaltung mit BMF-Schreiben v. 24.7.1998 umfangreiche Regelungen zur steuerlichen Behandlung getroffen.

NIIP – Abk. für → Net International Investment Position.

Nikomachische Ethik – 1. *Begriff:* Als Nikomachische Ethik wird das ethische Hauptwerk des Aristoteles bezeichnet, das nach seinem Sohn Nikomachos benannt ist. Mit dieser systematischen Abhandlung etabliert Aristoteles die Auseinandersetzung mit Fragen der Ethik als eigenständigen Zweig der Philosophie und legt den Grundstein für die praktische Philosophie des Abendlandes. – 2. *Gegenstand*: die Nikomachische Ethik ist eine Tugendethik, der die Frage nach der bestmöglichen individuellen und kollektiven Lebensführung zugrunde liegt. Die Ausführungen fokussieren die Frage der Erreichbarkeit eines hohen Grades an individueller Glücksseligkeit des Menschen. – 3. *Wirkung*: Die Nikomachische Ethik entwickelt schon alle grundlegenden handlungstheoretischen Begrifflichkeiten und zentralen Themen der praktischen Philosophie wie Glück und gutes Leben, intellektuelle Tugenden, Charaktertugenden, Freiwilligkeit, Verantwortung, praktische Klugheit, Willensschwäche, sinnliche Lust, Freundschaft und Gerechtigkeit. Aufgrund der zentralen Rolle die der Tugend und dem tugendhafte Verhalten des Menschen zur Erreichung eines guten Lebens zugeschrieben wird, erweist sie sich als Tugendethik. – 4. *Geschichtliche Bedeutung*: nach dem Untergang der antiken Welt in Vergessenheit geraten, wuchs die Nikomachische Ethik durch arabische Philosophen wie Averroes und Avicenna wiederentdeckt und im Folgenden von abendländischen Theologen wie Abertus Magnus und Thomas von Aquin rezipiert, zu neuer Bedeutung heran und galt mit anderen Schriften des Aristoteles über Jahrhunderte hinweg als Richtschnur. Erst neuere ethische Ansätze wie die Pflichtethik Immanuel Kants verdrängten den Einfluss, der aufgrund des neuerlich beklagten Werteverlustes des ausgehenden 20. und beginnenden 21. Jh. erneut zu wachsen beginnt. Auch heute kommt kein Philosoph, Politikwissenschaftler, Soziologe, Theologe, Jurist oder Wirtschaftswissenschaftler an einer Auseinandersetzung mit den Thesen vorbei, die Aristoteles in seinen ethischen Schriften wie u.a. der Nikomachischen Ethik dargelegt hat.

NIMEXE – Abk. für *Nomenclature des Marchandises pour les Statistiques du Commerce Extérieur de la Communauté et du Commerce entre ses Etats Membres;* Warenverzeichnis für die Statistik des Außenhandels der Gemeinschaft und des Handels zwischen ihren Mitgliedsstaaten; im Rahmen der EG bis 1988 anzuwendende Warensystematik für Zwecke der Außenhandelsstatistik, die 1988 durch die → Kombinierte Nomenklatur (KN) abgelöst wurde.

Nirwana-Trugschluss → Konstitutionenökonomik.

Nirwana-Vorwurf – Vorwurf der Realitätsferne bestimmter Modelle (Modell der vollständigen Konkurrenz; Gleichgewichtsmodell der Wohlfahrtsökonomik). Diese Modelle werden als Referenzmodelle verwandt, an denen man die Konsequenzen von Abweichungen in der Realität ablesen kann. – Vgl. auch → Modellplatonismus; → empirisch-induktive Methode, → mathematisch-deduktive Methode.

Nischenmarketing → Wettbewerbsstrategie.

Nischenstrategie – *Fokussierungsstrategie;* Angebot eines auf die spezifischen Probleme der potenziellen Nachfrager einer → Marktnische zugeschnittenen Leistungsangebots und ein darauf abgestimmter Einsatz der anderen → marketingpolitischen Instrumente. – *Zweck:* Abschirmung vor der Konkurrenz und bes. intensive Ausschöpfung der Marktnische.

Niveaugrenzprodukt → Skalenertrag.

Niveauverschiebungseffekt – *Displacement-Effekt;* finanzsoziologische Erklärung von Peacock und Wiseman für den langfristigen Anstieg der → Staatsquote. Während in ruhigen, normalen Zeiten die Staatsquote relativ konstant bleibt, sinkt in Krisenzeiten (z.B. Krieg) der Steuerwiderstand (→ Steuerabwehr); Steuer- und Staatsquote können erhöht werden. Durch die Gewöhnung an die Steuerbelastung (Gewöhnungsthese) sinkt der Staatsanteil nach Beendigung der Krise nicht wieder auf das alte Niveau ab, sondern verbleibt auf einem gegenüber dem Ausgangszeitpunkt höheren Niveau. – *Kritik:* Der Niveauverschiebungseffekt kann nur den sprunghaften Anstieg der Staatsquote erklären, keinesfalls jedoch die kontinuierliche Erhöhung der Staatsquote.

Nivellierungstheorie – eine v.a. von Cantillon, Hume und Ricardo entwickelte Lehre, nach der die Regulierung von Handelsbilanz und Geldumlaufsmenge durch einen Währungsmechanismus besorgt wird, wenn die Einlösungspflicht der Banknoten aufrechterhalten bleibt. Danach bewirken viel Geld und Edelmetalle in einem Lande hohe Preise und größere Einfuhren, die mit Geld und Edelmetall zu bezahlen sind. Umgekehrt würde wenig Geld und das damit verbundene niedrige Preisniveau zu erhöhten Ausfuhren führen, die Geld und Edelmetall ins Land bringen.

NML – Abk. für → Nonprofit Management and Leadership.

Nobelpreis für Wirtschaftswissenschaften – von der Schwedischen Reichsbank im Einvernehmen mit der Nobelstiftung gestifteter Preis. Er wird seit 1969 von der Königlich Schwedischen Akademie der Wissenschaften (Stockholm) verliehen. Die bisherige Vergabepraxis wird vom Grundsatz Lebensleistungen zu würdigen geleitet, sodass die Preisträger fast ausnahmslos bei der Verleihung das 60. Lebensjahr überschritten haben. Die Nobel-Vorlesungen der → Nobelpreisträger von 1969 bis 1998 in deutscher Sprache hat Grüske (2 Bde.: 1995/99) herausgegeben. Die für die Preisverleihung maßgeblichen Publikationen der Nobelpreisträger, herausgegeben von Howard R. Vane und Cris Mulhearn, sind unter dem Titel „Pioneering Papers of the Nobel Memorial Laureates in Economics series" erschienen (bisher 14 Bde. im Verlag Edward Elgar Publishing).

Nobelpreisträger – in den Wirtschaftswissenschaften wurden seit 1969 folgende Personen mit Nobelpreisen ausgezeichnet:

1969 Ragnar → Frisch (Norwegen) und Jan → Tinbergen (Niederlande)

1970 Paul A. → Samuelson (USA)

1971 Simon → Kuznets (USA)

1972 Kenneth J. → Arrow (USA) und John R. → Hicks (GB)

1973 Wassily → Leontief (USA)

1974 Gunnar → Myrdal (Schweden) und Friedrich A. von → Hayek (Österreich)

1975 Leonid W. → Kantorowitsch (UdSSR) und Tjalling C. → Koopmans (USA)

1976 Milton → Friedman (USA)

1977 Bertil → Ohlin (Schweden) und James E. → Meade (GB)

1978 Herbert A. → Simon (USA)

1979 Theodore W. → Schultz (USA) und Arthur W. → Lewis (GB)

1980 Lawrence R. → Klein (USA)

1981 James → Tobin (USA)

1982 George J. → Stigler (USA)

1983 Gerard → Debreu (USA)

1984 Richard → Stone (GB)

1985 Franco → Modigliani (USA)

1986 James M. → Buchanan (USA)

1987 Robert M. → Solow (USA)

1988 Maurice → Allais (Frankreich)

1989 Trygve → Haavelmo (Norwegen)

1990 Harry M. → Markowitz (USA), Merton H. → Miller (USA), William F. → Sharpe (USA)

1991 Ronald H. → Coase (GB)

1992 Gary S. → Becker (USA)

1993 Robert W. → Fogel (USA) und Douglass C. → North (USA)

1994 John C. → Harsanyi (USA), John F. → Nash (USA) und Reinhard → Selten (Deutschland)

1995 Robert E. → Lucas Jr. (USA)

1996 James A. → Mirrlees (GB) und William → Vickrey (USA)

1997 Robert C. → Merton (USA) und Myron S. → Scholes (USA)

1998 Amartya → Sen (Indien)

1999 Robert A. → Mundell (USA)

2000 James J. → Heckman (USA), Daniel L. → McFadden (USA)

2001 George A. → Akerlof (USA), A. Michael → Spence (USA) und Joseph E. → Stiglitz (USA)

2002 Daniel → Kahneman (USA und Israel), Vernon L. → Smith (USA)

2003 Robert F. → Engle (USA), Clive W. J. → Granger (GB)

2004 Finn E. → Kydland (Norwegen) und Edward C. → Prescott (USA)

2005 Robert → Aumann (Israel) und Thomas → Schelling (USA)

2006 Edmund S. → Phelps (USA)

2007 Leonid → Hurwicz (USA), Eric S. → Maskin (USA) und Roger B. → Myerson (USA)

2008 Paul → Krugman (USA)

2009 Elinor → Ostrom (USA) und Oliver E. → Williamson (USA)

2010 Peter A. → Diamond (USA), Dale T. → Mortensen (USA) und Christopher A. → Pissarides (GB/Z)

2011 Thomas J. → Sargent (USA) und Christopher A. → Sims (USA)

2012 Alwin E. → Roth (USA) und Lloyd S. → Shapley (USA)

NOEM → Redux-Modell.

No-frills-Stategie – engl. für *ohne Schnickschnack*; auf der Verschlankung der angebotenen Leistungen basierende Strategie. Die Leistung erfüllt dabei die Grundbedürfnisse der Kunden, beinhaltet aber keine Extras. Eine solche No-frills-Stategie wird z.B. bei Billigfluggesellschaften angewandt. Eine solche Strategie ist häufig mit einer → Niedrigpreisstrategie für das gewählte Grundprodukt verbunden.

Nomadismus – eine der ältesten Wirtschaftsformen, die durch die regelmäßige Wanderbewegung ganzer sozialer Gruppen gekennzeichnet ist. Der Nomadismus stellt sich i.d.R. als ein Wanderhirtentum dar, das durch ständiges, meist saisonbedingtes zyklisches Wandern ganzer Stämme von Viehhaltern unter Mitnahme der beweglichen Habe zum Zwecke der Weidenutzung gekennzeichnet ist. Jegliche Niederlassung ist beim Nomadismus temporär, wobei der Rhythmus der Wanderungen 1-2 Tage bis zu 10-20 Jahre umfasst. Verbreitet ist der Nomadismus in den Steppengebieten und Halbwüsten von Zentralasien bis Nordafrika. Heute fehlen dem Nomadismus jedoch in den meisten Regionen die Rahmenbedingungen.

Nomenclatur des Marchandises pour les Statistiques du Commerce Extérieur de la Communauté et du Commerce Entre ses Etats Membres (NIMEXE) → NIMEXE.

Nomenclature Générale des Activités Économiques dans les Communautés Européennes (NACE) → NACE.

Nomenclature Uniforme de Marchandises pour les Statistiques de Transport (NST) → Einheitliches Güterverzeichnis für die Verkehrsstatistik der EU.

Nomenklatur des Rates für die Zusammenarbeit auf dem Gebiete des Zollwesens (NRZZ) – durch ein Abkommen der Mitglieder als verbindlicher Rahmen für die nationalen Zolltarife der Mitgliedsstaaten eingeführte Systematik, die 1988 durch das → Harmonisierte System (zur Bezeichnung und Codierung der Waren) abgelöst wurde.

Nominaldefinition → Definition.

Nominaleinkommen – in Geld bewertetes → Einkommen eines → Wirtschaftssubjektes (auch einer → Volkswirtschaft) ohne Berücksichtigung der realen → Kaufkraft dieses Einkommens. – *Gegensatz:* → Realeinkommen.

nominales Bruttoinlandsprodukt (BIP) → Bruttoinlandsprodukt (BIP).

Nominalgut – auf Kosiol zurückgehende Bezeichnung für Bar- und Buchgeld sowie Geldforderungen. – Vgl. auch → Bargeld, → Sichteinlagen.

Nominalkapital – *Nennkapital;* das ausgewiesene → Grundkapital einer AG bzw. → Stammkapital einer GmbH. – *Anders:* → Eigenkapital.

Nominallohn – das in Geld bewertete → Arbeitsentgelt eines Arbeitnehmers ohne Berücksichtigung der realen Kaufkraft. – Es wird daher beim Nominallohn die Veränderung des Preisniveaus (Inflation, Deflation) nicht berücksichtigt. Die Höhe des Nominallohns wird in einer Lohnverhandlung bestimmt. – *Gegensatz:* → Reallohn.

Nominallohnpolitik – 1. *Begriff:* Die Verteilungspolitik der Gewerkschaften richtet sich zum einen auf die Erhöhung der Arbeitnehmereinkommen mithilfe einer expansiven (Nominal-)Lohnpolitik (→ expansive Lohnpolitik) und zum anderen auf den Abbau von Lohndifferenzialen durch die Lohnstrukturpolitik (z.B. Sockelbeträge, Streichung von Niedriglohngruppen). Sollen Tarifverhandlungen gegen den Widerstand der Unternehmerverbände auf Dauer eine Verteilungsverbesserung bewirken, dürfen die Nominallohnerhöhungen nicht durch entsprechende Preisanhebungen kompensiert werden. Um die Überwälzungsmöglichkeiten der Unternehmen zu beschränken, fordern die Gewerkschaften ordnungspolitische Maßnahmen in Form von Wettbewerbsverschärfungen (vorbeugende Fusionskontrolle, Verbot von Preisabstimmungen), Verbraucherschutz, Preiskontrollen für marktmächtige Unternehmen, Erweiterung der Publizität und Mobilisierung des Wettbewerbs durch gemeinwirtschaftliche Unternehmen. Die so durch Nominallohnerhöhungen, bei gleichzeitiger Verschärfung des Preiswettbewerbs beabsichtigten Reallohnerhöhungen, müssen weiterhin gegen Abwehrmaßnahmen in Form von Produktions-, Beschäftigungs- und Investitionseinschränkungen abgesichert werden. Dazu werden u.a. folgende Forderungen erhoben: Konsequente Vollbeschäftigungspolitik im Rahmen staatlicher Konjunkturpolitik, aktive arbeitsmarktpolitische Maßnahmen und strukturpolitische Maßnahmen. – 2. Der Position der verteilungsaktiven Lohnpolitik der Gewerkschaften steht die neoklassische Marktposition entgegen. Nach dieser gibt es eine sich langfristig sowieso einstellende Marktverteilung, die jede autonome Verteilungspolitik sinnlos macht. Der Lohnpolitik kann dann sinnvollerweise nur die Aufgabe zugewiesen werden, die sich wegen bestimmter Marktunvollkommenheiten verzögert einstellende Marktverteilung zu reproduzieren, um damit die Anpassungsprozesse zu beschleunigen und die wirtschaftliche Entwicklung zu stabilisieren. Hinzu kommt, dass der Verteilungskonflikt, wie er etwa zwischen den Tarifparteien zum Ausdruck kommt, danach im Wesentlichen auf Fehleinschätzungen der Tarifparteien über das Erreichbare (sprich: Marktverteilung) und auf mangelnder Information beruht. Trotz der Existenz heftig rivalisierender Gruppen ist das System nach dieser Position bei entsprechender Aufklärung und Information in der Lage, im Rahmen der ökonomischen Sach- und Wirkungszusammenhänge zum Interessenausgleich zu führen. – Vgl. auch → Lohnpolitik.

Nominalskala → Skala, bei der alternative Ausprägungen nur deren Verschiedenheit zum Ausdruck bringen; z.B. besitzen die → Merkmale Geschlecht oder Fakultätszugehörigkeit bei Studierenden eine Nominalskala. – Vgl. auch → Skalenniveau.

Nominalwert → Nennwert.

Nominalzins – 1. *Geldpolitik/-theorie:* → Geldzins. – 2. *Kreditwesen:* Zins für den Kredit in Prozent auf den Nennwert. – *Anders:* → Effektivzins. – 3. *Effekten:* Zins für eine Anleihe in Prozent auf den Nennwert (Kupon).

Nominalzinssatz → Zinsfuß.

Nominalzoll → Zollsatz (→ Einfuhrzoll), so wie er dem → Zolltarif zu entnehmen ist. Weichen die Nominalzölle für die verschiedenen Fertigungsstufen eines Gutes voneinander ab, ergibt sich faktisch ein anderer (meist höherer) Zollschutz (→ effektive Protektion) bei der → Einfuhr.

nominell – Börsenausdruck (1) zur Bezeichnung des → Nennwerts von Wertpapieren oder (2) zur Bezeichnung eines (geschätzten) → Kurses, zu dem Umsätze nicht stattfanden.

nominelle Kapitalerhaltung – bilanztheoretischer, in der Handelsbilanz angewandter Grundsatz für die Bewertung zu Anschaffungspreisen ohne Rücksicht auf Geldwertschwankungen (Gewinn: Überschuss des Nominalkapitals am Ende gegenüber dem Nominalkapital am Anfang einer Rechnungsperiode) im Gegensatz zum Grundsatz der substanziellen Kapitalerhaltung (Ansatz zu Wiederbeschaffungspreisen). – Nominalistische Bilanzauffassung von Rieger (Einführung in die Privatwirtschaftslehre, Nürnberg 1929): Danach gilt die Bilanz als reine Geldrechnung, d.h. als Zwischenabrechnung über ein noch nicht abgeschlossenes Betriebsleben. Als Gewinn gilt die nominelle Eigenkapitalvermehrung. Eine richtige

Ergebnisermittlung ist unmöglich, da sie die Kenntnis aller künftigen Einnahmen und Ausgaben voraussetzt.

nomologische Hypothese → Gesetzesaussage, → Hypothese.

Nonaffektationsprinzip – 1. *Begriff:* Finanzwirtschaftlicher Grundsatz der Unzulässigkeit einer Zweckbindung öffentlicher Einnahmen; sämtliche Einnahmen sind als Deckungsmittel für den gesamten Ausgabenbedarf bereitzuhalten bzw. keine Ausgabenleistung darf von dem tatsächlichen Aufkommen irgendeiner Steuer abhängig gemacht werden (§ 7 HGrG; Grundsatz der Gesamtdeckung). – *Ausnahmen* bedürfen ausdrücklicher Bestimmung in den einzelnen Steuergesetzen. – 2. *Finanzpolitische Bedeutung:* Hinter dem Nonaffektationsprinzip steht die Auffassung von der Gleichwertigkeit aller Staatszwecke und die Vorstellung, sich die Freiheit des politischen Handelns durch die Möglichkeit der Bildung von Ausgabeprioritäten von Fall zu Fall zu erhalten. Aus finanzpsychologischen Gründen wird jedoch gegen das Nonaffektationsprinzip dann verstoßen, wenn sich anders bestimmte Ziele nicht so leicht durchsetzen lassen (z.B. Zweckbindung bestimmter Teile der Mineralölsteuer für den Straßenbau). – Vgl. auch → Haushaltsplan, → Haushaltsgrundsätze, → Fondswirtschaft.

No Names – *weiße Produkte, Gattungsprodukte, Generics, Produits Libres;* vom Handel ohne differenzierenden Markennamen, nur mit dem Aufdruck der Warengattung (Gattungsmarke) vertriebene Waren, z.B. Zucker, Mehl, Waschpulver. Durch einfache, einheitliche Verpackung und Verzicht auf Werbung sollen Marketingkosten eingespart und ein Sortimentsausschnitt einfacher Konsumgüter preisgünstig angeboten werden. Die niedrigen Preise sollen die No Names günstig von den preislich höher liegenden → Markenartikeln abheben und die Preiskonkurrenz der → Discountgeschäfte und → Fachmärkte abwehren. – Vgl. auch → Handelsmarken.

Non Banks – Bezeichnung für bankfremde Anbieter im Markt für → Finanzdienstleistungen, die aufgrund der von ihnen angebotenen Produktpalette im Finanzdienstleistungssektor als Substitutionskonkurrenten von → Banken und → Near Banks auftreten. – *Beispiele:* Warenhausketten, Versandhäuser, Autohersteller.

Non Basic Sector – Teil der lokalen Wirtschaft, der lediglich für den lokalen Markt produziert und in seinem → Wachstum von dem im → Basic Sector induzierten Wachstum abhängig ist.

Nonbusiness Marketing → NPO-Management.

Nonbusiness-Organisation (NBO) → Nonprofit-Organisation (NPO).

Non-Food-Sortiment → Food-Sortiment.

Non-Governmental Organization (NGO) – 1. *Begriff:* a) im alltäglichen Sprachgebrauch gebräuchliche Bedeutung für jene → Nonprofit-Organisationen (NPO) in privater Trägerschaft, die bspw. im (Leistungs-)Auftrag des Staates bestimmte Aufgaben wahrnehmen (z.B. Hilfswerke) oder dominant eigenständig Lobbying und Öffentlichkeitsarbeit im Bereich gesellschaftlicher Politik betreiben (z.B. Umweltschützverbände). – b) Organisationen, die auf der Basis privater Initiative transnationale politische und gesellschaftliche, aber auch soziale oder ökonomische Ziele vertreten, indem sie Funktionen im politischen Willensbildungsprozess übernehmen (Artikulation, Aggregation sowie Implementierung von Interessen). – 2. *Merkmale:* NGOs engagieren sich v.a. auf den Politikfeldern Entwicklungspolitik, Menschenrechte, Humanitäre Hilfe sowie Ökologie. – 3. *Abgrenzung:* Die Wissenschaft bevorzugt den Terminus NPO, da NGO ein noch unschärferer Begriff ist.

Non-Impact-Drucker → Drucker, bei dem die Zeichendarstellung anschlagfrei erfolgt. – *Arten:* Thermodrucker, → Tintenstrahldrucker. – *Gegensatz:* → Impact-Drucker.

Non-Price Competition → Nichtpreiswettbewerb.

Nonprofit Accountability – 1. *Begriff:* Unter Accountability versteht man alle Informationen über die Aktivitäten einer → Nonprofit-Organisation (NPO), durch die sie direkten und indirekten Adressaten gegenüber Rechenschaft über ihr eigenes, verantwortliches Handeln ablegt, um so Transparenz herzustellen. – 2. *Merkmale:* Die Rechenschaftspflicht können NPO durch verschiedene Maßnahmen umsetzen: – a) den Erwerb von Gütesiegeln, Labeln und Zertifikaten, allen voran das → DZI-Spendensiegel. – b) die Veröffentlichung von Dokumenten der Rechnungslegung. – c) die aktive Teilnahme an Transparenzinitiativen oder Transparenzpreiswettbewerben. – 3. *Adressaten und Forderungen:* – a) Spender: sachgerechte Verwendung von Spenden. – b) Mitglieder: Informationen über die Verwendung ihrer Mitgliedsbeiträge. – c) Staat: Forderung detaillierter Nachweise, dass die zugesprochenen Mittel auch für die vorgesehenen Zwecke verwendet wurden (Vgl. → Nonprofit Compliance).

Nonprofit and Voluntary Sector Quarterly (NVSQ) – *1. Begriff:* Wissenschaftliche Fachzeitschrift zum → Nonprofit-Sektor, die sich unter wirtschaftlichen, sozialen und politischen Aspekten mit der zunehmenden Bedeutung des Nonprofit-Sektors und dessen Einfluss auf die Gesellschaft befasst. – 2. *Hintergrund:* – a) NVSQ ist das Publikationsorgan der → Association for Research on Nonprofit Organizations and Voluntary Action (ARNOVA). – b) Trotz ihrer Interdisziplinarität ist die Zeitschrift sehr stark soziologisch ausgerichtet.

Nonprofit Compliance – 1. *Begriff:* Bei der Nonprofit Compliance geht es um die ordnungsgemäße Einhaltung von expliziten und/oder rechtlichen Standards, die extern, bspw. durch das Gesetz oder von

Aufsichtsorganen, definiert wurden und nach denen sich die → Nonprofit-Organisation (NPO) reaktiv ausrichtet bzw. die eingehalten werden müssen. Im Kern beinhaltet Compliance die triviale Forderung, dass NPO im Einklang mit den geltenden Rechtsvorschriften zu führen sind. – Vgl. weiter → Nonprofit Accountability.

Nonprofit-Forschung – *1. Begriff:* Die Forschungsdisziplin ist stark interdisziplinär ausgerichtet: Die internationale Nonprofit-Forschung (Forschung mit Bezug zu → Nonprofit-Organisationen (NPO)) wird überwiegend von den Disziplinen Sozial-, Politik- und Wirtschaftswissenschaften – sowie in der jüngeren Vergangenheit vermehrt auch von den Verwaltungswissenschaften, der Psychologie, der Philosophie und der Gesundheitsökonomie bzw. dem Gesundheitsmanagement tangiert: – (a) Die soziologisch ausgerichtete Nonprofit-Forschung beschäftigt sich vorwiegend mit → Freiwilligenarbeit bzw. → ehrenamtlichen Mitarbeitern und deren Engagement sowie mit bürgerschaftlich-zivilgesellschaftlichen Aspekten („Voluntary Action"). – (b) Die politikwissenschaftliche Forschungsrichtung ist einer verwaltungswissenschaftlichen Policy-Forschung zuzuordnen. – (c) Innerhalb der wirtschaftswissenschaftlich orientierten Nonprofit-Forschung hat insbesondere der betriebswirtschaftliche Zweig in den 1990er-Jahren stark an Bedeutung zugenommen und wird als eigentliche Wachstumsdisziplin der Nonprofit-Forschung bezeichnet. Innerhalb der betriebswirtschaftlichen Forschung stehen dabei Themenstellungen des General Managements, des Personalmanagements sowie des Controllings und des Marketings im Vordergrund. – 2. *Forschungszentren:* Intensiv findet NPO-bezogene Managementforschung an dafür speziell ausgerichteten Forschungszentren statt, besonders im englischsprachigen Raum, da hier im Vergleich zum deutschsprachigen Raum weitaus größere Ressourcen vorzufinden sind: Wichtige Zentren sind u.a. an der London School of Economics (hier das Centre of Civil Society), an der Universität Yale (mit der ersten US-amerikanischen Forschungsinitiative im NPO-Bereich Program on Nonprofit Organizations → PONPO), an dem Institute for Policy Studies der Johns Hopkins University in Baltimore sowie der Harvard Business School in Boston angesiedelt. Daneben spielt auch der Dachverband der amerikanischen NPO, die Gesellschaft → Independent Sector, eine gewichtige Rolle, u.a. weil deren eigene Forschungsabteilung bereits frühzeitig erste quantitative Untersuchungen zum Dritten Sektor in den USA durchgeführt hat.

Nonprofit Governance – 1. *Begriffliche Abgrenzung:* a) Bei Nonprofit Governance handelt es sich um „übergeordnete", stabile, sich im Zeitablauf nicht schnell ändernde Grundprinzipen der Führung und Kontrolle im Hinblick auf die Missionserfüllung. Im Unterschied dazu zielt das → Nonprofit Management nicht auf „übergeordnete", sondern konkrete, meist jährliche Managementziele, die teilweise weniger stabil sind und sich dynamisch, basierend auf Umweltentwicklungen, auch verändern, ab. – b) Abgrenzung zu Corporate Governance: (1) Während → Corporate Governance in erster Linie Herrschafts- und Verwaltungsstrukturen in Kapitalgesellschaften bezeichnet, schließt Nonprofit Governance multiple, nicht gewinnorientierte Organisationsformen (u.a. Unternehmen, → Verbände, → Vereine) mit ein. (2) Im Rahmen der Nonprofit Governance sind verschiedene Formen der Institutionalisierung der sog. Nonprofit Boards denkbar (z.B. kirchliche Stiftungsaufsicht, Verwaltungsrat), während in privat-erwerbswirtschaftlichen Unternehmen die Corporate Governance i.d.R. durch einen Aufsichtsrat institutionalisiert wird. (3) Im Bereich der Nonprofit Governance existiert darüber hinaus eine hohe Bedeutung von → ehrenamtlichen Mitarbeitern in Leitungs- und Überwachungsfunktionen. (4) Die Nonprofit Governance ist außerdem auf multidimensionale Zielsysteme und die Berücksichtigung Dritter ausgelegt, wohingegen die Corporate Governance überwiegend finanzwirtschaftliche Zielsetzungen i.S.v. Eigentümer-/Anlegerschutz verfolgt. – 2. *aktuelle Forschungsfelder:* Im Zeitablauf haben sich verschiedene Schwerpunkte der ökonomisch orientierten Nonprofit Governance-Forschung entwickelt. Unterschieden wird zwischen externer und interner Nonprofit Governance-Forschung: a) die externe Nonprofit Governance-Forschung setzt sich mit der Frage auseinander, welche externen Faktoren einen Einfluss darauf haben, dass sich die Governance-Grundsätze und somit auch die Beziehungen innerhalb des → Nonprofit-Sektors ändern (rechtliche Einflussfaktoren; öffentliche Finanzen als Einflussfaktor). – b) Die Beiträge zur internen Nonprofit Governance konzentrieren sich derzeit auf Themenfelder, die sich mit Fragen rund um die Verhaltensweisen der Führungsebenen einer NPO (Zusammensetzung des Vorstands; Aufgaben und Kompetenzen des Vorstands; Beziehungen des Vorstands zu Stakeholdern) sowie Themen der Transparenz und Rechenschaftslegung, der Schaffung von Vertrauen in der Öffentlichkeit sowie auf die Verbesserung der Effizienz und Effektivität der Arbeit von Vorstandsgremien in Nonprofit-Organisationen befassen. – c) Aktuelle Governance-Forschungsarbeiten verweisen jedoch auch auf weitere Forschungslinien, z.B. in der Soziologie und im Bereich der Public Policy. Nonprofit Governance darf nicht allein als Gegenstück zur Corporate Governance von Unternehmen gesehen werden.

Nonprofit-Kunden – *1. Begriff:* Personen oder Organisationen, die entweder die Leistungen einer → Nonprofit-Organisation (NPO) in Anspruch nehmen oder sich auf andere Art und Weise bewusst an der Missionserfüllung der Organisation beteiligen bzw. indirekt davon profitieren. – 2. *Merkmale:* Der Begriff Kunde von NPO ist schwierig abzugrenzen. Ein Grund für die Problematik mit dem Begriff des

Kunden liegt: – a) in der Formenvielfalt von NPO sowie – b) der Existenz mehrstufiger Kundenbeziehungen begründet. – 3. *Folge:* Es lassen sich vier Typen von Kunden in NPO unterscheiden, wobei diese Typen nicht trennscharf sind, sondern sich dynamisch entwickeln und eine Person oder Organisation mehreren Kundentypen angehören kann: – a) Direkte Kunden: Personen, die entweder unmittelbare Leistungsempfänger einer Dienstleistung sind, d.h. sie profitieren unmittelbar von der Leistung einer NPO, die sie in Anspruch nehmen, oder Personen, die Produkte bzw. Dienstleistungen erwerben, die eine NPO zum Kauf anbietet – Beispiele sind Mitglieder in → Eigenleistungs-NPO, Klienten einer Suchtberatung, Patienten im Krankenhaus, Besucher eines Theaters, Studierende einer Universität. – b) Interne Kunden: Personen, die als Ehrenamtliche und Freiwillige ihre Arbeitskraft in erheblichem Maße in die strategische Planung sowie die Umsetzung der Projekte einer NPO einbringen und Zeit an die NPO spenden. – c) Indirekte Kunden: sämtliche Personen oder Organisationen (z.B. Unternehmen), die die Leistungen/Produkte der NPO nicht selber in Anspruch nehmen, jedoch in einem weiteren Sinne an der Leistungserstellung beteiligt sind (z.B. die Familie eines Suchtkranken, eines an Altersdemenz Erkrankten oder eines kranken Kindes) oder in anderer Form an der Missionserfüllung partizipieren (z.B. die Öffentlichkeit, die Medien oder auch Interessenverbände). – d) Spender: sämtliche Personen oder Organisationen, die eine Nonprofit Organisation durch Geld- oder Sachspenden unterstützen. Die Gruppe der Spender bildet hier eine eigene Kundenkategorie, da der Charakter der Beziehung zwischen Nonprofit-Organisation und Spenden nicht durch „Inanspruchnahme oder Partizipation", sondern eher durch „Zuwendung" geprägt ist und somit auch Besonderheiten des Managements dieser Kundengruppe zu beachten sind. – Vgl. weiter → Kundenintegration in NPO; → Nonprofit Marketing.

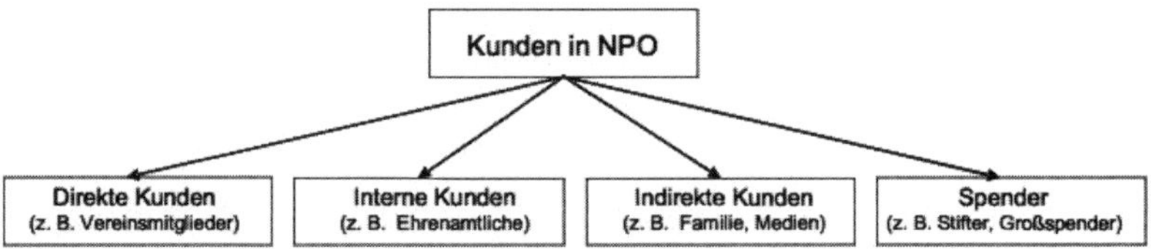

Nonprofit Management

von Prof. Dr. Bernd Helmig

I. Charakterisierung:

1. Begriff

Der Begriff des Nonprofit Managements (auch als Not-for-Profit Management oder NPO-Management bezeichnet) beinhaltet das Management von → Nonprofit-Organisationen (NPO). Als NPO im engeren Sinn werden Organisationen bezeichnet, die einen institutionellen Rahmen besitzen, sich in privater Trägerschaft befinden, selbstbestimmt handeln, keine Gewinnausschüttungen vornehmen und ein freiwilliges Engagement aufweisen. Zum Nonprofit Management gehört dementsprechend die Anwendung des betriebswirtschaftlichen Instrumentariums auf die spezifischen Problemstellungen, Rahmenbedingungen und vielfältigen Besonderheiten von NPO. Dabei ist die Managementlehre von NPO als besondere Betriebswirtschaftslehre (Branchenlehre oder sektorale Betriebswirtschaftslehre) konzipiert, die aus der „Allgemeinen Managementlehre" dasjenige übernimmt, das für NPO als übertragbar erscheint und in all denjenigen Problembereichen zusätzliche Erkenntnisse und Handlungsanweisungen erarbeitet, in denen die profitorientierte Lehre keine Lösungsansätze anzubieten hat.

2. Hintergrund

Die wissenschaftliche → Nonprofit-Forschung bemüht sich bereits seit vielen Jahren, den – durch große Heterogenität und Vielfalt der ihn determinierenden Organisationseinheiten gekennzeichneten → Nonprofit-Sektor definitorisch ein- und gegen andere Sektoren abzugrenzen, um die terminologische und sektoral-spezifische Basis des Nonprofit Managements zu legen. Die große Anzahl einschlägiger Publikationen zu diesem Thema in den entsprechenden wissenschaftlichen Fachjournalen des Nonprofit-Sektors (z.B. → NML, → NVSQ, → Voluntas, → ZögU), in Herausgeberbänden oder auch in Monographien legt Zeugnis hierüber ab.

3. Definition

Der Begriff „Management" beinhaltet im betriebswirtschaftlichen Sprachgebrauch alle Aktivitäten, die mit der Leitung eines Unternehmens bzw. einer Organisation durchzuführen sind. Daraus lässt sich ableiten, dass das Nonprofit Management alle Aktivitäten zur Leitung einer NPO umschließt. Nonprofit Management umfasst somit sämtliche Aktivitäten, die mit der Leitung einer einzelnen NPO oder eines Netzwerks im Hinblick auf die Erreichung der definierten Ziele der Organisation und somit letztlich der Missionserfüllung verbunden sind.

II. Funktionale Besonderheiten:

Die Grundfunktionen des Managements sind in allen Organisationsformen gleich. Allerdings weisen NPO zahlreiche organisatorische Besonderheiten auf, die spezifische Managementproblemstellungen mit sich bringen. Nachfolgend werden diese spezifischen Herausforderungen an einzelnen Managementfunktionen dargestellt.

1. Nonprofit Governance

Die Führung von NPO umschließt analog zur Führung in gewinnorientierten Unternehmen Herrschafts- und Leitungsstrukturen sowie → Prinzipal-Agenten-Probleme bspw. zwischen Mitgliedern, dem Vorstand und der Geschäftsführung. In NPO zieht die → ehrenamtliche Führung problematische Schnittstellen mit der → hauptamtlichen Führung nach sich. An dieser Stelle ist ein Machtausgleich zwischen den verschiedenen Organen und Gremien notwendig sowie Transparenz und klare Verantwortlichkeit sowohl der ehrenamtlichen Führung (Vorstand bzw. engl.: „Board Members") als auch der hauptamtlichen Führung (Geschäftsführung, engl.: „Professionals"). Die Führung in NPO wird durch komplexe mehrstufige Organisationsstrukturen (mit z.T. sehr großen Verwaltungsräten oder Stiftungsaufsichten), den ebenso komplexen Willens- sowie Entscheidungsbildungsprozessen (oftmals Einbezug von ehrenamtlichen und/oder politischen Organen und Gremien) sowie durch ein mehrdimensionales und komplexes Zielsystem, in dem eine Vielzahl von Komponenten qualitativer (und damit schwer messbarer) Natur sind, erschwert. Zudem werden vornehmlich → Sachziele (z.B. Bedarfsdeckung) und nicht Formalziele (z.B. Gewinn- oder Umsatzmaximierung, Return on Investment) verfolgt. Trotz Sachzieldominanz müssen in NPO inhaltliche Ziele, Leistungsstandards und Kontrollgrößen definiert werden.

2. Personalmanagement in NPO

Die Funktion des Personalwesens ist in NPO sehr stark durch differenzierte Personalstrukturen (→ Hauptamtliche, → Ehrenamtliche und → Freiwillige (engl.: „Volunteers")) und sich daraus ergebende unterschiedliche Anforderungen an Aufbau und Strukturierung des Personalbestands sowie an die Mitarbeiterführung geprägt. Durch die Beschäftigung von unentgeltlich arbeitenden Mitarbeitern verliert die Entlohnung als extrinsischer Motivationsfaktor ihre Bedeutung. Im Gegenzug ergibt sich eine besondere Wichtigkeit von Lob und öffentlichem Dankesausspruch. Als oberstes Ziel einer NPO gilt die Missionserfüllung. Deshalb sollte die Mission per se zur Motivation der Mitarbeiter einer NPO beitragen. Hinzu kommt eine Vielzahl an spezifischen arbeits- und sozialrechtlichen Fragestellungen, die in der heterogenen Mitarbeiterstruktur begründet liegen. Schließlich bedingt der Umgang mit bzw. die simultane Führung von ehrenamtlichen Mitarbeitern sowie Freiwilligen, die größtenteils als „fachfremd" bezeichnet werden können, und hauptamtlichen Mitarbeitern andere Qualitäten und Anforderungen, als das Management nur von professionellen Mitarbeitern mit sich bringt.

3. Marketing in NPO

Eine entscheidende Rolle für ein erfolgreiches Nonprofit Management spielt nach herrschender Meinung v.a. das → Nonprofit Marketing. Denn auch und gerade in NPO schafft die betriebswirtschaftliche Funktion Marketing die Voraussetzungen dafür, dass NPO ihre Aktivitäten marktbezogen ausgestalten. Dies unterstellt mithin, dass das Primat des Marketings unter Berücksichtigung des Organisationszwecks (letzteres insbesondere dann, wenn das Leistungsangebot bzw. die Mission der NPO normativ besetzt ist) gegenüber anderen betriebswirtschaftlichen Funktionsbereichen akzeptiert und Marketing als Führungsphilosophie bzw. Grund- und Denkhaltung von NPO adaptiert wird. Unter Nonprofit Marketing wird dabei eine verbindliche Grundhaltung innerhalb einer NPO verstanden, die eine konsequente Ausrichtung aller mittelbar oder unmittelbar den „Markt" betreffenden Entscheidungen an den Wünschen und Bedürfnissen aller Stakeholder bzw. → Kunden der NPO verlangt. Der Kundenbegriff und die → Kundenintegration in NPO sind in diesem Zusammenhang von großer Bedeutung. Sonderformen des Nonprofit Marketings stellen das → Cause-Related Marketing sowie das → Legate-Marketing dar.

4. Kundenbegriff in NPO

Häufig hat man es in einer NPO nicht mit den „klassischen" Kunden zu tun, die nach dem Leistungs-Gegenleistungs-Prinzip ein Produkt oder eine Dienstleistung erwerben. Nonprofit-Kunden sind all diejenigen Personen, die die Leistung einer NPO in Anspruch nehmen (ohne unbedingt dafür zu bezahlen) oder sich auf irgendeine Art und Weise bewusst an der Missionserfüllung der NPO beteiligen bzw. indirekt davon profitieren. Die zu berücksichtigenden Kunden einer NPO lassen sich dementsprechend in vier Gruppen einteilen: Direkte, interne und indirekte Kunden sowie Spender. Direkte Kunden sind bspw. Leistungsempfänger einer Dienstleistung einer NPO. Interne Kunden sind Personen, die sich als Ehrenamtliche und Freiwillige in der NPO engagieren. In Anlehnung an das interne Marketing sind hauptamtlich Mitarbeitende auch der Kategorie der internen Kunden zuzurechnen. Zu den indirekten Kunden zählen sämtliche Personen oder Organisationen, die im weiteren Sinne an der Leistungserstellung beteiligt sind. Zur Kundengruppe der Spender zählen sämtliche Personen oder Organisationen, die eine NPO durch Geld- oder Sachspenden unterstützen. Diese spezifischen Kundengruppen haben gänzlich unterschiedliche Wünsche und Anforderungen an die NPO. Außerdem ergibt sich das Problem, dass der individuelle Nutzen, der durch diese Art von NPO bereitgestellte sog. kollektiven Eigenbedarf, nur schwerlich gemessen werden kann, was für das Management Angriffspunkte für die verschiedenen Kundengruppen offenbart.

5. Finanzmanagement von NPO

Auch im Bereich der Finanzierung ergeben sich gegenüber den profitorientierten Organisationen deutliche Abgrenzungen. So sind NPO – neben der oftmals großen Abhängigkeit von öffentlichen Mitteln – häufig auf private Zuschussfinanzierung durch Spenden, Legate, Sponsoring, Mäzenatentum und damit in hohem Maße auf Fundraising-Aktivitäten angewiesen. Dem → Fundraising als Bestandteil des Finanzierungs-Mixes sowie als Aufgabenbereich des → Marketings einer NPO kommt folglich im Rahmen des Nonprofit Managements eine hohe Bedeutung für die langfristige Überlebensfähigkeit der Organisation zu. Das Nonprofit Finanzmanagement, welches alle operativen sowie strategischen Tätigkeiten einer NPO, die unmittelbar mit der Beschaffung, Anlage oder Rückzahlung von Geld- oder Sachvermögen aus verschiedenen Finanzierungsquellen zusammenhängen, umfasst, hat daher zum Ziel, eine sichere finanzielle Situation herbeizuführen und somit die Missionserfüllung jederzeit sicherzustellen.

6. Rechnungslegung (Accounting) in NPO

Die Problematik der in NPO üblicherweise zu erfassenden qualitativen Informationen überfordert meist die traditionellen Kennzahlen oder Rechnungswesensysteme im Sinne einer integrierten Steuerung. Darüber hinaus steht das Management einer NPO vor der Herausforderung häufige Kritikpunkte, wie bspw. zu hohe Werbe- und Verwaltungskosten, durch vertrauensbildende Maßnahmen zu entschärfen (vgl. → Nonprofit Accountability). Transparenz der Rechnungslegung ist dabei ein gerade für spendensammelnde Organisationen sehr wichtiges Instrument. Die externe Rechnungslegung ist abhängig von der Rechtsform der NPO und führt zu einer weitgehenden Beschränkung der Rechnungslegung auf Einnahmen- und Ausgabenrechnung. Rechnungslegungsstandards werden in Deutschland durch das → DZI-Spendensiegel gesetzt.

Nonprofit-Management → Nonprofit Management.

Nonprofit Management and Leadership (NML) – *1. Begriff:* Nonprofit-Sektor-spezifische, wissenschaftliche Fachzeitschrift, in der die betriebswirtschaftliche Forschung dominiert. – 2. *Hintergrund:* Die Redaktion von NML ist am Mandel Center for Nonprofit Organizations an der CASE Western University in Cleveland angesiedelt, einem der führenden Institute auf dem Gebiet der → Nonprofit Managementforschung.

Nonprofit-Marke – 1. *Begriff:* Darstellung der Eigenschaften und Leistungen einer → Nonprofit-Organisation (NPO) durch einen Namen, Ausdruck, Zeichen, Symbol, Design oder einer Kombination dieser Elemente und das unverwechselbare Vorstellungsbild, das sich dadurch in der Psyche der → Kunden der NPO verankert. – 2. *Merkmale:* Eine Marke setzt sich generell aus zwei Dimensionen zusammen: a) Formale Dimension: Name, Ausdruck, Zeichen, Symbol, Design oder einer Kombination dieser Elemente. – b) Wirkungsbezogene Dimension: Die Identifikation der Leistungen und das Abheben von Wettbewerbern. – 3. *Funktionen:* a) Differenzierung von konkurrierenden Nonprofit-Organisationen. – b) Aufbau von Markteintrittsbarrieren. – c) Schaffung von Loyalität, Vertrauen, Commitment. – d) Reputationsschutz. – e) Imagetransfer. – f) Signalfunktion.

Nonprofit Marketing – 1. *Begriff:* Das Verständnis von Märkten als Bezugsobjekte des Marketings betont, dass Märkte die Rahmenbedingungen des Marketings determinieren, Marketing also auf Märkten stattfindet. Dementsprechend wird der Handlungsspielraum des Marketings durch die auf dem Markt auftretenden Anspruchsgruppen festgelegt. Das Verständnis von Märkten als Zielobjekte des Marketings hebt hingegen hervor, dass es das Ziel von Organisationen ist, Märkte und Marktakteure bzw. Anspruchsgruppen aktiv zu beeinflussen. Im Kontext von NPO ist die Sichtweise von Märkten als Bezugsobjekte durchaus umstritten, weil – je nach Branche sowie nationalem Kontext – Marktgegebenheiten aufgrund (quasi-) monopolistischer Strukturen häufig nicht vorhanden sind. – 2. *Merkmale:* a) Nonprofit Marketing hat eine organisationsexterne und eine organisationsinterne Dimension: (1) die organisationsexterne Dimension wendet sich primär an externe Anspruchsgruppen und beinhaltet den Einsatz der – auf den Nonprofit-Kontext adaptierten – Marketingmix-Instrumente zur Konzeption und Durchführung marktbezogener Aktivitäten einer Nonprofit-Organisation (daher auch instrumentelle

Dimension genannt): die systematische Informationsgewinnung über Marktgegebenheiten (Marktforschung), Leistungsangebots-, Kommunikations-, Tarif-, Entgelt-, und Spenden- bzw. Finanzierungsmix, Lobbying (Umfeld-Beeinflussungsmix) sowie Erreichbarkeit und Kanäle. (2) Die organisationsinterne Dimension wendet sich hingegen primär an interne Anspruchsgruppen und führt zur Schaffung von Voraussetzungen innerhalb einer NPO für die effektive und effiziente Durchführung von markt- bzw. marketingbezogenen Aktivitäten (daher auch Führungsdimension genannt): Implementierung einer Führungsphilosophie, die die Menschen in den Mittelpunkt stellt, damit eine weite Akzeptanz für marktorientiertes Marketing innerhalb der Organisation geschaffen wird. – b) sowohl die organisationsexterne als auch die organisationsinterne Facette des Nonprofit-Marketings dienen der optimalen Gestaltung der Beziehungen zu den Anspruchsgruppen der NPO (daher auch Beziehungsdimension genannt), damit deren organisationale Ziele und die Erfüllung der Mission erreicht werden können. – c) strategische Aspekte des Nonprofit-Marketings umfassen: (1) Positionierungsanalyse der NPO, d.h. das Streben einer NPO, sich innerhalb der „Branche“ günstig zu platzieren; hier steht die Positionierung der gesamten Organisation, weniger einzelner Bereiche, im Vordergrund. (2) → Nonprofit-Marktforschung. (3) Nonprofit-Markenmanagement (vgl. → Nonprofit-Marke). – d) operative Aspekte: beinhalten Entscheidungen über die instrumentelle Dimension des Nonprofit Marketings, d.h. die Durchführung von verschiedenen Maßnahmen der NPO in Richtung ihrer Anspruchsgruppen. Hierunter fallen der Leistungsangebotmix, der Kommunikationsmix, der Tarif- und Entgeltmix, der Spendenmix, die Erreichbarkeit und die Kanäle sowie das → Lobbying.

Non-Profit-Marketing → NPO-Marketing. – Vgl. → Non-Profit-Organisation (NPO).

Nonprofit-Marktforschung – *1. Begriff:* Systematische Sammlung, Aufbereitung, Analyse und Interpretation von relevanten Daten über Märkte (Kunden bzw. Stakeholder und Wettbewerber) und Ressourcen zum Zweck der Fundierung von Marketingentscheidungen in → Nonprofit-Organisationen (NPO). – 2. *Merkmale:* Marktforschung im Kontext von NPO bezieht sich insbesondere auf folgende Bereiche: a) die drei Bestimmungsfaktoren sogenannter komparativer Wettbewerbsvorteile, – b) allgemeine Marktcharakteristika, – c) allgemeine Marktentwicklungen. – 3. *Ziel:* Auf der Basis von Marktforschungsstudien sollen NPO sich über ihre Positionierung im Wettbewerb und über ihre spezifischen komparativen Wettbewerbsvorteile im Klaren sein. Die in den Marktforschungsstudien erlangten Informationen sollten mit dem Ziel genutzt werden, ein eigenständiges → Nonprofit Marketingkonzept zu erarbeiten und umzusetzen, um sich so erfolgreich im wachsenden Wettbewerb um Spender, Freiwillige und Leistungsempfänger zu differenzieren. – 4. *Instrumente:* Zur Durchführung marktforscherischer Aktivitäten steht dem → Nonprofit Management ein großes Spektrum an Möglichkeiten der Sekundär- und Primärdatenerhebungstechniken zur Verfügung, die sich nur wenig von der Marktforschung in privat-erwerbswirtschaftlichen Unternehmen unterscheiden (vgl. hierzu → Marktforschung).

Nonprofit-Organisation (NPO) – 1. *Begriff:* a) Negativ-Abgrenzung: Nonprofit-Organisationen (NPO) sind Organisationen, die nicht auf Gewinn ausgerichtet sind (Nonprofit, Not-for-Profit). Sie verkaufen i.d.R. nicht individuell nutzbare Güter/Dienstleistungen gegen mindestens kostendeckende Preise, um auf Konkurrenzmärkten Gewinne und Rentabilität aus dem investierten Kapital zu erzielen (wie die Profit-Unternehmung). Unter diese Negativ-Abgrenzung gegenüber der Unternehmung fallen die öffentlichen Verwaltungen, öffentliche Unternehmen (Public Management), → QUANGOs und die privaten NPO (NPO i.e.S.). Zu den privaten NPO zählen → Vereine, → Verbände, → Stiftungen, Wohlfahrtsorganisationen, Clubs, Kirchen, Parteien und andere. Grenz- oder Übergangsformen sind → Genossenschaften („von einem Verein getragene Unternehmungen") und → Kammern als berufsständische Interessenvertretungen auf gesetzlicher Grundlage. Beide haben aber eine mitgliedschaftliche Struktur und haben häufig die Rechtsform der öffentlichen Vereinigung. Genossenschaften und Kammern haben daher mindestens teilweise analoge Probleme wie Verbände.b) Positiv-Definition: Positiv umschrieben werden NPO zur Erfüllung bestimmter Zwecke bzw. spezifischer Aufgaben geschaffen (sog. Bedarfswirtschaften oder Betriebe mit Sachzieldominanz; vgl. → Sachziele, → gemeinnützige Zwecke). NPO sind durch ein Mindestmaß an formaler Organisation gekennzeichnet. NPO dürfen keine Gewinne bzw. Überschüsse an Eigentümer oder Mitglieder ausschütten. Sie weisen ein Minimum an Selbstverwaltung und Entscheidungsautonomie auf. NPO sind ferner stets durch ein Mindestmaß an Freiwilligkeit gekennzeichnet. NPO können → Eigenleistungs- oder → Drittleistungs-NPO sein. – 2. *Merkmale:* Zur Erfüllung ihrer Aufgaben benötigen NPO Arbeitskraft, Finanz- und Betriebsmittel, die es rationell zu beschaffen, einzusetzen und zu nutzen gilt, um eine bestmögliche Zweckerfüllung mit geringstmöglichen Kosten zu erreichen (Wirtschaftlichkeit, Effizienz). Das Management von NPO erfordert einen spezifischen Managementansatz, der die Besonderheiten dieser Organisationen aufgreift (vgl. → Nonprofit Management). – 3. *Tätigkeitsfelder:* NPO sind in folgenden Bereichen tätig: Kultur- und Erholungsbereich, Bildungs- und Erziehungswesen, Gesundheits- und Katastrophenhilfewesen, Entwicklungszusammenarbeit, Sozialwesen, Politische Landschaft (vgl. → ICNPO). Zu ihren Aufgaben zählen: (1) Kollektive Selbsthilfe von Gruppen:

Direkte Unterstützung, Förderung der Mitglieder durch (Dienst-)Leistungen wie Informationen, Beratung, Schulung, Versicherung etc. (2) Karitative Fremdhilfe: Abgabe von Dienst- oder Finanzleistungen an bedürftige Dritte, oft unentgeltlich oder zu geringen Gebühren. (3) Interessenvertretung: Durchsetzung der Trägerinteressen oder -ideologien durch Beeinflussung politischer Prozesse (→ Lobbying) oder der Einstellungen/Verhaltensweisen bestimmter Bevölkerungskreise (Public Relations (PR), → Social Marketing).

Nonprofit-Sektor – 1. *Begriff:* a) deutscher Sprachgebrauch: Der Nonprofit-Sektor wird im deutschen Sprachgebrauch mit → Drittem Sektor (neben den beiden idealtypischen Polen Markt und Staat) gleichgesetzt und als Begriff weitgehend einheitlich verwendet. – b) anglo-amerikanischer Sprachgebrauch: In den USA und Großbritannien existiert keine einheitliche Terminologie: es werden Begriffe wie „independent sector", „voluntary sector", „philanthropic sector", „social sector" oder „third sector" teilweise synonym verwendet – in der US-amerikanischen Interpretation des Dritten Sektors ergibt sich allerdings eine engere Eingrenzung des Begriffs Nonprofit-Sektor: Konstitutives Element einer → Nonprofit-Organisation (NPO) ist dort lediglich die Nichtausschüttungsrestriktion („non-profit-distributing") eventuell erzielter Überschüsse, während für die Zugehörigkeit zum Dritten Sektor zusätzlich noch die beiden Eigenschaften „autonome Entscheidungsbildung (self-governing)" sowie „Bedeutung der Ehrenamtlichkeit in Leitung und Ausführung" gelten. Nach dieser Definition können Organisationen in öffentlicher Trägerschaft, wie bspw. Universitätskliniken, zwar dem Nonprofit-Sektor, aufgrund ihrer Zugehörigkeit zum Staat nicht aber dem Dritten Sektor zugerechnet werden.

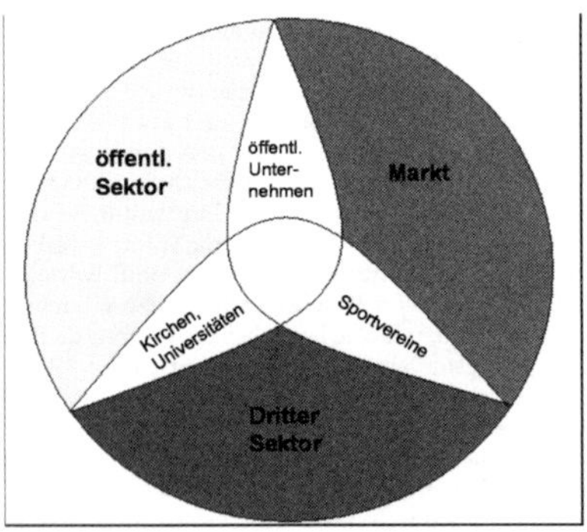

– 2. *Bedeutung:* Der Nonprofit-Sektor nimmt in vielen Ländern mittlerweile eine herausragende wirtschaftliche Bedeutung ein. Sowohl in den USA, als auch in nahezu allen Mitgliedsländern der Europäischen Union bzw. in den westlichen Industrienationen spielen NPO eine rasch wachsende Rolle. So hat der Anteil der im Nonprofit-Sektor Beschäftigten an der Gesamtzahl der Erwerbstätigen in den genannten Ländern in den letzten Jahrzehnten deutlich zugenommen. Zwischen 1990 und 1995 wuchs der Nonprofit-Sektor in Deutschland bspw. – gemessen anhand der Arbeitsmarktentwicklung – fast viermal schneller als die restliche Wirtschaft. Aktuelle Beschäftigungszahlen, die im Rahmen des IAB-Betriebspanels 2007 erhoben wurden, zeigen bspw., dass die absolute Beschäftigung seit 1996 nicht angestiegen ist und im Jahr 2007 immer noch 1,8 Mio. Beschäftigte betrug. Zusätzlich muss – neben den ca. 18 Millionen hauptamtlich Beschäftigten im internationalen Nonprofit-Sektor – auch die Leistung der ehrenamtlichen Mitarbeiter berücksichtigt werden, die insgesamt über 10 Millionen Vollzeitbeschäftigungen entspricht. Somit kommt dem Nonprofit-Sektor neben der Wahrnehmung der gesellschaftlichen Verantwortung auch eine zunehmende ökonomische Bedeutung zu. Aktuelle Zahlen beziffern die Bruttowertschöpfung der im Nonprofit-Sektor tätigen Organisationen in Deutschland insgesamt auf 89,17 Mrd. Euro (äquivalent zu 4,1 % der gesamten Bruttowertschöpfung in Deutschland; vgl. Fritsch et al. 2011, S. 73 ff.). – 3. *Ausblick:* Es lassen sich drei zentrale Entwicklungstendenzen im Nonprofit-Sektor unterscheiden, die die Bedeutung des Sektors unterstreichen: Weltweit große Wachstumsraten, eine zunehmende Ökonomisierung und Kommerzialisierung, sowie eine wachsende Internationalisierung.

Nonprofit Treatment – 1. *Charakterisierung:* von Tugan-Baranowsky aufgestellte These, nach der die Arbeiterschaft mit organisierter Macht auch auf Dauer höhere Löhne erzielen könnte (→ Machttheorie). Der Lohn ist danach eine soziale und keine ökonomische Kategorie, d.h. nicht durch Angebot und Nachfrage bestimmt. Veränderungen in der Lohnhöhe haben keinen Einfluss auf die Beschäftigung; die Unternehmer sind gezwungen, Lohnerhöhungen durch verringerten Gewinn selbst zu tragen. Damit hängt die Verteilung unmittelbar von der Lohnhöhe ab, wobei die Obergrenze durch die volkswirtschaftliche → Produktivität, die Untergrenze durch das → Existenzminimum gebildet wird. – 2. *Kritik:* In ihrer ursprünglichen Form hat sich die These als unhaltbar erwiesen. Nach → Böhm-Bawerk wirken die Machtverhältnisse nicht außerhalb, sondern innerhalb ökonomischer Gesetze: Kurzfristig können zwar durch massive Streikandrohungen Lohnerhöhungen erzwungen werden, die dem Unternehmen gerade so viel Verluste bringen, wie die Stillstandskosten des Betriebes betragen; langfristig sind derartige Löhne jedoch nicht zu halten. Durch Kostenüberwälzung auf die Nachfrager sowie durch → Substitution der → Arbeit durch → Kapital und Abwanderungen des Kapitals wird sich wieder ein realer Gleichgewichtslohn einstellen. – Innerhalb der ökonomischen Gesetze vom Standpunkt der *modernen* → Preistheorie aus wird man allerdings den Markteinflüssen auch langfristig einen Einfluss zubilligen können. Die Theorie des Oligopols und des bilateralen Monopols lässt Unbestimmtheitsbereiche der Preise und Produktionsmengen und damit auch der Faktornachfrage entstehen, innerhalb derer sich Machteinflüsse auswirken können.

Non-Response-Problem – in der Statistik, bes. in der Umfrageforschung, das Problem, dass bei einem Teil der Befragten, die zu einer Stichprobe gehören, wegen Nichtanwesenheit oder Verweigerung keine Antwort erzielt wird oder einem (schriftlichen oder mündlichen) Frageprogramm nur unvollständig entsprochen wird. Das Non-Response-Problem kann die Repräsentativität einer Stichprobe gravierend beeinträchtigen, weil eine Nichtbeantwortung meist mit den Befragungsgegenständen verknüpft ist. – *Behandlung* des Non-Response-Problems dadurch, dass aus den ursprünglich Nichtantwortenden eine Stichprobe ausgewählt und einem anderen Befragungsmodell, z.B. einer fernmündlichen Befragung, unterworfen wird. Bei unvollständiger Bedienung eines Frageprogrammes durch einzelne Befragte werden mit den Verfahren der Imputation und der Kalibrierung (→ Kalibrierung, statistische) Surrogate für die fehlenden Daten ermittelt und in die Schätzung einbezogen. Die Eliminierung unvollständiger Datensätze ist als Notlösung einzuschätzen.

Non-Store Marketing → Versandhandel.

Non-Trade Distribution – Distribution von Produkten oder Dienstleistungen ohne Einschaltung von Handelsbetrieben. – Vgl. auch → Disintermediation.

Nonvaleur – 1. unverkäufliche oder entwertete *Ware*. – 2. *Urkunde* eines entwerteten Wertpapiers, das nur noch Sammlerwert besitzt *(historisches Wertpapier)*. In seltenen Fällen werden Nonvaleurs wieder Wertpapiere, z.B. wenn ein Schuldner nach langer Unterbrechung Zins- und Tilgungszahlungen für die begebenen Anleihen wieder aufnimmt.

nonverbale Kommunikation – *außersprachliche, nicht sprachliche, nicht linguistische, averbale Kommunikation*. 1. *Begriff*: alle Formen der persönlichen Kommunikation und der → Massenkommunikation, die sich nicht auf eine symbolische (v.a. sprachliche) Informationsübertragung stützen. Im Zusammenhang mit der Sprache wird nonverbale Kommunikation auch als „analoge Kommunikation" bezeichnet. – 2. *Übertragungswege:* Die nonverbale Kommunikation kann in unterschiedlichen Formen übertragen werden. Die bedeutendste Form ist die visuelle nonverbale Kommunikation, die alle Vorteile der → Bildkommunikation aufweist. Weitere Übertragungswege sind nonverbale auditive Signale (vokale und musikalische Signale), taktile Signale (Wahrnehmung von Berührungen), olfaktorische Signale (Gerüche), gustatorische Signale (Geschmack) und thermale Signale (z.B. Körperwärme, Raumtemperatur). – 3. *Persönliche Kommunikation und nonverbale Kommunikation:* Die folgenden Ausführungen beziehen sich nur auf die persönliche Kommunikation, da die Massenkommunikation vorwiegend nonverbale Elemente der persönlichen Kommunikation abbildet. – 4. *Formen der persönlichen nonverbalen Kommunikation:* a) *Vokale nonverbale Kommunikation:* z.B. Lautstärke, Stimmfrequenz, Sprechgeschwindigkeit und Intonation. Die vokalen Elemente beziehen sich ausschließlich auf die Stimme des Kommunikators. – b) *Nonvokale nonverbale Kommunikation:* Diese setzt sich zusammen aus: (1) der körperlichen nonvokalen Kommunikation, die statischer (z.B. Körperbau, Gesichtsform, Hautfarbe) oder dynamischer (Mimik, Gestik, Körperbewegung, -haltung, -orientierung, -entfernung, Blickkontakt) Natur sein kann und (2) der materiellen nonvokale Kommunikation wie z.B. Stimuli, die zur körperlichen Erscheinung gehören, zum persönlichen Gebrauch gehören und im Interaktionsprozess eingesetzt werden oder aus der Umwelt des Kommunikators stammende Stimuli. Die nonvokale nonverbale Kommunikation kann sich auf alle Sinnesmodalitäten beziehen. – 5. *Wirkung:* Die nonverbale Kommunikation kann emotionale und kognitive Wirkungen hervorrufen. Emotionale Wirkungen sind die Aktivierung des Konsumenten, die Äußerung der Gefühle oder Einstellungen des Konsumenten. Kognitive Wirkungen der nonverbalen Kommunikation sind Ausstrahlungseffekte (Schlüsse auf persönliche Eigenschaften oder den sozialen Status des Kommunikators), Informationen über die Persönlichkeit des Kommunikators und die Begleitung verbaler Kommunikation. Die nonverbale Kommunikation besitzt häufig eine höhere Glaubwürdigkeit als die verbalen Äußerungen, da sie meist spontan erfolgt und kognitiv kaum kontrolliert wird. – 6. *Messung der nonverbalen Kommunikation:* a) *Allg. Messverfahren:* Geeignet sind bes. modalitätsspezifische Messverfahren wie Beobachtung der Mimik, phonetische Messung von akustischen Signalen, olfaktorische Ermittlung des Geruchs etc. – b) *Messung der persönlichen nonverbalen Kommunikation:* unmittelbare Verhaltensbeobachtung, Verhaltensaufzeichnung mittels Film und Video und apparative Verhaltensmessungen. Die Auswertung der Daten erfolgt z.B. mit dem Facial-Action-Coding-System (FACS), einem Analyseverfahren zur Beschreibung und Interpretation der Gesichtssprache oder dem Berner System, welches der Analyse der Körpersprache dient.

NOPAT – Abk. für *Net Operating Profit After Taxes*, → Economic Value Added (EVA).

Nordamerikanische Freihandelsvereinbarung → NAFTA.

Nord-Nord-Handel → Außenhandel zwischen → Industrieländern, in Abgrenzung zum → Süd-Süd-Handel (→ Süd-Süd-Kooperation) zwischen → Entwicklungsländern.

Nord-Süd-Konflikt – wirtschaftlicher und politischer Interessengegensatz zwischen den durchweg auf der nördlichen Hälfte der Erdkugel angesiedelten Industrienationen und den in ihrer überwiegenden Mehrzahl südlich davon existierenden → Entwicklungsländern. Die Entwicklungsländer sehen sich in der herrschenden Weltwirtschaftsordnung in vielfältiger Hinsicht benachteiligt und fordern dementsprechend eine → Neue Weltwirtschaftsordnung. Die → Industrieländer stehen diesen Forderungen überwiegend ablehnend gegenüber.

Norm – 1. *Rechtsnorm:* z.B. Gesetze, Verordnungen. – 2. *Technische Norm:* eine technische Beschreibung oder ein anderes Dokument, das für jedermann zugänglich ist und unter Mitarbeit und im Einvernehmen oder mit allgemeiner Zustimmung aller interessierten Kreise erstellt wurde. Sie beruht auf abgestimmten Ergebnissen von Wissenschaft, Technik und Praxis. Sie ist von einer auf nationaler (→ Deutsches Institut für Normung e.V. (DIN)), regionaler (europäische Normenorganisation → CEN und → CENELEC) oder internationaler (internationale Normenorganisationen → ISO und IEC) Ebene anerkannten Organisation gebilligt worden; vgl. → deutsche Normen, → europäische Normen, → internationale Normen. – *Arten:* Dienstleistungsnorm, Gebrauchstauglichkeitsnorm, Liefernorm, Maßnorm, Planungsnorm, Sicherheitsnorm, Stoffnorm, Verfahrensnorm und Verständigungsnorm. Aufgrund ihres Inhalts kann eine Norm zu einer oder mehreren der genannten Arten gehören. – *Funktionen:* Durch Normen wird u.a. die Beschaffung von Geräten (z.B. Prüfgeräten), Teilen und Halbzeugen in gleichbleibender Qualität wesentlich erleichtert; sie erhöhen die Verwendbarkeit von Erzeugnissen, bilden u.a. die Grundlage für Kompatibilität und Austauschbarkeit sowie für die Einschränkung der Teilvielfalt (z.B. Baureihen, Baukastensystem) mit den daraus erwachsenden Vorteilen, wie schnelle Ersatzteilbeschaffung, leichtere Instandhaltung, wirtschaftlicher Einsatz von Arbeitsmitteln, Werkzeugen und Prüfgeräten etc. Normen für die Sicherheit, den Umweltschutz und den Bereich der Ergonomie tragen wesentlich zum Schutz vor den unerwünschten Nebenwirkungen der Technik sowie zur Humanisierung der Arbeitswelt bei. – 3. → Unternehmensethik: Aufforderungen, in bestimmten gleichen Situationen bestimmte Handlungen auszuführen (oder zu unterlassen) oder bestimmte Wirkungen herbeizuführen (oder nicht herbeizuführen; → Verhaltenskodizes).

Normalarbeitsvertrag → Arbeitsvertrag.

Normalauslastungsgrad – der → Auslastungsgrad des gesamtwirtschaftlichen → Produktionspotenzials, der als normal im Sinn eines langfristigen Durchschnitts oder aufgrund von Erfahrungen, z.B. auf Unternehmensebene bei Befragungen, angesehen wird.

Normalbeschäftigung – die für eine zukünftige Periode unter „normalen" Umständen, d.h. unter Berücksichtigung bestehender Engpässe und unvermeidbarer Störungen, zu erreichende → Beschäftigung des Betriebs oder eines Betriebsteils. Die Normalbeschäftigung liegt i.d.R. unter der Kapazitätsgrenze. – *Kostenrechnung:* In der Plankostenrechnung werden die → Sollkosten überwiegend auf Normalbeschäftigung oder → Planbeschäftigung abgestellt; in der → Zuschlagskalkulation wird auf die Normalbeschäftigung bei der Ermittlung der Gemeinkostenzuschlagsätze abgestellt.

Normaldefizit – *Normalverschuldung;* Teil des Gesamtdefizits der öffentlichen Haushalte, an den sich die Privaten langfristig gewöhnt haben, der von ihnen als normal empfunden wird; abgeleitet aus der → potenzialorientierten Verschuldung. Wird bei der Ermittlung des → strukturellen Defizits berücksichtigt. – Vgl. auch → konjunkturneutraler Haushalt.

normale Arbeitslosigkeit → natürliche Arbeitslosigkeit.

normale Kapazität – das durchschnittliche betriebliche Leistungsvermögen (→ Kapazität) bei normalen Rüst- und Verlustzeiten, also die praktisch und auf Dauer erreichbare technische Kannleistung des Betriebes. Bei der Errechnung der normalen Kapazität ist von der → maximalen Kapazität auszugehen, die anhand der gewonnenen Betriebserfahrungen zu berichtigen ist, gemäß den unvermeidlichen Schwankungen des menschlichen Leistungsvermögens, der Materialqualität, der Maschinengenauigkeit etc. – Durch die normale Kapazität wird vom Technischen her die → wirtschaftliche Kapazität bestimmt, die ihr bei erfolgreicher Betriebsorganisation entsprechen sollte.

Normalform – I. Spieltheorie: Die Normalform (S_1, ..., S_n; u_1, ..., u_n) eines n-Personen-Spiels mit den Spielern 1, ..., n beschreibt ein Spiel rein statisch. Für Spieler i = 1, ..., n bezeichnet $S_i = \{s_i^1, s_i^2, s_i^3, \ldots\}$ die Menge seiner Strategien s_i und u_i seine Auszahlungsfunktion. Allen Strategienvektoren $s = (s_1, \ldots, s_n)$ mit $s_i \in S_i$ für i = 1, ..., n ordnet die Auszahlungsfunktion u_i kardinale Nutzenwerte $u_i(s)$ zu, die angeben, wie Spieler i die durch s implizierten Ergebnisse bewertet. Bekannte Spiele mit zwei Spielern (n = 2), die über jeweils zwei Strategien verfügen, sind das → Gefangenendilemma (vgl. Bimatrix 1 in der Abbildung „Normalform") sowie der → Kampf der Geschlechter (vgl. Bimatrix 2 in der Abbildung „Normalform"). Sind Spiele wie die Bimatrixspiele 1 und 2 symmetrisch, so genügt es, wegen $u_i(s_i^k, s_j^l) = u_j(s_i^l, s_j^k)$ nur eine Nutzenbewertung anzugeben. Das Gleiche gilt für die sog. 2-Personen-Nullsummenspiele mit $u_1(s) + u_2(s) = 0$ für alle Strategievektoren $s = (s_1, s_2)$, da $u_2(s) = -u_1(s)$. – Vgl. auch → Spieltheorie.

II. Wirtschaftsinformatik: 1. *Begriff:* In der → Datenorganisation ein Zustand einer → Relation (bzw. einer Datei), der i.Allg. durch → Normalisierung erzeugt wird. – 2. *Arten:* Man unterscheidet bis zur fünften Normalform. Die Normalformen bauen aufeinander auf; d.h. eine Relation in dritter Normalform ist automatisch auch in zweiter Normalform (und damit auch in erster Normalform) etc.; von praktischer Bedeutung sind v.a. die Normalformen bis hin zur dritten. Die erste Normalform fordert, dass in Attributen stets nur eine Information gespeichert wird. Die zweite Normalform postuliert die Minimalität des Primärschlüssels einer → Relation im Hinblick darauf, dass keine überflüssigen Attribute darin verwendet werden. Über die dritte Normalform werden sog. transitive Abhängigkeiten ausgeschlossen, die dadurch entstehen, dass eine abhängige Relation in eine andere integriert wurde.

Normalgemeinkosten → Normalkosten, → Normalzuschläge.

Normalisierung – I. Kostenrechnung: Der → Vollkostenrechnung zugrunde liegendes Bestreben, aperiodisch oder in ungewöhnlicher Höhe anfallende Kosten zu „glätten", d.h. auf die einzelnen Abrechnungsperioden in gleichmäßiger Form zu verteilen, um eine bessere zeitliche Vergleichbarkeit zu erreichen.

II. Wirtschaftsinformatik: In der → Datenorganisation ein Prozess, der bei der Erstellung des → Datenmodells durchlaufen wird. – *Ziel der Normalisierung:* Erzeugung von einfachen, möglichst redundanzarmen (→ Datenredundanz) → Relationen, sodass während des Betriebes kein anormales Verhalten beim Einfügen, Löschen oder Ändern eines Datensatzes eintreten kann. Wird z.B. eine Information gelöscht, darf das nicht zur Folge haben, dass automatisch eine weitere Information gelöscht wird, die noch Bestand haben soll. – *Vorgehensweise:* mehrere formale Schritte, mit denen Relationen in verschiedenen → Normalformen erzeugt werden.

Normalkalkulation → Kalkulation (bes. → Vorkalkulation), bei der anstelle der effektiven Kosten normale oder durchschnittliche, vergangenheitsorientierte Werte, bes. Gemeinkostenzuschläge angesetzt werden. – Vgl. auch → Normalkosten, → Normalkostenrechnung, → Normalzuschläge.

Normalkontenplan – aus dem → Normalkontenrahmen einer bestimmten Wirtschaftsgruppe abgeleiteter → Kontenplan.

Normalkontenrahmen – die von den einzelnen Wirtschaftsverbänden ausgearbeiteten → Kontenrahmen, die auf die bes. Verhältnisse des Geschäftszweiges ihrer Mitglieder abgestimmt sind. Nicht verbindlich.

Normalkosten – *Normalgemeinkosten;* aus den → Istkosten größerer Zeiträume abgeleitete, d.h. vergangenheitsorientierte Durchschnittskosten, mit denen es möglich ist, regelmäßige, gleichmäßige Vorgabewerte herauszuarbeiten und einen Ausgleich von Schwankungen in der Kostenhöhe herzustellen. – *Beispiel:* Wagniskosten. – Vgl. auch → Normalkostenrechnung.

Normalkostenrechnung – 1. *Begriff:* Ausprägung der → Kostenrechnung, in der statt tatsächlich angefallener Kosten (→ Istkosten) vergangenheitsorientierte → Normalkosten verrechnet werden. Den Bezugsgrößen werden Kosten zugerechnet, die bei normalen Verhältnissen entstehen oder entstehen würden. – 2. *Bedeutung:* In reiner Form in der Praxis nicht realisiert. In der → Istkostenrechnung wird i.d.R. in Teilbereichen mit Normalkosten gerechnet. – 3. *Weiterentwicklungsformen:* → Standardkostenrechnung.

Normalleistung – Begriff des Arbeitsstudiums. Die Normalleistung liegt gewöhnlich unter der Durchschnittsleistung von im Leistungslohn Arbeitenden und sie stellt die Grundlage zur Ermittlung des Prämienlohnes dar. – Vgl. auch → REFA-Normalleistung.

Normalpreis – I. Kostenrechnung: der bei der Bewertung innerbetrieblicher Leistungen zugrunde gelegte → feste Verrechnungspreis.

II. Zollrecht: der nach dem Brüsseler Normalpreissystem früher der Verzollung zugrunde gelegte Preis frei Grenze bei einem Verkauf unter den Bedingungen des freien Wettbewerbs im Zollgebiet zum Zeitpunkt der Zollabfertigung. Er ist seit langem abgelöst durch den Transaktionwert einer Ware. Dieser basiert nicht auf einem theoretischen Normalpreis, sondern auf dem tatsächlich gezahlten oder zu zahlenden Kaufpreis zur Ausfuhr in das Zollgebiet der Gemeinschaft (Art. 29 ZK), vgl. → Zollwert.

Normalreaktion (der Nachfrage) – als „normale" Reaktion der → Nachfrage gilt in der → Preistheorie die Annahme, dass der oder die Nachfrager eines → Gutes auf die Erhöhung seines → Preises p mit einer Einschränkung der nachgefragten Menge x reagieren. Für eine individuelle oder aggregierte → Nachfragefunktion bzw. → Preisabsatzfunktion

Normalform

Bimatrix 1 (Gefangenendilemma)

$s_1 \backslash s_2$	s_2^1	s_2^2
s_1^1	2, 2	0, 3
s_1^2	3, 0	1, 1

Bimatrix 2 (Kampf der Geschlechter)

$s_1 \backslash s_2$	s_2^1	s_2^2
s_1^1	2, 1	0, 0
s_1^2	0, 0	1, 2

x=x(p) bedeutet dies, dass deren 1. Ableitung bei Normalreaktion ein negatives Vorzeichen hat (dx/dp < 0) und auch die direkte → Preiselastizität der Nachfrage negativ ist. Eine „normale“ Nachfragekurve bzw. Preisabsatzkurve weist im Preis-Mengen-Diagramm infolgedessen einen inversen oder fallenden Verlauf auf. – Als Beispiel für eine „anomale“ Nachfragereaktion gilt der → Vebleneffekt, bei dem auf eine Preiserhöhung hin die Nachfrage gesteigert wird.

Normalsatz – ein Begriff aus dem Bereich der Umsatzsteuer; Gegensatz zum ermäßigten Steuersatz und zu Sondersteuersätzen. – Vgl. auch → Umsatzsteuer.

Normalverteilung – *Gaußsche Normalverteilung;* eine in der → Inferenzstatistik bes. wichtige Wahrscheinlichkeitsverteilung benannt nach C.F. Gauß. Die Dichtefunktion einer Normalverteilung mit den Parametern μ und $\sigma^2>0$ hat die Form

$$f(x) = \frac{1}{\sqrt{2\pi}\cdot\sigma}\exp(-\frac{(x-\mu)^2}{2\sigma^2})$$

für $-\infty < x < \infty$.

– 1. Die → Parameter der Normalverteilung sind der → Erwartungswert μ und die → Varianz σ^2. Mithilfe der → Standardtransformation können Normalverteilungen mit beliebiger Parameterlage in die → Standardnormalverteilung ($\mu = 0$; $\sigma^2 = 1$) überführt werden. Hat die Zufallsvariable X eine Normalverteilung mit den Parametern μ und σ^2, so hat die Zufallsvariable $(X-\mu)/\sigma$ eine Standardnormalverteilung. Für die Auswertung der → Dichtefunktion bzw. → Verteilungsfunktion der Standardnormalverteilung existieren *Tabellenwerke,* in denen Werte der → Verteilungsfunktion verzeichnet sind. Die Tabellen der Standard-Normalverteilung können daher zur Auswertung beliebiger Normalverteilungen herangezogen werden. – 2. *Eigenschaften:* Bei grafischer Darstellung ergibt die Dichtefunktion einer Normalverteilung eine glockenförmige Kurve, die symmetrisch zur Geraden $x = \mu$ ist. Der Erwartungswert μ fällt mit dem → Modus und dem → Median zusammen. Die Glockenkurve hat Wendepunkte bei den Abszissen $\mu + \sigma$ bzw. $\mu - \sigma$. Für eine μ-normalverteilte Zufallsvariable X gilt (gerundete Werte): $P(\mu - \sigma \leq X \leq \mu + \sigma) = 0{,}6827$; $P(\mu - 2\sigma \leq X \leq \mu + 2\sigma) = 0{,}9545$; $P(\mu - 3\sigma \leq X \leq \mu + 3\sigma) = 0{,}9973$. – Vgl. Abbildung „Normalverteilung“. – 3. *Bedeutung:* Annähernd normalverteilte Merkmale sind in der Wirtschaft und im technisch-naturwissenschaftlichen Bereich gelegentlich zu beobachten. So ist z.B. der Stichprobendurchschnitt (→ arithmetisches Mittel) bei großem Stichprobenumfang unter geeigneten Voraussetzungen annähernd auch dann als normalverteilt zu betrachten, wenn über die Verteilung der → Grundgesamtheit nichts bekannt ist. Dies ist durch den Zentralen → Grenzwertsatz begründbar. Die Normalverteilung wird unter gewissen Voraussetzungen zur Approximation vieler theoretischer Verteilungen verwendet, etwa der → Binomialverteilung, der → hypergeometrischen Verteilung, der → Poissonverteilung oder der → Chi-Quadrat-Verteilung.

Normalverteilung

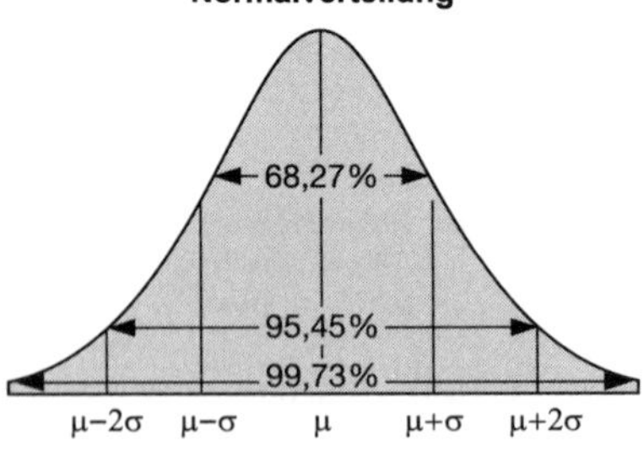

Normalwert – I. Rechnungswesen: Normalmenge, bewertet zu einem Festpreis. – Vgl. auch → Normalkosten.

II. Außenhandel: Wert einer Ware, anhand dessen festgestellt wird, ob die Ware bei Einfuhr in die Europäische Union (EU) zu gedumpten Preisen verkauft wird. Der Normalwert wird normalerweise anhand der Preise festgestellt, die im Ausfuhrland der Ware normalerweise von unabhängigen Abnehmern gezahlt werden. Sind brauchbare Preise dieser Art nicht vorhanden, kann der Normalwert subsidiär anhand der Kosten oder des Preises in einem vergleichbaren dritten Land bestimmt werden (Art. 2 EG-VO 384/96, sog. Anti-Dumping-VO). – 1. *Zollrecht:* → Zollwert. – 2. *Umsatzsteuer:* in der Mehrwertsteuersystemrichtlinie (und damit auch in der Rechtsprechung des EuGH zur Umsatzsteuer) Bezeichnung für einige Unterarten der → Mindestbemessungsgrundlage, vgl. Art. 77, 80 MWStSystRL.

Normalwissenschaft → Paradigma.

Normalzuschläge – prozentuale → Gemeinkostenzuschläge in Höhe der Erfahrungssätze vergangener Abrechnungszeiträume. Am Periodenende werden verrechnete und entstandene Kosten gegenübergestellt: Die Differenzen stellen die → Kostenunterdeckung bzw. → Kostenüberdeckung in den Kostenstellen dar.

Normativbestimmungen → Tarifvertrag.

normative Betriebswirtschaftslehre – 1. Sammelbezeichnung für eine in sich wenig homogene *Wissenschaftsauffassung* innerhalb der → Betriebswirtschaftslehre (BWL). Ihre Vertreter halten entweder die Einbeziehung von → Werturteilen in betriebswirtschaftliche Aussagensysteme (ethischer Normativismus) oder sog. Gestaltungsempfehlungen (praktischer Normativismus) für erforderlich. – 2. Auffassung des *ethischen Normativismus:* Aufgabe der BWL ist es, Normen für wirtschaftliches Handeln aus allg. ethischen Prinzipien abzuleiten und damit einen Sollzustand vorzugeben, in den die Wirtschaft zu überführen ist. V.a. innerhalb der älteren

BWL von Bedeutung; geringe Wirkung. – *Hauptvertreter:* Schär, Nicklisch und Kalveram. – 3. Auffassung des *praktischen Normativismus:* Aufgabe der BWL ist es, der Praxis Handlungsempfehlungen zu unterbreiten (daher auch: *praktisch-normative BWL*); wird in dieser Form bes. von den Vertretern der → entscheidungsorientierten Betriebswirtschaftslehre akzentuiert. Die Analyse der logischen Grammatik der Sprache zeigt allerdings, dass es sich dabei nicht um Wertungen, sondern um Informationen über Handlungsmöglichkeiten handelt; insofern ist Praxisberatung auch mit den Mitteln einer (in bestimmtem Sinn) „wertfreien" Wissenschaft möglich (→ Wertfreiheitspostulat).

Normativismus → normative Betriebswirtschaftslehre.

Normenausschuss (NA) – Organ des → Deutschen Instituts für Normung e.V. (DIN), das die → Normung auf seinem Fach- und Wissensgebiet verantwortlich trägt. Die fachliche Normungsarbeit wird in seinen weiteren Untergliederungen (z.B. Arbeitsausschüsse, Unterausschüsse) durchgeführt.

Normenkontrolle – Überprüfung eines → Gesetzes oder einer → Rechtsverordnung am Maßstab von Normen höheren Ranges (z.B. des Verfassungsrechts). Das Verfahren der Normenkontrolle ist in Art. 93 I 2 und 100 GG sowie in den Länderverfassungen geregelt. Einzelheiten im Gesetz über das → Bundesverfassungsgericht (BVerfGG) und den Gesetzen über die → Verfassungsgerichte der Länder. Ferner ist im § 47 VwGO die Normenkontrolle gegen Satzungen und Rechtsverordnungen nach dem Baugesetzbuch sowie von dem unter dem dem Landesgesetz stehenden Rechtsvorschriften vorgesehen. – Man *unterscheidet:* 1. *Abstrakte Normenkontrolle:* Prüfung einer Rechtsnorm unabhängig von einem konkreten Rechtsstreit. – 2. *Konkrete (inzidente) Normenkontrolle:*Überprüfung im Rahmen eines Rechtsstreit notwendig, weil die Gültigkeit der Norm für den Ausgang des Rechtsstreits bedeutsam ist. Grundsätzlich hat jedes Gericht die Gültigkeit der Vorschriften, die es anwenden will, selbst zu prüfen. Hat das Gericht Zweifel an der Gültigkeit einer Rechtsnorm, legt es die Norm zur Überprüfung am Maßstab höherrangigen Rechts einem übergeordneten Gericht vor. Bei Gesetzen liegt die Überprüfungszuständigkeit regelmäßig bei den Verfassungsgerichten.

Normenkontrollrat – 1. *Begriff:* zum Zwecke der Entbürokratisierung von Rechtsvorschriften beim Bundeskanzleramt aufgrund des Gesetzes zur Einsetzung eines Nationalen Normenkontrollrates vom 14.08.2006 (BGBl. I S.1866) m.spät.Änd. eingerichtetes Gremium. Der Nationale Normenkontrollrat hat die Aufgabe, die Bundesregierung dabei zu unterstützen, die durch Gesetze verursachten Bürokratiekosten unter Anwendung einer standardisierten Bürokratiekostenmessung zu reduzieren. Unter Bürokratiekosten werden dabei verstanden die durch Rechtsvorschriften verursachten Informationspflichten z.B. Statistikpflichten. Gemessen werden soll mithilfe des Standardkosten-Modells (SKM), dessen international anerkannte Regeln zugrunde zu legen sind. – 2. *Zusammensetzung:* Der Normenkontrollrat besteht aus zehn vom Bundeskanzler vorgeschlagenen und vom Bundespräsidenten für eine Amtszeit von fünf Jahren berufenen Mitgliedern, die ihre Tätigkeit unabhängig ausüben. Er gibt seine Stellungnahmen zu Gesetzentwürfen der Bundesministerien gegenüber dem federführenden Bundesminister nicht öffentlich ab. Diese Stellungnahmen werden dem Gesetzentwurf bei der Einbringung in den Bundestag beigefügt. Der Normenkontrollrat nimmt ferner Stellung zu dem jährlichen Bericht der Bundesregierung zu den Ergebnissen des Bürokratiekostenabbaus.

Normen- und Typenkartell → Kartell zur Festlegung einheitlicher Normen (nichtstaatlicher technischer Vorschriften über die Beschaffenheit einer Ware hinsichtlich von Material, Herstellung und Verbindung mit anderen Waren) und Typen (Baumustern für komplexe Produkte). Bei nicht diskriminierenden, offenen und transparenten Vereinbarungen über Normen und Typen liegt grundsätzlich keine Wettbewerbsbeschränkung vor. Das Verbot des § 1 GWB und des Art. 101 I AEUV könnte dann berührt sein, wenn Normen und Typen Teil einer umfassenderen Vereinbarung sind, die auf den Ausschluss von Wettbewerbern vom relevanten Markt abzielen. In einem solchen Fall ist u.U. eine Legalausnahme des Normen- und Typenkartells nach § 2 GWB und Art. 101 III AEUV möglich. Dies hat u.a. zur Voraussetzung, dass die Verbraucher an den damit verbundenen Effizienzgewinnen angemessen beteiligt werden.

Normierung → Normung, → Norm, → deutsche Normen, → europäische Normen, → internationale Normen.

Normstrategien – typologische Raster, die im Rahmen der Portfolio-Techniken der → strategischen Planung statt Bewertungs- oder Präferenzfunktionen verwendet werden. Diese Normstrategien liefern die benötigten Aussagen über die Ressourcenverteilung (Neuinvestitionen, Desinvestitionen etc.) oder über die finanziellen Mittel (Mittelüberschüsse, -defizite etc.)

Normung – 1. *Begriff:* Normung bedeutet die einheitliche Festlegung von Größen, Abmessungen, Formen und Farben einzelner Teile eines Produktes. – 2. *Ziele* der Normung von Einzelteilen sind v.a. die Senkung der Kosten und die Steigerung der Produktivität bei der → Montage von Produkten. Dies wird durch geringeren Lagerbedarf für die Einzelteile, weniger Verwaltungsaufwand bei Materiallieferungen und geringere Kapitalbindung während des → Produktionsprozesses erreicht. Des Weiteren ergeben sich Vorteile beim Absatz der Produkte durch einheitliche Qualitätsbegriffe und somit erhöhte

Markttransparenz, Wettbewerbsvorteile durch besser kalkulierte Absatzpreise und durch höhere Lieferbereitschaft bei Ersatzteilen. – *Gegensatz:* → Typung.

North – Douglass Cecil, geb. 1920, amerik. Nationalökonom und Wirtschaftshistoriker. North erhielt 1993 gemeinsam mit → Fogel den → Nobelpreis für Wirtschaftswissenschaften. Die Auszeichnung wurde ihm für seine Arbeiten über Wirtschaftsgeschichte, institutionellen Wandel und wirtschaftliche Entwicklung zuerkannt. Laut North ist es die Interaktion zwischen den formellen und informellen Regeln menschlichen Zusammenwirkens und den im Rahmen dieser Regeln handelnden Individuen und Organisationen, die institutionelle Evolution herbeiführt und gestaltet. North hat in seinem Werk dargelegt, dass der Prozess institutionellen Wandels neben technologischen Innovationen eine bedeutende Determinante des Wirtschaftswachstums in der westlichen Welt war. – *Hauptwerke:* Mit Thomas, The Rise of the Western World: A New Economic History (1973); Theorie des institutionellen Wandels (1988); Institutionen, institutioneller Wandel und Wirtschaftsleistung (1992).

North American Free Trade Agreement → NAFTA.

NÖS → Neues Ökonomisches System der Planung und Verwaltung der Volkswirtschaft.

No Show → Yield Management.

No-Show-Quote → Yield Management.

Nostroguthaben – *Interbankengelder.* 1. *Charakterisierung:* → Sichteinlagen, die ein Kreditinstitut bei einem anderen unterhält. Die Banken halten Nostroguthaben, um (1) den Überweisungsverkehr ihrer Kunden über Korrespondenzbanken möglichst rasch abzuwickeln und (2) → Überschussreserven verzinslich anzulegen. Die Nostroguthaben bedeuten meist eine Liquiditätsübertragung von liquiden auf liquiditätsknappe Banken. – 2. *Bedeutung:* In Restriktionsphasen war häufig eine starke Zunahme der Interbankkreditgewährung zu beobachten, mit geldpolitischen Konsequenzen. Die Kreditinstitute stellten bei der Kreditgewährung an Nichtbanken auf ihre einzelwirtschaftliche → Liquidität ab. Die Bundesbank war vor das Problem gestellt, den kreditgewährenden Banken Zentralbankgeld zufließen zu lassen oder Liquiditätskrisen zu riskieren. – *Gegensatz:* → aufgenommene Gelder (Nostroverpflichtungen).

Nostrokonto – Bezeichnung für das Konto eines Kreditinstituts, das bei einer in- oder heute meist ausländischen Korrespondenzbank für das Kreditinstitut geführt wird, in der eigenen Buchführung des Kreditinstituts. – *Gegensatz:* → Lorokonto.

Nostroverbindlichkeiten → aufgenommene Gelder.

Notanzeige → Benachrichtigungspflicht.

Notar – unabhängiger Träger eines öffentlichen Amtes auf dem Gebiet der vorsorgenden Rechtspflege (§ 1 BNotO); meist freiberuflich Tätiger mit Befähigung zum Richteramt, von der Justizverwaltung öffentlich bestellt zur Vornahme von Akten der → freiwilligen Gerichtsbarkeit, bes. zur → öffentlichen Beurkundung, → öffentlichen Beglaubigung von Unterschriften, Wechselprotesten etc. Der Notar erhält für seine Tätigkeit Gebühren nach der → Kostenordnung und untersteht der Dienstaufsicht des zuständigen Landgerichtspräsidenten. In mehreren Ländern der Bundesrepublik ist Notar gleichzeitig → Rechtsanwalt (Anwaltsnotar), im Gegensatz zum Nur-Notar oder Amtsnotar. – Die Notare sind auch zur *Vertretung eines* → Steuerpflichtigen berechtigt (§ 80 V AO). – Eingehende Regelung der Rechtsverhältnisse, der Pflichten und der Berufsgerichtsbarkeit der Notare in der Bundesnotarordnung i.d.F. vom 24.2.1961 (BGBl. I 98) m.spät.Änd.

Notaranderkonto – Bankkonto, das der Notar im eigenen Namen und mit eigener Verfügungsbefugnis treuhänderisch für einen Dritten unterhält. – Vgl. auch → Anderkonto.

notarielle Beurkundung – die durch einen → Notar vorgenommene → öffentliche Beurkundung.

Notbremse-Klausel – 1. Die sog. Notbremse-Klausel wurde für das ordentlichen EU-Gesetzgebungsverfahren eingeführt, um zu erreichen, dass in drei Politikbereichen statt des Rats (Ministerrat) der Europäische Rat entscheidet. Erklärt ein Mitglied des Rats, dass der Entwurf eines Gesetzgebungsakts wichtige Aspekte des Systems der sozialen Sicherheit oder der Strafrechtsordnung seines Landes bedrohe, kann er beantragen, den Europäischen Rat damit zu befassen. Das Verfahren wird dann ausgesetzt. Der Europäische Rat kann a) den Entwurf an den Rat zurück verweisen oder b) von einem Tätigwerden absehen; oder aber die Kommission um einen neuen Vorschlag ersuchen. In diesem Fall gilt der ursprüngliche Vorschlag als nicht erlassen (vgl. Art. 48, 82 und 83 AEUV). – 2. Der deutsche Vertreter im Rat muss in diesen Fällen die Befassung des Europäischen Rats beantragen, wenn der Deutsche Bundestag ihn hierzu angewiesen hat bzw. wenn ein entsprechender Beschluss des Bundesrates vorliegt (§ 9 des Integrationsverantwortungsgesetzes (IntVG) vom 22.9.2009 (BGBl I S. 3022).

Notdienst → Streik.

Notebook – Synonym für Laptop, als Begriff eingeführt von Toshiba für bes. kleine und leichte, tragbare PCs, um diese besser vermarkten zu können. – Vgl. auch → Personal Computer (PC).

Note Issuance Facility (NIF) – Fazilität, die die Liquiditätsbeschaffung über die revolvierende Platzierung von kurzfristigen Schuldtiteln (→ Notes) ermöglicht. Diese werden im → Tenderverfahren am Markt untergebracht. – *Anders:* → Revolving Underwriting Facility (RUF). Bei einer Nichtplatzierung werden die Papiere von den beteiligten Banken in den eigenen Bestand übernommen bzw. im Rahmen einer

→ Back-up Line Kredite gewährt. – Vgl. auch → Finanzinnovationen; → Euro-Notes.

Noten – gesetzliche → Zahlungsmittel in Form des Papiergeldes. – Vgl. auch → Banknote.

Notenausgabe – *Notenprivileg;* ausschließliche Befugnis der → Zentralbank zur Ausgabe von → Banknoten. Die Notenausgabe in der Bundesrepublik Deutschland hat nach § 14 BBankG die → Deutsche Bundesbank. Das Emissionsrecht für → Münzen (Münzregal) liegt beim Bund. Von 1948 bis 1957 hatte die Bank deutscher Länder die Notenausgabe (und bis 1950 auch das Emissionsrecht für Münzen). Seit dem 1.1.1999 steht der → Europäischen Zentralbank (EZB) das ausschließliche Recht zu, die Ausgabe von Banknoten innerhalb des Euro-Währungsgebietes (Eurosystem) zu genehmigen. Die EZB ist darüber hinaus nach Art. 106 I EGV im Rahmen der Europäischen Wirtschafts- und Währungsunion neben den nationalen Zentralbanken zur Ausgabe von Banknoten berechtigt.

Notenbank – anderer Name für → Zentralbank, der darauf hindeutet, dass diese Bank das → Notenmonopol in einem Land hat.

Notenbankausweis → Bankausweis.

Notenbankautonomie → Unabhängigkeit der Zentralbank, → Autonomie.

Notenbankmonopol → Emissionsmonopol, → Notenmonopol.

Notenbankpolitik → Geldpolitik, → Europäisches System der Zentralbanken (ESZB).

Notendeckung → Deckung.

Notenkontingent – historisch per Gesetz fixierte Höhe der zum Umlauf bestimmten Banknoten, die die → Notenausgabe der Notenbank begrenzten. – *Formen:* a) *Teilweise Kontingentierung:* Nur der nicht durch Gold gedeckte Betrag der Notenausgabe ist begrenzt (so bei der Bank von England). – b) *Vollständige Kontingentierung:* Gesamte Notenausgabe ist begrenzt, so in Frankreich und bis 31.7.1957 in der Bundesrepublik Deutschland. – c) *Steuerliche Kontingentierung:* Für alle über das Notenkontingent hinausgehenden Notenausgaben ist eine → Notensteuer zu entrichten, so bei der alten Reichsbank und in den USA.

Notenmonopol – *Notenprivileg;* alleiniges Recht, die Währung eines Landes auszugeben. – Die Deutsche Bundesbank hat das ausschließliche Recht zur Ausgabe von Euro-Banknoten in Deutschland.

Notenprivileg → Notenmonopol.

Notensteuer – Zwangsabgabe, die Notenbanken zu entrichten haben, wenn die → Notenausgabe ein bestimmtes Notenkontingent überschreitet oder die vorgeschriebene Deckung unterschritten wird. Eine *prohibitive Notensteuer* wird erhoben, um private Banken zur Aufgabe des Notenemissionsgeschäfts zu veranlassen. – *Ziel:* Kontrolle des Geldumlaufs. – *Bedeutung:* Zuerst in den USA (1866), später in Deutschland erhoben; in Deutschland 1933, in den USA 1968 abgeschafft.

Notenstückelung – Die Ausgabe der Euro-Noten erfolgt durch das → Europäische System der Zentralbanken (ESZB), d.h. die → Europäische Zentralbank (EZB) sowie die zwölf nationalen Mitgliedsnotenbanken des Eurosystems. In der Bundesrepublik Deutschland hat ausschließlich die → Deutsche Bundesbank das Recht zur Ausgabe von Euro-Banknoten. Euro- und Cent-Münzen werden von der Bundesregierung ausgegeben, aber von der Bundesbank in Umlauf gebracht. – *Genaue Stückelung der Euro-Banknoten:* 500, 200, 100, 50, 20, 10, 5 Euro. – *Euro-Münzen:* 1, 2, 5, 10, 20, 50 Cent, 1 und 2 Euro. – Nach EG-Verordnung des Rates Nr. 974/ 98 vom 3.5.1998 ist im Euroraum niemand außer der ausgebenden Behörde und in nationalen Rechtsvorschriften zu nennenden Personen dazu verpflichtet, mehr als 50 Münzen in einer Zahlung anzunehmen. Mit dieser Regelung ist keine Wertangabe verbunden. Das Münzgesetz (MünzG) ergänzt diese Vorschrift in Bezug auf Euro-Gedenkmünzen. Die Annahmepflicht von dt., auf Euro lautende Gedenkmünzen, ist auf 200 Euro je Zahlung beschränkt (§ 3 MünzG).

Notenumlauf – Umlauf von → Banknoten, die in einem Land bzw. in einem Währungsraum unbeschränktes gesetzliches Zahlungsmittel sind. Im Euroraum gibt die Europäische Zentralbank Noten mit folgenden Werten heraus: 5, 10, 20, 50, 100, 200, 500 Euro.

Notes – 1. *Wertpapiergeschäft:* kurz- bis mittelfristige → Anleihen, die oft in einem Betrag zurückgezahlt werden. Im Unterschied zu vielen langfristigen Anleihen werden sie oft nicht öffentlich, sondern privat platziert. – *Beispiel:* → Euro-Note. Vgl. aber → Medium Term Notes (MTN), die meist börsennotiert sind. – 2. Im Bereich der *internationalen Rechnungslegung (US-GAAP; IFRS)* erfüllen Notes oder Notes to Financial Statements im Wesentlichen die Aufgaben, die innerhalb der handelsrechtlichen Bilanzierungs- und Publizitätsvorschriften dem → Anhang zukommen. Sie beinhalten ergänzende und erläuternde Informationen zu den im übrigen Teil des → Jahresabschlusses oder → Konzernabschlusses enthaltenen Angaben.

Notfallausweis – bundeseinheitliches Dokument, unentgeltlich bei Gesundheitsämtern, Ärzten, Krankenkassen etc. zu erhalten. Der Notfallausweis ist mehrsprachig und enthält alle nach modernen medizinischen Erkenntnissen bei Notfällen notwendigen Aussagen. Format wie Bundespersonalausweis.

Not-for-Profit Management → Nonprofit Management.

Not-for-Profit Organisation → Nonprofit-Organisation (NPO).

Notfristen – bestimmte → Fristen im Zivilprozess, die ausdrücklich als solche bezeichnet sind, bes. solche für die Einlegung der Berufung, Revision, der sofortigen Beschwerde, des Einspruchs gegen Versäumnisurteil oder Vollstreckungsbescheid. Notfristen können nicht verlängert werden; bei Fristversäumnis ohne Verschulden → Wiedereinsetzung in den vorigen Stand möglich (§§ 224 ff., 230 ff. ZPO).

Notgeld – in wirtschaftlichen Krisen beim Versagen der Währungspolitik ausgegebenes Geld, v.a. das Geld, das während der Inflation von 1922 bis 1923 von Städten, Kreisen, öffentlichen Verbänden u.a. ausgegeben wurde, um den ständigen Mangel an Geldzeichen zu beheben.

Nothilfe → Notwehr.

Notierungen → Kursfeststellung.

Notifikation – 1. Im Wechsel- und Scheckrecht: die → Benachrichtigungspflicht. – 2. Im → Realkreditgeschäft die Mitteilung, dass ein Darlehen genehmigt wurde und ausgezahlt werden kann.

Notifikationspflicht → Benachrichtigungspflicht; vgl. auch: → Notifikation.

Nötigung – I. Strafrecht: Rechtswidrige Anwendung von Gewalt oder Androhen eines empfindlichen Übels gegenüber einem anderen zwecks Erreichung einer Handlung oder Unterlassung. Es handelt sich um ein → Vergehen nach § 240 StGB. Die Tat ist nur dann rechtswidrig und strafbar, wenn die Anwendung der Gewalt oder die Androhung des Übels zu dem angestrebten Zweck als verwerflich anzusehen sind (nicht z.B. Drohung mit Klage oder Insolvenzantrag gegenüber säumigem Schuldner). – *Strafe:* Freiheitsstrafe bis zu drei Jahren oder Geldstrafe, in bes. → schwerem Fall Freiheitsstrafe von sechs Monaten bis zu fünf Jahren. – Vgl. auch → Erpressung.

II. Wettbewerbsrecht: → Kundenfang.

Not-Invented-Here-Syndrom – Phänomen der Ablehnung von externen Entwicklungen durch Mitarbeiter eines Unternehmens. Aus der Ablehnung resultieren oftmals Ineffizienzen und Doppelentwicklungen, die u.a. bei → Innovationskooperationen zu schwerwiegenden Problemen führen können.

notorische Marke → Marke, die durch einen gegenüber der Verkehrsgeltung gesteigerten Grad an Verkehrsdurchsetzung gekennzeichnet ist (§ 4 Nr. 2, 3 MarkenG) und daher unbeschadet ihrer Eintragungsfähigkeit als sachliches Markenrecht geschützt wird (Marke). Die Benutzung im Inland ist nicht notwendig Voraussetzung ihres Schutzes, auch ausländischen, im Inland nicht benutzten notorischen Marke kommt Markenschutz zu, wenn die erforderliche und über die Verkehrsgeltung hinausgehende Bekanntheit der Marke in den inländischen Verkehrskreisen vorliegt. Das Bestehen einer notorischen Marke wird im Eintragungsverfahren geprüft (§ 37 MarkenG), ist Widerspruchsgrund (§ 42 MarkenG) und kann im Wege der Löschungsklage geltend gemacht werden (§§ 51, 55 MarkenG; → Löschung).

Notstand – Zwangslage, bei der regelmäßig eine Interessenkollision eintritt.

I. Öffentliches Recht: Störung des staatlichen Lebens wie z.B. Krieg, Aufruhr, Hungersnot, die mit den in der Verfassung vorgesehenen normalen Mitteln nicht behoben werden kann. Zu unterscheiden sind die militärische Bedrohung von außen, die Ausnahmelage im Innern und die Funktionsstörung von Verfassungsorganen. – 1. Für die Bundesrepublik Deutschland ist durch die *Notstandsverfassung* (17. Gesetz zur Änderung des Grundgesetzes vom 24.6.1968, BGBl. I 709) eine umfassende Regelung geschaffen worden. – 2. Das GG unterscheidet den *äußeren und inneren Notstand,* zu dessen Abwehr Maßnahmen des Verteidigungs-, Spannungs- und Katastrophenfalles möglich sind. – 3. Der *Verteidigungsfall* ist gegeben, falls das Bundesgebiet mit Waffengewalt angegriffen wird oder ein Angriff unmittelbar droht (Art. 115a GG). – 4. Der *Spannungsfall* bei internationalen oder innerstaatlichen Krisen bedarf der Feststellung durch den Bundestag und hat zur Folge, dass Maßnahmen des Verteidigungsfalles ergehen können. – 5. Der Schutz im Bereich des inneren Notstandes: *Katastrophenschutz* (Art. 35, 91 GG) sieht eine Modifikation des bundesstaatlichen Systems vor, indem er einem bedrohten Land Recht auf Hilfe gegen andere Länder und den Bund gibt. Er gewährt Weisungs- und Eingriffsrechte und das Recht, gegen antidemokratische Aktionen vorzugehen. – 6. *Ergänzt* wird die Notstandsverfassung durch Notstandsgesetze. – Vgl. auch → Gesetzgebungsnotstand, → polizeilicher Notstand und → Energiesicherung.

II. Strafrecht: Wer ein strafrechtlich geschütztes Rechtsgut verletzt, um ein höherwertiges Rechtsgut zu retten, handelt nicht rechtswidrig und bleibt straflos (*rechtfertigender Notstand,* § 34 StGB). Der sog. *entschuldigende Notstand* besagt, dass unzumutbare Handlungen, die strafrechtlich geschützte Rechtsgüter verletzen, nicht vorwerfbar und deshalb als Schuldausschließungsgrund ebenfalls nicht strafbar sind (§ 35 StGB). – *Beispiel: Geiselnehmer A zwingt B mit der Drohung ihn zu erschießen, auf einen die Straße absperrenden Polizeibeamten loszufahren.*

III. Zivilrecht: Neben der → Notwehr wird auch als Notstand anerkannt: 1. Wer eine fremde Sache beschädigt oder zerstört, um eine *durch sie* drohende Gefahr von sich oder einem anderen abzuwenden (z.B. einen angreifenden Hund tötet), handelt nicht widerrechtlich, wenn die Beschädigung oder Zerstörung zur Abwendung der Gefahr erforderlich ist und der Schaden nicht außer Verhältnis zu der Gefahr steht; hat der Handelnde die Gefahr verschuldet, ist er zum → Schadensersatz verpflichtet (sog. defensiver Notstand, § 228 BGB). – 2. Auch in *anderen Fällen* ist Einwirken auf fremde Sachen zulässig (z.B. Benutzung fremder Feuerlöscher), wenn die Einwirkung zur Abwendung einer gegenwärtigen Gefahr notwendig und der drohende Schaden gegenüber dem aus der Einwirkung dem Eigentümer entstehenden Schaden unverhältnismäßig groß ist; dem Eigentümer ist aber stets Schadensersatz zu leisten (sog. aggressiver Notstand, § 904 BGB).

Notstandsarbeiten → Streik.

Notstandsbeihilfe → Unterstützungsbeihilfe.

Notverkauf – Ein in den Formen des → Selbsthilfeverkaufs vorgenommener Verkauf fremder, dem Verderb ausgesetzter Waren; ein Notverkauf ist i. Allg. nur zulässig, wenn die Weisung des Verfügungsberechtigten nicht mehr eingeholt werden kann. – Notverkauf beim zweiseitigen → Handelskauf: § 379 II HGB; → Kommissionär: § 388 II HGB; → Frachtführer: § 419 III HGB; → Lagerhalter: § 471 II HGB.

Notwehr – Diejenige Verteidigung, welche objektiv erforderlich ist, um einen gegenwärtigen rechtswidrigen Angriff einer anderen Person von sich oder einem anderen (in diesem Fall *Nothilfe* genannt) abzuwenden; die durch Notwehr gebotene Handlung ist nicht widerrechtlich, sie verpflichtet weder zu Schadensersatz, noch ist sie strafbar (§ 227 BGB, § 32 StGB). Verteidigt werden darf jedes geschützte Rechtsgut (z.B. Körper, Ehre, Eigentum, Besitz). – Vgl. auch → Notstand.

notwendiges Betriebsvermögen – alle Wirtschaftsgüter, die ausschließlich und unmittelbar dazu bestimmt sind, dem Betriebszweck zu dienen (→ Steuerbilanz, → Betriebsvermögen). – *Anders:* → gewillkürtes Betriebsvermögen, → notwendiges Privatvermögen.

notwendiges Privatvermögen – Zum notwendigen Privatvermögen gehören alle Wirtschaftsgüter, die nicht (notwendiges, gewillkürtes oder geduldetes) Betriebsvermögen sein können, z.B. weil sie ausschließlich privaten Zwecken dienen. Dazu gehört z.B. das privat genutzte Einfamilienhaus einschließlich Grund und Boden, Hausrat, Möbel und Kleidung. Wirtschaftsgüter, die nicht Grundstücke oder Grundstücksteile sind und die zu mehr als 90 Prozent privat genutzt werden, gehören in vollem Umfang zum Privatvermögen. Die zum notwendigen Privatvermögen gehörenden Wirtschaftsgüter dürfen nicht in das steuerliche Betriebsvermögen aufgenommen und in der → Steuerbilanz ausgewiesen werden, selbst wenn es in der → Handelsbilanz aufgeführt ist.

notwendige Verteidigung → Anwaltszwang.

Novation → Schuldumwandlung.

Novel-Food-Verordnung (EG) – Die Verordnung (EG) Nr. 258/97 des Europäischen Parlaments und des Rates vom 27.1.1997 über neuartige Lebensmittel und neuartige Lebensmittelzutaten (ABl. EG Nr. L 43 S. 1) ist in Deutschland am 15.5.1997 als *unmittelbar geltendes EU-Recht* in Kraft getreten. Die Novel-Food-Verordnung schafft einen einheitlichen Rechtsrahmen für das Inverkehrbringen und für den Verbraucherschutz bei mithilfe gentechnischer Verfahren hergestellter neuartiger Lebensmittel. Solche genetisch veränderten Lebensmittel müssen, bevor sie in den Verkehr gebracht werden, grundsätzlich einer Sicherheitsprüfung unterzogen werden (Art. 6). Sie sind zu kennzeichnen (Art. 8). Zuständige Behörde für die Anzeige-, Genehmigungs- oder Zulassungsverfahren solcher Lebensmittel ist das *Bundesamt für Verbraucherschutz und Lebensmittelsicherheit (BVL)*, teilweise im Benehmen mit dem *Bundesinstitut für Risikobewertung (BfR)*; geregelt in der Neuartige Lebensmittel- und Lebensmittelzutaten-Verordnung (NLV) i.d.F. vom 14.2.2000 (BGBl. I 123) m.spät.Änd.

NPO – Abk. für → Nonprofit-Organisation.

NPO-Forschung → Nonprofit-Forschung.

NPO-Forschungszentrum → Nonprofit-Forschung.

NPO-Leitbild – 1. *Begriff:* Das Leitbild fasst in kurzer und prägnanter Form das Selbstverständnis der → Nonprofit-Organisation (NPO) zusammen und soll motivierend und identifikationsstiftend wirken. – 2. *Merkmale:* Die Mission und Vision einer NPO sind Bestandteile der Leitbildentwicklung: – a) Die Mission beschreibt den Zweck (synonym auch Auftrag) der NPO und legt dar, warum die Organisation überhaupt existiert („Was ist unser Auftrag?"). – b) Die Vision ist hingegen eine Zukunftsbeschreibung, auf welchen Endzustand die Nonprofit-Organisation durch ihre Tätigkeit hinarbeitet („Was soll grundsätzlich erreicht werden?").

NPO-Management → Nonprofit Management.

NPO-Marketing → Nonprofit Marketing.

NPO-Marktforschung → Nonprofit-Marktforschung.

NPO-Sektor – Abk. für → Nonprofit-Sektor.

NRO – Abk. für Nichtregierungsorganisation, → Non-Governmental Organization (NGO). – Vgl. auch → Nonprofit-Organisation (NPO).

NRT – Abk. für *Nettoregistertonne.* – Vgl. auch → Bruttoregistertonne (BRT).

NRZZ – Abk. für → Nomenklatur des Rates für die Zusammenarbeit auf dem Gebiete des Zollwesens.

NST – Abk. für *Nomenclature Uniforme de Marchandises pour les Statistiques de Transport,* → Einheitliches Güterverzeichnis für die Verkehrsstatistik der EU.

Nuclear Energy Agency → NEA.

Nucleolus → kooperative Spieltheorie.

Null-Coupon-Anleihe → Zerobond.

Nullhypothese – bei → statistischen Testverfahren die Hypothese, deren Prüfung durchgeführt werden soll. Oft wird die Nullhypothese als Negation einer Arbeitshypothese (Alternative) aus dem

Sachzusammenhang heraus formuliert. Das Interesse des empirisch arbeitenden Forschers ist dann auf die Verwerfung der Nullhypothese gerichtet. Grundsätzlich kann durch einen statistischen Test bei vorgegebenem Signifikanzniveau nur die Gültigkeit der Alternative abgesichert werden.

Nullregelung → Abzugsverfahren.

Nullsatz – Steuersatz in Höhe von Null Prozent für bestimmte, an sich einer Steuer unterliegende Waren. Die Festlegung eines Nullsatzes dient im Gegensatz zur Steuerbefreiung dazu, die Anwendbarkeit der übrigen steuerlichen Vorschriften formeller (Nachweispflichten, Steuerüberwachung) oder materieller Art (z.B. Vorsteuerabzugsrecht) sicherzustellen. – *Beispiele:* (1) Umsatzsteuer: Nullsatz für verschiedene Waren des täglichen Bedarfs z.B. in Großbritannien; (2) Verbrauchsteuern: Nullsatz bei der Weinsteuer in Deutschland für alle steuerpflichtigen Waren mit Ausnahme von Schaumwein (Weinsteuer, Schaumweinsteuer).

Nullstelle – einer Funktion erhält man durch Nullsetzen der Funktion (y = 0) und Auflösen nach x. – Vgl. auch → p-q-Formel, → Newtonsches Näherungsverfahren.

Nullsummenspiel – in der → Spieltheorie ein Wettbewerbsspiel, bei dem die Summe der Gewinne aller Spieler bei jedem möglichen Spielausgang gleich Null ist. Daraus folgt, dass ein Spieler nur dann gewinnen kann, wenn einer oder mehrere Mitspieler verlieren.

Nullverteilung – bei → statistischen Testverfahren (im Fall einer zweiseitigen Fragestellung) die Verteilung der → Prüfvariablen unter der Voraussetzung der Gültigkeit der → Nullhypothese.

Numéraire → Standardgut.

numerische Daten → Daten, die nur mit Ziffern und zusätzlichen Sonderzeichen dargestellt werden. – *Gegensatz:* → alphanumerische Daten.

numerische Steuerung → NC-Anlage, → NC-Programm.

Numerus Clausus – Beschränkung auf eine bestimmte Höchstzahl. – 1. Bei der Auswahl von *Rechtsformen* (der Kreis der → dinglichen Rechte kann nicht durch die Vertragsschließenden erweitert werden). – 2. *Begrenzte Zulassung zu Studienfächern* an Universitäten, Technischen Universitäten, Gesamt- und Fachhochschulen, für die nur eine Anzahl von Studienplätzen zur Verfügung steht, die wesentlich unter der Nachfrage liegt. Vergabe der Studienplätze in den Numerus-Clausus-Fächern durch die → Stiftung für Hochschulzulassung.

Nummernschlüssel – Ordnungsmerkmal zur Identifizierung, Sortierung und Klassifizierung von → Daten. – *Arten:* (1) *Laufender Nummernschlüssel:* Vergabe einer laufenden Nummer an die zu nummerierenden Daten (z.B. die Artikel eines Lagers) ohne Rücksicht auf die sachliche Zusammengehörigkeit; (2) *systematischer Nummernschlüssel:* Zuordnung einer bestimmten Bedeutung der einzelnen Ziffern oder Stellen der Nummern; (3) *sprechender Nummernschlüssel:* Sämtliche Ziffern des Schlüssels befinden sich in Abhängigkeit von der Stelle, an der sie innerhalb der Nummer stehen.

Nummernsystem – 1. *Begriff:* System zur Ordnung und Benennung von Objekten eines Betriebs (z.B. Artikel, Teile, Kostenstellen) mithilfe von Nummern (häufiger: → Schlüssel genannt, da die „Nummern" nicht unbedingt nur aus Zahlen, sondern auch aus Buchstaben und Sonderzeichen bestehen können). – 2. *Zweck:* (1) Identifikation der Objekte; (2) Klassifikation der Objekte. – 3. *Anforderungen an Nummernsysteme:* (1) hinsichtlich Eindeutigkeit der Nummern, Beständigkeit über einen längeren Zeitraum, geringe Stellenzahl, konstante Stellenzahl; (2) hinsichtlich disjunkte Klassenbildung zur eindeutigen Einordnung der Objekte, Flexibilität bei Anpassungen und Erweiterungen des Nummernsystems – 4. *Beispiele:* (1) rein *identifizierendes Nummernsystem,* z.B. fortlaufende Nummern; (2) *klassifizierendes Nummernsystem:* Zusammensetzung des Schlüssels aus einzelnen Stellen (bzw. Gruppen), mit hierarchischen (z.B. Postleitzahl) oder auch gleichrangigen Beziehungen zwischen den Stellen (bzw. Gruppen); (3) *Parallel-Nummernsystem:* Zusammensetzung des Schlüssels aus einem identifizierenden und einem klassifizierenden Schlüssel.

Nummernverzeichnis → Stückeverzeichnis.

nur zur Verrechnung – quer über die Vorderseite eines → Schecks zu setzender Vermerk, der den Scheck zum → Verrechnungsscheck macht. Der Vermerk kann von dem Aussteller oder jedem anderen Inhaber des Schecks angebracht werden. Streichung dieses Vermerks gilt als nicht erfolgt (Art. 39 ScheckG).

NUTS – Abk. für *Nomenclature des Unités Territoriales Statistiques*; hierarchische Systematik der statistischen Gebietseinheiten, vor mehr als 30 Jahren von → Eurostat eingeführt, um für die Erstellung regionaler Statistiken für die Europäische Union eine einheitliche und konsistente territoriale Untergliederung zu schaffen. Seit 1988 wird NUTS offiziell im Gemeinschaftsrecht verwendet, später v.a. zur Implementierung der europäischen Strukturpolitik. Es wird unterschieden nach NUTS I (die nach dem Territorium des Gesamtstaates nächstkleineren Gebietseinheiten, z.B. die dt. Bundesländer), NUTS II (nächstkleinere Gebietseinheit unterhalb der NUTS I-Ebene, z.B. die Regierungsbezirke in der Bundesrepublik Deutschland) und die NUTS III (nächstkleinere Gebietseinheit unterhalb der NUTS II–Ebene, z.B. die dt. Kreise). Die vierte Stufe existiert nur in sechs Ländern und bezeichnet kleinere Regionen, die fünfte Stufe entspricht den Kommunen. Die NUTS-Systematik dient als Referenzgröße zur Erfassung, Entwicklung und Harmonisierung regionalstatistischer Daten in der Gemeinschaft, zur Erstellung sozioökonomischer

Analysen der Regionen und zur Gestaltung der Regionalpolitik innerhalb der Gemeinschaft (z.B. Festlegung der Förderungswürdigkeit einzelner Regionen).

Nutzen – *wirtschaftlicher Wert.* In der → Haushaltstheorie bzw. der → Nutzentheorie die Fähigkeit eines → Gutes, ein bestimmtes Bedürfnis des konsumierenden → Haushalts befriedigen zu können; vgl. auch → Utilitarismus. – In der → Ethik findet ein weit gefasster Nutzenbegriff Verwendung, der etwa ein gutes Gefühl, soziale Achtung, individuelle Identität usw. umfasst. – Vgl. auch → Wert, → Bedürfnis, → Bedarf, → Nachfrage.

Nutzenfunktion – I. Wirtschaftstheorie: In der → Haushaltstheorie bzw. → Nutzentheorie reellwertige Funktion, die auf der Grundlage einer vollständig durch die → Präferenzordnung geordneten Konsummenge definiert ist. – Vgl. auch → Nutzenindexfunktion.

II. Entscheidungstheorie: Eindeutige Abbildung der Ergebnisse von → Aktionen in die Menge der Nutzenmaße eines Entscheidungsträgers (vgl. → Nutzen, → Entscheidungstheorie). Jedem Ergebnis e_{ij} (→ Ergebnismatrix) wird genau ein Nutzenwert $u_{ij} = f(e_{ij})$ zugeordnet. – Vgl. auch → Bernoulli-Prinzip.

Nutzenindexfunktion – in der → Haushaltstheorie bzw. in der → Nutzentheorie ein mathematischer Ausdruck der → Präferenzordnung, der abgeleitet werden kann, indem → Indifferenzkurven mit sukzessiv größeren Nutzenindices belegt werden. Unter den Bedingungen der Stetigkeit, zweimaligen Differenzierbarkeit und beliebigen Teilbarkeit spiegelt die Nutzenindexfunktion die Präferenzordnung des → Haushalts wider, indem sie jedem seiner denkbaren Versorgungssituationen eine reelle Zahl zuweist. Bei gegebenem Budget, gegebenen Güterpreisen und nutzenmaximierendem Verhalten kann auf der Grundlage der Nutzenindexfunktion eine → Nachfragefunktion für jedes → Gut aufgestellt werden. – Vgl. auch → Nachfragetheorie des Haushalts.

Nutzen-Kosten-Analyse → Kosten-Nutzen-Analyse.

Nutzenmaximierungsmodelle – Im Rahmen der Verkehrsplanung disaggregierte → Verkehrsmodelle, die auf der Nutzenmaximierungs- bzw. Kostenminimierungsstrategie individuellen Wahlverhaltens beruhen, z.B. Logit-Modell, Probit-Modell, Nested-Logit-Modell, Dogit-Modell (→ ökonometrische Modelle).

Nutzenmöglichkeitskurve – gibt, bezogen auf ein gegebenes Güterbündel, den maximalen → Nutzen des → Haushalts A bei gegebenem Nutzen eines Haushalts B an. Aus der Gesamtheit der pareto-optimalen Punkte (vgl. in Abbildung „Nutzenmöglichkeitskurve – Ermittlung" die Punkte a, b, c, d etc.), die die → Kontraktkurve verkörpern, wird im Rahmen der → Wohlfahrtsökonomik die Nutzenmöglichkeitskurve abgeleitet. Dazu ist ein Diagramm zu entwerfen, an dessen Achsen die ordinal gemessenen Nutzen von zwei Haushalten auf einer unabhängig ausgewählten Skala abgetragen werden.

Nutzensegmentierung – *Benefit Segmentation;* Methode der → Marktsegmentierung, bei der der → Kundennutzen eines Produktes als vorrangiges Segmentierungskriterium dient. Nutzensegmentierungen dienen v.a. der Konzeption und Entwicklung neuer Produkte.

Nutzentheorie – 1. *Begriff:* Teilbereich der mikroökonomischen → Haushaltstheorie. – 2. *Unterscheidung:* a) Die ältere *kardinale Nutzentheorie* ordnet jeder Gütermenge eine Nutzengröße (→ Nutzen) zu,

Nutzenmöglichkeitskurve – Ermittlung

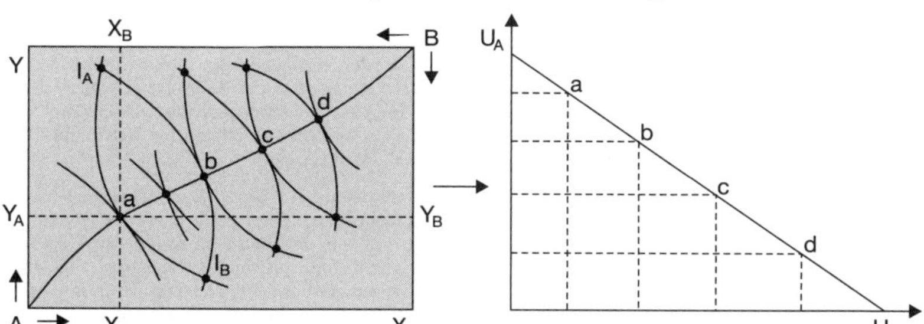

I_A = Indifferenzkurven des A
I_B = Indifferenzkurven des B
U_A = (ordinaler) Nutzen des A
U_B = (ordinaler) Nutzen des B
x = Gut x
y = Gut y

sodass Nutzeneinheiten analog den Gütereinheiten auf einer extensiven Skala kardinal quantifiziert werden können. Aufgrund der damit bestimmbaren Nutzendifferenzen wird auch der → Grenznutzen messbar. Formuliert wird die kardinale *Nutzentheorie* in den → Gossenschen Gesetzen. – b) Die *ordinale Nutzentheorie* fasst den Nutzen dagegen als eine intensive Größe auf, die nur darüber Auskunft geben kann, ob ein bestimmter Zustand einem anderen vorgezogen wird. Solche Zustände reflektieren konsumierbare Güterkombinationen, die die Grundlage der Analyse ordinaler Bewertungsprozesse bilden. Dabei wird i.d.R., wie auch in der kardinalen *Nutzentheorie*, davon ausgegangen, dass sich die Nutzenvorstellungen der → Haushalte unabhängig von einander bilden. In Ausnahmefällen werden jedoch → externe Effekte im Konsumbereich berücksichtigt (vgl. auch → Nachfrageinterdependenz). Durch die Zuordnung von Nutzenindices können die Güterkombinationen in Form einer → Nutzenindexfunktion in eine Ordnungsfolge gebracht werden, die Widerspruchsfreiheit und Transitivität der Präferenzen (→ Transitivität (der Präferenzordung)) voraussetzt. Güterkombinationen mit gleichem Nutzenindex gelten im Urteil des Haushalts als gleichwertig und werden durch → Indifferenzkurven dargestellt. – Vgl. auch → Wohlfahrtsökonomik.

Nutzenvergleich → interpersoneller Nutzenvergleich.

Nutzfläche – 1. Bezugsgrundlage zur Charakterisierung von Bodennutzungs- und Betriebssystemen bei agrarstatistischen Erhebungen. – Vgl. auch → landwirtschaftlich genutzte Fläche. – 2. Neben der → Wohnfläche derjenige Teil der Grundrissfläche eines Bauwerkes, das dessen Zweckbestimmung und Nutzung dient.

Nutzkosten – Teil der → fixen Kosten, der auf genutzte → Kapazität entfällt. Berechnung durch Nutzkostenfunktion:

$$K_N(x) = \frac{K_f}{x_m} \cdot x$$

mit x_m = Maximalausbringung = Kapazität, x = Istausbringung, K_f = fixe Kosten, K_N = Nutzkosten.

Nutzkosten

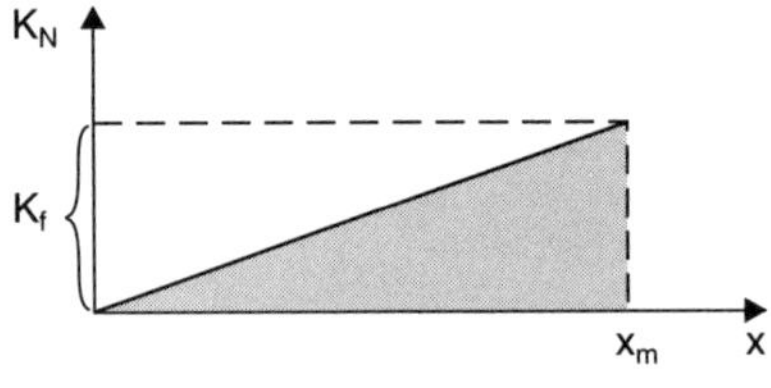

Die Nutzkosten steigen von ihrem niedrigsten Wert 0 für x = 0 bis zum Wert K_f für $x = x_m$. – *Gegensatz:* → Leerkosten.

Nutzkostenfunktion → Nutzkosten.

Nutzlast – 1. *Maximal zulässiges Gewicht* der → Ladung eines Transportmittels. – 2. *Aktuelles Gewicht* der Ladung eines Transportmittels. – *Gegensatz:* → Totlast.

Nutzschwelle → Break-Even-Point.

Nutzschwellenanalyse – Analyse, um kritische Werte für die in einem bestimmten Entscheidungsproblem relevante Zielgröße zu ermitteln (z.B. ab welcher Absatzmenge eines Produkts die Erlöse ausreichen, um die Kosten des Produkts zu decken). Nutzschwellenanalysen werden eingesetzt, um angesichts von Unsicherheit einen Eindruck über die Tragfähigkeit gefundener Lösungen bzw. ihre Resistenz gegenüber Änderungen der Einflussgröße zu gewinnen.

Nutzungen – Begriff des BGB (§ 100) für die → Früchte einer Sache oder eines Rechts und die Vorteile, die der Gebrauch der Sache oder des Rechts gewährt.

Nutzungen und Leistungen – *wiederkehrende Nutzungen und Leistungen;* können auf bestimmte Zeit beschränkt, von unbestimmter Dauer, immer während oder lebenslänglich sein, z.B. Renten, Altenteilsleistungen etc. – *Steuerliche Bewertung* unterschiedlich für zeitlich beschränkte und zeitlich unbeschränkte Nutzungen und Leistungen. Ermittlung des Gesamtwerts durch Vervielfachung der Jahresleistung (Vervielfacher, vgl. → lebenslängliche Leistung). Beschränkung des Jahreswerts der Nutzung eines → Wirtschaftsguts beim Berechtigten auf 1/18,6 des Wertes des genutzten Wirtschaftsguts (§ 16 BewG). Der Vervielfältiger ergibt sich nunmehr aus der aktuellen Sterbetafel des Statistischen Bundesamtes und wird vom BMF im BStBl. Teil I veröffentlicht. Im Zuge der gestiegenen allg. durchschnittlichen Lebenserwartung sind die Kapitalwerte entsprechend gestiegen. Für Bewertungsstichtage ab dem Jahr 2010 ist die am 24.9.2009 veröffentlichte Sterbetafel 2006/2008 zugrunde zu legen.

Nutzungsdauer – 1. *Begriff:* betriebsübliche Verwendungsdauer eines Wirtschaftsgutes. Die Nutzungsdauer ist von den betriebsindividuellen Gegebenheiten (z.B. Beanspruchung) abhängig. – Vgl. auch → betriebsgewöhnliche Nutzungsdauer, → wirtschaftliche Nutzungsdauer, → technische Nutzungsdauer. – 2. *Bedeutung:* a) Bilanzierung: Nach dem → Vorsichtsprinzip ist für die Höhe der Abschreibungen die Nutzungsdauer des Anlagegutes maßgebend und nicht die i.d.R. längere Lebensdauer. Vgl. auch → Restnutzungsdauer. b) → Investition: In der → Investitionsrechnung bestimmt die erwartete Nutzungsdauer die Länge des Planungszeitraums, für den zukünftige Einzahlungsüberschüsse prognostiziert werden.

Nutzungsgradprämie → Nutzungsprämie.

Nutzungskosten – Wird eine Einheit einer erschöpflichen Ressource abgebaut, so steht sie in der Zukunft nicht mehr zur Verfügung, was zu einem späteren Nutzenentgang führt. Die Nutzungskosten geben den abdiskontierten Wert der damit verbundenen Nutzeneinbuße an. Die Existenz der Nutzungskosten weist Probleme der erschöpflichen Ressourcen als intertemporale Allokationsprobleme aus. – Ein paretooptimaler Abbaupfad einer erschöpflichen Ressource ist dadurch gekennzeichnet, dass die Nutzungskosten im Zeitablauf mit einer Rate wachsen, die der sozialen Diskontrate entspricht (→ Hotelling-Regel). Der Marktpreis einer erschöpflichen Ressource muss aus wohlfahrtstheoretischer Sicht neben den Abbaugrenzkosten auch ihre marginalen Nutzungskosten widerspiegeln. Grundsätzlich kann der Begriff der Nutzungskosten jenseits der ressourcenökonomischen Theorie bei allen intertemporalen Allokationsproblemen verwendet werden. – In empirischen Studien werden Schätzungen von Nutzungskosten als → Verfügbarkeitsindikatoren für erschöpfliche Ressourcen benutzt.

Nutzungspfandrecht → Pfandrecht, bei dem nach den Vereinbarungen der Parteien der Pfandgläubiger berechtigt sein soll, die → Nutzungen der Pfandsache zu ziehen. Der Pfandgläubiger muss für Gewinnung der Nutzungen sorgen und Rechenschaft ablegen. Der Reinertrag der Nutzungen wird auf die geschuldete Leistung, und zwar auf Zinsen und Kosten zuerst, angerechnet (§ 1214 BGB). Abweichende Vereinbarung zulässig.

Nutzungspotenzial → Kapazität.

Nutzungsprämie – *Nutzungsgradprämie;* Art des → Prämienlohns, gewährt für optimale zeitliche Nutzung von Maschinen, Halb- und Vollautomaten, Transport-, Förder- und technischen Verfahrensanlagen. Nutzungsprämien gewinnen mit zunehmender Mechanisierung und Automation an Bedeutung, hauptsächlich für Bedienungs-, Wartungs- und Reparaturpersonal. Bezugsbasis können sein die Wartezeiten, Leerlaufzeiten, Wartungszeiten, Reparaturzeiten. – *Voraussetzung:* Diese Zeiten müssen vom Arbeitnehmer beeinflussbar sein. – Nutzungsprämien werden häufig mit → Qualitätsprämien oder → Ersparnisprämien kombiniert.

Nutzungsrecht – I. Urheberrecht: Das vom → Urheber einem anderen auf der Grundlage der §§ 31 ff. UrhG eingeräumte Recht, die dem Urheber vorbehaltenen Verwertungsrechte auszuüben. Das Urheberrecht als solches kann weder ganz noch teilweise übertragen werden. Nutzungsrechte können räumlich, zeitlich und inhaltlich beschränkt übertragen werden, sie sind dinglich wirkende Abspaltungen der dem Urheber vorbehaltenen Verwertungsrechte, die Überschreitung der eingeräumten Nutzungsrechte durch den Nutzungsberechtigten ist daher eine Urheberrechtsverletzung. Art und Umfang der Rechtseinräumung richtet sich nach den vertraglichen Abreden, die nach dem → Zweckübertragungsgrundsatz auszulegen sind. – 1. *Arten:* Nutzungsrechte können als einfache oder ausschließliche Nutzungsrechte eingeräumt werden. Ein einfaches Nutzungsrecht berechtigt zur vertraglichen Nutzung durch den Nutzungsberechtigten, hindert den Urheber aber nicht an eigenen Verwertungshandlungen oder an der Einräumung weiterer einfacher Nutzungsrechte. Ein ausschließliches Nutzungsrecht schließt den Urheber von eigenen Verwertungshandlungen sowie von der Vergabe weiterer Nutzungsrechte aus. Der Inhaber eines ausschließlichen Nutzungsrechts hat neben dem Urheber ein eigenes Klagerecht, das sich auch gegen den Urheber selbst wegen Verletzung des ausschließlichen Nutzungsrechts richten kann. Der Inhaber des Nutzungsrechts genießt → Sukzessionsschutz (§ 33 UrhG). Die Weiterübertragung von Nutzungsrechten bedarf der Zustimmung des Urhebers, die nicht gegen Treu und Glauben versagt werden kann (§ 34 UrhG), für Verlagsverträge ist § 28 VerlG zu beachten. – 2. *Inhalt:* Gegenstand des Nutzungsrechts können alle dem Urheber vorbehaltenen Verwertungsrechte des Urheberrechts, nämlich das → Vervielfältigungsrecht, das → Verbreitungsrecht, das → Ausstellungsrecht, das → Vortragsrecht, → Aufführungsrecht und → Vorführungsrecht, das → Senderecht, das Recht der Wiedergabe (§ 15 UrhG, → öffentliche Wiedergabe) sowie die den Inhabern von → Leistungsschutzrechten vorbehaltenen Verwertungshandlungen sein, soweit diese nicht von Wahrnehmungsgesellschaften (→ Verwertungsgesellschaft) wie z.B. der Gesellschaft für musikalische Aufführungs- und mechanische Vervielfältigungsrechte e.V. (→ GEMA) wahrgenommen werden, wie die → Geräteherstellerabgabe und Leerkassettenabgabe. Die Einräumung des Nutzungsrechts für unbekannte Nutzungsarten ist unwirksam (§ 31 IVUrhG), Verträge über Nutzungsrechte an künftigen Werken bedürfen der Schriftform (§ 40 UrhG). Der Nutzungsberechtigte ist grundsätzlich nicht zu Änderungen des Werks, seines Titels und der Urheberbezeichnung befugt (→ Änderungsverbot), hat über seine Verwertungshandlungen Rechnung zu legen und die vereinbarte Vergütung zu zahlen. Ist die Höhe der Vergütung nicht bestimmt, oder die vereinbarte Vergütung nicht angemessen, kann der Urheber von seinem Vertragspartner die angemessene Vergütung verlangen (§ 32 I UrhG). Zur Bestimmung der Angemessenheit der Vergütung haben die Verbände von Urhebern einerseits und Werknutzern andererseits gemeinsame Vergütungsregeln aufzustellen (§ 36 UrhG). Hierzu kann eine Schlichtungsstelle gebildet werden (§ 36a UrhG). Der Urheber kann auf seinen Anspruch auf angemessene Vergütung nicht verzichten, es sei denn, er räumt jedermann ein unentgeltliches einfaches Nutzungsrecht ein (§ 32 III UrhG). Bei Verlagsverträgen besteht Ausübungspflicht (§§ 14, 17 VerlG), bei sonstigen Nutzungsrechten steht dem

Urheber bei unzureichender Auswertung ein Rückrufrecht (→ Rückruf) zu. Mit Beendigung des Nutzungsrechts tritt → Heimfall (von Nutzungsrechten) ein. – 3. *Gesetzliche Nutzungsrechte:* Grenzen des Urheberrechts sind in §§ 44a ff. UrhG geregelt, die zu bestimmten Zwecken Werknutzungen ohne Einwilligung des Urhebers zulassen (sog. gesetzliche Nutzungsrechte); eine → Zwangslizenz sieht das Urheberrecht nur bei Nutzungsrechten an Musikwerken zur Herstellung von Tonträger vor, wenn die Nutzungsrechte nicht einer Wahrnehmungsgesellschaft (→ Verwertungsgesellschaft) übertragen sind (§ 42a UrhG).

II. Wirtschaftstheorie: → Verfügungsrechte.

Nutzungswert der Wohnung im eigenen Haus – seit 1987 keine steuerliche Erfassung mehr. Die auf die Wohnung entfallenden Kosten können nicht mehr als → Werbungskosten abgezogen werden. – Wohneigentumsförderung: Eigenheimzulage (→ Wohneigentumsförderung) inkl. → Kindergeld, welche jedoch wird nicht mehr für Neufälle ab dem 1.1.2006 gewährt wird.

Nutzwert – subjektiver, d.h. durch die Tauglichkeit zur Bedürfnisbefriedigung (den → Nutzen) bestimmter Wert eines → Gutes; z.T. auch sein → objektiver Wert als Maß einer bestimmten sachlichen Funktionserfüllung, z.B. die Effektivverzinsung eines Wertpapieres oder der Heizwert eines Brennstoffes.

Nutzwertanalyse – *Scoring-Modell, Rangfolge-Modell.* 1. *Begriff:* Verfahren zur Alternativenbewertung, wobei Alternativen auch an solchen Bewertungskriterien gemessen werden, die nicht in Geldeinheiten ausdrückbar sind. Berücksichtigt werden bei der Nutzwertanalyse z.B. technische, psychologische und soziale Bewertungskriterien, die sich an quantitativen und qualitativen Merkmalen orientieren (multiattributive Nutzenbetrachtung). – *Anders:* → Kosten-Nutzen-Analyse. – 2. *Kennzeichen:* Die Nutzwertanalyse versetzt die bewertende(n) Person(en) in die Lage, die Alternativenbewertung sowohl unter Berücksichtigung eines multidimensionalen Zielsystems als auch spezifischer Zielpräferenzen vorzunehmen. – 3. *Ablauf:* (1) *Aufstellen eines Zielprogramms:* Ein Gesamtziel, z.B. die Anschaffung eines Informations- und Kommunikationssystems (IuK-System) wird in einzelne Subziele differenziert (z.B. Zeitraum bis zum Abschluss des Projekts, strategische Notwendigkeit, Verbesserung des Marktanteils) und nach ihrer Bedeutung für die Zielsetzung des Unternehmens gewichtet (z.B. null für überhaupt nicht wichtig bis zehn für sehr wichtig). Gleichzeitig werden verschiedene Projektalternativen, z.B. IuK-System des Herstellers X, IuK-System des Herstellers Y sowie Eigenentwicklung etc. aufgeführt. Ergebnis dieses Schrittes ist eine Matrix, die in den Zeilen die Zielkriterien und in den Spalten die Alternativen aufführt. (2) *Angabe der Zielerträge (ZE) für die jeweiligen Alternativen:* Jede Alternative wird für sich hinsichtlich jedes Zielkriteriums direkt bewertet. – *Beispiel:* Beurteilung des IuK-Systems des Herstellers X im Hinblick auf die Erfüllung der angegebenen Kriterien. Die Bewertungen sind die sog. Zielerträge. Sie zeigen den Grad der Erfüllung der einzelnen Kriterien der jeweiligen Alternative und nehmen i.d.R. einen Wert zwischen null (kein Erfüllungsgrad) und zehn (hoher Erfüllungsgrad) an. – *Beispiel:* Erfüllt das IuK-System des Herstellers X das Kriterium „strategische Notwendigkeit" nur zu einem mittleren Grad, erhält diese Alternative den Wert fünf. (3) *Ermittlung der Zielwerte (ZW):* In einem weiteren Bewertungsvorgang werden sog. Zielwerte ermittelt. Der Zielwert bildet sich aus der Multiplikation von Gewichtung und Zielertrag. – *Beispiel:* Wird das Kriterium „strategische Notwendigkeit" mit zehn gewichtet und erfüllt das IuK-System des Herstellers X dieses Kriterium mit einem Wert von fünf (mittlerer Erfüllungsgrad), ergibt sich ein Zielwert von 50. (4) *Ermittlung der Nutzwerte pro Alternative:* Werden die einzelnen Zielwerte der Alternativen aggregiert, bekommt man als Ergebnis den Nutzwert von einer Alternative. Diejenige Alternative mit dem höchsten Nutzwert wird ausgewählt. Vor dem Hintergrund der gegebenen Prämissen und Einschätzungen ist sie als optimal anzusehen. – 4. *Nachteile:* a) Die Wertsynthese der Teilnutzwerte (n_{ij}) zu Gesamtnutzwerten N_i mithilfe der i.d.R. angewandten Additionsregel ist problematisch, da vorausgesetzt wird, dass die Teilnutzen einheitlich kardinal messbar und die Zielkriterien voneinander nutzenunabhängig sind. – b) Die auf subjektiven Urteilen fußende Zielkriteriengewichtung (k_j–g_j) und Teilnutzenbestimmung; da damit das Ergebnis entscheidend beeinflusst werden kann, kommt es hier i.d.R. bei Mehrpersonenentscheidungen zu Konflikten. – 5. *Vorteile:* Die Nutzwertanalyse ist als eine heuristische Methode zur systematischen Entscheidungsfindung wegen ihres nachvollziehbaren und überprüfbaren Ablaufs als vorteilhafte Ergänzung anderer Methoden zu betrachten, die dem Abbau der Entscheidungsproblematik bei der Bewertung und Auswahl komplexer Alternativen dienen. Sie ist häufig das einzig anwendbare Hilfsmittel zur Analyse einer Entscheidungssituation, wenn eine Zielvielfalt zu beachten ist und/oder ein monetärer Projektwert nicht bestimmt werden kann. – 6. *Beurteilung der mittels Nutzwertanalyse gefundenen Lösung* durch Variation der Parameter (→ Sensitivitätsanalyse). – 7. Eine *Weiterentwicklung* der Nutzwertanalyse stellt die → Kosten-Wirksamkeits-Analyse dar.

NVSQ – Abk. für → Nonprofit and Voluntary Sector Quarterly.

NYSE – Abk. für → New York Stock Exchange.

NYSE Euronext – erste transatlantische Börse, im Jahr 2007 hervorgegangen aus der NYSE Group und der → Euronext N. V. Sie vereinigt mehrere

Handelsplätze unter ihrem Dach: Amsterdam, Brüssel, Lissabon, Paris, London (Terminbörse → LIFFE), New York (→ New York Stock Exchange (NYSE), NYSE Arca Options). Ende 2007 umfasste die NYSE Euronext fast 4.000 notierte Gesellschaften, die zusammen eine Marktkapitalisierung von 20,9 Billionen US-Dollar aufwiesen. Die NYSE EURONEXT ist Teil des S&P 500 Index.

O

OAPEC – Abk. für *Organization of Arab Petroleum Exporting Countries, Organisation der arabischen Erdöl exportierenden Staaten;* gegründet 1968 mit Sitz in Kuweit-Stadt. Zusammenschluss von 11 afrikanischen und arabischen Erdölausfuhrländern. – *Ziele:* Wie im größeren Rahmen die → OPEC, durch gemeinsame Politik den Erdölmarkt zu kontrollieren und Einfluss auf die Preisbildung zu nehmen. Ferner Zusammenarbeit in der Erdölindustrie. Die OAPEC verfügt über eine Reihe gemeinsamer Unternehmen auf dem Erdölsektor. *Bewertung:* Spielte mit seinem Lieferboykott gegen den Westen als Reaktion auf den Jom-Kippur-Krieg eine bedeutende Rolle während der 1. Ölkrise von 1973, Mitgliedsländer kontrollieren 50 Prozent der bekannten Weltölreserven.

OAS – Abk. für *Organisation Amerikanischer Staaten, Organization of American States, Organización de los Estados Americanos.* – *Sitz:* Washington, D.C.; am 30.4.1948 (Konferenz von Bogotà) gegründet, löste die am 14.4.1890 gegründete International Union of American Republics ab. – *Ziele:* interamerikanische Solidarität, Gleichberechtigung und Nichteinmischung; Förderung von Frieden, Sicherheit und Demokratie; kulturelle, soziale und wirtschaftliche Zusammenarbeit; internationaler Gerichtshof für Menschenrechte.

Oasenländer → Steueroasen.

OAU – Abk. für *Organization of African Unity, Organisation für Afrikanische Einheit;* größte Regionalorganisation der Welt mit Sitz in Addis Abeba, gegründet im Mai 1963 als Nachfolgeorganisation der *Union of African States.* – *Ziele* laut Charta: Förderung der Einheit und Solidarität zwischen den afrikanischen Staaten; Verbesserung des Lebensstandards in Afrika; gemeinsame Verteidigung der Souveränität (kein Verteidigungsbündnis); territoriale Integrität und Unabhängigkeit; Beseitigung aller Formen des Kolonialismus (einschließlich des Neo-Kolonialismus); Förderung der internationalen Zusammenarbeit auf der Grundlage der UN-Charta. – *Organe:* jährliche *Gipfelkonferenz* der Staats- und Regierungschefs; zweimal jährlich Treffen des *(Fach-)Ministerrats;* Generalsekretariat mit Sitz in Addis Abeba; Schiedskommission; sieben Spezialkommissionen für Wirtschaft und Soziales, Erziehung und Kultur, Gesundheit, Hygiene und Ernährung, Verteidigung, Verkehrs- und Fernmeldewesen, Wissenschaft und Technologie sowie Rechtswesen.

O-A-W-Tripel – Kurzbezeichnung für → Objekt-Attribut-Wert-Tripel.

Oberbundesanwalt → Vertreter des öffentlichen Interesses bei dem → Bundesverwaltungsgericht (BVerwG) (§ 35 VwGO).

obere Bundesbehörde → Bundesoberbehörde.

Oberfinanzdirektion – die Mittelbehörde der → Finanzverwaltung des Landes für ihren Bezirk (§§ 1, 2, 2a, 8a FVG), soweit sie eingerichtet ist.

Obergesellschaft → Muttergesellschaft.

Oberlandesgericht (OLG) – Gericht der → ordentlichen Gerichtsbarkeit, das im Gerichtsaufbau zwischen dem Landgericht und dem Bundesgerichtshof steht. – In *Zivilsachen* entscheidet das Oberlandesgericht i.d.R. durch aus drei Mitgliedern (einschließlich des Vorsitzenden) bestehende Senate über → Berufungen, → Beschwerden und weitere Beschwerden gegen → Urteile oder → Beschlüsse des Landgerichts und in → Familiensachen und Kindschaftssachen über Berufungen und Beschwerden gegen Entscheidungen des → Amtsgerichts (§§ 115–122 GVG) sowie über Anträge auf gerichtliche Entscheidung über → Justizverwaltungsakte (§§ 23 ff. EGGVG), jedoch kann u.U. die Entscheidung auch auf den Einzelrichter übertragen werden (§ 122 GVG, z.B. § 526 ZPO). – In *Strafsachen* ist das Oberlandesgericht hauptsächlich für die → Revision gegen Urteile der Amtsgerichte sowie gegen Berufungsurteile der großen und kleinen Strafkammern der Landgerichte (§ 121 GVG) und für Beschwerden gegen Beschlüsse der Landgerichte zuständig. Im ersten Rechtszug ist das Oberlandesgericht des Weiteren u.a. für Staatsschutzdelikte zuständig (§ 120 GVG).

oberste Bundesbehörden – 1. *Bundesministerien* (BM): Auswärtiges Amt, BM des Innern, BM der Justiz, BM der Finanzen, BM für Wirtschaft und Technologie, BM für Arbeit und Soziales, BM für Ernährung, Landwirtschaft und Verbraucherschutz, BM der Verteidigung, BM für Familie, Senioren, Frauen und Jugend, BM für Verkehr, Bau- und Stadtentwicklung, BM für Bildung und Forschung, BM für wirtschaftliche Zusammenarbeit und Entwicklung, BM für Umwelt, Naturschutz und Reaktorsicherheit, BM für Gesundheit. – 2. *Rang einer* obersten Bundesbehörde haben außerdem: das → Bundespräsidialamt, das Bundeskanzleramt, der → Bundesrechnungshof und die → Deutsche Bundesbank.

oberste Gerichtshöfe des Bundes → Bundesgerichte.

oberstes Bundesgericht – das aufgrund des früheren Art. 95 GG geplante Bundesgericht. Durch GG-Änderung vom 18.6.1968 (BGBl. I 657) ist an seine Stelle der → *Gemeinsame Senat* der Obersten Gerichtshöfe des Bundes getreten. – *Im Sprachgebrauch* auch Bezeichnung für die in verschiedenen Zweigen der Gerichtsbarkeit bestehenden höchsten → Bundesgerichte.

Oberverwaltungsgericht (OVG) – in einigen Ländern *Verwaltungsgerichtshof (VGH),* Gericht der → Verwaltungsgerichtsbarkeit. – 1. Es *besteht* aus einem Präsidenten, den Vorsitzenden Richtern und weiteren Richtern. Die Entscheidungen fällen Senate, die mit drei Richtern besetzt sind. Durch → Landesrecht kann eine Besetzung mit fünf Richtern, darunter zwei ehrenamtliche Beisitzer, angeordnet werden. – 2. *Zuständigkeit:* (1) → Berufung gegen → Urteile, wenn vom Verwaltungsgericht oder *Oberverwaltungsgericht* zugelassen und → Beschwerden gegen andere Entscheidungen des → Verwaltungsgerichts (§ 146 VwGO); (2) → Revision, wenn für Landesrecht die Berufung von bes. Zulassung abhängig und die Revision ausdrücklich zugelassen ist; (3) im ersten Rechtszug im Verfahren der Normenkontrolle von untergesetzlichen Rechtsvorschriften und Satzungen nach § 47 VwGO und über Streitigkeiten, die technische Großvorhaben betreffen (nach dem Atomgesetz, Heizkraftwerke, Freileitungen, Planaufstellungsverfahren, nach dem Abfallgesetz, für Flughäfen, Bundesstraßen, Bundeswasserstraßen etc.; vgl. § 48 I VwGO).

Objekt – I. Allgemein: Gegenstand, mit dem etwas geschieht oder geschehen soll. Im wirtschaftlichen Sprachgebrauch Wert-, Vertrags- oder Geschäftsgegenstand.

II. Wirtschaftsinformatik: Einheit, die durch einen Bezeichner benannt werden kann. V.a. bei den objektorientierten → Programmiersprachen ist ein Objekt eine Informationsstruktur, die → Daten zusammenfasst (→ Datentypen und → Datenstrukturen), die einen Zustand besitzt und für die definiert ist, wie sie auf bestimmte Nachrichten (Messages) mittels vorgesehener Methoden zu regieren hat. Durch den Empfang von Nachrichten können Objekte ihren Zustand verändern oder Informationen über ihren Zustand an den Sender zurückgeben.

Objekt-Attribut-Wert-Tripel – Spezialfall der → Wissensrepräsentation durch ein → semantisches Netz; wird zur Darstellung des Informationsgehaltes von Fakten benutzt.

Objektbesteuerung – *Realbesteuerung, Sachbesteuerung;* eine die Steuerlast rein nach bestimmten äußeren Merkmalen eines Steuergegenstands bemessende Form der Besteuerung; subjektive Verhältnisse des Schuldners bleiben unberücksichtigt. – Vgl. auch → Merkmalsbesteuerung, → Ertragsteuern, → Realsteuern.

objektbezogene menschliche Arbeitsleistung – nach Gutenberg einer der → Elementarfaktoren des betrieblichen Produktionsprozesses. Die objektbezogene menschliche Arbeitsleistung steht unmittelbar mit der Leistungserstellung im Zusammenhang und erfolgt aufgrund von Anweisungen, daher auch ausführende Arbeitsleistung genannt. – *Gegensatz:* → dispositiver Faktor.

objektbezogene Verschuldung → Deckungsgrundsatz.

objektbezogene Verschuldungsregel → Haushaltssystematik, → Last der Staatsverschuldung. – *Gegenteil:* situationsbezogene Verschuldungsregel.

Objektentscheidung – Entscheidung, die sich auf das laufende Geschehen einer Organisation bezieht, eng mit der Leistungsbeschaffung, -erstellung und -verwertung verbunden. Objektentscheidungen sind meist unmittelbar sachbezogen und lassen sich nach Funktionsbereichen abgrenzen (z.B. Beschaffungs-, Absatz-, Finanzierungsentscheidungen). Die Bedingungen, unter denen Objektentscheidungen stattfinden, sind durch → Metaentscheidungen festgelegt.

Objektförderung – Bezeichnung für die staatlichen Förderungsmaßnahmen im Rahmen der → sozialen Wohnraumförderung, die sich ausschließlich auf die Subventionierung des Wohnraumes beziehen. Objektförderung erfolgt über Vergabe von zinsverbilligten Darlehen und/oder durch Zinsbeihilfen an Bauherrn. Bezug geförderter Wohnungen nur durch Personen mit Jahreseinkommen unter einer bestimmten Grenze, die sich mit der Zahl der zur Familie gehörenden Personen (deren Einkommen einen Höchstbetrag nicht überschreitet) erhöht. – Vgl. auch → Subjektförderung.

Objektgliederung → Objektprinzip.

objektiver Wert – 1. *Volkswirtschaftslehre:* Begriff der → Arbeitswertlehre, die allein die Arbeitskosten, die zur Herstellung eines → Gutes notwendig sind, als Maßstab (Ricardo) oder Ursprung (Marx) seines → Wertes annimmt. Die moderne → Mikroökonomik geht hingegen von einem subjektiven, am → Nutzen orientierten Wertbegriff aus. – 2. *Betriebswirtschaftslehre/Steuern:* Wert, der im Gegensatz zum → subjektiven Wert allgemeingültig ist bzw. sein soll (z.B. → Teilwert).

objektives Recht → Recht.

objektives Verfahren – 1. Ein „selbstständiges“ *Einziehungsverfahren,* das nicht auf Verfolgung einer bestimmten Person, sondern lediglich auf Verfall, → Einziehung, Vernichtung, Unbrauchbarmachung von Gegenständen oder Beseitigung eines gesetzwidrigen Zustandes gerichtet ist, wenn das Strafverfahren gegen den Beschuldigten nicht durchgeführt werden kann. Gesetzliche Regelung in §§ 440 ff. StPO, § 10 WiStG 1954. – 2. → Sicherungsverfahren (§§ 413 ff. StPO).

objektive Unmöglichkeit – Begriff des Bürgerlichen Rechts. *Objektiv unmöglich* ist eine Leistung, die nicht nur vom Schuldner, sondern ganz allg. (z.B. wegen Zerstörung der geschuldeten Sache) nicht erbracht werden kann. – *Gegensatz:* → Unvermögen. – *Sonderregeln* für → gegenseitige Verträge.

Objektivität – eines der → Gütekriterien für empirische Tests und Untersuchungen. Eine Aussage (v.a.

Messaussagen) ist dann objektiv, wenn sie vom Untersuchungsleiter unabhängig ist. Man unterscheidet die Durchführungsobjektivität (keine Beeinflussung der Untersuchungsergebnisse durch das äußere Erscheinungsbild, das Ziel- und Wertsystem des Durchführenden bzw. Interviewers), die Auswertungsobjektivität (v.a. gegeben bei standardisierten Frage-Items) und die Interpretationsobjektivität (wenig Spielraum für die subjektive Interpretation durch den Untersuchungsleiter). – Vgl. auch → Operationalisierbarkeit, → Testgütekriterien, → Reliabilität, → Validität.

objektorientierte Analyse – auf den → objektorientierten Entwurf abgestimmte Phase der → Softwareentwicklung, bei der die Einheiten des Anwendungsbereichs identifiziert und änderungs- und wiederverwendungsfreundlich als Modell spezifiziert werden. Objektorientierte Modelle eignen sich bes. für das Konzept des „Rapid → Prototyping".

objektorientierte Datenbanken – Datenbankkonzept, das auf dem Prinzip der → Objektorientierung aufbaut. Im Gegensatz zu anderen → Datenbank-Konzepten wird ein Objektmodell definiert, in dem die Strukturmerkmale wie auch das jeweilige Objektverhalten festgelegt werden.

objektorientierte Programmiersprache → Programmiersprache.

objektorientierte Programmierung – im Gegensatz zur prozeduralen → Programmierung, bei der → Daten, → Prozeduren und Funktionen getrennt betrachtet werden, fasst man sie bei der objektorientierten Programmierung zu einem → Objekt zusammen. Objekte sind nicht nur passive Strukturen, sondern aktive Elemente, die durch Nachrichten anderer Objekte aktiviert werden. Objektorientierte Programme werden als kooperierende Sammlungen von Objekten angesehen.

objektorientierter Entwurf – in der Entwurfsphase (→ Softwarelebenszyklus) eines → Softwaresystems müssen beim objektorientierten Entwurf die Besonderheiten des objektorientierten Paradigmas berücksichtigt werden: → Objekte mit ihren Eigenschaften und → Methoden, die Interaktionen zwischen den Objekten und deren Hierarchie.

Objektorientierung – durchgängiges Prinzip im Softwareentwicklungsprozess von der Analyse über die → Programmierung bis hin zur Wartung, das durch eine natürliche Modellierung der Realität, → Wiederverwendbarkeit und leichte Erweiterbarkeit die Komplexität von → Software beherrschbar machen soll. Ein System besteht in der Objektorientierung ausschließlich aus Objekten, die miteinander über Nachrichten kommunizieren. Jedes → Objekt verfügt über Eigenschaften und Methoden. Die Eigenschaften beschreiben dabei über ihre Werte den Zustand eines Objektes, die Methoden die möglichen Handlungen eines Objektes. Definiert werden Objekte über Klassen, die eine Art Schablone für Objekte darstellen. Sie definieren die Struktur der Objekte und deren Funktionalität. Ein Objekt ist dann die Instanz einer Klasse. Jedes Objekt einer → Klasse ist eindeutig unterscheidbar, auch wenn die Eigenschaftsausprägungen gleich sind.

Objektprinzip – 1. *Begriff:* Organisationsprinzip, im Rahmen von → Aufgabenanalyse und → Aufgabensynthese, welches sich am Aufgabenmerkmal Objekt orientiert. – 2. *Charakterisierung:* Bei Anwendung des Objektprinzips werden Aufgabenkomplexe in Teilaufgaben für jeweils unterschiedliche Aufgabenobjekte zerlegt und im Zuge der Bereichsbildung Teilaufgaben für jeweils gleichartige Objekte auf organisatorische Einheiten übertragen *(Objektgliederung).* – 3. *Formen:* Aus der Anwendung des Objektprinzips bei der Gestaltung der grundlegenden Organisation einer Unternehmung folgt die divisionale Organisation (→ Divisionalorganisation). – Bei der *organisatorischen Gestaltung des Produktionsbereiches* folgen aus dem Objektprinzip die Produktionstypen der → Fließproduktion und der → Zentrenproduktion. – *Gegensatz:* → Verrichtungsprinzip.

Objektprogramm → Programm.

Objektsteuern → Realsteuern.

Objektverbrauch → Wohneigentumsförderung.

Obliegenheit – Rechtsbegriff für eine Handlung, deren Vornahme nicht erzwungen werden kann, die zur Abwendung von Rechtsnachteilen im eigenen Interesse jedoch geboten ist, z.B. Mitwirkung des Gläubigers bei der Erfüllung von Verträgen, um nicht in → Annahmeverzug zu geraten.

Obliegenheiten – 1. *Begriff:* Verhaltenspflichten des → Versicherungsnehmers, teils auch der Versicherten oder sonstiger Dritter, die zu beachten sind, damit der Anspruch auf Versicherungsschutz entsteht (Obliegenheiten vor Vertragsabschluss) oder fortbesteht (Obliegenheiten während der Vertragslaufzeit, ggf. auch im Schadenfall). Dabei trennt das Versicherungsvertragsrecht noch zwischen (echten) Rechtspflichten und Obliegenheiten des Versicherungsnehmers. Rechtspflicht des Versicherungsnehmers ist die Prämienzahlungspflicht, alle anderen Pflichten fallen unter den Begriff der Obliegenheiten. Obliegenheiten sind zwar nicht durchsetzbar, sie können nicht durch Klage und Vollstreckung erzwungen werden; allerdings führen Obliegenheitsverletzungen zu Rechtsfolgen für den Versicherungsnehmer. – 2. *Differenzierung von Obliegenheiten nach den Rechtsgrundlagen:* a) Gesetzliche Obliegenheiten (Beispiele): Vorvertragliche Anzeigepflicht, Anzeige von Gefahrerhöhungen (Gefahrstandspflicht), Anzeige des → Versicherungsfalls, Auskunfts- und Belegpflicht, Rettungspflicht, Anzeige einer → Mehrfachversicherung. – b) Vertragliche Obliegenheiten (Beispiele): Beachtung von Sicherheitsvorschriften in der Sachversicherung; Beachtung der Führerschein-,

Verwendungs- und Fahrtüchtigkeitsklausel in der → Kfz-Versicherung.

Obligation → Anleihe.

Obligo – im allg. Sprachgebrauch Begriff für Haftung, Verbindlichkeiten, Gewähr. Im Finanzwesen wird der Begriff für die gesamten Zahlungsverpflichtungen eines Unternehmens verwendet. Im Wechselgeschäft kann ein → Indossant mit dem Zusatz „ohne obligo“ beim → Indossament die Haftung gegenüber nachfolgenden Berechtigten (→ Indossatar) ausschließen. Unter Wechselobligo wird der Gesamtbetrag der Wechselverpflichtungen eines Kunden gegenüber einem Kreditinstitut verstanden. Kreditinstitute, die → Wechsel ankaufen, führen ihrerseits ein Obligobuch, in dem alle eingereichten Wechsel erfasst werden.

Obligobuch – ein in der Wechselabteilung geführtes Buch, in dem für jeden Diskontkunden die jeweiligen → Wechsel erfasst werden. Das Obligobuch umfasst ein Einreicher- und Bezogenenobligo, um so die Wechselverpflichtungen der Kunden zu überwachen (heute kein Buch mehr, sondern EDV-mäßig erfasst). – Vgl. → Diskontgeschäft; → Obligo.

Observanz – *Herkommen;* örtlich begrenztes → Gewohnheitsrecht, anzutreffen noch im Gemeinderecht.

Obsoleszenz – *Veralten;* wirtschaftlich neben dem Nutzungsverschleiß Ursache für Abschreibungen sowie Einflussgröße bei Nutzungsvergleich (→ Kostenvergleich). – *Bewusst herbeigeführte Obsoleszenz* führt zu verkürzter Lebensdauer von Gütern („Wegwerf-Gesellschaft“) und zu schlechterer Qualität.

OCR – Abk. für *Optical Character Recognition;* → optische Zeichenerkennung mit genormten Zeichensätzen und Darstellungskriterien.

OCR-Schrift → optische Zeichenerkennung.

ODA – Abk. für *Official Development Assistance* (öffentliche Entwicklungshilfe); Mittelzuflüsse staatlicher Stellen an Entwicklungsländer und multilaterale Institutionen zur wirtschaftlichen Entwicklung und Verbesserung der Lebensbedingungen in der Dritten Welt, die nach der → Development Assistance Committee (DAC)-Definition ein Zuschusselement von mind. 25 Prozent enthalten müssen.

ODBC – Abk. für *Open DataBase Connectivity;* unter Windows bereitgestellte → Schnittstelle für Anwendungen, die Zugriffe auf → Datenbanken realisieren wollen. Der Vorteil von ODBC besteht in der Unabhängigkeit der Anwendungsprogrammierung von der zugrunde liegenden Datenbank, da auf diese über die einheitliche Schnittstelle zugegriffen wird.

Oderkonto – Gemeinschaftskonto mit Einzelzeichnungsrecht. Bei dieser Kontoart sind alle Inhaber berechtigt über das Konto zu verfügen. In der Praxis beliebte Form des → Privatkontos z.B. für Ehepaare. Es birgt aber auch Risiken, da alle Berechtigten für das gesamte Konto haften. – *Gegensatz:* → Undkonto.

oder Überbringer → Überbringerklausel.

OECD – Abk. für *Organization for Economic Co-Operation and Development, Organisation für wirtschaftliche Zusammenarbeit und Entwicklung;* seit 30.9.1961 Nachfolgeorganisation der → OEEC mit Sitz in Paris. – *Mitglieder:* 30 Länder. – *Ziele:* Schwerpunkt bei der Koordinierung der Wirtschaftspolitik, v.a. der Konjunktur- und Währungspolitik der freien Welt; Koordinierung und Intensivierung der Entwicklungshilfe der Mitgliedsstaaten mit dem Ziel, ein angemessenes Wirtschaftswachstum in den Entwicklungsländern zu verwirklichen; Förderung und Ausweitung des Welthandels, ein stetiges Wachstum und steigende wirtschaftliche Produktivität. Auf der Grundlage eigener Studien und Forschungsaktivitäten entwickelt sie Leitlinien und Modelle für die Lösung zukunftsweisender Problemstellungen. Schwerpunkte der Analyse liegen bei der Wirtschafts- und Konjunkturpolitik durch die Erarbeitung jährlicher Länderberichte über die Wirtschaftslage der einzelnen Mitgliedsstaaten. – *Aufbau:* Fortsetzung der Rechtspersönlichkeit der OEEC. Oberstes Organ ist der *Rat,* in dem alle Mitgliedsländer durch die Leiter von ständigen Delegationen (Botschafter) vertreten sind. Unterstützt wird der Rat durch einen *Exekutivausschuss. Generalsekretär* führt den Vorsitz im Ständigen Rat. Mehr als Hundert *Fachausschüsse und Arbeitsgruppen* auf wirtschafts-, umwelt-, wissenschafts- und sozialpolitischen Gebieten. Als oberstes Beschlussorgan erfolgen Beschlüsse einstimmig. Bei Enthaltungen gelten Vereinbarungen nur für die zustimmenden Mitglieder. → EU und → EFTA nehmen an der Arbeit der OECD teil. Von bes. Bedeutung sind der wirtschaftspolitische Ausschuss, der mehrmals jährlich die Wirtschaftslage der Mitglieder erörtert, der Ausschuss für Kapitalverkehr und unsichtbare Transaktionen, der die Liberalisierungsverpflichtungen der Mitglieder im internationalen Kapital- und Dienstleistungsverkehr überwacht, der Ausschuss für Finanzmärkte, der die Wirkungsweise der Kreditmärkte und internationalen Finanzmärkte verbessern will, und der Ausschuss für Entwicklungshilfe (→ Development Assistance Committee (DAC)). Für den Energiebereich hat die OECD eine internationale Energieagentur (→ IEA) gegründet sowie die MEA. – *Bedeutung:* Die OECD stellt das Forum für eine permanente internationale Regierungskonferenz dar, auf der ein intensiver Informations- und Meinungsaustausch über aktuelle gemeinsame wirtschafts- und währungspolitische Probleme erfolgt und zu einer besseren Abstimmung nationaler wirtschaftspolitischer Maßnahmen beiträgt. Wirtschaftspolitische Dokumentationen und Analysen ermöglichen es Mitgliedsstaaten, flexibel und schnell auf neue wirtschaftspolitische Fragen zu reagieren. Wertvolle Pilotarbeiten zur Entwicklung von Statistiken und Indikatoren waren richtungsweisend für weltweite internationale Konzepte und Datensammlungen.

OECD-Kommentar – Eine offizielle Stellungnahme der → OECD dazu, welche Schlussfolgerungen aus den von ihr vorgeschlagenen Formulierungen für die Doppelbesteuerungsabkommen ihrer Ansicht nach für bestimmte, komplizierte Einzelproblematiken zu ziehen sind. Dient also als Auslegungshilfe zum OECD-Musterabkommen und trägt dadurch zu einer internationalen Standardisierung der Ansichten der Staaten über die Abgrenzung der Steuerhoheiten und die Maßnahmen zur Beseitigung der Doppelbesteuerung bei.

OECD-Konsensus – Übereinkommen zwischen den Mitgliedsstaaten der OECD, bestimmte Mindeststandards bei → öffentlich unterstützten Exportkrediten (mit Laufzeiten über zwei Jahren) einzuhalten. Dazu zählen auch die → Exportkreditgarantien des Bundes. Zweck dieses Übereinkommens ist die Eindämmung eines internationalen → Subventionswettlaufs, bei dem einzelne Staaten ihrer jeweiligen Exportwirtschaft Wettbewerbsvorteile durch die Gewährung von Exportkrediten verschaffen, die aus öffentlichen Mitteln subventioniert werden. Im Einzelnen regelt der OECD-Konsensus, dass ein öffentlich unterstützter Exportkredit maximal 85 Prozent des Ausfuhrwertes betragen darf, d.h. dass der Käufer eine entsprechende Anzahlung leisten muss, bestimmte Kreditlaufzeiten nicht überschritten werden und die Zinssätze eine Mindesthöhe nicht unterschreiten dürfen. Die jeweils aktuellen Parameter des OECD-Konsensus sind im Internet zugänglich.

OECD-MA – verbreitete Abk. für → OECD-Musterabkommen zur Vermeidung der Doppelbesteuerung.

OECD-Musterabkommen zur Vermeidung der Doppelbesteuerung – 1. *Begriff:* vom Steuerausschuss der OECD erarbeitetes Muster für → Doppelbesteuerungsabkommen (DBA), die die Mitgliedsstaaten untereinander oder mit Drittstaaten abschließen, um trotz der vielfältigen Sonderprobleme in den Steuerrechtsordnungen der einzelnen Staaten größtmögliche Vereinheitlichung der bilateralen Doppelbesteuerungsabkommen zu erzielen. Zwar nur als Empfehlung ausgesprochen, aber weitgehend als Verhandlungsgrundlage bei konkreten Verhandlungen angewandt, auch von der Bundesrepublik Deutschland. – 2. *Musterabkommen existieren:* a) für die *Steuern vom Einkommen und Vermögen:* erste Fassung: Bericht des Steuerausschusses der OECD von 1963, in deutscher Übersetzung veröffentlicht vom Bundesministerium der Finanzen (BMF), Bonn 1965; überarbeitete Fassung: Bericht des Steuerausschusses der OECD vom 11.4.1977, in deutscher Übersetzung veröffentlicht vom Bundesministerium der Finanzen 1979; seit 1992: laufende Überarbeitung der einzelnen Artikel des Musterabkommens und Veröffentlichung in Loseblattform. – b) Für die *Besteuerung der Nachlässe und Erbschaften:* Bericht des Steuerausschusses der OECD von 1966, in deutscher Übersetzung veröffentlicht vom Bundesministerium der Finanzen, Bonn 1970, m.spät.Änd. – 3. Die *Bedeutung des Musterabkommens für die Praxis* liegt darin, dass es zwar zahllose verschiedene völkerrechtliche Verträge über die Doppelbesteuerung gibt (allein Deutschland hat für die Ertragsteuern ca. 80 Abkommen geschlossen), es aber normalerweise ausreicht, sich in das OECD-Musterabkommen einzuarbeiten, um anschließend mit nahezu allen Abkommenstexten zurecht zu kommen. Es gilt nämlich die Vermutung, dass Staaten, die einen Formulierungsvorschlag der OECD in ihr Abkommen übernehmen, damit auch genau das ausdrücken wollen, was die OECD vorschlägt; das bedeutet, dass man immer dann, wenn eine Standardformulierung der OECD in einem konkreten DBA wiederkehrt, die Rechtslage unkompliziert erkennen kann. Die (wenigen) Abweichungen von den Empfehlungen der OECD pflegen außerdem dann so deutlich formuliert zu werden, dass deren Bedeutung ebenfalls leicht verständlich wird. Übernommen wird aus dem Text der OECD bspw. auch schon der Aufbau oder die Begriffswelt der Abkommenstexte, was die Einarbeitung ebenfalls sehr erleichtert. – 4. *Rolle des OECD-Musterkommentars als Auslegungshilfe:* Seit einiger Zeit veröffentlicht die OECD zusätzlich zu ihren Textvorschlägen auch eine offizielle Kommentierung, wo sie angibt, welche Schlussfolgerungen aus den von ihr gewählten Formulierungen ihrer Ansicht nach für Spezialfälle zu ziehen sind. Dieser offizielle Kommentar gilt ebenfalls als Auslegungshilfe, um die Doppelbesteuerungsabkommen richtig zu verstehen, denn von juristischer Seite wird unterstellt, dass ein Staat, der einen Textvorschlag der OECD übernimmt, sich damit auch zu den von der OECD publizierten Erläuterungen bekennt (sofern diese bei Abschluss des Vertrages schon bekannt sind), da er sich sonst vernünftigerweise von dieser Auslegungsmöglichkeit distanziert hätte.

OEEC – Abk. für *Organization for European Economic Co-Operation, Organisation für europäische wirtschaftliche Zusammenarbeit, Europäischer Wirtschaftsrat;* am 16.4.1948 als Nachfolgerin des CEEC (Committee for European Economic Cooperation) von den am Marshall-Plan (→ ERP) teilnehmenden 16 europäischen Staaten und den Oberbefehlshabern der amerikanischen, britischen und französischen Besatzungszone Deutschlands mit Sitz in Paris gegründet; seit 1.10.1961 in die → OECD überführt. – *Aufgaben und Ziele:* Aufstellung von koordinierten europäischen Wiederaufbauplänen, die von den USA bei der Gewährung der Marshall-Plan-Hilfe gefordert wurden; Aufbau einer gesunden europäischen Wirtschaft durch wirtschaftliche Zusammenarbeit: Förderung von → Produktion, → Rationalisierung, → Vollbeschäftigung, Ausweitung und Erleichterung des europäischen Handels- und Zahlungsverkehrs, Abbau von Handelshemmnissen, Förderung von → Zollunionen und → Freihandelszonen, Aufrechterhaltung der Währungsstabilität, Verminderung von Zöllen. Am

18.8.1950 wurde ein Liberalisierungskodex beschlossen und am 19.9.1950 die Europäische Zahlungsunion (EZU) gegründet. – Die OEEC hatte keine supranationalen Befugnisse, die Beschlüsse mussten i.d.R. einstimmig gefasst werden, wobei die Durchführung den Mitgliedsstaaten oblag. – *Würdigung*: Die Konvention der OEEC erlaubte ihren Mitgliedern einen großen Freiraum. Als Koordinierungsorganisation war sie erfolgreich, da aus ihr wichtige Impulse einer → Wirtschaftsunion hervorgingen, die zu einem engeren Zusammenschluss in → EGKS und → EWG sowie → EFTA führten. Ihre wesentlichen Ziele, den Wiederaufbau zu fördern, eine stärkere Liberalisierung anzustreben und eine Multinationalisierung des innereuropäischen Zahlungsverkehrs zu fördern, wurde erreicht. Nach Erfüllung ihrer Aufgaben wurde durch Vertrag vom 14.12.1960 die OECD als Atlantische Organisation zur Förderung wirtschaftspolitischer Zusammenarbeit gegründet.

OEM – Abk. für → Original Equipment Manufacturer.

off Balance Sheet Financing – Art der → Finanzierung, die keine Auswirkungen auf die Struktur der → Bilanz hat.

offenbare Mängel → Mängelrüge.

offenbare Unmöglichkeit des Buchführungsergebnisses – Begriff des Steuerwesens für ein Buchführungsergebnis, das in auffallendem Missverhältnis zu den Ergebnissen anderer vergleichbarer Unternehmen der gleichen Branche steht. Offenbare Unmöglichkeit des Buchführungsergebnisses berechtigt die Finanzbehörde, die Besteuerungsgrundlage zu schätzen (→ Schätzung), obwohl die Buchführung formell in Ordnung erscheint.

offenbare Unrichtigkeiten – Schreibfehler, Rechenfehler und ähnliche offenbare Unrichtigkeiten, so u.a. auf mechanischem Versehen beruhender Fehler in Verwaltungsakten und Urteilen. Derartige offenbare Unrichtigkeiten können jederzeit von Amts wegen durch die Behörden bzw. das Gericht berichtigt werden (§ 319 ZPO, § 118 VwGO, § 107 FGO, § 138 SGG, § 129 AO). Eine Berichtigungsmöglichkeit ist zu verneinen, soweit auch nur die Möglichkeit eines Rechtsirrtums besteht. Unrichtige Tatsachenwürdigung sowie Auslegung oder Nichtanwendung einer Gesetzesnorm sowie fehlende Sachverhaltsermittlung sind regelmäßig kein mechanisches Versehen.

offenbarte Präferenzen → Präferenz.

Offenbarung (der Erfindung) → Erfindungen können durch → Patente oder → Gebrauchsmuster geschützt werden, wenn sie fertig (aus dem Versuchsstadium heraus) und in der Anmeldung so hinreichend offenbart sind, dass sie der Durchschnittsfachmann (→ Erfindungshöhe) nach den Angaben des Erfinders ausführen kann (§ 35 PatG, Art. 83 → Europäisches Patentübereinkommen (EPÜ), § 4 II GebrMG). Aufzudecken ist, was der Fachmann zur praktischen Ausführung der Lehre benötigt. Dazu gehören das Anwendungsgebiet und der Verwendungszweck der Lehre, das technische Problem, das mit der Erfindung gelöst werden soll, seine Lösung sowie die dafür erforderlichen Mittel und die Art ihrer Verwendung.

Offenbarungseid → eidesstattliche Versicherung.

Offenbarungspflicht – 1. *Begriff*: Auskunftspflicht des Arbeitnehmers über persönliche Verhältnisse vor der → Einstellung nach Grundsätzen des Arbeitsrechts. – 2. *Umfang*: a) *Grundsätzlich* darf der Arbeitgeber dem Arbeitnehmer nur Fragen stellen, an denen er im Hinblick auf den zu besetzenden Arbeitsplatz ein berechtigtes Interesse hat, z.B. nach Aus- und Vorbildung. – b) Die Frage nach der *Partei-, Gewerkschafts- und Religionszugehörigkeit* ist, außer in entsprechenden → Tendenzbetrieben, unzulässig. – c) Fragen nach dem *Gesundheitszustand* sind insoweit zulässig, als es sich um schwerwiegende Beeinträchtigungen der Arbeitsfähigkeit des Betroffenen handelt. So darf der Arbeitgeber nach überwiegender Auffassung nach einer Aids-Erkrankung, nicht aber ohne weiteres nach einer Aids-Infektion fragen. – d) Fragen nach dem Vorliegen einer *Schwerbehinderteneigenschaft* oder einer Gleichstellung waren nach früherer Rechtsprechung ohne weiteres zulässig (BAG-Urt. v. 1.8.1985; 2 AZR 101/83). Nach Inkrafttreten des AGG wird das aber mehr und mehr bezweifelt (→ AGG im Arbeitsrecht). – e) Der Arbeitgeber darf den Bewerber bei der Einstellung nach *Vorstrafen* fragen, wenn und soweit die Art des zu besetzenden Arbeitsplatzes dies erfordert (ständige Rechtsprechungh des BAG seit BAG E 5, 159 (163)). – f) Die Frage nach der *Schwangerschaft* ist eine unzulässige Benachteiligung wegen des Geschlechts (→ Gleichbehandlung; → AGG im Arbeitsrecht). – 3. *Offenbarungspflichten ohne entsprechende Frage* des Arbeitgebers nimmt die Rechtsprechung nur in seltenen Fällen an. Dies deshalb, weil der Arbeitgeber, wenn er ein berechtigtes Interesse an bestimmten Tatsachen hat, vor Einstellung ohne weiteres fragen kann. Eine solche selbständige Offenbarungspflicht des Arbeitnehmers besteht nur dann, wenn es um Tatsachen geht, welche die Ausübung der Position unmöglich machen oder die sonst von erkennbar wichtiger Bedeutung sind. – 4. *Rechtsfolge:* Der Verstoß gegen Offenbarungspflichten kann den Arbeitgeber zur → Anfechtung des Arbeitsvertrags wegen arglistiger Täuschung (§ 123 BGB) berechtigen. – Vgl. auch → Personalfragebogen. Die wahrheitswidrige Beantwortung einer unzulässigen Frage bleibt für den Arbeitnehmer folgenlos. Eine unzulässige Frage kann auch ein Indiz für eine Benachteiligung nach dem AGG sein (→ AGG im Arbeitsrecht).

offene Anlehnung → Ausbeutung.

offene Ausschreibung → Ausschreibung, → öffentliche Auftragsvergabe.

offene Frage – Frage in einer → Befragung, bei der die Menge der möglichen Antworten prinzipiell unbegrenzt ist. Die Frage wird nicht durch Ankreuzen sondern durch Schreiben von Text oder Zahlen beantwortet. Nachteilig ist, dass die Auswertung solcher Fragen deutlich schwieriger ist als bei → geschlossenen Fragen.

offene Handelsgesellschaft (OHG) – I. Begriff: Die OHG ist eine → Personengesellschaft, deren Zweck auf den Betrieb eines → Handelsgewerbes unter gemeinschaftlicher → Firma gerichtet ist und deren Gesellschafter den Gläubigern unmittelbar und unbeschränkt mit ihrem vollen Vermögen (Privat- und → Gesellschaftsvermögen) für die → Gesellschaftsschulden haften. – *Rechtsgrundlage:* §§ 105–160 HGB; ergänzend gelten die §§ 705 ff. BGB über die → Gesellschaft bürgerlichen Rechts (GbR). – *Rechtsstellung:* Die OHG ist eine → Gesellschaft, die nach Organisation und Rechtszuständigkeit als → Gemeinschaft zur gesamten Hand ausgestaltet ist; keine → juristische Person. Sie hat aber gegenüber ihren Gesellschaftern eine gewisse Verselbstständigung und kann im Rechtsverkehr unter ihrer Firma Rechte erwerben, Verbindlichkeiten eingehen, Eigentum und andere dingliche Rechte an Grundstücken erwerben, vor Gericht klagen und verklagt werden (§ 124 HGB). § 31 BGB über die Haftung des Vereins für → unerlaubte Handlungen seiner Organe findet entsprechende Anwendung.

II. Errichtung: 1. Durch → Gesellschaftsvertrag erfolgend. – 2. Die Gesellschaft ist stets bei dem → Amtsgericht, in dessen Bezirk sie ihren Sitz hat, zur Eintragung in das *Handelsregister* anzumelden. Die → Anmeldung hat zu enthalten: a) Namen, Vornamen und Wohnort jedes Gesellschafters; b) Firma und der Ort, wo sie ihren Sitz hat; c) Vertretungsmacht der Gesellschafter. Alle Gesellschafter haben die Anmeldung beim Gericht zu „bewirken“ (§ 108 HGB). – 3. Das *Innenverhältnis* der Gesellschafter bestimmt sich weitgehend nach dem Gesellschaftsvertrag, der Höhe und Art der → Gesellschaftsbeiträge, Dauer, Kündigungsfristen, → Gewinn- und Verlustbeteiligung, Berechnung des → Abfindungsguthabens eines ausscheidenden Gesellschafters etc. zu regeln pflegt. – Auch → juristische Personen können Gesellschafter der OHG sein. – 4. Die Gesellschaftsanteile sind i.Allg. nicht übertragbar. – 5. Jeder Gesellschafter ist → Kaufmann.

III. Gesellschaftsanteil: Anteil eines Gesellschafters an dem → Gesellschaftsvermögen. – 1. Der Gesellschaftsanteil beteiligt den Gesellschafter an jedem Gegenstand unmittelbar mit, ist jedoch für den *einzelnen Gegenstand* nicht übertragbar (§ 719 BGB) und auch nicht pfändbar (§ 859 ZPO). Eine Übertragung der Anteile an den einzelnen Gegenständen widerspräche dem Grundsatz der Gesamthandsbindung der OHG. – 2. Für den Anteil *als Ganzes* kann der → Gesellschaftsvertrag Abweichendes bestimmen, z. B. die Übertragungsmöglichkeit mit oder ohne Zustimmung der anderen Gesellschafter. → Zwangsvollstreckung in den Gesellschaftsanteil durch einen → Privatgläubiger ist zulässig (§ 859 ZPO); sie erfolgt durch → Pfändungs- und Überweisungsbeschluss. → Drittschuldner sind die geschäftsführenden Gesellschafter.

IV. Firmenbezeichnung: Sie ist weitgehend freigestellt. Wenn aber keine natürliche Person persönlich haftet, muss die Firma eine Bezeichnung enthalten, die die Haftungsbeschränkung kennzeichnet, § 19 II HGB.

V. Geschäftsführung/Vertretung: 1. *Geschäftsführung:* Obliegt allen Gesellschaftern, und zwar als → Einzelgeschäftsführung. Der Gesellschaftsvertrag kann eine abweichende Regelung vorsehen, z. B. → Gesamtgeschäftsführung anordnen oder einzelne Gesellschafter von der Geschäftsführung ausschließen. – 2. Zur *Vertretung der Gesellschaft nach außen* ist jeder Gesellschafter allein berechtigt. Ein Ausschluss der Befugnis oder die Anordnung von → Gesamtvertretung im Gesellschaftsvertrag ist möglich. Derartige *Beschränkungen* müssen aber im Handelsregister eingetragen werden. Die Befugnis zur Geschäftsführung und Vertretung kann einem Gesellschafter bei → wichtigem Grund auf Antrag (→ Klage) der übrigen Gesellschafter durch gerichtliche Entscheidung entzogen werden. – Das den Gesellschaftern obliegende gesetzliche → Wettbewerbsverbot gilt auch für die von der Geschäftsführung und Vertretung ausgeschlossenen Gesellschafter.

VI. Stimmrecht: Stimmrecht der Gesellschafter wird in wichtigen Angelegenheiten ausgeübt. → Gesellschafterbeschlüsse bedürfen der Zustimmung aller zur Mitwirkung bei der Beschlussfassung berufenen Gesellschafter. Soll nach dem Gesellschaftsvertrag Stimmenmehrheit bei der → Abstimmung entscheiden, wird mangels anderer Abrede die Mehrheit nach der Zahl der Gesellschafter berechnet.

VII. Bilanz und Kontrollrecht: 1. *Aufstellung der* → Bilanz: Obliegt jährlich den geschäftsführenden Gesellschaftern; festgestellt wird sie von allen Gesellschaftern, von diesen ist sie auch zu unterzeichnen. Der Gesellschaftsvertrag kann Feststellung durch Gesellschaftsversammlung und Prüfung durch Buch- oder Wirtschaftsprüfer etc. vorschreiben. – 2. *Kontrollrecht der Gesellschafter:* Jeder Gesellschafter kann, auch wenn er von der Geschäftsführung ausgeschlossen ist, sich über die Angelegenheiten der Gesellschaft persönlich unterrichten, die Handelsbücher und die Papiere der Gesellschaft einsehen und sich aus ihnen ggf. unter Beiziehung eines Sachverständigen, einen Jahresabschluss anfertigen (§ 118 HGB).

VIII. Gewinn und Verlust: 1. *Gesetzlich* gebührt jedem Gesellschafter ein Vorzugsgewinnanteil in Höhe von 4 Prozent seines → Kapitalanteils. Der 4 Prozent der Kapitalanteile übersteigende Gewinn wird nach Köpfen verteilt. Kopfteilung gilt auch für Verluste (§ 121 HGB). – Vgl. auch → Gewinn- und Verlustbeteiligung; steuerlich: → Gewinnfeststellung. Gewinn und Verlust werden dem Kapitalanteil des Gesellschafters gut- bzw. abgeschrieben (§ 120 HGB). – 2. Zumeist eingehende abweichende Regelung im *Gesellschaftsvertrag,* z.B. Vorwegnahme eines Tätigkeitsentgelts, Geschäftsführergehalts, Ansatz von Aufwendungen oder festen prozentualen Gewinnanteilen je nach der Mitverantwortung oder beides kombiniert. Häufig erfolgt die Gewinngutschrift auf Sonderkonto, damit die → Kapitalkonten unverändert bleiben. – 3. *Entnahmen:* Jeder Gesellschafter kann aus der Gesellschaftskasse Geld bis zu 4 Prozent seines für das letzte Geschäftsjahr festgestellten Kapitalanteils entnehmen und auch die Auszahlung seines diesen Betrag übersteigenden Gewinnanteils des letzten Jahres verlangen (§ 122 HGB). – Häufig vertraglich vereinbart: Monatliche Entnahme, jedoch nach oben begrenzt und unter Beachtung der steuerlichen Verpflichtungen der einzelnen Gesellschafter. – Vgl. auch → Entnahmen.

IX. Zwangsvollstreckung: Zur → Zwangsvollstreckung in das Gesellschaftsvermögen bedarf es eines Titels gegen die OHG (§ 124 HGB). Soll in das Privatvermögen einzelner Gesellschafter vollstreckt werden, bedarf es eines Titels gegen diese. – Vgl. auch → Schuldenhaftung.

X. Besonderheiten: Ist im Gesellschaftsvertrag bestimmt, dass im Fall des Todes eines Gesellschafters die Gesellschaft mit den → Erben fortgesetzt werden soll, kann jeder Erbe verlangen, dass ihm die Stellung eines → Kommanditisten eingeräumt und der auf ihn entfallende Teil der Einlagen des Erblassers als → Kommanditeinlage anerkannt wird. Sind die anderen Gesellschafter nicht einverstanden, kann der betreffende Erbe fristlos sein Ausscheiden aus der Gesellschaft erklären. Das dem Erben eingeräumte → Wahlrecht kann nur binnen drei Monaten ausgeübt werden. Wird die Gesellschaft innerhalb der Frist aufgelöst oder scheidet der Erbe aus, trifft ihn nur die bürgerlich-rechtliche → Erbenhaftung (§ 139 HGB). Anderenfalls haftet er, wie auch sonst bei → Firmenfortführung, als OHG-Gesellschafter bzw. Kommanditist. – Vgl. auch → Auflösung und → Abwicklung der Gesellschaft, → Ausscheiden eines Gesellschafters, → Ausschließung und Übernahmerecht eines Gesellschafters.

XI. Steuerliche Behandlung: 1. Die OHG *entsteht* mit → Geschäftsbeginn. – 2. Die OHG ist steuerlich als → Mitunternehmerschaft zu qualifizieren, die einzelnen Gesellschafter sind → Mitunternehmer. Die Gesellschaft selbst ist nicht einkommensteuerpflichtig. Der Gewinn der Gesellschaft wird einheitlich und gesondert festgestellt und unterliegt der Einkommensteuer bei den Gesellschaftern. – 3. Bei der *Erbschaftsteuer* kann für den Anteil an einer OHG der Betriebsvermögensfreibetrag und der Bewertungsabschlag nach § 13 a ErbStG genutzt werden. Durch die → Erbschaftsteuerreform, welche ab dem 1.1.2009 wirksam wurde, wurden die Vorschriften für die Bewertung von Anteilen an Personengesellschaften analog der Bewertung von Anteilen an Kapitalgesellschaften umfassend geändert. Die Bewertung erfolgt zukünftig grundsätzlich nach dem Unternehmenswert aus Verkäufen unter fremden Dritten. Alternativ kann der Wert nach dem Ertragswert erfolgen. Als Mindestwert ist der Substanzwert (Summe der gemeinen Werte aller Einzelwirtschaftsgüter abzüglich der Schulden). Statt der bisherigen Begünstigung nach § 13 a ErbStG wird ein sog. → Verschonungsabschlag gewährt. – 4. Darüber hinaus ist ab dem Veranlagungszeitraum 2008 die sog. Thesaurierungsmodell für Personenunternehmen im Rahmen der *Unternehmensteuerreform 2008* anzuwenden, wonach nicht entnommene Gewinne wie Gewinne von Kapitalgesellschaften auf Antrag begünstigt besteuert werden können. – Vgl. auch → Thesaurierungsrücklage.

offene Inflation → Inflation. – *Gegenteil:* verdeckte Inflation; versteckte Inflation.

offene Methode der Koordinierung → Europäische Methode der offenen Koordinierung.

Offene-Posten-Buchführung – *Open Item System, kontenlose Buchführung, kontoblattlose Buchführung, Ledgersless Accounting;* eine → Belegbuchhaltung, bei der zwar auch Konten geführt werden, aber das Konto nur aus den den Kontostand verändernden Belegen (den „offenen Posten") besteht, die nach Konten geordnet karteimäßig aufbewahrt werden, und zwar in der Offenen-Posten-Buchführung, bis das Konto ausgeglichen ist, z.B. die Rechnung bezahlt oder der Kredit getilgt ist. Dann werden die Belege in der *Ausgeglichenen-Posten-Buchhaltung* in der gleichen Ordnung abgelegt. – Die Offene-Posten-Buchführung ist in Industrie- und Handelsbetrieben weit *verbreitet*, v.a. durch die elektronische → Datenverarbeitung. – *Steuerlich* anerkannt. – *Ordnungsmäßigkeitsvoraussetzung* ist eine chronologische Belegkopieablage zur Erfüllung der Grundbuchfunktion, Übernahme der täglichen Rechnungssummen in die Debitoren-, Kreditoren- und Sachkonten (Hauptbuchfunktion), regelmäßige Abstimmung der offenen Posten mit den Personenkonten und Aufbewahrung der chronologisch geordneten Belegkopien der ausgeglichenen Posten für zehn Jahre.

offene Randklasse → Klassenbildung.

offener Arrest – bei Eröffnung des → Insolvenzverfahrens durch das Insolvenzgericht zu erlassende und öffentlich bekanntzumachende Anordnung, die allen Personen, die eine zur → Insolvenzmasse gehörige → Sache im → Besitz haben oder zur Insolvenzmasse etwas schuldig sind, aufgibt, nichts an den → Gemeinschuldner zu verabfolgen oder zu leisten und ihnen die Verpflichtung auferlegt, von dem Besitz der Sache und den Forderungen, für welche sie aus der Sache abgesonderte Befriedigung in Anspruch nehmen, dem → Insolvenzverwalter innerhalb einer bestimmten Frist Anzeige zu machen (§ 28 InsO). Wer die Anzeige über den Besitz von Massegegenständen nicht rechtzeitig erstattet, haftet für allen aus der

Unterlassung oder Verzögerung entstehenden Schaden (§ 28 II InsO).

offene Rechnung – Durch eine dem → Kontokorrentvertrag ähnliche Abrede begründetes Verhältnis, wonach die Forderungen *eines* Vertragsteils (z.B. des Einzelhändlers gegen seinen Kunden) in Rechnung gestellt und nach bestimmten Rechnungsperioden (z.B. monatlich) zusammengerechnet und bezahlt werden sollen. Die Vorschriften über den Kontokorrentvertrag gelten nicht.

offene Reserven – älterer betriebswirtschaftlicher Ausdruck für → offene Rücklagen.

offener Markt → Markt ohne Zutritts- und Austrittsbeschränkungen bzw. mit freiem Marktzutritt und -austritt, d.h. jeder kann ihn als Anbieter oder Nachfrager betreten und wieder verlassen. Aktuelle Marktteilnehmer sind dadurch einem → potenziellen Wettbewerb ausgesetzt.

offene Rücklagen – früher: *offene Reserven;* die in den → Bilanzen der Kapitalgesellschaften offen ausgewiesenen → Rücklagen. – *Gegensatz:* → stille Rücklagen.

offenes Entscheidungsmodell – Modell eines → Entscheidungsprozesses, das die Entstehung der → Entscheidungsprämissen einbezieht. Offene Entscheidungsmodelle bilden beschränktes Rationalverhalten ab; sie liefern daher eine geeignete Beschreibung des realen → Entscheidungsverhaltens, v.a. bei schlecht strukturierten Problemen. Heuristische Entscheidungsmodelle gehören zu den offenen Entscheidungsmodellen. – *Gegensatz:* → geschlossenes Entscheidungsmodell. – Vgl. auch → Modell.

offenes Netz → Netz, das die Einbindung von → Computern unterschiedlicher Hersteller erlaubt. Diese kommunizieren nach einheitlichen Regeln miteinander. – *Gegensatz:* → geschlossenes Netz. – Vgl. auch → OSI-Modell.

offene Vermögensfragen → Vermögensgesetz.

offene Volkswirtschaft → Volkswirtschaft, die außenwirtschaftliche Beziehungen auf den Güter- und Faktormärkten unterhält. – Vgl. auch → Außenwirtschaftstheorie. – *Gegenteil*: geschlossene Volkswirtschaft.

Offenheit → offene Volkswirtschaft, → Außenhandelstheorie, → Freihandel.

Offenlegung – ist die vorgeschriebene (§§ 31 II, 32 PatG) Veröffentlichung einer nationalen Patentanmeldung, die noch nicht zur Erteilung des → Patents geführt hat. Sie erfolgt, wenn sich der Anmelder mit der → Akteneinsicht einverstanden erklärt und die → Erfinderbenennung eingereicht hat, spätestens aber nach Ablauf von 18 Monaten seit dem → Anmeldetag oder einem etwaigen früheren Prioritätstag (→ Prioritätsrecht). Hat der Anmelder die Prüfung der Anmeldung früh beantragt, so kann das Patent bereits vor diesem Zeitpunkt erteilt sein; dann entfällt die Offenlegung. Am Tag der Veröffentlichung des Hinweises auf die Möglichkeit der Akteneinsicht (§ 32 V PatG) werden Offenlegungsschriften mit dem durch § 32 II PatG vorgeschriebenen Inhalt vom → Deutschen Patent- und Markenamt (DPMA) ausgegeben. Europäische Patentanmeldungen werden nach Ablauf von 18 Monaten nach dem Anmeldetag, bei Inanspruchnahme einer Priorität nach dem Prioritätstag, auf Antrag des Anmelders auch früher als Druckschrift mit dem durch Art. 93 II EPÜ vorgeschriebenen Inhalt veröffentlicht. Mit der Veröffentlichung des Hinweises auf die Offenlegung der Patentanmeldung tritt der vorläufige Rechtsschutz nach § 33 PatG, Art. 67 II 3 EPÜ ein.

Offenlegungspflicht – *Bilanzeinsichtspflicht.* 1. Offenlegungspflicht für *Kreditinstitute:* gemäß § 18 KWG obliegende Verpflichtung. Bei Einräumung von Krediten über insgesamt mehr als 750.000 Euro oder 10 Prozent des haftenden Eigenkapitals muss das Kreditinstitut von dem Kreditnehmer Offenlegung seiner wirtschaftlichen Verhältnisse, v.a. durch Vorlage der Jahresabschlüsse, verlangen. Das Kreditinstitut kann hiervon absehen, wenn das Verlangen nach Offenlegung im Hinblick auf die gestellten Sicherheiten offensichtlich unbegründet wäre. – 2. Offenlegungspflicht für *Kapitalgesellschaften und Personengesellschaften i.S.d. § 264 a HGB:* Verpflichtung, den → Jahresabschluss und weitere Unterlagen unternehmensgrößenabhängig beim Betreiber des elektronischen Bundesanzeigers, der Bundesanzeiger Verlagsgesellschaft mbH Köln einzureichen, von wo sie an das elektronisch geführte Unternehmensregister weitergeleitet werden.

Offenlegungsschrift → Offenlegung.

Offenmarktgeschäft – 1. *I.w.S.:* Alle am → offenen Markt getätigten Wertpapieran- und -verkäufe. – 2. *I.e.S.:* Von der Deutschen Bundesbank und der Europäischen Zentralbank im Rahmen der → Offenmarktpolitik durchgeführte Wertpapiertransaktionen, → Europäisches System der Zentralbanken (ESZB), → Geldpolitik, → geldpolitische Instrumente.

Offenmarktgeschäfte mit Rückkaufsvereinbarung → Wertpapierpensionsgeschäfte, → Pensionsgeschäfte.

Offenmarktpapiere → Geldmarktpapiere.

Offenmarktpolitik – Gestaltung des Kaufs oder Verkaufs von Wertpapieren durch die → Zentralbank am sog. → offenen Markt. Zu den auf die Initiative der Zentralbank durchgeführten Transaktionen gehören (1) definitiver An- oder Verkauf von Vermögenswerten; (2) Kauf oder Verkauf von Vermögenswerten mit einer Rückkaufsvereinbarung; (3) Kreditgewährung- oder Kreditaufnahme gegen Sicherheiten; (4) Emission von Zentralbankschuldverschreibungen; (5) Hereinnahme von Einlagen; (6) Devisenswaps zwischen in- und ausländischer Währung. – *Offenmarktpolitik* *des Europäischen Systems der Zentralbanken (ESZB):* → Geldpolitik.

offensives Umweltmanagement – Strategie im Rahmen des → Umweltmanagements, bei der die Unternehmen die vom Staat vorgegebenen Umweltschutzanforderungen nicht als lästige Pflicht, sondern als betriebswirtschaftliche Herausforderung betrachten, neue technologische Entwicklungen im Betrieb umzusetzen und damit den → Produktionsprozess insgesamt zu verbessern. Der Umweltschutz wird zu einem betriebswirtschaftlichen Instrument, um langfristige Vorteile eines umweltbewussten Verhaltens für den Betrieb zu erzielen und zu erhalten. Dies kann durch langfristig kostensenkende Umweltschutzmaßnahmen erreicht werden, die mit Innovationen im Produktentwicklungs- oder Produktionsprozess verbunden sind, z.B. durch Beschaffung umweltfreundlicher → Werkstoffe oder Investitionen in technologisch verbesserte und umweltfreundliche Produktionsanlagen, die die gegenwärtigen Umweltauflagen kostengünstiger erfüllen. Das offensive Umweltmanagement sollte durch ein offensives Umweltmarketing ergänzt werden, das die Kunden auf die Umweltfreundlichkeit/ -verträglichkeit der Produkte, der verwendeten Ausgangsstoffe und der Produktionsverfahren hinweist. – *Gegensatz:* → defensives Umweltmanagement.

öffentliche Abgaben → Abgaben.

öffentliche Anleihe → Bundesobligation.

öffentliche Aufgaben – von → öffentlichen Aufgabenträgern zu erfüllende Aufgaben. In der → Marktwirtschaft ergibt sich die Begründung öffentlicher Aufgaben aus der Existenz bestimmter Gütermerkmale (→ Nichtrivalitätsaxiom, Nichtanwendbarkeit des → Ausschlussprinzips, Grenzkosten von Null), die eine privatwirtschaftliche Aufgabenerfüllung nicht bzw. nur mit gesamtwirtschaftlich suboptimalem Ergebnis erlaubt (→ öffentliches Gut, → Marktversagen) bzw. bei denen eine privatwirtschaftliche Aufgabenerfüllung aus politisch-meritorischen Gründen nicht erwünscht ist (→ meritorische Güter). Neben diesen mikroökonomischen Aspekten des Marktversagens werden weitere diskutiert mit den Wettbewerbsproblemen, den Stabilisierungsproblemen, aufgeteilt in Konjunktur-, Wachstums- und Strukturschwierigkeiten, sowie der Marktablehnung aus distributionspolitischen Motiven. Die Theorie des Staatsversagens erläutert im Rahmen der ökonomischen Theorie der Politik und der Bürokratie Argumente, warum auch der Staat versagen kann. – Vgl. → Wohlfahrtsökonomik.

öffentliche Aufgabenträger – die Träger → öffentlicher Aufgaben in einem gegliederten Gemeinwesen. Zu den öffentlichen Aufgabenträgern zählen: (1) die regional abgegrenzten → Gebietskörperschaften (in der Bundesrepublik Deutschland Bund, Länder, Gemeinden und Gemeindeverbände), die jeweils eine Vielzahl öffentlicher Aufgaben erfüllen; (2) die funktional (und ggf. zusätzlich regional) abgegrenzten → Parafisci (in der Bundesrepublik Deutschland v.a. die Sozialversicherungsträger); (3) → öffentliche Unternehmen, Kirchen, Arbeitgeber- und Arbeitnehmerverbände u.Ä.

öffentliche Aufträge – von Bund, Ländern, Gemeinden, Gemeindeverbänden und sonstigen Personen des öffentlichen Rechts (klassische öffentliche Auftraggeber) zu vergebende Aufträge zur Beschaffung von Gütern und Dienstleistungen (→ öffentliche Auftragsvergabe). – Vgl. auch → Ausschreibung.

öffentliche Auftragsvergabe – 1. *Begriff:* entgeltliche Beschaffung von Gütern und Dienstleistungen durch öffentliche Auftraggeber, die sie zur Erfüllung ihrer Aufgaben benötigen und die sie am Markt erwerben. – 2. *Wirtschaftliche Bedeutung:* a) Bund, Länder und Gemeinden vergeben Aufträge von mehr als 360 Mrd. Euro jährlich. Dazu kommen die Aufträge öffentlicher Unternehmen, die mit mehr als 60 Mrd. Euro jährlich zu beziffern sind. In der EU betrug das Gesamtvolumen der öffentlichen Aufträge 2002 rund 1.500 Mrd. Euro, das sind 16 Prozent des Bruttoinlandsprodukts der EU. Nachgefragt werden Güter und Leistungen fast aller Branchen, von Verbrauchsgütern bis zu technischen Großgeräten. Dem öffentlichen Auftragswesen kommt deshalb nicht nur im Rahmen der staatlichen Haushalts- und Finanzpolitik, sondern auch im Rahmen der Wirtschafts-, Konjunktur- und Infrastrukturpolitik ein hoher Stellenwert zu. Dies birgt nicht nur die Gefahr, ausländische Anbieter im Wettbewerb auszugrenzen, sondern das öffentliche Auftragswesen mit Zwecken zu versehen, die nicht unmittelbar auf das günstigste oder wirtschaftlichste Angebot zielen, sondern etwa auf Gesichtspunkte des Umweltschutzes. Im Interesse der Öffnung und Offenhaltung der Märkte und Schaffung gleicher Zugangsbedingungen für die Anbieter unterliegt das öffentliche Auftragswesen deshalb verstärkt der rechtlichen Regelung im Rahmen der WTO, der EU und des nationalen Vergaberechts. – b) Infolge der Finanz- und Wirtschaftskrise ab 2008 sind weltweit Konjunkturprogramme verabschiedet worden, die neben Bürgschaften und anderen Sicherungsformen auch Investitionen in Milliardenhöhe vorsehen. In Deutschland wurde Oktober 2008 der Sonderfonds Finanzmarktstabilisierung (Soffin) (→ Finanzmarktstabilisierungsfonds) geschaffen, der über 480 Mrd. Euro verfügt. Im November 2008 wurde das 15 Punkte umfassende Maßnahmenpaket „Beschäftigungssicherung durch Wachstumsstärkung" (→ Konjunkturprogramm I) verabschiedet, mit dem Investitionen in Höhe von 50 Mrd. Euro in Gang gesetzt werden sollen. Das im Februar 2009 verabschiedete → Konjunkturpaket II der Bundesregierung sieht Sonderausgaben in Höhe von 50 Mrd. Euro vor; Kernstück ist ein Investitionsprogramm in Höhe von 17,3 Mrd. Euro für Schulen, Hochschulen, Verkehrswege und andere öffentliche Gebäude. – 3. *Rechtlicher Rahmen:* a) Das am 1.1.1996 im Rahmen der → World Trade Organization (WTO) in Kraft getretenen *Übereinkommen über das öffentliche Beschaffungswesen* (Government Procurement Agreement (GPA)) verpflichtet die 27 Vertragsstaaten – wozu auch die EU gehört – auf die Grundsätze der Inländerbehandlung, der Meistbegünstigung, der Transparenz und des vergaberechtlichen Rechtsschutzes. – b) Das *neue dt. Vergaberecht* wird maßgeblich geprägt durch die materiellen Vorschriften des EU-Rechts (Vergaberichtlinie (EG) 18/2004; Sektorenrichtlinie (EG) 17/2004) sowie Richtlinien zum Rechtsschutz bei der Vergabe (Überwachungs-Richtlinie 89/665/EWG und Sektorenüberwachungs-Richtlinie 92/13/EWG, geändert durch Richtlinie 2007/66/EG). Diese Richtlinien schreiben den Mitgliedsstaaten vor, dass öffentliche Aufträge zwingend europaweit ausgeschrieben werden müssen, wenn der Wert der Aufträge bestimmte Schwellenwerte überschreitet. Die Schwellenwerte sind in der Verordnung (EG) Nr. 1422/2007 festgelegt. Sofern diese Schwellenwerte nicht erreicht werden, regelt sich die Vergabe öffentlicher Aufträge nach dem jeweiligen Haushaltsrecht des Bundes und der Länder. – c) (1) Diese Richtlinien sind in Deutschland schließlich umgesetzt worden im Vierten Teil des GWB (§§ 97 ff. GWB) und der auf § 97 VI GWB gestützten Vergabeordnung (VgV) i.d.F. vom 11.2.2003 (BGBl. I 169) m.spät.Änd. Der Schwellenwert, deklaratorisch aufgeführt in § 2 VgV, beträgt aktuell bei Liefer- und Dienstleistungsaufträgen im Bereich der Trinkwasser- oder Energieversorgung und im Verkehrsbereich 400.000 Euro, für Aufträge der Bundesbehörden 130.000 Euro, für alle anderen Liefer- und Dienstleistungsaufträge 200.000 Euro, für Bauaufträge 5 Mio. Euro, für Auslobungsverfahren, die zu einem Dienstleistungsauftrag führen, dessen Schwellenwert (vgl. Fünfte Verordnung zur Änderung der Verordnung über die Vergabe öffentlicher Auftrage vom 14.3.2012 (BGBl. I S. 488). Ferner sind für die Teil- und Fachlose von Dienstleistungsaufträgen und Bauaufträgen je nach Wert bes. Schwellenwerte vorgesehen. (2) Zum Kreis der öffentlichen Auftraggeber, die den Regelungen der §§ 97 ff. GWB und der Vergabeverordnung unterfallen, gehören nicht nur die Gebietskörperschaften und deren Sondervermögen, sondern auch natürliche und juristische Personen des öffentlichen und privaten Rechts, sofern sie überwiegend öffentlich finanziert oder mehrheitlich kontrolliert im Allgemeininteresse liegende Aufgaben nichtgewerblicher Art erfüllen oder im Bereich der Daseinsvorsorge tätig sind, oder wenn mit dem Auftrag eine Baukonzession verbunden wird (vgl. § 98 GWB). (3) Die Vergabe von öffentlichen Liefer-, Bau- und Dienstleistungsaufträgen erfolgt im Wege von offenen, nicht offenen oder Verhandlungsverfahren. Offene Verfahren sind Verfahren, in denen eine unbeschränkte Anzahl von Unternehmen öffentlich zur Aufgabe von Angeboten, während bei den nichtoffenen Verfahren eine beschränkte Anzahl von Unternehmen zur Angebotsaufgabe aufgefordert wird. Öffentliche Auftraggeber haben grundsätzlich das offene Verfahren anzuwenden, sofern nicht aufgrund der Bestimmungen des GWB etwas anderes gestattet ist. Dazu bestimmt die Vergabeordnung, für welche Arten von öffentlichen Aufträgen welche Arten der Ausschreibung nach welchen Kriterien Anwendung finden können (§§ 4–6 VgV). Die Vergabeverordnung verweist hierzu wiederum auf die Verdingungsordnung für Leistungen (VOL/A) für die Vergabe von Liefer- und Dienstleistungsaufträgen, auf die Verdingungsordnung für freiberufliche Leistungen (VOF) für die Vergabe freiberuflicher Dienstleistungen und auf die Vergabe- und Vertragsordnung für Bauleistungen (VOB/A) für die Vergabe von Bauleistungen. Aufgrund dieser komplizierten Verweisungstechnik vom GWB auf die Vergabeverordnung und von dort auf die Verdingungsordnungen (sog. Kaskadenprinzip) erlangen die Verdingungsordnungen, die an sich von privaten Gremien erstellte Regelwerke mit AGB-Charakter darstellen, die Geltung von Rechtsnormen. – d) *Rechtsschutz:* Die Vergabe von öffentlichen Aufträgen, die wegen des Überschreitens der Schwellenwerte europaweit auszuschreiben sind, unterliegen der Nachprüfung durch Vergabekammern (§ 102 GWB). Damit wird den Mitbietern in diesen Fällen ein Rechtsanspruch auf Einhaltung des Vergabeverfahrens eingeräumt (vgl. § 107 GWB). Die Vergabekammer entscheidet, ob der Antragsteller in seinen Rechten verletzt ist und trifft die geeigneten Maßnahmen, um eine Rechtsverletzung zu beseitigen und eine Schädigung der betroffenen Interessen zu verhindern (§ 114 GWB). Ein bereits erteilter Zuschlag kann nicht aufgehoben werden. Die Entscheidung der Vergabekammer ergeht durch Verwaltungsakt (§ 114 I, II GWB). Gegen die Entscheidung der Vergabekammer ist die sofortige Beschwerde zulässig, über die das für den Sitz der Vergabekammer zuständige Oberlandesgericht entscheidet (§ 116 GWB). Bund und Länder können den Verfahren vor der Vergabekammer ein Vorverfahren vorschalten, in dem eine Vergabeprüfstelle die Einhaltung der Vergabevorschriften überprüft (§ 113 GWB). – 4. Sofern der öffentliche Auftrag den Schwellenwert nicht erreicht, regelt sich die Vergabe des Auftrags nach dem *Haushaltsrecht.* Dieses bindet zwar die öffentlichen Auftraggeber, eröffnet aber den konkurrierenden Bietern grundsätzlich keine eigenen Rechte. Die Bundeshaushaltsordnung (§ 55) und die Landeshaushaltsordnungen sehen lediglich vor, dass Lieferungen und Leistungen grundsätzlich öffentlich auszuschreiben sind, damit die Haushaltsmittel wirtschaftlich und sparsam verwendet werden. Von dem Gebot der öffentlichen Ausschreibung kann ausnahmsweise abgesehen werden, sofern die Natur des Geschäfts oder bes. Umstände dies rechtfertigen. Zur Wahrung der Chancengleichheit aller Anbieter ist beim Abschluss von Verträgen nach einheitlichen Richtlinien, v.a. nach den oben genannten VOB, VOL und VOF vorzugehen. Aus der Nichtbeachtung der Verwaltungsvorschriften durch die Behörden erwächst den unterlegenen Mitgliedern jedoch kein Anspruch wie im Vergabeverfahren nach dem GWB.

öffentliche Ausgaben – 1. *Begriff:* Ausgaben der öffentlichen Hand zur Verwirklichung der → öffentlichen Aufgaben; über Art und Ausmaß entscheiden die politischen Vertretungen. – *Gegensatz:* → öffentliche Einnahmen. – *Anders:* → Staatsausgaben. – 2. *Unterteilung:* a) Nach *Aufgabenbereichen:* Die traditionelle Gliederung nach dem → Ministerialprinzip bedeutet grundsätzlich eine Gliederung der öffentlichen Ausgaben nach der Ressortverantwortung bzw. dem Verwaltungsaufbau. Die Gliederung der öffentlichen Ausgaben nach dem Funktionalprinzip versucht, organisch zusammengehörende, aber institutionell verstreute Ausgaben zusammenzufassen. – b) Nach *Periodizität* und *Vorhersehbarkeit* bes.: (1) ordentliche Ausgaben; (2) → außerordentliche Ausgaben. Ordentliche Ausgaben sollen durch Steuereinnahmen, außerordentliche durch Schuldenaufnahme finanziert werden. Infolge der Haushalts- und Finanzreform von 1969 wurde die Unterteilung in ordentliche und außerordentliche Ausgaben aufgegeben. – c) Im *finanzstatistischen* Sinn: (1) öffentliche Bruttoausgaben; (2) öffentliche Nettoausgaben: unmittelbare Ausgaben einer Körperschaft bzw. Eigenausgaben einer Körperschaft. Beim Nettoprinzip werden die Zahlungen ausgesondert, die innerhalb und zwischen den verschiedenen → Gebietskörperschaften vorgenommen werden und reinen Transfercharakter haben. – d) Nach *temporaler Nutzenverteilung:* (1) konsumtive Ausgaben (Nutzen in der laufenden Periode); (2) investive Ausgaben (Nutzen in künftigen Jahren). – e) Nach den *ökonomischen Wirkungen:* (1) Ausgaben für Güter und Dienste: (a) öffentliche Sachkapitalinvestitionen (Verkehr, Energie, Gesundheit), (b) öffentliche Ausgaben zur Erzeugung von immateriellem Kapital (Erziehung, Forschung), (c) öffentliche Ausgaben für institutionelle Infrastruktur (Verwaltung, Recht, Sicherheit), (d) Militärausgaben und (e) öffentlicher Verbrauch. (2) Transferausgaben: (a) Sozialtransfers, (b) Subventionen, (c) Zinszahlungen und (d) Finanzinvestitionen. – 3. *Umfang:* → öffentliche Finanzen. – Vgl. auch → öffentliche Kreditaufnahme, → öffentlicher Haushalt, → Ausgabentheorie, → Transformationsausgaben.

öffentliche Auslandsverschuldung – Kreditaufnahme der öffentlichen Hand im Ausland in Form der direkten Verschuldung (vornehmlich → Schuldscheindarlehen) und der indirekten Verschuldung (Kauf inländischer Staatspapiere durch Ausländer). – Vgl. auch → öffentliche Kreditaufnahme, → Auslandsverschuldung.

öffentliche Ausschreibung → Ausschreibung, → öffentliche Auftragsvergabe.

öffentliche Banken → öffentliche Kreditinstitute.

öffentliche Bausparkassen → öffentliche Kreditinstitute.

öffentliche Beglaubigung – für die Gültigkeit verschiedener → Rechtsgeschäfte vorgeschriebene Form. Die Erklärung muss schriftlich abgefasst und die Unterschrift von einem → Notar beglaubigt sein (§ 129 BGB). Nach Landesrecht sind ausnahmsweise auch andere Behörden zugelassen (in Hessen z.B. die → Ortsgerichte). Die Form richtet sich nach § 40 Beurkundungsgesetz. – Beglaubigung der Unterschrift durch Polizei genügt zur Wahrung der Form nicht. – Vgl. auch → öffentliche Beurkundung. – *Anders:* → beglaubigte Abschrift.

öffentliche Bekanntmachung – Form der Bekanntgabe amtlicher Mitteilungen.

I. Insolvenzrecht: vorgeschrieben für die wichtigsten Entscheidungen (z.B. Eröffnung und Aufhebung des Verfahrens, Berufung der → Gläubigerversammlung). Öffentliche Bekanntmachung erfolgt durch eine zentrale und länderübergreifende Veröffentlichung im Internet. Bes. Mitteilungen an die ihrem Wohnsitz nach bekannten Gläubiger und Schuldner (§ 30 II InsO). Sie gilt auch dann als wirksame Zustellung, wenn daneben noch eine bes. Zustellung vorgeschrieben ist (§ 9 InsO).

II. Strafrecht: (bedeutsam beim → Wirtschaftsstrafrecht im engeren Sinne, aber auch bei einigen allg. Tatbeständen nach dem StGB): Die öffentliche Bekanntmachung dient neben der Straferkenntnis (z.B. durch Urteil) als → Nebenfolge zur bes. Anprangerung des Täters, um so dem berechtigten Genugtuungsinteresse des Verletzten Rechnung zu tragen; so in den §§ 25 VI GebrMG, 51 VI GeschMG, 10 VI HalbSchG, 143 VI MarkenG, 142 VI PatentG, 39 VI SortschG, 111 UrhG und §§ 165, 200 StGB.

III. Unlauterer Wettbewerb: Bei Unterlassungsklagen wegen unlauteren Wettbewerbs kann der obsiegenden Partei das Recht ausgesprochen werden, das Urteil innerhalb einer bestimmten Frist auf Kosten der verurteilten Partei zu veröffentlichen (§ 12 II UWG).

IV. Gewerblicher Rechtsschutz, Urheberrecht: entsprechende Befugnis bei Verletzung von → Urheberrechten (§ 103 UrhG), Patentrechten (§ 140 e PatG), Gebrauchsmustern (§ 24 e GebrMG), Markenrechten (§ 19 c MarkenG) und Geschmacksmusterrechten (§ 47 GeschmMG).

öffentliche Betriebe → öffentliche Unternehmen.

öffentliche Betriebswirtschaftslehre – *Betriebswirtschaftslehre öffentlicher Unternehmen und Verwaltungen.* 1. *Charakterisierung:* Betriebswirtschaftliche Fachrichtung, die sich mit betriebswirtschaftlichen Entscheidungs- und Managementproblemen in → öffentlichen Unternehmen und Verwaltungen beschäftigt. Ergänzend zur rechtlichen Steuerung tritt das Erkenntnisobjekt der öffentlichen Betriebswirtschaftslehre in Form der wirtschaftlichen Erfüllung öffentlicher Aufgaben. Wirtschaftliche Aufgabenerfüllung ist dabei keine Alternative zur Rechtmäßigkeit und Sozialstaatlichkeit öffentlicher

Aufgabenwahrnehmung, sondern vollzieht sich im Rahmen dieser. Der öffentlichen Betriebswirtschaftslehre liegt in ihrer neueren Entwicklung ein prozessorientierter Ansatz zur Steuerung von dezentralisierten öffentlichen Unternehmen, Betriebs- und Verwaltungseinheiten zugrunde (→ New Public Management (NPM)). – 2. *Schwerpunkte:* Unter Berücksichtigung der spezifischen Bedingungen und Zielsetzungen des öffentlichen Sektors geht es um die Analyse und Gestaltung einer wirtschaftlichen Erfüllung öffentlicher Aufgaben. – 3. *Ebenen* (inhaltlich): Vgl. Abbildung „Öffentliche Betriebswirtschaftslehre – Inhaltliche Ebenen".

öffentliche Beurkundung – Beurkundung eines → Rechtsgeschäfts durch den → Notar oder andere Urkundspersonen. Bundeseinheitliche Regelung durch das *Beurkundungsgesetz* vom 28.8.1969 (BGBl. I 1513) m.spät.Änd. mit dem Grundsatz, dass vorwiegend nur noch die Notare als die dafür

Öffentliche Betriebswirtschaftslehre – Inhaltliche Ebenen

Ebene / Funktionen	1. Ebene	2. Ebene	3. Ebene
	Betriebswirtschaftslehre als Managementlehre	Öffentliche BWL als Managementlehre zur wirtschaftlichen Erfüllung öffentlicher Aufgaben	Öffentliche BWL als Managementlehre zur wirtschaftlichen Erfüllung öffentlicher Aufgaben in ausgewählten Institutionen
Führungsfunktionen	– Planung – Organisation – Personalführung – Kontrolle	– Aufgaben und Programmplanung – Verfahren zur Planung und Beurteilung von Einzelprojekten – Haushaltsplanung und Mittelbewirtschaftung – Verwaltungsaufbau und Ablauforganisation – Personalführung – Controlling in der öffentl. Verwaltung und in öffentl. Unternehmen – öffentl. Aufgabenerfüllung	– Zielbildung und Planung in öffentl. Unternehmen und spezifischen Verwaltungen – Organisationsverfahren öffentl. Verwaltungen und Unternehmen – Personalplanung und -führung in öffentl. Unternehmen und ausgewählten Verwaltungen – Controlling in einzelnen Verwaltungseinheiten
Sachfunktionen	– Beschaffung – Leistungserstellung – Leistungsabgabe – Finanzierung	– Produktions- und Kostentheorie öffentl. Dienstleistungen – öffentl. Marketing – administrative Preispolitik – Finanzierung öffentl. Leistungsprozesse	– Sachfunktionen einzelner Verwaltungen und öffentl. Unternehmen (z. B. Sozialverwaltung, Krankenhaus, Entsorgungsunternehmen)
Verknüpfung von Führungs- und Sachfunktionen	– Rechnungswesen – Informationssysteme – Informationswesen	– Weiterentwicklung der traditionellen Kameralistik zur optimierten Kameralistik – Verbundrechnungssysteme zur Integration von Liquiditätsrechnung, Vermögensrechnung, Aufwands- und Ertragsrechnung und Kosten- und Leistungsrechnung – Leistungserfassung und Leistungsdokumentation	– Informationssysteme und Rechnungswesen einzelner Verwaltungen und öffentl. Unternehmen

bes. geschaffenen Organe der vorsorgenden Rechtspflege zuständig sein sollen. – 1. *Willenserklärungen* (§§ 6 ff. BeurkG) werden mündlich abgegeben, über die Verhandlung wird eine Niederschrift aufgenommen, die die Bezeichnung des Notars und der Beteiligten sowie die Erklärungen der Beteiligten enthalten muss; enthalten soll sie auch Ort und Tag der Verhandlung. Sie ist grundsätzlich (Ausnahmen bei Karten, Zeichnungen etc.) vorzulesen; bei → Verträgen kann zunächst Antrag und später Annahme des Antrags beurkundet werden (§ 128 BGB). – 2. *Sonstige Beurkundungen* (§§ 36 ff. BeurkG), z.B. auch Abnahme von → Eiden und Aufnahme → eidesstattlicher Versicherungen, sind entsprechend vorzunehmen. – 3. *Die Form* der öffentlichen Beurkundung ist v.a. im → Grundstücksverkehr, z.B. bei → Auflassungen, vorgeschrieben. Aufnahme der Erklärungen in einem → Prozessvergleich ersetzt die öffentliche Beurkundung (§ 127a BGB). – Vgl. auch → öffentliche Beglaubigung.

öffentliche Einheit – *öffentliche Einrichtung;* eine sehr allg., organisatorisch und rechtsformmäßig undefinierte Umschreibung einer öffentlichen Organisation. Im weitesten Sinne definiert als: „jede organisatorische Zusammenfassung von Personen oder Sachen, die von einer Kommune oder einem öffentlichen Träger im Rahmen ihrer/seiner Zuständigkeiten geschaffen wird und die dem vom Widmungszweck erfassten Personenkreis nach allgemeiner und gleicher Regelung zur Benutzung offen steht. Öffentliche Einrichtungen sind damit wesentliche organisatorische Mittel einer Kommune zur Erfüllung der Aufgaben der Daseinsvorsorge." (Fabry und Augsten 2011: 36). – Beispiele: Freizeit- und Begegnungsstätten, Büchereien, Messen, Abwasserbeseitigung, Versorgungsbetriebe usw. – Vgl. auch → öffentliche Unternehmen.

öffentliche Einnahmen – 1. *Begriff:* Einnahmen der → Gebietskörperschaften (u.U. auch der Sozialversicherungsträger), d.h. die Summe aller Arten von Einnahmen in den → öffentlichen Haushalten. – *Gegensatz:* → öffentliche Ausgaben. – *Anders:* → Staatseinnahmen. – 2. *Unterteilung:* Infolge der Haushalts- und Finanzreform von 1969 wurde die Unterteilung in ordentliche Einnahmen und → außerordentliche Einnahmen aufgegeben. – 3. *Heute üblich:* a) Nach dem Inhalt des marktmäßigen oder politischen *Transfers:* (1) → Erwerbseinkünfte, (2) → Gebühren und → Beiträge, (3) → Steuern, (4) Kreditaufnahme (→ öffentliche Kreditaufnahme); die unter (2) und (3) genannten öffentlichen Einnahmen werden auch als → Abgaben bezeichnet. – b) Nach *Periodizität* und *Quelle* des Eingangs: (1) Einnahmen der laufenden Rechnung (Erwerbseinkünfte, Abgaben, Zinsen, Zuweisungen und Zuschüsse), (2) Einnahmen der Kapitalrechnung (Veräußerung von Sachvermögen, Vermögensübertragungen, Darlehensrückflüsse, Veräußerungen von Beteiligungen). – c) Zum Zwecke des *Haushaltsausgleichs* werden unter der Bezeichnung (Netto-) → Finanzierungssaldo weitere Einnahmearten ausgewiesen: (1) Netto-Schuldenaufnahme am Kreditmarkt (→ Nettokreditaufnahme), (2) Rücklagenauflösungen, (3) Münzeinnahmen (nur für den Bund zutreffend). – 4. *Umfang:* → öffentliche Finanzen. – Vgl. auch → Einnahmentheorie.

öffentliche Einrichtung → öffentliche Einheit.

öffentliche Exponiertheit – 1. *Begriff:* Öffentliche Exponiertheit beschreibt die Konfrontation von Unternehmen mit Ansprüchen, die in keinem direkten Zusammenhang mit dem eigentlichen Betriebszweck stehen (vgl. Dyllick 1989, S. 15). – 2. *Merkmale:* Für Unternehmen ergibt sich die Herausforderung einen angemessenen Umgang mit der öffentlichen Auseinandersetzung, dem zunehmenden Einfluss von externen Stakeholdern (→ Stakeholder-Ansatz) und der damit verbundenen verstärkten Anerkennung gesellschaftlicher Ansprüche zu gewährleisten. Frühzeitige Analysen der gesellschaftlichen Sphäre, um potenziellem Druck zuvorzukommen, erscheinen daher als äußerst sinnvoll. Insbesondere die Identifikation eines sich abzeichnenden Wertewandels ist von Bedeutung. Eine Möglichkeit zur Analyse stellt die → Diffusionskurve dar, die die Anzahl von Medienberichten in Abhängigkeit der Zeit darstellt.

öffentliche Finanzen – 1. *I.e.S.:* Alle Dispositionen über Geld (d.h. Zahlungsvorgänge), bei denen ein oder beide Partner zum → öffentlichen Sektor gehören (Haushaltsführung). – 2. *I.w.S.:* Neben den Dispositionen über Geld werden auch Dispositionen über sonstige Wirtschaftsgüter (z.B. Grundstücke, Sachvermögen) und über Personal erfasst (Wirtschaftsführung). – Vgl. auch (öffentliche) → Finanzwirtschaft.

öffentliche Finanzwirtschaft → Finanzwirtschaft.

öffentliche Hand – Bezeichnung für → Körperschaften des öffentlichen Rechts, v.a. im Zusammenhang mit ihrer Tätigkeit als Unternehmer (→ öffentliche Unternehmen) oder im Hinblick auf ihr Vermögen (→ Fiskus). – Die Bezeichnung wird üblicherweise eingesetzt, um die Beteiligung der Gebietskörperschaften (→ Gemeinde, Gemeindebund, → Bund und Länder) oder ihrer Unternehmen (→ Öffentliche Unternehmen) am Wirtschaftsleben zu kennzeichnen. Dabei können im weiteren Sinne sowohl privatrechtlich organisierte Tätigkeiten, wie auch öffentlich-rechtlich organisierte Tätigkeiten der öffentlichen Hand zugerechnet werden.

öffentliche Klage → Strafprozess.

öffentliche Körperschaft → Körperschaft des öffentlichen Rechts.

öffentliche Kreditaufnahme – *öffentliche Schulden.* 1. *Begriff:* Die von der öffentlichen Hand aufgenommenen und normalerweise mit einer Rückzahlungs- und Verzinsungspflicht verbundenen Kredite. Im Gegensatz zur Steuer handelt es sich bei der öffentlichen

Kreditaufnahme um Einnahmen, die aus der Beteiligung am marktwirtschaftlichen Prozess resultieren. – *Anders:* → Staatsschulden. – 2. *Schuldenarten:* a) Nach dem *Dokument:* (1) *Briefschulden:* Sie werden über eine gesonderte Schuldenurkunde dokumentiert; (2) *Buchschulden:* Sie werden in ein Schuldbuch eingetragen. – b) Nach der *Fristigkeit:* (1) *Geldmarktpapiere:* Kurzfristige Verschuldung am Geldmarkt; dazu zählen → unverzinsliche Schatzanweisungen, → Finanzierungsschätze und (eingeschränkt) → Schatzwechsel. (2) *Kapitalmarktpapiere:* Langfristige Verschuldung am Kapitalmarkt; dazu zählen Kassenobligationen, Bundesobligationen, Bundesschatzbriefe, Anleihen, Schuldscheindarlehen sowie Sozialversicherungs- und Versicherungsdarlehen. – 3. *Kreditnehmer:* Das statistische Bundesamt berichtet für das Jahr 2011 eine Staatsverschuldung von 2088,47 Mrd. Euro gemäß des Maastricht-Vertrages. Dies entsprich einer Verschuldungsquote von 82% des BIP. – 4. *Gläubigerstruktur:* Seit dem 1.1.1995 ist eine öffentliche Kreditaufnahme von Bund, Ländern und Parafisci bei der Bundesbank untersagt. – 5. *Ziele:* a) *Fiskalisches Ziel:* Die öffentliche Kreditaufnahme dient primär der Einnahmeerzielung zur Finanzierung der staatlichen Aufgabenerfüllung (Deckungskredite) oder zur kurzfristigen Überbrückung von Liquiditätsengpässen (Kassenverstärkungskredit). – b) Im Rahmen der an die keynesianische Theorie anschließenden Fiscal Policy hat die öffentliche Kreditaufnahme als Instrument der *Konjunktur- und* → Stabilisierungspolitik eine wichtige Funktion (→ Deficit Spending). Auch für die Verfolgung allokations-, bes. wachstumspolitischer Ziele ist die öffentliche Kreditaufnahme von Bedeutung, da mit ihrer Hilfe auf die volkswirtschaftliche Kapitalbildung (→ Aggregate Investment Approach) und auf die intergenerative Aufteilung der Finanzierungslast zukunftswirksamer Investitionen (→ Pay-as-You-Use-Prinzip) Einfluss genommen werden kann. – 6. *Wirkungen:* a) *Allokative Wirkungen:* (1) *Intratemporal:* v.a. die in der Auseinandersetzung um das sog. → Crowding-out diskutierten Verdrängungseffekte auf den Geld- und Kapitalmärkten (→ Fontänentheorie, → Quellentheorie), aber auch auf den Gütermärkten (Direct Crowding-out). Von diesen allokativen Wirkungen hängt auch der Erfolg des Einsatzes der öffentlichen Kreditaufnahme für die Ziele der Stabilisierungspolitik ab. Daneben wird der budgetinterne Crowding-Out-Effekt zunehmend bedeutend, der davon ausgeht, dass angesichts der steigenden Schuldendienstlast der finanzpolitische Spielraum für andere Zwecke immer mehr abnimmt. (2) *Intertemporal:* In der sog. Lastverschiebungsdiskussion kontrovers diskutiert. Die Frage ist, ob durch die Zins- und Tilgungslast für die öffentliche Kreditaufnahme und/oder aufgrund der infolge von Crowding-out-Effekten in der Gegenwart möglicherweise geringeren volkswirtschaftlichen Kapitalbildung (geringerer Kapitalstock wird an die nächste Generation weitergegeben) eine Lastverschiebung zuungunsten der zukünftigen Generation erfolgt; vgl. → Last der Staatsverschuldung. – b) *Distributive Wirkungen:* (1) *Intratemporal:* → Transferansatz, stellt die These auf, dass eine steigende Staatsverschuldung zu einer Vermögens- und Einkommenskonzentration und daher einer Umverteilung führe, da die Aufbringung der Zins- und Tilgungslast über das Steueraufkommen je nach Steuerart regressiv, zulasten der „Armen" wirke, während die Rendite den Beziehern höherer Einkommen zufließe, da v.a. diese die staatlichen Anleihen zeichnen. (2) *Intertemporal:* Grundsätzlich die gleichen Überlegungen wie zu den intratemporalen Wirkungen. Die intertemporalen Verteilungswirkungen hängen aber zusätzlich von Veränderungen des Steuersystems zwischen den betrachteten Perioden ab. – 7. *Grenzen:* → Verschuldungsgrenzen. – Vgl. auch → öffentliche Finanzen, → Nettokreditaufnahme, → Bruttokreditaufnahme, → Kommunalverschuldung.

öffentliche Kredite – Sammelbegriff für die Kreditgewährung und -aufnahme der öffentlichen Hand (→ öffentliche Kreditgewährung, → öffentliche Kreditaufnahme).

öffentliche Kreditgewährung – Kredite, die von der öffentlichen Hand (v.a. über die KfW sowie die Förderbanken der Bundesländer) an einen bestimmten Adressatenkreis entsprechend der wirtschaftspolitischen Ziele vergeben werden (öffentliche Kreditprogramme). Aufgrund der hohen Bonität und der damit verbundenen günstigen Refinanzierung öffentlicher Stellen kennzeichnen sich öffentliche Kredite i.d.R. durch günstige Zinskonditionen für den Kreditnehmer. Wichtige Kreditnehmer sind kleine und mittlere Unternehmen (z.B. zur → Wirtschaftsförderung), die privaten Haushalte (z.B. → Wohnungsbau) oder das Ausland (z.B. → Exportförderung).

öffentliche Kreditinstitute – *öffentliche Banken.* 1. *Begriff:* → Öffentliche Unternehmen, die → Bankgeschäfte betreiben, wobei der Umfang dieser Geschäfte einen in kaufmännischer Weise eingerichteten Geschäftsbetrieb erfordert (§ 1 I KWG); vgl. → Banken. Die öffentlichen Kreditinstitute nehmen im → öffentlichen Interesse vielfältige Aufgaben wahr. – 2. *Arten:* (1) Öffentliche → Sparkassen, (2) → Landesbanken/Girozentralen, (3) öffentliche Grundkreditanstalten, (4) öffentliche Bausparkassen, (5) öffentliche Banken mit Sonderaufgaben (→ Kreditanstalt für Wiederaufbau (KfW), Landwirtschaftliche Rentenbank etc.). – Keine öffentlichen Kreditinstitute sind hierbei die → Deutsche Bundesbank, Sozialversicherungsträger oder die → Bundesagentur für Arbeit.

öffentliche Lasten – 1. *I.w.S.:* Sammelbegriff für alle öffentlich-rechtlichen Pflichten zu einer Leistung oder Duldung ohne Rücksicht auf Rechtsgrund und Inhalt im Einzelnen. – *Beispiel:* → Abgaben. – 2. *I.e.S.:* Öffentlich-rechtliche Pflicht, die als dingliches Recht auf einer Sache, v.a. auf einem Grundstück ruht, und zwar als Leistungspflicht

(Hypothekengewinnabgabe), Haftungspflicht (Verwertungsrecht) oder Duldungspflicht.

öffentlicher Dienst – berufliche Tätigkeit bei den öffentlich-rechtlichen Körperschaften, Anstalten und Stiftungen. Öffentlich Bedienstete können je nach der Anstellung → Beamte, Angestellte oder Arbeiter sein. – 1. *Angestellte und Arbeiter im öffentlichen Dienst* unterliegen einem *tarifvertraglichen Sonderrecht,* das den bes. Verhältnissen des öffentlichen Diensts Rechnung trägt. → Tarifverträge des öffentlichen Diensts: → TVöD (Tarifvertrag für die Tarifbeschäftigten von Bund und Kommunen, Unterscheidung zwischen Arbeitern und Angestellten ist aufgehoben), → TV-L (Tarifvertrag für die Tarifbeschäftigten bei den Ländern), → Bundes-Angestellten-Tarifvertrag (BAT) galt nach dem Austritt von Hessen und Berlin aus der Tarifgemeinschaft der Länder dort bis zum mittlerweile erfolgten Abschluss eigener Tarifverträge weiter. – In den Arbeitsverträgen der öffentlichen Hand wird regelmäßig auf diese Tarifverträge Bezug genommen, sodass sie weitgehend auch die Arbeitsverhältnisse nicht tarifgebundener Arbeitnehmer regeln. – 2. *Arbeitskämpfe im öffentlichen Dienst:* Obwohl in keinem Gesetz ausdrücklich ausgesprochen, sind Arbeitskämpfe (→ Arbeitskampf, → Streik) von *Beamten* (Beamtenstreik) nach einhelliger Rechtsprechung und der h.M. im Schrifttum verboten. Unzulässig ist auch der Umgehungsweg *„Dienst nach Vorschrift"*. Streiks von *Angestellten und Arbeitern* des öffentlichen Diensts sind grundsätzlich zulässig. Im Bereich lebensnotwendiger Daseinsvorsorge (Gesundheitswesen, Energieversorgung etc.) darf ein Streik nur unter Beachtung der elementaren Bedürfnisse der Bevölkerung geführt werden. – Auf Arbeitsplätzen Streikender im öffentlichen Dienst dürfen Beamte nicht eingesetzt werden (→ Streikeinsatz von Beamten). – 3. *Personalvertretung:* Durch den → Personalrat ist eine einheitliche Personalvertretung für Beamte und Arbeitnehmer des öffentlichen Diensts vorgesehen, die dem Betriebsrat in der Privatwirtschaft entspricht, jedoch unter Wahrung des Gruppenprinzips.

öffentliche Reden – Reden über Tagesfragen, die bei öffentlichen Versammlungen oder im Rundfunk gehalten worden sind. An ihnen ist das → Verwertungsrecht des → Urhebers eingeschränkt: Öffentliche Reden dürfen ohne Zustimmung des Urhebers in Zeitungen, Zeitschriften und anderen Informationsblättern, die im Wesentlichen den Tagesinteressen Rechnung tragen, vervielfältigt und verbreitet werden, ebenso öffentlich wiedergegeben werden. – Reden bei öffentlichen Verhandlungen vor staatlichen, kommunalen oder kirchlichen Organen dürfen generell vervielfältigt, verbreitet oder öffentlich wiedergegeben werden; unzulässig ist die Vervielfältigung oder Verbreitung in einer Sammlung, die überwiegend Reden desselben Urhebers enthält (§ 48 UrhRG).

öffentlicher Glaube des Grundbuchs – folgt aus dem → Publizitätsprinzip. – 1. → Grundbuchvermutung, dass eingetragene Rechte bestehen und gelöschte nicht bestehen (§ 891 BGB). – 2. Der Inhalt des → Grundbuchs gilt im rechtsgeschäftlichen Verkehr als richtig und vollständig und ermöglicht weitgehend → gutgläubigen Erwerb (§ 892 BGB).

öffentlicher Haushalt – 1. *Begriff:* a) *I.w.S.:* Der Befriedigung von → Kollektivbedürfnissen dienende Einrichtungen aller → Gebietskörperschaften, die zu diesem Zweck → öffentliche Güter anbieten. Die Produktionskosten der öffentlichen Güter finden im öffentlichen Haushalt zahlenmäßigen Niederschlag. – b) *I.e.S.:* Das Rechnungswerk von Bund, Ländern und Gemeinden. Solleinnahmen und -ausgaben werden im → Haushaltsplan (→ Budget) im Voraus für ein Rechnungsjahr festgesetzt; nachträgliche Zusammenstellung der tatsächlichen Einnahmen und Ausgaben erfolgen in der → Haushaltsrechnung. – 2. *Kontrollsystem:* Das Parlament hat das Recht, den Haushaltsplan für jeden Posten zu bewilligen und damit die Regierung sowie die Verwaltung streng an die angesetzten Summen zu binden; Ausnahmen sind möglich (Art. 111 GG: Ausgabeermächtigung der Regierung bei nicht rechtzeitig verabschiedetem Haushaltsplan; außer- und überplanmäßige Ausgaben). Daneben v.a. nachträgliche Haushaltskontrolle durch den Bundesrechnungshof.

öffentlicher Personennahverkehr (öPNV) – 1. *Begriff:* i.w.S. der → öffentliche Verkehr; i.e.S. der räumliche Bereich zur Beförderung von Personen im Berufs-, Ausbildungs-, Einkaufs- und sonstigen alltäglichen Verkehr mit Fahrzeugen des Straßen-, Schienen- und Schiffsverkehrs (Fähren) im → Linienverkehr. – 2. *Verkehrsarten* (i.Allg.): öffentlicher Verkehr mit Straßenbahnen, Hochbahnen, U-Bahnen und ähnlichen Bahnen sowie Obussen und Eisenbahnen im Nahverkehr (Berufs- und Schülerverkehr, S-Bahn-Verkehr), Kraftfahrzeugen im Linienverkehr (§ 42 PBefG) und den Sonderformen des Linienverkehrs (§ 43 PBefG), bei denen die Mehrzahl der Beförderungen eine Strecke von 50 km nicht übersteigt sowie mit Wasserfahrzeugen im Linien-, Fähr- und Übersetzverkehr von Personen im Orts- und Nachbarschaftsbereich. Umstritten ist die Zurechnung des Freigestellten Schülerverkehrs gemäß § 1 Nr. 4 Freistellungs-Verordnung vom 30.8.1962, des Taxiverkehrs innerhalb der Gemeinde oder eines 50 km-Bereiches sowie des Verkehrs mit Bergbahnen zum öffentlichen Personennahverkehr. Nicht eingeschlossen im Begriff öffentlicher Personennahverkehr sind nach der Amtlichen Statistik der Kraftfahrzeug-Gelegenheitsverkehr im Nahbereich sowie der Fährverkehr über Binnengewässer. – 3. *Träger:* Der Öffentliche Personennahverkehr wird durchgeführt von kommunalen und gemischtwirtschaftlichen Unternehmen, der → Deutschen Bahn AG (DB), den Regionaleisenbahngesellschaften und privaten Unternehmen. – 4. *Pflichten:* Für die im öffentlichen Personennahverkehr angebotenen Verkehrsleistungen gelten die → Beförderungspflicht sowie die → Tarifpflicht. – 5. *Förderung*: Der öffentliche Personennahverkehr gilt als öffentliche Aufgabe und wird dementsprechend durch Bund, Länder und Gemeinden bes. gefördert. Zum Bau von Nahverkehrsanlagen und zur besseren Verknüpfung des öffentlichen Personennahverkehrs (z.B. P+R-Plätze) sieht das Gemeindeverkehrsfinanzierungsgesetz (GVFG) bes. Investitionshilfen vor. Die im öffentlichen Personennahverkehr tätigen Unternehmen erhalten Betriebszuschüsse als Abgeltungen von Mindereinnahmen in bestimmten Verkehren (Ausbildungsverkehr, unentgeltliche Beförderung von schwerbehinderten Menschen) und erfahren auf verschiedenen Gebieten steuerliche Entlastungen (z.B. Ermäßigung der Umsatzsteuer für Leistungen im öffentlichen Personennahverkehr, Wegfall der Kfz-Steuer für im öffentlichen Personennahverkehr eingesetzte Obusse und Kraftomnibusse, in bestimmten Fällen Zurückerstattung der entrichteten Mineralölsteuer). – Vgl. auch → öffentlicher Verkehr, → Bahntourismus.

öffentlicher Personenverkehr – Beförderung von Personen durch Unternehmen des → öffentlichen Verkehrs. Der öffentliche Personenverkehr wird nach Entfernungsstufen in öffentlichen Personenfernverkehr und → öffentlichen Personennahverkehr (öPNV) unterschieden. Der Regionalverkehr in der Fläche wird teilweise dem öffentlichen Personennahverkehr zugeordnet, weil er zumeist der Verbindung zwischen Umland und den Unter-, Mittel- und Oberzentren dient. Je nach benutztem Verkehrsweg wird weiter unterschieden zwischen Schienenverkehr, öffentlichen Straßenpersonenverkehr und Luftverkehr. Taxi- und Mietwagenverkehr haben sowohl öffentlichen als auch individuellen Charakter, weil sie zwar den Bestimmungen des Personenbeförderungsgesetzes unterliegen und hier als öffentliches Verkehrsmittel aufgefasst werden, aber individuell genutzt werden können.

öffentlicher Pfandbrief → Kommunalobligation.

öffentlicher Sektor – in Deutschland Bund, Länder und Gemeinden (Gemeindeverbände) als → Gebietskörperschaften sowie supranationale Instanzen (v.a. → EU) und andere Organisationen.

öffentlicher Verkehr – liegt vor, wenn wirtschaftlich betriebene Unternehmen von jedermann entsprechend der Zwecksetzung des Unternehmens zur Beförderung von Personen, Gütern und Nachrichten benutzt werden können. Dem Wesen nach handelt es sich um gewerblichen Verkehr, weil regelmäßig Beförderungen für Dritte durchgeführt werden. Dienen die Beförderungen nur eigenen Zwecken des die Beförderung durchführenden Unternehmens, so spricht man von Werkverkehr. I.e.S. wird der Begriff auf den → öffentlichen Personenverkehr bezogen und steht damit in Konkurrenz zum → Individualverkehr.

öffentliche Sachen → Sachen, die nach ihrer Bestimmung der Allgemeinheit dienen und der Verfügungsmacht der Verwaltungsbehörden unterliegen, v.a. die im → Gemeingebrauch stehenden und die zum → Verwaltungsvermögen gehörenden Sachen. Im Gegensatz zum Finanzvermögen ist die Verfügungsbefugnis durch die Zweckbindung beschränkt.

öffentliches Amt – ein unmittelbar vom Staat verliehenes Amt, z.B. die Ämter des → Gerichtsvollziehers, Steuer-, Polizeibeamten etc. – Vgl. auch → Amtsanmaßung. – Bei Verurteilung wegen eines → Verbrechens zu → Freiheitsstrafe von mind. einem Jahr geht die Fähigkeit zum Führen eines öffentlichen Amts für fünf Jahre verloren (§§ 45 ff. StGB).

öffentliche Schulden → öffentliche Kreditaufnahme.

öffentliches Gut – *Social Good, Kollektivgut.* 1. *Begriff:* a) *I.e.S.:* Begriff zur Abgrenzung von → Individualgütern bzw. → privaten Gütern mithilfe bestimmter Merkmale. – b) *I.w.S.* wird die Theorie der öffentlichen Güter mit der Theorie der → öffentlichen Ausgaben und des → Marktversagens identifiziert. – 2. *Charakteristische Merkmale* (Musgrave): a) *Nichtanwendbarkeit des → Ausschlussprinzips:* Die Nutzung des öffentlichen Gutes kann nicht von der Zahlung eines Entgelts abhängig gemacht werden, da der Nutzungsausschluss z.B. aus technischen Gründen nicht durchsetzbar oder aus gesellschaftlichen Gründen unerwünscht ist. – b) *nicht rivalisierender Konsum* (→ Nichtrivalitätsaxiom): Der den Individuen aus der Nutzung des öffentlichen Gutes zufließende Nutzen ist unabhängig von der Zahl der Nutzer (kein Überfüllungsproblem). – c) *Zusammenhang* der beiden Gründe und → externer Effekte: Während die Entscheidung über Art, Umfang und Verteilung privater Güter durch die dezentrale Abstimmung der individuellen Präferenzen über den Marktmechanismus erfolgt, ist die Entscheidung über die Erstellung öffentlicher Güter das Ergebnis eines kollektiven Willensbildungsprozesses (Kollektiventscheidung durch den Wahlmechanismus). Die genannten Merkmale verhindern eine effiziente Allokation dieser Güter über den Marktmechanismus (→ Marktversagen). Im Rahmen der → Neuen Politischen Ökonomie wird allerdings versucht, auch die Entscheidungen über öffentliche Güter auf die individuellen Präferenzen zurückzuführen. – d) *Weitere Gründe* für das Marktversagen und damit für die Rechtfertigung einer öffentlichen Gütererstellung: lange Reifezeiten von Investitionen und hohes Investitionsrisiko (Forschung und Entwicklung); langfristig sinkende Durchschnittskosten; intergenerative Effekte der Bewirtschaftung natürlicher Ressourcen. – Vgl. auch → meritorische Güter.

öffentliches Interesse – Es handelt sich um ein vor allem im → Verwaltungsrecht und auch im → Strafrecht (§§ 153 ff. StPO) gebrauchten Begriff, der die Belange der Allgemeinheit gegenüber Individualinteressen kennzeichnen soll (so z.B. die Anordnung der sofortigen Vollziehung eines → Verwaltungsaktes aus Gründen des öffentlichen Interesses nach § 80 II Nr. 4 VwGO). Die Voraussetzungen des öffentlichen Interesses im Einzelfall lassen sich nur aus einer Gesamtschau von Sinn und Zweck der jeweiligen gesetzlichen Regelung gewinnen. Das öffentliche Interesse ist ein unbestimmter Rechtsbegriff, dessen Voraussetzungen im Streitfall gerichtlich überprüft werden können.

öffentliche Sparkassen → Sparkassen.

öffentliches Recht – Rechtssätze, die im Gegensatz zum → Privatrecht die Beziehungen des Einzelnen zum Staat und den → Körperschaften des öffentlichen Rechts sowie der Träger öffentlicher Gewalt zueinander regeln und aus denen Träger öffentlicher Gewalt berechtigt oder verpflichtet sein können, z.B. Straf-, Steuer-, Polizei-, Gemeinderecht. Im öffentlichen Recht ist der Einzelne (anders als im Privatrecht) dem Staat untergeordnet.

öffentliche Unternehmen – *öffentliche Betriebe, Staatsunternehmen, Wirtschaftsbetriebe der öffentlichen Hand.* 1. *Begriff*: Organisatorisch abgrenzbarer Leistungsbereich im Sinn einer *Wirtschaftseinheit,* deren Träger vollständig – bei Kapitalgesellschaften mehrheitlich – die öffentliche Hand ist, mit folgenden Merkmalen: (1) Eine vom Verwaltungsvermögen abgrenzbare Vermögens- und Kapitalausstattung und damit verbunden eine vermögensmäßige, finanzwirtschaftliche und rechnungsmäßige Trennung vom Haushalt der Muttergebietskörperschaft, (2) eine leistungs- und kostenmäßig abgrenzbare Aufgabenwahrnehmung und (3) ein eigenständiger Entscheidungs- und Handlungsspielraum, d.h. eine organisatorische Sonderstellung gegenüber der Trägerverwaltung. – Zu den *öffentlichen Unternehmen* gehören gemäß § 2 Abs. 3 Finanzstatistikgesetz alle Unternehmen, an deren Nennkapital oder Stimmrechte die öffentliche Hand mit mehr als 50 Prozent beteiligt ist. Einen Hinweis, wann Unternehmen im juristischen Sinne als öffentliche Unternehmen bezeichnet werden, gibt § 130 Abs. 1 GWB. Der Geltungsbereich betrifft Unternehmen die „ganz oder teilweise im Eigentum der öffentlichen Hand stehen oder die von ihr verwaltet und betrieben werden". – Europarechtlich ist der Begriff im Rahmen der Transparenzrichtlinie zum EWG (Art. 2 Absatz 1b) geregelt. In dieser ist definiert, dass jedes Unternehmen, auf das „die öffentliche Hand aufgrund Eigentums, finanzieller Beteiligung, Satzung oder sonstiger Bestimmungen, die die Tätigkeit des Unternehmens regeln, unmittelbar oder mittelbar einen beherrschenden Einfluss ausüben kann" als öffentliches Unternehmen zu bezeichnen ist. „Es wird vermutet, dass ein beherrschender Einfluss ausgeübt wird, wenn die öffentliche Hand unmittelbar oder mittelbar die Mehrheit des gezeichneten Kapitals des Unternehmens besitzt oder über die Mehrheit der mit den Anteilen des Unternehmens verbundenen Stimmrechte verfügt oder mehr als die Hälfte der Mitglieder des Verwaltungs-, Leistungs- oder Aufsichtsorgans des Unternehmens bestellen kann." – Im juristischen Sinne ist der Begriff des öffentlichen Unternehmens damit unabhängig von der konkreten Organisationsform angesiedelt. Das öffentliche Unternehmen kann öffentlich-rechtlich oder privatrechtlich organisiert, rechtsfähig oder nicht rechtsfähig sein. Je nach Unternehmensgegenstand kann es nach Abgrenzung einiger Kommunalverfassungen wirtschaftliche und nichtwirtschaftliche Unternehmen der öffentlichen Hand geben. – 2. Öffentliche Unternehmen weisen sehr *unterschiedliche Formen und Grade der Verselbstständigung* gegenüber der Trägerverwaltung aus: a) Der als → Bruttobetrieb geführte → Regiebetrieb besitzt den rechnerisch und organisatorisch geringsten Grad an Eigenständigkeit. Er wird zwar von der Verwaltung getrennt geführt, alle Ausgaben und Einnahmen sind jedoch Teil des Haushalts (→ Brutto-Etatisierung) der Muttergebietskörperschaft. Im Rahmen der → Verwaltungsreform und dabei der → Globalbudgetierung verliert der Bruttobetrieb zunehmend an praktischer Bedeutung. – b) Die Eigengesellschaft in Form der GmbH (→ Gesellschaft mit beschränkter Haftung (GmbH)) oder AG weist formal den höchsten Grad an Selbstständigkeit auf mit einer vom Haushalt vollständig losgelösten, durch das Handelsrecht geprägten Rechnungslegung. – 3. *„Öffentlich"* zielt zunächst auf die Trägerschaft (Eigentumsverhältnisse) ab, verbunden mit der traditionellen Vorstellung, dass über das Eigentum eine Instrumentalisierung (Instrumentalfunktion öffentlicher Unternehmen) im Sinn einer öffentlichen Aufgabenwahrnehmung erfolgt. Von daher können öffentliche Unternehmen als spezifische Organisationsformen der öffentlichen Hand angesehen werden. Sie stellen dezentralisierte Träger öffentlicher Aufgaben dar, die sich im Eigentum von Gebietskörperschaften befinden. – 4. *Abgrenzungsprobleme* ergeben sich gegenüber den Industriebeteiligungen des Bundes und gegenüber jenen Unternehmen, die durch private und öffentliche Eigentumsverhältnisse geprägt sind. – Vgl. auch → gemischtwirtschaftliche Unternehmen; → Kommunale Unternehmen.

öffentliche Unternehmen der Gemeinden → kommunale Unternehmen.

öffentliche Unternehmen der Länder → öffentliche Unternehmen auf Länderebene. Bei diesen handelt es sich z.B. um → öffentliche Kreditinstitute, Rundfunkanstalten (zusammengeschlossen in der ARD) und um das ZDF in Mainz. Daneben besitzen die Länder vollständig oder anteilig zahlreiche Unternehmen in privater Rechtsform, u.a. im Bergbau, in der Energiewirtschaft, in der industriellen Verarbeitung und in der Verkehrs- und Wohnungswirtschaft. Außerdem finden sich auf Landesebene öffentliche Unternehmen in privater Rechtsform als Forschungs-, Entwicklungs- und Wirtschaftsförderungsgesellschaften, als Staatsbäder, Brauereien, Studentenwerke etc. Die Publizitätsbereitschaft der

Länder über ihre öffentlichen Unternehmen in privater Rechtsform ist – im Vergleich zum Bund – nach wie vor eher zurückhaltend. Für das Jahr 2009 waren 1261 öffentliche Fonds, Einrichtungen und Unternehmen auf Länderebene mit einem eigenen Jahresabschluss beim statistischen Bundesamt gemeldet.

öffentliche Unternehmen des Bundes → öffentliche Unternehmen auf Bundesebene, bes. → Deutsche Bahn AG (DB) und → Deutsche Post AG, die → Kreditanstalt für Wiederaufbau (KfW). Die Wahrnehmung von Hilfstätigkeiten erfolgt durch → Bundesbetrieb nach § 26 BHO oder zunehmend durch Eigengesellschaften in Form der GmbH. Für die Verwaltung der Bundesbeteiligungen sind die einzelnen Fachressorts zuständig. Daneben nimmt der Bundesminister der Finanzen als Etat- und Vermögensminister allg. Aufgaben der Beteiligungsverwaltung wahr. Er veröffentlicht regelmäßig eine Übersicht über die Beteiligungen des Bundes (Beteiligungsbericht). – Vgl. auch → Bundesbeteiligung.

öffentliche Urkunden – von einer öffentlichen Behörde (z.B. → Gericht) oder von einer mit öffentlichem Glauben versehenen Person (z.B. → Notar, → Gerichtsvollzieher) befugterweise in der vorgeschriebenen Form aufgenommene → Urkunden. Öffentliche Urkunden begründen i.Allg. vollen → Beweis für den beurkundeten Vorgang (z.B. Vertragsschluss) oder die in der Urkunde bezeugten Tatsachen (z.B. Eheschließung). Gegenbeweis hinsichtlich unrichtiger Beurkundung ist zugelassen (§§ 415, 417 ff. ZPO). – Vgl. auch → öffentliche Beglaubigung, → öffentliche Beurkundung, → Urkundenfälschung.

öffentliche Verkehrsmittel – Begriff des Verkehrsrechts für Einrichtungen zur Beförderung von Personen und Gütern, die nach ihrer Zweckbestimmung von jedermann und zu gleichen Bedingungen benutzt werden können. – Bei entgeltlicher Beförderung durch öffentliche Verkehrsmittel tritt die *bes.* → Gefährdungshaftung des → Halters eines Kraftfahrzeuges auch gegenüber den beförderten Personen ein, gemäß § 7 StVG Schadensersatz zu leisten; diese kann weder ausgeschlossen noch beschränkt werden (§ 8 StVG); Sondervorschriften u.a. für Eisenbahn-Haftpflicht (→ Haftpflichtgesetz). – Das Verhalten an *Haltestellen* öffentlicher Verkehrsmittel regelt § 20 StVO.

öffentliche Verwaltung → Verwaltung.

öffentliche Wiedergabe – 1. *Begriff* des → Urheberrechts für eine dem → Verwertungsrecht des → Urhebers unterliegende und deshalb seiner Einwilligung bedürfende Wiedergabe eines → Werks. – 2. Die Wiedergabe ist *öffentlich,* wenn sie für eine Mehrzahl von Personen bestimmt ist. Anders, wenn der Kreis dieser Personen bestimmt abgegrenzt ist und sie durch gegenseitige Beziehungen oder durch Beziehungen zum Veranstalter persönlich untereinander verbunden sind (z.B. Vereinsfeiern, Betriebsveranstaltungen). – 3. Arten der öffentlichen Wiedergabe (§ 15 II UrhG): → Vortragsrecht, → Aufführungsrecht und → Vorführungsrecht, Recht der öffentlichen Zugänglichmachung, → Senderecht, Recht der Wiedergabe durch Bild- oder → Tonträger oder von Funksendungen (§ 22 UrhG). – 4. Die öffentliche Wiedergabe ist ausnahmsweise *ohne Einwilligung* des Urhebers zulässig, wenn sie keinen Erwerbszwecken des Veranstalters dient, die Teilnahme ohne Entgelt zugelassen werden kann und → ausübende Künstler keine bes. Vergütung erhalten oder wenn die Wiedergabe bei einem Gottesdienst, einer Veranstaltung der Jugendhilfe, der Sozialhilfe, der Alten- und Wohlfahrtspflege, der Gefangenenbetreuung und der Schule stattfindet; → Quellenangabe ist notwendig, wenn und soweit die → Verkehrssitte es erfordert. – 5. Öffentliche *bühnenmäßige Aufführungen, Funksendungen* eines Werkes sowie öffentliche Vorführungen eines *Filmwerkes* nur mit Einwilligung des Berechtigten zulässig (§ 52 UrhG).

öffentliche Zolllager – stehen jedermann für die Lagerung von Waren zur Verfügung. Sie können als Typ A oder B mit unterschiedlicher Verantwortung von Privatpersonen nach vorheriger Bewilligung durch das zuständige Hauptzollamt betrieben werden (vgl. Art. 525 ZK-DVO). – Typische öffentliche Zolllager sind die Kühlhäuser, die Lagerungsmöglichkeiten für jedermann anbieten. Öffentliche Zolllager des Typs F unterstehen der Inhaberschaft der Zollbehörde und kommen in der Bundesrepublik Deutschland praktisch nicht mehr vor.

öffentliche Zugänglichmachung – 1. *Begriff:* Das Recht der öffentlichen Zugänglichmachung ist ein unkörperliches → Verwertungsrecht des → Urhebers. Es umschreibt das Recht, das Werk drahtgebunden oder drahtlos der Öffentlichkeit in einer Weise zugänglich zu machen, dass es Mitgliedern der Öffentlichkeit von Orten und zu Zeiten ihrer Wahl zugänglich ist. Es wurde in § 19a durch das Gesetz zur Regelung des Urheberrechts in der Informationsgesellschaft vom 10.9.2003 (BGBl. I 1774) neu in das UrhG eingefügt. Die Vorschrift setzt Art. 3 I der Europäischen Harmonisierungsrichtlinie (RL 2001/29/EG vom 21.5.2001, ABl. EG Nr. 167/10) um. § 19a will dem Urheber die Entscheidung darüber vorbehalten, ob das Werk Dritten unkörperlich in einer Weise angeboten wird, dass diese es inhaltlich zur Kenntnis nehmen können. Damit wird eine Schutzlücke geschlossen, die durch die Möglichkeit entstanden ist, Werke v.a. im Internet durch On-Demand-Dienste digital für eine große Zahl potenzieller Nutzer auf Abruf bereit zu stellen. – 2. *Einschränkungen:* Bestimmte Lehranstalten sind befugt, zur Veranschaulichung im Unterricht kleine Teile eines Werkes, Werke von geringem Umfang sowie einzelne Beiträge aus Zeitungen oder Zeitschriften öffentlich zugänglich zu machen und die hierfür erforderlichen Vervielfältigungsstücke herzustellen, wenn die Werke veröffentlicht sind, die öffentliche Zugänglichmachung auf einen bestimmt abgegrenzten Kreis von Unterrichtsteilnehmern beschränkt, sie zu Unterrichtszwecken geboten und sie zur Verfolgung nichtkommerzieller Zwecke gerechtfertigt ist (§ 52a UrhG). Diese Schrankenregelung trägt dem Umstand Rechnung, dass die Arbeit mit Computer und Internet aus dem Bereich des Unterrichts nicht mehr wegzudenken ist. Hierdurch wurde das Bedürfnis geweckt, Werke zu Unterrichts- und Forschungszwecken nicht lediglich verbreiten und vervielfältigen zu dürfen, wie dies bisher schon unter bestimmten Voraussetzungen ohne Zustimmung des Urhebers erlaubt war (§ 53 UrhG), sondern auch im Internet oder einem unternehmenseigenen Netzwerk bereitzustellen. Die Regelung war im Zuge der Beratungen des Entwurfs des Gesetzes zur Regelung des Urheberrechts in der Informationsgesellschaft hart umkämpft, da die Gefahr einer übermäßigen Verkürzung der Rechte der Urheber nahe liegt. Sie ist deshalb bewusst eng gefasst und gilt nur bis zum 31.12.2012 (§ 137k UrhG).

öffentliche Zustellung – bes. Art der → Zustellung, wenn der Aufenthalt einer → Partei unbekannt oder die Zustellung im Ausland nicht ausführbar ist. Die öffentliche Zustellung wird auf Antrag vom Gericht angeordnet und durch Aushang einer Benachrichtigung an der Gerichtstafel oder durch Einstellung in ein elektronisches Informationssystem, das in dem Gericht öffentlich zugänglich ist. Sie kann zusätzlich in einem von dem Gericht für Bekanntmachungen bestimmten elektronischen Informations- und Kommunikationssystem veröffentlicht werden (§§ 185 ff. ZPO).

Öffentlichkeitsarbeit – 1. *Begriff:* Öffentlichkeitsarbeit gilt als dt. Übersetzung von → Public Relations (PR). – 2. *Ziel:* Das Ziel von Öffentlichkeitsarbeit wird zentral mit dem Aufbau von Bekanntheit als eine Basis von → Vertrauen angegeben, um → Reputation zu erlangen. Vertrauen und Bekanntheit gelten als erfolgskritische Größen, da sie als sog. weiche Faktoren (siehe → harte und weiche Faktoren) die Erreichung von Erfolgszielen z.B. bei Vertragsabschlüssen beeinflussen. – 3. *Aspekte:* Der Begriff Öffentlichkeitsarbeit hat sich mit der Suche nach einer dt. Kennzeichnung Public Relations in den 1950er- und 1960er-Jahren durchgesetzt und prägt damit die hiesige Entwicklung von PR als Managementfunktion. Der PR-Begriff changiert inhaltlich und damit das, was mit Öffentlichkeitsarbeit gemeint ist. Zum einen wird er als operatives Kommunikationsinstrument (Pressearbeit, Eventkommunikation, Sponsoring ...) z.B. im → Marketing-Mix besprochen. Zum anderen wird Öffentlichkeitsarbeit als strategische Führungsaufgabe bezeichnet, bspw. um Positionierungsstrategien zu entwickeln und umzusetzen. Daher bietet es sich an, Öffentlichkeitsarbeit im weiteren und engeren Sinne zu unterscheiden: I.w.S. entspricht Öffentlichkeitsarbeit der → Unternehmenskommunikation. Öffentlichkeitsarbeit i.e.S. bezeichnet die operative Ebene, für die die Presse- und Medienarbeit als Kerndisziplinen gelten. – Wenn Öffentlichkeitsarbeit die dt. Übersetzung von Public Relations („öffentliche Beziehungen") ist, kommt neben dem instrumentell-operativen und dem strategischen Öffentlichkeitsbegriff darüber hinaus die Beziehung als struktureller Öffentlichkeitsarbeitbegriff hinzu. Öffentliche Beziehungen entstehen aus für Organisationen handlungsrelevanten Beobachtungen von Teilöffentlichkeiten. Die Kombination der drei Öffentlichkeitsarbeitbegriffe charakterisiert PR als angewendetes Reputationsmanagement. – 4. *Abgrenzung:* Zur Abgrenzung wird auf den Begriff der → Unternehmenskommunikation verwiesen, der mit PR i.w.S. gleichgesetzt wird.

öffentlich-rechtliche Genossenschaften – treten in jenen wirtschaftlichen und gesellschaftlichen Sektoren auf, in denen Funktionen zu erfüllen sind, die einerseits dem unmittelbaren Nutzen der Allgemeinheit dienen und andererseits im Interesse des einzelnen Genossenschaftsmitgliedes liegen. Sie haben Wesenselemente, die im Widerspruch zu den → Erwerbs- und Wirtschaftsgenossenschaften stehen, etwa die Zwangsmitgliedschaft oder die teilweise sehr weit reichende Staatsaufsicht. Ein bes. Charakteristikum ist ihre Zugehörigkeit zur öffentlich-rechtlichen Ordnung, wodurch sie Aufgaben für die Gesamtheit der Bevölkerung mit hoheitlichen Mitteln wahrnehmen können. Sie erlassen Verwaltungsakte und allgemeingültige Regelungen der genossenschaftlichen Betätigung. Sie erbringen jedoch auch für ihre Mitglieder ökonomische Leistungen. Öffentlich-rechtliche Genossenschaften in Deutschland: Wald- bzw. Forstgenossenschaften, Jagdgenossenschaften, Fischereigenossenschaften, Wasser- bzw. Bodengenossenschaften und Berufsgenossenschaften. Industrie- und Handelskammern, Handwerks- und Wirtschaftskammern sowie die Innungen haben ebenfalls eine gewisse Ausrichtung auf die öffentlich-rechtliche Genossenschaft.

öffentlich-rechtliche Körperschaften → Körperschaften des öffentlichen Rechts.

öffentlich-rechtlicher Vertrag – Vereinbarung, durch die ein Rechtsverhältnis auf dem Gebiet des → öffentlichen Rechts begründet, geändert oder aufgehoben wird. Öffentlich-rechtliche Verträge *koordinationsrechtlicher Art* sind Verträge zwischen Trägern öffentlicher Verwaltung (z.B. Gebietsänderungsverträge zwischen Gemeinden); *subordinationsrechtliche Verträge* sind Verträge im Verhältnis der Über-, Unterordnung zwischen Verwaltung und Bürger (z.B. Vertrag über Gewährung einer Subvention). – Auf öffentlich-rechtliche Verträge sind die privatrechtlichen Grundsätze über → Verträge i.Allg. nicht anwendbar; anders, wenn es sich um einen Vertrag zwischen einer Privatperson und dem → Fiskus auf der Ebene der Gleichordnung handelt, z.B. Materialeinkauf einer Behörde etc. – Eine allg. Regelung des öffentlich-rechtlichen Vertrags findet sich in den §§ 54–62

VwVfG. – Vgl. auch → Vergleichsvertrag, → Austauschvertrag.

öffentlich-rechtliche Stiftung → Stiftung.

öffentlich-rechtliche Treuhandschaft – kann sowohl durch öffentlich-rechtlichen Vertrag als auch durch staatlichen Hoheitsakt begründet werden. – Vgl. auch → Treuhandschaft.

öffentlich-rechtliche Versicherungsunternehmen – 1. *Begriff:* Anstalten oder Körperschaften des öffentlichen Rechts, die satzungsgemäß überwiegend in einem historisch bestimmten regionalen Geschäftsgebiet die Lebens- oder Schaden/Unfallversicherung betreiben. – 2. *Bedeutung:* Die Zahl der öffentlich-rechtlichen Versicherungsunternehmen hat stark abgenommen, da die meisten Unternehmen heute privatrechtlich organisiert sind.

öffentlich unterstützte Exportkredite – Kreditfinanzierung von Ausfuhrgeschäften, bei denen die Finanzierungskonditionen (Zinssätze, Laufzeiten) aufgrund einer aus Mitteln öffentlicher Haushalte gewährten Unterstützung günstiger sind als bei einer rein kommerziellen Exportfinanzierung. Öffentlich unterstützte Exportkredite sind ein Instrument der → Exportförderung. Die Unterstützung kann darin bestehen, dass aus öffentlichen Haushalten Zinszuschüsse zu kommerziell refinanzierten Exportkrediten gewährt werden (in Deutschland für Exporte von Seeschiffen und zivilen Flugzeugen) oder dass aus öffentlichen Mitteln Kredite zu vorteilhaften Konditionen angeboten werden (→ ERP-Programme). Art und Umfang zulässiger öffentlich unterstützter Exportkredite sind im → OECD-Konsensus geregelt.

Offer Curve → Tauschkurve.

Offerte – 1. *Begriff:* Vertragsangebot, Angebot, Antrag; rechtlich bindend für den Anbieter, sofern nicht ausdrücklich Gegenteiliges erklärt wird, etwa durch die Klausel freibleibend (→ Freizeichnungsklausel) u.Ä. – Vgl. auch → Vertrag. – Im kaufmännischen Sprachgebrauch und nach BGB streng zu trennen von Preislisten, Katalogen, Ausstellungsstücken in Schaufenstern und Inseraten, die Aufforderungen zur Abgabe von Offerten sind. – 2. *Arten:* a) *Festofferte:* Verbindliches, i.d.R. kurzfristiges Angebot; erfolgt auf spezielle Anfrage eines Kunden oder im Rahmen einer Ausschreibung. – b) *Freibleibende Offerte:* Angebot mit → Freizeichnungsklausel; die Käuferseite antwortet u.U. mit einer Gegenofferte (Preis), auf die wiederum die Lieferseite antwortet. – 3. Die Offerte zur Einleitung von *Außenhandelsgeschäften* müssen kurz und klar gehalten, in der Handelssprache des Käufers abgefasst und auf die ihm geläufigen technischen Standards abgestellt sein.

Offertgarantie → Bietungsgarantie.

Office for Harmonization in the Internal Market (Trade Marks and Design) → Europäisches Markenamt.

Office of the Comptroller of the Currency (OCC) – gegründet 1863 als Büro des US-amerikanischen Schatzamtes mit Sitz in Washington, D.C.; lizensiert, reguliert und überwacht alle „U.S. National Banks“ sowie Filialen und Agenturen von → Auslandsbanken in den USA. Leiter ist der vom Präsidenten ernannte „Comptroller“. – *Aufgaben:* Erlass von Bestimmungen, Rechtsauslegungen und Richtlinien zum Bankwesen, Bankinvestments und anderen Aspekten des Bankbetriebes. – *Zielsetzung:* Gewährleistung eines sicheren und gesunden „National Banking System“; wettbewerbsfördernd durch Genehmigung neuer Bankprodukt- und serviceangebote; Sicherstellung von fairem und gleichem Zugang zu Finanzdienstleistungen für alle Amerikaner.

Official Development Assistance → ODA.

Offizialmaxime – *Offizialprinzip, Amtsprinzip, Amtsbetrieb;* prozessualer Grundsatz, der besagt, dass die Einleitung und der Betrieb eines Verfahrens, wie auch die notwendigen Ermittlungen, von Amts wegen zu erfolgen haben. Die Offizialmaxime beherrscht den Strafprozess, das Verwaltungsstreitverfahren und weitgehend auch das Gebiet der → freiwilligen Gerichtsbarkeit. – Dagegen gilt im → Zivilprozess i.Allg. die *Parteimaxime,* d.h. es obliegt ggf. den → Parteien, ein Verfahren einzuleiten, die ihnen geeignet erscheinenden Tatsachen vorzutragen und die → Beweismittel zu bezeichnen.

Offline(betrieb) – *Offlineverfahren.* Offline (bzw. im Offlinebetrieb) arbeiten Geräte, die nicht direkt über Steuereinheiten und/ oder Kanäle (→ Ein-/ Ausgabe-Kanal) an die → Zentraleinheit eines Computers angeschlossen sind. – *Gegensatz:* → Online(betrieb).

Öffnungsklausel → Tariföffnungsklausel, → Krankenkassenwahlrecht.

Öffnungszeiten → Ladenöffnungszeiten, → Zollstunden.

Öffnungszeitenzwang → Zollstundenzwang.

Off-Price Store – spezielle Form des → Fachdiscounters; mittel- bis großflächiger Einzelhandelsbetrieb, der vorwiegend bekannte → Markenartikel des Nichtlebensmittelbereichs (Textilien, Schuhe, Glaswaren, Porzellan, Sportartikel) in Selbstbedienung zu äußerst günstigen Preisen anbietet. Das Sortiment besteht prinzipiell aus nicht regulärer Ware (z.B. Reklamationsware, Auslaufmodelle, Überschussware, Saisonware, zweite-Wahl-Ware, Remissionsware). Rascher Wandel der Sortimentszusammensetzung, da zumeist Partien ohne Nachordermöglichkeit verkauft werden, und zwar so lange, bis die Vorräte ausverkauft sind. – Vgl. auch → Partieverkauf, → Factory Outlet Center (FOC).

Offset Account → Verrechnungskonto, das im → Verrechnungsverkehr zwischen zwei Ländern in einer Drittwährung (meist in US-Dollar) geführt wird.

Offset-Geschäft → Kompensationshandel.

Offshore-Käufe – Warenlieferungen, die die USA bezahlen, die aber nicht die amerikanische Küste berühren, z.B. Aufträge zur Deckung des militärischen und zivilen Bedarfs der außerhalb der USA stationierten Truppen. Für die liefernden Länder wirken in Dollar abgerechnete Offshore-Käufe wie zusätzliche Exporte in die USA, sie werden daher umsatzsteuerlich wie Exporte in die USA behandelt und sind von der Umsatzsteuer befreit (→ Offshore-Steuerabkommen).

Offshore-Steuerabkommen – Abkommen zwischen der Bundesrepublik Deutschland und den USA vom 15.4.1954 i.d.F. vom 20.12.1967 (BGBl. I 1297) über die von der Bundesrepublik Deutschland zu gewährenden Abgabenvergünstigungen für die von den USA im Interesse der gemeinsamen Verteidigung geleisteten Ausgaben. Grundlage des Offshore-Steuergesetzes.

off-the-Job-Training – Aus-, Fort- oder Weiterbildung ohne räumliche Nähe zum Arbeitsplatz, z.B. in Lehrwerkstätten oder sonstigen Trainings- bzw. Ausbildungseinrichtungen. Vermittlung des Fachwissens unabhängig vom → Arbeitsplatz (überbetriebliche Ausbildung). Heute vielfach kombiniert mit → on-the-Job-Training.

OGAW – Abk. f. → Organismus für gemeinsame Anlagen in Wertpapieren.

OGAW-Richtlinie → Investmentgesetz (InvG).

OHIM – Abk. für *Office for Harmonization in the Internal Market (Trade Marks and Design);* → Europäisches Markenamt.

Ohlin – Bertil, 1899–1979, schwedischer Nationalökonom und Politiker, lehrte in Kopenhagen (1925–1930) und Stockholm (1930–1965); → Nobelpreis für Wirtschaftswissenschaften 1977 (gemeinsam mit → Meade). Ohlin wurde v.a. für seine Arbeiten auf dem Gebiet der → Außenwirtschaftstheorie ausgezeichnet. Er entwickelte, basierend auf den Arbeiten seines Lehrers → Heckscher, Erklärungen der komparativen Kostenunterschiede und der Richtung der Handelsströme im Rahmen der realen Außenwirtschaftstheorie mit divergierender Ausstattung der handelstreibenden Länder mit Produktionsfaktoren bei gegebener Faktorproduktivität (→ Heckscher-Ohlin-Theorem, Theorie der → komparativen Vorteile). Sein wissenschaftliches *Hauptwerk* ist das Buch „Interregional and International Trade" (1933). In einigen makroökonomischen Arbeiten aus den Jahren 1933 und 1934 hat er → Keynes antizipiert. Da sie in Schwedisch geschrieben waren, wurden sie erst nach ihrer Übersetzung („Some Notes on the Stockholm Theory of Saving and Investment", in: Economic Journal, 47 (1937)) von Keynesianern ungläubig zur Kenntnis genommen.

ohne Gewähr → Handelsklausel, die besagt, dass der Verkäufer oder Versender nicht für Qualität, Versendungstermin und andere Vertragsvereinbarungen garantiert. – Beim *Wechsel:* Angstklausel.

ohne Kosten – Vermerk auf einem → Wechsel, durch den der → Aussteller, → Indossant oder Wechselbürge den Inhaber von dem Rückgriffserfordernis entbindet (Protesterlassklausel Art. 46 WG), jedoch nicht von der Verpflichtung, den Wechsel rechtzeitig vorzulegen und die Vormänner zu benachrichtigen (Art. 46 II WG).

ohne Obligo → Freizeichnungsklausel.

ohne Protest → ohne Kosten.

ohne Regress → ohne Rückgriff.

ohne Rückgriff – *ohne Regress, à forfait;* Vermerk auf → Wechseln, durch den die Haftung für Zahlung ausgeschlossen werden soll; gilt nach dt. Recht als nicht geschrieben (Art. 9 II WG), da der Aussteller die Haftung für Zahlung nicht ausschließen kann. – Der *Indossant* kann sich dagegen von der Haftung für Zahlung und Annahme befreien (Art. 15 I WG; Angstklausel).

Ökoaudit – *Umweltaudit, Umweltbetriebsprüfung.* 1. *Begriff:* regelmäßige Erfassung umweltrelevanter Tätigkeitsfelder der Produktion und Überprüfung der Einhaltung gesetzlicher Vorgaben. – 2. *Rechtliche Grundlage* bildet die Verordnung (EG) Nr. 1221/2009 des Europäischen Parlaments und des Rates der Europäischen Union vom 25.11.2009 über die freiwillige Beteiligung von Organisationen an einem Gemeinschaftssystem für das → Umweltmanagement und die Umweltbetriebsprüfung. – Die Umsetzung dieser VO ist erfolgt durch das Umweltauditgesetz (UAG) i.d.F. vom 4.9.2002 (BGBl. I 3490) , aufgrund der o.g. EU-Verordnung umfangreich geändert durch das Zweite Gesetz zur Änderung des Umweltausditgesetzes vom 6.12.2011 (BGBl. I S. 2509). Es enthält v.a. Regelungen über: (1) die Zulassung von Einzelpersonen als Umweltgutachter und von Umweltgutachterorganisationen; vgl. die UAG-ZulassungsverfahrensVO i.d.F. vom 12.9.2002 (BGBl. I 3654); (2) Zulassungsverfahren; vgl. die UAG-BeleihungsVO vom 18.12.1995 (BGBl. I 2013) m.spät.Änd. sowie die UAG-GebührenVO (UAGGebVO) vom 4.9.2002 (BGBl. I 3503); (3) Aufsichtsverfahren; (4) Umweltgutachter- und Widerspruchsausschuss; (5) Registrierungsverfahren. Durch die UAG-Erweiterungsverordnung (UAG-ErwV) vom 3.2.1998 (BGBl. I 338) wurden bestimmte Körperschaften des öffentlichen Rechts und Unternehmen (etwa aus den Bereichen Erzeugung von Strom, Gas, Dampf und Heißwasser, Energieversorgung) in den Anwendungsbereich des Gemeinschaftssystems für das Umweltmanagement und die Umweltbetriebsprüfung einbezogen. – Die Verordnung nach dem Umweltauditgesetz über die Erweiterung des Gemeinschaftssystems für das Umweltmanagement und die Umweltbetriebsprüfung auf weitere Bereiche (UAG-ErwV) schreibt *regelmäßig* Ökoaudits vor (s. → EMAS-VO). Kann durch Betriebsprüfer des Unternehmens oder durch für das

Unternehmen tätige externe Personen oder Organisationen durchgeführt werden.

Ökobilanz – *Ökologiebilanz, Umweltbilanz.* 1. *Begriff:* Zusammenfassung und Bewertung der ökologisch relevanten Aktivitäten eines Unternehmens in Form einer Bilanz. Die Ökobilanz ist Teil eines ökologischen Management-Informationssystems, welches eine controllinggerechte Planung, Kontrolle und Steuerung von ökologischen Zielsetzungen unterstützt. Voraussetzung ist eine ökologische Buchhaltung, die alle ökologisch relevanten Aktivitäten erfasst und bewertet. Auch zur Kommunikation nach außen (Kunden, Lieferanten etc.) kann das Unternehmen die Ökobilanz einsetzen. – 2. *Zielsetzungen:* Die Ökobilanz ist eine strukturierte Bestandsaufnahme auf Basis einer Mengenerhebung der Input-/Outputströme an Materialien, Stoffen, Energie, Produkten und Emissionen und somit aller Umwelteinwirkungen, die innerhalb und außerhalb des Unternehmens anfallen. Betrachtet wird der gesamte Produktlebenszyklus (einschließlich Entsorgung des Produktes). – 3. *Bilanzebenen:* a) *Input-/Output-Bilanz* (auch Betriebsbilanz genannt): In Form einer Bilanz wird der (ökologisch relevante) Input des Unternehmens (Roh-, Hilfs-, Betriebsstoffe, Fremdleistungen, Energie, Luft etc.) dem Output (Produkte oder Leistungen, stoffliche Emissionen in Form von Abfall, Abgase etc.) während der betrachteten Periode gegenübergestellt. Dadurch erhält die Unternehmensleitung einen Gesamtüberblick; ökologische Ziele können formuliert, kontrolliert und gesteuert werden (→ Ökocontrolling). – b) *Prozessbilanz:* Diese strukturiert die betriebsspezifischen Abläufe und Produktionsprozesse. Der Aufbau ist vergleichbar der Input-Output-Bilanz. – c) *Produktbilanz:* Diese dient der Bewertung der Umweltwirkungen, die von dem Produkt über den gesamten Lebenszyklus hinweg ausgehen. – d) *Substanzbilanz:* Diese konzentriert sich auf die ökologische Optimierung der Substanzgrößen der Unternehmung wie Boden, Wasserflächen etc. – 4. Eine allgemeingültige anerkannte *Methode* zur Erfassung, Bewertung und Darstellung umweltrelevanter Daten in einer Ökobilanz gibt es nicht; verwendet werden unternehmensindividuelle Konzepte. – 5. *Methoden und Konzepte* zur Ökobilanzierung: → Kumulierter Energieaufwand (KEA), → CO_2-Fußabdruck, → Virtual Water, → Umweltbelastungspunkte (ökologische Knappheit), → MIPS (Material-Intensität pro Serviceeinheit), → Eco-Indicator 99, → Vermeidungskostenansatz, → Schadenskostenansatz, → UBA Wirkungsindikatoren, → CML-Methode, → Kritische Volumina, → ABC-Analyse.

Ökocontrolling – *Ökologiecontrolling, Umweltcontrolling.* 1. *Begriff:* Nutzung des Controllingkonzeptes zur Unterstützung einer ökologieorientierten Unternehmensführung. – 2. *Ziel* des Einsatzes der Controllinginstrumente ist die Ablösung des meist reaktiven Verhaltens des Managements bei Fragen von → Ökologie und → Umweltschutz durch eine vorausschauende, aktive Ökologiestrategie zur Verbesserung der Umweltverträglichkeit von Produkten und Prozessen, ohne die Wettbewerbsfähigkeit des Unternehmens negativ zu beeinflussen. Im Einzelnen: (1) Verbesserung der inner- und außerbetrieblichen Koordinationsfähigkeit; (2) Verbesserung der Reaktionsfähigkeit auf umweltrelevante Störungen/ Ineffizienzen; (3) Förderung der Mitarbeitermotivation; (4) Verbesserung der Anpassungsfähigkeit an durch Umweltaspekte bedingte Änderungen im Umfeld. – 3. *Unterstützung folgender Aufgabenbereiche:* (1) Früherkennung ökologischer Trends und Entwicklungen; (2) Erarbeitung strategischer Zielsetzungen für eine langfristig angelegte, wettbewerbsgerechte Ökologiestrategie unter Nutzung unternehmenseigener Stärken und Kompetenzen; (3) Unterstützung bei dem Zielkonflikt Ökologie – Ökonomie; (4) Nutzung von Umweltschutztechnologien zur Erlangung von Wettbewerbsvorteilen; (5) Kontrolle und Steuerung aller umweltbezogenen Maßnahmen, Investitionen und Projekte im Unternehmen; (6) Aktivierung und Durchsetzung eines ökologischen Bewusstseins im Unternehmen. – 3. *Instrumente:* Zur Erarbeitung ökologischer Managementstrategien und Steuerung (durch Zielsetzung, Kontrolle und Abweichungsanalyse) von umweltrelevanten Projekten im Unternehmen sind i.Allg. die klassischen Instrumente des Controllings, oft in modifizierter Form, einsetzbar. Spezielles Instrument des Ökocontrolling ist die → Ökobilanz.

Ökodumping – Die ökonomische Theorie hat gezeigt, dass Ökodumping durchaus geeignet sein kann, die inländische Wohlfahrt (auf Kosten der ausländischen) zu erhöhen, sofern es sich um Märkte mit unvollständiger Konkurrenz handelt. Daher besteht internationaler Kooridantionsbedarf, um Ökodumping zu verhindern. Praktisch ist es allerdings schwierig, bestimmte Umweltstandards als Ökodumping zu klassifizieren, weil sich die optimalen Umweltstandards, die als Maßstab herangezogen werden müssten, international wegen der verschiedenen Ausgangsbedingungen stark unterscheiden.

Ökoeffizienz – 1. *Begriff:* Ökoeffizienz-Konzepte stellen die Vernichtung ökologischer Werte der ökonomischen Wertschöpfung gegenüber. Es können so Verfahren und Produkte optimiert werden, aber auch Analysen von Wettbewerbern und Märkten durchgeführt werden. Ökoeffizienz-Konzepte eignen sich zur Integration kontinuierlicher Verbesserungsprozesse. – 2. *Realisierte Ökoeffizienz-Konzepte:* Bekannte Ökoeffizienz-Konzepte sind u.a. das → World Business Council for Sustainable Development und das Ökoeffizienz-Konzept der BASF. – a) Die Ökoeffizienz des WBCSD ist eine Philosophie, die dazu dient, die Wirtschaft wettbewerbsfähiger und innovativ zu gestalten und stärker auf Umweltbelange zu achten. – b) Die Ökoeffizienz der BASF ist ein Instrument zur Umsetzung des Ziels einer → nachhaltigen Entwicklung. Berücksichtigt ökonomische und ökologische Aspekte. Ihre Weiterentwicklung enthält auch eine soziale Dimension (Sozio-Ökoeffizienz-Analyse).

Ökofonds – 1. *Begriff:* Ökofonds sind Fonds, die nach ökologischen Kriterien zusammengestellt sind. – 2. *Merkmale:* Ihre → Ratings (→ Ökoratings) wurden durch die Fondgesellschaft bereits vorgenommen. Zu den Ausprägungen von Ökofonds gehören u.a. Ökoaktienfonds, Rentenfonds und Mischfonds. – 3. *Auswahlkriterien:* Die Zusammensetzung wird über negative und positive Kriterien gesteuert. Die Negativkriterien stellen Ausschluss- bzw. KO-Kriterien dar. Im Gegensatz dazu können Unternehmen durch die Erfüllung von Positivkriterien bevorzugt berücksichtigt werden. – Vgl. auch → Ökoindizes, → Ökorating, → ethisches Investment.

Ökoindizes – 1. *Begriff:* Ökoindizes nehmen Anlagen nach nachhaltigen oder ökologischen Kriterien auf. – 2. *Beispiel:* Zu den bekanntesten Ökoindizes zählen die → Dow Jones Sustainability Indexes. – Vgl. auch → Ökorating und → Ökofonds.

Ökoinlandsprodukt – In der → Volkswirtschaftlichen Gesamtrechnung (VGR) wird die Berechnung eines → Inlandsprodukts als Wertgröße vorgenommen, die den Produktionswert bei Erhaltung des reproduzierbaren Sachvermögens wiedergibt. In Analogie dazu wird gefordert, auch die Wertminderung des nichtproduzierten Naturvermögens entsprechend in Rechnung zu stellen, die sich aufgrund des Abbaus von nichtregenerierbaren Ressourcen, der Übernutzung der regenerierbaren Ressourcen sowie der Verwendung der Umwelt als Auffangbecken für die Abfallstoffe der Wirtschaftstätigkeit ergibt. Die hieraus resultierende Größe ist je nach Berechnungsansatz für die genannte Wertminderung des Naturvermögens unterschiedlich. So vermag ein Schadenskostenansatz gegenüber einem Vermeidungskostenansatz zu stark abweichendem Ergebnis zu führen. Hieraus sowie aus Berechnungsschwierigkeiten resultierende Fehlverwendungen und Missverständnisse in der Öffentlichkeit lassen gegenüber der unmittelbaren Publikation einer derartigen pauschalen Ziffer zur Vorsicht mahnen.

Ökolabel → Warenkennzeichnung.

Ökologie – Wissenschaft von den Wechselbeziehungen zwischen Lebewesen und → natürlicher Umwelt bzw. von den → Ökosystemen. Wachsende Bedeutung durch Folgen der → Umweltbelastung, oft als Konsequenz eines verengten ökonomischen Denkens. Insofern enge Beziehungen zwischen Ökonomik und Ökologie, die man auch als *„Langzeitökonomie"* interpretieren kann.

ökologiebedingte Betroffenheit – Zwei mögliche Wege von der Wahrnehmung → ökologischer Knappheit zur → Ökologieorientierung können unterschieden werden: Indirekte/objektivierte Betroffenheit und direkte/subjektive Betroffenheit. Bei der indirekten/objektivierten Betroffenheit wird die → ökologischen Knappheit indirekt über Stakeholder (→ Stakeholder-Ansatz) und deren Ansprüche wahrgenommen. Bei der direkten/subjektiven Betroffenheit nimmt das Unternehmen die ökologischen Knappheit direkt war.

Ökologiebilanz → Ökobilanz.

Ökologiebudgets – 1. *Begriff:* Ein Ökologiebudget beinhaltet ausschließlich Ökologiekosten. – 2. *Ausprägungen:* Zur Steuerung ökologischer Ziele über Ökologiebudgets sind zwei Varianten denkbar (vgl. Günther 2008): a) Erreichung ökologischer Ziele mit minimalen Kosten und zur Festlegung von Mindeststandards oder Belastungshöchstgrenzen. Priorisierung muss von der Unternehmensführung vorgegeben werden. Zur Setzung von Prioritäten können z.B. → Ökobilanzen angewendet werden. – b) Maximierung der Ökologieorientierung bei gegebenen → Budget: Einplanung eines festen Budgets für Ökologiekosten. Allokation der Kosten durch die Aufspaltung bereichsspezifischer Budgets. Das Ziel der Bereiche ist nun die Maximierung der Ökologieorientierung bei gegebenem Budget.

ökologieorientierte Beschaffung – 1. *Aufgaben der ökologieorientierten* → Beschaffung: Der Aufgabenbereich der ökologieorientierten Beschaffung umfasst die Bereitstellung der notwendigen Materialien zum benötigten Zeitpunkt, die Optimierung der Kapitalbindung und der Beschaffungskosten und der → Umweltleistung. – 2. *Bedeutung der Beschaffung:* Der Beschaffung kommt im Rahmen der Ökologieorientierung eine bes. Bedeutung zu. Im Beschaffungsprozess werden bereits Grundlagen für die Entscheidung nachgelagerter Funktionsbereiche geschaffen. Die im Beschaffungsprozess getroffenen Entscheidungen definieren zukünftige Umwelteinwirkungen. Daraus ergibt sich ein großes Potenzial zur Reduzierung dieser Auswirkungen. Außerdem kann die Beschaffungsentscheidung auch als Impulsgeber für FuE-Abteilungen dienen.

ökologieorientierte Kostenrechnung – 1. *Begriff:* Ökologieorientierte Kostenrechnung erfasst und verrechnet → Kosten, die durch → Umweltauswirkungen des Unternehmens entstehen. – 2. *Merkmale:* Die ökologieorientierte Kostenrechnung kann durch die Weiterentwicklung der vorhandenen Kostenrechnung entstehen. Diese Erweiterung enthält dann die systematische Berücksichtigung von ökologiebezogenen Kosten. – 3. *Ansätze:* Zu den ökologieorientierte Kostenrechnungsansätze zählen u. a. das → Life Cycle Costing, die Prozessorientierte Kostenrechnung, das Target Costing, das → Least Cost Planning, die → Reststoffkostenrechnung, die → Flusskostenrechnung, die → Ressourcenkostenrechnung, die → Japanische Leitlinie zum Umweltrechnungswesen und die → Nutzwertanalyse. – Vgl. auch → ökologieorientierter Kostenbegriff.

ökologieorientierte Logistik – 1. *Bedeutung:* Die Bedeutung der Logistik für die Ökologieorientierung ist hoch. Insbesondere der Energieverbrauch und die Emissionen des Güterverkehrs, des Personenverkehrs und der Dienstreisen sind zu nennen. – 2. *Wirkungsrichtungen:* Es kann in zwei Wirkungsrichtungen unterschieden werden: Logistik im → Umweltschutz (→ Entsorgungslogistik) und Umweltschutz in der Logistik. – a) *Entsorgungslogistik:* Bei der Entsorgungslogistik kommen Logistikkonzepte im Bereich der → Kondukte zur Anwendung, um eine ökologisch und ökonomisch effiziente Kreislaufwirtschaft zu schaffen. – b) *Umweltschutz in der Logistik:* Der Umweltschutz in der Logistik geht über die Entsorgungslogistik hinaus und betrachten auch andere relevante Bereiche. So können z.B. die Benutzung umweltfreundlicher Transportmittel, die Auslastung der Verkehrsmittel, die Vermeidung von Transporten und die Vermeidung von Leerfahrten praktikable Maßnahmen darstellen, um die Ökologieorientierung in der Logistik zu erhöhen. – Vgl. auch → Wertschöpfungskreis.

ökologieorientierte Produktion – 1. *Begriff:* Ökologische Produktionsverfahren sind solche Verfahren, die neben den Aspekten der Wirtschaftlichkeit auch Sicherheit und Umweltverträglichkeit gewährleistet. – 2. *Ansatzpunkte:* Ansatzpunkte können Input-, Verfahrens- und Outputbereiche darstellen. Beim Inputbereich sind neben der Variation der Inputfaktoren und deren Mengen auch der Einsatz von umweltverträglicheren Substituten mögliche Aktivitäten. Bezüglich der eingesetzten Verfahren sind Komplettumstellungen, Änderungen des Prozessen sowie Erweiterungen zu prüfen (siehe → Umweltinnovation, → End-of-the-Pipe-Technologien und → integrierte Technologien). Bei der Outputebene sind insbes. Veränderungen der Ausbringungsmenge, Recyclingmaßnahmen (→ Recycling) und Entsorgungsmaßnahmen zu nennen.

ökologieorientierter Kostenbegriff – Ökologiekosten bzw. -erlöse sind alle Kosten bzw. Erlöse, die durch die → Umweltaspekte des Unternehmens in Form von vollständig quantifizierbaren Stoff- und Energieflüssen zwischen System und Umwelt entstehen. Durch ihre Bestimmung kann eine Steuerung der Auswirkungen unternehmerischen Handelns auf die ökologische Umwelt ermöglicht werden. – Vgl. auch → ökologieorientierte Kostenrechnung.

ökologieorientiertes Marketing – 1. *Begriff:* Durch das ökologische → Marketing soll bei allen absatzmarktgerichteten Aktivitäten die Vermeidung oder Verminderung von → Umweltbelastungen gefordert werden. Idealerweise wird diese Absicht in alle Planungs-, Koordinations- und Kontrollaufgaben des Marketings integriert. – 2. *Zwei Möglichkeiten der Positionierung des Unternehmens:* Grundsätzlich bestehen zwei Möglichkeiten, wie sich Unternehmen positionieren und entsprechend ihren Marketing-Mix anpassen können. Eine dominante ökologieorientierte Positionierung betont direkt die Umweltverträglichkeit der eigenen Produkte. Im Gegensatz dazu können Unternehmen auch die Umweltverträglichkeit als Teilkomponente ansehen und sich in eine flankierende ökologieorientierte Positionierung begeben. Welche der beiden Positionierungen gewählt wird, hängt von weiteren Entscheidungsgrößen, wie z.B. Wettbewerbssituation und Unternehmensstrategie ab.–Vgl. auch → Ökomarketing.

Ökologieorientierung – Unter dem Begriff Ökologieorientierung wird die Ausrichtung unternehmerischer Entscheidungen auf die → ökologische Knappheit verstanden. Gründe für eine Ökologieorientierung können rechtliche Normen, marktwirtschaftliche Überlegungen, moralisch-ethische Überzeugung oder Ehrgeiz sein.

ökologische Buchhaltung – Mess- und Rechnungssystem zur Erfassung aller mengen- und wertmäßigen Arten der → Umweltbelastung durch ein Unternehmen auf Konten, differenziert nach verschiedenen Input- und Outputarten der Produktion. Die in technisch physikalischen Einheiten angegebenen Mengen werden mit → Äquivalenzkoeffizienten multipliziert, so in Rechnungseinheiten für Umweltwirkung (Wertgrößen) überführt sowie gleichnamig gemacht; damit Vergleichsmöglichkeit verschiedener Maßnahmen und ganzer Unternehmen hinsichtlich ihrer ökologischen Wirkungen.

ökologische Effizienz → ökologische Treffsicherheit.

ökologische Erfolgsspaltung – 1. *Begriff:* Die ökologische Erfolgsspaltung ist eine Methode zur Ermittlung der Ursache eines ökologischen Erfolgs. – 2. *Ursprung und Durchführung:* Als Grundlage dient die klassische betriebswirtschaftliche → Erfolgsspaltung. Bei der ökologischen Erfolgsspaltung erfolgt die Abspaltung nach den Kriterien: Betriebsbezogenheit (Abspaltung externer Erfolgsbestandteile), Regelmäßigkeit (Abspaltung unbeabsichtigter Erfolgsbestandteile) und Leistungsbezogenheit (→ Abweichungsanalysen).

ökologische Folgekosten → externe Kosten.

ökologische Innovation – umweltfreundliche und/ oder ressourcensparende produkt- bzw. prozessbezogene Neuerung.

ökologische Knappheit – I. Betriebswirtschaftslehre: 1. *Begriff:* Verhältnis von aktuellem tatsächlichem Ausmaß der Inanspruchnahme eines Umweltgutes (→ Ressourcenökonomik, → Umweltmedium, → Ökosystem) durch Auswirkungen von Produktion/ Konsum („Einwirkungen“ auf das Umweltgut) und kritischem Ausmaß dieser Inanspruchnahme (Beginn eines ökologisch inakzeptablen Zustandes des Umweltgutes, z.B. Erschöpfung eines natürlichen Vorkommens, „Umkippen“ eines Gewässers). – 2. Ökologische Knappheit *beinhaltet:* a) *Ratenknappheit* (reproduzierbare bzw. regenerierbare Umweltgüter): Bestimmung jeweils der maximal zulässigen, aufgrund des gegenwärtigen Bestandes und durch natürliche Regenerationsvorgänge auf Dauer realisierbaren Verbrauchsmenge an einem bzw. Immissionsmenge in ein Umweltgut. – b) *Kumulativknappheit* (nicht reproduzierbar bzw. nicht regenerierbare Umweltgüter): Bestimmung des Zeitraums, der bis zur völligen Erschöpfung einer Ressource (z.B. Erdöl) bzw. zur völligen Auslastung des Pollutionsmediums (z.B. Wasser eines Sees) führt. – 3. *Maß:* → Äquivalenzkoeffizient.

II. Umwelt- und Ressourcenökonomik: Ökologische Knappheit entsteht, wenn es durch anthropogene Handlungen zu einem schnelleren und umfangreicheren Aufbau von → Entropie kommt, als durch biologischen Abbau kompensiert werden kann *(Nettoentropieüberschuss).* In diesem Sinn ist der Begriff der ökologischen Knappheit absolut. Daneben existiert die qualitative ökologische Knappheit, die trotz insgesamt ausreichend verfügbarer Materie temporär oder lokal (z.B. lokale Bodenverunreinigungen, Grundwasserverschmutzungen, Tankerkatastrophen) auftreten kann.

ökologische Kompatibilität – Vereinbarkeit menschlicher Lebens- und Wirtschaftsweisen mit der dauerhaften Erhaltung der natürlichen Umwelt. – Vgl. auch → nachhaltige Entwicklung, → biokybernetische Grundregeln.

ökologische Konkurrenzanalyse → Konkurrenzanalyse nach ökologischen Kriterien. – *Ziel:* frühzeitiges Erkennung von möglichen Wettbewerbsverschiebungen (→ Wettbewerb). – Diese umfasst: – 1. die Identifikation relevanter und potenzieller Wettbewerber, – 2. die Bestimmung der Stärken und Schwächen der Wettbewerber, – 3. eine Analyse der gegenwärtigen und eventuellen zukünftigen ökologieorientierten → Strategien der Wettbewerber und – 4. die Ableitung von Reaktionsprofilen der Wettbewerber und Abgleich mit der eigenen Strategie.

ökologische Krise – Situation, in der die Gefahr nachhaltiger und irreversibler Gefährdungen der natürlichen Umwelt besteht.

ökologische Ökonomik – Die ökologische Ökonomik ist der Umwelt- und Ressourcenökonomik einerseits eng verbunden, definiert sich andererseits aber auch in Abgrenzung zu dieser. Insbesondere kritisiert sie den neoklassischen (und allgemeiner: auf der → Entscheidungstheorie aufbauenden) Rahmen ökonomischer Theoriebildung.

ökologische Reproduktionsdynamik – Fähigkeit der → Biosphäre, lebensnotwendige Funktionen wie Assimilation, Nährstoffaufnahme und Abbau von Ausscheidungen durch miteinander verzahnte Stoff-, Wasser-, Energie- und Nährstoffkreisläufe aufrechtzuerhalten. – Vgl. auch → Fließgleichgewichte, → Biozönose, → Entropie.

ökologische Steuerreform – In Deutschland wurde mit einer ökologischen Steuerreform 1999 in Form einer → Energiesteuer begonnen. Auch in anderen europäischen Ländern stehen Energiesteuern im Mittelpunkt einer ansatzweisen Einführung ökologischer Steuerreformen, wobei bes. betroffene Branchen oft ausgenommen sind. In Deutschland werden Steuern auf Kraftstoffe, leichtes und schweres Heizöl, Erdgas und Flüssiggas zum Verheizen erhoben. Ausnahmeregelungen betreffen bspw. ermäßigte Steuersätze für Unternehmen des produzierenden Gewerbes und Niedrigsteuersätze für Erdgas im Verkehr. Die mit einer ökologischen Steuerreform verbundene Hoffnung einer → dreifachen Dividende wird in der Theorie kontrovers beurteilt.

ökologisches Wohlstandsmodell – Vorstellung einer Gesellschaft die sich am Leitbild der → nachhaltigen Entwicklung orientiert und alle Lebensbereiche, v.a. das Bildungssystem (→ umweltbewusstes Verhalten), das Konsumverhalten, Innovationen und Technologien sowie die internationalen Wirtschaftsbeziehungen betrifft. – Vgl. auch → ökologische Kompatibilität.

ökologische Treffsicherheit – Genauigkeit, mit der ein umweltpolitisches Ziel (→ Umweltziele), z.B. ein bestimmter regionaler Emissionswert, mit einem umweltpolitischen Instrument (→ Umweltpolitik) erreicht werden kann. Die ökologische Treffsicherheit ist neben der → Kosteneffizienz und der → dynamischen Anreizwirkung ein wichtiges Kriterium bei der ökonomischen Beurteilung umweltpolitischer Instrumente.

ökologische Wirksamkeit – Bewertungskriterium, um die Zielkonformität eines umweltpolitischen Instrumentes (→ Umweltpolitik) zu beurteilen. Ökologische Wirksamkeit liegt vor, wenn der Mitteleinsatz den gewünschten Umwelteffekt auch faktisch aufweist. – Vgl. auch → ökologische Treffsicherheit.

Ökomarketing – *Umweltschutzmarketing, ökologieorientiertes Marketing;* eine Ausprägung des Societal Marketings mit dem Ziel, bei der Planung, Koordination, Durchsetzung und Kontrolle aller marktgerichteten Transaktionen eine Vermeidung und Verringerung von Umweltbelastungen zu bewirken, um über eine dauerhafte Befriedigung der Bedürfnisse aktueller und potienzieller Kunden unter Ausnutzung von Wettbewerbsvorteilen und bei Sicherung der gesellschaftlichen Legitimität die angestrebten Unternehmensziele zu erreichen. Das Ökomarketing kann als Vertiefung (Deepening) des kommerziellen Marketings angesehen werden, bei der neben der Abnehmer- und Wettbewerbsorientierung ökologische und ethische Entscheidungskriterien ergänzend Berücksichtigung finden.

Ökonometrie

von Prof. Dr. Horst Rottmann und Dr. Benjamin R. Auer

I. Aufgaben der Ökonometrie

Die zentrale Aufgabe der Ökonometrie ist die Ableitung ökonometrischer Modelle aus ökonomischen Theorien und deren numerische Konkretisierung. Da mit ökonometrischen Analysen unterschiedliche Detailziele verfolgt werden können, ist eine Betrachtung selbiger eine weitere Möglichkeit, um das Aufgabengebiet der Ökonometrie zu beschreiben:

- Die Ökonometrie dient erstens dazu, wirtschaftswissenschaftliche Zusammenhänge zu quantifizieren. Dies geschieht durch Rückgriff auf empirische Daten und Schätzung konkreter Werte für ursprünglich nur abstrakte Parameter in Modellgleichungen, die die Beziehung zwischen ökonomischen Größen beschreiben. So kann z.B. für ein Modell zur Investitionsnachfrage im Detail angegeben werden, wie stark sich diese verändert, wenn der langfristige Zinssatz um einen Prozentpunkt steigt.
- Zweitens bietet die Ökonometrie Möglichkeiten zum empirischen Testen von Hypothesen und Modellen. Bevor nämlich für ein Modell ausgesagt werden kann, dass es die Realität annähernd beschreibt und es damit zur Analyse ökonomischer Sachverhalte verwendet werden kann, gilt es nach dessen Schätzung seine empirische Gültigkeit zu überprüfen. Die Ökonometrie bietet auch Testverfahren, die es erlauben, zwischen konkurrierenden Hypothesen zu diskriminieren.
- Ist die empirische Gültigkeit des Modells durch entsprechende Tests untermauert, besteht das dritte Ziel der ökonometrischen Analyse in der Abgabe von Prognosen oder in der Simulation von Änderungen, die z.B. aus wirtschaftspolitischen Eingriffen resultieren. Aus historischem Datenmaterial geschätzte Modelle werden von Ökonomen z.B. benutzt, um Prognosen für das künftige BIP-Wachstum oder die Inflationsrate abzugeben. Die Genauigkeit solcher Prognosen ist natürlich davon abhängig, ob die vergangene Entwicklung solcher Variablen wirklich Informationen über ihre zukünftige Entwicklung liefern kann.

Aus diesen Zielen ist ersichtlich, dass sich eine ökonometrische Analyse immer auf ökonomische Theorien stützen muss. Teilweise werden dabei Anforderungen an die Theorie gestellt, die man als Ökonom nicht immer gewohnt ist, bspw. die Angabe konkreter funktionaler Formen (z. B. lineare oder quadratische Funktionen) für theoretische Zusammenhänge. Des Weiteren benötigt man geeignete Daten, um die Modellvariablen mit empirisch beobachtbaren Daten beschreiben zu können. Bei manchen Fragestellungen ist eine empirische Operationalisierung der im theoretischen Modell enthaltenen Variablen nur schwer möglich (z.B. Risikobereitschaft, Intelligenz, Vertrauenswürdigkeit, Motivation).

II. Kerngebiete der Ökonometrie

Während in den letzten 30 Jahren v.a. die Kointegrations- und Zeitreihenanalyse, die verallgemeinerte Momentenmethode, die Bayessche Ökonometrie, Methoden zur Ausnutzung von Quasi-Experimenten sowie Mikro- und Paneldatenmodelle innerhalb der Wirtschaftswissenschaften zunehmend an Bedeutung gewonnen haben, ist die klassische Regressionsanalyse der älteste Verfahrenskomplex in der Ökonometrie und der Ausgangspunkt der genannten moderneren Methoden und Modelle. Sie ist ein statistisches Verfahren, welches versucht, die Veränderung einer sog. erklärten Variablen über die Veränderungen einer Reihe sog. erklärender Variablen durch Quantifizierung einer einzelnen Gleichung zu erklären. Eng verwandt, jedoch konzeptionell von der Regressionsanalyse sehr verschieden, ist die Korrelationsanalyse. Ihr Primärziel ist die Messung der Stärke und Richtung eines linearen Zusammenhangs zwischen Variablen (z.B. Mathematik- und Statistiknoten). Zudem werden bei der Korrelationsanalyse die zwei betrachteten Variablen symmetrisch behandelt, d.h. es wird nicht zwischen erklärten und erklärenden Variablen unterschieden.

Eine Regression kann feststellen, ob eine quantitative Beziehung zwischen den erklärenden Variablen und der erklärten Variable besteht. Ein Regressionsergebnis allein kann aber trotz statistischer Signifikanz keine Kausalität beweisen, da eine statistische Beziehung niemals Kausalität impliziert. Um Kausalität zu begründen, benötigt man zusätzlich Theorien und a-priori-Wissen außerhalb der Statistik. Trotzdem dienen die Regressionsanalyse und andere Verfahren der Ökonometrie im Gegensatz zur Korrelationsanalyse dazu, Kausalitäten zu erforschen. Damit die empirische Regressionsanalyse dazu in der Lage ist, müssen aber strenge Annahmen (siehe unten) erfüllt sein. Diese Annahmen können in ihrer Gesamtheit schließlich und endlich nur mithilfe von ökonomischen Theorien und a-priori-Wissen außerhalb der Statistik überprüft werden. Denn die statistischen Verfahren zur Überprüfung der Annahmen basieren wiederum auf gewissen Annahmen, die mithilfe ökonomischer Theorien begründet werden. Deshalb benötigt man a-priori-Wissen außerhalb der Statistik, um Kausalitäten zu begründen.

III. Lineare Regression

Im einfachsten Fall beschreibt ein Regressionsmodell $Y = \beta_0 + \beta_1 X_1 + \ldots + \beta_k X_k + \varepsilon$ eine endogene Variable Y durch eine lineare Beziehung zu einer oder mehreren anderen Variablen $X_1, \ldots, X_k$. Da es in der Praxis keine exakte Beziehung zwischen empirisch beobachteten Größen geben wird, erfasst darin ein Störterm e zusätzlich alle Faktoren, die neben $X_1, \ldots, X_k$ einen Einfluss auf Y haben und nicht unmittelbar erfassbar sind. Von besonderer praktischer Bedeutung ist die Erlangung von Schätzungen für die Modellparameter $\beta_0, \ldots, \beta_k$, da auf ihrer Basis Prognosen für die Ausprägung von Y bei vorliegenden Ausprägungen von $X_1, \ldots, X_k$ möglich sind, sofern sich das Modell als empirisch tauglich herausgestellt hat. Das Standardverfahren zur Schätzung der Parameter in linearen Regressionsmodellen ist die OLS-Schätzung (engl. Ordinary Least Squares). Um sie problemlos anwenden zu können, sind jedoch vom Regressionsmodell eine Reihe von Annahmen zu erfüllen. Erstens muss das Regressionsmodell parameterlineare Gestalt besitzen und nicht alle vorliegenden Beobachtungen einer X-Variable dürfen gleich sein, da andernfalls keine Schätzung mit OLS möglich ist. Zweitens muss der bedingte Erwartungswert des Störterms gleich null sein, d.h. $E(\varepsilon \mid X_1, \ldots, X_k) = 0$, was eine Kovarianz zwischen den X-Variablen und ε von null impliziert, d.h. $Cov(\varepsilon, X_1) = 0, \ldots, Cov(\varepsilon, X_k) = 0$. Diese Annahme der Exogenität von $X_1, \ldots, X_k$ ist essentiell, da nur in diesem Fall ceteris-paribus-Aussagen wie „Eine Veränderung von X_1 um eine Einheit führt zu einer Veränderung von Y um β_1 Einheiten." möglich sind. Eine Verletzung dieser Annahme (z.B. durch Messfehler bei der erklärenden Variablen oder Vernachlässigung zentraler Modellvariablen) führt zu verzerrten und inkonsistenten Parameterschätzungen. Drittens müssen auch die bedingte Varianz des Störterms konstant und die bedingten Störtermkovarianzen gleich null sein. Ist diese sog. Störtermhomoskedastizität und -unkorreliertheit nicht gegeben, werden die Standardfehler der Parameterschätzer verzerrt geschätzt und die zum Regressionsmodell gehörenden Hypothesentests verfälscht. Viertens darf keine perfekte Korrelation zwischen den erklärenden Variablen vorherrschen, da in einem solchen Fall sog. vollkommener Multikollinearität eine OLS-Schätzung unmöglich ist. Auch eine unvollkommene Multikollinearität, die durch hohe (von eins verschiedene) Korrelationen gekennzeichnet ist, ist problematisch, da OLS in diesem Fall nicht präzise zwischen den Einflüssen der einzelnen Variablen unterscheiden und deswegen ungenaue Parameterschätzungen liefern kann. Fünftens sollten die Störterme möglichst normalverteilt sein, da diese Verteilungseigenschaft von entscheidender Bedeutung für Hypothesentests in Regressionen ist.

IV. Annahmenverletzungen im linearen Regressionsmodell

Um Indizien für Annahmenverletzungen zu erlangen, kann eine Reihe statistischer Tests herangezogen werden. Werden Probleme festgestellt, kann je nach Art des Problems die Modellspezifikation überarbeitet, auf robuste unterstützende Verfahren zurückgegriffen (z.B. Newey-West-Standardfehler) oder auf alternative Schätzverfahren (z.B. Instrumentenvariablenschätzung) ausgewichen werden. Deutet bereits die ökonomische Theorie darauf hin, dass sich Annahmen des klassischen Regressionsmodells nicht als realistisch erweisen, wird üblicherweise direkt mit den allgemeineren Verfahren gearbeitet.

Ist die Annahme der Parameterlinearität nicht erfüllt, kann unter Umständen durch Modelltransformation (z.B. durch Logarithmierung) eine parameterlineare Form hergestellt werden. Ist dies nicht möglich, kann keine OLS-Schätzung durchgeführt werden. In diesem Fall kann man jedoch z.B. eine NLS-Schätzung (engl. Nonlinear Least Squares) anwenden. Eng verbunden mit der Annahme der Parameterlinearität ist, dass im linearen Regressionsmodell zeitinvariante Modellparameter unterstellt werden. Zur Überprüfung dieser Annahme werden in der Praxis Chow-, CUSUM- und CUSUMQ-Tests eingesetzt. Werden mit diesen Tests Strukturbrüche identifiziert, so kann dies als ein Hinweis auf eine schwerwiegende Fehlspezifikation des Modells interpretiert werden. Es empfiehlt sich dann die Modellspezifikation bspw. hinsichtlich Variablenauswahl oder funktionaler Form zu überarbeiten. Wird allerdings aus theoretischen Überlegungen mit Strukturbrüchen gerechnet, so kann anstatt einer Modifikation der Spezifikation eine Aufteilung des vorliegenden Stichprobenzeitraums und eine separate OLS-Schätzung für die Teilzeiträume vorgenommen werden.

Mangelnde Exogenität bzw. vorliegende Endogenität der erklärenden Variablen kann mit dem sog. Hausman-Test aufgedeckt werden. Begegnen kann man der Annahmenverletzung mit der sog. Instrumentenvariablenschätzung (IV-Schätzung). Bei dieser werden sog. Instrumentenvariablen benötigt, die hochgradig mit den endogenen erklärenden Variablen korreliert (Instrument-Relevanz) und gleichzeitig nicht mit dem Störterm korreliert sind (Instrument-Exogenität). Anders als OLS liefert der IV-Schätzer bei geeigneter Instrumentgüte konsistente Parameterschätzungen. Die Güte der Instrumente kann dabei durch Regressionen der endogenen erklärenden Variable auf alle Instrumente einschließlich der exogenen Variablen (Test der Instrument-Relevanz) und den sog. Sargan-Test (Test der Instrument-Exogenität) geprüft werden.

Ein besonders in Querschnittsregressionen (Datenmaterial zu verschiedenen Merkmalsträgern zu einem bestimmten Zeitpunkt) häufig anzutreffendes Problem ist das der Heteroskedastizität, d.h. nicht konstanter bedingter Varianz des stochastischen Störterms. Kann man mittels eines Breusch-Pagan- oder White-Tests Heteroskedastiziät aufdecken, besteht in großen Stichproben die Möglichkeit, an Stelle der dann von OLS falsch geschätzten Standardfehler, heteroskedastizitätsrobuste White-Standardfehler heranzuziehen. Alternativ ist in großen Stichproben auch die Anwendung von WLS (engl. Weighted Least Squares) denkbar. Hier werden die Daten auf Basis der durch spezielle Testverfahren konkret aufgedeckten Heteroskedastizitätsstruktur transformiert, sodass ein mit OLS schätzbares Modell entsteht, das keine Heteroskedastizität mehr aufweist. Man erhält durch dieses Verfahren nicht nur andere geschätzte Standardfehler, sondern auch effizientere Schätzungen der Modellparameter. Kritisch ist bei diesem Verfahren jedoch, dass nur bei korrekt erfasster Heteroskedastizitätsstruktur effizientere Schätzungen als mit OLS im nicht transformierten Modell entstehen können. Gerade die Aufdeckung dieser Struktur ist allerdings meist problematisch.

In Zeitreihenregressionen (Datenmaterial zu einem Merkmalsträger zu verschiedenen Zeitpunkten) ist man häufig mit dem Problem von Störtermautokorrelation konfrontiert. Kann man mit einem Durbin-Watson-Test Autokorrelation erster Ordnung (Störterm hängt nur vom Wert der Vorperiode ab) oder mit einem Breusch-Godfrey-Test Autokorrelation höherer Ordnung (Störterm hängt auch von weiter zurückliegenden Werten ab) aufdecken, so hat man die Möglichkeit, dieser in großen Stichproben mit autokorrelationsrobusten Newey-West-Standardfehlern zu begegnen. Es handelt sich dabei um Standardfehler, die in ihren Berechnungsformeln Autokorrelation beliebiger Ordnung (und auch Heteroskedastizität) berücksichtigen. Alternativ kann man in großen Stichproben auch auf eine Verallgemeinerung von WLS und zwar GLS (engl. Generalised Least Squares) zurückgreifen. Dieses Verfahren liefert korrekte Standardfehler und effizientere Schätzungen der Modellparameter, sofern die Autokorrelationsstruktur, die zur Modelltransformation verwendet wird, korrekt erfasst wurde. Wichtig ist in diesem Zusammenhang, dass sowohl Heteroskedastizität als auch Autokorrelation als Hinweise auf Modellfehlspezifikation interpretiert werden können. Dies bedeutet, dass die beschriebenen Gegenmaßnahmen erst dann umgesetzt werden sollten, wenn Spezifikationsfehler nach Möglichkeit ausgeschlossen sind.

Im Zusammenhang mit Zeitreihenregressionen ist außerdem anzumerken, dass hier die sog. Stationarität der verwendeten Zeitreihen eine bedeutende Rolle spielt. Zeitreihen bezeichnet man allgemein als stationär, wenn sich ihre grundlegenden Eigenschaften wie z.B. Erwartungswert und Varianz im Zeitverlauf nicht verändern. Bei nichtstationären Zeitreihen kommt es hingegen zu derartigen Veränderungen. Werden nichtstationäre Zeitreihen in Regressionen verwendet, kann dies zu sog. Scheinregressionen (engl. Spurious Regression) führen. Dies bedeutet, dass meist fälschlicherweise Schätzergebnisse resultieren, die dafür sprechen, dass die erklärende Variable einen signifikanten Einfluss auf die erklärte Variable hat, auch wenn zwischen beiden Variablen keinerlei Zusammenhang besteht. Auf Stationarität kann z.B. mit dem sog. Dickey-Fuller-Test getestet werden. Zeigt der Test Nicht-Stationarität auf, kann man sich damit behelfen, in ersten Differenzen zu schätzen, da erste Differenzen häufig stationär sind, auch wenn es die Ausgangsreihen nicht sind. Es gibt jedoch auch Fälle, in denen man nichtstationäre Variablen in Modellen einsetzen darf. Sind nämlich die Variablen eines Regressionsmodells nichtstationär, so kann es dennoch vorkommen, dass eine Linearkombination der Variablen stationär ist. Man sagt in einem solchen Fall, dass die Variablen kointegriert sind oder dass zwischen ihnen eine langfristige Beziehung (eine Gleichgewichtsbeziehung) besteht. Ob zwei Variablen kointegriert sind, kann man z.B. überprüfen, indem man die Residuen der einfachen OLS-Schätzung einem Dickey-Fuller-Test unter Berücksichtigung spezieller kritischer Werte unterzieht. Im Falle kointegrierter Variablen wäre es unvorteilhaft, nur in ersten Differenzen zu schätzen, da man damit lediglich die Kurz- und nicht auch die Langfristbeziehung zwischen den Variablen abbildet. Schätzt man das Modell in seiner ursprünglichen Form, bildet man nur die Langfristbeziehung ab. Um beide Fristigkeiten zu berücksichtigen, werden für Modelle mit kointegrierten Reihen spezielle Verfahren zur Schätzung der interessierenden Parameter eingesetzt. Zu diesen zählen z.B. Fehlerkorrekturmodelle und die dynamische OLS-Schätzung.

Nach diesem Exkurs in die Zeitreihenregression beschäftigen wir uns wieder mit den Basisannahmen des linearen Regressionsmodells. Während vollkommene Multikollinearität unmittelbar durch eine technische Fehlermeldung der Ökonometriesoftware angezeigt wird, kann man Hinweise auf unvollkommene Multikollinearität aus hohen paarweisen Korrelationskoeffizienten und hohen Bestimmtheitsmaßen in Regressionen der erklärenden Variablen aufeinander gewinnen. Da es durch unvollkommene Multikollinearität nicht zwangsläufig zu einer Steigerung der Varianz der Parameterschätzer kommen muss, wird in der Praxis meist ein gewisses Maß an unvollkommener Multikollinearität geduldet, solange die Varianzen nicht so groß werden, dass sie die Hypothesentests zu stark beeinflussen.

Auch die Annahme der Normalverteilung des stochastischen Störterms wird in der Praxis meist nicht intensiven Tests unterzogen. Es existieren zwar Testverfahren, wie etwa der Jarque-Bera-Test, doch wird in großen Stichproben meist davon ausgegangen, dass aufgrund des Zentralen Grenzwertsatzes zumindest approximativ eine Normalverteilung der geschätzten Parameter gegeben ist.

V. Abschließende Hinweise

Der vorliegende Beitrag gibt nur einen groben Überblick über grundlegende Sachverhalte traditioneller ökonometrischer Vorgehensweisen. Zur praktischen Umsetzung von Regressionsanalysen und anderen ökonometrischen Verfahren bietet sich die Verwendung professioneller Software an. EViews und Stata sind in dieser

Hinsicht die am meisten verwendeten ökonometrischen Programme, wobei Stata seine besonderen Stärken in der Panel- und Mikroökonometrie hat, EViews dagegen stärker für die Analyse von Zeitreihen ausgelegt ist.

ökonometrische Methoden – Die Vielfalt ökonometrischer Methoden lässt sich unabhängig von der Form des → ökonometrischen Modells (Strukturmodelle oder → Zeitreihenmodelle) unterteilen in: (1) Schätzmethoden für die unbekannten Parameter (Methoden zur numerischen Konkretisierung der unbekannten Parameter); (2) Methoden zur Überprüfung der jeweils vorgenommenen stochastischen und ökonomischen Spezifikationen der Modelle, d.h. in Spezifikationstests und andere Testverfahren; (3) Methoden zur Evaluation der geschätzten Modelle und deren Weiterverarbeitung.

ökonometrisches Modell – 1. *Modellbildung*: Die Beziehungen zwischen den Variablen werden durch Relationen (Gleichungen, Ungleichungen) beschrieben, die unbekannte Parameter enthalten können. Die ökonomischen Modelle sind i.d.R. deterministisch formuliert, weil die Wirtschaftstheorie primär an der logischen Analyse ökonomischer Begriffsbildungen und Hypothesen interessiert ist. Oft ist es dabei nicht einmal notwendig, die Funktionalform und die Parameter der Relationen zwischen den Modellvariablen näher zu konkretisieren. Sobald jedoch ein Modell aus der ökonomischen Theorie auf seinen empirischen Gehalt überprüft werden soll, ist eine entsprechende Konkretisierung vorzunehmen, d.h. die Begriffsbildungen der theoretischen Analyse sind in operable wirtschaftstatistische Größen umzusetzen, die Funktionalformen und die Annahmen über die Parametervariation müssen festgelegt werden etc. – 2. *Probleme*: Wird ein ökonomisches Modell mit Beobachtungsdaten konfrontiert, so zeigt es sich, dass abgesehen von definitorischen Beziehungen die Modellrelationen, solange die Parameter als konstant angesehen werden, die Variation der Beobachtungswerte nicht vollständig erfassen können. Mögliche Ursachen zur Erklärung dieser Diskrepanzen zwischen Empirie und Modell sind Beobachtungs- oder Messfehler in den Daten, Mängel in der → Spezifikation des verwendeten Modells (z.B. Nichtberücksichtigung wichtiger Einflussfaktoren) oder eine gewisse Unbestimmtheit in den Entscheidungen der Wirtschaftssubjekte. – Der gebräuchlichste Ansatz in der Ökonometrie zur Lösung dieses Problems besteht nun darin, durch die Aufnahme nichtbeobachtbarer Zufallsvariablen in die Modellspezifikation diesen Diskrepanzen Rechnung zu tragen. Da diese Zufallsvariablen bei einer Konfrontation des Modells mit der Empirie die Abweichungen zwischen den durch das Modell beschriebenen Werten und den Beobachtungsdaten repräsentieren, werden sie auch als → Störterme bezeichnet. Durch die Einführung dieser Störvariablen erhalten alle vom Modell zu erklärenden Variablen einen stochastischen Charakter. Diese Stochastisierung ist eine wesentliche Charakteristik ökonometrischer Modelle. – 3. *Formen und Typen*: Durch die Anzahl der Relationen, deren Funktionalform und durch spezifische Annahmen über den Charakter der Zufallsvariablen im Modell sowie durch strukturelle Besonderheiten und in Abhängigkeit von der verwendeten Datenbasis ergeben sich unterschiedliche Formen und Typen ökonometrischer Modelle, die in aller Regel auch spezifische, methodische Schätzansätze erfordern. So sind → Einzelgleichungsmodelle und → Mehrgleichungsmodelle, Modelle basierend auf Paneldaten (→ Paneldaten und Paneldatenmodelle), → Querschnittsdaten oder → Zeitreihendaten, mikro- (→ Mikroökonometrie) und → makroökonomische Modelle, dynamische (→ Lag-Modell) und → statische Modelle, usw. zu unterscheiden.

ökonometrisches Prognosemodell – Es sind allg. zwei Prognosearten zu unterschieden: (1) Bei Ex-Post-Prognosen sind sowohl die Werte der verzögerten gemeinsam abhängigen Variablen als auch die der exogenen Variablen bekannt. Werden für die verzögerten gemeinsam abhängigen Variablen, abgesehen von den Anfangswerten, die durch das Modell bestimmten Werte und nur für die exogenen Variablen die Beobachtungswerte verwendet, handelt es sich um eine dynamische Ex-Post-Prognose. (2) Bei Ex-Ante-Prognosen müssen die Werte für die exogenen Variablen außerhalb des Modells prognostiziert werden, oder es muss für diese Werte auf Prognosen mit anderen Modellen bzw. aus anderen Quellen zurückgegriffen werden. – Bei der späteren Überprüfung der Prognosequalität muss zunächst die Prognose unter Verwendung der dann bekannten Beobachtungswerte für die exogenen Variablen wiederholt werden, um zwischen Prognosefehlern, die auf Fehler bei der Prognose der exogenen Variablen zurückgehen, und den eigentlichen Prognosefehlern des Modells unterscheiden zu können. – Zur Beurteilung der Prognosequalität steht eine Reihe von Prüfmaßen zur Verfügung. Dazu zählen z.B. der mittlere quadratische → Prognosefehler und → Theils Ungleichheitskoeffizient.

Ökonomik der Entwicklungsländer → Entwicklungstheorie.

ökonomische Bewertung von Umweltschäden – *Monetarisierung von Umweltschäden*. 1. *Begriff/Bedeutung*: Versuch, das Ausmaß von Umweltschäden (oder Umweltqualitätsverbesserungen) in Geldeinheiten zu erfassen. Die ökonomische Bewertung von Umweltschäden ist Voraussetzung für eine → Internalisierung externer Effekte, Entscheidungshilfe bei der Findung umweltpolitischer Ziele und dient zur Integration von Umwelteffekten in die → Volkswirtschaftliche Gesamtrechnung (VGR). – 2. *Bewertungskonzept/-methoden:* Da der (positive oder negative) Nutzen einer

Umweltqualitätsveränderung wegen der Ordinalität des in der Wirtschaftstheorie verwendeten Nutzenbegriffs nicht unmittelbar gemessen werden kann, behilft sich die ökonomische Bewertung mit einer Näherungsgröße. Als Nutzenmaß gilt die aggregierte → Zahlungsbereitschaft der betroffenen Individuen für eine Umweltqualitätsveränderung. Analog wird auch die aggregierte Kompensationsforderung verwendet. Für die Erfassung und Quantifizierung von Zahlungsbereitschaften stehen folgende Methoden zur Verfügung: (1) Analyse individuellen Anpassungsverhaltens (die Ausgaben, die von Individuen getätigt werden, um Schäden abzuwenden, bieten Aufschluss über den Wert, den diese Individuen der Schadenssenkung beimessen); (2) Analyse von Preisänderungen (→ hedonischer Ansatz); (3) Befragungstechniken (→ Contingent Valuation). – Vgl. auch → Umweltökonomik.

ökonomische Effizienz – Entscheidungskriterium, das von mehreren ökologisch gleich wirksamen Maßnahmen (→ ökologische Treffsicherheit) diejenige auswählt, die mit den geringsten volkswirtschaftlichen Kosten verbunden ist (auch Kosteneffizienz genannte). Kosteneffizienz verlangt, dass die Grenzvermeidungskosten aller Unternehmen identisch sind, was durch unterschiedliche Vermeidungsmengen erreicht wird.

ökonomische Rationalität – 1. *Begriff und Verwendungsweisen:* Der Begriff „Rationalität" bezieht sich auf das Verhalten von Wirtschaftssubjekten (Produzenten und Konsumenten) in Entscheidungssituationen. Der ökonomischen Rationalität liegt allg. das Streben nach größtmöglichem Nutzen bei beschränkten Handlungsalternativen zugrunde. – Eine *normative* Verwendungsweise liegt vor, wenn den Wirtschaftssubjekten der Weg zu rationalem Verhalten gewiesen werden soll (normative Entscheidungstheorie); eine *deskriptive* Verwendungsweise, wenn Rationalität grundsätzlich als Merkmal handelnder Personen interpretiert wird. – 2. *Objektive Rationalität:* Es wird vollkommene Voraussicht bzw. Transparenz der Wirtschaftssubjekte (dem → Homo oeconomicus verliehene Eigenschaft) angenommen; das Nutzenstreben wird allerdings auf Maximierung des monetären Vorteils beschränkt, v.a. Gewinnmaximierung des Unternehmers. – Kritisiert wurde diese Auffassung u.a. wegen der möglichen Konsequenz der Entscheidungsparalyse: Wenn jede Aktion seitens der übrigen Wirtschaftssubjekte zu einer sofortigen Reaktion führt und damit der Handlungserfolg von vornherein verhindert wird, kommt es zur Handlungsunfähigkeit. – 3. Die Vorstellung von objektiver Rationalität im Rahmen der *normativen Entscheidungstheorie* und die dort vorgenommene Differenzierung zwischen Risiko- und Unsicherheitssituationen kann als Versuch gewertet werden, das Informationsproblem realistischer zu behandeln; allerdings bleibt auch hier die Nutzenfunktion unspezifiziert, sodass von einem Verzicht auf die Lösung des Motivationsproblems gesprochen werden muss. – 4. *Begrenzte Rationalität:* Wirtschaftssubjekte werden nicht als Maximierer, sondern als Satisfizierer interpretiert. Sobald das individuelle → Anspruchsniveau erreicht ist, wird die weitere Informationssuche abgebrochen. Die Beschränkung der Rationalität ergibt sich ferner auf natürliche Weise aus Kapazitätsgrenzen im Hinblick auf Informationsaufnahme und -verarbeitung. – 5. *Subjektive Rationalität:* Wirtschaftssubjekte werden ebenfalls als nach Nutzenmaximierung strebende Wesen betrachtet; es wird allerdings berücksichtigt, dass sie ggf. unterschiedliche Motiv- bzw. Bedürfnisstrukturen besitzen und ihr Informationsstand i.d.R. ungleich ist (z.B. aufgrund ungleich verteilter kognitiver Fähigkeiten, unterschiedlicher Zugangsmöglichkeiten zu Informationsquellen).

ökonomischer Gewinn – der Betrag, über den der Betriebseigner beliebig verfügen kann, ohne dass das Erfolgskapital der Unternehmung gemindert wird. Definiert wird der ökonomische Gewinn als das zu erhaltende Anfangsvermögen im → Ertragswert gemessen, d.h. im Barwert der künftigen Zahlungssalden der Unternehmung während des gesamten Planungszeitraums, einschließlich des Verkaufserlöses am Ende. Der ökonomische Gewinn bemisst somit den nicht periodisierten Betrag der Zahlungssalden einer Unternehmung, dessen Entnahme zu keiner Veränderung des Ertragswerts führt.

ökonomisches Prinzip → Wirtschaftlichkeitsprinzip, → Minimalkostenkombination.

ökonomische Theorie der Bürokratie – Ansatz zur Erklärung des Verhaltens bürokratischer Instanzen (→ Behörde); ökonomische Bürokratiemodelle stammen von Tullock (1965), Downs (1967), Niskanen (1971) und anderen. Das bekannteste formal-theoretische Bürokratiemodell geht auf W.A. Niskanen (1971) zurück. – 1. *Charakterisierung:* Der Ansatz konstruiert analog zum Modell des → bilateralen Monopols eine Tauschbeziehung zwischen der budgetbewilligenden Instanz (Wahlbeamte) und den sog. Büros, die die eigentlichen Produzenten der öffentlichen Dienstleistungen sind. In dieser Tauschbeziehung haben die Büros aufgrund ihres Informationsstandes und ihrer Fähigkeit, den Informationsfluss zu beeinflussen, eine starke Stellung. Tauschobjekte sind die von den Büros angebotenen Dienstleistungen und die Budgetmittel. – 2. *Annahmen:* (1) Die budgetbewilligende Instanz hat Vorstellungen über die Höhe des Gesamtbudgets sowie über die Art und Menge der zu erstellenden Dienstleistungen, aber sie hat weder Anreiz noch Gelegenheit, sich Informationen über Budgetminimierungsmöglichkeiten bei gleichem Leistungsoutput zu beschaffen. (2) Die in den Büros beschäftigten Beamten suchen entsprechend dem Rationalprinzip ihren Nutzen zu maximieren. Dieser wird durch Einkommen, Karrierechancen und Macht determiniert. (3) Die diesen Nutzen bestimmenden Faktoren sind zumeist positiv mit der Höhe des Bürobudgets korreliert. – 3. *Ergebnis:* Aus den Annahmen abgeleitet ergibt sich als Verhaltenshypothese für die Bürokratie in den Büros eine Strategie der Budgetmaximierung über eine Erhöhung des Dienstleistungsangebots. Die Budgetmaximierungsstrategie findet ihre Grenzen dort, wo Diskrepanzen zwischen angebotenen und tatsächlich realisierten Dienstleistungen zu Budgetkürzungen führen könnten.

ökonomische Theorie der Demokratie → Neue Politische Ökonomie.

ökonomische Theorie der öffentlichen Haushalte → Finanzwissenschaft.

ökonomische Theorie der Politik → Neue Politische Ökonomie.

ökonomische Theorie der Umwelt → umweltökonomische Theorie.

ökonomische Theorie des Clubs – *Clubtheorie, Klubtheorie.* 1. *Charakterisierung:* Ansatz zur Bestimmung der aus der Sicht des Individuums optimalen Mitgliederzahl eines Kollektivs, v.a. von → Buchanan und Olson entwickelt. Bestandteil der ökonomischen Theorie der Politik (→ Neue Politische Ökonomie). Die ökonomische Theorie des Clubs setzt bei der Überlegung an, dass aus der Sicht des rational handelnden Individuums der Zweck eines Zusammenschlusses in der für das Individuum möglichst kostengünstigen Versorgung mit solchen Gütern liegt, für die das Ausschlussprinzip nicht gilt (gruppenspezifische → öffentliche Güter). Das Individuum hat solange ein Interesse an der Ausdehnung der Kollektivgröße, wie sich daraus eine Verbesserung der Nettonutzensituation des Individuums ergibt. Demnach ist die optimale Größe des Clubs erreicht, wenn die Grenzkosten dem Grenznutzen eines weiteren Mitglieds entsprechen. – 2. *Anwendung:* Die ökonomische Theorie des Clubs wurde bes. im Rahmen der ökonomischen Föderalismusdiskussion angewandt (→ ökonomische Theorie des Föderalismus). Zudem ergibt sich hier eine ökonomische Erklärung für parafiskalische Gebilde.

ökonomische Theorie des Föderalismus – Ansätze zur Würdigung der volkswirtschaftlichen Bedeutung des Föderalismus (nach Musgrave): (1) *Fiskalische Standorttheorie:* Ansätze, die sich v.a. mit den *Kriterien, Verhaltensweisen und Mechanismen bei der Wahl von Standorten* durch Wirtschaftssubjekte (Standortwahl) befassen. Dabei spielen Fragen der Finanzierung von und der Versorgung mit → öffentlichen Gütern eine wichtige Rolle. Interpretiert man den Begriff Standort nicht nur räumlich, sondern z.B. auch mit Bezug auf die Mitgliedschaft in Zweckverbänden, so kann man im Rahmen der Standorttheorie Theorien des regionalen und funktionalen Föderalismus unterscheiden. (2) Ansätze, die sich mit der *Aufgabenverteilung, Zusammenarbeit* und den *Finanzbeziehungen* (→ Finanzausgleich) zwischen *autonomen Körperschaften* befassen. Im Mittelpunkt stehen die Analyse von → Spillover-Effekten und die Möglichkeiten ihrer Internalisierung. (3) Ansätze, die sich mit den *Beziehungen zwischen Körperschaften unterschiedlicher hierarchischer Ebenen* befassen. Dabei geht es u.a. um Probleme des optimalen Zentralisierungs- bzw. Dezentralisierungsgrads. – Vgl. auch → Föderalismus.

ökonomisch-ökologischer Nettoeffekt – 1. *Begriff:* Der ökonomisch-ökologische Nettoeffekt stellt Aktionskosten (nach Abzug der überwälzbaren Kosten) den erwarteten Sanktionskosten gegenüber. – 2. *Aktionskosten:* Zu den Aktionskosten gehören Vermeidungskosten, Verminderungskosten, Substitutionskosten, Verwertungskosten, Beseitigungskosten und → Transaktionskosten. Von ihnen sind die überwälzbaren Kosten zu subtrahieren. – 3. *Überwälzbare Kosten:* Zu den Ausprägungen von überwälzbaren Kosten gehören: a) prospektiv überwälzbare Kosten (auf Kunden) – b) retrospektiv überwälzbare Kosten (auf Lieferanten), – c) Subventionen, Finanzierungshilfen. – 4. *Sanktionskosten:* Dem gegenübergestellt werden die erwarteten Sanktionskosten: Verschmutzungsrechte, Versicherungsbeiträge, gesetzlich bedingte → Sanktionen, → Opportunitätskosten und Verhandlungslösungen.

ÖKOPROFIT – 1. *Begriff:* ÖKOPROFIT (Ökologische Projekt Für Integrierte Umwelt-Technik) ist ein Programm zur nachhaltigen → Wirtschaftsförderung. – 2. *Entstehung und Anwendung:* Entwickelt wurde es 1991 im Umweltamt der Stadt Graz. Ziel war, den Einsatz innovativer integrierter Technologien nachhaltig zu stärken und gleichzeitig die ökologische Situation in der Stadt und Region zu verbessern. Unternehmen können sowohl Kosten senken als auch ihre → Ökoeffizienz steigern. Für ÖKOPROFIT wurde ein Markenschutz (→ Marke) erteilt. In Deutschland existieren Projekte mit den Städten Bonn, Hamburg und Essen.

Ökorating – Ökoratings bereiten umweltbezogene Unternehmensinformationen auf, indem sie verschiedene → Unternehmen einer → Branche hinsichtlich ihrer Umweltfreundlichkeit bewerten. Insbesondere → Ökofonds machen von den → Ratings Gebrauch. – Vgl. auch → ethisches Investment, → Ökoindizes.

Ökoschäden – Schäden in den Bereichen der Natur für die keine Eigentumsrechte existieren.

Ökoskopie → ökoskopische Marktforschung.

ökoskopische Marktforschung – Form der → Marktforschung. Empirische Untersuchung objektiver Marktgrößen (ökonomische Größen und Größenbeziehungen), z.B. Umsätze, Preise, Mengen, Zahl der Anbieter (objekt- bzw. sachbezogen). – *Gegensatz:* → demoskopische Marktforschung. – Vgl. auch → Meinungsforschung.

Ökosteuer – 1. *Allgemein:* Die Bezeichnung für eine Form einer → Abgabe, die dazu dienen soll, über den Preis als marktkonformes Regulativ eine Verringerung der Umweltbelastungen zu erreichen. Durch

Internalisierung → externer Kosten (bewusste Veränderung der relativen Preise) entsteht ein Lenkungseffekt beim Verbraucher. Die Ökosteuer ist Anreiz für Unternehmen, durch „höheren Preis" ihre Kosten durch Einsatz des technischen Fortschritts zu senken. Durch „künstliche" Anhebung der Preise soll das Verhalten der Produzenten/Konsumenten indirekt so beeinflusst werden, dass Umweltbelastungen vermieden werden. – 2. *In Deutschland:* Abk. für „ökologische Steuerreform", ein Steuerreformprojekt, mit dem von 1999-2003 schrittweise die Regelungen insbesondere über die Verbrauchsteuern so umgebaut wurden, dass sie stärkere Lenkungsanreize zu einem ökologisch sinnvollen Verhalten geben. Eine eigenständige Steuer namens „Ökosteuer" gibt es also, anders als selbst offizielle Verlautbarungen es manchmal nahelegen, in Deutschland nicht. – Vgl. auch → ökologische Steuerreform, → Umweltabgabe.

Ökosystem – komplexes Wirkungsgefüge verschiedener Lebewesen und deren anorganischer Umwelt. Die trophischen Ebenen (Nahrungsebenen) garantieren den Energietransfer durch Auf- und Abbau von Stoffen und damit den ökologischen Kreislauf (→ Fließgleichgewicht).

ökozentrischer Ansatz – Begriff aus der Umweltdiskussion, nach dem der Mensch gegenüber anderen Arten keine vorrangigen Rechte an der Natur genießt. – *Gegensatz:* → anthropozentrischer Ansatz.

Okunsches Gesetz – nach M. Okun (1970) benannter Zusammenhang zwischen → Arbeitslosigkeit und relativer Auslastung des → Produktionspotenzials. Die Zunahme der Arbeitslosenquote um einen Prozentpunkt führt nach dem Okunsches Gesetz zu einer Verringerung des realen Bruttoinlandsproduktes um ca. 2 Prozent und damit zu einer Reduzierung des → Auslastungsgrades ebenfalls um ca. 2 Prozent. Dieser Zusammenhang ist im Gegensatz zu seiner Bezeichnung kein ökonomisches Gesetz, sondern eine empirisch beobachtete Regelmäßigkeit, die kurzfristig stabil ist, langfristig allerdings Änderungen unterworfen ist. Auch kann der Zusammenhang zwischen Volkswirtschaften mit unterschiedlichen Arbeitsmarktstrukturen variieren. Der Einfluss der Arbeitslosigkeit auf die gesamtwirtschaftliche Produktion entsteht durch die i.d.R. geringeren Einkommen der Arbeitslosen, die entsprechend weniger ausgeben. Folglich wird besonders der private Verbrauch belastet.

OLAP – Abk. für → Online Analytical Processing.

Ölflecktheorie → Dirigismus.

OLG – Abk. für → Oberlandesgericht.

Oligopol – 1. *Begriff:* → Marktform, bei der auf der Seite des Angebots und/oder der Nachfrage nur wenige relativ große Verkäufer bzw. Käufer auftreten (Angebotsoligopol, Nachfrageoligopol bzw. bilaterales Oligopol). Im Fall von nur zwei Verkäufern spricht man von *Dyopol (Duopol).* Da eine Abgrenzung zwischen vielen und wenigen Anbietern nicht möglich ist, wird das Vorliegen einer → oligopolistischen Interdependenz bzw. Reaktionsverbundenheit als Abgrenzungskriterium verwendet. Insofern gehen in die Gewinnfunktion des einzelnen Oligopolisten Größen ein, auf die er selbst keinen Einfluss ausüben kann. D.h. er muss seinen Gewinn unter Berücksichtigung der Aktionsparameter und der Reaktionen seiner Konkurrenten maximieren. – 2. *Modelle:* Oligopol-Modelle unterscheiden sich allein durch die zugrunde gelegten Hypothesen über Verhaltens- und Reaktionsweisen der Konkurrenten. – Vgl. auch → oligopolistische Preisbildung.

oligopolistisch – Begriff der Marktformenlehre (vgl. → Marktformen) und der Preistheorie für die Abhängigkeit (→ oligopolistische Interdependenz) und Verhaltensweise (→ oligopolistische Preisbildung) von „wenigen" Anbietern in einem → Oligopol bzw. Nachfragern in einem → Nachfrageoligopol (Oligopson).

oligopolistische Interdependenz – Begriff zur Beschreibung der starken wechselseitigen Erfolgsabhängigkeit und Reaktionsverbundenheit zwischen den (wenigen) Anbietern eines → Oligopols bzw. den (wenigen) Nachfragern eines Oligopsons (→ Nachfrageoligopol). Bei oligopolistischer Interdependenz gehen in die Gewinnfunktion des einzelnen Marktteilnehmers auch Größen ein, auf die er selbst keinen Einfluss ausüben kann. Er muss seinen Gewinn unter Berücksichtigung der → Aktionsparameter und der Reaktionen seiner Konkurrenten maximieren. – Vgl. auch → oligopolistische Preisbildung.

oligopolistische Preisbildung – 1. *Oligopolistische Preisbildung auf dem homogenen Markt:* a) Die *polypolistische Verhaltensweise* lässt sich auf die → Aktionsparameter Menge oder Preis beziehen: Im ersten Fall gelangt man zum *Cournotschen*, im zweiten Fall zum *Bertrandschen Dyopol-(Oligopol-)Modell.* – (1) *Cournotsches Modell:* Polypolistische Verhaltensweise bez. der *Menge* bedeutet, dass der einzelne Dyopolist seinen Gewinn maximiert unter der Annahme, dass der jeweils andere Anbieter seine bisherige Absatzmenge beibehält. Daraus lassen sich zwei *Mengen-Reaktionsgeraden* ableiten, deren Schnittpunkt die Gleichgewichtslösung ($\overline{X}_1, \overline{X}_2$) des Modells darstellt. Mithilfe der Marktnachfragefunktion lässt sich dann auch das Preisniveau $\overline{p}$ bestimmen. Unter der Voraussetzung, dass beide Anbieter das gleiche Grenzkosten-Niveau aufweisen, kommt die sog. *Zwei-Drittel-Lösung* zustande, d.h., es gilt:

$$\overline{x}_1 + \overline{x}_2 = \frac{2}{3}x_w,$$

wobei x_w für die Menge steht, die im Mengenanpasserfall (→ polypolistische Preisbildung) zustande kommt (vgl. Abbildung „oligopolistische Preisbildung – nach Cournot"). – (2) Im *Bertrand-Modell* wird die polypolistische Verhaltensweise auf den

oligopolistische Preisbildung – nach Cournot

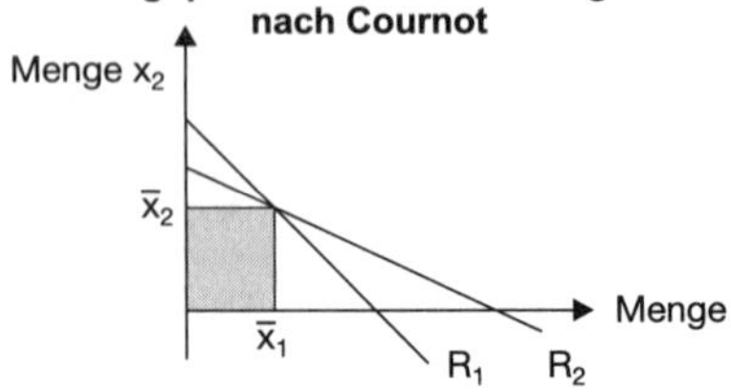

Preis bezogen. Dies bedeutet, dass die Anbieter ihren Gewinn jeweils unter der Voraussetzung, dass der andere Anbieter den bisherigen Preis beibehalten wird, maximieren. Wegen des unterstellten homogenen Marktes impliziert dies die Annahme, man könne durch eine Preissenkung den gesamten Markt erobern. – Gegenüber (1) ist diese Strategie in der Wirkung wesentlich aggressiver. Nicht überraschend ist daher, dass die Gleichgewichtslösung mit derjenigen des Mengenanpasserverhaltens übereinstimmt. – b) Im homogenen Markt ist im Gleichgewicht von einer Gleichverteilung der Absatzmenge auf die Anbieter auszugehen, da wegen der Abwesenheit von Präferenzen bei einem einheitlichen Preis kein Grund für eine andere Aufteilung gegeben ist. Wird dieser Sachverhalt von den Anbietern antizipiert, kommt es zu einem *Lernprozess*. Die daraus resultierende Perzeption der → Aktions-Reaktions-Verbundenheit wird durch die *oligopolistische Verhaltensweise* umschrieben. Im Fall n = 2 bedeutet dies, dass bei der Gewinnmaximierung jeder der Anbieter bereits ex ante von der Voraussetzung $x_1 = x_2$ ausgeht *(Chamberlin-Heuß-Modell)*. Für den Fall einer linearen Nachfragefunktion und konstanten sowie übereinstimmenden Grenzkosten ergibt sich die *Monopollösung:*

$$\overline{x} = \overline{x}_1 + \overline{x}_2 = \frac{1}{2}x_w.$$

Bei unterschiedlichen Grenzkosten kommt es zum Konflikt, der durch *Preisführerschaft* gelöst wird. → Preisführer wird derjenige Anbieter, der die niedrigeren Grenzkosten aufweist. Der *Preisfolger* wird gezwungen, Preis und Menge des Preisführers zu übernehmen. In diesem Konflikt zwischen beiden ist somit ein *Wettbewerbselement* zu erblicken (vgl. Abbildung „oligopolistische Preisbildung – nach Chamberlin/Heuß"). c) Der unter b) geschilderte Lernprozess muss bei den Akteuren nicht gleichzeitig auftreten. Erkennt zunächst nur ein Anbieter die Zusammenhänge, so kann er das Verhalten des anderen nach Ermittlung von dessen *Mengen-Reaktions-Funktion* prognostizieren und bei seiner Gewinnmaximierung berücksichtigen. Er realisiert dann diejenige Menge auf der Reaktionsgerade des Konkurrenten, bei der er seinen Gewinn maximiert. Dieses *asymmetrische Modell* (Stackelberg) kann als die Erfassung einer *Zwischenstufe* zur oligopolistischen Verhaltensweise angesehen werden. – d) Der Übergang von der poly- zur oligopolistischen Verhaltensweise zeitigt ein höheres Preis- bzw. Gewinn-Niveau. Dies kann Veranlassung zum *Markteintritt* neuer Anbieter sein (→ Monopol). Die oligopolistische Verhaltensweise ist aber nicht nur hierdurch, sondern auch von den aktuellen Anbietern *prinzipiell bedroht*, weil durch (geheime) Preisnachlässe der einzelne Anbieter Vorteile realisieren kann, vorausgesetzt die anderen halten sich an die bisherige spontane „Verabredung". Auf der anderen Seite müssen sich die Akteure arrangieren, was die Neigung zu Ausbrüchen aus der spontanen Kollusion begrenzt, denn die Preisbrecher müssen auf Preiskämpfe oder „Bestrafungen" seitens der übrigen Konkurrenten gefasst sein (→ Spieltheorie). – 2. *Die oligopolistische Preisbildung auf dem heterogenen Markt:* Stellt man der Einfachheit halber wieder auf zwei Anbieter ab, so kann der Markt durch die Funktionen $x_1 = F(p_1, p_2)$ und $x_2 = G(p_1, p_2)$ dargestellt werden, wobei x_1 und x_2 die Angebotsmengen der Anbieter 1 und 2 darstellen. Die → Preisabsatzfunktionen beider Anbieter hängen somit von beiden Güterpreisen p_1 und p_2 ab. Auch hier kann

oligopolistische Preisbildung – nach Chamberlin / Heuß

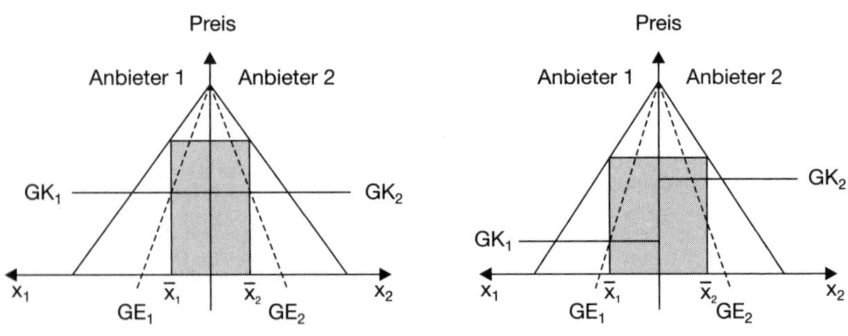

die Aktions-Reaktions-Verbundenheit von der polypolistischen oder der oligopolistischen Verhaltensweise bestimmt sein. – a) Die *polypolistische Verhaltensweise* wird hier bez. des Aktionsparameters *Preis* definiert. Sie bedeutet, dass die einzelnen Anbieter ihren Gewinn unter der Voraussetzung maximieren, dass der andere Anbieter seinen Preis konstant hält. Dies führt dann zu den *Preis-Reaktions-Funktionen* R_1 und R_2 der Anbieter 1 und 2. Der Schnittpunkt der beiden Reaktions-Funktionen definiert die Gleichgewichtspreise $\overline{p}_1$ und $\overline{p}_2$, womit zugleich die Mengen $\overline{x}_1$ und $\overline{x}_2$ der beiden Anbieter bestimmt sind (Cournot-Modell des heterogenen Oligopolmarktes). – b) Auch auf dem heterogenen Markt treten mit der Zeit *Lernprozesse* auf. Zwar gilt für den Gleichgewichtszustand ($\overline{p}_1$, $\overline{p}_2$) gemäß a), dass dort die gemachten Voraussetzungen – dass nämlich der Preis des jeweils anderen Anbieters konstant bleibt – erfüllt werden. Außerhalb dieses Zustandes jedoch – also z.B. auf dem Wege zum Gleichgewicht – gilt dies nicht. Mit anderen Worten, das polypolistische Verhalten beruht auf einem Irrtum der beteiligten Anbieter. Bei Anpassungen der Preise an neue „Daten" werden die Anbieter daher irgendwann bemerken, dass der Preis des Konkurrenten ebenfalls gesenkt wird, wenn eine eigene Preissenkung vorgenommen wurde. Es liegt deshalb nahe, letztere zu antizipieren. Heuß hat dies zu der Annahme der *„Politik der festen Preisrelation"* verdichtet, womit gemeint ist, dass die Anbieter im Rahmen ihrer Gewinnmaximierung bei eigenen Preisänderungen immer von gleichen prozentualen Preisänderungen des (der) Konkurrenten ausgehen. Es lässt sich zeigen, dass diese Variante der *oligopolistischen Verhaltensweise* im Gleichgewichtszustand durchweg zu höheren Preisen und Gewinnen als im Fall der polypolistischen Verhaltensweise führt. Dabei ist jedoch zu berücksichtigen, dass es sehr viele verschiedene Preisverhältnisse geben kann, sodass es keine eindeutig bestimmbare Gleichgewichtslösung gibt. Letztere bleibt abhängig von den Preisen, die zu dem Zeitpunkt existieren, zu welchem der Lernprozess abgeschlossen wird, d.h., es liegt eine Art Pfadabhängigkeit vor. – c) Auch im Fall des heterogenen Oligopolmarktes lassen sich *Stackelberg-Varianten* bestimmen, die wiederum als Zwischenstufen des Lernprozesses gedeutet werden können. – d) Auch im Fall des heterogenen Oligopolmarktes ist das Problem des *Marktzutritts* zu beachten, wirft jedoch im Vergleich zum homogenen Oligopolmarkt keine grundsätzlich neuen Probleme auf. Gleiches gilt für die Beziehungen zwischen den aktuellen Wettbewerbern. Hier können im Marktprozess allerdings Änderungen des festen Preisverhältnisses auftreten. Selbst wenn es dazu nicht kommt, besteht i.Allg. ein Konflikt, weil die isolierten Optimierungsprozesse der Anbieter auf Basis des aus der Vergangenheit übernommenen Preisverhältnisses nicht zwangsläufig zu solchen Optimalpreisen führen, die diesem „festen" Preisverhältnis entsprechen. Dieser Konflikt wird durch *Preisführerschaft* gelöst. Preisführer wird derjenige Anbieter, dessen Gefolgschaftspreis über seinem Optimalpreis – dies ist der Preis, welcher den Gewinn unter der Bedingung des festen Preisverhältnisses maximiert – liegt. Umgekehrt liegt der Optimalpreis des Preisfolgers über seinem Gefolgschaftspreis. – e) Auf dem heterogenen Markt können neben dem Preis auch andere → Aktionsparameter eingesetzt werden. Auch in Bezug auf diese können analog die polypolistische und die oligopolistische Verhaltensweise formuliert werden. Allg. besteht die Tendenz, dass die oligopolistische Verhaltensweise begünstigt wird, wenn der Markt in seine reifen Phasen gelangt, wenn also die *Momente der Iteration diejenigen der Mutation* (Heuß) überwiegen. Weiterhin besteht eine Tendenz im Wettbewerbsprozess, auf andere Aktionsparameter verstärkt auszuweichen, wenn bestimmte Aktionsparameter – v.a. der Preis – bereits von der oligopolistischen Verhaltensweise erfasst werden (z.B. verstärkte Werbung, wenn der Aktionsparameter Preis „oligopolisiert" worden ist).

Oligopson → Nachfrageoligopol.

OLS – Abk. *Ordinary Least Squares,* vgl. → Kleinstquadratemethode, gewöhnliche.

OLTP – Abk. für → Online Transaction Processing.

Ombudsmann – I. Bankwesen: Bezeichnung für die von den Mitgliedern des Bundesverbandes Deutscher Banken berufenenen Schlichter, die bei strittigen Geschäftsvorfällen zwischen Kunde und Bank bei Bedarf eine außergerichtliche Schlichtung herbeiführen sollen. – Vgl. auch → Kundenbeschwerdestelle, → Schlichtungsstelle der Deutschen Bundesbank.

II. Ombudsmann der EU: → Europäischer Bürgerbeauftragter.

III. Versicherungswesen: 1. *Begriff:* Der Versicherungsombudsmann ist eine unabhängige Einrichtung mit Sitz in Berlin, die Beschwerden von privaten Versicherungsnehmern schlichtet. Getragen und finanziert wird der Versicherungsombudsmann vom → Gesamtverband der Deutschen Versicherungswirtschaft e. V. (GDV) und seinen Mitgliedsunternehmen. Gegründet 2001. – 2. *Ombudsmann:* Die Mitglieder des Vereins wählen den Ombudsmann für fünf Jahre. Eine Wiederwahl ist nicht möglich. Der Ombudsmann muss bestimmte persönliche Voraussetzungen, z.B. die Befähigung zum Richteramt, erfüllen. – 3. *Verfahren:* Die Beschwerdeführung ist für den Verbraucher kostenfrei. Der Ombudsmann nimmt Beschwerden erst entgegen, wenn der Beschwerdeführer sich zuvor bereits erfolglos an den Versicherer gewendet hat (und diesem sechs Wochen Zeit gegeben hat, den Anspruch abschließend zu bescheiden). Die Verfahrensordnung des Versicherungsombudsmanns nennt in § 1 III VVG unzulässige Beschwerden. Die Verjährungsfrist zur Klageerhebung nach § 12 III VVG ist während der Dauer des Verfahrens beim Ombudsmann gehemmt (→ Ablehnung). Der Ombudsmann ist in seiner Beweiswürdigung frei. Bis zu einem Beschwerdewert von 5.000

Euro sind Entscheidungen für den Beschwerdegegner bindend. Dem Beschwerdeführer steht dagegen der Weg zu einem ordentlichen Gericht weiterhin offen. Ab einem Beschwerdewert von 5.000 Euro werden für beide Seiten nicht bindende Empfehlungen gegeben. – 4. *Private Krankenversicherer:* Die privaten Krankenversicherer haben einen eigenen PKV-Ombudsmann eingerichtet. Dieser hat allerdings nicht die Möglichkeit, bindende Entscheidungen zu fällen, sondern spricht lediglich Empfehlungen aus. – Vgl. auch → Versicherungsombudsmann e. V.

Omnibus-Befragung – *Mehrthemenbefragung;* Form der → Befragung, bei der verschiedene Themen untersucht werden. Bes. vorteilhaft bei kurzen Frageprogrammen, da die Fixkosten auf mehrere Auftraggeber verteilt werden. Vorteilhaft ist auch, dass der Themenmix dazu führt, dass nicht nur solche Personen antworten, welche an dem Thema interessiert sind (Vermeidung des *Themenbias*). Dadurch, dass Omnibusbefragungen regelmäßig durchgeführt werden, sind sie sehr gut durchorganisiert und sehr schnell. Welche Institute wann und in welcher Form Omnibusbefragungen durchführen, darüber informiert regelmäßig die Zeitschrift planung & analyse. – *Gegensatz:* → Einthemenbefragung.

OMPI – Abk. für *Organisation Mondiale pour la Propriété Intellectuelle,* → WIPO.

One Firm Strategie – strategisches Grundmuster v.a. der großen international tätigen Strategieberatungsfirmen, wonach eine Ausdehnung der Geschäftstätigkeit im → Consulting ausschließlich über internes Wachstum erfolgt und Auslandsniederlassungen immer in Form von Neugründungen entstehen. Ziel der One-Firm-Strategie ist es, eine weltweit einheitliche → Unternehmenskultur zu schaffen und einheitliche Positionierungs- und Qualitätsmerkmale zu erreichen.

One-Stop Banking – *One-Stop Financial Services;* Möglichkeit der Inanspruchnahme verschiedenartiger Finanzdienstleistungen an einem Ort.

One-Stop Financial Services → One-Stop Banking.

One-Stop Shopping – Einkauf des gesamten Bedarfs an einem Ort. Realisierung dieses Prinzips in jeweils andersartiger Ausprägung durch → Warenhäuser, → Selbstbedienungswarenhäuser, → Gemeinschaftswarenhäuser, → Einkaufszentren, → Wochenmärkte sowie an Orten mit hoher → Agglomeration branchenungleicher → Fachgeschäfte. Begünstigt von ausreichendem Parkplatzangebot in unmittelbarer Nähe der Einkaufsorte. Aus diesem Grund wird vom City-Handel u.a. der verstärkte Ausbau von Parkhäusern in City-Nähe, aber auch eine Verbesserung von Park-and-Ride-Systemen sowie des öffentlichen Nahverkehrs gefordert.

One-to-one Marketing – Marketingkonzept, bei dem im Gegensatz zum Massenmarketing die einzelne Kundenbeziehung im Mittelpunkt der Betrachtung steht. Im Rahmen des → E-Commerce ergeben sich dabei neue Potenziale für das One-to-one Marketing, da durch den Einsatz moderner Informations- und Kommunikationstechnologien (z.B. → E-Mail oder → Internet) eine individualisierte Kundenansprache und damit eine zielgenaue Gestaltung der angebotenen Produkte und Dienstleistungen mit relativ geringem Aufwand möglich ist.

Online(betrieb) – *Onlineverfahren.* Online (bzw. im Onlinebetrieb) arbeiten *Geräte,* die direkt über Steuereinheiten und/ oder Kanäle (→ Ein-/ Ausgabe-Kanal) an die → Zentraleinheit eines Computers angeschlossen sind. – *Gegensatz:* → Offline(betrieb).

Online Analytical Processing (OLAP) – Konzept für die im → Dialogbetrieb realisierte Verdichtung und Darstellung von managementrelevanten → Daten aus einem → Data Warehouse. Bei den Daten handelt es sich um Faktendaten, wie z.B. Umsatz- oder Kostenkennzahlen, denen eine Vielzahl von Dimensionsmerkmalen zugeordnet ist, wie z.B. Merkmale von Regionen, Produkten oder Zeiträumen, für die die Kennzahlen angefallen sind. Diese Dimensionen sind in Hierarchien angeordnet, d.h. es gibt über- und untergeordnete Regionen, Produktgruppen und Zeiträume. OLAP-Software unterstützt v.a. die Aggregation von → Kennzahlen über bestimmte Dimensionen und Hierarchieebenen sowie die grafische Darstellung der Kennzahlen. – *Gegensatz:* → Online Transaction Processing (OLTP).

Onlinebank – Kreditinstitut, das spezielle Bankdienstleistungen über Onlineanbindung oder Internet bereitstellt. – Vgl. auch → Internetbank.

Onlinebanking → Homebanking.

Onlinebefragung → Befragung unter Benutzung des Internets. Häufig werden dabei Pools von potenziellen Befragten genutzt, die in sog. Befragungspanels zusammengefasst sind. Hier muss eine zu häufige Befragung vermieden werden. Ansonsten werden häufig Besucher bestimmter Websites durch Pop-up-Werbung gewonnen. Dieser Ansatz ist jedoch problematisch wegen der Selbstselektion der Befragten und eignet sich bes., wenn es um die Beurteilung einer Website durch die Befragten geht. – *Vorteile*: Onlinebefragungen sind verhältnismäßig preiswert und schnell. Darüber hinaus erlaubt die programmierte Fragenbogensteuerung auch komplexe Befragungsabläufe. Schließlich können auch gut Bilder, bei DSL-Anschlüssen auch Filme und Ton eingesetzt werden. – *Bedeutung*: laut ADM 27 Prozent aller quantitativen Interviews.

Online Broking → Internet Broking.

Online Community → E-Community.

Online Content – Medieninhalte, die auf → Websites dargestellt werden. Hierbei kann es sich um Text, Audiodaten oder audiovisuelle Inhalte handeln.

Onlinedienst → Internet Service Provider.

Onlinedokumentation – eine Form der → Dokumentation eines Softwareprodukts, die der → Benutzer unmittelbar bei der Arbeit am → Bildschirm abrufen kann, z.B. durch „Hilfe-Bildschirme".

Onlinekredite – Über Onlineplattformen können sich bei einem Onlineprivatkredit private Kreditsuchende von Privatanlegern Geld leihen. Bei diesem in den USA, in England oder den Niederlanden schon etablierten Modell des „private lending" vergeben diese Plattformen die Kredite im offenen Bieterverfahren. Seriöse Plattformen kalkulieren das → Ausfallrisiko für die privaten Anleger anhand von Schufa-Auskünften (→ SCHUFA) und bieten ihnen Absicherungen für den Fall, dass der Kreditnehmer den Kredit nicht zurückzahlt. Kommt eine Kreditvergabe zustande, wird eine Gebühr in Abhängigkeit von der Kreditsumme fällig. – Beim Onlinebankkredit schließt der Kreditnehmer einen → Kreditvertrag mit einem → Kreditinstitut über das Internet ab. Vorteile bietet die Onlinekreditaufnahme dadurch, dass die Konditionen der von den verschiedenen Kreditinstituten angebotenen Kredite schnell verglichen werden können bzw. der potenzielle Kreditnehmer auf der spezialisierten Finanzseite nach Eingabe seiner Kreditvorstellungen sofort eine Übersicht über die Banken mit den günstigsten Konditionen erhält. Stellt der Kreditnehmer einen Kreditantrag, erteilt die ausgewählte Bank i.d.R. zunächst eine vorläufige Kreditzusage und nachdem der Kunde seine Identität über das Post-Ident-Verfahren nachgewiesen und die notwendigen Unterlagen eingereicht hat, erfolgt die endgültige Kreditzusage.

Onlinemarketing – eine Form der interaktiven Ausrichtung der Marketing-Instrumente durch den Einsatz vernetzter Informationssysteme (z.B. Telefon, Internet). Mit Onlinemarketing ist neben der Interaktivität auch die Möglichkeit gegeben, zeitlich synchron die Marketinginstrumente auf die Kundenbedürfnisse auszurichten. – *Ergänzung:* → Ökomarketing.

Onlinemedien – auf dem → Internet basierende → Medien, die drei wesentliche Merkmale aufweisen: (1) die Multimedialität (Verknüpfung von Text, Bild, Film und Ton), (2) die maschinelle Interaktivität (Beeinflussung der Informationsaufnahme durch den Nutzer) und (3) die personale Interaktivität (interaktive Kommunikation).

Onlineshop → Electronic Shop.

Onlineshopping → Electronic Shopping.

Online Transaction Processing (OLTP) – im → Dialogbetrieb ablaufende Massendatenverarbeitung in operativen DV-Systemen, bei der betriebswirtschaftliche → Transaktionen erfasst und verarbeitet werden. – *Gegensatz:* → Online Analytical Processing (OLAP).

Onlineverfahren → Online(betrieb).

Onlinewerbung – zielgerichtete Information über und Bekanntmachung von Gütern und Dienstleistungen durch den Anbieter mithilfe des → Internets als Massenmedium. Das Internet ermöglicht hierbei im Vergleich zu anderen Werbeträgern ein hohes Maß an → Interaktion und Flexibilität bei relativ geringen Kosten.

on-the-Job-Training – Aus-, Fort- oder Weiterbildung am Arbeitsplatz durch Zusehen und Mitmachen unter Anleitung einer Facharbeitskraft. Heute vielfach kombiniert mit → off-the-Job-Training.

OPEC – Abk. für *Organization of the Petroleum Exporting Countries, Organisation der Erdöl exportierenden Länder;* im September 1960 in Bagdad gegründeter Zusammenschluss Erdöl exportierender Länder (Irak, Iran, Kuweit, Saudi-Arabien, Venezuela) mit Sitz in Wien. – *Mitglieder:* Neben den fünf Gründungsländern noch Algerien (1969), Katar (1961), Libyen (1962), Nigeria (1971), die Vereinigten Arabischen Emirate (1967), Ecuador (war von 1973-1992 und seit 2007 wieder Mitglied) und Angola (2007) – Gabun und Indonesien sind ehemalige Mitgliedsstaaten; OPEC steht für Netto-Ölexportländer mit ähnlichen politischen Interessen offen. – *Organisation:* Oberstes Organ ist die *Konferenz der Ölminister.* Die Leitung obliegt einem *Gouverneursrat,* in dem alle Mitglieder vertreten sind, unterstützt von einem *Sekretariat.* Als Sonderorgan fungiert mit eigenem Staat die *Wirtschaftskommission,* deren Aktivitäten auf einer Förderung der Aktivität der internationalen Erdölpreise abzielen. – *Ziel:* Gemeinsame Preis- und Mengenpolitik gegenüber den multinationalen Erdölgesellschaften zur Steigerung der Exporterlöse. – *Bedeutung:* Die Bedingungen für den Erfolg der OPEC als Rohstoffkartell waren anfänglich günstig. Es gelang, den Ölpreis von knapp 2 US-Dollar pro Barrel (159 l) zu Beginn der 1970er-Jahre innerhalb von zehn Jahren auf über 30 US-Dollar zu steigern. Die arabischen OPEC-Länder legten einen großen Teil ihrer Erlöse in den Industriestaaten an *(Recycling der Petro-Dollars).* Seit Anfang der 1980er-Jahre hat der Einfluss der OPEC auf den Ölpreis stark abgenommen, da die Industriestaaten ihre Ölabhängigkeit erheblich vermindern konnten und das Angebot aus Nicht-OPEC-Staaten beträchtlich zunahm. Interessenheterogenität führte zum Überschreiten vereinbarter Förderquoten. Eine drastische Produktionsausweitung Saudi Arabiens Anfang 1986 führte zu einem Sturz der Weltmarktpreise auf zeitweilig unter 10 US-Dollar. Zu Beginn 2003 war der Ölpreis stark vom Irak-Krieg geprägt. So schwankte er zwischen 34 und 24 US-Dollar pro Barrel. Bis 2008 stieg in verschiedenen Schüben der Ölpreis bis zu seinem bisherigen Höchstpreis von rund 147 US-Dollar. Im Zuge der durch die Finanzkrise ausgelösten Weltwirtschaftskrise sank der Ölpreis 2009 zeitweise deutlich unter 50 US-Dollar je Barrel.

Open Distance Learning → Telelearning.

Open Innovation – steht für die Öffnung von Innovationsprozessen für andere Stakeholder – im Normalfall den Kunden. Sichtbar wird der Prozess der Open Innovation für die Allgemeinheit v.a., wenn das Unternehmen im Rahmen eines sog. Crowdsourcings i.d.R. über das Internet seine Kunden aufruft, Lösungsvorschläge für Problemstellungen oder Produktinnovationen zu generieren. – *Ziel:* kundengerechte Angebotsentwicklung.

Open Source – Konzept, nach dem → Programme mit ihrem Quellcode ausgeliefert werden. Jeder darf den Quellcode einsehen und verändern. Die Open Source Initiative (OSI) definiert Kriterien, die Open Source Software erfüllen soll.

Operateur → Operator.

Operating – Betrieb eines → Computersystems im → Rechenzentrum, v.a. Anlagenbedienung und Ablaufsteuerung. Das Bedienungspersonal (→ Operator) arbeitet die Aufträge (→ Job) aus der → Arbeitsvorbereitung im Rechenzentrum ab, steuert und überwacht das → Computersystem und achtet auf Optimierung der Auslastung.

Operating Cashflow → Shareholder Value.

Operating Income → Earnings before Interest and Tax (EBIT).

Operating Profit → Earnings before Interest and Tax (EBIT).

Operating System (OS) → Betriebssystem (BS).

Operational Auditing – Aufgabengebiet der → internen Revision, auf den organisatorischen Bereich (Aufbau- und Ablauforganisation) bezogen.

Operationalisierbarkeit – 1. *Begriff:* Die Operationalisierbarkeit dient in der allg. Wirtschaftspolitik der Charakterisierung wirtschaftspolitischer Ziele und Mittel hinsichtlich ihrer Verwendbarkeit für gezielte wirtschaftspolitische Maßnahmen (→ wirtschaftspolitisches Ziel, → wirtschaftspolitische Mittel). Die Operationalisierbarkeit muss zeitlich (in welchem Zeitraum soll das Vorliegen des Sachverhaltes überprüft werden?), sachlich (welcher Sachverhalt soll erfasst werden?), sowie räumlich (innerhalb welchen Gebiets soll die Gegebenheit des Sachverhalts überprüft werden?) vorgenommen werden. – 2. *Repräsentationskonflikt:* Die Operationalisierbarkeit steht i.d.R. im Konflikt mit dem Repräsentationsgehalt einer wirtschaftspolitischen Zielvariablen. Je genauer eine Zieldefinition der Zielvorstellung entspricht, um so geringer ist ihre Operationalisierbarkeit, und umgekehrt, je besser die Operationalisierbarkeit einer Zieldefinition entspricht, um so geringer entspricht sie der Zielvorstellung. Z.B. lässt sich eine erwünschte Vollbeschäftigung als Beschäftigung von 95 Prozent aller Erwerbssuchenden definieren, aber nicht als solche messen. Dagegen lässt sich eine Beschäftigungsvermittlung von 95 Prozent aller bei den Agenturen für Arbeit (Arbeitsämtern) gemeldeten Erwerbslosen genau feststellen, diese Definition der Vollbeschäftigung entspricht jedoch nicht der zuvor genannten. Auch bei Mittelvariablen können Konflikte zwischen dem Repräsentationsgehalt der Variablendefinition und ihrer Operationalisierbarkeit auftreten. – 3. *(Stufenweise) Klassifikationen:* a) Zunächst ist die *Quantifizierbarkeit* einer wirtschaftspolitischen Größe festzustellen. Quantifizierbar ist eine Größe, wenn empirisch belegte, numerische Werte existieren, die ihrer Definition entsprechen. – b) Bei gegebener Quantifizierbarkeit ist als Nächstes die *Messbarkeit* zu prüfen. Eine quantifizierbare Größe gilt als messbar, wenn die numerischen Werte nicht nur existieren, sondern auch feststellbar sind. Hinsichtlich der Feststellbarkeit müssen drei Kriterien erfüllt sein: Objektivität (intersubjektive Messungen führen zum gleichen Ergebnis), Reliabilität (wiederholte Messungen unter gleichen Bedingungen führen zum selben Ergebnis) und Validität (der gemessene Wert entspricht sicher dem nach der Definition zu messenden Wert). – Die Variablen lassen sich weiterhin nach ihrer *Skalierung* typisieren: (1) Die Nominalskala kann lediglich unterschiedliche Ausprägungen der Merkmale feststellen, der Modalwert (Modus) ist ein geeigneter Lageparameter. (2) Die *Ordinalskala* legt allein eine Rangfolge der Messwerte fest. Sowohl der Nullpunkt als auch die Abstände zwischen den Merkmalsausprägungen sind willkürlich. (3) Kardinalskalierte Werte werden in intervallskalierte und rationalskalierte Messwerte unterteilt: Bei der *intervallskalierten Messung* werden nur die Differenzen zwischen zwei Messwerten erfasst (z.B. erfasst das Investitionsvolumen einer bestimmten Periode die Änderung der Kapitalbestands, nicht jedoch seine absolute Höhe), während bei der *rationalskalierten Messung* die Absolutwerte ermittelt werden (z.B. Warenmengen aufgrund einer Inventur). Die rationalskalierte Messbarkeit einer wirtschaftspolitischen Größe stellt die höchste Form der Operationalisierbarkeit dar, da diese Form den höchsten Informationswert besitzt und eine präzise Verwendbarkeit in wirtschaftspolitischen → Ziel-Mittel-Zusammenhängen bietet.

Operationalisierung – Präzisierung und Standardisierung von → wirtschaftspolitischen Zielen, → wirtschaftspolitischen Mitteln und → Ziel-Mittel-Zusammenhängen, die für eine praktische Verwendung geeignet sind. – Vgl. → Operationalisierbarkeit.

Operational Lag → Lag.

Operational Time – Begriff zur Unterscheidung zwischen kurzen und langen Perioden. Die operational Time ist nicht kalenderzeitabhängig zu sehen, sondern gibt allg. die Zeitdauer an, die ein Unternehmen für Anpassungsprozesse benötigt. Während in kurzen Perioden Beschäftigungsänderungen nur auf der Basis unveränderbarer → Kapazität erfolgen können, sind in der langen Periode alle Faktoren als variabel anzusehen.

Opération Blanche – 1. *Begriff:* Vorgehensweise eines Aktionärs, der bei einer → Kapitalerhöhung genauso viele → Bezugsrechte verkauft, dass er die ihm aufgrund seiner restlichen Bezugsrechte zustehenden → jungen Aktien ohne zusätzlichen eigenen Kapitalaufwand kaufen kann. Durch Opération Blanche bleibt der absolute Anlagebetrag des Aktionärs vor und nach der Kapitalerhöhung gleich, sein Anteil am Kapital des Unternehmens sinkt jedoch. – 2. *Berechnung der zu verkaufenden Bezugsrechte:*

$$B_v = \left(\frac{B_G \cdot K_E}{W_B + K_E}\right),$$

wobei: B_V = Anzahl zu verkaufender Bezugsrechte, B_G = gesamte Anzahl der Bezugsrechte vor Opération Blanche, K_E = Emissionskurs der jungen Aktien, W_B = Wert eines Bezugsrechts.

Operationscharakteristik – bei → statistischen Testverfahren Funktion, die jedem (wahren, aber in einer konkreten Testsituation unbekannten) Wert des zu prüfenden → Parameters die Wahrscheinlichkeit der Nichtablehnung der → Nullhypothese zuordnet. Dabei werden Nullhypothese, Signifikanzniveau und Stichprobenumfang als fest vorausgesetzt. Für jeden Wert des Parameters addieren sich Operationscharakteristik und → Gütefunktion eines Tests zu 1.

Operations Research (OR) – *Operational Research, Unternehmensforschung.* 1. *Begriff:* Die Zielsetzung des OR ist die Entwicklung, Untersuchung und der Einsatz von mathematischen Modellen und Verfahren zur Unterstützung von Entscheidungsprozessen. Im Rahmen eines Entscheidungsprozesses kann auf die Verfahren des OR zur Entscheidungsvorbereitung, Entscheidungsfindung sowie Entscheidungsdurchführung und -kontrolle zurückgegriffen werden. Die Entscheidungsvorbereitung zielt darauf ab, entscheidungsrelevante Informationen zu beschaffen und aufzubereiten. Dabei entstehen bes. Beschreibungs- und Erklärungsmodelle, die durch z.B. Verfahren der → Netzplantechnik oder → Simulation gebildet werden. Die Entscheidungsfindung erfolgt auf der Grundlage von Entscheidungsmodellen. Aus einem Entscheidungsmodell werden z.B. durch Verfahren der → mathematischen Optimierung oder Modelle der → Spieltheorie Entscheidungsvorschläge abgeleitet. – 2. *Entwicklung:* Frühe Entwicklungen zur Lösung von ökonomischen Entscheidungsproblemen mit mathematischen Methoden finden sich etwa bei Erlang (1905) zur Untersuchung von → Warteschlangen im Telefonnetz Kopenhagens, bei Harris (1915) und Andler (1929) zu Lagerhaltungsmodellen oder bei von Neumann und Morgenstern (1928) zur Spieltheorie. Der Begriff OR wurde aber erst in der Zeit des Zweiten Weltkriegs geprägt. In Großbritannien und den USA wurde in dieser Epoche versucht, militärische Entscheidungen mithilfe mathematischer Methoden zu verbessern. Nach dem Krieg wurden die Arbeiten in der Industrie fortgesetzt, nachdem dort die Bedeutung der Methoden für ökonomische Fragestellungen erkannt worden war. Die von Dantzig (1946) entwickelte Simplexmethode, die Netzplantechniken → CPM und → MPM (1958) und die Konzepte der → dynamischen Optimierung von Bellmann (1957) stellten die ersten wesentlichen Erfolge zur Begründung des OR als wissenschaftliche Disziplin dar. – 3. *Prozess:* Der Prozess der Anwendung des OR zur Problemlösung kann in folgende Phasen unterteilt werden: (1) Formulierung des Problems; (2) Analyse der relevanten Zusammenhänge des Problems; (3) Entwicklung eines dem Problem isomorphen mathematischen Modells; (4) Datenbeschaffung und -aufbereitung sowie Konzipierung einer Lösungsmethode; (5) Suche von Modelllösungen; (6) Kontrolle der Ergebnisse; (7) Übertragung der Lösung auf das Problem. – 4. *Verfahren:* Zur Unterstützung von Entscheidungsprozessen können zahlreiche verschiedene Verfahren des OR wie z.B. Entscheidungsbaumverfahren, graphentheoretische Verfahren, Verfahren der mathematischen Optimierung, Verfahren der Simulation, heuristische Verfahren, Modelle der Spieltheorie und Modelle der Warteschlangentheorie herangezogen werden. – 5. *Problemtypen:* (1) Wartezeitprobleme; (2) Zuteilungsprobleme: Reihenfolge (Wege, Aufträge), Transport, Produktionsprogramm; (3) Lagerhaltungsprobleme; (4) Ersatzprobleme; (5) Konkurrenzprobleme. – 6. *Anwendungsstand:* Empirische Untersuchungen in Industrieunternehmungen zeigten, dass in Deutschland die Anwendungsschwerpunkte des OR in Unternehmungen der Grundstoff-, Metall verarbeitenden und Chemischen Industrie, der Elektrotechnik und in Energieversorgungsunternehmen lagen. Vielfältige Anwendungen sind außerdem von Fluggesellschaften, Handelsunternehmungen und landwirtschaftlichen Betrieben bekannt. In Bezug auf die betrieblichen Funktionsbereiche betreffen die Anwendungen v.a. Produktion, Lagerhaltung und Absatz. Heutzutage lassen sich auch vielfältige Anwendungen im Bereich der Banken und der Telekommunikation finden. In den letzten zehn Jahren haben sich die institutionellen OR-Gruppen in Unternehmen im Wesentlichen aufgelöst und sind in die IT- und Fachabteilungen integriert worden. Die Implementierung von OR-Algorithmen in Standardsoftwarepaketen und Decision-Support-Systemen hat eine hohe Verbreitung der Verfahren herbeigeführt. Bes. die Methoden des → Projektmanagements (PM), der Simulation und der → linearen Optimierung werden mit hohem Leistungsvermögen für Arbeitsplatzrechner angeboten. Eine gewisse Renaissance der OR-Modelle ist derzeit unter den Schlagworten → Supply Chain Management und → Risikomanagement zu verzeichnen. – 7. *Institutionen:* Im dt. Sprachraum befassen sich die Gesellschaft für Operations Research (GOR) e. V., die Schweizerische Vereinigung für Operations Research (SVOR) und die Österreichische Gesellschaft für Operations Research (ÖGOR) mit OR. Auf internationaler Ebene sind die nationalen

Gesellschaften u.a. zur International Federation of Operational Research Societies (IFORS) und in Europa zur Association of European Operational Research Societies within IFORS (EURO) zusammengeschlossen.

operative Frühwarnung – bezieht sich auf die Frühwarnung vor latent bereits vorhandenen Risiken im kurz- bis mittelfristigen Bereich und erfolgt zumeist mithilfe von → Frühwarnsystemen. Operative Frühwarnung grenzt sich bes. durch den zeitlichen Bezug ihrer Identifikationskapazität, ihrer theoretischen Grundlagen und die Art ihrer Informationsaufnahme/-verarbeitung von einer → strategischen Frühaufklärung ab. Operative Frühwarnung gilt als wesentliche Informationsbasis operativer und/oder taktischer Planungen (→ Unternehmensplanung). – *Praxisnahe Formen der operativen Frühwarnung:* (1) *Kennzahlen-/hochrechnungsorientierte operative Frühwarnung:* Stets geht es darum, positive oder negative Entwicklungen möglichst frühzeitig zu erkennen, die sich in einer Veränderung der Werte jeweiliger Kennzahlen im Zeitablauf über oder unter bestimmte Schwellenwerte hinaus ausdrücken. (2) *Indikatororientierte operative Frühwarnung:* Sie ermöglichen eine systematische Suche und Beobachtung von relevanten Erscheinungen/Entwicklungen innerhalb und außerhalb der Unternehmung mithilfe dafür ausgewählter Frühindikatoren. Bei fast allen Unternehmungen, die über eine operative Frühwarnung verfügen, erfolgt die Erhebung und Betreuung von Frühwarnindikatoren im Rahmen bestehender Planungs- und Berichtssysteme. Die Verarbeitung von Warnsignalen zu relevanten Frühwarninformationen wird in der Praxis überwiegend sowohl zentral als auch dezentral durchgeführt. Als organisatorische Einheit für die Zentralisierung der operativen Frühwarnung wird eindeutig der Bereich Controlling favorisiert.

operative Planung – 1. *Begriff:* Ebene der → Unternehmensplanung, in der Umsetzung und Kontrolle des strategisch Gewollten erfolgt. Dazu bedarf es einer Aufgliederung der strategischen Pläne auf die (Teil-)Perioden der kurzfristigen Planung sowie einer Zuordnung auf die Bereiche der operativen Organisation. Als Bindeglied kann eine operative Programmplanung dienen, deren Objekt zwar noch die → strategischen Geschäftsfelder sind, ihre Inhalte aber der oben angesprochenen perioden- und bereichsorientierten Aufgliederung folgen. – 2. *Merkmale:* Operative Planung kann auch als ein *System von Teilplänen* beschrieben werden: Funktionsbereichsbezogene Teilpläne sind u.a. → Absatzplan, Produktionsplan, Beschaffungsplan oder Forschungs- und Entwicklungsplan, daneben auch funktionsübergreifende Regionalbereichspläne, Wirtschaftspläne, Finanzpläne und Investitionspläne.

operative Programmplanung → operative Planung, → Unternehmensplanung, → strategisches Management.

operatives Ergebnis – Bezeichnung für das Ergebnis der gewöhnlichen Geschäftstätigkeit (entsprechend der Gliederung der Gewinn- und Verlustrechnung für Kapitalgesellschaften gemäß § 275 II Nr. 14 HGB beim → Gesamtkostenverfahren bzw. § 275 III Nr. 13 beim → Umsatzkostenverfahren). Das operative Ergebnis umfasst neben dem Finanz- und Beteiligungsergebnis das sog. betriebliche Ergebnis (ohne Steuern und ohne das außerordentliche Ergebnis). Das betriebliche Ergebnis entspricht aber nicht dem → Betriebsergebnis der Kosten- und Erlösrechnung, da es auch periodenfremde, außergewöhnliche und betriebsfremde Elemente enthält. – Vgl. auch → Bilanzanalyse.

Operator – *Operateur.* 1. *Begriff:* Berufsbild in der → betrieblichen Datenverarbeitung. – 2. *Aufgaben* (im → Rechenzentrum): vollständige oder teilweise Bedienung und Überwachung der → Hardware und Systemsoftware des → Computersystems, um für die Benutzer einen reibungslosen Arbeitsablauf und eine hohe Systemverfügbarkeit zu gewährleisten; Behandlung der Geräteanforderungen, Auswechseln von → Datenträgern, Starten von → Programmen; Datensicherungs- und Wartungsarbeiten u.a.

Opferschutz – Sammelbegriff für gesetzliche Regelungen, um die Position des Verletzten bzw. Zeugen im Strafverfahren durch Zuerkennung eigener Teilhaberrechte und durch vielfältige Schutzrechte und -maßnahmen zu stärken. Die Schutzmaßnahmen sehen u.a. die Möglichkeiten vor, vermögensrechtliche Ansprüche bereits im Strafverfahren geltend zu machen, die Auskunftverweigerung gefährdeter Zeugen (§ 68 II und III StPO), die Videovernehmung (§§ 58a, 247a StPO), die Entfernung des Angeklagten bei der Vernehmung (§ 247 StPO), die Inanspruchnahme anwaltlichen Beistandes (§§ 68b, 397a, 406 f. StPO) und sogar die Gewährung einer vorübergehenden Tarnidentität (vgl. § 5 Zeugenschutz-HarmonisierungsG, ZSHG, vom 11.12.2001, BGBl. I 3510). Einschlägige Vorschriften wurden insbesondere durch das OpferrechtsreformG vom 24.6.2004 (BGBl. 1 1354) und das Zweite Opferrechtsreformgesetz vom 29.7.2009 (BGBl. I S. 2280) geschaffen.

Opfertheorien – *Pflichttheorien;* theoretische Grundlage der Besteuerung (→ Steuerrechtfertigungslehre). Opfertheorien werden in der Finanzwissenschaft kontrovers diskutiert. – 1. *Charakterisierung:* Versuch einer theoretischen Grundlegung des → Leistungsfähigkeitsprinzips, basierend auf Annahmen über den Verlauf der Gesamt- und Grenznutzenkurven der Individuen (→ Nutzenfunktion). Die Belastung der Individuen durch Steuern soll sich nach ihrer Fähigkeit richten, Steueropfer (Verzicht auf private Bedürfnisbefriedigung = individuelle Wohlfahrtseinbuße) zu tragen. Dabei sollen die Opfer im Vergleich zwischen den Individuen gemäß der Auffassung von der „horizontalen“ Gerechtigkeit (Gleichbehandlung) gleich sein; die Interpretation des Begriffs Opfer ist jedoch unterschiedlich. – 2.

Opferkonzepte: a) *Konzept des absoluten Opfers:* Die Steuern sollen so bemessen werden, dass der absolute Nutzenentgang für alle Besteuerten gleich ist. – b) *Konzept des relativen Opfers (Konzept des proportionalen Opfers):* Die Steuern sollen so bemessen werden, dass die individuellen Opfer in einer festen und gleichen Relation zu den individuellen Gesamtnutzen stehen. – c) *Konzept des Grenzopfers (Konzept des marginalen Opfers):* Die Steuern sollen so bemessen werden, dass das Opfer der letzten besteuerten Einkommenseinheit bei allen Individuen gleich ist. – Die Art der Gleichbehandlung hängt von der Wahl des Konzept ab. – 3. *Bestimmung der den Opfertheorien entsprechenden Steuertarife:* Dieser Versuch basiert auf der Kombination der Opferkonzepte mit der → Nutzentheorie. Da für alle Individuen derselbe Tarif gelten soll, muss auch für alle derselbe Verlauf der Grenz- und Gesamtnutzenkurven unterstellt werden. Aber selbst wenn das zuträfe, kann die Theorie nachweisen, dass mit ein und demselben Opferkonzept verschiedene Tarifverläufe, seien sie proportional oder progressiv, verbunden werden können. Somit führt die Entscheidung für ein Opferkonzept nicht zwingend zu der Festlegung auf einen einzigen Tarif und keineswegs zwingend zu der Forderung, nur ein progressiver Tarif sei mit dem Leistungsfähigkeitsprinzip vereinbar. – 4. *Kritik:* Die nutzentheoretische Annahme, dass für alle Individuen identische Gesamt- und Grenznutzenkurven Geltung hätten, dass die Grenznutzenkurve einen nach rechts fallenden Verlauf bei steigenden Einkommen nehmen müsse und dass Nutzen messbar und interindividuell vergleichbar seien, ist brüchig. Die Verknüpfung des Leistungsfähigkeitsprinzips mit den Opferkonzepten und der Nutzentheorie wird daher heute als nicht mehr vollends gültig angesehen. Lediglich für die der Leistungsfähigkeit angemessene Steuerfreiheit solcher Einkommensbeträge, die der Existenzsicherung und damit der Beschaffung → inferiorer Güter dienen, dürfen die mit nutzentheoretischen Elementen gestützten Opfertheorien (eine demnach eingeschränkte) Geltung beanspruchen.

Opinion Leader → Meinungsführer.

Opiumgesetz → Betäubungsmittelgesetz (BtmG).

öPNV – Abk. für → öffentlicher Personennahverkehr.

Opponenten – Im Kontext des Promotoren-Modells (Fachpromotor, Machtpromotor) leisten Opponenten im Rahmen des organisationalen Kaufverhaltens Widerstand gegen eine Kaufentscheidung. In einer weiteren Auffassung treten Opponenten unterschiedlichsten Interaktionen zwischen Organisationen entgegen. Opponenten können z.B. in Unternehmen einerseits Verhinderer notwendiger, positiver Aktivitäten, andererseits Bewahrer vor negativen Entwicklungen sein.

Opportunismus → Menschenbild, das häufig in der ökonomischen Theorie (bes. in der → Neuen Institutionenökonomik) zugrunde gelegt wird. Menschen sind eigennützig und opportunistisch. Sie sind nicht zuverlässig, sondern ändern das Verhalten und die Einstellungen bei sich ändernden Zielvorstellungen und Restriktionen. Der Opportunismus geht über den bloßen Eigennutz hinaus, da Eigeninteresse nach dieser Vorstellung auch z.B. durch verschiedenste Formen der Arglist und des Betruges, konkreter dem Nichteinhalten von Versprechen, dem Vorenthalten von Informationen usw. verfolgt werden kann.

Opportunitätskosten – I. Kostenrechnung: Entgehende → Deckungsbeiträge einer nicht gewählten Handlungsmöglichkeit. Sie sind als Vergleichsgröße für die Beurteilung des erzielten bzw. erzielbaren Deckungsbeitrags bei Vorliegen eines Engpasses bedeutsam, z.B. bei der Programmwahl, der Ermittlung von Preisuntergrenzen.

II. Mikroökonomik: *Alternativkosten;* entgangene Erträge oder Nutzen im Vergleich zur besten, nicht realisierten Handlungsalternative. Die Vermeidung von Opportunitätskosten folgt aus dem → Wirtschaftlichkeitsprinzip. – Vgl. auch → Kosten, → Mehrproduktunternehmung, → Transformationskurve.

Opportunitätskostenmatrix – bes. Form einer → Entscheidungsmatrix, die keine Nutzenwerte, sondern Werte der → Opportunitätskosten enthält. Die Opportunitätskostenmatrix wird aus der Entscheidungsmatrix abgeleitet, indem der größte Nutzen für jeden → Umweltzustand ermittelt und von den übrigen Nutzenwerten subtrahiert wird.

Opportunitätsprinzip – *Verfolgungsermessen;* Grundsatz, nach dem die → Staatsanwaltschaft wegen gerichtlich strafbarer und verfolgbarer Handlungen einzuschreiten hat, wenn dies nach ihrem pflichtgemäßen Ermessen im öffentlichen Interesse liegt. Das Opportunitätsprinzip gilt nur, soweit gesetzlich ausdrücklich vorgeschrieben (§ 152 StPO), v.a. bei Delikten, die im Wege der → Privatklage verfolgt werden können (§ 376 StPO) und bei Bagatelldelikten (§§ 153 ff. StPO). – *Gegensatz:* → Legalitätsprinzip.

optimale Bestellmenge – Grundmodell der → Bestellmengenplanung, ermittelt für einen bekannten Materialbedarf des Planungszeitraums dessen kostenoptimale Aufteilung in jeweils gleich große Bestellmengen. Die optimale Bestellmenge wird festgelegt im Minimum der Summe aus Lager- und Bestellkosten. Die Prämissen dieses Modells (z.B. kontinuierlicher Lagerabgang, konstanter Einstandspreis) führen zu einer eingeschränkten Anwendung des Grundmodells, sodass zahlreiche Modellerweiterungen entwickelt wurden, etwa die Berücksichtigung veränderter Einstandspreise oder schwankender Bedarfsmengen. – *Berechnung:* → Andler-Formel.

optimale Besteuerung – ein vorwiegend aus dem Angelsächsischen stammendes formales Verfahren, um das ökonomische Optimum der Besteuerung zu ermitteln. – 1. *Charakterisierung:* Im Rahmen des neoklassischen Gleichgewichtsmodells soll die Besteuerung so vorgenommen werden, dass die gesamtwirtschaftliche Wohlfahrt (Allokation mit Verteilungsziel) maximiert wird (Wohlfahrtsmaximierung). – 2. *Bedeutung:* Diese Modelle dienen zur Darstellung einiger wichtiger steuertheoretischer Fragestellungen und haben große praktische Relevanz erlangt.

optimale Betriebsgröße → Betriebsgröße.

optimale Faktorallokation → Allokationsfunktion des Preises; → Wettbewerbsfunktionen. Effiziente Produktion und optimale Faktorallokation liegen dann vor, wenn die Grenzrate der (technischen) Substitution zwischen zwei Faktoren gleich deren Grenzproduktivitätsverhältnis ist, welches wiederum der Faktorpreisrelation entsprechen muss.

optimale Losgröße → Losgröße.

optimale Lösung – im Zusammenhang mit einem Maximierungs-(Minimierungs-)Problem Lösung des betreffenden Restriktionssystems (LP-Modell), dessen zugehöriger Zielwert von keiner anderen Lösung des Restriktionssystems übertroffen (unterschritten) wird.

optimaler Bestand – *optimaler Lagerbestand;* die wirtschaftliche Lagerbestandsgröße, die bei vorgegebenem Lieferbereitschaftsgrad zu minimalen relevanten Gesamtkosten (Lagerkosten + Beschaffungskosten) führt (→ Lieferzuverlässigkeit). Der optimale Bestand lässt sich theoretisch und unter vereinfachenden Modellannahmen aus der → optimalen Bestellmenge ableiten.

optimaler Komplexionsgrad – die an einem Zielkriterium gemessene günstigste Modellvereinfachung. Bestimmung erforderlich, um Art und Menge der → Informationen festzulegen, auf deren Grundlage eine → Entscheidung zu treffen ist. Das Problem der Bestimmung des optimalen Komplexionsgrads kann konzeptionell selbst als Entscheidungsproblem aufgefasst werden. Tatsächlich sind die Vereinfachungsschritte jedoch theoretisch nicht exakt fundierbar, da die Auswirkungen des Informationsverlustes auf die Zielvariable ohne ein komplexeres Modell, dessen Aufstellung gerade vermieden werden soll, nicht exakt bestimmbar sind. – Vgl. auch → Informationsentscheidung, Informationsparadoxon.

optimaler Kostenpunkt – Punkt minimaler → Stückkosten. Der optimale Kostenpunkt ergibt sich beim ertragsgesetzlichen Kostenverlauf als Schnittpunkt von Grenzkosten- und Durchschnittskostenkurve.

optimaler Lagerbestand → optimaler Bestand.

optimaler Währungsraum – *Begriff:* Die Theorie des optimalen Währungsraums betont, dass die Abwägung der Vor- und Nachteile der Wechselkursflexibilität nur unter Bezugnahme auf konkrete Besonderheiten der jeweils in Frage stehenden Länder erfolgen kann, und sie kommt auf diese Weise zum Schluss, dass es Regionen mit gemeinsamer Währung bzw. intern fixierten Kursen geben soll, während zwischen diesen Regionen die Wechselkurse flexibel sein sollen. Dies scheint genau jener Weg zu sein, der auch in der Praxis beschritten wird, zweifelhaft aber scheint, ob die Praxis dabei die von der → Theorie betonten Kriterien für einen optimalen Währungsraum beachtet. (1) *Das Mundellsche Kriterium* betont die → Faktormobilität. Wenn zwei (oder auch mehrere) Länder auf asymmetrische Weise durch Nachfrage- oder Angebotsschocks getroffen werden, so kann die Anpassung entweder auf der Mengen- oder auf der Preisseite erfolgen. Das Mundellsche Kriterium besagt, dass eine Wechselkursfixierung bei fixen nominellen Güterpreisen die Preisanpassung unmöglich macht, und dass die dann erforderliche Mengenanpassung entweder Faktorwanderungen zwischen diesen Ländern erfordert, oder aber zu Unterbeschäftigung in einzelnen Regionen führen wird. Optimale Währungsräume sind danach durch ein hohes Maß an interner Faktormobilität gekennzeichnet. (2) *Das McKinnonsche Kriterium* betont, dass die Verwendung des nominellen Wechselkurses als Instrument der Preisanpassung mit einem Inflationseffekt für das abwertende Land verbunden ist, und dass dieser Inflationseffekt umso größer ist, je größer die *Offenheit* dieser Ökonomik auf den Gütermärkten ist. Dabei ist Offenheit zu interpretieren als Anteil der mit dem anderen Land gehandelten Güter im → Warenkorb der → Verbraucher. – Das Mundellsche Kriterium ist also nach *R. McKinnon* dergestalt zu ergänzen, dass Länder dann keine flexiblen Wechselkurse haben sollten, wenn sie über die *Gütermärkte* sehr stark verflochten sind. (3) *Das Kriterium von Kenen* betont die Wahrscheinlichkeit, mit der zwei (oder mehrere) Länder durch asymmetrische Schocks getroffen werden. Länder mit sehr stark diversifizierten Produktionsstrukturen werden durch Nachfrageveränderungen bei einzelnen Gütern i.Allg. weniger hart getroffen, als Länder mit stark konzentrierten Produktionsstrukturen. Demnach stellt die Wechselkursfixierung eine umso geringere Gefahr dar, je *stärker diversifiziert die Produktionsstruktur* eines Landes ist. (4) *Ingarm* stellt ab auf die Integration von Finanzmärkten. Länder mit hoher Finanzintegration sind eher für feste Wechselkurse prädestiniert. – Vgl. auch → Wechselkurspolitik, → internationales Währungssystem, → Währungsintegration.

optimales Budget – dasjenige Volumen des öffentlichen → Budgets, bei dem der Grenznutzen der bereitgestellten öffentlichen Leistungen mit den Grenzkosten übereinstimmt, die durch den erforderlichen Verzicht auf private Güter (Einkommen) anfallen. – Vgl. auch → Lindahl-Modell, → Budgettheorie.

Optimalzoll – jener Zollsatz, der den positiven Terms of Trade-Effekt des → Zolls für ein → großes Land auf optimale Weise ausnutzt. Im *Fall eines großen Landes* entsteht als Wirkung eines Zolls neben den angebots- und nachfrageseitigen Verzerrungen auch ein positiver Terms-of-Trade-Effekt. Für sehr kleine

Zollsätze überwiegt dieser positive Effekt, für sehr große Zollsätze (z.B. → Prohibitivzoll) überwiegt der negative Verzerrungseffekt. Dazwischen liegt der Optimalzoll bei dem die beiden Effekte einander die Waage halten. Im Optimum ist der Zollsatz gleich dem Kehrwert der → Preiselastizität des Importangebots. – Die Terms-of-Trade-Verbesserung für das importierende Land ist natürlich eine Terms-of-Trade-Verschlechterung für das Ausland. Die Optimalzollpolitik geht also zulasten des Auslandes. – Aus der Sicht eines → kleines Landes ist die Preiselastizität des Importangebots unendlich, sein optimaler Zollsatz ist also null. – Vgl. auch → Handelspolitik.

Optimierungsphase → Auswahlphase.

Option – I. Finanzgeschäft: Recht, ein nach Preis oder Menge bestimmtes Vertragsangebot anzunehmen oder abzulehnen. Zu unterscheiden sind Optionen aus → Optionsgeschäften, z.B. → Devisenoption und → Aktienoption, die standardisiert an Terminbörsen oder auch individuell außerbörslich abgeschlossen werden, von Optionen aus → Optionsscheinen. Diese gelten rechtlich als Wertpapiere, die das Optionsrecht verbriefen.

II. Steuerrecht: Recht des Unternehmers, die Regelbesteuerung zu wählen. Wegen Optionen bei Steuerbefreiungen vgl. → Verzicht auf Steuerbefreiungen; wegen Optionen des Kleinunternehmers vgl. → Kleinunternehmer. Auch der nach Pauschsätzen versteuernde Land- und Forstwirt kann durch Optionen die Regelbesteuerung wählen. Eine Optionsmöglichkeit bietet sich auch im Rahmen der → Differenzbesteuerung. – *Zweck* der Option ist, die tatsächlich angefallenen Vorsteuern (→ Vorsteuerabzug) voll abziehen zu können. – *Voraussetzung* für eine wirtschaftlich sinnvolle Option ist die Überwälzung der durch die Option geschuldeten Umsatzsteuer.

Optionsanleihe – *Optionsschuldverschreibung, Bezugsobligation, Bezugsrechtsobligation, Bond Warrant;* Sonderform der → Anleihe. Neben der regelmäßigen Zahlung von Zins und Tilgung im Rahmen der Anleihe besteht das Recht auf Ausübung einer → Option. Optionsanleihen sollen für den Anleger einen zusätzlichen Anreiz zum Kauf geben. Die Option verbrieft i.d.R. eines der folgenden Rechte: (1) Konditionenänderungsrecht, d.h. zu bestimmten Zeitpunkten können Laufzeit oder Zinszahlungen der Anleihe verändert werden; (2) Konversionsrecht, d.h. Recht auf Umtausch der Anleihe; (3) Bezugsrecht, d.h. Recht auf Bezug von Aktien oder den Eintausch in zukünftige Anleihen. – Optionen mit einem Recht auf Bezug von Aktien finden vorrangig Anwendung. Sie haben für das emittierende Unternehmen jedoch eine bedingte Kapitalerhöhung zur Folge, was eine Genehmigung durch die Hauptversammlung nach § 221 AktG notwendig macht. – *Notierung an der Börse:* Erfolgt u.a. getrennt für Anleihe mit Optionsschein, Anleihe ohne Optionsschein und Optionsschein. – *Vorteile:* Der Emittent erhält durch Optionsanleihen zinsgünstiges Fremdkapital, da die Optionsanleihe i.d.R. mit niedrigerem Zins als marktüblich ausgestattet ist, und zu späterem Zeitpunkt Eigenkapital. Optionsscheine besitzen im Vergleich zur Aktie höhere Hebeleffekte. – *Nachteil:* Wegen des individuell bestimmbaren Ausübungszeitpunkts des Optionsrechts liegt die Entwicklung des Eigenkapitals nicht fest. – Vgl. auch → Convertible Bond.

Optionsdarlehen – mittelfristiger Investitionskredit mit Umschuldungsanspruch in ein Tilgungsdarlehen. Im → Kreditvertrag wird z.B. zunächst eine Laufzeit des Optionsdarlehens von höchstens 48 Monaten mit regelmäßiger, fester → Tilgung vorgesehen. Der Kreditnehmer kann das Optionsrecht ausnutzen und das Restdarlehen (höchstens die Hälfte des ursprünglichen Kreditbetrages) in ein Tilgungsdarlehen mit einer Tilgungsdauer von weiteren vier bis zehn Jahren bei Stellung entsprechender Sicherheiten umwandeln. – Dem Optionsdarlehen liegt die Überlegung zugrunde, dass die Tilgungsleistungen eines mittelfristigen Kredites nicht voll aus den Abschreibungen finanziert werden können. Mithilfe des Optionsdarlehens kann sich der Kreditnehmer überdies leichter einer sich verändernden Konjunktur anpassen.

Optionsempfänger – in der → Preistheorie Bezeichnung für das Verhalten eines Marktteilnehmers; zuerst verwandt bei Frisch, v.a. im Zusammenhang mit dem → Optionsfixierer. – *Beispiel:* Ein Käufer handelt als Optionsempfänger, wenn er sich von einem Anbieter den → Preis und die Abnahmemenge gleichzeitig vorschreiben lässt und sich nur die Wahl zwischen Annahme oder Ablehnung dieser Vorgaben vorbehält.

Optionsfixierer – Marktteilnehmer, der als Anbieter den → Preis und die Abnahmemenge eines → Gutes gleichzeitig bestimmt und dem Abnehmer nur die Wahl zwischen Annahme und Ablehnung überlässt. – Vgl. auch → Optionsempfänger.

Optionsgeschäft – bedingtes → Termingeschäft, das dem Käufer einer Option die Wahlmöglichkeit gibt, innerhalb einer bestimmten Frist (amerikanische Option, American Option) oder zu einem bestimmten zukünftigen Zeitpunkt (europäische Option, European Style) zu einem vorab vereinbarten Kurs *(Basiskurs oder -preis)* gegen sofortige Zahlung einer Optionsprämie *(Optionspreis)* Vermögensgegenstände (Basisobjekte) zu kaufen *(Kaufoption,* → Call) oder zu verkaufen *(Verkaufsoption,* → Put). Optionskontrakte an einer Terminbörse sind zur vereinfachten Geschäftsabwicklung standardisiert. Marktteilnehmer auf den Optionsmärkten sind Käufer von Calls und Puts (Long Position) und Verkäufer von Calls und Puts (Short Position). – Der Verkäufer *(Stillhalter)* einer Option ist gegen Erhalt der Prämie verpflichtet, die Basisobjekte zum vereinbarten Preis zu liefern oder anzunehmen bzw. die Differenz zu begleichen. Das ist immer der Fall bei Optionen auf abstrakter Basis wie z.B. Indizes. Bei Optionen auf konkreter Basis wie auf Aktien, Devisen oder Edelmetalle wäre auch Lieferung möglich. – Der Käufer zahlt zu Geschäftsbeginn die Optionsprämie. Beim Verkäufer ist zwischen gedeckten und ungedeckten Verkaufspositionen zu unterscheiden. Bei gedeckten Short Positionen hat er den entsprechenden Basiswert und hinterlegt diesen. Bei ungedeckten Short Positionen (→ Leerverkauf) wird von den Optionsbörsen oder Banken eine Sicherheitsleistung i.d.R. in Geld (Margin) verlangt. – Der Preis einer Aktienoption ist neben Angebot und Nachfrage abhängig vom Basiskurs, der Optionslaufzeit, dem Zinsniveau, dem Aktienkurs sowie der Stärke der Schwankungen, denen der Aktienkurs unterliegt (→ Volatilität). – Kapitalmarkttheoretische Modelle zur Berechnung fairer Optionsprämien, wie Binomialmodelle und das Modell von Black und Scholes, sind Gegenstand der Optionspreistheorie. – *Wichtige internationale Optionsbörsen:* Chicago Board Options Exchange (CBOE), Chicago (s. → Chicagoer Börsen); American Stock Exchange (AMEX), New York; London International Financial Futures and Options Exchange (→ LIFFE), die nun Teil der → NYSE Euronext ist, London sowie → EUREX, Frankfurt a.M.

Optionsgesetz – Das Gesetz zur optionalen Trägerschaft von Kommunen nach dem Zweiten Buch Sozialgesetzbuch (Kommunales Optionsgesetz) vom 30.7.2004 (BGBl. I 2014) sieht vor, dass die kreisfreien Städte und Kreise die Option haben, die Aufgabe der Grundsicherung für Arbeitssuchende nach dem SGB II (→ Arbeitslosengeld II) an Stelle der Bundesagentur für Arbeit wahrzunehmen. Die Zulassung erfolgte durch das Bundesministerium für Wirtschaft und Arbeit mit Zustimmung der zuständigen obersten Landesbehörden für sechs Jahre (s. §§ 6a-c SGB II).

Optionspreistheorie – befasst sich mit der theoretisch fundierten Bewertung von → Optionen. Sie bedient sich dabei verschiedener Bewertungsmodelle, die sich in partielle und vollständige Gleichgewichtsmodelle unterteilen lassen. Während partielle Gleichgewichtsmodelle bei der Bewertung eine Wahrscheinlichkeits- bzw. Erwartungswertbildung in den Vordergrund stellen, werden bei den vollständigen Gleichgewichtsmodellen die Optionspreise durch Bildung risikofreier → Portefeuilles abgeleitet. Wie bei den partiellen Gleichgewichtsmodellen wird für den Verlauf des der Option zugrunde liegenden Basiswertes ein bestimmter stochastischer Prozess unterstellt (z.B. entsprechend der → Random-Walk-Hypothese), der es unter bestimmten Annahmen zulässt, die möglichen Wertentwicklungen der Option im Zeitablauf durch eine Kombination aus Geld- und Kapitalmarktgeschäften einerseits und Kauf oder Verkauf des Basiswertes andererseits zu duplizieren. Der Wert dieses duplizierten Zahlungsstromes muss dem Wert der Option entsprechen, da ansonsten unter der Annahme des vollkommen Kapitalmarktes Arbitrageprozesse einsetzen und ein Gleichgewicht im Sinn eines einheitlichen Preises beider Zahlungsströme herbeiführen. Das bekannteste und für die praktische Anwendung bedeutsamste Gleichgewichtsmodell ist das Modell von Black und Scholes.

Optionsschein – *Warrant;* Recht, innerhalb einer bestimmten Frist eine bestimmte Anzahl von Aktien zu einem festgelegten Kurs zu beziehen. Optionsscheine werden von spekulativen Anlegern wegen ihrer Hebelwirkung bei steigenden Aktienkursen geschätzt. Der echte Kurs des Optionsscheins kann vom rechnerischen Kurs abweichen, wenn spekulative Investoren in der Erwartung steigender Aktienkurse bereit sind, ein → Agio für die Hebelwirkung zu zahlen. Optionsscheine sind entweder Teil einer → Optionsanleihe oder selbstständige Wertpapiere, die i.d.R. von Banken begeben werden. Die Laufzeiten dieser Optionsscheine liegen i.d.R. zwischen zwölf und 18 Monaten. Im Normalfall behält sich der Emittent das Recht vor, statt Lieferung einen Barausgleich durchzuführen. Wegen der häufig geringeren Bezugsverhältnisse sind die Kurse sehr niedrig und deshalb häufig stark überbewertet.

Optionsschuldverschreibung → Optionsanleihe.

optische Speicherplatte – *Optical Disk, Bildplatte, Digital Optical Recording (DOR);* externes Speichermedium (→ externer Speicher), auf dem Vorlagen (z.B. Schriftstücke, Zeichnungen) moderner → Massenspeicher in digitaler Form gespeichert werden und zum Abruf über ein → Computersystem bereitstehen. – Vgl. auch → CD-ROM.

optische Zeichenerkennung – *Optical Character Recognition (OCR);* Verfahren der maschinellen Datenerfassung, bei der handschriftliche oder maschinengeschriebene Zeichen (Buchstaben, Ziffern, Sonderzeichen) oder Strichmarkierungen (→ Barcodes) mit hoher Geschwindigkeit gelesen werden. – *Formen:* (1) Erfassen und Interpretieren von *Markierungen* in vorgesehenen Feldern, z.B. auf Bestell- oder Lieferscheinen durch einen speziellen → Belegleser (in diesem Fall auch als Markierungsleser bezeichnet); (2) Erfassen von *Barcodes* durch → Scanner; (3) Einlesen von *Text* durch → Klarschriftleser. – Von den verschiedenen *Schriften,* deren gedruckte Zeichen von einem Klarschriftleser erkannt werden können, sind die genormten Schriften *OCR-A* (Font A for Optical Character Recognition, DIN 66 008) und *OCR-B* (Font B for Optical Character Recognition, DIN 66 009) am verbreitetsten.

Opt-outs – Vetorecht einzelner Mitgliedsstaaten (Dänemark, Irland) verschiedene Integrationsschritte im Anschluss an ein Referendum nicht zu vollziehen. – Vgl. auch → Europäische Währungsunion (EWU).

OR – Abk. für → Operations Research.

Oracle – relationales → Datenbanksystem (→ Relationenmodell); von der Oracle Cooperation entwickelt und seit 1979 vertrieben. Verwendbar auf

→ Computern aller Rechnergruppen; die → Abfragesprache ist → SQL.

ordentliche Abschreibung – die betriebsübliche und im Voraus geplante → Abschreibung. Ordentliche Abschreibungen werden in der Kostenrechnung verrechnet. – *Gegensatz:* → außerordentliche Abschreibungen.

ordentliche Ausgaben → ordentlicher Haushalt.

ordentliche Deckung → weitere Deckungswerte.

ordentliche Einnahmen → ordentlicher Haushalt.

ordentliche Gerichtsbarkeit – herkömmliche Bezeichnung für die in allg. Zivil- und Strafsachen zuständigen → Gerichte (→ Amtsgericht, → Landgericht und → Oberlandesgericht (OLG) sowie → Bundesgerichtshof (BGH)) im Gegensatz zu den „besonderen" Gerichtsbarkeiten → Verwaltungsgerichtsbarkeit, → Arbeitsgerichtsbarkeit, → Sozialgerichtsbarkeit, → Finanzgerichtsbarkeit. – Vgl. auch → Rechtsweg.

ordentliche Kapitalerhöhung → Kapitalerhöhung.

ordentliche Kapitalherabsetzung → Kapitalherabsetzung.

ordentliche Kündigung – 1. *Begriff:* Rechtsbehelf zur Auflösung von Arbeitsverhältnissen (→ Kündigung), die auf unbestimmte Zeit eingegangen sind. In Arbeitsverhältnissen von festbestimmter Dauer (→ befristeter Arbeitsvertrag) ist eine ordentliche Kündigung nur möglich, wenn das einzelvertraglich oder im anwendbaren Tarifvertrag vereinbart ist (§ 15 TzBfG). – 2. *Gründe:* Ordentliche Kündigung kann aus betriebs-, personen- und verhaltensbedingtem Grunde erfolgen (→ betriebsbedingte Kündigung, → personenbedingte Kündigung, → verhaltensbedingte Kündigung). Eine vom → Arbeitgeber ausgehende ordentliche Kündigung bedarf nur dann keines sachlichen Grundes, wenn das Arbeitsverhältnis noch nicht oder als → Kleinbetrieb von vornherein nicht dem → Kündigungsschutz unterliegt. – 3. Die ordentliche Kündigung ist an die Einhaltung bestimmter *Fristen* (→ Kündigungsfristen) gebunden. Wird eine ordentliche Kündigung mit einer kürzeren als der vorgesehenen Frist ausgesprochen, so gilt sie als Kündigung zum nächstzulässigen Zeitpunkt. – 4. Die ordentliche Kündigung wird durch *Tarifvertrag* oft ganz ausgeschlossen. Das Recht zur → außerordentlichen Kündigung bleibt dann unberührt.

ordentlicher Haushalt – der → Haushaltsplan, in dem die regelmäßigen Einnahmen (ordentliche Einnahmen) und die aus ihm zu bestreitenden planbaren Ausgaben (ordentliche Ausgaben) zusammengestellt sind. – Die Trennung in ordentlichen Haushalt und → außerordentlichen Haushalt ist heute nicht mehr üblich (→ Haushaltssystematik).

ordentlicher Rechtsweg – herkömmliche Bezeichnung für den Rechtsweg zu den Gerichten der → ordentlichen Gerichtsbarkeit, den Justizgerichten.

ordentliches Gesetzgebungsverfahren – Bezeichnung für ein bestimmtes Gesetzgebungsverfahren der → EU-Gesetzgebung.

Order – im kaufmännischen und rechtlichen Sprachgebrauch Kennzeichnung für die Empfangs- bzw. Verfügungsberechtigung bestimmter Personen (→ Orderklausel).

Orderbuch – *Maklerbuch, Skontrobuch,* Verzeichnis aller aktuell vorliegenden Kauf- und Verkaufsaufträge für Wertpapiere an der Börse, Grundlage für die Preisermittlung. Während das Orderbuch früher Papierform hatte, wird es heute über elektronische Medien geführt. – Vgl. → elektronisches Orderbuch.

Ordered Probit- und Logit-Modelle – ökonometrische nicht lineare Modelle (→ ökonometrisches Modell) zur Erklärung von ordinalen (z.B. Variable mit den Ausprägungen „schlechter", „gleich bleibend" und „besser") abhängigen Variablen (→ Variable, endogene). Dabei beeinflusst ein Vektor von erklärenden Variablen (→ Variable, exogene), die Wahrscheinlichkeiten, dass eine bestimmte Kategorie der abhängigen Variablen eintritt. Die gängigsten Modelle für geordnete Kategorien sind das Ordered Probit- und das Ordered Logit-Modell. – Wie bei normalen → Probit-Modell für binäre Daten wird für die Modellierung der Wahrscheinlichkeiten beim Ordered Probit-Modell die Standardnormalverteilung herangezogen (analog für das Ordered Logit-Modell). Die geschätzten Koeffizienten können aufgrund der nicht linearen Modelle nicht als marginale Effekte interpretiert werden. Die Schätzung erfolgt i.d.R. mit der → Maximum-Likelihood-Methode. → Heteroskedastizität führt im Gegensatz zum linearen → Regressionsmodell häufig zu verzerrten Schätzern.

Orderklausel – Vermerk auf Wertpapieren, durch den diese zu → Orderpapieren werden und durch Indossament übertragen werden können (§ 363 HGB). – *Beispiel:* „An die Order des Herrn N.", „an Herrn N. oder dessen Order". – *Gegensatz:* → Rektaklausel.

Orderlagerschein – Urkunde über den Empfang eines Gutes, die an Order ausgestellt wird; ein → Traditionspapier. Übertragung ist durch → Indossament möglich (§ 475g HGB). – Mit dem Transportrechtsreformgesetz (TRG) vom 25.6.1998 (BGBl. I 1588) wurde die als obsolet empfundene Verordnung über Orderlagerscheine vom 16.12.1931 aufgehoben, die vorsah, dass Orderlagerscheine nur von einer staatlich konzessionierten Lagerhausanstalt ausgestellt werden durften.

Order of Merit-Test – Verfahren zur Messung der Gestaltungsqualität von Werbemittelentwürfen (→ Werbung). Die Versuchspersonen werden aufgefordert, die Werbemittelentwürfe in eine Rangfolge zu bringen. Die von jedem Entwurf erzielten Rangplätze werden miteinander verglichen.

Orderpapier – *Orderkonnossement*. 1. *Begriff:* Wertpapier, das auf den Namen eines bestimmten Berechtigten lautet und durch schriftliche Erklärung auf dem Papier (→ Indossament) übertragen werden kann. – Der Erwerber erlangt durch die Übertragung eine schriftgemäße, vom Recht des Vormannes unabhängige Stellung. Der Schuldner kann ihm nur solche Einwendungen entgegensetzen, die die Gültigkeit seiner Erklärung in der Urkunde betreffen oder sich aus dem Inhalt der Urkunde ergeben oder ihm unmittelbar gegen den Erwerber zustehen (§ 364 II HGB). – 2. *Arten:* a) *Gekorenes Orderpapier (gewillkürtes Orderpapier):* Werden erst durch die → Orderklausel („an Order") zu Orderpapier; dazu zählen die sechs → kaufmännischen Orderpapiere des § 363 HGB sowie die Orderschuldverschreibungen der Bundesrepublik Deutschland (früher des Reichs) und der Länder. – b) *Geborenes Orderpapier (gesetzliches Orderpapier):* Ohne Orderklausel Orderpapier und indossabel; dazu zählen → Wechsel, → Scheck, → Zwischenscheine und → Namensaktie. – c) Alle anderen mit Orderklausel versehenen Papiere sind *keine echten Orderpapiere*; durch Indossament wird bei ihnen nur die Abtretung beurkundet (mit den gleichen Rechtswirkungen wie bei → Namenspapieren).

Ordersatz – Auflistung aller von einer → Großhandlung lieferbaren → Artikel, getrennt nach verschiedenen Gebindegrößen oder Mengenabpackungen, mit ihren Großhandelsverkaufspreisen und Vorschlägen für Verkaufspreise des Einzelhandels. – *Zu unterscheiden:* Standard-Ordersatz, Spezial-Ordersatz, Ordersatz für Aktionswaren, Ordersatz für Frischprodukte. – Ordersätze dienen der *Rationalisierung* des Bestellvorgangs im Handel: Der Einzelhändler trägt nur noch die gewünschte Stückzahl ein. Bei numerischer Identifizierung aller Artikel des Ordersatzes mittels → Artikelnummernsystem ist rasche Übertragung der Ordersätze mittels Kommunikationstechnologien möglich.

Orderscheck → Scheck mit Angabe des Begünstigten, der als → Orderpapier durch Indossament übertragen werden kann. Eine → Orderklausel ist überflüssig, da der Scheck ein geborenes Orderpapier ist. Orderschecks sind im dt. Zahlungsverkehr relativ selten, da in Deutschland Schecks regelmäßig eine → Überbringerklausel enthalten und damit zum → Inhaberscheck werden. – Vgl. auch → Bank-Oderscheck.

Order to Negotiate (OTN) – im Handel mit überseeischen Ländern anstelle von → Akkreditiven zuweilen verwendete Form der Importfinanzierung. Die OTN werden in widerruflicher oder unwiderruflicher Form erstellt, i.d.R. unter Einschaltung einer Bank im Lande des Verkäufers, wobei letztere ggf. ihre Bestätigung hinzufügt. In einem solchen Negoziierungsauftrag verpflichtet sich die Bank des Importeurs, die auf die gezogene und von der eingeschalteten Bank im Lande des Verkäufers negoziierte dokumentäre Tratte (i.d.R. Sichttratte) des Abladers bei Vorlage einzulösen. – Vgl. auch → Negoziierungskredit, → Ziehungsermächtigungen.

Order-to-Payment-Prozess → Auftragsabwicklung.

ordinale Nutzentheorie → Nutzentheorie.

Ordinalskala – *Rangskala;* → Skala, auf der alternative → Ausprägungen neben Verschiedenheit auch eine Rangordnung zum Ausdruck bringen, z.B. Schulnote oder Intelligenzquotient. – Vgl. auch → Skalenniveau, → Operationalisierbarkeit. – *Gegenteil:* → Nominalskala, → Kardinalskala.

Ordinate → Koordinatensystem.

Ordnung – Voraussetzung für die Wahrnehmung und Beschreibung eines Systems, dessen Struktur oder Hierarchie. Ordnung ist immer von der Wahrnehmung der ein System beobachtenden Person abhängig. Sie zeigt sich in belebten Systemen in einer wahrnehmbar koordinierten Funktionsweise der Systemelemente. Aus systemtheoretischer und ökologischer Sichtweise sind bes. Prozesse der Ordnungsentstehung relevant, die sich in einem System ohne eine von außen kommende Ordnungsfestlegung vollziehen (→ Selbstorganisationstheorie). Ordnung in sozialen Systemen ist nach Hayek zwar Resultat menschlicher Handlungen, aber nicht menschlicher Absichten. – Vgl. auch → Ordnungsökonomik, → Organisation, → spontane Ordnung, → Synergetik, → Systemmanagement.

Ordnung des Betriebs – Gegenstand der erzwingbaren → Mitbestimmung des Betriebsrats in → sozialen Angelegenheiten nach § 87 I Nr. 1 BetrVG. Ordnung des Betriebs betrifft die *innere soziale Ordnung* des Betriebs, die das Zusammenwirken und das Verhalten der Arbeitnehmer im Betrieb regelt. Nicht zu den Fragen der Ordnung des Betriebs rechnen Anweisungen des Arbeitgebers, die das Arbeitsverhalten der Arbeitnehmer (Konkretisierung der Arbeitspflicht) betreffen (arbeitsnotwendige Maßnahmen). – *Mitbestimmungspflichtig* ist in erster Linie die Aufstellung verbindlicher Verhaltensvorschriften (z.B. Vorschriften über An- und Abmeldung von Arbeitnehmern, Torkontrollen, Rauch- und Alkoholverbote, Kleiderordnungen, Regelungen über die Benutzung des Telefons für Privatgespräche, Ethikrichtlinien). Ein Mitbestimmungsrecht des Betriebsrats ist ausgeschlossen, wenn die Angelegenheit durch Gesetz oder Tarifvertrag (zum Tarifvorrang vgl. → Betriebsvereinbarung) geregelt ist. – Zur Verhängung *betrieblicher Disziplinarmaßnahmen* wegen Verstoßes gegen die Ordnung des Betriebs vgl. → Betriebsbuße. – Vgl. auch → Rauchen am Arbeitsplatz.

Ordnungsaxiome – Grundannahmen der → Haushaltstheorie: Vollständigkeit, Reflexivität und Transitivität der → Präferenzordnung eines → Konsumenten bzw. → Haushalts. Das Axiom der *Vollständigkeit* besagt, dass ein Haushalt beim Vergleich zweier Güterbündel (Konsumpläne) aus seinem Begehrskreis stets weiß, welches Güterbündel er dem anderen vorzieht oder ob er indifferent zwischen zwei Güterbündeln ist. *Reflexivität* bedeutet, dass jedes Güterbündel höchstens so erwünscht ist, wie es selbst. Das Axiom der *Transitivität* (→ Transitivität (der Präferenzordnung)) besagt: Ist ein Güterbündel mind. so erwünscht wie ein zweites, und ist dieses zweite Güterbündel mind. so erwünscht wie ein drittes, dann ist auch das erste Güterbündel mind. so erwünscht wie das dritte. Das Axiom der Reflexivität ist trivialerweise erfüllt. Empirische Untersuchungen haben ergeben, dass das Transitivitätsaxiom bei manchen Haushalten nicht erfüllt ist. Viele Ergebnisse der Haushaltstheorie lassen sich jedoch auch mit schwächeren Annahmen als dem Transitivitätsaxiom ableiten.

Ordnungsbegriff – Kriterium, nach dem ein Datenbestand (z.B. eine → Datei oder ein → Array) geordnet ist; häufig ein → Datenelement, das einen → Schlüssel darstellt (z.B. die Artikelnummer bei Artikeldatensätzen). Oft synonym für → Sortierbegriff.

Ordnungsethik → Wirtschaftsethik.

Ordnungsgeld – *Ordnungsmittel;* Rechtsfolge für einen vorausgegangenen Ordnungsverstoß, der weder eine → Straftat noch eine → Ordnungswidrigkeit darstellt. – *Höhe* i.d.R. 5 bis 1.000 Euro bzw. ein Tag bis sechs Wochen Ordnungshaft (Art. 6 I EGStGB). – 1. Im *Zivilprozess* (1) gegen trotz ordnungsgemäßer → Ladung nicht erschienene Zeugen und Sachverständige; (2) wenn das persönliche Erscheinen der → Parteien angeordnet ist, auch gegen diese; (3) gegen Personen, die sich in der Sitzung einer groben Ungebühr schuldig gemacht haben u.Ä. – 2. Bei *unbefugtem Firmengebrauch* (§ 37 I HGB) kann das mit der Führung des → Handelsregisters betraute → Registergericht Ordnungsgeld verhängen. – Vgl. auch → Zwangsgeld.

Ordnungshaft → Ordnungsgeld.

Ordnungskonformität → Systemkonformität.

ordnungsmäßige Bilanzierung – eine den handels- bzw. steuerrechtlichen Bestimmungen entsprechende Aufstellung der → Bilanz aufgrund einer ordnungsmäßigen Buchführung. – Zu beachten sind nach *Handelsrecht* die → Grundsätze ordnungsmäßiger Buchführung (GoB); vgl. §§ 238 ff. HGB. – Für die *Steuerbilanz* gilt der Grundsatz der Maßgeblichkeit der Handelsbilanz für die → Steuerbilanz, sofern nicht steuerliche Spezialvorschriften (bes. aufgrund des steuerlichen Bewertungsvorbehalts) anzuwenden sind.

ordnungsmäßige Buchführung → Buchführung, → Grundsätze ordnungsmäßiger Buchführung (GoB).

ordnungsmäßige Prüfung → Grundsätze ordnungsmäßiger Prüfung.

ordnungsmäßige Unternehmensbewertung → Grundsätze ordnungsmäßiger Unternehmensbewertung.

Ordnungsmäßigkeitsprüfung → Prüfung, ob vorgegebene Ordnungsgrundsätze (z.B. Grundsätze ordnungsmäßiger Buchführung und Bilanzierung, gesetzliche oder innerbetriebliche Vorschriften) eingehalten wurden. Die → Jahresabschlussprüfung ist u.a. eine Ordnungsmäßigkeitsprüfung.

Ordnungsökonomik – 1. *Begriff:* Die Begriffe Ordnungstheorie und → Ordnungspolitik sind im dt. Sprachraum eng mit der → Freiburger Schule um Eucken, Böhm u.a. verbunden. Die Trennung der Begriffe Ordnungstheorie und -politik geht auf die im dt. Sprachraum übliche Trennung der gesamten Volkswirtschaftslehre in Theorie, Politik und Finanzwissenschaft zurück, die sich im angelsächsischen Sprachraum nie durchgesetzt hat. Unter Ordnungsökonomik wird dagegen eine auf die traditionelle Ordnungstheorie und -politik zurückgehende Teildisziplin verstanden, die neuere Erkenntnisse angrenzender Forschungsprogramme wie die der → Neuen Politischen Ökonomie, der → Neuen Institutionenökonomik oder der → Konstitutionenökonomik produktiv integriert. Wie andere Teildisziplinen auch, wird die Ordnungsökonomik nicht primär über den Erkenntnisgegenstand, sondern über die genutzte Methode abgegrenzt. – 2. *Fragestellung:* Unter Ordnung wird mit Hayek (1981) ein Sachverhalt beschrieben, „in dem eine Vielzahl von Elementen verschiedener Arten in solcher Beziehung zueinander stehen, dass wir aus unserer Bekanntschaft mit einem räumlichen oder zeitlichen Teil des Ganzen lernen können, richtige Erwartungen bez. des Restes zu bilden, oder doch zumindest Erwartungen, die sich sehr wahrscheinlich als richtig erweisen werden." Die Grundfrage der Ordnungsökonomik lautet, wie die Regeln beschaffen sein müssen, welche die Herausbildung und Aufrechterhaltung einer wohlfahrtssteigernden Ordnung ermöglichen. Zentraler Ansatzpunkt der Ordnungsökonomik sind also nicht die konkreten Ergebnisse von Tauschhandlungen, sondern die Regeln, innerhalb derer Tauschhandlungen erfolgen. – An der *Art* ihrer Entstehung anknüpfend können zwei Arten von Ordnungen unterschieden werden: (1) Spontan entstandene Ordnungen (auch → spontane Ordnung) genannt. – *Beispiele:* Sprache, Moral, Geld, Schrift, aber auch Märkte. (2) Gesetzte bzw. geplante Ordnungen (auch als Organisation bezeichnet). – *Beispiele:* Armeen, Betriebe und Regierungen. Obwohl Ordnungen spontan entstehen können, unterliegen die Handlungen der betroffenen Subjekte doch bestimmten Regeln. Die Eigenschaften der Regeln, die hinter spontanen bzw. gemachten Ordnungen stehen, sind jedoch grundverschieden: Spontane Ordnungen (v.a. → Märkte) werden durch „universalisierbare" Regeln ermöglicht. Darunter werden Verhaltensregeln verstanden, die für eine Vielzahl von Fällen gültig sind, die negativ formuliert sind – also kein bestimmtes Handeln vorschreiben, aber bestimmte Handlungen untersagen – und die bestimmt sind, bei denen ein Individuum also wissen kann, ob es regelkonform handelt oder nicht. In der spontanen Ordnung Markt finden sich universalisierbare Regeln im Privat- und im Strafrecht. Davon zu unterscheiden sind „Organisationsregeln", die ein Subordinationsverhältnis begründen und dem jeweils höher Gestellten das Recht geben, dem jeweils niedriger gestellten Befehle zu erteilen. Sie sind nicht allgemeingültig, sondern nur für spezifische Fälle. Sie sind nicht negativ, sondern positiv formuliert. Eine Konkretisierung in der Staatsordnung ist das öffentliche Recht. Hayek folgend ist es unzweckmäßig, die Wirkungsweise der spontanen Ordnung durch Beimengung von Organisationselementen verbessern zu wollen. Diese Überlegungen können relevant sein für wirtschaftspolitisches Handeln, wenn die Voraussetzungen geschaffen werden können, die zur Herausbildung einer spontanen Ordnung führen. – 3. *Zur Funktion von Institutionen:* Unter → Institutionen werden in der Ordnungsökonomik gemeinhin bekannte Regeln verstanden, die von einer Gruppe von Teilnehmern genutzt werden, um wiederholt auftretende Interaktionen zu ordnen. Ein Regelverstoß wird mit einer Sanktionsdrohung belegt. Eine Institution besteht also aus zwei Elementen, nämlich Regel und Sanktion. Verschiedene Sanktionsmechanismen können unterschieden werden: Bei externen Institutionen erfolgt die Sanktion unter Rückgriff auf das staatliche Gewaltmonopol, während sie bei internen Institutionen nicht unter Rückgriff auf das staatliche Gewaltmonopol erfolgt. Hier ist zu denken an die informelle Sanktion durch Dritte (böser Blick, Reputationsverlust, Ausschluss aus einer Gruppe), aber auch die formelle Sanktion durch Dritte, die allerdings nicht auf den Staat zurückgreifen wie z.B. private Schiedsgerichte, wie sie v.a. im internationalen Handel genutzt werden. Allg. besteht die Funktion von Institutionen darin, Unsicherheit über das Verhalten anderer zu reduzieren, also strategische Unsicherheit zu mindern. Allerdings ist es keineswegs so, dass Institutionen Transaktionen in jedem Fall erleichtern sollen. Durch Institutionen können bestimmte Formen der Kooperation ausdrücklich verhindert werden (etwa Kartelle); in diesen Fällen erhöhen die gewählten Institutionen (z.B. das Kartellrecht) die Transaktionskosten der Beteiligten. – 4. *Abgrenzung von der* → Wohlfahrtsökonomik: Ordnungsökonomen halten den Versuch, eine optimale Allokation im Sinn von Endzuständen herbeizuführen, für grundsätzlich verfehlt. Für sie ist Wirtschaft kein zu organisierendes Ganzes, mit einer irgendwie zu maximierenden Zielgröße. Stattdessen steht die Frage im Vordergrund, wie eine Vielzahl von Individuen mit einer Vielzahl von Zielen ihr Handeln so koordinieren können, dass Ordnung zum Wohl aller Betroffenen resultiert. Wenn die Wohlfahrtsökonomik als Allokationslogik bezeichnet werden kann, dann könnte die Ordnungsökonomik als Koordinationslogik bezeichnet werden. Die Koordination individueller Handlungen wird hier nicht über wünschenswerte Ergebnisse herbeigeführt, sondern über Regeln. Ordnungsökonomen interessieren sich also nicht primär für Handlungen, die innerhalb gegebener Regeln stattfinden, sondern dafür, wie diese Regeln selbst gewählt werden (s. → Konstitutionenökonomik). Sie wählen somit eine andere Analyse-Ebene als Wohlfahrtsökonomen. Da hier nur Regeln von Interesse sind, die für eine Vielzahl von Individuen für eine Vielzahl von Interaktionssituationen Gültigkeit haben, kann die Wahl dieser Regeln kaum als individuelle Wahlhandlung modelliert werden, sondern muss als kollektive Wahlhandlung analysiert werden. Sie ist den individuellen Wahlhandlungen auf der Marktebene vorgelagert. – 5. *Ausblick:* Defizite hat die Ordnungsökonomik noch bei der Erklärung der Veränderungen von Institutionen unter Rückgriff auf ökonomisches Instrumentarium. Bes. gravierend ist der Forschungsbedarf hier in Bezug auf interne bzw. informelle → Institutionen.

Ordnungspolitik – 1. *Begriff:* Im Gegensatz zur Prozesspolitik greift der Staat (allgemeiner: die Träger der Wirtschaftspolitik) im Rahmen der Ordnungspolitik nicht unmittelbar in die Wirtschaftsabäufe ein. Vielmehr setzt er die Rahmenregeln (→ Wirtschaftsverfassung) für die → Wirtschaftsordnung so, dass der Wirtschaftsprozess innerhalb dieser Rahmenregeln zur Erreichung der wirtschaftspolitischen bzw. gesellschaftlichen Ziele (z.B. einer präferenzgemäßen Versorgung mit Gütern und Dienstleistungen) beiträgt. – 2. *Funktionen/Ziele:* Die Logik der Ordnungspolitik besagt, dass der Staat die Spielregeln (Rahmenregeln), die privaten Akteure die Spielzüge (Wirtschaftsprozess) innerhalb dieser Spielregeln gestalten soll(en) (s. → Konstitutionenökonomik, choice among rules vs. choice within rules). Durch die gegenseitige Abgrenzung und inhaltliche Bestimmung der Entscheidungs- und Handlungsspielräume der Akteure ist die ordnungskonforme und in sich abgestimmte Ausgestaltung der wirtschaftlichen Teilordnungen wie Eigentums-, Planungs-, Unternehmens- oder Geldordnung (→ Morphologie, Eucken) zu gewährleisten. Hierdurch wird zugleich die Auswahl der möglichen wirtschaftspolitischen Instrumente beeinflusst. Die Bedingung der Ordnungskonformität erfordert, dass die konkreten wirtschaftspolitischen Maßnahmen, d.h. die eingesetzten Instrumente der Logik der bestehenden Wirtschaftsordnung (zentrale oder dezentrale Planung und Koordination des Wirtschaftsprozesses) entsprechen (z.B. → Marktkonformität, s. auch → Systemkonformität). Die Grundsatzentscheidung hinsichtlich der Wirtschaftsordnung determiniert den Inhalt der ergänzenden ordnungspolitischen Maßnahmen. – 3. Die konkrete *Ausgestaltung der* Ordnungspolitik wird u.a. durch das jeweils vorherrschende wirtschaftsordnungspolitische Leitbild (z.B. Ordoliberalismus, → Soziale Marktwirtschaft, → Planification, → Marxismus-Leninismus) beeinflusst, in das auch (gesellschafts-)politische und kulturelle Wertvorstellungen einfließen. – 4. *Beispiele*: Wettbewerbspolitik zur Sicherung eines funktionsfähigen Wettbewerbs;

Grundgesetz mit Sicherung der Eigentumsrechte (→ Verfügungsrechte); → Umweltpolitik mit dem Verursacherprinzip als Grundsatz zur Internalisierung negativer externe Effekte. – Vgl. auch → Wirtschaftspolitik, → Ordnungsökonomik, → Wirtschaftsethik.

Ordnungsprinzip – im Arbeitsrecht geltendes Prinzip für das Verhältnis einander ablösender kollektiver Ordnungen. Der spätere → Tarifvertrag geht dem früheren, die spätere → Betriebsvereinbarung der früheren vor, auch wenn die neue Vereinbarung zu schlechteren Arbeitsbedingungen für die Arbeitnehmer führt. Insoweit gilt das → Günstigkeitsprinzip nicht. Es ist aber stets durch Auslegung zu ermitteln, ob die Tarif- bzw. Betriebspartner den sozialen Besitzstand schmälern wollten. – Das Ordnungsprinzip gilt grundsätzlich nicht für → vertragliche Einheitsregelungen ablösende Betriebsvereinbarungen, es sei denn, der Arbeitsvertrag ist betriebsvereinbarungsoffen gestaltet (= enthält Klausel, wonach die Arbeitsbedingungen durch Betriebsvereinbarungen verschlechtert werden können).

Ordnungssysteme – Kennbegriff zur eindeutigen Identifizierung von → Informationen, → Daten und Karteien zur Unterscheidung von anderen Begriffen ähnlichen Inhalts. Häufig sind Ordnungssysteme nicht das einzige Merkmal, nach dem Informationen gleicher Kategorie geordnet und sortiert werden können, aber das Einzige, das jede Information unverwechselbar kennzeichnet.

Ordnungsteuer – *Lenkungsteuer;* Steuer, die einem bestimmten ordnungspolitischen Zweck dient. – Vgl. auch → Steuerzweck, → nicht fiskalische Besteuerung, → Zwecksteuern, → Wertzuwachssteuer.

Ordnungstheorie → Ordnungsökonomik, → Wirtschaftsordnung, → Wirtschaftssystem.

Ordnungswidrigkeit – 1. *Begriff:* Rechtswidrige und vorwerfbare – vorsätzliche oder fahrlässige – Handlung, die den Tatbestand eines Gesetzes verwirklicht, das die Ahndung mit einer → Geldbuße zulässt. – 2. *Zeitlich* kann eine Handlung als Ordnungswidrigkeit geahndet werden, wenn dies vor der Handlung gesetzlich bestimmt war, d.h. keine Ahndung ohne Gesetz. – 3. *Erfasst* werden alle Ordnungswidrigkeiten im Geltungsbereich des Gesetzes und Ordnungswidrigkeiten auf dt. Schiffen und Luftfahrzeugen. – 4. *Verletzt* dieselbe Handlung mehrere Gesetze, wird nur eine Geldbuße nach der höchsten Androhung festgesetzt. Ist die Handlung zugleich → Straftat, so wird nur das Strafgesetz angewendet (§ 21 OWiG). – 5. *Verfolgung* von Ordnungswidrigkeiten durch die zuständige Verwaltungsbehörde, soweit nicht das Gericht oder die Staatsanwaltschaft berufen ist (§ 35 OWiG). – Vgl. auch → Bußgeldverfahren. – 6. *Verfolgungsverjährung* tritt, soweit gesetzlich nichts anderes bestimmt ist, nach sechs Monaten ein. Bei Handlungen, die mit Geldbuße von 1.000 bis 2.500 Euro bedroht sind, in einem Jahr, bei 2.500 bis 15.000 Euro in zwei Jahren, bei höherer Strafdrohung in drei Jahren (§ 31 OWiG). – 7. *Einzelne Ordnungswidrigkeiten:* In §§ 111 ff. OWiG werden u.a. Verstöße gegen staatliche Anordnungen und gegen die öffentliche Ordnung mit Geldbuße bedroht. Im Übrigen finden sich Bußgeldvorschriften in den verschiedenen Spezialgesetzen. – Vgl. auch → Steuerordnungswidrigkeit.

Ordnungswidrigkeitengesetz (OWiG) – Gesetz über Ordnungswidrigkeiten i.d.F. vom 19.2.1987 (BGBl. I 602) m.spät.Änd. Das OWiG regelt allg. die Fragen zur Ahndung von Rechtsverstößen bei rechtswidrigen und vorwerfbaren Handlungen (und Unterlassungen) gegen Tatbestände, die von den Gesetzen bei → Ordnungswidrigkeiten im einzelnen festgelegt werden. Ferner wird das Verfahren beim Erlass von → Geldbußen im OWiG geregelt. Bes. Vorschriften zur Ordnungswidrigkeiten können sich aus Spezialgesetzen ergeben.

Ordoliberalismus → Freiburger Schule, → Neoliberalismus, → Wettbewerbstheorie.

Ordre Public – Bezeichnung für den Vorbehalt zugunsten der inländischen öffentlichen Ordnung. Die Anwendung ausländischen Rechts ist ausgeschlossen, wenn es gegen die wesentlichen Grundsätze dt. Rechts verstößt (Art. 6 EGBGB).

Org/DV-Abteilung – Kurzbezeichnung für eine betriebliche Abteilung, die für Organisation und → Datenverarbeitung (Elektronische Datenverarbeitung) zuständig ist. Geleitet von einem → Org/DV-Leiter.

Org/DV-Leiter – 1. *Begriff:* Berufsbild in der → betrieblichen Datenverarbeitung; Leiter der → Org/DV-Abteilung. – 2. *Aufgaben:* Der Org/DV-Leiter hat die Verantwortung für Planung, Vorbereitung und Durchführung von Projekten, für die Abstimmung der → betrieblichen Informationssysteme mit der Organisation des Unternehmens, die Personalauswahl und -einsatz; er berät die Unternehmensführung in allen Fragen der Organisation und der Datenverarbeitung. – 3. *Anforderungen:* i.Allg. ein betriebswirtschaftliches Studium mit Schwerpunkten in Organisationslehre und → Wirtschaftsinformatik oder ein Studium der Wirtschaftsinformatik.

Organe – 1. *I.e.S.:* Die gesetz- oder verfassungsmäßig vorgesehenen Institutionen einer → juristischen Person, bes. ihre → gesetzlichen Vertreter. – 2. *I.w.S.:* Die im Innen- und Außenverkehr zwischen Unternehmungen und dem Markt sowie sonstiger Öffentlichkeit vertretungs- und kontrollberechtigten Personen bzw. Personengruppen.

Organgesellschaft – steuerrechtlicher *Begriff:* Kapitalgesellschaft, die finanziell, wirtschaftlich und organisatorisch in ein anderes Unternehmen (→ Organträger) eingegliedert ist. – *Haftung:* Da formal nicht die Organgesellschaft ihr Einkommen zu versteuern hat, sondern die Obergesellschaft, hat das Finanzamt theoretisch nur einen Steueranspruch gegen diese.

Damit es hierdurch nicht zu Steuerausfällen kommen kann, sondern auch insoweit der Konzern steuerlich als Einheit behandelt werden kann, haftet die Organgesellschaft jedoch für die gesamten Betriebssteuern des Organträgers (bes. Gewerbe-, Umsatzsteuer, u.U. Verbrauch-, Versicherung-, Beförderung- und Kraftfahrzeugsteuer; § 73 AO). Inanspruchnahme durch → Haftungsbescheid. – Vgl. auch → Organschaft.

Organhaftung – Haftung der → juristischen Person für das Handeln ihrer → gesetzlichen Vertreter. Die juristische Person muss für die von ihren gesetzlichen Vertretern in Ausführung der ihnen zustehenden Verrichtungen begangenen Handlungen, bes. die → unerlaubten Handlungen, genauso einstehen, wie eine natürliche Person für ihre eigenen Handlungen (§§ 31, 89 BGB). Sie kann sich nicht (wie bei → Verrichtungsgehilfen) darauf berufen, dass sie bei der Auswahl der gesetzlichen Vertreter die erforderliche Sorgfalt beachtet habe. – In *ähnlicher Weise* haften Staat und → Körperschaften des öffentlichen Rechts für das Verschulden ihrer Beamten. – Vgl. auch → Amtshaftung.

Organigramm – *Organisationsplan, Organisationsschaubild, Strukturschaubild;* Hilfsmittel der Organisation zur Darstellung von Strukturen. – 1. *Organigramm der* → Aufbauorganisation bildet das System der → organisatorischen Einheiten ab. Es veranschaulicht v.a. die Aufgabengliederung (Zerlegung eines Aufgabenkomplexes in Teilaufgaben) bzw. die Gliederung der Stellen und Abteilungen (häufig pyramidenförmige Darstellung) sowie die → Kommunikationsbeziehungen zwischen den organisatorischen Einheiten (Bereichsbildung). – *Beispiele:* → Funktionalorganisation, → Matrixorganisation, → Regionalorganisation, → Spartenorganisation. – 2. *Organigramm der* → Ablauforganisation bildet Arbeitsfolgen in zeitlicher oder in räumlicher (Weg-, Lauf- und Verkehrs-Organigramm) ab. Arbeitsgliederungs-Organigramme stellen die Zerlegung von Aufgaben in Arbeitsgänge und Gangelemente, Besetzungs-Organigramme die zeitliche Beanspruchung von Personen oder sachlichen Hilfsmitteln im zeitlichen Nacheinander dar; → Harmonogramme beschreiben (gleichzeitige) Arbeitsfolgen in räumlicher und zeitlicher Hinsicht. – 3. Organigramme können jeweils durch textliche organisatorische Beschreibungen *ergänzt* werden (z.B. → Stellenbeschreibungen, Organisationsanweisungen, Organisationshandbücher; → Geschäftsverteilungsplan).

Organisation

von Prof. Dr. Gerhard Schewe

I. Grundlagen

Der Begriff der Organisation lässt sich nicht eindeutig definieren. Die Begriffslegung ist abhängig von der jeweils zugrundegelegten organisations-theoretischen Herangehensweise. Im Rahmen des vorliegenden Beitrags wird unter Organisation das formale Regelwerk eines arbeitsteiligen Systems verstanden. Informale Regelungen werden nicht betrachtet. Derartige organisatorische Regelungen lassen sich in zwei Klassen einordnen, die quasi als zwei Seiten einer „Organisationsmedaille“ zu verstehen sind: Es sind dies die zu wählende(n) Spezialisierungsart(en) und die zu wählende(n) Koordinationsform(en).

Während die *Spezialisierung* fragt, wie eine Aufgabe am sinnvollsten arbeitsteilig erledigt werden kann, beschäftigt sich die *Koordination* mit der Frage, wie arbeitsteilige Prozesse effizient zu strukturieren sind. Immer dort, wo es zur Arbeitsteilung kommt ist Koordination notwendig. Umgekehrt: Wo keine Spezialisierung vorliegt, ist auch Koordination entbehrlich.

II. Organisatorische Regelungen zur Arbeitsteilung (Spezialisierung)

Mit der Spezialisierung wird eine Erhöhung der Wirtschaftlichkeit betrieblicher Prozesse und Vorgänge angestrebt, dabei ist neben der Frage nach der zu wählenden Spezialisierungsart auch die Frage nach dem Ausmaß der Spezialisierung zu beantworten. Allerdings ist zu beachten, dass eine einmal gewählte Spezialisierung nicht auf Dauer effizient sein muss. Die Notwendigkeit des Wechsels der Spezialisierung wird in aller Regel durch folgende Ereignisse signalisiert: Warteschlangen, Qualitätsmängel, Nacharbeit, überforderte Vorgesetzte, Absentismus, Fluktuation, Unelastizität bei Spitzenbelastungen, Beschäftigungsunterschiede bei einzelnen Abteilungen, Kommissionswirrwarr, bürokratische Wasserköpfe etc. Notwendigkeit und Nutzen des Wechsels der Spezialisierungsform sind insbesondere am Beispiel des Wechsels von der Funktional- zur Geschäftsbereichsorganisation vielfach untersucht und bestätigt worden. Die folgenden grundlegenden Formen der Arbeitsteilung gilt es zu unterscheiden:

1. Spezialisierung nach Verrichtungen oder Funktionen

Die Aufgabe wird daraufhin analysiert, welche Tätigkeiten notwendig sind, um sie zu erfüllen. Es werden dann alle Tätigkeiten der gleichen Art zusammengefasst und zur Grundlage der Stellenbildung gemacht. Gliedert man ein gesamtes Unternehmen nach Verrichtungen, entsteht die so genannte Funktionalorganisation mit den Abteilungen Beschaffung und Logistik, Produktion, Absatz, Forschung und Entwicklung sowie Verwaltung. Es wandert oder wechselt das zu bearbeitende Objekt. Es werden stets die gleichen Verrichtungen an unterschiedlichen Objekten durchgeführt. Diese Spezialisierung erfordert den Verrichtungsspezialisten, der in der Lage ist, die gleichen Verrichtungen an unterschiedlichen Objekten (z.B. Materialien oder Produkten), gegebenenfalls auch mit unterschiedlichen Werkzeugen ausführen zu können. Ein Wechsel der Objekte ist kostengünstiger (einfacher, konfliktärmer, qualitativ besser) als der Wechsel der Verrichtungen.

2. Spezialisierung nach Objekten

Jede Arbeit lässt sich als eine Menge von Verrichtungen an einer Menge von Objekten begreifen. Objekte sind zunächst die Einsatzmaterialien, sodann die Zwischenprodukte und dann die Endprodukte. Der Objektbegriff ist dabei sehr flexibel. Objekte im organisatorischen Sinn können auch einzelne Kunden oder Kundengruppen sein. Bei der Aufgabenanalyse werden alle Objekte der gleichen Art zusammengefasst und zur Grundlage der Stellenbildung gemacht. Auf der Ebene der gesamten Unternehmung ist die so genannte Geschäftsbereichsorganisation eine nach Objekten spezialisierte Organisationsform. Sie besteht aus mehreren Geschäftsbereichen, in denen jeweils unterschiedliche, nach Technologie und/oder Marktbeziehungen unterscheidbare Produktgruppen produziert und abgesetzt werden. In diesen Fällen bleibt das Objekt der Art nach das gleiche, es wechseln aber die Verrichtungen. Diese Spezialisierung erfordert den Objektspezialisten, der in der Lage ist, unterschiedliche Verrichtungen an jeweils dem gleichen Objekt durchzuführen. Ein Wechsel der Verrichtungen ist kostengünstiger (einfacher, konfliktärmer, qualitativ besser) als der Wechsel der Objekte.

3. Spezialisierung nach Raum

Bei dieser Spezialisierungsform werden die Aufgaben daraufhin analysiert, an welchen geografisch bestimmbaren Orten sie durchgeführt werden. Für die Stellenbildung werden alle die Aufgaben zusammengefasst, die innerhalb eines bestimmbaren geografischen Raumes ablaufen. Ein klassisches Beispiel für diese Form der Spezialisierung ist die Filialorganisation der Banken, Versicherungen und großen Handelsunternehmen. Auch die Auslandstätigkeit wird vielfach nach räumlichen Kriterien organisiert. Der Träger der räumlichen Spezialisierung ist der Ortskenner oder der Länderexperte. Auch hier gilt: Er bearbeitet unterschiedliche Objekte mit unterschiedlichen Verrichtungen, aber nur, wenn sie in seine räumliche Zuständigkeit fallen. Ein Wechsel dieser räumlichen Ordnung ist teurer als der Wechsel der Verrichtungen oder der Objekte.

4. Mischformen

In der Realität sind diese Kriterien vielfach vermischt angewendet. Das oberste Kriterium für die Erfolgsbeurteilung von Spezialisierungsformen ist nicht etwa die ausschließliche Orientierung an einem einzigen Kriterium, sondern vielmehr die Lückenlosigkeit und Überschneidungsfreiheit, denn diese wären die Ursachen für Untätigkeit oder für Doppelarbeit. Eine Mischung der Spezialisierungsarten kann dabei auf einer Dimension erfolgen, es können jedoch auch mehrdimensionale Mischungen der Spezialisierungsarten vorliegen, wie z.B. bei der Matrix- oder Tensororganisation.

III. Organisatorische Regelungen zur Arbeitsintegration (Koordination)

Folgt man dem Effizienzpostulat der Spezialisierung, so steht am Ende eines solchen Prozesses die Aufteilung der Aktivitäten zur Erstellung der Unternehmensaufgabe auf eine größere Anzahl von Personen oder Institutionen. Damit sind die Aufgaben erfolgreicher Koordination vorgezeichnet:

- *Ausrichtung der Aktivitäten auf ein Ziel:* Koordination führt dazu, dass die Komponenten der Zielsetzung stets bewusst gemacht werden, in der täglichen Arbeit einheitlich angewandt werden und gegebenenfalls auf Verbesserungs- und Änderungsmöglichkeiten hin überprüft werden.
- *Vermeidung überflüssiger Arbeit:* Koordination trägt dazu bei, dass die Arbeitsabläufe so gestaltet werden, dass Doppelarbeit vermieden wird und sich eine optimale Reihenfolge realisieren lässt.
- *Verteilung knapper Ressourcen:* Koordination löst Verteilungskonflikte.
- *Herstellung eines einheitlichen Wissenstandes:* Koordination gleicht Wissens- und Wahrnehmungsunterschiede unter den Beteiligten und Betroffenen aus.

Im Rahmen der organisatorischen Auswahlentscheidung stehen nun eine Vielzahl von Instrumenten zu Verfügung, mit deren Hilfe sich diese Koordinationsaufgaben lösen lassen.

1. Hierarchie als zentrales Instrument der Koordination

Die gleichsam natürliche Form der Koordination erfolgt durch Bildung einer Hierarchie: Es wird eine Konstellation von Vorgesetzten und Mitarbeitern geschaffen. Eine Hierarchie entsteht dadurch, dass derartige Beziehungen zwischen einer auftraggebenden und einer auftragnehmenden Instanz in der Breite (auf mehrere Untergebene) und in die Tiefe (auf mehrere Ebenen) ausgedehnt werden. Diese Koordinationsleistung der

Hierarchie soll bewusst, überlegt und dauerhaft erfolgen. Man macht sie den Beteiligten zweckmäßigerweise durch Stellenbeschreibungen bewusst.

2. Maßnahmen der Ergänzung hierarchischer Koordination

Hierarchische Koordination hat Grenzen. So darf z.B. die sog. Leitungsspanne von Führungskräften nicht unkontrolliert wachsen. Diese Leitungsspanne kann zwar bei sehr einfachen Tätigkeiten der Mitarbeiter höher sein. Maßgeblich für die Begrenzung der Leitungsspanne ist die zeitliche, intellektuelle und psychische Kapazität des Vorgesetzten. Hält man bei der Koordination ausschließlich an dem hierarchischen Prinzip fest, so erfolgt die Anpassung an steigenden Aufgabenumfang dadurch, dass die Hierarchie zunächst in die Breite und dann in die Tiefe wächst. Dabei wird immer deutlicher bewusst, dass die Hierarchie in geeigneter Weise zu ergänzen ist. Die traditionellen Formen der Hierarchieergänzung sind die folgenden:

- *Stäbe:*
  Stäbe sind organisatorische Einheiten (Stellen) ohne Entscheidungskompetenz. Sie werden entweder als Spezialisten für bestimmte Fachfragen herangezogen, z.B. als Syndikus oder als juristische Abteilung. Oder sie sind einzelnen Führungskräften als Assistenten zugeordnet, um diese in ihrer Führungstätigkeit zu unterstützen, v.a. durch Beschaffung, Verarbeitung und Aufbereitung von Informationen.
- *Kommissionen:*
  Kommissionen sind institutionalisierte Personenmehrheiten (drei oder mehr) aus unterschiedlichen Instanzenzügen. Sie haben als „stehende Gremien“ eine Daueraufgabe (z.B. monatliche Planabstimmung) oder als Projekt-Ausschüsse eine befristete, gesondert definierte Aufgabe (z.B. eine Umorganisation). Durch die Einbeziehung mehrerer Ressorts sollen unterschiedliche Sachgesichtspunkte berücksichtigt werden. Kommissionen verkürzen die Informationswege und sorgen für gleichzeitige und gleichartige Informationsversorgung der Anwesenden. Sie reduzieren somit Wahrnehmungs- und Wissenskonflikte, erlauben Rückfragen und gemeinsame Lernprozesse.
- *Programme (Ablaufregelungen):*
  Spezialisierung trennt, Koordination fügt wieder zusammen. Wenn Spezialisierung die Arbeit zeitlich trennt, in einzelne Phasen und noch weiter in einzelne Arbeitsgänge zerlegt, dann ist Koordination nötig, um diese einzelnen Teilschritte wieder zu einem Gesamtprozess zusammenzufügen. Die so genannte → Ablauforganisation hat unter diesem Koordinationsaspekt die Reihenfolge der einzelnen Schritte festzulegen, Parallelarbeit zu ermöglichen und Wartezeiten zu verhindern oder zu vermindern, Termine für Beginn, Zwischenergebnisse und Ende des Prozesses oder einzelner Phasen zu setzen und damit Fristen oder Geschwindigkeiten zu bestimmen. Die koordinierende Leistung von Programmen liegt darin, dass sie gleichartigen und gleichbleibenden Leistungsvollzug ermöglichen, und das sehr wirtschaftlich. Programme mindern Schwächen und Defekte individuellen Problemlösungsverhaltens, geben unpersönliche Handlungsimpulse zur Interaktion, verhindern das Übersehen von Problemaspekten und sorgen für gleichmäßige Information.
- *Projektorganisation:*
  Organisation soll den dauerhaften Vollzug der Leistungserstellung und -verwertung möglichst kostengünstig, reibungsarm, qualitätssichernd und schnell ermöglichen. Wenn daneben aber Probleme auftreten, die einmalig oder gar erstmalig zu lösen sind, so genannte konstitutive und innovative Probleme, dann ist die Organisation überfordert. In dieser Situation hat sich Projektmanagement bewährt. Es handelt sich dabei um eine grundsätzlich befristete, auf die Erfüllung einer genau definierten Aufgabe zugeschnittene Zuständigkeit. Der zuständige Projektmanager ist gesondert zu ernennen und wird zur Lösung seiner Aufgabe mit Mitarbeitern ausgestattet, die entweder in Voll- (reines Projektmanagement) oder in Teilzeitarbeit (Matrix-Projektmanagement) an diesem Projekt mitarbeiten. Die Koordinationsleistung des Projektmanagements liegt v.a. darin, dass das konstitutive oder innovative Problem systematisch unter Nutzung des gesamten Potenzials der Unternehmung gelöst, die Entscheidung bereits mit der Implementierung verflochten und die Gefahr von Insellösungen vermieden werden kann.

IV. Organisation als bewusster Verzicht auf organisatorische Regelungsmechanismen

Die Beobachtung ist sicherlich nicht neu, dass sich ein Teil der Unternehmen bei zunehmender Unternehmensgröße der wachsenden Bürokratisierung zu entziehen versucht, indem sie statt der Bürokratie eine Dezentralisation anstreben. Dezentralisation bedeutet dabei: Verlagerung von Entscheidungskompetenzen an untergeordnete Stellen, im Extremfall sogar eine Ausgliederung bestimmter organisatorischer Teilbereiche aus dem Unternehmen. Geleitet werden derartige Entscheidungen von dem auf dem Transaktionskostenansatz aufbauenden Lean-Management-Konzept. Dieses zwingt, ständig über die Grenzen der Unternehmung nachzudenken. Oder anders: Es gibt der Unternehmensleitung beständig auf zu fragen, ob bestimmte Funktionen nicht kostengünstiger durch Marktpartner erbracht werden können und deshalb aus der Unternehmung auszugliedern sind. Das Unternehmen soll sich von allen den Teilbereichen trennen, die wenig zur Wertschöpfung beitragen, von Externen mit der gleichen Zuverlässigkeit und Qualität erbracht werden können und die innerbetrieblich nur Koordinationskosten verursachen. Es ist dann nur konsequent, dass auch ganze Führungsebenen eingespart werden, die zuvor mit der Koordination beschäftigt waren.

An die Stelle der innerbetrieblichen Koordination tritt damit die Kooperation mit Marktpartnern. Diese unterscheidet sich möglicherweise von der traditionellen Einkaufsbeziehung, dass sie auf längere Frist vereinbart, durch Einführung gemeinsamer Qualitäts- und Abmessungsstandards stabilisiert und vielleicht sogar durch Lieferantenwerkstätten auf dem eigenen Werksgelände sichtbar fixiert wird. Die Ausgliederung betrieblicher Funktionen auf selbständige Marktpartner ist die konsequenteste Form, die Hierarchie zu ersetzen. Eine so genannte hybride Form liegt darin, innerbetriebliche Märkte und Verrechnungspreise einzuführen.

organisation ad personam – *personelle Betriebsorganisation;* Abgrenzung der Kompetenzen (→ Kompetenzabgrenzung) im Rahmen der Organisationsgestaltung nach Maßgabe der Vorstellungen bzw. Präferenzen oder auch Eignungen eines Handlungsträgers mit ausgeprägter Persönlichkeit oder Machtstellung in der Unternehmung (z.B. Eigentümer-Unternehmer). Beim Ausscheiden der betreffenden Person entstehen i.d.R. Nachfolgeprobleme oder Kosten der → Reorganisation.

organisationales Beschaffungsverhalten → organisationales Kaufverhalten.

organisationales Kaufverhalten – *organisationales Beschaffungsverhalten, Organizational Buying.* – 1. *Begriff:* Kaufverhalten von Organisationen bzw. gewerblichen Nachfragern, gekennzeichnet durch komplexitätsfördernde Besonderheiten. Die Willensbildung ist i.d.R. kollektiv *(Mehrpersonenentscheidung)* und mehrzentrig (*Mehrinstanzenentscheidung;* z.B. Unternehmensleitung, Einkauf, Produktion, Forschung und Entwicklung, Finanzierung). – 2. Wesentliche *Einflussfaktoren* sind dadurch: individuelle Einflussfaktoren unterschiedlicher Personen; ihr Zusammenwirken in gruppendynamischen Prozessen; unterschiedliche Sichtweisen und Entscheidungskriterien durch die Zugehörigkeit zu verschiedenen Instanzen und Rollen (→ Buying Center) auf Kaufprozess und Entscheidungsergebnis; organisationsspezifische Einflussfaktoren, wie z.B. organisationale Beschaffungsregeln, Anreiz- und Sanktionsmechanismen; umweltbedingte Faktoren (z.B. Umwelt- und Arbeitsschutzgesetze, protektionistische Maßnahmen, Wünsche nachgelagerter Kunden). – 3. Mehr oder weniger stark strukturierter, formalisierter und lang andauernder *Entscheidungsprozess* (→ Kaufphasen(ansatz)), bedingt durch kaufklassenspezifische Eigentümlichkeiten (→ Kaufklassen). – 4. *Erklärungsmodell des organisationalen Kaufverhaltens:* monoorganisationale Partial- und Systemmodelle sowie → Interaktionsansätze. – Vgl. auch → Käufer- und Konsumentenverhalten.

organisationales Lernen – bezeichnet den Prozess der Veränderung der organisationalen Wert- und Wissensbasis, um die Problemlösungs- und Handlungskompetenz zu erhöhen sowie den Bezugsrahmen einer Organisation zu verändern. Im Zentrum steht der Aufbau einer unternehmensspezifischen Wissensbasis, d.h. der Aufbau von Wissen, das von allen Unternehmensmitgliedern geteilt wird. Obschon organisationales Lernen über Individuen und deren Interaktionen erfolgt, ist es nicht der Summe der individuellen Lernprozesse und -ergebnisse gleichzusetzen. Denn einerseits wird nicht alles individuelle Wissen weitergegeben (z.B. aus Gründen der Macht, Angst oder Frustration), andererseits kann durch die Weitergabe von individuellem Wissen neues Wissen entstehen (Synergieeffekte). Je nach Konstellation kann die Summe des individuellen Wissens größer

Basismodell der Lernprozesse

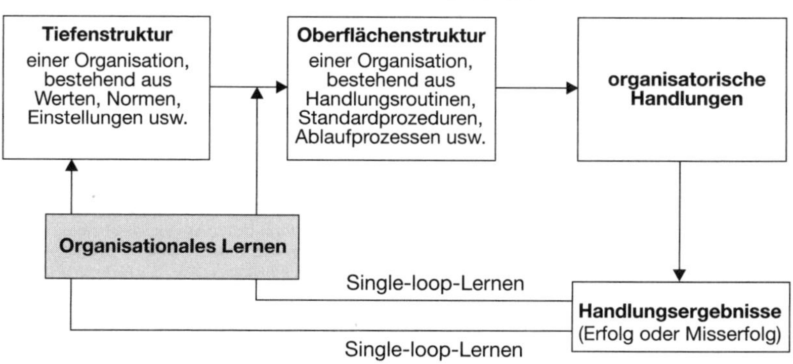

oder kleiner als das organisationale Wissen sein. Bei organisationalen Lernprozessen wird zwischen → Single-Loop-Lernen und → Double-Loop-Lernen unterschieden (vgl. Abbildung „Basismodell der Lernprozesse"). – Vgl. auch → Wissensmanagement. Das Single-Loop-Lernen (auch als Anpassungslernen bezeichnet) entspricht dem angepassten Handeln der Organisation an veränderte Bedingungen des internen als auch externen Umfeldes, das lediglich aus Erfahrungen resultiert. Ungeachtet des neuen Wissens erfolgt hierbei keine nachhaltige Veränderung der organisationalen Werte- und Wissensbasis. Im Gegensatz dazu werden beim Double-Loop-Lernen (auch als Veränderungslernen bezeichnet) bisherige Erfahrungen der Organisation hinterfragt und korrigiert sowie die sich verändernden Bedingungen des internen als auch externen Umfeldes der Organisation neu interpretiert. Beim Double-Loop-Lernen wird somit eine Veränderung der organisationalen Werte- und Wissensbasis vorgenommen. So wird bspw. im Falle eines Hochwassers unter Single-Loop-Lernen verstanden, dass Gegenstände hoch gestellt bzw. eine Etage höher gebracht werden und somit kurzfristig auf die Extremsituation reagiert wird. I.S.d. Double-Loop-Lernen wird die Situation analysiert und nachhaltig, z.B. durch den Bau einer Wasserschutzmauer oder durch den Neubau von Produktions- und Lagerräumen oberhalb der bisherigen Hochwasserpegeln, gelöst, um so für eventuelle weitere Hochwasser gerüstet zu sein. Bei extremer Wärme und UV-Belastung könnte sich z.B. das Single-Loop-Lernen in der Baubranche darin äußern, dass man Sonnenmilch nutzt, anstatt i.S.d. Double-Loop-Lernen z.B. die Arbeitszeiten in den frühen Morgenstunden oder den Abend zu legen. Werden anstatt eine Klimaanlage zu nutzen (Double-Loop-Lernen), mehrere Türen geöffnet, um so kurzfristig bei extremen Temperaturen Durchzug zu schaffen, kann dies als Single-Loop-Lernen verstanden werden. Denn einerseits wird nicht alles individuelle Wissen weitergegeben (Bsp. bezogen auf den Klimawandel: nicht Teil der Unternehmensstrategie; Mitarbeiter sind an Findung und Umsetzung von Anpassungsmaßnahmen nicht beteiligt; der Organisation stehen keine Ressourcen zur Verfügung; generelle Unsicherheit bezüglich des Auftretens und der Auswirkungen), andererseits kann durch die Weitergabe von individuellem Wissen neues Wissen entstehen (Synergieeffekte, die z.B. fehlendes Wissen über den Klimawandel und möglichen Anpassungsmaßnahmen kompensieren; beabsichtigte Anpassungsmaßnahmen an den Auswirkungen des Klimawandels wirken sich auch positiv auf den Klimaschutz aus).

Organisation der arabischen Erdöl exportierenden Staaten → OAPEC.

Organisation der Erdöl exportierenden Länder → OPEC.

Organisation der Unternehmungsleitung – 1. *Begriff:* Die organisatorische Regelung (→ Organisation) der Handlungen in der (multipersonalen) Spitzeneinheit der Unternehmungshierarchie (→ Hierarchie) und der Beziehungen zwischen Hierarchiespitze und nachgelagerten Hierarchieebenen. – 2. *Formen nach der Arbeitsteilung innerhalb der Spitzeneinheit:* a) *Ressortgebundene Unternehmungsführung:* Die Mitglieder der → Pluralinstanz an der Spitze der Hierarchie fungieren neben ihrer Mitwirkung an der Unternehmungsleitung zugleich jeweils auch als Leiter der einzelnen organisatorischen Teilbereiche auf der nachfolgenden Hierarchieebene; beruht auf dem Prinzip der → Ressortkollegialität. – b) *Ressortlose Unternehmungsführung:* Die Mitglieder der Spitzeneinheit werden lediglich im Rahmen der gemeinsamen Unternehmungsleitung tätig und übernehmen persönlich allenfalls entscheidungsvorbereitende „Sprecherfunktionen" für unterschiedliche Problemaspekte der Leitung. – 3. *Rechtliche Regelung:* Die Organisation der Unternehmungsleitung unterliegt in hohem Maße den Bestimmungen des Organisationsrechts.

Organisation der Vereinten Nationen für Erziehung, Wissenschaft und Kultur → UNESCO.

Organisation der Vereinten Nationen für industrielle Entwicklung → UNIDO.

Organisation des Organisationsmanagements – Gestaltungsproblem der → Teilbereichsorganisation. Die Organisation des Organisationsmanagements umfasst alle generellen und dauerhaften → Regelungen zur Erfüllung der mit der Teilfunktion → Organisationsmanagement verbundenen Aufgaben. – *Gestaltungsfelder:* (1) Entscheidung, ob die Organisationsarbeit überhaupt speziellen → organisatorischen Einheiten (Organisationsmanagern) zugeordnet oder operativen Einheiten (z.B. organisierenden Managern oder betroffenen Mitarbeitern) übertragen wird. (2) Spezielle Organisationsabteilungen können an verschiedenen Stellen in der Unternehmungshierarchie platziert werden, bes. in einem → Zentralbereich oder in den Geschäftsbereichen. (3) Regelung der Kooperation zwischen mehreren Organisationsabteilungen sowie zwischen der Organisationsabteilung und den Geschäftsbereichen. Je nach Kompetenzausstattung (→ Kompetenz) kann eine Einheit dabei als Kernbereich, → Richtlinienbereich, Matrixbereich, → Servicebereich oder → Stab ausgeformt werden. (4) Die interne Gliederung einer Organisationsabteilung kann z.B. objektorientiert (nach den zu organisierenden Unternehmungsbereichen) oder verrichtungsorientiert (nach den Organisationsaufgaben) erfolgen. Zur Auswahl einer Gestaltungsform bedarf es einer Beurteilung der alternativenspezifischen Vor- und Nachteile (→ organisatorische Effizienz).

Organisation für afrikanische Einheit → OAU.

Organisation für europäische wirtschaftliche Zusammenarbeit → OEEC.

Organisation für wirtschaftliche Zusammenarbeit und Entwicklung → OECD.

Organisation Internationale du Commerce (OIC) → ITO.

Organisationsalternativen → Organisationsstruktur.

Organisationsanalyse → Organisationsmethodik.

Organisationsbegriff – in der Organisationstheorie in drei unterschiedlichen Grundverständnissen verwendet. – 1. *Institutionaler Organisationsbegriff* („Die Unternehmung ist eine Organisation"): Die verschiedenartigsten arbeitsteiligen → Institutionen, z.B. Behörden, Krankenhäuser, Unternehmungen, Hochschulen, werden insgesamt als Organisationen verstanden und organisationswissenschaftlich untersucht. Dies ist i.Allg. das Begriffsverständis der angelsächsischen Organisationsforschung. – 2. *Instrumentaler Organisationsbegriff* („Die Unternehmung hat eine Organisation"): Mit dem System der offiziell verkündeten, generell gültigen und auf Dauer angelegten → Kompetenzen wird eine spezielle Eigenschaft (meist) von Unternehmungen als Organisation (im Gegensatz zur → Disposition und → Improvisation) bezeichnet. Dies ist i.Allg. das Begriffsverständnis der deutschsprachigen Organisationsforschung. – 3. *Funktionaler Organisationsbegriff*: Die Tätigkeit der Gestaltung der → Organisationsstruktur wird als Organisation bezeichnet. Je nach Verwendung des Organisationsbegriffs ergeben sich differenzierte Akzentuierungen in den Problemstellungen der Organisationsforschung. – Vgl. auch → Organisation.

Organisationsberatung – Hauptfeld der Unternehmensberatung, das die Optimierung der Ablauforganisation und Aufbauorganisation zum Ziel hat. Die Organisationsentwicklung ist ebenfalls Teil der Organisationsberatung. – Vgl. auch → Consulting.

Organisationseinheit → organisatorische Einheit.

Organisationsentwicklung – 1. *Begriff*: Strategie des geplanten und systematischen Wandels, der durch die Beeinflussung der → Organisationsstruktur, → Unternehmenskultur und individuellem Verhalten zustande kommt, und zwar unter größtmöglicher Beteiligung der betroffenen Arbeitnehmer. Zielsetzung ist einerseits, der Leistungsfähigkeit der Organisation, und andererseits der Entfaltung der einzelnen Organisationsmitglieder zu dienen. Die gewählte ganzheitliche Perspektive berücksichtigt die Wechselwirkungen zwischen Individuen, Gruppen, Organisationen, Technologie, Umwelt, Zeit sowie die Kommunikationsmuster, Wertestrukturen, Machtkonstellationen etc., die in der jeweiligen Organisation real existieren. – 2. *Ziele:* Die Verbesserung der organisatorischen Leistungsfähigkeit zur Erreichung der strategischen Ziele der Unternehmung und die Verbesserung der Qualität des Arbeitslebens für die in ihr beschäftigten Mitarbeiter (→ Humanisierung der Arbeit). – Vgl. auch → Change Management.

Organisationsfehler – Fehler in der systematischen Ordnung einer größeren Anzahl von Gliedern (→ Organisation). Im Sinn der Unternehmungsziele kontraproduktive → Organisationsgestaltung, z.B. unklare → Kompetenzabgrenzung, zu große → Leitungsspannen, zu hohe → Entscheidungszentralisation, → Überorganisation und → Unterorganisation. Infolge der Messprobleme der → organisatorischen Effizienz lassen sich nicht alle, sondern meist nur grobe Organisationsfehler feststellen bzw. vermeiden.

Organisationsformen → Organisationsstruktur.

Organisationsgestaltung – nach dem funktionalen → Organisationsbegriff die Tätigkeit der Ausformung der → Organisationsstruktur durch → Organisationsplanung, → Organisationsrealisation und → Organisationskontrolle, wobei sie sich auf das Instrumentarium der → Organisationsmethodik stützen kann. Ein ganzheitliches Konzept für eine strategische Organisationsgestaltung stellt die → Organisationsentwicklung dar.

Organisationsgrad – 1. *Begriff*: Ausmaß, in dem das Verhalten der Organisationsteilnehmer durch Vorschriften, Normen und Regeln formalisiert ist. Organisationsgrad gibt die Relation von → Organisation zu → Disposition an. – 2. Die *Bestimmung* des für den Einzelfall bestgeeigneten Organisationsgrad ist ein Optimierungsproblem, das wegen der Vielschichtigkeit und Komplexität v.a. qualitativer Einflussfaktoren allenfalls einer heuristischen Lösung zugänglich ist (→ organisatorische Effizienz). Die Frage nach dem optimalen Organisationsgrad ist dabei eng mit den Grenzen von → Spezialisierung und → Koordination verbunden.

Organisationsimplementation – alle Aktivitäten zur Durchsetzung und Umsetzung der geplanten organisatorischen Änderungen. – Vgl. auch → Organisationsentwicklung.

Organisationsklausel → Closed Shop.

Organisationskontrolle – Rückkoppelung zwischen → Organisationsrealisation und → Organisationsplanung, bezogen auf alle Phasen des organisatorischen Gestaltungsprozesses zwecks Überprüfung der Zweckmäßigkeit der aktuellen Organisationsstruktur.

Organisationskonzepte → Organisationsstruktur.

Organisationskosten – I. Rechnungswesen: Aufwendungen für die Schaffung einer innerbetrieblichen Funktionsteilung (→ Organisation) sowie für die dafür benötigten Einrichtungen. Organisationskosten kommen meist einem längeren Zeitraum zugute. – 1. Für *Kostenverrechnung* zwei Möglichkeiten: a) Aktivieren, sodass Organisationskosten auf dem Wege über die → Abschreibungen in die → Kostenrechnung eingehen. – b) Belasten eines → Aufwandsausgleichskontos und Verteilen in angemessenen Teilbeträgen auf die einzelnen Rechnungsabschnitte. – 2. *Bilanzierung:* In der → Handelsbilanz und der → Steuerbilanz sind Organisationskosten aktivierungspflichtig, soweit ihnen ein aktivierungsfähiger Vermögensgegenstand (Wirtschaftsgut) gegenübersteht. – Vgl. → Einrichtungskosten.

II. Wettbewerbsökonomik: → Transaction Cost Economies.

Organisationskultur – System gemeinsam geteilter Muster des Denkens, Fühlens und Handelns sowie der sie vermittelnden Normen, Werte und Symbole innerhalb einer → Organisation. Zur Analyse einer Organisationskultur werden häufig drei Kulturebenen unterschieden, nämlich ihre Basis-Annahmen, Normen und Standards sowie Symbolsysteme. Organisationskultur kann der → Motivation der → Organisationsmitglieder dienen, indem deren individuelle → Präferenzen den kollektiven → Zielen der Organisation angenähert werden. Strittig ist die Möglichkeit einer gezielten Veränderbarkeit der Organisationskultur. Während *Kulturingenieure* annehmen, dass Organisationskultur zum Gegenstand eines geplanten Wandels gemacht werden kann, stehen *Kulturalisten* dieser Position ablehnend gegenüber, da sie die Organisationskultur als eine organisch gewachsene, sich einer gezielten Veränderung entziehende Lebenswelt betrachten. Ähnlich dem → Organisationsbegriff können ein *institutionaler* und ein *instrumentaler* Begriff der Organisationskultur unterschieden werden.

Organisationsmanagement – alle mit der Gestaltung der → Organisationsstruktur einer Unternehmung verbundenen → Aufgaben. – 1. *Kernaufgaben des Organisationsmanagements:* Konzipierung und Implementierung (→ Organisationsimplementation) der → Aufbauorganisation und der → Ablauforganisation (→ Organisationsgestaltung). – 2. *Zusatzaufgaben:* Ausstattung von Organisationseinheiten mit Sachmitteln sowie Erstellung und Pflege von → Organigrammen, → Stellenbeschreibungen, Ablaufplänen, Organisationshandbüchern etc. zur Dokumentation der Strukturen und Prozesse. Die Aufgaben können entweder intern auf spezialisierte Organisationsmanager bzw. auf organisierende Manager oder extern auf Unternehmungsberater übertragen werden (→ Organisation des Organisationsmanagements).

Organisationsmethodik – *Organisationsanalyse, Organisationsuntersuchung;* Regeln und Techniken des planmäßigen Vorgehens bei der → Organisationsgestaltung bzw. → Reorganisation. – *Verfahren:* → Aufgabenanalyse, → Aufgabensynthese.

Organisationsmitglieder – *Organisationsteilnehmer.* 1. *Begriff:* Die in einer Organisation (institutionaler Organisationsbegriff) handelnden, auf das → Organisationsziel verpflichteten Personen. – 2. Die *Aufgaben* der Organisationsmitglieder leiten sich aus diesem Ziel her. – 3. Die *Beziehungen* der Organisationsmitglieder untereinander, ihre Über- und Unterstellung sind, soweit sie Ausdruck der formalen Organisation sind, in → Organigrammen dargestellt; die sich unter den Organisationsmitgliedern „von selbst" ausbildenden Beziehungen werden als → informelle Organisation erfasst. – Vgl. auch → Handlungsträger, → Organisation.

Organisationsmodell – die sich bei der → Kompetenzabgrenzung auf der zweiten Hierarchieebene einer Unternehmung ergebende → Organisationsstruktur.

Organisationsplan → Organigramm.

Organisationsplanung – Entscheidungen über zukünftige Strukturtatbestände der Unternehmung, strategische Teilplanung. Anlässe sind Neugründung oder → Reorganisation, veranlasst durch sachliche, organisatorische oder persönliche Motive. – Vgl. auch → Organisationsentwicklung.

Organisationsprinzipien – grundsätzliche Aussagen über eine möglichst zweckmäßige Gestaltung der → Organisationsstruktur, z.B. bez. → Zentralisation, → Dezentralisation, → Leitungsspanne, Kongruenz von → Aufgabe, → Kompetenz und → Verantwortung. Organisationsprinzipien geben pragmatische Gestaltungshinweise, ihre Allgemeingültigkeit unterliegt infolge der Probleme bei der Messung der → organisatorischen Effizienz starken Einschränkungen.

Organisationsrealisation – Verwirklichung des geplanten organisatorischen Wandels (→ Organisationsentwicklung).

Organisationsrecht – 1. *Organisationsrecht i.w.S.:* Die Gesamtheit aller Rechtsnormen, die an der Organisation (nach dem instrumentalen und dem funktionalen → Organisationsbegriff) arbeitsteiliger Handlungssysteme anknüpfen. Diese organisationsrelevanten juristischen Vorschriften sind nicht geschlossen kodifiziert, sondern entstammen einer nur schwer überschaubaren Vielzahl unterschiedlicher Rechtsquellen. – 2. *Organisationsrecht i.e.S.:* Die betrachteten Handlungssysteme sind auf die privatautonomen, unter einheitlicher Leitung stehenden wirtschaftlichen Veranstaltungen (Unternehmungen) eingeschränkt.

Organisationsreform → Verwaltungsreform.

Organisationsrichtlinien für die Buchführung → Buchführungsrichtlinien.

Organisationsschaubild → Organigramm.

Organisationssicht → Architektur integrierter Informationssysteme.

Organisationssoziologie – spezielle Soziologie mit dem Gegenstandsbereich von → Organisationen als soziale Gebilde und die in ihr stattfindenden sozialen Prozesse sowie Organisation als Prozess einer koordinierenden und gestaltenden Tätigkeit in sozialen Kontexten. Organisationen sind ein universelles Merkmal moderner, industrieller Gesellschaften, d.h. Menschen in derartigen Gesellschaften sind Zeit ihres Lebens kurz- und längerfristig in Organisationen (Schulen, Universitäten, Krankenhäuser, Haftanstalten, Betriebe, Unternehmen, Verbände, Vereine,

Parteien etc.) eingebunden; es gibt kaum einen Lebensbereich, der nicht mit Organisationen verbunden ist. Insofern stellen Organisationen die Optionen und Restriktionen sozialen Handelns dar. Die Organisationssoziologie untersucht diese unter den Aspekten der formalen Struktur, der Organisationsziele, der Macht- und Herrschaftsbeziehungen, des organisatorischen Wandels, des Konflikts, der Funktionalität bzw. Dysfunktionalität u.a. Der Differenziertheit sozialer Organisationen entspricht eine Vielfalt von Thematisierungen durch die Organisationssoziologie. – *Enge Beziehungen* bestehen bes. zur → Betriebswirtschaftslehre (BWL) und → Betriebssoziologie.

Organisationsstruktur – *organisatorische Gliederung, Unternehmungsgliederung.*

I. Begriff: System von Regelungen in → Organisationen. Die Organisationsstruktur bildet das vertikal und horizontal gegliederte System der → Kompetenzen ab, das gemäß dem instrumentalen → Organisationsbegriff als genereller Handlungsrahmen die arbeitsteilige (→ Arbeitsteilung) Erfüllung der permanenten → Aufgaben regelt. In der vertikalen Perspektive besteht das grundlegende Beschreibungsmerkmal einer Organisationsstruktur aus dem Grad der → Delegation, in der horizontalen Perspektive v.a. durch die spezifische Ausrichtung der durch Bereichsbildung voneinander abgegrenzten Kompetenzinhalte der organisatorischen Einheiten (→ Kompetenzabgrenzung). Dabei bestimmt die Spezialisierung der obersten gegliederten (zweiten) Ebene der Hierarchie das globale → Organisationsmodell der Unternehmung, die Gliederung der nachfolgenden Hierarchiestufen die jeweilige Organisationsstruktur der organisatorischen Teilbereiche (→ Teilbereichsorganisation).

II. Formen: *Organisationsalternativen, -formen* bzw. *-konzepte:* 1. Hinsichtlich der *vertikalen Organisationsstruktur:* Die Alternativen lassen sich nicht klassifizieren, sondern stellen Punkte dar auf dem Kontinuum zwischen den beiden Eckpolen der → Entscheidungszentralisation und der → Entscheidungsdezentralisation. Der theoretische Grenzfall einer vollständigen Entscheidungszentralisation an der Spitze der Hierarchie kann mit dem Fehlen jeglicher → Entscheidungskompetenzen auf den nachgelagerten Hierarchieebenen eindeutig bestimmt werden. – 2. Hinsichtlich der *horizontalen Organisationsstruktur:* Die Möglichkeiten zur Ausrichtung der einer → Instanz direkt unterstellten organisatorischen Einheiten im Wege der horizontalen Kompetenzaufteilung resultieren aus der Art und der Anzahl der auf der jeweiligen Hierarchieebene zur Anwendung gelangenden Gliederungskriterien: (1) Nach nur einem Gliederungskriterium: → Eindimensionale Organisationsstruktur; (2) nach mehreren Gliederungskriterien: → Mehrdimensionale Organisationsstruktur. Die möglichen Kriterien für die Abgrenzung der Kompetenzen organisatorischer Einheiten lassen sich aus den Dimensionen bzw. Komponenten einer Handlung ableiten (z.B. einzusetzende Ressourcen, vorzunehmende Verrichtungen, anzustrebende Ziele).

III. Bewertung: Die Bewertung der alternativen Organisationsstrukturen ist von den jeweiligen Situationsbedingungen und Zielen der Unternehmung abhängig und infolge der generellen Beurteilungsprobleme der → organisatorischen Effizienz nur in recht engen Grenzen möglich. Markante Vor- und Nachteile der verschiedenen Gestaltungsmöglichkeiten können hervorgehoben werden. – Vgl. auch → Delegation (zur vertikalen Kompetenzverteilung), → Funktionalorganisation, → Regionalorganisation und → Spartenorganisation sowie → Stab-Linienorganisation und → Matrixorganisation (zur horizontalen Kompetenzverteilung).

Organisationsteilnehmer → Organisationsmitglieder.

Organisationstypen → Unternehmungstypen.

Organisationstypen der Produktion → Produktionstypen.

Organisationsuntersuchung → Organisationsmethodik.

Organisationsverfassung – institutionelle Ordnung des Verhältnisses von *verfassungskonstituierenden Interessen* und *Unternehmensführung* in der → Unternehmensverfassung. – 1. Für die AG in den nationalen Aktienrechten zwei organisatorische *Grundtypen:* (1) Die *dreigliedrige* Verfassungsstruktur mit Hauptversammlung, Aufsichtsrat und Vorstand. Außer in der Bundesrepublik Deutschland existiert dieses Modell noch in Frankreich (neues Recht), Holland (große AG), Italien und Österreich. (2) Die *zweistufige* Lösung mit Hauptversammlung und Verwaltungsrat bzw. Board (→ Board System). Das Modell ist am meisten verbreitet, z.B. in Belgien, Dänemark, Frankreich (altes Recht), Griechenland, Großbritannien, Holland (kleine AG), Japan, Kanada, Schweden, Schweiz, Spanien und den USA. – 2. *Bedeutung:* Dominant für die Entwicklung der Organisationsverfassung erscheint das dreistufige Modell. Ein Übergang vom drei- auf das zweistufige System fand bei aktienrechtlichen Reformen nicht statt; das dreigliedrige Modell hingegen verbreitete sich in Europa (Holland, Frankreich).

Organisationsziel – *Unternehmungsziel.* Das bei Entscheidungen tatsächlich berücksichtigte Leitbild, das dazu dient, die Tätigkeiten und Prozesse in der → Organisation auf einen einheitlichen Zweck auszurichten. Die moderne Organisationsforschung hat aufgedeckt, dass in jeder Organisation eine Pluralität von Zielen besteht. Neben offiziellen Organisationszielen der formalen Organisation (von der Führungshierarchie getragen) bestehen Abteilungs- und Gruppenziele sowie Ziele der einzelnen → Organisationsmitglieder.

organisatorische Effizienz – 1. *Begriff:* Maß für den Zielbeitrag einer organisatorischen Regelung (→ Organisation). Die Bewertung alternativer → Organisationsstrukturen stellt das zentrale Problem einer anwendungsorientierten Organisationstheorie dar; die Effizienz der einzelnen organisatorischen Gestaltungsmöglichkeiten lässt sich beim gegenwärtigen Forschungsstand aufgrund der Komplexität der Bewertungsproblematik nur sehr bedingt angeben. Hierauf beruht u.a. auch der geringe Aussagegehalt der → Organisationsprinzipien. – 2. *Problemkonkretisierung:* Da organisatorische Regelungen nach dem instrumentalen → Organisationsbegriff der Ausrichtung arbeitsteilig durchgeführter Teilhandlungen auf das übergeordnete Gesamtziel der Unternehmung (→ Koordination) dienen, geht es bei ihrer Bewertung letztlich um die Frage, welche Organisationsstrukturen unter bestimmten Situationsbedingungen in welchem Ausmaß die Zielerreichung fördern. – a) Aus *sachlogischer Perspektive* werden die notwendigen Implikationen der Aufteilung einer Gesamthandlung in Teilhandlungen für die Aufgabenerfüllung betrachtet, wobei von den individuellen Zielen der beteiligten Personen abstrahiert wird. – b) Bei Einbeziehung der *Motivationsperspektive* ist darüber hinaus zu berücksichtigen, dass die Wirksamkeit organisatorischer Strukturen auch von den persönlichen Präferenzen der → Handlungsträger abhängt. Dadurch wird die Ableitung wissenschaftlich gesicherter Aussagen über die Effizienz erschwert, da diese beim gegenwärtigen Stand der individual- und sozialpsychologischen Forschung meist nur auf plausible, aber nicht allgemeingültige Verhaltensmuster gestützt werden kann. So wird die in der organisationstheoretischen Literatur unterstellte Prämisse einer positiven Korrelation zwischen dem Ausmaß der Entscheidungsautonomie und der Motivation von → Handlungsträgern häufig, aber nicht immer erfüllt sein. – 3. *Untersuchungsbedingungen:* Wegen der Abhängigkeit der Bewertung alternativer organisatorischer Regelungen von der gegebenen Unternehmungssituation und den verfolgten Zielen können Untersuchungen der organisatorischen Effizienz nur vor dem Hintergrund bestimmter Ausprägungen der Kontextfaktoren und Zielsetzungen durchgeführt werden. – a) Als wichtige *organisationsrelevante Situationsbedingungen*gelten z.B. die Größe, die Heterogenität des Leistungsprogramms und die Dynamik der Umwelt einer Unternehmung. – b) Da die Ermittlung des Beitrags organisatorischer Alternativen zur Erreichung globaler Unternehmungsziele (wie Gewinn oder Umsatz) praktisch an der Komplexität der Einflussstrukturen dieser Zielgrößen scheitert, muss eine realistische Beurteilung der organisatorischen Effizienz auf *Subziele*zurückgreifen, für die eine positive Beziehung zum Oberziel angenommen werden kann. – *Beispiele:* (1) Die Ausnutzung der vorhandenen Ressourcen (→ Ressourcennutzung) für die sachlogische Dimension, die Existenz von → Interdependenzen zwischen organisatorischen Einheiten aufgrund ihrer Koordinationsanforderungen, die → Dispositionsfähigkeit als Fähigkeit zur kurzfristigen Reaktion auf Änderungen der Umwelt; (2) für die motivationale Dimension die Zufriedenheit der Mitarbeiter, die Rate der → Fluktuation.

organisatorische Einheit – *Organisationseinheit.* 1. *Begriff:* Element der → Aufbauorganisation. Zuordnungsbereich von → Kompetenz für einen oder mehrere → Handlungsträger. – 2. *Arten:* a) Nach der *Anzahl der Handlungsträger:* (1) *Unipersonale organisatorische Einheit:* Kompetenzen für einen Handlungsträger. – Vgl. auch → Stelle. – (2) *Multipersonale organisatorische Einheit:* Kompetenzen für mehrere Handlungsträger; nach den Prinzipien der → Willensbildung zu unterscheiden in: Organisatorische Einheit mit einer internen → Hierarchie (→ organisatorischer Teilbereich) und → Gruppen als ständige, sowie Gremien als zeitweise, aktive organisatorische Einheit mit gemeinsamer Willensbildung. – b) Nach der *Aufgabenstellung:* (1) Weisungsbefugte → Instanzen, (2) entscheidungsunterstützende → Stäbe, (3) → Entscheidungseinheiten, (4) Realisationseinheiten, (5) → Kontrolleinheiten.

organisatorische Gliederung → Organisationsstruktur.

organisatorischer Teilbereich – multipersonale → organisatorische Einheit, in der → Stellen und kleinere Einheiten über → Instanzen zusammengefasst sind. Bezeichnung in der Praxis je nach Bedeutung des organisatorischen Teilbereichs in der Hierarchie der Unternehmung v.a. als Abteilungen, Hauptabteilungen, Unternehmungsbereiche und -sektoren. – *Beispiele* und *Organisation:* → Teilbereichsorganisation, → Spezialisierung.

organisatorische Verankerung des Umweltschutzes – Bestandteil eines → Umweltmanagementsystems. – *Umsetzung:* Bestellung von → Betriebsbeauftragten für bestimmte Umweltfragen; Unternehmen, die unter das BImSchG (Bundesimmissionsschutzgesetz) fallen, müssen einen Verantwortlichen auf höchster Managementebene benennen (§ 52 a BImSchG). Umweltberichterstattung; Energiemanagement; Differenzierung und Erweiterung der bestehenden → Aufbau- und → Ablauforganisation; Bildung einer Abteilung für → Umweltschutz; Schulungen; interne Kommunikation sind wichtige Punkte.

organische Bilanz → organische Tageswertbilanz.

organische Bilanztheorie – dualistisch geprägte Auffassung über den Inhalt und Zweck der Bilanz. Entwickelt von Schmidt (Organische Tageswertbilanz, 1929, unveränderter Nachdruck 1951). Im Gegensatz zur → statischen Bilanz wird das Vermögen nicht zum Nominalwert, sondern zu dem des jeweiligen Stichtags, also zum Wiederbeschaffungswert, angesetzt. Auch die → Abschreibungen erfolgen auf Basis des → Tageswerts. Bei höherem Wiederbeschaffungswert sind die aufgrund des

Anschaffungspreises vorgenommenen Abschreibungen nach dieser → Bilanztheorie zu niedrig, um den Ersatz der abgeschriebenen Gegenstände bei Außerdienststellung zu gestatten und umgekehrt.

Organische Bilanz

Aktiva	Passiva
Reproduktionswert der Sachgüter Debitoren Liquide Mittel	Ausgangskapital Vermögenswertänderungen Kreditoren

Markt- und Geldwertschwankungen werden getrennt durch Ausweis des Umsatzerfolgs und des Erfolgs durch Wertänderungen am ruhenden Vermögen. Damit wird vermieden, dass bei Erhöhung der Wiederbeschaffungspreise nicht realisierbare Gewinne ausgeschüttet werden. – Vgl. auch Abbildung „Organische Bilanz".

organischer Wert – im Gegensatz zum isolierten Wert eines einzelnen Vermögensbestandteils der Wert, den ein Gegenstand im Rahmen eines Vermögenskomplexes besitzt. – *Wichtigste Erscheinungsform:* → Teilwert.

organisches Steuersystem → organische Steuerreform.

organische Steuerreform – 1. *Begriff/Charakterisierung:* a) *Historisch:* Bezeichnung von Wagner für die → Miquelsche Finanzreform von 1891/1893. – b) *Allgemein:* Geplante Veränderungen im quantitativen und bes. funktionellen Verhältnis von Hauptsteuern eines Staates zueinander, sowie zwischen Haupt- und Nebensteuern, d.h. eine umfassende Steuerreform. Bei den meisten historischen Steuersystemen notwendig, da diese häufig steuerpolitischen Grundsätzen nicht genügen und nur unter Inkaufnahme erheblicher fiskalischer oder finanzausgleichspolitischer Nachteile über längere Zeit hinweg unverändert beibehalten werden können. – Die Forderung nach einer organischen Steuerreform wurde von der Wissenschaft schon 1949, v.a. aber seit 1953 immer wieder erhoben, nachdem die Entwicklung nach dem Zweiten Weltkrieg ein Missverhältnis zwischen Wirtschafts- und Steuerstruktur hervorgerufen hatte. Eine organische Steuerreform wurde als eine grundlegende Neuanpassung der Strukturen durch eine „große" Steuerreform verstanden, als deren Kernstück die Einführung einer Betriebsteuer (→ Unternehmensbesteuerung) anstelle der geltenden Gewinnsteuer vorgesehen war (→ Steuerreform). – 2. *„Organisch":* Forderung nach Neuabstimmung der Einzelglieder des bestehenden Steuersystems, unter Verwirklichung folgender, bislang nur mangelhaft beachteter Punkte: a) Die Steuererträge sollen möglichst ökonomisch und in der der herrschenden Rechts- und Kulturgesinnung gemäßen Weise, entsprechend dem → Leistungsfähigkeitsprinzip, aufgebracht werden. – b) Die einzelnen Steuern sollen sich in Ausgestaltung und vermutlicher Wirkung gegenseitig ergänzen und minimal beeinträchtigen. – c) Das ganze Steuergebäude soll auf das herrschende Wirtschaftssystem und die daraus folgenden wirtschaftspolitischen Aufgaben zweckvoll abgestimmt sein. – d) Die Verteilung der Steuerquellen soll der politischen Struktur der Bundesrepublik Deutschland Rechnung tragen. – 3. *Hauptbedenken gegen Verwirklichung:* Zeitbedingtheit und Kompromisshaftigkeit jedes, auch des „organischen" Steuersystems sind unvermeidlich. Eine wirklich organische, d.h. nicht nur tarifsenkende Reform ist angesichts der durch sie ausgelösten wirtschaftsstörenden Anpassungsprozesse nur dort zu verantworten, wo begründete Aussicht auf kontinuierliche innere und äußere Wirtschafts- und Sozialpolitik besteht. Aus diesen Gründen werden heute anstelle grundlegender Steuerreformen in groß angelegten Aktionen eher Reformen in kleineren Schritten befürwortet, d.h. eine *permanente Steuerreform.*

organische Tageswertbilanz – eine Bilanz, die in erster Linie der Erfolgsermittlung dient, jedoch im Unterschied zur dynamischen Bilanz in der Weise, dass Geldwertschwankungen aus der Bilanz eliminiert werden sollen (Prinzip der → substanziellen Kapitalerhaltung). – Die organische Tageswertbilanz ist in der *Praxis* als Pflichtbilanz kaum realisierbar, da handelsrechtlich wie steuerlich nicht anerkannt. – Die *Theorie der organischen Tageswertbilanz* (→ Bilanztheorien) stammt von → Schmidt („Organische Tageswertbilanz", 1929, unveränderter Nachdruck 1951). Ziel der organischen Tageswertbilanz ist es, den echten Leistungsgewinn vom unechten, auf Vermögenswertänderungen beruhenden Gewinn zu trennen. Deshalb werden alle Vermögensteile zu → Tageswerten in die Bilanz übernommen. Abweichungen der Tageswerte zum Schluss gegenüber denen zu Beginn der Rechnungsperiode werden auf einem Konto *Vermögenswertänderungen* festgehalten, das als Teil des Eigenkapitalkontos anzusehen ist. Die ebenfalls zu Tageswerten berechneten Abschreibungswerte dürfen nicht in bar oder auf Bankkonto angesammelt werden, sie sollen „wertbeständig" angelegt, also möglichst zu neuen Investitionen verwendet werden, damit sie die gleichen Wertbewegungen mitmachen wie die Gegenstände, von denen sie stammen. Da bei der Bilanzierung der Geldwerte (Forderungen und Verbindlichkeiten) Kaufkraftschwankungen nicht berücksichtigt werden können, muss auf Harmonie zwischen den Geldwerten auf der Aktiv- und Passivseite der Bilanz gesehen werden *(Prinzip der Wertgleichheit).*

organische Zusammensetzung des Kapitals – in der Wirtschaftstheorie des → Marxismus das Verhältnis von → konstantem Kapital (Werteverzehr von Anlage- und Umlaufgütern) zu → variablem Kapital für Lohnzahlungen in der Produktion (→ Arbeitswertlehre). Diese Relation drückt damit die

Kapital- bzw. Arbeitsintensität der Gütererstellung aus. Marx nimmt an, dass durch den technischen Fortschritt, der sich lediglich auf Arbeitskräfte sparend auswirke, die organische Zusammensetzung des Kapitals zwangsläufig steigt. Hieraus leitet er das Gesetz des → tendenziellen Falls der Profitrate ab, das für ihn Basisargument seiner Lehre über den unvermeidlichen Zusammenbruch des → Kapitalismus ist.

Organised Trading Facility → OTF.

Organisierte Kriminalität – Erscheinungsform der Kriminalität, die durch ihre organisierte Begehungsweise gekennzeichnet ist. Die Kriminalitätsentwicklung der vergangenen Jahre ist bes. durch einen alarmierenden Anstieg der Straftaten im Bereich des Rauschgifthandels, aber auch der Geldfälschung, der Verschiebung hochwertiger Güter oder der Milieukriminalität im Umfeld der Prostitution gekennzeichnet, wobei die veränderte Qualität dieser Entwicklung in der organisierten Begehensweise liegt. Die Straftäter (meist international verflochten) nutzen ihre persönlichen und geschäftlichen Verbindungen, um hohe illegale Gewinne zu erzielen. Neben der Rauschgiftkriminalität gehört zur Organisierten Kriminalität auch der bandenmäßige Diebstahl vor dem Hintergrund von Hehlerringen, die Verschiebung hochwertiger Kraftfahrzeuge ins Ausland, der illegale Waffenhandel und die Erpressung von Schutzgeld. Die Aktivitäten der kriminellen Organisationen sind so angelegt, dass die Hauptverantwortlichen nicht nach außen hervortreten. Die Randtäter sind beliebig austauschbar, sodass ihre Ausschaltung die kriminelle Organisationen nicht wesentlich stört. Unvermeidliche Mitwisser werden durch Schweigegelder, Schweigegebote, Drohungen und Einschüchterungen davon abgehalten, Aussagen zu machen. – Gesetzgeberische Konsequenzen sind mit dem Gesetz zur Bekämpfung des illegalen Rauschgifthandels und anderer Erscheinungsformen der Organisierten Kriminalität (OrgKG) vom 15.7.1992 (BGBl. I 1302), dem Verbrechensbekämpfungsgesetz vom 28.10.1994 (BGBl. I 3186), dem Gesetz zur Verbesserung der Bekämpfung der Organisierten Kriminalität vom 4.5.1998 (BGBl. I 845) und dem Geldwäschegesetz vom 13.8.2008 (BGBl . I. S. 1690) m.spät. Änd. gezogen worden.

organisierter Markt – ein nach der Definition des § 2 V WpHG im Inland, in einem anderen Mitgliedsstaat der Europäischen Union oder einem anderen Vertragsstaat des Abkommens über den Europäischen Wirtschaftsraum betriebenes oder verwaltetes, durch staatliche Stellen genehmigtes, geregeltes und überwachtes multilaterales System, das die Interessen einer Vielzahl von Personen am Kauf und Verkauf von dort zum Handel zugelassenen Finanzinstrumenten innerhalb des Systems und nach festgelegten Bestimmungen in einer Weise zusammenbringt oder das Zusammenbringen fördert, die zu einem Vertrag über den Kauf dieser Finanzinstrumente führt. Der im BörsG verwendete Begriff des → regulierten Marktes der → Börse ist davon erfasst, also etwaige Börsensegmente wie der → Freiverkehr nicht.

Organisiertes Verbrechen → Organisierte Kriminalität.

Organismus für gemeinsame Anlagen in Wertpapieren – *OGAW*. → Investmentfonds, die in Übereinstimmung mit der OGAW-Richtlinie eingerichtet worden sind. Nach der Definition der OGAW-Richtlinie sind das Organismen, deren ausschließlicher Zweck es ist, beim Publikum beschaffte Gelder für gemeinsame Rechnung nach dem Grundsatz der Risikostreuung in Wertpapieren und/oder anderen liquiden Finanzanlagen zu investieren, und deren Anteile auf Verlangen der Anteilinhaber unmittelbar oder mittelbar zu Lasten des Vermögens dieser Organismen zurückgenommen oder ausgezahlt werden. Diesen Rücknahmen oder Auszahlungen gleichgestellt sind Handlungen, mit denen ein OGAW sicherstellen will, dass der Kurs seiner Anteile nicht erheblich von deren Nettoinventarwert abweicht, vgl. → Investmentgesetz (InvG).

Organizational Burnout – I. Organizational Burnout: 1. *Begriff:* Das Organizational Burnout (OBO) liegt vor, wenn sich ein aktives Organisationssystem in einem erschöpften und paralysierten Zustand befindet und mit eigenen Ressourcen diesen, als unerwünscht erkannten, Zustand nicht mehr positiv verändern kann. – 2. *Diagnostik:* Der Zustand allgemeiner Erschöpfung und Paralyse einer Organisation kann auch bei „gesunden" Organisationen und Institutionen vorkommen, als Folge ganz bes. Herausforderungen. Tiefe, anhaltende Erschöpfung ist eine notwendige, aber keine hinreichende Voraussetzung für ein Organizational-Burnout-Syndrom. Es muss die Unfähigkeit der Erholung aus eigener Kraft unter Einsatz eigener Mitteln hinzutreten, um von einem Organizational Burnout sprechen zu können. Wenn ein energieloser, paralysierter Zustand eingetreten ist, der nicht nur die Selbstheilungskräfte lähmt, sondern nachgerade alle Versuche der Reaktivierung reflexiv verhindert, ist das Organisational Burnout gegeben. – Ergänzend tritt zum Phänomen des Organizational Burnout die Tatsache hinzu, dass der problematische Zustand als unerwünscht erkannt wurde. Wird der Zustand hingegen von der Organisation gespürt, aber nicht bewusst wahrgenommen, dann ist die erschöpfte Organisation zwar nicht mehr wirklich leistungsfähig, wird aber versuchen, reaktiv mit einem „Business as usual" zu überleben. Tatsächlich kann nur die Organisation selbst den Zustand des Organizational Burnout für sich erkennen und akzeptieren. Aus einem unbewussten, vielleicht nur sensorisch wahrgenommenen, kollektiven Missbehagen heraus muss ein gemeinsames, greifbares Problembewusstsein entstanden sein. – 3. *Ursachen:* a) externer Systemstress (Strukturwandel, Wettbewerbsdruck, Finanzmarktrisiken, veränderter Rechtsrahmen, feindliche Übernahmen); – b) interner Ressourcenstress (Erfolgsarroganz, Kompentenzdefizite, nachhaltiger Ressourcenmangel, übertriebener Ergebnisdruck); – c) endogener Identitätsstress (ständige Strategiewechsel, wiederholte Reorganisationsprogramme, Verlustängste des Managements, übertolerante Fehlerkultur). – 4. *Symptome:* a) *Erste Phase – latentes Organizational Burnout:* der Markt beantwortet die Sinnfrage nicht mehr; → Produktivität nimmt schleichend ab; interne Anforderungen binden mehr und mehr Zeit und Energie; Ressourcen werden knapper, man weiß eigentlich nicht warum; zunehmend funktioniert der Betrieb trotz und nicht wegen des Managements. – b) *Zweite Phase – akutes Organizational Burnout:* Unsicherheiten machen sich breit; Dynamik geht verloren; der Anspruch von allen an alle steigt; zynische Grundstimmung gegenüber Firma und Kollegen macht sich breit; Simulation des persönlichen Engagements; Innovationen finden (auch im Kleinen) nicht mehr statt. – c) *Dritte Phase – chronisches Organizational Burnout:* die Führungskräfte schotten sich vom Tagesgeschäft ab; Gefühl der Macht- und Sinnlosigkeit auf allen Ebenen; überraschende Wechsel im Management; → Fluktuation nimmt zu; ritualisierte Neustarts. – d) *Vierte Phase des letalen Organizational Burnout:* das Management erreicht die Mitarbeiter nicht mehr; Kontrollverlust; diffuse Sehnsucht nach dem „Big Bang" des Neubeginns; Hoffnungslosigkeit; unbewusste Duldung des Organisationssuizids. – 5. *Folgen:* (1) Kraftlose Führung: „Vogel Strauß" in der Chefetage: Die Energie und das Charisma der Führungsperson erschlaffen, es tritt eine Art „Entzauberung" der Persönlichkeit ein. Wenn sich dann aber das Charisma einer Führungspersönlichkeit immer mehr verflüchtigt, sehen wir plötzlich den „Kaiser in seinen neuen Kleidern" dastehen. Das Management taucht mehr und mehr ab, wird unsichtbar. (2) Komplexe → Überorganisation der Prozesse: Viele E-Mails und lange Listen, nichts wird besser. (3) Vor dem Hintergrund des schwächelnden Managements werden die Ansprüche der zweiten und dritten Ebene nach visionärer und konsequenter Führung lauter. Das Management aber verwechselt Führung mit Aktionismus. Jetzt passiert etwas Spannendes: Nach dem Motto: „Wenn du eine kleine Veränderung verhindern willst, fordere eine große", werden nun von den Blockierern grundsätzliche (gern auch strategisch genannte) Verbesserungen verlangt. (4) Schneller, härter, erfolgloser! Personalführung in der Sackgasse; (5) Das Management wird im OBO das tun, was es am besten kann, nämlich den Anspannungsgrad der Mannschaft erhöhen und bessere und schnellere Leistungen verlangen. (6) Innovationslücke: „Wer auf dem letzten Loch pfeift, bringt keine neue Melodie zustande". (7) Das OBO verbraucht tückischerweise alle organisationale Energie der Organisation für die ständige neue Selbstorganisation unter Stress. D.h., es fehlen die kreativen Energien für neue Lösungen bestehender Probleme oder gar für Innovationen, die über den bisherigen Bedarf des Marktes hinausgehen. (8) Kommunikation: Asymmetrie der Informationen (→ Informationsasymmetrie). (9) Das Management aus der ersten und zweiten Ebene setzt im Verlauf des OBO andere Prioritäten und die Kommunikation wird als notwendige, aber nicht entscheidende Aktivität angesehen und folglich nicht proaktiv eingeplant. In der Folge des brüchigen Vertrauensklimas des OBO werden alle Mitteilungen der obersten Ebene von den Mitarbeitern (und der Öffentlichkeit) bes. kritisch analysiert. Alles wird analysiert und interpretiert und nichts wird zum Nennwert genommen. – 6. Kosten des Organizational Burnout: Durch ein unerkanntes OBO entstehen typischerweise folgende Zusatzkosten: a) Kosten betrieblicher Konflikte: (1) Kosten mangelhafter Arbeitsleistung, messbar an der steigenden Ausschuß- oder Fehlerquote, (2) Kosten der Mitarbeiterfluktuation, messbar an den steigenden Kosten der Personalbeschaffung, (3) Kosten des Produktivitätsverlustes, messbar an zunehmenden Fehltagen multipliziert mit den kalkulierten Outputs je Tag, (4) Kosten der Über- oder Unterregulierung der Prozesse, messbar an steigender Zahl der Überstunden bzw. Lieferverzögerungen, (5) Kosten des betriebsschädigenden Verhaltens, messbar an steigenden Materialkosten je Produktionseinheit oder Anstieg von Reklamationen, (6) Kosten des Kundenausfalls und Kosten entgangener Aufträge, messbar an auftragsabsagen oder zunehmenden Akquisitionskosten. – b) Kosten des fehlenden Vertrauens: (1) Kosten der fehlenden Zielorientierung, spürbar an dem zunehmenden Diskussionsbedarf der Mitarbeiter über Unternehmensziele, (2) Kosten der Verunsicherung der Beschäftigten, messbar an Mehrarbeitszeit für doppelte Kontrollen und Absicherung, (3) Kosten des mangelnden Muts zu Innovationen, messbar an ausbleibenden oder verspäteten Innovationen, (4) Kosten der Unzuverlässigkeit der Organisation, messbar an zunehmender Gelassenheit gegenüber trivialen Fehlern, (5) Kosten des Beschwerdemanagements, messbar an ansteigender Dauer der Beschwerbebearbeitung, (6) Kosten des Banken- oder Lieferantenwechsels, (7) Kosten intensiverer Öffentlichkeitsarbeit. – *7. Therapie:* Eine erfolgreiche Therapie beruht auf den folgenden kulturellen Prinzipien: gemeinsame ehrliche Anerkennung des wirklichen Therapiebedarfs; offene Diskussion der Sinnfrage der Organisation, gemeinsame Beantwortung; sichtbarer und konsequenter Neustart durch die Führung; jeder ist bestrebt ein Teil der Lösung zu sein; der interne Wettbewerbsdruck wird beendet; im Umgang gilt nun Toleranz und Vertrauen; bewusst wird Licht statt Schatten gesehen; es wird professionell, verlässlich, diszipliniert und konsequent gehandelt; Zuversicht statt Zynismus ist die vorherrschende Stimmung; Konzentration auf das jeweils Machbare nach dem Motto: gut ist gut genug; Stabilität ist wichtiger als Profitabilität; Geduld bei allen Beteiligten: Schritt für Schritt und mit ruhiger Hand.

II. Organisierter Burnout: Die Bezeichnung „Organizational Burnout" wird auch für die Beschreibung eines durch die Form oder Abläufe einer Organisation verursachten – also quasi „organisierten" Burnout von Beschäftigten verwendet. Den organisierten Burnout beschreibt Professor Sarah J. Tracy in ihrer Studie über die Arbeit an Bord von Kreuzfahrtschiffen den Organizational Burnout als eine allgemeine Abnutzung oder Entfremdung verursacht durch die Zwänge der Arbeit, durch lange Arbeitszeiten, wenig Erholungszeit und -möglichkeiten, bei kontinuierlicher Beobachtung und Kontrolle durch Vorgesetzte, Kollegen und Passagiere.

Organizational Buying → organisationales Kaufverhalten.

Organizational Slack → Theorie der Unternehmung.

Organization for Economic Co-Operation and Development → OECD.

Organization for European Economic Co-Operation → OEEC.

Organization of African Unity → OAU.

Organization of Arabian Petroleum Exporting Countries → OAPEC.

Organization of the Petroleum Exporting Countries → OPEC.

Organkredite – 1. *Darlehen einer AG* an Mitglieder des Vorstands, Prokuristen oder zum gesamten Geschäftsbetrieb ermächtigte Handlungsbevollmächtigte sowie deren Ehefrauen und minderjährige Kinder. Organkredite bedürfen der → Einwilligung des Aufsichtsrats (§ 89 AktG). – 2. *Organkredite der Kredit- und Finanzdienstleistungsinstitute* umfassen außerdem bes. Darlehen an Geschäftsleiter des Instituts, Mitglieder des Aufsichtsorgans, an Prokuristen, sowie deren Ehegatten und minderjährige Kinder, an Unternehmen, mit denen eine gewisse personelle oder finanzielle Verflechtung besteht. Sie bedürfen i.Allg. des einstimmigen Beschlusses sämtlicher Geschäftsleiter und der ausdrücklichen (mehrheitlichen) Zustimmung des Aufsichtsorgans (§ 15 KWG).

Organkreis – Gesamtheit der zu einer → Organschaft gehörenden Personen.

Organlehre – *Organtheorie;* steuerrechtliche Lehre von der wirtschaftlichen Einheit rechtlich selbstständiger Unternehmen, die zueinander im Verhältnis der Unter- und Überordnung stehen. – Vgl. auch → Organschaft.

Organschaft – I. Begriff: Rechtliches und tatsächliches Unterordnungsverhältnis aufgrund der Eingliederung einer oder mehrerer rechtlich selbstständiger, wirtschaftlich aber unselbstständiger Kapitalgesellschaften (→ Organgesellschaft; hinter dem Namen steht die Vorstellung, dass sie nur noch ein „ausführendes Organ" eines Anderen ist) in ein übergeordnetes Unternehmen (→ Organträger). Die Organschaft wird in manchen Teilen des Steuerrechts völlig unbeachtet gelassen; so stellte die → Vermögensteuer allein auf die rechtliche Selbstständigkeit ab. Anders bei der Umsatzsteuer, der Gewerbesteuer und der Körperschaftsteuer.

II. Umsatzsteuer: 1. *Rechtsgrundlagen:* § 2 II Nr. 2 UStG, Abschn. 21 UStR. – 2. *Voraussetzungen:* a) *Organgesellschaft* ist juristische Person (bes. Kapitalgesellschaft). – b) *Organträger* kann jeder inländische Unternehmer im Sinn des § 2 I UStG sein. Hat der Organträger seine Geschäftsleitung im Ausland, gilt der wirtschaftlich bedeutendste Unternehmensteil im Inland als Unternehmer. – c) Die Organgesellschaft ist nach dem Gesamtbild der tatsächlichen Verhältnisse finanziell, wirtschaftlich und organisatorisch in das Unternehmen des Organträgers eingegliedert: (1) Eine *finanzielle Eingliederung* ist gegeben, wenn der Organträger an der Organgesellschaft – ggf. auch mittelbar – zu mehr als 50 Prozent beteiligt ist. (2) *Wirtschaftliche Eingliederung* bedeutet, dass die Organgesellschaft gemäß dem Willen des Unternehmers im Rahmen des Gesamtunternehmens, und zwar in engem wirtschaftlichem Zusammenhang mit diesem, es fördernd und ergänzend, wirtschaftlich tätig ist. (3) Die *organisatorische Eingliederung* liegt vor, wenn der Organträger durch organisatorische Maßnahmen sicherstellt, dass in der Organgesellschaft sein Wille auch tatsächlich ausgeführt wird, wie dies z.B. bei Personalunion der Geschäftsführer in beiden Gesellschaften der Fall ist. (4) Maßgebend ist das *Gesamtbild* der tatsächlichen Verhältnisse; deshalb kann eine Organschaft auch vorliegen, wenn die Eingliederung auf einem dieser Gebiete nicht ganz vollständig, aber auf den anderen Gebieten umso eindeutiger ist. – 3. *Rechtsfolgen:* Wirkungen der Organschaft sind auf Innenleistungen zwischen inländischen Unternehmensteilen beschränkt (Umsätze mit ausländischen Unternehmensteilen versteht also jede handelnde Gesellschaft für sich selbst). Die in dem Organkreis zusammengeschlossenen inländischen Unternehmensteilen sind als ein Unternehmer im Sinn des § 2 UStG zu behandeln. Umsätze innerhalb der Organschaft sind daher als reine Innenumsätze nicht steuerbar. – Steuerschuldner ist allein der Organträger, der auch Voranmeldungen und Jahreserklärungen – für den Organkreis – abzugeben hat.

III. Gewerbesteuer: Die Organgesellschaft gilt als Betriebsstätte des Organträgers. Der Gewerbeertrag der Organgesellschaft wird dem Gewerbeertrag des Organträgers hinzugerechnet. Die einzelnen Gewerbeerträge werden wie bei der Körperschaftsteuer so errechnet, als seien die Organgesellschaften selbstständig. Zur Vermeidung doppelter steuerlicher Belastungen unterbleiben bei der Ermittlung des Gewerbeertrags jedoch alle Hinzurechnungen nach § 8 GewStG, soweit die dort genannten Beträge schon in einem der Gewerbeerträge des Organkreises erfasst sind. Das gewerbesteuerliche Gesamtergebnis der Organschaft wird dann auf die einzelnen berechtigten Gemeinden verteilt. – 1. *Voraussetzungen:* entsprechen denen der körperschaftsteuerlichen

Organschaft. – 2. *Gestaltungsmöglichkeiten:* Die gewerbesteuerliche Organschaft kann vermieden werden, indem man in den Konzernaufbau eine Personengesellschaft einbaut (z.B. → GmbH & Co. KG). Da eine solche gewerbesteuerlich immer als selbstständige Einheit angesehen wird und niemals Organgesellschaft sein kann, ist der unterhalb der Personengesellschaft stehende Teilkonzern dann vor einer Zusammenfassung mit dem Rest des Konzerns geschützt, ohne dass die einkommen- und körperschaftsteuerliche Zusammenrechnung der Gewinne und Verluste verloren geht.

IV. Körperschaftsteuer: 1. *Grundsätzliches:* Die körperschaftsteuerliche Organschaft sieht eine konsolidierte Ermittlung der Gewinne und Verluste des Konzerns nicht vor. Die Ergebnisse der Untergesellschaften (Organgesellschaften) und des Mutterunternehmens (Organträger) sind insgesamt vom Mutterunternehmen zu versteuern. Ein Ausgleich von Gewinnen und Verlusten im Konzern wird ermöglicht, indem diese auf der Ebene des Mutterunternehmens miteinander saldiert werden. Die einzelnen Gesellschaften innerhalb der Organschaft müssen ihre Ergebnisse jedoch steuerlich eigenständig ermitteln, d.h. Geschäfte einer Organgesellschaft mit einer anderen Gesellschaft desselben Organkreises führen zu einer Gewinnrealisierung. – 2. *Voraussetzungen für eine Organschaft:* a) *Eine Kapitalgesellschaft* kann bereits Organgesellschaft eines anderen Unternehmens sein, wenn der Organträger an ihr seit Beginn des Wirtschaftsjahres ununterbrochen mit Mehrheit der Stimmrechte beteiligt war (finanzielle Eingliederung; § 14 I Nr.1 KStG), und wenn sie mit dem Organträger einen Gewinnabführungsvertrag über eine Laufzeit von mind. fünf Jahren abgeschlossen hat (§ 14 I Nr. 3 KStG). Wirtschaftliche und organisatorische Eingliederung werden, anders als bei der Umsatzsteuer, bei der Körperschaftsteuer nicht mehr verlangt. Als Organträger kommen eine unbeschränkt einkommen- oder körperschaftsteuerpflichtige Person ebenso in Frage wie eine inländische Zweigniederlassung eines ausländischen Unternehmens (§§ 14 I Nr. 2, 17, 18 KStG); bei Personengesellschaften als Organträger gelten Besonderheiten (§ 14 I Nr. 2 KStG; → Mehrmütterorganschaft als steuerliches Gestaltungsmodell jetzt praktisch nicht mehr möglich). – b) Die *Organgesellschaft* darf Beträge aus dem Jahresüberschuss nur insoweit in ihre Rücklagen einstellen, als dies bei vernünftiger kaufmännischer Betrachtung wirtschaftlich begründet ist, d.h. im Übrigen müssen die Gewinne an den Organträger ausgeschüttet werden (§ 14 I Nr.4 KStG). – 3. *Folgen der Organschaft:* Das Einkommen der Organgesellschaft wird nach normalen Maßstäben ermittelt und danach vom Organträger versteuert. Dabei sind einige Bestimmungen, die nur bei körperschaftsteuerpflichtigen Institutionen sinnvoll sind, nicht anzuwenden, wenn der Organträger einkommensteuerpflichtig ist (§ 15 KStG). Muss die Organgesellschaft Ausgleichszahlungen an außenstehende Anteilseigner leisten, so werden diese bei der Organgesellschaft selbst versteuert, d.h. insoweit bleibt die Organgesellschaft selbst steuerpflichtig (§ 16 KStG).

Organschaftsvertrag – *Organvertrag;* Begriff der Organlehre. – Vgl. auch → Organschaft, → Organlehre, → Organgesellschaft, → Unternehmensverträge.

Organstreitigkeiten – nach Art. 93 I Nr. 1 GG vom → Bundesverfassungsgericht (BVerfG) zu entscheidende Streitigkeiten über den Umfang der Rechte und Pflichten eines obersten Bundesorgans, (z.B. Bundestag, Bundespräsident) oder anderer Beteiligter, die durch das GG oder in der Geschäftsordnung eines obersten Bundesorgans mit eigenen Rechten (z.B. Fraktion) ausgestattet sind. Ähnliche Regelungen in den Länderverfassungen (sog. Verfassungsstreitigkeiten). – Der Begriff wird auch verwendet für vor den Verwaltungsgerichten auszutragende Streitigkeiten zwischen Organen öffentlich-rechtlicher Körperschaften (z.B. sog. Kommunalverfassungsstreitigkeiten zwischen Gemeindevertretung und Bürgermeister oder Magistrat).

Organtheorie → Organlehre.

Organträger – steuerrechtlicher Begriff für ein Unternehmen mit beliebiger Rechtsform (z.B. → Kapitalgesellschaft, → Personengesellschaft, → Einzelkaufmann), in das eine → Organgesellschaft wirtschaftlich, finanziell und organisatorisch eingegliedert ist. – Vgl. auch → Organschaft.

Organvertrag → Organschaftsvertrag.

Orgware – 1. Oberbegriff für alle *organisatorischen, methodischen und personellen Maßnahmen und Konzepte* im Bereich Organisation und → Datenverarbeitung eines Unternehmens (→ Org/DV-Abteilung), z.B. Methoden der → Systemanalyse, Dokumentationsrichtlinien. – 2. Geschützter *Produktname* für ein umfassendes, teilweise computergestütztes Konzept zur Systemanalyse, Softwareentwicklung und Dokumentation der Sema Group.

Orientierungsreaktion – unmittelbare, reflexartig verlaufende Zuwendung zu einer veränderten (neuen) Reizkonstellation. Orientierungsreaktion ist eine kurzzeitige Reaktion, die den Organismus und das Informationsverarbeitungssystem auf einen auftauchenden Reiz vorbereitet sowie sensibilisiert. Sie äußert sich z.B. in einer Drehung des Kopfes zur Reizquelle, in einer Veränderung von Sinnesorganen (Pupillenerweiterung) und in einer Erhöhung der Aktivierung. – *Abgrenzung von* → Aufmerksamkeit: Die Aufmerksamkeit geht über die Orientierungsreaktion hinaus und bleibt über einen längeren Zeitraum bestehen.

Original Equipment Manufacturer (OEM) – *Erstausrüster;* Abnehmer von Hardwarekomponenten (→ Hardware), die ein anderer Hardwarehersteller (Zulieferer) gefertigt hat. Der OEM baut diese

Hardwarekomponenten in seine Produkte ein und verkauft diese unter eigenem Namen.

originäre Kostenarten → primäre Kostenarten.

originäre Rechengrößen – *konkrete Rechengrößen;* → Rechengrößen, die unabhängig vom beobachtenden Subjekt und verfolgten Zweck konkret in der Wirklichkeit existieren. Sie knüpfen unmittelbar an den Realgüterbewegungen und Zahlungen, die den Unternehmensprozess kennzeichnen, sowie den entsprechenden Beständen an. – Dazu gehören: (1) physikalische Größen (Mengen und Zeiten). (2) Ein- und Auszahlungen sowie Zahlungsmittelbestände: Diese sind als Istgrößen mittels metrischer Skalen kardinal messbar. (3) rechtsverbindliche fixierte Verpflichtungen und Ansprüche (z.B. auf Zahlung und quantifizierbare Güter): Diese lassen sich als zukunftsbezogene Größen intersubjektiv nachprüfbar feststellen. Insoweit gehören auch die Ausgaben und Einnahmen (unter Einschluss von Zahlungsverpflichtungen und -ansprüchen) zu den originären Rechengrößen. – *Gegensatz:* → Abgeleitete Rechengrößen.

originärer Finanzausgleich → Finanzausgleich.

originärer Firmenwert → Firmenwert.

originärer Zins → natürlicher Zins.

Originärnachfrage → Preisabsatzfunktion.

Ort der Lieferung – 1. *Begriff* des Umsatzsteuerrechts: das Kriterium, das festlegt, in welchem Staat der Lieferant eines Gegenstands steuerliche Verpflichtungen zu erledigen hat. Steuerbarkeit einer Lieferung, die ein Unternehmer ausgeführt hat, tritt deswegen nur dann in Deutschland ein, wenn der „Ort der Lieferung" hier liegt. – 2. *Nähere Bestimmungen des Orts der Lieferung: a) Grundsatz:* Der „Ort der Lieferung" wird vom Gesetzgeber zweckorientiert definiert: Ist gewollt, dass steuerliche Verpflichtungen in Deutschland entstehen, wird der Ort der Lieferung vom Gesetz als in Deutschland belegen definiert, wenn das dagegen nicht gewollt ist, wird der Ort der Lieferung als ausländisch definiert. – b) *Harmonisierung* in der EU: Die Regeln über den Ort der Lieferung sind innerhalb der EU vollständig harmonisiert (→ Mehrwertsteuersystemrichtlinie). – c) *Grundregeln*: Das UStG unterscheidet im Normalfall zwischen „bewegten" und „unbewegten" (ruhenden) Lieferungen. Bei der bewegten Lieferung ist nach der gesetzlichen Grundregel der Ort der Lieferung dort, wo die Beförderung der Ware an den Abnehmer beginnt (§ 3 VI UStG), bei der unbewegten Lieferung ist der Lieferort dort, wo sich die Ware zu dem Zeitpunkt befindet, in dem die Lieferung erfolgt (= die Verfügungsmacht übergeht, § 3 VII UStG). – d) Für Importe aus dem Drittland wird aus steuersystematischen Gründen der Ort der Lieferung ins Inland gelegt (§ 3 VIII UStG), allerdings nur dann, wenn der Lieferant an der Grenze der Schuldner der Einfuhrumsatzsteuer war; das liegt daran, dass ohne diese Regelung ansonsten eine Besteuerungslücke entstehen könnte. – e) Für weitere *Spezialfälle* (→ Versandhandelsregelung, ferner auch für: unentgeltliche Lieferungen, Lieferung an Bord eines Schiffes während einer Fahrt durch das Gemeinschaftsgebiet, etc.) existieren weitere, abweichende Regelungen.

Ort der sonstigen Leistung – 1. *Begriff* aus dem Umsatzsteuerrecht: das Kriterium, mit dem der Gesetzgeber festlegt, in welchem Land steuerliche Verpflichtungen für eine von einem Unternehmer erbrachte → sonstige Leistung (Dienstleistung) zu erbringen sind; Steuerbarkeit in Deutschland tritt nur ein, wenn der Ort der sonstigen Leistung hier belegen ist. – 2. *EU-rechtliche Rahmenbedingungen*: Die Bestimmungen darüber, in welchem Land der Ort der sonstigen Leistung belegen ist, sind europarechtlich harmonisiert, um die Abgrenzung der Zuständigkeiten zwischen den EU-Ländern einheitlich zu gestalten. Die Entscheidung, welchem Land eine bestimmte Dienstleistung steuerlich zugeordnet wird, wird nicht nach dem Gesichtspunkt getroffen, wo diese Dienstleistung ausgeführt wurde, sondern mehr nach dem Aspekt, wo die Versteuerung der betreffenden Dienstleistung aus der Sicht des Umsatzsteuersystems am sinnvollsten ist. Grundsätzlich gibt es für zahlreiche Arten von Dienstleistungen Spezialregelungen über den Ort der sonstigen Leistungen, zusätzlich noch Grundregeln, die gelten, sofern für eine Dienstleistung keine ausdrückliche Spezialregelung existiert. – 3. *Grundregeln*: Ab 2010 wird bei der Grundregel danach unterschieden werden, ob der Kunde (Leistungsempfänger), an den eine sonstige Leistung erbracht wird, ein Unternehmer (oder eine juristische Person, die eine Umsatzsteuer-Identifikationsnummer besitzt) ist oder nicht (also v.a.: eine Privatperson). – a) *sonstige Leistungen an andere Unternehmer:* Bei sonstigen Leistungen an andere Unternehmer ordnet der (EU-)Gesetzgeber den Ort der sonstigen Leistung dem Land zu, in dem dieser andere Unternehmer als Kunde sein Unternehmen betreibt (§ 3a II UStG 2010); das hängt damit zusammen, dass es in einer solchen Konstellation wegen des Vorsteuerabzugs, den der Kunde (meist) bekommen wird, fiskalisch ohnehin egal ist, welches Land die Umsatzsteuer vereinnahmt; die Regelung, dass der Ort der sonstigen Leistung in dem Land ist, in dem der Kunde, der Unternehmer ist, sein Unternehmen betreibt, ermöglicht aber eine einfache technische Abwicklung der Besteuerung. – b) für sonstige Leistungen an Privatpersonen liegt der Ort der sonstigen Leistung dagegen dort, wo der leistende Unternehmer (Anbieter) sein Unternehmen betreibt (§ 3a I UStG 2010); dies hat für diesen ebenfalls den Vorteil der Einfachheit, da alle Leistungen an Private nur im eigenen Land versteuert werden müssen. – 4. *Sonderregeln* gelten u.a. für künstlerische, unterhaltende und ähnliche Leistungen, Leistungen in Zusammenhang mit einem Grundstück, Arbeiten an beweglichen körperlichen Gegenständen, Vermittlungsleistungen, auf elektronischem Wege erbrachte sonstige Leistungen, sonstige

Leistungen in Form der Abgabe von Speisen und Getränken zum Verzehr an Ort und Stelle in bestimmten Beförderungsmitteln während einer Fahrt durch die EU, ferner für einige weitere sonstige Leistungen, wenn am Vorgang auch jemand aus dem Drittlandsgebiet beteiligt ist (vgl. § 3a III – VII UStG 2010).

örtliches Aufkommen → Landessteuern.

örtliche Steuern → örtliche Verbrauchs- und Aufwandsteuern.

örtliche Verbrauchs- und Aufwandsteuern – werden von Gemeinden auf der Grundlage von gemeindlichen Abgabesatzungen erhoben, das sind bes. Getränkesteuer, Vergnügungssteuer, Hundesteuer, Schankerlaubnissteuer, Jagd- und Fischereisteuer, Zweitwohnungsteuer sowie die Verpackungssteuern. Alle diese Steuern sind → Bagatellsteuern. – Einige dieser Steuerarten werden nicht in allen Bundesländern erhoben, manche – wie z.B. die Zweitwohnungsteuer – auch nur in einigen Gemeinden des Bundesgebietes.

Ortsgericht – als Hilfsbehörden der Justiz nach landesrechtlichen Vorschriften (z.B. in Hessen Ortsgerichtsgesetz i.d.F. vom 2.4.1980 (GVBl. I S. 114) m.spät. Änd.) errichtete örtliche Behörden mit Befugnissen auf dem Gebiet der → freiwilligen Gerichtsbarkeit, z.B. Unterschriftsbeglaubigungen, sowie auf dem Gebiet des Schätzungswesens.

Ortskrankenkassen → Versicherungsträger auf dem Gebiet der gesetzlichen → Krankenversicherung. Die Ortskrankenkassen gehören zu den Primärkassen; sie sind Körperschaften des öffentlichen Rechts mit Selbstverwaltung. Ortskrankenkassen wurden für örtliche Bezirke, meist für den Bezirk eines Stadt- oder Landkreises, errichtet, heute vielfach Bildung größerer Einheiten auf der Ebene der Bundesländer durch Zusammenschlüsse einzelner Ortskrankenkassen.

Ortsstatut → Gemeindesatzung.

Ortszuschlag – früher den Beamten und Angestellten des öffentlichen Dienstes als Teil der → Besoldung bzw. der Vergütung gezahlte Beträge. – Jetzt: *Familienzuschlag*.

OSI-Modell – Kurzbezeichnung für Open-Systems-Interconnection-Modell; von der → ISO geschaffenes allgemeingültiges Schichtenmodell für Kommunikationsvorgänge bei → offenen Netzen. Es beinhaltet die Beschreibung von sieben Schichten, wobei die erste Schicht noch hardwarenah ist, während die siebte Schicht Schnittstellen der Anwendungssoftware beschreibt.

Österreichische Grenznutzenschule – *Wiener Schule;* Bezeichnung für die v.a. durch → Menger, → Wieser und → Böhm-Bawerk repräsentierte Richtung der Nationalökonomie, deren Hauptverdienst in der Entwicklung der Theorie des → Grenznutzens und einer darauf basierenden Preis- und Verteilungstheorie beruht. Die durchweg deduktive Forschung der Österreichischen Grenznutzenschule stand zu der gleichzeitig in Deutschland vorherrschenden jüngeren → historischen Schule in diametralem Gegensatz. Von der Österreichischen Grenznutzenschule gingen starke Wirkungen aus auf → Clark und die amerikanische sowie die schwedische Nationalökonomie (→ Wicksell). Nach dem Ersten Weltkrieg kam es zur Bildung einer jüngeren Österreichischen Grenznutzenschule mit den Hauptvertretern → Mises, → Hayek, Strigl, → Morgenstern, Rosenstein-Rodan, → Haberler. → Schumpeter – obwohl ein Schüler von Böhm-Bawerk – wird meistens nicht der Österreichischen Grenznutzenschule zugerechnet. Basierend auf dem Grenznutzengedanken und beeinflusst von Wicksell entwickelten Vertreter dieser Schule die monetäre Überinvestitionstheorie. Die jüngere Österreichische Grenznutzenschule hatte Einfluss in Deutschland auf → Eucken und → Stackelberg und erlebt seit einigen Jahren v.a. in den Vereinigten Staaten eine Renaissance.

Österreichische Schule → Österreichische Grenznutzenschule.

Osteuropabank → EBRD.

Ostrom – Elinor, geb. 1933, amerik. Politikwissenschaftlerin, lehrt an der Indiana University. Sie ist eine weltweit anerkannte Forscherin im Bereich der Umweltökonomie und wurde 2009 als erste Frau mit dem → Nobelpreis für Wirtschaftswissenschaften ausgezeichnet (zusammen mit → Williamson). Ihr Schwerpunkt liegt auf der Verwaltung und Nutzung öffentlicher Güter wie bspw. Grundwasservorkommen oder Weidelandschaften. – *Wichtiges Werk*: „Governing the Commons: The Evolution of Institutions for Collective Action" (1990), dt. Fassung „Die Verfassung der Allmende" (1999).

Oszillation – Schwankung einer Variablen um einen → Mittelwert oder → Trend. Die Stärke der Abweichung wird durch die → Amplitude angegeben, während die Häufigkeit von Oszillationen in einem Referenzzeitraum durch die → Frequenz ausgedrückt wird. – Vgl. auch → Konjunkturschwankungen.

OTC Market → Over-the-Counter Market.

OTF – Abk. f. *Organised Trading Facilitiy.* Organisiertes Handelssystem. Gemäß dem Vorschlag der EU-Kommission zu Änderung der → MiFID ein/eine von einer Wertpapierfirma oder einem Marktbetreiber betriebenes System oder betriebene Fazilität, bei dem/der es sich nicht um einen geregelten Markt oder ein → MTF handelt und das/die die Interessen einer Vielzahl Dritter am Kauf und Verkauf von Finanzinstrumenten innerhalb des Systems in einer Weise zusammenführt, die zu einem Vertrag gemäß den Bestimmungen der neuen MiFID führt. OTFs sollen neben den Kategorien der Börsen, MTFs und → systematischen Internalisierer als Auffangtatbestand dienen, damit alle Handelssysteme von der MiFID erfasst werden. Dies gilt bspw. für Broker Crossing Systems der Großbanken, die als Dark Pools bezeichnet werden, weil sie kaum → Vorhandelstransparenz und → Nachhandelstransparenz bieten.

OT-Mitgliedschaft – Mitgliedschaft in einem Arbeitgeberverband *ohne Tarifbindung*. Das → Bundesarbeitsgericht (BAG) erkennt die OT-Mitgliedschaft an. Allerdings dürfen die OT-Mitglieder keinen Einfluss auf die Tarifpolitik des Arbeitgeberverbandes haben. – Wechselt ein Arbeitgeber während eines laufenden Tarifvertrags in eine OT-Mitgliedschaft, bleibt er nach überwiegender Auffassung an den Tarifvertrag gebunden (Nachbindung, § 3 III TVG). Der Wechsel in die OT-Mitgliedschaft soll nach umstrittener Auffassung die Friedenspflicht der Gewerkschaft beenden (LAG Hessen, 17.9.2008 – 9 SaGa 1442/08). – Wechselt der Arbeitgeber während laufender Tarifverhandlungen in die OT-Mitgliedschaft („*Blitzwechsel*"), so muss er die Gewerkschaft rechtzeitig informieren, anderenfalls ist er trotz OT-Mitgliedschaft an diesen Tarifvertrag noch gebunden (BAG, 4.6.2008 – 4 AZR 419/07).

Otto Benecke Stiftung e.V. – gegründet 1965. – *Aufgaben:* Unterstützung der internationalen Zusammenarbeit; Ausbildungs- und Stipendienprogramme für Aussiedler, asylberechtigte Flüchtlinge und Ausbildungsbewerber aus der Dritten Welt.

Outbound-Tourismus – (auch *Outbound Tourism*) grenzüberschreitender → Reiseverkehr in das Ausland. – *Gegensatz:* → Inbound-Tourismus.

Outgoing – 1. *Begriff:* Ausreisetourismus von Inländern im Rahmen des grenzüberschreitenden touristischen → Reiseverkehrs. Wird auch als Outbound-Tourismus bezeichnet. Hierzu zählen sowohl eigenständig organisierte Reisen als auch → Pauschalreisen, die von Reiseveranstaltern im Inland vertrieben werden. Die Reisemotivation kann berufliche oder private Hintergründe haben. – 2. *Aufgaben:* Die Aufgaben des organisierten Outgoing-Geschäftes bestehen im Wesentlichen in der Organisation, Vermarktung und Durchführung von (Pauschal-) Reisen aus dem Quellgebiet ins ausländische Zielgebiet. Diese Aufgaben werden i.d.R. von → Reiseveranstaltern wahrgenommen.

Outlet – Verkaufsstellen einer Handelsunternehmung, in denen der Verkauf der Waren erfolgt. – *Gegensatz:* → Inlet.

Outpacing – aufgrund wettbewerbsstrategischer Überlegungen erfolgende Modifikation der Unternehmenstrategie. Die Zunahme der Anzahl der Anbieter auf einem Markt kann Unternehmen, die präferenz-strategisch agieren, zu Preisanpassungen nach unten veranlassen; umgekehrt nehmen Kostenführer aufgrund von Marktveränderungen Qualitätsanpassungen nach oben vor.

Outplacement – Variante der → Personalfreisetzung bei Führungskräften (oberes oder auch mittleres Management) mit Unterstützung eines i.d.R. externen Beraters. Die Beratung ist darauf spezialisiert, für die Entlassenen neue Arbeitsplätze und Aufgabenfelder zu finden sowie das Selbstwertgefühl zu stabilisieren. Die Gebühren für die Outplacement-Beratung werden üblicherweise vom ehemaligen Arbeitgeber des Entlassenen bezahlt.

Output – I. Produktionstheorie: mengenmäßiger → Ertrag (Ausbringung, Ausstoß, Produktion, Beschäftigung, Bezugsgröße für den Faktorverbrauch) eines Betriebs (einer Kostenstelle, eines Aggregats). – *Gegensatz:* → Input.

II. Systemtheorie/Kybernetik: Beziehungsaufnahme zwischen → System und Umwelt in Form der Abgabe der drei Grundkategorien Materie, Energie und Information.

III. Statistik: Summe der Lieferungen eines Wirtschaftszweiges an andere. – Vgl. auch → Input.

Output Gap → Produktionslücke, → Gap. – Vgl. auch → Neukeynesianische Makroökonomik, dynamisches Grundmodell, → Phillips-Kurve.

Outputlücke → Produktionslücke, → Gap. – Vgl. auch → Neukeynesianische Makroökonomik, dynamisches Grundmodell, → Phillips-Kurve.

Outright-Offenmarktgeschäfte – Käufe und Verkäufe von langfristigen Wertpapieren durch die → Zentralbank mit geldpolitischem Ziel. Die Deutsche Bundesbank hat Outright-Offenmarktgeschäfte sporadisch und in begrenztem Umfang bis zur Einführung von → Wertpapierpensionsgeschäften getätigt. Dabei hat sie sich auf Käufe und Verkäufe von öffentlichen → Anleihen beschränkt.

Outside-in-Planung – 1. *Begriff:* → Planungsphilosophie, die von einer starken Umweltabhängigkeit des Unternehmens ausgeht und eigene Aktivitäten zunächst als Anpassungsaktivitäten zum dynamischen Umfeld begreift. – 2. *Merkmale*: Es wird also von den Gefahren und Gelegenheiten der Umwelt (z.B. technologische Trends) ausgegangen und nach Wegen gesucht, das Unternehmen und seine Ressourcen- und Fähigkeitenausstattung diesen Entwicklungen anzupassen. – *Gegensatz:* → Inside-out-Planung.

Outside Lag → Lag.

Outside Money – *Außengeld;* Geld, das nicht im Austausch gegen Verbindlichkeiten des privaten Sektors geschaffen wird. – *Gegensatz:* → Inside Money.

Outside Option-Spiel → Agentennormalform.

Outsourcing – 1. *Begriff/Charakterisierung:* Verlagerung von Wertschöpfungsaktivitäten des Unternehmens auf Zulieferer. Outsourcing stellt eine Verkürzung der Wertschöpfungskette bzw. der Leistungstiefe des Unternehmens dar. Durch die Inanspruchnahme qualifizierter, spezialisierter Vorlieferanten für Komponenten und Dienstleistungen werden die Produktions-, Entwicklungs-, aber auch Dienstleistungsgemeinkosten des Unternehmens häufig reduziert. Durch Konzentration auf die Kernaktivitäten werden Kostenvorteile realisiert und die eigene operative und eigene strategische Marktposition verbessert. Strategisch wichtig ist, dass im Rahmen des Outsourcings Schlüsseltechnologien und -kompetenzen nicht aufgegeben werden, weil auf diese Weise eine unerwünschte Abhängigkeit vom Vorlieferanten entstehen könnte. – 2. *Bedeutung*: Outsourcing von Dienstleistungen (z.B. → Datenverarbeitung), aber auch der Teileproduktion oder ganzer Komponenten in der Industrie und damit die kostenorientierte Verkürzung der Wertschöpfungstiefe, hat strategisch in den letzten Jahrzehnten an Bedeutung gewonnen. Erfolgreiches Outsourcing setzt den Einsatz moderner Produktions- und Logistikkonzepte (z.B. → Just in Time (JIT)) voraus, da die Zulieferer konzeptionell in die Wertschöpfungskette eingebunden werden (→ Supply Chain Management).

Out-Supplier → In-Supplier.

Overbanking – eine über das erforderliche Maß hinausgehende Dichte von Bankzweigstellen in einem geografisch begrenzten Raum.

Overbooking → Yield Management.

Overhead – *Overhead Cost;* in die dt. wirtschaftliche Umgangssprache übernommene Bezeichnung für → fixe Kosten bzw. → Gemeinkosten.

Overhead Cost → Overhead.

Overhead Value Analysis → Gemeinkostenwertanalyse.

Overreporting → Paneleffekt.

Overseas Assignment → Auslandseinsatz.

Overshooting → Überschießen des nominellen Wechselkurses über seinen langfristigen, durch die → Kaufkraftparitätentheorie vorgegebenen Gleichgewichtswert. – Vgl. auch → Dornbusch-Modell.

Oversight → Zahlungsverkehrsüberwachung.

Overspending → Share of Advertising.

Overstone – Samuel Jones Loyd, 1796–1883, engl. Bankier und Geldtheoretiker. Overstone galt zu seiner Zeit als einer der größten Währungsexperten. Zusammen mit → Ricardo und Torrens war er Hauptvertreter der → Currency-Theorie, die er mehrmals vor Parlamentsausschüssen verfocht. Overstone vertrat die Zentralisierung der Notenausgabe in einer Zentralnotenbank (Notenbank), die Trennung von „Issue Department" (Abteilung für Notenausgabe) und „Banking Department" (Abteilung für Bankgeschäfte) in dieser Zentralnotenbank (Bank von England) sowie die volle Golddeckung der Banknoten. Durch diese Vorschläge war Overstone maßgeblich am Zustandekommen der Peelschen Bankakte von 1844 beteiligt. – *Hauptwerk:* „Tracts and Other Publications on Metallic and Paper Currency" (1857).

Overstoring – Überversorgung eines Verkaufsgebietes mit → Einzelhandelsunternehmungen mit der Folge eines Verdrängungswettbewerbs, der meist über niedrige Preise geführt wird. Overstoring tritt v.a. in neuen regionalen Absatzmärkten auf, die zuvor unterversorgt waren und ein starkes Wachstum aufweisen.

Over-the-Counter Market – *OTC Market,* außerbörslicher Markt für Wertpapiere und Derivate. Handelspartner sind i.d.R. große institutionelle Marktteilnehmer wie Banken, Fondsgesellschaften, Versicherungen, Unternehmungen. Der Handel erfolgt durch individuelle Vereinbarungen, wird aber zunehmend reguliert, s. → MiFID.

P

P2P – Abk. für → Peer-to-Peer (P2P).

PA – Abk. für *Public Affairs,* → Public Relations (PR).

Paarvergleich – *Paired Comparison.* 1. *Methode bei* → Produkttest oder Werbemittelforschung: Test-Produkt oder Test-Anzeige werden den Auskunftspersonen in Verbindung mit einem anderen ähnlichen Produkt bzw. einer ähnlichen Anzeige zur vergleichenden Beurteilung präsentiert. – 2. *Methode der Befragung bei der Messung von* → Einstellung und → Wahrnehmung: Aus einer Menge von Objekten werden Testpersonen sämtliche Kombinationen von jeweils zwei Objekten zur Beurteilung der Ähnlichkeit und/ oder Präferenz vorgegeben. Bei n Objekten sind von den Testpersonen

$$\binom{n}{2} = \frac{n \cdot (n-1)}{2}$$

Paarvergleiche durchzuführen. Aus den globalen Ähnlichkeitsurteilen wird dann mittels der → multidimensionalen Skalierung (MDS) versucht, die zur Beurteilung benutzten Kriterien herauszufinden.

Paasche-Index → Indexzahl, bei der die Gewichte g_i die (hypothetischen) relativen Wertgrößen (Umsätze) sind, welche durch Multiplikation von aktuellen Mengen mit Preisen der Basiszeit (Paasche-Preisindex) bzw. von aktuellen Preisen mit Mengen der Basiszeit (Paasche-Mengenindex) zustandekommen. – 1. *Paasche-Preisindex:*

$$P^P_{0,1} = \sum \frac{p^i_1}{p^i_0} \cdot g_i = \sum \frac{p^i_1}{p^i_0} \cdot \frac{p^i_0 q^i_1}{\sum p^i_0 q^i_1} = \frac{\sum p^i_1 q^i_1}{\sum p^i_0 q^i_1}.$$

2. *Paasche-Mengenindex:*

$$P^Q_{0,1} = \sum \frac{q^i_1}{q^i_0} \cdot g_i = \sum \frac{q^i_1}{q^i_0} \cdot \frac{q^i_0 p^i_1}{\sum q^i_0 p^i_1} = \frac{\sum q^i_1 p^i_1}{\sum q^i_0 p^i_1}.$$

Dabei ist 1 die Berichtsperiode, 0 die Basisperiode, p^i sind die Preise und q^i die Mengen der Güter i. Problematisch ist, dass die Gewichte mit jeder Berichtsperiode neu ermittelt werden müssen. Deshalb wird in der amtlichen Statistik der → Laspeyres-Index bevorzugt.

Pacht – I. Bürgerliches Recht: Vertragliche Überlassung des Gebrauchs und des Genusses der Früchte einer Sache oder eines Rechts gegen Entgelt (§§ 581–597 BGB), den → Pachtzins. → Miete umfasst dagegen nur die Gebrauchsüberlassung von Sachen. – 1. *Früchte* gebühren dem Pächter nur, soweit sie nach den Regeln einer ordnungsmäßigen Wirtschaft als Ertrag anzusehen sind. – 2. Das mitverpachtete *Inventar eines Grundstücks* muss der Pächter erhalten und ggf. gewöhnlichen Abgang ersetzen; hat er das Inventar zum Schätzwert mit Rückgabeverpflichtung übernommen, muss er es auf seine Gefahr erhalten und ergänzen, kann in den Grenzen ordnungsmäßiger Wirtschaft darüber verfügen und muss es bei Beendigung des Pachtverhältnisses zurückgeben, ggf. gegen Ersatz des Mehr- oder Minderwerts. – 3. Für die *Forderungen* aus dem Pachtverhältnis kann sowohl ein → Verpächterpfandrecht als auch ein Pächterpfandrecht entstehen. – 4. *Im Übrigen* gelten im Wesentlichen die Vorschriften über die Miete entsprechend. – 5. Für die *Verpachtung von Grundstücken zur landwirtschaftlichen Nutzung* bestehen Sondervorschriften: → Landpacht.

II. Handelsrecht: Die Übernahme eines Unternehmens aufgrund eines Pachtvertrages wird bes. hinsichtlich der Firmenfortführung wie eine → Veräußerung des Unternehmens behandelt.

III. Steuerrecht: 1. Einnahmen aus Pacht sind steuerpflichtige Einkünfte aus Vermietung und Verpachtung (§ 21 EStG), wenn unbewegliches Vermögen, Betriebe oder bestimmte Rechte, z.B. Urheberrechte, verpachtet werden. – 2. Dem Verpächter eines ganzen Betriebes steht im Rahmen der Betriebsverpachtung im Ganzen ein Wahlrecht zu, wenn nicht ausgeschlossen ist, dass er oder einer seiner Erben den Gewerbebetrieb später erneut selbst wieder aufnimmt. Er kann den Betrieb ohne Realisierung der stillen Reserven fortführen oder die → Betriebsaufgabe erklären. Im letzten Fall sind die stillen Reserven aufzulösen und zu versteuern und die zukünftigen Pachteinnahmen innerhalb der → Einkünfte aus Vermietung und Verpachtung zu erfassen.

Pächterpfandrecht → Pacht.

Pachtkosten → Miet- und Pachtzinsen.

Pachtverhältnis → Pacht.

Pachtzins – die für die Überlassung einer nutzbaren Sache zum Gebrauch und des Genusses der Früchte (→ Pacht) zu entrichtende Vergütung. – *Verbuchung* und *Besteuerung:* → Miet- und Pachtzinsen, → Pacht.

Pacing → Event-Pacing, → Time Pacing.

Pacioli – Fra Luca, 1445– 1514, ital. Franziskanermönch und Professor der Theologie und Mathematik. Pacioli schrieb eines der bedeutendsten mathematischen Werke der Renaissance: „Summa de Arithmetica, Geometria, Propotioni et Propotionalita“ (1494). Der neunte Hauptteil des Werkes beschäftigt sich mit dem Handel, den Pacioli als Hauslehrer bei einem venezianischen Kaufmann kennen gelernt hatte. Der elfte Traktat dieses Teiles enthält die erste systematische Darstellung der doppelten Buchhaltung, die die gesamte nachfolgende Buchhaltungsliteratur Italiens und Mitteleuropas stärkstens beeinflusst hat. Eine dt. Übersetzung (von B. Penndorf) des elften Traktats erschien 1933 mit umfassender historischer Einleitung. Der vierte Traktat behandelt den Wechsel und den Wechselverkehr.

Package Deal – Kauf bzw. Verkauf eines umfassenden Problemlösungspakets im Rahmen eines komplexen Investitionsgüter-, Anlagen- oder Systemgeschäfts. Durch gezielte, wettbewerbswirksame, → absatzwirtschaftliche Nebenleistungen kann eine langfristige Kundenbindung erreicht werden.

Packaged Retail Investment Products → PRIPS.

Päckchen-Deckungsbeitrag → Deckungsbeitrag eines → Kuppelprodukt-Päckchens, d.h. eines Bündels von Kuppelproduktmengen, das technologisch zwangsläufig aus einem bestimmten Quantum des im Prozess der Kuppelproduktion aufzuspaltenden Ausgangsstoffs entsteht.

Päckchenrechnung – Kalkulationsverfahren für Kuppelprodukte, genauer → Kuppelprodukt-Päckchen. – Vgl. auch → Kuppelprodukt.

Packing Credit – *Anticipatory Credit, Bevorschussungskredit.* 1. *Begriff:* Der Packing Credit ist ein → Akkreditiv, in dem die akkreditiveröffnende Bank eine andere Bank (sog. Zweitbank) durch eine Klausel ermächtigt, dem Akkreditivbegünstigten aus dem Akkreditiv einen Vorschuss auszuzahlen. Für den gewährten Vorschuss übernimmt die akkreditiveröffnende Bank die Haftung. Voraussetzung der Bevorschussung ist regelmäßig, dass der Akkreditivbegünstigte eine Erklärung abgibt, in der er sich verpflichtet, die im Akkreditiv geforderten (Versand-)Dokumente später, aber vor Verfall des Akkreditivs einzureichen. Darüber hinaus kann die Bevorschussung an die Bedingung geknüpft sein, dass der Akkreditivbegünstigte Sicherheiten zu stellen hat, die sich i.Allg. auf die zu liefernde Ware beziehen und die durch einzureichende Dokumente nachzuweisen sind. Packing Credits können unbestätigt oder von einer anderen Bank bestätigt sein. – 2. *Red Clause/Green Clause* (→ Green Clause, → Red Clause): Packing Credits werden in Literatur und Praxis manchmal als *Red-Clause-Akkreditive* bezeichnet. Dies hängt damit zusammen, dass die Ermächtigung an die Zweitbank zur Leistung eines Vorschusses von der akkreditiveröffnenden Bank zur Hervorhebung früher mit roter Tinte in das Akkreditiv eingetragen wurde. Analog erklärt sich die Bezeichnung *Green-Clause-Akkreditive.* Die in der Literatur vorgeschlagene Unterscheidung zwischen Red-Clause- und Green-Clause-Akkreditiven unter dem Aspekt der Stellung von Sicherheiten für den Vorschuss findet keine durchgängige Anwendung.

Packung → Verpackung.

Packungstest → Verpackungstest.

Pac-Man-Strategie – nach einem Computerspiel benannte Strategie zur Abwehr einer → feindlichen Übernahme, bei der das zu übernehmende Unternehmen seinerseits ein Übernahmeangebot für den Bieter abgibt.

pacta sunt servanda – lat. für *Verträge müssen gehalten werden,* allgemeiner Rechtsgrundsatz des Zivilrechts. Im modernen Recht liegt die *Grenze* des Zwanges zur Einhaltung vertraglicher Verpflichtung bei der Zumutbarkeit, z.B. bei persönlicher Leistung (§ 275 III BGB). – Vgl. auch → Störung der Geschäftsgrundlage.

pactum de non petendo → Stillhalteabkommen; befristeter Verzicht auf die Geltendmachung einer Forderung durch rechtsgeschäftliche Vereinbarung, wonach der Schuldner vorübergehend zur Verweigerung der Zahlung berechtigt sein soll. Anders als bei der → Stundung leugnet der Schuldner regelmäßig das Bestehen einer Forderung.

pagatorisch – 1. *Begriff:* ein von Kosiol geprägtes Wort, zurückgehend auf lat. *pacare* = befriedigen; daraus entstand im Vulgärlatein *pagare* = zahlen und bedeutet: auf Zahlungsvorgängen beruhend, mit Zahlungen zusammenhängend. – 2. Da die → Finanzbuchhaltung auf Zahlungsvorgängen aufgebaut ist, kann sie *pagatorische Buchhaltung* (im Gegensatz zur Betriebsbuchhaltung = kalkulatorische Buchhaltung) genannt werden. Pagatorische Vorgänge sind nicht nur Barzahlungen, sondern auch buchhalterische Verrechnungen, die an diese anknüpfen. So werden z.B. Forderungen als künftige Bareinnahmen, Schulden als künftige Barausgaben erklärt. Sämtliche Buchungen lassen sich derart pagatorisch deuten. – 3. Die Jahresschlussbilanz ist in ihren einzelnen Posten auf Zahlungsvorgänge zurückzuführen und als *pagatorische Bilanz* zu bezeichnen. – 4. Die Werte, die in Finanzbuchhaltung, Jahresbilanz und GuV-Rechnungen auftreten, sind Werte, die den Zahlungen für die zugrunde liegenden Käufe und Verkäufe von Sachgütern und Dienstleistungen entsprechen. Sie werden entsprechend als *pagatorische Werte* bezeichnet. Dazu gehören auch die Anschaffungswerte als realisierte pagatorische Werte. – 5. Auf diesen Grundgedanken beruht die von Kosiol entwickelte *pagatorische Buchhaltungs- und Bilanztheorie:* eine von den Zahlungsvorgängen ausgehende systematisch geschlossene Erklärung der Finanzbuchhaltung und der sie abschließenden Bilanz, die eine einheitliche Bewertungstheorie und eine Theorie der Rücklagen umschließt. – Vgl. auch → pagatorischer Kostenbegriff.

pagatorische Buchhaltung → Finanzbuchhaltung.

pagatorischer Kostenbegriff – Begriff, der Kosten definiert als die im Rahmen des betrieblichen Prozesses entrichteten Entgelte; → neutrale Aufwendungen sind eingeschlossen, → Zusatzkosten nicht. Der pagatorische Kostenbegriff orientierte sich ursprünglich an den tatsächlichen Anschaffungsauszahlungen, deshalb entsteht kein eigenständiges Bewertungsproblem; für bestimmte dispositive Zwecke geht der pagatorische Kostenbegriff mitunter vom strengen Anschaffungsprinzip ab und führt bestimmte Hypothesen ein, nach denen sich die pagatorische Kostenbewertung an fiktiven Ausgaben orientieren soll. Im Gegensatz zum → wertmäßigen Kostenbegriff umfassen pagatorische Kosten keine → kalkulatorischen Kosten, sie arbeiten nicht mit → Verrechnungspreisen. – Vgl. auch → Kosten, → entscheidungsorientierter Kostenbegriff.

Page Impression (PI) – *Seitenabruf*, Anzahl der Sichtkontakte von Internetnutzern mit einer potenziell werbeführenden → Website. Page Impressions sind neben → Visits die zentrale Maßzahl zur Bestimmung der → Reichweite eines Internetangebotes und deshalb für die → Mediaplanung von Bedeutung. Zur Ermittlung der Kennzahl wird in Deutschland das Verfahren der → Informationsgemeinschaft zur Feststellung der Verbreitung von Werbeträgern e. V. (IVW) verwendet.

Page View → Page Impression (PI).

Paket → Aktienpaket, → Pakethandel.

Paketdienst – Dienstleistungs-Anbieter auf dem KEP-Markt (→ KEP-Dienst). Paketdienste sind spezialisiert auf den Transport von → Stückgütern bis ca. 30 kg Gewicht. Durch die starke Standardisierung der Logistiksysteme und die flächendeckende Präsenz realisieren sie gegenüber Universal-Logistik-Dienstleistern Produktivitäts- und Kostenvorteile.

Pakethandel – Handel mit → Aktienpaketen, meist außerhalb der Börse, wobei häufig von der Börsennotierung abweichende Preise ausgehandelt werden (→ Paketzuschlag, Paketabschlag). Für die vermittelnde Bank ist dann → Selbsteintritt nicht möglich, vielmehr Abwicklung als Kommissionsgeschäft oder Eigengeschäft (z.B. bei der Auflösung größerer Aktienpakete); oder die Bank fungiert nur als Makler.

Paketvermittlung – Verfahren der → Datenübertragung, bei dem die Information in „Pakete" aufgeteilt wird und „paketweise" an den Empfänger gelangt. Beim Empfänger werden die „Paketinhalte" wieder zur Information zusammengefügt.

Paketzuschlag – 1. *Allgemein:* Von der Börsennotierung abweichender, höherer Preis für → Aktienpakete. – 2. *Steuerrecht:* Ein bei der Bewertung von Aktienpaketen (R 95 VI ErbStR) zu der Summe der amtlichen → Kurswerte oder der Summe der aus Verkäufen von Kleinanteilen abgeleiteten → gemeinen Werte der einzelnen Anteile hinzuzurechnender Betrag (bis 25 Prozent), der den Mehrwert aus dem Besitz einer großen Zahl von Aktien (mehr als 25 Prozent) derselben Kapitalgesellschaft berücksichtigen soll. Es ergibt sich der gemeine Wert der gesamten Beteiligung (§ 11 III BewG). – Der Paketzuschlag kommt regelmäßig in Betracht, wenn der gemeine Wert der Beteiligung tatsächlich höher ist als die Summe der Kurswerte oder der gemeinen Werte der einzelnen Anteile. Der Paketzuschlag bleibt außer Ansatz, wenn der volle Vermögenswert und der volle Ertragswert bereits bei der Bewertung der einzelnen Aktien berücksichtigt waren.

Palette – genormte dauerhafte Plattform als Unterlage stapelbarer Güter, die als → Ladeeinheit mit Gabelstaplern umgeschlagen werden kann. – *Arten:* Flach-Palette (ohne Aufbauten), Gitterbox-, Rungen-, Tank- und spezielle Flugzeug-Palette aus Holz, Metall u.a. Werkstoffen in verschiedenen Abmessungen. Die größte Verbreitung in Europa hat die Flach-Palette nach DIN 15146 aus Holz mit 800 × 1200 mm Grundfläche, ca. 30 kg Eigengewicht und 1.000 kg Tragfähigkeit als sog. Pool-Palette. – Verkehrs-, Handels- und Industriebetriebe tauschen Pool-Paletten des europäischen Palettenpools und andere standardisierte Paletten untereinander aus und vermeiden dadurch Rücktransporte leerer Paletten. Im Markt existieren weitere Palettentausch-Pools.

Palettenpool → Palette.

Panel – ein bestimmter gleichbleibender Kreis von Auskunftssubjekten (Personen, Betrieben), bei denen über einen längeren Zeitraum hinweg Messungen (→ Beobachtung, → Befragung) zu gleichen Themen in der gleichen Methode und zu den jeweils gleichen Zeitpunkten vorgenommen werden. Panels sind auf die Messung von Veränderungen hin optimiert. Ein weiterer Vorteil von Panels ist, dass von den Panelteilnehmern Daten zu unterschiedlichen Zeitpunkten vorliegen. Damit lässt sich z.B. in einem Verbraucherpanel ermitteln, welches Produkt die Käufer eines neuen Produkts früher gekauft haben (→ Gain-and-Loss-Analyse). Der Einsatz von Panels ist nur dann sinnvoll, wenn die wiederholte Befragung die Ergebnisse nicht oder nur wenig ändert (→ Paneleffekt) und wenn die Mitarbeitsbereitschaft der Auskunftspersonen über einen längeren Zeitraum hergestellt werden kann. Ansonsten kommen → Wellenbefragungen zum Einsatz. – *Beispiele:* → Haushaltspanel, → Handelspanel, → Verbraucherpanel, → Fernsehzuschauerpanel.

Paneldatenmodell mit fixen Effekten → Fixed-Effects-Modell.

Paneldatenmodell mit stochastischen Effekten → Random-Effects-Modell.

Paneldaten und Paneldatenmodelle – Bei der ökonometrischen Modellierung geht man davon aus, dass die Daten in gewisser Weise gepoolt werden können. Der einfachste Fall eines linearen Paneldatenmodells ist durch $y_{i,t} = \beta' x_{i,t} + \alpha_i + \varepsilon_{i,t}$ gegeben, wobei $\varepsilon_{i,t}$ einen unabhängig und identisch verteilten Störterm darstellt. Hier wird angenommen, dass die zu den exogenen Variablen x gehörenden Steigungsparameter β für alle Individuen i identisch sind (häufigste Annahme für die Poolbarkeit). Die Heterogenität der Individuen kommt in den unbeobachteten Individualeffekten α_i zum Ausdruck. Darin sind alle unbeobachtbaren individuenspezifischen Einflussfaktoren enthalten, die zeitinvariant sind. Je nachdem welche Eigenschaften bezügl. der Individualeffekte unterstellt werden, ergeben sich unterschiedliche Paneldatenmodelle (→ Fixed-Effects-Modell bzw. → Random-Effects-Modell). Existieren keine Individualeffekte, so könnte man die Gleichung auch mit OLS (→ Kleinstquadratemethode, gewöhnliche) schätzen. In diesem Fall führt man einen sog. Simple-Pooling-Ansatz durch, da man mögliche Heterogenitäten vernachlässigt. Weiterführende Panelmethoden lassen auch individuenspezifische Steigungsparameter (Random-Coefficient-Modell) zu. – Vorteile von Paneldaten: (1) Im Gegensatz zu → Querschnittsdaten ermöglichen sie trotz unbeobachteter Heterogenität α_i der Untersuchungseinheiten konsistente Schätzungen. Die Vernachlässigung der Individualeffekte führt sonst häufig zu verzerrten Schätzungen. (2) Paneldaten erlauben die Analyse von dynamischen Anpassungsprozessen und Wirkungsverzögerungen. (3) Paneldaten weisen eine größere Variabililtät der Daten auf, indem sie Zeitreihen- und Querschnittsinformationen kombinieren, und vermeiden somit das häufig reinen Zeitreihenanalysen immanente Problem der → Multikollinearität. Die Schätzungen weisen eine größere Präzision auf. (4) Paneldaten erlauben Phänomene zu untersuchen, die mit reinen Zeitreihen- oder Querschnittsdaten nicht untersucht werden können. So sagt z.B. die Entwicklung der gesamtwirtschaftlichen Arbeitslosenquote nichts über die individuelle Betroffenheit aus. Bei einer Arbeitslosenquote von 10 Prozent in zwei aufeinander folgenden Jahren könnten im einen Extremfall in beiden Jahren jeweils dieselben Personen, im anderen Extremfall aber ganz unterschiedliche Personen betroffen sein.

Paneleffekt – Beeinträchtigung der Aussagekraft der Ergebnisse einer Panelbefragung dadurch, dass die Panelteilnehmer unter dem Einfluss der Teilnahme am → Panel ihr Verhalten ändern. Folgende Effekte sind möglich: Ermüdungserscheinungen (falsche Angaben infolge Nachlässigkeit), Overreporting (Angabe von mehr Käufen als tatsächlich getätigt wurden), Checklist-Effekt (die auf dem Berichtsbogen angegebenen Warengruppen animieren zum Kauf) und das stärkere Bewusstwerden der Einkaufstätigkeit beim Panelteilnehmer. Damit wird die Repräsentanz des Panels verändert, das Ergebnis ist also nicht mehr allgemeingültig. Der Paneleffekt entfällt weitgehend bei Haushaltspanel mit Scanner-Technologie (→ Scanner-Haushaltspanel).

Panelrotation – Austausch von Teilnehmern an einem → Panel wegen → Panelsterblichkeit oder um → Paneleffekte zu vermeiden. Der Austausch erfolgt durch → bewusste Auswahl neuer Teilnehmer. Problematisch sind dabei die Aufrechterhaltung der Repräsentanz des Panels und die → Reliabilität der Untersuchungsergebnisse.

Panelsterblichkeit – *Drop-out-Rate;* Verringerung der Zahl der Teilnehmer eines → Panels durch Tod, Haushaltsauflösung, Geschäftsschließung, aber auch aus sonstigen Gründen (nachlassendes Interesse, zeitliche Verhinderung etc.). Der Panelsterblichkeit wird dadurch Rechnung getragen, dass die ausgeschiedenen Panelteilnehmer durch andere Reserve- oder neu angeworbene Panelteilnehmer ersetzt werden, die die gleichen Merkmale aufweisen. Die Panelteilnehmer, die über einen Zeitraum hinweg durchgehend berichtet haben, werden als *durchgehende Masse* bezeichnet, im Gegensatz zur *vollen Masse,* die auch die ausgeschiedenen und neuen Teilnehmer umfasst.

Papiergeld – aus Papier hergestellte Geldzeichen, die als → Banknoten heute gesetzliche Zahlungsmittel sind.

Papierwährungen – 1. *I.w.S.:* Alle Währungen, in denen → Papiergeld gesetzliches Zahlungsmittel ist. – 2. *I.e.S.:* Freie Währungen (→ Währungssystem), bei denen durch Loslösung vom Metall die Anpassung der Kreditschöpfung an wirtschaftliche Erfordernisse als bestimmend für die → Notenausgabe angesehen wird. – Vgl. auch → Warengeld; → Kurantmünzen.

Parabel – 1. In einer *Parabel 2. Grades* ist die unabhängige Variable in der zweiten Potenz enthalten:

$$f(x) = ax^2 + bx + c;$$

sie sind spiegelsymmetrisch zur Achse durch den → Extremwert. – *Beispiel:* Die meisten Gewinn- und Umsatzfunktionen werden durch nach unten geöffnete Parabel 2. Grades beschrieben. – 2. In einer *Parabel 3. Grades* ist die unabhängige Variable in der dritten Potenz enthalten:

$$f(x) = ax^3 + bx^2 + cx + d.$$

Beispiel: S-förmige Kostenfunktion.

Paradigma – I. Wissenschaftstheorie: Zu Paradigmen zählen sowohl methodologische Konzepte als auch intuitive Grundeinstellungen zu Phänomenen. Ein Paradigma regelt, was als untersuchenswerter Gegenstand wissenschaftlicher Betrachtung zu gelten hat, die Art und Weise, wie dieser Gegenstand zu beobachten ist und was als befriedigende Lösung eines wissenschaftlichen Problems anzusehen ist. – Die *Wirtschaftswissenschaft* wurde bislang wesentlich durch das mechanistisch geprägte naturwissenschaftliche Paradigma des 19. Jh. beeinflusst. Seine Angemessenheit wird jedoch zunehmend in Frage gestellt, da moderne Volkswirtschaften als hochvernetzte, komplexe Systeme behandelt werden müssen (→ Systemmanagement). Vor diesem Hintergrund wird seit einiger Zeit eine Diskussion über einen erforderlichen bzw. bevorstehenden Paradigmawechsel in der Wirtschaftswissenschaft geführt. – Vgl. auch → evolutorische Ökonomik.

II. Informatik: Fundamentales Konzept, das die Sprachstruktur einer → Programmiersprache oder eine Vorgehensweise zur Problemlösung entscheidend prägt; auch als *Muster* bezeichnet.

Parafisci – *Nebenfisci, intermediäre Finanzgewalten;* in der Güterversorgung der Bürger intermediärer Bereich zwischen privatem (Individualgüter, Marktprozess) und öffentlichem Bereich (→ öffentliches Gut, Prozess der politischen Abstimmung). – 1. *Merkmale:* a) *Begriffsmerkmale:* Rechtlich oft in der Form der öffentlich-rechtlichen Körperschaft; organisatorische Selbstverwaltung; finanziell weit gehende Autonomie mit kollektiver Finanzierung, z.B. über Zwangsabgaben (z.B. prozentualer Zuschlag der Kirchen zur Einkommensteuer, Pflichtbeiträge zur gesetzlichen Arbeitslosen-, Kranken- und Rentenversicherung, Zwangsumlagen der berufsständischen Kammern) oder weitgehend autonom verwaltete staatliche Zuschüsse an Sozialfisken, Kammern, Sondervermögen, Wohlfahrtsverbände etc. *(diagonaler Finanzausgleich). – b) Wichtigstes theoretisches Merkmal:* Neben Produktion kollektiver Güter für die Mitglieder der Parafisci stets als „gruppenexterner Effekt" auch Wahrnehmung von im öffentlichen Interesse liegenden Aufgaben. Parafisci sind auch in die Debatte um den funktionalen → Föderalismus mit einzubeziehen. – 2. *Entstehungsgründe:* a) *Entstehung der Parafisci „von oben":* Einrichtung von neuen Institutionen mit Hoheitsfunktionen durch den Staatssektor oder durch die direkte „Auslagerung" von bestimmten Aufgabenbereichen aus dem zentralen Budget (v.a. von F.K. Mann vertreten). Der Parafisci wird auch als → Hilfsfiskus bezeichnet oder – kritisch – wird von einer „Flucht aus dem Budget" gesprochen. – b) *Entstehung der Parafisci „von unten":* Zumeist selbstorganisierte Interessenverbände der Bürger, die erst nach und nach in eine gesellschaftliche Aufgabenerfüllung hineinwachsen (können). Ökonomisch begründet v.a. in der Kollektivgüterökonomik, aber auch in der → ökonomischen Theorie des Clubs oder der Verbände (bes. durch C. Smekal vertretene Richtung). – 3. *Beispiele:* Als Parafisci gelten unstreitig die klassischen Parafisci, wie Kirchen und Religionsgemeinschaften, die Sozialfisci, wie Kranken-, Unfall-, Renten- und Arbeitslosenversicherung, sowie die Ständefisci, wie die berufsständischen Vertretungen des Handels, des Handwerks, der Industrie, der Landwirtschaft, der freien Berufe in speziellen Kammern und Verbänden. Daneben gelten als internationale Parafisci z.B. die EU, Euratom und die Weltbank. V. a. unter dem Aspekt der Parafisci „von unten" wird aber inzwischen auch über die Parafiskalität von Parteien oder bestimmten Bürgerinitiativen etc. diskutiert. – 4. *Finanzwissenschaftliche Beurteilung:* V.a. die klassischen Parafisci werden oft kritisiert; es geht dabei bes. um die Umgehung bestimmter → Haushaltsgrundsätze, viele selbstständige Fonds machen die Haushaltswirtschaft der öffentlichen Hand unübersichtlich und unkontrollierbar. Dagegen wird heute beachtet, dass Spezialisierung, größere Beweglichkeit und Effizienz der Aufgabenerfüllung in kleineren organisatorischen Einheiten mit größerer Bürgernähe eine funktionale Differenzierung in der kollektivgüterwirtschaftlichen Versorgung oft erst ermöglichen. Bes. bei den Parafisci „von unten" ist die Einordnung in ein wünschenswertes Maß an funktionalem Föderalismus, an Partizipation und dezentraler Aufgabenerfüllung aber auch weiterhin umstritten (→ Politikverflechtung). Neben ökonomischen Effizienz- und Effektivitätsaspekten weist die Diskussion oft über ökonomische Zusammenhänge hinaus.

Parahotellerie – 1. *Begriff:* stellt die funktionale Ganzheit der Einrichtungen dar, die ergänzend zur traditionellen → Hotellerie v.a. den Bedarf nach Beherbergungsleistungen decken. – 2. *Merkmale:* Bewirtungsleistungen sind eingeschränkt bzw. fehlen ganz, ebenso Komplementärleistungen. Hierzu zählen: Privatquartiere (Ferienhäuser und -wohnungen, Privatzimmer), Zelt- und Wohnwagenplätze, Gruppenunterkünfte (Touristen- und Massenlager, Vereins- und Clubhäuser, Berg- und Schutzhütten usw.), Jugendherbergen und Pfadfinderheime, Kurkrankenhäuser, Kurkliniken/Sanatorien.

Paralleleffekt – gleichgerichteter enger Zusammenhang zwischen den → monetären Märkten, bes. der Zinsbildung auf den Teilmärkten. Da auf allen Märkten letztlich Geld bzw. Kredite erforderlich sind, um die für sie finanziellen Transaktionen durchzuführen, hängt auch die Entwicklung der einzelnen Märkte und aller monetären Märkte zusammengenommen vom Geld- und Kreditangebot ab. Nehmen z.B. die liquiden Mittel der Banken zu, so werden tendenziell auf allen Märkten die Zinsen sinken. – Vgl. → inverse Zinsstruktur.

Parallelentwicklung – Entwicklung verschiedener konkurrierender Lösungsmöglichkeiten innerhalb einer Produkt- oder Technologieentwicklung, von denen nur eine Möglichkeit später zur Verwendung kommen soll. Parallelentwicklungen werden bes. bei komplexen Aufgabenstellungen eingesetzt, die unter hohem Zeitdruck durchgeführt werden müssen. I.d.R. werden nicht alle Alternativen komplett entwickelt, sondern es werden nach vorher definierten Kriterien regelmäßig der Entwicklungsfortschritt untersucht und nicht erfolgversprechende Alternativen abgebrochen. Die Parallelentwicklung unterscheidet sich vom → Concurrent Engineering oder → Simultaneous Engineering, weil dort komplementäre Entwicklungsaufgaben parallelisiert werden, nicht jedoch konkurrierende.

Parallelgeschäft → Kompensationshandel, → Kompensationsgeschäft.

Parallelimport → Erschöpfung; Verhaltenspflichten beim Parallelimport bes. von Arzneimitteln.

Parallelimporte – vom Hersteller ungewollte Warenströme von Niedrigpreisländern in Hochpreisländer. Sie kommen dadurch zustande, dass Händler oder auch Endverbraucher Preisdifferenzen zwischen Ländern ausnutzen.

Parallelkredit → Kredit, bestehend aus zwei oder mehr Krediten, die von verschiedenen Banken in eigenem Namen und für eigene Rechnung gewährt werden. – Im Gegensatz dazu wird ein → Metakredit gemeinsam abgewickelt.

Parallelpolitik – Begriff für einen unerwünschten Effekt staatlicher Politik, wenn sie sich nicht in Anlehnung an die keynesianische Wirtschaftstheorie antizyklisch verhält (Fiscal Policy, antizyklische Finanzpolitik). Im Abschwung werden die staatlichen Nachfrageimpulse schwächer, im Boom dagegen stärker. Es liegt → prozyklisches oder den Konjunkturzyklus verstärkendes Verhalten vor. Der Grund liegt z.B. in der Befolgung des Haushaltsgrundsatzes der Ausgeglichenheit ohne Berücksichtigung einer möglichen Schuldenaufnahme (vgl. ältere Deckungs- bzw. Verschuldungsregel im Grundgesetz bis 1969 in → Haushaltssystematik); bei sinkenden Steuereinnahmen müssen die Ausgaben zurückgeführt werden bzw. umgekehrt. – Aktuell ist dieses Problem v.a. bei den nicht so stark in die konjunkturelle „Pflicht" genommenen Gemeinden.

Parallelproduktion – Elementartyp der Produktion (→ Produktionstypen), der sich aus dem Merkmal der zeitlichen Zuordnung der Produkte zu den Aktionsträgern ergibt. Bei Parallelproduktionen verfügt die Unternehmung über so viele Arbeitssysteme bzw. Arbeitssystemkombinationen wie zur zeitlich parallelen Realisierung von Serien- bzw. Sortenprozessen (→ Serienproduktion, → Sortenproduktion) erforderlich sind. – *Beispiel:* parallele Montage mehrerer Typen von Fernsehgeräten auf mehreren Fließbändern. – Vgl. auch → Wechselproduktion.

Parallelverarbeitung – simultane Bearbeitung mehrerer Befehlsteile, Befehle oder Programmteile durch eine → Zentraleinheit. Parallelverarbeitung kann durch mehrere, über einen → Bus gekoppelte → Prozessoren (Tandemprinzip) oder durch mehrere → Rechenwerke innerhalb des → Zentralprozessors (Feldrechnerprinzip) realisiert werden.

Parallelwährung → Konkurrenzwährung.

Parameter – I. Mathematik: Veränderliche, für gewisse Überlegungen konstant gehaltene Hilfsgrößen bei der Darstellung von Kurven oder Flächen; Koeffizienten in algebraischen Gleichungen, kennzeichnende Konstanten zur Unterscheidung von mathematischen Funktionen.

II. Statistik: Konstante zur Charakterisierung einer empirischen → Verteilung in einer → Grundgesamtheit oder einer theoretischen Verteilung. Bei realen Grundgesamtheiten interessieren v.a. die Parameter → arithmetisches Mittel, → Varianz oder → Anteilswert, auf die die Schätzverfahren und → statistischen Testverfahren der Inferenzstatistik gerichtet sind. Bei theoretischen Verteilungen unterscheidet man *Funktional-Parameter* (Kenngrößen), bes. → Erwartungswert und → Varianz, sowie *explizite Parameter,* also variable Größen, welche explizit in der → Dichtefunktion bzw. → Wahrscheinlichkeitsfunktion vorkommen.

III. Wirtschaftsinformatik: (v.a. im Rahmen der → Programmentwicklung): Wert, der als Eingangsgröße beim Aufruf eines → Unterprogramms von dem aufrufenden → Programm übergeben wird oder als Ergebnis (Ausgangsgröße) von dem Unterprogramm an das aufrufende Programm zurückgegeben wird.

Parameterschätzung – zusammenfassende Bezeichnung für die Anwendung von Verfahren der → Punktschätzung und → Intervallschätzung für → Parameter der Grundgesamtheit mithilfe eines vorliegenden Stichprobenbefundes.

Parametertest → statistisches Testverfahren, das einen oder mehrere Parameterwerte (→ Parameter) zum Gegenstand hat.

paramonetäre Finanzierungsinstitute – *sekundäre Finanzierungsinstitute.* → Kapitalsammelstellen, die keine Geldschöpfung betreiben bzw. deren typisches Passivgeschäft nicht in der Einräumung von Sichteinlagen gegenüber Nichtbanken besteht. Danach zählen Individual- und Sozialversicherungen, Kapitalanlagegesellschaften, Finanzmakler und Kreditkartenunternehmen zu den paramonetären Finanzierungsinstituten. Häufig werden auch jene Institute noch hinzugerechnet, die zwar grundsätzlich berechtigt sind, Sichteinlagen von Nichtbanken entgegenzunehmen, wobei der Umfang dieser als Zahlungsmittel fungierenden Verbindlichkeiten aber äußerst gering ist, v.a. Realkredit-, Teilzahlungs- und Kreditinstitute mit Sonderaufgaben.

paretianische Wohlfahrtsökonomik – von V. Pareto entworfenes und weiterentwickeltes Theoriegebiet der → Wohlfahrtsökonomik. Kennzeichen sind die Verwendung des ordinalen Nutzenkonzepts (→ Nutzentheorie) sowie der Verwendung des → Pareto-Optimums als Wohlfahrtskriterium

Pareto – Vilfredo, 1848–1923, ital. Nationalökonom und Soziologe, lehrte – als Nachfolger von → Walras – von 1893 bis zu seinem Tod in Lausanne. Pareto, ursprünglich Ingenieur, verfeinerte die mathematische allgemeine Gleichgewichtstheorie von Walras. Er entwickelte – wie unabhängig von ihm → Edgeworth – die Theorie der Wahlakte (Indifferenzkurvenanalyse; → Indifferenzkurve), die die Grenznutzenlehre ersetzte; damit entfiel das Problem der kardinalen Messbarkeit des Nutzens. Weiterhin verdankt die Nationalökonomie Pareto empirische Untersuchungen über die → Einkommensverteilung. – *Hauptwerke:* „Cours d'économie politique", 2 Bde. (1896/1897); „Les systèmes socialistes", 2 Bde. (1902/1903); „Manuale di economia politica" (1906) und „Trattato di sociologia generale", 2 Bde. (1916). – Vgl. auch → Pareto-Optimum.

Pareto-Kriterium → Pareto-Optimum.

Pareto-Optimum – 1. *Begriff:* Gesellschaftliche Situation, in der es nicht möglich ist, die Wohlfahrt eines Individuums durch eine Re-Allokation der Ressourcen zu erhöhen, ohne gleichzeitig die eines anderen Individuums zu verringern (Punkt P im Schaubild). Anders formuliert: Eine Situation in der A besser gestellt werden kann und B nicht gleichzeitig schlechter gestellt werden muss (vgl. Abbildung „Pareto-Optimum"), zeigt, dass sich das System noch nicht im Optimum befindet. Das Pareto-Optimum stellt im Rahmen der → paretianischen Wohlfahrtsökonomik das Kriterium für das → Wohlfahrtsoptimum dar. Dabei wird unterstellt, dass die Individuen in ihren Nutzenvorstellungen voneinander unabhängig sind (Nachfrageinterdependenzen in Form von Demonstrativkonsum, → Mitläufereffekte u.a. werden ausgeschlossen) und der → Nutzen mit steigendem Güter- und Faktormengenbesitz zunimmt. – 2. *Bedingungen für die Existenz eines Pareto-Optimums:* a) *Totalbedingungen:* Die Totalbedingungen schließen aus, dass die Wohlfahrt durch die Berücksichtigung von neuen Produkten, die mit einer überlegenen Technik von neu auf den → Markt drängenden Unternehmen produziert werden, erhöht werden kann. Technischer Fortschritt muss schon stattgefunden haben, bevor das Pareto-Optimum unter Totalbedingungen abgeleitet wird. – b) *Stabilitätsbedingungen:* Stabilitätsbedingungen sind nach Hicks die vollkommene Teilbarkeit der von allen Gesellschaftsmitgliedern verwendeten Güter und Faktoren, sowie die zum Ursprung hin konvexen → Indifferenzkurven und eine konkave Transformationskurve (Ertragsgesetz). Dadurch wird die Möglichkeit von → externen Effekten im Konsum und in der Produktion ausgeschlossen. – c) *Marginalbedingungen:* Drei Marginalbedingungen müssen erfüllt sein, damit nach einer technisch möglichen Transformation ökonomischer Variablen ein Pareto-Optimum vorliegt: (1) Das Haushaltsgleichgewicht ist für alle → Haushalte gemäß des zweiten → Gossenschen Gesetzes erfüllt. Die → Grenzrate der Substitution zwischen jeweils zwei Gütern sind für alle Haushalte aufgrund der gleichen Güterpreise auf den homogenen Märkten identisch *(Haushaltsoptimum).* Die Grenzrate der Substitution zwischen zwei Gütern entspricht dem Kehrwert der entsprechenden Grenznutzenverhältnisse. (2) Das Produktionsoptimum wird von allen Unternehmen erreicht, d.h., sie produzieren gemäß der → Minimalkostenkombination. Die Grenzrate der (technischen) Substitution zwische zwei Produktionsfaktoren sind wegen der Unterschiedslosigkeit der Faktorpreise identisch für alle Unternehmen *(Unternehmensoptimum).* Die Grenzrate der technischen Substitution wird abgeleitet als Kehrwert der jeweiligen Grenzproduktivitätsverhältnisse dieser Faktoren. (3) Die äquivalenten Grenzraten technischer und indifferenter Substitution sind gleich. – Ein *gesellschaftliches Pareto-Optimum* liegt demnach vor, wenn sich Konsum und Produktion im Optimum der statischen Effizienz befinden, d.h. die → Scitovsky-Indifferenzkurve die gesellschaftliche → Transformationskurve tangiert. Hinreichend für eine optimale → Allokation im Sinn der Pareto-Optimuma ist z.B. die → Marktform der → vollkommenen Konkurrenz (→ Hauptsätze der Wohlfahrtsökonomik). – 3. *Beurteilung:* Die *Leistungsfähigkeit* des Pareto-Optimum besteht darin, dass auf einen problematischen → interpersonellen Nutzenvergleich ebenso verzichtet wird wie auf die schwierige Aufstellung einer gesellschaftlichen → Wohlfahrtsfunktion. Mithilfe der verwendeten ordinalen Präferenzfunktion wird darüber hinaus das Nutzenmessungs- und Nutzenaggregationsproblem der kardinalen → Nutzentheorie umgangen. – Der *Nachteil* der Verwendung des Pareto-Optimum als → Wohlfahrtskriterium liegt darin, dass ein Pareto-Optimum ohne ein zusätzliches Wohlfahrtskriterium nicht vergleichbar ist, das optimum optimorum also nicht hergeleitet werden kann. Auf der → Kontraktkurve als (gesellschaftliche) Verhandlungskurve stellen alle Punkte jeweils ein Pareto-Optimum dar. – Der Verwendung des Pareto-Optimum als umfassendes Wohlfahrtskriterium sind außerdem *Grenzen* gesetzt, da es auf der Basis gegebener Einkommens- und Vermögensverteilungen abgeleitet wird. Die Lösung des Allokationsproblems durch das Pareto-Optimum lässt somit das Verteilungsproblem letztendlich ungelöst.

Pareto-Optimum

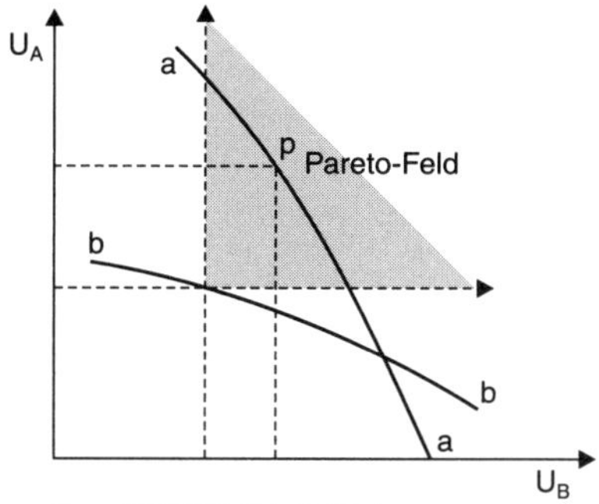

U_A = (ordinaler) Nutzen des A
U_B = (ordinaler) Nutzen des B
aa = Nutzenmöglichkeitskurve des A
bb = Nutzenmöglichkeitskurve des B
▒ = Pareto-Feld

Pareto-Prinzip → schwaches Pareto-Prinzip.

Pareto-Regel → erweiterte Pareto-Regel.

Pareto-Verteilungsfunktion → personelle Einkommensverteilung.

pari → Pari-Kurs.

Pari-Emission → Emission von Wertpapieren zu einem dem → Nennwert des Papiers entsprechenden Emissionskurs, d.h. 100 Prozent des

Nennwerts. – Vgl. auch → Unter-Pari-Emission, → Über-Pari-Emission.

Pari-Kurs – *pari,* Kurs, der bei Wertpapieren dem → Nennwert entspricht.

Pariplätze – Orte, an denen das Inkasso dort zahlbarer Wechsel und Schecks von den Banken spesenfrei vorgenommen wird. – *Gegensatz:* Spesenplätze.

Pariser Börse – *Société des Bourses Françaises, ParisBourseSBF SA.* Sie vereint die Pariser Börse, den Nouveau Marché (Markt für franz. Wachstumsunternehmen) und die Terminbörsen → MATIF und → MONEP. Seit 1986 gehören zur SBF auch die Handelsplätze in Bordeaux, Lille, Lyon, Marseille, Nancy und Nantes, die seit 1995 mit einem elektronischen Computersystem verbunden sind. Im Jahr 2000 ging die Pariser Börse zunächst in der Euronext N.V. auf, die 2007 zur → NYSE Euronext fusionierte.

Pariser Club – informeller Zusammenschluss der Regierungen westlicher Länder zur Abstimmung der Vorgehensweise bei Insolvenzkrisen verschuldeter Staaten der Dritten Welt (→ Auslandsverschuldung der Entwicklungsländer). Vereinbart werden oft Umschuldungen: neue Darlehen zu günstigeren Konditionen und Verlängerung der Rückzahlungsfristen oder Umwandlungen (Darlehen werden in rückzahlungsfreie Zuschüsse (Geschenke) umgewandelt). – Vgl. auch → Londoner Club.

Pariser Verbandsübereinkunft zum Schutz des gewerblichen Eigentums (PVÜ) – mehrseitiger völkerrechtlicher Vertrag vom 20.3.1883 mit Änderungen von 1925 (Haag), 1934 (London), 1958 (Lissabon) und 1967 (Stockholm), für die Bundesrepublik Deutschland in Kraft in der Stockholmer Fassung (BGBl. 1970 II 391 ff.), für eine Reihe von Verbandsstaaten gelten ältere Fassungen (Anwendungsregeln in Art. 27). Gegenstand des Vertrages ist der Schutz des gewerblichen Eigentums (→ Patente, → Gebrauchsmuster und → Geschmacksmuster, → Marken, Handelsnamen, Herkunftsangaben und → Ursprungsbezeichnungen, Bekämpfung unlauteren Wettbewerbs, Art. 1 II). Der Vertrag schafft kein einheitliches internationales Recht, sondern begründet Pflichten der Mitgliedsstaaten sowie eine Reihe von Rechten, auf die sich die Angehörigen der Verbandsstaaten im Inland unmittelbar berufen können. Die Bedeutung des Vertrages liegt v.a. in der Verpflichtung der Vertragsstaaten zur → Inländerbehandlung und in der Begründung von → Prioritätsrechten für die Auslandsanmeldung von → gewerblichen Schutzrechten einschließlich europäischer Patente und internationaler Patentanmeldungen sowie für die internationale Registrierung gewerblicher Schutzrechte. – Vgl. auch → Madrider Markenabkommen (MMA), → Haager Abkommen, → TRIPS-Abkommen.

Parität – Gleichheit des Wertes zweier Währungen oder auch Tauschverhältnis zwischen zwei Währungen; i.d.R. (vertraglich) festgelegtes Verhältnis (→ Wechselkurs) zwischen zwei Währungen. – Vgl. auch → Kaufkraftparität, → Kaufkraftparitätentheorie.

Paritätentabelle → Paritätstabelle.

paritätische Mitbestimmung → Mitbestimmung.

Paritätskalkulation → Kalkulation, die Umrechnungsfaktoren anwendet, um den Bezugswert bei bekanntem Einkaufspreis oder den Verkaufspreis bei bekanntem Einkaufspreis oder Bezugswert zu ermitteln. Im Handel, v.a. im Außenhandel gebräuchlich, da Kalkulation mit Verrechnungspreisen für den Handel ungeeigneter ist.

Paritätsklausel – 1. Klausel in internationalen Abkommen, bes. Handelsverträgen, über die *rechtliche Gleichstellung der Angehörigen des Vertragslandes mit Inländern,* z.B. arbeits- und sozialrechtlicher Gleichstellung, gleichmäßiger Behandlung auf dem Gebiet des Handels, bes. Niederlassungs- und Gewerberechts etc. – 2. Klausel bei langfristigen *Forderungen aus den internationalen Handels- und Finanzierungsgeschäften,* die den Gläubiger vor Verlusten aus einer Abwertung des Wechselkurses (Devalvation) während der Laufzeit der Forderung schützen soll (→ Wertsicherungsklausel).

Paritätstabelle – *Paritätentabelle;* Zusammenstellungen aller Kursparitäten (→ Kaufkraftparität) der einzelnen Währungen. Wichtig bei → Arbitrage.

Parity Bit – *Prüfbit;* zusätzliches → Bit, durch das jedes → Byte oder → Wort in der Weise ergänzt wird, dass die Anzahl aller dualen Einsen entweder immer ungerade *(Odd Parity)* oder immer gerade *(Even Parity)* ist. Auf diese Weise sollen einfache Übertragungsfehler oder Speicherdefekte erkannt werden.

Parkett – *Parkettbörse, Präsenzbörse;* durch persönliche Anwesenheit der Börsenhändler und -makler (auf dem Börsenparkett) arbeitende traditionelle → Börse. – *Gegensatz:* → Computerbörse.

Parkinsonsche Gesetze – 1. *Erstes Parkinsonsches Gesetz:* Die mit einem hintergründigen Humor aufgrund von Statistiken in eine ironisierende „mathematische Formel" gefasste Erfahrung, die der engl. Geschichtsforscher und Soziologe C. Northcote Parkinson während des Krieges als Zivilbeamter in der engl. Admiralität machte, dass die bürokratische Verwaltung in Behörden und in Unternehmungen mit einer angeblich mathematisch errechenbaren Zuwachsrate wächst, „gleich, ob die Arbeit zunimmt, abnimmt oder ganz verschwindet". – 2. *Zweites Parkinsonsches Gesetz:* Die Zuwachsrate der Ausgaben des Staates ist stets größer als die seiner Einnahmen.

Parlamentarischer Staatssekretär – Abgeordneter des Deutschen Bundestages, politischer Vertreter des Bundesministers im Amt, Bundestag, Kabinett auf Weisung des Ministers. – *Gesetzliche Regelung:* Gesetz über die Rechtsverhältnisse der Parlamentarischen Staatssekretäre vom 24.7.1974 (BGBl. I 1538) m.spät.Änd.

Parlamentarischer Untersuchungsausschuss → Untersuchungsausschuss.

Parlamentarisches Kontrollgremium – vom → Bundestag aus seiner Mitte gewähltes Gremium zur Kontrolle der nachrichtendienstlichen Tätigkeit des Bundes (Art. 45d GG) hinsichtlich des Bundesamtes für Verfassungsschutz, des Militärischen Abschirmdienstes und des Bundesnachrichtendienstes nach dem Gesetz über die parlamentarische Kontrolle der nachrichtendienstlichen Tätigkeit des Bundes (PKGrG) vom 29.07.2009 (BGBl. I S.2346). Die Zahl der Mitglieder, die Zusammensetzung und die Arbeitsweise bestimmt der Bundestag (§ 2 Abs. 2 PKGrG). Die Unterrichtungspflicht der Bundesregierung über die Nachrichtendienste betrifft die allg. Tätigkeit und Vorgänge von bes. Bedeutung, auf Verlangen auch sonstige Vorgänge (§ 4 Abs. 1 PKGrG). Die Bundesregierung kann aus zwingenden Gründen des Nachrichtenzuganges oder aus Gründen des Persönlichkeitsschutzes Dritter oder wenn der Kernbereich der exekutiven Eigenverantwortung betroffen ist, die Unterrichtung verweigern (§ 6 Abs.2 PKGrG).

Parlamentsvorbehalt – Wenn eine Regelung wegen ihrer Bedeutung v.a. für die Grundrechte des Bürgers nur durch den parlamentarischen Gesetzgeber getroffen werden kann, spricht man von Parlamentsvorbehalt (Vorbehalt des Gesetzes; → Gesetzmäßigkeit der Verwaltung).

Partei – I. Staatsrecht: 1. *Begriff:* Vereinigung von Bürgern, die dauernd oder für längere Zeit für den Bereich des Bundes oder eines Landes auf die politische Willensbildung Einfluss nehmen und an der Vertretung des Volkes im Deutschen Bundestag oder einem Landtag mitwirken wollen, wenn sie eine ausreichende Gewähr für die Ernsthaftigkeit dieser Zielsetzung bietet.Wird eine Vereinigung für die Wahl zum Bundestag nicht als Partei anerkannt, kann sie dagegen das Bundesverfassungsgericht anrufen (vgl. Art. 93 Abs. 1 Nr. 4c GG) – 2. *Rechtsgrundlage:* Art. 21 GG und das Parteiengesetz i.d.F. vom 31.1.1994 (BGBl. I 149) m.spät.Änd. – 3. *Verfassung:* Die Gründung einer Partei ist frei, ihre innere Ordnung muss jedoch demokratischen Grundsätzen entsprechen. – 4. Die Parteien müssen über die *Herkunft und Verwendung der Mittel* sowie über ihr Vermögen öffentlich Rechnung geben (Art. 21 I 4 GG). Dabei sind gesondert auszuweisen, Mitgliedsbeiträge, Beiträge der Fraktionsmitglieder, Einnahmen aus Vermögen, Veranstaltungen, Spenden, Kredite, Erstattungsbeiträge. – 5. Die im Parteiengesetz geregelte *staatliche Parteienfinanzierung* sieht vor, dass die Parteien für jede bei Bundestags-, Europa- und Landtagswahl gewonnene Stimme 0,85 Euro bis zu vier Mio gewonnener Stimmen und 0,70 Euro für darüber hinaus gehende Stimmen jährlich erhalten. Zusätzlich erhalten sie 0,38 Euro für jeden Euro eingezahlter Mitglieder- oder Mandatsträgerbeitrag oder rechtmäßig erlangter Spende , gedeckelt für Zuwendungen bis 3300 Euro pro Person (§ 18 III ParteienG). Das allen Parteien jährlich höchstens auszahlbare Gesamtvolumen staatlicher Mittel beträgt 2012 Euro 150,8,Mio. (absolute Obergrenze). Die steuerliche Abzugsfähigkeit von Spenden und Mitgliedsbeiträgen ist auf 1.650 Euro für Ledige und 3.300 Euro für Verheiratete festgesetzt (§§ 10b II 1, 34g EStG); von Körperschaften geleistete Spenden sind nicht mehr abzugsfähig. – 6. Die *Verfassungswidrigkeit* einer Partei kann nur durch das Bundesverfassungsgericht festgestellt werden (Art. 21 II 2 GG). – 7. *Besteuerung:* a) *Besteuerung der Parteien selbst:* Politische Parteien sind nach § 5 I Nr. 7 KStG persönlich von der Körperschaftsteuer befreit, soweit kein → wirtschaftlicher Geschäftsbetrieb unterhalten wird. – b) *steuerliche Förderungen der Parteienfinanzierung durch Private:* Zuwendungen einer natürlichen Person an eine politische Partei können gemäß § 34g EStG bis zu 825 EUR (bei Zusammenveranlagung bis zu 1650 Euro) von der Steuerschuld abgezogen werden; außerdem können darüber Zuwendungen, soweit sie nicht schon nach § 34g EStG geltend gemacht wurden, noch bis zu insgesamt 1650 Euro (3300 Euro bei Zusammenveranlagung) als Sonderausgaben geltend gemacht werden (§ 10b II EStG).

II. Zivilprozess: Derjenige, der klagt, und derjenige, gegen den geklagt wird, ohne Rücksicht darauf, ob es sich für den geltend gemachten Anspruch um den richtigen Kläger (→ Aktivlegitimation) und den richtigen Beklagten (→ Passivlegitimation) handelt. Setzt → Parteifähigkeit voraus. – Eine Partei kann i.d.R. nicht Zeuge sein. – Vgl. auch → Beweismittel.

Parteienfinanzierung → Partei.

Parteienwettbewerb – 1. *Begriff:* Wettbewerb mehrerer Parteien um Wählerstimmen vor einer Parlamentswahl. – 2. *Neue Politische Ökonomie:* Der Parteienwettbewerb ist der einzige Mechanismus, der sicherstellt, dass die Politiker die Interessen der Bürger wenigstens in einem bestimmten Ausmaß vertreten (→ indirekte Demokratie). – a) *Räumliche Modelle des Parteienwettbewerbs:* Auf H. Hotellings Analyse der Wahl des Standorts von Firmen in einem Modell des homogenen → Oligopols zurückgehende Modelle. – Im Fall zweier Parteien werden die folgenden *Annahmen* getroffen: (1) Der Raum möglicher Parteiprogramme lässt sich durch ein endliches Intervall darstellen. Die Präferenzen der Wähler sind eindimensional, d.h. es gibt nur ein einziges öffentliches Gut, und die Wähler haben unterschiedliche Präferenzen hinsichtlich des Umfangs der Bereitstellung. Die Parteien werden nach der angebotenen Menge des Gutes von rechts nach links auf dem Intervall angeordnet. Einzige Finanzierungsquelle ist eine proportionale Einkommensteuer. (2) Zu Beginn der Periode findet eine Wahl statt, bei der beide Parteien gleichzeitig ihre Programme vorlegen, d.h. Menge des Kollektivguts und Steuersatz nennen. Bei Einhaltung der staatlichen Budgetrestriktion entspricht jedes Programm einem Punkt des Politik-Intervalls. (3) Der Akt des Wählens ist ebenso wie die Information über die angebotenen Wahlprogramme kostenlos, und jeder Wahlberechtigte beteiligt sich an der Wahl. (4) Jeder Wähler i (i = 1, ..., n) besitzt einen Optimalpunkt in dem Politik-Intervall. Seine Nutzenkurve ist eingipflig, sodass er von zwei Programmen, die in derselben Richtung von seinem Optimum abweichen, das näher liegende vorzieht. Die Parteien sind vollständig über die Wählerpräferenzen informiert. (5) Über die Ziele der Parteien kann man unterschiedliche Annahmen treffen: Maximierung der Stimmenzahl, Maximierung der Steuermittel, die nicht zum Kauf des Kollektivguts verwendet, sondern privat angeeignet werden und ideologische Ziele, z.B. Maximierung bzw. Minimierung der Kollektivgutversorgung unter der Nebenbedingung, die Wahl zu gewinnen. – Ein *politisches Gleichgewicht* (im Sinn von Cournot und Nash) ist eine Situation, in der keine der beiden Parteien – bei gegebenem Programm der anderen Partei – durch Abänderung ihres Programms ihre Ziele noch besser erreichen könnte. Unabhängig von den in Annahme (5) aufgeführten Zielen der Parteien liegt das Gleichgewicht im Zwei-Parteien-System bei einer völligen Übereinstimmung beider Wahlprogramme im Optimum des Medianwählers. Beide Parteien werden deshalb um dessen Stimme kämpfen. – Empirisch wurde dies für die USA belegt, wo sich der Parteienwettbewerb zumeist als Wettbewerb von zwei konkurrierenden Personen darstellt. Dagegen unterschieden sich die Parteiprogramme z.B. zur Regierungszeit Thatchers in Großbritannien erheblich. Für dieses Phänomen liefert die Neue Politische Ökonomik verschiedene Erklärungen: (1) Den Parteiführungen wird durch ideologisch kompromisslose Mitglieder oder Geldgeber verwehrt, mit dem Wahlprogramm zu weit von den Parteizielen abzurücken. (2) Die Wahrung der ideologischen Identität ist ein Ziel an sich, das gegen das eines Wahlsiegs abgewogen wird. (3) Der drohende Eintritt einer dritten Partei in den Wettbewerb zwingt die beiden etablierten Parteien, die Ränder des Wählerspektrums mit abzudecken. (4) Das Gleiche wird dadurch erzwungen, dass Wähler mit extremen Präferenzen der Wahl fernbleiben, wenn ihre Ziele in den Wahlprogrammen der Parteien zu stark vernachlässigt werden. – b) *Wahlparadoxon:* Die Annahme rationalen Wählerverhaltens sollte sich nicht nur auf die Stimmabgabe für eine bestimmte Partei, sondern auch auf die Wahlbeteiligung als solche erstrecken und führt dort zu einem offensichtlichen → Wahlparadoxon. – c) *Einflüsse von Interessengruppen und Behörden:* Wird die Annahme der vollständigen Information der Parteien über die Wählerpräferenzen und der Wähler über die Parteiprogramme aufgegeben, so bieten sich zusätzliche Einflussmöglichkeiten für → Interessengruppen und staatliche Ausführorgane (→ Behörde).

Parteifähigkeit – Fähigkeit, → Partei eines Zivilprozesses zu sein. Parteifähigkeit deckt sich mit → Rechtsfähigkeit (§ 50 ZPO). Parteifähigkeit besitzen aber auch OHG und KG, die unter ihrem Namen klagen und verklagt werden können (§§ 124, 161 II HGB), nicht jedoch die stille Gesellschaft. Die Gesellschaft bürgerlichen Rechts kann nach der neueren Rechtsprechung des BGH als Außengesellschaft auch parteifähig sein; ein nicht rechtsfähiger Verein kann unter seinem Namen verklagt werden; will er selbst klagen, so müssen alle Mitglieder als Kläger auftreten. – Das Vorliegen der Parteifähigkeit hat das Gericht von Amts wegen zu *prüfen* und die Klage bei ihrem Fehlen als unzulässig abzuweisen (§ 56 ZPO).

Parteipolitik im Betrieb → Betriebsfrieden.

Parteitag – Mitgliederversammlung einer politischen → Partei. Oberstes Organ des jeweiligen Gebietsverbandes, beschließt Parteiprogramme, Satzung, Beitragsordnung, Schiedsgerichtsordnung, Auflösung und Verschmelzung mit anderen Parteien. Der Parteitag wählt den Vorstand, dessen Tätigkeitsbericht er mind. alle zwei Jahre entgegennimmt und darüber Beschluss fasst (§ 9 ParteienG).

Parteivernehmung → Beweismittel.

Parteiverrat → Vergehen nach § 356 StGB. Ein → Rechtsanwalt oder anderer Rechtsbeistand, der in derselben Rechtssache pflichtwidrig beiden Parteien Rat oder Beistand leistet, wird mit → Freiheitsstrafe von drei Monaten bis zu fünf Jahren bestraft (356 I StGB). Wenn er – darüber hinaus – im Einverständnis mit dem Gegner seine Partei benachteiligt, wird das mit Freiheitsstrafe von einem Jahr bis zu fünf Jahren geahndet (§356 II StGB).

Partenreederei – Rechtsform des Seehandelsrechts (§§ 489 ff. HGB). Die Partenreederei tritt unter dem Namen eines Schiffes auf und ist ein Gesellschaftsverhältnis der Personen *(Mitreeder)* mit Eigentumsanteilen *(Schiffsparten)* an diesem Schiff. Sie haften persönlich mit ihrem gesamten Vermögen und sind zur Geschäftsführung berechtigt. – *Steuerliche Behandlung:* Die Partenreederei ist als → Mitunternehmerschaft zu qualifizieren.

Partialanalyse – Methode wirtschafts- und sozialwissenschaftlicher Untersuchungen. – 1. *I.w.S.:* Herauslösung eines z.B. ökonomisch relevanten Teilaspektes als Untersuchungsprojekt aus dem umfassenderen Wirtschaftsgeschehen. So etwa, wenn die einzelne Unternehmung, ein Markt oder ein Sektor als Erkenntnisobjekt gewählt und unterstellt wird, dass Wechselwirkungen zwischen dem analysierten Zusammenhang und anderen auch außerökonomischen Vorgängen vernachlässigt werden können. – 2. *I.e.S.:* Isolierung bestimmter Ursache-Wirkungs-Zusammenhänge aus einem umfassenderen Geschehen in Form von Modellen. Wird dabei lediglich untersucht, wie sich die Änderung einer Veränderlichen auf eine andere Modellvariable auswirkt und angenommen, dass alle übrigen Variablen des Modells im Betrachtungszeitraum konstant sind, deckt sich die Partialanalyse mit der → Ceteris-Paribus-Annahme. Analytisch wird sie durch die partielle Ableitung eines funktionalen Zusammenhanges nach einer von mehreren unabhängigen Variablen durchgeführt. – *Gegensatz:* → Totalanalyse.

Partialembargo – *Teilembargo,* → Embargo.

partialer Satz – ein von Schmalenbach geprägter Begriff für → proportionale Kosten.

Partialkontrolle – *statistische Qualitätskontrolle;* Verfahren der Qualitätskontrolle (→ Qualitätssicherung). Das Wesen der Partialkontrolle besteht in der Überprüfung einiger zufällig ausgewählter Einheiten (→ Zufallsstichprobe) aus einer Grundgesamtheit im Hinblick auf ein oder mehrere Qualitätsmerkmale. Anhand der Stichprobenergebnisse wird auf das Qualitätsniveau der Grundgesamtheit geschlossen. – Nach der Erfassung des Qualitätsmerkmals sind zu *unterscheiden:* Attributenkontrolle (zählende Prüfung) und → Variablenkontrolle (messende Prüfung). – *Gegensatz:* → Totalkontrolle.

Partialkostenrechnung – Variante der → Divisionskalkulation, bei der nur die → variablen Kosten auf die erzeugten Leistungseinheiten verrechnet werden.

partiarisches Darlehen – 1. *Begriff/Charakterisierung:* langfristiges → Darlehen an ein Unternehmen, bei dem der Gläubiger anstelle von Zinsen einen bestimmten Anteil vom Gewinn oder Umsatz erhält. Partiarische Darlehen ähneln der → stillen Gesellschaft, Gläubiger und Schuldner sind aber nicht zu einer wirklichen → Gesellschaft zusammengeschlossen. Da die Parteien den Vertrag beliebig gestalten und auch ein Überwachungsrecht des Gläubigers vereinbaren können, ist Abgrenzung im Einzelfall oft schwierig. – 2. *Einkommensteuerliche Behandlung:* Einnahmen aus partiarischen Darlehen sind im Rahmen der → Einkünfte aus Kapitalvermögen anzusetzen (§ 20 EStG), wenn der Darlehensgeber nicht als → Mitunternehmer anzusehen ist oder das partiarische Darlehen nicht zu einem → Betriebsvermögen gehört. – 3. Bei der *Körperschaftsteuer* werden die Zinszahlungen, die eine Kapitalgesellschaft auf ein partiarisches Darlehen eines Anteilseigners oder anderer Personen leistet, unter bestimmten Umständen nicht als → Betriebsausgabe der Gesellschaft anerkannt, sondern nach der Regelung über → Gesellschafterfremdfinanzierung in → verdeckte Gewinnausschüttungen umgedeutet.

Partie → Partieverkauf.

partielle Ableitung – wird zur Bestimmung von → Extremwerten von nicht linearen → Funktionen mit mehr als einer unabhängigen Variable benötigt. Sie beschreibt eine richtungsabhängige Steigung in Richtung einer unabhängigen Variable. – Bei der Bildung der partiellen Ableitung werden alle unabhängigen Variablen bis auf eine als Konstante aufgefasst und die Gleichung nach dieser einen Variable durch die → Differenzierungsregeln für Funktionen mit einer unabhängigen Variable abgeleitet (partielle Ableitung 1. Ordnung). Es existieren so viele partielle Ableitungen 1. Ordnung wie unabhängige Variablen. Werden die partielle Ableitungen 1. Ordnung nach den gleichen Regeln noch einmal abgeleitet entstehen partielle Ableitungen 2. Ordnung etc. Die beiden üblichen Schreibweisen f'_x und $\partial f / \partial x$ zeigen an, nach welcher Variable jeweils abgeleitet wird. – Vgl. auch → totales Differenzial.

partielle Faktorvariation – Begriff aus der → Produktionstheorie: Betrachtungsebene der ertragsgesetzlichen → Produktionsfunktion. – *Merkmale:* Bei der partiellen Faktorvariation wird untersucht, wie die Ausbringungsmenge auf die Variation der Einsatzmenge eines → Produktionsfaktors bei Konstanz aller anderen Einsatzfaktoren reagiert. Diese Abhängigkeit wird als → Grenzprodukt bzw. → Grenzertrag des variierten Faktors bezeichnet. Bei der klassischen Produktionsfunktion ergeben sich zunächst zunehmende, später abnehmende Grenzerträge (s. → Ertragsgesetz), bei der → neoklassischen Produktionsfunktion von Anfang an abnehmende Grenzerträge.

partielle Konsumfunktion → Einkommensnachfragefunktion.

partielle Produktionselastizität – Begriff der → Produktions- und Kostentheorie. Unter der Annahme, dass die Einsatzmengen der übrigen → Produktionsfaktoren konstant gehalten werden, gibt die partielle Produktionselastizität die relative Veränderung der Ausbringungsmenge an, die durch die relative Veränderung der Einsatzmenge des variablen Faktors verursacht wird:

$$\frac{\delta x}{\delta r_i} \cdot \frac{r_i}{x}.$$

Bei → *substitutionalen Produktionsfunktionen* hat die partielle Produktionselastizität einen Wert > 0, bei → *limitationalen Produktionsfunktionen* einen Wert = 0. – Vgl. auch → Produktionselastizität.

partielle Selbstbedienung → Selbstauswahl.

Partieproduktion – Elementartyp der Produktion (→ Produktionstypen). – 1. Hinsichtlich der Systematisierung der Produktionsmethoden *nach Breite des Produktionssortiments* bezeichnet Partieproduktion die materialabhängige Sortenbildung, die dadurch zustande kommt, dass die Eigenschaften der eingesetzten Rohstoffe variieren. Sind die entstehenden Sortenunterschiede unerwünscht, kann in der weiterverarbeitenden Industrie durch Anpassung der Produktionsverfahren versucht werden, die Nachteile veränderlicher Stoffe auszuschalten. – 2. Hinsichtlich der Systematisierung der Produktionsmethoden *nach der Anzahl der produzierten Einheiten* ist Partialproduktion wie die Chargenproduktion (→ diskontinuierliche Produktion) eine Sonderform der Produktion in Losen (→ Losgröße). Eine Partie oder Charge ist eine bestimmte, nach oben begrenzte Menge von Einsatzgütern, die als Ganzes einen diskontinuierlichen Herstellungsprozess durchläuft. Chargen- und Partieproduktion unterscheiden sich dadurch, dass bei Partieproduktion die Ausgangsbedingungen nicht konstant gehalten werden können (Naturprodukte), während bei der Chargenproduktion der Produktionsprozess nicht vollständig beherrschbar ist. Die Begrenzung der jeweiligen Produktionsmenge ist bei Chargenproduktion durch das Fassungsvermögen der Produktionsanlagen gegeben, bei Partieproduktion ist sie natur- oder beschaffungsbedingt. – *Beispiel:* Verarbeitung hochkarätiger Diamanten, Deckblattverarbeitung von Qualitätszigarren.

Partieverkauf – Angebot von Warenmengen (*Partien*) aus Überproduktion, Sonderanfertigungen, Versicherungsfällen (Feuerschäden, Wasserschäden), Insolvenzen und Restbeständen zu niedrigen Preisen. Vielfach sind diese Märkte nur begrenzt geöffnet („Drei-Tage-Märkte"), bes. dann, wenn die Beschaffung geeigneter Ware Probleme bereitet.

Partizipationseffekt – Bezeichnung für den Tatbestand, dass jede zusätzliche Produkt- oder Ausführungsart eines Anbieters Absatzmengen von Konkurrenzanbietern abzieht. → Produktdifferenzierung löst infolge des Partizipationseffekts eine akquisitorische Wirkung aus.

Partizipationsgeschäft → Gelegenheitsgeschäft.

Partizipationsschein – von → Aktiengesellschaften (AG) in der Schweiz und Österreich ausgegebenes → Wertpapier, welches keine Mitgliedschaftsrechte oder Stimmrechte verbrieft, sondern lediglich mit Vermögensrechten ausgestattet ist. Sie sind in rechtlicher Hinsicht mit → Genussscheinen vergleichbar. Ziel ist die Zuführung neuen Risikokapitals, ohne dabei die Struktur des Beteiligungsvermögens der Unternehmung zu verschieben.

Partnerschaft – I. Personalmanagement: v.a. seit dem Zweiten Weltkrieg wirksame Bestrebungen von Unternehmen, im eigenen Betrieb nach neuen Formen der Zusammenarbeit mit der Belegschaft zu suchen. Sichtbarstes Ergebnis derartiger Bemühungen ist oftmals eine → Erfolgsbeteiligung bzw. → Kapitalbeteiligung der Mitarbeiter *(materielle Beteiligung)*, verschiedentlich ergänzt durch bes. Mitsprache- und Mitentscheidungsmöglichkeiten (→ immaterielle Mitarbeiterbeteiligung) mit unterschiedlicher Intensität. – Ziele sind Förderung von Leistungsbereitschaft und Arbeitszufriedenheit. – Vgl. auch → Mitbestimmung, → Unternehmensverfassung.

II. Unternehmensführung: → internationale strategische Allianz, → internationale Kooperation, → internationales Projekt.

III. Handels- und Gesellschaftsrecht: → Partnerschaftsgesellschaft (PartG).

Partnerschaftsgesellschaft (PartG) – Durch das Partnerschaftsgesellschaftsgesetz (PartGG) vom 25.7.1994 (BGBl. I 1744) geschaffene Rechtsform.

I. Begriff: Die Partnerschaftsgesellschaft ist eine Gesellschaft, in der sich Angehörige Freier Berufe zur Ausübung ihrer Berufe zusammenschließen (§ 1 I PartGG). Freie Berufe im Sinn des PartGG üben u.a. aus Ärzte, Krankengymnasten, Diplom-Psychologen, Rechtsanwälte, Steuerberater, vereidigte Buchprüfer, Ingenieure, Architekten, Handelschemiker, Journalisten, Übersetzer, Schriftsteller (§ 1 II PartGG, s. vollzählige Aufzählung dort). Sie üben kein → Handelsgewerbe aus.

II. Errichtung: 1. Durch Partnerschaftsvertrag (§ 3 PartGG), der als *Mindestinhalt* enthalten muss: (1) Name und Sitz der Partnerschaft; (2) Name und Vorname und Wohnort der Partner sowie den in der Partnerschaft ausgeübten Beruf; (3) Gegenstand der Partnerschaft. – 2. Die Partnerschaft ist zum *Partnerschaftsregister anzumelden* (§ 4 PartGG). Sie wird im Verhältnis zu Dritten mit ihrer Eintragung im Partnerschaftsregister wirksam (§ 7 I PartGG).

III. Rechtsfähigkeit: Die Partnerschaftsgesellschaft kann unter ihrer Firma Rechte erwerben und Verbindlichkeiten eingehen, Eigentum und andere dingliche Rechte an Grundstücken erwerben, vor Gericht klagen und verklagt werden (§ 7 II PartGG i.V. mit § 124 HGB).

IV. Geschäftsführung: Es sind die Bestimmungen über die → offene Handelsgesellschaft (OHG) entsprechend anzuwenden, soweit der Partnerschaftsvertrag keine anders lautenden Bestimmungen enthält (§ 6 III PartGG).

V. Vertretung: Es gelten die Vorschriften über die → offene Handelsgesellschaft (OHG) entsprechend (§ 7 III PartGG i.V. mit §§ 125 I, II, 126, 127 HGB).

VI. Haftung: Für Verbindlichkeiten der Partnerschaft haften die Partner neben der Partnerschaft als Gesamtschuldner (§ 8 I PartGG). Waren nur einzelne Partner mit der Bearbeitung befasst, haften nur sie (§ 8 II PartGG).

VII. Beendigung der Partnerschaft: 1. Eine Partnerschaftsgesellschaft wird aufgelöst (1) durch Ablauf der Zeit, für welche sie eingegangen ist, (2) durch Beschluss der Partner, (3) durch Eröffnung des Insolvenzverfahrens über das Vermögen der Partnerschaft. – 2. Lediglich zum Ausscheiden eines Partners führt (1) dessen Tod, (2) die Eröffnung des Insolvenzverfahrens über dessen Vermögen, (3) dessen Kündigung, (4) dessen Verlust der erforderlichen Zulassung zur Ausübung des Freien Berufes.

Partnerschaftsregister – Öffentliches bei dem → Amtsgericht geführtes Register, in das die → Partnerschaftsgesellschaften (PartG) eingetragen werden, seit 1.1.2007 elektronisch geführt. Rechtsgrundlage ist die Verordnung über die Einrichtung und das Führen des Partnerschaftsregisters vom 16.6.1995 (BGBl. I 808) m.spät.Änd. Das Partnerschaftsregister entspricht dem → Handelsregister für Handelsgesellschaften und dem → Genossenschaftsregister für Genossenschaften, die beide ebenfalls seit dem 1.1.2007 elektronisch geführt werden. – Vgl. auch bei → Gesetz über elektronische Handelsregister und

Genossenschaftsregister sowie das Unternehmensregister (EHUG).

Partnerschaftsunternehmen → Joint Venture, → strategische Allianz.

Party-Verkauf – Form des → direkten Vertriebs; Abwandlung des traditionellen → Haustürgeschäfts, bei der die Waren während eines geselligen Beisammenseins von potenziellen Abnehmern im Haushalt angeboten werden. Verbreitet bei Wein, Plastikgeschirr (Tupperware), Kosmetika und Dessous.

Parzelle – durch Vermessung festgelegtes → Grundstück (bzw. Grundstücksteil). – Vgl. auch → Kataster.

Pascal – I. Wirtschaftsinformatik: 1. *Begriff:* prozedurale → Programmiersprache; 1968 an der ETH Zürich von N. Wirth entwickelt. Benannt nach dem franz. Mathematiker und Philosophen B. Pascal (1623–1662). Grundlage für die Entwicklung moderner Programmiersprachen (Modula, → Delphi u.a.). – 2. *Sprachstruktur:* relativ sauber strukturierte Sprache; auf wenigen, fundamentalen und klar definierten Konzepten basierend. → Datenstrukturen und → strukturierte Programmierung werden sehr gut unterstützt. – 3. *Einsatzgebiete/Verbreitung:* universell einsetzbar; gut geeignet für kleine und mittelgroße → Programme; adäquate Sprachelemente zur Entwicklung großer → Softwaresysteme (→ Modularisierung) und zur → Dateiorganisation fehlen, daher geringe Verbreitung im kommerziellen Bereich; als Ausbildungssprache sehr gut geeignet. – 4. In der Weiterentwicklung zur Programmiersprache Delphi zunehmend verbreitet.

II. Maße: → gesetzliche Einheiten.

Pasinetti-Ansatz – von L.L. Pasinetti (1961/1962) erweiterter Kaldor-Ansatz der Verteilung (→ Keynes-Kaldor-Verteilungstheorie), in dem davon ausgegangen wird, dass die Arbeitnehmer wegen ihres Sparens auch Kapitaleinkommen beziehen. Das gesamte Gewinneinkommen besteht aus Kapitaleinkommen der „Kapitalisten" und der Arbeitnehmer. Damit ist Pasinetti in der Lage, die Verbindung zwischen → funktionaler Einkommensverteilung und → institutioneller Einkommensverteilung zu formalisieren. Die institutionelle Verteilung wird durch den traditionellen Kaldor-Mechanismus festgelegt, ist insofern bei vorgegebener Investitionsquote determiniert. Die funktionale Verteilung hängt zusätzlich noch von der Vermögensverteilung ab. Wird diese ebenfalls konstant gesetzt, dann ist auch die funktionale Verteilung determiniert. – Vgl. → Verteilungstheorie.

Passiva – *Passivposten;* Sammelbegriff für alle auf der Passivseite der → Bilanz ausgewiesenen Positionen (Posten), v.a. Eigenkapital einschließlich Rücklagen, Sonderposten mit Rücklagenanteil, Rückstellungen, Verbindlichkeiten, passive Rechnungsabgrenzungsposten. – Auf der *Aktivseite:* → Aktiva.

passive Abschreibung → indirekte Abschreibung.

passive Diskriminierung – bes. Ausprägung des → Diskriminierungsverbots (§§ 19 II Nr. 5, 20 II GWB). Demnach darf ein marktbeherrschender oder marktstarker Nachfrager seine Marktstellung nicht dazu ausnutzen, andere Unternehmen zur sachlich nicht gerechtfertigten Vorteilsgewährung zu veranlassen.

passive Leistungsbilanz → Zahlungsbilanz.

passive Rechnungsabgrenzung – Position auf der Passivseite der → Bilanz. – *Zu unterscheiden:* (1) *Transitorische Passiva* (passive Rechnungsabgrenzungsposten, § 250 II HGB); Geschäftsvorfälle, die vor dem Bilanzstichtag zu einer Einnahme geführt haben, aber Ertrag für eine bestimmte Zeit danach darstellen, z.B. Mieteinnahmen am Ende des alten Jahres für das neue Jahr (Kasse an Mietertrag).*Abschlussbuchung:* Mietertrag an passive Rechnungsabgrenzung (sofern die Rechnungsabgrenzung nicht – wie zweckmäßig – sofort bei Zahlung vorgenommen wird: Kasse an passive Rechnungsabgrenzung). (2) *Antizipative Passiva* (sonstige Verbindlichkeiten, Aufwandsrückstellungen): Geschäftsvorfälle, die als Aufwand das alte Jahr betreffen, aber erst danach Ausgaben auslösen, z.B. Lohnzahlung für Dezember im Januar danach. – *Abschlussbuchung:* Lohn an sonstige Verbindlichkeiten. – Vgl. auch → Abgrenzung.

passive Rechnungsabgrenzungsposten → passive Rechnungsabgrenzung.

passiver Finanzausgleich → Finanzausgleich.

passive Rückversicherung – Rückdeckung des eigenen Geschäfts im Rückversicherungsmarkt, teilweise auch „indirektes Geschäft", genannt. Wenn ein Erst- oder ein Rückversicherer Rückversicherungsschutz nachfragt, führt dies zur passiven Rückversicherung. – *Gegensatz:* aktive Rückversicherung.

passive Scheckfähigkeit – Fähigkeit, Bezogener eines → Schecks zu sein. Passive Scheckfähigkeit haben nur Kreditinstitute; doch wird die Gültigkeit der Urkunde als Scheck durch die Nichtbeachtung dieser Vorschrift nicht berührt (Art. 3, 54 ScheckG).

passive Tätigkeit – 1. *Begriff:* im Außensteuerrecht übliche Bezeichnung für diejenigen Tätigkeiten → ausländischer Tochtergesellschaften und → ausländischer Betriebsstätten, die nicht unter die → aktiven Tätigkeiten fallen. Hinter dem Leitbild der passiven Tätigkeit steht die Vorstellung, dass es sich um Tätigkeiten handelt, für die ein Tätigwerden im Ausland an sich unter wirtschaftlichen Gesichtspunkten nicht nötig wäre. Es gilt die Regel, dass alle Tätigkeiten als passiv gelten, die nicht ausdrücklich vom Gesetzgeber als aktiv anerkannt sind (§ 8 III AStG); im Detail abweichende Begriffsabgrenzungen in Doppelbesteuerungsabkommen sind möglich. – 2. *Ertragsteuerliche Behandlung:* Liegen passive Tätigkeiten vor, besteht eine gewisse Gefahr, dass die Wahl des Auslands als Standort für diese Tätigkeiten hauptsächlich aus steuerlichen Gründen erfolgt sein könnte. Sofern an dem ausländischen Standort nur eine → niedrige Besteuerung herrscht, bringt der Gesetzgeber daher Sonderregelungen zur Anwendung, um die Steuervorteile des ausländischen Standortes für den inländischen Investor vorsorglich zu beseitigen: a) Bei Anteilseignern, die an Tochtergesellschaften beteiligt sind, die passive Tätigkeiten ausführen, werden die Gewinne dieser Gesellschaft (schon vor der Ausschüttung) im Wege der → Hinzurechnungsbesteuerung erfasst und dadurch die Belastung auf das im Inland für den Anteilseigner übliche Einkommensteuerniveau angehoben (§ 7 ff. AStG), – b) bei Personen, die über eine ausländische Betriebsstätte passive Tätigkeiten ausführen, wird die geringe ausländische Belastung durch Anwendung auch der inländischen unbeschränkten Steuerpflicht auf das im Inland übliche Steuerniveau angehoben. In diesen Fällen wird dann eine drohende Doppelbesteuerung auch dann nur durch die → Anrechnungsmethode vermieden, über evtl. entgegenstehende günstigere Regeln in einem Doppelbesteuerungsabkommen setzt sich das Gesetz bewusst hinweg (§ 20 AStG).

passive Veredelung – Zollverfahren zur Bearbeitung, Verarbeitung oder Ausbesserung von Waren, die aus dem zollrechtlich freien Verkehr des Zollgebiets der Gemeinschaft in ein → Drittland verbracht worden sind. Bei (Wieder-)Einfuhr der → Veredelungserzeugnisse und ihrer Überführung in den zollrechtlich freien Verkehr wird die vorübergehende Ausfuhr der Vorprodukte Zoll mindernd berücksichtigt. Das geschieht nach der Methode der Mehrwertverzollung oder der Differenzverzollung. Die Wiedereinfuhr nach passiver Veredelung bedarf in einzelnen Fällen, insbesondere nach passiver Lohnveredelung im Textilbereich einer → Einfuhrgenehmigung.

Passivfinanzierung – Finanzierungsmaßnahmen, die Auswirkungen auf die **Passivseite** der Bilanz haben. – *Gegensatz:* → Aktiv**finanzierung**.

Passivgeschäfte – der Refinanzierung dienende Aufnahme von Kapital durch die → Banken. – *Hauptformen:* (1) *Ausgabe von Banknoten:* den → Notenbanken vorbehalten. (2) → Einlagengeschäft: Annahme kurz- und mittelfristiger Einlagen sowie Annahme von Spareinlagen. (3) *Aufnahme von Geldern am Geldmarkt.* (4) *Ausgabe von Bankaktien, -schuldverschreibungen und Genussscheinen sowie Pfandbriefen,* → Kommunalobligationen und Kassenobligationen.

Passivierung – Begriff der Buchführung und Bilanzierung. Jede Buchung, die zu einer Erhöhung der Posten auf der Passivseite einer → Bilanz führt. – Vgl. auch → Passivierungspflicht, → Passivierungswahlrecht.

Passivierungspflicht – Gebot, grundsätzlich alle Schulden, Rückstellungen und Rechnungsabgrenzungsposten in der → Jahresbilanz zu passivieren (§ 246 HGB); bez. Ausnahmen vgl. → Passivierungswahlrecht. – Bei *Kapitalgesellschaften* besteht außerdem die Pflicht, das → gezeichnete Kapital zum Nennwert anzusetzen.

Passivierungswahlrecht – im Gegensatz zur grundsätzlich bestehenden → Passivierungspflicht das Wahlrecht, bestimmte Passiva zu bilanzieren.

Passivkredit – von einer Unternehmung im Rahmen der → Fremdfinanzierung aufgenommener Kredit. – Erscheint auf der Passivseite des Kreditnehmers. – *Gegensatz:* → Aktivkredit.

Passivlegitimation – Stellung als richtiger Beklagter. Richtiger Beklagter ist, wer Träger des streitigen Rechts ist. Passivlegitimation ist Rechtszuständigkeit, d.h. die Passivlegitimation ist gegeben, wenn der Beklagte auch der nach materiellem Recht Verpflichtete ist. – *Anders:* → Prozessführungsrecht.

Passivposten → Passiva.

Passivprozesse – Rechtsstreitigkeiten, die nach Eröffnung des → Insolvenzverfahrens gegen Rechte des → Gemeinschuldners geführt werden, z.B. auf Aussonderung. – Allg. bezeichnet man als Passivprozesse solche, bei denen man die Perspektive des Beklagten einnimmt, gegen den also ein Anspruch geltend gemacht wird, "der in einen Prozess hineingezogen wird". – *Gegensatz:* → Aktivprozesse.

Passivtausch – Begriff der Buchhaltung und Bilanzierung: Abnahme eines Passivpostens um einen bestimmten Betrag und gleichzeitige Zunahme eines anderen Passivpostens um den gleichen Betrag. Passivtausch lässt Bilanzsumme und Ergebnis unverändert. – *Beispiele:* → Kapitalerhöhung aus Gesellschaftsmitteln oder Umwandlung von kurzfristigen Lieferantenschulden in langfristige Darlehen.

Passivwechsel – Schuldwechsel (→ Wechsel), bei dem die Unternehmung Schuldner ist. Passivwechsel erscheinen in der Bilanz als Passivposten (→ Passiva). In der Bilanz von Kapitalgesellschaften als „Verbindlichkeiten aus der Annahme gezogener Wechsel und der Ausstellung eigener Wechsel". – *Gegensatz:* → Aktivwechsel.

Passivzins → Zinssatz für die von der Bank hereingenommenen → Einlagen. Passivzinsen werden im Sprachgebrauch der Banken entsprechend der buchhalterischen Betrachtung als *Habenzinsen* bezeichnet. – *Gegensatz:* → Aktivzins (Sollzins).

Passwort – ein vom → Benutzer eines → Computers bei verschiedenen Gelegenheiten einsetzbarer Schutzmechanismus. Passwörter dienen u.a. dazu, die einem speziellen → Benutzer vom → Betriebssystem (BS) zur Verfügung gestellten Leistungen, eine bestimmte → Datei oder ein bestimmtes Datenelement in allen Datensätzen einer Datei o.Ä. vor unberechtigtem Zugriff zu schützen. Das Passwort wird i.Allg. vom Benutzer als bestimmte Zeichenfolge festgelegt. Die Inanspruchnahme der Leistungen bzw. der Zugriff auf geschützte Daten ist jeweils nur nach vorheriger Eingabe des Passwortes möglich. Je weiter die Entwicklung in der Computertechnik voranschreitet, desto länger müssen Passwörter sein, um nicht "geknackt" zu werden. Wörter des allgemeinen Wortschatzes, Kosewörter etc. sollten nicht als Passwörter verwendet werden, da diese sehr leicht erraten werden können. Für ein Passwort am besten geeignet ist eine Kombination aus Buchstaben in Groß- und Kleinschreibung, Zahlen und Sonderzeichen.

Patensystem – *Mentoring;* Verfahren der individuellen Arbeitseinführung, wonach in einen Betrieb eintretenden Personen ein Betriebsangehöriger (Pate) zur Seite gestellt wird, der die fachlich-technische und die soziale Eingliederung erleichtert.

Patent – gewerbliches Schutzrecht, das neben dem → Gebrauchsmuster für den Schutz technischer → Erfindungen gewährt wird (→ europäisches Patent). Patente werden auf der Grundlage des Patentgesetzes (PatG) i.d.F. vom 16.12.1980 (BGBl. 1981 I 1) m.spät.Änd. erteilt und unterscheiden sich in den Schutzvoraussetzungen von den Gebrauchsmustern dadurch, dass Patente auch für Verfahrenserfindungen erteilt werden können, höhere Anforderungen an die Erfindungshöhe gestellt werden und der Erteilung ein Prüfungsverfahren vorausgeht, sodass ein qualifiziertes Schutzrecht hoher Bestandskraft entsteht. – 1. *Grundzüge:* Patentfähig sind alle neuen (→ Neuheit) und gewerblich anwendbaren (→ gewerbliche Anwendbarkeit) Erfindungen, die auf einer erfinderischen Tätigkeit beruhen (→ Erfindungshöhe). Erfasst werden alle Arten technischer Erfindungen (→ Patentkategorien). Vom Erfindungsschutz sind ausgenommen Entdeckungen, wissenschaftliche Theorien und mathematische Methoden, ästhetische Formschöpfungen, Pläne, Regeln und Verfahren für gedankliche Tätigkeiten, Spiele, geschäftliche Tätigkeiten sowie Programme für Datenverarbeitungsanlagen und die Wiedergabe von Informationen als solche (§ 1 III PatG), der menschliche Körper in den einzelnen Phasen seiner Entstehung und Entwicklung, einschließlich der Keimzellen, sowie die bloße Entdeckung eines seiner Bestandteile, einschließlich der Sequenz oder Teilsequenz eines Gens (§ 1a PatG), ferner Pflanzensorten, Tierarten, im Wesentlichen biologische Verfahren zur Züchtung von Pflanzen oder Tieren (ausgenommen mikrobiologische Verfahren und der aus ihnen gewonnenen Erzeugnisse, → Mikroorganismus, → Budapester Vertrag) und Erfindungen, deren Veröffentlichung oder Verwertung sittenwidrig wäre (§ 2 PatG). Zum Recht an der Erfindung und dessen Schutz vgl. → Erfindung, → Entnahme, → Arbeitnehmererfindung. – 2. *Verfahren:* Um Erteilung eines Patents ist durch Anmeldung der Erfindung nachzusuchen. Über das Gesuch wird im Erteilungsverfahren vor dem → Deutschen Patent- und Markenamt (DPMA), im Beschwerdeverfahren vor dem → Bundespatentgericht (BPatG) und im Rechtsbeschwerdeverfahren vor dem → Bundesgerichtshof (BGH) entschieden. Die Anmeldung hat den Anforderungen der §§ 35–37 PatG zu genügen, legt den Inhalt der technischen Lehre für das Erteilungsverfahren fest, spätere Änderungen sind nur in Grenzen möglich (§ 38 PatG, vgl. → Erweiterung (unzulässige), → Offenbarung (der Erfindung)), und setzt die Frist für die Inanspruchnahme einer inneren (§ 40 PatG) oder einer äußeren (§ 41 PatG) Priorität in Lauf (→ Prioritätsrecht). Aus dem Erfordernis, für jede Erfindung eine bes. Anmeldung einzureichen (§ 35 I 2 PatG), folgt das Recht des Anmelders, Teile der Anmeldung auszuscheiden und in einem von der Anmeldung (Stammanmeldung) gesonderten Erteilungsverfahren (Ausscheidungsanmeldung) weiterzuverfolgen. Der Anmelder kann die Anmeldung jederzeit teilen (§ 39 PatG). Die Anmeldung unterliegt zunächst nur einer Prüfung auf offensichtliche Mängel (§ 42 PatG) und wird spätestens 18 Monate nach ihrer Einreichung offen gelegt; mit der → Offenlegung genießt die Erfindung vorläufigen Patentschutz (§ 33 PatG). Die sachliche Prüfung der Anmeldung erfordert einen gesonderten → Prüfungsantrag („verschobene" Prüfung), den der Anmelder bis zum Ablauf von 7 Jahren nach Einreichung der Anmeldung zu stellen hat, der aber auch von jedem Dritten gestellt werden kann (§ 44 PatG) und das Prüfungsverfahren in Lauf setzt (§§ 45 ff. PatG), das entweder mit der Zurückweisung der Anmeldung oder der Erteilung des Patents endet (§§ 48, 49 PatG). Wird der Prüfungsantrag nicht innerhalb der Frist gestellt und die Gebühr bezahlt, gilt die Anmeldung als zurückgenommen (§ 58 III PatG). Angriffe Dritter gegen das erteilte Patent können durch → Einspruch und → Nichtigkeitsklage geltend gemacht werden; der Patentinhaber kann derartigen Angriffen entgehen, indem er das Patent beschränken lässt (§ 64 PatG). Abgesehen vom Rechtsbeschwerdeverfahren, das revisionsähnlichen Charakter hat, gilt in allen diesen Verfahren der Grundsatz der Amtsermittlung (§§ 46, 59 III, 87 I PatG). Für → Geheimpatente gelten bes. Vorschriften. Mit der Erteilung tritt der volle Rechtsschutz der patentierten Erfindung ein, mit Widerruf oder Nichtigerklärung gelten die Wirkungen des Patents rückwirkend als nicht eingetreten (§§ 21 III, 22 II PatG). – 3. *Schutzdauer:* Der Schutz ist auf 20 Jahre befristet, beginnt mit dem auf den Anmeldetag folgenden Tag zu laufen (§ 16 PatG) und setzt Zahlung der laufenden Gebühren voraus. Soweit die Zulassung neuer Stoffe und Verfahren von staatlichen Genehmigungsverfahren abhängt, kann in deren Dauer eine wesentliche Einschränkung des Patentschutzes liegen; § 16a PatG ermöglicht in diesen Fällen die Beantragung eines ergänzenden Schutzzertifikats – → Schutzzertifikat (ergänzendes) -, praktische Bedeutung hat diese Möglichkeit bislang erst für Arzneimittel erlangt (VO/EWG Nr. 1768/92 vom 18.6.1992, ABl. EG Nr. L 182, 1). – 4. *Verletzung:* Wer ohne Zustimmung des Rechtsinhabers Gegenstände nach der geschützten Lehre herstellt, anbietet, in Verkehr bringt, gebraucht oder ein geschütztes Verfahren ausführt (→ Patentkategorien, → Kombinationspatent, → Stoffpatent), verletzt die Rechte aus dem Patent, sofern nicht ein Ausnahmefall nach § 11 PatG vorliegt. Der Schutzumfang richtet sich nach den Patentansprüchen, Beschreibung und Zeichnungen sind zur Auslegung heranzuziehen (§ 14 PatG), aus ihnen ist der Gegenstand der Erfindung zu ermitteln. Maßgebend ist die technische Vorstellung, die der mit durchschnittlichen Kenntnissen und Fähigkeiten am Prioritätstag ausgerüstete Fachmann diesen Unterlagen, dem dort mitgeteilten und sonst zu seinem Fachwissen zählenden Stand der Technik entnimmt. Mit dem durch Auslegung ermittelten Gegenstand des Patents ist der angegriffene Verletzungsgegenstand nach technischer Problemstellung und ihrer Lösung zu vergleichen, wobei es mehr auf die Übereinstimmungen als auf die Unterschiede ankommt. Wortlautgemäße (identische) Verletzungen liegen immer im Schutzbereich des Patents, dem Verletzer ist infolge der Bindung der Verletzungsgerichte an das erteilte Patent die Berufung auf den → freien Stand der Technik versagt; sie ist nur im Rahmen des Einspruchs und der Nichtigkeitsklage möglich. Wird von Merkmalen des Patents nicht wortlautgemäß Gebrauch gemacht, ist zu prüfen, ob von der geschützten Lehre äquivalent Gebrauch gemacht wird (→ Äquivalente); im Rahmen äquivalenter Benutzung ist der Einwand zulässig, die angegriffene Ausführungsform sei im freien Stand der Technik bekannt und daher keine Patentverletzung. Eine bes. Form der Verletzung ist die → mittelbare Patent- und Gebrauchsmusterverletzung. Ist ein Einspruchs- oder Nichtigkeitsverfahren anhängig, kommt eine Aussetzung des Verletzungsprozesses in Betracht (§ 148 ZPO), wenn dessen Erfolgsaussicht hinreichend glaubhaft gemacht wird. Verletzungsgerichte sind die ordentlichen Gerichte (§ 143 PatG; → Patentstreitsache). Die Patentverletzung löst verschuldensunabhängige Unterlassungs- und Auskunftsansprüche (§ 139, § 140b PatG) sowie Vorlage- und Besichtigungsansprüche (§ 140 c PatG) aus, bei Verschulden besteht Anspruch auf Schadensersatz (§ 139 II PatG), ohne Verschulden Anspruch auf Herausgabe ungerechtfertigter Bereicherung (§ 812 BGB). Der Rechtsschutz wird durch den → Vernichtungsanspruch (§ 140a PatG) und bei offensichtlichen Rechtsverletzungen durch die Möglichkeit der → Grenzbeschlagnahme ergänzt (§ 142a PatG). Verjährung: § 141 PatG; Strafvorschriften: § 142 PatG. → Europäische Patente genießen den gleichen Schutz (Art. 2, 64 EPÜ). – 5. *Einsicht in Rolle und Unterlagen:* → Akteneinsicht. – *Gebühren:* → Deutsches Patent- und Markenamt (DPMA).

Patentamt → Deutsches Patent- und Markenamt (DPMA), → Europäisches Patentamt (EPA).

Patentanmeldung – Voraussetzung der Erlangung eines → Patents ist dessen (nationale, europäische oder internationale) Anmeldung. – 1. *Nationale Anmeldung:* erfolgt beim → Deutschen Patent- und Markenamt (DPMA) unter Zahlung der Anmeldegebühr und hat den Patenterteilungsantrag mit einer kurzen Bezeichnung der → Erfindung, einen oder mehrere → Patentansprüche, eine Beschreibung der Erfindung sowie die Zeichnungen zu enthalten, auf die sich die Patentansprüche beziehen (§ 35 I PatG). Die → Erfinderbenennung und die Zusammenfassung können binnen 15 Monaten ab Anmeldetag nachgereicht werden (§§ 36, 37 PatG). In den Anmeldeunterlagen muss die Erfindung hinreichend offenbart werden (→ Offenbarung (der Erfindung)). – *Zum Erteilungsverfahren:* → Patent. – 2. *Europäische Anmeldung:* erfolgt beim → Europäischen Patentamt (EPA) oder den für Patentanmeldungen zuständigen nationalen Ämtern der Vertragsstaaten, die die Anmeldung an das EPA übermitteln (Art. 77 EPÜ), ausgenommen Teilanmeldungen, die nur unmittelbar beim EPA eingereicht werden können (Art. 75, 76 EPÜ), unter Zahlung der Anmelde- und der Recherchegebühr binnen eines Monats. Die Anmeldeerfordernisse decken sich mit den Anforderungen des § 35 PatG, zusätzlich sind die Vertragsstaaten zu benennen, für die der Patentschutz nachgesucht wird. Erfinderbenennung und Zusammenfassung sind mit der Anmeldung einzureichen. Für die Zahlung der Benennungsgebühr besteht eine Frist von zwölf Monaten ab Anmelde- bzw. Prioritätstag (Art. 79 II EPÜ). Eine europäische Patentanmeldung, die den Mindestanforderungen des Art. 80 EPÜ genügt, hat in den benannten Vertragsstaaten die Wirkung einer vorschriftsmäßigen nationalen Hinterlegung unter Einschluss eines in Anspruch genommenen → Prioritätsrechts. Zum Erteilungsverfahren vgl. → Europäisches Patent. – 3. *Internationale Anmeldung:* erfolgt bei einem für den Anmelder zuständigen (AO → Patent Cooperation Treaty (PCT) Regel 18) nationalen oder regionalen (z.B. EPA) Patentamt oder beim internationalen Büro (AO PCT Regel 19). Die Anforderungen an die Anmeldung decken sich mit den Anforderungen an eine europäische Anmeldung (Art. 4–7 PCT, Regeln 3–12 AO PCT), wobei sich die Anmeldung auf ein Patent, ein → Gebrauchsmuster, einen Erfinderschein etc. richten kann (Art. 43 PCT), bes. auch auf die Erteilung eines europäischen Patents (→ Euro-PCT-Anmeldung). Für die internationale Anmeldung ist eine internationale Gebühr (Grundgebühr und Bestimmungsgebühr nach Anzahl der Bestimmungsstaaten) zu zahlen (Regel 15 AO PCT), das DPMA verlangt die Zahlung der Übermittlungsgebühr (Regel 14.1 AO PCT). Genügt die Anmeldung nicht den Mindesterfordernissen einer internationalen Anmeldung, fordert das Anmeldeamt den Anmelder zur Behebung der Mängel auf. Es teilt einer ordnungsgemäßen Anmeldung den Eingangstag als → Anmeldetag zu, im Fall der Mängelbehebung den Tag des Eingangs der Richtigstellung. Die ordnungsgemäße internationale Anmeldung steht einer vorschriftsmäßigen nationalen Anmeldung im Sinn der → Pariser Verbandsübereinkunft zum Schutz des gewerblichen Eigentums (PVÜ) gleich. Zum weiteren Verfahren vgl. → Patent, → Patent Cooperation Treaty (PCT).

Patentanspruch – analog *Gebrauchsmusteranspruch;* notwendiger Bestandteil der Gebrauchsmuster- und → Patentanmeldung wie des erteilten → Patents, der die Kennzeichnung der geschützten Lehre enthält. Er muss die Lehre hinreichend offenbaren (→ Offenbarung (der Erfindung)), legt den Gegenstand des Erteilungsverfahrens (→ Erweiterung (unzulässige)) fest und bestimmt im Interesse der Rechtssicherheit den Schutzumfang der Patente, die auf ab dem 1.1.1978 eingereichte Anmeldungen erteilt sind (§ 14 PatG i.V. mit Auslegungsprotokoll zu Art. 69 → Europäisches Patentübereinkommen (EPÜ), § 4 II Nr. 2 GebrMG; vgl. → Äquivalente). Patentansprüche werden überwiegend in einen Oberbegriff und einen kennzeichnenden Teil (eingeleitet durch „gekennzeichnet durch ...") gegliedert (§ 9 PatentVO, Regel 43 AO EPÜ), wobei in den Oberbegriff diejenigen Merkmale der technischen Lehre aufgenommen werden, die aus dem Stand der Technik bereits bekannt sind, während im „Kennzeichen" die Merkmale der Erfindung benannt werden, die ihren Kern darstellen. Der Oberbegriff braucht nicht alle bekannten Merkmale zu enthalten, gelegentlich enthält auch der kennzeichnende Teil bekannte Merkmale, in jedem Fall ist der Gegenstand der Erfindung aus dem Patentanspruch in seiner Gesamtheit durch Auslegung zu ermitteln (→ Kombinationspatent). Andere Anspruchsfassungen (Gliederung nach Merkmalen) sind zulässig und häufig zweckmäßiger. Patentansprüche enthalten regelmäßig mehrere Patentansprüche, nämlich Haupt- und Unteransprüche. Im ersten Anspruch (Hauptanspruch) sind die wesentlichen Merkmale der Erfindung in einer allg. Form angegeben, die alle Mittel zur Erreichung der angestrebten Wirkung enthalten muss; wie weit die Verallgemeinerung reichen darf, hängt vom Stand der Technik ab. In den Unteransprüchen werden unter Bezugnahme auf die Hauptansprüche i.d.R. zweckmäßige weitere Ausbildungen des Erfindungsgegenstandes beansprucht, die nicht selbst erfinderisch zu sein brauchen. Unteransprüche werden erteilt, solange sie keine platten Selbstverständlichkeiten enthalten. Die Bezugnahme macht den in Bezug genommenen Anspruch zum Oberbegriff des Unteranspruchs. Enthält der Unteranspruch im Rahmen der Erfindung eine eigene erfinderische Leistung (andere erfinderische Lösung der technischen Gesamtaufgabe), die von der im Hauptanspruch gekennzeichneten Lehre unabhängig ist, liegt eine selbstständig geschützte Lehre vor, der Anspruch ist dann ein Nebenanspruch (unechter Unteranspruch) mit eigenem, vom Hauptanspruch unabhängigen Schutzbereich.

Patentanwaltskammer – Körperschaft des öffentlichen Rechts, Sitz in München. – *Aufgaben:* Beratung der Mitglieder in Fragen der Berufspflichten, bei Erstellung von Gutachten; Ausbildung der Bewerber für die Patentanwaltschaft; Mitarbeit in internationalen Gremien.

Patentberühmung – Das Versehen von Gegenständen, Verpackungen, Anzeigen etc. mit einem Hinweis, der den Eindruck bestehenden Patentschutzes hervorruft, löst den Auskunftsanspruch des § 146 PatG aus, der auch auf → europäische Patente und Patentanmeldungen anzuwenden ist (Art. 2 EPÜ). Der Hinweis auf europäischen Patentschutz ist zulässig, wenn er für das Inland besteht oder die benannten Vertragsstaaten im Einzelnen aufgeführt sind. Der Hinweis kann auch eine gängige Abkürzung sein (DBP, DP, Europa-Patent, EPÜ-Patent). Das Schutzrecht muss sich auf die angepriesene Ware oder die Teile der Ware beziehen, die ihr den Verkehrswert oder das sie auszeichnende Gepräge geben, bei Verfahrenspatenten dürfen nur die unmittelbaren Verfahrenserzeugnisse mit dem Hinweis versehen werden. Besteht das Patent noch formell, ist aber seine Schutzunfähigkeit klar erkannt, muss der Hinweis unterbleiben. Besteht lediglich eine Patentanmeldung, ist der Hinweis → unlauterer Wettbewerb. Auf Patentanmeldungen darf daher erst ab ihrer → Offenlegung hingewiesen werden, da erst mit der Veröffentlichung des Hinweises auf die Offenlegung der vorläufige Patentschutz nach § 33 PatG, Art. 67 II 3 EPÜ eintritt. Die Hinweise müssen hinreichend deutlich sein, Abkürzungen wie „DBPa", „DPa", „Euro-Pat a.", „EU-Pat ang." sind schon der Form nach unlauterer Wettbewerb, zulässig sind Abkürzungen wie „DP angem." oder „Europa-Patent angem." – Vgl. auch → gesetzlich geschützt, → Schutzrechtshinweise.

Patentblatt – wird vom → Deutschen Patent- und Markenamt (DPMA) herausgegeben (§ 32 I Nr. 3 PatG) und enthält die im PatG vorgeschriebenen Veröffentlichungen, nämlich Hinweise auf die Möglichkeit der → Akteneinsicht (→ Offenlegung), der Patenterteilung und Gebrauchsmustereintragung (→ Patent), des Antrags auf Neuheitsrecherche und der Mitteilung ihres Ergebnisses (§ 43 III 1, VII PatG), über den Prüfungsantrag (§§ 43 III, 44 IV PatG) und über eine Teilung des Patents im Einspruchsverfahren (§ 60 II PatG). Daneben werden laufend Hinweise auf die Veröffentlichung der Patente gebracht, die vom → Europäischen Patentamt (EPA) für die Bundesrepublik Deutschland erteilt werden, ferner Hinweise auf vom internationalen Büro der → WIPO in deutscher Sprache veröffentlichte internationale → Patentanmeldungen mit der Bundesrepublik Deutschland als Bestimmungsstaat. Das vom Europäischen Patentamt herausgegebene Europäische Patentblatt enthält Hinweise auf die Eintragungen in das Europäische → Patentregister, nämlich Angaben über die veröffentlichten europäischen Patentanmeldungen, den europäischen Recherchebericht und die Erteilung des europäischen Patents (Art. 129 EPÜ, Regel 143 AO EPÜ).

Patent Cooperation Treaty (PCT) – *Patentzusammenarbeitsvertrag;* multilateraler völkerrechtlicher Vertrag vom 19.6.1970 mit Nebenabkommen, zuletzt geändert am 29.9.1992 (BGBl. 1993 II 203), dem die Bundesrepublik Deutschland durch Gesetz vom 21.6.1976 (BGBl. II 649, IntPatÜG) beigetreten ist. Er ist mit dem → Europäischen Patentübereinkommen (EPÜ) verzahnt (→ Euro-PCT-Anmeldung) und eröffnet Anmeldern aus den Vertragsstaaten die Möglichkeit, sich durch eine Anmeldung multinationalen Schutz in den mit der Anmeldung benannten Bestimmungsstaaten zu schaffen. Die formell ordnungsgemäße internationale → Patentanmeldung erhält vom Anmeldeamt einen → Anmeldetag und wird in je einem Exemplar dem internationalen Büro und der internationalen Recherchebehörde übermittelt (Art. 12 PCT). Aufgrund einer Vereinbarung mit dem internationalen Büro ist das → Europäische Patentamt (EPA) internationale Recherchebehörde (ISA) und mit der vorläufigen Prüfung beauftragte Behörde (IPEA), wenn es vom Anmeldeamt benannt worden ist. 18 Monate nach dem Prioritätstag wird die internationale Anmeldung vom internationalen Büro veröffentlicht, i.d.R. zusammen mit dem Recherchebericht (Art. 21 PCT, Regel 48 AO PCT), der die Recherche nach dt. Recht ersetzt (Art. III § 7 IntPatÜG). Ab Veröffentlichung treten die Schutzwirkungen des § 33 PatG für eine Anmeldung mit der Bundesrepublik Deutschland als Bestimmungsstaat ein (Art. 29 PCT, Art. III, § 8 I IntPatÜG). Spätestens 20 Monate ab Prioritätstag muss der Anmelder jedem Bestimmungsamt ein Exemplar der internationalen Anmeldung zuleiten, vorher darf die Anmeldung von den Bestimmungsämtern weder geprüft noch bearbeitet werden, sofern der Anmelder dies nicht ausdrücklich beantragt (Art. 22, 23 PCT). Der Anmelder kann aber auch die vorläufige internationale Prüfung beantragen (Art. 31 f. PCT), die zu einem die nationalen Erteilungsbehörden nicht bindenden vorläufigen Prüfbericht führt (Art. 35 PCT), der dem Anmelder, dem internationalen Büro und den Bestimmungsämtern übermittelt und nicht veröffentlicht wird (Art. 36, 38 PCT). Durch die vorläufige Prüfung wird die Frist für den Eintritt in die nationale Patenterteilungsphase auf 30 Monate verlängert (Art. 39 I PCT). Das Erteilungsverfahren richtet sich sodann nach dem jeweiligen nationalen Recht der Bestimmungsstaaten. Eine Rechtsvereinheitlichung enthält der PCT nur insoweit, als das nationale Recht keine über den PCT hinausgehenden Formerfordernisse für die internationale Anmeldung vorschreiben darf (Art. 27 PCT).

Patentkategorien – Sammelbegriff zur Unterscheidung von → Patenten nach ihrem Gegenstand. Von der Wahl der Patentkategorie für eine → Erfindung hängt ab, welche Benutzungshandlungen dem Patentinhaber vorbehalten sind und welche Schutzwirkungen dem Patent zukommen. Die Patentkategorie kann daher nach der Erteilung aus Gründen der Rechtssicherheit grundsätzlich nicht mehr geändert werden, eine Umdeutung im Einspruchs- und Nichtigkeitsverfahren ist nur in seltenen Ausnahmefällen möglich. Welcher Patentkategorie eine Erfindung zuzuordnen ist, bestimmt der Anmelder durch die Fassung des → Patentanspruchs, der nach dem Offenbarungsgehalt der Anmeldeunterlagen unter objektiven Gesichtspunkten auszulegen ist. Grundsätzlich stehen als Patentkategorie das Erzeugnis- und das Verfahrenspatent zur Verfügung. – 1. *Erzeugnispatente:* Betreffen Lehren zur Gestaltung, Konstruktion oder inneren (stofflichen) Zusammensetzung (Beschaffenheit) eines Gegenstandes (Fertig- oder Halbfabrikats, Zwischenprodukts), der durch die beanspruchten Parameter eindeutig gekennzeichnet sein muss. Zu den Erzeugnispatenten zählen die Vorrichtungspatente, die auf Arbeitsmittel (Maschinen, Geräte) gerichtet sind, sowie die Anordnungspatente (Schaltungen), die bestimmungsgemäß auf andere Sachen einwirken und damit der Ausübung eines Herstellungsverfahrens dienen können, oder sonstige Tätigkeiten an Sachen ausführen und damit auch auf die Ausübung eines Arbeitsverfahrens gerichtet sein können. Der Schutz des Erzeugnispatents erstreckt sich weder auf mithilfe des Erzeugnisses hergestellte weitere Erzeugnisse noch auf die Arbeitsweise des Erzeugnisses. Soweit der Schutz auch auf das Herstellungsverfahren oder die Arbeits-(Verwendungs-)weise gerichtet werden soll, ist neben dem Erzeugnisschutz der Schutz durch ein Verfahrenspatent erforderlich. – 2. *Verfahrenspatente:* Stellen die Anwendung des erfindungsgemäßen Verfahrens unter Schutz. Verfahrensschritte können im Einzelfall durch Wirkungsangaben und Vorrichtungsmerkmale beschrieben werden. Zu unterscheiden sind Herstellungsverfahren (bei ihnen sind die wesentlichen Verfahrensmaßnahmen die Auswahl der Ausgangsstoffe und die Art der inneren oder äußeren Einwirkung auf sie; Auswahl der stofflichen Beschaffenheit, Formgebung etc.), sowie sonstige Verfahren (Arbeitsverfahren und Anwendungs- oder Verwendungsverfahren), die nicht auf die Hervorbringung oder Veränderung eines Erzeugnisses gerichtet sind, sondern sich in der Ausführung des Verfahrens erschöpfen. Arbeitsverfahren werden an Gegenständen ausgeführt, ohne diese zu verändern (z.B. Messen, Zählen, Wenden, Fördern, Ordnen, Reinigen von Objekten). Anwendungs-(Verwendungs-)patente sind darauf gerichtet, eine i.d.R. bekannte Sache (Erzeugnis, Stoff, Verfahren) einer neuartigen Verwendung zuzuführen, wobei sich die Angabe des neuen Verwendungszwecks als Beschränkung des Schutzumfangs des Patents auswirkt. – *Beispiel:* Verwendung eines bekannten Wirkstoffs zu einem neuen oder weiteren therapeutischen Zweck, → gewerbliche Anwendbarkeit. Zu den Anwendungsverfahren zählt die dt. Rechtsprechung auch die sog. „Mittelpatente" (zweckgebundener Stoffschutz): Ist das Mittel (der Stoff) bekannt, liegt ein Verwendungspatent vor; ist das Mittel (der Stoff) neu und im Patentanspruch als „Mittel (Stoff) für ..." beansprucht, liegt eine bloße Funktionsangabe für ein Erzeugnispatent vor, der den Erzeugnisschutz regelmäßig nicht beschränkt. Herstellungsverfahren unterscheiden sich von sonstigen Verfahren dadurch, dass sich die Schutzwirkungen bei Herstellungsverfahren auf die unmittelbar durch das Verfahren gewonnenen Erzeugnisse (§ 9 Satz 2 Nr. 3 PatG, Art. 64 II EPÜ) erstreckt, bei sonstigen (Arbeits-)Verfahren, die nicht auf die Hervorbringung von Erzeugnissen gerichtet sind, greift diese Erstreckung des Schutzes nicht ein.

Patentklassifikation – Zuordnung eines → Patents unter technologischen Gesichtspunkten zu Sachgebieten, die in Klassen, Gruppen und Untergruppen unterteilt werden. Sie erfolgt nach dem Straßburger Übereinkommen über die Patentklassifikation (IPC) vom 24.3.1991 (BGBl. 1975 II 283, Änderung vom 2.10.1979, BGBl. 1984 II 799) das ein weltweit einheitliches Klassifikationssystem sichern soll und auch für die Verfahren vor dem → Europäischen Patentamt (EPA) maßgeblich ist (Regeln 8, 9 AO EPÜ).

Patentkosten – 1. Aufwendungen für den *entgeltlichen Erwerb* eines → Patents: Der Kaufpreis wird als immaterieller Vermögensgegenstand aktiviert und planmäßig abgeschrieben. Überholte Patente sind ganz abzuschreiben. – 2. Aufwendungen für *eigene Forschungsarbeiten,* die zu Patenten führen: a) *Bilanzierung:* Gehört das Patent zum → Anlagevermögen, besteht ein Aktivierungswahlrecht (§ 248 II HGB) über die bei dessen Entwicklung anfallenden Aufwendungen (§ 255 II a HGB). Ist das Patent dem → Umlaufvermögen zuzuordnen, besteht Bilanzierungspflicht. Z.B. sind die im Rahmen einer Auftragsforschung entwickelten Patente stets mit den Herstellungskosten zu aktivieren. – b) *Kostenrechnerische Erfassung und Verrechnung:* Diese Patente sind als → innerbetriebliche Leistungen anzusehen, deren Kosten gemäß dem Kostenträgerverfahren zu kalkulieren, zu aktivieren und abzuschreiben sind. – 3. Kosten für die *Nutzung eines fremden Patents:* → Lizenzgebühren.

Patentlizenz → Lizenzvertrag.

Patentportfolio – Mit dem Patentportfolio wird die technologische Position eines Unternehmens unter Zuhilfenahme des → gewerblichen Schutzrechts → Patent dargestellt. Patentportfolios lassen sich als Instrument der strategischen F&E-Planung einsetzen. Die bekannten Ansätze können in produkt- und technologiefeldorientierte Patentportfolio-Ansätze untergliedert werden. (1) Der produktorientierte Patentportfolio-Ansatz nach Hofinger setzt auf die Zuordnung der Patente zu den Produkten, in denen sie Anwendung finden. (2) Die technologiefeldorientierten Patentportfolio-Ansätze ordnen die Patente in einem ersten Schritt den einzelnen Technologiefeldern zu. Ein Beispiel hierfür ist das Patentportfolio nach Ernst (1996). Je drei Kennzahlen bestimmen hier die gewählten Technologiefelder näher. (1) Die relative Patentposition (Abszisse) stellt die eigene Patentleistung ins Verhältnis zum stärksten Wettbewerber im betrachteten Technologiefeld dar. Die Werteskala ist auf eins skaliert. Die Patentleistung besteht aus den Komponenten (a) Anzahl der Patentanmeldungen pro Technologiefeld und (b) durchschnittliche Qualität der Patentanmeldungen. Aus der relativen Patentposition lassen sich Aussagen über technologische Kernkompetenzen bzw. Entwicklungsrückstände im Vergleich zum Wettbewerb ableiten. (2) Die zweite Kennzahl wird als Technologieattraktivität (Ordinate) benannt. Sie verdeutlicht das Wachstum der Patentanmeldungen im betrachteten Technologiefeld im Vergleich zu allen anderen betrachteten Technologiefeldern. (3) Die dritte Kennzahl, die Technologiebedeutung (Kreisfläche), charakterisiert die F&E-Schwerpunkte eines Unternehmens. Die Anzahl der eigenen Patentanmeldungen pro Technologiefeld wird durch die Gesamtanzahl der eigenen Patentanmeldungen dividiert. Aus dem Patentportfolio lassen sich Normstrategien für die strategische F&E-Planung ableiten.

Patentrecht → Patent.

Patentregister – wird beim → Europäischen Patentamt (EPA) geführt und enthält Nummer und Anmeldetag der europäischen Patentanmeldung, Bezeichnung der Erfindung, ihre Klassifikation, des Anmelders, Erfinders und Vertreters, Offenlegungstag, Erteilung des → europäischen Patents, Durchführung und Abschluss von Einspruchsverfahren (Art. 127 EPÜ, Regel 92 AO EPÜ, → Akteneinsicht).

Patentrolle – beim → Deutschen Patent- und Markenamt (DPMA) geführtes Register, das die Bezeichnung der offen gelegten → Patentanmeldungen und → Patente, Angaben über Anmelder und Patentinhaber sowie bestellter Vertreter, ferner Angaben über Anfang, Teilung, Ablauf, Erlöschen, Beschränkungen, Widerruf, Nichtigerklärung, Rücknahme sowie Erhebung von Nichtigkeitsklage und Einspruch vermerkt, auf Antrag auch die Erteilung einer ausschließlichen Lizenz (§§ 30, 34 I 2 PatG, → Akteneinsicht).

Patentschrift – Über nationale und europäische erteilte → Patente wird eine Patentschrift vom jeweiligen Patentamt veröffentlicht, die die → Patentansprüche, die Beschreibung und die Zeichnungen enthält, auf deren Grundlage das Patent erteilt worden ist (§ 32 I Nr. 2 PatG, Art. 98 EPÜ, Regeln 53, 54 AO EPÜ). Sie enthält daneben Angaben zum Patentinhaber, Erfinder, zu den Druckschriften, die bei der Prüfung der Patentfähigkeit in Betracht gezogen worden sind, den Anmeldetag, Angaben über ein in Anspruch genommenes Prioritätsrecht sowie die → Patentklassifikation.

Patentstreitsache – *Gebrauchsmusterstreitsache;* nach §§ 143 PatG, 27 GebrMG. Rechtstreitigkeiten, die einen Anspruch auf oder aus einer → Erfindung zum Gegenstand haben oder sonst mit einer Erfindung eng verknüpft sind, also Klagen auf Unterlassung, Schadensersatz oder ungerechtfertigter Bereicherung aus der Benutzung eines erteilten (dt. oder europäischen) Patents oder eingetragenen Gebrauchsmusters, auf Benutzungsentschädigung aus einer offen gelegten

Patentanmeldung (→ Offenlegung), auf Feststellung der Abhängigkeit eines Patents oder Gebrauchsmusters, wegen Verletzung des Erfinderrechts, Übertragungs- und Schadensersatzansprüche wegen widerrechtlicher → Entnahme, auf Feststellung von → Vorbenutzungsrechten und → Weiterbenutzungsrechten, auf Unterlassung von → Patentberühmung oder → Gebrauchsmusterberühmung, aus Patent- oder Gebrauchsmusterverwarnungen, Patent- oder Gebrauchsmusterlizenzverträgen etc., ferner über → Arbeitnehmererfindungen, ausgenommen Klagen auf Leistung festgestellter Arbeitnehmererfindervergütung und aus technischen Verbesserungsvorschlägen. Auf Streitigkeiten im Zusammenhang mit DDR-Patenten ist § 143 PatG entsprechend anzuwenden. Nicht zu den Patentstreitsachen gehören z.B. Gebührenklagen eines Patentanwalts oder Klagen wegen „sklavischen Nachbaus" (→ Ausbeutung). Für Patentstreitsachen sind die Patentstreitgerichte ausschließlich sachlich zuständig. Es besteht die Möglichkeit der → Streitwertbegünstigung.

Patentverletzung → Patent, → mittelbare Patent-, Gebrauchsmusterverletzung.

Patentzusammenarbeitsvertrag → Patent Cooperation Treaty (PCT).

Patinkin-Modell → Neue Keynesianische Makroökonomik.

patriarchalischer Führungsstil → Führungsstil.

Patronatserklärung – Sicherungsmittel bei Kreditgewährung an Konzerngesellschaften (→ Kreditsicherung). In der Patronatserklärung verpflichtet sich die Muttergesellschaft gegenüber dem Kreditgeber, ihre Tochtergesellschaft jederzeit in den Stand zu versetzen, ihren Verpflichtungen aus dem Kreditverhältnis nachzukommen.

Pattauflösung – Entscheidungsverfahren bei Stimmengleichheit in mitbestimmten Gremien. – Verschiedenartige Verfahren sind nach dem → Montan-Mitbestimmungsgesetz (MontanMitbestG) und → Mitbestimmungsgesetz (MitbestG) möglich. Im Betriebsverfassungsrecht ist ein bes. Verfahren für die → Einigungsstelle geregelt.

Pauperismus → Armut.

Pauschalabschreibung – *Sammelabschreibung, Gesamtabschreibung, Gruppenabschreibung;* zusammengefasste → Abschreibung für mehrere Vermögensgegenstände. Da prinzipiell der Grundsatz der → Einzelbewertung gilt (§ 252 I Nr. 3 HGB), dürfen Pauschalabschreibungen nur ausnahmsweise vorgenommen werden. – *Beispiele:* Abschreibungen bei Festbewertung (§ 240 III HGB; → Festwert), → Abstockung, → Gruppenbewertung (§ 240 IV HGB), Pauschalabschreibungen auf Forderungen (→ Delkredere).

Pauschalbesteuerung → Pauschbesteuerung.

Pauschalbewertung – *Gesamtbewertung, Sammelbewertung;* Abkehr vom Grundsatz der → Einzelbewertung (§ 252 I Nr. 3 HGB) durch zusammenfassende Bewertung mehrerer Vermögensgegenstände. – *Zulässige Verfahren:* → Durchschnittsbewertung, Festbewertung (→ Festwert), → Gruppenbewertung, Bewertungsvereinfachungsverfahren gemäß § 256 HGB (→ Fifo, → Lifo,), retrograde Wertermittlung (Bewertung z.B. von Warengruppen im Einzelhandel mit dem um die Bruttospanne gekürzten Verkaufspreis, also pauschal geschätzten Anschaffungskosten bzw. niedrigeren → beizulegenden Werten).

Pauschale – Gesamtvergütung anstelle von Einzelvergütungen, z.B. Pauschale für Überstunden. – Vgl. auch → Pauschalpreis.

pauschale Lohnsteuer → Pauschalierung der Lohnsteuer.

pauschalierter Abgabensatz – durch Rechtsverordnung (ZollV) festgesetzter Pauschsatz zur Abgeltung sämtlicher → Einfuhrabgaben für weder zum Handel noch zur gewerblichen Verwendung bestimmter Waren, deren abgabenpflichtiger Wert je Sendung oder je Reisender insgesamt nicht mehr als 700 Euro beträgt. Anwendung nur, wenn der Zollanmelder nicht Verzollung nach dem Zolltarif und Versteuerung nach den in Betracht kommenden Steuergesetzen beantragt (§ 29 ZollV). Durch pauschalierten Abgabensatz Vereinfachung und Beschleunigung der Zollabfertigung.

Pauschalierung – I. Einkommensteuer: Eine Pauschalierung der Einkommensteuer ist bei Kundenbindungsprogrammen und bei Sachzuwendungen möglich. – 1. *Kundenbindungsprogramme*: Auf Antrag des Unternehmens kann der nicht steuerfreie Teil der Sachprämie aus Kundenbindungsprogrammen (z.B. Miles-and-more) ab dem Veranlagungszeitraum 2004 mit 2,25 Prozent pauschal besteuert werden. Die Bemessungsgrundlage ist dabei der gesamte Wert der Prämien, die im Inland ansässigen Steuerpflichtigen zufließen. Das Unternehmen hat die Prämienempfänger von der Steuerübernahme zu unterrichten. – 2. *Sachzuwendungen:* Seit dem Veranlagungszeitraum 2007 können Sachzuwendungen des Arbeitgebers an den Arbeitnehmer und an Geschäftspartner sowie deren Arbeitnehmer pauschal besteuert werden. Der Pauschalierungssatz beträgt 30 Prozent (zzgl. Solidaritätszuschlag und Kirchensteuer). Die Vorschriften hierzu sind in § 37b EStG geregelt. Voraussetzung für die Anwendung der Pauschalierung ist, dass der Empfänger hierüber informiert wird. Die Zuwendungen werden beim Empfänger steuerlich nicht berücksichtigt. Die Pauschalsteuer ist als Lohnsteuer abzuführen. Eine Pauschalierung ist nicht zulässig, wenn die Einzelaufwendung bzw. die Summe der Aufwendungen je Empfänger und Wirtschaftsjahr 10.000 Euro übersteigen. Das Pauschalierungswahlrecht bei Sachzuwendungen an Arbeitnehmer gilt nicht für Tatbestände wie Firmenwagen, Durchschnittsbewertungen, Rabattgewährungen, Vermögensbeteiligungen etc. sowie nicht für Sachzuwendungen, die der pauschalen Besteuerung nach § 40 I EStG unterliegen.

II. Lohnsteuer: vgl. → Lohnsteuer.

Pauschalierung der Lohnsteuer – 1. *Begriff:* Vereinfachtes Verfahren zur Berechnung der Lohnsteuer für die Bezüge von Arbeitnehmern in bestimmten Fällen. Bei der Pauschalierung wird die Lohnsteuer vom Arbeitgeber nicht mit dem individuellen Steuersatz des Arbeitnehmers erhoben, sondern nach einem durchschnittlichen oder gesetzlich vorgegebenen Steuersatz; zugleich ist die pauschale Steuer endgültig (§§ 40 III, 40a V, 40b IV EStG). Der Arbeitnehmer braucht somit die pauschal besteuerten Bezüge auch in seiner Steuererklärung nicht mehr anzugeben. Allerdings muss der Arbeitgeber zu Kontrollzwecken die Fälle, in denen für Bezüge des Arbeitnehmers eine Pauschalierung der Lohnsteuer durchgeführt worden ist, im Lohnkonto aufzeichnen (§ 4 II 8 LStDV). – 2. *Fälle, in denen die Pauschalierung der Lohnsteuer zugelassen ist:* a) *Allgemein* (§ 40 I EStG): (1) wenn der Arbeitgeber sonstige Bezüge in einer größeren Zahl von Fällen gewährt, (2) wenn in einer größeren Zahl von Fällen Lohnsteuer nachzufordern ist, weil der Arbeitgeber die Lohnsteuer nicht vorschriftsmäßig einbehalten hat. – Voraussetzung für die Anwendung der Pauschalierung der Lohnsteuer ist in beiden Fällen, dass das Betriebsstättenfinanzamt die Pauschalierung der Lohnsteuer genehmigt, nachdem der Arbeitgeber einen entsprechenden Antrag gestellt hat; für sonstige Bezüge eines Arbeitnehmers von insgesamt mehr als 1.000 Euro im Kalenderjahr ist die Pauschalierung der Lohnsteuer stets ausgeschlossen. – b) *Pauschalierung bei ganz bestimmten Arten von Zahlungen oder Sachleistungen an die Belegschaft* (§ 40 II EStG): Mit einem gesetzlich festgelegten Pauschsteuersatz von 25 Prozent kann der Arbeitgeber die Lohnsteuer erheben für (1) Mahlzeiten, die verbilligt oder unentgeltlich abgegeben werden, und entsprechende Zuschüsse an das Gastronomie-Unternehmen, das die Arbeitnehmer beköstigt; (2) Arbeitslohn aus Anlass von Betriebsveranstaltungen, (3) Erholungsbeihilfen für den Arbeitnehmer, seinen Ehegatten oder seine Kinder, wenn sicher gestellt ist, dass bestimmte – bescheidene – Obergrenzen pro Kalenderjahr nicht überstiegen werden (aktuell 156 Euro für den Arbeitnehmer selbst, 104 Euro für seinen Ehegatten, 52 Euro für jedes Kind, § 40 II EStG), (4) Vergütungen für Verpflegungsmehraufwendungen, die über die gesetzlich als Werbungskosten absetzbaren Beträge hinaus gezahlt werden, allerdings nur bis zu weiteren 100 Prozent dieser gesetzlichen Grenzbeträge, (5) für die unentgeltliche oder verbilligte Überlassung von Personalcomputern, Zubehör und Internetzugang an Arbeitnehmer (Das betrifft allerdings nur die Übereignung solcher Anlagen, nicht die Erlaubnis zur bloßen privaten Mitbenutzung, weil diese schon nach § 3 Nr. 45 EStG steuerfrei ist). – 3. *Pauschalierung für die unentgeltliche oder verbilligte Beförderung eines Arbeitnehmers zwischen Wohnung und Arbeitsstätte und für Zuschüsse für Aufwendungen zu Fahrten zwischen Wohnung und Arbeitsstätte:* Der Arbeitgeber kann die Lohnsteuer in diesen Fällen mit 15 Prozent pauschal erheben, wenn die Zuschüsse bzw. Vorteile zusätzlich zum ohnehin geschuldeten Arbeitslohn geleistet werden und die Zuschüsse den Betrag nicht übersteigen, den der Arbeitnehmer als Werbungskosten geltend machen könnte. – 4. *Pauschalierung der Lohnsteuer für Teilzeitbeschäftigte und geringfügig Beschäftigte:* Zur steuerlichen Förderung geringfügiger Beschäftigungsverhältnisse kann der Arbeitgeber bei bestimmten Fällen die Lohnsteuer auf das reguläre Gehalt seiner Arbeitnehmer pauschal erheben. Hier sind unterschiedliche Fälle zu unterscheiden: (1) *Kurzfristige Beschäftigung* (gelegentliche Tätigkeit, keine regelmäßige Wiederkehr der Arbeitstätigkeit, nicht mehr als 18 zusammenhängende Arbeitstage): Sofern der Arbeitslohn 62 Euro pro Arbeitstag im Durchschnitt nicht übersteigt oder sofern die Beschäftigung zu einem unvorhersehbaren Zeitpunkt sofort erforderlich wird, kann der Lohn mit einem Pauschsteuersatz von 25 Prozent pauschal versteuert werden. Die Lohnsteuerkarte muss nicht vorgelegt werden (§ 40a I EStG). In diesem Fall darf der Arbeitslohn allerdings durchschnittlich pro Stunde 12 Euro nicht übersteigen, und der Arbeitnehmer darf außerdem nicht zu demselben Arbeitgeber schon in einem regulären Arbeitsverhältnis stehen. (2) *Geringfügige Beschäftigungen* im Sinn des Vierten Buches Sozialgesetzbuch können, unabhängig davon ob sie versicherungspflichtige oder versicherungsfreie geringfügige Beschäftigungsverhältnisse darstellen, pauschal versteuert werden. Hier wird, je nach sozialversicherungsrechtlicher Lage, entweder für Lohnsteuer, Solidaritätszuschlag und Kirchensteuer dann ein einheitlicher Pauschalsteuersatz von 2 Prozent gebildet (§ 40a II EStG) oder die Lohnsteuer mit einem Pauschsteuersatz von 20 Prozent erhoben (dann zzgl. der übrigen Steuern; § 40a IIa EStG). Die Vorlage einer Lohnsteuerkarte ist in beiden Fällen nicht erforderlich. (3) Für *Aushilfskräfte im Bereich der Land- und Forstwirtschaft* sind abweichende Pauschalierungen vorgesehen (§ 40a III EStG). Auch für diese Aushilfskräfte gelten die von den kurzfristigen Beschäftigungsverhältnissen bekannten Begrenzungen, dass der Stundenlohn max. 12 Euro betragen und der Arbeitnehmer nicht beim selben Arbeitgeber auch noch in einem regulären Arbeitsverhältnis stehen darf. – 5. *Pauschalierung der Lohnsteuer bei bestimmten Zukunftssicherungsleistungen* (§ 40b EStG): a) Für Zahlungen an eine → Pensionskasse zugunsten des Arbeitnehmers kann der Arbeitgeber bis zum Betrag von 1.752 Euro im Kalenderjahr die Lohnsteuer mit 20 Prozent pauschalieren. Voraussetzung ist, dass diese Maßnahmen der Altersvorsorge des Arbeitnehmers dienen. Darüber hinaus ist die Pauschalierung der Lohnsteuer ausgeschlossen, wenn die fraglichen

Beträge für den Arbeitnehmer 1.752 Euro pro Kalenderjahr übersteigen. Um Doppelförderungen zu vermeiden, wird die Pauschalierung der Lohnsteuer außerdem nur für Beträge erlaubt, die für das erste Dienstverhältnis des Arbeitnehmers gezahlt werden (also keine Pauschalierung der Lohnsteuer solcher Leistungen bei Steuerklasse VI), vgl. § 40b II EStG. – b) Schließt der Arbeitgeber für seine Arbeitnehmer eine Gruppenunfallversicherung ab, so kann er die Lohnsteuer für die Beiträge mit 20 Prozent pauschal versteuern, wenn sie anteilig pro Arbeitnehmer nicht mehr als 62 Euro im Kalenderjahr betragen. – c) Von Sonderzahlungen, die der Arbeitgeber neben den laufenden Beiträgen an eine Versorgungseinrichtung wie z.B. einen Pensionsfonds, eine Pensionskasse oder eine Direktversicherung leistet, ist die Lohnsteuer pauschal mit 15 Prozent der Sonderzahlungen zu erheben (§ 40b III EStG; § 19 I Nr. 3 Satz 2 EStG). – 6. *Pauschalierung der Einkommensteuer bei Sachzuwendungen:* a) Die Einkommensteuer für Zuwendungen, die nicht in Geld bestehen und zusätzlich zu einer ohnehin geschuldeten Gegenleistung erbracht werden, und für Geschenke an Personen, die nicht Arbeitnehmer des Steuerpflichtigen sind (entsprechend der Definition in § 4 V Nr. 1 EStG), dürfen mit einem Pauschsteuersatz von 30 Prozent der betreffenden Aufwendungen inkl. Umsatzsteuer abgegolten werden. Diese Pauschalierung betrifft nicht Fälle, in denen die Empfänger Arbeitnehmer des Steuerpflichtigen sind, jedoch gilt diese Pauschalsteuer ebenfalls als Lohnsteuer, und die Pauschalversteuerung hat ebenso wie die pauschale Lohnsteuer den Effekt, dass die Einkommensteuer auf die betreffenden Beträge für den Empfänger der Zuwendungen damit abgegolten ist (§ 37b III, IV EStG). Da es sich um Wahlrecht handelt, muss der Empfänger von einer evtl. Pauschalversteuerung durch die zuwendende Person unterrichtet werden, da er sonst hinsichtlich seiner eigenen steuerlichen Lage keine Rechtssicherheit haben könnte (§ 37b III EStG). – b) Die Einkommensteuer für Sachprämien, die einem Steuerpflichtigen im Rahmen einer beliebigen Einkunftsart zufließen, kann ebenfalls unter bestimmten Bedingungen vom Geber der Sachprämien in pauschaler Form abgegolten werden (§ 37a EStG). Auch in diesem Fall liegt nicht oder nicht jedenfalls zwangsläufig ein lohnsteuerlicher Fall vor, jedoch gilt (=Fiktion!) auch hier die bezahlte Pauschalsteuer als Lohnsteuer, und der Empfänger der Sachprämien ist von der Pauschalbesteuerung zu unterrichten.

Pauschalierung der Vorsteuer → Vorsteuerabzug.

Pauschalierungsmethode – Ermäßigung der inländischen Steuer auf bestimmte ausländische Einkünfte in pauschaler Form; Methode zur Vermeidung der → Doppelbesteuerung. Da durch die Pauschalierungsmethode eine Doppelbesteuerung nicht vollständig abgebaut wird oder Milderungen die Steuerbelastung stärker als notwendig senken, wird die Pauschalierungsmethode in → Doppelbesteuerungsabkommen (DBA) grundsätzlich nicht verwendet; lediglich gegenüber Ländern, mit denen kein Doppelbesteuerungsabkommen besteht, wird sie vom dt. Einkommensteuergesetz (§§ 34c, 34d EStG) jedoch unter Einhaltung bestimmter Voraussetzungen zugelassen. Bundes- und Länderfinanzminister müssen sich gemeinsam in einem Erlass darauf verständigen, unter welchen Bedingungen welche Steuerpflichtige in welchem Umfang von einer pauschalen Ermäßigung der Steuern Gebrauch machen können. – *Beispiel:* Auslandstätigkeiterlass mit Regelungen für ausländische Einkünfte unbeschränkt steuerpflichtiger Arbeitnehmer in bestimmten begünstigten Branchen; Pauschalierungserlass für bestimmte ausländische Einkünfte von Unternehmern.

Pauschalierung von Schadensersatzansprüchen – Abrede über die Höhe eines künftig unter bestimmten Voraussetzungen entstehenden Schadensersatzanspruches. Pauschalierungen von Schadensersatzansprüchen sind aufgrund der → Vertragsfreiheit grundsätzlich zulässig und von der → Vertragsstrafe zu unterscheiden. – In den *Allgemeinen Geschäftsbedingungen* ist die Vereinbarung eines pauschalierten Anspruchs des Verwenders auf Schadensersatz oder Ersatz einer Wertminderung dann unwirksam, wenn die Pauschale den in den geregelten Fällen nach dem gewöhnlichen Lauf der Dinge zu erwartenden Schaden oder die gewöhnlich eintretende Wertminderung übersteigt oder dem anderen Vertragsteil der Nachweis abgeschnitten wird, ein Schaden oder eine Wertminderung sei überhaupt nicht entstanden oder wesentlich niedriger als die Pauschale (§ 309 Nr. 5 BGB).

Pauschalpreis – ein ohne Rücksicht auf Einzelleistungen nach überschlägiger Schätzung vereinbarter Preis. – Vgl. auch → Pauschale.

Pauschalreise – 1. *Begriff:* Eine vom → Reiseveranstalter vorgenommene Bündelung von mind. zwei Hauptreiseleistungen wie Transport, Unterbringung, Verpflegung, Besuchsprogramm/ Ausflug, Transfer oder anderer Leistungen zu einem Arrangement, das zu einem Gesamtpreis verkauft wird. – 2. *Merkmale:* Eine Pauschalreise besteht aus mehreren, sich ergänzenden Dienstleistungen (meist fremder Leistungsträger = Hotel, → Fluggesellschaft oder andere), die zusammen mit der Organisationsleistung des Veranstalters und der Vertriebsleistung (offline/ online) dem Kunden die Organisation und Abwicklung seiner Urlaubsreise abnehmen. Die Preise der Einzelleistungen sind nicht mehr identifizierbar. Die Pauschalreise gilt als typisches Tourismusprodukt, obwohl nur ca 30 Prozent aller Urlauber pauschal vereisen. Es zeigt sich der Trend, die standardisierte Pauschalreise durch eine hohe Zahl von Produktvariationen zu individualisieren (→ Bausteinreise). Im Rahmen des → E-Commerce bietet „dynamic packaging" die Möglichkeit, das Produkt zu personalisieren, d.h. nach Kundenwunsch zu organisieren.

Pauschalsystem – Für Pkw gebräuchliche Form der → Insassenunfallversicherung. Beim Pauschalsystem ist jeder Insasse eines Kraftfahrzeugs mit dem Teilbetrag mitversichert, der sich aus dem Quotienten von Gesamtversicherungssumme und der Anzahl der mitfahrenden Personen ergibt. Bei zwei und mehr versicherten Personen erhöhen sich die Versicherungssummen um 50 Prozent (Sitzplatz-Unfallversicherung).

Pauschalwertberichtigungen → Wertberichtigungen für eine Bilanzposition insgesamt (nicht für die einzelnen Gegenstände).

Pauschbesteuerung – *Pauschalbesteuerung;* in bes. Ausnahmefällen zulässige Form der Besteuerung in Form der Festsetzung eines vom Steuerpflichtigen zu zahlenden → Pauschbetrages. – 1. *Einkommen- und Körperschaftsteuer:* Pauschbesteuerung ist nach den gesetzlichen Regeln möglich für die → ausländischen Einkünfte unbeschränkt Steuerpflichtiger, wenn es aus volkswirtschaftlichen Gründen zweckmäßig oder die Anrechnung ausländischer Steuern bes. schwierig ist (§ 34c V EStG, § 26 VI KStG; vgl. auch: → Pauschalierungsmethode; Methoden zur Beseitigung der → Doppelbesteuerung). Pauschbesteuerung ist außerdem möglich für die inländischen Einkünfte → beschränkt Steuerpflichtiger, wenn dies in einem bes. öffentlichen Interesse liegt, insbesondere bei Einkünften in Zusammenhang mit bedeutenden kulturellen oder sportlichen Ereignissen, um deren Vergabe ein internationaler Wettbewerb stattfindet, oder bestimmten kulturellen Veranstaltungen, die aus öffentlichen Mitteln gefördert werden (§ 50 IV EStG). – 2. *Lohnsteuer:* (1) Pauschbesteuerung im Rahmen der → Nachversteuerung von Vermögensbeteiligungen der Arbeitnehmer (§ 19a II EStG; § 7 I LStDV); (2) → Pauschalierung der Lohnsteuer.

Pauschbeträge – I. Pauschbeträge für Werbungskosten: Einkommensteuerlich bei der Ermittlung der Einkünfte (→ Einkünfteermittlung) abziehbare → Werbungskosten, wenn nicht höhere Werbungskosten nachgewiesen werden. – *Höhe:* (1) von den Einnahmen aus nichtselbständiger Arbeit: 920 Euro (sog. → Arbeitnehmer-Pauschbetrag), ab dem Veranlagungszeitraum 2011 1.000 Euro; (2) von den Einnahmen aus wiederkehrenden Bezügen und Unterhaltsleistungen: 102 Euro (§ 9a EStG).

II. Pauschbeträge für Betriebsausgaben: Anders als § 9a zu den Werbungskosten sieht das EStG keine allg. Pauschbeträge für Betriebsausgaben vor. Die Verwaltung lässt jedoch aus Gründen der Vereinfachung bei einzelnen Berufsgruppen oder Aufwendungsarten pauschale Abzüge zu. – *Beispiele:* doppelte Haushaltsführung, Reisekosten etc.

III. Pauschbeträge für Einnahmen: Einnahmen aus nichtselbständiger Arbeit werden z.T. pauschal angesetzt, z.B. wenn sie unter die Sachbezugsverordnung fallen, wie etwa die Gewährung von freier Kost und Wohnung (§ 8 II EStG, §§ 1 ff. SachBezVO). Auch die Nutzung eines betrieblichen Kfz zu privaten Fahrten oder Fahrten zwischen Wohnung und Arbeitsstätte führt zu pauschalierten Einnahmen (§ 8 II EStG).

IV. Pauschbeträge für Sonderausgaben: Einkommensteuerlich festgesetzte Mindestbeträge für → Sonderausgaben, die zur Anwendung gelangen, wenn keine höheren Aufwendungen nachgewiesen werden. Zu unterscheiden sind der → Sonderausgaben-Pauschbetrag und die Vorsorgepauschale (§ 10c EStG).

V. Pauschbeträge für außergewöhnliche Belastungen: Zur Abgeltung bestimmter → außergewöhnlicher Belastungen werden Pauschbeträge gewährt (vgl. §§ 33b, 33c EStG), die bei Ausstellung der Lohnsteuerkarte als → Freibeträge eingetragen werden können bzw. von Amts wegen einzutragen sind (§ 39a EStG). – 1. *Behinderten-Pauschbetrag:* zur Abgeltung der außergewöhnlichen Belastungen, die den Körperbehinderten unmittelbar aus ihrer Körperbehinderung erwachsen. – a) *Begünstigter Personenkreis:* (1) behinderte Menschen, deren Grad der Behinderung auf mind. 50 festgestellt ist; (2) behinderte Menschen, deren Grad der Behinderung auf weniger als 50, aber mind. auf 25 festgestellt ist, wenn dem behinderten Menschen wegen seiner Behinderung nach gesetzlichen Vorschriften Renten oder andere laufende Bezüge zustehen, und zwar auch dann, wenn das Recht auf die Bezüge ruht oder der Anspruch auf die Bezüge durch Zahlung eines Kapitals abgefunden worden ist bzw. behinderte Menschen, deren Behinderung zu einer dauernden Einbuße der körperlichen Beweglichkeit geführt hat oder auf einer typischen Berufskrankheit beruht. – b) Die *Höhe des Pauschbetrages* richtet sich nach dem Grad der dauernden Behinderung und beträgt zwischen 310 und 3.700 Euro. – c) Steht der Pauschbetrag einem *Kind des Steuerpflichtigen* zu, für das er einen → Kinderfreibetrag erhält, so wird der Pauschbetrag auf Antrag auf den Steuerpflichtigen übertragen, wenn ihn das Kind nicht in Anspruch nimmt. – 2. *Hinterbliebenen-Pauschbetrag:* a) *begünstigter Personenkreis:* Personen, denen laufende Hinterbliebenenbezüge gewährt worden sind, wenn die Bezüge nach dem Bundesversorgungsgesetz und ähnlichen Gesetzen, nach den Vorschriften über die gesetzliche Unfallversicherung, nach den beamtenrechtlichen Vorschriften an Hinterbliebene eines an Folgen eines Dienstunfalls verstorbenen Beamten oder nach den Vorschriften des Bundesentschädigungsgesetzes geleistet werden, auch wenn das Recht auf die Bezüge ruht oder der Anspruch auf die Bezüge durch Zahlung eines Kapitals abgefunden wurde. – b) Die *Höhe des Pauschbetrages* beträgt 370 Euro. – c) Übertragung des Pauschbetrages analog zum Behinderten-Pauschbetrag. – 3. *Pflege-Pauschbetrag:* a) *begünstigter Personenkreis:* Steuerpflichtige, denen Aufwendungen für eine Person erwachsen, die nicht nur vorübergehend so hilflos ist, dass sie für die gewöhnlichen und regelmäßig wiederkehrenden Verrichtungen im Ablauf des täglichen Lebens in erheblichem

Umfang fremder Hilfe bedürfen, falls der Steuerpflichtige die Pflege im Inland entweder in seiner Wohnung oder in der Wohnung des Pflegebedürftigen persönlich durchführt und er dafür keine Einnahmen erhält. – b) Die *Höhe des Pauschbetrages* beträgt 924 Euro. – 4. *Berufsausbildungs-Pauschbetrag:* → Ausbildungsfreibetrag, → Ausbildungskosten.

Pauschgebühr – von Klägern und Beklagten zu zahlende Gebühr für jede Streitsache am Sozialgericht, an der sie beteiligt sind (§ 184 SGG). Die Gebühr entsteht mit der Rechtshängigkeit der Streitsache und ist für jeden Rechtszug zu zahlen. Sie beträgt für das Verfahren vor dem Sozialgericht 150 Euro, vor dem Landessozialgericht 225 Euro und vor dem Bundessozialgericht 300 Euro. Die Pauschgebühr ermäßigt sich um die Hälfte, falls die Streitsache nicht durch Urteil erledigt wird und kann entfallen, wenn die Erledigung des Rechtsstreites auf einer Rechtsänderung beruht (§ 186 SGG). Gehört ein Prozessbeteiligter zum Personenkreis der Sozialversicherten, der Leistungsempfänger oder der behinderten Menschen, ist für ihn nach § 183 SGG das Verfahren vor den Sozialgerichten kostenfrei. Das gilt auch für denjenigen, der im Falle des Obsiegens zu dem oben genannten Kreis gehören würde. Im Verfahren nach der Zivilprozessordnung (seit dem 1.9.2009: nach dem Gesetz über das Verfahren in Familiensachen und in den Angelegenheiten der → freiwilligen Gerichtsbarkeit) sowie im Verfahren vor Gerichten der Sozial- und Finanzgerichtsbarkeit sind die Träger der → Sozialhilfe, der Grundsicherung für Arbeitsuchende, der Leistungen nach dem Asylbewerberleistungsgesetz, der → Jugendhilfe und der Kriegsopferfürsorge von den Gerichtskosten befreit (§ 64 III 2 SGB X).

Pauschsteuersatz – pauschaler Prozentsatz, nach dem in bestimmten Fällen die Steuer bemessen werden kann. – Vgl. auch → Pauschbesteuerung.

Pausen – *Ruhepausen.* 1. *Begriff:* Unterbrechungen der → Arbeitszeit, die der Nahrungsaufnahme und Erholung der Arbeitnehmer dienen. Die Pausen zählen grundsätzlich nicht zur Arbeitszeit (§ 2 I ArbZG); sie brauchen, wenn durch Arbeitsvertrag oder Tarifvertrag nichts anderes bestimmt ist, nicht vergütet zu werden. – 2. *Rechtliche Regelung:* Bei einer Arbeitszeit von mehr als sechs Stunden mind. halbstündige oder zwei viertelstündige *Ruhepausen* (§ 4 ArbZG). Besonderheiten herrschen bei Lenkzeiten im Straßenverkehr. Regelungen über Pausenräume bei Beschäftigung von mehr als zehn Arbeitnehmern oder bei bes. Arten der Beschäftigung in der → Arbeitsstättenverordnung. – Vgl. auch → Arbeitszeit, → Jugendarbeitsschutz. – 3. *Mitbestimmungsrecht:* Nach § 87 I Nr. 2 BetrVG hat der Betriebsrat ein erzwingbares Mitbestimmungsrecht in → sozialen Angelegenheiten hinsichtlich der Lage und Dauer der Pause (→ Lage der Arbeitszeit).

Pausengestaltung – Festlegung von Zeitpunkt, Häufigkeit und Dauer von Arbeitsunterbrechungen (→ Pausen). Pausengestaltung ist unter Berücksichtigung der Erkenntnisse der Arbeitswissenschaft so vorzunehmen, dass der Anstieg des Ermüdungsniveaus (→ Ermüdung) so gering wie möglich bleibt. – Vgl. Abbildung „Pausengestaltung".

Pay-as-You-Earn-Prinzip – Erhebung der Steuer im Rahmen des → Quellenabzugsverfahrens.

Pay-as-You-Use-Prinzip – finanzwissenschaftlicher Begriff für intergenerative Lastenverschiebung öffentlicher Verschuldung (→ Last der Staatsverschuldung); intertemporales → Äquivalenzprinzip. Die Ausgabenspitzen für langfristige Objekte sollen durch Anleihen finanziert werden, deren Tilgung von den nachfolgenden Generationen über Steuerzahlungen entsprechend dem aus diesen Objekten erlangten Nutzen aufgebracht wird. Nachteile sind die fehlende

Pausengestaltung

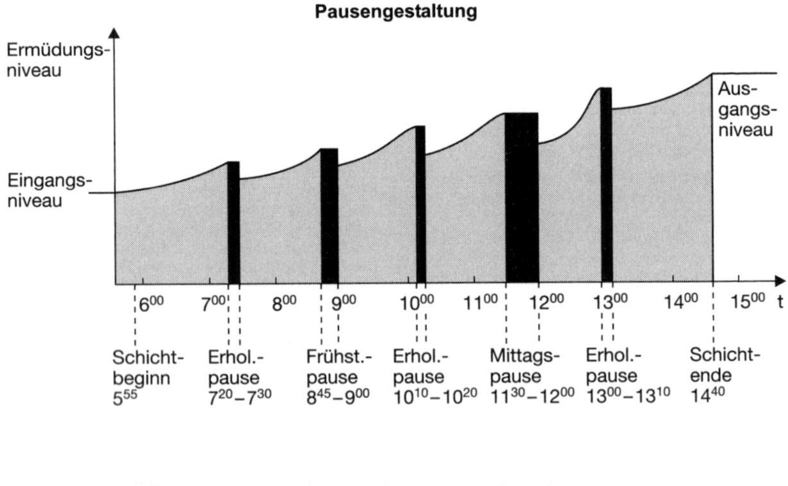

Quantifizierungsmöglichkeit des Nutzens, die Nichtberücksichtigung der Präferenzen späterer Generationen, die heute nicht gefragt werden können, sowie die schwer prognostizierbare Nutzungsdauer. – *Ähnlich:* → Intergeneration-Equity-Prinzip. – Vgl. auch → New Orthodoxy Approach, → Aggregate Investment Approach.

Payback Period → Amortisationsdauer.

Payment Guarantee → Zahlungsgarantie.

Payments Services Directive – Vgl. → Richtlinie über Zahlungsdienste im Binnenmarkt.

Pay per View – Programmkonzept, bei dem ein Fernsehsender sein Programm verschlüsselt ausstrahlt und die Nutzung einzelner Programmelemente individuell abgerechnet wird. – Vgl. auch → Near Video on Demand, → Video on Demand und → digitales Fernsehen.

PC – Abk. für → Personal Computer.

PCS – Abk. für → Port Communication System.

PCT – Abk. für → Patent Cooperation Treaty.

PDA – Abk. für → Personal Digital Assistent.

Peak Load Pricing – Preisbildungsregel für die Inanspruchnahme von Leistungen der → Infrastruktur, die die Nachfrage auf das (meist) wenig flexible Angebot abstimmen soll. Bei zeitlich flukturierender Nachfrage (z.B. öffentlicher Nahverkehr) werden in Spitzenzeiten höhere Preise erhoben als in Talzeiten. Die Preise sollen demnach die Knappheitsverhältnisse signalisieren, wobei nach Möglichkeit die direkten Kosten der Leistungserstellung jeweils gedeckt sind.

Peak-to-Peak-Methode – ursprünglich von der Wharton School of Finance and Commerce entwickeltes Verfahren zur Schätzung des → Produktionspotenzials einer Volkswirtschaft. – *Annahme:* In einem konjunkturellen Hochpunkt sind keine unausgelasteten Kapazitäten vorhanden, mithin entspricht in diesem Zeitpunkt die Produktion dem Produktionspotenzial. – *Methode:* Zwei nebeneinander liegende obere Umkehrpunkte des → Konjunkturzyklus werden miteinander verbunden, sodass ihre Verbindungslinie die Entwicklung des Produktionspotenzials angibt. Für den Zeitraum jenseits des letzten konjunkturellen Hochpunkts wird das Produktionspotenzial durch Extrapolation berechnet. – *Beurteilung:* An zwei oberen Umkehrpunkten können die Produktionskapazitäten nicht oder unterschiedlich ausgelastet sein. Beides kann zu gravierenden Verzerrungen in der Ermittlung des Produktionspotenzials führen.

Pearson-Bericht – im Jahr 1969 von einer Expertenkommission der Weltbank unter Leitung des ehemaligen kanadischen Premierministers Pearson vorgelegte Bestandsaufnahme zur → Entwicklungshilfe.

Peer Group – soziale → Gruppe von gleichaltrigen Jugendlichen, in der das Individuum soziale Orientierung sucht und die ihm als → Bezugsgruppe dient. Peer Groups haben eigene → Werte, → Einstellungen und Verhaltensweisen. Diese sind geprägt durch Unabhängigkeit von den Werten und Erwartungen der Erwachsenen. Peer Groups weisen jedoch eine starke Konformität gegenüber den Verhaltensnormen der eigenen Gruppe aus und akzeptieren die Führungsrolle von → Meinungsführern. Die Zugehörigkeit zu Peer Groups bestimmt entscheidend das Konsumverhalten der Jugendlichen.

Peer Review – I. Wirtschaftsprüfung: Verfahren zur → Überwachung der → Wirtschaftsprüfer (WP) in Gestalt einer → Prüfung der → Prüfer durch andere (unabhängige) Wirtschaftsprüfer mit dem Ziel der → Qualitätssicherung in der Wirtschaftsprüfung. Im Gegensatz dazu wird beim → Monitoring eine Überprüfung durch Berufsorganisationen oder Behörden durchgeführt. Der Peer Review wird in Deutschland im Rahmen der externen Qualitätskontrolle der Wirtschaftsprüfer angewendet. – Bis zur Verabschiedung des Sarbanes-Oxley-Acts of 2002 (SOA) nutzten auch die Wirtschaftsprüfer in den USA (Certified Public → Accountants) den Peer Review als Qualitätskontrollverfahren; dies war Vorbild für dessen Etablierung in Deutschland. Durch den SOA wurde in den USA nunmehr jedoch ein Monitoring-System eingerichtet.

II. Internationale Wirtschaftsbeziehungen: Element der NEPAD-Initiative (→ NEPAD) zur gegenseitigen Bewertung der afrikanischen Staaten; wird in diesem Fall von der UN-Wirtschaftskommission für Afrika in Addis Abeba durchgeführt. Peer Reviews werden auch in anderen Bereichen als Evaluierungsprinzip verwendet. Im Grundsatz geht es dabei stets um die Bewertung eines Projekts, einer Unternehmung oder einer Organisation durch Gleichrangige bzw. Gleichgestellte.

Peer-to-Peer (P2P) – Zusammenschluss von gleichberechtigten Arbeitsstationen in → Netzwerken, die den Einsatz von verteilten Anwendungen und den Austausch von → Dateien ermöglichen. Ein zentraler → Server ist hierfür nicht notwendig. Populär wurden P2P-Netzwerke durch den Austausch von Musik- und Videodateien über sog. Tauschbörsen.

Pendelverkehr – Beförderung von Personen und/oder Gütern durch zwischen zwei Orten hin- und herfahrende Transportmittel. Die Fahrten werden bei hoher Nachfrage nach → Fahrplan (z.B. Air Shuttle im Luftverkehr), nach dem Erreichen der Ladekapazität des Fahrzeuges, bei niedriger Nachfrage nach Einzelbedarf (z.B. kleiner Fährverkehr) ausgeführt.

Pendelwanderung – Sonderform der → Wanderung, die nicht mit einer Verlegung des Wohnorts verbunden ist. – 1. *Einteilung* der → Pendler: a) nach dem Zeitabstand der Rückkehr an den Wohnort: (1) *Tagespendler:* Tägliche Rückkehr; (2) *Wochenendpendler:* Wöchentliche Rückkehr; (3) Pendler, deren Rückkehr in *größeren Zeitabständen* erfolgt. – b) (1) *Auspendler:* vom Wohnort aus gesehen; (2)

Einpendler: vom Ausbildungs- oder Arbeitsort aus gesehen. Die Differenz zwischen Ein- und Auspendlern ergibt den *Pendlersaldo,* dient zur Ermittlung der → Tagesbevölkerung und → Wirtschaftsbevölkerung. – c) *Ausbildungspendler.* – 2. *Pendlerstatistik:* erfolgt im Rahmen von Volkszählungen; für die Raumplanung von großer Bedeutung.

Pendler – Berufstätige, deren → Arbeitsstätte außerhalb der Wohngemeinde liegt.

Pendlerpauschale → Entfernungspauschale.

Pendlerstatistik → Pendelwanderung.

Penetration – *Marktdurchdringung.* 1. Durchdringung eines Marktes oder einer Verbrauchergruppe mit Informationen oder Produkten. – 2. In der *Werbewirkungsmessung* (→ Werbewirkung) die Erinnerung der Verbraucher an eine bestimmte Produktwerbung, gemessen als Quotient aus der Zahl der Werbeerinnerer und der Zahl der Werbegemeinten (→ Bekanntheitsgrad). – 3. Im Zusammenhang mit *Neuproduktεinführungen* zur Prognose des zu erwartenden → Marktanteils des neuen Produktes innerhalb eines bestimmten Zeitraums. Hier ist die Penetration der Anteil der Käufer des Produkts an den Käufern der Warengruppe, gemessen seit der Markteinführung des Produkts. Die Penetration eines Produktes kann durch Preissenkungen und/oder Werbemaßnahmen beschleunigt und verstärkt werden.

Penetrationspreispolitik – *Marktdurchdringungspolitik;* Ansetzung niedriger Preise, um bei der Einführung neuer Produkte schnell einen Massenmarkt zu erschließen. – *Gegenteil:* Wertschöpfungspreispolitik.

Penetrationsrate – kumulierte Zahl der Käufer eines Produkts in einem Zeitraum im Verhältnis zur Zahl der Käufer der Warengruppe.

Penny Shares → Penny Stocks.

Penny Stocks – *Penny Shares;* US-amerikanische Aktien von meistens kleinen, noch unbekannten Firmen, die für weniger als 1 US-Dollar pro Stück außerbörslich angeboten werden. – In Deutschland gerieten Penny Stocks ins Gespräch mit dem Versuch der → Deutschen Börse AG, am → Neuen Markt für Aktien, deren Wert unter einen Euro gesunken war, Delisting-Regeln einzuführen. Zuletzt hat die Finanzkrise im Jahre 2008 einige neue Penny Stocks in den USA, aber auch zeitweilig im → DAX hervorgebracht.

Pension → Ruhegehalt der im öffentlichen Dienst stehenden Beamten. – Vgl. Beamtenversorgungsgesetz (BeamtVG).

Pensionsanwartschaft – *Ruhegeldanwartschaft, Versorgungsanwartschaft.* Aufschiebend bedingter Versorgungsanspruch, der mit Eintritt der Bedingungen (z.B. Erreichen der Altersgrenze) automatisch zum Vollrecht erstarkt. Das → Betriebsrentengesetz (BetrAVG) unterscheidet zwischen *verfallbarer und unverfallbarer Pensionsanwartschaft:* Die Unverfallbarkeit führt dazu, dass die Pensionsanwartschaft weiter besteht, auch wenn der Arbeitnehmer noch vor dem Eintritt des Versorgungsfalls aus dem Arbeitsverhältnis mit dem zusagenden Arbeitgeber ausscheidet.

Pensionsfonds – 1. *Begriff:* Rechtlich selbstständiger Versorgungsträger in der Rechtsform der Aktiengesellschaft oder des → Versicherungsvereins auf Gegenseitigkeit (VVaG), der auf seine im Wege der Kapitaldeckung durch Beiträge finanzierten Leistungen einen Rechtsanspruch gewährt. Durchführungsweg der → betrieblichen Altersversorgung (bAV). Zur Legaldefinition des Pensionsfonds siehe § 112 VAG. – 2. *Merkmale:* Ein Pensionsfonds ist eine rechtsfähige Versorgungseinrichtung, die a) über das → Kapitaldeckungsverfahren Leistungen der bAV erbringt, – b) die Höhe der Leistungen und Beiträge nicht für alle vorgesehenen Leistungsfälle durch versicherungsförmige Garantien zusagen darf, – c) den Arbeitnehmern einen eigenen Anspruch auf Leistung gegen den Pensionsfonds einräumt und – d) verpflichtet ist, die Altersversorgungsleistungen als lebenslange Zahlungen zu erbringen. Pensionsfonds unterliegen der Aufsicht durch die → Bundesanstalt für Finanzdienstleistungsaufsicht (BaFin). Sie sind durch eine große Freiheit in der Kapitalanlage gekennzeichnet. Durch die einschlägigen steuerlichen Regelungen – insbesondere § 3 Nr. 66 EStG – sind Pensionsfonds besonders für die Übernahme zuvor intern finanzierter Versorgungsverpflichtungen geeignet. – 3. *Aufsicht und anzuwendende Vorschriften:* Pensionsfonds werden vom Gesetzgeber nicht als Versicherungsunternehmen angesehen, aber weitgehend wie solche behandelt. Sie unterliegen wie Versicherer der Aufsicht nach § 1 I VAG. Für die Aufsicht gelten im Wesentlichen die Vorschriften über die Lebensversicherungsunternehmen; für den Pensionsfonds auf Gegenseitigkeit gelten die den VVaG betreffenden Vorschriften entsprechend. (Wegen der Abweichungen vgl. im Einzelnen § 113 VAG.) Die Anforderungen an die Kapitalausstattung lehnen sich an die für die Lebensversicherung geltenden Vorschriften an (vgl. die Verordnung über die Kapitalausstattung von Pensionsfonds, PFKAustV). Wegen der Anforderungen an die Kapitalanlagen vgl. § 115 VAG i.V.m. der Verordnung über die Anlage des gebundenen Vermögens von Pensionsfonds, PFKapAV. Bei der Berechnung der Deckungsrückstellung und bei der Rechnungslegung sind die Pensionsfonds-Aktuarverordnung und die Pensionsfonds-Berichterstattungsverordnung zu beachten. – 4. *Rechnungslegung:* Für die Kapitalanlagen der Pensionsfonds gilt die gleiche Unterteilung wie bei Versicherungsunternehmen: a) Kapitalanlagen auf eigene Rechnung und b) Kapitalanlagen auf Rechnung und Risiko von Arbeitgebern (→ Versicherungsnehmern). Die Einordnung in die beiden Klassen ist jedoch schwieriger. – 5. *Gesetzliche Grundlagen:* §§ 112-118 VAG. Zudem gelten die Vorschriften für Versicherungsunternehmen und

Pensionsfonds nach §§ 341-341p HGB (ausgenommen, wegen fehlender Anwendungsvoraussetzungen, § 341d HGB) sowie die (weiteren) Vorschriften des VAG. Zusätzlich sind Ausweisfragen sowie der Ansatz und die Bewertung versicherungstechnischer Rückstellungen in der Verordnung über die Rechnungslegung von Pensionsfonds (RechPensV) geregelt. – 6. *Abgrenzungen:* Für Pensionsfonds gilt ähnliches wie für die → Pensionskasse. Der Unterschied zwischen Pensionsfonds und Pensionskassen besteht v.a. darin, dass in Pensionsfonds die Anlage von bis zu 90 % des Vermögens in Aktien zulässig ist. Die Investition in Anleihen, Investmentfonds, Immobilien und Schuldverschreibungen ist unbegrenzt möglich. Damit besteht eine höhere Renditemöglichkeit, aber auch ein höheres → Risiko.

Pensionsgeschäfte – 1. *Begriff:* a) → Offenmarktgeschäfte mit Rückkaufsvereinbarungen. Die → Deutsche Bundesbank führte bis zum 31.12.1998 im Rahmen ihrer Geldpolitik Pensionsgeschäfte zur Feinsteuerung am Geldmarkt überwiegend mit lombardfähigen festverzinslichen → Wertpapieren (Wertpapierpensionsgeschäfte), aber auch mit → Wechseln und → Devisen durch (→ Offenmarktpolitik). Im Rahmen der EWWK gaben die hieran beteiligten Staaten zum 1.1.1999 ihre geldpolitische Souveränität zugunsten der → Europäischen Zentralbank (EZB) auf. – b) Im Anschluss an Art.12 I der → Bankbilanzrichtlinie der EU in § 340b I HGB allg. definiert als „Verträge, durch die ein Kreditinstitut oder der Kunde eines Kreditinstituts (Pensionsgeber) ihm gehörende Vermögensgegenstände einem anderen Kreditinstitut oder einem seiner Kunden (Pensionsnehmer) gegen Zahlung eines Betrags überträgt und in denen gleichzeitig vereinbart wird, dass die Vermögensgegenstände später gegen Entrichtung des empfangenen oder eines im Voraus vereinbarten anderen Betrags an den Pensionsgeber zurückübertragen werden müssen oder können". Nicht als Pensionsgeschäfte in diesem Sinn gelten Devisentermingeschäfte, Finanztermingeschäfte und ähnliche Geschäfte sowie die Ausgabe eigener Schuldverschreibungen auf abgekürzte Zeit (§ 340b VI HGB). – 2. *Arten:* a) Ein *echtes Pensionsgeschäft* liegt vor, wenn der Pensionsnehmer die Verpflichtung übernimmt, die Vermögensgegenstände zu einem bestimmten oder vom Pensionsgeber zu bestimmenden Zeitpunkt zurückzuübertragen (§ 340b II HGB). – b) Ein *unechtes Pensionsgeschäft* liegt vor, wenn der Pensionsnehmer lediglich berechtigt, aber nicht verpflichtet ist, die Vermögensgegenstände zu einem vorher bestimmten oder von ihm noch zu bestimmenden Zeitpunkt zurückzuübertragen (§ 340b III HGB). – 3. *Bilanzierung:* Bei echten Pensionsgeschäft sind die übertragenen Vermögensgegenstände in der → Bilanz des Pensionsgebers auszuweisen. Dieser hat in Höhe des für die Übertragung erhaltenen Betrags eine → Verbindlichkeit gegenüber dem Pensionsnehmer auszuweisen. Der Pensionsnehmer darf die Vermögensgegenstände nicht bilanzieren; er hat in Höhe des für die Übertragung gezahlten Betrags eine → Forderung an den Pensionsgeber auszuweisen (§ 340b IV HGB). Bei einem unechten Pensionsgeschäft sind die Vermögensgegenstände nicht vom Pensionsgeber, sondern vom Pensionsnehmer zu bilanzieren (§ 340b V HGB).

Pensionskasse – I. Charakterisierung: Rechtlich selbstständige Einrichtung, die ihren Mitgliedern einen Rechtsanspruch auf Leistungen der → betrieblichen Altersversorgung (bAV) gewährt; wird errichtet und getragen von Einzelunternehmen *(Einzelkasse)* oder von mehreren wirtschaftlich verbundenen oder nicht verbundenen Unternehmen *(Konzernkasse* oder *Gruppenkasse);* neben Unternehmen auch Verbände. – *Mitglieder:* Derzeitige oder auch frühere Zugehörige des Trägerunternehmens, evtl. auch deren Angehörige. – *Mitbestimmung* des Betriebsrates nach § 87 I Nr. 8 BetrVG (→ Sozialeinrichtung) gegeben. – Die Pensionskasse betreibt *Versicherungsgeschäfte* im Sinn des Versicherungsaufsichtsgesetzes (VAG) und unterliegt damit der → Versicherungsaufsicht (VA). – *Rechtsform:* → Versicherungsverein auf Gegenseitigkeit (VVaG) oder → Aktiengesellschaft (AG). – *Zulassung* zum Geschäftsbetrieb durch die Aufsichtsbehörde. Ihr ist auch die Rechnungslegung nachzuweisen. Vorgeschrieben ist ferner die Aufstellung eines technischen Geschäftsplans in festen Zeitabständen. Zum 1.1.2006 wurden die Pensionskassen durch Änderung des Versicherungsaufsichtsgesetzes (VAG) dereguliert und unterliegen seitdem weitgehend den gleichen Anforderungen an Rechnungszins und Kalkulation wie normale Lebensversicherungsunternehmen. Auf Antrag gemäß § 118b III des VAG kann jedoch der Zustand der Regulierung wieder hergestellt werden, eine Möglichkeit, die viele der bereits vor dem Jahr 2006 existierenden Alt-Pensionskassen auch genutzt haben.

II. Besteuerung der Pensionskasse: 1. *Steuerbefreiung:* a) *Voraussetzungen* (§ 5 I Nr. 3 KStG): (1) Die Kasse muss rechtsfähig sein (VVaG oder AG) und einen Rechtsanspruch auf die Leistungen einräumen. (2) Sie muss sich auf derzeitige oder frühere Zugehörige (einschließlich deren Angehörigen) einzelner oder mehrerer wirtschaftlicher Geschäftsbetriebe, der Spitzenverbände der freien Wohlfahrt oder auf Arbeitnehmer sonstiger Körperschaften, Personenvereinigungen und Vermögensmassen beschränken. (3) Die ausschließliche und unmittelbare Verwendung des Vermögens und der Einkünfte der Pensionskasse muss satzungsgemäß und tatsächlich für die Zwecke der Kasse dauernd gesichert sein. (4) Das nach Grundsätzen ordnungsmäßiger Buchführung (GoB) unter Berücksichtigung des von der Versicherungsaufsichtsbehörde genehmigten Geschäftsplans auszuweisende Vermögen darf nicht höher sein als die Verlustrücklage (VVaG) bzw. der dieser Rücklage entsprechende Teil des Vermögens. (5) Der Betrieb der Pensionskasse muss nach dem Geschäftsplan und nach Art und Höhe der Leistungen eine soziale Einrichtung darstellen. Rechtsfähige Pensionskassen sind nur dann soziale Einrichtungen, wenn die drei folgenden Voraussetzungen (§ 1 KStDV) erfüllt sind: Die Leistungsempfänger dürfen sich in der Mehrzahl nicht aus dem Unternehmer oder bei Gesellschaften in der Mehrzahl nicht aus den Gesellschaftern nebst Angehörigen zusammensetzen. Bei Auflösung der Pensionskasse darf das Vermögen satzungsgemäß nur den Leistungsempfängern oder deren Angehörigen zugute kommen oder ausschließlich für → gemeinnützige Zwecke oder → mildtätige Zwecke verwendet werden. Außerdem dürfen die Rechtsansprüche der Leistungsempfänger bestimmte Höchstgrenzen nicht übersteigen (§ 2 KStDV). – b) *Kleinere Versicherungsunternehmen* (§ 5 I Nr. 4 KStG): VVaG sind von der Körperschaftsteuer befreit, wenn (1) ihre Beitragseinnahmen im Durchschnitt der letzten drei Wirtschaftsjahre einschließlich des im Veranlagungszeitraum endenden Wirtschaftsjahres bei Lebens- oder Krankenversicherern 797.615 Euro, ansonsten 306.775 Euro nicht überstiegen haben, oder (2) sich der Geschäftsbetrieb auf die Sterbegeldversicherungen beschränkt und die Voraussetzungen als soziale Einrichtung erfüllt sind. – 2. *Steuerpflicht:* a) *Partielle Steuerpflicht:* Tritt ein, wenn das höchstzulässige Kassenvermögen überschritten ist, d.h. wenn das Vermögen der Pensionskasse höher ist als die für einen VVaG zu bildende Verlustrücklage. Pensionskasse ist entsprechend der Überdotierung anteilig steuerpflichtig (§ 6 I KStG). Die partielle Steuerpflicht entfällt rückwirkend, wenn das überdotierte Vermögen innerhalb von 18 Monaten zu bestimmten Zwecken verwendet wird namentlich zur Leistungserhöhung, zur Auszahlung an das Trägerunternehmen, zur Verrechnung mit Zuwendungen des Trägerunternehmens, zur gleichmäßigen Herabsetzung künftiger Zuwendungen des Trägerunternehmens oder zur Verminderung der Beiträge der Leistungsempfänger (§ 6 II KStG). – b) *Besteuerung beim Arbeitnehmer und Pensionär bei Altverträgen bis 2004:* In der Ansparphase werden bis 4 Prozent der Beitragsbemessungsgrenze in der gesetzlichen Rentenversicherung (§ 3 Nr. 63 EStG) freigestellt. Beiträge in die Pensionskassen, die über dem Freibetrag liegen, können bis 1.752 Euro mit 20 Prozent pauschal versteuert werden (§ 40b EStG). Bei Auszahlung werden die Leistungen als sonstige Einkünfte (§ 22 EStG) folgendermaßen besteuert: (1) soweit die Beiträge steuerfrei waren, erfolgt eine Besteuerung in vollem Umfang (2) bei Pauschalversteuerung erfolgt eine Besteuerung mit dem gleichbleibenden Ertragsanteil. Eine Kapitalauszahlung ist jedoch steuerfrei, (3) In Mischfällen erfolgt eine Aufteilung (→ Rentenbesteuerung). – Vgl. auch → Direktversicherung. – c) *Besteuerung beim Arbeitnehmer und Pensionär bei Neuverträgen ab 2005*: Mit der Einführung des Alterseinkünftegesetzes wurde eine umfassende Änderung bei der Rentenbesteuerung vorgenommen. Wie bisher werden in der Ansparphase bis zur Höhe von 4 Prozent der Beitragsbemessungsgrenze der gesetzlichen Rentenversicherung von der Einkommensteuer sowie von der Sozialversicherung befreit. Neu ist, dass der steuerfreie Betrag bis um weitere 1.800 Euro erhöht werden kann. Dies gilt jedoch nur für Direktversicherung nach § 3 Nr. 63 EStG, wenn die Beiträge nicht pauschal nach § 40b EStG besteuert werden. Beiträge zur Pensionskasse, die aus individuell versteuertem oder aus einem Einkommen resultiert, welches der Sozialversicherung unterliegt, können nach § 10a EStG als Sonderausgaben steuermindernd berücksichtigt werden oder nach §§ 79 ff EStG durch eine Altersvorsorgezulage gefördert werden. Die späteren Rentenleistungen in der Auszahlungsphase sind dann in vollem Umfang als sonstige Einkünfte zu besteuern (→ nachgelagerte Besteuerung, § 22 Nr. 5 S. 1 EStG), – d) *Abgrenzung von Neu- und Altverträgen:* Bei Zusage, die arbeitgeberfinanziert ist, ist der Zeitpunkt der Versorgungszusage entscheidend. Bei Zusagen durch Betriebsvereinbarung oder Tarifvertrag bis 2004 ist der Zeitpunkt des Eintritts des Arbeitnehmers in den Betrieb maßgebend. Bei Entgeltumwandlung kommt es auf den Zeitpunkt der Gehaltsänderungsvereinbarung an, nicht jedoch, wenn die erstmalige Umwandlung mehr als 12 Monate nach der Vereinbarung vorgenommen wird. – e) *Zuwendungen des Arbeitgebers* aus dem ersten Dienstverhältnis an eine Pensionskasse, welche zum Aufbau einer nicht kapitalgedeckten betrieblichen Altersversorgung dienen und bei denen die Versorgung in Form einer Rente oder eines Auszahlungsplans vorgesehen ist, sind nach dem 31.12.2007 steuerfrei (§ 3 Nr. 56 EStG), soweit die Zuwendung im Kalenderjahr 1 Prozent der Beitragsbemessungsgrenze der allg. Rentenversicherung nicht übersteigt. Der Höchstsatz steigt stufenweise ab dem 1.1.2014 auf 2 Prozent an, ab dem 1.1.2020 auf 3 Prozent und ab dem 1.1.2025 auf 4 Prozent. Die Beiträge sind um steuerfreie Beiträge zur betrieblichen Altersversorgung zu mindern (nach § 3 Nr. 63 EStG).

Pensionsordnung – *Ruhegeldordnung, Ruhegeldrichtlinien;* Zusammenfassung der Bestimmungen der betrieblichen Versorgungszusage für eine Gruppe von Personen (Arbeitnehmern) anstelle einer Vielzahl von Einzelversorgungszusagen mit gleichgelagertem Inhalt (→ vertragliche Einheitsregelung), z.B. für alle Arbeitnehmer oder eine bestimmte Gruppe eines Unternehmens (→ Gesamtzusage). Eine Pensionsordnung ist nicht notwendig eine → Betriebsvereinbarung. Die Pensionsordnung enthält ein Angebot an die Arbeitnehmer des Betriebs ohne näher umschriebenen Empfängerkreis. Da durch Pensionsordnungen die Arbeitnehmer begünstigt werden, ist eine bes. Annahmeerklärung (§ 151 BGB) nicht zu erwarten. Die Aushändigung der Pensionsordnung an jeden Arbeitnehmer ist möglich, jedoch ist der Aushang am „schwarzen Brett“ des Unternehmens üblich. Derartige Erklärungen verpflichten den Arbeitgeber und begründen Anwartschaften

(→ Pensionsanwartschaft) und Ansprüche der begünstigten Arbeitnehmer. – Vgl. auch → vertragliche Einheitsregelung.

Pensionsrückstellungen – I. Allgemein: Bilanzausweis für eine ungewisse Verpflichtung, die aus einer → Direktzusage im Rahmen der betrieblichen Altersversorgung (bAV) resultiert. Der steuerlich relevante Berechnungsmodus ist in § 6a EStG geregelt.

II. Handelsbilanz → Bei der Bilanzierung von Pensionsverpflichtungen unterscheidet das HGB in mittelbare und unmittelbare Verpflichtungen. Für unmittelbare Verpflichtungen (die aus einer arbeitsrechtlichen Zusage gewachsene Leistungsverpflichtung seitens des Arbeitgebers besteht direkt gegenüber dem Arbeitnehmer) ist die Passivierungspflicht gem. § 249 I S. 1 HGB einschlägig. Für Altzusagen, d.h. unmittelbare Zusagen, die vor dem 1.12.1987 erteilt wurden, und deren Erhöhung in Folgejahren besteht gem. Art. 28 I S. 2 EGHGB ein Passivierungswahlrecht. Unternehmen, die von dem Wahlrecht Gebrauch machen, haben die in der Bilanz nicht ausgewiesenen Rückstellungen im Anhang anzugeben. Für mittelbare Verpflichtungen (Leistungsverpflichtung gegenüber einem mit der Abwicklung der betrieblichen Altersversorgung betrauten Rechtsträger) besteht für die Unterdeckung ein Passivierungswahlrecht gem. Art. 28 I S. 2 EGHGB. Die Unterdeckung ist im Anhang anzugeben, wenn diese nicht passiviert wurde. Die Angabe bezieht sich auch auf ähnliche mittelbare und unmittelbare Pensionsverpflichtungen. – Grundsätzlich sind gem. § 253 II S. 1 HGB alle Rückstellungen mit einer Restlaufzeit von mehr als einem Jahr einheitlich mit dem ihrer Laufzeit entsprechenden durchschnittlichen Marktzinssatz der vergangenen sieben Geschäftsjahre abzuzinsen. Rückstellungen für Altersversorgungsverpflichtungen dürfen jedoch gem. § 253 II S. 2 HGB pauschal mit dem durchschnittlichen Marktzinssatz abgezinst werden, der sich bei einer angenommenen Restlaufzeit von 15 Jahren ergibt. Der anzuwendende Abzinsungszinssatz wird von der Deutschen Bundesbank nach Maßgabe einer Rechtsverordnung ermittelt und monatlich im Internetportal der Deutschen Bundesbank veröffentlicht. Erwartete Preis- und Kostensteigerungen sind bei der Rückstellungsbewertung zu berücksichtigen, was sich aus dem Wortlaut des § 253 I S. 2 HGB ergibt, wonach Rückstellungen „in Höhe des nach vernünftiger kaufmännischer Beurteilung notwendigen Erfüllungsbetrages anzusetzen" sind.

Pensions-Sicherungs-Verein auf Gegenseitigkeit (PSVaG) – Selbsthilfeeinrichtung der dt. Wirtschaft zum Schutz der → betrieblichen Altersversorgung (bAV)im Fall der Insolvenz des Arbeitgebers. Geschützt werden laufende Versorgungsleistungen und unverfallbare Anwartschaften (§ 7 BetrAVG). Der Pensions-Sicherungs-Verein auf Gegenseitigkeit wird über Beiträge der insolvenzversicherungspflichtigen Arbeitgeber finanziert (§ 10 BetrAVG). 2006 erfolgte die Umstellung der Finanzierung vom bis dahin geltenden Rentenwertumlageverfahren auf ein Kapitaldeckungsverfahren.

Pensions-Sondervermögen → Altersvorsorge-Sondervermögen.

Pensionsverpflichtungen – Verpflichtungen (i.d.R.) eines Unternehmers oder eines Unternehmens aus der Zusage einer bestimmten Alters-(Invaliden-) und/oder Hinterbliebenenversorgung (Alters- und → Hinterbliebenenversorgung, → betriebliche Altersversorgung (bAV)). – 1. *Rechtsgrundlagen:* In Betracht kommen Vertrag, Betriebsvereinbarung, Tarifvertrag, Besoldungsordnung, betriebliche Übung oder der Grundsatz der → Gleichbehandlung. Begünstigt werden können nicht nur die Arbeitnehmer des Unternehmens (im arbeitsrechtlichen Sinn), sondern alle, die in einem Mitarbeiterverhältnis zum Unternehmer oder Unternehmen stehen und bei denen die Versorgung als Leistungsentgelt gewährt wird. – Die Pensionsanwartschaft setzt regelmäßig eine längere Tätigkeit im Betrieb voraus. – 2. *Leistungen:* Gegenstand der Pensionsverpflichtungen können sein: (1) laufende, gleichbleibende oder steigende Leistungen in Form von Geld oder Sachwerten; (2) eine einmalige Kapitalabfindung. – 3. *Steuerrecht:* Es dürfen nur für bestimmte Pensionsverpflichtungen Rückstellungen gebildet werden. Passivierungsfähig sind nur Lasten aus solchen Pensionsverpflichtungen, die auf einer rechtsverbindlichen, vorbehaltslosen oder allenfalls mit einem steuerunschädlichen Vorbehalt versehenen Versorgungszusage beruhen. – Vgl. auch → Pensionsrückstellungen.

Pensionszusage – Zusage des Arbeitgebers, eine → betriebliche Altersversorgung (bAV) zu gewähren. Der Begriff wird häufig verwandt, wenn eine → Direktzusage erteilt wird.

Pensumlohn – Lohnvereinbarung, die die Verpflichtung des Arbeitnehmers enthält, in einem bestimmten Zeitabschnitt eine bestimmte Leistung (Pensum) zu erbringen. – Zu unterscheiden sind: → Festlohn und → Programmlohn. Neue Lohnformen, die auf einer erwarteten, festgelegten oder geplanten Tagesleistung basieren, finden zunehmend Anwendung, da aufgrund zunehmender Mechanisierung und Automatisierung der Einfluss des Arbeitnehmers auf das Produktionsergebnis und damit die → Akkordfähigkeit abnimmt.

per – Lat. für *durch;* der → Zeichnung des → Handlungsbevollmächtigten vor seinem Namen beizufügender Zusatz. Auch → in Vollmacht (i.V.) gebräuchlich. – Mit → ppa. darf er nicht zeichnen, da dieser Zusatz dem Prokuristen vorbehalten ist.

Percentage of Completion Method – Bilanzierungsmethode, die bei periodenübergreifenden Produktion einen anteiligen Gewinnausweis nach dem Grad der Fertigstellung erlaubt. Im Gegensatz zum dt. Handelsrecht, das i.d.R. keine vorzeitige → Gewinnrealisation bei langfristiger Fertigung gestattet, ist nach den International Financial Reporting

Standards (IAS/IFRS) sowie nach den United States Generally Accepted Accounting Principles (→ US-GAAP) eine Teilgewinnrealisation während der Fertigstellungsphase möglich. Nach IAS 11 „Construction Contracts" können Gewinne anteilmäßig nach dem jeweiligen Grad der Fertigstellung vereinnahmt werden. Drohende Verluste werden hingegen in ihrer Gesamtheit sofort GuV-wirksam verbucht. – Vgl. auch → Completed Contract Method, → Erlösrealisation.

Peren-Clement-Index – 1. *Begriff:* Der Peren-Clement-Index stellt einen Risikoindex zur Einschätzung von Länderrisiken bei Direktinvestitionen dar. Dieser hat sich neben dem Beri-Index (Business Environment Risk Index, kurz → BERI) in der unternehmerischen Praxis global etabliert. – 2. *Bewertungsfaktoren:* Der Risiko-Index wird durch die folgenden drei Faktoren bestimmt, die unterschiedlich gewichtet werden: a) unternehmensübergreifende Faktoren, b) Kosten- und produktionsorientierte Faktoren und c) absatzorientierte Faktoren. – a) *Unternehmensübergreifende Faktoren:* Dazu zählen politisch-soziale Stabilität, staatliche Einflussnahme auf Unternehmensentscheidungen und bürokratische Hemmnisse, allgemeine Wirtschaftspolitik, Investitionsanreize, Durchsetzbarkeit vertraglicher Vereinbarungen und die Einhaltung von Schutzrechten bei Technologie- und Know-how-Transfer. – b) *Kosten- und produktionsorientierte Faktoren:* Dazu zählen rechtliche Beschränkungen der Produktion, Kapitalkosten im Standortland und Möglichkeiten des Kapitalimports, Verfügbarkeit und Kosten des Erwerbs

Gewichtete Bewertungsfaktoren			
Unternehmensübergreifende Faktoren	*Punkte*	*Gewichtung*	*Ergebnis*
Politisch-soziale Stabilität	....	2	....
Staatliche Einflussnahme auf Unternehmensentscheidungen und bürokratische Hemmnisse	....	2	....
Allgemeine Wirtschaftspolitik	....	2	....
Investitionsanreize	....	1,5	....
Durchsetzbarkeit vertraglicher Vereinbarungen	....	3	....
Einhaltung von Schutzrechten bei Technologie- und Know-how Transfer	....	2,5	....
Kosten-, produktionsorientierte Faktoren			
Rechtliche Beschränkungen der Produktion	....	2,5	....
Kapitalkosten im Standortland und Möglichkeiten des Kapitalimports	....	2	....
Verfügbarkeit und Kosten des Erwerbs von Grundstücken und Immobilien	....	1,5	....
Verfügbarkeit und Kosten der Arbeit	....	3	....
Verfügbarkeit und Kosten von Anlagegütern, Roh-, Hilfs- und Betriebsstoffen im Standortland	....	2	....
Handelshemmnisse bei Güterimport	....	2	....
Verfügbarkeit und Qualität der Infrastruktur sowie staatlicher Dienstleistungen	....	2	....
Absatzorientierte Faktoren	....		....
Größe und Dynamik des Marktes	....	3	....
Wettbewerbssituation	....	2,5	....
Zuverlässigkeit, Qualität einheimischer Vertragspartner	....	2	....
Qualität und Möglichkeiten des Absatzes	....	2	....
Handelshemmnisse bei Export aus dem Standortland	....	2,5	....
	Summe	40	

von Grundstücken und Immobilien, Verfügbarkeit und Kosten der Arbeit, Verfügbarkeit und Kosten von Anlagegütern, Roh-, Hilfs- und Betriebsstoffen im Standortland, Handelshemmnisse bei Güterimport und Verfügbarkeit und Qualität der Infrastruktur sowie staatlicher Dienstleistungen. – c) *Absatzorientierte Faktoren:* Dazu zählen Größe und Dynamik des Marktes, Wettbewerbssituation, Zuverlässigkeit, Qualität einheimischer Vertragspartner, Qualität und Möglichkeiten des Absatzes und Handelshemmnisse bei Export aus dem Standortland. – Je nach Investitionstyp bzw. Motiven der jeweiligen Unternehmen ergeben sich andere Standortfaktoren bzw. unterschiedliche Gewichtungen der verschiedenen Faktoren. Für die kostenorientierte Auslandsinvestition werden die Faktoren der kosten- und produktionsorientierten Faktoren ein höheres Gewicht bekommen und sich die Standortwahl danach entscheiden. Hingegen werden für die absatzorientierten Investitionen die Faktoren wie Wettbewerbssituation und Größe des Marktes eine höhere Bedeutung erlangen. – 3. *Vorgehensweise:* a) zunächst erfolgt zu den ausgewählten Faktoren jeweils eine individuelle Gewichtung, die je nach Wichtigkeit der einzelnen Faktoren zwischen 1,5 und 3 liegen kann (vgl. Abbildung „gewichtete Bewertungsfaktoren"). b) In einem weiteren Schritt werden zu jedem einzelnen Faktor Punkte für das analysierte Land vergeben. Die Spanne reicht dabei von 0 (extrem ungünstig) bis 3 (außerordentlich günstig). Diese werden dann in die obige Tabelle eingetragen und mit der jeweils vorher festgelegten Gewichtung multipliziert. Dadurch ergibt sich eine erreichte Gesamtpunktzahl für das jeweilige Land. Die Gesamtpunktzahl kann folgendermaßen interpretiert werden: Durch die Multiplikation der Maximalpunktzahl 3 mit den jeweils ausgewählten Gewichtungen der einzelnen Faktoren ergibt sich eine maximal erreichbare Punktzahl. Für das oben aufgeführte Beispiel ergibt sich eine maximal erreichbare Gesamtpunktzahl von 120 Punkten. – c) In einem weiteren Schritt erfolgt dann eine Klassifizierung des Auslandsrisikos (vgl. Abbildung „Abstufung von Länderrisiken").

Abstufung von Länderrisiken (auf der Basis von maximal 120 Punkten):

Über 90 Punkte = kein erkennbares Risiko,

80 – 89 Punkte = geringes Risiko,

70 – 79 Punkte = mäßiges Risiko und Hindernisse im täglichen Betrieb, Risikoabsicherung empfohlen,

60 – 69 Punkte = relativ hohes Risiko, schlechtes Investitionsklima, Risikoabsicherung unumgänglich,

unter 60 Punkte = Standort ist für Direktinvestitionen nicht zu empfehlen.

Anhand der in der Tabelle für das jeweilige Land erreichten Gesamtpunktzahl lassen sich die jeweiligen Länderrisiken in Klassen abstufen und eine Risikoeinschätzung kann gegeben werden. – d) Von hohem Nutzen ist die Verwendung von kritischen Größen, den sog. Knock-out-Variablen. Werden vorher bestimmte Schlüsselfaktoren als Knock-out-Variablen festgelegt und erhält ein Land darin Punktewerte kleiner 2, so ist die Direktinvestition abzulehnen. Das gilt auch für den Fall, dass alle anderen Faktoren positive Werte erhalten haben und die Gesamtpunktzahl ein gutes Ergebnis aufzeigt und damit den Standort als positiv erscheinen lässt.

perfekte Gleichgewichte → Spieltheorie.

perfekte Kapitalmobilität → internationale Kapitalmobilität.

Performance – I. Management: Maß für die Erfüllung einer vorgegebenen Leistung, z.B. das Verhältnis des erreichten Umsatzes zu einem angestrebten Umsatzziel für eine Periode.

II. Wertpapiergeschäft: *I.w.S.* der Anlageertrag eines Portfolios bzw. eines einzelnen Wertpapiers, wobei dieser Erfolg sich aus Kurserfolg und Dividende zusammensetzt; *i.e.S.* Vergleich des Anlageerfolges zu einer entsprechenden Benchmark (so gesehen lässt sich die Performance eines im → Deutschen Aktienindex (DAX) enthaltenen Wertpapiers durch Gegenüberstellung mit dem Verlauf des DAX als Benchmark ermitteln). – In der *Kapitalmarkttheorie* bezeichnet die Performance die Zielgröße der Asset Allocation. Als mathematische Berechnungsvorschrift kann die Formel

$$Performance = \frac{Anlagenrendite - Benchmarkrendite}{Risikomaß}$$

Verwendung finden. Somit gehen sowohl Kurssteigerungen und Dividenden als auch Risiken in die Performance von Anlagetiteln ein.

III. EDV: 1. Verhalten eines Softwareprodukts bei der Ausführung; v.a. beurteilt anhand der *Laufzeiteffizienz* (→ Effizienz) und der → Antwortzeiten. – 2. Verarbeitungsleistung eines → Computers; wird üblicherweise in → MIPS gemessen.

Performance Budget – *Leistungsbudget;* nach dem Zweiten Weltkrieg in den USA und in den Niederlanden diskutiertes und in Teilbereichen der Verwaltung eingeführtes Gliederungssystem für öffentliche Haushaltspläne. Neben der Gliederung in Sachgebiete (→ Funktionenbudget) soll das Performance Budget auch Auskunft über den durch die Ausgaben erzielten Erfolg geben. – *Beispiel:* Statt „4 Mrd. Euro für Straßenbau" u.Ä. „200 km Straßen durch Ausgabe von 4 Mrd. Euro". – Vgl. auch → Haushaltssystematik.

Performance Fund → Investmentfonds, der möglichst hohen Wertzuwachs (und nicht möglichst hohe Ausschüttungen) des Vermögens anstrebt.

Performance Guarantee (Bond) → Vertragserfüllungsgarantie.

Performanceindex – Darstellung des Entwicklungsstandes des Kurses und sämtlicher weiterer Wertentwicklungen von Aktien und Renten. So werden bei Aktien die Dividendenzahlungen als wieder angelegte Beträge betrachtet und dem Kurswert hinzugefügt, bei Rentenpapieren die Zinszahlungen. Daneben werden weitere Erträge wie z.B. aus dem Verkauf von Bezugsrechten berücksichtigt. – Gegenüber einem Kursindex zeigt der Performanceindex den gesamten Anlageerfolg. – Beispiel: → Deutscher Aktienindex (DAX).

Performance Measurement – Prozess zur Identifizierung und Quantifizierung von Leistungsindikatoren (→ Kennzahlen), die eine Aussage über das Maß der Zielerreichung bez. Qualität, Zeit und Kosten ermöglichen (→ Performance). Die Leistung ganzer Unternehmen, von Geschäftsbereichen, Abteilungen u.Ä. muss aus verschiedenen Perspektiven gemessen werden. Ein populäres Hilfsmittel ist die → Balanced Scorecard.

Peri – Giovanni Domenico, Genueser Kaufmann aus dem frühen 17. Jh. und Verfasser der bedeutendsten kaufmännischen Schrift der ausgehenden italienischen Renaissance: → Il Negoziante (1638).

Perimeter – technisches Hilfsmittel in der Werbemittelforschung (→ Werbewirkung). Das Gerät wird zur Darbietung von Objekten in der Peripherie des Blickfeldes eingesetzt. Dadurch kann bes. die Erkennbarkeit von Waren- oder Markenzeichen getestet werden.

perinatale Sterblichkeit → Mortalitätsmaße.

Periodenabgrenzung – 1. → Abgrenzung zwischen den → Ausgaben und → Einnahmen der laufenden Periode und den → Aufwendungen und → Erträgen, die einem anderen Zeitabschnitt zuzuordnen sind. – 2. *Zuordnung* von Kosten zu einzelnen Abrechnungsperioden (→ Abgrenzung). – Vgl. auch → Periodeneinzelkosten, → Periodengemeinkosten, → Periodenerfolg, → Periodenerfolgsrechnung, → periodenfremde Aufwendungen, → periodenfremde Erträge.

Periodeneinzelkosten → Einzelkosten, die innerhalb einer bestimmten Abrechnungsperiode, z.B. Monat (Monatseinzelkosten), Quartal (Quartalseinzelkosten), Halbjahr (Halbjahreseinzelkosten) und Jahr (Jahreseinzelkosten) abgebaut (→ Abbaufähigkeit von Kosten) und damit diesem Zeitabschnitt exakt zugerechnet werden können. – *Gegensatz:* → Periodengemeinkosten.

Periodenerfolg – *Periodenüberschuss.* 1. *Begriff:* Gewinn (Periodengewinn) oder Verlust (Periodenverlust) eines bestimmten Zeitabschnitts (i.d.R. Kalender- oder Planungsperioden), ermittelt durch Gegenüberstellung von Aufwand und Ertrag bzw. Kosten und Erlös. a) In der *Gewinn- und Verlustrechnung* (§ 275 HGB) kann der Periodenerfolg wahlweise nach zwei Verfahren ermittelt werden: durch → Gesamtkostenverfahren oder → Umsatzkostenverfahren. – b) In der *Kostenrechnung* besteht der Periodenerfolg aus den Erlösen abzüglich Kosten. Er unterscheidet sich vom Unternehmenserfolg der Gewinn- und Verlustrechnung durch die unternehmensbezogenen Abgrenzungen und die kostenrechnerischen Korrekturen (→ Abgrenzung). – 2. *Ermittlung:* → Periodenerfolgsrechnung.

Periodenerfolgsrechnung – *Periodenrechnung;* Rechnung zur Ermittlung des → Periodenerfolgs. Je kürzer die einzelnen Abrechnungsperioden gewählt werden, desto mehr Aufteilungs- bzw. Abgrenzungsvorgänge sind zu vollziehen, die die Aussagefähigkeit der Rechnung einschränken. – *Gegensatz:* → Totalrechnung.

periodenfremde Aufwendungen → Aufwendungen, die wirtschaftlich nicht zum gerade abzurechnenden Zeitabschnitt gehören, z.B. Steuernachzahlung. – *Gegensatz:* → periodenfremde Erträge. – Vgl. auch → Periodenabgrenzung, → Periodeneinzelkosten, → Periodengemeinkosten.

periodenfremde Erträge → Erträge, die wirtschaftlich nicht zum gerade abzurechnenden Zeitabschnitt gehören, z.B. Steuerrückerstattung. – *Gegensatz:* → periodenfremde Aufwendungen. – Vgl. auch → Periodenabgrenzung.

Periodengemeinkosten – 1. *Begriff:* Kosten, die sich einer bestimmten Abrechnungsperiode (z.B. Monat) nicht exakt zurechnen lassen, weil sie nur für mehrere dieser Abrechnungsperioden (z.B. für ein Quartal) gemeinsam als → Einzelkosten zu erfassen sind, z.B. Miete aus einem nur vierteljährlich kündbaren Mietvertrag. – *Gegensatz:* → Periodeneinzelkosten. – 2. Zu *unterscheiden:* a) Gemeinkosten einer von vornherein festliegenden, *„geschlossenen" Zahl von Perioden* gleicher Länge (z.B. Fünfjahresvertrag); b) Gemeinkosten in Bezug auf eine noch *„offene" Zahl von Perioden* (z.B. Anschaffungsausgaben für eine Maschine in Bezug auf die einzelnen Monate).

Periodengewinn → Periodenerfolg.

Periodenleistung – das mengenmäßige Ergebnis der unternehmerischen Tätigkeit innerhalb eines Zeitabschnitts. – *Zu unterscheiden:* (1) betriebliche und neutrale Periodenleistung; (2) Kunden-(Markt-)Leistung und innerbetriebliche Leistung einer Rechnungsperiode.

Periodenrechnung → Periodenerfolgsrechnung.

Periodentafel – demografische Tafel (z.B. → Sterbetafel), die im Gegensatz zur → Generationentafel die interessierenden Ereignisse innerhalb einer kurzen Zeitspanne (i.d.R. drei Jahre) bei Personen aller Altersstufen statistisch erfasst. Dem Vorteil der Aktualität steht der Nachteil gegenüber, dass Periodentafeln unter der irrealen Annahme arbeiten, ein Menschenleben könne in stark verkürzter Zeit abgewickelt werden. Die → Bevölkerungsstatistik verwendet fast ausschließlich Periodentafeln.

Periodenüberschuss → Periodenerfolg.

Periodenverlust → Periodenerfolg.

periodische Druckschriften – Begriff des → Presserechts für Zeitungen und Zeitschriften, die fortlaufend, wenn auch unregelmäßig, in Abständen von höchstens sechs Monaten erscheinen. Periodische Druckschriften müssen ein → Impressum enthalten.

periodische Steuern – Steuern, die unter normalen Verhältnissen regelmäßig entstehen. → Steuerklassifikation nach dem Kriterium der Regelmäßigkeit der Entstehung der Steuer (z.B. Einkommensteuer). – *Gegensatz:* → nicht periodische Steuern.

Periodisierung von Kosten – 1. *I.w.S.:* Zuordnung von → Kosten zu Abrechnungsperioden. – 2. *I.e.S.:* Schlüsselung von → Periodengemeinkosten auf einzelne Abrechnungsperioden.

Periodizitätsprinzip → Periodizitätstheorie.

Periodizitätstheorie – Theorie, nach der die → Bemessungsgrundlage der → Einkommensteuer lediglich durch regelmäßig (periodisch) fließende Quellen bestimmt wird (Periodizitätsprinzip). Wesentlicher Bestandteil der → Quellentheorie.

periphere Einheiten → Peripheriegeräte.

Peripherie – I. Wirtschaftsinformatik/Informatik: Zusammenfassende Bezeichnung für → Peripheriegeräte, allg. oder speziell die eines bestimmten → Computers.

II. Wirtschaftsgeografie: → Region, die wirtschaftlich relativ passiv ist. Sowohl der Stand der Wirtschaft als auch die Entwicklung derselben bleiben hinter den Standards des → Zentrums zurück. Aufgrund seiner ökonomischen Rückständigkeit wird der periphere Raum vom Zentrum dominiert.

Peripheriegeräte – *periphere Einheiten, periphere Geräte, Peripherie, Anschlussgeräte;* in der elektronischen → Datenverarbeitung Sammelbezeichnung für alle Datenverarbeitungsgeräte oder Hardware-Elemente (→ Hardware), die an die → Zentraleinheit angeschlossen sind. – Nach ihren Funktionen lassen sich zwei *Gruppen von Peripheriegeräten* unterscheiden: (1) *Datenein- und Datenausgabegeräte,* z.B. → Bildschirm, → Tastatur, → Maus, Lesegeräte aus dem Bereich der → optischen Zeichenerkennung, → Drucker, → Plotter. – (2) *Speichereinheiten* (→ externe Speicher), z.B. → Magnetband, → Magnetplattenspeicher, CD, → Disketten etc.

Perl – imperative → Programmiersprache, die sehr mächtige und einfach zu handhabende Konstrukte zur Manipulation von Zeichenketten zur Verfügung stellt. Perl wird oft im Zusammenhang mit → CGI-Skripten verwendet.

Permalink – Abk. für *Permanent Link,* → Hyperlink, der im Gegensatz zu den vielfach üblichen, sich ändernden Links im → Internet dauerhaft und unveränderlich sein soll.

permanente Einkommenshypothese → permanentes Einkommen.

permanente Inventur → laufende Inventur.

permanentes Einkommen – 1. *Begriff:* Das durchschnittliche, vom → Haushalt mittel- bzw. langfristig erzielbare, verfügbare → Realeinkommen. Gemäß der permanenten Einkommenshypothese M. Friedmans orientieren Haushalte ihren Konsumplan vorwiegend am permanenten Einkommen und weniger am laufenden → Einkommen (→ Konsumfunktion). Kurzfristige Schwankungen des laufenden Einkommens wirken sich also kaum auf die Höhe des Konsums aus, weshalb nach Auffassung M. Friedmans auch kein unmittelbarer → Multiplikatorprozess infolge einer exogenen Änderung der Güternachfrage auftreten kann. – 2. *Determinanten:* Die Höhe des permanenten Einkommens wird durch die individuelle Fähigkeit zur Einkommenserzielung bestimmt. Formal ergibt es sich als Produkt aus dem nominalen Vermögen des Haushalts über seine Lebenszeit und einer Zinsgröße. Das permanente Einkommen wird also als Vermögensertrag aufgefasst. Dabei ist die Vermögenskategorie mit fünf Bestandteilen (Geld, festverzinsliche Wertpapiere, Aktien, langlebige Konsumgüter, Humanvermögen) weit gefasst. – 3. Die *Ermittlung des* permanenten Einkommens ist exakt nicht möglich, da auch Einkommen, die erst in der Zukunft anfallen, zu berücksichtigen wären. Insofern sind über die in der Zukunft anfallenden Vermögenserträge Erwartungen zu bilden. Als Approximation schlägt Friedman einen mit exponentiell abnehmenden Gewichten gewogenen Durchschnitt aus gegenwärtigem und vergangenem Einkommen vor. Außerdem wird von Friedman das Konzept der adaptiven Erwartungen unterstellt (→ Erwartung). Abweichungen von dem erwarteten permanenten Einkommen sind zufällige transitorische Einkommenskomponenten, die für die Konsumentscheidungen des Haushalts nur geringe Bedeutung besitzen, da sie weder mit dem permanenten Einkommen noch mit dem permanenten Konsum korreliert sind.

permanente Steuerreform → organische Steuerreform.

per medio → Medio.

Permutation – Begriff aus der → Kombinatorik. Darunter versteht man die verschiedenen Anordnungen von Elementen einer Grundmenge, wobei in jeder Anordnung alle Elemente der Grundmenge berücksichtigt werden müssen. – (1) Sind alle Elemente der Grundmenge verschieden, handelt es sich um *Permutationen ohne Wiederholung:*

$$P = n!.$$

(2) Lassen sich mind. zwei Elemente der Grundmenge nicht voneinander unterscheiden, handelt es sich um *Permutationen mit Wiederholung.* Hierbei werden die identischen Elemente der Grundmenge in r Teilmengen zusammengefasst und wird die Anzahl der Elemente aus der i-ten Teilmenge mit ni bezeichnet:

$$P = \frac{n!}{(n_1!\,n_2!\ldots n_r!)},$$

wobei: n = Anzahl der Elemente der Grundmenge, r = Teilmengen gleichartiger Elemente. – Vgl. auch → Kombinatorik, → Kombination, → Fakultät.

Perroux – François, 1903–1987, franz. Ökonom, Kritiker des Gleichgewichtsdenkens der → Neoklassik, der den Machtfaktor in die ökonomische Analyse einbezieht und damit eine dynamische Ungleichgewichtstheorie entwickelt. Während die Neoklassik die Tauschpartner als gleich stark ansieht, nimmt er in die Analyse Begriffe wie → Macht, Herrschaft und Zwang auf.

persistierende Zyklen – dauerhaft existierende → Konjunkturschwankungen. In der → Konjunkturtheorie spricht man von persistierenden Zyklen, wenn ein → Konjunkturmodell endogene und anhaltende Schwingungen erzeugt. – Vgl. auch → endogene Konjunkturmodelle, → Poincaré-Bendixson-Theorem.

Personal – Als Personal bezeichnet man die zur Leistungserbringung eingesetzten, bezahlten Mitarbeiter eines Unternehmens. Es ist auch eine Kurzbezeichnung für → Personalwirtschaft bzw. → Personalmanagement.

Personalabteilung – *Personalressort, HR-Abteilung.* 1. *Begriff:* die für die Erfüllung von Personalaufgaben zuständige Organisationseinheit eines Unternehmens. Die Personalabteilung unterstützt die Personalverantwortlichen und hat Servicefunktion für die Mitarbeiter; zunehmend auch Erfüllung strategischer Aufgaben (z.B. strategische Personalplanung). – 2. *Gestaltungsformen:* (1) Kernaufgaben: Aufgaben, die i.d.R. in die volle Verantwortung der Personalabteilung fallen (z.B. alle mit der Beschäftigung, Entwicklung und Betreuung von Arbeitnehmern verbundenen Aufgaben); (2) Richtlinienaufgaben: Die volle Zuständigkeit für die Durchführung liegt bei der Fachabteilung zum Zwecke der Gleichbehandlung aller Mitarbeiter; über Abteilungsgrenzen hinweg gibt die Personalabteilung Richtlinien vor, die die Personalabteilung i.d.R. zu überwachen hat. – 3. *Eingliederung in die Unternehmensorganisation:* ist abhängig von der Bedeutung, die der Personalfunktion eingeräumt wird, ferner von der Aufgabenverteilung zwischen Personalabteilung und Fachabteilung, tatsächliche Einflussmöglichkeiten der Personalverantwortlichen und Qualifikation der Linienvorgesetzten zur Lösung von Problemen der Personalführung. Aktuell in der Praxis vermehrte Fokussierung moderner Organisationsmodelle (z.B. Drei-Säulen-Modell).

Personalakte – I. Allgemein: über den Arbeitnehmer in der Personalverwaltung aktenmäßig oder innerhalb einer Datenbank (→ Personalinformationssystem) geführte Informationen. – Zur Personalakte gehören: Bewerbungsschreiben, Personalbogen, Anstellungsvertrag, Zeugnisse, wichtige Belege über Gehaltsveränderungen, Regelbeurteilungen, Verwarnungen etc. sowie Nebenakten wie Urlaubs- oder Fehlzeitenkarteien.

II. Arbeitsrecht: 1. *Grundsätzliches:* Berichte über die Dienstleistungen oder Befähigungen der Arbeitnehmer in Personalakten sind so zu erstellen, dass sie unter Abwägung der beiderseitigen Interessen ein *objektives Bild* von der Person und den Leistungen des Arbeitnehmers ergeben. – Der Arbeitnehmer hat ein Recht auf *Einsichtnahme* in die Personalakte (§ 83 BetrVG). – Sind die zu der Personalakte genommenen Berichte nicht sachgemäß gefasst bzw. sind zu der Personalakte genommene → Abmahnungen ungerechtfertigt, kann der Arbeitnehmer aufgrund der → Fürsorgepflicht des Arbeitgebers *Berichtigung des Berichts* bzw. *Entfernung der Abmahnung* aus der Personalakte verlangen. – 2. *Datensammlungen (Dateien), zusammengefasste Personalakte:* Das Bundesdatenschutzgesetz (BDSG) ist zu beachten. – a) Das *Speichern* „personenbezogener Daten" ist im Rahmen der Zweckbestimmung des Arbeitsverhältnisses zulässig (§ 28 BDSG). – b) Die *Übermittlung* von zulässigerweise gespeicherten Daten ist gestattet im Rahmen der Zweckbestimmung eines Vertragsverhältnisses oder vertragsähnlichen Vertrauensverhältnisses mit dem Betroffenen oder soweit es zur Wahrung berechtigter Interessen des Übermittelnden oder eines Dritten erforderlich ist und schutzwürdige Belange des Betroffenen nicht beeinträchtigt werden (§ 28 I Nr. 1, 2 und II BDSG). Die Weitergabe von Personaldaten an andere Arbeitgeber, bei denen sich der Arbeitnehmer bewirbt, ist danach i.d.R. zulässig. – c) *Unrichtige personenbezogene Daten* sind zu berichtigen, unzulässig gespeicherte Daten zu löschen (§ 35 BDSG).

III. Beamtenrecht: Regelungen über die Personalakten in den §§ 106 bis 115 BBG für die Bundesbeamten sowie in § 50 Beamtenstatusgesetz für die Beamten der Länder, Kommunen und sonstigen Körperschaften.

Personalanzeige – *Stellenanzeige;* eine Personalanzeige wird von einem → Arbeitgeber oder von einer Personalvermittlung aufgegeben, sofern nach neuen Mitarbeitern oder → Arbeitnehmern gesucht wird.–– Bis in die 1990er-Jahre hinein war das Haupt-Medium für Stellenanzeigen die Tageszeitung. Mit zunehmender Verbreitung des Internets werden mehr und mehr Stellen auch online angezeigt. Oftmals hat man hier Gelegenheit sofort mit einer E-Mail zu reagieren oder sich direkt online zu bewerben. – *Arten:* (1) offene Personalanzeige (mit Namensnennung des Interessenten); (2) Kennziffer-(Chiffre-)Personalanzeige. Zu beachten ist ggf. die Notwendigkeit einer innerbetrieblichen Stellenausschreibung.

Personalarbeit – *betriebliche Personalarbeit, Human Resource Management;* Tätigkeiten, die von der institutionalisierten Personalabteilung wahrgenommen werden; i.w.S. alle Tätigkeiten, die mit der Beschäftigung von Mitarbeitern anfallen.

Personalauswahl – *Personalselektion;* Entscheidung über die Besetzung einer frei gewordenen, frei werdenden oder einer noch zu schaffenden Stelle aus dem Angebot an internen und/oder externen Bewerbern einschließlich der die Personalauswahl vorbereitenden Arbeiten. Hilfsmittel sind verschiedene eignungsdiagnostische Verfahren (Eignungsdiagnostik) bes. Fähigkeits- und Persönlichkeitstests, Interviews, der biografische Fragebogen sowie das → Assessmentcenter. Mitunter erfolgt ein Rückgriff auf eine → Personalberatung. – Vgl. auch → Personalmanagement.

Personalbedarf – 1. *Begriff:* Festlegung des Arbeitskräftepotenzials, das ein Unternehmen momentan bzw. zu einem zukünftigen Zeitpunkt in quantitativer und qualitativer Hinsicht benötigt, um die geplanten Aktivitäten durchführen zu können. – 2. *Ermittlung des Personalbedarfs:* Dies umfasst Anzahl, qualitative Struktur und zeitlichen, ggf. auch örtlichen Einsatz der benötigten Arbeitskräfte. Daraus ergibt sich ein Sollwert, an dem sich alle personalwirtschaftlichen Maßnahmen auszurichten haben. – 3. *Determinanten des Personalbedarfs:* (1) Arbeitsaufgabe (Mengenaspekt, Aufgabeninhalt, zeitliche Struktur); (2) Arbeitsträger (Art, Technologie der Arbeitsmittel, Arbeitskräfte selbst als Wirkungsfaktor: Belastbarkeit, Arbeitsbereitschaft, Arbeitsfähigkeit etc.); (3) Arbeitsbedingungen (Arbeitsorganisation: Aufbauorganisation, Führungssystem etc., Arbeitsumwelt). – 4. *Methoden zur Ermittlung des Personalbedarfs:* a) *Direkte Ermittlung:* Ableitung unmittelbar aus anderen Planzahlen eines Unternehmens; ein Bestimmungsfaktor (bzw. eine Gruppe von Faktoren) wird als allein maßgeblich angesehen, der Personalbedarf von dieser Bezugsgröße abgeleitet. Voraussetzung ist die eindeutige Festlegung der unabhängigen Variablen (z.B. Jahresproduktion in Stück) und die Abhängigkeitsfunktion zwischen dieser Bezugsgröße und dem Personalbedarf. Zur Anwendung kommen Extrapolationsverfahren, Kennzahlenmethode, Korrelations- und Regressionsrechnungen. – b) *Indirekte Ermittlung:* Analyse der Auswirkungen der zahlreichen Determinanten auf die zukünftigen Qualifikationsmerkmale und die Organisationsstruktur (→ Personalentwicklung). – *Weitere Verfahren:* Stellenbesetzungsmethode, Anlagen- und Arbeitsplatzmethode, Nachfolge- und Laufbahnmethode. – Mögliche Gründe für die Personalbeschaffung: Wiederbesetzung einer Stelle, Besetzung einer neuen Stelle, Schaffung eines Nachwuchspools.

Personalbedarfsermittlung → Personalbedarf.

Personalbeistellung – 1. *Begriff* aus dem Umsatzsteuerrecht: die Zurverfügungstellung von eigenem Personal des Kunden, das einem Unternehmer, den der Kunde beauftragt hat, bei der Erledigung von dessen Auftrag hilft. – 2. *Beispiel*: Hilfskräfte eines Bauunternehmers helfen dem Unternehmer, der ein Baugerüst an den Bauunternehmer vermietet, beim Aufbau des fraglichen Gerüsts mit. – 3. *Umsatzsteuerliche Bedeutung, umsatzsteuerliche Behandlung*: Die umsatzsteuerliche Behandlung liegt in der Abgrenzung zur tauschähnlichen Leistung: Könnte man die Abordnung eigenen Personals zur Mithilfe bei der Tätigkeit des anderen Unternehmers als sonstige Leistung an diesen begreifen, so läge ein tauschähnlicher Umsatz vor, mit der Folge, dass der Arbeitgeber der Arbeitskräfte die Überlassung des Personals als sonstige Leistung zu versteuern hätte und der beauftragte Unternehmer nicht nur mit dem vereinbarten Preis, sondern auch zusätzlich noch mit dem Wert der Personalüberlassung bezahlt worden wäre. Jedenfalls solange derjenige, der sein Personal bei der Erledigung eines Auftrages mithelfen lässt, die Weisungsbefugnis über sein Personal behält und die fraglichen Arbeitskräfte auch nur bei denjenigen Angelegenheiten mithelfen, die der Kunde für sich selbst ausführen lassen will, tut der Kunde jedoch durch den Einsatz der beigestellten Arbeitskräfte jedoch "für" den beauftragten Unternehmer, sondern erledigt lediglich seine eigenen Angelegenheiten; das steht der Annahme einer sonstigen Leistung an den beauftragten Unternehmer entgegen. Wird dagegen dem beauftragten Unternehmer Personal zur Verfügung gestellt, dass dieser auch für die Erledigung von anderen Aufträgen einsetzt, so läge keine Personalbeistellung mehr vor, sondern tatsächlich ein tauschähnlicher Umsatz, weil dann der Kunde sein Personal "für" den anderen Unternehmer arbeiten lassen würde und damit an diesen eine sonstige Leistung erbringen würde.

Personalberatung – Teil der → Managementberatung, bei der ein Personalberater einen Personalsuchauftrag für eine bestimmte zu besetzende Position erhält. Die Mitwirkung eines neutralen, geschulten Beraters soll das Risiko einer Fehlentscheidung verhindern. Kosten trägt der Auftraggeber. – Zunehmend werden Personalberater auch zur Lösung anderer Probleme im Bereich betrieblicher Personalarbeit herangezogen (Entgeltgestaltung etc.).

Personalbereitstellungsplanung – Teilbereich der → Produktionsprozessplanung. Aufbauend auf der → Kapazitätsbelegungsplanung wird dem Personalbedarf das voraussichtliche Personalangebot gegenübergestellt. Anschließend werden zeitliche, intensitätsmäßige und quantitative Anpassungsmöglichkeiten geprüft.

Personalbeschaffung – 1. *Begriff:* Teilfunktion der → Personalwirtschaft mit der Aufgabe, die von einem Unternehmen benötigten Arbeitskräfte in qualitativer, quantitativer, zeitlicher und räumlicher Hinsicht zu beschaffen. Zunehmend wird auch der Begriff *Personalgewinnung* verwendet. – 2. *Maßnahmen der Personalbeschaffung* werden ausgelöst, wenn eine personelle Unterdeckung festgestellt wird (→ Personalbedarf). Im Fall eines Fehlbedarfs erfolgt zunächst eine Entscheidung über die Art der Abdeckung. Alternativen sind dabei: (1) Anpassung der personellen Kapazität ohne Veränderung des Personalbestandes, z.B. durch Personalleasing; (2) Anpassung durch Veränderung des Personalbestandes, bes. durch Neueinstellung (→ Personalauswahl); (3) Besetzung einer vakanten Stelle durch einen bereits vorhandenen Mitarbeiter im Wege der Versetzung, Beförderung etc. (interne Personalbeschaffung). Der Entscheidungsspielraum der Personalbeschaffung wird von zahlreichen inner- und außerbetrieblichen sowie rechtlichen Einflussfaktoren und Rahmendaten strukturiert und begrenzt. – 3. *Instrumente der Personalbeschaffung:* (1) Anreizinstrumente (materielle, immaterielle Anreize; Arbeitssituationen als Anreizfaktor); (2) Beschaffungsmethode (direkt durch persönliche Kontaktaufnahme, z.B. Headhunting; indirekt durch Einschaltung von Beschaffungsmittlern, z.B. Bundesagentur für Arbeit, Personalberatung etc.); (3) Kommunikationspolitik (Maßnahmen der → Personalwerbung und der Public Relations). Mit dem Einsatz der Instrumente der Personalbeschaffung soll ein genügend großer Kreis an geeigneten Bewerbern erschlossen werden. Die Instrumente der Personalbeschaffung sind dann optimal kombiniert, wenn ein bestimmter Beschaffungsbedarf mit minimalen Kosten gedeckt wird. Die Wirksamkeit der einzelnen Instrumente ist im Hinblick auf die verschiedenen Beschaffungsquellen bzw. Segmente der Arbeitsmärkte zu beurteilen. – 4. Im Zuge eines *Auswahlprozesses* ist der für das Unternehmen am besten geeignete Bewerber herauszufinden und ein Arbeitsvertrag abzuschließen (→ Personalauswahl).

Personalbeurteilung → Mitarbeiterbeurteilung.

Personal Computer (PC) – „persönlicher" Arbeitsplatzrechner (Einplatzsystem). Der Begriff leitet sich aus der historischen Entwicklung ab, → Computer vom Rechenzentrum unabhängig zu machen und alle persönlichen → Dokumente in direkter Interaktion zu bearbeiten.

Personal Computing – 1. *Begriff:* persönliche Datenverarbeitung durch den → Endbenutzer am individuellen Arbeitsplatz zur Lösung arbeitsplatzspezifischer Probleme (→ individuelle Datenverarbeitung (IDV)). Eng mit dem Einsatz von → Personal Computern (PC) verbunden, aber nicht zwangsläufig daran gekoppelt; die Computerleistung kann für den persönlichen Gebrauch auch von einem Zentral- oder Abteilungscomputer oder von einem externen → Service-Rechenzentrum zur Verfügung gestellt werden. – 2. *Werkzeuge:* Business-Grafik, Tabellenkalkulation (→ Tabellenkalkulationssystem), → Textverarbeitung, → Datenbanksystem für Endbenutzer u.a. – 3. *Unterstützung* der Endbenutzer häufig durch eine zentrale Servicestelle (→ Information Center).

Personalcontrolling – Anwendung des Controllinggedankens auf Probleme der Steuerung und Kontrolle personeller Vorgänge im Unternehmen. In konzeptioneller Hinsicht ist von eklatanten Überschneidungen mit der → Personalplanung und dem → Personalinformationssystem auszugehen. Faktisch sind die Ansätze bislang über altbekannte Vorschläge zur Bildung von → Personalkennzahlen kaum hinausgekommen. Ursache dürfte sein, dass sich lebendige Arbeit dem traditionellen ökonomischen Zugriff weitgehend entzieht.

Personal Digital Assistent – *PDA*; mobiler → Rechner, der etwa die Größe eines Notizbuches hat. Die Vorderseite dieses Gerätes besteht fast ausschließlich aus einem → Display, welches in den meisten Fällen druckempfindlich ist, um mit einem stiftähnlichen Stab Eingaben zu tätigen. Die Eingaben werden dabei entweder auf einer virtuellen → Tastatur oder per Handschriftenerkennung gemacht. Einige Modelle besitzen auch eine kleine Tastatur oder ermöglichen den Anschluss einer externen Tastatur. Statt PDAs werden heutzutage i.d.R. Smartphones verwendet.

Personaleinsatz – Zuordnung von Arbeitsaufgaben zu Mitarbeitern. Ziel ist eine möglichst genaue Deckung zwischen Anforderungs- und Qualifikationsprofil sowie des kurzfristigen Personalbedarfs in einem Unternehmensbereich. – Vgl. auch → Personalplanung.

Personalentwicklung

von Prof. Dr. Thomas Bartscher

I. Einleitung

Die Förderung und Entwicklung von Leistungsträgern gewinnt für → Unternehmen an Bedeutung. Der arbeitsmarktliche Wandel und die permanente Verkürzung der Halbwertzeit von Wissen fordert einen verstärkten Einsatz vom → Arbeitgeber, die Kompetenzen seiner Mitarbeiter auszubauen. Auch der technische und organisatorische Wandel verlangt einen anhaltenden Lernprozess. Die Unterstützung der Mitarbeiter in ihrer professionellen und persönlichen Entwicklung ermöglicht außerdem, Leistungs- und Kernkompetenzträger langfristig an das Unternehmen zu binden.

Ein zusätzlicher Aspekt ist der nach wie vor anhaltende Fachkräftemangel auf dem → Arbeitsmarkt. Auch hier ist ein Umdenken von Unternehmen erforderlich.

II. Begriffsabgrenzung

In Anlehnung an Becker (2005) umfasst die Personalentwicklung (PE) das Aufeinanderabstimmen von Bildung, Förderung und → Organisationsentwicklung auf Basis der individuellen Unternehmensbedürfnisse sowie das Ableiten geeigneter Maßnahmen und Strategien, die eine Qualifizierung von Humanressourcen zum Ziel haben.

Die Entwicklung erfolgreicher Personalentwicklungsmaßnahmen verlangt die Berücksichtigung mehrerer Aspekte: Ableitung der Entwicklungsziele von den Unternehmenszielen, Herstellung eines Bezugs zur Organisationsentwicklung und Abstimmung der Maßnahmen auf die verschiedenen Anspruchsgruppen des Unternehmens (bspw. Berufseinsteiger, Fachkräfte, High-Potentials).

III. Ziele der Personalentwicklung

→ Weiterbildung bzw. PE ist für Unternehmen somit kein Selbstzweck, sondern Mittel zu Erreichung und Sicherung der strategischen Unternehmensziele. Doch nicht nur die Verbesserung der Wettbewerbssituation und des Unternehmenserfolges rechtfertigen eine systematische Personalentwicklung. Darüber hinaus gibt es noch eine Reihe weitere Ziele, die damit verfolgt werden können. Diese können auf Ebene des Unternehmens aus Sicht der Mitarbeiter und auf gesellschaftspolitischer Ebene betrachtet werden.

1. PE-Ziele aus Mitarbeitersicht

- Verbesserung und Aufrechterhaltung der fachlichen und persönlichen → Qualifikation,
- Aktivierung bisher ungenutzter Potenziale und Fähigkeiten,
- Übertragung neuer/erweiterter Aufgaben,
- verbesserte Karriere- und Laufbahnmöglichkeiten,
- Minderung des Risikos des Arbeitsplatzverlustes,
- Verbesserung der Chancen am Arbeitsmarkt,
- Steigerung der individuellen Mobilität auf dem internen und externen Arbeitsmarkt,
- Verbesserung der Selbstverwirklichungschancen und Entfaltung der Persönlichkeit,
- Erhöhung des persönlichen Prestiges,
- Ermöglichung einer eignungs- und neigungsgerechten Aufgabenzuweisung,
- Einkommensverbesserung.

2. PE-Ziele aus Unternehmenssicht

- Sicherung des notwendigen Fach- und Führungskräftebestandes,
- Erkennen und Vorbereiten von Nachwuchsführungskräften und Spezialisten,
- Anpassung an die technologischen und marktlichen Erfordernisse,
- größere Unabhängigkeit von externen Arbeitsmärkten,
- Verbesserung und Aufrechterhaltung der fachlichen und persönlichen Qualifikation,
- Verbesserung der Mitarbeiterzufriedenheit,
- Verbesserung der Leistungsmotivation,
- Sicherung der Wettbewerbsfähigkeit,
- Aufdecken von Fehlbesetzungen und Defiziten,
- Vermittlung von → Schlüsselqualifikationen,
- Erhöhung der Bereitschaft Änderungen zu verstehen und herbeizuführen,
- geringere Personalbeschaffungskosten durch geringere → Fluktuation,
- Erhöhung der innerbetrieblichen Kooperation und → Kommunikation,
- Sicherung des Mitarbeiterbestandes,
- Bindung von Mitarbeitern.

3. PE-Ziele aus gesellschaftlicher Sicht

- Employability (langfristige Beschäftigungssicherung),
- die optimale Allokation der Humanressourcen,
- die Gewährung des Grundrechts auf Persönlichkeitsentfaltung,

- Chancengleichheit und soziale Mobilität.

IV. Der Personalentwicklungs-Prozess

Um einen optimalen Nutzen für das Unternehmen zu generieren, müssen PE-Maßnahmen sorgfältig geplant, durchgeführt und evaluiert werden. Die Implementierung eines systematischen und umfassenden Prozessablaufes ist unumgänglich.

1. PE-Bedarfsanalyse

Die Bedarfsanalyse steht am Anfang einer zielgerechten Personalentwicklung. Sie beinhaltet den Vergleich der Ist-Situation mit den Soll-Gegebenheiten und berücksichtigt dabei sowohl ökonomische Aspekte, wie die Knappheit von Ressourcen, als auch pädagogische Perspektiven, wie z.B. die Begrenztheit menschlichen Lern- und Entwicklungsvermögens.

Um an die gewünschten Daten des PE-Bedarfs zu gelangen bieten sich verschiedene Methoden an. Hierzu zählen die Befragung, die Beobachtung oder eine Dokumentenanalyse. Welche Methode zielführend ist hängt u.a. vom Umfang der PE-Maßnahme und der Größe der Zielgruppe ab und muss individuell gewählt werden.

2. Planung von PE-Zielen

Im zweiten Schritt, der Planung von Zielen, werden künftige durch Fördermaßnahmen herbeizuführende Leistungs- und Verhaltensstandards von Mitarbeitern beschrieben. Mithilfe der Festsetzung von organisationsbezogenen Zielen soll der Entwicklung des Unternehmens Rechnung getragen werden.

3. Planung von PE-Maßnahmen

Durch das individuelle Abstimmen von Maßnahmenpaketen auf das Unternehmen und die Mitarbeiterbedürfnisse wird der Ressourceneinsatz nicht nur pädagogisch, sondern auch ökonomisch optimiert und Lernertragsverluste vermieden.

V. Personalentwicklung in der Praxis

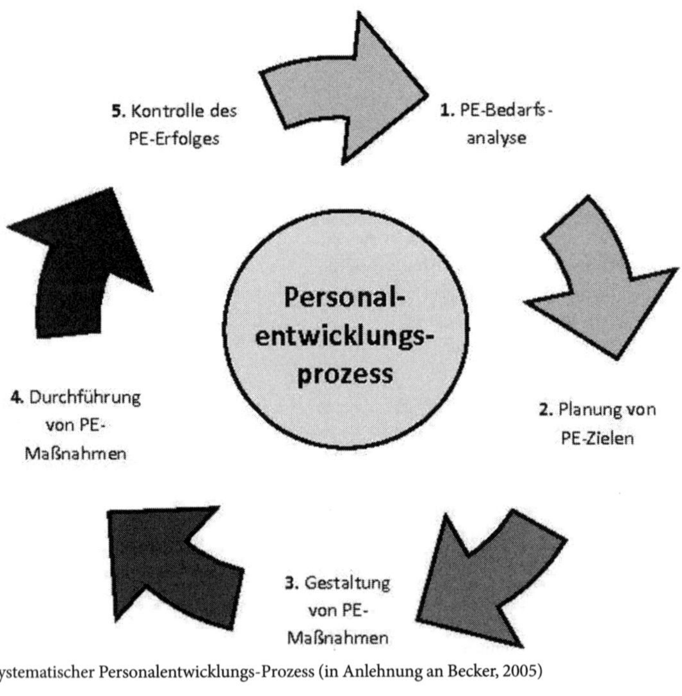

Abb.: Systematischer Personalentwicklungs-Prozess (in Anlehnung an Becker, 2005)

Es gibt diverse Möglichkeiten, ein Maßnahmenpaket zusammenzustellen. Zu unterscheiden sind diese Maßnahmen dadurch, wo und wann sie durchgeführt werden sollen. Je nach Thematik und Zielgruppe bieten sich folgende Möglichkeiten an:

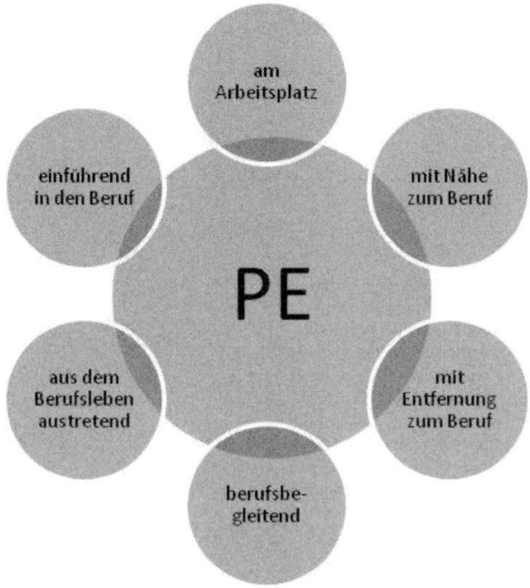

Abb.: Möglichkeiten der Personalentwicklung in der Praxis (in Anlehnung an Scholz, 2000)

Beispiele:

- *am* → Arbeitsplatz: → Coaching, → Mentoring, Jobenrichment, Jobenlargement, → Jobrotation.
- *mit Nähe zum Beruf:* → Lernstatt, → Qualitätszirkel, Lernpartnerschaft, Projektarbeit.
- *mit Entfernung zum Beruf:* Fortbildungen, Seminare, Förderkreise, → Assessmentcenter, Workshops.
- *berufsbegleitend:* Projektarbeit, Junior Executive Board, Jobenrichment, JobeEnlargement, → Jobrotation, → Karriereplanung.
- *aus dem Berufsleben austretend:* spezielle Seminare, Vorträge, Personalgespräche, Betriebsinformation.
- *einführend in den Beruf:* Trainee-Programme, → Berufsausbildung, Coaching, Praktika, BA-Studium.

VI. Fazit

Erfolgreiche Personalentwicklung leistet einen erheblichen Beitrag zur Veränderungs- und Anpassungsfähigkeit einer Unternehmung und kann somit auch als ein strategischer Erfolgsfaktor verstanden werden. Darüber hinaus unterstützt eine zielgerichtete Personalentwicklung auch die langfristige Bindung von Mitarbeitern, indem Sie die → Arbeitsmotivation, → Arbeitszufriedenheit und das Leistungspotenzial der Mitarbeiter steigert. Eine erhöhte Mitarbeiterbindung wirkt sich wiederum positiv auf den Unternehmenserfolg aus, da so Wissen und Können als wichtiger Wettbewerbsfaktor im Unternehmen gesichert wird, Fluktuationskosten und → Fehlzeiten reduziert sowie die Produktivität (→ Arbeitsproduktivität) und → Rentabilität erhöht wird.

Personal Firewall → Firewall.

Personalfolium – Bezeichnung für ein Grundbuchblatt im → Grundbuch, wenn mehrere → Grundstücke desselben Eigentümers darauf gebucht werden.

Personalforschung – 1. Form der → Beschaffungsmarktforschung, bei der der Arbeitsmarkt als zentraler Engpassfaktor und damit als Untersuchungsgegenstand betrachtet wird. – 2. Form der innerbetrieblichen Informationsgewinnung zur Verbesserung der Aufbau- oder Ablauforganisation oder des Führungsstils, z.B. durch die Untersuchung der Motivation und der Arbeitszufriedenheit der Mitarbeiter (z.B. in Form einer Mitarbeiterbefragung).

Personalfragebogen – *Einstellungsfragebogen;* formularmäßig gefasste Zusammenstellung von durch den Bewerber auszufüllenden oder zu beantwortenden Fragen, die dem Arbeitgeber Aufschluss über die Person, Kenntnisse und Fertigkeiten des Befragten geben soll. – Personalfragebögen bedürfen der *Zustimmung des Betriebsrats* (§ 94 I BetrVG). Kommt eine Einigung über den Inhalt des Personalfragebogens nicht zustande, so entscheidet die Einigungsstelle, deren Spruch die Einigung zwischen Arbeitgeber und Betriebsrat ersetzt. – Personalfragebögen dürfen vom Arbeitnehmer bzw. Bewerber *persönliche Angaben* nur insoweit erfragen, als die Persönlichkeitssphäre des Arbeitnehmers dabei gewahrt bleibt; z.B. hat der Arbeitgeber das Recht, einen Bewerber nach Vorstrafen zu fragen, die für die Ausübung der Position von Bedeutung sind (→ Offenbarungspflicht).

Personalfreisetzung – Verringerung der Mitarbeiterzahl einer Unternehmung. Erforderlich, wenn der Personalbestand größer ist als der → Personalbedarf. – *Maßnahmen:* (1) *ohne Reduktion der Gesamtbelegschaft:* Umsetzung bei partiellen Überkapazitäten, Abbau von Überstunden, Arbeitszeitverkürzung, Kurzarbeit, Rückruf von Lohnaufträgen. – (2) *Mit Reduktion der Gesamtbelegschaft:* Nichtersetzen des natürlichen Abganges (bei Tod, Fluktuation, Pensionierung), Förderung des freiwilligen Ausscheidens durch Abfindungsangebote, Entlassungen. – Vgl. auch → Personalplanung, → Outplacement.

Personalführung – 1. *Begriff:* zielgerichtetes soziales Einflusshandeln im Rahmen von Wirtschafts- oder Verwaltungsorganisationen. Beteiligte sind neben einem Vorgesetzten mind. ein diesem weisungsmäßig unterstellter Mitarbeiter. – 2. Grundlegende *Führungsaktivitäten* sind Anweisung, Koordination und Überwachung bzw. Informieren, Instruieren und Motivieren. – 3. *Machtgrundlagen* für die Ausübung von Einfluss können sein: Belohnungs- und Bestrafungsmacht, legitimierte Macht, Referenzmacht, Expertenmacht. – 4. Unterschiedliche Formen der Machtausübung finden im → Führungsstil ihren Ausdruck. – 5. Als idealtypische *Dimensionen des Führungshandelns* (→ Führungsverhalten) gelten Mitarbeiterorientierung (Consideration) und → Aufgabenorientierung (Initiating Structure).

Personalgewinnung – begriffliche, dem zeitgemäßen Verständnis von → Personalwirtschaft besser Rechnung tragende Alternative zu → Personalbeschaffung.

Personalinformationssystem – 1. *Charakterisierung:* → Softwaresystem, das persönliche Daten der Mitarbeiter bearbeitet; dies umfasst die Verwaltung der → Stammdaten der Mitarbeiter, die Bearbeitung tatsächlicher (Fluktuation) und potenzieller (Personalplanung) Personalbewegungen, die Arbeitszeiterfassung, die Mitarbeiterbeurteilung, Aus- und Weiterbildungsmaßnahmen sowie die → computergestützte Lohn- und Gehaltsabrechnung. – 2. *Mitbestimmung:* Die Neueinführung oder qualitative Erweiterung eines Personalinformationssystem macht wegen der erhöhten gesellschaftlichen Sensibilität hinsichtlich personenbezogener Daten (→ Datenschutz) oft langwierige Abstimmungsprozesse erforderlich. – 3. *Arbeitsrechtliche Regelungen:* → Personalakte. – 4. Personalinformationssystem als integrierter *Bestandteil eines Managementinformationssystems der* → internationalen Unternehmung und damit Basis für ein computergestütztes → internationales Personalmanagement. Relevante Personal- und Arbeitsplatzinformationen werden per Informations- und Kommunikationstechnologie für den Entscheidungsträger aufbereitet. Die Formen des IPIS erstrecken sich von verschiedenen Automatisierungs- und Zentralisierungsgraden bis hin zu unterschiedlichen Anwendungen wie Administration oder Personalplanung. Die Personal- und Arbeitsplatzdaten werden weltweit aufbereitet und betreffen im Prinzip alle Unternehmungseinheiten, wobei die Konzentration auf der Managementebene bzw. dem Führungsnachwuchs liegt. Der Vergleich von Anforderungsprofilen an Arbeitsplatz und Personal ermöglicht die Entwicklung gezielter internationaler Personalförderprogramme sowie Maßnahmen zur internationalen Förderung von Führungskräften. – Vgl. auch → betriebliches Informationssystem, → Personalmanagement, → internationales Personalmanagement.

Personalisierung – User-spezifische Anpassung der Inhalte einer → Website, die durch die Sammlung und Auswertung von Informationen über das Nutzungsverhalten und Präferenzen der Nutzer ermöglicht wird.

Personalitätsprinzip – legt fest, dass die Organisationsstruktur von Genossenschaften stark auf die Personenvereinigung ausgerichtet ist. Dies drückt sich wie folgt aus: Gleichheit des Stimmrechts der Genossenschaftsmitglieder, offene Mitgliedschaft, Mindestzahl von drei Personen als Träger der Genossenschaft; die Beitrittsfreiheit bezieht sich auf Personen, welche die Möglichkeit haben, dem genossenschaftlichen Personalverband beizutreten. In der Genossenschaftsdemokratie kommt das Personalitätsprinzip dadurch zum Ausdruck, dass Entscheidungen nur durch die Mehrheit der Mitglieder einer Genossenschaft grundsätzlich gemäß des Eine-Person-Eine-Stimme-Prinzips möglich sind. In der Genossenschaftsfinanzierung schlägt sich das Personalitätsprinzip in der Weise nieder, dass eine Eigenkapitalbeteiligung ohne Mitgliedschaft nicht möglich ist, beim Austritt aus der Genossenschaft der Geschäftsanteil nicht im Unternehmen verbleibt, sondern ausbezahlt wird und sich bei schwankender Mitgliederzahl auch eine verändernde Eigenkapitalbasis ergibt.

Personalkartei – Informationsträger, Ordnungsmittel zur Speicherung von Daten und Fakten und Entscheidungshilfe der → Personalverwaltung. – 1. Als *Personalstammkarte* enthält die Personalkartei für jedes Betriebsmitglied eine stichwortartige Übersicht über Person, Steuerklasse, Verdienstgruppe bzw.

tariflichen und tatsächlichen gezahltem Lohn/Gehalt, Sonderleistungen, Auszeichnungen, Verwarnungen, Verweise, Stellung im Betrieb, berufliche Entwicklung, Beurteilungen der Vorgesetzten etc. – 2. Als *Ordnungsmittel* kann die Personalkartei angelegt sein als manuell oder als maschinell geführte Personalkartei (→ Personalinformationssystem). – 3. Als *Entscheidungshilfe* dient die Personalkartei der Personalverwaltung, u.a. bei → Personalplanung, → Personalbeschaffung, → Personalentwicklung und → Personalfreisetzung.

Personalkauf – Kauf der von Hersteller- oder Handelsunternehmungen hergestellten oder angebotenen Waren durch Betriebsangehörige zu Vorzugspreisen. – Vgl. auch → Belegschaftshandel.

Personalkennzahlen – 1. *Begriff:* aus Personaldaten gewonnene Verhältniszahlen. Personalkennzahlen informieren über Sachverhalte, die für personalwirtschaftliche Entscheidungen von Bedeutung sind. Ihr Aussagewert ist jedoch auf quantitativ erfassbare Vorgänge beschränkt. – 2. *Bezugsgrößen:* a) *Personalstruktur:* Aufschlüsselung des Personalbestandes, z.B. nach Geschlecht, Alter, Nationalität, formaler Qualifikation, Art des Entgeltes, Dauer der Betriebszugehörigkeit etc. – b) *Arbeitsproduktivität:* Outputgrößen (z.B. Stückzahlen, Umsätze), zum Arbeitseinsatz als Inputfaktor in Beziehung gesetzt. Die Arbeitsproduktivität kann global oder aber für spezifische Leistungsbereiche dargestellt werden. – c) *Personalaufwand:* zeigen die kostenmäßige Bedeutung des Personaleinsatzes, z.B. Personalaufwand pro Kopf (Personalaufwand: durchschnittlicher Personalbestand einer Periode), Personalaufwand je Arbeitsstunde, Personalintensität (Personalaufwand in Prozent des Umsatzes, der Herstellungskosten etc.). – d) *Verhalten:* als Indikatoren für Sachverhalte, die sich auf die Arbeitsproduktivität und den Personalaufwand auswirken, z.B. Fluktuation, Fehlzeiten, Beteiligung am betrieblichen Vorschlagswesen, Zufriedenheit.

Personalkontrolle – Teilgebiet der → Personalverwaltung. Die Personalkontrolle umfasst: (1) Überwachung der Einhaltung vereinbarter *Arbeitszeiten:* (a) durch Führen eines Ein- und Ausgangsbuches; (b) durch Abgabe nummerierter Kontrollmarken beim Pförtner; (c) mittels Stempeluhr (Kontrolluhr). – (2) Kontrolle von *Behältnissen* (Taschen, Rucksäcken, Paketen, Koffer etc.) beim Betreten oder Verlassen des Betriebes (→ Leibesvisitation, → Werkschutz).

Personalkonzern → Konzern, der gegründet wird, um eine Personalunion der Unternehmensleitungen zu schaffen. – *Gegensatz:* → Sachkonzern.

Personalkosten – I. Rechnungswesen: alle durch den Einsatz von → Arbeitnehmern entstehenden Kosten. Zu den Personalkosten gehören Fertigungslöhne und Hilfslöhne, Gehälter, gesetzliche und freiwillige soziale Aufwendungen sowie alle übrigen → Personalnebenkosten. Den → kalkulatorischen Unternehmerlohn rechnet man nicht zu den Personalkosten, die im externen Rechnungswesen angesetzt werden (Personalaufwand) – er gehört ausschließlich in das interne Rechnungswesen und zählt zu den kalkulatorischen Kosten (→ Zusatzkosten).

II. Amtliche Statistik: Entgelt für geleistete Arbeit. Personalkosten werden im Rahmen der → Arbeitskostenerhebungen ermittelt. Personalkosten umfassen: Lohn- und Gehaltssumme für Arbeiter und Angestellte (ohne Auszubildende), vermindert um alle Zahlungen, die nicht unmittelbar laufender Verdienst für die tatsächlich geleistete Arbeitszeit sind, bes. um Sonderzahlungen und die Vergütung arbeitsfreier Tage (→ Personalnebenkosten). – *Bedeutung der Personalkosten als Arbeitskosten in der Bundesrepublik Deutschland:* → Löhne und Gehälter.

Personalkredit – 1. *Begriff:* Nach dem Kriterium der Art der Sicherung vom → Realkredit oder → Kommunalkredit zu unterscheidender → Bankkredit. – 2. *Formen:* a) *Ungedeckter Personalkredit,* der ohne bes. vereinbarte Sicherungen *(Blanko-Kredite)* lediglich im Vertrauen auf die wirtschaftliche Leistungsfähigkeit und Vertrauenswürdigkeit des Schuldners gewährt wird; – b) *gedeckter Personalkredit* gegen Grundpfandrechte, Pfandrechte an Wertpapieren, Edelmetallen, Münzen und Wechseln, Sicherungsübereignung von Waren u.a. Mobilien, Forderungszession, Bürgschaft oder Mithaftung. Die Sicherheitenwerte bei den gedeckten Personalkrediten reichen i.d.R. nicht aus, um die volle Kreditsumme abzusichern. Es entstehen Blankoanteile.

Personalleasing → Arbeitnehmerüberlassung.

Personalleasinggebühren – in ihrer Bedeutung ständig zunehmende → Kosten der Überlassung von Arbeitnehmern (→ Leiharbeitsverhältnis, → Arbeitnehmerüberlassung). Strittig, ob sie in der Kostenartenrechnung den → Personalkosten oder den → Fremdleistungskosten zuzurechnen sind.

Personalleiter – ist hauptberuflich für Personalfragen verantwortlicher Abteilungs- oder Hauptabteilungsleiter von Unternehmen, in denen planmäßige → Personalarbeit betrieben wird. – Vgl. auch → Personalabteilung.

Personalmanagement – *Human Resource Management*; Summe personeller Gestaltungsmaßnahmen zur Verwirklichung der Unternehmensziele. Begriff wird vielfach synonym mit → Personalwesen oder → Personalwirtschaft verwendet. Im angelsächsischen Bereich mittlerweile durch → Human Resource Management ersetzt. – Zu inhaltlichen Aspekten vgl. → Personalwirtschaft.

Personalmanagementorganisation → Funktionsmanagementorganisation.

Personalmarketing – Versuch der Anwendung des Marketinggedankens (→ Marketing) auf den Personalbereich, v.a. auf die → Personalbeschaffung. Zu den Aufgabenbereichen des Personalmarketings gehören bes. die Personalmarktforschung, die Anwerbung von Personal sowie die Betreuung der Mitarbeiter im Unternehmen („Der Mitarbeiter als Kunde").

Personalnebenkosten – *Personalzusatzkosten, Lohnnebenkosten.*

I. Rechnungswesen: 1. *Begriff:* Zusätzlich zum Leistungsentgelt anfallende → Personalkosten für das Unternehmen. – 2. Personalnebenkosten *setzen sich zusammen* aus: a) *Personalnebenkosten aufgrund gesetzlicher und tariflicher Bestimmungen:* Arbeitgeberanteil zur Sozialversicherung, Beiträge zur Berufsgenossenschaft, Aufwand nach dem Schwerbehindertengesetz und Mutterschutzgesetz, bezahlte Abwesenheit wie Urlaub, Feiertage, Krankheitstage, Aufwand nach dem Betriebsverfassungsgesetz. – b) *Personalnebenkosten aufgrund freiwilliger Leistungen:* Aus- und Fortbildung, Altersversorgung, Werksverpflegung, sonstiger freiwilliger Sozial- und Personalaufwand. – Vgl. auch → Sozialkosten.

II. Amtliche Statistik: Aufwendungen der Arbeitgeber für Sonderzahlungen, die in der → Arbeitskostenerhebung erfasst werden.

Personalorganisation → Teilbereichsorganisation für den Bereich „Personal". Mögliche Gliederung der Hierarchieebene unterhalb der Leitung der Personalabteilung, z.B. nach unterschiedlichen Beschäftigtengruppen (etwa Arbeiter und Angestellte), personalwirtschaftlichen Aktivitäten (Einstellungen, Entlassungen etc.) oder verschiedenen unter Personaleinsatz herzustellenden Produkt(-gruppen). – Vgl. auch → Spezialisierung, → Teilbereichsorganisation.

Personalplanung – 1. *Begriff:* Personalplanung ist die gedankliche Vorwegnahme zukünftiger personeller Maßnahmen. Personalplanung soll dafür sorgen, dass kurz-, mittel- und langfristig die im Unternehmen benötigten Arbeitnehmer in der erforderlichen Qualität und Quantität zum richtigen Zeitpunkt, am richtigen Ort und unter Berücksichtigung der unternehmenspolitischen Ziele zur Verfügung stehen. Die Personalplanung ist Teilaufgabe der → Personalwirtschaft und Teil der → Unternehmensplanung. – 2. *Teilbereiche:* Personalplanung vollzieht sich in mehreren Prozessabschnitten: (1) Ermittlung des → Personalbedarfs; (2) Planung der → Personalbeschaffung; (3) Planung der → Personalentwicklung; (4) Planung des → Personaleinsatzes; (5) Planung der → Personalfreisetzung. – 3. *Voraussetzungen:* Eine aussagekräftige Personalplanung verlangt, dass umfassende Informationen über die Stellen, Personen, interne und externe Faktoren in die Planung einfließen. Hierzu ist ein gut ausgebautes, dem Datenschutz Rechnung tragendes → Personalinformationssystem erforderlich. – 4. *Arbeitsrechtliche Regelungen:* Nach § 92 BetrVG ist der Betriebsrat hinsichtlich der Personalplanung zu informieren und beratend zu beteiligen. Entsprechend dem Zweck der Vorschrift umfasst der Begriff der Personalplanung v.a. den *gegenwärtigen und künftigen Personalbedarf in quantitativer und qualitativer Hinsicht,* zudem die sich aus dem Personalbedarf ergebenden *personellen Maßnahmen.* Die Unterrichtung muss umfassend sein, soweit eine Planung bereits vorliegt. Das Stadium der Planung ist erreicht, wenn die Überlegungen über Personalbedarf und Personaldeckung so weit gediehen sind, dass man sie als Vorgabe ansehen kann, nach der der Arbeitgeber in der betrieblichen Personalpolitik künftig verfahren will. – Nach § 92 II BetrVG kann der Betriebsrat, soweit eine Personalplanung noch nicht besteht, dem Arbeitgeber Vorschläge für ihre Einführung und Durchführung machen. Der Arbeitgeber ist nicht verpflichtet, den Vorschlägen zu folgen.

Personalpolitik – häufig synonym zu den Begriffen → Personalwesen, → Personalmanagement, → Personalwirtschaft verwendet. Der Begriff Politik umfasst das Setzen von Zielen, Strukturierung von Aufgaben und Durchführung von Maßnahmen. Damit ist naturgemäß jedes betriebliche Handeln auch ein politisches Handeln. I.e.S. umfasst Personalpolitik daher lediglich die Ziel- und Maßnahmenplanung sowie ihre Realisierung.

Personalrat – anstelle des → Betriebsrats in Betrieben und Verwaltungen des Bundes, der Länder, der Gemeinden und sonstigen Körperschaften und Anstalten des öffentlichen Rechts gewählte Personalvertretung der Bediensteten zur Wahrnehmung des Mitwirkungs- und Mitbestimmungsrechts. – *Rechtsgrundlage:* Bundespersonalvertretungsgesetz vom 15.3.1974 (BGBl. I 693) m.spät.Änd. nebst Wahlordnung i.d.F. vom 1.12.1994 (BGBl. I 3653) m.spät.Änd. und entsprechende Länderbestimmungen.

Personalressort → Personalabteilung.

Personalselektion → Personalauswahl.

Personal Selling → persönlicher Verkauf.

Personal-Service-Agentur – 1. *Begriff:* vermittlungsorientierte Form der → Arbeitnehmerüberlassung, die im Rahmen der → Hartz-Gesetze als neues Instrument zum Abbau von Arbeitslosigkeit eingeführt , Ende 2008 nach verschiedenen zwischenzeitlichen Änderungen wieder abgeschafft wurde. Diese spezielle Form der Arbeitsförderung ging am 1.1.2009 allgemein in den Maßnahmen zur Aktivierung und beruflichen Eingliederung (§ 45 SGB III) auf. – 2. *Organisation:* Die Personal-Service-Agenturen (PSA) waren staatlich finanzierte, eigenständige Einheiten der Agenturen für Arbeit (→ Agentur für Arbeit), die staatlich-privat (→ Public Private Partnership) oder rein privat organisiert wurden. Die Vergütung der Überlassungsfirmen, die in Kokurrenz zu kommerziellen Zeitarbeitsfirmen traten, erfolgte durch Fallpauschalen und Prämien; die Arbeitnehmer befanden sich in einem sozialversicherungspflichtigen Beschäftigungsverhältnis. – 3. *Ziel* war, die sog. unechte Arbeitnehmerüberlassung, bei welcher die Arbeitnehmer für eine längere Zeit an

denselben Arbeitgeber ausgeliehen werden, zu Zwecken der → Arbeitsvermittlung einzusetzen. Im Unterschied zur konventionellen Arbeitnehmerüberlassung strebte die PSA an, dass der Arbeitnehmer dauerhaft in den ersten Arbeitsmarkt, aber nicht bei ihr, sondern im Entleihbetrieb integriert werden sollte. Neben der Erzielung dieses "Klebeeffekts" sollte die PSA individuelle Vermittlungshemmnisse überwinden; verleihfreie Zeiten sollten durch Weiterbildungs- und Qualifizierungsmaßnahmen überbrückt werden. Für Unternehmen sollte sich die Möglichkeit bieten, Personalengpässe und Auftragsspitzen zu überbrücken und ohne arbeitsvertragliche Konsequenzen einen Arbeitnehmer längere Zeit zu testen (*Try and Hire*). V.a. konnte damit der → Kündigungsschutz neutralisiert bzw. umgangen werden. Die Entlohnung der Zeitarbeitnehmer wurde durch Tarifverträge für Arbeitnehmerüberlassung geregelt und sollte derjenigen von Festangestellten entsprechen. Ein Einstiegslohn unterhalb der üblichen Lohnhöhe war lediglich für Langzeitarbeitslose und andere schwer Vermittelbare und nur für eine begrenzte Einarbeitungszeit vorgesehen. – 4. *Wirkungen.* Die Verbreitung der PSA nahm im Zeitverlauf stark ab; die Nutzungsintensität blieb gering und hinter den hoch gesteckten Erwartungen zurück. Die Vermittlungsaussichten von PSA-Beschäftigten waren nicht günstiger als die vergleichbarer Gruppen von Arbeitslosen; der erhoffte "Klebeeffekt" im Sinne eines Übergangs in reguläre Beschäftigungsverhältnisse trat nur selten ein. – Vgl. auch → Arbeitsmarktpolitik.

Personalstandsstatistik – jährliche Statistik über die Beschäftigung im öffentlichen Dienst, die alle bei öffentlichen Arbeitgebern beschäftigten → Beamten, Richter, Soldaten und → Angestellten erfasst. Die Daten werden in Fachserie 14 des Statistischen Bundesamts veröffentlicht.

Personalstatistik → betriebswirtschaftliche Statistik.

Personalsteuern → Personensteuern.

Personalunion – Besetzung mehrerer → organisatorischer Einheiten mit demselben → Handlungsträger.

Personalverwaltung – Summe aller administrativen personalbezogenen Maßnahmen im Unternehmen, d.h. Anwendung der Regelungen des geltenden Rechts vom Sozialrecht bis zur Betriebsvereinbarung, Erledigung aller Formalitäten von der Personaleinstellung bis zur Personalfreisetzung, Bearbeitung der laufenden Mitarbeiteranträge, Führung der → Personalakten, Führung der Personalstatistik, Abwicklung der Lohn- und Gehaltszahlungen. In mittelständischen und Großunternehmen ist die administrative Personalarbeit häufig in sog. HR-Service-Centern gebündelt.

Personalwerbung – Mittel der → Personalbeschaffung; Einsatz spezifischer Kommunikationsmittel, z.B. → Stellenangebote, um potenzielle Bewerber auf ausgeschriebene oder nicht ausgeschriebene Stellen zu einer → Bewerbung zu veranlassen. – Vgl. auch → Personalmarketing.

Personalwesen – traditionelle, teilweise aus der Mode gekommene Bezeichnung für den Umgang mit Personal im Sinn von lebendiger Arbeit. Der Begriff Personalwesen soll zum Ausdruck bringen, dass der Mensch nicht losgelöst von seiner Person und seinem sozialen Wesen betrachtet werden kann. Der Objektbereich des Personalwesens muss deshalb auch die relevanten Problemstellungen aus den Gebieten Arbeits- und Sozialrecht, Arbeitswissenschaften, Verhaltens- und Geisteswissenschaften einbeziehen. – Seit geraumer Zeit ersetzt durch andere Bezeichnungen wie → Personalmanagement, → Human Resource Management, → Personalpolitik, → Personalwirtschaft.

Personalwirtschaft – I. Begriff: Mit dem Begriff Personalwirtschaft ist der Umgang mit lebendiger Arbeit in Wirtschaftsorganisationen bzw. Unternehmen gemeint. Alternative Bezeichnungen sind → Personalwesen, → Personalmanagement, teilweise auch → Personalpolitik sowie → Human Resource Management. Personalwirtschaftliches Gestalten und Handeln lässt sich zwei Problemkreisen zuordnen, nämlich erstens der personellen Verfügbarkeit und zweitens der personellen Wirksamkeit.

II. Erster Problemkreis: 1. *Personelle Verfügbarkeit*: Personelle Verfügbarkeit betrifft die folgenden Gestaltungs- und Handlungsfelder: Ermittlung des Personalbedarfs, Anpassung der personellen Kapazität, Personalauswahl/Selektionsentscheidungen, Einstellung und Eingliederung, Arbeitszeitgestaltung sowie Trennung von Mitarbeitern. – 2. *Ermittlung des Personalbedarfs:* Die Ermittlung des → Personalbedarfs ist eine zukunftsorientierte Aktivität und damit Teil personalplanerischer Maßnahmen. Ziel ist die Verwirklichtung einer langfristig angemessenen Personalstruktur in quantitativer und qualitativer Hinsicht. – 3. Anpassung der personellen Kapazität: Die Anpassung der personellen Kapazität stellt sich dar als – Maßnahmen der Personalgewinnung (→ Personalbeschaffung, Personalrekrutierung); – Personelles Disponieren bei unverändertem Personalbestand, Anordnung von → Mehrarbeit oder → Kurzarbeit, innerbetriebliche Versetzungen, Umwandlung von Arbeitsverträgen und Personalleasing (→ Arbeitnehmerüberlassung) oder Überstundenabbau sowie – Maßnahmen der Personalreduzierung durch Ausnutzung des natürlichen Personalabgangs (→ Fluktuation, Erreichen des Rentenalters etc.), Ausscheiden infolge vorzeitigen Ruhestands und Abschluss von Aufhebungsverträgen sowie durch Massenentlassungen. – 4. *Personalauswahl:* Personalauswahl erfolgt in der Absicht, die Eignung von möglichen künftigen Mitarbeitern im Hinblick darauf festzustellen, ob sie die ihnen zugedachten Aufgaben auch tatsächlich erfüllen können. Dies herauszufinden ist Anliegen der Eignungsdiagnostik. – 5. *Einstellung und Eingliederung:* Durch die Einstellung wird das

Arbeitsverhältnis im juristischen Sinn begründet. Grundlage ist ein Arbeitsvertrag, hinsichtlich dessen Zustandekommen der Grundsatz der Abschlussfreiheit gilt. Fördern lässt sich die fachliche und persönliche Eingliederung in das Unternehmen durch Eingliederungsprogramme (z.B. Seminar zum Kennenlernen des Unternehmens, Aushändigung eines „Handbuchs für neue Mitarbeiter" etc.). Wirksam erleichtern werden kann sie durch Stellung eines Paten (→ Patensystem). – 6. *Arbeitszeitgestaltung:* Wichtigste Grundlage für die Gestaltung der Arbeitszeit ist das Arbeitszeitgesetz. Darüber hinaus ist die Arbeitszeit eine Domäne kollektivvertraglicher Vereinbarungen (Tarifverträge, Betriebsvereinbarungen). In Ausnahmefällen ist eine individualrechtliche Regelung möglich. – 7. *Trennung von Mitarbeitern:* Eine (im juristischen Sinn) unproblematische Form der Trennung liegt vor, wenn ein Arbeitnehmer das Arbeitsverhältnis von sich aus kündigt. Geht die Trennungsabsicht vom Unternehmen aus, kompliziert sich die Sachlage erheblich, denn eine Entlassung ist nur bei Vorliegen bes. Gründe möglich (→ Kündigung). Die natürlichste Art der Trennung stellt das Ausscheiden von Mitarbeitern durch Erreichen der Altersgrenze dar. In psychisch-sozialer Hinsicht ist sie jedoch häufig keineswegs problemlos. Durch einen gleitenden Übergang in den Ruhestand (flexible Altersgrenze) kann das Überwechseln in den dritten Lebensabschnitt erleichtert werden.

III. Zweiter Problemkreis: 1. *Personelle Wirksamkeit* betrifft folgende Gestaltungs- und Handlungsfelder: Mitarbeiterqualifizierung, Laufbahngestaltung, Aufgabengestaltung, Entgeltgestaltung sowie Personalführung. – 2. *Mitarbeiterqualifizierung:* Vornehmlich als Folge des Technikwandels und des allg. Bedeutungsgewinns von Wissen hat die (Aus- und) Weiterbildung der Mitarbeiter einen zunehmend hohen Stellenwert bekommen. Daneben erfordert die stärkere Verbreitung von Gruppen- und Teamarbeit sowie veränderte Anforderungen an Vorgesetzte ein hohes Maß an Sozialkompetenz. Aus Unternehmensperspektive bedarf es vor diesem Hintergrund eines proaktiven Qualifikationsmanagements; aus Mitarbeitersicht besteht Anlass, in der permanenten Qualifizierung einen integrativen Bestandteil des Arbeitslebens zu erblicken. Im Konzept der (qualifikationsbezogenen) → Personalentwicklung sind beide Interessenrichtungen berücksichtigt. – 3. *Laufbahngestaltung:* Beschaffenheit und Ausrichtung der in Unternehmen existierenden Laufbahn- bzw. Karrieresysteme (→ Karriereplanung) determinieren die beruflichen Entwicklungsmöglichkeiten der Mitarbeiter. Bei neutraler Verwendung des Karrierebegriffs ist dabei neben der vertikalen (hierarchischer Auf- oder Abstieg) auch an die horizontale (Wechsel in neue Funktionsbereiche) und zentripetale (stärkere Einbezogenheit in Entscheidungen) Entwicklungsrichtung zu denken. In der Praxis überlappen sich die erwähnten Entwicklungsrichtungen teilweise. Aufgabe der Potenzialbeurteilung ist es, das Entwicklungspotenzial von Mitarbeitern abzuschätzen. – 4. *Aufgabengestaltung:* Das Erfordernis einer „menschengerechten" Gestaltung der Arbeit bezieht sich auf den Arbeitsplatz, die Arbeitsumgebung und v.a. auf den Arbeitsinhalt. Die arbeitswissenschaftlich-ergonomische Gestaltung des Arbeitsplatzes (→ Ergonomie) muss sich sowohl an den Aufgaben als auch an den sich aus der Aufgabenerfüllung ergebenden Belastungen und Beanspruchungen orientieren. Faktoren der Arbeitsumgebung – v.a. Beleuchtung, Farbe im Arbeitsraum, Schall und Lärm, Klima – wirken von außen auf den Arbeitsplatz ein. Bei unzweckmäßiger Gestaltung machen sie sich durch Belastung und Beanspruchung bemerkbar und sind daher als Leistungsvoraussetzungen zu interpretieren. Die Gestaltung des Arbeitsinhalts nimmt Einfluss auf die (intrinsische) Motivation. – 5. *Entgeltgestaltung:* Entgelthöhe und Entgeltstruktur sind hier zu Lande weitgehend eine Domäne kollektivvertraglicher Regelungen. Nur bei der Entlohnung von Führungskräften gibt es beträchtliche Spielräume für einzelvertragliche Abmachungen. Daher können hier Anreizaspekte von Entgeltsystemen und Individualisierungsgesichtspunkte stärker berücksichtigt werden (Cafeteria-System, Individualisierung). Aus motivationaler Sicht ist davon auszugehen, dass das Entgelt ein (nahezu) universelles Mittel der Bedürfnisbefriedigung darstellt, dazu geeignet, eine Vielzahl individueller Motive anzusprechen. Dies erschwert es gelegentlich, seine Wirkungen auf das Arbeitsverhalten abzuschätzen. – 6. *Personalführung:* Personalführung ist zielgerichtetes soziales Einflusshandeln (Führung). Wird sie als eine Beziehung interpretiert, in der eine Person eine oder mehrere andere Person(en) bei der Durchführung einer gemeinsamen Aufgabe anweist, koordiniert und überwacht, so sind damit grundlegende Führungsaktivitäten angesprochen. An führungstheoretischen Grundpositionen ist zu unterscheiden zwischen – dem eigenschaftstheoretischen Ansatz, in dessen Mittelpunkt zur Führung (angeblich) prädestinierende Persönlichkeitsmerkmal stehen (Eigenschaftstheorie der Führung), – dem situationstheoretischen Ansatz, der die situativen Merkmale des Führungshandelns in den Vordergrund stellt (Situationstheorien der Führung), – dem Weg-Ziel-Ansatz der Führung, der nicht den Vorgesetzten, sondern die zu führenden Mitarbeiter mit der Begründung fokussiert, dass sich Führungserfolg in deren (leistungsbezogenen) Verhalten niederschlägt, sowie – die Substitutionstheorie der Führung, die nach den Bedingungen fragt, unter denen sich Führung erübrigt.

Personalzusatzkosten → Personalnebenkosten.

personelle Angelegenheiten – Begriff aus dem Betriebsverfassungs- bzw. Personalvertretungsrecht. §§ 92 ff. BetrVG regeln die Beteiligung der betriebsverfassungsrechtlichen Organe der Arbeitnehmer (Betriebsrat) in den personellen Angelegenheiten

(→ Betriebsverfassung). Die Beteiligung besteht einerseits in einer → Mitwirkung oder → Mitbestimmung bei der → Personalplanung (§ 92 BetrVG), der Beschäftigungssicherung (§ 92 a BetrVG), der → Ausschreibung von Arbeitsplätzen (§ 93 BetrVG), der Aufstellung von → Personalfragebogen und → Beurteilungsgrundsätzen (§ 94 BetrVG), der Aufstellung von → Auswahlrichtlinien (§ 95 BetrVG) und der betrieblichen → Berufsbildung (§§ 96 ff. BetrVG), andererseits erstreckt sie sich auf die personellen Einzelmaßnahmen der → Einstellung, → Versetzung, → Eingruppierung und → Umgruppierung (§§ 99 ff. BetrVG) und der → Kündigung (§§ 102 ff. BetrVG). Mitbestimmungsrecht in personellen Einzelmaßnahmen besteht i.d.R. nur in Unternehmen mit mehr als 20 wahlberechtigten Arbeitnehmern, für das Recht auf Mitwirkung und Mitbestimmung des Betriebsrats z.B. bei Personalplanung oder Kündigung reicht es aus, dass ein Betriebsrat besteht. Ein → Initiativrecht zur Aufstellung von → Auswahlrichtlinien hat der Betriebsrat nur in Betrieben mit mehr als 500 Arbeitnehmern (§ 95 II BetrVG).

personelle Betriebsorganisation → Organisation ad personam.

personelle Einkommensverteilung – *personelle Verteilung;* 1. *Begriff:* Im Gegensatz zur funktionalen Einkommensverteilung, welche die Verteilung des gesamtwirtschaftlichen Einkommens (Einkommensverteilung) auf funktionale Einkommensarten (Lohn, Profit, Zins und Rente) oder auf die Produktionsfaktoren (Arbeit, Kapital, Boden), die zur Erwirtschaftung des Sozialprodukts beigetragen haben, untersucht, betrachtet die personelle Einkommensverteilung die Verteilung der im Wirtschaftsprozess entstandenen Einkommen auf Personen oder Haushalte unabhängig davon, aus welchen Einkommensquellen es stammt. Damit hängt die personelle (Brutto-)Verteilung von der Verteilung der Einkommen auf die Produktionsfaktoren sowie von der Verteilung der Produktionsfaktoren auf die Personen bzw. Haushalte ab. Die personelle Einkommensverteilung kann das Phänomen der → Querverteilung abbilden, womit die Tatsache gemeint ist, dass den Haushalten Einkünfte aus unterschiedlichen Einkommensarten (Lohn-, Kapitaleinkommen) zufließen können. Zum anderen soll sie die Unterschiede zwischen den einzelnen in den ökonomischen Einkommensaggregaten zusammengefassten Einheiten erkennen lassen. Die bestehende Ungleichheit der personellen Bruttoeinkommensverteilung (→ Primärverteilung) wird in gewissem Umfang durch das Steuersystem und das System der Sozialversicherung korrigiert (vgl. → Sekundärverteilung). – 2. *Erfassung:* a) *Grundlagen:* Die Multidimensionalität des Verteilungsproblems erfordert vorab stets eine nähere Präzisierung der Fragestellung. Dabei ist v.a. zu unterscheiden, ob der Gesichtspunkt der Leistungsgerechtigkeit oder jener der Bedarfsgerechtigkeit im Vordergrund stehen soll, was Konsequenzen sowohl für den adäquaten Einkommensbegriff als auch für die geeignete personelle Bezugsgröße hat. Bei der Frage der Leistungsangemessenheit geht es um die Entlohnung im Produktionsprozess, weshalb das Individuum hier die adäquate Bezugseinheit und die (marktmäßigen) Faktoreinkommen eine angemessene Einkommenskategorie sind. Für eine Analyse der Bedarfsdeckungsmöglichkeiten erscheint es demgegenüber sinnvoll, auf die Bezugsgröße Haushalte abzustellen, da hier die wesentlichsten Entscheidungen bez. der Einkommenserzielung und Einkommensverwendung getroffen werden, wobei die äquivalenzgewichteten Haushaltsnettoeinkommen wohl als der angemessene Einkommensbegriff anzusehen sind. – b) *Statistische Erhebungen:* Ein weiteres Problem stellt sich mit der Frage nach der geeigneten Datenbasis, denn die offizielle Statistik liefert nur ein unzureichendes Bild über die personelle Einkommensverteilung. Das sich aus der Volkswirtschaftlichen Gesamtrechnung (VGR) ergebende Bild bleibt unzureichend; geeigneter erscheint die sog. Einkommens- und Verbrauchsstichprobe (EVS), welche in regelmäßigen mehrjährigen Abständen durchgeführt wird. Eine ergiebige Datenquelle für personelle Einkommensanalysen stellt seit einiger Zeit auch das → Sozio-ökonomische Panel (SOEP) des DIW Berlin dar. – c) *Indikatoren:* (1) Eine geläufige Darstellung der personellen Einkommensverteilung erfolgt in Form einer *Häufigkeitsverteilung,* bei welcher bestimmten Einkommensklassen auf der Abszisse die entsprechenden Häufigkeiten als Ordinatenwerte zugeordnet werden, wobei allerdings bei variierenden Klassenbreiten das Prinzip der Flächentreue zu beachten ist (d.h. die Säulenhöhe muss proportional zur Besetzungsdichte sein, die sich als Quotient aus Besetzungszahl und Klassenbreite ergibt). Die Vorgabe von Einkommensgrenzen führt bei einem allg. Einkommensanstieg jedoch zwangsläufig zu einer größeren Besetzungshäufigkeit der höheren Einkommensklassen und suggeriert somit eine Verteilungsänderung, die eigentlich gar nicht stattgefunden hat. (2) Besser geeignet für zeitliche Vergleiche erscheint demgegenüber eine Darstellung anhand von *Vielfachen des Durchschnittseinkommens.* Auch derartige Untersuchungen zeigen die für die personelle Einkommensverteilung charakteristischen linkssteilen (rechtsschiefen) Kurven. Eine aussagekräftige Charakterisierung dieser Häufigkeitsverteilungen kann bereits anhand einfachster statistischer Messzahlen erfolgen. Zu nennen sind die sog. Durchschnittslage (Anteil der privaten Haushalte, die weniger als das Durchschnittseinkommen beziehen), der → Median und der → Modalwert (häufigstes Einkommen). (3) *Gini-Koeffizient:* Ein oft verwendetes Konzentrationsmaß zur Charakterisierung von Einkommensverteilungen ist der sog. → Gini-Koeffizient. (4) *Sonstige:* Da sich das Konzentrationsverhältnis nur global auf die gesamte Verteilung bezieht, sind bes. Zusatzinformationen über die Situation der sozial relevanten Gruppen mit sehr niedrigen und sehr hohen

Einkommen von Interesse. Dazu eignen sich z.B. die folgenden Maßzahlen: (1) Unterer Randgruppenanteil (R_u): Anteil am Gesamteinkommen, den die 20 Prozent der Bezugseinheiten mit den niedrigsten Einkommen haben; (2) oberer Randgruppenanteil (R_o): Anteil am Gesamteinkommen, den die 5 Prozent mit den höchsten Einkommen haben; (3) Randgruppenverhältnis ($RV = 4R_o/R_u$), wobei allerdings diese Art der Berechnung den Grad der Disparität überhöht ausweist; (4) Randgruppenrelation: Verhältnis des Durchschnittseinkommens der obersten Randgruppe (5 Prozent) zu dem der untersten Randgruppe (20 Prozent). – 3. *Erklärungsansätze:* Theorien der personellen Einkommensverteilung versuchen die Rechtsschiefe der personellen Einkommensverteilung zu erklären. Solche Ansätze greifen die verschiedensten Faktoren auf, z.B. Verteilung von angeborenen Fähigkeiten, die unterschiedliche Ausstattung mit Vermögen, die Altersstruktur, unvollkommene Arbeitsmärkte und institutionelle Einflüsse. Die Modelle selbst beschränken sich i.d.R. auf einen der genannten Faktoren und sind insofern nur begrenzt aussagefähig. Ein befriedigender Ansatz zur Theorie der personellen Einkommensverteilung müsste in einer Verknüpfung der makroökonomischen Theorie der funktionalen Verteilung mit der personellen Verteilung liegen. Querverteilungsansätze, Vermögensbildungs- und Vererbungsprozesse müssten integriert werden. Diese Ansprüche und die wichtige Rolle, die die Einkommensverteilung für das Wirtschaftswachstum spielt, machen deutlich, warum sich Verteilungstheorien häufig auf die makroökonomische Ebene beziehen. – Vgl. auch → Verteilungstheorie.

personelle Einzelmaßnahmen → personelle Angelegenheiten.

personelle Hilfe → personelle Zusammenarbeit.

personelle Verflechtungen – 1. *Personelle Verflechtungen:* Es bestehen drei Varianten: (1) im → Konzern: Vorstandsmitglieder der Konzernspitze als Aufsichtsräte oder Vorstände in der Untergesellschaft; (2) im Konzern: Aufsichtsratsmitglieder der Konzernspitze im Aufsichtsrat der Untergesellschaft; (3) Vorstandmitglieder eines Unternehmens als Aufsichtsratmitglieder eines anderen Unternehmens. – *Verboten:* Aufsichtsratsmitglieder der Konzernspitze im Vorstand der Untergesellschaft. Keine Aufsichtsratsmitgliedschaft entgegen dem Organisationsgefälle (§ 100 II 1 AktG). – *Ziel:* Durchsetzung und Absicherung der → einheitlichen Leitung, bes. im faktischen Konzern. – 2. *Personelle Verflechtungen als unternehmenspolitisches Instrument des Vorstandes:* Wechselseitige Kooptation von Managern anderer Unternehmen in den eigenen Aufsichtsrat. – *Ziel:* Beratung, Repräsentation und bes. Umweltstabilisierung (Reduktion von Umweltungewissheit). – 3. *Kritik:* a) *Wettbewerbspolitik:* In der Wettbewerbstheorie und -politik gelten personelle Verflechtungen als potenzielle wettbewerbsbeschränkende Konzentrationsfaktoren wegen evtl. Förderung von oligopolistischen Preisabsprachen, Reziprok-Käufen, Marktabgrenzungen etc. – b) *Gesellschaftspolitik:* Gesellschaftspolitisch fragwürdig als herrschaftsgarantierendes Netzwerk von Machteliten, die von wenigen Schaltzentralen aus wesentliche Teile der Wirtschaft und Gesellschaft kontrollieren können.

personelle Verteilung → personelle Einkommensverteilung.

personelle Zusammenarbeit – *personelle Hilfe;* Entsendung von Fachkräften (Entwicklungsexperten) in Entwicklungsländer und Aus- und Fortbildung von Fachkräften aus Entwicklungsländern. Ziel ist die Vermittlung von Know-how in den verschiedensten Bereichen (Landwirtschaft, Bildung etc.).

personenbedingte Kündigung → ordentliche Kündigung des Arbeitsverhältnisses, die aus Gründen, die in der Person des Arbeitnehmers liegen, sozial gerechtfertigt sein kann (§ 1 II KSchG). Gründe in der Person des Arbeitnehmers sind u.a. dauerhafte Unfähigkeit zur Arbeitsleistung, Krankheit oder mangelnde Eignung. Der erkrankte Arbeitnehmer genießt nicht allein wegen der Krankheit einen bes. Schutz. – Die Gründe in der Person müssen von einer *gewissen Erheblichkeit* sein. Nicht jedes Nachlassen der Kräfte ist geeignet, die Kündigung sozial zu rechtfertigen. Das Gesetz verlangt, dass die Interessen beider Partner des Arbeitsvertrages gegeneinander umfassend abgewogen werden.

Personenbeförderung → Beförderung von Personen v.a. durch Kraftfahrzeuge, Eisenbahn, Schiffe, Verkehrsflugzeuge. – 1. *Personenbeförderung zu Lande:* a) *Privatrechtlich* ist die Personenbeförderung → Werkvertrag im Sinn des BGB. – b) *Öffentlich-rechtliche Vorschriften* enthält das → Personenbeförderungsgesetz (PBefG), das für die gewerbsmäßige Personenbeförderung auf Straßenbahnen, im Linien- und Gelegenheitsverkehr Genehmigungspflicht (höhere Verwaltungsbehörde) vorschreibt. Die Beförderungspreise sind tariflich bestimmt. – c) Für die Fahrer besteht bes. Ausweispflicht nach der *VO* über den Betrieb von Kraftfahrtunternehmen im Personenverkehr (→ Straßenverkehrsrecht). – d) *Sondervorschriften* für den Bahnverkehr: → Eisenbahn-Verkehrsordnung (EVO). – e) *Verboten* ist die Beförderung von Personen auf Krafträdern ohne bes. Sitz, auf Zugmaschinen ohne Sitzgelegenheit, in Wohnwagen hinter Kraftfahrzeugen, auf der Ladefläche von Lastkraftwagen und von Anhängern. Auf Fahrrädern dürfen nur Kinder unter sieben Jahren von mind. 16 Jahre alten Personen mitgenommen werden (§ 21 StVO). – 2. *Personenbeförderung auf Binnengewässern:* Die Bestimmungen des → Werkvertrages gelten auch für diese. – 3. *Personenbeförderung zur See:* Nur das Werkvertragsrecht ergänzende Sondervorschriften enthalten die §§ 664–678 HGB meist abschließende und eingehende Sonderregelung in „Allgemeinen Beförderungsbedingungen der Schifffahrtsunternehmen". – 4. *Personenbeförderung* *zur Luft:* bes. Haftungsbestimmungen im Luftverkehrsgesetz (→ Luftrecht). – 5. *Statistik der Personenbeförderung:* → Verkehrsstatistik und Gesetz zur Durchführung einer Statistik über die Personenbeförderung im Straßenverkehr i.d.F. vom 24.6.1980 (BGBl. I 865).

Personenbeförderungsgesetz (PBefG) – Gesetz i.d.F. vom 8.9.1990 (BGBl. I 1690) m.spät.Änd., betrifft die entgeltliche oder geschäftsmäßige → Personenbeförderung mit Straßenbahnen, Bussen und Kraftfahrzeugen sowie die Genehmigungspflicht nach den §§ 2 ff. für Linien- (§§ 42, 43) und Gelegenheitsverkehr (§ 46) und enthält v.a. spezielle Haftungsregelungen für Sachschäden.

personenbezogene Daten – nach dem Bundesdatenschutzgesetz Einzelangaben über persönliche oder sachliche Verhältnisse einer bestimmten oder bestimmbaren natürlichen Person (Betroffener). – Vgl. auch → Datenschutz.

Personenfirma → Firma unter Verwendung des Familiennamens und mind. einem ausgeschriebenen Vornamen. Nach der Reform durch das Handelsrechtsreformgesetz steht es Kaufleuten frei, eine Personenfirma oder eine → Sachfirma zu führen (§§ 18, 19 HGB).

Personengesellschaft – *Personalgesellschaft, Personenunternehmung.*

I. Allgemeines: 1. *Begriff:* Zusammenschluss von mind. zwei Personen zur Verwirklichung eines bestimmten Zweckes in der Rechtsform der → Gesellschaft. – Personengesellschaften sind: → Gesellschaft bürgerlichen Rechts (GbR), → Partnerschaftsgesellschaft (PartG), → offene Handelsgesellschaft (OHG), → Kommanditgesellschaft (KG), nicht aber die typische → stille Gesellschaft, weil hier ein gesellschaftlicher Zusammenschluss nur im Innenverhältnis vorhanden ist. – 2. *Rechtsstellung/Charakterisierung:* Im Gegensatz zur → Kapitalgesellschaft ist die Personengesellschaft keine → juristische Person, hat also keine eigene juristische Persönlichkeit wie jene. Sie ist der juristischen Person teilweise aber angenähert, so hat sie als Trägerin eines Gesamtvermögens gewisse selbstständige Rechte und Pflichten. Ganz offenbar ist das z.B. bei der OHG, vgl. § 124 I HGB. Auch bei der BGB-Gesellschaft ist dies für die → Außengesellschaft anerkannt. Grundsätzlich arbeiten die Gesellschafter persönlich mit und haften persönlich mit ihrem Vermögen. Eine Kapitalbeteiligung ist bei den Personengesellschaften nicht erforderlich, wenn auch üblich. Die Abstimmung innerhalb der Personengesellschaft findet nach der Zahl der Gesellschafter, nicht nach dem Verhältnis der Kapitalbeteiligung statt. Die Gesellschafter sind stärker an die Gesellschaft gebunden als die Gesellschafter der Kapitalgesellschaft: De Gesellschaftsbeteiligung ist regelmäßig nicht übertragbar; das Gesellschaftsvermögen steht den Gesellschaftern in → Gemeinschaft zur gesamten Hand zu. – 3. *Ausgestaltung:* Im Einzelfall hängt die Ausgestaltung der Personengesellschaft vom → Gesellschaftsvertrag ab, der auch Personengesellschaften noch weitergehend kapitalistische Züge verleihen kann (→ Kapitalgesellschaften).

II. Steuerliche Behandlung: 1. *Grundsätzliches:* Die steuerliche Behandlung von Personengesellschaften unterscheidet sich je nach Steuerart; entscheidend ist, ob man bei der betreffenden Steuerart die Personengesellschaften selbst als das steuerpflichtige Subjekt ansieht oder ob die Personengesellschaften als Zusammenschluss ihrer Gesellschafter angesehen wird, mit der Folge, dass Vermögen und Gewinne der Gesellschaft anteilig den Gesellschaftern entsprechend ihrer Beteiligungsquote zugerechnet werden. – 2. Bei der *Umsatzsteuer*werden Personengesellschaften als eigenständige Gebilde angesehen; die Personengesellschaft wird zum steuerpflichtigen Unternehmer (§ 2 UStG), während ihre Gesellschafter umsatzsteuerlich von der Personengesellschaft zu unterscheidende Dritte bleiben. – 3. Bei der *Einkommensteuer* sind Personengesellschaften dagegen keine eigenständigen Steuersubjekte. Dort wird das Einkommen der Personengesellschaft anteilig den Personengesellschaftern (→ Mitunternehmern) zugerechnet. – 4. Für die → Erbschaftsteuer werden bisher die einkommensteuerlichen Ansichten übernommen; hier gilt ein Anteil an einer Personengesellschaft als ein (anteiliger) Betrieb (Mitunternehmeranteil) des Gesellschafters und wurde bei diesem der Vermögensart „Betriebsvermögen" zugeordnet. Durch die → Erbschaftsteuerreform, welche seit dem 1.1.2009 wirksam ist, sind die Vorschriften für die Bewertung von Anteilen an Peronengesellschaften analog der Bewertung von Anteilen an Kapitalgesellschaften umfassend geändert worden. Die Bewertung erfolgt zukünftig grundsätzlich nach dem Unternehmenswert, abgeleitet aus Verkäufen unter fremden Dritten. Alternativ kann der Wert nach der Ertragswertmethode (→ Ertragswert) ermittelt werden, jedoch gilt als Mindestwert der Substanzwert, d.h. die Summe der gemeinen Werte aller Einzelwirtschaftsgüter abzüglich der Schulden. Statt der bisherigen Begünstigung für Betriebsvermögen nach § 13 a ErbStG (Freibetrag und Bewertungsabschlag) wird nunmehr ein sog. → Verschonungsabschlag gewährt. – 5. Bei der *Gewerbesteuer* mischen sich die Konzepte, da die Personengesellschaft gewerbesteuerlich als selbständiger steuerpflichtiger Betrieb angesehen wird, zugleich aber die Regeln zur Gewinnermittlung aus dem Einkommensteuerrecht übernommen werden. – 6. In den *Doppelbesteuerungsabkommen* ist meistens vereinbart, dass jeder Staat die Vorteile aus dem Abkommen demjenigen gewährt, der aus seiner Sicht steuerlich für die Ergebnisse der Personengesellschaft zur Steuer herangezogen wird, sodass Deutschland die Abkommensvorteile den Gesellschaftern gewährt, der Vertragsstaat aber, wenn er bei sich die Personengesellschaft selbst zur Einkommensteuer oder Körperschaftsteuer heranzieht, die Vergünstigungen aus dem Abkommen der Personengesellschaft einräumt. – 7. *Ab dem Veranlagungszeitraum 2008* ist das sog. Thesaurierungsmodell für Personenunternehmen im Rahmen der Unternehmensteuerreform 2008 anzuwenden. Nach der neuen Vorschrift können auf Antrag nicht entnommene Gewinne wie Gewinne von Kapitalgesellschaften begünstigt besteuert werden. – Vgl. auch → Thesaurierungsrücklage.

Personenhandelsgesellschaft – Zusammenfassende Bezeichnung für → offene Handelsgesellschaft (OHG) und → Kommanditgesellschaft (KG).

Personenhierarchie → Hierarchie.

Personenjahr (-monat, -tag) → Mannjahr (-monat, -tag).

Personenkilometer (Pkm) – Kennzahl der → Verkehrsstatistik für die Verkehrsleistung im Personenverkehr zu Lande, zu Wasser und in der Luft, errechnet als Produkt aus der Zahl der beförderten Personen und der von ihnen zurückgelegten Entfernungen.

Personenkonten – *Kontokorrentkonten;* Konten der Kunden (→ Debitoren) und Lieferer (→ Kreditoren). Die Personenkonten werden meist in Form von bes. → Nebenbüchern (→ Kontokorrent) geführt. Zum Abschluss werden Saldenlisten angefertigt, die mit den entsprechenden Salden der Hauptbuchkonten übereinstimmen müssen. – *Verzicht auf Personenkonten:* nur möglich bei barem Kunden- und Lieferantenverkehr.

personenrechtliches Gemeinschaftsverhältnis → Arbeitsverhältnis.

Personenschaden – 1. *Begriff:* Durch eine Körperverletzung eingetretene Einbuße an Lebensgütern wie Gesundheit oder körperliche Integrität. – 2. *Personenschaden in der* → Haftpflichtversicherung: Haftpflichtansprüche wegen Personenschäden sind grundsätzlich mitversichert. Der Begriff selbst wird in den neuen Allgemeinen Versicherungsbedingungen für die Haftpflichtversicherung (AHB) nicht mehr definiert. Das allg. Persönlichkeitsrecht und → Haftpflichtansprüche wegen Schäden aus Anfeindung, Schikane, Belästigung, Ungleichbehandlung oder sonstigen Diskriminierungen sind ausgeschlossen.

Personensicherheit – schuldrechtlicher Anspruch des Gläubigers gegen dritte Sicherungsgeber, die sich vertraglich verpflichten, dass der Kreditnehmer seine Verpflichtungen erfüllt. Im Insolvenzfall hat der Sicherungsnehmer keine bevorrechtigte Befriedigung gegenüber anderen Gläubigern des Dritten, weshalb der Wert der Personensicherheit (Vermögen und Schulden des Sicherungsgebers) genau überprüft werden muss. Zur Personensicherheit werden gezählt: → Bürgschaft, bürgschaftsähnliche Sicherheiten wie → Garantie, → Schuldmitübernahme oder → Kreditauftrag sowie deren Sicherung mittels → Wechsel. – Vgl. auch → Kreditsicherheiten.

Personensorge – steht als Teil des elterlichen → Sorgerechts grundsätzlich beiden Eltern gemeinsam zu, bei nicht miteinander verheirateten Eltern teilweise der Mutter allein (§§ 1626, 1626a BGB). Die Personensorge umfasst das Recht und die Pflicht der Erziehung, Beaufsichtigung und Aufenthaltsbestimmung des Kindes (§ 1631 BGB).

Personenstand – rechtliche Stellung, die eine Person nach Geburt, Heirat etc. einnimmt. Verfahrensfragen regelt das Personenstandsgesetz. – Vgl. auch → Verwandtschaft.

Personensteuern – *Subjektsteuern, Personalsteuern.* 1. *Begriff:* Steuern, mit denen die wirtschaftliche Leistungsfähigkeit von natürlichen und juristischen Personen erfasst werden soll (→ Leistungsfähigkeitsprinzip). – *Aus steuerjuristischer Sicht* gelten Einkommen- einschließlich Lohnsteuer, Körperschaft-, Vermögen- und Kirchensteuer, *aus finanzwissenschaftlicher Sicht* Einkommen- (einschließlich Lohnsteuer), Vermögen-, Erbschaft- und Schenkungsteuer sowie persönliche Ausgabensteuer (nicht Körperschaftsteuer) als Personensteuern; → Steuerklassifikation nach dem Kriterium der Verknüpfung von Steuersubjekt und -objekt. – *Gegensatz:* → Realsteuern. – 2. *Merkmale:* (1) Berücksichtigung der persönlichen Verhältnisse des Steuerpflichtigen, z.B. Familienstand und Kinderzahl; (2) Berücksichtigung der wirtschaftlichen Leistungsfähigkeit, z.B. durch einen progressiv gestalteten Einkommensteuer-Tarif, Steuerermäßigung bei außergewöhnlichen Belastungen. – 3. *Bedeutung hinsichtlich der Abzugsfähigkeit* bei der Ermittlung des steuerpflichtigen Einkommens: Im Gegensatz zu den → Realsteuern sind die Personensteuern nicht abzugsfähige Steuern (§ 12 Nr. 3 EStG). – *Ausnahme:* Die tatsächlich gezahlte Kirchensteuer, die als → Sonderausgabe abzugsfähig ist (§ 10 I Nr. 4 EStG).

Personenverkehr → öffentlicher Personennahverkehr (öPNV), → Straßenverkehr.

Personenverkehrsfreiheiten – Oberbegriff für die drei personenbezogenen EU-rechtlichen → Grundfreiheiten: → Freizügigkeit der Arbeitnehmer bzw. → Niederlassungsfreiheit der Unternehmer, → Dienstleistungsfreiheit und → Aufenthaltsrecht. Diese Freiheiten gelten mit Ausnahme des Aufenthaltsrechts auch auf dem Gebiet des → EWR. Sie setzen als Grundrecht der Gestaltung der staatlichen Wirtschaftsgesetzgebung Grenzen. Ihre Beachtung kann im Gebiet der EU vor dem Europäischen Gerichtshof erzwungen werden.

Personen-Zuordnungs-Test – projektiver Test (→ projektive Verfahren), bei dem der Versuchsperson Produkt- und Personenabbildungen gezeigt werden. Sie soll dann die Produkte den Personen zuordnen. Eingesetzt in der Marktforschung bei der Imageermittlung (→ Einstellungsforschung).

Personifikationstheorie → Buchhaltungstheorien.

persönliche Entgeltpunkte → Rentenformel.

persönliche Haftung → persönlich haftender Gesellschafter.

Persönliche Identifikationsnummer → PIN.

persönliche Kommunikation → Individualkommunikation.

persönlicher Arrest – *Personalarrest;* durch Zugriff auf die Person des Schuldners (z.B. durch Verhaftung, Wegnahme des Reisepasses etc.) zu vollziehender → Arrest. Persönlicher Arrest ist nur zulässig, wenn eine gefährdete → Zwangsvollstreckung nicht anderweitig gesichert werden kann (z.B. der Schuldner sich der → eidesstattlichen Versicherung entziehen oder Vermögen ins Ausland verschieben will; §§ 917, 933 ZPO).

persönlicher Gebrauch – Begriff des → Urheberrechts. – Vgl. auch → Vervielfältigungsrecht.

persönlicher Verkauf – *Personal Selling, Sales Force.* 1. *Begriff:* Komponente des → Kommunikations-Mix. Persönlicher Verkauf beruht auf dem unmittelbaren Kontakt zwischen Verkäufer und Käufer beim Absatz von Waren und Dienstleistungen. Zentrale Stellung beim Angebot erklärungsbedürftiger Produkte, wo das Kaufverhalten (→ Käufer- und Konsumentenverhalten, → organisationales Kaufverhalten) im großen Maße von Beratungs- und Überzeugungsleistungen des Verkäufers beeinflusst wird. – 2. *Aufgaben:* Auffinden potenzieller Kunden, Ermittlung des Kundenbedarfs, Erlangung von Kaufanträgen, Pflege der Beziehungen zwischen Lieferant und Kunden (Imagebildung), Gewinnung von Marktinformationen, Übernahme logistischer Funktionen. – 3. *Formen:* Außendienstverkauf (Verkaufsbesuche beim Käufer); Messe-Verkauf; Party-Verkauf (Verkauf auf organisierten Einladungen); Wiederverkäufer-Verkauf; Telefonverkauf (fernmündliche Auftragserlangung); Verkauf auf Topmanager-Ebene (Verkauf durch Geschäftsleitung).

persönliche Schallschutzmittel – Alternativen zur primären Lärmminderung, die anzuwenden sind, wenn die Maßnahmen der Lärmbekämpfung (→ Lärm) nach den gegebenen technischen Möglichkeiten nicht mehr ausreichen, um den Schallpegel unter 90 dB(A) zu halten. – *Möglichkeiten:* Gehörschutzstöpsel, Gehörschutzkapseln, Schallschutzhelme (Helme, die den Kopf weitgehend umschließen; bei mehr als 120 dB(A) zu tragen), Schallschutzanzüge (Ergänzung zu Schallschutzhelmen; bei mehr als 100 dB(A) zu tragen). Es gehört zur Aufsichtspflicht des Unternehmers (→ Fürsorgepflicht), dafür Sorge zu tragen, dass die persönlichen Schallschutzmittel benutzt werden.

persönliches Einkommen → Individualeinkommen.

persönlich haftender Gesellschafter – Gesellschafter, der neben seiner Kapitaleinlage auch mit seinem gesamten Privatvermögen für die → Gesellschaftsschulden haftet. Persönlich haftende Gesellschafter sind alle Gesellschafter der → offenen Handelsgesellschaft (OHG), der → Partnerschaftsgesellschaft (PartG), die → Komplementäre der → Kommanditgesellschaft (KG) und der → Kommanditgesellschaft auf Aktien (KGaA), nicht jedoch stille Gesellschafter der → stillen Gesellschaft.

Persuasion-Test – Sammelbegriff für alle Testverfahren der Messung von Einstellungsänderungen, die durch → Werbung verursacht werden. Die → Einstellung der Probanden wird vor und nach der Konfrontation mit der Werbung gemessen.

PERT – Abk. für *Program Evaluation and Review Technique;* (stochastische) → Netzplantechnik, die Ereignisknotennetzpläne (→ Netzplan) verwendet. Eine Besonderheit von PERT besteht darin, dass die Ausführungsdauer von Vorgängen als Zufallsvariable angesehen wird, die einer Beta-Verteilung unterliegt. Die Schätzung der Parameter der betreffenden Verteilung erfolgt über einen optimistischen, einen pessimistischen und einen wahrscheinlichsten Wert für die Ausführungsdauer des Vorgangs (Dreizeitenschätzung).

per ultimo → Ultimo.

Pervasive Computing → Ubiquitous Computing.

Peter-Prinzip – ein von L.J. Peter und R. Hull formuliertes, satirisch gemeintes Prinzip, das sich mit den Aufstiegspraktiken in Organisationen beschäftigt. – *Grundidee:* Wenn die Beförderung von der Bewährung auf einer hierarchisch niedrigeren Position abhängig ist, steigt in einer Hierarchie jeder Beschäftigte bis zu seiner Stufe der Inkompetenz auf.

Petition – schriftliche Eingabe und Bitte oder Beschwerde eines Einzelnen oder einer Gruppe an die zuständigen Stellen und an die Volksvertretung (Art. 17 GG). Ihre Behandlung obliegt einem bes. bestellten *Petitionsausschuss* (für den Bund vgl. Art. 45c GG).

Petri-Netze – 1. *Begriff:* formale Beschreibungsmethode für den Ablauf von → Prozessen. Anfang der 1960er-Jahre von C.A. Petri entwickelt. – 2. *Aufbau:* Ein Petri-Netz ist ein markierter gerichteter → Graph, wobei die Knoten die Prozesse darstellen und die Kanten ihre ablauftechnischen Beziehungen. Über sog. Token meldet ein Prozess (Knoten) gleichzeitig allen nachgelagerten Prozessen (Knoten) seine Beendigung. Dabei ist ein Prozess genau dann beendet, wenn er von allen vorgelagerten Prozessen jeweils ein Token geschickt bekommen hat; d.h. in dem Augenblick (Netzzustand), in dem ein Prozess ablaufen kann, gilt er in dem Modell gleichzeitig als beendet. – 3. *Bedeutung in der Wirtschaftsinformatik:* Petri-Netze können zur Beschreibung dynamischer Aspekte eines → betrieblichen Informationssystems eingesetzt werden. Petri-Netze sind v.a. als → Softwareentwurfsmethoden im Fall parallel ablaufender Prozesse geeignet.

Petrodollar – 1. *Begriff:* Dollareinnahmen aus dem Verkauf von Erdöl (Rohöl). Wesentliche Einnahmquelle in resourcenabhängigen Volkswirtschaften, z.B. Iran, Irak, Nigeria, Russland, Venezuela. – 2. *Funktion:* Seit dem Zweiten Weltkrieg wird der Handel mit Rohöl vorwiegend in US-Dollar abgerechnet. – 3. *Bedeutung:* Die große und konstante Abhängigkeit der Weltwirtschaft vom Rohöl hat zur Folge, dass der Wechselkurs jedes Landes gegenüber dem US-Dollar eine entscheidende ökonomische Größe ist – schließlich beeinflusst er in großem Maß die Rohstoffpreise eines Landes. Andererseits verursacht die fast ausschließliche Dollarfakturierung Verbindlichkeiten der US-Zentralbank gegenüber den erdölexportierenden Ländern in enormem Umfang, da diesen Ländern durch den Ölexport große Dollarbestände zufließen. Politisch ist die USA daran interessiert, Dollarbeträge in Länder zu transferieren, deren politisches System den USA gewogen ist. Einige Staaten versuchen inzwischen der Fixierung auf den US-Dollar durch Fakturierung der Rohöllieferungen in → Euro entgegenzuwirken (v.a. China, Iran, Syrien, Venezuela), sog. → *Petroeuro.* – 4. *Notierung an Rohstoffmärkten:* Rohöl wird an den Rohstoffmärkten in US-Dollar notiert (pro Barrel Rohöl, das sind 159 Liter).

Petroeuro – Dollareinnahmen aus dem Verkauf von Erdöl (Rohöl) in Euro. Einige Staaten versuchen den → Petrodollar (die Fixierung auf den US-Dollar für Rohöl) durch Fakturierungen in → Euro entgegenzuwirken (v.a. China, Iran, Syrien, Venezuela).

Gabler Wirtschaftslexikon

Pf-S

Gabler Wirtschaftslexikon

Pf-S

18., aktualisierte und erweiterte Auflage

Springer Gabler

ISBN 978-3-8349-3464-2
DOI 10.1007/978-3-8349-3875-6

Die Deutsche Nationalbibliothek verzeichnet diese Publikation in der Deutschen Nationalbibliografie; detaillierte bibliografische Daten sind im Internet über http://dnb.d-nb.de abrufbar.

Springer Gabler

1. Auflage 1956, ..., 18., aktualisierte und erweiterte Auflage 2014

Redaktion: Stefanie Brich, Claudia Hasenbalg, Dr. Eggert Winter (Schriftleitung)
Korrektorat: Inge Kachel-Moosdorf
Layout und Satz: workformedia | Frankfurt am Main | München

Gedruckt auf säurefreiem und chlorfrei gebleichtem Papier

Springer Gabler ist eine Marke von Springer DE.
Springer DE ist Teil der Fachverlagsgruppe Springer Science+Business Media
www.springer-gabler.de

Verzeichnis der Abkürzungen

a.	– anno (Jahr)
Abb.	– Abbildung
AbfVerbG	– Abfallverbringungsgesetz
AbgG	– Abgeordnetengesetz
Abk.	– Abkürzung
ABl	– Amtsblatt
ABl EG	– Amtsblatt der Europäischen Gemeinschaften
ABl EU	– Amtsblatt der Europäischen Union
Abschn.	– Abschnitt
Abt.	– Abteilung
AbwAG	– Abwasserabgabengesetz
ADSp	– Allgemeine Deutsche Spediteurbedingungen
AEG	– Allgemeines Eisenbahngesetz
a.F.	– alte Fassung
AFB	– Allgemeine Bedingungen für die Feuerversicherung
AG	– Aktiengesellschaft; Amtsgericht; Ausführungsgesetz
AGB	– Allgemeine Geschäftsbedingungen
AHB	– Allgemeine Geschäftsbedingungen für die Haftpflichtversicherung
AKB	– Allgemeine Bedingungen für die Kraftfahrtversicherung
AktG	– Aktiengesetz
allg.	– allgemein
amerik.	– amerikanisch
AMG	– Arzneimittelgesetz
AO	– Abgabenordnung
AR	– Aufsichtsrat
ArbGG	– Arbeitsgerichtsgesetz
ArbNErfG	– Arbeitnehmererfindergesetz
ArbPlSchG	– Arbeitsplatzschutzgesetz
ArbStättV	– Arbeitsstättenverordnung
ArbZG	– Arbeitszeitgesetz
Art.	– Artikel
ASiG	– Gesetz über Betriebsärzte, Sicherheitsingenieure und andere Arbeitskräfte für Arbeitssicherheit
AStG	– Außensteuergesetz
ATG	– Altersteilzeitgesetz
AtG	– Atomgesetz
AUB	– Allgemeine Versicherungsbedingungen für die Unfallversicherung
Aufl.	– Auflage
AÜG	– Arbeitnehmerüberlassungsgesetz
AuslG	– Ausländergesetz
AVB	– Allgemeine Versicherungsbedingungen
AvmG	– Altersvermögensgesetz
AWB	– Allgemeine Bedingungen für die Leitungswasserversicherung
AWG	– Außenwirtschaftsgesetz
AWV	– Außenwirtschaftsverordnung
AZ	– Aktenzeichen
AZO	– Allgemeine Zollordnung
BaföG	– Berufsausbildungsförderungsgesetz
BAG	– Bundesarbeitsgericht
BAnz	– Bundesanzeiger
BAT	– Bundesangestelltentarif
BauGB	– Baugesetzbuch
b.a.w.	– bis auf weiteres
BBankG	– Gesetz über die deutsche Bundesbank
BBergG	– Bundesberggesetz
BBesG	– Bundesbesoldungsgesetz
BBG	– Bundesbeamtengesetz
BBiG	– Berufsbildungsgesetz
BDSG	– Bundesdatenschutzgesetz

BEG – Bundesentschädigungsgesetz
ber. – berichtigt
BerBiFG – Berufsbildungsförderungsgesetz
BErzGG – Bundeserziehungsgeldgesetz
bes. – besonders(-e, -es, -er)
BetrAVG – Gesetz zur Verbesserung der betrieblichen Altersvorsorge
BetrVG – Betriebsverfassungsgesetz
BeurkG – Beurkundungsgesetz
BewG – Bewertungsgesetz
bez. – bezüglich
BFH – Bundesfinanzhof
BGB – Bürgerliches Gesetzbuch
BGBl – Bundesgesetzblatt (I = Teil I, II = Teil II, III = Teil III)
BGH – Bundesgerichtshof
BHO – Bundeshaushaltsordnung
BImSchG – Bundes-Immissionsschutzgesetz
Bin(n)SchG – Binnenschifffahrtsgesetz
BiRiLiG – Bilanzrichtlinien-Gesetz
BM – Bundesminister(ium)
BNatSchG – Bundesnaturschutzgesetz
BOKraft – Verordnung über den Betrieb von Kraftfahrtunternehmen im Personenverkehr
BörsG – Börsengesetz
BörsZulV – Börsenzulassungsverordnung
BPatG – Bundespatentgericht
BPersVG – Bundespersonalvertretungsgesetz
BpO – Betriebsprüfungsverordnung
BRAGO – Bundesgebührenordnung für Rechtsanwälte
BranntwMonG – Branntweinmonopolgesetz
BRRG – Beamtenrechtsrahmengesetz
BSG – Bundessozialgericht
BSHG – Bundessozialhilfegesetz
bspw. – beispielsweise
BStBl – Bundessteuerblatt
BtMG – Bundesbetäubungsmittelgesetz
BUrlG – Bundesurlaubsgesetz
BVerfG – Bundesverfassungsgericht
BVerfGE – Amtliche Sammlungen von Entscheidungen des Bundesverfassungsgerichts
BVerfGG – Gesetz über das Bundesverfassungsgericht
BVerfSchG – Bundesverfassungsschutzgesetz
BVerwG – Bundesverwaltungsgericht
BVG – Bundesversorgungsgesetz
BZRG – Bundeszentralregistergesetz
bzw. – beziehungsweise

ca. – circa

DepotG – Depotgesetz
d.h. – das heißt
DPMA – Deutsches Patent- und Markenamt
DRiG – Deutsches Richtergesetz
DVO – Durchführungsverordnung

EAG – Europäische Atomgemeinschaft
EAGV – Vertrag über die Europäische Atomgemeinschaft
EEG – Erneuerbare-Energien-Gesetz
EGBGB – Einführungsgesetz zum Bürgerlichen Gesetzbuch
EGGVG – Einführungsgesetz zum Gerichtsverfassungsgesetz
EGHGB – Einführungsgesetz zum Handelsgesetzbuch
EGKS – Europäische Gemeinschaft für Kohle und Stahl
EGKSV – Vertrag über die Europäische Gemeinschaft für Kohle und Stahl

EGStGB	– Einführungsgesetz zum Strafgesetzbuch
EGV	– Vertrag zur Gründung der Europäischen Gemeinschaft
EGVVG	– Einführungsgesetz zum Versicherungsvertragsgesetz
EJG	– Eurojust-Gesetz
engl.	– englisch
EnWG	– Energiewirtschaftsgesetz
ErbStDV	– Erbschaftssteuer-Durchführungsverordnung
ErbStG	– Erbschaftssteuer- und Schenkungsgesetz
EStDV	– Einkommensteuer-Durchführungsverordnung
EStG	– Einkommensteuer-Gesetz
EStH	– Einkommensteuer-Hinweise
EStR	– Einkommensteuer-Richtlinien
etc.	– et cetera
EU	– Europäische Union
EuGH	– Europäischer Gerichtshof
EuGVÜ	– Europäisches Gerichtsstands- und Vollstreckungsabkommen
EUV	– Vertrag über die Europäische Union
e.V.	– eingetragener Verein
evtl.	– eventuell
EVO	– Eisenbahn-Verkehrsordnung
EWGV	– Vertrag über die Europäische Wirtschaftsgemeinschaft
f.	– folgende(-r/-s)
FAG	– Finanzausgleichsgesetz
ff.	– folgende
FG	– Finanzgericht
FMStG	– Finanzmarktstabilisierungsgesetz
FGG	– Gesetz über die Angelegenheiten der freiwilligen Gerichtsbarkeit
FGO	– Finanzgerichtsordnung
franz.	– französisch
FstrG	– Bundesfernstraßengesetz
FVG	– Finanzverwaltungsgesetz
GBO	– Grundbuchordnung
GbR	– Gesellschaft bürgerlichen Rechts
geb.	– geboren
GebrMG	– Gebrauchsmustergesetz
GenG	– Genossenschaftsgesetz
GeschmMG	– Geschmacksmustergesetz
GewO	– Gewerbeordnung
GewStDV	– Gewerbesteuer-Richtlinien
GKG	– Gerichtskostengesetz
ggf.	– gegebenenfalls
GmbH	– Gesellschaft mit beschränkter Haftung
GmbHG	– Gesetz betreffend die Gesellschaften mit beschränkter Haftung
GMBl	– Gemeinsames Ministerialblatt
GO-BT	– Geschäftsordnung des Bundestages
GrEStG	– Grunderwerbsteuergesetz
griech.	– griechisch
GVG	– Gerichtsverfassungsgesetz
GWB	– Gesetz gegen Wettbewerbsbeschränkungen (Kartellgesetz)
GwG	– Geldwäschegesetz
H.	– Heft
HAG	– Heimarbeitsgesetz
HandwO	– Handwerksordnung
HGB	– Handelsgesetzbuch
HGrG	– Haushaltsgrundsätzegesetz
hl.	– heilig(-e, -er)
h.M.	– herrschende Meinung

Hrsg.	– Herausgeber
HypBankG	– Hypothekenbankgesetz
i.Allg.	– im Allgemeinen
i.d.F.	– in der Fassung
i.d.R.	– in der Regel
i.e.S.	– im engeren Sinn
inkl.	– inklusive
InsO	– Insolvenzordnung
InvG	– Investmentgesetz
i.V.	– in Verbindung
i.w.S.	– im weiteren Sinn
JArbSchG	– Jugendarbeitsschutzgesetz
Jg.	– Jahrgang
JGG	– Jugendgerichtsgesetz
Jh.	– Jahrhundert
KapCoRiLiG	– Kapitalgesellschaften- und Co-Richtlinie-Gesetz
KG	– Kommanditgesellschaft
KGaA	– Kommanditgesellschaft auf Aktien
KMU	– klein- und mittelständische Unternehmen
KonTraG	– Gesetz zur Kontrolle und Transparenz im Unternehmensbereich
KostO	– Kostenordnung
KraftStG	– Kraftfahrzeugsteuergesetz
KrW-/AbfG	– Kreislaufwirtschafts- und Abfallgesetz
KschG	– Kündigungsschutzgesetz
KStDV	– Körperschaftsteuer-Durchführungsordnung
KStG	– Körperschaftsteuergesetz
KStR	– Körperschaftsteuer-Richtlinien
KUG	– Kunsturhebergesetz
KWG	– Gesetz über das Kreditwesen
lat.	– lateinisch
LHO	– Landeshaushaltsordnung
LMBG	– Lebensmittel- und Bedarfsgegenständegesetz
LPartG	– Lebenspartnerschaftsgesetz
LStDV	– Lohnsteuer-Durchführungsverordnung
LStR	– Lohnsteuer-Richtlinien
LZB	– Landeszentralbank
MarkenG	– Gesetz über den Schutz von Marken und sonstigen Kennzeichen
MEZ	– Mitteleuropäische Zeit
mind.	– mindestens
MinölStG	– Mineralölsteuergesetz
Mio.	– Millionen
MitBestG	– Gesetz über die Mitbestimmung der Arbeitnehmer
MOG	– Marktordnungsgesetz
MoMitbestG	– Montan-Mitbestimmungsgesetz
Mrd.	– Milliarden
MRRG	– Melderechtsrahmengesetz
m.spät.Änd.	– mit späteren Änderungen
MuSchG	– Mutterschutzgesetz
n.Chr.	– nach Christus
n.F.	– neue Fassung
Nr.	– Nummer
o.Ä.	– oder Ähnliches
OEG	– Opferentschädigungsgesetz

OHG	– offene Handelsgesellschaft
OLG	– Oberlandesgericht
ÖPNV	– öffentlicher Personennahverkehr
OVG	– Oberverwaltungsgericht
OWiG	– Gesetz über Ordnungswidrigkeiten
p.a.	– per anno (pro Jahr)
PartGG	– Partnerschaftsgesellschaftsgesetz
PatG	– Patentgesetz
PAuswG	– Personalausweisgesetz
PBefG	– Personenbeförderungsgesetz
PflVG	– Pflichtversicherungsgesetz
PostG	– Postgesetz
ProdHaftG	– Produkthaftungsgesetz
PublG	– Publizitätsgesetz
PVÜ	– Pariser Verbandsübereinkommen
RfStV	– Rundfunkstaatsvertrag
RGBl	– Reichsgesetzblatt
RKG	– Reichsknappschaftsgesetz
RPflG	– Reichspflegegesetz
RVO	– Reichsversicherungsordnung
s.	– siehe
S.	– Seite
SchG, ScheckG	– Scheckgesetz
SchiffsG	– Schiffsgesetz
SchRO	– Schiffsregisterordnung
SchwbG	– Schwerbehindertengesetz
SeemG	– Seemannsgesetz
SGB	– Sozialgesetzbuch
SGG	– Sozialgerichtsgesetz
SigG	– Signaturgesetz
sog.	– sogenannte(-r, -s)
Sp.	– Spalte(-n)
StabG	– Stabilitätsgesetz
StBErG	– Steuerberatungsgesetz
Std.	– Stunde(-n)
StGB	– Strafgesetzbuch
StPO	– Strafprozessordnung
TDG	– Teledienstgesetz
TEHG	– Treibhaus-Emissionshandelsgesetz
TierSG	– Tierseuchengesetz
TKG	– Telekommunikationsgesetz
TVG	– Tarifvertragsgesetz
TzBfG	– Teilzeit- und Befristungsgesetz
u.a.	– und andere; unter anderem
u.Ä	– und Ähnliche(-s)
UBGG	– Gesetz über Unternehmensbeteiligungsgesellschaften
UKlaG	– Unterlassungsklagengesetz
UmweltHG	– Umwelthaftungsgesetz
UmwG	– Umwandlungsgesetz
UmwStG	– Umwandlungssteuergesetz
UrhRG	– Urheberrechtsgesetz
UStDV	– Umsatzsteuer-Durchführungsverordnung
UStG	– Umsatzsteuergesetz
UStR	– Umsatzsteuer-Richtlinien
usw.	– und so weiter
u.U.	– unter Umständen

UVPG – Gesetz über die Umweltverträglichkeitsprüfung
UWG – Gesetz gegen den unlauteren Wettbewerb

v.a. – vor allem
VAG – Versicherungsaufsichtsgesetz
VBL – Versorgungsanstalt des Bundes und der Länder
v.Chr. – vor Christus
VerbKrG – Verbraucherkreditgesetz
VerlG – Verlagsgesetz
VG – Verwaltungsgericht
VGH – Verwaltungsgerichtshof
vgl. – vergleiche
VO – Verordnung
VOB – Vergabe- und Vertragsordnung für Bauleistungen
VOF – Verdingungsordnung für freiberufliche Leistungen
VOL – Verdingungsordnung für Leistungen
vs. – versus
VSF – Vorschriftensammlung der Bundesfinanzverwaltung
VStG – Vermögenssteuergesetz
VVG – Versicherungsvertragsgesetz
VwGO – Verwaltungsgerichtsordnung
VwVfG – Verwaltungsverfahrensgesetz

WaffG – Waffengesetz
WEG – Wohneigentumsgesetz
WeinG – Weingesetz
WG – Wechselgesetz
WHG – Wasserhaushaltsgesetz
WiStG – Wirtschaftsstrafgesetz
WoBauG – Wohnungsbaugesetz
WoGG – Wohngeldgesetz
WpHG – Wertpapierhandelsgesetz
WPO – Wirtschaftsprüferordnung
WRV – Weimarer Reichsverfassung

Hinweise für den Benutzer

Die zahlreichen Sachgebiete des Gabler Wirtschaftslexikons sind nach Art eines Konversationslexikons in mehr als 25.000 Stichwörter gegliedert. Unter einem Stichwort ist die Erklärung zu finden, die dem Benutzer sofort erforderliches Wissen ohne mehrmaliges Nachschlagen vermittelt. Die zahlreichen Verweiszeichen (→) zielen auf Begriffe, die dem Leser zusätzliche Informationen bieten und eine Einordnung in größere Zusammenhänge ermöglichen.

Die alphabetische Reihenfolge ist – auch bei zusammengesetzten Stichwörtern – strikt eingehalten. Dies gilt für Begriffe, die durch Bindestrich verbunden sind, als auch für Begriffe, die aus mehreren durch Leerzeichen oder Kommata getrennten Wörtern bestehen. In beiden Fällen erfolgt die Sortierung als sei der Bindestrich bzw. das Leerzeichen oder das Komma nicht vorhanden. So steht z.B. „Business-to-Business-Consumer-Market" vor „Business Tool". Die Umlaute ä, ö und ü wurden bei der Einordnung in das Alphabet wie die Grundlaute a, o und u behandelt, ß ist wie ss anzusehen.

Geläufige Synonyme und anglo-amerikanische Termini werden jeweils am Anfang eines Stichwortes aufgeführt.

Rechtsvorschriften sind, soweit notwendig, angegeben. Dabei ist z.B. „§ 3 I UWG" zu lesen als „Paragraph 3 Absatz 1 des Gesetzes gegen den unlauteren Wettbewerb". „BGBl I 1414" bedeutet „Bundesgesetzblatt Teil I, Seite 1414"; das Erscheinungsjahr ergibt sich aus dem im Text angegebenen Zeitpunkt der Bekanntmachung der Rechtsvorschrift.

Pf

Pfadanalyse → multivariate Analysemethode, deren Ziel es ist, ein a priori nach Maßgabe theoretischer Überlegungen aufgestelltes hypothetisches Kausalmodell (Pfadmodell) auf der Basis der empirischen Korrelation zwischen den Modellvariablen zu überprüfen. Die vermuteten Abhängigkeiten werden expliziert und grafisch in Form eines Pfaddiagramms dargestellt. Teilmodell der → Kausalanalyse.

Pfand → Pfandrecht.

Pfandanzeige – Anzeige über die Verpfändung einer Sache oder eines Rechts (→ Pfandrecht).

Pfandbestellung – Bestellung eines → Pfandrechts an einer → beweglichen Sache. Pfandbestellung erfolgt durch → Übergabe der Sache an den Pfandgläubiger unter gleichzeitiger Vereinbarung der Verpfändung (§ 1205 BGB). Ist der Gläubiger bereits im → Besitz der Sache, genügt die bloße Vereinbarung. Ist die Sache an einen Dritten vermietet, verliehen oder in Verwahrung gegeben, kann Übergabe durch Abtretung des Herausgabeanspruchs und Anzeige der Verpfändung an den Dritten ersetzt werden.

Pfandbrief – 1. *Begriff:* gedeckte → Anleihe, die von Pfandbriefbanken (früher: Realkreditinstituten wie Hypothekenbanken, Landesbanken, Pfandbriefanstalten) aufgrund erworbener Hypotheken, Forderungen gegen staatliche Stellen oder Schiffshypotheken vergeben wird. – 2. *Rechtsgrundlage:* → Pfandbriefgesetz. – 3. *Charakterisierung:* Pfandbriefe werden unterschiedlich je nach Zinssatz mit einem Disagio emittiert. Sie müssen in voller Höhe durch nach bestimmten Grundsätzen zu gewährende → Hypotheken oder → Grundschulden u.U. auch durch Ersatzdeckung gedeckt sein und sind zur Anlegung von Mündelgeldern geeignet (→ mündelsichere Papiere). Der Zinsfuss der Pfandbriefe liegt i.Allg. etwas über demjenigen der Staatsanleihen. Der Pfandbriefinhaber hat kein Kündigungsrecht. Rückzahlung erfolgt meist durch Auslosung, globale Kündigung (meist einzelner Serien) oder freihändigen Rückkauf. Die Pfandbriefe werden an der Börse gehandelt. Der Kurs ist meist sehr beständig. – 4. *Sonderformen:* Schiffspfandbrief, Flugzeugpfandbrief. – Vgl. auch → Kommunalobligationen.

Pfandbriefanstalt → Realkreditinstitute.

Pfandbriefgesetz (PfandBG) – *vormals:* Gesetz über die Pfandbriefe und verwandten Schuldverschreibungen öffentlich-rechtlicher Kreditanstalten i.d.F. vom 9.9.1998 (BGBl. I 2772). Regelte die Ausgabe von → Pfandbriefen und → Kommunalobligationen der öffentlich-rechtlichen Realkreditinstitute; ähnlich, doch nicht so umfassend wie das Hypothekenbankgesetz. – Im Jahre 2005 wurde das Pfandbriefrecht durch das Gesetz zur Neuordnung des Pfandbriefrechts vom 22.5.2005 (BGBl. I 1373) neu geordnet. Das bisherige Hypothekenbankgesetz, das Gesetz über Pfandbriefe und verwandte Schuldverschreibungen für öffentlich-rechtliche Kreditanstalten und das Schiffsbankgesetz wurden im Pfandbriefgesetz (PfandBG) zusammengefasst. Insbesondere wurde für Pfandbriefemittenten eine Erlaubnispflicht der → Bundesanstalt für Finanzdienstleistungsaufsicht (BaFin) eingeführt. Das PfandBG regelt Hypothekenpfandbriefe, Öffentliche Pfandbriefe (Kommunalobligationen) und Schiffspfandbriefe. – Das am 26.3.2009 in Kraft getretene Gesetz zur Fortentwicklung des Pfandbriefrechts vom 20.3.2009 (BGBl. I 607) verfolgt das Ziel, den dt. Pfandbrief zu stärken, da der internationale Wettbewerb durch vergleichbare Produkte anderer Rechtsordnungen zugenommen hat. Das Gesetz schafft u.a. neben den bestehenden Pfandbriefarten unter der Bezeichnung Flugzeugpfandbriefe eine weitere Kategorie gedeckter Schuldverschreibungen aufgrund erworbener Registerpfandrechte nach § 1 des Gesetzes über Rechte an Luftfahrzeugen oder ausländische Flugzeughypotheken.

Pfandbriefmarkt – Markt, an dem mit → Pfandbriefen gehandelt wird; Teilmarkt des → Rentenmarkts der Börse.

Pfanddepot → Drittverwahrung.

Pfandeffekten – *Lombardeffekten;* Wertpapiere, die sich in Verwahrung einer Bank befinden und von den Eigentümern als Sicherheit verpfändet worden sind.

Pfandentstrickung – Zuweilen gebrauchtes Synonym für den Straftatbestand des „Verstrickungsbruchs": Wer Sachen, welche durch die zuständigen Behörden gepfändet oder in Beschlag genommen worden sind, zerstört, beschädigt, unbrauchbar macht oder in anderer Weise der → Verstrickung ganz oder teilweise entzieht, wird mit Freiheitsstrafe bis zu einem Jahr oder Geldstrafe bestraft (§ 136 StGB).

Pfandindossament – 1. *Begriff:* → Indossament zur Verpfändung von indossablen Wertpapieren, bes. Orderpapieren (z.B. Wechsel). – 2. *Arten:* a) *Offenes Pfandindossament:* Indossament mit dem Zusatz Wert zum Pfande oder zur Sicherheit oder ähnlich; es überträgt alle Rechte aus dem Wechsel auf den Pfandindossatar der den Wechsel aber nur durch → Prokuraindossament begeben kann. Die Wechselverpflichteten können keine Einreden erheben, die sich auf ihre unmittelbaren Beziehungen zum Indossanten gründen, es sei denn, dass der Inhaber beim Erwerb des Wechsels bewusst zum Nachteil des Schuldners gehandelt hat (Art. 19 WG). – b) *Verdecktes Pfandindossament (verstecktes Pfandindossament, fiduziarisches Pfandindossament):* Vollindossament (ohne

Pfandklausel), das den Indossatar nach außen zum Wechselinhaber macht, im Innenverhältnis ist er aber nur Treuhänder; eine Art Sicherungsübereignung.

Pfandleih-Anstalt → Pfandleihe.

Pfandleihe – *Versatzgeschäft;* Gewährung von → Darlehen gegen Verpfändung, v.a. von beweglichen Gebrauchsgegenständen. Durch § 34 GewO und PfandleiherVO i.d.F. vom 1.6.1976 (BGBl. I 1334) m.spät.Änd. eingehend geregelt. – Die (öffentlichen und privaten) *Pfandleih-Anstalten* sind keine Kreditinstitute (§ 2 I Nr. 5 KWG), da sie vorwiegend mit eigenem Kapital arbeiten.

Pfandpoolverfahren – Verfahren zur Verwaltung von Sicherheiten seitens der Zentralbanken. Als Sicherheit für ihre Geschäfte mit der Zentralbank bringen Geschäftspartner Aktiva in einen Pool ein. Diese Aktiva dienen der allg. Sicherung und nicht – wie beim Kennzeichnungsverfahren – der Deckung nur bestimmter Geschäfte.

Pfandrecht – I. Charakterisierung: 1. *Begriff:* → Dingliches Recht an einem fremden Gegenstand, bes. einer Sache, zwecks dinglicher Sicherung einer Geldforderung oder einer anderen Forderung, die in eine Geldforderung übergehen kann. Das BGB (§§ 1204 ff.) kennt neben dem Pfandrecht an Rechten nur ein Pfandrecht an → beweglichen Sachen; die entsprechenden Rechte an Grundstücken (im Sprachgebrauch: → Grundpfandrechte; → Hypothek, → Grundschuld, → Rentenschuld) und an Schiffen (Schiffspfandrechte) bezeichnen die Gesetze nicht als Pfandrechte – 2. *Arten:* Pfandrechte entstehen als → gesetzliche Pfandrechte oder durch Verpfändung als → Vertragspfandrechte. – 3. Aufgrund des Pfandrechts ist der Gläubiger berechtigt, bei Nichterfüllung der durch das Pfandrecht gesicherten Forderung den Pfandgegenstand nach → Pfandreife im Wege der → Pfandverwertung zur *Befriedigung* seiner Forderung zu verwenden. Im → Insolvenzverfahren kann der Pfandgläubiger abgesonderte Befriedigung verlangen (→ Absonderung). – 4. Die Bestellung setzt das Bestehen einer *Forderung* voraus. Forderungsgläubiger und Pfandgläubiger müssen identisch sein. Das Pfandrecht kann auch für künftige oder bedingte Forderungen bestellt werden. Doch ist das Pfandrecht stets von der Forderung abhängig: Erlischt die Forderung, so erlischt auch das Pfandrecht – 5. *Sonderregelung für die Pfandrechte an Luftfahrzeugen* im Gesetz über Rechte an Luftfahrzeugen vom 26.2.1959 (BGBl. I 57) m.spät.Änd.

II. Pfandrecht an beweglichen Sachen: 1. *Bestellung:* Durch → Einigung zwischen dem Gläubiger und dem Eigentümer der Sache und Übergabe der Sache an den Gläubiger, es genügt die Verschaffung von Mitbesitz (→ Mitverschluss); falls die Sache sich im Besitz eines Dritten befindet, Abtretung des Herausgabeanspruchs unter Anzeige der Verpfändung an den Besitzer. – 2. Das Pfandrecht *erlischt* kraft Gesetzes mit der Tilgung der gesicherten Forderung oder mit der Rückgabe des Pfandes an Verpfänder oder Eigentümer oder wenn es mit dem Eigentum in derselben Person zusammentrifft.

III. Pfandrecht an Rechten: 1. *Bestellung:* Erfolgt in der gleichen Weise, in der das Recht übertragen wird (§ 1274 BGB). – a) Zur Begründung eines Pfandrechts an einem im → Grundbuch eingetragenen Recht ist daher i.d.R. außer der → Einigung zwischen Pfandgläubiger und Pfandschuldner die Eintragung des Pfandrechts im Grundbuch erforderlich; bei Briefhypotheken und Briefgrundschulden genügt jedoch schriftliche Verpfändungserklärung und Übergabe des → Hypothekenbriefs (Grundschuldbriefs). – b) Die Verpfändung von Forderungen bedarf zusätzlich noch der Anzeige der Verpfändung an den Schuldner (§ 1280 BGB). Zur Vermeidung der Anzeige wird anstelle der Verpfändung meist → Sicherungsabtretung gewählt. – 2. Ist eine *Forderung* verpfändet, kann vor Pfandreife der Schuldner nur an Gläubiger und Pfandgläubiger gemeinsam leisten. Jeder von beiden kann → Hinterlegung, ggf. auch Herausgabe der zu leistenden Sache an einen gerichtlich bestellten Verwahrer verlangen (§ 1281 BGB). Von der Pfandreife an kann der Pfandgläubiger auch Leistung an sich selbst fordern (§ 1282 BGB). – 3. Die Verpfändung von → Orderpapieren erfolgt durch Einigung und Übergabe des indossierten Papiers (→ Pfandindossament). – 4. → Inhaberpapiere werden wie bewegliche Sachen verpfändet und i.d.R. auch nach diesen Vorschriften verwertet (§ 1293 BGB). – 5. Das Pfandrecht an Rechten *erlischt* entsprechend dem Pfandrecht an beweglichen Sachen. – 6. *Wirtschaftliche Bedeutung:* Pfandrecht an Rechten ist beschränkt. Verpfändung von Forderungen ist selten; bes. im Verkehr mit Banken bevorzugt man die → Sicherungsabtretung in Form der → stillen Zession. Am häufigsten ist dort die Verpfändung von Wertpapieren (Lombardgeschäft). Bei Grundstücksrechten (Hypotheken etc.) ist Verpfändung nicht so selten.

IV. Verwertung des Pfandes: Geschieht i.d.R. durch Versteigerung, Pfandverkauf oder Einziehung der verpfändeten Forderung. – Vgl. auch → Pfandverwertung.

Pfandreife – Voraussetzung für die Verwertung eines Gegenstandes, an dem ein → Pfandrecht besteht. Die Pfandreife tritt ein, sobald die durch das Pfand gesicherte Forderung des Gläubigers ganz oder teilweise fällig ist. Ist die Forderung nicht auf eine Geldzahlung gerichtet, so tritt Pfandreife frühestens dann ein, wenn die Forderung in eine Geldforderung übergegangen ist (§§ 1228, 1273, 1282 BGB).

Pfandschein – 1. *Pfandkredit:* dem Darlehensnehmer über das Pfand ausgestellte Bescheinigung; gegen Rückgabe des Pfandscheins und Rückzahlung des Darlehens nebst Zinsen wird das Pfand wieder ausgehändigt. Der Pfandschein ist ein → Legitimationspapier. – 2. *Lombardgeschäft:* Dem Verpfänder ausgehändigter Pfandschein, in dem alle Zahlungen des Schuldners, Veränderungen des Pfandes etc. vermerkt werden. Nach Erledigung des Geschäfts erfolgt Rückgabe des quittierten Pfandscheins (→ Lombardkredit).

Pfändung – bei der → Zwangsvollstreckung wegen einer Geldforderung die staatliche Beschlagnahme eines Gegenstandes oder einer Forderung zum Zwecke der → Verwertung.

I. Pfändung von Sachen: 1. Pfändung wird dadurch *bewirkt,* dass der → Gerichtsvollzieher die Sache in → Besitz nimmt und, wenn er sie im → Gewahrsam des Schuldners belässt, ein Pfandsiegel anbringt (§§ 808 ff. ZPO). Er hat über die Pfändung ein Protokoll aufzunehmen. – 2. *Pfändbar* sind Sachen, die sich im Gewahrsam des Schuldners befinden, ohne Rücksicht darauf, ob sie dem Schuldner gehören (ein unbeteiligter Dritter muss seine Rechte durch Erhebung der → Drittwiderspruchsklage geltend machen), ferner Sachen des Schuldners, die sich im Gewahrsam eines zur Herausgabe bereiten Dritten befinden (bei Widerspruch des Dritten muss der Gläubiger den Herausgabeanspruch des Schuldners pfänden). – Sonderregeln bei → Ehegatten. → Wertpapiere werden grundsätzlich wie Sachen behandelt; auch die Pfändung von fertig gestellten Exemplaren eines Buches, eines Films etc. unterliegt keinen urheberrechtlichen Beschränkungen. – 3. Bereits gepfändete Sachen können von anderen Gläubigern oder wegen anderer Forderungen im Wege der → Anschlusspfändung erfasst werden. – 4. Gegen das Verfahren des *Gerichtsvollziehers* ist der bei dem Amtsgericht anzubringende Rechtsbehelf der → Erinnerung gegeben. – Vgl. auch → Unpfändbarkeit.

II. Pfändung von Forderungen und anderen Vermögensrechten: 1. Pfändung durch → Zustellung eines bei dem Amtsgericht zu erwirkenden → Pfändungs- und Überweisungsbeschlusses an den → Drittschuldner (§§ 828 ff. ZPO). – 2. Beschränkungen bei der *Pfändung von Arbeitseinkommen:* → Lohnpfändung. – 3. Zur Pfändung einer Hypothek, Grund- oder Rentenschuld ist zudem Übergabe des Briefes (notfalls Wegnahme durch den Gerichtsvollzieher) oder bei Buchpfandrechten Eintragung im Grundbuch erforderlich (§ 830 ZPO). – 4. Auch Rechte und Ansprüche einer *Lebensversicherung* sind grundsätzlich pfändbar. Befriedigung des Gläubigers bis zur Höhe des Rückkaufwertes z.Z. der Pfändung. Um den Versicherungsschutz zu erhalten, können Ehegatten und Kinder bzw. der Bezugsberechtigte mit Zustimmung des Versicherungsnehmers in den Versicherungsvertrag eintreten. Der Eintretende hat den Gläubiger bis zur Höhe des Rückkaufswertes zu befriedigen. – *Nicht bzw. bedingt pfändbar* sind bestimmte Bezüge aus Witwen-, Waisen- und Hilfskassen sowie Sterbegeldversicherungen bis zu 3.579 Euro (§ 850b ZPO).

Pfändungsbeschränkungen → Unpfändbarkeit, → Lohnpfändung, → Vollstreckungsschutz.

Pfändungsfreigrenzen → Lohnpfändung.

Pfändungspfandrecht – durch staatliche Beschlagnahme (→ Pfändung) an einem Gegenstand entstandenes → Pfandrecht.

Pfändungsschutz – Schutz eines Schuldners gegen zu weit gehende Vollstreckungsmaßnahmen, v.a. bei der → Lohnpfändung, aber auch bei sonstiger → Zwangsvollstreckung. – Vgl. auch → Vollstreckungsschutz, → Unpfändbarkeit.

Pfändungsschutzkonto – 1. Das Pfändungsschutzkonto (P-Konto) ist ein Girokonto, bei dem durch besondere Vereinbarung des Kunden mit seiner Bank ein gesetzlich näher bestimmter Pfändungsschutz besteht. Der Kunde kann jederzeit verlangen, dass sein bestehendes Girokonto in ein Pfändungsschutzkonto umgewidmet wird (§ 850k Abs. 7 ZPO). Jede Person darf nur ein Pfändungsschutzkonto führen. Dies hat der Kunde zu versichern. Die Bank ist berechtigt, dies bei der SCHUFA Holding AG überprüfen zu lassen (§ 850k Abs. 8 ZPO). – 2. Kommt es zu einer → Pfändung auf dem Pfändungsschutzkonto des Schuldners, wird der pfändungsfreie Betrag, das ist der monatliche Freibetrag nach § 850c Abs. 1 Satz 1 in Verbindung mit § 850c Abs. 2a ZPO, von der Pfändung nicht erfasst. Damit ist gegenwärtig (2013) auf dem P-Konto jeden Monat automatisch ein Betrag von 1.028,89 Euro geschützt. Damit soll gewährleistet werden, dass ein Schuldner auch weiterhin dringend notwendige Zahlungen wie etwa die Miete leisten kann. Der Schutzbetrag gilt für jeden Monat neu und erhöht sich um den Betrag, den der Schuldner im Vormonat nicht angetastet hat. Zusätzliche Sonderregelungen gelten für Unterhaltsverpflichtungen. So erhöht sich der Basispfändungsschutz um 387,22 Euro für die erste und um jeweils weitere 215,73 Euro für die zweite bis fünfte Person. Pfändungsfrei sind auch bestimmte einmalige Sozialleistungen und solche Sozialleistungen, die den Mehraufwand infolge eines Körperschadens ausgleichen, sowie Kindergeld und Kinderzuschläge (§ 850k Abs. 2 ZPO). – 3. P-Konten sind zu den allgemein üblichen Kontoführunbsgebühren anzubieten (BGH, Urteil vom 13.11.2012 -XI ZR 500/11).

Pfändungs- und Überweisungsbeschluss – eine der zulässigen Vollstreckungsmaßnahmen bei der → Zwangsvollstreckung wegen einer Geldforderung in Forderungen und andere Vermögensrechte des Schuldners. Zwei rechtlich selbstständige Beschlüsse, die i.d.R. zusammen erlassen werden. – *Ähnlich:* → Pfändungsverfügung. – 1. *Zuständig* ist das Gericht des allg. → Gerichtsstandes des Schuldners. – 2. Der → Beschluss *enthält* den Ausspruch der → Pfändung unter genauer Bezeichnung von Gläubiger, Schuldner, Drittschuldner, Rechtsgrund des gepfändeten Anspruchs und dessen Betrag, ferner das Gebot an den Schuldner, sich jeder Verfügung über die Forderung zu enthalten, sowie das Verbot an den Drittschuldner, an den Schuldner zu zahlen (verbotswidrige Zahlung befreit nicht). Antragsformular für Erlass eines Pfändungs- und Überweisungsbeschlusses nach der Zwangsvollstreckungsformular-Verordnung vom 23.8.2012 (BGBl. I S. 1822). – 3. Der Beschluss wird *wirksam* mit → Zustellung an den Drittschuldner. – 4. Die Forderung kann dem Gläubiger nach Wahl (1) zur Einziehung (i.d.R.) oder (2) an Zahlungs Statt *überwiesen* werden (§ 835 ZPO). Im Fall (1) wird der Gläubiger ermächtigt, die Forderung im eigenen Namen einzuziehen und notfalls durch Klage und Vollstreckung beizutreiben; erlangt er keine Befriedigung, kann er sich an andere Vermögensstücke des Schuldners halten. Im Fall (2) geht die Forderung auf den Gläubiger über mit der Wirkung, dass er, soweit die Forderung besteht, als befriedigt gilt, ohne Rücksicht darauf, ob der Drittschuldner tatsächlich zahlt. – 5. Wird ein bei einem *Geldinstitut* gepfändetes Guthaben eines Schuldners, der eine natürliche Person ist, dem Gläubiger überwiesen, so darf erst zwei Wochen nach der Zustellung des Überweisungsbeschlusses an den Drittschuldner aus dem Guthaben an den Gläubiger geleistet oder der Betrag hinterlegt werden. – 6. Bei Pfändung und Überweisung einer aus *fortlaufenden Bezügen* bestehenden Forderung erstreckt sich die Pfändung (z.B. → Lohnpfändung) ohne Weiteres auch auf später fällig werdende Bezüge (§ 832 ZPO). – Vgl. auch → Pfändung, → Verwertung.

Pfändungsverfügung – 1. *Allgemein:* Die Pfändungsverfügung ist das verfahrensrechtliche Mittel zur Pfändung einer Geldforderung, eines Herausgabe- oder Leistungsanspruchs oder eines sonstigen Vermögensrechts (z.B. Anteilsrecht, Grundpfandrecht, Nießbrauch, Grund- und Rentenschuld, Patentrecht). Sie bewirkt die Beschlagnahme der Forderung zugunsten der Finanzbehörde, die in die Rechtsposition des → Vollstreckungsschuldners eintritt. – 2. *Inhalt* (§§ 309, 318, 321 AO): a) Verbot an den → Drittschuldner, an den Vollstreckungsschuldner zu zahlen (sog. arrestatorium) bzw. im Fall der Pfändung eines Herausgabe- oder Leistungsanspruchs Aufforderung, die Sache an den → Vollziehungsbeamten herauszugeben. – b) Gebot an den Vollstreckungsschuldner, sich jeder Verfügung über die Forderung, bes. ihrer Einziehung, zu enthalten (sog. inhibitorium). – c) Zweifelsfreie Bezeichnung der gepfändeten Forderung sowie des zu vollstreckenden Anspruchs (Angabe von Schuldgrund und Betrag). – 3. *Wirksamkeit:* Die Pfändungsverfügung wird mit förmlicher Zustellung an den Drittschuldner wirksam. Der Vollstreckungsschuldner ist zu unterrichten. Der Erlass einer Pfändungsverfügung in elektronischer Form ist ausgeschlossen. – 4. Der Drittschuldner ist zur Abgabe der → Drittschuldnererklärung verpflichtet.

Pfändung von Erstattungsansprüchen – Ansprüche auf Erstattung von Steuern und steuerlichen Nebenleistungen, Steuervergütungen und Haftungsbeträgen können gepfändet werden (§ 46 I AO). Die Pfändung erfolgt durch Pfändungs- und Überweisungsbeschluss des zuständigen Vollstreckungsgerichts bzw. durch → Pfändungsverfügung und → Einziehungsverfügung der zuständigen Finanzbehörde und wird mit der Zustellung an das für den Anspruch zuständige Finanzamt (→ Drittschuldner; § 46 VII AO) wirksam. Der Pfändungs- und Überweisungsbeschluss bzw. die Pfändungs- und Einziehungsverfügung darf erst nach Entstehung des Erstattungsanspruchs erlassen werden. Andernfalls ist die Pfändung nichtig (§ 46 VI AO).

Pfandverkauf – Verwertung eines Pfandes (→ Pfandverwertung) im Wege des freihändigen Verkaufs durch bestimmte dazu befugte Personen. Gemäß BGB nur zulässig im Einverständnis des Eigentümers oder bei Pfändern, die einen Börsen- oder Marktpreis haben (§§ 1221, 1235 BGB).

Pfandvertrag → Vertrag über Bestellung eines → Pfandrechts an einem Gegenstand zur Sicherung einer Forderung.

Pfandverwahrung – 1. *Pfandrecht:* Bei verpfändeten Sachen (→ Pfandrecht) ist der Pfandgläubiger zur → Verwahrung des Pfandes verpflichtet (§ 1215 BGB i.V. mit §§ 688 ff.), soweit nicht pfandrechtliche Sondervorschriften entgegenstehen. – 2. *Depotrecht:* Verpfändung von Wertpapieren an einen Kaufmann, der dann als Pfandgläubiger die Pflichten und Befugnisse eines Verwahrers hat (§ 17 DepG).

Pfandverwertung – Verwendung des verpfändeten Gegenstandes aufgrund des → Pfandrechts zum Zweck der Befriedigung des Gläubigers. Voraussetzung für die Verwertung einer verpfändeten Sache oder Forderung ist → Pfandreife, die i.d.R. eintritt, sobald die durch das Pfandrecht gesicherte Forderung ganz oder teilweise fällig ist (§ 1228 BGB). I. Verwertung von verpfändeten Sachen: Dies erfolgt grundsätzlich einen Monat nach Androhung gegenüber dem Eigentümer des Pfandes, die erst nach Pfandreife zulässig ist (§ 1234 I 2 BGB). – *Formen:* 1. *Öffentliche Versteigerung* (§§ 1235 ff. BGB). – 2. *Freihändiger Verkauf:* → Pfandverkauf. – 3. Eigentümer und Pfandgläubiger können auch eine andere Art der Pfandverwertung *vereinbaren.* Die vor Pfandreife getroffene Vereinbarung, dass das Pfand bei Nichtzahlung verfallen soll, ist nichtig (§ 1229 BGB).

II. Verwertung von Rechten: Dies erfolgt bei Forderungen i.Allg. durch *Einziehung* (§ 1282 BGB), bei anderen Rechten mangels anderer Vereinbarung nach den für die → Zwangsvollstreckung geltenden Vorschriften (§ 1277 BGB; vgl. → Vollstreckungstitel).

Pflanzenschutzgesetz – vom 6.2.2012 (BGBl. I 148, 1281) zum Schutz der Pflanzen vor Schadorganismen und Krankheiten, zur Abwendung von Schäden, die bei der Anwendung von Pflanzenbehandlungsmitteln oder von anderen Maßnahmen des Pflanzenschutzes, v.a. für die Gesundheit von Mensch und Tier, entstehen können sowie zur Durchführung von Rechtsakten der EU im Bereich des Pflanzenschutzrechts.

Durchführung durch das Bundesamt für Verbraucherschutz und Lebensmittelsicherheit. – *Zuwiderhandlungen* sind → Straftaten oder → Ordnungswidrigkeiten.

Pflanzenzüchtung – Pflanzensorten als solche sind ebenso wie im Wesentlichen biologische Verfahren zu ihrer Züchtung vom Patentschutz ausgeschlossen (§ 2 II PatG, Art. 53b EPÜ). Für derartige Erfindungen steht der Sortenschutz (→ Sortenschutzrecht) zur Verfügung, der, soweit er möglich ist, den Patentschutz auch für gentechnisch veränderte Pflanzensorten ausschließt. Für alle anderen Erfindungen von Pflanzensorten und Verfahren ihrer Züchtung steht der Patentschutz offen, auch soweit sie im Wesentlichen biologischer Natur sind; Voraussetzung ist das Vorliegen der allg. Voraussetzungen für die Erteilung von Patenten, bes. der Wiederholbarkeit.

Pflegebedürftigkeit – Voraussetzung für Leistungen aus der sozialen und privaten Pflegeversicherung nach dem SGB XI. – 1. *Begriff:* Pflegebedürftige sind Personen, die wegen einer körperlichen, geistigen oder seelischen Krankheit oder Behinderung für die gewöhnlichen und regelmäßig wiederkehrenden Verrichtungen im Ablauf des täglichen Lebens auf Dauer, voraussichtlich für mind. sechs Monate, in erheblichem oder höherem Maße der Hilfe bedürfen (§ 14 I SGB XI). – Krankheiten und Behinderungen im Sinn dieser Vorschrift sind Verluste, Lähmungen oder andere Funktionsstörungen am Stütz- und Bewegungsapparat; Funktionsstörungen der inneren Organe oder der Sinnesorgane; Störungen des Zentralnervensystems wie Antriebs-, Gedächtnis- oder Orientierungsstörungen sowie endogene Psychosen, Neurosen oder geistige Behinderungen. – Gewöhnliche und regelmäßig wiederkehrende Verrichtungen im Sinn der Vorschrift sind: (1) im Bereich der Körperpflege das Waschen, Duschen, Baden, die Zahnpflege, das Kämmen, Rasieren, die Darm- oder Blasenentleerung; (2) im Bereich der Ernährung das mundgerechte Zubereiten oder die Aufnahme der Nahrung; (3) im Bereich der Mobilität das selbstständige Aufstehen und Zubettgehen, An- und Auskleiden, Gehen, Sehen, Treppensteigen oder das Verlassen und Wiederaufsuchen der Wohnung; (4) im Bereich der hauswirtschaftlichen Versorgung das Einkaufen, Kochen, Reinigen der Wohnung, Spülen, Wechseln und Waschen der Wäsche und Kleidung oder das Beheizen (§ 14 IV SGB XI). – Die Hilfe durch Dritte (→ Pflegeperson) besteht in der Unterstützung, in der teilweisen oder vollständigen Übernahme der Verrichtungen im Ablauf des täglichen Lebens oder in Beaufsichtigung oder Anleitung mit dem Ziel der eigenständigen Übernahme dieser Verrichtungen. – 2. *Art und Umfang der Leistungen* hängen ab von der Zuordnung der pflegebedürftigen Personen zu einer von *drei Pflegestufen:* (1) Pflegebedürftige der Pflegestufe I *(erheblich Pflegebedürftige)* sind Personen, die bei der Körperpflege, der Ernährung oder der Mobilität für wenigstens zwei Verrichtungen aus einem oder mehreren Bereichen mind. einmal täglich der Hilfe bedürfen und zusätzlich mehrfach in der Woche Hilfe bei der hauswirtschaftlichen Versorgung benötigen. (2) Der Pflegestufe II *(Schwerpflegebedürftige)* werden Personen zugeordnet, die mind. dreimal täglich zu verschiedenen Tageszeiten der Hilfe bedürfen und zusätzlich mehrfach in der Woche Hilfe bei der hauswirtschaftlichen Versorgung benötigen. (3) Der Pflegestufe III *(Schwerstpflegebedürftige)* werden Personen zugeordnet, die täglich rund um die Uhr, auch nachts, der Hilfe bedürfen und zusätzlich mehrfach in der Woche bei der hauswirtschaftlichen Versorgung benötigen (§ 15 SGB XI). – 3. *Verfahren zur Feststellung der Pflegebedürftigkeit:* Die Pflegebedürftigkeit wird von den → Pflegekassen durch den Medizinischen Dienst der Krankenversicherung (MDK) geprüft. Der MDK hat den Versicherten in seinem Wohnbereich aufzusuchen. Erteilt der Versicherte diese Erlaubnis nicht, so können die Leistungen verweigert werden. Steht das Ergebnis der Begutachtung nach Aktenlage fest, kann auf die Untersuchung im Wohnbereich verzichtet werden. Der MDK teilt der Pflegekasse das Ergebnis der Prüfung mit und nimmt auch dazu Stellung, ob die häusliche Pflege in geeigneter Weise sichergestellt ist. Die Pflege- und Krankenkassen sowie die Leistungserbringer sind verpflichtet, dem MDK die für die Begutachtung erforderlichen Unterlagen vorzulegen und Auskünfte zu erteilen. Zur Gewährleistung einheitlicher Kriterien bei der Beurteilung der Pflegebedürftigkeit haben die Spitzenverbände der Pflegekassen nach § 17 II SGB XI am 21.3.1997 Begutachtungsrichtlinien erlassen m.spät.Änd. – Die privaten Pflegeversicherungsunternehmen bedienen sich zur Feststellung der Pflegebedürftigkeit eigener privatrechtlich organisierter medizinischer Dienste. – Vgl. auch → Pflegeversicherung.

Pflegefall – Situation eines Menschen, der in erster Linie pflegerischer Betreuung bedarf und bei dem die auf Heilung und Besserung des Gesundheitszustandes gerichtete medizinische Betreuung in den Hintergrund gerückt ist. – Vgl. auch → Pflegebedürftigkeit. – Regelung des Leistungsrechts im Falle eines Pflegefalles in erster Linie im SGB XI. Beruht der Pflegefall auf einem → Arbeitsunfall oder einer → Berufskrankheit ist die gesetzliche → Unfallversicherung (SGB VII) zuständig.

Pflegegeld – 1. *Leistung* der im SGB XI geregelten sozialen → Pflegeversicherung für selbst beschaffte Pflegehilfen (§ 37 SGB XI) anstelle der ansonsten bei Eintritt eines → Pflegefalls als sog. Pflegesachleistung zu gewährenden häuslichen Pflege durch zugelassene ambulante Pflegeeinrichtungen. Bei den im Gesetz genannten „selbst beschafften Pflegehilfen" wird es sich häufig um Familienangehörige handeln, die die Pflege übernehmen und die im SGB XI als → Pflegeperson bezeichnet werden. Die Höhe des Pflegegeldes richtet sich nach der Pflegestufe des zu Pflegenden. Seit 1.1.2012 beträgt das Pflegegeld in Pflegestufe

I 235 Euro, in Pflegestufe II 440 Euro und in Pflegestufe III 700 Euro. Wird Pflegegeld gewährt, muss durch zugelassene ambulante Pflegedienste in Pflegestufe I und II mind. einmal halbjährlich und in Pflegestufe III mind. einmal vierteljährlich zur Sicherung der Qualität der Pflege ein Einsatz durch zugelassene Pflegeeinrichtungen stattfinden, dessen Kosten durch den Pflegebedürftigen zu tragen sind. – 2. Gesetzliche → Unfallversicherung (§§ 44 ff. SGB VII): Pflegegeld kann einem Verletzten, der hilflos ist, anstelle von Hauspflege oder Hilfe durch Krankenpfleger gewährt werden. Es beträgt je nach Art und Schwere der unfallbedingten Beeinträchtigung beginnend mit dem 1.7.2008 zwischen 300 Euro und 1.199 Euro (bzw. 260 Euro und 1.040 Euro im Beitrittsgebiet) monatlich und wird jährlich angepasst. Es ist dazu bestimmt, den Verletzten so zu stellen, dass er sich die erforderliche Wartung und Pflege beschaffen kann. Das Pflegegeld wird jährlich wie die sonstigen Geldleistungen der Unfallversicherung durch das jeweilige Rentenanpassungsgesetz an die Veränderungen der Einkommensverhältnisse angepasst. Übersteigen die Aufwendungen für fremde Wartung und Pflege den Betrag des Pflegegeldes, so kann es angemessen erhöht werden. – 3. *Steuerrecht:* a) Beim *Pflegebedürftigen* sind die bezogenen Gelder steuerfrei; der Bezug des Pflegegeldes führt nicht zum Wegfall des Pflegepauschbetrages (§ 33b VI EStG, seit 2004). – b) Bei der *pflegenden Person* bleiben die Beträge, die ihr der Pflegebedürftige bezahlt, bis zur Höhe der nach § 37 SGB XI bezogenen Beträge steuerfrei, wenn die Pflege durch einen Angehörigen oder eine andere Person handelt, die zur Pflege sittlich verpflichtet ist (§ 3 Nr. 36 EStG).

Pflegekasse – Träger der sozialen → Pflegeversicherung (§§ 1 III, 46 I SGB XI). Die Pflegekassen sind selbstständige Körperschaften des öffentlichen Rechts (§ 46 II SGB XI) unter staatlicher Aufsicht. Die Aufgaben werden zwar von den → Krankenkassen wahrgenommen und die Pflegekassen unter dem Dach der Krankenkassen errichtet, jedoch sind die Pflegekassen selbst rechtsfähig, treten unter eigenem Namen und in eigener Verantwortung auf. Die Pflegekassen haben eine eigene Satzung, Haushaltsführung und Rechnungsprüfung. Die Organe der Pflegekassen sind jedoch die Organe der Krankenkasse, bei denen sie errichtet sind. Zur Ausführung ihrer Aufgaben bedienen sich die Pflegekassen des Personals der Krankenkasse, bei der sie gebildet sind. Die Einrichtung einer Pflegekassen erfolgt bei jeder Krankenkasse, auch wenn der Mitgliederkreis nicht immer identisch ist.

Pflegekind – Zwischen einem Pflegekind und seinen Pflegeeltern besteht ein auf längere Dauer angelegtes Pflegeverhältnis, das dadurch gekennzeichnet ist, dass das Pflegekind und seine Pflegeeltern in häuslicher Gemeinschaft wie Eltern und Kind miteinander verbunden sind. Pflegekinder sind → Angehörige im Sinn der Steuergesetze (§ 15 I Nr. 8 AO). Der einkommensteuerliche → Kinderfreibetrag ist bei den Pflegeeltern zu berücksichtigen (§ 32 I Nr. 2 EStG).

Pflegeleistung – wird in häusliche, teilstationäre und vollstationäre Pflegeleistung unterschieden. – Vgl. auch → Pflegeversicherung.

Pflege-Pauschbetrag → außergewöhnliche Belastungen, → Pauschbeträge.

Pflegeperson – Person, die nach § 19 SGB XI einen Pflegebedürftigen (→ Pflegebedürftigkeit) nicht erwerbsmäßig wenigstens 14 Stunden wöchentlich in seiner häuslichen Umgebung pflegt. – Zur sozialen Absicherung der Pflegeperson werden von der → Pflegekasse oder den Pflegeversicherungsunternehmen Beiträge an den zuständigen Träger der Rentenversicherung entrichtet, wenn die Pflegeperson nicht mehr als 30 Stunden wöchentlich erwerbstätig ist. Außerdem genießt die Pflegeperson Unfallversicherungsschutz in der gesetzlichen Unfallversicherung. Pflegepersonen, die nach der Pflegetätigkeit in das Erwerbsleben zurückkehren wollen, können an Maßnahmen der beruflichen Weiterbildung nach Maßgabe des SGB III teilnehmen (§ 44 I Satz 7 SGB XI). – Um das Engagement im Bereich der Pflege zu fördern und zu stärken, Pflege und Betreuung zu erleichtern und zu verbessern, sollen die → Pflegekassen Schulungskurse unentgeltlich anbieten. Die Kurse sollen Fertigkeiten für eine eigenständige Durchführung der Pflege vermitteln (§ 45 SGB XI).

Pfleger → Pflegschaft, → Nachlasspflegschaft.

Pflegerentenversicherung – 1. *Begriff:* Versicherungsprodukt der → Lebensversicherung, das die Grundabsicherung durch die → gesetzliche Pflegeversicherung (GPV) ergänzt und sich hinsichtlich des definierten Leistungsspektrums an den → Pflegestufen gemäß § 15 SGB XI und/oder am ADL-Punktesystem orientiert. – 2. *Leistungen:* Der Versicherte erhält im Fall der → Pflegebedürftigkeit eine bei Versicherungsabschluss fest vereinbarte lebenslange Pflegerente, die in Abhängigkeit vom Grad der Pflegebedürftigkeit abgestuft ist und zumeist monatlich gezahlt wird. *Beispiel:* 100 Prozent der versicherten Pflegerente in Pflegestufe III, 50 Prozent in Pflegestufe II und 25 Prozent in Pflegestufe I. Die Zahlung der Pflegerente ist unabhängig von den tatsächlichen durch die Pflegebedürftigkeit verursachten Kosten, weshalb keine Kostennachweise erforderlich sind. Sie ist auch unabhängig davon, wie die Pflege des Versicherten erfolgt (ambulant oder stationär). In der Pflegerentenversicherung sind Wartezeiten und Karenzzeiten nicht üblich. Entstehen aufgrund eines positiven Verlaufs des versicherungstechnischen Risikos und einer guten Entwicklung der Kapitalanlagen Überschüsse, so werden die Versicherungsnehmer im Leistungsfall daran beteiligt, sodass die tatsächliche Pflegerente i.d.R. höher als die garantierte Pflegerente ausfällt. Seit dem 1.1.2008 werden die Versicherungsnehmer auch an den Bewertungsreserven des

Lebensversicherers beteiligt. Neben der Absicherung des Pflegerisikos durch eine monatliche Pflegerente können im Rahmen einer Pflegerentenversicherung auch eine Einmalzahlung zu Beginn der Pflegebedürftigkeit sowie eine Todesfallleistung vereinbart werden. – 3. *Prämien und Kalkulation:* Die Kalkulation der Prämien erfolgt nach Art der Lebensversicherung (Kapitaldeckungsverfahren) und sichert somit die dauerhafte Prämienstabilität. Der Versicherer bildet aus Teilen der Prämie die Deckungsrückstellung, die die dauerhafte Erfüllung der Verpflichtung gegenüber dem Versicherungsnehmer sichert. Prämienanpassungen können nur im Rahmen des § 163 VVG vorgenommen werden. Um die Stabilität der Prämienhöhe auch im Fall einer Entmischung des Versichertenkollektivs (z.B. Änderung der Altersstruktur) zu gewährleisten, basiert die Prämienberechnung auf Wahrscheinlichkeiten zum Pflegeeintritt, zur Reaktivierung und zur Sterblichkeit. Darüber hinaus werden die gesetzlich vorgeschriebenen Sicherheiten berücksichtigt. Die individuelle Prämienhöhe richtet sich nach dem Geschlecht und dem Eintrittsalter. Ggf. werden individuelle Risikozuschläge erhoben, sofern die versicherte Person bes. Risikomerkmale aufweist. Im Leistungsfall sind keine Prämien mehr zu entrichten. Um den Auswirkungen der Inflation entgegenzuwirken, kann eine Dynamik vereinbart werden, nach der sich die Leistungen und die zu entrichtenden Prämien periodisch erhöhen.

Pflegesachleistung → Pflegeversicherung.

Pflegesatz → Krankenhaus.

Pflegestatistik – Als Bundesstatistik werden zweijährlich Erhebungen über Pflegeeinrichtungen und die Pflegegeldleistungen nach der Pflegestatistik-Verordnung vom 24.11.1999 (BGBl. I 2282) durchgeführt.

Pflegestufen – 1. *Begriff:* Gradmesser für den Umfang an Hilfebedarf und an Leistungen, den ein Pflegebedürftiger von der Pflegeversicherung erhält (soziale Pflegeversicherung, private Pflegeversicherung). – 2. *Bestimmungsgrößen:* Die Pflegestufen richten sich nach der Schwere der Beeinträchtigungen und dem Zeitaufwand, den die Pflege in Anspruch nimmt. Zur Einstufung in eine Pflegestufe wird die → Pflegebedürftigkeit bei den regelmäßig wiederkehrenden Verrichtungen des täglichen Lebens herangezogen. Dazu zählen die Grundpflege sowie der Aufwand für die hauswirtschaftliche Versorgung. Die Grundpflege beinhaltet Hilfe bei der Körperpflege, Ernährung und Mobilität. Folgende Hilfestellungen gehören dazu: a) Körperpflege: Waschen, Duschen, Baden, Zahnpflege, Kämmen, Rasieren, Blasen- oder Darmentleerung. – b) Ernährung: mundgerechtes Zubereiten oder Aufnahme der Nahrung. – c) Mobilität: selbstständiges Aufstehen und Zubettgehen, An- und Auskleiden, Gehen, Stehen, Verlassen und Wiederaufsuchen der Wohnung (z.B. für Arztbesuche, Behördengänge, nicht für Spaziergänge). – d) Hauswirtschaftliche Versorgung: Einkaufen, Kochen, Putzen der Wohnung, Spülen, Wechseln und Waschen der Wäsche. Für jede einzelne Tätigkeit gibt es einen bestimmten Zeitbedarf; daraus wird der gesamte Pflegeaufwand berechnet. Die Einstufung in eine Pflegestufe erfolgt i.d.R. durch ein Gutachten des Medizinischen Dienstes der Krankenkassen (MDK). Bei privaten Krankenversicherungen übernimmt dies Medicproof. – 3. *Abgrenzung der Pflegestufen:* Gem. § 15 SGB XI, Abs. I und III werden drei Pflegestufen unterschieden. – a) Pflegestufe 1 – erheblich Pflegebedürftige: Der Hilfebedarf für die Grundpflege und die hauswirtschaftliche Versorgung muss pro Tag bei mindestens 1,5 Stunden liegen. Auf die Grundpflege müssen dabei mehr als 45 Minuten täglich entfallen. – b) Pflegestufe 2 – Schwerpflegebedürftige: Der Hilfebedarf für die Grundpflege und die hauswirtschaftliche Versorgung muss pro Tag bei mindestens drei Stunden liegen. Auf die Grundpflege müssen dabei mindestens zwei Stunden täglich entfallen. – c) Pflegestufe 3 – Schwerstpflegebedürftige: Der Hilfebedarf für die Grundpflege und die hauswirtschaftliche Versorgung muss pro Tag bei mindestens fünf Stunden liegen. Auf die Grundpflege müssen dabei mindestens vier Stunden täglich entfallen. – d) Bei Festlegung der Pflegestufe eines Kindes ist der Vergleich zum Hilfebedarf eines gesunden Kindes maßgeblich (§ 15 SGB XI Abs. II). – 4. *Leistungen aus der Pflegeversicherung:* Je höher die anerkannte Pflegestufe ist, desto höher ist auch der Anspruch auf Leistungen aus der → gesetzlichen Pflegeversicherung (GPV). Konkret geregelt werden die Art und die Höhe der Leistungen, die auch von der Art der Pflege (ambulante Pflege, stationäre Pflege) abhängen, im Vierten Buch des SGB XI (für einen Überblick siehe § 28 SGB XI). Wird der Pflegebedürftige zu Hause gepflegt, besteht eine Wahl zwischen Geld- und Sachleistungen. Pflegegeld wird geleistet, wenn Angehörige oder eine selbst ausgewählte Pflegeperson die Pflege komplett übernehmen. Pflegesachleistungen können in Anspruch genommen werden, wenn ein professioneller Pflegedienst mit der Pflege betraut ist. Dieser stellt eine Rechnung, die bis zum jeweiligen Höchstbetrag erstattet wird. Werden die Sachleistungen nicht komplett ausgeschöpft, kann der nicht genutzte Prozentsatz der Sachleistungen anteilig als Pflegegeld ausgezahlt werden (Kombinationsleistungen). – 5. *Härtefallregelungen:* Wenn der Pflegeaufwand das Maß der Pflegestufe 3 weit übersteigt, kann ein sog. Härtefall vorliegen. Die Pflegekasse kann in diesem Fall im Rahmen der Pflegesachleistungen und der vollstationären Pflege weitere Leistungen gewähren. Dies kann bspw. im Endstadium einer Krebserkrankung oder bei Patienten im Wachkoma der Fall sein.

Pflegetagegeldversicherung – 1. *Begriff:* Versicherungsprodukt der privaten Krankenversicherung demzufolge der Versicherte bei Eintritt der → Pflegebedürftigkeit einen bei Versicherungsabschluss fest vereinbarten → Tagessatz erhält. – 2. *Leistungsvoraussetzungen*: Die Zahlung des Pflegetagegelds ist unabhängig von den tatsächlichen durch die Pflegebedürftigkeit verursachten Kosten, weshalb keine Kostennachweise erforderlich sind. Die Höhe des Pflegetagegelds variiert in Abhängigkeit vom Grad der Pflegebedürftigkeit und bei einigen Tarifen je nach dem, ob die Pflege ambulant oder stationär erfolgt. – 3. *Prämien und Kalkulation*: Die Höhe der → Prämien für eine Pflegetagegeldversicherung wird durch die Wahl des Leistungsumfangs, das Geschlecht der zu versichernden Person, deren Eintrittsalter sowie Gesundheitsrisiko bei Abschluss der Versicherung beeinflusst. Die Prämienkalkulation erfolgt nach dem sog. Kapitaldeckungsverfahren. Dabei werden die nicht für die Leistungen der jeweiligen Altersgruppe verwendeten Prämien verzinslich angesammelt, sodass aus diesem Kapital die im fortgeschrittenen Alter i.d.R. überproportional anfallenden Leistungen finanziert werden können. Aufgrund der jährlichen Preissteigerungen für Waren und Dienstleistungen beinhalten die meisten Tarife die Möglichkeit zur Leistungsanpassung mittels Prämienerhöhung, die dem Kunden in regelmäßigen Abständen angeboten wird. Nach Eintritt des Leistungsfalls sind häufig weiterhin Prämien zu entrichten.

Pflegeversicherung – selbstständiger Zweig der → Sozialversicherung zur Absicherung des Risikos der → Pflegebedürftigkeit (→ Pflegefall). Eingeführt mit dem Pflegeversicherungsgesetz vom 26.5.1994 (BGBl. I 1014) m.spät.Änd. – eingegliedert als Elftes Buch Sozialgesetzbuch (SGB XI) – soziale Pflegeversicherung – in das Sozialgesetzbuch.

I. Gesetzliche/Soziale Pflegeversicherung: 1. *Versicherter Personenkreis:* a) Entsprechend dem Grundsatz „Die Pflegeversicherung folgt der Krankenversicherung“ ist jedes Pflichtmitglied der gesetzlichen Krankenversicherung pflichtversichert in der sozialen Pflegeversicherung. – b) Entsprechend diesem Grundsatz werden in der gesetzlichen Krankenversicherung freiwillig Versicherte in der sozialen Pflegeversicherung pflichtversichert, jedoch mit der Möglichkeit, zur privaten Pflegeversicherung überzuwechseln (§ 20 III SGB XI), wenn sie sich privat versichert haben. – c) Außerdem werden bestimmte Personenkreise pflichtversichert, die weder bei einer gesetzlichen Krankenkasse noch bei einem privaten Krankenversicherungsunternehmen versichert sind (Personen mit Anspruch auf Heil- oder Krankenbehandlung nach dem BVG; Bezieher einer Kriegsschadensrente oder vergleichbarer Leistungen nach dem Lastenausgleichsgesetz, dem Reparationsschädengesetz oder dem Flüchtlingshilfegesetz sowie Bezieher von ergänzender Hilfe zum Lebensunterhalt im Rahmen der Kriegsopferfürsorge; Bezieher laufender Leistungen zum Unterhalt und von Leistungen der Krankenhilfe nach SGB VIII; Krankenversorgungsberechtigte nach dem Bundesentschädigungsgesetz; Soldaten auf Zeit, die nicht privat krankenversichert sind (§ 21 SGB XI)). – d) Für Ehegatten und Kinder von Mitgliedern der sozialen Pflegeversicherung besteht ein Anspruch auf – beitragsfreie – Familienversicherung entsprechend den Voraussetzungen der → Familienversicherung (→ Familienhilfe) in der gesetzlichen Krankenversicherung (§ 25 SGB XI). – 2. *Befreiung von der Versicherungspflicht:* Von der Versicherungspflicht kann sich befreien lassen, wer in der gesetzlichen Krankenversicherung freiwillig versichert ist. Die Befreiung muss bei der zuständigen Pflegekasse beantragt werden und setzt den Nachweis eines privaten Pflegeversicherungsschutzes, der den Leistungen der sozialen Pflegeversicherung gleichwertig ist, voraus. Der Befreiungsantrag kann nur innerhalb von drei Monaten nach Beginn der Versicherungspflicht gestellt werden. Die Befreiung kann nur einheitlich für das Mitglied und die versicherten Familienangehörigen erfolgen (§ 22 SGB XI). – 3. *Leistung:* a) Bei häuslicher Pflege werden gewährt: (1) häusliche Pflegehilfe als Pflegesachleistung (§ 36 SGB XI), d.h. Betreuung durch zugelassene ambulante Pflegeeinrichtungen. Der Umfang der Sachleistung für häusliche Pflegehilfe richtet sich nach dem Grad der Pflegebedürftigkeit bzw. der Pflegestufe. In Pflegestufe I werden ab 1.1.2012 monatliche Leistungen bis zum Wert von 450 Euro, in der Pflegestufe II bis zum Wert von 1.100 Euro und in der Pflegestufe III bis zum Wert von 1.550 Euro gewährt. In Härtefällen kann bei einem Fall von bes. schwerer Pflege mit außergewöhnlich hohem und intensivem Pflegeaufwand eine Leistung bis zum Wert von monatlich 1.918 Euro erbracht werden (§ 36 SGB XI). Medizinische Behandlung zählt jedoch nicht zur Pflegesachleistung, sondern zur häuslichen Krankenpflege, für die die Krankenversicherung zuständig ist. (2) Pflegegeld für selbst beschaffte Pflegehilfen (§ 37 SGB XI) wird gewährt, wenn der Pflegebedürftige die Grundpflege und hauswirtschaftliche Versorgung z.B. durch Angehörige, Nachbarn, Freunde selbst sicherstellen kann. Das Pflegegeld beträgt ab 1.1.2012 monatlich in Pflegestufe I: 235 Euro, in Pflegestufe II: 440 Euro und in Pflegestufe III: 700 Euro. Es zählt bei der Gewährung anderer einkommensabhängiger Sozialleistungen nicht als Einkommen. Bei ausschließlichem Bezug von Pflegegeld besteht die Verpflichtung mind. einmal pro Halbjahr (Pflegestufe I und II) bzw. pro Vierteljahr (Pflegestufe III) einen Pflegeeinsatz durch die Pflegeeinrichtung abzurufen. Der Pflegeeinsatz wird auf das Pflegegeld angerechnet. Bei fehlendem Nachweis des Pflegeeinsatzes erfolgt eine Kürzung des Pflegegeldes. (3) Sachleistung und Pflegegeld können in Kombination in Anspruch genommen werden (§ 38 SGB XI). Generell besteht dann eine Bindung an diese Entscheidung für sechs Monate. Sachleistung und Pflegegeld werden entsprechend dem Verhältnis der Inanspruchnahme gewidmet. (4) Bei Urlaub oder Verhinderung der Pflegeperson besteht Anspruch auf eine Ersatzkraft für die Dauer von bis zu vier Wochen und bis zu einem Gesamtwert von 1.432 Euro pro Jahr (§ 39 SGB XI). (5) Pflegebedürftige haben Anspruch auf teilstationäre Pflege in Einrichtungen der Tages- oder Nachtpflege, wenn häusliche Pflege nicht in ausreichendem Umfang sichergestellt ist (§ 41 SGB XI). Die Kosten für teilstationäre Pflege werden ab 1.1.2012 in der Pflegestufe I bis zum Wert von 450 Euro, in der Pflegestufe II bis zum Wert von 1.100 Euro und in der Pflegestufe III bis zum Wert von 1.550 Euro übernommen. Wird der jeweilige Höchstwert nicht ausgeschöpft, wird zusätzlich ein anteiliges Pflegegeld gezahlt. (6) Für eine Übergangszeit oder in Krisensituationen besteht Anspruch auf Kurzzeitpflege (§ 42 SGB XI) in einer vollstationären Einrichtung, wenn teilstätionäre Pflege nicht ausreicht. Der Anspruch ist auf vier Wochen pro Jahr und 1.550 Euro beschränkt. (7) Pflegebedürftige haben Anspruch auf Pflegehilfsmittel und technische Hilfen, die zur Erleichterung der Pflege oder zur Linderung der Beschwerden beitragen oder eine selbstständigere Lebensführung ermöglichen, wenn nicht andere Leistungsträger, bes. die Krankenkassen, zuständig sind (§ 40 SGB XI). Pflegehilfsmittel sind z.B. Desinfektionsmittel oder Unterlagen, technische Hilfsmittel sind z.B. Pflegebetten, Hebegeräte etc. Die Kostenübernahme durch die Pflegekassen ist auf 31 Euro monatlich begrenzt, wenn es sich um zum Verbrauch bestimmte Hilfsmittel handelt. Bei anderen Hilfsmitteln haben Versicherte, die das 18. Lebensjahr vollendet haben, eine Zuzahlung von 10 Prozent, höchstens jedoch von 25 Euro zu leisten. In Härtefällen kann eine Befreiung von der Zuzahlung entsprechend der §§ 61, 62 SGB V erfolgen. Zur Verbesserung des Wohnumfeldes der Pflegebedürftigen können Zuschüsse bis zu einem Betrag von 2.557 Euro gewährt werden (§ 40 IV SGB XI). (8) Die Pflegekasse erbringt außerdem Leistungen für die → Pflegeperson (Pflegekurse, soziale Absicherung). – b) Anspruch auf vollstationäre Pflege besteht, wenn häusliche oder teilstationäre Pflege nicht möglich ist oder im Einzelfall nicht in Betracht kommt (§ 43 SGB XI). Die Pflegekasse übernimmt ab 1.1.2012 die pflegebedingten Aufwendungen bis zu 1.550 Euro monatlich, in bes. Ausnahmefällen zur Vermeidung von Härten bis zu 1.918 Euro monatlich, wenn ein außergewöhnlich hoher und intensiver Pflegeaufwand erforderlich ist, der das übliche Maß der Pflegestufe III weit übersteigt. Im Übrigen hat der Pflegebedürftige Kosten selbst zu tragen; reichen dessen Einkünfte hierzu nicht aus, können ggf. Ansprüche auf → Sozialhilfe in Betracht kommen. Wählt der Pflegebedürftige die vollstationäre Pflege, obwohl diese nach der Feststellung der Pflegekasse nicht erforderlich ist, so erhält er die bei häuslicher Pflege zu gewährende Sachleistung in dem Gesamtwert der Pflegestufe, der er zugeordnet ist. – c) Die Leistungsansprüche setzen grundsätzlich eine Vorversicherungszeit voraus (§ 33 II SGB XI). Danach muss der Pflegebedürftige, der einen Antrag auf Gewährung von Pflegeleistungen stellt, in den letzten zehn Jahren vor der Antragstellung mind. fünf Jahre als Mitglied versichert oder familienversichert gewesen sein. – d) Leistungsansprüche ruhen bei Auslandsaufenthalt, wenn nicht über- oder zwischenstaatliche Regelungen greifen (§ 34 I SGB XI). Zu weiteren Ruhenstatbeständen vgl. § 34 I–II SGB XI. – 4. *Organisation der sozialen Pflegeversicherung:* Träger der Pflegeversicherung sind die → Pflegekassen. – 5. *Finanzierung der sozialen Pflegeversicherung:* Durch Beiträge und sonstige Einnahmen (§ 54 I SGB XI). Finanzierung erfolgt im Umlageverfahren. Der Beitragssatz beträgt seit dem 1.7.2008 1,95 Prozent der beitragspflichtigen Einnahmen des Versicherten (§ 55 I SGB XI) und wird von Arbeitgebern und Arbeitnehmern je zur Hälfte aufgebracht. Kinderlose Versicherte zahlen ab dem 23. Lebensjahr (ohne Beteiligung des Arbeitgebers) einen Zuschlag von 0,25 Prozent der beitragspflichtigen Einnahmen (§ 55 III SGB XI). Beihilfeberechtigte Versicherte erhalten die Hälfte der Leistungen von der Pflegeversicherung und zahlen deshalb nur den halben Beitrag. Als Beitragsbemessungsgrenze gilt diejenige der gesetzlichen → Krankenversicherung (§ 55 II SGB XI). Hinsichtlich der Bemessungsgrundlage besteht weitgehende Übereinstimmung mit der gesetzlichen Krankenversicherung. Der Beitrag wird mit dem → Gesamtsozialversicherungsbeitrag vom Arbeitgeber an die zuständige Krankenkasse als → Einzugsstelle gezahlt. Bei Arbeitslosen entrichtet die Bundesagentur für Arbeit die Hälfte der Beiträge, bei Beziehern von Krankengeld die Krankenkasse. Für die nicht in der gesetzlichen Krankenversicherung versicherten Personen, die gemäß § 21 SGB XI pflegeversichert sind, tragen die jeweiligen Leistungsträger die Beiträge. Freiwillig Versicherte der gesetzlichen Krankenversicherung zahlen den gesamten Beitrag zur Pflegeversicherung, erhalten jedoch einen Beitragszuschuss. Bei Rentnern ist der Rentenversicherungsträger seit 2004 nicht mehr an der Finanzierung der Beiträge beteiligt. Auch nach Eintritt des Pflegefalls sind weiter Beiträge zur Pflegeversicherung zu entrichten. – 6. *Reformvorschläge:* → Rürup-Kommission.

II. Private Pflege-Pflichtversicherung: 1. *Versicherter Personenkreis:* a) Versicherungspflichtig sind alle privaten Krankenversicherten mit Anspruch auf allg. Krankenhausleistungen, nicht aber diejenigen, die nur eine private Zusatz- oder Reisekrankenversicherung haben (§ 23 I SGB XI). Außerdem Beamte und Personen, die Anspruch auf Beihilfe haben und privat krankenversichert sind oder keine Krankenversicherung haben (§ 23 I SGB XI) und Heilfürsorgeberechtigte, die weder privat noch gesetzlich krankenversichert sind (z.B. Berufssoldaten, Polizeibeamte etc.), Mitglieder der Postbeamtenkrankenkassen und der Krankenversorgung der Deutschen Bahn und Abgeordnete, die privat oder gar nicht krankenversichert sind. Zur privaten Pflegeversicherung pflichtversichert sind auch die freiwillig in der gesetzlichen Krankenversicherung Versicherten, wenn sie von dem Recht auf Befreiung von der Versicherungspflicht in der sozialen Pflegeversicherung Gebrauch gemacht haben. – b) Kinder sind beitragsfrei mitversichert wie Kinder in der sozialen Pflegeversicherung (→ Familienversicherung). Ehegatten sind nicht beitragsfrei in der privaten Pflege-Pflichtversicherung mitversichert, doch erhalten sie eine Prämienvergünstigung. – c) Befreiungsmöglichkeiten sind grundsätzlich nicht vorgesehen. – d) Zur Kontrolle der Einhaltung der Versicherungspflicht bestehen Meldepflichten der privaten Versicherungsunternehmen an das → Bundesversicherungsamt (BVA), wenn Pflegeversicherungsverträge bei Neuabschlüssen von Krankenversicherungsverträgen nicht geschlossen werden oder Pflegeversicherungsträger ohne Nachweis eines neuen Vertrages gekündigt werden. Die Nichterfüllung der Verpflichtung zum Abschluss einer privaten Pflegeversicherung kann mit einer Geldbuße bis zu 2.500 Euro durch das Bundesversicherungsamt geahndet werden (§ 121 SGB XI). – 2. *Leistungen:* Die privaten Pflegeversicherungsunternehmen müssen gleichartige Leistungen vorsehen, wie sie nach dem SGB XI in der sozialen Pflegeversicherung gewährt werden. Hierbei gelten hinsichtlich der Leistungsvoraussetzungen → Pflegebedürftigkeit und → Pflegestufen und Vorversicherungszeiten dieselben Grundsätze (§ 23 VI SGB XI). – 3. *Organisation:* Grundsätzlich ist der private Pflegeversicherungsvertrag bei dem Unternehmen abzuschließen, bei dem der Betreffende krankenversichert ist. Die privaten Krankenversicherungsunternehmen führen daher auch die private Pflegeversicherung durch. Allerdings kann der Versicherte auch bei einem anderen Unternehmen den Pflegeversicherungsvertrag abschließen. Hierbei besteht ein Kontrahierungszwang für die Unternehmen (§ 110 SGB XI). Ein Ausschluss von Vorerkrankungen und Risikozuschläge ist nicht zulässig. Auch mit bereits pflegebedürftigen Personen müssen Verträge geschlossen werden. – 4. *Finanzierung:* grundsätzlich nach dem Kapitaldeckungsprinzip durch Prämien. Aufgrund der vom Gesetz vorgesehenen Rahmenbedingungen erfolgt Prämiengestaltung nicht allein nach dem zu versichernden Risiko. Die monatlichen Prämien dürfen den Höchstbeitrag der sozialen Pflegeversicherung nicht übersteigen (§ 110 SGB XI). Der Teilkostentarif für Beihilfeberechtigte darf 50 Prozent des Höchstbeitrages nicht übersteigen. Die familienversicherten Kinder sind beitragsfrei, für die nicht erwerbstätigen Ehegatten muss eine Prämienvergünstigung erfolgen. Beide Ehegatten zahlen zusammen höchstens 150 Prozent des Höchstbeitrages der sozialen Pflegeversicherung, wenn das Einkommen eines Ehegatten unter der Geringfügigkeitsgrenze von einem Siebtel der monatlichen Bezugsgröße nach § 18 SGB IV (§ 110 Nr. 2g SGB XI) liegt. Arbeitnehmer erhalten Beitragszuschüsse ihres Arbeitgebers in der Höhe, der dem Arbeitgeberanteil in der sozialen Pflegeversicherung entspräche, höchstens jedoch die Hälfte der zu zahlenden Prämie.

Pflegezeitgesetz (PflegeZG) – Gesetz über die Pflegezeit (PflegeZG) vom 28.5.2008 (BGBl. I S. 896). – 1. *Zweck des Gesetzes*: Es soll die Bedingungen schaffen, dass Arbeitnehmer nahe Angehörige in häuslicher Umgebung pflegen können. – 2. *Inhalt des Gesetzes*: a) Es muss ein naher Angehöriger des Arbeitnehmers betroffen sein. Wer ein solcher naher Angehöriger ist, ist in § 7 III PflegeZG abschließend aufgeführt, z.B. Ehegatten, Lebenspartner, Eltern, Kinder etc. – b) Der nahe Angehörige muss pflegebedürftig sein. Das ist der Fall, wenn er wegen einer körperlichen, geistigen seelischen Krankheit oder Behinderung für die gewöhnlichen Verrichtungen des Tages auf Dauer, mind. aber für sechs Monate in erheblichem oder höherem Maß der Hilfe bedarf. Diese Voraussetzung erfüllen u.a. alle diejenigen, bei denen Pflegestufe I festgestellt wurde. – c) Bei akut auftretenden Pflegesituationen darf der Arbeitnehmer *kurzzeitig, bis zu 10 Tagen*, von der Arbeit fernbleiben (§ 2 PflegeZG). Ob während dieser Zeit ein Entgeltsanspruch besteht, regelt das PflegeZG nicht; es liegt nahe, insoweit § 616 BGB anzuwenden. – d) Der Arbeitnehmer hat ferner das Recht, zur Pflege des Angehörigen in häuslicher Umgebung eine *Pflegezeit von bis zu sechs Monaten* in Anspruch zu nehmen (§ 3 PflegeZG). Er ist dann ganz oder teilweise freigestellt; der Entgeltanspruch verringert sich entsprechend. Dieser Anspruch besteht allerdings nur dann, wenn der Arbeitgeber mehr als 15 Arbeitnehmer beschäftigt. – e) Während des kurzzeitigen Fernbleibens oder der Pflegezeit genießt der Arbeitnehmer *Sonderkündigungsschutz* (§ 5 PflegeZG).

Pflegschaft – gesetzlich geregelte und staatlich beaufsichtigte Fürsorge für die Person oder das Vermögen eines Menschen für bestimmte einzelne Angelegenheiten oder einen bestimmten Kreis von Angelegenheiten. Die dem Schutzbedürftigen beigegebene Person heißt *Pfleger.* Kann ein Volljähriger wegen einer psychischen Krankheit oder einer körperlichen, geistigen oder seelischen Behinderung seine Angelegenheiten nicht besorgen, wird ein → *Betreuer* bestellt. Die Pflegschaft ist eine Abart der → Vormundschaft und untersteht den vormundschaftsrechtlichen Vorschriften, bes. hinsichtlich der Bestellung und Beaufsichtigung des Pflegers durch das Vormundschaftsgericht (§§ 1909 ff. BGB). Die Pflegschaft kann bestellt werden bes. für ein Kind (oder Mündel), wenn die Eltern der Vormund an der Besorgung der an sich ihnen obliegenden Angelegenheit verhindert sind.

Pflichtbeteiligung – kann nach § 7a II GenG durch die Satzung in dem Sinne bestimmt werden, dass die Genossenschaftsmitglieder sich mit mehreren → Geschäftsanteilen beteiligen müssen. Diese Regelung kann für alle Mitglieder gleich sein oder gemäß einer Staffelbeteiligung sich nach bestimmten Bezugsgrößen (Anzahl der angemieteten Räume in einer Wohnungsgenossenschaft, Ablieferungsmenge von Milch u.a.) richten.

Pflichteinlage – Es handelt sich um einen im Sprachgebrauch (vom Gesetz nicht verwendet) verwandten

Begriff der → Einlage, zu der sich der → Kommanditist seinen Mitgesellschaftern gegenüber im Innenverhältnis verpflichtet hat. Für die etwaige persönliche Haftung gegenüber Gläubigern der KG (Außenverhältnis) entscheidend (→ persönlich haftender Gesellschafter) ist die Einlage, die nach §§ 171 I, 162 I HGB im Handelsregister veröffentlicht ist (→ Haftsumme). *Pflichteinlage* und *Haftsumme* können identisch sein. Oft aber verpflichten sich Kommanditisten im Innenverhältnis weitergehend, als sie nach außen haften wollen.

Pflichteinstellung → Pflichtquote.

Pflichtenheft – 1. *Allgemein:* schriftliche Unterlage, die alle technischen, wirtschaftlichen und rechtlichen Einzelheiten einer Ausschreibung enthält. – 2. *Systementwicklung:* Beschreibung der Anforderungen an ein zukünftiges → Computersystem aus Anwendersicht als Ergebnis der Phase → Sollkonzept. Beschreibungsobjekt ist das EDV-Gesamtsystem oder ein bestimmter abgegrenzter Teil davon (z.B. computergestützte Finanzbuchhaltung). Dargestellt werden die Anforderungen in Form einer (schriftlichen) Spezifikation von Funktionen, → Daten und deren Strukturen sowie ggf. zu berücksichtigender organisatorischer, wirtschaftlicher und technischer Rahmenbedingungen. Entworfen werden nur die Inhalte („was") und keine detaillierten Abläufe („wie"). Klassifiziert werden die Anforderungen bes. nach unerlässlichen und wünschenswerten Eigenschaften. Angewendet wird das Pflichtenheft v.a. im Rahmen der → Systemauswahl zur Ausschreibung bei Hardware- und Software-Investitionen (→ Hardware, → Software) und als Vorgabe zum → Systementwurf.

Pflichtleistungen – in der Sozialversicherung gesetzlich festgelegte → Regelleistungen, im Gegensatz zu etwaigen satzungsmäßigen → Mehrleistungen einzelner Versicherungsträger.

Pflichtplatz – mit → schwerbehinderten Menschen zu besetzender → Arbeitsplatz. Auf einem bestimmten Prozentsatz der Arbeitsplätze, regelmäßig fünf Prozent bei mind. 20 Arbeitsplätzen, haben die Arbeitgeber schwerbehinderte Menschen zu beschäftigen (§ 71 SGB IX). Bei Berechnung der Zahl der Pflichtplätze für schwerbehinderte Menschen sich ergebende Bruchteile von 0,5 und mehr werden aufgerundet, bei Arbeitgebern mit bis zu 59 Arbeitsplätzen abgerundet. Ausbildungsplätze werden bei der Berechnung der Mindestzahl der Arbeitsplätze und der Zahl der Pflichtplätze nicht mitgezählt (§ 74 SGB IX). – *Unterlassung der Einstellung schwerbehinderter Menschen:* → Ausgleichsabgabe. – Vgl. auch → Schwerbehindertenrecht.

Pflichtprüfung – gesetzlich vorgeschriebene, periodisch oder aperiodisch (bei Eintritt eines bestimmten Anlasses) durchzuführende → Prüfung (→ Wirtschaftsprüfung). Die bedeutendste Pflichtprüfung ist die → Jahresabschlussprüfung.

Pflichtquote – Quote, die festlegt, in welchem Umfang Arbeitgeber schwerbehinderte Menschen zu beschäftigen haben (§ 71 II SGB IX). – Unterlassung der Einstellung Schwerbehinderter: → Ausgleichsabgabe. – Vgl. auch → Schwerbehindertenrecht.

Pflichtteil – der bestimmten Personen von den → Erben aufgrund des geltend gemachten → Pflichtteilanspruchs auszuzahlende Geldbetrag. – Der Pflichtteil *besteht* in der Hälfte des Wertes des gesetzlichen Erbteils, der dem betreffenden Berechtigten bei gesetzlicher → Erbfolge zugefallen wäre. Auch bei der Berechnung des Pflichtteils ist ggf. die → Ausgleichungspflicht zu berücksichtigen.

Pflichtteilanspruch – Befugnis der → Abkömmlinge, Eltern und des Ehegatten des → Erblassers, die durch → Verfügung von Todes wegen von der gesetzlichen → Erbfolge ausgeschlossen sind, von den eingesetzten → Erben den → Pflichtteil zu verlangen (§§ 2303–2338 BGB). Der Pflichtteilanspruch entsteht auch, wenn dem Pflichtteilberechtigten ein Erbteil hinterlassen ist, das kleiner ist als die Hälfte des gesetzlichen Erbteils (§ 2305 BGB). Der Pflichtteilanspruch entsteht mit dem Tode des Erblassers. – *Verjährung:* I.d.R. in drei Jahren seit Kenntnis des Berechtigten vom Eintritt des Erbfalls und der ihn beeinträchtigenden Verfügung. – *Erbschaftsteuer:* Der Pflichtteil ist von demjenigen, der den Pflichtteil erhält, zu versteuern (als Erwerb von Todes wegen, § 3 ErbStG), und kann bei demjenigen, der ihn aus seinem Erbe zu zahlen hat, als Nachlassverbindlichkeit von seinem steuerpflichtigen Erwerb abgezogen werden (§ 10 ErbStG). Verzichtet ein Pflichtteilsberechtigter darauf, seinen Pflichtteil gegen einen Erben geltend zu machen, obwohl ihm ein solcher Anspruch eigentlich zustünde, wird darin nicht etwa eine Zuwendung des Pflichtteilsberechtigten an den von seinem Verzicht begünstigten Erben gesehen; es ist also möglich, auf einen Pflichtteil zu verzichten, ohne dadurch zusätzliche Erbschaftsteuerbelastungen auszulösen. Der Pflichtteilanspruch wird erbschaftsteuerlich daher erst (bzw: nur) berücksichtigt, wenn er geltend gemacht worden ist (§ 3 ErbStG).

Pflichttheorien → Opfertheorien.

Pflichtverletzung – 1. *Begriff:* Objektive Verletzung einer in einem → Schuldverhältnis bestehenden Pflicht. Der Begriff der Pflichtverletzung ist nach der → Schuldrechtsreform der Sammelbegriff für alle Formen der → Leistungsstörungen (z.B. Unmöglichkeit) sowie der Verletzung einer → Schutzpflicht. – 2. *Rechtsfolgen:* Der Anwendungsbereich der Zentralnorm § 280 I BGB für jede Art von Pflichtverletzung in Schuldverhältnissen ist gering. Er beschränkt sich auf (einfachen) Schadensersatz. – *Anders:* → unerlaubte Handlung, die erst ein Schuldverhältnis begründet. – Vgl. auch → Schadensersatz.

Pflichtversicherung – *Zwangsversicherung, obligatorische Versicherung.* – 1. *Begriff:* Versicherung, zu deren Abschluss eine gesetzliche Verpflichtung besteht. – 2. *Merkmale und Folgen:* Die Besonderheit der Pflichtversicherung besteht im → Kontrahierungszwang. Einerseits kann der → Versicherungsnehmer gesetzlich verpflichtet sein, eine Versicherung abzuschließen, andererseits kann der → Versicherer der gesetzlichen Pflicht unterliegen, den Antrag eines Versicherungsnehmers auf Abschluss einer Versicherung anzunehmen. Insofern schränkt die Pflichtversicherung die → Vertragsfreiheit des Einzelnen erheblich ein. – 3. *Geltungsbereiche:* Die Pflichtversicherung betrifft insbesondere weite Bereiche der → Sozialversicherung, ist aber auch in der → Privatversicherung vorzufinden (z.B. Jagdhaftpflichtversicherung, → Kfz-Haftpflichtversicherung, Haftpflichtversicherung für Arzneimittelhersteller, Betreiber von Kernenergieanlagen, Inhaber besonders umweltgefährdender Anlagen). Der Gesetzgeber geht immer mehr dazu über, bei → Gefährdungshaftung Versicherungspflicht vorzuschreiben. – 4. *Rechtsgrundlagen:* Regelungen zur Versicherungspflicht finden sich für die Sozialversicherung im → Sozialgesetzbuch, für die Privatversicherung in den §§ 113 ff. VVG. – Vgl. auch → Pflichtversicherungsgesetz.

Pflichtversicherungsgesetz (PflVG) – Gesetz über die Pflichtversicherung für Kraftfahrzeughalter vom 5.4.1965 (BGBl. I 213) m.spät.Änd. Regelt die Haftpflicht in der → Kraftfahrtversicherung.

Pflichtverteidiger → Anwaltszwang, → Verteidiger.

PGP – Abk. für → Pretty Good Privacy.

Phänomenologie → Methodologie.

Phantom Optionsplan → Aktienoptionsplan.

Pharmakopöe – amtliches Verzeichnis von Heilmitteln mit Vorschriften über deren Zusammensetzung. Aufgrund der Pharmakopöe sind Arzneien ggf. rezeptpflichtig.

Phase – 1. *Allgemein:* Teilabschnitt einer Entwicklung. – 2. *Wirtschaftlich:* → Konjunkturphasen, → Lebenszyklus.

Phasendiagramm – grafische Darstellung der gleichzeitigen Entwicklung meist zweier Variablen in stetigen dynamischen Modellen (→ Differenzialgleichungen). Die Koordinaten in einem (x_1, x_2)-Diagramm geben die Werte der Variablen in einem Zeitpunkt t an; die Zeit selbst wird im Phasendiagramm parametrisch erfasst. Die zeitliche Veränderung der Variablen, die sich aus dem zugrunde liegenden → Differenzialgleichungssystem ergibt, wird durch Pfeile dargestellt und gestattet in vielen Fällen Aussagen über z.B. konvergierende oder instabile Entwicklungspfade (→ Trajektorien). Phasendiagramme werden v.a. in der → Wachstumstheorie und der → Konjunkturtheorie verwendet.

Phaseneinteilung → Konjunkturphasen.

Phasengliederung – Zerlegung von Aufgaben (→ Aufgabenanalyse) nach ihrem Phasenmerkmal in Planung, Realisation und Kontrolle.

Phasenmodelle – I. Betriebswirtschaftslehre: → Lebenszyklus.

II. Wirtschaftsinformatik: 1. *Systemanalyse:* Ein Modell zur Entwicklung eines → betrieblichen Informationssystems in verschiedenen, aufeinander aufbauenden Phasen. – *Grundidee:* Vorgehensweise nach dem → Top-Down-Prinzip. Unterteilung der Phasen nach den verschiedenen Entwicklungstätigkeiten und den jeweiligen Detaillierungsgraden. Rücksprünge in frühere Phasen sind möglich und üblich. In Praxis und Literatur werden mehrere unterschiedliche Phasenmodelle verwendet. – *Typische Einteilung:* → Istanalyse, → Sollkonzept, → Systementwurf, → Systemimplementierung, → Systemtest und → Systembetrieb, innerhalb der einzelnen Phasen weiter untergliedert. – 2. *Life-Cycle-Modell (Lebenszyklusmodell):* Im Software Engineering ein Schema für die Unterteilung der Lebensdauer eines Softwareprodukts in einzelne Phasen (Software Life Cycle). In Praxis und Literatur sind eine Reihe unterschiedlicher Phasenmodelle gebräuchlich. – *Typische Einteilung:* → Software Engineering.

III. Konjunkturpolitik/-theorie: → Konjunkturphasen.

phasische Aktivierung → Aktivierungsforschung.

Phelps – Edmund Strother, geb. 1933, amerik. Nationalökonom, lehrt an der Columbia University; → Nobelpreis für Wirtschaftswissenschaften 2006. Phelps wurde für seine Analyse intertemporaler Zielkonflikte in der makroökonomischen Politik ausgezeichnet. Bahnbrechend waren seine Beiträge zur goldenen Regel für das Wirtschaftswachstum und zum Phillips-Theorem. *Hauptwerke:* Golden Rules of Economic Growth (1966); Money-Wage Dynamics and Labor Market Equilibrium, in: Journal of Political Economy (1968).

Philanthropic Sector → Nonprofit-Sektor.

Phillips – Alban William Housego, 1914–1975, aus Neuseeland stammender Ökonometriker, der von 1950–1967 an der London School of Economics in London, bis 1969 an der University of Canberra in Australien lehrte und nach einem Schlaganfall in sein Heimatland zurückkehrte. Phillips entwickelte die nach ihm benannte → Phillips-Kurve, die das Verhältnis von Arbeitslosenquote zu Geldlohnsteigerungen darstellt („The Relation between Unemployment and the Rate of Change of Money Wage Rates in the United Kingdom, 1861–1957", in: Economica, 25 (1958)). Modifiziert wurde die Phillips-Kurve später durch → Samuelson und → Solow, die eine Abhängigkeit zwischen Nominallohn- und Preisniveauänderung unterstellten.

Phillips-Kurve – 1. *Charakterisierung:* Die ursprüngliche Phillips-Kurve geht auf den britischen Ökonometriker → Phillips (1958) zurück und beschreibt die Beziehung zwischen Arbeitslosenquote und Geldlohnsteigerungen in Großbritannien für einen

Zeitraum von rund 100 Jahren. Dabei wurde von ihm eine stabile negative und nichtlineare Beziehung zwischen diesen Größen ermittelt. Eine *modifizierte* Phillips-Kurve, die auf → Samuelson und → Solow zurückgeht, ergibt sich, wenn eine feste gleichgerichtete Beziehung zwischen Nominallohn- und Preisniveauänderungen unterstellt wird. Aus der ursprünglichen Phillips-Kurve wird dadurch ein stabiler Zusammenhang zwischen Inflationsrate und Arbeitslosenquote (vgl. Abbildung „Phillips-Kurve"). 2. *Bedeutung:* Der modifizierten Phillips-Kurve käme wirtschaftspolitisch eine große Bedeutung zu, wenn die Beziehung einerseits quantitativ annähernd exakt bestimmbar und andererseits im Zeitablauf nachweislich stabil wäre. Aus wirtschaftspolitischer Sicht würde dann ein politisch ausnutzbarer negativer Trade-off zwischen Inflationsrate und Arbeitslosenquote bestehen. Ein Rückgang der Arbeitslosenquote über expansive Maßnahmen der Konjunkturpolitik wäre in diesem Fall möglich, würde aber erkauft werden mit einem Anstieg der Inflationsrate. Umgekehrt würde eine mittels kontraktiver Geldpolitik erreichte niedrige Inflationsrate mit hoher Arbeitslosigkeit verbunden sein. Vielfältige Modifikationen, Alternativtheorien und Tests machen zwar deutlich, dass der Zusammenhang zwischen Inflationsrate und Arbeitslosenquote sicher vorhanden ist, jedoch wegen anderer Einflussfaktoren (Struktur der Wirtschaft, Produktionstechnik, Präferenzen und Verhaltensweisen, außenwirtschaftliche Zusammenhänge, Wettbewerbs- bzw. Machtverhältnisse, Erwartungen über die zukünftige Entwicklung u.a.) nicht als stabil angenommen werden darf. Form und Gestalt der Phillips-Kurve werden insbesondere im Konjunkturablauf ständig variieren. Wirtschaftspolitische Empfehlungen auf der Basis bestimmter Phillips-Kurven sind deshalb kritisch zu beurteilen. – 3. *Varianten:* Die monetaristischen und neuklassischen Variationen zur Phillips-Kurve betonen die Erwartungsbildung als Determinante der Inflationsrate. Die Lage

Phillips-Kurve

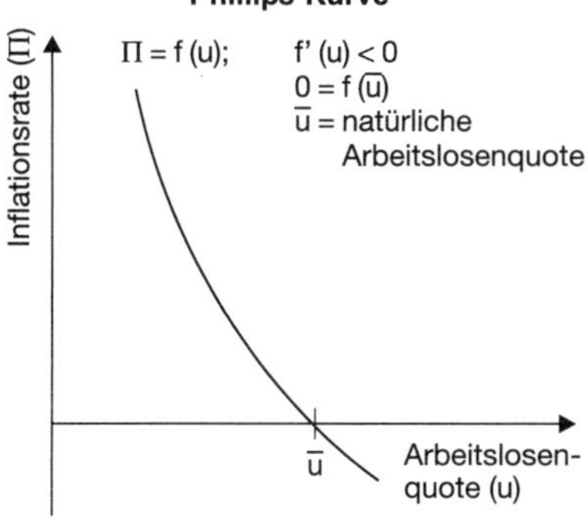

der Phillips-Kurve variiert mit den Inflationserwartungen (Π*):

$$\Pi = f(u) + \Pi^*.$$

a) Die *monetaristische Version* unterstellt eine asymmetrische Informationsverteilung von Unternehmern und privaten Haushalten. Während die Produzenten die Inflationsrate stets perfekt antizipieren, unterliegen die Arbeitsanbieter bei der Inflationsprognose einem temporären Inflationserwartungsirrtum. Dieser tritt auf, weil sie von autoregressiven Erwartungen ausgehen, z.B. von der einfachen statischen Erwartungshypothese $\Pi_t^* = \Pi_{t-1}$. Kurzfristig ist dann ein Rückgang der Arbeitslosenquote durch expansive Maßnahmen (v.a. der Geldpolitik) zulasten höherer Inflationsraten möglich, weil die Arbeitsanbieter die tatsächliche Inflationsrate zunächst unterschätzen. Dadurch ist ein Rückgang der Arbeitslosenquote u unter das Normalniveau $\overline{u}$ möglich. Nach Anpassung der Inflationserwartungen mit langfristig korrekter Erwartung, d.h. $\Pi_t^* = \Pi_t = \Pi_{t-1}$ und damit f(u) = 0, wird die → natürliche Arbeitslosenquote $\overline{u}$ wieder erreicht (langfristige Ineffizienz der Geldpolitik aufgrund einer *langfristig vertikalen* Phillips-Kurve). Von geldpolitischen Maßnahmen können aus monetaristischer Sicht also nur temporäre realwirtschaftliche Effekte ausgehen (→ Monetarismus). – b) Die *neuklassische Version* (→ Neue Klassische Makroökonomik) unterstellt eine symmetrische Informationsverteilung bei den Wirtschaftssubjekten und geht bereits kurzfristig von rationaler Inflationserwartungsbildung aus ($\Pi_t^* = E(\Pi_t/I_{t-1})$), wodurch systematische Erwartungsirrtümer ausgeschlossen werden. Durch diese Annahme erhält man eine bereits kurzfristig *senkrechte* Phillips-Kurve. Expansive Maßnahmen der Geldpolitik führen jetzt selbst in der kurzen Frist nicht zu positiven Beschäftigungseffekten. Dies setzt allerdings eine systematisch betriebene, regelgebundene Geldpolitik voraus, die dann Bestandteil der Informationsmenge I der Privaten ist, sodass $\Pi_t^* = \Pi_t$ gilt. Unsystematische, diskretionär betriebene Geldpolitik ist dagegen nicht antizipierbar und daher auch bei rationaler Erwartungsbildung der Marktteilnehmer mit Realwirkungen verbunden, da sie unsystematische (zufallsabhängige) Prognosefehler erzeugt, die wiederum zu Abweichungen der Mengenvariablen von ihren Normalniveaus führen. – c) *Kritik: Eine Schwäche der monetaristischen und neuklassischen Argumentation* liegt in der Behauptung eines stabilen, eindeutig definierbaren Gleichgewichts (natürliche Arbeitslosenquote). – Tatsächlich ist die natürliche Arbeitslosenquote (→ natürliche Arbeitslosigkeit) nicht konstant im Zeitablauf, sondern hat sich mehrfach sprunghaft erhöht (z.B. im Zuge der Ölpreisschocks Anfang der 1970er- und 1980er-Jahre). Empirische Analysen deuten darauf hin, dass in der Realität eher Ungleichgewichtssituationen vorliegen. Für Ungleichgewichte ist die monetaristische und neuklassische Analyse irrelevant. Zudem muss auch ein beträchtlicher Teil der Arbeitslosigkeit bei Nullinflation als unfreiwillig und nicht-optimal angesehen werden, da ein Makrogleichgewicht nicht gewährleistet, dass alle Sektoren, Branchen und Märkte ebenfalls im Gleichgewicht sind. – Die monetaristische Variante der Phillips-Kurve lässt sich außerdem dahingehend kritisieren, dass sie keine Mikrofundierung besitzt, d.h. nicht aus einem einzelwirtschaftlichen Optimierungsansatz ableitbar ist. – 4. *Neukeynesianische Phillips-Kurve:* Diese Variante der Phillips-Kurve ist mikrofundiert und gleichzeitig zentraler Bestandteil der → Neukeynesianischen Makroökonomik (→ Neuer Keynesianismus). Ausgehend von der Modellwelt der monopolitischen Konkurrenz sowie einer gestaffelten Preissetzung, bei der in jeder Periode immer nur ein bestimmter, zufällig ausgewählter Anteil von der Gesamtheit der Unternehmen den Preis neu festsetzen kann, lässt sich aus einem unternehmerischen Optimierungsansatz zur Bestimmung des optimal gesetzten Preises eine Phillips-Kurve entwickeln, bei der die laufende Inflationsrate von der zukünftig erwarteten Inflationsrate und den realen unternehmerischen Grenzkosten abhängig ist. Der Erweiterungsterm – die Inflationserwartung – geht dabei im Unterschied zur monetarischen und neuklassischen Version nicht mehr mit dem Gewicht eins in die Inflationsgleichung ein, sondern mit einem Faktor, der dem Diskontfaktor des unternehmerischen Optimierungsansatzes entspricht. Dadurch verläuft auch die langfristige Phillips-Kurve nicht mehr vertikal. Ferner macht die Abhängigkeit der laufenden von der zukünftig erwarteten Inflationsrate den vorausschauenden Charakter von Inflation deutlich. – Die neukeynesianische Phillips-Kurve lässt sich weiter umformen, indem die realen Grenzkosten durch die → Outputlücke ersetzt werden. Dabei wird unter der Outputlücke nicht mehr die Abweichung des tatsächlichen Outputniveaus von seinem potenziellen oder natürlichen Niveau verstanden (die man dann gemäß dem → Okunschen Gesetz durch die Abweichung der natürlichen von der tatsächlichen Unterbeschäftigungsrate ersetzen könnte); vielmehr wird darunter die Differenz zwischen tatsächlichem und Flexpreis-Outputniveau verstanden. Das Flexpreis-Outputniveau ist dasjenige Outputniveau, das sich bei Vorliegen von monopolistischer Konkurrenz einstellt, wenn keine nominalen Rigiditäten mehr auftreten, d.h. wenn zu Beginn jeder Periode alle Unternehmen (und nicht nur ein bestimmter Anteil von ihnen) die Möglichkeit der Neufestsetzung (Reoptimierung) des zugehörigen Güterpreises besitzt. Im Ergebnis stellt sich dann eine starke Ähnlichkeit zur neuklassischen Phillips-Kurve ein, da in beiden Fällen rationale Inflationserwartungen zugrundegelegt werden (allerdings mit unterschiedlicher zeitlicher Datierung und unterschiedlichem Gewichtungsfaktor) und außerdem die Outputlücke (mit leicht unterschiedlicher Definition in den beiden Versionen) jeweils treibende Kraft der Inflation ist. – Die neukeynesianische Phillips-Kurve enthält häufig noch einen additiven Störterm, der in der Neukeynesianischen Makroökonomik als exogener Kostenschock interpretiert und häufig als Verursacher von Inflation angesehen wird. Dabei werden üblicherweise temporäre Kostenschocks, die einem autoregressiven Prozess erster Ordnung folgen, zugrundegelegt. In log-linearer Formulierung lautet dann die neukeynesianische Phillips-Kurve:

$$\Pi_t = \beta E_t \Pi_{t+1} + \gamma x_t + k_t$$

wobei: Π_t = Inflationsrate der Periode t, $E_t \Pi_{t+1}$ = rationale Inflationserwartung für die in t+1 erwartete Inflationsrate, $E_t(\cdot) = E(\cdot | I_t)$ = bedingte mathematische Erwartung mit der Informationsmenge I_t, $x_t = y_t - y_t^f$ = Outputlücke mit, y_t = Outputniveau, x_t^f = Flexpreis-Outputniveau, k_t = temporärer Kostenschock (autoregressiver Schockprozess erster Ordnung), β = Diskontfaktor des intertemporalen Optimierungsproblems einer Unternehmung, γ = Parameter der Outputlücke und gleichzeitig Steigung der Phillips-Kurve, dieser hängt in negativer Weise vom Grad der Preisrigidität auf dem Gütermarkt ab.

philosophisch-erkenntnistheoretischer Realismus → Instrumentalismus.

PHP – Abk. für *PHP Hypertext Preprocessor* (ursprünglich: *Private Home Page*); freie Skriptsprache zur serverseitigen Erzeugung dynamischer Inhalte im → World Wide Web. – Vgl. auch → ASP, → Java Server Page (JSP).

Physical Quality of Life Index (PQLI) – Gesamtindikator zur Abbildung der physischen Lebensqualität in Entwicklungsländern. Gleichgewichteter, normativer Index aus Säuglingssterblichkeitsziffer, Lebenserwartung und Erwachsenenalphabetisierungsquote. – *Augmented PQLI:* Der ursprünglich von D.M. Morris entwickelte und vom Overseas Development Council der USA eingeführte Indikator wird häufig um zwei weitere Maßgrößen ergänzt: die Kalorienversorgung pro Kopf sowie die Einschulungsrate. Durch diesen Index sollte die Validität der Messung verbessert werden. – Die typischen Gesamtindikatorenprobleme (Auswahl und Gewichtung der Teilindikatoren) blieben jedoch ungelöst.

physikalische Produktion – Elementartyp der Produktion (→ Produktionstypen), der sich aus dem Merkmal der naturgegebenen Grundlagen der Prozesstechnologie ergibt. – *Beispiel:* mechanische Bearbeitung durch Fräsen, Bohren, Schmieden, Pressen, etc. – Vgl. auch → biologische Produktion, → chemische Produktion.

Physikalisch-Technische Bundesanstalt (PTB) → Bundesoberbehörde im Geschäftsbereich des Bundesministers für Wirtschaft und Technologie (BMWT), Sitz in Braunschweig und Berlin-Charlottenburg, gegründet 1887. – *Aufgaben:* Grundlagen für die Metrologie, Metrologie für die Wirtschaft und Gesellschaft, internationale Angelegenheiten. – Vgl. auch → Eichbehörden.

Physiokratie – 1. *Charakterisierung:* In der zweiten Hälfte des 18. Jh. in Frankreich entstandene gesellschafts- und wirtschaftstheoretische Schule, die maßgeblich von ihrem Begründer → Quesnay, 1694–1774, geprägt wurde (weitere Vertreter: Cantillon, Gournay, Mercier de la Revière, Mirabeau, Turgot). – a) *Gesellschaftstheoretische Konzeption:* Diese beruht auf der Annahme, dass sich aus den Prinzipien des Naturrechts eine unabhängige und objektiv gegebene Norm ableiten lässt, deren Beachtung die größtmögliche Wohlfahrt für alle Menschen bewirkt *(Ordre Naturel).* Anders als im → klassischen Liberalismus wird davon ausgegangen, dass das spontane und selbstinteressierte Handeln der Gesellschaftsmitglieder keine dieser natürlichen Ordnung entsprechende Gesellschaftsverfassung hervorbringt. Daher wird gefordert, dass durch einen aufgeklärten Herrscher eine Ordnung zu konstituieren und zu gewährleisten ist *(Ordre Positif),* die weitestgehend der natürlichen Ordnung entspricht. – b) *Wirtschaftspolitische Konzeption:* Im wirtschaftlichen Bereich wird gefordert, dass der Staat Eingriffe in den Wirtschaftsprozess auf ein Mindestmaß begrenzt (Reaktion auf den → Merkantilismus mit umfangreichem und zumeist konzeptionslosem → Dirigismus) sowie Privateigentum an den Produktionsmitteln und eine freie wirtschaftliche Betätigung der Menschen gewährleistet. – 2. *Klassen:* Der physiokratische Ansatz ist die erste in sich geschlossene volkswirtschaftliche Konzeption: Der Grundgedanke ist, dass nur die Landwirtschaft wertschöpfend ist (ebenfalls eine Reaktion auf den Merkantilismus mit seiner einseitigen Förderung der gewerblichen Wirtschaft). Den produktiven Pächtern als *Classe Productive* stellt Quesnay die Grundeigentümer gegenüber, die von ersteren die Wertschöpfung *(Produit Net)* als Pacht erhalten und durch Kauf von Nahrungsmitteln und gewerblichen Gütern weiterverteilen *(Classe Distributive).* Die dritte Gruppe bilden die Handwerker und Händler, die im Wirtschaftsprozess den Gütern nur ihre eigene Arbeit hinzufügen, ohne neue Werte zu schöpfen *(Classe Stérile).* In seinem → Tableau Économique leitet Quesnay die Bedingungen für ein stationäres Gleichgewicht der Geld- und Güterströme zwischen diesen drei Klassen ab. – 3. Aus der Annahme, dass alleine die Landwirtschaft wertschöpfend ist, zieht die Physiokratie die *wirtschaftspolitische Folgerung,* dass primär diese zu fördern ist: Die kleinen Bauernhöfe sind durch leistungsfähige Großbetriebe zu ersetzen, eine Steuerreform soll die Eigenkapitalbildung in der Landwirtschaft forcieren, und die Reglementierungen des Getreidehandels sollen aufgehoben werden. Aus Billigkeitsgründen wird, der Theorie entsprechend, eine *Einheitsteuer aufgrund und Boden* (→ Impôt Unique) gefordert, die von den Grundeigentümern aus den Pachteinnahmen zu begleichen ist. – 4. *Entwicklung:* Die physiokratische Schule ist sehr bald, nicht zuletzt wegen ihrer unrealistischen Wertschöpfungstheorie und der daraus gezogenen wirtschafts- und steuerpolitischen Konsequenzen, in ihrem Einfluss von den sich rasch ausbreitenden Theorien der Klassiker (→ klassische Lehre) zurückgedrängt worden.

physiologische Arbeitskurve – durch → Ermüdung verursachte und durch den Biorhythmus bedingte Leistungsschwankungen des Menschen bei der Arbeit im Zeitraum von 24 Stunden (vgl. Abbildung „Physiologische Arbeitskurve"). Die physiologische Arbeitskurve ist durch typische Schwankungen mit einem Vormittags- und einem Nachmittagsgipfel und einem Leistungstief in den ersten Stunden nach Mitternacht gekennzeichnet. Die unterschiedliche Leistungsfähigkeit ist von den tageszeitlich unterschiedlichen vegetativen Funktionen des Organismus abhängig. – Vgl. auch → Leistungskurve.

Physiologische Arbeitskurve

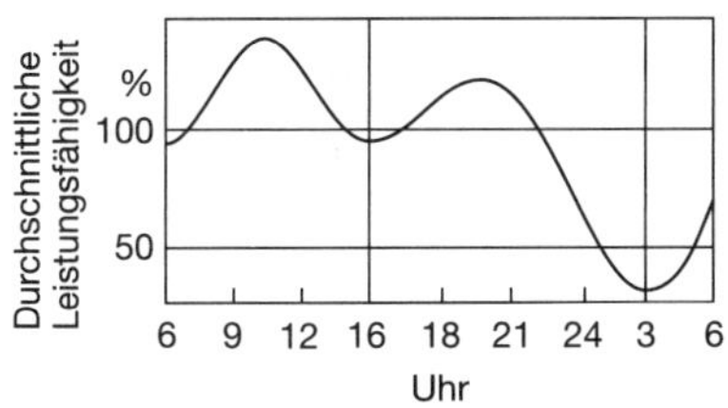

physische Distribution – Teilbereich der → Distributionspolitik mit der Aufgabe der körperlichen Transformation der Waren (→ Handelswaren) vom Hersteller zum Abnehmer. Die physische Distribution ist Aufgabe der → Logistik und hat über die vom Abnehmer erwartete und wahrgenommene Qualität von → Lieferzeit, → Lieferzuverlässigkeit, → Lieferungsbeschaffenheit und → Lieferflexibilität eine absatzbeeinflussende Wirkung.

Picopayment – Zahlung von Kleinstbeträgen (i.d.R. weniger als 1 Euro) im → E-Commerce. Aufgrund der geringen Beträge sind für die zugrunde liegenden Geschäfte Kreditkartenzahlungen wegen der hohen Transaktionskosten unwirtschaftlich. Daher wird der Zahlungsbetrag elektronisch übertragen (digitales Geld, → E-Cash, Cybercash). – Vgl. auch → Micropayment.

Picture Frustration Test → Bildenttäuschungstests.

Pigou – Arthur Cecil, 1877–1959, engl. Nationalökonom, dessen Leben eng mit Cambridge verbunden ist, wo er studiert und von 1901 bis zum Lebensende – seit 1908 als Nachfolger auf dem Lehrstuhl von → Marshall – gelehrt hat. Pigou gehört mit Marshall und dem etwa gleichaltrigen → Keynes zu den herausragenden Gestalten der Cambridge-Schule. Seine wissenschaftlichen Veröffentlichungen – etwa 30 Bücher und über 100 Aufsätze – haben auf zwei Gebieten bis heute nicht an Bedeutung verloren: Der Beschäftigungs- und der Wohlfahrtstheorie. Auf dem ersten Gebiet, der → Beschäftigungstheorie, vertrat Pigou gegenüber Keynes die klassische Position, nach der ein Unterbeschäftigungsgleichgewicht auf Dauer nicht stabil sein kann (Pigou-Effekt). Diese Auffassung von Pigou wird häufig dahingehend missverstanden, es würde sich „automatisch" ein Vollbeschäftigungsgleichgewicht wieder einstellen. Keynes hat den Gegensatz zu Pigou oft überbetont, um seinen Anspruch herauszustellen, dass er eine allg. Theorie biete, die die → klassische Lehre als Spezialfall einschließe. Pigou hat demgegenüber später großzügig eingeräumt, dass die Lehre von Keynes weitgehend korrekt sei. Auf dem zweiten Gebiet, der → Wohlfahrtsökonomik, setzte Pigou beim Konzept der → externen Effekte von Marshall an, die immer dann auftreten, wenn soziale Kosten und Nutzen von privaten abweichen. Solche Abweichungen vom → Pareto-Optimum seien Fälle des → Marktversagens, die einen Eingriff des Staates erforderten. Durch Steuern (→ Pigou-Steuern) könnten die Verursacher negativer externer Effekte belastet werden, während die positiver externer Effekte zu subventionieren seien. Die wohlfahrtstheoretischen Ansätze von Pigou sind nicht nur Ausgangspunkt für eine Umweltpolitik, sondern auch Grundlage für staatliche Eingriffe in einer Marktwirtschaft überhaupt. V.a. deswegen hat das Werk von Pigou an Bedeutung gewonnen und erst spät gebührende Anerkennung erfahren. Die Qualität seiner Bücher ist hervorragend. Sein wichtigster Beitrag zur Beschäftigungstheorie „Employment and Equilibrium" (1941) sollte zusammen mit „The Theory of Unemployment" (1933) gelesen werden. In seinem Alterswerk „Keynes's General Theory: A Retrospective View" (1950) würdigt er in fairer Weise seinen wissenschaftlichen Rivalen. Sein *Hauptwerk* ist „The Economics of Welfare" (1920).

Pigou-Effekt – einer der → Vermögenseffekte des Geldes. Nach → Pigou werden die Wirtschaftssubjekte bei sinkendem (steigendem) Preisniveau zur Wiederherstellung ihres Portfoliogleichgewichtes (→ Portfolio-Selection) bes. ihre Konsumnachfrage erweitern (vermindern), wodurch Auswirkungen auf die gesamtwirtschaftliche Nachfrage, Produktion und Beschäftigung sowie ggf. das Preisniveau ausgelöst werden. Der Pigou-Effekt ist insofern ein Teilaspekt des → Realkassenhaltungseffekts. Theoretisch erklärt der Pigou-Effekt, dass eine expansive → Geldpolitik oder → Fiskalpolitik auch in den keynesianischen Situationen der → Investitionsfalle und der → Liquiditätsfalle zum Rückgang der Arbeitslosigkeit betragen können.

Pigou-Steuer – Nach → Pigou (1920) sollen die einzelwirtschaftlichen Kosten mit den volkswirtschaftlichen Kosten dadurch zur Deckung gebracht werden, dass die Verursacher negativer → externer Effekte besteuert werden. Der Pigou-Steuersatz liegt bei dem im pareto-optimalen Zustand veranschlagten marginalen externen Kosten und somit im Schnittpunkt von Grenzkosten und Grenznutzen. Eine vollkommene Umsetzung der Pigou-Steuer ist bes. wegen der bei der ökonomischen Bewertung der externen Effekte auftretenden Informationsprobleme kaum möglich. Die Idee der Pigou-Steuer bildet jedoch die Grundlage bei der Entwicklung praxisnäherer Besteuerungsvarianten, bes. der Emissionssteuer im Sinn des → Preis-Standard-Ansatzes. Außerdem dient sie in der Ökosteuer-Diskussion als Leitbild.

Pilot-Studie – *Vorlauf-Studie;* in der → Marktforschung exploratives Versuchsprogramm kleineren Maßstabs, um Kosten und Erfolg eines Vorhabens zu testen.

Pilzmethode → Markenstrategien.

PIMS – Abk. für *Profit Impact of Market Strategy*. 1. *Begriff:* Ein empirisches Forschungsprojekt im Bereich der strategischen Analyse und Planung (→ strategisches Management), das Anfang der 1960er-Jahre von F. Borch initiiert und (wissenschaftlich) von S. Schoeffler geleitet wurde. Ziel der empirischen Untersuchung war es, aus einer möglichst großen Anzahl von → strategischen Geschäftsfeldern Gesetzmäßigkeiten („Laws of the Market Place") abzuleiten, die den Erfolg dieser Art Geschäfte bestimmen. Diese Gesetzmäßigkeiten sollten zu generellen und branchenunabhängigen Empfehlungen für den Entwurf von Strategien führen. Sie prägten zeitweise auch den theoretischen Bezugsrahmen einer Reihe von Ansätzen zur → Portfolio-Analyse. – 2. *Entwicklung:* Anfangs bezog sich das Projekt ausschließlich auf *General-Electric-Geschäfte* und war auch nur durch dieses Unternehmen nutzbar. – Der Wunsch nach einer Verbreiterung der Untersuchungsbasis und nach einer Verallgemeinerung der Ergebnisse waren Gründe für die *Verselbstständigung des Projekts im Marketing Science Institut* (Harvard Business School). 1975 wurde das Projekt im unabhängigen und gemeinnützigen *Strategic Planning Institute* (Cambridge, MA) angesiedelt. – 3. *Forschungsergebnisse:* a) *Zentrales Ergebnis:* Mit ca. 40 Einflussfaktoren kann ca. 80 Prozent der Varianz der Rentabilität (ROI in Prozent vor Steuern) der Geschäftsfelder erklärt werden. Die dazugehörigen Aussagen lassen sich in viele Richtungen (z.B. nach stark und schwach wachsenden Geschäften) differenzieren. – b) *Spezielle Ergebnisse* sind drei die speziellen Geschäfte der Mitgliedsunternehmen betreffende Berichte, die Vergleiche zu anderen Geschäftsfeldern in ähnlichen Situationen anstellen: PAR-Report (Aussagen zur „normalen" Rentabilität); Strategic Analysis Report (Strategiensimulationen); Optimum Strategy Report (Ermittlung erfolgreicher Strategiekombinationen). – 4. *Kritikpunkte:* Beschränktheit von Aussagen aus Querschnittsanalysen; mangelnde Vernetzung der Modellvariablen, Stichprobenbildung; induktiv geleitetes Forschungsdesign; branchenunabhängige Vergleichsbasis bei individuellen Analysen.

PIN – Abk. für *Personal Identification Number;* nur einer oder wenigen Personen bekannter numerischer Code, mit dem diese sich gegenüber einer Maschine authentisieren kann/können. Mit einer PIN kann nur überprüft werden, ob der Teilnehmer den Code kennt, nicht aber, ob er zur Benutzung berechtigt ist. – *Häufige Anwendungen für PINs* sind: die Authentifizierung an einem Geldausgabeautomaten bzw. beim Internet Banking, die bargeldlose Bezahlung mit der Bankkarte und zugehöriger PIN und der Schutz von Mobiltelefonen vor unberechtigter Nutzung. – Vgl. auch → Homebanking.

PIN-TAN-Verfahren – 1. *Begriff:* PIN-TAN-Verfahren ist ein Verfahren des → Homebanking, – genauso wie das → Homebanking Computer Interface (HBCI)-Verfahren – zur Berechtigungsprüfung von Nutzern. Eine Persönliche Identifikationsnummer (*personal identification number*, PIN, Geheimzahl) ist eine nur einer oder wenigen Personen bekannte Zahl, mit der sich diese gegenüber einer Maschine authentifizieren können. In der Umgangssprache sind auch der redundante Begriff „PIN-Nummer" oder die Tautologie „PIN-Code" in Verwendung. Eine PIN besteht grundsätzlich nur aus Ziffern, mittlerweile gibt es aber Banken, die beim Onlinebanking PINs aus Ziffern und Buchstaben vorschreiben. Eine Transaktionsnummer (TAN) ist ein Einmalpasswort, das i.d.R. aus sechs Dezimalziffern besteht und vorwiegend im Onlinebanking verwendet wird. Ein PIN/TAN-Verfahren nutzt daher sowohl PIN als auch TAN. – 2. *Merkmale einer PIN*: Eine häufige Anwendung für PINs ist die Authentifizierung des Karteninhabers an einem Geldautomaten. Dazu bedarf es der Eingabe einer mind. vierstelligen Zahl um einen Kontozugriff durch Unbefugte zu verhindern oder zumindest zu erschweren. Mit der → EC-Karte und der zugehörigen PIN kann in vielen Geschäften bargeldlos gezahlt werden. Auch für das Onlinebanking ist meist eine PIN nötig. Mit dieser PIN und den Kontodaten kann man sich Kontostand und einzelne Buchungen ansehen. Mit einer TAN können Überweisungen oder andere → Bankgeschäfte abgewickelt werden. Eine PIN ist nicht auf dem Datenträger gespeichert, der beim Authentifizieren verwendet wird. Dadurch ist es nicht möglich, durch Auslesen solcher Datenträger in einem Kartenleser die PIN zu rauben. Es wird mit dem Datenträger ein Code generiert, der in Verbindung mit der eingegebenen PIN durch ein Prüfprogramm verarbeitet wird. Bei einer Karte ohne Chip erfolgt diese Verarbeitung nach dem Lesen der Daten von der Karte ausschließlich in einer geschützten Umgebung, bei Karten mit Chip leistet diese zusätzlich einen durch die Verbindung zum Leser geschützten Beitrag. – 3. *Verfahren zur Entwicklung einer TAN*: Es gibt bes. zwei Ansätze, um TANs zu erzeugen, zu prüfen und zum Nutzer zu übertragen: a) *TAN-Liste* (klassisches TAN-Verfahren): Beim klassischen TAN-Verfahren erhält der Teilnehmer beim → Electronic Banking, meist per Post, eine TAN-Liste. Bei jedem Buchungsvorgang muss – in Ergänzung zur PIN – eine beliebige TAN aus der Liste eingegeben werden. Erhält die Bank nach Eingabe der korrekten PIN einen Buchungsauftrag mit korrekter TAN, geht sie davon aus, dass der Auftrag vom Kunden abgesendet wurde. Die TAN wird von der Bank als Quasi-Unterschrift interpretiert. Sie verfällt nach einmaligem Gebrauch. Aufgrund der stark wachsenden Zahl der Phishing-Fälle wird diese Art der TAN-Liste heute kaum noch verwendet. Die meisten Banken setzen nun die Form der sog. indizierten TAN ein: b) *Indizierte TAN-Liste* (iTAN): Der Kunde kann hier seinen Auftrag nicht mehr mit einer beliebigen TAN aus einer Liste legitimieren, sondern wird von der Bank aufgefordert, eine bestimmte, durch eine Nummer bezeichnete TAN aus seiner zu diesem Zweck nun durchnummerierten Liste einzugeben. Der TAN-Aufforderung muss der Kunde innerhalb weniger Minuten folgen.

Pionier – 1. *Begriff:* Der Pionier ist im Sinne von → Schumpeters dynamischem → Unternehmer jemand, der neue Kombinationen von → Produktionsfaktoren einführt und am → Markt durchsetzt. Ein herausragendes Merkmal von Pionieren ist → Kreativität, aber auch Durchsetzungsfähigkeit und Eigeninitiative. – 2. *Merkmale:* Der Pionier wird in der Wirtschaftstheorie und → Innovationsforschung als wichtiger Träger des → Innovationsprozesses und des Wachstumsprozesses verstanden. Er zeichnet sich durch seine Fähigkeit aus, Neues (z.B. Märkte, Produkte und → Dienstleistungen, → Organisationsstruktur) nicht nur zu erkennen, sondern auch erfolgreich umzusetzen. Die Umsetzung erfolgt z.B. über → Produktinnovation oder Prozessinnovationen oder die Erschließung neuer Märkte (s. → Markterschließung). – 3. *Abgrenzung:* Vom Pionier unterschieden wird der Routinier. – Vgl. auch → Innovation. – Vgl. Abb. „Pionier, Vor- und Nachteile".

Pioniergewinne → Wettbewerbstheorie, → Unternehmergewinn.

Pionier-Unternehmer → Schumpeter.

Pipeline-Effekt → Lagerbestand im → Handel, dem (noch) nicht entsprechende Abverkäufe an den Letztverbraucher gegenüberstehen. Der Pipeline-Effekt kann einen Umsatzerfolg vortäuschen, der in dieser Höhe nicht gegeben ist. – Vgl. auch → Absatzmarktforschung.

Pipelining – *Fließbandverarbeitung;* in der → Datenverarbeitung überlappte und dadurch effiziente Abarbeitung von → Befehlen.

PIS → Personalinformationssystem.

PISA-Studie – PISA ist eine internationale Schulleistungsstudie, die von der Organisation für wirtschaftliche Zusammenarbeit und Zusammenarbeit (→ OECD) durchgeführt wird. An PISA nehmen die OECD-Mitgliedsstaaten sowie eine Reihe weiterer Partnerländer teil. PISA untersucht mithilfe von standardisierten Schulleistungstests in einem dreijährigen Turnus die Kompetenzen von 15jährigen in Lesen, Mathematik und Naturwissenschaften. – Die

Pionier, Vor- und Nachteile

Pionier	Typische Vorteile	Typische Nachteile
Unternehmenspotenzial	Vorsprung auf der Kostenkurve	Kosten der Markterschließung, technologische Risiken, Imageprobleme bei „falscher Qualität“
Kundenbeziehung	Aufbau von Firmen- und Markentreue, hohe Effizienz beim Einsatz der Marketing-Instrumente	Risiko falscher Einschätzungen von Bedarf, Marktaufnahmegeschwindigkeit und Preisbereitschaft
Konkurrenzbeziehung	Temporäres Monopol, Erhöhung faktischer Markteintrittbarrieren, setzen von Produkt- und Systemstandards	Risiko falscher Positionierung
Regulierungsbedingungen	Etablierung von Patent- und Lizenzschutz	Notwendigkeit der Durchsetzung neuer Standards

Ergebnisse der PISA-Studie haben in vielen Ländern zu bildungspolitischen Weichenstellungen geführt. Eine besonders starke Wirkung hat PISA in der Bundesrepublik Deutschland entfaltet, wo die Studie einen „PISA-Schock" auslöste und wo „PISA" für die mannigfaltigen Defizite des Bildungssystems steht. Als Gründe für die große Wirkung der Studie in Deutschland sind zu nennen: (1) der für viele überraschende Befund, dass die Schülerleistungen in Deutschland international nur im Mittelfeld liegen, (2) der Befund, wonach sich die soziale Herkunft in Deutschland besonders stark in den erzielten Schulleistungen niederschlägt, (3) die großen Unterschiede in den mittleren Schulleistungen zwischen einzelnen Bundesländern, die in einer nationalen Erweiterung der internationalen Studie dokumentiert werden konnten.

Pissarides – Christopher Antoniou, geb. 1948, ist ein auf Zypern geborener britischer Wirtschaftswissenschaftler. Seit 1986 Professor an der London School of Economics. Er untersucht die Beziehung zwischen Makroökonomik und Arbeitsmarkt und erhält 2010 den → Nobelpreis für Wirtschaftswissenschaften (zusammen mit Peter A. → Diamond und Dale T. → Mortensen) für hervorragende Analysen über Märkte, an denen Angebot und Nachfrage nicht problemlos zueinander finden.

Pitch – Präsentation der bisherigen Ausarbeitungen eines Werbe- oder Marketingunternehmens bei bereits bestehenden oder neu zu gewinnenden Kunden.

Pixel – Kurzbezeichnung für *Picture Element;* Bildpunkt eines → Bildschirms.

Pkm – Abk. für → Personenkilometer.

P-Konto – Abk. für → Pfändungsschutzkonto.

Pl/1 – prozedurale → Programmiersprache, ca. 1965 von der Firma IBM mit dem Anspruch entwickelt, Computeranwendungen im kommerziellen und technisch-wissenschaftlichen Bereich zu unterstützen.

Placement → Product Placement.

Plafond – **I. Finanzwissenschaft:** 1. *Steuerpolitik:* Spitzensteuersatz, der die progressive Steuerbelastung nach oben begrenzt (steuerlicher Plafond). Der Plafond sollte so gewählt werden, dass keine unerwünschten → Disincentives auftreten. – 2. *Schuldenpolitik:* Betrag, bis zu dem sich die öffentliche Hand am Kapitalmarkt (Schuldendeckel nach §§ 19 ff. StabG) oder bei der Zentralbank (seit 1.1.1995 verboten) verschulden darf. – Vgl. auch → Ausfuhrkreditgesellschaft mbH (AKA).

II. Wirtschaftstheorie: 1. *Oberer Plafond:* Dadurch gekennzeichnet, dass die Produktionsmenge wegen Vollausnutzung aller Produktionsfaktoren (Vollbeschäftigung) trotz Nachfrageerweiterung nicht mehr gesteigert werden kann. Das reale → Einkommen kann also im Gegensatz zum monetären nicht mehr erhöht werden. Nach → Hicks erhöht sich der Plafond in demselben Verhältnis wie das Gleichgewichtseinkommen. – 2. *Unterer Plafond:* Makroökonomisch durch jene Einkommenshöhe bestimmt, bei der das gesamte Einkommen für Konsumzwecke verbraucht bzw. das Sparen gleich null wird.

Plagiat – 1. *I.e.S.:* Bes. Form einer durch unzulässige Werknutzung begangenen Urheberrechtsverletzung, gekennzeichnet durch bewussten Eingriff des Täters in das Urheberpersönlichkeitsrecht des anderen, verübt durch Anmaßung der Urheberschaft am fremden Werk, z.B. Veröffentlichung eines von fremder Hand geschriebenen Aufsatzes als eigenen. – 2. *I.w.S.:* Jede unzulässige Verwertung fremder Geistesarbeit, auch unterlassene Quellenangabe etc.

Plakat → Außenwerbung.

Plan – 1. *Begriff:* Präskriptives, symbolisches → Modell, das in vereinfachter Form ein zukünftiges reales System abbildet. – 2. *Merkmale:* Ein Plan kann in einem *Plandokument* niedergelegt werden. Neben den Planinhalten können dort auch die zugrunde gelegten Planungsprämissen und evtl. während des Planungsprozesses aufgetretene Streitpunkte dokumentiert werden. – Vgl. auch → Unternehmensplanung, → Kontrolle, → Plankoordination, → Fristigkeit von Plänen.

Planbeschäftigung – die für eine zukünftige Periode erwartete bzw. gewünschte → Beschäftigung des Betriebs oder eines Betriebsteils. Die Planbeschäftigung wird der → Kostenplanung zugrunde gelegt. In der Plankostenrechnung auch als *Planbezugsgröße* bezeichnet. – Vgl. auch → Normalbeschäftigung.

Planbezugsgröße → Planbeschäftigung.

Planbilanz – 1. *Begriff:* Bilanz in der betrieblichen → Gesamtplanung. – 2. *Merkmale:* Die Planbilanz umfasst die Auswirkungen der funktionalen Teilplanungen auf Vermögen und Schulden des Betriebs. Sie wird abgeleitet aus dem → Investitionsplan, → Finanzplan und → Absatzplan sowie Ergebnisplan (Abschreibungen und Gewinn). Die Planbilanz ist Kernstück einer integrierten Planungsrechnung. Der Gestaltung der Planbilanz liegen bes. erfolgs- und liquiditätspolitische Erwägungen zugrunde. – 3. *Zweck:* Die Planbilanz soll die einzelnen Teilpläne unter Berücksichtigung des Zielsystems der Unternehmung (→ Unternehmungsziele) koordinieren.

Planentscheidung → Unternehmensplanung, → Informationsentscheidung.

Planerfolgsrechnung – auf der → Planerlösrechnung und der → Plankostenrechnung aufbauende, zukunftsgerichtete → Erfolgsrechnung. Planerfolgsrechnungen stellen ein wesentliches Instrument zur Steuerung von Unternehmen dar. – Im *öffentlichen Sektor* ist eine Planerfolgsrechnung für Eigenbetriebe im Rahmen des → Wirtschaftsplans zwingend vorgeschrieben.

Planerfüllungsprinzip – unternehmerisches Formalziel in → staatssozialistischen Zentralplanwirtschaften, bei dem der Erfolg der volkseigenen Betriebe und Vereinigungen (VEB und VVB) an dem Erfüllungsgrad bestimmter vorgegebener Zielgrößen (Kennziffern) gemessen wird. – *Gegenteil:* → erwerbswirtschaftliches Prinzip; Gewinnmaximierung als Ziel der privaten Unternehmen in einer → kapitalistischen Marktwirtschaft.

Planerlös – der für eine bestimmte Bezugsgröße, bes. für → Erlösquellen (z.B. Kunden, Vertriebswege, Märkte), für eine zukünftige Abrechnungsperiode geplante → Erlös. – Vgl. auch → Planerlösrechnung.

Planerlösrechnung – 1. *Charakterisierung:* Für eine zukünftige Abrechnungsperiode erstellte, auf einer ins Detail gehenden Leistungsplanung aufbauende systematische Planung von Erlösen (→ Planerlös), differenziert nach Bruttoerlösen, → Erlösschmälerungen und Erlösarten für unterschiedliche Bezugsgrößen, bes. → Erlösquellen. Die Planerlösrechnung ist eine Ausgestaltungsform der → Erlösrechnung. – 2. *Bedeutung:* Eine Planerlösrechnung als geschlossenes Konzept, die u.a. auch einen systematischen Vergleich von Plan- und Isterlösen und daran anschließende Abweichungsanalysen ermöglicht, findet sich in der Praxis deutlich weniger realisiert als die Plankostenrechnung. Hierfür sind bes. Datenerfassungsprobleme begründend. – Vgl. auch → Planerfolgsrechnung.

Planfeststellung – verbindliche Festlegung eines Fachplanungsvorhabens am Ende eines Planfeststellungsverfahrens (z.B. Bau einer Bundesfernstraße). Durch die Planfeststellung wird die Zulässigkeit des Vorhabens einschließlich der notwendigen Folgemaßnahmen an anderen Anlagen im Hinblick auf alle von ihm berührten öffentlichen Belange festgestellt; neben der Planfeststellung sind andere behördliche Entscheidungen, v.a. öffentlich-rechtliche Genehmigungen, Verleihungen, Erlaubnisse, Bewilligungen und Zustimmungen nicht erforderlich (Konzentrationswirkung). Der Planfeststellungsbeschluss ist nach Unanfechtbarkeit Grundlage für ein möglicherweise erforderliches Enteignungsverfahren. Der Planfeststellungsbeschluss ist ein Verwaltungsakt und kann unmittelbar mit der Klage vor dem Verwaltungsgericht angefochten werden.

Planification – Prinzip der → Raumordnungspolitik und Methode indikativer Wirtschaftsplanung im zentralistischen Frankreich (→ Zentralismus) seit 1945/1946. Der als grundlegender Koordinationsmechanismus anerkannte Wettbewerb und Preismechanismus auf Märkten soll dort, wo er als nicht funktionsfähig erscheint, durch gesamtwirtschaftliche Planung ergänzt oder ersetzt werden. Die gesamtwirtschaftliche Planung bezieht sich auf die angestrebte Entwicklung makroökonomischer Größen (Wachstumsrate des Nationaleinkommens, Preisniveauänderungsrate, Beschäftigungsstand, Investititonsquote, Branchenstruktur etc.). Der von der Regierung unter der Beteiligung der Tarifparteien, Wirtschaftsverbände und anderer sozialen Organisationen ausgearbeitete indikative Plan (Planungshorizont fünf Jahre) soll den Unternehmen Orientierungsgrößen für eigene Entscheidungen an die Hand geben und enthält für sie keine verbindlichen Planauflagen. Der Abstimmungsprozess zwischen den einzelnen beteiligten Gruppen bei der Aufstellung des Plans soll die für seine Realisierung notwendige Ausrichtung der Unternehmensaktivitäten auf die Planziele bewirken helfen. Die Planrealisierung wird darüber hinaus durch indirekt wirkende selektive Instrumente wie steuer- und zinspolitische Maßnahmen oder gezielte Investitionsaufträge an die Privatunternehmer unterstützt. Zugleich wurde die in Frankreich relativ hohe Anzahl staatlicher Unternehmen durch direkte Lenkungsmethoden beeinflusst. Nach den Parlamentswahlen 1986 waren verstärkte Privatisierungsanstrengungen und ein zunehmender Verzicht auf die Planification zu verzeichnen.

Planintegration → Unternehmensplanung, → Plankoordination.

Plankalkulation → Plankostenrechnung.

Plankoordination – 1. *Begriff:* Zusammenführung von Teilplänen zu einem Gesamtplan. – 2. *Merkmale:* Outputgrößen des einen → Plans werden dabei zu Inputgrößen des anderen Plans, bis schließlich (im Idealfall) ein in sich konsistentes Plansystem entstanden ist, das auf der Ebene des Gesamtunternehmens Gültigkeit besitzt.

Plankosten – die für eine bestimmte → Bezugsgröße aufgrund der gegebenen und geplanten → Kostenbestimmungsfaktoren ermittelten → Kosten (→ Kostenplanung). – *Ähnlich:* → Standardkosten.

Plankostenrechnung

von Prof. Dr. Jochen R. Pampel und Prof. Dr. Kurt Vikas

I. Begriff und Konzepte

Unter Plankostenrechnung wird ein Kostenrechnungssystem verstanden, in dem die Gesamtkosten einer Unternehmung für eine bestimmte Planungsperiode im Voraus nach Kostenarten, Kostenstellen und Kostenträgern differenziert geplant werden. → Plankosten sind das Produkt aus geplanten Faktormengen und geplanten

Faktorpreisen. Die Plankostenrechnung ist ein Teil der integrierten Unternehmensplanung und -steuerung, v.a. ein zentrales Element der Kosten-, Erlös-, Leistungs- und Ergebnisplanung sowie -kontrolle. Die Literatur unterscheidet Ausprägungsformen der Plankostenrechnungen v.a. nach der Art der vorgenommenen Kostenplanung und der dabei differenzierten Kostenkategorien: erstens die einfache starre Plankostenrechnung auf Vollkostenbasis, zweitens die mittels Variatoren für Beschäftigungsabweichungen flexibilisierte Plankostenrechnung und drittens die auf einer getrennten Planung von beschäftigungsfixen und variablen Kosten beruhende flexible Plankostenrechnung. Letztere dominiert heute in der Praxis und erfüllt die wichtigsten Anforderungen an den Einsatz als Instrument des → Controllings. Bereits die ursprünglich primäre Aufgabe der Kontrolle der Wirtschaftlichkeit im Produktionsvollzug erforderte unter der praxisrelevanten Bedingung von Beschäftigungsschwankungen hinsichtlich der variierenden Auslastung flexible Kosteninformationen, die als Sollkosten bezeichnet werden.

Die von W. Kilger ausformulierte flexible Plankostenrechnung hat sich in der Anwendungspraxis nach kritischen Auseinandersetzungen mit Vertretern alternativer Formen der Plankostenrechnung und v.a. der Einzelkosten- und Deckungsbeitragsrechnung durchgesetzt. Bei der Anwendung des auch als Grenzplankostenrechnung bezeichneten Kostenrechnungssystems werden dabei viele Elemente aus den früher konkurrierenden Konzepten aufgenommen.

II. Elemente und Funktionsweise der Kostenplanung

Basis der modernen Plankostenrechnung ist i.d.R. ein Plan- oder Festpreissystem, durch das die Verantwortung für die Lohnkosten und Preise für die bezogenen Güter von der Verantwortung für die mengenmäßigen Faktorverbräuche in der Leistungserstellung und -verwertung getrennt werden kann. Dabei werden die Lohnsätze und Preise für die Planperiode als konstant angenommen.

Grundlage der flexiblen Plankostenrechnung ist die Durchführung einer analytischen Kostenplanung. Hierbei ist zwischen Planung der Kostenträgereinzelkosten und der Kostenstellenkosten zu unterscheiden. Die Einzelkosten werden pro Einheit der Erzeugnisarten geplant. Die Planung der Kostenstellenkosten erfolgt in folgenden Schritten:

Kostenstelleneinteilung: Hierbei sind die Kriterien der Verantwortungsabgrenzung, separater Steuerbarkeit und zweckmäßiger Abrechnungsstruktur für die Kostenträger sowie die Ergebnisrechnung abzuwägen.

Bezugsgrößenwahl: Für jede Kostenstelle wird mindestens eine Bezugsgröße gemäß der doppelten Funktionalität sowohl als Maßgröße der Kostenverursachung als auch als Maßgröße für den Output festgelegt. Im Fertigungsbereich kommen neben Fertigungs- bzw. Maschinenzeiten auch Durchsatzgewichte, bearbeitete Längen, Stückzahlen etc. als Bezugsgrößen infrage. In indirekten Leistungsbereichen kann man auch mit der Anzahl von bestimmten Vorgängen oder auch Wertgrößen operieren, sofern letztere als indirekte Bezugsgrößen einen proportionalen Leistungsbezug aufweisen. Von homogener Kostenverursachung spricht man, wenn für eine Kostenstelle eine Bezugsgröße ausreicht. Andernfalls sind bei heterogener, d.h. von mehreren Einflussgrößen abhängigen Kostenverursachungen, mehrere Bezugsgrößen nebeneinander zu verwenden.

Planbezugsgrößenfestlegung: Die planmäßige durchschnittliche Monatsbeschäftigung leitet sich aus der Unternehmensabsatz- und -leistungsplanung unter Koordination der relevanten Teilpläne und Berücksichtigung aller Engpässe ab.

Mengenplanung: Differenziert nach Kostenstellen und Kostenarten ist je nach Kostenart mithilfe exakter Berechnung, Nutzung von bereits gemessenen Vergleichswerten und Schätzungen festzulegen, welche Verbrauchsmengen und -zeiten unter Berücksichtigung der gegebenen Prozesstechnologie bei effizienter Realisierung der Planbeschäftigung erforderlich sind. Die Plankosten ergeben sich aus der Multiplikation der Mengenvorgaben mit den zugehörigen Planpreisen bzw. Planlohnsätzen.

Kostenauflösung: In der flexiblen Plankostenrechnung werden die fixen und proportionalen Bestandteile getrennt geplant. Es werden diejenigen Kosten fix gesetzt, die auch bei einer Beschäftigung von Null allein durch die Betriebsbereitschaft zur Realisierung der Planbeschäftigung anfallen. Die Analyse muss hierbei nicht nur auf die Art der Faktorverbräuche (Repetierfaktoren führen tendenziell zu variablen Kosten, Potenzialfaktornutzung tendenziell zu fixen Kosten), sondern auch auf die Art der Bereitstellung (z.B. Bevorratung) und die Bezahlung der Güter (z.B. mengenunabhängiger Festpreis) abstellen. Oftmals führt die Analyse zunächst zu Mischkosten, die dann nochmals zu spalten sind. Die Ergebnisse der Kostenauflösung hängen stark von der Fristigkeit der Kostenplanung ab, da die Anpassungsfähigkeit der Kosten (z.B. der Personalkosten und der Fremdpotenziale) auch eine Funktion der verfügbaren Dispositionszeit ist.

Kalkulationssätze: Dividiert man die Plankosten der Kostenstellen durch die zugehörigen Planbezugsgrößen, erhält man die geplanten Kalkulationssätze. In der auf Vollkosten basierenden flexiblen Plankostenrechnung werden die gesamten, in der Grenzplankostenrechnung dagegen nur die proportionalen Plankosten und

Kalkulationssätze einbezogen. In der Praxis werden i.d.R.beide Kostensätze im Rahmen der sog. Parallelkalkulation benötigt.

III. Unternehmenssteuerung mittels Plankosteninformationen

Das Konzept der Steuerung aus Kostenabweichungen führt – v.a. durch die Berücksichtigung von aus der Verbrauchsabweichung abgeleiteten Spezialabweichungen zur Erklärung von bes. Kosteneinflussgrößen – zu komplexen Modellen, die einige anspruchsvolle Problemlösungen erfordern. In der Praxis bleibt es i.d.R. bei einer Beschränkung auf eine eher robuste Vorgehensweise.

1. Gemeinkostencontrolling

Die Ergebnisse der Kostenplanung dienen als Grundlage für den monatlichen Soll-Ist-Kostenvergleich. Hierzu werden alle Kostenstellen mit den von ihnen verursachten Istkosten belastet. Weiterhin werden die Istbezugsgrößen ermittelt und mit ihrer Hilfe die geplanten Kosten auf die Sollkosten umgerechnet. Subtrahiert man von den Istkosten die zugehörigen Sollkosten, so erhält man die (nach Kostenarten und Kostenstellen differenzierten) Kostenabweichungen für das Controlling der Kostenstellen. Damit dient der monatliche kostenstellenbezogene Soll-Ist-Vergleich zur Steuerung des Gemeinkostenblocks.

2. Herstellkosten-Soll-Ist-Vergleich

In Unternehmen mit standardisierten Leistungen, deren Strukturen und Leistungsprozesse für die Dauer einer Planungsperiode im Voraus festgelegt werden können, werden für alle Erzeugnisse Plankalkulationen erstellt, die für die Dauer der Planperiode gültig bleiben. Die mithilfe der Plankalkulation ermittelten Plan-Herstell- und Plan-Selbstkosten der betrieblichen Leistungsergebnisse dienen als Grundlage für die kurzfristige Erfolgsrechnung. In Unternehmungen mit Einzel- und Auftragsfertigung lassen sich für die Enderzeugnisse infolge des ständig wechselnden Produktaufbaus keine Plankalkulationen festlegen. Hier werden auch bei Anwendung einer Plankkostenrechnung Vor- und Nachkalkulationen erstellt und entsprechende Kostenabweichungen ausgewiesen. Diese Nachkalkulation wird als Standard-Nachkalkulation bezeichnet.

3. Ergebniscontrolling

Den Umsätzen der verkauften Erzeugnisse stellt man zunächst die entsprechenden Plan-Selbstkosten gegenüber. Anschließend erfolgt eine Zurechnung der angefallenen Kostenabweichungen. In der Praxis haben sich zwei Formen herausgebildet, die als geschlossene und nicht-geschlossene Kostenträgererfolgsrechnung bezeichnet werden. Letztere wird auch als Artikelergebnisrechnung bezeichnet. Die geschlossene Form der Kostenträgererfolgsrechnung hat den Vorteil, dass eine genaue Abstimmung mit allen übrigen Teilen der Kostenrechnung erfolgt, rechnerische Bestände der Halb- und Fertigerzeugnisse ausgewiesen werden (Bestandsrechnung) und im Erfolgsausweis eine genaue Verrechnung der Kostenabweichungen erfolgen kann. Dafür sind bei hohem Rechenaufwand die Differenzierungsmöglichkeiten begrenzt. Die rechnerisch einfachere nichtgeschlossene Form der Kostenträgererfolgsrechnung ermöglicht eine unbegrenzte Differenzierung des Erfolgsausweises nach Erzeugnisarten, Verkaufsgebieten und sonstigen Merkmalen. Ihr fehlen die Abstimmungsmöglichkeiten und der Bestandsausweis. Die Kostenabweichungen lassen sich nur mithilfe von Näherungsverfahren zurechnen.

4. Projektkostencontrolling

In der Projektkostenrechnung werden Kosten projektbezogen geplant und durch Gegenüberstellung der Istkosten und der mit dem erreichten Projektfortschritt verbundenen Sollkosten kontrolliert. Über Abgrenzungsaufträge werden aperiodisch anfallende Kosten mit Planquoten verrechnet, die dann wieder zur Kontrolle der kumulativen Istwerte verrechnet werden. Mengen- und Preisabweichungen werden ausgewiesen.

IV. Plankosten für Entscheidungsunterstützung

Die Einführung flexibler Plankostenrechnungen wurde vielfach auch mit den Anforderungen zur Unterstützung der Entscheidungsfindung begründet. Sobald simultan nicht nur Kosten-, sondern auch Erlösveränderungen disponiert werden, sind die Plankosteninformationen in deckungsbeitragsrechnerische Entscheidungskalküle zu integrieren.

1. Verfahrenswahl und kurzfristige Prozessoptimierung

Nur eine aussagefähige Zurechnung der tatsächlichen entscheidungsrelevanten Kosten führt bei Entscheidungen über mehrere Fertigungsverfahren, die auch im Rahmen eines gegebenen Vorbereitungsgrades noch kurzfristig zu treffen sein können, zu richtigen Entscheidungen. Welche Anpassungen in den Kostenvergleich eingehen müssen, ist v.a. eine Frage der Fristigkeit.

2. Sourcing-Entscheidungen

Im operativen Prozess ist im Rahmen der gewählten Bereitstellungsstrategie oft kurzfristig zu entscheiden, ob bestimmte Leistungen zugekauft oder selbst erstellt werden. Im Falle der Verfügbarkeit mehrerer dezentraler und zentraler Bereitstellungsalternativen muss eine Auswahl getroffen werden. Dabei ist die Kenntnis entscheidungsrelevanter Grenzkosten unabdingbar.

3. Preispolitik

Für Entscheidungen über den laufenden Absatz bestehender Leistungen an bekannte Kunden über definierte Vertriebswege sind unter der Prämisse einer marktorientierten Preisbestimmung Informationen über kostenmäßige Preisuntergrenzen, erzielbare Deckungsbeiträge oder – bei zu beachtenden Engpässen in der Leistungserstellung- und -verwertung – erzielbare Deckungsbeiträge pro Engpasseinheit erforderlich.

4. Produktprogrammpolitik

Liegen keine Kapazitätsengpässe vor, sind alle Produkte mit positivem Deckungsbeitrag in das Programm aufzunehmen. Bei einem oder mehreren voneinander unabhängigen Kapazitätsengpässen müssen die knappen Kapazitäten jenen Produkten mit dem höchsten Deckungsbeitrag je Engpasseinheit zugewiesen werden. Bei mehreren voneinander abhängigen Engpässen können Verfahren der linearen Optimierung eingesetzt werden.

V. Anwendungsbedingung im modernen Controllingkontext

Durch eine immer qualitätssicherere und stark automatisierte eigene oder zunehmend auf Dritte ausgelagerte Fertigung verliert das operative Controlling aus Kostenabweichungen in direkten Bereichen an Bedeutung. Andererseits erfordert die zunehmende Anwendung der Grenzplankostenrechnung für fixkostenintensive indirekte Bereiche der Industrie und im Dienstleistungssektor einen Ausbau der Leistungsrechnung. I.d.R. geht dies mit der Aufweichung des Marginalprinzips als Kostenzurechnungsprinzip einher, wenn man nicht nur die geringen Anteile leistungsvolumenabhängiger Kosten dieser Bereiche erklären will.

Das marktorientierte Controlling verlangt neben der Ermittlung der Profitabilität von Produkten v.a. für das Key Account Management auch die Ermittlung der infolge unterschiedlicher Distributionskanäle und Serviceanforderungen divergierenden Ergebnisbeiträge von Kunden. Das Gedankengut der relativen Einzelkosten- und Deckungsbeitragsrechnung findet dabei als differenzierende Absatzsegmentrechnung verbreitete Anwendung.

Für das Kostenmanagement werden v.a. Kostenplanungen gebraucht, die nicht auf der Basis von Arbeitsplänen und Stücklisten basieren, sondern auf Bewertungen von groben Zeit- und Mengengerüsten im Entwicklungsstadium von Produkten und Prozessen im Sinn von entwicklungsbegleitenden Kalkulationen. Damit wird zwar das Grenzkostenprinzip nicht abgelöst, aber die Fristigkeit der Kostenplanung verlängert. Die Plankostenrechnung wird zunehmend auch zur Steuerung von Projekten eingesetzt.

Forderungen nach einem verstärkten Einsatz von Instrumenten, wie Target Costing, Benchmark Costing, Life Cycle Costing und → Investitionsrechnungen sowie von Konzepten des wertorientierten Managements oder des → Beyond Budgeting stellen den mit der Anwendung moderner Plankostenkonzepte verbundenen Kostenplanungs- und -kontrollprozess infrage. Allerdings geht die Tendenz der Praxis nicht zur Abschaffung, sondern zur Vereinfachung der Kostenrechnung durch Verzicht auf eine zu feine Differenzierung der Kostenstellenrechnung und Kostenträgerrechnung. Die bewährten Zeit-, Mengen- und Wertgerüste der Plankostenrechnung bilden dabei eine wichtige Grundlage für die angeführten Instrumente sowie generell für eine verstärkte direkte Steuerung mithilfe nichtfinanzieller Größen wie etwa von Durchlaufzeiten oder Qualitätsziffern. Auch neuere Anforderungen nach weiteren Instrumenten zur Förderung der Nachhaltigkeit wie ein CO_2-Reporting oder ein Management von Ressourceneffizienz werden durch diese Informationen unterstützt. In Verbindung mit der Bestrebung der Wiederannäherung der Plankostenrechnung an pagatorische Größen und an die Erfolgskategorien der externen Ergebnisrechnung (v.a. gemäß → International Financial Reporting Standard (IFRS) und → US-GAAP) durch weitgehenden Verzicht auf rein kalkulatorische Kostenbestandteile wird insgesamt die Integration in ein ganzheitliches Rechnungsweseninstrumentarium gefördert.

Gemäß empirischer Studien verfügen in Deutschland Unternehmungen mit ansteigender Unternehmensgröße im Durchschnitt zwischen ca. 50 und 60 Prozent über grenzkostenbasierte Kalkulationen. Mehr als 40 Prozent dieser Unternehmen verfügen auch über eine kurzfristige Erfolgsrechnung. Gleichzeitig werden von der Hälfte aller Unternehmen aber auch Vollkosten kalkuliert, d.h. Parallelkalkulationen realisiert. Die moderne Standardsoftware für die Kostenrechnung unterstützt standardmäßig die flexible Plankostenrechnung und stellt ausgefeilte Tools für die Kostenplanung und Kostenkontrolle bereit.

planmäßige Kostenauflösung → Kostenauflösung.

Planning-Review-Board – 1. *Begriff*: Konzept zur Organisation der → Unternehmensplanung in Form eines Planungsüberprüfungsausschusses. – 2. *Merkmale:* Zwischen den hierarchischen Ebenen wird jeweils ein Ausschuss gebildet, den Mitglieder der beiden angrenzenden Ebenen bilden. – 3. *Zweck*: Koordination konkurrierender Teilpläne bei dezentraler Planungsverantwortung.

Plannutzenziffer → Speed Factor.

Planpreise – *Verrechnungspreise;* Bezeichnung der → Plankostenrechnung für den Verrechnungswert je Mengeneinheit eines Kostengutes (t, kg, Lohnstunde etc.), der in der → Kostenplanung unter Berücksichtigung aller für die Planperiode zu erwartenden Preisänderungen angesetzt wird. – Beim → Soll-Ist-Vergleich sind auf beiden Seiten gleiche Planpreise zu verwenden, um die einzelnen → Abweichungen eindeutig zu isolieren und damit die → Kostenkontrolle durch Preisschwankungen nicht zu stören.

Planrevision – 1. *Begriff:* notwendige Änderungen der vorhandenen → Pläne. – 2. *Merkmale:* Revisionen sind meist bedingt durch fehlerhafte Eingaben oder durch Datenänderungen, die bei Planaufstellung unvorhersehbar waren. – 3. *Zweck:* wirklichkeitsnahe Planung.

Plantage – marktorientierter, großbetrieblicher Anbau von Baum- und Strauchkulturen. – *Typisches Merkmal* für eine Plantage ist eine weit überdurchschnittlich große Fläche, die nicht ausschließlich der Nutzung dienen muss. Oft gehören auch Waldgebiete, steile Bergländer, Überschwemmungsflächen und Sumpfgebiete dazu. Weitere Merkmale sind eine hohe Anzahl familienfremder Arbeitskräfte, hoher Kapitaleinsatz, Zucht und Anbau einer Marktfrucht als → Monokultur, eine darauf ausgerichtete Ausstattung mit Land- und Erntemaschinen sowie häufig Aufbereitungs- und Veredelungsanlagen für Endprodukte (z.B. Zucker- und Sisalfabriken, Ölmühlen, Kaffeeaufbereitungsanlagen). Die Plantagenwirtschaft ist v.a. in Ländern mit tropischem Klima verbreitet und hat dort einen hohen Anteil an den Agrarexporten.

Planung → Unternehmensplanung, → internationale Unternehmensplanung.

Planungsabteilung – 1. *Begriff:* Abteilung in der Organisation, in der die Verantwortung für die Konzeption und Durchführung der → Unternehmensplanung angesiedelt ist. – 2. *Merkmale*: Diese Abteilung arbeitet meist einem für die Planung zuständigen Mitglied der Geschäftsleitung zu. Heutzutage eher selten werden in dieser Abteilung auch die Inhalte der Pläne der einzelnen Bereiche erarbeitet. Häufig ist eine solche Abteilung auch als Stabsstelle (→ Stab) im Corporate Center diversifizierter Unternehmen anzutreffen.

Planungsabweichung – mithilfe der → Kontrolle ermittelte Abweichung zwischen Plan- und Istzustand. – *Ermittlung von Planungsabweichungen:* (1) mithilfe des → Soll-Ist-Vergleichs: Planungsabweichung = Istvorgabe – Sollvorgabe.(2) mithilfe eines *zweistufigen Soll-Ist-Vergleichs* (bei planmäßiger Anpassung der Teilpläne an sich während der Planungsperiode ändernde Daten anzuwenden):Planungsabweichung = (Istvorgabe – korrigierte Sollvorgabe) + (korrigierte Sollvorgabe – Sollvorgabe laut Jahresplan). – Laufende Erfassung und Auswertung von Planungsabweichungen liefern wertvolle Erkenntnisse für den Aufbau der Planung in den zukünftigen Planungsperioden.

Planungsbegriff → Unternehmensplanung.

Planungsebenen → Unternehmensplanung.

Planungselemente – 1. *Begriff:* Elemente einer → Unternehmensplanung, z.B. Statut, Leitbild, Zweck, Zielsetzung, Strategie, Richtlinie, Programm, Budget, Verfahren und Regeln. Manchmal werden mit diesem Begriff auch Planungsinstanzen (institutioneller Aspekt), Planungsinstrumente (instrumenteller Aspekt) oder Prozess und Phasen der Planung bezeichnet. – 2. *Merkmale:* Möglichkeit zur Spezifizierung und Abgrenzung der einzelnen Teile einer Unternehmensplanung.

Planungsfunktionen → Unternehmensplanung.

Planungshandbuch – 1. *Begriff:* Dokumentation verschiedener Elemente eines → Planungsrahmens, v.a. auch mit Definitionen der wichtigsten Planungskategorien. – 2. *Merkmale:* Das Planungshandbuch soll der Vereinheitlichung der Planungssprache in der → Unternehmensplanung und damit der Integration des Planungs- und Kontrollsystems dienen.

Planungshorizont – 1. *Begriff:* zeitlicher Endpunkt der Bezugszeit der Pläne. – 2. *Merkmale:* wird häufig in Abhängigkeit der Geschäftszyklen festgelegt. Der subjektive Planungshorizont schließt noch den Zeitraum der Auswirkungen des Planes mit ein (Prognosereichweite). – Vgl. auch → Unternehmensplanung, → Planungsperiode, → Fristigkeit.

Planungsinstrumente → Unternehmensplanung.

Planungsintensität – 1. *Begriff:* Grad der Detaillierung der einzelnen Teilpläne. – 2. *Merkmale:* Vollständigkeit und Wirtschaftlichkeit der → Unternehmensplanung müssen dabei gewahrt sein.

Planungskalender – 1. *Begriff:* Zeitplan, der die verschiedenen innerhalb eines Planungs- und Kontrollsystems anfallenden Arbeiten terminiert. – 2. *Merkmale:* dient der inhaltlichen und zeitlichen → Plankoordination.

Planungskategorien → Unternehmensplanung.

Planungskontrolle → Kontrolle.

Planungskosten → Kosten der Planung betrieblicher Kapazitäten und deren Ausnutzung (→ Unternehmensplanung). Planungskosten kommt im Vergleich zu den Ausführungskosten eine immer größere Bedeutung zu.

Planungsmodell – 1. *Begriff:* Eine Anzahl relevanter Planungsvariablen werden in einer formalen Struktur in einem Modell verknüpft und die Optimalwerte dieser Variablen in simultaner Weise ermittelt (→ Simultanplanung). – 2. *Merkmale:* a) In *Gesamtplanungsmodellen* müssen sämtliche zu planenden Teilbereiche abgebildet und die Beziehung dieser Teilbereiche zum Gesamtziel hergestellt werden; in die Zielgleichung gehen dann entsprechend

Variablen aller dieser Teilbereiche ein. Trotz der Möglichkeiten der → linearen Optimierung und der Unterstützung durch die elektronische Datenverarbeitung sind solche Gesamtmodelle i.Allg. zu komplex, um noch handhabbar zu sein. – b) Als Ausweg bietet sich an, mit mehreren *Teilplanungsmodellen* zu arbeiten, die jeweils nur wenige Teilbereiche umfassen und anschließend sukzessiv miteinander verbunden werden (→ Sukzessivplanung). Allerdings sind auch diese Modelle meist noch sehr komplex bzw. gehen von zu sehr vereinfachten Annahmen aus. – 3. *Anwendung:* Die Planungsmodelle haben sich aufgrund der mit der Komplexität verbundenen Probleme für die Praxis bislang von nur begrenztem Nutzen erwiesen. Eine Ausnahme bilden allenfalls die → Budgetierungsmodelle. – Vgl. auch → Modell.

Planungsobjekte → Unternehmensplanung.

Planungsorganisation → Unternehmensplanung.

Planungsperiode – 1. *Begriff:* Planungszeitraum; Geltungsdauer eines Plans. – 2. *Merkmale:* Ein Plan wird mit gegebener → Fristigkeit verpflichtend verabschiedet. So kann z.B. ein langfristiger Plan nur eine Planungsperiode von einem Jahr haben, wenn er nur jeweils für ein Jahr verbindlich ist. – Vgl. auch → rollende Planung, → Blockplanung, → Unternehmensplanung.

Planungsphasen → Unternehmensplanung.

Planungsphilosophien – 1. *Begriff:* Aussagensysteme, die sowohl deskriptive als auch normative und affektive Bestandteile umfassen und die „Weltbilder" zum Ausdruck bringen, vor deren Hintergrund → Unternehmensplanung betrieben wird. Sie werden normalerweise nur implizit „gewusst" und müssen erst rekonstruiert werden, um sie einer Kritik zugänglich machen zu können. – 2. *Merkmale:* a) Es kann z.B. unterschieden werden zwischen den mehr emotional geprägten *Einstellungen* zu Planungspraxis und -theorie einerseits und den eher kognitiv geprägten Einstellungen zu den Fragenkomplexen Zentralisierung/Dezentralisierung, Strukturierung/Umstrukturierung sowie interne/externe Orientierung andererseits. – b) Nach der *Sichtweise des Verhältnisses von System und Umwelt* kann unterschieden werden zwischen → Inside-out-Planung und → Outside-in-Planung.

Planungsprozess → Unternehmensplanung.

Planungsrahmen – 1. *Begriff:* Konzeptionelle Möglichkeit, bestehende Planungs- und Kontrollsysteme (→ Unternehmensplanung) zu rekonstruieren oder neue Systeme zu entwickeln. – 2. *Merkmale:* Der Planungsrahmen enthält eine Klassifikation der zu erstellenden Pläne und die Festlegung der Adressaten, für die die Pläne formuliert werden. Er legt die zeitlichen und sachlichen Interdependenzbeziehungen zwischen den Plänen fest und definiert die zu planenden Größen und die zugrunde zu legenden Prämissen. – 3. *Arten:* a) *Planungsrahmen erster Ordnung:* umfasst die Gestaltungsvariablen eines einzelnen Planungskomplexes innerhalb des gesamten Planungssystems einer Unternehmung. *Beispiel:* Gestaltung der → Investitionsobjektplanung und -kontrolle. – b) *Planungsrahmen zweiter Ordnung:* bezieht sich auf die Gestaltung einer Gesamtarchitektur des Planungssystems. Es geht v.a. um die Festlegung der Schnittstellen (Interfaces) zwischen den Teilplanungssystemen; soweit diese Schnittstellen tatsächlich definiert werden, sind Ansätze zu einem integrierten Planungssystem vorhanden.

Planungsrechnung – fortlaufende quantitative Erfassung des gesamten Unternehmungsprozesses und Abstimmung der einzelnen Teilpläne in den einzelnen Planperioden. – *Sonderform:* → Lenkungsrechnung.

Planungsrisiko – 1. *Begriff:* Mit der Durchführung eines Planes aufgrund der Unvollständigkeit und Unsicherheit der verfügbaren Daten verbundenes Risiko. – 2. *Merkmale:* Die im Plan vorgesehenen Maßnahmen gehen von Annahmen und Daten aus, die aufgrund möglicher Neuentwickelungen sich anders darstellen könnten, so dass die tatsächlichen Daten von den geplanten abweichen. Die positive Abweichung aufgrund einer besseren Datenkonstellation wird als Chance bezeichnet. – 3. *Problemhandhabung:* Eine Möglichkeit der *Reduzierung des Planungsrisikos* besteht im Aufbau von flexiblen Plänen, Verringerung der Unsicherheit durch bessere Verfahren zur Datenerfassung und -prognose (→ flexible Planung, → Eventualplanung).

Planungssprache → Programmiersprache oder → Endbenutzerwerkzeug, die speziell auf den Einsatz in der Unternehmensplanung ausgerichtet sind (→ computergestützte Unternehmensplanung). Im Gegensatz zu universellen Programmiersprachen wird an Planungssprachen die Anforderung gerichtet, Planungs- und Berichtsprobleme durch geeignete Ausdrucksmittel gezielt zu unterstützen, z.B. durch Vorrat an finanzmathematischen Funktionen (Zinsrechnung u.a.), einfache Erstellung und Modifikation von Planungsmodellen, einfache Datenmanipulation, komfortable Auswertungshilfsmittel (→ Reportgenerator, → grafische Darstellung u.a.).

Planungstechnologie → Planungswissenschaft.

Planungstheorie → Planungswissenschaft.

Planungsüberprüfungsausschuss → Planning-Review-Board.

Planungs- und Kontrollsystem → Unternehmensplanung.

Planungswertausgleich – 1. *Charakterisierung:* Ausgleich für Bodenwertsteigerungen bzw. -senkungen. 1956 von der Regierung vorgeschlagen. Der Grundstückseigentümer sollte eine der Wertsteigerung angepasste Geldzahlung an die Gemeinde leisten, wenn infolge der kommunalen Planung und Plandurchführung im Bebauungsgebiet

Wertsteigerungen auftraten; umgekehrt sollte er Ausgleichszahlungen erhalten, wenn sich Wertminderungen einstellten. – 2. *Ziel:* Der Planungswertausgleich sollte dem Interessensausgleich dienen, da Planungsmaßnahmen unvermeidlich die Bodenpreise beeinflussen und die Benutzbarkeit des Bodens entweder erhöhen oder mindern. Kein Eigentümer sollte allein infolge der kommunalen Maßnahmen begünstigt oder geschädigt werden. – Allokationspolitisch versprach man sich von einem Planungswertausgleich eine Faktormobilisierung und dadurch eine gesamtwirtschaftlich optimale Nutzung des Bodens. – 3. *Realisierung:* In gewissem Umfang ist für einen Teilbereich der Bau- und Planungsmaßnahmen im Städtebauförderungsgesetz ein System der Bodenwertabschöpfung eingerichtet. – Vgl. auch → Baulandsteuer.

Planungswissenschaft – 1. *Begriff:* Wissenschaftliche Beschäftigung mit Planung i. Allg. – 2. *Merkmale:* Die Planungswissenschaft umfasst: a) *Planungstheorie:* Untersuchung von Regelmäßigkeiten in tatsächlich stattfindenden Planungsprozessen; b) (wissenschaftliche) *Planungstechnologie:* Sie stellt bedingte Empfehlungen für die Gestaltung von Planungsprozessen auf.

Planungszeitraum → Planungsperiode.

Planwirtschaft – 1. *Begriff:* in Literatur und Publizistik oft anzutreffende Bezeichnung für eine → Wirtschaftsordnung, in der der Wirtschaftsprozess von einer zentralen Instanz auf der Grundlage ihres Plans koordiniert wird. Eine solche Kennzeichnung impliziert jedoch, dass das Wirtschaften in anders gearteten Wirtschaftsordnungen nicht auf Plänen beruht, was logisch falsch ist. Daher sind diesem Begriff zur Beschreibung der gemeinten Wirtschaftsordnungen Bezeichnungen wie z.B. → Zentralverwaltungswirtschaft (→ Eucken) vorzuziehen. – 2. *Planversagen:* a) Informations- und Kontrollprobleme der zentralen Planung, die angesichts der Planung für eine gesamte Volkswirtschaft überfordert ist. – b) Motivationsprobleme der ausführenden Einheiten, die nach dem Prinzip der → Planerfüllung von nicht-materiellen Anreizen angeregt worden sind. – c) Fehlende Märkte und → Institutionen. – *Gegenteil:* → Marktversagen. – *Anders:* → Staatsversagen.

Planzahl – 1. *Begriff:* Verbindliche Vorgabe eines Wertes für die → Planungsperiode. – 2. *Merkmale:* Wird die Planzahl über- oder unterschritten, so sind die Ursachen der Planabweichung zu analysieren (→ Abweichung).

plastische Produktionsfaktoren → Produktionsfaktoren, die für qualitativ gute Ergebnisse einen breiten Ermessensspielraum benötigen, der nicht zu formalisieren und quantifizieren und durch Außenstehende schlecht zu kontrollieren ist. Der effiziente Einsatz eines plastischen Produktionsfaktoren kann wegen der fehlenden Formalisierbarkeit nicht vertraglich erzwungen werden. Bei plastischen Produktionsfaktoren kommt es in bes. Maße auf ihre Positionierung im Verhältnis zur Unternehmung an: Je nachdem, ob sie zentral oder peripher positioniert sind, sollte man sie vertikal integrieren oder mit ihnen am Markt kontrahieren (→ Transaktionskostenökonomik).

Plastizität → Team-Theorie der Unternehmung.

Platform as a Service (PaaS) – Bedarfsorientiere Bereitstellung von Plattform-IT-Ressourcen nach dem Konzept von → Everything as a Service (EaaS). Diese Ressourcen ermöglichen den Betrieb von Anwendungen, die von Kunden selbst entwickelt werden. In diesem Zusammenhang bieten Plattform-IT-Ressourcen oft auch Anwendungsfunktionalität an, die Kunden in ihren Anwendungen wiederverwenden können.

Platzanweisung – am Ausstellungsort oder einem benachbarten Ort zahlbare → Anweisung.

Platzgeschäft – Geschäft, bei dem der Abnehmer am Importplatz ansässig ist. Es kann sich um ein → Abladegeschäft oder ein → Loco-Geschäft handeln. – *Anders:* → Distanzgeschäft.

Platzierung – I. Bankwesen: 1. *Begriff:* Unterbringung neu ausgegebener Wertpapiere (Aktien, industrielle Schuldverschreibungen), bes. durch Verkauf an das breitere Publikum (→ Emissionsgeschäft). – Platzierung wird häufig von einem → Konsortium (*Übernahmekonsortium,* auch Underwriter) durchgeführt, das dem Emittenten die vollständige Platzierung garantiert; im Fall der Nichtplatzierung verbleiben die Papiere im Bestand der Konsortialbanken. Platzierende Banken erhalten für die Durchführung der Platzierung eine Provision. – 2. *Arten:* a) *Öffentliche Zeichnung:* Anleger besitzen die Möglichkeit, innerhalb einer bestimmten Frist Teile der Wertpapieremission zu zeichnen. Bei hoher Nachfrage kann Zeichnungsfrist verkürzt werden, bei → Überzeichnung erfolgt die Zuteilung z.B. durch Verlosung (oft bei Aktienneuemissionen). – b) *Freihändiger Verkauf:* Die platzierenden Banken verkaufen ihr Kontingent ab einem bestimmten Termin ohne vorhergehende Zeichnung. – Neben der Platzierung im breiten Publikum gibt es auch eine Privatplatzierung, bei der ein Verkauf an ausgewählte Investoren stattfindet. Sie erfolgt selten. – Vgl. auch → IPO, → Bookbuilding.

II. Werbung: „Standort" eines Werbemittels innhalb des → Mediums. – Vgl. auch → Platzierungsvorschrift.

Platzierungsvorschrift – genaue, bindende Angaben des Werbetreibenden an den → Werbeträger (Fernsehen, Hörfunk, Verlag, → Media), an welcher Stelle, in welcher Länge, in welcher Form das Werbemittel an einem bestimmten Platz, in bestimmter Lage anzubringen, abzudrucken, anzukleben, aufzuhängen oder zu senden ist.

Platzkauf – rechtlicher Gegenbegriff zum → Versendungskauf. Es gelten die Bestimmungen über den → Kaufvertrag.

Platzkostenrechnung → Kostenplatzrechnung.

Platzspesen – im Inkassogeschäft für Wechsel (→ Inkasso) auf kleine und abseitige Plätze (sog. Spesenplätze) berechneter → Zuschlag.

Platzsystem – Form der → Insassenunfallversicherung, bei der für jeden einzelnen Platz des Kraftfahrzeugs eine gesonderte Versicherungssumme vereinbart wird.

Platztratte → Platzwechsel.

Platzvertretersystem – Form der Organisation des Außendiensts im Direktvertrieb, bei der dem Außendienstmitarbeiter ein fester Verkaufsbezirk zugewiesen wird. Das Platzvertretersystem hat den Vorteil, dass die permanente Kundenbetreuung durch den gleichen Mitarbeiter die dauerhafte → Kundenbindung sichert. Andererseits besteht die Gefahr, dass durch den damit verbundenen Gewöhnungseffekt die Gewinnung neuer Kunden vernachlässigt wird. – Vgl. auch → Rotationsvertretersystem.

Platzwechsel – *Platztratte;* am Ausstellungsort zahlbarer → Wechsel bzw. Tratte (→ gezogener Wechsel). – *Gegensatz:* → Distanzwechsel.

Pleite – umgangssprachlicher Ausdruck für → Bankrott bzw. → Insolvenz.

Plotter → Ausgabegerät eines → Computers; ein Zeichengerät für die grafische Darstellung digitaler → Daten (→ digitale Darstellung) in Form von Kurven, Diagrammen u.Ä.

PLU – Abk. für → Price-Look-up-Verfahren.

Plug-in – Zusatzprogramm, welches über eine vordefinierte Schnittstelle in ein Basisprogramm eingebunden wird und dessen Funktionsumfang erweitert. Im Gegensatz zu einem → Add-on kann ein Plug-in i.d.R. auch ohne das Basisprogramm verwendet werden.

Pluralinstanz – ein auf Dauer angelegtes Entscheidungs-Kollegium. Die → Willensbildung innerhalb der Pluralinstanz und die Leitung der hierarchisch untergeordneten organisatorischen Einheiten erfolgt nach dem → Kollegialprinzip. – *Gegensatz:* → Singularinstanz.

Pluralismus – innerhalb des → Kritischen Rationalismus systematisch betonter methodisch-wissenschaftlicher Aspekt; Ideenvielfalt als geeignete Voraussetzung, um falsche Theorien bzw. Irrtümer schlechthin zu erkennen und ggf. zu überwinden. – Prinzipien: (1) *Prinzip der Proliferation:* Erfindung möglichst vieler alternativer Standpunkte; (2) *Prinzip der Bewahrung:* Verhinderung einer vorschnellen Elimination solcher Theorien, die momentan nicht leistungsfähig erscheinen (→ Falsifikation) oder „aus der Mode" gekommen sind. – *Bes. Bedeutung* erhält der Pluralismus innerhalb einer Methodologie wissenschaftlicher Erkenntnisprogramme, bei dem es nicht nur um die Konfrontation alternativer Theorien, sondern um eine Gegenüberstellung umfassender Problemkomplexe mit den für sie charakteristischen Leitideen geht (Wissenschaftsprogramme der Betriebswirtschaftslehre, verhaltenstheoretische Betriebswirtschaftslehre).

pluralistische Methodologie → Methodologie.

pluralistisches Steuersystem – *Vielsteuer-System;* → Steuersystem, das auf dem Prinzip der Besteuerung durch Erhebung mehrerer Steuerformen basiert. Die zu erhebenden → Steuern können unter dem Aspekt des zu erzielenden Steueraufkommens gleich oder unterschiedlich gewichtet sein. – *Sonderform:* dualistisches Steuersystem (zwei Steuerformen). – *Gegensatz:* → monistisches Steuersystem.

pluralistische Theorien → Konjunkturtheorien, die → Konjunktur als Ergebnis mehrerer ursächlicher Faktoren erklären. – *Gegensatz:* → Kausalmonismus.

Pluralitätsregel → einfache Mehrheitsregel.

Plusankündigung → Pluszeichen.

Plus-Minus-Rechnung → Mehr- und Wenigerrechnung.

Pluszeichen – *Plusankündigung;* Markierung (+) hinter dem Namen einer Aktie auf der Kurstafel der Börse weist darauf hin, dass der Kurs gegenüber dem Vortag um mind. 5 Prozent gestiegen ist. Bei mehr als 10 Prozent wird Doppelplus (++) vermerkt. – Bei festverzinslichen Anleihen werden Plusankündigungen bei 1 bzw. 2 Prozent Kursanstieg vorgenommen. – Vgl. auch → Kurszusätze und -hinweise.

POD – Abk. für *Points of Difference*; im Marketing Positionierungsstrategie mit dem Ziel der Differenzierung vom Wettbewerb entweder durch maximale Annäherung an den Idealpunkt (ideale Positionierung) der relevanten Zielgruppe oder durch explizite Einzigartigkeit.

Podcast – 1. *Begriff:* Audio- und Videobeiträge, die über das Internet zu beziehen sind. Bei dem Begriff Podcast handelt es sich dabei um ein Kunstwort, welches sich aus Pod für „play on demand" und cast, abgekürzt vom Begriff Broadcast (Rundfunk), zusammensetzt. – 2. *Merkmale:* Unter Nutzung aktueller Technologien vergleichsweise einfach zu produzieren. Es können aber auch extrem aufwendige Produktionen entstehen. Podcasts können über verschiedene Feed-Formate abonniert werden (bspw. RSS-Feed). – 3. *Arten:* a) Video-Pdocast, b) Audio-Podcast.

POI – Abk. für → Point of Information.

Poincaré-Bendixson-Theorem – nach H. Poincaré (1854–1912) und I.O. Bendixson (1861–1935) benanntes mathematisches Theorem zum Nachweis der Existenz von → Grenzzyklen in zweidimensionalen nicht linearen → Differenzialgleichungssystemen.

Das Poincaré-Bendixson-Theorem wird v.a. in der mathematischen → Konjunkturtheorie angewandt.

Point of Information (POI) – Ort, an dem sich Interessenten über Produkte eines oder mehrerer Anbieter informieren, z.B. Handel, Messen, öffentliche Orte (über ein → Kiosksystem), zu Hause (z.B. über das → Internet). Die Informationsvermittlung übernimmt häufig ein Multimedia-System. Durch zunehmende Verbreitung des → Electronic Business und die Integration von Bestellmöglichkeiten ist der POI immer häufiger mit dem → Point of Sale (POS) identisch.

Point of Purchase (POP) → Point of Sale (POS).

Point of Sale (POS) – *Point of Purchase (POP);* Ort des Einkaufs (aus Sicht des Konsumenten) bzw. Ort des Verkaufs (aus Sicht des Händlers). Der POS ist also der Ort des Warenangebots (meist Laden bzw. innerbetrieblicher Standort einer Ware im Regal, in einer Verkaufsgondel), an dem die Kunden unmittelbaren Kontakt mit der Ware haben und die deshalb, zur Förderung von → Impulskäufen, gezielt mittels Maßnahmen der → Verkaufsförderung, angesprochen werden können. Durch zunehmende Verbreitung des Electronic Business wird der POS immer häufiger nach Hause (im privaten Bereich) bzw. an den Arbeitsplatz (im geschäftlichen Bereich) verlagert.

Point of Sale Banking – *POS-Banking, bargeldlose Kassensysteme;* im Rahmen der → Bankautomation und des → bargeldlosen Zahlungsverkehrs im → Einzelhandel eingesetztes kartengesteuertes Zahlungssystem zur beleglosen und bargeldlosen Erfassung von Zahlungsvorgängen an den Kassen von Nichtbanken und Weiterleitung zur Verarbeitung in den Bankenbereich. Der Kunde zahlt an der Kasse (Point of Sale) bargeldlos mit einer maschinell (elektronisch) lesbaren Karte (→ Magnetstreifenkarte oder → Chipkarte). Die in das POS-Terminal eingelesenen oder eingegebenen Daten (Kontendaten und Rechnungsbetrag) werden online (→ Datenfernübertragung, → Online(betrieb)) oder offline (→ DTA (Datenträgeraustauschverfahren), → Offline(betrieb)) zum Rechenzentrum des kontoführenden Instituts geleitet. Der Rechnungsbetrag wird dem Kundenkonto belastet und dem Händlerkonto gutgeschrieben. Zur Kostenreduzierung kann der Händler nach zuvor getroffener Vereinbarung mit dem abwickelnden Kreditinstitut oder dem Kreditkartenemittenten auf Onlineautorisierung verzichten. Hierbei entfällt die Zahlungsgarantie (Point of Sale ohne Zahlungsgarantie (POZ)). – Vgl. auch → Electronic Cash, → Electronic Banking.

Point of Sale Terminal – *POS-Terminal;* → Kassenterminal.

Point-of-Sale-Zahlungen – *POS-Zahlungen.* Bei POS-Zahlungen erfolgt die Erfassung von bargeldlosen Zahlungsvorgängen an den Kassen von Nichtbanken (Händlern etc.) und die Weiterleitung zur Verarbeitung in den Bankenbereich. Der Kunde zahlt an der Kasse (→ Point of Sale (POS)) bargeldlos mit einer → Zahlungskarte (v.a. → Debitkarte und → Kreditkarte bzw. → Geldkarte – entweder in Form einer → Magnetstreifenkarte oder → Chipkarte). Die in das POS-Terminal eingelesenen oder eingegebenen Daten (Kontendaten und Rechnungsbetrag) werden online via → Datenfernübertragung autorisiert und über die Händlerbank zum Rechenzentrum des kontoführenden Instituts des Karteninhabers geleitet. Der Rechnungsbetrag wird dem Kundenkonto belastet und dem Händlerkonto gutgeschrieben. – Vgl. auch → Electronic Cash, → Electronic Banking, → ELV, → POZ.

Poisson-Modell für Zähldaten – ökonometrisches nicht lineares Modell (→ ökonometrisches Modell) zur Erklärung abhängiger Variablen (→ Variable, endogene), deren Realisationen Häufigkeiten bzw. natürliche Zahlen sind. – In diesem Modell liefert die Poisson-Verteilung die Wahrscheinlichkeit für einzelne Häufigkeiten und der Parameter der Poisson-Verteilung als erwartete Häufigkeit wird als nicht lineare Funktion gewisser erklärender Variablen (→ Variable, exogene) modelliert. Die Schätzung erfolgt mit der → Maximum-Likelihood-Methode. – Das Poisson-Modell unterliegt der strengen Annahme, dass die Varianz der Häufigkeiten ihrem Erwartungswert entspricht. Diese ist jedoch relativ realitätsfern, da die Varianz der Häufigkeiten meist größer als ihr Erwartungswert ist (engl. *overdispersion*). In der Literatur werden verschiedene Negbin-Modelle (engl. *Negative-Binomial-Models*) ohne diese einschränkende Eigenschaft vorgeschlagen.

Poissonverteilung – diskrete Wahrscheinlichkeitsverteilung. Die → Wahrscheinlichkeitsfunktion der Poissonverteilung lautet:

$$f(k) = \frac{\lambda^k}{k!}e^{-\lambda}, k = 0, 1, 2, ...$$

Dabei ist die (Intensitäts-)Rate $\lambda > 0$, e die → Eulersche Zahl und $k! = 1 \cdot 2 \cdot ... \cdot k$ für $k > 0$ und $0! = 1$. Die Poissonverteilung wird u.a. zur → Approximation der → Binomialverteilung für den Fall eines sehr kleinen Anteilswertes p verwendet, d.h. für Prozesse, bei denen die Wahrscheinlichkeit für das Eintreffen eines Ereignisses sehr klein ist (seltene Ereignisse, z.B. Telefonanruf, Kundenankunft in einer kleinen Zeitspanne). Der → Parameter λ ist sowohl → Erwartungswert als auch → Varianz der Poissonverteilung.

Poka Yoke – japanisches Konzept der ständigen Qualitätsverbesserung bes. durch die Vermeidung zufälliger Fehler. Solche Fehler entstehen z.B. durch Unaufmerksamkeit oder Müdigkeit. Durch das Einrichten von Hilfsmitteln wie z.B. Sensoren soll die Entstehung von Fehlern vermieden bzw. ein entstandener Fehler sofort behoben werden.

Polaritätsprofil → Skalierungsverfahren zur Messung der → Einstellung. Gleicht dem → semantischen Differenzial.

Policendarlehen – 1. *Begriff:* Ein vom Lebensversicherungsunternehmen gewährtes Darlehen an einen → Versicherungsnehmer maximal in Höhe des Rückkaufwerts der → Lebensversicherung. – 2. *Hintergründe:* Grundsätzlich dürfen Lebensversicherungsunternehmen keine versicherungsfremden Geschäfte tätigen und damit auch keine Kreditgeschäfte betreiben (§ 7 VAG). Policendarlehen sind hiervon allerdings ausgenommen, da der Versicherungsnehmer ohnedies bis zur Höhe des Rückkaufwerts einen Anspruch auf Leistung aus dem Lebensversicherungsvertrag hat.

Policy Mix – 1. *Makroökonomik:* Gleichzeitige Durchführung verschiedener Maßnahmen der Wirtschaftspolitik, z.B. kombinierter Einsatz von Geld- und Fiskalpolitik. So würde z.B. im Rahmen des → IS-LM-Modells eine expansive Fiskalpolitik im Normalfall über eine Rechtsverschiebung der → IS-Kurve nicht nur zu der erwünschten Erhöhung von Einkommen und Beschäftigung führen, sie wäre auch mit einer Erhöhung des Zinssatzes und einem daraus resultierenden Crowding-out-Effekt verbunden (Punkt A der Abbildung „Policy Mix"). Die Zinssteigerung ließe sich durch die Kombination mit einer expansiven Geldpolitik (Rechtsverschiebung der → LM-Kurve) vermeiden (Punkt B). – 2. In der *quantitativen Theorie der Wirtschaftspolitik* wird gezeigt, dass ein Policy Mix von Instrumentvariablen erforderlich ist, um gleichzeitig mehrere Zielvariablen zu erreichen. Nach den von Tinbergen (1952) aufgestellten Bedingungen müssen zur Realisation einer beliebig vorgegebenen *n*-dimensionalen Zielkombination mind. ebenso viele wirtschaftspolitische Instrumente zur Verfügung stehen, wobei *n* dieser Instrumente in linear unabhängiger Weise auf die Zielvariablen einwirken müssen. Mithilfe der Methode der wirtschaftspolitischen Entscheidungsmodelle lässt sich der genaue Policy Mix bzw. Instrumenteneinsatz ermitteln. Allerdings setzt diese Methode die genaue Kenntnis des quantitativen Zusammenhangs zwischen Instrument- und Zielvariablen voraus, was in der Realität aufgrund vielfältiger stochastischer Störungen nicht der Fall ist. Außerdem erfordert diese Konzeption eine diskretionäre anstelle einer regelgebundenen Wirtschaftspolititk.

Policy Mix

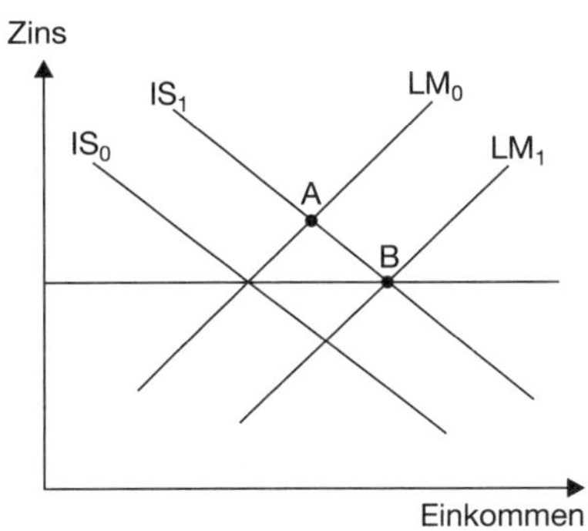

Political Economy → Allgemeine Wirtschaftspolitik.

Politik – *Auf wirtschaftlichem Gebiet* → allgemeine Wirtschaftspolitik. Man unterscheidet zwischen der → Ordnungspolitik zur Setzung der Rahmenbedingungen (z.B. Wettbewerb und Eigentum) und der → Prozesspolitik (Ablaufspolitik), z.B. zur Stabilisierung der Ökonomie i.S.d. → Stabilitäts- und Wachstumsgesetzes (StWG). – Der Begriff Politik ist auch in *nicht staatliche Bereiche* übernommen worden, z.B. Unternehmenspolitik.

Politikberatung → wirtschaftswissenschaftliche Politikberatung.

Politik des billigen Geldes – expansive Geldpolitik, die zu Verminderung der Zinssätze auf den Geld- und auf den Kreditmärkten führt. – Vgl. auch → billiges Geld.

Politik des individuellen Schornsteins → Stand der Technik.

Politikverflechtung – die bes. im Zuge des → kooperativen Föderalismus seit Mitte der 1960er-Jahre in der Bundesrepublik Deutschland beobachtbare Tendenz zur gemeinsamen Aufgabenerfüllung durch Bund, Länder und Gemeinden (→ Gemeinschaftsaufgaben) sowie zur nicht kongruenten Verteilung von → Gesetzgebungskompetenz, → Verwaltungshoheit und → Finanzierungshoheit einer Aufgabe. – *Folgen der Politikverflechtung:* Kompetenzstreitigkeiten, verminderte Effizienz der öffentlichen Aufgabenerfüllung, fehlende politische Sanktionierbarkeit politischer Entscheidungen, Machtverlagerung von der Legislative zur Exekutive u.a. Als Konsequenz werden eine striktere Trennung und eine Dezentralisierung von Kompetenzen gefordert.

Politikversagen → Staatsversagen. – *Gegenteil:* → Marktversagen.

politische Betätigung im Betrieb → Betriebsfrieden.

politische Durchsetzbarkeit – Kriterium zur Beurteilung wirtschafts- und umweltpolitischer Instrumente. Determinanten der politischen Durchsetzbarkeit sind Konsensfähigkeit, Imagewirkung, Operationalität, politische Rationalität, Verbandsinteressen und Werteverträglichkeit. – Vgl. auch → Neue Institutionenökonomik, → Neue Politische Ökonomie.

politische Effizienz – *politische Durchsetzbarkeit;* Kriterium für die Durchsetzbarkeit eines (umwelt-)

politischen Instruments im politischen Raum. Determinanten der politischen Effizienz sind Konsensfähigkeit, Imagewirkung, Operationalität, politische Rationalität, Verbandsinteressen und Werteverträglichkeit. – Vgl. auch → Neue Institutionenökonomik.

politische Kontrollfunktion – Teilfunktion der → Haushaltsfunktionen. Durch die regelmäßig wiederkehrende Beratung und ggf. Beeinflussung der ausgabenwirksamen Regierungstätigkeit ermöglicht das Budget eine vorherige und nachträgliche politische Kontrollfunktion des Regierungshandelns.

Politische Ökonomie der Protektion – Ein bes. Forschungsprogramm der → realen Außenwirtschaftstheorie, das die real existierenden Formen der Protektion bzw. → Handelspolitik durch eigennütziges Verhalten politischer Akteure im Rahmen bestimmter politischer Systeme zu erklären versucht. Die konkrete Gestaltung der → Handelspolitik – wie im Prinzip auch beliebiger anderer Bereiche der → Wirtschaftspolitik – wird nicht über deren Gesamtwohlfahrtswirkung erklärt, sondern über deren Einkommensverteilungswirkung, in Verbindung mit Besonderheiten des politischen Prozesses, welche der einen oder anderen Gruppe von Nutznießern einer bestimmten Politik zum Durchbruch verhilft.

Politische Ökonomie der Umwelt – Grundgedanke ist die Erklärung von Charakteristika der Umweltpolitik, etwa der Auswahl umweltpolitischer Instrumente oder der Festlegung von Umweltqualitätsstandards, aus dem Zusammenspiel der Interessen der am politischen Prozess beteiligten Gruppen. Hierbei treten Produzenten und Konsumenten (Wähler) als Nachfrager umweltpolitischer Maßnahmen, Politiker und Angehörige der Bürokratie als deren Anbieter auf. Die Besonderheit der Politischen Ökonomie der Umwelt besteht im Vergleich zur traditionellen Umwelt- und Ressourcenökonomik darin, dass sie davon ausgeht, Politiker und leitende Angehörige der Verwaltung verfolgten nicht das Ziel der Maximierung des → Gemeinwohls. Vielmehr wird ein Streben nach Wählerstimmen- bzw. Budgetmaximierung unterstellt. Da sich Interessengruppen und ihre Verbände in sehr unterschiedlichem Maße bei der politischen Willensbildung artikulieren können, ergeben sich Unterschiede zu einer dem Gemeinwohl verpflichteten Umweltpolitik.

politische Partei → Partei.

politische Programmfunktion – Teilfunktion der → Haushaltsfunktionen. Im Etat sollen politische Ziele in konkrete Ausgabenprogramme umgesetzt werden, mithin stellt der Haushaltsplan den monetären Ausdruck des politischen Handlungsprogramms der Regierung dar.

politischer Konjunkturzyklus – W.D. Nordhaus (1975) hat die Ansätze der → Neuen Politischen Ökonomie weiterentwickelt und einen politischen Konjunkturzyklus modelliert. Es wird unterstellt, dass Politiker zwischen → Inflationsrate und Unterbeschäftigung abwägen könnten (Konzept der → Phillips-Kurve). Vor einem Wahltermin wird die Regierung durch verstärkte öffentliche Nachfrage für mehr Beschäftigung sorgen und dafür eine höhere Inflationsrate in Kauf nehmen. Die Kosten der Disinflation sowie der Konsolidierung der Staatsverschuldung fallen erst nach der Wahl an. Es hat sich jedoch gezeigt, dass die Wähler dies bei rationalen → Erwartungen und hinreichenden Informationen durchschauen und entsprechend höhere Löhne fordern (→ Lucas-Kritik), sodass die Beschäftigung nicht dauerhaft höher wird, sondern lediglich die Inflationsrate steigt. Wenn auch Politiker unter diesen Rahmenbedingungen über rationale Erwartungen verfügen, ist ein politischer Konjunkturzyklus irrational. – *Anders*: wirtschaftlicher Konjunkturzyklus.

politischer Stimmentausch → Logrolling.

politischer Streik – Streik mit dem Ziel, politische Organe (z.B. den Bundestag) zu bestimmten Maßnahmen zu zwingen. Politische Streiks sind unzulässig. – Vgl. auch → Streik.

politischer Unternehmer – in der → Neuen Politischen Ökonomie das Bild eines Politikers (bzw. einer Partei), der seine Chancen gewählt zu werden dadurch zu erhöhen versucht, dass er Unzufriedenheit unter vernachlässigten Wählergruppen aufspürt und ihre Interessen in sein Programm aufnimmt. Der politische Unternehmer spielt eine wichtige Rolle im Hinblick auf die Frage, ob der politische Wettbewerb zu einer angemessenen Vertretung der Interessen aller Bürger führt. Im Unterschied zum am Markt tätigen Unternehmer verfolgt der politische Unternehmer nicht die Zielsetzung der Gewinnmaximierung, sondern die der Stimmenmaximierung (→ Ökonomische Theorie der Politik). Zudem ersetzt der Wahlmechanismus beim politischen Unternehmer den Marktmechanismus. – Vgl. auch → Staatsversagen.

politisches Gleichgewicht → Parteienwettbewerb, → Medianwähler-Konzept, → Hotelling-Regel.

politisches Risiko – I. Versicherungswirtschaft: Sammelausdruck für wirtschafts-, sozial-, verwaltungs- und allgemeinpolitische Gefahrumstände, z.B. Krieg, Bürgerkrieg, innere Unruhen, Streik, Aussperrung, Beschlagnahme, Verfügungen von hoher Hand. In den Allgemeinen Versicherungsbedingungen (AVB) i.d.R. ausgeschlossen, teilweise Wiedereinschluss aufgrund bes. Klauseln, i.d.R. mit verkürzten Kündigungsfristen und gegen Prämienzuschlag.

II. Außenhandel: Außenhandelsrisiko, welches sich auf die Verlustgefahr bezieht, die von der bes. Situation und der (Wirtschafts-)Politik im Lande des Vertragspartners ausgeht. Als politisches Risiko gelten u.a.: (1) Krieg, Boykott, Embargo oder Blockade; (2) Bürgerkrieg, Unruhen oder Streiks im Partnerland; (3) Beschlagnahme, Beschädigung oder Verlust der Ware, wenn sie politisch motiviert sind; (4) Zahlungsverbots- oder → Moratoriumsrisiko; (5) → Transferrisiko und Konvertierungsrisiko

(→ Länderrisiko). – Zur *Deckung politischen Risikos:* → Exportkreditgarantien des Bundes.

politische Statistik – Teilgebiet der → amtlichen Statistik. Die politische Statistik erstreckt sich auf politische Tatbestände wie Wahlen und Wahlergebnisse, gesetzgebende Körperschaften und Verwaltungen nach ihrer personellen Besetzung (Beamte und Angestellte) und nach ihrer Geschäftstätigkeit (Zahl der Urteile, Zahl der erledigten Anträge, Schülerzahl, geleistete Unterrichtsstunden, Statistik von Insolvenzen etc.).

politische Union → regionale Integration, → EU, → EWWU.

Politmarketing – integrative Kombination von Nonprofit Marketing (vgl. → NPO-Management) und → Social Marketing. Eine politische Partei ist eine → Nonprofit-Organisation (NPO); sie versucht, in Konkurrenz mit anderen die politische Macht in einem politischen System auf Zeit zu erringen. Die Ideen- und Interessenvertretungen sind die Dienstleistungen einer Partei. Zur Erreichung des politischen Einflusses beinhaltet das Polit-Marketing eine bestmögliche *Ausgestaltung der marketingpolitischen Instrumente:* (1) *Produktpolitik:* Die Ideen- und Interessenvertretungen thematisieren sich im Parteiprogramm. Dieses wird durch die Parteipolitiker und -funktionäre personalisiert. (2) *Preispolitik:* Man findet monetäre Preise wie Ämterabgaben, Mitgliederbeiträge oder Parteisteuern. Neben diese treten bei Parteimitgliedern nicht-monetäre Preise wie Zeit (Verteilung von Wahlmaterial), Engagement oder Verzicht. (3) *Distributionspolitik:* Die Außendienstorganisation (Freiwillige, Stände u.a.), Mittler (Freunde u.a.), Ortsparteien und Parteisekretariate sind wesentliche Gestaltungselemente. (4) *Kommunikationspolitik:* Die primären Aufgaben einer Kommunikationspolitik sind: Informationen (Aktivitäten, Programme u.a.), Imagebildung bzw. -korrektur (Glaubwürdigkeit, Transparenz u.a.) und Verhaltensänderungen (Spende, Stimme u.a.). Die folgenden Instrumente dienen der Erreichung dieser Ziele: → Direktwerbung, → Messe, → persönlicher Verkauf, Public Promotion (People Placement, Sponsoring), → Public Relations (PR) und → Werbung.

politökonomischer Konjunkturzyklus → politischer Konjunkturzyklus.

Polizei – Behörde mit der Aufgabe, von der Allgemeinheit oder dem einzelnen Gefahren abzuwehren, durch die die öffentliche Sicherheit oder Ordnung gestört würde. Zu diesem Zweck muss die Polizei nach pflichtmäßigem Ermessen alle notwendigen Maßnahmen treffen. Daneben ist die Polizei strafverfolgend tätig (§ 163 StPO). Hierbei gilt das Legalitätsprinzip, d.h. die Polizei muss bei Kenntnis tätig werden. In Durchführung ihrer Aufgaben kann sie → Polizeiverfügungen erlassen. Neben diesen allg. Aufgaben können ihr durch Gesetz auch bes. Aufgaben übertragen werden. Zu unterscheiden ist zwischen der Polizei als Vollzugspolizei (Schutzpolizei, Kriminalpolizei) und den Ordnungsbehörden (Gefahrenabwehr, z.B. Gewerbeaufsicht, Ausländerbehörde). – In der Bundesrepublik Deutschland *zu unterscheiden:* (1) *Bundespolizei* (Art. 87 GG: → Bundeskriminalamt (BKA)); (2) *Länderpolizeien* der verschiedenen Zweige; (3) *selbstständige Gemeindepolizei* (selten).

polizeilicher Notstand – das Vorliegen bes. Umstände, die das sofortige Einschreiten der → Polizei erforderlich machen, v.a. auch das Eingreifen in die Rechte unbeteiligter Dritter, die ggf. Entschädigungsanspruch haben.

polizeiliches Führungszeugnis → Führungszeugnis.

Polizeiverfügung – Anordnung der → Polizei. Stellt einen → Verwaltungsakt dar, der an bestimmte Personen oder an einen individuell bestimmbaren Personenkreis gerichtet ist und ein Gebot oder Verbot oder die Versagung, Einschränkung oder Zurücknahme einer → Erlaubnis zur Regelung des Einzelfalles enthält. Die Polizeiverfügung kann mündlich, schriftlich oder durch Zeichen (z.B. bei der Verkehrsregelung durch die Verkehrspolizei) erfolgen. Richtet sich grundsätzlich nur gegen Störer, in Ausnahmefällen gegen den Nichtstörer (→ polizeilicher Notstand), muss bestimmt, geeignet, erforderlich und verhältnismäßig sein. – *Gegensatz:* → Polizeiverordnung.

Polizeiverordnung – Anordnung der → Polizei als allg. Gefahrenabwehrbehörde, die ein Gebot oder Verbot für eine unbeschränkte Anzahl von Fällen enthält und an eine individuell nicht bestimmbare Anzahl von Personen gerichtet ist. Eine Polizeiverordnung darf nur in notwendigen Fällen aufgrund einer allg. gesetzlichen Ermächtigung erlassen werden. Sie muss im Rahmen der polizeilichen Befugnisse liegen und darf nicht in Widerspruch zu Gesetzen oder Anordnungen höherer Behörden stehen. – *Gegensatz:* → Polizeiverfügung.

Polluter Pays Principle → Verursacherprinzip.

Polygondarstellung – Darstellung einer → Häufigkeitsverteilung in Bezug auf ein → quantitatives Merkmal, bei dem eine → Klassenbildung vorgenommen wurde. Die Polygondarstellung ist nur dann korrekt, wenn gleiche Klassenbreiten vorliegen. Man trägt über jeder Klassenmitte die zugehörige (absolute oder relative) → Häufigkeit ab und verbindet die Punkte sukzessive durch Geradenstücke. Der Linienzug beginnt und endet auf der Abszisse bei denjenigen Klassenmitten, für die keine Beobachtungen mehr vorliegen. Die Polygondarstellung bietet bei Abtragen der relativen Häufigkeiten gute Vergleichsmöglichkeiten mehrerer Häufigkeitsverteilungen, ist jedoch, da sie bei verschiedenen Klassenbreiten nicht geeignet ist, gegenüber dem → Histogramm in den Hintergrund getreten. – *Beispiel:* Die in Tabelle „Polygondarstellung

– Häufigkeitsverteilung" verzeichnete Häufigkeitsverteilung ergibt eine absolute Polygondarstellung gemäß der Zeichnung „Polygondarstellung – Absolute Darstellung".

Polygondarstellung – Häufigkeitsverteilung (Beispiel)

Klasse	Häufigkeit absolut	Klassenmitte
0 bis unter 10	5	5
10 bis unter 20	10	15
20 bis unter 30	20	25
30 bis unter 40	30	35
40 bis unter 50	25	45
50 bis unter 60	15	55
60 bis unter 70	5	65
zusammen	110	X

Polygondarstellung – Absolute Darstellung (Beispiel)

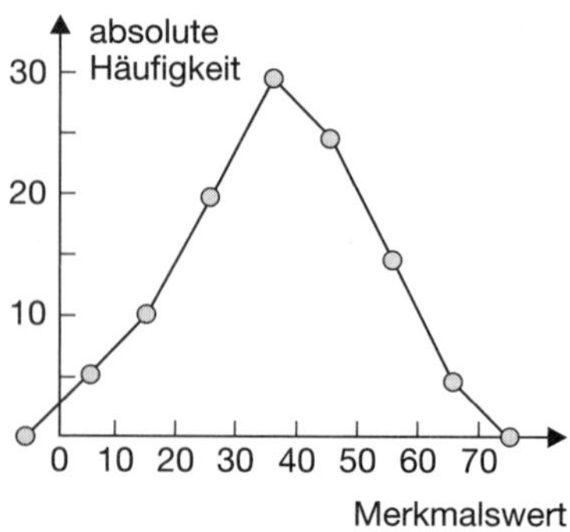

Polypol – 1. *Begriff:* → Marktform, die durch viele Anbieter und/oder Nachfrager charakterisiert ist (Anbieterpolypol, Nachfragerpolypol oder bilaterales Polypol). Das Polypol ist durch das Fehlen einer Interdependenz bzw. Reaktionsverbundenheit zwischen den Anbietern und/oder Nachfragern charakterisiert. – 2. *Unterscheidung:* a) Auf einem *vollkommenen Markt* können Anbieter oder Nachfrager aufgrund ihres geringen Marktanteils durch ihr Verhalten den Preis nicht beeinflussen; sie verhalten sich daher als *Mengenanpasser* (Preis = Datum, Menge = → Aktionsparameter; → vollkommene Konkurrenz). – b) Auf → *unvollkommenen Märkten* herrscht → monopolistische Konkurrenz. – Vgl. auch → polypolistische Preisbildung.

polypolistische Preisbildung – 1. *Preisbildung im homogenen Polypol:* Die Preisbildung im homogenen Polypol wird meist am Beispiel der → vollkommenen Konkurrenz dargestellt, die wegen der unterstellten *atomistischen* Struktur („Tropfenangebot" bzw. „Tropfennachfrage") – was eine sehr hohe Zahl von Teilnehmern impliziert – jedoch lediglich den *Grenzfall* des homogenen Polypols markiert. Dies ist zulässig, weil damit die weniger extrem ausgeprägten Fälle der Tendenz nach miterfasst werden. – Bei einer atomistischen Struktur sind die Marktanteile so gering, dass der einzelne Anbieter (oder Nachfrager) praktisch keinen Einfluss auf die Höhe des *Marktpreises* besitzt, der folglich als *Datum* betrachtet wird. → Aktionsparameter ist demnach die angebotene bzw. nachgefragte Menge, weshalb auch von *Mengenanpassern* gesprochen wird. Institutionell bedeutet dies, dass ein *Börsenauktionator* (→ Totalanalyse) vorhanden sein muss, der den Preis „bewegt". Fehlt ein solcher, müssen Anbieter und Nachfrager ihn selbst verändern, d.h., sie sind dann keine strikten „Mengenanpasser" mehr. Außerdem ist dann i.Allg. der Preis nicht mehr einheitlich, sodass ein *temporär unvollkommener Markt* vorliegt. Näherungsweise kann das Mengenanpasser-Modell jedoch auch hier angewendet werden. – Wie Anbieter und Nachfrager auf wechselnde Preise mengenmäßig reagieren, hängt von den *individuellen Angebots-* und *Nachfragefunktionen* ab. Letztere ergeben sich aus den Wirtschaftsplänen der → Haushalte und zeigen, dass die mengenmäßige Nachfrage ceteris paribus bei steigendem Marktpreis abnimmt. Umgekehrt steigt die angebotene Menge eines Unternehmer-Mengenanpassers, wenn der Marktpreis steigt. – *Gewinnmaximierung* führt in diesem Fall zu der Bedingung Grenzkosten = Marktpreis, d.h., der Mengenanpasser passt sich entlang seiner Grenzkostenkurve an. Sind die Grenzkosten konstant, so wird bis zur Kapazitätsgrenze produziert. Im Fall abnehmender Grenzkosten gilt dies ebenso und es kommt zu Ausscheidungsprozessen in Richtung → Oligopol oder → Monopol (u.a. kann ein sog. natürliches Monopol entstehen). – Da ein *homogener Markt* vorliegt, können Angebots- und Nachfragemengen der Anbieter bzw. Nachfrager horizontal addiert werden, kann also zur *aggregierten* oder *Marktbetrachtung* übergegangen werden. Damit ergeben sich folgende Konstellationen (für steigende bzw. konstante Grenzkosten; die „Stufenlänge" im zweiten Fall bezeichnet die jeweiligen Kapazitäten der einzelnen Polypolisten; vgl. Abbildung „Polypolistische Preisbildung (1)"). Man sieht, dass sich Marktpreis und -menge aus dem Schnittpunkt von Angebots- und Nachfragefunktion ergeben. Mengenanpasser, die gerade noch zum Zuge kommen, werden als *Grenzanbieter* bzw. *Grenznachfrager* bezeichnet. Die intra-marginalen Anbieter produzieren mit Gewinn *(Differenzialgewinne)*. Deutlich wird, dass die Höhe des sich bildenden Marktpreises abhängig ist von den → Präferenzen der Nachfrager, der Produktivität bzw. den Kosten und den Kapazitätsentscheidungen der

Polypolistische Preisbildung (1)

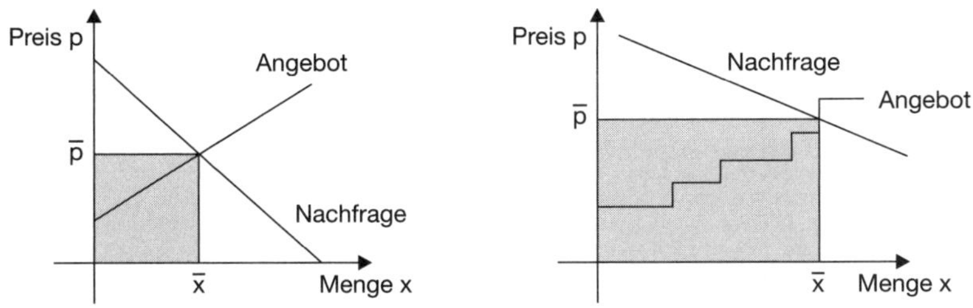

Anbieter. – 2. *Preisbildung im heterogenen Polypol:* Sie vollzieht sich ganz analog zum heterogenen → Oligopol bei polypolistischer Verhaltensweise, nur dass hier die Zahl der Anbieter größer ist. Auch die im Folgenden dargestellten Preisbildungsmodelle der monopolistischen Konkurrenz (Chamberlin) einerseits und des Ansatzes von Gutenberg andererseits, lassen sich mit dem dort benannten Instrumentarium angehen. – In der Bezeichnung *„monopolistische Konkurrenz"* kommt zunächst – ähnlich wie im Begriff *„unvollkommene Konkurrenz"* (Robinson) – die Heterogenität der gehandelten Produkte zum Ausdruck: Die Preisabsatzfunktion des einzelnen Anbieters verläuft nicht – wie im Mengenanpasser-Fall des homogenen Markts – parallel zur Abszisse (wegen $p = \bar{p}$), sondern – wie beim Monopol – fallend. Zum anderen besteht aber gerade kein echtes Monopol, sondern heftige Konkurrenz (freier Marktzutritt, zahlreiche Anbieter). Da die Produkte heterogen sind, verbietet sich eine Aggregation wie unter Punkt 1; außerdem sind die Preise selbst im Gleichgewicht i.Allg. verschieden. Dennoch kann man unter bestimmten Annahmen den Sachverhalt grafisch erfassen (vgl. Abbildung „Polypolistische Preisbildung (2)"). Senkt Anbieter i seinen Preis, steigt die Nachfrage entlang der Preisabsatzfunktion dd an, wenn alle übrigen Anbieter ihren Preis nicht verändern. Senken jedoch alle Anbieter ihren Preis im gleichen Ausmaß, steigt die nachgefragte Menge schwächer an, nämlich entlang der Funktion DD. Die Preissetzung der Firma i als der „repräsentativen Firma" orientiert sich im Fall der monopolistischen Konkurrenz an der Kurve dd. Kommt es dabei zu Gewinnen, so werden zusätzliche Anbieter angelockt, und zwar so lange, bis Gewinnlosigkeit eintritt. Dann ergibt sich der *Chamberlinsche Tangentenfall*, d.h., die Kapazitäten werden bes. im Fall positiver Skaleneffekte suboptimal genutzt. Diese Argumentation lässt sich jedoch nicht halten, weil die Produktionsprozesse der Unternehmen und die Kosten bei Heterogenität der Produkte ebenso unterschiedlich ausfallen werden wie die in einer solchen Situation notwendigen Werbungskosten, sodass ganz unterschiedliche Gewinne bei den Anbietern entstehen können. Außerdem kommen schon wegen der Werbungskosten → Sunk Costs ins Spiel, die den Markteintritt abbremsen. Schließlich hat Heuß zu Recht darauf hingewiesen, dass für „Übersetzung" und „Typeninflation" in einer Branche

Polypolistische Preisbildung (2)

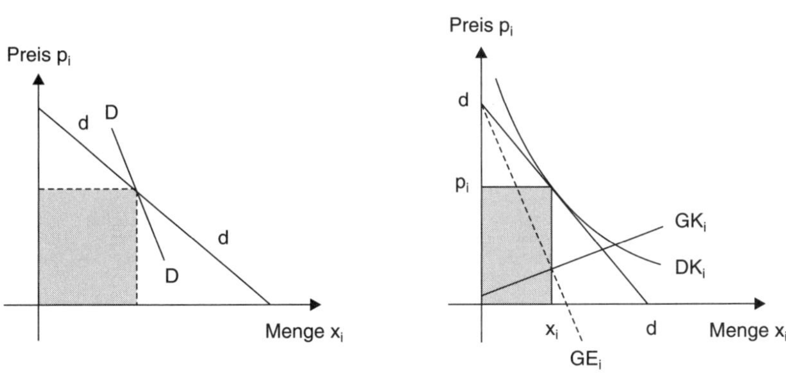

nicht die Heterogenität des Marktes, sondern die oligopolistische Verhaltensweise verantwortlich ist. – Eine gewisse Verwandtschaft mit Chamberlins dd-Kurve weist die *doppelt geknickte Preisabsatzfunktion* Gutenbergs auf (vgl. Abbildung „Polypolistische Preisbildung (3)"). Die Heterogenität der Produkte drückt sich hier in einem *monopolistischen Bereich* aus. Erst wenn der obere Grenzpreis p^o überschritten wird, kommt es zu starker Abwanderung der Kunden; erst wenn der untere Grenzpreis p^u unterschritten wird, kommt es zu stärkerer Zuwanderung. Preisdifferenzen müssen also in jedem Fall groß genug sein, um die Bindung der Kunden, die sich in der Existenz des relativ unelastischen Bereichs der Preisabsatzfunktion manifestiert, zu lockern. Die relativ starke Zuwanderung, die bei einer Preissenkung unterhalb des unteren Grenzpreises eintritt, erklärt sich aus der Existenz zahlreicher anderer Anbieter: Da aber alle im Durchschnitt nur wenig Nachfrage verlieren, bleibt die jeweilige Wirkung unterhalb *der Schwelle der Fühlbarkeit*. Hierin drückt sich der „Polypolismus" des Marktes aus. – Im Fall der doppelt geknickten Preisabsatzfunktion können – bedingt durch die sprunghafte Veränderung der Grenzerlös-(GE-)Kurve – mehrere lokale Gewinnmaxima auftreten, von denen das mit dem größten Gewinn ausgewählt wird. – 3. *Kritik*: Das Modell des heterogenen Polypols ist insofern eine äußerst fragwürdige Konstruktion, als sich die notwendige Annahme eines heterogenen Angebots und einer Vielzahl von Anbietern in einem endlichen Merkmalsraum für Heterogenität nicht aufrechterhalten lässt. Denn die mit zunehmender Anbieterzahl abnehmende Heterogenität der Angebote führt zu einer bes. Konkurrenzintensität weniger direkt benachbarter Produkte, die in eindeutig zurechenbarer oligopolistischer Interdependenz miteinander stehen, sodass hierfür keine „polypolistische", sondern nur eine oligopolistische Preisbildung in einem insgesamt gesehen sog. *Kettenoligopol* in Frage kommt. Dies lässt sich in einem Marktmodell mit räumlicher Heterogenität, in dem jeder Anbieter das gleiche Gut ex definitione an einem anderen Standort anbieten muss, klar machen (z.B. Tankstellen). Je dichter mit steigender Anbieterzahl das Standortnetz wird, um so intensiver wird aufgrund der abnehmenden räumlichen Kundenbindung der Wettbewerb mit den wenigen Anbietern der Nachbarstandorte (den Nachbartankstellen), während man mit den dahinterliegenden Anbietern nur indirekt durch räumliche Kettenreaktionen verbunden

Polypolistische Preisbildung (3)

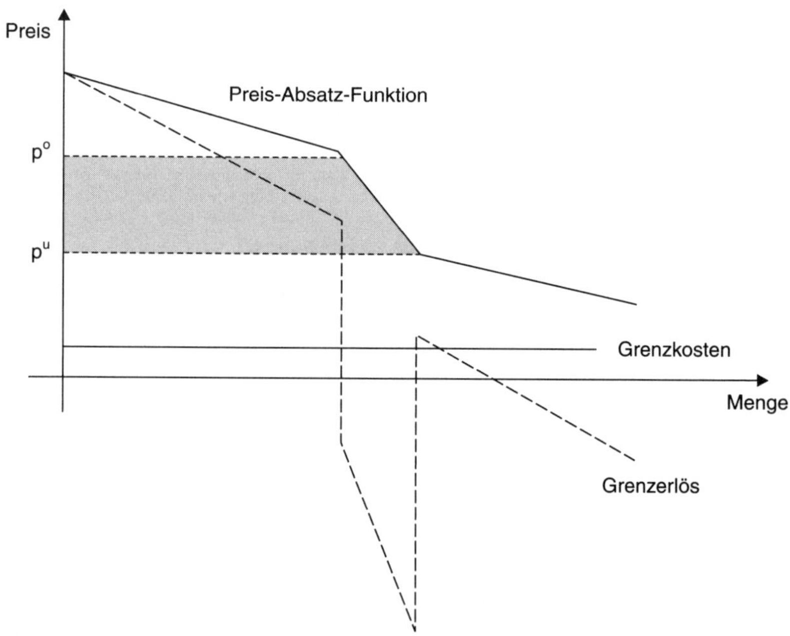

ist. Diese fundamentale Kritik gilt insbesondere für die doppelt geknickten Preisabsatzfunktionen Gutenbergs, weil sich diese nur durch Präferenzenleerräume der Nachfrager (räumlich betrachtet: nur durch nachfragerleere Markträume) begründen lassen. Diese Voraussetzung lässt sich aber im Zuge einer dichter werden Standortbesetzung immer weniger erfüllen, weil jeder Anbieter seinen Standort sozusagen auf einer Nachfragerinsel behalten müsste, die (bis zur nächsten Nachfragerinsel) rundherum mit einer nachfragerlosen Schutzzone (Wald, Wiese, Wasser) umgeben sein müsste (zur Kritik vgl. Literaturhinweis).

polyzentrisch – mögliche → strategische Grundhaltung international tätiger Unternehmungen gegenüber dem Ausland bzw. ihren → Auslandstochtergesellschaften. Eine polyzentrische Orientierung konkretisiert sich in hoher Autonomie der Tochtergesellschaften und einer Ausrichtung der personellen und sozialen Ebene der Unternehmensführung an den lokalen Gegebenheiten. Hierbei wird unterstellt, dass nur das Management in den Auslandstochtergesellschaften die Besonderheiten im Auslandsgeschäft richtig erkennen und beurteilen kann. – Vgl. auch → EPRG-Modell, → ethnozentrisch, → geozentrisch, → regiozentrisch.

PONPO – Abk. für → Program on Nonprofit Organizations.

Pool – I. Wettbewerbsrecht/ -politik 1. *Kartell höherer Ordnung*, bei dem zusätzlich zu Vereinbarungen über Konditionen, Preise und Angebots- oder Produktionsmengen eine schlüsselmäßige Verteilung der zentral erfassten Gewinne erfolgt. Meist in der Rechtsform einer GmbH, jedoch auch ohne eigene Rechtspersönlichkeit als Gewinngemeinschaft oder bes. Gewinnverteilungs-Kartell. – 2. *Zusammenfassung von Beteiligungen*, z.B. zwecks einheitlicher Geltendmachung von Aktionärsrechten (bes. → Stimmrechtsbindungen). Poolung des Effektenbesitzes interessierter Aktionäre zur Beherrschung eines Unternehmens.

II. Versicherungswesen → *Versicherungspool*. 1. *Begriff*: Risikogemeinschaft in Form einer Gesellschaft bürgerlichen Rechts, zu der sich rechtlich und wirtschaftlich selbstständige Erst- und Rückversicherer zusammenschließen, um für bes. große oder unausgeglichene Risiken eine breitere versicherungstechnische Grundlage zu schaffen. – 2. *Merkmale*: Die Mitglieder verpflichten sich, bestimmte Risiken nur im Rahmen des Versicherungspools zu zeichnen. Sie bringen diese Risiken unter Aufrechterhaltung ihrer geschäftlichen Selbstständigkeit gegen Provision in den Versicherungspool ein. An dem Gewinn oder Verlust des Versicherungspools ist jeder Versicherer gemäß seiner Quote beteiligt. Zur weiteren Risikoverteilung werden häufig Rückversicherungen abgegeben oder genommen. – 3. *Arten*: Poolarten sind a) Mitversicherungspools, bei denen alle Mitglieder mit ihren Anteilen als Erstversicherer auftreten, und – b) Rückversicherungspools, bei denen Erstversicherer die Risiken zeichnen und diese dann in Form der Rückversicherung an die beteiligten Poolversicherer verteilen.

Poolabschreibung – auch Sammelposten genannt. Seit dem Veranlagungszeitraum 2008 ist für abnutzbare bewegliche Wirtschaftsgüter des Anlagevermögens, die selbstständig nutzungfähig sind und deren Anschaffungskosten bzw. Herstellungskosten netto mehr als 150 Euro bis 1.000 Euro betragen, ein Sammelposten zu bilden, § 6 Abs. 2a EStG. Dieser ist ab dem Jahr der Bildung und in den vier folgenden Wirtschaftsjahren gleichmäßig mit jeweils $^1/_5$ (sog. Poolabschreibung) aufzulösen. Der Tag des Zugangs bleibt hierbei unberücksichtigt. Ein Ausscheiden des Wirtschaftsguts aus dem Betriebsvermögen berührt die Höhe des Sammelpostens nicht. Für Überschusseinkünfte gilt weiterhin die Sofortabschreibung im Rahmen der Werbungskosten für Wirtschaftsgüter bis 410 Euro. Ab dem Veranlagungszeitraum 2010 hat der Steuerpflichtige die Wahl zwischen der Sofortabschreibung für geringwertige Wirtschaftsgüter bis 410 Euro und der Poolabschreibung für alle Wirtschaftsgüter zwischen 150 Euro und 1.000 Euro. Bei Überschusseinkünften bleibt es bei der Sofortabschreibung bis 410 Euro. Das Wahlrecht ist jedoch für jedes Wirtschaftsjahr einheitlich auszuüben. Vgl. auch geringwertige Wirtschaftsgüter.

Pooling-of-Interests-Methode – 1. *Begriff*: *Interessenzusammenführungsmethode, Merger Accounting*; Methode der → Kapitalkonsolidierung von Unternehmenszusammenschlüssen im Konzernabschluss. – 2. *Ausgestaltung*: Nach der Pooling-of-Interests-Methode wird der Beteiligungsbuchwert mit dem anteiligen bilanziellen Eigenkaptal des Tochterunternehmens verrechnet. Ein verbleibender aktivischer (passivischer) Unterschiedsbetrag ist mit den Konzernrücklagen zu verrechnen. Stille Reserven (stille Lasten) und ggf. ein Goodwill werden nicht aufgedeckt, sodass hier eine Buchwertfortführung stattfindet. In den Folgejahren ergeben sich keinerlei Ergebnisbelastungen aufgrund von Goodwill-Abschreibungen oder Abschreibungen auf stille Reserven, sodass sie international in die Kritik geraten ist. – 3. *Anwendung*: Als Folge hat das US-amerikanische → Financial Accounting Standards Board (FASB) die Methode im Jahr 2001 gegen den Widerstand aus der Unternehmenspraxis abgeschafft. Auch das → International Accounting Standards Board (IASB) hat sich mit IFRS 3 zu einer Abschaffung dieses Verfahrens entschlossen. In Deutschland wurde sie mit dem → Bilanzrechtsmodernisierungsgesetz (BilMoG) 2009 ebenfalls verboten.

Pool Leasing – Form des → Leasings mit flexiblen Zugriffsrechten auf einen Pool unterschiedlicher technischer Produktvarianten.

Poolpalette → Palette.

POP – 1. *Marketing:* Abk. für *Points of Parity*; im Marketing wettbewerbsorientierte Positionierungsstrategie mit dem Ziel, jene Anforderungen zu erfüllen, die alle Produkte bzw. Wettbewerber, die einer bestimmten Kategorie angehören, kennzeichnen (z.B. stellt die Allradtauglichkeit eines Fahrzeugs, das als SUV (Sport Utility Vehicle) wahrgenommen werden soll, einen POP dar). Points of Parity sind somit von der Zielgruppe wahrgenommene Übereinstimmungen von Leistungseigenschaften verschiedener Produkte bzw. Wettbewerber. – 2. *Handel:* Abk. für *Point of Purchase,* → Point of Sale (POS).

Popitzsches Gesetz – 1. *Begriff:* Vom Finanzwissenschaftler und -politiker J. Popitz 1926/1927 aufgestellte These der „Anziehungskraft des Zentralen Haushalts", die dazu führe, dass sich im Zeitablauf immer mehr Zuständigkeiten von den Gliedstaaten, sekundär auch von den Gemeinden, auf den Zentralstaat verlagerten. – 2. *Gründe:* (1) geringere Elastizität der Einnahmen der Gliedstaaten, die den Zentralstaat zu finanziellen Unterstützungszahlungen zwinge, ihm damit zugleich aber auch die Übernahme von Zuständigkeiten ermögliche; (2) Inhomogenität der Gliedstaaten in Größe und Finanzkraft, die diesen Zusammenhang noch verstärke; (3) der nur dem Zentralstaat offen stehende Zugriff auf die Notenbank; (4) politische Präponderanz, die die Kompetenzen des Zentralstaats stärke; (5) die im Zuge der Entwicklung zum Wohlfahrtsstaat auftretende Umwandlung von zunächst örtlich gelösten Aufgaben in „gesetzlich geregeltes Versorgungsrecht" (→ Wagnersches Gesetz). – 3. *Beurteilung:* Der behauptete Zusammenhang ist z.T. aus den politischen Besonderheiten der Weimarer Zeit abgeleitet, „Gesetzescharakter" kann er nicht beanspruchen, wenngleich viele der von Popitz behaupteten Zusammenhänge hohe Plausibilität besitzen und auch heute noch gelten dürften. Methodisch lässt sich eine Zentralisierung der Aufgabenzuständigkeiten nur schwer nachweisen. In der Bundesrepublik Deutschland ist sie – (verkürzt) gemessen an den Ausgabenanteilen der Ebenen – nicht feststellbar; sie bestätigt sich hingegen bez. der Verteilung der → Gesetzgebungskompetenz.

Popitz-Schliebensche Finanzreform – 1924/1925, eine Fortsetzung der mit der → Erzbergerschen Finanzreform (1919/1920) begonnenen Stärkung der Finanzgewalt des Zentralstaates. Abkehr von dem Prinzip des „Kostgängerstaates" (Reich = Kostgänger der Länder). Mit der Währungsreform von 1923, dem Londoner Schuldenabkommen von 1924 und dem sich einstellenden Wirtschaftsaufschwung waren die Erfolgsbedingungen äußerst günstig. Nach der Schaffung der Reichsabgabenordnung von 1919 und der Erhebung der Einkommensteuer 1920 zur Reichssteuer (einfach durchgestaffelter progressiver Tarif von Steuersätzen bis zum Plafond von 40 Prozent) wurde v.a. der → Finanzausgleich weiter ausgebaut, mit bes. Betonung der Stellung der Gemeinden im Staatswesen („Unterbau des Staates" mit hoher finanzwirtschaftlicher Eigenständigkeit). Der Finanzausgleich wurde zu einem vom Reich dominierten → Trennsystem ausgebaut, die Länder erhielten bestimmte Steuerarten bzw. Anteile daran zugewiesen. Mit den beim Reich anfallenden Überschüssen wurden v.a. die Reparationen bedient. – Vgl. auch → Finanzreform.

Popper-Kriterium – von Popper, dem Begründer des → Kritischen Rationalismus, formulierter Vorschlag zur Abgrenzung erfahrungswissenschaftlicher Aussagen. Gefordert wird, dass ein empirisch-wissenschaftliches System an der Realität scheitern können muss. Es handelt sich um die logische Eigenschaft der Falsifizierbarkeit bzw. Prüfbarkeit erfahrungswissenschaftlicher Aussagen (→ Informationsgehalt). Über die tatsächliche → Falsifikation ist mithilfe anderer Kriterien zu entscheiden.

Popularklage – im geltenden Recht über die Verwaltungs- und Verfassungsgerichtsbarkeit i.Allg. ausgeschlossene Klage, durch die ein beliebiger Staatsbürger die Überprüfung der Rechtmäßigkeit einer Rechtsvorschrift oder eines gegen einen anderen Staatsbürger ergangenen → Verwaltungsakts verlangen kann. – *Ausnahme:* Art. 98 der Verfassung des Freistaates Bayern.

Population Trap → Bevölkerungsfalle.

Port – hat in der → Datenverarbeitung mehrere Bedeutungen: (1) in Mikroprozessorsystemen der Umsetzer zwischen dem Bussystem und externen → Schnittstellen. (2) ein → Programm, das → Daten für eine Schnittstelle aufbereitet. Bei Netzwerkprotokollen sind Ports Nummern, die es ermöglichen, dass Datenpakete den richtigen Anwendungen zugeordnet werden können.

Portabilität – Merkmal der → Softwarequalität: Übertragbarkeit eines Softwareprodukts. Die Portabilität eines Softwareprodukts ist hoch, wenn der Anpassungsaufwand bei Übertragung in eine andere Umgebung (anderer → Computer oder anderes → Betriebssystem (BS)) gering ist. Wichtiges Qualitätsmerkmal bei langlebigen Softwareprodukten, aber meist sehr schlecht erfüllt.

Portal → Website, die als Einstiegsseite ins → Internet von möglichst vielen Nutzern bzw. → Benutzern besucht werden soll. Ein Portal bietet i.d.R. ein breites Spektrum an Diensten (z.B. Kategorisierung und Systematisierung von Webinhalten, → Suchmaschine, → E-Mail, → Chat etc.) an. Portale sind häufig themenspezifisch abgegrenzt und versuchen dadurch, bestimmte → Zielgruppen anzuziehen.

Port Communication System – Informationstechnologische Verknüpfung der Teilnehmer von multimodalen Versorgungsketten durch Datenkommunikationsysteme der Seehäfen. Neben den Nachfragern von Güterverkehrsleistungen (Importeur, Exporteur, Versender) sind die Anbieter dieser Leistungen (Reeder, Bahngesellschaften,

Straßengütertransportbetriebe, Spediteure, Agenten, Kai- und Umschlagsbetriebe, Tallybetriebe) sowie die Hafenbehörden über diese Systeme untereinander vernetzt. Aktuelle Entwicklungen zielen darauf ab, diese Systeme um zusätzliche Funktionalitäten im Gefahrgutbereich und für die Lenkung des zu- und ablaufenden Verkehrs zu erweitern sowie die Nutzung von Internetdiensten weiter zu erhöhen.

Portefeuille → Portfolio.

Portefeuilletheorie → Portfolio Selection.

Portfolio – *Portefeuille;* Bezeichnung in der Kapitalmarkttheorie für den Bestand an Wertpapieren eines Investors. – Vgl. auch → Kapitalmarkttheorie, → Portfolio-Analyse, → Portfolio Selection.

Portfolio-Analyse – I. Entstehung: 1. *Portfolio-Ansatz von Markowitz* (1952), der Finanzwirtschaft zuordenbar: Eine Planungsmethode zur Zusammenstellung eines Wertpapierbündels (Portefeuille), das, nach bestimmten Kriterien (z.B. Erwartungswert und die Standardabweichung der Kapitalrendite) bewertet, eine optimale Verzinsung des an der Aktienbörse investierten Kapitals erbringen sollte (→ Portfolio Selection). – 2. Der Ansatz wurde später auf andere Bereiche (z.B. Sachinvestitionen) übertragen. – Anfang der 1970er-Jahre gelang es, die *Portfolio-Analyse auf ganzheitliche Problemstellungen* bei diversifizierten Unternehmen anzuwenden (Vorreiter in der Praxis: General Electric): Es ging um die Bestimmung eines nach zukünftigen Chancen und Risiken ausgewogenen Produkt/ Markt-Programms. – Seither wurde die Portfolio-Analyse vielfach modifiziert und zählt zu den verbreitetsten Analyse- und Planungsinstrumenten des → strategischen Managements.

II. Ziel: Ist die Betrachtungsebene der Portfolio-Analyse das Gesamtunternehmen, so sind seine Elemente die → strategischen Geschäftsfelder (SGF). Grundüberlegung der Portfolio-Analyse ist es, die einzelnen SGF nicht isoliert zu betrachten, sondern eine ganzheitliche Planung des Verbundes aller SGF anzustreben. Die Portfolio-Analyse visualisiert, wie ausgewogen die Geschäfte eines Unternehmens sind. Da sie damit auch eine Denkfigur bietet, ist sie nicht nur eine Analysemethode, sondern auch eine Führungskonzeption *(Portfolio-Management).*

III. Ansätze: Um die Geschäfte eines Unternehmens untereinander vergleichbar zu machen, werden, je nach Konzept, unterschiedliche Bewertungskriterien zu einer generalisierenden Vereinfachung der Sachverhalte herangezogen. – 1. *Portfolio-Analyse der Boston Consulting Group:* a) *Kriterien* sind „Marktwachstum", als Ausdruck der Attraktivität eines Marktes, und „relativer Marktanteil", als Ausdruck der Wettbewerbsposition eines Geschäfts des Unternehmens relativ zur Konkurrenz. Beide Kriterien zeigen sich im PIMS-Modell (→ PIMS) stark positiv korreliert zur Rentabilität (bzw. dem Gewinn). Aus der Marktwachstums-Marktanteils-Matrix ergeben sich vier Portfoliokategorien, aus denen sog. *Normstrategien,* d.h. mögliche strategische Verhaltensweisen, und die sinnvolle Aufteilung von Ressourcen (finanzielle Mittel, Sach- und Humankapital) abgeleitet werden können. Diese vier Kategorien sind: → Stars, → Cash Cows, → Dogs und → Question Marks. – b) *Theoretische Grundlage* sind das Konzept des → Lebenszyklus (z.B. weist eine frühe Phase im Lebenszyklus auf hohe Wachstumspotenziale hin, erfordert aber auch erhöhte Investitionen) sowie die → Erfahrungskurve (ein höherer Marktanteil ermöglicht eine günstigere Position auf der Erfahrungskurve und damit mehr Gewinn und Cashflow). – c) *Darstellungsweise:* Eine Portfolio-Matrix mit den unter a) genannten Dimensionen zeigt die Abbildung der Portfolio-Matrix der Boston Consulting Group in der Übersicht „Portfolio-Analyse". Positioniert man in ihr die strategischen Geschäftsfelder, lassen sich vier Arten mit ihren dazugehörigen Normstrategien unterscheiden. Diese Normstrategien zielen auf eine Ressourcenzuteilung ab, die ein längerfristiges Gleichgewicht der Zahlungsströme sowie eine ausgewogene Investitionspolitik erwarten lässt. – 2. *Portfolio-Analyse von McKinsey:* a) *Kriterien:* Eine Eindimensionalität zur Erklärung der „Marktattraktivität" und der „relativen Wettbewerbsposition" (Wettbewerbsvorteil) wird aufgegeben. Eine Vielfalt quantitativer und qualitativer Faktoren wird als erfolgsbestimmend für Strategien angenommen. – b) *Darstellungsweise:* Eine Portfolio-Matrix mit neun Feldern, die mit Normstrategien versehen sind (vgl. Abbildung „Portfolio-Analyse"). – 3. *Markt-Produktlebenszyklus-Portfolio:* Auf der Ordinate wird entweder nur der Marktanteil (mit dem Mittelwert aus der PIMS-Datenbank als Skalen-Mitte) oder die relative Wettbewerbsposition (als Ergebnis einer multifaktoriellen Bewertung anhand einer Checkliste) abgetragen; auf der Abszisse werden anhand einer Checkliste die strategischen Geschäftsfelder durch das Management bez. ihrer Phase im Produktlebenszyklus (Lebenszyklus) eingestuft. – Grundidee ist es, den strategischen Geschäftsfelder-Mix so zu gestalten, dass jeweils ausreichend neue Geschäfte, aber auch Geschäfte in der Phase hoher Cash-Generierung zur Finanzierung der Wachstumsprodukte vorhanden sind (vgl. Abbildung Markt-Produktlebenszyklus-Portfolio in der Übersicht „Portfolio-Analyse"). – 4. *Technologie-Portfolio:* Die Forschungsgruppe für Innovation und Technologische Voraussage geht von der These aus, dass Technologie-Lebenszyklen erheblich länger und andersartiger sind als die hinter den Produkt/Markt-Portfolio-Ansätzen stehenden Produktlebenszyklen. Deshalb wird ein Portfolio-Management auf der Basis einer dreidimensionalen Definition der Geschäfte gefordert, verwirklicht durch eine ergänzende Analyse. Anhand der Dimensionen „Technologie-Attraktivität" und „Ressourcenstärke" (bei der Beherrschung eines Technologiegebietes relativ zur Konkurrenz) werden die hinter den Produkt/ Markt-Kombinationen der strategischen Geschäftsfelder stehenden Produkt- und Prozesstechnologien

Portfolio-Analyse

Portfolio-Matrix der Boston Consulting Group

MARKTWACHSTUM		niedrig	hoch
hoch		FRAGEZEICHEN • selektiv vorgehen	STARS • fördern • investieren
niedrig		ARME HUNDE • desinvestieren • liquidieren	MELKKÜHE • Position halten • ernten
0	0		100

RELATIVER MARKTANTEIL

Portfolio-Matrix von McKinsey

MARKTATTRAKTIVITÄT	niedrig	mittel	hoch
hoch	SELEKTIVES VORGEHEN – Spezialisierung – Nischen suchen – Akquisition erwägen	SELEKTIVES WACHSTUM – Potenzial für Marktführung durch Segmentierung abschätzen – Schwächen identifizieren – Stärken aufbauen	INVESTITION UND WACHSTUM – wachsen – Marktführerschaft anstreben – Investitionen maximieren
mittel	ERNTEN – Spezialisierung – Nischen suchen – Rückzug erwägen	SELEKTIVES VORGEHEN – Wachstumsbereiche identifizieren – Spezialisierung – selektiv investieren	SELEKTIVES WACHSTUM – Wachstumsbereiche identifizieren – stark investieren – ansonsten Position halten
niedrig	ERNTEN – Rückzug planen – desinvestieren	ERNTEN – Geschäftszweig „auszuzeln" – Investitionen minimieren – auf Desinvestitionen vorbereiten	SELEKTIVES VORGEHEN – Gesamtposition halten – Cash flow anstreben – Investitionen nur zur Instandhaltung

RELATIVE WETTBEWERBSPOSITION

Markt-Produktlebenszyklus-Portfolio

WETTBEWERBSPOSITION	ENTSTEHUNG	WACHSTUM	REIFE	ALTER
dominant	Marktanteile hinzugewinnen oder mindestens halten	Position halten Anteil halten	Position halten Wachstum mit der Branche	Position halten
stark	Investieren, um Position zu verbessern. Marktanteilgewinnung (intensiv)	– Investieren, um Position zu verbessern – Marktanteilgewinnung	Position halten Wachstum mit der Branche	Position halten oder „ernten"
günstig	Selektive oder volle Marktanteilgewinnung. Selektive Verbesserung der Wettbewerbsposition.	– Versuchsweise Position verbessern – Selektive Marktanteilgewinnung	– Minimale Investitionen zur „Erstandhaltung" – Aufsuchen einer Nische	„Ernten" oder stufenweise Reduzierung des Engagements
haltbar	Selektive Verbesserung der Wettbewerbsposition	– Aufsuchung und Erhaltung einer Nische	– Aufsuchen einer Nische oder stufenweise Reduzierung des Engagements	Stufenweise Reduzierung des Engagements oder Liquidieren
schwach	Starke Verbesserung oder Aufhören	– Starke Verbesserung oder – Liquidierung	Stufenweise Reduzierung des Engagements	Liquidieren

LEBENSZYKLUSPHASE

positioniert, verbunden mit einer Zuordnung von Normstrategien. – 5. *Modifizierungen/weitere Ansätze/Anwendbarkeit:* Die dargestellten Portfolio-Ansätze wurden in vielfacher Weise modifiziert, u.a. Unschärfepositionierung, annahmebedingte Einteilung der Felder. – Außerdem existieren zahlreiche weitere Ansätze: Ressourcen-Geschäftsfeld-Portfolio, Unternehmensposition-Verwundbarkeit-Portfolio, Shell-International-(Directional-Policy-)Matrix etc. – Jeder dieser Ansätze hat seine kontexteigenen Stärken und Schwächen. Auch führt jeder der Ansätze aufgrund der unterschiedlichen theoretischen Bezugsrahmen zu verschiedenen Strategieempfehlungen. Man wird deshalb vor dem Hintergrund der jeweiligen Situation meist *mehrere Ansätze in Verbindung mit anderen strategischen Analyseinstrumenten* zum Einsatz bringen.

Portfolio-Ansatz – 1. *Begriff:* theoretischer Ansatz zur Wechselkursbestimmung (z.B. das *Branson-Modell*) für Situationen mit hoher, aber nicht perfekter → internationaler Kapitalmobilität. Resultiert aus der *bestandsgrößenorientierten* Betrachtung des → Devisenmarktes. – 2. *Darstellung:* Der gleichgewichtige nominelle → Wechselkurs ist nach dem Portfolio-Ansatz jener Kurs, bei dem renditeorientierte Anleger die gegebenen Bestände der in verschiedenen Währungen notierten Finanzaktiva, die annahmegemäß als imperfekte Substitute betrachtet werden, zu halten bereit sind *(Portfoliogleichgewicht).* Dies erfordert – in Abhängigkeit vom Grad der internationalen Kapitalmobilität – ganz bestimmte → Risikoprämien. Diese wiederum hängen bei gegebenen Zinssätzen und gegebenen Wechselkurserwartungen vom Wechselkurs ab, sodass ein Portfoliogleichgewicht nur bei einem ganz bestimmten Wechselkurs erreicht wird. – Bedingt durch die für den Portfolio-Ansatz charakteristische Annahme der imperfekten Substitutionalität in- und ausländischer zinstragender Assets besteht für die → Zentralbank diskretionärer Spielraum zur Beeinflussung des heimischen Zinssatzes und des Wechselkurses. Verbindung von Strom- und Bestandsgleichgewichten dadurch, dass Ungleichgewicht der Leistungsbilanz mit entsprechenden, aber entgegen gesetzten Veränderungen der Bestände an ausländischen Wertpapieren einhergehen. Hierdurch werden Rückwirkungen auf die Assetmärkte ausgelöst. – Vgl. auch → Zahlungsbilanzausgleich, → außenwirtschaftliches Gleichgewicht, → Vermögenspreisansatz zur Wechselkursbestimmung, → monetaristisches Wechselkursmodell, → Wechselkurstheorie.

Portfolio-Investition – Form der → Auslandsinvestition. Portfolio-Investitionen sind Übertragungen inländischen Kapitals ins Ausland zum Zweck des Erwerbs von Forderungen, die keine direkten Eigentumsrechte begründen, z.B. von Anteilen an Immobilienfonds, von Obligationen sowie von Anteilen an Unternehmen, sofern damit nicht ein wesentlicher Einfluss auf die Unternehmenspolitik verbunden ist. – Für *Entscheidungen über* Portfolio-Investitionen wird i.d.R. ein Rendite- und Risikokalkül unterstellt, in das sowohl die feste oder variable Verzinsung des Wertpapiers als auch Gewinnmöglichkeiten aus erwarteten Kursbewegungen am Wertpapiermarkt als auch Überlegungen zur Risikodiversifikation eingehen. – *Gegensatz:* → Direktinvestition.

Portfolio-Management → Portfolio-Analyse.

Portfolio-Matrix → Portfolio-Analyse.

Portfolio Selection – *Portfeuilletheorie, Portfoliotheorie.* 1. *Charakterisierung:* Theorie über die optimale Mischung von Risikopapieren (Aktien); 1952 von Markowitz erstmalig quantifiziert. – Ausgangspunkt der Überlegung ist ein bestimmter zu Investitionszwecken zur Verfügung stehender Betrag. Im Vergleich zu einer Investition des gesamten Betrags in ein einziges Risikopapier lässt sich durch breite Streuung des Betrags auf mehrere verschiedene Titel (→ Diversifikation) das Risiko der Anlage (gemessen an der Varianz der Rendite) vermindern. Voraussetzung hierfür ist, dass die Renditen der Wertpapiere nicht perfekt positiv miteinander korreliert sind. – 2. *Bedeutung:* a) *Theoretisch:* Die Portfolio Selection bildet die Grundlage für die → Kapitalmarkttheorie (→ Capital Asset Pricing Model (CAPM)). – b) *Praktisch:* Der Gedanke der Risikovernichtung durch Diversifikation führte zur Bildung und Verbreitung von Aktienfonds, die ein breites Portefeuille an Risikopapieren halten. – c) Übertragung der Grundidee der Risikodiversifikation auf internationale Unternehmenspolitik: → Internationale Unternehmung. – 3. *Beurteilung:* Dem Grundgedanken der Risikoreduzierung durch Diversifikation kommt in der Praxis große Bedeutung zu. Die praktische Umsetzung ist durch Datenunsicherheit bei der Bestimmung von Erwartungswerten, Varianzen und Kovarianzen beeinträchtigt. Auch bleibt die Frage des Timings (An- und Verkaufszeitpunkt) ungeklärt.

Portfoliotheorie → Portfolio Selection.

Portfolio-Werbung – bezeichnet die werbliche Maßnahme eines Unternehmens, in welcher die → Dachmarke zusammen mit den innerhalb einer → Markenarchitektur ihr untergeordneten Produktmarken gemeinsam präsentiert wird.

Portokasse – organisatorisch von der Hauptkasse getrennte → Kasse für laufende kleine Postausgaben (Briefmarken, Pakete, Telegramme u.Ä.) und sonstiges Handgeld der Expedition. Der Bestand an Wertzeichen und Bargeld ist dem Kassenbestand zuzurechnen. – *Buchung* der Ausgaben der Portokasse auf dem Kassenkonto (→ Kasse) summarisch (täglich, wöchentlich, meist monatlich). – Die Portokasse ist in die → Kassenprüfung mit einzubeziehen.

Portokosten – Kosten für Briefporto; werden i.d.R. auf einer eigenen Kostenstelle gesammelt und im Rahmen der → innerbetrieblichen Leistungsverrechnung entweder pauschal (per Umlagen) oder auf Basis eines gemessenen Briefaufkommens auf die Kostenstellen verteilt.

POS – Abk. für → Point of Sale (POS).

POSDCORB – von der amerik. Management Process School entwickeltes Akronym für die wichtigsten Aufgaben des Managements: Planning (P), Organizing (O), Staffing (S), Directing (D), Coordinating (C), Reporting (R), Budgeting (B).

Positionierung – zielgerichtete Einordnung eines Objektes in einem mehrdimensionalen Merkmalsraum, z.B. in einem Koordinatenkreuz aus Marktattraktivität und Marktwachstum (→ Portfolio-Analyse). Positioniert werden können Unternehmen, Geschäftsfelder, Produkte (→ Produktpositionierung) oder Marken (→ Markenpositionierung). Wenn gleichzeitig die Objekte der Mitbewerber in den gleichen Merkmalsraum eingefügt werden, kann man Rückschlüsse über die eigene Stellung am Markt und über Entwicklungspotenziale gewinnen.

Positionierungsstudie – Studie in der → Marktforschung, die sich mit der vergleichenden Beurteilung von Marken aus Sicht der Verbraucher befasst.

Positionswechsel – Ursprungserwerb einer Ware nach den sog. *Listenkriterien* in den Anhängen der → Ursprungsregeln.

Positivattest → Zeugnis des Registergerichts über eine Eintragung im Handelsregister als Einzelkaufmann oder über die Vertretungsbefugnis bei beliebigen Firmen. – *Gegensatz:* → Negativattest.

positive Agency-Theorie → Agency-Theorie.

positive Anpassungspolitik – *Positive Adjustment Policy;* von der OECD entwickeltes Konzept der → sektoralen Strukturpolitik (1983). – *Ziele:* (1) Die positive Anpassungspolitik zielt auf eine *Beschleunigung des* → sektoralen Strukturwandels durch Beseitigung von *Anpassungshemmnissen.* Ausgehend von dem empirischen Befund, dass strukturelle Anpassungsprozesse in einer wachsenden Volkswirtschaft und bei stabilen makroökonomischen Rahmenbedingungen leichter zu bewältigen sind, wird der Stabilitäts- und Wachstumspolitik auch eine strukturpolitische Verantwortung auferlegt. (2) Zudem wird eine Erhöhung der *mikroökonomischen Flexibilität* gefordert. Die Faktormobilität hängt entscheidend davon ab, dass der Lenkungsmechanismus der Preise und Löhne funktioniert. In diesem Kontext wird bes. eine stärkere Lohndifferenzierung für wünschenswert gehalten, um den Arbeitskräften Anreize für die Suche nach besseren und zukunftssicheren Beschäftigungsmöglichkeiten zu bieten. Hinsichtlich der Mobilität des Faktors Kapital ist auf die Schaffung eines günstigen Investitionsklimas hinzuwirken. (3) Weiterer Ansatzpunkt ist die *Wettbewerbspolitik*, die sich darauf ausrichten soll, die Märkte für potenzielle Konkurrenz offen zu halten. Wettbewerbspolitisches Leitbild ist hierbei nicht die vollständige Konkurrenz, sondern eher das Modell des *funktionsfähigen Wettbewerbs* (Wettbewerbspolitik). (4) Auch hat die → Innovationsförderung eine wichtige Rolle zu spielen. Sie zielt im Konzept der positiven Anpassungspolitik aber überwiegend auf die Herstellung allg. innovationsfreundlicher Rahmenbedingungen. (5) Für *Erhaltungs- oder Stützungsmaßnahmen* zugunsten solcher Wirtschaftszweige, die im Strukturwandel bedroht sind, sieht die positive Anpassungspolitik nur einen engen Spielraum. Sie werden als zulässig erachtet, um den zeitlichen Ablauf notwendiger Anpassungsprozesse zu strecken, bes. um den Unternehmen Gelegenheit zu geben, ihre Produktion zu restrukturieren, bzw. durch Innovationsbemühungen ihre Marktposition wieder zu festigen. – *Zusammenfassend* kann das Konzept der positiven Anpassungspolitik als ein strukturpolitischer Ansatz bezeichnet werden, der den Unternehmen Hilfe zur Selbsthilfe vermittelt.

positive Forderungsverletzung → positive Vertragsverletzung.

positive Reaktion – Anforderung an → Abstimmungsverfahren, die sicherstellt, dass ein Wähler, der im Fall eines Stimmen-Gleichstands sein Wahlverhalten zugunsten einer Alternative ändert, dieser damit zum Sieg verhilft. – *Gegensatz:* → negative Reaktion.

positives Interesse – *Erfüllungsinteresse;* Begriff des Bürgerlichen Rechts hinsichtlich Schadensersatz. Dem Gegner ist zu ersetzen, was er bei ordnungsgemäßer Erfüllung des Vertrages gehabt haben würde. – Vgl. auch → Interesse.

positive Vertragsverletzung – Verletzung einer (meist vertraglichen) Verpflichtung, die nicht → Verzug oder → Unmöglichkeit begründet. Durch die → Schuldrechtsreform als → Schlechtleistung und Verletzung einer → Schutzpflicht in das → Bürgerliche Gesetzbuch (BGB) integriert.

Positivismus – 1. *Begriff:* Bezeichnung für eine Position, der zufolge sich die → Realwissenschaften auf die Erforschung der beobachtbaren Sachverhalte („Positiva“) beschränken sollen. Begründer ist Hume; der Name selbst geht auf Comte zurück, der das *Drei-Stadien-Gesetz* der wissenschaftlichen Entwicklung formulierte: (1) *Theologische* Stufe: Reale Erscheinungen werden auf das Wirken eines Gottes oder mehrerer Götter zurückgeführt. (2) *Metaphysische* Stufe: Erfassung des allg. Wesens der Dinge (→ Essentialismus). (3) *Positive* Stufe (höchste): Beschreibung von Tatsachen. – 2. *Neuere Entwicklung:* Eine Weiterentwicklung stellt der *logische Positivismus* des Wiener (R. Carnap u.a.) und des Berliner Kreises (Reichenbach u.a.) dar; als wissenschaftlich sinnvoll gelten nur solche Fragestellungen, über deren Richtigkeit Erfahrungstatsachen entscheiden können (Erfahrung als Sinnkriterium). Gilt heute als überwunden, wozu v.a. die Rezeption des → Kritischen Rationalismus in den Einzelwissenschaften beigetragen hat. – 3. Als naiv-positivistische Position kann ein *radikaler Empirismus* interpretiert werden; seine Merkmale bestehen in der bloßen Akkumulation von Fakten und der Formulierung erfahrungsnaher → Hypothesen, während die Suche nach allg. → Theorien vernachlässigt wird.

Positivwirkung – Eine Auswirkung des → Publizitätsprinzips des → Handelsregisters. Positivwirkung bedeutet, dass eine im Handelsregister eingetragene und bekannt gemachte eintragungspflichtige Tatsache grundsätzlich gegenüber Dritten gilt; nicht jedoch bei Rechtshandlungen, die innerhalb von 15 Tagen nach der Bekanntmachung vorgenommen werden, wenn der Dritte beweist, dass er die Tatsache weder kannte noch kennen musste (§ 15 II HGB). Ist die eingetragene Tatsache unrichtig bekannt gemacht, so kann sich ein Dritter darauf berufen, es sei denn, dass er die Unrichtigkeit kannte (§ 15 III HGB). – Vgl. auch → Negativwirkung.

Possibilismus – bei der Wirtschaftsraumanalyse (→ Wirtschaftsraum) Forschungsansatz, der den menschlichen Entscheidungs- und Interpretationsspielraum innerhalb bestimmter sozialer und physischer Grenzen betont. Gesellschaft und Natur sind nicht durch die Natur determiniert, sondern das Ergebnis in Wert gesetzter Möglichkeiten. – *Gegensatz:* → Geodeterminismus.

Possible Maximum Loss (PML) – Beschreibt mit einem Betrag den (unter gewissen Annahmen) größten möglichen → Schaden. Wird meist in der Feuer(rück-)versicherung verwandt.

Post → Deutsche Post AG, → Deutsche Postbank AG.

Postbank → Deutsche Postbank AG.

Posted-Offer-Markt – 1. *Begriff:* Eine bes. in der → experimentellen Wirtschaftsforschung eingesetzte Form der Marktorganisation, die dem Vorbild von Konsumgütermärkten nachempfunden ist. – 2. *Charakterisierung:* In einem Posted-Offer-Markt legen die Anbieter zum Periodenbeginn ihre Angebotspreise fest. Die Nachfrager treffen anschließend ihre Kaufentscheidungen. Es zeigt sich, dass – ähnlich wie in doppelten Auktionen – in Posted-Offer-Märkten wettbewerbliche Preise eine starke Anziehungskraft ausüben. Allerdings verläuft der Anpassungsprozess an das Marktgleichgewicht deutlich langsamer als in doppelten Auktionen. Dies hat zur Folge, dass die Effizienz in Posted-Offer-Märkten geringer ausfällt, da während des Anpassungsprozesses vorteilhafte Transaktionen aufgrund gleichgewichtsferner Preisforderungen nicht durchgeführt werden. Im Prinzip kann man Posted-Offer-Märkte als „asymptotisch-effizient" bezeichnen.

Postenmarkt – *Partievermarktung,* → Partieverkauf.

Postenware – Waren, die im Einzelhandel zu günstigen Preisen angeboten werden und zu Spontankäufen anregen sollen. Sie gehören nicht zum festen Sortiment und werden i.d.R. auch nicht bevorratet. Ziel ist der schnelle Abverkauf der Ware.

Post-Exklusivlizenz – bis zum 31.12.2007 stand der Deutschen Post AG das ausschließliche Recht zu, Briefsendungen und adressierte Kataloge, deren Einzelgewicht bis 50 g und deren Einzelpreis weniger als das Zweieinhalbfache des Preises für entsprechende Postsendungen der untersten Gewichtsklasse beträgt, gewerbsmäßig zu befördern; gesetzliche Exklusivlizenz nach § 51 des Postgesetzes (PostG).

Postgeheimnis – Schutz der Unverletzlichkeit von Postsendungen, garantiert durch Art. 10 GG und § 39 PostG. – 1. *Umfang:* Verpflichtung desjenigen, der geschäftsmäßig Postdienste erbringt oder daran mitwirkt, (1) zur Verschwiegenheit über alle näheren Umstände des Postverkehrs und Inhaltes von Postsendungen, und zwar auch nach Beendigung des Dienstverhältnisses; (2) unberechtigten Eingriffen in das Post-, Fernmelde- und Funkgeheimnis entgegenzutreten. – 2. Die *Verletzung* des Postgeheimnisses wird sowohl dienststrafrechtlich als auch strafrechtlich nach § 354 StGB verfolgt. – 3. *Ausnahmen:* Von der Wahrung des Postgeheimnisses entbinden (1) Kenntnis über Vorhaben gemeingefährlicher Verbrechen, wie Hochverrat, Münzverbrechen, Mord, Menschenraub, für die Anzeigepflicht nach § 139 StGB besteht; (2) amtsrichterliche Beschlüsse bei strafgerichtlichen Untersuchungen etc., → Beschlagnahme von Postsendungen nach den §§ 99–101 StPO, § 99 InsO; (3) Abwehr von drohenden Gefahren für die freiheitliche demokratische Grundordnung oder für Bestand oder Sicherheit der in der Bundesrepublik Deutschland stationierten Truppen der NATO. – Vgl. auch → Briefgeheimnis.

Postgesetz (PostG) – Das überwiegend am 1.1.1998 in Kraft getretene Postgesetz (PostG) vom 22.12.1997 (BGBl. I 3294) m.spät.Änd. will durch Regulierung im Bereich des Postwesens den Wettbewerb fördern und flächendeckend angemessene und ausreichende Dienstleistungen gewähren. Ziele der Regulierung sind die Wahrung der Interessen der Kunden und des Postgeheimnisses, die Sicherstellung eines chancengleichen und funktionsfähigen Wettbewerbs sowie einer flächendeckenden Grundversorgung mit Postdienstleistungen zu erschwinglichen Preisen (Universaldienst), die Wahrung der Interessen der öffentlichen Sicherheit und die Berücksichtigung sozialer Belange (§§ 1, 2 PostG). Das Postgesetz regelt u.a. das Verfahren der Lizenzerteilung, den Universaldienst, die Entgeltregulierung und die Genehmigungspflicht der Entgelterhebung durch die Regulierungsbehörde, das Angebot von Teilleistungen im Fall eines marktbeherrschenden Lizenznehmers bei wirtschaftlicher Zumutbarkeit, Anzeige-, Berichts- und Schadensersatzpflicht, das Postgeheimnis und den Datenschutz, die Befugnis zur Ausgabe und Ungültigerklärung von Postwertzeichen sowie Aufgabe und Befugnisse der Regulierungsbehörde.

Post Graduated – nach dem Erwerb eines akademischen Grades erfolgend. – *Post-Graduated-Ausbildung:* → Managementschulen.

postindustrielle Gesellschaft → Dienstleistungsgesellschaft.

postkeynesianische Geldtheorie – Weiterentwicklung der keynesianischen → Geldtheorie sowohl zur Transmission monetärer Impulse als auch zum Kausalzusammenhang zwischen der wirtschaftlichen Aktivität und der in einer → Volkswirtschaft umlaufenden → Geldmenge. Den Ausgangspunkt der meisten Modelle bilden dabei portfoliotheoretische (→ Portfolio Selection) und kreditmarkttheoretische Überlegungen, mit denen die Keynesianische Theorie (→ Keynesianismus) um weitere Übertragungsmechanismen geldpolitischer Impulse auf den realen Sektor ergänzt wird. Darüber hinaus wurden im Rahmen der postkeynesianischen Geldtheorie Überlegungen angestellt, die herkömmliche Vorstellungen von einer durch die → Zentralbank kontrollierbaren Geldmengenentwicklung in Frage stellen und die Analyse der Wirkungen der Geldmenge auf die wirtschaftliche Aktivität durch eine Berücksichtigung der umgekehrten Kausalität von der wirtschaftlichen Aktivität auf die Geldmenge ergänzen (Endogenisierung der Geldmenge). Kennzeichnend für die Ansätze ist ferner, dass sie eine mikroökonomische Fundierung der → Geldtheorie anstreben und deshalb auch den Banken- und Finanzsektor einer Volkswirtschaft explizit in die Analyse einbeziehen.

postkeynesianische Verteilungstheorie – 1. *Grundgedanke:* Postkeynesianer halten die traditionelle → Grenzproduktivitätstheorie der Verteilung zur allgemeingültigen Erklärung von Verteilungsgesetzen für fehlkonstruiert, da diese auf einem unhaltbaren Kapitalbegriff basiert (→ Kapitaltheoretische Kontroverse). Das gilt für die Partialanalyse, deren Vorgehensweise im Rahmen des neoklassischen Paradigmas häufig umstandslos auf die Gesamtwirtschaft übertragen werden, aber auch für die Ableitung der Einkommensverteilung im generellen mikroökonomischen Totalmodell. – 2. *Theoretische Basis der postkeynesianischen Verteilungstheorien*: Im Rahmen der postkeynesianischen Wirtschaftstheorie sind verschiedenartige Beiträge zur Verteilungstheorie entstanden, die zentrale Elemente der Theorie von John Maynard Keynes aufnehmen. Dazu gehören v.a. die Mechanismen, die in der von Keynes aufgeführten Metapher vom „Krug der Witwe" zum Ausdruck kommen. Dies ist zum einen die Auffassung, dass die Ausgaben, die von den Unternehmen als Investitionen getätigt werden, ihnen wieder als Einnahmen zurückfließen. Dies bedeutet, dass die Unternehmerschaft als Ganzes es selbst in der Hand hat, durch Festlegung ihrer Ausgaben über ihre Einkommen zu entscheiden („Capitalists earn what they spend, and workers spend what they earn"). Zum anderen verbindet sie der Bezug auf den zentralen Kern der keynesianischen Theorie, nämlich die Feststellung, dass die Investitionen unabhängig von der geplanten Ersparnis sind und sich letztere über den Multiplikatorprozess an erstere anpassen. – 3. → *Kreislauftheorie der Verteilung*: Als Prototyp der postkeynesianischen Verteilungstheorie gilt das Verteilungsmodell von Nicholas Kaldor aus den 1950er-Jahren, das als Kreislauftheorie der Verteilung bezeichnet wird. Kaldor behandelt die Einkommensverteilung im Zusammenhang mit seiner Wachstumstheorie. Zentraler Baustein ist dabei die Annahme von unterschiedlich hohen einkommensspezifischen Sparquoten, wobei die Sparquote aus Profit- größer ist als die aus Lohneinkommen. Unter dieser und weiteren Voraussetzungen wird die quotale Einkommensverteilung gemäß der bekannt gewordenen Kaldor-Formel der Einkommensverteilung bestimmt. – 4. → *Monopolgradtheorie der Verteilung*: Auch die von Michal Kalecki entwickelte Version einer Monopolgradtheorie der Verteilung kann zur postkeynesianischen Verteilungstheorie gezählt werden. Kalecki berücksichtigte in seinem Ansatz, dass es Auseinandersetzungen zwischen verschiedenen am Produktionsprozess beteiligten Gruppierungen um die Verteilung des Einkommens gibt. Die Einkommensverteilung wird in diesem Ansatz durch die relativen Kräfteverhältnisse der Konfliktparteien mit beeinflusst. – 5. *Ergebnis:* a) Die Verteilung ist in postkeynesianischen Verteilungstheorien, soweit sie auf Kalecki aufbauen, in Grenzen beeinflussbar, bevor ökonomische Gegenkräfte auftreten. Einkommensunterschiede sind weder naturgegeben noch ökonomische Fakten. Sie sind vielmehr sowohl das Ergebnis sozialer und politischer Bedingungen und Entscheidungen als auch der Dynamik des Marktes. – b) Da der Markt allein nicht in der Lage ist, Verteilungsfragen zu lösen und da Wechselwirkungen zwischen Verteilung, Beschäftigung, Investitionen und Wachstum bestehen, ist für Postkeynesianer eine Einkommenspolitik von essenzieller Bedeutung. Dabei ist Einkommenspolitik umfassend (in keinem Fall also zu verwechseln mit bekannten preisstabilisierenden → Lohnregeln) und allg. zu verstehen. Sie erfasst alle Einkommen, nicht nur die Lohneinkommen, und lässt sich nicht unabhängig von der Investitionspolitik rechtfertigen. Voraussetzung für eine Erfolg versprechende Einkommenspolitik ist ein Konsens der Gruppen über die Verteilung. Die so charakterisierte Einkommenspolitik ist integraler Bestandteil einer allg. Konjunktur- und Wachstumspolitik. – c) Postkeynesianische Verteilungstheorien zeichnet aus, dass der Modellrahmen der postkeynesianischen Analyse für die Entwicklung einer Verteilungstheorie geeignet ist, die über den engen Marktrahmen hinausgeht und die Einflüsse von institutionellen, soziologischen und politischen Aspekten mitberücksichtigt. Dies unterscheidet sie vom in dieser Hinsicht geschlossenen neoklassischen Paradigma. Die postkeynesianischen makroökonomischen Modelle besitzen prinzipiell einen Freiheitsgrad, der wie bei den Klassikern durch die Verteilung geschlossen werden kann. – 6. *Schlussfolgerungen:* Verteilungsfragen sind auf allen Ebenen notwendigerweise im konjunktur- und wachstumspolitischen Zusammenhang zu stellen. Vielfältige Aspekte (bezüglich der Zielsetzungen, Zielkonflikte und Wirkungszusammenhänge) erschweren die Analyse. Hinzu kommt angesichts des Standes der weltwirtschaftlichen Integration die Notwendigkeit, außenwirtschaftliche Zusammenhänge in die Analyse mit einzubeziehen. – Vgl. → Verteilungstheorie, → Keynes-Kaldor-Verteilungstheorie.

postkeynesianische Wachstumstheorie – 1. *Charakterisierung:* Im Rahmen der postkeynesianischen Wachstumstheorie wird versucht, die Überlegungen der statischen keynesianischen Lehre (→ Keynesianismus) auf die → Wachstumstheorie zu übertragen. – Bereits in der „General Theory of Employment, Interest and Money" hat Keynes 1936 dargelegt, wie Produktionsniveau und Beschäftigung durch das Unternehmerverhalten bestimmt werden. Seine Schlussfolgerungen basieren aber auf einem statischen Modell, d.h. auf einer Volkswirtschaft, deren Produktionspotenzial nicht wächst; es handelt sich folglich um eine *kurzfristige Analyse*. Im Unterschied zur bis zu diesem Zeitpunkt vorherrschenden neoklassisch-mikroökonomischen Betrachtung in der ökonomischen Theorie, in der alle Teilmärkte einer Volkswirtschaft unabhängig voneinander durch den Preismechanismus zum partiellen Gleichgewicht tendieren, schuf Keynes ein interdependentes System, in dem die Märkte über Güter- und Geldströme miteinander in Verbindung stehen. Zugleich sind in dieser *Kreislaufanalyse* nicht alle Teilmärkte gleichberechtigt, es gibt eine *Hierarchie der Märkte*, was bedeutet, dass die Entscheidungen auf den Geld- und Gütermärkten das Angebots- und Nachfrageverhalten auf dem Arbeitsmarkt beeinflussen. Der Unternehmer übernimmt die aktive Rolle in diesem interdependenten System der Teilmärkte. Er muss aufgrund unvollständiger Informationen Erwartungen über die effektive Nachfrage bilden und entscheidet auf dieser Grundlage über die zu produzierende Menge sowie über die Investitionen, die erforderlich sind, um die nachgefragte Gütermenge auch anbieten zu können. Im Umfang der in der jeweils betrachteten Periode tatsächlich produzierten Gütermenge entsteht bei den Arbeitnehmer- und Unternehmerhaushalten Einkommen, woraus die Konsumnachfrage finanziert wird. Ein Teil des Einkommens wird jedoch gespart und dient der Vermögensbildung. – Sofern in Höhe des Sparens der Haushalte von den Unternehmern auch investiert wird, herrscht *Periodengleichgewicht*, d.h. die angebotene Gütermenge entspricht der nachgefragten, und die Erwartungen der Unternehmer sind erfüllt worden. Die Investitionsentscheidung der Unternehmer orientiert sich aber nur z.T. an der *Absatzerwartung*. Relevant sind die *Renditeerwartungen* der Unternehmer, also die Verzinsung des eingesetzten Kapitals. Die Rendite- bzw. die Gewinnerwartungen der Unternehmer ergeben sich aus der Differenz zwischen den Absatzerwartungen und den Kosten, wobei bes. die Zinsen, also der Verzicht auf alternative Zinserträge zu berücksichtigen sind *(Opportunitätskostenprinzip)*. Diese Differenz ist die Marginal Efficiency of Capital, die → Grenzleistungsfähigkeit des Kapitals. Die Zinsen ergeben sich auf dem *Geldmarkt* aus Angebot und Nachfrage. Die angebotene Geldmenge ist exogen, und die Geldnachfrage ergibt sich aus den Kassenhaltungswünschen der Haushalte, welche wiederum wesentlich vom Einkommen und – damit zusammenhängend – von den Transaktionen, also den regelmäßig anfallenden Zahlungen, bestimmt werden. Die Entscheidungen auf Geld- und Gütermärkten bestimmen letztlich das *Beschäftigungsniveau;* denn die Unternehmer werden nur so viele Arbeitskräfte auf dem Arbeitsmarkt nachfragen, wie sie für die Produktion der Güter zur Befriedigung der effektiven Nachfrage benötigen. Daraus folgt gleichzeitig, dass diese Nachfrage nach Arbeitskräften nicht unbedingt dem Angebot auf dem Arbeitsmarkt entsprechen muss. Es kann somit sein, dass zwar auf Güter- und Geldmarkt Gleichgewicht herrscht, nicht aber auf dem Arbeitsmarkt. Wenn in dieser Situation die Arbeitskräftenachfrage kleiner ist als das Angebot, herrscht Arbeitslosigkeit (*Unterbeschäftigungsgleichgewicht;* → Arbeitsmarkttheorie). – Diese Zusammenhänge verdeutlichen die zentrale Rolle des Unternehmers sowie bes. die Nachfrage(erwartung) im Keynesianismus und somit auch in der p. W. Ebenso wichtig wie diese Verhaltensanalyse ist die *Stabilitätsanalyse des gesamtwirtschaftlichen Gleichgewichts*. In der statischen Keynesschen Theorie ist das Gleichgewicht stabil. Angebot und Nachfrage klaffen nur vorübergehend auseinander: Positive oder negative → Multiplikatorprozesse führen zum Gleichgewicht zurück. Dafür gibt es mehrere Gründe. (1) Einer der Gründe ist darin zu sehen, dass die *marginale Konsumquote*, also der Teil jeder zusätzlich verdienten Geldeinheit, der für Konsum verwendet wird, kleiner ist als Eins. Eine Einkommenserhöhung führt zu einer unterproportionalen Erhöhung der Nachfrage. Der Multiplikatorprozess läuft folglich nach vielen Schritten aus und endet in einem neuen Gleichgewicht bei höherem Einkommen und höherer Nachfrage. Im umgekehrten Fall führt der negative Multiplikatorprozess dazu, dass die Nachfrage nur unterproportional schrumpft und demnach ein neues Gleichgewicht bei niedrigerem Einkommen und niedrigerem Nachfrageniveau erreicht wird. Dieser Stabilitätsmechanismus funktioniert allerdings nur, wenn die Unternehmer nur wenig auf Änderungen der Renditeerwartungen reagieren. (2) Stabilisierend wirkt auch, wenn die Unternehmer mit zunehmenden Investitionen erwarten, dass deren Rentabilität sinkt. Dies hat zur Folge, dass positive Änderungen in der Renditeerwartung nicht kontinuierlich weitere Investitionen induzieren, sondern dass die *Investitionsbereitschaft* im Zeitablauf nachlässt und sich ein neues Gleichgewicht einstellt. – 2. *Phasen/Epochen:* In der ersten Phase steht das Instabilitätsproblem im Vordergrund (z.B. → Harrod-Domar-Modell). Die zweite Phase der postkeynesianischen Wachstumstheorie zeichnet sich durch das Bemühen ihrer Vertreter aus, den in der

Realität nicht völlig instabil verlaufenden Akkumulationsprozess zutreffender theoretisch zu modellieren; sie suchen folglich nach stabilisierenden Faktoren in einem generell instabilen System. – *Beispiel:* → Kaldors Wachstumsmodell, → Robinson-Modell. – 3. *Gesamtkritik und Ausblick:* In der postkeynesianischen Wachstumstheorie spielen die Investitionsentscheidungen der Unternehmer die entscheidende Rolle. Ihre Bestimmungsgründe sind daher von großem Einfluss, und es zeigt sich, dass deren Auswahl die Modellergebnisse bestimmt: Berücksichtigt ein Modell nur auslastungsgradabhängige Investitionen, so sind Periodengleichgewicht und dynamisches Gleichgewicht instabil. Bestimmen dagegen Profitratenerwartungen die Investitionstätigkeit, dann erhält man stabile Gleichgewichte. Da in der *Realität* beide Einflüsse eine Rolle spielen, würden ihre gemeinsame Berücksichtigung kein eindeutiges Ergebnis bringen, und man könnte nur gleichgewichtige und ungleichgewichtige Parameterkonstellationen bestimmen. Ein Erkenntnisfortschritt wäre daraus nur zu erzielen, wenn sich die relevanten Parameter empirisch bestimmen ließen. Die postkeynesianische Modellanalyse des Wachstums hat mithin die Grenze erreicht, bis zu der sie allein ohne → Ökonometrie Erkenntnisse liefern kann.

Postkeynesianismus → Keynesianismus.

Postkrankenkassen – Krankenkassen für Angestellte und Beamte der Deutschen Post AG: (1) *Postbetriebskrankenkasse* für Angestellte und Arbeiter als gesetzliche → Krankenversicherung (gehört zu den sog. Primärkassen). – (2) *Postbeamtenkrankenkasse* als Körperschaft des öffentlichen Rechts für nicht versicherungspflichtige Bedienstete, also vorwiegend für Beamte.

Postlaufakkreditiv – Sonderform eines → Akkreditivs. Kredit, den eine Bank einer anderen Bank gewährt. Postlauf-Linien werden von ausländischen und dt. Banken den dt. bzw. ausländischen Banken im Zusammenhang mit Akkreditivgeschäften eingeräumt. Deutsche Banken haben z.B. die Möglichkeit, bei ausländischen Instituten Akkreditive ohne sofortige Deckung zu eröffnen. Die betreffende dt. Bank (Akkreditivbank) braucht den Akkreditivgegenwert (Valuta) erst anzuschaffen, wenn z.B. eine Benachrichtigung über die erfolgte Dokumenten-Aufnahme bei ihr eingetroffen ist. Die aufnehmende Bank gewährt der Akkreditivbank für die Dauer des Postlaufs (der Dokumente) einen Kredit.

Post Merger Integration

von Prof. Dr. Gerhard Schewe

I. Grundlagen

Integrationen im Zuge von Unternehmensakquisitionen und -fusionen (Post Merger Integration) finden unter spezifischen Rahmenbedingungen und wechselnden Vorzeichen statt. Nichtsdestoweniger lassen sich fünf wichtige Kernaufgaben identifizieren, die bei jeder Post Merger Integration nahezu immer die gleichen sind. Nur die erfolgreiche Umsetzung der einzelnen Schritte Aufsetzen des Integrationsprojektes, Verzahnung der Führungsorganisation, Besetzung der Führungsmannschaft, Ausrichten des Mitarbeiterverhaltens sowie Verzahnung der operativen Geschäftsaktivitäten führt zum erfolgreichen Abschluss des Integrationsvorhabens. Dabei gilt es, die einzelnen Teilschritte der Integration so aufeinander abzustimmen, dass nach dem Umbau der einzelnen Organisationen eine schlagkräftige Gesamtorganisation entsteht und nicht zwei gegeneinander arbeitende Teilorganisationen.

II. Integrationsprojekt aufsetzen

Integrationen sind hochkomplexe Aufgaben. Erfolgreiches Integrationsmanagement muss daher in eine leistungsstarke Projektstruktur eingebettet werden. Im Kern sind hierbei zwei Aspekte zu beachten: Die Wahl der richtigen Personen sowie die Erarbeitung eines robusten Integrationsplans.

Ohne aktive Unterstützung der Geschäftsleitung sind Integrationen zum Scheitern verurteilt. Denn nur durch das hierarchische Potenzial der Geschäftsleitung können anreizbedingte Widerstände auf Seiten der Mitarbeiter überwunden und zusätzliche Ressourcen für die Integration bereitgestellt werden. Allerdings ist hierarchisches Potenzial alleine für eine erfolgreiche Integration nicht ausreichend. Vielmehr muss das Integrationsmanagement es auch schaffen, Kernmitarbeiter mit solidem operativem Know-how sowie intimer Organisationskenntnis an Bord zu holen. Gelingt dies nicht, ist die Gefahr groß, dass in den Integrationsteams nur schwer oder gar nicht umsetzbare Lösungen erarbeitet werden.

Darüber hinaus gilt es, den Integrationsprozess mit seinen wesentlichen Schritten zu planen. In Anbetracht der großen Komplexität und der Dynamik von Integrationen können diese allerdings nicht bis ins letzte Detail geplant werden. Der Integrationsplan ist anfänglich nichts weiter als ein grober Arbeitsplan, der wesentliche

Arbeitsschritte, Meilensteine und Verantwortlichkeiten festlegt. Das Integrationsmanagement muss diesen im Verlauf der Integration mit zunehmendem Informationsstand immer weiter verfeinern. Während des Integrationsprozesses entwickeln sich so immer detailliertere Arbeitspläne. Der Integrationsplan selbst ist damit für das Integrationsmanagement die Ausgangsbasis für die Fortschritts- und Erfolgskontrolle der Integrationsumsetzung.

III. Führungsorganisation verzahnen

Die Verzahnung der Führungsorganisation basiert auf der Verzahnung der Führungsstrukturen. Dabei fällt dem Integrationsmanagement die Aufgabe zu, die Entwicklung einer Rahmenstruktur für das Gesamtunternehmen zu gestalten. Zwei Themenbereiche gilt es dabei zu erarbeiten. Erstens, die Frage, welche Aufgaben zukünftig auf der Ebene der Unternehmensleitung und welche auf der operativen Unternehmensbereiche angesiedelt werden. Damit wird die Kompetenzverteilung zwischen der Unternehmensleitung und den operativen Unternehmenseinheiten festgelegt. Zweitens, die Frage nach der organisatorischen Gestaltung der nachgelagerten operativen Geschäftseinheiten. Üblicherweise unterscheidet man drei idealtypische Optionen: → Funktionalorganisation, → Spartenorganisation und Regionalorganisation.

Neben den Strukturen müssen auch die zentralen Planungs- und Reportingprozesse verzahnt werden. Sie bilden das Rückgrat für das Monitoring der Integration und den Grad der Zielerreichung und liefern damit auch die Möglichkeit zum rechtzeitigen Gegensteuern. Die Verzahnung der Reportingprozesse ist die oberste Voraussetzung dafür, belastbare Zahlen an die Shareholder zu berichten. Damit kann den Informationsbedürfnissen der Shareholder entsprochen und der Fortschritt der Integration verlässlich nach außen dokumentiert werden.

IV. Führungsmannschaft besetzen

Sind die Aufgaben zwischen Unternehmenszentrale und operativen Einheiten geklärt und die erforderlichen Steuerungsinstrumente konzipiert, gilt es, die Führungspositionen personell zu besetzen. Hierbei steht das Integrationsmanagement regelmäßig vor der Herausforderung, einen kaskadenartigen Bewertungs- und Auswahlprozess zu gestalten und umzusetzen. Dabei werden zunächst die Positionen auf Ebene der Geschäftsleitung personell besetzt. Die Geschäftsführung des neuen Unternehmens benennt dann nach Maßgabe der Aufgabenverteilung im Leitungsgremium die nächste Ebene, und so weiter. Nur wenn es dem Integrationsmanagement gelingt, den Auswahlprozess und die angelegten Auswahlkriterien so zu gestalten, dass sie als fair betrachtet werden, wird auch das Ergebnis – also die personelle Besetzung der Führungspositionen – von der Organisation akzeptiert und mitgetragen.

Bereits die Ankündigung von → Fusionen und → Akquisitionen führt zu Verunsicherungen auf Seiten der Mitarbeiter. Nicht selten hat dies zur Folge, dass Leistungsträger sich mit Abwanderungsgedanken tragen. Erfolgreiches Integrationsmanagement bindet daher diesen Personenkreis rechtzeitig an das Unternehmen. Es gilt hier, den Leistungsträgern konkrete und klare Perspektiven aufzuzeigen und ihnen ihre zukünftige Rolle im neuen Unternehmen zu verdeutlichen. Nicht zuletzt die aktive Einbindung in den Integrationsprozess kann die Bindung von Mitarbeitern an das Unternehmen stärken.

V. Mitarbeiterverhalten ausrichten

Die Aufgaben des Integrationsmanagements gehen weit über die strukturelle und personelle Verzahnung der Unternehmensspitze hinaus. Das Integrationsmanagement steht daher vor der Herausforderung, alle Mitarbeiter dazu zu bewegen, an einem Strang ziehen. Eine zentrale Rolle spielt dabei die Erarbeitung und die Umsetzung der Integrationsvision. Ohne eine einfach und prägnant formulierte Vision für das neue, gemeinsame Unternehmen läuft auch das Integrationsmanagement Gefahr, orientierungslos vor sich hinzudümpeln.

Allerdings reicht eine Vision allein meist nicht aus. Erfolgreiches Integrationsmanagement führt zielgerichtet Schulungsmaßnahmen für die Bewältigung der anstehenden Integrationsherausforderung durch. Ergänzt werden diese Maßnahmen durch eine Neuausrichtung der betrieblichen Anreizsysteme im Hinblick auf ein integrationskonformes Verhalten.

VI. Operative Geschäftsaktivitäten verzahnen

Mit der operativen Verankerung der Integration entscheidet sich, ob die Integration als Erfolg angesehen wird. Nur wenn es gelingt, nicht nur die Unternehmensspitze sondern auch die operativen Geschäftsprozesse leistungsfähig zu verzahnen, lassen sich die Synergieziele dauerhaft umsetzen. Im Regelfall muss das Integrationsmanagement die Geschäftsprozesse vor der eigentlichen Verzahnung erst noch einmal harmonisieren bzw. komplett neu gestalten. Damit obliegt dem Integrationsmanagement gerade auch auf operativer Ebene auch eine zutiefst gestalterische Aufgabe. Das Integrationsmanagement hat regelmäßig die Frage zu beantworten, welche Prozesse bzw. Prozessteile von welchem Unternehmen übernommen werden können bzw. müssen oder aber vollständig neu zu gestalten sind. Nicht immer ist es das Beste, die Prozesse des größeren Unternehmens dem kleineren unmodifiziert überzustülpen. Denn trotz der pragmatischen Argumente, die für ein solches

Vorgehen sprechen, birgt es die Gefahr, dass das kleinere Unternehmen durch überdimensionierte Prozesse gewissermaßen erstickt wird. In der Folge verliert das Unternehmen an operativer Schlagkraft. Der eigentliche Beweggrund für den Erwerb des Unternehmens, v.a. wenn es um die Nutzung der Innovationskraft geht, kann damit auf operativer Ebene nicht umgesetzt werden - allen überzeugenden Argumenten für einen Zusammenschluss zum Trotz.

Postponement – Verlagerung der Erstellung von kundenorientierten Spezial-Problemlösungen auf möglichst späte Wertschöpfungsstufen, um auf früheren Stufen durch Standardisierung die → Economies of Scale realisieren zu können. – Vgl. auch → Customized Marketing.

Postreform → Deutsche Post AG.

Post-Shop → Convenience Store.

Postsozialversicherung → Deutsche Post AG.

Posttest – Test von Marketinginstrumenten nach ihrem tatsächlichen Einsatz im Markt zwecks nachträglicher Kontrolle ihrer Wirkung (→ Ex-Post-Analyse). – In der → Werbung Methode der → Werbeerfolgskontrolle zur Ermittlung der → Werbewirkung. Dies wird häufig durchgeführt, indem die Gruppe der Merkmalsträger, welche eine bestimmte Behandlung erhalten haben (z.B. Werbung gesehen haben), verglichen wird mit der Gruppe, welche die Behandlung nicht erhalten haben. Dabei ist zu berücksichtigen, dass die Gruppen sich unterscheiden (z.B. Personen, die Werbung gesehen haben, sehen mehr fern als andere Personen). Diese Effekte müssen durch geeignete Methoden herausgerechnet werden. – *Gegensatz:* → Pretest.

Post-Trading Period → EUREX.

Postulationsfähigkeit – Fähigkeit, in rechtlich wirksamer Weise vor dem Gericht Prozesshandlungen vorzunehmen. So kann etwa nur ein bei dem Bundesgerichtshof zugelassener Rechtsanwalt dort Anträge stellen. – Vgl. auch → Anwaltszwang.

Postumwandlungsgesetz (PostUmwG) – rechtliche Grundlage für die Errichtung der drei Unternehmen → Deutsche Post AG, → Deutsche Postbank AG und → Deutsche Telekom AG zum 1.1.1995.

Postwachstumsökonomie

von Prof. Dr. Niko Paech

I. Begriff

Postwachstumsökonomik bezeichnet eine ökologisch orientierte Teildisziplin der Wirtschaftswissenschaften. Der Zusammenhang zwischen nachhaltiger Entwicklung und Wirtschaftswachstum bildet ihren Gegenstandsbereich.

II. Merkmale

Behandelt werden im Wesentlichen drei Fragestellungen a) Analyse der Kausalzusammenhänge, die implizieren, dass weiteres Wachstum des Bruttoinlandsproduktes (BIP) keine Option für die Gestaltung moderner Gesellschaften sein kann, b) Identifikation jener Faktoren, die dazu führen, dass arbeitsteilige Industriegesellschaften nicht ohne permanentes BIP-Wachstum zu stabilisieren sind und c) Herleitung und Begründung der Bedingungen einer Wirtschaft ohne Wachstum (Postwachstumsökonomie) als Kombination diverser sich ergänzender Versorgungssysteme, die durch unterschiedliche Grade an industrieller Arbeitsteilung gekennzeichnet und ohne BIP-Wachstum zu stabilisieren sind.

III. Unterscheidung von anderen Begriffen

Im Gegensatz zur Umweltökonomik und Ökologischen Ökonomik, die mehr oder weniger auf eine ökologische Entkopplung des BIPs zielen, fokussiert die Postwachstumsökonomik darauf, die arbeitsteilige und monetarisierte Wertschöpfung zu reduzieren oder durch entmonetarisierte Versorgungspraktiken zu substituieren. Dabei stützt sie sich u.a. auf Konzepte wie Suffizienz, Subsistenz, Industrierückbau, De-Globalisierung von Lebensstilen und Herstellungsketten, Regionalökonomie und Produktionsmustern, die auf Bestandserhalt anstelle Neuherstellung basieren.

IV. Ziele

Beschreibung von Zusammenhängen, die eine Wirtschaft ohne Wachstum (Postwachstumsökonomie) als Leitbild begründen; Generierung von Veränderungswissen und Handlungsoptionen, um eine Überwindung der Wachstumsorientierung praktisch umsetzen zu können.

V. Entwicklung bzw. Geschichte des Begriffes

Basierend auf Forschungsaktivitäten an der Carl von Ossietzky Universität Oldenburg wurden die Begriffe Postwachstumsökonomik (als analytischer Rahmen) und Postwachstumsökonomie (als konkreter Zukunftsentwurf) etwa 2006 in die wissenschaftliche Nachhaltigkeitsdiskussion eingebracht. Seither widmen sich etliche Publikationen, Veranstaltungen und Netzwerke (VÖÖ, Netzwerk Wachstumswende, Netzwerk Suffizienz, Transition-Town-Bewegung etc.) dieser Themenstellung, wenngleich mit unterschiedlichen Akzenten und Konkretisierungsgraden. Die Postwachstumsökonomik lässt sich in mancher Hinsicht als Weiterentwicklung einer ersten Welle wachstumskritischer Darlegungen verstehen. Dazu zählen u.a. Arbeiten von Kohr (1957), Mumford (1967), Geogescu-Roegen (1971), Meadows (1972), Schumacher (1973), Illich (1973), Daly (1977), Hueting (1980) und Gronemeyer (1988). Innerhalb einer zweiten Welle der Wachstumsdebatte lassen sich Beiträge verorten, die u.a. mit folgenden Begriffen assoziiert sind: „Ökosozialismus" (Sakar 2001), „La decrescita felice" (Pallante 2005), „Décroissance" (Latouche 2006), „Degrowth" (Martinez-Alliez 2009), „Postwachstumsökonomie" (Paech 2008, 2012), „Managing without Growth" (Victor 2008), „Prosperity without Growth" (Jackson 2009), „Vorwärts zur Mäßigung" (Binswanger 2009), „Exit" (Miegel 2010), „Plenitude" (Schor 2010) oder „Postwachstumsgesellschaft" (Seidl/Zahrnt 2010).

VI. Darstellung des zugrunde liegenden Modells

1. Wachstumskritik

(a) Das ungelöste Entkopplungsproblem

Steigerungen des BIP setzen zusätzliche Produktion voraus, die als zusätzliche geldwerte Leistung von mindestens einem Anbieter und zu einem Empfänger übertragen werden muss. Der Wertschöpfungszuwachs hat somit eine materielle Entstehungsseite und eine finanzielle Verwendungsseite des zusätzlichen Einkommens. Selbst wenn sich die Entstehung einer geldwerten und damit BIP-relevanten zusätzlichen Leistungsübertragung technisch entmaterialisieren ließe, bliebe das Entkopplungsproblem solange ungelöst, wie sich mit dem zusätzlichen Einkommen beliebige Güter finanzieren lassen, die nicht vollständig entmaterialisiert sind.

Bis heute existieren keine Güter, die einerseits als Output arbeitsteiliger Produktion in das BIP einfließen können, deren Transfer, Herstellung, Nutzung und Entsorgung andererseits jeglicher Flächen-, Materie- und Energieverbräuche enthoben ist. Der naheliegende Versuch, bisherige Outputströme durch wenigstens relativ umweltfreundlichere Güter zu ersetzen, stößt auf diverse Dilemmata. Die ohnehin nur graduelle Entmaterialisierung von Stromgrößen würde mit einer Zunahme materieller Bestandsgrößen erkauft, weil neue Produktionsstätten nötig sind. Dies wäre nur zu verhindern, wenn die alten Produktionskapazitäten zurückgebaut werden, aber die Materie ganzer Industrien lässt sich nicht ökologisch neutral beseitigen.

Selbst wenn dies jemals gelänge, ließe sich nicht systematisch Wirtschaftswachstum erzielen, wenn jedem „grünen" Wertschöpfungszuwachs ein BIP-Verlust infolge des Rückbaus alter Strukturen entgegenstünde. Wenn hingegen über den Ersatz stillzulegender Produktionssysteme hinaus fortlaufend neue „grüne(re)" Kapazitäten geschaffen würden, um beständiges Wachstum zu sichern, wäre zusätzliche Schäden nur eine Frage der Zeit. So müsste ein unbegrenzter Ausbau regenerativer Energien eingedenk der hierzu notwendigen materiellen Bestandsgrößen nicht nur absehbar auf räumliche Wachstumsgrenzen stoßen, sondern den Rest an Landschaft zerstören. Charakteristisch für „grüne" Technologien und Produkte ist, dass sie ökologische Schäden in eine andere physische, räumliche, zeitliche oder systemische Dimension transformieren. Empirisch dargelegte Entkopplungserfolge sind deshalb aussagelos, solange nicht alle räumlichen und sonstigen Verlagerungseffekte berücksichtigt werden. Potenzielle CO_2-Einsparungen lassen sich gegen grassierende Flächenvereinnahmungen ebenso wenig saldieren, wie ein „blauer Himmel über der Ruhr" gegen den dramatischen Umweltzustand an den ausgelagerten Produktionsstandorten in Asien oder Lateinamerika.

Neben derartigen materiellen sind finanzielle Rebound-Effekte auf der Verwendungsseite grüner BIP-Zuwächse zu berücksichtigen. Wenn Investitionen in nachhaltige Produktionsanlagen Wachstum stimulieren, schaffen sie zusätzliches Einkommen. Dessen Beziehern kann nicht verwehrt werden, Güter nachzufragen, in deren globalisierte Produktion fossile Energie und andere Rohstoffe einfließen. Ein zweiter finanzieller Rebound-Effekt droht, wenn grüne Investitionen den Gesamtoutput erhöhen, weil nicht rechtzeitig alte Produktionskapazitäten zurückgebaut werden. Dies senkt den Preis und erhöht folglich die Nachfrage. Schließlich kann ein dritter finanzieller Rebound-Effekt eintreten, wenn Effizienzerhöhungen die Betriebskosten bestimmter Objekte (Häuser, Autos, Beleuchtung etc.) reduzieren. Finanzielle Rebound-Effekte wären nur zu vermeiden, wenn alle Einkommenszuwächse abgeschöpft würden, was kurioserweise auf nicht Geringeres hinausliefe als das Wachstum im Moment seiner Entstehung zu vernichten. Die These, kraft Investitionen in grüne Technologien sei Wirtschaftswachstum vereinbar mit einer absoluten Senkung (oder auch nur Beibehaltung des bisherigen Niveaus) von Umweltbelastungen, erweist sich somit nicht nur als falsch. Das Gegenteil trifft sogar zu: Grüne Technologien könnten die Ökosphäre nur entlasten, wenn das BIP gerade nicht wächst.

(b) Ökonomische, psychologische und soziale Wachstumsgrenzen

Materieller Wohlstand in modernen Industriegesellschaften basiert auf einer kostengünstigen und unbeschränkten Verfügbarkeit fossiler Energieträger, Flächen und weiterer essentieller Rohstoffe. Inzwischen ist nicht nur das Fördermaximum des Rohöls (Peak Oil), sondern eine Verknappung weiterer Produktionsfaktoren absehbar. Vor diesem Hintergrund führt der Kaufkraftzuwachs neuer Mittelschichten in den Aufsteigernationen (China, Indien etc.) dazu, dass eine explodierende Nachfrage auf ein stagnierendes Ressourcenangebot trifft.

Wichtige Ergebnisse der Glücksforschung legen nahe, dass eine Steigerung des über Geld vermittelten materiellen Reichtums das subjektive Wohlbefinden ab einem bestimmten Niveau nicht erhöht. Konsumhandlungen stiften nur dann Nutzen, wenn ihnen ein Minimum an eigener Zeit gewidmet wird. Daraus resultiert eine psychische Überforderung: Das zunehmende Quantum an finanzierbaren, jedoch Zeit beanspruchenden Konsumoptionen trifft auf ein nicht vermehrbares individuelles Zeitbudget. Aus Selbstverwirklichung wird Reizüberflutung und schließlich Stress.

Die soziale Logik des Wirtschaftswachstums beruht darauf, Armut und Ungleichheit über Zuwächse der Verteilungsmasse zu mindern. Für Entwicklungsländer setzt dies voraus, durch industrielle Spezialisierung die Vorteile der internationalen Arbeitsteilung zu nutzen. Allerdings schließt einer der wichtigsten Befunde der realen Außenwirtschaftstheorie, wonach Freihandel der Autarkielösung überlegen sei, gemäß des Stolper/Samuelson-Theorems (1941) explizit ein, dass der hierzu erforderliche Strukturwandel Verluste für bestimmte Branchen impliziert. Solange diese durch Zuwächse der prosperierenden Branchen übertroffen werden, steigt das BIP. Folglich könnten die Gewinner die Verlierer kompensieren und dennoch einen Einkommenszuwachs erzielen. Solange dieser Transfer ausbleibt, dienen die Handelsgewinne allein der Besserstellung einer Elite, womit sich die Situation der einkommensschwächsten Bevölkerungsteile im Vergleich zur Autarkielösung sogar verschlechtert.

2. Wachstumstreiber

(a) Angebotsseitige Wachstumszwänge entstehen, weil Spezialisierungsvorteile durch Massenfertigung voraussetzen, dass die hierzu benötigten Inputfaktoren vorfinanziert werden müsen. Das für diese Investitionen benötigte Fremdkapital kostet Zinsen; Eigenkapital verlangt nach einer hinreichenden Rendite. Folglich müssen entsprechende Überschüsse erwirtschaftet werden. Außerdem nimmt mit der räumlichen Entgrenzung von Produktionsketten der Bedarf an physischen Infrastrukturen und Anlagen zu, die permanentem Verschleiß unterworfen sind. Die zur Reproduktion der materiellen Anlagegüter erforderliche Wertschöpfung muss ebenfalls als Zuwachs erwirtschaftet werden, weil andernfalls die Substanz des Realkapitals allmählich verschwände. Das zur Stabilisierung des Gesamtprozesses erforderliche Wachstum steigt also mit zunehmender Spezialisierung, also der Anzahl eigenständiger Fertigungsstätten, die insgesamt den Kapitalbedarf der Produktion steigern. Dieser Modernisierungsprozess erhöht zugleich die Arbeitsproduktivität, weil anstelle arbeitsintensiver Verrichtungen vermehrt Energie und physisches Kapital zum Einsatz kommen. Je weniger Arbeit notwendig ist, um eine bestimmte Produktionsmenge zu erzeugen, umso höher muss der Output sein, damit alle bisherigen Arbeitnehmer im selben Umfang benötigt werden.

(b) Nachfrageseitige Wachstumsimperative ergeben sich daraus, dass die meisten Konsumaktivitäten symbolischer Art sind. Sie zielen auf Prestige oder die Zugehörigkeit zu einer sozialen Gruppe. Innovationen schaffen neue Angebote der materiellen Selbstinszenierung, die von Pionieren aufgegriffen werden und im weiteren Verlauf ihrer Verbreitung zu einem neuen Standard reifen. Wer diesen nicht erfüllt, verliert den sozialen Anschluss. Folglich ist ein immer höherer Konsumaufwand nötig, um die bisherige gesellschaftliche Position zu verteidigen. Die resultierende soziale Dynamik hat zur Konsequenz, dass keine Obergrenze für die Materialisierung individueller Freiheiten existiert.

3. Postwachstumsökonomie

Die Alternative zu einer auf Wachstum basierenden Versorgungsform entspräche dem sozialverträglichen Rück- und Umbau des Industriesystems. Angebots- und nachfrageseitige Wachstumstreiber wären durch Versorgungsstrukturen zu überwinden, die erstens weniger kapitalintensiv, spezialisiert und räumlich entgrenzt (vermehrte Subsistenz) sowie zweitens genügsamer (vermehrte Suffizienz) sind. Daraus lassen sich fünf Transformationsschritte ableiten.

(a) Suffizienz: Aus Sicht von Individuen, die durch Optionenvielfalt überfordert werden, bedeuten Reduktionsleistungen keinen Verzicht, sondern Befreiung von Zeit beanspruchendem Überfluss. Suffizienz besteht in der Identifikation und Entledigung jenes Ballastes, der Zeit, Geld, Raum und ökologische Ressourcen verbraucht, aber nur minimalen Nutzen stiftet. Suffizienz entspricht zeitökonomischer Optimierung. Zugleich resultiert daraus mehr Unabhängigkeit vom volatilen Marktgeschehen, also ökonomische Resilienz.

(b) Subsistenz: Eine Neujustierung des Verhältnisses zwischen Selbst- und Fremdversorgung würde bezwecken, die Letztere graduell und punktuell aufzuheben. Zwischen reiner Subsistenz und dem Konsum von Industriegütern existiert ein reichhaltiges Kontinuum unterschiedlicher Fremdversorgungsgrade. Eine durchschnittliche

Wochenarbeitszeit von 20 Stunden würde Zeitressourcen freisetzen, die marktfreien Aktivitäten gewidmet werden könnten, z.B. einem Handwerk, der Kindererziehung, der Nachbarschaftshilfe, der Mitwirkung in Gemeinschaftsgärten, der Pflege und Reparatur von Konsumgütern sowie der gemeinsamen Produktnutzung. An die Stelle materieller Ressourcen für die Neuproduktion träten drei dekommodifizierte Ressourcen: (i) Handwerkliche Fähigkeiten zur Eigenproduktion und Nutzungsdauerverlängerung, (ii) eigene Zeit, die dazu nötig ist und (iii) soziale Beziehungen zwecks Gemeinschaftsnutzung und Leistungsaustausch. Mittels dieser Inputs generiert urbane Subsistenz drei Outputkategorien, bestehend aus eigener Produktion, selbsttätiger Nutzungsdauerverlängerung und Nutzungsintensivierung, die den Bedarf an industrieller Produktion und folglich den Kapitalbedarf reduzieren. Der damit korrespondierende Industrierückbau wäre so zu gestalten, dass sich aus der freigestellten Zeit gerade jene Subsistenzleistungen speisen können, die den Produktionsrückgang auffangen.

(c) Regionalwirtschaft: Zwischen den Extremen der lokalen Subsistenz und globalen Arbeitsteilung lassen sich Regionalökonomien als ergänzendes Versorgungssystem entwickeln. Deren Stabilisierung mittels komplementärer Regionalwährungen würde Kaufkraft an die Region binden. So würden unternehmerische Spezialisierungsvorteile genutzt, jedoch „de-globalisiert" und auf arbeitsintensiveren Technologien basierend.

(d) Stoffliche Nullsummenspiele als Produktionsmodus: Nach einem Rückbau der geldbasierten und arbeitsteiligen Industrie wären die verbleibenden Produktionssysteme so umzugestalten, dass die Neuherstellung von Gütern nur noch dem Ersatz nicht mehr verwertbarer Artefakte dient. Im Vordergrund stünde der Erhalt, die Aufwertung vorhandener Güterbestände und Infrastrukturen durch Renovation, Konversion, Optimierung, Nutzungsdauerverlängerung oder Nutzungsintensivierung. Durch Reparaturdienstleistungen würden defekte Güter seltener ausrangiert; durch Renovationsstrategien des Typs „Umbau statt Neubau" würde aus vorhandenen Gütern weiterer Nutzen extrahiert, indem diese funktional und ästhetisch an gegenwärtige Bedürfnisse angepasst würden, somit möglichst lange im Kreislauf einer sinnvollen Verwendung verblieben. Märkte für gebrauchte, aufgearbeitete und überholte Güter würden ebenfalls zur Reduktion der Neuproduktion beitragen. Wenn es gelänge, die durchschnittliche Nutzungsdauer und/oder Nutzungsintensität mancher Konsumgüter durch eine Kombination aus langlebigem Design, urbaner Subsistenz und ergänzenden Unternehmensdienstleistungen zu verdoppeln, könnte der Output halbiert werden, ohne die Verfügbarkeit der Konsumfunktionen zu schmälern.

(e) Institutionelle Innovationen: U.a. Boden-, Geld- und Finanzmarktreformen könnten systemimmanente Wachstumszwänge mildern. Regionalwährungen könnten mit einer das Zinsniveau gegen Null senkenden Geldumlaufsicherung versehen werden. Veränderte Unternehmensformen könnten die Gewinndynamik dämpfen. Der Subventionsdschungel könnte durchforstet werden, um gleichermaßen ökologische Schäden und die öffentliche Verschuldung zu reduzieren. Ein Bodenversiegelungsmoratorium und Rückbauprogramme für Infrastrukturen wären sinnvoll. Insbesondere Industrieparkanlagen, Autobahnen, Parkplätze und Flughäfen wären zu entsiegeln und zu renaturieren. Andernfalls können dort Anlagen zur Nutzung erneuerbarer Energien installiert werden, um die Flächen- und Landschaftsverbräuche dieser Technologie zu reduzieren. Nachhaltige Entwicklung wäre an individuellen Öko- oder CO_2-Bilanzen zu orientieren. Jede Person hätte das Anrecht auf ein übertragbares jährliches Emissionskontingent (ca. 2,7 Tonnen). Unternehmen hätten alle Produkte mit dem CO_2-Rucksack entlang des gesamten Lebenszyklus zu kennzeichnen. Nötig wären auch Vorkehrungen gegen (geplante) Obsoleszenz und ein Bildungssystem, das zur urbanen Subsistenz befähigt.

VII. Ausblick

Die enorme Verwundbarkeit eines zu komplex gewordenen geld- und wachstumsabhängigen, obendrein politisch nicht mehr steuerbaren Wohlstandsmodells erhöht zugleich die Wahrscheinlichkeit seiner bevorstehenden Überwindung. Spätestens im Zuge der nicht mehr abwendbaren Ressourcen-, Finanz-, und Umweltkrisen sowie psychologischer Überforderungssyndrome werden sich zwangsläufig Reaktionsmuster herausbilden, die mit einer Postwachstumsökonomie vereinbar sein könnten. Eine weitere Triebkraft bilden soziale Prozesse, die Plattformen für das Erproben resilienter Lebensstile schaffen: So entstehen Lebensstilschablonen, an denen sich andere Gesellschaftsmitglieder im Bedarfsfall orientieren können.

POS-Zahlungen – Abk. für → Point-of-Sale-Zahlungen.

Potenzialanalyse – I. Management: 1. *Begriff:* Diagnose der → Ressourcen eines Unternehmens hinsichtlich ihrer Verfügbarkeit für strategische Aktionen im Rahmen des → strategischen Managements. – Zu *unterscheiden:* (1) die im Basisgeschäft gebundenen Potenziale; (2) die durch das Basisgeschäft noch nicht gebundenen bestehenden Potenziale; (3) mögliche zukünftige Potenzialveränderungen. – 2. *Zweck:* Aus der Potenzialanalyse können Hinweise auf ungebundene Potenziale und auf Veränderungen im Potenzialbestand für den Aus-, Ab- und Umbau des Basisgeschäfts abgeleitet werden, i.Allg. mittels → Gap-Analyse. – 3. *Gliederung der*

Potenzialanalyseobjekte (i.Allg. nach Funktionsbereichen): z.B. im Produktionsbereich Erfassung des Integrationsgrads der Fertigung, der Anlagenauslastung etc. und Ableitung zum Ausnutzungsgrad bestehender Potenziale im Basisgeschäft. – 4. *Erweiterung:* → Stärken-/Schwächenanalyse.

II. Personalwirtschaft: Eignungsdiagnostische Verfahren, mit denen die latente Eignung einer Person für eine Stelle ermittelt werden soll. Auf dieser Grundlage soll abgeschätzt werden, über welche Entwicklungsmöglichkeiten die Person verfügt und in welchem Maße sie von gezielten Schulungsangeboten profitieren könnte. – Vgl. auch → Assessmentcenter, → Potenzialbeurteilung.

III. Arbeitsmarktpolitik: *1. Begriff:* Erstellung eines umfassenden Bewerberprofils, um die Vermittlungschancen von Arbeit- oder Ausbildungsuchenden zu verbessern. – *2. Regelung:* Die → Agentur für Arbeit hat unverzüglich nach der Ausbildungsuchendmeldung bzw. Arbeitsuchendmeldung zusammen mit dem Ausbildung- oder Arbeitsuchenden die für die Vermittlung erforderlichen beruflichen und persönlichen Merkmale, Fähigkeiten und die Eignung festzustellen. Die Potenzialanalyse erstreckt sich auch auf die Feststellung, ob und durch welche Umstände die berufliche (Re-)Integration voraussichtlich erschwert sein wird (§ 37 I SGB III). – Vgl. auch → Profiling.

Potenzialbeurteilung – Beurteilung der Entwicklungsmöglichkeiten der Fähigkeiten eines Mitarbeiters unter dem Gesichtspunkt einer strategischen → Personalentwicklung. Methodisch kann eine Potenzialbeurteilung nicht durch standardisierte Verfahren erfolgen, sondern nur durch strukturierte Gespräche. – Vgl. auch → Mitarbeiterbeurteilung.

Potenzialerwerbsquote – 1. *Begriff* der Arbeitsmarktforschung für das Verhältnis des → Erwerbspersonenpotenzials (1) zur gesamten Bevölkerung *(allg. Potenzialerwerbsquote)* oder (2) zur Bevölkerung im Alter von 15 bis 64 Jahren *(spezifische Potenzialerwerbsquote)*. – 2. *Abgrenzung zur Erwerbsquote:* Im Unterschied zu der von der amtlichen Bevölkerungs- und Erwerbstätigkeitsstatistik ermittelten → Erwerbsquote umfasst die Potenzialerwerbsquote im Zähler nicht nur die Zahl der → Erwerbspersonen, sondern zusätzlich die geschätzte Zahl versteckter Arbeitsloser (→ Stille Reserve) und damit die Gesamtzahl potenzieller Erwerbspersonen; sie wird nach dem Beschäftigungsorts-und nicht nach dem Wohnsitzkonzept ermittelt. – 3. *Bedeutung:* Die Potenzialerwerbsquote wird unter Berücksichtigung des festgestellten Entwicklungstrends der alters- und geschlechtsspezifischen Erwerbsquoten sowie der Alters- und Geschlechtsstruktur der Bevölkerung als eine nur in der Hochkonjunktur tatsächlich erreichbare Erwerbsquote geschätzt.

Potenzialfaktoren → Produktionsfaktoren, die während einer Periode in ihrem Bestand erhalten bleiben und lediglich einen Teil ihres Leistungspotenzial an den Betrieb abgeben (z.B. Betriebsmittel). – *Gegensatz:* → Verbrauchsfaktoren, → Repetierfaktoren.

Potenzialfaktorkosten → Kosten von → Potenzialfaktoren. Potenzialfaktorkosten bzw. Kosten für Gebrauchsgüter zählen zu den → fixen Kosten sowie zumeist zu den Kostenträgergemeinkosten (→ Gemeinkosten).

potenzialorientierte Geldpolitik – potenzialorientierte Kreditpolitik; geldpolitische Konzeption mit dem Ziel, die Geld- und Kreditversorgung mittelfristig mit der Wachstumsrate des → Produktionspotenzials ansteigen zu lassen. Die Wachstumsrate z.B. der Geldmenge M3 ist gleich der Veränderungsrate des Produktionspotenzials, erweitert um die unvermeidbare Inflation sowie um den trendmäßigen Rückgang der Umlaufgeschwindigkeit des Geldes. Damit soll erreicht werden, dass sich die Gesamtnachfrage gleichmäßig mit dem Produktionspotenzial entwickelt. Im Gegensatz zur (monetaristischen) → Geldmengenregel lässt die potenzialorientierte Geldpolitik zu, dass bei Abweichungen zwischen Produktionspotenzial- und Nachfrageentwicklung diskretionäre Maßnahmen ergriffen werden.

potenzialorientierte Kreditpolitik → potenzialorientierte Geldpolitik.

potenzialorientierte Verschuldung – vom Sachverständigenrat zur Begutachtung der gesamtwirtschaftlichen Entwicklung (SVR) entwickeltes Verschuldungskonzept, das Teil der Angebotspolitik ist. Die Verschuldungspolitik ist nicht an eine Beeinflussung der gesamtwirtschaftlichen Nachfrage (→ Deficit Spending) gebunden, sondern orientiert sich am Wachstum des Produktionspotenzials. Hiermit wird eine Verstetigung im Sinne eines → konjunkturneutralen Haushaltes angestrebt.

potenzialorientierte Wirtschaftspolitik – 1. *Beispiele:* (a) Potenzialorientierte Geldpolitik, bei der die Wachstumsrate des weit gefassten Geldmengenaggregates M3 sich an der Entwicklung der Produktionsmöglichkeiten ausrichtet, korrigiert um die trendmäßige Veränderung der Umlaufsgeschwindigkeit sowie um die nicht-vermeidbare Inflation. (b) Konjunkturneutrale Fiskalpolitik, bei der sich die Ausgaben und Einnahmen des Staates nicht nach der Konjunkturlage richten, sondern sich am Wachstumspfad der Wirtschaft orientieren. – 2. *Vorteile:* (a) Stetige und verlässliche Wirtschaftspolitik führt zur Reduktion der Unsicherheit. Die Investitionen steigen. (b) Keine Problematik der Zeitverzögerung, da kein diskretionärer Instrumenteneinsatz. (c) Kein strategisches Verhalten der Politiker, die Wahlen gewinnen wollen. – Vgl. auch → Angebotspolitik, regelgebundene Wirtschaftspolitik.

potenzieller Wettbewerb – 1. *Begriff:* Der potenzielle Wettbewerb stellt darauf ab, dass das wettbewerbliche Verhalten von Unternehmen nicht nur durch die Existenz tatsächlicher Konkurrenten auf dem → relevanten Markt beeinflusst wird, sondern auch durch einen möglichen Markteintritt potenzieller Konkurrenten. Ein solcher Markteintritt kann erfolgen durch: räumliche Erweiterung *(Market Extension)*; produktmäßige Erweiterung *(Product Extension)* durch etablierte Unternehmen in Form externer bzw. interner Diversifikation in einen anderen Markt oder Neugründung eines Unternehmens. – Von Neugründungen dürfte dabei der geringste Wettbewerbsdruck auf etablierte Unternehmen ausgehen. Der Markteintritt potenzieller Konkurrenten hängt von deren Gewinnerwartungen nach erfolgtem Marktzutritt ab, die bes. von der Höhe der *Marktschranken* bestimmt werden. – 2. *Marktaustritts- (MAS) und Marktzutrittsschranken (MZS):* a) MZS stellen aus der Sicht der potenziellen Konkurrenten (von den etablierten Unternehmen bereits investierte) *Kosten* dar, die ihre Gewinnerwartungen im Hinblick auf einen möglichen Marktzutritt schmälern (→ Chicago School; Stigler). – b) *Unterscheidung:* MZS können als eine extern vorgegebene Größe oder als verhaltensbedingte Komponente gesehen werden; dementsprechend unterscheidet man *strukturelle und strategische MZS*. Darüber hinaus muss unterschieden werden, ob die strukturellen oder strategischen Marktschranken *privat oder vom Staat* veranlasst worden sind. (1) Bei den *privaten MZS* kann zwischen strukturellen und strategischen Schranken unterschieden werden: (a) Bain unterscheidet drei *strukturelle MZS: Produktdifferenzierungsvorteile* (Product Differentiation Advantages of Established over Potential Entrant Firms), *Betriebsgrößenvorteile* (→ Economies of Scale Production) und *absolute Kostenvorteile* (Absolute Cost Advantages of Established over Potential Entrant Firms). – Auch einzelne → *Marktphasen* können strukturelle Marktzutrittsschranken darstellen. Die Aufnahmefähigkeit des Marktes ist in der Experimentier- und Expansionsphase höher als in der Ausreifungs- und Stagnationsphase. (b) *Strategische MZS* können nach der Art der eingesetzten → Aktionsparameter unterschieden werden: Unternehmen, die eine *Limitpreisstrategie* betreiben, setzen den Preis so niedrig, dass es sich für den Newcomer nicht lohnt, in den Markt einzutreten; mithilfe einer *Überkapazitätsstrategie* können etablierte Unternehmen zusätzliche Nachfrage schneller und möglicherweise kostengünstiger befriedigen als Newcomer, die dadurch vom Marktzutritt abgehalten werden; durch eine *Produktdifferenzierungsstrategie* kann potenziellen Konkurrenten der Marktzutritt dadurch erschwert werden, dass die etablierten Unternehmen möglichst viele Produktvarianten anbieten und damit die Marktchancen für neue Produktvarianten einschränken (Schließen der Marktnischen); durch *vertikale Bindungen* kann potenziellen Konkurrenten der Zugang zu Zuliefer- oder Absatzmärkten erschwert werden. – Potenzielle Konkurrenten können schließlich durch *MAS (Barriers to Exit)* vom Marktzutritt abgehalten werden. (c) *Strukturelle MAS* bestehen dann für ein nach Gewinnmaximierung strebendes Unternehmen, wenn sich die für einen speziellen Markt benötigten Kapitalgüter im Produktionsprozess nicht amortisieren und wenn der Liquidationserlös bzw. der Alternativertrag (Opportunitätskosten) der Kapitalgüter bei Marktaustritt zu einem Wert führen würde, der geringer ist als die beim Marktzutritt zugrunde gelegten Kosten der in dieser bestimmten Verwendung gebundenen Ressourcen (sog. → *Sunk Costs*). Sunk Costs wirken insofern als MZS, als sie Kosten darstellen, die zwar ein Newcomer beim Markteintritt zu beachten hat, nicht aber das etablierte Unternehmen, welches diese Ausgaben bereits in der Vergangenheit unwiederbringlich getätigt hat (Irreversibilität der Kosten). (d) *Strategische MAS* können für ein etabliertes Unternehmen auch darin bestehen, dass es z.B. aus Gründen der Imagepflege, der Vermarktungsmöglichkeiten oder des Zugangs zu den Finanzmärkten dem Verbleib im Markt eine höhere strategische Bedeutung zumisst als der Profitrate, die es in diesem Markt erzielt. Die Kenntnis dieser Austrittsbarrieren kann potenzielle Konkurrenten trotz niedrigerer struktureller und strategischer MZS vom Markt fernhalten. – (2) Neben den Markteintritts- bzw. Marktaustrittsschranken, die direkt aus den Entscheidungen der Wirtschaftssubjekte resultieren, gibt es auch *Marktschranken*, die ihre Ursache in den *vom Staat* gesetzten rechtlichen Rahmenbedingungen des Wirtschaftens bzw. in konkreten Maßnahmen staatlicher Wirtschaftspolitik haben. (a) Staatliche *Marktschranken struktureller Art* sind z.B. das Patentrecht oder im Hinblick auf den Marktaustritt Vorschriften über Sozialpläne für die Beschäftigten eines Unternehmens im Insolvenzfall. (b) Staatliche *Marktschranken strategischer Art* sind z.B. die Regulierung des Marktzutritts im Verkehrswesen oder eine Moral-Suasion-Politik im Fall drohender Entlassungen von Arbeitnehmern (bei Großunternehmen mit einer hohen Zahl an Arbeitsplätzen). – Die verschiedenen Formen der privaten und staatlichen Marktzutritts- bzw. Marktaustrittsschranken lassen sich systematisch darstellen (vgl. Abbildung „Potenzieller Wettbewerb – Synopsis der verschiedenen Marktschranken“). – (3) Die *Bedeutung des potenziellen Wettbewerbs* wird in dem von Baumol, Panzar und Willig entwickelten Konzept der *Contestable Markets* hervorgehoben. Danach zwingt die potenzielle Konkurrenz die etablierten Unternehmen zu einem Marktverhalten, das unabhängig von der Marktstruktur Pareto-optimale Marktergebnisse erwarten lässt. Dies setzt allerdings voraus, dass Marktzutritt und Marktaustritt frei und damit kostenlos sind und dass die Nachfrager auf einen Markteintritt schneller reagieren als die etablierten Unternehmen mit Abwehrstrategien. Diese Annahmen ermöglichen es potenziellen Konkurrenten, die über profitable Preisunterbietungsmöglichkeiten verfügen, jederzeit auf den Markt zu drängen und kurzfristig hohe Gewinne zu erzielen, um dann nach erfolgter Reaktion der etablierten Unternehmen den Markt wieder kostenlos zu verlassen *(Hit-and-Run-Strategie)*. – Die Contestability von Märkten hängt

Potenzieller Wettbewerb – Synopsis der verschiedenen Marktschranken

	Private Marktschranken	Staatliche Marktschranken
Marktzutritts-schranken:		
– strukturelle	Betriebsgrößenvorteile, absolute Kostenvorteile, Produktdifferenzierungsvorteile	Industriepolitik, z. B.: – Handels- und Gesellschaftsrecht – Patent- und Lizenzsystem – Fusionskontrolle (z. B. Verbot des Marktzutrittes für ein den Markt beherrschendes Unternehmen)
– strategische	z. B. Limit Pricing, Überkapazitätsstrategie, Produktdifferenzierungsstrategie, Gesamtumsatzrabatte, vertikale Bindungen	spezielle Industriepolitiken, z. B.: – Subventionen für einzelne Unternehmen – Regulierung des Marktzutritts (im Verkehr) – Verbot unerwünschter Fusionen im Einzelfall (z. B. zwecks Abwehr ausländischer Unternehmen)
Marktaustritts-schranken:		
– strukturelle	z. B. Sunk Costs im Falle dauerhafter und hoch spezialisierter Anlagenwerte oder von Vertragsstrafen bei Produktionseinstellung	z. B. Vorschriften über Sozialpläne für die Beschäftigten eines Unternehmens im Falle des Konkurses
– strategische	Verbleiben am Markt z. B. aus Gründen der Imagepflege, der Vermarktungsmöglichkeiten oder des Zugangs zu Finanzmärkten	z.B. Moral Suasion im Falle eines drohenden Konkurses und daraus resultierender Entlassung von Arbeitnehmern

allerdings entscheidend von dem Fehlen von Marktzutritts- und Marktaustrittsschranken ab, weshalb Shepherd das Konzept der Contestable Markets als ein bloßes „Gedankenexperiment" charakterisiert hat. Das Konzept ist von der Chicago School of Antitrust Analysis dazu benutzt worden, um die Konzentration als in erster Linie produktiv und nur in Ausnahmefällen wettbewerbsbeschränkend zu charakterisieren, da auch bei Fehlen von tatsächlichen Wettbewerbern infolge eines völlig freien Marktzu- und Marktaustritts ausreichender potenzieller Wettbewerbsdruck herrsche. – Vgl. auch → Wettbewerbstheorie.

Potenzieren – Das n-fache Produkt einer Zahl mit sich selbst ($a \cdot a \cdot ... \cdot a = a^n$) entspricht der n-ten Potenz dieser Zahl (a^n). Dabei wird a als Basis (oder Grundzahl) und n als Exponent (oder Hochzahl) bezeichnet. – *Regeln für den Umgang mit Potenzen:*

(1) $a^n \cdot a^m = a^{n+m}$;

(2) $(a^n)^m = a^{n \cdot m}$;

(3) $a^n / a^m = a^{n-m}$ (mit $a \neq 0$);

(4) $a^{-n} = 1 / a^n$ (mit $a \neq 0$);

(5) $a^0 = 1$ (Definition);

(6) $a^{\frac{n}{m}} = \sqrt[m]{a^n}$

Poverty Reduction and Growth Facility → PRGF.

Poverty Reduction Strategy Paper → PRSP.

Powerfunktion → Gütefunktion.

PoZ – Abk. für *Point of Sale ohne Zahlungsgarantie.* PoZ war ein dt. Verfahren zur bargeldlosen Kartenzahlung an Kassenterminals akzeptierender Stellen (v.a. Handels- und Dienstleistungsunternehmen) unter Verwendung der Bankkundenkarte. Beim PoZ-Verfahren bezahlten Kunden mit der → Debitkarte (ec- und Bankkundenkarten) in Kombination mit der Unterschrift. Im Hintergrund erfolgte während des Bezahlvorgangs eine Abfrage, ob die Karte als gesperrt gemeldet ist. War dies nicht der Fall, wurde eine → Lastschrift erstellt. Mit seiner Unterschrift erteilte der Kunde eine Einzugsermächtigung von seinem Konto. – Die im → Zentralen Kreditausschuss (ZKA) zusammengeschlossenen Spitzenverbände der dt. Kreditwirtschaft haben zum 31.12.2006 das PoZ-Verfahren eingestellt. Die dt. Kreditwirtschaft reagierte damit auf die geringe und rückläufige Nachfrage des Handels nach dem PoZ-Verfahren. Das Angebot der Kreditwirtschaft konzentriert sich seitdem auf die sicheren Bezahlverfahren → Electronic Cash und → Geldkarte.

ppa. – *pp., per prokura, durch Prokura;* vorgeschriebener Zusatz bei der Namensunterschrift des Prokuristen (→ Prokura). – *Fehlen des Zusatzes* berührt die Wirksamkeit des mit der Unterschrift abgeschlossenen Geschäftes nicht, kann aber u.U. den Prokuristen selbst verpflichten.

PPS-System – I. Einordnung: 1. *Begriff:* → Softwaresystem, welches zur operativen Planung und Steuerung des Produktionsgeschehens in einem Industriebetrieb eingesetzt wird. – 2. *Planungskonzept:* Das PPS-System folgt einem Konzept der stufenweisen → Sukzessivplanung mit zunehmendem zeitlichem Detaillierungsgrad: Ergebnisse einer vorgelagerten Stufe gehen i.d.R. als Vorgabe in die nächste Stufe ein. Dabei findet keine oder nur eine sehr schwache Rückkopplung von nachgelagerten zu früheren Stufen statt. – 3. *Zielgruppen:* V.a. Industriebetriebe mit überwiegend mechanischer Fertigung (u.a. Montagevorgänge), die → Stücklisten führen. Typische Branchen sind etwa der Maschinenbau oder die Elektroindustrie, aber nicht ausschließlich; z.B. werden PPS-Systeme auch in der Chemischen Industrie eingesetzt. – 4. *Verbreitung:* Der PPS-Bereich war einer der ersten betrieblichen Funktionsbereiche, der mit elektronischer Datenverarbeitung unterstützt wurde. Die Systeme sind heute recht ausgefeilt. In größeren Betrieben erfolgt die Produktionsplanung und -steuerung fast ausschließlich mithilfe von PPS-Systemem; in Klein- und Mittelbetrieben ist die Verbreitung dagegen noch relativ gering.

II. Bestandteile/Aufbau (der meisten gängigen PPS-Systeme): 1. *Grunddatenverwaltung:* Diese ist der zentrale Kern eines PPS-Systems, da im PPS-Bereich äußerst umfangreiche und komplexe Datenbestände mit zahlreichen Wechselbeziehungen zu führen sind. Die wichtigsten *Daten* sind: (1) *Teilestammdaten:* → Stammdaten aller → Teile des Betriebs, bestehend jeweils aus Teilenummer (→ Nummernsystem), Bezeichnung, Maßeinheit, technischen Daten, Dispositions-, Bestands-, Kostendaten u.a. (2) *Erzeugnisstrukturdaten:* Daten über die konstruktive Zusammensetzung der Teile, aus denen u.a. Stücklisten erzeugt werden. (3) *Arbeitsplandaten*: Angaben zu Arbeitsgängen, Stückbearbeitungszeiten u.a., die z.B. zur Erzeugung der → Arbeitspläne für die Teile benötigt werden. (4) *Betriebsmitteldaten:* Kapazitäts-, Rechnungswesen-, Instandhaltungsdaten, technische Daten der Fertigungsanlagen. 2. *Primärbedarfsplanung:* Hauptaufgabe ist die Ermittlung der Mengen an → Primärbedarf, die im Planungszeitraum hergestellt werden sollen. Für diese Aufgabe bieten PPS-Systeme zwei *Formen* der Unterstützung: (1) *Absatzprognosen* werden dahingehend unterstützt, dass die zu erwartenden Primärbedarfsmengen aufgrund der in der Vergangenheit beobachteten

PPS-System – Erzeugnisstrukturdarstellung nach Fertigungsstufen

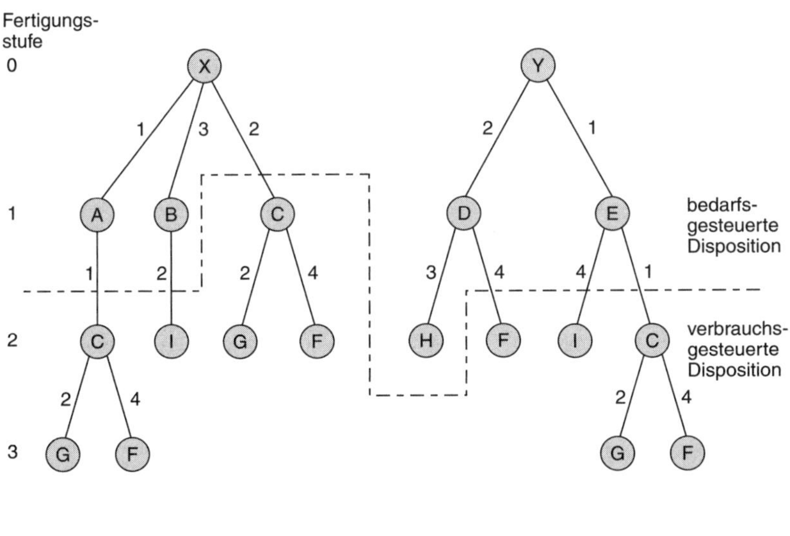

Bedarfe mithilfe einfacher Vorhersagemethoden (z.B. gleitende Mittelwerte, exponenzielle Glättung) prognostiziert werden. (2) Mithilfe der *Kundenauftragsverwaltung* können bekannte oder erwartete Kundenaufträge verwaltet und als Primärbedarf erfasst werden. – 3. *Bedarfsplanung:* In diesem Teilbereich erfolgt die Disposition der Mengen untergeordneter Teile (→ Sekundärbedarf), die zur Herstellung des Primärbedarfs erforderlich sind und die anschließend als → Fertigungsaufträge in die Durchlaufterminierung oder als Bestellaufträge in die Beschaffung gehen. – Zu unterscheiden sind folgende *Vorgehensweisen:* (1) *Deterministische Disposition* (auch *bedarfsgesteuerte* oder *programmgesteuerte Disposition*): Die Sekundärbedarfsmengen werden aufgrund der gespeicherten Erzeugnisstrukturdaten exakt berechnet. Dabei wird zunächst eine Nettobedarfsermittlung (u.a. Abgleich mit Lagerbeständen) vorgenommen, u.U. auch eine Losgrößenrechnung, bei der aber meist nur sehr einfache Verfahren zum Einsatz kommen (z.B. Gleichsetzung der Losgröße mit dem Bedarf einer oder mehrerer Perioden, → Andler-Formel, → gleitende wirtschaftliche Losgröße, → Stück-Perioden-Ausgleich). Die eigentliche Ableitung der Mengen untergeordneter Teile wird Sekundärbedarfsrechnung genannt. Zur groben zeitlichen Strukturierung erfolgt u.U. eine → Vorlaufverschiebung, indem die Sekundärbedarfe um eine gewisse Zeitspanne in Richtung Gegenwart verschoben werden. (2) *Stochastische Disposition* (auch *verbrauchsgesteuerte Disposition*): Die erwarteten Bedarfe werden aufgrund des Verbrauchs in der Vergangenheit mit einfachen Vorhersageverfahren (z.B. gleitende Mittelwerte, exponenzielle Glättung) prognostiziert. (3) *Vor- und Nachteile:* Die stochastische Bedarfsermittlung ist sehr einfach durchzuführen, aber ungenau. Als Folge sind größere Sicherheitsbestände

PPS-System – Ablauf

erforderlich, die eine stärkere Kapitalbindung und höhere Lagerhaltungskosten verursachen. Die deterministische Disposition ist genau, aber sehr rechenaufwändig; sie wird deshalb oft nur in periodischen Abständen (z.B. wöchentlich, monatlich) durchgeführt. Als Kompromiss disponiert man höherwertige Teile i.d.R. deterministisch, geringerwertige dagegen stochastisch. Zur Klassifikation der Teile kann z.B. die → ABC-Analyse verwendet werden. – 4. *Lagerbestandsführung:* Die Lagerbestandsführung erstreckt sich auf (1) die Erfassung der *physischen* Lagerbewegungen (Zugänge, Abgänge) und (2) die *dispositive* Bestandsführung, bei der auch Sicherheits-, Reservierungs-, Melde-, Bestell-, Werkstattbestände u.a. berücksichtigt werden. – 5. *Bestellwesen:* Das Bestellwesen umfasst die Planung und Abwicklung der Beschaffung fremdbezogener Teile (Bestellpunkte und -termine, Bestellmengenrechnung, Lieferantenauswahl, Bestellüberwachung). – 6. *Durchlaufterminierung:* Es wird eine zeitliche Struktur des Fertigungsgeschehens erzeugt durch Aneinanderreihung der Arbeitsgänge für die einzelnen Fertigungsaufträge. Die Vorgehensweise kann retrograd sein, d.h. vom Endprodukt ausgehend zu den tieferen Fertigungsstufen hin *(Rückwärtsterminierung)*, oder progressiv, d.h. vom Einzelteil ausgehend in Richtung Endprodukt *(Vorwärtsterminierung)*, oder kombiniert. Bei Terminüberschreitungen erfolgt eine Reduktion der Durchlaufzeiten durch → Übergangszeitenreduktion, → Splitting-Verfahren oder → Überlappung von Aufträgen. – 7. *Kapazitätsplanung:* Da die vorgelagerten Planungsschritte weitgehend losgelöst von Kapazitätsüberlegungen sind, muss die Realisierbarkeit des Terminplans sichergestellt werden. Dazu werden die terminierten Fertigungsaufträge den Kapazitätseinheiten (Fertigungsanlagen, Arbeitsplätze o.Ä.) zugeordnet und der Zeitbedarf der verfügbaren Kapazität gegenübergestellt. Bei stärkeren Schwankungen erfolgt eine Glättung der Kapazitätsgebirge durch Verlagerung von Fertigungsaufträgen in andere Perioden *(Kapazitätsabgleich)*. – 8. *Verfügbarkeitsprüfung* und *Auftragsfreigabe:* Nach einer Überprüfung, ob Materialien, Werkzeuge, untergeordnete Teile etc. für die anstehenden Aufträge verfügbar sind, werden die in den Freigabehorizont (z.B. ein bis zwei Wochen) fallenden Aufträge zur Fertigung freigegeben, indem u.a. Auftragspapiere ausgedruckt werden. – 9. *Feinterminierung* (auch *Maschinenbelegungsplanung* und *Ablaufplanung):* Diese legt die Bearbeitungsreihenfolgen der freigegebenen Aufträge auf den Betriebsmitteln fest. Zur adäquaten Berücksichtigung mehrfacher, z.T. konkurrierender Zielsetzungen kommen oft Prioritätsregeln zur Anwendung. – 10. *Auftragsfortschrittskontrolle:* Während des Fertigungsgeschehens müssen Informationen über den Stand und den Fortschritt der Fertigungsaufträge (bes. bez. Mengen- und Termineinhaltung) aufgrund von Rückmeldungen aus der Produktion bereitgestellt werden (ggf. von einem Betriebsdatenerfassungssystem). – 11. *Struktur:* Die Bestandteile sind in PPS-Systemen z.T.

wie in der Abbildung „PPS-System – Ablauf" dargestellt, evtl. unter anderen Bezeichnungen, z.T. auch zusammengefasst zu größeren Funktionskreisen, enthalten. – *Beispiel einer gängigen Struktur:* Grunddatenverwaltung; Produktionsprogrammplanung: Absatzprognosen und/oder Kundenauftragsverwaltung; Materialwirtschaft: Bedarfsplanung, Lagerführung, Bestellwesen; Zeit- und Kapazitätswirtschaft: Durchlaufterminierung, Kapazitätsplanung; Werkstattsteuerung: Verfügbarkeitsprüfung und Auftragsfreigabe, Feinterminierung, Auftragsfortschrittskontrolle. – Häufig sind ergänzende Funktionen (z.B. Lieferantenverwaltung, Vorkalkulation) und Schnittstellen zu anderen betrieblichen Planungs- und Informationssystemen, bes. zum Rechnungswesen, vorgesehen.

p-q-Formel – Formel zur Lösung von quadratischen Gleichungen. Normalform einer quadratischen Gleichung:

$$x^2 + px + q = 0.$$

Es ergeben sich die Lösungen x_1 und x_2:

$$x_{1,2} = -\frac{p}{2} \pm \sqrt{\left(\frac{p}{2}\right)^2 - q}\,.$$

PQLI – Abk. für → Physical Quality of Life Index.

p-Quantil → Quantil der Ordnung p.

PR – Abk. für → Public Relations.

Präambel – Einleitung zu Gesetzen oder völkerrechtlichen Abmachungen, häufig auch in Verträgen, in der die Absicht des Gesetzgebers, der Ausgangspunkt der Vertragschließenden etc. dargelegt werden. Die Präambel hat grundsätzlich keine unmittelbare Rechtsverbindlichkeit, sie dient aber der Auslegung einer Verfassung, eines Gesetzes oder Vertrages. Anders im Recht der Europäischen Union, wo die Präambeln in Form der Erwägungsgründe die den Rechtsakten, insbesondere den Richtlinien, vorangestellt sind, Hinweise auf die authentische Auslegung des Rechtsaktes geben; also die Auslegung die der Normgeber beachtet wissen will.

Prädikatenlogik – an logische Grundkonzepte angelehnte Form der → Wissensrepräsentation. Die am häufigsten verwendete Prädikatenlogik erster Ordnung umfasst: Variablen, Konstanten, Funktionen, Prädikate und Ausdrücke mit Verknüpfungsapparaturen und Quantoren. Ein Prädikat ist eine Aussage mit einer Menge von → Parametern, der aufgrund vorhandener Datenobjekte (Faktenwissen) ein Wahrheitswert zugeordnet werden kann. So wäre z.B. das Prädikat „Student" für alle Personen „wahr", die als Student eingeschrieben sind. Die Prädikatenlogik wird häufig in → Expertensystemen und im → Data Mining eingesetzt.

Präferenz – im Sinn der → Nutzentheorie ein Ausdruck der relativen subjektiven Bewertung zweier Güterbündel A gegenüber B durch den nachfragenden → Haushalt im Hinblick auf ihre jeweilige erwartete Bedürfnisbefriedigung. Die Präferenzen eines Wirtschaftssubjektes gelten als das Ergebnis eines wohlabgewogenen Entscheidungs- und Bewertungsprozesses unter hinreichender → Information, das zumindest über einen gewissen Zeitraum Bestand hat. – Unter der *Annahme* ihrer Transitivität, Reflexivität und Vollständigkeit (→ Ordnungsaxiome) können sie zu einer → Präferenzordnung zusammengefasst werden. – Ein Instrumentarium zur *Ermittlung der* Präferenzen versucht die Theorie der „offenbarten Präferenzen" zu entwickeln. Bei gegebenen Preisen schließt sie aus den beobachtbaren Wahlhandlungen bei gegebenen Preisen, dass ein Haushalt ein bestimmtes Güterbündel gegenüber anderen vorzieht. Wiederholt man die Beobachtung bei variierten Preisen, lassen sich auf empirischen Weg sukzessive → Indifferenzkurven als Ausdruck der Präferenz-Ordnung ableiten. – *Arten:* Normalerweise gelten die Präferenzen eines Wirtschaftssubjektes als gegeben und interpersonell unabhängig. Werden allerdings → externe Effekte des Verhaltens der Menschen zugelassen, gewinnt die gesellschaftliche Umwelt Einfluss auf die Präferenzordnung. – *Sachliche* Präferenzen: Die Präferenzen manifestieren sich in den beobachtbaren Wahlhandlungen des Haushaltes und nehmen entweder die Form der *echten* Präferenz (A wird B strikt vorgezogen) oder der *schwachen* Präferenz (A wird mind. genauso hoch geschätzt wie B) an bzw. es stellt sich im Grenzfall eine *Indifferenzsituation* ein. *Spezielle* Präferenzen beeinflussen das Marktgeschehen aufgrund persönlicher Eigenschaften oder Bindungen (*persönliche* Präferenzen), durch standortbedingte und entfernungsabhängige Vorteile (*räumliche* Präferenzen) sowie aufgrund unterschiedlicher Liefer- oder Abnahmefristen und Wartezeiten (*zeitliche* Präferenzen).

Präferenzabkommen – *Preferential Trade Agreement* (→ PTA); vertraglich geregelte Vorzugsbehandlung. In der Außenwirtschaft Einräumung eines → Präferenzzolls/ → Vorzugszolls (Zollpräferenzen, → Einfuhrzoll Reduzierung bis auf Null in Abweichung vom → Drittlandszollsatz/MFN-Zollsatz), entweder einseitig (z.B. EU gegenüber Waren aus → Entwicklungsländern) oder gegenseitig. Präferenzabkommen verstoßen grundsätzlich gegen den WTO/GATT-Grundsatz der → Meistbegünstigung (MFN), allerdings sind für die regionale Handelsintegration Ausnahmen aufgrund von Art. XXIV GATT möglich. Meist werden in den Präferenzabkommen auch Regelungen getroffen bez. der zulässigen → Kumulation, d.h. ob und welche Wertschöpfungsvorgänge in verschiedenen Ländern (Präferenzzonen) für die Ursprungsbestimmung in einem anderen Präferenzabkommen anerkannt werden. – Vgl. auch → Präferenzzoll, → regionale Integration, → APS.

Präferenzfunktion – Funktion, die jeder Handlungsmöglichkeit einen Präferenzwert zuordnet, mit dessen Hilfe Alternativen ihrer Vorziehungswürdigkeit nach geordnet werden können. – Vgl. auch → Entscheidungstheorie.

Präferenznachfrage → Preisabsatzfunktion.

Präferenzordnung – in der → Haushaltstheorie die widerspruchsfreie, d.h. transitive und reflexive Anordnung der gesamten → Präferenzen eines → Haushalts, die kurzfristig als nicht oder nur wenig veränderlich sowie i.d.R. von den Präferenzen anderer Haushalte unabhängig angenommen wird. Anhand der Präferenzordnung können die zur Wahl stehenden Güterbündel bewertet werden und lassen sich dann unter bestimmten Bedingungen durch eine Schar von → Indifferenzkurven wiedergeben. Bei *ordinaler Nutzenmessung* ist diese in eine → Nutzenindexfunktion überführbar. Somit kann bei Nutzenmaximierung unter gegebener Budgetrestriktion für jedes → Gut eine Nachfragefunktion aus der Präferenzordnung abgeleitet werden. Werden → externe Effekte des Konsumverhaltens (→ Nachfrageinterdependenz) zugelassen, sind die Präferenzordnungen der Haushalte nicht mehr autonom und im Zeitablauf stabil, sondern durch die gesellschaftliche Umwelt beeinflusst. Dabei können von der Angebotsseite aus die → Präferenzen einerseits durch Werbung beeinflusst werden, anderseits können durch neue und veränderte → Güter im wirtschaftlichen Entwicklungsprozess neue Bedürfnisse geweckt werden bzw. gegebene Bedürfnisse auf andere Weise befriedigt werden. Die *gegenseitige Beeinflussung der* Präferenzordnung durch die → Haushalte wird für bestimmte Fälle durch den → Mitläufereffekt, den → Snobeffekt sowie den → Vebleneffekt (Demonstrativkonsum) beschrieben. Schließlich können sich die Präferenzordnungen durch Konsumakte selbst ändern, indem Konsumenten im Zeitablauf *Erfahrungen* sammeln, aus diesen lernen und Gewohnheiten bilden (→ Erfahrungsgut).

Präferenzrelation – I. Wohlfahrtsökonomik: → kollektive Präferenzrelation.

II. Mikroökonomik: → Haushaltstheorie; ordinale Nutzentheorie.

Präferenzspanne – Unterschied zwischen der Höhe des → Präferenzzolls und dem höheren Zollsatz nach dem Meistbegünstigungsprinzip des → GATT (→ Drittlandszollsatz), der auf Waren aus anderen Länder, die nicht in das Präferenzsystem einbezogen sind, angewandt wird.

Präferenzzoll – *Vorzugszoll;* → Zoll auf Einfuhrwaren aus bestimmten Länder, der niedriger ist als der Zoll auf die betreffende Ware bei Importen aus anderen Ländern; *Gegenteil:* → Drittlandszollsatz. Präferenzzölle verstoßen eigentlich gegen das Prinzip der → Meistbegünstigung, werden vom → GATT bzw. → World Trade Organization (WTO) aber trotzdem in großem Umfang zugelassen. Präferenzzölle ergeben sich zum einen aus bi- oder multilateralen Abkommen. So hat z.B. die Europäische Union (→ EU) gleich oder ähnlich lautende Abkommen u.a. mit den EFTA-Staaten (→ EFTA), Mittelmeeranrainern, Mexiko, Chile, Südafrika und Südkorea geschlossen. Zum anderen gewährt die EU einseitig Entwicklungsländern (den → AKP-Staaten) Präferenzen für die Einfuhr deren Waren in die EU. – Vgl. auch → Präferenzabkommen.

Prägerecht → Münzhoheit.

Pragmatik – Teilgebiet der als → Semiotik bezeichneten allg. Sprachtheorie. Gegenstand sind die Beziehungen zwischen Zeichen und ihren Benutzern, z.B. Bedeutung und Funktion von Begriffen und Aussagen für handelnde Individuen. Pragmatik setzt → Semantik und → Syntaktik voraus.

Pragmatismus – i.w.S. weltanschauliche, i.e.S. erkenntnistheoretische Position, die den Wert von Handlungen oder Erkenntnissen ausschließlich anhand ihres praktischen Nutzens bemisst. – *Hauptvertreter:* C.S. Peirce, J. Dewey (→ Instrumentalismus) und W. James. – Im erkenntnistheoretischen Bereich läuft der Pragmatismus auf eine Reduzierung von Wahrheit auf (momentane) Nützlichkeit hinaus.

Prais-Winsten-Transformation – von Prais und Winsten (1954) vorgeschlagene Methode zur Berücksichtigung der Beobachtung, die im Rahmen einer GLS-Transformation (→ Kleinstquadratemethode, verallgemeinerte) zur Begegnung von → Autokorrelation erster Ordnung verloren geht. – Berücksichtigt man als erstes transformiertes Beobachtungstupel

$$Y_1^* = \sqrt{1-\rho^2}Y_1 \quad und \quad X_{k1}^* = \sqrt{1-\rho^2}X_{k1}$$

für k = 1,2,…,K, wobei Y_1 die erste Beobachtung der erklärten Variable, X_{k1} die erste Beobachtung der k-ten erklärenden Variablen und ρ den bekannten Autokorrelationskoeffizienten erster Ordnung darstellt, so ist gewährleistet, dass die OLS-Schätzer (→ Kleinstquadratemethode, gewöhnliche) der GLS-Gleichung bei Autokorrelation erster Ordnung effizient sind. – Wird der → Cochrane-Orcutt-Schätzer bei Autokorrelation unter Verwendung einer Schätzung von ρ in dieser Art und Weise um die verloren gegangene Beobachtung ergänzt, spricht man häufig auch vom Prais-Winsten-Schätzer.

Präjudiz – gerichtliche Entscheidung eines Falles, die für spätere gleiche oder ähnliche Fälle maßstabsbildend wirkt. Bedeutsam im angloamerikanischen Case-Law, das ein großenteils nicht in Gesetzen verfasstes Recht zur Voraussetzung hat. Im dt. Recht gilt die Bindung des Richters an Gesetz und Recht, nicht an Präjudizen, d.h. der Richter ist grundsätzlich nicht verpflichtet, sich an die Entscheidungen zu halten, die andere Gerichte in ähnlichen Fällen getroffen haben.

präjudizierter Wechsel – wegen Versäumung der rechtzeitigen Protesterhebung entwerteter Wechsel. – Vgl. auch → Wechselprotest.

Präklusion → Ausschlussfrist.

Präklusionsfrist → Ausschlussfrist.

Praktikant – 1. *Begriff:* Arbeitnehmer, der sich einer bestimmten Tätigkeit und Ausbildung in einem Betrieb unterzieht, die Teil oder Vorstufe einer anderweit zu absolvierenden Ausbildung (z.B. Hochschulstudium) ist. – *Anders:* → Volontär (mehr allg. praktische Orientierung im Betrieb). – 2. Die *Anstellungsverträge* der Praktikanten können verschieden ausgestaltet sein: Es kann ein Arbeitsverhältnis (→ Arbeitsvertrag) vereinbart sein. Ist dies nicht der Fall, weil Ausbildungszwecke im Vordergrund stehen, sind gemäß § 19 BBiG mit einigen Ausnahmen die Vorschriften des Berufsbildungsgesetzes (→ Auszubildender) anzuwenden; nach § 10 BBiG ist dann eine angemessene Vergütung zu zahlen. – 3. *Versicherungspflicht/-schutz:* Übt ein Praktikant die Tätigkeit gegen Entgelt und aufgrund der Vorschriften der Ausbildungs- oder Prüfungsordnung aus, so ist er gemäß § 5 I Nr. 1, 10 SGB V und § 20 I Satz 2 Nr. 10 SGB XI versicherungspflichtig. Wird das Praktikum während des Studiums als ordentlicher Studierender zurückgelegt, besteht Versicherungsfreiheit (§ 6 I Nr. 3 SGB V, § 5 I Nr. 3 SGB VI, § 27 IV SGB III). Grundsätzlich genießt ein Praktikant Unfallversicherungsschutz. – Vgl. auch → Werkstudent.

praktische Informatik → Informatik.

praktischer Normativismus → normative Betriebswirtschaftslehre.

praktisch-normative Betriebswirtschaftslehre → normative Betriebswirtschaftslehre, → entscheidungsorientierte Betriebswirtschaftslehre.

Prämarketing – Einsatz der kommunikationspolitischen Instrumente des Marketings im Vorlauf zu einer Produkteinführung (→ Innovation), um bei der Produkteinführung → Bedarf vorzufinden.

Prämie – I. Personalwirtschaft: zusätzlich zum → Zeitlohn gezahlte Prämie *(Leistungsprämie)* als Anerkennung bes. betrieblicher Leistungen des Arbeitnehmers, z.B. für Verbesserungsvorschläge, Umsatzprämien für wenig gängige Güter. Prämien können für quantitative und qualitative Leistungen gewährt werden. – Prämie ist Bestandteil des → Arbeitsentgelts. – Vgl. auch → Prämienlohn.

II. Marketing/Handelsbetriebslehre: Maßnahme der → Verkaufsförderung. Beim Kauf eines bestimmten Produktes erhält der Konsument ein Geschenk oder die Berechtigung, ein anderes Erzeugnis zu einem wesentlich günstigeren Preis zu erwerben. – *Arten:* (1) Das Präsent (Schlüsselanhänger, Trillerpfeife, Flaschenöffner etc.) ist Packungsbeilage *(In-Pack Premium)* oder an den Verpackungen befestigt *(With-Pack Premium).* – (2) Die Zugabe zum eigentlichen Produkt besteht in einem wiederverwendbaren Behälter *(Reusable Container),* wie dies z.B. bei Senf, Marmelade, Kaffee oft der Fall ist. – (3) Postzustellung der Prämie *(Free-in-the-Mail Premium),* nachdem der Konsument den Kauf des geförderten Produktes, z.B. durch Einsendung eines markierten Verpackungsteils, nachgewiesen hat. – (4) Der Konsument erhält bei dem Nachweis, dass er das geförderte Produkt tatsächlich gekauft hat, direkt vom Hersteller ein anderes Erzeugnis zu einem wesentlich günstigeren Preis als beim Kauf über den Einzelhandel *(Self-Liquidation Premium).*

III. Versicherungswesen: Entgelt des Versicherungsnehmers für den Versicherungsschutz. Zusammen mit der Prämie sind → Versicherungsteuer und Nebengebühren zu entrichten. Die Prämie ist i.Allg. für ein Jahr bemessen und wird i.d.R. im Voraus bezahlt; bei Zahlung einer tariflichen Jahresprämie in unterjährigen Raten ist für den Zinsausfall und die Verwaltungskosten des Versicherten ein Zuschlag zu entrichten. – Zu unterscheiden sind → Erstprämie und → Folgeprämie. – *Nicht rechtzeitige Zahlung* der Erst- oder Einmalprämie führt zum Verlust des Versicherungsschutzes (§ 38 I VVG); der Versicherer kann den Vertrag kündigen (§ 38 I VVG). Bei Folgeprämienverzug (Mahnung erforderlich) hat der Versicherer ebenfalls ein Kündigungsrecht (§ 39 VVG). – Vgl. auch → Beitragsrückerstattung.

IV. Bankwesen: → Prämiengeschäft.

V. Agrarpolitik: in der EU als Anreiz zur Unterstützung gewünschter Entwicklungen (z.B. Qualitäts-, Abschlachtungsprämien, Prämie für die Nichtvermarktung von Milch) angewandt. Mit der Agrarreform von 1992 erfolgte die Subventionierung der Landwirtschaft verstärkt über *tier- bzw. flächengebundene Prämienzahlungen* und seit 2003 stellen *entkoppelte Betriebsprämien* ein zentrales Instrument der EU-Agrarpolitik (→ Agrarpolitik) dar. Im Gegensatz zu faktorgebundenen Prämienzahlungen haben entkoppelte Betriebsprämien keine bzw. sehr geringe Effekte auf die innerbetriebliche Produktionsstruktur und implizieren somit eine höhere Allokationseffizienz. Aufgrund der geringen Produktionseffekte wurde die EU im Rahmen der WTO-Verhandlungen von den großen Agrarexporteuren aufgefordert, sämtliche Subventionszahlungen zu entkoppeln. In der EU-Agrarpolitik wird ab dem Jahr 2014 über das sogenannte *Greening* der Prämienzahlungen nachgedacht, d.h. die Bindung der Direktzahlungen an ökologische Standards (→ Agrarumweltpolitik).

Prämiendifferenzierung – Prinzip der Prämienkalkulation in der → Privatversicherung. Die primäre Prämiendifferenzierung nutzt vor Vertragsabschluss verschiedene objektive (z.T. auch subjektive) Risikomerkmale, um Aussagen über den Schadenerwartungswert und das → versicherungstechnische Risiko zu treffen und eine adäquate → Risikoprämie zu kalkulieren. Die sekundäre (nachträgliche) Prämiendifferenzierung zieht aus dem Schadenverlauf in der Vergangenheit Rückschlüsse auf die Risikomerkmale des individuellen Risikos und damit auf dessen risikoadäquate Prämie. In diesem Zusammenhang wird auch von Erfahrungstarifierung gesprochen. Der → Versicherungsnehmer trägt auf diese Weise einen Teil seines versicherungstechnischen Risikos selbst.

Die sekundäre Prämiendifferenzierung lässt sich ihrerseits in die prospektive (z.B. Bonus-Malus-System) und die retrospektive (z.B. Prämienrückgewähr) Prämiendifferenzierung unterteilen. Verzichtet ein → Versicherungsunternehmen auf Prämiendifferenzierung, droht → Adverse Selektion. Vor diesem Hintergrund ist eine Prämiendifferenzierung nach dem versicherungstechnischen → Äquivalenzprinzip im Versicherungsunternehmen geboten.

Prämiengeschäft – I. Begriff: bedingtes Termingeschäft, bei dem sich der eine Partner *(Wähler)* gegen Zahlung einer Prämie das Recht vorbehält, das Geschäft zu erfüllen oder zurückzutreten; das Risiko wird auf die Prämie begrenzt. Der → Stillhalter eines Prämiengeschäftes geht ein unbegrenztes Risiko ein, kann sich jedoch durch entsprechende Gegengeschäfte absichern. Der Wähler hat am Prämienerklärungstag, der wenige Tage vor dem Liefertermin liegt, anzugeben, wie er das Prämiengeschäft ausüben will. Das Prämiengeschäft ist der Vorläufer des heutigen → Optionsgeschäftes. II. Ziel: Im Warenhandel diente das Prämiengeschäft bes. als Risikoversicherung gegen große Preisschwankungen; im Effektenhandel waren Prämiengeschäfte i.Allg. reine Spekulationsgeschäfte.

III. Arten: 1. *Vorprämie:* Erwerber schließt einen Terminkauf ab und hat das Recht auf Erhalt der Lieferung. – 2. *Rückprämie:* Hier erwirbt der Verkäufer das Recht, vom Käufer die Abnahme der Lieferung zu verlangen. – 3. *Stellagegeschäft* (kombiniertes Vor- und Rückprämiengeschäft): Der Käufer einer Stellage hat das Recht, am Erfüllungstag nach seiner Wahl entweder zu beziehen oder zu liefern. – Vgl. auch → Optionsgeschäft.

Prämienkalkulation – 1. *Begriff:* Bestimmung der → Risikoprämie als Kompensation für die reine Risikoübernahme. Hinzu kommen → Deckungsbeiträge für Betriebskosten und die Berücksichtigung einer Gewinnmarge. In der Personenversicherung müssen zudem die in den Versicherungsverträgen enthaltenen Zinsgarantien berücksichtigt werden (Zinskalkulation). Im Rahmen eines Cash Flow Underwriting wird außerdem der Erfolg aus der Kapitalanlageaktivität des Versicherungsunternehmens berücksichtigt. Die Prämienkalkulation hat als Ziel, eine kalkulatorische Kompensation für die Risikoübernahme (Risikotransfer) in Form einer Prämie auf individueller (Individualprämie) oder kollektiver Ebene (Kollektivprämie) zu bestimmen. – 2. *Merkmale:* Das Basisprinzip der Bestimmung der Nettorisikoprämie ist das versicherungstechnische → Äquivalenzprinzip, das eine Gleichheit der erwarteten Prämienzahlungen und der erwarteten Versicherungsleistungen fordert. In der Praxis der → Versicherungswirtschaft erfolgt die Kalkulation der Nettorisikoprämie auf der Basis einer Tarifierung. Der in der Risikoprämie enthaltene Sicherheitszuschlag wird typischerweise auf der Basis eines Maßes für das Risiko (Risikomaß) bestimmt. Der Betriebskostenzuschlag und die Gewinnmarge sowie eine eventuelle Berücksichtigung des Kapitalanlageerfolgs werden auf der Basis betriebswirtschaftlicher Überlegungen kalkuliert. Die Berücksichtigung von Zinsüberlegungen erfolgt traditionell auf Basis eines Barwertkalküls. Bei fondsgebundenen Verträgen mit Zinsgarantien finden optionspreistheoretische Ansätze Eingang.

Prämienlohn – Form des → Leistungslohns. – 1. *Begriff:* Zu einem vereinbarten → Grundlohn, der nicht unter dem Tariflohn liegen darf, wird planmäßig ein zusätzliches Entgelt (→ Prämie) gewährt, dessen Höhe auf eindeutig feststellbaren Mehrleistungen des Arbeitnehmers beruht, die bei reiner Zeitlohnarbeit ohne Leistungszulagen nicht erwartet werden können (vgl. Abbildung „Prämienlohn – Prämienlohnkurve"). – 2. *Prämienarten* (nach den Bezugsgrößen zu unterscheiden): v.a. (1) → Mengenleistungsprämie (Quantitätsprämie); (2) → Qualitätsprämie (Güteprämie); (3) → Ersparnisprämie; (4) → Nutzungsprämie; (5) → Terminprämie. Kombination von unterschiedlichen Formen des Prämienlohns (multiplikative oder additive Verknüpfung; direktkombinierte Berechnung) möglich; v.a. anwendbar, wenn die Produktivität der Arbeit von mehreren Bestimmungsfaktoren abhängig ist. – *Grafische Darstellung mittels Prämienlohnlinie/-kurve:* Diese kann proportional (linear), progressiv, degressiv, s-förmig oder treppenförmig verlaufen. – 3. *Beurteilung:* Im Gegensatz zum → Akkordlohn bietet der Prämienlohn meist einen geringeren Anreiz zur Mehrleistung. – 4. *Gründe für zunehmende Bedeutung des Prämienlohns:* sinkender Einfluss des Arbeitnehmers auf das mengenmäßige Produktionsergebnis mit zunehmendem Anteil an NC-/DNC-/CNC-gesteuerten Maschinen (→ PPS-Systeme); Wandel von der klassisch manuellen und maschinengestützten Arbeit zu mehr qualitativ und ökonomisch orientierten, steuernden, regelnden und überwachenden Funktionen mit zunehmend psychischen Anforderungen. Neben Arbeitszeit und Arbeitsmenge werden andere Größen wie Arbeitsgüte, Sparsamkeit, Termineinhaltung, Aufmerksamkeit für die Produktivität relevant. Der Prämienlohn kann im Gegensatz zum rein mengenabhängigen Akkordlohn mehrere solcher Kosteneinflussgrößen berücksichtigen, ist deswegen wesentlich flexibler und vielseitiger anwendbar, zumal er keine → Akkordfähigkeit der Arbeit voraussetzt. – 5. *Arbeitsrecht:* Nach § 87 I Nr. 11 BetrVG unterliegt, soweit eine tarifliche Regelung nicht besteht, die Festsetzung der Akkord- und Prämiensätze und vergleichbarer leistungsbezogener Entgelte, einschließlich der Geldfaktoren, dem erzwingbaren Mitbestimmungsrecht des Betriebsrats in → sozialen Angelegenheiten. – Vgl. auch → Akkordlohn, → leistungsbezogene Entgelte.

Prämienprogramm – Verfahren, durch das ein Unternehmen seinen Kunden Sachprämien als Belohnung für in Anspruch genommene Leistungen gewährt. – Nimmt ein Unternehmen eine

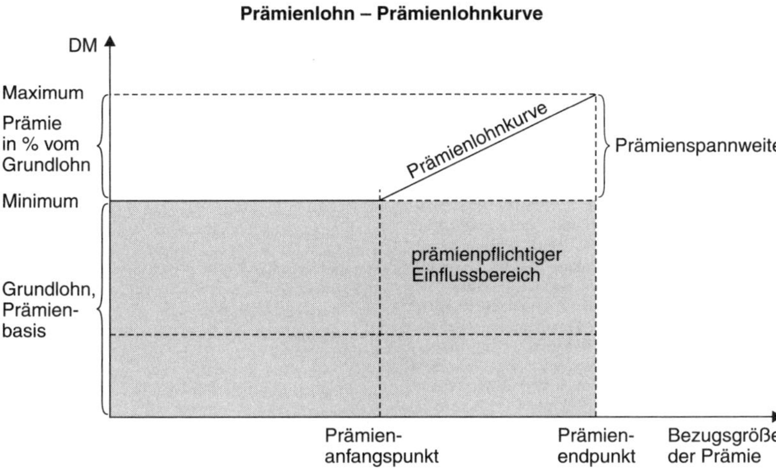

Dienstleistung in Anspruch, für das es ein Prämienprogramm gibt (z.B. Flugreisen, Hotelübernachtungen etc.), sieht § 3 Nr. 38 EStG für solche Sachprämien eine Steuerbefreiung vor – allerdings nur, wenn die Sachprämie für die Inanspruchnahme von Dienstleistungen gilt und soweit der Wert der Prämien nicht 1.080 Euro im Kalenderjahr übersteigt. In allen anderen Fällen liegt ein geldwerter Vorteil an den Arbeitnehmer durch den Arbeitgeber vor (Duldung der Prämiengewährung).

Prämiensparen → Gewinnsparen.

Prämienübertrag – *Beitragsübertrag.* 1. *Versicherungstechnische Rückstellung* in der Bilanz von Versicherungsunternehmen für am Bilanzstichtag noch nicht verdiente → Prämie. Da Versicherungsprämien vielfach Jahresprämien sind, das Geschäftsjahr aber nicht immer mit dem Jahr übereinstimmt, für das die Prämie bezahlt wird, müssen am Schluss des Geschäftsjahres diejenigen Prämienteile zurückgestellt werden, die dem nächsten Geschäftsjahr zugute kommen. Die Summe dieser Einzelrückstellungen ist der Prämienübertrag, ein Passivposten in der Versicherungsbilanz (Bezeichnung als Rückstellung eigentlich unzulässig, da Posten Charakter eines passiven Rechnungsabgrenzungspostens hat). – 2. *Berechnung* des Prämienübertrags meist nicht für jeden einzelnen Vertrag, sondern nach dem Bruchteil- oder Pauschalsystem. – a) Beim Bruchteilsystem wird für die Prämieneinnahme eines Monats oder eines Vierteljahres ein bestimmter Bruchteil zurückgestellt. – b) Beim Pauschalsystem wird von der gesamten Prämieneinnahme eines Jahres ein fester Prozentsatz als Prämienübertrag gebucht (häufig 40 Prozent der Jahresprämieneinnahme eigener Rechnung).

Prämisse – 1. *Umgangssprachlich:* Voraussetzung bzw. Annahme. – 2. Im *logischen Sinn:* Vordersatz eines logischen Schlusses. – Bei dem Spezialfall des *Syllogismus* wird aus zwei Prämissen eine Folgerung (Konklusion) abgeleitet.

Prämissenkontrolle – Teilgebiet der strategischen Kontrolle; überprüft die fortbestehende Gültigkeit der den strategischen Plänen zugrunde gelegten Prämissen. Bei Verletzung von Prämissen wird zumeist eine Neuplanung erforderlich.

Präqualifikation – Vorstufe zur → Bietungsgarantie, in deren Rahmen eine Selektion erfolgt. Erst nachdem eine Bankbestätigung darüber vorliegt, dass das an dem Auftrag interessierte Unternehmen die erwartete bzw. verlangte Leistung erbringen kann, wird dieses zur Angebotsabgabe aufgefordert.

Präsentationsgrafik – grafische Darstellung und Verdichtung numerischer Daten. – *Zweck* der Präsentationsgrafik ist es, die Kernaspekte, die in umfangreichem Zahlenmaterial implizit enthalten sind, anschaulich und „auf einen Blick“ erfassbar darzustellen. – *Bekannteste Formen:* Linien-, Flächen-, Balken- und Tortendiagramme. – Vgl. auch → grafische Darstellung.

Präsenzeffekt → Aktualisierungseffekt.

Präsidialrat – Richtervertretung für die Beteiligung an der Ernennung von → Richtern (vgl. §§ 49 ff., 74, 75 DRiG).

Prävention – Begriff für vorbeugende Maßnahmen in der Sozialversicherung, die den Eintritt des → Versicherungsfalls verhindern helfen sollen. Von zunehmender Bedeutung. – *Beispiele:* Maßnahmen der Früherkennung von Krankheiten in der

→ Krankenversicherung oder der Unfallverhütung in der gesetzlichen → Unfallversicherung.

präventiver Umweltschutz – Umweltschutzmaßnahmen, die zukünftige Anforderungen an die → ökologische Kompatibilität ökonomischer Aktivitäten in die aktuelle Entscheidungsfindung einbeziehen und damit kosten- und zeitintensive nachträgliche Anpassungen vermeiden (z.B. integrierter Umweltschutz). – Vgl. auch → additiver Umweltschutz, → Umweltpolitik, → Umwelttechnologie.

Praxisgebühr – Versicherte der gesetzlichen → Krankenversicherung, die das 18. Lebensjahr vollendet haben, müssen seit Anfang 2004 pro Quartal 10 Euro als sog. „Praxisgebühr" bezahlen, wenn sie sich in diesem Quartal erstmals in ambulante ärztliche, zahnärztliche oder psychotherapeutische Behandlung bei einem für diese Behandlung zugelassenen Leistungserbringer (Vertrags-Arzt oder -Zahnarzt, Vertrags-Psychotherapeut, auch ambulante Behandlung im Krankenhaus o.Ä.) begeben (§ 28 SGB V). Die Praxisgebühr fällt nur einmal im Quartal an, unabhängig davon, wie oft in diesem Quartal die ambulante Behandlung in Anspruch genommen wird. Erfolgt die Weiterbehandlung durch einen Facharzt nach einer entsprechenden Überweisung, fällt dann keine Praxisgebühr mehr an, wenn diese bereits bei dem überweisenden Arzt entrichtet worden ist. Nicht zu entrichten ist die Praxisgebühr für die Durchführung von Schutzimpfungen, Früherkennungsuntersuchungen und bestimmte Zahnersatzleistungen. Von der Praxisgebühr ausgenommen sind auch Patienten, die mit ihren Zuzahlungen etwa für Arznei-, Heil- und Hilfsmittel bereits die Belastungsobergrenze nach § 62 SGB V (i.d.R. 2 Prozent des Jahresbruttoeinkommens, bei chronisch Kranken 1 Prozent) überschritten haben. Die Praxisgebühr kommt den → Krankenkassen zugute. Sie soll einen Beitrag zur Konsolidierung der Finanzen der gesetzlichen Krankenkassen leisten und zugleich die Eigenverantwortung der Versicherten stärken. Die Praxisgebühr ist beim Leistungserbringer vor Aufnahme der Behandlung zu entrichten. Bei Versicherten, die Kostenerstattung (§ 13 II SGB V) gewählt haben, erfolgt die Verrechnung der Praxisgebühr direkt gegenüber der Krankenkasse. Ungeklärt ist, ob ein Leistungserbringer die Behandlung verweigern darf, wenn die Praxisgebühr nicht entrichtet worden ist. In Notfällen wird dies sicher nicht geschehen dürfen, in allen anderen Fällen ist diese Frage nach wie vor offen. Offen ist auch, wer im Falle der erfolgten Behandlung ohne vorherige Zahlung der Praxisgebühr das Risiko für deren Eintreibung trägt. – Vgl. auch → Gesundheitsreform.

Praxiswert – ideeller Wert, den der Name eines im → freien Beruf Stehenden verkörpert und der sich aufgrund der ausschließlichen Personenbezogenheit vom Geschäftswert (→ Firmenwert) eines Unternehmens unterscheidet. Für den *originär* geschaffenen Praxiswert besteht ein Bilanzierungsverbot (§ 248 II HGB, § 5 II EStG); der beim Erwerb einer Praxis bezahlte *(derivative)* Praxiswert ist aktivierungspflichtig und über die Nutzungsdauer (zwischen zwei und fünf Jahren) abzuschreiben. – *Bewertungsgesetz:* Bei der Ermittlung des → Betriebsvermögens nach dem Bewertungsgesetz ist der Praxiswert nach ertragsteuerlichen Grundsätzen zu erfassen und zu bewerten.

Prebisch-Singer-These – 1. *Aussage:* Die → Commodity Terms of Trade entwickeln sich zuungunsten der Entwicklungsländer, wodurch sich ein Realtransfer in die Industrieländer ergibt. – 2. *Analytische Begründung und Annahmen:* a) Die Einkommenselastizität der Nachfrage nach Primärgütern (Exporte der Entwicklungsländer) ist vergleichsweise niedrig. – b) Die Einkommenselastizität der Nachfrage nach Industrieprodukten (Exporte der Industrieländer) ist vergleichsweise hoch, d.h. bei wachsendem Einkommen nimmt der Anteil des Einkommens zu, der für Importe aus Industrieländern aufgewendet wird. – c) Auf den Märkten für Güter der Entwicklungsländer herrscht ein intensiverer → Wettbewerb als für Produkte der Industrieländer (wegen des hohen Homogenitätsgrades der Rohstoffe). – d) Der Wettbewerbsgrad auf den Arbeitsmärkten der Entwicklungsländer ist höher als bei denen der Industrieländer (wegen des geringen gewerkschaftlichen Organisationsgrades und wegen der geringeren Qualifikations-Differenzierung). Die Wohlfahrtsgewinne der Produktivitätssteigerung der Arbeit werden durch niedrigere Preise an die Industrieländer weitergegeben, während der Produktivitätsfortschritt in den Industrieländern dort zu höheren Löhnen führt, der das Lohndifferenzial zwischen Industrieländern und Entwicklungsländern erhöht. Prebisch untermauerte seine These empirisch durch die stetige Verringerung der Net-Barter-Terms of Trade Englands (Commodity Terms of Trade) für den Zeitraum 1876 bis 1947. – 3. *Beurteilung:* Die unterschiedlichen Entwicklungen der Terms of Trade hängen v.a. vom Homogenitätsgrad der Güter und der Wirksamkeit des technischen Fortschritts ab. Der technische Fortschritt bewirkt bei Rohstoffen eine Quantitätserhöhung, bei Industrieprodukten eine qualitative Verbesserung. Folglich verschlechtern sich die relativen Preisverhältnisse zuungunsten von Entwicklungsländern, deren Hauptprodukte (Primärgüter) hohe quantitative Produktivitätsfortschritte aufweisen. Maßgeblich für die Bewertung der Entwicklungsmöglichkeiten sollten die → Income Terms of Trade sein, die die Importkapazität festlegt. Eine Reduzierung von Güterpreisen aufgrund von Produktivitätsfortschritten kann nicht als Einkommenstransfer bezeichnet werden, da es sich um einen normalen Marktvorgang handelt. Auch der empirische Teil ist kritisiert worden, da Qualitätsverbesserungen bei Preisindices unberücksichtigt blieben und die britische Außenhandelsstruktur nicht als repräsentativ für die Außenhandelsstruktur der Entwicklungsländer angesehen wurde. – Die Prebisch-Singer-These sollte als Erklärungsansatz für die

Unterentwicklung der Entwicklungsländer dienen. Wirtschaftspolitisch ist mit einer Differenzierung der Angebotspalette in Richtung Industrieprodukte zu antworten, um den Problemen sinkender Commodity Terms of Trade zu entgehen.

Predictive Validity → Validität.

Predictive Value – *Voraussagetauglichkeit;* qualitative Anforderung an Rechnungslegungsinformationen nach den → US-GAAP sowie nach den → International Financial Reporting Standards (IFRS) →. – Vgl. auch → Conceptual Framework, → Framework.

Preference Share → Vorzugsaktie.

Preferential Trade Area for Eastern and Southern Africa → PTA.

Preferred Stock → Vorzugsaktie.

Pre-Ins – Staaten der → EU, die nicht bereits zu Beginn an der Europäischen Wirtschafts- und Währungsunion, → Europäische Währungsunion (EWU), teilnehmen wollten (Dänemark, Großbritannien, Schweden).

Preis – bezeichnet den in Geldeinheiten ausgedrückten → Tauschwert eines → Gutes. Er trägt die Dimension Geldeinheiten pro Mengeneinheit (z.B. Euro pro Stück). Er wird auch als *absoluter* Preis bezeichnet, im Gegensatz zum *relativen* Preis, der den Tauschwert eines Gutes in Einheiten eines anderen Gutes ausdrückt. In der → Totalanalyse werden häufig alle Preise und Werte in Einheiten eines Gutes, des sog. *Numéraire-Gutes,* ausgedrückt. – Vgl. auch → natürlicher Preis, → Marktpreis, → relativer Preis, → Preisfunktion, → Richtpreis, → Gleichgewichtspreis (eines Gutes), → Gegenwartspreis, → Prohibitivpreis.

Preisabsatzfunktion – 1. *Begriff:* funktionaler Zusammenhang zwischen dem effektiven → Preis p (als → Aktionsparameter) eines Anbieters und der zu diesem Preis in der Planperiode absetzbaren Menge x (als → Erwartungsparameter): x = x(p), wenn man vom Konkurrenzpreis noch abstrahiert. Als Zuordnung von unterschiedlich hohen Planpreisen zu mutmaßlich bewirkten Absatzmengen stellt die Preisabsatzfunktion keinen faktischen Zusammenhang dar, sondern ein subjektives Planungskonzept, sodass auch von einer *konjekturalen Preisabsatzfunktion* gesprochen wird. Da der Preis hierin die unabhängige Variable und die Menge die abhängige Variable bilden, kann das analytische Instrument der Preisabsatzfunktion sinnvoll nur auf Preisakteure oder Preissetzer (im → Monopol, → Oligopol und heterogenen → Polypol) angewendet werden und nicht auf Mengenanpasser (Anbieter im homogenen Polypol oder bei → vollkommener Konkurrenz). Wegen der Konkurrenzpreisunabhängigkeit des (absoluten) Monopolisten wird im folgenden zwischen der Preisabsatzfunktion im Monopol und den Preisabsatzfunktionen bei Konkurrenz unterschieden. Der Graph einer Preisabsatzfunktion wird als *Preisabsatzkurve* bezeichnet. Die Bedeutung von Preisabsatzfunktionen liegt darin, dass sie die nachfragetheoretischen Grundlagen zur Erklärung der Preisbildung und neben der Produktions- und Kostentheorie einen unverzichtbaren Baustein in den → Preisbildungsmodellen darstellen. – 2. *Preisabsatzfunktion im → Monopol:* In der Marktform des Ein-Produkt-Monopols wird im einfachsten Fall von einer linearen Preisabsatzfunktion (*Monopolnachfrage*) ausgegangen:

$$x(p) = a - bp$$

mit den Parametern a = x(p=0) > 0 und b > 0 und der 1. Ableitung dx/dp = -b < 0. Hierin stellen a die beim Nullpreis erzielbare „ → *Sättigungsmenge*" und b die Preisreagibilität der Monolnachfrage dar, die angibt welchen Absatz der Monopolist als über die Marktgrenzen wandernde Nachfrage als negative (positive) → Außenfluktuation verliert (hinzugewinnt), wenn der Monopolpreis um eine Einheit erhöht (gesenkt) wird. Der negative Wert von b (1. Ableitung der Preisabsatzfunktion) bestimmt m.a.W. die Steigung der fallenden Preisabsatzkurve des Monopolisten (vgl. Abb. 1: Preisabsatzkurve im Monopol). Je größer b und damit der Grad der Außenfluktuation ist, um so flacher verläuft seine Nachfragekurve. Während die Sättigungsmenge a den Abschnitt der monopolistischen Preisabsatzkurve auf der Mengenachse markiert, wird der Abschnitt auf der Preisachse (bei Nullabsatz) durch den „ → *Prohibitivpreis*" $p^h = p(x=0) = a/b > 0$ gebildet. Wie viele Nachfrager hinter der Preisabsatzfunktion des Monopolisten stehen, bleibt in der dargestellten aggregierten Form offen. Unterstellt man jedoch ein konstantes Nachfragerpotenzial n und für jeden Nachfrager j die gleiche individuelle Nachfragefunktion $x_j(p) = a_j - b_j p$, lässt sich der Einfluss dieser Nachfragedeterminanten in der disaggregierten Preisabsatzfunktion explizit ausweisen:

$$x(p) = x_j(p)n = (a_j - b_j p)n = a_j n - b_j np\,.$$

Unterstellt man alternativ, dass hinter jeder marginalen Absatzeinheit des Monopolisten ein Grenzkäufer steht und demzufolge jeder Nachfrager vollkommen preisunelatisch, aber mit jeweils unterschiedlich hoher maximaler Preisbereitschaft konstant eine Mengeneinheit nachfragt ($x_j = 1$ für $0 \leq p \leq p_j^{max}$), lässt sich die aggregierte Preisabsatzfunktion (da x = n) in eine identische *Preisnachfragerfunktion* überführen:

$$x(p) = n(p) = a - bp$$

Unter dieser Bedingung, die für viele Ausrüstungs- und Gebrauchsgegenstände (Automobile, Nussknacker, Dosenöffner, Kühlschränke etc.) mit dem Grenznutzen einer weiteren Mengeneinheit von Null nicht unrealistisch ist, besteht die Außenfluktion der Nachfrage in gleichem Umfang aus Außenfluktuation von Nachfragern. – 3. *Preisabsatzfunktionen bei Konkurrenz:* a) *Vorbemerkung:* Von den Preisen

Abb. 1: Preisabsatzkurve im Ein-Produkt-Monopol

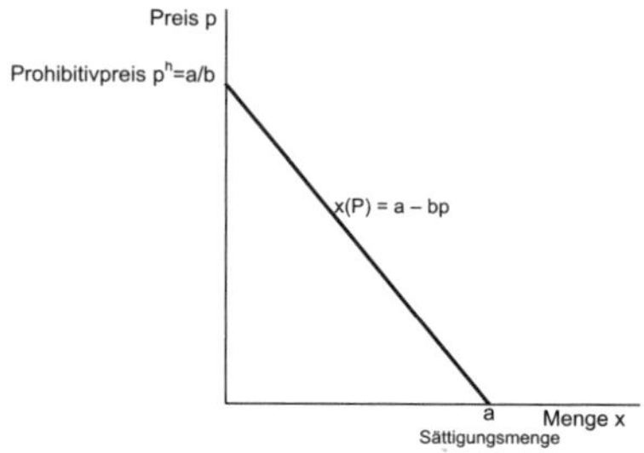

konkurrierender Produkte bzw. Anbieter abhängige Preisabsatzfunktionen können wie festgestellt nur im heterogenen Monopol, im homogenen und heterogenen Oligopol sowie (theoretisch) im heterogenen Polypol vorkommen. Der von der Anbieterzahl abhängige Übergang von „wenigen" auf „viele" Anbieter unter strikter Beibehaltung der Heterogenitätsbedingung hat jedoch bisher zu keiner überzeugenden Unterscheidung oligopolistischer und polypolistischer Preisabsatzfunktionen geführt (vgl. die entsprechende Kritik an der → polypolistischen Preisbildung), d.h. es werden (z.T. bedenkenlos) im heterogenen Polypol im Prinzip die gleichen Preisabsatzfunktionen und -kurven verwendet wie im heterogenen Oligopol. Da auch im Mehr-Produkt-Monopol ein polypolistisches Produktangebot ausgeschlossen werden kann, konzentrieren wir uns ausschließlich auf eindeutige oligopolistische Interdependenzen. Dabei wird zwischen Preisabsatzfunktionen im homogenen und heterogenen Oligopol unterschieden. Die Preisabsatzfunktionen im heterogenen Oligopol können ohne weiteres auf das heterogene Monopol übertragen werden, wobei natürlich zu berücksichtigen ist, dass der Verbundmonopolist die Preise für alle seine miteinander in Konkurrenz stehenden Produkte autonom festsetzen kann. Gleichwohl muss er die innerhalb seiner Produkpalette herrschenden Verbundeffekte, d.h. die individuellen Preisabsatzfunktionen seiner Produkte berücksichtigen. – b) *Preisabsatzfunktionen im homogenen Oligopol*: Die individuellen Preisabsatzfunktionen von Anbietern mit homogenem Produktangebot sind (a) von der Anbieterzahl und (b) von der Annahme über den Konkurrenzpreis abhängig. – (1) *Originärnachfrage*: Bei homogenen Gütern, wie sie der Ein-Produkt-Monopolist auch anbietet, kann jeder Oligopolist in einer Quasi-Monopolsituation, in welcher er von seiner Konkurrenz abstrahiert, mit dem gleichen Absatzpotenzial rechnen wie der Monopolist. Insofern bildet die beschriebene lineare Preisabsatzfunktion des Monopolisten im einfachsten Fall die Marktnachfrage, die er sich zwar mit seinen Konkurrenten teilen muss, die er als individuelle Nachfrage aber im günstigsten Fall (nämlich durch Ausschalten oder wenigstens durch Wegdenken der Konkurrenz) allein erzielen kann. – Diese seine sog. „Originärnachfrage" lautet als Funktion also (zusätzlich mit dem Index i für den betrachteten Anbieter versehen):

$$x_i(p_i) = a - bp_i$$

mit a > 0, b >0. – (2) *Preisabsatzfunktionen bei gleich hohem Konkurrenzpreis*: Fordern die Oligopolisten bei sog. „paralleler" Preispolitik für gleiche Güter stets gleiche hohe Preise ($p_i = p_k$), wird sich die Markt- oder Originärnachfrage bei polypsonistischer Struktur (nach dem Wahrscheinlichkeitsgesetz) wegen der Indifferenz aller Käufer gleichmäßig auf die aktuellen Anbieter verteilen. Die individuelle Preisabsatzfunktion bei gleich hohen Konkurrenzpreisen ist daher ein durch die Anbieterzahl A bestimmter *Bruchteil der Originärnachfrage*:

$$x_i(p_i = p_k, A) = \frac{a}{A} - \frac{b}{A}p_i.$$

Die hieraus resultierende individuelle Preisabsatzkurve dreht sich (von der Originärnachfrage mit A=1 ausgehend) mit wachsender Anbieterzahl immer mehr nach innen, wobei der (gleich hohe) individuelle Prohibitivpreis konstant bleibt (vgl. Abb. 2: Preisabsatzkurven im homogenen Oligopol bei gleich hohem Konkurrenzpreis). Aus diesen Zusammenhängen folgt, dass der mengenmäßige und monetäre Marktanteil ebenfalls mit der Anbieterzahl schrumpft und dass sich die Außenfluktuation der Originärnachfrage (wegen dx/dp = – b/A) gleichmäßig auf die Anbieter verteilt. (3) *Preisabsatzfunktionen bei konstantem Konkurrenzpreis*: Welche Intenstät der Wettbewerb im homogenen Oligopol (abgesehen von der Zahl der Wettbewerber) annimmt wird vollends deutlich, wenn man die Preisabsatzlage eines beliebigen Anbieters i bei konstantem Konkurrenzpreis untersucht. (a) Bei gleichem Preis ($p_i = p_k$ = konstant) erzielt er wie festgestellt einen Bruchteil der

Abb. 2: Preisabsatzkurven bei gleich hohem Konkurrenzpreis im homogenen Oligopol

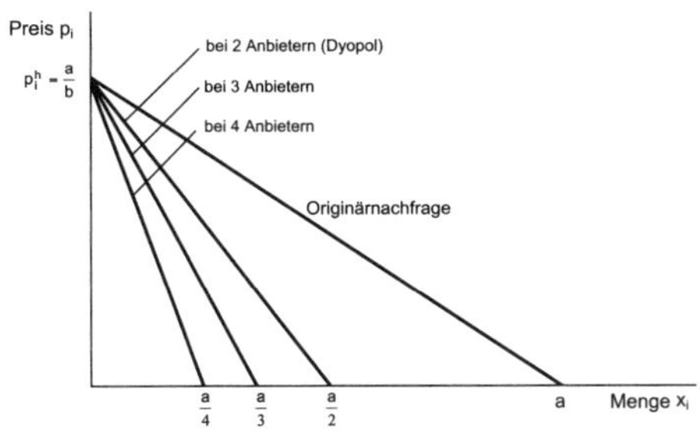

Originärnachfrage. (b) Erhöht er bei konstantem Konkurrenzpreis seinen Preis im Alleingang um eine minimale Einheit oder mehr ($p_i > p_k$= konstant), wird er seinen gesamten Absatz an die Konkurrenten verlieren (aus seiner Sicht totale negative → Binnenfluktuation, aus Sicht der Konkurrenten totale positive Binnenfluktuation), weil seine bisherigen Käufer diesen Preisnachteil bei gleichem Produktangebot nicht tolerieren werden. (c) Senkt er umgekehrt bei konstantem Konkurrenzpreis seinen Preis alleine um eine minimale Einheit oder mehr (pi < p_k= konstant), wird er aufgrund des gebotenen Preisvorteiles alle Käufer des Marktes für sich gewinnen (positive Binnenfluktuation) und damit durch Ausschaltung der Konkurrenz (negative Binnenfluktuation) die gesamte Originärnachfrage erringen. Insofern lautet die dreiteilige Preisabsatzfunktion bei konstantem Konkurrenzpreis 0 für $p_i > \overline{p}_k$

$$x_i(p_i, \overline{p}_k) = \frac{a}{A} - \frac{b}{A} p_i$$

für $p_i = \overline{p}_k$ $a - bp_i$ für $p_i < \overline{p}_k$ Der Graph dieser Preisabsatzfunktion bei konstantem Konkurrenzpreis besteht analog aus drei Abschnitten (vgl. Abb. 3: Preisabsatzkurve bei konstantem Konkurrenpreis im homogenen Dyopol). a) Auf dem Konkurrenzpreisniveau befindet sich der betrachtete Anbieter 1 im Dyopol im Punkt Q auf der Preisabsatzkurve bei gleich hohem Konkurrenzpreis, welche die Hälfte der Originärnachfrage umfasst. In der gleichen Lage befindet sich Anbieter 2. (b) Erhöht Anbieter 1 den Preis um eine minimale Geldeinheit findet er sich aufgrund totaler negativer Binnenfluktuation (BFL⁻) mit Nullabsatz auf der Preisachse im Punkte R wieder, während Anbieter 2 bei unverändertem Preis die Originärnachfrage erreicht. Bei weiterer Preiserhöhung ändert sich daran nichts mehr, er bewegt sich lediglich auf der Preisachse weiter nach oben. (c) Senkt Anbieter 1 seinen Preis umgekehrt um eine minimale Einheit unter den Konkurrenzpreis, gewinnt er zunächst durch positive Binnenfluktuation (BFL+) den gesamten Absatz von Anbieter 2 hinzu, wodurch nun bei unverändertem Preis dessen Absatz auf Null schrumpft. Anbieter 1 gelangt so in den Punkt S auf der Originärnachfrage. Da dieser Punkt eine minimale Geldeinheit unter dem Ausgangspreisniveau und Punkt Q liegt, hat er (optisch nicht erkennbar) auf der *Originärnachfragekurve* durch positive → Außenfluktuation (AFL^+) eine minimale Absatzmenge zusätzlich erzielt. Durch stärkere Preissenkungen wird dieser Außenfluktuationsgewinn durch Bewegung auf der Originärnachfrage nach rechts unten aber deutlich. – (4) *Konsequenzen für die Preispolitik:* Im Zuge der Darstellung der Preisabsatzfunktionen im homogenen Oligopol ist deutlich geworden, dass es in dieser Marktform aufgrund der schon bei minimalen Preisdifferenzen ausgelösten totalen Binnenfluktuation für alle Anbieter einen *Zwang zum Einheitspreis* gibt. Alleinige Preiserhöhungen sind wegen totaler eigener Absatzverluste indiskutabel, der Preissenkung eines Wettbewerbers muss unvollzüglich gefolgt werden, da auch in diesem Fall ein totaler Absatzverlust droht. Die Preisabsatzfunktion bei gleich hohen Konkurrenzpreisen oder bei paralleler Preispolitik stellt daher in dieser Marktform praktisch die einzig relevante Preisabsatzfunktion dar. – c) *Preisabsatzfunktionen im heterogenen Oligopol*: (1) *Vorbemerkungen*: Anders als bei Produkthomogenität ist bei heterogenem Produktangebot bei den Käufern nicht von Indifferenzen, sondern von mehr oder weniger starken Präferenzen und höheren Preisbereitschaften für das von ihnen bevorzugte Produkt auszugehen. Die Präferenzbindungen führen dazu, dass die durch Preisdifferenzen auslösbare Binnenfluktuation zwischen den Produkten und ihren Anbietern mehr oder weniger herabgesetzt ist, bei ausschließlich starken Präferenzbindungen sogar partiell aussetzen kann. Damit eröffnet sich eine Vielzahl möglicher Varianten von Preisabsatzfunktionen, sodass am einfachen Beispiel eines heterogenen Dyopols nur auf wenige Grunddefinitionen und -muster eingegangen werden kann. – (2) *Allg. Definition*

Abb. 3: Preisabsatzkurve bei konstantem Konkurrenzpreis im homogenen Dyopol

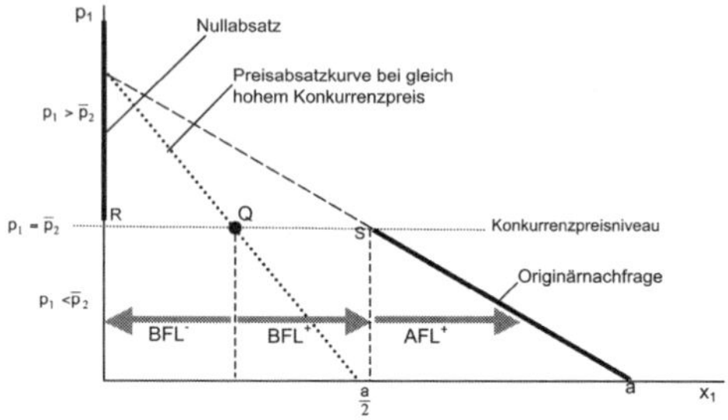

einer Preisabsatzfunktion im heterogenen Dyopol: Für Anbieter 1 bzw. Anbieter 2 gelten bei heterogenem Produktangebot die dyopolistischen Preisabsatzfunktionen:

$$x_1(p_1, p_2) = a_1 - (m_1 + c_1)p_1 + c_2p_2$$
$$= a_1 - m_1p_1 - c_1p_1 + c_2p_2$$

$$x_2(p_2, p_1) = a_2 - (m_2 + c_2)p_2 + c_1p_1$$
$$= a_2 - m_2p_2 - c_2p_2 + c_1p_1$$

Erläuterung am Beispiel der Preisabsatzfunktion für Anbieter 1: Der Parameter $a_1 > 0$ gibt seine individuelle Sättigungsmenge an, während der Koeffizient $m_1 > 0$ die durch seine Preisaktion bewirkte Außenfluktuation und die Koeffizienten $c_1, c_2 > 0$ den Grad der durch Variation von p_1 bzw. p_2 ausgelösten Binnenfluktuation bestimmen. Die Vorzeichen der partiellen Ableitungen der Funktion nach p_1 ($\partial x_1/\partial p_1 = -(m_1 + c_1) < 0$) bzw. nach p_2 ($\partial x_1/\partial p_2 = c_2 > 0$) besagen, dass c.p. eine Erhöhung (Senkung) des eigenen Preises den Absatz positiv (negativ) und eine Erhöhung (Senkung) des Konkurrenzpreises den eigenen Absatz positiv (negativ) beeinflusst. Die direkte → Preiselastizität der Nachfrage hat dementsprechend ein negatives, die → Kreuzpreiselastizität dagegen ein positives Vorzeichen. – (3) *Preisabsatzfunktion bei paralleler Preispolitik (Präferenznachfrage)*: Fordern die Dyopolisten stets gleich hohe Preise und sind auch die Binnenfluktuationskoeffizienten gleich groß (Symmetrieannahme) verkürzt sich die Preisabsatzfunktion des Anbieters auf den Ausdruck

$$x_1(p_1 = p_2) = a_1 - m_1p_1 \text{ für } c_1 = c_2.$$

Dies bedeutet, dass bei gleich hohen Preisen beider Anbieter keine Binnenfluktuation, sondern nur eine Außenfluktuation (in Höhe von $\Delta x1 = -m1\Delta p1$) stattfindet. Die Binnenfluktuation schließt sich deshalb aus, weil für die Nachfrager des Anbieters 1 und ebenso für die Nachfrager des Anbieters 2 bei gleich hohen Preisen nur die Präferenzen für das eine oder andere Produkt kaufentscheidend sind und keinerlei Veranlassung besteht, marktintern das Produkt oder den Anbieter zu wechseln. Wenn im Zuge einer parallelen Preiserhöhung dennoch weniger oder gar nicht mehr nachgefragt wird, dann nur, weil die

Abb. 4: Preisabsatzkurven im heterogenen Dyopol

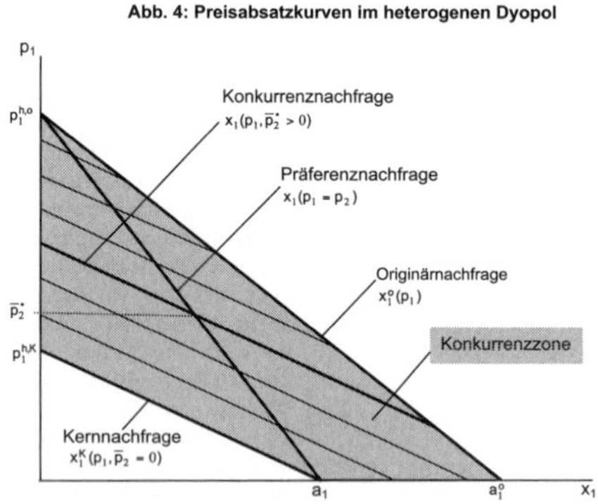

Abb. 5: Einfach geknickte Preisabsatzkurve (Kinky-Demand-Curve)

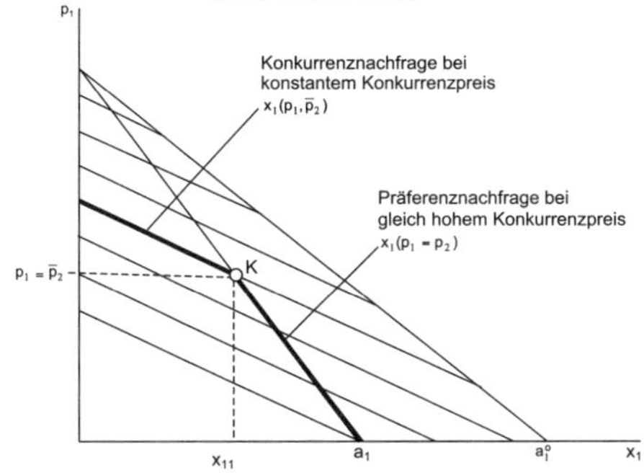

Preisbereitschaft für das auf dem betrachteten Markt bevorzugte Gut gegenüber Bedarfsgütern auf anderen Märkten abnimmt. Soweit überhaupt noch eine aktuelle Nachfrage ausgeübt wird, äußert sich darin ein klares Präferenzbekenntnis zugunsten des nachgefragten Produktes. Insofern macht es Sinn, die Preisabsatzfunktion bei gleich hohen Preisen als *„Präferenznachfrage"* zu bezeichnen. – (4) *Preisabsatzfunktion bei konstantem Konkurrenzpreis*: Liefern gleich hohe Preise einen Markttest für die Verteilung der Präferenzen auf das heterogene Produktangebot, offenbart die Preisvariation bei konstantem Konkurrenzpreis, wie intensiv die Präferenzbindung der Nachfrager des betrachteten Anbieters und der Nachfrager des Konkurrenzproduktes ist, d.h. wie die eigenen Präferenznachfrager auf Preiserhöhungen und den damit zunehmenden Preisnachteil (mit negativer Binnenfluktuation) reagieren und umgekehrt die Präferenznachfrager des Wettbewerbers auf Preissenkungen und damit auf den zunehmenden Preisvorteil des nachgezogenen Produktes (mit positiver Binnenfluktuation). Die entsprechende Preisabsatzfunktion ergibt sich aus der allg. Preisabsatzfunktion, indem man den Konkurrenzpreis als Konstante einsetzt:

$$x_1(p_1, \overline{p}_2) = a_1 + c_2\overline{p}_2 - (m_1 + c_1)p_1.$$

Hieraus ergibt sich erstens, dass im Vergleich zur Präferenznachfrage mit Außen- und Binnenfluktuation zu rechnen ist. Zweitens fungiert das Konkurrenzpreisniveau als Lageparameter, da die Sättigungsmenge im Vergleich zu Präferenznachfrage um eine konstante positive Binnenfluktuation (in Höhe von c_2p_2) zunimmt und zwar um so mehr, je höher der Konkurrenzpreis ist. Lediglich beim Konkurrenzpreis von $p_2 = 0$ bleibt dieser Effekt aus. – (5) *Kernnachfrage*: Letzteres führt zu der plausiblen Erkenntnis, dass der betrachtete Anbieter 1 mit der ungünstigsten Preisabsatzfunktion konfrontiert ist, wenn er durch einen konstanten Nullpreis von Anbieter 2 (negative Konkurrenzpreise ausgeklammert) dem schärfsten Preiswettbewerb ausgesetzt ist. Die Preisabsatzfunktion lautet in diesem Fall:

$$x_1(p_1, \overline{p}_2 = 0) = a_1 - (m_1 + c_1)p_1.$$

Die frohe Botschaft für Anbieter 1 besteht aber darin, dass er bei eigenem Nullpreis von der Sättigungsmenge a_1 ausgehend bei Preiserhöhungen noch bis zum Prohibitivpreis

$$p_1^h(\overline{p}_2 = 0) = \frac{a_1}{m_1 + c_1}$$

einen ihm im Preiswettbewerb nicht zu nehmenden positiven Absatz, die sog. *„Kernnachfrage"* erzielen kann. – (6) *Originärnachfrage*: Abschließend stellt sich die Frage, bis zu welchem Absatz sich im Zuge einer sukzessiven Preisunterbietung durch eine positive Außen- und Binnenfluktuation zulasten des Konkurrenten vorstoßen lässt. Wie im homogenen Oligopol lautet die Antwort: bis zur Erreichung der Quasi-Monopolsituation, d.h. bis zur Erzielung der Originärnachfrage. Diese entspricht im heterogenen Oligopol jedoch nicht der Marktnachfrage, da jedes heterogene Produktangebot aufgrund seiner präferenzbildenden Eigenart eine individuelle Originärnachfrage besitzt. Diese ist genau um die maximale positive Binnenfluktuation größer als die Präferenznachfrage. D.h. bspw., dass er maximal den Absatz hinzugewinnen kann, den Anbieter 2 bei Erreichen des prohibitiven Preises seiner Kernnachfrage durch negative Binnenfluktuation an ihn verliert. Beide genannten Absatzmengen bilden daher die Sättigungsmenge seiner Originärnachfrage. Schließlich ist der prohibitive Preis der Präferenznachfrage des Anbieters 1 auch Prohibitivpreis seiner Originärnachfrage, da bei diesem Preis keine Binnen- und Außenfluktuation mehr stattfinden kann. – (7) *Grafische Darstellung und Erläuterung der Zusammenhänge*: Wie Abb. 4 (Preisabsatzkurven im heterogenen Dyopol) am Beispiel von Anbieter 1 zeigt, stellt die Originärnachfrage seine maximale und die Kernnachfrage seine minimale Preisabsatzkurve dar. Die durch diese

Abb. 6: Doppelt geknickte Preisabsatzkurve im heterogenen Dyopol

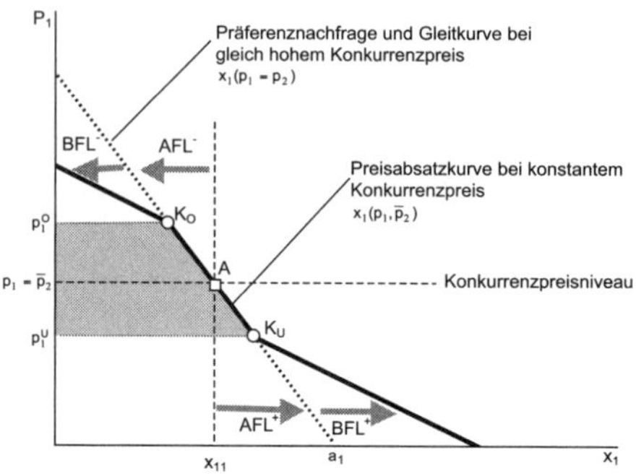

beiden Grenzkurven begrenzte (grau eingefärbte) Fläche wird sinnvoll als „Konkurrenzzone" bezeichnet, da sich hierin der durch Binnenfluktuation gekennzeichnete Preiswettbewerb abspielt. Die mit gleicher Steigung wie die Kernnachfrage eingezeichnete Schar von Preisabsatzkurven, gelten bei unterschiedlich hohen konstanten Konkurrenzpreisen. Diese Kurven werden auch als konkurrenzpreisabhängige *„Konkurrenznachfragen"* angesprochen. Sie verlaufen relativ flach, weil sie der Binnen- und Außenfluktuation unterworfen sind. Diagonal durch die Konkurrenzzone (vom Prohibitivpreis der Originärnachfrage bis zur Sättigungsmenge der Kernnachfrage) verläuft die bei paralleler Preispolitik der Dyopolisten geltende Präferenznachfrage. Sie verläuft steiler als die Konkurrenznachfragen, weil sie keine Binnenfluktuation beinhaltet. An den Schnittpunkten jeder Konkurrenznachfrage mit der Präferenznachfrage lässt sich jeweils der für erstere geltende konstante Konkurrenzpreis ablesen. Die waagerechten Abstände zwischen der Präferenznachfrage und jeder Konkurrenznachfrage zeigen die absolute Binnnenfluktuation an, unterhalb des Schnittpunktes mit der Präferenznachfrage die positive (Absatzgewinn von Anbieter 2) und oberhalb des Schnittpunktes die negative Binnenfluktuation (Absatzverlust an Anbieter 2). – (8) *Die einfach geknickte Preisabsatzkurve (Kinky-Demand-Curve):* Keine neue Preisabsatzfunktion, aber eine viel diskutierte Preisabsatzkurve stellt in diesem Zusammenhang die einfach geknickte Preisabsatzkurve dar, die zur Erklärung der oligopolistischen Preisstarrheit herangezogen wird (→ Kinky-Demand-Modell). Sie ergibt sich als Kombination zweier linearer Preisabsatzkurven, die auf zwei der vorgestellten Preisabsatzfunktionen bei heterogener Konkurrenz beruht, nämlich (a) auf der Preisabsatzfunktion bei konstantem Konkurrenzpreis $x_1(p_1,p_k$=konstant) und (b) der Preisabsatzfunktion bei gleich hohen Konkurrenzpreisen $x_1(p_1=p_k)$. Die erstere begründet (aufgrund von Außen- *und* Binnenfluktuation) den flacheren oberen Ast der geknickten Preisabsatzkurve, die letztere (wegen des Fehlens von Binnenfluktuation) den steileren unteren Ast. Der Knick K als gemeinsame Nahtstelle beider Kurven ergibt sich auf Höhe des konstanten *und* gleich hohen Konkurrenzpreises (vgl. Abb. 5). Ursache für die Knickstelle ist die asymmetrische Hypothese des Kinky-Demand-Modells über das Konkurrenzverhalten: (a) bei Preiserhöhungen behält die Konkurrenz wegen des Absatzgewinns (der für sie positiven Binnenfluktuation) ihren Preis bei, (b) bei einer Preissenkung dagegen zieht sie mit, um den drohenden Absatzverlust (die für sie negative Binnenfuktuation) zu verhindern. (9) *Die doppelt geknickte Preisabsatzkurve*: Eine Preisabsatzkurve mit zwei Knickstellen wurde von *E. Gutenberg* in die preistheoretische Diskussion der heterogenen Konkurrenz gebracht (vgl. Abb. 6). Die dahinter stehende Funktion ist eine Preisabsatzfunktion vom Typ „bei konstantem Konkurrenzpreis" mit einem dreiteiligen Definitonsbereich. Das Besondere an der Kurve ist der mittlere Abschnitt (zwischen den beiden Knickstellen), der mit der Preisabsatzkurve bei gleichem Konkurrenzpreis erstaunlicher Weise zusammenfällt, woraus sich rückschließen lässt, dass hier (trotz des konstanten Konkurrenzpreises) keine Binnenfluktuation stattfindet. Dies bedeutet, dass in diesem Definitionsbereich der Preisabsatzfunktion die Binnenfluktuationskoeffizienten den Wert Null haben (z.B. im Dyopol: $c_1=c_2=0$), während sie in den beiden anderen Definitionsbereichen „normal" definiert sind ($c_1,c_2>0$). Aus diesem Grunde verlaufen auch der obere und der untere Ast der Kurve wieder normal, d.h. aufgrund von Binnen- *und* Außenfluktuation flacher. Konsequenz dieser Zusammenhänge ist, dass die Konkurrenz bei einer Preisvariation in dem Intervall zwischen den zu den beiden Knicken gehörenden Grenzpreisen gar keine Absatzwirkung spürt. Da auch die Aktions-Reaktions-Verbundenheit hierdurch partiell unterbrochen ist, wird dieser Preisbereich auch als *„autonomes Preisintervall"* (Preisautonomie) bezeichnet. Die notwendige

Begründung für das entsprechende Verhalten der Nachfrager liefert die plausible Annahme über eine ganz bestimmte Verteilung der Präferenzintensitäten der bei gleichen Preisen hinter der Präferenznachfrage steckenden Käufer. Befinden sich in den Lagern der Präferenznachfrager der miteinander konkurrierenden Produkte nämlich nur solche mit relativ starken Präferenzen, sind eben auch relativ große absolute Preisdifferenzen notwendig, bevor sie sich zu einem Produktwechsel bewegen lassen. D.h. die nachfragetheoretische Begründung dieses Phänomens ist das Fehlen schwacher (mit Preisen bewerteter) Präferenzintensitäten oder die Existenz eines sog. „*Präferenzenleerraumes*". Da dieser Leerraum unterschiedlich groß und auf die Produktangebote außerdem symmetrisch oder asymmetrisch verteilt sein kann, können auch autonome Preisintervalle unterschiedlich groß und symmetrisch oder asymmetrisch sein. Da die Lage der autonomen Preisintervalle ex definitione vom Konkurrenzpreis abhängt, d.h. sich mit diesen nach oben oder unten verschieben, fungiert die Präferenznachfrage (Preisabsatzkurve bei gleich hohen Preisen) für den mittleren Abschnitt der geknickten Preisabsatzkurve als Gleitkurve. Erreicht der obere Grenzpreis des „Intervalls" den Prohibitivpreis der Präferenznachfrage bzw. der untere Grenzpreis den Nullpreis, gehen diese schließlich in einen „*oberen autonomen Preisbereich*" bzw. in einen „*unteren autonomen Preisbereich*" über.

Preisabweichung → Abweichungen.

Preisaktion → Sonderpreisaktion.

Preisanalyse – 1. *Aus Sicht eines Anbieters:* Systematische Untersuchung der Preise, ihrer Entwicklung und der preisbestimmenden Faktoren wie Kosten, Wettbewerbspreise und Kundennutzen. Quelle für die Preisanalyse können Markt- und Transaktionsdaten sein, die z.B. im Handel durch den Einsatz von Scannerkassen gesammelt werden. Neben historischen Preisen können auch Marktforschungsdaten verwendet werden. In der Praxis wird häufig das → Conjoint Measurement angewandt, um die → Preisabsatzfunktion eines Produktes oder einer Leistung zu ermitteln. – 2. *Aus Sicht eines Einkäufers:* Preisvergleich bzw. kontinuierliche Überprüfung der Preise für eingekaufte Waren und Dienstleistungen und Vergleich mit Wettbewerbspreisen. Bestandteil der Vorbereitung für → Preisverhandlungen mit Lieferanten.

Preisänderungsrücklage → Preissteigerungsrücklage.

Preisangaben – sind nach der Preisangabenverordnung (PAngV i.d. F. vom 18.10.2002 (BGBl. I 4197)) m.spät.Änd. Angaben, die Preisklarheit und Preiswahrheit sicherstellen und dem Verbraucher einen zutreffenden Preisvergleich ermöglichen. Grundsätzlich besteht keine Pflicht, in der Werbung Preise zu nennen, ausgenommen Waren und Leistungen, die in Schaufenstern, innerhalb von Verkaufsräumen etc. ausgestellt werden und für die Preisauszeichnungspflicht besteht. Es sind Endpreise (einschließlich Umsatzsteuer und sonstiger Preisbestandteile) und, soweit es der Verkehrsauffassung entspricht, Verkaufs- und Leistungseinheiten anzugeben. Auf Verhandlungsbereitschaft darf hingewiesen werden, bei Lieferfristen über vier Monaten sind Preisänderungsvorbehalte zulässig (§ 1). Wer Waren nach Gewicht, Volumen, Länge oder Fläche anbietet, hat neben dem Endpreis den Grundpreis, d.h. den Preis pro Mengeneinheit, anzugeben (§ 2). Sonstige Preisbestandteile sind Kosten, die mit dem Erwerb der Ware/ Leistung zwangsläufig anfallen (z.B. Überführungskosten bei Pkw) und nicht fakultativ gewählt werden können. Keine sonstigen Preisbestandteile sind mittelbar entstehende Kosten (z.B. Grunderwerbsteuer, Notargebühren). „Ca. ..."- und „von ... bis ..."-Preise sind i.d.R. unzulässig, es sei denn, dadurch wird lediglich auf den Umfang des angekündigten Angebots hingewiesen. Bes. Vorschriften bestehen für das Kreditgewerbe (§ 6; in Angeboten und Darlehensverträgen sind alle relevanten Preise bzw. Kosten aufzuführen. Darüber hinaus muss im Privatkundengeschäft auch der Effektivzinssatz für die Vergleichbarkeit von Finanzierungen angegeben werden.), Gaststätten- und Beherbergungsgewerbe (§ 7) sowie an Tankstellen und Parkplätzen (§ 8). Verstöße gegen Preisangabenvorschriften sind in aller Regel zugleich → unlautere Werbung (§ 4 Nr. 11 UWG), weil sie dazu dienen, die Stellung der Verbraucher zu schwächen, und können eine → Abmahnung eines Konkurrenten oder klagebefugten Verbandes zur Konsequenz haben; bestimmte Verstöße sind Ordnungswidrigkeiten (§ 10), die mit einer Geldbuße von bis zu 25.000 Euro belegt werden können.

Preisangabenverordnung (PAngV) → Preisangaben.

Preisankereffekt → Preiswahrnehmung für ein neues Gut durch Vergleich mit bekanntem Preis. Der Preisankereffekt beruht darauf, dass menschliche Urteile durch Vergleiche zustande kommen. Ein bekannter Preis wird als „Anker" benutzt, um einen anderen Preis einzustufen. Preise werden also selten absolut wahrgenommen, sondern in Relation mit bekannten Referenzpreisen.

Preisausgleichsprinzip – Begriff der einzelwirtschaftlichen oder gemeinwirtschaftlichen → Preispolitik für eine Preisstellung, bei der Verluste auf einem Absatzsektor durch entsprechend höhere Gewinne auf einem anderen ausgeglichen werden, z.B. Ausgleich zwischen Inlands- und Exportpreisen, zwischen verschiedenen Betriebsabteilungen, bes. bei Versorgungsbetrieben (Verlust bei Wasserwerk, Gewinn bei Gaswerk). – Die Kostenrechnung bleibt vom Preisausgleichsprinzip unberührt.

Preisaushang – Wer Verbrauchern gewerbsmäßige Leistungen anbietet, hat ein Preisverzeichnis mit den Preisen für seine wesentlichen Leistungen aufzustellen. Dieses ist im Geschäftslokal oder an sonstigen Orten des Leistungsangebots und, sofern vorhanden, zusätzlich im Schaufenster oder Schaukasten anzubringen (§ 5 Preisangabenverordnung (PAngV) i.d.F. vom 18.10.2002 (BGBl. I 4197)). Zu den Leistungen, für die ein Preisverzeichnis anzubringen ist, gehören etwa Kredite (§ 6), Gaststätten (§ 7) oder Tankstellen und Parkplätze (§ 8).

Preisausschreiben – I. Bürgerliches Recht: Art der → Auslobung (§ 661 BGB) z.B. Architektenwettbewerb. Sind die Bedingungen von jedermann leicht zu erfüllen, handelt es sich um ein → Spiel oder eine → Ausspielung.

II. Wettbewerbsrecht: → Kundenfang.

Preisauszeichnung → Preisangaben.

Preisbasis – als Preisbasis kann die messbare Bezugsgröße der Leistung für einen Preis bezeichnet werden. Mögliche Formen der Preisbasis sind z.B. Liter, Kilogramm, Kilometer, Megabyte oder Minuten.

Preisbereitschaft – der Preis, den ein bestimmter Nachfrager für ein Angebot maximal zu zahlen bereit ist. Die Preisbereitschaft hängt im Wesentlichen vom Vergleich der → Ausgabe mit dem zu erzielenden → Nutzen ab.

Preisbeschaffungsfunktion – funktionaler Zusammenhang zwischen dem → Faktorpreis p_B eines → Produktionsfaktors und der zu diesem Preis beschaffbaren Faktormenge x_B:

$$x_B = x_B(p_B).$$

Aus der Perspektive der Marktgegenseite handelt es sich um die *Faktorangebotsfunktion*. Die Preisbeschaffungsfunktion ist Grundlage für die *Ausgabenfunktion* (Faktorpreis x Beschaffungsmenge) und die *Grenzausgabenfunktion* (1. Ableitung der Ausgabenfunktion) des betrachteten Faktors.

Preisbestimmung – *Preisbildung, Preissetzung;* Auswahl eines Preises für ein Produkt oder eine Leistung. Zielt darauf ab, die funktionalen Zusammenhänge zwischen Preishöhe und Absatzmenge optimal auszunutzen und somit eine Zielgröße (z.B. Umsatz, Gewinn, Marktanteil) zu steigern. Verbreitete Methoden sind die kostenorientierte Preisbildung („ → Cost-plus-Pricing"), die markt- und kundenorientierte Preisbildung sowie Mischformen.

Preisbeurteilung → Preisbewusstsein.

Preisbewusstsein → Preissensibilität.

Preisbildung – 1. *Begriff:* Bezeichnung für das Zustandekommen des → Preises oder u.U. auch mehrerer Preise auf einem → Markt und Ermittlung der Preishöhe. Die Preisbildungsvorgänge sind Untersuchungsgegenstand der → Preistheorie. – 2. *Arten:* a) Nach den *Marktformen* sind zu unterscheiden: – (1) *Preisbildung in der vollständigen Konkurrenz:* → polypolistische Preisbildung. – (2) *Preisbildung bei Konkurrenz auf einem unvollkommenen Markt:* → monopolistische Konkurrenz, → polypolistische Preisbildung. – (3) *Preisbildung beim Monopol:* → monopolistische Preisbildung. – (4) *Preisbildung beim Oligopol:* → oligopolistische Preisbildung. – b) Für die Marktform der vollständigen Konkurrenz und für die monopolistische Konkurrenz ist die Unterscheidung zwischen *kurz- und langfristiger Betrachtungsweise* von Bedeutung: (1) In *vollständiger Konkurrenz* können kurzfristig Differenzialgewinne bei den einzelnen Unternehmern auftreten, weil nicht alle Unternehmer mit gleichen Kosten arbeiten. Das jedoch ist bei freiem Marktzugang (Free Entry) langfristig nicht mehr möglich, weil so lange neue Anbieter angezogen werden, bis sämtliche Differenzialgewinne abgebaut worden sind. Alle Unternehmer arbeiten mit den gleichen Produktionsverfahren im Minimum der langfristigen Durchschnittskosten (langfristig totales Gleichgewicht). – In der *monopolistischen Konkurrenz* erhält man als langfristige Gleichgewichtslösung die Chamberlinsche Tangentenlösung. – Vgl. auch → Preisbildungsmodelle.

Preisbildungsmodelle – 1. *Begriff:* Modelle, die unter Rückgriff auf die in der → Preistheorie herausgestellten Einflussfaktoren die → Preisbildung für typische Marktkonstellationen erfassen. Sie lassen sich klassifizieren nach den Annahmen, die man hinsichtlich des Informationsstandes der beteiligten Wirtschaftssubjekte trifft. – 2. *Deterministische Preisbildungsmodelle:* Setzt man vollständige Information sowie Nutzenmaximierung der Haushalte und Gewinnmaximierung der Unternehmen voraus, so gelangt man zu deterministischen *Preisbildungsmodellen.* Sie bauen auf Modellvorstellungen auf, die sich auf das Verhalten der einzelnen Unternehmung (→ mikroökonomische Theorie der Unternehmung) oder des Haushalts (→ Haushaltstheorie) beziehen, betrachten jedoch prinzipiell das Zusammenspiel dieser Einheiten auf dem einzelnen Produkt- oder Faktormarkt oder die Vorgänge zwischen verschiedenen Marktstufen (→ abgeleitete Nachfrage) oder über alle Märkte hinweg (→ Totalanalyse). Bez. des Einzelmarktes lassen sich hier die klassischen Preisbildungsformen Monopol, Oligopol, Polypol, Monopson, bilaterales Monopol etc. nennen, die dann im Rahmen der → Grenzproduktivitätstheorie über zwei Marktstufen hinweg auch in kombinierter Form auftreten (→ polypolistische Preisbildung, → oligopolistische Preisbildung, → monopolistische Preisbildung). – *Unterscheidungsmerkmale:* Diese, an → Marktformen und Verhaltensweisen anknüpfenden *Preisbildungsmodelle* lassen sich wiederum danach klassifizieren, ob man einen homogenen oder heterogenen → Markt zugrunde legt. Ein zusätzliches Unterscheidungsmerkmal dieser Modelle ergibt sich daraus, dass man unterschiedliche Größen als → Aktionsparameter bzw. → Erwartungsparameter (Preis oder Menge) fixieren kann. Schließlich resultieren unterschiedliche *Preisbildungsmodelle*, je nachdem ob nur der aktuelle oder auch der → potenzielle Wettbewerb einbezogen wird (→ Monopol). – 3.

Stochastische Preisbildungsmodelle: Besitzen die Akteure lediglich die Kenntnis statistischer Verteilungen bez. der relevanten Variablen und setzt man Maximierungsstreben voraus, so erhält man stochastische *Preisbildungsmodelle* Berücksichtigt man in diesem Zusammenhang explizit Informationskosten, ergibt sich die Möglichkeit, dass es selbst auf ansonsten homogenen Märkten nicht zu einem einheitlichen Preis kommen muss (Suchmodelle; Mehrpreise-Modelle). – 4. *Auf Routinen fußende Modelle:* Besitzen die Akteure auf beiden Marktseiten nicht einmal statistische Informationen, handeln sie in *echter Ungewissheit* (→ Unsicherheit), sodass Maximierungsstrategien ihren Sinn verlieren. Die Preisbildung ergibt sich in solchen Fällen eher aus *Routinen* bzw. Daumenregeln, die auf Erfahrungen der Vergangenheit (Extrapolationsprinzip) basieren und im Licht des jeweils Erreichten angepasst werden, indem sog. *Anspruchsniveaus* (→ Satisficing) nach oben oder unten korrigiert werden. – 5. Je nach dem Grad der *Komplexität* werden *Preisbildungsmodelle* in mathematisch geschlossener Form oder als Simulation dargestellt.

Preisbindung – Verpflichtung, eine Ware zu einem definierten Preis zu verkaufen. Man unterscheidet zwischen gesetzlicher und vertraglicher Preisbindung. Liegt eine *gesetzliche Preisbindung* für Waren vor, so ist der Handel dazu verpflichtet, diese zu einem vorgeschriebenen Preis an die Verbraucher zu verkaufen. Ziel solcher Maßnahmen ist es, den Preiswettbewerb zwischen Händlern zu verhindern und eine konstante Qualität einer Warengattung zu gewährleisten. In Deutschland besteht eine solche Preisbindung z.B. für Bücher, rezeptpflichtige Medikamente oder Zigaretten. – *Vertragliche Preisbindung* kann horizontal oder vertikal erfolgen. Vertragliche horizontale Preisbindung ist die Absprache von Preisen zwischen zwei Angehörigen derselben Absatzstufe, vertikale Preisbindung ist die Preisabsprache zwischen Angehörigen unterschiedlicher Absatzstufen, z.B. Hersteller und Händler. Beide Formen sind in Deutschland grundsätzlich gemäß → Kartellgesetz verboten. Eine Ausnahme davon bilden Zeitungen und Zeitschriften, bei denen eine vertragliche vertikale Preisbindung erlaubt ist.

Preisbindung zweiter Hand – *vertikale Preisbindung;* ein Hersteller verpflichtet seine Abnehmer, die von ihm gelieferte Ware nur zu dem von ihm festgelegten Preis weiter zu veräußern. Vertikale Fest- oder Mindestpreisbindungen zulasten des Käufers fallen unter das Verbot des § 1 GWB und des Art. 101 I AEUV. Da es sich um Kernbeschränkungen handelt, ist keine Freistellung gemäß der → Vertikal-GVO möglich. Es verbleibt die Möglichkeit zur Einzelfallbeurteilung nach § 2 GWB und Art. 101 III AEUV. Ausnahmen vom Kartellverbot sind im dt. Kartellrecht nach § 30 GWB für vertikale Preisbindungen bei Zeitungen und Zeitschriften sowie nach § 28 II GWB für vertikale Preisbindungen betreffend die Sortierung, Kennzeichnung oder Verpackung von landwirtschaftlichen Erzeugnissen vorgesehen.

Preisbündelung – Zusammenfassung mehrerer Teilleistungen zu einem Gesamtangebot mit einem einheitlichen Preis. – Vgl. auch → Bundling.

Preiscontrolling – Überwachung aller Phasen des Preismanagement-Prozesses. Es setzt voraus, dass Pläne und Preisziele explizit und messbar formuliert werden. Im laufenden Betrieb wird überwacht, ob die Pläne und die Preisziele tatsächlich realisiert werden. Im Abweichungsfall werden die Ursachen identifiziert und Maßnahmen ergriffen, um gegenzusteuern oder zu realistischeren Planwerten für die Zukunft zu gelangen.

Preisdifferenzierung – 1. *Begriff:* Verkauf von sachlich gleichen Produkten (Sach- und Dienstleistungen) durch einen Anbieter an verschiedene Kunden/Kundengruppen (→ Marktsegmentierung) zu einem unterschiedlichen Preis; Instrument der differenzierten Marktbearbeitung. Ermöglicht das (teilweise oder totale) Abschöpfen von Gewinnpotenzialen (→ Preismanagement). Preisdifferenzierung kann direkt über → Preispolitik oder indirekt über → Konditionenpolitik erfolgen. – 2. *Formen:* a) *Räumliche* Preisdifferenzierung: Veräußerung von Waren auf regional abgegrenzten Märkten zu verschieden hohen Preisen, z.B. Preisdifferenzierung zwischen In- und Ausland. – b) *Zeitliche* Preisdifferenzierung: Forderung verschieden hoher Preise für gleichartige Waren je nach der zeitlichen Nachfrage (Abschöpfung von → Konsumentenrenten). – c) *Zielgruppenorientierte* Preisdifferenzierung: Preisstellung je nach der marketingpolitischen Bedeutung (z.B. A- oder C-Kunden) und/oder den Absatzfunktionen der Zielgruppen, z.B. Groß- oder Einzelhandel. – d) *Sachliche* Preisdifferenzierung: Preishöhe je nach dem Verwendungszweck der Produkte, z.B. Preisdifferenzierung für verschiedenartige Abnehmer von Branntwein, verschiedene Strom- und Gastarife für Industrie- und Haushaltsverbrauch u.Ä. – Vgl. auch → monopolistische Preisdifferenzierung.

Preisdifferenzkonto – Konto der Buchführung bei Zugrundelegung des GKR (Kontenklasse 2), das die Abweichungen des Marktpreises von einem in der → Kostenrechnung zugrunde gelegten betrieblichen Verrechnungspreis (→ Planpreis) aufnimmt bei Fertigungsmaterialien (bes. Rohstoffen), deren Preise stark schwanken. – Beim *Jahresabschluss* wird der Saldo des Preisdifferenzkontos (ggf. über → Abgrenzungssammelkonto) in die → Gewinn- und Verlustrechnung (GuV) übernommen. – Bei Anwendung des IKR und kontenmäßiger Durchführung der Kostenrechnung Buchung in Klasse 9 unter kostenrechnerischen Korrekturen.

Preisdiskriminierung → Preisdifferenzierung.

Preisdumping – liegt vor, wenn auf Exportmärkten für dieselben Güter niedrigere Preise verlangt werden

Preiselastizität

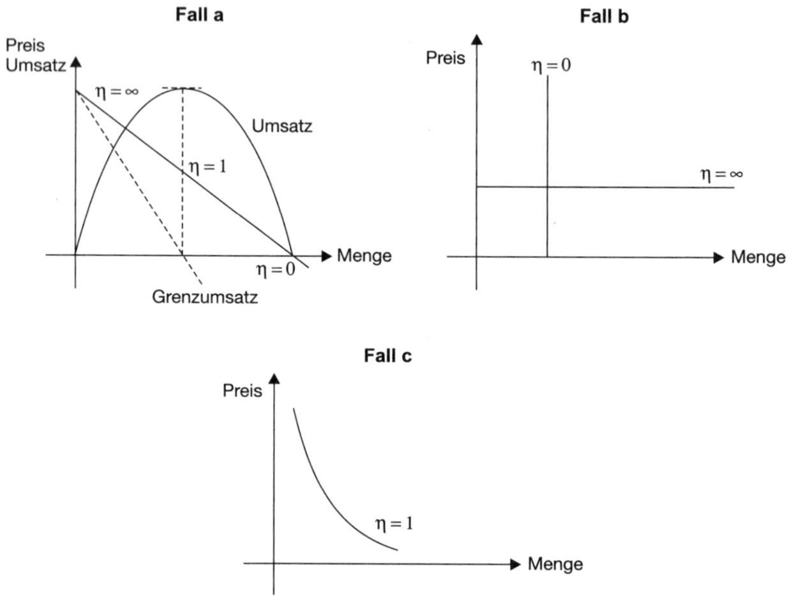

als auf dem Inlandsmarkt (regionale → Preisdifferenzierung). – Vgl. auch → Dumping.

Preisdurchsetzung – beinhaltet alle Maßnahmen, die ergriffen werden, damit einmal festgelegte Preise auch am Markt durchgesetzt und nicht z.B. durch willkürliche Rabatte unterlaufen werden.

Preiselastizität – *direkte Preiselastizität.* Kennziffer, die das Verhältnis der *relativen* Nachfrageveränderung eines Gutes und der sie auslösenden *relativen* Veränderung des Preises desselben Gutes (und insofern im Unterschied zur → Kreuzpreiselastizität direkt) misst. Sie wird genauer als → Elastizität η der nachgefragten Menge x in Bezug auf den Preis p bezeichnet ($\eta_{x,p}$). – Oft wird sie mit (-1) multipliziert, um für den Normalfall einer auf Preiserhöhungen negativ reagierenden Nachfrage ($dx/dp < 0$) positive Werte zu erhalten. Dadurch geht jedoch die in dem Vorzeichen steckende Information über die (negative) Normalreaktion der Nachfrage verloren. – Definiert ist sie als Bogen- oder Streckenelastizität durch

$$\eta_{x,p} = \frac{\frac{\Delta x}{x}}{\frac{\Delta p}{p}} = \frac{\Delta x}{\Delta y}\frac{p}{x}$$

und als Punktelastizität durch

$$\eta_{x,p} = \frac{dx}{dp}\frac{p}{x}$$

Der Wert der Preiselastizität gibt an, ob der Umsatz U bei einer Preiserhöhung steigt ($\eta > -1$), konstant bleibt ($\eta = -1$) oder fällt ($\eta < -1$). Dies korrespondiert mit *dU/dp >0, dU/dp=0* und *dU/dp<0.* – Bei einer normal verlaufenden linearen Nachfragefunktion (mit dx/dp <0) werden alle (absoluten) Werte von 0 bis unendlich durchlaufen (vgl. Abbildung „Preiselastizität Fall a"). Daneben existieren Nachfragekurven, die wegen ihrer konstanten Preiselastizität als *isoelastisch* bezeichnet werden. Ist $\eta = 0$ bzw. $\eta = \infty$, spricht man von *vollkommen preisunelastischer* bzw. *vollkommen preiselastischer* Nachfrage (vgl. Abb. Fall b die senkrecht bzw. horizontal verlaufende Nachfragekurve). Einen isoelastischen Spezialfall mit Normalverlauf bilden hyperbelförmige Nachfragekurven (vgl. Abb. Fall c) mit Funktionen vom Typ $x = bp^{-\eta}$ mit b, η = konstant.

Preisempfehlung – *unverbindliche Preisempfehlung.* 1. *Begriff:* eine nicht auf vertraglicher Bindung beruhende, lockere, aber in den praktischen Auswirkungen einer solchen Bindung oft der → Preisbindung zweiter Hand gleichkommende Art der Preisbeeinflussung durch den Hersteller. – 2. *Formen:* a)

Händler-Preisempfehlung: Hersteller (seltener Großhändler) schlagen den Einzelhändlern – meist in Preislisten – die Wiederverkaufspreise vor; dem Konsumenten sind diese i.d.R. nicht bekannt. – b) *Verbraucher-Preisempfehlung:* Hersteller empfehlen offen den Wiederverkaufspreis, meist durch Aufdruck auf der Ware. – 3. *Zweck:* Hersteller versuchen ein in etwa einheitliches Preisniveau für ihre Produkte zu erreichen, um bei den Konsumenten vorhandene Preis-Qualitätsvorstellungen nicht zu gefährden. Handelsbetriebe akzeptieren Preisempfehlung als Kalkulationshilfe oder nutzen diese für gezielte Preisunterbietungen. – 4. *Kartellrechtliche Beurteilung:* Die früheren ausführlichen Regelungen zu (unverbindlichen) Preisempfehlungen im dt. Kartellrecht (§§ 22, 23 GWB a.F.) sind mit der Siebten GWB-Novelle ersatzlos entfallen. Soweit man einer Preisempfehlung überhaupt eine spürbare wettbewerbsbeschränkende Wirkung beimisst, ist sie jedenfalls gemäß → Vertikal-GVO bis zu einem Marktanteil des Lieferanten sowie des Abnehmers (Händlers) von jeweils 30 Prozent vom Verbot des § 1 GWB und des Art. 101 I AEUV gruppenfreigestellt. Davon ausgenommen sind solche Preisempfehlungen, die sich faktisch wie Fest- oder Mindestpreise auswirken, etwa weil der Lieferant seine Preisempfehlung mithilfe von Druckausübung oder der Gewährung von Anreizen durchsetzt.

Preisermittlung → Kalkulation.

Preisfairness – wichtiges Konstrukt in der → Preiswahrnehmung. Preise werden als fair wahrgenommen, wenn der empfundene Nutzen die Zahlungsbereitschaft des Kunden nicht übersteigt und er sich nicht übervorteilt fühlt. In der → Preiswahrnehmung wichtiges Konstrukt. Von hoher Preisfairness oder Preisgerechtigkeit spricht man, wenn ein Kunde den Preis als fair wahrnimmt. Preisfairness ist ein kompliziertes multiattributives Konstrukt, welches u.a. folgende Komponenten beinhaltet: Preis-Leistungs-Verhältnis, Preiskonsistenz, Preiszuverlässigkeit, Preistransparenz, Preiskontrolle, Mitsprache in der Preisfindung oder Kulanzregelungen. Bei der Beurteilung der Preisfairness werden sowohl eigene Kauferfahrungen als auch Preise anderer Anbieter oder anderer Kunden (im Falle der → Preisdifferenzierung) berücksichtigt. Hohe wahrgenommene Preisfairness kann bspw. eine Internetflatrate sein. Ein häufig verwendetes Beispiel für aus Käufersicht geringe Preisfairness ist die Preiserhöhung für Decken, Feuerholz oder Generatoren im Falle eines Stromausfalls im Winter. Die wahrgenommene Preisfairness hat Auswirkungen auf das → Preisimage eines Anbieters.

Preis-Faktor-Kurve – Begriff der → Produktions- und Kostentheorie. Die Preis-Faktor-Kurve ist die Summe der → Minimalkostenkombinationen, die bei Konstanz der übrigen → Faktorpreise durch sukzessive Variation des Preises eines Faktors entstehen. Sie gibt damit die Nachfrage nach einem Faktor in Abhängigkeit von dessen Preis an.

Preisfindung – Prozess der Entscheidungsfindung zur Festlegung des Preises eines neuen Produktes. – Vgl. auch → Preisprozess, → Preistest.

Preisfixierung – *konjekturale Preisempfehlung.* Ein Verkäufer kann den Preis festsetzen; die Käufer bestimmen die Mengen, die sie zu diesem Preis kaufen wollen. – Vgl. auch → Mengenfixierung.

Preisflexibilität → Neue Klassische Makroökonomik, → Neoklassik.

Preisfolger – Anbieter in einem → Oligopol, welcher gewöhnlich der Preissetzung des → Preisführers folgt.

Preisforschung – Teilgebiet der → Marktforschung. – Vgl. auch → Preistest.

Preis freibleibend → Handelsklausel in Lieferungsverträgen; bedeutet, dass der Vertrag bindend, die Preisbestimmung jedoch nach dem Marktpreis am Lieferungstermin zulässig sein soll. Im Einzelfall andere Auslegung möglich.

Preisfreigabeverordnung – *Zweite Preisfreigabeverordnung (PR Nr. 1/82);* Verordnung vom 12.5.1982 (BGBl. I 617) m.spät.Änd. Nach § 2 Nr. 1 bis 4 und 8 bis 11 der VO sind nur noch wenige Güter und Leistungen aufgrund des → Preisgesetzes preisgebunden.

Preisführer – Anbieter in einem → Oligopol (auch Teiloligopol oder Teilmonopol), der mit einer Preisänderung in der begründeten Erwartung vorangeht, dass die anderen Anbieter (als → Preisfolger) nachziehen werden. Er übernimmt mit dieser Rolle eine sog. → Preisführerschaft.

Preisführerschaft – *Price Leadership;* eine preispolitische Haltung und Verhaltensweise im → Oligopol (Teiloligopol und Teilmonopol), bei der ein Anbieter als → Preisführer für die restliche Anbietergruppe den Zeitpunkt und das Ausmaß von Preisveränderungen bestimmt, während die anderen als → Preisfolger nachziehen. Man unterscheidet *dominierende* Preisführerschaften aufgrund von Marktmacht (überragendem Marktanteil, fianzieller Überlegenheit, Kostenführerschaft) und *barometrische* Preisführerschaften z.B. wegen bes. Marktübersicht oder aus Tradition. Preisführerschaften beruhen im Unterschied zu → Preiskartellen nicht auf expliziten Absprachen, sondern auf stillschweigender Übereinkunft (tacit collusion). Insofern lässt sich beim Phänomen sog. „wechselnder Preisführerschaften" eher auf ein (zur Täuschung der Kartellbehörden) inszeniertes Kartellverhalten schließen. – Vgl. auch → oligopolistische Preisbildung).

Preisfunktionen – Funktionen, welche die → Preise im Koordinationsprozess des → Marktes erfüllen. Hier sind zu nennen die Funktionen der *Orientierung* bzw. der Information (Wirtschaftssubjekte orientieren ihre Konsum- oder Produktionsentscheidungen an Preisen), der → Allokation (Güter und Faktoren fallen tendenziell demjenigen zu, der den höchsten Preis zahlen kann, man spricht daher auch von der *Rationierungs-* oder *Verteilungsfunktion*) und des *Anreizes* (hohe Preise und erwartete Gewinne provozieren eine höhere Produktion - durch Kapazitätsausbau und möglicherweise durch den Markteintritt neuer Anbieter - oder neue Einfälle, die zu Substitutionsmöglichkeiten oder technischen Alternativen führen, d.h., Preise fungieren als *Knappheitsindikatoren*). – *Voraussetzung:* Die genannten Funktionen erfüllen Preise jedoch nur dann, wenn sie sich (ohne Staatseingriffe) frei bilden können und die Anpassungsreaktionen der Marktteilnehmer nicht behindert werden. Dies ist nicht der Fall, wenn behördlicherseits ein effektiv werdender *Mindestpreis* gesetzt wird, weil der dann entstehende *Angebotsüberschuss* vom Markt her nicht abgebaut werden kann (vgl. Abbildung „Preisfunktionen, Fall a"). Umgekehrt kann der *Nachfrageüberhang* nicht abgebaut werden, wenn ein Höchstpreis effektiv wird (vgl. Abbildung „Preisfunktionen, Fall b"). Das Gleiche gilt, wenn ein *Festpreis* die Eigenschaft eines Mindest- oder Höchstpreises annimmt. In allen Fällen neigen die Wirtschaftssubjekte zu Umgehungen, was *graue* oder *schwarze* Märkte hervorruft, auf denen sich tendenziell *markträumende Preise* geltend machen. Preise können ihre Funktionen bes. dann nicht erfüllen, wenn in der Inflation zahlreiche oder alle Preise behördlicherseits festgesetzt werden, z.B. durch *allg. Preisstopp*. In diesem Fall ist die Koordination der Märkte bzw. der Handlungen der Wirtschaftssubjekte zunehmend gefährdet. Vorstehende Bemerkungen beziehen sich auf eine Situation, in der die Wirtschaftssubjekte daran gehindert werden, gewünschte Preisanpassungen vorzunehmen. Freiwillige „Preisstarrheiten", verbunden mit Anpassung über die Produktmengen, können hingegen Informationskosten senken und insofern die Koordination begünstigen.

Preisgarantie – Versprechen eines Anbieters, dass der gezahlte Preis gleich oder niedriger als jeder andere Konkurrenzpreis ist. Sollte dies nicht der Fall sein, wird innerhalb des Garantiezeitraumes (zumeist eine Woche bis 14 Tage) bei Rückgabe der Ware die Preisdifferenz erstattet.

Preisgegenüberstellung – ist grundsätzlich zulässig. Werbung mit Preissenkungen, in denen der zuvor geforderte Preis des Händlers seinem neuen Preis gegenübergestellt wird, sind zulässig, wenn der alte Preis längere Zeit ernsthaft gefordert worden ist und zwischenzeitlich keine Preissenkungen vorgenommen wurden. Andernfalls liegt → irreführende Werbung vor, § 5 IV UWG. Der alte (gesenkte) Preis muss der eigene Preis des Werbenden gewesen sein, Bezugspreise mehrdeutiger Herkunft machen die Werbung ebenso irreführend wie die Gegenüberstellung mit lange zurückliegenden Preissenkungen („Mondpreisen"). Bezugnahme auf „Listenpreise" und „Katalogpreise" ist regelmäßig mehrdeutig und irreführend, haben Preislisten bestanden, kann die Gegenüberstellung für eine Übergangszeit zulässig sein. Bezugnahme auf → unverbindliche Preisempfehlungen der Hersteller von Markenware ist zulässig, wenn es sich um zulässige unverbindliche Preisempfehlungen handelt und der empfohlene Preis im Zeitpunkt der Gegenüberstellung als Verbraucherpreis auch tatsächlich in Betracht kommt. Die Bezugnahme auf die unverbindliche Preisempfehlung muss eindeutig sein, Abkürzungen können irreführen. Einführungs- und Eröffnungspreise sind zulässig, wenn sie zeitlich auf die Eröffnungsphase begrenzt für einzelne Waren angeboten werden und unter den nach Ablauf der Eröffnungs- oder Einführungsphase geforderten liegen. Wiedereröffnung ist keine Eröffnung und rechtfertigt daher keine Eröffnungspreise. Irreführende Werbung ist ferner das Vortäuschen der Direktabgabe vom Hersteller/Großhändler, da der Verbraucher bei Direktabgabe günstigere Preise als üblich erwartet.

Preisgesetz – Übergangsgesetz über Preisbildung und Preisüberwachung vom 10.4.1948 (WiGBl. 27), verlängert durch das Gesetz vom 29.3.1951 (BGBl. I 223). Nach dem Preisgesetz sind der Bundesminister

Preisfunktionen

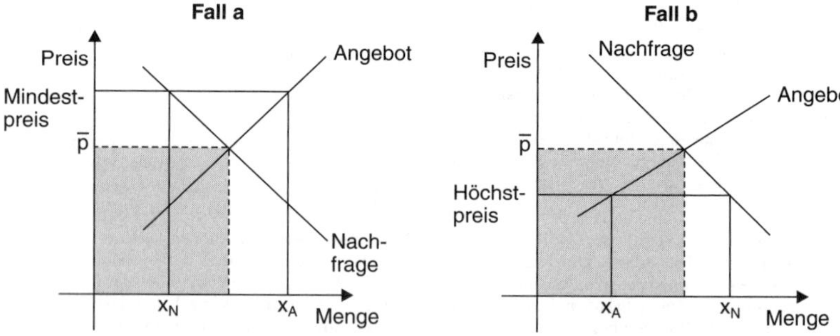

für Wirtschaft und Arbeit und die obersten Landesbehörden zum Erlass von Vorschriften bez. Preisen, Mieten etc. von Gütern und Leistungen jeder Art ermächtigt. Heute sind fast alle Preisvorschriften außer Kraft.

Preisgleitklausel → Gleitpreisklausel.

Preisgünstigkeit – unabhängig vom → Preis-Leistungs-Verhältnis beurteilte Günstigkeit eines Preises.

Preisharmonisierung – Annäherung von vormals unterschiedlichen (differenzierten) Preisen, bes. bei regionaler Preisdifferenzierung, vielfach in Form eines → Preiskorridors. Eine Preisharmonisierung wird z.B. notwendig, wenn Absatzmengen in hochpreisigen Ländern durch → Reimporte aus niedrigpreisigen Ländern verdrängt werden. – *Gegensatz:* → Preisdifferenzierung.

Preisimage – Gesamtheit der subjektiven Wahrnehmungen und Kenntnisse von Preismerkmalen bestimmter Anbieter, Marken, Einkaufsstätten etc. Das Preisimage kann, muss aber nicht immer identisch sein mit den tatsächlichen Preisen eines Anbieters im Wettbewerbsvergleich. Die Wichtigkeit des Preisimages ist gerade bei B2C Kundenbeziehungen sehr hoch. Beispiele sind Einzelhandel, Flugreisen oder Telekommunikation. Einige Firmen versuchen Zweitmarken mit sehr günstigem Preisimage zu schaffen, um so preissensible Kunden anzusprechen.

Preisindex – 1. *Begriff:* im Rahmen der amtlichen → Preisstatistik errechnete → Indexzahl zur Dokumentation der Preisentwicklung in bestimmten Bereichen des Binnenmarktes. Mit einem Preisindex können Volumina volkswirtschaftlicher Entwicklungen in preisbereinigten Reihen dargestellt werden. Hinreichende Genauigkeit der Preisindizes soll durch „Repräsentativität" der berücksichtigten Waren und Dienstleistungen (→ Warenkorb) und Verwendung einer möglichst aktuellen Ausgaben- und Verbrauchsstruktur (→ Wägungsschema) zur Gewichtung der einzelnen Güter gewährleistet werden. – 2. *Methode:* Preisindizes sind gewogene Durchschnitte (→ arithmetische Mittel) von → Messzahlen für Preise einzelner Waren und Dienstleistungen des interessierenden Wirtschaftsbereichs (Preis im Basisjahr: 100). Die Gewichtung erfolgt anhand der Bedeutung, die dem jeweiligen Gut in der Umsatz- und Ausgabenstruktur zukommt. Preisindizes werden überwiegend nach der Formel des → Laspeyres-Index berechnet. Momentanes Basisjahr ist überwiegend das Jahr 2005. – Die Veröffentlichung erfolgt in der Fachserie 17 des → Statistischen Bundesamtes (StBA) und in Kapitel 20 des Statistischen Jahrbuchs. – 3. *Beispiele* für Preisindizes sind der → Verbraucherpreisindex für Deutschland (VPI) und der → Harmonisierte Verbraucherpreisindex (HVPI) sowie der → Baupreisindex (Preisindex für den Neubau konventionell gefertigter Wohngebäude [Bauleistungen am Bauwerk]); in der Implementierungsphase befinden sich die → Preisindizes für Wohnimmobilien.

Preisindex für die Lebenshaltung (aller privaten Haushalte) – 2003 abgelöst durch den → Verbraucherpreisindex für Deutschland (VPI).

Preisindizes für Wohnimmobilien – Indizes zur Abbildung der Preisentwicklung für neu gebaute, selbst genutzte Wohngebäude und Wohnungen. Die Preisindizes für Wohnimmobilien wurden im Rahmen eines mehrstufigen Projektes entwickelt, das vom Statistischen Amt der Europäischen Union (→ Eurostat) angestoßen wurde. Sie befinden sich momentan (seit Anfang 2012) in der Implementierungsphase.

Preisinformations-System – *Open Price System;* System der internen Preis- und Marktinformation der Mitglieder eines Unternehmerverbandes. – 1. *Formen:* a) In der *lockeren Form* des Preisinformations-Systems senden die Verbände regelmäßig „Preisberichte", „Preisstatistiken", „Preisspiegel", „Marktinformationen" u.Ä., soweit ihnen die Preise, Zahlungs- und Lieferungsbedingungen bekannt werden, an ihre Mitglieder. – b) In der *straffen Form* des Preisinformations-Systems verpflichten sich die Mitglieder durch Preis- oder Marktinformationsverträge, einer Zentralstelle *(Preismeldestelle)* ihre jeweiligen Preise, Zahlungs- und Lieferbedingungen sowie alle Abweichungen von diesen Preisen zu melden. Jedes Mitglied erhält von der Stelle jede Auskunft aus dem gesammelten Material. Eine Bindung oder Empfehlung, sich an diese Preise zu halten, besteht nicht. – 2. *Rechtliche Beurteilung:* Nach der Rechtsprechung verstoßen sog. identifizierende Preisinformations-Systeme (d.h. das Mitglied wird namentlich genannt) gegen das Kartellverbot, da die erhöhte Reaktionsverbundenheit durch den Verzicht auf Geheimwettbewerb mit Preisen und Rabatten vorstoßende Wettbewerbshandlungen erschwert.

Preisintelligenz – Wissen, Methoden und Erfahrungen für die Preissetzung, die in einem Unternehmen vorhanden sind.

Preiskalkulation – Absatzpreisbildung auf der Grundlage der entstehenden (→ Vorkalkulation) oder entstandenen (→ Nachkalkulation) Kosten (Vollkosten oder Deckungsbeitragsansätze). – Vgl. auch → Kalkulation.

Preiskartell – Vereinbarung selbstständiger Unternehmen über Preise. Preiskartelle verstoßen durch die hervorgerufene Wettbewerbsbeschränkung gegen § 1 GWB und Art. 101 I AEUV. – *Sonderform:* → Submissionskartell. – Vgl. auch → Kartell.

Preiskompetenz – Vollmacht und gleichzeitig Fähigkeit, Preise setzen zu können. Die Preiskompetenz kann zentral oder dezentral angesiedelt sein, je nach den Erfordernissen an Handlungsfreiheit und Harmonisierung.

Preiskonjunktur – zyklisch stark variierende Inflationsrate. Während des Aufschwungs im → Konjunkturzyklus beschleunigt sie sich, während des Abschwungs fällt sie (→ Konjunkturphasen). Hiermit verbundene Gefahren: Akzelerierende → Inflation oder Deflation, Fehlallokationen in Form von Fehlinvestitionen, da die Preise falsche Knappheitssignale geben und erhöhte Unsicherheit. – *Gegensatz:* → Mengenkonjunktur.

Preiskonkurrenz – Art der → Konkurrenz, bei der das Schwergewicht auf Preismaßnahmen liegt. – Vgl. auch → Werbekonkurrenz.

Preiskonsumkurve → Nachfragefunktion des Haushalts.

Preiskontrolle → Preisüberwachung.

Preiskonvention – ein dem → Preiskartell verwandtes Rechtsinstrument, mit dem eine vergleichsweise lose Verpflichtung der vertragschließenden Parteien eingegangen wird, bestimmte Waren nicht über oder unter einem bestimmten Preis abzugeben. Derartige Preiskonventionen werden etwa für Bier, Brötchen, bestimmte Kuchensorten u.Ä. abgeschlossen.

Preiskorridor – setzt die Bandbreite zwischen Ziel- und Limitpreisen als Richtgröße für den Vertrieb und damit die operative Preisgestaltung. Im internationalen Kontext sollten sich die Preise für einzelne Länder in einem Preiskorridor bewegen, in dem Reimporte wirtschaftlich uninteressant sind.

Preiskreuzelastizität der Nachfrage → Kreuzpreiselastizität der Nachfrage.

Preis-Leistungs-Verhältnis – subjektives Empfinden über die Angemessenheit eines Preises im Vergleich zur Qualität des Angebots.

Preislinienpolitik – Abstufung der Preise für verschiedene Produkte innerhalb einer → Produktlinie.

Preis-Lohn-Preis-Spirale → Inflationstheorien.

Preismanagement

von Prof. Dr. Michael Schleusener

I. Begriff, Zielsetzung und Bedeutung

Das Preismanagement umfasst die Analyse, Planung, Festlegung, Umsetzung und Kontrolle von Preisen und Konditionen. Das sind die Handlungspunkte, die häufig unter → Preispolitik bzw. → Kontrahierungspolitik verstanden werden und gehen durch den Gedanken des Managementprozesses darüber hinaus (→ Preisprozess).

Ziel des Preismanagements ist es, durch eine entsprechende Ausgestaltung von Preisen und Konditionen die Marketingziele und damit letztlich die Unternehmensziele zu erreichen.

Aus ökonomischer Sicht kommt dem Preismanagement eine herausragende Bedeutung für die Erreichung der Unternehmensziele zu, die bislang jedoch noch nicht immer ausreichend gewürdigt wurde. So besteht zwar in der Praxis eine grundsätzliche Einsicht in die Zusammenhänge, der → Implementierung eines effektiven Preismanagements stehen jedoch spezifische Schwierigkeiten in jeder Phase gegenüber. Die Bedeutung des Preismanagements resultiert zum einen aus der Hebelwirkung des Preises. Eine Preisänderung bewirkt i.d.R. eine überproportionale Änderung des → Deckungsbeitrags/ → Gewinns. Bei bspw. 10 Prozent Deckungsbeitrag/ Gewinn führt eine fünfprozentige Preissenkung unter der Annahme konstanter Absatzmengen zu einer Reduzierung des Deckungsbeitrags/Gewinns um 50 Prozent. Umgekehrt führt bei gleichen Annahmen eine fünfprozentige Preiserhöhung zu einer Deckungsbeitrags-/Gewinnsteigerung von 50 Prozent. Dabei gilt: Je geringer der prozentuale Deckungsbeitrag bzw. Gewinn ist, desto größer ist die Hebelwirkung des Preises auf diesen.

Gleichzeitig beeinflusst der Preis neben der Wert- auch die Mengenkomponente. Die Menge hängt ökonomisch gesehen vom Preis ab (→ Preisabsatzfunktion). Im Normalfall führt ein hoher Preis zu einer geringen Menge und umgekehrt. Die Mengenkomponente beeinflusst direkt → Umsatz und Gewinn, gleichzeitig steht sie für Beschäftigungssituation, Auslastung, Kostenniveau (→ Erfahrungskurveneffekte) und → Marktanteil.

Kommen nun noch sich dynamisch verändernde Umweltzustände wie Wettbewerbsaktivitäten, verändertes → Konsumentenverhalten und neue Technologien hinzu, so wird deutlich, dass isolierte preispolitische Maßnahmen nicht mehr ausreichen um die Unternehmensziele zu erreichen. Vielmehr ist ein eigenständiges und ganzheitliches Preismanagement notwendig.

II. Phasen des Preismanagements

1. Analyse

Zu Beginn des Preismanagements steht die Analyse. Ziel der Analyse ist es, den ökonomischen Zusammenhang zwischen unterschiedlichen Preisen und den jeweils realisierbaren Mengen unter Berücksichtigung verhaltenswissenschaftlicher Einflussfaktoren zu verstehen. Nur dann ist es möglich, optimale Preisentscheidungen im Sinne der Unternehmensziele zu treffen.

Zentrale Herausforderungen für die Analyse sind die Multikausalität von Marketingentscheidungen auf der einen Seite und die Reserviertheit der Nachfrager, ihre eigenen → Preisbereitschaften zu offenbaren, auf der anderen Seite.

Multikausalität bedeutet, dass die realisierten Absatzmengen nicht nur durch die Preisgestaltung, sondern durch eine Vielzahl eigener Maßnahmen und solcher des → Wettbewerbs beeinflusst werden. Dies erschwert die Isolation einzelner preispolitischer Wirkungszusammenhänge.

Weiterhin sind die Nachfrager selbst i.d.R. nicht bereit, freiwillig ihre wahre → Preisbereitschaft zu offenbaren, da dies eine Abschöpfung der → Konsumentenrente durch das Unternehmen ermöglicht. Vor diesem Hintergrund gibt es unterschiedliche Ansatzpunkte zur Ermittlung des Preis-Mengen-Zusammenhangs. Zunächst können interne Unternehmensinformationen genutzt werden. Dabei handelt es sich um Erfahrungen aus früheren Preisänderungen sowie Analysen vorliegender Daten zu Abverkäufen und Rabatten (objektive Daten). Trotz einfacher Verfügbarkeit dieser Daten sind die Ergebnisse durch die angesprochene Multikausalität teilweise nur eingeschränkt verwendbar. Weiterhin kann das subjektiv vorhandene Wissen des Managements genutzt werden, wenn es gelingt, dieses ausreichend zu quantifizieren. Vorteilhaft ist die schnelle und kostengünstige Umsetzbarkeit, doch die Datenqualität schwankt mit dem jeweiligen Erfahrungshorizont. Über die internen Informationen hinaus sind weitere Daten bei den (potenziellen) Kunden direkt zu erheben. Je nach Untersuchungsgegenstand ist es möglich, auf Preistests zurückzugreifen. Bei teilweise aufwendigem Untersuchungsdesign besteht die Chance, durch die Kombination von Produkt und Preis realistische Ergebnisse zu erhalten. Von der Anlage her weniger aufwendig und vielfältiger einsetzbar sind → Befragungen zur → Preisbereitschaft. Direkte Fragen führen aufgrund der Eigeninteressen der Befragten nur bedingt zum Ziel, daher sind indirekte Befragungsmethoden wie bspw. das → Conjoint Measurement in seinen diversen Varianten oder spezielle Fragetechniken wie die van-Westendorp-Methode einzusetzen. Auch über Auktionsmodelle wie insbesondere die Vickrey-Auktion (→ Vickrey) können Preisbereitschaften ermittelt werden. Häufig werden parallel verschiedene Quellen genutzt und unterschiedliche Methoden der Preisermittlung eingesetzt, um der besonderen Bedeutung des Preises für den Unternehmenserfolg sowie den spezifischen Herausforderungen an die Messung von Preisbereitschaften gerecht zu werden.

Die konsumentenseitige Preisbereitschaft ist immer im Zusammenhang und Vergleich mit dem Konkurrenzangebot zu ermitteln. Weiterhin sind verhaltenswissenschaftliche Faktoren wie → Preiswahrnehmung, Preiskenntnis und → Preisbewusstsein zu berücksichtigen. Da sich die Rahmenbedingungen ständig verändern, ist die Analyse im Rahmen des Preismanagements regelmäßig zu überprüfen und zu aktualisieren.

2. Planung und Festlegung

Die Kenntnis von Preisbereitschaften und Wettbewerbspreisen führt zusammen mit den Unternehmenszielen zur Planung des → Preissystems. Ziel ist es, Preise und → Konditionen vor dem Hintergrund der ermittelten Rahmenbedingungen optimal zur Erreichung der Unternehmensziele einzusetzen. Unterschieden werden kann zwischen der erstmaligen Setzung von Preisen für Neuprodukte und der kontinuierlichen Anpassung von bestehenden Preisen.

Das Preissystem stellt die Anzahl und den Zusammenhang aller Preise dar. Im einfachsten Fall handelt es sich um Einzelpreise pro Produkt. Häufig existieren mehrdimensionale Preissysteme, wenn → bspw. → Preisdifferenzierung angewendet wird. Grundsatzentscheidung ist damit die Frage nach Einführung einer Preisdifferenzierung und dem Grad der Preisdifferenzierung. Weitere Maßnahmen können mehrdimensionale Tarife sein oder → Preisbündelung. Die Anforderung besteht darin, ein konsistentes und in sich schlüssiges System zu erreichen, das unterschiedliche Preisbereitschaften optimal abschöpft. Die Komplexität bzw. Einfachheit eines solchen Preissystems kann bereits an sich ein Faktor sein, der die Attraktivität eines Produktes oder einer Leistung mitbestimmt. Das Gleiche gilt für die Gestaltung eines → Konditionensystems. Werden Preise nach bestimmten Parametern ständig dynamisch im Zeitverlauf verändert, so ist ein sogenanntes → Revenue Management einzurichten; dabei bestehen einige Voraussetzungen (u.a. Vorausbuchungs-Erfordernis, fixe Kapazitäten, Verfall der Leistung bei Nichtinanspruchnahme).

Neben der Struktur des Systems ist die absolute und relative Höhe der Preise festzulegen. Dies geschieht auf Basis der ermittelten Preis-Mengen-Kombinationen, der Kostensituation und der Unternehmensziele unter Berücksichtigung von möglichen Konkurrenzreaktionen.

Die Planung erfolgt mithilfe von Simulationsmodellen und -rechnungen, mit denen die zu erwartenden Effekte der Preismaßnahmen in ihren Wirkungen abgeschätzt werden.

3. Umsetzung

Die Umsetzung der Preisfindung beinhaltet die → Kommunikation der festgelegten Preise und die Vertretung der Preise durch den Außendienst. Ziel ist es, die einmal festgelegten Preise beim Endkunden auch durchzusetzen. Die Kommunikation gegenüber dem Endkunden ist ein zentraler Faktor für die erfolgreiche Umsetzung der Preise. Dadurch werden die Akzeptanz und damit der Erfolg von Preisänderungen entscheidend beeinflusst.

Für den Fall eines direkten Kundenkontaktes durch Außendienstmitarbeiter des Unternehmens (z.B. Konsumgüterhersteller gegenüber Handelsunternehmen bzw. bei → Investitionsgütern) hängt die Umsetzung vorgegebener Preise und damit die Durchsetzung der Preisforderungen des Unternehmens entscheidend von den Preiskompetenzen der Vertriebsmitarbeiter sowie deren Incentivierung ab. Werden lediglich Umsatzkomponenten bei der Berechnung der variablen Vergütung berücksichtigt, so besteht die Gefahr, dass mit dem Ziel hoher Umsätze zu hohe Preisnachlässe gewährt und damit die Umsetzung einmal für richtig erachteter Preise verhindert wird.

4. Kontrolle

Im Sinne eines Regelkreises sind abschließend die Effekte durch die Preisänderung zu beobachten und systematisch auszuwerten. Ziel der Kontrolle ist die Verbesserung von zukünftigen Preisentscheidungen und die Identifikation von Anpassungsbedarf. Die Kontrolle geht nahtlos in die erneute Analyse der Situation über, womit sich der Kreislauf schließt.

III. Träger des Preismanagements

Die Aufgaben des Preismanagements werden teilweise von speziellen Preismanagern übernommen, teilweise gehören sie auch zu den Aufgaben von Marketingmanagern oder Produktmanagern. Über diese unmittelbaren Aufgabenträger hinaus ist insbesondere in strategischer Hinsicht das Topmanagement involviert. Auch der Außendienst übernimmt Teilfunktionen, sobald ihm Preiskompetenzen übertragen werden. Eine wesentliche Beteiligung geht ebenfalls von der Produktion sowie vom Finanz- und → Rechnungswesen/ → Controlling aus.

Preismechanismus – *Markt-Preis-Mechanismus;* Bezeichnung für das Prinzip der horizontalen Koordination von Wirtschaftsplänen auf dezentralen Märkten, wo sich der → Preis als Ergebnis des Zusammenspiels von Angebot und Nachfrage frei von direkter staatlicher Einflussnahme bilden kann. Gleichwohl bestehen staatlich gesetzte Rahmenregeln (z.B. in Form des Handelsrechts) für Transaktionen auf Märkten. Die Koordination ist das Ergebnis des Zusammenspiels der Koordinationsmechanismen Verhandlung, Wettbewerb, Vertrag und Tausch. Anders als bei der gesamtwirtschaftlichen Planung existiert keine zentrale Instanz, die die Güter- und Ressourcenströme festlegt. Diese ergeben sich vielmehr indirekt als Ergebnis des wirtschaftlichen Handelns einer Vielzahl von Wirtschaftssubjekten. Der Preismechanismus ist die dominierende Form der Koordination wirtschaftlicher Prozesse in der Marktwirtschaft. Durch die Erfüllung der → Preisfunktionen führt der Preismechanismus zu einer Abstimmung der ökonomischen Aktivitäten innerhalb der gesamten Volkswirtschaft. Er gewährleistet, dass die Interdependenzen zwischen den verschiedenen Märkten in das Kalkül der einzelnen Wirtschaftssubjekte einfließen und so zu einer optimalen → Allokation der Ressourcen führen. Auf Märkten, die durch → Marktversagen gekennzeichnet sind, kann der Preismechanismus seine Funktionen allerdings nicht oder nicht befriedigend erfüllen und muss dann durch andere Formen der Wirtschaftskoordination, z.B. durch staatliche Eingriffe ergänzt werden. Eucken sieht in einem funktionsfähigen Preismechanismus eine wesentliche Voraussetzung für die Funktionsfähigkeit der → Verkehrswirtschaft. Deren Existenz ist allerdings an eine Reihe weiterer konstituierender Prinzipien (s. → Freiburger Schule) gebunden.

Preismeldestellen → Preisinformations-System.

Preismessziffer für Bauleistungen → Baupreisindex.

Preismetrik – Maßeinheit, die der Preisberechnung bei Abgabe von Produkten in variabler Menge zugrunde liegt. Häufig verwendete Metriken sind Mengeneinheiten (Logistik z.B. pro Stck, pro Palette), Flächeneinheiten (Immobilien, Flächenvermietun z.B. pro m^2), Volumeneinheiten (Flüssigkeiten z.B. pro Liter, pro m^3), Zeiteinheiten (Mobilfunk, z.B. pro Minute, pro Monat).

Preismodell – theoriebasierte Preisbildung für ein Produkt(bündel). Unterscheidung zwischen statischen Preismodellen, bei denen der Preis einseitig vom Verkäufer festgelegt wird, und interaktiven Preismodellen, bei denen der Preis durch Interaktion zwischen Verkäufer und Käufer zustande kommt. Beispiele für interaktive Preismodelle sind im Onlinebereich Online-Auktionen, Reverse Pricing, Reverse Auctions, Power/Co-Shopping, Rückvergütungssystem.

Preisnachfragerfunktion → Preisabsatzfunktion.

Preisnachlass – Verringerung des Kaufpreises durch den Verkäufer: (1) Aufgrund einer Mängelrüge: → Minderung; (2) aus wirtschaftlichen Gründen: → Erlösschmälerungen, → Rabatt.

Preisnehmer → Mengenanpasser.

Preisniveau – Bezeichnung für den durch Indexzahlen gemessenen Durchschnittsstand aller wichtigen Preise in der Volkswirtschaft. Der reziproke Wert des Preisniveaus drückt die Kaufkraft des Geldes (→ Geldwert) aus.

Preisniveaustabilität → Inflation.

Preisnotierung → Wechselkurs, bei dem der → Preis für eine (bzw. 100) ausländische Währungseinheiten in einheimischer Währung ausgedrückt wird (z.B. 1 US-Dollar = 0,9546 Euro). Der spiegelbildliche → Mengenwechselkurs drückt rechnerisch das exakt gleiche Wertverhältnis aus.

Preisobergrenze – derjenige Preis einer fremdbezogenen Sach- oder Dienstleistung, bis zu dem sich die Verwendung der Leistung im Unternehmen lohnt. V.a. bei der → Beschaffungsplanung von Bedeutung. – Preisobergrenzen *bestimmen* sich (1) durch die → Kosten einer substitutiven Leistung, z.B. Selbsterstellung anstelle von Fremdbezug *(kostenersparnisorientierte Preisobergrenze)* oder (2) durch den Nutzen des mit der Leistung erstellten Gutes, z.B. Deckungsbeitrag eines mithilfe einer bestimmten Lizenz hergestellten Produkts *(verwendungsertragsorientierte Preisobergrenze).*

Preisoptik – Einbezug von Wahrnehmungsaspekten in die Preisgestaltung, um knappe oder bes. faire Preisgestaltung zu suggerieren.

Preispflege – regelmäßige Preisanpassungen eines Herstellers oder Händlers, um den Preis auf einem akzeptablen Niveau zu halten.

Preispolitik – alle Maßnahmen zur Beeinflussung von Preisen.

I. Staatliche Preispolitik: 1. *Ziele:* Kontrolle und Festsetzung von Preisen mit der Absicht: (1) Das → Preisniveau auf einigen Märkten oder auf sämtlichen Märkten zu bestimmen; (2) einem Preisauftrieb oder Preisverfall vorzubeugen und eine von dieser Seite her wirkende Geldentwertung oder Depression zu vermeiden. – 2. *Mittel:* Preisüberwachung, örtliche Preiskontrolle, staatliche Preisfestsetzung, Preisstopp, Vorschriften bzw. Überwachung des Rechnungswesens.

II. Genossenschaftliche Preispolitik: Muss auf die Erfüllung des → Förderungsauftrages gegenüber den Mitgliedern ausgerichtet sein. (1) Bei einer direkten finanziellen Förderung der Mitglieder sind die Genossenschaftspreise auf den Absatz- und Beschaffungsmärkten des Geschäftsbetriebes so festzulegen, dass in den Mitgliederwirtschaften eine unmittelbare genossenschaftsverursachte Erlössteigerung bzw. Kostensenkung eintritt. (2) Die indirekte finanzielle Förderung der Mitglieder beinhaltet, dass durch marktorientierte Preise Gewinne erwirtschaftet werden, die entweder im Rahmen der Dividendenpolitik ausgeschüttet werden, oder über Rücklagen zu einer langfristigen Substanzerhaltung bzw. Leistungsverbesserung des genossenschaftlichen Geschäftsbetriebes beitragen. Der Genossenschaftsgewinn ist nicht Selbstzweck, sondern Mittel zum Zweck der Förderung der Mitglieder. Der Genossenschaftsbetrieb kann seine Beschaffungs- bzw. Absatzpreise so gestalten, dass im Geschäftsbetrieb kein Genossenschaftsgewinn entsteht, sondern lediglich eine Kostendeckung. Dies ist in der Praxis deswegen nicht üblich, weil Gewinne zur allg. Risikoabdeckung notwendig sind und über die Rücklagen außerdem das fluktuierende Beteiligungskapital durch Mitgliederaustritte ausgeglichen werden kann. Die Gleichbehandlung der Genossenschaftsmitglieder wird dann durch eine Preisdifferenzierung nicht beeinträchtigt, wenn diese nach Umsatzmengen, der Qualität der abgelieferten Produkte, Barzahlungsrabatte u.Ä. vorgenommen wird. Im Rahmen der → Rückvergütung wird gegenüber den Genossenschaftsmitgliedern eine sehr wirksame indirekte Preispolitik (bei Zinsen und Warenpreisen) vorgenommen.

III. Erwerbswirtschaftliche Preispolitik: Teil der → Marketingpolitik, der → marketingpolitischen Instrumente einer Unternehmung, gestützt auf die Ergebnisse der Marktforschung und der Kostenrechnung bzw. Kalkulation (→ Preisuntergrenze). – Beeinflussung des Marktpreises auf polypolistischen Märkten nur bei Vorliegen eines unvollkommenen Marktes möglich (→ Preisabsatzfunktion). Die Marktforschung zeigt Möglichkeiten der → Preisdifferenzierung. – Vgl. auch → Preismanagement.

preispolitischer Ausgleich → Mischkalkulation.

Preispremium – Preisdifferenz zum Konkurrenzpreis, die ein Anbieter, eine Marke oder eine Einkaufsstätte aufgrund der individuellen Präferenz eines Nachfragers erzielen kann.

Preisprozess – *Pricing-Process,* System von Regeln und Verfahren zur Festlegung und Durchsetzung von Preisen. Der Preisprozess umfasst Informationen, Modelle, Entscheidungsregeln, Organisation, Verantwortlichkeiten, Incentives, Timing sowie Kompetenzen und Qualifikationen. Objektive Daten und subjektive Erfahrungen fließen ein. Die Abfolge besteht aus Analyse, Entscheidung, Implementierung und Monitoring/Controlling.

Preisprüfung – Prüfung der Importpreise seitens der EU-Kommission, um Dumpingpreise (→ Dumping) zu verhindern. Die EU-Kommission prüft von Amts wegen oder auf Antrag gebietsansässiger Unternehmen, die über ein zu niedriges Preisniveau importierter Ware Klage führen, ob durch diese Einfuhren aufgrund überhöhter Mengen zu solchen Preisen ein erheblicher Schaden für die Erzeugung gleichartiger oder zum gleichen Zweck verwendbarer Waren in der EU eintritt oder einzutreten droht und ob dieser Schaden im Interesse der Allgemeinheit abgewendet werden muss. Folge kann die Erhebung von → Antidumpingzöllen sein.

Preisrätsel → Kundenfang.

Preisregelung – Begriff für staatliche Maßnahmen der → Preispolitik, nicht auch privatrechtlicher Abreden. Zur Preisregelung gehören z.B. behördliche Verordnungen, Verfügungen, Anordnungen und sonstige Maßnahmen. – Die *Einhaltung* der Preisregelung ist durch den Blanketttatbestand des § 3 WiStG 1954 mit einer Bußgelddrohung bis zu 25.000 Euro geschützt. – Vgl. auch → Preisvorschriften.

Preisreihen → Preisstaffeln.

Preisresponsefunktion – *Preiswirkungsfunktion;* Größe zur Messung der Abhängigkeit von Preisen/Preisänderungen auf Absatz/Absatzänderungen (→ Preisresponsemessung). – Vgl. auch → Responsefunktion.

Preisresponsemessung – *Preiswirkungsmessung;* Bestimmung der → Preisresponsefunktion. Gemessen wird die Wirkung verschiedener Preise und/oder Preisänderungen auf den Absatz oder den Marktanteil eines Produktes. Eine durch Preisresponsemessung erzielte Preisresponsefunktion ist unabdingbare Voraussetzung für jede rationale Preisentscheidung. Die Preisresponsemessung umfasst die Datenbeschaffung und die nachfolgende meist statistisch-ökonometrische Auswertung (→ Regressionsanalyse). – 1. *Datenerfassung:* Die Datenanforderungen sind je nach Marktsituation und Problemstellung unterschiedlich, z.B. Erfassung der Konkurrenzpreise, falls notwendig. Es können sowohl Querschnitts- als auch Längsschnittdaten (→ Querschnittuntersuchung, → Längsschnittuntersuchung) sowie eine Kombination bei den Datenarten verwandt werden. – *Bereiche:* (1) → Befragung aktueller und potenzieller Käufer (→ Preistest), (2) Befragung von Experten (Manager, Handel, Agenturen etc.; → Expertenbefragung), (3) Labor- und Feldexperimente (→ Experimente), (4) → Beobachtung des tatsächlichen Marktgeschehens (→ Handelspanel und → Haushaltspanel). – 2. *Datenauswertung:* Erfolgt je nach Zielsetzung auf verschiedene Arten: a) Die einfachste Form der Preisresponsemessung besteht darin, die bei unterschiedlichen Preisen erzielten Absatzmengen in einer Tabelle gegenüberzustellen. Ein Vergleich prozentualer Preis- und Absatzänderungen gibt Anhaltspunkte für die → Preiselastizität der Nachfrage. Allerdings liefert dieses Verfahren wegen erheblicher Zufallsschwankungen wenig reliable Ergebnisse (→ Reliabilität), auch ergeben sich oft ökonomisch nicht sinnvolle Werte. Deshalb bieten nur Mittelwerte auf der Basis einer großen Zahl von Datenpunkten eine entscheidungsrelevante Information. – b) Die Ausführung einer Preisresponsemessung erfolgt auf einfache Weise, indem man durch visuelle Inspektion der Preis-Absatz-Datenpunkte z.B. eine Gerade einpasst und die Parameter an den Achsen abliest. Ein exakteres Vorgehen besteht in der ökonometrischen Schätzung der Parameter. Hierbei werden eine Reihe statistisch-ökonometrischer Verfahren angewendet, wobei aus Gründen der Einfachheit stets versucht wird, das Problem linearen Schätzverfahren zugänglich zu machen.

Preisschere – bildlicher Ausdruck für das Verhältnis der Indizes (→ Preisindex) zweier Gütergruppen in ihrer zeitlichen Entwicklung; namentlich auf den Vergleich der Preisniveaus landwirtschaftlicher Produkte und von der Landwirtschaft eingesetzter Industriegüter (landwirtschaftliche Maschinen, Düngemittel, Treibstoffe) bezogen. Die Preisschere „öffnet sich", wenn die Indizes auseinander streben. Zu beachten ist, ob eine Öffnung einer Preisschere auch durch die Wahl des Basisjahres mit bewirkt wird.

Preisschleuderei – Absatz um jeden Preis (*„Schleuderpreise"*), ohne Rücksicht auf die Gestehungskosten. – *Wettbewerbsrechtliche Beurteilung:* → Behinderungswettbewerb.

Preisschnitt → Preisstatistik.

Preisschwelle → Preisschwelleneffekt.

Preisschwelleneffekt – Erscheinung, dass die Erhöhung/Senkung eines Preises über eine Preisschwelle hinaus zu einem/einer sofortigen größeren Rückgang/Zunahme der nachgefragten Menge führt.

Preissenkung → Preisgegenüberstellung.

Preissensibilität – Wichtigkeit des Preises im Kaufentscheidungsprozess. Je preissensibler ein Kunde ist, desto stärker reagiert er auf Preise und Preisänderungen. Kann beim Kunden eine generelle Einstellung sein, produktkategoriespezifisch auftreten und von situativen Faktoren abhängen. Menschen sind z.B. im Urlaub häufig wenig preissensibel. Einige Konsumenten sind bei Autos wenig preissensibel, dafür umso mehr beim Einkauf von Nahrungsmitteln. – Sehr ähnliche, in der Marktforschung kaum zu unterscheidende Konstrukte sind → Preisbewusstsein und Preiswichtigkeit. Zur Messung s. → Preiselastizität.

Preisstaffeln – *Preisreihen, Preisstufungen;* Reihen gestufter Preise für Waren gleicher Zweckbestimmung, aber unterschiedlicher Ausstattung, Qualität, Größe etc. Die Preise solcher Waren, ergeben der Höhe nach geordnet eine Reihe (Stufenfolge, Staffel), deren Gliedabstände als *Staffelmargen* bezeichnet werden können. – *Ursachen:* Die Preisstaffeln erwachsen aus der Staffelung der Handelsspannen (→ Staffelspannen) oder auch aus einer → Preisdifferenzierung. – *Erscheinungsformen:* Sie können ausgebildet sein nach Qualität, Größe, Menge, Abnehmergruppen, Absatzgebieten, Absatz- bzw. Erzeugungszeiten, Erzeugergruppen, Erzeugergebieten, Verwendungszwecken, und zwar (1) als feste Verhältnisse, die einmal festgesetzt innerhalb der Warenart überall verwandt werden, oder (2) als Einzelfestsetzungen. – Oft gelten für die gleiche Ware zwei und mehr Staffelungsgesichtspunkte nebeneinander, z.B. Größen-, Abnehmergruppen- und Absatzgebietsstaffeln. – *Anwendung:* Staffelpreise sind hauptsächlich bei gebundenen Preisen üblich (Vertragsspannen, Zwangsspannen), kommen aber auch bei den freien Marktpreisen vor. Am verbreitetsten ist die Mengenstaffelung.

Preis-Standard-Ansatz – Form der → Emissionsabgabe, bei der ein vorgegebenes Umweltziel erreicht wird. Der Preis-Standard-Ansatz verfolgt ein aus wirtschaftstheoretischer Sicht weniger anspruchsvolles Ziel als die → Pigou-Steuer, die auf eine pareto-effiziente Internalisierung externer Effekte zielt.

Preisstatistik – Teilgebiet der → Wirtschaftsstatistik, im Wesentlichen durchgeführt durch das → Statistische Bundesamt (StBA) auf Grundlage des Gesetzes über die Preisstatistik vom 9.8.1958, zuletzt geändert am 7.9.2007 (BGBl. I S. 2246).

I. Erhebung: 1. *Eine primärstatistische Erfassung* von Preisen ist nur repräsentativ für einzelne Waren und Dienstleistungen an einzelnen (typischen) Märkten und im Warenverkehr zwischen häufig miteinander kontrahierenden Marktpartnern möglich. Die Auswahl bestimmt sich danach, (1) welche Bedeutung die jeweiligen Preise für das volkswirtschaftliche Preisniveau als Ganzes haben, (2) an welchen Märkten Preisbewegungen am deutlichsten gesamtwirtschaftliche Wandlungen, bes. in Bezug auf konjunkturelle Schwankungen oder bez. des Geldwertes, aufzeigen. – 2. *Eine sekundärstatistische Erfassung* von Preisbewegungen kann durch Auswertung von Preislisten, Kurszetteln, Versandkatalogen etc. erfolgen. – 3. Je nach der Fragestellung erfolgt der „*Preisschnitt*" im Kreislaufsystem unter dem Gesichtspunkt des Erzeugers, des Abnehmers oder des letzten Verbrauchers. Zwischen Erzeuger- und Abnehmerkreisen besteht keine Identität, u.a. weil Einkaufspreise aus Warenbezirken von inländischen Erzeugern oder ausländischen Lieferanten zusammengesetzt sein können, aber auch wegen unterschiedlicher Konditionen für einzelne Abnehmergruppen.

II. Auswertung: (der gewonnenen Einzelpreise oder Ortsdurchschnitte): 1. durch Bekanntgabe der *Ursprungswerte,* die (gewichtet nach der jeweiligen Bedeutung der Märkte für den Durchschnittspreis der Volkswirtschaft) als „Originalpreise" ausgewiesen werden und damit der Reihenzerlegung (Saisonschwankungen etc.) bes. zugängig sind. – 2. in → *Messzahlen* oder → *Indexzahlen,* die wegen des Erhebungsverfahrens und der für die Veröffentlichung absoluter Preise notwendigeren größeren Auswahl von Einzelpreisen einen zuverlässigeren Ausdruck der Preisentwicklung bieten.

III. Verwertung: Die Ergebnisse der amtlichen Statistik über die Preise können im Rahmen der → betriebswirtschaftlichen Statistik und der → Marktbeobachtung zum Zwecke der Kostenkontrolle und Konjunkturanalyse sowie zur Orientierung der Absatzpolitik genutzt werden; Vergleich der vom eigenen Unternehmen gezahlten und erzielten Preise mit den Veränderungen der Indizes. Für volkswirtschaftliche Entscheidungen dient die Preisstatistik zur Information sämtlicher Marktpartner, aber auch der für die Wirtschafts- und Währungspolitik verantwortlichen Behörden und Regierungsstellen, über die Entwicklung von Preisen für Waren und Dienstleistungen im Zeitablauf, Veränderungen im Preisgefüge für einzelne Teilbereiche oder über Preisverschiebungen auf den In- und Auslandsmärkten (→ Kaufkraftparität).

IV. Darstellung: Die Ergebnisse der Preisstatistik können in Form von Durchschnittspreisen und Messziffern oder Indizes (→ Preisindex) dargestellt werden. Zentrale vom Statistischen Bundesamt bereitgestellte preisstatistische Daten sind Informationen zu den Verbraucherpreisen (v.a. → Verbraucherpreisindex für Deutschland (VPI), → Harmonisierter Verbraucherpreisindex (HVPI)) und zu den Handelspreisen (z.B. → Index der Einzelhandelspreise (EHI), → Index für die Großhandelsverkaufspreise) sowie zu ausgewählten Erzeugerpreisen, Preisen im Außenhandel und für Bauleistungen. Die Veröffentlichung erfolgt bspw. in Fachserie 17 des Statistisches Bundesamts.

Preissteigerungsrücklage – steuerfreie → Rücklage in der Steuerbilanz zur Milderung der Besteuerung von → Scheingewinnen (§ 74 EStDV). Sie durfte – ohne Bindung an die Handelsbilanz – letztmals für Wirtschaftsjahre gebildet werden, die vor dem 1.1.1990 endeten.

Preisstellung – Preisniveau einer Leistung im Verhältnis zu vergleichbaren Konkurrenzpreisen.

Preisstopp → Preisfunktionen.

Preisstruktur – relevant bei Produkten, die in variabler Menge abgegeben werden. Generelle Unterscheidung in lineare Preisstruktur (einheitlicher Preis für jede Einheit des Produktes) und nichtlineare Preisstruktur (Preise unterscheiden sich in Abhängigkeit der nachgefragten Anzahl Produkteinheiten, z.B. Rabatt ab der 10. Einheit).

Preisstufungen → Preisstaffeln.

Preissystem – systematische Bildung von Preisen. Ziel ist ein konsistenter Aufbau der Preise, um die preispolitischen Ziele des Unternehmens zu erreichen.

Preistest – Teil des → Produkttests oder aber auch ein eigenständiger Test mit dem Ziel, eine Vorstellung über den Preis eines Produktes zu gewinnen, den die Konsumenten zu zahlen bereit sind. – *Vorgehensweisen:* (1) Van-Westendorp-Analyse: Den Probanden wird das Produkt gezeigt. Dann werden sie gefragt (→ offene Frage): a) Welcher Preis ist angemessen, aber noch günstig b) Welcher Preis ist relativ hoch, aber noch vertretbar? c) Welcher Preis ist zu hoch? d) Welcher Preis ist so niedrig, dass Zweifel an der Qualität geweckt werden? Die Methode liefert einen akzeptablen Preisbereich zwischen den Schnittpunkten der kumulierten Kurven zu d) mit b) und a) mit c). (2) → Conjoint-Analyse, wobei der Preis ein Produktmerkmal ist. (3) Der von der GfK angebotene Price-Challenger, bei dem den Befragten wiederholt die Produkte ihres relevant Set angeboten werden und sie gefragt werden, welches Produkt sie in dieser Situation kaufen würden. Die Methode liefert Preis-Absatz-Kurven, → Preiselastizitäten und → Kreuzpreiselastizitäten.

Preistheorie – Teilgebiet der → Mikroökonomik, in der im Rahmen der Markttheorie versucht wird, die → Preisbildung auf Märkten zu erklären. Hierzu greift sie auf das Verhalten der am Preisbildungsprozess beteiligten Wirtschaftssubjekte zurück (→ Haushalte, → Unternehmen). – Dieses Verhalten wird als durch zahlreiche Faktoren bedingt eingeschätzt, wobei sich je nach Ausprägung und Gewichtung dieser Faktoren unterschiedliche → Preisbildungsmodelle ergeben. (1) Ein zentraler Faktor stellt die *Zielsetzung* der Wirtschaftssubjekte dar (Nutzenmaximierung vs. gewohnheitsmäßiges Verhalten, z.B. Routinen, beim Haushalt; Gewinnmaximierung vs. Aufschlagskalkulation oder Umsatzmaximierung bei der Unternehmung). (2) Weiterhin ist von Bedeutung, welcher *Informationsstand* bei den Beteiligten vorausgesetzt wird (vollkommene → Markttransparenz bis hin zu lediglich partieller Marktinformation, was praktisch nur ein Verhalten nach Daumenregeln ermöglicht). (3) Des Weiteren ist zu unterscheiden, ob es sich um einen *homogenen* oder *heterogenen (Produkt-)Markt* handelt. (4) Darüber hinaus ist von Belang, welche → Marktform auf dem betrachteten Markt selbst sowie auf den vor- und nachgelagerten Märkten gegeben ist. Hiervon hängt u.a. die → Aktions-Reaktions-Verbundenheit zwischen den Akteuren auf derselben Marktseite ab, die sich wiederum auf das Verhalten gegenüber der anderen Marktseite auswirkt. Die Perzeption der Aktions-Reaktions-Verbundenheit seitens der Akteure ist gleichzeitig das Ergebnis von marktlichen *Erfahrungsprozessen*. – Analytisch wird die seitens der Akteure wahrgenommene Reaktionsverbundenheit über das Konzept der *Verhaltensweise* erfasst. – Schließlich ist für die Erfassung der Preisbildungsvorgänge relevant, ob man eine *Gleichgewichts-* oder *Prozess-Betrachtung* zugrunde legt. Während letztere in der → Wettbewerbstheorie dominiert, argumentiert die Preistheorie primär mit Bezug auf Gleichgewichtszustände. Dabei wird zunehmend auch auf Gleichgewichtskonzepte der → Spieltheorie zurückgegriffen. – Vgl. insbesondere → monopolistische Preisbildung, → oligopolistische Preisbildung und → polypolistische Preisbildung.

Preisüberhöhung → Ordnungswidrigkeit nach § 4 WiStG 1954. Danach begeht eine Ordnungswidrigkeit, wer vorsätzlich Entgelte, die infolge einer Beschränkung des Wettbewerbs oder infolge der Ausnutzung einer wirtschaftlichen Machtstellung oder einer Mangellage unangemessen hoch sind, in befugter oder unbefugter Betätigung in einem Beruf oder Gewerbe für Gegenstände oder Leistungen des lebenswichtigen Bedarfs fordert, verspricht, vereinbart, annimmt oder gewährt.

Preisüberwachung – Form staatlicher → Preispolitik in Gestalt einer ständigen Preiskontrolle, angewandt bei nicht zu umgehenden Monopolformen oder sonstigen nicht im vollen Wettbewerb stehenden Formen des Marktes (Kriegswirtschaft und sonstige Mangelwirtschaft). – *Beispiel:* Regulierungsbehörden bei Netzwerkmonopolen. – Im Rahmen der → Missbrauchsaufsicht über marktbeherrschende Unternehmen ist eine Kontrolle u.a. von sehr stark überhöhten Preisen vorgesehen.

Preisunterbietung → Behinderungswettbewerb.

Preisuntergrenze – untere Grenze der Preissetzung. – 1. *Langfristige Preisuntergrenzen* sind die Durchschnittskosten pro Einheit (inklusiver der → fixen Kosten), da langfristig auch die fixen Kosten über die Preise erwirtschaftet werden müssen. – 2. *Kurzfristige Preisuntergrenzen* sind die variablen Kosten; kurzfristig kann – sofern keine Auswirkungen auf die Preispolitik damit verbunden sind – auf die Deckung der Fixkosten verzichtet werden.

Preisvergleichsmethode – Eine Methode der Standardmethoden zur Bestimmung angemessener → Verrechnungspreise für Geschäfte zwischen verbundenen Unternehmen. Die Methode basiert darauf, nach dem Preis zu fragen, der für dasselbe Produkt zwischen fremden Dritten verlangt wird; dieser Preis soll dann auch zwischen den Konzernunternehmen verlangt werden, da diese sich steuerlich wie einander fremd gegenüber stehende Dritte verhalten sollen. Sofern es zwischen den Verhältnissen, unter denen sich am Markt ein Preis zwischen fremden Dritten bildet, und den konkreten Verhältnissen bei der Geschäftsbeziehung im Konzern wichtige Unterschiede gibt (Qualität der gehandelten Produkte, Mengenrabatte, Fristigkeit der Lieferverträge etc.), wird man diesen Unterschieden durch Zu- oder Abschläge zu dem am freien Markt beobachtbaren Marktpreis Rechnung tragen müssen; daher erschöpft sich die Preisvergleichsmethode keinesfalls nur in einem einfachen Beobachten des Marktes. – Man unterscheidet mehrere Spielarten der Preisvergleichsmethode, je nachdem, mit welchen Preisen man vergleicht: (1) Vergleich mit dem Verhalten desselben Unternehmens, wenn es Geschäfte nicht mit dem eigenen Konzern, sondern mit Außenstehenden macht (interner Preisvergleich), (2) Vergleich mit dem Verhalten, das ein fremder Anbieter gegenüber einem fremden Nachfrager zeigt (externer Preisvergleich), (3) Vergleich mit dem Verhalten, das ein theoretischer Anbieter nach betriebswirtschaftlichen Grundsätzen gegenüber einem fremden Nachfrager zeigen müsste (hypothetischer Fremdvergleich). – Vgl. auch → Wiederverkaufspreismethode, → Kostenaufschlagsmethode.

Preisverhandlung – individuelle Aushandlung eines Preises zwischen (mind.) zwei Parteien. Der ausgehandelte Preis hängt im Wesentlichen von der Verhandlungsposition und -stärke der Parteien ab, sodass von individueller → Preisdifferenzierung gesprochen werden kann. Insbesondere im B2B-Bereich kommen die Preise meist nicht durch Festsetzung des Anbieters, sondern durch eine Verhandlung zustande.

Preisverzeichnis – 1. *Allgemein:* → Preisaushang. – 2. *Bankwesen:* Übersicht über alle wichtigen Preise für Dienstleistungen der Kreditinstitute, deren Inanspruchnahme dem Kunden in Rechnung gestellt wird. Das Preisverzeichnis wird von den Kreditinstituten in den Schalterhallen zur Einsicht ausgelegt (Preisauszeichnungspflicht).

Preisvorbehaltsklausel – vertragliche Vereinbarung zwischen Handelspartnern, nach der das Preisänderungsrisiko beim Käufer (Importeur) liegt. Der Verkäufer (Exporteur) ist berechtigt, den Preis für die Ware zu erhöhen, wenn sich die in der Preisänderungsklausel aufgeführten Kosten zwischen Vertragsabschluss und Lieferung verändern.

Preisvorschriften – Normen, die der Festsetzung oder Genehmigung von Preisen dienen, um den Preisauftrieb einzudämmen. Heute sind fast alle Preisvorschriften aufgehoben. – Vgl. auch → Preisgesetz.

Preiswahrnehmung – subjektive Wahrnehmung und Erinnerung von Preisen. – Vgl. auch → Preisbewusstsein, → Preisimage.

Preiswettbewerb – gewährleistet im Gegensatz zu anderen Formen des Wettbewerbs (→ Nichtpreiswettbewerb) in weitem Maße die Ausrichtung aller wirtschaftlichen Tätigkeit nach dem ökonomischen Prinzip (→ Wirtschaftlichkeitsprinzip). Ein wirksamer Preiswettbewerb kann i.d.R. als notwendige Voraussetzung zur Erreichung des Zielkatalogs des Wettbewerbs angesehen werden. In der Realität besitzt der Preiswettbewerb allerdings häufig nicht die Bedeutung, die ihm in der → Wettbewerbstheorie beigemessen wird.

Preiswirkungsfunktion → Preisresponsefunktion.

Preiswirkungsmessung → Preisresponsemessung, → Preistest.

Pre-Sales-Service – Dienstleistungen, die dem Kunden vor dem Kauf angeboten werden, um den Verkäufer bei der Auftragsgewinnung zu unterstützen. Im Einzelhandel können dies bspw. kostenloses Parken oder verlängerte Öffnungszeiten sein. Probenutzung/-lieferung und technische Beratung sind bei langlebigen und hochwertigen Sach- und Industriegütern möglich. – *Gegensatz:* → After-Sales-Service.

Prescott – Edward Christian, geb. 1940, amerik. Ökonom, ist in der Federal Reserve Bank of Minneapolis tätig; → Nobelpreis für Wirtschaftswissenschaften 2004 (zusammen mit → Kydland). Prescott untersuchte Konjunkturzyklen und den Einfluss, den die Geld- und Wirtschaftspolitik auf diese nehmen kann. Die praktische Bedeutung der theoretischen Analysen war für die Zuerkennung des Nobelpreises ausschlaggebend.

Present Value of Future Cashflows – *diskontierte Nettozahlungsüberschüsse,* → Conceptual Framework.

Pre-Shipment Inspection Certificate (PSI) → Inspektionszertifikat.

Presse – zusammenfassende Bezeichnung für einen Teil der Publizistik: Zeitungs-, Zeitschriften- sowie das betreffende Nachrichtenwesen. Neben der reinen Nachrichten-Presse (Tageszeitung), der politischen und der Unterhaltungs-Presse nimmt die Fachpresse eine wichtige Stellung ein. – *Rechtliche Grundlagen für das Pressewesen:* → Pressefreiheit, → Presserecht.

Pressefreiheit – 1. bes. Ausprägung des in Art. 5 I GG verbürgten, für den modernen demokratischen Staat bes. kennzeichnenden Grundrechts der freien Meinungsäußerung, das v.a. jede Pressezensur verbietet. – *Schranken* in den allg. Gesetzen, den gesetzlichen Bestimmungen zum Schutze der Jugend und in dem Recht der persönlichen Ehre (Art. 5 II GG). – Bei *Missbrauch* wird die Pressefreiheit verwirkt. – 2. Das Grundrecht verwirkt, wer die Freiheit der Meinungsäußerung, v.a. die Pressefreiheit, zum Kampf gegen die freiheitlich demokratische Grundordnung missbraucht (Art. 18 GG). – Vgl. auch → Presserecht.

Pressehaftung – zur Haftung der Presse für Wettbewerbsverstöße vgl. → Haftung.

Presseinformation – zur Haftung für Wettbewerbsverstöße vgl. → Haftung.

Presserecht – I. Rechtliche Grundlagen: die bes. das Pressewesen betreffenden Rechtsvorschriften. – 1. Die → Pressefreiheit und die Freiheit der Berichterstattung durch Rundfunk und Film sind durch Art. 5 I 2, 3, II GG und Verfassungsbestimmungen der Länder geregelt. – 2. Die Gesetzgebungsbefugnis liegt nach der → Föderalismusreform I bei den Ländern (Art. 70 GG). – Wichtige Grundsätze neben Pressefreiheit: (1) *Errichtung* des Gewerbebetriebes darf keinen Sonderbeschränkungen unterworfen werden. (2) Alle → Druckschriften müssen das sog. → Impressum enthalten. (3) Hinsichtlich der in einer periodischen Druckschrift mitgeteilten Tatsache besteht auf Verlangen einer beteiligten öffentlichen Behörde oder Privatperson eine *Berichtigungspflicht* (Pflicht zur Aufnahme einer → Gegendarstellung) des verantwortlichen Redakteurs, sofern die Berichtigung vom Einsender unterzeichnet ist, keinen strafbaren Inhalt hat und sich auf tatsächliche Angaben beschränkt (z.B. § 9 Hessisches Pressegesetz). (4) Verantwortlich für *strafbare Handlungen* der Presse ist i.Allg., v.a. bei periodischen Druckschriften, der Redakteur. Es wird vermutet, dass er die Veröffentlichung eines Druckwerkes, dessen Inhalt eine strafbare Handlung begründet, als eigene Äußerung gewollt hat, wenn auch diese Vermutung widerlegt werden kann (vgl. z.B. § 12 des Hessischen Pressegesetzes). Für Bestrafung von Pressedelikten sind neben den bes. Vorschriften des Presserechts u.U. auch die allg. Strafgesetze maßgebend. (5) Eine vorläufige *Beschlagnahme* ist im Presserecht u.a. möglich, wenn bes. Formvorschriften nicht beachtet sind (z.B. das

Impressum fehlt) oder wenn der Inhalt der Druckschrift bestimmte strafbare Handlungen enthält (§§ 94 ff., 111m, n StPO). Die Wirksamkeit engerer landesrechtlicher Beschlagnahmevorschriften in den Landespressegesetzen ist streitig.

II. Medienwirtschaftliche Perspektive: Presserecht, rechtliche Grundlagen der gedruckten Medien. – 1. *Pressefreiheit:* in Art. 5 I Satz 2 Grundgesetz neben der Freiheit der Berichterstattung durch Rundfunk und Film geschütztes Recht. Unterschieden wird in eine individuelle und eine objektiv-institutionelle Seite. Nach dem Bundesverfassungsgericht ist die Pressefreiheit subjektives Grundrecht der im Presserecht tätigen Personen und Unternehmen, das seinen Trägern Freiheit gegenüber staatlichem Zwang verbürgt. Die objektiv-rechtliche Seite verpflichtet den Staat, in seiner Rechtsordnung dem Postulat der Freiheit der Presse Rechnung zu tragen (BVerfGE 20, 162 [175 f.] – Spiegel-Entscheidung). – Wesentlicher Bestandteil der Pressefreiheit ist das Zensurverbot, begrifflich definiert als autoritäre Kontrolle menschlicher Aussagen, welches schon in der Weimarer Reichsverfassung bestand. Das Bundesverfassungsgericht sieht in einer freien, keiner Zensur unterworfenen Presse ein „Wesenselement" des freiheitlichen Staates (BVerfGE 20, 162 ff. [174]). Die Zensur ist ein geschichtlich zeitloses Phänomen, ursprünglich als literarische Zensur (1559) im Glaubensstreit der katholischen Kirche. In Deutschland wurde die Zensur erst 1848 aufgehoben. Als Formen der Zensur existieren die Präventiv- oder die Prohibitionszensur. Die stärkere Form der Präventionszensur ist ein allgemeines Verbot mit Erlaubnisvorbehalt, dagegen stellt sich Prohibitionszensur als Duldung mit Verbotsvorbehalt dar. Zensur wird heute im Medienbereich im Umfeld des Verbotes mit Gewaltdarstellungen oder pornografischen Darstellungen diskutiert (z.B. Verbot indizierter Filme). – Der Schutzbereich der Pressefreiheit ist vom Bundesverfassungsgericht umfassend definiert, mit dem Hinweis auf ein absolutes Differenzierungsverbot hinsichtlich der Schutzfähigkeit des Inhalts (BVerfGE 34, 269 ff. [283]). Der Schutz reicht deshalb von der Beschaffung der Information bis zur Verbreitung der Meinung und Nachricht (BVerfGE 48, 271 [279]), wobei nicht zwischen Tatsachen und Meinungen getrennt wird. Umfasst ist auch der freie Zugang zu den Presseberufen. – Schranken des Rechts der Presse bestehen als Gegengewicht zum umfassenden Schutzbereich in Form von Beschränkungen in allg. Gesetzen, Gesetzen zum Schutze der Jugend sowie im Recht der persönlichen Ehre, wobei die allg. Gesetze nur solche sind, die sich nicht spezifisch an die Presse und ihre Vertreter richten. – 2. *Pressegesetze:* Gesetze mit speziellen Vorschriften für die Presse. Der Erlass von Pressegesetzen liegt in der Kompetenz der Länder, fast gleichlautende Gesetze liegen in allen 16 Ländern vor. Daneben bestand bis zur Föderalismusreform I ein Rahmenkompetenzrecht des Bundes, wovon dieser keinen Gebrauch gemacht hatte. – Die heutigen Pressegesetze gründen auf das Reichsgesetz über die Presse vom 7.5.1874 als einheitliches dt. Presserecht (Abschaffung von Zensur und Zeitungsverboten; Freiheit des Pressegewerbes). Das Gesetz galt formal auch während des Nationalsozialismus, die Pressefreiheit wurde allerdings in dieser Zeit außer Kraft gesetzt. Ein Entwurf eines Bundesrahmengesetzes im Jahre 1912 wurde nach Kritik durch die Länder zurückgezogen, Gleiches galt für Bundesgesetzentwürfe in den Jahren 1964 und 1974. Der Modellentwurf für die Landespressegesetze 1964/ 1966 ist Grundlage der heute existierenden Landespressegesetze. – 3. *Abwehransprüche der Betroffenen:* Gegenüber Presseäußerungen stehen den Betroffenen Ansprüche auf Unterlassung, → Gegendarstellung, Berichtigung, Schadensersatz oder Geldentschädigung zu. Der Gegendarstellungsanspruch steht hierbei regelmäßig im Mittelpunkt. – Die Gegendarstellung ist ein eigenständiges Institut des Medienrechts bei dem der Grundsatz des „audiatur et altera pars", d.h. der Grundsatz der Anhörung beider Seiten gilt. Das Recht auf Gegendarstellung ist zunächst eine Kompensation des Rechts der Presse, ungehindert berichten zu dürfen. Neben dem Berichtigungsanspruch ist nur über diesen Anspruch erreichbar, dass die Rezipienten der Erstmitteilung eine andere Sicht der Dinge kennen lernen. Beim → Gegendarstellungsrecht gilt der Grundsatz der Waffengleichheit, d.h. beide Seiten müssen denselben Adressatenkreis erreichen können. Entsprechend ist die Gegendarstellung in Größe, Umfang und Erscheinungsbild der Erstmitteilung vergleichbar abzudrucken. Schon das Reichspressegesetz von 1874 empfiehlt ein dem Gegendarstellungsanspruch vergleichbares Recht. – Im Gerichtsverfahren gelten die Vorschriften über die einstweilige Verfügung der Zivilprozessordnung, um dem Anspruch möglichst schnell gerecht werden zu können. Hierbei findet keine Prüfung der Behauptungen auf Wahrheit in der Gegendarstellung oder in der Erstmitteilung statt. Deshalb besteht ein Ausschluss der Verbindung dieses Verfahrens mit den Ansprüchen auf Unterlassung, Widerruf oder Schadensersatz. Der Anspruch kann sich nur gegen Tatsachenbehauptungen richten, nicht gegen Meinungsäußerungen, dies ist häufig Gegenstand von Streitfragen. Wegen der umfassenden prozeduralen Vorschriften sollten Verfahren grundsätzlich nur von spezialisierten Anwälten geführt werden. – Das Gegendarstellungsrecht ist in 16 Landespressegesetzen, 15 Landesmediengesetzen und 13 Gegendarstellungsregeln über die öffentlich-rechtlichen Veranstalter geregelt, zusätzlich besteht eine Normierung im Rundfunkstaatsvertrag. – Übrige Ansprüche des Presserechts sind in der Praxis weniger bedeutend, allein die Geldentschädigung ist Gegenstand der aktuellen Berichterstattung im Umfeld von Verletzungen der Persönlichkeitsrechte prominenter Personen (z.B. Caroline von Monaco, Karl Lagerfeld). – 4. *Pressekodex:* Seit 1973 in der Fassung von 1997 als Zusammenstellung publizistischer Grundsätze verfasster Kodex, der die Berufsethik der Presse konkretisiert. Ziel ist, im Rahmen der Verfassung und verfassungskonformer Gesetze das Ansehen der Presse zu wahren und für die Freiheit der Presse einzustehen. – Verfasst wird der Pressekodex von den Presseverbänden im Wege der Selbstbindung und freiwilligen Selbstkontrolle. Der Pressekodex enthält eine Beschwerderegelung, aus der sich für jeden Betroffenen eine Möglichkeit der Überprüfung ergibt. Der Pressekodex umfasst 16 Grundsätze, mit denen die gesamte Arbeit des journalistischen Handelns definiert wird, wobei diese Grundsätze der Entwicklung der Medien angepasst werden. Gegenstandsbereiche sind Informationsbeschaffung, Informationsverarbeitung und Informationsverbreitung. Überwacht wird die Einhaltung des Pressekodex vom → Deutschen Presserat. Eine Entscheidung des Presserates hat keine präjudizierende Wirkung im Gerichtsverfahren, sondern stellt einen eigenen, selbstständigen Konfliktregelungsmechanismus dar.

Pressure Group → Interessenverband, → Interessengruppen.

Prestige – Ansehen von Personen, Gruppen und Institutionen, das auf einer sozialen Bewertung beruht. Prestige leitet sich ab aus beruflichen Positionen, Ämtern, Titeln, Leistungen etc. und ist daher eng mit dem sozialen Status verbunden. Prestige wird über die Skalierung von Rangordnungen gemessen.

Prestigeeffekt → Vebleneffekt.

Prestigeprodukte – Angebote, die die Befriedigung von Geltungsbedürfnissen bei Nachfragern zum Ziel haben. Essentieller Bestandteil des Angebotes ist demnach der Geltungsnutzen des Produktes. Die Angebote werden daher vorranging aufgrund des Statusgewinns für den Besitzer gekauft.

Pretest – I. Marktforschung: Verfahren, bei dem ein Erhebungsinstrument auf seine Verwendbarkeit hin überprüft wird. Üblich beim → Fragebogen, um auftretende Schwierigkeiten bei der Frageformulierung oder den Antwortmöglichkeiten erkennen und evtl. noch ändern zu können, z.B. Split Ballot.

II. Marketing/Werbung: Test von Marketing- und Werbemaßnahmen vor ihrem tatsächlichen Einsatz im Markt zwecks Bestimmung der relativ besten Alternative sowie zur weiteren Optimierung der Maßnahmen. – In der → Werbung Methode der → Werbeerfolgsprognose, bes. um Werbemittel (Anzeigen, Funkspots, Fernsehspots) vor ihrem Einsatz am Markt auf ihre voraussichtliche Wirkung zu testen. – *Gegensatz:* → Posttest.

pretiale Betriebslenkung → pretiale Lenkung.

pretiale Lenkung – *pretiale Betriebslenkung, indirekte Lenkung;* ein von Schmalenbach geprägter Begriff für eine vom Preis (→ Verrechnungspreis) her erfolgende Lenkung betriebsinterner Vorgänge. Der marktwirtschaftliche Preismechanismus wird auf die innerbetriebliche Lenkung der Güter und Dienstleistungen zwischen den einzelnen Betriebsabteilungen übertragen: Güter und Dienstleistungen werden auf einem innerbetrieblichen Markt zu Preisen angeboten, die sich aufgrund des Wettbewerbs der Betriebe, Kostenstellen und Abteilungen um die Güter und Dienstleistungen bilden. Schmalenbach gibt bestimmte Regeln an, nach denen sich die pretiale Lenkung vollziehen soll.

Pre-Trading Period → EUREX.

Pretty Good Privacy – Methode zur Verschlüsselung von Nachrichten (→ E-Mail) im → Internet, die mit dem → Public-Key-Verfahren arbeitet.

PRGF – Abk. für *Poverty Reduction and Growth Facility;* eine seit 1999 geschaffene → Kreditfazilität des → IWF für seine ärmsten Mitgliedsländer; Nachfolger der ESAF (Enhanced Structural Adjustment Facility). Im August 2008 hatten 78 IWF-Mitgliedsländer die Möglichkeit, Kredite unter der PRGF in Anspruch zu nehmen (Bedingung: BNE pro Kopf unter 1095 US-Dollar). Um tatsächlich PRGF-Gelder zu erhalten, müssen Länder eine wirtschafts- und allgemeinpolitische Strategie zur Reduktion der Armut vorlegen (zusammengefasst in einem Poverty Reduction Strategy Paper (→ PRSP)). Zu den weiteren Bedingungen gehört, dass die Länder nach den Prinzipien der → Good Governance ihre Regierungs- und Verwaltungsarbeit verbessern und ggf. Schritte zur Eindämmung der Korruption unternehmen. PRGF wird inhaltlich mit der → HIPC-Initiative abgestimmt und auch gemeinsam mit dieser finanziert. Die Kosten des Spreads zwischen Soll- und Habenzins werden durch bilaterale Spenden und IWF-eigenen Mitteln getragen. PRGF-Kredite haben eine Laufzeit von zehn Jahren bei einem Jahreszins von 0,5 Prozent. Länder können bis zu 185 Prozent ihrer IWF-Quote beleihen.

Price-Cap-Regulierung – 1. *Begriff:* Verfahren zur Begrenzung der Preisentwicklung in regulierten oder zu deregulierenden Wirtschaftssektoren. Die Entwicklung eines Bündels von Produktpreisen wird angebunden an die Inflationsentwicklung abzüglich einer Produktivitätsfortschrittsrate. Verbindliche Festlegung des Preispfades für einen Zeitraum von i.d.R. drei, vier oder fünf Jahren im Voraus. Ursprünglich entwickelt für die Kontrolle regionaler Telefontarife der British Telecom. – 2. *Anwendungsbereiche:* Begrenzung der Preisentwicklung im Zuge wettbewerblicher Öffnung als Orientierungsmaßstab; in dauerhaft regulierten Branchen als Ersatz für Wettbewerb. – 3. *Vorzüge:* Hohe Anreize zu Effizienzsteigerungen (Allokationseffekt) durch langfristige Festlegung zulässiger Tarife und die Möglichkeit, erzielte Gewinne voll einzubehalten; relativ verringerter Verwaltungsaufwand gegenüber Kosten-Plus Regulierung. – 4. *Nachteile:* Möglichkeit zur zwischenzeitlichen Erzielung hoher Gewinne (Verteilungseffekt) bei Übererfüllung des Produktivitätsziels.

Price Earnings Ratio → Kurs-Gewinn-Verhältnis.

Price Leadership → Preisführerschaft.

Price-Look-up-Verfahren (PLU) – Vorgang im Rahmen des computergestützten → Warenwirtschaftssystems (WWS): Nach Identifizierung einer Ware, z.B. mittels → Scanner oder → Lesestift, wird der in einem Hintergrundrechner gespeicherte Preis abgerufen und der Ware zugeordnet.

Primadiskonten → Privatdiskonten.

Prima-Facie-Beweis → Beweis des ersten Anscheins.

Primanota – Bezeichnung für einen zur Buchung vorbereiteten Belegstapel. Insbesondere manuell eingelieferte Zahlungsverkehrsbelege (z.B. Überweisungsaufträge, Schecks, Lastschrifteinreichungen) werden zur Verarbeitung der Bankbuchhaltung gebündelt. Früher wurde das → Grundbuch (in der Bankbuchhaltung) als Primanota bezeichnet.

Primapapiere → Privatdiskonten.

Primärbedarf – Bedarf an Enderzeugnissen und verkaufsfähigen Ersatzteilen. – Vgl. auch → Sekundärbedarf, → Tertiärbedarf.

primäre Einkommensverteilung – *Primärverteilung;* bezeichnet die unmittelbar durch den Marktprozess entstehende Verteilung des Einkommens. In einem marktwirtschaftlichen System resultiert das Einkommen der Produktionsfaktoren aus ihrem Beitrag zur gesamtwirtschaftlichen Leistung (Arbeit: Lohneinkommen, Boden: Pachteinkommen, Kapital: Zinseinkommen, Unternehmerleistung: Einkommen aus Unternehmertätigkeit). Diese Verteilung erfolgt nach ökonomischen Funktionen der Produktionsfaktoren (→ funktionale Einkommensverteilung), einzelne Personen können jedoch aufgrund von Querverteilung wiederum Einkommen aus unterschiedlichen Produktionsfaktoren beziehen (→ personelle Einkommensverteilung). Die Primärverteilung hängt damit sowohl von der Verteilung der Einkommen auf die Produktionsfaktoren als auch von der Verteilung der Produktionsfaktoren auf die Personen ab. Durch korrigierende staatliche Maßnahmen wie etwa Steuern, Abgaben und Transfers ergibt sich aus der → primären Einkommensverteilung die sekundäre Einkommensverteilung. – Vgl. auch Einkommensverteilung, Verteilungspolitik.

Primäreffekt → Regionalpolitik.

Primäreinkommen – die in der → Volkswirtschaftlichen Gesamtrechnung (VGR) den inländischen Sektoren zufließenden → Arbeitnehmerentgelte, → Unternehmens- und Vermögenseinkommen sowie die vom Staat empfangenen → Produktions- und Importabgaben abzüglich der → Subventionen. Die Summe der Primäreinkommen ergibt das → Nettonationaleinkommen. – *Gegensatz:* → Sekundäreinkommen (abgeleitetes Einkommen).

primäre Kosten → primäre Kostenarten.

primäre Kostenarten – *originäre Kostenarten, natürliche Kostenarten, ursprüngliche Kostenarten;* alle vom Markt (unternehmensextern) bezogenen, bewerteten Kostengüter (→ Kostenarten). – *Wichtige primäre Kostenarten:* → Anlagenkosten, → Materialkosten, → Personalkosten. – *Erfassung:* Primäre Kostenarten werden in der → Kostenartenrechnung erfasst. – *Gegensatz:* → sekundäre Kostenarten. – Vgl. auch → Primärkostenrechnung.

Primärenergieträger – die in der Natur in ihrer ursprünglichen Form dargebotenen → Energieträger, z.B. Steinkohle, Rohbraunkohle, Erdöl, Erdgas, Holz, Kernbrennstoffe, Wasser, Sonne und Wind.

primärer Finanzausgleich → Finanzausgleich.

primärer Sektor – entsprechend des Sektorenschemas von Fourastié zusammenfassend für die Wirtschaftszweige Landwirtschaft, Forstwirtschaft und Fischerei. – Vgl. auch → Drei-Sektoren-Hypothese, → sektoraler Strukturwandel.

Primärforschung – Form der → Marktforschung, die Erhebung, Aufbereitung und Auswertung von neuem Datenmaterial für einen bestimmten Untersuchungszweck umfasst. I.d.R. geht → Sekundärforschung voraus. – *Anwendung:* V.a. in der Konsumgütermarktforschung.

Primärgruppe → Gruppe.

Primärkasse → Krankenkasse, → Ersatzkassen.

Primärkostenrechnung – Form der Kostenverrechnung zwischen Kostenstellen und von Kostenstellen auf Kostenträger mit dem Ziel, die Anteile der unterschiedlichen Arten primärer Kosten (→ primäre Kostenarten) an den Gesamtkosten der Endleistungen sichtbar zu machen. Es lässt sich unmittelbar die Bedeutung fremdbezogener Produktionsfaktoren für die einzelnen Produkte erkennen (z.B. Personalkostenanteil) und die Reagibilität auf Faktorpreisänderungen. – *Gegensatz:* Sekundärkostenrechnung (→ innerbetriebliche Leistungsverrechnung).

Primärmarkt – *Emissionsmarkt;* Markt für den Erstabsatz neu ausgegebener Wertpapiere (→ Emission). – *Gegensatz:* → Sekundärmarkt, → Börse.

Primärrohstoff → Primärstoff.

Primärschlüssel → Schlüssel.

Primärstatistik – (statistische) → Erhebung, die eigens und ausschließlich zu statistischen Zwecken erfolgt, z.B. eine Volkszählung. – *Gegensatz:* → Sekundärstatistik.

Primärstoff – *Primärrohstoff;* Werk-, Hilfs- oder Betriebsstoff, der nicht aus stofflichen Rückständen, sondern aus natürlichen Ressourcen oder Vorprodukten gewonnen wird. – *Gegensatz:* → Sekundärstoff.

Primärstufe – umfasst die Primär- oder Einzelgenossenschaften und bildet die tragende Säule der genossenschaftlichen Organisation. Die Primärgenossenschaften im klassischen Sinne sind die Orts- bzw. Lokalgenossenschaften, etwa die Volksbank oder

Wohnungsgenossenschaft in einer Stadt. Bei landwirtschaftlichen Genossenschaften bildet z.B. eine Bezugs- und Absatzgenossenschaft in einer Region die Primärstufe, die einer Hauptgenossenschaft angeschlossen ist, welche auf Landesebene die Sekundärstufe bildet.

Primärverteilung → primäre Einkommensverteilung.

Primatkollegialität – Abstimmungsmodus im Rahmen des → Kollegialprinzips. Die multipersonale organisatorische Einheit besteht aus prinzipiell gleichberechtigten Handlungsträgern, aus deren Reihen ein Vorsitzender (primus inter pares) kommt. Bei Meinungsverschiedenheiten oder Patt-Situationen entscheidet der Vorsitzende. – Vgl. auch → Abstimmungskollegialität, → Kassationskollegialität.

prima Ware → Handelsklausel, betreffend die Beschaffenheit der zu liefernden Ware, i.Allg. Waren erster Güte.

Prime Rate – Sollzinssatz, zu dem in den USA Geschäftsbanken erstklassigen Großkunden höchster Bonität kurzfristige Kredite gewähren; hat Indikatorfunktion für zukünftige Zinsentwicklungen.

Prime Standard – Marktsegment der → Frankfurter Wertpapierbörse (FWB), das strengere Zulassungsfolgepflichten für die dort notierten Unternehmen vorsieht als das → Wertpapierhandelsgesetz (WpHG). Der Prime Standard ist geschaffen worden, um die Qualitätsanforderungen des → Neuen Marktes und des SMAX unter juristisch eindeutigen Rahmenbedingungen durchsetzen zu können. Er ist wirksam geworden mit Inkrafttreten der neuen → Börsenordnung der FWB am 1.1.2003. Zum amtlichen oder geregelten Markt gemäß Börsengesetz zugelassene Unternehmen, die in den Prime Standard aufgenommen werden möchten, müssen folgende Pflichten erfüllen, mit denen auch international eine hohe Transparenz erreicht wird: (1) Quartalsberichterstattung (WpHG: Zwischenmitteilungen), (2) Veröffentlichung eines Unternehmenskalenders, (3) Durchführung von mind. einer Analystenkonferenz pro Jahr, (4) Veröffentlichung von Ad-hoc-Mitteilungen auch in engl. Sprache. – Die Aufnahme eines Unternehmens im Prime Standard ist die Voraussetzung für die Einbeziehung in einem der Auswahlindizes → Deutscher Aktienindex (DAX), → MDAX, → SDAX, → TecDAX. – *Gegensatz:* → General Standard.

Prime Time – Zeit mit hohen Einschaltquoten in Rundfunk oder Fernsehen, die dadurch für Werbetreibende bes. attraktiv ist. Die Prime Time beim Fernsehen ist die Zeit vor den Nachrichtensendungen sowie das Abendprogramm, beim Rundfunk die Zeit zwischen 6 und 9 Uhr.

Principals of Political Economy → allgemeine Wirtschaftspolitik.

Principle of Materiality → Materiality.

Principles for Responsible Management Education – Abk. *PRME*; eine Initiative, welche die Förderung von Verantwortung und Nachhaltigkeit in der Managementausbildung zum Ziel hat. Sie wurde 2007 durch den Generalsekretär der → UN, Ban Ki Moon, ins Leben gerufen, um u.a. die Umsetzung der Inhalte des → Global Compacts zu fördern. Hierzu wurden sechs Prinzipien formuliert, welche insbes. auf die Integration der Themenfelder Verantwortung (→ Corporate Social Responsibility) und → Nachhaltigkeit in akademische Curricula und in die universitäre Forschung sowie die Förderung von Dialogprozessen zugeschnitten sind. Die Initiative kann als Reaktion auf die zunehmende Bedeutung unternehmerischer Verantwortungsübernahme verstanden werden, was neue Managementkompetenzen erfordert.

Principles of European Contract Law (PECL) → Europäisches Privatrecht.

Printmedien – Sammelbegriff für alle auf Papier gedruckten Medien. Meist werden Zeitungen, Zeitschriften, Bücher und sonstige Druckerzeugnisse (wie z.B. Beilagen, Kataloge, Prospekte und Anzeigenblätter) unterschieden.

Printwerbung – alle Werbebotschaften, die in gedruckter Form in entsprechenden → Medien erscheinen. Die Übermittlung erfolgt rein visuell. – *Werbemittel:* → Anzeige, Plakat, → Beilage, → Prospekt, → Katalog, Handzettel, Aufkleber (Sticker) etc. – Vgl. auch → Massenmedien.

Prinzipal – I. Wirtschaftstheorie: → Agency-Theorie, → Prinzipal-Agent-Theorie.

II. Handelsrecht: Frühere, im HGB aber noch verwendete Bezeichnung für Arbeitgeber (§§ 60 ff. HGB). Man unterscheidet begrifflich den *abstrakten Prinzipal* (der Arbeitgeber als solcher, die juristische Person oder das Unternehmen, in dem der Mitarbeiter angestellt ist) und den *konkreten Prinzipal* (der jenem gegenüber mit Weisungsbefugnis ausgestattete unmittelbare Vorgesetzte des Mitarbeiters, dessen sich der abstrakte Prinzipal bei der konkreten Umsetzung bedient).

Prinzipal-Agent-Modelle → Prinzipal-Agent-Theorie.

Prinzipal-Agent-Theorie

von Prof. Dr. Mathias Erlei und Dr. Udo Schmidt-Mohr

I. Begriff

Zweig der → Agency-Theorie, dessen Schwerpunkt im Gegensatz zur positiven Agency-Theorie auf der Entwicklung und Analyse mathematischer Prinzipal-Agent-Modelle liegt.

II. Merkmal Informationsasymmetrie

Wesentliches Merkmal der Prinzipal-Agent-Theorie ist die Annahme, dass Prinzipal und Agent asymmetrisch informiert sind (→ Informationsasymmetrie). Dabei werden drei Arten asymmetrischer Informationen unterschieden.

- Kann der Prinzipal die Handlungen des Agenten nicht beobachten und kann er auch im Nachhinein nicht zweifelsfrei auf die Handlung des Agenten zurückschließen, liegt ein Prinzipal-Agent-Modell mit *versteckter Handlung (Hidden Action)* vor.
- Ist dem Prinzipal im Gegensatz zum Agenten der Umweltzustand nicht bekannt, von dem es abhängt, welche beobachtbare Aktion der Agent wählen sollte, so spricht man von *versteckter Information (Hidden Information)*. Beide Informationsasymmetrien treten ex post auf, d.h. zum Zeitpunkt des Vertragsabschlusses verfügen Prinzipal und Agent noch über die gleichen Informationen. Man spricht in diesem Zusammenhang auch von Modellen des *moralischen Wagnisses* (→ Moral Hazard).
- Verfügt der Agent bereits zum Zeitpunkt des Vertragsabschlusses über Informationen im Hinblick auf seinen Typ (etwa seine Leistungsfähigkeit, seine Leistungswilligkeit oder die Qualität eines von ihm angebotenen Produkts), die der Prinzipal nicht hat, so handelt es sich um ein Prinzipal-Agent-Modell mit *versteckten Eigenschaften (Hidden Characteristics)*. Im Schrifttum werden Modelle dieses Typs auch unter → Adverse Selection subsumiert.

III. Die bedeutendsten Varianten der Prinzipal-Agent-Theorie

1. Das Grundmodell mit versteckter Handlung

Der Agent hat hier einen Anreiz, seinen Wissensvorsprung zur Verfolgung eigener Ziele (z.B. „Müßiggang") auszunutzen. Um dies zu umgehen werden Anreizverträge abgeschlossen, die die Entlohnung des Agenten von seiner gemessenen Leistung abhängig machen. Die leistungsabhängige Bezahlung bürdet dem Agenten → Agency-Kosten in Form eines unsicheren Einkommens (Risikokosten) auf, da nicht nur der Einsatz des Agenten über das letztendliche Ergebnis seiner Bemühungen entscheidet. Ein idealer Anreizvertrag balanciert die entstehenden Risikokosten mit den Kosten aus den Fehlanreizen zur Verfolgung eigener Ziele aus. Folglich werden die Verträge i.Allg. nicht die maximal mögliche Anreizintensität aufweisen, sondern auch eine Versicherungskomponente, die die Einkommensschwankungen des Agenten begrenzt.

2. Dynamische Modelle mit versteckter Handlung

Gegenstand der dynamischen Prinzipal-Agent-Theorie ist die Analyse langfristiger Prinzipal-Agent-Beziehungen. Statische Prinzipal-Agent-Modelle sind mit der Kritik konfrontiert worden, sie würden das Problem der Bereitstellung von Anreizen überzeichnen, weil die Rolle der Zeit ausgeblendet werde. Da der Markt -so das Argument- Indikatoren der Leistung (Performance) eines Agenten im Zeitverlauf verfolge, würden Marktkräfte dafür sorgen, dass sich das erzielbare Einkommen der Agenten automatisch an die in der Vergangenheit realisierte Leistung anpasse.

In frühen Arbeiten konnte gezeigt werden, dass bei unendlicher undiskontierter Wiederholung einer statischen Prinzipal-Agent-Beziehung ein Vertrag „mit Gedächtnis" gefunden werden kann, der den risikoscheuen Agenten vollständig gegen Einkommensschwankungen absichert und zugleich perfekte Aktionsanreize bereitstellt. Agency-Kosten treten demnach bei einer Folge kurzfristiger Verträge auf, nicht jedoch bei einem optimalen langfristigen Vertrag. D. Fudenberg, B. Holmstrom und P. Milgrom zeigen jedoch, dass im Fall eines perfekten Kapitalmarktes der Agent über diesen eine perfekte Absicherung gegen Risiken vornehmen kann, sodass auch eine Abfolge kurzfristiger Verträge optimale Ergebnisse erzielen könnte.

Wird die unrealistische Annahme einer unendlichen undiskontierten Wiederholung der Prinzipal-Agent-Beziehung aufgehoben, so sind die Agency-Kosten i.Allg. auch in langfristigen Beziehungen positiv. Die grundsätzlichen Einsichten statischer Prinzipal-Agent-Modelle haben somit i.Allg. auch in langfristigen Beziehungen Bestand. Darüber hinaus zeigt die dynamische Prinzipal-Agent-Theorie eine Reihe weiterer Gesichtspunkte zur konkreten Vertragsgestaltung auf und analysiert auch die Wirkung von Sperrklinkeneffekten (→ Ratchet Effect). Hier wird ein Anreiz beim Agenten untersucht, die individuellen Leistungen zurückzuhalten, um zu vermeiden, dass der Prinzipal in Anbetracht hoher Leistung in der Vergangenheit die Leistungsstandards für die zukünftige Arbeit erhöht.

3. Versteckte Handlung mit mehreren Agenten

Prinzipal-Agent-Beziehungen mit einem Prinzipal und mehreren Agenten sind in der Realität häufig anzutreffen, besonders in Unternehmen. Hier zeigen sich einige weitere neue Aspekte:

- Kann lediglich die Leistung eines gesamten Teams durch Indikatoren erfasst werden, so ergibt sich das Problem des moralischen Wagnisses in Teams.
- Sind individuelle Leistungsindikatoren verfügbar, so kommt eine relative Leistungsbeurteilung in Betracht.
- Schließlich ist denkbar, dass die Agenten ihr Verhalten untereinander abstimmen, um den unangenehmen Wettbewerb durch relative Leistungsbewertung auszuhebeln.

4. Versteckte Handlung mit mehreren Aufgaben

In den meisten Tätigkeiten muss ein Agent mehr als nur eine Aufgabe erfüllen. So muss etwa ein Industriearbeiter häufig nicht nur möglichst viel produzieren, sondern auch die Wartungsarbeiten an den von ihm genutzten Maschinen durchführen. Der Umstand, dass mehrere Tätigkeiten von einem Agenten zu erledigen sind, erschwert die Anreizsetzung erheblich. Geht man davon aus, dass es ökonomisch unverzichtbar ist, dass der Agent sich nicht nur einer seiner Aufgaben widmet, sondern allen, so ist das *Lenkungsprinzip (Prinzip der übereinstimmenden Entlohnung, Equal Compensation Principle)* einzuhalten. Dieses besagt, dass ein Agent für alle seine Tätigkeitsbereiche gleichermaßen gut entlohnt werden muss. Die Anreizintensität muss mithin für alle Aufgaben gleich hoch sein. Wäre dies nicht der Fall, so würde sich der Agent gegebenenfalls nur auf die Erfüllung einer seiner Aufgaben konzentrieren, die anderen hingegen vernachlässigen. Aus dieser Einsicht ergibt sich, dass es aus Sicht des Prinzipals optimal sein kann, gänzlich auf die Setzung von Leistungsanreizen zu verzichten, selbst wenn eine der Aufgaben vergleichsweise gut gemessen werden kann! An dieser Stelle ergibt sich ein Ansatzpunkt zu einer Theorie der optimalen Arbeitsplatzbeschreibung, die die soeben geschilderten Einsichten verstärkt zu berücksichtigen hat. So empfiehlt die Mehraufgaben-Prinzipal-Agent-Theorie, Aufgaben mit geringem Zufallseinfluss, also solche, die leichter messbar sind, zusammenzufassen, sodass durch eine derartige Kombination der Aufgaben eine höhere Anreizintensität erzielt werden kann. Ein solches Job-Design ist jedoch nur dann optimal, wenn keine substanziellen Verbundvorteile zwischen leichter und schwieriger messbaren Aufgaben vorliegen, die die Vorteile von Anreizverträgen dominieren.

5. Grundmodell der Adverse Selection

Im Modell der Adverse Selection geht es um das Problem, Transaktionen durchzuführen, bei denen im Vorfeld des Vertragsabschlusses eine Seite mehr um die Eigenschaften des Vertragsobjektes weiß als die andere. Als Standardbeispiel wird hier regelmäßig der Verkauf eines gebrauchten Autos angeführt, über dessen Qualität der Verkäufer naturgemäß besser informiert ist als der Käufer. Dies kann, so hat Akerlof, Nobelpreisträger im Jahr 2001, in seinem Beitrag aus dem Jahr 1970 gezeigt, zum Marktzusammenbruch führen. Verschiedene Modelle behandeln, wie dieses unerwünschte Ereignis durch entsprechende Maßnahmen vermieden werden kann.

Prinzipal-Agent-Theorie der Unternehmung – 1. *Gegenstand:* Die Prinzipal-Agent-Theorie der Unternehmung hat sich aus der → Manager-Theorie der Unternehmung entwickelt, wobei das Problem der Trennung zwischen Eigentümer und Manager auf alle → Verträge ausgedehnt wird (→ Agency-Theorie), in denen das Verhalten des Beauftragten die Vermögensposition des Auftraggebers zwar negativ, jedoch nicht ohne weiteres nachweisbar beeinflussen kann. – Das *Anreizschema des Agenten* muss nicht mit dem des Auftraggebers kompatibel sein, sodass seine Interessen nicht automatisch vollständig realisiert werden, wenn der Agent seine eigenen Ziele verfolgen kann. Es bedarf daher einer Kontrolle des Agenten bzw. der Schaffung anreizkompatibler Arrangements mit anreizkompatiblen Zahlungen. – Kontrolle verursacht Kosten und ist nur dann ökonomisch effizient, wenn die Grenzerlöse größer als die Grenzkosten der Kontrolle sind. – Das *Ausmaß des Agency-Problems* hängt von der Ausgestaltung des Anreiz- und Kontrollmechanismus bzw. von der Vertragsgestaltung ab. – *Gegenstand* der Prinzipal-Agent-Theorie der Unternehmung ist die (positive) Analyse dieser Arrangements sowie die Empfehlung ökonomisch effizienter Vertragsstrukturen (normative Theorie). – 2. *Grundidee:* Bezogen auf die → Theorie der Unternehmung wird die → Produktionstheorie um die Vertragsstruktur erweitert und die Unternehmung als Nexus impliziter und expliziter Verträge aufgefasst. Die Verträge sind annahmegemäß vollständig und regeln daher das Prinzipal-Agent-Problem in beabsichtigter Weise. Vertragsstruktur und verfügbare Produktionstechniken bestimmen unter Beachtung rechtlicher Restriktionen die Kostenfunktion eines Produkts, das mit einer bestimmten Organisationsform hergestellt wird. Es überleben im Wettbewerbsprozess die Organisationsformen, die das Produkt zum niedrigsten Preis kostendeckend anbieten können. – 3. *Organisationsformen:* Zentrale Merkmale/Eigenschaften der Organisationsformen sind (1) Risikoübernahme (Residual Claims) und der Entscheidungsprozess, (2)

Entscheidungsmanagement (Initiierung und Implementierung), (3) Entscheidungskontrolle (Ratifizierung und Überwachung). Effiziente Organisationsformen sind die, die entweder (1) bis (3) trennen oder zusammenfassen, nicht aber die Zwischen- oder Mischformen. Eine Trennung erfolgt bei großen Unternehmungen, in denen das spezifische Wissen auf verschiedene Agenten verteilt ist, seien es Aktiengesellschaften, große OHG etc., weil die Vorteile (Spezialisierungsvorteile bei Entscheidungen und Kontrolle, Vorteil der unbegrenzten Risikoübernahme) der Trennung größer seien als die → Agency-Kosten. Eine Zusammenfassung der Eigenschaften erfolgt hingegen bei kleinen Unternehmungen mit kleiner Ausbringung, die als Eigentümer-Unternehmungen, OHG oder (Familien-)GmbH geführt werden. Hier sind die Vorteile der Trennung von (1) bis (3) geringer als die durch sie entstehenden Agency-Kosten.

Prinzip der minimalen Gemeinkostenstreuung → Proportionalitätsprinzip.

Prinzip der Preisunterschiedslosigkeit – von Jevons formulierter Lehrsatz, nach dem sich auf einem vollkommenen Markt bei Verhalten der Teilnehmer nach dem → Rationalprinzip für ein Gut nur ein Preis einstellen kann (→ vollkommene Konkurrenz).

Prinzip kaufmännischer Vorsicht → Vorsichtsprinzip.

Priorität – I. Recht: Rechtsgrundsatz, dass ältere Rechte vor später entstandenen den Vorrang genießen. – 1. *Sachenrecht:* Die Reihenfolge der Rechte einer Abteilung des Grundbuchs richtet sich i.Allg. nach dem Eintragungsdatum, der Rang eines Pfandrechts nach dem Zeitpunkt der Pfändung etc. – 2. *Gewerblicher Rechtsschutz:* → Prioritätsrecht. – 3. *Wertpapierrecht:* Vorzugsrecht (1) einer bestimmten Gattung von Aktien (→ Vorzugsaktien) bei Verteilung des Reingewinns, des AG-Vermögens oder sonstiger Rechte oder (2) von Schuldverschreibungen (→ Vorzugsobligationen), auch bez. der Sicherstellung der Schuldforderungen.

II. Produktionsplanung: 1. *Allgemein:* Vorrangregelung zur Auswahl von wartenden Transaktionen zur Abfertigung an Abfertigungseinheiten, z.B. Fifo, Lifo. – 2. *Reihenfolgeplanung:* → Prioritätsregeln.

III. Gewerblicher Rechtsschutz: → Anmeldetag, → Altersrang, → Prioritätsrecht.

Prioritätsaktie → Vorzugsaktie.

Prioritätsobligation → Vorzugsobligation.

Prioritätsrecht – I. Allgemein: Recht des Anmelders oder Hinterlegers eines → gewerblichen Schutzrechts, den Prioritätstag einer früheren Anmeldung für eine Nachanmeldung in Anspruch zu nehmen und so zwar nicht die Laufzeit des Schutzrechts an den Anmeldetag der früheren Anmeldung zu binden, wohl aber den → Altersrang der Anmeldung gegenüber zwischenzeitlichen Entwicklungen (Fortschreiten des Stands der Technik, in der Zwischenzeit entstandene Rechte Dritter) auf den Anmeldetag der Voranmeldung zurückzuverlegen. Grundlegend ist das Prioritätsrecht in Art. 4 PVÜ geregelt, wonach der Anmelder eines gewerblichen Schutzrechts oder sein Rechtsnachfolger für die Anmeldung (Hinterlegung) in den anderen Verbandsländern ein für → Patente und Gebrauchsmuster auf zwölf Monate und für → Geschmacksmuster und → Marken ein auf sechs Monate befristetes Prioritätsrecht in den anderen Verbandsländern besitzt (Unionspriorität), sofern die erste Anmeldung den Anforderungen an eine ordnungsgemäße nationale Hinterlegung genügt.

II. Patent-, Gebrauchsmuster- und Sortenschutzrecht: Für patent- wie gebrauchsmusterfähige → Erfindungen können bis zum Ablauf von zwei Monaten nach der Anmeldung durch Prioritätserklärung Prioritätsrecht in Anspruch genommen werden, wobei zwischen innerer und äußerer Priorität zu unterscheiden ist (§§ 40, 41 PatG, § 6 GebrMG). – 1. *Äußere Priorität:* Grundlage des (äußeren) Prioritätsrechts ist Art. 4 PVÜ, dem § 41 PatG, Art. 87, 88 EPÜ, Art. 8 PCT entsprechen. Das Prioritätsrecht ermöglicht es dem Anmelder, neben dem Schutz im Staat der ersten Anmeldung auch in anderen Verbandsstaaten voneinander unabhängige inhaltsgleiche Schutzrechte ohne Rechtsverlust bei der Beurteilung von Neuheit und Erfindungshöhe zu erlangen. Da die ordnungsgemäße europäische und internationale → Patentanmeldung in den Bestimmungsstaaten die Wirkung einer ordnungsgemäßen nationalen Anmeldung hat, wirken auch diese Anmeldungen prioritätsrechtsbegründend. Im Sortenschutz (→ Sortenschutzrecht) besteht ein Prioritätsrecht von 12 Monaten ab erster Anmeldung in einem Verbandsstaat nach Art. 12 des Internationalen Übereinkommens zum Schutz von Pflanzenzüchtungen vom 2.12.1961 (BGBl. 1968 II 429), zuletzt geändert am 19.3.1991 (BGBl. 1998 II 258), das mit der Anmeldung der Sorten zum Sortenschutz in Anspruch genommen werden kann (§ 23 SSchG). – 2. *Innere Priorität:* Durch die Einführung der inneren Priorität (§ 40 PatG, § 6 GebrMG) bei inländischen Patent- und Gebrauchsmusteranmeldungen hat der Anmelder das auf zwölf Monate seit dem Anmeldetag befristete Recht, die Priorität der Anmeldung für eine erneute Anmeldung derselben Erfindung in Anspruch zu nehmen, sofern für die Voranmeldung nicht bereits eine in- oder ausländische Priorität in Anspruch genommen worden ist. Daneben besteht die Möglichkeit, die (innere) Priorität einer europäischen oder internationalen Patentanmeldung in Anspruch zu nehmen (Selbstbenennung, Art. 67, 87, 88 EPÜ, Art. 8 PCT). Sofern die prioritätsbegründende (nationale) Patentanmeldung beim Patentamt noch anhängige ist, gilt sie als mit der Prioritätserklärung als zurückgenommen (§ 40 V PatG). Dadurch soll eine Doppelpatentierung verhindert werden. Die Rücknahmefiktion findet keine Anwendung auf eine frühere Gebrauchsmusteranmeldung, da Patent- und Gebrauchsmusterschutz nebeneinander gewährt werden. Nach Erteilung eines Schutzrechts auf die frühere Anmeldung findet die Rücknahmefiktion keine Anwendung mehr; gegen die Ausübung von Rechten aus der älteren Anmeldung ist dann der Einwand unzulässiger Rechtsausübung gegeben. Im Sortenschutzrecht kann durch Erweiterung seines Anwendungsbereichs der Fall eintreten, dass für eine Pflanzenzüchtung ein Patent erteilt ist (→ Pflanzenzüchtung), bevor der Schutz der Sorte nach dem SSchG möglich war. Dann kann der Rechtsinhaber am Patentschutz festhalten oder den Sortenschutz beantragen und für das Sortenschutzrecht die Priorität des Patents beanspruchen (§ 41 II SSchG). – 3. *Ausstellungspriorität:* bes. Form des Prioritätsrechts für an sich neuheitsschädliche Benutzungshandlungen vor dem Anmeldetag auf einer Ausstellung (→ Ausstellungsschutz).

III. Geschmacksmuster und Schriftzeichenrecht: Während das → Urheberrecht keine Prioritätsrechte kennt, kommt Geschmacksmustern und Schriftzeichen die Prioritätsrechte des Anmeldetags zu. Für sie können auf der Grundlage von Art. 4 PVÜ binnen sechs Monaten ab erster Hinterlegung äußere Prioritätsrechte in Anspruch genommen werden (§ 14 GeschmMG , Art. 2 SchriftzeichenG), wobei die prioritätsrechtsbegründende Anmeldung sowohl eine nationale Anmeldung in einem Verbandsstaat der PVÜ als auch eine internationale Anmeldung nach dem → Haager Abkommen oder Wiener Abkommen sein kann, da ihnen die Wirkung einer ordnungsgemäßen nationalen Hinterlegung in den Verbandsstaaten zukommt. Für die Prioritätserklärung besteht eine Frist von zwei Monaten ab Anmeldetag (§ 14 GeschmMG). Bei internationalen Hinterlegungen ist ein Prioritätsrecht in der Anmeldung zu beanspruchen (Art. 5 Haager Abkommen, Art. 14 Wiener Abkommen mit Regel 6 der AO).

IV. Markenrecht: Das (äußere) Prioritätsrecht des inländischen Anmelders einer → Marke richtet sich nach den Vorschriften der einschlägigen Staatsverträge (→ Pariser Verbandsübereinkunft zum Schutz des gewerblichen Eigentums (PVÜ), → Madrider Markenabkommen (MMA), → Protokoll zum Madrider Markenabkommen, → GemeinschaftsmarkenVO, → TRIPS-Abkommen) mit der Maßgabe, dass es auch für Dienstleistungsmarken in Anspruch genommen werden kann. Einschlägig ist in erster Linie Art. 4 PVÜ, außerhalb des Geltungsbereichs der PVÜ ist in bes. Fällen die Inanspruchnahme von Prioritätsrechten nach Maßgabe der Bekanntmachungen des Bundesministers der Justiz möglich (§ 34 I, II MarkenG). Die Prioritätserklärung ist binnen zwei Monaten ab Anmeldung abzugeben (§ 34 III MarkenG). In Fällen, in denen → Ausstellungsschutz gewährt wird, ist die Inanspruchnahme der Ausstellungspriorität möglich (§ 35 MarkenG). Zur Wahrung der Frist für die Unionspriorität bei der internationalen Registrierung von Marken vgl. Madrider Markenabkommen. Prioritätsbegründend sind danach regelmäßig Ursprungsanmeldungen in Verbandsstaaten der PVÜ und die den nationalen Markenrechten gleichgestellten → Gemeinschaftsmarken (Art. 32 GemeinschaftsmarkenVO). Für Gemeinschaftsmarken können wie für nationale Marken Prioritätsrechte aus Ursprungsanmeldungen in den Verbandsstaaten der PVÜ und darüber hinaus aus Ursprungsanmeldungen in Vertragsstaaten der Welthandelsorganisation (WTO) in Anspruch genommen werden, soweit ihnen nach dem innerstaatlichen Recht oder nach zwei- oder mehrseitigen Staatsverträgen die Bedeutung einer vorschriftsmäßigen nationalen Anmeldung zukommt (Art. 29 f. GemeinschaftsmarkenVO). Auch für Gemeinschaftsmarken kann die Ausstellungspriorität beansprucht werden (Art. 33 GemeinschaftsmarkenVO). Soweit Gemeinschaftsmarken auch für den Mitgliedsstaat angemeldet werden, in dem bereits ein identisches älteres Markenrecht besteht, kann für diesen Mitgliedsstaat die Priorität des nationalen älteren Rechts beansprucht werden (innere Priorität, Art. 34 GemeinschaftsmarkenVO).

Prioritätsregeln – I. Produktionsplanung: Pragmatisches Hilfsmittel für die Reihenfolgeplanung im Rahmen der Feinterminierung (→ PPS-System). In Warteschlangensituationen ordnen Prioritätsregeln den einzelnen Aufträgen unterschiedliche Prioritäten zur Belegung von Betriebsmitteln zu und ermöglichen somit eine Ordnung der Aufträge nach ihrer jeweiligen Bedeutung. – *Beispiele:* Auswahl des Fertigungsauftrags mit der kürzesten Durchlaufzeit (→ SPT-Regel), mit der größten noch anstehenden Bearbeitungszeit, mit der höchsten Kapitalbindung, mit dem nächsten Fertigstellungstermin etc.

II. Informatik: Von einem → Betriebssystem (BS) verwendetes Kriterium, nach dem die Reihenfolge für die Erledigung bestimmter Aufgaben festgelegt wird. – *Beispiel:* Reihenfolge, in der bei Mehrprogrammbetrieb verschiedene Programme zur Ausführung gelangen, wird anhand der erwarteten Rechenzeit, der Inanspruchnahme von Hardwareressourcen, der Benutzung von Ein-/Ausgabegeräten o.Ä. bestimmt.

PRIPS – Abk. f. *Packaged Retail Investment Products.* Nach dem Vorschlag für eine Verordnung über über Basisinformationsblätter für Anlageprodukte der EU-Kommission (COM(2012) 352, v. 3.7.2012) ein Dokument mit wesentlichen Informationen, welches vom Hersteller eines Anlageprodukts zu erstellen und Privatkunden zur Verfügung zu stellen ist, wenn diese beabsichtigen, Anlageprodukte zu erwerben. Dies soll nicht für alle Anlageprodukte gelten, sondern für „verpackte“ Produkte, die zwischen den Anleger und die Märkte treten, sodass die Risiken, die Produktmerkmale oder die Kostenstrukturen nicht die gleichen sind wie beim Direktbesitz. Der Vorschlag nimmt dementsprechend z.B. Produkte, deren genaue Rendite im Voraus für die gesamte Laufzeit des Produkts festgelegt ist, aus, da in diesem

Fall der zu zahlende Betrag nicht den Wertschwankungen anderer Vermögenswerte ausgesetzt ist. Erfasst sind auch nicht reine Aktien oder Anleihen, soweit sie keinen anderen Mechanismus als den Direktbesitz der jeweiligen Vermögenswerte beinhalten. Anders ist dies für die → Produktinformationsblätter nach dem WpHG, die auch für Aktien und Anleihen bei der Anlageberatung zur Verfügung zu stellen sind.

Privatbank – Kreditinstitut (→ Bank), das auf handelsrechtlicher Grundlage errichtet ist, d.h. in Rechtsform einer Einzelunternehmung, OHG, KG, GmbH, AG, KGaA. – In der Bankenstatistik der → Deutschen Bundesbank unter der Bezeichnung → Kreditbanken geführt.

Privatbankier – Unternehmer des privaten Bankgewerbes, der unter Einsatz eigenen Kapitals, unbeschränkter Gesamtvermögenshaftung und mit Entscheidungsbefugnis ohne übergeordnete Organe → Bankgeschäfte im Sinn des § 1 KWG betreibt. – *Bedeutung:* in allen Ländern stark zurückgegangen, bis auf die Sparten, in denen enge Fühlungnahme mit den Kunden, maßgeschneiderte Problemlösungen und individuelle Beratung sowie nur wenig Eigenkapital notwendig sind (Provisionsgeschäfte wie z.B. Anlageberatung, → Vermögensverwaltung oder → Mergers & Acquisitions). Eine Neuzulassung von Privatbankiers in der Rechtsform des → Einzelkaufmanns ist seit 1976 nicht mehr zulässig.

Privatbilanz – eine gesetzlich nicht vorgeschriebene → Bilanz als Übersicht über private Vermögensverhältnisse. – Die Privatbilanz ist i.Allg. nach *Bürgerlichem Recht* zu beurteilen. Inwieweit bei Aufstellung der Privatbilanz die *handels- und steuerrechtlichen Vorschriften* z.B. zur Vermeidung von Täuschungen gegenüber Dritten entsprechend zu beachten sind, hängt vom Zweck der Privatbilanz ab.

Privatdiskonten – erstklassige → Bankakzepte, die bis Ende 1991 an der Frankfurter Wertpapierbörse gehandelt wurden. – Privatdiskonten konnten nur von zum Privatdiskontmarkt zugelassenen Akzeptbanken begeben werden und wurden zu einem Vorzugszinssatz, dem Privatdiskont, von der Privatdiskont-AG angekauft. Sie wurden für die Finanzierung von Außenhandelsgeschäften eingesetzt. Die Deutsche Bundesbank kaufte im Rahmen ihrer → Offenmarktpolitik bis zum 31.12.1991 Privatdiskonten an. Nachdem die Deutsche Bundesbank den Ankauf eingestellt hatte, kam der Handel mit Privatdiskonten zum Erliegen. Heute werden keine Privatdiskonten mehr begeben, die Privatdiskont-AG hat ihre Geschäftstätigkeit eingestellt.

Privatdozent – *Priv.-Doz., PD* (früher Dr. habil.); Bezeichnung für Doktoren, die aufgrund der → Habilitation die Lehrbefähigung an Hochschulen (Venia Legendi) erworben haben.

Private Cloud – unternehmenseigenes oder dediziert bereitgestelltes Rechenzentrum, das → IT-Ressourcen dynamisch bereitstellt (→ Elastizität), diese bedarfsorientiert abrechnet und durch den Einsatz von → Virtualisierung vereinheitlicht. – Vgl. auch → Cloud Computing.

Private Debt – *I.e.S.:* Fremdmittel, die vorwiegend von institutionellen Investoren i.d.R. außerhalb des Bankensektors zur Verfügung gestellt werden. Dabei handelt es sich um privat platzierte, d.h. im Sekundärmarkt i.d.R. nichtgehandelte (illiquide), (erst- und nachrangige) Fremdkapital- und Mezzanine-Titel mit Sub-Investment-Grade-Rating. Die Finanzierungskontrakte können vertraglich geregelt oder verbrieft sein. – *I.w.S.:* Schließt Fremdkapitalfinanzierungen über Kreditinstitute sowie Privatdarlehen natürlicher Personen mit ein.

Private Equity – von privaten und/ oder institutionellen Anlegern bereitgestelltes → Eigenkapital, mit dem Beteiligungsgesellschaften (Private-Equity-Gesellschaften) Unternehmensanteile für einen begrenzten Zeitraum erwerben um eine finanzielle Rendite zu erwirtschaften. Der Begriff Private-Equity-Investitionen im weiteren Sinne umfasst Finanzierungen in etablierte Unternehmen, die sich in fortgeschrittenen Lebenszyklusstadien befinden (Private-Equity-Investitionen im engeren Sinne), und Finanzierungen in junge Unternehmen (Venture-Capital-Investitionen). Letztere sind durch ein höheres Risiko-Rendite-Profil gekennzeichnet.

Privateigentum – Im → Kapitalismus besteht ein Privateigentum an den Produktionsmitteln. Ein Kollektiveigentum im → Sozialismus bedeutet, dass der Staat oder die Gesellschaft das Eigentum an den Produktionsmitteln besitzen.

Privateinlagen – dem Unternehmen überlassene Geldmittel oder Gegenstände aus dem Privatvermögen des Unternehmers, auch Bezahlung von Betriebsausgaben mit privaten Mitteln. – *Buchung:* Über → Privatkonto, z.B. Kasse an Privatkonto.

private Kosten – Kosten wirtschaftlicher Aktivität, die vom Entscheidungsträger bei der Optimierung von Ausmaß und Qualität der Aktivität berücksichtigt werden. – *Gegensatz:* → externe Kosten.

Private Krankenversicherung → Krankenversicherung.

Privatentnahmen → Entnahmen. – *Umsatzsteuerliche Behandlung:* → Unentgeltliche Wertabgaben.

private Organisationen ohne Erwerbszweck – Sektor in der → Volkswirtschaftlichen Gesamtrechnung (VGR), der politische Parteien, Gewerkschaften, Kirchen, Wirtschaftsverbände, Vereine u.Ä. enthält.

private Pflegepflichtversicherung – 1. *Begriff:* Private Versicherung, die bei Pflegebedürftigkeit seit dem 1.1.1995 ambulante und seit dem 1.7.1996 auch stationäre Pflegekosten z.T. übernimmt. Die Höhe der versicherten Leistungen orientiert sich an den → Pflegestufen. Die private Pflegepflichtversicherung ist eine → Pflichtversicherung und brancheneinheitlich organisiert. Es besteht → Kontrahierungszwang. – 2. *Versicherter Personenkreis:* Nach dem Grundsatz „Pflegeversicherung folgt Krankenversicherung" schließen Privatversicherte ihre Pflegeversicherung bei einem privaten Krankenversicherungsunternehmen ab, und gesetzlich Krankenversicherte erhalten den Versicherungsschutz in der Sozialen Pflegeversicherung (§§ 1 II und III, 20 I, 21 SGB XI). Ausnahmen bestehen u.a. für freiwillige Mitglieder der Gesetzlichen Krankenversicherung (GKV), die in einer bestimmten Frist unwiderruflich eine private Pflegepflichtversicherung abschließen können (§ 22 I und II SGB XI). – 3. *Leistungsvoraussetzungen:* Der Anspruch auf Leistungen aus der privaten Pflegepflichtversicherung tritt wie in der Sozialen Pflegeversicherung nur bei → Pflegebedürftigkeit ein. – 4. *Pflegebedürftigkeit:* Nach Häufigkeit und Dauer des Hilfebedarfs sind drei Pflegestufen mit unterschiedlich hohen Leistungsansprüchen zu unterscheiden: Stufe I = „erheblich pflegebedürftig", Stufe II = „schwer pflegebedürftig" und Stufe III = „schwerst pflegebedürftig" (§ 15 I Nr. 1, 2 und 3 SGB XI). Bei privat Pflegeversicherten werden die Pflegebedürftigkeit und die Pflegestufe im Auftrag der Versicherungsunternehmen durch Ärzte der Medicproof Gesellschaft für medizinische Gutachten mbH, einem Tochterunternehmen des Verbands der privaten Krankenversicherung e. V., festgestellt. – 5. *Leistungsumfang:* Die private Pflegepflichtversicherung ist der Sozialen Pflegeversicherung im Leistungsumfang gleich gestellt. Sie trägt also die Kosten bei Pflegebedürftigkeit im gesetzlichen Umfang. Damit sind die Leistungen für alle Pflegebedürftigen innerhalb der einzelnen Pflegestufen I-III gleich, unterscheiden sich aber nach der Art und Form der Pflege (z.B. vollstationäre Heimunterbringung vs. häusliche Versorgung). Die einzelnen Leistungssätze sind zum 1.7.2008 mit Inkrafttreten des Pflegeweiterentwicklungsgesetzes für alle Pflegestufen und -formen erhöht worden (siehe Abbildung). 6. *Beiträge:* Die Beiträge in der privaten Pflegepflichtversicherung werden nach Eintrittsalter und Gesundheitszustand entsprechend des → Kapitaldeckungsverfahrens kalkuliert. Es werden also auch Altersrückstellungen für das steigende Pflegerisiko im Alter gebildet. Die Beiträge sind limitiert: Es gilt ein Höchstbetrag, der sich am Höchstbetrag zur sozialen Pflegeversicherung orientiert (2009: 71,66 Euro). Kinder sind – analog zur sozialen Pflegeversicherung – beitragsfrei mitversichert. Zudem dürfen Vorerkrankungen von Versicherten nicht vom Versicherungsschutz ausgeschlossen werden. – 7. *Bewertung:* Jede Generation von Versicherten sorgt durch die Bildung von Alterungsrückstellungen frühzeitig für ihr mit dem Alter steigendes Pflegerisiko vor. So wird – anders als in der umlagefinanzierten sozialen Pflegeversicherung – ein Kapitalstock zum Schutz vor dem demographischen Wandel und damit zur Entlastung der nachfolgenden Generationen aufgebaut. Die Beiträge zur privaten Pflegepflichtversicherung sind damit von Veränderungen in der

Pflegesätze (in Euro)

	2007	2008	2010	2012
ambulant				
Stufe I	384	420	440	450
Stufe II	921	980	1.040	1.100
Stufe III	1.432	1.470	1.510	1.550
Härtefall		Keine Veränderungen		
stationär				
Stufe I	1.023	Keine Veränderungen		
Stufe II	1.279	Keine Veränderungen		
Stufe III	1.432	1.470	1.510	1.550
Härtefall	1.688	1.7'50	1.825	1.918
Pflegegeld				
Stufe I	205	215	225	235
Stufe II	410	420	430	440
Stufe III	665	675	685	700

Alterstruktur der Bevölkerung weit gehend unabhängig.

privater Konsum – Teilbereich der Verwendungsseite des → Inlandsprodukts. Privater Konsum wird nach dem Ausgaben- und nach dem Verbrauchskonzept nachgewiesen (vgl. → Konsum). Er umfasst die Konsumausgaben privater Haushalte und privater Organisationen ohne Erwerbszweck. Nach dem Verbrauchskonzept werden darüber hinaus individualisierbare Teile der Konsumausgaben des Staates im → Individualkonsum der privaten Haushalte berücksichtigt.

privates Gut → Individualgut. – *Gegenteil:* → öffentliches Gut.

privates Veräußerungsgeschäft – frühere Bezeichnung „Spekulationsgeschäfte". Als privates Veräußerungsgeschäft wird ein Vorgang bezeichnet, bei dem Wirtschaftsgüter des → Privatvermögens innerhalb kurzer Zeit nach der Anschaffung wieder verkauft werden. Die offizielle Bezeichnung seit 1999 lautet private Veräußerungsgeschäfte (§ 22 Nr. 2 i.V.m. § 23 EStG). Gewinne aus den privaten Veräußerungsgeschäften innerhalb der sog. Spekulationsfrist unterliegen der → Einkommensteuer. Dabei werden nach der Gesetzeslage bis zum 31.12.2008 folgende Fälle unterschieden: – *Veräußerungsgeschäfte bei Grundstücken* und grundstücksgleichen Rechten, wenn der Zeitraum zwischen Anschaffung und Veräußerung nicht mehr als zehn Jahre beträgt (→ Spekulationsfrist). Ausnahme hiervon sind Wirtschaftsgüter, die im Zeitraum zwischen Anschaffung oder Fertigstellung und Veräußerung ausschließlich zu eigenen Wohnzwecken oder im Jahr der Veräußerung und in den beiden vorangegangenen Jahren zu eigenen Wohnzwecken genutzt wurden. – *Veräußerungsgeschäfte bei anderen Wirtschaftsgütern*, insbesondere bei → Wertpapieren, die keine wesentliche Beteiligung darstellen, wenn der Zeitraum zwischen Anschaffung und Veräußerung nicht mehr als ein Jahr *(Spekulationsfrist)* beträgt. Unter die Regelung fallen nicht Veräußerungen von Gegenständen des täglichen Gebrauchs. – *Veräußerungsgeschäfte*, bei denen die Veräußerung eines Wirtschaftsguts früher erfolgt als der Erwerb. – *Termingeschäfte.* – Ein Spekulationsgeschäft liegt ebenfalls vor, wenn Wirtschaftsgüter nach der Entnahme aus einem Betrieb innerhalb von einem bzw. zehn Jahren veräußert werden. Spekulationsgewinne sind als → sonstige Einkünfte (§ 22 EStG) einkommensteuerpflichtig, bleiben aber *steuerfrei*, wenn der Gesamtgewinn im Kalenderjahr geringer als 600 Euro ist. Hierbei handelt es sich um eine sog. → Freigrenze. Eine Verrechnung von Verlusten aus anderen Spekulationsgeschäften ist möglich. Eine Verrechnung von Verlusten mit positiven Einkünften aus anderen Einkunftsarten ist jedoch ausgeschlossen. Die nicht verrechenbaren Verluste sind gesondert festzustellen. Sie dürfen in das vorangegangene Jahr zurück- oder in das folgende Jahr vorgetragen werden. – Im Rahmen der Unternehmensteuerreform und unter Berücksichtigung der Einführung der → Abgeltungsteuer ab dem 1.1.2009 sind private Veräußerungsgeschäft bei Wertpapieren generell unabhängig von der Haltedauer steuerpflichtig (vgl. hierzu → Einkünfte aus Kapitalvermögen, § 20 II EStG). Die Regelungen zu den privaten Veräußerungeschäften wurde durch das EStG 2008 neu gefasst. Die Regelungen des § 23 EStG betreffen daher nur noch Grundstücke und „andere Wirtschaftsgüter". Die Spekulationsfrist bei Grundstücken und grundstücksgleichen Rechten beläuft sich unverändert auf zehn Jahre. Bei den sonstigen Wirtschaftsgütern beträgt sie nunmehr ein Jahr (§ 23 I Nr. 2 Satz 2 EStG n.F.). Erfolgt jedoch eine Nutzung der Wirtschaftsgüter als Einkunftsquelle innerhalb von zehn Jahren nach Anschaffung, verlängert sich die Frist auf zehn Jahre.

private Zolllager → Zolllager, die zur Einlagerung von unverzollten → Nichtgemeinschaftswaren durch den Lagerhalter selbst bestimmt sind. Im Gegensatz zu → öffentlichen Zolllagern kann also nicht jeder einlagern, sondern nur der Bewilligungsinhaber. Er kann jedoch fremde Waren auf seine Verantwortung in das Zolllagerverfahren überführen und einlagern. Das private Zolllager gibt es als Typ C, Typ D und Typ E (vgl. Art. 525 ZK-DVO). Sie unterscheiden sich in der Abwicklung, nicht jedoch in den Zollvorteilen. Das in der Bundesrepublik Deutschland früher übliche offene Zolllager entspricht dem Typ D. – Vgl. auch → Lagerbehandlung.

Privatgläubiger – 1. *Begriff:* Gläubiger eines Gesellschafters, dem gegen diesen ein unabhängig von dem Gesellschaftsverhältnis entstandener Anspruch zusteht, auch der → Nachlassgläubiger von → Erben eines Gesellschafters. – 2. *Rechte:* Hat der Privatgläubiger einen Pfändungs- und Überweisungsbeschluss hinsichtlich des → Auseinandersetzungsguthabens erwirkt, kann er OHG oder KG zum Ablauf eines Geschäftsjahres kündigen, wenn eine → Zwangsvollstreckung in das bewegliche Vermögen des Gesellschafters fruchtlos verlaufen ist. Durch die Kündigung wird die Gesellschaft aufgelöst, und der Privatgläubiger kann verlangen, dass die → Abwicklung stattfindet (§§ 135, 161 HGB).

Privathaftpflichtversicherung – 1. *Begriff:* Versicherungsschutz für den → Versicherungsnehmer und seine Familie vor Schadenersatzansprüchen aufgrund gesetzlicher Haftpflichtbestimmungen privatrechtlichen Inhalts. – 2. *Merkmale:* Versicherungsart in der allgemeinen → Haftpflichtversicherung. Der Deckungsumfang wird durch die Allgemeinen Versicherungsbedingungen für die Haftpflichtversicherung (AHB) und die Besonderen Bedingungen und Risikobeschreibungen (BBR) für die Deckung der spezifischen Haftpflichtansprüche geregelt. – 3. *Versicherungsumfang:* Versichert sind z.B. die Teilnahme am Straßenverkehr als Fußgänger oder Radfahrer, allerdings nicht als Führer eines Kraftfahrzeugs (→ Kfz-Haftpflichtversicherung). Ferner das Halten zahmer Haustiere, wie z.B. Katzen. Für Hunde und Pferde wird dagegen eine Tierhalterhaftpflichtversicherung benötigt. Gedeckt sind auch Aktivitäten als Freizeitsportler und die Aufsicht über Minderjährige. Versicherungsschutz haben der Versicherungsnehmer und die mitversicherten Personen. Eingeschlossen ist auch das Risiko als Eigentümer oder Mieter selbstgenutzter Wohnungen oder eines Einfamilienhauses. Zur Deckung des Haftungsrisikos als Vermieter ist eine ergänzende Haus- und Grundbesitzerhaftpflichtversicherung notwendig. Abgedeckt ist das Haftungsrisiko als Dienstherr der im Haushalt tätigen Personen oder als Bauherr bei An- und Umbauten bis zu einer bestimmten Bausumme; darüber hinaus ist eine → Bauherrenhaftpflichtversicherung notwendig. Generell ausgeschlossen sind Gefahren eines Betriebs, eines Berufs oder eines Amts, die über spezielle → Betriebshaftpflichtversicherungen, Berufshaftpflichtversicherungen oder Amtshaftpflichtversicherungen abgedeckt werden können. Etwaige → Selbstbehalte werden i.d.R. als Abzugsfranchise vereinbart. Selbstbehalte ersparen die Meldung und Regulierung von sog. Bagatellschäden.

Privathaushalt – Begriff der amtlichen Statistik für zusammenwohnende und eine wirtschaftliche Einheit bildende Personengemeinschaft sowie Personen, die allein wohnen und wirtschaften (z.B. Einzeluntermieter). Zum Privathaushalt können verwandte und familienfremde Personen gehören (z.B. Hauspersonal). → Anstalten gelten nicht als Haushalte, können aber Privathaushalte beherbergen (z.B. Privathaushalt des Anstaltsleiters). Haushalte mit mehreren Wohnungen werden u.U. mehrfach gezählt. – Vgl. auch → Haushalt.

Privatisierung – 1. *Begriff:* Der Begriff Privatisierung wird heute als Oberbegriff für eine Reihe unterschiedlicher Formen der Übertragung ehemalig dem öffentlichen Bereich vorbehaltener Aufgaben auf den privaten Sektor (nicht zwingend den Markt) verwendet und bezeichnet u.a.: a) Verlagerung bestimmter bisher staatlicher Aktivitäten in den privaten Sektor der Volkswirtschaft, um die Allokation der Ressourcen durch den (als effizienter eingestuften) Markt erfolgen zu lassen (→ Regulierung, → Deregulierung); – b) Anwendung privater Rechtsformen zur Erfüllung öffentlicher Aufgaben, um bestimmte Aufgabenfelder dem unmittelbaren Einfluss des Haushalts, des öffentlichen Dienstrechts und der Politik zu entziehen; – c) Anwendung privatwirtschaftlicher Finanzierungsmodelle zur Erschließung privaten Kapitals für öffentliche Aufgabenwahrnehmung; – d) Veräußerung öffentlichen Vermögens. Häufig sind die genannten Ebenen der Privatisierung nicht klar voneinander zu trennen. – 2. *Arten:* Unter dem Begriff Privatisierung werden nach allgemeiner Auffassung folgende Formen unterschieden: a) *Formelle bzw. Organisationsprivatisierung:* Wahl einer spezifischen Organisation der öffentlichen Aufgabenwahrnehmung; der Verwaltungsträger entledigt sich nicht einer bestimmten Aufgabe, sondern wählt zu deren Wahrnehmung lediglich Formen des Privatrechts (GmbH, AG, Eigengesellschaft, → öffentliche Unternehmen). – b) *Vermögensprivatisierung:* Mit Vermögensprivatisierung wird der Verkauf von Unternehmen(sbeteiligungen), Grundstücken usw. bezeichnet. – c) *Finanzierungsprivatisierung:* Unter Finanzierungsprivatisierung versteht man die Beteiligung des privaten Sektors an der Finanzierung öffentlicher Aufgaben (z.B. Errichtung von Investitionsobjekten durch Private und anschließendes Leasing durch die Verwaltung, aber auch privates Haftungskapital in (halb)öffentlichen Unternehmen). – d) *Materielle Privatisierung:* Bei der materiellen Privatisierung (Privatisierung im engeren Sinne) findet eine echte Aufgabenverlagerung in den privaten Sektor statt. Die öffentliche Verwaltung nimmt die Aufgabe nicht mehr länger wahr und gewährleistet sie auch nicht mehr. Es findet eine Reduzierung des Aufgabenbestandes und eine Entlastung des Staates statt. – e) *Funktionale Privatisierung:* Als funktionale Privatisierung wird der Einbezug Privater im Rahmen der Gewährleistungsverwaltung verstanden. Vgl. → Contracting Out; → Outsourcing. – 3. *Gründe:* a) Fiskalischer Aspekt: Die Privatisierung wird aus Gründen der Konsolidierung des öffentlichen Haushaltes vorgenommen. Dabei ist zu beachten, dass der Verkauf bzw. der Börsengang nur zu einer einmaligen Einzahlung führt, aber kein dauerhafter Einzahlungsstrom begründet wird. – b) Wirtschaftspolitik: Die Angebotspolitiker fordern mehr Markt und weniger Staat. Der Markt ist effizient, der Wettbewerb sorgt für eine optimale Allokation der Ressourcen. – *Gegenteil:* Verstaatlichung, Vergesellschaftung.

privative Schuldübernahme → befreiende Schuldübernahme.

Privatklage – 1. *Begriff* des Strafverfahrens: Es handelt sich um eine beim Amtsgericht durch den Verletzten zu erhebende Anklage (§§ 374–394 StPO) wegen bestimmter leichterer zum Nachteil des Verletzten begangener Vergehen, die nicht von bes. öffentlichen Interesse sind. Zulässig z.B. bei → Verleumdung, den Vergehen des Wettbewerbsrechts und den entsprechenden Verletzungen des Urheber- und Patentrechts, Körperverletzung, Hausfriedensbruch etc. (vgl. Katalog in § 374 StPO). Bei diesen Delikten wird der Verletzte wegen des mangelnden öffentlichen Interesses vielfach von der Staatsanwaltschaft auf den Weg der Privatklage verwiesen. – 2. *Privatklageverfahren-Verfahren* i.Allg. wie beim Strafprozess. – *Erhebt die Staatsanwaltschaft* bei den sog. Privatklageverfahrens-Delikten *Anklage*, kann sich der Verletzte als → Nebenkläger anschließen.

Privatkonto – Konto für den Einzelunternehmer oder Gesellschafter einer Personengesellschaft zur Buchung seiner → Entnahmen und seiner → Einlagen im Laufe des Geschäftsjahres. Das Privatkonto wird als Unterkonto des → Kapitalkontos über dieses abgeschlossen.

Privatrecht – Rechtssätze, die die rechtlichen Beziehungen der einzelnen zueinander nach dem Grundsatz der Gleichordnung regeln, z.B. → Bürgerliches Recht und Handelsrecht. – *Gegensatz:* → öffentliches Recht.

Privat-Rechtsschutz – 1. *Begriff:* Risikobereich in der → Rechtsschutzversicherung. Privat-Rechtsschutz umfasst die Wahrnehmung rechtlicher Interessen des Versicherungsnehmers im privaten Bereich und wird sowohl Nichtselbstständigen als auch Selbstständigen regelmäßig nur i.V. mit Berufs-Rechtsschutz für die Ausübung nichtselbstständiger Tätigkeiten angeboten. – 2. *Merkmale:* a) *versicherte Personen:* Neben dem Versicherungsnehmer sind sein ehelicher bzw. eingetragener oder – unter weiteren Voraussetzungen, z.B. namentlicher Nennung – sonstiger Lebenspartner versichert, deren minderjährige Kinder sowie die volljährigen Kinder, i.d.R. soweit diese unverheiratet sind bzw. nicht in einer eingetragenen Lebenspartnerschaft leben und längstens bis zu dem Zeitpunkt, an dem sie erstmalig eine auf Dauer angelegte berufliche Tätigkeit ausüben und hierfür ein leistungsbezogenes Entgelt erhalten. – b) *Versicherungsumfang:* Im Privat-Rechtsschutz sind Rechtsschutzfälle versichert, die den privaten oder den nicht selbstständigen beruflichen Bereich der versicherten Personen betreffen. Nicht vom Privat-Rechtsschutz umfasst ist die Wahrnehmung rechtlicher Interessen als Eigentümer, Halter, Erwerber, Mieter, Leasingnehmer oder Fahrer von Kraftfahrzeugen (Verkehrs-Rechtsschutz) sowie als Eigentümer, (Ver-)Mieter, (Ver-)Pächter oder Nutzungsberechtigter von Immobilien; für diese Risikobereiche ist eine gesonderte Absicherung – auch im Rahmen von Rechtsschutz-Paketlösungen – möglich. Der Privat-Rechtsschutz umfasst meist folgende Leistungsarten: Rechtsschutz im Vertrags- und Sachenrecht, Schadenersatz-, Arbeits-, Steuer-, Sozialgerichts-, Disziplinar- und Standes-, Straf-, Ordnungswidrigkeiten-Rechtsschutz, Verwaltungs-Rechtsschutz in Verkehrssachen, Beratungs-Rechtsschutz im Familien- und Erbrecht sowie Rechtsschutz für Opfer von Gewaltstraftaten.

Privatreise – 1. *Begriff:* alle Reisen, die nicht auf beruflichen Gründen unternommen werden und dann auch nicht steuerlich abgesetzt werden können. – 2. *Abgrenzung:* in diesem Sinne ist eine Privatreise Teil des privaten Konsums (= Freizeitreise), im Gegensatz zu einer Reise als Investition (= → Geschäftsreise). – 3. *Anlässe:* Bei den Anlässen einer Privatreise werden eine Vielzahl von Kategorien unterschieden: von „Urlaub“ bis zum „Besuch von Freunden und Verwandten“, „Studium“, „Ausflüge“, „ Kuraufenthalte und medizinische Behandlungen“ usw.

Privatscheck – Form des → Auslandsscheck. Die Bezeichnung Privatscheck besagt, dass dieser Scheck von einer Privatperson oder von einem Unternehmen o.Ä., nicht aber von einer Bank ausgestellt ist. Der Aussteller eines Privatschecks profitiert im Auslandszahlungsverkehr von den langen Post- und Verrechnungslaufzeiten, weil sein Konto erst bei Vorkommen des Privatschecks bei der bezogenen Bank belastet wird.

Privaturkunden – die von einem privaten Aussteller herrührenden → Urkunden. – Von den Ausstellern unterzeichnete Privaturkunden erbringen im *Zivilprozess* → Beweis dafür, dass die in ihnen enthaltenen Erklärungen von den Ausstellern abgegeben sind (§ 416 ZPO). – *Gegensatz:* → öffentliche Urkunden. – Vgl. auch → Urkundenfälschung.

Privatvermögen – 1. *Begriff:* zusammenfassende betriebswirtschaftliche und handelsrechtliche Bezeichnung für privaten Zwecken dienendes Vermögen. Privatvermögen darf in der Handelsbilanz des Kaufmanns nicht ausgewiesen werden. – 2. Im *Einkommensteuerrecht* ist Privatvermögen die Bezeichnung für das Vermögen, das nicht → Betriebsvermögen darstellt. Die Zuordnung zu Betriebsvermögen oder Privatvermögen entscheidet sich danach, wie das Vermögen verwendet wird. In Zweifelsfällen, in denen Vermögenswerte privat und betrieblich genutzt werden oder aber ein Wirtschaftsgut objektiv geeignet wäre, dem Betrieb zu dienen (z.B. zur Verstärkung der Kapitalausstattung), kann der Steuerpflichtige über die Zuordnung entscheiden (→ gewillkürtes Betriebsvermögen); das geht nicht, wenn die Nutzung zu privaten Zwecken eindeutig ist oder die denkbare betriebliche Verwendung völlig untergeordnete Bedeutung hat (→ notwendiges Privatvermögen).

Privatversicherung – *Individualversicherung.* Sammelbezeichnung für die privatwirtschaftliche Versicherung durch private Versicherungsunternehmen (→ Aktiengesellschaften, → Versicherungsvereine auf Gegenseitigkeit, kurz: VVaG und → öffentlich-rechtliche Versicherungsunternehmen). Die Versicherungsverhältnisse kommen auf privatrechtlicher Grundlage, also durch Verträge, zustande. – *Anders:* → Sozialversicherung.

privatwirtschaftliche Erbringung öffentlicher Leistungen → Infrastrukturpolitik.

Privatwirtschaftslehre – 1. Zunächst *synonymer Begriff* für die heute übliche Fachbezeichnung → Betriebswirtschaftslehre (BWL). Als Einzelwirtschaftslehre konzipiert, verband sich damit der Anspruch auf Eigenständigkeit gegenüber der Volkswirtschaftslehre. Nach dem Ersten Weltkrieg setzte sich der heute übliche Name durch. – 2. Als *Unterbegriff* von Betriebswirtschaftslehre beschäftigt sich Privatwirtschaftslehre ausschließlich mit privaten Einzelwirtschaften bzw. Unternehmungen, während zum Gegenstandsbereich der BWL auch öffentliche Betriebe zählen. – 3. *Programmatische Bedeutung* gewinnt die Bezeichnung Privatwirtschaftslehre bei Rieger („Einführung in die Privatwirtschaftslehre“, 1927), der das

Rentabilitätsstreben bzw. das („kapitalistische") Gewinnprinzip als Grundidee einführt und den Geldumwandlungsprozess zum Erkenntnisobjekt erklärt.

Probable Maximum Loss (PML) – *Wahrscheinlicher maximaler Schaden.* Maßgröße für den (unter gewissen Annahmen) wahrscheinlich größten → Schaden aus einem versicherten → Risiko, ausgedrückt in einem Geldbetrag. Wird meist in der → Feuerversicherung (und Feuer-Rückversicherung) verwandt, daneben auch in der → verbundenen Wohngebäudeversicherung, in Bezug auf einzelne Großschadenrisiken und auf → Kumulrisiken.

Proband – Versuchspersonen in der → Marktforschung.

Probearbeitsverhältnis – 1. *Begriff:* Einstellung eines Arbeitnehmers auf Probe, mit der festgestellt werden soll, ob er sich für die ihm zu übertragenden Arbeiten eignet, und ob er mit den Arbeitsbedingungen einverstanden ist. Ein Probearbeitsverhältnis ist eindeutig als solches zu vereinbaren. – 2. *Arten:* a) Das Probearbeitsverhältnis kann ein → befristeterArbeitsvertrag sein, das mit Ablauf der vereinbarten Zeit endet, wenn die Parteien nicht vorher die Fortsetzung des Arbeitsverhältnisses vereinbaren. Die Dauer des befristeten Probearbeitsverhältnisses darf nicht unangemessen lang (i.d.R. nicht länger als sechs Monate) sein. – b) Vereinbarung einer → Probezeit in einem auf unbestimmte Zeit abgeschlossenen Arbeitsverhältnis (in der Praxis am häufigsten). Während einer vereinbarten Probezeit, längstens für die Dauer von sechs Monaten, kann das Arbeitsverhältnis mit einer Frist von zwei Wochen gekündigt werden (§ 622 V BGB). – c) Vereinbarung, dass eine *Probezeit als Mindestvertragszeit* gelten soll. Diese Vertragsgestaltung ist selten und muss deshalb eindeutig vereinbart sein. Ist die Probezeit Mindestvertragszeit, ist eine → ordentliche Kündigung während der Probezeit ausgeschlossen. – 3. Das *Berufsausbildungsverhältnis* kann während der Probezeit des Berufsausbildungsverhältnisses jederzeit ohne Einhalten einer Kündigungsfrist gekündigt werden (§ 15 I BBiG).

Probebilanz – Zusammenstellung der Kontenumsätze eines Betriebsabschnitts in Summen- oder auch in Saldoform zur Vorbereitung des Abschlusses mithilfe einer → Hauptabschlussübersicht (HAÜ). – Vgl. auch → Rohbilanz, → Saldenbilanz.

Probefahrt – Fahrt zur Feststellung oder zum Nachweis der Gebrauchsfähigkeit von Kraftfahrzeugen oder Anhängern. Die Probefahrt kann ohne → Betriebserlaubnis mit abgestempeltem roten → Kennzeichen oder Kurzzeitkennzeichen durchgeführt werden (§ 16 Fahrzeug-Zulassungsverordnung). – Vgl. auch → Überführungsfahrt.

Probegabe → Lockvogelangebote, → Kundenfang.

Probekauf → Kauf auf Probe, → Kauf zur Probe.

Probezeit – Die für ein → Probearbeitsverhältnis vorgesehene Zeitspanne, die es den Vertragspartnern ermöglicht, Eignung und Leistungen des Arbeitnehmers, die Arbeitsbedingungen etc. zu prüfen. Die Dauer der Probezeit muss sich aus der Vereinbarung ergeben. In → Tarifverträgen wird die Probezeit oft auf drei Monate begrenzt. Die Höchstgrenze dürfte sonst sechs Monate betragen (vgl. die Wertung des § 1 I KSchG); Ausnahmen bei bes. verantwortungsvoller Tätigkeit. – Bei *Berufsausbildungsverhältnissen* gesetzlich befristet auf mind. einen Monat, höchstens drei Monate (§ 13 BBiG). Die Probezeit ist abzugrenzen von der Wartezeit nach § 1 I KSchG (→ Wartezeit für Kündigungsschutz). Während es bei der Probezeit um eine *verkürzte Kündigungsfrist* geht, ist die Wartezeit maßgeblich für die *Anwendung des Kündigungsschutzgesetzes.*

Probit-Modell für binäre Daten – ökonometrisches nicht lineares Modell (→ ökonometrisches Modell) zur Erklärung von binären (Codierung: 0 = Ereignis tritt nicht ein, 1 = Ereignis tritt ein) abhängigen Variablen (→ Variable, endogene). Dabei beeinflusst ein Vektor von erklärenden Variablen (→ Variable, exogene), die Wahrscheinlichkeit, dass das Ereignis eintritt. Die gängigste Alternative zum Probit-Modell ist das → Logit-Modell für binäre Daten. – Der bedingte Erwartungswert der binären Variablen (gegeben den exogenen Variablen) entspricht der Wahrscheinlichkeit, dass das Ereignis eintritt. Die exogenen Variablen bestimmen diese Wahrscheinlichkeit nicht auf eine lineare Weise, sondern beim Probit-Modell wird dafür die Standardnormalverteilung herangezogen. Damit sind die geschätzten Wahrscheinlichkeiten im Gegensatz zum linearen Wahrscheinlichkeitsmodell auf das Intervall [0,1] beschränkt. Die geschätzten Koeffizienten können aufgrund des nicht linearen Modells nicht als marginale Effekte interpretiert werden. Die Schätzung erfolgt i.d.R. mit der → Maximum-Likelihood-Methode. → Heteroskedastizität führt im Gegensatz zum linearen → Regressionsmodell häufig zu verzerrten Schätzern.

Problemanalyse – I. Marketing: → Kreativitätstechnik in der Produktentwicklung, bei der bestehende Produkte analytisch daraufhin untersucht werden, inwieweit sie einen Bedarf nur unzureichend decken bzw. ein bestehendes Problem beim Kunden nur schlecht lösen. Aus diesen Erkenntnissen werden dann neue Produkte entwickelt, die das Problem besser zu lösen vermögen.

II. Software Engineering: 1. *Begriff:* Erste Phase im Software Life Cycle; uneinheitliche Begriffsverwendung, z.T. auch als Planungsphase bezeichnet. – 2. *Teilbereiche:* Der Problemanalyse werden unterschiedliche Aufgaben zugeordnet, z.T. mit den Inhalten, die in der → Systemanalyse den Phasen Istanalyse und Sollkonzeption zuzurechnen sind. – 3. *Ausgangspunkt:* Anstoß zur Problemanalyse ist i.Allg. der Wunsch, die Bearbeitung eines Aufgabenbereichs mit Computerunterstützung (→ Computersystem) entweder neu einzuführen oder eine als unbefriedigend empfundene Abwicklung zu verbessern. – 4.

Ergebnisse: Rahmenvorschlag mit dem geplanten Funktionsumfang (Hauptfunktionen des → Softwaresystems) und Projektplan. – Vgl. auch → Projektmanagement (PM).

problemlose Ware – *beratungsfreie Ware;* Verbrauchsgüter des täglichen Bedarfs, die dem Konsumenten nach Art, Qualität, Verpackung, Verwendung, Preis etc. bekannt sind. Da zu ihrem Absatz i.d.R. keine Erklärungen des Verkaufspersonals erforderlich sind, können problemlose Waren mittels → Selbstbedienung abgesetzt werden (→ Convenience Goods). – *Gegensatz:* „Problemvolle", erklärungsbedürftige Ware (→ Shopping Goods, → Speciality Goods).

Problemlösungskomponente → Inferenzmaschine.

problemorientierte Programmiersprache → Programmiersprache.

problemvolle Ware → problemlose Ware.

Process Owner – im Rahmen der → Prozessorganisation eine für einen → Geschäftsprozess in einem Unternehmen verantwortliche Stelle oder Person. Hierbei handelt es sich um eine Querschnittsaufgabe, da Geschäftsprozesse in Unternehmen häufig quer zu einer funktional ausgerichteten Aufbauorganisation verlaufen. Hieraus entsteht häufig ein Konflikt, da sich Verantwortung und Kompetenzen zur Bearbeitung der einzelnen Schritte eines Prozesses auf verschiedene Stellen verteilen. Diese Konflikte soll der Process Owner lösen.

PRODCOM-Liste – Abk. für *Production Communautaire; Liste von Produkten für eine europäische Produktionsstatistik;* Klassifikation der Produktion, die durch die Positionen des → Harmonisierten Systems (zur Bezeichnung und Codierung der Waren) und der → Kombinierten Nomenklatur (KN) definiert ist. Sie enthält neben den Warenpositionen noch industrielle Dienstleistungen, also Veredelung, Reparatur und Instandhaltung, Installation. Durch die Bindung an die KN ist eine jährliche Anpassung nötig. Produktionsstatistische Ergebnisse müssen seit 1995 gemäß der PRODCOM an das Statistische Amt der Europäischen Gemeinschaften geliefert werden. – Vgl. auch → Klassifikationen.

Product Buy Back → Kompensationshandel.

Production Communautaire →PRODCOM-Liste.

Product Placement – I. Allgemein: → Werbemittel, bei dem durch gezielte Platzierung von Markenprodukten in Form einer realen Requisite in die Handlung eines Spielfilms eine hohe → Werbewirkung erwartet wird. Das Produkt (die Marke) muss für den Betrachter erkennbar sein und z.B. durch einen bekannten Darsteller, der eine Leitbildfunktion (Opinion Leader) besitzt, verwendet oder verbraucht werden. – *Ähnlich:* Generic Placement (ganze Warengruppe) und Image Placement (Gesamtthema des Films auf eine Firma/ ein Produkt zugeschnitten). – *Zulässigkeit:* Product Placement täuscht den Zuschauer über das Vorliegen von Werbung und ist als getarnte Werbung i.d.R. → unlauterer Wettbewerb (→ sittenwidriger Werbung), in Rundfunk und Fernsehen verstößt Product Placement zudem gegen das → Trennungsgebot (→ Kundenfang). Soweit Werbeverbote bestehen (z.B. für Zigaretten, § 22 Vorläufiges Tabakgesetz), liegt ohne weiteres sittenwidriger Wettbewerb (→ unlauterer Wettbewerb) vor. – Vgl. auch → Fernsehwerbung.

II. Medienwirtschaft: *Produktplatzierung.* – 1. *Definition:* Begriff aus der → Werbung, der die erlaubte, weil gekennzeichnete Erwähnung oder Darstellung von Waren, Dienstleistungen, Namen, Marken, Tätigkeiten eines Herstellers von Waren oder eines Erbringers von Dienstleistungen in Kino- oder TV-Sendungen gegen Entgelt mit dem Ziel der Absatzförderung bezeichnet. Die kostenlose Bereitstellung von Waren oder Dienstleistungen ist nur dann Produktplatzierung, sofern die betreffende Ware oder Dienstleistung von „bedeutendem Wert" ist (Legaldefinition § 2 II Nr. 11 Rundfunkstaatsvertrag, RStV). Der Begriff des „bedeutenden Werts" wird in den *Werberichtlinien der Arbeitsgemeinschaft der Landesmedienanstalten in der Bundesrepublik Deutschland* mit 1 Prozent der Produktionskosten ab einer Untergrenze von 1.000 Euro definiert. Dagegen ist die nicht gekennzeichnete Erwähnung oder Darstellung von Waren, Dienstleistungen etc. – egal ob entgeltlich oder unentgeltlich – unzulässige → Schleichwerbung. – Beim Product Placement wird eine Werbebotschaft in redaktionelle, d.h. informative oder unterhaltende, Kino- oder TV-Sendungen eingebettet; der Begriff wird über seine Legaldefinition im Rundfunkrecht hinaus aber grundsätzlich medienübergreifend benutzt. Ziel ist die Integration der Werbung in ein emotionales Umfeld. – 2. *Herleitung:* Product Placement wurde in den USA entwickelt und wird seit den 1980er-Jahren auch in Europa verstärkt eingesetzt. Auf EU-Ebene wurde das Product Placement durch die sog. Richtlinie des Europäischen Parlaments und des Rates über audiovisuelle Mediendienste vom 11.12.2007 (RL 2007/65/EG) geregelt, in Deutschland mit Neuregelung des 13. Rundunkänderungsstaatsvertrags im RStV umgesetzt. – 3. *Rechtliche Voraussetzungen:* (1) Im Grundsatz ist Product Placement verboten (§ 7 VII S. 1 RStV). (2) Hiervon bestehen zwei Ausnahmen: Product Placement ist in Kinofilmen, Filmen, Serien, Sportsendungen und Sendungen der leichten Unterhaltung zulässsig, sofern es sich nicht um Sendungen für Kinder handelt (§§ 15 Nr. 1, 44 Nr. 1 RStV). Dies gilt für den öffentlich-rechtlichen Rundfunk jedoch nur, soweit es sich nicht um Eigen- oder Auftragsproduktionen handelt. Im Ergebnis ist diese Ausnahme also eher für den privaten Rundfunk als für den öffentlich-rechtlichen Rundfunk relevant, da die Anzahl der Eigenproduktionen im öffentlich-rechtlichen Rundfunk sehr viel höher ist. (3) Als weitere Ausnahme ist die sog. Produktionsbeihilfe zulässig.

Eine solche liegt vor, wenn kein Entgelt geleistet wird, sodass lediglich bestimmte Waren oder Dienstleistungen, wie Produktionshilfen und Preise im Hinblick auf ihre Einbeziehung in einer Sendung kostenlos bereitgestellt werden (§§ 15 Nr. 2, 44 Nr. 2 RStV). Bei diesen Sendungen darf es sich jedoch nicht um Nachrichten, Sendungen zum politischen Zeitgeschehen, Ratgeber- und Verbrauchersendungen, Sendungen für Kinder oder Übertragungen von Gottesdiensten handeln. (4) Beide Ausnahmen müssen zudem die generellen Voraussetzungen für Product Placement erfüllen (§ 7 VII S. 2 Nr. 1-3 RStV): Die redaktionelle Verantwortung und Unabhängigkeit bei der Einbindung der Waren, Dienstleistungen etc. muss hinsichtlich Inhalt und Sendeplatz gewahrt werden. Ferner darf das Product Placement nicht unmittelbar zu Kauf, Miete oder Pacht von Waren oder Dienstleistungen auffordern. Schliesslich darf das Produkt selbst nicht zu stark herausgestellt werden. – 4. *Umsetzung:* Auf das Product Placement ist zu Beginn und zum Ende einer Sendung sowie bei deren Fortsetzung nach einer Werbeunterbrechung durch eine Einblendung eines „P" oder „unterstützt durch Produktplatzierung" von mindestens drei Sekunden hinzuweisen. Die nähere Ausgestaltung soll zwischen den Verbänden der werbetreibenden Wirtschaft und den Produzenten durch einen verbindlichen Verhaltenskodex geregelt werden. Daneben gibt es ergänzend die „Werberichtlinien der Arbeitgemeinschaft der Landesmedienanstalten" die die Kennzeichnungspflichten in großer Detailtiefe ergänzen. Flankiert werden diese allgemeingültigen Regeln durch Allgemeine Geschäftsbedingungen der öffentlich-rechtlichen Rundfunkanstalten gegenüber Produzenten wie die „ZDF-Richtlinien für Werbung, Sponsoring und Product Placement vom 12.3.2010". – 5. *Kritik:* Problematisch bei der Ausgestaltung des Product Placement ist die Durchbrechung des medienrechtlich anerkannten → Trennungsgebots. Trotz des normierten Verbots des Product Placement eröffnen die Ausnahmen ein breites Anwendungsfeld. Die damit einhergehenden Kennzeichnungspflichten verkennen aber die veränderten Sehgewohnheiten der Zuschauer (z.B. → Zapping), die dazu führen, dass die Zuschauer häufig die Warnhinweise gerade nicht mitbekommen. Eine effektive Gewähr des Trennungsgrundsatzes wäre nur mit Simultanhinweisen für die Zuschauer umsetzbar. Dies würde diese Werbeform jedoch für Werbetreibende uninteressant machen. Auch wirtschaftlich ist der Nutzen fraglich, denn die klassische Block-Werbung und Produktplatzierung sind Substitutionsgüter. Zudem planen die Sender einen 200-prozentigen Aufschlag für Produktplatzierung im Verhältnis zur Block-Werbung. Durch die rundfunkrechtlichen Regelungen erfahren die Printmedien schließlich einen deutlichen Wettbewerbsnachteil gegenüber Radio und Fernsehen, da für sie nach wie vor der strenge Trennungsgrundsatz gilt.

Product Publicity – Platzierung von Produkten oder Dienstleistungen im redaktionellen Teil von Medien. – Vgl. auch → Schleichwerbung, → Product Placement.

Product Selling → Produktgeschäft.

Produit Net → Physiokratie.

Produkt – Ergebnis der → Produktion und Sachziel einer Unternehmung oder auch Mittel der Bedürfnisbefriedigung. Einteilung in → Sachgüter (materiell, → Gebrauchsgüter und → Verbrauchsgüter), → Dienstleistungen (immateriell) und Energieleistungen.

Produkt/Markt-Matrix – Darstellung der Alternativen horizontaler → Wertschöpfungsstrategien. Eine Heuristik zur Auswahl einer adäquaten Strategie ist das „Gesetz der abnehmenden Synergie"; so weist z.B. die Strategie der „Diversifikation" wesentlich weniger Synergien zum bestehenden Geschäft auf als die der „Marktdurchdringung", womit eine → Diversifikation auch erfolgsgefährdeter ist. – Vgl. auch Abbildung „Produkt/Markt-Matrix".

Produkt/Markt-Portfolio → Portfolio-Analyse.

Produktadaptionsstrategie – 1. *Begriff:* ein Unternehmen führt in Auslandsmärkten bisher schon im Inland verkaufte Produkte in leicht veränderter Weise ein. Die Produktadaptionsstrategie baut auf der → Produktdifferenzierung auf. Mit der Produktadaptionsstrategie will man versuchen, Kundenwünschen und -problemen sowie den sich wandelnden Bedürfnissen der ausländischen Nachfrager besser gerecht zu werden und damit die Attraktivität des Leistungsprogramms zu erhöhen und somit die Marktposition in den Ländermärkten zu festigen. Die Produktadaptionsstrategie ist abhängig von Ge- und Verbrauchsbedingungen, Ge- und Verbrauchsgewohnheiten, gesetzlichen Bestimmungen und staatlichen Einflüssen. – 2. *Formen:* (1) Differenzierung der äußeren Produktgestalt, (2) Differenzierung der stofflichen Qualität, (3) Differenzierung der funktionellen Qualität, (4) Differenzierung durch unterschiedliche Dienstleistungen (→ Pre-Sales-Services, → episodenbegleitende Dienstleistungen, → After-Sales-Services). – Vgl. auch → Produktexpansionsstrategie.

Produktanalyse – 1. *Begriff:* Überprüfung existierender Produkte anhand spezifischer Kriterien auf seine Güteeigenschaften, Gestaltung und Konkurrenzfähigkeit zu einem bestimmten Zeitpunkt. – 2. *Arten:* Die Produktanalyse kann bei Konkurrenz- oder eigenen Produkten erfolgen. a) Konkurrenzprodukte werden nach der Produkteinführung untersucht, um Anhaltspunkte für die eigene Entwicklung und für Marktreaktionen zu erhalten. – b) Die Analyse eigener Produkte sollte periodisch erfolgen und die Markttauglichkeit des Produktes im Vergleich zum Wettbewerb überprüfen. – 3. *Zweck:* Planung und Durchführung von Verbesserungen eigener

Produkte zugunsten der Marktgängigkeit. – 4. *Ablauf:* Ausgehend von Anhaltspunkten für eventuelle Anpassungsmaßnahmen (z.B. Marktanteilsverlust) sind die Ursachen für die unerwünschten Änderungen zu prüfen (z.B. Anspruchswandel, technischer Fortschritt, Angebotsfehler). Die Prüfung der Ursachen bildet die Grundlage für die Anpassungsstrategie der Produktmodifikation (z.B. → Relaunch) oder die Produktelimination.

Produktbewertung – 1. *Begriff:* Beurteilung eines Produkts hinsichtlich seiner Absatzmarkttauglichkeit. – 2. *Arten:* Die Produktbewertung kann durch unterschiedliche Marktteilnehmer erfolgen. a) Bewertung durch das Unternehmen erfolgt erstmalig vor Einführung des Produktes am Markt. Das Unternehmen entscheidet über die Aufnahme des Produktes in das Absatzprogramm mithilfe quantitativer Kriterien (z.B. → Marktanteil, → Umsatz, → Deckungsbeitrag, → Umschlagshäufigkeit) und qualitativer Kriterien (z.B. Vorteilhaftigkeit für das Programm, Imagewirkung, Marktchancen bei alten und neuen Käufergruppen, marketingpolitische Alternativen). – b) Bewertung durch den Kunden nach der Markteinführung. Der Kunde beurteilt die Produkte im Sinne der Erwartungserfüllung. Durch die Nutzung moderner IuK-Technologien (Web 2.0, Bewertungsportale, ...) kann er seine Produktbewertungen sehr einfach mit anderen Kunden teilen. – 3. *Abgrenzung:* Im Gegensatz zur → Produktanalyse, die sich auf die fertigen, vorhandenen Produkte bezieht, steht hier die Bewertung unterschiedlicher Produktvorschläge im Mittelpunkt. Die Begrenztheit der Ressourcen erzwingt die Auswahl der bezogen auf die Zielsetzung bestgeeigneten Alternativen. Das Gesamturteil setzt sich aus der Addition der gewichteten Teilurteile zusammen (Scoring-Modelle).

produktbezogene Dienstleistung – 1. *Begriff:* Erweiterung des Kernangebotes um zusätzliche Dienstleistungen. – 2. *Zweck:* In vielen Bereichen ist eine Homogenisierung der Grundprodukte zu beobachten, weshalb es schwieriger wird, sich rein durch die Kernleistung vom Wettbewerb zu unterschieden. Um in diesem Umfeld Wettbewerbsvorteile zu erzielen, kann das Kernprodukt durch zusätzliche Leistungen ergänzt werden. Bspw. können Sachgüter mit komplementären Dienstleistungen kombiniert werden, sodass ein Leistungsbündel entsteht, das aus materiellen und immateriellen Bestandteilen zusammengesetzt ist. So wird ein Autohersteller im nicht nur das Fahrzeug anbieten, sondern kann das Angebot durch Fahrtrainings, Finanzierungs- und Wartungsangebote erweitern. – Vgl. → Pre-Sales-Service und → After-Sales-Service.

Produktbilanz – Teilelement der Ökobilanzsystematik (→ Ökobilanz), das sich auf einzelne Produkte bezieht. Entspricht methodisch in weiten Bereichen der Produktlinienanalyse.

Produkt Design → Produktgestaltung, → Design.

Produkt/Markt-Matrix

Produkte / Märkte	Abbau der Produkte	Gegenwärtige Produkte	Neue Produkte
Abbau der Märkte	**Rückzug:** Stufenweiser Abbau der gegenwärtigen Produkte und der gegenwärtig bedienten Märkte	**Produktkonstante Marktverdichtung:** Marktrückzug, Abbau der Abnehmerschichten und/oder Abbau der Distributionskanäle	**Progressive Marktverdichtung:** Abbau der gegenwärtigen Märkte, verbunden mit dem Angebot von neuen Produkten an den verbleibenden Märkten
Gegenwärtige Märkte	**Marktkonstante Produktverdichtung:** Abbau der Produktpalette, die auf den gegenwärtigen Märkten angeboten wird	**Marktdurchdringung:** Intensivierung der Marktbearbeitung, Relaunch, Imitation, Kosten- und Preissenkung, Unbundling	**Produktentwicklung:** Neuprodukte, neue Produktlinien, neue Dienstleistungen und/oder Problem- und Systemlösungen
Neue Märkte	**Progressive Produktverdichtung:** Abbau der gegenwärtigen Produktpaletten verbunden mit dem Angebot der verbleibenden Produkte auf neuen Märkten	**Marktentwicklung:** Marktausweitung, neue Abnehmerschichten, neue Distributionskanäle, neue Verwendungszwecke	**Diversifikation:** Neue Produkte für neue Märkte

Produktdifferenzierung – I. Marketing: 1. *Begriff:* Hinzufügen einer weiteren Produktvariante zum → Absatzprogramm unter Beibehaltung der bisherigen Ausführung. Es erfolgt somit entweder eine Variation im Sinne der → Programmbreite oder → Programmtiefe. Eine Produktdifferenzierung erfolgt im Produktlebenszyklus typischerweise zur Ausdehnung der Wachstumsphase und somit bevor Stagnation erreicht ist. – 2. *Arten:* a) Es kann sich einerseits um eine eher sachlich-rationale oder um eine eher affektiv-anmutungshafte Differenzierung handeln. – b) Andererseits kann auch nach der Differenzierung von Produktkern oder -hülle unterschieden werden. Hüllendifferenzierungen sind z.B. Verpackungsmodifikationen, Karrosserievarianten, Kerndifferenzierungen sind z.B. Motorvarianten, Konstruktionsänderungen etc. – 3. *Zweck:* Ansprüche einer Teilzielgruppe genauer als bisher zu befriedigen oder zusätzliche Kundengruppen ansprechen.

II. Außenwirtschaft: → Außenhandelstheorie.

Produkteinführung → Lebenszyklus.

Produkteinzelkosten – einem einzelnen Erzeugnis direkt zurechenbare Kosten (→ Einzelkosten), z.B. Materialkosten, Akkordlöhne.

Produktelimination – 1. *Begriff:* endgültige Herausnahme einzelner Produktvarianten (→ Produktvariation) aus dem Absatzprogramm. – 2. *Arten:* a) bei einer vollständigen Elimination wird das Produkt komplett vom Markt genommen. – b) Eine teilweise Elimination liegt vor, wenn ein bedeutsames Vermarktungsinstrument (z.B. Werbung) eingestellt wird. Trotz der reduzierten Absatzmenge kann das Produkt infolge der Kostensenkung erfolgreich sein. – 3. *Anlass:* Wenn ein Produkt nicht mehr die gesetzten Ziele erfüllt und auch Vermarktungsintensivierungen sowie eine → Produktvariation (→ Relaunch) oder Vermarktungsvariationen keinen Erfolg versprechen, muss eine Eliminationsentscheidung gefällt werden. – Vgl. auch → Lebenszyklus.

Produktenbörse → Warenbörse.

Produktentwicklung – 1. *Begriff:* die Möglichkeit durch neue Produkte oder Verbesserung bestehender Produkte auf bestehenden Märkten Wachstum zu realiseren. Produktentwicklung ist im Produkt-Markt-Expansionsraster von Ansoff eine der vier alternativen Stoßrichtungen zur Erschließung von Wachstumsquellen. – 2. *Arten:* a) Innovationen i.S.v. echten Marktneuheiten auf einem bestehenden Markt oderb) die Erweiterung des Produktprogrammes durch die Entwicklung zusätzlicher Produktvarianten.

Produktentwicklungsplanung – Teilbereich der → Produktplanung. Die Produktentwicklungsplanung umfasst die technisch orientierte Entwicklung und schließlich marktreife Erprobung und Einführung neuer Produkte. Sie ist ihrem Wesen nach eine → strategische Planung und zum größten Teil bes. Bestandteil der Forschungs- und Entwicklungsplanung (→ Forschung und Entwicklung (F&E)). – Vgl. auch → Produktkonzeptplanung.

Produktentwicklungsstrategie → Wachstumsstrategie.

Produktexpansionsstrategie – 1. *Begriff:* internationale Produktstrategie, Einführung eines unveränderten Produkts in einen neuen Ländermarkt; andere → marketingpolitische Instrumente können länderspezifisch differenziert werden. – 2. *Formen:* a) *Expansion zur Kapazitätsauslastung:* dient vornehmlich der Auslastung kurzfristig freier Produktkapazitäten oder dem Abbau überschüssiger Lagerbestände bei Nachfragerückgang im Heimatmarkt. Da ihr eine überwiegend inlandbezogene Einstellung zugrunde liegt und keine systematische Bearbeitung internationaler Märkte erfolgt, ist sie mit einer exportorientierten Einstellung der Unternehmensführung kaum vereinbar. – b) *Country-by-Country-Verfahren:* ein unverändertes Produkt wird sukzessive in einem neuen Ländermarkt nach dem anderen eingeführt. – c) *Gleichzeitige Expansion:* Gleichzeitige Einführung eines undifferenzierten Produkts in verschiedene Ländermärkte ist wegen des damit verbundenen hohen Risikos selten, nur bei wenigen Produkten möglich und bedarf intensivster Planung und Koordination. – Vgl. auch → Produktadaptionsstrategie.

Produktfamilie – *Produktlinie, Produktgruppe;* 1. *Begriff:* im Absatz komplementär miteinander verbundene Produkte. Im Mittelpunkt steht dabei das Denken in Verwendungszusammenhängen aus Sicht des Kunden (z.B. Pflegeserien bei Kosmetika). Der Vertrieb erfolgt meist unter Anwendung einer gemeinsamen Marke (Dachmarke), sog. Markenfamilie. – 2. *Ablauf:* Bei der Konzeption einer Produktfamilie sind vier Parameter festzulegen. a) Art der Komplementarität, b) Intensität der Produktverbundenheit bei der Produktnutzung und beim Produktverkauf, c) relativer Rang der Produkte in der Produktfamilie und d) Definition der Dimensionen der Produktfamilie in Breite und Tiefe.

Produktfunktionen – 1. *Begriff:* Im Sinn der nach DIN 69 910 genormten → Wertanalyse alle Wirkungen (Aufgaben, Tätigkeiten, Merkmale) eines Objektes. – 2. *Funktionsarten:* a) *Gebrauchsfunktion* (Objektfunktion, die durch die jeweils zutreffende technische, wirtschaftliche, soziale oder ökologische Nutzung bestimmt wird) und – b) *Geltungsfunktion* (Objektfunktion, die über 2 a)) hinausgeht, z.B. Prestige, Ästhetik). – 3. Weitere Differenzierung in *Funktionsklassen:* a) Hauptfunktionen (Funktionen, die den Hauptzweck des Objektes beschreiben) und – b) Nebenfunktionen (Funktionen, die zur Erfüllung der Hauptfunktionen notwendige Aufgaben bezeichnen). Unterschiedliche Ausprägungsanteile der Funktionsarten bei den verschiedenen Güterkategorien → Investitionsgüter, → Konsumgüter und Luxusgüter:

Die Gebrauchsfunktion nimmt ab und die Geltungsfunktion zu.

Produktgeschäft – 1. *Begriff:* eine der drei klassischen Formen im Industriegütermarketing. – 2. *Merkmale:* Die Produkte werden für einen breiten Markt (also nicht kundenspezifisch) und ohne Verbundwirkungen angeboten. Der Kauf-Verkaufsprozess ist weniger komplex als beim → Anlagengeschäft und → Systemgeschäft, bei denen Maschinen- oder Aggregatverbunde vermarktet werden. Auch beim Produktgeschäft gewinnen Software-Elemente (Dienstleistungen) wie z.B. Beratung, Schulung, Finanzierung und Lösungen für Schnittstellenprobleme (→ Integralqualität) zunehmend an Bedeutung. Es zeigt sich ein Trend vom traditionellen Produktgeschäft zum Systemgeschäft.

Produktgestaltung – *Produkt Design;* Instrument zur → Produktdifferenzierung. – 1. *Begriff:* Festlegung der Erscheinungsform eines Erzeugnisses in Qualität, Form, Verpackung und Markierung abhängig von der Produktart (Produkttypologie). Produktgestaltung als Teilaspekt der → Produktpolitik erstreckt sich auf Überlegungen, wie die im Rahmen der → Produktplanung fixierten Leistungen umgesetzt bzw. erfüllt werden sollen. – 2. *Ziele:* a) Gezielte Veränderung der Produktqualität durch bedarfs-, verfahrens- und/oder materialbedingte → Produktvariationen; – b) Erstellung und Realisierung neuer Produkte und Dienstleistungen (→ Produktinnovation). – 3. *Teilaufgaben:* a) Bereits vorhandene und angebotene Produkte sind an gewandelte Bedarfsstrukturen anzupassen. – b) Neue Produkte sind für den latenten Bedarf zu schaffen bzw. neue Bedarfsrichtungen durch neue oder veränderte Angebote zu wecken. – c) Eine Anpassung der Produkte an Veränderungen der Herstelltechnologie und an neue oder qualitativ variierte Erzeugnishauptstoffe ist zu vollziehen.

Produktgliederung – 1. *Begriff:* Im Rahmen der → Organisation die → Spezialisierung nach Produktaspekten; Unterfall der Anwendung des → Objektprinzips. – 2. *Charakterisierung:* Die Produktgliederung führt je nach der betroffenen Hierarchieebene und dem Aggregationsgrad des betrachteten Handlungskomplexes zu unterschiedlich breiter → Kompetenz der organisatorischen Einheiten. Es kann sich eine Spartenorganisation mit organisatorischen Teilbereichen z.B. für die einzelnen Produktfamilien der Unternehmung ergeben; diese Teilbereiche können selbst wiederum nach Produktaspekten z.B. in Produktgruppenbereiche und diese z.B. in Produktbereiche untergliedert werden.

Produktgruppe → Produktfamilie.

Produkthaftpflichtversicherung – 1. *Begriff:* Deckt das Haftpflichtrisiko, das von Erzeugnissen ausgeht, nach dem sie in Verkehr gebracht wurden, oder von Arbeiten, nachdem sie abgeschlossen worden sind. – 2. *Merkmale:* Jede → Betriebshaftpflichtversicherung deckt das Produkt-Personen- und -Sachschadenrisiko ab. Produktvermögensschäden können durch die erweiterte Produkthaftpflichtversicherung versichert werden, wobei jedoch nur bestimmte Sachverhaltstypen (z.B. Einbau mangelhafter Erzeugnisse) und bestimmte Kostenarten (z.B. Austauschkosten) versichert sind. – 3. *Abgrenzung:* Die Planungs-Haftpflichtversicherung (für Architekten- und Ingenieurleistungen) und die Fremdrückrufkostenversicherung können als Sonderformen der Produkthaftpflichtversicherung aufgefasst werden. Vor dem Inverkehrbringen der Erzeugnisse greift die Betriebshaftpflichtversicherung. Das Produktrisiko der Lieferung oder Planung umweltschädigende Anlagen bzw. Anlagenteile kann in der → Umwelthaftpflichtversicherung versichert werden (Regressrisiko). – 4. *Geschichte:* Die erweiterte Produkthaftpflichtversicherung geht auf ein Bedingungskonzept von 1974 zurück, das seit 2000 mehrfach, z.T. grundlegend überarbeitet wurde.

Produkthaftung – 1. *Begriff:* Verschuldensunabhängige Haftung (→ Gefährdungshaftung) des Herstellers für Schäden aus der Benutzung eines von ihm in den Verkehr gebrachten fehlerhaften Produkts, und zwar für Personen- und Sachschäden. – *Anders:* → Produzentenhaftung. – 2. *Rechtsgrundlage:* Produkthaftungsgesetz vom 15.12.1989 (BGBl. I 2198) m.spät.Änd. – 3. *Voraussetzungen:* Wird durch den Fehler eines Produkts jemand getötet, sein Körper oder seine Gesundheit verletzt oder eine Sache beschädigt, so ist der Hersteller des Produkts verpflichtet, dem Geschädigten den daraus entstehenden Schaden zu ersetzen. Im Fall der Sachbeschädigung gilt dies nur, wenn eine andere Sache als das fehlerhafte Produkt beschädigt wird und diese andere Sache ihrer Art nach gewöhnlich für den privaten Ge- oder Verbrauch bestimmt und hierzu von dem Geschädigten hauptsächlich verwendet worden ist (§ 1 I ProdHaftG). Die Ersatzpflicht ist ausgeschlossen, wenn der Hersteller das Produkt nicht in den Verkehr gebracht hat oder das Produkt beim Inverkehrbringen fehlerfrei war, das Produkt nicht zu wirtschaftlichen Zwecken hergestellt oder vertrieben worden ist, das Produkt zwingenden Rechtsvorschriften entsprochen hat oder der Fehler nach dem Stand der Wissenschaft und Technik zum Zeitpunkt des Inverkehrbringens noch nicht erkannt werden konnte (§ 1 II). Ausschluss der Ersatzpflicht des Herstellers eines Teilprodukts nach den Voraussetzungen des § 1 III. Die Beweislast für den Fehler, den Schaden und die Kausalität zwischen Fehler und Schaden trägt der Geschädigte (§ 1 IV). Der Haftungshöchstbetrag beträgt bei Personenschäden 85 Mio. Euro (§ 10). Bei Sachbeschädigung ist eine Selbstbeteiligung in Höhe von 500 Euro vorgesehen (§ 11). Dem Geschädigten bleibt aber u.U. die → Produzentenhaftung; für die insoweit einschlägigen Fallgruppen – Konstruktionsfehler, Fertigungs- und Kontrollfehler, Instruktionsfehler – hat die Rechtsprechung unterschiedliche

Haftungsvoraussetzungen und strenge Anforderungen an die Hersteller (z.B. hinsichtlich Produktbeobachtung und Warnung der Verbraucher) entwickelt. Die Verjährung beträgt drei Jahre (§ 12); der Anspruch erlischt zehn Jahre nach dem Zeitpunkt, in dem der Hersteller das Produkt erstmals in den Verkehr gebracht hat (§ 13). Die Ansprüche nach dem ProdHaftG sind nicht abdingbar (§ 14). – Vgl. auch → internationale Produkthaftung.

Produkthaftungsgesetz (ProdHaftG) → Produkthaftung.

Produkthaushalt – Darstellung von Ergebnissen und Leistungen der einzelnen Verwaltungseinheiten im Haushaltsplan. Versuch zur Umsetzung einer outputorientierten Budgetierung. Probleme resultieren aus der Auffassung, sehr detailliert flächendeckend und standardisiert alle Leistungen öffentlicher Verwaltungen in Form von Produkten definieren und erfassen zu können. – Vgl. auch → Verwaltungsreform.

Produktinformationsblatt – 1. *Begriff*: Gem. § 31 III des → Gesetzes über den Wertpapierhandel (Kurzform: Wertpapierhandelsgesetze, WpHG) sind Wertpapierdienstleistungsunternehmen verpflichtet, Kunden rechtzeitig und in verständlicher Form Informationen zur Verfügung zu stellen, die angemessen sind, damit die Kunden nach vernünftigem Ermessen die Art und die Risiken der ihnen angebotenen oder von ihnen nachgefragten Arten von → Finanzinstrumenten oder Wertpapierdienstleistungen verstehen und auf dieser Grundlage ihre Anlageentscheidungen treffen können. Die Informationen können in standardisierter Form zur Verfügung gestellt werden. – 2. Merkmale: Die Informationen müssen sich beziehen auf – a) das Wertpapierdienstleistungsunternehmen und seine Dienstleistungen, – b) die Arten von Finanzinstrumenten und vorgeschlagene Anlagestrategien einschließlich damit verbundener Risiken, – c) → Ausführungsplätze undd) Kosten und → Nebenkosten. Gem. § 5a der Verordnung zur Konkretisierung der Verhaltensregeln und Organisationsanforderungen für Wertpapierdienstleistungsunternehmen (WpDVerOV) darf bei nicht komplexen Finanzinstrumenten i.S.d. § 7 das Informationsblatt nicht mehr als zwei DIN-A4-Seiten, bei allen übrigen Finanzinstrumenten nicht mehr als drei DIN-A4-Seiten, umfassen. Es muss die wesentlichen Informationen über das jeweilige Finanzinstrument in übersichtlicher und leicht verständlicher Weise so enthalten, dass der Kunde insbesondere – a) die Art des Finanzinstruments, – b) seine Funktionsweise, – c) die damit verbundenen Risiken, – d) die Aussichten für die Kapitalrückzahlung und Erträge unter verschiedenen Marktbedingungen und – e) die mit der Anlage verbundenen Kosten einschätzen und mit den Merkmalen anderer Finanzinstrumente bestmöglich vergleichen kann. Das Informationsblatt darf sich jeweils nur auf ein Finanzinstrument beziehen und keine werbenden oder sonstigen nicht dem vorgenannten Zweck dienenden Informationen enthalten. Das Informationsblatt kann auch als elektronisches Dokument zur Verfügung gestellt werden. Diese Bestimmungen gelten nur für die Anlageberatung von Privatkunden durch Wertpapierdienstleistungsunternehmen. Die Pflichten zur Erstellung und Übergabe des Beratungsprotokolls bleiben hiervon unberührt. – Vgl. → Informationsasymmetrie, → Marktversagen, Europäisches Informationsblatt.

Produktinnovation – I. Marketing: 1. *Begriff*: Aufnahme neuartiger Produkte als Ergebnis eigener oder fremder Forschung und Entwicklung in das → Absatzprogramm. Gegenüber → Invention ist Innovation durch Marktbezug gekennzeichnet. Der Neuigkeitsaspekt kann sich auf den Anbieter, den Nachfrager und die Branche beziehen. Des Weiteren interessiert die Neuigkeitsintensität. Neben technischen sind auch anmutungshafte (z.B. ästhetische) Innovationen möglich. Entsprechend der Theorie des Variety Seeking (Zunahme des Abwechslungsanspruchs) hofft man auf Neukäufe. Bei der Diffusion der Innovationen muss an die Lernbereitschaft und -fähigkeit der Käufer gedacht werden. Zu viele Innovationen in zu kurzer Zeit führen zu Kaufattentismus. – 2. *Arten:* (1) Produktdiversifikation (→ Diversifikation); (2) → Produktdifferenzierung.

II. Technologiepolitik: Förderung der Umsetzung eines technisch veränderten Produkts oder eines Produktionsverfahrens. Technische Veränderung liegt vor, wenn sich die Konstruktionsmerkmale eines Produkts so ändern, dass es den Konsumenten neue oder verbesserte Dienste leistet.

Produktion – I. Betriebswirtschaftslehre: *Erzeugung, Fertigung, Herstellung.* 1. *Begriff*: a) Prozess der zielgerichteten Kombination von → Produktionsfaktoren (→ Input) und deren Transformation in Produkte (Erzeugnisse, → Output). – b) In der *ingenieurwissenschaftlichen Literatur* wird der Terminus *Fertigung* für die zusammenbauende Produktion und der Terminus *Erzeugung* für die chemische Produktion verwendet; in der *betriebswirtschaftlichen Literatur* synonym. – 2. Produktion ist Gegenstand der → Produktionstheorie sowie der → Produktionsplanung. – 3. *Formen der Produktion:* → Produktionstypen. – Vgl. auch → internationale Produktion.

II. Volkswirtschaftslehre: Kombination von → Produktionsfaktoren (Arbeitskraft, Kapital, Energie, Rohstoffe etc.) zur Herstellung von → Gütern (einschließlich → Dienstleistungen). Produktion wird wegen der → Knappheit der Güter vorgenommen, führt überwiegend zur → Arbeitsteilung und damit zur Notwendigkeit der → Koordination. → Produktionstheorie ist Gegenstand sowohl der → Makroökonomik als auch der → Mikroökonomik.

Produktion in Auslandsniederlassungen → internationale Produktion.

Produktionsänderungskosten → Produktionswechselkosten.

Produktionsanlagen – *Anlagen;* → Gebrauchsgüter, die ein Nutzungspotenzial darstellen und im Laufe ihrer produktiven Verwendung eine Vielzahl von Arbeitsgängen durchführen können (z.B. Fräsmaschine) bzw. die technischen und arbeitsmäßigen Voraussetzungen für die Durchführung von Produktionsprozessen für einen befristeten Zeitraum gewährleisten (z.B. Gebäude).

Produktionsauflage → Umweltauflage.

Produktionsbarometer → Barometersystem.

Produktionsbereich – Darstellungseinheit der Input-Output-Rechnung (im Gegensatz zum Wirtschaftsbereich, der bei der Entstehungsrechnung des → Inlandsprodukts zugrunde gelegt wird). Ein Produktionsbereich wird gebildet, indem man jede produzierende Einheit in einzelne, technisch homogene Produktionseinheiten zerlegt und die gleichartigen Einheiten neu zusammenfasst. Ein Produktionsbereich produziert alle Güter einer Gütergruppe und nur diese. (Dagegen ist die Produktion von Wirtschaftsbereichen, bei denen es auf den Schwerpunkt der Produktion ankommt, gütermäßig heterogen.)

Produktionsbreite → Produktionsprogrammbreite.

Produktions-Eilbericht – repräsentative monatliche Erfassung der Produktion für ca. 1.000 ausgewählte Warenarten bei Betrieben von Unternehmen des Produzierenden Gewerbes, die bis 1999 bes. für die Berechnung des monatlichen → Produktionsindex verwendet wurden.

Produktionselastizität – *partielle Produktionselastizität.* Quotient der *relativen* Veränderung des Produktionsergebnisses (Output) x und der *relativen* Veränderung eines → Produktionsfaktors (Inputs) A_i bei konstantem Einsatz aller anderen Faktoren, d.h. bei → partieller Faktorvariation (im Grenzfall existiert nur ein Faktor). Sie gibt bei positivem Vorzeichen an, um wieviel Prozent die Pruktionsmenge zunimmt, wenn der Einsatz des betrachteten Faktors um 1 Prozent erhöht wird.

$$\eta_{x,A_i} = \frac{\partial x}{\partial A_i} \cdot \frac{A_i}{x}.$$

Je nach dem Wert der Produktionselastizität steigt die Produktionsmenge gegenüber dem Faktoreinsatz proportional ($\eta_{x,Ai} = 1$), überproportional ($\eta_{x,Ai} > 1$) oder unterproportional ($\eta_{x,Ai} < 1$). Wird der Koeffizient Null oder negativ, stagniert die Produktion bzw. nimmt trotz höheren Faktoreinsatzes ab (vgl. Abbildung „Produktionselastizität"). Da

$$\eta_{x,A_i} = \frac{\partial x}{\partial A_i} : \frac{x}{A_i}$$

geschrieben werden kann (= Verhältnis von Grenzprodukt zu Durchschnittsprodukt des Faktors), lässt sich der Wert der Produktionselastizität aus der Lage der Grenz- zur Durchschnittsproduktkurve ablesen. – Die Summe der partiellen Produktionselasizitäten aller Faktoren ergibt die sog. → Skalenelastizität.

Produktionsergebnis je Input-Komponente des Arbeitsvolumens – im Rahmen der Produktivitätsberechnungen im Verarbeitenden Gewerbe vierteljährlich errechnete Messzahl für das Verhältnis des Produktionsindex zum eingesetzten Arbeitsvolumen, multipliziert mit 100. Dabei werden zwei verschiedene Ausprägungen des Arbeitsvolumens herangezogen, die Anzahl der Beschäftigten und die Anzahl der geleisteten Arbeitsstunden. Die Veröffentlichung erfolgt in Fachserie 4 Reihe 2.1.

Produktionsertrag – nach der heute herrschenden Auffassung der von einer Unternehmung einem Rechnungszeitabschnitt zuzurechnende Wert der von ihr erstellten Güter und Dienste. Der Produktionsertrag setzt sich also zusammen aus dem Absatzertrag oder „realisierten Ertrag" (in der Gewinn- und Verlustrechnung: Umsatzerlöse) und dem Wert der auf Lager genommenen Güter oder „unrealisierten Ertrag" (in der Gewinn- und Verlustrechnung bei Anwendung des Gesamtkostenverfahrens: Bestandsmehrungen, andere aktivierte Eigenleistungen). Werden die Güter und Dienste nur mengenmäßig erfasst, so spricht man von → Ausbringung. – Vgl. auch → Periodenleistung.

Produktionsfaktoren – I. Volkswirtschaftslehre: 1. *Begriff:* Bezeichnung der zur → Produktion verwendeten Güter materieller und immaterieller Art, deren Einsatz für das Hervorbringen anderer wirtschaftlicher → Güter aus technischen oder wirtschaftlichen Gründen notwendig ist. – a) *Klassik:* → Arbeit, → Boden und → Kapital, denen die Einkommensarten Lohn, Bodenrente und Profit entsprechen. J.-B. Say (1767-1832) fügte als weiteren Faktor die unternehmerische Tätigkeit hinzu. – b) *Sozialistische Theorie:* Alleiniger Produktionsfaktor sei letztlich die Arbeitskraft. – c) *Böhm-Bawerk* und die sich an ihn anschließende Schule kannten zwei originäre Produktionsfaktoren (Arbeit und Boden) und den derivativen Produktionsfaktor Kapital. – d) *Moderne Theorie:* (1) Die Dreiteilung und Koordination der Produktionsfaktoren ist gegeben im *naturalwirtschaftlichen Bereich,* d.h. zur Produktion sind Arbeit, Boden und dem Kapital jeweils ein Ertragsanteil zuzurechnen. (2) Im *sozialwirtschaftlichen Bereich* gilt dies allein für den Arbeiter, weil die Arbeit nicht vom Arbeiter getrennt werden kann. Dass der naturalwirtschaftliche Ertragsanteil des Bodens wie der des Kapitals dem Boden- bzw. Kapitalbesitzer zufallen muss, ist dagegen nicht notwendig, da zwischen Boden und Bodenbesitzer (Kapital und Kapitalbesitzer) nicht der gleiche Zusammenhang wie zwischen Arbeit und Arbeiter besteht. Sozialwirtschaftlich ist deshalb die („sozialistische") Lehre von dem einen Produktionsfaktor, der Arbeit, richtig; Boden und Kapital sind → Produktionsmittel (Preiser). – e) In einigen Ansätzen wird heute der Produktionsfaktor Boden durch den Produktionsfaktor „Umwelt" (natürliche

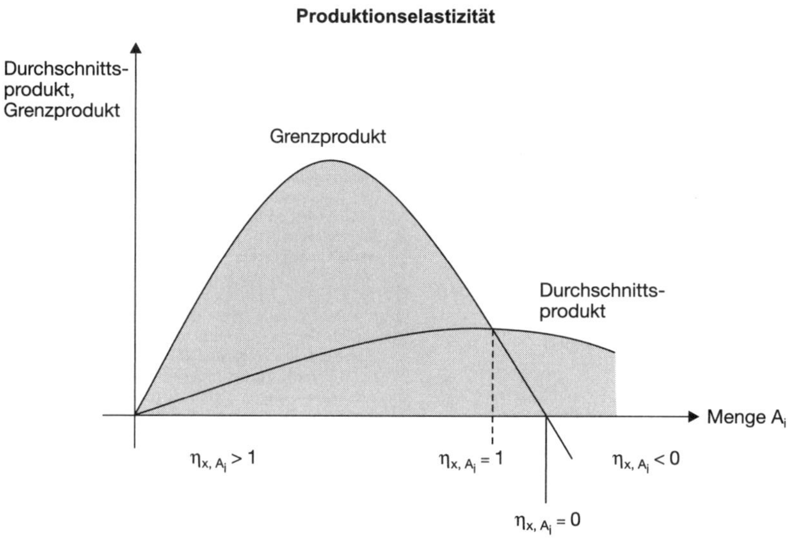

Ressourcen) ersetzt. Dies wird damit begründet, dass Umweltleistungen in modernen Industriegesellschaften für die Produktion bedeutsamer seien als Boden. In neueren Ansätzen zur Wachstumstheorie (→ Neue Wachstumstheorie) wird v.a. auf den Produktionsfaktor → Humankapital abgestellt, der wiederum endogen über eine Humankapital-Produktionsfunktion erklärt wird. – 2. *Arten:* a) *Substitutive* Produktionsfaktoren können einander im Produktionsprozess ersetzen, sodass → Isoquanten wie in Fall a oder b entstehen (vgl. Abbildung „Produktionsfaktoren (1)"). – Der Schwierigkeitsgrad im Hinblick auf die Substituierbarkeit lässt sich durch den Begriff der → *Grenzrate der Substitution* erfassen. Abbildung 2 zeigt, dass man bei gleicher Produktmenge $x = \overline{X}$ den Faktoreinsatz um ΔB reduzieren kann, wenn dafür ΔA Faktoreinheiten zusätzlich eingesetzt werden. Der Quotient $\Delta B/\Delta A$, in infinitesimaler Formulierung dB/dA, also die Steigung der Isoquante, wird als Grenzrate der Substitution (in der Produktion) bezeichnet. Man sieht, dass die Grenzrate (absolut) abnimmt, wenn B sinkt und A steigt. Das spiegelt die zunehmende Schwierigkeit wider, bei wachsendem Einsatzniveau von A eine zusätzliche Substitution in gleicher Richtung vorzunehmen. Im Fall a existiert diese Schwierigkeit nicht, da die Grenzrate der Substitution konstant ist. Der Faktor B kann dann aus der Produktion sogar vollkommen verdrängt werden (vollkommene Substituierbarkeit, z.B. wenn die lineare Produktionsfunktion $x = \alpha A + \beta B$ gilt). – b) Vollkommene Substituierbarkeit ist im Fall b nicht möglich, weil hier immer alle Faktoren, wenn auch in unterschiedlicher Zusammensetzung, benötigt werden (z.B. → Wicksell-Cobb-Douglas-Produktionsfunktion, in der die Faktoren multiplikativ miteinander verknüpft werden). Es liegt somit eine gewisse *Komplementarität* der Faktoren vor. Im Fall c gibt es aus technischen Gründen keine Substitution der Produktionsfaktoren (Fall der strikten Komplementarität). Dies bedeutet, dass der jeweils knappere Faktor die Produktion begrenzt. Daher spricht man auch von *limitationalen* Produktionsfaktoren. Es liegt dann eine → Leontief-Produktionsfunktion mit rechtwinklig verlaufenden Isoquanten vor (→ Substitutionselastizität).

II. Betriebswirtschaftslehre: Nach E. → Gutenberg (1897-1984) unterscheidet man die direkt an der Produktion beteiligten → Elementarfaktoren sowie den → dispositiven Faktor. Elementarfaktoren sind objektbezogene menschliche → Arbeitskraft, → Betriebsmittel und → Werkstoffe, der dispositive Faktor umfasst die Unternehmensführung, daraus ergeben sich Planung, Organisation und Kontrolle als derivative (abgeleitete) Faktoren. – Nach *E. Gutenberg* werden *unterschieden:* → Potenzialfaktoren und → Verbrauchsfaktoren; nach *E. Heinen* (1919-1996) werden *unterschieden:* → Potenzialfaktoren und → Repetierfaktoren. Als weitere Faktoren werden u.a. Zusatzfaktoren, Energie, Informationen bzw. Wissen, Nominalfaktoren, Rechte und Umweltgüter diskutiert.

Produktionsfunktion – I. Mikroökonomische Produktionsfunktion: 1. *Charakterisierung:* Funktionale Beschreibung des Zusammenhangs zwischen dem Einsatz an → Produktionsfaktoren und der damit

Produktionsfaktoren (1)

Fall a

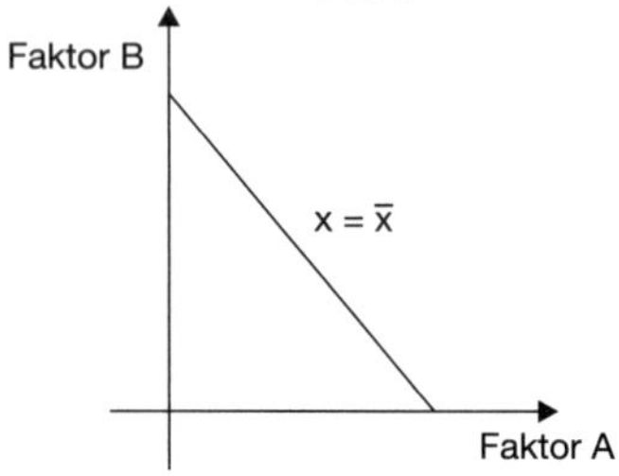

Fall b

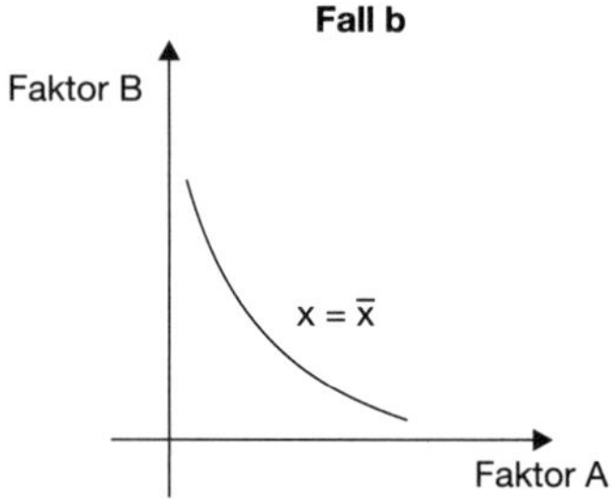

Fall c

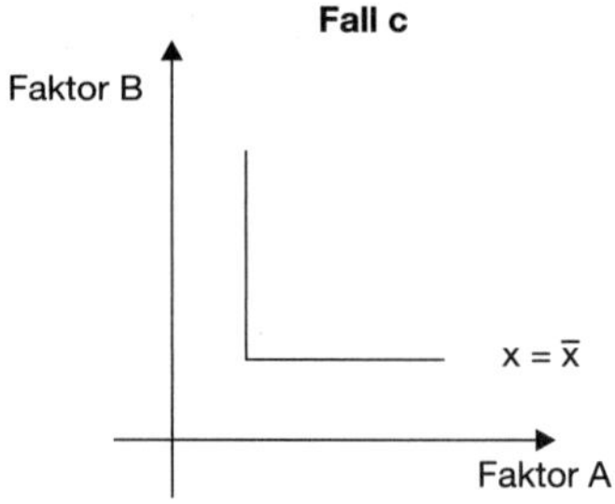

Produktionsfaktoren (2)

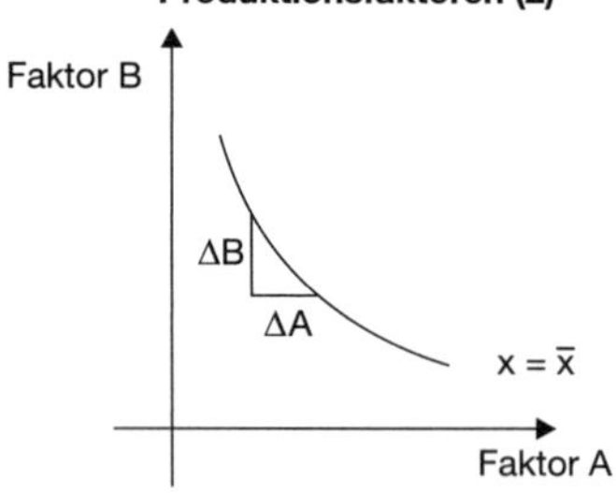

realisierbaren maximalen Ausbringungsmenge bei gegebener → Technologie. Bei dieser Beschreibung der Produktion interessiert in erster Linie die mengenmäßige Umwandlung von Produktionsmitteln bei gegebenem technischen Wissen, nicht aber die Organisation oder Art und Ablauf der Produktion. – 2. *Arten:* a) Substitutionale und limitationale Produktionsfunktion (→ Produktionstheorie). – b) (1) *Produktionsfunktion vom Typ A:* Funktionsverlauf gemäß → Ertragsgesetz. (2) *Produktionsfunktion vom Typ B:* → Gutenberg-Produktionsfunktion. (3) *Produktionsfunktion vom Typ C:* Von E. Heinen (1919-1996) entwickelt (entsprechend auch als *Heinen*-Produktionsfunktion bezeichnet). Die Produktionsfunktion vom Typ C stellt auf eine momentane Betrachtung der betrieblichen Teilprozesse der Leistungserstellung mit anschließender Zusammenfassung ab. Die Bestimmung der die Produktionsfunktion vom Typ C in ihrer Gesamtheit bestimmenden Produktionsfunktion der Teilprozesse erfolgt in *folgenden Schritten:* Zerlegung des Prozesses der Leistungserstellung in Teilvorgänge (Elementarkombinationen); Ermittlung der Bestimmungsfaktoren des Faktorverzehrs (technische und ökonomische Verbrauchsfunktionen sowie Belastungsfunktionen); Bestimmung der Elementarkombinationswiederholungen für einen bestimmten Output (Wiederholungsfunktionen). (4) *Produktionsfunktion vom Typ D:* Von J. Kloock entwickelt. Produktionsfunktion vom Typ D ist eine Weiterentwicklung der Produktionsfunktionen vom Typ B und C unter dynamischen Aspekten; es handelt sich um ein Betriebsmodell (Input-Output-Modell einer Unternehmung). (5) *Produktionsfunktion vom Typ E:* Von H.-U. Küpper entwickelt. Die Produktionsfunktion vom Typ E stellt eine Weiterentwicklung der Produktionsfunktion vom Typ D dar; es werden zusätzlich Kapazitäts-, Belegungs- und Umrüstbedingungen berücksichtigt. (6) *Produktionsfunktion vom Typ F:* Von W. Matthes entwickelt. Bei der Produktionsfunktion vom Typ F werden zusätzliche (Entscheidungs-)Ziele berücksichtigt. (7) *Produktionsfunktion vom Typ G:* Von W. Matthes entwickelt. Umfassende Beschreibung von Produktionsbeziehungen mithilfe von Entscheidungsnetzen. – c) Produktionsfunktionen werden weiterhin nach dem *Grade ihrer* → Homogenität unterschieden (→ Produktionstheorie). – d) Neuere Entwicklungen im Bereich der Produktionstheorie sind die strukturalistische Produktionstheorie von S. Zelewski und die → unscharfen Produktionsfunktionen.

II. Makroökonomische Produktionsfunktion: 1. *Charakterisierung:* Produktionsfunktionen, die für einzelne Industrien, Branchen und für die gesamte Volkswirtschaft aufgestellt werden. Der Output wird als homogenes Produkt (→ Wertschöpfung) aller Industrien oder als Produkt einzelner Industrien (oder Industriezweige) definiert, z.B. Investitions-, Konsumgüter, landwirtschaftliche Produkte. Inputfaktoren sind → Arbeit, Realkapital (→ Kapital) und bei dynamischer Betrachtungsweise der → technische Fortschritt. – 2. *Algebraische Darstellung:* Y = f(K, A, F), wobei: Y = Output, K = Kapitaleinsatz, A = Arbeitseinsatz, F = Wirkungsgrad des technischen Fortschritts. – 3. Das *Problem der* → Limitationalität bzw. → Substitutionalität stellt sich in der volkswirtschaftlichen Produktionstheorie anders als in der betriebswirtschaftlichen. Unter gesamtwirtschaftlichen Aspekten werden ständig neue Investitionsentscheidungen getroffen, die zu einer kontinuierlichen Veränderung der → Produktionstechnik führen. – 4. *Kategorien:* a) *Substitutionale Produktionsfunktionen:* Sie sind vorwiegend hochaggregiert und untersuchen die Technologie der gesamten Volkswirtschaft. Die bekanntesten und am häufigsten verwendeten sind die → CES-Funktion und die → Cobb-Douglas-Funktion (Spezialfall der CES-Funktion). Die partiellen Ertragskurven dieser Funktionen weisen abnehmende Ertragszuwächse (→ Ertragsgesetz), die partiellen Grenzertragsfunktionen fallende Verläufe auf. Der technische Fortschritt kann in diesen Funktionen auf verschiedene Weise wirken; entsprechend kann sich die → funktionale Einkommensverteilung ändern, wenn die Entlohnung der Produktionsfaktoren nach der → Grenzproduktivität erfolgt. – b) *Limitationale Produktionsfunktionen:* Sie finden in der postkeynesianischen → Wachstumstheorie und v.a. in der → Input-Output-Analyse, die als spezielle Produktionstheorie angesehen werden kann, Verwendung. Da die Input-Output-Analyse untrennbar mit W. Leontief verbunden ist, spricht man auch von Leontief-Produktionsfunktionen. Diese Funktionen können als Spezialfall der CES-Funktion mit einer → Substitutionselastizität von null angesehen werden. In der → Neuen Wachstumstheorie werden makroökonomische Produktionsfunktionen mit endogen erklärtem technischen Fortschritt sowie Humankapital als Produktionsfaktor verwendet.

Produktionsfunktion vom Typ A → Ertragsgesetz.

Produktionsfunktion vom Typ B → Gutenberg-Produktionsfunktion.

Produktionsfunktion vom Typ C → Produktionsfunktion.

Produktionsfunktion vom Typ D → Produktionsfunktion.

Produktionsfunktion vom Typ E → Produktionsfunktion.

Produktionsfunktion vom Typ F → Produktionsfunktion.

Produktionsfunktion vom Typ G → Produktionsfunktion.

Produktionsgemeinschaft – Zusammenschluss von Privatpersonen mit dem Ziel der gemeinsamen Herstellung von Gütern mit Herbeiführung von wirtschaftlicher Unabhängigkeit. Eine Produktionsgemeinschaft beschränkt sich auf eine Produktionsstätte und gilt oft gleichzeitig als fester Wohnsitz.

Produktionsgenossenschaft – auch als *Verwertungsgenossenschaft* bezeichnet, führt die Be- oder Verarbeitung und zumeist auch Vermarktung von Rohstoffen durch, die ihr von ihren Mitgliedern (z.B. Landwirte, Handwerker, Winzer) angeliefert wird. Verwertungsgenossenschaften sind ergänzungswirtschaftliche Institutionen der selbstständigen Mitgliederwirtschaften. Über die Be- und Verarbeitung der Waren wird eine Leistung für die Mitgliederwirtschaften durchgeführt. Als Arten von Produktionsgenossenschaften treten auf: landwirtschaftliche Produktionsgenossenschaften (Molkerei-, Winzer-, Obst- und Gemüse-, Fischerei-, Mühlen- und Müllerei-, Brennerei- und Kartoffeltrocknungsgenossenschaften; genossenschaftliche Geflügelschlachtereien) und gewerbliche Produktionsgenossenschaften (Brauereien, Ziegeleien, Gemeinschaftsbäckereien).

Produktionsgeschwindigkeit → quantitative Kapazität.

Produktionsgewinn aus internationalem Handel – Wenn das Tauschverhältnis im internationalen Handel (→ Terms of Trade) von der bei → Autarkie relevanten Grenzrate der Transformation abweicht, dann kann eine → Volkswirtschaft durch Reallokation immer eine Erhöhung ihres gesamten Outputwertes erzielen. Dies bezeichnet man als *Produktionsgewinn durch internationalen Handel.*

Produktionsgüter – Begriff aus der → Wirtschaftsstatistik, die zwischen → Grundstoffen und allg. Produktionsgütern, → Investitionsgütern und → Konsumgütern unterscheidet. Die Produktionsgüter sind v.a. Rohstoffe und Halbwaren, die in die Investitions- und die Konsumgüterproduktion eingehen.

Produktionshauptbetrieb – gesonderter Produktionsbereich einer Unternehmung bzw. eines Werkes, in dem unmittelbar die am Markt absetzbaren Produkte hergestellt werden. – Vgl. auch → Produktionshilfsbetrieb, → Produktionsnebenbetrieb.

Produktionshilfsbetrieb – gesonderter Produktionsbereich einer Unternehmung bzw. eines Werkes, in dem → innerbetriebliche Leistungen für → Produktionshauptbetriebe erstellt werden. – *Beispiele:* Energieerzeugungsbetriebe, Instandsetzungswerkstätten, Transportbetriebe. – Vgl. auch → Produktionsnebenbetrieb.

Produktionsindex → Indexzahl zur Fortschreibung der gesamten Wertschöpfung eines → Wirtschaftszweiges bzw. des Produzierenden Gewerbes insgesamt unter Ausschaltung der Preisveränderungen, um eine kurzfristige Beschreibung der konjunkturellen Entwicklung zu ermöglichen. – Der Produktionsindex ist ein → Laspeyres-Index. Die wichtigste Datengrundlage für die Indexberechnung ist die monatliche Produktionsstatistik, die monatlich von den Statistischen Landesämter bundesweit bei den Betrieben des verarbeitenden Gewerbes mit 50 und mehr Beschäftigten erhobene Produktion von ca. 6000 industriellen Erzeugnissen nach Wert und Menge. Die

Abgrenzung erfolgt nach dem Güterverzeichnis für Produktionsstatistiken (GP). Damit werden rund vier Fünftel des Werts der dt. industriellen Produktion abgedeckt. Aus diesen Produktionsdaten werden zunächst → Messzahlen der Produktion gebildet, bezogen auf den Monatsdurchschnitt des jeweiligen Basisjahres (momentan 2005). Die Wertangaben werden dabei mit den Indizes der Erzeugerpreise preisbereinigt. Aus diesen Messzahlen werden Wirtschaftszweigindizes entwickelt; zur Abgrenzung wird die Klassifikation der Wirtschaftszweige (WZ) herangezogen. Die Aggregation bis hin zum Produzierenden Gewerbe insgesamt erfolgt unter Verwendung des Anteils der Bruttowertschöpfung zu Faktorkosten eines jeden Wirtschaftszweiges am Gesamtwert des Produzierenden Gewerbes im jeweiligen Basisjahr (momentan 2005). – Die Veröffentlichung erfolgt in Fachserie 4 sowie in Querschnittsveröffentlichungen des Statistischen Bundesamtes und in der Genesis-Datenbank (Code 42153). Bereitgestellt werden die Werte als Originalindizes, arbeitstäglich bereinigt und als saisonbereinigte Indizes (→ X12-Arima).

Produktionsinsel – *Fertigungsinsel;* flexible Fertigungssysteme, die derart ausgestaltet sind, dass ganze Teilefamilien bzw. Baugruppen komplett bearbeitet werden können und die dazu benötigten Ressourcen im System selbst verfügbar sind, sodass eine autonome Produktion möglich ist, und die → Betriebsmittel (möglichst) im Sinn des Produktionsflusses angeordnet sind. Aufgrund der höheren Integration eignen sich Produktionsinseln in erster Linie für die Großserienfertigung. Das integrierte Steuerungssystem einer Produktionsinsel muss erhebliche Planungs- und Steuerungsfunktionen ausführen und bedarf daher eines anspruchsvollen → PPS-Systems. – Vgl. auch → flexible Produktionszelle, → flexibles Produktionssystem.

Produktionsintegrierter Umweltschutz → End-of-the-pipe-Technologien, → integrierte Technologien.

Produktionskoeffizient – *Inputkoeffizient, Faktorkoeffizient;* Maßzahl für die Menge eines → Produktionsfaktors, die zur Herstellung einer Mengeneinheit eines bestimmten Gutes benötigt wird:

$$Produktionskoeffizient = \frac{Faktoreinsatzmenge}{Ausbringungsmenge}$$

Der Produktionskoeffizient wird für jeden Produktionsfaktor gesondert ermittelt. Abhängig von den zugrunde liegenden produktionstheoretischen Annahmen kann der Produktionskoeffizient konstant oder variabel sein. – Bei verbundener Produktion oder Kuppelproduktion ist die Ermittlung von Produktionskoeffizienten nicht möglich. – *Reziproker Wert:* → Durchschnittsertrag, → Produktivität.

Produktionskonten – Teil des Kontensystems der → Volkswirtschaftlichen Gesamtrechnung (VGR).

Produktionskontrolle – *Fertigungskontrolle;* Vergleich der Soll-Daten der → Produktionsplanung mit den Ist-Daten sowie eine Analyse der Abweichungsursachen. Die Produktionskontrolle umfasst die Mengen- und → Terminkontrolle, die Qualitätskontrolle (→ Qualitätssicherung), die Produktivitätskontrolle (z.B. → Kapazitätsausnutzungsgrad, Verschnitt) und die → Kostenkontrolle.

Produktionskorrespondenz – Begriff der → Produktionstheorie. Abbildung des Faktorraums in die Potenzmenge des Güterraums, die jeder Einsatzmengenkombination die damit herstellbaren Ausbringungsmengenkombinationen zuordnet. Im Gegensatz zur → Produktionsfunktion, bei der jeder Einsatzmengenkombination die damit maximal herstellbare → Ausbringung zugeordnet wird, muss eine Produktionskorrespondenz weder eindeutig noch effizient sein (→ Effizienz).

Produktionskosten – 1. *I.w.S.:* Summe der bei der betrieblichen Leistungserstellung durch den Einsatz von → Produktionsfaktoren entstehenden → Kosten. – 2. *I.e.S.:* die im Unternehmensbereich Produktion bzw. Fertigung anfallenden Kosten. – Vgl. auch → Produktionswert.

Produktionskostentheorie – 1. *Werttheorie:* Bezeichnung für objektivistische Werttheorien, nach denen der langfristige → Gleichgewichtspreis (eines Gutes) (natürlicher Preis der Klassiker) sämtliche Produktionskosten, also Arbeitslohn, Kapitalzins und Grundrente, gerade deckt (der → Unternehmergewinn also = 0 ist). Die von Smith vertretene Produktionskostentheorie unterscheidet sich grundsätzlich von der Arbeitskostentheorie; sie wurde von Carey zur Reproduktionskostentheorie (→ Reproduktionskosten) umgebildet. – 2. Produktionskostentheorie *des Geldes:* Lehre, nach der der Geldwert (Kaufkraft des Geldes) von den Produktionskosten des Währungsmetalls abhängt. Die Produktionskostentheorie des Geldes ist nicht als allgemeingültige Geldtheorie anzusehen; sie könnte nur für Metallwährungen bei freiem Prägerecht Geltung haben.

Produktions-Lag → Lundberg-Lag.

Produktionsleitstände – *Fertigungsleitstände;* nach A.-W. Scheer versteht man unter einem Produktionsstand einen PC oder eine Workstation mit grafischer Oberfläche und einem interaktiven Fertigungssteuerungsprogramm zur Auftragsübernahme, → Maschinenbelegung, Freigabe von Arbeitsgängen und Auftragsüberwachung. Es wird zusätzlich zwischen der bereichsweisen und der abgestuften Leitstandorganisation unterschieden. Die *bereichsweise* Leitstandorganisation zeichnet sich dadurch aus, dass der Produktionsstand die gesamte Feinterminierung für den ganzen Bereich und jedes → Betriebsmittel durchführt und den Disponenten auf der Meisterebene keinen Entscheidungsspielraum lässt. Bei der *abgestuften* Leitstandorganisation terminiert und belegt der Produktionsstand hingegen nur die Betriebsmittelgruppen und überlässt die Belegung der einzelnen Betriebsmittel der Entscheidung der Meister. – *Vorteil:*

Die heuristischen Erfahrungen der Disponenten vor Ort und ihre Flexibilität können bei Störungen vorteilhaft mit der interaktiven Steuerungsfunktion des Produktionsstandes kombiniert werden.

Produktionslizenz – *Verfahrenslizenz;* Art der → Lizenz. Die Produktionslizenz beinhaltet spezielles Herstellungs-Know-how, wie z.B. Konstruktions- und Produktionspläne, Rezepturen. I.d.R. mit der Vergabe einer → Produktlizenz verbunden.

Produktionslogistik – *Fertigungslogistik.* 1. *Begriff:* Die Produktionslogistik kennzeichnet die Phase zwischen → Beschaffungslogistik und → Distributionslogistik. Unter Produktionslogistik kann die Planung, Steuerung und Durchführung des Transports und der Lagerung von Rohmaterial, Hilfsstoffen, Betriebsstoffen, Kaufteilen, Ersatzteilen, Halbfertig- und Fertigprodukten und der damit zusammenhängenden unterstützenden Aktivitäten innerhalb des Produktionssystems eines Unternehmens verstanden werden. – Teilweise wird der Begriff *„Produktionslogistik"* synonym zu *„innerbetrieblicher Logistik"* gebraucht. Aufgabe der innerbetrieblichen Logistik ist die Planung, Steuerung und Realisierung des Materialflusses innerhalb eines Betriebes. Die Begriffsgleichheit trifft deshalb nur bei Einbetriebunternehmen zu. Bei Mehrbetriebunternehmen mit standortteiliger Fertigung umfasst die Produktionslogistik auch die zwischenbetriebliche Logistik innerhalb des Produktionssystems des Gesamtunternehmens. Bes. bei internationalen Produktionssystemen (→ internationale Logistik) kommt es dabei zu umfangreichen außerbetrieblichen logistischen Tätigkeiten. Im Folgenden soll nur die innerbetriebliche Dimension der Produktionslogistik näher betrachtet werden. – 2. *Abgrenzung von Produktion und* Produktionslogistik: Auf der Durchführungsebene können die Prozesse der qualitativen Gütertransformation (z.B. Spannen, Umformen) der Produktion zugerechnet werden. Dagegen sind logistische Prozesse (z.B. Fördern, Umschlagen, Lagern) Bestandteil der Produktionslogistik. Auf der Planungs- und Steuerungsebene ist die Abgrenzung der Produktionslogistik gegenüber der Produktion schwierig und bisher nicht zufriedenstellend gelöst. Die Aufgabe der Produktionsplanung und -steuerung (→ Produktionsplanung, → Produktionssteuerung) ist neben der Planung und Steuerung der qualitativen Gütertransformation selbst auch die Versorgung mit den dazu notwendigen Ressourcen. Letzteres ist zwar eine logistische Aufgabe, beide Teilaufgaben sind allerdings stark interdependent. Deutlich wird dies am Beispiel der Losgrößenplanung, die sowohl Aspekte der Logistik (Lagerhaltung) als auch der Fertigung (Rüstvorgänge) betrifft. Ähnliches trifft für den Bereich der Durchlaufterminierung zu, da z.B. die Liegezeiten und der dafür notwendige Raumbedarf (Logistik) wesentlich von den Kapazitätsauslastungen (Produktion) bestimmt werden. Im Sinn des Gesamtansatzes der Logistikkonzeption (→ Logistik) ist deshalb im Einzelfall zu überprüfen, ob die produktionslogistischen Aspekte eher im Zusammenhang mit der Produktionsplanung und -steuerung oder mit den übrigen logistischen Systemen der Beschaffungs- und Distributionslogistik betrachtet werden sollen. Nicht sinnvoll scheint dagegen eine vollständige Integration der Produktionsplanung und -steuerung in die Logistik zu sein.

Produktionslücke – *Output Gap,* → Outputlücke; Differenz zwischen → Produktionspotenzial und tatsächlicher Produktion. In der → Neukeynesianischen Makroökonomik wird das Produktionspotenzial durch das Flexpreis-Outputniveau ersetzt, welches sich ergibt, wenn auf dem Gütermarkt bei Vorliegen von monopolistischer Konkurrenz alle Unternehmen die Möglichkeit der Preisanpassung haben und somit die → gestaffelte Preissetzung entfällt. – Vgl. auch → Phillips-Kurve, → Gap.

Produktionsmenge → Ausbringung, → Output.

Produktionsmittel – 1. *I.e.S.:* Bezeichnung für Realkapital (→ Kapital) und → Boden im Unterschied zum originären Produktionsfaktor → Arbeit. – 2. *I.w.S.:* Synonym für → Produktionsfaktor.

Produktionsmöglichkeitenkurve → Transformationskurve.

Produktionsnebenbetrieb – gesonderter Produktionsbereich einer Unternehmung bzw. eines Werkes, in dem wie im → Produktionshauptbetrieb unmittelbar am Markt absetzbare Produkte hergestellt werden; diese jedoch entsprechen nicht dem eigentlichen Unternehmungs- bzw. Werkszweck. – Vgl. auch → Produktionshilfsbetrieb.

Produktionsniveau → Prozessniveau.

Produktionsorganisation → Fertigungsorganisation.

produktionsorientierte Dienstleistungen → Finanzdienstleistungen, → technische Dienstleistungen.

Produktionspersonengesellschaft – *Betriebspersonengesellschaft;* denkbarer Teil der Doppelgesellschaft (→ Betriebsaufspaltung). Die Produktionspersonengesellschaft verkauft ihre Fabrikate fast ausschließlich an eine Vertriebsgesellschaft, mit der sie meist durch Identität der Gesellschafter und/oder finanziell verbunden ist.

Produktionsplanung – Die wesentlichen Elemente der Produktionsplanung sind die Planung des Primärbedarfs auf der Basis von Prognosen oder Kundenaufträgen (→ Produktionsprogrammplanung), → Materialwirtschaft, → Zeitwirtschaft mit → Kapazitätsterminierung und -abgleich. Im Anschluss an die Produktionsplanung erfolgt die → Produktionssteuerung, wobei die Auftragsfreigabe das Bindeglied zwischen Produktionsplanung und Produktionssteuerung bildet. – Vgl. auch → PPS-System.

Produktionsplanungs- und Steuerungssystem → PPS-System.

Produktionsplanung und -steuerung

von Dr. Christoph Siepermann

I. Grundlagen

Die Aufgabe der Produktionsplanung und -steuerung als Teilbereich des operativen Produktionsmanagements besteht darin, für einen reibungslosen und wirtschaftlichen Produktionsprozess bei gegebenen und (weitgehend) unveränderbaren Kapazitäten zu sorgen. Im Einzelnen ist dabei festzulegen,

- welche absatzbestimmten Produkte in welchen Mengen im Planungszeitraum herzustellen sind (Primärbedarfsplanung),
- welche Mengen an Einsatzgütern (Vor- und Zwischenprodukten) dafür wann benötigt werden (Sekundärbedarfsplanung),
- ob und wenn ja in welchem Ausmaß eigentlich zu unterschiedlichen Zeitpunkten benötigte End-, Zwischen- und Vorproduktmengen aus wirtschaftlichen Gründen zu Losen zusammengefasst werden sollen (Losgrößenplanung als Teil der Sekundärbedarfsplanung),
- zu welchen Zeitpunkten die Herstellung der einzelnen End- und Zwischenproduktmengen unter Berücksichtigung der verfügbaren personellen und maschinellen Kapazitäten der Produktionssysteme erfolgen soll (Termin- und Kapazitätsplanung) und
- in welcher Reihenfolge die vor den einzelnen Arbeitsplätzen bzw. Produktionsanlagen wartenden (freigegebenen) Fertigungsaufträge bearbeitet werden sollen (Ablaufplanung).

Zur Lösung dieser Fragestellungen wurden im Laufe der Zeit zahlreiche Optimierungsmodelle entwickelt. Derartige *Partialmodelle* berücksichtigen jedoch nicht die wechselseitigen Abhängigkeiten zwischen den einzelnen Teilproblemen der Produktionsplanung und -steuerung. Um zu einem Gesamtoptimum zu gelangen, müssten die einzelnen Teilplanungsprobleme daher in einen umfassenden Modellansatz integriert und simultan gelöst werden. Solche *Simultan*- oder *Totalmodelle* führen im praktischen Einsatz jedoch bereits bei recht überschaubaren Planungsproblemen zu unbeherrschbaren Modellgrößen.

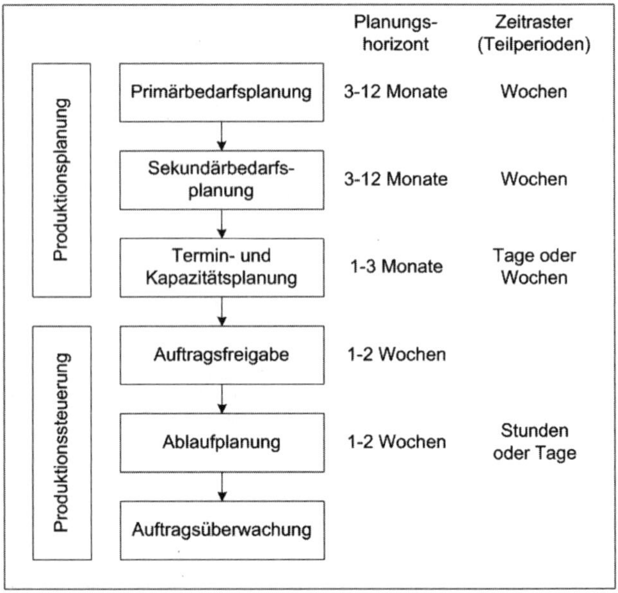

Abbildung 1: Konzept der hierarchischen Produktionsplanung (und -steuerung)

Vor diesem Hintergrund wurde das *Konzept der hierarchischen Produktionsplanung (und -steuerung)* entwickelt, welches in Abbildung 1 im Überblick dargestellt ist. Dabei wird das Gesamtproblem der Produktionsplanung und -steuerung in Teilprobleme zerlegt, die (unter Anwendung der für den jeweiligen Bereich relevanten Partialmodelle) nacheinander gelöst werden, wobei die Ergebnisse einer übergeordneten Planungsstufe den Ausgangspunkt für die Planung der darunterliegenden Stufe bilden. Der (zeitliche) Detaillierungsgrad der Planung nimmt dabei von Stufe zu Stufe zu (vgl. Abbildung 1), wobei der Planungshorizont der einzelnen Stufen sowie das der Planung jeweils zugrunde liegende Zeitraster, d.h. die Länge der Teilperioden, je nach Branche und konkretem Produktspektrum in der Praxis von Unternehmen zu Unternehmen sehr unterschiedlich sein können; die Angaben in der Abbildung sind daher lediglich als (häufig vorkommende) Richtwerte zu verstehen.

1. Primärbedarfsplanung

Gegenstand der Primärbedarfsplanung (Produktionsprogrammplanung) ist die Festlegung der in der Planungsperiode herzustellenden Mengen der absatzbestimmten Produkte (= *Primärbedarf*). Die Planung basiert dabei auf eingegangenen Kundenaufträgen und/oder Nachfrageprognosen, wobei je nach Unternehmenstyp (Lager- vs. Auftragsfertiger) die eine oder die andere Form zur Anwendung kommt bzw. dominiert. Für die *Nachfrageprognose* stehen in Abhängigkeit vom Nachfrageverlauf (konstant, trendförmig oder saisonal ohne/mit Trend) verschiedene *Prognoseverfahren* zur Verfügung; die wichtigsten bzw. grundlegendsten zeigt Tabelle 1. Um unter Berücksichtigung der vorhandenen Kapazitäten zu einem optimalen Produktionsprogramm zu gelangen, wurden *Optimierungsmodelle* entwickelt, die unter Berücksichtigung von Beschaffungs-, Absatz-, Kapazitäts-, Finanz- und ggf. Lagerrestriktionen ein deckungsbeitragsmaximales oder kostenminimales Produktionsprogramm für eine Planungsperiode von bis zu einem Jahr bestimmen. Für die Sekundärbedarfsplanung ist das so ermittelte Produktionsprogramm anschließend auf die (kürzeren) Teilperioden (i.d.R. Wochen) dieser zweiten Planungsstufe zu verteilen.

2. Sekundärbedarfsplanung

Im Rahmen der Sekundärbedarfsplanung (Mengenplanung, (Material-) Bedarfsplanung, Materialdisposition, Materialwirtschaft) sind die für die Herstellung des Primärbedarfs benötigten Einsatzgütermengen (= *Sekundärbedarf*) zu bestimmen. Hierbei ist zwischen eigengefertigten, im Folgenden als Zwischenprodukte bezeichneten und fremdbezogenen, im Folgenden unter dem Begriff Vorprodukte subsumierten Produktbestandteilen zu unterscheiden. Für erstere werden später *Fertigungsaufträge* und für letztere *Beschaffungsaufträge* generiert. In beiden Fällen kann die Bedarfsermittlung entweder verbrauchs- oder programmgesteuert erfolgen. Welches Verfahren der Bedarfsermittlung zur Anwendung kommt, hängt vom Verbrauchswert der Güter in einer Periode ab. So werden Gütern mit einem hohen Periodenverbrauchswert i.d.R. programmgesteuert und solche mit einem niedrigen Verbrauchswert verbrauchsgesteuert disponiert. Zur Segmentierung des Sekundärbedarfs nach dem Verbrauchswert der Einsatzgüter kann die *ABC-Analyse* herangezogen werden.

Bei der *programm-* oder *bedarfsgesteuerten Disposition* wird der Bedarf an Einsatzgütern aus der Zusammensetzung der absatzbestimmten Produkte hergeleitet. Die Erzeugnisstrukturen sind dabei in *Stücklisten* hinterlegt. In Abhängigkeit von der Art der Darstellung unterscheidet man Mengen(übersichts)-, Struktur-, Baukasten- und Dispositionsstücklisten. Das Kernstück der programmgesteuerten Disposition bildet die sog. *Brutto-Netto-Bedarfsrechnung*, im Rahmen derer ausgehend vom teilperiodenweise gegliederten („terminierten") Primärbedarf durch Auflösung der Stücklisten und Berücksichtigung evtl. vorhandener Lagerbestände sukzessive die für die Befriedigung dieses Bedarfs benötigten Mengen an Vor- und Zwischenprodukten berechnet werden.

Nachfrageverlauf	Prognoseverfahren
Konstant	(Gewogener oder ungewogener) gleitender Mittelwert Exponentielle Glättung 1. Ordnung
Linearer Trend	Exponentielle Glättung 2. Ordnung (mit Trendkorrektur) Verfahren von Holt (Weiterentwicklung der exp. Glättung 2. O.) Lineare Regressionsanalyse
Saisonal (ggf. mit linearem Trend)	Ratio-to-Moving-Average-Methode (Zeitreihendekomposition) Exponentielle Glättung 3. Ordnung (Verfahren von Winters) Multiple lineare Regressionsanalyse
Sporadisch	Zerlegung des Periodenbedarfs in die Komponenten „Anzahl der Aufträge" und „Bedarfsmenge je Auftrag". Zerlegung des Periodenbedarfs in die Komponenten „Bedarfszeitpunkt" und „Bedarfsmenge"

Tabelle 1: Grundlegende Prognoseverfahren

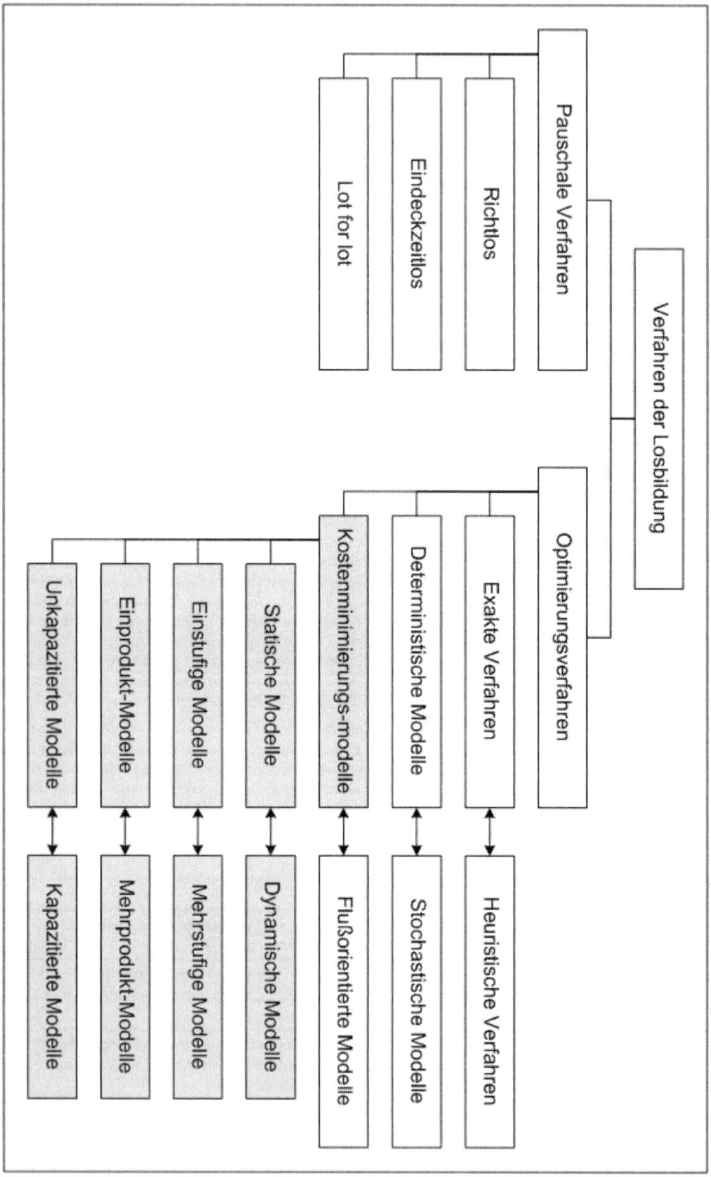

Abbildung 2: Verfahren der Losbildung

Ein wesentlicher Bestandteil der Brutto-Netto-Bedarfsrechnung ist die *Losgrößenplanung*, im Rahmen derer die Vor- und Zwischenproduktbedarfe verschiedener Teilperioden zu sog. *Losen* zusammengefasst werden. Unter einem *Fertigungslos* versteht man dabei die Menge einer Produktart, die ohne Unterbrechung durch die Produktion anderer Produktarten hintereinander in einer Produktionsstufe erzeugt wird. Ein *Beschaffungslos* ist analog dazu die Menge einer Produktart, die mit einem Beschaffungsvorgang (einer Bestellung) beschafft wird (Bestellmenge). Für die Losbildung wurden zahlreiche Verfahren entwickelt, die sich wie in Abbildung 2 dargestellt systematisieren lassen.

Bei der *verbrauchsgesteuerten Disposition* wird der Materialbedarf mithilfe von Prognoseverfahren, wie sie auch zur Prognose des Primärbedarfs eingesetzt werden, auf Basis von Vergangenheitswerten ermittelt oder unter Anwendung sog. *Lagerhaltungs-* oder *Lagerauffüllpolitiken* aus den vorhandenen Lagerbeständen abgeleitet (vgl. Tabelle 2). Zentrale Größen sind dabei der Melde- und der Sollbestand. Der Meldebestand bezeichnet den Lagerbestand, bei dessen Erreichen oder Unterschreiten eine Bestellung bzw. ein Fertigungsauftrag ausgelöst wird. Der Sollbestand definiert einen maximalen Lagerbestand, der nicht überschritten werden soll. Vom Meldebestand ist der Sicherheitsbestand abzugrenzen. Letzterer dient zum Ausgleich unvorhergesehener Bedarfsschwankungen oder Probleme beim Wiederauffüllen des Lagers (z.B. Lieferengpässe von Lieferanten). Da die Wiederauffüllung des Lagers eine gewisse Zeit in Höhe der Lieferzeit des Lieferanten bzw. der Durchlaufzeit des betreffenden Fertigungsauftrags beansprucht (sog. Wiederbeschaffungszeit), ist der Meldebestand so festzulegen, dass er den Sicherheitsbestand gerade um die Menge übersteigt, die zur Deckung des Bedarfs während der Wiederbeschaffungszeit benötigt wird.

3. Termin- und Kapazitätsplanung

An die Sekundärbedarfsplanung schließt sich die Termin- und Kapazitätsplanung (Grobterminierung, Zeit- [und Kapazitäts-] wirtschaft) an. Sie zerfällt in die Schritte Durchlaufterminierung, Kapazitätsplanung und Kapazitätsabgleich.

Gegenstand der *Durchlaufterminierung* ist die grobe Festlegung vorläufiger Start- und Endtermine der einzelnen für die Herstellung von Zwischen- und Endprodukten notwendigen Arbeitsgänge auf Basis geschätzter *Plan-Durchlaufzeiten*. Vorläufig sind die Termine zum einen deshalb, weil die Planung zunächst ohne Berücksichtigung der Kapazitätssituation erfolgt. Zum anderen ergeben sich die endgültigen Bearbeitungstermine erst aus der Ablaufplanung. Diese wird aber im Konzept der hierarchischen Produktionsplanung erst nach der Termin- und Kapazitätsplanung durchgeführt. Die Durchlaufterminierung kann nach den (auf der Netzplantechnik basierenden) Verfahren der Vorwärts-, Rückwärts- oder doppelten Terminierung erfolgen.

Im Rahmen der *Kapazitätsplanung* wird die aus der Durchlaufterminierung resultierende Kapazitätsnachfrage dem tatsächlichen Kapazitätsangebot der einzelnen Arbeitssysteme im Zeitablauf gegenübergestellt. Dazu werden die im Rahmen der Durchlaufterminierung erstellten auftragsbezogenen Terminpläne in anlagenbezogene Terminpläne, die die Belastung der einzelnen Arbeitssysteme im Zeitablauf zeigen, überführt. Dabei wird für

Auffülltermin t → Auffüllmenge x ↓	fix	variabel	variabel
fix	(t, x)-Politik Alle t Zeiteinheiten wird das Lager mit einer festen Menge x wieder aufgefüllt.	(s, x)-Politik Wenn der Meldebestand s erreicht oder unterschritten ist, wird das Lager mit einer festen Menge x wieder aufgefüllt	(t, s, x)-Politik Alle t Zeiteinheiten wird der Lagerbestand überprüft. Wenn der Meldebestand s erreicht oder unterschritten ist, wird das Lager mit einer festen Menge x aufgefüllt.
variabel	(t, S)-Politik Alle t Zeiteinheiten wird das Lager auf den Sollbestand S aufgefüllt.	(s, S)-Politik Wenn der Meldebestand s erreicht oder unterschritten ist, wird das Lager auf den Sollbestand S aufgefüllt.	(t, s, S)-Politik Alle t Zeiteinheiten wird der Lagerbestand überprüft. Wenn der Meldebestand s erreicht oder unterschritten ist, wird das Lager auf den Sollbestand S aufgefüllt.

Tabelle 2: Lagerauffüllpolitiken

jedes betrachtete Arbeitssystem und jede Teilperiode (i.d.R. jeden Tag oder jede Woche) die kumulierte zeitliche Belastung durch alle im Rahmen der Durchlaufterminierung für die jeweilige Teilperiode eingeplanten Arbeitsvorgänge ermittelt und grafisch dargestellt. Man spricht daher auch von *(Ressourcen-) Belastungsdiagrammen, Kapazitätsbedarfsprofilen* oder *Kapazitätsgebirgen.*

Übersteigt die Kapazitätsnachfrage das Kapazitätsangebot, sind Maßnahmen des *Kapazitätsabgleichs* zu ergreifen, um zu einem realisierbaren Produktionsprogramm zu gelangen. Aber auch im umgekehrten Fall, d.h. bei einer Unterschreitung des Kapazitätsangebots durch die Kapazitätsnachfrage, können Maßnahmen des Kapazitätsabgleichs sinnvoll sein, um z.B. durch eine vorübergehende Stilllegung nicht benötigter Kapazitäten Kosten zu sparen oder die Kapazitätsauslastung etwa durch eine vorzeitige Auftragsfreigabe oder die Vergrößerung von Fertigungslosen zu verbessern. Grundsätzlich sind zwei Wege des Kapazitätsabgleichs zu unterscheiden: Der eine Weg besteht darin zu versuchen, die Kapazitäten an die Belastungsprofile und damit das Kapazitätsangebot an die Kapazitätsnachfrage anzupassen. Zum anderen können die Belastungsprofile der Kapazitätseinheiten an die tatsächlich verfügbaren Kapazitäten angepasst werden, d.h. es erfolgt eine Anpassung der Kapazitätsnachfrage an das Kapazitätsangebot.

4. Auftragsfreigabe

Nach Abschluss der Termin- und Kapazitätsplanung liegt ein mengenmäßig und zeitlich fixierter Grobplan für einen längeren Zeitraum (i.d.R. 1-3 Monate) vor, dessen Einhaltung aufgrund des möglichen Eintritts von unvorhergesehenen Ereignissen jedoch nicht sichergestellt werden und der daher auch nicht als verbindliche Vorgabe für die Produktion dienen kann. Um auf derartige Störereignisse adäquat reagieren und diese in der Planung berücksichtigen zu können, ist der Planungshorizont auf einen überschaubaren Zeitraum von ca. 1-2 Wochen zu verkürzen. Diejenigen Fertigungsaufträge, deren in der Termin- und Kapazitätsplanung festgelegter Starttermin in diesen Planungshorizont fällt, werden dann zur Fertigung freigegeben und im Rahmen der sich an die Auftragsfreigabe anschließenden Ablaufplanung mit exakten Bearbeitungsterminen auf den einzelnen Bearbeitungsstationen versehen. Die Auftragsfreigabe bildet somit die Schnittstelle zwischen der Fertigungsplanung und der Fertigungssteuerung im Rahmen des Produktionsvollzugs.

5. Ablaufplanung

Im Rahmen der Ablaufplanung (Reihenfolgeplanung, Maschinenbelegungsplanung, Feinterminierung) sind für die einzelnen Arbeitsgänge der bislang nur mit groben Start- und Endterminen versehenen freigegebenen Fertigungsaufträge die genauen Bearbeitungstermine auf den einzelnen Bearbeitungsstationen des Produktionssystems festzulegen. Dabei ist zwischen Flow-Shop- und Job-Shop-Problemen zu unterscheiden. Von

Anwendungs-bereich	Verfahren	Art des Verfahrens	Anzahl Fertigungs-stufen	Anzahl Aufträge
Flow Shop	kombinatorische Verfahren (z.B. Johnson-Algorithmus)	exakt	2 oder 3	beliebig
	Branch and Bound-Verfahren	exakt	beliebig	beliebig
	Prioritätsregeln	heuristisch	beliebig	beliebig
	diverse Heuristiken	heuristisch	beliebig	beliebig
Job Shop	Graphische Verfahren (z.B. Verfahren von Akers)	exakt	beliebig	2
	Branch and Bound-Verfahren	exakt	beliebig	beliebig
	gemischt-ganzzahlige Optimierung	exakt	beliebig	beliebig
	nicht-lineare Optimierung	exakt	beliebig	beliebig
	Prioritätsregeln	heuristisch	beliebig	beliebig
	diverse (sonstige) Heuristiken	heuristisch	beliebig	beliebig

Tabelle 3: Ausgewählte Verfahren der Ablaufplanung

einem *Flow-Shop-Problem* spricht man, wenn alle Fertigungsaufträge die Bearbeitungsstationen in derselben Reihenfolge durchlaufen müssen. Das bedeutet allerdings nicht zwangsläufig auch eine identische Auftragsfolge auf allen Bearbeitungsstationen. Eine solche ist nur dann gegeben, wenn kein Auftrag einen anderen Auftrag im Zeitablauf überholen kann („passing not permitted"). Ein *Job-Shop-Problem* liegt vor, wenn die Aufträge die einzelnen Bearbeitungsstationen in unterschiedlicher Reihenfolge durchlaufen können (*Job-Shop-Problem i.w.S.*). Dabei ist noch einmal dahingehend zu differenzieren, ob die Bearbeitungsreihenfolge zwar von Auftrag zu Auftrag variiert, für den einzelnen Auftrag aber fest vorgegeben ist (*Job-Shop-Problem i.e.S.*) oder keine fest vorgegebene Bearbeitungsreihenfolge für den einzelnen Auftrag existiert. Dieser letztgenannte Fall wird auch als *Open-Shop-Problem* bezeichnet. Somit lassen sich Flow-Shop-Probleme als Spezialfall von Job-Shop-Problemen (i.w.S.) und Job-Shop-Probleme i.e.S. als Spezialfall von Open-Shop-Problemen auffassen.

In Abhängigkeit vom Vorliegen eines Flow- oder Job-Shop-Problems kommen verschiedene Verfahren der Reihenfolgeplanung zur Anwendung (vgl. Tabelle 3). Einen (nicht durch die Tabelle abgedeckten) Spezialfall stellt die Ablaufplanung bei reihenfolgeabhängigen Rüstzeiten und damit -kosten dar. Derartige Reihenfolgeprobleme lassen sich mit den Verfahren zur Lösung des Travelling-Salesman-Problems lösen. Außerdem gibt es für diesen Fall eine spezielle Prioritätsregel.

6. Auftragsüberwachung

Im Rahmen der Auftragsüberwachung ist der Fertigungsablauf im Hinblick auf die Planeinhaltung zu überwachen. Bei Störungen des planmäßigen Fertigungsablaufs (z.B. aufgrund von Personal-, Maschinen- oder Lieferausfällen) sind geeignete gegensteuernde Maßnahmen vorzusehen.

Produktionspotenzial – 1. *Begriff:* Gesamtwirtschaftliche Produktion, die bei maximaler (oder nach einem anderen Konzept normaler) Beschäftigung aller volkswirtschaftlichen → Produktionsfaktoren hergestellt werden könnte. – 2. *Bedeutung:* a) Das Produktionspotenzial ermöglicht zusammen mit der tatsächlichen Produktion die Bestimmung des konjunkturellen Zustands einer Wirtschaft (Auslastungsgrad). Hierbei wird bei den meisten Berechnungsmethoden auch berücksichtigt, dass erst nach Erreichen des oberen Wendepunktes (→ Konjunkturphasen) volkswirtschaftliche Produktionskapazitäten ausgelastet sein können. – b) Die Entwicklung des Produktionspotenzials im Zeitverlauf wird als Indikator für das → Wachstum verwendet und häufig auch als das Gleichgewicht einer Volkswirtschaft interpretiert. – c) Das Produktionspotenzial führt zusammen mit dem → Auslastungsgrad zum Konzept des → konjunkturneutralen Haushalts und des → strukturellen Defizits. – d) Das Produktionspotenzial findet in der potenzialorientierten Geldpolitik Anwendung (→ potenzialorientierte Wirtschaftspolitik). – Vgl. auch → Konjunkturpolitik, → Stabilisierungspolitik. – 3. *Berechnungsmethoden:* a) → Peak-to-Peak-Methode; – b) Hochrechnungen aus Unternehmensbefragungen über die Kapazitätsauslastung, z.B. im Rahmen des ifo-Konjunkturtests. – c) Schätzungen anhand von Zeitreihenanalysen, bei denen aus der beobachtbaren Veränderung der Produktion konjunkturelle Effekte herausgefiltert werden, um so einen Wachstumstrend zu erhalten. Dieser wird als Veränderung des Produktionspotenzials interpretiert. – d) Schätzungen mithilfe einer Produktionsfunktion, wobei sowohl Ein-Faktor-Ansätze wie auch Mehr-Faktor-Ansätze zur Anwendung kommen. In Deutschland werden bes. von der Deutschen Bundesbank und dem Sachverständigenrat zur Begutachtung der gesamtwirtschaftlichen Entwicklung (SVR) regelmäßig Berechnungen des Produktionspotenzials durchgeführt. – Vgl. auch → Wachstumstheorie. – 4. *Kritik:* Das Produktionspotenzial ist letztlich eine empirisch unbeobachtbare Größe. Die verwendeten Verfahren liefern eine artifizielle Größe, die zudem sehr revisionsanfällig selbst für ihre Vergangenheitswerte ist. Dies spricht dagegen, weite Bereiche der Wirtschaftspolitik an dieser Größe zu orientieren. Insbes. kann die Interpretation des Produktionspotenzials als Gleichgewicht zu einer zu statischen und restriktiven Wirtschaftspolitik führen, die zu sehr an Vergangenheitswerten orientiert ist.

Produktionsprogramm – Gesamtheit aller Produkte und Dienstleistungen, die ein Unternehmen auf seinen Absatzmärkten anbietet. Dabei wird unterschieden: (1) *strategisches Produktionsprogramm,* das die Produktfelder beinhaltet, auf denen das Unternehmen zukünftig tätig sein will; (2) *mittelfristiges Produktionsprogramm,* das grob die zu produzierenden Mengen der Produkte oder Produktgruppen für den Zeitraum eines Jahres beinhaltet, ohne die verschiedenen Produktvarianten näher zu spezifizieren; (3) *kurzfristiges Produktionsprogramm,* das die genauen Mengen aller Produktvarianten und zwar sowohl der Endprodukte als auch der selbst herzustellenden → Baugruppen gemäß → Stückliste enthält. Der Planungszeitraum bewegt sich i.d.R. zwischen einer Woche und einem Monat, teilweise wird ein Quartal zugrunde gelegt. – Vgl. auch → Produktionsprogrammplanung.

Produktionsprogrammbreite – *Produktionsbreite;* Anzahl der Produktarten des → Produktionsprogramms eines Unternehmens, die ohne grundsätzliche Produktionsumstellung nebeneinander (→ Parallelproduktion) oder/und nacheinander

(→ Wechselproduktion) hergestellt werden können. – *Anders:* → Produktionsprogrammtiefe.

Produktionsprogrammplanung – *Fertigungsprogrammplanung;* im Rahmen der Produktionsprogrammplanung wird festgelegt, welche Leistungen ein Unternehmen zukünftig erbringen soll. Für einen Industriebetrieb bedeutet die Produktionsprogrammplanung die Bestimmung der Art und Menge der verschiedenen Erzeugnisse in den einzelnen Planperioden. Für die Erreichung der Unternehmensziele ist die zieladäquate Gestaltung des → Produktionsprogramms von grundsätzlicher Bedeutung. – 1. *Strategische Produktionsprogrammplanung:* Im Rahmen der strategischen Produktionsprogrammplanung werden die Produktfelder ausgewählt, auf denen das Unternehmen zukünftig tätig sein will. Dazu wird zunächst eine Analyse des realisierten Produktionsprogramms durchgeführt, d.h. eine Untersuchung der Markt- und Wettbewerbsposition der eigenen Produkte und der Stellung der Produkte im → Lebenszyklus. Des Weiteren wird eine Prognose der langfristigen Absatzchancen durchgeführt. Anschließend erfolgt die Planung neuer Produkte (→ Produktinnovation), in der auf Basis von Neuproduktideen im Rahmen der → Forschung und Entwicklung (F&E) Nutzenprofile erstellt werden bzw. mit den Methoden der → Investitionsrechnung eine Auswahl der Produktideen getroffen wird. Nach der Produktgestaltung erfolgt auf Basis der Produkteinführung auf einem Testmarkt die Prognose der langfristigen Marktdurchdringung der Neuproduktidee. Mithilfe dieser Instrumente wird für eingeführte Produkte eine der folgenden Strategien – Produktintensivierung, → Produktdifferenzierung, Produkteliminierung – bestimmt und über die Einführung oder Aufgabe der Neuproduktidee entschieden. – 2. *Mittelfristige Produktionsprogrammpalnung:* Die Aufgabe der mittelfristigen Produktionsprogrammplanung ist die Ermittlung des mittelfristigen → Produktionsprogramms auf der Basis von ermittelten bzw. erwarteten Kundenaufträgen oder – bei der Produktion für den anonymen Markt – auf der Grundlage von Absatzprognosen. Daraus wird der → Primärbedarf an Endprodukten sowie Ersatzteilen berechnet und mit den verfügbaren → Kapazitäten und beschaffbaren Materialmengen abgeglichen. Sind die Kapazitäten für alle Kundenaufträge und prognostizierten Absatzzahlen ausreichend, wird der gesamte Primärbedarf erzeugt, sofern die Erzeugnisse einen positiven → Deckungsbeitrag erzielen. Bei knappen Kapazitäten kann nicht der gesamte Primärbedarf gedeckt werden. Bei einem Engpass ist der → engpassbezogene Deckungsbeitrag das Entscheidungskriterium. Bei mehreren knappen Kapazitäten können Simulationsmodelle (→ Simulation) oder Verfahren der mathematischen Optimierung (→ Operations Research (OR)), (Simplexalgorithmus) zum Einsatz kommen. – 3. *Kurzfristige Produktionsprogrammplanung:* Im Rahmen der kurzfristigen Produktionsprogrammplanung. wird festgelegt welche Mengen welcher Produkte und Baugruppen in der nächsten Planperiode hergestellt werden (vgl. kurzfristiges → Produktionsprogramm). Dabei wird davon ausgegangen, dass der Bestand an Produktionsanlagen und Personal fest vorgegeben ist.

Produktionsprogrammtiefe – *Produktionstiefe;* Anzahl der Produktionsstufen, die der → Produktionsprozess eines Unternehmens umfasst; bezieht sich auf die aufeinander folgenden Arbeitsgänge, die zur Erstellung eines Produktes notwendig sind. Diese können entweder in eigenen Produktionsbetrieben durchgeführt werden oder anderen selbstständigen Unternehmen übertragen werden. – *Gegensatz:* → Produktionsprogrammbreite.

Produktionsprozess – I. Mikroökonomik: Formales Konzept der allg. Gleichgewichtstheorie (→ allgemeines Gleichgewicht), Kapitaltheorie, → Input-Output-Anlayse zur mengenmäßigen Beschreibung der → Produktion. Unter einem Produktionsprozess versteht man ein geordnetes Paar (x,y), wobei der Vektor x angibt, welche Mengen an Produktionsfaktoren bei gegebenem technischem Wissen eingesetzt werden müssen, um den Output y herzustellen.

II. Industriebetriebslehre: Technologisch, zeitlich und örtlich bestimmtes effizientes Zusammenwirken von → Produktionsfaktoren zur Herstellung einer bestimmten Gütermenge in bestimmter Qualität. – Vgl. auch → Produktionsprozessplanung, → Produktionsprozesssteuerung, → Produktionsprozesskontrolle, → Produktionsprozessregelung.

III. Volkswirtschaftliche Gesamtrechnung: Der Produktionsprozess wird in der → Entstehungsrechnung der VGR und speziell in der → Input-Output-Rechnung dargestellt.

Produktionsprozesskontrolle – Soll-/Istvergleich und Ermittlung eventueller Abweichungen bei der Durchführung der → Produktionsprozesse. Bei Abweichungen im Hinblick auf Quantität (Mengen, Zeiten), Qualität und Kosten sind Ursachenanalysen und ggf. Konsequenzanalysen durchzuführen. – Vgl. auch → Produktionsprozessregelung.

Produktionsprozessplanung – *Ablaufplanung, Prozessplanung* (Gutenberg), *Produktionsvollzugsplanung.* 1. *Begriff:* In zweifacher Weise zu interpretieren: a) *Produkt- bzw. projektorientiert:* Systematisch vorbereitete Festlegung der (kalender-)zeitlichen und örtlichen Reihenfolge von Aktionen (Be- und Verarbeitungs- sowie hiermit verbundene Transport- und Lagervorgänge) zur Durchführung von Produktionsaufträgen für Vor- und Endprodukte bei grundsätzlich gegebenem Potenzialbestand unter Beachtung des Wirtschaftlichkeitsprinzips und von Anforderungen aus dem Humanbereich. – b) *Kapazitäts- bzw. potenzialorientiert:* Systematisch vorbereitete Festlegung des (kalender-) zeitlichen und örtlichen Einsatzes der Potenziale einschließlich zugehöriger Werkzeuge und der Verbrauchsfaktoren jeweils bestimmter Qualität und Quantität zum Zwecke der Produkterstellung unter Beachtung ökonomischer und sozialer Ziele. – 2. *Teilbereiche:* Die Produktionsprozessplanung beinhaltet eine integrierte auftragsorientierte → Terminplanung, eine anlagenorientierte → Kapazitätsbelegungsplanung (→ Reihenfolgeplanung) und eine Materialbereitstellungsplanung sowie eine → Personalbereitstellungsplanung. – Vgl. auch → Produktionsprozesssteuerung, → Prozessplanungsdilemma, → PPS-System.

Produktionsprozessregelung – durch Rückkopplung geschlossener Wirkungskreislauf zwischen → Produktionsprozesssteuerung, → Produktionsprozess und → Produktionsprozesskontrolle.

Produktionsprozesssteuerung – detaillierte Festlegung der Durchführung des → Produktionsprozesses innerhalb des Rahmens, der durch die → Produktionsprozessplanung gegeben ist sowie die Veranlassung der Durchführung der Produktion. Insofern kann die Produktionsprozesssteuerung als Produktionsprozess-Feinstplanung gesehen werden und hat bes. für die → Einzelproduktion und → Serienproduktion Bedeutung, da die Detailplanung bei der → Massenproduktion grundsätzlich im Rahmen der Produktionsprozessplanung durchgeführt wird. – *Wichtige Tätigkeiten* sind neben der Formularbereitstellung und der Bildschirmanzeige für die Produktion (→ Laufkarte, → Lohnschein) sowie für den Material- und Werkzeugeinsatz (→ Materialentnahmeschein, → Werkzeugentnahmeschein) mit vorheriger Verfügbarkeitskontrolle auch die kostenträger- und auftragsorientierte Arbeitsverteilung und -anordnung gemäß der Produktionsprozessplanung sowie die Materialtransportsteuerung. – Vgl. auch → Produktionsprozessregelung.

Produktionspunkt → Aktivität.

Produktionsregel – Begriff in der künstlichen Intelligenz für eine → Regel der Form „wenn Bedingung(en), dann Schlussfolgerung oder Aktion(en)", wobei sich die Bedingungen auf die Menge der in der → Wissensbasis gespeicherten bzw. bereits hergeleiteten (→ Inferenz) Fakten beziehen und die Schlussfolgerung neue Fakten erzeugen. – Vgl. auch → Produktionssystem.

Produktionsschwelle → Betriebsminimum.

Produktionsstatistik – Teil der → amtlichen Statistik. – 1. *I.w.S.:* zusammenfassende Bezeichnung sämtlicher statistischer Erhebungen und Veröffentlichungen über den Umfang der → Wertschöpfung einzelner Wirtschaftsbereiche, teilweise ergänzt durch die Erfassung der dabei erwachsenden Kosten, der Beschäftigtenzahlen u.Ä. (z.B. landwirtschaftliche Erzeugungsstatistik; Bauberichterstattung). – 2. *I.e.S.:* Erfassung der Entwicklung sämtlicher industriell erzeugter (d.h. fertig gestellten) Warenmengen, getrennt nach den zum Absatz und bei einem Teil der Erzeugnisse auch den zur Weiterverarbeitung im gleichen Betrieb bzw. Unternehmen bestimmten Gütern. Die Erhebung erfolgt vierteljährlich bzw. monatlich in der Produktionserhebung (ca. 6.400 Warenarten) bei Betrieben der Unternehmen des Bergbaus und des Verarbeitenden Gewerbes mit i.Allg. 20 Beschäftigten und mehr; diese Erhebungen liefern auch die Angaben für rund 5.600 Positionen der europäischen Produktionsstatistik (PRODCOM). Vgl. auch Produzierendes Gewerbe. Die Ergebnisse der Produktionserhebung werden quartalsweise bzw. jährlich in Fachserie 4 veröffentlicht.

Produktionsstätte – Ort der betrieblichen Leistungserstellung, i.d.R. der → Betrieb bzw. → Werk.

Produktionssteuerung – Werden die in der Produktionsplanung erarbeiteten Planvorgaben in konkrete Aktivitäten umgesetzt, wird die Phase der Produktionssteuerung erreicht. Sie ist die letzte Ebene der → PPS-Systeme und besteht aus den Bereichen Auftragsfreigabe, → Maschinenbelegung/Feinterminierung, → Betriebsdatenerfassung. – Vgl. auch → PPS-System.

Produktionsstufe → Fertigungsstufe.

produktionssynchrone Beschaffung → Just in Time (JIT).

Produktionssystem – I. Wirtschaftsinformatik: Ein → regelbasiertes System, in dem ausschließlich → Produktionsregeln verwendet werden.

II. Industriebetriebslehre: → Produktionstypen, → Produktionstechnik.

Produktionstechnik – 1. *Begriff:* Transformation wissenschaftlicher Erkenntnisse in Verfahren und Prozesse, die vom Menschen technologisch beherrschbar sind sowie in wirtschaftlich nutzbare Produktionssysteme integriert werden können. – 2. *Arten:* Das Gebiet der Produktionstechnik lässt sich in Bezug auf die zu erbringende Sachleistungsart in verschiedene Teilgebiete untergliedern: a) *Energietechnik:* Erzeugung, Wandlung und Übertragung von Nutzenergie. Die Nutzenergie gliedert sich in Wärmeenergie für Raumheizung und Warmwasser, in Energie zur Durchführung industrieller Produktionsprozesse sowie in die Antriebs- und Lichtenergie. – b) *Verfahrenstechnik:* Techniken, die der Produktion von Fließgütern dienen. Fließgüter sind makrogeometrisch nicht definierte Güter, wie Schüttgüter, Flüssigkeiten und Gase. Die Produktion solcher Güter erfolgt i.d.R. in drei *Stufen:* (1) *Gewinnung von Rohstoffen;* (2) *Produktion von Zwischenprodukten;* (3) *Produktion von Endprodukten.* Innerhalb dieser drei Stufen kann man grundsätzlich die Verfahren der Stoffumwandlung und der Stoffaufbereitung unterscheiden: (a) Die Verfahren der *Stoffumwandlung* basieren auf chemischen sowie chemisch-physikalischen Prozessen und umfassen die analytische Stoffumwandlung (z.B. Wasserstofferzeugung durch Elektrolyse), die synthetische Stoffumwandlung (z.B. Benzin-Synthese), die analytisch-synthetische Stoffumwandlung (z.B. Roheisenerzeugung) sowie die Stoffreformierung (Molekülstrukturveränderung). (b) Die Verfahren der *Stoffaufbereitung* basieren auf physikalischen Prozessen und umfassen die Separation (z.B. Sortieren, Destillieren), die Mischung (z.B. Legieren) und die Strukturierung von Stoffen (z.B. Zerkleinern). – c) *Fertigungstechnik:* Techniken, die der Produktion von geometrisch definierten festen Körpern (Stückgütern) dienen. Nach DIN 8580 werden sechs *Hauptgruppen* der Fertigungstechnik unterschieden: (1) *Urformen:* Die Urformverfahren bewirken die Formschaffung bestimmter Körper; aus einem formlosen Stoff wird z.B. durch Gießen oder Sintern ein Einzelteil mit komplexer Geometrie geschaffen. (2) *Umformen:* Die Umformtechniken verändern die Form des Ausgangskörpers, wobei der Zusammenhalt beibehalten wird, z.B. Fließpressen, Stauchen und Abkanten. (3) *Trennen:* Auch beim Trennen wird die Form des Ausgangskörpers verändert, wobei jedoch der Zusammenhalt vermindert wird, z.B. Drehen, Schleifen und Abschrauben. (4) *Fügen:* Fügeverfahren, z.B. Schweißen, Löten und Kleben, vermehren den Zusammenhalt und führen zu einer Formveränderung des Ausgangskörpers. (5) *Beschichten:* Unter Beschichten wird das Aufbringen einer fest haftenden Schicht auf ein Werkstück verstanden. Damit können verschiedene Grundmaterialien, z.B. Metall, Kunststoff und Papier, veredelt (→ Veredelung) werden. Beschichtungsverfahren sind z.B. Streichen und Galvanisieren. (6) *Stoffeigenschaft ändern:* Die Änderung der Stoffeigenschaft kann einmal durch Umlagern von Stoffteilchen (z.B. Magnetisieren, Härten) erfolgen, wobei der Zusammenhalt beibehalten bleibt. Des Weiteren kann die Stoffeigenschaft auch durch Aussondern von Stoffteilchen geändert werden (z.B. Entkohlen). Der Zusammenhalt wird dabei verringert. Verstärkt wird der Zusammenhalt durch das Einbringen von Stoffteilchen (z.B. Nitrieren, Aluminieren).

Produktionsteuer → Fabrikationsteuer.

Produktionstheorie – analysiert die → Produktion von Gütern, d.h. Zusammenhänge zwischen dem Einsatz von → Produktionsfaktoren (Inputs) und dem Güterausstoß (Output) und legt damit die Grundlagen für die Kostentheorie (→ Produktions- und Kostentheorie). Grundlegend ist der Begriff der → Produktionsfunktion: Durch sie werden die Input- und Outputgrößen funktional miteinander verknüpft.

Produktionstiefe → Produktionsprogrammtiefe.

Produktionstypen – I. Bedeutung: 1. *Begriff:* Die Bildung von Produktionstypen ist eine wissenschaftliche Methode zur Ableitung einer zweckorientierten Ordnung der unterschiedlichen Erscheinungsformen der industriellen → Produktion. Diese Ordnung wird durch Heranziehen eines oder mehrerer Merkmale gebildet, die zur Charakterisierung realer industrieller → Produktionsprozesse geeignet sein müssen. – 2. *Zweck:* Produktionstypen sollen die Aufstellung von aussagefähigen Erklärungs-, Prognose- und Entscheidungsmodellen sowie die Auswahl von Planungs-, Steuerungs- und Kontrollverfahren erleichtern.

II. Elementartypen: Die Auswahl von Merkmalen zur Bildung von Elementartypen wird absatz-, prozess- und beschaffungsorientiert vorgenommen. – 1. *Absatz- und produktbezogene Typen:* Nach der Zahl der angebotenen und produzierten Produkte unterscheidet man → Einproduktproduktion und → Mehrproduktproduktion. Im Hinblick auf die Käufer wird die → unmittelbar kundenorientierte Produktion und die mittelbar kundenorientierte Produktion unterschieden. – 2. *Prozessbezogene Typen:* Die folgenden Typen basieren auf Merkmalen im Hinblick auf den Produktionsprozess. – a) Das Merkmal der *Prozessuntergliederung* unterscheidet die → einstufige Produktion von der → mehrstufigen Produktion. – b) Im Hinblick auf die *Prozesswiederholung* unterscheidet man die → Einzelproduktion, die → Serienproduktion und → Sortenproduktion sowie die → Massenproduktion. – c) Nach der *Anordnung der Arbeitssysteme* im Produktionsbereich werden → Werkstattproduktion, → Fließproduktion und → Zentrenproduktion unterschieden. – d) Bez. der *zeitlichen Abstimmung* können die → zeitlich global abgestimmte Produktion und die → zeitlich fein abgestimmte Produktion und ggf. die → Taktproduktion (bei → Fließproduktion) abgegrenzt werden. – e) Das Merkmal der *zeitlichen Zuordnung der Produkte zu den Aktionsträgern* unterscheidet die → Parallelproduktion und die → Wechselproduktion. – f) In Bezug auf die *Kontinuität des Materialflusses* kann zwischen → diskontinuierlicher Produktion (Chargenproduktion) und → kontinuierlicher Produktion unterschieden werden. – g) Der *Grad der technologischen Verbundenheit der Produkte* bei der Produktion grenzt die → technologisch unverbundene Produktion von der → technologisch verbundenen Produktion (Kuppelproduktion) ab. – h) Ein weiteres Merkmal ist der *Mechanisierungsgrad*, wodurch sich → manuelle Produktion, → maschinelle Produktion, → teilautomatisierte Produktion und → vollautomatisierte Produktion unterscheiden. – i) Nach der *prozessbedingten Stoffveränderung* können die → analytische Produktion und → synthetische Produktion, die → analytisch-synthetische Produktion und die → stoffneutrale Produktion abgegrenzt werden. – j) Im Hinblick auf die naturgegebenen *Grundlagen der Prozesstechnologie* unterscheidet man biologische, chemische, physikalische und kernphysikalische Produktion. – k) Ein letztes prozessbezogenes Merkmal ist die *Beherrschbarkeit der Produktion*. Ein Beispiel für technologisch-ablaufbedingte begrenzte Einflussnahme ist die Herstellung von Mikroprozessoren (Chips). – 3. *Beschaffungs- und faktorbezogene Typen:* a) → Produktionsprozesse können nach der *Ortsgebundenheit der verschiedenen* → Produktionsfaktoren unterschieden werden: Bei der → anlagengebundenen Produktion sind die Arbeitssysteme

Produktionstypen – Kombinationstypen-Profildarstellung

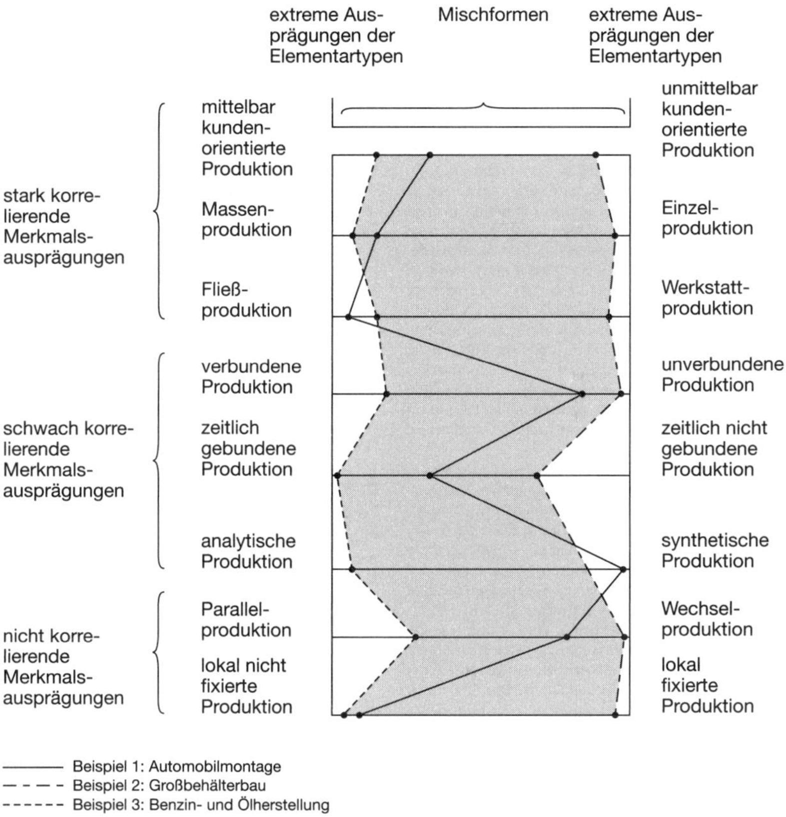

ortsgebunden und bei der → Abbauproduktion die Rohstoffe. Ortsungebundene Produktionsfaktoren sind bei der → Baustellenproduktion notwendig, bei der i.d.R. die Produkte ortsgebunden sind. – b) Im Hinblick auf das *wirtschaftliche Gewicht der Produktionsfaktoren* unterscheidet man arbeitsintensive, materialintensive und betriebsmittelintensive Produktion. Hierbei können die relevanten Faktorkosten in Relation zu den Gesamtkosten als Indikator fungieren. – c) Ein letztes Merkmal ist die *Beschaffbarkeit der Erzeugniseinsatzstoffe.* Dieses Merkmal bezieht sich auf die Konstanz der Qualität der Erzeugniseinsatzstoffe. Ist die Produktion einsatzstoffbedingt nicht wiederholbar, so wird sie als → Partieproduktion bezeichnet.

III. Kombinationstypen: In Abhängigkeit vom jeweiligen Untersuchungszweck lassen sich mithilfe ausgewählter Elementartypen Kombinationstypen bilden. Hierbei ist es zweckmäßig, von stark korrelierenden Merkmalsbündeln auszugehen und je nach Aufgabenstellung und betrachteten Produktionsgegebenheiten weitere schwach oder nicht korrelierende Merkmale heranzuziehen. Die Profildarstellung von Kombinationstypen (vgl. Abbildung „Produktionstypen – Kombinationstypen-Profildarstellung“) macht dies deutlich.

Produktionsumweg → Mengersche Güterordnung.

Produktions- und Importabgaben – Summe aus → Gütersteuern und sonstigen Produktionsabgaben; letztere sind Steuern, die von Unternehmen aufgrund ihrer Produktionstätigkeit erhoben werden, aber unabhängig von der Menge oder dem Wert der produzierten oder verkauften Güter zu entrichten sind (z.B. Grundsteuer, Abgaben auf Umweltverschmutzung infolge von Produktionstätigkeit).

Produktions- und Kostentheorie – 1. *Charakterisierung:* Teilgebiet der Wirtschaftstheorie (→ Mikroökonomik) sowohl in der → Volkswirtschafts- als auch in der → Betriebswirtschaftslehre (BWL). Erforschung des Mengengerüsts *(Produktionstheorie)* und des Werteverzehrs *(Kostentheorie)* des Einsatzes an → Produktionsfaktoren im Kombinationsprozess mit dem Ziel, funktionale Zusammenhänge aufzudecken, in → Modellen darzustellen und das theoretische Grundgerüst der → Kostenrechnung sowie in Modelle des → Operations Research (OR) eingehende Daten und Strukturen zu liefern. – 2. *Zentralbegriffe:* a) → Produktionsfunktion in ihren verschiedenen Ausprägungen und die aus ihr abgeleiteten Größen, z.B. → Produktionskoeffizient, → Durchschnittsertrag, → Ertragsgesetz, → Grenzertrag. – b) → Kostenfunktion, die sich durch Bewertung der Faktoreinsatzmengen in der Produktionsfunktion ergibt, und die aus ihr abgeleiteten Größen → Durchschnittskosten und → Grenzkosten. – 3. *Betrachtungsweisen:* a) *Kurzfristig:* Nur die Beziehung zwischen Ausbringung (→ Output) und variablem Faktoreinsatz (→ Input) wird in die Untersuchung einbezogen. – b) *Langfristig:* Auch → Kapazitäten, → Potenzialfaktoren und Produktionsverfahren (→ Produktionstechnik) werden als variabel angesehen; dies führt zur Analyse der optimalen → Betriebsgröße und des einzel- und gesamtwirtschaftlichen Wachstums. – 4. *Annahmen:* Die Produktions- und Kostentheorie geht i.Allg. von *Ein-Produkt-Betrieben* aus, während in der Realität *mehrstufige Mehrproduktfertigung* überwiegt, auch Probleme der Lagerhaltung und der Kuppelproduktion werden nur selten einbezogen. – In der langfristigen Produktions- und Kostentheorie sind v.a. *Übergänge zur simultanen Produktions- und Investitionsplanung* bedeutsam.

Produktionsverbindungshandel – *Produktionszwischenhandel;* Handel von Gütern zwischen zwei Produktionsstufen, der durch → Großhandelsunternehmungen organisiert wird. – *Gegenstand* des Produktionsverbindungshandels sind Investitionsgüter aller Art: Urprodukte, → Rohstoffe, → Hilfsstoffe und → Betriebsstoffe, Teil- und Halbfabrikate, Zwischenprodukte sowie → Betriebsmittel.

Produktionsverfahren → Produktionstechnik, → Produktionstypen.

Produktionsverhältnisse – in der Wirtschaftstheorie des → Marxismus die Eigentumsordnung, durch deren spezifische Ausgestaltung die gesellschaftlichen Verhältnisse der Menschen zueinander bestimmt werden. – Vgl. auch → Krisentheorie, → historischer Materialismus.

Produktionsvollzugsplanung → Produktionsprozessplanung.

Produktionswechselkosten – *Produktionsänderungskosten;* Kosten quantitativer Anpassungsprozesse im Personalbereich (z.B. zusätzliche Kosten für Einstellung, Anlernen und Entlassung von Arbeitskräften) oder im Produktionsbereich (Kosten der Umstellung von Betriebsmitteln auf neue Produkte oder neue Werkstoffe). – Vgl. auch → Rüstkosten.

Produktionsweise – in der Wirtschaftstheorie des → Marxismus die Gesamtheit von → Produktivkräften und → Produktionsverhältnissen eines Landes. Stehen die Produktionsverhältnisse im Widerspruch zu den Produktivkräften, werden Tendenzen zur Anpassung ersterer ausgelöst. – Vgl. auch → historischer Materialismus.

Produktionswert – I. Kostenrechnung: Summe der Herstellkosten aller im Abrechnungszeitraum erzeugten Güter.

II. Volkswirtschaftliche Gesamtrechnung: Wert der von inländischen Wirtschaftseinheiten in der Berichtsperiode produzierten Güter. Der Produktionswert enthält auch die von anderen Wirtschaftseinheiten bezogenen → Vorleistungen. Zieht man diese ab, ergibt sich die → Bruttowertschöpfung.

Produktionszwischenhandel → Produktionsverbindungshandel.

produktive Kosten – frühere, falsche Bezeichnung für → Einzelkosten, die implizit davon ausgeht, dass → Gemeinkosten auslösende Tätigkeiten (z.B. Verwaltung) streng genommen überflüssig sind oder zumindest nichts zur Wertschöpfung beitragen. Eine solche Sichtweise wird jedoch dem Phänomen arbeitsteiliger Leistungserstellung nicht gerecht. – Vgl. auch → produktiver Lohn.

produktiver Lohn – frühere, falsche Bezeichnung für → Fertigungslöhne, d.h. für die unmittelbar bei der Produkterstellung anfallenden Löhne. – *Gegensatz:* → Unproduktiver Lohn. – Vgl. auch → produktive Kosten.

Produktivgenossenschaft – 1. *Begriff:* Jene Selbsthilfeeinrichtungen, deren Mitglieder keinen eigenständigen Geschäftsbetrieb unterhalten (im Gegensatz zur → Produktionsgenossenschaft), jedoch am Kapital und der Leitung des genossenschaftlichen Geschäftsbetriebes beteiligt sind und im Sinne einer Arbeitssteuerung dispositive und ausführende Arbeiten verrichten, durch die sie die Basis für ihre wirtschaftliche Existenz als Arbeitnehmer und Mitunternehmer schaffen. Grundsätzlich ist eine Identität von Mitarbeitern und Mitunternehmern, die genossenschaftliche Mitglieder sind, im gemeinschaftlichen Geschäftsbetrieb vorhanden. – 2. *Arten:* Es gibt industrielle, handwerkliche und landwirtschaftliche Produktivgenossenschaften (Agrargenossenschaften in den neuen Bundesländern, die jedoch nicht nur Genossenschaftsmitglieder, sondern auch nichtgenossenschaftliche Arbeitnehmer beschäftigen). Vollgenossenschaften (wie das israelische Kibbuz, in dem alle Lebensbereiche Arbeiten, Wohnen, schulische Betreuung der Kinder, Gemeinschaftseinrichtungen, zusammengefasst werden) kommen in Deutschland nicht vor. Produktivgenossenschaften können in Deutschland als Sonderform der → Genossenschaften eingestuft werden, bei der jedoch die wesentlichen Genossenschaftsmerkmale (Mitgliederförderung, wirtschaftsdemokratische Entscheidungsfindung, Freiwilligkeit der Mitgliedschaft u.a.) vorhanden sind. – 3. *Bedeutung:* Ihre volkswirtschaftliche Bedeutung ist heute in Deutschland, anders als die der → Förderungsgenossenschaften, relativ gering, hat jedoch durch die Wiedervereinigung an Bedeutung gewonnen.

Produktivgüter – diejenigen Betriebsmittel, Werkstoffe und sonstigen materiellen Güter, aber auch diejenige Arbeitskraft, die im Zuge einer wirtschaftlichen Betätigung Erträge schafft. – Im *wissenschaftlichen Sozialismus* gelten nur „produzierte Produktionsmittel" (→ Produktionsmittel) als Produktivgüter.

Produktivität – I. Volkswirtschaftslehre: Verhältnis von Produktionsergebnis (→ Output) und an seiner Erstellung beteiligten → Inputs. Messzahlen zur Produktivität werden u.a. herangezogen für Analysen des Wachstums, internationale, interregionale und intertemporale Vergleiche. Meist wird Produktivität mit Arbeitsproduktivität gleichgesetzt. – *Unterschieden wird:* (1) *Totale Produktivität:* Verhältnis zwischen dem Produktionsergebnis (→ Bruttoinlandsprodukt (BIP)) und den Einsatzmengen aller Faktoren. Da die Faktoren heterogene, nicht-addierbare Größen sind, werden sie mit ihren Faktorpreisen bewertet und zum nominalen Bruttoinlandsprodukt in Beziehung gesetzt. Totale Produktivität wird auch als Wertproduktivität bezeichnet. Sie wird häufig bei internationalen Vergleichen benutzt. Unterschiedliche Preisindizes beeinträchtigen die Aussagefähigkeit. (2) *Partielle Produktivitäten* werden hauptsächlich für die → Produktionsfaktoren Arbeit und Kapital ermittelt. Der gesamte physische oder monetäre Ertrag wird dem physischen oder wertmäßigen Einsatz eines Faktors zugerechnet (z.B. Ertrag pro eingesetzte Arbeitsstunde, Ertrag pro eingesetzte Kapitaleinheit). – Vgl. auch → Kapitalproduktivität.

II. Betriebswirtschaftslehre: 1. *Begriff:* Ergiebigkeit der betrieblichen Faktorkombination. Produktivität ist nicht gleichbedeutend mit → Wirtschaftlichkeit, auch nicht mit → Rentabilität, sondern ist das Verhältnis von Output-Menge zu Input-Menge. – 2. *Messung:* Zu messen ist die Produktivität als Quotient des Ertrages bzw. der Leistung und des Faktoreinsatzes, z.B. Stück Fahrräder je Arbeitsstunde etc. *(technische* oder *physische Produktivität)* oder durch das Verhältnis von Produktionswert zum Kapitaleinsatz *(Wertproduktivität)* oder zum Arbeitseinsatz (→ Arbeitsproduktivität). Die Verwendung der Produktivität als Messgröße für das Wirtschaftlichkeitsstreben bereitet in der betrieblichen Praxis Schwierigkeiten. – Vgl. auch → Produktivitätskennzahl, → Durchschnittsertrag. – *Reziproker Wert:* → Produktionskoeffizient.

Produktivitätsindex → Produktionsergebnis je Input-Komponente des Arbeitsvolumens.

Produktivitätskennzahl – güterwirtschaftliche Kennzahl: Beziehung zwischen Ertrag der Faktoreinsatzmengen (→ Output) und Faktoreinsatzmengen (→ Input). Eine Gesamtproduktivität lässt sich wegen der Nicht-Addierbarkeit der Faktoreinsatzmengen (verschiedene Dimensionen, unterschiedliche Qualität) nicht ermitteln. Aus diesem Grund begnügt man sich mit Kennzahlen für Teilproduktivitäten, etwa → Produktivität des Materialeinsatzes, Produktivität der Arbeit u.a.

Produktivitätsklausel → Verlustausgleich.

produktivitätsorientierte Lohnpolitik – 1. *Begriff:* Die produktivitätsorientierte Lohnpolitik ist ein lohnpolitisches Konzept (→ Lohnleitlinie), das den Tarifparteien empfiehlt, Lohnerhöhungen in Höhe des Produktivitätsfortschritts vorzunehmen. – 2. *Merkmale:* Zu unterscheiden sind die Ausrichtung der Nominallöhne oder der Reallöhne an der Produktivitätssteigerung. – 3. *Entwicklung des Begriffs:* Bei einer Orientierung von Nominallohnerhöhungen an der Veränderung der → Arbeitsproduktivität spricht man von einer einfachen Produktivitätsregel. Diese wurde in den ersten Jahren nach seiner Gründung zunächst auch vom Sachverständigenrat zur Begutachtung der gesamtwirtschaftlichen Entwicklung vertreten. Preissteigerungen gehen dann einseitig immer zulasten der Lohnbezieher. Von Meinhold wurde Anfang der 1960er-Jahre eine Doppelanpassung der Löhne an die Veränderung der gesamtwirtschaftlichen Arbeitsproduktivität und des gesamtwirtschaftlichen Preisniveaus vorgeschlagen (Meinhold-Formel). Wenn sich das Preisniveau z.B. aufgrund einer hohen Güternachfrage erhöht, wäre es demnach verfehlt, wenn die Löhne ausschließlich entsprechend dem Produktivitätsfortschritt zunehmen. In ihrer modifizierten Version, die Mitte der 1960er-Jahre auch Eingang in die Gutachten des Sachverständigenrats fand, ist die produktivitätsorientierte Lohnpolitik so zu verstehen, dass zur Steigerung der realen Arbeitsproduktivität noch die inflatorische Wirkung hinzugeschlagen wird, die durch andere Faktoren als die Lohnkosten verursacht wurde („unvermeidliche Teuerungsrate"). Demnach ergibt sich für die produktivitätsorientierte Lohnpolitik:

$$\dot{w}_n = \dot{\pi} + \dot{P}$$

Es bedeuten: w_n = Nominallohnsatz je Std., π = (reale) Arbeitsproduktivität, P = Preisniveau. (Die Punkte über den jeweiligen Größen weisen auf die entsprechende Wachstumsrate hin; die Wachstumsrate des Preisniveaus entspricht hier der unvermeidlichen Teuerungsrate). – 4. *Praktische Umsetzung:* Bei der heutigen Anwendung des Konzepts der produktivitätsorientierten Lohnpolitik wird die Preissteigerungsrate durch die Zielinflationsrate der → Zentralbank ersetzt. Für die Arbeitsproduktivität wird nicht die kurzfristig stark schwankende, sondern die trendmäßige Wachstumsrate verwendet:

$$\dot{w}_n = \dot{\pi}_{Trend} + \dot{P}_{Ziel}$$

In Deutschland beträgt die Zielinflationsrate der Zentralbank (Europäische Zentralbank) knapp 2 Prozent pro Jahr, der Trend der gesamtwirtschaftlichen Arbeitsproduktivität liegt in etwa bei einem Zuwachs von einem bis 1,5 Prozent jährlich. Daraus ergeben sich gesamtwirtschaftliche nominale Lohnsteigerungen im Rahmen einer produktivitätsorientierten Lohnpolitik von rund drei bis 3,5 Prozent pro Jahr. – 5. *Zusammenhang mit anderen Größen:* a) *Lohnstückkosten:* Unter → Lohnstückkosten versteht man die Lohnkosten pro Produktionseinheit. Die Verfolgung einer produktivitätsorientierten Lohnpolitik sorgt für eine Konstanz der realen Lohnstückkosten. Definiert man die (gesamtwirtschaftlichen) realen Lohnstückkosten als Quotient aus Arbeitnehmerentgelt (nominale Lohnsumme) zu nominalem Bruttoinlandsprodukt, dann ergibt sich durch Umformung der Quotient aus Reallohn je Std. zu Arbeitsproduktivität je Std.:

$$LSK_r = \frac{W_n}{Y_n} = \frac{w_n \cdot E}{Y_r \cdot P} = \frac{w_n/P}{Y_r/E}$$

Es bedeuten: LSK_r = reale Lohnstückkosten, W_n = nominale Lohnsumme, Y_n = nominales Bruttoinlandsprodukt, Y_r = reales Bruttoinlandsprodukt, P = Preisniveau, E = Erwerbstätige (Einsatz in Std.), w_n = Nominallohnsatz je Std., w_n/P = Reallohnsatz je Std., Y_r/E = reale Arbeitsproduktivität je Std. Die realen Lohnstückkosten bleiben (näherungsweise) konstant, wenn der Nominallohnsatz mit der gleichen Rate wächst wie die Summe aus der Veränderungsrate der Arbeitsproduktivität und der allgemeinen Preissteigerungsrate. (Die Punkte über den jeweiligen Größen weisen auf die entsprechende Wachstumsrate hin).

$$L\dot{S}K_r \approx \dot{w}_n - [(\frac{\dot{Y}_r}{E}) + \dot{P}]$$

b) *Lohnquote:* Aus der Definition der gesamtwirtschaftlichen realen Lohnstückkosten geht hervor, dass sie dem Anteil der Löhne am Bruttoinlandsprodukt entsprechen. Diese Größe kann näherungsweise als gesamtwirtschaftliche → Lohnquote bezeichnet werden. Unterstellt man weiterhin, dass der Arbeitnehmeranteil (Anteil der abhängig Erwerbstätigen an allen Erwerbstätigen) sich nicht verändert, dann gilt, dass bei Konstanz der realen Lohnstückkosten auch die so definierte Lohnquote konstant bleibt. – 6. *Bedeutung für die keynesianische Makroökomnomik:* Im Rahmen der keynesianischen Einkommenspolitik wird die modifizierte Produktivitätsregel v.a. aus stabilitätspolitischen Überlegungen heraus empfohlen, da eine an der Meinhold-Formel orientierte Lohnentwicklung zu einem Anker für Preisniveau und Konjunktur wird. Entscheidend ist dabei v.a., dass die Lohnsteigerungen nicht an der tatsächlichen oder der erwarteten Inflationsrate, sondern an der Zielinflationsrate der Zentralbank ausgerichtet werden, um einen Stabilitätsfaktor für die gesamtwirtschaftliche Entwicklung zu bilden. – 7. *Probleme:* a) *Einkommensverteilung:* Da der Zuwachs aus Produktivitäts- und Preisniveauanstieg auch als Verteilungsspielraum interpretiert werden kann, führt eine produktivitätsorientierte Lohnpolitik dazu, dass der Verteilungsspielraum gerade ausgeschöpft und die gegebene → Einkommensverteilung damit zementiert wird. – b) *Stabilitäts- vs. Verteilungspolitik:* Wenn in der Lohnleitlinie die Zielinflationsrate zur Anwendung kommt und diese in der Realität von der tatsächlichen Preissteigerungsrate abweicht, kann es bei Verfolgung einer produktivitätsorientierten Lohnpolitik zu einer Änderung der realen Lohnstückkosten und der Einkommensverteilung kommen. Stabilitäts- und verteilungspolitische Ziele können daher in Konflikt geraten. – c) *Einfluss anderer Kostenfaktoren:* Neben den Lohnkosten spielen bei der Preisbildung noch andere Kostenbestandteile (z.B. die Kapitalkosten, Terms-of-Trade, etc.) eine Rolle, die zu einer Erhöhung des Kosten- und Preisniveaus führen können. – Vgl. auch → kostenniveauneutrale Lohnpolitik.

Produktivitätsregel → produktivitätsorientierte Lohnpolitik.

Produktivitätsrente – Begriff der Rentenreform, der zum Ausdruck bringen soll, dass die Sozialrentner an der Steigerung der wirtschaftlichen Produktivität durch → Rentenanpassung beteiligt werden. – Vgl. auch → dynamische Rente.

Produktivitätstheorien – 1. *Begriff:* Produktivitätstheorien sind die Lehren von der → Einkommensverteilung, die die Existenz und/oder Höhe einer oder mehrerer Einkommensarten (z.B. Lohn, Zins) mithilfe der Grenzproduktivität der entsprechenden → Produktionsfaktoren zu erklären suchen. – Vgl. auch → Grenzproduktivitätstheorie der Verteilung, → Verteilungstheorie. – 2. *Kategorien:* a) *Produktivitätstheorien des Zinses:* → Zinstheorien; b) *Produktivitätstheorien des Lohnes:* → Lohntheorien.

Produktivkräfte – die natürlichen Ressourcen, die Arbeitskräfte sowie die Produktionsmittel und das technische Wissen eines Landes, über das die Produktionsfaktoren miteinander verbunden sind. – Vgl. auch → historischer Materialismus.

Produktivkredit – *Produktionskredit;* → Kredit an erwerbswirtschaftliche Unternehmen, v.a. Investitionskredite (→ Anlagekredit) und → Betriebsmittelkredite. – *Gegensatz:* → Konsumentenkredit.

Produktkalkulation → Kalkulation. – Vgl. auch → Produktionskosten, → variable Kosten.

Produktklassifikation – 1. *Begriff:* Einteilung von Produktgruppen anhand festgelegter Kriterien. – 2. *Arten:* Kriterien der Klassifizierung können sein: (1) *Verwendungsreife:* Produkt kann direkt oder erst nach einer – mehr oder weniger umfangreichen – Bearbeitung einer bestimmten Verwendung zugeführt werden. Entsprechend wird zwischen Roh- und Urstoffen, Halbfertigerzeugnissen (Halbwaren, Zwischenprodukte) und Fertigerzeugnissen unterschieden. (2) *Verwendungszweck:* → Konsumgüter, → Investitionsgüter. (3) *Größenordnung der Fertigung:* Massenprodukte, d.h. für anonyme Märkte gefertigte Erzeugnisse in großen Stückzahlen (z.B. Streichhölzer) und Individualgüter, d.h. nach Spezifikation des individuellen Auftraggebers hergestellte Produkte (z.B. Bekleidung nach Maß). (4) *Beschaffungsaufwand:* Güter, die durch umfangreichen Kaufentscheidungsprozess individueller oder organisationaler Art, und Güter, die durch extrem kurze (impulsive) Kaufentscheidungsprozesse gekennzeichnet sind. – Im *Konsumgüterbereich* werden weiter unterschieden: (a) *Gewohnheitsartikel* (→ Convenience Goods): Waren des täglichen Bedarfs, Impulsprodukte, Gegenstände für den Notfall; (b) *bewusst ausgewählte Güter* (→ Shopping Goods); (c) *Spezialerzeugnisse* (→ Speciality Goods); (d) *nicht gefragte Produkte* (Unsought Goods).

Produktkontrolle – Vergleich von Sollgrößen der → Produktplanung mit Istgrößen, denen ein Produkt nach der Einführung bis zu seiner Eliminierung folgt.

Produktkonzeptplanung – mehrstufiger Prozess, der Bestandteil der strategischen → Produktplanung ist. Die Produktkonzeptplanung umfasst alle Phasen vom Anstoß zur Produktplanung über die Ideensuche und Vorauswahl sowie die Ableitung von Produktvorschlägen bis hin zu deren Beurteilung und der Auswahl von Produktentwicklungsaufträgen aufgrund einer möglichst genauen Produktbeschreibung (Merkmalsangabe). – Vgl. auch → Produktentwicklungsplanung.

Produktlebenszyklus → Lebenszyklus, → internationaler Produktlebenszyklus.

Produktlinie – 1. *Begriff:* Verschiedene Varianten eines Produktes werden in einer Produktlinie zusammengefasst. Bspw. bietet Apple verschiedene Varianten seines iPhones an um mit einem Produkt unterschiedliche Kundenbedürfnisse zu befriedigen. – 2. *Merkmale:* Im Normalfall handelt es sich um substitutive Beziehungen zwischen den zughörigen Produkten. Von unten angefangen bietet die jeweils nächsthöhere Variante für einen höheren Preis mehr Ausstattungsniveau. – 3. *Zweck:* Aus den verschiedenen Varianten kann der Kunde die gewünschte auswählen. Das Unternehmen kann somit individueller auf Kundenwünsche eingehen. Die optimale Länge der Produktlinie ist abhängig von der Zielsetzung des Unternehmens. Unternehmen, die dem Kunden ein volles Angebotsspektrum bieten wollen oder auf hohe Marktanteile abzielen, werden eine umfangreichere Produktlinie aufbauen als Unternehmen, die auf eine hohe Profitabilität achten. – Gegensatz: → Produktfamilie

Produktlinienerweiterung – 1. *Begriff:* kennzeichnet die Dehnung einer vorhandenen Marke in bisherige Produktkategorien. – 2. *Merkmale:* Durch Variationen eines bestehenden Produkts erfolgen Anpassungen an spezifische Bedürfnisse einzelner Kundensegmente. Diese beliebte → Strategie zur segmentspezifischen Anpassung von → Marken bewirkt eine bessere Marktabdeckung. Voraussetzung einer Produktlinienerweiterung sind hinreichend klar abgrenzbare und ergiebige Kundensegmente, die durch entsprechende Produktvarianten einer Marke auch ansprechbar sind. Ziel einer solchen Strategie ist eine möglichst umfassende Marktabdeckung.

Produktlizenz – Art der → Lizenz. Der Lizenzpartner erhält die Genehmigung zur Herstellung (und zum Vertrieb) eines vom Lizenzgeber bisher produzierten Erzeugnisses. Es kann sich hierbei um eine Eigenentwicklung des Lizenzgebers handeln oder um die Vergabe einer Unterlizenz. Gegenstand der Produktlizenz können in beiden Fällen komplette, marktreife Erzeugnisse (z.B. Pkw, Lkw, elektronische Geräte), Produkt- bzw. Einbauteile oder Beiprodukte sein.

Produktmanagementorganisation – 1. *Begriff:* Konzept einer → mehrdimensionalen Organisationsstruktur, bei der eine gegebene Grundstruktur durch die organisatorische Verankerung von Kompetenz für die bez. einzelner Produkte oder Produktgruppen bestehenden Aufgaben, v.a. Marketingaktivitäten *(Produktmarketing),* ergänzt wird. – 2. *Formen:* a) Die Institutionalisierung des Produktmanagements ist auf einen → organisatorischen Teilbereich beschränkt oder teilbereichsübergreifend angelegt. – b) Die Institutionalisierung erfolgt in Form von Kernbereichen (Kernbereichs-Produktmanagement), → Richtlinienbereichen (Richtlinien-Produktmanagement), Matrixbereichen (Matrix-Produktmanagement; → Matrixorganisation), → Servicebereichen (Service-Produktmanagement) oder → Stäben (Stabs-Produktmanagement). – 3. Bei der *Auswahl* einer der sich hieraus ergebenden Gestaltungsalternativen sind die angestrebte Reichweite für die Berücksichtigung der Produktmanagement-Perspektive im arbeitsteiligen Entscheidungsprozess der Unternehmung und die spezifischen Vor- und Nachteile der alternativen Bereichsformen abzuwägen.

Produktmarke → Marke.

Produktmarketing → Produktmanagementorganisation.

Produktpflege – bestehende Produkte werden behutsam aber kontinuierlich weiterentwickelt. Um die hohe Floprate von Innovationen zu vermeiden wird der Fokus auf Evolution statt Revolution gelegt. Im Idealfall können durch Long-Life-Gestaltung

Marktklassiker hervorgebracht werden. Durch die relative Konstanz des Angebotes kann mit weniger Aufwand mehr Marktwirkung erzielt werden. Bei der Pflege sind kleine, möglichst wenig auffällige Produktvariationsmaßnahmen ebenso möglich wie differenzierende Maßnahmen der Ausweitung der Produktfamilie. Grundlage für die Strategie der Produktpflege sind weitgehend zeitinvariante Maßnahmen der → Produktgestaltung. – Gegensatz: Produktinnovation

Produktpiraterie – 1. *Begriff:* gezielte Verletzung von → Urheberrechten und → gewerblichen Schutzrechten durch unerlaubtes Nachahmen und Kopieren von Waren. – 2. *Merkmale:* Erfasst heute alle Schutzgegenstände und alle Warenbereiche bis hin zu den Massenartikeln des täglichen Gebrauchs. Durch das Gesetz zur Stärkung des Schutzes geistigen Eigentums und zur Bekämpfung der Produktpiraterie vom 7.3.1990 (BGBl. I 422) sind die straf-, zivil- und öffentlich-rechtlichen Mittel zur Durchsetzung bestehender Schutzrechte verbessert worden, bes. durch Verschärfung der strafrechtlichen Sanktionsmöglichkeiten, durch Erweiterung der Vernichtungs- und Einziehungsmöglichkeiten und Schaffung eines bes. Auskunftsanspruchs zur Aufklärung der Quellen und Vertriebswege schutzrechtsverletzender Waren sowie die Erweiterung der Möglichkeit der Grenzbeschlagnahme durch den Zoll bei offensichtlich schutzrechtsverletzenden Waren. – Vgl. auch → Markenpiraterie.

Produktplanung – *Erzeugnisplanung;* 1. *Begriff:* umfasst die Stufen des Entscheidungsprozesses bei der → Produktinnovation von der Ideengewinnung bis zum Gestaltungsbriefing (Pflichtenheft, Lastenheft etc.). – 2. *Stufen* können sein: a) Sachziel- und Suchfeldbestimmung, – b) Anspruchsanalyse und -auswahl, – c) Konkurrenzanalyse und Positionierung, – d) Limitierungsanalyse, – e) Formalziel- und Potenzialanalyse, – f) Briefing.

Produktpolitik – 1. *Begriff:* umfasst alle Entscheidungen, die sich auf die Gestaltung des Angebotes (Produkte und Dientstleistungen) eines Unternehmens beziehen. Produktpolitik ist eines der → marketingpolitischen Instrumente innerhalb des Marketing-Mix. Den Kern der Aktivitäten bildet das Produkt selbst, welches entwickelt, am Markt eingeführt, gepflegt und bei Bedarf modifiziert oder eliminiert werden muss. Daneben spielen Entscheidungen über begleitende Dienste, die Verpackungsgestaltung und die Markenbildung ein Rolle. – 2. *Aufgaben:* Die Aufgaben der Produktpolitik teilen sich in drei zentrale Bereiche auf: a) → Produktentwicklung und -einführung, in der es darum geht, neue Produkte zu entwickeln und erfolgreich am Markt einzuführen, – b) → Produktpflege und – c) → Produktelimination. – 3. *Instrumente:* Das produktpolitische Instrumentarium umfasst mehrere Teilbereiche: a) *Produktqualität* umfasst die Konzeption und Entscheidung über funktionale Produkteigenschaften. – b) *Produktausstattung* umfasst die ästhetische Gestaltung des Produktes durch Verpackung und Design. – c) *Markierung* betrifft die Namensgebung und Kennzeichnung des Produktes. – d) *Programm- und Sortimentsentscheidungen* umfassen die Entscheidungen über die Ausgestaltung von Produktlinien. – e) *Service und Dienstleistungen*, die mit dem Produkt verbunden werden.

Produktpositionierung – 1. *Begriff:* stellt im Ist-Zustand das Ergebnis aller marketingpolitischen Maßnahmen dar, die auf die als günstig erachtete Stellung eines Produktes im Wahrnehmungsraum der Nachfrager abzielen. Dementsprechend kann die Produktpositionierung auch als Ausgangspunkt für die bewusste Veränderung der Position eines Produktes im mehrdimensionalen Raum der produktrelevanten Attribute gesehen werden. Wesentliche *Basis* für die Analyse der Produktpositionierung sind Verfahren der Einstellungsmessung (→ Einstellung) in Verbindung mit → multivariaten Analysemethoden. – Vgl. → Markenpositionierung

Produkt-Public-Relations → Public Relations (PR).

Produktqualität → Qualität.

Produktrecycling – *Re-Use, Re-Building, Re-Manufacturing;* → Recycling nach der Gebrauchsphase. Das Produkt als solches bleibt erhalten und wird für neue Nutzung aufgearbeitet.

Produktsicherheit – jetzt geregelt im Gesetz über technische Arbeitsmittel und Verbraucherprodukte (Geräte- und Produktsicherheitsgesetz, GPSG) vom 6.1.2004 (BGBl. I 2) m.spät.Änd. Das Gesetz regelt ausführlich die Pflichten beim Inverkehrbringen von Produkten, insbesondere von Verbraucherprodukten (§§ 4 f. GPSG), ferner die CE-Kennzeichnung, das GS-Zeichen (§§ 6 f. GPSG) sowie die Befugnisse staatlicher Behörden, insbesondere die Informierung der Öffentlichkeit (§ 10 GPSG).

Produktsicherheitsgesetz – 1. *Allgemeines:* Das Produktsicherheitsgesetz (ProdSG) vom 8.11.2011 (BGBl. I 2179; 2012 I 131) hat das Geräte- und Produktsicherheitsgesetz (GPSG) abgelöst und dient der Umsetzung von europarechtlichen Vorgaben. Das Gesetz unterscheidet zwischen europäisch harmonisierten Produkten (harmonisierter Bereich – § 4) und Produkten, für die keine europäisch harmonisierten Vorgaben existieren (nicht harmonisierter Bereich). Produkte dürfen nur auf dem Markt bereit gestellt werden, wenn sie entweder die Anforderungen der harmonisierten Normen erfüllen oder wenn sie bei bestimmungsgemäßer oder vorhersehbarer Verwendung die Sicherheit und Gesundheit von Personen nicht gefährden (§ 3 ProdSG). Durch Rechtsverordnung werden die Anforderungen u.a. an die Beschaffenheit von Produkten, die Bereitstellung von Produkten auf dem Markt, das Ausstellen von Produkten, die erstmalige Verwendung von Produkten, die Kennzeichnung von Produkten und die Konformitätsbewertungsstellen geregelt (§ 8). Bes.

Informations-, Kennzeichnungs-, Unterrichtungs- und Prüfpflichten treffen die Hersteller, Einführer und Händler von Verbraucherprodukten (§ 6). – 2. Mit der CE-Kennzeichnung dürfen nur solche Produkte (einschließlich ihrer Verpackung oder der beigefügten Unterlagen) auf dem Markt bereit gestellt werden, bei denen dies durch eine Rechtsverordnung nach § 8 ProdSG vorgesehen ist. Die CE-Kennzeichnung muss sichtbar, lesbar und dauerhaft angebracht sein (§ 7). Mit dem GS-Zeichen (geprüfte Sicherheit) dürfen verwendungsfertige Produkte nur versehen werden, wenn es von einer zugelassenen GS-Stelle zuerkannt worden ist. Darüber ist eine Bescheinigung auszustellen. Die Geltungsdauer ist auf höchstens fünf Jahre befristet (§ 21).

Produktspanne – Differenz zwischen dem Endverbraucherpreis im Einzelhandelsgeschäft und dem Erzeugerpreis (ab Hof oder Erzeugermarkt) eines landwirtschaftlichen Erzeugnisses. – Vgl. auch → Marktspanne.

Produktstandardisierung – *Standardisierung;* Teilbereich der Produktgestaltung; die Produktstandardisierung beinhaltet die Vereinheitlichung von Größen, Abmessungen, Formen etc. von Einzelteilen (→ Normung) bzw. von kompletten Produktvarianten (→ Typung). – Vgl. auch → Baukastensystem.

Produkttest – 1. *Begriff:* Methode zur Ermittlung der optimalen → Produktgestaltung. – 2. *Merkmale:* Einer Reihe von Testpersonen wird ein Produkt zur Verfügung gestellt. Nach Ge- oder Verbrauch des Produktes werden die Probanden dann nach ihren Eindrücken befragt. Testobjekt können dabei neue oder bereits existierende Produkte sein. Es können entweder der Gesamteindruck des Produkts (Volltest) oder einzelne Faktoren des Produkts (Partialtest), z.B. Verpackung (→ Verpackungstest), Geruch (Geruchstest), Geschmack (→ Geschmackstest), Preis (→ Preistest), Namen (→ Namenstest) etc., in ihrer Beurteilung durch die Auskunftspersonen geprüft werden. – 3. *Zweck:* Es sollen die Produktwirkungen geprüft werden. Wirkungen sollen beim Verwender, Händler, Hersteller und bei Lagerung sowie Transport im Hinblick auf die gesetzten Ziele ermittelt werden. Verbreitet ist der Verwenderprodukttest. Der → Warentest konzentriert sich auf die objektive Prüfung der Sachleistungstauglichkeit durch Nutzung technischer Hilfsmittel. Für die Prognose des Markterfolges ist die subjektive Wirkung beim Käufer (Verwender) wichtiger. Für die Kundenbindung entscheidend ist die subjektive Prüfung der Anmutungswirkungen, deshalb dominieren hier sozialwissenschaftliche Methoden. – Man unterscheidet den Ex-Ante- und Ex-Post-Test. Für ein Unternehmen ist der Ex-Ante-Test vor der Produkteinführung bez. der Erfolgsprognose bedeutsam. Weiter unterscheidet man *monadische Tests* (nur ein Produkt wird getestet) und *Vergleichstests* (mehrere Produkte werden miteinander verglichen) sowie *Studiotests* (v.a. für Nahrungsmittel und Getränke) und *Inhome-Tests* (v.a. für Körperpflege und Wasch-, Putz- und Reinigungsmittel), wobei bei letzteren v.a. sog. *Produkttestpanels* zum Einsatz kommen. Dies sind oft große Stichproben, von denen 300 bis 1.000 Personen der Zielgruppe ausgewählt werden, denen das zu prüfende Produkt zugesandt wird. – *Wichtige Methoden:* → Akzeptanztest, → Blindtest.

Produkttreue → Markentreue.

Produkt- und Programmpolitik → marketingpolitische Instrumente, → internationale Produkt- und Programmpolitik.

Produktvariation – 1. *Begriff:* Modifikation bereits im Programm enthaltener Produkte. Bewusste Veränderung von technischen oder ästhetischen Eigenschaften bzw. Nutzenkomponenten (bspw. auch das → Image) eines bereits angebotenen Produktes im Zeitablauf zur Anpassung an kundenseitig geänderte Erwartungen oder an veränderte Verbrauchs- und/oder Potenzialfaktoreigenschaften. Produktvariation kann auch in der Weise durchgeführt werden, dass die mit Sachgütern verbundenen Dienstleistungen verändert bzw. zusätzliche Dienstleistungen hinzugefügt werden. – 2. *Gründe:* a) sich ändernde Wünsche und Bedürfnisse der Nachforager, – b) gesetzliche Auflagen. – 3. *Zweck:* Verteidigen oder erweitern der aktuellen Marktpostition im Wettbewerb. Zu unterscheiden ist bei der Produktvariation zwischen der → Produktpflege und dem Produktrelaunch (→ Relaunch). Beiden gemein ist, das die Gesamtzahl der vom Anbieter offerierten Produkte konstant bleibt. Im Gegensatz zur (eigentlichen) → Produktdifferenzierung ändert sich bei der Produktvariation die Produktionsprogrammtiefe somit nicht.

Produktverantwortung – „Zur Erfüllung der Produktverantwortung sind Erzeugnisse möglichst so zu gestalten, dass bei deren Herstellung und Gebrauch das Entstehen von → Abfällen vermindert wird und die umweltverträgliche → Verwertung und Beseitigung der nach deren Gebrauch entstandenen Abfälle sichergestellt ist“ (vgl. §21 1 1 KrW-/AbfG). Die Produktverantwortung strebt die Umsetzung des → Verursacherprinzips an.

Produktverpackung → Verpackung, → Verpackungsverordnung (VerpackV).

Produktwissen – im Gedächtnis von Konsumenten gespeicherte Informationen über ein Produkt. Das Produktwissen nimmt Einfluss auf die Produktauswahl und steuert entsprechend die Wahrnehmung.

Produktzyklushypothese → Produktzyklustheorie.

Produktzyklustheorie – I. Außenwirtschaft: Die Produktzyklustheorie betont die Veränderung → komparativer Vorteile für einzelne Güter im Zeitverlauf. In der *Einführungsphase* ist das technische Know-how für den komparativen Vorteil entscheidend. Die Produkteinführung solcher Güter erfordert gute Kommunikationsmöglichkeiten zwischen Produzenten und Nachfragern, und diese sind im

Inland eher gegeben als international (→ Linder-Hypothese). Nach der erfolgreichen Einführung solcher Produkte entsteht in der *Reifephase* die Möglichkeit des Exports in Länder mit ähnlicher Nachfragestruktur. Elemente der → Produktdifferenzierung und → Größenvorteile können diesen Effekt noch verstärken. Nach einer gewissen Zeit wird das → Produkt standardisiert, und die erwähnten Kommunikationserfordernisse verlieren ihre Bedeutung. An deren Stelle bestimmen Kostenüberlegungen die komparativen Vorteile. Je nach Faktorausstattung der einzelnen Länder kann dann die Produktion solcher Güter in der *Stagnationsphase* in das Ausland wandern, und das Gut wird in weiterer Folge zu einem Importgut (→ Heckscher-Ohlin-Handel). Schließlich kann das Gut durch die Einführung neuer Güter im Inland vollständig ersetzt werden *(Degeneration).*

II. Theorie der standörtlichen Verlagerung von Produktionsstätten: (im Zusammenhang mit dem angenommenen „Lebenspfad" eines Produktes): 1. *Begriff:* Die Produktzyklustheorie besagt, dass der Wachstumspfad der Produktion eines Gutes nachfrageabhängig feste Phasen der Produktcharakteristik und der Produktionstechnik durchläuft und entsprechend dem Lebenszyklusstadium das Gewicht der einzelnen → Standortfaktoren unterschiedlich ist. Dadurch kommt es zu regelhaften Sequenzen räumlicher Verlagerung der Produktionsstandorte (→ Standort). – 2. *Entstehung:* Entwickelt wurde diese Theorie von *Vernon* (1966) und *Hirsch* (1965, 1967) zur Erklärung des relativ stärkeren Wachstums von US-amerikanischen → Direktinvestitionen im Ausland gegenüber den Warenexporten in den 1960er-Jahren. → Wirtschaftsgeografie und → Stadtökonomik haben diesen Ansatz übernommen und auf die räumliche Spezialisierung und Dynamik von Industrieregionen, v.a. die Verlagerung von den entwickelten zu den unterentwickelten Staaten im Zusammenhang mit der → neuen internationalen Arbeitsteilung, angewandt. Inzwischen genießt die Produktzyklustheorie einen zentralen Stellenwert in der Analyse der Lokalisierung von Unternehmen aus hochtechnologischen Branchen sowie der Rolle der Technologie in der Herstellung räumlich ungleicher Entwicklung. – 3. *Theorie:* Das Produktzyklusmodell unterscheidet i.d.R. drei (manchmal vier) Phasen: a) In der *Innovationsphase* (→ Innovation), in der das neue Produkt eingeführt wird, sind die wissenschaftlich-technischen Ressourcen, hoch qualifizierte Arbeitskräfte und gute, flexible Kommunikationsmöglichkeiten mit Nachfragern, Zulieferern und auch Konkurrenten in der → Region von großer Bedeutung. Die Produktionstechnologie befindet sich noch im experimentellen Stadium, das → Marktvolumen ist gering und unsicher. Geringe → Preiselastizität und temporäres → Monopol ermöglichen zwar beachtliche → Gewinne, diesen stehen jedoch hohe Pionierinvestitionen und ein geringes Produktionsvolumen (Einzel-, Kleinserienfertigung) gegenüber. Metropolitane Regionen in hochentwickelten → Industrieländern mit Forschungszentren, aufnahmefähigen Märkten, differenziertem Dienstleistungsangebot und ungebundenem Kapital scheinen die günstigsten Standortvoraussetzungen zu bieten. – b) In der *Wachstums- und Reifephase* expandiert die Nachfrage sowohl in der Region als auch außerhalb. Die Produktstandardisierung setzt ein, Massenproduktion wird aufgenommen. Die Nutzung von Skalenvorteilen und kostengünstigen Inputs (Rohstoffe, Arbeitskraft) zur Stückkostensenkung gewinnt angesichts wachsenden Preiswettbewerbs zunehmend an Bedeutung. Dem Management kommt eine Schlüsselfunktion für die Organisation der Massenproduktion, die Sicherung der Märkte und die Bereitstellung des Investitionskapitals zu. Der wachsende Kostendruck und die zunehmende Bedeutung auswärtiger Märkte löst Standortverlagerungen hin zu peripheren Regionen (→ Peripherie) der hoch entwickelten Industrieländer und hin zu den auswärtigen Märkten aus. – c) In der *Standardisierungsphase* ist die Massenproduktion die Norm, die Produktionstechnologie ausgereift, Ersatz- und Erweiterungsinvestitionen überwiegen. Es herrscht intensiver Preiswettbewerb. Die Produktdifferenzierung dominiert gegenüber Innovationen. Die wachsende Kapitalintensität bewirkt Standortverlagerungen in weniger entwickelte Regionen bzw. Länder wegen der dort reichlich vorhandenen billigen, gering qualifizierten Arbeitskräfte sowie der staatlichen Investitionsanreize und Subventionen. In den hochentwickelten Gebieten überwiegen die Importe aus den neuen Standortregionen. – d) Diesen drei ursprünglichen Phasen des Produktzyklus wird z.T. eine vierte, die *Stagnations- und Kontraktionsphase,* hinzugefügt. Sie zeichnet sich durch schwach wachsende oder schrumpfende Märkte aus. Massenproduktion und der Einsatz billiger, ungelernter Arbeitskräfte bleiben bestimmend. Es setzen verstärkt Prozesse der Unternehmenskonzentration und der vertikalen Integration ein. Die Exportstrategien werden zunehmend durch Importsubstitution und staatliche Protektion (→ Protektionismus) in den peripheren Standortregionen ersetzt. – 4. *Kritik:* Die Simplizität des Modells hat maßgeblich zu seiner Verbreitung beigetragen, ist aber auch eine Schwachstelle, da es wesentliche Aspekte der Nachfrage, des Angebotes, des unternehmerischen Handelns und der politischen Steuerung vernachlässigt und im technologischen Wandel den Hauptgrund von Investitionsentscheidungen sieht (technologischer Determinismus). Bez. der Kontrolle der Produktionstechnologie und des Technologietransfers berücksichtigt das Modell nicht die vielfältigen Unternehmensstrategien, wie z.B. Internationalisierung, → Joint Ventures, → Subcontracting u.Ä., sondern unterscheidet in der räumlichen Verlagerung des Know-hows nur zwischen einheimischen und auswärtigen Unternehmen. Die → Invention neuer Produkte ist i.d.R. nicht identisch mit ihrer endgültigen Form, wie es das Modell annimmt, vielmehr erfolgen im Verlauf der Markteinführung stufenweise Verbesserungen und Änderungen. Im Modell wird das Produkt als homogen betrachtet; die in der ökonomischen Realität wirkenden Unterschiede der technischen Ausstattung und der Verwendungsmöglichkeit sowie die Markenpolitik der Unternehmen bleiben ausgeklammert. Standortwirksame Faktoren (v.a. in der zweiten und dritten Phase) werden ebenso verkürzt behandelt. Fraglich ist auch die Gültigkeit des postulierten Zusammenhangs von Standardisierung und Massenproduktion einerseits und Nutzung billiger Arbeitskraft in der Peripherie andererseits; technologische Entwicklungen wie → CNC-Anlagen, → CIM etc. ermöglichen Stückkostensenkung und Massenproduktion ohne Standardisierung. Weiterhin können Prozessinnovationen bei einer scheinbaren Produktstabilität die Standortverlagerung nachhaltig verändern. Fraglich ist auch, ob die im Verlauf des Produktzyklus angenommene Auflösung der → Monopol-Marktform eintritt. Schließlich berücksichtigt das Modell die Diskordanzen von Nachfrage- und Produktzyklen nicht, sondern unterstellt, dass der Markt alle Produkte absorbiert. Ungeachtet dieser Probleme ist die Produktzyklustheorie vielfach zur Grundlage wirtschaftsgeographischer Analysen der regionalökonomischen Dynamik gemacht worden. Sie dient auch zur Erklärung der Rolle von F&E-Aktivitäten (*Silicon-Valley-Phänomen*), der Gründung neuer Unternehmen, des technologischen Wandels und der Planung von Technologieparks. Die Überwindung der aufgezeigten konzeptionellen Schwächen wird in einer Verknüpfung mit Theorie des Unternehmens gesehen.

Produzentenrente

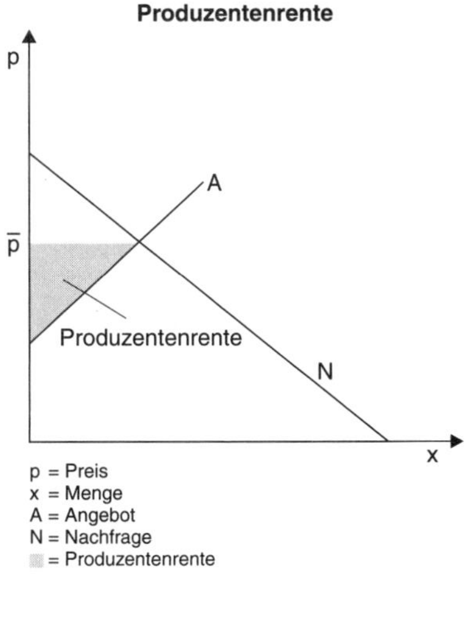

Produzent – Inhaber einer Unternehmung der Urproduktion oder der Industrie (→ Industrieunternehmung).

Produzentenhaftung – neben der → Produkthaftung weiterhin anwendbare verschuldensabhängige (aber Beweiserleichterung) Haftung des Herstellers für fehlerhafte Produkte (§§ 823 ff. BGB; vgl. → unerlaubte Handlung). – *Vorteil:* Im Gegensatz zur Produkthaftung keine Selbstbeteiligung und kein Haftungshöchstbetrag (§§ 10–11 ProdHaftG), keine Beschränkung auf Produkte für den Privatgebrauch.

Produzentenrente – Differenz zwischen dem → Preis, zu dem ein Anbieter aufgrund seiner Kostensituation noch bereit wäre, ein → Gut herzustellen und anzubieten, und dem Marktpreis. Im Gegensatz zu der psychologischen Größe der → Konsumentenrente ist die Produzentenrente im Rahmen der → Mikroökonomik ein Ausdruck für die anfallenden Differenzialgewinne (→ polypolistische Preisbildung) der intra-marginalen Marktanbieter. Die Produzentenrente ist im Schaubild die Fläche des Dreiecks, das durch die Angebotskurve, die Ordinate (y-Achse) und die Marktpreisgerade gebildet wird. – *Gegenteil:* Konsumentenrente, Consumer Surplus.

Profiling – 1. *Begriff:* Analyse der relevanten beruflichen und persönlichen Merkmale und Fähigkeiten der Arbeitslosen. – 2. *Entwicklung:* Das Profiling wurde als Instrument der aktiven Arbeitsmarktpolitik 1998 in das SGB III aufgenommen; ein Profiling hatte spätestens nach 6-monatiger Arbeitslosigkeit zu erfolgen. Mit dem Gesetz zur Reform der arbeitsmarktpolitischen Instrumente (→ Job-AQTIV-Gesetz) wurden die Agenturen für Arbeit (→ Agentur für Arbeit) verpflichtet, spätestens am Tag der Arbeitslosmeldung ein umfassendes Bewerberprofil zu erarbeiten. Zur Beschleunigung der Vermittlung sah der Bericht der → Hartz-Kommission vor, die Arbeitssuchenden in drei Gruppen einzuteilen, um ihnen – abhängig von ihrer Betreuungsbedürftigkeit – unterschiedlich viel Zeit für Beratungsgespräche zuordnen zu können: Informationskunden können ihre Suche über Selbstinformationseinrichtungen eigenständig abwickeln. Im sog. Eingangsprofiling werden die anderen Arbeitssuchenden dem Typ des Beratungs- oder Betreuungskunden zugeordnet. Ersterer bedarf der Beratung in Bezug auf die Vorgehensweise bei der Arbeitsplatzsuche, letzterer ist der schwer Vermittelbare. Dieser erhält einen sog. Fallmanager, der die Rolle eines persönlichen Vermittlers übernimmt. Seit dem Jahr 2009 ist das Profiling unter dem Begriff → Potenzialanalyse zusammen mit der Eingliederungsvereinbarung in § 37 SGB III zu finden. – 3. *Aktuelle Ausgestaltung:* Die Agentur für Arbeit hat unverzüglich nach der Ausbildungsuchendmeldung oder Arbeitsuchendmeldung zusammen mit dem Ausbildungsuchenden oder dem Arbeitsuchenden die für die Vermittlung erforderlichen beruflichen und persönlichen Merkmale, beruflichen Fähigkeiten und die Eignung festzustellen (*Potenzialanalyse*).

Die Potenzialanalyse erstreckt sich auch auf die Feststellung, ob und durch welche Umstände die berufliche Eingliederung voraussichtlich erschwert sein wird (§ 37 I SGB III). Die *Eingliederungsvereinbarung* ist sich ändernden Verhältnissen anzupassen; sie ist fortzuschreiben, wenn in dem Zeitraum, für den sie zunächst galt, die Ausbildungsstellensuche oder Arbeitsuche nicht beendet wurde. Sie ist spätestens nach 6-monatiger Arbeitslosigkeit, bei arbeitslosen und ausbildungsuchenden jungen Menschen spätestens nach drei Monaten, zu überprüfen (§ 37 III SGB III). – Vgl. auch → Arbeitsmarktpolitik.

Profilverfahren – 1. *Begriff:* Verfahren zur Bewertung von Objekten über einzelne Kriterien. Die (relevanten) Kriterien werden auf einem Kontinuum eingeordnet, welches durch Zahlenwerte (z.B. von + 5 (positiv) bis – 5 (negativ)) oder Zeichen (+++ (positiv) bis --- (negativ)) gebildet wird. Eine Alternativenbewertung kann durch einen Profilvergleich erfolgen, Anwendung u.a. zur → Produktbewertung. – 2. *Kritik:* Die Erfassung des unterschiedlichen Entscheidungsgewichts der Kriterien ist problematisch; besser geeignet sind Scoring-Modelle (→ Nutzwertanalyse).

Profit → Gewinn.

Profitcenter – *Erfolgsbereich.* 1. *Begriff:* → Organisatorischer Teilbereich, für den ein eigener Periodenerfolg ermittelt wird, welcher zur gewinnorientierten Beurteilung bzw. Steuerung der Teilbereichsaktivitäten herangezogen wird. Die Bereichsleiter operieren gewissermaßen wie selbstständige Unternehmer. – 2. *Zweck:* Positive Motivation der Bereichsleiter wegen der Gewinnorientierung der Teilbereiche. – 3. *Funktionsbedingungen:* Der Erfolgsausweis und dessen Aussagefähigkeit für die Beurteilung der Steuerung setzen voraus, dass Kosten- und Erlösgrößen dem Teilbereich zurechenbar und von seinem Leiter beeinflussbar sind; streng genommen sind der Marktzugang der einzelnen Teilbereiche und eine ausreichende Entscheidungsautonomie der Bereichsleiter zu erfüllen. – 4. *Organisationsstruktur:* a) → Spartenorganisation: Günstige Voraussetzungen, da die → Sparten jeweils in einen Beschaffungs- und Absatzmarkt eingebettet sind und geringe Interdependenzen aufgrund innerbetrieblicher Leistungsverflechtungen der Sparten existieren. – b) Auch *andere Organisationsstrukturen* mit weniger günstigen Voraussetzungen (v.a. → Funktionalorganisation) sind möglich. Das Problem fehlender Erfolge der marktfernen Bereiche (z.B. Produktion) kann mithilfe fiktiver → Verrechnungspreise formal gelöst werden; allerdings ist angesichts der ausgeprägten internen Interdependenzen der Profitcenter bei Funktionalorganisation die Unabhängigkeit der Teilbereiche stark eingeschränkt. Die Motivationswirkung basiert folglich hier nicht auf unternehmerischer Gewinnverantwortung, sondern auf den Argumentationsnotwendigkeiten im Rahmen der Festlegung der Verrechnungspreise und der Interpretation der jeweils vorliegenden Periodenergebnisse.

Profitcenterorganisation – 1. *Begriff und Merkmale:* Aufteilung einer Unternehmung in einzelne ergebnisverantwortliche Einheiten, die für bestimmte Produkte oder Produktgruppen zuständig sind. In der Profitcenterorganisation wird den Teileinheiten ein relativ hohes Maß an Selbstständigkeit zugewiesen, was die Motivation der leitenden Manager fördern und zum Abbau von → Hierarchienachteilen beitragen soll. – 2. *Organisationstheorie:* Im Rahmen der Aufbauorganisation werden verschiedene Kriterien diskutiert: – a) *Liniensysteme:* Man spricht vom Einliniensystem bzw. vom Mehrliniensystem, wenn es eindeutige bzw. mehrdeutige Instanzenwege oder Über- und Unterordnungsverhältnisse gibt. Werden den Entscheidungsträgern Berater zugefügt, dann redet man von einem Stabliniensystem. – b) *Prinzip:* Beim funktionalen Prinzip, das auch als Verrichtungsprinzip bekannt ist, werden die Abteilungen nach ihren Tätigkeiten in Beschaffung, Produktion und Absatz gebildet. Im Gegensatz hierzu gibt es die Spartenorganisation, die auch als Aufbau nach dem Objektprinzip verstanden werden. Hierbei ist die Profitcenterorganisation ein relativ eigenständiger Unternehmensbereich, der für den Gewinn und für den Verlust eigenständig verantwortlich ist. – *Gegenteil:* → Verrichtungsprinzip, Funktionalprinzip.

Profit Contribution → Deckungsbeitrag.

Profit Impact of Market Strategy → PIMS.

Profit Marketing → Marketing.

Profit Push Inflation → Inflationstheorien.

Profitquote → Gewinnquote.

Profitrate – zentraler Begriff der klassischen politischen Ökonomie. Die Profitrate entspricht der Verzinsung des eingesetzten Kapitals. Die Vertreter der ökonomischen Klassik gingen von einem Prozess des tendenziellen Ausgleichs der Profitraten zwischen den Sektoren hin zu einer einheitlichen gesamtwirtschaftlichen Profitrate aus, die sich durch Kapitalbewegungen von weniger rentablen in rentablere Wirtschaftssektoren ergibt. – Bei Karl Marx spielte die Profitrate eine besondere Rolle. Marx definierte die Profitrate als das Verhältnis von Profit zur Summe aus eingesetztem → konstanten Kapital und → variablen Kapital. Die durch den technischen Fortschritt bedingte Zunahme der → organischen Zusammensetzung des Kapitals führt nach Marx zu einem → tendenziellen Fall der Profitrate, woraus die zwangsläufige zeitliche Begrenztheit des → Kapitalismus abgeleitet wird (→ Krisentheorie). Während der Begriff „profit rate“ im angelsächischen Sprachraum weitgehend üblich ist, wird nicht zuletzt aus Gründen der Abgrenzung gegenüber der Marx'schen Theorie im deutschen Sprachgebrauch der Begriff Gewinnrate, Kapitalrentabilität oder -verzinsung bevorzugt. – Vgl. auch → Gewinnrate, → Wachstumstheorie.

Pro-forma-Rechnung – Rahmenrechnung (Scheinrechnung), die vor der Originalrechnung ausgestellt wird. Eine Pro-forma-Rechnung ist v.a. im → Außenhandel gebräuchlich, um den Importeur sowie ggf. die zuständigen Behörden des Einfuhrlandes über die Einzelheiten der zu erwartenden Sendungen zu unterrichten. Die Devisenbestimmungen einzelner Länder verlangen die Vorlage einer Pro-forma-Rechnung zur Beschaffung der notwendigen → Devisen und → Einfuhrlizenz vor Abgang der Sendung.

Prognose – **I. Begriff**: Aussage über zukünftige Ereignisse, bes. zukünftige Werte ökonomischer → Variablen (z.B. angewandt als Konjunkturprognose, Situationsanalyse oder Bevölkerungsvorausrechnung), beruhend auf Beobachtungen aus der Vergangenheit und auf theoretisch wie empirisch fundierten nachvollziehbaren Verfahren und Theorien. Prognosen richten sich v.a. auf Variablen, die nicht oder kaum durch denjenigen gestaltbar sind, der die Prognose vornimmt. – *Grundlage* jeder Prognose ist eine allg. Stabilitätshypothese, die besagt, dass gewisse Grundstrukturen in der Vergangenheit und Zukunft unverändert wirken. – *Anders:* → technologische Voraussage.

II. Arten: 1. *Direkte/indirekte Prognose:* Eine direkte oder autoregressive Prognose liegt vor, wenn Werte einer ökonomischen Variablen ausschließlich aus Werten derselben Variablen in der Vergangenheit heraus prognostiziert werden. Bei indirekter Prognose wird der Wirkungszusammenhang zwischen verschiedenen Variablen in die Prognose einer Variablen eingebaut; hierbei muss allerdings letztlich wieder auf direkte Prognosen zurückgegriffen werden. – 2. *Qualitative/quantitative Prognose:* Bei einer qualitativer Prognose werden nur Art und Richtung der Entwicklung ökonomischer Variablen genannt, bei einer quantitativer Prognose geht es auch um das Ausmaß dieser Entwicklung. – 3. *Punkt-/Intervall-Prognose:* Bei einer Punkt-Prognose wird ein spezieller zukünftiger Wert für eine ökonomische Variable gesucht, bei einer Intervall-Prognose wird hingegen eine Spanne verlangt, innerhalb derer sich der zukünftige Wert mit hoher „Sicherheit", zumeist als mindestens 90%-Wahrscheinlichkeit definiert, befindet. Bei letzterer kann bes. auch ein Konfidenzbereich angegeben sein (→ Prognoseintervall). – 4. *Bedingte/unbedingte Prognose:* In einem bestimmten Sinn ist jede Prognose bedingt, also als Wenn-Dann-Aussage, zu verstehen; völlig unbedingte Prognosen sind nicht möglich. Allerdings kann so vorgegangen werden, dass Prognosen für ein und dieselbe Variable alternativ je nach gewissen eingehenden Voraussetzungen gemacht werden und dem Verwerter die Einschätzung für das Eintreten dieser Voraussetzungen überlassen wird, etwa bei Bevölkerungsprognosen unter verschiedenen Voraussetzungen bez. der Entwicklung der Geburten. – 5. *Einzel-Prognose/Prognose-Systeme:* Eine Einzel-Prognose richtet sich auf eine einzige ökonomische Variable. Ein Prognose-System bezieht sich auf eine Gesamtheit von Variablen, die in ihrer gegenseitigen Verknüpfung prognostiziert werden. – 6. Verschiedene *Fristigkeiten von Prognosen:* Kurzfristige Prognose (Prognose-Zeitraum bis zwei Jahre); mittelfristige Prognose (bis fünf Jahre); langfristige Prognose (bis zehn Jahre); säkulare Prognose (über mehrere Jahrzehnte oder Jahrhunderte). – 7. *Entwicklungs-Prognose (Informations-Prognose, Trend-Prognose):* Die Unternehmung übt keinen spürbaren Einfluss auf die zu prognostizierenden Größen aus (z.B. Marktentwicklung der Personal Computer insgesamt, Veränderungen des Abnehmerverhaltens oder Veränderungen im Distributionssystem). – 8. *Wirkungs-Prognose (Instrumental-Prognose, Entscheidungs-Prognose):* Prognose der Wirkungen von Maßnahmen der eigenen Unternehmung (z.B. auf Größen wie Absatz, Umsatz in Abhängigkeit von bestimmten Marketingmaßnahmen). – 9. *Indikator-Prognose:* Indikatoren werden zur Prognose von Entwicklungen herangezogen. Indikatoren können, müssen aber nicht in kausaler Beziehung zu der zu prognostizierenden Variablen stehen. Indikatoren lassen sich unterteilen in vorauseilende, koindizierende und nacheilende Indikatoren. So ist die Zahl der erteilten Baugenehmigungen ein vorauseilender Indikator für die Nachfrage in der Baubranche.

III. Verfahren: 1. Bei *kurzfristigen* Prognosen, bes. im betrieblichen Bereich, werden direkte Prognosen bevorzugt, v.a. Zeitreihen-Prognosen mittels → gleitender Durchschnitte oder mittels → exponenziellem Glätten; bei *mittelfristigen* Prognosen werden ökonometrische Verfahren zur Fortrechnung des → Trends herangezogen oder auch, etwa bei Marktprognosen, die Prognose mittels Wachstumsfunktionen (logistische Funktion; Gompertz-Funktion). Bei Vorhandensein auch *saisonaler Komponenten* (→ Zeitreihenkomponenten) erfolgt die Prognose des Trends auf der Grundlage von Vergangenheitswerten, die einer Trendbereinigung unterworfen wurden; für Prognosen des *Zukunftswertes* wird dann die Saisonkomponente geeignet hinzugerechnet. *Indirekte Prognosen* erfolgen zumeist mithilfe der → Regressionsanalyse und ökonometrischen Modellen. – 2. Grundsätzlich *unterschieden* werden: a) *Quantitative Prognoseverfahren:* Basieren auf mathematischen Verfahren (z.B. Trendextrapolation, Indikatorprognose, exponenzielles Glätten). – b) *Qualitative Prognoseverfahren:* Basieren auf Erfahrungen, Kenntnissen und Fingerspitzengefühl; angewandt beim Fehlen quantitativer Daten (z.B. → Delphi-Technik, → Expertenbefragung, → Szenario-Technik). – 3. Prognosen erfolgen häufig als direkte Prognosen auf der Grundlage von ARMA-Modellen (→ ARMA(p,q)-Prozess).

IV. Beurteilung: 1. Beurteilung von Prognosen kann zunächst *qualitativ* und *im Voraus* erfolgen. Kriterien sind die ökonomisch-theoretische Fundierung, die Verträglichkeit von Einzelprognosen innerhalb eines Systems, die Verfügbarkeit qualifizierter Vergangenheitsdaten. – 2. Außerdem erfolgt die Beurteilung oft *quantitativ* und *im Nachhinein* durch eine geeignete globale Kennzeichnung der aufgetretenen → Prognosefehler (Durchschnitt des absoluten, des relativen Prognosefehlers; Korrelation zwischen prognostiziertem und eingetretenem Wert; Theilscher Ungleichheitskoeffizient). Allerdings sollten die aufgetretenen Prognosefehler nicht nur eine Messung, sondern auch eine Ursachenanalyse erfahren. – Vgl. auch → Situationsanalyse, → Konjunkturprognose.

Prognosebericht → Lagebericht.

Prognosefehler – bei → Prognosen der Unterschied zwischen dem prognostizierten Wert und dem tatsächlich eingetroffenen Wert. Er ist nur im Nachhinein bestimmbar.

Prognoseinstrumente – Sie werden eingesetzt, um Aussagen darüber zu treffen, wie sich Tatbestände in der Zukunft unter bestimmten Bedingungen voraussichtlich entwickeln werden. Zu den Prognoseinstrumenten zählen z.B. die GAP-Analyse, Kostenschätzungsmodelle, die Nutzschwellenanalyse und Simulationsrechnungen.

Prognoseintervall – 1. *I.e.S.:* Bei Intervallprognosen (→ Prognose) der Bereich, in dem der zu prognostizierende Wert mit einer bestimmten (hohen) → Wahrscheinlichkeit ex ante zu vermuten ist. Wird i.d.R. mithilfe der → Inferenzstatistik als Spezialfall der → Konfidenzschätzung ermittelt. – 2. *I.w.S.:* Bezeichnung für ein Intervall, das alle Prognosen für den gleichen Zukunftswert einschließt; z.B. das Prognoseintervall, das durch den kleinsten und den größten aus mehreren konkurrierenden Prognosewerten für das Wirtschaftswachstum in einem zukünftigen Jahr begrenzt wird.

Prognosekostenrechnung – Form der → flexiblen Plankostenrechnung. Die Preise werden aus der → Produktionsprogrammplanung abgeleitet.

Prognosemodell – komplexes Verfahren, das unter Verwendung einer Kombination unterschiedlicher Prognoseverfahren → Prognosen erstellt. Hierdurch wird versucht, allen möglichen Einflussfaktoren Rechnung zu tragen. – Vgl. auch → Modell, → ökonometrisches Prognosemodell.

Prognoseverfahren → Konjunkturprognose.

Program Evaluation and Review Technique → PERT.

Programm – *Computerprogramm.* 1. *Allgemein:* in der → Informatik Darstellung eines Problemlösungsverfahrens in einer für den → Computer verständlichen Form. Programme werden in einer → Programmiersprache formuliert. – 2. *Speziell:* bei Verwendung einer prozeduralen Programmiersprache maschinenverständliche Darstellung des → Algorithmus und der → Daten, die dieser bearbeitet. – 3. *Arten:* (1) *Quellprogramm:* das in einer höheren oder maschinenorientierten Programmiersprache formulierte Programme; *Maschinenprogramm (Objektprogramm):* das von einem → Übersetzer aus dem Quellprogramm erzeugte, ablauffähige Programme. (2) → Hauptprogramm; → Unterprogramm. (3) → Anwendungsprogramm; Auswertungsprogramm.

Programmablaufplan – *Ablaufdiagramm, Blockdiagramm, Flussdiagramm, Flow Chart.* 1. *Begriff:* grafisches Hilfsmittel zur Darstellung eines → Algorithmus oder zur Darstellung des Ablaufs in einem → Programm. – 2. *Darstellungsform:* Symbole für verschiedene Arten von Operationen (z.B. Rechtecke, Rauten), durch Ablauflinien miteinander verbunden. Die Ablauflinien bestimmen die Reihenfolge, in der die Operationen ausgeführt werden sollen. – 3. *Nachteile:* Die Programmablaufplan-Technik behindert die → strukturierte Programmierung wegen der ungezügelten Verwendungsmöglichkeit von Ablauflinien; vorzuziehen: → Struktogramm. – 4. *Standardisierung:* Programmablaufplan-Symbole sind in der DIN-Norm 66 001 genormt.

Programmbreite – I. Marketing: Zahl der Produktgruppen bzw. -linien (Kombination bedarfsverwandter Produktarten) innerhalb eines *Produktprogramms* (Hersteller). Erweiterung der Programmbreite durch Produktdiversifikation (→ Diversifikation).

II. Handelsmarketing: Zahl der Artikel und Warengruppen im *Handelssortiment (Sortimentsbreite).* – Vgl. auch → Programmtiefe.

Programmentwicklung – Begriff der → Informatik für den Vorgang der Erstellung eines → Programms durch den → Programmierer. Bei Verwendung einer prozeduralen → Programmiersprache umfasst Programmentwicklung: (1) die Entwicklung des → Algorithmus und der → Datenvereinbarungen; (2) deren Umsetzung mit den Ausdrucksmitteln einer *Programmiersprache* (→ Codierung).

Programmgenerator → Generator für standardisierte Anwendungen, vorwiegend in der → betrieblichen Datenverarbeitung. Gesteuert durch die Eingabe bestimmter vorgegebener → Parameter generiert ein Programmgenerator → Programme in einer höheren → Programmiersprache.

Programmhandel – *Algorithmic Trading; Algo Trading; automatisierter Handel.* Das automatische Auslösen von Kauf- oder Verkaufsaufträgen auf der Basis entsprechender Computerprogramme, die z.B. auf temporäre Ungleichgewichte zwischen Aktienkassa- und Futuremärkten reagieren. Algorithmic Trading steht teilweise im Verdacht, die Talfahrt von Kursen automatisch zu beschleunigen. Nach dem Crash vom Oktober 1987 wurde der Programmhandel an der Wall Street und an den Terminbörsen in Chicago beschränkt und stärker kontrolliert, vgl. z.B. NYSE Rule 80A.40. – Am 12.10.2012 hat die Bundesregierung ein Gesetz zur Vermeidung von Gefahren und Missbräuchen im Hochfrequenzhandel (Hochfrequenzhandelsgesetz) vorgelegt. Begründet wird dies damit, dass durch den Hochfrequenzhandel die Geschwindigkeit und Komplexität des Handels erhöht wird und Risiken entstehen, wie die Überlastung der Handelssysteme in Form einer übermäßigen Nutzung durch ein sehr hohes Orderaufkommen, die Überreaktion auf andere Marktereignisse, was die Volatilität verschärfen kann, wie auch durch bestimmte Formen des Missbrauchs. Durch den Gesetzentwurf soll z.B. die Verpflichtung für Börsenträger eingeführt werden, für die übermäßige Nutzung der Börsensysteme, insbesondere durch unverhältnismäßig viele Auftragseingaben, -änderungen und –löschungen, separate Entgelte zu verlangen. Daneben sollen Börsen verpflichtet werden, geeignete Vorkehrungen, insbesondere Volatilitätsunterbrechungen, zu treffen, um auch bei erheblichen Preisschwankungen eine ordnungsgemäße Ermittlung des Börsenpreises sicherzustellen. Die Handelsteilnehmer werden verpflichtet, ein angemessenes Verhältnis zwischen ihren Auftragseingaben, -änderungen und –löschungen und den tatsächlich ausgeführten Geschäften zu gewährleisten. Des Weiteren soll eine Mindestpreisänderungsgröße eingeführt werden, um dem Trend zu immer kleineren Mindestpreisänderungsgrößen entgegenzuwirken. Darüber hinaus sollen bspw. bestimmte Handelspraktiken, die mithilfe von Computeralgorithmen eingesetzt werden und irreführende Signale aussenden können, als Marktmanipulation eingestuft werden. Auf europäischer Ebene werden vergleichbare Überlegungen im Zuge der Reform der → MiFID angestellt.

Programmhilfe – Ausrichtung der → Entwicklungshilfe auf die Durchführung umfassender Entwicklungsprogramme anstelle einzelner, selbstständiger Projekte (→ Projekthilfe). Oft wird darunter auch eine ungebundene Zahlungsbilanz- bzw. Budgethilfe verstanden.

programmierbare Entscheidung – *programmierte Entscheidung.* → Entscheidung, für die die Organisation spezifische Prozesse entwickelt. Voraussetzung für programmierbare Entscheidungen ist das Vorliegen gut strukturierter Probleme, d.h. eindeutig formulierter Ziele; Informationen über deren Konsequenzen und ein Lösungsalgorithmus müssen gegeben und von den beteiligten akzeptiert sein. – *Gegensatz:* → nicht programmierbare Entscheidung.

Programmierer – 1. *Begriff:* Berufsbild in der → betrieblichen Datenverarbeitung. Person, die → Programme erstellt. – 2. *Aufgaben:* Programmierer werden je nach Arbeitsteilung und Aufgabenumfeld nur für die → Codierung, für die → Programmentwicklung oder, bei der Entwicklung von → Softwaresystemen, für die → Implementierung von → Modulen eingesetzt. – 3. *Arten* (nach Art der Programme): → Anwendungsprogrammierer; → Systemprogrammierer.

Programmierkonventionen – 1. *Begriff:* Vorgaben für → Programmierer über die Gestaltung von → Programmen. – 2. *Inhalt:* meist Richtlinien zum → Programmierstil, Vorgaben für die Benennung von Objekten eines Programms (→ Variable, → Unterprogramme, → Dateien etc.), maximal zulässige Modulgröße, zu verwendende → Softwareentwurfsmethode, → Softwarewerkzeuge u.a. – 3. *Bedeutung:* in der Praxis erhebliche Bedeutung für die → Softwarequalität (v.a. → Verständlichkeit, → Wartungsfreundlichkeit).

Programmiersprache – **I. Begriff und Aufgabe:** Eine Programmiersprache ist eine künstliche Sprache zur Verständigung zwischen Mensch und → Computer. Sie ist durch ihre Syntax (→ Syntax einer Programmiersprache) und Semantik (→ Semantik einer Programmiersprache) definiert. In einer Programmiersprache stellt man Verfahren zur Problemlösung in einer für den Computer „verständlichen" Form dar.

II. Kategorien: Eine einheitliche Untergliederung existiert nicht. Die Zuordnung einer Programmiersprache zu einer Kategorie erfolgt meist anhand von grundlegenden Sprachkonzepten. Oft vereinigt allerdings eine Programmiersprache in sich Merkmale verschiedener Konzepte, sodass die Zuordnung aufgrund des am stärksten ausgeprägten Konzepts erfolgt. – 1. In *prozeduralen (imperativen) Programmiersprachen* formuliert man → Algorithmen; der Programmierer gibt einen Ablauf von Operationen zur Lösung eines Problems an. – *Beispiele:* → Basic, → C, → Cobol, → Fortran, → Pascal, → Delphi. – 2. In *nicht prozeduralen Programmiersprachen* steht das Problem selbst, nicht der Ablauf, im Vordergrund. – a) *Deklarative Programmiersprachen* gestatten eine Beschreibung des Problems in der Form, dass die relevanten Sachverhalte und die Beziehungen zwischen diesen angegeben werden. Die als Ergebnis gewünschten Sachverhalte werden aus der Problembeschreibung automatisch abgeleitet, sofern ein Lösungsweg gefunden werden kann. – *Beispiele:* → Prolog, → Lisp. – b) *Applikative (funktionsorientierte) Programmiersprachen* sehen die Problemlösung durch wiederholten Aufruf von → Funktionen vor. – *Beispiele:* → Lisp, APL. – c) In *objektorientierten Programmiersprachen* definiert man Objekte (Daten und zugehörige Operationen), die durch Nachrichten miteinander kommunizieren. – *Beispiel:* → Smalltalk, → C++.

III. Standardisierung: → Programmiersprachenstandard.

Programmiersprachenstandard – 1. *Begriff:* von einer nationalen oder internationalen Standardisierungsorganisation festgelegte Definition einer → Programmiersprache. Programmiersprachenstandards existieren u.a. für → Basic, → C, → Cobol, → Fortran, → Pascal, → Pl/1. – 2. *Standardisierungsinstitutionen* u.a.: (1) international: → ISO; europäisch: ECMA; (2) national: → DIN, → ANSI. – 3. *Bedeutung:* Programmiersprachenstandards sind für die → Portabilität von Softwareprodukten äußerst wichtig; jedoch akzeptieren die → Übersetzer für

Programmiersprachen oft Modifikationen und Erweiterungen, sodass die Portabilität leidet.

Programmierstil – 1. *Begriff:* Gestaltung des Texts eines Quellprogramms (→ Programm) in einer Form, die für einen menschlichen Leser ansprechend und verständlich ist. – 2. *Wichtigste Aspekte:* (1) klare inhaltliche Strukturierung des Programmtexts; (2) optische Strukturierung (übersichtliches Text-Layout); (3) Verbalisierung: aussagefähige Bezeichnungen und Erläuterungen (Kommentare) im Programmtext. – 3. *Unterstützung:* Ein starker Einfluss auf den Programmierstil geht von der → Programmiersprache aus.

programmierte Entscheidung → programmierbare Entscheidung.

Programmierumgebung – Begriff aus dem → Software Engineering, uneinheitlich verwendet. – 1. Bei der *„Programmierung im Großen"* (→ Software Engineering): Programmierumgebung bezeichnet die Umgebung der → Softwareentwicklung und -wartung, d.h. alle → Hardware-Komponenten und → Software-Komponenten, die die direkte Kommunikation des Software-Entwicklers mit dem → Computer ermöglichen. – Vgl. auch → Softwareentwicklungsumgebung (SEU). – 2. Bei der *„Programmierung im Kleinen"*: Eine Programmierumgebung stellt Softwarewerkzeuge in integrierter, aufeinander abgestimmter Form für die einzelnen Tätigkeiten bei der → Programmentwicklung zur Verfügung. Dazu gehören i.Allg. ein leistungsfähiger → Editor, ein schneller und einfach zu bedienender → Übersetzer sowie ein Binder und ein Lader.

Programmierung – Begriff aus der → Informatik mit unterschiedlichen Auslegungen: 1. Synonym für → Programmentwicklung. – 2. Synonym für → Codierung.

Programmlohn – vereinbarter Festlohn in der Einzelfertigung. Programmlohn garantiert einer Arbeitsgruppe für einen bestimmten Zeitraum ein bestimmtes Lohnniveau. Für Teilfertigungen (Programme) werden der Arbeitsgruppe Zeiten vorgegeben. Eine bes. Vergütung für Zeitunterschreitungen findet nicht statt, da der gesamte Arbeitsablauf dadurch nicht beschleunigt werden kann.

programmorientierte Haushaltsplanung – Begriff der finanzwissenschaftlichen Budgetlehre; Methode der Haushaltsplanung. Ausgehend von überministeriell fixierten politischen Programmen erfolgt die Planung von „oben nach unten". In neueren Modellen zur Haushaltsplanung vorgeschlagen. – *Gegensatz:* → Inkrementalismus. – Vgl. auch → Haushaltsplan.

Programmplanung → operative Planung, → strategisches Management, → Unternehmensplanung.

Programmpolitik – 1. *Begriff:* umfasst alle Entscheidungen zu Umfang und Struktur der gesamten Angebotspalette eines Unternehmens. – 2. *Merkmale:* Die Programmpolitik beschränkt sich im Gegensatz zur → Produktpolitik nicht auf das einzelne Produkt sondern bezieht sich auch auf die Kombinationen verschiedener Angebote zu einer Einheit. Die Programmpolitik umfasst auch Möglichkeiten zur Veränderung des Programmes im Hinblick auf die Breite (Anzahl der Produktlinien) und die Tiefe (Anzahl der Varianten innerhalb einer Produktlinie). Daneben bedarf es Entscheidungen, ob und inwieweit neue Produkte und Dienstleistungen ins Angebot aufgenommen und Produktbündel gebildet werden. – 3. *Dimensionen:* Das Programm kann anhand von drei Dimensionen beschrieben werden: a) *Grundorientierung,* die auf die allen angebotenen Leistungen prägenden Gemeinsamkeiten abstellt, b) *Programmbreite,* welches sich auf die Zahl der offerierten Angebote bezieht und c) *Programmtiefe,* die die Anzahl der Varianten innerhalb einer Produktlinie definiert. Das Produktprogramm ist auch in gewissem Maße Ausdruck der spezifischen Kompetenz eines Unternehmens. Ein Spezialist hat i.d.R ein schmales aber tiefes Programm, während ein Universalanbieter eine hohe Programmbreite aber nur eine geringe Programmtiefe aufweist. – Vgl. → marketingpolitische Instrumente.

Programmsystem → Softwaresystem.

Programmtiefe – I. Marketing: Zahl der verschiedenen Varianten (Modelle, Typen) einer Produktgruppe im *Produktprogramm* des Herstellers, bestimmt durch Art und Umfang der → Produktdifferenzierung.

II. Handel: Zahl unterschiedlicher Artikel einer Produktgruppe im *Handelssortiment (Sortimentstiefe),* bestimmt durch Betriebstyp und Einkaufspolitik. – Vgl. auch → Programmbreite.

Programmverifikation – 1. *Begriff der* → Informatik: (1) formale Vorgehensweise mit dem Ziel, die Korrektheit eines → Programms bzw. → Moduls zu beweisen; (2) Forschungsgebiet, das sich mit Methoden des Korrektheitsbeweises beschäftigt. – 2. *Motivation:* Da mit dem gebräuchlichen → Testen eines Programms die Korrektheit nicht garantiert werden kann, wurde nach Möglichkeiten gesucht, als Ersatz oder in Ergänzung die Korrektheit durch theoretische Analyse des Programmtexts zu beweisen. – 3. *Voraussetzungen:* (1) eine → formale Spezifikation der Aufgabe des Programms bzw. Moduls; (2) eine formale Beschreibung der → Semantik einer Programmiersprache. – 4. *Vorteil:* Korrektheit wird bewiesen, nicht nur unterstellt wie beim Testen. – 5. *Nachteil:* Programmverifikation von Hand ist extrem aufwendig; lässt sich nur bei sehr kleinen Programmen anwenden, bei größeren Programmen nicht praktikabel. Intensive Forschungsbemühungen in der Informatik, die Programmverifikation so weit wie möglich zu automatisieren.

Program on Nonprofit Organization (PONPO) – 1. *Begriff:* Die erste US-amerikanische Forschungsinitiative im Nonprofit-Bereich, die an der Universität Yale 1978 gegründet wurde. – 2. *Merkmale:* Ziel des PONPO ist es, interdisziplinäre Forschung im

Bereich von → Nonprofit-Organisationen (NPO) und deren ökonomischer Rolle zu fördern. Aktuell fokussiert sich PONPO auf politische und internationale → NGO sowie den → Nonprofit-Sektor in Entwicklungsländern. – Vgl. auch → Nonprofit-Forschung.

Progression → Steuerprogression, → versteckte Progression, → progressive Kosten, → Progressionsvorbehalt.

Progressionsglättung – 1. *Begriff:* Maßnahme, um zu verhindern, dass durch die Zusammenballung bes. hoher, wirtschaftlich auf mehrere Jahre bezogener Einkünfte in einem einzigen Jahr der Steuerpflichtige bei der → Einkommensteuer einer ungerecht hohen Progression unterworfen wird. – 2. *Technik:* Die Progressionsglättung wird gegenwärtig dadurch erreicht, dass bei → außerordentlichen Einkünften (§ 34 EStG) verglichen wird, wie hoch die Steuer auf das Einkommen ohne diese Einkünfte ausfallen würde und wie hoch sie wird, wenn ein Fünftel dieser Einkünfte hinzugerechnet wird. Dieser so festgestellte Unterschiedsbetrag wird dann mit 5 multipliziert und der Steuer auf das übrige Einkommen hinzugerechnet. Hierdurch wird angestrebt, dass die Progression auf die außerordentlichen Einkünfte so berechnet wird, als ob diese Einkünfte nicht während eines, sondern während fünf verschiedener Jahre angefallen wären.

Progressionsvorbehalt – I. Begriff: eine Regelung, wonach steuerfreie Einkünfte zwar nicht besteuert werden, ihre Existenz aber berücksichtigt wird, wenn es darum geht, die Höhe des angemessenen Steuersatzes für diejenigen übrigen Einkünfte des Betreffenden zu bestimmen, die weiterhin steuerpflichtig bleiben. Ziel ist es, dass Personen mit einem hohen Einkommen, von dem allerdings einige Teile steuerfrei sind, die steuerpflichtigen Reste ihres Einkommens nicht nur mit einem Steuersatz versteuern, der eigentlich für Geringverdiener gedacht ist. Angewendet wird der Progressionsvorbehalt sowohl bei Einkünften, die aufgrund des nationalen Steuerrechts steuerfrei belassen werden (z.B. Arbeitslosengeld, Kurzarbeitergeld, Wintergeld, Winterausfallgeld, Schlechtwettergeld, Erziehungsgeld u.Ä.), als auch bei Einkünften aus dem Ausland, die aufgrund eines Doppelbesteuerungsabkommens oder eines ähnlichen völkerrechtlichen Vertrages steuerfrei gestellt sind. Erforderlich ist jedoch in allen Fällen, dass gesetzlich ausdrücklich angeordnet wird, dass der Progressionsvorbehalt auf die fraglichen steuerbefreiten Einkünfte angewandt werden soll (Fundstelle: § 32 b EStG).

II. Technik: 1. Die ausländischen Einkünfte und Vermögensteile bzw. die bezogenen Lohnersatzleistungen *scheiden aus* der inländischen Steuerbemessungsgrundlage vollständig und endgültig aus. – 2. Sie werden jedoch für die *Berechnung* des auf die übrigen inländischen Einkünfte bzw. Vermögensteile des Steuerpflichtigen anzuwendenden *progressiven Steuersatzes* in der Weise berücksichtigt, dass zunächst berechnet wird, wie hoch die Steuerschuld ausgefallen *wäre*, wenn die fraglichen Einkünfte steuerpflichtig gewesen *wären*. Daraus berechnet man dann, wie hoch der durchschnittliche Steuersatz ausgefallen wäre, wenn das gesamte Einkommen steuerpflichtig gewesen wäre. Dieser so bestimmte Steuersatz wird dann angewandt auf das Einkommen, das noch steuerpflichtig geblieben ist. – *Beispiel:* Ein Steuerpflichtiger habe insgesamt Einkünfte von 100.000 Euro, von denen aber 95.000 Euro aufgrund eines Doppelbesteuerungsabkommens steuerfrei bleiben sollen. Dann beliefe sich sein zu versteuerndes Einkommen auf 5.000 Euro (von Sonderausgaben, außergewöhnlichen Belastungen etc. wird hier zur Vereinfachung abgesehen). Die Steuer für 5.000 Euro beträgt nach Grundtabelle normalerweise Null Euro; dem liegt aber die Annahme zugrunde, dass jemand mit einem Jahreseinkommen von 5.000 Euro ein Geringstverdiener ist – diese Annahme ist hier offensichtlich unangemessen. Daher ordnet das Gesetz hier den Progressionsvorbehalt an: Es ist zunächst auszurechnen, dass die Steuer bei 100.000 Euro sich auf 34.086 Euro belaufen würde (Wert 2008). Das entspräche einem Steuersatz von 34,086 Prozent. Also ist daraus die Schlussfolgerung zu ziehen, dass jemand mit einem „Wohlstand" wie der Steuerpflichtige im Beispielsfall nach den Wertungen des Gesetzgebers eine Belastung von 34 Prozent tragen sollte – folglich wird von dem Betrag, der noch in Deutschland steuerpflichtig bleibt (5.000 Euro) eine Steuer von 34 Prozent verlangt, nicht 0 Prozent (also 1.700 Euro).

III. Wirkungen: Der Progressionsvorbehalt wird i.d.R. zu einer Erhöhung des Steuersatzes führen, weil sich der Wohlstand und damit der Steuersatz des Betreffenden i.d.R. aufgrund der Berücksichtigung der steuerfreien Einkünfte höher darstellt, als wenn man nur die steuerpflichtigen Einkommensteile zur Kenntnis nähme. In Ausnahmefällen kann er aber auch zu einer Senkung des Steuersatzes führen, nämlich dann, wenn die als „steuerfrei" außer acht gelassenen Beträge ausnahmsweise negativ sein sollten *(negativer Progressionsvorbehalt)*. – *Beispiel:* Ein Steuerpflichtiger hat steuerpflichtige Einkünfte von 200.000, aber zugleich ausländische Verluste aus Frankreich von 190.000 Euro, die lediglich aufgrund eines Doppelbesteuerungsabkommens hier nicht steuerlich relevant sind. Die Betrachtung des Gesamteinkommens ergibt, dass hier nicht der Steuersatz für 200.000, sondern der durchschnittliche Steuersatz für 10.000 Euro angemessen ist (400 Euro = 4 Prozent). Somit würde hier die Steuer auf die dt. Einkünfte mit einem Steuersatz von nur 4 Prozent festgesetzt werden (8.000 Euro). „Negativ" heißt der Progressionsvorbehalt in diesem Zusammenhang lediglich deshalb, weil er sich hier für die Finanzverwaltung ausnahmsweise negativ auswirkt.

IV. Anwendungsbereich: 1. *Auslandseinkünfte:* Der Progressionsvorbehalt ist von den

→ Doppelbesteuerungsabkommen (DBA) gestattet, wenn diese ihn nicht ausdrücklich verbieten; das ist jedoch niemals der Fall. Voraussetzung ist allerdings die Anwendbarkeit der → Freistellungsmethode. Nicht in Frage kommt der Progressionsvorbehalt nämlich, wenn für ausländische Einkünfte nach dem DBA nur die → Anrechnungsmethode angewandt wird, denn dann sind die betreffenden Auslandseinkünften in Deutschland gar nicht steuerfrei, somit bei der Berechnung des Steuersatzes ohnehin schon berücksichtigt. Die Anwendbarkeit des Progressionsvorbehalts erstreckt sich zwar formal auf alle Steuerarten, die im Doppelbesteuerungsabkommen erfasst sind. – 2. Praktische *Auswirkungen* treten aber i.d.R. nur bei den Steuern ein, die einen progressiven Tarif aufweisen, in der Bundesrepublik Deutschland im Wesentlichen nur die Einkommensteuer und die Erbschaft- und Schenkungsteuer. Auch dann bedarf es jedoch einer ausdrücklichen gesetzlichen Anordnung, dass der Progressionsvorbehalt gelten soll, im betreffenden Gesetz. – 3. Im *nationalen Bereich* wird der Progressionsvorbehalt v.a. bei Bezug von Lohnersatzleistungen (→ Arbeitslosengeld, → Kurzarbeitergeld, → Wintergeld, Winterausfallgeld, → Arbeitslosenhilfe u.Ä.) oder → ausländischen Einkünften angeordnet. – 4. Im Zuge der *Unternehmensteuerreform 2008* wurde eine Meldepflicht für Lohnersatzleistungen mit Progressionsvorbehalt eingeführt (§ 32 b III EStG, § 52 XLIII a S. 2 EStG). – 5. *Beschränkte Steuerpflicht*: Gegenüber Steuerausländern ist eine Anwendung des Progressionsvorbehalts nicht üblich. Wird von dem ausländischen Steuerpflichtigen die freiwillige Veranlagung seiner aus Deutschland bezogenen Einkünfte gewählt, kann es jedoch in bestimmten Fällen auch zum Progressionsvorbehalt kommen (vgl. § 32b EStG).

Progressionszone → Einkommensteuertarif.

progressive Abschreibung – Form der → Abschreibung mit von Jahr zu Jahr steigenden Beträgen, wobei die Progression arithmetisch oder geometrisch verlaufen kann. – 1. *Handelsrecht:* Die progressive Abschreibung ist in der Praxis nahezu bedeutungslos, da sie i.d.R. dem → Vorsichtsprinzip und damit auch den → Grundsätzen ordnungsmäßiger Buchführung (GoB) widerspricht. – *Beispiel für eine Ausnahme:* Eine Anlage, deren Kapazität anfänglich nicht ausgelastet ist und die erst sukzessive in die Vollbeschäftigung hineinwächst. Aber auch in einem solchen Fall ist sorgfältig zu prüfen, ob nicht technische oder wirtschaftliche Gründe ein anderes Abschreibungsverfahren erforderlich machen (→ Abschreibung). – 2. *Steuerrecht:* Die progressive Abschreibung ist unzulässig (vgl. die abschließende Regelung der Abschreibungsmethoden durch § 7 EStG). – *Gegensatz:* → degressive Abschreibung.

progressive Erfolgsrechnung – mehrstufige → Erfolgsrechnung, bei der die Kosten einzelner Bezugsgrößen angesetzt und im letzten Schritt Erlösen gegenübergestellt werden. Progressive Erfolgsrechnungen sind typisch für Erfolgsrechnungen im Rahmen der → Vollkostenrechnung. – *Gegensatz:* → retrograde Erfolgsrechnung.

progressive Kalkulation – mehrstufige, von einzelnen Kostenbestandteilen bis zu den Gesamtkosten einer Bezugsgröße fortschreitende → Kalkulation. Progressive Kalkulationen sind typisch für Kalkulationen im Rahmen der → Vollkostenrechnung. – *Gegensatz:* → Retrograde Kalkulation.

progressive Kosten – *überproportionale Kosten;* aufsteigende Kosten (Gesamtkosten, → Durchschnittskosten, → Stückkosten) in Abhängigkeit von der → Beschäftigung: Die Kosten steigen stärker als die Kosteneinflussgröße Beschäftigung. Die progressiven Kosten können erklärt werden: (1) unter Umkehrung der Entwicklungsgrundsätze des → Ertragsgesetzes oder (2) durch rein → intensitätsmäßige Anpassung. – Vgl. auch → Kostenverlauf.

progressive Kundenwerbung – strafbare Werbeform, die Nichtkaufleute in die Vertriebsorganisation einbezieht und durch Gewähren von Vorteilen veranlasst, Waren (Leistungen) abzunehmen sowie andere zum Abschluss gleichartiger Geschäfte zu bewegen (Schneeballsysteme, Pyramidensysteme). Sie ist wegen Marktverengung und Vermögensgefährdung gefährlich; ihre Durchführung sittenwidriger Wettbewerb (→ unlauterer Wettbewerb) auch dann, wenn die Tatbestandsvoraussetzungen des § 16 UWG nicht vollständig erfüllt sind (→ Kundenfang). Die Verträge sind nichtig (§§ 134, 138 BGB), Rückforderung geleisteter Vorteile seitens des Werbenden ist ausgeschlossen (§ 817 Satz 2 BGB).

progressive Planung → Unternehmensplanung.

progressive Prüfung → Prüfung eines Vorgangs, ausgehend vom wirtschaftlichen Tatbestand bis zur Letzterfassung im Rechnungswesen, über eine → Prüfungskette.

progressiver Akkord – Sonderform des → Akkordlohns, bei der die Lohnkurve in Abhängigkeit vom Leistungsgrad progressive Verläufe aufweist. Der Arbeitnehmer soll entsprechend seiner Leistung in steigendem Umfang an dieser Leistung beteiligt werden. Die Steigerung der Arbeitsleistung über einen gewissen Grad hinaus erfordert einen Mehraufwand an Arbeitskraft, der über den proportionalen Zuwachs hinausgeht. Hierbei sind stetig steigende und sprunghaft steigende Stückakkordsätze möglich. – In der Bundesrepublik Deutschland nicht erlaubt. – *Gegensatz:* → degressiver Akkord.

progressiver Steuertarif – ein Steuertarif, bei dem der Steuersatz von der Höhe der Bemessungsgrundlage abhängt (z.B. des Einkommens) und mit steigender Höhe der Bemessungsgrundlage (z.B. also mit steigendem Einkommen) auch der Steuersatz steigt. Zwar ist es üblich, dass man im Steuertarif bei dem jeweiligen Einkommen die gesamte Steuerschuld ausweist und damit der Durchschnittssteuersatz vorrangig ins Auge fällt; für die Wirkungen eines progressiven Steuertarifs auf das wirtschaftliche Verhalten ist aber weniger der Durchschnittssteuersatz als der Grenzsteuersatz entscheidend, da dieser die Entscheidungen der Betroffenen stärker beeinflusst. Vgl. auch → Steuerprogression.

Prohibitivpreis – oberer Grenzpreis eines → Gutes, bei dem im Zuge von Preiserhöhungen eine positive Nachfrage gerade verhindert wird (*prohibere* = lat. verhindern). In einer individuellen oder aggregierten Nachfragefunktion ist ihm daher die Menge x = 0 zugeordnet, sodass der Prohibitivpreis p^h allg. durch $p^h = p(x = 0)$ definiert ist. Bei einer normal verlaufenden linearen Nachfrage- oder Preisabsatzkurve markiert der Prohibitivpreis den Abschnitt auf der Preisachse. Lautet z.B. die zugehörige → Preisabsatzfunktion $x(p) = a - bp$ (mit der → Sättigungsmenge $a > 0$ und dem Steigungspararamter $b > 0$), ist der Prohibitivpreis (Achsenabschnitt) durch $p^h = a/b > 0$ bestimmt. Er gibt m.a.W. die Zahl der Preiseinheiten an, durch welche die Nachfrage von der Sättigigungsmenge (beim Nullpreis) ausgehend durch Preisanhebung auf den Wert Null schrumpft.

Prohibitivzoll – jener Zollsatz, bei dem die Importe des betreffenden Gutes wegen der extremen Zollbelastung zum Erliegen kommen. Wirkt faktisch wie ein → Einfuhrverbot. – Vgl. auch → Protektionismus, → Zoll.

Projekt – 1. *Begriff:* Zeitlich befristete, relativ innovative und risikobehaftete → Aufgabe von erheblicher Komplexität, die aufgrund ihrer Schwierigkeit und Bedeutung meist ein gesondertes → Projektmanagement (PM) erfordert. – 2. *Regelung:* Projektwirtschaft, Projektmanagement sowie die dazugehörigen Begriffe sind in den → Normen DIN 69900 bzw. 69901 geregelt. – 3. *Merkmale:* a) *Projektgegenstand:* Produkt-, Bau-, Organisations-, EDV-, Sanierungsprojekte etc. – b) *Interner oder externer Auftraggeber:* Interne Projekte werden durch unternehmungsinterne Auftraggeber initiiert und mittels unternehmungseigener Ressourcen (Human- und Sachpotenzial) abgewickelt. Bei externen Projekten erfolgt die Auftragserteilung durch einen externen Auftraggeber; dieser bestimmt den Projektgegenstand auf Basis eines abzuschließenden Vertrages; Auftragnehmer ist die projektdurchführende Unternehmung. – c) *Komplexität:* Die Vielfältigkeit von Beziehungen der im Projekt eingebundenen Komponenten bestimmen das Komplexitätsausmaß; kann inhaltlich-technischer oder organisatorischer Natur sein. – d) *Innovationsgrad:* Wird von der Entwicklung bzw. Verwendung neuer Technologien bestimmt. – e) *Projektgröße:* Lässt sich an den Projektkosten, an der Projektdauer sowie an der Anzahl der Projektelemente und der zwischen ihnen bestehenden Beziehungsdichte messen. – 4. *Beispiele:* Erstellung schlüsselfertiger Fabrikationsanlagen, Entwicklung neuartiger Produkte, Umstellung der Produktion auf neue Technologie, → Reorganisation. – 5. Da zur Projektrealisierung regelmäßig mehrere → organisatorische Einheiten zusammenwirken müssen, ist häufig eine spezielle → Projektorganisation zweckmäßig. – Vgl. auch → internationales Projekt.

Projektcontrolling → Projektmanagement (PM).

Projektfinanzierung – 1. *Begriff:* spezielle Form der → Finanzierung für großvolumige Investitionsvorhaben (Projekte), bei der die Rückzahlung der

Prohibitivpreis

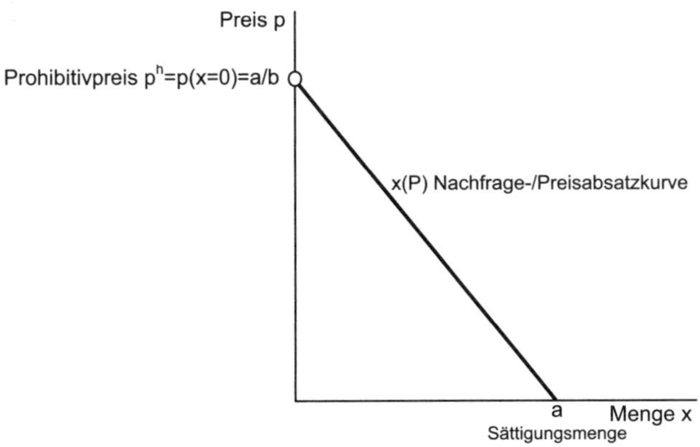

aufgenommenen Finanzierungsmittel allein aus den zukünftig zu erwirtschaftenden Erträgen (→ Cash Flow) erfolgen soll. Finanziert werden auf diese Weise v.a. nationale und internationale Großprojekte wie Kraftwerke, Infrastrukturvorhaben, chemische Anlagen, Staudämme, Raffinerien oder Pipelines, bei denen verschiedene Projektbeteiligte gemeinsam das Investitionsvorhaben verwirklichen. Projektfinanzierungen werden dann eingesetzt, wenn klassische Unternehmensfinanzierungen nicht möglich sind (z.B. aufgrund schwieriger ökonomischer oder politischer Bedingungen, geringer Mittel oder Budgets der Projektinteressenten, bilanzielle Situation der Projektträger). Zur Verwirklichung der Projekte wird üblicherweise eine rechtlich und wirtschaftlich selbstständige Projektgesellschaft gegründet (SPC – Special Purpose Company) und die Geschäftsführung einer Betreibergesellschaft übertragen. Das Eigenkapital dieser Gesellschaft wird von sog. Sponsoren bereitgestellt (zumeist institutionelle Investoren); Fremdmittel werden von der Projektgesellschaft selbst aufgenommen. – 2. *Merkmale*: a) Cash Flow related Lending: Sämtliche Verpflichtungen (Betriebskosten, Zinsen und Tilgung) der Projektgesellschaft werden ausschließlich aus dem zukünftigen Free Cash Flow erfüllt (Differenz aus den ein- und ausgehenden Zahlungsströmen unter Berücksichtigung von Ersatzinvestitionen). Die Kreditvergabe basiert damit vornehmlich auf dem Nachweis der technischen und wirtschaftlichen Tragfähigkeit des Projektes. Mangels dinglicher Sicherheiten werden den Kreditgebern (Lenders) spezielle Rechte eingeräumt wie z.B. Eintrittsrechte in Verträge, Mitwirkungsrechte in der Geschäftsführung und Überwachung der Leistungen der Projektgesellschaft. – b) Off Balance Sheet-Finanzierung: Da die Projektträger (Sponsoren) i.d.R. nicht zur Bilanzkonsolidierung verpflichtet sind, sind Projektfinanzierungen aus ihrer Sicht bilanzneutral, aufgenommene Kredite werden nur bei der Projektgesellschaft selbst bilanziert und verschlechtern damit nicht ihre Finanzkennzahlen bzw. Bonität. Die Haftung der Sponsoren bezieht sich auf die Kapitaleinlage und die dem Projekt zugehörigen Vermögensgegenstände (non recourse). Meistens werden jedoch zusätzliche betraglich begrenzte Verpflichtungen übernommen, z.B. in Form von Garantien oder Nachschussverpflichtungen (limited recourse). Darüber hinaus erfolgt kein Rückgriff auf das Vermögen des Sponsors. – c) Risk Sharing: Die Risiken des Projekts werden auf die verschiedenen Projektbeteiligten verteilt (Sponsoren, Lieferanten, Betreiber, Abnehmer, Kreditgeber, Projektgesellschaft, Versicherungen). Für Exportlieferungen und grenzüberschreitenden Leistungen werden zur Risikoabsicherung häufig Exportkredit- und Investitionsversicherungen abgeschlossen. Je nachdem gibt es auch Garantien des Staates oder von supranationalen Organisationen (Weltbankgruppe, Europäische Investitionsbank). – Wegen des hohen Kapitalbedarfs erfolgt die Kreditvergabe zumeist über Bankenkonsortien unter Leitung eines Arrangeurs. Die Finanzierung erfolgt dabei langfristig (15 Jahre und länger) abgestimmt auf die zu erwartenden Zahlungsströme. Dabei werden die erwirtschafteten Überschüsse zunächst für die Aufrechterhaltung des Projekts verwendet, anschließend erfolgen die Zins- und Tilgungsleistungen an die Kreditgeber und zuletzt Ausschüttungen an die Eigenkapitalgeber (Wasserfallprinzip). Es werde hauptsächlich Bankkredite vergeben, dazu kommen Emissionen von Schuldverschreibungen und Mittel aus staatlichen, europäischen und internationalen Finanzierungsprogrammen. Zur finanziellen Entlastung öffentlicher Haushalte besteht bei öffentlichen Projekten die Möglichkeit, private Unternehmen zu beteiligen (Public Private Partnerships – PPP).

Projektförderung → Innovationsförderung, → Kreditanstalt für Wiederaufbau (KfW).

Projektgemeinschaft → Ad-hoc-Kooperation.

Projekthilfe – Bindung der Vergabe von → Entwicklungshilfe an ein bestimmtes, zumeist vom Geberland in einem Prüfungsverfahren gebilligtes, Entwicklungsprojekt.

Projektion – Aussage über zukünftige Ereignisse, bes. über zukünftige Werte ökonomischer → Variablen. Projektion ist nicht, wie → Prognosen, ausschließlich auf Beobachtungen aus der Vergangenheit und objektive Verfahren gegründet, sondern es werden auch subjektive Einschätzungen, etwa von Experten, mit verwertet.

projektive Verfahren → psychologische Testverfahren, heute vielfach in der → Verbrauchsforschung i.w.S. in der (→ Konsumentenforschung) verwendet. Mithilfe dieser Techniken soll versucht werden, von den Auskunftspersonen geleugnete bzw. unterdrückte Charakteristika, Motive, → Einstellungen etc. zu erfahren. Projektive Verfahren sollen die → Validität erhöhen, weil die eigentliche Zielrichtung der Frage, auf die die Person nicht antworten will oder kann, verdeckt bleibt. Die Befragten werden über indirekte Fragetechniken dazu bewegt, eigene Charakterzüge in die Umwelt zu „projizieren". – *Beispiele:* → thematischer Apperzeptionstest, Dritte-Person-Technik, Personen-Zuordnungs-Test, Satzergänzungstest, Wortassoziationstest.

Projektkontrolle – innerhalb des Projektmanagements zu vollziehende Aufgabe, die laufend die Zeit-, Qualitäts- und Kostenziele einzelner Projekte auf ihre Einhaltung hin überprüft und bei Abweichungen Anpassungsmaßnahmen anstößt.

Projektleitung → Projektmanagement (PM).

Projektmanagement (PM)

von Bernhard Hobel und Silke Schütte

I. Begriff

PM umfasst die Führungsaufgaben, -organisation, -techniken und -mittel zur erfolgreichen Abwicklung eines → Projekts. Die DIN 69901 definiert Projektmanagement als Gesamtheit von Führungsaufgaben, -organisation, -techniken und -mittel für die Abwicklung eines Projekts. Allgemeiner definiert das Project Management Institute (PMI) im PMBOK PM als Anwendung von Wissen, Fähigkeiten, Methoden und Techniken auf die Vorgänge innerhalb eines Projekts.

II. Unterscheidung von anderen, ähnlichen Begriffen

Von PM – im Sinn von Einzelprojektmanagement – lassen sich das Programmmanagement (als Management eines Großvorhabens mit mehreren Projekten und Teilprojekten mit gemeinsamer Zielsetzung, mehrjähriger Laufzeit und großem Budget) sowie das das → Multiprojektmanagement abgrenzen. Letzeres bezieht sich auf die Planung, Steuerung und Überwachung von Projekten in einem Projektportfolio eines Unternehmens oder einer Einheit und dessen Ausrichtung an den Unternehmenszielen. Die PM-Methodik beschreibt die logische Abfolge der PM-Aufgaben im PM-Prozess. Standards liefern die internationalen Verbände, wie PMI oder IPMA (GPM) oder das Office of Government Commerce, GB mit Prince2.

III. Ziele

Mithilfe von PM soll die Projektabwicklung zur Erreichung des Projektziels in der geforderten Qualität, geplanten Zeit, mit optimalem Einsatz von Personal- und Kapitalressourcen effizient gestaltet werden.

IV. PM-Methodik und Prozessmodell

Die Methodik des PM umfasst die Abfolge von den PM-Aufgaben Projektdefinition, -durchführung und –abschluss, mit denen die PM-Ergebnisse erzielt werden.

1. Projektdefinition: Im Rahmen der Auftragsklärung dient die Ausgangsanalyse der Untersuchung des Projektgegenstands und des Projektumfelds (v.a. durch eine Analyse der Stakeholder). Das Projektziel wird eindeutig und vollständig, messbar, realisierbar und terminiert definiert. Die wichtigsten Anforderungen an das Projektergebnis, die späteren Abnahmekriterien und die Abgrenzung des Projekts werden beschrieben. Risiken, die das Projektziel gefährden können, die aber eventuell bewusst eingegangen werden, werden identifiziert. In der Risikoanalyse wird das potenzielle Risiko mit Schadensmaß und Eintrittswahrscheinlichkeit eingeschätzt. Präventivmaßnahmen zur Vermeidung und Gegenmaßnahmen für den Fall des Eintritts werden erarbeitet. Gegensteuerungsmaßnahmen und Risikozuschläge gehen in den Projektplan ein. Das Projekt wird im Rahmen der Grobplanung in einem → Projektstrukturplan nach objektiven, funktionalen und/oder zeitlichen Kriterien heruntergebrochen. Je nach Projektumfang werden Teilprojekte definiert. Phasen mit Arbeitspaketen sowie → Meilensteinen werden festgelegt. Eine erste Aufwand- und Ressourcenschätzung wird vorgenommen. Hilfestellung bei der Strukturierung leisten Vorgehensmodelle mit den für die Projektart typischen Phasen und Arbeitspaketen. Aus den im Strukturplan benannten Arbeitspaketen werden die erforderlichen Qualifikationen abgeleitet, diesen dann Rollen und möglichst bereits Personen zugeordnet. Es folgt eine Beschreibung der → Projektorganisation. Wichtig für eine erfolgreiche Einführung der Projektorganisation ist die klare Festlegung der Rollen und Gremien mit deren Entscheidungskompetenzen und Verantwortlichkeiten und der Berichtswege. Zur Projektorganisation gehören zumindest Auftraggeber (Kunde), Projektleiter (Projektmanager) und Projektteam. Der Projektleiter hat gegenüber dem Projektteam projektbezogene und i.d.R. fachliche Weisungsbefugnis (Matrix-Projektorganisation). Die Feinplanung setzt auf dem zeitlich orientierten Projektstrukturplan auf und benennt - zunächst für die erste(n) Projektphase(n) – die notwendigen Aktivitäten (oder Vorgänge) mit ihren Abhängigkeiten. Personalaufwand und Kosten werden geschätzt und Ressourcen unter Berücksichtigung ihrer Verfügbarkeiten zugeordnet. Die Verfügbarkeiten sind im Mitarbeitereinsatzplan auf Basis der Terminkalender aller Projektteammitglieder festgehalten. Auf dieser Basis entsteht ein verbindlicher Durchführungsplan (Balken- oder → Netzplan) mit konkreten Terminen (Dauer). Die Kostenplanung wird detailliert. Durch Bestimmung der zahlungswirksamen Kosten lässt sich eine projektbezogene Finanzmittel-Bedarfsplanung ableiten und ggf. eine Projektfinanzierung einleiten. Die sich anschließende → Wirtschaftlichkeitsrechnung stellt den quantifizierbaren Nutzen den gesamten Kosten (inkl. Personalkosten) gegenüber und liefert einen wesentlichen Entscheidungsparameter für die Durchführung des Projektes. Die Vereinbarungen über Lieferungen und Leistungen der Vertragspartner (v.a. Auftraggeber und Projektleiter als Auftragnehmer) werden im Rahmen des internen und externen Vertragsmanagements schriftlich als Projektvertrag dokumentiert. Zum Abschluss erfolgt eine Projektstartbesprechung (Kickoff-Veranstaltung), in der alle Projektbeteiligten umfassend informiert werden. Projektziel, Risiken, Planung werden besprochen und Projektspielregeln entwickelt. Ziel ist die Handlungsfähigkeit aller Beteiligten ab diesem Zeitpunkt für die gesamte Laufzeit.

2. Projektdurchführung: Die Projektplanung wird nach und nach verfeinert, Arbeitsaufträge werden erteilt und abgearbeitet. Das Projektcontrolling umfasst Planungs- und Kontrollaufgaben: Soll-Ist-Vergleiche (auf der Basis der Netzpläne und Rückmeldungen der Mitarbeiter) begleiten den Projektfortschritt; Abweichungen werden kritisch beobachtet (Trendanalysen), deren Auswirkungen prognostiziert und Gegensteuerungsmaßnahmen eingeleitet. Probleme erfordern Entscheidungen z.B. bezüglich der Änderung von Planvorgaben durch einen Lenkungsausschuss. Da der Projektfortschritt i.Allg. keine direkte Aussage über den Grad der Fertigstellung erlaubt, ist in bestimmten Abständen eine Restaufwandschätzung vorzunehmen. Alternativ erlauben zeitlich dicht aufeinander folgende Meilensteine mit konkreten Teilergebnissen eine Einschätzung des Projektstandes. Im Rahmen des → Risikomanagement werden Risiken immer wieder neu eingeschätzt, Gegensteuerungsmaßnahmen werden eingeleitet und überwacht. Wesentliche Risiken werden an das zentrale Risikomanagementsystem des Unternehmens (→ internes Kontrollsystem (IKS) und/oder KonTraG) gemeldet. Kostenpläne und Offene-Punkte-Listen werden aktuell gehalten. In einer Projektakte (Handbuch) erfolgt fortlaufend die Dokumentation der PM-Ergebnisse. Überzeugende und vertrauensvolle Information und Kommunikation innerhalb des Teams und seines Umfeldes sollte im Berichtswesen (z.B. Statusberichte oder Newsletter) und in der Besprechungskultur ihren Niederschlag finden. Motivation, gegenseitige Wertschätzung, der respektvolle Umgang mit Konflikten und eine Klarheit in den Aufgabenstellungen sind weitere Indikatoren für eine erfolgreiche Information und Kommunikation. Den von den Veränderungen durch das Projekt Betroffenen sollte Verständnis entgegengebracht werden, um Verunsicherungen entgegenzuwirken. Projekte geraten nicht selten langsam und unbemerkt in eine Schieflage. Ein gutes Multiprojektcontrolling, übergreifendes Risikomanagement, Audits und ein etabliertes Frühwarnsystem können frühzeitig Fehlentwicklungen und Handlungsoptionen aufzeigen. Folge kann ein → Krisenmanagement sein, das zur Projektsanierung oder Neuausrichtung führt. Die Option eines vorzeitigen Projektabbruchs wird gerade bei lange laufenden Großprojekten und euphorischen Teams tabuisiert und viel zu spät bedacht und entschieden.

Projektmanagement – Prozessmodell

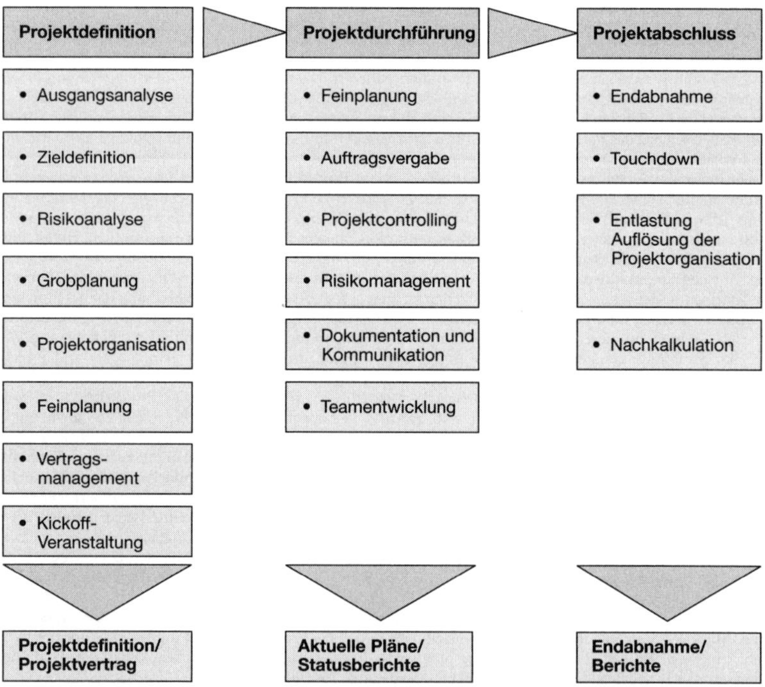

3. Projektabschluss: Der Projektleiter stellt sicher, dass Projektziel und Ergebnis vollständig und in der vereinbarten Qualität (gemäß den Abnahmekriterien) vorliegen. Der Auftraggeber nimmt das Ergebnis formal ab und entlastet Projektleiter und Teammitglieder. In einer Projektabschlussbesprechung (Touchdown) reflektiert das Team den Projektverlauf, diskutiert und dokumentiert Erfahrungen, Erkenntnisse und Verbesserungsvorschläge (Erfahrungslernen). Im Rahmen einer Nachkalkulation wird die Planung den tatsächlichen Aufwänden, Terminen und Kosten gegenübergestellt. Die erreichten Nutzendimensionen können und sollten im späteren Verlauf zur Überprüfung der Wirtschaftlichkeitsrechnung ermittelt werden (Nutzeninkasso). Die Projektorganisation wird aufgelöst.

V. Aktuelle Entwicklungen

Folgende Trends zeichnen sich ab:

- Projekte gelten heute als wesentlicher Motor für die Gestaltung von Veränderungsprozessen in Unternehmen. Projekte werden sich also noch stärker an Unternehmenszielen und -strategien ausrichten. Folglich wird der Projekterfolg zunehmend am Beitrag zu den Unternehmenszielen gemessen werden. Das gilt nicht allein für das einzelne Projekt, sondern auch für die in vielen Fällen stark vernetzte Projektlandschaft. Hier gewinnt das → Multiprojektmanagement an Bedeutung.
- Die Erfahrungen aus gescheiterten Projekten oder solchen mit erheblichem Zeitverzug und immenser Budgetüberschreitung messen einem systematischen Risikomanagement einen hohen Stellenwert zu.
- Einhergehend mit der Globalisierung und den verschieden Arten des Outsourcing oder off-, near-byshorings stellen sich neue Herausforderungen an die Führung von Projekten im internationalen und interkulturellen Kontext. Dazu gehört die Führung virtueller – über Standorte international verteilter – Projektteams. Die soziale Kompetenz aller Projektbeteiligten wird zum wichtigen Qualifikationsmerkmal. Vgl. → Internationales Projektmanagement.
- Zur kritischen Bewertung der Projektkompetenz eines Unternehmens werden in zunehmender Weise Reifegradmodelle herangezogen. Am bekanntesten hier ist das Referenzmodell CMMI des Software Engineering Institutes. Mit dem OPM3 (Organizational Project Management Maturity Model) bietet mittlerweile das PMI ein Referenzmodell speziell für das Projektmanagement.

Projektmanagement-Prozessmodell → Projektmanagement (PM).

Projektmeilenstein → Meilenstein, → Projektmanagement (PM).

Projektorganisation – 1. *Begriff:* System der → Kompetenz für die Erfüllung befristeter, komplexer → Aufgaben (→ Projekte). – 2. *Institutionalisierungsalternativen:* a) Zusammenarbeit mit den für die permanenten Aufgaben zuständigen organisatorischen Einheiten der bestehenden Grundstruktur durch Stäbe *(Stabs-Projektorganisation)* oder Entscheidungseinheiten *(Matrix-Projektorganisation).* – b) Autonome Projekteinheiten, in denen sämtliche zur Projektrealisierung erforderlichen Kompetenzen zusammengefasst sind *(reine Projektorganisation).* – 3. Bei der *Auswahl* einer dieser Gestaltungsalternativen sind neben den spezifischen Vor- und Nachteilen der → Stab-Linienorganisation, der → Matrixorganisation und der reinen Form der Projektorganisation auch die Probleme bei der (Re-)Integration des Projektpersonals in die permanente → Organisationsstruktur nach Projektende zu berücksichtigen. – Vgl. auch → Projektmanagement (PM).

Projektplanung und -kontrolle – 1. *Begriff:* Einzelobjektplanung und -kontrolle, die den gesamten Lebenszyklus des betrachteten Objekts umfasst, z.B. Produkt-/Projektplanung (→ Produktplanung). – 2. *Merkmale:* Die Projektplanung und -kontrolle umfasst als ausdifferenziertes Planungs- und Kontrollsystem normalerweise eine Vielzahl von Projekten; dabei kann es zu Koordinationsproblemen kommen, die die Grenzen der Einzelobjektsteuerung in Projektform deutlich machen. – 3. *Zweck:* Bes. wichtig oder riskant erscheinende Aktivitäten sollen aus dem Tagesgeschäft des Unternehmens herausgenommen und unter ein gesondertes → Projektmanagement (PM) gestellt werden. Dabei ist die Möglichkeit gegeben, einzelne Projektphasen zu definieren, an deren Anfang oder Ende die weiteren Erfolgsaussichten des Projekts wieder neu überprüft werden können. – Vgl. auch → Investitionsobjektplanung und → -kontrolle, → Bereichsplanung und -kontrolle.

Projektstrukturplan → Projektmanagement (PM).

Pro-Kopf-Einkommen – statistische Durchschnittsgröße, die das → Volkseinkommen oder das → Bruttonationaleinkommen (BNE) eines Landes zu seiner Bevölkerungszahl ins Verhältnis setzt. Das Maß dient dem Vergleich der durchschnittlichen wirtschaftlichen Lage der Bevölkerung in den Regionen eines Landes bzw. verschiedener Länder oder dem Vergleich im Zeitablauf. Das Pro-Kopf-Einkommen gilt üblicherweise als einer der wichtigsten Indikatoren zur Wohlstandsmessung eines Landes. Doch erschweren statistische Besonderheiten, Unterschiede in den Rechenwerken, den Inflationsraten, den Währungen oder der Kaufkraft die internationale Vergleichbarkeit. Auch gibt das Pro-Kopf-Einkommen als isolierter Indikator keinen Anhaltspunkt darüber, wie das Einkommen innerhalb eines Landes verteilt ist (→ Einkommensverteilung) oder wie sich jenseits der allein quantitativ erfassten Größe die qualitative Lebenssituation beschreiben lässt. Zu der Diskussion des „Beyond GDP" vgl. → Volkswirtschaftliche Gesamtrechnung (VGR).

Prokura – I. Begriff/Formen: Die in das → Handelsregister einzutragende umfassende Handelsvollmacht mit gesetzlich festgelegtem, grundsätzlich *unbeschränkbarem* Umfang (§§ 48–53 HGB). – *Formen:* → Einzelprokura; Beschränkungen bei der Form der → Filialprokura oder der → Gesamtprokura. – Ein Anstellungsverhältnis im Sinne eines Arbeitsverhältnisses des Prokuristen zum Prokurageber ist nicht erforderlich; Prokura kann auch der Ehegatte, der Kommanditist etc. erhalten. – *Zeichnung:* → ppa.

II. Umfang: Gesetzlich festgelegt (§ 49 HGB). – 1. Die Prokura *berechtigt* zu allen Arten von gerichtlichen und außergerichtlichen Geschäften und Rechtshandlungen, die der Betrieb eines beliebigen Handlungsgewerbes mit sich bringt. Hier wird im Gegensatz zur → Handlungsvollmacht nicht auf das betreffende Handelsgewerbe, den Geschäftszweig, abgestellt. – Die Prokura *berechtigt nicht* zu Geschäften, die darauf gerichtet sind, den Betrieb zur Einstellung zu bringen, wie Veräußerung des Geschäftes, Insolvenzantrag etc.; ebenso umfasst sind alle dem Inhaber obliegenden Geschäfte, wie Unterzeichnung der Bilanz, Erteilung einer anderen Prokura zugunsten eines Dritten – 2. Zur *Veräußerung oder Belastung von Grundstücken* berechtigt die Prokura nur, wenn → Immobiliarklausel erteilt ist (§ 49 II HGB). – 3. Die *grundsätzliche Unbeschränkbarkeit* der Prokura besagt, dass diese in ihrer Wirkung gegenüber Dritten in keiner Weise eingeschränkt werden kann. Befolgt der Prokurist Weisungen des Geschäftsherrn nicht, kann er schadensersatzpflichtig sein; an das mit dem Dritten abgeschlossene Geschäft bleibt der Geschäftsherr gebunden. – 4. *Übertragung:* Die Prokura ist auch mit Zustimmung des Unternehmers nicht übertragbar (§ 52 II HGB).

III. Erteilung: 1. Nur durch *ausdrückliche Erklärung* des Inhabers des Unternehmens → Vollkaufmann bzw. seines → gesetzlichen Vertreters. – 2. *Anmeldung:* Die Prokura ist mit → Zeichnung des Prokuristen zum Handelsregister anzumelden, die anschließende Eintragung wirkt nur deklaratorisch, nicht konstitutiv, d.h., schon vor Eintragung ins Handelsregister mit dem Erteilungsakt ist die Prokuraerteilung wirksam. – 3. *Zustimmung durch Gesellschafter:* a) Bei der *offenen Handelsgesellschaft*bedarf die Prokura der Zustimmung aller geschäftsführenden Gesellschafter (§ 116 HGB). Diese Bestimmung bezieht sich jedoch nur auf das Innenverhältnis. Nach außen, im Verhältnis zu Dritten und dem Prokuristen gegenüber, genügt die Erteilung der Prokura durch einen der geschäftsführenden Gesellschafter. – b) *Kommanditgesellschaft:* Zustimmung der Kommanditisten ist im Rahmen des § 164 HGB nicht erforderlich, da diese von der Geschäftsführung ausgeschlossen sind. Prokura kann auch dem Kommanditisten selbst erteilt werden.

IV. Erlöschen: 1. Erlöschen erfolgt durch → Widerruf, der jederzeit möglich ist (§ 52 I HGB). – 2. *Gleiche Wirkung:* Auch die Beendigung des Dienstverhältnisses des Prokuristen, die Einstellung des Gewerbebetriebes oder die Auflösung einer Gesellschaft, Insolvenzeröffnung, Tod oder → Geschäftsunfähigkeit des Prokuristen führen zum Erlöschen der Prokura – 3. *Nicht* zum Erlöschen kommt die Prokura durch den *Tod des Inhabers des Handelsgewerbes* (§ 52 III HBG). – 4. *Anmeldung:*Das Erlöschen ist in gleicher Weise wie die Erteilung zur Eintragung in das Handelsregister anzumelden (§ 53 III HGB). Auch diese Eintragung wirkt nur deklaratorisch, d.h., schon mit Widerruf und vor Eintragung ist die Prokura erloschen. Gegen Dritte wirkt das Erlöschen im Allgemeinen allerdings erst mit Eintragung und → Bekanntmachung; vgl. → Negativwirkung. – 5. *Widerrufsrecht von Gesellschaftern:* a) Bei der *offenen Handelsgesellschaft* ist jeder Gesellschafter, der der Erteilung zustimmen muss, selbstständig zum Widerruf der Prokura befugt (§§ 116, 126 HGB). – b) Einem Kommanditisten einer *Kommanditgesellschaft* steht das Widerrufsrecht i.d.R. nicht zu.

Prokuraindossament – *Vollmachtindossament.* 1. *Begriff:* wertpapierrechtliche Bevollmächtigung (→ Indossament) bes. bei → Wechseln. – 2. *Arten:* a) *Offenes Prokuraindossament:* Indossament mit dem Zusatz „in Prokura", „in Vollmacht", „zum Inkasso", „Wert zum Einzug" oder einem anderen nur eine Bevollmächtigung ausdrückenden Vermerk. Der Prokuraindossatar wird nicht Inhaber der Wechselforderung, doch kann er alle Rechte aus dem Wechsel geltend machen, kann ihn aber nur durch Prokuraindossament übertragen; die Wechselverpflichteten können dem Inhaber in diesem Fall nur solche Einwendungen entgegensetzen, die ihnen gegen den Indossanten zustehen. Die im Prokuraindossament enthaltene Vollmacht erlischt weder durch Tod noch durch Eintritt der Handlungsunfähigkeit des Vollmachtgebers. – b) *Verdecktes Prokuraindossament (verstecktes Prokuraindossament, fiduziarisches Prokuraindossament):* Ein Vollindossament, das den Indossatar nach außen zum Wechselinhaber macht, im Innenverhältnis ist er aber nur Bevollmächtigter. – c) Sonderform: *Inkassoindossament;* Indossament mit dem Zusatz „zum Inkasso" oder „zur Einziehung", durch das die Bank mit der Einziehung des Wechselbetrages beauftragt wird. Das Inkassodossament ist häufig ein verdecktes Prokuraindossament. Von bes. Bedeutung im Bankgeschäft.

Prokurist → Prokura, → ppa.

Proletariat – im → Marxismus die Arbeiterklasse (→ Klassentheorie).

Proletarität → Proletaritätsmerkmale.

Proletaritätsmerkmale – 1. Der Ausgangspunkt der neuzeitlichen staatlichen Sozialpolitik (→ Theorie der Sozialpolitik) kann in den *Lebensumständen der Industriearbeiterschaft im 19. Jh.* anhand der Merkmale der „Proletarität" gesehen werden, wie sie in der Zeit nach dem Zweiten Weltkrieg von Sozialpolitikwissenschaftlern (Achinger, Schreiber, Weddingen, Weisser u.a.) aus den Schriften von Herkner, Schmoller und Briefs über die Arbeiterfrage entnommen werden konnten. – 2. *Wesentliche Proletaritätsmerkmale* waren zum einen demnach die Probleme (1) extremer Gefährdung von Leben und Gesundheit am Arbeitsplatz, (2) extrem langer Arbeitszeit je Tag, Woche und Jahr (ohne Erholungsurlaub), (3) extremer Kurzfristigkeit und Unsicherheit des Arbeitsvertrages, (4) extrem niedriger Löhne, die selbst bei extrem langer Arbeitszeit, bei Frauen- und Kinderarbeit kaum das physische → Existenzminimum der Arbeiterfamilie sicherten, (5) extremer Unstetigkeit des Einkommensstromes infolge der normalen Lebensrisiken Krankheit, Unfall, Invalidität und Alter. – In der zweiten Hälfte des 20. Jh. konnten für die Arbeitnehmer in der Bundesrepublik Deutschland die oben genannten Probleme durch den Ausbau der Arbeitnehmerschutzrechte und der Sozialversicherung als überwunden gelten. Mind. als relative → gesellschaftliche Schwäche der Arbeitnehmer mussten zum anderen jedoch noch folgende Aspekte gelten: (6) die geringen Möglichkeiten zur Selbst- oder Mitbestimmung in Betrieb und Unternehmen, (7) die Vermögenslosigkeit bzw. die unbefriedigende Vermögensbildung in Arbeitnehmerhand sowie (8) die Situation in Bezug auf das Bildungsniveau der Arbeitnehmer und eine gewisse „Vererblichkeit des Arbeiterstatus", die sich in einem deutlich unterproportionalen Anteil von Arbeiterkindern an den höheren Schulen und Hochschulen äußerte. – 3. *Perspektiven:* Bis zum Ende des 20. Jh. hat der → Sozialstaat Deutschland weiter zum Abbau der Reste an Proletarität der Lebenslage der Arbeitnehmer beigetragen, sodass mit der abhängigen Stellung im Arbeitsleben nur noch eingeschränkt eine gesellschaftliche Schwäche verbunden ist. – Vgl. auch → Soziale Frage, → Sozialpolitik in der Marktwirtschaft.

Prolog – *Programming in Logic;* deklarative → Programmiersprache. – *Zweck:* Mit Prolog sollte nicht algorithmische (→ Algorithmus), logische → Programmentwicklung ermöglicht werden. – *Sprachkonzept:* „Theorembeweiser", der auf einer Datenbasis arbeitet; diese besteht aus einer Menge im → Programm festgelegter Fakten und aus → Regeln, wie aus gegebenen Fakten Schlüsse gezogen werden können. Der Lösungsweg, den der Regelinterpreter bei der Programmausführung einschlägt, muss vom Programmierer nicht explizit angegeben werden; er wird automatisch (durch → Backtracking) ermittelt. – *Einsatz* in der → Künstlichen Intelligenz (KI).

Prolongation – 1. *Begriff:* Stundung fälliger Leistungen oder Verlängerung der Kreditfrist. – 2. *Arten:* a) *Kredit-Prolongation:* Erfolgt meist auf Antrag des Kreditnehmers und durch schriftliche Bestätigung der Prolongation seitens der Bank, nachdem diese das Kreditengagement der üblichen → Kreditwürdigkeitsprüfung unterzogen hat. – b) *Wechsel-Prolongation:* Verlängerung des Zahlungsziels eines Wechsels. Die Prolongation erfolgt durch Vereinbarung von Wechselinhaber und -schuldner in der Praxis durch Akzeptierung eines neuen vom Aussteller oder letzten Inhaber ausgestellten Wechsels durch den Wechselschuldner gegen Rückgabe des alten fälligen Wechsels; dabei wird der Wechselbetrag ggf. um Diskontspesen erhöht (falls diese nicht bar bezahlt werden) oder um eine Teilsumme (Teilprolongation) ermäßigt. – c) *Prolongation beim* → Termingeschäft: Hinausschieben der Erfüllung auf späteren Termin, wenn die Erwartungen auf Steigen oder Fallen der Kurse nicht eingetreten sind, durch Vereinbarung zwischen beiden ursprünglichen Kontrahenten *(direkte Prolongation)* oder durch Einschalten eines Dritten *(indirekte Prolongation).*

Prolongationsgeschäft – das der → Prolongation zugrunde liegende, die Erfüllung eines Geschäfts auf einen späteren Zeitpunkt verschiebende Rechtsgeschäft.

Promesse – *Urkunde,* in der eine Leistung (bes. Lieferung von Effekten) versprochen wird.

Promillegrenze → Blutalkoholkonzentration (BAK).

Promotion – 1. *Begriff:* Verleihung der Doktorwürde (→ Doktor (Dr.)) durch den Fachbereich einer Hochschule aufgrund der von den einzelnen Fachbereichen erlassenen Promotionsordnungen. – 2. *Voraussetzungen:* a) *Allgemein:* In den meisten Fällen durch Examen (Diplom, Master oder Staatsexamen) abgeschlossenes oder ausnahmsweise nicht abgeschlossenes sechs- bis achtsemestriges Hochschulstudium. – b) Einreichung einer selbstständig verfassten wissenschaftlichen Arbeit *(Inaugural-Dissertation).* – c) Ablegung einer mündlichen Prüfung *(Rigorosum)* unter Vorsitz des Dekans des betreffenden Fachbereichs. Mind. drei Prüfungsfächer, und zwar ein Hauptfach (Gegenstand der Dissertation) und zwei Nebenfächer. – 3. *Speziell:* a) Dr. oec. oder Dr. rer. oec. (Doktor der Wirtschaftswissenschaften) bzw. Dr. rer. pol. oder Dr. scient. pol. oder Dr. oec. publ. (Doktor der Staatswissenschaften): Studium an dem wirtschafts-, staats- oder sozialwissenschaftlichen Fachbereich einer Universität, Technischen Hochschule (Universität) oder sonst. Hochschule, Abschluss mit Diplom- bwz Masterprüfung. – b) Dr. iur. (iuris): Nach Studium an dem rechts- und staatswissenschaftlichen Fachbereich einer Universität, Ablegung des sog. Staatsexamens (Referendarprüfung), von dessen Ergebnis u.U. die Zulassung zur Promotion abhängig ist.

Promotion → Verkaufsförderung.

Promotoren – Personen, die einen Innovations- oder Problemlösungsprozess aktiv fördern. Zu unterscheiden sind Machtpromotoren, Fachpromotoren und → Prozesspromotoren.

prompt → Handelsklausel, die besagt, dass die Leistung dem Branchen-, Orts- und Handelsbrauch entsprechend umgehend, d.h. binnen kürzester Frist, zu erfolgen hat. – Vgl. auch → Promptgeschäft.

Promptgeschäft – Vertragsabschluss, bei dem die Leistung umgehend, d.h., binnen kürzester Frist zu erfolgen hat, üblich im Warenbörsengeschäft. – *Gegensatz:* → Termingeschäft.

pronatalistische Politik → Bevölkerungspolitik.

Propagandisten – Personen, die meist in oder vor Handelsbetrieben Produkte erläutern, vorführen, anpreisen. – Bei *Produkteinführungen* sollen Propagandisten Aufmerksamkeit erregen und erste Kontakte zwischen der Neuheit und den potenziellen Kunden schaffen; bei *Aktionen* sollen Propagandisten zusätzliche Kaufimpulse bei alten und neuen Kunden schaffen.

Propagation → Viral Marketing.

Propergeschäft → Eigengeschäft.

Property Rights → Verfügungsrechte.

Property-Rights-Theorie → Verfügungsrechte.

Property Rule → Verfügungsrechte.

proportional – *verhältnisgleich.* Zwei Größen X (Definitionsmenge) und Y (Wertemenge) heißen proportional, wenn für jedes x und zugehöriges y gilt:

$x / y = c$ bzw. $y = x \cdot c$.

Grafisch handelt es sich um eine Gerade durch den Koordinatenursprung.

Proportionalakkord → Akkordlohn.

proportionale Kosten – *lineare Kosten.* 1. *Begriff:* Teil der → variablen Kosten, der sich im gleichen Verhältnis wie die → Beschäftigung (Ausbringung) verändert. Proportionale Kosten sind z.B. Fertigungslöhne (bes. Stücklöhne), Einzelmaterial, Hilfsstoffe, mengenabhängige Lager- und Vertriebskosten (Verpackungsmaterial). Kostenarten, die nur aus proportionalen Kosten bestehen, sind relativ selten; die meisten Kostenarten bestehen aus „Mischkosten" (fixen, proportionalen, progressiven und degressiven Kosten). Betriebe, in denen die proportionalen Kosten überwiegen, haben geringe Anlage- und Bereitschaftskosten (fixe Kosten), z.B. handwerkliche und Reparaturbetriebe. – 2. *Grafische Darstellung:* Die Kurve der proportionalen Kosten verläuft linear und geht stets durch den Nullpunkt. Verschiebt man die Kurve der proportionalen Kosten um die fixen Kosten auf der Ordinate, so erhält man die lineare Gesamtkostenkurve. Die Kurve der → Durchschnittskosten (Stückkosten) ist eine gleichseitige Hyperbel mit fallenden Werten. Die Kurve der proportionalen Durchschnittskosten verläuft parallel zur X-Achse, d.h. die proportionalen Durchschnittskosten sind bei allen Beschäftigungsgraden konstant. In der Praxis zählt man auch schwach-progressive oder degressive Kosten zu den proportionalen Kosten – Die Kostenlehre nimmt an, dass die Kostenkurve der variablen Gesamtkosten im Industriebetrieb wegen der Limitationalität der Produktionsfaktoren vorwiegend linear verläuft, dass dort also die variablen Kosten (gleiche Produktionsbedingungen vorausgesetzt) stets proportional sind; sie sind in diesem Fall gleich den → Grenzkosten. Diese Annahme setzt auch die Grenzkostenrechnung voraus.

proportionaler Rückversicherungsvertrag – 1. *Begriff:* Rückversicherungsvertrag, auf dessen Basis ein Anteil eines Risikos oder Portefeuilles zu den Originalkonditionen des Erstversicherers mit seinem/seinen Endkunden in → Rückversicherung gegeben wird. – 2. *Merkmale:* Die Prämien und Schäden werden also anteilsmäßig in einem proportionalen Verhältnis zwischen dem Erst- und dem Rückversicherer aufgeteilt. – 3. *Formen:* Quotenrückversicherung, → Summenexzedentenrückversicherung. – 4. *Abgrenzung:* Steht im Gegensatz zum → nicht proportionalen Rückversicherungsvertrag.

proportionaler Satz – ein von Schmalenbach geprägter Begriff für Differenzkosten.

proportionaler Steuertarif – ein Steuertarif, bei dem nur ein einziger, gleichbleibender Steuersatz existiert, sodass die Höhe der Steuer direkt proportional zur Höhe des Einkommens ist („flat-rate"). Der Grenzsteuersatz steigt also nicht an, sondern bleibt gleich. Wird unter dem Gesichtspunkt der Besteuerung nach der wirtschaftlichen Leistungsfähigkeit als gerade noch tolerierbar angesehen, da hieraus hergeleitet wird, dass der Grenzsteuersatz mit steigendem Einkommen jedenfalls nicht fallen dürfte (sondern nach der verbreitetesten Lehrmeinung sogar steigen müsste). – Die Eigenschaft eines Tarifs, einen proportionalen Steuersatz zu besitzen, wird auch als → Steuerproportionalität bezeichnet.

proportionales Wahlrecht – Hierbei ist die Anzahl der Parlamentssitze einer Partei proportional zum Anteil ihrer Stimmen an der insgesamt abgegebenen Stimmenzahl. Die Verteilung der Stimmen auf die Wahlkreise spielt keine Rolle.

Proportionalitätsprinzip – *Prinzip der minimalen Gemeinkostenstreuung;* → Kostenverteilungsprinzip, nach dem die → Gemeinkosten proportional zu bestimmten Bezugs- oder Maßgrößen auf die Kostenstellen zu verteilen sind. Mit dem Proportionalitätsprinzip wird eine verursachungsgerechte Kostenverteilung angestrebt; durch die → Gemeinkostenschlüsselung liefert es jedoch für die Fundierung und Kontrolle von Entscheidungen nicht verwendbare Informationen. Eng verwandt mit dem Proportionalitätsprinzip ist das Prinzip der minimalen Gemeinkostenstreuung.

Proportionalkosten → proportionale Kosten.

Proportionalkostenrechnung → Direct Costing.

Proportionalsteuern – Steuern mit einem proportionalen Steuertarif (→ Steuerproportionalität).

Proportionalzone → Einkommensteuertarif.

Prospect-Theorie – 1. *Begriff:* Wirtschaftswissenschaftliche Theorie über das Verhalten unter → Unsicherheit. – 2. *Begründer:* Inspiriert durch die Ergebnisse der psychologischen und ökonomischen Verhaltensexperimente (→ experimentelle Wirtschaftsforschung) formulierten Kahneman, Nobelpreisträger im Jahr 2002, und der inzwischen verstorbene Amos Tversky ihren Verhaltensansatz, der zu den meistzitierten Beiträgen der zweiten Hälfte des 20. Jh. gehört. – 3. Die Prospect-Theorie ist durch drei grundlegende *Unterschiede zum üblichen Erwartungsnutzenkonzept* (→ Nutzentheorie) gekennzeichnet: a) Der Nutzen einer Handlungsalternative wird nicht am endgültigen Vermögens- und/oder Wohlfahrtszustand gemessen, sondern an Veränderungen im Verhältnis zu einem Referenzzustand. – b) Verschlechterungen relativ zum Referenzpunkt (Verluste) werden deutlich stärker empfunden als Verbesserungen (Gewinne). Außerdem verhalten sich Individuen im Bereich der Verluste risikofreudig, im Gewinnbereich dagegen risikoscheu. – c) Mögliche Umweltzustände werden nicht mit ihren objektiven Eintrittswahrscheinlichkeiten gewichtet, sondern mittels einer Gewichtungsfunktion. Diese ordnet äußerst unwahrscheinlichen Ereignissen tendenziell ein zu hohes Gewicht und fast sicheren Ereignissen ein zu geringes Gewicht zu. – 4. Mithilfe der Prospect-Theorie können *viele „Verhaltensanomalien"* erklärt werden, also Verhaltensweisen, die mit dem Rationalverhaltensmodell nicht vereinbar sind. – *Beispiel:* Ein aus der experimentellen Forschung wohlbekanntes Phänomen besagt, dass ein und derselbe Mensch den Wert eines Gutes unterschiedlich einschätzt, je nachdem, ob er sich als Eigentümer desselben betrachtet oder nicht. Als Eigentümer fordert er einen höheren Verkaufspreis (Willingness to Accept) als er als Nachfrager zu zahlen bereit wäre (Willingness to Pay). Aus Sicht der Prospect-Theorie wird dies durch die Veränderung des Referenzpunktes, hier dem Status Quo, erklärt. Der Eigentümer interpretiert den Verkauf des Produktes als Verlust. Da Verluste stärker empfunden werden als Gewinne, bewertet er die Nutzeneinbuße durch den Verkauf höher als einen Nutzengewinn beim Kauf, da dieser als Gewinn angesehen würde.

Prospekt – I. Werbung: wenige Seiten umfassende Werbeschrift mit überwiegend bildlichen Elementen; häufig als Beilagen verwendet. – *Gegensatz:* → Supplement.

II. Börsenwesen: 1. *Wertpapierprospekt:* der vor einem öffentlichen Angebot oder der Zulassung zum Handel von Wertpapieren an einem organisierten Markt zu veröffentlichende Prospekt, der die Beurteilung des Wertpapiers und des Emittenten durch die Anleger ermöglichen soll. Gesellschaften, die ihre Aktien an einem → organisierten Markt, also v.a. im → regulierten Markt der Börse, zulassen wollen oder neue Wertpapiere einem größeren Anlegerkreis institutioneller und privater Investoren öffentlich anbieten wollen, müssen zuvor einen Wertpapierprospekt veröffentlichen. Die europaweit vereinheitlichte Prospektpflicht dient dem Anlegerschutz, aber auch der Steigerung der Markteffizienz durch die Erleichterung grenzüberschreitender Angebote und Zulassungen („Europäischer Pass für Wertpapiere"). Die Erstellung, Billigung und Veröffentlichung solcher Prospekte regelt das Wertpapierprospektgesetz (WpPG) v. 22.6.2005 (BGBl. I 1698) m.spät.Änd. i.V. mit den direkt anwendbaren EU-Prospektverordnungen (Delegierte Verordnung Nr. 862/2012 der EU-Kommission v. 4.6.2012 zur Änderung der Verordnung (EG) Nr. 809/2004 in Bezug auf die Zustimmung zur Verwendung des Prospekts, die Informationen über Basisindizes und die Anforderungen eines von unabhängigen Buchprüfern oder Abschlussprüfern erstellten Berichts, Delegierte Verordnung Nr. 486/2012 der EU-Kommission v. 30.3.2012 zur Änderung der Verordnung Nr. 809/2004 in Bezug auf Aufmachung und Inhalt des Prospekts, des Basisprospekts, der Zusammenfassung und der endgültigen Bedingungen und in Bezug auf die Angabepflichten). Ausnahmen von der Prospektpflicht bestehen z.B. dann, wenn es sich um ein Angebot handelt, das sich ausschließlich an qualifizierte Anleger (z.B. Finanzdienstleistungsunternehmen, Zentralbanken, internationale Finanzinstitutionen) richtet oder aber insgesamt an weniger als 150 Anleger (vgl. §§ 3 und 4 WpPG).a) *Inhalt:* Der Wertpapierprospekt muss gem. § 5 WpPG in leicht analysierbarer und verständlicher Form sämtliche Angaben enthalten, die im Hinblick auf den Emittenten und die öffentlich angebotenen oder zum Handel an einem organisierten Markt zugelassenen Wertpapiere notwendig sind, um dem Publikum ein zutreffendes Urteil über die Vermögenswerte und Verbindlichkeiten, die Finanzlage, die Gewinne und Verluste, die Zukunftsaussichten des Emittenten und jedes Garantiegebers sowie über die mit diesen Wertpapieren verbundenen Rechte zu ermöglichen. Insbesondere muss der Prospekt Angaben über den Emittenten und über die Wertpapiere enthalten. Der Prospekt muss in einer Form abgefasst sein, die sein Verständnis und seine Auswertung erleichtern. Der Prospekt muss eine Zusammenfassung enthalten, die Schlüsselinformationen, wie z.B. eine kurze Beschreibung der Risiken und wesentlichen Merkmale, die auf den Emittenten und einen etwaigen Garantiegeber zutreffen, enthalten, aber auch Warnhinweise, wie z.B. den Hinweis, dass der Anleger jede Entscheidung zur Anlage in die betreffenden Wertpapiere auf die Prüfung des gesamten Prospekts stützen sollte. – b) *Billigung:* Ein Prospekt darf vor seiner Billigung nicht veröffentlicht werden (§ 13 WpPG). Zuständig für die Billigung ist die → Bundesanstalt für Finanzdienstleistungsaufsicht (BaFin), die die Prospekte auf Vollständigkeit und Verständlichkeit prüft, nicht jedoch hinsichtlich der Richtigkeit der gemachten Angaben. – c) *Veröffentlichung:* Der Prospekt ist zu veröffentlichen, indem er selbst in einer oder mehreren Wirtschafts- oder Tageszeitungen abgedruckt wird, die in den Staaten des Europäischen Wirtschaftsraums, in denen das öffentliche Angebot unterbreitet oder die Zulassung zum Handel angestrebt wird, weit verbreitet sind, in gedruckter Form zur kostenlosen Abgabe für die Anleger bereitgehalten oder in das Internet eingestellt wird. Hält der Emittent die Pflichten nicht ein, kann die BaFin ein Bußgeld von bis zu 500.000 Euro verhängen. – 2. *Verkaufsprospekt:* Prospekt für im Inland öffentlich angebotene und nicht in Wertpapieren verbriefte Anteile, z.B. für geschlossene Fonds, vormals geregelt im Wertpapier-Verkaufsprospektgesetz (VerkaufsprospektG) vom 9.9.1998 (BGBl. I 2701), seit 6.12.2011 im Vermögensanlagengesetz (VermAnlG). – 3. *Haftung für Wertpapier- und Verkaufsprospekte:* → Prospekthaftung.

Prospekthaftung – In § 21 WpPG festgelegte Verpflichtung von Prospektverantwortlichen, i.d.R. Wertpapieremittenten und emissionsbegleitenden Kreditinstituten (Konsortialführer), als Gesamtschuldner zu haften, falls im Wertpapierprospekt (→ Prospekt) für die Beurteilung eines → Wertpapiers wesentliche Angaben unrichtig oder unvollständig sind. Aus den Vorschriften kann nicht in Anspruch genommen werden, wer nachweist, dass er die Unrichtigkeit oder Unvollständigkeit der Prospektangaben nicht gekannt hat oder die Unkenntnis nicht auf grober Fahrlässigkeit beruht. Ein Anspruch besteht auch nicht, sofern u.a. das Wertpapier nicht aufgrund des Prospekts erworben wurde oder der Erwerber die Unrichtiglkeit oder Unvollständigkeit bei dem Erwerb kannte (§ 23 WpPG). Die Höhe des Schadenersatzes soll dem Schaden entsprechen, der dem Besitzer der Wertpapiere daraus entsteht, dass die Angaben im Prospekt von der tatsächlichen Sachlage abweichen. So wird ihm i.d.R. der Erwerbspreis erstattet. Der Schadensersatzanspruch erstreckt sich nur auf die im Prospekt spezifizierten Wertpapiere. Er verjährt in drei Jahren seit Kenntnis des Erwerbers von der Unrichtigkeit oder Unvollständigkeit der Prospektangaben, spätestens jedoch nach zehn Jahren seit Prospektveröffentlichung. – Vergleichbares gilt nach § 20 für die Angaben in einem Verkaufsprospekt für Vermögensanlagen, die nicht in Wertpapieren verbrieft und seit 6.12.2011 im Vermögensanlagengesetz (VermAnlG, zuvor im Wertpapier-Verkaufsprospektgesetz (VerkProspG) erfasst sind, z.B. geschlossene Fonds. – Gemäß § 24 BörsG bzw. 21 VermAnlG wird bei einem öffentlichen Angebot von Wertpapieren bzw. Vermögensanlagen auch für das gänzliche Fehlen eines Prospekts gehaftet.

prospektive Deckungsformen – Konzepte der → Finanzrückversicherung. Sie bieten Deckung für laufende und/oder zukünftige Geschäfte (Finite Quota Share) bzw. für Schäden, die zum Abschlusszeitpunkt des Vertrags noch nicht eingetreten bzw. verursacht worden sind (→ Spread Loss Cover bzw. → Funded Cover). Zielsetzungen sind die Finanzierung von Katastrophenschäden und die Abfederung künftiger Ergebnisschwankungen durch zyklisch und/oder zufällig auftretende Schadenhäufungen im Jahresergebnis des Erstversicherers über mehrere Jahre (Multi-Year-Police). Der Finanzierungsaspekt wird über die Verzinslichkeit des Zahlungsverkehrs zwischen Erst- und Rückversicherer im Rahmen eines sog. Experience Account gestaltet.

Prosperität – 1. *Allgemeiner Sprachgebrauch:* Periode allg. guten Geschäftsgangs oder eine Phase gesamwirtschaftlichen Wohlstands, charakterisiert durch hohen Beschäftigungsstand (→ Beschäftigungsgrad) und durch tendenziell steigende Preise und Gewinne. – 2. *Konjunkturtheorie:* Phase des Aufschwungs oder Hochkonjunktur (→ Konjunkturphasen).

Prosumer – Person, die gleichzeitig Konsument und Produzent ist. Entweder erstellt sie eigene Produkte durch Individualisierung vorhandener Produkte oder durch die freiwillige Preisgabe ihrer Präferenzen. Der Prosumer kann so Einfluss auf die Produkteigenschaften nehmen und wird in die Produktionstätigkeit des Produzenten einbezogen. – Vgl. auch → Customized Marketing.

Protektion – 1. *Allgemeiner Begriff* für verschiedene handelspolitische Maßnahmen (→ tarifäre Handelshemmnisse oder → nicht tarifäre Handelshemmnisse), deren Zweck es ist, einzelne Sektoren einer → Volkswirtschaft vor Importkonkurrenz zu schützen oder der eigenen Exportwirtschaft Vorteile auf dem internationalen Markt zu verschaffen. – Vgl. auch → Zoll, → Handelspolitik, → Protektionismus. – 2. *Das klassische Instrument* ist der → Einfuhrzoll,mit dem die Preise für Importprodukte so weit angehoben werden können, dass sie keine Konkurrenz für heimische Produkte mehr darstellen. Im Rahmen mehrerer allg. Zölle jedoch weltweit derart gesenkt worden, dass sie als Handelshemmnis unter → Industrieländern kaum noch eine Rolle spielen. Zunehmendes Gewicht haben allerdings → Antidumpingzölle, die gezielt als Abwehrmaßnahme auf bestimmte Warenimporte aus einzelnen Ländern erhoben werden. Diese Ausnahmeregel wird verstärkt zur Umgehung allg. Zollregeln missbraucht. – 3. Beim → *Agrarzoll* (der ehemaligen → Abschöpfung), wie sie in der EU-Agrarpolitik (GAP) verwendet wird, ist der Inlandspreis fest vorgegeben, und die Einfuhrabgabe wird als Differenz zum Weltmarktpreis berechnet. Dieser variable Zoll kann auch von bes. kostengünstigen Auslandsproduzenten nicht unterlaufen werden, da von ihnen eine entsprechend höhere Abschöpfungsabgabe erhoben wird. – 4. *Außerhalb des Agrarbereichs* ist mittlerweile das *Einfuhrkontingent* (→ Importkontingentierung) zum wichtigsten Instrument aufgerückt. Dabei wird ausländischen Produzenten entweder eine feste Einfuhrmenge oder ein fester Anteil am gesamten Inlandsabsatz vorgegeben. Im Unterschied zum Zoll fließt hier die Differenz zwischen dem Inlandspreis und dem Weltmarktpreis nicht dem Staat des Importlandes zu, sondern entweder den Importeuren oder den ausländischen Produzenten. – 5. *Einfuhrkontingente* sind nur eines unter vielen Instrumenten aus dem Bereich der → nicht tarifären Handelshemmnisse. Daneben sind v.a. die *„freiwilligen" Exportselbstbeschränkungen* (Voluntary Eyport Restraints) zu nennen, bei denen sich das Exportland in Absprache mit dem Importland verpflichtet, seine Lieferungen auf bestimmte Höchstmengen zu beschränken. Analog dazu werden mit *„freiwilligen" Importausweitungsabkommen* Mindestmengen für die Importe eines Landes aus einem anderen Land festgelegt. Schließlich können auch technische Normen und Standards dazu missbraucht werden, heimischen Produzenten einen künstlichen Wettbewerbsvorteil zu verschaffen.

Protektionismus – handelspolitische Konzeption, die durch eine ausgeprägte Neigung zu → Protektion geprägt ist. – Vgl. auch → Handelspolitik, → Prohibitivzoll.

Protest – amtliche Beurkundung über die Zahlungsunfähigkeit des → Bezogenen. – Arten: a) → Scheckprotest; – b) → Wechselprotest.

Protesterhebung bei der Post – bei Postprotestaufträgen im Fall der Nichtzahlung des Wechselbetrages durch Postbedienstete nach den Bestimmungen des Wechselgesetzes vorzunehmender Protest (→ Wechselprotest). Wechsel mit Protesturkunde wird dem Auftraggeber übersandt. Ist Postprotest ausgeschlossen, kann der Wechsel an einen Notar oder Gerichtsvollzieher weitergegeben werden. Protesterhebung bei der Post kann unterbleiben, wenn der Auftrag erst am letzten Tag der Protestfrist beim Zustellpostamt eingeht. Es wird nur die nach dem Wechselgesetz vorgesehene Protestfrist gewährt.

Protestliste – von Bankverbänden aufgestellte vertrauliche Liste mit den Namen der → Bezogenen, die Wechsel zu Protest (→ Wechselprotest) gehen ließen, nebst deren Anschrift sowie der Aussteller dieser Wechsel. Die Protestliste soll auf Kreditrisiken aufmerksam machen und wird deshalb in den Kreditinstituten sorgsam ausgewertet. In der Protestliste verzeichnete Bezogene sind als Wechselmitverpflichtete nicht akzeptabel.

Proto-Industrialisierung – Vor- oder Frühstufe des Industrialisierungsprozesses in Mitteleuropa, die regional in unterschiedlicher Ausprägung und zu unterschiedlicher Zeit auftrat. In engem Zusammenhang mit dem Bevölkerungswachstum ging die Auflösung der traditionellen Agrarverfassungen mit der sozialen Differenzierung der ländlichen Gesellschaft einher. Die Notwendigkeit und Möglichkeit zu gewerblicher Tätigkeit führte zur gewerblichen Durchdringung des landwirtschaftlich geprägten flachen Landes. Abhängig von den politischen und ökonomischen Rahmenbedingungen entstanden regional unterschiedlich eher monogewerblich (exportmarktorientiert) oder eher multigewerblich (lokalmarktorientiert) geprägte Strukturen. Die neben- oder hauptberuflich ländlichen Gewerbetreibenden bildeten eine relativ gut ausgebildete und – in Zusammenhang mit dem mitteleuropäisch religiös begründeten Arbeitsethos (Weber) – „disziplinierte" Basis für die zur → Industrialisierung erforderliche Arbeiterschaft. Zugleich wurden sie im Zuge abnehmender Eigenversorgung und zunehmender Monetisierung Nachfrager nach industriellen Massenprodukten.

Protokoll – 1. *Kommunikationsprotokoll:* Eine Übermittlungsvorschrift bei der → Datenübertragung, die die gesamten Festlegungen für Steuerung und Betrieb der Datenübermittlung in einem Übermittlungsabschnitt (z.B. benutzter → Code) umfasst. – *Standardisierung:* DIN 44 302. – 2. *Niederschrift über gerichtliche Verhandlung und Beweisaufnahme:* Das Protokoll ist eine öffentliche Urkunde. Die Beachtung der gesetzlichen Förmlichkeiten des Verfahrens kann nur durch das Protokoll bewiesen werden (§165 ZPO).

Protokoll zum Madrider Markenabkommen – am 27.6.1989 geschlossener multilateraler völkerrechtlicher Vertrag, der eine Verbindung zwischen dem → Madrider Markenabkommen (MBA) und der → GemeinschaftsmarkenVO der EU schaffen soll. Der Vertrag ist am 1.12.1995 mit der Ratifikation durch Spanien, Schweden, Großbritannien und die Volksrepublik China in Kraft getreten, das Markengesetz enthält bereits die notwendigen Regelungen für → Marken, die nach dem Protokoll international registriert werden (§§ 119 ff. MarkenG).

Prototyping – 1. *Begriff:* im → Software Engineering Vorgehensweise bei der → Softwareentwicklung, bei der nicht sofort ein endgültiges → Softwaresystem, sondern zunächst ein oder mehrere Prototypen erstellt werden. – 2. *Motivation:* Bei Softwareentwicklung nach einem klassischen → Phasenmodell werden die Phasen nacheinander durchlaufen; der Endbenutzer kann folglich erst zu einem sehr späten Zeitpunkt das resultierende Softwareprodukt betrachten und beurteilen; nachträgliche Anpassungen an Benutzerwünsche, die evtl. notwendig werden, verursachen erheblichen Änderungsaufwand. Dagegen ist beim Prototyping relativ früh eine erste Version verfügbar, an der Veränderungen und Verbesserungen vorgenommen werden können. – 3. *Klassifikation:* a) Nach dem *Ziel:* Der Prototyp kann (1) zur Erforschung einer bestimmten Anwendungsproblematik (→ Anwendung), (2) zum Experimentieren mit speziellen Lösungsmöglichkeiten oder (3) zur sukzessiven Entwicklung mehrerer Versionen eines Systems (Versioning; evolutionäres Prototyping) erstellt werden. – b) Nach der *Weiterverwendung:* Der Prototyp ist (1) Basis für die Weiterentwicklung des Systems, (2) wird zur Schulung der Benutzer eingesetzt oder (3) als „Wegwerfmodell", z.B. für Demonstrationszwecke *(Demo-Prototyping)* oder als Anforderungsmodell im Rahmen der → Anforderungsdefinition *(Requirements-Prototyping)*, erstellt. – c) Nach dem *Umfang:* In den Prototyp werden (1) alle Eigenschaften des geplanten Systems einbezogen oder (2) nur bes. wichtige Ausschnitte (z.B. die → Benutzerschnittstelle). – d) Nach der *Geschwindigkeit:* Bes. Interesse hat das *Rapid-Prototyping* gefunden, bei dem versucht wird, unter Verwendung moderner Softwarewerkzeuge und → Programmiersprachen der vierten Generation so schnell wie möglich ein ablauffähiges System zu erstellen. – 4. *Eignung:* Prototyping ist v.a. in schlecht strukturierten Problemsituationen und bei mangelnder Erfahrung der Softwareentwickler oder der Benutzer mit dem Anwendungsgebiet Erfolg versprechend.

Provenienz – im kaufmännischen Sprachgebrauch Waren, mit denen zugleich eine bestimmte → Güteklasse (-merkmal) gekennzeichnet wird.

Provider – Anbieter von Dienstleistungen im → Internet. Ein Provider ermöglicht dem Endkunden gegen eine Gebühr den Zugang zum → Internet. – Vgl. auch → Backbone.

Provision – I. Allgemein: Regelmäßig in Prozenten einer Wertgröße (z.B. vom Umsatz) berechnete Form der Vergütung für geleistete Dienste; z.T. auch als Arbeitsentgelt für Arbeitnehmer, meist neben anderen Leistungen gewährt.

II. Handelsrecht: 1. Jeder → Kaufmann, der in Ausübung seines Handelsgewerbes einem anderen Geschäfte besorgt oder Dienste leistet, kann auch ohne Vereinbarung Provision nach den ortsüblichen Sätzen verlangen, soweit nicht die → Verkehrssitte entgegensteht. – 2. In der Form der Provision wird meist die Vergütung des → Handelsvertreters (sog. *Abschlussprovision*) gewährt (§§ 87 ff. HGB). – a) Der *Anspruch* des Handelsvertreters auf Provision entsteht für jedes während des Vertragsverhältnisses abgeschlossene Geschäft, das aufgrund seiner Tätigkeit zustande gekommen ist (§ 87 I HGB). Es genügt, dass der Kunde durch den Vertreter geworben wurde. Wird ein Geschäft erst nach Beendigung des Vertragsverhältnisses ausgeführt, so steht die Provision dem Handelsvertreter dann zu, wenn er es vermittelt hat. Gleiches gilt auch, wenn er das Geschäft so eingeleitet und vorbereitet hat, dass der Abschluss überwiegend auf seine Tätigkeit zurückzuführen ist und das Geschäft in einer angemessenen Frist nach Vertragsende zum Abschluss kommt (§ 87 III HGB). – b) *Endgültig* verdient ist die Provision erst nach Ausführung des vermittelten Geschäftes. – c) Dem → Bezirksvertreter steht Provision auch für Direktgeschäfte zu; ebenso dem Handelsvertreter mit → Kundenschutz (§ 87 II HGB). – d) Die *Höhe* der Provision richtet sich nach dem Vertrag; fehlt eine Vereinbarung, so gilt der übliche Satz (§ 87b I HGB). Die Berechnung erfolgt nach dem reinen Rechnungsbetrag, d.h. dem Betrag für die Waren ohne Abzug von Sondernachlässen oder Aufschlägen für Fracht, Porto etc. (§ 87b II HGB). – e) Bei der *Abrechnung* der Provision, die monatlich, nach Vereinbarung längstens vierteljährlich, erfolgen muss, *kann* der Handelsvertreter einen → Buchauszug fordern (§ 87c HGB). Wird der Buchauszug verweigert oder bestehen begründete Zweifel an der Richtigkeit oder Vollständigkeit der Abrechnung, kann der Handelsvertreter verlangen, dass nach Wahl des Unternehmers entweder ihm oder einem von ihm zu bestimmenden Wirtschaftsprüfer oder vereidigten Buchsachverständigen Einsicht in die Geschäftsbücher oder sonstigen Urkunden gewährt wird, soweit dies zur Prüfung der Richtigkeit oder Vollständigkeit erforderlich ist. Diese Rechte können vertraglich weder ausgeschlossen noch beschränkt werden (§ 87c V HGB). – Vgl. auch → Delkredereprovision, → Inkassoprovision. – f) *Zahlungen an Auslandsvertreter* richten sich nach den Bestimmungen über den passiven Dienstleistungsverkehr mit dem Ausland. – 3. Auch dem → Handlungsgehilfen kann neben seinem festen Gehalt eine Provision als Wertbeteiligung am Einzelgeschäft gezahlt werden. In diesem Fall finden die für den Handelsvertreter geltenden Vorschriften Anwendung (§ 65 HGB).

III. Bankwesen: → Kreditprovision, → Überziehungsprovision und → Umsatzprovision. Jedes Entgelt, das Banken ihren Kunden für technisch-organisatorische Leistungen berechnen. – Nicht zu den Provisionen gehören die Spesen; sie werden für bes. Leistungen individuell berechnet. – *Anders:* → Courtage.

IV. Arbeitsrecht: Die Provision gehört i.Allg. nicht zu den mit Akkord- und Prämienlohn vergleichbaren → leistungsbezogenen Entgelten, hinsichtlich deren Festsetzung einschließlich der Geldfaktoren der Betriebsrat nach § 87 I Nr. 11 BetrVG bei Fehlen einer tariflichen Regelung ein erzwingbares Mitbestimmungsrecht in sozialen Angelegenheiten hat. Das Mitbestimmungsrecht richtet sich nach § 87 I Nr. 10 BetrVG, bezieht sich also nicht auf den Euro-Wert je Provision, wohl aber auf die konkrete *Ausgestaltung des jeweiligen Provisionssystems* (→ betriebliche Lohngestaltung).

V. Kostenrechnung: 1. Provisionen als *Aufwendungen für Verkaufserfolge* zählen zu den → Vertriebskosten (ggf. Sondereinzelkosten des Vertriebs); sie können den einzelnen Erzeugnissen i.d.R. direkt belastet werden. Auf richtige → Periodenabgrenzung ist zu achten. – 2. Provisionen als *Entgelte für die Vermittlung bei Rechtsgeschäften* (etwa Nachweis von Bauplätzen, Baugeld etc.) sind bei deren Abschluss als Teil der Beschaffungs-, Finanzierungs- oder Versicherungskosten mit diesen zusammen zu verrechnen.

Provisionierung – *engl.: Provisioning;* Bezeichnung für die automatisierte Bereitstellung von

→ IT-Ressourcen. Diese können danach durch → Deprovisionierung wieder freigegeben werden.

provisionsfreie Konten – im Bankwesen i.d.R. alle Konten, die stets ein Guthaben des Kunden aufweisen, also alle Kreditorenrechnungen, z.B. Scheckkonten, Girokonten, Depositenkonten, Kontokorrentkreditoren, ferner häufig die Konten anderer Banken. – *Gegensatz:* → Provisionspflichtige Konten.

provisionspflichtige Konten – im Bankwesen Konten, von denen die Bank neben den Zinsen eine → Umsatzprovision berechnet; provisionspflichtige Konten sind alle Debitorenrechnungen, bes. Kontokorrentkonten (→ Kontokorrentkredit). – *Gegensatz:* → provisionsfreie Konten.

Prozedur – 1. Bei der → Programmentwicklung: ein → Unterprogramm i.e.S., das eine Teilaufgabe zu lösen hat und als Ergebnis null oder mehr Werte zur Verfügung stellt. Die zur Lösung der Teilaufgabe vorgegebenen Eingangsgrößen bzw. die Resultate (Ausgangsgrößen) werden als → Parameter an die bzw. von der Prozedur übergeben. – 2. Im Rahmen der → Datenübertragung in einem → Netz: Synonym für → Protokoll.

prozedurale Abstraktion → funktionale Abstraktion.

prozedurale Programmiersprache → Programmiersprache.

prozedurale Wissensrepräsentation – Form der → Wissensrepräsentation. – *Merkmal:* Wissen wird durch „aufrufbare" → Prozeduren beschrieben; diese stellen Verfahren dar, wie das Wissen angewendet werden kann. – *Gegensatz:* → deklarative Wissensrepräsentation.

Prozentkurs – in Prozenten des → Nennwerts eines Wertpapiers angegebener Börsenkurs (→ Kurs); gebräuchlich bei festverzinslichen Wertpapieren. – *Gegensatz:* → Stückkurs.

Prozentrechnung – Mithilfe der Prozentrechnung können Anteile durch Angabe in Prozent miteinander verglichen werden (Prozentsatz p%, Grundwert G und Prozentwert P). – *Formeln:*

$$P = G \cdot p/100;$$

$$G = P \cdot 100/p;$$

$$p\% = p/100 = P/G.$$

Prozentspanne – *relative Handelsspanne;* relative Größe der → Handelsspanne zum → Wareneinstandspreis (→ Handelsaufschlag) oder zum → Verkaufspreis (→ Handelsabschlag) in Prozent. Die Handelsspanne ist der Unterschiedsbetrag zwischen Einstandspreis und Verkaufspreis im Handelsbetrieb. – *Beispiel:* Bei einem Einstandspreis von 4,- Euro und einem Verkaufspreis von 5,- Euro beträgt die Handelsspanne 1,- Euro. Der Handelsaufschlag beträgt 25 Prozent (1,- zu 4,- Euro) und der Handelsabschlag 20 Prozent (1,- zu 5,- Euro). – *Anders:* Wird die Differenz von Verkaufspreis und Einstandspreis in Geldeinheiten errechnet, ergibt sich eine → Betragsspanne.

Prozess – **I. Allgemein:** Unter Prozess versteht man die Gesamtheit aufeinander einwirkender Vorgänge innerhalb eines Systems. So werden mittels Prozessen Materialien, Energien oder auch Informationen zu neuen Formen transformiert, gespeichert oder aber allererst transportiert.

II. Recht: Gerichtliches Verfahren zur Gewährleistung staatlichen Rechtsschutzes; v.a. das Verfahren zwischen zwei oder mehreren Parteien mit entgegenstehenden Interessen. – *Arten:* → Zivilprozess; → Strafprozess; verwaltungs-, sozial-, arbeits- und finanzgerichtliches Verfahren.

III. Produktions- und Kostentheorie: → Produktionsprozess.

IV. Wirtschaftsprüfung: Es wird bewusst (insbesondere in den Prüfungsstandards des IDW, z.B. in PS 261) zwischen Unternehmensebene (Abschlussebene) und Prozessebene (Aussageebene) unterschieden. Die Risikobetrachtung erfolgt nämlich auf zwei Stufen, und zwar auf der obersten Führungsebene und auf der Abteilungsebene, d.h. auf einer Stufe, die der Geschäftsleitung untergeordnet ist. Diese wird deshalb auch als Prozess-Ebene bezeichnet. Prinzip: Da die einzelnen Abteilungen einen individuellen Beitrag zur Erreichung der → Unternehmensziele leisten sollen, müssen sie ihre eigenen Teil-Ziele (Prozess-Ziele) verfolgen. Diese Ziele können durch spezifische Risiken (Risiken auf Prozess-Ebene genannt) beeinträchtigt oder sogar vereitelt werden. Unternehmerische Kontrollen dienen also konsequenterweise dazu, den Einfluss dieser Risiken, die ihre Wurzeln in den allg. Geschäftsrisiken haben, wenn auch nicht völlig auszuschließen, so doch sinnvoll zu begrenzen. – Wird die Unternehmensebene vernachlässigt, fehlt den Prüfungshandlungen des Abschlussprüfers die erforderliche Präzision, weil er nicht erkennt, dass sein Katalog von Risiken auf Prozess-Ebene unvollständig ist. Was nützt es z.B. dem Abschlussprüfer, wenn er Schwachstellen in der → Kreditkontrolle entdeckt, aber ein → Währungsrisiko übersieht, weil er es auf dieser Ebene gar nicht vermutet. – Eine bes. Problematik besteht darin, wenn Risiken auf Prozess-Ebene mit Kontroll-Risiken verwechselt werden. So hat z.B. das auf der Unternehmensebene angesiedelte „Kreditrisiko" auf der Prozess-Ebene „Verkauf" die Ausprägung „Risiko von Verlusten an Forderungen aus Lieferungen und Leistungen". Dieses spezifische Kreditrisiko wird von der konjunktur- und branchenabhängigen Zahlungsfähigkeit der Kunden bestimmt. Das Kontroll-Risiko auf Prozess-Ebene besteht darin, dass das Kriterium der Kreditfähigkeit bei Auswahl und Überwachung der Kunden nicht sorgfältig genug beachtet wird.

Prozessabhängigkeit – (des Trägers der → Überwachung), Abgrenzungskriterium für die Überwachungsformen → Prüfung (→ Revision) und

→ Kontrolle. Prozessabhängigkeit ist gegeben bei psychischer Bindung an das Überwachungsobjekt; hieraus kann Befangenheit resultieren.

Prozessagent – war ein die Besorgung fremder Rechtsangelegenheiten vor Gericht geschäftsmäßig betreibender Rechtsbeistand. Der Prozessagent bedurfte der Erlaubnis des zuständigen Landgerichtspräsidenten, die i.d.R. nur für ein bestimmtes → Amtsgericht erteilt wurde. Nach der Neufassung des § 157 ZPO durch das Rechtsleistungsdienstgesetz vom 12.12.2007 (BGBl. I 2840) kann sich der bevollmächtigte Rechtsanwalt in der Verhandlung durch einen bei ihm im Vorbereitungsdienst beschöftigten Rechtsreferendar vertreten lassen. – Vgl. auch → Rechtsbeistand, → registrierter Erlaubnisinhaber, → Rechtsdienstleistungsregister.

Prozessberatung – 1. *Management Consulting*: Gegenstand der Prozessberatung ist das Business Process Redesign (BPR) bzw. die Geschäftsprozessoptimierung (→ Business Process Reengineering). Die Prozessberatung zielt auf Prozessverbesserungen in Gestalt von Qualitätsverbesserungen und/oder Prozessvereinfachungen und bedient sich dazu vielfach Methoden des Benchmarking. – 2. *Organisationsentwicklung*: Problemlösungskonzept, das im Rahmen der Organisationsentwicklung (OE) angewendet wird. Die Prozessberatung basiert wie das Sensitivitätstraining auf der Grundannahme, dass die Leistungsfähigkeit von Organisationen gesteigert werden kann, wenn interpersonelle Probleme gelöst werden; dabei ist die Prozessberatung deutlich aufgabenorientierter. Typische Themenbereiche sind die Kommunikation, Beurteilungen von Funktionen und Rollen in Teams, die Analyse von Entscheidungsprozessen sowie die Analyse von Entwicklungsprozessen innerhalb und zwischen Gruppen. Ansprechpartner der Prozessberatung sind Individuen (z.B. Manager) und auch Gruppen. Die Rolle der Beratenden besteht darin, im Sinne einer Hilfe zur Selbsthilfe in Zusammenarbeit mit den Klienten Prozesse zu durchleuchten, sodass diese ihre Probleme selbstständig angehen und lösen können.

Prozessbetrug – Der i.d.R. in einem → Zivilprozess begangene → Betrug, bei dem der Täter durch eine erschlichene gerichtliche Maßnahme sich oder einen anderen rechtswidrig auf Kosten der anderen Partei bereichern will, z.B. durch Verfälschung der Beweisgrundlagen, bewusst wahrheitswidriges Parteivorbringen u.Ä.; strafbar nach § 263 StGB.

Prozessbevollmächtigter – eine Person, die für die Partei im → Zivilprozess auftritt. Prozessbevollmächtigter kann grundsätzlich, soweit kein → Anwaltszwang besteht, jeder sein, der → Prozessfähigkeit besitzt (§ 79 ZPO). – Vgl. auch → Prozessagent, → Rechtsanwalt. – Hat die Partei einen Prozessbevollmächtigten bestellt, können Prozesshandlungen, bes. Zustellungen (§ 166 ZPO), wirksam nur diesem gegenüber vorgenommen werden. – Vgl. auch → Prozessvollmacht, → Stellvertretung. – Im Steuerverfahren: → Bevollmächtigter.

Prozessbilanz – Teilelement der Ökobilanzthematik (→ Ökobilanz) zur Erfassung der Umweltbelastungen, die mit Produktionsprozessen verbunden sind. – *Inhalt:* Input-Output-Betrachtung einzelner Prozessschritte. – *Aufgaben:* (1) Teilschritte für Erarbeitung von Lösungsansätzen für Emissionsvermeidung; (2) Basis für Produktbilanzen.

Prozessdatenverarbeitung → Prozesssteuerung.

Prozessfähigkeit – Fähigkeit, einen → Zivilprozess selbst oder durch einen selbstbestellten Vertreter zu führen (§§ 51 ff. ZPO), z.B. Klage zu erheben, Anträge zu stellen oder einen Prozessvergleich abzuschließen. – Prozessfähigkeit deckt sich *grundsätzlich* mit → Geschäftsfähigkeit. – Prozessfähigkeit ist durch das Gericht von Amts wegen zu *prüfen* und die Klage bei Fehlen der Prozessfähigkeit des Klägers als unzulässig abzuweisen. – Bei *Wegfall* der Prozessfähigkeit während des Prozesses tritt Unterbrechung ein (§ 241 ZPO).

Prozessführungsrecht – im → Zivilprozess die Befugnis, als Kläger oder Beklagter den Prozess über das geltend gemachte Recht führen zu können. Das Prozessführungsrecht steht i.d.R. dem Rechtsinhaber oder dem Verpflichteten zu (→ Aktivlegitimation, → Passivlegitimation), kann aber auch anderen Personen übertragen sein, z.B. dem Insolvenzverwalter, Testamentsvollstrecker oder Pfändungsgläubiger. – Beim Fehlen des Prozessführungsrechts wird eine Klage als unzulässig, ohne Entscheidung in der Sache selbst, abgewiesen.

Prozessgarantie – Form der → Bankgarantie, die den Garantiebegünstigten (Gericht, u.U. gegnerische Partei) vor den finanziellen Folgen des Risikos schützt, dass der Garantieauftraggeber – bei entsprechender Gerichtsentscheidung – für die auferlegten Prozesskosten nicht aufkommt bzw. auferlegte Zahlungen an die gegnerische Partei nicht leistet.

Prozessgebühr → Gerichtskosten, → Rechtsanwalt.

Prozessgericht – im → Zivilprozess das erkennende Gericht, bei dem ein Rechtsstreit anhängig zu machen ist oder läuft (→ Zuständigkeit). – *Anders:* → Vollstreckungsgericht.

Prozessgliederungsprinzip – 1. *Organisation:* Sonderform des → Verrichtungsprinzips, bei der die Tätigkeitsarten nach ihrer Stellung im Betriebsprozess unterschieden werden, d.h. dem betrieblichen Leistungsprozess folgen. – 2. Für die *Organisation des Rechnungswesens,* v.a. des *Kontenrahmens:* Zuordnung der einzelnen Konten in die → Kontenklassen entsprechend dem Durchgang des Herstellungs- bzw. Leistungsprozesses. In Klasse drei bis sieben folgt das Ordnungssystem des GKR dem Fortgang der betrieblichen Leistungserstellung. In Klasse acht erscheinen die Erlöse und in Klasse neun die Abschlusskonten. – 3. *Vergleichbar im Handel:*

Funktionsprinzip. – *Anders:* → Abschlussgliederungsprinzip.

Prozesskombination – Bezeichnung für den Einsatz mehrerer Prozesse (→ Produktionsprozess) zur Erzeugung eines Gutes. – Vgl. auch → lineare Aktivitätsanalyse.

Prozesskosten – I. Allgemein: die durch die Führung eines Rechtsstreits, bes. eines Zivilprozesses, entstehenden Kosten. – 1. Die *Prozesskosten* umfassen → Gerichtskosten (Gebühren, Auslagen bes. für Zeugen) und außergerichtliche Kosten (Rechtsanwalts- und Gerichtsvollzieherkosten u.Ä.). – 2. *Es ist zu unterscheiden*, welche Partei a) dem Gericht, Rechtsanwalt etc. gegenüber und b) gemäß der → Kostenentscheidung der anderen Partei gegenüber *Kostenschuldner* ist. – 3. Die *Höhe* der Prozesskosten richtet sich, soweit die Gebühren infrage stehen, nach dem → Streitwert des Prozesses. Sämtliche Gebühren sind sog. Aktgebühren, die in jeder Instanz nur einmal und ohne Rücksicht auf Dauer des Prozesses oder die Zahl der Termine anfallen und bestimmte Tätigkeiten des Gerichts, des Rechtsanwalts etc. pauschal abgelten. – Vgl. auch → Kostentabelle für Zivilprozesse. Die Prozesskosten für Prozesse mit anderem Streitwert können durch Einfügung der aus der Kostentabelle ersichtlichen Werte durch das folgende Beispiel errechnet werden. In der *Berufungsinstanz* und der *Revisionsinstanz* entstehen erneut und zusätzlich entsprechende Gebühren für die einzelnen Tätigkeiten (z.B. betragen die Gerichtsgebühren 4,0 statt 3,0 Gebühren und die Verfahrensgebühr für einen Rechtsanwalt 1,6 statt 1,3 Gebühren). – Vgl. Abbildung „Prozesskosten (Beispiel)". 4. *Verbuchung:* Prozesskosten sind Aufwendungen. Bildung einer → Rückstellung in geschätzter Höhe in der Verursachungsperiode, wenn die Prozesskosten mit Wahrscheinlichkeit anfallen (schwebende sowie zu erwartende Prozesse). – 5. *Kostenrechnerische Erfassung:* Prozesskosten werden meist in der Kostenartenrechnung in einer eigenen → Kostenart erfasst und (1) dem Verwaltungsbereich oder (2) dem Vertriebsbereich (→ Fertigungskostenstellen, → Vertriebskostenstellen), falls es im Einzelfall zweckmäßiger

Prozesskosten (Beispiel)

Beispiel: A klagt gegen B auf Zahlung von 500 Euro (2.000 Euro) wegen nicht gezahlten Kaufpreises und obsiegt. Bei einem Streitwert vonn 500 Euro (2.000 Euro) hat zu unterliegende Partei zu zahlen:

Gerichtskosten	Euro	Euro
1. Prozessgebühr	3 × 35,- = 105,-	(3 × 73,- = 219,-)
2. Auslagen (im Allg. nur geringfügige Schreib- und Postgebühren, aber mitunter erhebliche Beträge für Zeugen und Sachverständige)	7,50	(7,50)
	112,50	(226,50)
Außergerichtliche Kosten Soweit die Partei sich selbstvertritt: Portoauslagen, Reisekosten u.Ä. – Bei Zuziehung eines Rechtsanwaltes:		
1. Verfahrensgebühr (für die Übernahme des Prozesses, einschließlich der Information)	1,3 × 45,- = 58,50	(1,3 × 133,- = 172,90)
2. Termingebühr (für die mundliche Verhandlung)	1,2 × 45,- = 54,-	(1,2 × 133,- = 159,60)
3. Auslagenpauschale (20% der Gebührensumme, maximal 20 Euro)	20,-	(20,-)
5. Mehrwertsteuer aus der Gebührensumme (16%)	25,17 157,67	(56,40) (408,90)
Gerichts- und Anwaltskosten insgesamt	270,17	(678,-)
Hat sich auch der siegreiche Gegner durch einen Rechtsanwalt vertreten lassen, entstehen weiter	153,70	(451,50)
Die P. ohne Kosten der → Zwangsvollstreckung betragen demnach für B:	427,84	(1.129,50)

erscheint, z.B. bei den Kosten aus Rechtsstreitigkeiten mit Kunden, zugerechnet. Im Fall unregelmäßigen Anfalls werden sie üblicherweise auf einem speziellen → Abgrenzungskonto gesammelt und gleichmäßig auf die einzelnen Abrechnungsperioden verteilt. – In der *Gewinn- und Verlustrechnung* rechnen die Prozesskosten i.d.R. zu den sonstigen betrieblichen Aufwendungen. – 6. *Steuerrechtliche Behandlung:* Prozesskosten sind bei der → Einkommensermittlung als → Betriebsausgaben oder → Werbungskosten abzugsfähig, soweit sie durch den Betrieb oder Beruf veranlasst sind, wie bei Prozessen mit Lieferanten, Kunden, mit Gesellschaftern, Prozesskosten von Mietstreitigkeiten bei → Einkünften aus Vermietung und Verpachtung etc. Prozesskosten für Streitigkeiten im privaten Sektor sind nicht abzugsfähige → Kosten der Lebensführung; sie werden i.d.R. auch nicht als → außergewöhnliche Belastung anerkannt. – *Ausnahme:* z.B. Prozesskosten bei Scheidung.

II. Im Sinn der Prozesskostenrechnung: → Prozesskostenrechnung.

Prozesskostenhilfe – Befreiung bzw. teilweise Befreiung von den Kosten im Zivilprozess. Die Prozesskostenhilfe soll jedem Bürger den Zugang zum Gericht durch Beseitigung der Kostenbarriere (→ Prozesskosten) erleichtern und die Chancengleichheit für die Wahrnehmung seiner Rechte verbessern (§§ 114–127 ZPO). – 1. *Voraussetzungen:* Prozesskostenhilfe erhält auf Antrag eine Partei, die nach ihren persönlichen und wirtschaftlichen Verhältnissen die Kosten der Prozessführung nicht, nur z.T. oder nur in Raten aufbringen kann, wenn die beabsichtigte Rechtsverfolgung oder Rechtsverteidigung hinreichende Aussicht auf Erfolg bietet und nicht mutwillig erscheint (d.h. wenn z.B. eine nichtarme Partei von der Prozessführung absehen oder nur einen Teilbetrag geltend machen würde). Ist dagegen der Partei zuzumuten, die Kosten der Prozessführung aus ihrem einsatzfähigen Vermögen aufzubringen oder übersteigen die Prozesskosten voraussichtlich nicht vier Monatsraten und die aus dem Vermögen aufzubringenden Teilbeträge, so ist Prozesskostenhilfe zu versagen. Wird um → Unterhalt gestritten, ist → Prozesskostenvorschuss vorrangig zu beantragen (§ 127a ZPO), um Missbrauch von Prozesskostenhilfe zu verhindern. – 2. *Antrag:* Prozesskostenhilfe muss beim → Prozessgericht beantragt werden. In dem Antrag, zu dem dem Gegner Gelegenheit zur Stellungnahme zu geben ist, ist das Streitverhältnis unter Angabe der Beweismittel darzustellen; eine Erklärung der Partei über ihre persönlichen und wirtschaftlichen Verhältnisse (Familienverhältnisse, Beruf, Vermögen, Einkommen und Lasten) mit amtlichem Vordruck nach der Prozesskostenhilfevordruckverordnung vom 17.10.1994 m.spät.Änd. sowie entsprechende Belege sind beizufügen. – *Rechtsmittel bei Ablehnung der Prozesskostenhilfe:* → Beschwerde. – 3. *Bewilligung:* Prozesskostenhilfe wird für jeden Rechtszug bes. bewilligt. Legt der Gegner ein Rechtsmittel ein, so wird in einem höheren Rechtszug nicht mehr geprüft, ob die Rechtsverfolgung oder Rechtsverteidigung hinreichend Aussicht auf Erfolg bietet oder mutwillig ist. Mit Bewilligung der Prozesskostenhilfe setzt das Gericht zugleich fest, ob und welche Beiträge die Partei selbst zu erbringen hat, und wann die Zahlungen zu leisten sind. Höhe der Raten nach Tabelle entsprechend den Einkommens- und Vermögensverhältnissen, höchstens 48 Raten. Der obsiegende Prozessgegner kann Erstattung seiner ihm erwachsenden Kosten verlangen. – 4. *Aufhebung:* Die bewilligte Prozesskostenhilfe kann u.a. aufgehoben werden, wenn die Partei länger als drei Monate mit der Ratenzahlung im Rückstand ist, wenn sie durch eine unrichtige Darstellung des Streitverhältnisses getäuscht oder wenn sie über ihre persönlichen oder wirtschaftlichen Verhältnisse unrichtige Angaben gemacht hat. – 5. *Geltungsbereich:* Die Regelungen über Prozesskostenhilfe im → Zivilprozess gelten in allen übrigen Gerichtsverfahren, so u.a. im Verfahren vor den → Arbeitsgerichten (§ 11a ArbGG), vor den → Verwaltungsgerichten (§ 166 VwGO), vor den → Finanzgerichten (§ 142 FGO) und vor den → Sozialgerichten (§ 73a SGG). – Vgl. auch → Beratungshilfe.

Prozesskostenrechnung

von Prof. Dr. Dr. h.c. Jürgen Weber

I. Begriff

Prozesskostenrechnung ist ein Begriff, der in der jüngeren Vergangenheit die Kostenrechnungsdiskussion und -gestaltung maßgeblich beeinflusst hat. Prozesskostenrechnung wird in Deutschland z.T. auch als *Vorgangskalkulation* bezeichnet. In den USA werden – bei gleichem Inhalt – die Begriffe *Activity Based Costing* oder *Cost Driver Accounting* verwandt.

Obwohl z.T. anders dargestellt, stellt Prozesskostenrechnung kein neues Kostenrechnungssystem dar, das den traditionell unterschiedenen Systemen der Vollkostenrechnung, der Plankostenrechnung oder den unterschiedlichen Formen der Deckungsbeitragsrechnung vergleichbar wäre. Die Kernideen der Prozesskostenrechnung sind in all diesen Kostenrechnungssystemen realisierbar, haben ihren Anwendungsschwerpunkt jedoch bislang innerhalb von Vollkostenrechnungen (Prozesskostenrechnung als Vollkostenrechnung).

II. Grundsätzliche Charakterisierung

Prozesskostenrechnung setzt an Praxismängeln der traditionellen Kostenrechnungssysteme, speziell an Mängeln in der Behandlung von → Gemeinkosten, an.

- Die Kritik betrifft zum einen die *Lohnzuschlagskalkulation der Vollkostenrechnung*. Man argumentiert, dass Fertigungslöhne angesichts der stark vorangeschrittenen Produktionsautomatisierung (→ CIM) nur noch ein schlechter Indikator für die produktbezogene Kostenverursachung in den Fertigkostenstellen seien. Diese Kritik findet sich besonders in den USA, in der auch heute noch häufig auf der Basis von direct labor kalkuliert wird.
- Die Kritik betrifft zum anderen die *Behandlung der der Fertigung vor- und nachgelagerten Dienstleistungsbereiche*, wie z.B. Bestelldisposition, Fertigungsvorbereitung und -steuerung, Lagerungen und Transporte. Für sie dominieren in der Vollkostenrechnung sehr grobe, pauschale Verrechnungsmodi (z.B. in Form von Umlagenanlastung), und auch in der Plankostenrechnung werden sie unzureichend durchdrungen (z.B. genereller Verzicht auf eine analytische Kostenplanung in derartigen Kostenstellen). Durch die verbesserte Durchdringung der Gemeinkostenbereiche verspricht die Prozesskostenrechnung sowohl eine bessere Steuerung dieser Bereiche als auch eine genauere Produktkalkulation.

III. Vorgehen

Prozesskostenrechnung geht in mehreren Schritten vor.

1. Prozessanalyse

Pro Gemeinkostenbereich (Kostenstelle, wie z.B. Fertigungssteuerung) sind diejenigen Dienstleistungen zu bestimmen, deren Erfüllung der Bereich dient. Hierbei kann man sich methodisch auf Verfahren der → Gemeinkostenwertanalyse, des → Zero-Base-Budgeting oder ähnlicher Techniken stützen. Zudem liegen für einige Bereiche einschlägige Erfahrungen vor (besonders für die Logistik). Für das Beispiel der Fertigungssteuerung kann es sich bei den Dienstleistungsarten etwa um die Prozesse „Montageaufträge disponieren, Teile abrufen sowie Fertigungsablauf Montage überwachen“ handeln.

2. Zuordnung von Kosten zu Prozessen

Jedem Prozess sind die ihm verursachten Kosten zuzuordnen. Je mehr Kostenverbunde bestehen, desto größere Schwierigkeiten sind mit dieser Aufgabe verbunden.

3. Bestimmung der Kostentreiber (Cost Driver)

Für die Prozessarten sind im nächsten Schritt die jeweiligen Kostentreiber zu ermitteln, also die Faktoren, die die Inanspruchnahme der entsprechenden Leistungen bestimmen. Für das begonnene Beispiel wäre dies für die beiden ersten Prozesse die Zahl der zu bearbeitenden Fertigungsaufträge, gegebenenfalls unterteilt in Standard- und Sonderaufträge. Für die Überwachungsaufgabe findet sich ein solcher Kostentreiber nur schwer. Derartige Prozesse werden in der Prozesskostenrechnung auch als „leistungsmengenneutral“ bezeichnet.

4. Prozesskostenermittlung

Für die Kostentreiber sind die jeweiligen Mengenausprägungen (z.B. Zahl abgewickelter bzw. im nächsten Jahr abzuwickelnder Fertigungsaufträge) zu bestimmen. Dies bedeutet nicht zusätzlichen Erfassungs- und/oder Planungsaufwand. Wie in gewöhnlichen Bezugsgrößenkalkulationen werden Kosten pro Prozessmengeneinheit (z.B. pro Fertigungsauftrag) ermittelt. Es gibt innerhalb der Prozesskostenrechnung unterschiedliche Auffassungen, ob man in diese Prozesskosten pro Prozesseinheit auch die Kosten der leistungsmengenneutralen Prozesse einbeziehen sollte oder nicht.

5. Prozesskostenkalkulation

Im letzten Schritt werden die Prozesskosten den Produkten im Rahmen der Kostenträgerrechnung belastet. In kostenrechnerischen Termini ausgedrückt wandelt die Prozesskostenrechnung dazu den Charakter bisheriger Vorkostenstellen in Endkostenstellen um: Während bislang z.B. die Fertigungssteuerung an die Fertigungsendkostenstellen verrechnet wurde, verrechnet sie ihre Kosten in der Prozesskostenrechnung direkt auf die Produkte. Hierzu muss man zusätzlich festhalten, wie viel Prozessmengeneinheiten jedes Produkt jeweils in Anspruch genommen hat. Auch hiermit sind erhebliche Erfassungs- und/oder Planungskosten verbunden.

IV. Beurteilung

Die Grundgedanken zur Prozesskostenrechnung hat Schmalenbach bereits 1899 geäußert. Bei Kilger finden sich viele Gedanken der Prozesskostenrechnung präziser und differenzierter dargestellt. Die Prozesskostenrechnung postuliert zudem nachdrücklich den Weg zu höherer Detaillierung, ohne den Beleg der Wirtschaftlichkeit dieses Vorgehens anzutreten. Die Prozesskostenrechnung als Element der laufenden Kostenrechnung ist häufig zu aufwendig, sie wird in den Unternehmen deshalb zumeist als fallweise Rechnung betrieben. Auf der anderen Seite hat die Diskussion um die Prozesskostenrechnung dazu geführt, den Gemeinkostenbereichen eine stärkere (und dringend erforderliche) kostenrechnerische Aufmerksamkeit zukommen zu lassen.

Prozesskostenvorschuss – kann in einem Rechtsstreit um Unterhalt im Wege einer *einstweiligen Anordnung* von dem Unterhaltsverpflichteten verlangt werden, wenn dieser finanziell dazu in der Lage ist (§ 127a ZPO). Prozesskostenvorschuss ist Ausfluss des *Unterhaltsanspruchs* und soll den Unterhaltsberechtigten in die Lage versetzen, seinen Unterhaltsanspruch gegen den Unterhaltsverpflichteten überhaupt gerichtlich geltend machen zu können. Prozesskostenvorschuss ist gegenüber *Prozesskostenhilfe* vorrangig.

Prozessniveau – *Produktionsniveau;* Bezeichnung für die Höhe der Ausbringungsmenge eines → Produktionsprozesses. Bei limitationalen → Produktionsfaktoren (→ limitationale Einsatzfaktoren) lässt sich das Prozessniveau grafisch als Abstand eines beliebigen Punktes auf dem → Prozessstrahl vom Koordinatenursprung angeben, wobei auf den Koordinatenachsen die Einsatzmengen der zwei limitationalen Produktionsfaktoren abgetragen werden; bei → substitutionalen Produktionsfaktoren entsprechend durch die „Höhe" der jeweiligen Ertragsisoquante.

Prozessor – Funktionseinheit innerhalb eines digitalen Rechensystems, die nach DIN 44 300 mind. über ein Rechenwerk und eine Steuereinheit verfügt sowie mithilfe von → Programmen Steuerungs- und Verarbeitungsoperationen ausführen kann. – In modernen → Computern werden häufig neben dem → Zentralprozessor → Hilfsprozessoren eingesetzt.

Prozessorganisation → Organisationsgestaltung, bei der die Bereichsbildung unter Berücksichtigung spezifischer Erfordernisse des Ablaufs betrieblicher → Geschäftsprozesse vorgenommen wird, d.h. die → Aufbauorganisation folgt der → Ablauforganisation. Die Kompetenzverteilung orientiert sich an den identifizierten Geschäftsprozessen, was bes. zu objektorientierten Bereichsbildungen führen kann. Charakteristisch hierfür ist die Übertragung prozessbezogener Verantwortlichkeiten auf sog. → Process Owner. Möglich ist auch die Überlagerung einer bestehenden Primärstruktur durch eine stellen-, abteilungs- oder sogar unternehmensübergreifende Sekundärstruktur. Hierbei sollen die negativen Auswirkungen von Stellen-, Abteilungs- und Unternehmensgrenzen durch Anwendung von Teamkonzepten und → Projektorganisationen überwunden werden. Die Prozessorganisation zielt auf die Steigerung der → organisatorischen Effizienz, v.a. der Prozesseffizienz. – Vgl. auch → Business Process Reengineering.

Prozessorzykluszeit → Taktzeit.

Prozessplanung – von Gutenberg synonym gebrauchter Begriff für → Produktionsprozessplanung.

Prozessplanungsdilemma – *Produktionsprozessplanungsdilemma;* bei der → Produktionsprozessplanung (von Gutenberg als Prozessplanung bezeichnet) aufgrund der sich teilweise überschneidenden und u.U. sogar gegenläufigen Tendenzen der Optimierungsziele auftretendes Problem. – *Beispiel:* Es wird einerseits maximale Kapazitätsauslastung angestrebt, die nur dann erreicht werden kann, wenn jedes Betriebsmittel über ein entsprechendes Auftragspolster verfügt; dies führt andererseits zu einer Warteschlange von Aufträgen an jeder Maschine, die im Interesse geringstmöglicher Durchlaufzeiten gerade vermieden werden sollte. – Gutenberg spricht von dem *bes. Prozessplanungsdilemma der Werkstattproduktion*, da bei der Fließproduktion die Produktionsprozessplanung aufgrund der starr vorgegebenen Größen Kapazitätsauslastung und Durchlaufzeit einfacher ist.

Prozesspolitik – 1. *Begriff und Merkmale*: Wirtschaftspolitik, die vornehmlich der Stabilisierung des Wirtschaftsablaufs oder dem Wachstum der gesamtwirtschaftlichen Aktivitäten dient, z.B. durch den Einsatz geld-, währungs- und fiskalpolitischer Instrumente. – 2. *Arten*: a) Konjunkturpolitik: Die wirtschaftspolitischen Instrumente werden so eingesetzt, dass die Konjunkturausschläge minimiert werden. Dabei ist zwischen einer nachfrage- und einer angebotsorientierten Politik zu unterscheiden. – b) Wachstumspolitik: Diese ist eher langfristig ausgerichtet und setzt an den Grundlagen des Wachstums, z.B. der Investitionstätigkeit, dem Humankapital oder den Umweltressourcen an. – c) Strukturpolitik: Man versucht hierbei v.a. regionale Ungleichgewichte zu vermeiden und Krisen einzelner Branchen oder Sektoren der Wirtschaft mit hoher Arbeitslosigkeit zu unterbinden. – *Gegensatz:* → Ordnungspolitik.

Prozesspromotor – fungiert als Verknüpfer zwischen dem Machtpromotor und Fachpromotor (→ Buying Center). Er nimmt somit die Position eines Steuermannes im Innovationsprozess ein.

Prozessrechner → Computer zur automatischen Überwachung, Steuerung und/oder Regelung von industriellen (→ Prozesssteuerung) oder anderen physikalischen Prozessen. Die bevorzugte Betriebsart ist der → Echtzeitbetrieb.

Prozessstandards – umweltpolitische Vorgaben, mit denen Produktionsprozesse reglementiert werden. – Vgl. auch → Umweltauflage.

Prozesssteuerung – *Prozessdatenverarbeitung;* Steuerung und Regelung von technischen Prozessen mithilfe eines → Prozessrechners, sodass bestimmte Abläufe, Messwerte, Toleranzen etc. eingehalten werden.

Prozessstrahl – *Prozessgerade;* Summe aller effizienten Faktoreinsatzmengenkombinationen in einem

→ Produktionsprozess. Bei limitationalen Produktionsfaktoren (→ limitationale Faktoreinsatzmengen) ist der Prozessstrahl technisch vorgegeben, da Erhöhungen der Einsatzmengen eines Faktors bei Konstanz des anderen Faktors keinen zusätzlichen → Ertrag bringen. Bei → substitutionalen Produktionsfaktoren lässt er sich durch Berechnung der → Minimalkostenkombinationen für unterschiedliche → Prozessniveaus ermitteln. Wenn die effizienten Faktoreinsatzkombinationen nicht alle das gleiche Faktoreneinsatzverhältnis aufweisen, ist der Verlauf (→ Expansionspfad) gekrümmt oder geknickt.

Prozesssubstitution – Bezeichnung für den Austausch eines Prozesses (→ Produktionsprozess) gegen einen anderen Prozess bei der Herstellung eines Gutes. Prozesssubstitution wird vorgenommen, wenn sich die Ausbringungsmenge, die verfügbaren Faktormengen oder die Faktorpreisverhältnisse ändern.

Prozessvergleich – ein nach → Klageerhebung (oder Einleitung des Prozesskostenhilfeverfahrens; → Prozesskostenhilfe) zwischen den Parteien, evtl. unter Beitritt eines Dritten, geschlossener Vergleich über die Beendigung des Rechtsstreits, der auch über den Prozessstoff hinausgehende Ansprüche zum Gegenstand haben kann. Der Prozessvergleich ist ein → Vollstreckungstitel (§ 794 I Nr. 1 ZPO). – Der Prozessvergleich wahrt jede etwa vorgeschriebene *Form,* z.B. öffentliche Beurkundung. – Wird über die *Kosten* nichts vereinbart, so sind diese nach § 98 ZPO als „gegeneinander aufgehoben“ anzusehen: Teilung der → Gerichtskosten; ihre außergerichtlichen Kosten trägt jede Partei selbst.

Prozessvertretung → Rechtsanwalt, → Prozessbevollmächtigter, → Prozessagent, → Bevollmächtigter, → Prozessvollmacht.

Prozessvollmacht → Vollmacht für die Führung eines Prozesses; sie muss i.d.R. (auf Verlangen des Gegners) durch Vorlage einer schriftlichen Vollmachtsurkunde nachgewiesen werden und ermächtigt zu allen Prozesshandlungen, die den Rechtsstreit betreffen (einschließlich der → Zwangsvollstreckung, der → Widerklage und der → Wiederaufnahme des Verfahrens, §§ 78–90 ZPO). Nur die Befugnis zum Abschluss eines → Prozessvergleichs und zur Abgabe der Verzichts- oder Anerkenntniserklärung kann von der Partei ausgeschlossen werden. – Die Prozessvollmacht *endet* durch jederzeit zulässigen Widerruf (bei → Anwaltszwang gegenüber Gericht und Gegner aber erst mit Bestellung eines anderen Anwalts), nicht jedoch durch Tod der vertretenen Partei (§ 246 ZPO). – Eine Sonderform der Prozessvollmacht ist die *Terminvollmacht,* die nur zur Wahrnehmung eines oder mehrerer Verhandlungstermine erteilt wird. Im Übrigen entspricht der Umfang der Bevollmächtigung der Prozessvollmacht, der Terminbevollmächtigte kann deshalb z.B. im Verhandlungstermin einen Prozessvergleich abschließen, wenn die Partei nicht die Vollmacht entsprechend beschränkt hat. – Vgl. auch → Prozessbevollmächtigter.

Prozessvoraussetzungen – im → Zivilprozess erforderliche Vorbedingungen, damit das Gericht über den geltend gemachten Anspruch sachlich entscheiden kann. – Bei *Fehlen einer Prozessvoraussetzung* wird die → Klage als unzulässig abgewiesen; nach Beseitigung des prozessualen Mangels kann der Kläger sie von neuem erheben, ohne dass die Rechtskraft des Urteils entgegenstünde. – *Unverzichtbare Prozessvoraussetzung:* V.a. Zulässigkeit des → Rechtswegs, → Parteifähigkeit und → Prozessfähigkeit sowie ordnungsmäßiger → gesetzlicher Vertreter. Fehlen der → Rechtshängigkeit des Rechtsstreits werden von Amts wegen geprüft; *verzichtbare Prozessvoraussetzung:* I.d.R. örtliche und sachliche Zuständigkeit des Gerichts, Ordnungsmäßigkeit der → Klageerhebung, Vereinbarung einer Schiedsklausel (→ Schiedsgerichtsverfahren) sowie mangelnde Erstattung der Kosten eines früheren, durch → Klagerücknahme erledigten Prozesses werden nur auf Rüge des Beklagten beachtet.

Prozesszinsen – I. Bürgerliches Gesetzbuch: Zinsen für eine Geldforderung, die von der → Rechtshängigkeit an (nach Klageerhebung) auch dann zu entrichten sind, wenn die Forderung an sich nicht verzinslich ist und der Schuldner sich nicht im Verzug befindet (§ 291 BGB). – *Zinssatz:* 5 Prozentpunkte über dem → Basiszinssatz, wenn ein → Verbraucher beteiligt ist, 8 Prozentpunkte über dem Basiszinssatz bei einem Rechtsgeschäft, an dem kein Verbraucher beteiligt ist, sofern kein höherer Zinssatz vereinbart ist oder sich aus dem Gesichtspunkt des Verzugsschadens ergibt.

II. Abgabenordnung: 1. *Tatbestand:* Wird eine → Steuerfestsetzung aufgrund rechtskräftiger gerichtlicher Entscheidung herabgesetzt oder eine → Steuervergütung gewährt bzw. erhöht, ist der Erstattungsbetrag gegenüber dem Steuerpflichtigen zu verzinsen (§ 236 AO). Der Grund für die Steuerherabsetzung bzw. Gewährung/Erhöhung der Steuervergütung ist unerheblich. Die Zinsen sind von Amts wegen zu zahlen (kein Antrag des Steuerpflichtigen erforderlich). Prozesszinsen kann der Steuerpflichtige nur im gerichtlichen Verfahren (nicht aber im außergerichtlichen Einspruchsverfahren) beanspruchen. – 2. *Entstehung und Zinslauf:* Der Zinsanspruch entsteht regelmäßig mit der Rechtskraft der gerichtlichen Entscheidung. Der Zinslauf beginnt grundsätzlich mit dem Tag der Rechtshängigkeit, frühestens jedoch mit dem Tag der Zahlung des Steuerbetrags. Er endet mit der Auszahlung des zu verzinsenden Steuer- bzw. Steuervergütungsbetrags. – 3. *Bemessungsgrundlage und Berechnungsgrundsätze:* Zu verzinsen ist nur der zuviel entrichtete Steuerbetrag bzw. die zu wenig gewährte Steuervergütung. Die Zinsen betragen 0,5 Prozent für jeden vollen Monat des Zinslaufes; angefangene Monate bleiben außer Ansatz. Der zu verzinsende Betrag wird auf volle 50 Euro nach unten abgerundet (§ 238 AO). Eine Bagatellgrenze von zehn Euro ist zu beachten (§ 239 II AO). Wird die Steuerfestsetzung nach Abschluss des Rechtsbehelfsverfahrens geändert, aufgehoben oder wegen einer → offenbaren Unrichtigkeit berichtigt, hat dies keinen Einfluss auf die Zinsfestsetzung. – *Gegensatz:* → Aussetzungszinsen.

prozyklisch – 1. Mit dem Konjunkturverlauf (→ Konjunkturschwankungen, → Konjunkturzyklus) gleichgerichtete *Bewegung ökonomischer Größen.* – 2. Mit dem Konjunkturverlauf gleichgerichtete *Wirkung wirtschaftspolitischer Maßnahmen* (→ Konjunkturpolitik). – *Gegensatz:* → antizyklisch.

prozyklische Werbung – Gestaltung des zeitlichen Ablaufs von Werbemaßnahmen in der Form, dass sie der konjunkturellen Entwicklung folgen. In Zeiten der Hochkonjunktur wird viel geworben, in denen der Rezession deutlich weniger. – *Gegensatz:* → Antizyklische Werbung.

PRSP – Abk. für *Poverty Reduction Strategy Paper;* Strategiepapiere zur wirtschaftlichen Entwicklung, die Entwicklungsländer mithilfe des → IWF und der Weltbank (→ IBRD) verfassen. PRSP werden im Rahmen der → PRGF des IWF bzw. der Weltbank eingesetzt. Außerdem sind sie für Teilnehmer der → HIPC-Initiative Pflicht. Sie gelten für drei Jahre mit jährlichen Zwischenberichten.

Prudential Filter – 1. *Begriff:* von der European Banking Authority (ehemals Committee of European Banking Supervisors [CEBS]) empfohlene Korrekturfaktoren zur Anpassung des nach den → International Financial Reporting Standards (IFRS) bilanziell ausgewiesenen → Eigenkapitals von → Kreditinstituten. Sie sind erforderlich, da die Zielsetzung der IAS/IFRS-Abschlüsse (Vermittlung von entscheidungsnützlichen Informationen für Investoren) nicht zwingend im Einklang mit den vornehmlichen Aufgaben der → Bankenaufsicht (Sicherung der Funktionsfähigkeit des Finanzsystems, Gläubigerschutz) stehen. In Deutschland werden die Empfehlungen des CEBS nahezu vollständig durch die Konzernabschlussüberleitungsverordnung (KonÜV) umgesetzt. – 2. *Merkmale:* Prudential Filters berücksichtigen Bewertungseffekte der Fair-Value-Bilanzierung (→ Fair Value) bei der Überleitungsrechnung des Eigenkapitals nach IFRS hin zum aufsichtsrechtlichen Eigenkapital unterschiedlich stark. – 3. *Ziele:* Prudential Filters dienen der Berechnung der bankaufsichtlichen Eigenmittel. Sie sollen noch nicht realisierte Bewertungsgewinne bzw. -verluste aus der Fair-Value-Bilanzierung von → Finanzinstrumenten und Immobilien aus dem Kernkapital herausfiltern, sodass der Verlauf der Eigenmittelhöhe relativ konstant bleibt. Ziel ist die Verfolgung eines konsequenten Gläubigerschutzgedankens (→ Gläubigerschutz) durch die Gewährleistung der Nachhaltigkeit und Dauerhaftigkeit der einzelnen Eigenmittelbestandteile und somit der Wahrung der Risikopufferfunktion der Eigenmittel. Weiterhin soll eine international verbesserte Vergleichbarkeit der Bestimmung der aufsichtsrechtlichen Eigenmittel erreicht werden. – 4. *Entwicklung:* Der Begriff der Prudential Filter stammt aus der Veröffentlichung „Guidelines on Prudential Filters for Regulatory Capital" des CEBS aus dem Jahr 2004 und war das Ergebnis des Dialoges von Bankaufsichtsbehörden, insbes. des Baseler Ausschusses für Bankenaufsicht und des CEBS, die die Konsequenzen der Bilanzierung nach IAS/IFRS auf die Eigenmittelausstattung von Kreditinstituten betrachteten. Mittlerweile hat sich dieser Begriff etabliert und steht für die Bemühungen, die Informationsanforderungen von Investoren mit denen der Bankaufsichtsbehörden zu vereinbaren. – 5. *Beurteilung:* Auch mit Einsatz der Prudential Filter können nicht alle Bewertungseffekte der IFRS-Bilanzierung egalisiert werden. Auf eine vollständige Neutralisierung ist das Konzept aber auch nicht ausgelegt. Trotz lediglich eingeschränkter Anrechenbarkeit unrealisierter Gewinne sind diese, wenn auch abgedämpft, dennoch partiell im haftenden Eigenkapital enthalten. Eine erhöhte Volatilität der Eigenmittel ist die hieraus resultierende Folge.

Prüfbit → Parity Bit.

Prüfer – natürliche Person, die eine → Prüfung durchführt. Prüfer können Einzelprüfer (z.B. selbstständige → Wirtschaftsprüfer (WP), → vereidigte Buchprüfer) oder Mitarbeiter eines Prüfungsorgans (z.B. → Prüfungsverband, → Wirtschaftsprüfungsgesellschaft, → Buchprüfungsgesellschaft) sein. Prüfer benötigen bes. Qualifikation. – Für *gesetzlich vorgeschriebene* → Pflichtprüfungen wird der Kreis möglicher Prüfer eingegrenzt; die konkret aufgestellten Qualifikationsanforderungen müssen erfüllt werden. *Andere Prüfungen* können auch sonstige Prüfer durchführen, die der Auftraggeber frei wählen kann.

Prüferbilanz – *Prüfungsbilanz, Betriebsprüferbilanz;* die nach einer steuerlichen → Außenprüfung des Finanzamts abgeänderte → Steuerbilanz der geprüften Unternehmung, meist als Anlage dem → Prüfungsbericht beigegeben.

Prüferrichtlinie → Achte EG-Richtlinie.

Prüffeld – Prüfungskomplex, der aus Teil-Prüfungsobjekten besteht. Prüffelder entstehen durch Aufteilung des Prüfungsstoffes in einzelne Prüfungsgebiete und dienen der Strukturierung einer → Prüfung. Abgrenzungskriterien sind z.B. sachlicher Zusammenhang von bestimmten Bilanzposten, Homogenität der Prüffelder im Hinblick auf mögliche Fehler gleichen Ursprungs, anzuwendende Prüfungstechnik, Schwierigkeitsgrad der Prüfungsgebiete. – *Zusammenfassung von Prüffeld:* → Prüffeldergruppe.

Prüffeldergruppe – gruppenweise Zusammenfassung von → Prüffeldern bei der Vorbereitung der Durchführung einer → Prüfung.

Prüfgröße – zusammenfassende Bezeichnung für eine → Prüfvariable und die → Ausprägung einer solchen bei → statistischen Testverfahren.

Prüfkosten – 1. Kosten für die *Prüfung des eingehenden Materials:* Zählen zu den → Materialgemeinkosten. – 2. Kosten für die *Prüfung der in der Produktion befindlichen Erzeugnisse:* → Qualitätskosten. – *Anders:* → Prüfungskosten.

Prüfnormen – Normen im Prüfverfahren, mit denen die Einhaltung sonstiger → Normen, v.a. der Gütenormen, nachgeprüft werden kann.

Prüfung – I. Begriff: Ein von einer natürlichen Person (Prüfer) durchzuführender Überwachungsprozess (Überwachung), bei dem Tatbestände, Sachverhalte, Eigenschaften oder Aussagen über diese (Istobjekte) mit geeigneten Bezugsgrößen (Sollobjekten) verglichen und eventuelle Abweichungen beurteilt werden; der Prüfer darf an der Herbeiführung der Istobjekte nicht selbst direkt oder indirekt beteiligt gewesen sein (Prozessunabhängigkeit); darin liegt der Unterschied zu Kontrolle. Prüfung ist stets zweckgerichtet. – *Gegensatz:* → Prozessabhängigkeit.

II. Grundelemente: 1. *Istobjekt:* Das Prüfungsobjekt, auf das sich der Vergleich mit dem Sollobjekt bezieht und das jeweils näher konkretisiert werden muss; Gegenstand der Prüfung können einzelne Istobjekte oder ein Komplex von Prüfungsobjekten (→ Prüffeld, → Prüffeldergruppe) sein. Einzelne Istobjekte sind z.B. Nummern eines bestimmten Belegs, Angaben eines Buchungskontos, vorhandene Unterschriften auf einem Beleg; komplexe Prüfungsgebiete sind z.B. Jahresabschlüsse. – 2. *Sollobjekt:* Vergleichsmaßstab zur Beurteilung des Istobjekts. Sollobjekte müssen i.d.R. ermittelt werden, indem für einen rekonstruierten Tatbestand relevante Normen herangezogen werden. Dies ist u.U. problematisch, weil Normen oft nicht konkret genug sind und Normenkonkurrenz bestehen kann. – 3. *Soll-Ist-Vergleich:* In einem Vergleichs- oder Fehlerfeststellungsprozess werden eventuelle Differenzen zwischen Ist- und Sollobjekt aufgedeckt. Die Feststellung des Ausmaßes einer Abweichung kann Messprobleme aufwerfen. Voraussetzung einer Messung ist die Abbildungsfähigkeit von Merkmalsausprägungen des Ist- und Sollobjekts auf derselben Skala. – 4. *Urteil:* An den Soll-Ist-Vergleich schließt sich der Urteilsbildungsprozess, eine Abweichungsanalyse, an. Das Urteil hat das Ergebnis der Prüfung zum Inhalt und nimmt zur Fehlerhaftigkeit bzw. Fehlerlosigkeit des Prüfungsobjekts Stellung. Nicht jede im Vergleichsprozess festgestellte Abweichung stellt einen Fehler dar; zu berücksichtigen sind Toleranzen, die aus den jeweiligen Normen resultieren, und Unschärfebereiche, die sich ergeben, wenn die Merkmale von Ist- und Sollobjekten nicht ausreichend erfasst werden können. Die genaue Beurteilung eines festgestellten Fehlers hängt von den Messmöglichkeiten ab. Der Urteilsbildung folgen die Formulierung des Prüfungsergebnisses und der Urteilsmitteilungsprozess (bes. → Bestätigungsvermerk und → Prüfungsbericht).

III. Arten: 1. *Unternehmungszugehörigkeit des Prüfungsträgers:* a) *Externe Prüfung:* Der Prüfer ist ein nicht der Unternehmung angehörender Dritter, z.B. → Wirtschaftsprüfer (WP). – b) *Interne Prüfung:* Der Prüfer ist Mitarbeiter der Unternehmung. – Vgl. auch → interne Revision. – 2. *Rechtsnatur der Prüfungsgrundlage:* a) *Gesetzlich vorgeschriebene Prüfung:* Es besteht gesetzlicher Prüfungszwang. – b) *Gesetzlich vorgesehene Prüfung:* Es gibt Prüfungsrechte, von denen kein Gebrauch gemacht werden muss. Zulässiger Höchstumfang der Prüfungsrechte sowie zur Vornahme und Veranlassung der Prüfung. Berechtigte werden gesetzlich bestimmt. Innerhalb der gesetzlich fixierten Grenzen ist die Gestaltung der Prüfung den Prüfungsberechtigten überlassen. – c) *Vertraglich ausbedungene Prüfung:* Grundlage ist eine vertragliche Übereinkunft zwischen Prüfungsberechtigten und zu Prüfenden. I.d.R. wird im Vertrag der Höchstumfang der Prüfungsrechte festgelegt; sie müssen nicht zwingend ausgeschöpft werden. – d) *Freie Prüfung:* Prüfungsgrundlage ist allein der Prüfungsauftrag, der von der veranlassenden Stelle der zu prüfenden Unternehmung erteilt wird. Prüfungsobjekt, Prüfer (extern oder intern) und zugrunde zulegende Prüfungsnormen sind durch den Auftraggeber festlegbar. – 3. *Häufigkeit:* (1) *Periodische (laufende) Prüfung;* (2) *aperiodische* (einmalige, aber auf bes. Anlass beruhende) Prüfung, oft auch Sonderprüfung genannt – 4. *Ziel der Prüfung:* (1) *Ordnungsmäßigkeitsprüfung:* Prüfung der Einhaltung gesetzlicher Bestimmungen oder innerbetrieblicher Anweisungen; (2) *Zweckmäßigkeitsprüfung:* Prüfung der Zweckmäßigkeit betrieblicher Strukturen und Prozesse. – 5. *Art der Prüfungsobjekte:* Eine Vielzahl von Prüfungsobjekten ist denkbar – *Beispiele* für eine Differenzierung der Prüfung nach Prüfungsobjekten sind: (1) *Situationsprüfung:* Prüfung zur wirtschaftlichen Lage, bei der die allg. Situation der Unternehmung oder ihrer Teile ermittelt werden soll, z.B. Rentabilitätsprüfung, Liquiditätsprüfung; (2) *Institutionsprüfung/Organisationsprüfung:* Prüfung der Organisation der Unternehmung oder ihrer organisatorischen Einheiten; auf die Zweckmäßigkeit betrieblicher Strukturen und Prozesse gerichtet; (3) *Aufdeckungsprüfung* soll Unterschlagungen und Veruntreuungen aufdecken. – 6. *Art der Prüfungshandlung:* Eine Vielzahl von Prüfungshandlungen ist denkbar, z.B. *Abstimmungsprüfung, Übertragungsprüfung, rechnerische Prüfung.* – 7. *Komplexität des Prüfungsobjekts:* a) *Einfache Prüfung:* Das abzugebende Prüfungsurteil beruht auf nur einem Soll-Ist-Vergleich; dies ist jedoch nicht der Regelfall. – b) *Komplexe Prüfung:* Die Abgabe eines Urteils beruht auf einer Mehrzahl von einzelnen Soll-Ist-Vergleichen. – *Möglichkeiten der Verdichtung zu einem Gesamturteil:* (1) *Zusammenfassung unverbundener Einzelurteile:* Einzelurteile werden ohne Berücksichtigung von Interdependenzen zwischen den einzelnen prüfungsrelevanten Merkmalen isoliert gefällt. Durch geeignete Verfahren (z.B. Durchschnittsbildung, Anwendung von Gewichtungssystemen) werden sie zum Gesamturteil zusammengefasst. (2) *Bildung von* → Prüfungsketten: Ist ein komplexes Urteil über mehrere miteinander in Verbindung stehende Istobjekte erforderlich, wird eine Verkettung von Einzelurteilen in Form von zeitlich nacheinander geschalteten Primärvergleichen vorgenommen, wobei Sollobjekte aus den geprüften Istobjekten des vorhergehenden Primärvergleichs abgeleitet werden. (a) *Progressive Prüfungskette,* z.B. bei einer Jahresabschlussprüfung: Prüfung ausgehend vom wirtschaftlichen Tatbestand, um letztlich ein Urteil über eine Bilanzposition zu fällen. (b) *Retrograde Prüfungskette* bei umgekehrter Prüfungsrichtung. (c) Prüfungsketten können verzweigt oder unverzweigt sein; eine Verzweigung resultiert aus der Verflechtung von Ausgangsdaten und Zwischen- oder Endurteilen. – 8. *Prüfungsintensität:* a) *Lückenlose Prüfung:* Sämtliche zum Prüfungskomplex gehörenden Istobjekte werden geprüft. – b) → Stichprobenprüfung. – 9. *Angewandte Methoden des Soll-Ist-Vergleichs:* a) *Direkte Prüfung* liegt vor, wenn die Zuordnung von Messwerten zu einzelnen Maßgrößen unmittelbar und direkt erfolgt. – b) *Indirekte Prüfung:* Prüfung aufgrund indirekter Messung. Es werden Ersatzobjekte herangezogen und hieraus Rückschlüsse für die zu beurteilenden Objekte gezogen; z.B. wird der Niederschlag von Tatbeständen in Dokumenten statt der Tatsachen selbst betrachtet. Voraussetzung ist ein funktionaler Zusammenhang, weil nur in diesem Fall eine Verknüpfung sinnvoll vorgenommen werden kann. *Wahlweise* indirekte Messung liegt vor, wenn der Prüfer auch eine direkte Messung hätte vornehmen können. Bei *zwangsweise* indirekter Messung gibt es keine wirtschaftlich vertretbare Möglichkeit einer Abbildung ohne Zuhilfenahme einer Ersatzgröße. Bei der indirekten Ermittlung des Sollobjekts (z.B. → Globalabstimmung, → Verprobung) wird nur ein Bestandteil des Soll-Ist-Vergleichs indirekt ermittelt; bei der indirekten Ermittlung der Soll-Ist-Abweichung aus der Prüfung eines Ersatztatbestandes wird auf die Qualität des eigentlichen Prüfungsobjekts rückgeschlossen (z.B. im Bereich der → Jahresabschlussprüfung Prüfung mithilfe des → internen Kontrollsystems (IKS) oder → EDV-Systemprüfung).

Prüfungsantrag – Antrag an das Patentamt, in die sachliche Prüfung einzutreten, ob eine → Patentanmeldung den Anmeldeerfordernissen genügt und der Gegenstand der Anmeldung patentfähig ist (§ 44 PatG, Art. 94 EPÜ). Für dt. Patentanmeldungen kann der Antrag vom Anmelder und von jedem Dritten bis zum Ablauf von sieben Jahren nach dem Anmeldetag gestellt werden (§ 44 II PatG), im europäischen Recht gilt für den Prüfungsantrag eine Frist von sechs Monaten ab Veröffentlichung des Hinweises auf den europäischen Recherchebericht (Art. 94 II EPÜ, zur Nachfrist Regel 85b AO EPÜ); die Möglichkeit des Prüfungsantrags durch Dritte sieht das EPÜ aufgrund der kurzen Antragsfrist nicht vor. Für → Euro-PCT-Anmeldungen, in denen das → Europäische Patentamt (EPA) als Bestimmungsamt benannt ist, beginnt die Frist für den Prüfungsantrag mit der Veröffentlichung des internationalen Rechercheberichts durch die → WIPO (Art. 157 EPÜ) und endet keinesfalls vor den in Art. 22, 39 (PCT) für internationale Anmeldungen vorgesehenen Fristen (nicht vor Ablauf von 20 Monaten und im Fall internationaler vorläufiger Prüfung nicht vor Ablauf von 30 Monaten seit dem Prioritätsdatum).

Prüfungsbericht – 1. *Begriff:* Berichterstattung über Gegenstand, Art und Umfang sowie das Ergebnis einer → Prüfung. – 2. *Rechtsgrundlagen:* Bei nicht gesetzlich vorgeschriebenen Prüfungen regelt der Prüfungsauftrag den Prüfungsbericht. Nach gesetzlichen Bestimmungen ist ein schriftlicher Prüfungsbericht vorgeschrieben bei Prüfungen von Jahresabschlüssen von Gesellschaften nach dem HGB und PublG. Außerdem bei Konzernabschlüssen, Jahresabschlüssen von Kreditinstituten, von Versicherungsunternehmungen, von Genossenschaften und bei verschiedenen Sonderprüfungen (→ Wirtschaftsprüfung), bes. bei der Gründungsprüfung. Der Abschlussprüfer hat den Prüfungsbericht zu unterzeichnen und den gesetzlichen Vertretern vorzulegen (→ Jahresabschlussprüfung). Bei Auftragserteilung durch den Aufsichtsrat ist der Prüfungsbericht diesem vorzulegen. – 3. *Aufgaben:* (1) Informationsfunktion: Information der Adressaten über Prüfungsgegenstände und Gang der Prüfung sowie Bericht über das Ergebnis der Prüfung; (2) Unterstützungsfunktion: Fundierung des Prüfungsurteils; (3) Nachweisfunktion: Urkundlicher Nachweis über die Art und Weise der Erfüllung des Prüfungsauftrags durch den → Prüfer. – 4. *Berichtsgrundsätze:* a) *Grundsatz der Wahrheit:* Der Prüfungsbericht muss nach der Auffassung des Prüfers den tatsächlichen Gegebenheiten entsprechen. – b) *Grundsatz der Vollständigkeit:* Alle geforderten Prüfungsfeststellungen müssen enthalten sein und über wesentliche Tatsachen, die sich aus der Prüfung ergeben haben, muss berichtet werden. – c) *Grundsatz der Unparteilichkeit:* Alle Sachverhalte sind unter Berücksichtigung der verfügbaren Informationen sachgerecht zu werten; auf abweichende Auffassungen gesetzlicher Vertreter des Unternehmens ist hinzuweisen. – d) *Grundsatz der Klarheit:* Die Darstellung muss verständlich, eindeutig und problemorientiert sein. – 5. *Inhalt und Aufbau:* Der Inhalt und Aufbau des Prüfungsberichts ist nach § 321 HGB normiert. Der IDW PS 450 „Grundsätze ordnungsmäßiger Berichterstattung bei Abschlussprüfungen" empfiehlt unter Berücksichtigung der gesetzlichen Vorgaben folgende Gliederung: a) *Bericht:* (1) Prüfungsauftrag; (2) Grundsätzliche Feststellungen (Lage des Unternehmens, Unregelmäßigkeiten); (3) Gegenstand, Art und Umfang der Prüfung; (4) Feststellungen und Erläuterungen zur Rechnungslegung

(Buchführung und weitere geprüfte Unterlagen, Jahresabschluss, Lagebericht); (5) Feststellungen zum Risikofrüherkennungssystem; (6) Feststellungen aus Erweiterungen des Prüfungsauftrags; (7) → Bestätigungsvermerk. – b) *Anlagen zum Prüfungsbericht:* Obligatorische Anlagen zu Bilanz, GuV, Anhang, Lagebericht und Auftragsbedingungen sowie fakultative Anlagen z.B. rechtliche und/oder steuerliche Verhältnisse, wirtschaftliche Grundlagen.

Prüfungsbilanz → Prüferbilanz.

Prüfungsfahrt – Fahrt zur Feststellung der Fahreigenschaften und/oder der Bau- und Betriebsart des → Kraftfahrzeuges (Kfz) (§ 16 Fahrzeug-Zulassungsverordnung).

Prüfungskette – Abfolge von Soll-Ist-Vergleichen zur Gewinnung von Prüfungsurteilen, wobei nachfolgende Soll-Ist-Vergleiche jeweils auf vorhergehenden Soll-Ist-Vergleichen aufbauen (→ Prüfung).

Prüfungskosten – Kosten für Prüfungen der Bücher (→ Pflichtprüfungen) und für sonstige Betriebsprüfungen. Prüfungskosten gehören zu den Kosten der allg. Verwaltung (→ Verwaltungskosten). – *Anders:* → Prüfkosten.

Prüfungsplanung → Jahresabschlussprüfung.

Prüfungsstandard – In Deutschland werden Prüfungsstandards vom → Institut der Wirtschaftsprüfer in Deutschland e. V. (IDW) entwickelt. Sie stellen die Berufsauffassung der → Wirtschaftsprüfer (WP) zu bestimmten prüferischen Fragestellungen und Themen dar und gelten als Grundsätze ordnungsmäßiger Abschlussprüfung (→ Grundsätze ordnungsmäßiger Prüfung). Sie sind daher von Wirtschaftsprüfern bei der Durchführung von → Abschlussprüfungen grundsätzlich zu beachten. Die Prüfungsstandards des IDW werden als IDW Prüfungsstandards (IDW PS) bezeichnet und besitzen jeweils eine dreistellige Nummerierung und einen Titel, z.B. IDW PS 200 „Ziele und allgemeine Grundsätze der Durchführung von Abschlussprüfungen", IDW PS 450 „Grundsätze ordnungsmäßiger Berichterstattung bei Abschlussprüfungen" etc. Bei der Formulierung seiner Prüfungsstandards orientiert sich das IDW weitgehend an den von der → International Federation of Accountants (IFAC) herausgegebenen internationalen Prüfungsstandards, den International Standards on Auditing (ISA). Die ISA werden in analoger Weise wie die IDW PS nummeriert und betitelt, z.B. ISA 550 „Prüfung des Einflusses von Geschäften zwischen verbundenen Parteien auf den Abschluss", ISA 240 „Verantwortlichkeit des Abschlussprüfers, betrügerische Handlungen und Fehler bei Abschlussprüfungen in Betracht zu ziehen" etc.

Prüfungsstellen der Sparkassen- und Giroverbände – Prüfungsorgane, die bei Sparkassen bes. die → Jahresabschlussprüfung, Sonderprüfungen und die → Depotprüfung durchführen können (→ Prüfungsverband).

Prüfungstermin im Insolvenzverfahren – Termin zur Prüfung der angemeldeten → Insolvenzforderungen. – 1. *Arten:* a) *Erster (allgemeiner) Prüfungstermin* wird im Eröffnungsbeschluss vom → Insolvenzgericht bestimmt. Anwesenheit der Gläubiger ist nicht erforderlich. – b) In einem *bes. Prüfungstermin,* der auf Kosten dieser Gläubiger anzuberaumen ist, werden die nach dem ersten Prüfungstermin angemeldeten Forderungen erörtert (§ 176 InsO; → Anmeldung). – 2. *Gegenstand* der Prüfung sind Grund, Betrag und Vorrecht der angemeldeten Forderungen. – 3. *Ablauf:* Das Insolvenzgericht prüft die angemeldeten Forderungen, bestrittene werden einzeln erörtert, gibt den anwesenden → Insolvenzgläubigern, dem → Insolvenzverwalter und dem → Gemeinschuldner Gelegenheit, sich zu erklären und trägt das Ergebnis der Prüfung in die → Insolvenztabelle ein (§ 175 InsO).

Prüfungsverband – Verband, dem das Prüfungsrecht übertragen worden ist. – 1. *Genossenschaftlicher Prüfungsverband:* Verband, dem das Prüfungsrecht über die Feststellung der wirtschaftlichen Verhältnisse und die Ordnungsmäßigkeit der → Genossenschaft verliehen ist (§ 54 GenG). Er soll die Rechtsform des eingetragenen Vereins haben. Mitglieder des Prüfungsverbands können nur eingetragene Genossenschaften oder Unternehmungen sein, die sich ganz oder überwiegend in der Hand von Genossenschaften befinden oder dem Genossenschaftswesen dienen (§ 63b GenG). Verleihung des Prüfungsrechts durch die zuständige oberste Landesbehörde (§ 63 GenG). Näheres in den §§ 53–64c GenG. – 2. → Prüfungsstellen der Sparkassen- und Giroverbände sind organisatorisch selbstständige Bereiche, rechtlich den Verbänden zuzuordnen. In Bezug auf ihre Prüfungstätigkeit und Berichterstattung über die Prüfung sind sie nicht weisungsgebunden (§ 340k III 3 HGB). Der Prüfungsstellenleiter muss Wirtschaftsprüfer oder → vereidigter Buchprüfer sein (§ 340k III 2 HGB) und die sonstigen Voraussetzungen des § 319 II HGB erfüllen.

Prüfungsvermerk – Vermerk über eine erfolgte betriebswirtschaftliche → Prüfung. – Vgl. auch → Bestätigungsvermerk.

Prüfvariable → Zufallsvariable, mit deren konkreter → Ausprägung bei → statistischen Testverfahren überprüft wird, ob ein Stichprobenbefund mit der zu prüfenden → Nullhypothese verträglich ist oder nicht. Dabei ist die → Nullverteilung der Prüfvariablen, also die Verteilung der Prüfvariablen bei Gültigkeit der Nullhypothese, heranzuziehen.

Prüfverfahren → statistische Testverfahren.

PSD – Abk. für *Payments Services Directive*; vgl. → Richtlinie über Zahlungsdienste im Binnenmarkt.

Pseudocode – Hilfsmittel bei der → Programmentwicklung zur verbalen Formulierung eines → Algorithmus oder der Rohform eines → Programms. Die Darstellungsform orientiert sich an der Schreibweise einer → Programmiersprache. V.a. die → Steuerkonstrukte werden mit festgelegten Schlüsselwörtern bezeichnet (z.B. *if* ... *then* ... *else* ... für eine *Selektion*); manchmal auch die anderen → Befehle und → Datenvereinbarungen, hier aber auch natürlich sprachliche Darstellung. – Vgl. auch → Struktogramm, → Programmablaufplan.

Pseudonym – Deckname des Verfassers eines Werks der Literatur, Musik oder Kunst. Bei → anonymen wie pseudonymen Werken beträgt die Schutzfrist 70 Jahre nach Veröffentlichung und erlischt bereits nach 70 Jahren, wenn das Werk nicht innerhalb von 70 Jahren ab Schaffung veröffentlicht worden ist. Diese Rechtsnachteile treten nicht ein, wenn der Urheber innerhalb der Frist von 70 Jahren ab Erscheinen hervortritt, der wahre Name des Urhebers zur Eintragung in die → Urheberrolle angemeldet wird oder das Pseudonym keinen Zweifel an der Identität des Urhebers zulässt (§ 66 UrhG).

Psychological Breaking Point – Bezeichnung für den Höchstbelastungssatz einer progressiven Einkommensteuer, der aus psychologischer Sicht noch als sinnvoll gelten kann, ohne dass der Leistungswille des Steuerpflichtigen zerstört wird. – Vgl. auch → Grenzen der Besteuerung.

psychologischer Kaufzwang → Kundenfang.

psychologischer Vertrag – neben dem (juristischen) → Arbeitsvertrag Teil des Beziehungsverhältnisses zwischen Arbeitnehmer und arbeitgebendem Unternehmen. Bestandteile sind wechselseitige Erwartungen wie loyales Verhalten, faire Behandlung usw., die im Arbeitsvertrag nur unzulänglich oder überhaupt nicht verankert werden können, für das Engagement und die Arbeitsleistung aber gleichwohl entscheidende Bedeutung erlangen.

psychologisches Gesetz – *fundamentales psychologisches Gesetz;* 1. *Inhalt:* Von → Keynes formulierte These, nach der bei steigendem Einkommen ein immer größerer Teil des Einkommens gespart bzw. ein immer kleinerer Teil des Einkommens konsumiert wird. Der private Konsum der Haushalte steigt demnach unterproportional mit ihrem verfügbaren Einkommen. Für die langfristige → Konsumfunktion konnte diese Hypothese allerdings nicht bestätigt werden, da langfristig von einer proportionalen Beziehung zwischen Einkommen und Konsum auszugehen ist. Das psychologische Gesetz gilt also eher für die kurzfristige Version der absoluten Einkommenshypothese. – 2. *Bedeutung:* Wird im Rahmen der absoluten Einkommenshypothese des Konsums (→ Konsumfunktion) das psychologische Gesetz unterstellt, so finden im Rahmen eines durch eine autonome Nachfragesteigerung hervorgerufenen → Multiplikatorprozesses Sickerverluste (in Form der Ersparnisbildung) statt, die dafür sorgen, dass die induzierten Einkommenseffekte von Runde zu Runde immer kleiner werden und der Anpassungsprozess schließlich zu einem neuen Gleichgewicht konvergiert. – Vgl. auch → Einkommen-Ausgaben-Modell.

psychologische Testverfahren – I. Psychologie: Speziell entwickelte Techniken zur Messung von Persönlichkeitsmerkmalen, wobei die Informationsaufnahme unter standardisierten Bedingungen erfolgt. Psychologische Tests werden (1) nach den Inhalten, die sie zu erfassen suchen (z.B. Intelligenztests, Leistungstests, Test zur Erfassung weiterer Persönlichkeitsmerkmale wie Interessen, Einstellungen, Persönlichkeitszügen) differenziert oder (2) nach Aspekten wie Testsituation (z.B. Individual- oder Gruppentest), (3) nach der Sprachabhängigkeit (z.B. verbale oder nonverbale Tests), (4) nach den Requisiten (z.B. Papier- und Bleistifttest), (5) nach dem Konstruktionsprinzip (z.B. psychometrischer oder nichtpsychometrischer Test), (6) nach der Theorie (z.B. direkter oder projektiver Test), (7) nach der Anzahl der zu erfassenden Persönlichkeitsmerkmale (z.B. eindimensionaler oder mehrdimensionaler Test), (8) nach der Abhängigkeit vom Versuchsleiter und vom Auswerter (z.B. niedrigstrukturierter oder hochstrukturierter Test), (9) nach der Art der Aufgabenbeantwortung (z.B. freier oder gebundener Test), (10) nach der zu erbringenden Leistung (z.B. Tests repräsentativer oder maximaler Leistungen), (11) nach der Zeitbegrenzung (z.B. Niveau- oder Schnelligkeitstest) oder (12) nach der Kulturabhängigkeit (z.B. kulturgebundener oder kulturfreier Test). Psychologische Tests werden u.a. im Rahmen der Eignungsdiagnostik, der → Potenzialanalyse aber auch im Rahmen der psychologischen Marktforschung bei der Entwicklung von Konsumententypologien oder der Erfassung von persönlichkeitsspezifischen Reaktionen auf ein Angebot angewandt.

II. Marktforschung: Verfahren zur Gewinnung von Informationen über psychische Regungen, Einstellungen, Meinungen, Motive, Empfindungen und Wahrnehmungen. – *Arten:* → apparative Verfahren, → explorative Verfahren, → Skalogrammverfahren, → projektive Verfahren. – *Beispiele für Einzeltests:* Akustischer Test, → Bildenttäuschungstest, → Personen-Zuordnungs-Test, → Recognitiontest, → Satzergänzungstest, → thematischer Apperzeptionstest, → Wortassoziationstest etc.

Psychophysiologie – interdisziplinäre Disziplin, die die Wechselwirkung zwischen psychischen und physischen Prozessen untersucht und in diesem Sinn von der Leib-Seele-Einheit ausgeht; psychische Prozesse sind demnach ohne physiologische Grundlage nicht denkbar.

PTA – Abk. für *Preferential Trade Area for Eastern and Southern Africa, Präferenzhandelszone für das östliche und südliche Afrika;* durch ein im Dezember 1981 in Lusaka (auch Sitz) unterzeichnetes, September 1982 in Kraft getretenes Abkommen geschaffene Präferenzzone, 23 Mitglieder. – *Ziele/Aufgaben:* Abbau von Zöllen und sonstiger Handelshemmnisse für in der PTA produzierte Waren; Erleichterung der Finanzierungsmodalitäten zur Förderung des Handels innerhalb der PTA. 1994 ging die PTA in der → COMESA (Common Market for Eastern and Southern Africa) auf.

PTB – Abk. für → Physikalisch-Technische Bundesanstalt.

Public Affairs (PA) → Public Relations (PR).

Public Call → Kursfeststellung.

Public-Choice-Theorie → Neue Politische Ökonomie.

Public Cloud – öffentliches Rechenzentrum, das IT-Ressourcen dynamisch bereitstellt (→ Elastizität), diese bedarfsorientiert abrechnet und durch den Einsatz von Virtualisierung vereinheitlicht. – Vgl. auch → Cloud Computing.

Public-Key-Verfahren – asymmetrisches Verfahren zur → Verschlüsselung von → Daten mithilfe eines geheimen und eines öffentlichen Zifferncodes (Key). Die übertragenen Daten werden mit dem öffentlichen Key verschlüsselt und können nur von dem rechtmäßigen Empfänger, der den geheimen Key besitzt, entschlüsselt werden. Siehe auch → Kryptographie.

Public Management – bezeichnet das Fach, das sich mit der Steuerung und Führung von Organisationen im öffentlichen Sektor beschäftigt. Kernkriterien bei der Bewertung sind Effizienz und Effektivität. Public Management knüpft dabei an verschiedene andere Fächer und Schulen an, wie bspw. in Deutschland die → Öffentliche Betriebswirtschaftslehre, oder das Public Administration, das v.a. im angelsächsischen Bereich etabliert ist. Public Managemnet erhebt den Anspruch interdisziplinär zu sein, da Steuerungs- und Führungsthemen im öffentlichen Sektor unter diesem Begriff aus betriebswirtschaftlicher, sozialwissenschaftlicher und anderer Perspektive (z.B. psychologischer) unter Berücksichtigung der rechtlichen Rahmenbedingungen analysiert werden. – Als Fach hat Public Management seine Anfänge in den 1960er-Jahren. Der große Aufschwung kam in Zusammenhang mit den → New Public Management (NPM)-Reformen. Dies führte mitunter dazu, dass NPM und Public Management eine zeitlang oft auch als Synonym verwendet worden sind. Inzwischen hat sich Public Management von NPM – wie auch von den anderen Verwandten Fächern wie öffentliche BWL und Public Administration – abgegrenzt und weiterentwickelt.

Public Private Partnership – 1. *Allgemein:* Spezifische Form der Steuerung und Aufgabenerfüllung von Verwaltungen; Element der aktuellen Reform des öffentlichen Sektors in der Bundesrepublik Deutschland. Der ursprüngliche Public-Private-Partnership-Gedanke, wie er in den 1940er-Jahren in der Stadt Pittsburgh (USA) entwickelt wurde, besteht darin, dass sich private und öffentliche Partner auf formellem oder informellem Wege zusammenschließen, um gemeinsam die Entwicklung und Erneuerung städtischer Problemzonen zu betreiben. Das Motiv dieser Art von Partnerschaft liegt darin, dass Niedergang oder Aufstieg einer Region sowohl für die öffentliche Hand als auch für die lokale Geschäftswelt ein Problem darstellen. Projekte, bei denen öffentliche Hand und Private bei der Lösung von Problemen kooperiert haben, sind im Laufe der Zeit auf zahlreichen Handlungsfeldern entstanden. Im Verlauf dieser Entwicklung hat der Begriff Public Private Partnership an Schärfe verloren. Z.T. wird jede Zusammenarbeit zwischen Akteuren aus dem privaten oder dem öffentlichen Sektor als Public Private Partnership bezeichnet, aber auch das sog. Contracting-out bestimmter Leistungsbereiche der öffentlichen Hand an private Auftragnehmer (hierbei handelt es sich jedoch eigentlich um Auftragsvergabe an hochspezialisierte Dienstleister). – 2. *Merkmale:* (1) Zusammenarbeit zwischen mind. einem öffentlichen und einem privaten Partner, wobei die Austauschbeziehung zwischen den Partnern im Vorhinein nicht vollständig geregelt ist. (2) Die Zusammenarbeit bezieht sich auf ein abgegrenztes Aufgabenfeld. (3) Die Partner bringen in die Public Private Partnership eigene Ressourcen ein, die je nach Formalisierungsgrad der Public Private Partnership unterschiedlich verbindlich und mit unterschiedlicher Dauer auch für die Aufgabe der Public Private Partnership gebündelt werden. (4) Die Partner haben i.d.R. unterschiedliche Ziele, die aber komplementär sein müssen. (5) Die partnerspezifischen Ziele lassen sich durch eine gemeinsame Ressourceneinbringung der Partner besser erreichen als ohne eine entsprechende Kooperation. (6) Die Zusammenarbeit vollzieht sich auf einer informalen oder einer durch (relationale) Verträge geregelten formalen Grundlage. (7) Der von der Public Private Partnership erwirtschaftete Nutzen/Ertrag muss für den einzelnen Partner so hoch sein, dass für ihn ein Anreiz besteht, weiter in der Partnerschaft zu bleiben. – 3. *Arten:* Zwei grundlegende Kategorien von Public Private Partnership können unterschieden werden: a) Bei der *Organisations-Public Private Partnership* geht es um eine von einem öffentlichen und privaten Partner gegründete Kapitalgesellschaft (gemischtwirtschaftliches Unternehmen). Die Kooperation bezieht sich auf das Ressourcenmanagement und entsprechende strategische Ausrichtung der gemeinsamen Organisation. – b) Bei der *projektbezogenen Vertrags-Public Private Partnership* resultiert der Kooperationsbedarf daraus, dass bei Vertragsabschluss die von den Partnern zu erbringenden Leistungen und Kosten sowie die zu tragenden Risiken nicht klar definiert werden können (relationale Verträge). Im Vertragsverlauf ergibt sich ein kontinuierlicher Abstimmungs- und Koordinationsbedarf. Merkmal der Vertrags-Public Private Partnership ist von daher das Vertragsmanagement (→ Kontraktmanagement). – 4. *Entwicklung:* In Zukunft wird die Grenze zwischen öffentlichem und privatem Sektor weiter verschwimmen, es wird zu einer Zunahme von Public Private Partnership kommen und die Interdependenzen zwischen den Sektoren werden zunehmen. Damit verbunden ist, dass die klassische institutionell definierte Dichotomie zwischen öffentlichen und privaten Akteuren sich nicht nur verschiebt, sondern auch durchlässig wird und sich qualitativ verändert. In diesem Zusammenhang stehen Public Private Partnerships für die Entstehung einer neuen hybriden Ökonomik.

Public Relations (PR)

von Dr. Perry Reisewitz

I. Begriff

Der aus dem Amerikanischen entlehnte Begriff „Public Relations (PR)" wird in Deutschland im Wesentlichen mit dem Begriff „Öffentlichkeitsarbeit" assoziiert, wenn auch die Zielrichtung der bezeichneten Gegenstände unterschiedlich ist. Während der Begriff „Öffentlichkeitsarbeit" die reine Tätigkeit benennt, legt der Begriff „Public Relations (PR)" den Schwerpunkt auf den Aspekt der Beziehungsbildung mit der Öffentlichkeit. Neben pragmatischen Definitionen, die PR v.a. vom Nutzen- und Aufgabenbereich her bestimmen, sind seit Mitte der 1980er-Jahre vermehrt wissenschaftliche Definitionen getreten. PR wird hier im engeren als „Kommunikationsmanagement" in und für Organisationen (dazu gehören v.a. Wirtschaftsunternehmen, Verbände, Nonprofit-Organisationen, Parteien und Behörden), im weiteren als anthropologische Konstante verstanden: „Jede Kommunikation mit Öffentlichkeiten intendiert mehr als eine Mitteilung; sie zielt, geplant oder spontan, bewusst oder unbewußt, darauf ab, eine Beziehung zu den angesprochenen Publika zu schaffen. Jede Kommunikation mit Öffentlichkeiten ist im Prinzip Public Relations." (Avenarius 2008, 3).

II. Entwicklung

In Deutschland geht der Begriff PR nach eigenem Bekunden auf Albert Oeckls (1909-2001) „Handbuch der Public Relations" (1964) zurück. Oeckl legt seinem Buch die Definition der International Public Relations Association (IPRA) zugrunde, die PR als Leitungsfunktion betrachtet. Zu den Schlüsselqualifikationen gehören danach eine kontinuierliche und systematische Arbeitsweise, die zum Zweck hat, „das Verstehen, die Sympathie und die Unterstützung derer, mit denen sie bereits jetzt oder in Zukunft zu tun haben, zu gewinnen oder zu erhalten" (Oeckl 1964, 31). Um diesem Zweck zu entsprechen, nutzt PR Forschungsdaten über die öffentliche Meinung und passt das eigene Vorgehen so weit wie möglich daran an. Mit systematisch aufbereiteten und zielgruppenspezifisch platzierten Informationen sollen nach Albert Oeckl die Zusammenarbeit zwischen Unternehmen und Öffentlichkeit produktiver gestaltet und gemeinsame Interessen bedient werden. Aktuelle Theorien beschreiben Public Relations als Reputations- und Organisationsmanagement (Zerfaß 2004). Letztlich ist Public Relations der professionelle Arbeitsbereich, in dem systematisch die (Kommunikations-)Interessen der jeweiligen Auftraggeber gegenüber unterschiedlichen Öffentlichkeiten umgesetzt werden.

Über die historischen Anfänge von PR herrscht heute keineswegs Einigkeit. Je nach zugrunde gelegter Definition werden unterschiedliche Epochen und Gesellschaften genannt, in denen PR – bezogen auf die Definition von PR als Management of Communication und den Umkehrschluss, dass jedes Kommunikationsmanagement

Bentele 1987, 157

bereits PR sei – ihre Anfänge findet. So gehen Franz Ronneberger (1913-1999) und Manfred Rühl (* 1933) in ihrer grundlegenden Arbeit „Theorie der Public Relations. Ein Entwurf" (1992) davon aus, dass es Formen von PR bereits in der griechischen Polis gab, da Organisationen und „Systeme" dort bereits zu jener Zeit „öffentliche" Anerkennung suchten. Edward Bernays (1891-1995), der das erste Buch über PR überhaupt verfasste, verlegt den Beginn ins antike Babylonien bzw. nach Syrien und Persien. Auch Aristoteles als Begründer der modernen Rhetorik wird als Urvater von PR angeführt.

Einen integrativen Ansatz bietet Günther Benteles Schichtenmodell: „Von Menschen entwickelte Kommunikationssysteme und Medien (Mittel zur Kommunikation), die sich, einmal entstanden, als vorteilhaft für Individuen, gesellschaftliche Teilsysteme oder ganze Gesellschaften erwiesen haben, bleiben innerhalb der menschlichen Geschichte im allgemeinen erhalten, wenngleich manchmal nur um den Preis eines Funktionswandels innerhalb des übergeordneten Systems." (Bentele 1987, 85). Bentele entscheidet sich damit nicht für einen der historischen Ansätze als dem einzig richtigen, sondern er weist den verschiedenen Ansätzen unterschiedliche soziale Funktionen zu und kann so eine Entwicklung der Funktionen von PR innerhalb sozialer Systeme aufzeigen. Bei dieser Ausdifferenzierung bleiben ältere, bereits entwickelte Funktionen bestehen und werden erweitert.

III. Wichtige Ansätze und Vertreter

Ivy Ledbetter Lee (1877-1934) gehört zu den ersten PR-Beratern im heutigen Sinn. Er gründete eine der ersten PR-Agenturen in den USA (Parker and Lee) und war u.a. für Unternehmen der Rockefeller-Familie tätig (u.a. in Zusammenhang mit dem Ludlow-Massaker 1914). Lee entwickelte mit der „declaration of principles" eine der ersten moralischen Handlungsmaximen der PR. Seine dort hinterlegten Vorstellungen von PR stehen durchaus im Gegensatz zu seinem eigenen Handeln: „Dies ist kein geheimes Presse-Büro. Unsere Arbeit ist transparent. Unser Ziel ist das Verbreiten von Information. [...] Unser Plan ist, kurz und offen, die Presse und die Bevölkerung der Vereinigten Staaten schnell und genau über die Tatsachen zu unterrichten, die für sie von Wert und Interesse sind" (Cutlip 1994, 45).

Edward L. Bernays (1891-1995), ein Neffe von Sigmund Freud, gehört ebenfalls zu den Gründern moderner PR. Bernays wurde 1914 von US-Präsident Woodrow Wilson in das „Committee of Public Information" berufen, welches die Aufgabe hatte, die Ziele der US-Regierung im Hinblick auf den Ersten Weltkrieg der Öffentlichkeit plausibel zu machen. Die Bevölkerung wurde systematisch auf den Kriegseintritt der USA vorbereitet. An der New York University hielt Bernays die ersten Vorlesungen über Public Relations. Als größter PR-Erfolg aber gilt heute Bernays' Engagement für die Tabakindustrie. Durch von ihm geplante Kommunikations-Aktionen (Ostermarsch-Demonstration auf der 5th Avenue in New York 1922; Bezeichnung von Zigaretten als „the torch of freedom" in Anlehnung an die Fackel der Freiheitsstatue) wurde das Rauchverbot für Frauen in der Öffentlichkeit aufgehoben und die Tabakindustrie konnte ihren Markt massiv erweitern. Bernays bezeichnete diese Aktionen später mit Blick auf die zunehmenden Krebserkrankungen als einen seiner größten Fehler (s. auch die sechsteilige Dokumentation zu Bernays und dem Beginn der modernen PR auf youtube unter dem Stichwort „Propaganda in America").

Franz Ronneberger (1913-1999) und Manfred Rühl (* 1933) legen 1992 nach den Berufspraktiker-Theorien wie der von Albert Oeckl oder Carl Hundthausen (1893-1977) erstmals in Deutschland eine systematische wissenschaftliche Theorie der PR vor. Ihre Basis bildet die Systemtheorie, auf die sich in der Folge viele Autoren beziehen, u.a. Klaus Merten und Werner Faulstich. Letzterer beschreibt PR als eine System-Umwelt-Interaktion, die durch die Entwicklung zur Informationsgesellschaft entstand.

Für Klaus Merten dient PR nicht dazu, Wirklichkeit abzubilden oder Einfluss auf die Wirklichkeit auszuüben. In einer medial gesteuerten Gesellschaft kommt für ihn der PR die zentrale Rolle bei der „Steuerung gesamtgesellschaftlicher Kommunikation" zu. Nach diesem Ansatz konstruiert PR Wirklichkeit. PR erzeugt demnach positiv getönte Aussagen und verbreitet sie mit dem Ziel, Image fördernd zu wirken. Nach Merten spielt die Authentizität der Aussagen dabei keine Rolle. Sie seien rein zielorientiert. Mit PR habe sich eine „Dienstleistung von professionellen Konstrukteuren kommunikativer Wirklichkeit" (1999, 288) herausgebildet. Der Deutsche Rat für Public Relations (DRPR) hat Mertens Theorie in den letzten Jahren immer wieder scharf angegriffen und verurteilt, da ohne den Aspekt einer beruflichen Ethik PR-Mitarbeiter als professionelle Lügner verunglimpft würden. Dies widerspreche der beruflichen Selbstauffassung. Merten selbst hat die These aufgestellt, die Profession Public Relations habe insgesamt eine Lizenz zur Täuschung (1-2008). Der Rat sieht in Mertens Thesen zudem einen deutlichen Widerspruch zu Berufskodizes (Code d'Athènes, Punkt 10; Code de Lisbonne, Art. 3 u. 4) sowie zu den „Sieben Selbstverpflichtungen" der Deutschen Public Relations Gesellschaft (DPRG). Lügen und die Täuschung von Öffentlichkeiten werden hier als Teil der Ausübung von Öffentlichkeitsarbeit explizit ausgeschlossen.

Horst Avenarius, dessen anthropologischer Ansatz nicht an soziale oder historische Fakten anknüpft, betrachtet PR dagegen als grundsätzliche menschliche Eigenschaft in gesellschaftlichem Umfeld. Der Untertitel

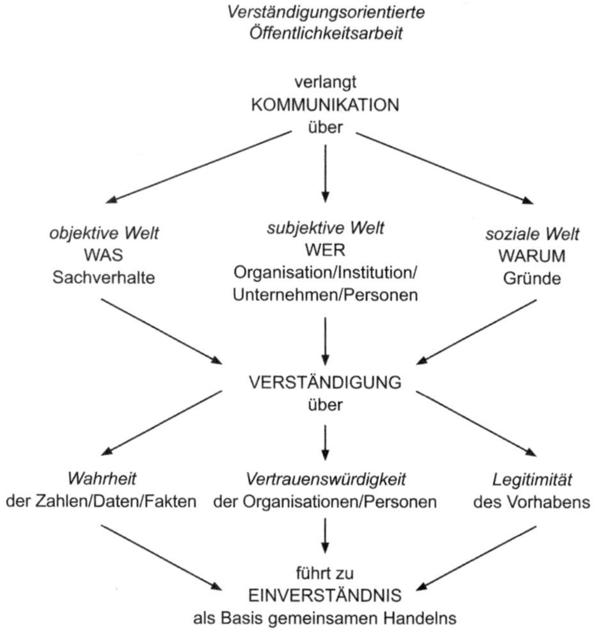

Burkart 1996, 14

seines Buches „Public Relations" lautet entsprechend „Die Grundform der gesellschaftlichen Kommunikation" (Avenarius 2008).

Roland Burkart betrachtet Öffentlichkeitsarbeit als ein Medium zur Optimierung gesellschaftlicher Verständigungsverhältnisse. Burkarts Kernthese besagt, dass sich eine zeitgemäße Öffentlichkeitsarbeit an den Grundlagen der Verständigung orientieren müsse. Dies sei, so Burkart, notwendig, weil Unternehmen „mehr denn je darauf angewiesen seien, ihr Tun öffentlich verständlich zu machen" (Burkart 1996, 247). Ein Unternehmen sei stets gefordert zu beantworten, inwieweit Ziele und Handlungen der gesamtgesellschaftlichen Verantwortung entsprechen. Ziel der PR sei die Verständigung, die nach der von Jürgen Habermas abgeleiteten Theorie kommunikativen Handelns auf der Basis wechselseitig anerkannter Normen und Werte zustande komme.

Günter Bentele hingegen versteht Public Relations als Kernfunktion einer Theorie des öffentlichen Vertrauens. Ausgangspunkt dieser Theorie ist für Bentele die Informationsgesellschaft, in der die Bevölkerung wesentliche Teile der verfügbaren Informationen über Medien aufnehme. Der größte Teil dieser Informationen sei für den Einzelnen kaum nachprüfbar. Entsprechend seien viele Institutionen in der Gesellschaft – Parteien, Unternehmen, Verbände und auch die Medien selbst – darauf angewiesen, dass ihnen Vertrauen zugeschrieben wird. Vertrauen sei demnach ein konstituierendes gesellschaftliches Moment. Es diene als kommunikativer Mechanismus zur Reduktion von Komplexität in der Gesellschaft. Der Mechanismus funktioniere aber nur, wenn zwischen Kommunikationsverhalten und gelebtem moralischem Verhalten Kongruenz bestehe.

Ansgar Zerfaß grenzt sich mit seinem integrativen Ansatz einer umfassenden Theorie der Unternehmenskommunikation von herkömmlichen Ansätzen zur PR ab. Zerfaß greift auf sozialwissenschaftliche, kommunikationswissenschaftliche sowie betriebswirtschaftliche Theorien zurück, um die Handlungsspielräume der Unternehmenskommunikation zu beschreiben. Sie dient in dieser Perspektive v.a. dazu, die jeweilige Unternehmensstrategie in ihrem gesellschaftspolitischen Umfeld zu unterstützen und unternehmerische Handlungsspielräume zu sichern (Zerfaß 2004).

Andere Definitionen beschränken sich meist darauf zu beschreiben, welche Ziele und welchen Nutzen PR verfolgt. Dazu gehören Definitionen wie die der Deutschen Public Relations Gesellschaft (2009). Der

Berufsverband definiert PR als „Auftragskommunikation", die Standpunkte vermittelt und Orientierung ermöglicht. PR wird hier als „Führungsfunktion" verstanden. In die gleiche Richtung gehen die Definitionen von Rex Harlow (1976, 36) und Heribert Meffert (2000, 724).

Während man in den historischen und soziologischen ebenso wie in nutzenorientierten Modellen PR meist klar von verwandten Begriffen wie Werbung und Propaganda abzugrenzen sucht, begreift Avenarius diese in seinem anthropologischen PR-Modell als eine Ausprägung von PR unter bestimmten sozialen und historischen Gegebenheiten.

IV. Aufgaben und Ziele

Die Aufgaben und Ziele von PR richten sich grundsätzlich nach Auftraggeber und Zielgruppen. Richtungweisend ist das von James Grunig entwickelte und von Horst Avenarius auf deutsche Verhältnisse übertragene System der vier Public-Relations-Modelle (vgl. Abbildung „Public Relations – Die vier Modelle"), das in der Folge von Grunig um ein weiteres Modell ergänzt wurde.

Dieses fünfte Modell geht von der Vorstellung aus, dass ideale PR Win-Win-Situationen zwischen den Beteiligten (Organisation, Medien) herstellt – etwa indem PR-Mitteilungen von PR-Beauftragten auf Basis seriöser Recherche bereits so verfasst werden, dass Redakteure diese Nachrichten ohne weiteren Aufwand übernehmen können. Gegenseitiges Vertrauen ist hier Voraussetzung. Dieses Modell wird inzwischen als idealistisch betrachtet, da die Ziele von PR (meist: positive Berichterstattung) und Journalismus oft weit auseinander liegen. Zu den wesentlichen Aufgaben von PR gehören Informations- und Orientierungsfunktionen, auf gesellschaftlicher Ebene Informationsmanagement und Teilnahme am Meinungsbildungsprozess als Auftragskommunikation. PR vertritt dabei professionell die Standpunkte und Interessen der jeweiligen Auftraggeber.

Für die meisten Autoren liegt die zentrale Funktion von PR in der Aufgabe, Vertrauen zu schaffen, Verständnis zu gewinnen, Transparenz herzustellen und damit der gegenseitigen Verständigung und der Vermittlung von unterschiedlichen Positionen zu dienen. Folgt man der DPRG, dann ist PR grundlegend für den Prozess öffentlicher Meinungsbildung. Klaus Merten geht einen wesentlichen Schritt darüber hinaus, wenn er hervorhebt,

Public Relations - Die vier Modelle

	Publicity	Informationstätigkeit	Überzeugungsarbeit	Dialog
Charakteristik	propagieren	mitteilen und verlautbaren	argumentieren	sich austauschen
Ziel/Zweck	Anschlusshandlung	Aufklärung	Erziehung	Konsens
Art der Kommunikation	Einwegkommunikation, stark verkürzte Aussagen	Einwegkommunikation, umfassende Mitteilungen	asymmetrische Zwei-Wege-Kommunikation, Berücksichtigung des Feed Back	symmetrische Zwei-Wege-Kommunikation, Meditation
Kommunikations-modell	Sender → Empfänger (Stimulus-Response)	Sender → Empfänger	Sender ↔ Empfänger	Gruppe ↔ Gruppe (Konvergentzmodell)
Art der Erforschung	quantitative Reich-weiten- und Akzeptanz-studien	Verständlichkeitsstudien	Evaluierung von Einstellungen, Meinungsforschung	Evaluierung des Vertrauens, Verhaltensforschung
typische Verfechter	P. T. Barnum	I. Lee	E. L. Bemays	J. F. Grunig, Berufsverbände
Anwender heute	Parteien, Veranstalter, Verkaufsförderer	Behörden, Unternehmen	Unternehmen, Verbände, Kirchen	Unternehmen, PR-Agenturen
Geschätzer Anteil der Anwendung	25%	35%	35%	5%

Avenarius 2008, 85.

dass PR damit realitätsbildende Eigenschaften übernimmt: Für ihn ist PR Kommunikationsmanagement, das vorsätzlich versucht, Überzeugungen zu verändern. Damit konstruiert PR Wirklichkeiten.

Zu den konkreten Zielen von PR kann gehören, den Ruf einer Organisation oder einer Marke zu verbessern, eine höhere öffentliche Wahrnehmung zu erreichen, die Motivation von Mitarbeitern oder Mitgliedern und die Loyalität von Partnern zu erhöhen, Kundenvertrauen zu stärken oder die öffentliche Aufmerksamkeit auf die für die Organisation wichtigen Themen zu lenken (Issues Management). Aktuelle Entwicklungen im Bereich Social Media zeigen, dass neue Aufgaben der PR auch in der direkten dialogischen Kommunikation mit Zielgruppen liegen können (Facebook). Dazu gehört die Entwicklung neuer Instrumente etwa im Bereich Shitstorm Management als Teil der Krisenkommunikation und die Erweiterung der Kompetenzen im Bereich Suchmaschinenoptimierung (SEO).

V. Abgrenzung

Während PR mit Argumenten zu überzeugen sucht, beruht das Prinzip von Propaganda auf Manipulation. *Propaganda* stellt eine Idee, ein Produkt, eine Handlung als allein richtig heraus, betont damit den Ausschließlichkeitscharakter und dient so der Ideologisierung. Eine Entscheidung auf Basis gegeneinander abgewogener Argumente wird verhindert. Propaganda arbeitet deshalb häufig mit der Androhung von Sanktionen, die nicht überprüft werden können (z.B. weil sie in die Zukunft verlegt werden).

→ Marketing umfasst alle Aktivitäten, mit denen eine Organisation auf die Erfordernisse der Märkte ausgerichtet wird. PR legt den Fokus dagegen auf die situationsgerechte Positionierung der Organisation in der Öffentlichkeit. Während sich das Marketing auf (potenzielle) Kunden als Zielgruppe konzentriert, dient PR dazu, zu unterschiedlichsten Zielgruppen im Sinn des Interesses der Organisation Kontakt zu halten. PR arbeitet in diesem Sinne reputationsbildend.

Zentrales Ziel der → Werbung ist es, das Interesse an Produkten oder Dienstleistungen zu wecken und eine Kaufentscheidung herbeizuführen. Hinzu treten Vertrauensbildung in die jeweilige Organisation und ihre Marken, ferner Imagebildung (Assoziierung von Produkt, Organisation, Marke mit bestimmten wiedererkennbaren Eigenschaften). Damit können wesentliche Zielsetzungen von PR, Werbung und Marketing übereinstimmen. Generell richten sich PR-Aktivitäten jedoch an alle für die Organisation relevanten Zielgruppen. Zudem sind ihre Aussagen nicht auf den Absatzmarkt der Organisation beschränkt. Die eingesetzten Instrumente unterscheiden sich voneinander.

Durch die immer stärkere Kommunikation über soziale Netzwerke verschwimmen allerdings die Grenzen zwischen Public Relations, Marketing und Werbung mehr und mehr. Hier werden unterschiedlichste Instrumente der verschiedenen Disziplinen miteinander eingesetzt. Reputations-, Marketing- und Vertriebsziele werden kombiniert. Ebenso verschwimmen mit Plattformen wie Facebook, Xing, LinkedIn und Twitter die Grenzen zwischen interner und externer Kommunikation (Bernoff/Li 2009).

VI. Nutzen

PR dient dazu, die Kommunikationsbeziehungen zwischen Organisationen und ihren Interessen- wie Anspruchsgruppen bewusst zu gestalten. Zu unterscheiden sind hier Interessengruppen, die die Organisation selbst als wichtig erachtet (bei einem Wirtschaftsunternehmen z.B. Kunden, Partner), und Anspruchsgruppen, die von der Organisation bestimmte Kommunikationsleistungen einfordern (bei einem Wirtschaftsunternehmen z.B. Anwohner, Umweltschützer, Aktionäre). Dazu kann die unidirektionale Weitergabe von Informationen gehören (z.B. bei der Auskunftspflicht von Behörden oder bei der Pflicht zur Bereitstellung bestimmter Unternehmensinformationen von börsennotierten Gesellschaften im Rahmen der → Börsenkommunikation), aber auch der gegenseitige Informations- oder Meinungsaustausch mit Einzelpersonen und/oder Gruppen. Aufgabe der PR ist es zudem, die in bestimmten Ziel- und Anspruchsgruppen vorhandenen Meinungen und Ansichten zu eruieren, auf dieser Basis das eigene Handeln auszurichten sowie Selbst- und Fremdbild miteinander abzugleichen. PR befindet sich damit an der Nahtstelle von Unternehmen und Organisationen zur Öffentlichkeit.

Die meisten der genannten Funktionen von PR sind nach außen gerichtet. Doch auch nach innen übernimmt PR wichtige Funktionen, z.B. bei der Mitarbeiter- oder Mitgliederkommunikation. Hier stehen v.a. Information, Transparenz, Motivation und die Erzeugung eines Zusammengehörigkeitsgefühls im Fokus.

VII. Arbeitsfelder

Die Aufgabengebiete von PR werden je nach Zugriff auf das Thema definiert von den Interessen- und Anspruchsgruppen her (z.B. → Consumer Relations, Partner Relations, Human Relations, → Investor Relations), vom zu vertretenden Gegenstand her (z.B. Produkt-PR, Personality-PR, Unternehmens-PR, Nonprofit-PR, Political Communications, Public Affairs, → Börsenkommunikation, Litigation PR), von bestimmten Ereignissen her (z.B. Event-PR, Messe-PR, Krisen-PR) oder über geografische Zuordnungen (lokale/regionale PR, Länder-PR, internationale PR).

IIX. Vorgehen

Vor der Aufnahme einzelner Aktivitäten sollte die strategische Planung erfolgen. Da die PR-Strategie direkt an die grundsätzliche → Strategie der gesamten Organisation, nicht nur an die Marketingstrategie anknüpft, ist sie eine unternehmerische Leitungsfunktion, die direkt der Geschäftsführung zugeordnet sein sollte. Aus den PR-Zielen können mittels einer Zielgruppenanalyse die wichtigsten Interessen- und Anspruchsgruppen identifiziert werden. Im nächsten Schritt werden die konkreten Kommunikationsziele definiert, etwa welche Themen in die öffentliche Diskussion gebracht werden sollen oder welchen Argumenten Vorrang zukommt. Diesen Zielen werden die entsprechenden zentralen Argumente und Themen zugeordnet. Daran schließt sich die Wahl der PR-Instrumente an, mit denen die jeweiligen Ziele erreichbar sind. Auf dieser Grundlage beginnt die Phase der operativen Umsetzung, bei der zudem Planung und Kontrolle eine wichtige Rolle spielen. Eine kontinuierliche Analyse, die Aufschlüsse über Erfolg und Wirkung der eingesetzten Instrumente gibt, ermöglicht es, die aktuellen Aktivitäten ständig zu bewerten und die Strategie zu optimieren.

IX. PR-Instrumente

PR-Instrumente haben grundsätzlich den Anspruch, Argumente und Fakten zu liefern und zu überzeugen, nicht zu überreden. Consumer-PR kann darüber hinaus das Ziel verfolgen, Emotionen zu stimulieren. Der Großteil der PR-Instrumente ist indes auf die rationale Vermittlung von Daten und Fakten ausgelegt. Die Kunst liegt in der richtigen Auswahl, Einordnung und Gewichtung der zur Verfügung stehenden Argumente.

Die Anforderungen an PR variieren je nach Auftrag und Zielgruppe deutlich. Die Basis bilden die Kernkompetenzen „Kommunikation" (Beziehungsmanagement), „Redaktion" (Themen recherchieren und verstehen, Texte verfassen, redigieren und platzieren), „Kreation" (Strategien und Konzepte entwerfen) und „Management" (Organisation und Umsetzung von PR-Strategien, PR-Konzepten, PR-Kampagnen). Je nach PR-Ziel werden unterschiedliche Instrumente eingesetzt. Zu den wichtigsten zählen Pressemitteilungen, Case Studies (Fallstudien), Namensbeiträge (das sind z.B. im Namen der Geschäftsführung platzierte Artikel), Speaker Placements (Vermittlung des Auftraggebers als Gastredner), Anwenderberichte (v.a. für Fach- und Branchenmedien), Pressekonferenzen, Journalistenreisen, Einzel- und Hintergrundgespräche, Redaktionsbesuche, Eigenveröffentlichungen (z.B. Geschäfts- und Quartalsberichte, Imagebroschüren, Kunden- und Mitarbeiterzeitschriften, Anwohnerzeitungen, Websites, Unternehmensblogs, Unternehmens-Tweeds), daneben die Bereitstellung von Presseunterlagen (in einer Pressemappe und/oder auf der Homepage in einem gesonderten Pressebereich) mit den wichtigsten aktuellen Pressemitteilungen, Unternehmenshintergrund, evtl. Fact Sheet (Unternehmensdaten), ferner Vita der wichtigsten Personen, kurzer Produkt- oder Dienstleistungsinformation, Bildmaterial. Auch das Issues Management (Bekanntmachen und Verfolgen von Themen in der Öffentlichkeit) gehört zu den zentralen PR-Instrumenten. Daneben gehört die Kommunikation über soziale Netzwerke (Facebook, Twitter, Xing, LinkedIn etc.) ebenfalls zum aktuellen PR-Instrumentarium.

X. Erfolgs- und Wirkungskontrolle

Die Erfolgskontrolle von PR hängt von den definierten Zielen ab, die – wie im → Projektmanagement (PM) üblich – konkret, messbar und realistisch gestaltet sein sollten. Die Anzahl der Teilnehmer bei einer Veranstaltung, das konkrete Medienecho auf eine Pressemitteilung (Anzahl der Clippings) oder Page Impressions auf einer Website können solche Kennzahlen liefern. Problematisch für die Evaluation erfolgreicher PR-Aktivitäten ist hingegen die Erhebung von Daten über die Ergebnisse der Krisen-PR, die oft zur Aufgabe hat, eine (negative) Berichterstattung abzukürzen oder zu unterbinden.

Die über den PR-Erfolg ausgelöste Wirkung zu erfassen, bedeutet, Veränderungen der Realität zu messen (z.B. in Bezug auf Verhaltensweisen, Einstellungen, Wissen) und sie in einen Wirkungszusammenhang mit PR-Aktivitäten zu stellen. Ein direkter Nachweis der Wirkung von Kommunikation kann durch die Komplexität der Zusammenhänge jedoch nur selten erbracht werden. Die Veränderungen selbst können durch die Instrumente der Meinungs- und Imageforschung (z.B. Umfragen, Interviews), der → Werbewirkungsforschung und der empirischen Sozialforschung nachgewiesen werden. So erlauben regelmäßig wiederholte Umfragen mit Kontrollgruppen, die keinen Kontakt zu den durchgeführten Kommunikationsmaßnahmen hatten, Rückschlüsse auf die Wirkung. Auch der Vergleich mit anderen Organisationen (→ Benchmarking) kann solchen Aufschluss geben.

Da sich die konkrete Wirkung der Medienberichterstattung nur mit hohem organisatorischen und finanziellen Aufwand bewerten lässt, wird oft der konkrete Erfolg der PR-Arbeit gemessen, z.B. über die qualifizierte Auswertung der Veröffentlichungen. Bei einer solchen Medienresonanzanalyse werden Clippings (Veröffentlichungen) nach unterschiedlichen Kriterien sortiert (Stand-Alone-Artikel, qualifizierte Erwähnung, einfache Namensnennung, Produktnennung; Art des Mediums; Leserzahl; Kongruenz mit der Zielgruppe etc.). Über einen längeren Zeitraum lässt sich so eine Veränderung der Medienaufmerksamkeit dokumentieren. Als einfache Erfolgskontrolle (für kleine und mittelständische Unternehmen, Vereine, Verbände i.d.R. ausreichend) genügt allgemein die Dokumentation der Clippings in Form eines periodischen Pressespiegels. Gerade in dem fragwürdigen Vergleich zwischen PR und Werbung, dem sich v.a. PR-Agenturen immer wieder stellen müssen, dient auch der Kostenvergleich von Anzeigenpreisen zu dem über PR-Maßnahmen redaktionell belegten Platz als Bewertungskriterium.

Public Utilities – *Utilities, Public Utility Companies;* Bezeichnung für → Versorgungsbetriebe, die die Öffentlichkeit mit Gas, Strom und Wasser versorgen, sowie die Müllentsorgung organisieren. – *Beispiele* für Public Utilities in Deutschland: EON, RWE, Vattenfall, EnBW (Energie Baden-Württemberg AG).

Publikationsorgane – Blätter zur Verkündung amtlicher Verlautbarungen. Bei → Gesetzen ist Verkündung im → Bundesgesetzblatt (BGBl.), bei → Rechtsverordnungen Verkündung im Bundesgesetzblatt oder im → Bundesanzeiger Voraussetzung ihrer Rechtswirksamkeit (vgl. Art. 82 GG, ferner: Gesetz über die Verkündung von Rechtsverordnungen vom 30.1.1950 [BGBl. I 30] m.spät.Änd. sowie das Gesetz über vereinfachte Verkündungen und Bekanntgaben vom 18.7.1975 [BGBl. I 1919] m.spät.Änd., das die Fälle der Notverkündung, z.B. im Verteidigungsfall, regelt). Ausnahmen bestehen u.a. für Verkehrstarife, bei denen Verkündung im Amtsblatt des Bundesverkehrsministeriums genügt. Entsprechende Regelungen über die Publikation von Rechtsvorschriften gibt es in den Verkündungsgesetzen der Ländern. – Vgl. auch → Bekanntmachung, → Gesellschaftsblätter.

Publikationspflicht – die nach geltendem Handelsrecht den gesetzlichen Vertretern von Kapitalgesellschaften, eingetragenen Genossenschaften und anderen bestimmten Unternehmen obliegende Pflicht zur Veröffentlichung des → Jahresabschlusses und des → Lageberichts sowie ggf. des Konzernabschlusses und Konzernlageberichtes. Umfang der Publikationspflicht ist abhängig von den → Größenklassen der Unternehmen und Konzerne. – Vgl. auch → Publizität.

Publikumsfonds → Investmentfonds.

Publizität – I. Begriff: Unterrichtung der Öffentlichkeit über das Betriebsgeschehen, die Lage und Erfolge einer Unternehmung sowie über die Ursachen ihrer geschäftlichen Entwicklung. Publizität liegt grundsätzlich im Interesse des Betriebes, soweit sie seinen sog. Goodwill stärkt und den Kapitalmarkt für eventuelle Wertpapieremissionen aufgeschlossen machen soll. – Die *Grenzen der Publizität* liegen dort, wo es um das Bekanntwerden von Betriebsgeheimnissen geht, deren Wahrung gegenüber der Konkurrenz dem Betrieb gestattet sein muss.

II. Gesetzliche Regelung: 1. *Grundsätzliches:* I.Allg. besteht für die Unternehmen nur die Verpflichtung, die gesetzlich vorgeschriebenen Eintragungen im Handels- bzw. Genossenschaftsregister durch entsprechende Anmeldungen herbeizuführen. – 2. Eine *weitergehende* Verpflichtung besteht für Kapitalgesellschaften (§§ 325–329 HGB) und eingetragene Genossenschaften (§ 339 HGB). – a) *Veröffentlichungsumfang:* (1) bei *kleinen Kapitalgesellschaften* (→ Größenklassen, vgl. § 267 HGB) → Jahresbilanz, gemäß § 326 HGB verkürzter → Anhang, Ergebnisverwendungsvorschlag und -beschluss; (2) bei *mittelgroßen und großen Kapitalgesellschaften* Jahresbilanz, → Gewinn- und Verlustrechnung (GuV), Anhang (bei mittelgroßen Gesellschaften Möglichkeit der Vereinfachung der Bilanz und des Anhang), → Lagebericht, → Prüfungsvermerk, Bericht des Aufsichtsrats, Ergebnisverwendungsvorschlag und -beschluss, Erklärung zum → Corporate Governance Kodex nach § 161 AktG; (3) bei *Genossenschaften* entfällt die Offenlegung bez. der Ergebnisverwendung und ggf. des Prüfungsvermerks. – b) *Offenlegungsort:* Seit 1.1.2007 haben alle offenlegungspflichtigen Unternehmen ihre Jahresabschlussunterlagen beim Betreiber des elektronischen Bundesanzeigers, der Bundesanzeiger Verlagsgesellschaft mbH Köln, einzureichen; seit 1.4.2012 erfolgt die Veröffentlichung nur noch elektronisch, die Druckausgabe des → Bundesanzeiger ist Ende März 2012 eingestellt worden. Vom Bundesanzeiger aus werden die Unterlagen an das elektronisch geführte → Unternehmensregister weitergeleitet. (2) Bei *Genossenschaften* tritt an die Stelle des elektronischen Handelsregister das Genossenschaftsregister. – c) *Offenlegungsfrist:* bei *großen, mittelgroßen und kleinen Kapitalgesellschaften* bis zu zwölf Monaten nach dem Bilanzstichtag. – 3. *Für Kapitalgesellschaften & Co.*, bei denen nicht wenigsten ein persönlich haftender Gesellschafter direkt oder indirekt eine natürliche Person ist (GmbH & Co. KG, AG & Co. KG) gelten die weitergehenden Publizitätsvorschriften für Kapitalgesellschaften. – 4. Für *Kreditinstitute* gelten die §§ 340 ff. HGB. – 5. *Großunternehmen* sind nach dem Gesetz über die Rechnungslegung von bestimmten Unternehmen und Konzernen vom 15.8.1969 (BGBl. I 1189; Kurzbezeichnung: *Publizitätsgesetz*) zur → Rechnungslegung verpflichtet. – 6. *Zur Publizitätsflicht von Konzernen* gemäß § 325 III, IIIa HGB vgl. → Konzernabschluss; zur Publizitätspflicht gemäß Publizitätsgesetz vgl. → Rechnungslegung. – 7. Bestimmte Namensangaben müssen alle → Geschäftsbriefe von Kapitalgesellschaften (§ 80 AktG, § 35a GmbG) enthalten.

Publizitätsgesetz (PublG) → Publizität.

Publizitätsprinzip – 1. *Grundbuchrecht:* Leitender Grundsatz des Grundbuchrechts, der besagt (1) dass weitgehend → Grundbucheinsicht zu gewähren ist und (2) dass man sich auf die Richtigkeit des Grundbuchs verlassen kann und dem Grundbuchinhalt beim → gutgläubigen Erwerb öffentlicher Glaube (→ öffentlicher Glaube des Grundbuchs) beigelegt wird (§ 892 BGB). – 2. *Handelsrecht:*

Publizitätsprinzip gilt beim Handelsregister (§ 15 HGB); das Publizitätsprinzip kann sich sowohl in einer → Negativwirkung als auch in einer → Positivwirkung zeigen. Neben der → Handelsregistereintragung verlangt das Publizitätsprinzip auch die → Bekanntmachung. Ausnahme beim vermuteten Kaufmann. – Vgl. auch → Scheinkaufmann. – Ist die Tatsache eingetragen und bekannt gemacht, so muss sie der Dritte gegen sich gelten lassen. Dies gilt nicht für Rechtshandlungen bis 15 Tage nach Bekanntmachung, wenn der Dritte beweist, dass er die Tatsache weder kannte noch kennen musste. Bei unrichtiger Bekanntmachung kann sich der Dritte auf die Bekanntmachung berufen, es sei denn, er kannte die Unrichtigkeit.

Puffer – 1. *Netzplantechnik:* Oberbegriff für → Vorgangspuffer und → Ereignispuffer; auch als *Pufferzeit* bezeichnet. – Vgl. auch → Netzplantechnik. – 2. *Produktionsplanung:* → Pufferlager.

Pufferlager – Lager, das zwischen zwei aufeinander folgenden Produktionsstufen angeordnet ist und die Aufgabe hat, einen möglichst reibungslosen Produktionsablauf, auch bei eintretenden Störungen, zu gewährleisten. Die Größe des Pufferlagers muss unter Berücksichtigung des Produktionsprogramms, der Variabilität der Kundenwünsche, des durchschnittlichen Störverhaltens der Produktionsanlagen sowie der Lagerkosten bestimmt werden. – Vgl. auch → Kanban-System.

Pufferspeicher → Cache.

Pufferzeit – I. Personalwirtschaft: Zeitguthaben, das die selbstständige Entscheidung über den persönlichen Arbeitseinsatz im Rahmen der → Arbeitszeitflexibilisierung zulässt (→ Arbeitszeitkonto).

II. Produktionsplanung/Netzplantechnik: → Puffer.

Pull-Strategie – Absatzstrategie von Herstellern mit mehrstufigem → Absatzweg (z.B. bei Markenartikelindustrie und industriellen Grundstoff- und Teileherstellern). Mittels → Kommunikationspolitik bes. gegenüber dem Letztverbraucher sowie Marken- und Markierungspolitik soll bei den zwischengeschalteten Absatzstufen ein Nachfragesog nach den Erzeugnissen des Herstellers erzeugt werden; die Position als → In-Supplier bei den Abnehmern wird gestärkt. I.d.R. mit der → Push-Strategie kombiniert.

Pulsationsstrategie – Form der Marktstimulierungsstrategie, bei der die Dosierung des Einsatzes der Marketinginstrumente in regelmäßigen oder auch unregelmäßigen zeitlichen Abständen verändert wird.

Pump-Priming – *Initialzündung;* Begriff der Finanzwissenschaft für den expansiven Impuls (Erhöhung der privaten Investitionstätigkeit und des privaten Konsums), den eine Volkswirtschaft durch Erhöhung der Staatsausgaben im Zustand der Unterbeschäftigung erhält. Der Begriff ist abgeleitet vom „Angießen" einer Wasserpumpe vor der Inbetriebnahme. Pump-Priming ist abhängig von der Höhe der zusätzlichen Staatsausgaben sowie von der Finanzierung i.d.R. durch Schuldaufnahme (→ Deficit Spending). Auch die Reaktionen der Wirtschaftssubjekte sind von entscheidender Bedeutung für die Wirkungsweise dieses Effekts. – Die von der Bundesregierung Deutschlands beschlossenen Konjunkturpakete I (Oktober 2008) und → Konjunkturpaket II (Februar 2009) sind ein Beispiel für Pump-Priming. – Vgl. auch → Staatsausgabenmultiplikator, → Steuermultiplikator, → Transfermultiplikator, → Haavelmo-Schneider-Theorem.

Punitive Damages – In den USA und Kanada gebräuchlicher Strafschadenersatz, der dort besonders im Bereich der Produkthaftpflicht (→ Produkthaftpflichtversicherung) gewährt wird. Der Strafschadenersatz kann erheblich über den Ausgleich des materiellen und immateriellen Schadens des Geschädigten hinaus gehen. Voraussetzung für die Festsetzung von Punitive Damages ist die besondere Verwerflichkeit des schädigenden Verhaltens (bösartig oder rücksichtslos). Die Punitive Damages werden von einer Geschworenenjury festgelegt, häufig jedoch von späteren Instanzen nach unten korrigiert.

Punktbewertung → Arbeitsbewertung.

Punktmarkt → Markt.

Punktschätzung – Ermittlung konkreter → Schätzwerte für → Parameter einer → Grundgesamtheit mithilfe von Ergebnissen aus Stichproben (→ Teilerhebung). Die Rechtfertigung für die Verwendung eines Schätzwertes liefern Eigenschaften der zugehörigen → Schätzfunktion, wie etwa → Erwartungstreue, → Wirksamkeit oder → Konsistenz. – *Gegensatz:* → Intervallschätzung.

Punktsteigungsform – dient zur Bestimmung der Funktionsgleichung einer → linearen Funktion, von der die Steigung m und die Koordinaten eines Punktes $(x_1; y_1)$ bekannt sind: $m = (y - y_1) / (x - x_1)$. Vgl. auch → Zwei-Punkteform.

punktuelle Anreize – Selbstständige Transaktionspartner (z.B. → Makler oder → Kommissionäre) sind auf Märkten punktuellen Anreizen in Form von Preisen oder Umsatzprovisionen ausgesetzt, die vom Erfolg einer einzelnen → Transaktion abhängen. Punktuelle Anreize stimulieren aggressives Umsatz- und Marktverhalten. – *Gegensatz:* → Sammelanreize.

Purchase-Methode – 1. *Begriff: Erwerbsmethode, Acquisition Accounting;* einzige international noch erlaubte Vollkonsolidierungsmethode zur bilanziellen Abbildung von → Unternehmenszusammenschlüssen. – 2. *Anwendung:* Auch in § 301 HGB ist die Purchase-Methode für die Bilanzierung von Beteiligungen an Tochterunternehmen im Konzernabschluss vorgeschrieben. Nach der zwingend anzuwendenden *Neubewertungsmethode* ist der Beteiligungsbuchwert mit dem zum Zeitwert neubewerteten anteiligen Eigenkapital des

Tochterunternehmens zu verrechnen. Ein Unterschiedsbetrag ist in diesem Fall als Goodwill (Firmenwert) zu interpretieren. Die aufgedeckten stillen Reserven (Lasten) sind in den Folgeperioden entsprechend den ihnen zugrunde liegenden Bilanzpositionen fortzuführen. Für die Fortführung des Goodwills ist § 309 I HGB, für die eines negativen Unterschiedsbetrags § 309 II HGB anzuwenden. Ein Goodwill ist planmäßig über die voraussichtliche Nutzungsdauer unter Berücksichtigung ggf. erforderlicher außerplanmäßiger Wertminderungen abzuschreiben. Ein konsequenter Trend bei der Purchase-Methode geht in Richtung einer vollen Aufdeckung von Marktwerten unabhängig von der Beteiligungsquote. Nach den derzeitigen Regelungen des → International Accounting Standards Board (IASB) kann nach IFRS 3 auch ein Goodwill der Minderheitenanteile ausgewiesen werden (Full Goodwill Methode).

Push-Konzept – Onlinecontent wie z.B. Nachrichten oder andere ausgewählte Informationen (auch → Werbung) werden ohne Aufforderungen selbstständig vom Content-Anbieter an den Rezipienten versandt. Hierbei können periodisch ausgelieferte Inhalte (→ Abonnement) und event-gesteuerte Informationen (z.B. neuer Kundenstatus) unterschieden werden.

Push-Money-Förderung – *Premium Money, Premium Spiff;* Prämie für einen Einzelhändler, der angeregt werden soll, einem bestimmten Produkt erhöhte Verkaufsanstrengungen zu widmen (→ Verkaufsförderung). Als „Belohnung" erhält er ein Geschenk oder einen Geldbetrag. – *Nachteil:* Für jedes verkaufte Teil muss unabhängig von den Bemühungen des Verkäufers diese „Belohnung" gezahlt werden, sodass diese Art der Förderung sehr kostspielig werden kann; bei Einzelhändlern gelten diese Prämien z.T. als → Schmiergelder.

Push-Strategie – Forcierung des „Angebotsdrucks", d.h. verstärkter Einsatz der → marketingpolitischen Instrumente gegenüber dem bedürftigen Abnehmer mit dem Ziel, den Absatz zu erhöhen. – *Anwendung* als *Verdrängungsstrategie* bei Out-Supplier-Position, als *Expansionsstrategie* bei In-Supplier-Position (→ In-Supplier) bei direktem und indirektem Vertrieb. – Häufig *Kombination* mit → Pull-Strategie.

Put – Börsenbezeichnung für Verkaufsoption. – Vgl. auch → Optionsgeschäft.

PVÜ – Abk. für → Pariser Verbandsübereinkunft zum Schutz des gewerblichen Eigentums.

Q

Q-Gewinn → Dynamische Einkommen, → Unternehmergewinn.

QR-Code – 1. *Begriff, Entstehung und Merkmale:* Der QR-Code – die Abkürzung steht für „quick response" („schnelle Antwort" oder „schnelle Reaktion") – wurde im Jahre 1994 von der japanischen Firma Denso Wave, einer Tochter von Toyota, entwickelt. Man hatte nach einer einfachen und günstigen Möglichkeit gesucht, die Autoteile in den Produktionsstätten zu markieren und automatisch ihre Position und ihre Art zu ermitteln. Der QR-Code war also ursprünglich zur Verbesserung der → Logistik eines Autoherstellers gedacht. Er ist ein Hauptvertreter der 2D-Codes und besteht aus mindestens 21 mal 21 und höchstens 177 mal 177 quadratischen Elementen. Die maximale Speicherkapazität beträgt 2953 Byte, was 7089 Ziffern und 4296 ASCII-Zeichen entspricht. In QR-Codes können u.a. Webadressen, Telefonnummern, SMS und freier Text enthalten sein. Es besteht die Möglichkeit, ein Logo oder ein anderes Bild einzubauen, wobei eine gute Kenntnis des Aufbaus der in sich strukturierten Quadrate erforderlich ist und sich die Fehleranfälligkeit erhöhen kann. So wie jede Person den QR-Code mithilfe von Handys, Smartphones oder Tablets (und deren Kamera und Reader) einscannen und auslesen kann, kann sie auch ihren eigenen produzieren. Voraussetzung hierfür ist ein Generator, der als Webanwendung und lokal installierbare Anwendung für den Computer, das Handy und das Smartphone verfügbar ist. Man kann den Code, sobald er erstellt bzw. das Aussehen bekannt ist, ausdrucken und kopieren; auch wenn man ihn mit Farbe auf eine Leinwand überträgt oder in ein Getreidefeld fräst, ist er maschinenlesbar. – 2. *Einsatzgebiete:* Ein wichtiges Anwendungsgebiet von QR-Codes ist das → Mobile Tagging. Tagging bedeutet im vorliegenden Zusammenhang i.d.R., dass Objekte der physischen Welt mit zusätzlichen Informationen angereichert werden. Bspw. wird ein Plakat mit einem QR-Code versehen, in dem ein Link zu einer → Website mit weiterführendem Material enthalten ist, oder auf ein Gebäude wird ein Code aufgebracht, der Informationen zu Baujahr, Höhe oder Architekt speichert. In Artikeln und Büchern verweisen QR-Codes auf ergänzende Texte, Bilder, Videos und Websites. Auch virtuelle Objekte können getaggt werden, wie eine Litfaßsäule in der virtuellen Welt von Second Life. Eine verbreitete Einteilung ist diejenige in Commercial Tagging, Public Tagging und Private Tagging, also in Bezug auf kommerzielle, nichtkommerzielle bzw. öffentliche und private Anwendungen. Des Weiteren kann man nach Einsatzgebieten im engeren Sinne (Tracking, Ticketing, Frankierung) differenzieren. – 3. *Risiken:* QR-Codes weisen verschiedene Sicherheitsrisiken auf. Das grundsätzliche Problem ist, dass man ihnen nicht ansieht, was sie enthalten. Ein Mensch vermag kaum zwischen einem originären und einem manipulierten oder gefälschten Code zu unterscheiden. Reader und Generatoren können dazu missbraucht werden, Daten von Anwendern einzusammeln. Weiterhin ist es möglich, auf Gegenstände aufgebrachte QR-Codes zu überkleben und auszutauschen. Auf diese Weise kann ein Benutzer auf Websites mit fragwürdigen Informationen oder mit Malware gelockt und dem Anbieter auf unterschiedliche Weise geschadet werden. – 4. *Weiterentwicklungen:* Es gibt mehrere Weiterentwicklungen von Denso Wave. Ein Beispiel ist der Micro-QR-Code, der kleiner ist und weniger speichern kann. Weiterhin sind der Secure-QR-Code, der die → Verschlüsselung von Daten erlaubt, und der iQR-Code in rechteckiger Form zu nennen. Mit den 3D- und 4D-Codes (die auf QR-Codes aufsetzen können) werden weitere (Offline-) Anwendungen möglich. So kann man dank der höheren Speicherkapazität Lieder, Bilder und Videos direkt im Code unterbringen. Voraussetzung sind geeignete Generatoren und Reader.

Qualifikation – 1. *Begriff:* Individuelles Arbeitsvermögen, d.h. die Gesamtheit der subjektiv-individuellen Fähigkeiten, Kenntnisse und Verhaltensmuster, die es dem einzelnen erlauben, die Anforderungen in bestimmten Arbeitsfunktionen auf Dauer zu erfüllen (Baethge). Umfasst funktionale, politisch-ökonomische und soziale Dimension von Arbeit. – 2. *Bedeutung in der Berufs- und Wirtschaftspädagogik:* Schlüsselbegriff im Zusammenhang mit der Begründung und Rechtfertigung von Lernzielen und -inhalten (→ Curriculum). Curriculumelemente sind im Hinblick auf den Erwerb von Qualifikation zur Bewältigung gegenwärtiger und zukünftiger Lebenssituationen auszuwählen und zu gewichten (S.B. Robinsohn). Der Qualifikationsbegriff hat den klassischen Bildungsbegriff (→ Berufsbildung) als Rechtfertigungshintergrund für Lehrplan- bzw. Curriculumentscheidungen verdrängt oder zumindest ergänzt (→ wirtschaftsberufliche Curriculumentwicklung). Die Berufs- und Qualifikationsforschung gilt entsprechend als wesentliche Bezugswissenschaft wirtschafts- und berufspädagogischer Curriculumforschung. – 3. *Kritik (aus erziehungswissenschaftlich-curricularer Perspektive):* (1) Ausblendung privater und politisch-gesellschaftlicher Handlungsfelder; (2) Schwierigkeit der Antizipation zukünftiger Qualifikationsanforderungen; (3) tautologischer Charakter herkömmlicher Qualifikationsbeschreibungen, d.h. die Praxis der bloßen Umformulierung sprachlich zu isolierender Tätigkeitselemente in Dispositionsbegriffe. Neuere kognitions- und handlungstheoretische

Ansätze fordern deshalb die Realanalyse kognitiver Regulationsleistungen im Zuge des Arbeitshandelns und, darauf bezogen, der strukturellen kognitiven Grundlagen, die diese Regulationsleistungen ermöglichen. Derzeit erlebt einerseits der Bildungs- gegenüber dem Qualifikationsbegriff eine Renaissance, andererseits ist der Qualifikationsbegriff durch die Einführung der → Schlüsselqualifikationen erweitert worden.

Qualifikationsentwicklung – *Qualifikationsanforderungsentwicklung.* 1. *Begriff:* Veränderung des beruflichen Anforderungsprofils, d.h. der für die Ausübung einer beruflichen Tätigkeit erforderlichen Kenntnisse, Fähigkeiten und Fertigkeiten unter dem Einfluss technischer, wirtschaftlicher und organisatorischer Entwicklungen im Arbeitsleben. – 2. *Forschung der Qualifikationsentwicklung (Qualifikationsforschung):* Nach Branchen und beruflichen Funktionsbereichen differenzierte Analysen und Prognosen der qualitativen und quantitativen Qualifikationsentwicklung erfolgen im Rahmen der Arbeitsmarkt- und Berufsforschung, der Industriesoziologie, der Arbeitspsychologie und der Curriculumforschung. – *Verfahren:* Arbeitsmarktstudien, Arbeitsplatzanalysen, Expertenbefragungen, bildungsökonomische Analysen. Forschungsergebnisse zur Qualifikationsentwicklung sind wichtige Bezugsdaten für die Arbeitsmarkt-, Tarif- und Sozialpolitik, für die Bildungs- und Berufsbildungsplanung und für die Curriculumentwicklung. – 3. *Positionen:* Kontroverse Thesen zu Trends der Qualifikationsentwicklung bes. unter dem Eindruck des Vordringens der Mikroelektronik, neuer Formen der Arbeitsorganisation, der wachsenden Bedeutung des Dienstleistungssektors sowie der demografischen Entwicklung: (1) Dequalifizierung durch weit gehende Vereinfachung und Formalisierung der Arbeitsprozesse; (2) Höherqualifizierung; (3) Veränderung der Qualifikationsschwerpunkte durch Abbau von Routinetätigkeiten, ganzheitliche Arbeitsgestaltung und anspruchsvolle Technik; (4) Polarisierung der Qualifikationen durch einerseits anspruchslose, routinegeprägte und andererseits komplexe, anspruchsvolle Tätigkeiten; (5) Reintegration von Qualifikationen (Verbreiterung, Vertiefung, Erhöhung) durch Zusammenlegung von Arbeitsaufgaben; (6) Geschäftsprozessorientierung (SOFi). – Vgl. auch → Qualifikation, → Schlüsselqualifikation.

Qualifikationskonflikt – 1. *Begriff* des Außensteuerrechts für eine → Doppelbesteuerung oder doppelte Nichtbesteuerung in zwei Staaten wegen abweichender Qualifikation desselben Rechtsgebildes bzw. desselben rechtlichen Sachverhalts nach den Steuerrechten der beteiligten Staaten. – 2. *Arten* nach Auswirkung für den Steuerpflichtigen: (1) *positiver Qualifikationskonflikt,* wenn sich die unterschiedliche Auslegung zulasten des Steuerpflichtigen im Sinn einer Doppelbesteuerung auswirkt; (2) *negativer* wenn sich die unterschiedliche Auslegung dahingehend auswirkt, dass eine Besteuerung in beiden beteiligten Staaten unterbleibt. – 3. *Reaktionen im dt. Einkommensteuerrecht:* a) Im Falle eines negativen Qualifikationskonfliktes darf Deutschland schon nach dem Text des DBA trotzdem weiterhin besteuern, wenn dort eine Freistellung der ausländischen Einkünfte unter dem Vorbehalt steht, dass im Ausland tatsächlich Steuern erhoben werden (→ Rückfallklausel). Seit einigen Jahren sieht § 50d IX EStG außerdem ganz generell vor, dass in all denjenigen Fällen Steuern in Deutschland gezahlt werden müssen, wenn nach deutscher Ansicht die Einkünfte nach dem Abkommen eigentlich zwar in Deutschland nicht besteuert werden dürfen, der andere Staat aber davon ausgeht, dass sie nicht bei ihm (und also wohl nur in Deutschland) besteuert werden dürfen. Der Gesetzgeber reagiert auf die Möglichkeit eines negativen Qualifikationskonflikts also dadurch, dass er in einem solchen Fall einseitig eine Besteuerung auch entgegen dem Text des Abkommens befiehlt. – b) Im Falle eines positiven Qualifikationskonflikts (beide Staaten beanspruchen das Recht auf Besteuerung) bleibt dem Steuerpflichtigen nur die Beantragung eines → Verständigungsverfahrens, um das Problem lösen zu lassen.

qualifizierte Gründung → Gründung einer AG mit → Sacheinlagen (→ Sachgründung), → Sachübernahmen oder gefährlichen Abreden (→ Gründerlohn, → Sondervorteile). Die qualifizierte Gründung unterliegt einer bes. → Gründungsprüfung (§ 33 II AktG).

qualifizierte Legitimationspapiere → hinkende Inhaberpapiere.

qualifizierte Mehrheit – 1. *Allgemein:* Bei einer Abstimmung (1) eine Mehrheit, die nicht nur mehr als die Hälfte (einfache Mehrheit oder Kopfmehrheit), sondern z.B. mehr als $^3/_4$ der abgegebenen Stimmen umfassen muss oder (2) eine Mehrheit, die neben der Mehrheit der abgegebenen Stimmen (Kopfmehrheit) noch eine Mehrheit der durch die Stimmen vertretenen Kapitalbeteiligung oder der Forderungsbeträge erreichen muss. – 2. *Aktienrecht:* In der → Hauptversammlung der AG eine Mehrheit, die zum Zustandekommen eines gültigen Beschlusses neben der Stimmenmehrheit (mehr als die Hälfte der abgegebenen Stimmen) auch z.B. $^3/4$ des in der Hauptversammlung vertretenen Grundkapitals umfassen muss; vorgeschrieben u.a. bei Satzungsänderung, Abberufung von Aufsichtsratsmitgliedern, → Kapitalherabsetzung, → Verschmelzung (Fusion) und → Auflösung der Gesellschaft.

qualifizierte Mehrheitsregel – *Quorumregel;* Abstimmungsregel (→ Abstimmungsverfahren), bei dem eine Alternative als beschlossen gilt, wenn sie mind. einen bestimmten Anteil aller abgegebenen Stimmen erhalten hat. Dieses Quorum muss immer größer sein als 50 Prozent.

qualifizierte Mitbestimmung → Mitbestimmung.

Qualifizierung – Oberbegriff für Maßnahmen zum Aufbau, Erhalt und Ausbau von Fähigkeiten und Fertigkeiten, die zur Bewältigung beruflicher Anforderungen notwendig sind. Qualifizierungen finden im Rahmen der betrieblichen → Sozialisation statt. – Die Frage, inwieweit als Folge hoher Monotonie *Dequalifizierungsprozesse* ablaufen, ist in der empirischen Forschung strittig.

Qualifizierungsprozesse – extern (Seminare) oder intern (durch den Tätigkeitsvollzug selbst) vermittelte Lernprozesse zur Vermittlung von Fertigkeiten, kognitiven Fähigkeiten (Differenzierung der operativen Abbildsysteme im Rahmen der Handlungsregulation) sowie zur Veränderung von Einstellungen und Werthaltungen der Person.

Qualität – *Produktqualität;* Übereinstimmung von Leistungen mit Ansprüchen. Ansprüche stellen Kunden, Verwender (Konsument/Produzent), Händler und Hersteller. Entscheidend ist, was die Anspruchsteller vor dem Hintergrund ihrer Anforderungen wahrnehmen und für wichtig halten. Während die rational bedingte Sachqualität mit naturwissenschaftlich-technischen Methoden messbar ist, bereitet die reproduzierbare Messung der Anmutungsqualität Probleme. – Qualität ist ein Gesamteindruck aus *Teil-Qualitäten* (z.B. → funktionale Qualität, technische Qualität, → Dauerqualität, → Integralqualität oder ökologische Qualität), die sich bei jeder differenzierbaren Eigenschaft eines Produkts bilden lassen. Der Qualitätsbegriff kann subjektiv *(subjektive Qualität)* und objektiv *(objektive Qualität)* interpretiert werden. – Zu *unterscheiden:* Ausführungsqualität; Konzeptqualität. – Qualität kann durch technische und marketingpolitische Maßnahmen beeinflusst werden *(Qualitätspolitik);* sie unterliegt der → Qualitätssicherung.

Qualität: EFQM, KTQ, QEP – I. QEP: 1. *Begriff:* QEP (Qualität und Entwicklung in Praxen®) ist ein Qualitätsmanagementsystem der Kassenärztlichen Vereinigungen, das seit 2004 angewendet wird und nachdem seit 2006 eine Zertifizierung erfolgen kann. – 2. *Ziele:* Das System ist modular aufgebaut und richtet sich an niedergelassene Ärzte und Psychotherapeuten, unabhängig von der Fachrichtung und Praxisgröße. Es ist ein Instrument, mit dem in Praxen ein Qualitätsmanagement eingeführt und schrittweise optimiert werden kann. QEP ist indikatorenbasiert und stellt die Patientenversorgung in der Praxis in den Mittelpunkt der Betrachtung. – 3. *Modell und Zertifizierung:* a) *Modell:* Der Aufbau und die Weiterentwicklung eines Qualitätsmanagement in der Praxis nach QEP ist freiwillig und kostenpflichtig. Der Qualitätsziel- Katalog ist das zentrale Instrument von QEP. Der Katalog hat keinen normativen Charakter, sondern ist ein Hilfsmittel, um die An- und Herausforderungen an ein Qualitätsmanagement strukturiert aufdecken und umsetzen zu können. Er stellt eine Zusammenfassung aller Ziele dar, die die diversen Aspekte und Inhalte der Arbeit in Arztpraxen umfassend abbilden sollen. Die Mehrzahl dieser Ziele greift dabei auf bereits bestehende gesetzliche Verpflichtungen und andere normative Vorgaben zurück. Im Katalog sind die Qualitätsziele in fünf Kategorien geteilt und reißen so einen Großteil der allgemeingültigen und für Qualität wichtigen Anforderungsprofile an eine Praxis an. Dabei gilt, dass sowohl die Gliederung des Katalogs im Ganzen als auch die Aufteilung der einzelnen Kategorien in Anlehnung an den Ablauf der Patientenversorgung prozessorientiert ist. Vor dem Hintergrund der Zielstellung des Systems bildet die Patientenversorgung die zentrale Kategorie. Die weiteren Teile beschäftigen sich mit den Patientenrechten und der Patientenversorgung, den Mitarbeitern und der Fortbildung, der Praxisführung und Praxisorganisation sowie den Aufgaben der Qualitätsentwicklung. Für die Qualität der Patientenversorgung bes. entscheidende Ziele sind als sog. Kernziele bes. hervorgehoben. Ein weiteres Instrument von QEP ist das Manual, das Anleitungen zur Etablierung des Qualitätsmanagementsystems in Form von Umsetzungsvorschlägen, Selbstbewertungsbögen und Musterdokumenten enthält. Die Musterdokumente können die Praxen an ihre individuellen Bedürfnisse und Gegebenheiten anpassen und daraus ein Qualitätsmanagement-Praxis-Handbuch aufbauen. Mithilfe des QEP-Manuals soll die Praxis darüber hinaus einen eigenen Qualitätsziel-Katalog erarbeiten, der die spezifischen anzustrebenden Kernziele beschreibt. – b) *Zertifizierung:* Ausganspunkt jeder Zertifizierung ist eine strukturierte Selbstbewertung der Praxis. Diese kann anhand der Selbstbewertungsbögen des Manuals oder mithilfe der Qualitätsziele des Katalogs durchgeführt werden, in dem die Ziele des QEP-Katalogs in Bezug auf die eigene Praxis hinterfragt werden und so eine Selbsteinschätzung erfolgt. Die Selbstbewertung bildet die Grundlage für die Fremdbewertung. Dabei entscheiden externe QEP-Visitoren in einer Vor-Ort-Begehung der Praxis darüber, ob alle Nachweise der QEP-Kernziele erfolgreich umgesetzt wurden. Ist dies der Fall, wird das QEP-Zertifikat verliehen. Es hat eine Gültigkeit von drei Jahren.

II. KTQ: 1. *Begriff:* KTQ® stand bei Gründung im Jahr 2002, für „Kooperation für Transparenz und Qualität im Krankenhaus". 2004 erfolgte die Umbenennung in „Kooperation für Transparenz und Qualität im Gesundheitswesen". Die Kooperation ist eine Gesellschaft der Spitzenverbände der Krankenkassen, der Deutschen Krankenhausgesellschaft e. V., der Bundesärztekammer und des Deutschen Pflegerates. Diese Gruppierung wurde Mitte der 1990er-Jahre, mit dem Ziel der kontinuierlichen Qualitätsverbesserung in Krankenhäusern, gegründet. Inzwischen ist das KTQ-Verfahren das im dt. Krankenhausbereich am weitesten verbreitete Zertifizierungsverfahren. – 2. *Modell:* Das KTQ-Modell ist ein praxisbezogenes Verfahren zur Beurteilung der Qualität und der Sicherheit. Die Ziele sind die Erhöhung der Transparenz der Leistungsqualität, die Optimierung der medizinischen Leistungen und Prozesse im Sinne des Patienten sowie die Motivation neue Elemente der Qualitätssicherung zu implementieren. Das Zertifizierungsverfahren ermöglicht die wissenschaftlich fundierte Analyse und Bewertung des Qualitätsmanagements eines Krankenhauses. Das Verfahren ist krankenhausspezifisch, wurde seit 2004 aber auch auf weitere Bereiche des Gesundheitswesens (Krankenhäuser, Einrichtungen der medizinischen Rehabilitation und Arztpraxen) ausgeweitet. – 3. *Zertifizierungsverfahren:* Die Zertifizierung nach KTQ ist kostenpflichtig und grundsätzlich freiwillig. Mit ihrer Hilfe ist es möglich, anhand von Kategorien den gesamten Prozess der Krankenversorgung zu überprüfen. Da KTQ selbst kein Qualitätsmanagementsystem ist, sondern nur aus einem Kriterienkatalog besteht, setzt KTQ ein vorhandenes Qualitätsmanagementsystem voraus und bestätigt in seiner Zertifizierung, dass das vorhandene System sowie die Strukturen und Abläufe dem KTQ-Kriterienkatalog ausreichend entsprechen. Dazu müssen eine Einrichtung in allen Kategorien mind. 55 Prozent der Anforderungen erfüllen. Das Zertifizierungsverfahren besteht aus mehreren Stufen (Abbildung). Diese Stufen sind die Selbstbewertung des Krankenhauses, die Fremdbewertung mit Visitation, die Zertifizierung sowie die Veröffentlichung des KTQ-Qualitätsberichts. Die Selbstbewertung wird von einem Krankenhaus nach den Vorgaben des KTQ-Manual erstellt. Dieser Fragenkatalog besteht aus sechs Kategorien: Patientenorientierung, Mitarbeiterorientierung, Sicherheit, Informationswesen, Krankenhausführung und Qualitätsmanagement. Im Rahmen der Selbstbewertung beschreibt sich das Haus hinsichtlich der Erfüllung der gegenwärtig 72 Kriterien des KTQ-Katalogs, trifft so Aussagen über die Qualität der Prozessabläufe und bewertet seine eigene Leistung anschließend anhand der KTQ-Bewertungssystematik. Den einzelnen Kriterien des Katalogs sind dabei Fragenpakete zugeordnet, die sich im Sinne des Deming-Zyklus' nach dem Schema Plan-Do-Check-Act gliedern. Für die Qualität der Patientenversorgung und die Organisation des Unternehmens bes. entscheidende Kriterien sind dabei als Kernkriterien betitelt, die in der Bewertung eine höhere Gewichtung erhalten. Mithilfe des so entstehenden Selbstbewertungsberichts kann eine Übersicht über den Stand des Qualitätsmanagements gegeben werden. Sie ist nicht zwingend an eine direkt nachfolgende KTQ-Zertifizierung gebunden. Am Ende der Selbstbewertung entscheidet das Krankenhaus, ob es eine Zertifizierung beantragt oder noch Verbesserungen durchzuführen sind. Im Rahmen der Fremdbewertung erfolgt zunächst eine Prüfung der Selbstbewertung durch die Zertifizierungsstelle und die Entscheidung darüber, ob die Selbstbewertung angenommen wird. Ist dies der Fall, folgt die theoretische Ersteinschätzung der Selbstbewertung sowie die Begehung („Visitation") des Krankenhauses durch externe Visitoren. Diese führen die unabhängige Fremdbewertung durch. Nach einer positiven Fremdbewertung empfehlen die Visitoren die Verleihung des KTQ-Zertifikats durch die KTQ. Dieses wird bei erfolgreicher Teilnahme am Prozess für drei Jahre verliehen – danach muss/ kann eine Re-Zertifizierung erfolgen. Den Abschluss des Zertifizierungsverfahrens bildet die Veröffentlichung eines standardisierten KTQ-Qualitätsberichts durch die KTQ auf der KTQ-Homepage.

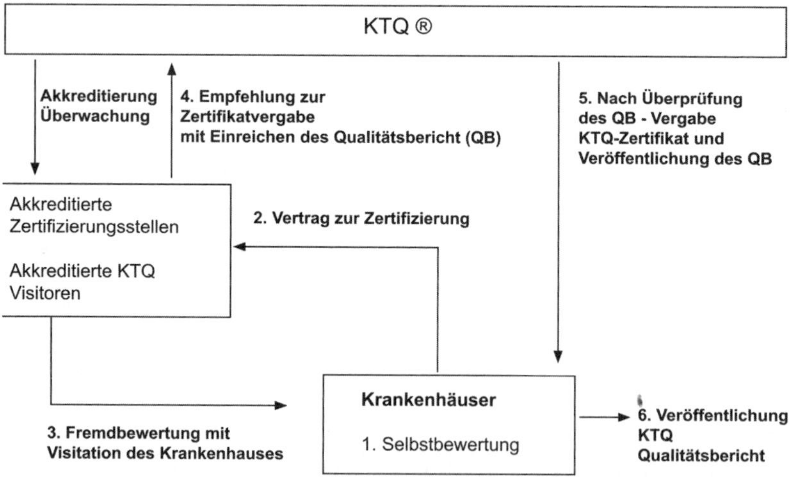

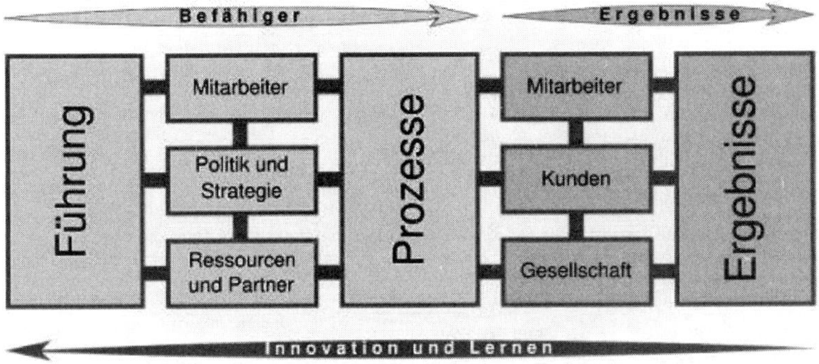

III. EFQM 1. *Begriff:* Die European Foundation for Quality Management (EFQM) ist eine gemeinnützige Organisation, die 1988 mit Unterstützung der Europäischen Kommission von 14 europäischen Unternehmen in den Niederlanden gegründet wurde. Die EFQM setzt sich für die Verbreitung und Anwendung von Qualitätsmanagementsystemen nach dem EFQM-Modell ein. – 2. *Modell:* Das EFQM-Modell für Business Excellence wurde 1991 als Rahmenrichtlinie für die Selbsteinschätzung von Organisationen und als Basis für ein dreistufiges Auszeichnungsprogramm eingeführt. Das Modell kann von allen Organisationen sowohl im öffentlichen wie auch privatwirtschaftlichen Bereich eingesetzt werden. Im Gegensatz zu QEP und KTQ ist es nicht spezifisch für den Gesundheitssektor entwickelt worden. Das Qualitätsmanagementsystem nach EFQM stellt ein Beispiel für ein Total Quality Management dar. Es ist ein Unternehmensmodell, das eine ganzheitliche Sicht auf die jeweilige Organisation ermöglichen soll. Aus diesem Grund unterscheidet der EFQM-Ansatz neun Kriterien, die sich in weitere Unterkriterien aufgliedern (Abb.). Sie sind unterteilt in die fünf Befähiger- bzw. Voraussetzungskriterien: Führung, Politik & Strategie, Mitarbeiter, Partnerschaften & Ressourcen und Prozesse sowie die vier Ergebniskriterien, zu denen neben mitarbeiter- und kundenbezogenen Ergebnisse auch gesellschaftsbezogene- und Schlüsselergebnisse gehören. Diese Kriterien sind innerhalb des EFQM-Prozesses von unterschiedlichem Bedeutungsgrad – die kundenbezogenen Ergebnisse machen allein 20 Prozent aus. Dadurch wird die starke Konzentration des Modells auf die Ausrichtung der Organisation auf die Kundenbeziehung verdeutlicht. Als solches kann EFQM auch als ein Instrument betrachtet werden, welches eine Hilfestellung für den Aufbau und die kontinuierliche Weiterentwicklung des Managementsystems eines Unternehmens gibt. Die starke Kundenorientierung ist eines der acht Grundprinzipien, auf denen die EFQM ihr Qualitätsmanagementsystem aufbaut. Die weiteren sind: Entwicklung von Partnerschaften (mit Lieferanten), gesellschaftliche Verantwortung, Ergebnisorientierung, Mitarbeiterentwicklung und Mitarbeiterbeteiligung, Management mittels Prozessen und Fakten, Führung und Zielkonsequenz sowie kontinuierliches Lernen, Verbesserung und Innovation. – 3. *Zertifizierung:* Ähnlich wie QEP und KTQ ist auch die Zertifizierung nach EFQM kostenpflichtig und freiwillig. Die von der EFQM empfohlene Strategie zur Verbesserung der Leistung besteht in der Einführung eines Selbstbewertungsprozesses. Die Selbstbewertung ist eine umfassende, systematische und regelmäßige Überprüfung der Tätigkeiten und Ergebnisse in der Organisation. Dazu beantwortet ein Unternehmen in einem Katalog zusammengefasste Fragen zu den neun Kriterien des EFQM-Modells (Abb.). Insgesamt sind dabei in den Befähiger- bzw. Voraussetzungskriterien und den Ergebniskriterien jeweils 500 Punkte zu erreichen. Mit einer erfolgten Selbstbewertung kann eine Organisation an dem dreistufigen Auszeichnungsprogramm („Levels of Excellence") teilnehmen. Voraussetzung für eine Auszeichnung oder eine Zertifikatsverleihung ist darüber hinaus die externe Begutachtung durch EFQM-Validatoren, die Priorisierung und Durchführung von Verbesserungsprojekten und/oder die Erreichung einer Mindestpunktzahl in der Bewertung. Das dreistufige Verfahren umfasst die beiden Zertifikate „Committed to Excellence" und „Recognized for Excellence", die jeweils zwei Jahre gültig sind, sowie den EFQM-Preis „European Excellence Award" (bis 2005: „European Quality Award"). Dieser wird seit 1992 jährlich ausgeschrieben und an die besten Unternehmen aus den Kategorien Großunternehmen, Organisationseinheiten, öffentlicher Sektor und kleine und mittlere Unternehmen (< 250 Mitarbeiter) vergeben.

qualitative Anpassung → Anpassung.

qualitative Kapazität – Dimension der → Kapazität. Die qualitative Kapazität ist die von einem

Potenzialfaktor bzw. Potenzialfaktorsystem realisierbare Anzahl von (Teil-)Produktarten. – *Gegensatz:* → quantitative Kapazität.

qualitative Marktforschung – Teilbereich der → Marktforschung, dessen Ergebnisse inhaltlicher, nicht-numerischer Art sind. – *Wichtigste Verfahren* der qualitativen Marktforschung sind → Gruppendiskussion, → Tiefeninterview und → psychologische Testverfahren. – Qualitative Marktforschung arbeitet grundsätzlich mit kleinen Stichproben.

qualitatives Merkmal – statistisches → Merkmal, das gemäß einer → Nominalskala oder → Ordinalskala in → Ausprägungen zerlegt ist. – *Gegensatz:* → quantitatives Merkmal.

qualitatives Wachstum – → Wachstum der Wirtschaft unter Verzicht auf Ausbeutung und Zerstörung natürlicher Ressourcen. Der Begriff bezeichnet einen Gegenentwurf zum traditionellen wirtschaftpolitischen Ziel des durch die Veränderung des Sozialprodukts (s. → Nationaleinkommen) gemessenen Wachstums.

Qualitätsführerschaft → Wettbewerbsstrategie.

Qualitätsgewicht – Gewicht einer Ware, das gleichzeitig deren Qualität bezeichnet, ausgedrückt, indem verschiedene Maßeinheiten aufeinander bezogen werden. Üblich bei Getreide, Papier, Holz etc. – *Beispiel:* Gewicht gleicher Menge guten Getreides größer als das minderwertigen Getreides.

Qualitätsklausel → Handelsklausel bez. der Beschaffenheit der Ware, z.B. → Middling, → Fair Average Quality (FAQ).

Qualitätskontrolle → Qualitätssicherung.

Qualitätskosten → Kosten, die vorwiegend dadurch entstehen, dass Qualitätsforderungen aufgrund von Fehlern nicht erfüllt werden. – *Kategorien:* Um ein hohes Qualitätsniveau der → Produkte zu erreichen und zu erhalten, müssen v.a. zwei Arten von Kosten gedeckt werden: (1) *Inspektionskosten* zur ständigen Überprüfung der Produkteigenschaften und des → Produktionsprozesses; (2) *Kosten zur Vermeidung von Produktionsfehlern*, z.B. Fehleranalyse, Konstruktionsänderungen des Produktes, Personaltraining, Änderung des Produktionsprozesses. – In der Realität erreicht kein Unternehmen eine vollständig fehlerlose Qualität seiner Produkte, daher müssen zusätzlich die folgenden Kostenarten berücksichtigt werden: (1) *interne Fehlerkosten* durch defekte Produkte/Produktteile, die repariert, nachgebessert oder verschrottet werden müssen; (2) *externe Fehlerkosten* durch defekte Produkte, die verkauft wurden: Reparatur oder Neulieferung im Rahmen der Garantie, Kundenärger, Verlust von Goodwill. Nach amerik. Untersuchungen können diese Kosten 15 bis 20 Prozent des Umsatzes ausmachen.

Qualitätslenkung → Qualitätssicherung.

Qualitätsmanagement → Total Quality Management.

Qualitätsmanagementsystem – Die Basis für Qualitätsmanagementsysteme (QMS) bietet die internationale Normenfamilie DIN EN ISO 9000 ff. – *DIN EN ISO 9000:* Definitionen und Begriffe. – *DIN EN ISO 9001:* Forderung an das Qualitätsmanagementsysten. – *DIN EN ISO 9004:* Leitfaden zur Wirksamkeit und Wirtschaftlichkeit.

Qualitätsplanung → Qualitätssicherung.

Qualitätsprämie – Die *Qualitätsprämie* ist eine Art des → Prämienlohns, welche zur Steigerung des qualitativen Produktionsergebnisses führen soll und die für höhere Aufmerksamkeit, bessere Sorgfalt etc. gewährt wird. *Voraussetzung* für die Prämie ist eine einwandfreie Messung der Qualität mithilfe einer Bezugsgröße, z.B. Senkung des Anteils der Minderqualität, des Anteils an Bruch und Ausschuss. Häufig Kombination mit → Mengenleistungsprämie.

Qualitätsprüfung → Qualitätssicherung.

Qualitätsregelung → Qualitätssicherung.

Qualitätsrente – eine im Gegensatz zur Lagerrente bereits von H. Anderson (1777) und → Malthus (1815) abgeleitete Form der → Grundrente, die von der Voraussetzung ausgeht, dass die Böden bei der Besiedlung je nach ihrer Ergiebigkeit urbar gemacht und bestellt würden (zuerst die ergiebigsten, die gegenüber den später besiedelten, weniger ergiebigen, eine Qualitätsrente abwerfen). Die Qualitätsrente entsteht dann allein durch Bodenknappheit. – Ihre *Höhe* richtet sich nach der Qualität der für die volkswirtschaftliche Bedarfsdeckung zusätzlich erforderlichen Böden. Sie ist bei Böden erster Qualität z.T. größer als bei Böden zweiter oder dritter Güte; und es gibt Grenzböden, die keine Qualitätsrente abwerfen. – → Ricardo hat die Qualitätsrente zur → Intensitätsrente ausgebaut.

Qualitätssicherung – I. Begriff: *Qualitätsmanagement*, alle organisatorischen und technischen Maßnahmen, die der Schaffung und Erhaltung der Konzept- und Ausführungsqualität (→ Qualität) dienen.

II. Teilfunktionen: 1. In der *Qualitätsplanung* werden die Qualitätsmerkmale sowie ihre geforderten und zulässigen Ausprägungen für ein Produkt und Verfahren festgelegt. Dies geschieht im Hinblick auf die durch die Anwendung oder eine → Norm gegebenen Erfordernisse und deren Realisierbarkeit. – 2. *Qualitätssteuerung*, die auch als *Qualitätslenkung* oder *Qualitätsregelung* bezeichnet wird, beinhaltet die Vorgabe der Produkt- und Ausführungsanforderungen sowie die Überwachung der Erfüllung dieser Anforderungen bei der Leistungserstellung mit ggf. erforderlichen Korrekturen. Unter Verwendung der Ergebnisse der Qualitätskontrolle können zum einen Maßnahmen veranlasst werden, die qualitätsmindernde Störungen im Produktionsprozess beseitigen helfen. Zum anderen können auch Maßnahmen geplant und veranlasst werden, die auf eine Änderung der Entwurfsqualität oder der eingesetzten Produktionsverfahren abzielen. – 3. Die *Qualitätskontrolle* oder auch *Qualitätsprüfung* beinhaltet einen Soll-Ist-Vergleich, bei dem festgestellt wird, inwieweit Produkte die an sie gestellten Qualitätsanforderungen erfüllen. Die Qualitätskontrolle i.w.S. beinhaltet sowohl die Überprüfung der Entwurfsqualität als auch der Ausführungsqualität. Die Überprüfung der Ausführungsqualität als Qualitätskontrolle i.e.S. kann nach dem Umfang der durchzuführenden Kontrollmaßnahmen in → Totalkontrolle und → Partialkontrolle unterschieden werden. Durch die Partialkontrolle (statistische Qualitätskontrolle) wird versucht, mithilfe statistischer Methoden entweder Aussagen über den Zustand des Produktionsprozesses zu machen (→ Produktionskontrolle) oder Informationen über den Ausschussanteil eines gefertigten Loses zu erhalten (→ Abnahmeprüfung). Bei der Abnahmeprüfung werden → Stichprobenprüfpläne verwendet, während bei der Produktionskontrolle die → Kontrollkartentechnik zur Anwendung kommt. Eine Verbindung zwischen Produktionskontrolle und Abnahmeprüfung stellt die → kontinuierliche Stichprobenprüfung dar.

III. Beurteilung: Zur Erhöhung der Qualität von Produkten und Dienstleistungen hat die → ISO 1987 eine Normenreihe (→ Norm) mit den Nummern 9000 – 9004 erlassen, die von mehr als 100 Ländern (u.a. von der Bundesrepublik Deutschland) als nationale Normvorschrift anerkannt ist. Ziel des Normenwerkes ist es, Modelle für Qualitätsmanagement-Systeme zur Verfügung zu stellen, die der Qualitätssicherung in Design/Entwicklung, → Beschaffung, → Produktion, → Montage, → Wartung und Endprüfung des Produktes dienen sollen. Unternehmen, die Qualitätsmanagement-Systeme nach diesen Normen entwickeln, können von einer autorisierten Stelle (z.B. TÜV) ein Zertifikat mit der Dokumentation erhalten, dass ihre Qualitätssicherung den in der Normenreihe niedergelegten Forderungen entspricht. Diese Zertifizierung kann eine Vertrauensbasis zwischen Lieferanten und Kunden schaffen. – Vgl. auch → Total Quality Management (TQM).

Qualitätssicherung in der Wirtschaftsprüfung

von Prof. Dr. Volker Beeck

I. Anforderungen an die Arbeit von Wirtschaftsprüfern

An die Arbeit von → Wirtschaftsprüfern (WP) und → vereidigten Buchprüfern sowie entsprechenden Berufsgesellschaften (zusammengefasst unter dem Begriff: Wirtschaftsprüfer = WP) werden seitens der Geschäftspartner wie der allgemeinen Öffentlichkeit hohe Anforderungen gestellt. Sie erwarten ein verlässliches Prüfungsurteil, um darauf aufbauend ihre eigenen Entscheidungen sinnvoll treffen zu können. Zur Erreichung dieses Qualitätsziels muss der Prüfer über Urteilsfähigkeit und Urteilsfreiheit verfügen und sein Urteil sachgerecht gebildet haben. Eine Vielzahl von Regelungen ist darauf ausgerichtet, die drei genannten Bestimmungsfaktoren für Prüfungsqualität zu beeinflussen. Sie umfassen einerseits die Verpflichtung zur Einführung eines Qualitätssicherungssystems in der Wirtschaftsprüfer-Praxis und andererseits ein System von externen Überwachungs- und Sanktionsmaßnahmen zur Durchsetzung der Qualitätsanforderungen. Die Zusammenhänge sind der folgenden Abbildung zu entnehmen.

II. Normierung der beruflichen Tätigkeiten des Wirtschaftsprüfers

Bei seiner Berufsausübung hat der Wirtschaftsprüfer den Berufspflichten – § 43 I → Wirtschaftsprüferordnung (WPO) – der Unabhängigkeit, Gewissenhaftigkeit, Verschwiegenheit und Eigenverantwortlichkeit zu entsprechen. Er hat sich unparteiisch zu verhalten. Mit seinem Beruf als Wirtschaftsprüfer unvereinbare Tätigkeiten hat er zu unterlassen und sich berufswürdig zu verhalten.

In engem Zusammenhang mit dem Gebot zur gewissenhaften Berufsausübung besteht für den Wirtschaftsprüfer nach § 55b WPO die Verpflichtung, Regelungen zur Einhaltung der Berufspflichten zu schaffen und deren Anwendung zu überwachen und durchzusetzen (Qualitätssicherungssystem). Die gesamte berufliche Tätigkeit des Wirtschaftsprüfers ist durch ein derartiges Qualitätssicherungssystem abzusichern. Zu den Berufspflichten gehört es ebenso, die für die Berufsausübung geltenden Bestimmungen sowie die fachlichen Regelungen zu beachten (§ 4 BS WP/vBP). Besondere Ausführungen enthält die Berufssatzung zur Sicherung der Qualität der Berufsarbeit (§§ 31 – 33 BS WP/vBP). Hier werden bereits die grundsätzlichen Bestandteile eines Qualitätssicherungssystems benannt. Ergänzende detaillierte Hinweise zur Ausgestaltung dieses Systems sind der „Gemeinsamen Stellungnahme der WPK und des IDW: Anforderungen an die Qualitätssicherung in der Wirtschaftsprüferpraxis (VO 1/2006)“ zu entnehmen. Bei Beachtung der Vorgaben der VO 1/2006 ist davon auszugehen, dass das Qualitätssicherungssystem der Wirtschaftsprüfer-Praxis in Einklang mit der WPO sowie der BS WP/vBP steht.

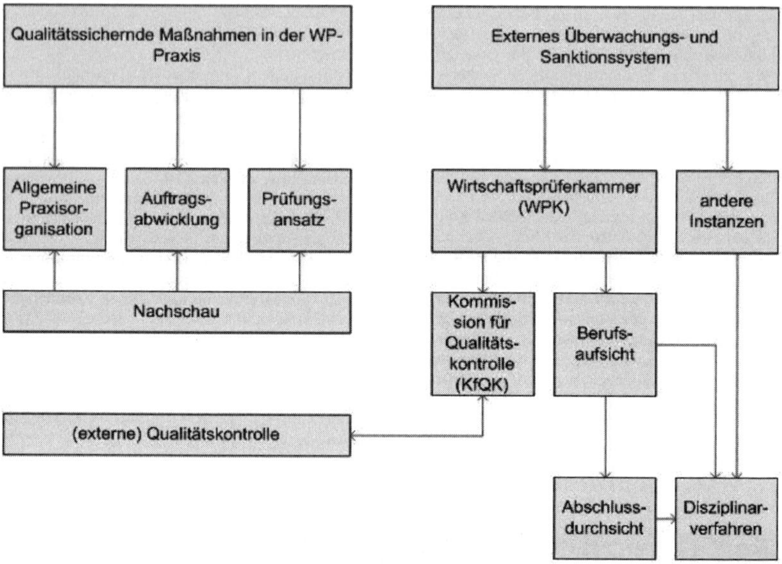

Die Vorgaben der VO 1/2006 beziehen sich auf die Praxisorganisation und die Auftragsabwicklung. Durch das Institut der Wirtschaftsprüfer (IDW), einen privatrechtlichen Verein, wird die eigentliche inhaltliche Ausgestaltung der Prüfungsaktivitäten reglementiert. Sie konkretisieren sich im risikoorientierten Prüfungsansatz, der insbesondere bei der Durchführung von gesetzlich vorgeschriebenen Jahresabschlussprüfungen anzuwenden ist.

III. Qualitätssichernde Maßnahmen auf Seiten des Wirtschaftsprüfers

1. Regelungen zur allgemeine Praxisorganisation

Regelungen zur allgemeinen Praxisorganisation beziehen sich auf die Beachtung der allgemeinen Berufspflichten, die Annahme, Fortführung und vorzeitige Beendigung von Aufträgen, die Mitarbeiterentwicklung, die Gesamtplanung aller Aufträge sowie den Umgang mit Beschwerden und Vorwürfen.

Unabhängigkeitsgefährdungen entstehen in Situationen, in denen der Wirtschaftsprüfer sein Urteil nicht mehr frei von sachfremden Erwägungen bilden kann. Zugleich würde gegen den Berufsgrundsatz der Unparteilichkeit verstoßen. Aus Sicht eines Dritten entsteht die Besorgnis der Befangenheit des Wirtschaftsprüfers. Ausgelöst werden derartige Konstellationen durch Eigeninteressen des Wirtschaftsprüfers, im Falle der Selbstprüfung, bei Interessenvertretung sowie durch besondere persönlicher Vertrautheit mit dem Auftraggeber. Vornehmlich durch Information der Mitarbeiter und ggf. deren Austausch sowie eine auftragsbezogene Qualitätssicherung kann diesen Risiken entgegen gewirkt werden.

Zur Einhaltung der Grundsätze der Gewissenhaftigkeit und Verschwiegenheit sind die Mitarbeiter schriftlich zu verpflichten.

Bei der Annahme eines Auftrags muss die Unabhängigkeit des Wirtschaftsprüfers feststehen. Insbesondere dürfen keine gesetzlichen Ausschlussgründe vorliegen (§ 319 HGB). Der neue Auftrag darf keine nicht beherrschbaren Risiken aufweisen. Sie können sich aus Haftungsgefahren oder möglichem Reputationsverlust ergeben. Dazu ist eine Klassifizierung der Aufträge nach den mit ihnen verbundenen Risiken vorzunehmen. Ergänzend sind Maßnahmen zur Begrenzung der Risiken zu erwägen. Ferner müssen die zur ordnungsgemäßen Auftragsabwicklung erforderlichen personellen Kapazitäten sowie das benötigte Fachwissen zur Verfügung stehen. Ähnliche Überlegungen sind hinsichtlich der Fortführung bzw. Beendigung eines übernommenen Auftrags anzustellen.

Maßgeblichen Einfluss auf die Wettbewerbsfähigkeit einer Wirtschaftsprüfer-Praxis haben Qualifikationsstand und Motivation von Praxisleitung und Mitarbeitern. Der Entwicklung der Mitarbeiter kommt deshalb besondere Bedeutung zu. Das beginnt bereits mit der Auswahl bei der Einstellung von Mitarbeitern und setzt sich in der kontinuierlichen Weiterbildung fort. Jährliche Beurteilungsgespräche verdeutlichen den erreichten Stand und setzen neue Ziele. Die Beurteilungsergebnisse haben Einfluss auf den künftigen Einsatz der Mitarbeiter, um die Prüfungsqualität sicher zu stellen und gleichzeitig die Möglichkeit zur Erweiterung des fachlichen Horizonts zu bieten. Zur Eigeninformation der Mitarbeiter hat die Wirtschaftsprüfer-Praxis hinreichende Medien zur Verfügung zu stellen (Fachbibliothek, Internetzugänge). Über aktuelle fachliche Entwicklungen sind die Mitarbeiter auf dem Laufenden zu halten.

Aus den Einzelplanungen für die Mandate ist eine Gesamtplanung aller Aufträge abzuleiten. Sie soll es ermöglichen, ausreichende personelle Kapazitäten zur ordnungsgemäßen Bearbeitung aller Mandate bereit zu stellen.

Beschwerden und Vorwürfen von Mandanten und Mitarbeitern ist nachzugehen. Durch die Praxisleitung oder eine von ihr beauftragte Person sind die notwendigen Konsequenzen zu ziehen.

2. Regelungen für die Auftragsabwicklung

Im Zuge der Organisation der Auftragsabwicklung ist für jeden Auftrag ein verantwortlicher Wirtschaftsprüfer oder hinreichend qualifizierter Mitarbeiter zu bestimmen. Er hat dafür zu sorgen, dass Unabhängigkeitsgefährdungen und Interessengegensätze rechtzeitig erkannt werden und die zur Auftragsbearbeitung benötigten quantitativen und qualitativen Ressourcen zeitgerecht zur Verfügung stehen. Gleich zu Beginn einer Prüfung ist ferner festzulegen, welcher Partner oder Mitarbeiter die Berichtskritik bzw. auftragsbegleitende Qualitätssicherung übernimmt.

Entscheidend für die Einhaltung von gesetzlichen Vorschriften und der fachlichen Regelungen für die Auftragsabwicklung ist die Planung der Prüfung. In sachlicher Hinsicht basiert sie auf dem risikoorientierten Prüfungsansatz (siehe 3.3). Die zeitliche Planung verteilt die gesamten Prüfungsaktivitäten auf Vor- und Hauptprüfung, berücksichtigt die zeitliche Verfügbarkeit von Mitarbeitern und legt die Zeitvorgaben für die einzelnen Prüfungsfelder fest.

Die personelle Planung hat Kompetenz und Erfahrung der einzusetzenden Mitarbeiter und deren Verfügbarkeit zu berücksichtigen. Den Erfordernissen der Unabhängigkeit ist dabei Rechnung zu tragen.

Mithilfe von klar strukturierten Prüfungsanweisungen sind die Mitglieder des Prüfungsteams zu sachgerechten Prüfungshandlungen anzuleiten. Prüfungshandlungen und ihre Ergebnisse sind in den Arbeitspapieren zu dokumentieren. In einem Planungsgespräch zu Beginn der Prüfung ist über Auftragsdurchführung, das Geschäft des Mandanten, Auftragsrisiken und Problembereiche zu informieren.

Gelegentlich treten im Laufe einer Prüfung fachliche Zweifelsfragen auf, die durch das Prüfungsteam nicht gelöst werden können. Sofern die Fragen für das Prüfungsergebnis bedeutsam sind, ist in einem Konsultationsprozess praxisintern oder auch von außen Rat einzuholen. Die grundlegende Fragestellung, das Ergebnis der Konsultation und seine Umsetzung im Beurteilungsprozess sind zu dokumentieren.

Anhand der anzulegenden Arbeitspapiere ist die Auftragsabwicklung durch den verantwortlichen Wirtschaftsprüfer kontinuierlich zu überwachen. Er hat die Prüfungsergebnisse zu würdigen und ggf. die Einholung weiterer Prüfungsnachweise zu veranlassen.

Ausprägungen der auftragsbezogenen Qualitätssicherung sind Berichtskritik und auftragsbegleitende Qualitätssicherung. Vor Auslieferung an den Mandanten soll ein Prüfungsbericht durch eine zweite Person überprüft werden. Mit der Berichtskritik wird die Einhaltung der fachlichen Regeln überprüft. Sie dient ferner dazu, die im Prüfungsbericht dargestellten Prüfungshandlungen und Prüfungsergebnisse auf Schlüssigkeit zu hinterfragen. Gesetzliche Jahresabschlussprüfungen bei Unternehmen von öffentlichem Interesse (§ 319a I HGB) sind stets einer auftragsbegleitenden Qualitätssicherung zu unterwerfen. Ein bereits zu Beginn der Prüfung benannter Qualitätssicherer achtet darauf, dass den Regelungen zur Auftragsannahme und -abwicklung entsprochen wurde, mit Auftragsrisiken und Mängeln in der geprüften Rechnungslegung angemessen umgegangen wurde und Dokumentation in den Arbeitspapieren und beabsichtigte Berichterstattung den Standards entsprechen.

Zeitnah nach Beendigung der Prüfung ist die Auftragsdokumentation in den Arbeitspapieren abzuschließen. Hierzu ist eine Frist von 60 Tagen nach Erteilung des Bestätigungsvermerks gesetzt. Danach dürfen die Arbeitspapiere grundsätzlich nicht mehr geändert oder ergänzt werden. Sie sind sodann gegen den Einblick Unbefugter geschützt aufzubewahren. Es gilt eine Aufbewahrungsfrist von 10 Jahren.

3. Konzeption der Jahresabschlussprüfung

In ihrer inhaltlichen Ausgestaltung folgt die → Jahresabschlussprüfung dem risikoorientierten Prüfungsansatz (siehe 2.). Sie ist darauf ausgerichtet, mit hinreichender Sicherheit festzustellen, dass der Jahresabschluss keine wesentlichen Fehler enthält. Der Prüfer hat sich mit den Risiken für das Entstehen derartiger Fehler auseinanderzusetzen. Fehlerrisiken können zunächst auf Seiten des Mandanten begründet sein. Sie werden wesentlich bestimmt durch Besonderheiten der Branche, Geschäftsrisiken, Integrität und Kompetenz des Managements,

Fehleranfälligkeit von Posten des Jahresabschlusses sowie durch die Komplexität der Geschäftsvorfälle. Vermeidung oder automatischen Aufdeckung von Fehlern sind die Aufgaben des → internen Kontrollsystems (IKS). Die prüferischen Aktivitäten zielen darauf ab zu beurteilen, welche Risiken einer fehlerhaften Rechnungslegung sich aus allgemeinen (inhärenten) Risiken und den Schwächen des Kontrollsystems ergeben. Ergänzende aussagebezogene Prüfungshandlungen (analytische Prüfungshandlungen, Einzelfallprüfungen) führen zur angestrebten Aussagesicherheit des Prüfungsurteils.

Aufbau und Ablauf der Prüfung folgen den Grundgedanken der Risikoorientierung. Nach einer grundlegenden Information über das Unternehmen mit seinem rechtlichen und wirtschaftlichen Umfeld wird eine erste Risikoeinschätzung vorgenommen. Daran schließen sich die Auseinandersetzung mit den internen Kontrollen in den für die Rechnungslegung relevanten Prozessen und aussagebezogene Prüfungshandlungen an. Nach abschließender Urteilsbildung erfolgen Erstellung des Prüfungsberichts sowie Erteilung des Bestätigungsvermerks.

IV. Nachschau

Die in der Wirtschaftsprüfer-Praxis getroffenen Regelungen zur Qualitätssicherung unterliegen einer in angemessenen Zeitabständen durchzuführenden Nachschau. Sie ist darauf gerichtet, Angemessenheit und Wirksamkeit des praxiseigenen Qualitätssicherungssystems beurteilen. Dabei wird neben den abstrakten Regelungen zur allgemeinen Praxisorganisation und Auftragsdurchführung deren konkrete Umsetzung bei einzelnen Prüfungsaufträgen untersucht. Hier müssen die gesetzlichen und berufsständischen Anforderungen eingehalten werden, die Berichterstattung über die Ergebnisse des Auftrags ordnungsgemäß erfolgen und die Regelungen des internen Qualitätssicherungssystems eingehalten werden. Der mit der Durchführung der Nachschau Beauftragte kann der eigenen Praxis angehören. Die Ergebnisse der Nachschau dienen der Stabilisierung und Weiterentwicklung des Qualitätssicherungssystems. Sie fließen in die von externer Seite durchzuführende Qualitätskontrolle ein.

IV. Externes Überwachungs- und Sanktionssystem

1. Überwachung durch die Wirtschaftsprüferkammer (WPK)

Gesetzliche Jahresabschlussprüfungen dürfen nur von Prüfern durchgeführt werden, die über eine wirksame Bescheinigung über die Teilnahme am Verfahren der externen Qualitätskontrolle verfügen (§ 319 I HGB). Zur Abwicklung des Verfahrens ist bei der WPK eine Kommission für Qualitätskontrolle (KfQK) installiert. Inhaltlich entspricht das Procedere weitgehend der Nachschau. Allerdings ist der Qualitätskontrollprüfer immer eine außerhalb der geprüften Wirtschaftsprüfer-Praxis stehende Person. Über das Ergebnis seiner Prüfung berichtet er unmittelbar der KfQK. Diese erteilt dann entweder die Teilnahmebescheinigung ggf. unter Auflagen oder versagt sie bei gravierenden Mängeln im untersuchten Qualitätssicherungssystem. Die Teilnahmebescheinigung ist grds. auf sechs Jahre befristet. Für Prüfungen bei Unternehmen von öffentlichem Interesse beträgt ihre Gültigkeitsdauer lediglich drei Jahre.

Neben einer Mehrzahl anderer Aufgaben obliegt der WPK die Berufsaufsicht über die Wirtschaftsprüfer und vereidigten Buchprüfer. Zugehörige Teilaufgaben sind das Verfahren zum Widerruf der Bestellung als Wirtschaftsprüfer, Disziplinarverfahren, anlassunabhängige Sonderuntersuchungen sowie die Abschlussdurchsicht. Letztere basiert auf den Veröffentlichungen im elektronischen Bundesanzeiger. Von der WPK werden auf Basis von Stichproben die veröffentlichten Bestätigungsvermerke sowie Jahresabschlüsse und Lageberichte durchgesehen, um Abweichungen von den gesetzlichen Vorschriften und fachlichen Regeln aufzudecken. Dabei wurde im Jahr 2008 eine Anzahl von ca. 1.000 Normabweichungen festgestellt, die den Abschlussprüfern zuzurechnen sind. Die aufgegriffenen Fälle richten sich vorrangig auf die Formulierung des Bestätigungsvermerks, die Darstellung von Chancen und Risiken im Lagebericht sowie besondere Informationen im Konzernabschluss.

2. Andere Träger von Überwachungsaufgaben

Überwachungsaufgaben in Zusammenhang mit Jahresabschlüssen werden durch die Deutsche Prüfungsstelle für Rechnungslegung sowie die Bundesanstalt für Finanzdienstleistungsaufsicht wahrgenommen. Ihre Untersuchungen finden bei Unternehmen statt, deren Wertpapiere an einer deutschen Börse zum amtlichen Handel zugelassen sind. Entdecken sie bei ihren Prüfungen Verstöße gegen Rechnungslegungsnormen, die den Verdacht auf eine Pflichtverletzung durch den Abschlussprüfer aufkommen lassen, wird die WPK darüber informiert.

3. Sanktionen bei Verstößen gegen Berufspflichten

Aus einer unzureichenden Qualitätssicherung können sich Verstöße des Wirtschaftsprüfers gegen Berufspflichten, insbesondere den Grundsatz der gewissenhaften Berufsausübung, ergeben. Durch Anzeige von Dritten oder die eigene Abschlussdurchsicht werden sie der WPK bekannt. Abhängig von der Schwere der Verfehlung kommen als Sanktionsmittel eine Rüge ggf. in Verbindung mit einer Geldbuße bis zu 50.000 Euro oder die Einleitung eines berufsgerichtlichen Verfahrens in Betracht.

Qualitätssicherungskosten → Qualitätskosten.

Qualitätsstaffel – Staffelpreise für Waren gleicher Zweckbestimmung, aber unterschiedlicher Qualität (→ Preisstaffel).

Qualitätssteuerung → Qualitätssicherung.

Qualitätstypen – Klassifizierung von Handelswaren zur → Standardisierung der Handelsqualitäten zwecks Erleichterung des Warenverkehrs. Handel nach Qualitätstypen erfolgt v.a. bei den Massengütern des Weltverkehrs.

Qualitätswettbewerb – Art der → Konkurrenz, die sich auf die → Qualität der → Produkte bezieht. Im Gegensatz zum Kostenwettbewerb (niedrige Gesamtstückkosten sollen niedrige Verkaufspreise ermöglichen) sollen hier die Leistungen möglichst genau den Ansprüchen der Zielgruppe entsprechen. Neben der Produktqualität spielt die Vermarktungsqualität (z.B. Service, Distribution) eine bedeutende Rolle. Wichtiges Instrument der Qualitätswettbewerbe bei Investitionsgütern ist die → Integralqualität. – Vgl. auch → Preiskonkurrenz, → Werbekonkurrenz, → Wettbewerbsstrategie.

Qualitätszirkel – *Quality Circle;* kleine Arbeitsgruppe von Mitarbeitern eines Unternehmens (i.d.R. drei bis 15) welche sich freiwillig zusammenfinden. Sie werden selbstgewählte Probleme und Schwachstellen aus ihrem Aufgabengebiet analysieren um Problemlösungen zu erarbeiten und Verbesserungsvorschläge zu verwirklichen. Die Projektgruppe überprüft dabei die erzielten Ergebnisse selbst. Der Qualitätszirkel trifft sich regelmäßig und ist weitestgehend hierarchielos; der Leiter übernimmt die Moderatorenfunktion. – *Ziel* ist die Verbesserung der Arbeitsbedingungen, qualitativen Arbeitsleistung eines Unternehmens, die Entwicklung von mehr Selbstwertgefühl und Sozialkompetenz der Mitarbeiter sowie die Verbesserung der gruppendynamischen Prozesse im Unternehmen. – Erfahrungen mit Qualitätszirkeln sind überwiegend positiv: im Bereich der messbaren Verbesserungen (→ betriebliches Vorschlagswesen, → Fluktuation, Anwesenheitsquote) sowie im nicht messbaren Bereich (→ Corporate Identity, zwischenmenschliche Beziehungen, Qualitätsbewusstsein, → Motivation).

Quality Circle → Qualitätszirkel.

QUANGO – 1. *Begriff:* Der Begriff QUANGO steht für „Quasi Nongovernmental Organizations" und bezeichnet Organisationen, die a) zwar der Rechtsform nach dem staatlichen Bereich zuzuordnen sind, faktisch jedoch nicht nach den Prinzipien der öffentlichen Verwaltung arbeiten, sondern selbstständig tätig sind, oder b) Organisationen, die der Rechtsform nach nicht-staatliche Organisationen sind, die faktisch jedoch staatliche Aufgaben erfüllen bzw. von staatlichen Institutionen weitgehend beeinflusst werden (z.B. Wohlfahrtsverbände). – 2. *Merkmal:* Diese Organisationen verhalten sich quasi anders als staatliche Aufgabenträger.

Quantifizierbarkeit → Operationalisierbarkeit.

Quantil der Ordnung p – *p-Quantil;* bei einem Datensatz ein Merkmalswert $\bar{x}_p$ mit der Eigenschaft, dass mindestens p·100% aller Beobachtungswerte kleiner oder gleich $\bar{x}_p$ und mindestens (1-p)·100% aller Beobachtungswerte größer oder gleich $\bar{x}_p$ sind ($0 < p < 1$). Für eine stetige Verteilung ist das p-Quantil der Wert, für den die Verteilungsfunktion den Wert p besitzt. – *Spezielle Quantile der Ordnung p* sind der → Median (0,50-Quantil), das untere → Quartil (0,25-Quantil), das obere → Quartil (0,75-Quantil) sowie die Dezentile (0,10-, ... , 0,90-Quantil).

quantitative Anpassung → Anpassung.

quantitative Kapazität – Dimension der → Kapazität. Die quantitative Kapazität ist die von einem Potenzialfaktor bzw. Potenzialfaktorsystem in einem Zeitraum maximal realisierbare Menge von (Teil-) Produkten bestimmter Art. – *Gegensatz:* → qualitative Kapazität.

quantitative Marktforschung – Teilbereich der → Marktforschung, dessen Ergebnisse numerisch ausgedrückt werden können. – Quantitative Marktforschung arbeitet grundsätzlich mit größeren Stichproben. – *Gegensatz:* → qualitative Marktforschung.

quantitatives Merkmal – statistisches → Merkmal, das gemäß einer metrischen Skala (→ Intervallskala, → Verhältnisskala) in → Ausprägungen zerlegt ist. – *Gegensatz:* → qualitatives Merkmal.

quantitative Wirtschaftspolitik – 1. *Begriff und Merkmale:* Die quantitative Wirtschaftspolitik geht davon aus, dass alle wirtschaftlichen Beziehungen durch ein System von Gleichungen erfasst werden können (→ Ziel-Mittel-Zusammenhang), deren Variablen operationalisierbar sind (→ Operationalisierbarkeit). Die → endogenen Variablen (→ Variable, endogene) dieses Systems werden in Zielvariablen (→ wirtschaftspolitisches Ziel) und irrelevante Variablen, die für das zu lösende Wirtschaftsproblem ohne Bedeutung sind, unterteilt. Die → exogenen Variablen (→ Variable, exogene) werden in Daten, die vom Wirtschaftspolitiker nicht beeinflusst werden können, und Instrumentvariablen (→ wirtschaftspolitische Mittel) unterteilt. – 2. *Fragestellung:* Welche Werte müssen die Instrumentvariablen annehmen, damit bestimmte, fest vorgegebene Werte der Zielvariablen realisiert werden können? Das lineare Gleichungssystem wird dazu in mehreren Schritten so umgeformt, dass die Instrumentvariablen als Funktion der Zielvariablen und der Daten erscheinen (Entscheidungsmodell). Durch Einsetzen der Werte der Zielvariablen können die gesuchten Werte der Instrumentvariablen bestimmt werden. – 3. *Probleme*: Das aufgestellte Zielsystem ist unlösbar, nicht eindeutig lösbar oder es gibt einen unendlich großen Lösungsraum. Unter diesen Umständen kann nicht gesagt werden, ob z.B. die Geldpolitik ein effizientes Mittel zur Erreichung des Ziels der Preisniveaustabilität ist oder nicht.

Quantitätsgleichung – *Verkehrsgleichung*; Identität, die besagt, dass das Produkt aus → Geldmenge (G) und Umlaufgeschwindigkeit (U; → Geldumlaufgeschwindigkeit) gleich dem Produkt aus Handelsvolumen (H) und → Preisniveau (P) ist: G · U = H · P. Die Quantitätsgleichung ist eine Tautologie, denn sie beschreibt nur die Tatsache, dass alle Käufe zugleich Verkäufe sind.

Quantitätsprämie – Die Quantitätsprämie ist eine mengenabhängige Zusatzentlohnung, die i.d.R bei körperlich-manueller Arbeit vorkommt. Sie beeinflusst das Produktionsergebnis hinsichtlich Menge und Zeit (vgl. auch → Akkordlohn). Quantitätsprämien eignen sich nicht für qualitative Tätigkeiten, da hier häufig die genaue Messbarkeit fehlt.

Quantitätstheorie → Geldtheorie, → Inflationstheorien.

Quartalsberichterstattung – 1. *Allgemein: Zwischenberichterstattung.* Unternehmen, die im → Prime Standard der → Deutschen Börse AG gelistet sind, verpflichten sich vierteljährlich zur Veröffentlichung von Bilanz-, Gewinn- und Verlustrechnungs- und Kapitalflussrechnungsdaten sowie weiterer Angaben zur Geschäftstätigkeit. – 2. *Aufstellung:* Die Quartalsberichte sind jeweils innerhalb von 45 Tagen nach Ende des ersten, zweiten und dritten Quartals zu veröffentlichen. Die für die Quartalsberichterstattung gültigen Rechnungslegungsvorschriften liefert IAS 34.

Quartalseinzelkosten → Periodeneinzelkosten.

Quarterly Report → Quartalsberichterstattung.

Quartil – ein Quantil der Ordnung 0,25 (erstes Quartil oder unteres Quartil), 0,50 (zweites Quartil oder Median), 0,75 (drittes Quartil oder oberes Quartil) einer Verteilung. – Vgl. auch → mittlerer Quartilsabstand, → Quantil der Ordnung p.

Quasibanken → Near Banks.

Quasiboom → kumulative Kontraktion.

Quasigeld → Geldsurrogate.

Quasimonopol – von Preiser im Rahmen seiner Marktformenlehre (→ Marktformen) geprägter Begriff für eine Marktsituation, bei der zwar die Anbieter bzw. Nachfrager unter sich konkurrieren, trotzdem aber (durch kartellmäßiges Handeln) als Gruppe eine Art Monopolstellung gegenüber der anderen Marktseite einnehmen. Als klassisches Beispiel wird der Arbeitsmarkt angeführt: Die Arbeitgeber konkurrieren zwar untereinander um die Arbeiter, treten aber in Tarifverhandlungen als Kollektiv (→ Kollektivmonopol) auf.

Quasimonopolgewinn → Dynamische Einkommen, → Unternehmergewinn.

Quasirente – Differenz der Erträge einer → spezifischen Investition in der gegenwärtigen Verwendung gegenüber der nächstbesten Verwendung. Quasirenten fallen als Erträge beim Eigner spezifischen Kapitals an und sind vom Gewinn abzugrenzen. Die gesamten Erträge können den Charakter von Quasirenten haben, aber gleichwohl zur Deckung der Kosten benötigt werden. Quasirenten unterliegen der Gefahr der opportunistischen Aneignung durch den Transaktionspartner (→ Opportunismus). Dieser kann dem Eigner des spezifischen Kapitals mit der Auflösung der Transaktionsbeziehung drohen und sich auf diese Weise der Quasirente seines Partners bemächtigen, indem er etwa die ex ante vereinbarten Preise zu seinen Gunsten verändert. Der Besitzer des spezifischen Kapitals wird die Transaktionsbeziehung solange aufrechterhalten, wie er einen Mehrertrag im Vergleich zur nächstbesten Verwendung erzielen kann, obwohl die Transaktionsbeziehung insgesamt bereits verlustreich geworden sein mag. Er wird die Transaktionsbeziehung folglich nicht beenden, bevor seine Quasirente vollständig enteignet ist. Um die Gefahr der opportunistischen Ausbeutung der Quasirente zu reduzieren, muss diese institutionell abgesichert werden.

Quelle – im Verkehrswesen und im innerbetrieblichen Materialfluss der Ursprungs- oder Entstehungsort eines Güter- oder Materialflusses. – *Gegensatz:* → Senke.

Quellenabzug → Steuerabzug.

Quellenabzugsverfahren – Erhebungsverfahren, wonach die Erhebung der Steuern am Orte und zur Zeit des Entstehens der steuerpflichtigen Vergütung (an der „Quelle") erfolgt; angewendet z.B. bei der Gehaltszahlung (→ Lohnsteuer, → Kirchensteuer, → Solidaritätszuschlag) und der Auszahlung von Dividenden und Zinsen (→ Kapitalertragsteuer, → Zinsabschlagsteuer). Die Besteuerung von Kapitalerträgen erfolgt seit 2009 durch ein Quellenabzugsverfahren. Kapitalerträge werden dabei einmalig (daher abgeltend) mit 25 Prozent besteuert. Die Erhebung erfolgt dabei unabhängig vom persönlichen Einkommensteuersatz des Steuerpflichtigen. Liegt der persönliche Steuersatz unter 25 Prozent, so kann dieser auf Antrag auch auf die Kapitalerträge angewendet werden (Günstigerprüfung §32d VI EStG) Das Quellenabzugsverfahren sichert das Steueraufkommen, da die Steuer (z.B. beim Lohn) abgezogen und gar nicht erst ausgezahlt wird. – Vgl. auch → Abzugsteuern.

Quellenangabe – in Fällen von gesetzlichen Nutzungsrechten (→ Nutzungsrecht) vorgeschriebene deutliche Bezeichnung der Quelle (§ 63 UrhG).

Quellenbesteuerung – Steuererhebung durch → Quellenabzugsverfahren.

Quellenstaat – *Ursprungsstaat;* Begriff des Außensteuerrechts für den Staat, aus dem der Steuerpflichtige Einkommen bezieht oder in dem er Vermögen besitzt, obwohl er dort nicht seinen Wohnsitz oder Hauptwohnsitz unterhält. Der Quellenstaat unterwirft den Steuerpflichtigen i.d.R. mit den Einkünften und mit dem Vermögen in diesem Staat der → beschränkten Steuerpflicht. – Besteht zwischen dem Wohnsitzstaat des Steuerpflichtigen und dem Quellenstaat seiner Einkünfte ein Doppelbesteuerungsabkommen, so regelt dies gewöhnlich für die einzelnen denkbaren Formen von Einkünften, wann der Quellenstaat ein Besteuerungsrecht hat und wann nicht. – *Gegensatz:* → Wohnsitzstaat.

Quellenstaatprinzip – 1. *Finanzwissenschaft:* Besteuerung von Einkünften durch den Staat, aus dem die Einkünfte fließen. – 2. *Einkommen- und Körperschaftsteuerrecht:* vorrangiges Ordnungsprinzip der meisten Doppelbesteuerungsabkommen: Das Recht zur Besteuerung wird dem Staat zugesprochen, aus dem die Einkünfte stammen, der Wohnsitzstaat verzichtet entweder ganz auf eine Besteuerung (Freistellungsmethode) oder kürzt seinen eigenen Steueranspruch um die schon im Ausland entstandene Vorbelastung (→ Anrechnungsmethode). Die Besteuerung erfolgt nur im Ausnahmefall im → Wohnsitzstaat des Empfängers, z.B. bei Zinsen, Dividenden und Lizenzgebühren. – Eine der Ausprägungen des Quellenstaatprinzips ist bspw. das → Betriebsstättenprinzip.

Quellensteuern – I. Außensteuerrecht: 1. *Begriff:* a) Quellensteuern i.w.S. sind alle Steuern, die vom → Quellenstaat von Steuerausländern im Rahmen der → beschränkten Steuerpflicht direkt vom Ertrag erhoben werden. – b) Quellensteuern i.e.S. sind alle Steuern, die vom Quellenstaat im Rahmen der beschränkten Steuerpflicht von den Einnahmen ohne Veranlagung durch → Steuerabzug einbehalten werden. – 2. *Quellensteuern i.e.S.* werden in den meisten Staaten erhoben auf Dividenden, Zinsen und Lizenzgebühren. – 3. Im Rahmen von → Doppelbesteuerungsabkommen (DBA) werden die *Quellensteuersätze für Dividenden* i.d.R. gesenkt, die *Quellensteuersätze für Zinsen* und *Lizenzgebühren* dagegen häufig aufgehoben.

II. Allgemeines Steuerrecht: Synonym für → Abzugsteuern. Vgl. auch → Quellenbesteuerung.

III. Wirtschaftliche Bedeutung, Anwendungsfälle: 1. *Haftungsrisiko*: Quellensteuern sind für die Wirtschaftspraxis insofern von bes. Bedeutung, als derjenige, der eine Vergütung ohne Abzug auszahlt, wenn ein Steuerabzug (Quellensteuer) angeordnet ist, regelmäßig für den Betrag der Quellensteuer dem Finanzamt gegenüber haftet. Wer den Einbehalt von Quellensteuer bewusst unterlässt, begeht sogar Steuerhinterziehung. Von daher ist es für die Wirtschaftspraxis wichtig, alle mit der Vornahme von Zahlungen befassten Personen regelmäßig in der Gesetzeslage hinsichtlich der Quellensteuern schulen zu lassen. – 2. *Anwendungsfälle*: In Deutschland relevant sind a) unabhängig vom Aufenthaltsort des Zahlungsempfängers: Lohnsteuer, Kapitalertragsteuer, Bauabzugsteuer (§§ 38ff., 43ff., 48ff. EStG) – b) nur bei Zahlungen an beschränkt steuerpflichtige Zahlungsempfänger zu beachten: → Aufsichtsratsteuer (§ 50a I Nr. 4 EStG 2009), Zahlungen an ausländische Künstler, Sportler etc. für Auftritte in Deutschland (§ 50 I Nr. 1, 2 EStG 2009), Zahlungen für Lizenzrechte und bestimmte andere Rechte (§ 50 I Nr. 3 EStG 2009). – 3. *Verhältnis zu Doppelbesteuerungsabkommen und anderen Sonderregelungen*: Beim Einbehalt von Quellensteuern dürfen Ermäßigungsansprüche, die sich aus bes. Vorschriften ergeben (z.B. aus Doppelbesteuerungsabkommen), üblicherweise vom Zahlenden nur dann beachtet werden, wenn die Finanzbehörden amtlich bestätigt haben, dass der verminderte Steuerabzug im Einzelfall genehmigt ist (§ 48d EStG, § 50d EStG); die eigenständige Beachtung von Quellensteuerermäßigungsvorschriften durch die Betroffenen ist i.d.R. also strikt untersagt.

Quellentheorie – I. Theorie der Besteuerung: Quellentheorie als theoretische Grundlage des steuerrechtlichen Einkommens. – 1. *Charakterisierung:* Neben der → Reinvermögenszugangstheorie der bedeutsamste Versuch, für das steuerliche Einkommen (→ Einkommensbesteuerung) eine theoretische Basis zu bestimmen; 1902 von B. Fuisting entwickelt. – 2. *Begriff des Einkommens:* Die Quellentheorie definiert als Einkommen nur jene ökonomischen Verfügungsgrößen, die aus dauerhaften Quellen der Gütererzeugung dem einzelnen „zur Bestreitung seines persönlichen Lebensunterhaltes" zufließen. – a) Damit betont die Quellentheorie die Regelmäßigkeit des Zuflusses, allerdings allein aus der „Gütererzeugung". – b) Die Quellentheorie schließt folgende ökonomische → Verfügungsrechte, obwohl sie den einzelnen zugehen, aus der Definition aus: (1) die aperiodisch zugehenden (z.B. Erbschaften, Schenkungen, Glücksgewinne, Vermögensveräußerungen, Vermögenswertsteigerungen) und (2) alle jene Einkommensteile, die für die „Kapitalreproduktion" verwendet werden (ein Element der Einkommensverwendung). Die Quellentheorie kommt so zu einem extrem engen Einkommensbegriff, bei dem das Interesse an der Vermögens- und Kapitalerhaltung dominiert und der überdies wegen der Anknüpfung an volkswirtschaftliche Wertschöpfungsvorgänge stark an einen *makroökonomischen* Einkommensbegriff erinnert. – 3. *Bedeutung:* Die Quellentheorie hat zu gewissen Teilen Eingang in die Einkommensdefinition der dt. Einkommensteuer gefunden, ohne dass diese jedoch eine allg. theoretische Einkommensdefinition formuliert hat.

II. Theorie der öffentlichen Verschuldung: Die Quellentheorie geht von einem starren Geldkapitalangebot aus, sodass eine Ausdehnung der Staatsverschuldung ceteris paribus zu Zinssteigerungen führt, die, zinselastisches Investitionsverhalten der Privaten vorausgesetzt, eine Verdrängung privater Nachfrage nach sich ziehen. – Vgl. auch → Fontänentheorie, → Crowding-out.

Quellprogramm → Programm.

Querschnittsdaten – ergeben sich aus der Beobachtung verschiedener Wirtschaftssubjekte (z.B. Haushalte oder Unternehmungen) zu einem bestimmten Zeitpunkt.

Querschnittuntersuchung – Daten, die sich nur auf einen bestimmten Zeitpunkt beziehen. – *Gegensatz:* → Längsschnittuntersuchung.

quer schreiben – umgangssprachlich: einen → Wechsel akzeptieren. Bei einem Wechsel unterschreibt der → Bezogene links auf der Vorderseite des Wechsels quer zum Wechseltext. Mit der Unterschrift verpflichtet sich der Bezogene, bei Fälligkeit die geforderte Wechselsumme zu zahlen.

Querverbund – *Querverbundunternehmen*. 1. *Querverbund i.e.S.:* Zusammenfassung zweier oder mehrerer betrieblicher Organisationseinheiten der kommunalen leitungsgebundenen Energie- und Wasserversorgung, der Entsorgung (Abfall/ Abwasser), des kommunalen → öffentlichen Personennahverkehrs (öPNV) sowie anderer unternehmerisch geführter kommunaler Dienstleistungen in einem Wirtschaftsunternehmen in der Rechtsform eines Eigenbetriebes, eines Zweckverbandes oder einer kommunal beherrschten Kapitalgesellschaft (Eigengesellschaft). – 2. *Querverbund i.w.S.:* Zusammenfassung von zwei oder mehreren kommunalen Unternehmen der leitungsgebundenen Energie- und Wasserversorgung, der Entsorgung, des öPNV sowie anderer kommunaler Dienstleistungsunternehmen in einem kommunalen Konzern (Querverbundkonzern). Die einzelnen Konzerntöchter sind durch bes. organschaftliche Regelungen (Beherrschungsverträge) einer einheitlichen unternehmerischen Willensbildung unterworfen. Aus steuerlichen Gründen werden i.d.R. auch Gewinnabführungs- bzw. Verlustübernahmeverträge zwischen Mutter und Töchtern geschlossen. Die Holding übernimmt selbst einzelne Dienstleistungen wie juristische Dienste, Controlling und Konzernplanung. – Der Querverbund dient einerseits der Rationalisierung von Betriebsabläufen und der Ausschöpfung von Synergieeffekten (→ Synergie), andererseits auch der Generierung von steuerlichen Vorteilen. Querverbünde unterliegen im Einzelfall der Prüfung kommunalrechtlicher Zulässigkeit. Es ist steuerrechtlich zwischen der Zusammenfassung von Betrieben gewerblicher Art (BgA) und der Zusammenfassung von Hoheitsbetrieben mit Betrieben gewerblicher Art zu unterscheiden. Ein → Betrieb gewerblicher Art kann nicht mit einem → Hoheitsbetrieb zusammengefasst werden.

Querverteilung – Von Querverteilung (A. Stobbe) spricht man dann, wenn Lohnempfänger auch Kapitaleinkommen beziehen und/oder Gewinnempfänger auch Arbeitseinkommen haben. Die Interpretation der → funktionalen Einkommensverteilung als Maß der sozioökonomischen Verteilung muss bei Vorliegen von Querverteilung modifiziert werden. – Vgl. auch → institutionelle Einkommensverteilung, → Verteilungstheorie.

Query → Datenbankabfrage.

Query Language → Abfragesprache.

Quesnay – Francois, 1694–1774. Quesnay, Leibarzt Ludwigs XV., ist der Begründer des physiokratischen Systems (→ Physiokratie). Das → Tableau Économique ist das erste Schema des wirtschaftlichen Kreislaufes. Damit verbunden war die Erkenntnis einer allg. Interdependenz der Geld- und Güterströme. Nach Quesnay wird nur in der Landwirtschaft ein Produit Net, ein Reinertrag, erzeugt, im Sinn des modernen Begriffs der → Wertschöpfung. Deshalb zählt Quesnay die Pächter der landwirtschaftlichen Grundstücke zu der Classe Productive im Gegensatz zu den Bodeneigentümern (Classe Distributive) sowie den Gewerbetreibenden und Händlern (Classe Stérile) und dem Petit Peuple. – *Hauptwerke:* „Tableau Économique ..." (1758); „Maximes générales du gouvernement économique ..." (1758) und „Le droit naturel" (1765).

Question Mark – In der Marktwachstums-Marktanteils-Matrix der Boston Consulting Group die Portfoliokategorie, deren Beurteilung am schwierigsten ist. Die sog. *Nachwuchsprodukte* sollten mit einem Fragezeichen („Question Mark") versehen werden weil sie entweder mit erheblichem Ressourceneinsatz gefördert werden müssen, damit sie einen genügenden Marktanteil erreichen *(Investitionsstrategie)*, oder wegen zu geringer Chancen zurückgezogen werden müssen *(Desinvestitionsstrategie)*. Solche Produkte erfordern bes. Aufmerksamkeit, weil sie einerseits einen außerordentlich hohen Finanzbedarf aufweisen, andererseits die Starprodukte von morgen sein können. Gerade wegen des ersten Sachverhalts muss sich ein Unternehmen auf wenige Produkte beschränken. Ein Misserfolg wiegt schwer und ist für das Unternehmen nicht immer einfach zu verkraften. – Vgl. auch → Stars, → Cash Cows und → Dogs.

Queue – *Schlange;* bei der → Programmentwicklung benutzte → abstrakte Datenstruktur. Eine Queue ist eine spezielle Form der → linearen Liste, die Elemente nach dem Prinzip „First-in-first-out" (→ Fifo) aufnimmt und abgibt. Auf ihr sind die beiden → Funktionen enqueue(Datenelement) und dequeue() definiert. Die Funktion enqueue(Datenelement) stellt das neue, ihr übergebene Datenelement an das Ende der Schlange ein. Die Funktion dequeue() nimmt das erste Element aus der Schlange und gibt es als Rückgabewert zurück. – *Gegensatz:* → Stack.

Quick Ratio → Liquiditätsgrad.

Quittung – 1. *Begriff*: Schriftliches Empfangsbekenntnis, auf Verlangen des Schuldners → Zug um Zug gegen Empfang der geschuldeten Leistung vom Gläubiger zu erteilen; auch nachträglich (§ 368 BGB). – 2. Der *Überbringer* einer (echten) Quittung gilt (auch wenn er sie z.B. gestohlen hat) als ermächtigt, die geschuldete Leistung in Empfang zu nehmen, sofern sich nicht aus den dem Schuldner bekannten Umständen etwas anderes ergibt (§ 370 BGB). – 3. Wird eine durch → Hypothek gesicherte Schuld erfüllt, hat Schuldner Anspruch auf *löschungsfähige Quittung* (→ Löschungsbewilligung). – 4. Die *Kosten* der Quittung trägt im Zweifel der Schuldner (§ 369 BGB). – 5. Im Geschäftsverkehr sind *Vordrucke* mit Namen und Wohnung des Zahlers, Betrag, Grund der Zahlung, Datum und Ort sowie Unterschrift des Empfängers üblich. Durchschriften der Quittung dienen als Kassenbeleg. – *Sonderform:* → Ausgleichsquittung, Bankquittung (Rechnungseinzugsverfahren), Doppelquittung.

Quittungskarte → Versicherungskarte.

Quorum – gesetzlich oder satzungsgemäß bestimmte Zahl von Mitgliedern, die bei einer gültigen Beschlussfassung eines Gremiums mind. beteiligt oder anwesend sein muss.

Quorumregel → qualifizierte Mehrheitsregel.

Quotation → Kursfeststellung.

Quote – Anteil bzw. Verhältnisteil, der jeweils festgesetzt wird oder sich nach einer Verhältnisrechnung ergibt.

I. Wettbewerbsrecht/-politik: Die Festlegung der Quote ist bei hochorganisierten → Kartellen und *Syndikaten* wichtig. Sie umfasst die Produktmenge, die von den einzelnen Kartell- und Syndikatsmitgliedern in einem bestimmten Zeitabschnitt produziert werden darf. – Vgl. auch → Quotenkartell.

II. Außenhandel: Zuteilungsmenge hinsichtlich → Einfuhrlizenzen, → Devisen sowie → Waren der → Einfuhr im Fall von mengenmäßigen Beschränkungen (→ Importkontingentierung, → Verteilungsverfahren).

Quotenaktie – in Kanada und den USA als echte nennwertlose Quotenaktien gebräuchliche Form der Aktienanlage. Die Quotenaktie lautet, ohne einen festen Geldbetrag (→ Nennwert) zu nennen, auf einen dem Anteilsrecht entsprechenden Bruchteil, z.B. bei insgesamt 1.000 Aktien einer Gesellschaft 1/1.000 des Gesellschaftsvermögens. Dabei ist der echten nennwertlosen Quotenaktie kein festes Grundkapital zugeordnet, ebenso lässt sich kein rechnerischer Nennwert ermitteln. In diesem Fall unterscheidet sich die echte nennwertlose Quotenaktie von der unechten nennwertlosen Quotenaktie, bei der das nennbetragsmäßig festgesetzte Grundkapital in Aktien zerlegt ist und ein rechnerischer Nennwert ermittelt werden kann. Die unechte nennwertlose Quotenaktie wird in Europa auch als → Stückaktie bezeichnet. In Deutschland muss der rechnerische Nennwert der Stückaktie mind. 1 Euro betragen, § 8 III AktG.

Quotenauswahlverfahren – nichtzufälliges → Auswahlverfahren zur Gewinnung einer Stichprobe i.w.S. (→ Teilerhebung), meist aus einer Personengesamtheit. Die → Grundgesamtheit wird nach Maßgabe von → Merkmalen, die mit dem Untersuchungsgegenstand verbunden sind, meist bevölkerungsstatistischen Merkmalen (Geschlecht, Alter), in → Teilgesamtheiten gegliedert. Jeder Teilgesamtheit ist dann gemäß ihrem Anteil an der Grundgesamtheit eine bestimmte Anzahl von Elementen zu entnehmen. Dabei erfolgt keine zufällige Vorgehensweise, deshalb kann das Quotenauswahlverfahren nicht zu den → Zufallsstichprobenverfahren gerechnet werden.

Quotenkartell – ein → Kartell, bei dem der Absatz einheitlich organisiert ist. Die Kontingentierung kann erfolgen: (1) als *Auftragsverteilung*: Sammlung der Bestellungen an einer zentralen Stelle, die sie nach vereinbartem Schlüssel (Quote) auf die Beteiligten umlegt; (2) als *Angebotsverteilung*: Je nach Marktlage und Kapazität werden die anzubietenden oder zu verkaufenden Mengen reguliert. Verstößt gegen § 1 GWB und Art. 101 I AEUV.

Quotenkonsolidierung – Methode der anteiligen Konsolidierung für die Einbeziehung von sog. Gemeinschaftsunternehmen in den Konzernabschluss. Gemeinschaftsunternehmen oder Joint Ventures sind Unternehmen, die von einem Konzernunternehmen *gemeinsam* mit einem oder mehreren andern Unternehmen *geführt* werden. – Quotenkonsolidierung unterscheidet sich von der → Vollkonsolidierung oder der Equity-Methode und bedeutet: Aktiva und Passiva sowie Aufwendungen und Erträge des Gemeinschaftsunternehmens werden lediglich dem Beteiligungsprozentsatz des beteiligten Konzernunternehmens entsprechend in den Konzernabschluss einbezogen. Ein Ausgleichsposten für Anteile anderer Gesellschafter (§ 307 HGB) entfällt. Auf die Quotenkonsolidierung sind grundsätzlich die gleichen Konsolidierungsregeln wie auf die Vollkonsolidierung anzuwenden. Nach den IAS/IFRS ist die Quotenkonsolidierung bisher noch wahlweise neben der Equity-Methode für die Bilanzierung von Beteiligungen an Gemeinschaftsunternehmen vorgesehen (IAS 31). Allerdings plant das IASB durch den 2007 veröffentlichten Entwurf ED 9 „Joint Arrangements" die Abschaffung der Quotenkonsolidierung.

Quotenreferenzverfahren – → Referenzverfahren. Methode der Verteilung z.B. von Importlizenzen im Falle einer mengenmäßigen Beschränkung der → Einfuhr bestimmter Waren.

Quotenregelung → Gleichbehandlung, → AGG im Arbeitsrecht.

Quotensystem → Verbundsystem.

Quotitätsprinzip – Prinzip zur Gestaltung von Steuer- (Quotitätsteuern) bzw. Subventionstarifen, bei dem am Anfang die Beschlussfassung über die Tarife steht. Die Höhe der Gesamtsteuerschuld (des gesamten Subventionsbetrages) kann erst nach erfolgter Besteuerung (Subventionierung) ermittelt werden. – *Gegensatz:* → Repartitionsprinzip.

Quotitätsteuern – Steuern, bei denen die Steuersätze gesetzlich festgelegt sind, während das Aufkommen in Abhängigkeit von der → Bemessungsgrundlage schwankt. – *Gegensatz:* → Repartitionsteuern.

R

R – Abk. für → Richtlinie.

Rabatt – **I. Begriff:** → Preisnachlass für Waren und Leistungen, der angewendet wird, wenn ein formell einheitlicher Angebotspreis gegenüber verschiedenen Abnehmern, unter verschiedenen Umständen oder zu verschiedenen Zeiten differenziert werden soll. Rabatt als absoluter Betrag oder in einem Prozentsatz des Angebotspreises. Kein Rabatt sollte ohne Grund gegeben werden. Neben hohen Einkaufsmengen kann z.B. auch die Übernahme der Lagerhaltungsfunktion ein solcher Grund sein.

II. Arten: 1. Nach dem *Grund der Rabattgabe:* a) *Barzahlungsrabatt:* Vergütung für schnelle Zahlung (im gleichen Sinn wie → Skonto verwendet). – b) *Warenrabatt:* Berechnungsart des endgültigen Kaufpreises; hierbei bedeutet *Mengenrabatt* (Konsumrabatt) ein Preisnachlass für die Abnahme von größeren Mengen in einer Lieferung oder in einem bestimmten Zeitraum (meist ein Jahr); im letzten Fall vielfach als Umsatzbonus oder Jahresbonus bezeichnet. – c) *Funktionsrabatt:* dem Abnehmer gewährte Vergütung für die Übernahme eines Teils der Handelsfunktionen im Distributionssystem. – d) *Frühbezugsrabatt:* Preisnachlass für vorzeitige Abnahme von Saisonartikeln. – e) *Treuerabatt:* gewährt für langdauernde Geschäftsbeziehungen; i.e.S. auch Rabatte unter der Bedingung, dass der Kunde in einem bestimmten Zeitraum bestimmte Artikel nur von einem Lieferanten einer Lieferantengruppe bezieht. – f) *Kundenrabatt:* an den letzten Verbraucher gewährter Preisnachlass; oft als (zu eng) *Einzelhandelsrabatt* bezeichnet. Der Kundenrabatt tritt durchweg in der Form des Barzahlungsrabatts auf (nach Aufhebung des Rabattgesetzes im Jahre 2001 nicht mehr auf 3 Prozent begrenzt). – g) Viele Arten von *Sonderrabatt,* z.B. der Preisnachlass an im Betrieb Beschäftigte (Personalrabatt) und der an bestimmte Personengruppen (z.B. Beamten- oder Vereinsrabatt) oder Berufsgruppen (z.B. Weiterverarbeitungsrabatt) gewährte Rabatt. – 2. Nach dem *Zeitpunkt* der Rabattgewährung zu unterscheiden: *Sofortrabatt* und *nachträglich vergüteter Rabatt* (z.B. meist der Umsatzbonus).

III. Bruttopreissystem: Den Händlern wird die Ware zum Bruttopreis (gleich Verbraucherpreis) in Rechnung gestellt, die gewährte Spanne kommt als Handelsrabatt in Abzug. Dabei treten oft mehrere Rabattarten nebeneinander auf, z.B. neben dem Funktionsrabatt noch ein Mengenrabatt. Rabattsätze auch vielfach gestaffelt (Berechnung des Gesamtrabatts meist wie folgt: 40 Prozent Funktionsrabatt vom Bruttopreis, vom Restbetrag noch 10 Prozent Mengenrabatt, von diesem Restbetrag noch 5 Prozent Treuerabatt. Das bedeutet dann nicht 55 Prozent Gesamtrabatt, sondern 48,7 Prozent).

IV. Rabattgesetz: Das Rabattgesetz (RabattG) vom 25.11.1933 ist 2001 zusammen mit der Zugabe-Verordnung aufgehoben worden. Seither ist die Gewährung von Rabatten als solche auch dann wettbewerbsrechtlich nicht zu beanstanden, wenn die Höhe des Rabatts das bisherige zulässige Limit (§ 2 RabattG) von 3 Prozent übersteigt, der Unternehmer bestimmte Kundenkreise (z.B. Inhaber von Kundenkarten) bevorzugt oder verschiedene Rabattarten miteinander kombiniert. Unberührt von der Aufhebung des Rabattgesetzes bleibt jedoch die Unzulässigkeit einer Werbung mit Rabatten, die den Tatbestand des → Kundenfangs erfüllt, etwa weil der Rabatt übertrieben hoch ist oder auf den Kunden ein unangemessener zeitlicher Druck ausgeübt wird.

V. Buchung: 1. *Sofortrabatte* werden nicht gebucht, da diese Beträge von vornherein nicht als Zahlungen infrage kommen; gebucht werden die Nettobeträge. – 2. Buchung *nachträglicher Rabatte (z.B. 4 Prozent)* beim Verkäufer: (1) Forderungen 11.900 an Umsatzerlöse 10.000, Umsatzsteuer 1.900; (2) Bank 11.424, Erlösschmälerung 400, USt-Korrektur 76 an Forderungen 11.900. – Die Erlösschmälerungen werden saldiert mit den Umsatzerlösen als Nettoumsatzerlöse zur Gewinn- und Verlustrechnung abgeschlossen. – 3. Beim *Käufer* mindern Rabatte als Nachlässe den Einstandswert (Einstandspreis) der Materialien bzw. Handelswaren. Die Anschaffungskosten sind daher die saldierten Beträge.

VI. Umsatzsteuer: Rabatte mindern die umsatzsteuerliche Bemessungsgrundlage, das → Entgelt. Jeder im Voraus vereinbarte Rabatt muss auf der Rechnung vermerkt werden (§14 IV Nr. 7 UStG).

Rabattfreibetrag – 1. *Begriff* aus der Lohnsteuer: Für → Rabatte, die ein Arbeitnehmer aufgrund seines Dienstverhältnissen beim Bezug von Waren oder Dienstleistungen von seinem Arbeitgeber erhält, bleiben 4 Prozent vom üblichen Endpreis der Ware oder Dienstleistung von vornherein steuerfrei, und vom Restbetrag wird ein Rabattfreibetrag von 1.080 Euro abgezogen (§ 8 III EStG). Dieser Freibetrag aus 4 Prozent und die zusätzlichen 1.080 Euro pro Jahr bilden den Rabattfreibetrag. – 2. *Systematische Hintergründe*: Der Rabattfreibetrag ist erforderlich bzw. sinnvoll, weil unter dem Begriff der steuerpflichtigen „Einnahmen" nicht nur Geld selbst, sondern auch geldwerte Vorteile verstanden werden. Aufgrund seines Arbeitsverhältnisses einen Rabatt auf bestimmte Waren zu erhalten, ist also unter systematischen Gesichtspunkten eindeutig eine „Einnahme" aus dem Arbeitsverhältnis, die als solche gemäß § 19 EStG als

Einkünfte aus → nichtselbständiger Arbeit versteuert werden müsste. Um dies praktikabler zu gestalten und Härten vorzubeugen, ist der Rabattfreibetrag sinnvoll. Freilich verhindert der Rabattfreibetrag nicht, dass aus praktischen Gründen über die den Arbeitnehmern gewährten Rabatte wohl Aufzeichnungen geführt werden müssen.

Rabattgesetz (RabattG) – zum 31.7.2001 aufgehoben. – Vgl. auch → Rabatt.

Rabattkartell → Kartell zur Festlegung einheitlicher Funktions-, Umsatz- oder Mengenrabatte. Rabattkartelle weisen einen engen Bezug zu → Preiskartellen auf und sind ebenso wie diese nach § 1 GWB und Art. 101 I AEUV verboten.

Rabattkombination – Rabattangebote der Medien bei Belegung bestimmter Medienkombinationen (z.B. mehrere regionale Tageszeitungen oder Rundfunksender gleichzeitig). Häufig zielgruppenorientiert (→ Zielgruppe), z.B. Männer-Rabattkombination.

Rabattmarken – Sparmarken, die vom Einzelhandel für Einkäufe des Letztverbrauchers ausgegeben werden können. – Keine Rabattmarken sind die oft als Webmiles bezeichnetenTreuepunkte, die man für Einkäufe bei bestimmten E-Commerce-Anbietern erhält, sammeln und gegen Prämien eintauschen kann.

Rabattsparverein – Vereinigung rabattgewährender Gewerbetreibender.

Rabattspreizung → Mengenrabatt.

Rack Jobber – *Regal-Großhändler;* Hersteller oder Großhändler, die Verkaufsraum und/oder Regalfläche in Verkaufsstätten des Groß- oder Einzelhandels anmieten und dort das Sortiment ergänzende Waren (teils mit eigenen Verkäufern auf eigene Rechnung) anbieten. Der Vermieter übernimmt zumeist das Inkasso und die Abrechnung. Hierfür erhält er als Entgelt ein Fixum (→ Regalmiete) und/oder eine Umsatzbeteiligung. Rack Jobber, verbunden mit dem Shop-in-the-Shop-Prinzip (→ Shop in the Shop), wird v.a. praktiziert in → Warenhäusern, → Selbstbedienungswarenhäusern und → Cash-and-Carry-Großhandel (CC).

Radiospot → Funkspot.

Radizieren – *Wurzelziehen.* Die Wurzelrechnung ergibt sich als eine der beiden Umkehrungen der → Prozentrechnung (→ Logarithmus). Wenn die Gleichung $x^n = y$ nach x aufgelöst wird, ergibt sich:

$$x = \sqrt[n]{y}$$

(lies: x ist die n-te Wurzel oder Wurzel n-ten Grades aus y). *Quadratwurzeln:*

$$ax^2 = b \Rightarrow x^2 = \frac{b}{a} \Rightarrow x = \sqrt{\frac{b}{a}}.$$

Beispiel: $3x^2 = 12 \Longrightarrow x^2 = 4 \Longrightarrow x = \sqrt{4} = \pm 2.$

Wurzeln höheren Grades:

$$x^3 = 27 \Rightarrow x = \sqrt[3]{27} = 3 \Rightarrow x^3 = -27 \Rightarrow x = -\sqrt[3]{27} = -3,$$

denn (-3) · (-3) · (-3) = (-27). – Dieses Beispiel zeigt, dass für ungerade n auch die n-te Wurzel aus negativen Zahlen definiert sein kann. - $x^4 = -16$ ist dagegen nicht lösbar, da die vierte Potenz einer Zahl nie negativ sein kann.

Rae-Taylor-Theorem – Theorem, das Voraussetzungen angibt, unter denen die → einfache Mehrheitsregel die beste Regel aus der Sicht der Abstimmenden ist. V.a. muss die Frustration über eine Niederlage unabhängig davon sein, ob ein vom Wähler unterstützter Vorschlag abgelehnt oder ein von ihm bekämpfter angenommen wird.

Rahmenfrist – zur Rahmenfrist in der Arbeitslosenversicherung vgl. → Anwartschaft.

Rahmengesetzgebung – Die Rahmengesetzgebung wurde mit Inkrafttreten der → Föderalismusreform I am 1.9.2006 (BGBl. I 2034) abgeschafft, Art. 75 GG wurde aufgehoben. Zuvor hatte der Bund das Recht, Rahmenvorschriften für bestimmte Bereiche (z.B. Rechtsverhältnisse der im öffentlichen Dienste der Länder und Gemeinden stehenden Personen, Hochschulrecht, Presserecht, Jagdwesen, Naturschutz, Landschaftspflege, Raumordnung, Wasserhaushalt, Melde- und Ausweiswesen) unter den Voraussetzungen des Art. 72 GG (→ konkurrierende Gesetzgebungskompetenz) zu erlassen. Die Zuständigkeiten aus der Rahmengesetzgebung wurden zum Teil in die Gesetzgebungszuständigkeit der Länder sowie in die ausschließliche Zuständigkeit des Bundes überführt.

Rahmenkompetenz → Kompetenz.

Rahmenkonzept → strategisches Management.

Rahmenliefervertrag → Rahmenvertrag.

Rahmenordnung → Wirtschaftsethik.

Rahmenplanung → Unternehmensplanung.

Rahmentarifvertrag → Manteltarifvertrag.

Rahmenvereinbarung – vertragliche Regelung über Art und Umfang einer Zusammenarbeit für einen bestimmten Zeitraum; lose Form des → Kontraktmarketing. – *Bekannteste Erscheinungsform:* Jahresvereinbarungen, in denen geplanter Umsatz, Rabattstaffelungen, gemeinsame Sales-Promotion-Aktionen etc. geregelt werden.

Rahmenvertrag – *Rahmenliefervertrag;* → Vertrag, in dem in einem definierten Zeitraum eine festgelegte Menge eines bestimmten Produkts vom Abnehmer in festzulegenden Teilmengen abgerufen wird. Es werden Qualität der Ware sowie Liefer- und Zahlungsbedingungen fest vereinbart. Mögliche Vertragsform im Rahmen der Einkaufs-Kontraktpolitik (→ Einkaufspolitik).

Raiffeisen – Friedrich Wilhelm, 1818–1888. 1845 Bürgermeister von Weyerbusch (Westerwald), 1848 von Flammersfeld und 1852 von Heddesdorf bei Neuwied, gründete in diesen Orten 1847, 1848 und 1854 Wohltätigkeitsvereine, die als Vorläufer der auf reiner Selbsthilfe aufbauenden → landwirtschaftliche Genossenschaften gelten. Hierfür richtungsweisend wurde der erste Darlehenskassen-Verein, der 1862 in Anhausen auf Betreiben von Raiffeisen nachhaltig entstand. Seit 1865 im Ruhestand, wirkte Raiffeisen aber noch bis zu seinem Tode 1888 für die ländlichen Genossenschaften und ihre verbandsmäßige Organisation. Eine Welle von Neugründungen löste sein 1866 erschienenes Buch, *Die Darlehenskassen-Vereine*, aus, in dem er für sein Genossenschaftsmodell warb und seine Organisationsprinzipien erläuterte. Als Einrichtungen solidarischer Selbsthilfe haben seine Genossenschaften bis heute Bestand und sind vielfach Vorbild geworden für Maßnahmen in Entwicklungsländern. – *Grundsätze* seiner genossenschaftlichen Arbeit (im Gegensatz zu → Schulze-Delitzsch): (1) Beschränkung des Bereichs der Genossenschaft auf ein Dorf oder ein Kirchspiel; (2) Errichtung von Universal-Genossenschaften für Kreditgewährung und Warenbezug und -absatz; (3) ehrenamtliche Leitung der Genossenschaft; (4) niedrige Geschäftsanteile, dafür aber keine Gewinnverteilung, sondern Bildung von Reservefonds; (5) unbeschränkte → Haftpflicht. – Vgl. auch → Genossenschaft, → Genossenschaftswesen.

Raiffeisenbanken – *ländliche* → Kreditgenossenschaften (Spar- und Darlehnsvereine); Einrichtungen solidarischer Selbsthilfe, deren Anfänge auf → Raiffeisen zurückgehen. Seit 1972 sind sie in der Bundesrepublik Deutschland mit den Volksbanken in einem gemeinsamen Spitzenverband, dem → Bundesverband der Deutschen Volksbanken und Raiffeisenbanken e. V. (BVR), organisiert. Aufgrund ihrer Ortsbezogenheit und entsprechend geringer Betriebsgröße besteht eine rege Zusammenarbeit mit dem → genossenschaftlichen Finanzverbund. Raiffeisenbanken sind i.d.R. → Universalbanken; einige gleichzeitig mit Warengeschäft.

Raiffeisengenossenschaften → Kreditgenossenschaften, → Hauptgenossenschaften, → Bezugs- und Absatzgenossenschaften, → landwirtschaftliche Genossenschaften, → Raiffeisenbanken.

RAL – am 23.4.1925 von der dt. Industrie und der Reichsregierung der Weimarer Republik als „Reichsausschuss für Lieferbedingungen" gegründet. Seit 1980 als *RAL Deutsches Institut für Gütesicherung und Kennzeichnung e. V.* tätig. Aufgrund einer Übereinkunft der Spitzenverbände der Wirtschaft, der Verbraucher und der zuständigen Bundesministerien ist der RAL mit der Aufgabe betraut, alle Bestrebungen, die der Gütesicherung wirtschaftlicher Erzeugnisse und Leistungen dienen, zu fördern, alle Institutionen bei der Schaffung von Gütebedingungen und Gütezeichen zu beraten und deren Einführung in die Praxis durchzusetzen. – *Sitz:* Sankt Augustin.

RAM – Abk. für *Random Access Memory, Direktzugriffsspeicher;* Schreib-/Lese- → Speicher, auf dessen → Daten der → Prozessor direkt, d.h. unabhängig von der Reihenfolge der Speicherung der Daten zugreifen kann (wahlfreier Zugriff, auch als Random Access bezeichnet).

Ramsey-Modelle – *1. Begriff und Abgrenzung:* Neoklassisches Wachstumsmodell (→ neoklassische Wachstumstheorie) von Ramsey (1928), Cass (1965) und Koopmans (1965). Anders als im → Solow-Modell resultiert die Sparquote endogen aus dem Nutzenmaximierungsproblem eines unendlich lange lebenden Haushalts. Insbes. die Optimalitätsbedingungen des Nutzenmaximierungsproblems verhindern hier Überakkumulation von Kapital. Entscheidend ist nicht, dass die Individuen unendlich lange leben, sondern der Haushalt bzw. die Dynastie. Hierfür ist es hinreichend, dass ein endlich lange lebender Haushalt Nutzen aus dem Nutzen seiner direkten Nachfahren zieht (siehe → Generationenmodelle). – *2. Modell:* Die Produktion von $Y(t)$ geschieht mit physischem Kapital $K(t)$ und Arbeit $L(t)$ unter neoklassichen Annahmen, sodass $Y(t)=F(K(t),L(t))$ und $y=Y/L=f(k)$. Bevölkerungswachstum vollzieht sich mit exogener Rate n, sodass die Bevölkerungsgröße zum Zeitpunkt t, $L(t)=e^{nt}$ (mit $L(0)=1$) entspricht. Die Abschreibungsrate von physischem Kapital beträgt $0<\delta<1$. Ein repräsentativer Haushalt zieht Nutzen aus dem Konsum pro Kopf, $c(t)=C(t)/L(t)$, der Periode t, sodass der Nutzen zum Zeitpunkt t, $u(c(t))$ beträgt. Ferner gilt: $u'(c(t))>0$ und $u''(c(t))<0$. Jeder Haushalt zieht Nutzen aus dem Nutzen seiner Nachfahren, welcher mit der Zeitpräferenzrate ρ diskontiert wird. Damit maximiert jeder Haushalt den Barwert des Nutzens aller Nachfahren:

$$U = \int_0^\infty u(c(t))e^{(n-\rho)t}dt.$$

Um zu verhindern, dass U einen Wert von unendlich annimmt, wenn $t\to\infty$ muss gefordert werden, dass $\rho>n$. Agenten beziehen Lohneinkommen $w(t)$ aus dem lohnunelastischem Arbeitsangebot einer Zeiteinheit pro Periode und Zinseinkünfte auf Vermögen pro Kopf $a(t)$. Das Vermögen eines Haushalts verhändert sich mit seiner Ersparnis, also der Differenz zwischen Einkommen und Konsum. Damit ergibt sich für die Veränderung des Vermögens pro Kopf über die Zeit

$$\dot{a} = w(t) + (r(t) - n)a(t) - c(t).$$

Um zu verhindern, dass sich der Haushalt fortwährend verschuldet ($da/dt<0$) muss gefordert werden, dass der Gegenwartswert aller Vermögenswerte nichtnegativ ist. Dies leistet die sogenannte No-Ponzi-game Bedingung. Sie verhindert, dass ein Haushalt sich nach einem Schneeballsystem verschuldet

$$\lim_{t\to\infty} \left\{a(t)e^{-\int_0^t (r(\nu)-n)d\nu}\right\} \geq 0.$$

Gelöst wird dieses Optimierungsproblem mit der Hamilton-Funktion (hier in Gegenwartswerten)

$$\mathcal{H} = u(c(t))e^{-(\rho-n)t} + \nu(t)(w(t) + (r(t) - n)a(t) - c(t)),$$

wobei $a(0)=a_0$ gegeben ist. Die Variable $v(t)$ wird als Kozustandsvariable bezeichnet und repräsentiert den Gegenwartswert des Schattenpreises des Einkommens. Als zweite Randbedingung muss beachtet werden, dass der Wert des Vermögens asymptotisch gegen Null geht. Dieses stellt die sog. Transversaltitätsbedingung

$$\lim_{t\to\infty}[\nu(t)a(t)] = 0$$

sicher. Transversaltitätsbedingung und No-Ponzi-Game-Bedingung induzieren, dass der Haushalt weder Schulden noch Vermögen übrig lässt. – Die Bedingungen 1. Ordnung für ein Maximum laute

$$\frac{\partial\mathcal{H}}{\partial c} = 0 \Rightarrow \nu = u'(c)e^{-(\rho-n)t}$$

$$-\frac{\partial\mathcal{H}}{\partial a} = \dot{\nu} = -(r-n)\nu$$

Um analytische Lösungen zu erhalten wird üblicherweise unterstellt, dass $u(c)=[c^{1-\theta}-1]/[1-\theta]$, wobei θ den Kehrwert der intertemporalen Substitutionselastizität angibt, sodass man aus den beiden obigen Gleichungen folgende Wachstumsrate des Konsums erhält

$$\frac{\dot{c}}{c} = \frac{1}{\theta}(r(t) - \rho)\ ,$$

wobei unter vollständiger Konkurrenz gilt $r(t)=f'(k(t))-\delta$. Diese Gleichung wird auch Keynes-Ramsey-Rule genannt. Sie ist letztlich Ausfluss der intertemopralen Nutzenmaximierung i.d.S., dass der Grenznutzen aus heutigem Konsum dem Barwert des Grenznutzen aus zukünftigen Konsum entsprechen muss, sodass es nicht mehr möglich ist, durch eine andere Gestaltung des Konsumprofils eine Wohlfahrtserhöhung zu erreichen. Ferner ist die Wachstumsrate des Konsums solange positiv, wie der Zins größer ist als die Zeitpräferenzrate, d.h. solange, wie die Kompensation des Kapitalmarktes für Konsumverzicht größer ist als die individuelle Minderschätzung zukünftiger Bedürfnisse. Dann ist es sinnvoll zu sparen, was zukünftige Konsummöglichkeiten erhöt. Da es keine Anlagealternativen gibt, muss das Vermögen pro Kopf dem Kapitalbestand pro Kopf entsprechen, also $a(t)=k(t)$. Damit folgt aus der Budgetrestriktion des repräsentativen Haushalts

$$\dot{k} = f(k) - (n+\delta)k - c$$

und die Transversaltätsbedingung lautet jetzt

$$\lim_{t\to\infty}\left\{k(t)\exp(-\int_0^t (f'(k(v)) - \delta - n)dv)\right\} = 0$$

– 3. *Optimales Wachstum (Planerlösung):* Gesucht wird hier die sozial optimale Lösung, d.h. es wird überprüft, ob neben der oben beschriebenen Lösung ein optimum optimorum existiert. Das Optimierungsproblem sucht jetzt diejenige Kapitalintensität, welche die Wohlfahrt des repräsentativen Haushalts maximiert unter Berücksichtigung der Ressourcenrestriktion der gesamten Ökonomie. Diese entspricht ebenfalls

$$\dot{k} = f(k) - (n+\delta)k - c\ .$$

Weil diese Ramsey-Ökonomie keine Externalitäten aufweist, welche der repräsentative Haushalt in seiner dezentralen Lösung nicht auch berücksichtigen würde, fallen hier die sozial optimale Lösung und die dezentrale Lösung zusammen. – 4. *Dynamik und Steady State:* Die Dynamik der Ökonomie wird durch ein zweidimensionales Differentialgleichungssystem in c und k beschrieben. Im Steady State muss gelten: $\dot{k} = \dot{c} = 0$. Für ergibt $\dot{k} = 0$ sich $c=f(k)-(n+\delta)k$ und folglich eine umgekehrt u-förmige Beziehung zwischen c und k und damit ein $k^*=k^{gold}$, welches mit maximalem Steady-State-Konsum einhergeht (siehe auch → goldene Regel der Kapitalakkumulation und → Solow-Modell). Die sich tatsächlich einstellende Lösung ergibt sich allerdings aus dem Schnittpunkt der $\dot{k} = 0$-Isokline mit der senkrechten $\dot{c} = 0$-Isokline. Dieser Schnittpunkt muss sich immer links von k^{gold} befinden, weil sonst die Transversalitätsbedingung verletzt wird. Denn in k^{gold} gilt:

$$f'(k^{gold}) = n + \delta\ .$$

Dementsprechend ist der Exponent in der Transversalitätsbedingung Null, sodass für $k^*=k^{gold}$ der Grenzwert nicht Null ist. Damit kann ineffizientes Übersparen im Gegensatz zum → Solow-Modell und dem Diamond-Modell (→ Generationenmodelle) nicht auftreten. $\dot{c} = 0$ impliziert die sogenannte modifizierte goldene Regel

$$f'(k^*) = \delta + \rho\ .$$

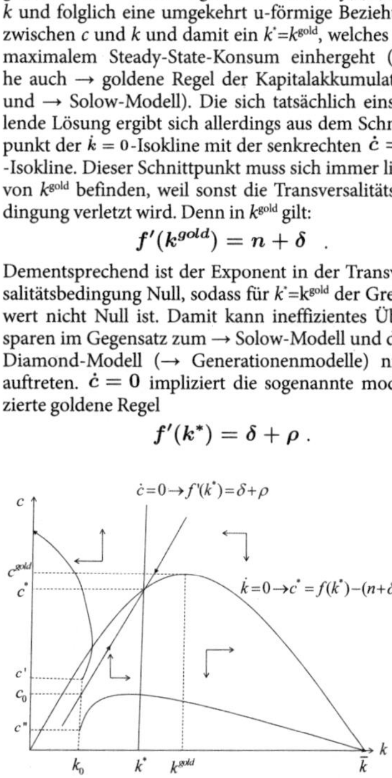

Die Abbildung zeigt, dass der Steady State zwar eindeutig ist, aber sattelpunktstabil, d.h. er kann hier nur von zwei Seiten entlang des Sattelpunktpfades erreicht werden. Dies erfordert, dass zu jedem Startwert von k, $k(0)=k_0$, ein Konsumniveau $c(0)=c_0$ gewält werden muss, welches sicherstellt, dass man entlang des Sattelpunktpfades in den Steady State konvergiert. Entlang dieses Sattelpunktpfades steigt die Kapitalintensität und der Konsum. Gleichzeitig fällt der Zins, sodass die Wachstumsrate des Konsums gemäß der

Keynes-Ramsey-Rule fällt und im Steady State schließlich Null beträgt. In der Tat ist auch kein anderer Pfad zulässig. Würde ein zu kleines Konsumniveau gewählt werden (*c(0)=c''*), würde der Konsum in endlicher Zeit Null erreichen und eine maximale Kapitalintensität $\bar{k}$ erreicht werden. Diese verletzt aber genauso wie k^{gold} die Transversaltitätsbedingung. Ferner ist ein Konsumniveau von 0 nicht wohlfahrtsmaximierend. Wäre der anfängliche Konsum zu hoch (*c(0)=c'*), würde die Kapitalintensität in endlicher Zeit Null erreichen, was einen Output von Null und ein Konsumniveau von ebenfalls Null bedeuten würde, was offensichtlich auch nicht mit einem Wohlfahrtsmaximum kompatibel ist. Das Ramsey-Modell ist damit in der Lage Überakkumulation von Kapital auszuschließen. – Die Kapitalintensität verhält sich während des Anpassungsprozesses an den Steady State qualitativ genauso wie im Solow-Modell. Änderungen von Bevölkerungswachstum und Präferenzparametern, die die Ersparnis verändern, haben verglichen zum Solow-Modell qualitativ symmetrische Effekte. Der Steady State wegen der neoklassichen Produktionsfunktion durch Nullwachstum der Pro-Kopfgrößen gekennzeichnet.

Randbedingungen → Anwendungsbedingungen.

Random-Effects-Modell – Im Gegensatz zum → Fixed-Effects-Modell konditioniert man bei der Schätzung nicht auf die unbeobachteten individuenspezifischen Einflussfaktoren (→ Paneldaten und Paneldatenmodelle). Aufgrund der unbeobachteten Individualeffekte erhält man nun den zusammengesetzten Störterm $\alpha_i + \varepsilon_{i,t}$ und führt eine entsprechende GLS-Schätzung (→ Kleinstquadratemethode, verallgemeinerte) durch. – Der GLS-Schätzer ist in diesem Fall ein matrixgewichteter Durchschnitt des Between- und Within-Schätzers. Der große Nachteil dieser Vorgehensweise besteht darin, dass die Einflussfaktoren $x_{i,t}$ nun strikt exogen in Bezug auf die $\varepsilon_{i,t}$ und die unbeobachteten Individualeffekte α_i sein müssen. Die Individualeffekte dürfen also nicht mit den im Modell enthaltenen Einflussfaktoren korreliert sein. Allerdings kommt es nicht zu einem Verlust an Freiheitsgraden wie beim Fixed-Effects-Modell. Sind die Annahmen des Random-Effects-Modells erfüllt, so ist der Random-Effects-Schätzer effizient und konsistent, wogegen der Fixed-Effects-Schätzer nur konsistent ist (→ Hausman-Test). Außerdem kann beim Random-Effects-Modell der Einfluss von zeitinvarianten Erklärungsvariablen geschätzt werden.

Randomisierung – Bei → Fragebogen Festlegung der Reihenfolge von Fragen oder Listenpositionen durch das Ergebnis eines → Zufallsvorganges. Damit sollen → Reihenfolgeeffekte vermieden werden. Bei → statistischen Testverfahren mit diskreten Prüfverteilungen, bei denen ein vorgegebenes → Signifikanzniveau nicht exakt eingehalten werden kann, das Vorgehen, bei Vorliegen eines am Rande der → kritischen Region liegenden Wertes der → Prüfvariablen durch ein ergänzendes Zufallsexperiment über die Ablehnung bzw. Nichtablehnung der → Nullhypothese zu entscheiden. – Vgl. auch → konservatives Testen, → Adjustierung des Signifikanzniveaus.

Randomtafel → Zufallszahlentafel.

Random Walk – nicht stationärer AR(1)-Prozess (→ Stationarität, → AR(p)-Prozess), bei dem die Realisation im Zeitpunkt t gleich der Realisation im Zeitpunkt t–1 plus eines weißen Rauschens ist. – Vgl. auch → Drift.

Random-Walk-Hypothese – Hypothese über die Entwicklung von Aktienkursen im Zeitablauf. Auf effizienten Kapitalmärkten beschreiben Aktienkurse einen Zufallspfad *(Random Walk)*. Alle bewertungsrelevanten Tatsachen sind im Augenblick ihres Entstehens allen Marktteilnehmern bekannt und somit voll im Kurs einer Aktie eskomptiert (→ Effizienz des Kapitalmarkts). Die Aktien sind zu keinem Zeitpunkt über- oder unterbewertet. Deshalb ist der zukünftige Kursverlauf vom Zufall, nämlich vom Auftreten neuer bewertungsrelevanter Tatsachen abhängig. – Aus der Random-Walk-Hypothese ergibt sich, dass die → technische Aktienanalyse keine Erfolgsaussichten bietet. – Die Random-Walk-Hypothese ist für die großen amerik. Börsen empirisch gut bestätigt.

Randsortiment → Sortiment.

Randverteilung – bei → mehrdimensionalen Verteilungen die eindimensionale Verteilung einer der beteiligten → Variablen oder eine gemeinsame Verteilung einer Teilauswahl der beteiligten Variablen.

Rang – I. Recht: Verhältnis eines Rechts zu anderen, bes. an dem gleichen Gegenstand u.Ä. bestehenden Rechten, z.B. im Hinblick auf die Verwertung des Sicherungsobjekts. – 1. Der *Rang eines im Grundbuch eingetragenen Rechtes* ist wichtig v.a. im Zwangsversteigerungsverfahren, da das rangbessere Recht bei einer Verwertung des Grundstücks zuerst befriedigt wird. Die Rangfolge richtet sich bei mehreren Eintragungen in derselben Abteilung des Grundbuchs nach der Reihenfolge der Eintragungen, bei Eintragungen in verschiedenen Abteilungen nach dem Datum der Eintragung, soweit nicht ein abweichender → Rangvermerk eingetragen ist (§ 879 BGB). Die Bedeutung des Rangs verpflichtet das Grundbuchamt, die Eintragungen in der Reihenfolge des Antragseingangs zu tätigen (→ Eingangsvermerk). – Vgl. auch → Rangänderung, → Rangvorbehalt. – 2. Der *Rang eines Pfandrechts an einer beweglichen Sache oder Forderung* richtet sich regelmäßig, soweit nicht bei Sachen gutgläubiger Erwerb des Vorrangs gegeben ist, nach dem Zeitpunkt der Bestellung, bei Pfändungspfandrechten nach dem Zeitpunkt der Pfändung (§§ 1209, 1273 BGB, § 804 ZPO). Das Alter der gesicherten Forderung bleibt unberücksichtigt. – 3. Im → Insolvenzverfahren bestehen gesetzliche Rang-Klassen. – Vgl. auch → Insolvenzgläubiger.

II. Statistik: 1. Bezeichnung für eine → Ausprägung eines → Merkmals mit → Ordinalskala. – 2.

Bezeichnung der *Ordnungsnummer,* die ein Element nach Maßgabe seiner Ausprägung eines ordinal oder metrisch skalierten Merkmals beim Sortieren der Größe nach erhält.

Rangänderung – im Grundbuch Änderung des Ranges eines eingetragenen Rechtes. Zulässig gemäß § 880 BGB. – *Voraussetzungen:* → Einigung des zurücktretenden und vortretenden Gläubigers und Eintragung im Grundbuch; bei Grundpfandrechten ferner Zustimmung des Eigentümers, die dem Grundbuchamt oder einem der Beteiligten gegenüber zu erklären und unwiderruflich ist. Zwischen vor- und zurücktretendem Recht liegende Rechte werden durch Rangänderungen nicht berührt. – *Zweck:* Rangänderung gibt die Möglichkeit, bei Beleihung eines Grundstücks trotz bereits bestehender Belastung eine weitere, vorgehende Belastung vorzunehmen, z.B. häufig bei der Baufinanzierung, wenn nachträglich Hypothek zugunsten einer Kreditanstalt als erststellige Hypothek eingetragen werden soll. Das bereits eingetragene Recht muss dann nachträglich zurücktreten, seinen Rang ändern. – Vgl. auch → Rangvorbehalt.

Range → Relation.

Rangfolge-Modell → Nutzwertanalyse.

Rangfolgeverfahren → Arbeitsbewertung.

Ranggliederung – Zerlegung von Aufgaben (→ Aufgabenanalyse) nach ihrem Rang in Entscheidung und Ausführung (Kosiol).

Rangkorrelation – Zusammenhang zweier verbundener statistischer → Merkmale, der (nur) mithilfe von Rangwerten (→ Rang) beurteilt wird, etwa durch den → Korrelationskoeffizienten von Spearman-Pearson. Dessen Maximalwert 1 wird erreicht, wenn die beiden Merkmale bei jedem Element dieselben Ränge aufweisen. – Vgl. auch → Korrelation.

Rangprinzip – Grundsatz zur Lösung eines Konflikts zwischen sich widersprechenden rechtlichen Regelungen: Höher stehendes Recht verdrängt nachstehendes Recht. Rangprinzip gilt für das gesamte Recht.

Rangreihenverfahren 1. *Arbeitswissenschaft:* → Arbeitsbewertung. – 2. *Marktforschung:* → Ranking.

Rangskala → Ordinalskala.

Rangstufen – Ebenen einer → Hierarchie.

Rangsummenregel → Borda-Regel.

Rangverhältnis → Rang.

Rangvermerk – Eintragung im Grundbuch über den → Rang des Rechtes. Ein Rangvermerk ist erforderlich, wenn der Rang eines Rechtes in Abweichung von der Regel des § 879 BGB bestimmt werden soll (§ 879 III BGB), z.B. wenn am gleichen Tag je ein Recht in Abt. 2 und 3 des Grundbuchs eingetragen wird und eines der Rechte Vorrang haben soll.

Rangvorbehalt – Möglichkeit des Eigentümers eines Grundstücks, sich bei Bestellung eines Rechts an einem Grundstück das Recht vorzubehalten, später ein anderes Recht mit besserem → Rang zu begründen. – *Voraussetzung:* → Einigung mit dem Berechtigten (dessen Recht ggf. zurücktritt) und Eintragung des Rangvorbehalts im Grundbuch. Das spätere Recht muss seinem Umfang nach bestimmt sein (§ 881 BGB). – *Zweck:* I.d.R. das Freihalten der ersten Rangstelle für eine Hypothek bei Kreditaufnahme. – Vgl. auch → Rangänderung.

Ranking – *Rangreihenverfahren;* Methode der Datenerhebung mittels → Befragung, bei der die Testperson die Untersuchungsobjekte nach ihren Präferenzen global beurteilen und als Rangreihe anordnen soll (→ Skalenniveau, → Skalierungsverfahren). Der Versuchsperson werden nur die Objekte und nicht wie beim → Rating auch Eigenschaften vorgegeben. Dadurch wird eine unbeabsichtigte Beeinflussung der Individuen ausgeschlossen.

Rank Order Tournament → Turnier.

Rapporte → Meldewesen.

Rasenmähermethode → lineare Subventionskürzung.

Rasterfahndung – Fahndungsmaßnahme, bei der unter Einsatz der elektronischen Datenverarbeitung ein Datenabgleich von Merkmalen, die auf den Verdächtigen vermutlich zutreffen, mit Massendaten (z.B. Kunden eines Elektrizitätswerkes) erfolgt, um Nichtverdächtige auszuschließen oder Personen festzustellen, die weitere für die Ermittlung bedeutsame Prüfungsmerkmale erfüllen. – *Gesetzliche Regelung:* §§ 98a–b StPO. Davon zu unterscheiden der Datenabgleich nach § 98c StPO, bei dem personenbezogene Daten aus einem Strafverfahren mit anderen zur Strafverfolgung oder Strafvollstreckung oder zur Gefahrenabwehr gespeicherten Daten maschinell abgeglichen werden. – Vgl. auch → Organisierte Kriminalität.

Rastergrafik – *Flächengrafik;* → grafische Darstellung, bei der sich das Bild aus einem Raster von Bildpunkten (→ Pixel) auf einem → Bildschirm zusammensetzt.

Rat – empfehlender Ratschlag. – *Rechtliche Folgen:* Wer einem anderen einen Rat oder eine Empfehlung erteilt, haftet *grundsätzlich* nicht für den Schaden, der dem anderen aus der Befolgung entsteht (§ 675 II BGB). Haftung kann sich jedoch im Einzelfall aus Vertrag, unerlaubter Handlung oder anderem Rechtsverhältnis ergeben. – Wer sich *vertraglich zur Beratung verpflichtet* hat, ist auch für die Richtigkeit des Rats verantwortlich und kann bei Verschulden ersatzpflichtig sein; z.B. Rechtsanwalt, Patentanwalt, Auskunftsbüro, Reisebüro. – Wer *bewusst falschen Rat* erteilt, um einem anderen zu schaden, haftet wegen → Sittenwidrigkeit (§ 826 BGB). – Auch wenn auf Rat oder Auskunftserteilung gerichteter Vertrag fehlt, kann sich eine Haftung aus dem durch dauernde oder auf die Dauer angelegte Geschäftsverbindung entstandenen *Treueverhältnis* ergeben; die Allgemeinen Geschäftsbedingungen der Banken schließen die Haftung jedoch aus.

Ratchet Effect – *Sperrklinkeneffekt.*

I. Volkswirtschaftstheorie: 1. In der *Konsumforschung* beobachtetes Phänomen, nach dem bei Einkommenserhöhungen, die gewöhnlich dauerhafter Natur sind, eine proportionale Zunahme der Konsumausgaben eintritt, während bei Einkommensrückgängen, die typischerweise temporärer Natur sind, eine nur unterproportionale Einschränkung der Konsumausgaben erfolgt. Eine permanente Einkommenserhöhung lässt dann die durchschnittliche → Konsumquote unverändert, während sie bei einem temporären Einkommensrückgang steigt. Erklärung des Ratchet Effect durch Duesenberry im Rahmen der → relativen Einkommenshypothese des Konsums (→ Konsumfunktion). – 2. Analoge Erscheinung bei der *sektoralen und gesamtwirtschaftlichen Preisentwicklung:* Preissteigerungen bei Nachfrageerhöhungen, keine Preissenkung bei Nachfragerückgängen (→ Inflation). – 3. Auf dem Arbeitsmarkt liegt ein Sperrklinkeneffekt vor, wenn es im Falle eines Nachfrageüberhangs zu Lohnsteigerungen kommt, während bei einem Angebotsüberschuss auf diesem Markt keine Lohnsenkung eintritt. Ein einmal erreichtes Lohnniveau wirkt dann wie eine Sperrklinke. Die strukturelle Arbeitslosigkeit steigt unter diesen Umständen fortlaufend.

II. Agency-Theorie: 1. *Inhalt:* Der Ratchet Effect tritt auf, wenn sich ein Prinzipal nicht bindend verpflichten kann, im Zeitverlauf gewonnene Informationen über die Leistungsfähigkeit eines Agenten bei der Ausgestaltung zukünftiger Anreizverträge bzw. Leistungsstandards zu ignorieren (→ Prinzipal-Agent-Theorie). Deutet z.B. eine hohe aktuelle Ausbringung auf eine hohe Leistungsfähigkeit des Agenten hin, so mag der Prinzipal die Information dazu nutzen, die Leistungsstandards heraufzusetzen. Diese Verhaltenstendenz wird als Ratchet Effect bezeichnet. Zur Illustration sei auf die Anpassung eines Akkords oder Plan-Solls im Zeitverlauf verwiesen. – 2. *Auswirkungen:* Antizipiert der Agent die Verhaltenstendenz des Prinzipals, ist eine Reduktion der Effektivität von Anreizen die Folge: Der Agent wird rationalerweise bei einem gegebenen Anreizvertrag bzw. Leistungsstandard ein geringeres Aktionsniveau wählen als er es tun würde, wenn der Ratchet Effect keine Rolle spielte. Der Ratchet Effect impliziert somit, dass es in langfristigen Prinzipal-Agent-Beziehungen schwieriger sein kann, Anreize für den Agenten bereitzustellen als im statischen Fall. Als Mittel zur Abschwächung des Ratchet Effect kommt → Jobrotation in Betracht.

Rat der Europäischen Union – 1. *Begriff:* Gesetzgebendes Organ der → EU mit Sitz in Brüssel, das in den meisten Fällen gemeinsam mit dem → Europäischen Parlament EU-Rechtsakte beschließt. Nicht zu verwechseln mit dem → Europäischen Rat und dem → Europarat (einer eigenständigen supranationalen Organisation). – 2. *Merkmale:* Der Rat der EU tritt in verschiedenen Fachformationen zusammen (Allgemeine Angelegenheiten, Wirtschaft- und Finanzen (→ ECOFIN), Wettbewerbsfähigkeit, Umwelt, Justiz und Inneres etc.). Er setzt sich aus einem Vertreter auf Ministerebene pro Mitgliedsstaat zusammen. Bundesstaatlich organisierte Staaten können sich auch durch regionale Regierungsmitglieder vertreten lassen. – 3. *Aufgaben/Arbeitsweise:* Im Rat der EU bringen die Mitgliedstaaten ihr nationales Interesse mit europäischem Interesse in Einklang und beschließen Rechtsakte (→ EU-Gesetzgebung). Internationale Abkommen und Verträge mit Drittstaaten oder internationalen Organisationen werden ebenfalls vom Rat der EU geschlossen. Ebenfalls in den Außenbeziehungen kann der Rat der EU Wirtschaftssanktionen (z.B. ein → Embargo) beschließen und über die Aufnahme neuer Mitgliedsstaaten entscheiden. Der Rat der EU kann die Zahl der Mitglieder der → Europäischen Kommission ändern und damit *primäres Gemeinschaftsrecht* ändern. Er kann außerdem Durchführungsvorschriften und Empfehlungen erlassen. Er sorgt für die Abstimmung der Wirtschaftspolitiken der Mitgliedstaaten. In Bereichen, in denen die EU die Politik der Mitgliedstaaten ergänzt (z.B. → Sozialpolitik, allg. und berufliche Bildung, Jugend) kommt die → Europäische Methode der Offenen Koordinierung zur Anwendung. Der Rat der EU kontrolliert die Kommission mittels der → Komitologie. Der Rat der EU ist gemeinsam mit dem → Europäischen Parlament *Haushaltsbehörde der EU.* Eine mehrstufige Vorbereitung der Beschlüsse erfolgt im Rahmen der über 200 Ratsarbeitsgruppen (Experten aus den nationalen Verwaltungen) und danach im Ausschuss der Ständigen Vertreter (Ständige Vertreter/Botschafter der Mitgliedstaaten bei der EU). Das Ratssekretariat wird vom Generalsekretär geleitet, der gleichzeitig *Hoher Vertreter* für die → GASP ist. Jeweils ein Mitgliedsstaat hat für ein halbes Jahr die Ratspräsidentschaft inne (den Vorsitz des Rates) und bestimmt auf allen Ebenen das Arbeitsprogramm, bereitet die Beschlüsse vor und vertritt die EU nach außen. – 4. *Abstimmungsverfahren:* Beschlüsse werden einstimmig oder mit qualifizierter Mehrheit gefasst. Für Verfahrensfragen reicht die einfache Mehrheit. Abstimmungen mit qualifizierter Mehrheit finden heute in einem Großteil aller Politikbereiche statt und ermöglichen effizientes, supranationales Handeln. Einstimmigkeit herrscht z.B. noch im Bereich Steuern, Sozialschutz für Wanderarbeitnehmer, Anerkennung von Diplomen und Anreizmaßnahmen im Kulturbereich). Einstimmigkeit bedeutet, dass hier jedes Land eine Veto-Möglichkeit hat. Enthaltungen stehen der Annahme eines Beschlusses mit Einstimmigkeit jedoch nicht im Wege. Bei qualifizierten Mehrheitsentscheidungen sind die Stimmen der Mitgliedstaaten unterschiedlich gewichtet. Ein Ratsmitglied kann sein Stimmrecht auf ein anderes übertragen. – 5. *Zusammensetzung:* Der Rat der EU besteht seit dem EU-Beitritt Bulgariens und Rumäniens im Jahre 2007 aus

Mitgliedsstaat	Stimmen im Rat 2000	Stimmenverhältnis 2000	Stimmen im Rat 2007	Stimmverhältnis 2007
Deutschland	10	11,5	29	8,4
Frankreich	10	11,5	29	8,4
Großbritannien	10	11,5	29	8,4
Italien	10	11,5	29	8,4
Spanien	8	9,2	27	7,8
Niederlande	5	5,7	13	3,8
Belgien	5	5,7	12	3,6
Griechenland	5	5,7	12	3,6
Portugal	5	5,7	12	3,6
Österreich	4	4,6	10	2,9
Schweden	5	5,7	10	2,9
Dänemark	3	3,4	7	2
Finnland	3	3,4	7	2
Irland	3	3,4	7	2
Luxemburg	2	2,3	4	1,2
EG-15 (gesamt)	**87**	**100**	**237**	**-**
Polen	-	-	27	7,8
Tschechien	-	-	12	3,6
Ungarn	-	-	12	3,6
Litauen	-	-	7	2
Slowakei	-	-	7	2
Estland	-	-	4	1,2
Lettland	-	-	4	1,2
Slowenien	-	-	4	1,2
Zypern	-	-	4	1,2
Malta	-	-	3	0,9
Rumänien	-	-	14	4
Bulgarien	-	-	10	2,9
EU-27 (gesamt)	**-**	**-**	**345**	**100**

27 Mitgliedern mit insgesamt 345 Stimmen. Zuvor betrug die Gesamtzahl der gewogenen Stimmen in der EU-25 321 Stimmen). Die vier großen Mitgliedstaaten Deutschland, Frankreich, Großbritannien und Italien verfügen über jeweils 29 Stimmen, gefolgt von Polen und Spanien mit jeweils 27 Stimmen. Eine qualifizierte Mehrheit kommt zu Stande, wenn mind. 255 von 345 Stimmen (73,91 Prozent). Zusätzlich muss die Mehrheit der Mitgliedstaaten (d.h. mind. 14) zugestimmt haben. Ein Mitgliedsstaat kann auf Antrag überprüfen lassen, ob die qualifizierte Mehrheit mind. 62 Prozent der Gesamtbevölkerung der EU umfasst. Wenn dies nicht der Fall ist, kommt der Beschluss nicht zu Stande. – Die Tabelle zeigt das Stimmenverhältnis der Mitgliedstaaten im Rat der EU im Jahr 2000 (EU-15), 2005 (EU-25) und 2007 (EU-27). Ab dem 1.11.2014 ändern sich die Quoren. Als qualifizierte Mehrheit gilt eine Mehrheit von mindestens 55 Prozent der Mitglieder des Rats, gebildet aus 15 Mitgliedern, so Unionsbevölkerung bilden. Als Sperrminorität sind mindestens 4 Mitglieder erforderlich. Weiteres in Art. 16 Abs. 4 und 5 EUV.

Rate – *Teilbetrag.* 1. *Allgemein:* → Ratenzahlung. – 2. *Verkehr:* Bezeichnung für Beförderungspreise in der Seeschifffahrt (genauer: Frachtrate). – Vgl. auch → Frachtsatz.

Rätedemokratie – 1. *Charakterisierung:* Bisher nicht realisiertes Konzept einer Gesellschafts- und Wirtschaftsordnung mit Gesellschaftseigentum an den Produktionsmitteln und gesamtgesellschaftlicher Planung der Produktions- und Verteilungsprozesse. Vertreten bes. von neomarxistischer Seite (→ Sozialismus, → Marxismus) als ein Gegenentwurf zur → Marktwirtschaft bzw., unter dem Stichwort des „Dritten Weges", zu einer → staatssozialistischen Zentralplanwirtschaft. – 2. *Aufbau:* Die Gesellschaftsmitglieder sind dem Räteprinzip zufolge in den einzelnen Basiseinheiten (Betriebe, Wohngebiete, Universitäten etc.) als Urwahlgemeinschaften zusammengeschlossen. Aus ihrer Mitte wählen sie als ihre Vertretung Räte, deren Mitglieder an den Wählerwillen gebunden sind (imperatives Mandat) und zur Verhinderung elitärer Führungsstrukturen der Ämterrotation unterliegen. Aus der Mitte dieser Räte wiederum werden nach dem gleichen Prinzip übergeordnete (überregionale) Räte bis hinauf zum obersten Rat gewählt. Eine Übertragung von Handlungs- und Entscheidungskompetenzen an die nächsthöhere Ebene erfolgt nur soweit wie nötig (ähnlich wie vom → Subsidiaritätsprinzip gefordert), damit der übergeordnete Rat die ihm übertragenen Funktionen erfüllen, aber nicht eigenmächtig ausfüllen kann. – 3. *Koordination:* Die Handlungsrechte an den Produktionsmitteln sind den Betriebsangehörigen übertragen. Sie sind zu einem *Betriebsparlament* zusammengeschlossen, das die Mitglieder des betrieblichen *Selbstverwaltungsrats* wählt und ihm diejenigen Rechte überträgt, die zur Erfüllung seiner Aufgaben (organisatorische Umsetzung der Beschlüsse des Betriebsparlaments, Führung der laufenden Geschäfte, Vertretung des Betriebs nach außen) notwendig sind. Die einzelnen betrieblichen Räte wählen die Mitglieder übergeordneter Räte, denen daneben auch Nichtwerktätige (Rentner, Intellektuelle etc.) angehören. Aus der Mitte der überregionalen Räte wiederum werden Vertreter in den nächsthöheren Rat bis hinauf zum *Wirtschaftsgeneralrat* delegiert. Aufgabe des Wirtschaftsgeneralrats ist die *Aufstellung des Volkswirtschaftsplans:* Auf Basis der Bedarfsanmeldungen der untersten Gesellschaftseinheiten (individuelle und kollektive Bedürfnisse der dort organisierten Individuen) und zentral ermittelter Bedarfsgrößen (bes. Investitionsgüterbedarf) erstellt er mithilfe der → Bilanzierungsmethode einen *vorläufigen Planentwurf,* der veröffentlicht und auf allen gesellschaftlichen Strukturebenen diskutiert wird. Diejenigen, deren Interessen nicht ausreichend berücksichtigt wurden, können entweder über die Instanzen des Rätesystems oder durch plebiszitäre Korrekturkampagnen ihre Ziele durchzusetzen versuchen. Nach entsprechenden Korrekturen durch den Wirtschaftsgeneralrat wird der *endgültige Plan* den einzelnen Betrieben in Form differenzierter Produktions- und Finanzauflagen übermittelt. – 4. *Funktionsprobleme:* a) Die Ermittlung des notwendigen Produktionsumfangs auf Basis dezentraler Bedarfsanmeldung birgt die *Gefahr überhöhter Güteranforderungen.* – b) Die Ermittlung des zu erfüllenden Bedarfs und die Auswahl von Alternativen erfordert bei Weisungsgebundenheit der Entscheidungsberechtigten an den Willen ihrer Wähler *langwierige Abstimmungsprozesse bei hohen* → Transaktionskosten. – c) Das Fehlen von Prämierungs- und Sanktionsmechanismen zur Erzwingung plankonformen Verhaltens der Betriebe und Arbeiter begünstigt *individuelle Trittbrettfahrerstrategien. – d)* Erfüllt ein einzelner Betrieb seine Planauflagen nicht, führt dies aufgrund der Interdependenzen zwischen allen Betriebsplänen zu *lawinenartigen Folgestörungen* in anderen Unternehmen und damit zur Nichterfüllung des gesamtwirtschaftlichen Plans.

Ratenanleihe – Form der → Tilgungsanleihe, bei der sich der Emittent verpflichtet, die Anleihe in jährlich gleichen Beträgen zu tilgen. Bei entsprechend sinkenden Zinsbelastungen und gleich hoher Tilgungsleistung fallen die Jahresbelastungen für den Schuldner. – *Anders:* → Annuitätenanleihe.

Ratenhypothek → Abzahlungshypothek.

Ratenknappheit – 1. *Begriff:* Die Ratenknappheit ist eine Art der → ökologischen Knappheit (vgl. Müller-Wenk 1978, S. 37f). – 2. *Merkmale:* Die ökologische Ratenknappheit beschreibt die Situation, dass eine Schädigung des Gesamtsystems eintritt, wenn eine kritische → Rate der Entnahme (z.B. Ressourcenverbrauch) bzw. der Aufnahme (z.B. Luftbelastung) überschritten wird. Die ökologische Ratenknappheit zeigt die Belastbarkeit der → Umweltfunktionen Vorsorgefunktion (Ressourcenentnahme) und Aufnahmefunktion (Belastung durch → Kondukte) auf. – 3. Abgrenzung: Neben der Ratenknappheit existiert, im Rahmen der → ökologischen Knappheit, die → Kumulativknappheit.

Ratenkredit – 1. *Begriff:* → Kredit, der als → Darlehen in einer Summe zur Verfügung gestellt und durch Teilbeträge (Raten) zu tilgen ist. Er kommt als → Konsumentenkredit, Teilzahlungsdarlehen, → Verbraucherdarlehen vor, der an private Haushalte zur → Finanzierung von Konsumgütern gewährt wird (Ratenkredit i.e.S.), und als → Produktivkredit an Gewerbetreibende und Selbstständige zur Finanzierung von → Investitionen (Gegenstände des → Anlagevermögens). Der Begriff Ratenkredit wird häufig mit dem Teilzahlungskredit gleichgesetzt. Ein Teilzahlungskredit im ursprünglichen Sinn liegt bei einem → finanzierten Abzahlungskauf vor. – 2. *Abwicklung:* Ratenkredite werden von Banken und Sparkassen als standardisierte Kredite gewährt; sie können zweckgebunden oder zur freien Verfügung gewährt werden. Ihre Abwicklung erfolgt über Darlehenskonten (im Gegensatz zu → Dispositionskrediten, die als → Kontokorrentkredite über Kontokorrentkonten abgewickelt werden). Bei Gewährung an Privatpersonen wird ein regelmäßiges, gesichertes → Einkommen vorausgesetzt sowie die Fähigkeit, die vereinbarten monatlichen Ratenzahlungen laufend erbringen zu können. Kredithöhe meistens bis 25.000 Euro, Laufzeit zwölf bis 72 Monate. Bei Gewährung von Ratenkrediten an Gewerbetreibende erfolgt die übliche Kreditwürdigkeitsanalyse. – 3. *Berechnung der* → Kreditkosten: Die Rate als gleichbleibende Monatsleistung enthält Zins-, Kosten- (Kreditgebühr, → Restschuldversicherung, Vermittlungsgebühr u.a.) und Tilgungsanteil. (1) Entweder erfolgt die Zins-, Kosten- und Tilgungsverrechnung wie bei Darlehen unterjährig, zumeist monatlich auf den tatsächlich in Anspruch genommenen → Saldo (Tilgungsverrechnungsklausel), oder (2) die → Zinsen werden bezogen auf den Anfangskreditbetrag in Prozent/Promille pro Monat abgerechnet. – 4. *Sicherheiten:* üblich sind: → stille Zession" des pfändbaren Teiles des Arbeitseinkommens, Mitverpflichtung des Ehepartners, Bürgschaften Dritter, Restschuld- oder

Risikolebensversicherungen, in Ausnahmefällen aber auch sonstige → Kreditsicherheiten.

Ratenlieferungsvertrag – Bezeichnung des Bürgerlichen Rechts für einen → Sukzessivlieferungsvertrag in der Form eines → Verbrauchervertrags (§ 505 BGB).

Ratenwechsel – 1. → Wechsel mit mehreren aufeinander folgenden Verfalltagen; in Deutschland nichtig (Art. 33 II WG). – 2. Wechsel, die beim Teilzahlungs- bzw. Abzahlungsgeschäft für jede einzelne Rate ausgestellt werden; auch als *Abzahlungswechsel* bezeichnet. Ratenwechsel in diesem Sinn sind zulässig.

Ratenzahlung – Zahlung in Teilbeträgen. – *Rechtliche Behandlung:* Soweit nichts anderes vereinbart ist (→ Abzahlungsgeschäfte), wie jede andere → Teilleistung.

Rat für die Zusammenarbeit auf dem Gebiete des Zollwesens (RZZ) – *Customs Co-Operation Council (CCC);* gegründet aufgrund einer 1950 unterzeichneten Konvention, die 1952 in Kraft trat; 104 Mitgliedsstaaten. – *Ziele und Arbeitsergebnisse:* Die Arbeiten haben weltweite Bedeutung, daher wurde auch die frühere Bezeichnung *Brüsseler Zollrat* fallen gelassen. Hauptziel ist die Vereinfachung und Vereinheitlichung der Zollformalitäten. Arbeitsergebnisse sind bes. die auf Konventionen beruhende → Nomenklatur des Rates für die Zusammenarbeit auf dem Gebiet des Zollwesens (NRZZ), früher: Brüsseler Zolltarifschema (BZT); und die Konvention über den → Zollwert (seit 1.7.1980 ersetzt durch GATT-Zollwert-Kodex) und über → Carnets ATA. Entwicklung eines Harmonisierten Systems zur Beschreibung und Codierung der Waren (→ HS), das inzwischen fertig gestellt ist und auf der Basis einer internationalen Konvention am 1.1.1988 in die internationalen Zoll- und Außenhandelsnomenklaturen eingeführt wurde. Die EU haben das HS vollständig in das Warenverzeichnis für die Statistik des Außenhandels zur Gemeinschaft und des Handels zwischen ihren Mitgliedsstaaten (NIMEXE) übernommen. – Seit 1995 *Weltzollorganisation (WZO).*

Rat für gegenseitige Wirtschaftshilfe (RGW) → COMECON.

Rat für industrielle Entwicklung – ausführendes Organ der → UNIDO. – *Aufgaben:* Festlegung von Grundsätzen und Richtlinien für die Tätigkeit der UNIDO, Billigung des Arbeitsprogramms. Überwachung und Förderung der Koordinierung auf dem Gebiet der Industrialisierung innerhalb der UN. Erstattung eines jährlichen Berichts an den Wirtschafts- und Sozialrat der UN.

Rat für nachhaltige Entwicklung → Nachhaltigkeitsrat.

Ratifikation – *Ratifizierung;* → Staatsvertrag.

Rating – I. Marktforschung: Methode der Datenerhebung mittels → Befragung, bei der die Testperson die Untersuchungs- bzw. Einstellungsobjekte anhand vorgegebener Merkmale auf eine Skala (→ Skalenniveau, → Skalierungsverfahren) einordnen soll. Die vorgegebene Antwortskala, aus der die Messwerte zur Einordnung der Objekte entnommen werden, bezeichnet man in diesem Zusammenhang auch als Rating-Skala. – Vgl. auch → Likert-Skalierung, → semantisches Differenzial.

II. Bank- und Börsenwesen: → Credit Rating.

rationale Erwartung → Erwartung.

rationale Funktion – *gebrochen rationale Funktion;* → Funktion, deren Gleichung von der Form

$$y = \frac{a_0 + a_1 x + a_2 x^2 + \ldots + a_n x^n}{b_0 + b_1 x + \ldots + b_m x^m}$$

ist, wobei n und m natürliche Zahlen sind. – Vgl. auch → ganz-rationale Funktion.

rationales Steuersystem → Steuersystem, das die Besteuerung einer einheitlichen Konzeption unterordnet, d.h. unter Vermeidung von Lücken und Überschneidungen hinsichtlich der verschiedenen gesteckten Zielsetzungen ein logisch abgestimmtes Ganzes bildet. – Kriterien zur Messung der Rationalität von Steuersystemen (Haller): Erhebungs- und Entrichtungsbilligkeit, Lasterleichterung, Neutralität, konjunktur- und verteilungspolitische Effizienz, Berücksichtigung der Privatsphäre und innere Geschlossenheit. – *Gegensatz:* → historisches Steuersystem.

rationale Zahlen → Zahlenmengen.

Rationalisierung – I. Begriff/Charakterisierung: Rationalisierung ist ein Begriff der betriebswirtschaftlichen Theorie und Praxis mit nicht eindeutig abgegrenztem Begriffsinhalt. In einer sehr weit gehenden Sichtweise umfasst Rationalisierung alle Maßnahmen, die der Verwirklichung des Rationalprinzips bei veränderten Bedingungen dienen. Rationalisierung ist dann dadurch gekennzeichnet, dass bei einer Veränderung des Entscheidungsfeldes Maßnahmen geplant, realisiert und kontrolliert werden, um eine optimale Zielerreichung unter neuen Bedingungen zu ermöglichen. Die zu optimierenden Ziele können dabei Wert-, Sach- und/oder Sozialziele sein. Vielfach versteht man jedoch unter Rationalisierung nur solche Maßnahmen, die der Produktivitäts- und Wirtschaftlichkeitssteigerung dienen, wodurch letztlich eine Beschränkung auf das Wertziel erfolgt.

II. Betriebliche Rationalisierung: Veränderungen des → Entscheidungsfeldes einer Unternehmung (Änderungen im Alternativenraum, der Umweltzustände sowie der Informationen über diese Parameter) treten in vielfältiger Weise auf, sodass Rationalisierungsmaßnahmen in allen Bereichen einer Unternehmung ansetzen können. Die technologische Entwicklung eröffnet bes. im Produktionsbereich einer Industrieunternehmung zahlreiche Rationalisierungsmöglichkeiten. Beispielhaft sei hier auf die zunehmende

→ Automatisierung durch den Einsatz von Bearbeitungszentren, → flexiblen Produktionszellen und → flexiblen Produktionssystemen hingewiesen, die im Rahmen eines integrierten CIM-Konzeptes (→ CIM) auf der Basis eines leistungsfähigen → PPS-Systems zunehmend an Bedeutung gewinnen.

III. Überbetriebliche Rationalisierung: Überbetriebliche Institutionen fördern die betriebliche Rationaliseirung, indem sie Rationalisierungsmöglichkeiten erforschen und die Ergebnisse den Unternehmungen zur Verfügung stellen. Bes. dem Rationalisierungskuratorium der Deutschen Wirtschaft (RKW), dem Deutschen Institut für Normung (DIN), dem Verband für Arbeitsstudien und Betriebsorganisation (REFA) sowie dem Ausschuss für wirtschaftliche Fertigung (AWF) kommen im Hinblick auf die überbetriebliche Rationalisierung Bedeutung zu.

Rationalisierungsinvestition → Investition zum Zweck der Verbesserung bzw. Modernisierung der betrieblichen Anlagen. Angestrebt wird primär eine effizientere Leistungserstellung und damit eine Kostensenkung, weniger eine quantitative oder qualitative Ausweitung der Leistungserstellung (→ Erweiterungsinvestition). Häufig sind Rationalisierungsinvestitionen jedoch auch mit einer Leistungssteigerung verbunden, sodass die Grenze zwischen Rationalisierungs- und Erweiterungsinvestitionen in der Praxis fließend ist.

Rationalisierungskartell → Kartell zur Rationalisierung wirtschaftlicher Vorgänge in den Bereichen Finanzierung, Investition, Einkauf, Produktion und Absatz. Rationalisierungskartelle verstoßen potenziell gegen das Verbot des § 1 GWB und Art. 101 I AEUV. Die genaue *wettbewerbsrechtliche Beurteilung* hängt u.a. von den Beteiligten sowie vom jeweiligen Gegenstand der Rationalisierung ab. So können sich Freistellungsmöglichkeiten bspw. aus der Technologietransfer-GVO (s. → Know-how-Vereinbarungen) oder aus der Spezialisierungs-GVO (Verordnung (EU) Nr. 1218/2010 der Kommission vom 14.12.2010 über die Anwendung von Art. 101 III des Vertrages über die Arbeitsweise der Europäischen Union auf bestimmte Gruppen von Spezialisierungsvereinbarungen, ABl. L 335 vom 18.12.2010, S. 43; s. auch → Spezialisierungskartell als Sonderform eines Rationalisierungskartells) ergeben. Hinsichtlich nicht gruppenfreigestellter Rationalisierungsvereinbarungen zwischen Wettbewerbern sind Legalisierungsmöglichkeiten insbesondere anhand der „Leitlinien zur Anwendbarkeit von Art. 101 des Vertrages über die Arbeitsweise der Europäischen Union auf Vereinbarungen über horizontale Zusammenarbeit" (ABl. C 11 vom 14.1.2011, S. 1) der Europäischen Kommission zu prüfen. Ein Rationalisierungskartell unter Beteiligung kleiner und mittlerer Unternehmen, das keine spürbaren Auswirkungen auf den Gemeinsamen Markt hat, kann auf Grundlage des § 3 GWB als → Mittelstandskartell vom Kartellverbot freigestellt sein.

Rationalisierungsschutzabkommen – i.d.R. in der Form von → Tarifverträgen abgeschlossene Vereinbarungen, die bezwecken, Arbeitnehmer vor den Folgen technischer und organisatorischer Neuerungen (z.B. vor Abgruppierungen) zu schützen. Zulässig ist, dass Tarifverträge soziale Ausgleichszahlungen vorsehen. Umstritten ist aber, inwieweit sie Innovation beschränken oder verhindern dürfen.

Rationalisierungs- und Innovationszentrum der Deutschen Wirtschaft e.V. (RKW) – gegründet 1921; Sitz in Eschborn. – 1. *Mitglieder:* Spitzenorganisationen der Wirtschaft, der Gewerkschaften, der Wissenschaft, Technik und Betriebswirtschaft sowie Firmen und Einzelpersonen. – 2. *Aufgaben:* Einführung von Rationalisierungsmaßnahmen in die Praxis zwecks planmäßiger Steigerung der Produktivität in der dt. Wirtschaft. Mittel zur Erfüllung dieser Aufgabe: (1) Planung und Durchführung von Studienreisen ins Ausland, (2) Lösung technischer Probleme durch Erfahrungsaustausch mit europäischen Ländern und den USA, (3) RKW-Filmdienst, (4) Beratung durch Industrieberater, (5) Berichte aus technischen USA-Fachzeitschriften, (6) Unterlagen für Produktivitätsvergleiche, (7) internationale Zusammenkünfte und Kongresse. – 3. *Aufbau:* (1) RKW-Landesgruppen, RKW-Bezirksgruppen und Stützpunkte von beschränkter Zahl im Interesse der intensiven persönlichen Arbeit; (2) Zusammenarbeit mit folgenden Gemeinschaftsorganen: Deutscher Normenausschuss (DNA), Ausschuss für Lieferbedingungen und Gütesicherung beim DNA (RAL), REFA – Verband für Arbeitsstudien, Betriebsorganisation und Unternehmensentwicklung, Ausschuss für wirtschaftliche Fertigung (AWF), Arbeitsgemeinschaft deutscher Betriebsingenieure im VDI (ADB), Ausschuss für wirtschaftliche Verwaltung (AWV); (3) die Rationalisierungs-Gemeinschaften (RG) als organisatorisch lockere Zusammenschlüsse, meist unmittelbar von der Praxis getragen, zur Erarbeitung technisch oder organisatorisch beispielhafter Grundlagen, stehen für: Typisierung, Normung, Mensch und Arbeit, Wärme- und Kraftwirtschaft, Bauwesen, Industrieller Vertrieb, Materialfluss, Handel, Hauswirtschaft, Schiffbau, Verpackung, Dokumentation. – 4. *Publikationen:* Monatsschrift, Schriftenreihe „Wege zur Rationalisierung", Schriftenreihe „RKW-Auslandsdienst", RKW-Bücher, Veröffentlichungen der Rationalisierungs-Gemeinschaften, der Produktivitäts-Zentrale u.a.

Rationalisierungsverband → Rationalisierungskartell.

Rationalismus → Intellektualismus.

rationalistische Methodologie → Methodologie.

Rationalprinzip – allg. Grundsatz bzw. allg. Regel für das Verhalten von Wirtschaftssubjekten in Entscheidungssituationen. Das Rationalprinzip wird befolgt, wenn die bez. eines Ziels optimale Alternative gewählt wird. Über die näheren Merkmale gehen die

Meinungen weit auseinander; entsprechend unterschiedliche Vorstellungen über Rationalität.

Rationierung – 1. *Begriff:* Rationierung bedeutet die Zuteilung beschränkt verfügbarer Güter und Dienstleistungen gemäß einem definierten Zuteilungsalgorithmus. Rationierung liegt vor, wenn das Güter- und Dienstleistungsangebot nicht ausreicht, um die → Nachfrage zu befriedigen. Ein Beispiel aus der Medizin sind Spenderorgane für Transplantationen. In der Ökonomie spricht man von Rationierung, wenn der herrschende → Marktpreis nicht zu einem Ausgleich von → Angebot und Nachfrage führt. Eine Rationierung der Nachfrage ist durch einen Nachfrageüberhang charakterisiert. Der Marktpreis liegt dann typischerweise unter dem markträumenden Gleichgewichtspreis. In der Medizin spricht man häufig von Rationierung, wenn – bei begrenzten Ressourcen – ein objektiver Bedarf nicht gedeckt werden kann, medizinisch indizierte Leistungen also vorenthalten werden. – 2. *Rationalisierung:* In der gesundheitspolitischen Diskussion werden Rationierung und Rationalisierung häufig einander gegenübergestellt und gefordert, dass zunächst Rationalisierungspotentiale ausgeschöpft werden, bevor Gesundheitsleistungen rationiert werden. Rationalisierung bedeutet, dass Effizienz- und Produktivitätssteigerungen in der Gesundheitsversorgung realisiert werden. Die Ausschöpfung von Rationalisierungspotentialen impliziert, dass diagnostische und therapeutische Technologien aussortiert werden, wenn sie nicht effektiv sind oder wenn sie kostenintensiver sind als vergleichbar effektive Versorgungsalternativen. Außerdem lassen sich Rationalisierungspotentiale durch organisatorische Anpassungen von Versorgungsprozessen oder durch Optimierung von Steuerungs- und Anreizsystemen realisieren. – 3. *Implizite und explizite Rationierung:* Rationierung wird differenziert in offene und verdeckte Rationierung. Bei verdeckter Rationierung erfolgt die Rationierung implizit. Beispiele sind Wartelisten für Gesundheitsleistungen (wie z.B. Operationen) oder auch → Budgets und Honorierungssysteme wie Fall- und Kopfpauschalen (sofern Vergütung und Budgets nicht ausreichen, um die Kosten einer medizinisch indizierten Versorgung zu gewährleisten). Nachteile der impliziten Rationierung sind, dass keine transparenten Rationierungskriterien offengelegt werden und damit eine Ungleichbehandlung der Patienten ermöglicht wird. Vorteil ist, dass bei der Versorgung individueller Patienten ein größerer Entscheidungsspielraum besteht. Bei offener Rationierung werden die Rationierungskriterien explizit genannt. Rationierung wird damit transparent und konsistent. Die Gleichbehandlung von Patienten wird gefördert und Leistungserbringer von Entscheidungskonflikten entlastet, da die Zuteilung von Gesundheitsleistungen objektiviert ist. Nachteil ist, dass eine (indizierte) Anpassung der Versorgung bei individuellen Patienten deutlich erschwert wird. – 4. *Priorisierung:* Unter Priorisierung versteht man die ausdrückliche Festlegung von Prioritäten in der Versorgung. Bei der Priorisierung wird eine mehrstufige Rangfolge von Indikationen, Patientengruppen und Technologien entwickelt. Die Priorisierung sollte anhand transparenter und nachvollziehbarer Kriterien erfolgen. Priorisierung unterscheidet sich von Rationierung insofern, als bei hinreichendem Budget evtl. nur nicht wirksame Technologien durch Priorisierung ausgeschlossen werden. Faktisch werden mit Priorisierung aber zunehmend Rationierungsentscheidungen unterstützt. Priorisierung lässt sich interpretieren als Umsetzung einer explizit ausgewiesenen Rationierung.

Ratioskala → Verhältnisskala.

Rattenrennen – Wettbewerbsprozesse, in denen Ressourcen verschwendet werden, weil die erzielten Mehrerlöse die steigenden Einsätze der Rivalen nicht aufwiegen.

Rat von Sachverständigen für Umweltfragen – Der Rat von Sachverständigen für Umweltfragen (SRU) wurde im Jahr 1971 von der → Bundesregierung eingerichtet. Er ist aus sieben Universitätsprofessoren zusammengesetzt. Diese werden von der Bundesregierung für vier Jahre benannt. – *Auftrag:* Begutachtung der Umweltsituation und der Umweltbedingungen der Bundesrepublik Deutschland. – Vgl. auch → Umweltgesetzgebung.

Raub – I. Strafrecht Verbrechen nach § 249 StGB. Wer mit Gewalt gegen eine Person oder unter Anwendung von Drohungen mit gegenwärtiger Gefahr für Leib und Leben eine fremde bewegliche Sache einem anderen in der Absicht wegnimmt, sich dieselbe rechtswidrig zuzueignen, wird mit Freiheitsstrafe nicht unter einem Jahr, im minder schweren Fall mit Freiheitsstrafe von sechs Monaten bis zu fünf Jahren bestraft. – Verschärfte Bestrafung bei *schwerem Raub* (z.B. unter Mitführung von Waffen, §§ 250 ff. StGB).

II. Versicherungswesen: → Variante des → Versicherungsfalls unter der → versicherten Gefahr „Einbruchdiebstahl und Raub", z.B. im Rahmen der → verbundenen Hausratversicherung. Konstituierendes Merkmal ist die Anwendung von Gewalt gegen versicherte Personen (Versicherungsnehmer und andere mit seiner Zustimmung in der versicherten Wohnung befindliche Personen) mit dem Ziel, den Widerstand gegen die Wegnahme versicherter Sachen zu eliminieren. Diesem Grundtatbestand gleichgestellt ist die räuberische Erpressung, wonach sich eine versicherte Person versicherte Sachen wegnehmen lässt, weil der Täter mit einer Gewalttat gegen diese oder eine andere anwesende Person droht.

Räuber-Beute-Modelle – *Lotka-Volterra-Modelle;* aus der Biologie übernommener Ansatz in der → Konjunkturtheorie. Endogene wirtschaftliche Variablen verhalten sich zueinander wie in der Natur beobachtbare interdependente Spezies: Eine Variable (Räuber) kann nicht existieren ohne ausreichenden Bestand der zweiten Variablen (Beute). Steigt die Anzahl der Räuber, so sinkt der Bestand an Beute und vermindert somit die zukünftige Zahl der Räuber. Man kann diese Modelle auch als Konfliktmodelle bezeichnen, wobei es in der Konjunkturtheorie zumeist um Verteilungskonflikte geht, die Konjunkturzyklen verursachen. – Das zyklische Verhalten von Räuber-Beute-Modellen ist v.a. in *Klassenkampfmodellen* untersucht worden (Räuber: Lohnquote, Beute: Beschäftigungsquote). – Vgl. auch → Goodwin-Modell.

Raubversicherung → Einbruchdiebstahl- und Raubversicherung.

Rauchen am Arbeitsplatz – Es war umstritten, ob nach geltendem Arbeitsrecht ein Anspruch des Arbeitnehmers gegen den Arbeitgeber besteht, vor Passivrauchen am Arbeitsplatz geschützt zu werden. Inzwischen enthält § 5 ArbStättV eine solche Verpflichtung des Arbeitgebers und einen damit korrespondierenden Anspruch des Arbeitnehmers. Danach muss der Arbeitgeber die erforderlichen Maßnahmen treffen, um die nichtrauchenden Arbeitnehmer vor den Gesundheitsgefahren durch Tabakrauch zu schützen. Der Arbeitgeber hat ein *Auswahlermessen* hinsichtlich der Schutzmaßnahmen. In Betracht kommen lüftungstechnische Mittel, die Trennung von rauchenden und nichtrauchenden Arbeitnehmern oder ein betriebliches Rauchverbot. Bei Betrieben mit Publikumsverkehr ist der Nichtraucherschutz eingeschränkt (§ 5 II ArbStättV). – Der Arbeitgeber hat auch darauf zu achten, dass die rauchenden Arbeitnehmer Gelegenheit zum Rauchen haben. Es besteht aber kein Anspruch auf bezahlte Rauchpausen – *Mitbestimmungsrecht* des Betriebsrats nach § 87 I Nr. 1 BetrVG. – Vgl. auch → Ordnung des Betriebs.

Raumanalyse – quantitative, meist sekundärstatistische Analyse der räumlichen Ordnung von Sachverhalten, welche als Verteilungsmuster von Objekten, deren Interaktionen und verortete Flächennutzungen betrachtet und beschrieben werden. Ein weiterer Ansatz ist mithilfe einer qualitativen Analyse über primärstatistische Erhebungen und Auswertungen möglich. – Vgl. auch → Regionalanalyse.

Raumcharter → Charterverkehr.

Raumkosten – Summe aller Kosten für die Bereitstellung von Räumen für die betriebliche Leistungserstellung, z.B. Grundstückskosten, Gebäudeabschreibung bzw. Miete, Heizung, Beleuchtung, Reinigung. Raumkosten werden häufig in einer oder mehreren → Hilfskostenstelle(n) „Gebäude" gesammelt und im Rahmen der → Betriebsabrechnung auf die nutznießenden Kostenstellen je nach Fläche und wirtschaftlichem Wert (Stockwerk, Haupt- oder Nebengebäude) umgelegt.

Raumordnung – die in einem Staatsgebiet angestrebte räumliche Ordnung (Leitbild) von Wohnstätten, Wirtschaftseinrichtungen, → Infrastruktur etc. – Vgl. → Regionalpolitik.

Raumordnungspolitik – Gesamtheit aller Maßnahmen, welche auf die Erreichung einer leitbildgerechten → Raumordnung (in Deutschland i.S.d. Bundesraumordnungsgesetzes) gerichtet sind. Die Raumordnungspolitik zielt darauf ab, Konzeptionen der Raumplanung unter Zuhilfenahme staatlicher Anreiz-, Anpassungs- und Abschreckmittel umzusetzen.

Raumschiff-Ökonomik – Da die Wirtschaft mit den begrenzten Ressourcen der Erde auskommen muss (wichtige Ausnahme: Energiezufuhr durch die Sonne) ist es nach dem Konzept der Raumschiff-Ökonomik nötig, sie von einer „Durchflussökonomie" zur „Kreislaufökonomie" umzugestalten. Dazu müssen bes. alle Abfälle in den Produktionsprozess zurückgeführt werden. – Vgl. → ökologische Ökonomik, → Ressourcenökonomik, → Umweltökonomik.

Raumsicherungsvertrag – gesetzlich nicht bes. geregelter Vertrag über die → Sicherungsübereignung der in bestimmten Räumen befindlichen oder später einzubringenden Sachen, v.a. von Warenlagern, und zwar solchen mit wechselndem Bestand. Nach der neueren Rechtsprechung des BGH brauchen die Waren, die noch unter → Eigentumsvorbehalt des Lieferanten stehen, nicht von den schon im Eigentum des Sicherungsgebers stehenden Waren getrennt zu werden. Es genügt, wenn der Sicherungsgeber im Raumsicherungsvertrag allg. an Eigentumsware das Eigentum, und wegen etwaiger Eigentumsvorbehaltware sein Anwartschaftsrecht auf den Erwerb des Eigentums, an den Sicherungsnehmer überträgt.

Raumstruktur – Art und Weise, in welcher der Raum durch natürliche und/oder soziale Prozesse organisiert ist. Als materielles Substrat dieser Prozesse gibt die Raumstruktur Aufschluss über vergangene und gegenwärtig herrschende natürliche Gesetzmäßigkeiten und/oder wirtschaftliche, soziale und politische Handlungsmuster. Sie stellt zugleich eine der Bedingungen dar, unter denen sich wirtschaftliches und soziales Handeln vollzieht. – *Erklärung der Raumstruktur:* → Agglomerationseffekte.

Räumungsfrist – Begriff des Zivilprozessrechts. Auf Antrag des Mieters oder von Amts wegen kann das Gericht, wenn auf Räumung von Wohnraum erkannt worden ist, eine den Umständen angemessene Räumungsfrist gewähren. Die Räumungsfrist darf nicht mehr als ein Jahr betragen (§§ 721, 794a ZPO). Davon zu unterscheiden ist die Einstellung der Zwangsvollstreckung nach § 765a ZPO (→ Einstellung).

Räumungsverkäufe – bis 8.6.2004 geltende Regelung: Verkaufsveranstaltungen, die wegen Vorliegens einer Zwangslage (§ 8 I UWG a.F.) oder wegen Aufgabe des Geschäftsbetriebs (§ 8 II UWG a.F.) vom Verbot der → Sonderveranstaltungen (§ 7 I UWG a.F.) ausgenommen, dafür aber anzeigepflichtig waren. Nach der konstitutiven Neufassung des UWG vom 3.7.2004 (BGBl. I 1414) m.spät.Änd. werden Räumungsverkäufe nicht mehr speziell reglementiert und müssen nicht mehr angezeigt werden. Ihre Ankündigung und Durchführung bleibt unlauter, wenn der Verkehr in einer für den Kaufentschluss relevanten Weise irregeführt wird, etwa wenn mit herabgesetzten Preisen geworben wird, die vorher nicht ernsthaft verlangt worden waren, § 5 IV UWG.

raumwirtschaftlicher Ansatz – methodisches Konzept in der → Wirtschaftsgeografie, das es sich zur Aufgabe macht, räumliche Strukturen und ihre Veränderungen aufgrund ökonomischer Gesetzmäßigkeiten zu erklären, zu beschreiben und zu bewerten. Essenziell sind die Herausarbeitung interner Entwicklungsdeterminanten und die Analyse räumlicher Interaktionen. Die Verteilung ökonomischer Aktivitäten im Raum (Struktur), die räumlichen Interaktionen zwischen den ökonomischen Aktivitäten (Funktion) sowie deren Entwicklungsdynamik (Prozess) sind die Bestandteile eines interdependenteren Raumsystems.

Raumwirtschaftslehre – Zweig innerhalb der Wirtschaftswissenschaften, welcher sich mit den räumlichen Aspekten der Wirtschaft auseinandersetzt und eine theoretische Erklärung für ihre räumliche Ordnung liefert (→ Wirtschaftsgeografie). Wesentliche Bestandteile sind die Abstraktion der Wirklichkeit durch Modell- und Theoriebildung im Rahmen übergeordneter Zusammenhänge. Durch die gezielte Beschränkung auf die wesentlichen Bestimmungsfaktoren des räumlichen Differenzierungsprozesses und die Möglichkeit, Modellvariablen zielgerichtet modifizieren zu können, leistet die Raumwirtschaftslehre einen wichtigen Beitrag zur Erklärung der Mechanismen und der Dynamik ökonomischer Systeme.

Rawlsche Wohlfahrtsfunktion – formale Darstellung des Rawlsschen Maximin-Kriteriums, wonach der → Nutzen des am schlechtesten gestellten Individuums unter Gerechtigkeitsaspekten maximiert werden soll. Die gesellschaftliche → Wohlfahrtsfunktion lautet demnach für n individuelle → Nutzenfunktionen u_i:

$$U = \min (u_1, u_2, \dots u_n).$$

Andere Wohlfahrtsfunktionen: → utilitaristische Wohlfahrtsfunktion, → Bergsonsche Wohlfahrtsfunktion.

RBC-Modelle → Real-Business-Cycle-Modelle.

RBÜ – Abk. für → Revidierte Berner Übereinkunft.

REACH – 1. *Begriff:* Der Name REACH bezeichnet eine in den Mitgliedsstaaten der → EU unmittelbar geltende EG-Verordnung mit der Bezeichnung „Verordnung (EG) Nr. 1907/2006 des Europäischen Parlaments und des Rates vom 18.12.2006 zur Registrierung, Bewertung, Zulassung und Beschränkung chemischer Stoffe (REACH) und zur Schaffung einer Europäischen Chemikalienagentur". Die Verordnung trat am 1.7.2007 in Kraft. – 2. *Zielsetzung:* Neuregelung der Registrierung, Bewertung, Zulassung und Beschränkung chemischer Stoffe mit dem Ziel, das mangelhafte Wissen über die meisten Chemikalien zu erweitern.Leitgedanke ist, den gesamten Herstellungweg einer chemischen Substanz zu erfassen und sicher zu gestalten. REACH erfasst auch die Verwendung der Stoffe als Bestandteil von Produkten. Die Verordnung verbietet und beschränkt bestimmte gefährliche Stoffe und führt für bes. gefährliche Stoffe ein Zulassungsverfahren ein. Gewerbliche Verwender werden zu einer eigenen Sicherheitsanalyse verpflichtet, wenn der Verwender von den Empfehlungen des Herstellers oder Importeurs abweicht. – 3. *Durchführung:* Anmeldepflichtig und damit vom REACH-System grundsätzlich erfasst sind Chemikalien, die ab einer Tonne pro Jahr durch einen Hersteller produziert werden. Es handelt sich um ca. 30.000 Stoffe. REACH verlangt von Herstellern und Importeuren, dass sie für die Sicherheit ihrer Chemikalien selber verantwortlich sind. Deshalb müssen sie die zur Bewertung notwendigen Daten beschaffen. Diese Beweislastumkehr wird gekennzeichnet mit den Worten „keine Daten- kein Markt". Von erheblicher Bedeutung ist die Verordnung für Altstoffe, die vor 1981 in den Handel gebracht wurden. In einem gestuften Verfahren müssen sie genauso wie die Neustoffe auf gefährliche Eigenschaften untersucht werden. Über die Einhaltung wachen die Europäische Chemikalienagentur (ECHA) in Helsinki und die zuständigen Behörden in Deutschland, nämlich die Bundesstelle für Chemikalien, die bei der Bundesanstalt für Arbeitsschutz und Arbeitsmedizin (→ BAuA) angesiedelt ist, und die Bewertungstellen im → Umweltbundesamt (UBA), im Bundesinstitut für Risikobewertung (BfR) und in der → Bundesanstalt für Arbeitsschutz und Arbeitsmedizin (BAuA). Am 1.12.2008 ging die Phase der Vorregistrierung zu Ende, die jene Stoffe betrifft, die gegenwärtig auf dem EU-Markt sind und die die Definition von Phase-in-Stoffen erfüllen.

Reagibilität – Begriff in der → Finanzwissenschaft für die Schwankungen des Steueraufkommens in Abhängigkeit von der → Bemessungsgrundlage. Die Reagibilität wird bestimmt durch die Veränderungen der Bemessungsgrundlage in Bezug auf das Volkseinkommen, durch die Progressionsstufe des Steuersatzes und durch die zeitliche Verzögerung der Steuerzahlung. Das Ausmaß der Reagibilität ist entscheidend für die Wirksamkeit der → Built-in Flexibility.

Reagonomics – auch: *Reaganomics.* – Vgl. → Chicago School, → Angebotsökonomik.

Reaktanz – Phänomen des Widerstands gegen wahrgenommenen Beeinflussungsdruck. Reaktanz tritt auf, wenn ein Individuum sich in seiner Meinungs- und Verhaltensfreiheit bedroht fühlt. Die Reaktanz wird um so intensiver, je größer der wahrgenommene Beeinflussungsdruck ist, je höher die erlebte Bedeutung der Erlebens- und Verhaltensweisen ist, die eingeschränkt werden und je weiter diese Einschränkung reicht. – In der → Werbung kann Reaktanz bis zur völligen Ablehnung des angebotenen Produkts

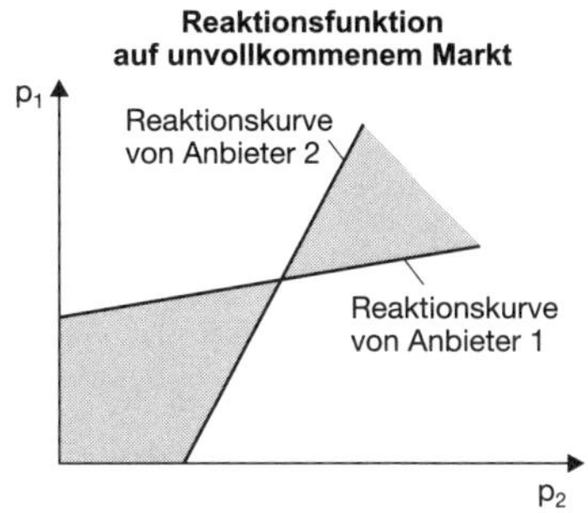

führen. → Glaubwürdigkeit ist eine wesentliche Voraussetzung, um Reaktanz in der Werbung zu vermeiden. – Vgl. auch → Manipulation.

Reaktion – I. Allgemein: Sammelbezeichnung für beobachtbares und nicht beobachtbares Verhalten eines Menschen aufgrund eines Stimulus (→ Käufer- und Konsumentenverhalten).

II. Werbung: → Käufer- und Konsumentenverhalten. – *Messung* z.B. durch → Hautwiderstandsmessung.

III. Preistheorie: → oligopolistische Preisbildung, → Reaktionsfunktion, → Reaktionskoeffizient.

Reaktionsfunktion – Begriff der → Preistheorie für das reaktive Verhalten oligopolistischer Anbieter (→ Oligopol). Man hat zu unterscheiden zwischen einer Reaktionsfunktion bei Mengenstrategie und bei Preisstrategie (vgl. Abbildung „Reaktionsfunktion auf vollkommenen Markt" und Abbildung „Reaktionsfunktion auf unvollkommenem Markt"). – 1. Betreiben die Anbieter Mengenstrategie, wie beim Cournot-Modell im homogenen Dyopol unterstellt, gibt die Reaktionsfunktion an, mit welcher Ausbringungsmenge Anbieter 1 (Anbieter 2) reagiert, wenn Anbieter 2 (Anbieter 1) eine bestimmte Menge ausbringt. Die entsprechenden dyopolistischen Mengenreaktionsfunktionen lauten $x_1(x_2)$ bzw. $x_2(x_1)$. – 2. Betreiben die Anbieter Preisstrategie, wie beim Bertrand-Modell im heterogenen Dyopol angenommen, gibt die Reaktionsfunktion an, mit welchem Preis Anbieter 1 (Anbieter 2) jeweils auf bestimmte Preise des Anbieters 2 (Anbieters 1). Die dyopolistischen Preisreaktionsfunktionen sind dementsprechend $p_1(p_2)$ bzw. $p_2(p_1)$.

Reaktionsgeschwindigkeit – Geschwindigkeit, mit der Marktteilnehmer (Anbieter oder Nachfrager) insbesondere auf Preissignale der Marktgegenseite oder auf Preisänderungen von Teilnehmern der gleichen Marktseite (konkurrierende Anbieter oder Nachfrager) reagieren. Entsprechendes gilt für den Einsatz anderer → Aktionsparameter. Einflussgrößen sind u.a. die → Markttransparenz, die Anbieter- bzw. Nachfragerzahl, Produkthomogenität oder -heterogenität, die → Kreuzpreiselastizität der Nachfrage, die → Marktphase und das Vorliegen von → Wettbewerbsbeschränkungen. – Vgl. auch → Preisbildungsmodelle.

Reaktionskoeffizient – in der oligopolistischen → Reaktionsfunktion die Koeffizienten (1. Ableitung) dp_j/dp_i (bei Preisstrategie) oder dx_j/dx_i (bei Mengenstrategie), welche angeben, mit welcher Preisänderung (dp_j) oder Mengenänderung (dx_j) der Anbieter j tatsächlich oder in der Erwartung des Anbieters i reagiert, wenn letzterer eine Preis- oder Mengenänderung vornimmt (→ Oligopol, → oligopolistische Preisbildung).

Reaktionsverbundenheit → Oligopol.

Reaktionszeit – *Psychologie:* auch *Latenzzeit;* Zeit vom Auftauchen eines Reizes bis zum Beginn der darauf folgenden Reaktion. Die Reaktionszeit ist verschieden nach Art der verlangten Reaktion, im Test z.B. auf Leuchtsignal Taster drücken (muskuläre Reaktion), einen von zwei Tastern drücken (Wahlreaktion), das gebotene Wort verstehen und aussprechen (sensorielle Reaktion), nur auf bestimmte Reize reagieren (Unterschiedsreaktion). Bei einfachsten Reaktionen (z.B. Taste drücken) beträgt die Reaktionszeit im Durchschnitt 0,2 Sekunden.

reaktive Messverfahren – Begriff der → Marktforschung für alle Instrumente, die eine Einbeziehung und Motivation der Testperson voraussetzen. Die Reaktion der zu testenden Person auf bestimmte Stimuli kann durch das Wissen, dass sie getestet wird, verändert werden (→ systematischer Fehler). Die → Befragung ist stets reaktives Messverfahren. Die → Beobachtung kann sowohl reaktiv (→ Laborforschung) als auch nicht reaktiv (→ Feldforschung) sein.

Realausgaben → Transformationsausgaben.

Real Balance Effect → Realkassenhaltungseffekt.

Realbesteuerung → Objektbesteuerung.

Real-Business-Cycle-Modelle – *RBC-Modelle;* Modelle der → Konjunkturtheorie, in denen exogene realwirtschaftliche → Schocks, i.d.R. Technologieschocks, zusammen mit Ausbreitungs- und

Verstärkermechanismen wie z.B. intertemporale Substitution von Arbeits- und Freizeit zu → Konjunkturschwankungen führen. RBC-Modelle sind Gleichgewichtsmodelle, bei denen die Volkswirtschaft früher oder später in Abhängigkeit von der Preis- und Lohnflexibilität immer wieder auf ihr Gleichgewichtsniveau zurückkehrt. Konjunkturpolitik ist daher in diesen Modellen weitgehend wirkungslos.

Realdefinition → Definition, → Essentialismus.

reale Außenwirtschaftstheorie – *reine Außenwirtschaftstheorie, güterwirtschaftliche Außenwirtschaftstheorie;* 1. *Begriff:* Teilbereich der → Außenwirtschaftstheorie, in dem von der Existenz des Geldes abstrahiert wird. – *Gegensatz:* → monetäre Außenwirtschaftstheorie. – Die reale Außenwirtschaftstheorie behandelt folgende *Problembereiche:* (1) Erklärung der → Handelsstruktur. (2) Untersuchung der Wohlfahrtswirkungen des internationalen Handels (→ Gains-from-Trade-Theorem), wie auch der internationalen Faktorbewegungen. (3) Erklärung der internationalen Tauschverhältnisse (→ Terms of Trade) und deren Bedeutung für die Wohlfahrtswirkungen des internationalen Handels. (4) Klärung der Frage, ob und unter welchen Bedingungen der internationale Güterhandel zu internationalem Faktorpreisausgleich führt. (5) Analyse der Wirkung von wirtschaftspolitisch motivierten Beeinflussungen des internationalen Handels durch künstliche – → tarifäre und → nicht tarifäre Handelshemmnisse – (→ Handelspolitik). (6) Untersuchung der Konsequenzen des internationalen Güterhandels bzw. → internationalen Faktorwanderungen, sowie deren wirtschaftspolitischen Beeinflussung, für die Einkommensverteilung innerhalb eines Landes. (7) Erklärung der empirisch beobachtbaren Formen der Protektion durch eine ökonomische Analyse des politischen Prozesses. – *Methoden:* Bei der Beschäftigung mit diesen Problemen setzt die reale Außenwirtschaftstheorie *mikroökonomische Methoden* ein, und dabei wiederum vorwiegend die *Theorie des allgemeinen Gleichgewichts* (auch Totalanalyse). Diese unterscheidet sich von der Partialanalyse durch die Berücksichtigung der für die gesamte Volkswirtschaft gegebenen Knappheit der Produktionsfaktoren. Dadurch entsteht typischerweise ein komplexes → System der Interdependenz aller Güter- und Faktormärkte, die in der Partialanalyse jeweils isoliert betrachtet werden. Nachdem die reale Außenwirtschaftstheorie sich vorwiegend den Fragen der effizienten → *Allokation* von knappen Faktoren widmet, abstrahiert sie ferner weitgehend von Problemen der *Preisstarrheit,* die ihrerseits oft Ursache von Unterbeschäftigung sind. Aus der Abstraktion von der Existenz des Geldes ergibt sich zwangsläufig, dass die reale Außenwirtschaftstheorie den internationalen Tausch von Finanzaktiva (→ internationaler Kapitalverkehr) nicht betrachtet.

Realeinkommen → Nominaleinkommen dividiert durch einen → Preisindex (z.B. Verbraucherpreisindex). Das Realeinkommen ist Indikator für die reale → Kaufkraft des Geldeinkommens (→ Inflation).

Realeinkommenseffekt → Einkommenseffekt.

realer Wechselkurs → Wechselkurs.

reales Bruttoinlandsprodukt (BIP) → Bruttoinlandsprodukt (BIP).

reales Inlandsprodukt – 1. *Begriff:* umfassender Ausdruck für die von Preisänderungen bereinigte, periodisch abgegrenzte wirtschaftliche Leistung einer Volkswirtschaft (→ Bruttoinlandsprodukt (BIP)). Als Indikator für Wachstum oder Schrumpfung der Volkswirtschaft zeigt das reale Inlandsprodukt die Entwicklung der wirtschaftlichen Leistung, die sich bei einer Umbewertung aller Transaktionen in Preisen des Vorjahres ergibt. – *Gegensatz:* das in jeweiligen Preisen ausgedrückte nominale BIP. – 2. *Berechnung:* Sowohl über die → Verwendungsrechnung des Inlandsprodukts (→ privater Konsum, Staatsverbrauch, → Bruttoinvestitionen, Export und Import jeweils in konstanten Preisen) als auch in der Entstehungsrechnung über die Bruttowertschöpfungen der einzelnen Wirtschaftsbereiche. Dividiert man das nominale BIP durch das reale BIP, erhält man den Preisindex des BIP mit wechselnder Wägung (→ Paasche-Index). Entsprechendes gilt für die Komponenten des BIP. – 3. Vom realen BIP (oder genauer: BIP in konstanten Preisen) zu unterscheiden ist der *Realwert des Inlandsprodukts oder des Nationaleinkommens,* bei dem alle Transaktionen nur von der allg. Geldwertänderung bereinigt werden. Die Deflationierung soll dabei mit jenem einheitlichen Preisindex erfolgen, an dem auch die Inflationsrate gemessen wird. Die Auswahl des konkreten Preisindex ist umstritten. Mit diesem Konzept werden der Einkommensaspekt und die Kaufkraftentwicklung in den Vordergrund gerückt.

Real Estate Investment Trust → REIT.

Realfolium – Bezeichnung für das bes. Grundbuchblatt eines jeden Grundstücks im → Grundbuch. – *Gegensatz:* → Personalfolium.

Realgemeinde – 1. Steuerrechtlicher *Begriff:* Personenzusammenschlüsse, die land- oder forstwirtschaftlich genutzte Grundstücke besitzen und bei denen die Mitglieder zu Nutzungen an diesen Grundstücken berechtigt sind. – 2. *Besteuerung:* a) Von der → Körperschaftsteuer befreit sind gemäß § 3 II KStG Hauberg-, Wald-, Forst- und Laubgenossenschaften sowie ähnliche Realgemeinden, unabhängig davon, ob sie Körperschaften des öffentlichen oder des privaten Rechts sind. – b) Die Einkünfte aus der Realgemeinde unterliegen unmittelbar bei den Beteiligten der *Einkommensteuer* als Einkünfte aus Land- und Forstwirtschaft (§ 3 II KStG, § 13 I Nr. 4 EStG). – c) Unterhalten oder verpachten Realgemeinden einen Gewerbebetrieb, der über den Rahmen eines → Nebenbetriebes hinausgeht, so sind sie insoweit selbst körperschaftsteuerpflichtig.

Realignment – Anpassung des im Rahmen eines → internationalen Währungssystems angestrebten → fixen Wechselkurses an veränderte → Fundamentaldaten durch → Aufwertung oder → Abwertung. – Vgl. → Bretton-Woods-System, → Wechselkurspolitik.

Realinvestition – *Sachinvestition;* Erwerb von materiellen Vermögensgegenständen (Sachgütern), z.B. Grundstücke und Gebäude, Maschinen oder Kraftfahrzeuge. – Vgl. auch → Investition, → Finanzinvestition, → immaterielle Investition.

Realisation – beobachtete → Ausprägung, beobachteter Wert einer Zufallsvariablen.

Realisationseinheit → organisatorische Einheit mit → Realisationskompetenz.

Realisationskompetenz → Kompetenz für die Vornahme von Handlungen zur faktischen Umsetzung vorangegangener Entscheidungen.

Realisationsprinzip – Bewertungsgrundsatz des Handelsrechts, abgeleitet aus dem → Vorsichtsprinzip, erstmals kodifiziert durch das BiRiLiG in § 252 I Nr. 4 HGB: Gewinne und Verluste sind dann auszuweisen, wenn sie durch den Umsatzprozess realisiert worden sind. *Realisationszeitpunkt* ist i.d.R. der Zeitpunkt der Leistungserbringung, in dem die Gefahr des zufälligen Untergangs vom Lieferanten auf den Käufer übergeht. – *Anders:* → nicht realisierte Gewinne. Das Realisationsprinzip schließt damit die Beachtung von Wertsteigerungen über die Anschaffungs- bzw. Herstellungskosten aus und lässt mögliche Zukunftsgewinne und -verluste unberücksichtigt. – *Ausnahme:* langfristige → Produktion. – Vgl. auch → Gewinnrealisation. Das Realisationsprinzip wird handels- und steuerrechtlich durch das → Imparitätsprinzip ergänzt (vgl. § 252 I Nr. 4 HGB).

Realisationswert → Veräußerungswert.

Realismus → Instrumentalismus.

Realkapital – *Sachkapital;* Summe der → Betriebsmittel (ohne immaterielle Teile wie Patente, Knowhow) einer Unternehmung, z.B. Anlagen, Maschinen, Fahrzeuge. – *Gegensatz:* Geldkapital, → Humankapital, → immaterielle Wirtschaftsgüter, → Werkstoffe. – Vgl. auch → Kapital.

Realkassenhaltungseffekt – *Real Balance Effect;* → Vermögenseffekt des Geldes; v.a. auf Patinkin zurückgehend. Die Wirtschaftssubjekte machen ihre Angebots- und Nachfragedisposition vom Realwert ihrer Geldbestände als einem Bestandteil ihres Vermögens abhängig. Bei sinkendem Preisniveau und damit bei steigendem Realwert ihrer Kassenbestände werden die Wirtschaftssubjekte aus ihrem Einkommen weniger sparen und stattdessen mehr Güter und Dienstleistungen nachfragen. Dadurch entsteht eine Übernachfrage am Gütermarkt mit der Folge steigender Produktion und Beschäftigung und/ oder steigenden Preisniveaus (analog bei steigendem Preisniveau). Patinkin versuchte, mithilfe des Realkassenhaltungseffekts die klassische These von der → Neutralität des Geldes zu stützen, sie gegen den Vorwurf der Inkonsistenz zu verteidigen und durch eine Integration von Geld- und Werttheorie die klassische Dichotomie (→ Dichotomie des Geldes) zu überwinden.

Realkauf → Handkauf.

Realkredit – *Sachkredit.* 1. *Begriff:* a) *i.w.S.:* Kredit, der durch Sachwerte oder dingliche Rechte besichert ist. – b) *I.e.S.:* zweck- und objektgebundene Darlehen, die durch → Grundpfandrechte oder Schiffspfandrechte (Schiffshypothek) gesichert sind und deren Verzinsung und Rückzahlung jederzeit, unabhängig von der Besonderheit des Kreditnehmers, durch das beliehene Grundstück, Schiff oder Schiffsbankwerte gewährleistet ist. Realkredite in der Form von Hypothekarkrediten müssen den Erfordernissen der §§ 14, 16 PfandBG entsprechen. Ein Realkredit liegt nach dem PfandBG dann vor, wenn bei Hypothekarkrediten die Beleihung die ersten drei Fünftel des Wertes eines Grundstücks (Beleihungswert) und der bei der Beleihung angenommene Wert den Verkaufswert (Verkehrswert) nicht übersteigt. – 2. Die *Einengung des Realkreditbegriffs* auf Kredite, für die eine den Regelungen des Pfandbriefgesetzes entsprechende Sicherheit bestellt wurde, erfolgt durch § 21 III Nr. 1 KWG (Realkredit im bankaufsichtlichen Sinn). – 3. Der *sparkassenrechtliche Realkreditbegriff* geht auf die entwicklungsgeschichtliche und geschäftspolitisch motivierte Unterscheidung des Kreditgeschäfts der Sparkassen in Realkredit, → Personalkredite und → Kommunalkredite zurück. Nach früheren satzungsrechtlichen Grundsätzen war der Realkredit die langfristige Ausleihung von Geld gegen Bestellung bestimmter, je nach dem Beleihungsobjekt (u.U. nur z.T.) zugelassener grundpfandrechtlicher Sicherheiten an Grundstücken, bestimmten grundstücksgleichen Rechten (Erbbaurecht, Wohnungseigentum, Teileigentum, Dauerwohnrecht) und an Schiffen oder Schiffsbauwerken, wobei Zins und Tilgung aus dem beliehenen Gegenstand (aus den Erträgen, aus dem Bauwert und Bodenwert oder Verkehrswert) gewährleistet sein mussten. Grundsätzlich gilt diese Definition auch heute noch. Novellierungen in den landesrechtlichen Vorschriften haben jedoch eine weit gehende Angleichung an den Realkreditbegriff des KWG gebracht.

Realkreditinstitute – *Boden-, Grund- und Immobiliarkreditinstitute;* Kreditinstitute, die → Hypothekarkredite gewähren (Aktivgeschäft) und sich die Mittel hierzu durch Ausgabe von Pfandbriefen oder Rentenbriefen beschaffen (Passivgeschäft). Die Realkreditinstitute beleihen städtischen und landwirtschaftlichen, bebauten oder unbebauten Grundbesitz.

Reallast → Belastung eines Grundstücks in der Weise, dass an den Begünstigten wiederkehrende Leistungen aus dem Grundstück zu entrichten sind. – *Rechtsgrundlagen:* §§ 1105–1112 BGB für privatrechtliche Lasten; verschiedene Landesgesetze für die öffentlichen Reallasten – Reallasten können *bestehen* in Renten von Geld oder Naturalien, in Diensten, Verpflichtungen (Instandhaltung einer Brücke, eines Weges, Zaunes, Aufziehen einer Turmuhr etc.). – Der Grundstückseigentümer *haftet* für die Reallast auch persönlich, soweit nicht ein anderes bestimmt ist. – Die Reallast *erlischt,* wenn sie abgelöst wird. – Zur *Begründung* einer Reallast ist → Einigung und Eintragung in das → Grundbuch erforderlich.

Reallohn – Indikator für die reale → Kaufkraft des Nominallohns, also bereinigt um Preisniveausteigerungen. Ergibt sich als Verhältnis zwischen dem Nominallohn (in Geldeinheiten pro Stunde) und dem Preisindex (Geldeinheiten für einen Warenkorb) und stellt somit den Warenkorb dar, der in einer Stunde Arbeit verdient worden ist.

Reallohnlücke – Indikator für die Differenz zwischen tatsächlichem und vollbeschäftigungskonformem Reallohnniveau. Eine Bestimmung des vollbeschäftigungskonformen Niveaus ist in der Praxis allerdings nicht möglich (→ Lohnpolitik).

Realoptionsansatz – 1. *Begriff:* Verfahren der → Investitionsrechnung zur Ermittlung der Vorteilhaftigkeit von Projekten. Der Realoptionsansatz interpretiert Investitionsprojekte als Optionen, wobei die → Option sofort, später oder auch gar nicht ausgeübt werden kann. Unterschieden wird zwischen Optionen auf die zukünftige Durchführung eines Projekts (Long Call) oder auf den möglichen Abbruch des Projekts (Long Put). Die Bewertung von Realoptionen erfolgt analog zu finanzwirtschaftlichen Optionen (→ Aktienoption). – 2. *Bedeutung:* Ein Vorteil des Realoptionsansatzes liegt darin, dass die Determinanten des Optionswertes offen gelegt werden. Problematisch ist jedoch die Übertragung der Optionsbewertung auf Realoptionen, da realwirtschaftliche Investitionsprojekte im Gegensatz zu Aktien nicht auf einem Markt gehandelt werden. Damit ist eine entscheidende Voraussetzung der → Optionspreistheorie nicht erfüllt.

Realplanung – 1. *Begriff:* Die Wirtschaftssubjekte orientieren sich bei ihren Entscheidungen ausschließlich an realen (preisbereinigten) Größen; die absolute Höhe der Güterpreise und der Lohnsätze spielt dabei keine Rolle. – 2. *Bedeutung:* In der → Makroökonomik wird bez. des Verhaltens der Wirtschaftssektoren typischerweise Realplanung unterstellt. So lautet die Keynessche Konsumhypothese (ausgedrückt in Realgrößen): $C^r = C_0^r + c \times Y^r (0 < c < 1)$, wobei: C^r = gesamtwirtschaftlicher realer privater Konsum, C_0^r = autonome reale Konsumgüternachfrage, c = marginale Konsumquote, Y^r = reales Volkseinkommen. Das *reale* Volkseinkommen ist der Quotient aus dem *nominalen* Volkseinkommen Y^n und dem gesamtwirtschaftlichen Güterpreisniveau P: $Y^r = Y^n / P$. Die aufgestellte Konsumhypothese für die privaten Haushalte impliziert, dass ihre reale Konsumnachfrage unverändert bleibt, wenn Nominaleinkommen und Preisniveau um den gleichen Prozentsatz zunehmen. Trotz des Anstiegs des nominalen Einkommens ändert sich die reale Konsumgüternachfrage nicht, da das Realeinkommen unverändert geblieben ist und der autonome Konsum real geplant wird, d.h. nicht von der absoluten Höhe des Preisniveaus P abhängt. Diese Verhaltensweise der Haushalte wird auch als *Freiheit von Geldillusion* bezeichnet, da sie nicht der Illusion unterliegen, dass eine Steigerung ihres Nominaleinkommens mit einer Erhöhung der Kaufkraft des nominalen Einkommensbetrags verbunden ist. – *Gegensatz:* → Geldillusion.

Realsplitting – Begriff des Einkommensteuerrechts. Nach § 10 I Nr. 1 EStG können → Unterhaltsleistungenan den geschiedenen oder dauernd getrennt lebenden, unbeschränkt einkommensteuerpflichtigen Ehegatten beim Unterhaltsverpflichteten bis zu 13.805 Euro im Kalenderjahr als → Sonderausgaben abgezogen werden. – Beim Unterhaltsberechtigten werden gemäß § 22 Nr. 1a EStG die Unterhaltsleistungen, soweit sie beim Geber abgezogen werden können, als → sonstige Einkünfte erfasst. → Werbungskosten können in nachgewiesener Höhe bzw. in Höhe des → Pauschbetrages von 102 Euro abgezogen werden (§ 9a Nr. 3 EStG). – Voraussetzung des Realsplittings ist ein Antrag des Unterhaltsverpflichteten mit Zustimmung des Berechtigten. Die Zustimmung für das jeweilige Jahr gilt bis auf Widerruf. Der Antrag ist auch für mehrere Jahre möglich. – Lebt der geschiedene Ehegatte im EU-Ausland, ist ein Realsplitting unter bestimmten Bedingungen ebenfalls möglich (§ 1a EStG). – Ab dem Veranlagungszeitraum 2010 ist zu beachten, dass sich der Höchstbetrag von 13.805 Euro um die in dem jeweiligen Veranlagungszeitraum für die Absicherung des geschiedenen oder dauernd getrennt lebenden, unbeschränkt einkommensteuerpflichtigen Ehegatten aufgewandten Beiträge (nach § 10 I Nr. 3 EStG) erhöht. Werden Unterhaltsleistungen an mehrere Empfänger geleistet, können Unterhaltsleistungen bei jeden Empfänger bis zum Höchstbetrag geltend gemacht werden, R 10.2 Abs. 3 EStR

Realsteuern – *Objektsteuern, Sachsteuern.* 1. *Begriff:* Steuern, die an Steuerobjekte anknüpfen, ohne Berücksichtigung der persönlichen Verhältnisse des Eigentümers oder sonst Berechtigten. Die Realsteuern stellen deshalb im Grundsatz nicht auf die persönliche Leistungsfähigkeit (→ Leistungsfähigkeitsprinzip) des Berechtigten ab. Realsteuern sind → Grundsteuer und → Gewerbesteuer (§ 3 II AO). → Steuerklassifikation nach dem Kriterium der Verknüpfung von Steuersubjekt und -objekt. – 2. *Bedeutung hinsichtlich der Abzugsfähigkeit* bei der Ermittlung des steuerpflichtigen Einkommens: Die Realsteuern sind als → Betriebsausgaben oder → Werbungskosten abzugsfähig. – *Gegensatz:* → Personensteuern.

Realsteuervergleich – Teil des Systems der → Steuerstatistiken; der jährlich auf Gemeindeebene erhobene Realsteuervergleich dient der bundeseinheitlichen Berechnung von Steuerkraftzahlen (Realsteuerkraft und gemeindliche Steuerkraft), die wichtige Indikatoren für die wirtschaftliche bzw. finanzielle Lage der Gemeinden darstellen. Diese Steuerkraft ist von finanzieller Bedeutung, denn sowohl der Bundes- als auch der Landesgesetzgeber knüpfen an sie finanzielle Konsequenzen, die sich im Finanzausgleich unter den Ländern bzw. im kommunalen Finanzausgleich niederschlagen. Erhoben werden das Realsteuer-Istaufkommen, die individuellen Hebesätze und Angaben über den Gemeindeanteil an Einkommensteuer und Umsatzsteuer sowie die Gewerbesteuerumlage. Die Veröffentlichung erfolgt in Fachserie 14, Reihe 10.1.

Realteilung – **I. Erbrecht:** Erbgang, bei dem die bäuerlich bewirtschaftete Fläche unter die Erben aufgeteilt wird. Realteilung war in Süddeutschland Anlass zur → Flurbereinigung.

II. Steuerrecht: 1. Realteilung einer → Personengesellschaft liegt vor, wenn jeder Gesellschafter bei deren Auflösung und Beendigung einen Teil des Gesellschaftsvermögens übernimmt und mit diesem ein Einzelunternehmen eröffnet bzw. fortführt. Bei Kapitalgesellschaften spricht man bei dem vergleichbaren Vorgang heute nicht mehr von Realteilung, sondern von der Spaltung von Kapitalgesellschaften. – 2. *Steuerliche Konsequenzen:* Die Realteilung einer Personengesellschaft führt seit dem 1.4.1999 als Aufgabe eines Mitunternehmeranteils zu einem steuerpflichtigen Gewinn. Das gilt allerdings nicht, soweit einer der Realteiler einen intakten Betrieb, Teilbetrieb oder Mitunternehmeranteil übernimmt. Dann sind zwingend die stillen Reserven in diesem Vermögen nicht aufzudecken (§§ 16 III, 6 III EStG). – Vgl. auch → Buchwertfortführung.

Real Time Processing → Echtzeitbetrieb.

Real Time Strategic Change – Abk. *RTSC*, methodischer Consulting-Ansatz zum schnellen Wandel mit Großgruppen, wobei Veränderungen bereits während einer Konferenz stattfinden, auf der sie angekündigt und diskutiert werden. Der Ablauf der Konferenz folgt einem Drei-Phasen-Modell, wobei wiederum in jeder Phase verschiedene Methoden zum Einsatz kommen. Die drei Phasen lauten: (1) Aufrütteln: Chancen und Probleme erkennen; (2) Zieldefinition: gemeinsame Informationsbasis schaffen und Vision für die Zukunft entwickeln; (3) Wandel: Zusammenarbeit verbessern und erste Schritte tun. Der Moderator bzw. Unternehmensberater hat im Rahmen der Konferenz keine Expertenfunktion, er fungiert vielmehr als Lotse. RTSC hat sich in der → Organisationsberatung der letzten Jahre als ein Verfahren zur Leitung und Moderation von Großgruppen etabliert.

Realtransfer – Sonderform des → Transfers, bei der die Leistung der öffentlichen Hand in der unentgeltlichen Bereitstellung von Gütern und Dienstleistungen besteht.

Realwissenschaft – *empirische Wissenschaft, Erfahrungswissenschaft;* Bezeichnung für eine Gruppe wissenschaftlicher Disziplinen, deren Gegenstand in der Realität existierende Objekte bilden. Neben Überprüfung auf logische Wahrheit ist Kontrolle der faktischen Wahrheit durch Tatsachenforschung erforderlich (→ Wissenschaftstheorie). Realwissenschaften gliedern sich in Naturwissenschaften (Physik, Biologie, Chemie etc.) und Sozial- bzw. Kulturwissenschaften. – Vgl. auch → Volkswirtschaftstheorie.

Realzeitbetrieb → Echtzeitbetrieb.

Realzeitverfahren → Echtzeitbetrieb.

Realzins – Ertrag aus der Nutzung investierten Kapitals, auch der tatsächliche Zinsertrag von Wertpapieren, errechnet aus dem jeweiligen Kurs und dem Zinssatz bzw. der Dividende (→ Rendite). Wird auch berechnet als Differenz zwischen dem Nominalzins und der erwarteten Inflationsrate. Liegt der → Geldzins unter dem Realzins, regt er Neuinvestitionen an; liegt er darüber, drosselt er sie (→ Wicksellscher Prozess).

Recalltest – *Gedächtnistest, Erinnerungstest.* 1. *Begriff:* direktes Messverfahren der Gedächtnisinhalte oder Messverfahren der Werbe- oder Markenwirkung. – 2. *Arten:* Es können zwei Arten unterschieden werden: (1) freie Reproduktion (Free Recall) und (2) unterstützte Reproduktion (Aided Recall). Bei der freien Reproduktion gibt die Testperson das Gelernte frei und ohne Hilfe wieder. Bei unterstützter Reproduktion werden der Testperson Gedächtnisstützen des gelernten Materials geliefert. – Vgl. auch → Day-after-Recall-Test. – 3. *Bewertung:* Es herrscht Uneinigkeit darüber, ob Recall-Messungen valide und reliabel sind. – 4. *Markenrecall:* Der Markenrecall zeigt die „aktive" → Markenkenntnis an. Der Konsument ist in der Lage, zu einem bestimmten Produkt- oder Dienstleistungsbereich aus dem Gedächtnis eine Marke zu nennen. – Messung des Markenrecall: Die Festlegung des vorgegebenen Produktbereiches, zu dem spontan Marken erinnert werden, kann unterschiedlich breit sein. Der Markenrecall kann zudem mit oder ohne Zeitvorgabe erfolgen. Enge Zeitvorgaben erschweren die Recallaufgabe. Alternativ kann auch die Zeit, wann welche Marke genannt wurde, gemessen werden. Dadurch erhält man tieferen Aufschluss darüber, welche Marke bes. stark mit einer Produktkategorie verknüpft und → Top of Mind ist. – *Bedeutung des Markenrecall:* Die aktive Erinnerung sorgt bei bewussten und überlegten Entscheidungen dafür, dass die Marke zur Menge der bei der Wahl berücksichtigten Alternativen gehört. Nur bei sehr geringem Involvement wird die Entscheidung erst in der Kaufsituation getroffen und es genügt die passive Markenkenntnis für den Kauf der Marke. – 5. *Bildrecall:* modalitätsspezifische Messverfahren, bei denen die Testpersonen ihre → inneren Bilder in visueller Form wiedergeben. Der Bildrecall ist ein Reproduktionsverfahren, bei dem die Testperson ihre inneren Bilder zeichnerisch wiedergibt. – Vgl. auch → Recognitiontest.

Rechenanlage → Computer.

Rechenfehler → offenbare Unrichtigkeit.

Rechenfehler in behördlichen Verfügungen → offenbare Unrichtigkeiten.

Rechengrößen – Sammelbegriff für die im Rechnungswesen benutzten Dimensionskategorien. – *Arten:* (1) *Originäre bzw. konkrete Rechengrößen:* Als Grunddimensionen im strengen Sinn stehen für quantitative wirtschaftliche und rechtliche Vorgänge nur physikalische Größen (Stückzahlen, Gewichte, Längen, Zeiten), Zahlungsmittel (Ein-, Auszahlungen, Zahlungsmittelbestände) und rechtliche Ansprüche oder Verpflichtungen auf Zahlungsmittelübertragung (Einnahmen, Ausgaben, Forderungen, Schulden) zur Verfügung. – Vgl. auch → originäre Rechengrößen. – (2) *Abgeleitete bzw. fiktive Rechengrößen:* begriffliche Konstrukte, v.a. Ertrag, Aufwand und Erfolg sowie Leistung, Kosten, Ergebnis im traditionellen „wertmäßigen" Sinn. Sie werden begrifflich von den konkreten Rechengrößen abgeleitet. – Vgl. auch → abgeleitete Rechengrößen.

Rechenmittelfunktion des Geldes → Geld.

Rechenschaftslegung – I. Bürgerliches Recht: nicht näher umrissene Pflicht des Beauftragten, neben den erforderlichen Nachrichten und der Auskunft über den Stand des Geschäfts nach Ausführung des → Auftrags dem Auftraggeber Rechenschaft zu geben (§ 666 BGB), bes. ggf. Rechnungslegung § 259 BGB. – Rechenschaftslegung ist u.a. Pflicht der → Handlungsgehilfen und der → Handelsvertreter für alle getätigten Geschäfte. Gleiches gilt auch für die geschäftsführenden Gesellschafter der → Personengesellschaften. – Regelmäßig wird bereits die Vorlage der → Geschäftsbücher genügen; wo das nicht ausreicht, kann notfalls → eidesstattliche Versicherung gefordert werden (§ 259 BGB).

II. Wettbewerbsrecht: Es besteht ein Anspruch des Verletzten gegen den Verletzer auf Rechenschaftslegung und Auskunftserteilung, bes. im Patent- und Gebrauchsmusterrecht. Bei anderen Wettbewerbs- und Markenverletzungen kann regelmäßig nur Auskunft entsprechend § 260 BGB verlangt werden. Auskunft hinsichtlich Dritter, also über Herkunft und Vertriebsweg rechtsverletzender Erzeugnisse kann bei der Verletzung von Patentrechten (§ 140b PatG), Gebrauchsmusterrechten (§ 25b GebrMG), Markenrechten (§ 19 MarkenG), Urheberrechten (§ 101 UrhG) und Geschmacksmusterrechten (§ 46 GeschmMG) verlangt werden.

Rechensystem → Computersystem.

Rechenwerk – *Arithmetical Logical Unit (ALU);* Funktionseinheit eines → Prozessors. Im Rechenwerk werden arithmetische und logische Operationen ausgeführt.

Rechenzentrum – I. Charakterisierung: organisatorische Einheit, die Rechen- und Serviceleistungen zentralisiert anbietet und über leistungsfähige → Computersysteme und → Softwaresysteme verfügt.

II. Arten: 1. *Unternehmenseigene Rechenzentren:* Eine Unternehmung kann ein oder mehrere Rechenzentren besitzen. – 2. *Gemeinschaftsrechenzentrum:* von mehreren Unternehmen gemeinsam errichtetes, betriebenes und genutztes Rechenzentrum; z.T. rechtlich selbstständige Firma (→ Outsourcing). Vielfach werden → Programme gemeinsam erstellt und eingesetzt. → Programmierer der Rechenzentren, u.U. auch Organisatoren, leisten den Benutzerfirmen Programmierungs- und Organisationsdienste. Gemeinschafts-Rechenzentren werden auch von Fach- und Prüfungsverbänden für die Mitgliedsfirmen unterhalten (z.B. → DATEV). – 3. *Lohnarbeitsrechenzentren bzw. Servicerechenzentren:* selbstständige Unternehmen, die ihre (oft speziellen) Leistungen (z.B. zur Lohn- und Gehaltsabrechnung, Fakturierung etc.) Unternehmen und Organisationen anbieten. Die → Daten werden (überwiegend) über Datenübertragungswege an das Rechenzentrum übertragen oder noch beim Rechenzentrum auf → Datenträger angeliefert.

Recherche – wird in Patentsachen auf Antrag von jedermann zur Ermittlung öffentlicher Druckschriften über den Stand der Technik (§ 43 PatG) oder auf → Prüfungsantrag (§ 44 PatG) vom → Deutschen Patent- und Markenamt (DPMA) durchgeführt (§ 43 PatG) und dem Antragsteller sowie dem Anmelder in einem Bericht zum Stand der Technik mitgeteilt (§ 43 VII PatG). Die Recherche ist Bestandteil des patentrechtlichen Prüfungsverfahrens und kann daher nur bis zum Ablauf von sieben Jahren nach Eingang der Anmeldung beantragt werden (§ 58 III PatG), allg. Auskünfte zum Stand der Technik sind nach § 29 III PatG möglich. Im europäischen Patenterteilungsverfahren (Art. 92 EPÜ) und in der internationalen Phase des Anmeldeverfahrens nach dem Patentzusammenarbeitsvertrag (Art. 15 PCT) ist die Recherche zwingend vorgeschrieben; der Recherchebericht wird mit der Veröffentlichung der Patentanmeldung veröffentlicht (Art. 93 EPÜ, Art. 21 PCT, Regel 48 AO PCT) und steht damit auch Dritten zur Einsicht offen. Im Gebrauchsmusterrecht ermittelt das Patentamt auf Antrag von jedermann die zur Beurteilung der Schutzfähigkeit des Gegenstandes eines Gebrauchsmusters oder einer Gebrauchsmusteranmeldung in Betracht zu ziehenden öffentlichen Druckschriften und erstellt einen Recherchebericht.

Rechner – Übersetzung der engl. Bezeichnung *Computer*. Beide Begriffe werden in der DIN-Norm 44.300 als Synonym für → Datenverarbeitungssystem aufgeführt. – Vgl. auch → elektronische Datenverarbeitungsanlage (EDVA), → Computersystem.

Rechnernetz – *Computer Network;* räumlich verteiltes System von → Rechner(n), Steuereinheit(en), und → Peripheriegeräten, die durch Datenübertragungseinrichtungen und -wege miteinander verbunden sind. – Vgl. auch → Computerverbund(-system), → Netz.

Rechnerorganisation → Informatik.

Rechnung – *Faktura;* Mitteilung des aufgrund des Kaufvertrags etc. fälligen Entgelts.

I. Bestandteile: 1. *Kopf:* Empfängeranschrift, Zeichen und Datum der Bestellung, eigenes Zeichen des Auftrags, Nummer und Datum der Rechnung. – 2. *Kern:* Bezeichnung der Leistung bzw. der Ware mit Stückzahl oder sonstiger Mengenbezeichnung; Positionsnummern; Einzel-, Gesamt- und Endpreis sowie die Zahlungsbedingungen und andere Vorschriften.

II. Umsatzsteuerrecht: 1. *Begriff:* Urkunde, mit der ein Unternehmer über Lieferungen und sonstige Leistungen gegenüber dem Leistungsempfänger abrechnet, gleichgültig, wie diese Urkunde im Geschäftsverkehr bezeichnet wird (z.B. Angaben in einem Vertrag). Als Rechnung zählt auch eine Gutschrift, wenn sie den Formvorschriften entspricht und der leistende Unternehmer dem Inhalt der Gutschrift nicht widerspricht. – 2. *Form:* Eine Rechnung ist auf Papier oder als → elektronische Rechnung zu übermitteln (§ 14 I UStG). – 3. Eine Rechnung im Sinn des UStG muss bestimmte *Pflichtbestandteile* enthalten; ist dies nicht der Fall, hat der Leistungsempfänger keinen Anspruch auf → Vorsteuerabzug (§ 15 I Nr. 1 UStG). Diese sind: a) Leistender Unternehmer und Leistungsempfänger müssen beide mit vollständigem Namen und vollständiger Anschrift genannt sein; b) dt. Umsatzsteuer-Identifikationsnummer oder Steuernummer des leistenden Unternehmers, c) Ausstellungsdatum, d) fortlaufende Rechnungsnummer, e) Menge und Art der in handelsüblicher Weise bezeichneten gelieferten Gegenstände oder Art und Umfang der erbrachten sonstigen Leistung, f) Zeitpunkt der Lieferung oder sonstigen Leistung oder Zeitpunkt der Vereinnahmung des Entgelts, wenn dieser feststeht, g) Nettoentgelte, Steuersätze bzw. Steuerbefreiungen für jede einzelne Leistung, sowie jede im Voraus vereinbarte Minderung des Entgelts, h) in bes. Fällen Hinweis auf die Aufbewahrungspflicht des Leistungsempfänger. Erleichterungen bestehen für → Kleinbetragsrechnungen. – 4. *Sonderregelungen* verlangen teilweise auch die Angabe der Umsatzsteuer-Identifikationsnummer des Leistungsempfängers auf der Rechnung (§ 14a UStG). Geht die Pflicht zur Zahlung der Steuer nach Sonderregelungen auf den Kunden über (z.B. bei Dreiecksgeschäft oder bei Reverse-Charge-Verfahren), so ist nur der Nettobetrag auszuweisen und ein Hinweis auf die Steuerschuldnerschaft des Kunden auf der Rechnung anzubringen; vgl. § 14a UStG. – 5. Eine *Pflicht zur Ausstellung einer* Rechnung im umsatzsteuerlichen Sinn besteht immer dann, wenn der Kunde ein Unternehmer und/oder eine juristische Person ist (§ 14 II Satz 2 UStG); auch in den übrigen Fällen ist der Unternehmer zur Ausstellung einer Rechnung berechtigt. – 6. *Folgen einer falschen Rechnung:* Wer eine Rechnung im umsatzsteuerlichen Sinn ausstellt und hierauf eine zu hohe Steuer ausweist, gefährdet hierdurch das Steueraufkommen, weil die Rechnung vom Empfänger potenziell zum Vorsteuerabzug benutzt werden könnte. Er schuldet deshalb gegenüber der Finanzbehörde den ausgewiesenen Mehrbetrag, bis er die Rechnung berichtigt (und in einigen Fällen auch das eingetretene fiskalische Risiko beseitigt hat; §§ 14b, 14c UStG). Zugleich jedoch steht einem Leistungsempfänger, der eine Rechnung akzeptiert hat, in der die Umsatzsteuer zu hoch ausgewiesen ist, aus dieser Rechnung kein Vorsteuerabzug für diesen Mehrbetrag zu (§ 15 I Nr.1 UStG); er muss vielmehr auf Rechnungsberichtigung und Erstattung der zu viel bezahlten Umsatzsteuer durch seinen Geschäftspartner bestehen.

Rechnungsabgrenzung – 1. *I.w.S.:* die zeitliche Zuordnung der Einnahmen und Ausgaben eines Betriebes zur Ermittlung des Periodenerfolges. Je nach den angewandten Abgrenzungskriterien bestimmt sich danach direkt der Inhalt der Aufwands- und Ertragspositionen (periodisierte Einnahmen und Ausgaben) und indirekt auch der Inhalt der Aktiv- und Passivpositionen der Bilanz. – 2. *I.e.S.:* a) *Transitorische Posten:* Geschäftsvorfälle, die im alten Jahr zu Ausgaben bzw. Einnahmen geführt haben, deren Ergebniswirkung eine bestimmte Zeit nach dem Bilanzstichtag eintritt. – Vgl. auch → transitorische Posten der Rechnungsabgrenzung. – b) → Antizipative Posten der Rechnungsabgrenzung: Geschäftsvorfälle, die erst nach dem Bilanzstichtag Ausgaben/Einnahmen auslösen, die aber ganz oder teilweise das Ergebnis des alten Geschäftsjahres betreffen; sie dürfen handelsrechtlich nicht als Rechnungsabgrenzungsposten ausgewiesen werden. Antizipative Aktiva müssen unter den sonstigen Forderungen ausgewiesen werden; antizipative Passiva unter den (sonstigen) Verbindlichkeiten (u.U. auch als → Rückstellungen).

Rechnungsabgrenzungsposten → Abgrenzungsposten, → Rechnungsabgrenzung.

Rechnungshof – oberste und unabhängige Behörde, der die Ordnungs- und Wirtschaftlichkeitsprüfung des Staatshaushalts nach dessen Vollzug und damit die Erfüllung der → administrativen Kontrollfunktion obliegt. In der Bundesrepublik Deutschland besteht für den Bund der → *Bundesrechnungshof* (Art. 114 II GG), für jedes Bundesland ein *Landesrechnungshof,* deren formale Grundlagen weitgehend analog ausgestaltet sind. Bei den Gemeindeverbänden führt das → Rechnungsprüfungsamt die örtlichen Prüfungen durch; hinzu kommt eine landesrechtlich unterschiedlich gestaltete *überörtliche Prüfung.* Der 1977 errichtete Europäische Rechnungshof (→ EuRH) wurde durch die Einheitliche Europäische Akte (→ EEA) als selbstständiges

Gemeinschaftsorgan primärrechtlich verankert (vgl. Art. 13 EUV und 285 ff. AEUV).

Rechnungsjahr – Abrechnungszeitraum im öffentlichen Haushalt. Rechnungsjahr (Haushaltsjahr) ist das Kalenderjahr (§ 4 HGrG).

Rechnungslegung – I. Begriff: 1. *I.w.S.:* geordnete Zusammenstellung der Einnahmen und Ausgaben unter Beifügung der Belege. Pflicht zur Rechnungslegung besteht für denjenigen, der über eine mit Einnahmen und Ausgaben verbundene Verwaltung Rechenschaft abzulegen hat (§ 259 BGB; vgl. → Rechenschaftslegung). Dabei kann unter Rechnungslegung Rechenschaft zur Bemessung von Ansprüchen und Verpflichtungen mithilfe eines → Rechnungswesens verstanden werden. – 2. *I.e.S.:* Aufstellung und Bekanntmachung des Jahresabschlusses (→ Bilanz, → Gewinn- und Verlustrechnung (GuV) und ggf. → Anhang)) sowie ggf. des → Lageberichts (§§ 242 ff. HGB). – 3. Die Rechnungslegung von Unternehmen und Konzernen, die bestimmte *Größenmerkmale* erfüllen, regelt das Gesetz über die Rechnungslegung bestimmter Unternehmen und Konzerne (Publizitätsgesetz (PublG) vom 15.8.1969; BGBl. I 1189).

II. Rechnungslegung nach Publizitätsgesetz: 1. *Einzelunternehmen:* a) Betroffen sind Unternehmen in der Rechtsform (1) einer Personenhandelsgesellschaft, für die kein Abschluss nach § 264a oder b HGB aufgestellt wird, (2) des Einzelkaufmanns, (3) des wirtschaftlichen Vereins, (4) der rechtsfähigen Stiftung, wenn sie ein Gewerbe betreibt, (5) einer Körperschaft, Stiftung oder Anstalt des öffentlichen Rechts, wenn sie Kaufmann nach § 1 HGB sind oder als Kaufmann in das Handelsregister eingetragen sind. – b) *Verpflichtung* zur Rechnungslegung, wenn für den Abschlussstichtag und für die zwei darauf folgenden Abschlussstichtage zwei der folgenden drei Merkmale zutreffen: (1) Die Bilanzsumme der Jahresbilanz übersteigt 65 Mio. Euro; (2) die Umsatzerlöse in den zwölf Monaten vor dem Abschlussstichtag übersteigen 130 Mio. Euro; (3) das Unternehmen hatte in den zwölf Monaten vor dem Abschlussstichtag durchschnittlich mehr als 5.000 Arbeitnehmer beschäftigt (§ 1 I PublG). – c) *Inhalt:* Die Rechnungslegung nach PublG lehnt sich an die handelsrechtlichen Vorschriften für Kapitalgesellschaften an. Bei der Erstellung des → Jahresabschlusses nach PublG sind die §§ 265, 266, 268 bis 275, 277, 278 des HGB sinngemäß anzuwenden. Im Vergleich zu den handelsrechtlichen Rechnungslegungsvorschriften der Kapitalgesellschaften ergibt sich bei der Rechnungslegung folgende Besonderheit: (1) Personenhandelsgesellschaften und Einzelkaufleute sind von der Pflicht zur Aufstellung eines Anhangs sowie eines Lageberichts befreit und können die GuV nach den für ihr Unternehmen geltenden Bestimmungen aufstellen. – d) *Offenlegung und Prüfung:* Die Offenlegungs- und Prüfungsvorschriften des PublG orientieren sich ebenfalls an den handelsrechtlichen Regelungen. Soweit für einzelne Gesellschaftsformen nichts anderes bestimmt ist, gelten § 316 III, § 317 I, II, § 318 I, III–VII, § 319 I–III, § 320 I, II, §§ 321–324 des HGB über die Prüfung des Jahresabschlusses sinngemäß (→ Jahresabschlussprüfung). Sinngemäß sind ebenfalls die Offenlegungsvorschriften der §§ 325 I, II, IV und V, 328 HGB anzuwenden (→ Offenlegungspflicht). Besonderheiten bezgl. der Prüfungs- und Offenlegungspflicht bestehen bes. bei Personenhandelsgesellschaften und Einzelkaufleuten (§ 6 II, § 9 II, III PublG). – 2. *Konzerne:* a) Betroffen sind Konzerne, wenn ein Unternehmen mit Sitz im Inland unmittelbar oder mittelbar einen beherrschenden Einfluss auf ein anderes Unternehmen ausübt. Bei Konzernen mit ausländischer Konzernmutter geht die Verpflichtung zur Aufstellung eines Teil-Konzernabschlusses auf die inländische Konzerntochter über, die der Konzernleitung am nächsten steht. – b) *Verpflichtung* zur Rechnungslegung: gleiche Größenmerkmale wie bei Einzelunternehmen, bezogen auf Konzernbilanzsumme, Konzernjahresumsatzerlöse und Konzernbeschäftigtenzahl (§ 11 PublG). – c) *Inhalt:* Für die Erstellung des Konzernabschlusses und Konzernlageberichtes gelten sinngemäß die §§ 294–315 HGB. Besonderheiten u.a.: (1) Deutsche kapitalmarktorientierte Unternehmen sind gemäß § 315a HGB zur Aufstellung eines IFRS-Konzernabschlusses verpflichtet. (2) Konzerne mit einer Personenhandelsgesellschaft oder einem Einzelkaufmann als Mutterunternehmen können eine vereinfachte Konzern-Gewinn- und Verlustrechnung aufstellen. – d) *Prüfung und Offenlegung:* Konzernabschluss und Konzernlagebericht sind unter sinngemäßer Anwendung der handelsrechtlichen Vorschriften (§§ 316 III, 317–324 HGB) zu prüfen. Konzernabschluss und Konzernlagebericht sind in der für große Kapitalgesellschaften vorgeschriebenen Form zu veröffentlichen (Offenlegungspflicht).

Rechnungslegung im internationalen Vergleich – Die Schwierigkeiten in der Vergleichbarkeit bzw. Interpretierbarkeit z.B. der Bilanzen aus unterschiedlichen Ländern beruhen auf länderspezifisch unterschiedlichen Rechtssystemen und den jeweiligen Usancen in der Handhabung, also in den Rechnungslegungspraktiken und kaufmännischen Gepflogenheiten. Dies hat zu verstärkten Anstrengungen hinsichtlich einer *internationalen Harmonisierung der Rechnungslegung* geführt (Vierte und Siebte EG-Richtlinie der Europäischen Kommission; Leitsätze der OECD für multinationale Unternehmen, Rechnungslegungsgrundsätze des → International Accounting Standards Board (IASB), welches die International Financial Reporting Standards erlässt.) – Der Prozess der Vereinheitlichung gestaltete sich anfänglich als schwierig, da der Rechnungslegung *unterschiedliche Philosophien* zugrunde liegen: Während im angelsächsischen Wirtschaftsraum für den bilanziellen Abschluss das Prinzip des „True and Fair View“ den Leitgrundsatz abgibt, sind kontinentaleuropäische Rechnungslegungsgrundsätze ursprünglich eher dem Gläubigerschutz verbunden. – Vgl. auch → internationales Berichtssystem.

Rechnungslegungsverordnung – Verordnung über die Rechnungslegung der Kreditinstitute und Finanzdienstleistungsinstitute (Kreditinstituts-Rechnungslegungsverordnung (RechKredV)) vom 10.2.1992 (BGBl. I 203), geändert durch VO vom 18.6.1993 (BGBl. I 924)), die in Ergänzung des → Bankbilanzrichtlinie-Gesetzes vom 30.11.1990 i.d.F. vom 11.12.1998 (BGBl. I 3658), zuletzt geändert durch Gesetz vom 10.12.2001 (BGBl. I 3414) zur Umsetzung der → Bankbilanzrichtlinie in deutsches Recht dient. Die Rechnungslegungsverordnung gilt für alle Kreditinstitute und tritt an die Stelle nicht nur der Formblattverordnung vom 20.12.1967 sowie der Bilanzierungsrichtlinien des Bundesaufsichtsamts für das Kreditwesen (BAK), jetzt → Bundesanstalt für Finanzdienstleistungsaufsicht (BaFin), sondern auch der bes. aufsichtsbehördlichen Regelungen für Sparkassen und öffentlich-rechtliche Kreditinstitute (öffentliche Banken; Rechnungslegungsrecht der Kreditinstitute). Ihren Niederschlag finden die Vorschriften in den Formblättern für die Bankbilanz sowie für die → Gewinn- und Verlustrechnung (GuV) der Kreditinstitute. Die Rechnungslegungsverordnung enthält drei Formblätter: ein Formblatt für die Bilanz und zwei Formblätter für die GuV. Sie sind von allen Kreditinstituten, unabhängig von ihrer Rechtsform und ihrer geschäftlichen Ausrichtung, anzuwenden. Im Detail ergeben sich voneinander abweichende Ausprägungen, und zwar bedingt durch zahlreiche Fußnoten, die den Besonderheiten einzelner Institutsgruppen Rechnung tragen.

Rechnungslegungsvorschriften – allg. Buchführungs- und Bilanzierungsvorschriften sowie bes. für Unternehmungen bestimmter Rechtsformen und Wirtschaftszweige. – Vgl. auch → Buchführungspflicht.

Rechnungsperiode – Zeitabschnitt, über den sich eine Periodenrechnung (→ Gewinn- und Verlustrechnung (GuV), → Erfolgsrechnung) erstreckt.

Rechnungspreis – von einem Lieferanten auf dem Rechnungsformular ausgewiesener Verkaufspreis für eine Ware, d.h. Listenpreis abzüglich der eingeräumten Mengenrabatte. Rechnungspreise sind ggf. um Preisnachlässe (Skonti, Gutschriften, Treueboni, Jahresrückvergütungen, Gesamtumsatzrabatte) zu mindern. – Vgl. auch → Wareneinstandspreis.

Rechnungsprüfung – Prüfung des → Rechnungswesens z.B. eines Vereins, ggf. auch einer Unternehmung. – Vgl. auch → Jahresabschlussprüfung, → Wirtschaftsprüfung, → Wirtschaftsprüfungsmethoden.

Rechnungsprüfungsamt – Behörde zur materiellen Prüfung der Finanzgebarung von Gemeinden und Gemeindeverbänden; vergleichbar einem → Rechnungshof auf Gemeindeebene. In den Ländern unterschiedlich geregelt.

Rechnungswesen – I. Volkswirtschaftslehre: → Volkswirtschaftliche Gesamtrechnung (VGR).

II. Betriebswirtschaftslehre: 1. *Begriff:* Das betriebliche Rechnungswesen umfasst Verfahren zur systematischen Erfassung und Auswertung aller quantifizierbaren Beziehungen und Vorgänge der Unternehmung für die Zwecke der Planung, Steuerung und Kontrolle des betrieblichen Geschehens. – 2. *Aufgaben:* a) *betriebsintern:* (1) *Abbildung und Kontrolle:* mengen- und wertmäßige Erfassung und Überwachung der betrieblichen Prozesse. – *Beispiel:* Feststellung von Bestandsveränderungen, Errechnung der Stückkosten, Ermittlung von Beständen. (2) *Planung und Steuerung:* Wirtschaftlichkeits- und Rentabilitätsrechnungen, die auf Daten des betriebswirtschaftlichen Rechnungswesens basieren, dienen der Unternehmensleitung als Planungsgrundlagen. – b) *Extern:* (1) *Rechenschaftslegung:* Aufgrund gesetzlicher Vorschriften (z.B. §§ 238 ff. HGB) sind die Unternehmen verpflichtet, Rechenschaft über die betrieblichen Abläufe zu legen. Diese Forderung kann nur mit einem funktionierenden Rechnungswesen erfüllt werden. (2) *Information:* Das Rechnungswesen informiert, teils aufgrund gesetzlicher Veröffentlichungspflicht (z.B. §§ 325 ff. HGB), teils aufgrund freiwilliger Offenlegung, Gesellschafter, Gläubiger, Arbeitnehmer, Finanzbehörden und die interessierte Öffentlichkeit über die Vermögens-, Finanz- und Ertragslage der Unternehmung. – 3. *Aufbau:* Es gibt eine Vielzahl von Vorschlägen für die Gliederung des Rechnungswesens: – a) *Traditionelle Gliederung:* Buchführung und Bilanz, Kosten- und Leistungsrechnung, Betriebsstatistik und Vergleichsrechnung, Planungsrechnung. – b) Um eine *Vermischung* der Einteilungskriterien wie unter a) zu vermeiden (z.B. kann eine Bilanz als Planungsrechnung erstellt werden), ist in der tabellarischen Übersichtüber Aufgaben und Aufbau des betrieblichen Rechnungswesens die Gliederung der Bereiche nach folgenden Merkmalen vorgenommen: Alle Rechnungen lassen sich in *Planungs-, Dokumentations- und Überwachungsrechnungen* einteilen. Die Rechnungen können nach betriebswirtschaftlichen Rechnungskategorien (Aufwand/Ertrag, Vermögen/Kapital, Kosten/Leistungen, Auszahlungen/Einzahlungen), Abrechnungsinhalten (Gewinn- und Verlustrechnungen, Bilanzen etc.) und ihrer Auswertung für Statistik und Betriebsvergleich gegliedert werden. – c) Auch eine *Einteilung in Nominalrechnungen* (z.B. Liquiditätsrechnungen) *und realgüterliche Rechnungen* (z.B. Lagerbuchführung, Substanzerhaltungsrechnungen) ist möglich. – d) *In der Gesamtorganisation der Unternehmung* wird das betriebliche Rechnungswesen häufig als Aufgabenbereich des → Controllings eingeordnet. – 4. Tabellarische Darstellung von Aufgaben und Aufbau des betrieblichen Rechnungswesens vgl. Abbildung „Rechnungswesen". – Vgl. auch → Umweltrechnungslegung, → verhaltensorientiertes Rechnungswesen.

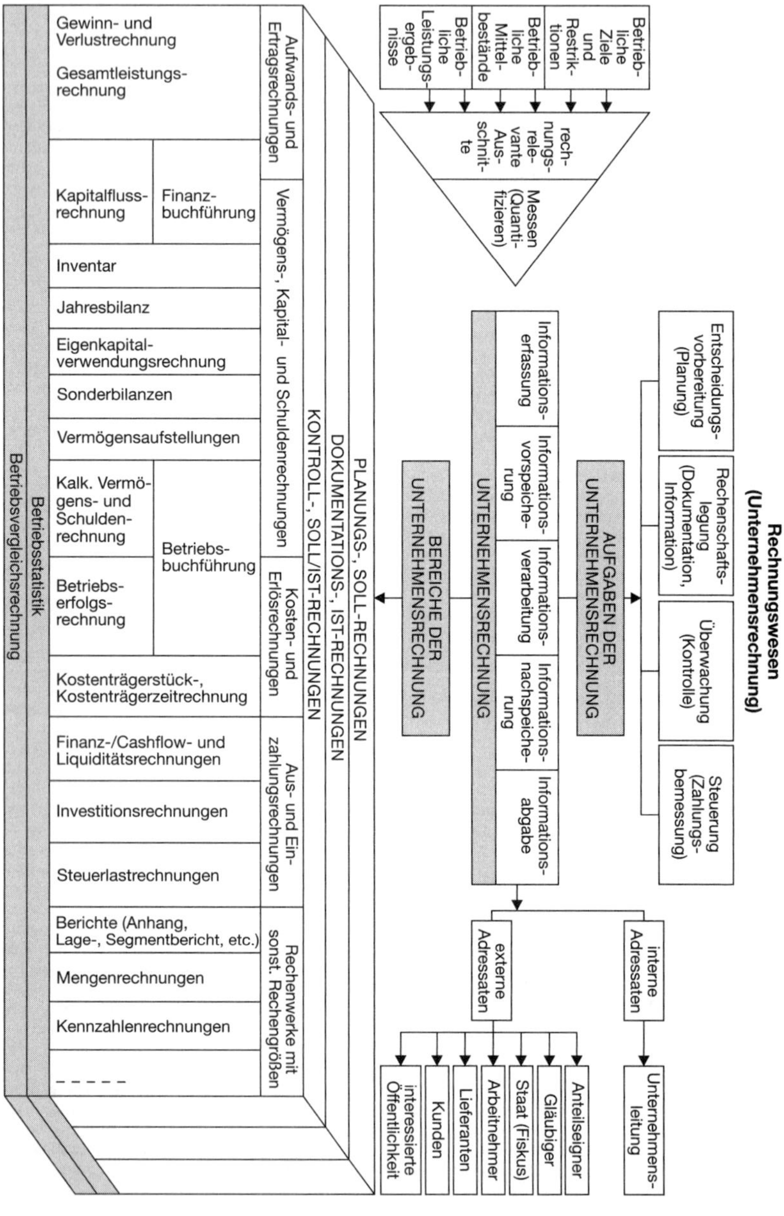
Rechnungswesen
(Unternehmensrechnung)
Entscheidungs-vorbereitung (Planung)
Rechenschafts-legung (Dokumentation, Information)
Überwachung (Kontrolle)
Steuerung (Zahlungs-bemessung)
Betriebliche Ziele und Restriktionen
Betriebliche Mittelbestände
Betriebliche Leistungsergebnisse
rechnungsrelevante Ausschnitte
Messen (Quantifizieren)
AUFGABEN DER UNTERNEHMENSRECHNUNG
UNTERNEHMENSRECHNUNG
Informations-erfassung
Informations-vorspeicherung
Informations-verarbeitung
Informations-nachspeicherung
Informations-abgabe
BEREICHE DER UNTERNEHMENSRECHNUNG
interne Adressaten
externe Adressaten
Unternehmens-leitung
Anteilseigner
Gläubiger
Staat (Fiskus)
Arbeitnehmer
Lieferanten
Kunden
interessierte Öffentlichkeit
PLANUNGS-, SOLL-RECHNUNGEN
DOKUMENTATIONS-, IST-RECHNUNGEN
KONTROLL-, SOLL/IST-RECHNUNGEN
Aufwands- und Ertragsrechnungen
Vermögens-, Kapital- und Schuldenrechnungen
Kosten- und Erlösrechnungen
Aus- und Einzahlungsrechnungen
Rechenwerke mit sonst. Rechengrößen
Gewinn- und Verlustrechnung
Gesamtleistungs-rechnung
Kapitalfluss-rechnung
Finanz-buchführung
Inventar
Jahresbilanz
Eigenkapital-verwendungsrechnung
Sonderbilanzen
Vermögensaufstellungen
Kalk. Vermögens- und Schulden-rechnung
Betriebs-erfolgs-rechnung
Betriebs-buchführung
Kostenträgerstück-, Kostenträgerzeitrechnung
Finanz-/Cashflow- und Liquiditätsrechnungen
Investitionsrechnungen
Steuerlastrechnungen
Berichte (Anhang, Lage-, Segmentbericht, etc.)
Mengenrechnungen
Kennzahlenrechnungen
– – – – –
Betriebsstatistik
Betriebsvergleichsrechnung

Recht – 1. Gesamtheit der Rechtsnormen, die in der Rechtsgemeinschaft gelten, die Rechtsordnung. – 2. Die vom Recht gewährte, in einem subjektiven Recht verkörperte Machtbefugnis oder Berechtigung, der → Anspruch. – Vgl. auch → Institution.

Recht am Arbeitsplatz → Arbeitsplatz.

Recht auf Arbeit – Grundsatz, wonach der Staat verpflichtet ist, das Recht des Arbeitnehmers zu schützen, seinen Lebensunterhalt durch frei übernommene Arbeit zu verdienen. Enthalten in Teil II Art. 1 Nr. 2 → Europäische Sozialcharta. Im Grundgesetz nicht verankert. Ein Recht auf Arbeit im Sinn eines Anspruchs auf Begründung eines Arbeitsverhältnisses wird in den liberalen Verfassungstradition nicht anerkannt, wohl aber gibt es ein Recht auf Arbeit in einigen Landesverfassungen (z.B. Art. 28 Nr. 2 der Verfassung des Landes Hessen) als sozialstaatlichen Programmsatz, der Gesetzgeber und Regierung auffordert, alles Notwendige zu tun, um jedem Arbeitswilligen einen Arbeitsplatz zu verschaffen.

Recht auf tatsächliche Beschäftigung → Beschäftigungsanspruch.

Recht der Schuldverhältnisse – im Zweiten Buch des BGB geregelte Rechtsmaterie. – Das Recht der Schuldverhältnisse enthält allg. Vorschriften, die für alle Schuldverhältnisse gelten (z.B. über Begründung eines Schuldverhältnisses, Schadensersatzpflicht, Rücktrittsrecht, Erfüllung, Aufrechnung, Erlass, Abtretung), und bes. Bestimmungen über einzelne Schuldverhältnisse (z.B. Kauf, Miete).

Rechte an Informationen – Nach der Theorie der → Verfügungsrechte sind nicht die Informationen selbst, sondern die mit ihnen verbundenen Nutzungsrechte von wirtschaftlichem Interesse. Um diese Rechte zu schützen und handelbar zu machen, gibt es neben vertraglichen Sicherungsformen eine Anzahl von Rechtsinstitutionen, wie Patent- und Lizenzrecht. Darüber hinaus verlangen neue Informations- und Kommunikationstechniken neben neuen Rechtsinstitutionen auch nach technischen Sicherungen gegen den Missbrauch und die Manipulation von Informationen.

Rechteckverteilung → Gleichverteilung.

rechtliches Gehör – 1. *Allgemein:* Anspruch eines jeden auf rechtliches Gehör vor Gericht (Art. 103 I GG), d.h. der Betroffene muss vor Erlass einer ihm nachteiligen Entscheidung Gelegenheit haben, sich zur Sache zu äußern. Das Gericht trifft die Pflicht, das Vorbringen des Betroffenen zur Kenntnis zu nehmen und zu erwägen. Dieser Grundsatz gilt bei allen Gerichten. – *Bei Verletzung* nach Erschöpfung des Rechtsweges: → Verfassungsbeschwerde. Wird das rechtliche Gehör in entscheidungserheblicher Weise verletzt, ist die Möglichkeit eröffnet, einen Fortgang des Verfahrens mit der → Anhörungsrüge (Gehörsrüge) zu erreichen (§ 321a ZPO, §§ 33a,356a StPO, § 55 Abs. 4 JGG, § 78 ArbGG, § 152a VwGO, § 133 FGO, § 178a SGG). – 2. Nach *Verwaltungsrecht* gilt der Grundsatz i.d.R. auch für alle einen einzelnen belastenden Entscheidungen der Verwaltungsbehörden (vgl. § 28 VwVfG). – 3. *Steuerrecht:* a) Bevor ein belastender → Verwaltungsakt erlassen wird, soll dem → Steuerpflichtigen Gelegenheit gegeben werden, sich zu den entscheidungserheblichen Tatsachen zu äußern. Dies bes. dann, wenn von den Angaben in der → Steuererklärung zu seinen Ungunsten abgewichen werden soll (§ 91 I AO). Bei geringfügigen Abweichungen ist deren Erläuterung im Rahmen einer Anlage zum → Steuerbescheid ausreichend. – b) Ist rechtliches Gehör versehentlich *unterblieben,* kann die Anhörung nach Erlass des Steuerbescheids nachgeholt werden, wodurch seine Fehlerhaftigkeit geheilt wird (§ 126 I Nr. 3 AO). – c) Soweit der Steuerpflichtige durch eine unterlassene Anhörung eine rechtzeitige Anfechtung des Verwaltungsakts versäumt hat, ist ihm → Wiedereinsetzung in den vorigen Stand zu gewähren, es sei denn, die Abweichungen wurden in dem betreffenden Verwaltungsakt oder einer Anlage dazu erläutert (AEAO zu § 91 Nr. 3). – d) Ein generelles Recht auf *Akteneinsicht* im Steuerfestsetzungsverfahren besteht grundsätzlich nicht.

rechtliches Interesse – unterschiedlich verwendeter Rechtsbegriff: Ein rechtliches Interesse ist gegeben, wenn der Rechtskreis einer Person im weitesten Sinn berührt wird. Akteneinsicht durch Unbeteiligte setzt u.U. Glaubhaftmachung eines rechtlichen Interesses voraus (vgl. z.B. § 299 ZPO). – *Anders:* → berechtigtes Interesse.

Rechtsakt – Bezeichnung für die rechtlichen Handlungsformen in der → EU (→ EG, → EAG): Verordnung, Richtlinien (→ EG-Richtlinien), Beschluss (früher: → Entscheidung), → Empfehlung, → Stellungnahme (Art. 288 AEUV).

Rechtsanwalt – unabhängiger Vertreter und Berater in allen Rechtsangelegenheiten. – *Rechtsgrundlage:* Bundesrechtsanwaltsordnung vom 1.8.1959 (BGBl. I 565) m.spät.Änd.

I. **Berufsstand:** 1. Der Rechtsanwalt übt als *unabhängiges Organ* der Rechtspflege einen → freien Beruf aus und betreibt kein → Gewerbe. Sein Recht, in allen Rechtsangelegenheiten vor Gerichten, Schiedsgerichten oder Behörden aufzutreten, kann nur durch Bundesgesetz beschränkt werden. Jedermann hat i.Allg. das Recht, sich in Rechtsangelegenheiten durch einen Rechtsanwalt beraten und vertreten zu lassen. In manchen Fällen besteht die Notwendigkeit, sich durch einen Rechtsanwalt vertreten zu lassen (→ Anwaltszwang). – 2. Die Tätigkeit als Rechtsanwalt setzt eine *Zulassung durch die Landesjustizverwaltung* voraus. Nur wer die Befähigung zum Richteramt hat, kann zugelassen werden. Die Zulassung kann nur aus ausdrücklich aufgeführten Gründen versagt werden. Hiergegen Anrufung des → Ehrengerichts möglich. – 3. Der Rechtsanwalt muss bei einem bestimmten Gericht der → ordentlichen Gerichtsbarkeit *zugelassen* sein. Er kann in Prozessen vor jedem dt. Gericht auftreten, vor dem BGH allerdings nur, wenn er dort zugelassen ist. – 4. Der Rechtsanwalt ist i.d.R. *nicht verpflichtet, eine Sache zu übernehmen.* Einen Auftrag, den er nicht übernehmen will, muss er unverzüglich ablehnen. Er darf *nicht tätig werden,* (1) wenn ihm ein standeswidriges Verhalten zugemutet wird, (2) wenn er in eine Interessenkollision gerät, (3) für einen Auftraggeber, zu dem er in einem ständigen Dienstverhältnis steht (Syndikusanwalt). – 5. Zwischen dem Rechtsanwalt und seinem Auftraggeber (Mandanten) besteht ein *Dienstvertrag* (→ Geschäftsbesorgungsvertrag). – 6. Die bei Gelegenheit eines Prozesses oder einer Beratung entstandenen *Handakten* hat der Rechtsanwalt fünf Jahre aufzubewahren, wenn er nicht vorher den Mandanten zur Empfangnahme auffordert. Der Rechtsanwalt hat an den Handakten ein → Zurückbehaltungsrecht. Schadensersatzansprüche gegen den Rechtsanwalt verjähren in drei Jahren. – 7. Das *Vertrauensverhältnis* zwischen Rechtsanwalt und Mandant ist geschützt durch Aussageverweigerungsrecht (§ 383 ZPO, § 53 StPO), Geheimhaltungspflicht (§ 203 StGB) und Strafvorschrift gegen → Parteiverrat (§ 356 StGB). – 8. → Fachanwalt.

II. Vergütung: 1. Für jede Tätigkeit hat der Rechtsanwalt Anspruch auf Gebühren und Ersatz seiner Auslagen, die grundsätzlich im Pauschalsystem nach dem Streitwert berechnet werden. – *Höhe:* Rechtsanwaltsvergütungsgesetz (RVG) vom 5.5.2004 (BGBl. I 788). – 2. Der Rechtsanwalt kann einen *Vorschuss* (üblich vielfach zwei Gebühren) verlangen. – 3. Die Gebühren werden stets von dem Auftraggeber *geschuldet,* gleich, wem das Gericht die Prozesskosten auferlegt.

III. Standesrecht: Die Rechtsanwälte im Bezirk eines → Oberlandesgerichts (OLG) sind in einer *Rechtsanwaltskammer* als öffentlich-rechtliche Selbstverwaltungskörperschaft, die einzelnen Rechtsanwaltskammern in der Bundesrechtsanwaltskammer zusammengeschlossen. Die Rechtsanwälte unterliegen einer bes. *Ehrengerichtsbarkeit*vor dem Ehrengericht und dem Ehrengerichtshof, die für jeden Bezirk einer Rechtsanwaltskammer gebildet sind.

IV. Arbeitsgerichtsbarkeit: Vor den Arbeitsgerichten können sich die Parteien durch Rechtsanwalt vertreten lassen; vor den Landesarbeitsgerichten ist die Vertretung nicht auf Rechtsanwälte beschränkt. Beim → Bundesarbeitsgericht (BAG) besteht Anwaltszwang.

V. Finanzgerichtsbarkeit: Rechtsanwälte sind auch ohne bes. Erlaubnis befugt, in Steuer- und Steuerstrafsachen die Vertretung zu übernehmen (→ Bevollmächtigter).

VI. Verwaltungsgerichtsbarkeit: Vor dem Verwaltungsgericht können Rechtsanwälte auftreten; vor dem Oberverwaltungsgericht und dem Bundesverwaltungsgericht besteht grundsätzlich Anwaltszwang.

VII. Sozialgerichtsbarkeit: Vor den → Sozialgerichten können Rechtsanwälte auftreten, vor dem → Bundessozialgericht (BSG) ist der Vertretungszwang (§ 73 I SGG) nicht nur auf die Vertretung durch Rechtsanwälte beschränkt.

Rechtsanwaltsgebührenordnung – Die Bundesgebührenordnung für Rechtsanwälte (BRAGO) ist mit Wirkung vom 1.7.2004 abgelöst worden durch das Rechtsanwaltsvergütungsgesetz (RVG). – Vgl. auch → Rechtsanwaltsgvergütung.

Rechtsanwaltskammer → Rechtsanwalt.

Rechtsanwaltsvergütung – Das → Rechtsanwaltsvergütungsgesetz (RVG) vom 5.5.2004 (BGBl. I 788 i.V. mit § 49b BRAO) regelt die Vergütung (Gebühren und Auslagen) des Rechtsanwaltes für seine Tätigkeit in den verschiedenen gerichtlichen und außergerichtlichen Verfahren; i.d.R. durch Pauschgebühren festgelegt. Höhere Gebühren als die gesetzlich bestimmten sind durch gesonderte schriftliche Erklärung des Auftraggebers, die nicht in der Vollmacht enthalten sein darf, zugelassen (§ 4 RVG). Vergütungsvereinbarungen sind zulässig, bedürfen aber der Textform, müssen als solche gekennzeichnet und von anderen Texten deutlich abgesetzt und nicht in der Vollmacht enthalten sein (§ 3a RVG). Außerdem ist der Hinweis erforderlich, dass bei Kostentragung des Gegners von diesem nicht mehr als die gesetzliche Vergütung erstattet werden muss. In Einzelfällen sind → erfolgsunabhängige Vergütungen wie Erfolgshonorare zulässig.

Rechtsanwaltsvergütungsgesetz – Das Rechtsanwaltsvergütungsgestez (RVG) vom 5.5.2004, BGBl. I, S. 718 m.spät.Änd. löste zum 1.7.2004 die alte Bundesrechtsanwaltsgebührenordnung (BRGO) ab und regelt die Vergütungssätze für die unterschiedlichen anwaltlichen Tätigkeiten.

Rechtsaufsicht – Form der Überwachung der öffentlichen → Verwaltung, bei der die aufsichtsführende Behörde nur die Rechtmäßigkeit des Verwaltungshandelns kontrolliert. Die Rechtsaufsicht ist die übliche Aufsichtsform in Angelegenheiten der → Selbstverwaltung. – *Gegensatz:* → Fachaufsicht. – Vgl. auch → Dienstaufsicht.

Rechtsauskunft → Lohnsteuerauskunft, → verbindliche Ursprungsauskunft, → verbindliche Zolltarifauskunft, → Auskunft.

Rechtsausübung – Geltendmachung von Rechten jeder Art. Die Rechtsausübung wird durch das Bürgerliche Recht eingeschränkt: Eine Rechtsausübung ist unzulässig, wenn sie: (1) Nur den Zweck verfolgt, einem anderen Schaden zuzufügen (§ 226 BGB, → Schikaneverbot); (2) eine sittenwidrige Schädigung eines anderen darstellt (§ 826 BGB); (3) gegen → Treu und Glauben verstößt (§ 242 BGB, → unzulässige Rechtsausübung i.e.S.).

Rechtsbehelfe – 1. *Begriff:* a) *i.e.S.:* außerhalb der eigentlichen → Rechtsmittel prozessual eröffnete

Möglichkeiten zur Herbeiführung einer Nachprüfung ergangener Entscheidungen. – b) *I.w.S.:* Bezeichnung für Rechtsmittel. – 2. *Arten:* a) förmliche Rechtsbehelfe, meist an eine bestimmte Frist und Form gebunden, z.B. die Erinnerung, der → Einspruch oder im Bußgeldverfahren der Antrag auf gerichtliche Entscheidung über den Bußgeldbescheid; ferner die Gehörsrüge nach § 321a ZPO, § 78a ArbGG, § 152a VwGO, § 128 FGO, § 178a SGG. – b) Ein unvollkommener, aber nicht frist- oder formgebundener Rechtsbehelf ist – auch im Bereich des Strafverfahrens – die → Dienstaufsichtsbeschwerde; ferner die → Gegenvorstellung. – 3. Das *Verwaltungsverfahrensgesetz* enthält für das → Verwaltungsverfahren eine allg. Regelung. Förmlicher Rechtsbehelf ist hier der → Widerspruch (§§ 68 ff. VwGO). – 4. Für das *Steuerrecht* regelt die Abgabenordnung (AO) die Zulässigkeit des → Einspruchs als außergerichtlicher Rechtsbehelf (§ 347 AO).

Rechtsbehelfsbelehrung – Ab dem 1.1.2014 hat jede anfechtbare gerichtliche Entscheidung nach der Zivilprozessordnung, dem Gerichtskostengesetz, der Kostenordnung und dem Rechtsanwaltsvergütungsgesetz eine Belehrung über das statthafte Rechtsmittel, den Einspruch, den Widerspruch oder die Erinnerung sowie über das Gericht, bei dem der Rechtsbehelf einzulegen ist, über den Sitz des Gerichts und über die einzuhaltende Form und Frist zu enthalten. Das gilt nicht für Verfahren, in denen Anwaltszwang gilt. Näheres im neuen, ab dem 1.1.2014 geltenden § 232 ZPO. Siehe auch → Rechtsmittelbelehrung.

Rechtsbeistand – war Berufsbezeichnung für eine Person, der nach § 1 Rechtsberatungsgesetz (RBerG) die unbeschränkte Erlaubnis für die geschäftsmäßige Besorgung fremder Rechtsangelegenheiten durch den dafür zuständigen Präsidenten des Amts- oder Landgerichts erteilt war (§ 4 der Zweiten VO zur Ausführung des RBerG vom 3.4.1936, RGBl. I 359). Der Rechtsbeistand konnte auch → Prozessagent sein. Da durch Gesetz vom 18.8.1980 (BGBl. I 1503) nur noch Rechtsberatung für bestimmte eingeschränkte Sachbereiche zugelassen ist, konnten Rechtsbeistände seitdem nicht mehr zugelassen werden (vgl. Art. 1 § 1 RBerG). Das RBG wurde mit Wirkung zum 1.7.2008 durch das Rechtsdienstleistungsgesetz (RDG) vom 12.12.2007 (BGBl. I, S. 2840) abgelöst. – *Vergütung* des Rechtsbeistands entspricht Rechtsanwaltsgebühren. – Vgl. auch → registrierter Erlaubnisinhaber, → Rechtsdienstleistungsregister, → Rentenberater, → Rechtsberatung. – *Anders:* → Rechtspfleger.

Rechtsberatung – geschäftsmäßige Besorgung fremder Rechtsangelegenheiten einschließlich der Einziehung fremder oder zum Zweck der Einziehung abgetretener Forderungen. Nach dem Rechtsdienstleistungsgesetz (RDG) vom 12.12.2007 (BGBl. I S. 2840), das das Rechtsberatungsgesetz vom 13.12.1935 (RGBl. I 1478) m.spät.Änd. zum 1.7.2008 ablöste, ist die Rechtsberatung von der Erlaubnis des zuständigen Landesjustizverwaltung, meistens dem Land- (Amts-)gerichtspräsidenten, abhängig, gleich, ob es sich um haupt- oder nebenberufliche Tätigkeit handelt. – Geschäftsmäßige Rechtsberatung *liegt vor,* wenn die Tätigkeit selbstständig (nicht aufgrund eines festen Dienstverhältnisses) betrieben wird und eine gewisse Häufigkeit aufweist. – Die Erlaubnis ist *abhängig* von der persönlichen Zuverlässigkeit und fachlichen Eignung. Die Erlaubnis wird jeweils für einen der in § 10 genannten Sachbereiche erteilt, z.B. Rentenberater, Versicherungsberater, Frachtprüfer. – *Unerlaubte Ausübung* wird als Ordnungswidrigkeit mit Geldbuße bis 5.000 Euro (§ 20 RDG) geahndet. – *Keine Erlaubnis* erforderlich für Rechtsanwälte, Zwangs-, Insolvenz- und Vermögensverwalter sowie Angestellte in Angelegenheiten des Dienstherrn. – Vgl. auch → registrierter Erlaubnisinhaber, → Rechtsdienstleistungsregister.

Rechtsbeschwerde – Der → Revision ähnlicher Rechtsbehelf, mit dem nur Rechtsverletzungen gerügt werden können.

I. Verfahren wegen Ordnungswidrigkeiten: Zulässig gegen Entscheidung des Amtsgerichts im → Bußgeldverfahren, (1) wenn Geldbuße mehr als 250 Euro beträgt, (2) eine Nebenfolge angeordnet wurde, (3) ein → Einspruch als unzulässig verworfen, (4) ein Freispruch oder eine Einstellung erfolgt ist oder kein Fahrverbot verhängt ist und im Bußgeldbescheid oder Strafurteil eine Geldbuße von mehr als 600 Euro festgesetzt oder von der Staatsanwaltschaft beantragt war, (5) gegen den Widerspruch des Betroffenen das Gericht durch Beschluss entschieden hat oder (6) die Rechtsbeschwerde zugelassen wurde (§§ 79–80 OWiG). – 1. *Einlegung* binnen einer Woche seit Zustellung des Beschlusses oder Verkündung des Urteils zu Protokoll der Geschäftsstelle oder durch Schriftsatz. Es gelten die Grundsätze einer Revision. – 2. Es *entscheidet* das Oberlandesgericht durch Beschluss. – 3. Die Rechtsbeschwerde hat *keine aufschiebende Wirkung,* jedoch kann Vollstreckung ausgesetzt werden.

II. Steuerrecht: → Beschwerde, → Rechtsmittel.

III. Zivilprozess: Durch das ZPO-Reformgesetz vom 27.7.2001 (BGBl. I 1887, 3138) wurde die Rechtsbeschwerde in das Zivilprozessrecht neu eingeführt (§§ 574–577 ZPO). Sie ist zulässig gegen Gerichtsbeschlüsse, wenn dies im Gesetz ausdrücklich vorgesehen ist oder das Beschwerdegericht, das Berufungsgericht oder das Oberlandesgericht im ersten Rechtszug sie in dem Beschluss zugelassen hat (Zulassungsbeschwerde, § 574 I ZPO). Die Rechtsbeschwerde ist zur zuzulassen, wenn der Rechtssache grundsätzliche Bedeutung zukommt oder aber zur Fortbildung des Rechts oder zur Sicherung einer einheitlichen Rechtsprechung eine Entscheidung des Rechtsbeschwerdegerichts erforderlich ist (§ 574 II, III ZPO). Die Rechtsbeschwerde ist innerhalb einer → Notfrist von einem Monat nach Zustellung des Beschlusses durch Einreichen einer Beschwerdeschrift bei dem Rechtsbeschwerdegericht einzulegen und binnen einer – verlängerbaren – Frist von einem Monat zu begründen (§ 575 I, II, III ZPO). Der Gegner der Rechtsbeschwerde kann sich der Rechtsbeschwerde anschließen; die Anschlussrechtbeschwerde ist entsprechend in der → Anschlussrevision geregelt.

Rechtsbeugung → Verbrechen. Die vorsätzliche Beugung (d.h. Missachtung bzw. Nichtanwendung) des Rechts zugunsten oder zum Nachteil einer Partei durch einen Richter, sonstigen Amtsträger oder Schiedsrichter (→ Schiedsgerichtsverfahren) bei der Leitung oder Entscheidung einer Rechtssache. – *Strafe:* Freiheitsstrafe von einem Jahr bis zu fünf Jahren (§ 339 StGB).

Rechtsbruch – Fallgruppe → unlauterer Werbung (§ 4 Nr. 11 UWG), nach der unlauter handelt, wer einer gesetzlichen Vorschrift zuwiderhandlt, die auch dazu bestimmt ist, im Interesse der Marktteilnehmer das Marktverhalten zu regeln. Die Fallgruppe war von der Rechtsprechung zu § 1 UWG in der bis zum 8.7.2004 geltenden Fassung entwickelt worden. Die Rechtsprechung unterschied zunächst zwischen wertbezogenen und wertneutralen Normen. Als wertbezogen galten solche Vorschriften, in denen eine sittlich-rechtliche Wertung zum Ausdruck kam (z.B. § 138 II BGB), die bes. wichtige Gemeinschaftsgüter schützen (z.B. Vorschriften zum Schutz der Gesundheit) oder unmittelbar wettbewerbsbezogen waren (z.B. berufs- und standesrechtliche Werbeverbote). In diesen Fällen war der Verstoß ohne weiteres unlauterer Wettbewerb. Wertneutrale Normen waren solche, die auf Erwägungen ordnender Zweckmäßigkeit beruhten (z.B. die Preisangaben-Verordnung). In diesen Fällen war der Gesetzesverstoß erst bei Hinzutreten weiterer Umstände wettbewerbswidrig nach § 1 UWG a.F., insbesondere wenn der Verletzer sich planmäßig einen Wettbewerbsvorsprung verschaffte. Danach konnte im Ergebnis jede geschäftliche Handlung, die auf dem Verstoß gegen eine gesetzliche Vorschrift beruhte und Auswirkungen auf den Wettbewerb haben konnte, unlauter sein. Nachdem sich die Rechtsprechung noch zur Zeit der Geltung des alten UWG (vor der Neufassung 2004) von dieser Linie verabschiedet und begonnen hatte, stattdessen auf den marktverhaltensregelnden Charakter der verletzten Norm abzustellen, ist dieser Ansatz 2004 ausdrücklich in das UWG aufgenommen worden. Als Marktverhalten ist jede Tätigkeit auf einem Markt anzusehen, durch die ein Unternehmer auf die Mitbewerber, Verbraucher oder sonstigen Marktteilnehmer einwirkt. Den Gegensatz dazu bilden Tätigkeiten, die keine Außenwirkung auf einem Markt haben, wie z.B. die Produktion und die Forschung. Die Norm muss außerdem den Schutz der Interessen der Marktteilnehmer bezwecken. Von § 4 Nr. 11 UWG umfasste Normen sind z.B. Werberegeln in Berufsordnungen, Regeln zum Ladenschluss, Regeln betr. die Information von Verbrauchern und Zulassungsregeln für Arzneimittel. Nicht hierunter fallen z.B. Tariflohnvereinbarungen, Regeln des EG-Beihilferechts und reine Marktzutrittsregelungen.

Rechtsdienstleistungsregister – Das Rechtsdienstleistungsregister dient der Information der Rechtssuchenden, der Personen, die Rechtsdienstleistungen anbieten, des Rechtsverkehrs und öffentlicher Stellen (§ 16 RDG). Es ist für jeden unentgeltlich einzusehen. Es enthält die Namen der registrierten Personen und Inhalt und Umfang der Rechtsdienstleistungsbefugnis. Die öffentliche Bekanntmachung erfolgt im Internet. Einzelheiten sind in der Verordnung zum Rechtsdienstleistungsgesetz (RDG) vom 19.6.2008 (BGBl. I S. 1069) m. spät. Änd. geregelt. – Vgl. → registrierter Erlaubnisinhaber.

Rechtsentscheid – zur Vereinheitlichung des Wohnraummietrechts eingeführtes Institut, mit dem bei divergierender Rechtsprechung ein Vorbescheid des übergeordneten Gerichts herbeigeführt werden konnte. Mit dem ZPO-Reformgesetz vom 27.7.2001 (BGBl. I 1887, 3138) ist der Rechtsentscheid ersatzlos entfallen (früher: § 541 ZPO). Das angestrebte Ziel wird heute durch die Zulassungsberufung oder die Zulassungsrevision erreicht.

rechtsfähige Vereine → Vereine mit → Rechtsfähigkeit, erworben durch Eintragung in das Vereinsregister des zuständigen Amtsgerichts oder staatliche Verleihung (§§ 21 ff. BGB). – *Steuerliche Behandlung:* Rechtsfähige Vereine sind kraft ihrer Rechtsform unbeschränkt steuerpflichtig (§ 1 I Nr. 4 KStG), wenn sie ihren Sitz und/oder ihre Geschäftsleitung in Deutschland haben. Sie unterscheiden sich dadurch von den → nicht rechtsfähigen Vereinen und Zweckvermögen (§ 1 I Nr. 5 KStG), die nach § 3 KStG nur dann unbeschränkt steuerpflichtig sind, wenn ihr Einkommen weder nach dem KStG noch nach dem EStG unmittelbar bei einem anderen Steuerpflichtigen zu versteuern ist. – Unbeschränkt steuerpflichtige Vereine können in vollem Umfang steuerbefreit sein, wenn sie gemeinnützig sind (§ 5 I Nr. 9 KStG).

Rechtsfähigkeit – Fähigkeit, Träger von Rechten und Pflichten zu sein. Rechtsfähigkeit besitzen alle → natürlichen Personen, auch Minderjährige und Betreute (→ Betreuung), sowie alle → juristischen Personen (§ 1 BGB). – *Anders:* → Geschäftsfähigkeit.

Rechtsgeschäfte – Tatbestände, die eine → Willenserklärung oder eine Mehrheit von solchen enthalten und von der Rechtsordnung als Grund für den Eintritt der als gewollt bezeichneten Rechtswirkung anerkannt sind. Durch Rechtsgeschäfte können die einzelnen ihre rechtlichen Beziehungen gestalten. Rechtsgeschäfte können → Rechtsverhältnisse begründen, verändern und aufheben. – Zu *unterscheiden:* (1) Einseitige Rechtsgeschäfte, z.B. Kündigung; (2) zweiseitige Rechtsgeschäfte (→ Verträge). – Die *allg. Vorschriften* über Rechtsgeschäfte geben §§ 104 – 185 BGB z.B. über Nichtigkeit, Anfechtung, Bestätigung, Scheingeschäft; sie enthalten auch Formvorschriften. – *Voraussetzung* zur wirksamen Vornahme von Rechtsgeschäften ist i.d.R. → Geschäftsfähigkeit.

rechtsgeschäftlich gestaltete Treuhandschaft → Treuhandschaft.

Rechtshängigkeit – Anhängigkeit eines Prozesses mit einem bestimmten Streitgegenstand bei einem Gericht. – *Eintritt* der Rechtshängigkeit mit → Klageerhebung. – *Wirkungen:* 1. *Materielle Wirkungen:* Unterbrechung der Verjährungsfrist (§ 212 I BGB), der Beklagte kommt i.d.R. spätestens mit Eintritt der Rechtshängigkeit in → Verzug (§ 286 II BGB), seine Haftung für Untergang oder Verschlechterung der streitigen Sache wird erweitert (§§ 987 ff. BGB), gegenüber einem Anspruch aus → ungerechtfertigter Bereicherung kann sich der Beklagte nicht mehr auf den Wegfall der Bereicherung berufen (§ 818 IV BGB), eine Geldschuld ist zu verzinsen (§ 291 BGB) u.a. – 2. *Prozessuale Wirkungen:* Der Prozess kann nicht noch bei einem anderen Gericht anhängig gemacht werden (→ Prozessvoraussetzungen), die Zuständigkeit des angerufenen Gerichts bleibt auch gegeben, wenn die Voraussetzungen später wegfallen, z.B. der Beklagte aus dem Gerichtsbezirk wegzieht (§ 261 ZPO). Mit der Rechtshängigkeit tritt eine Festlegung des Streitgegenstandes ein (→ Klageänderung).

Rechtshilfe – 1. Beistandsleistung zwischen den Gerichten derselben Gerichtsbarkeit und den Gerichten verschiedener Gerichtsbarkeiten. – *Beispiele:* Vernehmung oder Vereidigung von Zeugen, die nicht im Gerichtsbezirk des Prozessgerichts wohnen: Überlassung von zur Aufklärung des einer Zivilklage zugrunde liegenden Sachverhalts wichtigen Strafakten. Alle Gerichte der Bundesrepublik Deutschland leisten einander gegenseitig Rechtshilfe (Art. 35 GG i.V. mit § 156 GVG und den Verfahrensgesetzen der übrigen Gerichtsbarkeiten). – *Anders:* → Amtshilfe. – 2. *Internationaler Rechtshilfeverkehr* auf diplomatischem oder konsularischem Weg oder unmittelbar zwischen inländischen und ausländischen Gerichten oder Behörden, im Einzelnen je nach Land unterschiedliche Regelungen. – Vgl. Gesetz über die internationale Rechtshilfe in Strafsachen i.d.F. vom 27.6.1994 (BGBl. I 1537) m.spät.Änd.

Rechtskosten → Prozesskosten.

Rechtskraft – Rechtsbegriff für die grundsätzliche Unanfechtbarkeit einer Entscheidung.

I. Zivilprozessordnung: 1. *Formelle Rechtskraft:* Eine gerichtliche Entscheidung kann nicht mehr durch ein → Rechtsmittel angefochten werden. Die formelle Rechtskraft tritt ein bei → Urteilen und → Beschlüssen, gegen die kein Rechtsmittel zulässig ist, oder bei Verzicht auf dieses, bei Ablauf der Rechtsmittelfrist, d.h. zulässigem Einspruch oder der Gehörsrüge nach § 321a ZPO oder Erschöpfung des Instanzenzuges (§705 ZPO). – 2. *Materielle Rechtskraft:* Das streitige Rechtsverhältnis zwischen den Parteien ist endgültig geregelt; keine abweichende Entscheidung kann mehr ergehen. Zweck ist die Förderung der Rechtssicherheit und die Wahrung des Rechtsfriedens. Sachlich beschränkt auf den betreffenden Klageanspruch; maßgebend ist die Urteilsformel, ergänzend zur Auslegung die Entscheidungsgründe. – 3. Ist nur über den *Teilbetrag* einer Forderung entschieden, wirkt Rechtskraft nur hinsichtlich des Teilbetrages. – 4. Möglichkeit einer *Wiederaufnahme des Verfahrens* zwecks Beseitigung der Rechtskraft besteht nur bei groben Verstößen (→ Abänderungsklage). – 5. In einigen Fällen wird die Wirkung der Rechtskraft *über die Parteien hinaus ausgedehnt* (§§ 325–327 ZPO), v.a. nach dem Eintritt der → Rechtshängigkeit auf den Rechts- oder Besitznachfolger der streitbefangenen Forderung oder Sache sowie den Rechtsnachfolger einer Partei, ferner bei Prozessführung für Rechnung eines Dritten für und gegen diesen (z.B. wirkt die Rechtskraft bei einem vom Insolvenzverwalter geführten Prozess für und gegen den Gemeinschuldner). Die Rechtskraft eines gegen eine OHG oder KG ergangenen Urteils erstreckt sich auf die einzelnen Gesellschafter; die Feststellung, dass eine Gesellschaftsschuld vorliegt oder nicht, wirkt aber auch gegen die später in Anspruch genommenen Gesellschafter (§§ 129, 161 HGB). – 6. *Beschlüsse* sind nur insoweit der Rechtskraft fähig, als sie Rechtsbeziehungen der Parteien abschließend regeln, z.B. Kostenfestsetzungsbeschluss, Zuschlagsbeschluss im Zwangsversteigerungsverfahren.

II. Strafrecht: 1. Die *formelle Rechtskraft* erstreckt sich nicht nur auf die gerichtliche Entscheidung, sondern z.B. auch auf einen von der Verwaltung erlassenen → Bußgeldbescheid. – 2. Die *materielle Rechtskraft* bedeutet, dass der einer formell rechtskräftigen Entscheidung zugrunde liegende Sachverhalt nicht mehr gegen dieselbe Person zum Gegenstand eines auf ihre Verfolgung gerichteten weiteren Verfahrens gemacht werden darf (sog. Strafklageverbrauch). Dieser Grundsatz („ne bis in idem“) hat in Art. 103 III GG Niederschlag gefunden. – 3. *Wiederaufnahme des Verfahrens* ist möglich.

III. Verwaltungsgerichtsbarkeit: 1. *Formelle Rechtskraft* tritt ein, wenn die Frist für die Einlegung eines → Rechtsmittels ungenutzt verstrichen ist bzw. nach Abschluss aller Instanzen der Verwaltungsgerichtsbarkeit. – 2. *Materielle Rechtskraft:* An das Urteil sind die Beteiligten und ihre Rechtsnachfolger gebunden, soweit über den → Streitgegenstand entschieden worden ist (§ 121 VwGO).

IV. Finanzgerichtsbarkeit: 1. *Formelle Rechtskraft:* Diese tritt ein, wenn ein → Rechtsmittel gegen eine gerichtliche Entscheidung nicht mehr gegeben oder die Rechtsmittelfrist ungenutzt verstrichen ist. – 2. *Materielle Rechtskraft:* Rechtskräftige Urteile der Finanzgerichte binden die Beteiligten und deren Rechtsnachfolger insoweit, als über den → Streitgegenstand entschieden worden ist. Im Übrigen bleiben die allg. Vorschriften über die Zurücknahme, Ersetzung oder Änderung von Verfügungen sowie über die Nachforderung von Steuern unberührt (§ 110

FGO). – 3. *Verfügungen der Finanzbehörden:* → Verfügung.

Rechtsmängelhaftung – 1. *Begriff:* Sonderregeln für den → Kaufvertrag, die nach → Gefahrübergang die allg. Vorschriften über → Leistungsstörungen modifizieren und die → Anfechtung wegen Irrtums ausschließen. Sie gelten neben Rechten aus einer → Garantie. Bei der Rechtsmängelhaftung haftet der Verkäufer dafür, dass die Sache keine Rechtsmängel aufweist. – Ein solcher Mangel liegt vor (§ 435 BGB): a) Wenn Dritte Rechte in Bezug auf die verkaufte Sache ausüben können, die nicht im Kaufvertrag übernommen wurden, z.B. Grundstück, das mit einer → Hypothek belastet ist. – b) Ferner, wenn im Grundbuch ein Recht eingetragen ist, das gar nicht besteht. – 2. *Rechtsfolgen:* Sie sind dieselben wie bei der → Sachmängelhaftung. – 3. *Anders:* Wenn der Verkäufer dem Käufer nicht das Eigentum verschaffen kann, liegt kein Rechtsmangel, sondern eine allg. → Leistungsstörung nach §§ 275 ff. BGB vor. – 4. *Andere Verträge:* Die Rechtsmängelhaftung beim → Werkvertrag ist mit der Rechtsmängelhaftung beim Kaufvertrag fast identisch; die Rechtsmängelhaftung beim → Mietvertrag entspricht der Sachmängelhaftung bei Mietmängeln.

Rechtsmissbrauch – Missbrauch von Formen und Gestaltungsmöglichkeiten des Bürgerlichen Rechts, z.B. → Steuerumgehung.

Rechtsmittel – förmliche, gesetzlich zugelassene → Rechtsbehelfe mit dem Ziel der Überprüfung der Entscheidung durch eine höhere Instanz.

I. Zivilrecht: ein Rechtsbehelf, durch dessen Einlegung die benachteiligte Partei eine ihr ungünstige, noch nicht rechtskräftige Entscheidung zur Nachprüfung durch ein übergeordnetes Gericht stellt. – *Rechtsmittel sind:* (1) → Berufung, (2) → Revision und (3) → sofortige Beschwerde. Die Rechtsmittel i.e.S. sind gekennzeichnet durch den Suspensiveffekt (Hemmung des Eintritts der Rechtskraft) und den Devolutiveffekt (nur das übergeordnete Gericht kann entscheiden). – *Keine Rechtsmittel i.e.S. sind:* (1) einfache → Beschwerde, (2) → Einspruch gegen ein Versäumnisurteil oder einen Vollstreckungsbescheid, (3) Widerspruch gegen einen Mahnbescheid (→ Mahnverfahren), (4) → Erinnerung, (5) → Gehörsrüge nach § 321a ZPO, § 152a VwGO, § 128 FGO, § 172 SGG . – Die *Einlegung* des Rechtsmittels muss in bestimmter *Form* innerhalb bestimmter Frist erfolgen: Anfechtbar ist i.d.R. nur eine Entscheidung, die dem Einleger gegen seinen → Antrag etwas versagt.

II. Strafrecht: Die Rechtsmittel gegen gerichtliche Entscheidungen sind die einfache (§304 StPO), sofortige (§ 311 StPO) und weitere Beschwerde (§ 310 StPO), die → Berufung(§§ 312 ff StPO) und die → Revision (§§ 333 ff. StPO) und führen zur Nachprüfung eines Urteils durch ein übergeordnetes Gericht (§§ 296 ff. StPO).

III. Arbeitsrecht: → Arbeitsgerichtsbarkeit, → Berufung, → Revision.

IV. Öffentliches Recht: → Verwaltungsgerichtsbarkeit.

V. Steuerrecht: 1. gegen *Verfügungen* der Finanzbehörden grundsätzlich der Rechtsbehelf des → Einspruchs (Vorverfahren). – Vgl. auch → Finanzgerichtsbarkeit. – 2. *gegen die Rechtsbehelfsentscheidungen* (oder, soweit gesetzlich ein Vorverfahren nicht vorgeschrieben ist, unmittelbar) Klage im Finanzrechtsweg vor den Gerichten der → Finanzgerichtsbarkeit.

VI. Kartellrecht: § 63 (Beschwerde gegen Verfügungen der Kartellbehörde) und § 74 GWB (Rechtsbeschwerde gegen Beschluss des Oberlandesgerichts).

Rechtsmittelbelehrung – die einer behördlichen oder gerichtlichen Entscheidung beigefügte Belehrung über Art, Form und Frist etwa gegebener → Rechtsmittel. – Z.T. *vorgeschrieben* im Strafrecht (§ 35 a StPO), im Steuerrecht und im Verwaltungsverfahren. – Im verwaltungsgerichtlichen Verfahren beginnt die Frist für ein Rechtsmittel oder einen anderen Rechtsbehelf nur zu laufen, wenn der Beteiligte 1) über das Rechtsmittel oder den Rechtsbehelf selbst, 2) über die Verwaltungsbehörde oder das Gericht, bei denen der Rechtsbehelf anzubringen ist, 3) den Sitz der Behörde oder des Gerichts und 4) die einzuhaltende Frist schriftlich oder elektronisch belehrt worden ist (§ 58 I VwGO). – Im Arbeitsrecht in § 9 V ArbGG geregelt; für das arbeitsgerichtliche Verfahren gilt die Besonderheit, dass alle mit einem befristeten Rechtsmittel (z.B. Berufung, Revision) anfechtbaren Entscheidungen der Arbeitsgerichte eine Rechtsmittelbelehrung enthalten müssen; bei Unterbleiben der Belehrung gilt eine Jahresfrist. – *Ab dem 1.1.2014 auch vorgeschrieben* im Zivilprozessrecht und auf dem Gebiet der freiwilligen Gerichtsbarkeit, vgl. § 232 ZPO n.F.; siehe → Rechtsbehelfsbelehrung . – *Unterlassene* oder *unrichtige* Rechtsmittelbelehrung hat ggf. zur Folge, dass die → Rechtsmittelfrist nicht zu laufen beginnt, § 237 AO, § 55 FGO, § 58 VwGO, § 9 V ArbGG, § 66 SGG.

Rechtsmittelfrist → Frist zur Einlegung eines → Rechtsmittels. – *Gegen Versäumung* der Rechtsmittelfrist ist unter gewissen Voraussetzungen die → Wiedereinsetzung in den vorigen Stand zulässig.

Rechtsmittelverzicht → Verzicht.

Rechtsnachfolge – *Sukzession;* der von einem Rechtsvorgänger abgeleitete Erwerb eines Rechts, im Gegensatz zu dem originären, ursprünglichen Erwerb (z.B. Aneignung). – 1. *Einzelrechtsnachfolge:* Der Erwerb eines einzelnen Vermögensgegenstandes, z.B. durch Übereignung, Forderungsabtretung. – 2. *Gesamtrechtsnachfolge:* Der Erwerb einer Vermögensmasse durch einheitlichen Rechtsvorgang; nur ausnahmsweise und in den gesetzlich vorgeschriebenen Fällen möglich, z.B. durch Erbfall.

Rechtsökonomik

von Dr. Enrico Schöbel

Die Rechtsökonomik (engl.: Law and Economics) betrachtet das → Recht als ökonomischen Gegenstand. Vornehmlich → Institutionen, Grundlagen und Strukturen des Rechts sowie Fragestellungen rechtlicher Natur werden vom Standpunkt der Volkswirtschaftslehre aus untersucht. Das Vorgehen verbindet Ökonomen und Juristen, deren Interesse dem → Entscheidungsverhalten von Individuen gilt, die das Recht setzen, pflegen und anwenden oder als Wirtschaftssubjekt und Normadressat handeln. Dabei bedient sich die ökonomische Analyse des Rechts einer beachtlichen Breite an wirtschaftstheoretischen Ansätzen, insbesondere der Allgemeinen Gleichgewichtstheorie des Marktes, der → Wohlfahrtsökonomik, der ökonomischen Theorie der → Regulierung, der → Neuen Institutionenökonomik, der ökonomischen Theorie der → Verfügungsrechte, der → Neuen Politischen Ökonomie, der → Konstitutionenökonomik, der → Spieltheorie, der → Informationsökonomik und der Verhaltensökonomik, und ist grundsätzlich allen wirtschafts- und sozialwissenschaftlichen empirischen Methoden zugänglich.

I. Wegbereiter und Denkschulen

In den 1970er-Jahren ließen in den USA die beiden Richter G. Calabresi (Yale Law School) und R. A. Posner (Chicago Law School) ökonomische Denkansätze in ihre rechtlichen Begründungen einfließen. Zeitgleich ging von US-amerikanischen Volkswirten wie R. D. Cooter (Berkeley) eine (Wieder-)Entdeckung des Rechts als Gegenstand ökonomischer Betrachtungen aus. Die angestoßene Herausbildung der Rechtsökonomik lässt sich in drei Denkschulen untergliedern, die mit der Verfechtung bestimmter ökonomischer Paradigmen in Zusammenhang gebracht werden.

Eine wegbereitende Arbeit zur Rechtfertigung des Unfallhaftpflichtrechts anhand ökonomischer Effizienzkriterien verfasste G. Calabresi, 1970, der als Begründer der Normative bzw. Yale School in Law and Economics gilt, deren Vertreter vorwiegend normativ im Sinne der → Wohlfahrtsökonomik argumentierten. Die Orientierung an wohlfahrtsökonomischen Effizienzkriterien, z.B. dem Pareto-Kriterium oder dem → Kaldor-Hicks-Kriterium, unterscheidet sich fundamental von der sonst im US-amerikanischen Rechtssystem praktizierten Erzeugung rechtlicher Konstruktionen auf der Grundlage individueller → Werturteile der Richter.

R. A. Posner vertrat nicht nur subjektivistische und utilitaristische Ansätze (→ Utilitarismus) einer normativen Ökonomik, sondern plädierte zudem für eine positive ökonomische Analyse des Rechts (→ Positivismus). Positive Analysen können rechtliche Argumente rekonstruieren und die Wirkung von Regelungen im Bezug auf die normativen Absichten beurteilen. Die Anhänger der Positive bzw. Chicago School in Law and Economics, wie G. J. → Stigler, der zur ökonomischen Theorie der Regulierung forschte, beriefen sich auf einen Aufsatz von R. H. → Coase im Journal of Law and Economics, 1960, zum Problem der gesellschaftlichen Kosten (→ soziale Kosten), der den modelltheoretischen Weg zu effizienten Verhandlungslösungen aufzeigt. Coase kam 1964 nach Chicago und folgte A. Director als Herausgeber nach. Die Modelle der Chicago School übertragen das vorherrschende Paradigma der → Neoklassik auf das Recht und unterstellen Rationalverhalten sowie vollständige Informiertheit der Akteure.

Einen alternativen rechtsökonomischen Denkansatz begründeten J. M. → Buchanan und G. Tullock (beide Virginia, später George Mason) mit ihrem Buch: The Calculus of Consent, 1962. Die komparative Institutionenanalyse der Virginia School in Law and Economics geht in Anbetracht der verschiedenen Rechtsgrundlagen funktional vergleichend und evaluierend vor, implementiert Elemente positiver und normativer Analyse und sieht sich dem ökonomischen Paradigma der → Neuen Politischen Ökonomie (Public Choice Theory) verpflichtet. Tullock forschte u.a. zum Umgang mit Gerichtsirrtümern, der auf Besitzstandswahrung abzielenden Einflussnahme auf das Gesetzgebungsverfahren (→ Rent Seeking) und dem normativ erwünschten Grad an Detailliertheit in der Formulierung von Gesetzestexten. Zudem gab er einen Rechtsfall zu bedenken, der gegen das Rechtssystem des fallorientierten Common Law spricht, das sonst zumeist als effizient dargestellt wird.

II. Ideengeschichtliche Vorläufer

In Deutschland fand die ökonomische Analyse des Rechts eine (Wieder-)Belebung gegen Ende der 1970er-Jahre aufgrund von Doppelausbildungen und Auslandsaufenthalten an US-amerikanischen Law Schools, wo das Fach Law and Economics etabliert war. Zunächst galt das Interesse deutschsprachiger Juristen und Volkswirte weniger den konventionellen Modellen der Rechtsökonomik als vielmehr den ökonomischen Betrachtungen rechtlicher Institutionen im Rahmen der aufkommenden → Neuen Institutionenökonomik, die ideengeschichtlich auf die gesamten Staatswissenschaften rekurriert. Dieser Paradigmenwechsel dürfte einer der Gründe für die hierzulande verzögerte Ausbreitung der Rechtsökonomik sein, ein anderer die abweichende Rechtstradition.

Indessen wird vermehrt auf ideengeschichtliche Vorläufer der neuerlichen Verbindung von Recht und Ökonomik hingewiesen, u.a. auf Klassiker wie A. → Smith, J. Bentham, L. v. Stein, W. Roscher, C. → Menger, W. → Sombart, F. A. v. → Hayek und die Deutsche Historische Schule (→ historische Schule), insbesondere G. v. → Schmoller, der den Einfluss rechtlicher Institutionen, z.B. der Rechtsordnung und der Verwaltung, auf Markttransaktionen mittels historisch vergleichender Fallstudien und dem Sammeln statistischer Daten untersuchte. Hieran anknüpfend widmeten sich Vertreter des Amerikanischen (Alt-) → Institutionalismus, zuvorderst J. R. Commons und T. B. → Veblen, der komparativen ökonomischen Analyse rechtlicher Institutionen, bspw. dem Landeigentum, dem Kartellrecht und der Arbeitsgesetzgebung. Die Vertreter des deutschen Ordoliberalismus (W. → Eucken, F. Böhm usw.), synonym als Ordo-Liberal School in Law and Economics bezeichnet, richteten ihr Augenmerk v.a. auf die Verfassung, die Wettbewerbsordnung und die freie Übertragbarkeit von Verfügungsrechten.

III. Rechtsökonomische Schwerpunkte nach Rechtsgebieten

Ein klassisches Feld der Rechtsökonomik bildet das Eigentumsrecht und speziell der Schutz von Eigentumsrechten. Im Blickpunkt stehen Einschränkungen von Handlungsrechten zur Behebung von Effizienzproblemen, v.a. zur Internalisierung externer Effekte durch Kompensationsleistungen als Ergebnis privater Verhandlungslösungen (→ Coase-Theorem, → Kompensationsprinzip) oder durch dirigistische Zuweisungen exklusiver → Verfügungsrechte, wie z.B. die Vergabe von Verschmutzungslizenzen im Umweltrecht. Diverse Studien sind dem Schutz der Originalität von geistigem Eigentum, z.B. Information im Internet, der effizienten Raumnutzung, der gemeinwohlorientierten Enteignung untätiger Eigentümer und dem Insolvenzrecht von Unternehmen gewidmet.

Ein zweiter Schwerpunkt der Rechtsökonomik besteht im Vertragsrecht und dem normativen Leitbild der → Vertragsfreiheit. Entgegen dem Ideal des vollständigen Vertrags sind bei unvollständiger Information und nichtrationalem Verhalten relationale (d.h. unvollständige) Verträge vorzufinden, welche der Interpretation (bzw. Auslegung) bedürfen. Im Transaktionskostenkalkül (→ Transaktionskostenökonomik) können sich Nachverhandlungen oder ein → Vertragsbruch als effizient und erstrebenswert erweisen, sobald sich Informationen, Erwartungen oder → Opportunitätskosten verändern. Zudem interessieren sich Rechtsökonomen für Institutionen und optimale Verhaltensstrategien zur Abmilderung des Informationsproblems, bspw. Garantien, Rahmen- und Folgeverträge, Absichtserklärungen sowie Berufsethik. Zahlreiche theoretische und empirische Arbeiten sind der Vertragsdurchsetzung durch Dritte oder mittels Sanktionen, z.B. Kontrolle, gewidmet. In einigen Modellen werden unter restriktiven Annahmen implizite Mechanismen der Selbstdurchsetzung von Verträgen erklärt.

Ein dritter traditioneller Schwerpunkt liegt auf dem Deliktrecht (Recht der unerlaubten Handlungen) und dem Schadensrecht. Unterschiedliche Haftungsregeln, z.B. die → Verschuldenshaftung und die verschuldensunabhängige Haftung (→ Gefährdungshaftung), werden anhand ökonomischer Effizienzkriterien auf ihre Rechtsfolgen hin untersucht. Die theoretischen Arbeiten zur Verschuldenshaftung richten den Blick auf verschiedene Fahrlässigkeitskonzepte. Im konventionellen Modell ist die optimale → Fahrlässigkeit erreicht, sobald die Grenzrate der Reduktion des erwarteten Schadens gleich den → Grenzkosten der → Schadenverhütung entspricht. Zahlreiche Veröffentlichungen betreffen die Bewertung und Zurechnung des Schadens, Obergrenzen, → Mitverschulden und andere Fragen der Haftung.

Weitere rechtsökonomische Forschungsfelder, zu denen eine große Zahl theoretischer und empirischer Arbeiten vorliegen, bilden das Familienrecht (G. S. → Becker, M. Brinig), das Wettbewerbsrecht, die Regulierung einzelner Wirtschaftsbereiche, die öffentlichen Unternehmen, das Berufsrecht, das → Steuerrecht, die → soziale Sicherung, das → Gesellschaftsrecht und das Subventionsrecht. Außerdem stellt die ökonomische Analyse des → Strafrechts (G. S. Becker, 1968) einen eigenständigen Forschungsschwerpunkt dar.

IV. Entwicklung und Anwendung des Rechts

Neben der Schwerpunktbildung nach Rechtsgebieten nehmen übergreifende Fragestellungen zur Entstehung, Entwicklung, Anwendung und Befolgung des Rechts einen breiten Raum in der Rechtsökonomik ein. Zahlreiche Abhandlungen beleuchten die Grundlagen des Rechts, verweisen bspw. auf philosophische Ansatzpunkte, unterscheiden das kodifizierte vom → Gewohnheitsrecht, betrachten das Gesetzgebungsverfahren, thematisieren Rechtsfolgen des angelsächsischen Common Law im Vergleich zum kontinentaleuropäischen Civil Law in der Tradition des Code Napoléon, fragen nach der optimalen Größe eines Rechtsraums oder modellieren die Herstellung von Verhandlungsrecht. Diverse Rechtsökonomen haben sich mit der Harmonisierung nationalen Rechts in der Europäischen Union befasst und das normative Prinzip der → Subsidiarität herausgehoben, welches der europäischen Geistesgeschichte der Vorstellung einer natürlichen Rechtsordnung entspringt. Beachtung findet die Verankerung von Wertvorstellungen wie Gerechtigkeit, Einigkeit und Freiheit.

Ein weiteres Forschungsfeld umfasst die Anwendung und Befolgung des Rechts, u.a. des Wettbewerbsrechts, des Steuerrechts und des Umweltrechts. Das Verfahrensrecht, wie das Steuerverfahrens- und

Steuerstrafverfahrensrecht, erlangte im Unterschied zum materiellen Recht erst neuerdings zunehmendes Interesse. Einige Aufmerksamkeit zog das Gerichtsverfahrensrecht auf sich, z.B. im Modell der optimalen → Gerichtskosten unter der Berücksichtigung der administrativen Kosten, des Wertes der verhandelten Sache und der Kosten einer Fehlentscheidung des Rechtsstreits. Andere Autoren modellierten Strukturen richterlicher Entscheidungen und schlugen Wahrheitsfindungsmechanismen vor. Spezielles Interesse gilt dem vorgerichtlichen Vergleich, der → Berufung, der → Revision, der Rolle des → Rechtsanwalts, ungleichen Gerichtshierarchien (Gerichte) und der Aushandlung der Streitbeilegung im Verfahren, z.B. → Absprachen im Strafprozess.

V. Aktuelle Forschungsfelder

Weltweit und so auch in Deutschland ist die ökonomische Analyse des Rechts enorm im Aufwind begriffen. Nach einer zunehmend mathematisch-modelltheoretischen Ausrichtung in den 1980er- und 1990er-Jahren, die sich fortsetzt, sind seit den 1990er-Jahren verstärkt empirische Forschungsarbeiten zu verzeichnen. Einen großen Einfluss haben Zeitschriften wie: American Law and Economics Review (seit 1999), European Journal of Law and Economics (seit 1994), International Review of Law and Economics (seit 1982), Journal of Law and Economics (seit 1958), Journal of Law, Economics and Organization (seit 1994), Journal of Legal Studies (seit 1972) und Research in Law and Economics (seit 1981), sowie sehr erfolgreiche Neugründungen wie: Journal of Empirical Legal Studies (2004), Journal of Law, Economics and Policy (2005) und Review of Law and Economics (2005).

Neue Impulse kommen von sozialwissenschaftlichen und verhaltensökonomischen Ansätzen, aber auch aus sich fortsetzenden (wirtschafts-)ethischen und gesellschaftspolitischen Diskursen, z.B. zur Stellung von Ehe, Familie, Kindern, Arbeitnehmern, Kinderarbeit, Prostitution, freien beratenden Berufen, übernationalen Institutionen (vermehrt nach 2001), technischen Innovationen, immateriellem Eigentum, Natur- und Kulturschätzen sowie Gesundheit. In Europa liegt ein Schwergewicht auf dem Vergleich der verschiedenartigen nationalen Rechtskonstrukte. Mehrere Forschungsprojekte lenken den Blick auf den Wandel rechtlicher Ordnungen, die Vielfalt der Rechtsgrundlagen und die Rechtsentwicklungen infolge der Globalisierung. Die Regulierung der Finanzmärkte ist nicht erst seit der Finanzkrise von 2007 bis 2009 ein vielbearbeitetes Thema aus rechtsökonomischer Perspektive.

Rechtspersönlichkeit → Rechtsfähigkeit.

Rechtspfleger – Beamter des Justizdienstes, der die ihm durch Gesetz übertragenen Aufgaben der Rechtspflege sachlich unabhängig entscheidet und dabei nur an Gesetz und Recht gebunden ist (§ 9 RPflG vom 5.11.1969 (BGBl. I 2065) m.spät. Änd.). – *Tätigkeitsbereich* v.a. in der → freiwilligen Gerichtsbarkeit für Grundbuch-, Vormundschafts-, Nachlass-, Handels-, u.a. Register- und Insolvenzsachen, mit Ausnahme bestimmter Einzelgeschäfte. Übertragen sind dem Rechtspfleger im Zivilprozess u.a. das Mahnverfahren, Aufgebotsverfahren, Auslandszustellungen, Erteilung von vollstreckbaren Ausfertigungen, Erlass von Pfändungs- und Überweisungsbeschlüssen, Geschäfte des Zwangsvollstreckungsverfahrens einschließlich der Zwangsversteigerung. In der Strafvollstreckung nimmt er die nach dem Erlass des Urteils zu treffenden Entscheidungen wahr, u.a. Bewilligung von Teilzahlung und Zahlungsfristen sowie deren Widerruf (z.B. § 464b StPO). – *Rechtsbehelf* gegen die Entscheidung des Rechtspflegers ist das Rechtsmittel, das nach den allg. verfahrensrechtlichen Vorschriften zulässig ist. Ist ein solches nicht gegeben, findet die → Erinnerung statt, über die der Richter entscheidet (§ 11 RPflG), sofern der Rechtspfleger nicht abhilft. Das Erinnerungsverfahren ist gerichtsgebührenfrei.

Rechtsprechung – staatliche Tätigkeit zur verbindlichen Entscheidung von Rechtsstreitigkeiten in einem rechtlich geregelten Verfahren (→ Prozess) in Anwendung des geltenden Rechts durch unbeteiligte Rechtspflegeorgane (→ Gerichte). – *Anders:* → Gesetzgebung, → Verwaltung.

Rechtsreferendar → Jurist.

Rechtsschutzversicherung – 1. *Begriff:* Zweig der → Schadenversicherung. Wegen der für diesen → Versicherungszweig in der Bundesrepublik Deutschland bis 1990 geltenden → Spartentrennung wird die Rechtsschutzversicherung v.a. von Spezialversicherern betrieben. Wird die Rechtsschutzversicherung von einem Versicherungsunternehmen zusammen mit anderen Sparten betrieben, muss die Leistungsbearbeitung einem rechtlich selbstständigen Schadenabwicklungsunternehmen übertragen werden. – 2. *Merkmale:* a) Versicherungsschutz: Die Rechtsschutzversicherung erbringt und vermittelt Dienstleistungen zur Wahrnehmung rechtlicher Interessen und trägt nach Eintritt eines Rechtsschutzfalls im vereinbarten Umfang, maximal bis zur vereinbarten → Versicherungssumme, die Rechtskosten. Die Kostenübernahme kann sich grundsätzlich von einer anwaltlichen Erstberatung, die auf telefonischem Wege insbesondere zur Vermeidung späterer Rechtsstreitigkeiten häufig bereits rein vorsorglich (ohne Eintritt eines Rechtsschutzfalls) angeboten wird, bis zur Durchführung eines gerichtlichen Verfahrens über mehrere Instanzen erstrecken. Versicherte Kosten sind insbesondere Rechtsanwaltsgebühren, Gerichtskosten einschließlich der Entschädigung für Zeugen und Sachverständige, die vom

Gericht herangezogen werden, aber auch die Kosten außergerichtlicher Streitschlichtungsverfahren. Die Rechtsschutzversicherung erfüllt eine soziale Funktion, weil sie jedem Bürger die Wahrnehmung seiner rechtlichen Interessen ohne Rücksicht auf das hiermit verbundene Kostenrisiko ermöglicht. – b) Abgrenzung: Relevant ist v.a. die Abgrenzung zur → Haftpflichtversicherung. Letztere schützt den → Versicherungsnehmer bei der Abwehr fremder Ansprüche (passiver Rechtsschutz), die ggf. auch befriedigt werden. Die Rechtsschutzversicherung trägt für den Versicherungsnehmer das Rechtskostenrisiko bei der Durchsetzung eigener Ansprüche (aktiver Rechtsschutz). – c) Geltungsbereich: Versicherungsschutz besteht regelmäßig in Europa und den außereuropäischen Anliegerstaaten des Mittelmeers, soweit der Gerichtsstand in diesem Gebiet gegeben ist. Weltweite Deckung bei vorübergehendem Aufenthalt im Ausland sowie für Streitigkeiten aus Internetverträgen ist mittlerweile bei den meisten Versicherern Standard. Für einzelne Leistungen ist der Geltungsbereich auf Deutschland beschränkt, i.d.R. für Beratungs-, Sozialgerichts-, Steuer- und – sofern angeboten – Verwaltungs-Rechtsschutz. – d) Leistungsarten: Leistungsarten beschreiben Rechtsbereiche, die vom Versicherungsschutz umfasst sind, z.B. Schadenersatz-, Arbeits-, Steuer-, Sozial-, Verwaltungs-, Straf-, Ordnungswidrigkeiten-, Wohnungs- und Grundstücks-Rechtsschutz, Rechtsschutz im Vertrags- und Sachenrecht, Beratungs-Rechtsschutz im Familien- und Erbrecht. Bei manchen Leistungsarten besteht eine i.d.R. dreimonatige Wartezeit. – e) Vertragsarten: Vertragsarten bündeln mehrere Leistungsarten und ordnen diese einem versicherten Risikobereich und versicherten Personen zu (z.B. Verkehrs-Rechtsschutz, → Privat-Rechtsschutz, → Berufs-Rechtsschutz, Wohnungs- und Grundstücks-Rechtsschutz). Kombinationen der genannten Vertragsarten sind gängig. – f) Rechtsgrundlagen: Gesetzliche Grundlage ab 1.1.2008 sind die §§ 125-129 VVG; sie beziehen sich v.a. auf den Inhalt des Versicherungsscheins, das Schadenabwicklungsunternehmen, die freie Wahl des Rechtsanwalts und die Anerkennung des Rechtsschutzbedürfnisses. Vertragliche Grundlage sind die Allgemeinen Bedingungen für die Rechtsschutz-Versicherung (ARB).

Rechtsstaat – in einem allg. Sinn ein Staat, in dem nicht Willkür herrscht, sondern das Recht zur Gewährleistung von Rechtssicherheit und Gerechtigkeit. Als eines der elementaren Prinzipien des Grundgesetzes (Art. 20 I, 28 I GG) hat das Rechtsstaatsprinzip in zahlreichen Vorschriften und Grundsätzen eine nähere Konkretisierung erfahren. Dazu gehören der Vorrang der Verfassung und des Gesetzes, die Gewaltenteilung, die Grundrechte, der Rechtsschutz gegenüber öffentlicher Gewalt, das rechtliche Gehör, die Gewährleistung des gesetzlichen Richters, die Gesetzmäßigkeit der Verwaltung. Das Rechtsstaatsprinzip bindet alle Träger öffentlicher Gewalt, auch den Landesgesetzgeber.

Rechtsstaatlichkeit – 1. *Begriff:* Als Rechtsstaat wird ein Staat bezeichnet, in dem politische Herrschaft nur aufgrund und im Rahmen des Rechts ausgeübt wird (Grimm). Hierbei werden an eine Anerkennung hoheitlichen Handelns als legitimes Recht formelle und inhaltliche Voraussetzungen geknüpft, die dazu dienen, den einzelnen vor Übergriffen des Staates in seine individuellen Freiheitsrechte zu schützen. Zwar kann der Gedanke eines rechtlich gebundenen Staates bis in den Beginn der Neuzeit zurückverfolgt werden, doch kennzeichnet Rechtsstaatlichkeit als anerkanntes Verfassungsprinzip erst die liberal-bürgerlichen Gesellschaften am Anfang des 19. Jh. Wenn auch der Begriff des Rechtsstaates eng mit spezifisch dt. Rechtstraditionen verbunden ist, so weist er doch einige deutliche Entsprechungen mit Grundelementen des angelsächsischen Verständnisses von *„Rule of Law"* bzw. *„Government under the Law"* auf. – 2. *Verfassungsrechtliche Bedeutung:* In der Staatsverfassung der Bundesrepublik Deutschland zählt das Rechtsstaatsprinzip zu den zentralen Leitideen. Hierzu gehören bes. die Art. 20 III und 1 III GG (Bindung der Staatsgewalten an Verfassung, Gesetz und Recht), Art. 20 II GG (Gewaltenteilung), Art. 19 IV GG (Rechtsschutz durch unabhängige Gerichte) und Art. 19 II GG (Wesensgehaltsgarantie der Grundrechte). Hiervon ausgehend haben sich in der Rechtsprechung des Bundesverfassungsgerichts und der vorherrschenden Lehrmeinung folgende *Wesensmerkmale* des Rechtsstaatsprinzips herausgebildet: a) *Achtung der Grundrechte:* Die → Grundrechte des Grundgesetzes binden alle Organe der Staatsgewalt „als unmittelbar geltendes Recht" (Art. 1 III GG). V.a. sind sie in ihrem Wesensgehalt der Disposition des Gesetzgebers entzogen (Art. 19 II GG) und werden von unabhängigen Gerichten gewährleistet (Art. 19 IV GG). – b) → Gewaltenteilung: Die Ausübung der Staatsgewalt hat „durch besondere Organe der Gesetzgebung, der vollziehenden Gewalt und der Rechtsprechung" zu erfolgen (Art. 20 II GG). Damit sollen unterschiedliche hoheitliche Funktionen in ein System gegenseitiger Abhängigkeit und Kontrolle gebracht werden (im angelsächsichen Raum auch „Checks and Balances" genannt). V.a. hat das Parlament die Regierung zu kontrollieren, während unabhängige Gerichte die Akte der Verwaltung auf ihre Rechtmäßigkeit und die Akte der Gesetzgebung auf ihre Verfassungsmäßigkeit überprüfen. Die horizontale Gewaltenteilung wird in der Bundesrepublik Deutschland als föderal gegliedertem Staat ergänzt durch die vertikale Gewaltenteilung zwischen den unterschiedlichen Ebenen von Gebietskörperschaften (Gemeinden, Länder, Bund). – c) *Gleichbehandlung durch das Gesetz:* Grundsätzlich hat die Rechtsetzung in Form des allg. und den Gleichheitssatz (Art. 3 GG) respektierenden Gesetzes zu erfolgen (→ Gleichbehandlung). Damit soll vermieden werden, dass Einzelfallregelungen und Maßnahmegesetze allgemeingültige Gesetze derart verdrängen, dass dem Willkürverbot sowie der Trennung von Verwaltung und Gesetzgebung nicht mehr entsprochen werden kann. – d) *Vorbehalt des Gesetzes:* Nur auf der Grundlage eines förmlichen, vorher erlassenen Gesetzes dürfen staatliche Gewalten Eingriffe in Freiheit und Eigentum der Bürger vornehmen. Dies entspricht dem Prinzip der *Gesetzmäßigkeit der Verwaltung,* das den Erlass von Verwaltungsakten an eine Ermächtigung durch den Gesetzgeber bindet und somit der Verwaltung Ermessensentscheidungen verbietet, für die es keine gesetzliche Grundlage gibt. Dadurch, dass der Gesetzgeber wiederum den Wesensgehalt der Grundrechte, das Rückwirkungsverbot und das Klarheits- bzw. Bestimmtheitsgebot zu achten hat, soll dem Prinzip der Rechtssicherheit des Bürgers zusätzlich Geltung verschafft werden. – e) *Verhältnismäßigkeit:* Staatliche Eingriffe der öffentlichen Gewalt haben im Hinblick auf den verfolgten Zweck die Verhältnismäßigkeit der Mittel zu wahren. Für die ausführende Gewalt heißt dies, dass sie bei der Anwendung von Gesetzen diejenigen Mittel zu wählen hat, die geeignet sind, den erstrebten Erfolg zu erreichen, hierbei den geringstmöglichen Eingriff in die Freiheitssphäre der Bürger bewirken (Erforderlichkeit) und gleichzeitig in einem zumutbaren Verhältnis zum Gewicht der betroffenen subjektiven Rechte stehen (Übermaßverbot). – 3. *Bedeutung im Rahmen der* → Ordnungsökonomik: Die Rechtsstaatlichkeit als zentrales Ordnungsprinzip marktwirtschaftlicher Systeme. Das Gebot der Rechtsstaatlichkeit richtet sich an die Träger hoheitlicher Staatsgewalt und dient dem Schutz dezentraler Selbstorganisation vor staatlichen Übergriffen. Die Ordnungsökonomik der Freiburger Schule räumt der Rechtsstaatlichkeit schon aufgrund ihres interdisziplinären Ansatzes und der Betonung einer durchgreifenden Interdependenz von Wirtschaftsordnung und Staatsverfassung (→ Interdependenz der Ordnungen) den Rang eines zentralen Ordnungsprinzips ein.

Rechtsstaatsprinzip → Rechtsstaatlichkeit.

Rechtsstreit → Prozess.

Rechtsträger – allg. der Inhaber von Rechten. In den neuen Bundesländern bezeichnet Rechtsträger auch die Stelle, die früher berechtigt war, über Volkseigentum zu verfügen. Die Bezeichnung „Rechtsträger" hat im Zusammenhang mit der Regelung offener Vermögensfragen (→ Vermögensgesetz) noch Bedeutung, weil die Regelungen über die Zuordnung von Eigentum oder eine Verfügungsbefugnis oft an die Eintragung (→ Grundbuch) anknüpfen. – Vgl. auch → Vermögenszuordnungsgesetz.

Rechtsträger, Spaltung von – I. Gesellschaftsrecht: 1. *Grundsätzliches:* Ein Rechtsträger kann ohne Abwicklung durch Übertragung des Vermögens auf zwei oder mehrere Nachfolgegesellschaften umgewandelt werden (*Spaltung* als Form der Umwandlung) und dadurch eine Sonderrechtsnachfolge herbeiführen. Zweck der Spaltung sind u.a. Trennung feindlicher Gesellschafterparteien, Erbteilung, aber auch Umstrukturierung von Konzernteilen. – Geregelt im → Umwandlungsgesetz (UmwG) vom 28.10.1994 (BGBl. I 3210) m.spät.Änd., insbesondere in den §§ 123 ff. – 2. *Formen:* Die Spaltung ist möglich: (1) Durch Aufspaltung unter Auflösung des Vermögens eines Rechtsträgers ohne Abwicklung zur Aufnahme bzw. Neugründung durch gleichzeitige Übertragung der Vermögensteile jeweils als Gesamtheit auf andere bestehende bzw. von ihm dadurch neu gegründete Rechtsträger gegen Gewährung von Anteilen oder Mitgliedschaften dieser Rechtsträger an die Anteilsinhaber des übertragenden Rechtsträgers *(Aufspaltung);* (2) durch Abspaltung eines oder mehrerer Teile des Vermögens eines Rechtsträgers zu dem unter 2 (1) genannten Zweck gegen Gewährung von Anteilen oder Mitgliedschaften dieses Rechtsträgers oder dieser Rechtsträger an die Anteilsinhaber des übertragenden Rechtsträgers *(Abspaltung);* (3) durch Ausgliederung eines oder mehrerer Teile des Vermögens eines Rechtsträgers zu dem unter 2 (1) genannten Zweck gegen Gewährung von Anteilen oder Mitgliedschaften dieses Rechtsträgers oder dieser Rechtsträger an den übertragenden Rechtsträger (*Ausgliederung;* vgl. § 123 UmwG). – 3. *Spaltungsfähige Rechtsträger:* (1) Die in § 3 I UmwG genannten Rechtsträger (→ Verschmelzung); (2) als übertragende Rechtsträger weiter → Stiftungen, → Gebietskörperschaften oder Zusammenschlüsse von Gebietskörperschaften, die nicht Gebietskörperschaften sind (z.B. Zweckverbände) (§ 124 UmwG). – 4. *Allg. Voraussetzungen:* a) *Abschluss eines Spaltungs- und Übernahmevertrages* (§ 126 UmwG), im Fall der Spaltung zur Neugründung die Aufstellung eines Spaltungsplans (§ 136 UmwG). Inhalt des Spaltungsvertrages vgl. → Verschmelzung. – b) Darüber hinaus genaue *Bezeichnung und Aufteilung der Gegenstände des Aktiv- und Passivvermögens,* die an jeden der übernehmenden Rechtsträger übertragen werden, sowie der übergehenden Betriebe und Betriebsteile unter Zuordnung zu den übernehmenden Rechtsträgern, bei Aufspaltung und Abspaltung die Aufteilung der Anteile oder Mitgliedschaften jedes der übernehmenden Rechtsträger auf die Anteilsinhaber des übertragenden Rechtsträgers sowie der Maßstab der Aufteilung. – c) Hinsichtlich des Spaltungsberichtes (§ 127 UmwG), der Beteiligung des Betriebsrates sowie der Gläubigerschutzvorschriften entsprechen die Regelungen denen der → Verschmelzung. – d) Bei der Beteiligung von Gesellschaften mit beschränkter Haftung an der Spaltung ist stets ein → Sachgründungsbericht, bei Beteiligung von Aktiengesellschaften ein → Gründungsbericht und eine → Gründungsprüfung erforderlich (§§ 123–173 UmwG). – 5. *Gesetzlich geregelte Arten der Spaltung nach dem Umwandlungsgesetz:* Vgl. Abbildung „Spaltung von Rechtsträgern".

Spaltung von Rechtsträgern

Rechtsträger übertragender	übernehmender oder neuer							
	Personenhandlesgesellschaften	Partnerschaftsges.	GmbH	AG/KGaA	e. Genossenschaft	e.V./ wirtschaftliche Vereine	Gen. Prüfungsverbände	VVaG
Personenhandelsgesellschaften (OHG, KG)	§§ 125, 135	§§ 125, 135	§§ 125, 135; 138-140	§§ 125, 135; 141-146	§§ 125, 135; 147, 148	–	–	
Partnerschaftsges.	§§ 125, 135	§§ 125, 135	§§ 125, 135; 138-140	§§ 125, 135; 141-146	§§ 125, 135; 147, 148	–	–	
GmbH	§§ 125, 135; 138-140	§§ 125, 135; 138-140	§§ 138-140	§§ 125, 135; 141-146	§§ 138-140; 147, 148	–	–	
AG/KGaA	§§ 125, 135; 141-146	§§ 125, 135; 141-146	§§ 138-140; 141-146	§§ 141-146	§§ 141-146; 147, 148	–	–	
e. Genossenschaft	§§ 125, 135; 147, 148	§§ 125, 135; 147, 148	§§ 138-140; 1417, 148	§§ 141-146; 147, 148	§§ 147, 148	–	–	
e.V./wirtschaftl. Vereine	§§ 125, 135, 149	§§ 125, 135, 149	§§ 138-140; 149	§§ 141-146;149	§§ 147, 148; 149	§§ 149	–	
Gen. Prüfungsverbände	–	–	nur Ausgliedg. §§ 138-140; 150	nur Ausgliedg. §§ 141-146; 150	–	–	§ 150	
VVaG	–	–	nur Ausgliedg. keine Übertrag. v. Vers.-vetr. §§ 138-140; 151	nur Vers. AG nur Auf-/ Abspaltung §§ 141-146; 151	–	–	–	Auf-/ Abspaltung §§ 151
Einzelkaufmann	§§ 125, 135; 152-160	–	nur Ausgliedg. §§ 138-140; 152-160	nur Ausgliedg. §§ 141-146; 152-160	nur Ausgliedg. §§ 147, 148; 152-160	–	–	–
Stiftungen	nur Ausgliedg. §§ 125, 135; 161-167	–	nur Ausgliedg. §§ 138-140; 161-167	nur Ausgliedg. §§ 141-146; 161-167	–	–	–	–
Gebietskörperschaften	nur Ausgliedg. §§ 125, 135; 168-173	–	nur Ausgliedg. §§ 138-140; 168-173	nur Ausgliedg. §§ 141-146; 168-173	nur Ausgliedg. §§ 147, 148; 168-173	–	–	–

II. Steuerrecht: Zivilrechtliche Formen für alle Kapitalgesellschaften: (1) Aufspaltung: (a) Zur Aufnahme, (b) zur Neugründung; (2) Abspaltung: (a) Zur Aufnahme, (b) zur Neugründung; (3) Ausgliederung: (a) Zur Aufnahme, (b) zur Neugründung. – 1. *Gesetzliche Grundlage für Spaltung auf eine andere Körperschaft* (bis zur *Einführung des SEStEG*): § 15 UmwStG, der die sinngemäße Anwendung der §§ 11–13 UmwStG vorsieht. § 15 UmwStG regelt die Aufspaltung, Abspaltung und Vermögensübertragung als Teilübertragung auf eine andere Körperschaft. Ausgliederung wird nach § 20 UmwStG behandelt (Einbringung). – 2. *Tatbestandsvoraussetzungen:* Liegen die Voraussetzungen des § 15 UmwStG vor, sind die Vorschriften der §§ 11–13 UmwStG sinngemäß anzuwenden. Überträgerin und Übernehmerin(-nen) müssen unbeschränkt körperschaftsteuerpflichtig sein. Auf die Übernehmerinnen muss ein Teilbetrieb übertragen werden. Im Fall der Abspaltung oder Teilübertragung muss auch das zurückbleibende Vermögen bei der übertragenden Körperschaft einen Teilbetrieb bilden. Als Teilbetrieb gilt auch ein Mitunternehmeranteil oder eine 100-prozentige Beteiligung an einer Kapitalgesellschaft. Allerdings ist die steuerneutrale Spaltung nach § 15 II UmwStG (vormals § 15 III UmwStG) nicht möglich, sofern Übertragungsobjekt Mitunternehmeranteile oder Beteiligungen sind, die innerhalb eines Zeitraums von drei Jahren vor dem steuerlichen Übertragungsstichtag durch Übertragung von Wirtschaftsgütern, die keinen Teilbetrieb bildeten, erworben oder aufgestockt worden sind. Die steuerneutrale Behandlung wird ebenfalls versagt, sofern durch die Spaltung die Veräußerung an außen stehende Personen vollzogen wird oder die Voraussetzungen für eine Veräußerung geschaffen werden. Diese gilt bei Verkauf von 20 Prozent der Anteile innerhalb von fünf Jahren als gegeben. Ist mit der Spaltung die Trennung von Gesellschafterstämmen beabsichtigt, so muss die Beteiligung an der übertragenden Körperschaft mind. fünf Jahre vor dem steuerlichen Übertragungsstichtag bestanden haben. – 3. *Rechtsfolgen:* Bei der übertragenden Körperschaft entsteht, wenn das übergehende Vermögen mit dem Buchwert angesetzt wird, kein Übertragungsgewinn. Sofern der Ansatz zum Teilwert oder zu einem Zwischenwert erfolgt, entsteht insoweit ein steuerpflichtiger Übertragungsgewinn. Bei der übernehmenden Körperschaft bleiben ein sich in der Steuerbilanz ergebender Übernahmegewinn bzw. -verlust grundsätzlich außer Ansatz (auch bei der Gewerbesteuer). Bei den Anteilseignern gelten die Anteile an der übertragenden Körperschaft gemäß § 13 UmwStG als zum Buchwert bzw. zu ihren Anschaffungskosten veräußert. Die an ihre Stelle tretenden Anteile bleiben steuerverhaftet und gelten als zum gleichen Wert angeschafft. Auf den Spaltungsstichtag muss die übertragende Körperschaft eine Steuerbilanz erstellen. – 4. *Aufspaltung oder Abspaltung auf eine Personengesellschaft:* Die Vorschriften zum Vermögensübergang von einer Körperschaft auf eine Personengesellschaft oder natürliche Person sind entsprechend anzuwenden (§ 16 UmwStG). – 5. *Persönlicher Anwendungsbereich*: Seit dem Jahr 2007 sind die Vorschriften des dt. Umwandlungssteuergesetzes über die Spaltung von Kapitalgesellschaften auch dann anwendbar, wenn die zu spaltende Kapitalgesellschaft oder eine der Nachfolgegesellschaften keine dt., sondern eine EU-ausländische Gesellschaft ist; vorher war das nicht der Fall. – 6. *Rechtslage in anderen europäischen Staaten:* Dass Kapitalgesellschaften möglichst steuerneutral gespalten werden können, ist für grenzüberschreitende Fälle in allen Staaten der EU durch die Fusionsrichtlinie zwingend vorgeschrieben. In „innerstaatlichen" Fällen, d.h. Fällen, bei denen die ursprüngliche Gesellschaft und ihre Nachfolgegesellschaften allesamt im selben Staat gegründet sind, kann jeder EU-Staat für sich entscheiden, wie er die Spaltung regelt, allerdings darf er z.B. dt. Gesellschaften, die gespalten werden und Vermögen auf seinem Gebiet haben, dann nicht ungünstiger behandeln als seine eigenen Gesellschaften, wenn diese eine Spaltung durchführen würden (Diskriminierungsverbot).

Rechtsverhältnisse – die durch Rechtsvorschriften geordneten Beziehungen von Personen zu anderen Personen oder Gegenständen, z.B. Mietverhältnis, Ehe, Beamtenverhältnis.

Rechtsverordnungen – für jedermann verbindliche Anordnungen, die nicht vom Gesetzgeber, sondern von den durch Gesetz ermächtigten Exekutivorganen erlassen werden. Rechtsverordnungen aufgrund von Bundesgesetzen können nur von der → Bundesregierung (mit oder ohne Zustimmung des → Bundesrats, je nachdem, ob Länderinteressen berührt werden), einem Bundesminister oder den Landesregierungen (Art. 80 GG) erlassen werden. Inhalt, Zweck und Ausmaß einer solchen Ermächtigung müssen im Gesetz selbst bestimmt sein. Die Rechtsgrundlage ist in der Rechtsverordnung anzugeben. Eine Weiterübertragung der Ermächtigung (sog. Subdelegation) ist zulässig, wenn sie im Gesetz ermöglicht ist und durch Rechtsverordnung erfolgt. – Mangels hinreichender Bestimmtheit der Ermächtigung kann eine Rechtsverordnung nichtig sein.

Rechtsvorschrift – Rechtsnorm oder Rechtssatz (z.B. Gesetz, Rechtsverordnung) im Unterschied zu den nur die staatliche Verwaltung bindenden Verwaltungsvorschriften, die i.d.R. Rechtsnormen näher erläutern oder ausführen. Rechtsnormen sind generell-abstrakte Regelungen, die für jedermann verbindlich sind.

Rechtswahlmöglichkeiten → Steuerpolitik.

Rechtsweg – Begriff des Prozessrechts: (1) Möglichkeit, überhaupt Überprüfung einer Angelegenheit durch ein unabhängiges Gericht zu erhalten (Art. 19 IV GG); (2) die für die Angelegenheit oder Streitsache richtige Gerichtsbarkeit (Zulässigkeit des Rechtswegs). Hat ein Gericht den zu ihm beschrittenen Rechtsweg für zulässig erachtet, sind andere Gerichte an diese Entscheidung gebunden (§ 17a I GVG). – Zulässigkeit des beschrittenen Rechtswegs ist Prozessvoraussetzung und betrifft die Abgrenzung der Zuständigkeitsbereiche der einzelnen Gerichtsbarkeiten. Der Rechtsweg zu den ordentlichen Gerichten ist zulässig: (1) in allen *bürgerlichen Rechtsstreitigkeiten* (§ 13 GVG), das sind solche über privatrechtliche Rechtsverhältnisse, bei denen sich die Parteien als gleichberechtigte Teilnehmer am Rechtsverkehr gegenüberstehen, auch Ansprüche gegen den Staat, wenn dieser als Teilnehmer am Privatrechtsverkehr, nicht kraft hoheitlicher Gewalt auftritt; (2) für gewisse *öffentlich-rechtliche Ansprüche* kraft bes. Zuweisung, v.a. für Schadensersatzansprüche gegen den Staat oder andere öffentlich-rechtliche Körperschaften wegen Amtspflichtverletzung und für Aufopferungsansprüche (§ 40 II VwGO). – Vgl. auch → Verwaltungsrechtsweg, → Arbeitsgerichtsbarkeit, → Sozialgerichte, → Finanzgerichtsbarkeit.

Rechtsweggarantie – grundrechtliche Verbürgung, nach der für jedermann, der durch die öffentliche Gewalt in seinen Rechten verletzt ist, der Rechtsweg offen steht (Art. 19 IV GG). – *Ausnahme* gemäß Art. 10 II GG bei Verletzung des Brief-, Post- und Fernmeldegeheimnisses, wenn Gesetz dies bestimmt und von Volksvertretung berufenes Organ anstelle des Rechtsweges tritt (→ Briefgeheimnis). – Die Rechtsweggarantie garantiert einen effektiven Rechtsschutz, eröffnet jedoch keinen Anspruch auf mehr als eine gerichtliche Instanz.

Rechtswidrigkeit – Charakteristik jeder Handlung, die der Rechtsordnung widerspricht. Im gesamten Rechtsbereich einheitlicher Begriff. Rechtfertigungsgründe schließen das Unrecht mit Wirkung für alle Rechtsgebiete aus, das sind v.a. → Notwehr, → Notstand, Pflichtenkollisionen, tatsächliche und mutmaßliche Einwilligung des Verletzten.

Recognition Lag → Lag.

Recognitiontest – *Wiedererkennungsverfahren;* direktes Messverfahren der Gedächtnisinhalte oder Messverfahren der → Werbewirkung. Beim Wiedererkennen wird der Person das gelernte Material zusammen mit anderen Materialien vorgelegt und sie wird gefragt, an welches Material sie sich erinnert. Die Vergessenskurve verläuft bei Messungen des Wiedererkennens flacher als bei Recallmessungen und ist nach oben verschoben. – 1. *Markenrecognition:* misst die „passive" → Markenkenntnis, da der Konsument sich nur dann an die Marke erinnert, wenn er die Marke (bzw. den Markennamen) sieht. – Messung des Markenrecognition: Gestaltungsmöglichkeiten ergeben sich daraus, ob die Liste der Markennamen, die dem Befragten vorgelegt wird, in Standardschrift geschrieben ist, in den entsprechenden Schriftzügen mit den jeweiligen Farben der Marken oder aus Markenabbildungen besteht. – Bedeutung des Markenrecognition: Bei sehr geringem Involvement wird die Entscheidung erst in der Kaufsituation getroffen und es genügt die passive Markenkenntnis für den Kauf der Marke, bei bewussten und überlegten Entscheidungen ist der Markenrecall nötig. – 2. *Bildrecognition:* umschließt Verfahren wie Bilderpuzzle, Bilderzuordnung und Bildmaskierung. Dabei werden der Testperson visuelle Reizvorlagen vorgelegt, die sie ihrem Wissen entsprechend erkennen oder zuordnen soll. Ziel ist, wenig bewusstes bildliches Wissen einzufangen. – Vgl. auch → Recalltest.

Record – 1. *Begriff:* → Datenstruktur, in der → Datenelemente mit beliebigem → Datentyp unter einem gemeinsamen Namen zusammengefasst sind (heterogene Struktur). – 2. *Verwendung:* Strukturierung von → Daten, die in einem hierarchischen Zusammenhang stehen. Einen Record, der in einer → Datei gespeichert wird, nennt man i.Allg. → Datensatz. – 3. *Terminologie:* in den → Programmiersprachen und in der Literatur äußerst uneinheitlich, z.B. Datengruppe, Datensatz, Segment, Struktur, Verbund, Verband, kartesisches Produkt.

Record Date – Vgl. → Stimmrecht.

Recovery – bei → Datenbanksystemen die Wiederherstellung eines definierten konsistenten Zustands der Datenbasis (→ Datenbank) nach einem → Hardware- oder → Software-Fehler.

Recycling – 1. *Begriff:* a) *Rückführung von Produktions- und Konsumabfällen* (auch: Abwärme) in den Wirtschaftskreislauf. Innerbetrieblich Aufgabe der → Abfallwirtschaft. – b) *Materialkostenintensiver Wirtschaftsbereich,* der die Bereiche Recycling von Schrott und Recycling von nicht metallischen Altmaterialien und Reststoffen enthält. – 2. *Umweltwirkung:* → Umweltschutz durch Verzicht auf Abbau natürlicher Ressourcen (→ Ressourcenschonung) mit Material- und Energiekostenminderung und Vermeiden der Rückstandsabgabe in die natürliche Umwelt mit Wegfall von Entsorgungskosten. – 3. *Voraussetzungen:* Zur Gewinnung von Sekundärstoffen aus Rückständen nach physischer Erfassung, Identifikation, Klassifikation, Kennzeichnung und Dokumentation (→ Stoffbilanz, → Energiebilanz, → ökologische Buchhaltung) sind zumeist Aufbereitungsvorgänge erforderlich; Rückstandsvermittlung i.d.R. durch → Recyclingbörsen und → Aufkaufhandel. – Rückfluss von Sekundärstoffen ist bes. hoch bei Altmetallen, -papier, -glas, -kunststoffen, -reifen. – 4. *Arten:* a) *Wiederverwendung:* Wiederholter Einsatz eines Rückstandes für den ursprünglichen Verwendungszweck (z.B. Mehrwegflaschen). – b) *Weiterverwendung:* Rückstandseinsatz für andere Zwecke (z.B. Granulat aus Altreifen zur Produktion von Bodenbelägen). – c) *Weiterverwertung:* Herstellung von Sekundärstoffen zum Wiedereinsatz in den Produktionsprozess, dem sie entstammen (z.B. Altglas zur Herstellung von Behälterglas). – Recycling stofflicher Rückstände ist stets Rückführung von in Produktion oder Konsum eingesetzter Materie. Genutzte *Energie* lässt sich nicht nochmals nutzen; ungenutzt aus einem thermodynamischen System (z.B. Abhitze aus Industrieöfen) abfließende Energie kann dem System wieder zugeführt werden.

Recyclingbörse – überbetriebliche Einrichtung der Industrie- und Handelskammer (durch den Deutschen Industrie- und Handelskammertag (DIHK) organisiert) und des Verbandes der Chemischen Industrie (VCI) zur Vermittlung von Angebot an und Nachfrage nach Produktionsrückständen bzw. -abfällen. Europaweite Koordinierungsstelle, EDV-gerechter Ausbau.

Redakteur – *Schriftleiter;* der durch Sammlung, Sichtung, Ordnung und Bearbeitung von Nachrichten, Beiträgen, Aufsätzen etc. an der Gestaltung des Textteils einer Zeitung oder Zeitschrift oder der Gestaltung einer Hörfunk- oder Fernsehsendung Mitwirkende. Der verantwortliche Redakteur i.S. des Presserechts hat bestimmte gesetzlich bestimmte Pflichten u.a. im Gegendarstellungsrecht (vgl. etwa § 9 des Hessischen Pressegesetzes).

Redaktionsstatut – Organe der Mitsprache und Mitbestimmung vorsehende bes. Vereinbarung in Presse- und Medienunternehmen. Redaktionsstatute sollen der inneren Pressefreiheit dienen, v.a. der Absicherung der Stellung der Redakteure gegenüber dem Verleger, sowie der „Demokratisierung" der Massenmedien. Zulässigkeit und rechtliche Ausgestaltung der Redaktionsstatute ist umstritten, v.a. auch das

Verhältnis zum → Betriebsrat, der in → Tendenzbetrieben nur eingeschränkt Mitbestimmungsrechte (§ 118 I BetrVG) hat.

Red Clause – Klausel im Dokumentenakkreditiv (→ Packing Credit), durch die eine Bank ermächtigt wird, dem Begünstigten schon vor der Einreichung der Dokumente unter vereinbarten Bedingungen Vorschüsse zu gewähren.

Red-Clause-Akkreditiv → Packing Credit.

Rede → öffentliche Reden.

Redeflation → Reflation.

Redepflicht – Verpflichtung des → Abschlussprüfers gemäß § 321 I 3 HGB. Er hat im → Prüfungsbericht über bei Wahrnehmung seiner Aufgaben festgestellte Unrichtigkeiten oder Verstöße gegen gesetzliche Vorschriften sowie Tatsachen zu berichten, die den Bestand einer geprüften Unternehmung gefährden, ihre Entwicklung wesentlich beeinträchtigen können oder die schwerwiegende Verstöße der gesetzlichen Vertreter oder von Arbeitnehmern gegen Gesetz, Gesellschaftsvertrag oder Satzung erkennen lassen.

Rediskont(ierung) – Weiterverkauf von → Wechseln, die bereits von einem Kreditinstitut angekauft (diskontiert) wurden, an die Zentralbank. – Vor der Einrichtung der → Europäischen Zentralbank (EZB) legte die Deutsche Bundesbank einen → Diskontsatz fest, zu dem sie Wechsel ankaufte (rediskontierte), die Banken zuvor von ihren Kunden angekauft hatten. Die Wechsel mussten bestimmten Qualitätsanforderungen genügen. Seit dem 1.1.1999 sind die geldpolitischen Befugnisse auf die EZB übergegangen, deshalb kauft die Deutsche Bundesbank keine Wechsel mehr an. Auch die EZB setzt in ihrer Geldpolitik keine Rediskontgeschäfte ein. Mit dem Wegfall der Rediskontmöglichkeiten hat der Ankauf von Wechseln durch Kreditinstitute (→ Diskontgeschäft) an Bedeutung verloren.

Redistribution – I. Betriebswirtschaftslehre: alle Prozesse, die sich im Zuge der Entwicklung von einer Abfall- hin zu einer Kreislaufwirtschaft nach dem Konsum eines Produktes ergeben. Dazu zählen die Wiedergewinnung von Abfällen, die Organisation von Absatz- und Beschaffungsmärkten, das Recycling und die Entsorgung. – Vgl. Abbildung „Redistributionsfunktionen".

II. Volkswirtschaftslehre: Umverteilung von Einkommen und Vermögen aus der Primärverteilung, v.a. auf dem Wege staatlicher Umverteilungsmaßnahmen im Rahmen des Steuer-, Abgaben- und Transfersystems. – Vgl. auch → Verteilungspolitik, → primäre Einkommensverteilung, → sekundäre Einkommensverteilung.

Redistributionsfunktionen

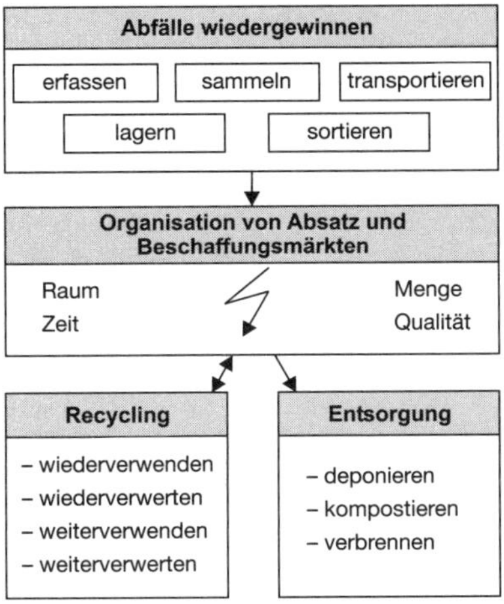

Quelle: Funck, Dirk/Schinnenburg, Heike, Umweltmanagement im Handel, Frankfurt 2000, S. 124

Redistributionspolitik → Verteilungspolitik.

Redistribution with Growth – These, dass im Wachstums- und Entwicklungsprozess die Verteilung zunehmend gleichmäßiger auf die Bevölkerung erfolgt. – Vgl. auch → Kuznets-U-These, → Entwicklungspolitik.

Reduktionismus → methodologischer Individualismus.

Reduktionsmarketing → Demarketing.

Reduktionswerbung – Werbung zwecks gezielten Umsatzabbaus. – *Anders:* → Erhaltungswerbung. – *Gegensatz:* → Expansionswerbung.

Redundanz → Datenredundanz.

Redux-Modell – 1. *Begriff:* das einfachste Modell der → Neuen Makroökonomik offener Volkswirtschaften (→ New Open Economy Macroeconomics, → NOEM). Es handelt sich bei diesem NOEM-Ansatz um eine vereinfachte Version eines analytisch sehr anspruchsvollen, vollständig mikrofundierten Makro-Modells von Obstfeld und Rogoff aus dem Jahre 1995. – 2. *Bausteine:* Das Redux-Modell, das hier nicht durch Gleichungen abgebildet werden soll, besteht aus den folgenden Elementen: a) Es werden *zwei offene Volkswirtschaften mit symmetrischen* → Präferenzen *aller Haushalte*, also identischen → Nutzenfunktionen, betrachtet. Die symmetrischen Haushalte sind monopolistische Anbieter einer Vielzahl handelbarer substituierbarer Güter, zu deren Produktion nur die eigene Arbeitskraft verwendet wird. Die Substitutionselastizität ist dabei zwischen allen in- und ausländischen Gütern gleich groß. Die Absatzpreise sind kurzfristig rigide, was sich mit der Existenz von → Menu Costs begründen lässt. – b) Für die individuellen Haushalte werden *intertemporale*

Nutzenfunktionen unterstellt, die positiv vom realen Gesamtkonsum und von der realen Kassenhaltung und negativ von der Produktionstätigkeit, die infolge des damit verbundenen Arbeitseinsatzes mit einem Verzicht auf Freizeit einhergeht, abhängt. Der Gesamtkonsum wird dabei als Konsumbündel in Form einer → CES-Funktion mit konstanter intertemporaler Substitutionselastizität definiert. Im Gegensatz zu einer geschlossenen werden in einer offenen Volkswirtschaft die Konsummöglichkeiten nicht durch die inländische Produktion begrenzt; insofern enthält die Nutzenfunktion des repräsentativen Haushalts neben dem gesamten Konsumgüterbündel auch das eigene Produktionsniveau stellvertretend für die entgangene Freizeit als Argumentvariable. – c) Bei der Maximierung seiner Nutzenfunktion hat der Haushalt eine periodenbezogene Budgetrestriktion oder dynamische Vermögensgleichung in nominalen Werten zu beachten, welche besagt, dass sich der Vermögensbestand zu Beginn der Folgeperiode aus dem Anfangsvermögen ergibt, indem man hierauf anfallende Zinseinkünfte und denjenigen Teil des laufenden Nominaleinkommens, der nicht für Konsumzwecke verwendet, also gespart wird, hinzuaddiert. Die Haushalte können dabei ihr Vermögen in Form zinsloser Kasse oder in Form eines zinstragenden risikolosen Wertpapiers, das auf einem vollkommenen internationalen Kapitalmarkt handelbar ist, halten. Die Annahme eines vollständig integrierten Weltkapitalmarktes impliziert dabei die Gültigkeit der ungedeckten → Zinsparität zwischen dem In- und Auslandszins. – d) Hinsichtlich des gesamtwirtschaftlichen Preisniveaus, das sowohl in der Budgetrestriktion als auch als Deflator der nominalen Geldmenge in der Nutzenfunktion auftritt, wird von einem *Konsumentenpreisindex* ausgegangen, der eine Kombination aus den Einzelpreisen der im In- und Ausland produzierten Güter ist. Da von der Existenz nicht-handelbarer Güter sowie von Handelsbeschränkungen abstrahiert wird, gilt für jedes individuelle Gut das Gesetz der Unterschiedslosigkeit der Preise (d.h. jeweils der gleiche Preis in beiden Volkswirtschaften) und für den in- und ausländischen Preisindex die → Kaufkraftparität in der absoluten Form. – e) Das Redux-Modell enthält schließlich noch *für jedes Gut eine relativpreisabhängige Gesamtnachfragefunktion*, der sich ein monopolistischer Anbieter dieses Gutes gegenübersieht. Ebenso wie in der traditionellen mikroökonomischen Monopoltheorie ist diese Funktion im Optimierungsansatz der Anbieter zu berücksichtigen. – f) Die Maximierung der intertemporalen Nutzenfunktion unter Beachtung der Budgetrestriktion liefert für den individuellen Haushalt seinen *optimalen (realzinsabhängigen) Konsumpfad* (→ Euler-Gleichung des Konsums), die gewünschte reale Kassenhaltung und den Zeitpfad des Güter- bzw. Arbeitsangebots. Die reale Geldnachfrage ist dabei negativ vom Zins und – im Unterschied zu traditionellen keynesianischen Modellen (→ Totalmodelle offener Volkswirtschaften, Nachfrageseite) – positiv vom Konsumniveau abhängig. Die endogene Bestimmung des Outputs bzw. Güterangebots geschieht analog zur Gewinnmaximierung einer Unternehmung. Ebenso wie in der traditionellen Monopoltheorie gilt auch im Redux-Modell, dass der mit den Grenzkosten übereinstimmende → Grenzerlös kleiner als der Preis ist, da der Absatz isoliert gesehen nur bei einer Preissenkung zunimmt. Im Redux-Modell setzt der Monopolist seinen Relativpreis ebenfalls mit einem Mark-up auf die Grenzkosten (→ Aufschlagspreisbildung). Der Zuschlagssatz ist dabei mit der aus der traditionellen Monopoltheorie bekannten Form bei konstanter Nachfrageelastizität identisch. – g) Das Gesamtmodell wird geschlossen durch *Marktgleichgewichtsbedingungen für den Weltkapitalmarkt und den Weltgütermarkt*. Im Bestandsgleichgewicht des internationalen Kapitalmarktes stimmen die Nettoauslandspositionen der beiden Volkswirtschaften betragsmäßig genau überein, während im Gleichgewicht auf dem Weltgütermarkt der aggregierte Weltkonsum gleich dem aggregierten Weltangebot bzw. Welteinkommen ist. Üblicherweise wird für die Ausgangsposition eine Nettoauslandsposition von null für beide Länder unterstellt. Das Steady-State-Gleichgewicht, das durch die Konstanz aller Modellvariablen gekennzeichnet ist, weist dann eine ausgeglichene Leistungsbilanz sowie ein für beide Länder identisches Outputniveau auf, das mit zunehmender Freizeitpräferenz der Wirtschaftssubjekte sowie zunehmender Monopolmacht bzw. Zuschlagssatz abnimmt. Im Vergleich dazu würde sich im Modell der vollständigen Konkurrenz, bei dem der Preis genau mit dem Grenzerlös übereinstimmt, ein höheres Steady-State-Outputniveau ergeben. Ebenso wie in keynesianisch geprägten, mikrofundierten Modellen geschlossener Volkswirtschaften ergibt sich also auch im Rahmen des Redux-Modells ein suboptimales Outputniveau bei Vorliegen der Marktform der monopolistischen Konkurrenz.

reduzierte Form → Mehrgleichungsmodell.

Reeder – Eigentümer eines ihm zum Erwerb durch Seefahrt dienenden Schiffes (§ 484 HGB), → Istkaufmann gemäß § 1 HGB. – *Haftung:* Der Reeder ist für Schäden verantwortlich, den ein Mitglied der Schiffsbesatzung bei Ausführung der Dienstverrichtung schuldhaft einem Dritten zufügt (§ 485 HGB), haftet aber nur mit dem → Schiffsvermögen (§§ 486 ff. HGB). – Vgl. auch → Schiffseigner.

Reederei → Verkehrsbetrieb, der im Schiffsverkehr (Binnen-, Küsten- und/oder Seeschifffahrt) tätig ist. – Vgl. auch → Partenreederei.

Reederei-Lieferschein – Form des → Konnossement-Teilscheins, bei der der Importeur der Reederei das Konnossement zurückgibt und sich dafür Lieferscheine ausstellen lässt, deren Anzahl und Inhalt sich nach dem Abnehmerkreis und dessen Nachfrage richten. Die Aushändigung der Ware am Kai erfolgt gegen Rückgabe des Lieferscheins.

Reedereischifffahrt → Binnenschifffahrt, → Seeschifffahrt.

reelle Zahlen → Zahlenmengen.

Reengineering – Analyse und Überarbeitung eines vorhandenen → Softwaresystems mit dem Ziel, dessen → Softwarequalität zu verbessern. Dabei kann es z.B. um die Restrukturierung von Programmcodes, die Gestaltung von → Benutzeroberflächen unter softwareergonomischen Gesichtspunkten oder die Integration bisher isoliert geführter Anwendungen unter Beibehaltung der Funktionalität gehen. – *Anders:* → Business Process Reengineering.

Re-Export → Wiederausfuhr.

Re-Export-Kontrolle → End User Control (EUC).

REFA – seit 1924 Abk. für *Reichsausschuss für Arbeitszeitermittlung,* seit 1951 Verband für Arbeitsstudien-Refa e. V., seit 1977 → REFA-Verband für Arbeitsstudien, Betriebsorganisation und Unternehmensentwicklung e. V.

Refaktie – Preis- oder Gewichtsabzug für schadhafte oder unbrauchbare Teile einer gelieferten Warensendung (z.B. → Fusti).

REFA-Lehre – 1. *Begriff:* Alle vom → REFA-Verband für Arbeitsstudien, Betriebsorganisation und Unternehmensentwicklung e. V. erarbeiteten Grundsätze und Verfahren. Die REFA-Lehre stützt sich auf die Erkenntnisse der Arbeitswissenschaft, bes. auf die Ergebnisse technisch-organisatorischer, soziologischer, psychologischer und ökonomischer Arbeitsforschung, und besteht im Wesentlichen aus anwendungsbezogenem Methodenwissen auf den Gebieten der Arbeits- und Betriebsorganisation. Systematische Zusammenfassung der REFA-Lehre in den sog. REFA-Methodenlehren. – 2. *Ziele:* sinnvoll gestaltete Arbeitsplätze und menschengerechte Arbeitsbedingungen sowie möglichst wirtschaftliche und humane Arbeitsabläufe zum Nutzen des Einzelnen wie auch des Unternehmens und damit letztlich zum Vorteil für die gesamte Volkswirtschaft.

REFA-Normalleistung – eine Bewegungsausführung, die dem Beobachter hinsichtlich der Einzelbewegungen, der Bewegungsfolge und ihrer Koordinierung bes. harmonisch, natürlich und ausgeglichen erscheint. Sie kann erfahrungsgemäß von jedem in erforderlichem Maß geeigneten, geübten und voll eingearbeiteten Arbeiter auf die Dauer und im Mittel der Schichtzeit erbracht werden, sofern er die für persönliche Bedürfnisse und ggf. auch für Erholung vorgegebenen Zeiten einhält und die freie Entfaltung seiner Fähigkeiten nicht behindert wird. – Die REFA-Normalleistung ist eine Bezugsleistung (→ Systeme vorbestimmter Zeiten (SvZ), Durchschnittsleistung), die dazu dient, die → Sollzeit einer Arbeitsleistung zu bestimmen.

REFA-Verband für Arbeitsstudien, Betriebsorganisation und Unternehmensentwicklung e.V. – seit 1977 Bezeichnung des 1924 gegründeten Reichsausschuss für Arbeitszeitermittlung; seitdem mehrmals umbenannt. Technisch-wissenschaftlicher Verband mit gemeinnützigen Zielen; Sitz der Hauptgeschäftsführung in Darmstadt. – *Aufgabenbereich:* (1) Entwicklung praktikabler Methoden zur Verbesserung der Wirtschaftlichkeit und zur Humanisierung der Arbeit (→ REFA-Lehre); (2) Verbreitung der REFA-Lehre in Lehrveranstaltungen (REFA-Ausbildung); auf Tagungen und durch Herausgabe der REFA-Methodenlehren und weiterer Buchreihen sowie Fachzeitschriften; (3) Umsetzung der REFA-Lehre in Betrieben aller Wirtschaftszweige sowie der öffentlichen und privaten Verwaltung. – *Bedeutung:* Die REFA-Arbeit wird von Gewerkschaften und Arbeitgebern gleichermaßen anerkannt.

Referenz – 1. (geschäftliche) Empfehlung. – 2. Personen oder Institutionen, bei denen man eine Referenzauskunft einholen kann; Angabe von Referenzen bei Angeboten oder → Bewerbungen.

Referenzanlage bzw. -leistung – Anlagegüter bzw. Leistungen, mit denen der Hersteller seine Problemlösungsfähigkeit im realen Produktionseinsatz gegenüber potenziellen Kunden beweisen kann. Wichtiger Akquisitionsfaktor im Investitionsgütermarketing. Anbieten von Referenzanlagen bzw. -leistungen ist oft auslösendes Element für die Auftragsgewinnung.

Referenzanwender – Anwender eines Produkts, der einem Interessenten an diesem Produkt vom Hersteller als Referenz benannt werden kann. Vielfach sind die Referenzanwender auch bereit, Interessenten die Produktanwendung vorzuführen.

Referenzperiode – Bezeichnung für einen bestimmten zurückliegenden Zeitabschnitt, auf den Bezug genommen wird.

Referenzperiodensystem – *Vorverdienstprinzip, Bezugsmethode;* in Gesetzen vorgesehenes Prinzip zur Berechnung des → Arbeitsentgelts, wenn ein Arbeitgeber, ohne dass der Arbeitnehmer die Arbeitsleistung erbringt, das Arbeitsentgelt fortzuzahlen hat. Bei dem Referenzmethodensystem wird zur Berechnung auf eine vorhergehende Lohnperiode (i.d.R. drei Monate) Bezug genommen und für diese der durchschnittliche Verdienst ermittelt, der zu zahlen ist (vgl. z.B. § 11 BUrlG). – *Anders:* → Lohnausfallprinzip.

Referenzverfahren – Verfahren zur Festlegung von Einfuhrquoten bei kontingentierter Einfuhr (→ Verteilungsverfahren). Bei Referenzverfahren bilden früher getätigte Einfuhren (Referenzen) die Basis, auf der die Zuteilungsmenge berechnet wird. – *Formen:* (1) *Reines Referenzverfahren:* anteilsmäßige Verteilung des Gesamtkontingents gemäß der nachgewiesenen Referenzen; neuen Importeuren wird häufig dadurch der Zugang zu bestimmten Waren erschwert. – (2) *Quotenreferenzverfahren:* Ein Teil des Gesamtkontingents (*Grundkontingent*) wird nach Köpfen (Zahl der Antragsteller) verteilt (Grund- bzw. Kopfquote), der Rest (*Zusatzkontingent*) gemäß der erbrachten Referenzen (*Referenzquote*). Endquote ist die Summe von Kopf- und Referenzquote.

Referenzzeit – Zeitpunkt oder -raum, auf den sich statistische Ergebnisse beziehen; zeitliche Abgrenzung einer → Grundgesamtheit. Bei der statistischen → Erhebung einer → Bestandsgesamtheit wird i.d.R. ein *Referenzzeitpunkt (Erhebungsstichtag, Stichtag)* festgelegt (z.B. 25.5.1987, 0 Uhr bei der Volkszählung 1987). Beim → Mikrozensus erfolgt dagegen die Festlegung einer *Berichtswoche (Erhebungswoche)* statt eines Zeitpunktes: Als Merkmalsausprägung (→ Ausprägung) gilt dann z.B. der in der Berichtswoche überwiegende Sachverhalt; eventuelle momentane Abweichungen hiervon bleiben dann ohne Bedeutung. Bei der statistischen Erhebung einer → Bewegungsgesamtheit wird ein *Referenzzeitraum* festgelegt (z.B. Geburten innerhalb eines Jahres: 1. 1., 0 Uhr bis 31.12., 24 Uhr).

Referenzzinssatz – für eine bestimmte Laufzeit gültiger und auf eine bestimmte Währung lautender repräsentativer Zinssatz am Geldmarkt, der sowohl für Anlagen als auch Kredite gilt. Seit 1.1.1999 gilt die European Interbank Offered Rate (→ EURIBOR) als Referenzzinssatz für die Mitgliedsstaaten der EU. Damit löste er zusammen mit dem → EONIA nicht nur den FIBOR (Frankfurt Interbank Offered Rate) für Anlagen und Kredite am dt. Geldmarkt, sondern auch alle anderen Zinssätze auf Währungen der jeweiligen Mitgliedsstaaten der Europäischen Währungsunion ab. Ebenfalls von Bedeutung ist der → LIBOR (London Interbank Offered Rate), der für verschiedene Währungen ermittelt wird. Im Fall des EURO wird er als Euro-LIBOR bezeichnet. – Der Referenzzinssatz stellt eine Orientierung für wichtige übliche Fristigkeiten am Geldmarkt dar, der Zinssatz einzelner Geschäfte kann nach oben oder unten abweichen. Bedeutung erlangt er auch bei der Anpassung von → Floating Rate Notes (FRN) bzw. → Rollover-Krediten.

Referenzzyklus → Konjunkturindikatoren.

Refinanzierung – Kreditgewährung, die nicht aus eigenen Mitteln des Kreditgebers erfolgt; dieser muss sich die erforderlichen Mittel erst beschaffen. Häufigste Form der Refinanzierung ist die Inanspruchnahme des Notenbankkredits durch die kreditgebende Bank im Weg des Wertpapierverkaufs oder der Inanspruchnahme ständiger Fazilitäten.

Refinanzierungsrisiko – Gefahr, dass die Anschlussfinanzierung eines Aktivgeschäftes liquiditätsmäßig nicht, oder nur zu ungünstigeren Konditionen, sichergestellt werden kann. Bei Kreditinstituten ist das Refinanzierungsrisiko eine Frage der zwischen Aktiv- und Passivseite betriebenen Fristentransformation.

Refinement → schrittweise Verfeinerung.

Reflation – *Redeflation;* finanzpolitische Maßnahme: Anhebung des durch Deflation unter Kostendeckung gefallenen Preisniveaus infolge wirtschaftlichen Aufschwungs bis zur Höhe der langfristigen Grenzkosten. – *Anders:* → Inflation.

Reflektant – möglicher Käufer, Bieter, Bewerber um ein wirtschaftliches Gut bei Verkäufen, Auktionen, Pachtangeboten etc.

Reflexrechte – Bezeichnung für dem einzelnen gewährte, ihm günstige Rechtslagen, auf deren Durchsetzung er aber keinen Rechtsanspruch hat. – *Gegensatz:* → subjektive öffentliche Rechte.

reformatio in peius – *Änderung zum Nachteil;* Abänderung einer Gerichtsentscheidung durch die höhere Instanz zum Nachteil dessen, der ein → Rechtsmittel gegen die Entscheidung der Vorinstanz eingelegt hatte. Die reformatio in peius ist im Strafprozeß grundsätzlich unzulässig (§§ 331 I, 358 II, 373 II StPO). – *Kein Verbot* der reformatio in peius besteht hingegen beim Einspruch gegen den amtsrichterlichen → Strafbefehl (§ 411 IV StPO).

Reformhäuser – Betriebsform des → Einzelhandels, die überwiegend naturbelassene Lebensmittel, Diätprodukte, Naturheilmittel und Kosmetik- bzw. Körperpflegemittel anbietet. – *Anders:* Bioläden, deren Konzept über die gesunde Ernährung hinaus mehr im übergreifenden Ökologie-Marketing liegt.

Reframing – die Fähigkeit, ein bestimmtes Ereignis oder Verhalten in einem neuen Rahmen (Frame) zu sehen und in einen neuen Rahmen zu setzen. Dadurch verändert sich die Wahrnehmung der Bedeutung dieses Geschehens und damit wird die Voraussetzung geschaffen, dass das Geschehen selbst verändert werden kann. Es ist eine der wirkungsvollsten und häufig benutzten Interventionstechniken. Es können zwei Formen des Reframing unterschieden werden: (1) *Beim Bedeutungs-Reframing* geht es um die Frage „Wie könnte die Situation oder das Geschehen anders beschrieben und erklärt werden bzw. welche andere Bedeutung könnte man dem Ereignis zuweisen?“ Damit spielt die → Kontingenz der → Wirklichkeitskonstruktion und die Interpretation einer Beobachtung eine Rolle. – (2) Das *Kontext-Reframing* geht von der Frage aus „Wann wäre dieses Verhalten nützlich bzw. wo wäre dieses Verhalten eine Ressource?“ Dieses beruht auf der Einsicht, dass fast alle Verhaltensweisen in irgendeinem Kontext sinnvoll sind. Das Reframing spielt z.B. im Rahmen des organisationalen Lernens, v.a. beim → Double-Loop-Lernen, eine große Rolle.

refundieren → fundieren.

Regale → Regalien.

Regal-Großhändler → Rack Jobber.

Regalien – *Regale;* wirtschaftlich nutzbare Hoheitsrechte im Ständestaat des Mittelalters; z.B. Münz-, Berg-, Fischerei-, Jagd-, Salzregal. Von ständischer Bewilligung unabhängige, zweitwichtigste Einnahmequelle des Fürsten (nach Domäneneinkünften). Missbräuche – bes. des Münzregals – führten zum kontinuierlichen Abbau der Regalien durch die Stände bzw. später durch die Parlamente.

Regalmiete – *Regalplatzmiete;* einmalige oder laufende Geldzahlungen für die Nutzung des Engpassfaktors Regalplatz auf dem → Absatzweg von Waren. Im → Cash-and-Carry-Großhandel (CC) häufig → Rack Jobber als Mieter. Häufig auch in der Praxis des Lebensmittelhandels, meist verbunden mit Regalpflege durch den Außendienst des Herstellers. Hersteller schätzen den Vorteil, durch eigene Vertriebsorgane den Absatz am point of sale forcieren zu können, hoch ein. – *Wettbewerbsrechtlich* sind Mietzahlungen für die Überlassung von Regalplatz im Einzelhandel umstritten, in der Gemeinsamen Erklärung sind sie als „unzulässige Nebenleistung" eingestuft. Ob Zahlungen für Regalmieten vom Einkaufsrechnungspreis zur Ermittlung des wettbewerbsrechtlich relevanten Einstandspreises abgezogen werden können, ist ebenso umstritten. – Vgl. auch → Wareneinstandspreis.

Regalplatzmiete → Regalmiete.

Regel – I. Allgemein: 1. Gleichförmigkeit von Erscheinungen oder Vorgängen. – 2. Vorschrift: → Regelung.

II. Informatik: in der → Künstlichen Intelligenz (KI), bes. bei → wissensbasierten Systemen, weit verbreitete Form für die Darstellung von → Wissen. Eine Regel besteht aus zwei Teilen: (1) der → *Prämisse* und (2) der *Konklusion* („if ... then ..."). Ist die Prämisse erfüllt, kann die Konklusion ausgeführt werden. – Vgl. auch → regelbasiertes System.

Regelaltersrente – Bezeichnung für die → Altersrente, die mit Vollendung des 65. bzw. 67. Lebensjahres bezogen wird, wenn die → Wartezeit von fünf Jahren erfüllt ist (§ 35 SGB VI).

regelbasiertes System – *Rule Based System, Regelsystem;* älteste und verbreitetste Art von → wissensbasierten Systemen (→ Expertensysteme). – *Bestandteile:* (1) eine *Regelbasis* (Menge der → Regeln); (2) ein *Inferenzmechanismus* (→ Inferenzmaschine), der jeweils festlegt, welche Regeln anzuwenden sind; mögliche Strategien sind dabei die → Vorwärtsverkettung und die → Rückwärtsverkettung von Regeln.

Regelbedarf → Regelbetrag, → Regelsatz der Sozialhilfe.

Regelbetrag – Ein Kind kann von dem Elternteil, mit dem es nicht in einem Haushalt lebt, Unterhalt als Prozentsatz eines Regelbetrages verlangen (§ 1612a BGB). Die Höhe hängt ab vom Kindesalter. Rechenbasis ist der doppelte Freibetrag für das sächliche Existenzminimum eines Kindes (→ Kinderfreibetrag). – Vgl. auch → Unterhaltspflicht.

Regelbewertung → Stuttgarter Verfahren.

Regel des kleinsten Bedauerns → Savage-Niehans-Regel.

Regelentgelt – Begriff in der gesetzlichen → Krankenversicherung. Nach dem Regelentgelt bemisst sich das → Krankengeld. Für die Berechnung des Regelentgelts ist maßgeblich das Arbeitsentgelt im letzten Entgeltabrechnungszeitraum vor Beginn der → Arbeitsunfähigkeit, mind. das während der letzten vier Wochen (Bemessungszeitraum) erzielte Arbeitsentgelt (§ 47 II SGB V) soweit es der Beitragsberechnung unterliegt.

regelgebundene Finanzpolitik – Alternative zur → diskretionären Finanzpolitik, v.a. im Blick auf die bei der diskretionären Finanzpolitik auftretenden zeitlichen Verzögerungen (→ Lag) sowie die Verunsicherung der Investoren und der Konsumenten durch eine sog. Stop-and-Go-Policy. Die regelgebundene Finanzpolitik soll diese Lags durch institutionalisierte Entscheidungsabläufe beim Vorliegen bestimmter Indikatorenwerte verkürzen (→ regelgebundener Mitteleinsatz). Problematisch sind die Wahl der Indikatoren, die mangelnde Vergleichbarkeit einzelner Situationen sowie die tendenzielle Ausschaltung des Parlaments.

regelgebundener Mitteleinsatz – *Regelmechanismus;* durch Formulierung verbindlicher Regeln bestimmte Mittelwahl und -dosierung im Rahmen der Wirtschaftspolitik (→ wirtschaftspolitische Mittel). Der regelgebundene Mitteleinsatz ermöglicht im Vergleich zum diskretionären Mitteleinsatz einen Automatismus der Mittelanwendung beim Auftreten bestimmter Zielabweichungen, sodass größere Zeitverzögerungen vermieden werden. Weiterhin wird die Vorhersehbarkeit wirtschaftspolitischen Handelns (unter Inkaufnahme evtl. negativ wirkender Ankündigungseffekte) erhöht und die Wirtschaftspolitik damit verstetigt. – *Nachteil:* Fehlende Flexibilität bei der Handhabung veränderlicher Entscheidungsprobleme. Keine Anwendungsmöglichkeit bei neuartigen Maßnahmenotwendigkeiten. – *Gegensatz:* → diskretionärer Mitteleinsatz.

Regelleistungen – Mindestleistungen der Sozialversicherung, die vom Gesetz für alle Versicherungsträger zwingend vorgeschrieben sind. – *Änderung* von Höhe oder Umfang der Regelleistungen durch Satzungen der Versicherungsträger können nicht zuungunsten der Anspruchsberechtigten vorgenommen werden. – Wegen Änderung der Leistungen zugunsten der Anspruchsberechtigten vgl. auch → Mehrleistungen.

Regelmechanismus → regelgebundener Mitteleinsatz.

Regeln – 1. *Faustregeln:* Diese geben die Empfehlung, bestimmte typische Entscheidungen gemäß einfach strukturierter Regeln zu treffen; die Begründung liegt hier darin, dass diese erfahrungsbasierten Entscheidungshilfen i.d.R. zu besseren Ergebnissen führen als die (kostspielige) Einzelfallkalkulation oder die Zufallsentscheidung (wiewohl „Zufallsentscheidung" selbst eine brauchbare Faustregel sein kann). – 2. *Spielregeln:* Regeln, die ein Spiel, also eine gesellschaftliche Interaktion, konstituieren und definieren;

sie sind zum einen die Voraussetzung für das Zustandekommen von gesellschaftlichen Interaktionen und zum anderen die Voraussetzung für die Ermöglichung von Kooperationsgewinnen (→ Dilemmastrukturen). Spielregeln schaffen hinreichend wechselseitige Verhaltenserwartungen, was aufgrund des damit einhergehenden Planungshorizonts produktive, wertschaffende Investitionen ermöglicht. In der modernen, demokratisch verfassten Gesellschaft gehen die Spielregeln gemäß der → Konsensethik auf das Wollen der Bürger zurück; die Individuen legen den Rahmen für das gesellschaftliche Zusammenleben selbst fest. – Vgl. auch → Ordnungsökonomik, → Institution, → Wirtschaftsethik, → Konstitutionenökonomik.

Regelsatz der Sozialhilfe – Richtsatz für laufende Leistungen zum notwendigen Lebensunterhalt im Rahmen der → Sozialhilfe außerhalb von Anstalten, Heimen und gleichartigen Einrichtungen, soweit dies nach der Besonderheit des Einzelfalls nicht anders geboten ist (§ 28 SGB XII). – 1. *Gesetzliche Grundlage:* Regelsatzverordnung vom 3.6.2004 (BGBl. I 1067) m.spät.Änd., die ihrerseits auf § 40 SGB XII beruht. – 2. Die Regelsätze der Sozialhilfe *umfassen* laufende Leistungen u.a. für Nahrungsmittel, Getränke, Bekleidung und Schuhe, Wohnen, Energie, Wohnungsinstandhaltung, Innenausstattung, Haushaltsgeräte und Haushaltsgegenstände, Gesundheitspflege, Verkehr, Nachrichtenübermittlung, Freizeit, Unterhaltung und Kultur, Beherbergungs- und Gaststättenleistungen (§ 2 Regelsatzverordnung). – 3. *Höhe:* a) Es wird unterschieden zwischen Haushaltsvorstand (bzw. Alleinstehendem), der den Regelsatz in voller Höhe erhält, und den Angehörigen, die je nach Lebensalter einen bestimmten Prozentsatz erhalten (z.B. Haushaltsangehörige bis zur Vollendung des sechsten Lebensjahres = 60 vom Hundert, vom 1.7.2009 bis zum 31.12.2011 ab Beginn des 7. bis zur Vollendung des 14. Lebensjahres 70 vom Hundert, danach auch 60 vom Hundert und ab Beginn des 15. Lebensjahres 80 vom Hundert des Eckregelsatzes). Leben Ehegatten oder Lebenspartner zusammen, beträgt der Regelsatz jeweils 90 vom Hundert des Eckregelsatzes. Die jeweilige Höhe des Regelsatzes der Sozialhilfe wird jährlich zum 1. Juli von den Landesregierungen festgelegt (z.B. für Hessen durch die Verordnung zur Festsetzung der Regelsätze nach dem Zwölften Buch Sozialgesetzbuch vom 22.6.2007, GVBl I 375 m.spät.Änd.). – b) Für bestimmte Personenkreise wird ein *Mehrbedarf* anerkannt: Mehrbedarf von 17 Prozent des maßgebenden Regelsatzes für Personen, die das 65. Lebensjahr vollendet haben oder bei Personen unter 60 Jahren, die voll erwerbsgemindert im Sinn der gesetzlichen Rentenversicherung sind, wobei für beide Personengruppen zumindest das Merkzeichen „G" vorliegen muss und für werdende Mütter nach der zwöften Schwangerschaftswoche. Für weitere Personengruppen (z.B. für Personen mit minderjährigen Kindern, Kranke etc.) ist unter bestimmten Voraussetzungen ebenfalls ein Mehrbedarf anzuerkennen (§ 30 III–V), wobei die Summe des insgesamt anzuerkennenden Mehrbedarfs die Höhe des maßgeblichen Regelsatzes nicht übersteigen darf (§ 30 VI SGB XII).

Regelsystem → regelbasiertes System.

Regelung – I. Organisation: Schriftliche oder mündliche Feststellung des Ergebnisses einer Entscheidung, die dadurch institutionalisiert wird. Regelungen sind Normen, Befehle, Ge- und Verbote, Weisungen.

II. Kybernetik/Systemtheorie: Regelung liegt vor, wenn der vorgegebene Wert einer Größe fortlaufend durch Eingriffe, die aufgrund von Messungen dieser Größe initiiert werden, aufrechterhalten bzw. wiederhergestellt wird. – Im Gegensatz zur Steuerung, bei der dem → System Ziel und Verhalten von außen vorgegeben werden, wird bei der Regelung dem System von außen nur das Ziel gesetzt, während es sein Verhalten selbst so einregulieren kann, dass das Ziel erreicht wird. Die Regelung basiert auf dem Prinzip des Feedback.

Regelungen zur Zinsschranke

von Birgitta Dennerlein

I. Allgemeines zur Zinsschranke

Im Rahmen der Unternehmensteuerreform 2008 wurde der steuerliche Abzug von Zinsen mit der Einführung der Zinsschranke (§ 4h EStG) beschränkt. Gründe für die Einführung der Zinsschranke waren bspw., dass die Zinsschrankenregelung das inländische Steuersubstrat sichern soll, indem ein Anreiz zur Verlagerung von Gewinnen nach Deutschland geschaffen und eine Verlagerung von Zinsaufwendungen nach Deutschland verhindert werden soll. Die Zinsschranke gemäß § 4h EStG regelt, dass Zinsaufwendungen eines Betriebs in Höhe des Zinsertrages desselben Wirtschaftsjahres steuermindernd berücksichtigt werden können. Ist der Saldo aus Zinsaufwendungen und Zinsertrag negativ (negativer Zinssaldo), beschränkt sich die Abzugsfähigkeit des Zinssaldos auf 30 Prozent des steuerlich maßgebenden Gewinns vor Zinserträgen, Zinsaufwendungen und

Abschreibungen (sog. verrechenbares EBITDA = Earnings before Interest, Taxes, Depreciation and Amortization).

Zu den Abschreibungen, welche im Rahmen der Ermittlung des maßgeblichen Gewinns zu korrigieren sind, zählen u.a. auch die Sofortabschreibungen für geringwertige Wirtschaftsgüter (§ 6 II S. 1 EStG), Aufwendungen aus der Auflösung des jährlichen Sammelpostens (§ 6 IIa EStG) und die Absetzungen für Abnutzung nach § 7 EStG. Der steuerliche Gewinn, der für die Höhe der Zinsaufwendungen maßgeblich ist, ist nach den Vorschriften des Einkommensteuergesetzes vor Anwendung der Zinsschranke zu ermitteln (§ 4h III S. 1 EStG). Folglich sind demnach bei Personengesellschaften die Ergebnisse aus den Sonder – bzw. Ergänzungsbilanzen entsprechend zu berücksichtigen. Auf Kapitalgesellschaften ist die Zinsschrankenvorschrift ebenso anzuwenden. Für diese werden die Beschränkungen des Zinsausgabenabzugs in § 8a I S. 1 und S. 2 KStG geregelt. Bei Kapitalgesellschaften ist jedoch nicht der steuerlich maßgebende Gewinn Ausgangsgröße, sondern das maßgebliche zu versteuernde Einkommen, das sich nach den Vorschriften des Einkommensteuergesetzes und des Körperschaftsteuergesetzes vor Anwendung der Zinsschranke und vor Abzug von Verlusten und Spenden ermittelt.

Die Zinsaufwendungen, die durch die Beschränkungen im Rahmen der Zinsschranke nicht abzugsfähig sind, sind im Jahr der Entstehung außerbilanziell hinzuzurechnen und erhöhen damit den steuerlichen Gewinn bzw. das zu versteuernde Einkommen. Die Zinsaufwendungen, die nicht im laufenden Wirtschaftsjahr abzugsfähig sind, können in die folgenden Jahre vorgetragen werden, d.h. es entsteht ein sog. „Zinsvortrag". Die vorgetragenen Zinsaufwendungen mindern in den folgenden Wirtschaftsjahren den steuerpflichtigen Gewinn bzw. das zu versteuernde Einkommen, soweit diese dann im Rahmen der Zinsschrankenregelung steuermindernd berücksichtigungsfähig sind. Die Zinsschrankenregelung ist für Wirtschaftsjahre, die nach dem 25.5.2007 beginnen und nicht vor dem 1.1.2008 enden, erstmalig anzuwenden.

II. Definitionen von Begriffen

1. Zinsen im Rahmen der Zinsschranke

Zinsaufwendungen im Sinne der Zinsschranke sind „Vergütungen für Fremdkapital, die den maßgeblichen Gewinn gemindert haben, wenn die Rückzahlung des Fremdkapitals oder ein Entgelt für die Überlassung des Fremdkapitals zur Nutzung zugesagt oder gewährt worden ist, auch wenn die Höhe des Entgelts von einem ungewissen Ereignis abhängt" (§ 4h EStG).

Unter Anwendung dieser Definition auf Zinserträge werden Zinserträge im Sinne der Zinsschranke bestimmt als Erträge aus Kapitalforderungen jeder Art, die den maßgeblichen Gewinn erhöht haben. Auf- und Abzinsung unverzinslicher und niedrig verzinslicher Verbindlichkeiten bzw. Kapitalforderungen fallen ebenso unter den Zinsbegriff. Wie der obigen Erläuterung zu entnehmen ist, ist das Fremdkapital Anknüpfungspunkt für den Zinsbegriff im Sinne der Zinsschranke. Unter Fremdkapital werden dabei Verbindlichkeiten passivierungspflichtiger Kapitalzuführungen in Geld verstanden, die nach steuerlichen Kriterien nicht zum Eigenkapital gehören. Hierzu zählen bspw. auch fest und variabel verzinsliche Darlehen, Gewinnschuldverschreibungen, Gewinnbeteiligungen aus partiarischen Darlehen oder aus typisch stillen Beteiligungen sowie grundsätzlich Genussrechtskapital.

Des Weiteren fallen unter den Zinsbegriff im Sinne der Zinsschranke Gebühren für die Überlassung von Fremdkapital, Provisionen und Vorfälligkeitsentschädigungen, aber auch Damnum bzw. Disagio, da es auf die Dauer der Überlassung des Kapitals nicht ankommen soll. Nicht zu dem Zinsbegriff sollen z.B. Dividenden, Skonti und Boni, Zinsen nach §§ 233ff. AO, sonstige nicht abzugsfähige Zinsen für Schulden nach § 4 (4a) EStG oder Zinsen, die sich im Zusammenhang mit einer verdeckten Gewinnausschüttung steuererhöhend ausgewirkt haben, zählen. Zinsaufwendungen, die als steuerpflichtige Sondervergütungen eines Mitunternehmers gelten, sollen weder bei der Mitunternehmerschaft noch beim Mitunternehmer im Rahmen der Zinsschranke zu berücksichtigen sein. Darüber hinaus sollen weder Erträge aus der erstmaligen Bewertung von Verbindlichkeiten noch Auf- und Abzinsungen sowie Bewertungen von Verbindlichkeiten oder Kapitalforderungen mit einer Laufzeit am Bilanzstichtag von weniger als 12 Monaten oder Teilwertberichtigungen etc. als Zinsen im Sinne der Zinsschranke gelten.

2. Betrieb im Sinne der Zinsschranke

Die Zinsschrankenregelung stellt auf die Zinsaufwendungen eines „Betriebs" ab. Damit soll ausgedrückt werden, dass die steuerliche Beschränkung der Zinsaufwendungen im Rahmen der Zinsschranke für jeden Betrieb, mit dem Gewinneinkünfte (Einkünfte aus Land- und Forstwirtschaft gemäß § 13 EStG, Einkünfte aus Gewerbebetrieb gemäß § 15 EStG, Einkünfte aus selbständiger Arbeit gemäß § 18 EStG) erzielt werden, zur Anwendung kommen kann. Kapitalgesellschaften, die in Deutschland unbeschränkt steuerpflichtig sind, haben einen Betrieb im Sinne der Zinsschranke inne. Hingegen halten beschränkt steuerpflichtige Körperschaften nur dann einen Betrieb, wenn sie auch tatsächlich Gewinneinkünfte im Sinne der §§ 13 bis 18 EStG (als Einkünfte aus Land- und Forstwirtschaft, aus Gewerbebetrieb oder aus selbstständiger Arbeit) erzielen. Für Personengesellschaften gilt dies analog mit der Folge, dass vermögensverwaltende Personengesellschaften grundsätzlich keinen Betrieb für Zwecke der Zinsschrankenregelung haben. Personengesellschaften und Körperschaften könnten stets nur „einen" Betrieb im Sinne der Zinsschranke unterhalten, wohingegen Einzelunternehmer mehrere voneinander getrennte Betriebe innehaben können. Organgesellschaften und Organträger werden als „ein Betrieb" behandelt. Ausländische Betriebsstätten eines inländischen Stammhauses stellen keine eigenständigen Betriebe dar.

III. Ausnahmen von der Zinsschranken-Regelung

Die Beschränkungen des Abzugs von Zinsaufwendungen im Rahmen der Zinsschranke kommen nicht zur Anwendung, wenn eine der folgenden Ausnahmen (§ 4h II S. 1 EStG) vorliegt:

1. Freigrenze

Die Zinsschrankenregelung ist nicht anzuwenden, wenn die Summe aus Zinserträgen und Zinsaufwendungen negativ ist (Schuldzinsenüberhang) und im Wirtschaftsjahr der Entstehung weniger als ursprünglich 1 Mio. Euro beträgt (§ 4h II S. 1a EStG). Mit dem Bürgerentlastungsgesetz wurde die Freigrenze auf 3 Mio. Euro für Wirtschaftsjahre erhöht, die nach dem 25.5.2007 beginnen und nicht vor dem 1.1.2008 enden. Hierbei handelt es sich um eine Freigrenze, sodass bei einem Überschreiten dieser Grenze der gesamte Schuldzinsenüberhang der Zinsschrankeregelung unterliegt. Damit ist Zinsabzug auf 30 Prozent des steuerlich maßgeblichen Gewinns bzw. des zu versteuernden Einkommens beschränkt. Bei Organschaften kann die Freigrenze nur einmal auf Ebene des Organträgers zur Anwendung kommen, da der Organkreis als ein Betrieb im Sinne der Zinsschranke gilt.

2. Konzern-Klausel

Es kommt zu einer Befreiung von den Beschränkungen der Zinsschranke, wenn der Betrieb eines Einzelunternehmers, einer Personengesellschaft oder einer Kapitalgesellschaft nicht oder nur anteilig zu einem Konzern gehört („Konzernklausel", § 4h II S. 1b EStG). Ziel der Einführung dieser Befreiungsvorschrift war es, Erleichterungen für Kapitalgesellschaften, die sich im Streubesitz befinden, und Unternehmen, die keine weiteren Beteiligungen halten, zu schaffen. Greift die Konzern-Klausel, sind sämtliche Zinsaufwendungen grundsätzlich abzugfähig.

Ein Betrieb gehört zu einem Konzern im Sinne der Zinsschranke, wenn er nach den maßgeblichen Rechnungslegungsstandards mit einem oder mehreren anderen Betrieben konsolidiert wird. Lediglich die Möglichkeit der Konsolidierung veranlasst bereits die Anwendung der Zinsschrankenregelung. Bei Kapitalgesellschaften gilt die Besonderheit, dass die Befreiungsvorschrift im Rahmen der Konzern-Klausel nur dann zum Tragen kommt, wenn keine schädliche Gesellschafterfremdfinanzierung i.S.d. § 8a II KStG vorliegt. Eine schädliche Gesellschafterfremdfinanzierung liegt vor, wenn die an zu mehr als 25 Prozent unmittelbar oder mittelbar beteiligten Anteilseigner, diesen nahe stehende Personen und an rückgriffsberechtigte Dritte gezahlten Vergütungen für Fremdkapital in der Summe 10 Prozent des negativen Zinssaldos der Gesellschaft übersteigen. Gemäß den gesetzlichen Vorschriften muss die Kapitalgesellschaft nachweisen, dass keine schädliche Gesellschafterfremdfinanzierung vorliegt. Kann sie den Nachweis nicht erbringen, sind die Beschränkungen im Rahme der Zinsschranke weiterhin zu berücksichtigen. Für Mitunternehmerschaften gilt diese Regelung korrespondierend, wenn diese einer Kapitalgesellschaft unmittelbar oder mittelbar nachgeordnet sind.

3. Escape-Klausel

Eine weitere Befreiungsvorschrift ist durch die sog. Escape-Klausel geregelt, wonach die Zinsschrankenregelung nicht zur Anwendung kommt und damit sämtliche Zinsaufwendungen grundsätzlich uneingeschränkt abzugsfähig sind, wenn der Betrieb zwar zu einem Konzern gehört, dessen Eigenkapitalquote allerdings am Schluss des vorangegangenen Abschlussstichtages mindestens der Eigenkapitalquote des Konzerns entspricht (§ 4h II S. 1c EStG). Handelt es sich um erst neu gegründete Unternehmen, soll an die Stelle des Eigenkapitals des vorangegangenen Wirtschaftsjahres das Eigenkapital der Eröffnungsbilanz treten.

Im Rahmen der Escape-Klausel wird die Eigenkapitalquote des Betriebs mit der des Konzerns am vorangegangenen Abschlussstichtag verglichen. Ein Unterschreiten der Konzerneigenkapitalquote bis zu einem Prozentpunkt – bei Wirtschaftsjahren, die nach dem 31.12.2009 beginnen um zwei Prozentpunkte – ist unschädlich. Die relevante Eigenkapitalquote ermittelt sich aus dem Verhältnis des bilanziellen Eigenkapitals zu der Bilanzsumme. Soll ein Eigenkapitalquotenvergleich vorgenommen werden, ist im ersten Schritt der relevante Konsolidierungskreis zu bestimmen. Voraussetzung für die Konzernzugehörigkeit ist, dass mindestens zwei Betriebe im ertragsteuerlichen Sinne konsolidiert werden oder werden könnten, § 4h II S. 5 EStG. Nach § 4h III S. 6 EStG ist dies auch gegeben, wenn die Finanz- und Geschäftspolitik einheitlich mit einem anderen Betrieb bestimmt werden kann.

Zur Durchführung des Eigenkapitalquotenvergleichs sollen bestehende Konzernabschlüsse verwendet werden, wenn diese befreiende Wirkung nach den §§ 291 ff. HGB haben. Die Abschlüsse sind nach dem maßgebenden Rechnungslegungsstandard – vorrangig IFRS, nachrangig HGB und US-GAAP – zu erstellen.

Bilanzierungs- und Bewertungswahlrechte sind in den zugrunde liegenden Bilanzen einheitlich auszuüben. Bei der Ermittlung der Eigenkapitalquote sind das Eigenkapital und die Bilanzsumme ggf. zu korrigieren. So sind bspw. Anteile an anderen Konzerngesellschaften in Höhe der Buchwerten entsprechend zu kürzen (§ 4h II S. 1c S. 5 ff EStG). Zudem ist zu beachten, dass nur die Einlagen bei der Berechnung der Eigenkapitalquote zu berücksichtigen sind, soweit diesen keine Entnahmen oder Ausschüttungen innerhalb der ersten sechs Monate nach dem maßgeblichen Abschlussstichtag gegenüberstehen (§ 4h II 2 S. 1c S. 5 EStG).

Korrespondierend zur Konzern-Klausel gilt auch für Kapitalgesellschaften die Besonderheit, dass die Befreiung von der Zinsschranke im Rahmen der Escape-Klausel nur dann möglich ist, wenn keine schädliche Gesellschafterfremdfinanzierung i.S.d. § 8a III KStG vorliegt. Konzernunternehmen, die von der Befreiungsvorschrift profitieren möchten, müssen nachweisen, dass innerhalb des gesamten steuerlichen Konzerns keine schädliche Gesellschafterfremdfinanzierung im bereits unter „Konzern-Klausel" genannten Umfang vorliegt. Konzerninterne Finanzierungen sind dabei jedoch nicht zu berücksichtigen. Ohne Nachweis kommen die Beschränkungen im Rahmen der Zinsschranke weiterhin zur Anwendung; die Befreiungsvorschrift greift nicht. Für Mitunternehmerschaften gilt diese einschränkende Regelung zur Befreiungsvorschrift analog, wenn diese einer Kapitalgesellschaft unmittelbar oder mittelbar nachgeordnet sind.

IV. Zinsvortrag

In Höhe der im Entstehungsjahr nicht abzugsfähigen Zinsaufwendungen entsteht sog. Zinsvortrag, d.h. die nicht im laufenden Wirtschaftsjahr abzugsfähigen Zinsaufwendungen können in die folgenden Wirtschaftsjahre vorgetragen werden und mindern in den folgenden Wirtschaftsjahren den steuerpflichtigen Gewinn bzw. das zu versteuernde Einkommen, soweit diese dann im Rahmen der Zinsschrankenregelung steuermindernd berücksichtigungsfähig sind. Der Zinsvortrag kann grundsätzlich dann genutzt werden, wenn sich die Verhältnisse zwischen dem Zinsaufwand und dem maßgeblichen steuerlichen EBITDA ändern. Dies kann bspw. durch eine Erhöhung des EBITDA's oder durch eine Minderung der Zinsaufwendungen erreicht werden. Alternativ kommt es zu einer Nutzung des Zinsvortrags, wenn eine der Befreiungsvorschriften von der Zinsschranke zukünftig zur Anwendung kommt.

Der Zinsvortrag ist für jeden einzelnen Betrieb gesondert festzustellen. Dies hat zur Folge, dass für Unternehmen mit mehreren Betrieben mehrere Feststellungen zum Zinsvortrag notwendig sind. Der festgestellte Zinsvortrag ist an den jeweiligen Betrieb gebunden.

Ein nicht verbrauchter Zinsvortrag geht unter gewissen Bedingungen ungenutzt unter. Dies ist z.B. bei einer Betriebsaufgabe oder bei einer Betriebsübertragung der Fall (§ 4h V S. 1 EStG). Scheidet ein Mitunternehmer aus einer Mitunternehmerschaft aus, führt dies ebenso zu einem anteiligen Untergang des Zinsvortrages (§ 4h V S. 2 EStG). Darüber hinaus geht der Zinsvortrag auch bei Umwandlungen (z.B. Verschmelzungen und Formwechsel von Kapitalgesellschaften, Spaltung von Körperschaften, Unternehmenseinbringungen etc.) in analoger Anwendung der Nutzungsbeschränkungen des Verlustvortrages nach § 10d EStG verloren bzw. nicht auf den übernehmenden Rechtsträger über (§§ 4 II S. 2, 20 IX, 24 VI UmwStG). Bei einem mittelbaren oder unmittelbaren Erwerb von Anteilen an Kapitalgesellschaften ist die Nutzung des vorhandenen Zinsvortrages ebenso vollständig oder anteilig gefährdet, wenn eine „schädliche" Anteilsübertragung i.S.d § 8c KStG vorliegt. Hält eine Kapitalgesellschaft eine Beteiligung an einer Personengesellschaft, kann die mittelbare oder unmittelbare Übertragung der Anteile an der Kapitalgesellschaft nur den Verlust des Zinsvortrags der Kapitalgesellschaft und nicht den Verlust des Zinsvortrags der Personengesellschaft bewirken.

V. EBITDA-Vortrag

Mit dem Wachstumsbeschleunigungsgesetz (WaBeschG) wurde der sog. EBITDA-Vortrag eingeführt, um den Wirkungsgrad der Zinsschranke abzumildern. Ist der abziehbare Zinsaufwand geringer als 30 Prozent vom EBITDA, entsteht der sog. EBITDA-Vortrag, der über die folgenden fünf Jahre vorgetragen werden kann. Der EBITDA-Vortrag erhöht grundsätzlich die Abzugsfähigkeit für Zinsaufwendungen in den folgenden Jahren. Dies gilt jedoch nur, soweit nicht bereits das EBITDA des laufenden Wirtschaftsjahres einen vollständigen Abzug der Zinsaufwendungen erlaubt. Zu beachten ist, dass der jeweils älteste EBITDA-Vortrag zuerst zu verbrauchen ist. Sofern der EBITDA-Vortrag nach fünf Jahren noch nicht verbraucht ist, verfällt dieser.

Der EBITDA-Vortrag ist gesondert festzustellen. Ein nicht verbrauchter EBITDA-Vortrag geht bei Aufgabe und Übertragung verloren; bei Ausscheiden eines Mitunternehmers geht er anteilig unter.

Die neue Regelung ist anzuwenden für Wirtschaftsjahre, die nach dem 31.12.2009 enden. Auf Antrag kann der Steuerpflichtige einen fiktiven EBITDA-Vortrag für die Wirtschaftsjahre, die nach dem 31.12.2006 beginnen und vor dem 1.1.2019 enden, ermitteln. Dieser fiktiv ermittelte EBITDA-Vortrag erhöht dann den ermittelten EBITDA-Vortrag des ersten Wirtschaftsjahres, das nach dem 31.12.2009 endet.

VI. Folgen der Zinsschrankenregelung für die Gewerbesteuer

Zinsaufwendungen, die aufgrund der Zinsschrankenregelung nicht abzugsfähig sind, sind außerbilanziell zu korrigieren und zum steuerlichen Gewinn hinzuzurechnen. Da dieser Gewinn Ausgangsgröße für die Berechnung des Gewerbeertrags (§7 GewStG) ist, entfällt eine (nochmalige) gewerbesteuerliche Hinzurechnung der korrigierten Zinsaufwendungen (§ 8 Nr. 1 GewStG). Kommt es in einem späteren Wirtschaftsjahr zu einem Abzug des Zinsvortrags, greift hingegen grundsätzlich die gewerbesteuerliche Hinzurechnungsvorschrift (nach § 8 Nr. 1 GewStG), da insoweit die Zinsaufwendungen steuermindernd im Rahmen der Gewinnermittlung berücksichtigt worden sind.

VII. Europarechtliche Aspekte

Da in der Praxis v.a. große grenzüberschreitend tätige Konzernunternehmen von den Beschränkungen der steuerlichen Zinsschranke betroffen sind, könnte hierin eine Diskriminierung gesehen werden und damit ein Verstoß gegen die EG-Grundfreiheiten vorliegen. Darüber hinaus könnte die Zinsschrankenregelung auch gegen die EG-Zins- und Lizenzrichtlinie sowie die Mutter-Tochter-Richtlinie verstoßen, welche beide u.a. die einmalige Besteuerung von Unternehmensgewinnen sichern sollen. Durch die Zinsschranke kommt es jedoch tendenziell zu einer verdeckten Besteuerung von Zinsen in Deutschland, was damit den Sinn und Zweck der Richtlinien beeinträchtigen könnte. Darüber hinaus könnte die Behandlung von deutschen Organgesellschaften zu EG-rechtlichen Bedenken in Bezug auf die Zinsschranke führen, da Organschaften grundsätzlich auf inländische Konzernstrukturen beschränkt werden und damit ausländische Konzerne benachteiligt sind.

Regelungsabrede – 1. *Begriff*: formlose Vereinbarung zwischen Arbeitgeber und Betriebsrat in betrieblichen Angelegenheiten, die einer Einigung zwischen den Betriebspartnern bedürfen. – 2. *Abgrenzung zur Betriebsvereinbarung* (→ Betriebsvereinbarung): a) Aufgrund der Regelungsabrede entstehen dem einzelnen Arbeitnehmer noch keine unmittelbaren Rechte und Pflichten, es bedarf noch der Umsetzung der Regelungsabrede in das → Arbeitsverhältnis mit anderen rechtlichen Mitteln. – b) Die Regelungsabrede legitimiert und verpflichtet aber den Arbeitgeber ggf. dem Betriebsrat und umgekehrt.

Regelungsanspruch → Initiativrecht, → Einigungsstelle.

Regelungsstreitigkeiten → Einigungsstelle.

Regelunterhalt → Regelbetrag.

Regelutilitarismus → Utilitarismus.

Regenerationsfähigkeit – Misst die Fähigkeit natürlicher Ressourcen zum autonomem Bestandswachstum sowie die Fähigkeit eines Umweltmediums nach externen Störungen (z.B. durch anthropogen bedingte Verschmutzungen) zum ökologischen Gleichgewicht zurückzufinden. – Vgl. auch → nachhaltige Entwicklung.

regenerative Energieträger – Erneuerbare Energieträger (oder Erneuerbare Energiequellen) sind im dem Sinne erneuerbar, dass sie in menschlichen Dimensionen unerschöpfbar sind. Dies bedeutet, dass sie überwiegend direkt von der Sonne stammen, die voraussichtlich erst in mehreren Milliarden von Jahren erlöschen wird. → Fossile Energieträger wie Kohle, Erdgas und Erdöl stammen indirekt von der Sonne, weil sie aus organischer Masse unter hohem Druck und hohen Temperaturen über einen sehr langen Zeithorizont von Milliarden von Jahren gebildet wurden. Fossile und nukleare Energieträger werden als „nicht-erneuerbar" bezeichnet, da sie in menschlichen Zeitdimensionen verbraucht werden können.

regenerierbare Ressource → erneuerbare Ressource.

Regiebetrieb – I. Öffentliche Verwaltung/Öffentliche Betriebswirtschaftslehre: Verwaltungseinheit ohne jegliche institutionalisierte Selbstständigkeit, die aufgrund der Art der Aufgabe und ihrer wirtschaftlich, technisch und sozial abgrenzbaren Einheit von der übrigen Verwaltung getrennt ist (→ kostenrechnende Einrichtung, → Gebührenhaushalte). Für den Regiebetrieb werden alle Ein- und Ausgaben im Trägerhaushalt ausgewiesen. Der Regiebetrieb entspricht im Normalfall dem → Bruttobetrieb. (Im Land Niedersachsen besteht eine Ausnahmevorschrift, die einen Nettoregiebetrieb ermöglicht. Beim Netto-Regiebetrieb wird nur der Zahlungssaldo als Überschuss oder Zuschussbedarf im Haushalt festgehalten (Netto-Etatisierung). In anderen Bundesländern ist die Führung eines Nettoregiebetriebes ohne gesetzliche Ermächtigung nicht zulässig). – Der Regiebetrieb ist grundsätzlich eine Organisationsform kommunaler (wirtschaftlicher) Betätigung ohne eigene Rechts- und Parteifähigkeit. Im Unterschied zum Eigenbetrieb bleibt der Regiebetrieb Teil der unmittelbaren Verwaltung. Der Regiebetrieb ist damit strikt dem kommunalen Haushalts-, Rechnungs- und Prüfungswesen unterworfen. Einnahmen und Ausgaben sowie Kredite des Regiebetriebes sind vollständig in den Haushalt der jeweiligen Kommune einzubeziehen. Damit gilt für Regiebetriebe auch das haushaltsrechtliche Gesamtdeckungsprinzip: erzielte Erlöse verbleiben nicht bei der konkreten Verwaltungsaufgabe, sondern können jedwedem Haushaltszweck zugeführt werden. In einigen Fällen wurden Regiebetriebe in sog. eigenbetriebsähnliche Einrichtungen überführt, um haushaltsrechtlichen Spielraum zu eröffnen. Dies stellt gerade im Falle einer nicht wirtschaftlichen Betätigung des Regiebetriebes eine interessante Option dar. – Im gemeindlichen Bereich kennt man den Regiebetrieb nur noch bei Versorgungsbetrieben kleiner Gemeinden und bei solchen Einrichtungen, die nicht in Eigenbetriebsform geführt werden (z.B. Schlachthöfe, Bäder) sowie Kleinbetriebe wie etwa Kantinen oder Reklamebetriebe. Faktisch ist der Regiebetrieb auf kommunaler Ebene durch den Eigenbetrieb (Nettobetrieb) verdrängt worden.

II. Handelsbetriebslehre: Verkaufsstätte des Einzelhandels, die von einer Zentrale oder Großhandlung (ggf. unter finanzieller Beteiligung einzelner Einzelhändler) einer → freiwilligen Kette, → Einkaufsgenossenschaft oder → Full-Service-Kooperation gegründet und in eigener Regie mittels Filialleitern geführt wird. Regiebetriebe führen zur stärksten Einschränkung der Selbstständigkeit; denn es handelt sich um Filialunternehmen innerhalb einer Kooperation. – *Entstehungsursache* ist meistens die Sicherung von Standorten zur Ausschöpfung bzw. Abrundung des Absatzgebietes. Manche Regiebetriebe werden privatisiert indem sie geeigneten Einzelhändlern übertragen werden. – Vgl. auch → Kooperationskaufmann.

Regierungsakt → Hoheitsakt der Regierung, der wegen seines überwiegend politischen Charakters im Gegensatz zu den → Verwaltungsakten der Nachprüfung durch die Gerichte entzogen ist (sog. nicht justiziabler Hoheitsakt). – *Beispiel:* Festlegung der Richtlinien der Politik.

Region – zusammenhängendes geografisches Gebiet von zumeist mittlerer Größenordnung zwischen aggregierter Volkswirtschaft und disaggregierten Raumpunkten (Lokalitäten) als Kennzeichnung einer bestimmten Maßstabsebene der räumlichen Analyse.

Regionalanalyse – Ansatz in der → Wirtschaftsgeografie und Raumwirtschaftstheorie, in dessen Mittelpunkt die räumliche Anordnung von Sachverhalten auf der Erdoberfläche steht. Die Regionalanalyse betrachtet v.a. räumliche Muster und Interaktionen, entwickelt Modelle der räumlichen Form von Verteilungen und Prozessen menschlicher Aktivitäten, wobei sie stark quantitativ-mathematisch orientiert ist.

Regionalbanken – 1. *Allgemein:* Privatrechtlich organisierte → Banken, deren Aktionsraum (ursprünglich) ausschließlich auf eine Region beschränkt ist bzw. war. Viele Regionalbanken agieren mittlerweile überregional, werden aber als dennoch als Regionalbanken bezeichnet. Der regionale Bezug soll beim Kunden Vertrauen und Nähe schaffen und stellt somit die Strategiegrundlage dieser Banken dar. – 2. *Bundesbankstatistik:* Mit „sonstigen Kreditbanken" zusammengefasste, strukturell inhomogene Bankengruppe, in der auch größere Institute gezählt werden, die ihr geografisch ursprünglich begrenztes Geschäftsgebiet inzwischen überschritten haben.

regionale Disparitäten – Ungleichheiten in der → Raumstruktur einer → Region oder im Vergleich von zwei oder mehreren Regionen. Die Beseitigung regionaler Disparitäten ist Aufgabe der → Regionalpolitik.

regionale Fördergebiete – 1. *Begriff:* Ausweisung bestimmter Regionen eines Landes als regionale Fördergebiete nach einheitlichen Kriterien der EU (strukturschwache Regionen oder Gebiete). – 2. *Hauptarten:* a) *Regionen mit Entwicklungsrückstand*, deren Bruttoinlandsprodukt pro Kopf der Bevölkerung unter 75 Prozent des EU-Durchschnitts liegt. – b) Regionen, die bes. schwer von *rückläufiger industrieller Entwicklung* betroffen sind (Hauptkriterien sind Struktur der Erwerbstätigkeit und Arbeitslosigkeit im Vergleich zu benachbarten Regionen). – c) Regionen mit *hoher landwirtschaftlicher Beschäftigung*, aber unterdurchschnittlicher Wertschöpfung. – d) In Deutschland erfolgt die Fördergebietsabgrenzung auf Gemeinde- oder Kreisebene *(Schwerpunktorte)*. Eine Liste aller regionalen Fördergebiete wird jährlich im Rahmenplan der Gemeinschaftsaufgabe „Verbesserung der regionalen Wirtschaftsstruktur" durch die Bundesregierung veröffentlicht.

regionale Integration – 1. *Begriff:* Zwischen den Extremen des völligen → Freihandels und (theoretisch) der völligen Abkopplung von internationalen Handelsbeziehungen (→ Autarkie) werden in der Realität Zwischenformen praktiziert, welche die Vorteile von Freihandel mit den Vorteilen der Protektion verbinden sollen. – Es gibt verschiedene *Intensitätsstufen:* (1) Die *Koordinierung* (gegenseitige Abstimmung) von Politikbereichen ist die schwächste Form. Sie beinhaltet keinerlei Souveränitätsaufgabe der beteiligten Staaten, lediglich eine gewisse Einschränkung. Die Vertragspartner verpflichten sich, sich in vereinbarten Teilbereichen der Politik zu unterrichten und abzustimmen. (2) *Kooperation* bedeutet z.B. den völkervertragsrechtlichen Abschluss von → Handelsabkommen, in denen die rechtlichen und sonstigen Rahmenbedingungen für den Handel zwischen zwei Staaten geregelt werden (z.B. Lieferung und Abnahme von Rohstoffen, Formalitäten für Ein- und Ausfuhren, Investitionsbedingungen, patentrechtliche Regelungen). In Abgrenzung zur Koordinierung werden bereits bestimmte legislative Aspekte gemeinsam wahrgenommen (die Abgrenzung ist fließend); die exekutiven Souveränitätsrechte verbleiben bei den Vertragspartnern. Regionale Handelsabkommen werden auch als *Regional Trade Agreements* (RTA) bezeichnet. (3) Erst bei Abtretung sowohl legislativer als auch exekutiver Rechte auf gemeinsame Organe, um eine gemeinsame (ggf. sachlich begrenzte) Politik zu betreiben, spricht man von → *Integration*. Handels- und Kooperationsabkommen sind keine Assoziierungs- oder Integrationsabkommen, d.h. mit ihnen sind keine weitergehenden Integrationsabsichten verbunden, die über handels- oder industriepolitische Aspekte hinausgehen. (4) *Präferenzabkommen* sind Ausnahmen von den WTO/ GATT-Prinzipien (→ GATT) der Gegenseitigkeit bzw. der → Meistbegünstigung: Unter Verzicht auf Gegenseitigkeit werden Zollvergünstigungen gewährt, die anderen Staaten vorenthalten bleiben. Auf diese werden die regulären Zollsätze für nicht-präferenzbegünstigten Einfuhren angewendet (→ Drittlandszollsatz). (5) → *Assoziierungsabkommen* sind als Vorstufe der Integration anzusehen. Sie sind üblich zwischen Staatenverbänden (z.B. der EU) und einzelnen Staaten. Assoziierung bedeutet ein bes. Verhältnis, das über handelspolitische Vereinbarungen hinausgeht. Die Assoziierung wird i.d.R. als eine Vorstufe zu einer Vollmitgliedschaft gedacht. Daneben wird der Begriff aber auch (missverständlich) verwendet z.B. im Zusammenhang mit Einbindung in Kooperations- und Präferenzabkommen. Die EU bezeichnet solche Verträge heute auch nicht mehr als Assoziierungsabkommen, sondern als → *Interimsabkommen*. In formeller Hinsicht besteht aus Sicht der EU dabei der Unterschied, dass Assoziationsabkommen nach Art. 217 AEUV einstimmig vom → Rat der Europäischen Union beschlossen werden müssen, nachdem das → Europäische Parlament gehört worden ist und institutionelle Vereinbarungen vorgesehen sind, während bei Handelsabkommen nur die qualifizierte Mehrheit im Rat hinreichend ist (Art. 207 AEUV); allerdings wird das Parlament in der Praxis auch vor Abschluss von Handelsverträgen eingeschaltet. (6) Von *Integration* i.e.S. sollte nur gesprochen werden, wenn die Partnerstaaten einen gemeinsamen Wirtschaftsraum entwickeln wollen. Dabei sind die folgenden Integrationsformen zu unterscheiden: (a) Die schwächste Integrationsstufe ist eine → Freihandelszone (vgl. die Abgrenzung zu → Sonderwirtschaftszonen). In einer Freihandelszone werden untereinander handelsbehindernde Maßnahmen abgebaut, während die Mitglieder nach außen eine autonome Außenhandelspolitik betreiben. (b) In einer → *Zollunion* vereinbaren die Mitgliedsländer außer dem internen Freihandel eine gemeinsame Zollpolitik gegenüber Drittländern. (c) In einem *gemeinsamen Markt* kommt zur internen Gütermobilität (→ Freihandel) auch die Faktormobilität hinzu (Produktionsfaktoren Arbeit, Boden, Kapital sind frei beweglich). In der EU wird zur Kennzeichnung des gemeinsamen Marktes der Begriff → *Binnenmarkt* verwendet. (d) Eine *Wirtschaftsgemeinschaft* (auch: → Wirtschaftsunion) geht über einen Binnenmarkt hinaus, indem auch die nationale → Wirtschaftspolitik zwischen den Partnerstaaten abgestimmt wird (Ziele, Einsatz wirtschaftspolitischer Mittel). Zur Verwirklichung der Wirtschaftsgemeinschaft im strengen Sinn besteht z.B. in der → EU noch erheblicher Harmonisierungsbedarf. Der Begriff Wirtschaftsgemeinschaft wird jedoch auch allg. verwendet im Sinn einer wirtschaftlichen Gemeinschaft. Die meisten Integrationsräume erfüllen nicht die Kriterien für die Verwirklichung der jeweiligen Integrationsformen, sodass ihre Bezeichnungen eher Zielbeschreibungen sind. (7) Eine *politische Union* ist die intensivste Integrationsstufe mit völliger, auch politischer Verschmelzung der Mitgliedsstaaten (Bundesländer der Bundesrepublik Deutschland, Vereinigte Staaten von Amerika, Indischer Bundesstaat etc.) und dem Übergang von einem Staatenbund zu einem Bundesstaat. – Zur monetären Integration vgl. → Währungsintegration, → Europäische Währungsunion (EWU).

regionale Marktforschung → Marktforschung.

Regionalentwicklung – Bezeichnung für Konzepte und Maßnahmen, welche die wirtschaftliche Entwicklung einer → Region unterstützen (→ Regionalmarketing). Der Begriff wird uneinheitlich verwendet und bezieht sich sowohl auf verschiedene inhaltliche Schwerpunkte als auch auf unterschiedliche räumliche Ebenen. Regionalentwicklung zielt auf den Ausgleich → regionaler Disparitäten ab, um gleichwertige Lebensbedingungen in allen Regionen und eine nachhaltige Raumentwicklung zu gewährleisten, und erfordert die gezielte Koordinierung von Regionalplanung und → Regionalpolitik.

regionale Organisationsstruktur → Regionalorganisation.

regionaler Strukturwandel – im Zeitablauf auftretende Veränderungen in der → regionalen Wirtschaftsstruktur. Regionaler Strukturwandel ist Ausdruck unterschiedlich hohen Wirtschaftswachstums in einzelnen Regionen einer Volkswirtschaft. Ursachen solcher Wachstumsunterschiede können in der Ausschöpfung *natürlicher Standortvorteile* (z.B. Rohstoffvorkommen) liegen, häufig stellt sich regionaler Strukturwandel aber auch als Folge eines → sektoralen Strukturwandels dar, wenn einzelne Produktionszweige, die aufgrund geänderter Angebots- oder Nachfragebedingungen in ihrer Entwicklung stagnieren oder gar schrumpfen, in bestimmten Regionen konzentriert sind. So sind in Deutschland gravierende Strukturprobleme in den Bergbauregionen, landwirtschaftlich geprägten Regionen oder im Küstenraum, die sich bes. in regional sehr hoher Arbeitslosigkeit niedergeschlagen haben, kaum auf eine Verschlechterung natürlicher Standortfaktoren zurückzuführen, sie sind vielmehr infolge des Bedeutungsverlustes der jeweils dominierenden Produktionszweige entstanden. Es ist Aufgabe der regionalen Strukturpolitik, derartigen räumlichen Ungleichgewichtsentwicklungen entgegenzuwirken.

regionales Milieu – formelles oder informelles → Netzwerk, das sich durch eine intensive, wirtschaftsförderliche regionale Interaktion und ein harmonisches Regionalbewusstsein der Akteure auszeichnet. – Vgl. auch → Cluster, → kreatives Milieu.

regionale Strukturpolitik → Regionalpolitik.

regionale Wirtschaftspolitik → Regionalpolitik.

regionale Wirtschaftsstruktur – regionale Verteilung der Wirtschaftskraft eines Landes, gemessen als Beitrag einzelner Regionen zum Bruttoinlandsprodukt *(regionale Produktionsstruktur)* oder anhand der Verteilung der Erwerbstätigkeit *(regionale Beschäftigungsstruktur)*. Eine differenziertere Analyse berücksichtigt zugleich die → sektorale Wirtschaftsstruktur in den Regionen, außerdem die Ausstattung mit Einrichtungen der → Infrastruktur. Die Diagnose der regionalen Ausgangslage setzt zunächst die Identifikation räumlicher Untersuchungseinheiten voraus. – Zudem ist ein Indikatorensystem festzulegen, anhand dessen Unterschiede der Wirtschaftskraft quantifiziert werden können. Das in Deutschland als Grundlage für Maßnahmen der regionalen Strukturpolitik entwickelte Analyseraster benutzt als unterste räumliche Einheit eine Abgrenzung nach *Schwerpunktorten* (Städte und Gemeinden). Das Indikatorensystem besteht aus dem realen Bruttoinlandsprodukt je Einwohner, der Arbeitslosenquote, einer Prognose der Entwicklung der Arbeitskräftereserven, der Bruttolohn- und -gehaltssumme je beschäftigtem Arbeitnehmer sowie einem zusammenfassenden Infrastrukturindikator. – Vgl. auch → regionale Fördergebiete.

Regionalförderung – Maßnahmen der → Wirtschaftsförderung zugunsten der gewerblichen Wirtschaft, die im Rahmen der regionalen Strukturpolitik eingesetzt werden. In Deutschland v.a. Instrumente der → Investitionsförderung, von denen Unternehmen profitieren können, die in einem → regionalen Fördergebiet investieren wollen. – Vgl. auch → Regionalpolitik.

Regionalgliederung – 1. *Begriff:* Im Rahmen der → Organisation die → Spezialisierung nach regionalen Aspekten. – 2. *Charakterisierung:* Die Regionalgliederung führt je nach der betroffenen Hierarchieebene und je nach dem Aggregationsgrad des betrachteten Handlungskomplexes zu unterschiedlich breiter Kompetenz der organisatorischen Einheiten. Es kann sich eine → Regionalorganisation mit organisatorischen Teilbereichen z.B. für je einen absatzrelevanten Kontinent ergeben; diese Teilbereiche können selbst wiederum nach regionalen Gesichtspunkten, z.B. in Länderbereiche, und diese z.B. in Bereiche für unterschiedliche Bezirke untergliedert werden.

Regional Governance – Sammelbegriff zur Diskussion sich verändernder Steuerungsformen der → Regionalentwicklung. Regional Governance ist das Ergebnis der veränderten Rolle des Staates und steht für netzwerkartige, schwach institutionalisierte Steuerungsformen, in denen staatliche, wirtschaftliche und zivilgesellschaftliche Akteure zusammenwirken.

Regionalisierung – 1. allgemein die Aufteilung oder Untergliederung eines Raumes oder räumlicher Sachverhalte in kleinere Einheiten nach einem zweckbestimmten Aufteilungsschema, meist mithilfe von problemorientierten statistischen Merkmalen. Der Begriff wird v.a. in der angewandten Geographie und der * *Raumplanung* verwendet, insbes. in folgenden Zusammenhängen: (1) Untergliederung eines Staatsgebietes in → Regionen, v.a. in Planungsregionen (2) Aufteilung finanzieller Mittel (z.B. Staatshaushalt, → Subventionen für bestimmte Wirtschaftszweige) auf räumliche Einheiten des Gesamtraums – 2. Entstehung → regionaler Integrationen als eine Begleiterscheinung der → Globalisierung. – 3. kleinräumige territoriale Integration und Vernetzung von wirtschaftlichen Aktivitäten mit einer besonderen Betonung regionaler Qualitäten und Beziehungsgefüge (→ Lokalisierung, → Industriedistrikt, → Cluster).

Regionalismus – 1. *Begriff:* gegenseitige außenhandelspolitische Vorzugsbehandlung von Ländern einer Region bzw. abgestimmtes Verhalten von Staaten einer Region auf Grundlage einer völkervertraglichen Vereinbarung. Von Regionalismus spricht man *nicht,* wenn ein kleines Land sich währungs- und außenhandelspolitisch an ein großes anschließt (Liechtenstein – Schweiz, San Marino – Italien, Monaco – Frankreich). – *Formen:* Z.B. → Präferenzabkommen (zur Gewährung von → Präferenzzoll), Bildung von → Zollunionen, → Freihandelszonen und anderen Formen der → regionalen Integration, sonstige handelspolitische Vorzugsbehandlung, devisenpolitische Sonderbehandlung, Bildung gemeinsamer Systeme des Zahlungsverkehrs mit den anderen Ländern u.a. – Grundsätzlich sind alle im Rahmen der Welthandelsorganisation vorgenommen → Handelsliberalisierungen multilaterale Ansätze nach dem Prinzip der Meistbegünstiung (gegenüber allen Vertragsparteien). Die Welthandelsrunde von Doha ist jedoch seit 1999 ins Stocken geraden. Dem Regionalismus kommt daher seitdem eine starke Bedeutung zu – mit regionaler Integration wird ein Schritt zum (regional begrenzten) → Freihandel ermöglicht, auch wenn die weltweite Situation sich nicht weiter entwickelt. Versuche der neueren Zeit, *wirtschaftlich integrierte Räume* zu bilden, sind Ausprägungen des Regionalismus (→ EU, → MERCOSUR, → CARICOM, → CEMAC, UEMOA, EAC und → Southern African Customs Union (SACU) sind Zollunionen; → EFTA, → NAFTA, → ASEAN, → CACM, → COMESA, → SADC sind Freihandelszonen). Die regionale Integration ist ein Schritt auf dem Weg zu einer → Wirtschaftsunion und dem Freihandel. – Vgl. auch → Integration, → Multilateralismus, → Globalisierung, → World Trade Organization (WTO), → GATT, → GATS.

Regionalklasse – 1. *Begriff:* Grundlegendes Merkmal zur → Prämiendifferenzierung in der → Kfz-Versicherung, bei dem der statistische Zusammenhang zwischen dem Wohnort des → Versicherungsnehmers des zu versichernden Kraftfahrzeugs und dem Schadenverlauf berücksichtigt wird. – 2. *Merkmale:* Ausschlaggebend für die Zuordnung zu einer

Regionalklasse ist das amtliche Kennzeichen und damit der Zulassungsbezirk, in dem das Fahrzeug zugelassen ist. Die Regionalklasse richtet sich nach der Anzahl und der Schwere der Schadensfälle im jeweiligen Zulassungsbezirk. Neben diesen Faktoren spielen auch noch andere Indikatoren wie z.B. allgemeine Straßenverhältnisse, die Bestandszusammensetzung oder die Anzahl der in der jeweiligen Region insgesamt zugelassenen Fahrzeuge eine Rolle. Jeweils zum 1. Oktober eines jeden Jahres wird durch einen unabhängigen Treuhänder in einem Zulassungsbezirk separat für die → Kfz-Haftpflichtversicherung, die → Vollkaskoversicherung und die → Teilkaskoversicherung ein Indexwert ermittelt, nach dem die Einsortierung in die Regionalklassen vorgenommen wird. Dabei wird der Schadenverlauf der letzten fünf Jahre zugrunde gelegt. Tendenziell sind ländliche Bereiche mit wenig Verkehr auf der Prämienseite günstiger gestellt als städtische Bereiche oder Landkreise mit hohem Durchgangsverkehr und damit einem erhöhten Schadenaufkommen.

Regionalmanagementorganisation – 1. *Begriff:* Konzept einer → mehrdimensionalen Organisationsstruktur, bei dem eine gegebene Grundstruktur durch die organisatorische Verankerung von → Kompetenz für die aus den einzelnen (Beschaffungs- und Absatz-)Regionen einer Unternehmung resultierenden speziellen Aufgaben ergänzt wird. – 2. *Formen:* (1) Die Institutionalisierung des Regionalmanagements kann auf einen → organisatorischen Teilbereich beschränkt oder teilbereichsübergreifend angelegt sein; (2) die Institutionalisierung kann in Form von Kernbereichen (Kernbereichs-Regionalmanagement), → Richtlinienbereichen (Richtlinien-Regionalmanagement), Matrixbereichen (Matrix-Regionalmanagement; → Matrixorganisation), → Servicebereichen (Service-Regionalmanagement) oder → Stäben (Stabs-Regionalmanagement) erfolgen. – 3. Bei der *Auswahl* einer der sich hieraus ergebenden Gestaltungsalternativen sind die angestrebte Reichweite für die Berücksichtigung der Regionalmanagement-Perspektive im arbeitsteiligen Entscheidungsprozess der Unternehmung und die spezifischen Vor- und Nachteile der alternativen Bereichsformen abzuwägen.

Regionalmarketing – 1. *Werbung:* Versuch, in Form von Kampagnen das Besondere oder Typische einer → Region hervorzuheben. Ziele können die Förderung des → Tourismus und die Neuansiedlung von Unternehmen sein. – 2. *Regionalentwicklung:* Komplex von Maßnahmen, die unter Einbeziehung unterschiedlicher Akteure (Einwohner, Politik, öffentliche Institutionen, Forschungseinrichtungen, private Unternehmen) die endogenen Potenziale einer Region aktivieren sollen (→ Regionalentwicklung). In diesem Zusammenhang zielt Regionalmarketing v.a. auf die Schaffung und Verbesserung weicher → Standortfaktoren zur Förderung der regionalen wirtschaftlichen Entwicklung ab. – Konzeptionell mit dem Regionalmarketing vergleichbar, aber auf einer anderen räumlichen Ebene angesiedelt, ist das Stadtmarketing.

Regionalorganisation – *regionale Organisationsstruktur.* 1. *Begriff:* Organisationsmodell (→ Organisationsstruktur), bei dem die Kompetenzen aufgrund marktorientierter → Spezialisierung nach Regionen gegliedert werden. – 2. *Charakterisierung:* Bei reiner Regionalorganisation entstehen auf der zweiten Hierarchieebene → organisatorische Teilbereiche, in denen jeweils die Kompetenzen für eine Marktregion umfassend, d.h. bez. sämtlicher → Funktionen und Produkte der Unternehmung zusammengefasst sind. – Vgl. Abbildung „Regionalorganisation – Grundmodell". Die Regionalbereiche können als Profitcenter geführt werden.

Regionalorganisation – Grundmodell

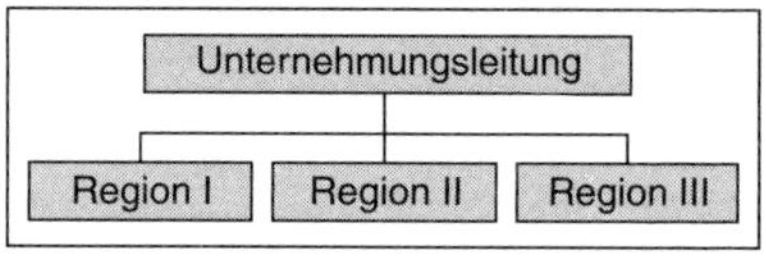

3. *Beurteilung:* a) → Ressourcennutzung: Die Regionalorganisation führt noch eher als die → Spartenorganisation im Vergleich zur → Funktionalorganisationin der Tendenz zu einer schlechteren Nutzung von produkt- und/oder funktionsbezogenen Synergien, da die Ausstattung sämtlicher Regionalbereiche mit den für ihre Aktivitäten erforderlichen Ressourcen häufig zu aufwendig ist im Verhältnis zu Ressourcenauslastung und Nutzung von Vorteilen der → Spezialisierung und → Größendegression anderer Organisationsformen. – b) *Interdependenzprofil* (→ Interdependenzen): Im Fall der reinen Regionalorganisation fehlen im (theoretischen) Grenzfall überschneidungsfreier Marktdefinitionen zwischen den Regionalbereichen Interdependenzen aufgrund innerbetrieblicher Leistungsverflechtungen und Marktinterdependenzen; die Koordinationsanforderungen sind entsprechend niedrig. – c) Die *Dispositionsfähigkeit* der Regionalorganisation ist somit positiv einzuschätzen. – 4. *Modifikation:* In der Praxis wird die reine Regionalorganisation wegen ihrer Nachteile regelmäßig modifiziert v.a. in Richtung einer → mehrdimensionalen Organisationsstruktur. Dabei sollen namentlich funktionale Zentralbereiche (z.B. Werke) eine bessere Ausnutzung der Ressourcen sicherstellen; mit den internen Interdependenzen wächst jedoch auch der Koordinationsbedarf.

Regionalpolitik – I. Bundesrepublik Deutschland: Die Verbesserung der regionalen Wirtschaftsstruktur ist eine der → Gemeinschaftsaufgaben von Bund und Ländern („Verbesserung der regionalen Wirtschaftsstruktur"). Die Förderung muss mit den Grundsätzen der allg. Wirtschaftspolitik und mit den Zielen und Erfordernissen der → Raumordnung und → Landesplanung übereinstimmen; sie hat auf gesamtdeutsche

Belange und auf die Erfordernisse der europäischen Gemeinschaften (→ EU) Rücksicht zu nehmen. Sie soll sich auf räumliche und sachliche Schwerpunkte konzentrieren und ist mit anderen öffentlichen Entwicklungsvorhaben abzustimmen. – 1. *Förderungsmaßnahmen:* (1) Förderung der gewerblichen Wirtschaft bei Errichtung, Ausbau, Umstellung oder grundlegender Rationalisierung von Gewerbebetrieben (einschließlich Fremdenverkehr); (2) Förderung des Ausbaues der → Infrastruktur, soweit es für die Entwicklung der gewerblichen Wirtschaft erforderlich ist, durch Erschließung von Industriegelände, Ausbau von Verkehrsverbindungen, Energie- und Wasserversorgungsanlagen, Abwasser- und Abfallbeseitigungsanlagen sowie öffentlichen Fremdenverkehrseinrichtungen, und schließlich durch Errichtung oder Ausbau von Ausbildungs-, Fortbildungs- und Umschulungsstätten, soweit ein unmittelbarer Zusammenhang mit dem Bedarf der regionalen Wirtschaft an geschulten Arbeitskräften besteht. – 2. Diese Förderungsmaßnahmen werden in Gebieten durchgeführt, deren Wirtschaftskraft deutlich *unter dem Bundesdurchschnitt* liegt oder erheblich darunter abzusinken droht oder in denen Wirtschaftszweige vorherrschen, die vom Strukturwandel in einer Weise betroffen oder bedroht sind, dass negative Rückwirkungen auf das Gebiet in erheblichem Umfang eingetreten oder absehbar sind. Einzelne Infrastrukturmaßnahmen werden auch außerhalb der vorstehend genannten Gebiete gefördert, wenn sie in einem unmittelbaren Zusammenhang mit geförderten Projekten innerhalb benachbarter Fördergebiete stehen. – 3. Für die Erfüllung der Förderung der Wirtschaft wird jährlich ein gemeinsamer *Rahmenplan* aufgestellt. Er ist für den Zeitraum der Finanzplanung aufzustellen (→ Finanzplan). In diesem Rahmenplan werden die Förderungsgebiete abgegrenzt, die Ziele genannt, die in diesen Gebieten erreicht werden sollen, die Förderungsmaßnahmen im Einzelnen und die Voraussetzungen, Art und Intensität der Förderung. Die Durchführung des Rahmenplans ist Aufgabe der Länder. Der Bund erstattet grundsätzlich jedem Land die Hälfte der nach Maßgabe des Rahmenplans entstandenen Ausgaben. – 4. Für die Aufstellung des Rahmenplans bilden die Bundesregierung und die Landesregierungen einen *Planungsausschuss*. – 5. *Rechtsgrundlage:* Gesetz über die Gemeinschaftsaufgabe „Verbesserung der regionalen Wirtschaftsstruktur" vom 6.10.1969 (BGBl. I 1861) m.spät.Änd.

II. Europäische Union: 1. *Begriff:* Die europäische Regionalpolitik dient der Stärkung des wirtschaftlichen und sozialen Zusammenhalts in der → EU. Der Binnenmarkt bringt v.a. den wirtschaftlichen Gravitationszentren mit gut ausgebauter → Infrastruktur und leistungsfähigen Industrien Vorteile; weniger entwickelte → Regionen können mit diesen nur schwer mithalten. Es besteht die Tendenz der wachsenden Konzentration ökonomischer Aktivitäten in den → Verdichtungsräumen, die mit der Gefahr von starken Migrationsbewegungen zu den Arbeitsplätzen in den → Zentren der EU und der Entleerung altindustrialisierter, agrarischer, peripherer und strukturschwacher Räume einhergeht (→ Altindustrieregion, → Peripherie, → strukturschwacher Raum). Die europäische Regionalpolitik soll einer solchen Entwicklung durch Verbesserung der Wirtschaftsstruktur in Randgebieten entgegensteuern und damit auch zum Erhalt des sozialen Friedens in der EU beitragen. Auch Regionen, die sich im sozialen und wirtschaftlichen Umbruch befinden oder Altlasten ehemaliger Planwirtschaften aufweisen, sind Gegenstand der Regionalpolitik. – 2. *Maßnahmen:* Zu den Förderinstrumenten zählen die drei Strukturfonds: Der Europäische Fonds für regionale Entwicklung (→ EFRE) zur Förderung allgemeiner → Infrastruktur, → Innovationen und → Investitionen, der Europäische Sozialfonds (ESF), der Projekte zur beruflichen Bildung und Programme zur Arbeitsberatung und -vermittlung enthält und der → Kohäsionsfonds. Letzterer fördert Projekte in den Bereichen Umwelt, → Verkehrsinfrastruktur und erneuerbare Energien. Die Mittel gehen an die 15 EU-Länder, deren Lebensstandard unter 90 Prozent des EU-Durchschnitts liegt (12 zuletzt beigetretene ostmitteleuropäische Länder, Portugal, Spanien, Griechenland). Im Zeitraum 2007 bis 2013 macht die Regionalpolitik mit ca. 350 Mrd. Euro rund ein Drittel des EU-Haushalts aus. – 3. *Beurteilung:* Die europäische Regionalpolitik ist in ihrer Motivation und Konzeption höchst umstritten. Die EU gibt rund ein Drittel ihres Haushalts für Regionalsubventionen aus und limitiert gleichzeitig korrespondierende Aktivitäten der Nationalregierungen. Zu hinterfragen ist daher, ob und unter welchen Bedingungen eine Regionalförderung durch die EU überhaupt sinnvoll ist. Möglicherweise ist sie nicht Ausdruck ökonomischer Effizienz, sondern als politisches Tauschgeschäft einzustufen. Durch ihre Verfahren und Abläufe beeinflusst sie zunehmend die regionale Entscheidungsebene der Mitgliedsstaaten. Angesichts der erheblichen finanziellen Belastung, des hohen Erwartungsdrucks ärmerer Regionen sowie des steigenden Problemdrucks im Hinblick auf künftige Erweiterungsrunden muss die Frage nach den bisherigen Erfolgen und den zukünftigen Maßnahmen dieses Politikbereichs gestellt werden.

Regionalprinzip – der Genossenschaften beinhaltet, dass deren Geschäftstätigkeit im Zweckgeschäft auf die in einer bestimmten Region wirtschaftenden bzw. lebenden Mitglieder ausgerichtet ist. Dieser Grundsatz der Ortsverbundenheit hatte bereits bei → Raiffeisen eine hohe Bedeutung. Das Regionalprinzip bewirkt ohne Zweifel eine gewisse Wettbewerbseingrenzung, obwohl dem Geschäftsbetrieb beim genossenschaftlichen Gegengeschäft keine regionalen Einschränkungen auferlegt sind. Positiv für das Regionalprinzip der Genossenschaften, das rechtlich nicht festgelegt ist, ist zu werten, dass das

Genossenschaftsmanagement die Verhältnisse „vor Ort" bes. gut kennt und deswegen praxisnahe Entscheidungen gefällt werden können. Auch im Sparkassensektor gilt das Regionalprinzip in dem Sinne, dass sich der Geschäftsbereich einer kommunalen oder landkreisbezogenen Sparkasse auf das Gebiet des Gewährsträgers zu beschränken hat. Auch für kommunale Wohnungsgesellschaften, die in einer bestimmten Gemeinde ihren Standort haben, gilt das Regionalprinzip.

Regionalreihen – wirtschaftsstatistische Reihen, die auf eine Region beschränkt sind. Die → Konjunkturforschung bedient sich der Regionalreihen nur hilfsweise, da die hier beobachteten Entwicklungen nur einen eingeschränkten Aussagewert aufweisen und i.d.R. nur zeitlich verzögert verfügbar sind. – *Gegensatz:* → Mondialreihen.

Regionalwissenschaft – wissenschaftliche Disziplin der theoretischen und quantitativen Analyse regionalökonomischer Sachverhalte im Schnittfeld von Ökonomik, Geografie und Raumplanung. Ausgehend von der neoklassischen Wirtschaftstheorie hat sich die Regionalwissenschaft v.a. mit der Konstruktion von raumwirtschaftlichen Gleichgewichtsmodellen und Optimierungsmodellen (bes. unter Anwendung der linearen Programmierung) befasst. In der empirischen Modellbildung standen regionale Input-Output-Modelle, Industriekomplexanalyse, Gravitations- und zentralörtliche Modelle (→ zentrale Orte) sowie Modelle der → Grundrente und des Wohnungsmarktes im Vordergrund.

regiozentrisch – mögliche → strategische Grundhaltung international tätiger Unternehmungen gegenüber dem Ausland bzw. ihren → Auslandstochtergesellschaften. Bei der regiozentrischen Orientierung wird auf die zunehmende Regionalisierung der Weltwirtschaft Bezug genommen (z.B. die EU). Im Zentrum der Betrachtung stehen Ländergruppen bzw. Regionen, die sich durch interne Homogenität, z.B. ein ähnliches Kaufkraftniveau oder eine vergleichbare Konsumentenstruktur, auszeichnen. Hier werden Elemente der → polyzentrischen und der → geozentrischen Orientierung zusammengeführt. – Vgl. auch → EPRG-Modell, → ethnozentrisch, → geozentrisch, → polyzentrisch.

Register – amtliches Verzeichnis rechtlicher Vorgänge, z.B. → Genossenschaftsregister, → Grundbuch, → Güterrechtsregister, → Handelsregister, Kabelbuch, → Luftfahrzeugrolle, Musterrolle, → Patentrolle, → Partnerschaftsregister, Register für Pfandrechte an Luftfahrzeugen, → Schiffsregister, → Vereinsregister, → Zentrales Testamentsregister, → Zentrales Vorsorgeregister .

Registergericht – das für die Führung der gerichtlichen → Register zuständige → Amtsgericht.

Registerrecht – die sich auf die öffentlichen → Register (z.B. Handelsregister, Genossenschaftsregister, Güterrechtsregister, Partnerschaftsregister, Vereinsregister) beziehenden Rechtsvorschriften, geregelt in den §§ 374 ff. des Gesetzes über das Verfahren in Familiensachen in Angelegenheiten der freiwilligen Gerichtsbarkeit (FamFG) vom 17.12.2008, BGBl. I 2586), oder für das → Zentrale Vorsorgeregister oder das → Zentrale Testamentsregister in § 78 BNotO.

Registratur – *(Schriftgut-)Ablage.* 1. *Begriff:* Einordnung und Verwaltung von Schriftgut. Die Registratur kann zentral oder dezentral erfolgen. – 2. *Voraussetzungen:* Vorhandensein eines Ordnungsplans, in dem die im Betrieb geltenden Ordnungsgrundlagen festgelegt sind (Aktenplan); Einteilung des Schriftguts gemäß des für die Ablage vorgeschriebenen → Nummernschlüssels; Vorhandensein der Ordnungsmittel, Suchmittel, Schriftgutbehälter und technischer Bürogeräte. – 3. *Verfahren der Ablagetechnik:* a) aufeinander folgende Ordnung (Flachablage, Aktenablage); b) hintereinander folgende Ordnung (Steilablage, Hängeablage); c) nebeneinander folgende Ordnung (bibliothekarische Ablage, Stehablage). – 4. Heute vereinfacht durch den *Einsatz von Speicherdatenträgern.*

Registrierkassenstreifen – Additionsstreifen der Registrierkassen (→ Aufbewahrungspflicht). Registrierkassenstreifen sind als Buchungsbelege zehn Jahre aufzubewahren. Aufbewahrung der Registrierkassenstreifen ist nicht erforderlich, wenn der Zweck der Aufbewahrung in anderer Weise gesichert und die Gewähr der Vollständigkeit der von Registrierkassenstreifen übertragenen Aufzeichnungen nach den tatsächlichen Verhältnissen gegeben ist.

registrierter Erlaubnisinhaber – Natürliche und juristische Personen sowie Gesellschaften ohne Rechtspersönlichkeit (wie z.B. die BGB-Gesellschaft), die bei einer zuständigen Behörde registriert sind, dürfen aufgrund bes. Sachkunde Rechtsdienstleistungen in folgenden Bereichen erbringen: 1. Inkassoleistungen, 2. Rentenberatung auf dem Gebiet der gesetzlichen Renten- und Unfallversicherung, des sozialen Entschädigungsrechts, des übrigen Sozialversicherungs- und Schwerbehindertenrechts mit Bezug zu einer gesetzlichen Rente sowie der betrieblichen und berufsständischen Versorgung und 3. Rechtsdienstleistungen in einem ausländischen Recht (§ 10 RDG). Voraussetzung zur Registrierung ist neben der Sachkunde persönliche Eignung und Zuverlässigkeit sowie der Nachweis einer Berufshaftpflichtversicherung mit einer Mindestversicherungssumme von 250.000 Euro. Einzelheiten sind in der Verordnung zum Rechtsdienstleistungsgesetz (RDG) vom 19.6.2008 (BGBl. I S. 1069) geregelt. – Vgl. auch → Rechtsdienstleistungsregister.

reglementierter Beauftragter – Luftfahrtunternehmen, Agenturen, Spediteure oder sonstige Stellen, die die Sicherheitskontrollen für Fracht oder Post gewährleisten, werden durch das Luftfahrt-Bundesamt als „reglementierte Beauftragte" zugelassen, um eine sichere Lieferkette im Luftfrachtverkehr zu gewährleisten.

Regress – 1. Synonym für → Rückgriff. – 2. Vielfach auch gebraucht für *Anspruch auf* → Schadenersatz.

Regressand → Variable, endogene.

Regression – 1. *Finanzwissenschaft:* → Steuerregression. – 2. *Kostenrechnung:* → regressive Kosten.

Regression, einfache – in einem → Regressionsmodell der Fall, dass zur Erklärung der abhängigen Variable (→ Variable, endogene) nur eine erklärende Variable (→ Variable, exogene) herangezogen wird. – *Gegensatz:* → Regression, multiple. →

Regression, lineare – spezielles → Regressionsmodell, bei dem ein linearer Strukturzusammenhang zwischen abhängigen Variablen (→ Variable, endogene) und erklärenden Variablen (→ Variable, exogene) unterstellt wird. Gegenstand der linearen Regression ist eine Schätzung des strukturellen Ansatzes $Y_i = \beta_0 + \beta_1 X_{1i} + \beta_2 X_{2i} + ... + \beta_K X_{Ki} + e_i$. Y_i ist dabei ein Wert der endogenen Variable, $X_{1i}, ..., X_{Ki}$ sind zugehörige Werte der K exogenen Variablen. e_i ist der Wert des zufälligen Störterms und $\beta_0, ..., \beta_K$ sind die Parameter des Modells, die aus einer Stichprobe geschätzt werden sollen. Wichtig ist hierbei, dass ein Regressionsmodell als linear bezeichnet wird, wenn es linear in den Parametern ist, d.h. die Parameter nur mit einem Exponenten von eins vorkommen und nicht multiplikativ miteinander verknüpft sind. Variablenlinearität ist nicht erforderlich. – *Schätzverfahren:* OLS (→ Kleinstquadratemethode, gewöhnliche). – *Gegensatz:* → Regression, nicht lineare.

Regression, multiple – in einem → Regressionsmodell der Fall, dass zur Erklärung der abhängigen Variablen (→ Variable, endogene) mehrere erklärende Variablen (→ Variable, exogene) herangezogen werden. – *Gegensatz:* → Regression, → einfache.

Regression, nicht lineare – in einem → Regressionsmodell der Fall, dass ein nicht linearer struktureller Zusammenhang zwischen abhängigen Variablen (→ Variable, endogene) und erklärenden Variablen (→ Variable, exogene) unterstellt wird, d.h. die Modellparameter nicht mit dem Exponenten eins vorkommen bzw. multiplikativ miteinander verknüpft sind. Meist wird die nicht lineare Regression durch Variablentransformation (wie z.B. Logarithmieren) umgangen, da durch diese manchmal ein lineares Modell erzeugt werden kann. Dies kann aber zu neuen Problemen führen, da die unterstellte Wahrscheinlichkeitsverteilung der Störterme im ursprünglichen Modell i.d.R. nicht mit der des transformierten Modells übereinstimmt und somit die Verteilungen von Testfunktionen nicht mehr gültig sind. – *Schätzverfahren*: NLS (engl. *Nonlinear Least Squares*). – *Gegensatz:* → Regression, lineare.

Regressionsanalyse → Regressionsmodell.

Regressionsmodell – 1. *Modellarten:* → Regression, einfache; → Regression, multiple; → Regression, lineare; → Regression, nicht lineare. – 2. *Schätzmethode*: Meist wird mit der → gewöhnlichen Kleinstquadratemethode gearbeitet, bei der die Parameter so geschätzt werden, dass die Summe der quadrierten Abweichungen der Regressionskurve von den Datenpunkten minimiert wird. Zur Schätzung der Parameter von Regressionsmodellen werden i.d.R. bestimmte Annahmen über die stochastischen Eigenschaften des additiven → Störterms getroffen: Mittelwert gleich null, gemeinsame gleiche Varianz (→ Homoskedastizität), Unabhängigkeit (keine → Autokorrelation), Unabhängigkeit von den erklärenden Variablen. – 3. *Beurteilung der Regressionsergebnisse*: Die wichtigsten Kennzahlen sind: (1) → Bestimmtheitsmaß (Anteil der durch die Regression erklärten Varianz der zu erklärenden Variable), (2) t-Werte (pro exogener Variablen ein t-Wert; Beurteilung der Signifikanz des Einflusses einzelner erklärender Variablen auf die erklärte Variable; → t-Test), (3) F-Wert (Beurteilung der Signifikanz der Regression; → F-Test für das multiple Regressionsmodell). – 4. *Hauptprobleme*: Schätzung und Spezifikation der Funktionsform des Modells und der im Modell auftretenden erklärenden Variablen, → Endogenität der erklärenden Variablen, → Multikollinearität (Korrelation der erklärenden Variablen bzw. fehlende Varianz selbiger), → Autokorrelation und → Heteroskedastizität, fehlende → Stationarität der Variablen.

Regressionsmodell, scheinbar unverbundenes → Mehrgleichungsmodell.

Regressionsschätzung – Verfahren der gebundenen → Hochrechnung, bei welchem neben der Untersuchungsvariablen (→ Merkmal) Y ein Hilfsmerkmal X ausgewertet wird. Bei bekanntem Durchschnittswert (→ arithmetisches Mittel) des Hilfsmerkmals in der → Grundgesamtheit $\overline{X}$ und unter Verwendung der Durchschnittswerte in der Stichprobe $\overline{x}$ und $\overline{y}$ ergibt sich für den Durchschnittswert $\overline{y}$ der Untersuchungsvariablen in der Grundgesamtheit der Schätzwert

$$\overline{Y}' = \overline{y} + b \cdot (\overline{X} - \overline{x}),$$

wobei die Steigung b aus einer linearen Einfachregression geschätzt werden kann.

regressive Kosten → Kosten (Gesamt-, Durchschnitts- oder Stückkosten), die mit steigender → Beschäftigung abnehmen bzw. mit sinkender Beschäftigung steigen, z.B. erhöhte Kühlenergiekosten bei geringerem Füllungsgrad einer offenen Tiefkühltruhe im Lebensmitteleinzelhandel. In der Praxis selten zu beobachten. – *Gegensatz:* → progressive Kosten.

regressiver Steuertarif → Steuerregression.

Regressor → Variable, vorherbestimmte.

Regressverzicht – nach § 67 VVG und anderen Vorschriften gehen Schadenersatzansprüche (→ Schadenersatz) des Versicherungsnehmers gegen Dritte auf den Versicherer über, soweit dieser dem

Versicherungsnehmer den Schaden ersetzt. Auf diese Regressansprüche verzichten die Versicherer unter bes. Voraussetzungen bei Schäden in der → Feuerversicherung. Der Verzicht ist summenmäßig begrenzt. – Vgl. auch → Feuer-Haftungsversicherung.

Regulationstheorie – von franz. Sozialwissenschaftlern entwickelte Theorie, welche die langfristige gesellschaftliche und wirtschaftliche Entwicklung durch ein nicht-deterministisches Abfolgen von Entwicklungsphasen und Entwicklungskrisen erklärt. Als Beispiele lassen sich die Entwicklungsregime von → Fordismus und Postfordismus anführen. Die Entwicklungsphasen sind durch einen in sich stimmigen gesellschaftlich-wirtschaftlichen Entwicklungszusammenhang charakterisiert, der ein Akkumulationsregime bzw. eine Wachstumsstruktur als Ausdruck einer technologisch-ökonomischen Struktur einem Koordinationsmechanismus bzw. einer Regulationsweise als Ausdruck der institutionell-gesellschaftlichen Struktur gegenüberstellt. Der Übergang zwischen den Entwicklungsphasen wird durch strukturelle Krisen ausgelöst. Bis auf die Ebene des Nationalstaats als Ausgangspunkt der regulationstheoretischen Überlegungen weist die Regulationstheorie ursprünglich keine räumliche Komponente auf, besitzt in der → Wirtschaftsgeografie als wissenschaftliche Grundlage für verschiedene Fragestellungen mittlerweile aber eine hohe theoretische Relevanz.

regulierende Prinzipien → Freiburger Schule, → Eucken. – *Anders*: konstituierende Prinzipien.

regulierter Markt – Mit der Einrichtung des regulierten Marktes zum 1.11.2007 wurden die bis dahin gegebenen Börsenzulassungssegmente des → amtlichen und des → geregelten Marktes abgelöst. Alle vor dem 1.11.2007 einem der beiden fusionierten Segmente zugeordneten Wertpapiere wurden automatisch in den regulierten Markt übernommen.

Regulierung – *staatliche Regulierung*. **I. Allgemein:** Regulierung bezeichnet Verhaltensbeeinflussung von Unternehmen und Konsumenten durch gesetzgeberische, meist marktspezifische Maßnahmen mit dem Ziel der Korrektur bzw. Vermeidung von vermutetem → Marktversagen, z.B. zur Verhinderung monopolistischen Machtmissbrauchs und ruinöser Konkurrenz. Regulierung bezieht sich im Wesentlichen auf Marktzugang, Preise, Qualität und Konditionen sowie auf den → Kontrahierungszwang. – *Typische Regulierungsmaßnahmen* sind Produktionsauflagen, Qualitätsstandards bei Produkten und Dienstleistungen, Ausnahmen vom Wettbewerbsgesetz, Berufsordnungen sowie Vorschriften der Preis- und Tarifgestaltung. – In der *Bundesrepublik Deutschland* ist neben weiteren staatlichen Einrichtungen insbesondere die Bundesnetzagentur in den Bereichen Elektrizität, Gas, Post, Eisenbahn und Telekommunikation regulierend tätig. – *Gegensatz:* → Deregulierung.

II. Strukturpolitik: 1. *Begriff:* Einschränkungen der Gewerbefreiheit (Vertragsfreiheit), die für bestimmte Märkte oder für Gruppen von Unternehmen gelten. Regulierung ist insofern von allg. ordnungsrechtlichen Rahmensetzungen (z.B. Gewerbeordnung) abzugrenzen. Aus wettbewerbspolitischer Sicht handelt es sich um Ausnahmebereiche des Wettbewerbsrechts, da für die regulierten Sektoren oder Märkte Sonderordnungen geschaffen werden. – 2. *Begründungen:* Die Einrichtung von Sonderordnungen wird entweder damit begründet, dass auf einem bestimmten Markt oder in einem Wirtschaftsbereich Wettbewerb nicht funktionieren kann, weil Bedingungen eines → natürlichen Monopols vorliegen, oder dass ein unbeschränkter Wettbewerb zu volkswirtschaftlich oder gesellschaftspolitisch unerwünschten Konsequenzen führen könnte. Im ersten Fall (z.B. leitungsgebundene Energieversorgung) dient die Regulierung dem Schutz vor missbräuchlicher Ausnutzung der monopolistischen Anbieterposition. Im zweiten Fall kann es z.B. darum gehen, ruinöse Konkurrenz zwischen Anbietern auf einem Markt mit beschränkter Nachfrage zu verhindern oder den Schutz der Verbraucher zu gewährleisten, wenn die Nachfrageseite gegenüber der Angebotsseite (praktisch) nicht behebbare Informationsdefizite aufweist. – 3. *Formen:* a) *Regulierung des Marktzutritts,* z.B. Konzessionsvergabe im Güterfernverkehr (Ziel ist hier die Vermeidung ruinöser Konkurrenz); Zulassung zum Geschäftsbetrieb bei Banken und Versicherungen (Ziel ist hier die Gewährleistung von Sachkunde und einer verantwortlichen Unternehmensleitung). – b) *Preisregulierungen,* z.B. Tarif- oder Gebührenordnungen, Höchstpreisverordnungen. – c) *Verhaltensregulierungen* zur Sicherung eines ordnungsgemäßen Geschäftsbetriebs, z.B. Vorschriften seitens der Banken- und Versicherungsaufsicht, die im Interesse des Verbraucherschutzes erlassen werden. – 4. *Träger der Regulierung:* Regulierung wird durch Fachbehörden auf Bundes- oder Landesebene ausgeübt (z.B. Bundesanstalt für Finanzdienstleistungsaufsicht, Bundesnetzagentur). – 5. *Umfang und Bedeutung:* Traditionell stark regulierte Wirtschaftsbereiche sind die Energie- und Verkehrswirtschaft, die Telekommunikation, die Finanzdienstleistungen und die Landwirtschaft. Maßnahmen der Regulierung können ein wichtiges Instrument der → sektoralen Strukturpolitik sein. Das heute erreichte Ausmaß der Regulierung wird aber zunehmend kritisch beurteilt und zumindest teilweise als effizienzmindernd angesehen. Die Praxis hat zudem gezeigt, dass die Aufhebung von Regulierung (→ Deregulierung), z.B. im Telekommunikationsbereich, zu Produktivitätssteigerungen führen kann, ohne die möglichen negativen Effekte auszulösen, deren Vermeidung der ursprüngliche Anlass für die Einführung einer Regulierung war.

Regulierungsbehörde für Telekommunikation und Post – bestand bis Juli 2005, abgelöst durch die → Bundesnetzagentur für Elektrizität, Gas, Telekommunikation, Post und Eisenbahn (BNetzA).

Regulierungsvollmacht – I. Vollmacht durch den Versicherungsnehmer zugunsten des Versicherers: Befugnis des Versicherers, im Namen des → Versicherungsnehmers und im Rahmen pflichtgemäßen Ermessens gegenüber Dritten (insbesondere einem Geschädigten und auch anderen an der → Schadenregulierung Beteiligten, wie z.B. Behörden oder Gerichte) alle ihm zur Erfüllung bzw. Beilegung oder zur Abwehr der Forderungen eines Anspruchstellers zweckmäßig erscheinenden Erklärungen abzugeben oder Handlungen durchzuführen. Der Versicherer ist insbesondere ermächtigt, Ansprüche abzuwehren, vorbehaltlos zu bezahlen, einen Abfindungsvergleich zu schließen, auf Einrede der Verjährung oder dergleichen zu verzichten.

II. Vollmacht durch den Versicherer zugunsten eines Versicherungsvermittlers: Befugnis des → Vermittlers, meist eines Versicherungsvertreters oder Versicherungsmaklers, im Namen und für Rechnung des Versicherers Schäden aus Versicherungsfällen gegenüber dem Versicherungsnehmer im Rahmen pflichtgemäßen Ermessens verbindlich und abschließend zu regulieren. Die Regulierungsvollmacht ist i.d.R. auf einen Höchstbetrag begrenzt und kennt auch weitere inhaltliche Ausnahmen (z.B. Personenschäden). Damit wird faktisch häufig eine sog. Kleinschaden-Regulierungsvollmacht ausgesprochen, auf deren Basis die Vermittler Kleinschäden ihrer Kunden in der → Privathaftpflichtversicherung und in Zweigen der privaten Sachversicherung fallabschließend regulieren können.

Rehabilitation – I. Sozialrecht: Sammelbegriff für Maßnahmen und Leistungen zur Eingliederung in ihrer Erwerbsfähigkeit eingeschränkter oder behinderter Menschen im Sozialversicherungsrecht (einschließlich Recht der Arbeitsförderung), sozialen Entschädigungsrecht und Sozialhilferecht. – 1. *Leistungen:* Medizinische, berufsfördernde (→ berufliche Rehabilitation) und ergänzende Leistungen. – 2. *Rechtsgrundlagen/Zuständigkeit:* für die Bereiche Sozialversicherung und soziales Entschädigungsrecht gemeinsame Grundsätze im Sozialgesetzbuch Neuntes Buch – Rehabilitation und Teilhabe behinderter Menschen (SGB IX) – seit dem 1.7.2001. Für die Durchführung der einzelnen Maßnahmen sind die jeweiligen Versicherungsträger oder Behörden (Rehabilitationsträger) zuständig; z.B. die Krankenkassen für Maßnahmen der medizinischen Rehabilitation nach dem Recht der gesetzlichen Krankenversicherung (§ 23 SGB V); die Unfallversicherungsträger für die medizinische und berufliche Rehabilitation bei Arbeitsunfällen und Berufskrankheiten (§§ 114 ff. SGB VII); die Rentenversicherungsträger für die medizinische und berufliche Rehabilitation, wenn die Erwerbsfähigkeit erheblich gefährdet ist (§§ 9 ff. SGB VI); die Arbeitsverwaltung für die berufliche Rehabilitation behinderter Menschen, wenn kein anderer Träger zuständig ist (§§ 97 ff. SGB III); die Sozialhilfeträger für medizinische und berufliche Rehabilitation von behinderten Menschen, die keinen anderweitigen Anspruch auf Förderung haben (§ 53 SGB XII). – 3. Für alle Verfahren der Rehabilitation gilt der *Grundsatz: Rehabilitation geht vor Rente,* d.h. Renten wegen voller oder teilweiser Erwerbsminderung (→ Rente wegen Erwerbsminderung) sollen nur gewährt werden, wenn zuvor Maßnahmen zur Rehabilitation durchgeführt worden sind oder solche Maßnahmen keinen Erfolg mehr versprechen. – 4. Maßnahmen der Rehabilitation können nur mit *Zustimmung des behinderten Menschen* durchgeführt werden. Fehlende Zustimmung kann unter bestimmten Umständen Verletzung der → Mitwirkungspflicht bedeuten und zur Versagung weiterer Leistungen (z.B. Renten) führen.

II. Soziale Sicherung: Im Rahmen der → sozialen Sicherung unterschiedlich definierter Begriff. Im Wesentlichen soll eine Verschlimmerung von Krankheiten vermieden werden und/ oder ein Ausscheiden aus der Erwerbstätigkeit verhindert werden. – Rehabilitation gibt es in der → Alterssicherung, → Krankenversicherung, Arbeitsförderung, gesetzlichen → Unfallversicherung und im Rahmen der → Sozialhilfe bzw. des → Arbeitslosengeld II.

Reichensteuer – 1. *Begriff:* Die sog. „*Reichensteuer*" bezeichnet die erhöhte → Einkommensbesteuerung für bes. hohe → Einkommen. Der Spitzensteuersatz beträgt ab einem zu versteuernden Einkommen von 250.731 Euro für Ledige bzw. 501.462 Euro für Verheiratete grundsätzlich 45 Prozent. Damit liegt der Spitzensteuersatz um 3 Prozentpunkte über dem „normalen" Spitzensteuersatz von 42 Prozent. – 2. *Besonderheit:* Für den Veranlagungszeitraum 2007 gilt die Besonderheit, dass Gewinneinkünfte einer Entlastung von 3 Prozentpunkten unterliegen (§ 32c II EStG). Diese Begünstigung ist jedoch nur für den Anteil der Gewinneinkünfte am zu versteuernden Einkommen anzuwenden. Die Begünstigung basiert auf Reformmaßnahmen im Rahmen der Unternehmensteuerreform 2008.

Reichsbank – Zentralnotenbank des Deutschen Reiches von 1875 bis 1945. Die Reichsbank war eine öffentlich-rechtliche Körperschaft, deren Grundkapital in Reichsbank-Anteile zerlegt war, die sich überwiegend in privaten Händen befanden. 1924 wurde die Reichsbank ein unabhängiges Institut. 1937 wurde sie direkt dem Kanzler unterstellt und 1939 verstaatlicht. Organe waren der Präsident und das Reichsbankdirektorium. Die Reichsbank unterhielt über 500 Zweiganstalten. Sie hatte das → Notenmonopol und regelte vornehmlich den nationalen und internationalen Zahlungsverkehr.

Reichsmark (RM) – dt. Währungseinheit, eingeteilt in 100 Reichspfennige; trat durch das Münzgesetz vom 30.8.1924 an die Stelle der Mark. Die Reichsmark war an das Gold gebunden.

Reichsschatzanweisung – kurz- und mittelfristige → Schatzanweisung des Deutschen Reichs, bes. zur

Kriegsfinanzierung in großem Umfang in Verkehr gebracht als kurzfristige unverzinsliche Reichsschatzanweisung mit Laufzeit bis zu zwei Jahren, v.a. von den Kreditinstituten angekauft.

Reichsschatzwechsel – vom Deutschen Reich nach dem Ersten Weltkrieg und im Zweiten Weltkrieg als Finanzierungsinstrumente in Form von Orderpapieren (→ Solawechsel) mit drei Monaten Laufzeit ausgegebene Papiere.

Reichsschuld – 1. *Begriff:* Verschuldung des Deutschen Reiches. – 2. *Höhe* 1945 (nach unterschiedlichen Quellen): a) insgesamt 379.800 Mio. RM, davon Altverschuldung: 2.100 Mio. RM, Auslandsverschuldung (langfristig): 1.300 Mio. RM, Inlandsschulden (langfristig; Anleihen, Schatzanweisungen etc.): 135.400 Mio. RM, Inlandsschulden (kurzfristig; Schatzwechsel, U-Schätze etc.): 241.000 Mio. RM (Statistisches Handbuch von Deutschland, München 1949). – b) 700 Mrd. RM (andere Quellen). – 3. *Regelung:* Gläubiger waren größtenteils Kreditinstitute. Ihnen wurden bei der Währungsreform durch das Umstellungsgesetz anstelle der entwerteten Reichsschuldtitel z.T. → Ausgleichsforderungen zugewiesen. Regelung für verbriefte Reichsschuld mit Kapitalanlagecharakter im Kriegsfolgengesetz.

Reichsversicherungsordnung (RVO) – vom 19.7.1911, allg. Grundlage für die → Sozialversicherung. Die RVO hat die 1883, 1884 und 1889 ergangenen drei Gesetze über die Kranken-, Unfall- sowie Alters- und Invaliditätsversicherung abgelöst, den Fragenkomplex unter Beachtung der auf der Eigenart und Zweckbestimmung jedes einzelnen Versicherungszweiges beruhenden Besonderheiten neu geregelt und einheitlich zusammengefasst. Die RVO trat am 1.1.1912 in Kraft. Bis auf die Regelungen über die Leistungen bei Schwangerschaft und Mutterschaft (§§ 195–200 RVO) ist die RVO seit 1975 sukzessive durch die einzelnen Bücher des → Sozialgesetzbuches (SGB) abgelöst worden.

Reichweite – I. Werbung: 1. *Allgemein:* Kontaktmaßzahl zur Beurteilung der → Medien. Innerhalb der → Intermediaselektion stellt sich bes. die Frage nach den Kontakten der verschiedenen → Werbeträger mit den Zielpersonen. – 2. *Begriffsvarianten:* a) *Räumliche Reichweite:* geografisches Gebiet, das durch einen Werbeträger abgedeckt wird. – b) *Qualitative Reichweite:* besagt, inwieweit ein Werbeträger genau den zu umwerbenden Personenkreis erreicht. – c) *Quantitative Reichweite:* gibt an, wie viele Personen in einer Zeiteinheit mit dem Werbeträger in Kontakt kommen. Für die → Mediaselektion maßgebliches Entscheidungskriterium, weil es die Auswahl auf jenen Werbeträger zusteuert, der das → Werbemittel bei gegebenen Aufwendungen (→ Werbebudget) am wirkungsvollsten an die Zielpersonen heranträgt. – Zu unterscheiden in: (1) *Brutto-Reichweite:* Summe der Einzel-Reichweiten; (2) *Netto-Reichweite:* Externe Überschneidung (→ Reichweitenüberschneidung) wird eliminiert; (3) *kumulierte Reichweite:* Reichweite, die aus einer Mehrfachbelegung desselben Werbeträgers bzw. derselben Werbeträger-Kombination resultiert. Zu ermitteln ist der prozentuale Anteil der Zielgruppe, der bei wiederholter Schaltung einer Werbebotschaft wenigstens einmal angesprochen wird. Die Kennzahl ergibt sich durch Bereinigung der Zahl der zustande gekommenen Kontakte um jene der Mehrfachkontakte. Diese Reichweitenermittlung ist angezeigt, wenn die Nutzerschaft (Leser, Hörer, Seher) stark fluktuiert. – 3. *Praxis:* Im Rahmen der Zeitschriften-Leserschaftforschung z.B. werden verschiedene Kennziffern angewandt: a) → LpN-Wert (Leser pro Nummer): steht für die Gesamtheit der Personen, die eine normale Ausgabe einer Zeitschrift lesen oder durchblättern. – b) *K1-Wert:* drückt die durchschnittliche Leserschaft einer Zeitschrift auf der Basis der Lesehäufigkeit des weitesten Leserkreises aus (schließt alle Personen ein, die mind. eine der letzten z.B. zwölf Ausgaben eines Titels gelesen haben). – c) → LpA-Wert (Leser pro Ausgabe): als Kompromiss eingeführt aufgrund der Abweichungen zwischen beiden vorgenannten Kriterien und definiert ebenfalls die Leserschaft einer durchschnittlichen Ausgabe, jedoch wird die Lesewahrscheinlichkeit durch ein aufwendiges empirisches Rechenverfahren empirisch ermittelt. – d) → LpE-Wert (Leser pro Exemplar): eine rein rechnerische Größe (LpA-Wert/ verbreitete → Auflage). – Vgl. auch → Streuung, → Streuverluste, → Mediaplanung.

II. Medienspezifische Sichtweise: Zentrale Kennzahl der → Werbeplanung. Sie beschreibt das Ausmaß, in welchem die Werbeadressaten erreicht werden. Reichweiten können nach verschiedenen Kriterien klassifiziert werden: *Bruttoreichweite* (Zahl der erzielten Kontakte mit einem → Werbeträger oder einem → Werbemittel unabhängig von der Zahl der erreichten Personen) und *Nettoreichweite* (Zahl der erreichten Personen, die mind. einen Kontakt hatten). – *Werbeträgerreichweite* (Zahl der erzielten Werbeträgerkontakte bzw. der durch einen Werbeträger erreichten Personen) und *Werbemittelreichweite* (Zahl der durch ein Werbemittel erreichten Personen bzw. erzielten Werbemittelkontakte). – *Quantitative Reichweite* (Zahl der insgesamt erreichten Personen) und *qualitative Reichweite* (Anzahl der erreichten Personen der Zielgruppe). Bei der quantitativen Reichweite kann man je nach Zahl der betrachteten Werbeträger und Zahl der Einschaltungen in den Werbeträgern weiter differenzieren: Einzelreichweite (Zahl der erreichten Personen bei einmaliger Belegung eines Werbeträgers). – *Kumulierte Nettoreichweite I* (Zahl der Personen, die durch eine einmalige Schaltung in mehreren Werbeträgern mind. einmal erreicht werden). Sie errechnet sich als Gesamtzahl der erreichten Kontakte bei simultaner Belegung mehrerer Werbeträger abzüglich der externen Überschneidungen, d.h. der Mehrfachkontakte bei ein und derselben Person. – *Kumulierte Nettoreichweite II* (Anzahl der erreichten Personen einer Werbemaßnahme bei Mehrfachbelegung eines Werbeträgers). Sie errechnet sich als Bruttoreichweite abzüglich der internen Überschneidungen, d.h. der Mehrfachkontakte bei ein und derselben Person. – *Kombinierte Nettoreichweite* (Zahl der Personen, die bei Mehrfachbelegung verschiedener Werbeträger mind. einmal erreicht werden). Sie errechnet sich als Bruttoreichweite abzüglich interner und externer Überschneidungen.

III. Umwelt- und Ressourcenökonomik: Indikator für die Verfügbarkeit einer → erschöpflichen Ressource. Die Reichweite errechnet sich als Quotient aus vorhandenem Bestand und Jahresverbrauchsmenge. Als Bestand können die zum Bezugszeitpunkt bekannten und wirtschaftlich rentabel abbaubaren Rohstoffmengen (Reservenreichweite) oder die in Zukunft womöglich rentabel abbaubaren Rohstoffmengen (Ressourcenreichweite) angesehen werden. Die Jahresverbrauchsmenge kann aufgrund des aktuellen Verbrauchs (statische Reichweite) oder unter Berücksichtigung einer vermuteten Wachstumsrate des Verbrauchs (dynamische Reichweite) angesetzt werden.

Reichweitenüberschneidung – *Duplikation, Multiplikation;* Mehrfachkontakte bei simultanem Einsatz unterschiedlicher → Medien bez. der → Reichweite. Reichweitenüberschneidung kann entstehen, indem Personen verschiedene → Werbeträger, z.B. Zeitung und Fernsehen, parallel nutzen. – Vgl. auch → Mediaanalyse, → Mediaplanung.

Reihe – 1. *Begriff:* Summiert man die Glieder einer → Folge (a_n), so erhält man eine Reihe:

$$\sum_{i=1}^{n} a_i = a_i + a_2 + a_3 \ldots + a_n.$$

2. *Arten:* a) *Arithmetische Reihe:* Diese wird aus den ersten n Gliedern einer arithmetischen Folge gebildet. – *Summenformeln:*

$$\sum_{i=1}^{n} a_i = \frac{n}{2} \cdot (2a_1 + (n-1)d)$$

und

$$\sum_{i=1}^{n} a_i = \frac{n}{2} \cdot (a_1 + a_n).$$

b) *Geometrische Reihe:* Diese wird aus den ersten n Gliedern einer geometrischen Folge gebildet. – *Summenformeln:*

$$\sum_{i=1}^{n} a_i = a_i \cdot \frac{1-q^n}{1-q} = a_i \cdot \frac{q^n-1}{q-1} \text{fÃ}\tfrac{1}{4}\text{r} q \neq 1$$

Reihenfolgeeffekt – Änderung im Antwortverhalten von Befragungspersonen aufgrund der unterschiedlichen Reihenfolge der vorgelegten Fragen.

Reihenfolgeplanung – *Jobshop Sequencing, Jobshop Scheduling;* Bestandteil der → Produktionsprozessplanung, v.a. bei Einzel-, Serien- und Sortenproduktion. – 1. *Aufgabe:* Bestimmung der zeitlichen Reihenfolge, in der n verschiedene Produkte auf m verschiedenen Maschinen so zu bearbeiten sind, dass minimale Durchlauf- und Leerzeiten auftreten. – 2. *Ziele:* a) Minimierung der Durchlaufzeiten des Materials, bis sie den Bearbeitungs- und Förderzeiten entsprechen und die arbeitsablauf- und störungsbedingten Liege- und Wartezeiten (Zwischenlagerzeiten) möglichst klein sind. – b) Minimierung der Leerzeiten, d.h. zeitliche Verteilung der Fertigungsaufträge mit dem Ziel maximaler Auslastung der betrieblichen Teilkapazitäten. – 3. *Lösungsansätze:* a) Mithilfe *kombinatorischer Methoden:* Sie berechnen zunächst alle möglichen Belegungspläne, schalten die technologisch unzulässigen Pläne aus und wählen den besten anhand vorgegebener Zielkriterien aus. Mit wachsenden Werten von n und m werden diese kombinatorischen Verfahren unpraktikabel. – b) Mithilfe der *ganzzahligen linearen Programmierung:* Sie berücksichtigt vorgegebene Maschinenbelastungen, Liefertermine, Transport- und Überlappungszeiten bei gegebener und bei variabler Verrichtungsfolge. Aber auch diese Lösungsversuche sind bis heute noch nicht praktikabel, da der Rechenaufwand der derzeitigen ganzzahligen Optimierungsverfahren unverhältnismäßig groß und auch mit Computerunterstützung nur schwer zu bewältigen ist. – c) Mithilfe von *Näherungslösungen,* z.B. unter Verwendung von → Prioritätsregeln: Die manuellen, mehr oder minder systematischen Probierverfahren der Praxis werden auf Computer übertragen und Reihenfolgepläne simuliert (→ Simulation). Ausgehend von einer zuverlässigen Ausgangslösung werden weitere Varianten berechnet, die jeweils besser sind als die zuvor zulässigen Lösungen. Die Simulation gibt zwar gute, nicht hingegen notwendig optimale Reihenfolgepläne. – Vgl. auch → Maschinenbelegung.

Reihengentest → genetischer Fingerabdruck.

Reihengeschäfte – 1. *Begriff:* Umsatzgeschäfte mehrerer Unternehmer über denselben Liefergegenstand, bei denen der Gegenstand auf direktem Wege vom ersten Unternehmer an den letzten Abnehmer in der Reihe befördert oder versendet wird (§ 3 VI UStG). Die Beförderung/Versendung kann auch durch einen Abnehmer erfolgen, d.h. die Ware kann auch durch den Letztabnehmer beim ersten Unternehmer abgeholt werden oder von einem Unternehmer innerhalb der Reihe beim ersten Unternehmer abgeholt und von dort zum letzten Abnehmer transportiert werden. – 2. *Umsatzsteuerliche Behandlung:* Beim Reihengeschäft ist die Beförderung/Versendung der Ware vom ersten Unternehmer hin zum letzten Abnehmer nur *einem* der betreffenden Liefergeschäfte zuzuordnen. Demzufolge ist nur diese Lieferung als „bewegte" Lieferung anzusehen, für die sich der Ort der → Lieferung nach § 3 VI UStG bestimmt. Für die davor und dahinter liegenden Liefergeschäfte in der

Kette wird der Ort der Lieferung als Ort von → ruhenden Lieferungen gemäß § 3 VII UStG am Anfangsort bzw. Endort der Warenbewegung bestimmt; zugrunde liegt die Vorstellung, dass diese Lieferungen zeitlich in logischen Sekunden vor bzw. hinter der bewegten Lieferung stattfinden und die Ware daher bei diesen Lieferungen noch keine Bewegung bzw. keine Bewegung mehr aufweisen kann. Holt ein Unternehmer innerhalb der Unternehmerkette die Ware beim ersten Unternehmer ab und bringt sie zum letzten Abnehmer, dann existiert ein faktisches Wahlrecht: Die Warenbewegung wird der Lieferung an diesen Unternehmer zugeordnet, es sei denn, er weist nach, dass er die Beförderung der Ware in seiner Eigenschaft als Lieferant seines Kunden ausgeführt hat. – 3. *Sonderregelungen* existieren für ein innergemeinschaftliches → Dreiecksgeschäft (§ 25b UStG).

Reihenproduktion → Straßenproduktion.

Reihenrückgriff – *Reihenregress;* → Rückgriff eines Wechselgläubigers auf seinen unmittelbaren Vorgänger. – *Anders:* → Sprungrückgriff. – Vgl. auch → Wechselrückgriff.

Reihenuntersuchung – planmäßige ärztliche Untersuchung bestimmter Gruppen, z.B. von Jugendlichen, Angehörigen polizeilicher oder militärischer Verbände, Belegschaftsmitgliedern bestimmter Industrie- oder Handelszweige (z.B. Betreiber von kerntechnischen Anlagen, Nahrungsmittelbetriebe) zur Überprüfung ihres Gesundheitszustandes oder zur Feststellung etwa vorhandener spezieller Strahlenbelastungen und Infektionen (Typhus, TBC, Geschlechtskrankheiten etc.). – *Reihenuntersuchungen erfolgen:* (1) im Rahmen des öffentlichen Gesundheitsdienstes, vielfach aufgrund gesetzlicher oder polizeilicher Vorschriften; (2) im Rahmen des werkärztlichen Dienstes der Betriebe.

Reihung von Plänen → rollende Planung, → Blockplanung.

Re-Import – 1. *Begriff:* Wiedereinfuhr von Waren, die zuvor in ein fremdes Wirtschaftsgebiet ausgeführt wurden. Reimporte werden z.T. zur Umgehung von Preisbindungs- oder Preisempfehlungssystemen (→ Preisbindung der zweiten Hand, → Preisempfehlung) vorgenommen. Problematisch für Hersteller sind Reimporte, wenn damit eine regionale Preisdifferenzierung unterwandert wird. – 2. *Zollrecht:* Werden ehemalige → Gemeinschaftswaren wiedereingeführt, ist regelmäßig → Zollfreiheit gegeben, → Rückwaren gem. Art. 185 ff. Zollkodex (ZK).

reine Außenwirtschaftstheorie → reale Außenwirtschaftstheorie.

Reinertrag → Reingewinn.

reines Konnossement → Konnossement, das keine hinzugefügten Klauseln enthält, die ausdrücklich den Zustand der Ware oder die Verpackung als mangelhaft bezeichnen.

Reingewinn – *Reinertrag;* das positive Ergebnis des Geschäftsjahres. Summe der → Erträge abzüglich der niedrigeren Summe der → Aufwendungen. – *Ausweis des Reingewinns:* 1. Bei *Einzelkaufmann* und *Personengesellschaften:* (1) in der Gewinn- und Verlustrechnung als Habensaldo; (2) in der Bilanz auf den Kapitalkonten bzw. beim Kommanditisten, der seine Einlage erfüllt hat, auf Sonder- oder Darlehenskonto. – 2. Bei *Kapitalgesellschaften:* nach Handelsrecht der → Jahresüberschuss: (1) in der Gewinn- und Verlustrechnung; (2) in der Bilanz: letzte Position des Eigenkapitals, wenn die Bilanz nicht unter Berücksichtigung der Verwendung des Jahresergebnisses (§ 268 I HGB) aufgestellt wird. – Vgl. auch → Bilanzgewinn (-verlust). – *Gegensatz:* → Reinverlust.

Reinheitsgebot – auf das 16. Jh. zurückgehende Vorschrift, nach der Bier in Deutschland mit wenigen Ausnahmen nur aus Gerstenmalz, Hopfen, Hefe und Wasser gebraut werden darf, heute geregelt im Vorläufigen Biergesetz vom 29.7.1993, geändert 1998. Auf anderen Bestandteilen gebrautes Bier darf jedoch aus anderen Mitgliedsstaaten der EU nach Deutschland eingeführt werden; die frühere gegenseitige Regelung ist als Verstoß gegen die Warenverkehrsfreiheit vom EuGH (Europäischen Gerichtshof) aufgehoben worden. – Vgl. auch → Biersteuer.

Reinumsatz → Nettoumsatz.

Reinverlust – das negative Ergebnis eines Geschäftsjahres. Summe der → Aufwendungen abzüglich der niedrigeren Summe der → Erträge. – *Ausweis des Reinverlustes:* (1) Bei *Einzelfirma* und *offener Handelsgesellschaft:* (a) in der Gewinn- und Verlustrechnung (GuV) als Sollsaldo; (b) in der Bilanz auf den Kapitalkonten; negatives → Kapitalkonto (Unterbilanz) möglich, auch bei einem Teil der Gesellschafter. – (2) Bei *Kommanditgesellschaft:* (a) In der GuV als Sollsaldo; (b) in der Bilanz auf den Kapitalkonten; auch beim Kommanditisten werden, wenn die Einlage durch Verlustabbuchungen verbraucht ist, die weiteren Verluste auf negativem Kapitalkonto verbucht. Dadurch entsteht keine Nachschusspflicht; aber erst wenn ein negatives Kapitalkonto durch Gewinngutschriften beseitigt und die Kommanditeinlage auf vertraglicher Höhe gehalten wird, sind Gewinnabhebungen ohne Rückzahlungsverpflichtung möglich. – (3) Bei *Kapitalgesellschaften* ist der Begriff des Reinverlustes formell durch den Begriff *Jahresfehlbetrag* ersetzt worden: (a) in der GuV: letzter Posten; (b) in der Bilanz: letzte Position des Eigenkapitals, wenn die Bilanz nicht unter Berücksichtigung der Verwendung des Jahresergebnisses (§ 268 I HGB) aufgestellt wird; vgl. → Bilanzgewinn (-verlust). Ist das Eigenkapital durch Verluste aufgebraucht, so sind Verluste auf der Aktivseite als „Nicht durch Eigenkapital gedeckter Fehlbetrag“ anzusammeln. – *Gegensatz:* → Reingewinn.

Reinvermögen – I. Volkswirtschaftliche Gesamtrechnung: Saldo aus Gesamtvermögen

(Sachvermögen, immaterielles Vermögen, Forderungen) und Verbindlichkeiten eines Sektors oder der Volkswirtschaft. – Vgl. auch → Volksvermögen.

II. Betriebswirtschaftslehre: Aktiva abzüglich Schulden, Rückstellungen und passiven Rechnungsabgrenzungsposten. – Vgl. auch → Vermögen, → Gesamtvermögen, → Eigenkapital.

III. Steuerrecht: → Gesamtvermögen.

Reinvermögenszugangstheorie – 1. *Charakterisierung:* Neben der → Quellentheorie der bedeutsamste Versuch, für das steuerliche Einkommen (→ Einkommensbesteuerung) eine theoretische Basis zu bestimmen; 1896 von G. von Schanz entwickelt (→ Schanz-Haig-Simons-Ansatz). – 2. *Begriff des Einkommens:* Die Reinvermögenszugangstheorie definiert als Einkommen alles, was im Laufe eines Jahres in die rechtliche Verfügungsgewalt eines Einkommensempfängers eingeht, d.h. alles, was dem Reinvermögen (Differenz zwischen Vermögen und Schulden) eines Steuerpflichtigen zugewachsen ist, unabhängig von Entstehungsquelle und Regelmäßigkeit (Periodizität). a) *Einkommenselemente* sind bes. laufende Faktorentgelte, geldwerte Leistungen Dritter, Zufallseinkommen wie Geschenke, Erbschaften, Lotteriegewinne, Konjunkturgewinne, Versicherungskapitalien sowie preisbedingte Vermögenswertänderungen. – b) Da die Periodizität des Zugangs kein Definitionsbestandteil des Einkommens ist, entfallen zahlreiche Abgrenzungsprobleme. – c) Die Reinvermögenszugangstheorie grenzt alle Einkommensteile, die für die „Kapitalreproduktion" verwendet werden, aus; sie nimmt somit ein Element der Einkommensverwendung in die ansonsten auf die Entstehung ausgerichtete Definition auf. – d) Die Reinvermögenszugangstheorie kommt zu einem gegenüber der Quellentheorie erheblich erweiterten Einkommensbegriff, der nicht makro-, sondern mikroökonomisch orientiert ist. – Vgl. auch → Einkommen. – 3. *Kritik:* Gegenstand der Kritik ist die mikroökonomische Ausrichtung; z.B. preisbedingte Vermögenswerterhöhungen bedeuten aufgrund der Erhöhung der ökonomischen Dispositionsfähigkeit für den einzelnen, nicht aber für die Gesamtwirtschaft einen Einkommenszugang. – 4. *Bedeutung:* Die Reinvermögenszugangstheorie hat teilweise Eingang in die dt. → Einkommensteuer gefunden; sie trug erheblich dazu bei, die Gewinnermittlungsmethode (→ Einkommensermittlung) über den Vermögensvergleich im Einkommensteuergesetz zu verankern.

Reinvestition – erneute Bindung frei gewordener Investitionsmittel durch Erwerb neuer Investitionsobjekte. Eine Reinvestition dient zum einen der Erhaltung der betrieblichen → Kapazität (→ Ersatzinvestition) und zum anderen der Kapazitätserweiterung (→ Lohmann-Ruchti-Effekt, → Selbstfinanzierung). – Vgl. auch → Nettoinvestitionen.

Reinvestitionsrücklage – I. Rechnungswesen: 1. *Begriff:* Die Regelungen zur Reinvestitionsrücklage (§ 6b EStG) sollen der Wirtschaft die ökonomisch sinnvolle Anpassung an strukturelle Veränderungen erleichtern. Daher ermöglicht diese Vorschrift, → stille Reserven aus der Veräußerung eines Wirtschaftsguts steuerneutral in eine → Rücklage einzustellen und diese später mit den Kosten der Neuinvestition zu verrechnen. Nach § 6b III EStG ist es zulässig, am Schluss des Wirtschaftsjahres der Veräußerung in Höhe des → Veräußerungsgewinns eine steuerfreie Rücklage zu bilden. Diese sog. Reinvestitionsrücklage neutralisiert zunächst den Veräußerungsgewinn. Die Rücklage muss in der → Handelsbilanz als Sonderposten mit Rücklageanteil und in der → Steuerbilanz erscheinen. Nach Ablauf der vorgesehenen Reinvestitionsfrist ist sie gewinnerhöhend aufzulösen. – 2. *Voraussetzungen:* Begünstigt übertragbar sind Gewinne (stille Reserven) aus der Veräußerung von Grund und Boden, von Aufwuchs eines land- und forstwirtschaftlichen Betriebs sowie von Gebäuden oder Binnenschiffen auf die Anschaffungs- oder Herstellungskosten von (a) Grund und Boden, soweit der Gewinn bei der Veräußerung von Grund und Boden entstanden ist, (b) Aufwuchs, soweit der Gewinn bei der Veräußerung von Grund und Boden oder Aufwuchs entstanden ist, (c) Gebäuden, soweit der Gewinn bei der Veräußerung von Grund und Boden, Aufwuchs oder Gebäuden entstanden ist, oder (d) Binnenschiffen, soweit der Gewinn bei der Veräußerung von Binnenschiffen entstanden ist. (e) Der Anschaffung oder Herstellung von Gebäuden steht ihre Erweiterung, ihr Ausbau oder ihr Umbau gleich. (f) Darüber hinaus muss die Gewinnermittlung nach § 4 I EStG oder nach § 5 EStG erfolgen. (g) Die veräußerten Wirtschaftsgüter müssen mind. sechs Jahre zum Anlagevermögen einer inländischen Betriebsstätte gehört haben; (h) neue Wirtschaftsgüter müssen demselben oder einem anderen Betrieb oder einem Sonderbetriebsvermögen des Steuerpflichtigen angehören. – 3. *Anteile an Kapitalgesellschaften (§ 6b X EStG):* Gewinne aus der Veräußerung von → Anteilen an → Kapitalgesellschaften sind bis zu einem Betrag von 500.000 Euro begünstigt. Diese Begünstigung gilt jedoch nur für natürliche Personen. Die Gewinne sind übertragbar auf die Anschaffungs- bzw. Herstellungskosten von (a) Anteilen an Kapitalgesellschaften, soweit diese im Wirtschaftsjahr der Veräußerung oder in den folgenden zwei Wirtschaftsjahren neu angeschafft werden; (b) abnutzbaren beweglichen Wirtschaftsgütern unter denselben Voraussetzungen; (c) Gebäuden, soweit diese in den folgenden vier Wirtschaftsjahren neu angeschafft werden. (d) Sind die Ersatzwirtschaftsgüter Anteile an Kapitalgesellschaften, wird der volle Betrag des erzielten Gewinns übertragen; handelt es sich dagegen um Gebäude oder bewegliche Wirtschaftsgüter, umfasst der zu übertragende Betrag nur den nach dem → Halbeinkünfteverfahren noch steuerpflichtigen Teil des Veräußerungsgewinns. – 4. *Bildung und Verwendung:* Es besteht die Möglichkeit, die bei der Veräußerung aufgedeckten stillen Reserven entweder sofort im Wirtschaftsjahr der Veräußerung mit den Anschaffungs- oder Herstellungskosten der Ersatzwirtschaftsgüter zu verrechnen oder sie in der Bilanz zum Ende des Wirtschaftsjahres in eine Rücklage einzustellen. Die Rücklage kann auch noch im Wege einer Bilanzänderung nachgeholt werden. – 5. *Frist:* Nach Ablauf der vorgesehenen Reinvestitionsfrist ist die Rücklage gewinnerhöhend aufzulösen. Die Frist beträgt regelmäßig vier Jahre, bei neu zu errichtenden Gebäuden hingegen sechs Jahre, sofern mit der Herstellung vor dem Schluss des vierten Wirtschaftsjahres, das auf die Rücklagenbildung folgt, begonnen wird (§ 6b III EStG). Im Fall der Veräußerung im Rahmen städtebaulicher Sanierungs- und Entwicklungsmaßnahmen verlängert sich die Frist jeweils um weitere drei Jahre (§ 6b VIII EStG). Dem Beginn der Herstell.ung steht die Einreichung eines Bauantrags gleich. Gewinne aus der Veräußerung von Anteilen an Kapitalgesellschaften können in den folgenden zwei Jahren auf die Anschaffungskosten von neu angeschafften Anteilen an Kapitalgesellschaften oder abnutzbaren Wirtschaftsgütern bzw. innerhalb von vier Wirtschaftsjahren auf Gebäude übertragen werden. – 6. *Auflösung:* Die Reinvestitionsrücklage ist gewinnerhöhend aufzulösen: (1) in Höhe des abgezogenen Betrags; (2) am Schluss des vierten, bei neu hergestellten Gebäuden spätestens am Schluss des sechsten, auf ihre Bildung folgenden Wirtschaftsjahres. Dabei wird der durch die Steuerstundung erreichte Zinsvorteil ausgeglichen, indem der Gewinn im Wirtschaftsjahr der Auflösung für jedes volle Wirtschaftsjahr, in dem die Rücklage bestanden hat, um 6 Prozent des aufzulösenden Rücklagenbetrags erhöht wird (§ 6b VII EStG). – 7. *Rechtsprechung:* Deutschland wurde von der EU-Kommission aufgefordert, Änderungen bezüglich der Regelung des Inlandsbezugs bei der Übertragung stiller Reserven vorzunehmen. Begründet wird dies mit dem Verstoß gegen die Niederlassungsfreiheit (EU-Pressemitteilung vom 29.09.2011).

II. Handelsrecht: Der Ausweis einer Reinvestitionsrücklage in der Handelsbilanz als → Sonderposten mit Rücklageanteil gemäß § 247 III HGB a.F. ist mit Inkrafttreten des → Bilanzrechtsmodernisierungsgesetzes (BilMoG) so wie der einhergehenden Abschaffung der umgekehrten Maßgeblichkeit nicht länger zulässig.

Reise – 1. *Steuerrecht:* → Reisekosten. – 2. *Zollrecht:* → Reisender.

Reisearten – *Reisetypologien, Reiseformen.* 1. *Begriff:* Konkrete Erscheinungsformen im → Tourismus z.B. systematisiert nach verhaltensorientierten Merkmalen und demografischen Kriterien. – 2. *Exemplarische Reisearten-Auswahl nach:* a) *Reisemotiven bzw. -anlässen:* Bes. im → Tourismusmarketing interessieren die zielgruppenspezifischen Verhaltensmerkmale und soziodemografischen Daten der Nachfrager. So wird generell zwischen investiven (→ Geschäftsreise) und konsumtiven (→ Privatreise) Reiseanlässen sowie individueller und pauschaler Reisegestaltung (→ Individualreise, → Pauschalreise) differenziert. Eine Vielzahl der Reisemotive führt zur Einteilung des Tourismus z.B. in Abenteuer-, Aktiv-/ Sport-, Ausflugs-, Besuchsreisen-, Bildungs-, Erholungs-, Event-, Geschäfts-, Gesundheits-, Incentive-, Kongress-, Kur-, Kultur-, Messe- und Pilger- bzw. Wallfahrt-Tourismus. – b) *Verkehrsmittelnutzung:* Aus verkehrspolitischer Sicht sind die Reiseverkehrsmittel von Bedeutung, sodass nach PKW-, Flug-, Bahn-, Bus-, (Binnen- und Kreuz-)Schifffahrt-, Seilbahn- und Rad-Tourismus unterschieden wird. – c) *Reisedauer und -zeitpunkt:* Die zeitliche Lage (Sommer-, Winter-Tourismus bzw. Wochen-, Wochenend-Tourismus) und Dauer der Reisen (Tages-, Kurzreise- und Langzeit-Reise) bedingen bspw. die Saisonalität im Tourismus (Hochsaison-, Nebensaison-Tourismus) mit der Folge stark schwankender Kapazitätsauslastungen touristischer Betriebe. – d) *Destination:* Nach den Reisezielen bzw. -gebieten werden nach Auslands- und → Inlandstourismus, Nah- und Fernreise-Tourismus, Land- und Städte-Tourismus sowie auch See- und Berg-Tourismus differenziert. – e) Da die *Zahl der Reisenden* auf die Angebotsgestaltung Einfluss nimmt, finden sich als Reisearten ausgewiesen der Single-, Familien-, Gruppen- und Club-Tourismus oft kombiniert mit der Reisepreishöhe, wie z.B. Massentourismus im Sinn von Billig- vs. Exklusivtourismus. – Vgl. → Bahntourismus, → Bustourismus.

Reisebedarf → Reiseverkehr.

Reisebüro – 1. *Begriff:* Handelsunternehmen, die touristische Leistungen von → Reiseveranstaltern und Beförderungsleistungen von Verkehrsunternehmen sowie weitere Leistungen aus dem Freizeitsektor (z.B. Eintrittskarten) verkaufen. – 2. *Merkmale:* Reisebüros, häufig gleichgesetzt mit dem umfassenderen Begriff „Reisemittler" (engl. *intermediaries*) verkaufen im Auftrag der Produzenten/ Hersteller der jeweiligen Tourismusleistungen diese an den Endverbraucher/ Reisenden (Touristen oder Geschäftskunden). Reisebüros sind entweder als → Handelsvertreter (§§ 84 ff. HGB) oder als → Makler (§§ 93 ff. HGB) tätig. Als Handelsvertreter hat das Reisebüro einen Rechtsanspruch auf eine Provision für den vermittelten Umsatz. Der Agenturvertrag zwischen dem Produzenten und dem Reisebüro regelt die Provision, die sich aus einer Grundprovision (Prozentbetrag vom Umsatz oder Festbetrag) und weiteren → Incentives (z.B. bei Umsatzsteigerung) zusammensetzen kann. Als → Handelsmakler kann das Reisebüro ein Serviceentgelt (Fee) vom Kunden verlangen; dies gilt nicht bei der Vermittlung von → Pauschalreisen, da hier die Pflicht zum Endpreis, der vom Produzenten vorgegeben wird, besteht. Häufig werden Reisebüros unbewusst zum Reiseveranstalter bei der Vermittlung von zwei Leistungen, z.B. Flug und Hotel, für die der Kunde eine Rechnung mit einem Gesamtpreis erhält; damit entsteht eine Haftung als Reiseveranstalter nach § 651 BGB. Bewusst betätigen sich Reisebüros als Veranstalter dann, wenn über sog. „Eigenveranstaltungen" (z.B. Studien- oder Rundreisen) die Rendite deutlich gesteigert werden kann. Folgende Hauptleistungen kennzeichnen das Geschäft von klassischen Reisebüros: Buchungen von Pauschalreisen; Verkauf von Flug-, Bahn- und Schiffstickets; Reservierung von Hotels/ Unterkünften; Auskünfte zu Ein- und Ausreisebestimmungen; Urlaubsländern und -gebieten; Reiseangeboten der Reiseveranstalter und Leistungsträger; Reiseversicherungen u.a. – 3. *Formen:* Die Einteilung der Reisebüros erfolgt nach dem Kriterium der dominanten Geschäftstätigkeit: a) das *Vollreisebüro* verfügt über IATA-, Bahn- und DER-Lizenz und einen Agenturvertrag mit mind. einem Leitveranstalter, was u.a. den Verkauf von Linienflugscheinen und Bahntickets erlaubt, – b) das *Touristik-Reisebüro* hat i.d.R. keine eigene Lizenz für Beförderungsleistungen. – c) Das *Firmenreisebüro* (Business-Travel-Büro) konzentriert sich auf den Geschäftsreiseverkehr, berät und optimiert (IT-gestützt) das Geschäftsreisevolumen von Firmen, – d) *Onlinereisebüros* sind spezialisiert auf → E-Commerce, – e) *Incoming-Agenturen* (→ Incoming) sind in Zielgebieten angesiedelt (= Zielgebietsagenturen) und vermitteln Reiseleistungen der Standortregion an ortsfremde Reiseveranstalter und Gäste. – 4. *Aktuelle Entwicklung:* Die Agenturformen mischen oder überlappen sich häufig in der Realität. Zunehmender Direktvertrieb von Reiseveranstaltern und Produzenten und der weitgehende Wegfall der Provision im Flugsektor sowie die Etablierung von Onlinereisebüros haben zu einem massiven Strukturwandel geführt: → Kooperationen, Franchisesysteme und konzerneigene (oder veranstaltereigene) Ketten dominieren heute den Vermittlermarkt. Firmenreisebüros treten - mit wenigen Ausnahmen – als „Global Player" auf. Ein stark wachsender Anteil von Reiseleistungen wird über das → Internet verkauft; dieser Vertriebsweg ermöglicht Produzenten (und Zielgebieten), den Kunden die eigene Leistung direkt anzubieten, diese buchbar zu machen und damit die Reisemittler auszuschalten. Dieser Trend wird zu einer weiteren Veränderung/ Anpassung der Geschäftsmodelle des klassischen Reisebürovertriebs führen.

Reisecharter – 1. *Begriff:* Vertrag über die Anmietung eines Fahrzeuges zu Lande, in der Luft oder zu Wasser, mit oder ohne Besatzung zur Beförderung von Personen. – Vgl. auch → Vollcharter, → Teilcharter. – 2. *Merkmale:* Chartergesellschaften stellen in einem symbiotischen Leistungsverhältnis mit → Reiseveranstaltern Leistungen für Pauschaltouristen zur Verfügung und bedienen vornehmlich touristische Destinationen. Bei Kreuzfahrtanbietern unterscheidet man in diesem Zusammenhang „bare boat charter" (Schiff wird ohne Besatzung gechartert), „Vollcharter" (Schiff wird i.d.R. mehrere Jahre von einem Veranstalter inkl. Besatzung gechartert) und den „Ankauf von Kapazitäten" bzw. das „Einbuchen" in Kontingente anderer Veranstalter. Reisecharter hat auch große Bedeutung für Busunternehmen, v.a. für Ausflugsfahrten, Ferienzielreisen und Mietomnibusreisen.

Reiseerfolgsrechnung – kurzfristige Erfolgsrechnung zur Ermittlung des Ergebnisses der Ausführung mehrerer Transportaufträge in einer geschlossenen Folge von Last- und Leerfahrten eines Fahrzeugs (Schiff, Flugzeug, Lastkraftwagen) mit Personal im → Gelegenheitsverkehr; meist → Deckungsbeitragsrechnung.

Reisegerät → Reiseverkehr.

Reisegesetz → Lillsches Reisegesetz.

Reisegewerbe – früher: *Wandergewerbe.* – 1. *Begriff:* Ausübung gewisser gewerblicher Tätigkeiten ohne feste Niederlassung oder außerhalb der Räume einer solchen Niederlassung (§§ 55 ff. GewO). – *Gegensatz:* → stehendes Gewerbe. – 2. Ein Reisegewerbe *übt aus,* wer ohne vorhergehende Bestellung selbstständig oder unselbstständig in eigener Person (1) Waren feilbietet oder Bestellungen aufsucht oder ankauft, Leistungen anbietet oder Bestellungen auf Leistungen aufsucht; (2) selbstständig unterhaltende Tätigkeiten als Schausteller oder nach Schaustellerart ausübt. – 3. Zur Ausübung des Reisegewerbes ist i.Allg. eine → Reisegewerbekarte erforderlich. – 4. *Verboten* sind im Reisegewerbe v.a. aus gesundheits-, seuchen- und kriminalpolizeilichen Erwägungen der Vertrieb oder das Feilbieten gewisser Waren und Gegenstände, z.B. von Giften, Wertpapieren, Edelmetallen (Einzelheiten: § 56 GewO), → Abzahlungsgeschäfte und Veräußerung von Waren unter → Eigentumsvorbehalt sind zulässig. – 5. *Reisegewerbekartenfreie Tätigkeiten* sind in § 55a GewO geregelt. – 6. *Öffentliche Ankündigungen* müssen Namen und Wohnung des Gewerbetreibenden enthalten. Wird eine Verkaufsstelle u.Ä. benutzt, so muss an dieser deutlich sichtbar der Name mit mind. einem ausgeschriebenen Vornamen und Angabe der Wohnung angebracht werden (§ 56a GewO). Sondervorschriften für → Wanderlager.

Reisegewerbekarte – Bescheinigung über die Erlaubnis zur Ausübung des → Reisegewerbes. – 1. *Befreiung:* Keine Reisegewerbekarte ist zur Ausübung reisegewerbekartenfreier Tätigkeiten (§ 55a GewO) erforderlich, u.a. Tätigkeit auf Messen und Ausstellungen, Tätigkeit am Ort des Wohnsitzes oder der gewerblichen Niederlassung in Gemeinden unter 10.000 Einwohnern, Vermittlung oder Abschluss von Versicherungs- oder Bausparverträgen. Eine Reisegewerbekarte ist ferner nicht erforderlich, soweit der Gewerbetreibende andere Personen im Rahmen ihres Geschäftsbetriebes aufsucht, oder für → Handlungsreisende oder andere Personen, die auf solche Weise im Auftrag und im Namen eines Gewerbetreibenden tätig werden (§ 55b I GewO). – 2. *Ausstellung* der Reisegewerbekarte durch die für den → gewöhnlichen Aufenthalt des Antragstellers zuständige untere Verwaltungsbehörde (§ 61 GewO) grundsätzlich auf Lebenszeit für den Betriebsinhaber; dagegen ist für mitreisende Arbeitnehmer keine Reisegewerbekarte erforderlich. Die Reisegewerbekarte kann inhaltlich beschränkt und mit Auflagen zum Schutz der Allgemeinheit oder der Verbraucher verbunden werden. – 3. *Versagung* dann, wenn Tatsachen die Annahme rechtfertigen, dass der Antragsteller die für die beabsichtigte Tätigkeit erforderliche Zuverlässigkeit nicht besitzt (§ 57 GewO). – 4. *Entziehung* aus den vorerwähnten Gründen. – 5. *Untersagung*: Bei reisegewerbekartenfreien Tätigkeiten ist unter den gleichen Voraussetzungen die Ausübung des Reisegewerbes zu untersagen (§ 59 GewO). – 6. Die Reisegewerbekarte ist bei Ausübung des Reisegewerbes *mitzuführen* und auf Verlangen den zuständigen Behörden oder Beamten *vorzuzeigen* (§ 60c GewO). – 7. Für Tätigkeiten im *Ausland:* → Gewerbelegitimationskarte.

Reisegewerbesteuer – früher: *Wandergewerbesteuer;* Erhebungsform der → Gewerbesteuer für das → Reisegewerbe (§§ 2 I, 35a GewStG). Wird im Rahmen eines einheitlichen Gewerbebetriebes sowohl ein stehendes Gewerbe als auch ein Reisegewerbe betrieben, so ist der Betrieb in vollem Umfang als stehendes Gewerbe zu behandeln (z.B. Herstellung von Haushaltsartikeln im stehenden Gewerbebetrieb, Absatz durch Hausierhandel). – *Hebeberechtigt* ist die Gemeinde, von der aus die gewerbliche Tätigkeit überwiegend ausgeübt wird (i.d.R. also die Wohnsitzgemeinde des Reisegewerbetreibenden); eine auswärtige Gemeinde nur, wenn die gewerbliche Tätigkeit von einem dort befindlichen Büro oder Warenlager aus überwiegend ausgeübt wird. Ist der Mittelpunkt der gewerblichen Tätigkeit nicht feststellbar, so ist die Gemeinde hebeberechtigt, in der der Unternehmer polizeilich gemeldet oder meldepflichtig ist (§ 35 GewStDV). Falls im Laufe des Erhebungszeitraums der Mittelpunkt der gewerblichen Tätigkeit verlegt wird, hat das Finanzamt den einheitlichen Steuermessbetrag nach zeitlichen Anteilen (Kalendermonaten) auf die beteiligten Gemeinden zu zerlegen (§ 35a IV GewStG; → Zerlegung).

Reisekosten – I. Steuerrecht: 1. *Begriff:* Abzugsfähig sind grundsätzlich die Reisekosten, die bei einer beruflich veranlassten Auswärtstätigkeit anfallen (LStR 2011). Die bisherige Unterscheidung in Dienstreise, Fahrtätigkeit und Einsatzwechseltätigkeit wurde mit der Neuregelung aufgehoben. Ab dem Jahr 2008 gilt einheitlich der Begriff Auswärtstätigkeit. – a) Eine beruflich veranlasste Auswärtstätigkeit liegt vor, wenn der Arbeitnehmer vorübergehend außerhalb der Wohnung und an keiner seiner regelmäßigen Arbeitsstätte beruflich tätig wird. Es handelt sich außerdem um eine Auswärtstätigkeit, wenn der Arbeitnehmer bei seiner individuellen beruflichen Tätigkeit typischerweise nur an ständig wechselnden Tätigkeitsstätten oder auf einem Fahrzeug tätig ist. – b) Zu den abzugsfähigen *Reisekosten* zählen Fahrtkosten (R 9.5 LStR), Verpflegungsmehraufwendungen (R 9.6 LStR), Übernachtungskosten (R 9.7 LStR) und Reisenebenkosten (R 9.8 LStR), die durch fast ausschließlich beruflich veranlasste Auswärtstätigkeit des Arbeitnehmers entstanden sind. – c) Ist die Auswärtstätigkeit *zum Teil privat veranlasst*, sind die Aufwendungen grundsätzlich durch Schätzung zu trennen und nur die beruflich veranlassten Kosten sind abzugsfähig. Ist eine Trennung zwischen privat und beruflich veranlassten Reisekosten nicht möglich, sind die gesamten Aufwendungen der privaten Lebensführung zuzuordnen und sind daher nicht abzugsfähig. Für Kosten, die fast ausschließlich privat veranlasst sind (z.B. Bekleidung), entfällt ein Steuerabzug. – d) *Aufzeichnungspflicht*: Die Kosten sind nur dann steuerlich abzugsfähig, wenn der Aufzeichnungspflicht nachgekommen wird. Somit hat beispielsweise eine Aufzeichnung von Anlass, Reisedauer und Reiseweg zu erfolgen. Außerdem ist ein Nachweis wie Fahrtenbuch, Tankbelege etc. zu führen. – 2. *Ertragsteuern*: Reisekosten gelten als → Betriebsausgaben bzw. können im Rahmen der Einkommensteuer als Werbungskosten des Arbeitnehmers berücksichtigt werden, wenn sie durch den → Arbeitgeber nicht steuerfrei ersetzt werden. – 3. *Höhe der abzugsfähigen Reisekosten:* a) Fahrtkosten sind in Höhe der tatsächlichen Aufwendungen bei persönlicher Benutzung eines Beförderungsmittels abzugsfähig; bei öffentlichen Verkehrsmitteln kann der Fahrpreis einschließlich Zuschläge abgezogen werden; bei Benutzung eines eigenen Fahrzeugs kann bei Einzelnachweis der Kilometerersatz aus jährlichen Gesamtkosten angesetzt werden. Alternativ kann eine Pauschale bei Benutzung von Kraftwagen von 0,30 Euro pro km, bei Benutzung von Motorrad/Motorroller von 0,13 Euro pro km, bei Benutzung von Moped/Mofa von 0,08 Euro pro km und bei Benutzung von Fahrrad von 0,05 Euro pro km geltend gemacht werden. Für jede Person, die bei der Dienstreise mitgenommen wird,wird der pauschale Kilometersatz von 0,30 Euro um weitere 0,02 Euro und der Kilometersatz von 0,13 Euro um weitere 0,01 Euro erhöht. Ab dem Veranlagungszeitraum ist die Begrenzung der Drei-Monatsfrist bei Fahrtkosten entfallen. – b) Verpflegungsmehraufwendungen: Bei Mehraufwendungen für Verpflegung ist die Abzugsfähigkeit der Kosten für Geschäfts- und Dienstreisen nur in Höhe gewisser Pauschalen möglich. Für jeden Kalendertag sind anzusetzen: (1) bei 24-stündiger Abwesenheit 24 Euro; (2) bei mind. 14-stündiger Abwesenheit 12 Euro; (3) bei mind. 8-stündiger Abwesenheit 6 Euro. Für tagesübergreifende Tätigkeiten und Auslandstätigkeiten gelten bes. Regelungen (§ 4 V Nr. 5 EStG; § 9 V EStG). – c) Übernachtungskosten: Die Erstattung der Übernachtungskosten durch den Arbeitgeber bei Dienstreise eines Arbeitnehmers ist steuerfrei (§ 3 Nr. 16 EStG), soweit die Erstattung in Höhe der sonst abzugsfähigen Betriebsausgaben oder Werbungskosten erfolgt. Für jede Übernachtung im Inland ist die Gewährung eines Pauschbetrages von 20 Euro durch den Arbeitgeber steuerfrei zulässig, wenn der Arbeitnehmer die Unterkunft nicht aus dienstlichen Gründen unentgeltlich oder verbilligt erhält (R 9.7 LStR). Für Übernachtungskosten anlässlich einer Dienstreise werden mit Ausnahme von Auslandsreisen keine Pauschbeträge gewährt. Ist der Verpflegungsanteil bei den Übernachtungskosten nicht gesondert ausgewiesen, kann die Erstattung nur in Höhe eines geminderten Gesamtpreises erfolgen. Der Gesamtpreis für Frühstück ist um 20 Prozent, für Mittag- und Abendessen um 40 Prozent des für den Unterkunftsort maßgebenden Verpflegungspauschbetrages für eine mind. 24-stündige Abwesenheit zur kürzen (R 9.6 I S. 4 LStR). – d) Reisenebenkosten: Hierunter fallen die tatsächlichen Aufwendungen für Beförderung und Aufbewahrung von Gepäck, Kosten für Parkplatz, aber auch für Schadenersatz bei einem Verkehrsunfall; dies jedoch nur, wenn die Fahrtkosten als Reisekosten anzusetzen sind. Eine Erstattung durch den Arbeitgeber ist steuerfrei zulässig, wenn die tatsächlichen Aufwendungen nicht überschritten werden. – e) Betreffend Aufwendungen für Unterbringung und Mehraufwendungen für Verpflegung bei → Auslandsreisen s. dort. Ab dem Jahr 2008 wird der Abzug als Werbungskosten bzw. als Betriebsausgaben nur noch bei Einzelnachweis anerkannt.

II. Kostenrechnung: Reisekosten werden überwiegend den Verwaltungs- und Vertriebskostenstellen zugerechnet; sie können aber auch für andere Kostenstellen (Einkauf, Betrieb) anfallen. I.d.R. werden sie direkt anhand der Reiseabrechnungen verteilt; auftragsweise Verrechnung als Sonderkosten ist möglich. – Für → Vertreterkosten bes. Kostenart des Vertriebsbereichs.

Reisekostenabrechnung – 1. *Begriff:* Eine Reisekostenabrechnung ist die Zusammenstellung der Kosten, die durch eine Geschäftreise für ein Unternehmen entstanden sind. Die Reisekosten setzen sich zusammen aus: → Fahrtkosten, Verpflegungsmehraufwendungen, Übernachtungskosten, Reisenebenkosten. – 2. *Merkmale:* Diese Kosten werden z.T. auf der Basis von gesetzlich geregelten Pauschalen (Verpflegungsmehraufwendungen, Übernachtungen, Fahrtkosten) und z.T. auf der Basis von Belegen ermittelt. Bei den Fahrtkosten sind Mischformen möglich. Wird für eine Teilstrecke der private PKW genutzt, werden diese Kosten auf der Basis der Kilometerpauschale ermittelt, für die Ermittlung verbleibenden Fahrtkosten werden die vorliegenden Belege (Fahrscheine, Flugtickets etc.) herangezogen. – 3. *Ziele*: Der Zweck der Reisekostenabrechnung besteht darin, die Gesamtkosten einer Reise zu ermitteln. Sie ist eine wichtige Grundlage für das Management-Informations-System (MIS). Daher müssen alle Kosten erfasst werden und nicht nur die, die dem Mitarbeiter aufgrund seiner Vorleistung erstattet werden. Eine weitere wichtige Aufgabe der Reisekostenabrechnung ist die Ermittlung des Betrages der dem Mitarbeiter erstattet werden kann. Hierbei sind die Lohnsteuerrichtlinien zu beachten. Diese regeln was dem Mitarbeiter lohnsteuerfrei erstattet werden kann. Wird ein höherer Betrag erstattet, ist die Differenz als steuerpflichtiges Einkommen dem Mitarbeiter zuzurechnen. Die Verantwortung der ordnungsgemäßen Abwicklung obliegt dem Unternehmen. – 4. *Instrumente:* Die Erfassung der Reisekosten kann durch die Nutzung von Papierformularen oder mittels einer speziellen Software erfolgen. Bei Nutzung einer Software können die Daten der durch das Unternehmen direkt bezahlten Leistungen eingespielt werden. – 5. *Folgerung:* Die Einführung oder Änderung des Reisekosten-Abrechnungsverfahrens setzt eine sorgfältige Planung und Umsetzung voraus. Hierzu gehört auch, dass das Verfahren in seinen Aufbau und Ablauf in der → Reiserichtlinie geschildert und für verbindlich erklärt wird.

Reisekostenmethode → Transportkostenansatz.

Reisekostenstelle → Reisestelle.

Reisekreditbrief → Akkreditiv in Urkundenform (→ Kreditbrief) zur Erleichterung des Reiseverkehrs. Der Reisende kann gegen Vorlegung der Urkunde bis zu einem im Reisekreditbrief bezeichneten Höchstbetrag bei jedem zum Korrespondentenkreis der ausstellenden Bank gehörenden Kreditinstitut nach entsprechender Legitimation Bargeld abheben. Durch heute übliche Reisezahlungsmittel, z.B. → Reisescheck oder → Kreditkarte fast völlig verdrängt. Gebräuchlich ist der Reisekreditbrief v.a. noch in der Türkei und einigen arabischen Staaten.

Reisemitbringsel → Reiseverkehr.

Reisender – 1. *Handelsrecht:* Häufig verwendete Bezeichnung für reisende Angestellte, → Handlungsgehilfen. – 2. *Zollrecht:* gemäß Art. 236 ZK-DVO ist Reisender (1) eine Person, die vorübergehend in das Zollgebiet der EU gelangt und es nach der vorübergehenden Aufenthalt wieder verlässt, (2) eine Person, die vorübergehend das Zollgebiet der EU verlässt, wo sie ihren gewöhnlichen Wohnsitz hat und die nach einem vorübergehenden Aufenthalt im Drittland in das Zollgebiet der EU zurückkehrt.

Reiserichtlinie – 1. *Begriff:* Die Reiserichtlinie ist das unternehmensinterne Regelwerk zur Abwicklung des Prozesses → Geschäftsreise. Sie regelt die Planung, Abwicklung und Erstattung von Reiseleistungen (→ Reisekosten) und – sehr oft – Bewirtungsauslagen. Der Gültigkeitsbereich der Richtlinie muss klar definiert sein. So ist es üblich für unterschiedliche Mitarbeitergruppen unterschiedliche Regelungen festzulegen. – 2. *Merkmale:* Die Reiserichtlinie ist ein wichtiges Steuerungsinstrument der Unternehmensführung und des von ihr beauftragten zentralen Geschäftsreisemanagements. Wesentliches Element der Reiserichtlinie ist die Steuerung der Wahl der Reisemittel. Dazu gehört bspw. die Vorgabe der zu nutzenden Fluggesellschaft, der Kabinenklasse oder ein Höchstbetrag für die Übernachtung im Hotel. Wird eine Senkung des Reisekostenbudgets angestrebt, wird dies durch eine entsprechende Anpassung der Reiserichtlinie ermöglicht. Sie ist zudem Grundlage für das Controlling. Die Überwachung der Einhaltung der Reiserichtlinie obliegt dem Vorgesetzten des reisenden Mitarbeiters und – zentral – den Verantwortlichen des Geschäftreisemanagements.

Reisescheck – *Travellerscheck;* Zahlungsmittel im internationalen Reiseverkehr in Form von Schecks oder scheckähnlichen Urkunden (→ Anweisungen), das gegen Einlösung von Unbefugten durch doppelte Unterschrift gesichert ist: Eine Unterschrift bei Aushändigung des Reiseschecks, die zweite beim Einlösen. Reiseschecks lauten auf feste Beträge und sind bei der Ausgabe sofort zu bezahlen. Sie können gegen → Vorauszahlung v.a. bei → Kreditinstituten in verschiedenen Währungen erworben und bei in- und ausländischen Kreditinstituten eingelöst werden. Abhanden gekommene Reiseschecks werden dem Erwerber ersetzt. Durch die zunehmenden Einsatzmöglichkeiten von international verwendbaren → Zahlungskarten hat der Reisescheck nicht nur im europäischen Ausland an Bedeutung verloren. – *Anders:* → Reisekreditbrief.

Reisestelle – in größeren Betrieben und Behörden zentrale Organisations- und Abrechnungsstelle (Reisekostenstelle) für die → Geschäftsreisen aller Mitarbeiter.

Reiseveranstalter – 1. *Begriff:* Unternehmen, die eigene Leistungen sowie Leistungen Dritter Leistungsträger (z.B. Hotels, → Fluggesellschaften) zu touristischen Angeboten (→ Pauschalreise, → Bausteinreise) zusammenfassen bzw. kombinieren und über Kataloge (offline/ online) auf eigene Rechnung und auf eigenes Risiko vertreiben. – 2. *Merkmale:* Der Reiseveranstalter selektiert und koordiniert die Angebote von Leistungsträgern und bündelt sie zu einem marktfähigen Angebot, das zu einem pauschalen Preis im stationären → Reisebüro (oder online) buchbar ist. Hotels, Fluggesellschaften, Mietwagen- und Zielgebietsagenturen etc. sind Vertragspartner für die Dauer einer Saison. Das Sortiment an Reisen eines Veranstalters kann man daher auch als Projekt sehen, das nach dem Ende der jeweiligen Saison abgeschlossen ist. Der Reiseveranstalter ist Vertragspartner der Reisekunden. Soweit der Vertrieb der Reiseleistungen über unabhängige, selbstständige Reisebüros (offline/online) erfolgt, erhält der Vermittler über einen abgeschlossenen Agenturvertrag oder implizit eine → Provision (Handelsvertreterstatus, §§ 84 ff. HGB). Das Wachstum der Veranstalter in den vergangenen 15 Jahren war neben dem allg. Marktwachstum durch „horizontale Konzentration“ und „vertikale Integration“ gekennzeichnet. Bei der horizontalen Konzentration sind Veranstalter durch den Zukauf von Konkurrenten (auch grenzüberschreitend/global) oder durch Zukauf von Veranstaltern, die das eigene Sortiment verbreitern bzw. ergänzen, gewachsen. – Im Fall der vertikalen Integration wandelt sich der Veranstalter zum Produzenten, indem er Reisebüros, Hotelkapazitäten, Fluggesellschaften, Kreuzfahrtschiffe, Transfertransportmittel etc. kauft (Übernahme von Leistungsträgern) und die jeweiligen Wertschöpfungsstufen (Porter, 1985) integriert. Gründe dafür sind (1) im Vertrieb die Chancen der Verkaufssteuerung zu erhöhen, (2) die definierte Qualität auf allen Wertschöpfungsstufen durchzusetzen, (3) Hotelkapazitäten in bevorzugter Lage/wichtigen → Destinationen und Flugkapazitäten in Engpasssituationen abzusichern und (4) die Umsatzrendite absolut und relativ (Prozentsatz) deutlich zu erhöhen. Veranstalter, die nicht vertikal integrieren, vermeiden hohe Fixkosten, das Auslastungsrisiko in einer volatilen, zyklischen und durch externe Schocks (Terror, Umwelt) anfälligen Branche und die Abstrahlung negativer Entwicklungen oder Imageschäden bei einzelnen Wertschöpfungsstufen auf den Reiseveranstalterkern. Reiseveranstalter sind im klassischen Sinne Prototypen virtueller Unternehmen. – Vgl. auch → Reisearten.

Reiseverkehr – I. Allgemein: 1. *Begriff:* a) Häufig synonyme Bezeichnung für → Tourismus. – b) Unter Reiseverkehr werden alle Formen und Arten des Reisens – so auch die nichttouristischen Reiseverkehr-Aspekte – wie die schwerpunktmäßige Beschäftigung mit allg. Transport- und Verkehrsaspekten und deren -problemen verstanden. – 2. *Abgrenzung:* Dabei bleibt offen, inwieweit sich Reiseverkehr auf Personenverkehr beschränkt oder auch Güterverkehr umfasst.

II. Internationale Wirtschaftsbeziehungen: Internationaler Reiseverkehr ist für einige Länder ein wichtiger Aktivposten der → Zahlungsbilanz; er wird für das leistende Land als Dienstleistungsexport angesehen und verbessert die → Leistungsbilanz.

III. Umsatzsteuerrecht: Für → Ausfuhrlieferungen im Reiseverkehr ins Drittlandsgebiet gilt § 17 UStDV: Ausfuhren im sog. nicht kommerziellen außergemeinschaftlichen Reiseverkehr (ein → ausländischer Abnehmer mit Wohnort im Drittlandsgebiet erwirbt einen Gegenstand im Inland für private Zwecke und führt ihn im persönlichen Reisegepäck in das Drittlandsgebiet aus): Steuerfrei, wenn der → Ausfuhrnachweis zusätzliche Angaben zu Name und Anschrift des ausländischen Abnehmers und den Identitätsnachweis durch eine Grenzzollstelle enthält.

IV. Zollrecht: Zahlreiche Besonderheiten und Vereinfachungen gelten für die Zollabwicklung des Reiseverkehrs, z.B. Zollanmeldungen beim Durchschreiten des roten oder grünen Kanals auf einem Flughafen oder die sog. *Reisefreimenge*, die zollfrei bleibt. Eine rechtliche Definition des Reisenden wird in der Verordnung (EG) Nr. 2454/93 (sog. Zollkodex-Durchführungsverordnung, ZK-DVO) getroffen.

Reiseversicherung – 1. *Begriff:* → Versicherungen, die im Rahmen von Reisen abgeschlossen werden. – 2. *Merkmale:* Dazu zählen

Reiserücktrittsversicherung (RRV), Reisekrankenversicherung (RKV), Reiseunfall-, Reiserechtsschutz- und Reiseassistanceversicherung, Reiseprivathaftpflicht-, Reisegepäck- und Reiseabbruchversicherung. Reiseversicherungen werden einzeln oder in Kombination (Versicherungspaket) von spezialisierten Reiseversicherungsunternehmen, Verkehrsclubs, Kreditkartenunternehmen und Maklern vertrieben. Der Direktvertrieb von Reiseversicherungen spielt in Deutschland eine untergeordnete Rolle (keine Marken). Für Reiseversicherungen stellen Katalogveranstalter (s. → Reiseveranstalter), stationäre → Reisebüros und Onlineplattformen (→ E-Commerce) die wichtigsten Vertriebsschienen dar. Eine Besonderheit des Reiseversicherungsprodukts besteht in der Zusammensetzung aus einem immateriellen Leistungsbündel. Die Kernleistung ist einerseits der durch den Vertrag zugesicherte Versicherungsschutz, andererseits die Abwicklungsleistung, die den Schutz handhabbar macht. Die Materialisierung kann nachträglich in Form von Zahlungen erfolgen oder - sofern kein Schadensereignis eintritt – gar nicht stattfinden. Ein weiteres Hauptmerkmal von Reiseversicherungsprodukten liegt darin, dass es sich um sog. „low-interest"- und „low-involvement"-Produkte handelt: Die Notwendigkeit und Bedeutung wird vom Verbraucher zwar erkannt, die Auseinandersetzung mit diesen Versicherungen ist aber - insbesondere auch für den Vertrieb - ein unerfreuliches, ggf. kontraproduktives (= den Reiseverkauf verhinderndes) Thema mit ausgeprägt unterdurchschnittlichem Kundeninteresse. Bei → Pauschalreisen müssen die Veranstalter im Katalog/Onlineangebot oder in der Reisebestätigung über die Möglichkeit einer RRV bzw. die Versicherung zur Deckung der Rückführungskosten bei Unfall informieren (§ 6 II Nr. 9 BGB-Info VO). Von den Versicherungen für die Reisenden sind Versicherungen für die Reisebranche zu unterscheiden, die für z.B. Pflichtverletzungen der Mitarbeiter bzw. für den generellen Haftpflichtfall auf dem Markt angeboten werden.

Reisevertrag – 1. *Begriff:* → Vertrag, bei dem sich der *Reiseveranstalter* verpflichtet, dem *Reisenden* gegen den vereinbarten Reisepreis eine Gesamtheit von Reiseleistungen (Reise) zu erbringen. Das Reisebüro ist regelmäßig kein Reiseveranstalter, sondern vermittelt lediglich eine Reise. – 2. *Rechtsfolgen:* Der Reisende wird bes. geschützt (§§ 651a–m BGB) durch a) Anspruch auf eine Urkunde über den Reisevertrag bei Vertragsschluss (Reisebestätigung), b) eingeschränkte Möglichkeit der Preiserhöhung, c) Geldentschädigung wegen nutzlos aufgewendeter Urlaubszeit bei vereitelter oder erheblich beeinträchtigter Reise, d) Absicherung des zurückzuerstattenden Reisepreises mittels eines sog. Sicherungsscheins gegen ein Kreditinstitut. Reiseveranstalter hat bes. Informationspflichten, u.a. geregelt in §§ 4 ff. der BGB-Informationspflichten-Verordnung i.d.F. vom 5.8.2002 (BGBl. I 3002).

Reisevertragsrecht – 1. *Begriff: Pauschalreiseverträge;* der Reisevertrag zwischen Reisendem und Veranstalter ist Unterart des Werkvertrags („ähnlicher Vertrag"). Betroffen sind Verträge mit einer Gesamtheit von Leistungen („Leistungsbündel" bestehend aus mind. zwei Leistungen), die der Reiseveranstalter auf eigene Rechnung und im eigenen Namen zum Gesamtpreis erbringt. Pauschalreiseverträge unterliegen den §§ 651 a ff. BGB (Umsetzung der EG-Pauschalreiserichtlinie 90/314/EWG vom 13.6.1990). Reiseverträge werden wie üblich geschlossen [vgl. allerdings die Mindestinhalte der Reisebestätigung und die Informationspflichten nach der → Verordnung über Informationspflichten nach bürgerlichem Recht (BGBInfVO)]. Hierunter fallen vielfältige → Reisearten. Ein Sonderfall stellt die Überlassung einer Ferienunterkunft durch einen Veranstalter dar; hier finden die §§ 651 a ff. BGB entsprechend Anwendung, obwohl keine „Gesamtheit" von Reiseleistungen vorliegt. Veranstalter haften für alle Leistungen des Reiseprogramms, wobei der professionellen Reiseleitung erhebliche Bedeutung zukommt (Reklamationsbearbeitung). Veranstalter haben ferner u.a. die Informationspflichten nach den §§ 4 ff. BGBInfoVO zu erfüllen (Mindestprospektangaben, Unterrichtung vor Vertragsschluss, Inhalt von Reisebestätigung, Unterrichtung vor Reisebeginn). Sämtliche Zahlungen des Reisenden (einschließlich des Forderns und Entgegennehmens) vor Reisebeginn sind nur Zug um Zug gegen Aushändigung des → Sicherungsscheins zulässig (vorgeschriebenes Muster nach § 9 BGBInfVO), andernfalls liegt eine Ordnungswidrigkeit (auch der Reisevermittler) nach § 147 b GewO dar. Der Sicherungsschein (Bankbürgschaft oder Versicherung) sichert den Reisenden bei Insolvenz des Veranstalters ab. Ersatzreisende können vor Reisebeginn unter den Voraussetzungen des § 651 b BGB gestellt werden. Bei Stornierung können Reiseveranstalter Entschädigungen nach den § 651 i BGB verlangen – i.d.R. in → Allgemeinen Reisebedingungen (ARB) pauschaliert. Dem Reisenden stehen bei mangelhaften Leistungen die Gewährleistungsrechte nach den §§ 651 c BGB vor (grundsätzliche Voraussetzung: Mängelanzeige, vor Kündigung: angemessene Abhilfefrist und erfolgloser Ablauf). Neben Minderung und Kündigung kommen auch Selbsthilfe (ebenfalls nach Fristsetzung – vgl. § 651 c III BGB) und Schadensersatzansprüche einschließlich des Anspruchs wegen nutzlos vertaner Urlaubstage nach den §§ 651 c I, II BGB in Betracht. Für die Berechnung der Minderung wegen Reisemängeln wenden die Gerichte z.T. die „Frankfurter Tabelle" (umstritten – vgl. Veröffentlichung in NJW 1985, 113, Ergänzung NJW 1994, 1639) an. § 651 j BGB enthält eine Sonderregelung für höhere Gewalt. → Reiseveranstalter und → Reisendem stehen das Kündigungsrecht zu (bes. Abwicklungsregelung). Für Gastschulaufenthalte (Ausland, Aufenthalt mind. drei Monate, geregelter Schulbesuch, Unterbringung in einer Gastfamilie) greift § 651 I BGB zum Schutz des Schülers ein. Mängelansprüche sind nach Reiseende gemäß § 651 g I BGB innerhalb eines Monats nach vereinbartem Reiseende geltend zu machen (Ausschlussfrist). Die Verjährungsfrist von 2 Jahren nach § 651 g II BGB (vgl. allerdings § 651 m BGB) ist zu beachten. Von den §§ 651 a ff. BGB kann nicht zum Nachteil des Reisenden abgewichen werden. Das hat Bedeutung v.a. für die Fassung der → Allgemeinen Reisebedingungen (ARB), die den insofern „halbzwingenden“ §§ 651 a ff. BGB entsprechen müssen und im übrigen auch den §§ 305 ff. BGB (vgl. auch § 312 e BGB) unterliegen (Inhaltskontrolle der Klauseln). Der Vertrieb der Pauschalen kann direkt oder über Reisevermittler erfolgen, die für den Veranstalter als Abschluss- oder Vermittlungsvertreter (Agenturen – Handelsvertreter nach den §§ 84 ff. HGB) auftreten und weitere (auch eigene) Pflichten (insbesondere Informationspflichten) zu erfüllen haben. Grundsätzlich gilt für Reiseverträge ohne Rücksicht auf das Zielland deutsches Recht, wobei sich allerdings der Veranstalter auf internationale Übereinkommen wie → Warschauer Abkommen (Flug), → Athener Übereinkommen (Personen- und Gepäckbeförderung zur See) oder auf solchen Übereinkommen beruhende gesetzliche Vorschriften wie z.B. die §§ 701 ff. BGB (str.) berufen kann (Beschränkung von Schadensersatzansprüchen etc.). Gerichtsstand für Klagen des Reisenden gegen den Veranstalter ist dessen Sitz.

REIT – *Real Estate Investment Trust;* börsennotierte AG, die ihre Erlöse überwiegend aus der Bewirtschaftung von Immobilien erzielt und für die spezielle strukturelle und steuerliche Bedingungen gelten. – *Merkmale:* Nach dem Gesetz zur Schaffung deutscher Immobilien-Aktiengesellschaften mit börsennotierten Anteilen (REITG), das im März 2007 verabschiedet wurde, umfasst der Unternehmensgegenstand der REIT AG im Wesentlichen den Erwerb, das Halten, die Veräußerung, Vermietung und Verpachtung von direkt und indirekt gehaltenen Immobilien. Bestandswohnimmobilien sind davon weitgehend ausgenommen. Der Immobilienhandel ist nur beschränkt erlaubt. Auf Unternehmensebene fällt weder Körperschaft- noch Gewerbesteuer an, das REITG verpflichtet die Unternehmen aber, 90 Prozent des Jahresüberschusses an die Aktionäre auszuschütten. Auf Aktionärsebene unterliegen die Gewinne dann der → Abgeltungsteuer. REITs müssen zwingend am → organisierten Markt notiert sein und einen anfänglichen Streubesitz von 25 Prozent und fortlaufend von mind. 15 Prozent aufweisen. Direkte Beteiligungen von 10 Prozent der Stimmrechte oder mehr sind unzulässig. Der Mindestnennbetrag des Grundkapitals muss 15 Mio. Euro betragen, das Mindesteigenkapital der REIT AG muss bei mind. 45 Prozent liegen. Die Aktiva müssen zu mind. 75 Prozent aus unbeweglichem Vermögen stammen. Das Die REIT AG muss ihren Sitz und die Geschäftsleitung in Deutschland haben. – *International:* REITs oder REIT-ähnliche Strukturen haben sich in 23 Ländern etabliert. Vorreiter waren die USA im Jahre 1960, es folgten die Niederlande 1969 und Australien 1985. Meist erst in den letzten Jahren wurden REITs in den übrigen Ländern eingeführt. Obwohl sich die gesetzlichen Rahmenbedingungen im Detail unterscheiden, sind die Grundstrukturen vergleichbar, z.B. die weitgehende Steuerbefreiung auf Unternehmensebene in Verbindung mit einer vorgeschriebenen Ausschüttungsquote.

Reitwechsel → Wechsel, die Personen oder Unternehmen gegenseitig auf sich ziehen, um sich zusätzliche Geldmittel zu verschaffen. Wird ein Wechsel zur Einlösung fällig, werden zur Deckung wiederum neue Wechsel ausgestellt (→ Wechselreiterei). Reitwechsel sind reine → Finanzwechsel, wird allerdings der Tatbestand eines → Handelswechsels vorgetäuscht, handelt es sich um Betrug (§263 StGB).

Reiz – in der Psychologie häufig auch als Stimulus bezeichnet. Es handelt sich um Umweltkonstellationen, die potenziell auf das Erleben und Verhalten einwirken können, wobei nur jene wirken, die durch die Sinnesorgane aufgenommen werden. Die durch den Reiz bewirkte Erlebens- oder Verhaltensweise wird als → Reaktion bezeichnet. Reiz-Reaktionsverbindungen können angeboren oder erlernt sein.

Reizschwelle – Größe, ab der → Reize überhaupt erst wahrgenommen werden. Die Wahrnehmungsintensität nimmt bei einer Verstärkung des Reizes nicht zu. Das bedeutet, dass bei einer zunehmenden Reizüberflutung (→ Information Overload) eine immer höhere Reizdosierung notwendig ist, um die Wahrnehmung bei den Empfängern zu gewährleisten.

Reizüberflutung → Information Overload.

Rejected Set → Awareness Set.

Reklamation – Beanstandung gelieferter Ware. – Vgl. auch → Mängelanzeige und → Mängelrüge.

Reklame – früher synonym mit → Werbung verwendet, im Laufe der Zeit abwertender Inhaltswandel, heute überwiegend als kritische Vokabel im Sinn schlechter, marktschreierischer, übertriebener oder gar unwahrer Werbung gebraucht. – Vgl. auch → unlautere Werbung, → sittenwidrige Werbung, → irreführende Werbung.

Rektaklausel – *negative Orderklausel, nicht an Order;* Klausel durch die der Aussteller die Indossierung von → Wechseln und Namensschecks untersagen kann. Damit werden diese Papiere zu Rektapapieren, deren Übertragung nur noch durch → Forderungsabtretung möglich ist. – Bei → Namensaktien kann die Indossierung nicht durch Rektaklausel untersagt, aber durch Satzung an die Zustimmung der Gesellschaft gebunden werden (sog. → vinkulierte Aktien). – *Gegensatz:* → Orderklausel.

Rektapapier → Namenspapier.

Rektascheck → Scheck, der durch → Rektaklausel („Nicht an Order") zum Rektapapier gemacht worden ist. Ein Rektascheck ist nach Art. 5 I ScheckG zulässig. Eine Weitergabe durch → Indossament ist ausgeschlossen und nur durch → Zession zulässig. Der Rektascheck wird im dt. Zahlungsverkehr kaum verwendet.

Rektawechsel → Wechsel, der durch einen Zusatz (z.B. nicht an Order) zu einem Rektapapier gemacht wird (→ Rektaklausel). Der Wechsel, der als geborenes → Orderpapier durch → Indossament übertragen wird, kann durch diese negative Orderklausel nur noch durch Abtretung weitergegeben werden (Art. 11 II WG).

Rektifikationsetat – spezielle Form des → Nachtragshaushalts, bei dem statt eines zusätzlichen Nachtragshaushalts ein berichtigter Hauptetat geschaffen wird.

Rektifikationsposten – seltene Bezeichnung für Posten der → Wertberichtigung.

Rekurs – früher übliche Bezeichnung für die verwaltungsrechtliche → Beschwerde.

Rekursion – formales Prinzip, demzufolge bei der Beschreibung eines Sachverhalts auf den zu beschreibenden Sachverhalt selbst Bezug genommen wird. – *Beispiel* (mathematische Definition der Fakultät einer Zahl n): n! = (n – 1)! n. Häufig in der Mathematik und in der → Informatik (v.a. bei der → Programmentwicklung; → rekursive Programmierung) angewendetes Prinzip.

rekursive Programmierung – 1. *Begriff:* bei der → Programmentwicklung eine Vorgehensweise, bei der → rekursive Unterprogramme eingesetzt werden. – 2. *Verwendung:* Manche → Algorithmen können mithilfe der → Rekursion wesentlich kompakter und übersichtlicher dargestellt werden, v.a. beim → Sortieren, → Suchen sowie bei der Benutzung von → Bäumen. – *Beispiele:* Türme von Hanoi, Quicksort, Baumtraversierung. – 3. *Voraussetzung* für rekursive Programmierung ist, dass die → Programmiersprache rekursive Unterprogramme zulässt.

rekursives Modell → Mehrgleichungsmodell.

rekursives Unterprogramm – ein → Unterprogramm, das sich direkt oder indirekt selbst wieder aufruft (→ Rekursion). – Vgl. auch → rekursive Programmierung.

Relation – I. Informatik: 1. *Begriff:* in der → Datenorganisation eine Tabelle, in der (1) Eigenschaften (Attribute) der Objekte eines Typs beschrieben werden oder (2) Beziehungen zwischen Objekten aufgeführt werden. – 2. *Beispiele:* (1) eine Tabelle mit den Attributen Artikelnummer, Artikelname, Preis, Lagerbestand des Objekttyps Artikel (die Zeilen der Tabelle enthalten die jeweiligen Attributwerte eines bestimmten Artikels); (2) eine Tabelle, die zu jeder Artikelnummer die Nummer des Lieferanten enthält, von dem der Artikel bezogen wird. – 3. *Mathematischer Hintergrund:* Eine Relation ist eine Teilmenge des kartesischen Produkts über den Wertemengen der Attribute. – Vgl. auch → Relationenmodell.

II. Verkehrswesen: Verkehrsverbindung zwischen zwei Orten, Regionen; im → Schiffsverkehr zwischen zwei Küstenabschnitten (Fahrtgebiet, Range) mit mehreren Häfen.

relationales Datenmodell → Relationenmodell.

relationale Wirtschaftsgeografie – moderner Ansatz der → Wirtschaftsgeografie, welcher die Beschreibung und Erklärung der räumlichen Dimension sozialer und ökonomischer Aktivitäten und Beziehungen in den Mittelpunkt der Betrachtung stellt und damit als Paradigmenwechsel gegenüber dem → raumwirtschaftlichen Ansatz der Wirtschaftsgeografie angesehen werden kann. Bes. hervorgehoben wird die Bedeutung von Lernprozessen, sozio-institutionellen → Netzwerken und der → Embeddedness von Akteuren. Die Analyse ökonomischer Prozesse aus räumlicher Perspektive erfolgt kontextbezogen und evolutionär.

Relationenmodell – *relationales Datenmodell.* 1. *Begriff:* Auf den Arbeiten von E.F. Codd von 1970 basierendes → Datenmodell, mit dem Beziehungen zwischen → Daten in Form von → Relationen bzw. in Tabellenform beschrieben werden. Grundlage fast aller neueren → Datenbanksysteme (z.B. → DB2, → Oracle, Ingres, Sybase). – 2. *Vorteile:* hohe Flexibilität, leichte Handhabung, einfache → Datenbankabfragen. – 3. *Nachteil:* Effizienzprobleme bei großen Datenvolumen.

Relationship Fundraising – *1. Begriff:* a) Erweiterung des Fundraising; b) Bezeichnung für Aufbau und Pflege einer dauerhaften, langfristigen und möglichst individuellen Beziehung zwischen einer Organisation und ihren Spendern. – 2. *Merkmale:* Durch die zentrale Ausrichtung auf die Beziehung zum Spender werden im Rahmen des Relationship Fundraising insbesondere Ziele wie Spenderzufriedenheit, Spenderbindung, Spenderidentifikation, Spenderrückgewinnung oder auch die Steigerung des → Donor Lifetime Value (dt.: Spenderlebenswert) verfolgt. – Vgl. auch → Nonprofit Management und → Fundraising.

Relationship Management → Relationship Marketing, Kundenbindungsmanagement.

Relationship Marketing – *Beziehungsmarketing.* Wettbewerbsintensive und gesättigte Märkte erschweren die Akquisition von Neukunden. Dementsprechend spielen Beziehungen zu bestehenden Kunden eine wichtige Rolle. Beim Relationship Marketing konzentrieren sich die Marketinganstrengungen eines Unternehmens auf den Aufbau und die Gestaltung langfristiger Beziehungen zu seinen Anspruchsgruppen, bes. den Kunden, um dadurch Wettbewerbsvorteile gegenüber Konkurrenten zu erreichen. Durch möglichst bedürfnisgerechte, individuelle Kundenorientierung soll eine hohe Kundenbindung bzw. Kundenloyalität erreicht werden; gleichzeitig gilt es, z.B. durch aktives → Beschwerdemanagement die Kundenabwanderungsrate zu senken und insgesamt den Kundenwert bzw. die Customer Equity zu erhöhen. – Vgl. auch → Stammkunde, → Kundenclub.

relative Armut – 1. *Begriff:* Als relative Armut versteht man die Armut relativ zum jeweiligen Umfeld eines Menschen. Bestimmt wird die relative Armut gemessen am Durchschnitt oder Median des (nach Haushaltsgrößen gewichteten) Nettoäquivalenzeinkommens. – 2. *Kritik:* widersprüchliche Aussagen und Vermischung der Armutsdiskussion mit der Verteilungsfrage. – Vgl. auch → Armut, → absolute Armut, → Armutsgrenze.

relative Deckungsbeitragsrechnung – Form der → Deckungsbeitragsrechnung. Die Bezeichnung dient zur Abgrenzung des Konzepts von den auf der Trennung zwischen fixen und proportionalen Kosten beruhenden Bruttoerfolgsrechnungen.

relative Einkommenshypothese – Hypothese von Duesenberry, wonach der kurzfristige Konsum nicht nur vom laufenden, sondern auch vom höchsten jemals erreichten Einkommen bestimmt wird (→ Konsumfunktion). Wenn das Volkseinkommen abnimmt, geht der Konsum nur unterproportional zurück, da das höchste erzielte Einkommen bremsend auf die Kontraktion wirkt. Die kurzfristige durchschnittliche → Konsumquote ist damit variabel und erhöht sich mit fallendem Einkommen. Langfristig hängt der Konsum von der Stellung des Individuums in der sozialen Schicht ab. Steigt das Einkommen eines einzelnen Individuums, ohne dass das Einkommen seiner sozialen Schicht zunimmt, wird es seine Konsumgewohnheiten nicht ändern. Eine Änderung erfolgt lediglich, wenn die gesamte soziale Schicht eine Einkommenserhöhung erfährt oder wenn das Individuum in eine höhere soziale Schicht infolge der Einkommenserhöhungen aufrückt. Bei relativ gleichmäßigen Einkommenserhöhungen, die allen Individuen zugute kommen, ist die langfristige durchschnittliche Konsumquote daher konstant.

relative Einzelkosten – in der → Einzelkostenrechnung die im Hinblick auf unterschiedliche Bezugsgrößen (Kostenträger, Kostenträgergruppen, Betriebsbereiche etc.) definierten jeweiligen → Einzelkosten.

relative Handelsspanne → Prozentspanne.

relative Häufigkeit – Anteil der Elemente einer → Gesamtheit, die dieselbe Ausprägung haben oder die zu einer bestimmten Kategorie oder, bei (klassierten) → Häufigkeitsverteilungen, zu einer bestimmten → Klasse gehören. Die Summe der relativen Häufigkeiten ist 1.

relative Konzentration → Unternehmenskonzentration, Messung.

relative Leistungsbeurteilung – liegt vor, wenn die Kompensation eines Agenten A neben einem Indikator G_A (der Leistung von A) auch von Indikatoren G_i (der Leistung zumindest eines weiteren Agenten i) abhängt (→ Prinzipal-Agent-Theorie). Es kann in diesem Zusammenhang gezeigt werden, dass eine relative Leistungsbeurteilung immer dann vorgenommen werden sollte, wenn die Indikatoren (Signale) G_i Informationen über das Verhalten von A bereitstellen, die nicht bereits in G_A enthalten sind. Kann z.B. davon ausgegangen werden, dass Indikatoren für die Leistungen zweier Agenten A und B aufgrund ähnlich gelagerter Aufgabenstellungen und eines ähnlichen Umfeldes einem gemeinsamen Zufallseinfluss unterliegen, so ist dies der Fall. – Dem Gesichtspunkt der optimalen Nutzung relevanter Information sind die *Probleme* gegenüberzustellen, die sich bei relativer Leistungsbeurteilung ergeben. Hier sind bes. die Schaffung von Anreizen für Sabotageaktivitäten oder kollusives Verhalten zu nennen. Schließlich wird eine vom Prinzipal erwünschte Kooperation der Agenten erschwert. – Vgl. auch → Turnier.

relativer Fehler → Fehler.

relativer Preis – Quotient aus einem absoluten Einzelpreis und dem allg. Preisniveau. Die Flexibilität der relativen Preise ist von zentraler Bedeutung für die Funktionsfähigkeit von Märkten.

relatives Mehrheitswahlrecht – Verfahren der Wahl von Abgeordneten für ein Parlament, bei dem in jedem Wahlkreis der Kandidat gewählt ist, der die größte Stimmenzahl aller Kandidaten erhalten hat.

Relativismus → Ethik.

Relaunch – 1. *Begriff:* Strategie zur Verlängerung des → Lebenszyklus eines Produkts durch zielgruppenspezifische Anpassungen in der → Produktgestaltung (→ Produktvariation, Produktmodifikation) und zugehöriger Maßnahmen im → Marketing-Mix. Der Einsatz eines Relaunches erfolgt überwiegend am Ende der Sättigungsphase im Rahmen des Lebenszyklus. – 2. *Ziele:* a) Verlängerung des Lebenszyklusses eines Produktes, b) Preisverfall stoppen, c) Absatzstagnation oder -rückgang stoppen, eventuell eine neue Wachstumsphase einleiten. – 3. *Alternativer Einsatz:* ein wenig erfolgreiches Produkt (→ Flop) kann kurzfristig vom Markt zurückgezogen und zu einem späteren Zeitpunkt in veränderter Form erneut in den Markt eingeführt werden. – Vgl. auch → Werbeziel.

Relevance – *Relevanz;* qualitative Anforderung an Rechnungslegungsinformationen nach den → US-GAAP sowie nach den → International Financial Reporting Standards (IFRS). – Vgl. auch → Conceptual Framework, → Framework.

relevante Daten – bei der Problemanalyse und -lösung diejenigen Faktoren, die die Problemstellung tangieren.

relevante Kosten – *entscheidungsrelevante Kosten, Incremental Costs;* Begriff der entscheidungsorientierten Kostenrechnung für Teile der Gesamtkosten, die vom Treffen einer bestimmten Entscheidung abhängig, d.h. für betriebliche Entscheidungsprobleme relevant sind. Die Einteilung in relevante Kosten und → nicht relevante Kosten kann nur im Hinblick auf das jeweilige Entscheidungsproblem vorgenommen werden: (1) Werden keine Engpässe wirksam, so setzen sich die relevanten Kosten nur aus den → Einzelkosten des betreffenden Entscheidungsobjekts zusammen; (2) werden mehrere Engpässe wirksam, müssen → Opportunitätskosten als relevante Kosten berücksichtigt werden.

relevanter Markt – 1. *Begriff* der → Wettbewerbstheorie zur Abgrenzung einer Gruppe von Anbietern bzw. Nachfragern derart, dass von den nicht zur Gruppe gehörenden Anbietern bzw. Nachfragern keine oder nur zu vernachlässigende Einflüsse auf das wettbewerbliche Verhalten innerhalb der Gruppe ausgehen. – 2. Methodisch sind verschiedene *Ansätze zur Abgrenzung* einer derartigen Tauschgruppe entwickelt worden: a) Das *Industriekonzept* von Marshall stellt auf die physikalisch-technische Homogenität (wie z.B. in Produktionsstatistiken) ab und vernachlässigt den für Preisbildungsprozesse maßgeblichen Gesichtspunkt der subjektiven Substituierbarkeit von Gütern. – b) Das *Substitutionskonzept* und seine verschiedenen Ausprägungen: Im Rahmen dieses Konzepts sind methodisch verschiedene Ansätze entwickelt worden, um die Grenzen einer Tauschgruppe zu bestimmen: (1) Die *Theorie der Substitutionslücke* (→ Robinson) sieht alle Güter in totaler Konkurrenz um die Kaufkraft der Konsumenten. Diese Kette von Substituten werde jedoch durch sog. Substitutionslücken unterbrochen, die zu eigenen relevanten Märkten führen. (2) Das *Bedarfsmarktkonzept* von Arndt und Abbott stellt auf Güter ab, die nach der subjektiven Auffassung der Nachfrager dazu geeignet sind, einen bestimmten gesellschaftlichen Bedarf zu decken. (3) Das *Konzept der externen Interdependenz* (Triffin) ordnet alle Unternehmen einem Markt zu, die durch gegenseitige Abhängigkeit beim Verkauf verbunden sind. Triffin will diese Beziehungen quantitativ mit einem Koeffizienten erfassen, der formal der Kreuzpreiselastizität des Angebots entspricht, jedoch die relative Veränderung der nachgefragten Menge bei *irgendeinem* Anbieter i und der sie bewirkenden relativen Veränderung des geforderten Preises *eines bestimmten* Anbieters j ausdrückt. – Die verschiedenen Substitutionskonzepte haben alle als gemeinsame Wurzel die Substitutionsbeziehung der von Unternehmen erzeugten Gütern, wobei die Abgrenzung teils aus der Sicht der Nachfrager, teils aus der Sicht der Anbieter vorgenommen wird. – c) Die *räumliche Marktabgrenzung* findet man bes. bei transportintensiven Gütern (z.B. Baustoffe) oder im Dienstleistungsgewerbe; dort entstehen sog. *Kettenoligopole*, d.h. jeder Anbieter steht unter Berücksichtigung der räumlichen Präferenzen mit *anderen* Anbietern in Konkurrenz. Der räumlich relevante Markt ist insofern z.T. sehr eng (Einzelhandel) abzugrenzen oder kann angesichts der geringen Bedeutung der Transportkosten den Weltmarkt umfassen (z.B. Schiffs- oder Flugzeugbau). – d) Die *zeitliche Marktabgrenzung* besagt, dass Anbieter und Nachfrager einem relevanten Markt angehören, wenn sie zum selben Zeitpunkt zum Leistungsaustausch bereit sind.

Relevant Set – Auswahl von Produkten bzw. Marken im Bewusstsein eines Konsumenten. Der mehrstufige Selektionsprozess beginnt mit allen verfügbaren, setzt sich fort mit den bekannten, vertrauten und akzeptierten und endet mit den präferierten Produkten bzw. Marken. – Vgl. auch → Awareness Set, → Evoked Set.

Relevanzprinzip – Grundsatz, nach dem bei der vor- und rückschauenden Beurteilung von Entscheidungsalternativen alle entscheidungsrelevanten Wirkungen auf das Erreichen der gesetzten Ziele zu berücksichtigen sind.

Reliabilität – 1. *Begriff*: Ein Gütekriterium; wird berücksichtigt bei der Messung theoretischer Konstrukte (z.B. Motivation, Einstellung, Preisbereitschaft). Die Reliabilität einer Messmethode gibt an, inwieweit Messergebnisse, die unter gleichen Bedingungen mit identischen Messverfahren erzielt werden (z.B. bei Wiederholungsmessungen), übereinstimmen. Sie wird häufig als Korrelation zwischen zwei Messreihen berechnet. – 2. *Methoden zur Messung:* a) *Test-Retest-Reliabilität:* Korreliert werden die Einstellungen einer Gruppe, die mit der gleichen Methode zu verschiedenen Zeitpunkten gemessen werden. – b) *Äquivalente Messungen:* Korreliert werden die Einstellungen einer Gruppe, die mit verschiedenen, aber als äquivalent angenommenen Methoden gemessen werden. – c) *Parallele Messungen:* Die Einstellung einer Gruppe wird zweimal mit jeweils verschiedenen Items gemessen. – Vgl. auch → Testgütekriterien.

Reliability – *Verlässlichkeit;* qualitative Anforderung an Rechnungslegungsinformationen nach den → US-GAAP sowie nach den → International Financial Reporting Standards (IFRS). – Vgl. auch → Conceptual Framework, → Framework.

religiöse Zwecke → gemeinnützige Zwecke.

Remailing – Vorgang, bei dem Massendrucksachen im Inland gesammelt, ins Ausland transportiert und dann vom Ausland ins Inland verschickt werden, um die dort niedrigeren Portokosten auszunutzen.

Remanenz der Kosten → Kostenremanenz.

Remboursakkreditiv → Akzeptakkreditiv.

Remboursgeschäft – I. Allgemeines: Die Mitwirkung der Bank bei der Begleichung eines überseeischen Warengeschäfts, in bestimmten Fällen verbunden mit Kreditgewährung *(Rembourskredit).* Als *Unterlage* für das Remboursgeschäft dienen die Fracht- und Versicherungspapiere (→ Konnossemente und → Versicherungsscheine), evtl. Fakturen und Prüfungszertifikate für Gewicht und Qualität (sog. Dokumente).

II. Grundform: Die wichtigste Form des Remboursgeschäfts ist der *Wechselrembours,* bei dem die Bank des Importeurs die Tratte des überseeischen Verkäufers akzeptiert. Der Importeur muss sich den erforderlichen Kredit von der Bank vor Abschluss des Importgeschäfts zusichern lassen, insbesondere, wenn der Exporteur einen bestätigten Bankrembours verlangt. Die Bank akzeptiert die Tratte des Verkäufers gegen Übergabe der Dokumente. Wegen der langen Zeit, die mit Versendung von Dokumenten und Tratte und Rücksendung der akzeptierten Tratte vergeht, übergibt der überseeische Verkäufer Dokumente und Tratte und Sekunda- und Primaausfertigung (→ Ausfertigung) seiner Bank in Übersee, welche die Sekunda diskontiert und die Prima nebst den Dokumenten der Bank des Importeurs zum Akzept einsendet. Prima und Sekunda werden zusammen eingelöst, sie sind beide mit einem auf das zugrunde liegende Remboursgeschäft bezogenen Vermerk versehen. Am Fälligkeitstag erfolgt Einlösung durch die bezogene Bank. Die Belastung des Kunden für eine Hergabe des Akzepts erfolgt auf bes. Trattenkonto, Wert einen Tag vor der Fälligkeit.

III. Modifizierte Form: Die akzeptierende Bank oder Remboursbank braucht nicht eine Bank im Land des Importeurs zu sein. Es wird sogar meist eine Bank sein, die ihren Sitz in einem Land der heute meist vertretenen Welthandelswährungen hat. Das Remboursgeschäft wickelt sich dann etwa in folgender Weise ab: Eine Bank im Land der Fakturenwährung akzeptiert für Rechnung der Bank des Importeurs oder für Rechnung des Importeurs selbst einen auf sie gezogenen Wechsel und händigt die Tratte Zug um Zug gegen Hereinnahme der vorgeschriebenen Transportdokumente dem Ablader aus, damit er sie bei seiner Bank diskontieren lassen kann. Als *Remboursbanken* fungieren entsprechend den meist im Devisenhandel verwendeten Vertragsgewährungen die Londoner und New Yorker Banken. Ihre Akzepte sind zu bes. günstigen Bedingungen unterzubringen. Oft besorgen die Remboursbanken selbst die Unterbringung von Akzepten und stellen den Erlös dem Ablader zur Verfügung. Aber dies ist ein Sondergeschäftsverhältnis. Die Aufgabe der kreditgewährenden Bank (Remboursbank) ist nur die Akzeptleistung. – Vgl. auch → Akkreditiv.

Rembourskredit → Remboursgeschäft.

Remboursregress → Rückgriff.

Reminder – *Auffrischungstechnik.* 1. *Begriff:* spezielle → Frequenztechnik der → Werbung, bei der ein → Werbemittel kurz aufeinander folgend im gleichen Medium wiederholt wird. – 2. *Rundfunkmedien/ audiovisuelle Medien:* Auf einen Spot für ein Produkt oder eine Marke folgt innerhalb des gleichen Werbeblocks nach einer kurzen Zeitspanne ein Spot für das gleiche Produkt/die gleiche Marke. Dabei ist der nachgeschaltete Spot üblicherweise kürzer. – 3. *Printmedien:* Auf eine → Anzeige für ein Produkt oder für eine Marke folgt in dem gleichen Printmedium nach einigen Seiten eine weitere Anzeige für das gleiche Produkt/ die gleiche Marke. Von dem Reminder profitiert v.a. die aktive → Markenkenntnis (→ Recalltest) und demzufolge die Aktualität (→ Aktualisierung).

Remissionsrecht – Recht zur Rückgabe einer unter diesem Vorbehalt gekauften Ware. – Vgl. auch → Bedingtlieferung.

Remittent – (nicht mehr gebräuchliche) Bezeichnung für einen → Wechselnehmer.

Remonstration – *Gegenvorstellung;* formloser Rechtsbehelf, durch den ein durch einen → Verwaltungsakt betroffener Staatsbürger bei der betreffenden Behörde vorstellig wird. Wie bei der → Dienstaufsichtsbeschwerde besteht kein Rechtsanspruch auf Überprüfung der Bedenken und Erteilung eines Bescheides. Im *Beamtenrecht* Pflicht des Beamten bei Bedenken gegen die Rechtmäßigkeit einer Weisung, dies beim Vorgesetzten geltend zu machen.

Remote Job Entry (RJE) – möglicher Dienst in einem → Rechnernetz bzw. einem → Computerverbund(-system). Der → Benutzer kann einen → Job auf jedem beliebigen → Rechner des Netzes bzw. Verbunds ausführen lassen.

Renaissance – Geschichtsepoche des Erwachens eines neuen Lebens- und Naturgefühls, Denkens und Forschens aus der mittelalterlichen Bindung. Mitte des 14. bis Ende des 16. Jh. Klassische Persönlichkeitsideale werden wiederentdeckt (Individualismus). – 1. *Kulturell:* Humanismus in Dichtung und Wissenschaft. Italien: Neuer Stil der Baukunst (Bramante, Michelangelo), der Malerei (Leonardo da Vinci) und Bildhauerei (Donatello); Deutschland: Schlösser, Rathäuser, Bürgerhäuser; Bilder, Holzschnitte, Kupferstiche (Dürer, Cranach, Holbein etc.). – 2. *Sozial:* Lösung aus den Gemeinschaftsbindungen, in denen Macht und Ansehen von der gesellschaftlichen Funktion abhingen (Adel, Klerus, Zünfte etc.). – 3. *Wirtschaftlich:* Geldbesitz wird zu einem neuen gesellschaftlichen Machtfaktor. Die Zeit gibt der Wirtschaft neue Impulse. Beginn betriebswirtschaftlicher Überlegungen. – Vgl. auch → Betriebswirtschaftslehre (BWL).

Rendite → Rentabilität.

Renegotiation-Klausel – bei → Offshore-Käufen eine Klausel, die den Auftraggeber berechtigt, innerhalb von drei Jahren oder innerhalb eines vereinbarten Zeitraums eine Preisprüfung durchzuführen.

Renner – Produkte mit im Vergleich zu den übrigen Artikeln des Sortiments hoher Umschlagshäufigkeit. – *Gegensatz:* → Ladenhüter.

Rennwett- und Lotteriesteuer – 1. *Rechtsgrundlagen:* Rennwett- und Lotteriegesetz vom 8.4.1922 (RGBl. I 1393) m.spät.Änd.;

Ausführungsbestimmungen (Rennw-LottAB) vom 16.6.1922 m.spät.Änd. – 2. *Steuerarten:* a) *Rennwettsteuer* erfasst Einsätze, die aus Anlass von Pferderennen beim Totalisator oder beim Buchmacher gemacht werden; Steuersatz: 16,66 Prozent vom Einsatz. Die Steuer ist vom Unternehmer aufgrund von Nachweisungen im Abrechnungsverfahren zu entrichten, ohne dass der Wetter haftet. In der Praxis werden die Gewinne oft um den Steuerbetrag gekürzt (Steuerüberwälzung). – b) *Lotteriesteuer* ist von Lotterien und (Sach-)Ausspielungen vor Beginn des Verkaufs durch den Veranstalter im Abrechnungsverfahren zu entrichten; Höhe bei inländischen Losen 20 Prozent des Preises ohne Steuer, 16,66 Prozent des Preises mit Steuer; bei ausländischen Losen 0,25 Euro für je einen Euro vom planmäßigen Preise (was gegenüber ausländischen Betreibern einer Lotterie aus anderen EU-Staaten übrigens diskriminierend sein dürfte und diese in ihrer Dienstleistungsfreiheit tangiert). Steuerschuldner ist der Veranstalter bzw. bei ausländischen Losen derjenige, der die Lose in das Inland verbracht hat; der Käufer des Loses haftet nicht. – Steuerfrei sind (1) nicht-gewerbliche Ausspielungen, bei denen Ausweise nicht erteilt werden, oder bei denen der Gesamtwert der Lose einer Ausspielung nicht mehr als 650 Euro beträgt, (2) von den zuständigen Behörden genehmigte Lotterien, bei denen der Gesamtpreis der Lose einer Lotterie oder Ausspielung entweder (bei Lottereien zu ausschließlich gemeinnützigen, mildtätigen oder kirchlichen Zwecken) nicht höher ist als 40.000 Euro oder (bei sonstigen Zwecken) nicht höher ist als 240 Euro. – 3. *Aufkommen:* 1.420 Mio. Euro (2011), 1.813 Mio. Euro (2005), 1.861,5 Mio. Euro (2003), 1.944,4 Mio. Euro (2002), 1.917,7 Mio. Euro (2001), 1.801,2 Mio. Euro (2000), 1.424 Mio. Euro (1995), 1.063,8 Mio. Euro (1990), 801 Mio. Euro (1985), 655 Mio. Euro (1980), 429 Mio. Euro (1975), 289 Mio. Euro (1970), 204 Mio. Euro (1965), 141 Mio. Euro (1960), 73 Mio. Euro (1955), 43 Mio Euro (1950).

Rentabilität – Verhältnis einer Erfolgsgröße zum eingesetzten Kapital einer Rechnungsperiode. Beide Größen können zahlungs- und bilanzorientiert gemessen werden.

I. Zahlungsorientierte Betrachtung: 1. *Gesamtkapitalrentabilität:* Einzahlungsüberschuss des Unternehmens in Relation zum gesamten eingesetzten Kapital. – 2. *Eigenkapitalrentabilität:* Einzahlungsüberschuss des Unternehmens abzüglich der an die Fremdkapitalgeber abzuführenden Zinszahlungen in Relation zum eingesetzten Eigenkapital.

II. Bilanzorientierte Betrachtung: 1. *Gesamtkapitalrentabilität:* Der Periodenerfolg (einschließlich der Fremdkapitalzinsen) wird in Beziehung zum gesamten zur Verfügung stehenden Kapital der Unternehmung (Eigen- und Fremdkapital) gesetzt. Zur besseren Analyse kann die Gesamtkapitalrentabilität als Produkt aus Umsatzrentabilität und → Kapitalumschlag dargestellt werden.

a) *Gesamtkapitalrentabilität vor Steuern*

$$= \frac{\text{Erfolg vor Zinsen und vor Steuern}}{\text{Gesamtkapital}};$$

b) *Gesamtkapitalrentabilität nach Steuern*

$$= \frac{\text{Erfolg vor Zinsen und nach Steuern}}{\text{Gesamtkapital}}.$$

Eine *Verzerrung der Gesamtkapitalrentabilität* ist möglich durch die Ausnutzung bilanzieller Bewertungsspielräume bei der Gewinnermittlung oder durch Nichtabgrenzung periodenfremder Aufwendungen und Erträge. – 2. *Eigenkapitalrentabilität:* Relative Größe, die angibt, mit welcher Rate sich das während einer Periode eingesetzte → Eigenkapital verzinst.

a) *Eigenkapitalrentabilität vor Steuern*

$$= \frac{\text{Erfolg nach Zinsen und vor Steuern}}{\text{Eigenkapital}};$$

b) *Eigenkapitalrentabilität nach Steuern*

$$= \frac{\text{Erfolg nach Zinsen und nach Steuern}}{\text{Eigenkapital}}.$$

Bei Kapitalgesellschaften besteht das Eigenkapital aus Grund- oder Stammkapital, Gewinn- und Kapitalrücklagen, Gewinnvortrag und ähnliche Posten. Beziehung zwischen Eigenkapitalrentabilität, Gesamtkapitalrentabilität und Fremdkapitalzinssatz vgl. → Leverage-Effekt. – 3. *Rentabilität des Betriebs:* Es gilt: Betriebsrentabilität

$$= \frac{\text{Betriebsgewinn}}{\text{betriebsnotwendiges Kapital}}.$$

Unter betriebsnotwendigem Kapital wird das im Unternehmen eingesetzte Kapital, soweit es zur Erfüllung des Betriebszwecks notwendig ist, verstanden; der Betriebsgewinn wird durch die Abspaltung von neutralen und außerordentlichen Aufwendungen und Erträgen vom Erfolg nach Zinsen und Steuern ermittelt. – 4. *Umsatzrentabilität:* a) *Brutto-Umsatzrentabilität*

$$= \frac{\text{Erfolg vor Zinsen und Steuern}}{\text{Nettoumsätze}};$$

b) *Netto-Umsatzrentabilität*

$$= \frac{\text{Erfolg nach Zinsen und Steuern}}{\text{Nettoumsätze}}.$$

Im Fall der Gesamtkapital-, Eigenkapital- und Umsatzrentabilität kann als *Erfolgsgröße* der bilanzielle Periodenerfolg oder der um außerordentlichen Betriebserfolg und Finanzerfolg bereinigte ordentliche Betriebserfolg angesetzt werden. – Vgl. auch → Effektivverzinsung.

rentabilitätsorientierte Verschuldungsregel → Haushaltssystematik, → Last der Staatsverschuldung.

Rentabilitätsvergleichsrechnung – 1. *Begriff:* Verfahren der statischen → Investitionsrechnung. Zur Vorteilhaftigkeitsbeurteilung von Investitionsprojekten wird die Rentabilität der zu vergleichenden Investitionsalternativen für ein repräsentatives Durchschnittsjahr ermittelt. Präferiert wird die Alternative mit der höchsten Rentabilität. – 2. *Ermittlung:* Die → Rentabilität (Rendite) errechnet sich, indem der → Gewinn (vgl. → Gewinnvergleichsrechnung) durch das durchschnittlich gebundene → Kapital geteilt wird. – 3. *Beurteilung:* Die *Vorteile* der Rentabilitätsvergleichsrechnung sind der geringe Informationsbedarf sowie die leichte Durchführbarkeit. Die *Nachteile* resultieren aus der Verwendung periodisierter Durchschnittsgrößen sowie aus der fehlenden Berücksichtigung der zeitlichen Zahlungsstruktur.

Rente – I. Mikroökonomik: → Grundrente (Bodenrente), → Konsumentenrente, → Produzentenrente.

II. Soziale Sicherung: 1. *Renten als Einkommensersatz:* regelmäßige Zahlung an Anspruchsberechtigte aus privater oder betrieblicher Altersvorsorge sowie im Rahmen der → sozialen Sicherung. – *Beispiel:* → Alterssicherung, Kriegsopferversorgung, → Lastenausgleich. – Vgl. auch → Rentenbesteuerung. – 2. *Renten als Produktionsfaktorentlohnung:* → Grundrente, → Qualitätsrente. – *Anders:* → Produzentenrente.

III. Sozialversicherung/-recht: 1. *Begriff:* zu regelmäßig wiederkehrenden Zeitpunkten aufgrund von Rechtsansprüchen zu zahlende Geldbeträge. Beim Empfänger stellen Renten ein → Renteneinkommen dar. – 2. *Arten:* a) *allgemein:* (1) hinsichtlich der *Dauer* der Auszahlung: (a) → Zeitrente; (b) → Leibrente; (c) ewige Rente oder Dauerrente, (2) hinsichtlich der *Höhe* der Beträge: (a) konstante Renten; (b) nach bestimmten Richtlinien (arithmetisch oder geometrisch) steigende oder fallende Renten, (3) nach dem *Zeitraum,* für den gezahlt wird: (a) Nachschüssige (postnumerando) Renten werden jeweils am Ende des Zeitabschnitts gezahlt; (b) vorschüssige (pränumerando) Renten werden am Anfang des Zeitabschnitts gezahlt; (c) aufgeschobene Renten: die Zahlung beginnt erst nach einer Anzahl von Jahren; (d) abgebrochene Renten: die Zahlung hört zu einem bestimmten Zeitpunkt auf; (e) unterbrochene Renten: zwischen den Rentenzahlungen liegen Leerzeiten. – *Berechnung der Renten:* → Rentenberechnung. – b) *Renten als Einkommen aufgrund von Rechtsansprüchen:* (1) Renten in Form von → Ruhegehalt: Vergütung für frühere Dienstleistungen. (2) Renten aufgrund eines gesetzlichen *Versorgungsanspruches:* Kriegsbeschädigtenrenten (→ Beschädigtenrenten) oder → Hinterbliebenenrenten. (3) Renten aus *sonstigen Versicherungsansprüchen:* (a) Unfallrenten seitens der → Berufsgenossenschaft; (b) Renten aus der → Arbeiterrentenversicherung, → Angestelltenversicherung, → Knappschaftsversicherung aus Pensionskassen etc. (4) Renten aus *Vertrag:* → betriebliche Altersversorgung (bAV), → Lebensversicherung. (5) → Mindestrente. – Teilweise werden diese Renten nur *auf Antrag* gewährt. Die Anträge sind sofort nach Eintritt des Versicherungsfalls zu stellen, ohne Rücksicht darauf, ob zu diesem Zeitpunkt schon alle Unterlagen beigefügt werden können.

IV. Steuerrecht: 1. *Begriff:* periodisch wiederkehrende gleichbleibende Leistungen in Geld oder vertretbaren Sachen, die ihren Rechtsgrund in einem einheitlich nutzbaren, selbstständigen Rentenstammrecht haben und auf das Leben eines Menschen oder auf die Dauer von mind. zehn Jahren gewährt werden. Renten sind zu unterscheiden von anderen dauernden Lasten, anderen dauernden Bezügen und Kaufpreisraten. – 2. *Einzelregelungen:* → Rentenbesteuerung.

V. Wertpapiere: → Rentenwerte.

VI. Finanzmathematik: gleichbleibende Zahlungen (Ein- oder Auszahlungen), die in regelmäßigen Abständen geleistet werden. Man unterscheidet zwischen einer vorschüssigen Rente (Rentenraten werden zu Beginn eines Jahres fällig) und einer nachschüssigen Rente (Rentenraten werden am Ende eines Jahres fällig). – Vgl. auch → Rentenrechnung.

Rente als vorläufige Entschädigung – Leistung der gesetzlichen Unfallversicherung (§ 62 SGB VII). Wird während der ersten drei Jahre nach einem → Arbeitsunfall oder einer → Berufskrankheit gewährt, wenn der Umfang der Erwerbsminderung noch nicht abschließend festgestellt werden kann. Innerhalb dieses Zeitraumes kann der Prozentsatz der Minderung der Erwerbsfähigkeit jederzeit neu festgestellt werden. Spätestens nach Ablauf von drei Jahren ist die Rente jedoch auf Dauer zu leisten.

Rentenabfindung → Abfindung.

Rente nach Mindesteinkommen → Mindestrente.

Rentenanleihe → Staatsanleihe, bei der kein Tilgungszwang besteht. – Bei unechten Rentenanleihen hat sich der Staat Kündigungsrecht vorbehalten oder nimmt Tilgungen vor, ohne dem Gläubiger gegenüber feste Bindungen einzugehen. – Vgl. auch → ewige Anleihe.

Rentenanpassung – Veränderung der Höhe der aus den gesetzlichen → Rentenversicherungen zu zahlenden Renten (§ 65 SGB VI), der Versorgungsbezüge nach dem Bundesversorgungsgesetz (§ 56 BVG) und der vom → Jahresarbeitsverdienst abhängigen Geldleistungen der → Unfallversicherung (§ 95 SGB VII) mit Rücksicht auf den aktuellen Rentenwert. Die Rentenanpassung erfolgt jeweils durch die Rentenanpassungsgesetze (i.d.R. zum 1. Juli eines Jahres). – Vgl. auch → Produktivitätsrente.

Rentenanwartschaften – Begriff der → gesetzlichen Rentenversicherung (GRV). Im Wesentlichen aufgrund von Beitragszahlungen *(Beitragszeiten),*

Kindererziehungszeiten, Pflegezeiten *(Anrechnungszeiten)* entsteht eine Rentenanwartschaft auf eine spätere → Rente.

Rentenartfaktor – Bestandteil der seit 1.1.1992 mit dem Rentenreformgesetz 1992 (SGB VI) eingeführten → Rentenformel, der für die Höhe gesetzlicher Renten von Bedeutung ist (§ 67 SGB VI). Der Rentenartfaktor richtet sich nach der Rentenart (z.B. → Altersrente 1,0; Rente wegen voller Erwerbsminderung 1,0; wegen teilweiser Erwerbsminderung 0,5; große Witwen-/ Witwerrente 0,55; Vollwaisenrente 0,2). Der Rentenartfaktor bewirkt, dass Renten mit voller → Lohnersatzfunktion wie Altersrenten oder Renten wegen voller Erwerbsminderung höher sind als solche, die lediglich Lohnzuschuss- oder Unterhaltsersatzfunktion haben (Renten wegen teilweiser Erwerbsminderung bzw. Hinterbliebenenrenten). Der monatliche Wert der Rente ergibt sich aus dem Produkt von Rentenartfaktor und → Zugangsfaktor, der Summe der → Entgeltpunkte und dem → aktuellen Rentenwert (§ 64 SGB VI).

Rentenauskunft – Die Träger der gesetzlichen → Rentenversicherung haben die Versicherten regelmäßig über die in ihrem Versicherungskonto gespeicherten Daten zu unterrichten (§ 149 III SGB VI). Dies geschieht durch Übersendung eines Versicherungsverlaufes, der die gespeicherten Sozialdaten, die für die Feststellung der Höhe der Rentenanwartschaft erheblich sind, enthält. Versicherte, die das 54. Lebensjahr vollendet haben, erhalten von Amts wegen alle drei Jahre eine Rentenauskunft über die zz. der Auskunft ermittelte Höhe ihrer Rente (§ 109 IV SGB VI); Versicherte, die das 27. Lebensjahr vollendet haben, bekommen jährlich eine Renteninformation (§ 109 III SGB VI). Auf Antrag können Versicherte auch Auskunft über die Höhe der auf die Ehezeit entfallenden Rentenanwartschaft erhalten (§ 109 V SGB VI). Die Rentenauskunft steht unter dem Vorbehalt künftiger Rechtsänderungen und der Richtigkeit und Vollständigkeit der gespeicherten Daten. Die Rentenauskunft wird schriftlich erteilt und ist nicht verbindlich (§ 109 IV SGB VI).

Rentenbanken – *Boden-Rentenbanken, Landesrentenbanken, Ablösungskassen;* öffentlich-rechtliche Kreditinstitute zur Pflege des Realkredits für landwirtschaftliche Siedlungen durch Eintragung von Grundpfandrechten gegen Ausgabe von Rentenbriefen. – Vgl. auch → Landwirtschaftliche Rentenbank.

Rentenbemessungsgrundlage – Berechnungsgrundlage für die vor dem 1.1.1992 berechnete Rente aus der → Arbeiterrentenversicherung, → Angestelltenversicherung und → Knappschaftsversicherung. Seit 1.1.1992 ersetzt durch den sog. aktuellen Rentenwert (§ 68 SGB VI). – Vgl. auch → Rentenformel.

Rentenberater – Personen, die gewerbs- und geschäftsmäßig Rentenberatungen und Rentenberechnungen im Bereich der → Sozialversicherung durchführen. Rentenberater dürfen nur mit einer Registrierung (§§ 10, 11 Rechtsdienstleistungsgesetz) tätig werden und dürfen dann in einem beschränkten Sachbereich in der → Rechtsberatung tätig werden. Sie dürfen dann die Prozessvertretung vor den Sozialgerichten und den → Landessozialgerichten wahrnehmen (§ 73 II Satz 2 Nr. 3 SGG). Nicht zugelassen sind sie als Prozessbevollmächtigte vor dem Bundessozialgericht.

Rentenberechnung – Errechnung der auszuzahlenden → Renten aus der gesetzlichen Rentenversicherung nach Maßgabe der §§ 63 ff. SGB VI. – Vgl. auch → Rentenformel.

Rentenbesteuerung – I. Einkommensteuer: 1. *Gegenleistungsrenten:* Die Rentenzahlung ist Gegenleistung für die Übertragung von Vermögenswerten. – a) Beim *Rentenverpflichteten* stellt der Rentenbarwert die Anschaffungskosten der angeschafften Wirtschaftsgüter dar. Die Zins- bzw. Ertragsanteile der Rente können – je nach Verwendung der Wirtschaftsgüter – → Betriebsausgaben, → Werbungskosten oder → Sonderausgaben sein. – b) Beim *Rentenberechtigten* ist danach zu differenzieren, ob Wirtschaftsgüter des → Privatvermögens oder des → Betriebsvermögens veräußert wurden: (1) Ein entstehender Veräußerungsgewinn oder -verlust im Privatvermögen ist grundsätzlich unbeachtlich. – *Ausnahmen:* Veräußerung einer → wesentlichen Beteiligung; sog. private Veräußerungsgeschäfte (ehem. Spekulationsgeschäfte). Bei Veräußerung einer wesentlichen Beteiligung gelten die Grundsätze unter (2). (2) Im *Betriebsvermögen* erhöht (mindert) der Veräußerungsgewinn (-verlust) grundsätzlich den laufenden Gewinn. Bei einer Veräußerung des gesamten Betriebs, eines Teilbereichs oder eines Mitunternehmeranteils hat der Veräußerer ein Wahlrecht: entweder sofortige begünstigte Versteuerung der Differenz zwischen dem Rentenbarwert und der Summe der Buchwerte, oder Verrechnung aller empfangenen Rentenzahlungen gegen den Buchwert bzw. die Verrechnung des veräußerten Objekts; sobald die Summe der laufenden Zahlungen den Buchwert bzw. die Anschaffungskosten übersteigt, gelten die Renten in voller Höhe als nachträgliche (Betriebs-)Einnahmen der zugehörigen Einkunftsart. Freibeträge oder Maßnahmen zur Glättung der Progression werden dann nicht gewährt (→ Veräußerungsgewinn). – 2. *Private Veräußerungsrenten*: (1) *Zuwendungsrenten:* Die Rentenzahlung soll der Versorgung einer Person dienen. – a) Beim *Rentenverpflichteten* stellen die Zahlungen in voller Höhe Betriebsausgaben dar, wenn die Zuwendung betrieblich veranlasst ist. Fehlt ein betrieblicher Anlass, so stellen die gesamten Rentenzahlungen (bei Leibrenten: Ertragsanteile) Sonderausgaben dar. – b) Beim *Berechtigten* sind betrieblich veranlasste Rentenzahlungen in voller Höhe Betriebseinnahmen, andernfalls in voller Höhe (bei Leibrenten in Höhe des Ertragsanteils) sonstige Einkünfte, ggf. Einkünfte aus nichtselbstständiger Arbeit. (2) *Besonderheiten bei Renten zwischen* *unterhaltsberechtigten Personen und bei freiwilligen Renten:* Nach § 12 Nr. 2 EStG dürfen Zuwendungen ohne rechtliche Zahlungsverpflichtung, aufgrund einer freiwillig begründeten Rechtspflicht und an eine gegenüber dem Verpflichteten oder seinem Ehegatten gesetzlich unterhaltsberechtigte Person oder deren Ehegatten weder von einzelnen Einkunftsarten noch vom → Gesamtbetrag der Einkünfte abgezogen werden, auch wenn diese Zuwendungen auf einer bes. Vereinbarung beruhen. Zuwendungen sind Renten oder rentenähnliche Leistungen ohne eine ins Gewicht fallende Gegenleistung. Die aus dem möglichen Zusammentreffen von verwandtschaftlichen (Versorgungs-) und kommerziellen (Veräußerungs-) Gesichtspunkten entstehenden Probleme sind wie folgt zu lösen: a) Bei Ausgewogenheit von Leistung und Gegenleistung gelten die unter Punkt 1 dargestellten Grundsätze. – b) Beträgt der Wert der Gegenleistung bei überschlägiger Berechnung nicht wenigstens die Hälfte des Wertes der Rentenverpflichtung, so darf der (Renten- und z.B. Unterhalts-) Verpflichtete gemäß § 12 Nr. 2 EStG diese Rentenzahlung bei der Einkommensermittlung nicht abziehen, der Berechtigte braucht sie nicht zu versteuern (§ 22 Nr. 1 Satz 2 EStG). – c) Übersteigt der Wert des übertragenen Vermögens bei überschlägiger Berechnung die Hälfte des Wertes der Rentenverpflichtung, so darf der Rentenverpflichtete eine Zeitrente voll, eine Leibrente mit deren Ertragsanteil als Sonderausgabe abziehen; der Rentenberechtigte hat die Zeitrente voll, die Leibrente mit ihrem Ertragsanteil als → sonstige Einkünfte zu versteuern. Der Gesetzgeber hat den Ertragsanteil pauschal festgelegt. Ab 2005 ist zwischen zwei Tabellen zu unterscheiden: Eine Tabelle ist maßgebend für die Besteuerung von lebenslangen Leibrenten, die andere Tabelle für die gekürzte Leibrente mit unterschiedlich hohen Ertragsanteilen. Die Ertragsanteile wurden ab 2005 im Vergleich zu früher deutlich abgestuft. (3) Die *Rechtsänderungen 2008* umfassen u.a. die Besteuerung der Vermögensübertragung gegen Versorgungsrenten sowie die Unterhaltsleistungen und Versorgungsrenten an beschränkt Steuerpflichtige. Versorgungsrenten eines in Deutschland unbeschränkt Steuerpflichtigen, der Staatsangehöriger eines EU- oder EWR-Staates ist, können als Sonderausgabe steuermindernd berücksichtigt werden, wenn der Empfänger der Leistungen seinen Wohnsitz in einem EU- oder EWR-Staat hat (§ 1a I Nr. 1a EStG). Versorgungsleistungen sind nach dem Jahressteuergesetz 2008 nur noch bei Übertragung eines Betriebs oder Teilbetriebs, Mitunternehmeranteils oder GmbH-Anteils unter bestimmten Voraussetzungen begünstigt. Darüber hinaus entfällt die Unterscheidung zwischen dauernder Last und Leibrente (§ 22 Nr. 1b EStG). Die Änderungen sind anzuwenden auf Vermögensübertragungen gegen Versorgungsleistung, die ab dem 1.1.2008 vereinbart sind. Für die sog. Altfälle gilt die bisherige Rechtslage. (4) Steuerfreie Renten sind a) Renten aus der gesetzlichen Unfallversicherung (§ 3 Nr. 1a EStG), unabhängig davon, ob sie an den ursprünglich Berechtigten oder an Hinterbliebene gezahlt werden; – b) Kinderzuschüsse zur Altersrente sowie den Renten wegen Berufs- und Erwerbsunfähigkeit, die allerdings nur noch bei „Altrenten" gewährt werden (§ 3 Nr. 1b EStG); – c) Renten, wenn sie aufgrund gesetzlicher Vorschriften aus öffentlichen Mitteln versorgungshalber an Wehr- und Zivildienstgeschädigte oder Kriegsgeschädigte gezahlt werden (§ 3 Nr. 6 EStG); – d) Geldrenten, Kapitalentschädigungen und Leistungen im Heilverfahren, die aufgrund gesetzlicher Vorschriften zur Wiedergutmachung nationalsozialistischen Unrechts gewährt werden (§ 3 Nr. 8 EStG); – e) bedarfsorientierte Grundsicherung im Alter und bei Erwerbsminderung nach dem Grundsicherungsgesetz (§ 3 Nr. 11 EStG); – f) der Abfindungsbetrag bei Witwen- und Witwerrenten wegen Wiederheirat des Berechtigten (§ 3 Nr. 3a EStG). – (5) Zur Besteuerung der Rentenarten, welche ab 2005 der → nachgelagerten Besteuerung unterliegen vgl. → sonstige Einkünfte.

II. Bewertungsgesetz 1. *Allgemeines:* Unterscheidung zwischen betrieblichen und privaten Renten ist von untergeordneter Bedeutung; Bestimmung des Rentengrundes ist unbeachtlich. Renten sind auch dann zu erfassen, wenn einklagbarer Anspruch fehlt, aber fortdauernder Bezug sichergestellt ist. – *Jahreswert der Rente:* Wert der jährlich zu erbringenden Leistung. Ungewisse Änderungen der Rentenhöhe sind erst mit ihrem Eintritt zu berücksichtigen, von vornherein feststehende Änderungen dagegen schon an den vorangehenden Stichtagen. Bei schwankender Rentenhöhe ist der Betrag zugrunde zulegen, der im Durchschnitt der Jahre voraussichtlich erzielt wird. – 2. *Bewertung:* Einheitlich mit dem Kapitalwert (§§ 13 ff. BewG). – a) *Leibrente* (§ 14 BewG): Der Kapitalwert bestimmt sich (1) nach dem Jahreswert der Rente, (2) nach der Höhe des Vervielfältigers (§ 14 BewG). Die maßgeblichen Vervielfältiger sind in der Anlage 9/9a zum Bewertungsgesetz zusammengestellt; die Anlage unterscheidet nach dem Geschlecht und dem vollendeten Lebensalter der Person, auf deren Leben die Rente abgestellt ist. – Individuelle Verhältnisse bleiben bei dieser Bewertung unberücksichtigt. Ansatz eines abweichenden Werts nur dann, wenn dieser nachweislich (aufgrund von Erfahrungssätzen oder Denkgesetzen zwingend) geringer oder höher als der vorgeschriebene Kapitalwert ist (→ lebenslängliche Leistung). Ab dem Jahr 2009 sind die Vervielfältiger für lebenslängliche Nutzungen und Leistungen nicht mehr aus Anlage 9 zum BewG, sondern aus der aktuellen Sterbetafel des Statistischen Bundesamtes zu entnehmen (§ 14 I BewG). Die Vervielfältiger werden vom BMF im BStBl. Teil I veröffentlicht. Wegen der gestiegenen allg. durchschnittlichen Lebenserwartung steigen die Kapitalwerte. – b) *Zeitrente* (§ 13 BewG): Der Kapitalwert wird ermittelt als Summe der einzelnen Jahresleistungen unter

Berücksichtigung von Zinsen und Zinseszinsen; dabei darf der Barwert höchstens das 18,6-fache des Jahreswertes betragen. Vorgeschriebener Zinssatz: 5,5 Prozent; Hilfstafel mit den entsprechenden Kapitalisierungsfaktoren in einem Erlass der Länderfinanzminister aus 2001 (BStBl. I 1041). – c) *Höchstzeitrente (abgekürzte Leibrente):* Zu berechnen sind Leibrenten und Zeitrente, davon ist der jeweils niedrigste Wert anzusetzen. – d) *Mindestzeitrente (verlängerte Leibrente):* Auch hier sind Leibrente und Zeitrente getrennt zu ermitteln; anzusetzen ist grundsätzlich der höhere von beiden Werten. – e) *Immer währende Rente:* Eine Rente, bei der ein Ende der Laufzeit überhaupt nicht abzusehen ist oder deren Ende von Ereignissen abhängt, bei denen ungewiss ist, ob sie jemals eintreten, ist mit dem 18,6-fachen ihres Jahreswertes anzusetzen (§ 13 II BewG). – f) *Rente von unbestimmter Dauer:* Eine Rente, deren Ende zwar in absehbarer Zeit sicher, bei der aber der genaue Zeitpunkt des Wegfalls ungewiss ist, wird mit dem 9,3-fachen ihres Jahreswertes angesetzt (§ 13 II BewG). – g) *Noch nicht fällige Ansprüche aus Lebens-, Kapital- oder Rentenversicherungen:* Ab 2009 werden diese Ansprüche nur mit ihrem Rückkaufswert und nicht wie früher alternativ mit 2/3 der eingezahlten Prämien bewertet (§ 12 IV BewG). Die Berechnung des Rückkaufswerts kann durch Rechtsverordnung bestimmt werden. Im Zivilrecht gibt es bereist Regeln zur Berechnung, die durch den BGH zugunsten der Versicherungsnehmer verschärft worden sind. Insbesondere gegen Ende der Laufzeit der betreffenden Versicherung ergeben sich durch die Gesetzesänderungen teilweise deutlich höhere Werte. – 4. *Behandlung beim Berechtigten:* nach Wegfall der Vermögensteuer weitgehend irrelevant geworden. Spielt der Wert eines Rentenanspruchs im Einzelfall dennoch eine Rolle (z.B. als Vermächtnis ausgesetzte Rente bei der Erbschaftsteuer), ermittelt sich der Kapitalwert wie beim Verpflichteten nach den genannten Regeln des Bewertungsgesetzes. – 5. *Behandlung beim Verpflichteten* (§ 104 BewG): a) Renten, die mit einem gewerblichen Betrieb oder der Ausübung eines freien Berufs in wirtschaftlichem Zusammenhang stehen, sind grundsätzlich bei der Ermittlung des → Einheitswerts des Betriebsvermögens mit dem Steuerbilanzwert (→ verlängerte Maßgeblichkeit) als Betriebsschuld zu berücksichtigen. – b) Andere Renten sind bei der Ermittlung des Gesamtvermögens mit dem Kapitalwert abzuziehen, sofern die Verpflichtung nicht in Zusammenhang mit dem Erwerb steuerfreien Vermögens eingegangen wurde.

III. Gewerbesteuerrecht Renten beeinflussen unter bestimmten Voraussetzungen den → Gewerbeertrag als Bemessungsgrundlage der → Gewerbesteuer. – 1. *Behandlung beim Berechtigten:* a) *Gewerbeertrag:* Soweit die Rente sich auf den nach einkommensteuerlichen Vorschriften ermittelten Gewinn auswirkt, schlägt sie im Regelfall auf den Gewerbeertrag durch (§ 7 GewStG). Ausnahme bildet eine betriebliche (Veräußerungs- oder Versorgungs-) Rente, die im Zusammenhang mit der Veräußerung eines Teilbetriebs oder eines Mitunternehmeranteils durch natürliche Personen oder Personengesellschaften begründet worden ist. Weiterhin werden in den Gewerbeertrag betriebliche Unfallrenten nicht einbezogen. – 2. *Behandlung beim Verpflichteten:* Soweit die Rentenverpflichtung zum Betriebsvermögen gehört, wirkt sie sich auf den Gewinn und damit auch auf den Gewerbeertrag aus. Renten und dauernde Lasten sind seit dem Erhebungszeitraum 2008 mit 25 Prozent des variablen Zinsanteils bei der Ermittlung des Gewerbeertrags hinzuzurechnen, jedoch unabhängig davon, ob aus Gründung, Erwerb oder Erweiterung stammend. Ausgenommen hiervon sind jedoch Pensionszahlungen an Arbeitnehmer. Unter Berücksichtigung von weiteren Hinzurechnungstatbeständen kommt bei der Ermittlung des Hinzurechnungsbetrages für Renten und dauernde Lasten ein Freibetrag von 100.000 Euro zum Tragen.

Renteneinkommen – **I. Einkommens-/Verteilungstheorie:** Sammelbezeichnung für alle → Besitzeinkommen; ursprünglich Einkommen des Bodenbesitzers (Bodenrente, Grundrente). In erweiteter Sichtweise auch Zinsen als Einkommen aus dem Besitz aus Staatsanleihen, Obligationen u.a. Rechtstiteln; bei Rodbertus mit dem Ausdruck „Herrenrente" als dem kapitalistischen System eigene Form unberechtigter → Ausbeutung gekennzeichnet.

II. Sozialversicherung: Einkommen, die im Rahmen der → Sozialversicherung zufließen, bzw. die an Kriegsversehrte, Kriegshinterbliebene und andere Berechtigte oder Bedürftige ausgezahlten Renten (Transfereinkommen, übertragene Einkommen). – *Arten:* → Renten.

Rentenformel – der gesetzlichen Rentenversicherung ist in § 64 SGB VI durch das Rentenreformgesetz 1992 vom 18.12.1989 (BGBl. I 2261) mit Wirkung ab 1.1.1992 grundlegend neu geregelt worden. Nunmehr wird unmittelbar der Monatsbetrag der Rente errechnet, und zwar aus dem Produkt von persönlichen → Entgeltpunkten, → Zugangsfaktor, → aktuellem Rentenwert und → Rentenartfaktor (vgl. auch → Nachhaltigkeitsfaktor bzw. Relation → Rentner zu Beitragszahler). Die Multiplikation der benannten Faktoren ergibt die monatliche Bruttorente ohne Abzug der vom Berechtigten zu tragenden Beiträge zur Krankenversicherung und zur Pflegeversicherung. Maßgeblich für die Rentenberechnung nach der Rentenformel ist der Zeitpunkt des Rentenbeginns.

Rentenindex → REX.

Rentenkapitalismus – im Orient und Mittelmeerraum verbreitetes → Wirtschaftssystem, das als Zwischenstufe zwischen einer feudal organisierten Agrargesellschaft (→ Agrarsystem) und einem modern-produktiven Industriekapitalismus gilt.

Wesentliches Merkmal des Rentenkapitalismus ist die Ausbeutung der landwirtschaftlichen und gewerblichen Produzenten durch die Abschöpfung von → Renten als Ertragsanteile und die Kommerzialisierung ihrer Ansprüche. Rententitel sichern den Eigentümern der handwerklichen und landwirtschaftlichen Produktionsfaktoren einen festen Anteil am Produkt der Bauern und Gewerbetreibenden. Eine Reinvestition der Gewinne durch den Inhaber der Rententitel mit dem Ziel der Verbesserung der Produktivität unterbleibt zumeist, was den stationären Charakter einer rentenkapitalistischen Wirtschaft unterstreicht. Das „Kapitalistische" am Rentenkapitalismus ist die freie Handelbarkeit der Rententitel, die zur Konzentration vieler Titel in den Händen weniger reicher Gesellschaftsmitglieder führt. Da die Entfaltung materieller Produktivkräfte stagniert, kann der Rentenkapitalismus als wesentliche Ursache für Unterentwicklung in seinen Verbreitungsgebieten identifiziert werden.

Rentenmark – durch Gesetz vom 13.10.1923 geschaffene und von der Deutschen Rentenbank ausgegebene Hilfswährung in Form des → Papiergeldes.

Rentenmarkt – Börsenmarkt der festverzinslichen Wertpapiere, gegliedert in Markt für Staats- und Kommunalanleihen, Pfandbriefe (→ Pfandbriefmarkt), Schuldverschreibungen öffentlich-rechtlicher Kreditanstalten und Industrieobligationen. Der Rentenmarkt ist, gemessen an Umsatz, Anzahl notierter Wertpapiere und Neuemissionen, von mind. ebenso großer Bedeutung wie der → Aktienmarkt.

Renten nach Mindesteinkommen – Begriff aus der gesetzlichen Rentenversicherung. Um vergangene Lohndiskriminierung (bes. von Frauen) auszugleichen, wurden Beitragszahlungen bis 1992 unter bestimmten Umständen so bewertet, als ob der Versicherte 75 Prozent des Durchschnittsentgelts aller Versicherten verdient hätte. Voraussetzung ist eine nachgewiesene Wartezeit von 35 Jahren (§ 262 SGB VI). Seit 1992 werden bei den Rentenzugängen keine Renten nach Mindesteinkommen mehr gewährt; sie finden sich aber noch im Rentenbestand.

Rentenniveau → Eckrentner.

Rentenpapiere → Rentenwerte.

Rentenrechnung – Teilgebiet der Finanzmathematik. Ermittlung von R_n (Rentenendwert; Gesamtwert einer Rente am Ende der Zahlungen), R_0 (Rentenbarwert; Gesamtwert der Rente am Anfang der Zahlungen) und r (Rate, die einzelne Ein- oder Auszahlung, alle Zahlungsbeträge sind gleich hoch), wobei q der Zinsfaktor ist, mit dem die Raten in jedem Jahr verzinst werden, mit q = 1 + p/100. – *Formeln:* a) *Nachschüssige Rentenrechnung:*

$$R_n = r\frac{q^n - 1}{q - 1},\ R_0 = r\,\frac{q^n - 1}{q^n(q - 1)}\ ,$$

$$r = \frac{R_n \cdot (q - 1)}{(q^n - 1)}.$$

b) *Vorschüssige Rentenrechnung:*

$$R_n{}^* = r \cdot q\frac{q^n - 1}{q - 1},\ R_0 = r \cdot q\,\frac{q^n - 1}{q^n(q - 1)}\ ,$$

$$r = \frac{R_n{}^* \cdot (q - 1)}{q \cdot (q^n - 1)}.$$

Vgl. auch → Rente.

rentenrechtliche Zeiten – Begriff aus der gesetzlichen Rentenversicherung. Er umfasst alle Zeiten, die sich auf den Rentenanspruch und die Rentenhöhe auswirken können. Zu den rentenrechtlichen Zeiten gehören nach § 54 SGB VI Beitragszeiten als Zeiten mit vollwertigen Beiträgen oder als → beitragsgeminderte Zeiten, → beitragsfreie Zeiten und → Berücksichtigungszeiten.

Rentenreform – 1. *Begriff*: umfasst gesetzgeberische Maßnahmen zur Änderung der Rahmenbedingungen für die → gesetzliche Rentenversicherung (GRV) und andere Formen der → Alterssicherung. Das wichtigste Ziel der Rentenreformen in Deutschland war die Bewältigung der Folgen der → demografischen Alterung für Finanzierung und Leistungen der Alterssicherung. – 2. *Die Rentenreform 1992*: Die Rentenreform von 1992 sollte den Anstieg des Beitragssatzes der gesetzlichen Rentenversicherung begrenzen und sie erstmalig auf die Folgen des demografischen Wandels einstellen. a) Durch die Reform wurde von der seit 1957 praktizierten „bruttolohn-orientierten" → Rentenanpassung auf am Nettolohn der aktiven Versicherten orientierte Anpassungen umgestellt, um zu verhindern, dass die Renten steigen, wenn die Nettolöhne, u.a. wegen steigender Rentenbeiträge, sinken. – b) Vorgezeichnet wurde in der Reform zudem der in nachfolgenden Jahren vollzogene Übergang zu einer einheitlichen Regelaltersgrenze für alle Arten von Altersrenten bei 65 Jahren. Gleichzeitig wurde die Altersgrenze flexibilisiert und es wurden Ab- und Zuschläge für den vorzeitigen bzw. aufgeschobenen Rentenbezug eingeführt (→ Zugangsfaktor). – c) Die 1986 erstmalig eingeführte Anrechnung von → Kindererziehungszeiten in der gesetzlichen Rentenversicherung wurde in der Reform im Anschluss an eine Entscheidung des Bundesverfassungsgerichts, die einen weiteren Ausbau dieser Regelungen gefordert hatte, stark ausgeweitet. Für die Erziehung eines (ab 1992 geborenen) Kindes werden der Erziehungsperson (im Regelfall der Mutter) seither – auch neben Entgeltpunkten für sonstige rentenrechtliche Zeiten („additiv")

– bis zu 1,0 → Entgeltpunkte pro Jahr für insgesamt drei Jahre nach der Geburt rentensteigernd zugerechnet. – 3. *Die Rentenreform 2001*: Kern der Rentenreform von 2001 ist eine langfristig angelegte Senkung des Niveaus gesetzlicher Renten und die ergänzende Einführung einer staatlich geförderten, privaten Altersvorsorge mit Kapitaldeckung. a) Durch das sog. Rentenreformgesetz wurde von der „nettobezogenen" → Rentenanpassung auf eine „modifizierte Bruttoanpassung" umgestellt. Die Entwicklung des → aktuellen Rentenwerts folgt seither der Entwicklung der durchschnittlichen Bruttolöhne und -gehälter, korrigiert um Belastungsveränderungen bei den Beitragssätzen zur gesetzlichen Rentenversicherung sowie beim „Altersvorsorgeaufwand" (Riester-Faktor) für die gleichzeitig eingeführte, ergänzende Altersvorsorge; die gesetzlich vorgezeichnete, schrittweise Erhöhung der Einkommensanteile, die mit steuerlicher Förderung in private Altersvorsorgeverträge (Riester-Rente) eingezahlt werden, wird dabei wie eine Erhöhung der Beitragssätze der gesetzlichen Rentenversicherung behandelt. Ab 2011 sollten erforderliche Anpassungen insgesamt nur noch zu 90 Prozent erfolgen; diese Regelung wurde im Zuge der nachfolgenden Reformen jedoch wieder aufgehoben. – b) Um die auf Dauer angestrebte Senkung des Rentenniveaus zu kompensieren, wurde zeitgleich eine staatliche Förderung ergänzender, privater Altersvorsorgeverträge (→ Riester-Rente) eingeführt, die bestimmten Regulierungen entsprechen müssen und in die nach einem gesetzlich vorgezeichneten Stufenplan wachsende Einkommensanteile (max. 4 Prozent) eingezahlt werden sollen. Gleichzeitig wurde die → betriebliche Altersversorgung (bAV) durch eine Liberalisierung attraktiver gemacht, z.B. wurden der Abschluss von → Direktversicherungen ermöglicht und einige Formen der betrieblichen Altersversorgung in die staatliche Förderung als sog. Riester-Rente einbezogen. – c) Für die Anrechnung der Kindererziehung in der gesetzlichen Rentenversicherung gilt seit 2001 eine Regelung, die Müttern für die Kindererziehungszeit (erstes bis drittes Lebensjahr des Kindes) wie schon zuvor einen → Entgeltpunkt pro Jahr anrechnet. Wenn die Mutter während der Kinderbetreuungszeit (drittes bis zehntes Lebensjahr) arbeitet und ein unterdurchschnittliches Einkommen erzielt, werden die erworbenen Entgeltpunkte um 50 Prozent auf max. einen Entgeltpunkt angehoben. Mehr als 0,3336 Entgeltpunkte können durch diese Anhebung somit nicht hinzuerworben werden. Eine Entgeltpunktgutschrift in Höhe dieser Höchstgrenze ist auch für Erziehende von zwei oder mehr Kindern vorgesehen, die nicht zugleich einer Erwerbstätigkeit nachgehen können. – 4. *Die Rentenreform 2004*: a) Durch das sog. Rentenversicherungsnachhaltigkeitsgesetz wurde die Formel zur → Rentenanpassung um einen zusätzlichen → Nachhaltigkeitsfaktor ergänzt, der die Entwicklung der Renten auch an die quantitative Entwicklung der Zahl der Rentner im Verhältnis zur Zahl der Erwerbstätigen bindet. Steigt die Zahl der Rentenbezieher pro Beitragszahler, wird die Rentenanpassung vermindert. – b) Durch die im selben Jahr gesetzlich geregelte Einführung der nachgelagerten Besteuerung werden Beiträge zur gesetzlichen Rentenversicherung mit einer Übergangszeit bis 2025 vollständig von der Einkommensteuer freigestellt, gesetzliche Renten hingegen mit einer Übergangszeit bis 2040 in voller Höhe der Einkommensteuer unterworfen. – 5. *Die Rentenreform 2007*: Durch das sog. Altersgrenzenanpassungsgesetz soll im Zeitraum von 2012 bis 2029 die Altersgrenze für die Regelaltersrente stufenweise von 65 auf 67 Lebensjahre verlängert werden. Neu eingeführt wurde eine Altersrente für bes. langjährig Versicherte (Wartezeit 45 Jahre), die weiterhin mit vollendetem 65. Lebensjahr abschlagsfrei in Anspruch genommen werden kann. Eine vorzeitige Inanspruchnahme dieser Rentenart ist auch mit Abschlägen nicht mehr möglich. – Vgl. auch → Rürup-Kommission.

Rentenschuld – Sonderform der → Grundschuld, bei der im Gegensatz zu dieser kein Kapital, sondern Rente aus dem Grundstück zu zahlen ist (§§ 1199–1203 BGB) Die Rentenschuld ist wie die Grundschuld von einer persönlichen Forderung unabhängig, abstrakt. – *Ablösung* der Rente ist möglich. – *Anders:* → Hypothek.

Rentensplitting unter Ehegatten – seit 1.1.2001 in der gesetzlichen → Rentenversicherung unter den Voraussetzungen der §§ 120a–c SGB VI für → Ehegatten eingeführte Möglichkeit, in der Ehezeit erworbene Rentenanwartschaften zwischen den Ehegatten gleichmäßig aufzuteilen. Hiermit soll die eigenständige Alterssicherung v.a. für Frauen verbessert und die vom jeweiligen → Versicherten abgeleitete → Hinterbliebenenrente abgelöst werden. Das Rentensplitting tritt an die Stelle der Hinterbliebenenrente. Die Durchführung des Rentensplittings bedarf grundsätzlich der übereinstimmenden Erklärung der Ehegatten, die nach der Entscheidung des Rentenversicherungsträgers über das Rentensplitting nicht mehr widerrufen werden kann.

Rententafeln – amtlich aufgestellte Tabellen zur Ermittlung der Ausgleichsrentenbeträge (→ Ausgleichsrenten) bei Rentnern nach dem Bundesversorgungsgesetz.

Rentenversicherung – I. Gesetzliche Rentenversicherung: 1. *Begriff*: Zweig der dt. Sozialversicherung, durch den Versicherte v.a. im Alter versorgt werden und das Lebenserwartungs-Risiko abgesichert wird. Zentrale Aufgaben sind der Ersatz ausgefallener Arbeitseinkommen bei Eintritt ins Rentenalter oder im Falle einer Erwerbsminderung (→ Lebensstandardsicherung) sowie die Erhaltung, Besserung und Wiederherstellung der Erwerbsfähigkeit der Versicherten vor Eintritt ins Rentenalter (→ Rehabilitation). – 2. *Merkmale:* Die GRV finanziert sich aus Beiträgen der Versicherten (→ Arbeitnehmeranteil,

→ Arbeitgeberanteil), Bundeszuschüssen sowie Beiträgen der Träger von Lohnersatzleistungen (z.B. Kranken-, Unterhalts- oder Arbeitslosengeld I), die für die Empfänger von Lohnersatzleistungen die Rentenversicherungsbeiträge ganz oder zur Hälfte übernehmen. – Vgl. → Gesetzliche Rentenversicherung (GRV).

II. Private Rentenversicherung: → Lebensversicherung, private Altersvorsorge.

Rentenversicherungsträger – für die Durchführung der gesetzlichen → Rentenversicherung zuständige Behörden. Rentenversicherungsträger waren bis 2005 für die → Angestelltenversicherung: → Bundesversicherungsanstalt für Angestellte (BfA); für die → Arbeiterrentenversicherung: → Landesversicherungsanstalt (LVA), → Seekasse, Bahnversicherungsanstalt; für die im Bergbau Tätigen: → Bundesknappschaft (BKN). Seit 1.1.2005 ist die Trennung zwischen Angestellten- und Arbeiterrentenversicherung aufgehoben und die Organisation der Rentenversicherungsträger neu geregelt. Träger der allg. Rentenversicherung sind nunmehr entweder die Deutsche Rentenversicherung Bund oder Regionalträger, die die Bezeichnung Deutsche Rentenversicherung mit einem den jeweiligen Regionalträger kennzeichnenden Zusatz tragen (§ 125 SGB VI). Daneben existiert die Deutsche Rentenversicherung Knappschaft-Bahn-See teilweise mit speziellen Zuständigkeiten (§§ 129, 130, 132 ff. SGB VI). Weiterhin existieren für die in der Landwirtschaft Tätigen: landwirtschaftliche Alterskasse (→ Alterssicherung der Landwirte) und für Künstler: → Künstlersozialkasse.

Rentenwerte – *Rentenpapiere;* festverzinsliche Wertpapiere, z.B. Staats- und Kommunalanleihen (→ Anleihen), Pfandbriefe und Industrieobligationen.

Rentenzahlung – aufgrund von Ansprüchen aus → Rentenversicherungen (gesetzlichen und privaten) zu leistende Zahlungen. Rentenzahlungen der *Sozialversicherung* werden z.T. unmittelbar durch die Versicherungsträger, z.T. auch durch Vermittlung der Post getätigt. Anstelle der laufenden Rentenzahlungen ist u.U. → Abfindung möglich.

Rente wegen Erwerbsminderung – eingeführt mit Wirkung vom 1.1.2001 durch Art. 1 Nr. 10 des Gesetzes zur Reform der Renten wegen verminderter Erwerbsfähigkeit vom 20.12.2000 (BGBl. I 1827). Sie ersetzt die frühere Rente wegen Berufsunfähigkeit (→ Berufsunfähigkeitsrente) und wegen Erwerbsunfähigkeit (→ Erwerbsunfähigkeitsrente). – 1. *Voraussetzungen:* a) Die Rente wegen Erwerbsminderung wird unter den Voraussetzungen des § 43 SGB VI aus der gesetzlichen Rentenversicherung für Versicherte bis zur Vollendung des 65. Lebensjahres bei krankheits- oder behinderungsbedingter Leistungseinbuße gewährt. Dabei wird unterschieden zwischen teilweiser Erwerbsminderung (drei- bis unter sechsstündige Leistungsfähigkeit) und voller Erwerbsminderung (unter dreistündige Leistungsfähigkeit). Bei Versicherten, die drei bis unter sechs Stunden arbeiten können, ist zu prüfen, ob ihnen ein konkreter Teilzeitarbeitsplatz angeboten werden kann. Ist dies innerhalb eines Jahres nicht möglich, steht ihnen Rente wegen voller Erwerbsminderung zu. Ab sechsstündiger Einsatzfähigkeit auf dem allg. Arbeitsmarkt besteht kein Anspruch auf Rente wegen Erwerbsminderung. Im Gegensatz zum früheren Recht können nun auch Selbstständige Rente wegen Erwerbsminderung geltend machen. – b) Für die Rente wegen Erwerbsminderung ist die Erfüllung der allg. → Wartezeit sowie das Vorhandensein von drei Jahren Pflichtbeiträgen in den letzten fünf Jahren vor Eintritt der Erwerbsminderung notwendig, es sei denn, die Erwerbsminderung ist durch einen Tatbestand eingetreten, durch den die Wartezeit als erfüllt gilt (§§ 53, 245 SGB VI). Der Fünfjahreszeitraum verlängert sich nach § 43 IV SGB VI z.B. um → Anrechnungszeiten oder → Berücksichtigungszeiten. – 2. *Beginn und Ende:* Die Rente wegen Erwerbsminderung wird nur auf Antrag gezahlt und beginnt grundsätzlich mit dem Kalendermonat, zu dessen Beginn die Anspruchsvoraussetzungen vorliegen (§ 99 I SGB VI). Sie wird regelmäßig nur befristet geleistet (→ Zeitrente), und zwar für drei Jahre ab Rentenbeginn; die Befristung kann wiederholt werden. Beruht die Rentengewährung auf medizinischen Gründen, scheidet die Befristung aus, wenn unwahrscheinlich ist, dass die Erwerbsminderung behoben werden kann (§ 102 II 3 SGB VI). Eine nicht befristete Rente wegen Erwerbsminderung wird bis zur Vollendung des 65. Lebensjahres geleistet bzw. bei früherem Versterben des Berechtigten bis zum Ende des Kalendermonats, in dem er gestorben ist. – 3. *Hinzuverdienstgrenze:* s. § 96a SGB VI. – 4. *Abschläge:* Bei frühzeitigem Bezug der Rente wegen Erwerbsminderung sind Abschläge in Kauf zu nehmen; diese betragen für jeden Monat, in dem die Rente wegen Erwerbsminderung in Anspruch genommen wird, 0,3 Prozent, jedoch maximal 10,8 Prozent (§ 77 SGB VI). – 5. *Ausschluss und Versagen:* Die absichtliche Herbeiführung der Erwerbsminderung schließt den Rentenanspruch aus (§ 103 SGB VI); die Rente kann versagt werden, wenn die Erwerbsminderung bei einer strafbaren Handlung erworben wurde (§ 104 SGB VI).

Rente wegen teilweiser Erwerbsminderung → Rente wegen Erwerbsminderung.

Rente wegen Todes → Witwerrente, → Erziehungsrente, → Waisenrente.

Rente wegen verminderter Erwerbsfähigkeit → Berufsunfähigkeitsrente, → Erwerbsunfähigkeitsrente, → Rente wegen Erwerbsminderung.

Rente wegen voller Erwerbsminderung → Rente wegen Erwerbsminderung.

Rentner-Hypothese → Verteilungswirkungen der Inflation.

Rentnerkrankenversicherung – 1. *Gesetzliche Grundlage:* § 5 I Nr. 11, 12 SGB V. – 2. *Begriff:*

Krankenversicherung für Personen, die die Voraussetzungen für den Anspruch auf eine Rente aus der gesetzlichen Rentenversicherung erfüllen und diese beantragt haben. Voraussetzung ist weiter das Zurücklegen einer bestimmten Vorversicherungszeit. Der Versicherte oder bei einer Hinterbliebenenrente der verstorbene Versicherte oder der Rentenberechtigte selbst müssen seit der erstmaligen Aufnahme der Erwerbstätigkeit mind. neun Zehntel der zweiten Hälfte dieses Zeitraumes der gesetzlichen Krankenversicherung als Mitglied angehört haben oder aber familienversichert gewesen sein. Berechtigte Rentner oder Rentenantragsteller, die aufgrund des → Fremdrentengesetzes (FRG) einen Anspruch haben, erfüllen die Voraussetzungszeit, wenn sie den Wohnsitz in den letzten zehn Jahren vor der Rentenantragstellung in das Inland verlegt haben (§ 5 I Nr. 11 und 12 SGB V). Für Bezieher von Hinterbliebenenrenten gilt die Vorversicherungszeit als erfüllt, wenn der Verstorbene bereits der Rentnerkrankenversicherung angehört hat. Eine Befreiung von der Versicherungspflicht ist möglich, ohne dass der Nachweis einer anderweitigen gleichwertigen Krankenversicherung erbracht werden muss. Die Befreiung muss spätestens innerhalb von drei Monaten nach Beginn der Versicherungspflicht beantragt werden. Die Erteilung der Befreiung ist unwiderruflich und für die gesamte Dauer des Rentenbezugs bindend. – 3. *Die Mitgliedschaft* beginnt mit dem Tag der Rentenantragstellung und endet mit dem Tod oder mit Ablauf des Monats, in dem der Rentenanspruch wegfällt, oder mit Ablauf des Tages, an dem der Ablehnungsbescheid über die Rente verbindlich geworden ist. – 4. Rentner haben Beiträge zur Krankenversicherung aus der Rente und aus der Rente vergleichbaren Einkommen (z.B. Betriebsrente, Zusatzversorgungsrente, Beamtenpensionen) sowie aus Arbeitseinkommen zu zahlen. Die Beiträge aus der gesetzlichen Rente werden von Rentnern und Rentenversicherungsträgern jeweils zur Hälfte gezahlt. Für die Beitragsbemessung gilt der Beitragssatz der zuständigen Krankenkasse. Beiträge sind höchstens bis zur Beitragsbemessungsgrenze zu entrichten. In der Rangfolge werden nacheinander die Rente, die Versorgungsbezüge und das Arbeitseinkommen berücksichtigt (§ 238 SGB V). – 5. *Zuständig* für die Rentnerkrankenversicherung ist grundsätzlich die Krankenkasse, bei der zuletzt die Mitgliedschaft bestand. Rentner bzw. Rentenantragsteller haben ein weitgehendes Wahlrecht (§ 173 SGB V). Das Wahlrecht ist spätestens zwei Wochen nach Eintritt der Versicherungspflicht auszuüben, ansonsten wird die Mitgliedschaft bei der Krankenkasse ergründet bzw. weitergeführt, bei der zuletzt eine Versicherung bestand (§ 175 III SGB V). An die Wahl der Krankenkasse ist der Versicherungspflichtige mind. 18 Monate gebunden. Kündigung ist nur möglich zum Ende des jeweils übernächsten Kalendermonats mit dreimonatiger Frist (§ 175 IV SGB V). – 6. *Leistungen:* In der Rentnerkrankenversicherung werden den Versicherten sowie deren anspruchsberechtigten Familienangehörigen die gleichen Leistungen außer → Krankengeld gewährt, wie den übrigen Mitgliedern der jeweiligen Krankenkasse.

Rent Seeking – I. Neue Politische Ökonomie: 1. *Begriff:* Streben von Interessengruppen, Unternehmen und anderen Marktakteuren nach der Erschließung, Verteidigung oder Verbesserung von Einkommenserzielungschancen im Marktbereich mithilfe politisch erwirkter Privilegien. Der Begriff geht auf Anne O. Krueger (1974) zurück. Die Idee des Rent-Seeking hat ihren Ursprung in einem Aufsatz von Gordon Tullock (1967). – *Ziel:* Dauerhafte leistungslose Einkommen im Marktbereich. – *Beispiel:* Errichtung von Zollschranken auf Betreiben inländischer Produzenten. – 2. *Allokationspolitische Problematik:* a) Verstetigung von Marktrenten erfordert ein Abschotten der betroffenen Märkte gegen Konkurrenz; → Wettbewerbsfunktionen werden außer Kraft gesetzt. Als Folge der somit fehlenden Anreize, die Produktion veränderten Marktbedingungen anzupassen und Innovationen durchzuführen, sinkt die Wettbewerbsfähigkeit. – b) Erfolgreiches Rent Seeking bestärkt → Interessengruppen in ihrem Verhalten und setzt ein Signal zur Nachahmung, was zur Zunahme von ergebnisorientierten Eingriffen in Marktprozesse führt. Einmal errungene Privilegien werden energisch verteidigt. – c) Für Rent Seeking in Anspruch genommene Ressourcen stehen für produktive Verwendungen nicht mehr zur Verfügung.

II. Verteilungstheorie-/politik: versteht man als das Bestreben, ein Einkommen zu erzielen, dem keine entsprechende produktive Leistungsabgabe gegenübersteht und das zu Lasten der Allgemeinheit geht. Der Begriff leitet sich ab von der Grundrente auf den Besitz von Boden, eines Produktionsfaktors, der nicht beliebig vermehrt werden kann. Einkommen aus Rent-Seeking entstehen i.d.R. durch Einflussnahme von Einzelnen oder Interessengruppen (Lobbies) auf politische Entscheidungsträger, wodurch den Begünstigten ein spezielles Recht zugewiesen werden soll, das den Wettbewerb einschränkt oder ganz unterbindet. Solche Renten können als direkte Zahlung, Steuervergünstigung, Regulierung, als Einkommen aus der Vergabe eines staatlichen Auftrags oder als Lizenzeinnahme auftreten. Sie führen zu einer Einkommensumverteilung und resultieren in einem Nettowohlfahrtsverlust.

Rent Shifting → Handelspolitik.

Reorganisation → Change Management. Teilgebiet der → Organisationsgestaltung. – 1. *Begriff:* Änderung einer bestehenden → Organisationsstruktur. Anlässe für Reorganisation bilden u.a. Verschiebungen in der Umwelt oder im Produktionsprogramm einer Unternehmung, personelle Veränderungen durch Eintritt oder Ausscheiden (wichtiger) Handlungsträger (→ organisation ad personam). – 2. *Phasen des Reorganisationsprozesses:* (1) Erkennen eines Organisationsproblems und die Erteilung eines entsprechenden Organisationsauftrags, (2) problemadäquate Konzeption des organisatorischen Gestaltungsprozesses, (3) Erhebung des Ist-Zustandes, (4) Generierung und Bewertung organisatorischer Alternativen mit der anschließenden Festlegung der zukünftigen Organisation (instrumentaler → Organisationsbegriff) und (5) Einführung der (eventuellen) organisatorischen Neuerungen. – Unterstützt wird der Reorganisationsprozess durch → Organisationsmethodik.

Reparationen – 1. *Begriff:* Leistungen, die die Siegermacht nach einer bewaffneten Auseinandersetzung von dem Besiegten im Wesentlichen zum Schadensausgleich fordern. Der Begriff Reparationen wird erstmals im Versailler Vertrag von 1919 gebraucht. – 2. Der Begriff umfasst verschiedene *Kategorien von Begründungen* für die Forderung derartiger Leistungen: (1) Kontributionen zur Entschädigung für Kriegs- und Kriegsfolgekosten; (2) Restitutionen durch Rückerstattung beschlagnahmter und gestohlener Objekte; (3) Indemnitäten als Entschädigung für Schäden, die nicht exakt zugerechnet werden können; (4) Tribute zur Bereicherung des Siegers und zur Verminderung des Wirtschaftspotenzials des Besiegten. – 3. *Wirkungen:* Grundsätzlich können Reparationen als Sach- oder Geldleistungen erfolgen. In beiden Fällen ergeben sich mit der Überlassung von Vermögenswerten ohne Gegenleistung Ungleichgewichte in den betroffenen Volkswirtschaften und potenziell soziale Konflikte. Werden die Reparationen als Geldleistungen erbracht, kommt zum Aufbringungsproblem das Transferproblem (Beschaffung von Devisen, Auswirkung auf Wechselkurse) hinzu.

Reparatur → Instandsetzung.

Reparaturkosten → Instandhaltungskosten.

Repartierung (rep.) – *rationierte Zuteilung.* 1. *Bei Überzeichnung einer* → Emission: Die Zuteilung der Stücke an die einzelnen Zeichner wird prozentual herabgesetzt (evtl. kleine Zeichner bevorzugt). – 2. *Bei Wertpapierkauf:* Liegen zu den festgestellten Kursen mehr Aufträge vor, werden auf die Aufträge nur bestimmte Teilbeträge zugewiesen. Bei der Geld-Repartierung (rep.) (Abk. im → Kurszettel: bGR *bezahlt und Geld repartiert*) können die Kaufaufträge, bei der Brief-Repartierung (rep.) (Abk. im Kurszettel: bBR *bezahlt und Brief repartiert*) die Verkaufsaufträge nur z.T. ausgeführt werden. – 3. *Bei* → Tenderverfahren: Wird in Refinanzierungsgeschäften der → Europäischen Zentralbank (EZB) in den Geboten durch die Kreditinstitute überzeichnet, so erfolgt ebenfalls eine Repartierung (rep.).

Repartitionsprinzip – Prinzip zur Gestaltung von Steuer- (→ Repartitionsteuern) bzw. Subventionstarifen, bei dem am Anfang die Beschlussfassung über den erwünschten Umfang der Gesamtsteuerschuld (des gesamten Subventionsbetrages) steht. Danach erfolgt durch eine entsprechende Tarifgestaltung die Aufteilung der Gesamtsumme auf die einzelnen Steuer- bzw. Subventionssubjekte. – *Gegensatz:* → Quotitätsprinzip.

Repartitionsteuern – Steuern, bei denen die Steuersätze im Hinblick auf einen vorweg festgelegten Gesamtertrag festgesetzt werden, der entsprechend der jeweiligen Zahl der Steuerpflichtigen umgelegt wird (→ Repartitionsprinzip). Heute ungebräuchlich und durch → Quotitätsteuern ersetzt.

Repatriierung – I. Auslandseinsatz: Endphase des → Auslandseinsatzes, die sich auf die Rückkehr und Wiedereingliederung des Entsandten in die vormals entsendende Einheit des internationalen Unternehmens bezieht. In dieser Phase treten in Abhängigkeit von Dauer der Entsendung, Anzahl der Auslandseinsätze, Intensität des Stammhauskontaktes während des Auslandsaufenthaltes und der Größe der Heimatlandorganisation vielfach sowohl berufliche als auch private Probleme auf. Im beruflichen Bereich können sich ausgebliebene Karrieresprünge, die Einschränkung des Entscheidungsspielraumes oder etwa Lücken im Fachwissen als Probleme erweisen. Im privaten Bereich können Kulturschocks (→ interkulturelles Management) oder Prestigeverluste zu Problemen führen. Ferner gestaltet sich die Auswertung des durch den Entsandten gesammelten Wissens oftmals als schwierig.

II. Außenwirtschaft: Rückführung des Einkommens von im Ausland tätigen → Produktionsfaktoren (→ Arbeitnehmer, → Kapital) in das Land der Faktoreigner. – *Arten:* Grenzgängereinkommen sind Bestandteil des → Bruttoinlandsprodukts (BIP) des Landes, in dem die → Produktion stattfindet. Es ist aber Bestandteil des → Bruttonationaleinkommens (BNE) des Wohnsitzlandes der Grenzgänger. Repatriierung findet auch statt, wenn die im Land A befindliche Produktionsstätte an ihre Muttergesellschaft (→ internationale Unternehmung) mit Sitz im Land B *Gewinne* abführt. Auch die *Zinseinkommen* von → internationalen Portfolioinvestitionen stellen repatriierte Einkommen dar. Diese Repatriierungen finden im Rahmen der → Zahlungsbilanz ihren Niederschlag in der Dienstleistungsbilanz. Das Einkommen von Gastarbeitern mit Wohnsitz im Inland zählt zum Bruttoinlandsprodukt und zum Bruttonationaleinkommen. Überweisungen von Gastarbeitern in ihr Heimatland werden im Rahmen der → Zahlungsbilanz in der Bilanz der *laufenden Übertragungen* verbucht.

Repetierfaktoren → Produktionsfaktoren, die beim einmaligen Einsatz vollständig verbraucht werden. Sie gehen hierbei materiell unter, müssen neu beschafft werden und sind weitgehend teilbar (Werkstoffe, Hilfsstoffe, Betriebsstoffe). – *Gegensatz:* → Potenzialfaktoren.

Repetition → Steuerkonstrukt.

Report – *Terminaufschlag, Kursaufschlag.* 1. *Wertpapiertermingeschäft:* Aufschlag (in Prozent des Nennbetrages angegeben), den der Hereingeber von

Stücken an den Hereinnehmer bei Rückkauf zu zahlen hat. – 2. *Devisentermingeschäft:* Differenz zwischen Terminkurs und Kassakurs, auch als *Agio* bezeichnet. – *Gegensatz:* → Deport.

Reportgenerator → Generator, mit dessen Hilfe Berichte, Listen etc. erzeugt werden können.

Repräsentanz → internationale Repräsentanz.

Repräsentationsaufwendungen – durch die wirtschaftliche und gesellschaftliche Stellung eines Steuerpflichtigen bedingte Aufwendungen. – 1. Repräsentationsaufwendungen werden steuerlich *grundsätzlich* als → Kosten der Lebensführung behandelt. – 2. Dienen derartige Repräsentationsaufwendungen außerhalb des Hauses des Steuerpflichtigen ausschließlich *betrieblichen oder beruflichen Zwecken* des Steuerpflichtigen, so sind sie bei der → Einkünfteermittlung abzugsfähig. Teilweise betrieblich bzw. beruflich veranlasste Aufwendungen können, wenn sie von Ausgaben, die der privaten Lebensführung gedient haben, leicht und einwandfrei zu trennen sind, insoweit als → Betriebsausgaben oder → Werbungskosten berücksichtigt werden. Unangemessene Repräsentationsaufwendungen stellen in Höhe des unangemessenen Teils nicht abzugsfähige Betriebsausgaben dar (§ 4 V Nr. 7 EStG) und berechtigen soweit nicht zum Vorsteuerabzug (§ 15 Ia Nr. 1 UStG).

Repräsentationsschluss – *indirekter Schluss;* in der Statistik der Schluss von einem Befund aus einer → Zufallsstichprobe auf die zugehörige → Grundgesamtheit. Der Repräsentationsschluss ist die Grundlage der Schätzverfahren (→ Intervallschätzung, → Punktschätzung) und → statistischen Testverfahren der Inferenzstatistik.

repräsentative Demokratie → indirekte Demokratie.

Repräsentativerhebung → Erhebung, die sich nur auf eine → Teilgesamtheit (→ Stichprobe, → Teilerhebung) erstreckt und deren Ergebnisse geeignet auf die → Grundgesamtheit übertragen werden können. Die Repräsentativität der Teilgesamtheit ist abhängig von dem zugrunde liegenden → Auswahlverfahren. – *I.e.S.* können nur Zufallsstichprobenerhebungen von einer gewissen Stichprobengröße an als Repräsentativerhebungen gelten. *I.w.S.* werden trotzdem auch nichtzufällige Auswahlverfahren (→ bewusste Auswahl) unter die Repräsentativerhebungen gerechnet. Bes. eine sorgfältige und damit qualitativ hochwertige → Quotenauswahl hat sich der Zufallsauswahl immer wieder als ebenbürtig erwiesen, bietet indessen nicht die Möglichkeit der → Intervallschätzung oder → Hypothesenprüfung.

Repräsentativität – Eine → Stichprobe ist dann repräsentativ, wenn ihre Ergebnisse ohne → systematischen Fehler auf die → Grundgesamtheit hochgerechnet werden können. Ein Sonderfall einer repräsentativen Stichprobe ist eine proportionale Stichprobe, bei der alle Anteile in der Stichprobe den Anteilen in der Grundgesamtheit entsprechen. Ist das interessierende Merkmal jedoch sehr ungleich in der Grundgesamtheit verteilt, dann ist es oft sinnvoll, die Einheiten, welche mehr von dem interessierenden Merkmal auf sich vereinen, stärker zu berücksichtigen. So sind Stichproben von → Handelspanels grundsätzlich disproportional angelegt. Eine solche Stichprobe ist dann repräsentativ, wenn das Ausmaß der Disproportionalität bekannt ist. Diese wird für die Berichterstattung dadurch wieder ausgeglichen, dass die Stichprobeneinheiten unterschiedliche Hochrechnungsfaktoren erhalten.

Representational Faithfulness – *Maßbarkeit;* qualitative Anforderung an Rechnungslegungsinformationen nach den → US-GAAP sowie nach den → International Financial Reporting Standards (IFRS). – Vgl. auch → Conceptual Framework, → Framework.

Reprise – Börsenfachausdruck für Kurssteigerungen, durch die vorherige Rückgänge wieder ausgeglichen werden.

Reprivatisierung – Rückführung von in Staatseigentum übergegangenen Unternehmungen in Privateigentum (→ Privatisierung).

Reproduktionskosten – die zur Wiederherstellung (im Sinn von Wiederbeschaffung) eines Sachguts notwendigen Kosten, die durch Preisveränderungen oder technischen Fortschritt von den „historischen" Produktionskosten des Sachguts abweichen können. Reproduktionskosten sind auch für den Faktor Arbeit definiert. Sie entsprechen dem Aufwand, der erforderlich ist, um die menschliche Arbeitskraft zu regenerieren (→ Existenzminimum). – Nach der *Reproduktionskostentheorie* tendiert der → Gleichgewichtspreis (eines Gutes) dahin, sich den Reproduktionskosten anzugleichen.

Reproduktionskostentheorie → Reproduktionskosten.

Reproduktionskostenwert → Reproduktionswert.

Reproduktionswert – *Reproduktionskostenwert, Sachwert, Substanzwert, Wiederherstellungswert, Teilreproduktionswert;* Wert eines Unternehmens, der sich aus der Addition der einzelnen bilanzierungsfähigen Vermögensteile nach Abzug der Schulden ergibt; zu Tageswerten bewertet. Der Gesamtwert einer Unternehmung wird durch Reproduktionswerte nicht dargestellt, weil außer den bilanziell erfassten Werten noch Werte aus der Kombination von einzelnen Vermögensgegenständen oder nicht aktivierbaren Fähigkeiten (z.B. des Personals) zum Bestand einer Unternehmung gehören, die man unter dem Begriff → Firmenwert zusammenfasst. Der Unternehmungswert ist deshalb nach der Methode der Gesamtbewertung zu ermitteln (→ Unternehmungswert, → Unternehmungsbewertung).

Reptilienfonds → Dispositionsfonds, Verfügungsmittel des Bundeskanzlers, die der Präsident des Bundesrechnungshofes kontrolliert. Die Ausgaben müssen nicht offen gelegt werden; im Haushalt sind sie als geheim ausgewiesen. Der Begriff stammt aus der Zeit des Kaiserreichs; O. von Bismarck verfügte über einen Fonds zur Bestechung von Journalisten „um die Reptilien in ihre Höhlen zu jagen". – *Beispiel:* Zuschüsse an Bundesnachrichtendienst und Bundesamt für Verfassungsschutz.

Republik – 1. *I.e.S.:* Gegenbegriff zur Monarchie, d.h. Staatsform, mit der jede Form der Erbmonarchie o.Ä. abgelehnt wird. – 2. *I.w.S.* bezeichnet Republik das Gemeinwesen (lat. res publica), bei dem die Staatsgewalt auf die Gemeinschaft zurückzuführen ist. – Für die Bundesrepublik Deutschland verfassungsmäßig in Art. 20 II GG verankert. Änderung ist selbst im Wege der verfassungsändernden Gesetzgebung nicht möglich (Art. 79 III GG).

Reputation – das auf Erfahrungen gestützte Ansehen und ggf. auch → Vertrauen, das ein Individuum oder eine Organisation bei anderen Akteuren hat. Reputation spielt eine wesentliche Rolle bei der Einschätzung künftiger Verhaltensweisen von A als potenziellem Interaktionspartner von B, v.a. in solchen Situationen, die vertraglich nur unvollständig bzw. gar nicht erfasst werden (können), vgl. → Agency-Theorie. Reputation stellt heute ein Äquivalent für die traditionellen Begriffe Ehre oder Tugend dar.

Requirements Engineering – 1. *Begriff:* das ingenieurmäßige Festlegen der *Anforderungen* an ein System; in der → Systemanalyse auf computergestützte (→ Computersystem) betriebliche → Informationssysteme bezogen, im → Software Engineering auf Softwareprodukte. – Vgl. auch → Softwaresysteme. – 2. *Aufgaben/Ziele:* Ermittlung, Beschreibung, Analyse und Gewichtung der Anforderungen in einer möglichst exakten und operationalen Form, um eine qualitative Verbesserung der Anforderungsdefinition und eine Reduktion der Fehler zu erreichen. Das Requirements Engineering stellt auf den Leistungsumfang eines Systems ab („was"), nicht jedoch auf seine Realisierung („wie"). – 3. *Einsatz:* a) Bei der → Systemanalyse im Rahmen der → Istanalyse; das Ergebnis, die Anforderungs- oder Produktdefinition, dient als Basis für das → Sollkonzept. – b) im *Software Engineering* in der Phase → Anforderungsdefinition im → Softwarelebenszyklus. – 4. *Methoden/Werkzeuge:* Das Requirements Engineering wird derzeit nur in geringerem Umfang als andere Phasen unterstützt. V.a. fehlen meist exakte Beschreibungsmittel zur Definition von Produktanforderungen sowie → Softwarewerkzeuge zur automatischen Analyse der Anforderungen auf Widerspruchsfreiheit und Vollständigkeit.

Reservationspreis – Begriff aus der Mikroökonomie, entspricht der maximalen → Preisbereitschaft eines Nachfragers für eine Leistung bzw. dem akzeptierten Minimalpreis des Anbieters.

Reservefonds – veraltete Bezeichnung für → Rücklage. Streng genommen dürften als Reservefonds nur solche Rücklagen bezeichnet werden, denen auf der Aktivseite der Bilanz ein im Bedarfsfall jederzeit verfügbarer Posten (z.B. Wertpapier-Reservefonds) gegenübersteht. In diesem Sinn sind Rücklagen im HGB jedoch nicht definiert.

Reserven → Rücklagen, → stille Rücklagen, → Mindestreserven.

reservepflichtige Verbindlichkeiten → Mindestreserve.

Reserveposition im IWF – Betrag, der von einem Mitglied des Internationalen Währungsfonds (→ IWF) von diesem jederzeit als → Kredit zur Finanzierung von Defiziten in der → Zahlungsbilanz abgerufen werden kann, ohne dass der IWF berechtigt ist, eine Rechtfertigung des Kreditwunsches zu verlangen oder die Kreditvergabe an Auflagen (→ Konditionalität) zu binden. Die Reserveposition im IWF umfasst die → Reservetranche und eventuelle Forderungen aus der Gewährung von Krediten an den IWF. Ein in Anspruch genommener Kredit ist zu verzinsen und in konvertierbarer Währung zurückzuzahlen. Die Reserveposition im IWF zählt zu den Währungsreserven eines Landes. Die Währungsreserven setzen sich zusammen aus den → Devisenreserven (Finanzaktiva in ausländischer Währung) und Gold- und Ziehungsrechten beim IWF. – Vgl. auch → Ziehungsrechte.

Reservetranche – Teil der → Reserveposition im IWF. Die Höhe der Reservetranche bemisst sich nach der Subskriptionsverpflichtung des betreffenden IWF-Mitglieds; diese entspricht der IWF-Mitgliedsquote, die zu 25 Prozent in → Sonderziehungsrechten (SZR) (früher in Gold) und zu 75 Prozent in nationaler Währung einzuzahlen ist. Zur Reservetranche zählen alle Subskriptionsleistungen abzüglich des vom IWF nicht für seine Ausleihung eingesetzten, vom Mitglied in eigener Währung erbrachten Teils der Subskription. Bei Ländern mit einer nicht konvertierbaren, d.h. vom IWF nicht für Ausleihungen verwendbaren Währung (v.a. → Entwicklungsländer) entspricht die Reservetranche demnach dem in *Sonderziehungsrechten (SZR)* eingezahlten Betrag.

Reservewährung – Währung, die als → Devisenreserve verwendet wird. Der Status als Reservewährung kann einer Währung über bes. Bestimmungen eines → internationalen Währungssystems betreffend die Devisenmarktinterventionen erwachsen, oder er kann sich im Laufe der Zeit durch bestimmte Entwicklungen rein faktisch ergeben.

RESET-Test von Ramsey – von Ramsey (1969) vorgeschlagenes Testverfahren zur Aufdeckung von Spezifikationsfehlern (z.B. vernachlässigte Variablen, falsche funktionale Form) in linearen → Regressionsmodellen. – In einem ersten Schritt wird hier zunächst das auf Spezifikationsfehler zu untersuchende Modell $Y_i = \beta_0 + \beta_1 X_{1i} + \ldots + \beta_K X_{Ki} + \varepsilon_i$ mit OLS geschätzt. Das geschätzte Modell wird schließlich zur Bestimmung von Werten

$$\hat{Y}_i = \hat{\beta}_0 + \hat{\beta}_1 X_{1i} + \ldots + \hat{\beta}_K X_{Ki}$$

eingesetzt, die in einem zweiten Schritt dazu verwendet werden, zu untersuchen, ob die Variable Y durch Hinzufügen von Variablen $\hat{Y}^2$, $\hat{Y}^3$, $\hat{Y}^4$ usw. ins Ursprungsmodell besser erklärt werden kann. Diese Terme $\hat{Y}^2$, $\hat{Y}^3$, $\hat{Y}^4$ agieren als Proxies für jede mögliche (unbekannte) vernachlässigte Variable oder falsche funktionale Form. Kann durch einen → F-Test für das multiple Regressionsmodell die Nullhypothese, dass die Parameter der hinzugefügten Variablen alle null sind, abgelehnt werden, ist dies ein Hinweis darauf, dass ein Spezifikationsfehler vorliegt. Welcher Natur dieser aber ist (vernachlässigte Variable, falsche funktionale Form, ...) kann nicht gesagt werden.

Residenzhandel – Handel nach dem *Residenzprinzip:* Der Kaufvorgang findet am Standort des Verkäufers (dessen Residenz) statt, so bei den meisten Betriebsformen des → stationären Handels. Der Käufer bewegt sich zum Verkäufer. – *Anders:* → Distanzhandel, → Domizilhandel, → Markthandel.

Residenzprinzip → Residenzhandel.

Residualkosten – Kosten, die sich bei einer → Kostenauflösung ergeben, welche nicht von einer Beschäftigungsvariation in kleinen Schritten ausgeht, sondern derartige Veränderungen nur in ganzen „Produktionsschichten" unterstellt. – 1. *Vorgehen:* Für jede einzelne Produktionsschicht werden die zusätzlichen Kosten der Schicht (Schichtgrenzkosten) durch die Schichtleistung (in der Schicht produzierte Leistungsmenge) dividiert und diese „Schichtstückgrenzkosten" anschließend mit der gesamten Produktionsmenge multipliziert. Die damit ermittelten Grenzkosten der Periodenleistung zieht man schließlich im letzten Schritt des Verfahrens von den Gesamtkosten ab und erhält die Residualkosten. Bei einem s-förmigen, auf einem Fixkostensockel aufsetzenden Kostenverlauf ergeben sich zunächst stark positive Residualkosten, was den Produktionsverantwortlichen zu einer Ausweitung der Produktion veranlassen soll. Im überproportionalen Teil der Kostenfunktion sind die Residualkosten dagegen negativ, wovon ein Drang nach Minderbeschäftigung ausgehen soll. Im proportionalen Bereich schließlich nehmen die Residualkosten den Wert Null an und signalisieren, die Beschäftigung nicht zu verändern. – 2. *Aussagefähigkeit:* Residualkosten sollen als Indikator für das Maß der Kapazitätsauslastung, genauer für den Grad der Abweichung von jener Beschäftigung, bei der mit minimalen Kosten pro Leistungseinheit produziert wird, dienen. Allerdings muss beachtet werden, dass die Höhe der Produktionskosten nur eine von mehreren Bestimmungsfaktoren zur Festlegung des Produktions- und Absatzprogramms darstellt.

Residual Loss → Agency-Kosten.

Residualtheorie – 1. *Residualtheorie des Profits:* In der ökonomischen Klassik ist der Profit ist eine Residualgröße, die sich ergibt, wenn vom Produktionsergebnis die Löhne und die Grundrenten abgezogen werden. – Vgl. auch → Verteilungstheorie. – 2. *Residualtheorie des Lohnes:* Von Walker entwickelte → Lohntheorie; danach ist der Lohn eine Restgröße, die vom Ertrag einer Industrie nach Abzug der Kapitalkosten übrig bleibt. – 3. *Residualtheorie der Dividenden:* Theorie über die optimale Gestaltung der → Dividendenpolitik einer Aktiengesellschaft. Gewinne sollen nur dann thesauriert werden (→ Selbstfinanzierung), wenn die damit im Unternehmen erzielbare Rendite über derjenigen liegt, die die Aktionäre selbst durch Anlage des entsprechenden Betrags erhalten. Ansonsten werden die Gewinne ausgeschüttet. Die Gewinnverwendungsentscheidung ist der Investitionsentscheidung nachgeordnet. – Vgl. auch → Schütt-aus-hol-zurück-Politik.

Residualverlust → Agency-Kosten.

Residuen – Abweichungen der geschätzten Regressionsfunktion (→ Regressionsmodell) von den Beobachtungen der erklärten Variable der Stichprobe.

Residuen, rekursive – Mithilfe der Beobachtungen bis zum Zeitpunkt t–1 werden die Parameter eines → Regressionsmodells geschätzt. Mit diesen Schätzwerten wird für die Beobachtung t ein Prognosewert ermittelt und mit der tatsächlichen Beobachtung verglichen. Die Differenz wird als rekursives Residuum bezeichnet. Dividiert man diese Residuen durch ihre jeweiligen Standardabweichungen, so spricht man von den standardisierten rekursiven Residuen.

resignative Arbeitszufriedenheit – Konstrukt, das im Rahmen der Arbeitszufriedenheitstheorie (→ Arbeitszufriedenheit) von Bruggemann die Aussage beinhaltet, dass eine Person ihr → Anspruchsniveau in Bezug auf die erlebte Situation am Arbeitsplatz absenkt, um auf diese Weise eine erlebte Soll-Ist-Differenz zu reduzieren. Das Konstrukt erklärt, warum viele Arbeitnehmer sich als zufrieden bezeichnen, obwohl Experten ihre Arbeitssituation negativ bewerten. Die resignative Arbeitszufriedenheit ist eine empirisch bes. häufig anzutreffende Form der Arbeitszufriedenheit.

Resilienz – Unternehmerische Resilienz ist die Eigenschaft eines Unternehmens, externe Schocks oder Verwerfungen der sozialen, wirtschaftlichen oder politischen Rahmenbedingungen auszuhalten und sich an die neuen Bedingungen anzupassen.*Resilienz eines Ökosystems:* Fähigkeit, trotz Einwirkungen von außen, die Stabilität des Systems zu gewährleisten. – Für Unternehmen bedeutet Resilienz gegenüber dem Klimawandel die Fähigkeit, trotz Extremwetterereignissen und veränderten durchschnittlichen Klimabedingungen langfristig am Markt zu bestehen.

Resolution – logische Beweistechnik, die sich bes. gut für das computergestützte Beweisen von Theoremen eignet. Resolution bildet eine wesentliche Grundlage der → Programmiersprache → Prolog.

Resonanz – Begriff aus der Systemtheorie N. Luhmanns. Resonanz bezeichnet die Qualität der Fähigkeit eines → Systems, nach Maßgabe seiner Struktur auf Umweltereignisse reagieren zu können. Die Resonanzfähigkeit eines Systems in Bezug auf Umweltentwicklungen ist selektiv, d.h. es wird nicht von allen Umweltentwicklungen in Schwingungen versetzt. Die Selektivität der Resonanzfähigkeit nimmt mit dem Grad der Ausdifferenzierung des Systems zu. Ein nicht oder nur unzureichend resonanzfähiges System ist in einer dynamischen Umwelt existenziell gefährdet. – Vgl. auch → Rückbetroffenheit, → umweltbewusstes Verhalten.

Respektfrist → Respekttage.

Respekttage – *Respektfrist;* Frist, innerhalb derer ein → Wechsel nach Fälligkeit noch ohne nachteilige Rechtsfolgen für den Wechselschuldner eingelöst werden kann. Im dt. Wechselrecht gibt es mit Ausnahme der eintägigen Überlegungsfrist des Art. 24 I 1 WG keine Respekttage mehr (Art. 74 WG). Der Schuldner muss also vom Verfalltag an auf Zahlung eingerichtet sein. Im Wechsel angeordnete Respekttage sind unwirksam.

Response Function → Responsefunktion.

Responsefunktion – *Response Function, Wirkungsfunktion;* Beziehung zwischen beliebig vielen Marketingvariablen (z.B. Preis, Kommunikation, Distribution) und dem Response (Antwort), den die Marketingvariablen bei Konsumenten und Nachfrager auslösen. Unabdingbare Voraussetzung für rationale Marketingentscheidungen. – *Messung:* Die Responsefunktion kann in tabellarischer, grafischer oder mathematischer Form beschrieben werden. Der Response (abhängige Variable) wird oft in Form von absoluten oder relativen Absatzmengen oder → Marktanteilen gemessen, sodass die Responsefunktion Auskunft gibt über Art und Stärke der Wirkung verschiedener Marketingvariablen auf den Absatz und/oder Marktanteil eines Produktes; die Wirkung kann nicht direkt oder indirekt über andere Marketingvariable erfolgen. – *Wichtige Sonderformen:* → Preisresponsefunktion, → Werbewirkungsfunktion.

Responsibility Accounting → verantwortungsorientiertes Rechnungswesen.

Ressort – I. Verwaltungsrecht: 1. *Geschäftskreis einer Behörde* im Verhältnis zum Geschäftskreis einer anderen Behörde der gleichen Ordnung. Behörden dürfen nur innerhalb ihres Ressorts tätig werden, ein von einem nicht zuständigen Ressort erlassener → Verwaltungsakt ist nichtig (z.B. eine Anordnung des Finanzministeriums, für die sachlich das Wirtschaftsministerium zuständig wäre). – 2. Ressort *innerhalb einer Behörde* entsprechend den verschiedenartigen Verwaltungsaufgaben.

II. Organisation: Im Rahmen der ressortgebundenen Unternehmensführung (→ Organisation der Unternehmungsleitung) ein → organisatorischer Teilbereich, der von einem Mitglied der Unternehmungsleitung geführt wird.

ressortgebundene Unternehmungsführung → Organisation der Unternehmungsleitung.

Ressortkollegialität – Form der Arbeitsteilung innerhalb einer multipersonalen → organisatorischen Einheit, bei der den einzelnen Mitgliedern → Entscheidungskompetenzen für jeweils bestimmte Entscheidungsbereiche (→ Ressorts) übertragen werden, aber bereichsübergreifende Fragen der gemeinsamen Entscheidung sämtlicher Mitglieder vorbehalten bleiben. Die Anwendung des Prinzips der Ressortkollegialität an der Spitze der Hierarchie führt zur ressortgebundenen Unternehmungsführung (→ Organisation der Unternehmungsleitung).

ressortlose Unternehmungsführung → Organisation der Unternehmungsleitung.

Ressortprinzip → Ministerialprinzip.

Ressource – I. Volkswirtschaftslehre: Bezeichnung für → Produktionsfaktoren (Arbeit, Kapital, Boden) bzw. natürlich vorkommende Rohstoffe und Boden(-schätze). – *Information als Ressource:* → Informationsproduktion, → Informationsmärkte, → Rechte an Informationen.

II. Produktion: 1. *I.w.S.:* Mittel, die in die Produktion von Gütern und Dienstleistungen eingehen. – 2. *I.e.S.:* natürliche Ressourcen.

Ressourcenkostenrechnung – 1. *Begriff:* Die Ressourcenkostenrechnung ist eine Methode, die sich an dem Betriebsabrechnungsbogen der traditionelle → Kostenrechnung anlehnt und ihn um Stoff- und Energieflüsse erweitert. Der Methode liegt das Prinzip der Ressourceneffizienz zugrunde. – 2. *Entwicklung:* Die Ressourcenkostenrechnung wurde Anfang der 2000er-Jahre durch die Effizienzagentur NRW entwickelt. – 3. *Geltungsbereich und Systemgrenze:* Die Methode kann weltweit mit der Systemgrenze „Cradle-to-Gate" (→ Cradle-to-Cradle) angewendet werden. – 4. *Bewertungsobjekt und Bewertungsgröße:* Mit der Ressourcenkostenrechnung können Prozesse im Unternehmen, die über eine schwach ausgeprägte → Kostenrechnung verfügen, hinsichtlich ihrer umweltrelevanten Stoff- und Energieströme bewertet werden. – 5. *Ziel und Annahmen:* Die Ressourcenkostenrechnung berücksichtigt → Umweltaspekte im klassischen Entscheidungsprozess. Voraussetzung dafür ist, dass im Unternehmen die klassische Sichtweise des Rechnungswesens ausgeprägt ist und im Betriebsabrechnungsbogen dargestellt wird. – 6. *Vorgehensweise:* 1) klassischer Betriebsabrechnungsbogen, 2) Erfassung alle Materialien, die in eine → Kostenstelle eingehen. 3) Die Materialströme (Einsatz und Kondukte) werden zu den in der Kostenstelle erstellten Produkten, Zwischenprodukten und Halbfertigerzeugnissen zugeordnet. 4) Materialströme und Energieverbrauchsmengen werden prozessbasiert erfasst. 5) Materialströme und Energieverbrauchsmengen werden mit prozentualer Verrechnung der beanspruchten Fertigungsgesamtkosten prozessbasiert erfasst. 6) Materialströme und Energieverbrauchsmengen werden mit prozessbezogener Verrechnung der beanspruchten Fertigungskosten prozessbasiert erfasst. – 7. *Ergebnis:* Die Mengen- und Wertgrößen können separat ausgewiesen werden. – 8. *Kritische Würdigung:* Als positive Aspekte der Ressourcenkostenrechnung sind die geringen Anforderungen an das Rechnungswesen und die hohe Akzeptanz bei den Controllern anzumerken. Für große Unternehmen mit einer ausgeprägten und differenzierten Kostenrechnung ist die Methode jedoch weniger geeignet.

Ressourcennutzung – das durch die → Organisation beeinflusste Ausmaß der Ausnutzung vorhandener → Ressourcen einer Unternehmung. Zielkriterium für die Beurteilung der → organisatorischen Effizienz.

Ressourcenökonomik – 1. *Begriff:* Die Ressourcenökonomik untersucht den Abbau erschöpfbarer und → erneuerbarer Ressourcen im Zeitablauf. Bei → erschöpflichen Ressourcen wird davon ausgegangen, dass der Bestand für den betrachteten Zeitraum nicht durch Regeneration verändert werden kann. – *Beispiele:* Traditionelle Energieträger wie Öl, Kohle und Erdgas sowie mineralische Rohstoffe. – 2. *Pareto-Optimum:* Der pareto-optimale Abbau endlicher Ressourcen verlangt, dass der diskontierte Nettogrenznutzen in allen Perioden identisch ist (→ Hotelling-Regel). Im theoretischen Idealfall kann das Pareto-Optimum durch Marktprozesse herbeigeführt werden wenn alle Ressourcen im Privatbesitz sind. Dazu müssen allerdings restriktive Voraussetzungen wie vollständige Konkurrenz, Abwesenheit → externer Effekte und die Übereinstimmung von sozialer und privater Diskontrate erfüllt sein. Die Ressourcenökonomik untersucht, welche Abweichungen sich vom Pareto-Optimum ergeben, wenn eine oder mehrere dieser Bedingungen verletzt sind. – Im Unterschied zu erschöpfbaren wird bei *erneuerbaren Ressourcen* davon ausgegangen, dass sich diese im relevanten Zeitraum vermehren können. Die Wachstumsrate kann dabei von vielen Faktoren, bes. von der Größe des Bestandes abhängen. – *Beispiele:* Wald- und Fischbestände. Während bei erschöpfbaren Ressourcen der optimale Abbaupfad gesucht wird, geht es bei regenerierbaren Ressourcen um den optimalen Erntepfad. Wichtig sind dabei bio-ökonomische Gleichgewichte, bei denen in jedem Zeitpunkt eine dem Regenerationszuwachs des Bestandes entsprechende Menge geerntet wird.

Ressourcenplanung → Unternehmensplanung.

Ressourcenproblem → Ressourcenverknappung.

Ressourcenschonung – beim Input von Produktion/Konsum ansetzende umweltpolitische Konzeption (→ Umweltpolitik), gerichtet auf Sparen, vollständige Einsatzvermeidung und Substitution bei → ökologischer Knappheit sowie bei umweltschädlichen Einsatzstoffen und -energien.

Ressourcenverbrauchskonzept – bezeichnet die Grundlogik und -ausrichtung von Rechnungssystemen, die auf der Doppik basieren und wie es bspw. dem Neuen Kommunalen Rechnungswesen unterliegt. Merkmal ist, dass im Rechnungssystem alle Verbindlichkeiten und Forderungen erfasst werden, die aus Geschäftsvorfällen der Periode resultieren. Im öffentlichen Bereich steht der Ressourcenverbrauch dem Geldverbrauchskonzept gegenüber, wie es den kameralen Rechnungssystemen unterliegt, die lediglich geldwirksame Vorgänge, also Einnahmen und Ausgaben, umfassen. Typische Beispiele für Verbindlichkeiten, die im Ressourcenverbrauchskonzept erfasst werden, hingegen nicht im Geldverbrauchskonzept, sind Abschreibungen und Rückstellung. Während Rechnungen, die auf dem Geldverbrauchskonzept beruhen, im Ergebnis Auskunft über den Liquidätsbedarf bzw. die Entwicklung der Liquidät geben, geben solche die auf dem Ressourcenverbrauchskonzept basieren Auskunft über die Veränderung des Eigenkapitals (Gewinn oder Verlust).

Ressourcenverknappung – *Ressourcenproblem;* schwindende Verfügbarkeit wirtschaftlich notwendiger natürlicher Ressourcen.

Restdeckungsbeitrag – Bezeichnung für die im Rahmen der → Fixkostendeckungsrechnung ermittelten Differenzen aus den → Deckungsbeiträgen und verschiedenen speziellen → fixen Kosten.

Restemission – Emissionsmenge, die nach der Durchführung einer umweltpolitischen Maßnahme bzw. nach Erreichen des umweltpolitischen Ziels noch verursacht wird.

Restitutionsanspruch – *Rückübertragungsanspruch;* in Zusammenhang mit der Regelung offener Vermögensfragen in den neuen Bundesländern der Anspruch eines früheren Eigentümers auf Rückübertragung der ihm entzogenen Vermögenswerte. – Vgl. auch → Vermögensgesetz.

Restitutionsklage → Wiederaufnahme des Verfahrens.

Restkostenwert – *Restwert;* im Rahmen der Restkostenwertrechnung (→ Kuppelprodukte) ermittelter Wert, der sich als Differenz zwischen den Kosten des Kuppelproduktionsprozesses und den Verwertungsüberschüssen (→ Nettoerlöse abzüglich Weiterverarbeitungskosten nach dem Spaltprozess) der Nebenprodukte ergibt. Der Restkostenwert ist nicht als dem Hauptprodukt exakt zurechenbarer Kostenbetrag zu interpretieren, sondern stellt vielmehr eine Deckungslast (→ Deckungsbudget) dar, die vom Hauptprodukt über seine Verwertung abgedeckt werden muss.

Restkostenwertrechnung → Kuppelprodukte.

Restnutzungsdauer – die nach Ablauf einer bestimmten Zeit (meist für die Zeit nach dem aktuellen Bilanzstichtag) noch verbleibende Nutzungsdauer eines Anlagegutes. Die Restnutzungsdauer ist maßgeblich bei → Absetzungen für Abnutzung (Afa) nach §§ 7 und 7a EStG.

Restposten der Zahlungsbilanz → Saldo der statistisch nicht aufgliederbaren → Transaktionen. Korrekturposten, mit dessen Hilfe der statistische Ausgleich der → Zahlungsbilanz formal hergestellt wird. Der Restposten der Zahlungsbilanz wird dadurch erforderlich, dass aufgrund von Unzulänglichkeiten der → Zahlungsbilanzstatistik nicht für alle außenwirtschaftlich relevanten Transaktionen die entsprechenden Gegenbuchungen nach dem Prinzip der doppelten Buchführung in der → Zahlungsbilanz vorgenommen werden können, z.B. die Gewährung von Handelskrediten bei Exporten oder Importen.

Restrukturierung → Sanierung.

Restschuldbefreiung – kann nur von einer → natürlichen Person beim → Insolvenzgericht beantragt werden und soll einem redlichen Schuldner durch Schuldenerlass die Möglichkeit eines wirtschaftlichen Neuanfangs nach einer streng reglementierten und überwachten Wohlverhaltensphase von sechs Jahren geben (§§ 286–303 InsO). Die Restschuldbefreiung stammt aus dem angelsächsischen Recht und stellt ein Kernstück der Insolvenzrechtsreform dar, da nach früherem Recht titulierte Forderungen, auch wenn sie in einem Konkursverfahren ausgefallen waren, erst nach 30 Jahren verjährten. – *Voraussetzungen:* Der Schuldner muss seine pfändbaren Forderungen auf Bezüge aus einem Dienstverhältnis oder an deren Stelle tretende laufende Bezüge für die Zeit von sechs Jahren an einen vom → Insolvenzgericht bestimmten Treuhänder abtreten (§ 287 InsO); eine angemessene Erwerbstätigkeit ausüben und darf keine zumutbare Tätigkeit ablehnen; Vermögen, das er durch Erbschaft erwirbt, zur Hälfte an den Treuhänder herausgeben; jeden Wechsel des Wohnsitzes oder der Beschäftigungsstelle dem Treuhändler anzeigen; ihm jederzeit Auskunft erteilen und kein Vermögen verheimlichen; sowie Zahlungen nur an ihn leisten (§ 295 InsO). Verstößt der Schuldner hiergegen, kann das → Insolvenzgericht auf Antrag eines → Insolvenzgläubigers die Restschuldbefreiung versagen (§ 296 InsO), andernfalls wird sie erteilt und wirkt gegen alle Gläubiger, auch wenn sie ihre Forderungen nicht angemeldet hatten (§ 301 InsO). Stellt sich nachträglich heraus, dass der Schuldner seine Obliegenheiten vorsätzlich verletzt und dadurch seine → Insolvenzgläubiger erheblich beeinträchtigt hat, kann die Restschuldbefreiung widerrufen werden (§ 303 InsO). Die Restschuldbefreiung ist bereits von Anfang an zu versagen, wenn der Schuldner Insolvenzstraftaten nach den §§ 283–283c StGB begangen hat oder wenn er in den letzen drei Jahren vor Eröffnung des Insolvenzverfahrens oder nach diesem Antrag vorsätzlich falsche Angaben über seine Vermögensverhältnisse gemacht hat oder in den letzten zehn Jahren bereits einmal eine Restschuldbefreiung versagt oder gewährt worden ist oder im letzten Jahr vor dem Antrag auf Eröffnung des Insolvenzverfahrens oder nach diesem Antrag vorsätzlich oder grob fahrlässig die Befriedigung der → Insolvenzgläubiger dadurch beeinträchtigt hat, dass er unangemessene Verbindlichkeiten begründet hat oder seine gesetzlichen Auskunftspflichten verletzt hat (§ 290 InsO). Wird die Restschuldbefreiung vom Insolvenzgericht erteilt, wirkt sie gegen alle Insolvenzgläubiger und auch diejenigen, die ihre Forderungen nicht angemeldet haben (§ 301). Der Beschluss über die Restschuldbefreiung ist öffentlich bekanntzumachen.

Restschuldversicherung – 1. *Begriff:* Risikolebensversicherung gegen Einmalbeitrag mit einer fallenden → Versicherungssumme (in Ausnahmefällen auch eine Kapitallebensversicherung), die im Todesfall den noch nicht getilgten Teil eines Kredits leistet. – 2. *Hintergründe:* Der Gläubiger eines Darlehens hat bei Eintreten unvorhergesehener Ereignisse, die die Rückzahlungsfähigkeit eines Darlehensnehmers beeinträchtigen oder verhindern, ein Interesse, sein Rückzahlungsrecht abzusichern. Dies gilt insbesondere hinsichtlich des Todesfallrisikos. Der Darlehensnehmer verpflichtet sich zum Abschluss einer → Lebensversicherung und tritt die Ansprüche auf die Auszahlung im Versicherungsfall in Höhe der noch bestehenden Restschuld an den Darlehensgeber ab. – 3. *Besondere Merkmale:* Die Restschuldversicherung unterscheidet sich von normalen Risikolebensversicherungen gegen Einmalbeitrag mit fallender Summe durch den Vertriebsweg, die Verwaltung und die durchschnittliche Versicherungssumme. Die Restschuldversicherung wird zumeist i.V.m. einem Ratenkredit über die kreditgewährende Bank vertrieben, die in der Folge auch große Teile der Verwaltung und Bestandsführung übernimmt. Da die Restschuldversicherung überwiegend i.V.m. Konsumentenkrediten vertrieben wird, ist deren durchschnittliche Versicherungssumme eher gering.

Reststoffkostenrechnung – 1. *Begriff:* Die Reststoffkostenrechnung bewertet → Kondukte, die im Wertschöpfungsprozess anfallenden. – 2. *Entstehung:* Die Bezeichnung Reststoffkostenrechnung geht auf Fichter/ Loew/ Seidel (1997) zurück. Bei der Methode werden die Kosten für → Rohstoffe, Materialbearbeitung, → Transport etc. nicht nur auf die Produkte, sondern auch auf die Reststoffe verteilt. – 3. *Geltungsbereich und Systemgrenze:* Die Methode der Reststoffkostenrechnung kann weltweit mit der Systemgrenze „Cradle-to-Gate" (s. → Cradle-to-Cradle) angewendet werden. – 4. *Bewertungsobjekt und Bewertungsgröße:* Mit der Reststoffkostenrechnung können Unternehmen hinsichtlich ihrer Stoff- und Energieflüsse, die in die „Produktion" von Reststoffen eingehen, bewertet werden. – 5. *Ziel und Annahmen:* Das Ziel der Reststoffkostenrechnung ist die transparente Darstellung der Reststoffe als direkt beeinflussbare Stellgrößen bez. Kostensenkungs- und Umweltentlastungspotentialen für das Unternehmen. Es liegt jedoch die Annahme zugrunde, dass nicht wertschöpfende Reststoffe dreifache Kosten verursachen: beim Einkauf, beim Produktionsprozess und bei der → Entsorgung. – 6. *Vorgehensweise:* (1) Reststoffmengenberechnung, (2) Reststoffkostenbestimmung, (3) Abgrenzung der Reststoffkosten von den übrigen Kosten, (4) Zuordnung der Reststoffkosten auf die kostentreibenden Reststoffe sowie auf die in sie eingehenden Einsatzmaterialien, (5) Anwendung der Rechnungsergebnisse bei der betrieblichen Zielentwicklung, Planung, Steuerung und Kontrolle. – 7. *Ergebnis:* Durch die Reststoffkostenrechnung wird eine verursachungsgerechte Zuteilung und Transparenz der Reststoffe und Reststoffkosten bewirkt. – 8. *Kritische Würdigung:* Die Methode fördert die Transparenz von betrieblichen Abläufen und kann bei der Aufdeckung von potenziellen ökonomischen und ökologischen Schwachstellen helfen. Die Zuordnung der Reststoffkosten auf → Kostenträger und → Kostenstellen mittels der erfassten Stoff- und Energieflüsse ist verursachungsgerecht. Außerdem unterstützt die Methode den kontinuierlichen Verbesserungsprozess und liefert ergänzende Informationen für die Produktentwicklung und die → Investitionsrechnung. Negativ ist einzig der zusätzliche Erfassungsaufwand anzumerken.

Restwaren – Lagerbestände bei Produzenten oder Handelsbetrieben, die i.d.R. zu normalen Preisen nicht mehr verkauft werden können. Sonderveranstaltungen, auf denen Restwaren verkauft werden, sind entgegen alter Rechtslage wettbewerbsrechtlich grundsätzlich zulässig, es sei denn, die Veranstaltung wird in irreführender Weise beworben.

Restwert – I. Bilanzierung: der nach einer bestimmten Abschreibungsdauer verbleibende Buchwert eines Anlagegegenstandes, der bei → direkter Abschreibung als Aktivum in der Bilanz erscheint. – *Beispiel:* Wird eine Maschine mit einem Anschaffungswert von 10.000 Euro drei Jahre lang mit je 2.000 Euro abgeschrieben, so ergibt sich zu Beginn des vierten Jahres ein Restwert von 4.000 Euro. – Vgl. auch → Altmaterialwert.

II. Kostenrechnung: → Restkostenwert.

Restwertabschreibung – *unendliche Abschreibung, geometrisch degressive Abschreibung, Buchwertabschreibung;* eine Form der → degressiven Abschreibung mit fallenden jährlichen Raten, die durch die Anwendung eines konstanten Prozentsatzes auf den jeweils verbleibenden Restwert entstehen. – Errechnung des gesuchten Abschreibungsprozentsatzes p durch folgende Formel:

$$p = 100 \cdot (1 - \sqrt[j]{\frac{RE}{AHK}}),$$

wobei: j = Jahr, RE = Restwert, AHK = Anschaffungs- bzw. Herstellungskosten. –*Beurteilung:* Die Anwendung der Formel führt nicht immer zu ökonomisch

Restwertabschreibung

Abschreibungssumme – 50 % von 3.200 Euro	3.200 Euro 1.600 Euro
Restwert am Ende des 1. Jahres – 50 % von 1.600 Euro	1.600 Euro 800 Euro
Restwert am Ende des 2. Jahres – 50 % von 800 Euro	800 Euro 400 Euro
Restwert am Ende des 3. Jahres – 50 % von 400 Euro	400 Euro 200 Euro
Restwert am Ende des 4. Jahres – 50 % von 200 Euro	200 Euro 100 Euro
Restwert am Ende des 5. Jahres	100 Euro

sinnvollen Ergebnissen. Tendiert der Restwert gegen 0, so ergibt sich eine sehr starke Degression (z.B. RE = 1, dann ist p ≈ 80 Prozent). Üblich ist deshalb eine auch steuerlich zulässige *Kombination mit der* → linearen Abschreibung. Der Übergang findet statt, sobald die linearen Abschreibungsbeträge auf der Basis des Restwerts und der Restnutzungsdauer höher sind als die degressiven Abschreibungsbeträge (§ 7 III EStG).

Restwertrechnung → Kuppelprodukte.

Retailbank → Filialbank.

Retailing → Handel.

Retention Marketing – In umkämpften und gesättigten Märkten kann es für ein Unternehmen Gewinn bringender sein, die Beziehungen zu bestehenden Kunden zu intensivieren, als Neukunden zu akquirieren. Im Zentrum des Retention Marketings stehen die profitablen Kunden. Der Kundenstamm eines Unternehmens wird unter Rentabilitätsgesichtspunkten analysiert und bewertet. Es werden profitable Kunden(gruppen) identifiziert und innerhalb dieser anhand von Kaufverhaltensaspekten möglichst homogene Segmente gebildet. Mittels spezifischer Marketingmaßnahmen soll versucht werden, für das Unternehmen bedeutende Kunden(gruppen) durch eine intensive Pflege der Beziehungen langfristig an das Unternehmen zu binden (→ Relationship Marketing).

Retentionsrecht → Zurückbehaltungsrecht.

Retorsionszoll → Vergeltungszoll.

Retouren – 1. *Allgemein:* beanstandete oder unverkäufliche, an den Verkäufer zurückgesandte

Waren. – 2. *Außenhandel:* Waren, die dem Exporteur von seinen Niederlassungen oder Geschäftspartnern im Ausland zur Verrechnung von Exportsendungen zugesandt werden; zu registrieren in einem Retourenbuch. – 3. *Zollrecht:* → Rückwaren. – 4. *Bankverkehr:* nicht eingelöste Wechsel *(Retourwechsel),* → Schecks *(Retourscheck)* und → Lastschriften.

Retourscheck → Retouren.

Retourwechsel → Retouren.

Retractible Bond → Anleihe mit dem Recht auf Laufzeitverkürzung. Sowohl Anleger als auch Emittent haben das Recht zur vorzeitigen Kündigung zu bestimmten Couponterminen, um veränderte Marktverhältnisse zu berücksichtigen. – *Gegensatz:* → Extendible Bond.

retrograde Erfolgsrechnung – mehrstufige → Erfolgsrechnung, bei der Erlöse einzelner Bezugsgrößen angesetzt und sukzessive Kosten abgezogen werden. Wichtigste Ausprägung der retrograden Erfolgsrechnung sind → Deckungsbeitragsrechnungen. – *Gegensatz:* → Progressive Erfolgsrechnung.

retrograde Kalkulation – mehrstufige, beim erzielbaren Marktpreis eines Erzeugnisses ansetzende → Kalkulation, in der sukzessive die dem Erzeugnis zurechenbaren Kosten abgezogen werden. Retrograde Kalkulationen werden häufig in Handelsbetrieben angewandt, wenn der maximale Einkaufspreis ermittelt werden soll. – *Gegensatz:* → Progressive Kalkulation.

retrograde Planung → Unternehmensplanung.

retrograde Prüfung → Prüfung eines Vorgangs über eine → Prüfungskette, ausgehend von der Letzterfassung im Jahresabschluss und zurückgehend bis zum wirtschaftlichen Tatbestand. Prüfungsrichtung und Richtung der Fehlerentstehung und Fehlerfortpflanzung sind gegenläufig.

retrograde Wertermittlung → beizulegender Wert.

retrospektive Deckungsformen – 1. *Begriff:* Konzepte, die Rückversicherungsschutz für Schäden bieten, die bei Vertragsabschluss bereits eingetreten bzw. verursacht sind („rückschauend") und damit eine aktive Abwicklung von Schadenportefeuilles (Run-off-Management) ermöglichen. Ihre Anwendung erfolgt vornehmlich in Sparten bzw. Zweigen mit langer Abwicklungsdauer (z.B. → Haftpflichtversicherung). Zwei Grundformen mit Kombinationsmöglichkeiten werden unterschieden: Loss Portfolio Transfer und Adverse Development Cover. – 2. *Merkmale:* Die Konzepte zeichnen sich durch einen hohen Grad an Individualisierung (präziser und maßgeschneiderter Vertragstext) und Finalität (einmaliger Abschluss mit endgültigen Konditionen, spätere Anpassungen sind selten) aus. I.d.R. ist die Haftung limitiert. Die Laufzeit ist unbegrenzt, d.h. sie richtet sich nach der Dauer der Abwicklung. Die → Rückversicherungsprämie ist als Einmalbetrag zum Zeitpunkt des Vertragsabschlusses zu entrichten. Die Tarifierung basiert auf einer Ultimate-Reserveeinschätzung und dem zu erwartenden Auszahlungsmuster. – 3. *Abgrenzung:* Bei retrospektiven Deckungsformen ist die Berücksichtigung des → Zeitwerts von → Prämien und Versicherungsleistungen möglich. Aufgrund dieses Merkmals wird die retrospektive Rückversicherung häufig als Finanzrückversicherung bezeichnet. – 4. *Ziele:* Retrospektive Deckungsformen unterstützen Versicherungsunternehmen z.B. bei Mergers and Acquisitions-Prozessen, bei der Um- bzw. Neustrukturierung von Rückversicherungsprogrammen, bei einem Strategiewechsel (Einstellung von Sparten bzw. Zweigen oder regionalen Märkten), bei einer Änderung der Gesellschaftsform, bei einem Börsengang oder bei einer Privatisierung. Weitere Einsatzgebiete finden sich im Risiko- und Kapitalmanagement. Vgl. hierzu die Zielsetzungen des Adverse Development Cover bzw. des Loss Portfolio Transfer.

Retrozedent → Rückversicherer, der im Wege der → Retrozession Geschäft an den → Retrozessionär weitergibt.

Retrozession – 1. *Begriff:* Abgabe von Risiken oder Anteilen an Risiken, die in Rückdeckung übernommen worden sind. – 2. *Merkmal:* Die Abgabe erfolgt an andere → Rückversicherer gegen eine anteilige oder gesondert kalkulierte → Prämie.

Retrozessionär → Rückversicherer, der vom → Retrozedenten das weitergegebene (retrozedierte) Geschäft zeichnet und diesen folglich entlastet (→ Retrozession).

Return on Capital Employed (ROCE) → Unternehmungsbewertung, wertorientierte Unternehmensführung.

Return on Consulting – Abk. *ROC.* 1. *Begriff:* ROC bezeichnet die Wertschöpfung, d.h. den messbaren wirtschaftlichen Ertrag eines Consulting-Projektes bzw. des → Beraternutzens. Er resultiert generell aus der wirkungsvollen Kombination interner und externer Kompetenzen. Vier Faktoren tragen zum Projekterfolg bei: (1) Klarheit über Ziel und Fokus des Projekts; (2) Ausschöpfung interner und externer Ressourcen zur Generierung neuer Erkenntnisse; (3) Erreichung konkreter Konzepte zur realen Umsetzung; (4) Entschlossenheit und Kompetenz zur Implementierung. – 2. *Anwendung:* Die Berechnung des ROC erfolgt auf Basis des bewerteten Nutzens aus der Durchführung eines Beratungsprojektes, der zu den Kosten des Beratungsprojektes in Beziehung gesetzt wird. Diese Beziehung kann als Differenz in absoluten Größen oder als Prozentangabe dargestellt werden. Beispiele für einen erzielten finanziellen Nutzen sind dabei einmalige oder regelmäßige Kosteneinsparungen für das Unternehmen, zusätzliche Margen aus erzieltem Umsatzwachstum oder höhere Gewinne durch schnellere Einführung neuer Produkte. Auf der Kostenseite müssen neben den direkten Beraterkosten auch entstandene Sachkosten und interne Personalkosten oder eventuelle Opportunitätskosten in der Rechnung angesetzt werden (Projektbudget). – 3. *Bedeutung:* Als Kennzahl zur Analyse der Rentabilität kann der ROC als Entscheidungsparameter bez. neuer Projekte dienen. Idealerweise wird der abschätzbare ROC bereits vor Projektübernahme berechnet. Dies ist insbesondere dann aufschlussreich, wenn zwischen verschiedenen alternativen Projekten entschieden werden muss (Multiprojektmanagement). Entspricht der erzielte ROC nicht dem vorausberechneten, müssen die Ursachen für die Abweichungen analysiert werden. Zur Abschätzung des durch ein umfangreiches Beratungsprojekt erzielbaren ROC kann es ratsam sein, ein Pilotprojekt voranzustellen. – 4. *Rolle des Beraters:* Beratungsprojekte, bes. solche mit einem hohen Komplexitätsgrad (z.B. Strategieentwicklung, Restrukturierung, Post-Merger-Integration) können nur in enger Zusammenarbeit von Berater und Klienten, zumeist durch die Einsetzung gemeinsamer Arbeitsteams, bewältigt werden. Die Wertschöpfung des Beraters besteht in der Einbringung von Erfolgskomponenten, über die der Klient im eigenen Unternehmen nicht verfügt und die er nur schwer beschaffen kann (Menschen, Erfahrungen, bes. Kompetenzen). Zu den bes. Kompetenzen des Beraters sind zu zählen: Fähigkeit zu innovativen Denkanstößen, Herausforderung zu radikalem Denken, Erzeugung von Veränderungsbereitschaft und Beherrschung des Projektmanagements.

Return on Investment (RoI) → Rentabilität.

Return on Risk Adjusted Capital (RORAC) – Zentrale Kennziffer einer risikoadjustierten Erfolgssteuerung (risk-adjusted performance management), einer spezifischen Variante der wertorientierten Steuerung im Banken- und Versicherungsbereich. Formal wird der Gewinn einer Periode (des gesamten Versicherungsunternehmens oder auch eines Risikosegments) ins Verhältnis zum notwendigen Risikokapital (Sicherheitskapital) gesetzt und damit eine Risikoadjustierung (Risikobereinigung) des Gewinns vorgenommen. Das notwendige Risikokapital wird dabei typischerweise auf der Basis des Value at Risk bestimmt. Ausgangspunkt dieser Bereinigung ist die Erkenntnis, dass risikoreichere Geschäftsaktivitäten mehr Sicherheitskapital binden und damit zumindest im Mittel (im zeitlichen Durchschnitt) auch höhere → Gewinne abwerfen sollten. Ein reiner Vergleich des mittleren Gewinns verschiedener Aktivitäten vernachlässigt damit den Risikoaspekt. Da Geschäftsaktivitäten zumindest die mit ihnen verbundenen Kapitalkosten erwirtschaften sollten, wird im Rahmen der risikoadjustierten Erfolgssteuerung eine einheitliche geforderte → Mindestrendite (Hurdle Rate) für den RORAC vorgegeben. Die Differenz zwischen dem Gewinn und der Mindestverzinsung des Risikokapitals auf Basis der Hurdle Rate wird auch als → Economic Value Added (EVA) bezeichnet.

Returns to Scale → Skalenelastizität, → Skalenertrag.

Reue → Rücktritt, → Selbstanzeige.

Reurbanisierung – jüngste Entwicklungsphase von → Verdichtungsräumen, die durch eine Zunahme des Kernstadtanteils von Bevölkerung und Beschäftigung bei entsprechender Abnahme oder Stagnation im Umland gekennzeichnet ist (Umkehr des Prozesses der → Suburbanisierung).

Reuvertrag – Vertrag, bei dem sich der eine Teil das Recht des Rücktritts gegen Zahlung eines Reugeldes (→ Prämie) vorbehält. – Vgl. auch → Prämiengeschäft.

Revenue Management – Konzept zur Ertragsoptimierung in der Dienstleistungsbranche, bei dem unter Einsatz integrierter Informationssysteme eine dynamische Preis-Mengen-Steuerung erfolgt, die zu einer gewinnoptimalen Nutzung vorhandener Kapazitäten führen soll.

Revenues – *betriebliche Erträge,* → Conceptual Framework.

Revers – 1. Gegenschein, durch den eine Verpflichtung aufgehoben oder eine Urkunde widerrufen wird. – 2. Schriftliche Verpflichtungserklärungen etc. (z.B. Reverssystem).

Reverse Auction – Form der → Auktion im → Internet, bei der ein Kunde verschiedene Anbieter zur Abgabe eines Angebots auffordert. Der Bieter mit dem niedrigsten Angebot erhält den Zuschlag. – Vgl. auch → eBay-Auktion.

Reverse-Charge-Verfahren – 1. *Begriff:* Umsatzsteuerliche Regelung, nach der in bestimmten Fällen nicht der leistende Unternehmer, sondern sein Kunde (Leistungsempfänger) die Umsatzsteuer schuldet. – 2. *Folgen:* Der leistende Unternehmer darf dem Kunden in diesen Fällen also nur das Nettoentgelt in Rechnung stellen. Der Kunde hat für den Bezug der fraglichen Leistung eine eigene Umsatzsteuerschuld an das Finanzamt zu entrichten (ähnlich wie bei der → Erwerbsteuer). Er kann jedoch, soweit er vorsteuerabzugsberechtigt ist, diese Umsatzsteuer auch selbst wieder als Vorsteuer geltend machen. Insoweit besteht hinsichtlich der wirtschaftlichen Belastungswirkungen kein Unterschied zwischen dem Reverse-Charge-Verfahren und der normalen Umsatzsteuer. Das Verfahren führt lediglich zu einer Vereinfachung für den Fiskus und für den leistenden Unternehmer (weil er den Vorgang nicht beim Finanzamt deklarieren muss). V.a. in grenzüberschreitenden Fällen wird dadurch erheblicher Verwaltungsaufwand gespart, weil das Reverse-Charge-Verfahren einem ausländischen Unternehmer erspart, sich an ein dt. Finanzamt wenden zu müssen, und dem dt. Fiskus jede Gefahr nimmt, Steueransprüche im Ausland vollstrecken lassen zu müssen. – 3. *Anwendungsbereich:* a) Das Reverse-Charge-Verfahren ist EG-rechtlich v.a. für *grenzüberschreitende Fälle* vorgesehen: (1) In den Fällen von grenzüberschreitenden Katalogleistungen (§ 3a IV UStG) und grenzüberschreitenden innergemeinschaftlichen Beförderungsleistungen (§ 3b III Satz 2 UStG), Vermittlungsleistungen (§ 3a II Nr. 4 Satz 2 UStG) und Werkleistungen (§ 3a II Nr. 3c UStG) ist es unter bestimmten Umständen allen Mitgliedsstaaten zwingend vorgeschrieben. (2) In allen übrigen Fällen grenzüberschreitender Geschäfte ist seine Einführung den Mitgliedsstaaten gestattet (Art. 21 der Sechsten EG-Richtlinie von 1977). (3) Seine Anwendung auf weitere Fallkonstellationen ist EG-rechtlich nur gestattet, wenn es hierfür als Maßnahme zur Verhinderung von Steuerumgehung oder Steuerhinterziehung oder als Maßnahme zur Steuervereinfachung von der EG genehmigt worden ist (Art. 27 der 6. Richtlinie). – b) In *Deutschland* ist das Reverse-Charge-Verfahren vorgesehen für: (1) Werklieferungen und sonstige Leistungen eines im Ausland ansässigen Unternehmers, naturgemäß allerdings nur dann, wenn diese Vorgänge in Deutschland steuerbar sind (§ 13b I Nr.1 UStG); (2) Lieferungen sicherungsübereigneter Gegenstände durch den Sicherungsgeber an den Sicherungsnehmer außerhalb des Insolvenzverfahrens (§ 13b I Nr. 2 UStG); (3) Lieferungen von Grundstücken (§ 13b I Nr. 3 UStG), (4) Werklieferungen und sonstige Leistungen, die der Herstellung, Instandsetzung und -haltung, Änderung oder Beseitigung von Bauwerken dienen, mit Ausnahme von Planungs- und Überwachungsleistungen (§ 13b I Nr. 4 UStG); (5) Lieferungen von Gas und Elektrizität eines im Ausland ansässigen Unternehmers nach § 3g UStG (§ 13b I Nr. 5 UStG). Das Reverse-Charge-Verfahren gilt allerdings in allen diesen Fällen nur dann, wenn der Leistungsempfänger (1) ein Unternehmer ist oder (2) eine juristische Person des öffentlichen Rechts; ist das nicht der Fall, bleibt der leistende Unternehmer Steuerschuldner und muss die Steuer an das dt. Finanzamt abführen.

Reverse Convertible Bond → Aktienanleihe.

Reverse Engineering – bezeichnet die Nachkonstruktion eines bereits bestehenden Produktes. Durch Zerlegung des Produkte kann auf die Funktions-, Design- und Fertigungsprinzipien sowie die Wertschöpfungsstruktur geschlossen werden. Zweck des Reverse Engineering kann zum einen die Analyse von Wettbewerbsprodukten sein, aber auch das Erkennen von Differenzierungsmöglichkeiten.

Reverse Marketing – Übergang von dem häufig anzutreffenden, stark operativ und reaktiv ausgestalteten → Beschaffungsmarketing zu einer Integration der strategischen Beschaffungspolitik in die strategische Unternehmensplanung.

Revidierte Berner Übereinkunft (RBÜ) – völkerrechtlicher Vertrag zum Schutz von Werken der Literatur und Kunst vom 9.9.1886 mit Änderungen von Paris (1896), Berlin (1908), Bern (1914), Rom (1928), Brüssel (1948), Stockholm (1967) und Paris (1971, BGBl. 1973 II 1071). Die Verwaltungsaufgaben des Verbands werden vom internationalen Büro (→ WIPO) wahrgenommen (Art. 23, 24 RBÜ). Für die Mehrzahl der Verbandsstaaten gilt die Pariser, für Thailand noch die Berliner Fassung (Anwendungsregeln in Art. 30 RBÜ). Die RBÜ schafft kein einheitliches Urheberrecht, sondern belässt es bei den nationalen Rechten (→ Territorialitätsgrundsatz) und sichert den verbandsangehörigen Werken Schutz, nämlich den unveröffentlichten und erschienenen Werken verbandsangehöriger Urheber (Art. 3 Ia RBÜ), ferner den in einem Verbandsland erstmals erschienenen Werken von Urhebern, die keinem Verbandsland angehören (Art. 3 Ib RBÜ), indem für diese Werke mit Ausnahme des Ursprungslands → Inländerbehandlung gewährt wird (Art. 5 I RBÜ). Der Schutz im Ursprungsland richtet sich nach dem dort geltenden Recht (Art. 5 III RBÜ). Eine Einschränkung besteht für die je nach nationalem Recht unterschiedlichen Schutzfristen, für die Art. 7 VIII RBÜ einen Schutzfristenvergleich anordnet; grundsätzlich gilt das Recht des Schutzlandes, es sei denn, im Ursprungsland gilt eine kürzere Schutzfrist; ist das der Fall, gilt auch im Schutzland die kürzere Frist. Im Bereich der → angewandten Kunst und → Geschmacksmuster (Art. 2 VII RBÜ) und für das → Folgerecht ist Gegenseitigkeit erforderlich. Einige Rechte werden als Mindestrechte unmittelbar aus dem Abkommen gewährt (Art. 5 I), darunter die Urhebervermutung des Art. 15 RBÜ.

Review – 1. *Begriff:* Vorgehensweise zum → Testen und zur Prüfung von Systementwicklungen, bes. bei der → Softwareentwicklung; Hilfsmittel für das → Projektmanagement (PM). – 2. *Gegenstand:* Feststellung von Mängeln, Fehlern und Inkonsistenzen des erstellten Produkts sowie formale Abnahme nach Abschluss eines Arbeitsabschnitts. – 3. *Durchführung:* Reviews erfolgen auf Basis der vorhandenen Arbeitsergebnisse und → Dokumentationen in Gruppensitzungen, an denen das Projektteam und der Auftraggeber teilnimmt.

Revised American Foreign Trade Definition 1941 → US-Trade Terms.

Revision – I. Unternehmungsüberwachung: Revision wird i.d.R. gleichgesetzt mit → Prüfung. Wird eine betriebswirtschaftliche Prüfung von unternehmensinternen (mit der Unternehmung durch Arbeitsvertrag verbundenen) Mitarbeitern durchgeführt, wird hierfür i.d.R. der Terminus → interne Revision verwendet.

II. Zivilverfahren: Rechtsmittel, mit dem die rechtliche Überprüfung eines Berufungsurteils des Landgerichts oder des Oberlandesgerichts durch den Bundesgerichtshof begehrt wird (§§ 542–566 ZPO). – 1. *Umfang:* Die Nachprüfung beschränkt sich darauf, ob eine Gesetzesbestimmung nicht oder nicht richtig angewendet ist (Revisionsgrund; §§ 545–547 ZPO), und zwar auf der Grundlage des vom Berufungsgericht festgestellten Tatbestandes. – 2. Zulässig ist die Revision, wenn das Berufungsgericht die Revision im Urteil zugelassen hat oder wenn das Revisionsgericht auf Beschwerde gegen die Nichtzulassung die Revision zugelassen hat. Die Revision ist zuzulassen, wenn die Rechtssache grundsätzliche Bedeutung hat oder eine Entscheidung des Revisionsgerichts zur Rechtsfortbildung oder zur Sicherung einer einheitlichen Rechtsprechung erforderlich ist (Zulassungsrevision, § 543 II ZPO). Eine Mindestbeschwerdesumme ist nicht mehr erforderlich. – 3. Revision kann *wahlweise* gegen ein erstinstanzliches Endurteil des Landgerichts statt der Berufung eingelegt werden, soweit sie ohne bes. Zulassung statthaft ist, lediglich eine Verletzung des materiellen Rechts gerügt wird und der Gegner einwilligt (*Sprungrevision,* § 566). – 4. *Einlegung* und *Verfahren* entsprechen weitgehend der → Berufung (§§ 548–551 ZPO).

III. Strafverfahren: das gegen die erstinstanzlichen Urteile des Landgerichts (Strafkammer, Schwurgericht) und des Oberlandesgerichts sowie die Berufungsurteile der Strafkammer des Landgerichts gegebene Rechtsmittel (§§ 333–358 StPO). – 1. Ausnahmsweise ist auch eine Revision gegen Urteile des Amtsgerichts statt der → Berufung zulässig, wenn anstelle der Berufung unmittelbar Revision *(Sprungrevision)* eingelegt wird (§ 335 i.V. mit § 312 StPO). – 2. Revision muss i.d.R. innerhalb einer Woche nach Verkündung des Urteils *eingelegt* und binnen eines weiteren Monats *begründet* werden. War das Urteil noch nicht zugestellt, beginnt die Frist mit der Zustellung. Der Angeklagte muss sich zur Begründung der Revision eines Verteidigers oder Rechtsanwalts bedienen oder sie bei der Geschäftsstelle des Gerichts, dessen Entscheidung angefochten ist, zu Protokoll geben. Die Revision führt nur zu einer rechtlichen Überprüfung des Urteils. – 3. Über die Revision *entscheidet* das Oberlandesgericht, wenn erstinstanzlich das Amtsgericht entschieden hat, sonst der Bundesgerichtshof.

IV. Verwaltungsgerichtliches Verfahren: (§§ 132–145 VwGO). Rechtsmittel gegen Urteile und Normenkontrollbeschlüsse der Oberverwaltungsgerichte (oder Sprungrevision gegen Urteile der Verwaltungsgerichte; § 134 VwGO). – 1. *Zulassung:* Revision muss vom Oberverwaltungsgericht zugelassen werden. Bei Nichtzulassung muss das Bundesverwaltungsgericht die Revision auf Beschwerde zugelassen haben. Die Revision ist nur zugelassen, wenn (1) die Rechtssache grundsätzliche Bedeutung hat, (2) das Urteil von einer Entscheidung des Bundesverwaltungsgerichts, des Gemeinsamen Senats der Obersten Gerichtshöfe des Bundes oder des Bundesverfassungsgerichts abweicht und hierauf beruht, (3) ein Verfahrensmangel geltend gemacht wird und vorliegt, auf dem die Entscheidung beruhen kann. Die Revision darf nur darauf gestützt werden, dass Bundesrecht oder eine Vorschrift des Verwaltungsverfahrensgesetzes eines Landes, die mit der des Bundes übereinstimmt, verletzt ist. Gegen Beschlüsse in Verfahren betreffend → einstweilige Anordnungen ist die Revision nicht zulässig. – 2. Die Revision ist *binnen eines Monats* nach Zustellung des Urteils schriftlich *einzulegen* und spätestens innerhalb eines weiteren Monats zu begründen. Hierbei ist Vertretung durch einen Rechtsanwalt oder Hochschullehrer notwendig (§ 67 I 2 VwGO; → Anwaltszwang).

V. Finanzgerichtliches Verfahren: (§§ 115–127 FGO): Rechtsmittel gegen Urteile der Finanzgerichte an den Bundesfinanzhof. – 1. *Zulässigkeit:* Die Revision ist nur möglich, wenn sie vom Finanzgericht zugelassen worden ist. Die Revision ist vom Finanzgericht zuzulassen: (1) bei grundsätzlicher Bedeutung der Rechtssache *(Grundsatzrevision),* (2) bei Abweichung von einer Entscheidung des Bundesfinanzhofs oder des Bundesverfassungsgerichts *(Divergenzrevision)* oder bei Verfahrensmängeln (allg. *Verfahrensrevision*). Die Nichtzulassung der Revision kann durch Nichtzulassungsbeschwerde binnen eines Monats seit Zustellung des Urteils angefochten werden (§ 116 I FGO), der Eintritt der Rechtskraft wird dadurch gehemmt. – 2. Die Revision kann grundsätzlich nur darauf *gestützt* werden, dass das angefochtene Urteil auf der Verletzung von Bundesrecht beruht. Der Bundesfinanzhof (BFH) ist an die in dem angefochtenen Urteil getroffenen Feststellungen grundsätzlich gebunden, es sei denn, dass in Bezug auf diese Feststellungen zulässige und begründete Revisionsgründe vorgebracht sind (§ 118 II FGO). – 3. Die Revision ist beim Finanzgericht innerhalb eines Monats nach Zustellung des vollständigen Urteils oder nach Zustellung des Beschlusses über die Zulassung der Revision schriftlich *einzulegen* und spätestens innerhalb eines weiteren Monats zu *begründen* (§ 116 I und II FGO). Die Frist kann auf Antrag verlängert werden. Vor dem Bundesfinanzhof besteht Vertretungszwang, d.h. der Betroffene kann nur durch einen beauftragten Steuerberater, Rechtsanwalt o.ä. handeln.

VI. Arbeitsgerichtliches Verfahren: (§§ 72 ff. ArbGG): Rechtsmittel gegen Urteile der Landesarbeitsgerichte (oder unter bestimmten Voraussetzungen als → Sprungrevision gegen Endurteile der Arbeitsgerichte). – 1. *Zulässig:* (1) wenn das Landesarbeitsgericht die Revision aus einem der in § 72 II ArbGG aufgeführten Gründe im Urteil zugelassen hat; (2) wenn das Bundesarbeitsgericht die Revision auf eine Nichtzulassungsbeschwerde hin in dem Beschluss nach § 72a V 2 ArbGG zugelassen hat (§ 72 I ArbGG). – 2. Die *Revisionsfrist* beträgt einen Monat und die *Revisionsbegründungsfrist* zwei Monate ab Zustellung des Urteils, spätestens fünf Monate ab Verkündung. – 3. Die Revision kann nur darauf *gestützt* werden, dass das Urteil des Landesarbeitsgerichts auf der Verletzung einer Rechtsnorm beruht. – 4. Vertretung durch *Rechtsanwalt* erforderlich (§ 11 II ArbGG).

VII. Sozialgerichtsbarkeit: gegen Urteile der Landessozialgerichte (§ 160 SGG). Revision muss im angegriffenen Urteil zugelassen sein. Sie wird beim BSG eingelegt (§ 164 I 1 SGG). Revisionsfrist beträgt einen Monat (§ 164 I SGG), die Revisions-Begründungsfrist zwei Monate nach Zustellung des Urteils (§ 164 II SGG).

Revisionismus – 1. Heute abqualifizierende *Bezeichnung* von Vertretern des → Marxismus-Leninismus für alle nicht mit der eigenen Doktrin übereinstimmenden sozialistischen Auffassungen. – 2. Ursprünglich Bezeichnung für die *Revision des* → Marxismus bes. durch Bernstein. Bernsteins Grundgedanke war, dass nicht die durch zunehmende Krisen (→ Krisentheorie) sowie → Ausbeutung und → Verelendung hervorgerufene sozialistische Revolution, sondern sukzessive Reformen des → Kapitalismus eine (evolutionäre) Besserstellung der Arbeiter bewirken können. Das Ausbleiben des von Marx erwarteten Zusammenbruchs des Kapitalismus wurde nicht mithilfe der Theorie über den → Imperialismus erklärt, sondern auf systemimmanente Stabilisatoren zurückgeführt (u.a. die Gewerkschaftsbewegung mit ihren zunehmenden Möglichkeiten der politischen Einflussnahme).

Revisionsverbände → Prüfungsverband.

Revisor – Person, die → Revisionen im Rahmen der Unternehmensüberwachung durchführt.

Revival – Wiederbelebung einer Marke, Mode oder eines Angebotes aus der Vergangenheit. Kann alternativ auch als Maßnahme der verstärkten Bewerbung von Produkten mit dem Ziel der Verlängerung der Wachstums- oder auch der Reifephase im Produktlebenszyklus verwendet werden. – Vgl. auch → Relaunch, → Facelifting.

revolvierende Deckung → Exportkreditgarantien des Bundes.

revolvierender Kredit → Revolving-Kredit.

revolvierendes Akkreditiv – *Revolving Credit.* 1. *Begriff:* Das revolvierende Akkreditiv lautet über einen Betrag, der innerhalb eines bestimmten Zeitraums vom Akkreditivbegünstigten mehrmals (erneut, wieder auflebend, revolvierend) in Anspruch genommen werden kann, bis ein festgelegter Höchstbetrag erreicht ist. – 2. *Vorkommen:* Das revolvierende Akkreditiv bietet sich als Zahlungsbedingung an, wenn ein Importeur zur Erlangung eines günstigen Einkaufspreises einen Großabschluss mit einem Exporteur tätigt, der die Abnahme der Ware sukzessive über einen längeren Zeitraum verteilt vorsieht. Solche Sukzessivabnahmen kommen v.a. bei Rohstoffeinkäufen vor. – 3. *Zeitliche Gestaltung:* Ist im revolvierenden Akkreditiv eine zeitliche Abfolge der revolvierenden Inanspruchnahme des Akkreditivbetrags nicht festgelegt, dann kann der Akkreditivbegünstigte die Akkreditivbeträge innerhalb der Laufzeit des revolvierenden Akkreditivs in beliebiger zeitlicher Verteilung in Anspruch nehmen, bis der Höchstbetrag erreicht ist. Wenn die Akkreditivbedingungen dagegen eine zeitliche Festlegung vorsehen, ist der Akkreditivbegünstigte bei der Inanspruchnahme der jeweiligen Akkreditivbeträge an die definierten Termine gebunden. – 4. *Betragliche Gestaltung:* a) *Kumulativ* bedeutet im Zusammenhang mit revolvierendem Akkreditiv, dass ein revolvierender Betrag, den der Akkreditivbegünstigte nicht bzw. nicht vollständig ausgenutzt hat, dem folgenden Betrag zugeschlagen wird. Bei dieser zeitlichen Gestaltung verfallen somit nicht ausgenutzte Beträge nicht, sondern können nachträglich und unter Beachtung der Rahmenbedingungen des revolvierenden Akkreditivs (Laufzeit, Höchstbetrag etc.) in Anspruch genommen werden. – b) *Nichtkumulativ* ist ein revolvierendes Akkreditiv, wenn (revolvierende) Beträge, die der Akkreditivbegünstigte nicht bzw. nicht voll ausgenutzt hat, verfallen. *Besonderheiten:* (1) Eine automatische Revolvierung bedeutet für die eröffnende Bank, dass Sie über den Grundbetrag hinaus, tatsächlich ein unwiderrufliches abstraktes Zahlungsversprechen für den Gesamtbetrag der kompletten Warenlieferung abgibt. Nur dadurch hat der Begünstigte von Beginn an die gewünschte Absicherung seines gesamten Geschäfts. Aus dieser Folge muss die Kreditlinie des Auftraggebers (Importeurs) von Anfang an mit dem Gesamtbetrag belastet werden. (2) Revolvierende Akkreditive sind nicht in den → Einheitlichen Richtlinien und Gebräuchen für Dokumenten-Akkreditive (ERA) geregelt. Die Vorgehensweisen und die Rechten und Pflichten bei solchen Akkreditiven können daher immer wieder zu Meinungsverschiedenheiten führen. – Vgl. auch → Akkreditiv.

Revolving Credit → revolvierendes Akkreditiv.

Revolving-Kredit – *revolvierender Kredit;* → Kredit, der während eines bestimmten Zeitraums dem wirtschaftlichen Rhythmus des Kreditnehmers entsprechend getilgt und wieder in Anspruch genommen werden kann. Anwendung z.B. als Revolving-Akkreditiv im Rahmen von Dauergeschäften zwischen zwei Geschäftspartnern. Auch häufig anzutreffen bei → Kreditkarten v.a. im angelsächsischen Raum.

Revolving-System – bes. Form der Refinanzierung von langfristigen → Schuldscheindarlehen. Kurzfristige Gelder, z.B. aus dem Deckungsstock der Versicherungsgesellschaften, werden von Finanzmaklern gesammelt und zur Verfügung gestellt. Wenn die Kreditgeber ihre Gelder zurückrufen, werden die entsprechenden Mittel durch neu hinzutretende Kapitalgeber ersetzt. Durch das laufende Wechseln von Kapitalgebern findet so die Fristentransformation zwischen den kurzfristigen Mitteln einerseits und dem langfristigen Darlehen andererseits statt. Der Finanzmakler trägt als vermittelnde Stelle das Transformationsrisiko und i.d.R. auch das Zinsänderungsrisiko. – Nach § 1 I Nr. 7 KWG ist diese Geschäftsart ein → Bankgeschäft.

Revolving Underwriting Facility (RUF) – Fazilität, die die Liquiditätsbeschaffung über die revolvierende Platzierung von kurzfristigen Schuldtiteln (→ Notes) ermöglicht. Diese werden durch ein einziges Kreditinstitut am Markt untergebracht. – *Anders:* → Note Issuance Facility (NIF). Abgesichert durch Back-up-Linien (→ Back-up Line) der Banken für den Fall der Nichtplatzierung; auch als → Euro-Notes bezeichnet.

REWE Group – Die Rewe Group ist ein Handels- und Dienstleistungskonzern mit genossenschaftlichen Strukturen und Firmensitz in Köln. Rewe wurde 1927 als Revisionsverband Westkauf-Genossenschaften gegründet und ist gegenwärtig eine der größten Handels- und Dienstleistungsgruppen in Deutschland und Europa. Über das Kerngeschäft des Lebensmitteleinzel- und Großhandels (Vollsortiment-Supermärkte, Rewe Center, Nahkauf, u.a.) Filialbetriebe (Penny, toom u.a.), Fachmärkte (Elektronik-, Bau-, Garten und Textilmärkte), Produktionsbetriebe (Fleischer- und Backwarenbetriebe) bis hin zur Rewe-Touristik (Jahn Reisen, Dertour u.a.) werden verschiedenste Geschäftsfelder in unterschiedlichsten Betriebsformen abgedeckt. In Deutschland gehörten (2011) 15.696 Märkte mit 221.997 Mitarbeitern, zzgl. von 7.355 Auszubildenden und einem Umsatz von 34,86 Mrd. Euro zur Rewe-Gruppe; der Gesamtumsatz in Deutschland und im Ausland (wobei v.a. auch eine Expansion nach Mittel- und Osteuropa erfolgte) belief sich 2011 auf 48,4 Mrd. Euro, der von 323 Beschäftigten erwirtschaftet wurde. Mehr als 3.000 selbstständige Rewe-Kaufleute sind Genossenschaftsmitglieder der Rewe-Genossenschaften in Deutschland, denen gegenüber die vorgelagerten Großhandelsbetriebe zur wirtschaftlichen Förderung verpflichtet sind.

REX – Abk. für *Deutscher Rentenindex;* der auf 30 synthetischen Anleihen basiert und als objektiver Maßstab die tägliche Markttendenz am dt. → Rentenmarkt wiedergibt.

Rezept – schriftliche Anweisung des Arztes an den Apotheker auf Anfertigung und Aushändigung von → Arzneimitteln; erforderlich bei → Rezeptpflicht (Verschreibungspflicht).

Rezeptgebühr → Verordnungsblattgebühr.

Rezeptpflicht – für bestimmte → Arzneimittel, bes. für Rauschgifte oder ähnliche Stoffe oder Gifte enthaltende Medikamente bestehende Vorschriften, wonach diese nur nach ärztlicher Verschreibung (→ Rezept) in bestimmter Dosierung und nach genauer Anweisung von den Apotheken ausgegeben werden dürfen (§ 48 AMG). – Vgl. auch → Arzneimittel, → Betäubungsmittelgesetz (BtmG).

Rezeptur – überwiegend in Produktionsbetrieben mit chemischen und physikalischen Umwandlungsprozessen verwendeter Begriff. Entspricht im Verwendungszweck und vom Inhalt her der → Stückliste und z.T. auch dem → Arbeitsplan.

Rezession → Konjunkturphasen.

reziprokes Konto → Übergangskonto.

reziproke Zahlen – zwei Zahlen, wobei eine der Kehrwert der anderen ist, z.B. 7 und 1/7, 0,2 und 5.

Reziprozität – 1. *Begriff:* Verhaltensweise, bei der Akteure nach dem Prinzip „Wie du mir, so ich dir!" handeln. – 2. Reziprozität stellt eine *Form* → sozialer Präferenzen dar, die in den Sozialwissenschaften schon seit langem intensiv diskutiert werden und seit den frühen 90er-Jahren des 20. Jh. verstärkt Eingang in die Wirtschaftswissenschaften gefunden haben. – 3. *Bedeutung:* Im Rahmen der experimentellen → Wirtschaftsforschung, bes. in der experimentellen Spieltheorie, können eine Vielzahl von Abweichungen menschlichen Verhaltens von den theoretischen Gleichgewichtsvorhersagen dadurch erklärt werden, dass den Akteuren reziprokes Verhalten unterstellt wird. Reziprozität wird i.Allg. so modelliert, dass Individuen das Bedürfnis haben, Menschen zu bestrafen, die unfair zu ihnen waren (negative Reziprozität), und Menschen zu belohnen, die großzügig waren oder sich „fair" verhalten haben (positive Reziprozität).

Reziprozitätsklausel – Es handelt sich um eine dem → Reziprozitätsprinzip entsprechende Klausel in Handelsverträgen (→ Handelsklauseln).

Reziprozitätsprinzip – Grundsatz im internationalen Handelsverkehr, nach dem eine vereinbarte → Meistbegünstigung nur bei entsprechender Gegenleistung des betreffenden Landes gilt. Bei Marktzugangsverhandlungen zwischen Industrie- und Entwicklungsländern soll er nicht zum Tragen kommen.

Rezyklierung → Recycling.

RFID – Abk. für Radio Frequency Identification; neben Magnetkarte und Barcode zählt RFID zu den Identifikationstechniken. Im Sprachgebrauch werden im Zusammenhang mit dieser Technologie auch Begriffe wie Transponder, Electronic Tagging oder Smartlabel verwendet. – Das Gesamtsystem besteht aus Transponder, der drahtlosen Schnittstelle, einer Basisstation zur Identifikation und einer IT-Anbindung. – Ziel von RFID-Systemen ist die Identifikation beliebiger Objekte in logistischen Prozessketten sowie die Verknüpfung von Informationen mit diesen Objekten zur Beschleunigung und zur verbesserten Serviceorientierung der Logistikprozesse.

RGW – Abk. für *Rat für gegenseitige Wirtschaftshilfe,* → COMECON.

Rheinisch-Westfälisches Institut für Wirtschaftsforschung (RWI) – Sitz in Essen, gegründet 1926 als Abteilung Westen des Instituts für Konjunkturforschung. Seit 1943 selbstständige, unabhängige und gemeinnützige Einrichtung der wissenschaftlichen Forschung. – *Arbeitsgebiete:* Beobachtung und Analyse der konjunkturellen und strukturellen Entwicklung in der Bundesrepublik Deutschland sowie in bedeutenden Industrieländern; spezielle Aufmerksamkeit gelten dem Energiemarkt, dem Arbeitsmarkt, der Strukturforschung und der Steuer- und Abgabenpolitik.

Ricardianische Äquivalenz – These, die besagt, dass die Konsumenten zukunftsorientiert denken und daher erwarten, dass eine Erhöhung der Staatsverschuldung in der Gegenwart mit einer Steuererhöhung zu dem Zeitpunkt in der Zukunft verbunden ist, zu dem die Staatsschuld zurückgezahlt wird. Die Staatsverschuldung ist demnach äquivalent mit einer Steuerzahlung. Neben den Implikationen für die Lastverschiebungskontroverse gibt es verschiedene Aspekte für die Stabilisierung angesichts einer Rezession: die Crowding-Out-Effekte (s. → Crowding-Out) beider Finanzierungsalternativen sind identisch. In der empirischen Forschung ist die Existenz der Ricardiniansichen Äquivlaenz umstritten.

Ricardianisches Modell – David → *Ricardo* war der Erste, der auf → komparative Vorteile als Grundlage für internationalen Handel hinwies (1817). Im *Ricardianischen Modell* liegt die Ursache komparativer Vorteile in *relativen Produktivitätsunterschieden* der Produktion im In- und Ausland, die sich bei → Autarkie in Relativpreisunterschieden niederschlagen. Bei Aufnahme von Handelsbeziehungen erlangen beide Länder Handelsgewinne (Wohlfahrtseffekte des Handels) durch Spezialisierung auf das Gut mit ihrem relativen Produktivitätsvorteil bzw. mit den geringsten → Opportunitätskosten. In solchen Fällen existiert eine Tendenz zur → vollständigen Spezialisierung.

Ricardo – David, 1772–1823, engl. Bankier, dem es sein Vermögen schon in jungen Jahren erlaubte, sich aus dem Erwerbsleben zurückzuziehen und seinen wissenschaftlichen Neigungen nachzugehen. Ricardo gehört mit → Smith und → Mill zu den herausragenden Vertretern der → klassischen Lehre. – Die Grundlagen seines in sich geschlossenen Systems der Volkswirtschaftslehre sind: (1) *Wertlehre:* Ricardo unterscheidet Gebrauchswert und Tauschwert. Die Güter tauschten sich im Verhältnis der auf sie verwendeten Arbeit, gemessen an der Zeit (→ Arbeitswertlehre). (2) *Theorie der Bodenrente:* Diese wird als Folge unterschiedlicher Produktionskosten erklärt. Als wichtigste Anwendung des Marginalprinzips vor → Thünen unterschied Ricardo neben Bodenrente (→ Grundrente) die Lagerente und die → Differenzialrente. (3) *Entwicklungsgesetz der Einkommensverteilung:* Steigende Grundrenten entstünden aus dem Zwang, immer unfruchtbarere Böden zu bebauen; ein konstanter Reallohn ergebe sich aus dem → ehernen Lohngesetz. Zwischen diesen beiden Einkommensarten werde mit dem Zwang gesetzmäßiger Entwicklung der Profit gleichsam eingeklemmt, was zu einer dauernd sinkenden → Gewinnrate führe. (4) *Theorem der* → komparativen Vorteile (auch: Ricardo-Theorem). Geldtheoretisch war Ricardo Anhänger der Quantitätstheorie und mit → Overstone Hauptvertreter der → Currency-Theorie. – *Hauptwerk:* „On the Principles of Political Economy and Taxation" (1817). Sraffa hat sein Gesamtwerk und seine Briefe herausgegeben „The Works and Correspondence of David Ricardo", 11 Bde. (1951–1973).

Ricardo-Theorem – *Theorem der komparativen Kosten;* → komparative Vorteile. Jedes Land spezialisiert sich tendenziell auf die → Produktion der Güter, bei denen die jeweiligen → Opportunitätskosten geringer als in anderen Ländern sind.

Ricardo-Viner-Modell – Modell des internationalen Handels, in dem unterstellt wird, dass installiertes Sachkapital ein → sektorspezifischer Faktor ist, während die → Arbeit zwischen verschiedenen Sektoren frei beweglich ist. → Kapital kann dann von Sektor zu Sektor unterschiedliche Renditen erwirtschaften, während der Lohnsatz im Gleichgewicht in allen Sektoren derselbe ist. Es ergibt sich dabei ein vom → Stolper-Samuelson-Theorem abweichendes Ergebnis bez. der Beziehung zwischen Güterpreisveränderungen und → Faktoreinkommen (→ Handelspolitik). Entwickelt von *Jacob Viner* auf der Grundlage der handelstheoretischen Überlegungen von *David* → Ricardo.

Richtbetriebe → Bewertungsstützpunkte.

Richter – Person, die, in bestimmten Formen als Berufsrichter oder ehrenamtlicher Richter in ihr Amt berufen, unabhängig und nur dem Gesetz unterworfen, die rechtsprechende Gewalt ausübt. – *Rechtsgrundlage:* Art. 97, 98 GG; Deutsches Richtergesetz i.d.F. vom 19.4.1972 (BGBl. I 713) m.spät.Änd. und die Landesrichtergesetze.

I. Berufsrichter: 1. *Voraussetzungen* für die Ernennung: (1) Befähigung zum Richteramt; (2) Deutscher; (3) Gewähr für jederzeitiges Eintreten für die freiheitliche demokratische Grundordnung. – Grundsätzlich werden die Richter (ähnlich wie → Beamte) auf Lebenszeit ernannt, nachdem sie vorher als Richter auf Probe regelmäßig drei Jahre in richterlichem Dienst tätig gewesen sind. – 2. *Sachliche Unabhängigkeit:* Der Richter ist bei der richterlichen Tätigkeit frei von Weisungen Vorgesetzter (die ein Beamter befolgen müsste) und *nur* an das – von ihm auszulegende – Gesetz gebunden. – 3. *Persönliche Unabhängigkeit:* Die hauptamtlich und planmäßig endgültig angestellten Richter können vor Erreichen der Altersgrenze gegen ihren Willen nur kraft richterlicher Entscheidung und nur aus bestimmten gesetzlich vorgesehenen Gründen entlassen oder dauernd oder zeitweise ihres Amtes enthoben oder in den Ruhestand versetzt werden (Art. 97 II GG). – Richter unterstehen einer Dienstaufsicht nur, soweit nicht ihre richterliche Unabhängigkeit beeinträchtigt wird. Dies bedeutet, dass dem Dienstherrn jeder Anschein einer Einflussnahme verboten ist. Sieht der Richter sich durch Maßnahmen der Dienstaufsicht in seiner richterlichen Unabhängigkeit beeinträchtigt, kann er das Richterdienstgericht anrufen.

II. Ehrenamtliche Richter: → ehrenamtliche Richter.

Richtgeschwindigkeit – die durch die Autobahn-RichtgeschwindigkeitsVO vom 21.11.1978 (BGBl. I 1824) m.spät.Änd. den Kraftfahrern gegebene Empfehlung, eine bestimmte Geschwindigkeit (130 km/h auf Autobahnen oder außerhalb geschlossener Ortschaften auf autobahnähnlichen Straßen) nicht zu überschreiten. Nichteinhaltung hat keine straf- oder ordnungswidrigkeitenrechtliche Folge, wohl aber kann sie im Fall eines Unfalls bei der Schadensregulierung aus Gefährdungshaftung nach den §§ 7, 18 StVG zu einer Erhöhung der Betriebsgefahr führen.

Richtkosten – frühere Bezeichnung für → Plankosten.

Richtlinie (R) – I. Steuerrecht: 1. *Begriff:* Richtlinien (R) sind Verwaltungsanordnungen, die von übergeordneten Behörden kraft deren Organisations- und Geschäftsleitungsgewalt erlassen werden. Sie binden die nachgeordneten Finanzbehörden, sind aber keine für alle Bürger verbindlichen Rechtsnormen. Richtlinie sind zu den umfangreichen → Steuergesetzen erlassen worden, z.B. EStR, KStR, GewStR, ErbStR und UStR. – 2. *Ziel:* Einheitliche Anwendung des Steuerrechts durch die Finanzverwaltung, um den Grundsatz der Gleichmäßigkeit der Besteuerung seitens der Verwaltung zu gewährleisten. – 3. *Auswirkungen auf den Steuerpflichtigen:* Keine Bindung für den Steuerpflichtigen. Er kann sich gegen Richtlinien wenden, soweit gegen ihn ein darauf gestützter → Verwaltungsakt erlassen worden ist; kommt es zu einer gerichtlichen Überprüfung zählt allein das Gesetz. – Vgl. auch → Steuergesetze, → Steuerrechtsverordnungen.

II. Europäisches Gemeinschaftsrecht: Im europäischen Recht steht der Begriff „Richtlinie" für eine verbindliche Anweisung der EU an die Mitgliedsstaaten, wonach diese ihre eigenen Rechtsvorschriften und Verwaltungsvorschriften entsprechend den Vorgaben der Richtlinie zu gestalten haben. Europäische Richtlinien sind, anders als die Richtlinien des Bundesfinanzministeriums, für alle staatlichen Stellen, also auch Gerichte und Verwaltung, verbindlich (vgl. Art. 288 AEUV). – Vgl. → EU-Gesetzgebung.

Richtlinienbereich → Zentralbereich, der Rahmenentscheidungen für die Erfüllung bestimmter Funktionen in operativen Teilbereichen trifft.

Richtlinie über Zahlungsdienste im Binnenmarkt – Mit der Richtlinie über Zahlungsdienste im Binnenmarkt (Payment Services Directive, PSD) wurde der Rechtsrahmen für die Schaffung eines einheitlichen Euro-Zahlungsverkehrsraum (→ Single Euro Payments Area – SEPA) geschaffen. Die aufsichtsrechtlichen Vorschriften der Richtlinie, die für die neue Institutskategorie der Zahlungsinstitute ein spezielles Erlaubnisverfahren und besondere Regelungen für eine laufende Aufsicht vorsehen, finden sich im Zahlungsdiensteaufsichtsgesetz (ZAG). Die zivilrechtlichen Vorgaben der Richtlinie über Zahlungsdienste wurden im Bürgerlichen Gesetzbuch, insbes. im Auftrags- und Geschäftsbesorgungsrecht (§§ 675a bis 676c des BGB) umgesetzt. – Vgl. auch → Zahlungsdienstegesetz.

Richtpreis – I. Betriebliche Preispolitik: vorläufiger, später in einen Festpreis (→ Preisfunktionen) umzuwandelnder Preis für Erzeugnisse, zu deren Preisbildung die Kostengrundlagen noch nicht genau zu ermitteln sind.

II. Staatliche Preispolitik: Festsetzung von Höchst-(Mindest-)Preisen, die nicht über-(unter-)schritten werden sollen, nach denen sich also die Marktteilnehmer richten müssen.

Richtsätze – Begriff des Steuerrechts. – 1. *Gewinn-Richtsätze:* Verhältniszahlen zur Ermittlung des → Gewinns nicht buchführungspflichtiger Gewerbetreibender und Land- und Forstwirte sowie derjenigen Steuerpflichtigen, die zwar gesetzlich verpflichtet sind, Bücher zu führen, die dieser Verpflichtung jedoch nicht nachkommen; Hilfsmittel für die Finanzverwaltung zur Ermittlung der → Einkünfte bei Fehlen geeigneter Unterlagen. Den Richtsätzen liegen Ergebnisse von → Außenprüfungen zugrunde; sie werden als Rahmensätze mit einem Mittelsatz aufgestellt. Richtsätze sind unterteilt in Roh-, Halbrein- und Reingewinnsätze in Prozenten des wirtschaftlichen Umsatzes. – 2. Für *Abschreibungen:* → Afa-Tabellen.

Richtsatzprüfung → Außenprüfung, → Schätzung.

Richtsatzwerte → Grundstückswert.

Richtsorte – Bezeichnung der Plankostenrechnung für die Leistungsart einer Kostenstelle, auf die bei häufigem Sortenwechsel alle anderen Leistungsarten durch Gewichtung mit einer → Äquivalenzziffer bezogen werden, um die Leistung mengenmäßig vergleichbar zu machen (→ Divisionskalkulation).

Richtzahlen – aus einem → Betriebsvergleich gewonnene Maßstabswerte aus → Beziehungszahlen, → Gliederungszahlen bzw. Verhältniszahlen, die von mehreren Betrieben gemeldet werden, z.B. Verhältnis von Umsatz zur Lohnsumme; Materialeinsatz zum Fertiggewicht u.a. – Richtzahlen werden als branchentypische Werte für vergleichbare Betriebe in Form von Mittelwerten, Best- oder Normwerten berechnet. An ihnen können die entsprechenden einzelbetrieblichen Zahlen gemessen werden, um → Abweichungen von branchenüblichen Ergebnissen festzustellen. – Vgl. auch → Betriebsvergleich.

Richtzeit → Sollzeit.

Rieger – Wilhelm, 1878–1971, Professor in Nürnberg und Tübingen, bedeutender, zeitweilig als Außenseiter geltender Fachvertreter. – *Forschung und Lehre:* Im Mittelpunkt seines konsequenten Denkansatzes steht das Gewinn- bzw. Rentabilitätsstreben; systembildende Grundidee ist das *Gewinnprinzip;* das Erkenntnisobjekt der → Privatwirtschaftslehre ist der *Geldumwandlungsprozess.* Die Opposition Riegers gegen Schmalenbachs Wirtschaftlichkeitslehre ist als Zweiter → Methodenstreit in die Geschichte des Fachs eingegangen. – *Hauptwerke:* „Einführung in die Privatwirtschaftslehre" (1927); „Schmalenbachs Dynamische Bilanz" (1936); „Über Geldwertschwankungen" (1938).

Riester-Rente – 1. *Begriff:* staatlich mittels Zulagen und einkommensteuerlichen Sonderausgabenabzugsmöglichkeiten geförderte, private, kapitalgedeckte Rente. Zählt mit Blick auf die Schichten der Altersvorsorge zur Zusatzversorgung. – 2. *Rechtsgrundlagen:* Die Förderung der Riester-Rente wurde durch das Altersvermögensgesetz (AVmG) eingeführt und erhielt mit den §§ 10a, 79 ff. AVmG Einzug in das Einkommensteuergesetz. – 3. *Förderberechtigte:* Förderberechtigt sind in der → gesetzlichen Rentenversicherung (GRV) pflichtversicherte Arbeitnehmer und Selbstständige, Beamte, geringfügig Beschäftigte, die auf die Versicherungsfreiheit verzichten, Bezieher von Arbeitslosengeld I und Arbeitslosengeld II sowie weitere Personengruppen. – 4. *Förderungsvoraussetzungen:* Die Förderung ist auf staatlich zertifizierte Altersvorsorgeprodukte beschränkt. Förderungsfähig sind → Beiträge zur privaten Rentenversicherung bzw. zu Fonds- und Banksparplänen, Zahlungen an eine → Pensionskasse oder an einen → Pensionsfonds und Zahlungen an → Direktversicherungen. Als Zertifizierungsvoraussetzungen für die Riester-Rente gelten folgende Bedingungen: a) Die Abschluss- und Vertriebskosten müssen auf mindestens fünf Jahre verteilt werden. – b) Zu Beginn der Auszahlungsphase muss vom Versicherer mindestens die Summe der eingezahlten Beiträge (bestehend aus den Eigenleistungen und den staatlichen Zulagen) garantiert werden. – c) Leistungen dürfen frühestens ab dem 60. Lebensjahr erbracht werden. – d) Mindestens 70 % des angesparten Kapitals müssen als lebenslange Rente ausgeschüttet werden, etwa in Form einer Leibrente oder eines Auszahlungsplans, der mit einer Leibrente ab dem 85. Lebensjahr verbunden ist. Es dürfen also nur maximal 30 % des eingesparten Kapitals als Einmalleistung ausgeschüttet werden. – e) Der Versicherer muss den Versicherungsnehmern bestimmte Informationen (z.B. über die Verwendung der Vorsorgebeiträge und über die Höhe der Verwaltungskosten) bereitstellen. – f) Die Versicherungsnehmer müssen laufende Beitragszahlungen erbringen. – g) Zudem müssen die Versicherungsnehmer über eine vierteljährliche Kündigungs- oder Ruhestellungsmöglichkeit verfügen. – 5. *Arten und Umfang der Förderung:* Die Förderung erfolgt entweder in Form eines steuerlichen Sonderausgabenabzugs oder über jährliche Grundzulagen sowie Kinderzulagen. Seit dem Jahr 2002 wurde die Förderung in einzelnen Schritten eingeführt (siehe auch Förderstufen). Der Anspruch auf maximale Förderung besteht erst, wenn ein Mindesteigenbeitrag in Höhe von 4 % des Vorjahres-Bruttoeinkommens angelegt wird. Die Zulagen werden auf den Mindesteigenbeitrag angerechnet. Aktuelle Förderbeträge: Seit 2008 erfolgt bei einer jährlichen Mindestanlage von 4 % des sozialversicherungspflichtigen Vorjahreseinkommens (maximal 2.100 Euro) abzgl. der zu erhaltenden Zulage eine Förderung des Staats i.H.v. 154 Euro pro Versicherungsnehmer. Für jedes kindergeldberechtigte Kind werden dem Kundenvertrag nochmals 185 Euro jährlich gutgeschrieben, für nach 2008 geborene Kinder 300 Euro. Gleichzeitig kann der Vertrag steuerrechtlich voll geltend gemacht werden, wobei dann der bereits als Zulagen ausgeschüttete Teil von dem über die Steuer rückzuvergütenden Teil in Abzug gebracht wird. Die Bezüge aus der Riester-Rente sind durch den Empfänger zu 100 Prozent steuerpflichtig.

Rimesse – 1. *Im Wechselgeschäft*: a) Ausdruck für einen → gezogenen Wechsel, der noch nicht akzeptiert wurde und den der Aussteller seinem Warenlieferanten in Zahlung gibt. – b) Bezeichnung für Wechsel oder Schecks, die einem Kreditinstitut zum Einzug (→ Inkasso) oder als Gutschrift eingereicht werden. Wechsel und Schecks haben im heutigen Geschäftsverkehr an Bedeutung verloren. – 2. *Im internatinalen Zahlungsverkehr*: Geldüberweisungen von Migranten, die diese Gelder aus dem Ausland (meist an ihre Familien) in ihre Herkunftsländer überweisen. Untersuchungen haben gezeigt, dass Rimessen neben ausländischen Direktinvestitionen und öffentlicher Entwicklungshilfe zu den wichtigsten externen Finanzzahlungen für viele Entwicklungsländer gehören. Diese Geldtransfers sind häufig mit hohen Gebühren verbunden.

Ringabschluss → Ringgeschäft.

Ringgeschäft – *Ringabschluss;* → Termingeschäft, bei dem die gleiche Warenpartie mittels Geschäft und Gegengeschäft durch eine Reihe von Kontrahenten gehandelt und zuletzt wieder von dem ersten Verkäufer erworben wird. Die Abwicklung erfolgt lediglich durch Abrechnung.

Ring-Netz(-werk) → Netzwerktopologie.

RISC – Abk. für *Reduced Instruction Set Computer;* → Rechner mit verringertem und vereinfachtem Befehlsrepertoire (→ Maschinenbefehl). Komplizierte Befehle werden durch eine Folge einfacher RISC-Befehle emuliert. – RISC hat seinen Ursprung in Untersuchungen am Thomas J. Watson-Forschungsinstitut der IBM Anfang der 1970er-Jahre. Man stellte fest, dass bei typischen Computeranwendungen 80 Prozent der Befehle weniger als 20 Prozess des Maschineninstruktionsvorrats verwenden. Anlass zur Untersuchung war die fortschreitende Komplexität des Instruktionssatzes bisheriger Computer. Ziel war die Verbesserung des Leistungsverhaltens der Computer durch eine Architektur (Computerstruktur), die mit geringerem Instruktionsvorrat auskommt (RISC-Architektur). Heute ist RISC-Architektur v.a. im Bereich der → Workstations verbreitet.

Risiko – I. Allgemein: Kennzeichnung der Eventualität, dass mit einer (ggf. niedrigen, ggf. auch unbekannten) → Wahrscheinlichkeit ein (ggf. hoher, ggf. in seinem Ausmaß unbekannter) Schaden bei einer (wirtschaftlichen) Entscheidung eintreten oder ein erwarteter Vorteil ausbleiben kann.

II. Management: → Wagnis, → Risikomanagement.

III. Statistik, Theorie der Unternehmung und Entscheidungstheorie: Entscheidungssituation, bei welcher für das Eintreten von Ereignissen objektive → Wahrscheinlichkeiten vorliegen. – Vgl. auch → Unsicherheit, → Ungewissheit, → Sicherheit, → Erwartung.

Risikoabgeltungsthese – These über die Reaktion von Kreditgebern auf steigendes Ausfallrisiko durch erhöhten Verschuldungsumfang des Kreditnehmers: Für das höhere Risiko fordern die Kreditgeber einen Risikozuschlag zum Zinssatz. – *Anders:* → Kreditrationierungsthese.

Risikoanalyse – als Teilgebiet der Investitionsrechnung baut sie auf Wahrscheinlichkeitseinschätzungen künftiger Zustände auf. Sie verfolgt das Ziel, aus den unterstellten Wahrscheinlichkeitsverteilungen der Basis- und Inputgrößen einer Investition (Zahlungsgrößen und -zeitpunkte) die einer bestimmten Investitionsalternative entsprechende Wahrscheinlichkeitsverteilung der Ergebnisgröße zu bestimmen. Hierzu stehen mittlerweile einfach anzuwendende Softwareprodukte zur Verfügung.

Risikoaufklärung → strategische Frühaufklärung, → operative Frühwarnung.

Risikoausgleich – 1. *Begriff:* Zentraler Effekt des Versicherungsvorgangs, der eine Verringerung des Zufallsrisikos bewirkt. Komponenten sind der Risikoausgleich im Kollektiv und der Risikoausgleich in der Zeit. Der Risikoausgleich ist wesentlicher Bestandteil der Risikotransformation. – 2. *Risikoausgleich im Kollektiv:* Der Risikoausgleich im Kollektiv liegt in der Einbettung der einzelnen Versicherungsverträge in ein Kollektiv von Risiken begründet. Der Ausgleich im Kollektiv findet darin seinen Ausdruck, dass unter sonst konstanten Bedingungen eine wachsende Kollektivgröße Vorteile bietet. Diese Vorteile bestehen darin, dass sich bei wachsender Kollektivgröße entweder das Zufallsrisiko selbst verringert oder aber bei gleichbleibendem (kontrolliertem) Sicherheitsniveau der versicherte Gesamtschaden im Durchschnitt günstiger finanziert werden kann und damit für den einzelnen Versicherungsnehmer der Versicherungsschutz günstiger zu erwerben ist. Der Ausgleich im Kollektiv kann unter Rückgriff auf wahrscheinlichkeitstheoretische Gesetzmäßigkeiten (→ Gesetz der großen Zahlen) quantifiziert werden. Risikohomogenität ist keine Voraussetzung für den Ausgleich im Kollektiv, auch aus heterogenen Teilkollektiven zusammengesetzte Kollektive können ausgeglichen sein. – 3. *Risikoausgleich in der Zeit:* Der Risikoausgleich in der Zeit findet darin seinen Ausdruck, dass sich über längere Zeithorizonte die durchschnittliche Volatilität und auch Shortfallrisiken vermindern. Der Ausgleich in der Zeit findet in der Versicherungspraxis im Rahmen der Schwankungsrückstellungen in der Schaden-/Unfallversicherung sowie im Rahmen einer langfristig orientierten Rückversicherung Anwendungen.

Risikoaversion → Risikoabneigung; Risikopräferenz.

Risikobericht – Teil des → Lageberichts.

risikobewusste Kontrolle → Risikomanagement.

risikobewusste Planung → Risikomanagement.

risikobewusste Steuerung → Risikomanagement.

risikobewusste Unternehmensführung → Risikomanagement.

Risikoerhöhung – Qualitative Gefahrerhöhung im Rahmen der → versicherten Gefahren ohne eine Überschreitung der versicherten Grundgefahr. Abzugrenzen von Risikoerweiterung und Vorsorgeversicherung. – Vgl. auch → Haftpflichtversicherung.

Risikoerweiterung – Quantitative Gefahrerhöhung im Rahmen der → versicherten Gefahren ohne eine Überschreitung der versicherten Grundgefahr. Abzugrenzen von Risikoerhöhung und Vorsorgeversicherung. – Vgl. auch → Haftpflichtversicherung.

Risikofreude → → Risikopräferenz.

Risikogeschäft – Versicherungsspezifischer Kern der Geschäftstätigkeit eines Versicherungsunternehmens. Das Risikogeschäft besteht in dem Transfer (Risikotransfer) von Risiken (Risiko) von Wirtschaftseinheiten (Versicherungsnehmer) auf das Versicherungsunternehmen gegen Entgelt (→ Prämie). Die übernommenen Risiken werden zu Risikokollektiven zusammengefasst und unter Einsatz des Instrumentariums der → Risikopolitik konsolidiert (→ Risikoausgleich, → Risikotransformation).

Risikogewicht – Das Risikogewicht stellt eines der Kernelemente innerhalb der Regulierung von → Basel II dar, welches die Ermittlung der mit Eigenmitteln zu unterlegenden risikogewichteten Aktiva durch Multiplikation von Risikogewicht und Positionsvolumen ermöglicht. – Im folgenden sind exemplarisch die ratingabhängigen Risikogewichte für Forderungen an Unternehmen im Standardansatz abgebildet. In den IRB Ansätzen kann das Risikogewicht grundsätzlich über die Verknüpfung dreier Komponenten ermittelt werden. Während sich

Rating	AAA bis AA-	A+ bis A-	BBB+ bis BB-	Unterhalb BB-	Ohne Rating
Risikogewicht	20%	50%	100%	150%	100%

die Methoden zur Bestimmung von Risikogewichten für Kredite an Unternehmen, Staaten und Banken sehr stark ähneln, weicht diejenige für Kredite an Privatkunden etwas von diesen ab. Allen Methoden gemeinsam ist jedoch die Verwendung des gegenparteispezifischen Inputparameters „Ausfallwahrscheinlichkeit" (Probability of Default, PD) und des geschäftsspezifischen Inputparameters „erwartete Verlustrate bei Ausfall" (Loss given Default Rate, LGD). Der – ebenfalls geschäftsspezifische – Inputparameter „Restlaufzeit" (Maturity, M) wird nur zur Bestimmung der Risikogewichte bei Krediten an Unternehmen, Staaten und Banken angewendet, nicht aber bei Krediten an Privatkunden explizit berücksichtigt. – Die Ausfallwahrscheinlichkeit kann bei den auf internen → Ratings basierenden Ansätzen (IRB-Ansätze) mittels eines bankeigenen Ratingmodells ermittelt werden, oder, wo ein entsprechendes Modell nicht vorhanden ist, aus externen Ratings von Ratingagenturen übernommen werden. Dabei ist den einzelnen Ratingklassen eine entsprechende Ausfallwahrscheinlichkeit zugewiesen.

Risikokapital → Venture-Capital.

Risikokommunikation – 1. *Begriff*: Die Risikokommunikation hat als Managementdisziplin die Aufgabe, das Ausmaß (Risiken identifizieren und benennen) und die Relevanz der Risiken unternehmerischen Handelns zielgruppengerecht zu kommunizieren (Gefahren aufzeigen) und den angemessenen Umgang mit solchen Risiken zu unterstützen. – 2. *Ziel:* Das Ziel der Risikokommunikation ist, zum Aufbau von Vertrauenspositionen und damit zur → Reputation beizutragen, indem Unternehmen ihren Umgang mit technischen, gesundheitlichen, ökologischen, politischen, finanziellen und anderen Risiken (und Chancen) ihrer Leistungsprozesse transparent machen. – 3. *Aspekte:* Dabei bleibt abzuwägen, wie der aktive Umgang mit solchen Risiken/Chancen erst zur Verunsicherung von Bezugsgruppen führt oder diese Verunsicherung reduziert. Der Risikobegriff enthält aus Handlungs- oder Entscheidungssicht ein unternehmerisches Wagnis, das mit dem Stakeholder-Ansatz auch gesellschaftliche Dimensionen beinhalten kann. Da Risiken subjektive und damit interpretationsabhängige Komponenten enthalten, lassen sich keine Standards für die aktive Kommunikation unternehmerischer Risiken formulieren, um durch Risiken hervorgerufene Stakeholder-Ansprüche zu vermeiden oder zu verhindern, die die unternehmerische Zielerreichung hemmen oder verhindern können. Die Bestimmung der kritischen Grenze, wann die Kommunikation von Risiken ihre Akzeptanz erhöht oder Widerstände von Stakeholdern erst hervorruft, ist paradoxerweise ein Risiko für sich. – 4. *Instrumente und Einordnung:* Die Risikokommunikation lässt sich als der Teil des Risikomanagements einordnen, der sich auf den Umgang mit weichen Faktoren (siehe → harte und weiche Faktoren) wie Ängsten und Widerständen ausrichtet. Damit reicht die Risikokommunikation als unternehmerische Tätigkeit in alle unternehmerischen Prozesse hinein, die den Umgang mit Wagnissen beinhalten. Diese umfasst die → Corporate Governance mit der Weiterentwicklung des Ordnungsrahmens eines Unternehmens und den hier verorteten Regeln im Umgang mit Wagnissen genauso wie die Formulierung von Verbraucherrisiken auf Produktpackungen. Sie führt bis zu der Medienarbeit anlässlich eines Betriebsunfalls in der Produktion als Teil der Krisenkommunikation und reicht bis zu der Prägung der → Unternehmenskultur als Risiko- und Fehlerkultur. Nicht berücksichtigt ist bei dieser Kennzeichnung die Risikokommunikation als Teil des politischen Prozesses einer Risikogesellschaft, die die demokratische Meinungsbildung im Umgang mit gesellschaftlichen Risiken wie in der Energieversorgung oder gesundheitlichen Risiken von (Nicht-)Rauchern mit dieser Kommunikationsform begleitet.

Risikolebensversicherung – *Todesfallversicherung.* – 1. *Begriff*: Versicherung auf den Todesfall einer oder mehrerer versicherter Person(en), die bei Erleben der versicherten Person zum Ende der Vertragslaufzeit keine Leistung erbringt, mit Ausnahme evtl. fälliger Überschüsse aus dem Vertrag. – 2. *Merkmale:* Risikolebensversicherungen decken das Todesfallrisiko entweder lebenslang oder über einen definierten kürzeren Zeitraum. Die Beitragszahlung kann einmalig oder fortlaufend erfolgen, längstens jedoch bis zum Ablauf der → Versicherungsdauer. Mit der Risikolebensversicherung ist grundsätzlich keine → Kapitalbildung verbunden. Für lang laufende Risikolebensversicherungen gegen laufende Beiträge werden aber zu Beginn der Vertragslaufzeit in geringem Umfang Rückstellungen gebildet, um in späteren Jahren wegen des dann gestiegenen Risikos über ausreichende Mittel aus Beiträgen und Rückstellungen für die Risikotragung zu verfügen. – 3. *Ziele:* Mit dem Abschluss einer Risikolebensversicherung können unterschiedliche Ziele verfolgt werden, z.B. a) bei lebenslangen Risikolebensversicherungen die Bereitstellung eines Geldbetrags zur Deckung der Beerdigungskosten (Sterbegeldversicherung) oder der anfallenden Erbschaftsteuer, – b) bei abgekürzten Risikolebensversicherungen die Absicherung einer Hypothek oder eines Konsumentenkredits. – 4. *Probleme:* Bei lebenslangen Risikolebensversicherungen wird oft die Möglichkeit der sog. Überzahlung problematisiert: Da der Beitrag das Risiko frühzeitiger Todesfälle in jungen Altern abdeckt, kann es bei sehr langen Beitragszahlungsdauern, d.h. bei sehr langlebigen Personen dazu kommen, dass im individuellen Fall die Summe der eingezahlten Beiträge höher als die versicherte Summe ist.

Risikomanagement

von Prof. Dr. Stefanie Fiege und Prof. Dr. Ulrich Krystek

I. Begriff und Bedeutung des Risikomanagement als Führungsaufgabe

Risiken sind untrennbar mit jeder unternehmerischen Tätigkeit verbunden und können den Prozess der Zielsetzung und Zielerreichung negativ beeinflussen. Sie resultieren ursachenbezogen aus der Unsicherheit zukünftiger Ereignisse – wobei dies regelmäßig mit einem unvollständigen Informationsstand einhergeht – und schlagen sich wirkungsbezogen in der Möglichkeit negativer Abweichungen von einer festgelegten Zielgröße nieder. Werden Risiken nicht rechtzeitig erkannt und bewältigt, können sie die erfolgreiche Weiterentwicklung der Unternehmung gefährden, sogar in Krisen im Sinn von überlebenskritischen Prozessen einmünden (→ Unternehmungskrise).

Risikomanagement im weiteren Sinn beinhaltet den Umgang mit allen Risiken, die aus dem Führungsprozess und den Durchführungsprozessen in einer Unternehmung entstehen können und beschränkt sich nicht nur auf die Handhabung versicherbarer Risiken (Insurance Management). Während die Unternehmungsführung grundsätzlich die Realisierung der generellen Unternehmungsziele verfolgt, will das generelle Risikomanagement als ein Bestandteil der Führung eine Abweichung von diesen Zielen verhindern.

Die Notwendigkeit eines Risikomanagements ergibt sich aus einer Reihe gesetzlicher Bestimmungen (z.B. Bilanzrechtsmodernisierungsgesetz, Sarbanes-Oxley-Act, Mindestanforderungen an das Risikomanagement MARisk (BA), IFRS), aus Anforderungen des Deutschen Coporate Governance Kodex (DCGK), aus dem IDW PS 340 sowie den DIN ISO Normen 31000. In besonderer Weise ist die Bedeutung eines institutionalisierten Risikomanagements durch die Regelungen des 1998 in Kraft getretenen Gesetzes zur Kontrolle und Transparenz im Unternehmensbereich (KonTraG) hervorgehoben. So hat der Vorstand bzw. die oberste Führung in vergleichbaren Gesellschaftsformen nach § 91 II AktG „geeignete Maßnahmen zu treffen, insbesondere ein Überwachungssystem einzurichten, damit den Fortbestand der Gesellschaft gefährdende Entwicklungen früh erkannt werden". Diese Verpflichtung umfasst eine Einrichtung und den Betrieb eines Risikomanagementsystems, das sich am allgemeinen Führungsprozess orientiert und in einzelne Phasen unterteilbar ist.

II. Prozess des Risikomanagements

Grundsätzlich lassen sich die vier Phasen der Risikoidentifikation, Risikobewertung, Risikosteuerung und Risikokontrolle unterscheiden, begleitet durch eine Risikopolitik und eine Prozessüberwachung (vgl. Abbildung „Risikomanagement-Kreislauf").

Ausgangspunkt und zugleich Rahmen eines jeden Risikomanagement sollte die Formulierung einer unternehmungsspezifischen *Risikopolitik* sein. Diese Risikopolitik berücksichtigt den Sicherheitsgedanken in der Unternehmung, indem sie die Grundsätze zum Umgang mit Risiken – aber auch mit Chancen – vorgibt und sowohl auf Bereichsebene als auch auf Gesamtunternehmungsebene festlegt, in welchem Verhältnis Chancen und Risiken eingegangen werden dürfen und welche maximalen Risikoausprägungen in Kauf genommen werden sollen.

Die Phase der umfasst die Sammlung aktueller und zukünftiger, (potenzieller und latenter) Risiken. Sie stellt dadurch den wichtigsten Schritt im Rahmen des Risikomanagement dar, denn ihr Ergebnis ist entscheidend für die in allen nachfolgenden Prozessschritten ablaufenden Tätigkeiten. Instrumente, die zur Identifikation von Risiken eingesetzt werden können, sind neben Analysen (Unternehmungsanalyse, Umfeldanalyse) und Prognosen v.a. die Frühaufklärung. Letztere hat neben einer frühzeitigen Erfassung verdeckt bereits vorhandener Risiken auch eine Ortung latenter Chancen sowie die Sicherstellung der Einleitung entsprechender Maßnahmen zur Risiko-/Chancensteuerung zum Inhalt. Sie kann operativ – auf Basis von Kennzahlen, Hochrechnungen und Indikatoren – sowie strategisch – auf Basis von „Weak Signals" – ausgerichtet sein.

Um eine Auswirkung auf die Unternehmung abschätzen zu können, müssen die identifizierten Risiken bewertet werden. Die *Bewertung* erfolgt üblicherweise in den Dimensionen der Eintrittswahrscheinlichkeit (E) und der möglichen Schadenshöhe (S) bei Eintritt. Kann wegen mangelnder Datenbasis keine quantitative Einschätzung (z.B. über Risikomaße wie den Value-at-Risk oder Cash-Flow-at-Risk) erfolgen, müssen die Risiken anhand von qualitativen Größen umschrieben werden. Eine Visualisierung mithilfe von Risikoportfolios erweist sich dabei hilfreich. Wichtig erscheint im Rahmen der Bewertung ferner die Analyse und Beurteilung des Zusammenwirkens einzelner Risiken auf die Unternehmung. Nicht selten ergeben sich nämlich aus einer Interaktion wenig bedeutsamer Einzelrisiken im Ergebnis bestandsgefährdende Risiken, die andere Maßnahmen der Risikosteuerung erfordern.

Im Rahmen der *Risikosteuerung* müssen Möglichkeiten gefunden werden, die eine Reaktion auf das identifizierte und bewertete Risikospektrum erlauben und gleichzeitig im Einklang mit der festgelegten Risikopolitik stehen. Durch unterschiedliche Strategien und Maßnahmen soll aktiv versucht werden, das Verhältnis von Chancen und Risiken auszugleichen und die Risikostrategie an die Gesamtunternehmungsstrategie

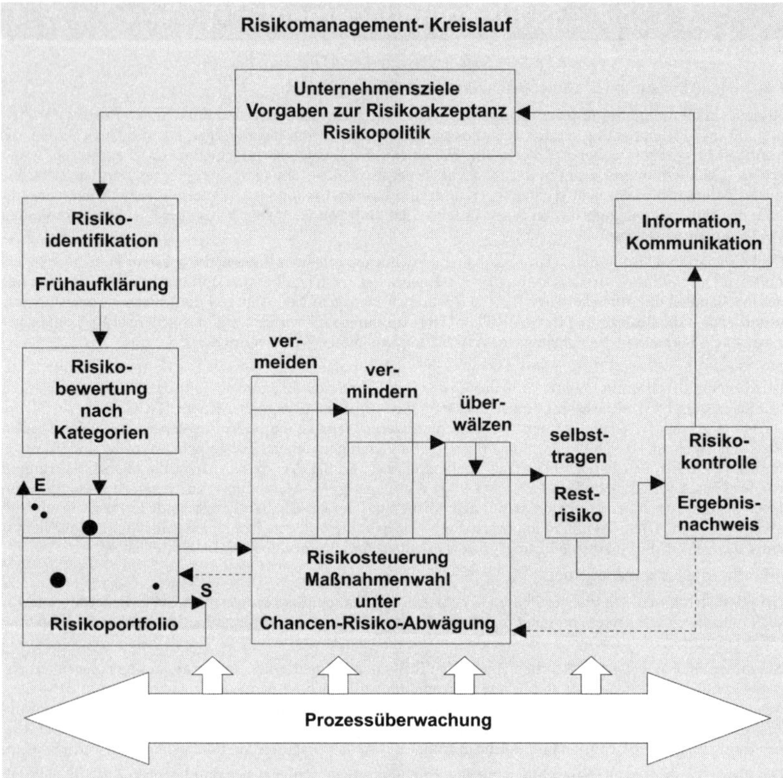

anzupassen. Dabei stehen einer Unternehmung grundsätzlich vier verschiedene Steuerungsmöglichkeiten zur Auswahl: Vermeidung mit gleichzeitigem Geschäftsverzicht, Verminderung, Überwälzung z.B. auf eine Versicherung oder das Selbsttragen des Risikos.

Die *Risikokontrolle* soll gewährleisten, dass die tatsächliche Risikosituation der Unternehmung mit der geplanten Risikoprofilsituation übereinstimmt. Zur Unterstützung der Kontrolle ist es sinnvoll, ein Berichtswesen in der Unternehmung zu implementieren, das die Risikosituation aufzeigt, die Risiken im Zeitablauf darstellt und einen Gesamtüberblick ermöglicht.

Der Prozess des Risikomanagement unterliegt einer – im KonTraG gleichfalls vorgesehenen – *Überwachung*, die üblicherweise von der internen Revision als neutrale Prüfungsinstanz in der Unternehmung vorgenommen wird. So wird die Qualität und Funktionsfähigkeit des Risikomanagement sowie die Adäquanz der eingesetzten Risikomanagement-Instrumente überwacht und sichergestellt.

Prozessbegleitend ist eine *Risikokommunikation* im Unternehmen erforderlich, die eine rechtzeitige Weiterleitung der relevanten Informationen an die jeweils Verantwortlichen sicherstellt und das Risikobewusstsein in der Unternehmung stärken soll.

III. Institutionalisierung

Risikomanagement als Institution kennzeichnet den oder die Träger dieser Führungstätigkeit. Organisatorisch kann das Risikomanagement in einer separaten (Zentral-)Abteilung oder innerhalb eines anderen

Aufgabenbereichs (z.B. Controlling) verankert sein. Die letztendliche Verantwortung für das Risikomanagement bleibt jedoch zwingend bei der obersten internen und externen Führung.

IV. Anwendungsstand

Während im Rahmen von (börsennotierten) Großunternehmungen von einem flächendeckenden Vorhandensein eines institutionalisierten Risikomanagements ausgegangen werden kann, erscheint im deutschen Mittelstand diesbezüglich noch erheblicher Nachholbedarf zu bestehen. So verfügen – nach einer Umfrage im Jahr 2011 – etwa 50% der mittelständischen Unternehmungen noch nicht über ein ausreichend intstituionalisiertes Risikomanagementsystem und sehen den Aufbau sowie den Betrieb eines solchen Systems eher als eine Aufgabe der operativen Bereiche, weniger dagegen als eine Aufgabe der obersten Führung (Vorstand, Geschäftsführung). Eine Studie der DAX30-Unternehmen aus dem Jahr 2010 kommt hingegen zu dem Ergebnis, dass zwei Drittel der Unternehmungen dem zentralen Risikomanagement eine so große Bedeutung einräumen, dass Risikomanagementstellen oder Abteilungen exisitieren, die ausschließlich mit Risikomanagementaufgaben betraut sind und dabei überwiegend als Abteilung direkt unter dem Vorstand organisiert sind.

Risikomaße – 1. *Begriff:* Faktoren zur Quantifizierung des Ausmaßes (der Höhe) von (primär) Finanzrisiken (Risiko). Formal ordnen sie jeder Zufallsgröße bzw. Wahrscheinlichkeitsverteilung, die die zufallsabhängigen finanziellen Konsequenzen einer ökonomischen Handlung repräsentiert, eine Zahl (betragsmäßige Höhe) zu. Je höher diese Zahl ist, desto höher ist das mit der Handlung verbundene Risiko. Werden zwei ökonomische Handlungen hinsichtlich ihrer Risikohöhe miteinander verglichen, so ist diejenige Handlung, bei der das Risikomaße eine höhere Ausprägung annimmt, riskanter. – 2. *Arten:* Es existieren zwei Basiskonzeptionen der Risikomessung. Die erste Konzeption fasst Risiko als Ausmaß der Abweichungen von einer Zielgröße auf. Hierzu gehören Risikomaße für die → Volatilität sowie Risikomaße für das Shortfallrisiko. Die zweite Konzeption fasst Risiko als notwendiges Kapital bzw. notwendige Prämie auf. Hierzu gehören insbesondere die Risikomaße Value at Risk und Conditional Value at Risk. Insgesamt existiert damit eine Vielzahl von gebräuchlichen Risikomaßen, die unterschiedliche Aspekte des Risikos messen.

Risikomatrix – Die Risikomatrix ist ein Instrument zur Risikokommunikation. → Risiken werden nach ihrem potenziellen Schaden und dessen Eintrittswahrscheinlichkeit unterteilt. Diese Wahrscheinlichkeit kann sowohl auf Grundlage vergangenheitsbasierter Daten als auch auf Basis subjektiver Schätzungen beruhen.

Risikoneutralität → Risikopräferenz.

Risikonutzen → Bernoulli-Prinzip.

Risikoorientierte Bepreisung

von Dr. Markus Siepermann

I. Begriff und Einordnung

Unter der risikoorientierten Bepreisung wird die Festlegung eines Preises für eine unternehmerische Leistung verstanden, bei der neben den → Kosten der Leistung und einem i.d.R. prozentualen Aufschlag als Abgeltung des → Unternehmerwagnisses auch mögliche → Risiken, die mit der unternehmerischen Leistung, ihrer Erbringung sowie Durchführung in Verbindung stehen, berücksichtigt und in die Berechnung des Preises mit einbezogen werden.

Jedem unternehmerischen Handeln wohnt ein Risiko inne, das im Allgemeinen durch den → Gewinn abgegolten wird. Das heißt, mit der Aufnahme einer Geschäftstätigkeit besteht für den Unternehmer i.d.R. die Gefahr, dass das eingesetzte Kapital gemindert wird bzw. verloren geht. Als Anreiz besteht jedoch als Gegensatz zum Risiko die Chance, dass das eingesetzte Kapital über einen marktüblichen Zins (s. → Marktzins) hinaus zu Gewinnen führt. Risiken, die durch die Geschäftstätigkeit entstehen, wie z.B. die Gefahr, dass ein neues Produkt auf dem Markt nicht oder nicht in der geplanten Menge abgesetzt werden kann, gehen deshalb nicht als (→ kalkulatorische) Kosten in die Bestimmung von → Preisuntergrenzen ein, sondern sie werden i.d.R. von der Unternehmung getragen, und ihre Abgeltung erfolgt über den Gewinnzuschlag. Diese Vorgehensweise liegt v.a. darin begründet, dass Risiken, denen ein Unternehmen unterliegt, als in der Zukunft liegende Ereignisse nicht mit Sicherheit eintreten, sondern lediglich im Rahmen des Möglichen liegen. Sie verursachen somit zunächst keine Kosten und müssen deswegen auch nicht unmittelbar gedeckt werden. Wird unternehmerischen Risiken jedoch im Rahmen des → Risikomanagements gezielt mit Maßnahmen begegnet, finden diese Risiken indirekt bei der Bepreisung Berücksichtigung. In diesem Fall entstehen i.d.R. für die Risikomaßnahmen Kosten, welche in die Preisfestlegung Eingang finden und so zu risikogerechteren Preisen führen.

II. Klassische risikoorientierte Bepreisung

Eine Sonderstellung bei der Bepreisung nehmen diejenigen Risiken ein, denen ein Unternehmen nicht per se im Rahmen seiner Geschäftstätigkeit unterliegt, sondern die nur mittelbar und erst dadurch auf das Unternehmen einwirken können, dass mit bestimmten Partnern Geschäfte durchgeführt werden. Hierbei ist zu unterscheiden, ob der Geschäftspartner in der Wertschöpfungskette vor- oder nachgelagert ist. Im ersten Fall können die entstehenden Risiken i.d.R. durch geeignete Maßnahmen abgefangen werden. Im zweiten Fall jedoch ist die Gefahr, dass Risiken des Kunden auf das eigene Unternehmen durchschlagen, weniger steuerbar. Risiken können hier v.a. während und nach Erbringung der Leistung auftreten, jedoch noch vor der vereinbarten Vergütung. Es besteht v.a. das Risiko des Forderungsausfalls. Das eigene Unternehmen unterliegt somit Risiken anderer Unternehmen, die es selbst nicht beeinflussen bzw. steuern kann. Das Risiko hängt also in hohem Maß vom Risikomanagement des Geschäftspartners ab.

Aus diesem Grund wird die Risikosituation des Geschäftspartners bei der Bepreisung der eigenen Leistung berücksichtigt. Je stärker risikobehaftet sich Situation des Geschäftspartners darstellt, desto höher wird der Preis für die Leistung angesetzt. Dadurch wird ein Anreiz beim Kunden geschaffen, die Risikosituation durch ein geeignetes Risikomanagement so zu steuern, dass das Risikopotential gesenkt wird und in der Folge ein besserer Preis gewährt werden kann. Durch dieses Vorgehen wird eine Form der → Selbstversicherung realisiert: I.d.R. treten nur bei wenigen Geschäftspartnern Risiken ein, die auf das eigene Unternehmen durchschlagen. Dadurch dass aber alle Geschäftspartner mit einer ähnlichen Risikosituation den höheren Preis zahlen müssen, wird der Ausfall eines Partners darüber kompensiert. Anwendung findet diese Form der risikoorientierten Bepreisung v.a. im Finanzbereich. → Kredite, deren Erfolg in höchstem Maß von der Risikosituation des Kreditnehmers abhängt, fallen für Unternehmen mit gutem → Rating deutlich günstiger aus. Grund hierfür ist auch die Neue Basler Eigenkapitalvereinbarung (→ Basel II), die bei Krediten für Unternehmen mit schlechtem Rating eine höhere Eigenkapitalunterlegung fordert.

III. Neuere Entwicklungen

Nicht nur kundeninduzierte Risiken lassen sich in die Bepreisung einbeziehen, sondern ebenfalls Risiken des eigenen Unternehmens. Motiviert wird dieses Vorgehen durch die Tatsache, dass ein Teil der unternehmerischen Risiken über die Kosten der Maßnahmen, die sie bekämpfen sollen, bereits bei der Bepreisung berücksichtigt wird. Der andere Teil der Risiken wird hingegen vom Unternehmen selbst getragen. Das bewusste Selbsttragen von Risiken zählt aber nach einhelliger Meinung zu einer der Hauptstrategien im Risikomanagement bezüglich der Risikohandhabung. Aus Gründen der Gleichbehandlung von Risiken sollten deshalb Risikokosten, die sich aus der Strategie des Selbsttragens ergeben, als kalkulatorische Kosten bei der Bepreisung ebenfalls berücksichtigt werden. Dies geschieht, indem im Rahmen der → Plankostenrechnung jedem Rechenparameter ein entsprechender Risikowert zugeordnet wird. Dieser gibt bezogen auf den eingeplanten Wert an, um wie viel der entsprechende Parameter bei Eintritt eines Risikos durchschnittlich in negativer Hinsicht abweichen kann. Auf Basis dieser Risikowerte kann dann eine Schattenrechnung zur klassischen Plankostenrechnung aufgebaut werden, mit deren Hilfe risikoorientierte Zuschläge für unternehmerische Leistungen kalkuliert werden. Über diese Zuschläge wird so eine Selbstversicherung des Unternehmens aufgebaut, bei der das Auftreten eines Risikos durch die Einpreisung aller Risiken kompensiert und finanziert wird. Der Vorteil dieses Vorgehens besteht in der Flexibilität bei der Bepreisung: Zusätzlich zu den klassischen Preisuntergrenzen können risikoorientierte Preisuntergrenzen bestimmt werden, die bei Bedarf ebenso wie die vollkostenbasierten Preisuntergrenzen bis hin zu den Grenzkosten unterschritten werden können.

Ausnahmen bei der risikoorientierten Bepreisung bestehen im Absatzbereich, also z.B. dass eine Leistung nicht zum beabsichtigten Preis abgesetzt werden kann. Die Berücksichtigung dieses Risikos führte zu einem höheren Preis, der aber gerade nicht realisiert werden kann.

Risikopolitik – Steuerung und Kontrolle des → versicherungstechnischen Risikos. Kernaufgabe der versicherungsbetrieblichen Risikopolitik. Das risikopolitische Instrumentarium umfasst die Risikoselektion (inkl. der Annahmepolitik) und die Steuerung der Bestandszusammensetzung, die Prämienkalkulation und die Tarifgestaltung, die Formen der Risikoteilung (→ Selbstbehalte, → Mitversicherung, → Rückversicherung, → Versicherungspools), die Solvabilitätspolitik, die Reservepolitik (Schwankungsrückstellung, Schadenrückstellung, Deckungsrückstellung) und Ansätze einer risikoadjustierten Erfolgssteuerung sowie generell die Nutzbarmachung des Risikoausgleichs. Darüber hinaus ist es die Aufgabe der Risikopolitik, weitere Risiken des Versicherungsgeschäfts, wie Kapitalanlagerisiken und operationale Risiken, zu steuern und zu kontrollieren.

Risikopräferenz – *Risikoeinstellung, Risikoappetit.* – 1. *Begriff:* Grad der Risikoneigung. Ausgangspunkt und Nebenbedingung rationaler Entscheidungen unter → Risiko. – 2. *Hintergründe:* In der Realität sind die Entscheidungssituationen meist durch eine → Unsicherheits- oder Risikolage geprägt, was dadurch zum Ausdruck kommt, dass die Ergebnisse von Entscheidungen nicht determiniert und damit unbekannt sind. Von einer Unsicherheitssituation wird in diesem Zusammenhang gesprochen, wenn den einzelnen Ergebnismöglichkeiten keine → Wahrscheinlichkeiten zugeordnet werden (können). Risikosituationen sind hingegen von Wahrscheinlichkeitsverteilungen von Ergebnissen geprägt, wobei es ausreicht, dass die Wahrscheinlichkeiten den verschiedenen Ergebnisausprägungen subjektiv vom Entscheidungsträger zugeordnet werden. – 3. *Ausprägungen:* a) Risikoneutralität liegt vor, wenn positive und negative Abweichungspotenziale vom → Erwartungswert einer Zielgröße seitens des Entscheidungsträgers gleich hoch gewichtet werden; der rationale Entscheidungsträger wird in diesem Fall aus einer Mehrzahl von Handlungs- bzw. Verhaltensmöglichkeiten diejenige mit dem höchsten Erwartungswert auswählen. – b) Risikofreude (Risikosympathie) liegt vor, wenn positive Abweichungspotentiale vom Erwartungswert seitens des Entscheidungsträgers höher gewichtet werden als negative Abweichungspotenziale; der rationale Entscheidungsträger wird in diesem Fall für die Auswahl aus mehreren Handlungs- bzw. Verhaltensmöglichkeiten einer Funktionsvorschrift folgen, die bei gegebenen Erwartungswerten für die Zielgröße vergleichsweise risikoreicheren, damit aber auch chancenreicheren Alternativen den Verzug gibt. – c) Risikoscheu (Risikoaversion) liegt vor, wenn negative Abweichungspotentiale vom Erwartungswert seitens des Entscheidungsträgers höher gewichtet werden als positive Abweichungspotenziale; der rationale Entscheidungsträger wird in diesem Fall für die Auswahl aus mehreren Handlungs- bzw. Verhaltensmöglichkeiten einer Funktionsvorschrift folgen, die bei gegebenen Erwartungswerten für die Zielgröße vergleichsweise risikoärmeren, damit aber auch chancenärmeren Alternativen den Verzug gibt. – 4. *Würdigungen:* Die meisten Entscheidungsträger im Wirtschaftsleben, insbesondere am → Kapitalmarkt, besitzen eine risikoscheue Einstellung. Genau deshalb gilt auch das Prinzip der → wertorientierten Steuerung, dass c.p. bei gegebener Renditeerwartung eine Risikominimierung bzw. bei gegebener Risikolage eine Renditemaximierung anzustreben ist. Dabei gelten Nebenbedingungen. → Versicherungsunternehmen dürfen schon aus aufsichtsrechtlicher Sicht ein bestimmtes → Risikomaß nicht überschreiten. Die Entscheidungsträger im Versicherungsunternehmen müssen deshalb ihrem Handeln bzw. Verhalten einen bestimmten Grad an Risikoaversion zugrundelegen (das folgt bereits aus den Solvabilitätsvorschriften, vgl. → Solvency I, → Solvency II, und aus den Mindestanforderungen an das Risikomanagement von Versicherungsunternehmen (kurz: MaRisk VA), ohne dass sie damit allerdings ihren Unternehmercharakter verlieren dürfen. Ein vollständiger Risikoausschluss, falls dies in einer realen Welt überhaupt möglich wäre, würde als Ausfluss einer gleichsam unbegrenzt risikoscheuen Einstellung zugleich den vollständigen Verzicht auf Chancen bedeuten, was mit Unternehmertum per se nicht mehr vereinbar wäre.

Risikoprämie – I. Kostenrechnung: Das im → Unternehmergewinn enthaltene Äquivalent für das allgemeine Unternehmerwagnis (→ Wagnisse).

II. Außenhandel: Die Risikoprämie kann als Erklärung für auftretende Abweichungen von der → Zinsparität verwendet werden. Ist der Inlandszinssatz r und der entsprechende Auslandszins r*, dann ist die Risikoprämie p aus der Sicht des inländischen Anlegers

$$r - r^* = w_e - p,$$

wobei w_e die für den entsprechenden Zeitraum erwartete Änderungsrate des nominellen → Wechselkurses (Abwertungsrate der heimischen Währung) ist. Risikoscheue Anleger verlangen Risikoprämien für das Halten von Finanzaktiva, die mit einem länderspezifischen und mit politischen Risiken verbunden sind. Je größer die *Risikoaversion* (Risikoscheu) ist, umso größer ist die erforderliche Risikoprämie p für das Portfoliogleichgewicht (→ Portfolio-Ansatz). Bei *Risikoneutralität* ignorieren die Anleger Risikounterschiede zwischen verschiedenen Anlagen, und das Gleichgewicht erfordert dann eine Übereinstimmung der erwarteten Renditen verschiedener Anlagen; die Risikoprämie r muss gleich null sein. – Vgl. auch → Wechselkurstheorie, → Zinsparität.

III. Versicherungswirtschaft 1. *Allgemein:* (1) *Begriff:* Kalkulatorische Kompensation für den durch Abschluss eines einzelnen Versicherungsvertrags oder eines Kollektivs von Versicherungsverträgen zustande kommenden Risikotransfer. Abgestellt wird hierbei allein auf die Versicherungsleistungen (reine Risikoübernahme), ohne Berücksichtigung von Kosten oder einer Gewinnmarge des Versicherungsunternehmens. Bezieht sich die Prämie auf ein Kollektiv von Versicherungsverträgen, so wird von kollektiver Risikoprämie gesprochen, im Fall eines einzelnen Versicherungsvertrags von individueller Risikoprämie. Die Bestimmung der Risikoprämie ist Gegenstand der → Prämienkalkulation bzw. der Tarifkalkulation (→ Tarifierung). – (2) *Merkmale:* Nach dem → versicherungstechnischen Äquivalenzprinzip muss eine Gleichheit zwischen den erwarteten Prämieneinzahlungen und den erwarteten Versicherungsleistungen bestehen. Hieraus resultiert die → Nettoprämie (auch: Nettorisikoprämie), die mit der erwarteten Versicherungsleistung identisch ist. Aus risikopolitischer Sicht kann die Nettoprämie jedoch nur eine Preisuntergrenze darstellen. Um ein hinreichendes Sicherheitsniveau des Versicherungsunternehmens zu gewährleisten, muss hierzu ein Risikozuschlag treten, der eine Kompensation für die Zufallsschwankungen (→ Zufallsrisiko) in den Entschädigungsleistungen (Schwankungszuschlag) sowie allgemeiner auch für → Irrtumsrisiken bei der Ermittlung der Zufallsgesetzmäßigkeit der

Versicherungsleistungen beinhaltet. Die Summe aus der Nettoprämie und dem Risikozuschlag ergibt die Risikoprämie (auch: Bruttorisikoprämie). – (3) *Formal:* Nettoprämie zuzüglich Risikozuschlag = Risikoprämie. Für ein zufälliges Risiko X wird jede Prämie, die die Nettoprämie um einen Risikozuschlag übersteigt, als Risikoprämie bezeichnet. – 2. *Besonderheiten in der Lebensversicherung:* (1) *Vorbemerkungen:* Die spezielle Definition für die → Lebensversicherung passt nicht zur o.a. allgemeinen Definition. In der Lebensversicherung ist einerseits der (biometrische) Risikozuschlag bereits in der Nettoprämie enthalten, andererseits enthält die Nettoprämie auch einen Sparanteil (Sparprämie), der nicht zur Risikoprämie gehört. – (2) *Begriff:* Die Risikoprämie für einen Lebensversicherungsvertrag ist der für einen einzelnen Versicherten für eine bestimmte Periode (i.d.R. ein Jahr) vorschüssig zu entrichtende Prämienanteil, der bei rechnungsmäßiger Verzinsung mit dem Zinssatz i und unter Zugrundelegung der Ausscheidewahrscheinlichkeiten 1. Ordnung am Ende der Periode den kalkulatorisch erwarteten, über die Deckungsrückstellung hinausgehenden Versicherungsleistungen entspricht. – (3) *Modell:* Ist L(t) die in der Versicherungsperiode t zu erbringende Leistung, V(t) die Deckungsrückstellung am Ende der Periode t und a(t) die Ausscheidewahrscheinlichkeit 1. Ordnung in t, so bestimmt sich die Risikoprämie R(t) nach der Formel

$$R(t) = a(t) * (L(t) - V(t))/(1 + i).$$

(4) *Merkmale:* Da die Ausscheidewahrscheinlichkeit ebenso wie die Deckungsrückstellung im Verlauf eines Versicherungsvertrags im Regelfall nicht konstant ist, ist die Risikoprämie ebenfalls eine im Zeitablauf variable Größe. Sind mehrere → Risiken versichert, so wird für jedes Risiko eine Risikoprämie nach der o.g. Formel bestimmt. Risikoprämien können auch negativ sein. Dies ist z.B. bei Rentenversicherungen dann der Fall, wenn bereits eine Deckungsrückstellung gebildet wurde, aber im Todesfall der versicherten Person keine Rentenzahlung ausgelöst wird, also L(t) = 0 ist. In einem größeren Kollektiv entspricht die Summe der Risikoprämien für ein bestimmtes Risiko den kalkulatorisch über die gebildete Deckungsrückstellung hinaus zu erbringenden Versicherungsleistungen. Ein Vergleich mit den tatsächlichen Versicherungsleistungen zeigt daher direkt, ob die Kalkulation ausreichend ist (siehe auch Überschusszerlegung). – (5) *Probleme:* Bei kleineren Kollektiven und geringen Ausscheidewahrscheinlichkeiten (z.B. bei Todesfallrisiken) können rein zufallsbedingt größere Abweichungen der tatsächlichen Versicherungsleistungen von den kalkulatorisch erwarteten auftreten, ohne dass in statistisch signifikanter Weise auf unzureichende Rechnungsgrundlagen geschlossen werden kann. Daher werden bei der Überprüfung von Rechnungsgrundlagen oft die Daten mehrerer Gesellschaften über mehrjährige Zeiträume zusammengefasst.

Risikoprüfung – I. Allgemein: 1. *Begriff:* Verfahren zur Einschätzung des versicherungsmathematischen Risikos eines potentiellen → Versicherungsnehmers bzw. Versicherungsvertrags vor Vertragsbeginn. Als Risikoprüfung wird zugleich der Prozess zwischen der Antragstellung durch den Versicherungsnehmer (Versicherungsantrag) und der Annahme des Versicherungsvertrags durch das Versicherungsunternehmen bezeichnet. – 2. *Ziele und Konsequenzen:* Die Risikoprüfung dient dazu, festzustellen, ob ein Antragsteller oder das zu versichernde Risiko im Rahmen der Allgemeinen Versicherungsbedingungen (AVB) als versicherbar gelten oder ob im Vergleich zur Kalkulation für das „Normalrisiko" ein signifikant erhöhtes Risiko (→ Risikoerhöhung) vorliegt (z.B. aufgrund eines kürzlichen Herzinfarkts bei einem Antragsteller in der → Lebensversicherung). – 3. *Ergebnis der Risikoprüfung:* Nach der Risikoprüfung kann das Versicherungsunternehmen wie folgt entscheiden: a) Bestehen keine Risiken, die gegenüber dem Normalfall erhöht sind, wird der Antrag zum „Normaltarifbetrag" angenommen. – b) Der Antrag wird nach Vereinbarung eines unbefristeten oder befristeten Risikozuschlags auf die Versicherungsprämie angenommen. – c) Der Antrag wird nach Vereinbarung eines Leistungsausschlusses für bestimmte erhöhte Risiken angenommen. – d) Der Antrag wird abgelehnt.

II. Besonderheiten in der Personenversicherung: 1. *Hintergründe:* Im Gegensatz zur → Sozialversicherung, bei der für den überwiegenden Teil der Bevölkerung eine → gesetzliche Versicherungspflicht und → Annahmezwang für den Versicherungsträger bestehen, basiert der Zugang zu einer Lebensversicherung, einer → privaten Krankenversicherung (PKV) oder einer → privaten Unfallversicherung (PUV) auf dem Prinzip der Freiwilligkeit (→ Vertragsfreiheit). Der Versicherungsnehmer hat mehr oder weniger (Einschränkungen sind z.B. Verpflichtungen durch Banken zur Kreditabsicherung) die freie Entscheidung, ob, wann und wie hoch er eine Versicherung abschließen möchte. Zur Verhinderung einer Antiselektion wird eine Risikoprüfung auf das Vorliegen einer risikorelevanten Anomalie, auf das Vorliegen eines erhöhten subjektiven Risikos (z.B. Raucher) und auf die Angemessenheit des Versicherungsschutzes (Kongruenz des Versicherungsschutzes mit dem Einkommen und dem Bedarf der Begünstigten) durchgeführt. Die Risikoprüfung soll verhindern, dass in einem Versichertenportfolio Personen mit einem gegenüber dem Normalrisiko erhöhten Risiko eine unangemessen niedrige Versicherungsprämie zahlen. – 2. *Träger und Ergebnis der Risikoprüfung:* I.d.R. wird die Risikoprüfung von Risikoprüfern bzw. Underwritern oder Versicherungsmedizinern durchgeführt. Dabei wird zu einem Stichtag (Tag der Antragstellung) eine verbindliche Aussage (Prognose) über die erwartete Mortalität oder Morbidität des Antragstellers getroffen. Der Risikoprüfer bzw. Underwriter oder Versicherungsmediziner ordnet den Antragsteller aufgrund seiner Risikomerkmale einem Kollektiv mit gleicher mittlerer eingeschätzter Lebenserwartung bzw. Erkrankungshäufigkeit zu. Grundlage dafür sind Einschätzungsbücher (Manuale). – 3. *Risikomerkmale und Anzeigepflichten:* Die Risikoprüfung bezieht sich nur auf solche Risikomerkmale (Anomalien), die für das jeweilige Versicherungsprodukt zum Zeitpunkt der Antragstellung relevant sind und die eine erhöhte Schadenhäufigkeit erwarten lassen. In der Personenversicherung umfasst die Risikoprüfung v.a. die Risikomerkmale Alter, Geschlecht, Gesundheitszustand und Vorerkrankungen. Im Rahmen der vorvertraglichen Anzeigepflicht sind diesbezüglich vom potenziellen Versicherungsnehmer Angaben zu machen. Die Bindefrist des Antragstellers an den Versicherungsantrag beträgt sechs Wochen und kann vom Versicherungsunternehmen v.a. zur Risikoprüfung und zur Überprüfung der im Rahmen der vorvertraglichen Anzeigepflicht erfolgten Angaben genutzt werden. Bei falschen Angaben der zu versichernden Person hat das Versicherungsunternehmen das Recht, vom Vertrag zurückzutreten oder den Vertrag anzufechten. Der Antragsteller ist bis zur Unterschrift unter den Vertrag, genauer bis zur Abgabe seiner auf den Vertragsschluss gerichteten Willenserklärung, dazu verpflichtet, dem Versicherungsunternehmen Änderungen des Gesundheitszustands und ärztliche Behandlungen zu melden.

Risikoschub – Tendenz einer Gruppe, gemeinsam ein höheres Risiko einzugehen als das vergleichsweise für einzeln entscheidende Personen gilt. Risikoschub wird als Sonderfall von in Gruppenprozessen auftretenden Meinungsextremisierungen interpretiert und/ oder durch Verantwortungsdiffusion erklärt.

Risikostreuung → Unternehmenskonzentration.

Risikotheorie – 1. *Begriff:* Die Risikotheorie der Versicherung umfasst alle Ansätze und Verfahren zur Modellierung, Evaluation und Steuerung der Risiko- und Erfolgswirkungen einzelner Risiken (→ Risiko) und von Risikokollektiven im Rahmen des Versicherungsgeschäfts. Die Risikotheorie basiert auf wahrscheinlichkeitstheoretischen Modellen und stellt insofern ein Teilgebiet der Versicherungsmathematik dar, die auch deterministische Modelle umfasst. Zudem bildet die Risikotheorie die modelltheoretische Grundlage der → Risikopolitik von Versicherungsunternehmen. – 2. *Arten:* Traditionell (kollektive Risikotheorie) konzentrierte sich die Risikotheorie auf die Modellierung des Risikogeschäfts im Bereich der → Schadenversicherung. Inzwischen erstreckt sich die Risikotheorie ebenso auf den Bereich der Personenversicherung und umfasst auch die Modellierung des Investmentprozesses, das Asset/ Liability-Modelling sowie die Modellierung des gesamten Unternehmensprozesses. Siehe auch individuelle Risikotheorie. – 3. *Merkmale:* Die Modelle der Risikotheorie basieren auf der mathematischen Wahrscheinlichkeitstheorie und verbinden diese mit ökonomischen Ansätzen der Risikoevaluation und Erfolgssteuerung. Mittels statistischer Verfahren werden die empirische Anpassungsgüte der Modelle überprüft und die Modellparameter ermittelt. – 4. *Anwendungen:* Die Anwendungen der Risikotheorie erstrecken sich auf die Quantifizierung des Risikogeschäfts durch → Risikomaße, die Quantifizierung des Risikoausgleichs und des → versicherungstechnischen Risikos, die → Prämienkalkulation sowie die → Tarifkalkulation, die Kalkulation des notwendigen Risikokapitals (→ Solvabilität), die Kalkulation von Reserven bzw. Rückstellungen (Schwankungsrückstellung, Schadenrückstellungen), die Quantifizierung der Risikoteilung (→ Selbstbeteiligung, → Rückversicherung), das → Asset/ Liability-Management (ALM) sowie auf Ansätze zur Unternehmenssteuerung, bspw. im Rahmen der Dynamic Financial Analysis und der risikoadjustierten Erfolgssteuerung (Return on Risk Adjusted Capital).

Risikotransformation – 1. *Begriff:* Aus der Übernahme von Risiken (→ Risiko) infolge des für den Versicherungsvorgang zentralen Risikotransfers ist das Versicherungsunternehmen selbst einem zentralen Risiko ausgesetzt, dem versicherungstechnischen Risiko. Das Versicherungsunternehmen bedarf einer hohen Eigensicherheit, damit das Versicherungsschutzversprechen seine Schutzwirkung entfalten kann. Durch systematischen Einsatz des Instrumentariums der Risikopolitik, insbesondere des → Risikoausgleichs, ist das Versicherungsunternehmen in der Lage, eine Risikotransformation dergestalt zu bewirken, dass das resultierende versicherungstechnische Risiko für das Versicherungsunternehmen ein bestimmtes Maß (→ Verlustwahrscheinlichkeit) nicht überschreitet (Bedingung des „tragbaren Risikos") und die hohe Eigensicherheit des Unternehmens nicht gefährdet ist. – 2. *Merkmale:* Aus dem kollektiven Aspekt der Risikotransformation resultiert der Effekt, dass bei einem fixierten Sicherheitsniveau des Versicherungsunternehmens der versicherte Gesamtschaden im Kollektiv günstiger finanziert werden kann als für ein Einzelrisiko und damit für den Versicherungsnehmer der Versicherungsschutz günstiger zu erwerben ist. Dieser Effekt (Versicherungseffekt 2. Ordnung) stellt aus Sicht der Versicherungsnehmer einen zentralen Nutzen der Versicherungsnahme dar.

Risk-Based-Capital – 1. *Begriff:* gefordertes Solvabilitätskapital im Rahmen von Risk-Based-Capital-Modellen. Dabei handelt es sich um Faktormodelle zur Ermittlung aufsichtsrechtlicher Solvabilitätsanforderungen, die als Weiterentwicklung kennzahlenbasierter Solvabilitätskonzepte gelten. – 2. *Merkmale:* Risk-Based-Capital-Modelle finden u.a. in der Solvabilitätsaufsicht der USA und bei einigen Ratingagenturen Verwendung. Die Grundidee besteht darin, zunächst alle als relevant erachteten Risikoklassen isoliert mit Solvabilitätsanforderungen zu belegen. Das insgesamt vorzuhaltende Risk-Based-Capital resultiert aus einer Aggregation der Einzelanforderungen unter Berücksichtigung der Abhängigkeitsbeziehungen zwischen den Risikoklassen.

Risk Management → Risikomanagement.

Riskmanagementorganisation → Funktionsmanagementorganisation.

Rivalität im Konsum – Gegensatz zu nicht rivalisierendem Konsum (→ Nichtrivalitätsaxiom).

RKW – Abk. für → Rationalisierungs- und Innovationszentrum der Deutschen Wirtschaft e. V.

RMSE → mittlerer quadratischer Vorhersagefehler.

Roadmapping – kreatives Analyseverfahren, mit dem die Entwicklungspfade von Produkten, Dienstleistungen und Technologien in die Zukunft hinein analysiert, prognostiziert und visualisiert werden. Das Roadmapping zielt auf eine systematisierte Erfassung und Bündelung von Expertenwissen, wobei durch die Abstimmung divergierender Meinungen und Erwartungen in gruppendynamischen Prozessen die zukünftigen Entwicklungen in einem Handlungsfeld vorhergesagt und bewertet werden. Das Roadmapping ist in seinem Vorgehen der → Delphi-Technik verwandt, zeichnet sich jedoch durch einen ausgeprägteren Anwendungsbezug und einen kürzeren Prognosehorizont aus. Es soll die Ableitung konkreter Handlungsoptionen in einem unternehmensspezifischen Handlungsfeld ermöglichen. Das Roadmapping besteht aus der eigentlichen Roadmap als Mittel der Visualisierung und dem Prozess der Roadmap-Generierung. Zur Erstellung einer Roadmap ist ein Vorgehen in fünf Schritten üblich: (1) Ermittlung der Betrachtungsobjekte und Abgrenzung des Handlungsfeldes, (2) Bedarfsanalyse und -prognose sowie parallel dazu (3) die Potenzialanalyse und -prognose, (4) Erstellung der Roadmap, (5) Vollständigkeits- und Konsistenzanalyse.

Roadshow – Reihe von Unternehmenspräsentationen, die ein Emittent vor Investoren an verschiedenen Finanzplätzen z.B. im Zusammenhang mit einem → IPO oder einer Kapitalerhöhung gibt, um für die Investition in das Unternehmen zu werben.

Robbins – Lionel Charles, 1898–1984, engl. Nationalökonom, eng verbunden mit der London School of Economics, London, wo er studiert und bis an sein Lebensende gelehrt hat. Robbins stand – ebenso wie sein akademischer Lehrer → Cannan – in der Tradition der → klassischen Lehre, die er wie nur wenige seiner Zeitgenossen beherrschte. Sein Büchlein „An Essay on the Nature and Significance of Economic Science" (1932) beeinflusste erheblich das Denken der Ökonomen und wurde rasch ein Klassiker. V.a. seine Auffassung, dass wissenschaftliche Aussagen von → Werturteilen getrennt werden können und sollen, hat sich in den Wirtschaftswissenschaften stärker als in anderen Sozialwissenschaften durchgesetzt. – Sein *Werk* „The Theory of Economic Policy in English Classical Political Economy" (1952) belegt – ebenso wie sein Buch „Robert Torrens and the Evolution of Classical Economics" (1958) – seine profunde Kenntnis der Dogmengeschichte.

Robert Koch-Institut → Bundesoberbehörde im Geschäftsbereich des Bundesministeriums für Gesundheit (BMG); Sitz in Berlin. Das Robert Koch-Institut wird v.a. tätig bei der (1) Erkennung, Verhütung und Bekämpfung von übertragbaren und nicht übertragbaren Krankheiten, (2) Sammlung und Bewertung von Erkenntnissen und Erfahrungen zu HIV-Infektionen und AIDS-Erkrankungen, (3) Gesundheitsberichterstattung und in Bezug auf gesundheitliche Fragen des Transports ansteckungsgefährlicher Stoffe sowie gentechnisch verstärkter Organismen und Produkte, Durchführung der Genehmigungsverfahren nach dem Stammzellengesetz und der Führung eines Registers über verwendete Stammzellen. Das Robert Koch-Institut informiert im Rahmen seiner Zuständigkeit die Öffentlichkeit. Für Amtshandlungen sowie Auskünfte des Robert Koch-Instituts werden Kosten (Gebühren und Auslagen) erhoben.

Robertson-Lag – *Konsum-Lag, Verbrauchs-Lag;* nach Robertson benannter Verzögerungszusammenhang (→ Lag) zwischen Konsum und Einkommen:

$$C_t = cY_{t-1},$$

wobei: $0 < c < 1$ sowie C_t = Konsum in der Periode t, Y_{t-1} = Einkommen der Vorperiode, c = marginale Konsumquote. – Vgl. auch → Lundberg-Lag.

Robinson – Joan Violet, 1903–1983, engl. Nationalökonomin, lehrte von 1937 bis zu ihrer Emeritierung 1971 in Cambridge. Robinson war zunächst Vertreterin des Keynesianismus, nach dem Zweiten Weltkrieg des Postkeynesianismus. Sie vertrat diese Positionen gegen → Samuelson und → Solow und verneinte bes. das Prinzip der Grenzproduktivität in der neoklassischen Distributionstheorie. Ursprünglich arbeitete Robinson v.a. auf dem Gebiet des unvollkommenen → Wettbewerbs. Bekannt ist die auch nach ihr benannte Amoroso-Robinson-Relation (→ Grenzerlös). – *Hauptwerke:* „The Economics of Imperfect Competition" (1933), „The Accumulation of Capital" (1956) und „Aspects of Development and Underdevelopment" (1979).

Robinsonliste – eine vom Deutschen Direktmarketing-Verband herausgegebene Liste, in der Personen erfasst sind, die ausdrücklich keine Direktwerbung erhalten möchten. Um Imageschäden zu vermeiden, sollte diesem Wunsch bestimmter Konsumenten stringent entsprochen werden.

Robinson-Modell – Modell der → postkeynesianischen Wachstumstheorie. – 1. *Annahmen:* Im Akkumulationsmodell von → Robinson sind die investierenden Unternehmer diejenigen, die den Wachstumsprozess vorantreiben. Die Kernaussage dieses Modells besteht darin, dass ein wechselseitiger Zusammenhang zwischen der

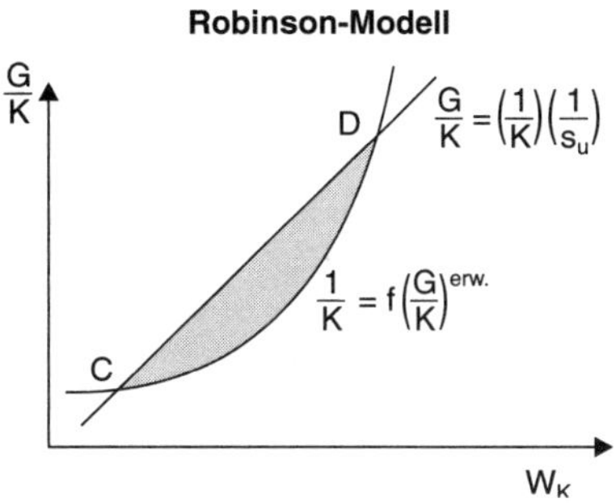

Profitrate(nerwartung) und der Höhe der Akkumulationsrate besteht, der den Wachstumsprozess stabilisiert. Die Antriebskraft des Akkumulationsprozesses ist der Drang der Unternehmer zu wachsen und zu überleben. Gewinne werden angestrebt, um das Unternehmenswachstum zu finanzieren. Die Unternehmer lassen sich hierbei direkt von der erwarteten Profitrate leiten:

$$(1)\ w_K = I / K = f(G / K)^{erw}.$$

Robinson nimmt an, dass eine steigende Akkumulationsrate für die Investoren mit zunehmenden Risiken verbunden ist, sodass nur dann, wenn die erwartete Profitrate überproportional steigt, mehr investiert wird. – Die Akkumulationsrate wirkt ihrerseits auf die tatsächliche Profitrate zurück; denn es gilt:

$$(2)\ G / K = I / K \cdot 1 / s_u.$$

2. Dieses *Ergebnis* lässt sich aus der Kaldor-Pasinetti-Verteilungstheorie ableiten, sofern man von der klassischen Sparhypothese ausgeht, wonach die Arbeitnehmer nichts sparen ($s_A = 0$). Das → Witwenkrug-Theorem gilt auch hier: Die Profitrate ist negativ abhängig von der Sparquote der Unternehmerhaushalte (S_u), weil eine geringere Sparquote eine höhere Konsumneigung der Unternehmerhaushalte bedeutet, die zu höheren Preisen führt. In der Abbildung „Robinson-Modell" ist die Profitrate in Abhängigkeit von der Akkumulationsrate und die Akkumulationsrate in Abhängigkeit von der erwarteten Profitrate abgetragen. Die *Akkumulationsratenfunktion* ergibt sich aus der Annahme, dass mit steigender Akkumulationsrate die Risiken zunehmen und deshalb die erwartete Profitrate überproportional steigen muss, damit weiter investiert wird. Durch den Verlauf der Kurven ergeben sich zwei Schnittpunkte. Es handelt sich jeweils um einen Gleichgewichtspunkt, in dem die erwartete der tatsächlichen Profitrate entspricht. Aber nur *der rechte Schnittpunkt* markiert ein stabiles dynamisches Gleichgewicht. *Links* von ihm ist die tatsächliche Profitrate größer als die erwartete. Daraufhin korrigieren die Investoren ihre Erwartungen und erhöhen die Akkumulationsrate. Dieser Anpassungsprozess läuft so lange weiter, bis das Gleichgewicht erreicht ist. *Rechts* vom betrachteten Gleichgewichtspunkt ist die erwartete Profitrate größer als die tatsächliche. Die Erwartungen werden „nach unten" korrigiert und es wird weniger investiert. *Der untere Gleichgewichtspunkt* ist deswegen instabil, weil sowohl rechts als auch links vom Gleichgewicht die Erwartungen und Investitionen so korrigiert werden, dass sich die realisierte Profitrate und damit die Akkumulationsrate jeweils vom Gleichgewicht weg entwickeln. Für das *Wachstumstempo* entscheidend ist zum einen die Risikobereitschaft der Unternehmer (bzw. ihre Renditeansprüche) in Abhängigkeit von der Akkumulationsrate und zum anderen die Ungleichheit der Einkommensverteilung, gemessen an der Gewinnquote.

Robinson Patman Act → Clayton Act.

Roboter – *Crawler, Spider;* selbstständig das → World Wide Web durchsuchendes → Programm, das → HTML-Seiten nach Suchkriterien klassifiziert und die Links auf diese Seiten gemäß der gefundenen Klassifizierung in eine → Datenbank einsortiert, die die Grundlage einer → Suchmaschine bildet.

Robotics – Anwendungsfeld der → Künstlichen Intelligenz (KI), das sich mit der Anwendung von KI-Methoden bei der Entwicklung von Steuerungsprogrammen bei → Robotern beschäftigt.

robuste Statistik – Bezeichnung für den Teilbereich der → Statistik, der sich mit der Entwicklung von Verfahren mit hoher Unempfindlichkeit gegenüber Anwendungsvoraussetzungen (→ Robustheit) oder fehlerhaften Daten sowie mit der Quantifizierung dieser Robustheit befasst.

Robustheit – *Unempfindlichkeit.*

I. Statistik: Eigenschaft von Verfahren (→ Punktschätzung, → Intervallschätzung, → statistische Testverfahren), auch dann gewisse Gütekriterien aufzuweisen, wenn die diesen Verfahren zugrunde zu legenden Voraussetzungen nicht oder nicht vollkommen gegeben sind oder wenn fehlerhafte Daten oder Ausreißer vorliegen. Je nach den diskutierten Voraussetzungen sind verschiedene Arten von Robustheit (z.B. Robustheit gegen die Annahme der → Normalverteilung) zu unterscheiden. Robustheit kann auf verschiedene Arten gemessen werden.

II. Wirtschaftsinformatik: Merkmal der → Softwarequalität; die Fähigkeit eines Softwareprodukts, fehlerhaftes Verhalten seiner Umwelt (häufigster Fall: unzulässige Eingabedaten) zu erkennen, z.B. durch Plausibilitätsprüfungen, und in einer definierten Weise zu behandeln, sodass keine unvorhersehbaren Programmreaktionen entstehen. Bes. wichtig bei Dialogsystemen, mit denen ungeübte → Endbenutzer in Kontakt kommen. Voraussetzung für → Benutzerfreundlichkeit.

ROCE – Abk. für *Return on Capital Employed.* – Vgl. auch → Unternehmungsbewertung, wertorientierte Unternehmensführung.

Rohbauabnahme → Bauabnahme.

Rohbauversicherung – *Neubauversicherung.* 1. *Begriff:* Versicherung eines Gebäudes im Rohbau gegen Feuer. Die Rohbauversicherung ist i.d.R. beitragsfrei. – 2. *Aktuelle Entwicklungen:* Die Rohbauversicherung als bisher eigenständiger Vertrag wird zunehmend in die → verbundene Wohngebäudeversicherung integriert.

Rohbilanz – *Summenbilanz, Umsatzbilanz, Verkehrsbilanz;* Zusammenstellung der Summen der Hauptbuchkonten nach Ablauf einer Rechnungsperiode (i.d.R. ein Jahr) zur Vorbereitung des → Jahresabschlusses. Eintragung der Rohbilanz in der ersten Spalte der → Hauptabschlussübersicht (HAÜ). Kontrolle für die Richtigkeit der Kontenabschlüsse und der Übertragungen: im Soll und im Haben Summengleichheit. – Durch Saldierung der Soll- und Habenposten für jedes einzelne Konto entsteht die → Saldenbilanz, die sich nach Vornahme der Abschlussbuchungen in die → Vermögensbilanz (Schlussbilanz) und die → Gewinn- und Verlustrechnung (GuV) spaltet. – *Formen der Rohbilanz:* Tagesbilanz, → Monatsbilanz.

Rohergebnis – Zwischensaldo der → Gewinn- und Verlustrechnung (GuV): Kleinen und mittelgroßen Kapitalgesellschaften (→ Größenklassen) wird gemäß § 276 HGB bei der Aufstellung der GuV folgendes Wahlrecht eingeräumt: Bei Anwendung des → Gesamtkostenverfahrens können folgende Posten zusammengefasst als Rohergebnis ausgewiesen werden: Umsatzerlöse ± Erhöhung oder Verminderung des Bestandes an fertigen und unfertigen Erzeugnissen + andere aktivierte Eigenleistungen + sonstige betriebliche Erträge – Materialaufwand. Bei Anwendung des → Umsatzkostenverfahrens gilt: Umsatzerlöse – Herstellungskosten der zur Erzielung der Umsatzerlöse erbrachten Leistungen + sonstige betriebliche Erträge. Das Rohergebnis nach den beiden Verfahren weicht i.d.R. voneinander ab.

Rohertrag – 1. *Begriff:* Differenz zwischen Warenverkaufspreis (ohne Mehrwertsteuer) und der eingesetzten Warenmenge, bewertet mit dem → Wareneinstandspreis (ohne Vorsteuer). Rohertrag, bezogen auf einen Artikel, ergibt seine → Handelsspanne. Die Summe aller artikelbezogenen Roherträge ergibt den → Warenrohgewinn. – 2. *Anwendung/Kritik:* a) Roherträge werden als Planungsgröße für sortimentspolitische Entscheidungen genutzt (→ Sollspanne). – Wichtigste Risiken dieses Vorgehens: (1) Die geplanten Verkaufspreise können nicht realisiert werden, z.B. wegen zusätzlich gewährter Rabatte, wegen Ausnutzung des Skontos durch die Kunden, wegen Preisreduzierungen bei Warenverderb oder -beschädigung. (2) Die Wareneinstandspreise erhöhen sich, z.B. wegen Nichtausnutzung des Skontos aus Liquiditätsgesichtspunkten, wegen Erhöhung der Kosten der Wareneingangskontrolle, wegen Nichterhalts einkalkulierter Boni infolge des Verfehlens von Jahreszielvereinbarungen. (3) Waren werden in erhöhtem Maß gestohlen oder erweisen sich als unverkäuflich; die Zahlungseingänge sind geringer als geplant, verschieben sich oder fallen ganz aus. (4) Die Höhe der → Handlungskosten bleibt völlig unberücksichtigt. – b) *Einschränkungen:* Als Kennzahl ist die Bruttorentabilität (Rohertrag: durchschnittlicher Warenbestand zu Wareneinstandspreisen) im Handel zwar sehr verbreitet; sie sollte jedoch durch die betriebswirtschaftlich wesentlich aussagefähigere Nettorentabilität (im Zähler steht ein Deckungsbeitrag) ersetzt werden (→ Kennzahlen im Handel).

Rohgewinn → Bruttoerfolg, → Warenrohgewinn.

Rohproduktenhandel → Rohstoffhandel.

Rohrleitungsverkehr – 1. *Allgemein:* Die Rohrleitung (Pipeline) besteht i.d.R. aus einem unterirdisch verlegten Rohrstrang, einem Pumpwerk (je nach Rohrreibungsverlust und geodätischen Höhenverhältnissen i.Allg. Abstände von 60–100 km) und Behältern zur Zwischenlagerung der zu befördernden Produkte am Anfang und Ende einer Rohrleitung. – 2. *Bes. Kennzeichen:* Transportweg und -gefäß sind identisch, der Rohrstrang ist gleichzeitig Weg und Transportgefäß. Zudem ist das Antriebsaggregat bzw. die Energiequelle stationär, da die Antriebskraft in Form von Druck genutzt wird, sodass lediglich das zu befördernde Produkt bewegt wird bzw. eine Ortsveränderung erfährt. – 3. *Zu unterscheiden:* (1) Rohölleitungen, die nur Rohöl befördern; (2) Produktenleitungen, die für die separate Beförderung verschiedener flüssiger, verflüssigter oder gasförmiger Produkte ausgelegt sind. – 4. Hohe Investitionskosten und wesentlich günstigere Transportkosten bei steigender Durchsatzmenge sprechen dafür, Pipelinebauten als *Gemeinschaftsprojekte* durchzuführen. Bau und Betrieb der Rohrfernleitungen werden daher überwiegend durch speziell zu diesem Zweck gegründete, privatwirtschaftlich arbeitende Betriebsgesellschaften unterschiedlicher Rechtsform mit starker Beteiligung von Mineralöl- oder Gasgesellschaften errichtet und betrieben. Einzelne Zweigleitungen befinden sich im Eigentum angeschlossener Raffinerien.

Rohstoffabkommen – internationale Abkommen zur Regulierung des Weltrohstoffhandels. – 1. *Ziele:* Sicherung der Versorgung mit Rohstoffen und Stabilisierung der Rohstoffmärkte bzw. -preise und damit der Exporterlöse der Entwicklungsländer. – 2. *Instrumente:* Marktausgleichslager (→ Buffer Stock), Abnahmegarantien sowie Quotenregelungen. Bisherige Abkommen scheiterten an der ablehnenden Haltung der Industrieländer, ausreichende Finanzmittel bereitzustellen.

Rohstoffe – I. Volkswirtschaftslehre: Unbearbeitete Grundstoffe, die durch Primärproduktion (→ Urproduktion) gewonnen werden. In der Havanna-Charta (→ Bretton-Woods-System, → ITO) etwas weiter gefasste volkswirtschaftliche Definition über „Grundstoffe": „Jedes Erzeugnis der Landwirtschaft, der

Forstwirtschaft oder der Fischerei und jedes Mineral, einerlei, ob dieses Erzeugnis sich in seiner natürlichen Form befindet oder ob es eine Veränderung erfahren hat, die i.Allg. für den Verkauf in bedeutenden Mengen auf dem internationalen Markt notwendig ist."

II. Betriebswirtschaftslehre: Grundstoffe, die im Produktionsprozess in das Erzeugnis eingehen. Rohstoffe bilden den stofflichen Hauptbestandteil der Erzeugnisse. – Vgl. auch → Rohstoffwirtschaft.

Rohstoffhandel – *Rohproduktenhandel;* Form des Handels, differenziert nach ihren Hauptumsatzträgern: Roh-, Hilfs- und Betriebsstoffe sowie Zwischenprodukte, die in den nachfolgenden Produktionsstufen verwendet werden. – *Abgrenzung* zum → Urproduktenhandel und zum → Produktionsverbindungshandel fließend.

Rohstoffkartell – 1. *Begriff:* Internationales → Kartell, in dem sich Rohstoffanbieter zusammenschließen, um durch koordinierte Angebotspolitik Preissenkungen zu verhindern bzw. Preissteigerungen zu bewirken. Rohstoffkartelle wurden v.a. nach dem anfänglichen Erfolg der OPEC im Hinblick auf eine Exporterlössteigerung der → Entwicklungsländer diskutiert. Die Erfolgsaussichten von Rohstoffkartellen sind wegen der erforderlichen Voraussetzungen gering. – 2. Die *Voraussetzungen* für eine erfolgreiche Funktion erstrecken sich auf verschiedenen Ebenen. – *Beispiele:* (1) Der betreffende Rohstoff muss bestimmte Eigenschaften erfüllen, wie Homogenität und Lagerfähigkeit. (2) Es müssen kartellbegünstigende Angebotsbedingungen vorliegen, wie hoher Anteil der betreffenden Rohstoffländer am Weltexport und -vorkommen (hoher Monopolisierungsgrad), niedrige Preiselastizität des Angebots von Nichtkartellmitgliedern, relativ geringe Zahl der sich zum Kartell zusammenschließenden Länder (Informations- und Marktregulierungskosten müssen niedriger sein als die Erlössteigerung) und relativ hohe Konvergenz der wirtschafts- bzw. allgemeinpolitischen Ziele der Mitglieder. (3) Ferner muss die Preiselastizität der Nachfrage nach dem betreffenden Rohstoff niedrig, bzw. die Möglichkeit, diesen zu substituieren oder durch technischen Fortschritt seinen Einsatz zu rationalisieren, relativ gering sein.

Rohstoffkosten – Kosten für Rohstoffe (→ Werkstoffe). Teil der → Materialkosten. Rohstoffkosten werden als → Einzelkosten in der Kostenartenrechnung erfasst und als → Einzelmaterial einzelnen Kostenträgern zugeordnet. – Vgl. auch → Materialbuchhaltung.

Rohstoffökonomik → Ressourcenökonomik.

Rohstoffpotenzial – partielles → Naturraumpotenzial, welches das Vermögen eines Naturraumes beschreibt, bergbauliche, agrarwirtschaftliche, forstwirtschaftliche oder meereswirtschaftliche → Rohstoffe zu liefern. Das Rohstoffpotenzial ist v.a. von den naturräumlichen Gegebenheiten eines Raumes abhängig.

Rohstoffsteuer → Fabrikationsteuer.

Rohstoffwirtschaft – 1. *Begriff:* Beschreibung, Erklärung, Prognose und Gestaltung wirtschaftlicher Zusammenhänge und Entwicklungen auf dem Rohstoffsektor. Rohstoffwirtschaft erstreckt sich von der Suche über die Gewinnung bis zur Verarbeitung der → Rohstoffe und hat volks- und betriebswirtschaftliche Bezüge. Im Rahmen der betrieblichen Funktionen Beschaffung und Absatz werden die Beziehungen zwischen Rohstoffproduzent und Rohstoffverwender bzw. -verbraucher und evtl. nötigen Institutionen (z.B. Börsen) behandelt. – 2. *Besonderheiten:* Resultieren aus den bes. sich z.T. häufig ändernden Gegebenheiten der Rohstoffe: a) *Vorkommen* mineralischer Rohstoffe ist vollständig, organischer Rohstoffe teilweise ortsgebunden. – b) *Entfernung* der Rohstoffvorkommen oft weit von den Verbrauchermärkten; daher hohe Transportkosten, die wesentlicher Preisbestandteil der Rohstoffe sind. – c) *Beeinflussbarkeit* von Qualität und Verfügbarkeit der Rohstoffe nur teilweise und nur durch vergleichsweise langwierige Aktionen. – d) *Begrenztes Vorkommen* mineralischer Rohstoffe; sie unterliegen dem Substanzverzehr. – e) *Großanlagen* für Rohstoffgewinnung, -bearbeitung und -verarbeitung erfordern hohe und langfristige Kapitalbindung. – f) *Prognosen* bez. des Rohstoffmarktes mit großen Unsicherheiten; daher häufiger Wechsel von Überschuss- und Mangellagen; folglich Preisschwankungen bzw. -risiken. – g) Die Volkswirtschaften mit *großen Rohstoffvorkommen* sind in ihrer Existenz abhängig von möglichst regelmäßigem Absatz (Monokulturen). Rohstoffwarenverkehr wird oft durch politische Maßnahmen sowohl von den verbrauchenden Staaten als auch von den rohstoffbesitzenden Staaten beeinflusst, um wirtschaftliche und politische Ziele zu erreichen (→ Rohstoffabkommen).

Rohumsatz – Umsatz vor Abzug von → Umsatzsteuer und → Erlösschmälerungen. – Vgl. auch → Erlöse, → Umsatzerlöse.

Rohvermögen → Gesamtvermögen.

RoI – Abk. für *Return on Investment.* – Vgl. → Rentabilität.

Rolle – Begriff aus der → Sozialpsychologie. Bündel von Verhaltenserwartungen, die an eine soziale Position gerichtet werden.

rollende Läden – Bezeichnung für die beim → Fahrverkauf eingesetzten Fahrzeuge.

rollende Landstraße → kombinierter Verkehr.

rollende Planung – 1. *Begriff:* Verfahren zur systematischen Aktualisierung und Konkretisierung der Pläne durch Fortschreibung. – 2. *Merkmale:* Basis ist meist eine Unterteilung des langfristigen Plans in Jahresabschnitte (d.h. Planperiode t gleich ein Jahr), von denen der erste Abschnitt detailliert geplant wird, sodass er dem Kurzfristplan entspricht. Nach Ablauf des ersten Jahresabschnitts wird der Gesamtplan neu überarbeitet, wobei man den nächsten Jahresabschnitt (t + 1) detailliert plant. Die Revision der Periodenpläne erfolgt also nach *einer* Periode. – *Anders:* → Blockplanung. – Gibt es keine zeitliche Überlappung von Plänen gleicher und unterschiedlicher → Fristigkeit, so spricht man vom *Prinzip der Reihung*, andernfalls vom *Prinzip der Staffelung*.

rollende Ware – Ware, die sich auf dem Straßen- oder Schienentransport befindet. – Entsprechend: „schwimmende" oder „fliegende" Ware. – *Bilanzierung:* In der → Bilanz des Lieferanten bis zum Gefahrenübergang auf den Käufer (→ Realisationsprinzip) als Bestand, danach als Forderung aufzuführen.

Rollenkonflikt – Form des → Konflikts zwischen widerstrebenden Erwartungen an einen Positionsinhaber. – *Arten:* (1) *Intra-Rollen-Konflikt:* Widersprüchliche Erwartungen, die sich an einen Positionsinhaber richten, z.B. Eltern contra Schulleiter an einen Lehrer. -(2) *Inter-Rollen-Konflikt:* Widersprüchliche Erwartungen, denen sich eine Person, die unterschiedliche Positionen innehat (z.B. Lehrer, Mitglied einer politischen Partei), ausgesetzt sieht.

rollierende Arbeitszeitsysteme – Modell der → Arbeitszeitflexibilisierung, bei der die 5-Tage- und die 40-Stunden-Woche für den einzelnen beibehalten werden, durch rollierende Arbeitsplatzbesetzung von n Mitarbeitern an n+1 Arbeitsplätzen die Betriebszeit auf sechs Tage pro Arbeitswoche erweitert wird.

Roll-on/Roll-off-Verkehr – *RoRo-Verkehr;* → kombinierter Verkehr zum Transport von Straßenfahrzeugen und/oder Schienenfahrzeugen auf Schiffen (RoRo-Schiffe, Fähren).

Roll-over-Kredit – 1. *Begriff/Kennzeichnung:* Der Roll-over-Kredit ist ein mittel- bis langfristiger Kredit am Euro-Geldmarkt mit spezieller Zinsvereinbarung. Der Zinssatz wird nicht für die gesamte Laufzeit festgelegt, sondern periodisch an den Markt-(Referenz-)zinssatz (z.B. → EURIBOR, → LIBOR) angepasst. Die Kreditlaufzeit wird in Zinsperioden (Roll-over-Perioden) untergliedert (Zeitspanne zumeist ein bis zwölf Monate); während dieses Zeitraums bleibt der Zinssatz konstant. Nach Ablauf der Zinsperiode findet eine Anpassung für die nächste Zinsperiode statt. Das Risiko bzw. die Chance einer Zinsänderung trägt hier der Schuldner. Die Art der Zinsvereinbarung erleichtert dem Kreditgeber die Refinanzierung, da veränderte Geldmarktbedingungen durch die Zinsanpassung auf den Kreditnehmer überwälzt werden können. So ist auch bei langfristigen Krediten eine kurzfristige Refinanzierung möglich. – 2. *Arten:* bez. der vertraglichen Ausgestaltung existieren mehrere Varianten: a) Vereinbarung eines festen Darlehensbetrags, der zu einem fixierten Zeitpunkt in einer Summe ausbezahlt wird. – b) Die Höhe der Inanspruchnahme durch den Kreditnehmer ist variabel, es wird lediglich ein Höchstbetrag vereinbart. Auch bei vollständiger Rückzahlung bleibt das Vertragsverhältnis bestehen. – c) Für den Fall eines zusätzlichen unvorhergesehenen Finanzierungsbedarfs oder evtl. auftretender Kapitalmarktengpässe wird vorsorglich die Bereitstellung der erforderlichen Mittel vereinbart (Stand-by-Roll-over-Kredit).

Rom-Abkommen – internationales Abkommen über den Schutz der ausübenden Künstler, der Hersteller von Tonträgern und der Sendeunternehmen vom 26.10.1961 (BGBl. 1965 II 1245). Seine wesentliche Bedeutung liegt in der Gewährung von → Inländerbehandlung für ausübende Künstler, Tonträgerhersteller und Sendeunternehmen. Ausübende Künstler genießen in den Verbandsstaaten Inländerbehandlung, wenn ihre Darbietung in einem anderen Verbandsstaat stattfindet, auf einem nach dem Abkommen geschützten Tonträger festgelegt ist oder die nicht auf einem Tonträger festgelegte Darbietung durch eine nach dem Abkommen geschützte Sendung ausgestrahlt wird (Art. 4). Geschützte Tonträger sind entweder Tonträger verbandsangehöriger Tonträgerhersteller oder in einem Verbandsland erstmals auf Tonträger aufgenommene Darbietungen oder erstmals in einem Verbandsstaat veröffentlichte Tonträger (Art. 5); für sie können der ausübende Künstler (Art. 4b, Art. 5) und der Tonträgerhersteller (Art. 5) Inländerbehandlung verlangen. Inländerbehandlung für Sendeunternehmen ist in Art. 6 geregelt

Romer-Modell – auf den Ökonomen Paul Romer (1990) zurückgehendes endogenes Wachstumsmodell. Anders als in der neoklassischen Wachstumstheorie, welche fortwährendes Wachstum des Outputs pro Kopf nur durch exogenen technischen Fortschritt generieren kann, wird dieser hier erstmals endogenisiert. Technischer Fortschritt ist das Ergebnis von gewinnorientierten Investitionen in Forschung und Entwicklung (F&E), mit dem Ziel die Variitäten von Inputs (Maschinen) zu vergrößern. Mit zunehmender "Ausdifferenzierung" des Maschinenbestandes steigt die Arbeitsteilung und damit die Produktivität der Arbeit. Da die Herstellung eines bestimmten Typs einer Maschine zunächst deren Entwicklung voraussetzt, fallen Fixkosten an, die bei vollständiger Konkurrenz nicht gedeckt werden könnten. Infolgedessen muss die Annahme der vollständigen Konkurrenz bei den Maschinenproduzenten (Zwischenproduktsektor) aufgegeben werden. *1. Struktur des Modells:* Im Endproduktsektor wird ein homogenes Gut Y durch Arbeit L, Humankapital HY und einer Menge von Maschinen x(i) (= Kapital) vom Typ i, der insgesamt A(t)>0 zum Zeitpunkt t zur Verfügung stehenden Typen produziert, d.h.

$$Y = H_Y^{\alpha} L^{\beta} \int_0^A x(i)^{1-\alpha-\beta} di.$$

Im (symmetrischen) Gleichgewicht wird von jedem Typ dieselbe Menge an Maschinen beschäftigt, sodass x(i)=x und sich der aggregierte Maschinenbestand durch K=Ax ergibt. Damit folgt für den aggregierten Output:

$$Y = H_Y^{\alpha} L^{\beta} A (K/A)^{1-\alpha-\beta} = (AH_Y)^{\alpha} (AL)^{\beta} K^{1-\alpha-\beta}$$

Durch zunehmende Spezialisierung, die sich in einem zunehmenden Maschinenbestand (Anstieg von A) ausdrückt, steigt die Arbeitsproduktivität. Durch die Produktionsfunktion von Y ergibt sich, dass alle x(i) imperfekte Substitute sind. Damit unterliegt dieser Sektor der monopolistischen Konkurrenz, was erforderlich ist, um die F&E-Auslagen der Unternehmen decken zu können. Ferner wird eine Einheit x mit einer Einheit "rohem" Kapital (nicht konsumiertem Output) hergestellt, sodass die Grenzkosten dem Zinssatz r entsprechen. F&E ist durch freien Marktzutritt und keine Unsicherheiten bzgl. des Forschungserfolgs charakterisiert. Als Input dienen Arbeit HA und alle bisher entwickelten Ideen A. Damit verändert sich A im Zeitablauf wie folgt

$$\dot{A} = \eta A H_A$$

wobei Vollbeschäftigung HA+HY=H impliziert. Auf der Haushaltsseite wird ein unendlich lange lebender repräsentativer Haushalt bei Abwesenheit von Bevölkerungswachstum betrachtet, der den Barwert seines Nutzenstroms aus Konsum maximiert (siehe Ramsey-Modelle), mit dem Ergebnis, dass sich der Konsum optimalerweise gemäß der Keynes-Ramsey-Regel entwickelt

$$\frac{\dot{C}}{C} = \frac{1}{\theta}(r - \rho)$$

2. *Gleichgewicht Die* Nachfrage nach x-Gütern (Maschinen) im Endproduktsektor ergibt sich im Gewinnoptimum der Y-Produzenten aus der Bedingung, dass die Kosten dem Wertgrenzprodukt entsprechen müssen, wobei der Preis von Y auf 1 normiert werden kann, sodass

$$p_x = (1 - \alpha - \beta) H_Y^{\alpha} L^{\beta} x^{-\alpha-\beta}$$

Da der x-Sektor der monopolistischen Konkurrenz unterliegt, muss px von den Grenzkosten r abweichen. x-Produzenten maximieren ihre Profite durch optimale Preissetzung unter Berücksichtigung der Nachfrage nach ihren Gütern

$$\pi_x = p_x x - rx = (p_x - r)x = (p_x - r)((1 - \alpha - \beta) H_Y^{\alpha} L^{\beta} / p_x)^{\frac{1}{\alpha+\beta}}$$

sodass ∂πx/∂px den gewinnmaximierenden Preis px=r/(1-α-β) impliziert, mit 1/(1-α-β)>1 als "mark-up" über die Grenzkosten r. Vollständige Konkurrenz auf dem Arbeitsmarkt impliziert gleiche Löhne wH im F&E- und Endproduktsektor, sodass

$$w_H = p_A \eta A = \alpha H_Y^{\alpha-1} L^{\beta} A x^{1-\alpha-\beta}$$

Entlang des gleichgewichtigen Wachstumpfades müssen Konsum, Output und Innovationen mit gleicher und konstanter Rate g* wachsen, sodass

$$\dot{C}/C = \dot{Y}/Y = \dot{A}/A = g^*$$

Damit gilt HA = g*/η. Ferner muss bei freiem Markteintritt in F&E der Preis eines Patents pA dem Barwert der Profite entsprechen, also

$$p_A = \pi/r = (\alpha + \beta) p_x x / r = (\alpha + \beta)(1 - \alpha - \beta) H_Y^{\alpha} L^{\beta} x^{1-\alpha-\beta} / r$$

Berücksichtigt man ferner HY=H-HA=H-g*/η , so gilt im Lichte voranstehender Gleichung und der Beziehung für wH für den Zins einerseits

$$r = \frac{1}{\alpha}(\alpha + \beta)(1 - \alpha - \beta)\eta(H - g^*/\eta)$$

und andererseits wegen der Keynes-Ramsey-Regel

$$r = \theta g^* + \rho$$

Gleichsetzen der beiden letzten Gleichungen und Auflösen nach g* liefert die Wachstumsrate der Ökonomie entlang des gleichgewichtigen Wachstumspfades

$$g^* = \frac{\eta H - \Lambda \rho}{\theta \Lambda + 1}$$

mit Λ=α/[(α+β)(1-α-β)] und g*>0, wenn ηH>Λρ.

3. *Implikationen:* Damit unterliegt die Wachstumsrate der Ökonomie einem Skaleneffekt, d.h. die Wachstumsrate ist positiv von der Bevölkerungsgröße abhängig (siehe bzgl. Kritik: → Jones-Modell). Ferner ist die Wachstumsrate kleiner als die sozial optimale Wachstumsrate, weil F&E die Produktivität von Forschern in der Zukunft erhöht, sich diese intertemporale Externalität aber nicht in pA widerspiegelt und die Nachfrage nach Maschinen wegen der monopolistischen Verzerrung geringer ausfällt als bei vollständiger Konkurrenz. Die Lösung liegt allerdings nicht in einer Zerschlagung der Monopole, sondern in entsprechender Subvention der Verkäufe von Maschinen und Patenten.

Römische Verträge – 1957 in Rom unterzeichnete Verträge zur Gründung der drei Europäischen Gemeinschaften – → EG, → EWG, → EAG; vgl. Europäische Union (→ EU), und die 1952 gegründete erste Europäische Gemeinschaft für Kohle und Stahl, EGKS.

Roosa Doctrine → Availability Doctrine.

Röpke – Wilhelm, 1899–1966, dt. Nationalökonom, der in Jena, Graz und Marburg lehrte, 1933 in die Türkei emigrierte – Universität Istanbul 1933-1937 – und 1937 in die Schweiz ging, wo er bis zu seinem Tod am Institut für internationale Studien tätig war. Röpke gehört zu den führenden Neoliberalen, der – eng befreundet mit Erhard – einer der Architekten der marktwirtschaftlichen Ordnung in Deutschland nach dem Zweiten Weltkrieg gewesen ist. Er war ein ungewöhnlich produktiver Autor, der in seinen wissenschaftlichen Veröffentlichungen immer an der Realität und v.a. an den wirtschaftspolitischen Problemen seiner Zeit orientiert war. Als Mitglied der Brauns-Kommission, die die Deutsche Reichsregierung in der Weltwirtschaftskrise der 1930er-Jahre beriet, setzte er sich für Maßnahmen ein, die die Vorschläge von → Keynes vorwegnahmen. Röpke hat das Keynessche System später wegen seiner Inflationstendenzen kritisiert. Aus seinen fast unüberschaubaren Veröffentlichungen bietet die Sammlung „Ausgewählte Werke in sechs Bänden" (1979), die → Hayek und andere herausgegeben haben, eine lesenswerte Zusammenstellung, zumal sie „Die Lehre von der Wirtschaft" (1937) enthält. Dieses oft aufgelegte einführende Lehrbuch von Röpke ist an ökonomischem Common Sense nicht zu übertreffen.

RORAC – Abk. für → Return on Risk Adjusted Capital.

RoRo – RoRo = *Roll on, Roll off*: Transportmittel wie z.B. LKW fahren am Beladeort aus eigener Kraft z.B. auf ein Schiff oder einen Bahnwaggon („huckepack") und am Zielort ebeno wieder herunter.

RoRo-Verkehr – Abk. für → Roll-on/Roll-off-Verkehr.

Rosenzweig-Test → Bildenttäuschungstest.

Rostow – Walt Whitman, 1916–2003, amerik. Nationalökonom, der wirtschaftspolitischer Berater der Präsidenten Kennedy und Johnson war, von 1940–1961 in Harvard gelehrt hat und nach 1969 an der University of Texas in Austin tätig war. Rostow beschäftigte sich v.a. mit wirtschaftsgeschichtlichen Fragestellungen. Er verband moderne Wirtschaftstheorie und statistische Analysemethoden mit der Wirtschaftsgeschichte. Rostow untersuchte die Entwicklung von Wirtschaftsprozessen aus historischer Sicht (unter Berücksichtigung nicht-ökonomischer Einflussfaktoren; vgl. → Rostowsche Stadien-Theorie). Er entwickelte eine allg. dynamische → Preistheorie, die sich entscheidend von den konventionellen makro- und mikroökonomischen Theorien unterscheidet. – *Hauptwerke:* „The Process of Economic Growth" (1952), „The Stages of Economic Growth" (1960) und „The World Economy: History and Prospect" (1978).

Rostowsche Stadientheorie – bekannteste Wirtschaftsstufentheorie, die mit historisch deskriptivem Ansatz eine regelhafte Aufeinanderfolge von Wirtschaftsstufen mit evolutionärer Höherentwicklung beschreibt. Der Stufenübergang erfolgt, ohne ökonomische Entwicklungsgesetze zu beachten. – Rostow unterscheidet fünf *Stadien*, die eine Gesellschaft auf dem Pfad von der traditionellen zur modernen Gesellschaft durchläuft: (1) *Traditionelle Gesellschaft*, die vornehmlich agrarisch-hierarchisch geprägt ist mit geringer vertikaler Mobilität; (2) *Übergangsgesellschaft*, in der die Voraussetzungen für das Wirtschaftswachstum durch Verhaltensänderungen, bes. durch ansteigende Investitionstätigkeit gelegt wird; (3) *Take-off*: Bei einer Mindestinvestitionsquote von 10 Prozent, einer Entwicklung einiger führender Wirtschaftsbranchen mit hohem Wachstum und hinreichend entwickeltem politischem, sozialem und institutionellem Rahmen, als Voraussetzungen für dynamisches Unternehmertum, kommt es zu schnellem wirtschaftlichen Wachstum; (4) *Reifestadium:* Mithilfe moderner Technologien werden Ressourcen effizient genutzt; (5) Nach dem Reifestadium entwickelte sich die Gesellschaft entweder zum *Wohlfahrtsstaat* mit hohem Massenkonsumniveau dauerhafter Konsumgüter, zu einer *Freizeit-* und *Bildungsgesellschaft*, oder zum militärische Macht entwickelnden Staat *(Diktatur)*. Wirtschaftspolitisch ist die Rostowsche Stadientheorie unbrauchbar, außerdem folgt sie der Wirtschaftsentwicklung Nordamerikas, die nicht Vorbild für alle Gesellschaften zu sein braucht.

Rotationsvertretersystem – Form der Organisation des Außendiensts im Direktvertrieb, bei der den Mitarbeitern in bestimmten zeitlichen Abständen andere Verkaufsbezirke zugewiesen werden. Ziel der Rotation ist, die Verkaufsaktivitäten dynamisch zu halten. Damit verbunden ist aber eine nur sehr lose Bindung zwischen Kunden und Verkäufer mit entsprechenden negativen Auswirkungen auf die → Kundenbindung. – Vgl. auch → Platzvertretersystem.

Rotation von Stichproben – vollständige oder partielle Änderung der Zusammensetzung der Stichprobeneinheiten bei Wiederholungsbefragungen (→ Panel). Rotation von Stichproben soll verhindern, dass mehrfach befragte Personen ihr Antwortverhalten im Zeitablauf ändern oder die weitere Mitarbeit verweigern. Eine vollständige Beibehaltung der Stichprobe kann aus erhebungstechnischen oder auch stichprobenmethodischen Gründen vorteilhaft sein. Als Kompromisslösung wird oft eine partielle Rotation von Stichproben durchgeführt, z.B. werden im → Mikrozensus jährlich 25 Prozent der Befragten ersetzt.

Roth – Alvin Eliot, geb. 1951, amerik. Wirtschaftswissenschaftler. Lehrtätigkeiten an verschiedenen amerik. Universitäten, seit 2012 Professor für Volkswirtschaftslehre und Betriebswirtschaftslehre an der Harvard University. Für seine Theorie der stabilen Allokation und der Beschaffenheit von Märkten wird Roth 2012 zusammen mit Lloyd S. → Shapley mit dem → Nobelpreis für Wirtschaftswissenschaften ausgezeichnet.

Rötung – Verfahren (rotes Unterstreichen) zur Kenntlichmachung der Löschung von Eintragungen im → Grundbuch.

Router – Element der Netz-Technologie. Ein Router hat die Funktion, zwei räumlich getrennte Netzwerke über eine Telekommunikations-Leitung miteinander zu verbinden. Dazu verwendet er nicht physikalische Adressen wie eine → Bridge, sondern bereits logische Adressen. – Vgl. auch → Netz.

Routineentscheidung → programmierbare Entscheidung.

Routinekauf – Käufe, die gewohnheitsmäßig erfolgen und kaum durch kognitive Prozesse (Kognition) gesteuert werden. – Vgl. auch → habituelles Kaufverhalten.

Rowntree-Zyklus – 1. *Begriff:* Auf empirische Beobachtungen des britischen Soziologen Benjamin Seebohm Rowntree Anfang des 20. Jahrhunderts zurückgehende Gesetzmäßigkeit in Bezug auf → Verbrauch und → Einkommen bei der Lebenshaltung von Arbeitern. Der „reguläre Zyklus" hohen wirtschaftlichen Drucks hängt zusammen mit den von der Familiengröße abhängigen Ausgaben und den gegengerichteten Einnahmen aus der Erwerbstätigkeit. – 2. *Phasen:* a) Sinkende Lebenshaltung für die Kinder durch wachsende Familiengröße bei gleichem → Arbeitseinkommen der Eltern. b) Relativ hoher Lebensstandard junger Menschen nach Abschluss der Berufsausbildung, evtl. auch durch Mitarbeit der Ehefrau, bes. bei kinderloser Ehe. c) Beeinträchtigung der Lebenshaltungskosten der Kinder und später durch Minderung des Arbeitseinkommens bzw. noch später durch die niedrigere Rente. Der Rowntree-Zyklus beeinträchtigt die Sparfähigkeit und die → Vermögensbildung der Arbeitnehmer.

Royalty – Rente der Anbieter von natürlichen Ressourcen.

RPG – Abk. für *Report Program Generator;* ältere, in den Versionen RPG II und RPG III auf mittleren und kleinen → Rechnern für kommerzielle Anwendungen relativ weit verbreitete → Programmiersprache.

RS232C → V. 24-Schnittstelle.

RSS – Abk. mit je nach Version verschiedenen Interpretationen: RSS 0.9x: Rich Site Summary; RSS0.9 und 1.0: RDF Site Summary; RSS 2.0: Really Simple Syndication. Dienst, der in regelmäßigen Abständen einen → Blog auf Aktualisierungen überprüft und den Abonnenten des RSS-Feeds die neuen Einträge anzeigt.

RSS-Feed – 1. *Begriff:* Möglichkeit für den Kunden, sich regelmäßig über neue Informationen auf einer Webseite informieren zu lassen. RSS steht dabei für „Really Simple Syndication" und stellt Inhalte einer Website und/oder deren Änderungen in einer standardisierten, maschinenlesbaren Form bereit. – 2. *Merkmale:* Die Feeds (abgeleitet von „to feed" = füttern) bestehen häufig nur aus a) einer Schlagzeile, b) können aber auch mit einem kurzen Textauszug und einem Link zur jeweiligen Originalseite erweitert werden oder c) sie können die kompletten Inhalte umfassen (Volltext-RSS). – Eingelesen und angezeigt werden die RSS-Feeds über einen Feedreader, der für den Nutzer als Aggregator für Informationen über Neuigkeiten von unterschiedlichen Webseiten dient. Der Feedreader führt fortlaufend alle Änderungen zusammen und stellt so sicher, dass der Nutzer über Änderungen informiert ist, auch wenn er die Webseite selbst nicht fortlaufend besucht. – 3. *Beispiel:* Google Reader.

RSU-Analyse – *XYZ-Analyse.* In Anlehnung an die → ABC-Analyse entwickeltes Verfahren zur Klassifizierung von Lagerartikeln. Klassifizierungskriterium ist die Verbrauchsstruktur. Es ergibt sich eine Dreiteilung der Artikel in R- (regelmäßiger Verbrauch), S- (saisonaler Verbrauch) und U-Artikel (unregelmäßiger Verbrauch). Ergebnis ist eine Prioritätenliste zur Optimierung der Materialdisposition.

RTA – Abk. für *Regional Trade Agreement;* regionales Handelsabkommen, → Regionalismus, → regionale Integration, → Handelsabkommen.

Rückbehaltungsrecht → Zurückbehaltungsrecht.

Rückbetroffenheit – Bezeichnung für die Auswirkungen von systemverhaltensinduzierten Umweltentwicklungen auf das verursachende → System selbst. Ein wichtiges Beispiel sind die Auswirkungen von Umweltbeeinträchtigungen, die auf ihre Ursachen (menschliche Aktivitäten) zurückwirken. – Vgl. auch → ökologische Krise.

Rückbuchung → Stornobuchung.

Rückbürge – Person, die sich einem Bürgen für den Fall, dass er aus der → Bürgschaft in Anspruch genommen wird, für die Sicherheit des dem Bürgen vom Hauptschuldner zu leistenden Ersatzes verbürgt. – *Anders:* Nachbürge (→ Nachbürgschaft).

Rückdeckungsversicherung → Lebensversicherung zur Absicherung von → Direktzusagen oder Zusagen von Unterstützungskassen. Im Gegensatz zur Direktversicherung ist nicht der Arbeitnehmer, sondern typischerweise der Arbeitgeber oder die Unterstützungskasse bezugsberechtigt. Motive für den Abschluss einer Rückdeckungsversicherung können der unternehmensexterne Aufbau eines Versorgungsvermögens, die Abwälzung von biometrischen Risiken auf die Lebensversicherung oder die privatrechtliche Insolvenzsicherung nicht durch den Pensions-Sicherungs-Verein auf Gegenseitigkeit (PSVaG) geschützter Versorgungszusagen durch Verpfändung sein. Die Rückdeckungsversicherung gehört rechtlich und wirtschaftlich zum Vermögen des Arbeitgeber.

Rückerstattungsangebot – *Money-Refund Offer;* Maßnahme der → Verkaufsförderung. Mit dem Kauf eines bestimmten Produktes erhält der Konsument gleichzeitig die Herstellergarantie, dass er innerhalb einer bestimmten Frist bei Nichtgefallen bzw. Unzufriedenheit den Verkaufspreis (insgesamt oder mit Nutzungsabschlag) zurückerstattet bekommt.

Rückfall → Vermögensrückfall.

Rückfallklausel – *Subject-to-Tax-Klausel.* 1. *Begriff:* Klausel in Doppelbesteuerungsabkommen, wonach eine dort vereinbarte Freistellung ausländischer Einkünfte nur dann vorgenommen werden muss, wenn diese Einkünfte im Ausland tatsächlich einer

Besteuerung unterliegen. Motiv für die Vereinbarung von Rückfallklauseln ist die Verhinderung von Steuersparmodellen (doppelte Nichtbesteuerung; „weiße Einkünfte"). Es ist jedoch keine Höhe (Mindesthöhe) des Steuersatzes angegeben, mit dem eine ausländische Besteuerung stattfinden müsste; daher sind solche Klauseln leicht umgehbar. Daher werden Rückfallklauseln in neueren Abkommen durch die sog. → Switch-over-Klausel ersetzt oder ergänzt. – 2. Für die nach einem Doppelbesteuerungsabkommen steuerfrei zu belassenden Einkünfte eines in Deutschland unbeschränkt steuerpflichtigen Arbeitnehmers wird eine der Rückfallklausel vergleichbare Regelung im *nationalen Steuerrecht* (§ 50d EStG) mit allgemeiner Wirkung vorgesehen: Demnach sind solche Einkünfte aus nichtselbständiger Arbeit in Deutschland erst dann freizustellen, wenn der Arbeitnehmer nachweist, dass sie im ausländischen Staat besteuert worden sind. Ist der Nachweis der Besteuerung erst möglich, wenn die Einkommensteuerveranlagung in Deutschland schon stattgefunden hat, ist der Steuerbescheid nachträglich zu ändern (§ 50d VIII EStG). Mit § 50d IX EStG wurde außerdem eine Regelung in das EStG aufgenommen, die in bestimmten Fällen die Freistellung aufgrund eines DBA ausschließt, wenn die Einkünfte in einem anderen Staat nicht besteuert werden. Die Steuerbefreiung der Dividenden soll allerdings grundsätzlich erhalten bleiben, es sei denn, die Dividenden sind bei der Ermittlung des Gewinn der ausschüttenden Gesellschaft abgezogen worden.

Rückgabe – umsatzsteuerrechtlich: (1) die Rücksendung von Bestandteilen einer vom Verkäufer an den Käufer gelieferten Ware nach deren Verarbeitung, wenn die Bestandteile von vornherein nicht an den Käufer übertragen werden sollten, z.B. die Rückgabe von Magermilch an den Bauern, der Vollmilch an die Molkerei lieferte; (2) die Rückgängigmachung einer → Lieferung. – Die Rückgabe unterliegt nicht der → Umsatzsteuer; bei (1) wegen § 3 V UStG, bei (2) wegen fehlendem → Leistungsaustausch. – *Anders:* → Rücklieferung.

Rückgaberecht – 1. *Begriff:* Gesetzliches Recht zur *rückwirkenden* Auflösung eines → Verbrauchervertrags durch Rücksendung der Ware oder durch ein Rücknahmeverlangen, wenn die Ware nicht als Paket versandt wurde (§ 356 BGB). Es kann beim → Fernabsatzvertrag, → Haustürgeschäft und → Teilzahlungsgeschäft anstelle des → Widerrufsrechts vereinbart werden, das im Gegensatz zum Rückgaberecht nicht nur durch Rücksendung oder Rücknahmeverlangen ausgeübt werden kann. – 2. *Rechtsfolgen:* Sie entsprechen denen des → Rücktritts.

Rückgriff – I. Allgemein: Rückgriff nimmt: 1. Wer auf → Schadenersatz in Anspruch genommen worden ist und nunmehr *von einem Dritten* Ersatz des von ihm zum Zweck des Schadensersatzes Geleisteten verlangt. – *Beispiel:* Ein Geschäftsinhaber hat wegen des Verschuldens seines Angestellten Schadenersatz leisten müssen und verlangt nunmehr von diesem Schadloshaltung. – 2. Der in Anspruch genommene *Bürge* gegen den Hauptschuldner (→ Bürgschaft). – 3. Der in Anspruch genommene → Gesamtschuldner gegen die Übrigen. – 4. Der Verkäufer beim → Verbrauchsgüterkauf gegen seinen Lieferanten (§ 478 BGB). – Um sich das Recht zum Rückgriff zu erhalten, empfiehlt sich im *Prozess* die → Streitverkündung.

II. Wechselrecht: Befriedigung der Ansprüche des Wechselgläubigers eines notleidenden → Wechsels durch Inanspruchnahme der Wechsel-Verpflichteten (Art. 43–54 WG). – 1. Rückgriffsrecht besteht *gegenüber* allen Vormännern, Indossanten, Ausstellern, Wechselbürgen. Der Rückgriff kann gegen jeden Beliebigen der Wechselverpflichteten genommen werden *(Sprungregress)*, es braucht also keine Reihenfolge eingehalten zu werden. Die Wechselverpflichteten haften als → Gesamtschuldner. – 2. Rückgriff kann bei *Nichtannahme* oder *Nichtzahlung* genommen werden, außerdem in gewissen Fällen der Vermögensunsicherheit (z.B. Insolvenz des Bezogenen oder Ausstellers). – 3. Voraussetzung für den Rückgriff ist Erhebung des → Wechselprotests. – 4. Der Inhaber *kann* im Wege des Rückgriffs *verlangen:* (1) Die Wechselsumme, soweit der Wechsel nicht angenommen oder nicht eingelöst worden ist, mit den etwa bedungenen Zinsen; (2) Zinsen in Höhe von 2 Prozent über dem jeweiligen Basiszinssatz des § 247 BGB, mind. aber 6 Prozent; (3) Kosten des Protests und der Nachrichten sowie der anderen Auslagen; (4) Provision in Höhe von höchstens 1/3 Prozent der Wechselsumme. Er muss gegen Entrichtung der Rückgriffssumme den Wechsel nebst dem Protest und einer quittierten Rückrechung (wichtig für → Wechselprozess) aushändigen. – 5. Jeder, der als *Rückgriffsschuldner* den Wechsel eingelöst hat, ist seinerseits rückgriffsberechtigt *(Ersatzrückgriff, Remboursregress);* er kann sein Indossament und die Indossamente seiner Nachmänner ausstreichen und im Weg des Rückgriffs von seinen Vormännern verlangen: (1) Den vollen Betrag, den er gezahlt hat; (2) Zinsen; (3) seine Auslagen; (4) Provision.

III. Scheckrecht: Ein Rückgriff kommt nur mangels Zahlung in Betracht. Es gilt Entsprechendes wie im Wechselrecht (Art. 40–48 ScheckG). An die Stelle des Protests wird die Verweigerung der Zahlung aber in der Praxis zulässigerweise regelmäßig durch die schriftliche, datierte Erklärung des Bezogenen, die den Tag der Vorlegung angibt, oder eine datierte Erklärung der Abrechnungsstelle, dass der Scheck rechtzeitig eingeliefert und nicht bezahlt worden ist, festgestellt.

Rückkaufgeschäft → Kompensationshandel.

Rückkaufsdisagio – ein → Disagio, das entsteht, wenn Obligationen zwecks Tilgung unter pari zurückgekauft werden; Disagiogewinne müssen von Kapitalgesellschaften als → sonstige betriebliche

Erträge in der Gewinn- und Verlustrechnung erfasst werden (§ 275 HGB).

Rückkopplung – Verfahren der Selbststeuerung in bzw. durch den Aufbau von Regelkreisen. Der Zustand des Systems wird überprüft (Istgröße) und bei Abweichungen von einer Sollgröße wird gegengesteuert. Rückkopplung, die ein selbsttätiges Einpendeln eines Systems innerhalb von Grenzwerten sichern, werden als *negative* Rückkopplung bezeichnet; ein Überwiegen *positiver* Rückkopplung führt zum Explodieren oder zum Einfrieren des Systems (→ biokybernetische Grundregeln).

Rücklage für Ersatzbeschaffung → Ersatzbeschaffungsrücklage.

Rücklagen – bei Kapitalgesellschaften Reserven in der Form von → Eigenkapital, das nicht als → gezeichnetes Kapital, → Gewinnvortrag oder → Jahresüberschuss ausgewiesen und entweder auf gesonderten Rücklagenkonten bilanziert (offene Rücklagen) wird oder nicht in der → Jahresbilanz in Erscheinung tritt (→ stille Rücklagen); nicht zu verwechseln mit → Rückstellungen. Rücklagen sind variable Teile des Eigenkapitals, variabel in Bezug auf die → Gewinnverwendung oder in Abhängigkeit vom Verwendungszweck (§ 272 III 2, IV HGB, § 150 AktG). Die Bildung von Rücklagen wird mit dem Prinzip des Gläubigerschutzes (der Kapitalsicherung), der Dividendenkontinuität und der Selbstfinanzierung begründet.

I. Offene Rücklagen: in der → Bilanz gesondert, d.h. offen ausgewiesene Rücklagen – 1. Rücklagen bei *Kapitalgesellschaften* (§ 266 III A. II und III HGB): (1) → Kapitalrücklage; (2) → Gewinnrücklagen. – 2. Rücklagen bei *Genossenschaften:* Die Genossenschaft muss eine gesetzliche Rücklagen („Reservefonds") bilden zum Ausgleich von aus der Bilanz sich ergebenden Verlusten; Höhe und Art der Bildung müssen in der → Satzung festgelegt werden (§ 7 GenG). In jedem Fall muss den gesetzlichen Rücklagen ein Teil des Jahresüberschusses zugeführt und der Mindestbetrag der Rücklagen festgelegt werden, bis zu dessen Erreichung die Einstellung vorgenommen werden muss. – Außer den gesetzlichen Rücklagen können noch weitere Ergebnisrücklagen gebildet werden (vgl. § 337 HGB). – Die Rücklagen sind für die Finanzierung der Genossenschaft von bes. Bedeutung; da ausscheidende Mitglieder grundsätzlich (zu Ausnahmen vgl. § 73 III GenG) keinen Anspruch auf eine Beteiligung an den Rücklagen haben, steht der Genossenschaft in den Rücklagen Kapital zur Verfügung, das ihr, im Gegensatz zu den Geschäftsguthaben, nicht entzogen werden kann. – 3. Für *alle Unternehmungsformen steuerfreie* Rücklagen als → Sonderposten mit Rücklageanteil in z.B. folgenden Anwendungsfällen: (1) → Ersatzbeschaffungsrücklage; (2) *Rücklage* bei Zuschüssen zur Anschaffung oder Herstellung von Anlagegütern; (3) Rücklagen zur Förderung kleinerer und mittlerer Betriebe gemäß § 7g I EStG (→ Ansparabschreibung).

II. Stille Rücklagen: *stille Reserven.* – Vgl. auch → stille Rücklagen.

Rücklagen für eigene Anteile – Art der → Gewinnrücklagen. Gemäß § 272 IV HGB ist in Rücklagen für eigene Anteile ein Betrag einzustellen, der dem auf der Aktivseite der → Bilanz für die eigenen Anteile einzusetzenden Betrag entspricht. Diese Rücklage muss bereits bei Aufstellung der Bilanz gebildet werden. Als Quellen kommen der → Jahresüberschuss, der → Gewinnvortrag oder Mittel aus anderen Gewinnrücklagen in Frage. Mit der Pflicht, für eigene Anteile Rücklagen zu bilden, wird in Höhe der eigenen Anteile (GmbH-Anteile, Aktien) eine Ausschüttungssperre bewirkt. Der Erwerb eigener Anteile soll nicht zur Rückzahlung von → Stammkapital oder → Grundkapital führen.

Rücklaufquote – Anteil der versandten Werbemittel mit Rückantwort oder Fragebögen einer postalischen → Befragung, die innerhalb eines festgesetzten Zeitintervalls zurückgesandt wurden. Niedrige Rücklaufquote kennzeichnend für das Non-Response-Problem. Die Rücklaufquote soll v.a. von → Nachfassaktionen erhöht werden.

Rücklieferung – umsatzsteuerrechtlich der Rückkauf einer verkauften Ware oder eines Teils davon oder Rücklieferung von Abfällen oder Nebenerzeugnissen an den Verkäufer, der dem Käufer Waren zur Verarbeitung lieferte. Es liegen jeweils zwei → Lieferungen vor, die der → Umsatzsteuer unterliegen. – *Anders:* → Rückgabe.

Rücknahmesätze – Marktsätze, zu denen bestimmte → Geldmarktpapiere von der Europäischen Zentralbank im Rahmen der → Offenmarktpolitik gekauft werden. – *Gegensatz:* → Abgabesätze.

Rückprämiengeschäft → Prämiengeschäft.

Rückruf – I. Urheberrecht: Befugnis des Urhebers eines → Werkes, das einem anderen erteilte → Nutzungsrecht zum Erlöschen zu bringen. – 1. *Rückruf wegen Nichtausübung:* Übt der Inhaber eines ausschließlichen Nutzungsrechts das Recht nicht oder nur unzureichend aus und werden dadurch berechtigte Interessen des Urhebers erheblich verletzt, so kann dieser das Nutzungsrecht zurückrufen (§ 41 UrhG). Der Rückruf setzt i.Allg. eine Nachfristsetzung voraus und kann nicht vor Ablauf von zwei Jahren seit Einräumung des Nutzungsrechts ausgeübt werden. Rückruf ist nicht möglich, wenn die Nichtausübung oder die unzureichende Ausübung überwiegend auf Umständen beruht, deren Behebung dem Urheber zuzumuten ist. Der Urheber hat den Betroffenen zu entschädigen, wenn und soweit es der Billigkeit entspricht. – 2. *Rückruf wegen gewandelter Überzeugung:* Der Urheber kann ein Nutzungsrecht zurückrufen, wenn das Werk seiner Überzeugung nicht mehr entspricht und ihm deshalb die

Verwertung des Werkes nicht mehr zugemutet werden kann. Auf den Rückruf kann im Voraus nicht verzichtet werden. Der Urheber hat den Inhaber des Nutzungsrechts angemessen zu entschädigen (§ 42 III UrhG). – Ein Rechtsnachfolger des Urhebers kann den Rückruf nur erklären, wenn er nachweist, dass der Urheber vor seinem Tod zum Rückruf berechtigt gewesen wäre und an der Erklärung gehindert war oder den Rückruf durch letztwillige Verfügung angeordnet hat (§ 42 I UrhG).

II. Schuldrecht: → Produktsicherheit.

Rückscheck → Retouren.

Rückstand – 1. *Begriff:* unerwünschte oder unvermeidbare Nebenwirkung von Produktion und Konsum. – 2. *Arten:* a) *Produktionsrückstände:* unerwünschte, naturgesetzlich unvermeidbare stoffliche und energetische → Kuppelprodukte jeder Gütererzeugung, die neben den beabsichtigten Produkten entstehen. (1) *Stoffliche Rückstände:* Bei Formgebung (z.B. Fräsen) bestehen die Rückstände aus Werk- oder Hilfsstoffsubstanz (z.B. Späne); bei chemischer Stoffumwandlung haben Rückstände andere chemische Beschaffenheit als die Einsatzstoffe. Auch beim Einsatz von Betriebsstoffen entstehen Rückstände (z.B. Kohlendioxid und Schwefeldioxid bei Verbrennung fossiler Energieträger). Ferner sind Rückstände ausgemusterte Bauwerke, Maschinen, Geräte, Werkzeuge etc. (2) *Energetische Rückstände:* Abwärme, Abstrahlung, Lärm, Erschütterung. – b) *Konsumrückstände:* Jeder Konsumvorgang verursacht durch Ingebrauchnahme, Gebrauch und Verbrauch von Gütern, Ausmustern von Gebrauchsgütern stoffliche Rückstände (z.B. Verpackungen, Abgase, Altkleider, Altautos); Konsum führt auch zu energetischen Rückständen. – Nicht in Wieder- oder Weiterverwendung gehende Rückstände sind → Abfall.

rückstandsunterbindende Maßnahmen – Die Finanzbehörde hat im Vollstreckungsverfahren nicht nur den Auftrag, rückständige Abgabenbeträge durch Zwangsmaßnahmen einzuziehen, sondern ist darüber hinaus befugt und verpflichtet, durch geeignete Maßnahmen das Entstehen weiterer Abgabenrückstände zu verhindern. Im Einzelnen kann das Finanzamt bei den zuständigen Verwaltungsbehörden (1) die Löschung von Gesellschaften und Genossenschaften im Handels- bzw. Genossenschaftsregister, (2) die Gewerbeuntersagung bzw. die Rücknahme des Widerrufs einer gewerberechtlichen Erlaubnis, (3) ein berufsrechtliches Verfahren (nur bei bestimmten Berufsgruppen), (4) die Ausweisung eines ausländischen Vollstreckungsschuldners, (5) die Entziehung von Pass bzw. Personalausweis bzw. den Erlass eines Ausreiseverbots sowie (6) die Abmeldung von Kraftfahrzeugen von Amts wegen beantragen bzw. anregen (Abschn. 65–67 VollstrA). – Daneben ist es befugt, beim zuständigen Gericht einen Antrag auf Eröffnung des Insolvenzverfahrens über das Vermögen des → Vollstreckungsschuldners zu stellen (Abschn. 58 VollstrA).

Rückstellung – I. Begriff: Rückstellungen sind nach Handelsrecht → Verbindlichkeiten, → Verluste oder → Aufwendungen, die hinsichtlich ihrer Entstehung oder Höhe ungewiss sind. Durch die Bildung der Rückstellungen sollen die später zu leistenden Ausgaben den Perioden ihrer Verursachung zugerechnet werden. – *Buchung:* Aufwandskonto an Rückstellung – Nach der → statischen Bilanztheorie sollten nur Rückstellungen gebildet werden, denen Ansprüche Dritter zugrunde liegen (sog. Verbindlichkeitenrückstellungen). Bei den *dynamischen Bilanzauffassungen* geht es bei der Bilanzierung in erster Linie um die Vergleichbarkeit der Periodenergebnisse und damit um Zurechnung der Ausgaben als Aufwand zu denjenigen Perioden, in denen sie wirtschaftlich verursacht wurden. Rückstellungen sind danach auch Aufwendungen, denen keine Verpflichtung Dritten gegenüber zugrunde liegt (sog. *Aufwandsrückstellungen*).

II. Handelsrecht: 1. → Passivierungspflicht gemäß § 249 I HGB: a) für alle *Verbindlichkeitsrückstellungen.* Dazu gehören ungewisse Verbindlichkeiten, d.h. alle rechtlich entstandenen oder wirtschaftlich verursachten Verbindlichkeiten (z.B. Prozessrückstellung, → Garantieverpflichtung, → Rückstellung für latente Steuern, aber auch → Pensionsrückstellung für die nach dem 31.12.1986 zugesagten unmittelbaren Pensionszusagen, für Altverpflichtungen gemäß Art. 28 EGHGB lediglich Rückstellungs-Wahlrecht) und drohende Verluste aus → schwebenden Geschäften (bilanziert wird der Verpflichtungsüberschuss, wenn der Wert der eigenen Leistung den Wert der Gegenleistung übersteigt); – b) für folgende *Aufwandsrückstellungen:* Aufwendungen für unterlassene Instandhaltung, die in den ersten drei Monaten des folgenden Geschäftsjahres nachgeholt werden, Aufwendungen für unterlassene Abraumbeseitigung, die innerhalb von zwölf Monaten nachgeholt werden, und Aufwendungen für Gewährleistungen ohne rechtliche Verpflichtung *(Kulanzgewährleistungen).* – 2. *Passivierungsverbot:* Andere Rückstellungen dürfen gemäß § 249 II HGB nicht gebildet werden. – 3. *Auflösung:* Alle Rückstellungen sind aufzulösen bei Inanspruchnahme oder Wegfall des Grundes (§ 249 II HGB). – 4. *Bewertung und Ausweis:* Rückstellungen sind in Höhe des nach vernünftiger kaufmännischer Beurteilung notwendigen Erfüllungsbetrages anzusetzen. Rückstellungen mit einer Restlaufzeit von mehr als einem Jahr sind mit dem ihrer Restlaufzeit entsprechenden durchschnittlichen Marktzinssatz der vergangenen sieben Geschäftsjahre abzuzinsen (§253 I und II HGB). Der entsprechende Zinssatz wird von der Deutschen Bundesbank bekannt gegeben. Rückstellungen sind gesondert zwischen dem Eigenkapital und den Verbindlichkeiten auszuweisen; für Kapitalgesellschaften ist eine Aufgliederung nach Pensions-, Steuer- und sonstigen Rückstellungen vorgesehen.

III. Steuerrecht: Grundsätzlich werden handelsrechtlich zu bildende Rückstellungen in der Steuerbilanz berücksichtigt. Die Abzinsung von Rückstellungen erfolgten grundsätzlich mit dem Zinssatz von 5,5%. Kostenpreissteigerungen, die handelsrechtlich berücksichtigt werden können, sind steuerlich herauszurechnen. – Vgl. → Steuerbilanz.

Rückstellung für latente Steuern – Mit der Neufassung des § 274 I HGB durch das → Bilanzrechtsmodernisierungsgesetz (BilMoG) sind passive latente Steuern unter dem Posten „Passive latente Steuern" (§266 III E. HGB) auszuweisen. Die → Passivierung einer → Rückstellung für latente Steuern ist folglich nicht mehr zulässig. Der Änderung liegt die Überlegung zugrunde, dass den passiven latenten Steuern zwar teilweise der Charakter von Rückstellungen zukommen mag, dies aber nicht für den Posten in seiner Gesamtheit gilt. Sie sind vielmehr als Sonderposten eigener Art einzustufen, daher wird die in dem bisherigen § 274 I HGB enthaltene Bezugnahme auf § 249 I Satz 1 HGB aufgegeben und die passiven latenten Steuern in einem bes. Posten außerhalb der Rückstellungen ausgewiesen. – Vgl. → latente Steuern.

Rücktritt – I. Bürgerliches Recht 1. *Begriff:* Einseitige empfangsbedürftige → Willenserklärung, die einen gültigen Vertrag (im Gegensatz zur nur für die Zukunft wirkenden → Kündigung) *rückwirkend aufhebt,* wenn das Recht zum Rücktritt vertraglich oder gesetzlich vorgesehen ist, z.B. bei einer mangelhaften Kaufsache oder → Widerrufsrecht. Bei unwahren oder irreführenden Werbeangaben (→ irreführende Werbung), die für den Vertragsabschluss wesentlich sind, ist der Rücktritt nach UWG möglich. Die Vereinbarung in → Allgemeinen Geschäftsbedingungen (AGB), sich ohne sachlich gerechtfertigten und im Vertrag angegebenen Grund von seiner Leistungspflicht zu lösen, ist unwirksam, wenn es sich nicht um ein → Dauerschuldverhältnis handelt (§ 308 Nr. 3 BGB). – 2. *Wichtigste Rechtsfolgen:* a) Die empfangenen Leistungen sind zurückzugewähren und die gezogenen → Nutzungen herauszugeben (§ 346 I BGB). – b) Bei → Unmöglichkeit der Sachherausgabe oder Beschädigung der herauszugebenden Sache wird auf Wertersatz gehaftet (§ 346 II, III BGB). Ausnahmen gelten z.B. für den Fall, dass der Käufer einer mangelhaften Sache vom Kaufvertrag zurücktritt und sie vor Rückgabe unter Beachtung der eigenüblichen Sorgfalt beschädigt. – c) Nutzungen, die entgegen den Regeln einer ordnungsgemäßen Wirtschaft nicht gezogen werden, sind ebenfalls grundsätzlich mit ihrem Wert zu ersetzen (§ 347 I BGB). – d) Wenn der Schuldner die Unmöglichkeit oder Beschädigung schuldhaft herbeigeführt oder wenn ihm eine andere schuldhafte → Pflichtverletzung wie → Schuldnerverzug zur Last fällt, haftet der Schuldner nach den allg. Vorschriften der Pflichtverletzung. – e) Die aufgezählten Ansprüche aus Rücktritt sind Zug um Zug zu erfüllen (§ 348 BGB). – 3. *Ausschluss des Rücktritts:* Wenn der zum Rücktritt Berechtigte a) den Umstand, der den Rücktritt auslöst, allein oder weit überwiegend schuldhaft herbeiführt (z.B. der Käufer zerstört die mangelhafte Kaufsache grob fahrlässig, sodass die → Nacherfüllung unmöglich wird) oder b) sich im → Annahmeverzug befindet und der Rücktrittsgegner den Umstand, der den Rücktritt auslöst, nicht verschuldet hat (§ 323 VI BGB).

II. Handelsrecht → Rücktritt vom Gesellschaftsvertrag einer OHG oder KG ist nur möglich, wenn die Gesellschaft nach außen noch nicht in Erscheinung getreten ist. Sonst bleibt nur die → Auflösungsklage des § 133 HGB. – Bei der stillen Gesellschaft ist → Rücktritt nach §§ 320 ff. BGB ohne bes. Einschränkung zulässig.

III. Versicherungsrecht → 1. *Begriff:* Aufheben der Willenserklärung zum Abschluss eines Versicherungsvertrags. – 2. *Hintergründe:* Versicherte können innerhalb von 14 Tagen, nachdem sie den Versicherungsschein erhalten haben, vom Vertrag zurücktreten. Der Rücktritt muss schriftlich verfasst werden. Versäumt es der Versicherer, über diese Möglichkeit aufzuklären, besteht das Recht zum Rücktritt bis zu vier Wochen nachdem die → Erstprämie bezahlt wurde. Unter bestimmten Umständen, insbesondere bei grober Verletzung der → Anzeigepflichten des Versicherungsnehmers im Versicherungsantrag, sieht das Versicherungsvertragsrecht auch die Möglichkeit des Rücktritts durch das Versicherungsunternehmen vor.

IV. Strafrecht → Rücktritt vom → Versuch; freiwillige Aufgabe der weiteren Tatausführung (beim sog. unbeendeten Versuch) oder die Verhinderung von deren Vollendung (beendeter Versuch, tätige Reue). Wird die Tat ohne Zutun des Zurücktretenden nicht vollendet, so wird der Täter nicht bestraft, wenn er sich freiwillig und ernsthaft bemüht, die Vollendung zu verhindern (§ 24 StGB).

Rücküberwälzung von Steuern → Steuerüberwälzung.

Rückvergütung – I. Genossenschaften: typische Form der Überschussverteilung an die Genossenschaftsmitglieder auf der Basis der Mitgliederumsätze mit dem genossenschaftlichen Geschäftsbetrieb. Rückvergütung ist keine Gewinnausschüttung, sondern eine im Geschäftsverkehr mit den Mitgliedern erwirtschaftete Verteilung von Überschüssen. Gewissermaßen ist es eine Reduzierung der im Zweckgeschäft von den Mitgliedern berechneten Preise. Es handelt sich jedoch um keinen Rabatt, da Rückvergütungen keine Preissenkungen für einzelne Geschäftsabschlüsse sind. Nach § 22 KStG wird die genossenschaftliche Rückvergütung dann steuerlich akzeptiert, wenn sie im Mitgliedergeschäft – im Sinne einer wirtschaftlichen Förderung der Mitglieder – erwirtschaftet worden ist. In der Genossenschaftspraxis sind Rückvergütungen bei landwirtschaftlichen Waren-, Nutzungs- und Produktionsgenossenschaften und bei gewerblichen Handelsgenossenschaften verbreitet. Sie können jedoch auch bei Kreditgenossenschaften in Form von Zinsnachzahlungen und/oder Zinsrückvergütungen an die Mitglieder auftreten.

II. Bahnverkehr: tarifmäßig von den Eisenbahnen den Verfrachtern bei Auslieferung gewisser Mindestmengen von Gütern gewährte Vergütung unter Anwendung der Mindestmengenklausel.

III. Versicherungswesen: Rückgabe nicht verbrauchter Prämienanteile an den Versicherungsnehmer, z.B. wegen Schadenfreiheit in der Krankenversicherung. – Vgl. auch → Beitragsrückerstattung.

Rückversicherer – 1. *Begriff*: Gesellschaft, die gegen eine vereinbarte Prämie Risiken bzw. Portefeuillesegmente von einem → Erstversicherer oder einem anderen Rückversicherer übernimmt. – 2. *Merkmale:* Die Unterscheidung professioneller und nicht-professioneller Rückversicherer hat keine Bedeutung mehr. Früher bezeichnete der Begriff des nicht-professionellen Rückversicherers diejenigen Rückversicherer, deren vordringliches Geschäftsziel es war, (nur) die Rückversicherungskapazität der Muttergesellschaft sicherzustellen.

Rückversicherung – 1. *Begriff*: Versicherung eines → Erstversicherers oder eines anderen → Rückversicherers. Die frühere Legaldefinition in § 779 HGB wurde durch die VVG-Reform aufgehoben. – 2. *Merkmale:* Rückversicherungen sind Verträge, die ein (Erst-)Versicherungsunternehmen mit einem anderen Versicherungsunternehmen schließt, um Schäden bei diesem (Erst-)Versicherungsunternehmen aus selbst abgeschlossenen Versicherungsverträgen zu kompensieren. Durch Rückversicherung werden einzelne Risiken oder ein ganzes Portfolio unter den ursprünglichen oder neuen Bedingungen vom Erstversicherer auf den Rückversicherer übertragen. Dem Erstversicherer ermöglicht dies einen besseren Risikoausgleich, eine Erhöhung seiner → Zeichnungskapazitäten und eine niedrigere → Solvabilitätsspanne (→ Solvency I) bzw. einen niedrigeren Betrag für das Solvency Capital Requirement (→ Solvency II). – 3. *Behandlung in der Rechnungslegung*: Grundsätzlich unterscheiden sich Rückversicherungsverträge in der Rechnungslegung nicht von Erstversicherungsverträgen. Allerdings ergeben sich durch die Rückversicherung sowohl beim Erstversicherer als auch beim Rückversicherer weitere Posten in der → Bilanz und in der → Gewinn- und Verlustrechnung (GuV): a) Einbehaltene Sicherheiten des Vorversicherers sind als Depotforderungen (beim Rückversicherer) bzw. Depotverbindlichkeiten (beim Erstversicherer) in Höhe der einbehaltenen Sicherheiten auszuweisen (§§ 13, 33 RechVersV). – b) In den Posten „Abrechnungsforderungen aus dem Rückversicherungsgeschäft" bzw. „Abrechnungsverbindlichkeiten aus dem Rückversicherungsgeschäft" sind die laufenden Abrechnungen mit Vor- und Rückversicherern auszuweisen (§§ 16, 34 RechVersV). – c) Der Posten „Anteile für das in Rückdeckung gegebene Versicherungsgeschäft an den Bruttobeträgen der versicherungstechnischen Rückstellungen" enthält die Beträge, um die sich die Bruttobeträge der versicherungstechnischen Rückstellungen aufgrund der Rückversicherung mindern (§ 23 RechVersV). – d) Im Unterposten „Abgegebene Rückversicherungsbeiträge" der GuV sind die dem Rückversicherer gutgeschriebenen Beiträge zu erfassen (§ 37 RechVersV).

Rückversicherungsaufsicht – 1. *Begriff*: Aufsicht über die professionellen Rückversicherungsunternehmen. – 2. *Entwicklunglinien und Grundlagen:* Während die Versicherer, die die Erst- und Rückversicherung betreiben, seit jeher der vollen Aufsicht nach § 1 VAG unterworfen waren, unterlagen professionelle Rückversicherer in Deutschland zunächst überhaupt keiner unmittelbaren Aufsicht. (Argument: Der Erstversicherer bedarf keines staatlichen Schutzes. Ausnahme: Der Rückversicherer war ein Versicherungsverein auf Gegenseitigkeit). Nach und nach wurde zuerst eine eingeschränkte unmittelbare Aufsicht eingeführt, bis dann durch das VAG-Änderungsgesetz v. 21.12.2004 auch für diese Unternehmen die Erlaubnispflicht nach § 1 VAG und eine vereinfachte, den Bedürfnissen eines weltweit tätigen Unternehmens angepasste Finanzaufsicht (betreffend die Eigenmittel, die versicherungstechnischen Rückstellungen, die Kapitalanlagevorschriften; vgl. § 121a IV VAG) eingeführt wurde. Daneben wird der → Rückversicherer von Beginn an auch indirekt durch die Aufsicht über den → Erstversicherer überwacht. – 3. *Einzelheiten der Aufsicht:* Das Erlaubnisverfahren für professionelle Rückversicherer (§§ 119 ff. VAG) ähnelt stark dem für Erstversicherer (vgl. Erlaubnis zum Geschäftsbetrieb). Es bestehen aber auch wichtige Unterschiede. So wird die Erlaubnis nicht nach → Versicherungszweigen, sondern ganz generell für den Betrieb der Rückversicherung erteilt. Einen genehmigungspflichtigen Geschäftsplan gibt es nicht, dafür aber einen nicht genehmigungspflichtigen Tätigkeitsplan, der u.a. Auskunft über das Unternehmen, seine Konzernstruktur, die Art, den Umfang und die Organisation seines Geschäftsbetriebs, die Geschäftsleiter und Inhaber bedeutender Beteiligungen sowie die Finanzausstattung gibt. Die Erlaubnisversagungs- und -widerrufsgründe entsprechen im Wesentlichen denen für die Erstversicherungsunternehmen. Auch hinsichtlich der laufenden Aufsicht wird zum größten Teil auf die für Erstversicherer geltenden Vorschriften verwiesen (§ 121a VAG). Was allerdings die Solvabilitätsanforderungen angeht, so wird für die gesamte Rückversicherung, also auch für die Lebensrückversicherung, auf die Regeln der Nichtlebenserstversicherung verwiesen (§ 121a VAG). Die Kapitalanlagevorschriften für Rückversicherer sind stark vereinfacht gegenüber denen für Erstversicherer: Hier ist das sog.

Prudent-Person-Prinzip aus dem Solvency II-Projekt bereits gesetzlich festgelegt, d.h. die qualitativen Anforderungen (Sicherheit, → Rentabilität, → Liquidität, angemessene → Mischung und Streuung) sollen die bisher für Erstversicherer geltenden quantitativen Vorgaben überflüssig machen (vgl. im Einzelnen § 121b VAG). – 4. *Ausländische Rückversicherer:* Für ausländische EU-Rückversicherer gilt das Sitzlandprinzip (§ 121h VAG). Für sie gilt auch uneingeschränkt die → Dienstleistungsfreiheit und die → Niederlassungsfreiheit. Ausländische Rückversicherer mit Sitz in einem Drittland dürfen im Inland sowohl über eine Niederlassung als auch im Dienstleistungsverkehr vom Sitz aus tätig werden, wenn sie befugt sind, in ihrem Sitzland das Rückversicherungsgeschäft zu betreiben, dort ihre Hauptverwaltung haben, nach internationalen Standards beaufsichtigt werden und eine befriedigende Zusammenarbeit der beteiligten Aufsichtsbehörden sichergestellt ist. Die Niederlassung eines Drittlandversicherers bedarf der Erlaubnis der dt. Aufsichtsbehörde; die Voraussetzungen entsprechen im Wesentlichen denen für Niederlassungen der Erstversicherer aus Drittländern (vgl. § 121i II VAG).

Rückversicherungsprämie – Entgelt des → Rückversicherers, das er für die Risikoübernahme erhält. Zur Bemessung der Rückversicherungsprämie vgl. → proportionaler Rückversicherungsvertrag und → nicht proportionaler Rückversicherungsvertrag.

Rückversicherungsprovision – Deckung von anteiligen Betriebsaufwendungen des → Erstversicherers durch den → Rückversicherer unter einem → proportionalen Rückversicherungsvertrag. – Vgl. auch → Provision, Festprovision, Staffelprovision.

Rückwaren – zollrechtlicher Begriff für Waren, die aus dem freien Verkehr des → Zollgebietes der EU ausgeführt und wiedereingeführt werden. Rückwaren sind zollfrei, wenn sie unverändert sind und zwischen → Ausfuhr und Wiedereinfuhr bei Marktordnungswaren nicht mehr als sechs Monate, bei anderen Waren nicht mehr als drei Jahre liegen. Zum Nachweis der Rückwareneigenschaft bei der erneuten Überführung in den freien Verkehr sind Belege, z.B. Ausfuhrpapiere, Schriftwechsel, Kassenbelege, vorzulegen.

Rückwärtsintegration – Übernahme einer oder mehrerer Fertigungsstufe(n), die bisher von einem Zulieferer durchgeführt wurde(n). – *Gegensatz:* → Vorwärtsintegration. – Vgl. auch → Make or Buy.

Rückwärtsverkettung – *Backward Chaining, zielgesteuerte Inferenz;* rekursive Vorgehensweise (→ Rekursion), bei der man mit dem Endziel beginnt (d.h. mit dem Sachverhalt, den man aufgrund der Problemstellung erreichen möchte); dieses Ziel wird in Unterziele aufgeteilt, diese werden ebenfalls wieder aufgeteilt etc., bis die Ziele elementare Fakten sind, von denen man weiß, ob sie zutreffen oder nicht. Rückwärtsverkettung ist eine mögliche Inferenzstrategie eines → regelbasierten Systems. – *Gegensatz:* → Vorwärtsverkettung.

Rückwärtsverknüpfung → Verkettungseffekte.

Rückwärtsversicherung – 1. *Begriff:* Versicherung, bei der der materielle Versicherungsbeginn zu einem Zeitpunkt vor Vertragsabschluss liegt. Geregelt in § 2 VVG. – 2. *Weitere Merkmale:* Der Haftungszeitraum ist länger als die Vertragsdauer. – 3. *Geltungsbereich:* Nach Rechtsprechung des BGH ist eine Rückwärtsversicherung im Zweifel anzunehmen. Das ist v.a. für die Kfz-Kaskoversicherung und die → Lebensversicherung von praktischer Bedeutung. Voraussetzung für die Wirksamkeit des Vertrags ist das subjektive Nichtwissen der Beteiligten darüber, ob ein → Versicherungsfall eingetreten ist oder noch eintreten wird. Der Rechtsprechung des BGH zufolge schadet bei vereinbarter Rückwärtsversicherung die Kenntnis vom Eintritt des Versicherungsfalls nur dann, wenn der Versicherungsfall schon vor der Antragstellung eingetreten ist. – 4. *Gegensatz:* → Vorwärtsversicherung.

Rückwechsel → Wechsel, der von einem Rückgriffsberechtigten eines zu → Protest gegangenen Wechsels auf einen seiner Vormänner (das sind alle Personen, an die der Wechsel durch Weitergabe jeweils indossiert wurde – → Indossanten) gezogen wird. Dieser Rückwechsel muss auf Sicht lauten (→ Sichtwechsel) und am Wohnort dieses Vormanns zahlbar sein (Art. 52 I WG). Damit haftet dieser Vormann gegenüber dem Wechselgläubiger. Im Geschäftsverkehr der Kreditinstitute werden Retourwechsel (nicht eingelöste Wechsel) auch als Rückwechsel bezeichnet.

Rückwirkung – liegt vor, wenn an einen abgeschlossenen Tatbestand durch eine Rechtsnorm rückwirkend Rechtsfolgen geknüpft werden. – Man unterscheidet: (1) *Echte Rückwirkung* liegt vor, wenn ein Gesetz nachträglich ändernd in abgewickelte, der Vergangenheit angehörende Tatbestände eingreift. Sie ist grundsätzlich verfassungswidrig. – (2) *Unechte Rückwirkung* liegt vor, wenn eine Norm auf gegenwärtig noch nicht abgeschlossene Sachverhalte für die Zukunft einwirkt und Rechtspositionen nachträglich entwertet. Sie ist in Ausnahmen zulässig.

Rückzahlung – Rückerstattung einer früher erfolgten Zahlung.

I. Rückzahlung von Arbeitslohn: Rückzahlung von bereits versteuerten → Arbeitsentgelten; Möglichkeiten der *steuerlichen Behandlung:* (1) Abzug als → Werbungskosten des Jahres, in dem die Rückzahlung erfolgt, und zwar ohne Kürzung um den allg. Pauschbetrag (→ Arbeitnehmer-Pauschbetrag); (2) Steuerverrechnung für den Rückzahlungsbetrag im Weg des → Lohnsteuer-Jahresausgleichs.

II. Rückzahlung von Spareinlagen: Spareinlagen weisen eine Kündigungsfrist von mind. drei Monaten auf. Darüber hinaus können beliebig lange Kündigungsfristen vereinbart werden. Kreditinstitute können in ihren Sparbedingungen Vereinbarungen treffen, die dem Kunden das Recht einräumen, ohne Kündigung über einen Teil seiner Spareinlagen zu verfügen, und zwar bis zu einem bestimmten Betrag, der pro Sparkonto maximal 2.000 Euro nicht übersteigen darf, der nur für Spareinlagen mit dreimonatiger Kündigungsfrist vereinbart werden darf und jeweils für einen Kalendermonat gilt.

III. Rückzahlung von Schuldverschreibungen: → Tilgung, → Rückzahlungsagio.

IV. Rückzahlung von Steuern: → Steuererstattungsanspruch.

Rückzahlungsagio → Agio von einigen Prozent, mit dem eine Anleihe häufig zurückgezahlt wird. Als Anreiz zum Kauf ist das Emissionsdisagio beliebter. Ein Rückzahlungsagio erhöht den → Effektivzins.

Rückzahlungsklausel – Klausel, die für den Fall der Beendigung des Arbeitsverhältnisses innerhalb einer bestimmten Frist (= Bindungsdauer) die Rückerstattung von Leistungen vorsehen. Häufig sind freiwillige → Sozialleistungen (z.B. Gratifikationen, Umzugskosten, Ausbildungskosten) mit Rückzahlungsklauseln versehen. Damit wird das Grundrecht der Arbeitnehmer auf freie Wahl des Arbeitsplatzes nach Art. 12 GG (→ Arbeitsplatzwechsel) berührt. – *Zulässig*: Rückzahlungsklauseln ist nur zulässig, wenn der Arbeitgeber eine Leistung erbringt, die durch die bisherige Arbeitsleistung des Arbeitnehmers noch nicht verdient, sondern auch mit Rücksicht auf die zukünftige Beschäftigung erbracht wird. Rückzahlungsklauseln sind grundsätzlich zulässig bei → Ausbildungsbeihilfen und Erstattung von Umzugskosten, stark eingeengt bei → Gratifikationen. – Generell ist zu berücksichtigen: Die Bindungsdauer den Arbeitnerhmer nicht unangemessen benachteiligen, sonst verstößt die (vorformulierte) Rückzahlungsklausel gegen § 307 BGB und ist insgesamt unwirksam (→ Allgemeine Geschäftsbedingungen im Arbeitsrecht). Problematisch kann es auch sein, wenn die betreffende Klausel nicht nach der Art des Beendigungsgrundes differenziert. So dürfte es nicht gerechtfertigt sein, dem Arbeitnehmer, dessen Arbeitsverhältnis vom Arbeitgeber betriebsbedingt gekündigt wurde, auch noch zur Rückzahlung von Ausbildungskosten zu verpflichten.

Rückzugsstrategie – 1. *Begriff*: Marktaustritt; Exit-Strategie; im Gegensatz zur Wachstumsstrategie kennzeichnet die Rückzugsstrategie einen teilweisen (regionalen) oder totalen Rückzug von Produkten bzw. Dienstleistungen oder ganzen Geschäftsbereichen vom Markt. Die Gründe für einen Marktaustritt können in stagnierenden, schrumpfenden oder erfolglos bearbeiteten Märkten liegen. Schrumpfende Marktvolumia können auslaufende Technologie- und Produktlebenszyklen ankündigen und erfordern eine „Stay-or-Exit-Entscheidung“, durch die ggf. frühzeitig die Marktaustrittsbarrieren gesenkt werden. – 2. *Ausgestaltungsformen:* Im Rahmen von Marktaustrittsstrategien stehen unterschiedliche Optionen zur Wahl: (1) Abschöpfungsstrategie mit schrittweisem Rückzug; (2) sofortige Beendigung der Geschäftsaktivitäten; (3) Verkauf des Geschäftsbereiches. – Vgl. auch → Marktaustrittsschranken.

Rufausbeutung → Ausbeutung, → Marke.

Rufbereitschaft → Arbeitszeit, → Arbeitsbereitschaft.

Rufschädigung → Behinderungswettbewerb.

Rügefrist → Mängelrüge.

Rügepflicht – Es handelt sich um eine bes. → Obliegenheit des Käufers. Rügepflicht besteht u.U. beim Handelskauf zur Erhaltung der Ansprüche aus der Sachmängelhaftung. – Vgl. auch → Mängelrüge, → Mängelanzeige.

Ruhegehalt – 1. Begriff des *Beamtenrechts* für die Gewährung von Pensionsbezügen an → Beamte. Die Höhe des Ruhegehalts richtet sich nach der ruhegehaltsfähigen Dienstzeit und den ruhegehaltsfähigen Dienstbezügen. Das Ruhegehalt beträgt für jedes Jahr ruhegehaltsfähiger Dienstzeit 1,79375 Prozent der ruhegehaltsfähigen Dienstbezüge, d.h. der dem Beamten zuletzt gezahlten Bezüge, insgesamt jedoch höchstens 71,75 Prozent. Das Ruhegehalt beträgt mind. 35 Prozent der ruhegehaltsfähigen Dienstbezüge (§ 14 BeamtVG). – Vgl. auch → Besoldung. – 2. Die Bezeichnung Ruhegehalt wird gelegentlich auch für Leistungen der *betrieblichen Alters- und Hinterbliebenenversorgung* verwendet, die sich in vielen Fällen kaum mehr von den beamtenrechtlichen Versorgungsbezügen unterscheiden. – 3. *Steuerliche Behandlung:* Besteuerung als Einkünfte aus nichtselbständiger Arbeit unter Berücksichtigung des Arbeitnehmerfreibetrags von 102 Euro; falls → Versorgungsbezüge beträgt der Freibetrag 40 Prozent der Bezüge, maximal jedoch 3.072 Euro. Ab dem Veranlagungszeitraum 2005 wird neben dem Versorgungsfreibetrag auch ein absoluter Betrag von maximal 900 Euro (Zuschlag zum Versorgungsfreibetrag) gewährt. Seit 2005 senken sich sich Prozentsätze sowie der absolute Betrag stufenweise, sodass sich die Besteuerung der Versorgungsbezüge schrittweise erhöht. Zahlungen nach dem Tod des Berechtigten sind vom Erwerber zu erfassen.

Ruhegeld – I. Sozialversicherung: Leistung im Rahmen der Sozialversicherung. – Vgl. auch → Altersrente.

II. Betriebliche Alters- und Hinterbliebenenversorgung: eine dem Arbeitnehmer nach Beendigung des Arbeitsverhältnisses gewährte Rente oder Pension als zusätzliche soziale Leistung. – Vgl. auch → betriebliche Altersversorgung (bAV), → Direktzusage, → Betriebsrentengesetz (BetrAVG).

Ruhegeldanwartschaft → Direktzusage, → Pensionsanwartschaft.

Ruhegeldordnung → Pensionsordnung.

Ruhegeldrichtlinien → Pensionsordnung.

ruhende Konten – die durch Geschäftsvorfälle selten, zumeist nur beim Vierteljahres- bzw. → Jahresabschluss durch Buchungen veränderten Konten, in der Hauptsache die Anlage- und langfristigen Kapitalkonten, auf denen zwischenzeitlich keine materiellen Veränderungen stattgefunden haben. Ruhende Konten werden im IKR in den Kontenklassen 0 (Immaterielle Vermögensgegenstände und Sachanlagen), 1 (Finanzanlagen) und 3 (Eigenkapital, Wertberichtigungen und Rückstellungen) geführt.

ruhende Lieferung → Lieferung, bei der der gelieferte Gegenstand im Zuge der Lieferung nicht befördert oder versendet wird. Fälle von ruhenden Lieferungen sind z.B. der Bau eines Hauses durch einen Bauunternehmer (→ Werklieferung), die Lieferung eines Grundstücks oder auch die Lieferung der Ware vom Kommittenten an den Kommissionär in der logischen Sekunde unmittelbar vor dem Verkauf der Kommissionsware vom Kommissionär an den Endkunden. Von Bedeutung für die Bestimmung des Orts der Lieferung.

Ruhen des Verfahrens – steuerrechtlicher Begriff aus dem Einspruchsverfahren (→ Einspruch). – *Gesetzliche Grundlage:* § 363 II 1 AO. Die Finanzbehörde kann das Verfahren mit schriftlicher Zustimmung des Einspruchführers ruhen lassen, wenn das aus wichtigen Gründen zweckmäßig erscheint. Ist wegen der Verfassungsmäßigkeit einer Rechtsnorm oder wegen einer Rechtsfrage ein Verfahren bei dem Europäischen Gerichtshof, dem Bundesverfassungsgericht oder einem obersten Bundesgericht anhängig und wird der Einspruch hierauf gestützt, ruht das Einspruchsverfahren insoweit.

Ruhen des Zivilprozesses – gerichtlich angeordneter Verfahrensstillstand. Das Ruhen eines Verfahrens kann auf Antrag beider Parteien angeordnet werden, wenn es wegen Schwebens von Vergleichsverhandlungen oder anderer Gründe zweckmäßig ist. – Während des Ruhen des Zivilprozesses hört der Lauf prozessualer Fristen, nicht der Verjährungsfristen, auf und beginnt nach Beendigung von neuem (§ 251 ZPO; ausgenommen sind Notfristen und Rechtsmittelbegründungsfristen).

Ruhepausen → Pausen.

Ruhestand → Alterssicherung.

Ruhezeit – I. Produktionsplanung: Teil der → Auftragszeit (T), die zusammengesetzt ist aus: (1) arbeitsablaufbedingter → Wartezeit, (2) störungsbedingten Unterbrechungen, (3) persönlich bedingten → Erholungszeiten und (4) persönlich bedingten Verteilzeiten.

II. Arbeitsrecht: → Arbeitszeit.

Ruintheorie – 1. *Begriff:* Übersteigt der aggregierte realisierte Gesamtschaden eines Versicherungskollektivs die vorhandene Ausstattung an Sicherheitskapital zzgl. der vereinnahmten Kollektivprämie (→ Risikoprämie) so tritt in einem technischen Sinne der Ruin des Versicherungsunternehmens ein. Im Rahmen der Ruintheorie als Zweig der → Risikotheorie werden entsprechende Ruinereignisse modelliert und analysiert, typischerweise auf Basis des Risikoreserveprozesses und in Form der Berechnung einer Ruinwahrscheinlichkeit. Die Begrenzung der Ruinwahrscheinlichkeit bildet dann den Ausgangspunkt für den Einsatz des risikopolitischen Instrumentariums (→ Risikopolitik). – 2. *Arten:* Von Ruinmodellierungen, die nur auf den Ruin am Ende einer gegebenen Periode abstellen (statische Ruinkonzeption) sind Ruinmodellierungen zu unterscheiden, bei denen der Ruin auch während der Periode eintreten kann (dynamische Ruinkonzeption).

Ruinwahrscheinlichkeit – 1. *Begriff:* Wahrscheinlichkeit für den Eintritt des technischen Ruins eines Versicherungsunternehmens, d.h. des Ereignisses, dass der aggregierte realisierte Gesamtschaden eines Versicherungskollektivs die vorhandene Ausstattung an Sicherheitskapital zuzüglich der vereinnahmten Kollektivprämie (→ Risikoprämie) übersteigt. Wird die Wahrscheinlichkeit dafür betrachtet, dass der Ruin am Ende einer gegebenen Periode eingetreten ist, wird von einperiodischer → Ruinwahrscheinlichkeit gesprochen. – 2. *Modellierung in der Ruintheorie:* Im Rahmen der Ruintheorie als Zweig der → Risikotheorie werden entsprechende Ruinereignisse modelliert und analysiert und entsprechende Ruinwahrscheinlichkeiten berechnet. Die Begrenzung der Ruinwahrscheinlichkeit bildet dann den Ausgangspunkt für den Einsatz des risikopolitischen Instrumentariums (→ Risikopolitik). – 3. *Ruinwahrscheinlichkeit in der Praxis:* Versicherungsunternehmen weisen i.d.R. eine geringe Ruinwahrscheinlichkeit auf, die allerdings immer größer als Null ist, da das → versicherungstechnische Risiko auch unter Nutzung des risikopolitischen Instrumentariums nicht völlig auszuschalten ist. Die Ruinwahrscheinlichkeit wird u.a. bei der Bestimmung des Kapitalbedarfs im Rahmen der → wertorientierten Steuerung von Versicherungsunternehmen und unter → Solvency II bei Verwendung von internen Modellen angewendet. Darüber hinaus wird sie im Rahmen der Prämienkalkulation eingesetzt.

Rule of Law → Rechtsstaatlichkeit.

Rumpfabschnitte → Rumpfwirtschaftsjahr.

Rumpfwirtschaftsjahr – steuerrechtlicher Begriff: der der Besteuerung zugrunde liegende Zeitraum, falls er zwölf Monate (übliches Wirtschaftsjahr) unterschreitet. Bes. bei Betriebsgründung oder Einstellung und bei Umstellung von einem abweichenden Wirtschaftsjahr auf das Kalenderjahr gilt das Rumpfwirtschaftsjahr als Gewinnermittlungszeitraum. Ein Rumpfwirtschaftsjahr darf stets gebildet werden, wenn dadurch in Zukunft der Bilanzstichtag auf das Ende des Kalenderjahrs fällt; ansonsten bedarf die Einschaltung eines Rumpfwirtschaftsjahres der Zustimmung der Finanzbehörde, die üblicherweise gewährt werden wird, wenn die Maßnahme nicht der Erzielung eines steuerlichen Vorteils dient, sondern einen anderweitig beachtlichen wirtschaftlichen Grund hat.

Rundfunkwerbung → Fernsehwerbung.

Rundungsfehler → Fehler, der bei einer Ausprägung eines stetigen Merkmals dadurch entsteht, dass nur wenige Nachkommastellungen angegeben (gemessen) werden und die letzte Ziffer durch Auf- bzw. Abrundung festgelegt wird. Z.B. repräsentiert der Wert 1,47 das Intervall (1,46500; ...; 1,47500); der Rundungsfehler kann hier also – 0,005 bis + 0,005 betragen. Die Auswirkungen von Rundungsfehlern bei der Verarbeitung gerundeter Werte ergeben sich nach den Regeln der → Fehlerfortpflanzung.

Rürup-Kommission – 1. *Begriff:* Expertengremium unter Vorsitz von Bert Rürup (seinerzeit Professor an der TU Darmstadt), das im November 2002 von der Bundesregierung als „Kommission für die Nachhaltigkeit in der Finanzierung der Sozialen Sicherungssysteme" eingesetzt wurde und im August 2003 Lösungswege zur nachhaltigen finanziellen Stabilisierung der gesetzlichen Renten-, Kranken- und Pflegeversicherung unterbreitete. – 2. *Vorschläge zur* → gesetzlichen Rentenversicherung (GRV): a) *Anhebung der gesetzlichen Regelaltersgrenze* von 65 auf 67 Jahre ab 2011 in Schritten von einem Monat pro Jahr; der Anpassungsprozess sollte sich also über 24 Jahre erstrecken. – b) Außerdem soll die Rentenanpassungsformel um einen *Nachhaltigkeitsfaktor* ergänzt werden, der die jährliche Rentenanpassung reduziert und damit die Beitragszahler entlastet. – c) Daneben soll die *Schwankungsreserve* aufgestockt werden, sobald dies ohne Anhebung des Beitragssatzes möglich ist. – d) *Versicherungsfremde Leistungen* wie die Frühverrentung wegen Arbeitslosigkeit oder wegen Behinderung sollen aus der gesetzlichen Rentenversicherung entfernt und anderweitig abgedeckt werden. – Die ersten drei dieser Vorschläge wurden im Rahmen der Rentenreform 2004 und Rentenreform 2007 mit leichten Modifikationen umgesetzt (s. → Rentenreform). – 3. *Vorschläge zur* → Krankenversicherung: Aus der Überlegung, dass die Finanzierung der gesetzlichen Krankenversicherung fast ausschließlich über die Löhne beschäftigungssenkende Anreize setzt, ergaben sich in der Kommission zwei grundsätzliche Reformvorschläge: a) Die Einführung einer → Bürgerversicherung und b) die Einführung von pauschalen Gesundheitsprämien (→ Kopfpauschale). Die Konzepte schließen sich gegenseitig nicht aus. In der Folgezeit wurde keines der Konzepte umgesetzt. – 4. *Vorschläge zur* → Pflegeversicherung: Zur Stabilisierung des Beitragssatzes bei damals 1,7 Prozent sollten Altersrentner ab 2010 zusätzlich zum allg. Beitragssatz einen einkommensabhängigen Ausgleichsbeitrag in Höhe von 2 Prozent ihres versicherungspflichtigen Einkommens zahlen, um eine generationengerechte Finanzierung für mehr als 35 Jahre sicherzustellen. Auch dieser Vorschlag wurde in der Folgezeit nicht umgesetzt.

Rürup-Rente – 1. *Begriff:* Steuerlich geförderte, private, kapitalgedeckte → Altersvorsorge (seit 2005). – 2. *Merkmale:* Die Beiträge zur Rürup-Rente können über Sonderausgaben steuerlich abgesetzt werden, gleichzeitig unterliegen die ausgezahlten Renten in gleichem Umfang der Besteuerung. Förderbar sind nur Verträge auf eine Leibrente. Prämien bzw. Renten verfallen mit dem Tod des Versicherten.

Rüstkosten – Kosten, die durch die Durchführung der Umrüstung von Produktionsanlagen anfallen, z.B. Personalkosten der Rüstmannschaften, rüstbedingter Verschleiß der Werkzeuge, Reinigungskosten. Wesentlicher Teil der → Sortenwechselkosten.

Rüstprozesse – Vorbereitungsmaßnahmen und Einrichtungsvorgänge bes. an Maschinen und Werkzeugen, die vor Aufnahme der eigentlichen Produktion erforderlich und unabhängig von der zu bearbeitenden Stückzahl sind. Rüstprozesse führen zu → Rüstkosten.

Rüstzeit (t) – neben → Ausführungszeit (t_a) Teil der → Auftragszeit (T). Rüstzeit umfasst im Sinn des Arbeitsstudiums alle → Sollzeiten, die notwendig sind, um ein Arbeitssystem darauf vorzubereiten, einen Auftrag durchzuführen, ggf. noch zusätzliche Zeiten, um Arbeitssysteme nach Erledigung des Auftrags in den ursprünglichen Zustand zurückzuversetzen.

RWI – Abk. für → Rheinisch-Westfälisches Institut für Wirtschaftsforschung.

Rybczynski-Theorem – Aussage der → Außenhandelstheorie über die Auswirkung von Faktorausstattungsveränderungen auf die produzierten und gehandelten Gütermengen eines Landes unter der Annahme konstanter Güter- und Faktorpreise. Benannt nach dem polnischen Ökonomen *Taduesz Rybczynski* (1923 – 1988), der dieses Theorem 1955 veröffentlicht hat. – Vgl. auch → Heckscher-Ohlin-Theorem.

S

S – seit 2004 ein Vermerk für lohnsteuerliche Zwecke. Seitdem das elektronische Lohnsteuerverfahren praktiziert wird, erfährt ein Arbeitgeber, bei dem ein Arbeitnehmer während des Jahres seine Stelle neu antritt, nicht mehr automatisch die Höhe der bisherigen Vergütungen dieses Arbeitnehmers während des Jahres, denn die Lohnsteuerbescheinigung wird i.d.R. nicht mehr auf der Lohnsteuerkarte angebracht. Bei der Berechnung der Lohnsteuer für → sonstige Bezüge muss ein Arbeitgeber also nicht vom wirklichen bisherigen Jahreslohn ausgehen, sondern eine Hochrechnung auf den Jahreslohn vornehmen. Sofern dies notwendig war, ist im Lohnkonto und in der Lohnsteuerbescheinigung der Großbuchstabe „S" zu vermerken.

S&P 100 – Abk. für → *Standard & Poors 100 Index.*

S&P 500 – Abk. für → *Standard & Poors 500 Index.*

SA 8000 – Die Norm SA 8000 (Social Accountability 8000) ist ein von der amerik. Nichtregierungsorganisation Social Accountability International (SAI) entwickelter Sozialstandard für die Auditierung und Zertifizierung im Bereich → Corporate Social Responsibility. Der Standard basiert auf den Menschenrechtkonventionen der Vereinten Nationen und bezieht sich auf die Einhaltung von Menschenrechten bei Arbeitsbedingungen sowie den Umgang mit Mitarbeitern. Er wurde 1997 ins Leben gerufen und ergänzt vorhandene Managementsysteme wie ISO 9000 oder 14000. Die größte Verbreitung weist er im Bereich der Bekleidungs- und Textilindustrie auf.

SAA – Stabilisierungs- und Assoziierungsabkommen der → EU.

SAARC – Abk. für *South Asian Association for Regional Cooperation;* im Dezember 1985 in Dacca im Rahmen der Süd-Süd-Beziehungen entstandener Regionalzusammenschluss asiatischer Staaten. – *Mitglieder:* Afghanistan, Bangladesh, Bhutan, Indien, Malediven, Nepal, Pakistan, Sri Lanka. – *Zielsetzung:* Beschleunigung der kulturellen, sozialen und wirtschaftlichen Beziehungen durch Förderung des → Collective Self-Reliance. Die Dominanz Indiens, die Rivalität zu Pakistan sowie die politische und wirtschaftliche Heterogenität der Mitglieder erbrachten bisher geringe Fortschritte in der Zusammenarbeit.

Saatgut – im Sinn des → Saatgutverkehrsgesetzes Samen, der für die Erzeugung von Pflanzen bestimmt ist, sowie Pflanzgut von Kartoffeln und Reben. – Wer Saatgut vertreibt, gewerbsmäßig abfüllt oder für andere verarbeitet, hat ein *Saatgutkontrollbuch* über Eingänge und Vertrieb von Saatgut zu führen und zur Überwachung bereitzuhalten (SaatgutaufzeichnungsVO vom 21.1.1986, BGBl. I 214) m.spät.Änd. – *Einfuhr und Vertrieb* von Saatgut unterliegen Beschränkungen. – Eine → Sortenliste wird beim Bundessortenamt geführt.

Saatgutverkehrsgesetz – Gesetz i.d.F. vom 16.7.2004 (BGBl. I 1673) m.spät.Änd. mit Saatgutverordnung i.d.F. vom 8.2.2006 (BGBl. I 344) m.spät. Änd. Pflanzkartoffelverordnung vom 23.11.2004 (BGBl. I 2918) m.spät.Änd. und Rebenpflanzgutverordnung vom 21.1.1986 (BGBl. I 204) m.spät.Änd., regelt Vertrieb, Einfuhr, Kennzeichnung, Verbot der Irreführung, Gewährleistung und Sortenschutz von → Saatgut der im Artenverzeichnis aufgeführten Arten.

Sabbatical – 1. *Allgemein:* jüdischer Ruhe- und Feiertag, der siebte Tag der Woche (Samstag). – 2. *Arbeitszeitmodell:* Langzeiturlaub, Sonderurlaub (ggf. bis zu einem Jahr), der teilweise durch Ansparung von Urlaubsansprüchen möglich wird. Nutzung i.d.R. zu außerberuflichen Zwecken; ggf. auch zur Weiterbildung des Arbeitnehmers. – Es geht um das Ansparen von Zeiten, die der → Arbeitnehmer für persönliche Bedürfnisse verwenden will. Den Arbeitnehmern soll teilweise ermöglicht werden, neue Erfahrungen zu sammeln, bspw. Fortbildungen zu besuchen, Fremdsprachenkenntnisse zu erwerben, und so die Selbstverwirklichung zu ermöglichen. – Ein Modell sieht unbezahlten Sonderurlaub für den Arbeitnehmer vor. Denkbar ist aber auch ein anderes Modell: Die Arbeitnehmer leisten eine Arbeitszeit von bspw. 40 Wochenstunden, davon werden allerdings nur 25 Wochenstunden vergütet, 15 Wochenstunden werden nicht vergütet und sind eine sog. Ansparzeit. Nach einem bestimmten Zeitraum haben die Mitarbeiter die Möglichkeit, die angesparte Zeit in Form eines Langzeiturlaubes zu verbringen, sie werden wie in der Vergangenheit vergütet und „verbrauchen" so die im Vorfeld angesparte Arbeitszeit, erhalten aber andererseits eine durchgehende Vergütung.

Sabbatjahr → Sabbatical.

Saccade – Blicksprünge bei der Betrachtung von Bild- bzw. Textelementen, die im Rahmen der → Blickregistrierung gemessen werden.

Sachanlagevermögen – materielle Gegenstände des → Anlagevermögens. Sachanlagevermögen umfasst Grundstücke und Bauten, Anlagen und Maschinen, Betriebs- und Geschäftsausstattung, geleistete Anzahlungen und Anlagen im Bau (§ 266 II HGB). – *Gegensatz:* immaterielle Vermögensgegenstände (→ immaterielle Wirtschaftsgüter) und → Finanzanlagen.

Sachbeschädigung – Rechtswidrige Beschädigung oder Zerstörung einer fremden Sache, wobei der → Versuch strafbar ist (§ 303 StGB). Die Verfolgung setzt die Stellung eines Strafantrags voraus, es sei denn, die Strafverfolgungsbehörde (Staatsanwaltschaft) hält wegen des bes. öffentlichen Interesses an der Strafverfolgung ein Einschreiten von Amts wegen für geboten. – *Spezielle Tatbestände:* → Computersabotage (303b StGB), → Datenveränderung (§ 303a StGB), gemeinschädliche Sachbeschädigung (§ 304 StGB), Zerstörung von Bauwerken (§ 305 StGB), Zerstörung wichtiger Arbeitsmittel (§ 305a StGB).

Sachbesteuerung → Objektbesteuerung.

Sachbezüge – Leistungen, die einem Arbeitnehmer vom Arbeitgeber als Teil des → Arbeitsentgelts zugewendet werden, einen Geldwert besitzen, aber nicht in Barmitteln bestehen, z.B. Gewährung von freier Kleidung, freier Wohnung, Heizung, Beleuchtung, Kost von Deputaten und sonstigen Bezügen. Sie können vereinbart werden, wenn dies dem Interesse des Arbeitnehmers oder der Eigenart des Arbeitsverhältnisses entspricht (§ 107 II GewO). – Vgl. auch → Truckverbot. – 1. Sachbezüge gehören zu den *einkommen- bzw. lohnsteuerpflichtigen* Einkünften (§ 2 LStDV) und sind bei der Berechnung der *Sozialversicherungsbeiträge* zu berücksichtigen (vgl. dazu die Sozialversicherungsentgelt-Verordnung vom 21.12.2006 (BGBl. I 3385) m.spät.Änd. – 2. Bei der *Bewertung* der Sachbezüge sind die üblichen Endpreise am Abgabeort zugrunde zu legen, nicht der vom Arbeitgeber aufgewendete Preis. Zur Vereinfachung und Vereinheitlichung, sowohl regional als auch für die verschiedenen Rechtsgebiete (Steuer- und Sozialversicherungsrecht), sind bei Arbeitnehmern, für deren Sachbezüge nach § 17 I Nr. 4 SGB IV Werte bestimmt sind, diese Werte auch für die steuerrechtliche Bewertung maßgebend (§ 8 II 2 EStG). In der Sachbezugsverordnung sind u.a. auch Werte für freie und verbilligte Kost und Wohnung festgesetzt; der Wert der Sachbezüge gilt dabei jeweils für einen Monat, für kürzere Zeiträume sind Bruchteile festgelegt. Die in der Sachbezugsverordnung angegebenen Werte sind dann nicht anwendbar, wenn ihre Anwendung zu einer offensichtlich unzutreffenden Besteuerung führt. Diese kann z.B. angenommen werden, wenn als Dienstwohnung ein aufwendiges Einfamilienhaus zur Verfügung gestellt wird, wobei der reale Wert der Dienstwohnung ein Mehrfaches des Sachbezugswerts beträgt. – Seit 2007 werden grundsätzliche Sachzuwendungen an Dritte und an Arbeitnehmer pauschal mit 30 Prozent (der Aufwendungen mit Umsatzsteuer zzgl. Kirchensteuer und Solidaritätszuschlag) besteuert (§ 37b I EStG, JStG 2007). Bezahlt der Schenker die pauschale Einkommensteuer, muss der Empfänger das Geschenk nicht verteuern (§ 40 III EStG). Mit aktuellem Schreiben vom 29.4.2008 (IV B 2 – S 2297-b/07/0001) hat das BMF Stellung hierzu genommen. Demnach kann die Pauschalierung grundsätzlich nur einheitlich für alle innerhalb des Wirtschaftsjahres gewährten Sachbezüge in Anspruch genommen werden. Es sieht jedoch vor, dass für Zuwendungen an Geschäftsfreunde und an eigene Arbeitnehmer die Pauschalierung nach § 37b EStG jeweils gesondert angewendet werden kann. Darüber hinaus wird klar gestellt, dass sich die Abziehbarkeit der Pauschalsteuer als Betriebsausgabe danach richtet, ob die Aufwendungen für die Zuwendung als Betriebsausgabe abziehbar sind.

Sachbezugsverordnung (SachBezV) – 1. *Begriff:* ehem. Verordnung der dt. Bundesregierung. Verordnungsermächtigung war § 17 Absatz 1 Satz 1 Nummer 4 Viertes Buch Sozialgesetzbuch. Die Verordnung wurde zum 1.1.2007 aufgehoben und deren Regelungen in der Sozialversicherungsentgeltverordnung erfasst. – 2. *Bedeutung:* Die Sachbezugsverordnung wurde v.a. für die Bewertung von Sachbezügen von Arbeitnehmern herangezogen. Der SachBezV konnte entnommen werden, mit welchem Wert bestimmte geldwerte Vorteile lohnsteuerlich anzusetzen sind, die ein Arbeitgeber seinen Arbeitnehmern zuwendet. Typischerweise fand die SachBezV Anwendung für die Bewertung von freier Verpflegung, Unterkunft und Wohnung und sonstigen Bezügen.

Sachbilanz – 1. *Begriff:* Die Sachbilanz ist eine Stufe der Ökobilanzierung (→ Ökobilanz) nach DIN EN ISO 14040:2006. Sie umfasst die Zusammenstellung und Quantifizierung von → Inputs und → Outputs eines gegebenen Produktes im Verlauf seines Lebensweges (→ Lebenszyklus) (vgl. DIN EN ISO 14040:2006). – 2. *Datenerfassung:* Drei Verfahren zur Erfassung der Daten sind anwendbar: Messungen, Berechnungen oder Schätzungen. – Vgl. auch → Wirkungsabschätzung.

Sachdepot – *sachliches Depot,* früher *totes Depot;* in der Depotbuchführung das nach Wertpapieren geführte → Depotbuch. – *Gegensatz:* Personendepot.

Sacheinlage → Einlage, die nicht durch Bareinzahlung, sondern durch Einbringung von Maschinen, Gebäuden, Grundstücken u.Ä. geleistet wird. – 1. Sacheinlage im Fall der *Gründung einer AG* (→ Sachgründung): In der → Satzung der AG muss festgesetzt werden: (1) Gegenstand der Sacheinlage, (2) Person, von der die AG den Gegenstand erwirbt und (3) Nennbetrag der zu gewährenden Aktien, Zahl der Stückaktien bzw. Vergütung. Andernfalls sind Vereinbarungen über Sacheinlagen unwirksam (§ 27 AktG). – 2. Sacheinlage im Fall einer *Kapitalerhöhung einer AG* (→ Sachkapitalerhöhung): Die oben genannten Bestimmungen sind im Hauptversammlungsbeschluss zu treffen (§ 183 AktG). Ähnlich bei *bedingter* → Kapitalerhöhung und → genehmigtem Kapital (§§ 194, 205 AktG). – 3. *Sacheinlage im Fall der Gründung einer GmbH* (→ Sachgründung): In der Satzung der GmbH müssen der Gegenstand der Sacheinlage und der Betrag des Geschäftsanteils, auf den sich die Sacheinlage bezieht, festgesetzt werden (§ 5 IV GmbHG). In einem → Sachgründungsbericht sind die für die Angemessenheit der Leistungen für Sacheinlagen wesentlichen Umstände darzulegen (§ 5

IV GmbHG). Gleiches gilt für die Sacheinlage im Fall einer Kapitalerhöhung (→ Sachkapitalerhöhung). Bei der durch das → Gesetz zur Modernisierung des GmbH-Rechts und zur Bekämpfung von Missbräuchen (MoMiG) neu eingeführten *Unternehmergesellschaft* sind Sacheinlagen nicht zugelassen (§ 5a II 2 GmbHG). – *Ähnlich:* → Sachübernahme.

Sachen – im Sinn des BGB Gegenstände der Körperwelt, und zwar feste, flüssige und gasförmige Körper; letztere i.d.R. nur im Behältnis. Keine Sachen sind dagegen unkörperliche Gegenstände, z.B. Rechte, Sachgesamtheiten, Firmenwert, Kundenkreis eines Kaufmannes und geistige Schöpfungen (z.B. ein Roman als solcher, anders das Buch). Keine Sache ist der Körper des lebenden Menschen. → Tiere sind keine Sachen; auf sie sind jedoch die für Sachen geltenden Vorschriften anzuwenden, soweit nichts anderes bestimmt ist (§ 90a BGB). – Zu *unterscheiden:* → bewegliche Sachen, → Grundstücke, → verbrauchbare Sachen, → vertretbare Sachen, Bestandteile, → wesentliche Bestandteile, → Zubehör.

Sachenrecht → absolutes Recht sowie → dingliches Recht an einer → Sache, das gegen jedermann wirkt. Stärkstes, umfassendstes Sachenrecht ist → Eigentum; daneben stehen die schwächeren → beschränkten dinglichen Rechte. Im Gegensatz zum → Schuldrecht ist der Kreis der Sachenrechte geschlossen, die Parteien können nur die gesetzlich vorgesehenen Sachenrechte vereinbaren. Geregelt im Dritten Buch des BGB.

Sachenrechtsbereinigungsgesetz – Gesetz zur Sachenrechtsbereinigung im Beitrittsgebiet (SachenRBerG) vom 21.09.1994 (BGBl. I 2457) m.spät. Änd. Das Gesetz passt die Rechtsverhältnisse über die bauliche Nutzung von Grundstücken im Gebiet der ehemaligen DDR an das Recht des BGB und seiner Nebengesetze an und will einen Interessenausgleich zwischen Eigentümern und Nutzern herstellen. Für die rein schuldrechtlichen Beziehungen vgl. → Schuldrechtsänderungsgesetz. – 1. Nach dem Recht der DDR war die bauliche Nutzung eines Grundstücks i.d.R. nicht an das Grundeigentum geknüpft. Sie beruhte vielfach auf einer öffentlichrechtlichen Nutzungszuweisung, war teilweise formlos gestattet worden oder wurde auch bloß faktisch durchgeführt, ohne dass der Bebauung eine rechtliche Absicherung nachfolgte. Bei Bebauungen aufgrund eines Nutzungsrechts entstand an den Gebäuden i.d.R. selbstständiges Gebäudeeigentum. – 2. Das Gesetz regelt im Wesentlichen folgende Fälle: (1) Gebäudeeigentum auf der Grundlage von sog. dinglichen Nutzungsrechten, das gemäß Art. 231 § 5 I EGBGB mit seinem bisherigen Inhalt fortbesteht; (2) LPG-Gebäudeeigentum sowie Gebäudeeigentum ehemals volkseigener Betriebe und Kombinate an auf privaten Grundstücken errichteten Gebäuden; (3) die Fälle „faktischer" Bebauung, in denen Bauplätze vor ihrer Überführung in Volkseigentum zugewiesen wurden und in denen ein Nutzungsrecht für den Bau eines Eigenheims nicht bestellt worden war. (4) Für Grundstücke, die zu Erholungs-, Freizeit- und anderen persönlichen Zwecken überlassen und mit einem Gebäude bebaut wurden, kann entweder das Sachenrechtsbereinigungsgesetz oder das → Schuldrechtsänderungsgesetz gelten (vgl. §§ 1, 2 und 4 ff. SachenRBerG). – 3. *Rechtsfolgen:* Grundsätzlich kann der Nutzer von dem Grundstückseigentümer den Abschluss eines Vertrags über die Bestellung eines → Erbbaurechts oder den Abschluss eines Kaufvertrags verlangen. Erbbauzins und Ankaufspreis sind nach dem Bodenwert in dem Zeitpunkt zu bestimmen, in dem ein Angebot zum Vertragsschluss abgegeben wird (§ 19). Bes. Vorschriften zur Wertberechnung für den Wohnungs- und Siedlungsbau und in Verfahren nach dem Bodensonderungsgesetz vom 20.12.1993 (BGBl. I 2182, 2215); vgl. → Bodensonderung. Dem Grundstückseigentümer steht in bestimmten Fällen (§§ 28–31) eine Einrede gegen den Anspruch des Nutzers zu, so z.B. wenn das Gebäude nicht mehr genutzt wird oder genutzt werden kann und auch mit einer Wiederherstellung der Nutzung nicht zu rechnen ist. – a) *Erbbaurecht:* Die Bestellung eines Erbbaurechts kann verlangt werden, wenn der Inhalt eines entsprechenden Vertragsangebots des Nutzers den gesetzlichen Bestimmungen (§§ 43–58) entspricht. Diese betreffen u.a. die Dauer des Erbbaurechts (§ 53 II). Als Erbbauzins ist die Hälfte des für die entsprechende Nutzung üblichen Zinses zu vereinbaren, wobei als Zinssatz für Eigenheime jährlich zwei oder vier Prozent des Bodenwerts in Ansatz zu bringen sind (§ 43). Der Anspruch auf Bestellung eines Erbbaurechts ist ausgeschlossen, wenn der Bodenwert für das Grundstück nicht mehr als 100.000 DM (umgerechnet: 51.129 Euro) oder, wenn es bebaut ist, nicht mehr als 30.000 DM (umgerechnet: 15.339 Euro) beträgt (§ 15). – b) *Gesetzliches Ankaufsrecht:* Der Nutzer kann den Abschluss des Kaufvertrags verlangen, wenn er ein den gesetzlichen Bestimmungen entsprechendes Angebot unterbreitet (§ 61). Der Kaufpreis soll grundsätzlich die Hälfte des Bodenwertes betragen (§ 68 I); Abzüge und Preisanhebungen sind möglich (§§ 69 ff.). – 4. *Verfahren:* Der Abschluss von Verträgen nach dem Sachenrechtsbereinigungsgesetz ist auf Antrag durch einen Notar zu vermitteln; zuständig ist jeder Notar, dessen Amtsbezirk sich in dem Land befindet, in dem das zu belastende oder zu veräußernde Grundstück und Gebäude ganz oder zum größten Teil belegen ist (§§ 87, 88). Ziel des Vermittlungsverfahrens ist die Formulierung eines den Vorgaben des Gesetzes entsprechenden Vermittlungsvorschlags in Form eines Vertragsentwurfs. Bei übereinstimmendem Parteiwillen kann der Notar den Vertrag sogleich beurkunden. Das Verfahren ist auch Zulässigkeitsvoraussetzung für eine Klage auf Feststellung über den Inhalt eines Erbbaurechts oder eines Ankaufsrechts; der Kläger hat dem Gericht den notariellen Vermittlungsvorschlag und das Abschlussprotokoll vorzulegen, andernfalls ist die Klage als unzulässig abzuweisen (§ 104). – 5. *Weitere*

Regelungen: Das Gesetz enthält auch Regelungen für alte, durch das Einführungsgesetz zum Zivilgesetzbuch umgestaltete Erbbaurechte, für kraft Gesetzes entstandene Miteigentumsanteile an Grundstücken und für Nutzungen der Grundstücke in einzelnen Beziehungen (§§ 112 f.).

Sachfirma – Eine dem Gegenstand des Unternehmens entnommene → Firma. – *Gegensatz:* → Personenfirma.

Sachgesamtheit → Bewertungseinheit.

Sachgründung – 1. *Aktiengesellschaft:* Form der → Gründung einer AG, bei der Gründer als Eigenkapital anstelle von Geld → Sacheinlagen (Maschinen, Grundstücke) einbringen. → Gründungsprüfung durch unabhängige Prüfer erforderlich zur Vermeidung von Überbewertung durch Einbringer (§ 33 AktG). In der Satzung sind die Person, welche den Gegenstand einbringt und die Art des Gegenstands sowie die dafür zu gewährenden Aktien festzuhalten (§ 27 I AktG). – *Gegensatz:* → Bargründung. – 2. *Gesellschaft mit beschränkter Haftung:* Die Gesellschafter haben einen → Sachgründungsbericht zu erstellen und beim Übergang eines Unternehmens auf die Gesellschaft die Jahresergebnisse der beiden letzten Geschäftsjahre anzugeben (§ 5 IV GmbHG). Dies soll sicherstellen, dass der Wert der Sacheinlage dem Nennbetrag der dafür gewährten Anteile entspricht. Das mit der Eintragung befasste Gericht kann diese ablehnen, wenn Sacheinlagen nicht unwesentlich überbewertet worden sind (§ 9c I 2 GmbHG).

Sachgründungsbericht – Bericht der Gesellschafter, in dem diese die für die Angemessenheit der Leistung für → Sacheinlagen wesentlichen Umstände darlegen. – Vgl. auch → Sachfirma, → Sachgründung.

Sachgüter – Oberbegriff für → Verbrauchsgüter und → Gebrauchsgüter. Die Sachgüterproduktion steht bei → Industrieunternehmungen im Vordergrund und grenzt sie von Dienstleistungsunternehmungen ab.

Sachinvestition → Realinvestition.

Sachkapital → Realkapital.

Sachkapitalerhöhung → Kapitalerhöhung einer AG oder GmbH unter der Vornahme von → Sacheinlagen. Verschärfte Anforderungen bei Sachkapitalerhöhung enthalten z.B. die §§ 183, 194, 205 f. AktG, § 19 GmbHG.

Sachkonto – Begriff der doppelten Buchführung für über Bilanz (→ Bestandskonten) bzw. Gewinn- und Verlustrechnung (→ Erfolgskonten) abzuschließendes Konto. Auch das Debitorenkonto (Summe aller Debitoren) und Kreditorenkonto (Summe aller Kreditoren) sind Sachkonten – Vgl. auch → Saldenliste.

Sachkonzern – *Realkonzern;* → Konzern, der gegründet wird, um Beschaffung, Produktion und Absatz rationeller zu gestalten. I.w.S. werden auch → Finanzkonzerne (zur Konzentration des Kapitals errichtet) zu den Sachkonzernen gerechnet. – *Gegensatz:* → Personalkonzern.

Sachkredit → Realkredit.

Sachkundeprüfung – 1. *Begriff:* Einem → Versicherungsvermittler wird die beantragte → Gewerbeerlaubnis nur erteilt, wenn dieser die nötige Sachkunde hinsichtlich der Versicherungsvermittlung nachweist. Den Nachweis über Kenntnisse der rechtlichen und fachlichen Grundlagen der Versicherungsvermittlung sowie über die Kundenberatung und den Verkauf erbringt der Vermittler i.d.R. durch erfolgreiches Ablegen der Sachkundeprüfung „geprüfte/r Versicherungsfachmann/-frau (IHK)" vor der → Industrie- und Handelskammer (IHK). Das Bestehen der Prüfung wird ihm in einer entsprechenden Bescheinigung der IHK bestätigt. Diese dient als Sachkundenachweis im Erlaubnisverfahren. Der erfolgreich absolvierten Sachkundeprüfung sind bestimmte Berufsqualifikationen gleichgestellt (Vermittlerqualifikation). – 2. *Aufbau:* Die Prüfung besteht aus einem schriftlichen und einem mündlichen Teil und wird von einem Prüfungsausschuss der IHK abgenommen. – 3. *Ausnahmen:* Vermittler nach § 34d IV GewO, die keiner Gewerbeerlaubnis bedürfen, können die Vermittlungstätigkeit – ggf. nach erforderlicher Registrierung – (zunächst) ohne Nachweis einer IHK-Prüfung ausüben. Bei → gebundenen Vermittlern hat das → Versicherungsunternehmen, das die Vermittlerhaftung übernommen hat, die Qualifizierung sicherzustellen. Dem Unternehmen steht frei, wie diese Qualifikation nachgewiesen wird. Wer gem. § 34d III GewO auf Antrag von der Gewerbeerlaubnis befreit wurde, weil er u.a. eine angemessene Qualifikation nachweisen konnte, ist ebenfalls zur Vermittlungstätigkeit befugt und wird registriert, ohne eine Prüfung bei der IHK abgelegt zu haben. Wer seit dem 31.8.2000 ununterbrochen selbstständig oder unselbstständig als Versicherungsvermittler tätig ist, bedarf keiner Sachkundeprüfung.

Sachlegitimation – zusammenfassende Bezeichnung für die prozessrechtliche → Aktivlegitimation und → Passivlegitimation.

Sachleistungen – in der Sozialversicherung zugesicherte wirtschaftliche Unterstützungen, die z.T. neben Barleistungen, wie z.B. dem Krankengeld gewährt werden. – 1. *Gesetzliche* → Krankenversicherung: Kranken- bzw. Krankenhauspflege, ärztliche Behandlung durch Vertragsärzte und Vertragszahnärzte, Versorgung mit Arzneien, Heil- und Hilfsmitteln, Bestrahlungen etc. – 2. → Unfallversicherung: → Krankenbehandlung. – 3. *Andere Versicherungen* (u.a. → Knappschaftsversicherung, Kriegsopferversorgung): Ausstattung mit Körperersatzstücken, orthopädischen und anderen Hilfsmitteln, Verordnung von Badekuren, Heilstättenbehandlung etc.

Sachleistungsprinzip – 1. *Begriff:* Ist ein Strukturprinzip der GKV. Der Versicherte in der GKV erhält Sachleistungen ohne dafür direkt in Vorleistung gegenüber dem Leistungserbringer treten zu müssen. – 2. *Prinzip:* Es werden Verträge zwischen den → Krankenversicherungen und den Leistungserbringern, z.B. Krankenhäuser, Vertragsärzte, Apotheken oder deren Verbänden geschlossen. Diese Verträge regeln die Versorgung der jeweiligen Versicherten im Fall der Leistungsinanspruchnahme. Die Vergütung der Versorgungsleistungen, wird durch Zahlungen der Krankenversicherungen an die Leistungserbringer (z.B. für stationäre Leistungen) direkt oder indirekt (z.B. für ambulante Leistungen) durch Zahlungen an die → Kassenärztliche Vereinigung (KV) erbracht. Ausgenommen von diesem Vergütungsprinzip sind die Zuzahlungen. Sie werden direkt durch den Versicherten geleistet. Die Krankenversicherungen sind verpflichtet, die Versorgung ausreichend, zweckmäßig, wirtschaftlich und unter Berücksichtigung des medizinisch-technischen Fortschritts zu gestalten. Die Möglichkeit, Kostenerstattungstarife im Rahmen der Wahltarife durch die gesetzlichen Krankenversicherungen anzubieten, stellt eine Ausnahme vom Sachleistungsprinzip in der GKV dar. – 3. *Problem:* Es wird diskutiert, dass das Sachleistungsprinzip zu einer erhöhten Leistungsinanspruchnahme führt, da die Versicherten keinen direkten Überblick über die Kosten der Gesundheitsleistungen haben. Diese ungenügende Transparenz sollte abgebaut werden. Ein mögliches Instrument zur Senkung der Intransparenz und der Informationsvermittlung über die individuellen Leistungsausgaben ist die Patientenquittung.

sachliches Depot → Sachdepot.

Sachlohn → Naturallohn.

Sachmangel → Sachmängelhaftung.

Sachmängelhaftung – I. Kaufvertrag: 1. *Begriff:* Sonderregeln, die nach → Gefahrübergang die allg. Vorschriften über → Leistungsstörungen modifizieren und die → Anfechtung wegen Irrtums ausschließen (§§ 434, 437–445 BGB). Sie gelten neben den Rechten aus einer → Garantie. Bei der Sachmängelhaftung haftet der Verkäufer dafür, dass die Kaufsache bei → Gefahrübergang keinen Sachmangel aufweist. – 2. *Formen:* a) *Vereinbarung:* Ein solcher Mangel liegt vor, wenn die Sache nicht die vereinbarte Beschaffenheit hat. – b) *Subsidiäre Fälle:* Soweit die Beschaffenheit nicht vereinbart wurde, ist die Sache frei von Sachmängeln, wenn sie sich (1) für die nach dem Vertrag vorausgesetzte Verwendung eignet oder (2) wenn sie sich für die gewöhnliche Verwendung eignet und eine Beschaffenheit aufweist, die bei Sachen der gleichen Art üblich ist und die der Käufer nach Art der Sache erwarten kann. Zur Beschaffenheit nach (2) zählen auch Eigenschaften, die der Käufer nach den öffentlichen Äußerungen des Verkäufers, des Herstellers oder seines Gehilfen bes. in der Werbung oder bei der Kennzeichnung über bestimmte Eigenschaften erwarten kann. – c) *Montage:* Ein Sachmangel liegt ferner vor, (1) wenn die vereinbarte Montage durch den Verkäufer oder dessen Erfüllungsgehilfen unsachgemäß durchgeführt wird oder (2) wenn die Montageanleitung mangelhaft ist und die Sache deshalb nicht fehlerfrei montiert werden kann. – d) *Aliud- und Minus-Lieferung:* Einem Sachmangel steht es gleich, wenn der Verkäufer eine andere Sache (→ Aliud-Lieferung) oder eine zu geringe Menge liefert. – 3. *Rechte des Käufers* (§ 437 BGB): Bei einem Sachmangel stehen dem Käufer folgende Rechte zu: a) → Nacherfüllung (→ Nachbesserungspflicht oder → Nachlieferungspflicht nach Wahl des Käufers, je nach → Stückkauf oder → Gattungskauf). – b) → Rücktritt vom Vertrag, wenn zur Nacherfüllung erfolglos eine angemessene Frist gesetzt wurde (→ Ablehnung) oder die Nacherfüllung fehlschlägt (§ 440 BGB). – c) → Minderung des Kaufpreises statt Rücktritt. – d) bei Verschulden (einfacher) → Schadenersatz oder Schadenersatz statt der → Leistung, wenn zur Nacherfüllung erfolglos eine angemessene Frist gesetzt wurde oder die Nacherfüllung fehlschlägt (§ 440 BGB). – e) → Aufwendungsersatz anstelle des Schadensersatzes statt Leistung. – 4. *Rechtsverlust:* Der Käufer, der in Kenntnis des Mangels eine Sache annimmt, verliert seine Rechte (§ 442 I BGB). – 5. *Ausschlussklauseln:* Der vertragliche Ausschluss der Sachmängelhaftung ist nichtig, wenn der Verkäufer den Mangel arglistig verschweigt oder wenn er eine Beschaffenheitsgarantie (→ Garantie) übernommen hat (§ 444 BGB). Ebenso nichtig sind nach § 309 Nr. 8 BGB eine Reihe von Klauseln in → Allgemeinen Geschäftsbedingungen (AGB) (z.B. Ausschluss und Verweisung an Dritte, Beschränkung auf Nacherfüllung, Abwälzung der Kosten der Nacherfüllung auf Käufer). Beim → Verbrauchsgüterkauf sind dem Verbraucher nachteilige Vereinbarungen in fast allen Fällen unwirksam.

II. Werkvertrag: Nach der → Schuldrechtsreform entsprechen sich die Sachmängelhaftung beim Kauf- und Werkvertrag weitgehend. – 1. *Rechte des Werkbestellers* (§ 634 BGB): a) Nacherfüllung (Nachbesserungspflicht oder Pflicht zur Herstellung eines neuen Werks nach Wahl des Unternehmers). – b) Selbstvornahme der Mängelbeseitigung durch Werkbesteller und Aufwendungsersatz nach Ablauf einer erfolglos gesetzten Frist. – c) Rücktritt vom Vertrag. – d) Minderung der Werkvergütung statt Rücktritt. – e) bei Verschulden (einfacher) Schadenersatz oder Schadenersatz statt der Leistung. – f) bei Verschulden Aufwendungsersatz. – 2. *Rechtsverlust:* Der Besteller, der in Kenntnis des Mangels das Werk abnimmt (→ Abnahme), verliert seine Rechte, wenn er sie sich nicht vorbehält (§ 640 II BGB). – 3. *Ausschlussklausel:* Wie beim Kaufvertrag (§ 639 BGB).

III. Mietvertrag: 1. *Begriff:* Bei der Sachmängelhaftung haftet der Vermieter dafür, dass die vermietete Sache z.Z. der Überlassung an den Mieter oder während der Mietzeit kein Mangel anhaftet, der die Tauglichkeit zum vertragsgemäßen Gebrauch aufhebt oder mindert. – 2. *Rechte des Mieters* (§§ 536, 536a,

569 BGB): a) Nacherfüllung (Erhaltungspflicht durch → Schönheitsreparatur und Instandhaltungsreparatur). – b) Minderung des Mietzinses bei mind. erheblicher Minderung der Gebrauchstauglichkeit, Befreiung vom Mietzins, wenn Gebrauchstauglichkeit aufgehoben ist. – c) Schadenersatz bei mind. erheblicher Minderung der Gebrauchstauglichkeit, wenn der Mangel bereits bei Vertragsschluss vorhanden war oder wenn er durch Verschulden bzw. während des Verzugs des Vermieters auftritt. – d) Selbstvornahme der Mängelbeseitigung durch den Mieter und Aufwendungsersatz. – e) außerordentliche fristlose → Kündigung, wenn dem Mieter das Festhalten am Vertrag nicht zugemutet werden kann. – 3. *Rechtsverlust:* Kennt der Mieter den Mangel bereits bei Vertragsschluss, verliert er seine Rechte; ebenso, wenn er die Sache annimmt, ohne sich seine Rechte vorzubehalten. – 4. *Ausschlussklausel:* Wie beim Kaufvertrag (§ 536d BGB), bei der Wohnraummiete ist darüber hinaus jede dem Mieter nachteilige Vereinbarung unwirksam (§§ 536 IV, 569 V BGB). – Vgl. auch → Verjährung.

Sachprämie → Prämienprogramm.

Sachsicherheit – absolut geschütztes dingliches Verwertungsrecht an Forderungen und anderen Rechten, beweglichen Sachen und Grundstücken. Bei Insolvenz des Sicherungsgebers hat der Sicherungsnehmer ein Recht auf uneingeschränkten Zugriff auf das Sicherungsmittel; anderen Insolvenzgläubigern ist der Zugriff auf den mit einem dinglichen Recht belasteten Sicherungsgegenstand verwehrt. Die Qualität der Sachsicherheit wird von der Werthaltigkeit und den Verwertungsmöglichkeiten des Sicherungsmittels bestimmt. – *Formen der Sachsicherheit:* → Pfandrechte an beweglichen Sachen und Rechten, → Sicherungsübereignung, → Sicherungsabtretung, → Grundpfandrechte (z.B. Sicherungshypothek, Sicherungsgrundschuld). – Vgl. auch → Kreditsicherheiten, → Personensicherheit.

Sachsteuern → Realsteuern.

Sachübernahme – Übernahme von Anlagen oder sonstigen Vermögensgegenständen bei → Gründung einer AG durch die Gesellschaft (§ 27 AktG).

Sachverhaltsgestaltung → Steuerpolitik.

Sachvermögen → Vermögen.

Sachversicherungen – Form der → Schadenversicherung, die auf die Zerstörung, die Beschädigung oder das Abhandenkommen → versicherter Sachen, d.h. auf das sog. Sachsubstanzinteresse bzw. das Interesse am → Sachwert abstellt. Die Sachversicherung ist weitgehend nach einem einheitlichen Muster gestaltet (und zwar nach dem der → Feuerversicherung); die Unterschiede liegen v.a. im Umfang der → versicherten Gefahren und versicherten Sachen und in gefahrenspezifischen Sonderregelungen. Weitere Versicherungszweige der Sachversicherung sind z.B. die → verbundene → Hausratversicherung, die → verbundene → Wohngebäudeversicherung, die Kfz-Kaskoversicherung und die Transportversicherung. – *Anders:* Personenversicherung, → Haftpflichtversicherung, → Rechtsschutzversicherung, → Betriebsunterbrechungsversicherung, → Kreditversicherung.

Sachverständigenrat für Umweltfragen (SRU) – von der Bundesregierung am 28.12.1971 ins Leben gerufenes unabhängiges Expertengremium zur Begutachtung der Umweltsituation und der Umweltbedingungen in Deutschland. Der Sachverständigenrat für Umweltfragen erstellt alle zwei Jahre ein Gutachten, das der Bundesregierung zugeleitet und veröffentlicht wird. Zusätzliche Gutachten oder Stellungnahmen zu umweltbezogenen Themen können vom Sachverständigenrat für Umweltfragen in Eigeninitiative veröffentlicht werden. Der Tätigkeitsbereich des Sachverständigenrates ist recht weit gespannt: Die Gutachtertätigkeit schließt im ökologischen und umweltpolitischen Bereich sowohl die Reflexion methodischer Grundlagen als auch Stellungnahmen zur umweltrelevanten Gesetzgebung oder zu aktuellen Problemen ein.

Sachverständigenrat zur Begutachtung der gesamtwirtschaftlichen Entwicklung (SVR) – 1. *Begriff:* Gemäß dem Gesetz über die Bildung des Sachverständigenrates zur Begutachtung der gesamtwirtschaftlichen Entwicklung (SVG) am 14.8.1963 gebildetes Gremium. Nach § 3 I SVG ist der Sachverständigenrat zur Begutachtung der gesamtwirtschaftlichen Entwicklung (SVR) weder Regierung noch Parlament verantwortlich, sondern nur an den gesetzlich begründeten Auftrag gebunden. – 2. *Organisation:* Der SVR setzt sich aus fünf *Mitgliedern* („Fünf Weisen" bzw. „Fünf Wirtschaftsweisen") zusammen. Die Mitglieder sollen über bes. wirtschaftswissenschaftliche Kenntnisse und volkswirtschaftliche Erfahrungen verfügen (§ 1 II SVG). Die Mitglieder werden auf Vorschlag der Bundesregierung durch den Bundespräsidenten für die Dauer von fünf Jahren berufen. Sie dürfen nicht der Regierung oder einer gesetzgebundenen Körperschaft des Bundes oder eines Bundeslandes angehören und nicht im Dienste einer juristischen Person des öffentlichen Rechts, eines Wirtschaftsverbandes oder einer Arbeitgeber- bzw. Arbeitnehmerorganisation stehen, um die Unabhängigkeit des SVR zu sichern (§ 1 III SVG). – Zur Erfüllung seines Auftrages stehen dem SVR zur Verfügung: Ein Stab von acht wissenschaftlichen Mitarbeitern, einer davon in der Funktion eines Generalsekretärs; das → Statistische Bundesamt (StBA), das die Aufgaben einer Geschäftsstelle für den SVR wahrnimmt und zu diesem Zweck eine Verbindungsstelle innerhalb des Statistischen Bundesamtes eingerichtet hat, an ihrer Spitze ein Geschäftsführer, sowie die Behörden des Bundes und der Länder, die dem SVR zur Amtshilfe verpflichtet sind. – Die Kosten des SVR trägt der Bund. – 3. *Aufgaben:* a) *Periodische Begutachtung* der gesamtwirtschaftlichen

Lage und deren absehbarer Entwicklung *(Jahresgutachten)*. In den Gutachten soll untersucht werden, wie die wirtschaftspolitischen Ziele Stabilität des Preisniveaus, hoher Beschäftigungsstand, außenwirtschaftliches Gleichgewicht sowie stetiges und angemessenes Wachstum (→ magisches Vieleck) im Rahmen einer marktwirtschaftlichen Ordnung (→ Stabilitäts- und Wachstumsgesetz (StWG)) gleichzeitig erfüllt werden können. Dabei sollen Fehlentwicklungen, die diese Ziele gefährden, aufgedeckt werden sowie alternative Möglichkeiten gezeigt werden, um Spannungen zwischen der gesamtwirtschaftlichen Nachfrage und dem gesamtwirtschaftlichen Angebot zu vermeiden oder zu beseitigen, ohne dass dabei Empfehlungen für bestimmte wirtschafts- und sozialpolitische Maßnahmen ausgesprochen werden. – b) Dadurch soll der SVR zur *Erleichterung der Urteilsbildung* bei allen wirtschaftspolitisch verantwortlichen Instanzen und in der Öffentlichkeit beitragen (wirtschaftswissenschaftliche Politikberatung). – c) Der SVR hat *Sondergutachten* zu erstellen, wenn Entwicklungen erkennbar werden, die die genannten wirtschaftspolitischen Ziele gefährden, oder wenn ihn die Bundesregierung mit der Erstattung eines zusätzlichen Gutachtens beauftragt. Die Bundesregierung ist verpflichtet, zu den *Jahresgutachten* des SVR Stellung zu nehmen. Die Stellungnahme ist Teil des → Jahreswirtschaftsberichts. Der Deutsche Bundestag erörtert das Jahresgutachten des SVR und die Stellungnahme der Bundesregierung dazu im Rahmen seiner Beratungen über den Jahreswirtschaftsbericht.

Sachverständigenverfahren – 1. *Begriff:* Vielfach sehen die Allgemeinen Versicherungsbedingungen (AVB) über die gesetzliche Regelung im → Versicherungsvertragsgesetz (VVG) hinaus insbesondere in der → Sachversicherung vor, dass der → Versicherungsnehmer nach Eintritt des → Versicherungsfalls verlangen kann, die Höhe des Schadens in einem Sachverständigenverfahren feststellen zu lassen. Dies geschieht in der Praxis meistens, wenn sich die Parteien nicht über die Höhe des Schadens oder aber einzelne tatsächliche Voraussetzungen des Entschädigungsanspruchs oder der Höhe der Entschädigung einigen können oder aber der Schaden von hoher Komplexität ist. – 2. *Merkmale:* Bei einem Sachverständigenverfahren benennen beide Parteien jeweils einen → Sachverständigen sowie diese einen Sachverständigen als Obmann, der über die streitigen Punkte innerhalb der von den Feststellungen der Sachverständigen gezogenen Grenzen entscheidet. Seine Entscheidung ist für beide Parteien verbindlich, wenn nicht nachgewiesen wird, dass sie offenbar von der wirklichen Sachlage erheblich abweichen. Jede Partei trägt die Kosten ihres Sachverständigen, die des Obmanns werden geteilt. Auch hinsichtlich des Verfahrens enthalten die AVB verschiedene Regelungen. – 3. *Funktion:* Das Sachverständigenverfahren hat v.a. bei gewerblichen Schäden Bedeutung, bei denen es um größere Versicherungsleistungen geht. Gegenüber einer Auseinandersetzung vor Gericht hat es den Vorteil, dass die Parteien über den von ihnen ausgewählten Sachverständigen deutlich mehr Einfluss ausüben und am Klärungsprozess näher beteiligt werden als in einem Gerichtsverfahren. Nachteil des Sachverständigenverfahrens ist, dass die endgültige Klärung der streitigen Fragen wegen der Formalisierung des Verfahrens länger dauern kann und der Versicherungsnehmer mit ggf. erheblichen Kosten auch dann belastet wird, wenn er sich vollständig mit seiner Position durchsetzt.

Sachverständiger – 1. *Begriff:* Person mit bes. Sachkunde und Erfahrung auf bestimmten Fachgebieten. Vielfach durch entsprechende Berufsausübung qualifiziert bzw. öffentlich bestellt. Benennung geeigneter Personen durch → Industrie- und Handelskammer (IHK), Handwerkskammer etc. – 2. *Handelsrecht:* Bei der OHG und KG können zur *Prüfung der Geschäftsbücher* der Gesellschaft im Rahmen des Überwachungsrechts (§§ 118, 166 HGB) geeignete Sachverständige (Buchprüfer etc.) zugezogen werden. – 3. *Zivilprozessordnung:* Die Gerichte bedürfen des Sachverständigen zur Erstattung von Gutachten über bestimmte Erfahrungssätze, wenn es dem Gericht an eigener Sachkunde ermangelt. Eingehende Regelung für den Zivilprozess in den §§ 402–414 ZPO: a) Die *Auswahl* trifft das Gericht, jedoch können sich die Parteien verbindlich auf einen bestimmten Sachverständigen einigen (Schiedsgutachtenverfahren). – b) *Ablehnung* wegen Besorgnis der Befangenheit ist möglich. – c) Eine *Pflicht,* als Sachverständiger tätig zu werden, besteht nur für bestimmte Personen: bei allgemeiner Bereiterklärung dem Gericht gegenüber, bei öffentlicher Bestellung oder für Personen, welche die Wissenschaft, die Kunst oder das Gewerbe, deren Kenntnis Voraussetzung für die Begutachtung ist, öffentlich zum Erwerb ausüben (§ 407 ZPO). – d) Die *Erstattung* des Gutachtens kann mündlich oder schriftlich verlangt werden. Der Sachverständige kann vereidigt werden. – e) *Vergütung* gemäß Justizvergütungs- und entschädigungsgesetz (JVEG) vom 5.5.2004 (BGBl. I 718) für Erstattung des Gutachtens je Stunde 50 bis 85 Euro (vgl. § 9 JVEG) – für spezifisch beschriebe Leistungen nach § 10 JVEG gilt eine spezielle Honorartabelle – sowie Ersatz der Aufwendungen und Auslagen. – f) *Haftung:* Erstattet ein gerichtlich bestellter Sachverständiger vorsätzlich oder grob fahrlässig ein unrichtiges Gutachten, ist er einem Verfahrensbeteiligten zum Schadenersatz verpflichtet, wenn die Entscheidung auf dem unrichtigen Gutachten beruht (§ 839a BGB). – 4. *Handelsverkehr:* Im internationalen und auch im inländischen Handel Kommission von vereidigten Sachverständigen zur Begutachtung von Streitfällen. Sie wird meist auf den Beweisbeschluss eines Schiedsgerichts oder eines ordentlichen Gerichts hin gebildet. – 5. *Hauptberufliche Sachverständige* können sich zu einer Ausübung ihres Berufs zu einer → Partnerschaft zusammenschließen (§ 1 II PartGG).

Sachwert – I. Begriff: 1. Synonym für → *Reproduktionswert.* – 2. *Im übertragenen Sinn:* Von Geldwertschwankungen unabhängiges (die Inflation im Wert kompensierendes) Gut.

II. Bewertungsgesetz (§§ 83 ff. BewG): 1. *Anwendungsbereich* (→ Einheitswert für die Grundsteuer): Mit dem Sachwert werden bewertet (→ Grundstücksbewertung): (1) *Einfamilienhäuser und Zweifamilienhäuser,* die durch bes. Gestaltung oder Ausstattung wesentlich von den nach dem Ertragswertverfahren (→ Ertragswert) zu bewertenden Ein- und Zweifamilienhäusern abweichen; (2) *Geschäftsgrundstücke* (und in Einzelfällen Mietwohngrundstücke und gemischtgenutzte Grundstücke), für die weder eine → Jahresrohmiete ermittelt noch die übliche Miete geschätzt werden kann. Hierunter fallen i.d.R. Fabrikgrundstücke, Warenhäuser, Lichtspielhäuser etc.; (3) *Grundstücke mit Behelfsbauten*oder mit Bauten, für die ein zur Anwendung des Ertragswertverfahrens notwendiger Vervielfältiger in den Anlagen 3 bis 8 zum Bewertungsgesetz nicht bestimmt ist; (4) die *sonstigen bebauten Grundstücke* wie z.B. Sporthallen, Bootshäuser etc. – 2. *Wertermittlung:* Zur Ermittlung des Grundstückswerts wird zunächst ein → Ausgangswert errechnet, der den Bodenwert, den Gebäudewert und den Wert der → Außenanlagen umfasst; dieser wird durch Anwendung einer Wertzahl an den → gemeinen Wert angeglichen. Die Werte der einzelnen Bestandteile des Ausgangswerts sind dabei getrennt zu ermitteln.(a) Als *Bodenwert* ist der Wert anzusetzen, der sich für den → Grund und Boden ergeben würde, wenn das Grundstück unbebaut wäre. – (b) Bei Ermittlung des *Gebäudewerts* ist nicht von den tatsächlichen → Herstellungskosten, sondern von den Herstellungskosten nach den Baupreisverhältnissen des Jahres 1958 auszugehen (Baupreisgrundlage 1958; Baupreisindex 100). Durch Umrechnung dieses Werts nach den Baupreisverhältnissen im → Hauptfeststellungszeitpunkt (1.1.1964) ergibt sich der sog. Gebäudenormalherstellungswert. Von diesem können Wertminderungen wegen Alters (bis höchstens 70 Prozent) abgesetzt sowie → Abschläge wegen baulicher Mängel und Schäden gemacht werden. Der sich ergebende sog. Gebäudesachwert kann wegen bes. Umstände ermäßigt (z.B. bei unorganischem Aufbau, wirtschaftlicher Überalterung) oder erhöht (z.B. wenn das Gebäude nachhaltig und entgeltlich für Reklamezwecke genutzt wird) werden. – (c) Der *Wert der Außenanlagen* wird ähnlich dem Gebäudewert unter Ansatz der Herstellungskosten nach den Baupreisverhältnissen 1958 und Umrechnung auf den Wert im Hauptfeststellungszeitpunkt unter Berücksichtigung von Wertminderungen, Ermäßigungen und Erhöhungen ermittelt. – (d) Der nach diesen Grundsätzen gefundene Ausgangswert stimmt i.Allg. nicht mit dem gemeinen Wert des Grundstücks überein. Er muss ihm durch Anwendung von *Wertzahlen* angeglichen werden. Die Wertzahlen drücken das Verhältnis zwischen dem Sachwert und dem gemeinen Wert aus. Sie berücksichtigen die den Wert des Grundstücks beeinflussenden Umstände (Zweckbestimmung und Verwendbarkeit des Grundstücks innerhalb verschiedener Wirtschaftszweige unter Berücksichtigung der Gemeindegröße), liegen im Rahmen von 85 bis 50 Prozent des Ausgangswerts und sind durch eine Rechtsverordnung festgesetzt. – (e) *Mindestwert:* Der Grundstückswert darf grundsätzlich nicht geringer sein als die Hälfte des Wertes, mit dem der Grund und Boden allein als unbebautes Grundstück zu bewerten wäre (gemeiner Wert des Grund und Bodens). – *Ausnahme:* Kosten, die wegen des baulichen Zustandes von Gebäuden oder Gebäudeteilen für deren Abbruch entstehen, sind zu berücksichtigen. Sie können auch zu einer Unterschreitung des Mindestwerts führen. – 3. *Regelung für die neuen Bundesländer:* Für Grundstücke in den neuen Bundesländern gelten die Einheitswerte, die nach den Wertverhältnissen am 1.1.1935 festgestellt worden sind oder noch festgestellt werden (§ 129 I BewG).

III. Erbschaftsteuerreform: 1. Die *Bewertung* von bebauten Grundstücken wurde für Erbschaftsteuerzwecke im Rahmen der → Erbschaftsteuerreform, wirksam seit dem 1.1.2009, neu geregelt. Demnach erfolgt eine Bewertung für bebaute Grundstücke nach dem Sachwertverfahren, wenn kein Vergleichswert vorliegt bzw. die übliche Miete nicht feststellbar ist sowie bei sonstigen Grundstücken. Beim Sachwertverfahren sind der Bodenwert und der Gebäudesachwert getrennt zu ermitteln. Die Summe hieraus und die Berücksichtigung gewisser Marktanpassungsfaktoren ergibt den Grundbesitzwert (§§ 192 ff. BewG). – 2. Die *Anwendungsbereiche* sind in § 182 IV BewG geregelt und umfassen (1) das → Wohnungseigentum, (2) das Teileigentum, (3) Ein- und Zweifamilienhäuser, wenn ein Vergleichswert nicht vorliegt, (4) Geschäftsgrundstücke und (5) gemischt genutzte Grundstücke, für die sich auf dem örtlichen Grundstücksmarkt keine übliche Miete ermitteln lässt sowie (6) sonstige bebaute Grundstücke. – 3. *Bewertung:* Die Bewertung des sog. Gebäudesachwerts (§ 190 BewG) ist getrennt vom Bodenwert (§ 179 BewG) vorzunehmen. Der *Gebäudesachwert* ergibt sich aus den Regelherstellungskosten des Gebäudes pro qm multipliziert mit der Bruttogrundfläche des Gebäudes nach Abzug eines Alterswertminderungsabschlags (§ 190 II Satz 1 BewG). Die Alterswertminderung richtet sich grundsätzlich nach dem Alter des Gebäudes zum Bewertungsstichtag und der typisierten Gesamtnutzungsdauer (Anlage 22 zum BewG). Bei der Alterswertminderung wird eine gleichmäßige jährliche (lineare) Wertminderung unterstellt. Eine Regelung zum Restwert ist in § 190 II Satz 4 BewG bestimmt. Der *Bodenwert* ermittelt sich unter Zugrundelegung der Bodenrichtwerte (§ 189 II BewG). Der Wert der sonstigen baulichen Anlagen (insbesondere Außenanlagen) und der Wert der sonstigen Anlagen sind grundsätzlich durch den Gebäude- und dem Bodenwert abgegolten. Daher kommt es nur in Ausnahmefällen, z.B. bei bes. werthaltigen Außenanlagen und sonstigen Anlagen, zu gesonderten Wertansätze unter Berücksichtigung der durchschnittlichen Herstellungskosten. Sonstige wertbeeinflussende Umstände wie Belastungen privatrechtlicher oder öffentlich-rechtlicher Art werden im Rahmen des standardisierten Sachwertverfahrens nicht berücksichtigt. – 4. *Mindestwert*: Der unter Berücksichtigung der Alterswertminderung ermittelte Gebäudewert ist mind. mit 40 Prozent des Gebäuderegelherstellungswerts anzusetzen. Dabei wird ggf. ein fiktives Baujahr zugrunde gelegt. Je nach Bezugsfertigkeit des Gebäudes oder durch Veränderungen, welche die gewöhnliche Nutzungsdauer des Gebäudes verändern, ändert sich damit auch die Restnutzungsdauer, sodass es zu Modifikationen bei der Berechnung kommen kann. – 5. *Gemeiner Wert (= →* Grundbesitzwert): Die Summe aus dem Bodenwert und dem Gebäudesachwert ergeben den vorläufigen Sachwert des Grundstücks (§ 189 III Satz 1 BewG). Da dieser Wert i.d.R. sehr vom gemeinen Wert abweicht, wird eine Anpassung den gemeinen Wert mittels Wertzahlen vorgenommen (§ 191 BewG). – 6. *Marktanpassungsfaktoren*: Im Rahmen des Sachwertverfahrens sind auch Marktanpassungsfaktoren zur berücksichtigen, die der Verkehrswertermittlung dienen sollen. Meist können geeignete Marktanpassungsfaktoren von Gutachterausschüssen zur Verfügung gestellt werden. Die Anwendung der Marktanpassungsfaktoren erfolgt vorrangig als Wertzahlen. Liegen für das zu bewertende Grundstück keine geeigneten Faktoren vor, sind alternativ Wertzahlen aus Anlage 25 zum BewG bei der Berechnung zu berücksichtigen, § 191 II BewG.

Sachwertabfindung – 1. *Begriff*: Die einkommensteuerliche Bezeichnung für das Ausscheiden eines Gesellschafters aus einer Personengesellschaft (Mitunternehmerschaft), wenn der ausscheidende Gesellschafter für seinen Anteil am Gesellschaftsvermögen von den übrigen, verbleibenden Gesellschaftern nicht mit Geld abgefunden wird, sondern mit Sachwerten. Bei Sachwertabfindung besteht die ursprüngliche Gesellschaft unter den restlichen Gesellschaftern fort; der ausscheidende Gesellschafter überträgt lediglich seinen Anteil an der Gesellschaft an die übrigen Mitgesellschafter. – *Anders*: → Realteilung. – 2. *Steuerliche Behandlung*: a) Da die Gegenstände, die der ausscheidende Gesellschafter als Abfindung erhält, ihm im Austausch gegen eine Minderung seiner Gesellschaftsrechte übergeben werden, unterbleibt nach der Sondervorschrift des § 6 V 3 Nr. 1 EStG eine Gewinnrealisierung, wenn der Gesellschafter die erhaltenen Wirtschaftsgüter in ein eigenes Betriebsvermögen überführt und somit die in den Wirtschaftsgütern liegenden stillen Reserven weiter für die Einkommensbesteuerung gesichert sind. Dies gilt nicht, wenn die betreffenden Wirtschaftsgüter innerhalb einer bestimmten Sperrfrist veräußert werden. – b) Erhält der ausscheidende Gesellschafter dagegen nicht einzelne Wirtschaftsgüter, sondern einen gesamten → Teilbetrieb der Gesellschaft, so wird der Vorgang nach den Regeln über die → Realteilung behandelt.

Sachwertklausel → Warenpreisklausel.

Sachwertverfahren → Sachwert.

Sachziele – *1. Begriff*: Ziele, die ideeller Natur sind, aus der Mission einer → Nonprofit-Organisation (NPO) abgeleitet sind und den Zweck der NPO widerspiegeln. Der Zweck einer NPO besteht darin, bedarfswirtschaftliche, karitative, diakonische, humanitäre oder weltanschauliche Ziele zu erreichen. – 2. *Bedeutung*: Sachziele stehen in NPO im Vordergrund (Sachzieldominanz). Im Gegensatz zu den Zielen von profitorientierten Organisationen gelten nicht Gewinnerzielung und Umsatzmaximierung (Formalziele) als primäre Ziele. Es herrscht Sachzieldominanz mit Zielpluralität: Um Sachziele erreichen zu können, brauchen NPO auch Formalziele. Formalziele sind Mittel zum Zweck der Missionserfüllung von NPO (Mittel-Zweck-Rationalität).

SACU – Abk. für → Southern African Customs Union.

SADC – Abk. für *Southern African Development Community*. – *Sitz:* Gaborone (Botswana); am 17.8.1992 in Windhuk gegründete regionale Organisation zur Förderung der politischen und wirtschaftlichen Zusammenarbeit im südlichen Afrika; löste die SADCC (Southern African Development Coordination Conference) ab. – *Mitglieder:* Angola, Botswana, Demokratische Republik Kongo, Lesotho, Madagaskar, Malawi, Mauritius, Mosambik, Namibia, Seychellen, Südafrika, Swasiland, Tansania, Sambia, Simbabwe. → Collective Self-Reliance und verstärkte Süd-Süd-Beziehungen standen im Vordergrund der gemeinsamen Bemühungen um wirtschaftlichen Fortschritt und Zusammenarbeit. Angestrebt wird eine Wirtschaftsunion nach dem Vorbild der EU. Ein Aktionsprogramm weist den einzelnen Ländern bes. Aufgabenbereiche zu, z.B. Tansania: Industrie und Handel; Swasiland: Human Resources; Angola: Energie.

SADT – Abk. für *Structured Analysis and Design Technique*. 1. *Begriff*: i.e.S. → Softwareentwurfsmethode; i.w.S. eine Analyse, Entwurfs- und Darstellungsmethode. – 2. *Hauptbestandteile:* a) *Diagrammtechnik:* (1) *Tätigkeitsdiagramme* beschreiben in grafischer Form primär die Verarbeitungsschritte und ihre logischen Beziehungen; mehrere Verfeinerungsstufen (→ schrittweise Verfeinerung); (2) *Datendiagramme* beschreiben primär den Datenfluss und die Bearbeitung der → Daten durch die Verarbeitungsschritte. – b) *Regeln* über die Vorgehensweise beim Entwurf und die Erstellung der Diagramme. – c) formalisiertes *Kontrollverfahren* zur Überwachung aller Entwurfsergebnisse. – 3. *Eignung:* SADT gilt als leicht erlernbar; auf einfachen, durchgängigen angewendeten

Konzepten aufbauend, aber neuerdings sind → Softwarewerkzeuge verfügbar.

Safe Haven – bis zur Geltung der Unternehmensteuerreform 2008 geltender Begriff aus dem Steuerrecht für den Umfang an Fremdkapital, den ein Gesellschafter seiner Kapitalgesellschaft steuerlich unbeanstandet zur Verfügung stellen konnte, ohne eine Umqualifizierung der Zinszahlungen in Gewinnausschüttungen befürchten zu müssen. Der Begriff spielte darauf an, dass man sich, solange man diesen zugelassenen Umfang an Gesellschafterkrediten nicht überschritt, steuerlich in einem „sicheren Hafen" (safe haven) bewegte, während man bei höherer Kreditgewährung durch einen Gesellschafter mit steuerlichen Problemen zu rechnen hatte. – Vgl. auch → Gesellschafterfremdfinanzierung.

SAG – Abk. für → Sowjetische Aktiengesellschaft.

Saison – im Sprachgebrauch der Wirtschaft, insbesondere des Handels, eine Phase – insbesondere innerhalb eines Jahres – mit bes. intensiven Aktivitäten, insbesondere bes. hohen Umsätzen. – Vgl. auch → Saisonschwankungen.

saisonale Arbeitslosigkeit → Arbeitslosigkeit.

Saisonartikel – Güter, deren Absatz saisonalen Schwankungen unterliegen (z.B. Heizöl, Gartenmöbel). Zum Ausgleich werden v.a. Rabatte während der schwächeren Saisonen eingesetzt.

Saisonbereinigung – Verfahren der → Zeitreihenanalyse, bei dem die regelmäßigen jahreszeitlichen Einflüsse aus einer Monats- oder Quartalsstatistik eliminiert werden, um langfristigen Trend und Konjunkturfigur der → Zeitreihe zu untersuchen. Eine Saisonbereinigung wird bspw. bei der Zahl der → Arbeitslosen vorgenommen, da diese jahreszeitlichen Schwankungen bedingt durch Witterung (z.B. Land- und Forstwirtschaft, Bauwirtschaft) oder institutionelle Termine (Schuljahrestermine, Urlaubszeit) unterliegen. Bei der Saisonbereinigung wird die Originalzeitreihe (Z) in die zu schätzenden Komponenten → Trend (T), Saisonkomponente (S) und irreguläre Komponente (I) zerlegt. Dabei kann ein additives ($Z = T + S + I$) oder ein multiplikatives ($Z = T \times S \times I$) Modell zugrunde gelegt werden. Die saisonbereinigte Reihe entsteht, indem die Saisonkomponente aus der Originalreihe herausgerechnet wird, sie enthält also den Trend und die irreguläre Komponente. In der amtlichen Statistik in Deutschland werden v.a. das → Berliner Verfahren und das Verfahren → X12-Arima verwendet.

Saisonbereinigung und -modellierung – Es existieren eine Reihe verschiedener Möglichkeiten der Saisonbereinigung und der Modellierung der Saison: (1) Ist die Saisonkomponente deterministisch, d.h. kommt es zu einer exakten periodischen Repetition, werden Saisondummies (z.B. Monats- oder Quartalsdummies, → Dummie) zur Saisonbereinigung eingesetzt. (2) Im Falle einer stochastischen Saisonkomponente werden spezielle Zeitreihenmethoden herangezogen. Die stochastischen Saisonkomponente wird dabei durch entsprechende Differenzenbildung und Modellierung als eigenständiger → ARMA(p,q)-Prozess dargestellt. Zur Identifikation des stochastischen Prozesses, welcher der beobachteten Zeitreihe zugrunde liegt müssen vorab drei Schritte vollzogen werden. In einem ersten Schritt wird die Zeitreihe durch Bildung erster → Differenzen in einen stationären Prozess (Stationarität) überführt (erste Differenzen für viele ökonomische Variablen ausreichend). Grafisch zeigen diese Differenzen bei Saisonfiguren typischerweise ein ausgeprägtes Sägezahnmuster. Eine Analyse der → Autokorrelationsfunktion zeigt bei Quartalseffekten typischerweise sehr große Autokorrelationskoeffizienten an den saisonalen Lags 4, 8, 12, usw. Grund dafür ist, dass saisonale Schwankungen häufig nicht stationäres Verhalten reflektieren. Im zweiten Schritt eliminiert man diese Quartalseffekte durch sog. saisonale Differenzenbildung. Damit verschwinden auch die Autokorrelationskoeffizienten der Lags die ein Vielfaches von 4 darstellen. Saisonale Differenzenbildung bedeutet, dass jeweils die Differenz gegenüber dem entsprechenden Vorjahreswert berechnet wird (im Quartalsfall: Vorjahresquartal). Zeigt die Autokorrelationsfunktion keine weiteren Nichtstationäritäten in der transformierten Zeitreihe, so kann diese in einem dritten Schritt als ARMA(p,q)-Modell spezifiziert werden. U.U. müssen zwei ARMA-Modelle spezifiziert werden; eins für möglicherweise noch enthaltene saisonale Effekte und eins für den nichtsaisonalen Teil der Zeitreihe. Nachdem das saisonale sowie das nicht-saisonale Teilmodell spezifiziert wurden, können beide Modelle zu einem multiplikativen Modell kombiniert werden. In diesem wird die transformierte Zeitreihe durch das Produkt aus beiden Teilmodellen erklärt. – Von der amtlichen Statistik werden saisonbereinigte Zeitreihen zur Verfügung gestellt. Dabei sei jedoch die Warnung ausgesprochen, dass viele der bereitgestellten Reihen oft noch eine Saisonfigur aufweisen.

Saisonbetrieb – 1. *Begriff:* Betrieb, dessen Produktions- oder Absatzprogramm während eines bestimmten Zeitraums größeren, regelmäßig wiederkehrenden Schwankungen, ursächlich im Zusammenhang mit Jahreszeit oder Verbrauchsgewohnheiten, unterliegt, z.B. Eisdielen, Pensionen in Kur- und Fremdenverkehrsorten. – 2. *Arbeitsrecht:* Es bestehen arbeitsrechtliche Ausnahmebestimmungen. – a) *Anzeigepflicht bei Entlassungen:* §§ 17–21 KSchG (Regelung anzeigepflichtiger Entlassungen) finden auf Saisonbetrieben im Fall von in der Eigenart dieser Betriebe bedingte Entlassungen keine Anwendung. Keine Saisonbetriebe in diesem Sinn sind Betriebe des Baugewerbes, deren ganzjährige Beschäftigung gemäß Arbeitsförderungsgesetz gefördert wird (→ Wintergeld und Winterausfallgeld). – b) *Arbeitszeit:* Für Saisonbetrieb kann die

Aufsichtsbehörde (i.d.R. Gewerbeaufsichtsamt, Amt für Arbeitsschutz) längere tägliche Arbeitszeiten bewilligen, wenn die Verlängerung der Arbeitszeit über acht Stunden werktäglich durch eine entsprechende Verkürzung der Arbeitszeit zu anderen Zeiten ausgeglichen wird. – 3. *Gewerbesteuerrecht:* Das zwischenzeitliche, saisonbedingte Ruhen des Geschäftsbetriebes ist aus gewerbesteuerlicher Sicht irrelevant (§ 2 IV GewStG).

Saisonkredit – Form des → Kontokorrentkredits, die zur Überbrückung der Zeitspanne zwischen Spitzenbedarf an Finanzierungsmitteln bei saisonbedingter Beschaffung bestimmter Produkte an saisonabhängige Unternehmen (z.B. Landwirtschaft, Spielwaren- oder Schmuckindustrie) gewährt werden. Der Saisonkredit ist ein sehr kurzfristiger Kredit und soll aus den Umsatzerlösen zurückgezahlt werden. (Self Liquidating Credit).

Saison-Kurzarbeitergeld – 1. *Begriff:* Lohnersatzleistung der → Bundesagentur für Arbeit für witterungsbedingte Ausfallstunden im Baugewerbe und anderen Wirtschaftszweigen (§§ 101 SGB III). – 2. *Vorgängerleistungen:* Schlechtwettergeld und Winterausfallgeld (Winterbauförderung). – 3. *Anspruch:* Arbeitnehmer bei witterungsbedingtem Arbeitsausfall in der Schlechtwetterzeit (1. Dezember bis 31. März). – 4. *Ziel:* Förderung der ganzjährigen Beschäftigung. – 5. *Höhe:* analog zum (konjunkturellen) → Kurzarbeitergeld. – 6. *Finanzierung:* aus Mitteln der → Arbeitslosenversicherung. – 7. *Ergänzende Leistungen:* Mehraufwand-Wintergeld und Zuschuss-Wintergeld für Arbeitnehmer (→ Wintergeld) sowie für Arbeitgeber die Erstattung der von ihnen allein zu tragenden Beiträge zur Sozialversicherung für Bezieher von Saison-Kurzarbeitergeld (§ 102 SGB III).

Saison-Reserven – selten verwendete Bezeichnung für → Schwankungsrückstellungen.

Saisonschlussverkauf → Abschnittsschlussverkäufe.

Saisonschwankungen – jahreszeitlich bedingte Schwankungen von wirtschaftlichen Größen, etwa Umsätzen, Absatzmengen oder Arbeitslosenzahlen. – Die statistische Behandlung von Saisonschwankungen durch Schätzung der Saisonkomponente (→ Bewegungskomponenten) ist Teilgebiet der → Zeitreihenanalyse.

säkulare Stagnation – Begriff der Volkswirtschaftstheorie. Von → Keynes und v.a. Hansen vertretene Hypothese, nach der das kapitalistische Wirtschaftssystem langfristig in einen stationären Zustand, d.h. einen Zustand ohne wirtschaftliches → Wachstum, übergeht. Die säkulare Stagnation entsteht bei relativ hohem Pro-Kopf-Einkommen, bei dem infolge zu hoher → durchschnittlicher Sparquote das geplante Sparen die geplante Investition übersteigt. Dadurch wird ein langfristiger Kontraktionsprozess ausgelöst, der erst bei einem so niedrigen Nationaleinkommensniveau zum Stillstand kommt, bei dem geplantes Sparen und geplante Investition wieder einander angeglichen sind. Die Wirtschaft verharrt dann auf diesem Niveau. – Diese Argumentation erscheint für geschlossene Volkswirtschaften plausibel. In offenen Volkswirtschaften würde die überschüssige Ersparnisbildung ins Ausland abfließen, eine Abwertung der Inlandswährung hervorrufen und über eine Zunahme der Güterexporte einen expansiven → Multiplikatorprozess auslösen. Ein Rückgang des inländischen Nationaleinkommens braucht dann nicht mehr aufzutreten.

Saldenbilanz – aus der → Rohbilanz (Summenbilanz) entwickelte Zusammenstellung der Salden der Verkehrszahlen einer Rechnungsperiode. Die Saldenbilanz wird fortgeführt zur → Inventurbilanz und Erfolgsrechnung (→ Gewinn- und Verlustrechnung (GuV)). – Vgl. auch → Abschluss, → Hauptabschlussübersicht (HAÜ).

Saldenliste – Zusammenstellung der Salden der einzelnen → Personenkonten, die der Abstimmung mit den entsprechenden Hauptbuchkonten dienen. Die Summe aller Debitorensalden muss mit dem Saldo des Sachkontos „Forderungen aus Lieferungen und Leistungen" übereinstimmen, die Summe aller Kreditorensalden mit dem Saldo des Sachkontos „Verbindlichkeiten aus Lieferungen und Leistungen".

Saldierungsverbot → Verrechnungsverbot.

Saldo – Begriff der Buchführung für den Unterschiedsbetrag, der sich durch Aufrechnung zwischen Soll- und Habenseite eines Kontos ergibt. Der Saldo wird als Ausgleichsposten auf der kleineren Kontoseite eingesetzt, Gegenkonto ist bei den Abschlussbuchungen der doppelten Buchführung i.d.R. das Gewinn- und Verlustkonto oder Bilanzkonto. – *Benennung* des Saldos nach der größeren Seite des Kontos: „Habensaldo" (z.B. bei Verbindlichkeiten), „Sollsaldo" (z.B. bei Forderungen).

Saldoanerkenntnis → Schuldanerkenntnis des Schuldners, dass zwischen ihm und dem Gläubiger aufgrund einer Abrechnung ein → Saldo von bestimmter Höhe bestehe. Saldoanerkenntnis bedarf keiner Form (§ 782 BGB).

Sale and Lease Back → Leasing.

Sales Folder – gedruckte Unterlage zur Unterstützung eines Verkaufsgesprächs beim persönlichen Verkauf. Sie enthalten neben Produktinformationen auch Hinweise zu Aktionen, Rabatten und Konditionen.

Sales Force → persönlicher Verkauf.

Sales Promotion → Verkaufsförderung.

Salzsteuer – Steuer auf Salzherstellung oder -einfuhr. Vermutlich älteste, zugleich problematischste → Verbrauchsteuer, da sie lebensnotwendigen Bedarf erfasst und angesichts gleicher individueller Verbrauchsmengen als → Kopfsteuer anzusehen ist. Da die körperlich Arbeitenden wegen des physiologisch bedingten Kochsalzverbrauchs geradezu nach der Schwere ihrer täglichen Arbeitsanstrengungen belastet werden und diese Menschen i.d.R. nicht zu den oberen Einkommensschichten gehören, kann man die Salzsteuer als das „Schulbeispiel für eine unsoziale Steuer" bezeichnen (Schmölders). In der Bundesrepublik Deutschland seit 1.1.1993 abgeschafft; Aufkommen 1992: 27,8 Mio. Euro.

Sammelabschreibung → Pauschalabschreibung.

Sammelaktie → Globalaktie.

Sammelanreize – übliche Entlohnung hierarchisch eingebundener Mitarbeiter in Form von Löhnen oder Gehältern, deren Höhe von den statistischen Merkmalen einer längeren Kette von → Transaktionen der jeweiligen Mitarbeiter in der Vergangenheit abhängig ist. Im Gegensatz zu → punktuellen Anreizen des Marktes, bei denen jede Transaktion isoliert honoriert wird, belohnen Sammelanreize eine verlässliche Qualität über einen längeren Zeitraum hinweg. Sammelanreize sind wenig geeignet, wenn es auf die Eigeninitiative und Innovationsfreude eines Mitarbeiters ankommt (→ Hierarchienachteile). – *Gegenteil*: → punktuelle Anreize.

Sammelantrag – Begriff des Einkommensteuerrechts: Ein Antrag beim Bundeszentralamt für Steuern auf Erstattung von Kapitalertragsteuer auf Dividendenerträge und bestimmte Zinsen, den ein inländisches Kreditinstitut oder eine inländische Zweigniederlassung gesammelt zugunsten der von ihm vertretenen Kunden stellen kann (R 45 b H 45c EStR).

Sammelbesteller – meist „Vertreter im Nebenberuf", der Aufträge an Versandhäuser (→ Versandhandel) oder an Hersteller mit → direktem Vertrieb bündelt. – *Aufgaben:* Kontaktanbahnung; Verkaufsberatung, meist anhand der Kataloge und des sonstigen Informationsmaterials; Bestellannahme; Verteilung der Ware und ggf. Inkasso. – Sammelbesteller erhalten i.d.R. eine *Provision* auf den vermittelten Warenwert. – Mit Einführung neuer Kommunikationstechniken, z.B. Internet, entwickeln sich Sammelbesteller zu *Informationsaußenstellen,* die weitere Auskünfte über Lagerbestände, Lieferfristen, Preisreduzierungen, Zahlungsziele, Bonität u.a. abrufen können.

Sammelbewertung → Pauschalbewertung.

Sammelbuch – *Sammeljournal;* Hilfsmittel der doppelten Buchführung in Form von losen Blättern, die später zu einem „Buch" vereinigt werden, i.d.R. zur täglichen Zusammenfassung der Buchungen in den einzelnen Grundbüchern (Kassenbuch, Einkaufsbuch, Verkaufsbuch etc.). Die Summen des Sammelbuchs werden monatlich in das → Hauptbuch übertragen; das Sammelbuch ist also praktisch ein spezifiziertes Hauptbuch. – *Schema:* → deutsche Buchführung, → französische Buchführung.

Sammeldepot → Sammelverwahrung.

Sammelgutverkehr → Sammelladungsverkehr.

Sammeljournal → Sammelbuch.

Sammelkonto – Begriff der Buchführung für ein Konto, auf dem gleichartige (v.a. Aufwands-)Konten (z.B. verschiedene Lohnkonten) zusammengeführt werden, um sie geschlossen oder in anderer Aufteilung in die Erfolgsrechnung oder auf die Kostenstellen übertragen zu können.

Sammelladungsverkehr – *Sammelgutverkehr, Spediteur-Sammelgutverkehr;* gemeinsame Beförderung einer Vielzahl verschiedener relativ kleiner Sendungen als Sammelladung im Hauptlauf einer → Transportkette. Die Sendungen werden im Vorlauf durch einen als Versandspediteur fungierenden Verkehrsbetrieb eingesammelt und im Nachlauf durch einen als Empfangsspediteur fungierenden Verkehrsbetrieb an ihre Empfänger verteilt.

Sammelmarken – Maßnahme der → Verkaufsförderung. Sammelmarken werden in wertmäßiger Abhängigkeit vom tatsächlichen Einkaufswert durch den → Handel an Endverbraucher verteilt. Sie können hinterher gegen Waren eingetauscht werden.

Sammelposten → geringwertige Wirtschaftsgüter und Poolabschreibung.

Sammeltratte – ein vom Exporteur ausgestellter → gezogener Wechsel (Tratte) über den Gesamtwert mehrerer erteilter Aufträge verschiedener Firmen in demselben Land, in derselben Währung und mit demselben Zahlungsziel auf eine dieser Firmen, die mit den anderen abrechnet.

Sammel- und Trennverfahren – 1. *Begriff:* Sammlung und Trennung von Reststoffen sind wesentliche Aufgaben der → Entsorgungslogistik, indem sie die Voraussetzungen für einen Wiedereinsatz der Reststoffe (→ Recycling) schaffen. Die Sammlung bewirkt im Wesentlichen eine Mengenänderung von Reststoffen und die Trennung dient dazu, Wertstoffe von Rückständen zu separieren. Beide Aufgaben sind stark miteinander verknüpft. So lässt sich bereits durch eine getrennte Sammlung der Reststoffe am Anfallort eine hohe Sortenreinheit der Wertstoffe erreichen, der jedoch Mehrkosten durch einen größeren Platzbedarf für Sammelbehälter und höhere Kosten für den Transport entgegenstehen. Demgegenüber müssen bei einer gemischten Sammlung die Reststoffe im Vorfeld ihrer Aufbereitung einer nachträglichen Trennung zugeführt werden. Dabei werden an die Logistikprozesse bei Reststoffgemischen wegen der größeren Mengenströme und der undifferenzierten Behandlung vergleichsweise geringe Anforderungen gestellt. Aufgrund der vorausgehenden Vermischung in Sammelbehältern und -fahrzeugen lassen sich bei der nachträglichen Trennung jedoch meist nur schlechtere Ergebnisse erzielen als bei der getrennten Sammlung. – 2. *Sammelverfahren:* Bei den Sammelverfahren können Umleer-, Wechsel- und Einwegverfahren unterschieden werden. Während beim *Umleerverfahren* Sammelbehälter Verwendung finden, die über Hub- und Kippvorrichtungen in die Sammelfahrzeuge umgeleert und an denselben Standplatz zurückgestellt werden, ist das *Wechselverfahren* dadurch gekennzeichnet, dass volle Sammelbehälter am Standplatz gegen leere gleicher Art ausgetauscht und zur Entleerung transportiert werden, nach der sie am gleichen oder auch an anderen Standplätzen deponiert werden. Bei den *Einwegverfahren* werden die Reststoffe in Säcken aus Papier oder Kunststoff bereitgestellt und verladen. Der Sammelvorgang verkürzt sich dadurch, dass die Behälterreinigung entfällt und keine entleerten Behälter an die Standplätze zurückgebracht werden müssen. – 3. Auch im Rahmen der Entsorgung von Haushaltsabfällen gewinnt die getrennte Sammlung von Wertstoffen stark an Bedeutung. Nach dem Kriterium „Benutzerkomfort" lassen sich *Hol- und Bringsysteme* unterscheiden. Bei erstgenannten werden die Wertstoffe beim Abfallerzeuger abgeholt, während bei letztgenannten die Abfallerzeuger die Wertstoffe zu zentralen Sammelstellen bringen. Ferner können nach dem Kriterium „Grad der Vorsortierung" *Einstoff-, Einzelstoff- und Mehrstoffsammlung* differenziert werden. Die Einstoffsammlung zielt auf die Erfassung nur eines Wertstoffes ab. Bei der Einzelstoffsammlung werden mehrere Wertstoffe in jeweils separaten Behältern erfasst. Die Mehrstoffsammlung sieht dagegen eine gemischte Erfassung mehrerer Wertstoffe mit nachträglicher Sortierung vor. Im Hinblick auf das Kriterium „Ablauforganisation" kann zwischen *integrierten und additiven Systemen* gewählt werden. Bei integrierten Lösungen erfolgt die Sammlung von Wertstoffen und Rückständen gemeinsam in einem Arbeitsgang mit einem Mehrkammerfahrzeug. Im Rahmen von additiven Systemen werden hingegen die Wertstoffe mit separaten Fahrzeugen und getrennten Behältern gesammelt.

Sammelurkunde – *Globalurkunde, Globalstück, Großstück, großes Stück;* Urkunde über eine ganze Wertpapieremission oder über einen Teil einer Wertpapieremission oder (als sog. Großstücke) über einen größeren, von der üblichen → Stückelung abweichenden → Nennwert (Globalanleihe) bzw. über eine größere Anzahl von → Aktien (→ Globalaktie) bzw. → Genussscheinen (Sammelgenussschein). Sammelurkunden über eine ganze Wertpapieremission oder über einen Teil einer Wertpapieremission sollen bei Neuemissionen eine rationelle Effektenverwahrung (Verzicht auf Ausdruck von Einzelurkunden für Gesamtemission, geringer Tresorraumbedarf bei den → Wertpapiersammelbanken, einfachere Wertpapierverwaltung) ermöglichen unter Berücksichtigung der Interessen von Emittent, Verwahrer und Hinterleger. – *Rechtliche Voraussetzungen:* § 9 a DepotG hat die Voraussetzung für die → Verwahrung von Sammelurkunden bei Wertpapiersammelbanken geschaffen. (Eine Sammelurkunde verbrieft danach mehrere Rechte, „die jedes für sich in vertretbaren Wertpapieren einer und derselben Art verbrieft sein könnten".) Der Hinterleger der Sammelurkunde muss die Ermächtigung zur Girosammelverwahrung (→ Sammelverwahrung) erteilt haben. Der Aussteller ist berechtigt, jederzeit und ohne Zustimmung der übrigen Beteiligten eine bei einer Wertpapiersammelbank (Zentralverwahrer) hinterlegte Sammelurkunde durch Einzelurkunden oder umgekehrt zu ersetzen. Der Aussteller ist aber auch verpflichtet (sofern dies in den Emissionsbedingungen nicht ausdrücklich ausgeschlossen ist), auf Verlangen eine Sammelurkunde durch einzelne → Wertpapiere zu ersetzen (z.B. bei Auslieferungsbegehren). – *Sammelurkunde als Deckungsbestand:* Eine Sammelurkunde ersetzt bzw. mehrere Sammelurkunden ersetzen die für den Aufbau des Girosammelbestands der sonst beim Zentralverwahrer einzuliefernden Urkunden (Deckungsbestand ist durch eine oder mehrere Sammelurkunden unterlegt). Nennbeträge oder Stückzahl der zusammengefassten Einzelrechte müssen in der Sammelurkunde angegeben werden. Die Verwahrung bei der Wertpapiersammelbank erfolgt wie einzelne, zum Girosammelbestand gehörende → Effekten.

Sammelverwahrung – *Sammeldepot.* 1. *Begriff/Charakterisierung:* → Wertpapierverwahrung, bei der der Bankier die von verschiedenen Kunden hinterlegten Stücke der gleichen Gattung zusammen aufbewahrt, doch so, dass im Gegensatz zur Summenverwahrung der Hinterleger in gewisser Form sein Eigentumsrecht an den Wertpapieren behält. Im Gegensatz zur → Sonderverwahrung hat er *kein* Eigentumsrecht an den einzelnen von ihm eingelieferten Stücken, sondern ein Miteigentumsrecht an dem gesamten Sammelbestand der Stücke gleicher Gattung (§§ 5 ff. DepotG). Infolgedessen hat der Hinterleger ein Recht zur → Aussonderung im Insolvenzfall. – 2. *Arten:* a) *Haus-Sammelverwahrung (Eigenverwahrung):* Sammelverwahrung ohne → Wertpapiersammelbank. – b) *Girosammelverwahrung:* Sammelverwahrung bei der einzigen dt. Wertpapiersammelbank (Zentralverwahrer) im Sinne von § 1 III DepotG, der Clearstream Banking AG, Tochtergesellschaft der → Clearstream International S.A.; sie ist die Voraussetzung für den → Effektengiroverkehr; überwiegend angewandte Form der Sammelverwahrung. – c) *Verwahrung durch* → Sammelurkunde: nach DepotG-Novelle 1972 zulässige Form der Sammelverwahrung (§ 9a DepotG). – 3. *Sammeldepotfähig* sind nur Papiere, die sich für den stückelosen Effektengiroverkehr eignen, z.B. Inhaberaktien oder festverzinsliche Werte ohne Einzelauslosungsrecht. Auch vinkulierte Namensaktien inländischer Emittenten sind bei der Clearstream gemäß ihrer Geschäftsbedingungen aufgrund einer Globalurkunde, in der alle in Girosammelverwahrung befindlichen vinkulierten Namensaktien zusammengefasst sind, zugelassen.

Sammelwerbung → kooperative Werbung.

Sammelwerk – Sammlung von → Werken oder anderen Beiträgen, die durch Auslese oder Anordnung eine persönliche geistige Schöpfung sind (z.B. Lexika, Enzyklopädien, Anthologien, auch Kochbücher und u.U. auch Adressbücher etc.). Sammelwerke werden unbeschadet des Urheberrechts an den aufgenommenen Werken wie selbstständige Werke durch das Urheberrecht geschützt (§ 4 UrhRG). Das Urheberrecht am Sammelwerk steht dem Urheber (→ Herausgeber) zu. Ist er nicht angegeben, tritt an seine Stelle der Verleger (§ 10 UrhRG). – Vgl. auch → Miturheber.

Sammelwertberichtigungen – 1. *Allgemein:* im Pauschalverfahren ermittelte Wertkorrekturen zu den Forderungen in der Jahresbilanz, um jenen Teil der Forderungen zu erfassen, der erfahrungsgemäß nicht oder nicht in voller Höhe eingehen wird. – 2. *Bankwesen:* Für Banken ist Bildung und Ausweis von Sammelwertberichtigungen in den §§ 340f, 340g HGB geregelt (Bildung von Sammelwertberichtigungen nicht auf Forderungen beschränkt).

Sammelzollanmeldung – jetzt: → ergänzende Zollanmeldung.

Sammelzollverfahren – veralteter, dem dt. Zollgesetz (ZG) entnommener Begriff für → vereinfachtes Verfahren bei der Zollanmeldung, wenn die fehlenden Angaben oder Unterlangen monatlich gesammelt vorzulegen sind.

Sammlung – I. Öffentliche Sammlung: 1. *Begriff:* Aufforderung zu Geld- oder Sachspenden oder zu Spenden geldwerter Leistungen auf Straßen oder Plätzen, in Gastwirtschaften oder anderen jedermann zugänglichen Räumen *(Straßensammlung)* oder von Haus zu Haus, bes. mit Sammellisten *(Haussammlung),* oder durch Spendenbriefe *(Briefsammlung).* – 2. Das Recht der öffentlichen Sammlung ist durch Gesetze der Länder geregelt. Danach bedarf eine Sammlung der *Erlaubnis,* die je nach dem Gebiet, auf das sie sich erstrecken soll, das Ministerium (des Innern), die höhere oder Kreisverwaltungsbehörde erteilt. Erlaubnisfrei sind nur Haus- und Briefsammlungen, die eine Vereinigung unter ihren Angehörigen oder ein sonstiger Veranstalter innerhalb eines mit ihm durch persönliche Beziehungen verbundenen Personenkreises durchführt.

II. Erbschaftsteuerrecht: 1. *Begriff:* Zusammenfassung von Gegenständen, die nicht dem Verkauf oder wirtschaftlichen Gebrauch dienen, sondern künstlerischen oder wissenschaftlichen Interessen. – 2. *Befreiungen für wissenschaftliche* Sammlungen, bei denen die Ausgabe zur Erhaltung i.d.R. die Einnahmen übersteigen (mind. zu 60 Prozent befreit; bei zusätzlichen Voraussetzungen zu 100 Prozent; § 13 I Nr. 2 ErbStG). – Vgl. auch → Kunstgegenstand.

III. Entsorgungswirtschaft: → Sammel- und Trennverfahren.

Sample → kostenlose Probe.

Sample-Selection-Problem – Das Problem der endogenen Selektion kann sich einerseits aufgrund des Umfragedesigns ergeben, indem man die Stichprobe nur aus einer Teilpopulation der interessierenden Grundgesamtheit zieht. Bspw. werden bei einer Vermögensanalyse nur private Haushalte mit einem Vermögen von mehr als 100.000 Euro berücksichtigt. In diesem Fall spricht man vom gestutzten Regressionsmodell (engl. *truncated regression*), was nicht mit dem → Tobit-Modell verwechselt werden sollte. Man hat hier im Gegensatz zum Tobit-Modell sowohl für die endogene als auch die exogenen Variablen in bestimmten Teilmengen keine Beobachtungen. Andererseits kann sich das Problem der endogenen Selektion durch das Verhalten der Untersuchungssubjekte ergeben. Bspw. hängt die Antwortbereitschaft der Individuen bei Umfragen in irgendeiner Weise von der persönlichen Ausprägung der endogenen Variablen ab. – Das Verhalten der Individuen kann auch zu komplexeren Formen der endogenen Selektion führen (Self-Selection oder Sample-Selection im engeren Sinne). Angenommen man will eine Lohngleichung für Frauen schätzen. Den Lohn kann man aber nur für diejenigen Frauen beobachten, die am Arbeitsmarkt partizipieren. Die Partizipationsentscheidung beruht wiederum auf einem nutzenmaximierenden Kalkül. Selbst wenn alle beobachteten Einflussfaktoren der Partizipationsentscheidung (Selektionsgleichung) strikt exogen in Bezug auf den Störterm der eigentlich interessierenden Beziehung (im Beispiel Lohngleichung) sind, kann es zum Problem der endogenen Selektion kommen, wenn die unbeobachteten Einflussfaktoren der Selektionsgleichung mit dem Störterm der eigentlich interessierenden Beziehung korreliert sind. In diesem Fall hängt die Beobachtbarkeit nicht von bestimmten Werten der endogenen Variablen selbst ab, sondern wird von den Ausprägungen einer anderen endogenen Variablen bestimmt. Manche Autoren bezeichnen diesen Spezialfall zur Abgrenzung von den anderen Fällen als Incidental-Truncation oder Self-Selection (Selbstselektion), da das Verhalten des Individuums die Beobachtbarkeit bestimmt. Heckman (1979) hat hierzu ein zweistufiges Schätz- und Testverfahren vorgeschlagen (→ Heckman-Zweistufen-Verfahren).

Sampling → Bemusterung.

Samuelson – Paul Anthony, geb. 1915, der nach einem Studium an der University of Chicago und Harvard University ab 1940 am Massachusetts Institute of Technology in Boston lehrte; → Nobelpreis für Wirtschaftswissenschaften 1970. Samuelson ist einer der brillantesten Wirtschaftstheoretiker in neuerer Zeit. Es gibt praktisch keinen Bereich der Wirtschaftstheorie, auf dem er nicht gearbeitet und analytisch neue Maßstäbe gesetzt hätte, wie in der Theorie des Konsumverhaltens, der Kapital-, Wachstums-, Wohlfahrts- und Außenwirtschaftstheorie, aber auch zur mathematischen Wirtschaftstheorie und Methodenlehre. Seine Doktorarbeit in Harvard „Foundations of Economic Analysis", die 1947 publiziert, aber bereits 1941 vollendet worden war, gilt als bahnbrechende Arbeit, weil sie zeigt, dass ökonomisches Verhalten als ein Maximumproblem in der Differenzial- und Integralrechnung behandelt werden kann. Die zahlreichen, verstreut erschienenen Einzelbeiträge von Samuelson liegen in einer Sammlung vor: „The Collected Papers of Paul A. Samuelson", 5 Bde. (1966–1986), die → Stiglitz herausgegeben hat. Seine „Economics" (1948) ist das erfolgreichste Lehrbuch aller Zeiten. Bisher wurden von dem Werk, das in 80 Sprachen übersetzt worden ist, über vier Mio. Exemplare verkauft. Samuelson, der sich in seinen wissenschaftlichen Veröffentlichungen nur selten zu wirtschaftspolitischen Fragen äußert, aber regelmäßig Kolumnen im Magazin Newsweek schrieb, war – neben → Rostow – einer der Berater von Kennedy, aber nie in Regierungsdiensten. Stark beeinflusst von seinem akademischen Lehrer → Hansen, vertritt er eine an → Keynes orientierte Wirtschaftspolitik.

Samuelson-Kriterium – Weiterentwicklung des auf dem → Kaldor-Hicks-Kriterium beruhenden → Scitovsky-Doppeltests. Um innerhalb der → Wohlfahrtsökonomik zu einem eindeutigen → Wohlfahrtsoptimum zu gelangen, muss nach dem Samuelson-Kriterium jeder mögliche Ausgangspunkt für einen → Scitovsky-Doppeltest auf einer → Nutzenmöglichkeitskurve liegen, die keinen Schnittpunkt mit der → Nutzenmöglichkeitskurve aller potenziellen Zielpunkte besitzt und unterhalb dieser liegt.

Samuelson-Kriterium

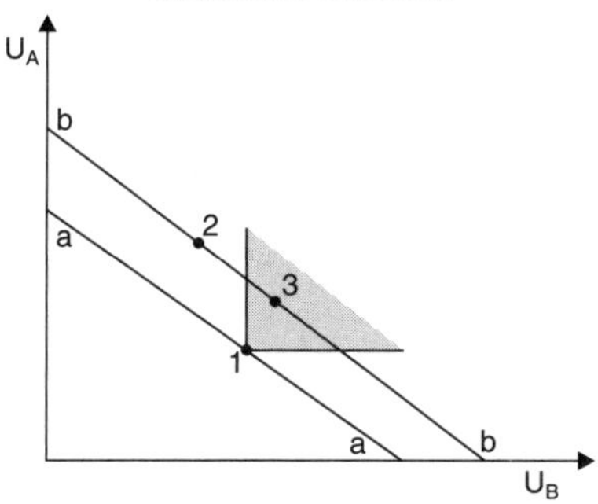

U_A = (ordinaler) Nutzen des A
U_B = (ordinaler) Nutzen des B
aa = Nutzenmöglichkeitskurve des A
bb = Nutzenmöglichkeitskurve des B
(grau) = Pareto-Feld

– In der Abbildung „Samuelson-Kriterium" erfüllt der Punkt 3 die Anforderungen des Samuelson-Kriteriums. Das → Wohlfahrtsoptimum des Punktes 3 kann ausgehend von dem nicht-pareto-optimalen Punkt 2 durch die Anwendung des → Kompensationsprinzips des → Kaldor-Hicks-Kriteriums erreicht werden.

Samurai Bond – ein auf japanische Yen lautendes, am japanischen Markt begebenes Wertpapier (→ Anleihe), das von einem ausländischen Emittenten ausgestellt ist.

Sanierung – 1. *Begriff:* Organisatorische und finanztechnische Maßnahmen zur Wiederherstellung der Leistungsfähigkeit insolventer Unternehmen, v.a. zur Abwendung einer → Zahlungsunfähigkeit oder einer → Überschuldung. – 2. *Arten von Ursachen:* a) *Endogene Ursachen:* In diesem Fall besteht ein Missverhältnis von Eigenkapital und Fremdkapital oder langfristigem und kurzfristigem Fremdkapital. Als Folge dieser Ursachen, aber auch als Folge falscher Finanzierungsmaßnahmen, kann die Kapitalstruktur sanierungsbedürftig sein. – b) *Exogene Ursachen:* z.B. Konjunktureinbruch, Wechselkursschwankungen etc. – 3. *Voraussetzung* einer erfolgreichen Sanierung ist die Erforschung der Ursachen und die Aufstellung eines Sanierungplanes. Besteht keine Aussicht auf Erfolg der Sanierung, ist die Eröffnung des → Insolvenzverfahrens zu beantragen. Bei vorübergehender Zahlungsunfähigkeit ist keine Sanierung notwendig, wenn die Möglichkeit besteht, die Situation durch Kredite oder Stillhalteabkommen mit den Gläubigern zu bereinigen. – 4. *Arten der Sanierung:* a) *Buchtechnische Sanierung durch formelle Kapitalherabsetzung* (Herabsetzung des Nennwertes der Aktien, Zusammenlegung der Aktien, Aktieneinziehung) oder durch Auflösung offener Rücklagen und stiller Reserven. Dabei fließt dem Unternehmen kein neues Kapital zu. – b) *Sanierung durch Zufluss neuer Mittel* (Kapitalbeschaffung). – c) *Sanierung durch Veränderungen des Fremdkapitals* kann erfolgen durch Umwandlung kurzfristiger Kredite in langfristige Kredite, ferner durch Umwandlung von Krediten in Eigenkapital. – d) *Sanierung durch Änderung der Rechtsform der Unternehmung* (→ Umwandlung).

Sanierungsberatung – Consulting-Segment zur Bewältigung einer Unternehmenskrise. Sanierung ist ein komplexer Prozess und bedarf einer strukturierten Vorgehensweise, da Störungen und Konflikte ein Unternehmen in seinem Bestand und am Markt gefährden können. Insbesondere der hohe Zeitdruck und die damit einhergehende Abnahme des Handlungsspielraums erfordern ein krisenspezifisches Handeln. Die Zerlegung des Prozesses der Sanierung in einzelne Schritte bzw. Phasen verringert die Komplexität der Aufgabe. Die einzelnen Phasen sind jedoch nicht als strenge zeitliche Abfolge zu interpretieren, sondern geben vielmehr die logische Ordnung für ein planvolles Vorgehen im Rahmen der Krisenbewältigung vor. In einer strategischen Krise (→ Strategieberatung) besteht bspw. deutlich mehr Zeit für eine ausführliche Analyse der Ausgangslage als in einer Liquiditätskrise.

Sanierungsbilanz – die anlässlich der → Sanierung einer Unternehmung aufgestellte Sonderbilanz. (1) Die *Sanierungseröffnungsbilanz* zeigt den Vermögensstand und die Sanierungsbedürftigkeit bei

Kapitalgesellschaften unter gleichzeitigem Ausweis des Verlustes an Eigenkapital. (2) *Sanierungsschlussbilanz:* weist die Neuordnung der Kapitalverhältnisse und die Beseitigung des Verlustes aus. – *Beispiele:* (1) *Sanierung durch vereinfachte Kapitalherabsetzung* (vgl. die Tabellen „(Zusammengefasste) Bilanz zum ... vor/nach der Sanierung").

(Zusammengefasste) Bilanz zum ... vor der Sanierung

	Mio. Euro		Mio. Euro
Vermögen	4.000	Gezeichnetes Kapital	2.000
Bilanzverlust	1.400	Gesetzliche Rücklage	200
		Andere Gewinnrücklagen	560
		Verbindlichkeiten	2.640
	5.400		5.400

Auf Vorschlag des Vorstands beschließt die Hauptversammlung, das Grundkapital (gezeichnetes Kapital) zum Ausgleich des Bilanzverlusts (Jahresfehlbetrag) um 800.000 Euro herabzusetzen.

(Zusammengefasste) Bilanz zum ... nach der Sanierung

	Mio. Euro		Mio. Euro
Vermögen	4.000	Gezeichnetes Kapital	1.200
		Kapitalrücklage	40
		Gesetzliche Rücklage	120
		Andere Gewinnrücklagen	–
		Verbindlichkeiten	2.640
	4.000		4.000

Gemäß § 229 II AktG sind die anderen Gewinnrücklagen voll und die gesetzliche Rücklage (sowie mögliche Kapitalrücklagen) in Höhe von 10 Prozent des das (herabgesetzte) Grundkapital übersteigenden Betrags aufzulösen. Der aus der Kapitalherabsetzung resultierende Betrag ist gemäß § 240 AktG als „Ertrag aus der Kapitalherabsetzung" gesondert auszuweisen. Insgesamt werden durch diese Buchungsvorgänge (560 + 80 + 800) 1.440 gewonnen. Da der auszugleichende Verlust nur 1.400 Euro beträgt, ist der verbleibende Restbetrag gemäß § 232 AktG im Wege des gesonderten Ausweises und unter Erläuterung im Anhang in die Kapitalrücklage einzustellen. Sämtliche Vorgänge sind in der Gewinn- und Verlustrechnung (GuV) im Rahmen der Gewinnverwendung (§ 158 AktG) und nicht im Rahmen der Gewinnermittlung auszuweisen. (2) *Sanierung durch Rückkauf von Aktien unter pari:*

(Zusammengefasste) Bilanz zum ... vor der Sanierung

	Mio. Euro		Mio. Euro
Liquide Mittel	3.000	Gezeichnetes Kapital	8.000
Übriges Vermögen	10.000	Verbindlichkeiten	7.400
Bilanzverlust	2.400		
	15.400		15.400

Rückkaufpreis: 40 Prozent des Nennwerts. Dementsprechend sind Aktien im Nennwert von insgesamt 4.000 Euro einzuziehen, um den Bilanzverlust von 2.400 Euro beseitigen zu können.

(Zusammengefasste) Bilanz zum ... nach der Sanierung

	Mio. Euro		Mio. Euro
Liquide Mittel	1.400	Gezeichnetes Kapital	4.000
Übriges Vermögen	10.000	Verbindlichkeiten	7.400
	11.400		11.400

In Höhe von 1.600 Euro werden liquide Mittel zum Kauf von 4.000 Aktien zum Kurs von 40 Prozent ausgegeben, die dann eingezogen und in Höhe der Anschaffungskosten (1.600) voll abgeschrieben werden. Dann wird das Grundkapital (gezeichnetes Kapital) um den Nennwert der eingezogenen Aktien gekürzt. Der Gegenposten ist gemäß § 240 AktG im Rahmen der Gewinnverwendung (§ 158 AktG) und nicht im Rahmen der Gewinnermittlung als „Ertrag aus der Kapitalherabsetzung" gesondert auszuweisen. Die Abschreibung der eingezogenen Aktien ist dagegen echter Aufwand, der im Rahmen der Gewinnermittlung zu erfassen ist.

(3) *Alternativsanierung:*

(Zusammengefasste) Bilanz zum ... vor der Sanierung

	Mio. Euro		Mio. Euro
Liquide Mittel	400	Gezeichnetes Kapital	8.000
Übriges Vermögen	6.000	Verbindlichkeiten	2.000
Bilanzverlust	3.600		
	10.000		10.000

Auf Vorschlag des Vorstands beschließt die Hauptversammlung, (a) die Aktien im Verhältnis von 2 : 1 zusammenzulegen oder (b) eine Zuzahlung von 55 Prozent des Nennwerts der Aktien zu verlangen. Die Aktionäre entscheiden sich zu drei Vierteln des Nennwerts des Grundkapitals für eine Zusammenlegung und zu einem Viertel für eine Zuzahlung.

(Zusammengefasste) Bilanz zum ... nach der Sanierung

	Mio. Euro		Mio. Euro
Liquide Mittel	1.500	Gezeichnetes Kapital	5.000
Übriges Vermögen	6.000	Kapitalrücklage	500
		Verbindlichkeiten	2.000
	7.500		7.500

Die Zuzahlungen belaufen sich auf (1/4 von 8.000 · 55 Prozent) 1.100 Euro. Gemäß § 272 II HGB ist der Betrag der Zuzahlung erfolgsneutral in die Kapitalrücklage einzustellen. Das Grundkapital wird um (3/4 von 8.000 Euro = 6.000 Euro · 1/2 (2 : 1)) 3.000 Euro herabgesetzt. In der GuV wird der Herabsetzungsbetrag gemäß § 240 AktG im Rahmen der Gewinnverwendung als „Ertrag aus der Kapitalherabsetzung" ausgewiesen. Dieser „Ertrag" reduziert den auszugleichenden Verlust auf 600. Zum Ausgleich des Restverlustes sind 600 der Kapitalrücklage zu entnehmen. Die Kapitalrücklage beläuft sich im Ergebnis somit auf (1.100 – 600) 500 Euro. Sie liegt damit innerhalb der 10 Prozent-Grenze des § 231 AktG. Danach ist die Einstellung der Beträge, die aus der Auflösung von anderen Gewinnrücklagen gewonnen werden, in die gesetzliche Rücklage und der Beträge, die aus der Kapitalherabsetzung gewonnen werden, in die Kapitalrücklage nur zulässig, soweit die Kapitalrücklage und die gesetzliche Rücklage zusammen 10 Prozent des herabgesetzten Grundkapitals nicht übersteigen.

(4) *Doppelstufige Sanierung:*

(Zusammengefasste) Bilanz zum ... vor der Sanierung

	Mio. Euro		Mio. Euro
Liquide Mittel	1.400	Gezeichnetes Kapital	8.000
Übriges Vermögen	7.800	Kapitalrücklage	400
Bilanzverlust	5.200	Gesetzliche Rücklage	400
		Andere Rücklagen	2.000
		Verbindlichkeiten	3.200
	14.000		14.000

Auf Vorschlag des Vorstands beschließt die Hauptversammlung, das Grundkapital im Wege der vereinfachten Kapitalherabsetzung um 4.000 Euro zu kürzen und um den gleichen Betrag (zum Ausgabekurs der neuen Aktien von 110 Prozent) zu erhöhen.

(Zusammengefasste) Bilanz zum ... nach der Sanierung

	Mio. Euro		Mio. Euro
Liquide Mittel	5.400	Gezeichnetes Kapital	8.000
Übriges Vermögen	7.800	Kapitalrücklage	1.600
		Gesetzliche Rücklage	400
		Andere Rücklagen	–
		Verbindlichkeiten	3.200
	13.200		13.200

Zunächst werden die anderen Gewinnrücklagen voll aufgelöst (2.000), danach das gezeichnete Kapital buchmäßig herabgesetzt (4.000) und dementsprechend schließlich die Kapital- und die gesetzliche

Rücklage um je 200 Euro (zusammen also um 400) aufgelöst, damit die 10 Prozent-Grenze gewahrt bleibt. Insgesamt werden aus diesen Vorgängen (2.000 + 4.000 + 200 + 200) 6.400 Euro gewonnen. In der GuV werden diese Beträge – der Herabsetzungsbetrag gesondert als „Ertrag aus der Kapitalherabsetzung" – im Rahmen der Gewinnverwendung erfasst (§ 158 AktG). Im nächsten Schritt wird die Erhöhung des Grundkapitals um 4.000 Euro verbucht. Der den Nennwert übersteigende Betrag (→ Agio) ist gemäß § 272 II HGB in die Kapitalrücklage einzustellen. Der auszugleichende Verlust ist mit 5.200 Euro niedriger als die aus der Sanierung gewonnenen Beträge (insgesamt 6.400). Der Differenzbetrag darf nicht ausgeschüttet, sondern muss gemäß § 232 AktG unter gesondertem Ausweis im Jahresabschluss und Erläuterung im Anhang in die Kapitalrücklage eingestellt werden.

Sanierungsfusion → Verschmelzung (Fusion) aus wirtschaftlichem Grund (Sanierung). Keine Ausnahme von der Fusionskontrolle, kann aber eine → Ministererlaubnis nach § 42 GWB rechtfertigen, mit der sich der Bundesminister für Wirtschaft und Technologie über eine Untersagungsverfügung des Bundeskartellamts hinwegsetzt. Die Sanierung des Zielunternehmens müsste dann auf keinem anderen Weg als über die angemeldete Fusion möglich und im überragenden Interesse der Allgemeinheit sein. Ferner müsste die mit dem Zusammenschluss verbundene, vom Bundeskartellamt festgestellte Wettbewerbsbeschränkung von den gesamtwirtschaftlichen Vorteilen des Zusammenschlusses (hier: Erhalt des Zielunternehmens) aufgewogen werden.

Sanierungsgewinn – Bei der Sanierung einer Unternehmung entstandener Gewinn. – 1. *Fremdkapital:* Sanierungsgewinn entsteht durch Gläubigerverzicht. Ist ein Gläubiger gleichzeitig Gesellschafter und verzichtet er auf eine Forderung an die Gesellschaft, so erbringt er als Gesellschafter einer Personengesellschaft eine Einlage in Höhe des gemeinen Wertes der Forderung (meist gering). Bei einer Kapitalgesellschaft entsteht ein Buchgewinn, der in Höhe des werthaltigen Teils der → Kapitalrücklage zuzuführen und in Höhe des nicht werthaltigen Teils als außerordentlicher Ertrag steuerpflichtig ist. – *Besteuerung:* Sanierungsgewinne sind beim Schuldner grundsätzlich steuerpflichtig. Ausnahmen sind aus sachlichen Billigkeitsgründen möglich (BMF-Schreiben vom 27.3.2003) – 2. *Eigenkapital von Kapitalgesellschaften:* Sanierungsgewinne entstehen (1) durch die Herabsetzung des Grund- bzw. Stammkapitals und (2) durch die Auflösung von Kapitalrücklagen nur im formalen Sinn. – Diese Erträge führen jedoch – auch *einkommensteuerrechtlich* – nicht zu einem Reinvermögenszuwachs und sind somit nicht im Rahmen der → Gewinnermittlung, sondern im Rahmen der → Gewinnverwendung zu erfassen (für die AG vgl. §§ 240, 158 AktG).

Sanierungsstrategien → Sanierung.

Sanierungsübersicht – Vermögens- und Schuldenübersicht in dreifach verschiedener Bewertung als Grundlage für die Entscheidung über Maßnahmen der → Sanierung. Die Sanierungsübersicht zeigt den Wert (1) laut Buchführung, (2) im Fall der Weiterführung, (3) im Fall der Veräußerung, im Wege der → Abwicklung oder aus Anlass einer Insolvenz. – 1. Die *Aktiva* sind aufgeführt mit (1) Buchwert, (2) Effektivwert (Wert, der dem Tageswert bei Fortführung des Betriebes entspricht; Aufteilung des gesamten Unternehmenswertes notwendig) und (3) Einzelveräußerungswert. – 2. Bei den *Passiva* ergeben sich wegen des Hochwertprinzips nur geringe Abweichungen zwischen Buchwerten und gemeinen Werten.

Sanktion – Politische Maßnahmen der Bestrafung eines bestimmten Verhaltens bzw. einer Vorgehensweise (negative Verstärkung). Häufig in der Form der vom → UN-Sicherheitsrat oder von der → EU im Rahmen der *Gemeinsamen Außen- oder Sicherheitspolitik* (→ GASP) gefassten Beschlüsse oder Entscheidungen. Eine Sanktion ist Grundlage für ein → Embargo.

Sanktionsrichtlinie – Richtlinie 2009/52/EG des Europäischen Parlaments und des Rates vom 18.6.2009 über Mindeststandards für Sanktionen und Maßnahmen gegen Arbeitgeber, die Drittstaatsangehörige ohne rechtmäßigen Aufenthalt beschäftigen (ABl. L 168 vom 30.6.2009, S. 24); verbietet die Beschäftigung von Drittstaatsangehörigen ohne rechtmäßigen Aufenthalt und sieht gemeinsame Mindeststandards für Sanktionen und Maßnahmen vor, die in den Mitgliedstaaten der EU gegen Arbeitgeber zu verhängen sind, die gegen dieses Verbot verstoßen. Die Richtlinie wurde durch das Gesetz zur Umsetzung aufenthaltsrechtlicher Richtlinien der Europäischen Union und zur Anpassung nationaler Rechtsvorschriften an den EU-Visakodex vom 22.11.2011 (BGBl. I 2258) in deutsches Recht umgesetzt.

SAP – 1. Abk. für *Streuplan-Analyse-Programm.* – Vgl. auch → Mediaselektionsmodelle. – 2. Abk. für → Strukturanpassungsprogramm.

SAPARD → Strukturpolitik der Europäischen Union, → EU-Erweiterung.

Sargan-Test – von Sargan (1964) vorgeschlagenes Testverfahren zur Prüfung der Instrument-Exogenität (→ Instrumentenvariablen) im Falle von Überidentifikation (Anzahl der Instrumente größer als Anzahl der mit dem Störterm korrelierten erklärenden Variablen). – Im Falle eines linearen → Einzelgleichungsmodells wird dabei in einem ersten Schritt die überidentifizierte Gleichung mit der zweistufigen Kleinstquadratemethode (→ Kleinstquadratemethode, zweistufige) geschätzt und die gewonnenen Parameterschätzungen zur Bestimmung der → Residuen e_i ins Ursprungsmodell eingesetzt. In einem zweiten Schritt wird dann eine Regression der e_i auf alle exogenen Variablen (Modellvariablen und Instrumente) durchgeführt. Falls die Instrumente und die exogenen

Modellvariablen wirklich exogen sind, sollten sie nicht mit den Residuen korreliert sein und die Schätzung der Gleichung des zweiten Schritts ein niedriges Bestimmtheitsmaß R^2 liefern. Unter der Nullhypothese, dass alle Instrumente exogen sind, ist die Teststatistik SARG = nR^2 mit q Freiheitsgraden asymptotisch Chi-Quadrat-verteilt. q ist dabei die Anzahl der Instrumentenvariablen abzüglich der Anzahl der endogenen erklärenden Variablen, d.h. der Grad der Überidentifikation. Ist SARG größer als der entsprechende kritische Wert der Chi-Quadrat-Verteilung, muss die Nullhypothese, dass alle Instrumente exogen sind, verworfen werden. Eine Ablehnung von H_0 bedeutet, dass mind. ein Instrument mit dem Störterm korreliert ist und daher die Instrumentenvariablenschätzungen, die auf den gewählten Instrumenten basieren, nicht gültig sind.

Sargent – Thomas John, geb. 1943, ist ein US-amerik. Ökonom. Lehrtätigkeiten an verschiedenen amerik. Universitäten, seit 2002 Professor an der New York University. Für seine Forschungsarbeiten in der Makroökonomie wird er 2011 gemeinsam mit Christopher → Sims mit dem → Nobelpreis für Wirtschaftswissenschaften ausgezeichnet. Die entwickelten Methoden versuchen Zusammenhänge zwischen Wirtschaftspolitik und Inflation, Beschäftigung oder Bruttoinlandsprodukt herzustellen.

Satellitensteuern → Steuern, die in Verbindung mit einer anderen Steuer erhoben werden, z.B. Kirchensteuer und Solidaritätszuschlag mit der Einkommensteuer als Bemessungsgrundlage. – *Anders:* → Trabantensteuern.

Satellitensysteme – Datensyteme, die die → Volkswirtschaftliche Gesamtrechnung (VGR) um gesellschaftlich wichtige Informationsbereiche ergänzen sollen. – Vgl. auch → Umweltsatellitensysteme.

Satisficing – alternative Verhaltensannahme im Rahmen der → Haushaltstheorie bzw. der → Theorie der Unternehmung gegenüber dem Postulat der Nutzenmaximierung bzw. Gewinnmaximierung. → Haushalte maximieren demgemäß ihren → Nutzen nicht, sondern streben nur ein „befriedigendes" Nutzenniveau an, während Unternehmen sich anstelle des maximalen Gewinns mit einem „ausreichenden" Gewinn zufrieden geben. Das Satisficing unterstellt unvollständige Information, denn die Kosten verursachende Informationssuche wird im Zuge der Erkundung der Möglichkeiten zur größtmöglichen Zielerreichung aufgegeben, wenn für eine Wahlalternative ein zuvor festgelegtes Anspruchsniveau erreicht oder überschritten wurde.

Satisfizer – *Behavioral Man;* → Menschenbild, das davon ausgeht, dass der Mensch nicht ökonomisch rational handelt, sondern sich entsprechend seinen Bedürfnissen und deren bestmöglichen Befriedigung verhält. Subjektive Empfindungen über den zur Bedürfnisbefriedigung empfundenen Aufwand spielen eine bedeutende Rolle; wird dieser als zu groß angesehen, bleibt das Bedürfnis unbefriedigt. – In der → verhaltensorientierten Wirtschaftsgeografie wird das Menschenbild des Satisfizer dem Verhalten bei der → Standortwahl (→ Standorttheorie) unterstellt. Der Satisfizer verfügt dabei nur über begrenzte Information, eine stark eingeschränkte Vorstellung von seiner Umwelt und zu geringe Kapazitäten zur Informationsverarbeitung, um Vor- und Nachteile aller in Frage kommenden → Standorte (→ Standortfaktoren) gegeneinander aufzurechnen. Ferner wird die Standortwahl durch persönliche Präferenzen, subjektive Wertvorstellungen oder Zufälligkeiten erheblich beeinflusst (→ behaviouristische Standorttheorie). Im Ergebnis resultieren häufig ökonomisch suboptimale Standorte. – *Gegensatz:* → Homo oeconomicus.

Sattelpunktstabilität – typische Eigenschaft von Modellen der → dynamischen Makroökonomik mit rationalen Zukunftserwartungen (→ Erwartungen). Nach dem Auftreten eines temporären oder permanenten Schocks gibt es dann genau einen konvergenten, zum Steady-State hinführenden Zeitpfad für die modellendogenen Variablen. Dabei verhalten sich die vorausschauenden (forward-looking) Variablen des dynamischen Systems im Zeitpunkt der Antizipation oder im Zeitpunkt des plötzlichen (unerwarteten) Auftretens eines Schocks sprunghaft. Daneben gibt es sog. vorherbestimmte (backward-looking) Variablen, die auf Schocks träge reagieren und sich nur allmählich anpassen. – Nach den Sattelpunktbedingungen von Blanchard und Kahn (1980) gibt es bei Vorliegen eines linearen dynamischen ökonomischen Systems nach dem Auftreten eines Schocks nur dann einen eindeutig bestimmten konvergenten Sattelpfad zum Gleichgewicht, wenn die Zahl der Sprungvariablen in der dynamischen Zustandsdarstellung des Modells genau mit der Zahl der instabilen Eigenwerte der Zustandsgleichungen übereinstimmt. Diese Sattelpunktbedingung ist i.d.R. in neukeynesianischen Makromodellen erfüllt. – Vgl. auch → Neukeynesianische Makroökonomik, dynamisches Grundmodell.

Sattelschlepper – Fahrzeuge mit bes. Einrichtung für aufzusattelnde Anhänger, die auf diese Weise auf dem ziehenden Fahrzeug lasten (§ 2 Nr. 15 Fahrzeug-Zulassungsverordnung). Ein weiterer Anhänger darf aber nicht mitgeführt werden (§ 32a StVZO). – *Aufgesattelte Anhänger* werden im Straßenverkehrsrecht, z.B. hinsichtlich der Vorschriften über die → Personenbeförderung, als → Lastkraftwagen (Lkw) behandelt.

Sättigungsmenge – Nachfragemenge, bei der einzelne Wirtschaftssubjekte oder Aggregate von Wirtschafschaftssubjekten im Hinblick auf ein bestimmtes → Gut ihre → Bedürfnisse vollständig befriedigen können, sodass der Grenznutzen jeder weiteren konsumierten Gütereinheit Null oder sogar negativ wird. In einer individuellen oder aggregierten Nachfragefunktion (Marktnachfrage, Originärnachfrage, → Preisabsatzfunktion) ist der Sättigungsmenge a der

Preis Null zugeordnet, sodass diese durch a = x(p=0) definiert ist.

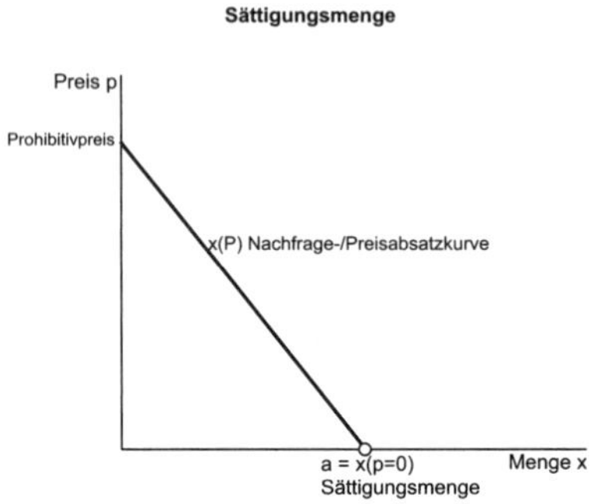

Bei einer normal verlaufenden linearen Nachfrage- oder Preisabsatzfunktion x(p) = a – bp (mit a > 0 und b > 0) markiert die Sättigungsmenge den Abschnitt der Nachfrage- oder Preisabsatzkurve auf der Mengenachse, während der → Prohibitivpreis den Abschnitt auf der Preisachse bildet. – Die Annahme von Sättigungsmengen bedeutet den Verzicht auf das in der → Nachfragetheorie des Haushalts übliche Nichtsättigungsaxiom (vgl. auch → Ordnungsaxiome), d.h. sie setzt → Nutzenfunktionen mit Maximalwert voraus.

Satz – I. Kaufmännischer Sprachgebrauch: 1. Eine *Anzahl* sachlich zusammengehöriger, der effektiven Zahl nach aber unbestimmter Teile, die zumeist als Einheit gehandelt werden und deren einzelne Teile unverbunden einen geringeren Gebrauchswert haben. – 2. Synonym für → Quote.

II. Informatik: Kurzbezeichnung für → Datensatz.

Satzergänzungstest → projektives Verfahren, bei dem den Probanden ein bereits begonnener Satz vorgegeben wird, den sie spontan vervollständigen müssen. Es handelt sich formal um eine offene Frage (→ Befragung). Oft wird ein Satzergänzungstest in grafischer Form durchgeführt, z.B. durch die Abbildung zweier Personen mit Sprechblasen, wobei bei einer Sprechblase (Ballon) der Satz zu ergänzen ist (Ballonfrage). – *Ähnlich:* → Wortassoziationstest.

Satzspiegel – vorgegebener Bereich einer Druckseite, auf dem Texte, Bilder und Grafiken platziert werden können.

Satzung – *Statut, Gesellschaftsvertrag;* vertragliche Bestimmungen über die Verfassung von Kapitalgesellschaften, Genossenschaften etc. – Vgl. auch → Mustersatzung.

I. Satzung der Kapitalgesellschaften: 1. *Aktiengesellschaften und Kommanditgesellschaften auf Aktien:* a) *Voraussetzungen:* Die Satzung der AG und KGaA bedarf öffentlicher Beurkundung (§ 23 I AktG), an ihrer *Feststellung* muss mind. ein Gründer beteiligt sein (§ 2 AktG). – b) *Inhalt* (§ 23 II–IV AktG): (1) *Zwingender Inhalt:* Die Gründer, Angabe von Nennwert bzw. Zahl der Stückaktien, Ausgabebetrag und ggf. Gattung der Aktien, Firma und Sitz der Gesellschaft, Gegenstand des Unternehmens, Höhe des Grundkapitals, Nennbeträge und Zahl der Aktien, Form der Bekanntmachungen der Gesellschaft. (2) *Erweiterter Mindestinhalt* wird bei der → qualifizierten Gründung gemäß §§ 26, 27 AktG verlangt. – c) *Änderungen* der Satzung sind nur durch Beschluss der Hauptversammlung mit einer Mehrheit, die i.d.R. 3/4 des bei der Beschlussfassung vertretenen Grundkapitals umfassen muss, möglich (§§ 179 ff. AktG). Eine andere Kapitalmehrheit kann in der Satzung bestimmt werden. – 2. *Gesellschaften mit beschränkter Haftung:* a) *Abschluss* bedarf öffentlicher Beurkundung; sie ist von allen Gesellschaftern zu unterzeichnen (§ 2 GmbHG). – b) *Inhalt:* (1) Firma und Sitz der Gesellschaft; (2) Gegenstand des Unternehmens; (3) Betrag des → Stammkapitals und der → Stammeinlagen; (4) etwaige Nebenverpflichtungen der Gesellschafter (§ 3 GmbHG). – c) *Änderungen* bedürfen eines Gesellschafterbeschlusses mit einer Mehrheit von mind. $^3/_4$ der abgegebenen Stimmen und öffentlicher Beurkundung (§ 53 II GmbHG). § 53 II ist nicht abdingbar.

II. Satzung der Genossenschaften: Grundlage für die Rechtsverhältnisse in der → Genossenschaft nach innen und außen. – 1. *Erforderlich* sind Schriftform, Eintragung im → Genossenschaftsregister und auszugsweise Veröffentlichung. – 2. *Änderungen* nur mit qualifizierter Mehrheit durch die Generalversammlung. – 3. *Inhalt:* a) *Notwendiger Inhalt:* (1) Firma und Sitz der Genossenschaft; (2) Gegenstand des Unternehmens; (3) Bestimmungen über die Form der → Nachschusspflicht der Mitglieder im Insolvenzfall; (4) Bestimmungen über Form der Berufung, Beurkundung und Bekanntmachung der Generalversammlung; (5) Höhe des → Geschäftsanteils und der darauf zu leistenden Mindesteinzahlung; (6) Vorschriften über Art und Höhe der Bildung einer gesetzlichen Rücklage (§§ 6, 7 GenG). – b) *Kannbestimmungen:* (1) Mehr- und Pflichterwerb von Geschäftsanteilen; (2) Bildung eines bes. Reservefonds; (3) Zulässigkeit von → Nichtmitgliedergeschäften; (4) Beschränkungen der Geschäftsführungsbefugnis des Vorstands; (5) Erwerb und Beendigung der Mitgliedschaft; (6) Rechte und Pflichten der Mitglieder; (7) Maßstab für die Verteilung von Gewinn und Verlust; (8) Mindestkapital und Zulassung sog. investierender Mitglieder (§§ 8a bzw. 8 II GenG).

III. Satzung von Institutionen des öffentlichen Rechts: → autonome Satzungen.

Satz von Lindeberg-Lévy → Grenzwertsatz.

Satz von Ljapunoff → Grenzwertsatz.

Säuglingssterblichkeit → Mortalitätsmaße.

Säulendiagramm – *Balkendiagramm;* grafische Darstellung von absoluten oder relativen → Häufigkeiten, bei der den beobachteten Ausprägungen vertikale Säulen gleicher Breite zugeordnet werden, deren Höhen die zugehörigen Häufigkeiten repräsentieren. Bei Vertauschung der Achsen ergibt sich ein Balkendiagramm. Zur Darstellung eines → quantitativen Merkmals, bei dem eine → Klassenbildung vorgenommen wurde, kann statt des Balkendiagrammes ein → Histogramm verwendet werden.

Säumniszuschlag – 1. *Begriff:* Zuschlag auf Steuern, wenn die Steuer nicht bis zum Ablauf des Fälligkeitstages entrichtet wird (§ 240 AO). Säumniszuschlag ist eine → steuerliche Nebenleistung (§ 3 IV AO). – 2. Die *wirksame Zahlung* gilt als entrichtet: (1) bei Übergabe oder Übersendung von Zahlungsmitteln am Tag des Eingangs, bei Hingabe oder Übersendung von Schecks jedoch drei Tage nach dem Eingangstag; (2) bei Überweisung oder Einzahlung auf ein Konto der Finanzbehörde und bei Einzahlung mit Zahlschein oder Postanweisung am Tag der Gutschrift; (3) bei Vorliegen einer Einzugsermächtigung grundsätzlich am Fälligkeitstag (§ 224 II AO). – 3. Säumniszuschlag *beträgt* vom Fälligkeitstage an 1 Prozent des rückständigen (auf volle 50 Euro nach unten abgerundeten) Steuerbetrages für jeden angefangenen Monat. – 4. Säumniszuschlag *entsteht* verwirklichungsfähig durch Tatbestandserfüllung; er wird nicht festgesetzt (§ 218 AO). *Gegen* die Anforderung von Säumniszuschlag ist Einspruch gegeben. – 5. Wird die Steuerfestsetzung aufgehoben, geändert oder wegen offenbarer Unrichtigkeit im Sinn von § 129 AO berichtigt, bleiben die bis dahin verwirkten Säumniszuschlag unberührt. – 6. Von der Erhebung wird bei verspäteter Zahlung *bis zu drei Tagen* abgesehen. Dies gilt jedoch nicht bei Übergabe oder Übersendung von Zahlungsmitteln und Schecks (§ 240 III AO; Schonfrist). Auf die Schonfrist besteht – im Gegensatz zum Verspätungszuschlag – ein Anspruch. – 7. Säumniszuschlag und → Verspätungszuschlag (§ 152 AO) sind zu unterscheiden.

Savage-Niehans-Regel – *Minimax-Risiko-Regel, Regel des kleinsten Bedauerns;* Entscheidungsregel bei Unsicherheit (→ Entscheidungsregeln), die auf einer → Opportunitätskostenmatrix basiert. Es wird die Aktion mit dem Maximum der Zeilenminima der → Opportunitätskosten gewählt. Die Savage-Niehans-Regel spiegelt die Haltung eines pessimistischen Entscheidungsträgers wider.

Savary – Jacques, 1622–1690, franz. Kaufmann und Handelspolitiker, als Mitglied des Conseil de la Réforme der geistige Urheber der berühmten Ordonnance de Commerce („Code Savary"), der ersten umfassenden Kodifikation des Handelsrechts. Verfasser des bedeutendsten handelswissenschaftlichen Werkes des Merkantilismus: „Parfait Negociant" (1675), das den größten Einfluss auf die betriebswirtschaftliche Literatur Europas während des ganzen 18. Jh. hatte (zahlreiche Neuauflagen und Übersetzungen).

Say – Jean-Baptiste, 1767–1832, Journalist. Say ist ein Vertreter der klassischen Nationalökonomie, der viel zu ihrer Ausbreitung in Frankreich und anderen Ländern getan hat. Er systematisierte die Gedanken von → Smith und schuf die übliche Einteilung der Volkswirtschaftslehre in Erzeugung (Produktion), Verteilung (Distribution) und Verbrauch (Konsumtion). Erstmals nimmt er eine klare Abgrenzung der Funktion des Unternehmers von der des Kapitalisten vor (Profit). Den Produktivitätsbegriff wendet er auch auf die geistigen Berufe an. Say schuf das → Saysche Theorem. – *Hauptwerke:* „Traité d'économie politique ...", 2 Bde. (1803) und „Cours complet d'économie politique practique", 6 Bde. (1828/1829).

Saysches Theorem – von → Say aufgestellter Satz der → klassischen Lehre, nach dem eine allgemeine Überproduktion in einer Volkswirtschaft unmöglich sei, da jedes → Angebot in demselben Umfang kaufkräftige Nachfrage schaffe, die durch Faktoreinkommen und Gewinne dem Wert der erstellten Produkte entspreche. Jede Produktion schaffe sich also ihre eigene Nachfrage. Das Geld sei nur ein Schleier, der den eigentlichen Tatbestand verhülle, dass die Produkte immer nur mit Produkten gekauft werden. Demnach sei nur eine partielle Überproduktion möglich, der eine Unterproduktion an anderer Stelle entspreche. Diese Ungleichgewichtssituation sei aber nur temporär und werde durch den Preismechanismus beseitigt. – *Kritik* an Say schon durch → Malthus und Sismondi. Das Saysches Theorem gilt nur in einer Naturaltauschwirtschaft. Scharfe Kritik am Sayschen Theorem v.a. von → Keynes.

SB → Selbstbedienung.

SB-Center → Verbrauchermarkt.

SBF-Paris → Pariser Börse.

SB-Terminal – durch den Bankkunden bedientes Selbstbedienungsterminal. – Vgl. auch → Geldausgabeautomaten (GAA), → Kontoauszugsdrucker (KAD), → Bankautomation.

SB-Warenhaus → Selbstbedienungswarenhaus.

Scalping – Wort aus dem Englischen für *Skalpieren* bzw. *das Fell über die Ohren ziehen*: Erwerb von Insiderpapieren in der Absicht, sie ausschließlich einem anderen zum Erwerb zu empfehlen, damit die Kurse steigen, und sie danach wieder zu verkaufen. Dieser Sachverhalt ist eine Kurs- und → Marktmanipulation gemäß § 20a I 1 Nr. 2 WpHG.

Scanner – *Abtastgerät.* 1. *Abfragevorrichtung* (Lesegerät) für optische Zeichencodes (z.B. → Barcode). Scanner werden bes. im → Handel, v.a. → Einzelhandel verwendet; dient zur Identifizierung der auf Waren oder Etiketten angebrachten Artikelnummern. – Vgl. auch → EAN, → Warenwirtschaftssystem (WWS). – 2. *Eingabegerät zur Bildeingabe* in einen → Computer; erfasst alle Informationen von einer Vorlage, indem es für jeden Bildpunkt den entsprechenden Helligkeits- oder Farbwert sowie die

Lageinformationen in digitale (→ digitale Darstellung) elektrische Signale umwandelt.

Scanner-Handelspanel → Handelspanel, bei dem die Erfassung der Abverkäufe automatisch orts- und zeitkongruent mittels → Scanner erfolgt. Wesentliche Vorteile im Vergleich mit dem herkömmlichen Handelspanel: kontinuierliche Erhebungsfrequenz, kürzerer Berichtszeitraum, genauerer Erfassungsmodus für Absätze und Preis, höhere → Reliabilität, niedrigere Kosten (da die Abverkäufe und Preise als Nebenprodukt des Kassiervorgangs anfallen). – Vgl. auch → Scanner-Haushaltspanel.

Scanner-Haushaltspanel → Haushaltspanel, bei dem die Erfassung der Abverkäufe und Preise nicht durch herkömmliche Tagebücher oder Kassenbons erfolgt, sondern mittels → Scanner. Die Haushalte werden entweder mit Identifikationskarten ausgestattet, die bei Vorlage an der Kasse (POS) eine orts- und zeitkongruente Erfassung und Zuordnung der Einkaufsvorgänge zu den Haushalten ermöglichen (*POS-Scanning*, Einsatz derzeit nur im → Testmarkt Behavior Scan). Beim *Inhome-Scanning* dagegen erfassen die Haushalte ihre Einkäufe zu Hause mit einem Handscan-Gerät. – Vorteile gegenüber dem herkömmlichen Haushaltspanel: genauere Produkterfassung, geringere Belastung der Panelmitglieder, geringere laufende Kosten, Informationsumfang (Informationen über alle Warengruppen statt nur über ausgewählte Warengruppen), größere externe → Validität. – *Formen:* Größere Handscangeräte erlauben die Eingabe aller relevanten Daten mittels einer Tastatur. Daneben gewinnt eine Variante an Bedeutung, bei der das Scangerät nur zur Erfassung des EAN-Codes dient. Alle anderen Daten werden am PC eingegeben und über das Internet übertragen. – Vgl. auch → Scanner-Handelspanel.

Scanning → strategische Frühaufklärung.

SCE – Abk. für *Societas Cooperativa Europaea*, Europäische Genossenschaft.

Schachteldividende – 1. *Begriff* des Steuerrechts für den Gewinnanteil eines Unternehmens aus einer Kapitalgesellschaft, an der es beteiligt ist (→ Schachtelprivileg). Mit dem Bezug einer Schachteldividende ist meist eine steuerliche bes. Behandlung verbunden, oft dahingehend, dass der Bezug bei der Muttergesellschaft steuerfrei belassen wird in Hinblick darauf, dass die Tochtergesellschaft bereits Steuern zahlen musste. – 2. *Einzelne Steuerarten:* a) bei der *Körperschaftsteuer*: Eine bes. Behandlung für Schachteldividenden findet sich hier nur noch in seltenen Ausnahmefällen (§ 8b IX KStG), weil körperschaftsteuerlich heutzutage praktisch alle Dividendenbezüge einer Kapitalgesellschaft, die von einer anderen Kapitalgesellschaft bezogen werden, ohnehin steuerfrei belassen werden (Ausnahmen: § 8b VII, VIII KStG). – b) Bei der *Einkommensteuer* hat der Begriff Schachteldividende in Deutschland seit langem schon ebenfalls keine Bedeutung mehr, da eine doppelte Belastung der Gewinne auf der Ebene der zahlenden Kapitalgesellschaft und der die Dividende erhaltenden natürlichen Person ebenfalls bereits ganz allg., und zwar durch das → Körperschaftsteuersystem, vermieden wird. – 3. Bei der *Gewerbesteuer* werden Dividendeneinkünfte aus einer Untergesellschaft (deren Gewinne ja schon der Gewerbesteuer oder einem ähnlichen, ausländischen Äquivalent unterlegen haben können) allerdings bei der Obergesellschaft im Grundsatz erneut der Besteuerung unterworfen (§ 8 Nr. 5 GewStG). Hier wird eine Steuerfreiheit von Dividenden bei der Obergesellschaft in der Tat auch heute noch an das Vorliegen einer Mindestbeteiligung geknüpft (15 Prozent, die frühere Quote von nur 10 Prozent gilt heute nur noch in Anwendungsfällen der → Mutter-Tochter-Richtlinie, § 9 Nr. 7 GewStG), sodass der Begriff der Schachteldividende (im Vergleich zur normalen Dividende) in diesem Bereich noch steuerlich Bedeutung hat. – 4. In vielen *anderen Staaten* werden Dividenden traditionell erst ab einer Beteiligungsquote von 25 Prozent als Schachteldividende behandelt, allerdings ist auch international eine Tendenz zu beobachten, den Schwellenwert in Richtung auf 10 Prozent zu senken.

Schachtelgesellschaft → Kapitalgesellschaft als Beteiligungsgesellschaft, bei der ein inländisches Unternehmen mind. zu einem Zehntel beteiligt ist. Auch beim Bund, bei Ländern, Gemeinden, Gemeindeverbänden, Betrieben von inländischen Körperschaften des öffentlichen Rechts finden sich Schachtelgesellschaften. – *Steuerliche Vergünstigung:* → Schachtelprivileg. – Vgl. auch → Schachteldividenden, → Organschaft.

Schachtelprivileg – I. Begriff: Instrument zur Vermeidung ertrag- oder substanzsteuerlicher Mehrfach- oder Doppelbelastungen, die sich bei der Verschachtelung von Kapitalgesellschaften ergeben. Im Fall von → Schachtelgesellschaften werden die Gewinne bzw. die Beteiligungswerte aus der Bemessungsgrundlage der jeweiligen Steuerart ausgenommen. Es handelt sich nicht um ein für die begünstigten Gesellschaften geschaffenes Privileg, sondern um eine notwendige Korrektur zur Vermeidung von Mehrfachbesteuerungen.

II. Inländisches Schachtelprivileg: 1. *Körperschaftsteuerliches Schachtelprivileg* besteht darin, dass Dividendeneinkünfte bei der Körperschaftsteuer steuerfrei sind (§ 8b I KStG), weil die der Dividendenausschüttung zugrunde liegenden Gewinne bei der Gesellschaft, die diese erwirtschaftet hat, der Körperschaftsteuer unterliegen. Das sog. erweiterte körperschaftsteuerliche Schachtelprivileg stellt auch Gewinne aus der Veräußerung von Anteilen an einer Kapitalgesellschaft von der Körperschaftsteuer frei, weil im Halbeinkünfteverfahren Veräußerungsgewinne aus Anteilen und Dividenden aus den entsprechenden Anteilen gleich behandelt werden (§ 8b II KStG). Voraussetzung der Regelungen ist, dass eine körperschaftsteuerpflichtige Institution (meist eine

Mutterkapitalgesellschaft) an einer anderen Gesellschaft (meist eine Tochterkapitalgesellschaft) beteiligt ist, nicht jedoch, dass der Dividendenempfänger oder Veräußerer eine natürliche Person ist. Eine bestimmte Mindestbeteiligungsquote zwischen Mutter- und Tochtergesellschaft ist seit der Einführung des Halbeinkünfteverfahrens nicht mehr notwendig. – 2. *Gewerbesteuerliches Schachtelprivileg* steht jedem Gewerbebetrieb zu, der Dividenden aus einer anderen Kapitalgesellschaft bezieht. Allerdings nur, wenn die Beteiligungsquote am Anfang des Jahres mind. 15 Prozent (vor Erhebungszeitraum 2008: 10 Prozent) beträgt (§ 9 Nr. 2a GewStG) und – bei ausländischen Tochtergesellschaften – die Tochtergesellschaft entweder fast ausschließlich aktiven Tätigkeiten nachgeht oder sie unter die Mutter-Tochter-Richtlinie fällt (§ 9 Nr. 7 GewStG; im letzteren Fall auch heute noch eine Beteiligungsquote von 10 Prozent ausreichend). Falls laut Doppelbesteuerungsabkommen eine niedrigere Grenze als 15 Prozent geregelt ist, so kommt diese zum Tragen. Wird das gewerbesteuerliche Schachtelprivileg nicht gewährt, so sind Dividenden bei der Gewerbesteuer voll zu erfassen (§ 8 Nr. 5 GewStG).

III. Grenzüberschreitende Schachtelprivileg: Das Schachtelprivileg wird in Deutschland innerstaatlich wie grenzüberschreitend nach den oben genannten Regeln gewährt.

IV. Andere Steuern: 1. *Vermögensteuerliches Schachtelprivileg* bestand darin, den Wert der Anteile an der Untergesellschaft bei der Vermögensteuer der Obergesellschaft steuerfrei zu stellen. Da die Vermögensteuer nicht mehr erhoben wird, ist das Schachtelprivileg ohne Bedeutung. – 2. *Erbschaftsteuerliches Schachtelprivileg:* nicht möglich, weil eine gleichzeitige Erbschaftsteuerbelastung desselben Vermögens auf der Ebene einer Mutter- und einer Tochterkapitalgesellschaft nicht vorliegen kann.

V. Vergleichbare ausländische Regelungen: Wie in Deutschland, so sind mittlerweile bei den Ertragsteuern auch in vielen anderen EU-Staaten neben den Dividenden auch die Veräußerungsgewinne vom Schachtelprivileg erfasst (z.B. Luxemburg, Niederlande, Dänemark).

VI. Regelung auf EU-Ebene: → Mutter-Tochter-Richtlinie.

VII. Steuerpolitik: Bei den zahlreichen Voraussetzungen der Schachtelprivilege zielen steuerpolitische Maßnahmen vorwiegend auf die Verwirklichung eines begünstigten Sachverhalts ab. Sachverhaltsgestaltungen sind sowohl darauf gerichtet, die Bedingungen für die Gewährung der Schachtelprivilege zu schaffen, als auch die mit der Steuerfreiheit der Dividenden und Gewinne verbundene Nichtabzugsfähigkeit der damit zusammenhängenden Kosten (z.B. Zinskosten für den Erwerb der Beteiligung, aus der die steuerfreien Dividenden stammen) zu vermeiden. Diesen Gestaltungsüberlegungen wurde jedoch die ab 2004 für das körperschaftsteuerliche Schachtelprivileg geltende Regelung, dass die nichtabziehbaren Kosten der steuerfreien Einkünfte stets pauschal mit 5 Prozent der bezogenen Dividende bzw. des erzielten Veräußerungsgewinns angesetzt und im Gegenzug die tatsächlichen Kosten unbeanstandet verbucht werden dürfen (§ 8b V KStG), entgegengesetzt.

Schachtelstrafe – 1. *Vermögensteuer:* Bezeichnung dafür, dass im Rahmen der (früher erhobenen) Vermögensteuer bei einer steuerfreien Schachtelbeteiligung (aufgrund des → Schachtelprivilegs) auch die dazugehörigen Schulden nicht angesetzt werden konnten. – 2. *Körperschaftsteuerrecht:* gelegentlich anzutreffende Übertragung des Begriffs auf das Ertragsteuerrecht: Schachtelstrafe ist die Regelung, dass die Aufwendungen für eine aufgrund des Schachtelprivilegs steuerbefreite Dividende, die eine Kapitalgesellschaft aus einer Tochterkapitalgesellschaft bezieht, ebenfalls nicht abziehbar sind (→ Betriebsausgabenpauschale).

Schaden – durch einen schädigenden Umstand entstehende materielle (seltener ideelle) Nachteile.

I. Bürgerliches Recht: Differenz zwischen dem Vermögensstand vor und nach dem Schadenereignis, abgestellt auf den Zeitwert (Abzug „neu für alt").

II. Versicherungswesen: Zentralbegriff der Schadenversicherung, der sich aus der negativen Beeinträchtigung des versicherten → Interesses ergibt. Höchstgrenze der Ersatzleistung (Bereicherungsverbot), die i.d.R. in Geld erfolgt (ausgenommen z.B. Naturalersatz bei der Glasversicherung). Bei → Unterversicherung (→ Vollwertversicherung) Schadenersatz nur im Verhältnis der Versicherungssumme zum Versicherungswert. Beteiligung des → Versicherungsnehmers am Schaden durch → Franchise oder → Selbstbeteiligung. Soll neben dem Substanzinteresse (eigentlicher Sachschaden) auch ein anderes Interesse (z.B. Gewinninteresse) geschützt werden, so muss dies bes. vereinbart werden (z.B. → Mietverlustversicherung). – Der Versicherungsnehmer ist im Schadenfall zur Abwendung und Minderung des Schadens und zur Auskunftserteilung gegenüber dem Versicherer verpflichtet (→ Schadenabwendung, Schadenminderung). – *Sonderregelungen:* → Ablehnung der Leistungspflicht im Schadenfall, → Klagefrist für Versicherungsansprüche, Heranziehung von → Sachverständigen, → Verjährung von Ansprüchen aus Versicherungsverträgen.

III. Rechnungswesen: 1. Die durch Beschädigung oder Vernichtung von Teilen des Betriebsvermögens durch höhere Gewalt, Brand, Diebstahl oder durch behördlichen Eingriff eintretenden Vermögensminderungen sind als *Betriebsverluste* dem Rechnungsabschnitt zuzuschreiben, in dem sie entstanden sind. Der entstandene Schaden (z.B. Brandschaden) wird in der → Gewinn- und Verlustrechnung (GuV) unter den Aufwendungen (z.B. → außerordentlichen Aufwendungen, § 277 IV HGB) erfasst. – 2. Wird durch die Höhe einer *Versicherungsentschädigung* eine → stille Rücklage frei, liegt also der Buchwert der vernichteten oder beschädigten Sache niedriger als der Entschädigungsbetrag, so kann die Auflösung der stillen Reserve in Handels- und Steuerbilanz vermieden werden, soweit für die vernichteten Gegenstände Ersatz angeschafft wird. Die stille Reserve ist mit dem Ersatzgegenstand aufzurechnen. – *Beispiel:* Gebäudebuchwert 50.000 Euro, Versicherungssumme 60.000 Euro, Ersatzgebäude 80.000 Euro. – *Zu buchen:* (1) Aufdeckung der stillen Reserve: Außerplanmäßige Abschreibungen an Gebäude 50.000 Euro; Forderungen an sonstige betriebliche Erträge 60.000 Euro, sonstige betriebliche Aufwendungen an Sonderposten mit Rücklageanteil 10.000 Euro. (2) Übertragung der stillen Reserve: Neubau an Geldkonto 80.000 Euro; Sonderposten mit Rücklageanteil an sonstige betriebliche Erträge 10.000 Euro; außerplanmäßige Abschreibungen an Neubau 10.000 Euro. – Vgl. auch Rücklagen für Ersatzbeschaffung (→ Rücklagen).

Schadenabwendung – Maßnahmen des Versicherungsnehmers, um den Eintritt eines bevorstehenden → Versicherungsfalls zu verhindern. Zur Schadenabwendung ist der Versicherungsnehmer verpflichtet (Rettungspflicht). Die (angemessenen) Kosten der Schadenabwendung werden vom Versicherer ersetzt. – Vgl. auch → Schadenverhütung.

Schadenexzedentenrückversicherung – engl. Excess of Loss, Abk. XL. – 1. *Begriff:* Nichtproportionaler Rückversicherungsvertrag, bei dem Rückversicherungsleistungen fällig werden, wenn der Schaden beim Erstversicherer eine bestimmte Priorität übersteigt. – 2. *Merkmale:* Bei der Schadenexzedenten-Rückversicherung mit Priorität $d > 0$ wird ein Schaden der Höhe X derart aufgeteilt, dass der Erstversicherer den Betrag $min\{X, d\}$ und der Rückversicherer den Betrag $(X - d)^{+}$übernimmt. Dabei kann X die Höhe eines Einzelschadens (excess-of-loss per risk, XL per risk), die Höhe eines Kumulschadens (excess-of-loss per event, XL per event, Cat-XL) oder die Höhe des Jahresschadens (stop-loss, SL) sein. – 3. *Formen:* → Einzelschadenexzedent, → Kumulschadenexzedent, Jahresüberschadendeckung.

Schadenfreiheitsklassen – 1. *Begriff:* Grundlage der → Prämiendifferenzierung in der → Kfz-Haftpflichtversicherung und in der → Vollkaskoversicherung, bei der die Anzahl der schadenfreien Jahre und damit die erworbene Fahrerfahrung als subjektives Gefahrenmerkmal berücksichtigt wird. – 2. *Merkmale:* Jeder Schadenfreiheitsklasse ist ein bestimmter → Schadenfreiheitsrabatt zugeordnet. Bei einem im Versicherungsjahr schadenfreien Verlauf wird der Vertrag im darauffolgenden Jahr um eine Schadenfreiheitsklasse besser eingestuft; bei einem oder mehreren Schäden, bei denen das Versicherungsunternehmen Entschädigungsleistungen erbracht oder → Rückstellungen gebildet hat, wird der Vertrag in eine niedrigere Schadenfreiheitsklasse oder sogar in eine Schadenklasse zurückgestuft. Dies erfolgt anhand einer statistisch ermittelten Rückstufungstabelle. Die erreichte Schadenfreiheitsklasse wird bei einem Versichererwechsel angerechnet. Je nach Art des versicherten Kraftfahrzeugs gibt es unterschiedlich lange Schadenfreiheitsklassenstaffeln. Die Höhe der zugehörigen Prämiensätze kann von Versicherungsunternehmen zu Versicherungsunternehmen variieren. – 3. *Umgehung der Rückstufung:* Der Versicherungsnehmer kann die Rückstufung verhindern oder abmildern, indem er entweder den Schaden selbst bezahlt („zurückkauft“) oder in seinen Vertrag einen Rabattretter oder Rabattschutz einschließt.

Schadenfreiheitsrabatt – Der in der → Kfz-Haftpflichtversicherung und in der → Vollkaskoversicherung im Voraus wirksame prozentuale Nachlass auf die errechnete Grundprämie, der nach der Dauer der Schadenfreiheit gestaffelt ist und mit der → Schadenfreiheitsklasse eng verbunden ist.

Schadenregulierung – 1. *Begriff:* allg. Bezeichnung für den gesamten Prozess der Bearbeitung und Abwicklung von → Schäden. I.e.S. wird unter Schadenregulierung die abschließende Entscheidung des Versicherers zu seiner Eintrittspflicht für den konkreten Schaden gegenüber dem Versicherungsnehmer oder Geschädigten verstanden. – *Ziel:* sachgerechter Schadenausgleich. – 2. *Schadenregulierung in der Haftpflichtversicherung:* Prüfung und Ausgleich begründeter sowie Abwehr unbegründeter Ansprüche, die gegen den Versicherungsnehmer oder die versicherten Personen gerichtet werden.

Schadenregulierungskosten – Sachliche und personelle Kosten für die Regulierung von Schäden durch den → Erstversicherer. Zu unterscheiden sind direkte und indirekte sowie externe und interne Schadenregulierungskosten. a) Direkte Schadenregulierungskosten sind solche, die in einem unmittelbaren Zusammenhang mit einem Schaden stehen, diesem zugeordnet werden können und nicht Entschädigungsleistung selbst sind, wie z.B. Anwalts- oder Sachverständigenhonorare. – b) Indirekte Schadenregulierungskosten sind demgegenüber alle übrigen Aufwendungen, die bei der → Schadenregulierung entstehen und der Funktion Schadenbearbeitung in einem → Versicherungsunternehmen, aber nicht unmittelbar dem einzelnen Schaden zugeordnet werden können, wie Löhne und Gehälter, Büromieten, Energiekosten. – c) Bei den externen Schadenregulierungskosten handelt es sich um solche Kosten, die einem Schadenfall unmittelbar zugeordnet werden können, dabei nicht Entschädigungsleistungen sind und dem Versicherer oder Geschädigten von externen Dritten in Rechnung gestellt werden. – d) Interne Schadenregulierungskosten sind alle beim Versicherer selbst anfallenden – innerbetrieblichen – Kosten, die nicht Entschädigungsleistungen sind, egal ob es sich um direkte oder indirekte Schadenregulierungskosten handelt.

Schadenregulierungsvollmacht → Regulierungsvollmacht.

Schadenrückversicherung – 1. *Begriff:* Zusammenfassung aller Rückversicherungsdeckungen, bei denen im → Versicherungsfall nicht eine fest vereinbarte → Versicherungssumme (wie z.B. in der → Lebens- und → Unfallversicherung) bezahlt, sondern lediglich der entstandene → Schaden ersetzt wird. – 2. *Merkmal:* Dieses Prinzip hat in allen Zweigen der → Sach- und → Haftpflichtversicherung Gültigkeit.

Schadensbewertung – monetäre Quantifizierung eines → Schadens bei externen Effekten (→ ökonomische Bewertung von Umweltschäden).

Schadensdiskontierung – Die Schadensdiskontierung ist eine Auswirkung der Unvollkommenheit von Instrumenten zur → Internalisierung externer Effekte. Schließt z.B. das Umwelthaftungsrecht aus, dass die Geschädigten bestimmte Schadensarten, z.B. immaterielle Schäden, geltend machen, so liegt die von den Verursachern in die Rentabilitätsrechnung eingestellte Schadensersatzzahlung unter den tatsächlichen Schäden. Die Schadensdiskontierung führt dazu, dass die schädigende Aktivität volkswirtschaftlich auf einem zu hohen Niveau ausgeübt wird. Zu unterscheiden ist dieses Problem von der intertemporalen Diskontierung von Schäden, die in der Zukunft liegen. Letzteres ist eine Frage der intertemporalen Zeitpräferenzrate und Diskontierung, während es sich bei der hier besprochenen Schadensdiskontierung um eine nicht hinreichende Internalisierung externer Effekte handelt.

Schadensersatz – I. Bürgerliches Recht: 1. *allgemeine Grundsätze* über die Formen des aufgrund anderer Bestimmungen zu leistenden Schadensersatz in §§ 249–255 BGB. Der Schädiger muss den tatsächlichen Zustand wieder herstellen, der bestehen würde, wenn das schädigende Ereignis nicht eingetreten wäre (z.B.: Die beschädigte Sache reparieren, für eine zerstörte Sache gleichwertigen Ersatz liefern). Ein Anspruch auf Geldersatz besteht grundsätzlich nur bei Körper- und Sachschäden (§ 249 Satz 2 BGB). Praktisch ist heute Geldersatz die Regel. – 2. *Besonderheiten:* a) Der zu ersetzende Schaden umfasst auch den → entgangenen Gewinn (§ 252 BGB), während dem Geschädigten zugeflossene Vorteile durch → Vorteilsausgleichung zu berücksichtigen sind. – b) Wegen eines Schadens, der nicht Vermögensschaden ist, braucht nur Ersatz geleistet zu werden, wenn das Gesetz es – wie z.B. beim → Schmerzensgeld – ausdrücklich anordnet (§ 253 I BGB). – c) → Mitverschulden des Geschädigten kann zur Schadensteilung, u.U. auch zu Wegfall des Anspruchs auf Schadensersatz führen (§ 254 BGB). – d) In Ausnahmefällen kann auch für den einem anderen entstandenen Schaden (→ Drittschaden) Schadensersatz verlangt werden. – Vgl. auch → Pauschalierung von Schadensersatzansprüchen. – 3. *Formen:* a) (Einfacher) Schadensersatz, z.B. Ersatz der Heilungskosten und des Verdienstausfalls, wenn der Besucher eines Restaurants eine Lebensmittelvergiftung infolge der Fahrlässigkeit des Restaurantbesitzers erleidet. – b) Schadensersatz statt Leistung, z.B. in Höhe des Preises eines mangelfreien Kraftwagens, wenn bei einem Gebrauchtwagenkauf die Mängel am Kraftwagen nicht behoben werden können. – c) → Verzugsschaden.

II. Gewerblicher Rechtsschutz, Urheberrecht und Wettbewerbsrecht: Auf diesen Rechtsgebieten wird das allgemeine Schadensersatzrecht dadurch ergänzt, dass dem Verletzten nach seiner Wahl drei Schadensberechnungsarten zur Verfügung stehen: Konkret anhand des entgangenen Gewinns oder Herausgabe des Verletzergewinns oder Schadensschätzung nach Grundsätzen der Lizenzanalogie. Im Wettbewerbsrecht ist die Möglichkeit der dreifachen Schadensberechnung in Fällen wettbewerbswidriger „sklavischer Nachahmung" (→ Ausbeutung), der Verletzung von Geschäftsgeheimnissen (→ Betriebs- und Geschäftsgeheimnis) und der Vorlagenfreibeuterei anerkannt, bei anderen Wettbewerbsverstößen ist sie von der Rechtsprechung abgelehnt worden, hier bleibt die Berechnung eines konkreten Schadens, der ggf. nach § 287 ZPO zu schätzen ist.

III. Steuerliche Behandlung: → Schadensersatzleistungen.

Schadensersatzleistungen – 1. *Begriff:* Aufwendungen zur Erfüllung einer Verpflichtung des Steuerpflichtigen auf → Schadenersatz. – 2. *Steuerliche Behandlung:* a) *Einkommensteuer:* Schadensersatzleistungen sind beim Schädiger als → Betriebsausgaben oder → Werbungskosten abzugsfähig, wenn die Verpflichtung zum Schadenersatz durch den Betrieb oder Beruf veranlasst wurde. Ist noch keine Zahlung erfolgt, sondern droht lediglich die Inanspruchnahme auf Schadensersatzleistungen, z.B. weil ein Betrieb Patentrechte eines anderen verletzt hat, so dürfen Rückstellungen erst gebildet werden, wenn mit einer Inanspruchnahme ernstlich zu rechnen ist oder Ansprüche auf Schadensersatzleistungen schon angemeldet worden sind (§ 5 III EStG). – Beim Geschädigten können Schadensersatzleistungen im privaten Vermögen (nicht steuerbar) oder im Einkünftebereich (steuerbar) liegen. – b) *Umsatzsteuer:* Echte Schadensersatzleistungen unterliegen nicht der → Umsatzsteuer, weil das Merkmal des entgeltlichen Leistungsaustausches fehlt. Stellt jedoch der Geschädigte im Auftrag des Schädigers eine Sache im eigenen Unternehmen wieder her, ist das von dem Schädiger hierfür gezahlte Entgelt umsatzsteuerbar, da die Reparaturleistung im Rahmen eines Leistungsaustausches erbracht wird.

Schadensersatzpflicht – Pflicht zum Ersatz des durch einen fahrlässigen oder vorsätzlich begangenen Verstoß gegen deutsches oder europäisches Kartellrecht oder eine Verfügung der Kartellbehörde entstandenen Schadens durch den Verursacher (§ 33 III GWB). Inhalt und Umfang des Schadensersatzanspruches richten sich nach den §§ 249 ff. BGB. Der Entscheidung in einem → Kartellverwaltungsverfahren, das das kartellwidrige Verhalten bereits zum Gegenstand hatte, wird im Zivilprozess Tatbestandswirkung zugewiesen (§ 33 IV GWB). Hierdurch wird die Durchsetzung zivilrechtlicher Ansprüche erleichtert.

schadensgeneigte Arbeit → gefahrgeneigte Arbeit.

Schadenskosten → externe Kosten.

Schadenskostenansatz – 1. *Begriff:* Ein Schadenskostenansatz misst den monetären Schaden, der aufgrund eines Umweltschadens entsteht oder bestimmt den Wiederbeschaffungswert einer „Umweltdienstleistung" (Schaltegger/ Burritt 2000, S. 284). Der Ansatz kann daher bei Ökobilanzkonzepten (→ Ökobilanz) Anwendung finden, wie z.B. bei der Environmental Priority Strategy (EPS). – 2. *Entstehung der Environmental Priority Strategy (EPS):* Der Methodenkomplex wurde vom IVL Swedish Environmental Research Institute für Volvo entwickelt (vgl. Goedkoop 1995, S.12). – 3. *Geltungsbereich und Systemgrenze:* Die Methode ist weltweit in den Systemgrenzen „Gate-to-Gate" (s. → Cradle-to-Cradle) anwendbar. – 4. *Bewertungsobjekt- und größe:* Bewertet werden können Prozesse hinsichtlich abiotischen Ressourcen, Gesundheitsschäden, Produktion der Ökosysteme oder umweltbedingter wirtschaftlicher Schäden, der Biodiversität bzw. Artenverlust und der Ästhetik (kultureller Wert und Erholungswert). – 5. *Ziel und Annahmen:* Im Gegensatz zu anderen Ökobilanzansätzen betrachtet die Environmental Priority Strategy nicht die Umweltwirkung selbst, sondern deren Wirkung. Der Methode liegt die Annahme zugrunde, dass die Gesellschaft bestimmten Schutzobjekten einen Wert zumisst.–6. *Vorgehen:* (1) Bestimmung des monetären Schadens auf Basis der genannten Effekte. (2) Bewertung der Einheitswerte mit Umweltbelastungspunkten, die auf verschiedenen Bewertungsfaktoren beruhen und den Umweltbelastungswert wiedergeben. (3) Bewertung mittels Multiplikation des Umweltbelastungswertes mit der weltweiten Ausdehnung der Umweltauswirkung. (4) Abschätzung der Anteile einer Tätigkeit am Umweltbelastungswert. – 7. *Ergebnis:* Es ergibt sich aus der Addition der drei Wirkungskategorien ein finanziell bewerteter Schaden. – 8. *Kritische Würdigung:* Die Methode kombiniert verschiedene Effekte. Sie ist jedoch weniger für allg. Bewertungen von Umweltwirkungen geeignet. Vielmehr bietet sich eine prozess- und unternehmensbezoge Anwendung an. Außerdem ist die Methode stark von der Verfügbarkeit und der Verlässlichkeit der verwendeten Bewertungsfaktoren abhängig.

Schadensliquidation im Drittinteresse → Drittschaden.

Schadensrechtsreform – durch das Zweite Gesetz zur Änderung schadensersatzrechtlicher Vorschriften vom 19.7.2002 (BGBl. I 2674). Die Beschränkung des → Schmerzensgeldes auf die → unerlaubte Handlung und weitere Sonderbestimmungen wurde aufgehoben, sodass auch bei → Vertragsverletzung und → Gefährdungshaftung ein Schmerzensgeld verlangt werden kann. Ebenso wurde die Haftung Minderjähriger bei Verkehrsunfällen (→ Deliktsfähigkeit) eingeschränkt und die Haftung des vom Gericht ernannten Sachverständigen, der vorsätzlich oder grob fahrlässig ein unrichtiges Gutachten erstattet, ausdrücklich geregelt (§ 839a BGB).

Schadensreserven – versicherungstechnische → Rückstellungen für im Laufe des Wirtschaftsjahres eingetretene, aber am Schluss des Jahres noch nicht erledigte Schadensfälle. Bilanziell handelt es sich um ungewisse Verbindlichkeiten, da der Gesellschaft die Verpflichtung zur Zahlung für diese Schäden bereits entstanden und lediglich die Höhe der Verbindlichkeiten noch unsicher ist; daher ist für die noch nicht erledigten Schadensfälle die Bildung einer Rückstellung erforderlich (allg. Grundsätze; § 249 HGB). Da es sich um eine große Zahl von Fällen handelt, wäre es bei der Bewertung einer solchen Rückstellung nicht vertretbar, jede für sich mit dem denkbaren Höchstwert anzusetzen; es ist vielmehr zu berücksichtigen, dass sich nach statistischen Grundsätzen bei einer großen Menge von Fällen nicht immer der pessimistischste Wertansatz realisieren wird (ebenfalls allg. Regelung; § 6 I Nr. 3a EStG). Diese gemeinsame Beurteilung einer Gruppe von Fällen hat für jeden Versicherungszweig getrennt zu erfolgen, soweit für jeden Zweig eine gesonderte GuV aufzustellen ist (§ 20 I KStG). – Liegt der nach diesen Grundsätzen ermittelte Stand der Schadensrückstellungen über dem Stand des Vorjahr, entsteht durch die Erhöhung dieses Postens buchhalterisch Aufwand; dieser mindert den steuerpflichtigen Gewinn. – Vgl. auch → Schwankungsrückstellungen.

Schadenverhütung – 1. *Begriff:* Gesamtheit aller Maßnahmen und Regelungen, die einen Schadeneintritt verhindern oder die Folgen mindern sollen. – 2. *Hintergründe:* Maßnahmen zur Schadenverhütung seitens des → Versicherungsnehmers sind vielfach als → Obliegenheiten in den Versicherungsverträgen verankert, um das → versicherungstechnische Risiko und die Risikokosten für das Versicherungsunternehmen einzudämmen. Auch Vereinbarungen von → Franchisen tragen zum Interesse des Versicherungsnehmers an einer Schadenverhütung bei. Umgekehrt sind Maßnahmen zur Schadenverhütung seitens des Versicherungsunternehmens oder von Verbandsseite ein wesentlicher Aspekt der Kundenorientierung und des Services. – 3. *Beispiel:* Beim → Gesamtverband der Deutschen Versicherungswirtschaft e. V. (GDV) wurde die Schadenverhütung durch die VdS Schadenverhütung GmbH institutionalisiert. Die VdS Schadenverhütung GmbH gibt im Rahmen verschiedener Merkblätter Hinweise, wie einem Schaden wirksam vorgebeugt werden kann. Im

Merkblatt zur Schadenverhütung in Wohngebäuden werden bspw. Hinweise gegeben, wie die Sicherheit u.a. durch Brandschutz, Schutz vor Leitungswasser- und Sturmschäden wirksam verbessert oder aufrecht erhalten werden kann.

Schadenversicherung – Sammelbezeichnung für alle → Versicherungszweige, die den durch einen konkreten → Schaden entstandenen Mittelbedarf decken. Beispiele: → Sachversicherungen, wie etwa die → Feuerversicherung, die → verbundene Hausratversicherung, die → verbundene Wohngebäudeversicherung, die → Kfz-Kaskoversicherung und die Transportversicherung, sowie die → Haftpflichtversicherung. Es gilt das Prinzip der konkreten Bedarfsdeckung; der Versicherungsnehmer darf durch die Ersatzleistung nicht bereichert werden (Bereicherungsverbot). Die Versicherungsleistung wird durch die → Versicherungssumme, den → Versicherungswert und die Schadenhöhe dreifach begrenzt. – *Gegensatz:* Summenversicherung.

Schadlosbürge – Bezeichnung für den Bürgen bei der → Ausfallbürgschaft.

Schadschöpfung – Summe aller in einem Werk, einer Unternehmung, einem Land oder während eines Produktlebens durch betriebliche Leistungsprozesse direkt und indirekt verursachten und nach ihrer relativen ökologischen Schädlichkeit beurteilten → Emissionen. Analog zur → Wertschöpfungskette wird die Schadschöpfungskette beschrieben.

Schadstoff – in der natürlichen Umwelt vorkommende (natürliche und anthropogene) Stoffe, die unter bestimmten Voraussetzungen auf Menschen, andere Lebewesen, → Ökosysteme oder Sachen schädlich wirken können.

Schadstoffinteraktion – *Synergismus;* Zusammenwirken von → Emissionen bei der Verursachung von Umweltschäden.

Schadstoffsubstitution – Die umweltpolitische Bedeutung der Schadstoffsubstitution ergibt sich daraus, dass die Regulierung eines bestimmten Schadstoffs durch ein umweltpolitisches Instrument zu technisch-wirtschaftlichen Anpassungsprozessen führen kann, nach denen der Ausstoß eines nicht regulierten Schadstoffs steigt. Der ökologische Erfolg der → Umweltpolitik ist demnach zweifelhaft, wenn sie nicht einem schadstoffübergreifenden Konzept folgt.

Schalteraushang – Ursprünglich galt die gesetzliche Regelung des § 22 IV KWG, wonach der jeweils geltende Zinssatz für Spareinlagen durch Aushang im Kassenraum ersichtlich zu machen war. An ihre Stelle trat § 21 IV der Rechnungslegungsverordnung (RechkredV) vom 10.2.1992, der eine vergleichbare Vorschrift zur Zinsbekanntgabe nicht mehr beinhaltet. – Allerdings ist der Informationsmodus durch Preisaushang sowohl in Gestalt der AGB-Banken (Nr. 12 I Satz 1) und der AGB-Sparkassen (Nr. 15 Satz 2) als auch der Sonderbedingungen für den Sparverkehr (Nr. 3 I) beibehalten worden. Er steht im Einklang mit der für die Einbeziehung von Allgemeinen Geschäftsbedingungen zugelassenen Möglichkeit der Bekanntgabe durch Aushang gemäß § 2 I Nr. 1 AGBG bzw. § 305 II Nr. 1 BGB n.F. – Die zitierten AGB-rechtlichen Bestimmungen beruhen auf der Preisangabeverordnung (PAnGV) vom 14.03.1985 – zuletzt geändert am 22.7.1997. Nach § 3 I Satz 1 PAnGV sind die Kreditinstitute verpflichtet, die Preise für ihre wesentlichen Leistungen in Preisverzeichnisse aufzunehmen und durch Aushang bekannt zu geben. Der Preisaushang ist gemäß § 3 I Satz 2 PAnGV im Geschäftslokal oder am Ort des Leistungsangebots anzubringen.

Schaltergeschäft → Tafelgeschäft.

Schalterprovision – Vergütung im Bankgeschäft zwischen Mitgliedern eines Emissionskonsortiums (→ Konsortium). Die Mitglieder des Konsortiums überlassen einen Teil ihrer Quote anderen Kreditinstituten zum freihändigen Publikumsverkauf und geben an diese einen Teil ihrer Schalterprovision als Bankier-Bonifikation weiter.

Schaltwerktheorie → Informatik.

Schankerlaubnissteuer – nur noch in wenigen Ländern erhobene → Gemeindesteuer, einmalige Besteuerung der Erlaubniserteilung (Erlaubnispflicht nach § 1 GastG) zur Eröffnung, zur Erweiterung oder zur Übernahme einer schon bestehenden Gast- und Schankwirtschaft, eines Branntwein-Kleinhandels oder eines Ausschankes alkoholfreier Getränke. – *Steuersatz* (landesrechtlich verschieden): 2 bis 30 Prozent des Jahresumsatzes. – *Aufkommen:* 0,6 Mio. Euro (2006), also eher eine Bagatellsteuer.

Schanz-Haig-Simons-Ansatz – ursprünglich von Schanz im Rahmen seiner → Reinvermögenszugangstheorie entwickelter breiter Einkommensbegriff, dessen Diskussion sich vom dt. in den engl. Sprachraum verlagerte und dort mit den Namen Haig und Simons verbunden ist. Letztere weisen darauf hin, dass auch die zur Aufrechterhaltung des Kapitalstocks verwendeten Einkommenselemente in theoretischer Sicht Einkommen darstellen. Von grundlegender (allokationspolitischer) Bedeutung für die moderne Diskussion um einen breiten Einkommensbegriff (→ Comprehensive Tax Base) für die Einkommensbesteuerung.

Schär – Johann Friedrich, 1846–1924, einer der bedeutendsten Begründer der → Betriebswirtschaftslehre (BWL) als wissenschaftlicher Disziplin. Nach Tätigkeit als Unternehmer, Wirtschaftspolitiker und Lehrer 1903 auf den handelswissenschaftlichen Lehrstuhl der Universität Zürich berufen (den ersten betriebswirtschaftlichen Lehrstuhl an einer deutschsprachigen Universität). Von 1906–1919 ordentlicher Professor an der Handelshochschule Berlin. – Schär suchte als Erster ein geschlossenes System der Betriebswirtschaftslehre aufzubauen. Er sah infolge seiner ganzheitlichen Betrachtungsweise in der Betriebswirtschaftslehre einen Teil der Nationalökonomie und forderte, um die Kongruenz beider herzustellen, „das Gewinnprinzip aus dem Handelsbegriff zu eliminieren". Schär ist neben → Nicklisch der bedeutendste Vertreter einer → normativen Betriebswirtschaftslehre (genauer: der ethisch-normativen Betrachtungsweise im Fach). – *Hauptwerke:* „Allgemeine Handelsbetriebslehre" (1911); „Buchhaltung und Bilanz auf wirtschaftlicher, rechtlicher und mathematischer Grundlage" (1914).

Schattenkultur – kulturelle Aspekte in einer Organisation, die latent vorhanden sind, i.d.R. aber nicht wahrgenommen werden.

Schattenpreis → Opportunitätskosten, → Verrechnungspreis.

Schattenwirtschaft – 1. *Arten* (von Wertschöpfung aus Straftaten abgesehen): (1) Transaktionen von Gütern und Dienstleistungen, die auf „schwarzen" Märkten gehandelt werden; (2) grundsätzlich marktfähige, d.h. bewertbare Wertschöpfung im Bereich der bedarfsorientierten Selbstversorgung oder Nachbarschaftshilfe privater Haushalte; (3) freiwillige soziale Leistungen ohne Erwerbsabsicht. – 2. *Umfang:* Das Ausmaß der Schattenwirtschaft hängt ab von: (1) der erfassungstechnischen Leistungsfähigkeit der Wirtschaftsstatistik, (2) dem Grad der Arbeitsteilung und (3) v.a. in den entwickelten Industriestaaten von den Opportunitätskosten der offiziellen Erwerbstätigkeit, d.h. vom Ausmaß staatlicher Reglementierung und Abgabenbelastung. – 3. *Gründe:* a) Viele Arbeitnehmer empfinden ein zunehmendes Missverhältnis zwischen ihrem durch Abgaben zur Sozialversicherung, direkte oder indirekte Steuern belasteten verfügbaren Einkommen und den Marktpreisen der dafür real eintauschbaren Güter und Dienstleistungen. – b) Änderung des Substitutionsverhältnisses (d.h. der Relativpreise) zwischen den über offizielle Märkte beziehbaren Gütern sowie Dienstleistungen und haushaltsinterner Produktion („Do it yourself") zugunsten der letztgenannten. – c) Im Nutzen-Kosten-Kalkül verliert der Einkommenserwerb im offiziellen Sektor im Vergleich zum Einkommenserwerb in der Schattenwirtschaft, aber auch zu Freizeitaktivitäten, zunehmend an Attraktivität. – 4. *Wirtschaftspolitische Problematik:* Abgesehen von erheblichen Einbußen an Steuereinnahmen entspricht aufgrund der Schattenwirtschaft das statistische Bild einer Volkswirtschaft nicht mehr den realen Verhältnissen, das damit als Informationsgrundlage der Wirtschaftspolitik fraglich wird. Das Ausmaß der Schattenwirtschaft kann auch als Indikator für die (Nicht-)Akzeptanz der formalen Spielregeln auf dem Arbeitsmarkt interpretiert werden (s. → Konstitutionenökonomik).

Schatzanweisungen – 1. *Begriff:* kurz- und mittelfristige Anleihen, die von öffentlichen Gebietskörperschaften, bes. Staatsregierungen, zur Finanzierung gegeben werden. – 2. *Arten:* (1) *Verzinsliche Schatzanweisungen:* Diese werden mit Laufzeiten von zwei Jahren vom Bund seit 1996 regelmäßig im vierteljährlichen Rhythmus emittiert. (2) *Unverzinsliche Schatzanweisungen (U-Schätze):* U-Schätze mit sechsmonatiger Laufzeit (Bubills) werden ebenfalls regelmäßig mit 2-3 Ausgaben pro Monat begeben. Die Laufzeit bei Ausgabe beträgt 3, 6, 9 oder 12 Monate. Die Verzinsung erfolgt auf dem Wege des Diskontabschlags. U-Schätze werden zum Nennwert abzüglich des vereinbarten Zinsabschlags verkauft, bei Fälligkeit zum Nennwert zurückgezahlt.

Schätze → Schatzanweisungen.

Schätzer – 1. *Sammelbegriff* der → Inferenzstatistik für → Schätzfunktion oder → Schätzwert. – 2. *Umgangssprachliche Bezeichnung* für → Sachverständiger.

Schätzfehler → Stichprobenzufallsfehler.

Schätzfunktion – spezielle → Stichprobenfunktion, die aufgrund ihrer Eigenschaften (wie → Erwartungstreue, → Wirksamkeit oder → Konsistenz) zur → Schätzung eines → Parameters der → Grundgesamtheit qualifiziert ist, z.B. der Stichprobendurchschnitt

$$\bar{X} = \frac{1}{n}\sum X_i$$

der zur Schätzung des → Erwartungswertes in der Grundgesamtheit herangezogen wird.

Schätzstichproben → Stichprobenprüfung.

Schätzung – I. Statistik/Ökonometrie: zusammenfassende Bezeichnung für → Punktschätzung und → Intervallschätzung auf der Grundlage von Befunden aus einer → Teilerhebung.

II. Abgabenordnung: zulässiges Verfahren zur Ermittlung der → Besteuerungsgrundlagen durch das Finanzamt (§ 162 AO). – 1. *Zur Schätzung kommt es,* wenn der Steuerpflichtige seinen Erklärungs- und Mitwirkungspflichten nicht nachkommt, also v.a. Steuererklärungen und -anmeldungen nicht abgibt, Bücher nicht oder nicht ordnungsmäßig führt, die Vorlage der Bücher und sachdienliche Auskunft verweigert, über seine Angaben nicht ausreichend Aufklärung geben kann oder wenn das Ergebnis der Buchführung nach der Sachlage offensichtlich unrichtig ist. – 2. *Formen:* innerer und äußerer Betriebsvergleich, bes. (1) Schätzung des Rohgewinns aufgrund der Umsätze, der Beschäftigtenzahlen u.Ä., (2) Festlegung der Besteuerungsgrundlagen nach den von der Finanzverwaltung aufgestellten → Richtsätzen, (3) Vermögenszuwachsrechnung (→ Verprobungsmethoden), (4) Kassenfehlbetragsrechnung und (5) Geldverkehrsrechnung. – 3. Als *Rechtsbehelf* gegen den auf Schätzung beruhenden Steuerbescheid ist der Einspruch gegeben (§ 347 I AO).

Schätzverfahren → Intervallschätzung, → Punktschätzung.

Schatzwechsel → Geldmarktpapiere, die vom Bund, den Sondervermögen des Bundes und den Bundesländern zu Finanzierungszwecken emittiert werden können. Schatzwechsel haben eine maximale Laufzeit von 90 Tagen und sind als Diskontpapiere ausgestaltet, d.h. der Zinsbetrag wird beim Verkauf vorweg abgezogen. – In Deutschland sind praktisch keine Schatzwechsel im Umlauf, da die öffentliche Hand ihren Kassenkreditbedarf über Buchkredite deckt.

Schätzwert – konkrete Realisation einer → Schätzfunktion aus einem Stichprobenbefund.

Schaubild → grafische Darstellung.

Schaufenster – 1. *Begriff:* wichtiges → Werbemittel des → Einzelhandels zur → Warenpräsentation. Zu unterscheiden: (1) nach *Größe und Konstruktion:* Schaufenster, Schaukasten, Vitrine, Passage (letztere gehen z.T. übergangslos in den Verkaufsraum über); (2) nach *Dekorationstyp:* Sach-, Fantasie-, Stapel-, Sensations-, Saisonfenster (Weihnachts-, Frühlings-, Schlussverkaufsfenster). – 2. *Schaufenstergestaltung (Dekoration):* durch speziell ausgebildete Dekorateure, oft auch durch nicht im Unternehmen beschäftigte Schaufenstergestalter. – 3. *Funktionen:* vermitteln erste Eindrücke in das Sortiment; Darstellung von Leistungsfähigkeit und Kompetenz des Handelsunternehmens. – 4. *Wirkungskriterien:* Größe, Lage, Blickfang, Warengruppierung, Preisauszeichnung und Beleuchtung bestimmen die Verkaufswirkung von Schaufenstern. Kontrolle der Schaufenstergestaltung durch Beobachtung (Blickverlaufsaufzeichnungen) und ggf. anschließender Befragung. – Vgl. auch → Schaufenstermiete.

Schaufenstergestaltung → Schaufenster.

Schaufenstermiete – einmalige oder laufende Geldzahlungen, v.a. an den Facheinzelhandel, für die Nutzung des Werbemittels → Schaufenster; gilt als den Leistungswettbewerb im Handel gefährdende Praktik.

Schaukelstuhlmodell – anschauliche Bezeichnung für die Vorstellung, dass die Wirtschaft ein schwingungsfähiges Gebilde sei, das durch exogene → Schocks zu Schwingungen, d.h. zu → Konjunkturschwankungen, angeregt wird; ohne Auftreten neuer Schocks würden die Konjunkturschwankungen verschwinden, so wie ein Schaukelstuhl nach einem Anstoß wieder zur Ruhe kommt.

Schaumweinsteuer → Verbrauchsteuer mit reinem Finanzcharakter auf Schaumweinherstellung. – 1. *Rechtsgrundlagen:* Gesetz zur Besteuerung von Schaumwein und Zwischenerzeugnissen (SchaumwZwStG) vom 21.12.1992 m.spät.Änd.; Durchführungsbestimmungen vom 17.3.1994 m.spät.Änd. Die Verwaltung erfolgt durch die Bundesfinanzbehörde (Art. 108 I Satz 1 GG); der Ertrag steht dem Bund zu (Art. 106 I Nr. 2 GG). – 2. *Steuergegenstand:* Schaumwein, Zwischenerzeugnisse. – 3. *Steuerbefreiung:* a) Proben zu betrieblichen oder amtlichen Untersuchungen und Qualitätsprüfungen. – b) Einfuhren von Privatpersonen zu privaten Zwecken aus anderen Mitgliedsstaaten, sofern diese die Waren selbst abholen. – c) Versand unter Steueraussetzung in andere Mitgliedsstaaten oder Export in Drittlandsgebiet. – d) Schaumwein, der unter Steueraufsicht vernichtet wird. – 4. *Steuersätze:* (1) Regelsatz für Schaumwein: 136 Euro/hl; (2) bei Schaumwein mit weniger als 6 Prozent vol.: 51 Euro/hl; (3) Regelsatz für Zwischenerzeugnisse: 153 Euro/hl; (4) für Zwischenerzeugnisse mit weniger als 15 Prozent vol.: 102 Euro/hl; (5) in bes. Fällen für Zwischenerzeugnisse: 136 Euro/hl (§ 24 SchaumwZwStG). – 5. *Steueraussetzung,* solange Schaumwein sich in einem Steuerlager befindet oder unter Steueraufsicht befördert wird, Entstehung der Steuer bei Entfernung aus dem Steuerlager, wenn sich kein weiteres Steueraussetzungs- oder Zollverfahren anschließt (Entnahme in den freien Verkehr), bei unerlaubter Herstellung Entstehung mit der Herstellung. Steuerschuldner ist der Inhaber des Steuerlagers, ansonsten der Hersteller. – 6. *Verfahren:* Der Steuerschuldner hat die Steuer bis spätestens zum 15. Tag des Monats nach der Entstehung anzumelden und bis zum 25. Tag des zweiten Monats nach der Steuerentstehung zu entrichten. – 7. *Steuererlass oder -erstattung:* bei Ausfuhr in andere Mitgliedsstaaten zu gewerblichen Zwecken oder Rücknahme in ein Steuerlager im Inland. – 8. *Steueraufsicht* für Hersteller und Inhaber eines Steuerlagers. – 9. *Aufkommen:* 448 Mio. Euro (2011), ca. 400 Mio. Euro (2007), 421 Mio. Euro (2006), 432,3 Mio. Euro (2003), 420,2 Mio. Euro (2002), 457,2 Mio. Euro (2001), 477,5 Mio. Euro (2000), 553,9 Mio. Euro (1995), 494,1 Mio. Euro (1990), 350 Mio. Euro (1985), 274 Mio. Euro (1980), 179 Mio. Euro (1975), 119 Mio. Euro (1970), 69 Mio. Euro (1965), 33 Mio. Euro (1960), 13 Mio. Euro (1955), 10 Mio. Euro (1950).

Scheck – **I. Begriff:** Anweisung des Ausstellers an seine Bank, eine Zahlung an den Schecknehmer zu leisten. Er darf nur auf eine Bank gezogen werden (passive → Scheckfähigkeit). Der Scheck ist ein Wertpapier. – *Rechtsgrundlage:* Scheckgesetz (ScheckG) vom 14.8.1933 (RGBl. 597) m.spät.Änd.

II. Arten: 1. *Nach der Art und Möglichkeit der Übertragung durch den Empfänger* (Art. 14 ScheckG): a) *Orderscheck:* Der Scheck ist von Gesetzes wegen ein → Orderpapier. → Orderschecks werden v.a. im internationalen Interbankenzahlungsverkehr verwendet (→ Bank-Orderscheck). – b) *Inhaberscheck:* Schecks werden meist mit dem Zusatz „oder Überbringer" oder mit einem gleichbedeutenden Vermerk versehen und dadurch zum → Inhaberscheck. Diese sind im dt. Zahlungsverkehr die am häufigsten vorkommende Form des Schecks. Der vorgedruckte Schecktext darf nicht geändert oder gestrichen werden. – c) *Rektascheck:* Durch die Beifügung der Rektaklausel, „nicht an Order" wird der Scheck zum → Rektascheck, d.h. die Indossierung ist untersagt; er kann nur von der als Empfänger benannten Person, dem Nehmer, zur Einlösung vorgelegt werden. In der Praxis kommen solche Schecks kaum vor. – 2. *Nach der Möglichkeit der Einlösung durch den Bezogenen:* a) *Barscheck:* Der Einreicher des Schecks hat grundsätzlich die Wahl zwischen Gutschrift auf seinem Konto oder Barauszahlung, sofern keine Zusätze über die Einlösung vermerkt sind. – b) → Verrechnungsscheck: Durch den Vermerk „nur zur Verrechnung" auf der Vorderseite des Schecks wird die Barzahlung untersagt, die Einlösung eines solchen Verrechnungsschecks durch den Bezogenen kann gemäß Art. 39 ScheckG nur durch Gutschrift erfolgen.

III. Einzelheiten: 1. *Wesentliche Erfordernisse des Schecks:* (1) Bezeichnung als Scheck im Text der Urkunde, und zwar in der Sprache, in der sie ausgestellt ist; (2) die unbedingte Anweisung, eine bestimmte Geldsumme zu zahlen; (3) der Name dessen, der zahlen soll (Bezogener); (4) die Angabe des Zahlungsorts; (5) die Angabe des Tages und Ortes der Ausstellung; (6) die Unterschrift des Ausstellers (Art. 1 ScheckG). – 2. *Der Aussteller haftet für die Zahlung des Schecks:* Die Ausstellung ungedeckter Schecks (→ Scheckbetrug) ist untersagt. Ein Scheck, der vor Eintritt des auf ihm angegebenen Ausstellungstages zur Zahlung vorgelegt wird, ist am Tag der Vorlegung zahlbar (Art. 28 II ScheckG). Auch für die abredewidrige Ausfüllung von Blankoschecks haftet der Aussteller im Rahmen der Bestimmungen des Art. 13 ScheckG. – 3. Die *Übertragung des Schecks* erfolgt durch → Indossament, bei Inhaberschecks auch durch Einigung und Übergabe, bei Rektaschecks durch → Forderungsabtretung. – 4. *Zahlbar ist der Scheck* in jedem Fall bei Sicht. Auch der vordatierte Scheck ist bei Vorlegung zahlbar; gegenteilige Angaben gelten als nicht geschrieben (Art. 28 ScheckG). Der Inhaber des Schecks darf Teilzahlung nicht zurückweisen; der Bezogene kann verlangen, dass die Teilzahlung auf dem Scheck vermerkt und ihm Quittung erteilt wird. – 5. Die *Vorlegungsfrist* beträgt bei in Deutschland zahlbaren Schecks acht Tage, beginnend mit dem Tage, der in dem Scheck als Ausstellungstag angegeben ist. Die Einlieferung in eine Abrechnungsstelle steht der Vorlegung zur Zahlung gleich (Art. 29 ScheckG). – 6. Ein *Widerruf des Schecks* ist erst nach Ablauf der Vorlegungsfrist wirksam. Das bezogene Kreditinstitut und der Scheckaussteller können jedoch vereinbaren, dass der Widerspruch vor Ablauf der Vorlegungsfrist zu beachten ist. Wenn der Scheck nicht widerrufen ist, kann der Bezogene auch nach Ablauf der Vorlegungsfrist Zahlung leisten (Art. 32 SchG). Doch ist → Schecksperre bei abhanden gekommenen Schecks möglich. – 7. Für *Rückgriff und Scheckprotest* beim Orderscheck gelten ähnliche Bestimmungen wie beim Wechsel. Rückgriffansprüche des Inhabers verjähren in sechs Monaten vom Ablauf der Vorlegungsfrist an. – 8. Für *abhanden gekommene Schecks* erfolgt Kraftloserklärung im Wege des → Aufgebotsverfahrens. – Vgl. auch → Auslandsscheck.

Scheckbetrug – *Scheckmissbrauch;* der durch die Hingabe ungedeckter → Schecks an Zahlungs Statt begangene → Betrug, vielfach mit → Vordatierung des Schecks verknüpft. – Da der Betrug im Sinn des § 263 StGB nur bei → Vorsatz des Täters und Bereicherungsabsicht gegeben ist, handelt es sich nicht um einen Scheckbetrug, wenn lediglich im Zeitpunkt der Begebung des Schecks keine Deckung vorhanden ist, der Aussteller aber den Scheck begeben hat, weil er annahm, dass sie bei Vorlegung vorhanden sein würde. – *Anders:* Scheckfälschung (→ Fälschung).

Scheckbezogener → Bezogener.

Scheckbürgschaft – durch eine Bürgschaftsklausel auf dem → Scheck oder einem Anhang übernommene wertpapierrechtliche → Bürgschaft für die Schecksumme (Art. 25-27 ScheckG). Die Regelung ist ähnlich wie bei der → Wechselbürgschaft: Der Bezogene kann nicht als Bürge fungieren. – In der Praxis selten.

Scheckdeckungsanfrage – meist telefonische Anfrage der Bank des Scheckinhabers nach der Deckung eines → Schecks bei der bezogenen Bank. Die Auskunft kann allenfalls unter dem Vorbehalt gegeben werden, dass der Scheck z.Z. der Anfrage gedeckt ist und eingelöst würde, falls die übrigen Formalien in Ordnung seien. Die Aussage verpflichtet die bezogene Bank beim späteren Vorkommen des Schecks nicht zur Einlösung bei dann evtl. fehlender Deckung. Im Hinblick auf das → Bankgeheimnis ist eine Scheckdeckungsanfrage durch Nichtbanken zumeist nicht möglich.

Scheckfähigkeit – Fähigkeit, rechtswirksam als Aussteller oder Indossant einen → Scheck zu begeben *(aktive Scheckfähigkeit)* oder Bezogener eines Schecks sein zu können (→ passive Scheckfähigkeit). – Aktive Scheckfähigkeit besitzt jede geschäftsfähige Person (→ Geschäftsfähigkeit). Schecks dürfen nur auf Banken gezogen werden (Art. 3, 54 ScheckG).

Scheckfälschung → Fälschung.

Scheckinkasso → Inkassogeschäft.

Scheckkarte – im Zusammenhang mit dem Ende 2001 eingestellten garantierten Eurocheque häufig genutzte Bezeichnung für die → Bankkundenkarte bzw. → EC-Karte.

Scheckmahnbescheid – Sonderform des → Urkundenmahnbescheids. Das → Mahnverfahren wird ggf. in den → Scheckprozess übergeleitet (§ 703a ZPO).

Scheckmissbrauch → Scheckbetrug.

Scheckprotest – amtliche Urkunde, durch die festgestellt wird, dass ein → Bezogener einen rechtzeitig vorgelegten → Scheck nicht eingelöst oder die Zahlung verweigert hat. Voraussetzung für einen → Rückgriff. Ein Scheckprotest ist selten. Stattdessen kann die Nichteinlösung eines Schecks auch durch einen Nicht-Bezahlt-Vermerk der bezogenen Bank oder eine entsprechende Erklärung der Abrechnungsstelle festgestellt werden (Art. 40 ScheckG).

Scheckprozess – bes. Art des → Urkundenprozesses zur Geltendmachung von Ansprüchen aus einem → Scheck (§ 605a ZPO). – *Besonderheiten:* Entsprechend denen des → Wechselprozesses, u.a.

hinsichtlich Abkürzung der Einlassungsfrist, Begrenzung der Beweismittel, Zuständigkeit.

Scheckrecht – bes. Rechtsvorschriften, die den → Scheck betreffen. Der Scheck hat sich zunächst weitgehend *gewohnheitsrechtlich* entwickelt. – Erste *gesetzliche Regelung* in Deutschland durch das Scheckgesetz vom 11.3.1908. – Bestrebungen für eine *internationale Vereinheitlichung des Scheckrechts* seit Ende des 19. Jh., 1912 auf der Haager Wechselrechts-Konferenz Beschlüsse auch über das Scheckrecht. Aber erst die Genfer Scheckrechts-Konferenz von 1931 beschloss ein Abkommen über das einheitliche Scheckgesetz, ein Abkommen über Bestimmungen auf dem Gebiete des internationalen Scheck-Privatrechts und ein Abkommen über das Verhältnis der Stempelgesetze zum Scheckrecht. In Deutschland wurde in Ausführung des Genfer Abkommens das Scheckgesetz vom 14.8.1933 (RGBl. I 597) erlassen.

Scheckrückgriff → Rückgriff.

Schecksperre – Mitteilung eines Scheckausstellers an das bezogene Geldinstitut mit dem Ziel, die Einlösung des Schecks zu verhindern. Die Schecksperre kann bewirkt werden (1) durch den Widerruf gemäß Art. 32 SchG und (2) durch Mitteilung an das bezogene Geldinstitut, dass ausgehändigte Scheckformulare abhanden gekommen sind und daher möglicherweise von unbefugten Dritten missbraucht werden. – 1. *Widerruf:* Der Kontoinhaber als Aussteller kann die in einem Scheck liegende Zahlungsanweisung jederzeit widerrufen (Scheckwiderruf). – 2. *Mitteilung des Abhandenkommens:* Erhält das → Kreditinstitut von dem Kontoinhaber Kenntnis, dass ihm Scheckformulare oder sonstige Unterlagen (Bestellvordrucke) abhanden gekommen, bes. gestohlen worden sind, so darf es die später eingereichten Schecks auch nicht innerhalb der Vorlegungsfrist einlösen. Art. 2 SchG greift hier nicht, da wegen der Fälschung von Anfang an keine wirksame Anweisung des Kunden vorgelegen hat. Dies gilt umso mehr, als ein gutgläubiger Scheckinhaber gegenüber dem Aussteller wegen des Fälschungseinwands keinerlei Rückgriffsansprüche besitzt (Art. 10 und 51 SchG). Eine Missachtung führt zu einem Regressanspruch des Kunden aus positiver Vertragsverletzung. – Vgl. auch → Scheck.

Scheck-Wechsel-Verfahren – Verfahren, bei dem der Aussteller und der → Bezogene eines → Wechsels vor einer Warenlieferung vereinbaren, dass der Bezogene den Wechsel bei seinem Kreditinstitut diskontieren lässt und den Gegenwert zur Bezahlung der Waren verwendet, zumeist unter Abzug von Skonto. Da die Bezahlung früher meist per Scheck erfolgte, wird dieses Vorgehen als Scheck-Wechsel-Verfahren bezeichnet. Der Aussteller des Wechsels, der dem Bezogenen Waren geliefert hat, erhält auf diese Weise schnell liquide Mittel. Für den Bezogenen bietet der Wechsel die Möglichkeit einer günstigen Refinanzierung. Darüber hinaus bietet dieses Verfahren dem Bezogenen einen Zahlungsaufschub, da die Rückzahlung des → Diskontkredits meist zu einem späteren Zeitpunkt erfolgt als die übliche Zahlungsfrist zur Begleichung von Forderungen aus Warenlieferungen. Da bei diesem Vorgehen der Bezogene den Wechsel zur Refinanzierung verwendet und nicht wie üblich der Aussteller, wird der Wechsel auch als → Umkehrwechsel bezeichnet.

Scheckwiderruf → Schecksperre.

Schedulensteuer → Einkommensbesteuerung.

Scheidemünzen – Hartgeld, dessen Metallwert unter dem aufgeprägten Nennwert liegt (unterwertige Münzen). Das in Deutschland verwendete Münzgeld besteht aus Scheidemünzen. Sie sind nur in einem begrenztem Umfang gesetzliches Zahlungsmittel. Die Annahmepflicht ist beschränkt. – *Gegensatz:* → Kurantmünzen.

Scheinauslandsgesellschaft → Sitz.

Schein-Bargründung – Form der → Gründung einer AG, bei der den Gründern für das von ihnen eingezahlte Geld von der AG Sachgüter abgekauft werden. Eine Schein-Bargründung liegt vor, wenn der Wert der gekauften Vermögensgegenstände 10 Prozent des Grundkapitals übersteigt. Grundsätzlich sind solche Verträge nur mit Zustimmung der Hauptversammlung und mit Eintragung ins Handelsregister wirksam (§52 AktG). Rechtliche Behandlung wie → Sachgründung. – Vgl. auch → Bargründung.

Schein-Einzelkosten – in der → Vollkostenrechnung als → Einzelkosten erfasste und verrechnete Kosten, die sich bei exakterer Analyse der Zurechenbarkeit (→ Identitätsprinzip) als Kostenträgergemeinkosten (→ Gemeinkosten) erweisen, z.B. Fertigungslöhne. Meist sind nur die Mengenkomponenten direkt erfasst; die Entgelte jedoch nicht zurechenbar.

Scheingeschäft – 1. *Charakterisierung:* → Rechtsgeschäft, das einem anderen gegenüber mit dessen Einverständnis nur zum Schein vorgenommen wird. Das Scheingeschäft ist nichtig; soll damit ein anderes Rechtsgeschäft verdeckt werden, so ist das letztere gültig, sofern die etwa vorgeschriebene Form (z.B. bei Scheinkaufvertrag anstelle Schenkung öffentliche Beurkundung des Schenkungsversprechens) gewahrt ist (§ 117 BGB). – 2. Auch *steuerlich* ist das Scheingeschäft ohne Bedeutung; für die Besteuerung ist ggf. das verdeckte Rechtsgeschäft maßgebend (§ 41 II AO; → Steuerumgehung).

Scheingesellschaft → Handelsgesellschaft, die ohne Abschluss eines → Gesellschaftsvertrages den Betrieb unter gemeinsamer → Firma aufnimmt. Die Scheingesellschaft muss sich gutgläubigen Dritten gegenüber wie eine ordentlich zustande gekommene Gesellschaft behandeln lassen. So haften z.B. die Gesellschafter einer zum Schein gegründeten OHG Dritten gegenüber für → Gesellschaftsschulden als → Gesamtschuldner persönlich (§ 128 HGB).

Scheingesellschafter – Bezeichnung für denjenigen, der durch sein Auftreten im Geschäftsverkehr den

Anschein erweckt, er sei ein → persönlich haftender Gesellschafter einer → Handelsgesellschaft. – Er haftet dann für Verbindlichkeiten aus Geschäften, die ein Dritter im Vertrauen auf diesen Rechtsschein mit ihm bzw. „seiner" Gesellschaft abschließt.

Scheingewinn → Gewinn, der in Zeiten sinkenden Geldwertes dadurch entsteht, dass aufgrund steigender Wiederbeschaffungskosten das Vermögen in Geld gemessen zunimmt, während es substanzmäßig gleichbleibt oder sich sogar vermindert. – *Unlösbares Problem:* Trennung von geldwertbedingten und marktbedingten (z.B. Verknappung des Angebots) Preissteigerungen. – *Beispiel:* Warenbestand zu Beginn des Jahres 1.000 Stück à 6 Euro = 6.000 Euro wird veräußert zu 7,50 Euro/Stück = 7.500 Euro. Die Wiederbeschaffung der 1.000 Stück erfordert 8 Euro = 8.000 Euro; es ist ein Scheingewinn von 1.500 Euro (→ nominelle Kapitalerhaltung) entstanden, während substanziell ein Verlust von 500 Euro vorliegt (→ substanzielle Kapitalerhaltung). – *Vermeidung* von Scheingewinnen theoretisch durch Bewertung zum → Tageswert der → organischen Tageswertbilanz. In der Handelsbilanz kann der Entstehung von Scheingewinnen durch die Bildung → stiller Rücklagen, bes. durch Bewertung nach den Methoden → Lifo, → Hifo entgegengewirkt werden. – *Besteuerung:* Die Besteuerung von Scheingewinnen wird durch die heutigen steuerlichen Bestimmungen (Nominalwertprinzip) nicht ausgeschlossen. Milderung durch steuerliche Sondervorschriften, z.B. Zulässigkeit der Lifo-Methode gemäß (§ 6 I Nr. 2a EStG) und → Reinvestitionsrücklagen.

Scheingründung – Eine Scheingründung liegt vor, wenn eine Gesellschaft nur zum Schein gegründet wird, also die Parteien einig sind, ihre Beziehungen gerade nicht nach gesellschaftsrechtlichen Gesichtspunkten zu regeln, aber nach Außen hin so tun, wobei ihr Auftreten nach außen nicht für ihr Verhältnis zueinander als maßgeblich gelten soll. Die nur zum Schein abgegebenen Willenserklärungen der Parteien sind nach § 117 I BGB nichtig, sodass es letztlich an einem wirksamen Gesellschaftsvertragsabschluss fehlt. Im Außenverhältnis greifen die Grundsätze der Rechtsscheinhaftung. Die Scheingründung ist unter rechtlichen Gesichtspunkten streng von dem Fall zu trennen, dass die Gesellschaftsgründung gegen den Willen der Beteiligten nichtig ist. Nur in letzterem Fall gelten die Grundsätze über die fehlerhafte Gesellschaft.

Scheinhandlungsvollmacht – Erwecken des Anscheines des Bestehens einer → Handlungsvollmacht. Eine solche Situation kann sich nach den allg. vertretungsrechtlichen Figuren der sog. Duldungs- und der Anscheinsvollmacht zulasten des → Kaufmanns ergeben. Die Scheinhandlungsvollmacht lässt demnach zum Schutze gutgläubiger Dritter eine (Schein-)Vertretungsmacht entstehen. Der Kaufmann muss sich so behandeln lassen, als habe er die Vollmacht erteilt.

Scheinkaufmann – Handelsrechtlicher Begriff: Person, die zurechenbar den Anschein eines → Kaufmanns erweckt, ohne es in Wirklichkeit zu sein. – Der Scheinkaufmann muss sich zu seinen Ungunsten gegenüber dem gutgläubigen Vertragsgegner und, soweit es Treu und Glauben im Rechtsverkehr erfordern, ggf. als Vollkaufmann behandeln lassen, z.B. muss er 5 Prozent Zinsen zahlen, darf sie aber nicht fordern, seine Bürgschaft bedarf keiner Schriftform etc.

Scheinkorrelation → Korrelation zweier statistischer → Merkmale, für die eine sinnvolle kausale Begründung nicht gegeben werden kann oder die durch ein drittes Merkmal induziert wird. In der Korrelationsanalyse ist darauf zu achten, dass ein sachlogischer Zusammenhang zwischen den Merkmalen besteht.

Scheinregression – Regression mit zwei oder mehr Zeitreihen, bei der die Regressionskoeffizienten signifikant sind, obwohl die Zeitreihen voneinander unabhängig sind. Scheinregressionen (engl. *spurious regressions*) sind bes. dann möglich, wenn die unabhängigen Zeitreihen einem nicht stationären Prozess (→ Stationarität) folgen.

Scheinselbstständigkeit – I. Sozialversicherungsrecht: Der Begriff der Scheinselbstständigkeit wird im Gesetz nicht verwendet und nicht definiert. Scheinselbstständigkeit betrifft Erwerbstätige, die wie abhängig Beschäftigte arbeiten und arbeitsrechtlich wie abhängig Beschäftigte verpflichtet sind (z.B. weisungsgebunden, nur einem Arbeitgeber verpflichtet), die jedoch vertraglich unzutreffend als Selbstständige behandelt werden. Die Scheinselbstständigen unterliegen nicht den Schutznormen der Sozialversicherung und sind nicht sozialversicherungspflichtig. Dadurch ersparen sie bes. den Arbeitgebern Kosten. Scheinselbstständigkeit bedeutet eine unzulässige Umgehung der Sozialversicherungspflicht. Dem sollte entgegen gewirkt werden durch die Vorschrift des § 7 IV SGB IV (eingefügt durch Gesetz vom 23.3.1999 (BGBl. I 388)), der den Versicherungsträgern durch Vermutungsregelungen den Nachweis einer versicherungspflichtigen Beschäftigung erleichtern sollte. Die Vorschrift wurde durch das Zweite Gesetz für moderne Dienstleistungen am Arbeitsmarkt vom 23.12.2002 (BGBl. I 4621) neu gefasst. Die früher geltende Vermutungsregelung mit fünf Merkmalen zur Abgrenzung von abhängiger zu selbstständiger Tätigkeit wurde aufgegeben. Es wurde nunmehr (widerlegbar) vermutet, dass bei den Personen, die einen Existenzgründerzuschuss erhalten haben, Selbstständigkeit vorliegt. Diese Regelung wurde jedoch mit Wirkung zum 1.7.2009 wieder abgeschafft. Zur Feststellung, ob eine sozialversicherungspflichtige Beschäftigung vorliegt, können die Beteiligten bei der Deutschen Rentenversicherung Bund eine schriftliche Entscheidung beantragen (sog. Anfrageverfahren, § 7a SGB IV).

II. Steuerrecht: Die Einstufung einer Person als → Unternehmer oder Nicht-Unternehmer ist steuerlich generell nicht an die arbeits- und sozialrechtliche Einstufung gebunden. Es zählt vielmehr das Gesamtbild, das sich unter Berücksichtigung der gesamten Verhältnisse des Einzelfalls ergibt. Es besteht also ein Beurteilungsspielraum; das Vorliegen von Scheinselbstständigkeit kann möglicherweise jedoch ein Indiz darstellen. Es empfiehlt sich daher für Personen mit Nähe zur Scheinselbstständigkeit, ihren Status als Unternehmer oder Nicht-Unternehmer möglichst eindeutig zu gestalten, um steuerliche Risiken zu vermeiden. Bei Einkommen-/Lohnsteuer, Umsatzsteuer und Gewerbesteuer gelten im Kern die gleichen Beurteilungskriterien, auch wenn zur Umschreibung jeweils andere Formulierungen benutzt werden (R 17 I und II UStR). – 1. *Lohnsteuer:* Lohnsteuerlich entscheidend ist die Frage, ob nach dem Gesamtbild des Einzelfalls unternehmerisches Risiko und unternehmerische Initiative vorliegen (§ 15 EStG) oder ob der Betreffende einem anderen seine Arbeitskraft in der Weise schuldet, dass er in der Betätigung seines geschäftlichen Willens unter der Leitung des Arbeitgebers steht oder im geschäftlichen Organismus des Arbeitgebers dessen Weisungen zu folgen verpflichtet ist (§ 1 LStDV). – 2. *Umsatzsteuer:* Umsatzsteuerlich hier ist ein Steuerpflichtiger als selbstständig und damit als potenzieller Unternehmer einzustufen, wenn er die Tätigkeit auf eigene Rechnung und Verantwortung ausübt (Abschn. 17 UStR). – 3. *Gewerbesteuer:* Die einkommensteuerliche Einstufung als Unternehmer oder Nichtunternehmer schlägt auch auf die Gewerbesteuer durch, da das Gewerbesteuergesetz gewerbliche Tätigkeiten „im Sinn des Einkommensteuergesetzes" (§ 1 I 2 GewStG) erfasst.

Scheinvorgang – Begriff der Netzplanung: → Vorgang in einem Netzplan, dem im realen zugrunde liegenden → Projekt keine Tätigkeit entspricht. Scheinvorgänge sind in Vorgangspfeilnetzplänen zur Darstellung gewisser Ablaufbeziehungen zwischen (realen) Vorgängen erforderlich, in Vorgangsknotennetzplänen allenfalls zur eindeutigen Darstellung des Projektanfangs bzw. des -endes als Quelle bzw. Senke des betreffenden Netzplanes. – Vgl. auch → Netzplantechnik.

Schelling – Thomas Crombie, geb. 1921, amerik. Ökonom, lehrte zuletzt an der University of Maryland; → Nobelpreis für Wirtschaftswissenschaften 2005 (zusammen mit → Aumann). Schelling hat Konfliktstrategien zwischen Staaten im Nuklearzeitalter spieltheoretisch untersucht. Von großem und bleibendem Einfluss ist sein *Hauptwerk*: The Strategy of Conflict (1960).

Schema – I. Allgemein: Struktur des → Wissens, das wichtige Merkmale eines Gegenstandsbereichs enthält. Die Merkmale sind mehr oder weniger abstrakt dargestellt und hierarchisch organisiert. Schemata können auf die eigene Person, andere Personen, Sachverhalte oder Ereignisse bezogen sein. Sie steuern die Wahrnehmung, das Denken und wirken bei der Organisation der Informationsspeicherung mit.

II. Informatik: 1. *Begriff:* in der → Datenorganisation eine Repräsentation des → Datenmodells in einer → Datenbeschreibungssprache. – 2. *Verwendungsformen:* (1) → internes Schema; (2) → konzeptionelles Schema; (3) → externes Schema.

Schengener Abkommen – Übereinkommen von Schengen vom 14.6.1985 zwischen den Regierungen der Staaten BeNeLux-Wirtschaftsunion, der Republik Frankreich und der Bundesrepublik Deutschland betreffend den schrittweisen Abbau von Kontrollen an den gemeinsamen Grenzen, auch „Schengen II" genannt, sowie das Durchführungsabkommen von 1990 („Schengen II"; vgl. Zustimmungsgesetz vom 15.7.1993 (BGBl. II 1010)). Ziel der völkerrechtlichen Vereinbarungen sind der Abbau von Grenzkontrollen an den Binnengrenzen und Ausgleichsmaßnahmen zur Aufrechterhaltung des Sicherheitsniveaus durch Verstärkung und Abstimmung der Kontrollvorkehrungen. Kernstück ist das Schengener Informationssystem (SIS), mit einer zentralen Datenerfassungsstelle in Straßburg und nationalen Stellen, die den grenzüberschreitenden Verkehr erfassen sollen. Seit Februar 2009 sind 25 europäische Staaten (inkl. der Schweiz) Mitglieder des Schengen-Raums. EU-Staaten, die nicht Mitglieder von Schengen sind: Großbritannien, Irland, Zypern, Bulgarien und Rumänien.

Schenkung – I. Begriff: unentgeltliche vertragliche Vermögenszuwendung (§§ 516–534 BGB). – Zu *unterscheiden:* 1. Die sog. *Handschenkung,* die sofort (z.B. durch Übereignung der verschenkten Sache) erfüllt wird, ist formfrei. – 2. Wird eine (künftige) Leistung schenkweise versprochen, ist der Vertrag nur gültig, wenn die Erklärung des Schenkers *(Schenkungsversprechen)* in Form der → öffentlichen Beurkundung vorgenommen ist. – Im BGB *Einzelheiten* u.a. über Haftung des Schenkers, Auflagen, Rückforderungsrecht wegen Bedürftigkeit und Widerruf wegen groben Undanks.

II. Steuerliche Behandlung: 1. *Einkommen- und Körperschaftsteuer:* Eine Schenkung unterliegt als → einmaliger Vermögensanfall nicht der Einkommen- und Körperschaftsteuer. – 2. *Erbschaftsteuer:* im Rahmen der für die → Erbschaftsbesteuerung maßgebenden Vorschriften sind Schenkungen erbschaftsteuerpflichtig (§ 1 I Nr. 2, § 7 ErbStG). – 3. *Umsatzsteuer:* Schenkung unterliegt wegen fehlendem → Entgelt grundsätzlich nicht der Umsatzsteuer, wenn es sich nicht um einen Fall von steuerbaren → unentgeltlichen Wertabgaben handelt. – 4. *Betriebliche Aufwendungen* für Geschenke an (natürliche oder juristische) Personen, die nicht Arbeitnehmer des Steuerpflichtigen sind, sind als → Betriebsausgaben nur abzugsfähig, wenn: (1) die Anschaffungs-/Herstellungskosten bei dem Empfänger jeweils die Freigrenze von 35 Euro im Wirtschaftsjahr nicht übersteigen und (2) die Aufwendungen für Geschenke einzeln und getrennt von den anderen Betriebsausgaben aufgezeichnet werden (§ 4 V 1 Nr. 1 und VII EStG).

Schenkungsteuer → Erbschaftsteuer.

Scherzerklärung – eine nicht ernst gemeinte Willenserklärung, die in dem Bewusstsein abgegeben wird, der Mangel an Ernstlichkeit werde nicht verkannt werden, ist nichtig (§ 118 BGB).

Schicht – I. Statistik: beim → geschichteten Zufallsstichprobenverfahren spezielle Bezeichnung für die Primäreinheiten, in die die → Grundgesamtheit im Wege der → Schichtenbildung (z.B. Gemeindegrößen, Schultypen) aufgegliedert ist und denen jeweils eine Teilstichprobe entnommen wird.

II. Soziologie: → soziale Schicht.

Schichtarbeit – arbeitsorganisatorisch bedingte Arbeitszeitregelung, bei der die Lage der individuellen → Arbeitszeit von der als üblich betrachteten Tagesarbeitszeit abweicht. Aufgrund des Biorhythmus ist bes. → Nachtarbeit problematisch. Schichtarbeit kann sich ferner negativ auf das soziale Umfeld des Schichtarbeiters auswirken. – Vgl. auch → Wechselschichtarbeit.

Schichtenbilanz – Kalkulationsinstrument der Teilzinsspannenrechnung bei Kreditinstituten, das eine Schichtung der → Bankbilanz nach Rentabilitäts-, Liquiditäts- oder gesetzlichen und satzungsmäßigen Anlage- und Finanzierungsvorschriften vornimmt und damit eine Zuordnung von Aktiva und Passiva durchführt. Als Steuerungsinstrument nur wenig geeignet, da mangelnde Aussagefähigkeit durch die quasi willkürliche Schichtung besteht.

Schichtenbildung – *Stratifikation;* beim → geschichteten Zufallsstichprobenverfahren die Zerlegung der → Grundgesamtheit in Primäreinheiten (→ Schichten), denen dann jeweils ein Teilstichprobenumfang geeignet zugeordnet wird (→ Allokation). Die Schichtenbildung soll im Hinblick auf die → Wirksamkeit der Schätzung des → Gesamtmerkmalsbetrages bzw. Durchschnittswertes (→ arithmetisches Mittel) in der Grundgesamtheit so erfolgen, dass möglichst *homogene Schichten* resultieren. Mit zunehmender Anzahl der Schichten wird diese Schätzung ebenfalls verbessert. – In der *Praxis* erfolgt die Anwendung von Modellen der Optimierung der Schichtenbildung nur gelegentlich. Die Schichtenbildung muss oft nach regionalen Gesichtspunkten erfolgen, weil regionale Teilergebnisse gewünscht werden und kaum Informationen verfügbar sind, nach denen die Schichtenbildung bestmöglich erfolgen könnte.

Schichtkosten – 1. *I.e.S.:* zusätzliche Kosten, die bei erhöhter Beschäftigung, d.h. durch Hinzutreten einer neuen Produktionsschicht, auftreten bzw. bei Beschäftigungsrückgang, d.h. Verminderung um eine solche Schicht, fortfallen. Es sind nicht nur die zusätzlichen → variablen Kosten, sondern auch → intervallfixe Kosten zu berücksichtigen. – 2. *I.w.S.:* Kosten aller Produktionsschichten. – Vgl. auch → Residualkosten.

Schichtlohn – Form des → Zeitlohns, bei der pro geleisteter Arbeitsschicht ein fester Geldbetrag gezahlt wird, unabhängig von der Leistung.

Schichtungseffekt – beim → geschichteten Zufallsstichprobenverfahren der Effekt, dass durch die → Schichtenbildung bei homogenen → Schichten die Präzision der → Schätzung des → Gesamtmerkmalsbetrages bzw. Durchschnittswertes (→ arithmetisches Mittel) in der Grundgesamtheit bei sonst gleichen Umständen verbessert wird, bzw. dass eine bestimmte Präzision mit geringerem Gesamtstichprobenumfang als beim → uneingeschränkten Zufallsstichprobenverfahren erzielt werden kann.

Schickschuld – Schuld, deren → Erfüllungsort der Wohnsitz des Schuldners ist, der Schuldner ist aber verpflichtet, die Leistung an einen anderen Ort (Ablieferungsort, Bestimmungsort) zu senden. Eine Schickschuld ist z.B. die Geldschuld oder die Verpflichtung des Verkäufers beim Versendungskauf. – *Anders:* → Bringschuld, → Holschuld.

Schiedsabkommen – 1. *Begriff:* ein völkerrechtlicher Vertrag zwischen allen EG-Mitgliedsstaaten zur Regelung eines speziellen Problems bei der Beseitigung der Doppelbesteuerung infolge von unterschiedlichen Ansichten über die angemessene Höhe von unternehmens- bzw. konzerninternen Verrechnungspreisen. – 2. *Inhalt:* a) *die zu lösende Problematik:* Die → Doppelbesteuerungsabkommen (DBA) sehen zwar vor, dass jeder Staat nur diejenigen Teile des Einkommens eines Unternehmens/Konzerns besteuern darf, die in Betriebsstätten auf seinem Gebiet erwirtschaftet worden sind (→ Betriebsstättenprinzip); sofern aber mehrere Betriebsstätten/Tochtergesellschaften an der Erstellung einer Leistung gemeinsam beteiligt waren, hängt die Frage, wie viel Gewinne jeweils die einzelnen Betriebsstätten/Tochtergesellschaften erwirtschaftet haben (d.h. wie viel vom gesamt erzielten Gewinn jeder Staat steuerlich für sich beanspruchen darf), entscheidend davon ab, wie die firmeninternen Leistungen verrechnet werden (→ Verrechnungspreise). Dafür gibt es zwar rechtlich die klare Vorgabe, dass diese Verrechnungspreise den Preisen entsprechen müssen, die einander fremd gegenüber stehende Marktteilnehmer gewählt hätten (→ Fremdvergleichsgrundsatz), aber wie hoch unter diesen Bedingungen der Preis anzusetzen gewesen wäre, lässt sich in den meisten Fällen keinesfalls eindeutig bestimmen. Es ist daher nicht nur denkbar, sondern sogar wahrscheinlich, dass die Behörden verschiedener Staaten bei der Beurteilung dieser Frage zu unterschiedlichen Ansichten kommen; in der Folge könnten also trotz klarer Regeln in der Praxis durchaus Teile des Konzerngewinns von verschiedenen Ländern gleichzeitig beansprucht (und deshalb doppelt besteuert) werden. – b) *Lösungsansatz des Schiedsabkommens:* Diese Problematik lässt sich nur lösen, wenn eine Instanz geschaffen wird, die die Befugnis erhält, verbindlich für alle im Einzelfall betroffenen Staaten eine Entscheidung zu treffen. Das Schiedsabkommen vermeidet jedoch die Einrichtung eines ständigen Gerichts für solche Fragen, sondern sieht stattdessen vor, dass in jedem Einzelfall eine Schiedskommission gebildet wird, deren Entscheidung letztendlich für alle betroffenen Behörden verbindlich ausfällt. – c) *Ablauf des Schiedsverfahrens*: Das Schiedsverfahren wird nur gestartet, wenn ein betroffener Steuerpflichtiger dies bei einer der betroffenen Behörden beantragt; der Antrag ist nur möglich, wenn es um Streitigkeiten hinsichtlich der Verrechnungspreise geht (andere Fälle, in denen die Regeln eines DBA im Einzelfall in zwei Staaten widersprüchlich angewandt werden, lassen sich hiermit also nicht lösen). Die betroffenen Finanzbehörden erhalten nach dem Antrag jedoch zunächst bis zu 2 Jahre lang Zeit, ihre Meinungsverschiedenheit gütlich zu lösen und sich auf eine gemeinsame Sichtweise des Geschehens zu einigen oder anderweitig ein Vorgehen zu entwickeln, dass eine Doppelbesteuerung vermeidet. Erst wenn diese Einigungsbemühungen scheitern, tritt die Schiedskommission zusammen, die innerhalb von 6 Monaten einen Vorschlag erarbeitet. Liegt dieser vor, haben die Behörden noch weitere 6 Monate Zeit, sich auf eine einheitliche Sichtweise zu einigen, erst dann tritt der Vorschlag der Schiedskommission in Kraft. Das Schiedsverfahren kann also bis zu 3 Jahre lang dauern, bevor Rechtsklarheit geschaffen ist. – d) *Rechtsschutz*: Gegen die Entscheidung der Schiedskommission sind Rechtsmittel nicht möglich. – e) *Voraussetzungen für den Antrag*: Die Behörden können die Durchführung des Schiedsverfahrens verweigern, wenn der Steuerpflichtige im Zusammenhang mit den fraglichen Verrechnungspreisen ein Steuerdelikt begangen oder auf andere, näher geregelte Weise sich nicht korrekt verhalten hat. Dadurch soll verhindert werden, dass Steuerpflichtige ein Schiedsverfahren provozieren, in der Hoffnung, durch die Entscheidung der Schiedskommission möglicherweise profitieren zu können. – f) *Kosten*: Die Kosten des Verfahrens hat die Finanzverwaltung zu tragen. – 3. *Geltung, Geltungsdauer*: Das Schiedsabkommen bedarf als völkerrechtlicher Vertrag der Ratifikation durch jeden Mitgliedsstaat. Da dies ein langwieriger Prozess ist, trat das Abkommen erstmals zum 1.1.1995 in Kraft. Mit der Erweiterung der EG um neue Mitgliedsstaaten konnte das Abkommen im Verhältnis zu diesen erst in Kraft treten, sobald alle betroffenen Staaten die Änderung des Abkommens (Beitritt eines neuen Staates) ebenfalls ratifiziert hatten; dies ist bis heute nicht in allen EU-Staaten vollständig erfolgt. Das Abkommen gilt in diesen Fällen jedoch wenigstens im wechselseitigen Verhältnis zwischen allen denjenigen Staaten, die es bereits ratifiziert haben. – 4. *Zu unterscheiden* ist das Schiedsabkommen vom klassischen Verständigungsverfahren der Doppelbesteuerungsabkommen (wo kein Einigungszwang für die Behörden besteht) und von einzelnen Schiedsklauseln in ausgewählte DBA, die sich mit derselben Problematik beschäftigen, im Einzelfall aber andere Regeln enthalten.

Schiedsausschuss → Schlichtung.

Schiedsfähigkeit – Eignung eines Anspruchs als Gegenstand einer Schiedsvereinbarung. – Vgl. auch → Schiedsgerichtsverfahren.

Schiedsgericht – Organ zur Entscheidung privatrechtlicher Streitigkeiten im → Schiedsgerichtsverfahren.

Schiedsgerichtsklausel → Arbitrage-Klausel, → internationale Schiedsklauseln, → Schiedsklausel.

Schiedsgerichtsordnung – Verfahrensvorschriften, die bestimmen, wie ein → Schiedsgericht zu besetzen ist, nach welchen Grundsätzen entschieden wird und wer die Kosten des Verfahrens (→ Schiedsgerichtsverfahren) zu tragen hat. Eine der bekanntesten und gebräuchlichsten Schiedsgerichtsordnungen für internationale wirtschaftsrechtliche Streitigkeiten findet sich bei der internationalen Industrie- und Handelskammer (International Chamber of Commerce (→ ICC)) in Paris. – Vgl. auch → Schiedsklausel, → UN-Schiedsabkommen.

Schiedsgerichtsverfahren – I. Allgemeines: Entscheidung über vermögensrechtliche und nicht vermögensrechtliche Ansprüche statt durch ordentliche Gerichte durch ein von den Parteien eingesetztes Schiedsgericht (§§ 1025–1066 ZPO); ausgenommen Rechtsstreitigkeiten über den Bestand eines Wohnungsmietverhältnisses. – Die *ordentlichen Gerichte* werden hinsichtlich einzelner Akte wie Beeidigung von Zeugen, Vollstreckbarkeitserklärung, Niederlegung des Schiedsspruchs tätig; ist keine → Zuständigkeit vereinbart, ist für diese Verrichtungen das Gericht zuständig, das den Rechtsstreit ohne Schiedsgerichtsverfahren zu entscheiden hätte. – *Vorteil* des Schiedsgerichtsverfahrens ist häufig schnellere und den wirtschaftlichen Belangen der → Parteien dienlichere Entscheidung. – Schiedsgerichtsverfahren ist zu unterscheiden von Verfahren des → Schiedsgutachters, das nur Feststellung einzelner, für die Entscheidung erheblicher Tatsachen betrifft, z.B. der Schadenshöhe.

II. Abschluss der Schiedsvereinbarung: Schiedsvereinbarung ist eine Vereinbarung der Parteien, alle oder einzelne Streitigkeiten, die zwischen ihnen in Bezug auf ein bestimmtes Rechtsverhältnis vertraglicher oder nichtvertraglicher Art entstanden sind oder künftig entstehen, der Entscheidung durch ein Schiedsgericht zu unterwerfen. Eine Schiedsvereinbarung kann in der Form einer selbstständigen Vereinbarung (Schiedsabrede) oder in Form einer Klausel in einem Vertrag (Schiedsklausel) geschlossen werden (§ 1029 ZPO). Die Schiedsvereinbarung muss entweder in einem von den Parteien unterzeichneten Schriftstück oder in zwischen ihnen gewechselten

Schreiben, Fernkopien, Telegrammen oder anderen Formen der Nachrichtenübermittlung, die einen Nachweis der Vereinbarung sicherstellen, enthalten sein (§ 1031 ZPO). Wird vor einem ordentlichen Gericht Klage erhoben, obwohl eine Schiedsvereinbarung vorliegt, ist die Klage auf Rüge des Beklagten als unzulässig abzuweisen (§ 1032 ZPO).

III. Bildung des Schiedsgerichts: Es gelten die Bestimmungen der Schiedsvereinbarung, subsidiär die der §§ 1034 ff. ZPO. Die Parteien können die *Ernennung* des oder *der Schiedsrichter* dritten Personen überlassen, z.B. dem Landgerichtspräsidenten, oder der → Industrie- und Handelskammer (IHK), oder die Entscheidung einem bereits bestehenden Schiedsgericht übertragen. Die Zahl der Schiedsrichter legen die Parteien fest; fehlt eine solche Vereinbarung, sind es drei Schiedsrichter. Bestellung, Ablehnung und Untätigkeit der Schiedsrichter, Bestellung eines Ersatzschiedsrichters ist in den §§ 1035–1039 ZPO geregelt. – Die *Schiedsrichter* erhalten *Vergütung* nach dem Vertrag, andernfalls nach dem Ortsüblichen. Sie sind bei ihren *Entscheidungen* von Weisungen unabhängig (→ Rechtsbeugung).

IV. Verfahrensablauf: Das Verfahren wird, mangels anderer Vereinbarung oder einer zwingenden gesetzlichen Vorschrift, nach freiem Ermessen des Schiedsgerichts bestimmt. Den Parteien muss stets Gelegenheit gegeben werden, das ihnen wichtig Erscheinende mündlich oder schriftlich *vorzutragen*. Ob das Schiedsgericht bei der Entscheidung an das *materielle Recht* gebunden sein soll, entscheidet der Inhalt des Schiedsvertrages (§ 1051 ZPO); im Zweifel wünschen die Parteien eine Rechts- und keine Billigkeitsentscheidung, jedoch nach wirtschaftlich brauchbaren Gesichtspunkten unter Befreiung von verfehlten Rechtsvorschriften. Das Schiedsgerichtsverfahren *endet* durch den Erlass eines Schiedsspruchs (§ 1054 ZPO) oder den Abschluss eines Schiedsvergleichs (sog. Schiedsspruch mit vereinbartem Wortlaut, § 1053 ZPO).

V. Wirksamkeit von Schiedsspruch und -vergleich/ Rechtsmittel: 1. Der *Schiedsspruch* hat die Wirkung eines rechtskräftigen gerichtlichen (§ 1055 ZPO) → Urteils. Aus ihm kann erst vollstreckt werden, wenn er vom zuständigen Oberlandesgericht für vollstreckbar erklärt worden ist. – 2. *Rechtsmittel:* Die Entscheidung ist unanfechtbar; nur ausnahmsweise Rechtsbeschwerde zum Bundesgerichtshof (§ 1065 ZPO). – Der Schiedsspruch kann durch Antrag auf gerichtliche Aufhebung angefochten werden, die nur auf bestimmte wichtige Gründe (§ 1059 ZPO) gestützt werden kann.

Schiedsgutachter – Person, die nach dem Willen der Vertragsschließenden bestimmte Bestandteile für die Entscheidung eines Streits (auch Rechtsstreits) unter den Parteien verbindlich feststellen, aber nicht über Rechtsfolgen entscheiden soll (sonst: → Schiedsgerichtsverfahren). Die Abrede ist formbedürftig. Schiedsgutachter können z.B. Höhe des angemessenen Mietzinses oder eines eingetretenen Schadens feststellen. Nach h.M. gelten die §§ 317–319 BGB entsprechend, d.h. der Schiedsgutachter hat nach billigem Ermessen zu entscheiden, offenbar unbillige Entscheidungen sind für die Beteiligten nicht verbindlich.

Schiedsklausel – eine im internationalen Handel übliche Klausel zur außergerichtlichen Beilegung von etwaigen Streitigkeiten (z.B. „Alle aus oder in Zusammenhang mit dem gegenwärtigen Vertrag sich ergebenden Streitigkeiten werden nach der Schiedsgerichtsordnung der Internationalen Handelskammer von einem oder mehreren gemäß dieser Ordnung ernannten Schiedsrichtern endgültig entschieden."). Durch Aufnahme dieser Klausel unterwerfen sich die Vertragspartner freiwillig dem privaten → Schiedsgerichtsverfahren.

Schiedskonvention → Schiedsabkommen.

Schiedsordnung – Ordnung, die bestimmte Selbstverwaltungsorgane der Wirtschaft zur Beilegung von Streitigkeiten erlassen haben. Verschiedene Industrie- und Handelskammern in der Bundesrepublik Deutschland haben eigene Schiedsordnungen.

Schiedspreis → Arbitriumwert.

Schiedsrichter → Schiedsgerichtsverfahren.

Schiedsspruch – I. Bürgerliches Recht: Entscheidung eines Schiedsgerichts im → Schiedsgerichtsverfahren. Der Schiedsspruch hat zwischen den Parteien die Wirkung eines rechtskräftigen gerichtlichen → Urteils (§ 1055 ZPO).

II. Arbeitsrecht: Schiedsspruch nach Scheitern der Verhandlungen zum Abschluss eines Tarifvertrags und zur Vermeidung eines Arbeitskampfs. – Vgl. auch → Schlichtung.

Schiedsspruchwert → Arbitriumwert.

Schiedsstelle – 1. *Patentrecht:* beim → Deutsches Patent- und Markenamt (DPMA) eingerichtete Stelle, die Schiedsverfahren zur gütlichen Einigung über Streitigkeiten zwischen Arbeitnehmern und Arbeitgebern aus → Arbeitnehmererfindungen durchführt (§ 28 ANEG). Die Schiedsstelle macht den Beteiligten, sofern sie sich auf das Verfahren eingelassen haben, einen begründeten Einigungsvorschlag, der als angenommen gilt, wenn nicht innerhalb eines Monats nach seiner Zustellung schriftlich Widerspruch eingelegt wird (§ 34 ANEG). Im Verfahren vor der Schiedsstelle werden keine Gebühren und Auslagen erhoben (§ 36 ANEG). – 2. *Urheberrecht:* beim Deutschen Patent- und Markenamt aufgrund des Urheberrechtswahrnehmungsgesetzes vom 9.9.1965 (BGBl. I 1294) m.spät.Änd. errichtete Stelle zur Schlichtung von Streitigkeiten, an denen (1) eine → Verwertungsgesellschaft beteiligt ist, wenn sie die Nutzung von Werken oder Leistungen, die nach dem Urheberrechtsgesetz geschützt sind, oder den Abschluss oder die Änderung des Gesamtvertrags betreffen, an denen (2) ein Sendeunternehmen oder ein Kabelunternehmen beteiligt sind, wenn sie die Verpflichtung zum Abschluss eines Vertrags über die Kabelweitersendung betreffen (§ 14 UrhWG).

Schiedsvereinbarung → Schiedsgerichtsverfahren.

Schiedsverfahren – I. Internationales Steuerrecht: im Internationalen Steuerrecht jedes Verfahren, durch das Streitigkeiten über die korrekte Anwendung eines → Doppelbesteuerungsabkommens (DBA) auf einen Einzelfall von einer neutralen Stelle, die mit dem Fall befasst wird, verbindlich beigelegt werden können. Die Möglichkeit, ein Schiedsverfahren durchzuführen, sehen bislang nur wenige DBA tatsächlich vor, da es bes. Vertrauen vonseiten der beteiligten Staaten erfordert, sich dem Urteil einer fremden Schiedsinstanz im Vorhinein bedingungslos zu unterwerfen; daher ist die Einleitung eines Schiedsverfahrens, wenn überhaupt vorgesehen, in den DBA meist an die vorige Zustimmung der Behörden im konkreten Fall gebunden. Zwischen den EU-Staaten ist ein Schiedsverfahren allerdings für einen wichtigen Spezialfall durch das → Schiedsabkommen verbindlich vorgeschrieben.

II. Arbeitsrecht: → Schlichtung.

Schiedsvergleich – ein im → Schiedsgerichtsverfahren zwischen den Parteien abgeschlossener → Vergleich (§ 1053 ZPO).

Schiefe – in der Statistik Bezeichnung für die Eigenschaft einer → Verteilung (→ Häufigkeitsverteilung, → Wahrscheinlichkeitsfunktion, → Dichtefunktion), asymmetrisch zu sein. Man unterscheidet *linkssteile (rechtsschiefe)* und *rechtssteile (linksschiefe)* Verteilungen (Diagramme). Bei linkssteilen Verteilungen ist der → Median kleiner als der → Erwartungswert, bei rechtssteilen Verteilungen ist es umgekehrt. Es gibt → Maßzahlen zur Kennzeichnung der Schiefe, die aber kaum praktische Bedeutung haben (→ Moment).

Schiefe

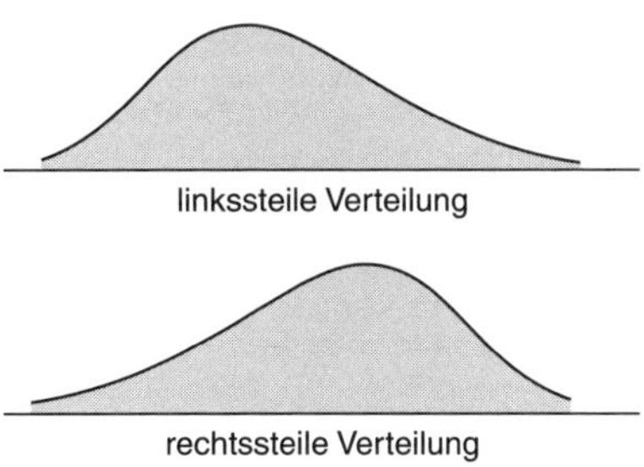

Schieflage – zu starkes Engagement eines Unternehmens (bes. einer Bank) in einem oder mehreren riskanten Objekten im Verhältnis zu den haftenden Mitteln. Wenn Verluste aus diesen Objekten auftreten (z.B. Ausfall eines Großkredits), ist das Unternehmen in seiner Existenz gefährdet. Durch → Diversifikation kann die Schieflage beseitigt und das eingegangene Risiko vermindert werden.

Schienenersatzverkehr → Ersatzverkehr.

Schiffer – *Kapitän;* Führer, nicht notwendig Eigentümer (→ Reeder, → Schiffseigner) eines Schiffes. Auch als Angestellter ist er kein → Handlungsgehilfe. – *Rechte und Pflichten* regeln die §§ 511–555 HGB bzw. die §§ 7–20 Binnenschifffahrtsgesetz (BinSchG). Außerhalb des Heimathafens ist er Bevollmächtigter des Schiffseigners (Reeders). Der Schiffer hat gegenüber der Schiffsmannschaft bes. Disziplinargewalt (§§ 105 ff. SeemG).

Schifferbörse – Frachtenbörse in Duisburg-Ruhrort und Hamburg, dient dem Handel mit Frachtraten, aber auch der Feststellung von Handelsbräuchen in der Binnenschifffahrt sowie der Erstellung von Gutachten in Streitfragen den Schifffahrts- und Hafenverkehr betrefffend. Die Schifferbörse zu Duisburg-Ruhrort ist in Personal- und Realunion mit der Niederrheinischen IHK verbunden.

Schifffahrtsgericht – Gericht zur Entscheidung über → Binnenschifffahrtsachen. – *Gesetzliche Grundlage:* Gesetz über das gerichtliche Verfahren in Binnenschifffahrtsachen vom 27.9.1952 (BGBl. I 641) m.spät.Änd. – Schifffahrtsgerichte in *erster Instanz* sind, ohne Rücksicht auf den Streitwert, einige → Amtsgerichte für jeweils größeren Bezirk.

Schifffahrtsrecht – öffentlich- und privatrechtliche Rechtssätze des See- und Binnenschifffahrtsrechts. – Für das dt. Seerecht sind v.a. von Bedeutung: Fünftes Buch des HGB (sog. Seehandelsrecht); Schiffssicherheitsgesetz (SchSG) vom 9.9.1998 (BGBl. I 2860) m.spät.Änd.; SchiffsbesetzungsVO vom 26.8.1998 (BGBl. I 2577) m.spät.Änd.; Schiffsoffizier-AusbildungsVO i.d.F. vom 15.1.1992 (BGBl. I 22, 227) m.spät.Änd.; Schiffsregisterordnung i.d.F. vom 26.5.1994 (BGBl. I 1133) m.spät.Änd.; Flaggenrechtsgesetz i.d.F. vom 26.10.1994 (BGBl. I 3140) m.spät.Änd.; Seemannsgesetz vom 26.7.1957 m.spät. Änd.; ebenso Seemannsbrauch und internationale Verträge. – *Schifffahrtsrecht für die Binnenschifffahrt:* → Binnenschiffsrecht.

Schiffsbank – *Schiffspfandbriefbank, Schiffsbeleihungsbank, Schiffshypothekenbank, Schiffskreditbank;* Kreditinstitute, die auf versicherte, im Schiffsregister eingetragene Schiffe gegen Eintragung von Schiffshypotheken Darlehen an Reeder bzw. Schiffseigner gewähren und aufgrund der erworbenen, durch Schiffshypotheken gesicherten Forderungen Schuldverschreibungen (Schiffspfandbriefe) ausgeben. Schiffsbanken sind → Spezialbanken, die v.a. der Schifffahrtfinanzierung (Schiffneubau, Schiffkauf) dienen.

Schiffsbauwerk – im Bau befindliches Schiff. Ein Schiffsbauwerk kann nach einer gewissen Fertigstellung im Schiffsbauregister (→ Schiffsregister) eingetragen werden, wenn zugleich eine Schiffshypothek eingetragen wird (Vgl. Verordnung zur Durchführung der SchiffsregisterO i.d.F. vom 30.11.1994 (BGBl. I 3631) m.spät.Änd.).

Schiffsbesatzung – Kapitäne (→ Schiffer), Schiffsoffiziere, sonstige Angestellte und Schiffsleute. Das Seemannsgesetz (SeemG) vom 26.7.1957 m.spät.Änd. enthält die bes. arbeitsrechtlichen Regelungen.

Schiffsbrief → Schiffsregister.

Schiffseichämter → Eichbehörden für die Eichung von Binnenschiffen zur Feststellung der von einem Schiff nach Maßgabe seiner Eintauchung verdrängten Wassermenge gemäß VO über die Eichung von Binnenschiffen vom 30.6.1975 (BGBl. I 1785) m.spät. Änd.

Schiffseigentümer – 1. Schiffseigentümer von der *Seeschifffahrt* dienenden Schiffen: → Reeder. – 2. Schiffseigentümer von der *Binnenschifffahrt* dienenden Schiffen: → Schiffseigner.

Schiffseigner – Eigentümer eines der Binnenschifffahrt dienenden Schiffes. – Die *Haftung* des Schiffseigners entspricht im Wesentlichen der des → Reeders. Führt der Schiffseigner das Schiff selbst, haftet er für fehlerhafte Führung nur mit Schiff und Fracht (§§ 1 ff. Binnenschifffahrtsgesetz (BinSchG)).

Schiffsgläubiger – einzelne in § 754 HGB und entsprechend in § 102 BinSchG aufgezählte Gläubiger, die ein bes., meist → gesetzliches Pfandrecht am → Schiffsvermögen haben, das keiner Eintragung im Schiffsregister bedarf, durch gutgläubigen Erwerb nicht erlischt, gegen dritte Besitzer verfolgbar ist und alle anderen Belastungen im Rang vorgeht. Untereinander haben die Ansprüche verschiedener Schiffsgläubiger eine bestimmte Rangordnung (§§ 755 ff. HGB).

Schiffsmakler – Makler, der sich mit der Vermittlung von Schiffsraum, Ladungen, Liegeplätzen etc. befasst; → Handelsmakler (§ 93 HGB).

Schiffsregister – I. Allgemeines: 1. *Gesetzliche Grundlage:* Schiffsregisterordnung (SchRO) i.d.F. vom 26.5.1994 (BGBl. I 1133) m.spät.Änd. – 2. *Arten:* Seeschiffs-, Binnenschiffs- und Schiffsbauregister. Das Schiffsregister entspricht weitgehend dem → Grundbuch. – 3. *Einsicht* ist jedem, beim Schiffsbauregister aber nur bei berechtigtem Interesse, gestattet (§§ 8, 65 II SchRO). – 4. *Registerbehörde* ist das Amtsgericht des Heimathafens bzw. Heimatorts, für Schiffsbauwerke das des Bauorts, für Schwimmdocks das des Bau- oder Lageorts (§§ 4, 67 SchRO).

II. Eintragung: 1. In das *Seeschiffsregister* werden Kauffahrteischiffe und Schiffe, die nach dem Flaggenrechtsgesetz zur Flaggenführung berechtigt sind, eingetragen (§ 3 II SchRO). – 2. Im *Binnenschiffsregister* können außer Schleppern, Tankschiffen und Schubbooten nur Binnenschiffe eingetragen werden (§ 3 III SchRO). – 3. Im *Schiffsbauregister* werden Schiffsbauwerke und Schwimmdocks zur Hypothekenbestellung eingetragen (§§ 65 ff. SchRO, §§ 76 ff. SchiffsG).

III. Registereinrichtung: 1. Das *Registerblatt* entspricht dem Grundbuchblatt. – 2. Über die Eintragung wird (1) beim Seeschiff ein *Schiffszertifikat,* (2) beim Binnenschiff ein *Schiffsbrief* ausgestellt (§§ 60 ff. SchRO). – 3. *Im Einzelnen* gilt Gleiches wie beim Grundbuch. – Vgl. auch → Antragsgrundsatz, → Eintragungsbewilligung, → Grundbuchvermutung, → Vormerkung, → Amtsberichtigung, → Grundbuchberichtigungsanspruch, → Widerspruch. – 4. *Löschung* durch Löschungsvermerk (§ 50 SchRO).

Schiffsverkehr – Personen- und Güterverkehr auf → Wasserstraßen und dem offenen Meer mit Personenschiffen (Fähre, Rundfahrt-, Ausflugs-, Kabinen-, Kreuzfahrtschiff) und Güterschiffen (Binnenmotorschiff, Schubverband, Küstenmotorschiff, Hochseeschiff) durch Binnen-, Küsten- und Hochseeschifffahrtsbetriebe sowie mit privaten Wasserfahrzeugen. – Zu *unterscheiden:* → Binnenschifffahrt und → Seeschifffahrt.

Schiffsvermögen – bes. Vermögensmasse des → Reeders, auf die sich wegen der unübersehbaren Haftungsmöglichkeiten die Haftung des Reeders bisweilen beschränkt (§§ 486 ff. HGB). Bestimmte Gläubiger (→ Schiffsgläubiger) haben ein → gesetzliches Pfandrecht am Schiffsvermögen (§§ 755 ff. HGB).

Schiffsversteigerung → Zwangsversteigerung von im Schiffsregister eingetragenen Schiffen oder Schiffsbauwerken. – *Gesetzliche Regelung:* §§ 864 ff. ZPO, §§ 162 ff. ZVG. – Die Schiffsversteigerung richtet sich (mit geringen Abweichungen) nach den Bestimmungen über die Zwangsversteigerung von Grundstücken. Zuständig ist das Amtsgericht, in dessen Bezirk sich das Schiff befindet; anstelle des Grundbuchs tritt das → Schiffsregister; Bezeichnung des Schiffes nach Schiffsregister; mit Anordnung der Zwangsversteigerung erfolgt Bewachung und Bewahrung des Schiffes; Bekanntmachung des → Versteigerungstermins in einem Schifffahrtsfachblatt;

Schiffszertifikat → Schiffsregister.

Schikaneverbot – das in § 226 BGB ausgesprochene Verbot, ein Recht lediglich zu dem Zwecke auszuüben, einem anderen Schaden zuzufügen. – Weiter geht das aus § 242 BGB herzuleitende Verbot der → unzulässigen Rechtsausübung.

Schiller – Karl, 1911–1994, Nationalökonom und Politiker (SPD). Nach der Promotion 1935 in Heidelberg und der Habilitation 1939 in Kiel arbeitete er 1935–1941 am Institut für Weltwirtschaft in Kiel, danach leistete er Kriegsdienst. 1946 war er Gastprofessor in Kiel, 1947–1972 *Professor für Volkswirtschaftslehre* an der Universität Hamburg und *Direktor* *des Instituts für Außenhandel und Überseewirtschaft*, 1948–1953 *Wirtschafts- und Verkehrssenator* in Hamburg (1949–1957 Mitglied der Bürgerschaft), 1961–1965 *Wirtschaftssenator* in Berlin. – Er trug dazu bei, dass sich die SPD marktwirtschaftlichen Vorstellungen öffnete und leitete 1964 bis 1972 den *Wirtschaftspolitischen Ausschuss beim Vorstand der SPD*. 1965–1972 gehörte er dem *Bundestag* an. 1966–1972 war er *Bundeswirtschafts-*, 1971/1972 zugleich *Bundesfinanzminister*. Er propagierte die → Globalsteuerung der Volkswirtschaft, u.a. mithilfe des Stabilitätsgesetzes, der mittelfristigen Finanzplanung und der Zusammenarbeit der Sozialpartner in der → Konzertierten Aktion.

Schirmmethode → Markenstrategien.

Schlange → Queue.

schlankes Management → Lean Management.

schlechtgläubig → bösgläubig.

Schlechtleistung – *Schlechterfüllung*. 1. *Begriff:* Fall der → Leistungsstörungen und → Pflichtverletzung, bei dem der Schuldner die fällige Leistung nicht wie geschuldet erbringt (z.B. unsachgemäße Unternehmensberatung, unzureichende Verpackung führt zur Beschädigung der verkauften Ware, Mängel beim Kauf- oder Werkvertrag). Das Verschulden des Schuldner wird vermutet (§ 280 I 2 BGB). – 2. *Rechtsfolgen:* a) (einfacher) Schadenersatz bei verschuldeter Schlechtleistung (§ 280 I 1 BGB). – b) Schadenersatz statt der Leistung bei verschuldeter erheblicher Schlechtleistung (§ 281 I BGB), wenn die Leistung abgelehnt werden darf (→ Ablehnung). – c) Anstelle des Schadensersatzes statt der Leistung kann → Aufwendungsersatz verlangt werden (§ 284 BGB). – Sonderregeln für → gegenseitige Verträge, → Sachmängelhaftung, → Rechtsmängelhaftung. – Vgl. auch → Vertragsbruch.

Schlechtwettergeld – ersetzt durch → Wintergeld und → Saison-Kurzarbeitergeld.

Schleichbezug – Ein gewerblicher Abnehmer, der seine fehlende Verbrauchereigenschaft gegenüber dem Anbieter verschleiert und sich dadurch Waren oder Dienstleistungen erschleicht, handelt grundsätzlich unlauter (§ 4 Nr. 3, Nr. 10 UWG).

Schleichhandel → Schwarzhandel.

Schleichwerbung – Wirtschaftswerbung muss als solche erkennbar sein, ist sie das nicht von sich aus, muss sie als Werbung offen gelegt werden. Unter privaten Kleinanzeigen abgedruckte Anzeigen sind im Fall nicht hinreichender Unterscheidbarkeit als gewerblich auszuweisen, Anzeigen, die nach Form und Inhalt wie redaktionelle Beiträge aufgemacht sind, sind als „Anzeige" hinreichend deutlich kenntlich zu machen. Verstöße sind → sittenwidrige Werbung (→ Kundenfang; → Product Placement). Zu Werbung in der Form von Berichterstattung seitens der Medien vgl. → Trennungsgebot. Nach § 7 RfSTV sind Schleichwerbung und entsprechende Praktiken unzulässig in Fernsehen und Hörfunk.

Schleier der Unwissenheit – engl. *veil of ignorance* (J. Rawls); 1. *Begriff:* In einer hypothetischen Urvertragssituation stimmen die Gesellschaftsmitglieder über die Regeln ab, die künftig in ihrer Gemeinschaft gelten sollen (s. → Konstitutionenökonomik, konstitutionelle Ebene). Faire Regeln (Rawls) werden für die Gesellschaft dann gefunden, wenn unter einem Schleier der Unwissenheit oder des Nichtwissens abgestimmt wird. Die Gesellschaftsmitglieder abstrahieren dann von ihrer konkreten Situation im Status quo und einigen sich auf die Regeln, die den schwächsten Gesellschaftsmitgliedern die beste Situation ermöglich. Der Nutzen der gesamten Gesellschaft ist immer nur so hoch, wie der Nutzen des Mitglieds mit dem geringsten Nutzenwert. Alle wirtschaftspolitischen Maßnahmen sind daran zu messen, in welchem Ausmaß sie den Nutzen dieses Mitglieds erhöhen. – 2. *Alternative:* Die utilitaristische Konzeption von J. → Bentham, nach der sich der gesellschaftliche Nutzen als Summe der Individualnutzen ergibt. – Vgl. auch → Gerechtigkeit.

Schleier des Nichtwissens → Konsensethik.

Schleuderpreis → Preisschleuderei.

schlichte Änderung – 1. *Begriff:* Unter schlichter Änderung ist die Änderung eines Bescheides über Besitz- und Verkehrsteuern zugunsten des Steuerpflichtigen zu verstehen, soweit er vor Ablauf der Einspruchs- bzw. Klagefrist eine genau bestimmte Änderung (substantiiert) beantragt oder ihr zustimmt (§ 172 I Satz 1 Nr. 2a und Satz 3 AO). Auch außerhalb der Einspruchsfrist ist ein Antrag auf schlichte Änderung möglich; allerdings nur zuungunsten des Steuerpflichtigen. Die Zustimmung kann nur als ausdrückliche Willenserklärung erfolgen, die aber nicht vonseiten der Finanzverwaltung unterstellt oder gegen den Willen des Steuerpflichtigen eingefordert werden kann. – Der Steuerpflichtige hat ein Wahlrecht, ob er gegen einen fehlerhaften Steuerbescheid einen → Einspruch bzw. gegen die Einspruchsentscheidung eine → Klage erheben oder einen Antrag auf schlichte Änderung stellen will. Bei unklarer Formulierung ist sein Begehren zur Rechtswahrung grundsätzlich als förmlicher Rechtsbehelf auszulegen, da der Antrag auf schlichte Änderung den Rechtsschutz eingrenzt. So kann der Antrag nach Ablauf der Einspruchs- bzw. Klagefrist nicht mehr erweitert werden. – 2. *Form:* Der Antrag auf schlichte Änderung ist formfrei. – 3. *Folgen:* Es kommt zu keiner Gesamtaufrollung des Steuerfalls (sog. Punktberichtigung). Eine → Verböserung ist nicht möglich. → Aussetzung der Vollziehung kann nicht gewährt werden, weil es an einem angefochtenen Verwaltungsakt fehlt. Ggf. kommt eine → Stundung in Betracht. Bei nicht fristgerechter Zahlung der festgesetzten Abgabenschuld verwirken → Säumniszuschläge (AEAO zu § 172 Nr. 2).

Schlichtung – I. Begriff/Rechtsgrundlage: 1. *Begriff:* Verfahren zur Beilegung von arbeitsrechtlichen Gesamtstreitigkeiten (Schaffung neuer oder Ergänzung bestehender → Tarifverträge). Die Schlichtung kann auch dazu dienen, einen bereits begonnenen → Arbeitskampf beizulegen. – 2. *Rechtliche Regelungen:* Nach geltendem Arbeitsrecht gibt es keine staatliche Zwangsschlichtung. Schlichtung wird vielfach in Tarifverträgen vereinbart, um Arbeitskämpfe zu vermeiden.

II. Arten: 1. *Vermittlungsverfahren (Ausgleichsverfahren):* Es soll durch Beratung und Aufklärung zwischen den Parteien einen Ausgleich herbeiführen. Als Vermittler wird auf Anrufung einer Partei ein Beauftragter der obersten Landesbehörde (Landesschlichter) tätig. Ergebnis i.d.R. (1) Abschluss einer neuen Gesamtvereinbarung oder (2) Vereinbarung, den Streit vor Gericht weiter auszutragen oder (3) den Arbeitskampf fortzusetzen (mit schärferen Mitteln). – 2. *Schlichtungsverfahren (Schiedsverfahren):* Es wird nur mit Zustimmung der Parteien eröffnet; häufig vor Beginn des Arbeitskampfes in einem Schlichtungsabkommen vereinbart. Die Schlichtungsausschüsse bestehen aus dem Vorsitzenden (benannt von der obersten Arbeitsbehörde des jeweiligen Landes) und der gleichen Anzahl von Arbeitgeber und -nehmervertretern. Alle Ausschussmitglieder, auch der Vorsitzende, sind stimmberechtigt. Mangels Einigung der Parteien erlässt der Schiedsausschuss einen Schiedsspruch. Dieser wird nur bindend wie ein von den Parteien abgeschlossener Vertrag, wenn diese sich ihm vorher unterworfen haben oder ihn nachträglich annehmen. Schiedsspruch wird mit einfacher Mehrheit gefällt. – In den Fällen, in denen ein Schlichtungsverfahren nicht vereinbart worden ist, oder in denen ein vereinbartes Verfahren erfolglos geblieben ist, kann mit Zustimmung beider Parteien ein *staatlicher Schiedsausschuss* angerufen werden. Sein Spruch ist nur bindend, wenn beide Parteien ihn annehmen oder wenn die Annahme im Voraus vereinbart ist.

Schlichtungsstelle der Deutschen Bundesbank – Mit dem Inkrafttreten des Überweisungsgesetzes richtete die Deutsche Bundesbank im August 1999 eine Schlichtungsstelle ein, die bei Kundenbeschwerden für nationale und grenzüberschreitende Überweisungen sowie für den Missbrauch von Zahlungskarten oder deren Daten eine außergerichtliche Einigung herbeiführen soll. Die Schlichtungsaufgabe der Bundesbank wurde inzwischen teilweise auf das Kreditgewerbe übertragen. In diesen Fällen verweist die Schlichtungsstelle der Deutschen Bundesbank Kundenbeschwerden über Kreditinstitute, deren Verbände selbst → Kundenbeschwerdestellen eingerichtet haben (Bankenverband, VÖB, BVR, Sparkassenverband Baden-Württemberg, Rheinischer Sparkassen- und Giroverband), an die zuständige Beschwerdestelle des jeweiligen Verbandes oder leitet die Beschwerden dorthin weiter. – Vgl. auch → Ombudsmann.

Schlichtungsverfahren → Schlichtung.

Schlussbesprechung – 1. Der *mündliche Bericht des Abschlussprüfers* gegenüber der Geschäftsleitung des geprüften Unternehmens dient der Erläuterung von Prüfungsergebnissen der → Pflichtprüfung und gibt der Unternehmensleitung die Möglichkeit, zu einzelnen Feststellungen oder noch offenen Fragen Stellung zu nehmen. – 2. *Abschließende Verhandlung nach einer* → Außenprüfung zwischen Unternehmer, Gesellschaftern und Vertretern der zuständigen Finanzbehörden (§ 201 AO): Bei der Schlussbesprechung sind bes. strittige Sachverhalte sowie die rechtliche Beurteilung der Prüfungsfeststellungen und ihre steuerlichen Auswirkungen zu erörtern. Gegenstand der Schlussbesprechung sind dabei Beanstandungen der Buchführung und Erklärungen zu einzelnen fraglichen Punkten anhand des Entwurfs des Betriebsprüfungsberichtes. Angestrebt wird Einigung über die Behandlung der aufgeworfenen Fragen bzw. klare Herausarbeitung und Trennung der Punkte, über die Einigung erzielt und nicht erzielt worden ist; der Sache nach ein gegenseitiges Nachgeben. Rechtsirrtümer, die die Finanzbehörde nach der Schlussbesprechung erkennt, kann sie bei der Auswerttung der Prüfungsfeststellungen auch dann richtig stellen, wenn an der Schlussbesprechung der für die Steuerfestsetzung zuständige Beamte teilgenommen hat. Zusagen im Rahmen einer Schlussbesprechung, die im Betriebsprüfungsbericht (vgl. → Außenprüfung) nicht aufrechterhalten werden, erzeugen schon aus diesem Grund keine Bindung der Finanzbehörde nach Treu und Glauben. Die letztzlich verbindliche Entscheidung wird danach erst im Betriebsprüfungsbericht und dem darauf folgenden Steuerfestsetzungsverfahren getroffen.

Schlussbilanz → Bilanz am Ende einer Rechnungsperiode, die aus dem Abschluss der bis dahin geführten Sach- und Personenkonten meist unter gleichzeitiger → Inventur aufgestellt wird: (1) *am Ende eines Geschäftsjahres,* (2) nach erfolgter → Abwicklung einer Unternehmung. Die Schlussbilanz kann aus der → Rohbilanz und → Saldenbilanz entwickelt werden und weist die Vermögens- und Kapitalverhältnisse der bilanzierenden Unternehmung sowie durch Vergleich mit der → Eröffnungsbilanz das Geschäftsergebnis aus. – Vgl. auch → Hauptabschlussübersicht (HAÜ).

Schlussbrief – Vertrag mit ausführlichen Kaufbedingungen, meist in Form des Geschäftsbriefs mit Anrede, Grußformel und Unterschrift. Gebräuchlich ist er bei nicht börsenmäßig gehandelten Waren. Durch Unterzeichnung des Schlussbriefs bindet sich der Käufer einseitig, während der Verkäufer erst unterzeichnet, nachdem er sich bez. seiner zu übernehmenden Lieferungsverpflichtung gesichert hat. – Vgl. auch → Schlussnote.

Schlüssel – I. Kostenrechnung: → Gemeinkostenschlüsselung.

II. Informatik: 1. *Begriff:* in der → Datenorganisation ein Element eines → Datensatzes, das zur Identifikation des Satzes dient. – 2. *Inhalt:* Als Schlüssel dienen in der → betrieblichen Datenverarbeitung häufig Nummern (z.B. Artikel-, Personal-, Lieferantennummern). – 3. *Arten:* (1) *Primär-Schlüssel:* Schlüssel, der einen Datensatz eindeutig identifiziert. (2) *Sekundär-Schlüssel:* zusätzliche Schlüssel, die ebenfalls zum Auffinden von Datensätzen herangezogen werden können, aber nicht eindeutig zu sein brauchen (z.B. Artikelname, Personalname, Wohnort des Lieferanten). – Vgl. auch → Nummernsystem.

Schlüsselbild – *Key Visual, Leitbild;* visuelles (und akustisches) Grundmotiv, das die → Positionierung einer → Marke oder eines Unternehmens abbildet. Ein Schlüsselbild bestimmt den langfristigen visuellen Auftritt von Marken und Unternehmen (z.B. Marlboro Cowboy).

Schlüsselgewalt – Begriff des Familienrechts für das Recht beider → Ehegatten, Geschäfte zur angemessenen Deckung des Lebensbedarfs der Familie mit Wirkung auch für den anderen Ehegatten zu besorgen und ihn damit zu vertreten. Durch das Handeln eines Ehegatten werden beide Ehegatten berechtigt und verpflichtet, es sei denn, dass sich aus den Umständen etwas anderes ergibt (§ 1357 I BGB). Bei der → Lebenspartnerschaft gilt Entsprechendes (§ 8 II LPartG).

Schlüsselindustrien – Zweige des Grundstoff- und Produktionsgütergewerbes, deren Aufträge und Lieferungen für einen weiten Kreis anderer Industrieunternehmen oder Gewerbe die Existenzgrundlage darstellen, z.B. Automobilindustrie, Baugewerbe.

Schlüsselmärkte → Märkte, die für die Ausweitung der Marktposition, die weitere Unternehmensentwicklung und die Internationalisierung von herausragender Bedeutung sind. Hierbei kann es sich auch um kleinere Märkte handeln, wenn diese etwa bes. geografische oder politische Eigenschaften aufweisen (z.B. als Brückenkopf), welche sich für das Unternehmen als bes. vorteilhaft im Sinn obiger Kriterien erweisen.

Schlüsselmasse → Grundbetrag.

Schlüsselqualifikation – 1. *Begriff:* Kenntnisse, → Fähigkeiten und Fertigkeiten, welche die Eignung für viele alternative Positionen und Funktionen gegenwärtig sowie für die Bewältigung von sich laufend verändernden Anforderungen während des zukünftigen Berufslebens erbringen. – 2. *Kategorien:* Man unterscheidet „harte" (Fach- und Methodenkompetenz) und „weiche" (Sozial-, Sprach- und Kulturkompetenz) Qualifikationen sowie persönliche Arbeitstugenden und Führungsqualitäten.

Schlüsselung → Gemeinkostenschlüsselung.

Schlüsselzuweisung – nach einem feststehenden Schlüssel, d.h. regelgebunden verteilte Zuweisung. Zu den Schlüsselzuweisungen gehören die im → Länderfinanzausgleich übertragenen Beiträge und Zuweisungen zwischen Geber- und Nehmerländern, → Ergänzungszuweisungen des Bundes und der größte Teil der im → kommunalen Finanzausgleich gewährten Zuweisungen (letztere sind Schlüsselzuweisungen i.e.S.). – Die *Höhe* der Schlüsselzuweisungen errechnet sich aus der Multiplikation der Differenz zwischen Finanzkraft (→ Steuerkraftmesszahl) und Finanzbedarf (→ Ausgleichsmesszahl) der Gemeinden mit dem → Grundbetrag.

Schlussfolgerung → Inferenz.

Schlusskurs → Kurs, der am Schluss der offiziellen Börsenzeit für ein Papier mit fortlaufender Notierung festgestellt wird.

Schlussnote – *Schlussschein.* 1. *Begriff:* Von dem → Handelsmakler zu unterzeichnende und beiden Parteien unverzüglich nach Abschluss des Geschäftes zuzustellende Privaturkunde (§ 94 I HGB). – 2. Die Schlussnote *enthält* die Namen bzw. die Firmen der Parteien, den Gegenstand und die Bedingungen des Geschäfts, bei Verkäufen von Waren und Wertpapieren v.a. Gattung, Menge, Preis und Lieferzeit. – 3. Die Schlussnote *dient* lediglich Beweiszwecken, auf die Wirksamkeit des Geschäftes hat sie direkt keinen Einfluss. – 4. Wird die Schlussnote vorbehaltlos *angenommen,* so ist darin Genehmigung des Geschäftes mit dem Inhalt der Schlussnote zu sehen; Schweigen gilt als Annahme, wenn den Parteien eine Schlussnote gleichen Inhaltes zugegangen ist und das Geschäft nicht bereits vorher unzweideutig von einer Partei abgelehnt war. – 5. Im *Börsenverkehr* ist die Schlussnote auch unter Vorbehalt der Benennung der anderen Partei häufig (→ Aufgabegeschäft). – Vgl. auch → Schlussbrief.

Schlussrechnung – im → Insolvenzverfahren Form der Rechenschaftslegung des → Insolvenzverwalters bei Beendigung seines Amtes gegenüber der Gläubigerversammlung (§ 66 InsO). – *Inhalt:* Tätigkeitsbericht, Zusammenstellung der Einnahmen und Ausgaben; die Schlussrechnung muss an Inventur und Bilanz anschließen, die bei Insolvenzeröffnung vorgelegt wurden. – *Termin:* Schlussrechnung ist spätestens eine Woche vor dem Schlusstermin auf der Geschäftsstelle des Insolvenzgerichts zur Einsichtnahme der Beteiligten niederzulegen (falls ein Gläubigerausschuss besteht, mit dessen Bemerkungen). – Über *Einwendungen,* die nur im Schlusstermin erhoben werden können, entscheidet notfalls das Gericht. Werden Einwendungen nicht erhoben, gilt die Schlussrechnung als anerkannt; der Verwalter ist insoweit entlastet und seiner Verantwortlichkeit (§ 60 InsO) enthoben.

Schlussschein → Schlussnote.

Schlusstermin – im → Insolvenzverfahren Bezeichnung für die → Gläubigerversammlung vor Aufhebung des Verfahrens (§ 197 InsO). Die Abhaltung des Schlusstermins, der vom Insolvenzgericht bestimmt wird, ist öffentlich bekanntzumachen. – *Zuvor* müssen die → Schlussrechnung des Insolvenzverwalters und ein Schlussverzeichnis (Aufstellung über beabsichtigte Durchführung der Schlussverteilung) auf der Geschäftstelle des Insolvenzgerichts zur Einsichtnahme niedergelegt werden. – *Im Termin* müssen etwaige Einwendungen gegen das Schlussverzeichnis vorgebracht werden. Es wird über die Verwendung nicht verwertbaren Vermögens sowie die Festsetzung der Vergütung für Insolvenzverwalter und Gläubigerausschuss verhandelt. Möglich ist auch die Prüfung nachträglich angemeldeter Forderungen, jedoch sind diese von der Schlussverteilung ausgeschlossen. – *Nach* der Abhaltung des Schlusstermins beschließt das Gericht die Aufhebung des Insolvenzverfahrens.

Schlussverkauf → Abschnittsschlussverkäufe.

Schlussverteilung – im → Insolvenzverfahren die Ausschüttung der gesamten, nach dem Vollzug etwaiger → Abschlagsverteilungen noch verfügbaren Teilungsmasse, sobald die Verwertung der Masse beendet ist (§ 196 InsO). – *Erforderlich* ist die Genehmigung des Insolvenzgerichts und (falls vorhanden) des Gläubigerausschusses. – *Vorher* müssen alle bekannten Ansprüche der Massegläubiger erfüllt oder gesichert sein. – Der Insolvenzverwalter hat die Gläubiger, die an der Schlussverteilung beteiligt werden sollen (→ Verteilungsverfahren), in ein *Schlussverzeichnis* aufzunehmen, das auf der Geschäftsstelle des Insolvenzgerichts zur Einsichtnahme vor dem Schlusstermin offen gelegt wird. – Über *Einwendungen* gegen das Schlussverzeichnis entscheidet das Insolvenzgericht im → Schlusstermin. Zurückbehaltene Beträge (§§ 189–191, 198 InsO) werden auf Anordnung des Insolvenzgerichtes hinterlegt.

Schlussziffernverfahren – spezielles Auswahlverfahren zur Gewinnung einer (uneingeschränkten) → Zufallsstichprobe nach dem Modell ohne Zurücklegen (→ Urnenmodell). Einer lückenlos durchnummerierten → Grundgesamtheit werden alle Elemente entnommen, die ausgewählte Schlussziffern aufweisen. Dabei ergibt die Auswahl einer einstelligen (zwei-, dreistelligen) Schlussziffer einen → Auswahlsatz von 10 Prozent (1 Prozent, 1 Promille).

Schmähkritik → Behinderungswettbewerb.

Schmalenbach – Eugen, 1873–1955, Professor in Köln. Begründer der → Kölner Schule innerhalb der → Betriebswirtschaftslehre (BWL). Schmalenbach gilt als einer der profiliertesten Fachvertreter; im Gegensatz zu anderen Fachvertretern (→ Nicklisch, → Rieger) hat er allerdings kein in sich geschlossenes Forschungs- und Lehrsystem begründet. – *Lehre:* Grundlegend für Schmalenbachs Denkweise ist die Vorstellung von der BWL als Kunstlehre (im Sinn einer technologisch orientierten Disziplin) und die Idee der Wirtschaftlichkeit als inhaltlicher Leitgedanke. Schmalenbach führte den ersten → Methodenstreit im Fach (1912). Schwerpunkte seines Denkens: (1) Entwicklung einer *Kostenlehre:* Analyse der Abhängigkeit des Kostenverlaufs von Beschäftigungsgrad; Unterscheidung von fixen und variablen Kosten; im dauernden Anwachsen der ersteren erblickte Schmalenbach den Grund für den Niedergang der freien Wirtschaft („Der freien Wirtschaft zum Gedächtnis", 1949). (2) *Gewinnproblem:* Es wird in Schmalenbachs Bilanzlehre behandelt; die Bilanz erscheint nicht ausschließlich als buchhaltungstechnischer und rechtlicher Aspekt, ihr Hauptzweck ist die Feststellung des Jahreserfolgs als Differenz aller dem Geschäftsjahr zuzurechnenden Erträge und Aufwendungen (sog. dynamische Bilanztheorie). – *Hauptwerke:* „Dynamische Bilanz" (1919); „Kostenrechnung und Preispolitik" (1919); „Der Kontenrahmen" (1927); „Die Aufstellung von Finanzplänen" (1931); „Pretiale Wirtschaftslenkung" (1947/1948).

Schmalenbach-Gesellschaft für Betriebswirtschaft e.V. – hervorgegangen aus der Verschmelzung der Schmalenbach-Gesellschaft zur Förderung der betriebswirtschaftlichen Forschung und Praxis e.V. und der Deutschen Gesellschaft für Betriebswirtschaft e.V. – *Mitglieder:* Einzelpersönlichkeiten aus Wirtschaftspraxis und -wissenschaft sowie Unternehmen und sonstige Institutionen. – *Ziele:* Systematische Förderung und Institutionalisierung der Zusammenarbeit von Wissenschaftlern und Praktikern bei der betriebswirtschaftlichen Forschung, Erfahrungsaustausch über die Anwendung neuer betriebswirtschaftlicher Erkenntnisse und Methoden, Erarbeitung von Stellungnahmen zu aktuellen Fragen der Wirtschaftspraxis und -gesetzgebung, Verbreitung von Erkenntnissen der betriebswirtschaftlichen Forschung. – *Aktivitäten:* Kooperative Forschung in Arbeitskreisen (ca. 30 Arbeitskreise zu sämtlichen betriebswirtschaftlichen Funktionskreisen und Branchen), Veranstaltung von Kongressen (Der Deutsche Betriebswirtschafter-Tag), Fachtagungen (Schmalenbach-Tagung) und Fachgesprächen sowie Herausgabe von „Schmalenbachs Zeitschrift für betriebswirtschaftliche Forschung". – *Veröffentlichungen:* Zeitschrift für betriebswirtschaftliche Forschung (zfbf), monatlich; Berichte aus der Arbeit der Gesellschaft; vier der 12 Ausgaben erscheinen als Schmalenbach Business Review (sbr).

Schmerzensgeld – im allg. Sprachgebrauch Bezeichnung für eine Entschädigung in Geld für die Verletzung persönlicher Rechtsgüter wie Körper, Gesundheit u.a. – Neben → Schadenersatz kann in folgenden Fällen für Verletzungsfolgen, die nicht in einem Vermögensschaden bestehen (z.B. Schmerzen, Entstellung, Behinderung), eine billige Entschädigung in Geld, d.h. ein Schmerzensgeld verlangt werden: (1) unabhängig vom Haftungsgrund (→ Pflichtverletzung, → unerlaubte Handlung etc.) bei Verletzung des Körpers, Gesundheit, Bewegungsfreiheit, sexueller Selbstbestimmung (§ 253 II BGB).(2) In den gesetzlich bestimmten Fällen der → Gefährdungshaftung. – Vgl. auch → Reisevertrag.

Schmidt – Fritz, 1882–1950, von 1913–1950 Professor an der Universität Frankfurt a.M. – *Lehre:* Angeregt durch die Erfahrungen der Inflation, die durch die falschen Bilanzbewertungen und den Ausweis von Scheingewinnen sehr verstärkt wurde, entwickelte Schmidt die Lehre von der „Organischen Tageswertbilanz" (1950; vorheriger Titel „Die organische Bilanz im Rahmen der Wirtschaft" (1929)). Schmidt untersucht darin die Stellung des Betriebes im wirtschaftlichen Kreislauf und fordert die Verwendung von Tageswerten (Wiederbeschaffungspreisen) – statt von Anschaffungswerten – in Kostenrechnung und Preispolitik. Im Mittelpunkt der Lehre steht die *substanzielle Kapitalerhaltung.* Eine Bewertung in ständiger Anpassung an die jeweiligen Marktverhältnisse vermöge die Konjunkturen stark zu mildern, da die Aussonderung der Scheinwerte aus den Wertströmen die Scheinblüte dämpfe und bei fallenden Preisen die wirklichen Gewinne durch Hinzurechnung der Scheinverluste erhöhe und die Krise abgeflacht werde. Diese These arbeitete Schmidt zu seiner „Betriebswirtschaftlichen Konjunkturlehre" aus (1933; Erstauflage unter dem Titel „Die Industriekonjunktur, ein Rechenfehler" (1927)). Da die Betriebswirtschaftslehre den Betrieb stets als Zelle der Volkswirtschaft zu betrachten habe, trat Schmidt für eine einheitliche Wirtschaftslehre ein. Schmidt hat seine ursprünglich von der Buchungstechnik ausgehenden Erkenntnisse zu einem geschlossenen theoretischen System der Betriebswirtschaft entwickelt, das seine Vollendung in seiner „Allgemeinen Betriebswirtschaftslehre" erhielt. – *Weitere Werke:* „Der internationale Zahlungsverkehr" (1917); „Der nationale Zahlungsverkehr" (1919); „Der Wiederbeschaffungspreis des Umsatztages in Kalkulation und Volkswirtschaft" (1923); „Kalkulation und Preispolitik" (1930); „Betriebswirtschaftliche Konjunkturlehre" (4. Aufl., 1933). – Schmidt ist Gründer und Herausgeber der „Zeitschrift für Betriebswirtschaft", ferner des Sammelwerkes „Die Handelshochschule".

Schmiergelder – Geldbeträge, die vom Geber aufgewendet werden, um den zur Wahrnehmung der Interessen einer anderen Person verpflichteten Empfänger zu einem bestimmten Verhalten zu veranlassen oder sich ihm erkenntlich zu zeigen, und deren Hingabe nach den Anschauungen der beteiligten Kreise ein unlauteres Verhalten darstellt. – *Nicht* als Schmiergelder gelten harmlose Geschenke, übliche Trinkgelder oder die Annahme von Einladungen in angemessenem Rahmen.

I. Zivilrecht: Die Hingabe von Schmiergeld stellt ein sittenwidriges, nichtiges → Rechtsgeschäft dar; doch können Schmiergelder vom Geber nicht zurückgefordert werden (§ 817 Satz 2 BGB). – Nichtig ist i.d.R. auch das *infolge* Hingabe von Schmiergeld zustande gekommene Rechtsgeschäft, jedenfalls dann, wenn der Bestochene den Geschäftsherren beim Abschluss vertreten hat. Im Streitfall darüber, ob die Hingabe des Schmiergeldes für den Vertragsschluss ursächlich war, trägt der die Schmiergeld Gebende die → Beweislast für Nichtursächlichkeit.

II. Wettbewerbsrecht: → Bestechung.

III. Arbeitsrecht: Die Pflicht, keine Schmiergelder anzunehmen oder zu zahlen, ist eine sich aus dem Arbeitsvertrag ergebende Nebenpflicht (→ Treuepflicht des Arbeitnehmers). Schmiergelder sind nach § 687 II BGB an den Arbeitgeber herauszugeben. – Nach den Umständen des Einzelfalls ist bei Annahme oder Zahlung von Schmiergeld → außerordentliche Kündigung gerechtfertigt. Häufig wird das Verbot, Schmiergelder anzunehmen oder zu zahlen, in Ethikrichtlinien präzisiert.

IV. Ertragsteuerrecht: Schmiergelder sind nach § 4 V Satz 1 Nr. 10 EStG nicht als Betriebsausgaben abzugsfähig, wenn die Zuwendung eine rechtswidrige Handlung darstellt, die den Tatbestand eines Strafgesetzes verwirklicht oder nach einem anderen Gesetz eine Geldbuße nach sich ziehen kann. – Vgl. auch → Bestechung.

Schmoller – Gustav von, 1838–1917, deutscher Nationalökonom, lehrte an den Universitäten Halle (1864–1872), Straßburg (1882–1913) und Berlin (1882–1913). Schmoller war der geistige Führer der jüngeren Historischen Schule und Mitbegründer des Vereins für Socialpolitik. Berühmt sind seine wissenschaftlichen Kontroversen mit → Menger (→ Methodenstreit) und Treitschke. Seine Bedeutung liegt außerdem in seinen wirtschaftshistorischen Arbeiten sowie darin, dass er die Durchführung solcher Arbeiten durch seine Schüler veranlasste. Von seinen zahlreichen Werken – etwa 40 selbstständige Schriften – seien genannt: „Über einige Grundfragen der Sozialpolitik und der Volkswirtschaftslehre" (1898) und „Grundriss der allgemeinen Volkswirtschaftslehre", 2 Bde. (1900/1904).

Schmuggel – Form der → Steuerstraftat. – 1. *Tatbestand:* Gewerbsmäßigen, gewaltsamen und bandenmäßigen Schmuggel begeht, wer (1) gewerbsmäßig Einfuhr- oder Ausfuhrabgaben hinterzieht; (2) gewerbsmäßig durch Zuwiderhandlungen gegen Monopolvorschriften → Bannbruch begeht; (3) bei (1) und (2) eine Schusswaffe bei sich führt; (4) bei (1) und (2) eine Waffe oder sonst ein Werkzeug oder Mittel bei sich führt, um den Widerstand eines anderen durch Gewalt oder Drohung mit Gewalt zu verhindern oder zu überwinden; (5) als Mitglied einer Bande, die sich zur fortgesetzten Begehung der Hinterziehung von Einfuhr- oder Ausfuhrabgaben oder des Bannbruchs verbunden hat, unter Mitwirkung eines anderen Bandenmitglieds die Tat ausführt (§ 373 AO). – 2. *Strafe:* Freiheitsstrafe von regelmäßig sechs Monaten bis zu zehn Jahren.

schmutziges Floaten – Dirty → Floating; zielgerichtete Interventionen auf dem → Devisenmarkt in einem System mit flexiblem Wechselkurs.

Schneeballsystem → progressive Kundenwerbung, → Kundenfang.

Schneider – Erich, 1900–1970, deutscher Nationalökonom, der von 1936–1946 in Aarhus (Dänemark) und seit 1946 in Kiel lehrte, wo er auch von 1961–1970 die Leitung des → Instituts für Weltwirtschaft (IfW) innehatte. Schneider gehörte zu den bekanntesten dt. Nationalökonomen in den ersten Jahrzehnten nach dem Zweiten Weltkrieg. Er hat dazu beigetragen, den wirtschaftswissenschaftlichen Anschluss Deutschlands an die angelsächsische Welt wieder herzustellen. Seine dreibändige, ständig neu bearbeitete „Einführung in die Wirtschaftstheorie" war das maßgebliche Lehrbuch an deutschen Universitäten zu seinen Lebzeiten. Schneider, der vor seiner akademischen Lehrtätigkeit elf Jahre Mathematik an Schulen unterrichtet hatte, machte von der mathematischen Darstellungsweise regen Gebrauch und verhalf ihr in Deutschland zum Durchbruch.

Schnelldreher → Renner.

Schnellgreifbühne – technisches Hilfsmittel im Rahmen der Spontanhandlungsverfahren zur Messung der Aufmerksamkeit bei der → Werbeerfolgsprognose von Verpackungen (→ Verpackungstest). Die Testpersonen sollen mittels eines technischen Gerätes spontan aus einer Anzahl von verschiedenen Packungen eine herausgreifen. Dabei wird die Zeit, in der die Entscheidung zu treffen ist, bewusst verkürzt. „Greiftests" auch in abgewandelten Versionen, z.B. werden die Probanden beim Verlassen einer Veranstaltung ganz unvorbereitet darauf hingewiesen, dass sie aus einer Anzahl am Ausgang stehender Packungen eine kostenlos mitnehmen können. Bes. Prüfung der Anmutungsqualität von Packungen und Beurteilung des Preis-/Leistungsverhältnisses verschiedener Alternativen. Die aus den Ergebnissen gezogenen Schlüsse hinsichtlich des zukünftigen Erfolges einer Verpackung sind umstritten.

Schnelligkeit der Verkehrsleistung – 1. *Begriff:* Zeitbedarf für die Überwindung der Distanz zwischen zwei Raumpunkten in einem Verkehrsnetz. – 2. *Verkehrswertigkeit:* Als technisch-ökonomisches Qualitätsmerkmal des Verkehrsangebots wird die Schnelligkeit der Verkehrsleistung bei vorgegebener Entfernung zwischen Quelle und Ziel durch die bei der Raumüberwindung zu realisierende durchschnittliche Geschwindigkeit bestimmt; neben der eigentlichen Verkehrsgeschwindigkeit sind Zu- und Abgangszeiten sowie Wartezeiten zu berücksichtigen; bei gebrochenen Verkehrsströmen treten Übergangszeiten wie Umlade- und Umsteigezeiten hinzu. – 3. → Verkehrsaffinität: a) *Güterverkehr:* geringwertige Massengüter tendieren zu einem relativ langsamen, aber auch kostengünstigen Transport; hochwertige Stückgüter verlangen eine größere Schnelligkeit der Verkehrsleistung (niedrigere Kapitalbindungsdauer und Zinskosten); bes. hohe Anforderungen an die Schnelligkeit der Verkehrsleistung bei Zusammentreffen von Hochwertigkeit des Transportguts und Qualitätsminderung bei längerer Transportdauer; bes. Dringlichkeit des Bedarfs im Einzelfall kann zu erhöhten Anforderungen an die Schnelligkeit der Verkehrsleistung führen (z.B. wichtige Ersatzteile für Produktionsanlagen). – b) *Personenverkehr:* Differenzierung der Schnelligkeitsanforderungen nach Fahrtzwecken; regelmäßige und diskretionäre Ein-Tages-Reisen: hohe Anforderungen an Schnelligkeit der Verkehrsleistung; längere Urlaubsreisen: geringere Schnelligkeitsanforderungen, es sei denn, dass die höhere Schnelligkeit nur mit geringen Kostenzuwächsen erkauft wird und gleichzeitig die Bequemlichkeit ansteigt. – c) → Nachrichtenverkehr: private bzw. geschäftliche Dringlichkeit der Nachrichtenübermittlung und mit steigender Schnelligkeit der Verkehrsleistung allg. ansteigende Kosten bestimmen das Entscheidungskalkül der Verkehrsnachfrager.

Schnellverfahren – Beschleunigtes Verfahren in Strafsachen (→ Strafprozess). Ein Schnellverfahren kommt nur bei Amtsgerichten und in einfach gelagerten Fällen in Frage, bei denen eine Aburteilung in kurzer Frist möglich ist und keine höhere Strafe als ein Jahr Freiheitsstrafe verhängt wird, u.a. in Verkehrsstrafsachen. Es ermöglicht Hauptverhandlung und Urteilsspruch ohne vorherige schriftliche Anklage, mit verkürzter Beweisaufnahme und ohne Einhaltung der sonst üblichen Fristen (§§ 417 ff. StPO).

Schnittmenge – *Durchschnittsmenge;* Begriff der → Mengenlehre. Zu zwei vorgegebenen Mengen M_1 und M_2 die Menge derjenigen Elemente, die sowohl zu M_1 als auch zu M_2 gehören. Zeichen: $M_1 \boxtimes M_2$.

Schnittpunktbestimmung – Der Schnittpunkt von zwei Funktionen lässt sich durch Gleichsetzen der Funktionsgleichungen berechnen, da die x- und y-Werte beider Funktionen in diesem Punkt identisch sein müssen. Den Wert für die unabhängige Variable erhält man durch Auflösen nach x. Der zugehörige y-Wert ergibt sich durch Einsetzen des gefundenen x-Wertes in eine der beiden Funktionsgleichungen.

Schnittstelle – *Interface.* 1. *Allgemein:* Berührungspunkt zwischen verschiedenen Sachverhalten oder Objekten. – 2. Im → *Software Engineering* verschiedene Verwendungen: (1) im Sinn von → Modulschnittstelle; (2) im Sinn von → Benutzerschnittstelle (Berührungspunkt zwischen → Endbenutzer und Softwareprodukt); (3) im Sinn von *Hardwareschnittstelle* (Berührungspunkt zwischen → Betriebssystem (BS) und → Hardware). – 3. Im *Hardwarebereich:* der Teil eines Geräts, über den dieses mit anderen Geräten verbunden werden kann (z.B. Verbindung zwischen → Computer und Drucker).

Schnittstellenmanagement – zentrales Problem im innerbetrieblichen → Innovationsprozess zur Überwindung kommunikativer Barrieren zwischen den am Innovationsprozess beteiligten Abteilungen. Die Differenzierung komplexer Innovationsvorhaben in

Teilprobleme und deren Delegation an verschiedene Aufgabenträger bedingt die Notwendigkeit, Schnittstellen (im Sinn von Überschneidung und nicht im Sinn von Trennung) zu koordinieren und zu gestalten, um Probleme wie z.B. Intransparenz oder Verzögerungen zu überwinden. Von bes. Relevanz für den wirtschaftlichen Erfolg einer Innovation ist das Management der Schnittstelle zwischen Aufgabenträgern der → Forschung und Entwicklung (F&E) und des → Absatzes.

Schnittstellenminimalität – 1. *Begriff:* im → Software Engineering ein → Modularisierungsprinzip, das besagt, dass die → Schnittstelle eines → Moduls möglichst klein sein soll (z.B. geringe Anzahl von Parametern). – 2. *Ziel:* Schnittstellenminimalität fördert die Unabhängigkeit der Module, damit auch die arbeitsteilige Entwicklung und die Austauschbarkeit bei Änderungen oder Fehlerkorrektur (→ Softwarewartung, → Wartungsfreundlichkeit).

Schock – 1. *Begriff:* Im Zusammenhang mit exogenen Einflussfaktoren verwendet; ein Schock liegt vor, wenn exogene Einflussfaktoren eine Änderung von Parametern oder exogenen Variablen (→ Variable, exogene) in einem ökonomischen Modell bewirken. – 2. *Arten:* Man unterscheidet v.a. folgende Arten: a) *Monetäre Schocks:* Eine → Zentralbank ändert plötzlich das Geldangebot und damit die Inflationserwartungen der Wirtschaftssubjekte. – b) *Preisschock,* plötzliche Preisänderungen mit nachfolgenden Anpassungsprozessen durch die Wirtschaftssubjekte. – c) *Angebotsschock* oder *technologischer Schock,* plötzliche Änderung der Angebotsbedingungen v.a. durch Änderungen der Produktionstechnologie mit nachfolgenden Anpassungsprozessen. – 3. *Bedeutung:* Schocks sind in der Konjunkturtheorie wesentlich als Auslöser von → Konjunkturschwankungen, so v.a. in linearen Konjunkturmodellen und in Real-Business-Cycle-Modellen. – Vgl. auch → Konjunkturtheorie.

schockierende Werbung → Kundenfang.

Schöffe → Laienrichter, der in Strafverfahren bei den den → Amtsgerichten zugeordneten → Schöffengerichten und den → Landgerichten als ehrenamtlicher Richter tätig wird.

Schöffengericht – §§ 28 ff. GVG: Mit einem Berufsrichter und zwei → Laienrichtern *(Schöffen)* besetztes, beim → Amtsgericht gebildetes Gericht zur Aburteilung bestimmter Straftaten (zur Zuständigkeit vgl. → Strafprozess). – Unter bestimmten Voraussetzungen (§ 29 II S. 1 GVG) kann ein weiterer Berufsrichter hinzutreten *(erweitertes Schöffengericht).*

Scholastik – im wirtschaftswissenschaftlichen Bezug die v.a. auf → Aristoteles aufbauende christliche Philosophie des Mittelalters (fortgeführt als Neuscholastik), die sich unter dem Aspekt der „göttlichen Weltordnung" auch mit den Grundfragen des Wirtschaftslebens befasst, so v.a. mit dem Eigentumsbegriff (privates Eigentum zu treuen Händen), der Arbeit, der harmonischen Ordnung der Wirtschaft (Rangordnung der Stände), der Verteilung des Nationaleinkommens (justitia distributiva = „standesgemäße Nahrung"), dem Tauschverkehr (aequalitas dat et accipit), dem Preis (justum pretium), dem Kredit und Wucher. – *Bedeutendster Vertreter:* → Thomas von Aquin.

Scholes – Myron Samuel, geb. 1941, amerik. Ökonom kanadischer Herkunft, lehrte an der University of Chicago, danach an der Stanford University; → Nobelpreis für Wirtschaftswissenschaften 1997 (zusammen mit → Merton). Scholes, ein Schüler von → Miller, entwickelte mit dem früh verstorbenen Black die Black-Scholes-Formel, die sich weltweit an den Börsen bei der Bewertung von Optionen durchgesetzt hat.

Schonfrist → Säumniszuschlag.

Schönheitsreparaturen – 1. *Begriff:* Maßnahmen zur Beseitigung der durch vertragemäßen Gebrauch entstandenen Abnutzung. – 2. *Beispiele:* Tapezieren, Anstreichen von Wänden, Decken, Heizkörpern, nicht aber Abschleifen von Parkett, Austausch des Fußbodenteppichs und *Instandhaltungsreparaturen* (z.B. Austausch eines Wasserhahns). – 3. *Kostentragung:* Die Kosten für Schönheitsreparaturen hat der Vermieter zu tragen, falls im Mietvertrag nichts anderes vereinbart ist (→ Miete). Eine mietvertragliche Überwälzung der Kosten von Schönheitsreparaturen auf den Mieter von Wohnraum durch Formularmietvertrag (was die weitgehende Praxis ist) verstößt zwar grundsätzlich nicht gegen § 307 BGB, unterliegt aber einer zunehmend kritischen Kontrolle durch die Gerichte: Eine mietvertragliche Formularklausel, durch die dem Mieter die Ausführung von Schöhnheitsreparaturen nach einem starren Fristenplan auferlegt wird, ist unwirksam. Ebenso ist eine Klausel unwirksam, nach welcher der Mieter verpflichtet ist, die Mieträume bei Beendigung des Mietverhältnisses unabhängig vom Zeitpunkt der Vornahme der letzten Schönheitsreparaturen renoviert zu übergeben. Ausschlaggebend ist die tatsächliche Renovierungsbedürftigkeit.

Schönpflug – Fritz, 1900–1963, bedeutender älterer Methodologe der Betriebswirtschaftslehre. Habilitation 1935 an der Universität Bern. – *Hauptwerke:* „Das Methodenproblem in der Einzelwirtschaftslehre" (1933; Neuauflage unter dem Titel „Betriebswirtschaftslehre, Methoden und Hauptströmungen" (1954)); „Untersuchungen über den Erkenntnisgegenstand der allgemeinen und theoretischen Betriebswirtschaftslehre als Lehre von den betriebswirtschaftlichen Gebilden" (1936).

Schreibfehler → offenbare Unrichtigkeit.

Schreibmarke → Cursor.

Schreibtischforschung – *Desk Research;* Bezeichnung der → Marktforschung für Auswertungsarbeiten primär-statistischen Materials

(→ Sekundärforschung). – *Anders:* → Feldforschung, → Laborforschung.

Schreibtischtest – *Code Inspection;* einfachste, aber oft wirkungsvolle Möglichkeit des → Testen eines Programms; der Text des Quellprogramms (→ Programm) wird von dem → Programmierer oder von jemandem, der zumindest die → Spezifikation und die Anforderungen an das Programm kennt, sehr gründlich gelesen und überprüft.

Schriftform – Urkunde, die vom Aussteller eigenhändig durch Namensunterschrift oder mittels notariell beglaubigten Handzeichens unterzeichnet wird. Bei einem Vertrag muss die Unterzeichnung der Parteien grundsätzlich auf derselben Urkunde erfolgen (§ 126 BGB). – Vgl. auch → elektronische Form.

schriftliches Verfahren – Verfahren im → Zivilprozess. Das schriftliche Verfahren ist nur ausnahmsweise zulässig: (1) *Mit Zustimmung* der Parteien kann das Gericht ohne mündliche Verhandlung binnen drei Monaten eine Entscheidung treffen; (2) *von Amts wegen* bei Entscheidungen des Gerichts, die nicht Urteile sind und gesetzlich nichts anderes bestimmt ist (§ 128 ZPO).

schriftliches Vorverfahren – im → Zivilprozess neben dem → frühen ersten Termin zur umfassenden Vorbereitung des → Haupttermins. U.a. Aufforderungen, Anzeige- oder Mitteilungs- und Belehrungspflichten (§ 276 ZPO); auch kann ein Versäumnis- oder ein Anerkenntnisurteil ohne mündliche Verhandlung ergehen. – Das schriftliche Vorverfahren gilt nicht in Familien- und Kindschaftssachen.

Schriftlogo → Logo.

Schriftwechsel → Aufbewahrungspflicht, → Geschäftsbriefe, → Korrespondenz.

schrittweise Verfeinerung – 1. *Begriff:* bei der → Programmentwicklung angewendetes Prinzip zur Erzeugung und zur Darstellung eines → Algorithmus bzw. eines → Programms auf der Grundlage des → Top-Down-Prinzips. – 2. *Vorgehensweise:* a) Ausgehend von der Problemstellung wird zunächst ein Grobalgorithmus entwickelt, der die wesentlichen Problemlösungsschritte (ohne weitere Detaillierung) enthält. – b) Die groben Schritte werden anschließend verfeinert, d.h. durch detaillierte Schritte beschrieben. Die Verfeinerung setzt sich solange fort, bis die entstandenen Teilalgorithmen unmittelbar in eine → Programmiersprache überführt werden können. Dies ist spätestens der Fall, wenn jeder Schritt durch einen → Befehl der verwendeten Programmiersprache ausgedrückt werden kann. – 3. *Darstellungsform:* a) Die schrittweise Verfeinerung ist nicht nur ein Prinzip beim Vorgang des Entwickelns eines Algorithmus, sondern auch der Beschreibung; d.h. die Verfeinerungsstufen in dem entstandenen Algorithmus bzw. dem Pogramm müssen auch für den Leser (z.B. einen anderen Programmierer) transparent werden. – b) *Hilfsmittel:* Die Programmiersprache muss dazu Verfeinerungskonstrukte (Refinements) bereitstellen oder zumindest ihre Nachbildung erlauben, z.T. können → Prozeduren verwendet werden.

Schrotterlöse → Abbrucherlöse.

Schrottwert – Wert einer Anlage am Ende ihrer → Nutzungsdauer im Hinblick auf ihre Veräußerung. Ist der Schrottwert im Verhältnis zum → Anschaffungswert minimal, so bleibt er in der Praxis bei Bemessung der → Abschreibung meist unberücksichtigt. Genau ist der Anschaffungswert abzüglich Schrottwert einer Anlage als Aufwand auf die Jahre der Nutzung zu verteilen.

Schubladenplanung → Eventualplanung.

SCHUFA – Kurzbezeichnung für *Vereinigung der deutschen Schutzgemeinschaften für allgemeine Kreditsicherung e. V.* 1. *Institution:* SCHUFA ist eine Gemeinschaftseinrichtung der kreditgebenden Wirtschaft in Form einer Holding AG. Aktionäre und auch Vertragspartner der Holding sind Unternehmen, die in ihren Geschäftsbeziehungen mit Kunden ein Kreditrisiko eingehen, d.h. v.a. Kreditinstitute, Kreditkarten- und Leasinggesellschaften, Handels- und Telekommunikationsunternehmen sowie sonstige Unternehmen, die Leistungen und Lieferungen gegen Kredit gewähren. – 2. *Aufgabe und Arbeitsweise:* Die SCHUFA hat die Aufgabe, ihren Vertragspartnern Informationen zu geben, um sie vor Verlusten im → Kreditgeschäft zu schützen. Diese Informationen erhält sie überwiegend von den Vertragspartnern selbst, aber auch aus öffentlichen Verzeichnissen und amtlichen Bekanntmachungen (z.B. → eidesstattliche Versicherung, Eröffnung eines Konkursverfahrens). Die Auskünfte beinhalten Angaben zu natürlichen Personen sowie Informationen über nicht vertragsgemäße Abwicklungen von Geschäften. Für die Zusammenarbeit gilt das Prinzip der gegenseitigen Information: Der Verpflichtung der SCHUFA zur Erteilung von Auskünften entspricht die Verpflichtung ihrer Vertragspartner, bekannt werdende Informationen im definierten Umfang an die SCHUFA weiterzuleiten. – 3. *SCHUFA und Datenschutz:* Die Vertragspartner übermitteln der SCHUFA Daten über die Beantragung, Aufnahme und Beendigung sowie vertragsgemäße Abwicklungen von kreditorischen Leistungen. Der Kunde muss der Übermittlung der Daten schriftlich zustimmen (sog. SCHUFA-Klausel). Mit Unterzeichnung dieser Klausel stimmt der Kunde zu, dass Vertragspartner sog. Positivdaten des Kunden (Daten über Beantragung, Aufnahme und Abwicklung eines Kredits bzw. Vertrags) der SCHUFA mitteilt. Die Vertragspartner dürfen an die SCHUFA auch Daten über ein nicht vertragskonformes Verhalten des Kunden übermitteln (z.B. Kreditkartenmissbrauch). Die Übermittlung dieser Daten ist unabhängig von der Einwilligung des Kunden dann erlaubt, wenn sie zur Wahrung berechtigter Interessen eines Vertragspartners der SCHUFA erforderlich ist (§ 28 III i.V. mit § 28 I Satz 2 BDSG). Die Vertragspartner erhalten nur dann von der SCHUFA Informationen, wenn sie in jedem Einzelfall ein berechtigtes Interesse im Sinn des Bundesdatenschutzgesetzes (BDSG) glaubhaft nachweisen. Vertragspartner dürfen nur über solche Personen Auskünfte einholen, die mit ihnen ein konkretes, mit einem Kreditrisiko verbundenes Geschäft abschließen wollen. Die SCHUFA-Daten werden nach Ablauf bestimmter Fristen wieder gelöscht.

Schuldabänderung – Änderung des Inhalts einer Schuld durch Vertrag zwischen Gläubiger und Schuldner (z.B. einer Kaufpreisschuld in Darlehen). I.d.R. gemäß § 311 I BGB zulässig. → Pfandrechte und → Bürgschaften bleiben bestehen (anders bei der → Schuldumwandlung).

Schuldanerkenntnis → Vertrag zwischen Gläubiger und Schuldner, durch den der letztere das Bestehen einer Schuld anerkennt. – 1. Das *abstrakte Schuldanerkenntnis* schafft eine neue, selbstständige, vom bisherigen Schuldgrund unabhängige Verpflichtung. Die Erklärung des Schuldners bedarf i.d.R. der → Schriftform (§ 781 BGB). – 2. Das *schuldbestärkende (deklaratorische) Schuldanerkenntnis* begründet keine neue Schuld, bestätigt lediglich die vorhandene. – *Auslegung* im Einzelfall muss ergeben, was gemeint ist. – Vgl. auch → Saldoanerkenntnis, → Schuldversprechen.

Schuldbeitritt → Schuldmitübernahme.

Schuldbrief → Schuldschein.

Schuldbuchbereinigungsgesetz → Entschädigungs- und Ausgleichsleistungsgesetz (EALG).

Schuldbuchforderungen → Wertrechte, → Ausgleichsforderungen.

Schuldbuchgiroverkehr → Treuhandgiroverkehr.

Schulden – I. Allgemeines: Begriff des Bilanz- und Steuerrechts. In der bilanzrechtlichen Terminologie umfassen Schulden → Verbindlichkeiten und → Rückstellungen. Zur wirtschaftlichen Bedeutung vgl. → Fremdkapital.

II. Erbschaftsteuer: Schulden des Erblassers werden vom Betriebsvermögen abgezogen, wenn sie betrieblich veranlasst sind; private Schulden werden als Nachlassverbindlichkeiten berücksichtigt (§ 10 V Nr. 1 ErbStG). Für Anlass und Bewertung der betrieblichen Schulden gelten die Regeln für die → Steuerbilanz, bei Privatschulden gilt: (1) Kapitalschulden sind zum Nennwert anzusetzen, wenn nicht bes. Umstände vorliegen (§ 12 BewG); (2) Rentenschulden sind mit dem Kapitalwert zu berücksichtigen (§§ 13 ff. BewG; → Rentenbesteuerung); (3) Sachleistungsverpflichtungen sind mit dem gemeinen Wert des geschuldeten Wirtschaftsgutes zu berücksichtigen.

III. Steuerbilanz: 1. *Bilanzierung*: Schulden, die am Bilanzstichtag dem Grunde und der Höhe nach entstanden sind, müssen passiviert werden (Passivierungsgebot). Ein Passivierungsverbot besteht für Schulden aus schwebenden Geschäften, soweit keine Anzahlungen erbracht sind oder Erfüllungsrückstände bestehen. – 2. *Bewertung*: Verbindlichkeiten sind grundsätzlich mit den → Anschaffungskosten (Rückzahlungsbetrag) oder dem höheren → Teilwert zu passivieren. Rentenverbindlichkeiten sind mit dem Barwert anzusetzen. Rückstellungen sind mit dem Betrag zu bewerten, der nach vernünftiger kaufmännischer Beurteilung notwendig ist.

Schuldenbremse – 1. Durch das „Gesetz zur Änderung des Grundgesetzes (Art. 91c, 91d ,104b, 109, 109a, 115, 143d)“ vom 29.7.2009 (BGBl. I 2248) sind auf der Grundlage der Beschlüsse der gemeinsamen Kommission von Bundestag und Bundesrat zur Modernisierung der Bund-Länder-Finanzbeziehungen (Föderalismuskommission II) die haushaltsrechtlichen Regelungen des Grundgesetzes über die Kreditaufnahme einer prinzipiellen Korrektur unterworfen worden. Es ist bestimmt worden, dass die Haushalte von Bund und Ländern grundsätzlich ohne Einnahmen aus Krediten auszugleichen sind. – 1. *Ursachen*: Höhe und Entwicklung des in den Haushalten von Bund und Ländern aufgelaufenen Schuldenstandes zeigen, dass die bislang geltenden Regeln über die Schuldenaufnahme die Neuverschuldung nicht nachhaltig eingedämmt haben und den Anstieg der Schuldenstandsquote (Schuldenstand im Verhältnis zum nominalen Bruttoinlandsprodukt) nicht haben verhindern können. Die Schuldenstandsquote der öffentlichen Haushalte ist seit der Finanzverfassungsreform von 1967/69 von damals rund 20 Prozent auf heute knapp 70 Prozent gestiegen. Ursächlich war u.a. der ungeeignete Investitionsbegriff, die zu weit gefassten Ausnahmeregelungen über die drohende „Störung des gesamtwirtschaftlichen Gleichgewichts“ und die ungenügende Abstimmung zwischen Haushaltsaufstellung und Haushaltsvollzug. – 2. *Lösung*: Die Schuldenbremse findet sich im neuen Art. 109 III 1 GG, wonach die Haushalte von Bund und Ländern grundsätzlich ohne Einnahmen aus Krediten auszugleichen sind. Beim Bund wird dem entsprochen, wenn die Einnahmen aus Krediten 0,35 Prozent des nominalen Bruttoinlandsprodukts nicht überschreiten (Art. 109 III S.4 und 115 II S. 2 GG). Den Ländern ist demgegenüber eine strukturelle Verschuldung überhaupt nicht erlaubt (Art. 109 III S. 5 GG). Allerdings können Bund und Länder Regelungen „zur im Auf- und Abschwung symmetrischen Berücksichtigung der Auswirkungen einer von der Normallage abweichenden konjunkturellen Entwicklung“ vorsehen (Art. 109 III S. 2 GG). Das gilt auch für eine Ausnahmeregelung für Naturkatastrophen oder außergewöhnliche Notsituationen, die sich der Kontrolle des Staates entziehen und die staatliche Finanzlage erheblich beeinträchtigen (Art. 109 III S. 3 GG). Für die Ausnahmeregelung ist eine entsprechende Tilgungsregelung vorzusehen. – 3. *Inkrafttreten*: Das bis zum 31.7.2009 geltende Haushaltsrecht ist letztmals auf das Haushaltsjahr 2010 anzuwenden.

Der Bund hat das neue Haushaltsrecht erstmals für das Haushaltsjahr 2011 anzuwenden;einen ausgeglichenen Haushalt muss er erstmals 2016 vorlegen. Die Länder dürfen von 2011 bis Ende 2019 von den Vorgaben des neuen Art 109 III GG abweichen. Näheres in Art. 143d GG. – 2. Die Regelungen über die Schuldenbremse begleitend ist durch Art. 109a GG ein gemeinsames Gremium von Bund und Ländern, der Stabilitätsrat, geschaffen worden, dessen Aufgabe es ist, zur Vermeidung von Haushaltsnotlagen die Haushaltswirtschaft von Bund und Ländern fortlaufend zu prüfen. – 3. Als weitere Begleitmaßnahme, um der Schuldenbremse zur Wirksamkeit zu verhelfen, können den Ländern Berlin, Bremen, Saarland, Sachsen-Anhalt und Schleswig-Holstein Konsolidierungshilfen von insgesamt jährlich 800 Mio Euro für den Zeitraum von 2011 bis 2019 gewährt werden (Art. 143d Abs. 2 GG). Die Konsolidierungshilfen werden von Bund und Ländern je zur Hälfte getragen. Die begünstigten Länder sind zum vollständigen Abbau ihres strukturelle Finanzierungsdefizits bis 2020 verpflichtet. Näheres im Konsolidierungshilfegesetz vom 10..8.2009 (BGBl. I S. 2702).

Schuldendeckel → Verschuldungsgrenzen.

Schuldendienstquote – Relation zwischen der Höhe des Schuldendienstes und den Einnahmen des Staates. Kennziffer für das Maß der Belastung eines Staatshaushalts, das durch die Bedienung eines Schuldenstandes (Zinsen, Tilgung) entsteht. Die Schuldendienstquote drückt die Schuldendienstfähigkeit aus; deren logische Grenze ist erreicht, wenn der Schuldendienst schneller wächst als die laufenden Einnahmen. – *Entwicklungspolitischer Zusammenhang:* Anteil des Schuldendienstes der öffentlichen Verschuldung (Zinsen, Tilgung) in Prozent der Exporteinnahmen.

Schuldenerlass – Forderung der Entwicklungsländer nach einem Verzicht auf die Rückzahlung ihrer (öffentlichen) Auslandsschulden durch die Gläubiger. Ein genereller Schuldenerlass dürfte zu einer Reduzierung der zukünftigen Kapitalhilfe führen, sodass Entwicklungsländer weniger als erwartet davon profitieren. – Vgl. auch → Auslandsverschuldung der Entwicklungsländer, → HIPC-Initiative.

Schuldenhaftung – Einstehen müssen (→ Haftung) für Verbindlichkeiten, v.a. bei Vorhandensein mehrerer rechtlich oder wirtschaftlich getrennter Vermögensmassen.

I. Bürgerliches Recht: 1. *Familienrecht:* → eheliches Güterrecht. – 2. *Erbrecht:* → Erbenhaftung.

II. Handelsrecht: 1. *Schuldenhaftung bei der offenen Handelsgesellschaft:* Schuldenhaftung besteht für → Gesellschaftsschulden (Haftung der Gesellschaft und eine persönliche Haftung der Gesellschafter als Gesamtschuldner). Entgegenstehende Vereinbarungen sind Dritten gegenüber unwirksam (§ 128 S. 2 HGB). Hierin liegt ein grundlegender Unterschied der Personengesellschaft zur Kapitalgesellschaft, bei der sich die Gläubiger grundsätzlich nur an deren Vermögen halten können (s. unten 4.). Diese bes. Art der Schuldenhaftung bei der Personengesellschaft gestattet dem Gläubiger, auf zwei verschiedene Vermögensbereiche, nämlich das Gesellschaftsvermögen und das Privatvermögen der einzelnen Gesellschafter, Zugriff zu nehmen. – Alle *Einwendungen,* die der OHG gegenüber dem Gläubiger zustehen, kann auch der in Anspruch genommene einzelne Gesellschafter neben den in seiner Person begründeten Einwendungen geltend machen (§ 129 HGB). Er kann also z.B. mit seinen privaten Geldforderungen gegen den Gläubiger aufrechnen, aber auch die Möglichkeit der → Aufrechnung durch die OHG einwenden. Im letzteren Fall jedoch nur aufschiebende Einrede (§ 129 III HGB). – Für die *Zwangsvollstreckung* in das Gesellschaftsvermögen bedarf es eines → Vollstreckungstitels gegen die OHG (§ 124 II HGB), der aber nicht gleichzeitig die Grundlage für die Vollstreckung in das Privatvermögen der Gesellschafter bietet (§ 129 IV HGB). Vielfach richtet man die Klage gegen die Gesellschaft unter ihrer → Firma und zugleich gegen einen oder mehrere Gesellschafter als Gesamtschuldner. – 2. *Schuldenhaftung bei der Kommanditgesellschaft:* Gleiches wie für die OHG gilt auch für die KG hinsichtlich der persönlich haftenden Gesellschafter (→ Komplementäre). Die Schuldenhaftung der → Kommanditisten geht nur bis zur Höhe ihrer → Hafteinlage (§ 171 I HGB). – 3. *Schuldenhaftung bei der stillen Gesellschaft:* Der Geschäftsinhaber haftet allein mit seinem vollen Vermögen (§ 230 HGB). Eine Schuldenhaftung des stillen Gesellschafters gibt es nicht, jedoch können die Gläubiger, die einen Vollstreckungstitel gegen den Geschäftsinhaber erwirkt haben, dessen Anspruch auf Leistung der noch ausstehenden Einlage – → ausstehende Einlagen (Einzahlungen) – pfänden und sich überweisen lassen und danach gegen den stillen Gesellschafter auf Leistung der Einlage klagen. – 4. *Schuldenhaftung bei juristischen Personen (v.a. Kapitalgesellschaften):* Es haftet nur das Vermögen der juristischen Person, nicht das Privatvermögen ihrer Mitglieder, Gesellschafter etc. – Gewisse Ausnahmen bei der *GmbH:* → Durchgriffshaftung; bei der *Genossenschaft:* → Genossenschaftsinsolvenz. – 5. *Sondervorschriften* finden Anwendung bei Veräußerung eines Unternehmens (→ Veräußerung), bes. bei → Firmenfortführung.

Schuldenkonsolidierung – 1. *Grundsatz:* Der → Konzernabschluss ist gemäß § 297 III HGB so aufzustellen, als ob die einbezogenen Unternehmen insgesamt ein einziges Unternehmen wären (→ Vollkonsolidierung). Deshalb sind Ausleihungen und andere Forderungen, Rückstellungen und Verbindlichkeiten zwischen den einbezogenen Konzernunternehmen sowie entsprechend Rechnungsabgrenzungsposten und Eventualverbindlichkeiten gegeneinander aufzurechnen (§ 303 I HGB). Die Schuldenkonsolidierung kann erfolgswirksam sein, wenn z.B. die aufzurechnenden Forderungen und Verbindlichkeiten in den zu konsolidierenden Einzelabschlüssen nicht in gleicher Höhe angesetzt wurden. – 2. *Ausnahme:* Die Schuldenkonsolidierung kann unterbleiben, wenn die aufzurechnenden Beträge von untergeordneter Bedeutung sind (§ 303 II HGB).

Schuldenkrise → Auslandsverschuldung der Entwicklungsländer.

Schuldenpolitik – planvoller Einsatz der staatlichen Schuldenaufnahme zur Finanzierung der Staatstätigkeit und zur Umsetzung von allokativen und stabilisierungspolitischen Zielen der staatlichen Wirtschaftspolitik. – *Maßnahmen:* → Debt Management, → Deficit Spending.

Schuldenstandsquote → Verschuldungsgrenzen, → Verschuldungsquote.

Schuldenstrukturpolitik → Debt Management.

Schuldenüberhang → Schachtelprivileg.

Schuldmitübernahme – *kumulative bzw. bestärkende Schuldübernahme, Schuldbeitritt;* im Gesetz nicht geregelte, gemäß § 305 BGB zulässige Übernahme einer fremden Verbindlichkeit durch einen neuen → Schuldner. Im Gegensatz zur → befreienden Schuldübernahme haften alter und neuer Schuldner als → Gesamtschuldner. – Die Schuldmitübernahme ähnelt der → selbstschuldnerischen Bürgschaft, bedarf aber keiner Form. Abgrenzung oft schwierig. Eigenes Interesse spricht für Schuldmitübernahme – Vgl. auch → Schuldübernahme.

Schuldner – *Debitor;* derjenige, der aufgrund eines → Schuldverhältnisses dem → Gläubiger eine Leistung zu erbringen verpflichtet ist (§ 241 I BGB). – *Mehrere Schuldner:* → Schuldnermehrheit. – Schuldner im Mahnverfahren: *Antragsgegner.*

Schuldnerbegünstigung – Form eines strafbaren → Insolvenzdelikts.

Schuldnerbereinigungsplan → Verbraucherinsolvenz.

Schuldnermehrheit – mehrere für eine einheitliche Schuld haftende Schuldner. – Sie können *haften:* (1) als → Teilschuldner; (2) als → Gesamtschuldner: (a) immer, wenn die geschuldete Leistung unteilbar ist (§ 420 BGB); (b) bei teilbarer Leistung, wenn sie sich gemeinschaftlich durch Vertrag verpflichtet haben (§ 427 BGB) oder nebeneinander für den aus einer → unerlaubten Handlung entstandenen Schaden verantwortlich sind (§ 840 BGB); (c) als Mitbürgen (§ 769 BGB).

Schuldnerschutz → Vollstreckungsschutz, → Unpfändbarkeit, → Lohnpfändung.

Schuldnerverzeichnis – 1. Für Eintragungen, die bis zum 31.12.2012 vorzunehmen waren, galt: Bei dem → Amtsgericht des Wohnsitzes oder Sitzes eines Schuldners geführtes *amtliches Verzeichnis,* in das alle Personen, die bei der Zwangsvollstreckung die → eidesstattliche Versicherung nach § 807 ZPO oder eine eidesstattliche Versicherung nach § 284 AO oder gegenüber einer Verwaltungsvollstreckungsbehörde abgegeben haben oder gegen die zur Erzwingung die Haft nach § 901 ZPO angeordnet ist, eingetragen werden. – *Auskunftserteilung* über das Bestehen oder Nichtbestehen einer bestimmten Eintragung zwar an jedermann, aber nur für Zwecke der Zwangsvollstreckung, sowie um gesetzliche Pflichten zur Prüfung der wirtschaftlichen Zuverlässigkeit zu erfüllen, um Voraussetzungen für die Gewährung von öffentlichen Leistungen zu prüfen oder um wirtschaftliche Nachteile abzuwenden, die daraus entstehen können, dass Schuldner ihren Zahlungsverpflichtungen nicht nachkommen, oder soweit dies zur Verfolgung von Straftaten erforderlich ist. Eine *Eintragung* im Schuldnerverzeichnis wird nach Ablauf von drei Jahren seit dem Ende des Jahres gelöscht, in dem die eidesstattliche Versicherung abgegeben, die Haft angeordnet oder die Haftvollstreckung beendet worden ist. Die Eintragung wird vorzeitig gelöscht, wenn u.a. der Gläubiger befriedigt worden ist (§ 915a ZPO). – *Abdrucke und Listen* aus dem Schuldnerverzeichnis zum laufenden Bezug können auf Antrag erteilt werden Industrie- und Handelskammern und den berufständischen Kammern, privaten Antragstellern, die zentrale bundesweite oder regionale Schuldnerverzeichnis führen, im Übrigen bei berechtigtem Interesse, wenn Einzelauskünfte nicht hinreichend Rechnung getragen werden kann (§ 915 d–h ZPO). Einzelheiten in der Schuldnerverzeichnisverordnung (SchuVVO) vom 15.12.1994 (BGBl. I 3822) m.spät.Änd., die am 31.12.2012 außer Kraft trat. – 2. Für Eintragungen, die ab dem 1.1.2013 vorzunehmen sind, gilt: a) Das Gesetz zur Reform der Sachaufklärung in der Zwangsvollstreckung vom 29.7.2009 (BGBl. I 2258) hat die Führung der Schuldnerverzeichnisse neu geregelt. Im Gegensatz zum früheren Recht führt nicht mehr jedes Amtsgericht als Vollstreckungsgericht, sondern landesweit *ein* zentrales Vollstreckungsgericht das Schuldnerverzeichnis. Nach dem neuen § 882h Abs. 3 ZPO sind Einzelheiten der Führung, Form und Übermittlung der Eintragungsanordnungen des Schuldnerverzeichnisses und der Einsichtnahme in einer Rechtsverordnung des Bundesministeriums der Justiz zu regeln. Das ist mit der Schuldnerverzeichnisführungsverordnung (SchuFV) vom 26.7.2012 (BGBl. I S. 1658) geschehen. Entsprechende Regelungen fanden sich bisher teilweise in der Schuldnerverzeichnisverordnung (SchuVVO), die aufgrund des § 915h Abs. 1 ZPO erlassen worden war. Das Schuldnerverzeichnis nach § 915 ZPO ist gem. § 39 Nr. 5 EGZPO hinsichtlich der Eintragungen, die vor dem 1.1.2013 vorzunehmen waren oder vorzunehmen sind, in der bis zum 31.12.2012 geltenden Fassung fortzuführen. – b) Die ab dem 1.1.2013 geltenden neuen §§ 882b bis 882 h ZPO ordnen die Vorschriften über das Schuldnerverzeichnis neu, wobei sie die Voraussetzungen der Eintragung, die Vorschriften über die Eintragungsanordnung, Löschung, Einsicht , Abdrucke , Rechtsbehelfe und Verordnungsermächtigungen systematisieren, modernisieren und den organisatorischen Anforderungen durch das zentrale Vollstreckungsgericht anpassen. – Das zentrale Vollstreckungsgericht führt das Schuldnerverzeichnis mit Angaben, (1) deren Eintragung der Gerichtsvollzieher nach Maßgabe des §882c ZPO (betr. die Vermögensauskunft und das Vermögensverzeichnis) angeordnet hat, (2) deren Eintragung die Vollstreckungsbehörde nach Maßgabe des § 284 Abs. 9 der Abgabenordnung oder eine Vollstreckungsbehörde, die aufgrund einer gleichwertigen Bundes- oder Landesvorschrift ergangen ist, angeordnet hat, (3) deren Eintragung das Insolvenzgericht nach Ma0ßgabe des § 26 InsO angeordnet hat (§ 882b ZPO). – Den Eintragungsanordnungen kann der Schuldner widersprechen nach Maßgabe des § 882d ZPO. Die Löschung erfolgt nach Ablauf von drei Jahren seit dem Tage der Eintragungsanordnung durch das zentrale Vollstreckungsgericht. Davon abweichend wird gelöscht, wenn die vollständige Befriedigung des Gläubigers nachgewiesen wird. Einsicht in das Schuldnerverzeicnis erhält, wer darlegt, die Angaben nach § 882b ZPO zu benötigen für Zwecke der Zwangsvollstreckung, um der gesetzlichen Pflicht zur Prüfung der wirtschaftlichen Leistungsfähigkeit zu genügen, um die Voraussetzungen für die Gewährung öffentlicher Leistungen zu prüfen, für Zwecke der Strafverfolgung und zur Auskunft über die einen selbst betreffenden Eintragungen. § 882g regelt die Voraussetzungen zur Erteilung von Abdrucken des Schuldnerverzeichnisses auf Antrag. Der Inhalt des Schuldnerverzeichnisses kann über eine zentrale und länderübergreifende Abfrage im Internet eingesehen werden. Die Länder bestimmen, welches Gericht die Aufgabe des zentralen Vollstreckungsgerichts wahrnimmt.

Schuldnerverzug – 1. *Begriff:* Der → Schuldner gerät in Schuldnerverzug, wenn er nach Fälligkeit trotz → Mahnung nicht leistet (§ 286 BGB). Die Erhebung der → Leistungsklage und die Zustellung eines Mahnbescheids im → Mahnverfahren stehen der Mahnung gleich. Die Mahnung ist entbehrlich, a) wenn für die Leistung ein Kalenderdatum bestimmt wurde, b) wenn die Leistung einem Ereignis folgen soll, die sich nach dem Kalender berechnen lässt (z.B. befristete Kündigung), c) bei ernsthafter und endgültiger Leistungsverweigerung oder d) aus bes. Gründen unter Abwägung der beiderseitigen Interessen (z.B. Reparatur eines Wasserrohrbruchs). Unabhängig von diesen Voraussetzungen des Schuldnerverzugs kommt der Schuldner einer *Geldforderung* 30 Tage nach Fälligkeit und Zugang einer Rechnung oder gleichwertigen Zahlungsaufforderung in Verzug. Ein Schuldner, der Verbraucher ist, muss aber auf die Frist von 30 Tagen in der Rechnung hingewiesen werden, damit Verzug eintritt. – 2. *Rechtsfolgen:* a) Der Schuldner hat den → Verzugsschaden zu ersetzen (§ 280 II BGB). – b) Er schuldet für eine Geldschuld → Verzugszinsen. – c) Tritt eine Leistungsstörung nach Schuldnerverzug auf, haftet der Schuldner grundsätzlich auch ohne Verschulden (§ 287 BGB). – Vgl. auch → Leistungsverzögerung.

Schuldrecht – Bezeichnung für die im → Recht der Schuldverhältnisse des BGB geregelte Rechtsmaterie. – *Anders:* → Sachenrecht. – Vgl. auch → Schuldrechtsreform.

Schuldrechtsänderungsgesetz – Gesetz zur Änderung schuldrechtlicher Bestimmungen im Beitrittsgebiet (SchuldRÄndG) vom 21.9.1994 (BGBl. I 2538) m.spät.Änd. Das Gesetz passt die aus der Zeit vor der Wiedervereinigung herrührenden Rechtsbeziehungen zwischen Eigentümern und Nutzern von Grundstücken im Beitrittsgebiet an das Recht des BGB an. – 1. Das Schuldrechtsanpassungsgesetz (Art. 1 SchuldRÄndG) enthält Regelungen für schuldrechtliche Rechtsverhältnisse mit einem anderen als dem Grundstückseigentümer, die zum Gebrauch oder zur Nutzung von Grundstücken und darauf errichteten Bauwerken berechtigen, ohne dass hierfür dingliche Nutzungsrechte verliehen wurden (→ Sachenrechtsbereinigungsgesetz). Betroffen sind bes. Grundstücke, die zur kleingärtnerischen Bewirtschaftung, Erholung und Freizeitgestaltung oder zu Wohn- oder Gewerbezwecken genutzt werden. Für sie gelten die Bestimmungen des BGB über die Miete oder die Pacht, soweit das Gesetz nichts anderes bestimmt (§ 6 I). Handelt es sich um Rechtsverhältnisse über den Gebrauch oder die Nutzung eines Grundstücks, die landwirtschaftliche Produktionsgenossenschaften mit dem Nutzer begründet hatten, tritt der Grundstückseigentümer in die Rechte und Pflichten aus dem Vertragsverhältnis ein (§ 8). Im Übrigen enthält das Gesetz bes. Anpassungsbestimmungen über die Vertragsdauer, das Nutzungsentgelt und die Entschädigung für vom Nutzer etwa herbeigeführte Werterhöhungen. Für die Kündigung der Vertragsverhältnisse sieht das Gesetz je nach Vertragsart unterschiedliche Voraussetzungen und Fristen vor: Für den Standardvertrag zur Nutzung eines Grundstücks für Erholungs-, Freizeit- und ähnliche persönliche Zwecke gilt grundsätzlich ein Bestandsschutz bis zum Ablauf des 31.12.2015; die Kündigungsmöglichkeiten sind gestaffelt. Vom 1.1.2000 bis zum 31.12.2004 Kündigung nur, wenn der Grundstückseigentümer das Grundstück zur Errichtung eines Ein- oder Zweifamilienhauses als Wohnung für sich oder seine Familienangehörigen benötigt und ihm ein Ausschluss des Kündigungsrechts auch unter Würdigung der Interessen des Nutzers nicht zugemutet werden kann; nach dem 1.1.2005 reicht Eigenbedarf (soziales Mietrecht) aus, ohne dass es einer Interessenabwägung bedarf (§ 23). Erstreckt sich das Nutzungsrecht an einem Erholungs- und Freizeitgrundstück auf mind. 1.000 m^2, ist eine Teilkündigung zulässig (§ 23a). Der Nutzer, der auf dem Grundstück in einem zum dauernden Wohnen geeigneten Wochenendhaus wohnt, kann der Kündigung widersprechen und die Fortsetzung des Vertragsverhältnisses verlangen, wenn dessen Beendigung für ihn oder seine

Familienangehörigen eine nicht zu rechtfertigende Härte bedeuten würde (§ 24). Für Überlassungsverträge zu Wohnzwecken bis zum 31.12.2000 Kündigung nur bei Eigenbedarf und überwiegendem Interesse des Grundstückseigentümers; Verlängerung dieser Frist bis zum 31.12.2010, wenn Nutzer auf dem Grundstück in nicht unerheblichem Umfang Um- und Ausbauten oder wesentliche bauliche Maßnahmen zur Substanzerhaltung vorgenommen hat (§§ 38, 39). Staffelung der Kündigungsmöglichkeiten auch für Verträge über Grundstücke, auf denen der Nutzer mit Billigung staatlicher Stellen ein Wohn- oder gewerblichen Zwecken dienendes Gebäude errichtet, mit der Errichtung begonnen oder ein solches Bauwerk aufgrund einer vertraglichen Vereinbarung vom vorherigen Nutzer übernommen hat (§ 49). – 2. Nach Art. 2 (Erholungsnutzungsrechtsgesetz) kann hinsichtlich eines Nutzungsrechts, das für die Errichtung eines Erholungs- oder anderen persönlichen Zwecken außer Wohnzwecken dienenden Gebäudes (Wochenendhauses) verliehen wurde, für die Dauer von 30 Jahren ein → Erbbaurecht bestellt werden.

Schuldrechtsanpassungsgesetz → Schuldrechtsänderungsgesetz.

Schuldrechtsreform – Mit dem Gesetz zur Modernisierung des Schuldrechts vom 26.11.2001 (BGBl. I 3138) wurden das → Schuldrecht und das Recht der → Verjährung grundlegend reformiert. Der Gesetzgeber modernisierte die Abschnitte über die → Leistungsstörungen und den → Kaufvertrag, außerdem wurden die Vorschriften über den → Werkvertrag angepasst. Zahlreiche Nebengesetze (z.B. → AGB-Gesetz, → Verbraucherkreditgesetz (VerbrKrG)) wurden in das → Bürgerliche Gesetzbuch (BGB) integriert. Bislang nicht gesetzliche geregelte Rechtsinstitute wie die → positive Vertragsverletzung wurden kodifiziert. Auch haben alle Paragraphen amtliche Überschriften erhalten.

Schuldschein – *Schuldbrief, Schuldurkunde.*

I. Bürgerliches Recht: 1. *Begriff:* Urkunde, in der der Schuldner eine bestimmte Leistung, i.d.R. Zahlung einer Geldsumme, verspricht. Schuldschein ist kein → Wertpapier; Besitz der Urkunde ist zur Geltendmachung des Rechts nicht erforderlich. Vorlage bei der Forderungsabtretung kann aber zu gutgläubigem Erwerb führen (→ Forderungsabtretung). – 2. Nach bewirkter Leistung kann der Schuldner neben der → Quittung *Herausgabe* des Schuldscheins verlangen (§ 371 BGB). – 3. Die von einem → Kaufmann gezeichneten Schuldscheine gelten als im Betrieb seines Handelsgewerbes gezeichnet, sofern sich nicht aus der Urkunde selbst das Gegenteil ergibt (§ 344 II HGB).

II. Grundbuchrecht: Ist der Schuldschein über eine Forderung ausgestellt, für die eine → Hypothek besteht, soll sie in Urschrift oder Ausfertigung mit dem → Hypothekenbrief durch Schnur und Siegel verbunden werden, um abweichende Verfügungen über Hypothek und Forderung zu erschweren. Das → Grundbuchamt verlangt dazu i.d.R. Vorlage der Schuldscheine vor Ausstellung des Hypothekenbriefes (§ 58 GBO).

Schuldscheindarlehen – 1. *Begriff:* → Darlehen, über das ein → Schuldschein ausgestellt wird. Schuldscheindarlehen sind anleiheähnliche (→ Anleihe), langfristige Großkredite. Die Kredite werden gegen Schuldscheine von Banken, Versicherungen u.a. Kapitalsammelstellen an Industrieunternehmen und die öffentliche Hand gegeben. Der Schuldschein beherbergt dabei die Verpflichtung zur Rückzahlung und zur Entrichtung der Zinsen. Er dient als Beweis für die Vergabe des Kredites. Schuldscheindarlehen werden nicht an der Börse gehandelt. – 2. *Ausstattung:* Die Verzinsung bestimmt sich nach dem Kapitalmarktsatz für erstklassige Anlagen. Wegen der im Vergleich zu → Anleihen deutlich geringeren Transaktionskosten wird die Effektivrendite über ein Agio meist so eingestellt, dass sie bis zu 1/2 Prozent über der aktuellen Kapitalmarktrendite liegt. I.d.R. sind die ersten Jahre tilgungsfrei, dann gleichmäßige jährliche Tilgungsquoten. – 3. *Beurteilung:* a) *Vorteile:* (1) Der Darlehensnehmer profitiert von den geringen Transaktionskosten und der relativ schnellen und einfachen Bereitstellung. Vorteilhaft ist auch die Flexibilität der Kreditbedingungen und der i.d.R. verglichen mit Bankkrediten, niedrigere Zinssatz. (2) Der Darlehensgeber erhält i.d.R. einen Zinssatz über der Kapitalmarktrendite. – b) *Nachteile:* (1) hohe Bonitätsanforderungen an Kreditnehmer; eine vorzeitige Kündigung ist i.d.R. nicht möglich. (2) Gefahr der Illiquidität bei unterschiedlichen Bindungsfristen von Darlehensgebern und -nehmern.

Schuldtitel → Vollstreckungstitel.

Schuldübernahme – 1. *Begriff:* Übernahme einer Schuld durch einen neuen → Schuldner (§§ 414 ff. BGB). – 2. *Arten:* Je nachdem, ob der alte Schuldner völlig aus der Haftung entlassen wird oder als → Gesamtschuldner weiter haftet, liegt eine → befreiende Schuldübernahme oder eine → Schuldmitübernahme vor. – 3. Die Schuldübernahme kann durch → Vertrag zwischen dem neuen Schuldner und dem Gläubiger oder zwischen dem alten und neuen Schuldner erfolgen. Befreiende Schuldübernahme zwischen dem alten und dem neuen Schuldner bedarf der Genehmigung des Gläubigers; fehlt sie oder wird sie verweigert, ist die Schuldübernahme i.d.R. als → Erfüllungsübernahme anzusehen. – 4. Der neue Schuldner darf *dem Gläubiger* alle Einwendungen des alten Schuldners entgegensetzen, nicht aber die aus dem der Schuldübernahme zugrunde liegenden Rechtsverhältnis (zwischen neuem und altem Schuldner) herrührenden.

Schuldumwandlung – *Novation;* Aufhebung eines → Schuldverhältnisses und Begründung eines neuen anstelle des alten. Die Schuldumwandlung ist gemäß § 311 I BGB zulässig und hat im Gegensatz zur → Schuldabänderung i.Allg. das Erlöschen der Pfandrechte und Bürgschaften zur Folge.

Schuldverhältnis – im Sinn des → Bürgerlichen Rechts das zwischen zwei (oder mehreren) Personen bestehende Rechtsverhältnis, kraft dessen die eine von der anderen (oder beide gegenseitig voneinander) eine → Leistung fordern kann. – 1. *Verträge:* Begründung, Änderung oder Aufhebung i.d.R. nur durch Vertrag (§ 311 I BGB), z.B. → Kaufvertrag, → Kreditvertrag, → Auftrag, Gesellschaft, → Bürgschaft. – 2. *Andere Formen:* a) Als *rechtsgeschäftsähnliches* Schuldverhältnis: (1) zu einer Person, die Vertragspartei werden sollte, durch die Aufnahme von Vertragsverhandlungen, die Anbahnung eines Vertrags oder ähnliche Geschäftskontakte (§ 311 II BGB). (2) Oder zu einer Person, die nicht selbst Vertragspartei werden sollte, insbesondere wenn diese Person in bes. Maß Vertrauen für sich in Anspruch nimmt und dadurch die Vertragsverhandlungen oder den Vertragsschluss erheblich beeinflusst (§ 311 III BGB), z.B. Kraftwagenhändler, der ein in Zahlung genommenes Fahrzeug im Namen des Kunden verkauft. – b) Als *gesetzliches* Schuldverhältnis kraft Gesetzes, z.B. aus → unerlaubter Handlung, → ungerechtfertigter Bereicherung, → Geschäftsführung ohne Auftrag.

Schuldverschreibung → Anleihe.

Schuldversprechen → Vertrag, durch den eine Leistung unabhängig von einem bestimmten Schuldgrund (z.B. Kauf, Darlehen) versprochen wird. Erklärung des Schuldners bedarf i.d.R. der → Schriftform. – Vgl. auch → Schuldanerkenntnis, → abstraktes Schuldversprechen.

Schuldwechsel – 1. *Begriff:* → Wechsel, aus dem der → Bezogene als Hauptschuldner verpflichtet wird. – Vgl. auch → Akzept. – *Gegensatz:* → Besitzwechsel. – 2. *Bilanzierung:* In der Jahresbilanz sind Schuldwechsel unter den Passiven gesondert, also bes. getrennt von den → Buchschulden, auszuweisen (§ 266 III HGB). Die Verbindlichkeit aus dem Schuldverhältnis ist nicht neben der Wechselverbindlichkeit noch einmal bes. zu passivieren. – Das *Wechselobligo* (Rückgriffsverpflichtung aus zahlungshalber weitergegebenen, im Umlauf befindlichen Wechseln) wird i.d.R. nicht passiviert, es sei denn, dass Inanspruchnahme droht (→ Rückstellungen). Die Höhe des Wechselobligos wird „unter dem Strich" bei der Bilanz ausgewiesen (§ 251 HGB). – Vgl. auch → Haftungsverhältnisse.

Schuldzinsen – 1. *Begriff:* Zinsen für Fremdkapital. – 2. *Handelsrechtliche Behandlung:* Schuldzinsen eines Betriebes sind Aufwendungen. Eine Aktivierung als Teil der Herstellungskosten eines aktivierungspflichtigen Wirtschaftsgutes kommt nur in seltenen Fällen in Betracht (§ 255 HGB). – 3. *Steuerliche Behandlung:* a) Schuldzinsen, die durch Maßnahmen zur Erzielung steuerpflichtiger Einkünfte verursacht worden sind, sind bei der Einkünfteermittlung als Betriebsausgaben bzw. Werbungskosten abzugsfähig. – b) Grenzen für die Abzugsfähigkeit ergeben sich, wenn die Abgrenzung zwischen betrieblicher und privater Veranlassung der Schuldzinsen schwierig ist (§ 4a IV EStG). Schuldzinsen sind nicht abziehbar, wenn Überentnahmen getätigt worden sind. 6 Prozent der Überentnahmen eines Wirtschaftsjahres sind nicht als Schuldzinsen abzugsfähig. Der so ermittelte Betrag, maximal der um 2.050 Euro verringerte Betrag der im Wirtschaftsjahr berücksichtigten Schuldzinsen, ist zu dem Gewinn hinzuzuaddieren. – c) Handelt es sich um die *Gewinnermittlung von Kapitalgesellschaften*, so wird eine Beschränkung des Abzugs der Schuldzinsen vom Einkommen über die Regeln zur Gesellschafterfremdfinanzierung (§ 8a KStG) bzw. ab dem Wirtschaftsjahr 2008 oder 2007/2008 werden Beschränkungen des Abzugs durch die sog. → Zinsschranke (§ 4h EStG) vorgenommen. – d) Bei der Gewerbesteuer sind Schuldzinsen ab dem Erhebungszeitraum 2008 mit 25 Prozent unabhängig von deren Laufzeit und unter Berücksichtigung eines Freibetrags von 100.000 Euro für sämtliche Finanzierungsentgelte bei der Ermittlung des → Gewerbeertrags hinzuzurechnen. Bis zum Erhebungszeitraum 2007 waren Schuldzinsen, die im Zusammenhang mit Dauerschulden standen, zur Hälfte dem Gewinn aus Gewerbebetrieb hinzuzurechnen (§ 8 Nr. 1 GewStG). – e) *Privat veranlasste Schuldzinsen* können i.d.R. weder als Sonderausgaben noch als außergewöhnliche Belastungen ertragsteuerlich geltend gemacht werden.

Schuldzinsenabzug → Schuldzinsen.

Schulgeld – Entgelt, das für den Besuch einer Schule entrichtet wird, z.B. für den Besuch eines Internats. – *Steuerliche Behandlung:* Schulgeld, das ein Steuerpflichtiger für sein Kind entrichtet, ist nicht abzugsfähig, da die Finanzierung des Schulbesuchs zu den Aufwendungen für Kindererziehung gehört, die durch → Kinderfreibetrag und → Betreuungsfreibetrag typisiert und damit komplett abgegolten sind. Durch die Sondervorschrift des § 10 I Nr. 9 EStG werden jedoch von dem Teil des Schulgelds, der nicht auf Beherbergung, Betreuung und Verpflegung entfällt, 30 Prozent als Sonderausgabe zum Abzug zugelassen, falls für das Kind ein Kinderfreibetrag oder Kindergeld gewährt wird. Rückwirkend ab dem Veranlagungszeitraum 2008 wurde die Regelung auf ausländische Schulen im EU- und EWR-Raum ausgedehnt. In allen noch offenen Fällen wird außerdem Schulgeld bei Schulbesuch in EU- und EWR-Staaten unter den folgenden Bedingungen gewährt: (a) wenn eine dt. Schule weltweit besucht wird, (b) wenn die Schulen zu einem anerkannten allgemeinbildenden Schulabschluss führen. *Höchstbetrag:* Ab dem Veranlagungszeitraum 2008 gilt ein Höchstbetrag von 5.000 Euro insgesamt je Kind und je Veranlagungszeitraum sowie pro Elternpaar. Zu beachten ist, dass ein Abzug auch zulässig ist, wenn die Eltern bei einem volljährigen Kind nicht Vertragspartner der Schule sind, jedoch das Schulgeld wirtschaftlich von ihnen getragen wird.

Schulstatistik – Teilbereich der → Kulturstatistik, die Daten zu Schulen, Klassen, Schülern, Absolventen, Lehrkräften und Unterrichtsstunden bereitstellt.

Schultz – Theodore Wilhain, 1902–1998, amerik. Nationalökonom, der seit 1943 bis zu seiner Emeritierung an der University of Chicago lehrte; → Nobelpreis für Wirtschaftswissenschaften 1979 (zusammen mit → Lewis). Schultz – ein Farmerssohn ohne weiterführende Schulbildung – hat sich in den ersten Jahrzehnten seiner akademischen Tätigkeit mit Agrarproblemen in den Vereinigten Staaten und in der Dritten Welt befasst. In seinem Werk „Agriculture in an Unstable Economy" (1945) entwickelte er Strategien, um den Konjunkturschwankungen und Witterungseinflüssen in der Landwirtschaft zu begegnen. Sein Buch „Transforming Traditional Agriculture" (1964) zeigt für Länder der Dritten Welt auf, wie durch die Entwicklung der Landwirtschaft das allg. Wirtschaftswachstum zu fördern sei. Eine Rolle spiele dabei auch die Ausbildung der Farmer, bei denen durch geringe Investitionen in Humankapital ein permanenter Einkommensstrom erzeugt werden könne. Diesen Gedanken hat Schultz in einem zweiten Schwerpunkt seiner Forschung ausgebaut, der → Bildungsökonomie, als deren geistiger Vater er gilt, obwohl die Theorie des Humankapitals nicht seine Erfindung ist. Sein Werk „Investment in Human Capital: The Role of Education and Research" (1971) gilt inzwischen als Klassiker auf diesem Gebiet und wurde in viele Sprachen übersetzt.

Schulungs- und Bildungsveranstaltung – Veranstaltung, die erforderliche Kenntnisse für die Betriebsrats- oder Personalratsarbeit vermittelt (§ 37 VI BetrVG, 46 BPersVG). Der Betriebsrat kann durch Beschluss Betriebsratsmitglieder (→ Betriebsrat) in angemessenem Umfang zu solchen Veranstaltungen entsenden. Kriterium dafür ist, dass die vermittelten Kenntnisse zur Wahrnehmung der Aufgaben als Betriebsrat unerlässlich oder erforderlich sind. In dem Fall hat der Arbeitgeber die Schulungskosten und den Entgeltausfall zu erstatten. Gewerkschaftliche Schulungen über allg. gewerkschaftliche Themen, kirchliche, kulturelle, staatsbürgerliche oder parteipolitische Veranstaltungen lösen keinen Befreiungsanspruch des Betriebsratsmitglieds und keine Erstattungspflichten des Arbeitgebers aus.

Schulze-Delitzsch – Hermann, 1808–1883, Patrimonialrichter, Abgeordneter des preußischen Landtags, nach 1848 freie Betätigung in Delitzsch; Begründer vor allem der gewerblichen → Genossenschaften in Deutschland. Schulze-Delitzsch trat für das Selbsthilfeprinzip ein und lehnte Staatshilfe strikt ab; er hat das preußische Genossenschaftsgesetz von 1867 und das Genossenschaftsgesetz von 1889 stark beeinflusst. – *Grundsätze* seiner genossenschaftlichen Arbeit (im Gegensatz zu → Raiffeisen): (1) keine Beschränkung des örtlichen Bereichs der Genossenschaften, (2) Errichtung von Spezialgenossenschaften für bestimmte Aufgaben, (3) hauptamtliche Leitung der Genossenschaften, (4) Kapitalbildung in erster Linie aus → Geschäftsanteilen bzw. -guthaben, daneben Bildung von Reservefonds; Verteilung des Gewinns als Kapitaldividende oder Rückvergütung an die Mitglieder, (5) unbeschränkte, später aber auch beschränkte → Haftpflicht der Mitglieder.

Schumpeter – Joseph Alois, 1883–1950, österreichischer Nationalökonom, der in Czernovitz (1909), Graz (1911–1919), Bonn (1925–1932) und in Harvard (seit 1932) gelehrt hat und 1919 österreichischer Finanzminister war. Schumpeter, ein Schüler von → Böhm-Bawerk und → Wieser, ist einer der überragenden Nationalökonomen des 20. Jh., dessen Einfluss unverändert anhält. In seinem ersten Werk „Das Wesen und der Hauptinhalt der theoretischen Nationalökonomie" (1908) brachte Schumpeter eine Darstellung der allg. → Interdependenz in mathematischer Form und verbreitete diese im angloamerikanischen Bereich sehr gebräuchliche Darstellungsweise im deutschsprachigen Gebiet in seiner „Theorie der wirtschaftlichen Entwicklung" (1912). Darin legte er entschiedenes Gewicht auf die Leistungen „dynamischer Unternehmer", die mithilfe von Bankkrediten „neue Kombinationen" durchsetzen und so den Konjunkturaufschwung herbeiführen. Sein beeindruckendes Werk „Business Cycles", 2 Bde. (1939), bezieht den dynamischen Unternehmer in die Erklärung von Konjunkturschwankungen ein. Wenige unternehmerische Pioniere zögen andere an, sodass ein Aufschwung zustande komme. In „Capitalism, Socialism and Democracy" (1942) entwickelte er für den Kapitalismus die Vision einer sozialistischen Gesellschaft, weist aber die Erklärung von Marx zurück. Sein dogmengeschichtliches Interesse belegen sein Buch „Epochen der Dogmen- und Methodengeschichte" (1914) und unveröffentlichte Manuskripte, die posthum unter dem Titel „History of Economic Analysis" (1954) veröffentlicht worden sind. Schumpeter war Mitbegründer und Präsident (1937–1941) der „Econometric Society". Eine vor einigen Jahren gegründete Schumpeter-Gesellschaft (International Joseph A. Schumpeter Society) führt sein Werk fort und erforscht noch offene Fragen seiner Ideen und seines Wirkens. – Vgl. auch → Neo-Schumpeter-Hypothesen.

Schumpeters Theorie der Unternehmung → dynamisch-evolutorische Theorien der Unternehmung, → Unternehmer.

Schumpeter-Unternehmer – Nach → Schumpeter kann eine Neuartigkeit einer (Gründungs-)Unternehmung in folgenden Aspekten liegen: Herstellung eines neuen Gutes oder einer neuen → Qualität eines Gutes; Einführung einer neuen, d.h. dem betreffenden Industriezweig noch nicht bekannten Produktionsmethode; Erschließung neuer Absatzmärkte; Nutzung neuer Bezugsquellen; Neuorganisation einer

Branche, z.B. durch Schaffung einer Monopolstellung oder Durchbrechen eines → Monopols. Nach Schumpeter gilt: „[...] dass jemand grundsätzlich nur → Unternehmer ist, wenn er eine neue Kombination durchsetzt.“ Da Neues hier Altes ablöst, spricht Schumpeter in diesem Zusammenhang auch von „schöpferischer Zerstörung“.

Schürffreiheit → Bergbaufreiheit.

Schütt-aus-hol-zurück-Politik – *Dividendenkapitalerhöhung.* Spezielle Finanzierungspolitik für Kapitalgesellschaften. Die Aktionäre/Gesellschafter beschließen, den gesamten Jahresüberschuss vor Steuern auszuschütten. Gleichzeitig wird eine Zuführung von Eigenkapital durch Aktionäre/Gesellschafter beschlossen; die Erhöhung des Kapitals entspricht mind. dem Mittelbetrag, über den das Unternehmen bei voller Einbehaltung hätte verfügen können.

Schutzfristenvergleich → revidierte Berner Übereinkunft (RBÜ).

Schutzgemeinschaft für allgemeine Kreditsicherung e.V. → SCHUFA.

Schutzgesetz – im Sinn des § 823 II BGB ein Gesetz, das nicht nur Schutz der Allgemeinheit bezweckt, sondern daneben oder ausschließlich den eines einzelnen oder eines bestimmten Personenkreises (z.B. § 263 StGB, → Betrug). Wer ein Schutzgesetz verletzt und dadurch einem anderen Schaden zufügt, begeht eine → unerlaubte Handlung und ist zum → Schadenersatz verpflichtet (§ 823 II BGB).

Schutzklausel – *Ausweichklausel, Befreiungsklausel, Escapeklausel.* 1. Vertragsbestimmung des GATT (Art. XIX): Ein Mitglied wird ermächtigt, seine vertraglichen Verpflichtungen (z.B. die Bindung eines Zollsatzes) auszusetzen oder zu ändern, falls durch erhöhte Einfuhr einer Ware die Gefahr einer ernstlichen Störung der einheimischen Erzeugung besteht. Schutzklausel hat auch in zweiseitigen Handelsabkommen Einfluss gefunden. – 2. Schutzklausel nach Art. 134 EGV ist eine der vielfältigen handelspolitischen EU-Schutzmaßnahmen; dazu gehören etwa zum Schutz gegen die Einfuhr gedumpter oder subventionierter Waren aus Drittstaaten die VO (EG) Nr. 384/96 und die VO (EG) Nr. 2026/97 über die gemeinsame Einfuhrregelung.

Schutzkosten → Kosten, die entstehen, um ungesichertes Gut nach Teilzerstörung eines Gebäudes zu sichern. Abzugrenzen von → Bewegungskosten.

Schutzpflicht – *Rücksichtnahmepflicht.* 1. Pflicht zur Rücksichtnahme auf die *gegenwärtigen* Rechtsgüter und Interessen der jeweils anderen Partei eines → Schuldverhältnisses (§ 241 II BGB), z.B. bei Malerarbeiten die Pflicht, nicht die Einrichtungsgegenstände zu beschädigen, oder beim Verkaufsgespräch (geschäftsähnliches Schuldverhältnis) die Pflicht des Unternehmensverkäufers, keine falschen Angaben zu Gewinn und Umsatz des Unternehmens zu machen. – 2. *Verletzung einer Schutzpflicht:* Gegensatz zur → Leistungsstörung. – 3. *Rechtsfolgen:* a) Es wird vermutet, dass der Schuldner die Pflichtverletzung verschuldet hat (§ 280 I 2 BGB). – b) Bei Verschulden (einfacher) → Schadenersatz (§ 280 I 1 BGB). – c) Bei Verschulden Schadenersatz statt der Leistung oder → Aufwendungsersatz, wenn dem → Gläubiger die Leistung durch den → Schuldner nicht mehr zuzumuten ist (§§ 282, 284 BGB). – *Gegensatz:* Pflicht zur → Leistung als *Veränderung* der Güterlage beim Gläubiger. – Vgl. auch → gegenseitige Verträge.

Schutzpflichten im Arbeitsverhältnis → Fürsorgepflicht.

Schutzrechtshinweise – weisen Mitbewerber auf bestehenden Schutz in Form gewerblicher Schutzrechte und Urheberrechte hin, entfalten aber zugleich werbliche Wirkung, sie können daher → irreführende Werbung (§ 5 UWG) sein. Auf Urheberrechte weist der Copyright- Vermerk ©, auf Gebrauchsmusterschutz <<<>, auf Markenrechte® hin. Daneben finden sich Hinweise wie → gesetzlich geschützt und Abkürzungen in vielfältiger Form: → DBGM, → DBP (bzw. DP), → DGMA, → DBPa (bzw. DPa, DPangem), die teils irreführend, teils zulässig sind (→ Patentberühmung, → Gebrauchsmusterberühmung).

Schutz von Informationen → Rechte an Informationen.

Schutzzertifikat (ergänzendes) – verlängert die Laufzeit eines Arzneimittelpatents im Hoheitsgebiet der EU-Mitgliedsstaaten nach Maßgabe der VO(EWG) Nr. 1768/92 des Rates vom 18.6.1992 (ABl. EG Nr. L 182, S. 1) über die Schaffung eines ergänzenden Schutzzertifikats für Artzneimittel, sofern das geschützte Erzeugnis vor seinem Inverkehrbringen Gegenstand eines verwaltungsrechtlichen Genehmigungsverfahrens nach den EWG-RiL 65/65 oder 81/851 war. Schutzzertifikate tragen der durch die Dauer der Genehmigungsverfahren bedingten Verkürzung des Patentschutzes Rechnung. Die Erlangung des Schutzzertifikats setzt einen fristgemäßen Antrag voraus (Art. 7, 8 der VO). Das Schutzzertifikat ist gebührenpflichtig und deckt sich inhaltlich mit dem ihm zugrunde liegenden → Patent, seinen Beschränkungen und Verpflichtungen. Seine Laufzeit schließt sich an den Ablauf des Patentschutzes an und bemisst sich nach dem Zeitraum zwischen der Einreichung der Patentanmeldung und dem Zeitpunkt der ersten Genehmigung für das Inverkehrbringen in der Gemeinschaft, abzüglich fünf Jahre (Art. 13 der VO). Soweit die VO keine Verfahrensvorschriften enthält, gilt das auf das Patent anzuwendende nationale Recht; für die Bundesrepublik Deutschland regelt § 16a PatG Näheres.

Schutzzoll – Einfuhrzoll (→ Zoll) auf Auslandsgüter (in der EU für Einfuhren aus Staaten außerhalb des → Zollgebietes der EU, die eine → Zollunion ist) zum Schutz der inländischen → Produktion vor ausländischer Konkurrenz. – Vgl. auch → Finanzzoll, → Erziehungszoll.

schwache Nachhaltigkeit – Form der → Nachhaltigkeit, der die Annahme zugrundeliegt, dass Naturkapital durch andere Kapitalformen substituiert werden kann. Durch diese Annahme grenzt sich der Begriff von der → starken Nachhaltigkeit ab.

schwache Signale → strategische Frühaufklärung.

schwaches Pareto-Prinzip – Anforderung an → Abstimmungsverfahren, die sicherstellt, dass die von allen Mitgliedern der Gruppe strikt vorgezogene Alternative auch nach der Aggregation der individuellen Präferenzen zu einer kollektiven Präferenzrangfolge vorgezogen wird. – Vgl. auch → Arrow-Paradoxon, → Condorcet-Paradoxon.

Schwangerschaft → Mutterschutz.

Schwankungsreserve → Rücklage, die die Träger der gesetzlichen Rentenversicherung zur Sicherstellung ihrer Leistungsfähigkeit bilden müssen, um Einnahme- und Ausgabeschwankungen ausgleichen zu können (§§ 216, 217 SGB VI).

Schwankungsreservewert – Zukunftsschwankungswert.

Schwankungsrückstellungen – *Schwankungsreserven;* → Rückstellungen im Versicherungswesen zum Ausgleich erheblicher Schwankungen im Schadenverlauf. – 1. Zur *Bildung* von Schwankungsrückstellungen sind alle Versicherungsunternehmen verpflichtet, ausgenommen solche mit geringerer wirtschaftlicher Bedeutung und Lebensversicherungsunternehmen. – 2. *Voraussetzungen* (z.B. erhebliche Schwankungen während des Beobachtungszeitraumes, mind. ein Überschadensjahr), *Berechnungsverfahren* und *Auflösung* (Entnahmezwang bei technischem Verlust) werden durch bes. Anordnungen der Versicherungsaufsichtsbehörden geregelt. – 3. *Steuerliche Anerkennung* durch das Körperschaftsteuergesetz 1977 erstmals gesetzlich geregelt (§ 20 II KStG). Sie setzt voraus, dass (1) nach den Erfahrungen in dem betreffenden Versicherungszweig mit erheblichen Schwankungen des Jahresbedarfs zu rechnen ist und (2) diese Schwankungen nicht durch Prämien ausgeglichen werden. Die Schwankungen des Jahresbedarfs müssen aus den am Bilanzstichtag bestehenden Versicherungsverträgen herrühren und dürfen nicht durch Rückversicherungen gedeckt sein. Die Summe der sich nach Einzelbewertung ergebenden Rückstellungsbeträge muss um den Betrag gemindert werden, der voraussichtlich bei einer Gesamtwürdigung der Risiken nicht benötigt wird (§ 20 II KStG).

Schwarzarbeit – 1. *Begriff:* Selbstständige oder unselbstständige Tätigkeit unter Umgehung gesetzlicher Anmelde- und Anzeigepflichten. – 2. Nach § 1 II des *Gesetzes zur Bekämpfung der Schwarzarbeit und illegalen Beschäftigung* vom 23.7.2004 (BGBl. I 1842) m.spät.Änd. leistet Schwarzarbeit, wer u.a. als Arbeitgeber seine sich aufgrund der Dienst- und Werkleistungen ergebenden sozialversicherungsrechtlichen Melde-, Beitrags- oder Aufzeichnungspflichten nicht erfüllt, wer als Steuerpflichtiger seine sich aufgrund der Dienst- und Werkleistungen ergebenden steuerlichen Pflichten nicht erfüllt, wer als Empfänger von Sozialleistungen in solchen Fällen seine Mitteilungspflichten nicht erfüllt, wer als Erbringer solcher Leistungen ein zulassungspflichtiges Handwerk als stehendes Gewerbe selbstständig betreibt, ohne in die Handwerksrolle eingetragen zu sein. Gilt nicht im Falle von Nachbarschaftshilfe, Gefälligkeit, von Angehörigen, im Wege der Selbsthilfe nach dem → Wohnraumförderungsgesetz, sofern nicht nachhaltig auf Gewinn gerichtet. – *Ahndung* als → Ordnungswidrigkeit: Geldbuße bis zu 300.000 Euro.

schwarze Liste – 1. Bezeichnung für das beim Amtsgericht geführte → Schuldnerverzeichnis. – 2. *Selbstschutzeinrichtung der Wirtschaft:* Meist mithilfe der Verbände (ggf. durch Gründung von Kreditschutz-Organisationen) wird Nachrichtenmaterial gesammelt und den Mitgliedsfirmen zur vertraulichen Einsichtnahme zugänglich gemacht, z.B. → SCHUFA.

Schwarzer Freitag – Kurszusammenbruch (Börsenkrach), der sich an einem Freitag ereignet, einem vom Börsenaberglauben seit 1873 als bes. kritisch angesehenen Wochentag. Der Schwarze Freitag vom 9.5.1873 leitete den Krach der Gründerjahre ein; bekannte Schwarze Freitage sind auch der 13.5.1927 (Börsenkrach der Berliner Börse) und der 25.10.1929. Der Schwarze Freitag in den USA am 25.10.1929 bedeutete den Zusammenbruch der New Yorker Börse und löste die → Weltwirtschaftskrise (1929–1931) aus.

Schwarzes Brett – I. Arbeitsrecht: Anschlagtafel innerhalb der Betriebsräume an allg. sichtbarer Stelle zur Bekanntmachung von Mitteilungen an alle Betriebsangehörigen. Jeder Anschlag am Schwarzen Brett ist von einem dafür Verantwortlichen zu genehmigen, um wildes Plakatieren zu unterbinden und dafür zu sorgen, dass die Anschläge nach der vorgesehenen Aushängefrist wieder entfernt werden.

II. Informatik: *Bulletin Board;* Kommunikationsbereich in einem Netz (z.B. einem → Intranet), auf dem Informationen von einer Instanz abgelegt und von mehreren Benutzern gelesen werden können. Diese Art der Kommunikation kann den kostenintensiven Druck von Firmenzeitungen, Mitarbeiter-Infos, Adress- und Telefonverzeichnissen, Handbüchern, Jahresberichten, Pressemitteilungen u.Ä. ersetzen. Erweitert man die Zugriffsrechte auch auf das Schreiben von → Informationen, so bezeichnet man das Schwarze Brett auch als *„gemeinsame Wissensbasis“* oder *„Newsgroup“.* Anwendungsbeispiele hierfür sind: Sammlungen von Frequently Asked Questions (→ FAQs) und deren Antworten, zeitversetzte Diskussion von kreativen Problemen, wie z.B. Marketing-Programmen, Produktgestaltungen u.Ä.

Schwarzfahrt – Benutzung bes. eines Kraftfahrzeugs für Fahrten gegen Wissen und Willen des Halters. – 1. Bei der Schwarzfahrt ist die verschuldensunabhängige → Kraftfahrzeughaftung des Halters ausgeschlossen, wenn a) der Halter die Benutzung nicht durch sein Verschulden ermöglicht hat, b) der Benutzer für den Betrieb des Kraftfahrzeugs nicht angestellt ist oder c) ihm das Fahrzeug vom Halter nicht überlassen worden ist (§ 7 III StVG). – 2. Sonderregelung bei der → Kraftfahrtversicherung. – 3. *Strafrecht:* Die Schwarzfahrt wird auf Strafantrag als Vergehen mit Freiheitsstrafe bis zu drei Jahren oder mit Geldstrafe bestraft (§ 248b StGB). – Vgl. auch § 265 a StGB, Erschleichen von Leistungen, für das Schwarzfahren mit einem öffentlichen Verkehrsmittel.

Schwarzhandel – *Schleichhandel;* Handel mit Waren unter Umgehung gesetzlicher Vorschriften. Waren sind Schmuggel- oder Hehlerwaren, Drogen und zum Verkauf nicht freigegebene, z.B. verdorbene, gesundheitsgefährdende Waren. – Beispiel sind der Verkauf von verdorbenen Fleisch (*Gammelfleisch-Skandal*) oder der Schwarzhandel in Zeiten der Warenknappheit bei gleichzeitiger Kontingentierung durch den Staat (in Kriegs- und Nachkriegszeiten oder in Ländern mit → Zentralverwaltungswirtschaft).

Schwarz-Informationskriterium – von Schwarz (1978) vorgeschlagene Kennzahl zum Vergleich alternativer → Spezifikationen von → Regressionsmodellen. – Das Schwarz-Informationskriterium (engl. *Schwarz Information Criterion, SIC*) wird als $SIC = \ln(RSS/n) + [\ln(n) \cdot (K+1)]/N$ berechnet, wobei RSS die Residuenquadratesumme (→ Residuen) des geschätzten Modells, n der Stichprobenumfang und K die Anzahl der erklärenden Variablen im Modell sind. ln symbolisiert den natürlichen Logarithmus. – Im Vergleich zweier Modellspezifikationen anhand SIC ist diejenige als die bessere zu betrachten, die das niedrigere SIC aufweist. Anders als das angepasste → Bestimmtheitsmaß wird das Hinzufügen weiterer erklärender Variablen in ein Modell von SIC stärker bestraft. Eine Spezifikation, die das angepasste Bestimmtheitsmaß maximiert bezieht also meist mit höherer Wahrscheinlichkeit eine irrelevante Variable ins Modell ein als eine, die durch Minimierung von SIC gewählt wird. – Vgl. auch → Akaike-Informationskriterium.

Schwarzmarkt → Preisfunktionen.

schwebende Geschäfte – 1. *Begriff:* zweiseitig verpflichtende, auf Leistungsaustausch gerichtete Verträge, die vom Leistungsverpflichteten noch nicht (voll) erfüllt sind. – 2. *Bilanzierung:* Die gegenseitigen Ansprüche und Verpflichtungen aus schwebenden Geschäften werden wegen des Realisationsprinzips im Regelfall nicht bilanziert (unrealisierte Gewinne dürfen nicht vorweggenommen werden; bei ausgeglichenem Ergebnis besteht kein Bilanzierungsbedarf). Droht jedoch ein Verlust, da der zu erbringende Wert größer ist als der Wert der Gegenleistung, muss in der → Handelsbilanz wegen des → Imparitätsprinzips (Antizipationsgebot für erwartete Verluste) eine → Rückstellung für drohende Verluste aus schwebenden Geschäften in Höhe des Verpflichtungsüberschusses gebildet werden. Steuerrechtlich besteht gemäß § 5 IVa EStG ein Ansatzverbot für Drohverlustrückstellungen. – Das → Verrechnungsverbot gilt insoweit nicht, doch müssen alle schwebende Geschäfte einzeln auf einen eventuellen Rückstellungsbedarf hin überprüft werden. – Schwebende Geschäfte größeren Umfangs, die für die Beurteilung der Finanzlage von Bedeutung sind, sind im → Anhang des Jahresabschlusses einer Kapitalgesellschaft anzugeben (§ 285 I Nr. 3 HGB).

schwebende Schulden – *unfundierte Schulden, Floating Debt;* kurzfristige Verbindlichkeiten der öffentlichen Hand zur Überbrückung vorübergehender Kassenanspannungen (Überbrückungskredite, Kassenverstärkungskredite), d.h. noch nicht endgültig platzierte Schulden. – *Gegensatz:* → fundierte Schulden. – Vgl. auch → öffentliche Kreditaufnahme.

schwebende Unwirksamkeit – Rechtszustand eines Rechtsgeschäfts, dessen Gültigkeit von einer → Genehmigung abhängt. Bei Erteilung der Genehmigung wird das Geschäft mit rückwirkender Kraft gültig, bei Verweigerung mit rückwirkender Kraft nichtig, d.h. voll unwirksam.

Schwedische Schule → Stockholmer Schule.

Schweigekartell der Oberingenieure – Legt die Umweltpolitik eine Emissionsnorm nach Maßgabe des → Standes der Technik fest, so führt die Entwicklung leistungsfähigerer umwelttechnischer Verfahren zu einer Verschärfung der Auflage. Für die Verursacher von Emissionen ist die → dynamische Anreizwirkung dieser Politik daher gering. Mit dem Schlagwort des Schweigekartells der Oberingenieure wird unterstellt, die Firmen hielten umwelttechnisches Know-how ihrer Fachleute („Oberingenieure") vor den gesetz- und normengebenden Institutionen fern, um die Erhöhung technischer Anforderungen zu verhindern. Theoretisch werden Schweigekartelle der Oberingenieure im Rahmen der → Spieltheorie analysiert.

Schweigen → Stillschweigen.

Schweigepflicht – 1. *Schweigepflicht des Arbeitnehmers:* Nebenpflicht aus dem Arbeitsvertrag (→ Treuepflicht des Arbeitnehmers). V.a. besteht die Pflicht, → Betriebs- und Geschäftsgeheimnisse zu wahren (§ 13 Nr. 6 BBiG). Verstoß gegen die Schweigepflicht kann zur → außerordentlichen Kündigung berechtigen sowie strafbar sein (→ Betriebs- und Geschäftsgeheimnis). – Nach den Umständen des Einzelfalles kann ausnahmsweise auch eine *Schweigepflicht über das Ende des Arbeitsverhältnisses hinaus* bestehen. – 2. Schweigepflicht ergibt sich unter bestimmten Voraussetzungen auch für Mitglieder des *Betriebsrates* (§ 79 BetrVG) und des *Aufsichtsrates* (§ 93 I S. 3 i.V.

mit § 116 AktG). – 3. Schweigepflicht besteht auch für die *Bediensteten des öffentlichen Dienstes* für die ihnen aus dienstlicher Tätigkeit bekannten Vorgänge (z.B. → Steuergeheimnis, → Postgeheimnis) sowie für → Abschlussprüfer, → Wirtschaftsprüfer (WP), → Rechtsanwälte und zahlreiche andere Personen.

Schweinezyklus – vom Institut für Konjunkturforschung (durch Hanau) festgestellter regelmäßiger drei- bis vierjähriger Schweinepreiszyklus verbunden mit einer entsprechenden Variation der Schweinebestände. Hervorgerufen wird der Schweinezyklus durch eine verzögerte Anpassung des Angebots an den Marktpreis (→ Lag). Ein hoher Preis für Schweinefleisch führt zu gesteigerter Aufzucht; das größere Angebot erscheint nach etwa 18 Monaten (drei Monate Reaktionsverzögerung der Landwirte, 15 Monate zwischen Ferkelzeugung und Schlachtreife) auf dem Markt, kann aber bei geringer variierender Nachfrage nur zu niedrigen Preisen abgesetzt werden. Darauf sinkt das Angebot, und die Preise steigen, bis ein neuer Schweinezyklus beginnt. – Der Schweinezyklus ist das klassische Beispiel für das → Cobweb-Theorem.

Schweizerische Nationalbank – 1. *Institution:* Sitz in Bern und Zürich, zudem unterhält sie in Genf eine Zweigniederlassung mit Kassenstelle und fünf weitere Vertretungen in Basel, Lausanne, Lugano, Luzern und St. Gallen. Es folgen 16 Agenturen, die von Kantonalbanken geführt werden und der Geldversorgung des Landes dienen. Durch Bundesgesetz vom 6.10.1905 errichtete alleinige → Notenbank der Schweiz, in der Rechtsform einer AG. Die Schweizerische Nationalbank nahm ihre Tätigkeit am 20.6.1907 auf. Sie ist die Zentralbank der Schweiz. – 2. *Aufgaben:* Die Schweizerische Nationalbank führt als unabhängige Zentralbank die Geld- und Währungspolitk der Schweiz. Vorrangiges Ziel ist Preisstabilität, zudem berücksichtigt sie die Konjunkturentwicklung. – 3. *Organisation:* Das Direktorium ist das oberste geschäftsleitende und ausführende Organ der Nationalbank. Der Bankrat beaufsichtigt und kontrolliert die Geschäftsführung. Er besteht aus elf Mitgliedern, wovon sechs Mitglieder (darunter der Präsident und der Vizepräsident) vom Bundesrat und fünf Mitglieder von der Generalversammlung gewählt werden.

Schwellen – Begriff aus der Arbeitsmarkt- und Berufsforschung, die sich bes. mit den Übergängen zwischen Bildungs-, Berufsausbildungssystem und Arbeitsmarkt beschäftigt. Der Begriff der Schwellen soll andeuten, dass dieser Übergang nicht problemlos erfolgt. – *Schwellen I* steht für den Übergang aus dem allgemeinbildenden Schulsystem in das Berufsbildungs- und in das Hochschulsystem. *Schwellen II* steht für den Übergang aus dem Berufsausbildungs- bzw. Hochschulsystem in den Arbeitsmarkt bzw. in das Beschäftigungssystem.

Schwellenländer – *Newly Industrializing Countries (NIC);* nicht exakt definierte Bezeichnung von Ländern auf dem Wege zum → Industrieland. Durch hohes Wirtschaftswachstum werden große Industrialsierungsfortschritte beobachtet, jedoch halten viele soziale Indikatoren wie z.B. Alphabetisierungsrate, Lebenserwartung, Säuglingssterblichkeit mit der wirtschaftlichen Entwicklung nicht Schritt. – *Länder:* U.a. Brasilien, China, Indien, Malaysia, Mexiko, Russland, Thailand und Südafrika. – Vgl. auch → Emerging Markets.

schwerbehinderte Menschen – Schwerbehindert nach dem → Schwerbehindertenrecht ist gemäß der Gesetzesdefinition des § 2 II SGB IX der Mensch, dessen → Grad der Behinderung (GdB) mit hoher Wahrscheinlichkeit länger als sechs Monate wenigstens 50 Prozent beträgt und der seinen Wohnsitz, gewöhnlichen Aufenthalt oder seine Beschäftigung auf einem Arbeitsplatz im Sinn des § 73 SGB IX (Arbeitsplätze, auf denen Personen gegen Lohn oder Entgelt beschäftigt werden) rechtmäßig im Geltungsbereich des SGB IX hat. Die Schwerbehinderteneigenschaft, die Behinderung und der GdB sowie die Voraussetzungen zur Inanspruchnahme von → Nachteilsausgleichen werden auf Antrag des behinderten Menschen vom zuständigen Versorgungsamt festgestellt, das hierüber auch einen Ausweis ausstellt (§ 69 SGB IX). Die Gestaltung der Ausweise richtet sich nach der Schwerbehindertenausweisverordnung i.d.F. vom 25.7.1991 (BGBl. I 1739) m.spät.Änd. Schwerbehinderte Menschen in oben genanntem Sinn werden behinderten Menschen gleichgestellt, deren GdB weniger als 50, aber mind. 30 Prozent beträgt, wenn sie andernfalls infolge ihrer Behinderung einen geeigneten Arbeitsplatz nicht erlangen oder behalten können (→ Gleichstellung). Die Schwerbehinderteneigenschaft berechtigt zu einer Reihe von Vergünstigungen. Schwerbehinderte Menschen haben z.B. Anspruch auf einen Teilzeitarbeitsplatz, wenn wegen der Art oder Schwere der Behinderung eine kürzere Arbeitszeit erforderlich ist, sie müssen keine Mehrarbeit leisten, sie haben Anspruch auf zusätzlichen Urlaub von fünf Arbeitstagen im Urlaubsjahr, sie unterliegen einem bes. Kündigungsschutz (§§ 85 ff. SGB IX), sie werden durch eine eigene Schwerbehindertenvertretung am Arbeitsplatz gefördert (§§ 93 ff. SGB IX), sie erhalten Hilfen zum Ausgleich behinderungsbedingter Nachteile oder Mehraufwendungen (Nachteilsausgleiche), unentgeltliche Beförderung im öffentlichen Nahverkehr, ggf. auch für Begleitpersonen (§§ 145 ff. SGB IX). – *Steuerliche Behandlung*: → Pauschbeträge.

Schwerbehindertenrecht – I. Allgemein: Das Schwerbehindertenrecht ist mit Wirkung vom 1.7.2001 geregelt in Teil 2 des Sozialgesetzbuch Neuntes Buch (SGB IX) – Rehabilitation und Teilhabe behinderter Menschen – vom 19.6.2001 (BGBl. I 1046) und enthält bes. Vorschriften zur Teilhabe schwerbehinderter Menschen in den §§ 68 ff. SGB IX (geschützter Personenkreis, Beschäftigungspflicht öffentlicher und privater Arbeitgeber, Kündigungsschutz, Schwerbehindertenvertretung, unentgeltliche

Beförderung im öffentlichen Nahverkehr). – Vgl. auch → schwerbehinderte Menschen, → Pflichtquote. Vorgeschrieben ist eine Schwerbehindertenvertretung für Betriebe und Dienststellen, die dauernd mehr als fünf schwerbehinderte Menschen oder diesen gleichgestellte Menschen beschäftigen. Die Amtsdauer beträgt vier Jahre. Die zur Vertretung Schwerbehinderter gewählte Person ist die sog. Vertrauensperson (§ 96 SGB IX), die ihr Amt unentgeltlich als Ehrenamt ausführt. Der Arbeitgeber bestellt ebenfalls einen Beauftragten, der ihn in Angelegenheiten schwerbehinderter Menschen vertritt und v.a. darauf achtet, dass die dem Arbeitgeber obliegenden Verpflichtungen erfüllt werden (§ 98 SGB IX). Die Arbeitgeber haben mit der Schwerbehindertenvertretung und dem Beauftragten der Arbeitgeber eine Integrationsvereinbarung (§ 83 SGB IX) zur Regelung der Eingliederung Schwerbehinderter in den Betrieben und Dienststellen zu treffen, die verbindlich ist. Die Durchführung der Teilhabe Schwerbehinderter am Arbeitsleben ist daneben Aufgabe der Bundesagentur für Arbeit und des Integrationsamtes, der früheren Hauptfürsorgestelle (§§ 101, 102 SGB IX).

II. Beschäftigungspflicht von schwerbehinderten Menschen: 1. Jeder Arbeitgeber mit 20 oder mehr *Arbeitsplätzen* ist verpflichtet, 5 Prozent der Arbeitsplätze mit schwerbehinderten Menschen oder Gleichgestellten zu besetzen (Pflichtquote). Für Arbeitgeber mit bis zu 59 Arbeitnehmern ist dieser Anteil geringer (§ 71 SGB IX). Die Beschäftigungspflicht ist lediglich eine *öffentlich-rechtliche Pflicht;* sie gibt dem einzelnen schwerbehinderten Menschen keinen Anspruch auf Beschäftigung bei einem bestimmten Arbeitgeber. – 2. Solange der Arbeitgeber die vorgeschriebene Zahl Schwerbehinderter nicht beschäftigt, hat er für jeden unbesetzten Pflichtplatz monatlich eine → Ausgleichsabgabe an das Integrationsamt zu entrichten. Die Ausgleichsabgabe beträgt unterschiedlich zwischen 105 und 260 Euro monatlich je unbesetztem Pflichtarbeitsplatzes (§ 77 SGB IX).

III. Kündigungsschutz: 1. *Ordentliche Kündigung:* Die Kündigung ist grundsätzlich nur mit Zustimmung des Integrationsamtes (§ 85 SGB IX) möglich. Die Zustimmung muss vor Ausspruch der Kündigung vorliegen. – Die *Kündigungsfrist* beträgt mind. vier Wochen. – Der bes. Kündigungsschutz Schwerbehinderter setzt wie der allg. Kündigungsschutz erst nach einer *Beschäftigungsdauer von sechs Monaten* ein, unabhängig von der für die einzelnen schwerbehinderten Menschen geltenden → Probezeit (§ 90 SGB IX). – 2. *Außerordentliche Kündigung:* Die vorherige Zustimmung des Integrationsamtes muss ebenfalls eingeholt werden, die die Zustimmung dann erteilen soll, wenn die Kündigung aus einem Grund erfolgt, der nicht im Zusammenhang mit der Behinderung steht. – 3. Es besteht eine *doppelte Zuständigkeit der Gerichte:* Die Verwaltungsgerichte entscheiden über die Wirksamkeit der Zustimmung des Integrationsamtes, die Arbeitsgerichte über die Wirksamkeit der Kündigung.

IV. Zusatzurlaub: Nach § 125 SGB IX haben schwerbehinderte Menschen einen Anspruch auf einen bezahlten zusätzlichen Urlaub von fünf Arbeitstagen im Jahr. Bei mehr bzw. weniger als fünf Arbeitstagen pro Woche verlängert bzw. vermindert sich der Zusatzurlaub entsprechend.

V. Vertrauensperson der schwerbehinderten Menschen: In Betrieben und Dienststellen, in denen wenigstens fünf schwerbehinderte Menschen nicht nur vorübergehend beschäftigt sind, werden eine Vertrauensperson und wenigstens ein Stellvertreter gewählt, der die Vertrauensperson im Fall der Verhinderung vertritt. Die Vertrauensperson der schwerbehinderten Menschen hat die gleiche persönliche Rechtsstellung wie ein Betriebs- oder Personalratsmitglied. Sie übt aber nicht die Mitwirkungs- und Mitbestimmungsrechte für die schwerbehinderten Menschen aus, sondern der → Betriebsrat oder → Personalrat.

VI. Durchführung: Das SGB IX wird, soweit die Verpflichtung aus dem Gesetz nicht durch freie Entschließung des Arbeitgebers erfüllt wird, von den Integrationsämtern und der Bundesagentur für Arbeit in enger Zusammenarbeit durchgeführt (§§ 101 ff. SGB IX). Der Bundesagentur obliegt neben der Berufsberatung und der Arbeitsvermittlung Schwerbehinderter v.a. die Gleichstellung und die Überwachung der Erfüllung der Beschäftigungspflicht, des Integrationsamtes die Erhebung der Ausgleichsabgabe, der Kündigungsschutz und die nachgehende Hilfe im Arbeitsleben, u.a. auch die Durchführung von bes. Schulungs- und Bildungsveranstaltungen. Beim Integrationsamt und der Regionaldirektion der Bundesagentur für Arbeit sind Widerspruchsausschüsse gebildet, die über Widersprüche entscheiden.

Schwerbeschädigte – Schwerbeschädigt ist der Mensch, dessen Erwerbsfähigkeit kriegsbedingt um mind. 50 Prozent beeinträchtigt ist (§ 31 II BVG). Die Schwerbeschädigteneigenschaft ist Voraussetzung z.B. für eine → Ausgleichsrente nach § 32 BVG oder eine Erhöhung der → Grundrente (§ 31 II BVG).

schwere Papiere → Wertpapiere, v.a. Aktien, die hoch im Kurs stehen, wodurch diese Papiere schwerer zu handeln sind. – *Gegensatz:* → leichte Papiere.

schwerer Fall – Strafrechtlicher Begriff zur Kennzeichnung der Notwendigkeit überdurchschnittlicher Bestrafung im Einzelfall. Der schwere Fall ist im Strafrecht an verschiedenen Stellen strafverschärfend erwähnt und führt meist zur Androhung von → Freiheitsstrafe nicht unter einem Jahr. – *Beispiele:* Bes. schwerer Fall des Diebstahls (§ 243 StGB), schwerer Raub (§ 250 StGB). Im ersten Fall knüpft das Gesetz an die Erfüllung von sog. Regelbeispielen bei der Verwirklichung eines Diebstahls (z.B. Eindringen in ein Gebäude, § 243 I Satz 2 Nr. 1) die Notwendigkeit einer – gegenüber dem Normaltatbestand (§242 StGB)

– erhöhten Bestrafung; hier aber „nur" Freiheitsstrafe von drei Monaten bis zu zehn Jahren. Beim schweren Raub hat z.B. das Mitführen einer Waffe (§ 250 Nr. 1 a) einen solchen Effekt.

Schwerpunktprinzip – 1. *Begriff:* Das Schwerpunktprinzip ist ein erweiterndes Prinzip zu der klassischen umweltpolitischen Prinzipientrias in Deutschland. Die Notwendigkeit des Prinzips begründet sich in der Berücksichtigung der ökonomischen Effizienz. – 2. *Ziele:* Ziel des Schwerpunktprinzips ist es, die optimale (ökologische und ökonomische) Umweltverbesserung bei begrenzten Mitteln zu ermöglichen. Es stellt damit eine Umsetzung des wirtschaftswissenschaftlichen Effizienzdenkens (→ Effizienz) dar. – 3. *Vorgehensweise:* Infolge der Umsetzung des Schwerpunktprinzips können z.B. Unternehmen von einer Auflage entlastet werden, wenn sie in einem anderen Bereich umweltpolitisch tätig werden. Dabei muss jedoch immer gewährleistet werden, dass der Umweltentlastungseffekt der ursprünglichen Maßnahme erreicht wird. Beispielhafte Umsetzungen sind → Joint Implementation und → Clean Development Mechanism. – 4. *Kritische Würdigung:* Auch wenn das Prinzip sowohl aus wirtschaftlichen als auch aus technischen Sichtweisen Vorteile bietet, ist eine Abwägung der einzelnen Maßnahmen notwendig, aber nicht unproblematisch. Insbesondere die Frage der Quantifizierung verdeutlicht diese Problematik. Straffe staatliche Reglementierungen sind daher notwendig. – Vgl. auch → Verursacherprinzip, → Vorsorgeprinzip, → Kooperationsprinzip, → Umwelt.

Schwerpunktsatz – Zinssatz, zu dem die Masse der Zuteilungen bei → Zinstendern nach dem → amerikanischen Verfahren erfolgt. Der Schwerpunktsatz liegt i.Allg. geringfügig höher als der marginale → Zuteilungssatz, kann aber auch mit diesem übereinstimmen.

Schwerpunktstreik – *Teilstreik;* → Streik, der einzelne Abteilungen eines Betriebes erfasst, i.d.R. solche, die die Arbeitsfähigkeit des ganzen Betriebs entscheidend beeinflussen. Bei Sch. in größerem Rahmen, auf Verbandsebene, werden Betriebe in Schlüsselpositionen (z.B. Zulieferbetrieb für elektronische Teile in der Automobilbranche) bestreikt. Die Arbeitgeberseite reagiert i.d.R. mit Abwehraussperrungen (→ Aussperrung).

Schwerstbeschädigte – Nach § 27e BVG gelten als schwerstbeschädigt Kriegsblinde, Ohnhänder, bestimmte Querschnittsgelähmte und Hirnbeschädigte sowie weitere von schwersten Gesundheitsstörungen betroffene Menschen, die zum Personenkreis des § 1 BVG gehören. Sie erhalten Sonderfürsorge.

Schwerstbeschädigtenzulage – Leistung nach dem BVG für erwerbsunfähige Beschädigte, die durch die anerkannten Schädigungsfolgen gesundheitlich außergewöhnlich betroffen sind (§ 31 V BVG).

Schwerverletzter – im Sinn der gesetzlichen → Unfallversicherung ein Verletzter, der eine Rente nach einer Minderung der Erwerbsfähigkeit von mehr als 50 Prozent oder mehr oder mehrere Verletztenrenten aus der Unfallversicherung bezieht, deren Vomhundertsätze zusammen die Zahl 50 erreichen (§ 57 SGB VII).

Schwingungen → gedämpfte Schwingungen, → harmonische Schwingungen, → Konjunkturtheorie.

Schwund – Gewichtsverlust einer Ware infolge Lagerung (→ Lagerverluste), Umpackung oder Beförderung. Schwund wird im Handelsverkehr vom Verkäufer z.T. bei der Berechnung des Gewichts berücksichtigt. – *Kostenrechnung:* Schwund als Ursache für Lagerverluste wird zumeist als kalkulatorisches → Wagnis erfasst. – *Transportversicherung:* Schäden durch natürlichen Schwund (Eintrocknen) gehören zu den nicht gedeckten Beschaffenheitsschäden.

Schwundgeld – auf Gesell zurückgehender Vorschlag zur Reform des Geldwesens. Die Störungen wirtschaftlicher Aktivitäten durch Horten bzw. Enthorten von Geld sollten dadurch verhindert werden, dass die Banknoten in regelmäßigen Zeitabständen mit gebührenpflichtigen Marken beklebt werden. Der damit verbundene Geldwertschwund (→ Geldwert) sollte die Geldhaltung genauso wie die Lagerhaltung von Waren mit Kosten belegen. Ziel war eine Stabilisierung der Umlaufsgeschwindigkeit des Geldes.

Schwurgerichtskammer – § 74 II GVG: bes. Strafkammer beim → Landgericht, zuständig für Kapitalverbrechen (→ Strafprozess).

Scientific Management → Taylorismus.

Scitovsky-Doppeltest – simultane Anwendung des → Kaldor-Hicks-Kriteriums vom Ziel- wie vom Ausgangszustand. Scitovsky weist innerhalb der Wohlfahrtsökonomik auf das Phänomen hin, dass es bei der Anwendung des Kaldor-Hicks-Kriteriums Situationen geben kann, in denen die Durchführung sowie paradoxerweise auch das Rückgängigmachen von wirtschaftspolitischen Maßnahmen die Wohlfahrt steigern. – Zur *Vermeidung* dieses Paradoxons hat Scitovsky den nach ihm benannten Scitovsky-Doppeltest vorgeschlagen. Hiernach ist es nicht ausreichend, dass lediglich das Kaldor-Hicks-Kriterium erfüllt ist. Auch der Rückgang vom Zielzustand zum Ausgangszustand darf wohlfahrtssteigernd nicht möglich sein.

Scitovsky-Indifferenzkurve – stellt die gesellschaftliche Nutzenindifferenzkurve dar. Sie ist der geometrische Ort für die tauschoptimale Kombination des produzierten Güterbündels, bei dem alle Gesellschaftsmitglieder dasselbe Nutzenniveau realisieren. – Die Bedingungen des → Pareto-Optimums liegen in dem Punkt P vor, in dem die Scitovsky-Indifferenzkurve die gesellschaftliche → Transformationskurve tangiert. Die → Grenzrate der Substitution stimmt in diesem Punkt mit der Grenzrate der

Transformation überein. – Vgl. Abbildung „Scitovsky-Indifferenzkurve".

Scitovsky-Indifferenzkurve

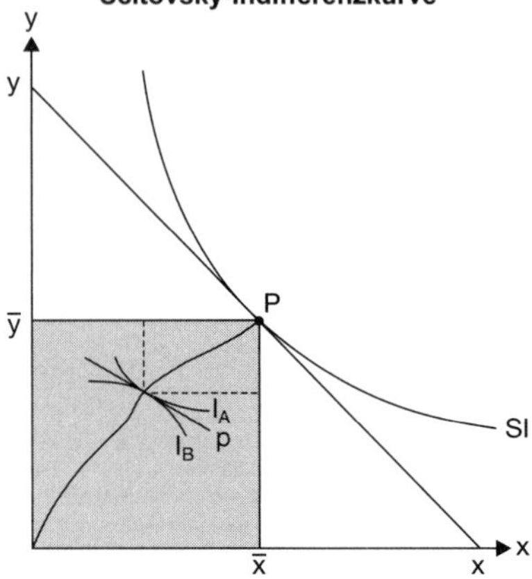

SI = Scitovsky-Indifferenzkurve
I_A = Indifferenzkurve des A
I_B = Indifferenzkurve des B
x = Gut x, y = Gut y, p = Preisniveau

SCM – Abk. für → Supply Chain Management.

SCOR – Abk. für → Supply Chain Operations Reference Model.

Scoring-Modell → Nutzwertanalyse.

Screening – I. Marketing: 1. *Begriff:* Grob- oder Vorauswahl von Produktideen (→ Innovation) im Rahmen der Neu- oder Weiterentwicklung von Produkten. – 2. *Vorgehen:* durch Einsatz von Methoden der → Produktbewertung, z.B. → Profilverfahren und Scoring-Modelle (→ Nutzwertanalyse) können Prioritäten für neue Produkte erstellt werden. – 3. *Fehler:* grundsätzlich können 2 Arten von Fehlern unterschieden werden: a) *Ablehnungsfehler*, das Unternehmen lehnt eine gute Idee ab oderb) *Annahmefehler*, das Unternehmen führt Vorschläge weiter, die keinen Erfolg versprechen.

II. Informationsökonomik: → Adverse Selection.

Screeningtheorie → Filtertheorie.

Scrum – Vorgehensmodell der agilen Softwareentwicklung, das davon ausgeht, dass Softwareprojekte aufgrund ihrer Komplexität nicht im Voraus detailliert planbar sind. Aus diesem Grund erfolgt die Planung nach dem Prinzip der schrittweisen Verfeinerung, wobei die Entwicklung des Systems durch das Team nahezu gleichberechtigt erfolgt. – Das zu entwickelnde System wird über Produkteigenschaften (Features) definiert, die im Product Backlog in einer priorisierten Reihenfolge festgelegt sind. Das Product Backlog ist anfangs nicht vollständig und wird mit der Zeit um weitere Eigenschaften erweitert bzw. um Eigenschaften reduziert. Die eigentliche Entwicklung des Systems ist in sogenannte Sprints unterteilt, die zwischen einer Woche und einem Monat dauern. In einem Sprint werden alle Eigenschaften umgesetzt, die zuvor aus dem Product Backlog ausgewählt und in das Sprint Backlog eingetragen worden sind. Das Ergebnis eines Sprints ist ein lauffähiges (Teil-)System. An einen Sprint schließt sich die Retrospektive an, in der der soeben abgeschlossene Projektabschnitt bewertet wird, um Erfahrungen zu verarbeiten und in Verbesserungen einfließen zu lassen. – In Scrum sind drei interne und drei externe Rollen vorgesehen. Die internen Rollen sind (1) der Product Owner, (2) das Entwicklungsteam und (3) der Scrum Master. – Zu den externen Rollen zählen (1) der Kunde, (2) der Anwender und (3) das Management. – Der Product Owner ist mit dem Projektleiter zu vergleichen, der die Verbindung zum Kunden hält und mit diesem in regelmäßigem Kontakt steht. Er hat die Verantwortung hinsichtlich der Konzeption, der Projektkosten, der Terminierung und der Systemfunktionalität, weshalb er die Richtung bezüglich der Produkteigenschaften vorgibt. Der Product Owner nimmt die vom Team gelieferte Leistung hinsichtlich der Funktionalität ab. Er verwaltet die Produkteigenschaften im Product Backlog und priorisiert diese. – Das Entwicklungsteam ist für die Realisierung der Eigenschaften verantwortlich. Es entscheidet, wie viele Eigenschaften in das Sprint Backlog übernommen und somit in einem Sprint umgesetzt werden. Das Team ist eigenverantwortlich in seiner Arbeit und verteilt die anfallenden Aufgaben untereinander. Das Team ist interdisziplinär zusammengesetzt, wobei jedes Teammitglied selbst aber auch interdisziplinär arbeiten muss. Das Team trifft sich zu Beginn eines jeden Tages für maximal 15 Minuten im Daily Scrum, in dem innerhalb des Teams jedes Mitglied über seinen Fortschritt und das nächste Ziel mithilfe von Burndown Charts berichtet. Alle Treffen werden vom Scrum Master moderiert, der dafür sorgt, dass das Team ungestört seiner Arbeit nachgehen kann und es von Anfragen von außen abschottet. Er ist nicht Mitglied des Teams und diesem nicht weisungsbefugt. Der Scrum Master kümmert sich um Probleme innerhalb des Teams und um mögliche Probleme, die das Team an der Entwicklung hindern. – Anwender sind die Personen, die mit dem fertigen Produkt arbeiten müssen. Nur die Anwender können den Entwicklern Feedback darüber geben, ob das Produkt in jeglicher Hinsicht korrekt arbeitet und hinreichend gut benutzbar ist (Usability). – Das Management ist in letzter Instanz verantwortlich dafür, dass das Scrum gelingt. Zu diesem Zweck muss es dafür sorgen, dass die Rahmenbedingungen wie Räumlichkeiten, Ressourcen, verfügbare Technik, personelle Ausstattung gegeben sind.

SD/CD-Methode – *Structured Design/Composite Design Method.* 1. *Begriff:* → Softwareentwurfsmethode;

nach dem Entwickler auch *Constantine-Methode* genannt. – 2. *Grundidee:* SD/CD-Methode soll → Modularisierung unterstützen. – 3. *Vorgehensweise:* grobe Gliederung eines Problems in Eingabeteil (Afferent Data), Verarbeitungsteil (Transformation) und Ausgabeteil (Efferent Data); davon ausgehend weitere Zerlegung nach dem → Top-Down-Prinzip.

SDAX – Auswahlindex mit 50 Nebenwerten (Small Caps) des → Prime Standard aus klassischen Branchen. Hinsichtlich der Größenkriterien wie → Marktkapitalisierung und Börsenumsatz liegen die Unternehmen des SDAX unterhalb des → MDAX.

SDRM – Abk. für *Sovereign Debt Restructuring Mechanism, Umschuldungsmechanismus;* im April 2002 durch den IWF vorgeschlagenes Instrument zur langfristig nachhaltigen und wachstumsorientierten Umstrukturierung bestehender Schulden. Der IWF verfolgte dabei einen sog. Statutory Approach (ordnungspolitischen Ansatz), der die Entwicklung verbindlicher Spielregeln für die Teilnehmer an den internationalen Finanzmärkten vorsah, mit direkten Verhandlungen von Schuldnern und Gläubigern. Nach Widerstand v.a. seitens der Vereinigten Staaten wurde der Ansatz 2003 fallen gelassen. Stattdessen befürwortet der IWF nun die generelle Anwendung von Mehrheitsklauseln bei internationalen Kreditgeschäften.

SE – Abk. für → Societas Europaea.

SEA – Abk. für *Systematik der Einnahmen und Ausgaben der privaten Haushalte;* Systematik zur Gliederung der Einnahmen der privaten Haushalte nach Quellen und Arten und der Ausgaben nach Verwendung für privaten Verbrauch, Steuern, Sozialversicherungsbeiträge etc. in Anlehnung an die internationale Klassifikation der Verwendungszwecke (→ COICOP). Die SEA wird für die laufenden Wirtschaftsrechnungen, die → Einkommens- und Verbrauchsstichprobe (EVS), in der → Volkswirtschaftlichen Gesamtrechnung (VGR) und im Zusammenhang mit dem → Verbraucherpreisindex für Deutschland (VPI) verwendet.

SEC – Abk. für *Securities and Exchange Commission;* Aufsichtsbehörde für das Wertpapiergeschäft in den USA; Sitz in Washington; unabhängig und überparteilich; gegründet gemäß Securities Act von 1933. – *Zuständigkeit:* (1) Für die *Neuzulassung* von → Wertpapieren zum Börsenhandel. Dabei gelten sehr strenge Offenlegungsvorschriften. Unternehmen, die Wertpapiere an einer Börse im Umlauf haben, müssen zudem in vierteljährlichen und jährlichen Abständen bei der SEC Angaben zur Geschäftslage einreichen, die dann auch der Öffentlichkeit zugänglich sind. (2) *Überwachung* des Börsenhandels im Hinblick auf Insidergeschäfte und Preismanipulationen. – *Organisation*: Der Präsident der Vereinigten Staaten ernennt unter Beratung des Senats und mit dessen Einverständnis die fünf Kommissare der SEC. Deren Amtszeit beträgt fünf Jahre. Die SEC besteht aus den fünf Divisionen: *Corporation Finance, Trading and Markets, Investment Management, Enforcement* und *Risk, Strategy and Financial Innovation.*

Sechsspaltenausweis → Anlagespiegel, → Anlagengitter.

Second Best → Theorie des Zweitbesten.

Secondhandshop – Betriebsform des Einzelhandels: gebrauchte, aber noch weiterhin nutzbare Waren (v.a. Textilien) werden aufgekauft und zu verhältnismäßig niedrigen Preisen verkauft. – Vgl. auch → Altwarenhandel, → Trödelhandel.

Second Tier Supplier → Modular Sourcing.

Secure Electronic Transaction (SET) – Abk. *SET*; hochsichere Zahlungsverkehrstechnologie der Kreditkartenanbieter → Visa und MasterCard mit → Zahlungsgarantie. Die bereits durch → Secure Socket Layer (SSL) bekannte Sicherheit in Bezug auf Dateneinsicht und Datenmanipulation während des Datenübertrags in offenen Netzen wurde durch das Merkmal einer Authentifikation ergänzt. Digitale Zertifikate legitimieren Karteninhaber und Händler gegenseitig und kommen dem Charakter einer Face-to-Face-Zahlung am → Point of Sale (POS) gleich. Während bei der POS-Zahlung die positive Prüfung der Authorisierungszentrale die Zahlungsgarantie entstehen lässt, begründen bei SET die digitalen Zertifikate die Zahlungssicherheit. – *Komponenten und Verfahren:* Sowohl Karteninhaber als auch Händler benötigen ein SET-Zertifikat. Der Karteninhaber erhält durch die kartenherausgebende Bank in Form einer Software eine sog. → Wallet (elektronische Brieftasche), deren Inhalt aus zertifizierten elektronischen Kreditkarten besteht. Der Händler installiert einen SET-fähigen Server, der SET-Transaktionen aufnimmt, um diese an die Händlerbank weiterzugeben. Die Händlerbank gibt die SET-Transaktion über einen Payment Gateway an die betroffene Kreditkartenorganisation weiter. Die Transaktion zwischen Händlerbank und der Kreditkartenorganisation verläuft im Gegensatz zur Transaktion zwischen Kunde und Händler in hochsicheren internen Netzwerken (geschlossene Netze). Derzeit bestehen Überlegungen, auch noch nicht erfasste Zahlungsmedien, z.B. Wertkarten für → Micropayments, in das SET-Verfahren zu integrieren. Nahezu alle namhaften Kreditkartengesellschaften beabsichtigen, SET als Standardanwendung zu etablieren. – Vgl. auch → E-Commerce.

Secure Socket Layer (SSL) – durch die Firma Netscape entwickeltes Verschlüsselungsverfahren für → offene Netze wie das → Internet. Das SSL-Protokoll gewährleistet, dass Daten während der Übertragung im offenen Netz nicht gelesen oder manipuliert werden können. – Vgl. auch → Secure Electronic Transaction (SET).

Securities and Exchange Commission → SEC.

Securitization – Verbriefung von Kredit- und Einlagenpositionen. Handelbare Wertpapiere treten an die Stelle der Buchkredite. Neben der traditionellen Rolle als Kreditgeber nehmen die Kreditinstitute eine Maklerfunktion wahr. Die häufig mit der Securitization einhergehende Zusage von Back-up-Linien verpflichtet die Bank, die Papiere in den eigenen Bestand zu übernehmen oder Kredite bereitzustellen. Mit den Depositenzertifikaten (Certificates of Deposit) erfolgt auch eine Verbriefung von Termineinlagen der Banken. Durch die Securitization werden die Trennungslinien zwischen Geld-, Kredit- und Kapitalmärkten verwischt (→ Finanzinnovationen).

SEEA – Abk. für *System of Integrated Environmental and Economic Accounting.* 1. *Begriff:* Zur Weiterentwicklung des Standardized System of National Accounts (SNA) der Vereinten Nationen wurde im Rahmen der Bemühungen um die → umweltökonomische Gesamtrechnung (UGR) ein Konzept zur Erstellung eines Satellitensystems zur Volkswirtschaftlichen Gesamtrechnung (VGR; vgl. → Umweltsatellitensysteme) erarbeitet. Im Vordergrund steht die Beschreibung von ökonomischen Vorgängen und damit verbundenen Umweltnutzungen im Sinn einer periodenbezogenen Stromrechnung einerseits, eine gesamtwirtschaftliche Vermögensrechnung als Bestandsrechnung andererseits, die produziertes Sachvermögen und nichtproduziertes Naturvermögen umfasst. Ein vorrangiges Ziel des Rechenwerks ist die Ermittlung der Umweltnutzungskosten (→ Nutzungskosten), verbunden u.a. auch mit dem Ausweis eines → Ökoinlandsprodukts. – 2. Ein stufenweiser *Aufbau des Systems* bezieht sich zunächst auf eine umweltbezogene Disaggregation der in der VGR vorhandenen Informationen, sodann auf die Verknüpfung mit entsprechenden physischen Informationen über die Umweltnutzung und -belastung, im weiteren auf zusätzliche monetäre Bewertungen (nach Marktwerten oder Vermeidungskosten), sowie schließlich auf eine umweltbezogene Erweiterung des Produktionsbegriffs.

Seeaufgabengesetz (SeeAufgG) – Nach dem Gesetz über die Aufgaben des Bundes auf dem Gebiet der Seeschifffahrt i.d.F. vom 26.7.2002 (BGBl. I 2876) m.spät.Änd. obliegen dem Bund u.a. die Förderung der dt. → Handelsflotte im allg. dt. Interesse und neben den beteiligten Ländern die Vorsorge für die Erhaltung der Leistungsfähigkeit der Seehäfen, die Abwehr von Gefahren für die Sicherheit und Leichtigkeit des Verkehrs sowie die Verhütung von der Seeschifffahrt ausgehender Gefahren (Schifffahrtspolizei), die Untersuchung der Seeunfälle, die Schiffsvermessung und die Ausstellung entsprechender Bescheinigungen, die Vorsorge für den in Seenotfällen erforderlichen Such- und Rettungsdienst, die nautischen und hydrographischen Dienste (v.a. Seevermessungsdienst), Gezeiten-, Wasserstands- und Sturmflutwarndienst) sowie meereskundliche Untersuchungen. Das SeeAufgG räumt den zuständigen Behörden einzelne Befugnisse zur Erfüllung ihrer Aufgaben ein. Ferner regelt es Aufgaben des → Bundesamtes für Seeschifffahrt und Hydrographie (BSH) sowie der → Seeberufsgenossenschaft. Außerdem enthält das Gesetz zahlreiche Verordnungsermächtigungen sowie Regelungen für das Befahren des Nord-Ostsee-Kanals.

Seeberufsgenossenschaft – Organisation für die → Unfallversicherung aller in der Seefahrt beschäftigten Personen, mit Sitz in Hamburg. – Die Seeberufsgenossenschaft führt ein *Verzeichnis* der zur See- und Küstenschifffahrt sowie zur Hochseefischerei gehörigen Fahrzeuge. Die See-Berufsgenossenschaft als gewerbliche Berufsgenossenschaft ist zuständig für die Unternehmen der Seefahrt, soweit sich nicht aus dem Gesetz eine Zuständigkeit der Unfallversicherungsträger der öffentlichen Hand ergibt (§ 121 II SGB VII).

Seebetriebsrat – Betriebsvertretung (→ Betriebsrat) in Seebetrieben, geregelt in §§ 114, 116 BetrVG.

Seed Capital – Beteiligungskapital für ein zukünftiges Unternehmen. Das bereitgestellte Eigenkapital dient in der Phase der Geschäftsideeentwicklung der Finanzierung der Ausreifung und Umsetzung einer Idee in verwertbare Resultate, wie z.B. der Erstellung eines Prototyps, und zur Versorgung von Existenzgründern mit haftendem Eigenkapital. Seed Capital wird von spezialisierten Beteiligungsgesellschaften oder vermögenden Privatpersonen (→ Business Angels), aber auch im Rahmen öffentlicher Existenzgründungsprogramme bereitgestellt und häufig zur Innovationsfinanzierung eingesetzt. Aufgrund der hohen Unsicherheiten über die zukünftigen Erfolgsaussichten besteht bei der Vergabe von Seed Capital für den Kapitalgeber ein sehr hohes Verlustrisiko.

Seed Stage – Begriff aus der Venture-Capital-Finanzierung. Im Rahmen des chronologischen Phasenmodells als Teil der → Early Stage die erste Finanzierungsphase, welche der Finanzierung von Erforschung, Entwicklung und ersten Umsetzung einer Geschäftsidee dient, die die Grundlage für den → Business Plan eines neu zu gründenden → Start-up-Unternehmens bildet.

Seefahrtsbuch → Anmusterung.

Seefischerei – das berufsmäßige Fangen oder in anderer Weise Gewinnen von Fischen auf See innerhalb des Küstenmeeres und der Fischereizonen. Rechtliche Regelung durch das Seefischereigesetz i.d.F. vom 6.7.1998 (BGBl. I 1791). Danach kann Seefischerei beschränkt und erlaubnispflichtig sein. Verstöße werden als → Ordnungswidrigkeit geahndet.

Seefrachtgeschäft – gewerbsmäßige Güterbeförderung zur See. – 1. *Rechtsgrundlagen:* §§ 556–663 HGB. – 2. *Begriff:* Dem Frachtführer des Land- und Flussfrachtgeschäfts entspricht hier der *Verfrachter* (der Reeder oder Ausrüster sein kann), dem

Absender der *Befrachter.* Außerdem kennt das Seerecht noch den Begriff des *Abladers:* derjenige, der das Gut dem Verfrachter zur Beförderung übergibt. Regelmäßig sind Befrachter und Ablader personenbzw. firmengleich. Ist der Ablader von dem Befrachter verschieden, so ist er Vertreter des Befrachters beim Abladungsakt mit gewissen eigenen Rechten (er erhält z.B. das → Konnossement). – 3. *Grundlage* ist entweder ein → Chartervertrag oder ein Stückgutvertrag.

Seegerichtshof → Seerechtsübereinkommen 1982/1994.

Seegerichtsvollstreckungsgesetz → Seerechtsübereinkommen 1982/1994.

Seehafeninformationssystem → Port Communication System.

Seehandelsrecht → Schifffahrtsrecht.

Seekasse – 1. *Seekrankenkasse:* bisherige gesetzliche Krankenversicherung der Seeleute. Besatzungsangehörige waren in der Seekasse pflichtversichert, auch wenn sie arbeitslos waren. – 2. *Rentenversicherungsträger* für die Besatzungsmitglieder deutscher Seefahrzeuge (§ 128 Nr. 3 SGB VI a.F.) in der Rechtsform einer Körperschaft des öffentlichen Rechts; Sitz in Hamburg. Seit 1.10.2005 in der → Deutschen Rentenversicherung Knappschaft-Bahn-See aufgegangen.

Seekonossement – *Marine, Liner* oder *Ocean Bill of Lading (B/L);* Form des → Konnossement; klassisches → Traditionspapier der → Seeschifffahrt.

Seekrankenkasse → Seekasse.

Seemannsamt – Landesbehörde, der u.a. die hoheitliche Kontrolle über die Dienst- und Arbeitsverträge des Seerechts obliegt. Nähere Regelungen in der Seemannsamtsverordnung vom 21.10.1981 (BGBl. I 1146) m.spät.Änd.

Seerechtsübereinkommen 1982/1994 – Durch das Gesetz zur Ausführung des Seerechtsübereinkommens der Vereinten Nationen vom 10.12.1982 sowie das Übereinkommen vom 28.7.1994 zur Durchführung des Teils XI des Seerechtsübereinkommens vom 6.6.1995 (BGBl. I 778) werden die völkerrechtlichen Verpflichtungen, die die Bundesrepublik Deutschland als Unterzeichnerstaat des Seerechtsübereinkommens der Vereinten Nationen (BGBl. 1994 II 1798) übernommen hat, in innerstaatliches Recht umgesetzt und ausgeführt. Dieses Artikelgesetz bestimmt in Art. 6 die Einrichtung einer dt. *ausschließlichen Wirtschaftszone* und enthält in Art. 9 das *Gesetz zur Regelung des Meeresbodenbergbaus (Meeresbodenbergbaugesetz (MBergG)).*

SEES – Abk. für *Software Engineering Environment System,* → Softwareentwicklungsumgebung (SEU).

Seeschifffahrt – 1. *Begriff:* → Beförderung von Personen, Post oder Gütern mit Seeschiffen. Zu *unterteilen* in die Bereiche: (1) *Linienschifffahrt:* routengebundener, fahrplanmäßiger Transport (im Güterverkehr zumeist in Containern) zu feststehenden Beförderungsbedingungen und -preisen; (2) *Trampschifffahrt:* routenungebundener Transport überwiegend von trockenen Massengütern; (3) *Tankschifffahrt:* Transport von Erdöl und Erdölprodukten sowohl in Form der Linien- bzw. Pendelschifffahrt als auch der Trampschifffahrt; (4) *Spezialschifffahrt:* Kühl-, Versorgungs-, Gastank-, Passagierschifffahrt. Die Seeschifffahrt wird ferner in die Bereiche *„Kleine Fahrt"* (z.B. zwischen einem Hafen in Großbritannien und einem in Kontinentaleuropa) und *„Große Fahrt"* (zwischen zwei Häfen in verschiedenen Kontinenten) unterteilt. – Von der Seeschifffahrt zu trennen ist die → Küstenschifffahrt; eine eindeutige Unterscheidung ist jedoch nicht immer möglich. – 2. *Problembereiche:* a) *Nationale Ebene:* Die Seeschifffahrtsbelange auf nationaler Ebene vertritt von staatlicher Seite der für den Verkehr zuständige Bundesminister, Abt. Seeverkehr. – Das Gewerbe hat zur Interessenvertretung verschiedene Reedervereine und -verbände (u.a. Verband Deutscher Reeder e. V., Verband Deutscher Küstenschiffseigner, Verein Hamburger Reeder) gegründet. – b) *Internationale Ebene:* v.a. Internationaler Ständiger Verband für Schifffahrtskongresse (Association Internationale Permanente des Congrès de Navigation (A.I.P.C.N.)), Internationle Seerechts-Vereinigung (Comite Maritime International (C.M.I.)), Internationale Organisation für Seeschifffahrt (International Maritime Organization (IMO)), Internationale Schifffahrtskammer (International Chamber of Shipping (ICS)), The Baltic and International Maritime Council (BIMCO) und International Shipping Federation, Ltd. Die Beschäftigungssituation in der Seeschifffahrt ist häufigen Schwankungen unterworfen, was sich in Neubauwellen und Stilllegungen bzw. Abwrackungen widerspiegelt. Insbesondere für die Containerschifffahrt werden, wenn auch teilweise zulasten der konventionellen Stückgutfahrt, weiterhin gute Wachstumschancen erwartet. Die Wettbewerbsfähigkeit der dt. Handelsschifffahrt hat sich in den letzten Jahren verschlechtert, weil einerseits die Raten zumeist auf US-Dollar-Basis abgeschlossen werden und dieser in den vergangenen Jahren tendenziell gesunken ist, die Kosten aber andererseits zum großen Teil auf Euro-Basis anfallen. Um diesem Kostendruck zu entgehen, weichen die Reeder auf → billige Flaggen aus. Um diese Tendenz aufzuhalten wurden Zweitregister geschaffen, die einerseits nicht so strengen Regeln unterliegen wie die Erstregister, andererseits jedoch noch gewisse nationale Einflussmöglichkeiten gestatten. Auch im Bereich der Schiffsfinanzierung sind Erleichterungen in Kraft getreten.

Seeschifffahrtsstraßen-Ordnung (SeeSchStrO) – Gesetz i.d.F. vom 22.10.1998 (BGBl. I 3209) m.spät.Änd., enthält die Rechtsvorschriften über das Verhalten der Teilnehmer am Verkehr auf Seeschifffahrtsstraßen. – *Verstöße* sind → Ordnungswidrigkeiten.

SeeSchStrO – Abk. für → Seeschifffahrtsstraßen-Ordnung.

See-Unfallversicherung – Zweig der gesetzlichen → Unfallversicherung. Die See-Unfallversicherung umfasst die der Seefahrt (Seeschifffahrt und Seefischerei) dienenden Unternehmen und die in ihnen Tätigen. Es gelten weitgehend die Vorschriften für die Unfallversicherung; vgl. § 114 I Nr. 1 i.V. mit Anlage 1 zu § 35 SGB VII.

seewärtige Begrenzung des Zollgebiets der Gemeinschaft – Seeseitige Begrenzungen sind die Küstenmeere. Sie und die innerhalb der Küstenlinie gelegenen Meeresgewässer sowie der Luftraum der Mitgliedsstaaten gehören zum Zollgebiet der Gemeinschaft. Grundlage für die Einteilung des Meeresraums ist das Internationale Seerechtsübereinkommen von 1982 (SRK), dem Deutschland erst 1994 beigetreten ist (Vertragsgesetz zur Seerechtskonvention vom 2.9.1994, BGBl. II 1994, 1798, nebst Durchführungsverordnung, BGBl. II 1994, 2565, und Ausführungsverordnung, BGBl. I 1994, 3744). – Die Künstenmeere liegen seeseits der Küstenlinie und dürfen sich bis zu 12 Seemeilen, gemessen von der Basislinie, ausdehnen. Die Küstenlinie (Basislinie) wird durch die Niedrigwasserlinie (normale Basislinie) und/ oder eine gedachte Linie bei Einschnitten, Einbuchtungen, Inselketten usw. (gerade Basislinie) bestimmt. Zum → Zollgebiet gehören auch der Meeresboden und Meeresuntergrund. Der genaue Grenzverlauf des dt. Küstenmeeres ist in den Seekarten 2920 (Nordsee) und 2921 (Ostsee) eingetragen.

Seezollgrenze → seewärtige Begrenzung des Zollgebiets der Gemeinschaft.

Segment → Record.

Segmentationstheorien → Arbeitsmarkttheorien.

Segmentberichterstattung – *Segment Reporting*. 1. *Begriff*: Veröffentlichung von finanziellen Informationen zu einzelnen Teilbereichen des Unternehmens. Sie soll es dem externen Rechnungslegungsadressaten ermöglichen, diversifizierte Unternehmen, deren heterogene Geschäftsbereiche erheblichen Risiko- und Erfolgsunterschieden ausgesetzt sind, differenziert beurteilen zu können. Ein Mutterunternehmen, das einen organisierten Markt im Sinn des § 2 V WpHG durch von ihm oder einem seiner Tochterunternehmen ausgegebenen Wertpapiere im Sinn des § 2 II 1 WpHG in Anspruch nimmt oder die Zulassung beantragt hat, hat den Konzernabschluss um eine Kapitalflussrechnung und einen Eigenkapitalspiegel zu erweitern. Ferner kann er um eine Segmentberichterstattung erweitert werden (§ 297 I HGB). Kapitalmarkorientierte Unternehmen, die nicht zur Aufstellung eines Konzernabschlusses verpflichtet sind, können den Jahresabschluss um eine Segmentberichterstattung gemäß § 264 I Satz 2 HGB erweitern. Der Gesetzgeber hat es somit dem → Deutschen Rechnungslegungs Standards Committee (DRSC) überlassen, Empfehlungen über die konkrete Ausgestaltung der Segmentberichterstattung zu erarbeiten, die in DRS 3 niedergelegt sind. – 2. *Zweck:* Die Segmentberichterstattung liefert Informationen über Gewinnmargen, Wachstumsraten und Höhe der Risiken jeder bedeutenden abgrenzbaren Aktivität des Unternehmens. Damit soll bes. eine Erhöhung der Transparenz des unternehmensspezifischen Chancen- und Risikoprofils erreicht werden, um den (potenziellen) Investoren eine bessere Beurteilung der Unternehmensentwicklung zu ermöglichen. Die Segmentierung hat anhand der operativen Segmente des Unternehmens zu erfolgen. Für die Segmentierung sind grundsätzlich die Kriterien zugrunde zu legen, nach denen die Unternehmensleitung Teileinheiten des Unternehmens bestimmt, für die sie operative Entscheidungen trifft und wirtschaftliche Analysen und Beurteilungen vornimmt (DRS 3). – 3. Nach den *internationalen Rechnungslegungsvorschriften* → US-GAAP und → International Financial Reporting Standards (IFRS) ist die Segmentberichterstattung bereits seit längerem regelmäßiger Bestandteil der Rechnungslegung. Die entsprechenden Vorschriften finden sich in SFAS 131 „Disclosures about Segments of an Enterprise and Related Information" und in IFRS 8 „Operating Segments". – Die Segmentberichterstattung nach den US-GAAP folgt weitgehend dem sog. Management Approach, basiert also auf der unternehmensinternen Finanzberichterstattung. Sowohl bei der Abgrenzung der sog. Operating Segments als auch bei den zu publizierenden Segmentangaben wird folglich auf die zur internen Performancemessung und Ressourcenallokation verwendeten Daten zurückgegriffen. Die IAS/ IFRS-Vorschriften zur Segmentberichterstattung sind denen der US-GAAP ähnlich. Hierbei definiert IFRS 8.5 ein Geschäftssegment als Unternehmensbestandteil, der a) Geschäftstätigkeiten betreibt, mit denen Umsatzerlöse erwirtschaftet werden und bei denen Aufwendungen entfallen, b) dessen Betriebsergebnisse regelmäßig von der verantwortlichen Unternehmensinstanz in Hinblick auf Entscheidungen über die Allokation von Ressourcen zu diesem Segment und die Bewertung seiner Ertragskraft überprüft werden, und c) für den separate Finanzinformationen vorliegen. – In Bezug auf die anzugebenden Segmentdaten wird der Management Approach allerdings insofern relativiert, als diese auf der Basis der Bilanzierungs- und Bewertungsmethoden des Einzel- bzw. Konzernabschlusses zu ermitteln sind. – Vgl. auch → Segmentbilanzen.

Segmentbilanzen – die aus der Aufgliederung des Jahresabschlusses (→ Bilanz) einer diversifizierten Unternehmung (→ Diversifikation) entstehenden Abschlüsse. Aufgliederung nach den Anteilen der einzelnen Geschäftszweige (Segmente) an den Beständen der Unternehmungsbilanz, sodass jedem Segment eine eigene Bilanz mit dem jeweiligen betriebsnotwendigen Vermögen und Kapital sowie eine entsprechende Erfolgsrechnung zugeordnet werden. Eng verwandt mit Konzernabschlüssen, die

die Jahresabschlüsse der zum selben Konzern gehörenden Unternehmungen zusammenfassen. – *Bedeutung:* Eine Ergänzung des Jahresabschlusses um Segmentabschlüsse fördert die Aussagefähigkeit der Jahresabschlüsse erheblich. – Vgl. auch → Absatzsegmentrechnung.

Segmentierung – I. Organisation: → Spezialisierung, horizontale Zerlegung eines Handlungskomplexes im Rahmen der Bereichsbildung. Durch Segmentierung wird der *Inhalt der* → Kompetenz organisatorischer Einheiten festgelegt; dies prägt die spezifischen Orientierungen bzw. Zuständigkeiten der Handlungsträger bez. der verschiedenen Dimensionen des arbeitsteiligen (→ Arbeitsteilung) Handlungsvollzugs in der Unternehmung. – *Segmentierungskriterien:* (1) Verrichtungen (→ Verrichtungsprinzip), (2) Objekte (→ Objektprinzip).

II. Marketing/ Marktforschung: → Marktsegmentierung.

Segmentierungskriterien → Segmentierung, → Marktsegmentierung.

Segmentrechnung → Absatzsegmentrechnung.

Segment Reporting → Segmentberichterstattung.

segmentspezifische Tarife → Preisdifferenzierung nach Kundensegmenten, z.B. nach → Preisbereitschaft, Einkommen, Präferenzen und Einkaufsverhalten der Zielgruppe.

Segregation – 1. *Begriff:* räumliche Trennung der Wohngebiete von sozialen (Teil-)Gruppen in einer → Stadt oder → Region. Der Grad der Segregation ist umso höher, je stärker die räumliche Verteilung der Wohnstandorte einer Gruppe von der Verteilung der Gesamtbevölkerung abweicht. Das Ghetto stellt die extreme Form der Segregation dar. Die Trennung der Wohngebiete bzw. -bevölkerung kann nach dem sozialen Status, nach demografischen Merkmalen wie Alter oder Stellung des Haushalts im Lebenszyklus, nach ethnischen, religiösen und/oder sprachlich-kulturellen Kriterien erfolgen. – 2. *Ursachen:* a) vom Individuum gewollte, freiwillige Segregation beruht auf der Bevorzugung einer gleichartigen sozialen Umgebung (Nachbarschaft) und dem bewussten Herstellen einer sozialen und zugleich räumlichen Distanz zu „fremden" Gruppen. – b) Unfreiwillige Segregation resultiert aus dem Wohnungsmarkt, der entsprechend den Bodenpreisen und der Mietzahlungsfähigkeit über die Bauform, Wohnungsdichte und Wohnumfeldausstattung räumlich unterschiedliche Wohngebiete schafft, und aus staatlich-planerischen Interventionen, die von der Zonierung durch die Bauleitplanung über die staatliche Infrastrukturstandortpolitik (→ Infrastruktur) bis zu strukturellen Eingriffen in den Wohnungsmarkt (Mietpreisstopp, Wohngeld u.a.) reichen können. – 3. *Probleme:* Mit der Segregation sind i.d.R. ungleiche Lebenschancen wie auch raum-zeitliche Zyklen der Unter- bzw. Überauslastung von sozialen Infrastruktureinrichtungen verbunden. Die → Stadtplanung versucht daher, diese negativen Effekte durch eine gezielte Mischung der Bevölkerung zu mildern. Andererseits kann eine stärkere Segregation auch positive Wirkungen für die Bewahrung gruppenspezifischer Identität und Handlungsfähigkeit haben.

Seifenformel – eine zuerst von der seifenverarbeitenden Industrie (Zweite DVO vom 13.5.1940 zur Anordnung über die Regelung der Preise für Seife und Waschmittel) angewandte Formel zur Errechnung des → kalkulatorischen Unternehmerlohns: 18 mal Wurzel aus Umsatz; z.B. Jahresumsatz 250.000, kalkulatorischer Unternehmerlohn =

$$18 \cdot \sqrt{250.000} = 9.000 \text{ Euro.}$$

Sind mehrere voll tätige Gesellschafter vorhanden, so ist für jeden Gesellschafter ein Teilbetrag (bei zwei Gesellschaftern je 75 Prozent, bei drei je 67 Prozent, bei vier je 62 Prozent und bei fünf und mehr Gesellschaftern je 60 Prozent) anzusetzen.

Seignorage – in der → Geldtheorie gebräuchlicher Begriff, der sich auf die mit dem allg. Preisniveau deflationierten Einnahmen des Staates aus sämtlichen Arten der Basisgeldemission (Münzen, Noten, Einlagen von Geschäftsbanken und privaten Nichtbanken bei der Zentralbank) bezieht. – Es lassen sich drei Arten unterscheiden: 1. *Monetärer Seignorage:* Hierunter versteht man den realen Zuwachs des Nominalbestandes an Zentralbankgeld. – 2. *Opportunitätskosten-Seignorage:* In dieser Betrachtungsweise kommt zum Tragen, dass die Geldschöpfung alternativ über eine Kreditaufnahme am Geld- oder Kapitalmarkt hätte realisiert werden können. Dies würde periodische Zinszahlungen des Staatssektors an den privaten Sektor nach sich ziehen. Die real eingesparten Zinsen repräsentieren dementsprechend den Opportunitätskosten-Seignorage. – 3. *Fiskalischer Seignorage:* Bei diesem Konzept wird der Zeitpunkt des realen Mittelzuflusses an den Staatshaushalt betrachtet. Typischerweise liegt dieser Zeitpunkt bei der Ausschüttung des Zentralbankgewinns an den Staatshaushalt.

sektoraler Strukturwandel – 1. *Begriff:* Verschiebungen in der → sektoralen Wirtschaftsstruktur als Folge unterschiedlich starken Wachstums der einzelnen → Wirtschaftszweige. Sektoraler Strukturwandel vollzieht sich längerfristig und zeichnet sich durch weitgehend stabile Grundtendenzen aus. Strukturelle Verschiebungen sind deshalb überwiegend dauerhaft. – 2. *Messung:* Der sektorale Strukturwandel wird üblicherweise anhand der Veränderungen in den prozentualen Anteilen (Sektoranteilen) der Wirtschaftszweige am → Nationaleinkommen oder an den Gesamtbeschäftigten beschrieben. – 3. *Ursachen des sektoralen Strukturwandels:* a) *Institutionelle Veränderungen:* Hierzu gehören v.a. Veränderungen im Rechtssystem, etwa der Steuergesetzgebung oder des Sozialversicherungssystems, des Wettbewerbsrechts sowie im Ausmaß von → Regulierung bzw.

→ Deregulierung. Zahlreiche Gesetzesänderungen, die das Verhalten der Produzenten und Konsumenten beeinflussen, sind z.B. im Zuge der Schaffung eines einheitlichen *Binnenmarktes* in der EU vorgenommen worden. Auch die *Umweltschutzgesetzgebung* hat zu deutlichen Verhaltensänderungen geführt und den sektoralen Strukturwandel beeinflusst. Im außenwirtschaftlichen Bereich können Richtungsänderungen der Handelspolitik (Liberalisierung, Zollabbau im Rahmen der WTO) oder die Wechselkurspolitik entscheidende Rahmendaten setzen. – b) *Angebotsseitige Faktoren* sind Änderungen in der Verfügbarkeit (Menge und Preis) von Produktionsfaktoren, z.B. eine Verknappung oder Verteuerung von Energie oder Rohstoffen. Eine wichtige Rolle spielt das Angebot an menschlicher Arbeit. Neben dem physischen Angebot (Mangel oder Überschuss an Arbeitskräften) ist v.a. die Lohnentwicklung entscheidend. Bei hohem Lohnniveau sind arbeitsintensive Produktionszweige benachteiligt. Eine wesentliche Determinante ist schließlich der technische Fortschritt. Er beeinflusst das Verhältnis von Arbeits- und Kapitaleinsatz, führt aber auch zu Veränderungen in der Vorleistungsnachfrage der Unternehmen (z.B. Ersatz metallischer Werkstoffe durch Kunststoffe oder Keramik; energiesparender technischer Fortschritt) mit entsprechenden Auswirkungen auf betroffene Vorleistungssektoren. – c) *Nachfrageseitige Faktoren* sind zunächst Verschiebungen in der gesamtwirtschaftlichen → Nachfragestruktur: Zu- oder Abnahme des privaten Konsums, Ausweitung oder Einschränkung des Staatsverbrauchs, Zugewinn oder Verlust von Absatzmärkten im Ausland, zu- oder abnehmende Importnachfrage (Importkonkurrenz). Wesentlichen Einfluss auf den sektoralen Strukturwandel haben aber auch Veränderungen in der → Konsumstruktur der privaten Haushalte, der Zusammensetzung der staatlichen Ausgaben sowie Veränderungen in der → Exportstruktur und der → Importstruktur. – 4. *Sektoraler Strukturwandel und Wirtschaftswachstum:* Der sektorale Strukturwandel zeigt sich in Phasen hohen gesamtwirtschaftlichen Wachstums am ausgeprägtesten, während er sich bei schwachem Wachstum typischerweise verlangsamt. Ein Wirtschaftswachstum ohne jegliche Verschiebung der Sektoranteile ist in der Realität unwahrscheinlich. Allerdings hat sich die neoklassische → Wachstumstheorie sehr ausführlich mit diesem Spezialfall befasst (Modelle des „Steady-State-Growth" (→ Steady State)). *Friktionen* im sektoralen Strukturwandel, v.a. als Ausdruck einer nicht ausreichenden *Anpassungsbereitschaft oder -fähigkeit* der Unternehmen, können sich zu Wachstumshemmnissen auswirken und v.a. auch zu struktureller → Arbeitslosigkeit führen. – Es ist Aufgabe der → sektoralen Strukturpolitik, den marktwirtschaftlichen Selbststeuerungsprozess zu unterstützen oder zu korrigieren, dass gesamtwirtschaftlich oder gesellschaftlich unerwünschte Folgen struktureller Verschiebungen vermieden oder zumindest gemildert werden.

sektorale Strukturpolitik – *sektorale Wirtschaftspolitik, Sektorpolitik.* 1. *Begriff:* Sektorale Strukturpolitik bezeichnet die Gesamtheit aller wirtschaftspolitischen Maßnahmen, die auf die Entwicklung der → sektoralen Wirtschaftsstruktur Einfluss nehmen. – 2. *Ziele:* Allg. Ziel der sektoralen Strukturpolitik ist es, die *Richtung* und/oder das *Tempo* des → sektoralen Strukturwandels zu verändern. Im Unterschied zur → Globalsteuerung zielt die sektorale Strukturpolitik somit auf die Wachstums- und Entwicklungsmöglichkeiten einzelner → Wirtschaftszweige. Dabei kann es darum gehen, den marktgesteuerten Strukturwandel aufzuhalten oder zumindest abzubremsen. Dieses Ziel kennzeichnet man als *Erhaltungspolitik* oder auch als *konservierende Strukturpolitik*. Geht es umgekehrt darum, den Strukturwandel voranzutreiben und den Unternehmen die Anpassung an veränderte Marktgegebenheiten zu erleichtern, so spricht man von *Anpassungspolitik*. Eine dritte mögliche Zielsetzung kann darin bestehen, den Strukturwandel, u.U. auch gegen die endogenen Kräfte des Marktes, in eine bestimmte Richtung zu lenken. Dies kann als *Gestaltungspolitik* umschrieben werden. In Deutschland sind Ziele und Aufgaben der sektoralen Strukturpolitik – anders als etwa bei der Wettbewerbspolitik oder der Konjunktur- und Wachstumspolitik – nicht gesetzlich geregelt. Im Jahr 1968 wurden allerdings von der damaligen Bundesregierung „Grundsätze der sektoralen Strukturpolitik" formuliert, die weitgehend mit dem später von der OECD entwickelten Leitbild einer → positiven Anpassungspolitik übereinstimmen. – 3. *Träger:* Auf Regierungsseite liegen die Kompetenzen für sektorale Strukturpolitik überwiegend bei den Wirtschaftsministerien, teilweise aber auch bei speziellen Ressorts wie Landwirtschaft, Verkehr, Technologie. Sektorale Strukturpolitik wird sowohl auf Bundes- wie auch Landesebene betrieben, daneben hat die Europäische Union (→ EU) zunehmend strukturpolitische Kompetenzen an sich gezogen. Die EU nimmt bes. Einfluss auf die sektorale Strukturpolitik über die → Agrarpolitik, die → Handelspolitik sowie bei Maßnahmen zugunsten „sensibler" Wirtschaftsbereiche (Kohle, Eisen, Stahl, Textilien u.Ä.). Generell überwacht die EU nationale sektorale Strukturpolitik im Rahmen ihrer Beihilfenkontrolle. Andererseits beteiligt sich die EU an der nationalen sektoralen Strukturpolitik durch Bereitstellung finanzieller Mittel für Fördermaßnahmen aus verschiedenen *Strukturfonds* (→ Strukturpolitik der Europäischen Union). Hier kommen v.a. Teile des Agrarfonds (Europäische Ausrichtungs- und Garantiefonds für die Landwirtschaft) zur Förderung von Investitionen zur Umstrukturierung ländlicher Räume sowie Mittel des Europäischen Sozialfonds (ESF) für Umschulungsmaßnahmen bei Beschäftigten aus schrumpfenden Industrien in Frage. – 4. *Konzeptionstypen:* Umfang und Intensität staatlicher Maßnahmen im Rahmen der sektoralen Strukturpolitik, v.a. hinsichtlich der relativen Bedeutung von Erhaltungs- und

Gestaltungspolitiken, können nach dem vorherrschenden Konzeptionstyp der sektoralen Strukturpolitik unterschieden werden. Eine stärker interventionistische Form der sektoralen Strukturpolitik, die deutliche Elemente der Strukturlenkung oder -gestaltung enthält, ist die → Industriepolitik. Das Konzept der → positiven Anpassungspolitik beschränkt sich dagegen vorwiegend auf die Verbesserung der marktwirtschaftlichen Rahmenbedingungen, um unternehmerische Anpassungsprozesse zu erleichtern. – 5. *Instrumente:* a) *Ordnungspolitische Instrumente:* (1) *Eingriffe in die Wettbewerbsordnung*, z.B. Schutz vor ausländischer Konkurrenz durch Importbeschränkungen, zeitlich befristete Tolerierung kartellartiger Absprachen zwischen Unternehmen eines unter Strukturproblemen leidenden Wirtschaftszweigs *(Strukturkrisenkartelle)*. Schaffung von wettbewerblichen Ausnahmebereichen durch → Regulierung. (2) *Eingriffe in die Eigentumsordnung*, z.B. Verstaatlichung Not leidender, nicht mehr wettbewerbsfähiger Unternehmen. – b) *Prozesspolitische Instrumente:* (1) *Festlegung von Produktionsmengen*, *Preisen* oder auch *Beschränkung von Produktionskapazitäten*. Als *direkte Eingriffe in die unternehmerische Entscheidungsautonomie* mit marktwirtschaftlichen Prinzipien an sich unvereinbar, werden solche Instrumente im Zusammenhang mit anderen marktlenkenden Maßnahmen dennoch eingesetzt (z.B. garantierte Absatzmengen in der → Agrarpolitik, Gewährung staatlicher Beihilfen an die Stahlindustrie innerhalb der EU nur bei Einhaltung nationaler Produktionsquoten). (2) Begünstigung einzelner Sektoren durch *Verbesserung der Absatzbedingungen*. Dies kann, innerhalb enger Grenzen, durch die Nachfrage des Staates geschehen (z.B. Förderung der Bauwirtschaft durch staatliche Bauaufträge). Die volkswirtschaftliche → Nachfragestruktur kann durch selektive steuerliche Maßnahmen (z.B. Reduzierung bestimmter Verbrauchsteuern) beeinflusst werden. Förderung des Absatzes inländischer Produzenten durch Schutz vor Importkonkurrenz über die Erhebung von Zöllen (innerhalb der EU nicht möglich, nach den Regeln des → GATT auch gegenüber sonstigen Staaten nur noch sehr begrenzt einsetzbar); Förderung des Auslandsabsatzes (→ Exportförderung). (3) *Verbesserung der Angebotsbedingungen*, v.a. durch Entlastung der Unternehmen bei den Produktions- und/oder Investitionskosten (→ Wirtschaftsförderung). Eine Verbesserung der Angebotsbedingungen kann auch durch die → Infrastrukturpolitik des Staates oder andere staatliche Vorleistungen, z.B. in den Bereichen → Forschung und Entwicklung (F&E), bewirkt werden.

sektorale Wirtschaftspolitik → sektorale Strukturpolitik.

sektorale Wirtschaftsstruktur – Betrachtung volkswirtschaftlicher Merkmale in ihrer sektoralen Zusammensetzung. – 1. *Zusammensetzung der gesamtwirtschaftlichen Produktion* (Nationaleinkommen) aus den Bruttowertschöpfungsbeiträgen einzelner Sektoren: *sektorale Produktionsstruktur*. Auf hoher Aggregationsstufe werden drei Sektoren unterschieden (→ primärer Sektor, → sekundärer Sektor, tertiärer Sektor (→ Dienstleistungssektor)). Stärker disaggregierte Betrachtung (60 Sektoren) auf der Ebene der → Wirtschaftszweige. – 2. Verteilung der Erwerbstätigkeit auf die verschiedenen Sektoren: *sektorale Beschäftigungsstruktur*. – 3. Verteilung der Investitionen auf die Sektoren: *sektorale Investitionsstruktur*.

Sektoren → Kreislaufanalyse, → Sektoren der Volkswirtschaft.

Sektoren der Volkswirtschaft – 1. In der *Volkswirtschaftlichen Gesamtrechnung (VGR)* werden Sektoren durch *Zusammenfassung institutioneller Einheiten* gebildet. Es wird zwischen (a) → nicht finanziellen Kapitalgesellschaften, (b) → finanziellen Kapitalgesellschaften, (c) Staat, (d) privaten Haushalten und (e) → privaten Organisationen ohne Erwerbszweck unterschieden. Der so abgegrenzten gesamten Volkswirtschaft steht die (f) → übrige Welt gegenüber. – 2. Gliederung aus *entwicklungstheoretischer Sicht* (Clark, Fourastié), in einer zeitlichen und systematischen Reihenfolge: → primärer Sektor (Land- und Forstwirtschaft, Fischerei); → sekundärer Sektor (Waren produzierendes Gewerbe); tertiärer Sektor (Handel, Verkehr, Kreditgewerbe, Versicherungen, sonstige Dienstleistungsunternehmen, Staat, private Organisationen ohne Erwerbszweck etc.). – 3. Für die Abbildung der Produktionsstruktur ist in der VGR die Abgrenzung in → Wirtschaftsbereiche maßgeblich, die zu drei großen Wirtschaftsbereichen zusammengefasst werden können.

sektorspezifische Faktoren → Produktionsfaktoren, die nur für die Erzeugung einer bestimmten Kategorie von Gütern geeignet sind und die nicht in andere Verwendungsrichtungen umgelenkt werden können. Dies gilt bes. in kurzer Frist für installiertes Sachkapital. – Vgl. auch → Ricardo-Viner-Modell.

Sektoruntersuchung – Befugnis der Kartellbehörde zur Untersuchung eines bestimmten Wirtschaftszweiges oder – Sektor übergreifend – einer bestimmten Art von Vereinbarungen (§ 32e GWB). Voraussetzung ist, dass starre Preise oder andere Umstände vermuten lassen, dass der Wettbewerb eingeschränkt oder verfälscht ist. Der Kartellbehörde stehen hierfür die gleichen Ermittlungs-, Beweiserhebungs- und Auskunftsrechte zu wie in normalen Kartell- und Missbrauchsverfahren, denen ein konkreter Anfangsverdacht zugrunde liegt. Die Kartellbehörde kann einen Bericht über die Ermittlungsergebnisse vorlegen und Dritte um eine Stellungnahme ersuchen. Das Bundeskartellamt hat bislang in folgenden Bereichen Sektoruntersuchungen durchgeführt: Außenwerbung, Gastransportnetze, Kraftstoffe, Milchwirtschaft, Stromgroßhandel, Lebensmitteleinzelhandel, Fernwärmeversorgung.

Sekundärbedarf – Rohstoffe, Einzelteile und Baugruppen, die zur Erzeugung des → Primärbedarfs benötigt werden.

sekundäre Einkommensverteilung – *Sekundärverteilung;* Verteilung der Einkommen, die insbes. aus staatlichen Umverteilungsmaßnahmen (→ Verteilungspolitik, → Sozialversicherung) folgt und die → primäre Einkommensverteilung modifiziert. – Vgl. auch → Transfereinkommen, Einkommensverteilung, → Redistribution.

sekundäre Finanzierungsinstitute → paramonetäre Finanzierungsinstitute.

Sekundäreinkommen – *abgeleitetes Einkommen.* 1. *Begriff:* dasjenige Einkommen, das nicht wie die „primären" Einkommen (→ Primäreinkommen) durch produktive Beiträge zum → Nationaleinkommen entsteht (produktiv im Sinn der Nationaleinkommensberechnung sind auch die Bezieher von Bodenrenten und Kapitalprofiten). – 2. *Entstehung:* a) Verringerung der primären Einkommen (i.Allg. durch Besteuerung) und Überweisung der Beträge an diejenigen Personen, die keinen oder einen nur geringen Beitrag zum Nationaleinkommen leisten können, deren Existenz aber trotzdem gesichert werden muss (z.B. Wohlfahrtsempfänger (→ Transfereinkommen, → Transfers)). – b) private Transfers (z.B. Studentenwechsel). – c) Strittig sind z.B. Altersrenten von Arbeitnehmern, die als Sekundäreinkommen, aber auch als Nachzahlungen aus früher verdienten primären Einkommen aufgefasst werden können.

sekundäre Kostenarten – *abgeleitete Kostenarten, gemischte Kostenarten, zusammengesetzte Kostenarten;* Kosten → innerbetrieblicher Leistungen (z.B. einer Instandhaltungsleistung), die sich aus primären Kosten der die Leistungen erbringenden → Kostenstelle (z.B. Personalkosten des Werkstattleiters) und den dieser zugerechneten sekundären Kostenarten (z.B. Kosten des vom unternehmenseigenen Kraftwerk bezogenen Stroms) zusammensetzen und im Rahmen der → innerbetrieblichen Leistungsverrechnung zwischen Kostenstellen verrechnet werden (z.B. Belastung einer Fertigungskostenstelle mit Instandhaltungskosten). Sekundäre Kostenarten werden in der Kostenstellenrechnung erfasst. – *Gegensatz:* → primäre Kostenarten.

Sekundärenergie – veredelte Primärenergie (→ Primärenenergieträger). Die Sekundärenergie wurde einem oder mehreren Umwandlungsprozessen unterworfen. Zu den so gewonnenen Sekundärenergie-Trägern gehören Steinkohlenkoks, Briketts, Mineralölerzeugnisse, Kokereigas, in Wärmekraftwerken erzeugter Strom etc.

sekundärer Finanzausgleich → Finanzausgleich.

sekundärer Sektor – *industrieller Sektor;* entspricht in der institutionellen Abgrenzung der Statistik der → Wirtschaftszweige dem Produzierenden Gewerbe: Energie-, Wasserwirtschaft, Bergbau, Verarbeitendes Gewerbe, Baugewerbe. – Vgl. auch → sektoraler Strukturwandel, → Drei-Sektoren-Hypothese, → Sektoren der Volkswirtschaft.

Sekundärforschung – 1. *Begriff:* Form der → Marktforschung, Aufbereitung und Auswertung bereits vorhandenen Datenmaterials, das nicht für den konkreten Untersuchungszweck erhoben worden ist. – 2. *Vorteil:* Zeit und Kostenersparnis, da keine empirische Erhebung notwendig ist. – *Nachteil:* Zeitliche Überholung, ggf. Qualität des Materials (von der ursprünglichen Zwecksetzung abhängig). – *Gegensatz:* → Primärforschung.

Sekundärgenossenschaften – freiwillige Zusammenschlüsse von Primärgenossenschaften in Zentral- oder Hauptgenossenschaften (→ Primärstufe). Sie sind aus den gleichen Ursachen wie die Primärgenossenschaften entstanden und treten sowohl in der Rechtsform der → eingetragenen Genossenschaft (eG), als auch in der einer Kapitalgesellschaft (i.d.R. einer AG) auf. Die Hauptaufgaben der Sekundärgenossenschaften sind z.B. im Warenverkehr die Zusammenfassung von Beschaffung und Absatz auf der nächsthöheren Wirtschaftsstufe, der Großhandelsstufe (Baywa AG, Raiffeisenzentralgenossenschaft eG Frankfurt/Main). Sekundärgenossenschaften sind sowohl im Banken- als auch im Warensektor in der jüngsten Vergangenheit dazu übergegangen, Aufgaben der Primärstufe zu übernehmen (z.B. Übernahme des Warengeschäftes einer ursprünglichen Primärgenossenschaft im Landwirtschaftsbereich).

Sekundärgruppe → Gruppe.

Sekundärkommunikation → Massenkommunikation.

Sekundärkostenrechnung → innerbetriebliche Leistungsverrechnung.

Sekundärmarkt – *Umlaufmarkt;* Markt für bereits in Umlauf befindliche Wertpapiere. Wichtigster Sekundärmarkt ist die Wertpapierbörse. Der Sekundärmarkt erfüllt die Aufgabe des Kapitalaustauschs zwischen den Anlegern sowie die Bewertungs- bzw. Preisbildungsfunktion für Wertpapiere. Die am Sekundärmarkt erzielten Umsätze sind bei den meisten Wertpapieren deutlich höher als am → Primärmarkt.

Sekundärrohstoff → Sekundärstoff.

Sekundärstatistik – Bezeichnung für eine Form der statistischen → Erhebung, die im Wesentlichen aus der Übernahme von Daten, die ursprünglich nicht für statistische Zwecke ermittelt wurden, besteht, z.B. Übernahme von Daten aus dem Rechnungswesen für Zwecke der Statistik. Die → Adäquation ist bei einer Sekundärstatistik, die oft aus Wirtschaftlichkeitsgründen angestrebt wird, häufig nur unvollkommen. – *Gegensatz:* → Primärstatistik.

Sekundärstoff – *Sekundärrohstoff, Wertstoff;* Werk-, Hilfs- oder Betriebsstoff, der durch Aufbereitungsvorgänge aus stofflichen → Rückständen von

Produktion oder Konsum gewonnen wird (→ Recycling).

Sekundärverteilung → sekundäre Einkommensverteilung.

SELA – Abk. für *Sistema Económico Latinoamericano, Latin American Economic System (LAES), Lateinamerikanische Wirtschaftsorganisation.* – *Sitz:* Caracas; 1975 von 25 Ländern aus dem lateinamerikanischen und karibischen Raum gebildet. – *Mitglieder* (2013): 26. – *Ziele:* Förderung der regionalen Zusammenarbeit; Koordinierung verschiedener Integrationsmaßnahmen in der Region; Interessenvertretung gegenüber anderen Gruppen, z.B. den USA, Schwerpunkt bei der Überwindung des Verschuldungsproblems und Förderung des Dienstleistungssektors; SELA dient allen lateinamerikanischen Ländern als Forum.

selbständige Arbeit – steuerrechtlicher Begriff: Selbständige nachhaltige Betätigung, die mit der Absicht, → Gewinn zu erzielen unternommen wird und sich als Beteiligung am allg. wirtschaftlichen Verkehr, aber nicht als gewerbliche oder land- und forstwirtschaftliche Betätigung oder Vermögensverwaltung darstellt. Zu Einkünften aus selbständigen Arbeiten zählen bes. die Einkünfte aus freiberuflicher Tätigkeit (→ freier Beruf). Die Einkünfte aus selbständigen Arbeiten unterliegen nicht der → Gewerbesteuer. – Vgl. auch → Einkünfte.

Selbstanzeige – im Steuerstraf- und Steuerordnungswidrigkeitenrecht vorgesehene Möglichkeit, bei → Steuerhinterziehung Straffreiheit und bei leichtfertiger → Steuerverkürzung die Nichtfestsetzung einer Geldbuße zu erlangen (§§ 371, 378 III AO). – 1. *Voraussetzungen:* a) Der Täter muss die unrichtigen oder unvollständigen Angaben bei der Steuerbehörde berichtigen oder ergänzen oder die unterlassenen Angaben nachholen. – b) Die Selbstanzeige muss erfolgen, bevor dem Täter oder seinem Vertreter die Einleitung eines Straf- oder Bußgeldverfahrens eröffnet worden ist, bei Steuerhinterziehung auch, bevor ein Prüfer der Finanzbehörde zur steuerlichen oder steuerstrafrechtlichen Prüfung erschienen ist. – c) Um Straffreiheit zu erhalten, darf der Täter bei der Selbstanzeige nicht wissen, dass die Tat im Zeitpunkt der Berichtigung, Ergänzung oder Nachholung ganz oder teilweise bereits entdeckt war und musste bei verständiger Würdigung der Sachlage auch nicht damit rechnen. – d) Sind Steuerverkürzungen bereits eingetreten oder Steuervorteile gewährt oder belassen, muss der Täter die festzusetzende geschuldete Summe innerhalb der ihm bestimmten Frist entrichten. – 2. *Folgen:* Der Täter bleibt bei Steuerhinterziehung straffrei. Es werden jedoch → Hinterziehungszinsen festgesetzt. Bei Steuerverkürzung wird von der Festsetzung einer Geldbuße abgesehen. Erstattet der Steuerpflichtige vor Ablauf der fünf- bzw. zehnjährigen Festsetzungsfrist (§ 169 II Satz 2 AO) eine Selbstanzeige, so endet diese nicht vor Ablauf eines Jahres nach Eingang der Anzeige bei der zuständigen Finanzbehörde (§ 171 IX AO).

Selbstauskunft – im Bankwesen neben der Einholung von Fremdauskünften (z.B. → SCHUFA) übliche persönliche Erklärung desjenigen, über den die Auskunft gesucht wird. Im *Kreditverkehr* häufig Formblatt als Auskunft des Kreditsuchenden an den Kreditgeber über seine persönlichen, rechtlichen und wirtschaftlichen Verhältnisse im Rahmen der → Kreditwürdigkeitsprüfung. Die Selbstauskunft soll richtig und vollständig sein und bei Änderung der Verhältnisse berichtigt oder ergänzt werden.

Selbstauswahl – *Vorwahl, Halbselbstbedienung, partielle Selbstbedienung;* → Bedienungsform des Handels, die bezogen auf den Grad der Beteiligung des Abnehmers am Kaufprozess zwischen → Fremdbedienung und → Selbstbedienung steht: Der Kunde wählt aus dem offen präsentierten Warenangebot eigenständig aus, das Verkaufspersonal steht evtl. zur Beratung, ansonsten nur für den Verkaufsabschluss zur Verfügung; der Kunde trägt die gewählten Waren selbst zur Kasse, wo die Warenausgangskontrolle und das Inkasso vorgenommen werden.

Selbstbedienung → Selbstbedienung (SB).

Selbstbedienung (SB) – Verkaufsmethode im Einzelhandel. – 1. *Formen:* a) *„Totale" Selbstbedienung:* Der Kunde übernimmt sämtliche Verkäuferfunktionen (Warenauswahl, innerbetrieblichen Warentransport, Inkasso). Realisiert in → Automatenläden. – b) *Typischer Selbstbedienungsladen:* Vorherrschend ist Bedienungsform der → Selbstauswahl. – 2. *Bedeutung:* Durch fortschreitende Standardisierung (→ Markenartikel), neue Verkaufstechniken und Ausweitung der Kundenkenntnisse ist Selbstbedienung heute weit über den Lebensmittelhandel hinaus verbreitet. Da die angebotenen Waren selbstbedienungsgerecht verpackt sein müssen, ergeben sich neuerdings Grenzen aus dem Bemühen, Verpackungen zu reduzieren. Formen der Selbstbedienung haben sich zu einem generell angewendeten Verkaufsprinzip entwickelt. Auch Banken haben das Selbstbedienungsprinzip zur Geldabhebung an → Geldausgabeautomaten (GAA) und zur Durchführung von → Überweisungen sowie anderen Bankgeschäften an Selbstbedienungsterminals mittels Bankkundenkarte aufgegriffen.

Selbstbedienungsgroßhandel → Cash-and-Carry-Großhandel (CC).

Selbstbedienungswarenhaus – *SB-Warenhaus.* 1. *Begriff:* Betriebsform des Einzelhandels. Angebot eines breiten Sortiments an Nahrungs- und Genussmitteln sowie eines warenhausähnlichen Sortiments an Non-Food-Artikeln auf einer Verkaufsfläche von 5.000 m^2 und mehr in → Selbstbedienung (SB). – 2. *Besonderheiten:* Das Warenangebot erfolgt zumeist in eingeschossigen, einfach ausgestatteten Gebäuden, wegen des hohen Platzbedarfs an verkehrsgünstigen Stadtrandlagen, zusammen mit weiträumigen Parkplätzen. Weit gehender Verzicht auf Serviceleistungen; Verbesserung der Kaufatmosphäre durch weitere funktionelle Angebote: Tankstellen mit Billigbenzin, Express-Reinigung, Schlüssel- und Schuh-Dienst, Konzessionäre für Blumen, Zeitungen, Zeitschriften, Tabakwaren, Imbissstuben, Cafés oder Selbstbedienungsrestaurants. Steigerung der Attraktivität regelmäßig durch äußerst preisgünstige → Sonderangebote sowie attraktive Aktionen (Musikkapellen, Ballonfahrten, Schlacht-, Wein-, Kinderfeste u.a.). – 3. *Vorteile* der Selbstbedienungswarenhäuser gegenüber anderen Betriebsformen des Einzelhandels sind umfangreichere Sortimente, niedrigere Preise und bequemere Parkmöglichkeiten. Entschließen sich Verbraucher zu Großeinkäufen im Selbstbedienungswarenhaus, so wird naturgemäß auch Kaufkraft von → Fachgeschäften aller Art, aber auch von → Supermärkten und dem → Nahrungsmittelhandwerk abgezogen.

Selbstbehalt → Franchise.

Selbstbelieferung vorbehalten → Lieferfähigkeit vorbehalten.

Selbstbeschränkungsabkommen → Branchenabkommen, → freiwillige Exportbeschränkung.

Selbstbeteiligung – I. Versicherungswirtschaft → Franchise.

II. Health Care Management 1. *Begriff:* beschreibt den Anteil an den Behandlungskosten, welche durch den Patienten selbst getragen werden. Synonym können auch die Begriffe Selbstbehalt, Zuzahlung oder Copayment verwendet werden. Die Selbstbeteiligung wird in der gesetzlichen Krankenversicherung zusätzlich zu den regulären Versicherungsbeiträgen erhoben. – 2. *Funktionen:* Die Selbstbeteiligung dient zum einen der Finanzierung der Versorgungskosten (Finanzierungsfunktion), zum anderen soll durch die Selbstbeteiligung eine übermäßige oder unnötige Inanspruchnahme von Gesundheitsleistungen gesteuert werden (Steuerungsfunktion). Allerdings steht zur Diskussion, dass Selbstbeteiligungen zu einer Fehlsteuerung führen können, d.h. hohe Selbstbeteiligungen können eventuell den Zugang zu einer nötigen Behandlung verhindern oder verzögern. Um eine Benachteiligung von einzelnen Versichertengruppen zu vermeiden, können Befreiungen oder Höchstgrenzen definiert und eingeführt werden. – 3. *Umsetzung im deutschen Gesundheitswesen:* Die gesetzlichen Regelungen sind im → Sozialgesetzbuch (SGB) V § 61 und § 62 festgelegt. In der gesetzlichen Krankenversicherung besteht eine Zuzahlungspflicht für ambulante und stationäre Behandlungen, für stationäre Vorsorge- und Rehabilitationsleistungen, Fahrkosten, Arznei- und Verbandsmittel, Heil- und Hilfsmittel, häusliche Krankenpflege, Haushaltshilfen und Zahnersatz. Durch das GKV-Modernisierungsgesetz (GMG) aus dem Jahr 2004 wurden die Zuzahlungen in der gesetzlichen Krankenversicherung neu strukturiert. Beispielsweise werden für Behandlungen im stationären Bereich seither Zuzahlungen in Höhe von 10 Euro täglich für einen maximalen Zeitraum von 28 Tagen erhoben. Für die Zuzahlungen wurden individuelle Belastungsgrenzen definiert und gesetzlich verankert. Für die Versicherten bedeutet dies eine Belastung durch die Zuzahlungen in Höhe von maximal 2 Prozent des Jahresbruttoeinkommens. Kinder und Jugendliche bis zum vollendeten 18. Lebensjahr sind von Zuzahlungen, ausgenommen sind Fahrtkosten, befreit. Die Belastungsgrenze für chronisch Kranke liegt bei 1 Prozent der Bruttoeinnahmen. Bes. günstige Medikamente (mind. 30 Prozent günstiger als der Festbetrag) und Medikamente die auf Basis bes. Rabattverträge durch die Krankenversicherung eingekauft werden, können zu einer Zuzahlungsbefreiung durch die Krankenkasse für den Versicherten führen. Ähnliche Ermäßigungen können dem Versicherten durch das Angebot eines Wahltarifs nach dem § 53 des SGB V ermöglicht werden.

Selbsteintritt – 1. *Allgemein:* Befugnis einer Person, durch bestimmtes Verhalten in ein zwischen anderen Beteiligten abgeschlossenes oder auszuführendes Geschäft als Vertragspartner einzutreten oder das Geschäft auf eigene Rechnung zu übernehmen. – 2. *Selbsteintritt beim Kommissionsgeschäft:* Recht des Kommissionärs, anstatt ein → Ausführungsgeschäft mit einem Dritten vorzunehmen, selbst in die Stellung des Käufers oder Verkäufers einzutreten (§§ 400 ff. HGB; → Kommissionär). V.a. beim → Effektenkommissionsgeschäft ist ein Selbsteintritt bei amtlich notierten Werten die Regel. – 3. *Selbsteintritt des Spediteurs:* Zum Selbsteintritt ist der Spediteur gemäß § 458 HGB befugt. Der Selbsteintritt berechtigt den Spediteur, eine Beförderungsleistung mittels eigener Fahrzeuge vorzunehmen, sei es im Fern- oder Nahverkehr. Soweit der Spediteur selbst eintritt, haftet er nach dem Gesetz wie ein Frachtführer. – 4. *Selbsteintritt bei wettbewerbsrechtlich verbotswidrig abgeschlossenen Geschäften:* Bei Verstößen gegen gesetzliche → Wettbewerbsverbote kann der Unternehmer bzw. die Gesellschaft in die verbotswidrig abgeschlossenen Geschäfte des Handlungsgehilfen (§ 61 HGB), der persönlich haftenden Gesellschafter einer OHG (§ 113 HGB) oder KG (§ 165 i.V. § 113 HGB) oder des Mitglieds des → Vorstandes einer AG (§ 88 II S. 2 AktG) eintreten. – a) Bei für *eigene Rechnung*gemachten Geschäften kann der Berechtigte durch Erklärung gegenüber dem Handlungsgehilfen etc. verlangen, dass er das Geschäft als für seine (des Unternehmers) Rechnung eingegangen gelten lässt. Erklärung des Selbsteintritts verpflichtet den Handlungsgehilfen etc. zur Herausgabe des Gewinns gegen Ersatz der Aufwendungen; die Erklärung ist nicht widerruflich und muss, wenn der Handlungsgehilfe statt eines einzelnen Geschäftes ein → Handelsgewerbe betreibt, sämtliche Geschäfte umfassen, nicht etwa nur die Gewinn bringenden. Hat der Unternehmer den Selbsteintritt gewählt, so ist jede andere Schadensersatzforderung ausgeschlossen. – b) Bei Geschäften für *fremde Rechnung* hat der Verpflichtete bei Erklärung des Selbsteintritts die bezogene Vergütung herauszugeben oder seinen noch ausstehenden Anspruch auf die Vergütung (gegen Ersatz seiner Aufwendungen) abzutreten.

Selbstentfaltung – humanistische Psychologie.

Selbstentscheidung → Entscheidung mit im Vergleich zur → Fremdentscheidung größerem Entscheidungsspielraum für das entscheidende Individuum, da Entscheidungs- und Ausführungsaufgabe durch diese wahrgenommen werden. Unternehmen mit hohem Anteil an Selbstentscheidung gelten als tendenziell dezentralisiert (→ Delegation).

Selbstfinanzierung – I. Begriff/Arten: interne Eigenfinanzierung, bei der die Finanzierung durch einbehaltene Gewinne *(Gewinnthesaurierung)* erfolgt. Bei Einzelunternehmen und Personengesellschaften durch Ansammlung von Gewinnen auf dem Kapitalkonto, bei Kapitalgesellschaften durch Bildung von Gewinnrücklagen *(offene Selbstfinanzierung)*; auch z.B. durch die Unterbewertung von Aktiva (stille Reserven) und die Überbewertung von Passiva (→ stille Rücklagen) möglich *(stille Selbstfinanzierung)*.

II. Vorgehensweise: 1. Bei *Personengesellschaften* und *Einzelunternehmen:* Die einbehaltenen Gewinne müssen in der Bilanz nicht gesondert ausgewiesen werden; sie erhöhen das Kapitalkonto. – 2. Bei *Kapitalgesellschaften:* Die einbehaltenen Gewinne sind in den Bilanzposten „Gewinnrücklagen" einzustellen. Die Entscheidung, ob und in welcher Höhe Gewinne einbehalten oder ausgeschüttet werden, treffen die Gesellschafter. Bei der AG können Vorstand und Aufsichtsrat unter bestimmten Bedingungen bis zur Hälfte des Jahresüberschusses ohne Zustimmung der Aktionäre in Gewinnrücklagen einstellen (§ 58 AktG). Über die Verwendung des verbleibenden Restes entscheidet die Hauptversammlung. Das durch Selbstfinanzierung gewonnene Kapital führt bei unverändertem Nominalkapital zu einem höheren → Kurswert.

III. Beurteilungen: 1. Bei *Personengesellschaften* und *Einzelunternehmen:* Die Selbstfinanzierung ist wegen der fehlenden Emissionsfähigkeit oft die einzige Möglichkeit zur Eigenkapitalbeschaffung. Die Selbstfinanzierung beeinflusst indirekt auch den Verschuldungsspielraum. – 2. Bei *Kapitalgesellschaften:* a) *Vorteile:* Die Haftungsbasis des Unternehmens wird erweitert und der Verschuldungsspielraum erhöht; die Mehrheits- und somit Herrschaftsverhältnisse im Unternehmen bleiben unverändert bestehen. Im Vergleich zur Finanzierung über neues Beteiligungskapital (→ Beteiligungsfinanzierung) ist die Selbstfinanzierung weit kostengünstiger, da keine Emissionskosten anfallen. – b) *Nachteile:* Durch die erhöhten Kurse nach durchgeführter Selbstfinanzierung wird die → Fungibilität der Aktien eingeschränkt. Zugleich sinkt die Dividendenrendite der Aktie: Die Ausschüttung pro Aktie sinkt durch die Einstellung in die Gewinnrücklagen, gleichzeitig wird dadurch der Kurs erhöht. Eine Senkung des Kurses ist durch eine → Kapitalerhöhung aus Gesellschaftsmitteln möglich. Bei AGs birgt die Höhe der Selbstfinanzierung und die der Ausschüttung häufig Konfliktpotenzial zwischen Vorstand und Aufsichtsrat einerseits und den Eigentümern andererseits (Agency Problem). – Vgl. auch → Residualtheorie.

Selbsthilfe – eigenmächtige Rechtssicherung oder -verwirklichung, nur ausnahmsweise zulässig. Nach § 228 BGB ist als Selbsthilfe die Wegnahme, Zerstörung oder Beschädigung einer fremden Sache, die Festnahme eines fluchtverdächtigen Schuldners oder die Brechung des Widerstandes eines Verpflichteten gestattet, wenn obrigkeitliche Hilfe (z.B. Arrest oder einstweilige Verfügung) nicht rechtzeitig zu erlangen ist und ohne sofortiges Eingreifen die Verwirklichung des Anspruchs vereitelt oder erschwert würde. Irrtümliche Ausübung der Selbsthilfe verpflichtet zu → Schadenersatz (§ 230 BGB). – Vgl. auch → Notwehr, → Notstand, → Vermieterpfandrecht.

Selbsthilfeunternehmen → Genossenschaft.

Selbsthilfeverkauf – Beim → Handelskauf Verkauf der Ware an Dritte bei → Annahmeverzug des Käufers (§ 373 II HGB) nach vorheriger Androhung. – *Verkauf* erfolgt durch öffentliche Versteigerung, ausnahmsweise freihändig, wenn die Ware einen Börsen- oder Marktpreis hat. – Der Selbsthilfeverkauf erfolgt *auf Rechnung* des säumigen Käufers (§ 373 III HGB), ist demnach eine Art Erfüllung des Verkäufers.

Selbstkontrahieren – Vertragsschluss oder anderes Rechtsgeschäft eines Vertreters im Namen des Vertretenen mit sich selbst im eigenen Namen oder mit sich selbst als Vertreter eines Dritten. Selbstkontrahieren ist nach § 181 BGB unzulässig, soweit es nicht ausschließlich in der → Erfüllung einer Verbindlichkeit besteht, doch kann der Vollmachtgeber dem Bevollmächtigten das Selbstkontrahieren gestatten oder das Geschäft später durch → Genehmigung wirksam werden lassen.

Selbstkosten – Summe aller durch den betrieblichen Leistungsprozess entstandenen → Kosten. – 1. In *Fertigungsbetrieben:* Die Selbstkosten setzen sich zusammen aus den Kosten des Material-, Fertigungs-, Entwicklungs- und Entwurfs-, Verwaltungs- und Vertriebsbereichs. Sie werden nach dem Schema der Zuschlagskalkulation ermittelt (vgl. Abbildung „Selbstkosten in Fertigungsbetrieben"):

Selbstkosten in Fertigungsbetrieben

	Einzelmaterialkosten
+	Materialgemeinkosten
=	Materialkosten
+	Fertigungslöhne
+	Fertigungsgemeinkosten
+	Sondereinzelkosten der Fertigung
=	Herstellkosten
+	Vertriebsgemeinkosten
+	Sondereinzelkosten des Vertriebs
+	Verwaltungsgemeinkosten
=	Selbstkosten

Abweichende Definition von Selbstkosten in den Leitsätzen für die Preisermittlung aufgrund von Selbstkosten (LSP). – 2. In *Handelsbetrieben:* Die Selbstkosten setzen sich zusammen aus den Kosten des Beschaffungs-, Lager-, Verwaltungs- und Vertriebsbereichs. Sie werden nach folgendem Schema ermittelt (vgl. Abbildung „Selbstkosten in Handelsbetrieben").

Selbstkosten in Handelsbetrieben

	Warenpreis	
–	Rabatt, Skonto, Preisnachlässe	
=	Einkaufspreis	
+	Bezugskosten	
+	Zölle und Abgaben	
+	Sonstige direkte Beschaffungsspesen	
=	Einstandswert	Handelskosten
+	Lagerungskosten	Handelskosten
+	Verwaltungskosten	Handelskosten
+	Vertriebskosten	Handelskosten
=	Selbstkosten	

I.d.R. werden Selbstkosten als → Vollkosten ermittelt, umfassen neben → Einzelkosten auch anteilige → Gemeinkosten. Damit sind sie mit der Problematik der → Gemeinkostenschlüsselung behaftet. – Vgl. auch → Kalkulation, → Stückkosten, → Selbstkostenpreis.

Selbstkostenpreis – 1. Preis, der die → Selbstkosten einer Ware (Leistungseinheit) deckt. – 2. Preis nach den Leitsätzen für die Preisermittlung aufgrund von Selbstkosten (LSP).

Selbstkostenrechnung → Kalkulation.

Selbstliquidationsprinzip – Prinzip, nach dem die → Zentralbank vorzugsweise kurzlaufende Aktiva beleiht, bei deren Fälligkeit sie die Konditionen für die revolvierende Zentralbankgeldbereitstellung neu festsetzen kann.

Selbstmord – *Suizid, Selbsttötung;* umfasst auch Tötung durch einen anderen mit Einwilligung des Getöteten *(Sterbehilfe).* Begriff des „Selbstmords" ist rechtlich irreführend, weil er durch die Verwendung von *-mord* ein strafbares Verhalten impliziert. Hingegen ist die erfolgreiche Selbsttötung naturgemäß straflos, das gilt aber auch für die erfolglose.

I. Sozialversicherung: 1. *Rentenversicherung:* keine Kürzung oder Versagung von Leistungen bei Selbstmord des Versicherten, ebenso nicht bei Selbstmordversuch. – 2. *Krankenversicherung:* Leistungen werden bei Selbstmord oder Selbstmordversuch in vollem Umfang gewährt; lediglich das → Krankengeld kann bei missglücktem Selbstmordversuch ganz oder teilweise versagt werden. – 3. *Unfallversicherung:* Ein bei klarem Bewusstsein herbeigeführter Selbstmord oder Selbstmordversuch nach einem vorangegangenen Arbeitsunfall schließt Entschädigungsansprüche dann nicht aus, wenn starke Schmerzen oder die Erkenntnis der Unheilbarkeit den Anlass zum Selbstmord gegeben haben. Auch wenn durch einen Arbeitsunfall eine Bewusstseinsstörung oder ein Zustand schwerer Depression eintreten, ist ein in diesem Zustand verübter Selbstmord noch als mittelbare Unfallfolge anzusehen und zu entschädigen. Im Übrigen besteht kein Leistungsanspruch (§ 63 I, II SGB VII).

II. Privatversicherung: 1. *Lebensversicherung:* a) I.d.R. muss im Fall des Selbstmords des Versicherten die bes. Wartezeit von drei Jahren erfüllt sein. – b) volle Leistung bei Selbstmord auch vor Ablauf der Wartezeit, wenn dieser in einem die freie Willensbestimmung ausschließenden Zustand krankhafter Störung der Geistestätigkeit begangen wurde. – c) Wenn der Versicherer nicht leistungspflichtig ist, steht dem Anspruchsberechtigten der Rückkaufswert inkl. der Überschussbeteiligung zu (§ 161 III VVG). – 2. *Unfallversicherung:* Versuchter oder vollendeter Selbstmord schließt die Leistung aus (§ 183 VVG). – 3. *Krankenversicherung:* Wenn der Versicherte die Krankheit oder den Unfall vorsätzlich herbeiführt, ist der Krankenversicherer nicht zur Leistung verpflichtet (§ 201 VVG).

Selbstorganisationstheorie – Theorie irreversibler Prozesse in nicht linearen dynamischen Systemen, in denen das Zusammenwirken von Elementen oder Teilsystemen zu komplexeren Strukturen auf der Ebene des Gesamtsystems führt. Die Strukturen sind damit das Resultat innerer Wechselwirkungen, nicht einer externen ordnungschaffenden Leistung (→ Synergetik). In Bezug auf die System-Umwelt-Differenz betrachtet die Selbstorganisationstheorie Systeme, deren Prozesse darauf gerichtet sind, das System selbst ständig neu zu produzieren und je nach Umweltzustand zu reorganisieren.

Selbstorganschaft → Genossenschaftswesen.

selbstschuldnerische Bürgschaft – Form der → Bürgschaft, bei der der Bürge auf die → Einrede der Vorausklage verzichtet hat (§ 773 BGB). Die selbstschuldnerische Bürgschaft ähnelt der → Schuldmitübernahme, die Erklärung des Bürgen bedarf aber der → Schriftform (§ 766 BGB). Die Handelsbürgschaft des Kaufmanns ist formfrei und immer selbstschuldnerische Bürgschaft (§§ 349 f. HGB).

Selbstsicherheitstraining – aus der Verhaltenstherapie übernommene Trainingsform, die über einen schrittweisen Lernprozess die Bewältigungsstrategien (Coping) gegenüber bedrohlichen Situationen zu optimieren versucht.

Selbstständige – Begriff der → amtlichen Statistik der Erwerbstätigkeit für Personen, die einen Betrieb oder eine Arbeitsstätte gewerblicher oder landwirtschaftlicher Art wirtschaftlich und organisatorisch als Eigentümer oder Pächter leiten (einschließlich selbstständiger Handwerker) sowie alle freiberuflich Tätigen, Hausgewerbetreibenden und → Zwischenmeister. – *Gegensatz:* → Abhängige.

Selbstständigeneinkommen – in der → Volkswirtschaftlichen Gesamtrechnung (VGR) die Einkommen der privaten Haushalte als Produzenten (selbstständige Landwirte, Einzelunternehmer u.Ä.). Darin enthalten sind ihre nicht explizit ausgewiesenen → Arbeitseinkommen.

selbstständiges Beweisverfahren → Beweissicherung.

selbststeuernde Arbeitsgruppe → teilautonome Arbeitsgruppe.

Selbstverbrauch – früherer Begriff des Umsatzsteuerrechts. Selbstverbrauch lag vor, wenn ein Unternehmer abnutzbare Wirtschaftsgüter, deren Anschaffungs- oder Herstellungskosten nach einkommensteuerrechtlichen Vorschriften im Jahr der Anschaffung oder Herstellung nicht in voller Höhe als → Betriebsausgaben abgesetzt werden konnten, im Inland der Verwendung oder Nutzung als Anlagevermögen zuführte. Besteuerung des Selbstverbrauchs erfolgte in Deutschland von 1968 bis 1972.

Selbstverpflichtungen – als sog. *Kooperationslösung* von der Industrie angestrebtes freiwilliges Instrument, um in Eigenverantwortung bestimmte umweltpolitische Ziele mit einer Verhandlungslösung (auf Basis von Verträgen bzw. Abkommen oder von rechtlich unverbindlichen Absprachen) statt ordnungsrechtlichen Lösungen anzustreben. – *Vorteile:* Wirtschaftliche Effizienz, Flexibilität, geringere Kosten, geringerer Zeitaufwand und Entlastung der Behörden von Durchführung und Kontrolle.

Selbstversicherung – 1. *Begriff:* vollständiger oder teilweiser Verzicht eines → Wirtschaftssubjekts auf Abgabe seiner marktmäßig versicherbaren Risiken an herkömmliche Versicherungsunternehmen. Dem Verzicht liegen risikotechnische Überlegungen zugrunde, die besagen, dass sich innerhalb des Betriebs ein → Risikoausgleich ergibt (Beispiel: Kraftfahrzeugflotten bei großen Betrieben). Fehlt es an solchen risikotechnischen Überlegungen, liegt nicht Selbstversicherung sondern Nichtversicherung vor. – 2. *Formen:* Die Selbstversicherung wird unterschiedlich organisiert. Teils wird sie vom Wirtschaftssubjekt selbst (meistens in einer getrennten Abteilung des Unternehmens) durchgeführt (interne Selbstversicherung), teils wird ein eigenes für diesen Zweck gegründetes rechtlich selbstständiges Unternehmen (Selbstversicherungsunternehmen) geschaffen (externe Selbstversicherung). Die interne Selbstversicherung ist keine Versicherung im Rechtssinn; es fehlt an der vertraglichen Grundlage. Sie ist daher aufsichtsfrei. Die externe Selbstversicherung ist dagegen i.d.R. auch rechtlich Versicherung und daher aufsichtspflichtig (→ Versicherungsaufsicht). Sie beruht auf einem gegenseitigen Vertrag, der alle Merkmale des Versicherungsvertrags beinhaltet. In ihm räumt das Selbstversicherungsunternehmen dem Vertragspartner gegen Zahlung eines Entgelts einen Rechtsanspruch auf eine vermögenswerte Leistung für den Fall des Eintritts eines ungewissen Ereignisses ein, wobei ein Risikoausgleich auf der Grundlage des → Gesetzes der großen Zahl beabsichtigt ist. Beispiele für solche Selbstversicherungsunternehmen sind betriebliche → Pensionskassen, betriebliche → Unterstützungskassen (wenn sie ausnahmsweise eine eigene Rechtspersönlichkeit haben und Rechtsansprüche gewähren) und kommunale Schadenausgleiche (die allerdings kraft Gesetzes aufsichtsfrei sind, siehe Aufsichtsadressaten) sowie → Captive (Re)Insurance Companies aller Art.

Selbstverstärker – Begriff der Konjunkturtheorie. Exogen verursachte Störungen des Gleichgewichts werden durch die endogenen Kräfte einer Wirtschaft in ihrer Wirkung verstärkt (→ Akzelerator).

selbstverwaltete sozialistische Marktwirtschaft – 1. *Charakterisierung:* → Wirtschaftsordnung mit dominierendem Gesellschaftseigentum an den Produktionsmitteln (Gruppeneigentum der Beschäftigten in den einzelnen Betrieben) sowie dezentraler Planung und Lenkung der Produktions- und Verteilungsprozesse durch die privaten Haushalte und Unternehmen über Wettbewerbsmärkte bei freier Preisbildung (→ Marktwirtschaft). Die selbstverwaltete sozialistische Marktwirtschaft war im ehemaligen Jugoslawien realisiert. – 2. *Organisation/Koordination:* a) Das *Gesellschaftseigentum* ist juristisch negativ definiert: Weder der Staat noch Private (mit Ausnahmen in Landwirtschaft und Kleingewerbe) dürfen Produktionsmitteleigentum erwerben. Diese Definition bewirkt, dass das Gesellschafts- praktisch Gruppeneigentum der Beschäftigten der einzelnen Betriebe ist, über dessen Nutzung die Mitarbeiter im Rahmen der → Arbeiterselbstverwaltung entscheiden. – *Unternehmerisches Formalziel* ist die Einkommensmaximierung (→ Einkommensprinzip); über die *Reinvestition* des am Markt erzielten Unternehmensüberschusses bzw. seine *Ausschüttung* an die

Mitarbeiter entscheiden die Selbstverwaltungsorgane in den Unternehmen. – Seine *Nutzungsrechte* und das *Recht auf Beteiligung am Unternehmensüberschuss* verliert der einzelne Beschäftigte beim Austritt aus dem Unternehmen. – b) Die *wirtschaftspolitischen Ziele, Entwicklungsstrategien und Instrumente* werden in sehr allg. gehaltenen und zwischen allen Beteiligten kooperativ ermittelten Gesellschafts- und Entwicklungsplänen fixiert und sollen durch ein System freiwilliger Absprachen zwischen den staatlichen Instanzen, Interessengruppen und Unternehmen durchgesetzt werden. – 3. *Funktionsprobleme* (bewirkt durch Gesellschaftseigentum, Einkommensprinzip und Arbeiterselbstverwaltung): a) Die Beschäftigten stimmen *nur zurückhaltend Neueinstellungen* zu, da jedes zusätzliche Gruppenmitglied das Pro-Kopf-Einkommen schmälert, ohne dass sicher ist, ob der zusätzliche Arbeitseinsatz dies ausgleicht. Folgen sind (1) eine *tendenziell hohe Arbeitslosigkeit* und (2) eine *relativ kapitalintensive Produktion*. – b) Der Reinvestition des Unternehmensüberschusses wird die *Ausschüttung als in der Gegenwart verfügbares Einkommen* vorgezogen; Folgen sind (1) vergleichsweise hohe Kreditfinanzierung der betrieblichen Investitionen und (2) durch die damit verbundene Kreditschöpfung (gleich Geldschöpfung) der Geschäftsbanken hohe Inflationsanfälligkeit. – c) Da das individuelle Einkommen vom jeweiligen Unternehmenserfolg abhängt, sind auch bei gleicher Qualifikation der Beschäftigten *große zwischenbetriebliche Einkommensunterschiede* zu beobachten. Die bestehende Tendenz, dass das persönliche Einkommen der Mitarbeiter erfolgreicher Unternehmen oft Maßstab der Selbstverwaltungsorgane in den weniger erfolgreichen Unternehmen für deren Ausschüttungsentscheidungen ist, verstärkt die oben erwähnten Probleme. – d) Das Gesellschaftseigentum *verhindert* das *Entstehen eines Kapitalmarkts* und fördert hierdurch die Fehlallokation des Produktivvermögens. – e) Die Dezentralisierung bzw. „Deetatisierung" durch gesellschaftliche Absprachen ist verbunden mit einer *Regionalisierung der Wirtschaftspolitik:* Sie fördert den *Lokalegoismus* der Beteiligten und verhindert hierdurch die Einheitlichkeit der Lebensverhältnisse innerhalb des Gesamtstaates.

Selbstverwaltung – I. Allgemein: 1. Verwaltung der eigenen Angelegenheiten gewisser → Körperschaften des öffentlichen Rechts durch selbstständige und selbstverantwortliche eigene Organe und unabhängig von Weisungen übergeordneter staatlicher Behörden, aber unter Staatsaufsicht hinsichtlich Rechtmäßigkeit (nicht Zweckmäßigkeit) der verwaltenden Maßnahmen. – *Anders:* → Auftragsverwaltung. Das Recht zur Selbstverwaltung ist grundlegend für die Gemeindeverfassung und in der Bundesrepublik Deutschland den → Gemeinden und → Gemeindeverbänden durch Art. 28 GG gewährleistet. Bei Verletzung des Rechts zur Selbstverwaltung ist eine Kommunal-Verfassungsbeschwerde möglich (Art. 93 I Nr. 4b GG). – 2. *Selbstverwaltung der Wirtschaft:* → Verbände. – 3. *Selbstverwaltung (niedergelassener) Ärzte und Zahnärzte:* Die beiden zentralen Organisationen zur Wahrnehmung der Selbstverwaltungsaufgabe der niedergelassenen Ärzte und Zahnärzte sind die → Ärztekammern und die → Kassenärztliche Vereinigung (KV); sie sind auch wesentliche Bestandteile der → sozialen Sicherung in Deutschland. Es entspricht dem föderativen Staatsaufbau der Bundesrepublik Deutschland, dass es gesondert in jedem Bundesland eigenständige *Landesärztekammern* und - in ähnlicher Weise strukturiert - kassenärztliche Vereinigungen gibt.

II. Health Care Management: 1. *Begriff:* ist ein Grundprinzip der dt. → Sozialversicherung. Die Selbstverwaltung nimmt Aufgaben des öffentlichen Interesses wahr, die andernfalls durch den Staat direkt erfüllt werden müssten. Die Organe der Selbstverwaltung sind durch den Gesetzgeber mit der Sicherung der Versorgung im Bedarfsfall beauftragt. Grundzüge der Selbstverwaltung sind die Pflichtmitgliedschaft und die Aufsicht durch den Staat. Einrichtungen der Selbstverwaltung sind → Körperschaften öffentlichen Rechts. – 2. *Umsetzung im dt. Gesundheitswesen:* Die Selbstverwaltung des Gesundheitswesens teilt sich in mehrere Teilbereiche auf. Die ärztliche und zahnärztliche Selbstverwaltung werden durch die zuständigen Kammern realisiert. Die Vertrags(zahn-)ärzte werden durch die jeweiligen Kassenärztlichen Vereinigungen und Bundesvereinigungen vertreten. Bisher wurden die → Krankenkassen durch sieben Spitzenverbände verwaltet. Um ein wesentliches Ziel des GKV-Wettbewerbsstärkungsgesetzes (GKV-WSG), den Abbau der Bürokratie im Gesundheitswesen, zu realisieren, wurden die sieben Spitzenverbände der Krankenkassen zum Spitzenverband Bund der Krankenkassen (GKV-Spitzenverband) zusammengefasst. Dieser vertritt die GKV auf der Bundesebene und seine Entscheidungen gelten für alle Landesverbände und alle Versicherten. Die Mitglieder der Selbstverwaltungsstruktur der einzelnen Krankenkassen werden durch Sozialwahlen ermittelt. Dazu zählen Vertreter der Versicherten und der Arbeitgeber (Ausnahme: → Ersatzkassen – ohne Arbeitgeber). Diese Vertreter bilden gemeinsam den Verwaltungsrat, der den Vorstand kontrolliert und grundsätzliche Entscheidungen (z.B. Erhebung eines Zusatzbeitrags) fällt. Ab dem 1.1.2011 wird der GKV-Spitzenverband an der Umsetzung einer bundeseinheitlichen Beitragseinzugspraxis aller Sozialversicherungsbeiträge, durch die Empfehlung der Weiterleitungsstellen, maßgeblich beteiligt sein. Die gemeinsame Selbstverwaltung der GKV wird führend durch den Gemeinsamen Bundesausschuss (G-BA) umgesetzt. Neben dem G-BA agieren Bewertungsausschüsse, Zulassungsausschüsse, Prüfungsausschüsse und Schiedsämter in der gemeinsamen Selbstverwaltung der GKV.

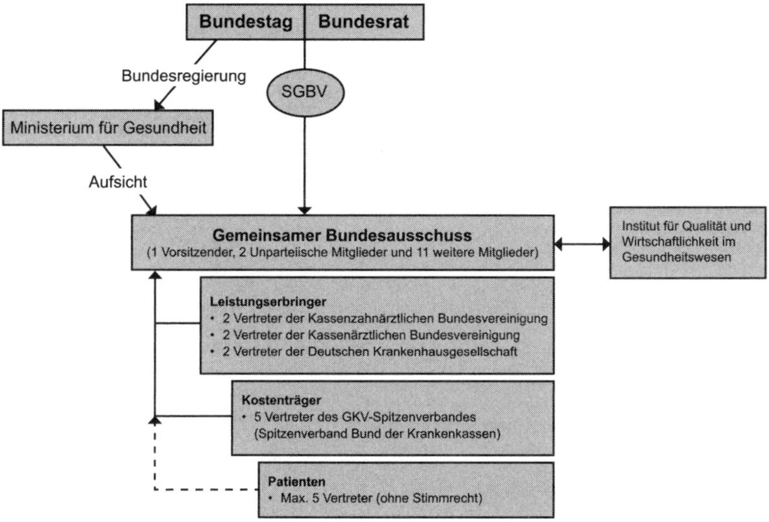

Abb. 1

Selbstverwaltungsangelegenheiten – die einer Körperschaft des öffentlichen Rechts zur Erledigung (in → Selbstverwaltung) übertragenen Angelegenheiten. – *Gegensatz:* → Auftragsverwaltungsangelegenheiten.

Selektion – 1. *Allgemein:* Auswahl von → Daten bzw. deren Verknüpfungen, die aufgrund eigener Beobachtungen als relevant definiert werden. Sie spielt bes. bei der → Wirklichkeitskonstruktion eine große Rolle. – 2. *Informatik:* Mengenoperation der relationalen Algebra, auch Restriktion genannt, mit deren Hilfe Datensätze aus der Datenbasis extrahiert werden können, die bestimmte Eigenschaften erfüllen. – Vgl. auch → Steuerkonstrukt.

selektive Absatzpolitik – Aufspaltung des Absatzmarktes der Unternehmung in Teilmärkte (→ Marktsegmentierung), die absatzpolitisch differenziert behandelt werden. Reaktion der Unternehmung auf vielfältige Unterschiede in der Struktur der Teilmärkte, bes. hinsichtlich der Bedarfs-, Kaufkraft- und Konkurrenzverhältnisse. Preispolitische, werbepolitische etc. Maßnahmen werden nicht mehr auf den Gesamtmarkt, sondern auf die Teilmärkte hin ausgerichtet.

selektive Anpassung → Anpassung.

selektives Kontrahieren – 1. *Begriff:* Selektives Kontrahieren umfasst individuelle Vertragsbeziehungen eines Leistungsfinanziers (Managed-Care-Organisation, MCO) mit Leistungserbringern, insbesondere im Rahmen des Einzelvertragssystems von → Managed Care und → integrierter Versorgung. Vertragsinhalt sind konkrete Leistungen, die durch den Leistungsfinanzier übernommen werden. – 2. *Merkmale:* Grundsätzlich ist zwischen zwei Formen selektiven Kontrahierens zu unterscheiden: a) *closed panel:* Leistungserbringer und -finanzier schließen einen Ausschließlichkeitsvertrag ab. Der Vertragsinhalt beschränkt sich auf die Leistungserbringung an der MCO angehörigen, Versichertenklientel; – b) *open panel:* Der Leistungserbringer darf auch Patienten anderer Leistungsfinanziers behandeln. – 3. *Ziele: a)* Kosteneinsparungen durch aktive Kostensteuerung seitens MCO; – b) qualitativ hochwertige Versorgung durch gezielte Auswahl von Leistungserbringern nach bestimmten Kriterien wie Fähigkeiten, Reputation etc. Dabei schließen sich Steigerung der → Qualität und → Wirtschaftlichkeit grundsätzlich nicht aus, sondern können einander bedingen. Die gezielte Steuerung der Versicherten seitens MCO ermöglicht z.B. Lernkurveneffekte bei den Leistungserbringern. Diese wiederum führen zur Optimierung von Struktur-, Prozess- und Ergebnisqualität und begünstigen eine zweckmäßige → Kostenstruktur. – c) Verbesserte Kapazitätenplanung einer MCO durch gezielten Einkauf von Leistungen nach versorgungsrelevanten Aspekten. – 4. *Bedeutung:* Selektives Kontrahieren ist das bedeutendste Instrument von → Managed Care und → Integrierter Versorgung sowie wesentliche Voraussetzung für eine qualitativ hochwertige und effiziente Gesundheitsversorgung. Es nimmt eine Schlüsselrolle in einem auf → Wettbewerb ausgerichteten → Gesundheitswesen ein und ermöglicht ein zielgerichtetes Gesundheitsmanagement. Insbesondere in Ballungsgebieten mit vielen Leistungserbringern erweist sich das Instrument als bes. wirksam. Zudem kann eine MCO ihre Verhandlungsmacht v.a. gegenüber Leistungserbringern einsetzen. Tendenziell besteht aber ein genereller Zielkonflikt zwischen Verhandlungsmacht und Wettbewerbsposition einer MCO: je größer der Leistungserbringer, desto geringer ist die Verhandlungsmacht einer MCO; hohe Marktanteile und eine starke Wettbewerbsposition gegenüber anderen Konkurrenten sind jedoch v.a. durch Vertragsabschlüsse mit großen Leistungserbringern zu realisieren; und vice versa. – 5. *Verfahren:* a) *allgemein:* Die grundsätzliche Auswahl potenzieller Vertragspartner erfolgt über den Prozess des sog. credentialing. Hierdurch sollen sämtliche Merkmale der Bewerber überprüft und abgebildet werden, die Voraussetzung für eine qualitativ hochwertige und effiziente Versorgung sind und somit Auswahlkriterium für eine MCO zum Vertragsschluss. – b) *speziell:* Eine Vielzahl der MCOs in den USA orientiert sich an den Kriterien von Akkreditierungsorganisationen wie die der Joint Commission on Accreditation of Healthcare Organisation (JCAHO) oder dem National Committee for Quality Assurance (NCQA). Das NCQA-Verfahren ist in zwei Phasen unterteilt und verwendet das von der Organisation aufgestellte Indikatorensystem HEDIS (Health Plan Employer Data and Information Set). In der ersten Phase erfolgt eine Erstbewertung der potenziellen Vertragspartner. Der Ruf des Krankenhauses mit dem der Bewerber vorwiegend zusammenarbeitet ist bedeutsam. Weitere Kriterien sind v.a. die Ausbildung, der Gesundheitsstatus seines Patientenpools aber auch Fremdsprachenkenntnisse oder bes. Interessengebiete. Die Erstbewertung ist durch eine Praxisbegehung abzuschließen, die Auskunft über die Struktur und Rechnungsführung der Praxis geben soll. Die zweite Phase - das sog. recredentialing – fordert eine regelmäßige Überprüfung bestimmter Daten des Leistungserbringers (Sprechstundenzeiten, Zahl der Überweisungen, Arzneimittelausgaben etc.) sowie eine periodische Begehung der Praxen von Primärärzten, Gynäkologen und Fachärzten mit überdurchschnittlich hohem Umsatz. – 6. *Rahmenbedingungen in Deutschland:* Auch in Deutschland werden im Rahmen neuer Versorgungsformen zunehmend Möglichkeiten zum selektiven Kontrahieren gesetzlich verabschiedet. Vertragsmöglichkeiten und -partner - abweichend von den Regelungen der Regelversorgung – sind abhängig von der Vertragsart. – 7. *Kritik:* Selektives Kontrahieren wird sehr kontrovers diskutiert weil es die Verhandlungsmacht der Einkäufer stürzt. Hier entsteht die Gefahr, dass Leistungserbringer zulasten von Patienten Entscheidungen treffen.

selektives Vertriebssystem – ist ein aus Gründen der Markenpflege eingerichtetes Vertriebssystem, bei welchem die Ware nur über ausgewählte Händler vertrieben wird. Selektive Vertriebssysteme sind unter bestimmten Voraussetzungen mit europäischem und dt. Kartellrecht vereinbar, v.a. wenn die Wahrung der Qualität des Produkts und die Gewährleistung des richtigen Gebrauchs den selektiven Vertrieb bedingen und die Wiederverkäufer aufgrund objektiver Qualitätskriterien ausgewählt werden. Der Einbruch in ein rechtmäßig errichtetes selektives Vertriebssystem, etwa durch Schleichbezug oder Verleiten zum Vertragsbruch ist unlauterer Behinderungswettbewerb. Ein rechtmäßiges selektives Vertriebssystem, das gedanklich lückenlos ist, darf durch ein Kontrollnummernsystem geschützt werden, bei welchem die Hersteller Kontrollnummern an ihren Waren anbringen, um deren Vertriebsweg (rück-)verfolgen zu können. Das Entfernen der Kontrollnummern ist in diesem Fall ebenfalls unlauterer Behinderungswettbewerb und löst Unterlassungs- und Schadensersatzansprüche aus.

Selektivfrage – Frage in einer → Befragung, bei der die Testperson mehrere der Antwortmöglichkeiten auswählen kann.

Self Controlling – Betrifft die Beziehung zwischen den Aufgaben von Controllern (Controllership) und der Funktion des Controllings. Gemeint ist die Übernahme von Controlleraufgaben durch die Führungskräfte selbst (z.B. Durchführung von Investitionsrechnungen oder laufende Selbstkontrolle der Zielerreichung).

Self Destroying Prophecy – Prognose, die das Eintreten des vorausgesagten Ereignisses durch die vorherige Ankündigung verhindert. – *Gegensatz:* → Self Fulfilling Prophecy.

Self Enforcing Contract → Vertrag.

Self Fulfilling Prophecy – Prognose, die dadurch eintritt, dass sich alle bzw. die Mehrheit der Marktteilnehmer entsprechend der Voraussage verhalten. Die Prognose wird damit zur Realität. Eine Self Fulfilling Prophecy ist z.B. die Prognose einer Inflation mit der sich anschließenden Flucht in Sachwerte. – *Gegensatz:* → Self Destroying Prophecy.

Self Liquidating Credit → Kredit, der „sich selbst liquidiert". Der Kredit, der zum Einkauf von Waren dient, wird aus den Verkaufserlösen dieser Waren zurückgezahlt. – Vgl. auch → Saisonkredit.

Self Liquidation Offer – *Self Liquidators;* Maßnahme der → Verkaufsförderung (Einführung eines neuen Produkts und/oder Lagerabbau). Das Produkt, auf das sich die Verkaufsförderungsaktion bezieht, wird mit einem Zusatzartikel versehen, der nicht komplementär sein muss (aus anderen, branchenfremden Sparten durch Zukauf gewonnen werden kann) und zu einem optisch günstigen Gesamtpreis angeboten. Der Preis für das eigentliche Produkt wird nicht reduziert. Das Produkt wird somit nicht zum Gegenstand von Preissonderaktionen, wodurch es u.U. abgewertet werden könnte. Gleichzeitig wird durch den vorteilhaften Gesamtpreis eine verkaufsfördernde und somit umsatzsteigernde Wirkung erzielt. – *Beispiele:* Handtuch mit Besteck, Modeschmuck, Spielzeug, Gläser-Set o.Ä. in einer Geschenkverpackung; Schinken mit Zinnkrug oder -teller etc. – Vgl. auch → Banded Pack.

Self Liquidators → Self Liquidation Offer.

Self Sustained Growth – Wirtschaftswachstum (→ Wachstum), das ohne Hilfe von außen entsteht. Der Nutzen von Entwicklungsstrategien in weniger entwickelten Ländern (→ Entwicklungsländer) wird u.a. am Zustandekommen von Self Sustained Growth gemessen.

Selling Center – multipersonales Verkaufsgremium auf der Anbieterseite; umfasst die anbieterseitigen Gesprächspartner der Rollen- und Funktionsträger im → Buying Center der nachfragenden Unternehmung. – *Multiorganisationale Selling Center* entstehen durch Bildung von Anbietergemeinschaften, speziell im internationalen Anlagen- und Systemgeschäft.

Sellside-Marktplatz – Begriff aus dem → E-Commerce. Käufer stellen ihre Ausschreibungen und Anfragen auf einer Sellside elektronisch zur Verfügung und ermöglichen auf diese Weise einen Onlineangebots- und Abwicklungsprozess. Typischerweise gibt es auf einem Sellside-Marktplatz einen (oder wenige) Verkäufer und mehrere (oder viele) Käufer. – Vgl. auch → Buyside-Marktplatz, → E-Procurement.

Selten – Reinhard, geb. 1930, deutscher Nationalökonom, war an den Universitäten Berlin (1969–1972) und Bielefeld (1972–1984) tätig, lehrt seit 1984 in Bonn; → Nobelpreis für Wirtschaftswissenschaften 1994, der Erste für einen Deutschen (zusammen mit → Harsanyi und → Nash). Selten, ein promovierter Mathematiker und habilitierter Nationalökonom, ist ein führender Vertreter der → Spieltheorie. Mit seinen Beiträgen hat er das Nash-Konzept in mehrfacher Hinsicht verfeinert: Durch die Einführung von einschränkenden Parametern werden „uninteressante“ Fälle des → Nash-Gleichgewichts ausgeschieden. Grundlage der Nobelpreisverleihung sind seine beiden Aufsätze „Spieltheoretische Behandlung eines Oligopolmodells mit Nachfrageträgheit“, in: Zeitschrift für die gesamte Staatswissenschaft, 121 (1965) und „Reexamination of the Perfectness Concept for Equilibrium Points in Extensive Games“, in: International Journal of Game Theory, 4 (1975).

Semantik – Teilgebiet der als → Semiotik bezeichneten allg. Sprachtheorie. Gegenstand der Semantik sind Beziehungen zwischen sprachlichen Zeichen (Wörter, Sätze) und ihrer Bedeutung sowie zwischen Zeichen und Bezeichnetem. – Speziell im Hinblick auf wissenschaftliche → Theorien und → Hypothesen interessiert der semantische → Informationsgehalt.

Semantik einer Programmiersprache – Aussagen über die Bedeutung der Sprachelemente und der zulässigen Kombinationen von Elementen einer → Programmiersprache in einem → Programm. – Vgl. auch → Syntax einer Programmiersprache.

semantisches Differenzial → Skalierungsverfahren zur Messung des Images von Objekten, Personen etc. (→ Einstellung). Die Versuchspersonen stufen auf Bewertungsskalen (Rating-Skalen; → Rating) ein Untersuchungsobjekt ein. Die beiden Pole jeder Skala stellen verbale Gegensatzpaare dar. Die Abstufungen bleiben verbal undefiniert und weisen optisch gleiche Abstände auf. Zur Auswertung des semantischen Differenzials dient neben der Mittelwertbildung und Streuungsberechnung über die Menge der Testpersonen die Methode der → Datenreduktion (bes. mithilfe der → Faktorenanalyse); grafische Veranschaulichung durch Darstellung der jeweiligen Profile. – *Ähnlich:* → Polaritätsprofil.

semantisches Netz – *assoziatives Netz;* in der → Künstlichen Intelligenz (KI) eine Form der → Wissensrepräsentation.

Semi-captive Fund – bezeichnet einen Venture-Capital- oder Private-Equity-Fund, bei dem nicht ein Kapitalgeber alle Anteile hält, sondern ein signifikanter Anteil von Dritten finanziert wird. – Vgl. → Captive Fund; → Independent Fund.

Semiotik – als allg. Sprachtheorie Teil der Erkenntnistheorie; unterteilt in → Syntaktik, → Semantik und → Pragmatik.

semirationale Erwartung → Erwartung.

Sen – Amartya, geb. 1933, indischer Nationalökonom, der an der Harvard University lehrt; → Nobelpreis für Wirtschaftswissenschaften 1998. Sen erhielt den Nobelpreis v.a. für seine Beiträge zur → Wohlfahrtsökonomik. In seinem *Hauptwerk* „Collective Choice and Social Welfare“ (1970) befasst sich Sen mit dem Gegensatz von kollektiven Entscheidungen und individuellen Freiheitsrechten. Er entwickelte Regeln, nach denen sich ein Ausgleich zwischen der gesellschaftlichen und individuellen Sphäre herstellen lässt, ohne dass ein Zwang ausgeübt werden muss.

Senat – 1. Bezeichnung für die *Regierungen der Stadtstaaten* Berlin, Hamburg und Bremen; *Senatoren:* Mitglieder dieser Regierungen; *Regierender Bürgermeister:* Chef dieser Regierungen. – 2. Bezeichnung für *kollegiale Spruchgremien* höherer Gerichte, z.B. die Senate des Bundesgerichtshofs. – 3. In manchen Staaten ist der Senat die zweite Kammer des Parlaments (USA: Kongress besteht aus Senat und Repräsentantenhaus). – 4. Im Hochschulrecht oberstes Beschlussorgan der Universität.

Senderecht – Recht des Urhebers, das Werk durch Funk (Ton- und Fernsehrundfunk, Satellitenrundfunk, Kabelfunk oder ähnliche technische Mittel) der Öffentlichkeit zugänglich zu machen (§ 20 UrhRG). Das Sendeunternehmen genießt ein → Leistungsschutzrecht, u.a. das ausschließliche Recht, seine

Funksendungen weiterzusenden, auf Bild- oder Tonträger aufzunehmen und diese zu vervielfältigen sowie öffentlich wahrnehmbar zu machen (§ 87 UrhRG). – Vgl. auch → öffentliche Wiedergabe, → Fernsehabkommen.

Sendung – Gesamtheit der Güter, die von einem Versender zu einem Empfänger zu befördern sind. – Vgl. auch → Ladeeinheit.

Sendungsverfolgung – *Tracking, Tracing;* IT-gestützte Systeme zur Verfolgung des aktuellen Bearbeitungszustandes von Sendungen oder Ladungen innerhalb physischer Supply Chains der Industrie und des Handels.

Senior Debt – *Senior Debenture;* engl. Bezeichnung für *vorrangiges Fremdkapital*, also Fremdkapital, das im Insolvenzfall als erstes zurückbezahlt wird. Im Rahmen der → Mezzanine-Finanzierung handelt es sich bei Senior Debts um Fremdkapital, das dem erstrangigen Fremdkapital im Rang zwar nachgestellt ist, jedoch durch die Bestellung von Sicherheiten weniger risikoreich ist. – *Gegensatz:* → Junior Debt.

Senioren-Marketing – 1. *Definition:* Senioren-Marketing beschreibt eine Zielgruppenorientierung im Marketing, die auf die besonderen Bedürfnisse älterer Menschen ausgerichtet ist. Aufgabe des Senioren-Marketing ist es daher, (1) die relevante altersbezogene Zielgruppe zu bestimmen und abzugrenzen, (2) die Bedürfnisse der Zielgruppe zu identifizieren und (3) den Einsatz der absatzpolitischen Instrumente auf die Bedürfnisse dieser Zielgruppe abzustimmen. – Dem Senioren-Marketing wird angesichts des demographischen Wandels eine zunehmende Bedeutung zugeschrieben; zugleich wird der Begriff aber auch kritisch betrachtet, da die Bezeichnung *Senioren* für ältere Menschen z.T. als abwertend angesehen bzw. von der Zielgruppe selbst i.d.R. nicht akzeptiert wird und außerdem der Vielfalt älterer Konsumenten nicht gerecht wird, da es „die" Senioren als homogene Gruppe nicht gibt. – 2. *Zielgruppe der Senioren:* Die Zielgruppe der Senioren wird nicht einheitlich beschrieben und abgegrenzt. Vielmehr gibt es mittlerweile eine Vielzahl von Bezeichnungen, mit denen Konsumentengruppen auf der Basis ihres Lebensalters und mithilfe von Merkmalen der jeweiligen Lebenszyklusphase (insbesondere Ende der Berufstätigkeit) abgegrenzt werden. Eine einheitliche Altersgrenze gibt es dabei nicht. Außerdem erfolgt häufig eine Betonung der guten finanziellen und/oder gesundheitlichen Situation. Den für die Wirtschaft interessanten Zielgruppen der wohlhabenden Senioren steht auf der anderen Seite das Problem der Altersarmut entgegen. Die folgende Übersicht über Zielgruppenbezeichnungen macht exemplarisch die Vielfalt unterschiedlicher Begriffe und die Heterogenität der Gruppe der Senioren deutlich: Best Ager, Silver Ager, Golden Ager, Third Ager, Mid-Ager, Harvest Ager, Generation Gold, Generation 50plus (auch 45plus, 55plus usw.), Master Consumer, Mature Consumer, Senior Citizens, „over 50s", Woopies (well-off older people), Selpies (second life people), Grampies (growing retired active moneyed people in an excellent state), Grumpies (grown-up mature people), Senior dinks (double income, no kids), Seniors etc. – 3. Bedürfnisse und Kaufverhalten der Senioren: Die Zielgruppe der Senioren ist für das Marketing interessant, wenn sie sich durch gemeinsame Bedürfnisse und andere psychographische Faktoren sowie durch ein gemeinsames Kaufverhalten auszeichnet und dadurch von anderen Altersgruppen unterscheidet. Gemeinsame psychographische Merkmale und darauf zurückzuführendes Kauf- und Konsumverhalten kann auf drei Effekte zurückgeführt werden: a) *Alterseffekte:* Mit dem Alter verändern sich die persönliche Befindlichkeiten und Rahmenbedingungen der Konsumenten; mit diesen Entwicklungen gehen auch Veränderungen des Kauf- und Konsumverhaltens einher. Beispielhaft sei auf die Kategorie der Gesundheitsprodukte verwiesen. b) *Lebenszykluseffekte:* Veränderte Bedürfnisse und Verhaltensweisen von Senioren sind nicht nur auf das höhere Lebensalter zurückzuführen, sondern auch auf Änderungen der Lebensumstände in neuen Lebenszyklusphasen. So kann der Auszug der erwachsenen Kinder aus dem Elternhaus, die Geburt der ersten Enkelkinder oder der Austritt aus dem Berufsleben bspw. deutlich die verfügbare Zeit und die gesellschaftlichen Rollen der betroffenen Personen verändern. c) *Kohorteneffekte:* Manche Einstellungen und Verhaltensweisen ändern sich nicht mit zunehmendem Alter, sondern bleiben von der Jugend bis ins Alter weitestgehend konstant. Wer in der Jugend bspw. ein Produkt bzw. eine Marke kennen und schätzen gelernt hat, bleibt dieser Marke auch im Alter treu. Dies sind häufig keine individuellen Reaktionen, sondern aufgrund gemeinsamer prägender Erlebnisse und (Konsum-) Erfahrungen weisen die Menschen einer Generation (Kohorte) oft Gemeinsamkeiten in ihren Werten, Einstellungen und Verhaltensweisen auf. – Es ist Aufgabe des Marketing bzw. der Marktforschung, für eine Branche oder Produktkategorie die Bedürfnisse und Verhaltensweisen der relevanten altersbezogenen Marktsegmente als Basis für die Entwicklung konkreter Marketing-Strategien und Maßnahmen zu identifizieren. – 4. *Zielgruppenspezifischer Einsatz der Marketinginstrumente:* Zu den traditionellen Marketinginstrumenten zählen die 4 Ps: „product, price, place (distribution) and promotion". Diese 4 Ps wurden, insbesondere für das Marketing von Dienstleistungen, um weitere 3 Ps wie „people, physical evidence and process" erweitert. Eine Vielzahl von bedeutenden Unternehmen aus verschiedenen Branchen beschäftigt sich in unterschiedlicher Intensität mit Senioren-Marketing. Unternehmen nutzen hierbei u.a. das erweiterte Marketinginstrumentarium, um den Bedürfnissen der Zielgruppe gerecht zu werden. Ausgewählte Marketinginstrumente werden gezielt eingesetzt, um die Senioren als Zielgruppe zu gewinnen bzw. diese Käuferschaft weiter auszubauen. Senioren-Marketing wird aufgrund des demographischen Wandels von einigen Unternehmen als „Megatrend" angesehen, da es Konsequenzen auf alle Lebensbereiche hat. Wie können Unternehmen von diesem Trend profitieren? Tabelle 1 gibt einen beispielhaften Überblick – ohne den Anspruch auf Vollständigkeit zu erheben – über ausgewählte Marketinginstrumente, Branchen und die durchgeführten Maßnahmen von Unternehmen, um die Zielgruppe adäquat anzusprechen.

Es fällt auf, dass die Mehrzahl der genannten Beispiele auf Alterseffekte ausgerichtet ist. Nur vereinzelt setzen die Maßnahmen an Lebenszykluseffekten an, bspw. wenn im Ruhestand mehr Zeit für Reisen zur Verfügung steht. Kohorteneffekte sind insgesamt schwieriger zu erkennen und zu nutzen. Beispielhaft kann an dieser Stelle auf Werbekampagnen von Fast-Food-Restaurants verwiesen werden, die ältere Kunden, die in ihrer Jugend erstmalig mit Fast Food in Berührung gekommen sind, in den Mittelpunkt der Werbebotschaft rücken.

Marketinginstrument	Branche	Maßnahmen
Produktmanagement	1.Kosmetikindustrie, 2. OTC, 3. Tourismus, 4. Ernährungsindustrie, 5.Autoindustrie, 6.Telekommunikation	1. Produkte für Senioren mit „Vitalitäts- und Schönheitsfaktor", 2. Optimierung der Beipackzettel von Pharmaprodukten für Senioren, 3. Seniorenreisen, 4. Spezielle Produkte wie Joghurts, Nährstoffriegel, Fertigmenüs etc., kleinere Verpackungseinheiten, 5.Einfacheres Ein- und Aussteigen bei Autos, 6.Großtastentelefone und sog. „Seniorenhandys" mit großer Tastatur
Preismanagement	1.Personenbeförderung, 2.Kultur, 3.Versicherungen	1.Ermäßigte Beförderungskarten für über 60-jährige, 2.Ermäßigte Eintrittspreise für Rentner im Theater, Oper etc., 3.Private Haftpflicht-versicherung mit Rabatten für über 60-jährige
Distributions-management	1.Einzelhandel, 2.Internet	1.Lieferdienst für Senioren, die ihre Artikel vorab telefonisch bestellen, 2.Onlinelieferdienste für Seniorenprodukte
Kommunikations-management	1.Ernährungsindustrie, 2.Kosmetikindustrie	1.Bessere Lesbarkeit der Haltbarkeitsdaten auf den Verpackungen, ausreichend große Packungsbeschriftung, 2. Senioren als „Model" für Werbezwecke
Personalmanagement	1.Banken, 2.Einzelhandel	1.Bessere Lesbarkeit der Haltbarkeitsdaten auf den Verpackungen, ausreichend große Packungsbeschriftung, 2. Senioren als „Model" für Werbezwecke
Personalmanagement	1.Banken, 2.Einzelhandel	1.Beratung von Senioren außerhalb von Schalterräumen, da dort zu viele Nebengeräusche sind, 2.Mitarbeiterschulungen in „Geduld und Einfühlungsvermögen" mit der Zielgruppe
Physische Elemente bspw. Verkaufsraumgestaltung	1.Einzelhandel, 2.Banken	1. Lupen im Supermarkt, Senioren-freundliche Einkaufswagen, niedrige Regale, Defibrillator (Wiederbelebungsgerät) im Sanitätsraum, 2. Ebene Eingänge, keine Stufen
Prozess	Veranstaltungs-Eventmanagement	Senioren-Messe, auf der sich die Zielgruppe über verschiedene Produkte und Leistungen informieren und sich selber einbringen kann.

Tabelle: Marketinginstrumente, Branchen und Maßnahmen für die Zielgruppe der Senioren

– 5. *Fazit und Ausblick:* Die Zielgruppe der Senioren ist keine homogene Vermarktungszielgruppe. Diese Inhomogenität hat zur Folge, dass ein zielgruppengerechtes Marketing eine besondere Herausforderung für Unternehmen darstellt. Es gibt bereits heute eine Vielzahl von Branchen, in denen versucht wird, diese wachsende Zielgruppe anzusprechen. Aufgrund der zunehmend alternden Gesellschaft in Deutschland und anderen Industrienationen ist davon auszugehen, dass sowohl die Anzahl der Branchen als auch die Vielfalt des Einsatzes der Marketinginstrumente steigen wird. Die Marketing-Maßnahmen müssen dabei mehr und mehr an die Besonderheiten dieser Zielgruppe angepasst werden und neben Alterseffekten auch Lebenszyklus- und Kohorteneffekte berücksichtigen. Viele Unternehmen können es sich heute nur schwer leisten, diese attraktive Zielgruppe aus ihren Marketingüberlegungen auszulassen. Es gibt kaum eine andere Zielgruppe in den westlichen Industrienationen, die in den nächsten Jahren bzw. Jahrzehnten stärker wachsen wird, als die Zielgruppe der Senioren.

Senioritätsentlohnung – 1. *Begriff:* eine für den Unternehmer kostengünstigere Alternative zur Zahlung von Effizienzlöhnen (vgl. → Arbeitsmarkttheorien). Gemäß dem Modell der Senioritätsentlohnung erhält der Arbeitnehmer zu Beginn seiner Betriebszugehörigkeit einen Lohnsatz unterhalb seines Wertgrenzproduktes; mit zunehmender Dauer nimmt der Lohnsatz jedoch stärker zu als das → Wertgrenzprodukt und übersteigt dieses schließlich für den Zeitraum bis zum Ende des Erwerbsprozesses. Auf das gesamte Erwerbsleben bezogen gleichen sich Einkommen und Produktivität aus, d.h., dass sich die auf den Einstellungszeitpunkt abdiskontierten und über die Dauer des Beschäftigungsverhältnisses aufsummierten Lohnsätze und Produktivitäten exakt entsprechen (vgl. Abbildung „Senioritätsentlohnung – Alters-Einkommens-Profil und Wertgrenzproduktivität“). Diese Art der Entlohnung war u. a. im öffentlichen Dienst zahlreicher Länder lange Zeit von erheblicher Bedeutung.

Senioritätsentlohnung – Alters-Einkommens-Profil und Wertgrenzproduktivität

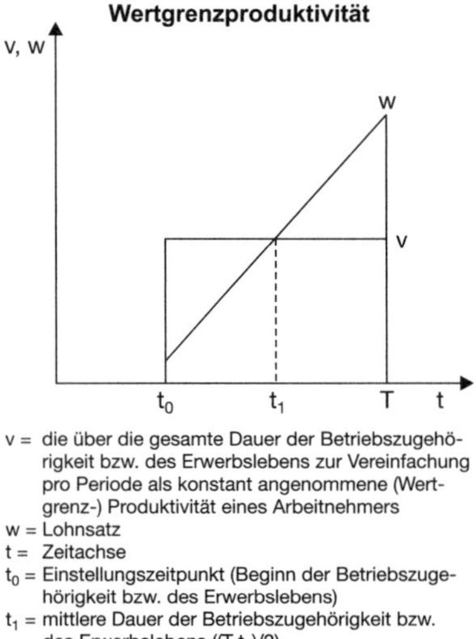

v = die über die gesamte Dauer der Betriebszugehörigkeit bzw. des Erwerbslebens zur Vereinfachung pro Periode als konstant angenommene (Wertgrenz-) Produktivität eines Arbeitnehmers
w = Lohnsatz
t = Zeitachse
t_0 = Einstellungszeitpunkt (Beginn der Betriebszugehörigkeit bzw. des Erwerbslebens)
t_1 = mittlere Dauer der Betriebszugehörigkeit bzw. des Erwerbslebens $((T-t_0)/2)$
T = Zeitpunkt des Ausscheidens aus dem Betrieb bzw. aus dem Erwerbsleben wegen Pensionierung

2. *Folgen:* Damit kann der Gegenwartswert aller Lohnzahlungen durchaus dem markträumenden Niveau entsprechen. Aufgrund dieser speziellen Konstruktion der Entlohnung im Zeitverlauf ergibt sich für den Arbeitnehmer ein Anreiz, seine Leistungsintensität mit zunehmender Dauer der Betriebszugehörigkeit nicht absinken zu lassen bzw. seine Fluktuationsneigung einzuschränken. Er würde im Fall seines Ausscheidens vor Erreichen der Altersgrenze zu jedem Zeitpunkt dem Unternehmer einen Teil des bereits erworbenen, aber noch nicht ausgezahlten Einkommensanspruchs schenken. Hier erfährt das → Senioritätsprinzip seine rationale Begründung auf der Arbeitsangebotsseite: Mit zunehmender Betriebszugehörigkeitsdauer steigt der bei einem Wechsel zu einem anderen Unternehmen in Kauf zu nehmende Einkommensverlust, da der Arbeitnehmer in der neuen Beschäftigung wiederum nur den niedrigeren Einstiegslohn erhält. Dies sichert die Leistungsabgabe, erhöht die Betriebstreue und verringert die Kündigungswahrscheinlichkeit der Arbeitnehmer. Probleme können auf beiden Seiten entstehen: Der Arbeitnehmer kann versuchen, seine Leistungsintensität einzuschränken (shirking), oder der Unternehmer kann Entlassungen vornehmen, um die Realisierung erworbener Einkommensansprüchen zu verhindern.

Senioritätsprinzip – I. Personalwirtschaft: Grundsatz für den betrieblichen Aufstieg, wonach dieser nur dem jeweils Dienstältesten bzw. dem Ältesten an Lebensjahren zusteht. In Japan bis in die jüngste Vergangenheit durchgängig für alle Hierarchieebenen praktiziert. Im nordamerikanischen und zentraleuropäischen Raum ist das Senioritätsprinzip nur in bestimmten Berufsgruppen oder auf bestimmten Hierarchieebenen üblich.

II. Umwelt- und Ressourcenökonomik: → Umweltzertifikat.

III. Arbeitsmarktökonomik: 1. *Begriff:* mit zunehmender Beschäftigungsdauer steigende Anrechte bzw. Anwartschaften. – 2. Das Senioritätsprinzip besagt, dass Beschäftigten mit zunehmender Betriebszugehörigkeitsdauer – und damit i.d.R. mit zunehmendem Lebensalter – Privilegien und steigende Leistungen zuteil werden. Die Vergünstigungen können vielfältig sein: höhere Löhne, größere Arbeitsplatzsicherheit, Erwerb betrieblicher Zusatzleistungen (→ Fringe Benefits), bevorzugte Berücksichtigung bei Weiterbildungsmaßnahmen, Beförderungen und Aufstiegen etc. – Vgl. auch → Senioritätsentlohnung, → Arbeitsmarkttheorien.

Senke – 1. *Logistik:* Begriff aus der Transportlogistik und der innerbetrieblichen Logistik. Bezeichnet den Verbrauchsort oder Zielort eines Güteraufkommens oder Materialflusses. – *Gegensatz:* → Quelle. – 2. *Umweltökonomik: Kohlenstoffsenke;* → Senkenprojekte.

Senkenprojekte → Senken stellen ein Ökosystem dar, welches Kohlenstoff der Atmosphäre entzieht. Projekte in Acker- und Grünlandbewirtschaftung, Ödlandbegrünung, Aufforstung und Wiederaufforstung und Entwaldung zur Einbindung von Treibhausgasen können gemäß Art. 3 des → Kyoto-Protokolls (ergänzt durch den Bonner-Beschluss der Vertragsstaatenkonferenz von 2001) geeignet sein, um die Emissionsverpflichtungen eines Landes zu reduzieren. Es werden die Nettoveränderungen von emittierten Treibhausgasen mit der Einbindung dieser Gase durch unmittelbar vom Menschen verursachte Landnutzungsänderungen und forstwirtschaftliche Maßnahmen begrenzt verrechnet. Senkenprojekte können auch als Grundlage von flexiblen Kyoto-Mechanismen gemäß Art. 6 und 12 des Kyoto-Protokolls zur internationalen Verminderung von Schadstoffen genutzt werden, indem einem Land A angerechnet werden kann, wenn es in einem Land B entsprechende Abbaumaßnahmen durchführt. – Vgl. → Joint Implementation; → Clean Development Mechanism.

Sensation Marketing – 1. *Begriff*: kreative Form des Marketings mit dem Ziel, durch überraschende, begeisternde Werbung Werbesensationen beim Konsumenten zu erreichen. – 2. *Ausprägungen:* Zu den bekanntesten Instrumenten des Sensation Marketings zählen → Guerilla Marketing, → Ambush Marketing, → Ambient Medien, → Virales Marketing und → Buzz Marketing.

Sensitivitätsanalyse – 1. *Begriff*: Überprüfung einer Rangfolge von Planungsalternativen in einem → Planungsmodell auf ihre Robustheit gegenüber Änderungen einzelner Parameterwerte oder Gruppen von Parameterwerten. – 2. *Merkmale:* Es können Grenzwerte errechnet werden, bei denen eine Vorteilhaftigkeit einzelner Alternativen nicht mehr vorhanden ist. Gleichzeitig ergibt sich ein Bild über die Unsicherheit, die mit einer Planungsalternative verbunden ist.

Sensitivity Training → gruppendynamisches Training.

Sensualismus → Empirismus.

SEPA – Abk. für → Single Euro Payments Area.

SEPA-Kartenzahlung – Das Rahmenwerk für den Kartenzahlungsverkehr (SEPA Cards Framework – SCF) des → EPC definiert generelle Anforderungen an Banken, Kartensysteme und andere Marktbeteiligte, die Zahlungen und Bargeldabhebungen in Euro vereinfachen sollen. Um einschätzen zu können, inwieweit Kartenzahlungen in Europa den Kriterien des SCF entsprechen, ermittelt das Eurosystem den Stand der technischen Migration von Magnetstreifen zum EMV-Chip sowie das Volumen der grenzüberschreitenden Kartenzahlungen. – Das Rahmenwerk beschreibt hierfür drei Möglichkeiten: die Ablösung nationaler durch internationale Kartenprogramme, die Kooperation nationaler mit internationalen Kartenprogrammen bei grenzüberschreitendem Einsatz (sog. „Co-Branding") sowie die Ausdehnung des Operationsbereiches nationaler Kartensysteme durch eigene Expansion oder Allianzen mit anderen Kartensystemen. – Die Verwendung einer Karte im gesamten Euro-Zahlungsverkehrsraum in gleicher Weise wie im Heimatland erfordert eine weitgehende technische Standardisierung für die Interoperabilität aller Elemente von Kartentransaktionen und die Definition einheitlicher Sicherheitsanforderungen und Zertifizierungsprozesse für Karten und Terminals. – Das Ziel, nationale Kartensysteme durch einen gemeinsamen Standard interoperabel zu gestalten, verfolgt die Berlin Group mit ihrem Standard zum „SEPA Cards Clearing". Dieser baut, wie alle SEPA-Formate, auf den Vorgaben des internationalen ISO 20022 Standards auf. In Zukunft sollen alle Transaktionen des deutschen Girocardsystems nach diesem Standard abgewickelt werden. Auch andere nationale Kartensysteme können auf diesen Standard migrieren.

SEPA-Lastschrift – Die SEPA-Lastschrift (→ Single Euro Payments Area (SEPA)) wird seit November 2009 im gesamten SEPA-Raum angeboten, d.h. in den Mitgliedstaaten der Europäischen Union, den EWR Staaten Island, Liechtenstein und Norwegen sowie sonst. Staaten und Gebieten (Stand Dezember 2012: Mayotte, Monaco, Schweiz, Saint-Pierre und Miquelon). Bei der SEPA-Lastschrift werden die bekannten „SEPA-Standards" (→ IBAN zur Identifizierung von Zahler- und Zahlungsempfängerkonten, → BIC zur Kennzeichnung der Zahlungsdienstleister und das ISO 20022-Format) genutzt. Zur kontounabhängigen und eindeutigen Kennzeichnung des Lastschriftgläubigers dient die Gläubiger-Identifikationsnummer (Gläubiger-ID), die zusammen mit der Mandatsreferenznummer ein Mandat eindeutig identifiziert. – Es wird zwischen einer Basisvariante (SEPA Core Direct Debit) und einem Verfahren, das ausschließlich für den Verkehr mit Geschäftskunden vorgesehen ist (Firmenlastschrift oder SEPA Business to Business Direct Debit) unterschieden. Die Basisversion der SEPA-Lastschrift enthält zahlreiche vom deutschen Einzugsermächtigungslastschriftverfahren bekannte Elemente. Die SEPA-Firmenlastschrift berücksichtigt die Bedürfnisse von Geschäftskunden und ist dem heutigen Abbuchungsauftragsverfahren ähnlich. – Gemäß den Regelwerken müssen SEPA-Lastschriften mit festgelegten Vorlauffristen bei der Zahlstelle vorliegen. Einmalige oder erstmalige Basislastschriften müssen fünf Tage, Folgelastschriften mindestens zwei Tage vor Fälligkeit bei der Zahlstelle vorliegen. Ab 1.11.2013 ist optional eine Basislastschrift mit einer Vorlaufzeit von einem Tag möglich. Einer SEPA-Basis-Lastschrift kann innerhalb von acht Wochen nach Kontobelastung widersprochen werden, sodass der Belastungsbetrag wieder gutgeschrieben wird. Bei einer nicht autorisierten Zahlung, d.h. Einzug ohne gültiges SEPA-Mandat, kann der Zahler innerhalb von 13 Monaten nach Belastung die Erstattung des Lastschriftbetrages verlangen. Bei Firmenlastschriften beträgt die Vorlaufzeit einen Tag vor Fälligkeit. – Die rechtliche Legitimation für den Einzug von SEPA-Lastschriften sind SEPA-Mandate. Diese umfassen sowohl die Zustimmung des Zahlers zum Einzug der Zahlung per SEPA-Lastschrift an den Zahlungsempfänger als auch den Auftrag an den eigenen Zahlungsdienstleister zwecks Einlösung und Kontobelastung der Zahlung. – Im Juni 2010 hat der Bundesgerichtshof einen Weg zur Fortentwicklung der Einzugsermächtigungslastschrift per AGB-Regelung in eine (vor)autorisierte Zahlung und damit deren Nutzung als SEPA-Mandate aufgezeigt. Die am 9.7.2012 in Kraft getretenen AGB-Änderungen der Banken und Sparkassen erfassen nicht die im Abbuchungsauftragsverfahren erteilten Abbuchungsaufträge.

Separationsprinzip – Begriff aus der Finanzierungstheorie. – *Ausprägungen:* 1. *Fisher-Hirshleifer-Modell:* Unter der Annahme des vollkommenen Kapitalmarktes bei Sicherheit können Konsum- und Investitionsentscheidungen voneinander getrennt werden. – 2. *Modigliani* und *Miller:* Investitions- und Finanzierungsentscheidungen können getrennt werden, da der bei Investitionsentscheidungen als Kalkulationszinssatz zu verwendende Gesamtkapitalkostensatz unabhängig von der Finanzierung ist. – Vgl. auch → Modigliani-Miller-Theorem. – 3. Auf *vollkommenem Kapitalmarkt unter Unsicherheit* ist die Zusammensetzung des optimalen Portefeuilles aus unsicheren Anlagen unabhängig von der Risikoneigung des Investors *(Tobin-Separation).*

SEPA-Überweisung – Die SEPA-Überweisung wird seit dem 28.1.2008 angeboten. Sie erlaubt Euro-Überweisungen ohne Betragsgrenze im gesamten SEPA-Raum, der aus den Mitgliedstaaten der Europäischen Union, den EWR-Staaten (→ EWR) Island, Liechtenstein und Norwegen sowie sonstigen Staaten und Gebieten (Stand Dezember 2012: Mayotte, Monaco, Schweiz, Saint-Pierre und Miquelon) besteht. – Die Standards der SEPA-Überweisung wurden vom European Payments Council (→ EPC) entwickelt (SEPA Credit transfer scheme rulebook) und basieren auf europäischen oder internationalen Standards. So werden Zahler- und Zahlungsempfängerkonten durch die International Bank Account Number (→ IBAN) und die Zahlungsdienstleister durch den Business Identifier Code (→ BIC) identifiziert. Um Interoperabilität sicherzustellen, ist für den zwischenbetrieblichen Zahlungsverkehr und im dateigebundenen Geschäftsverkehr mit Kunden, die keine Verbraucher sind, der Standard ISO 20022 vorgegeben. Die Ausführungsfrist beträgt seit 1.1.2012 einen Geschäftstag; bei beleghafter Einreichung verlängert sie sich um einen Geschäftstag. Der Überweisungsbetrag ist ungekürzt dem Zahler zur Verfügung zu stellen. Es gilt das Prinzip der Entgeltteilung, d.h. Zahler und Zahlungsempfänger zahlen jeweils die Entgelte ihrer Zahlungsdienstleister. Ab 1.2.2014 wird die SEPA-Überweisung die einzige Möglichkeit zur Abwicklung von Überweisungen in Euro sein, da die nationalen Verfahren den dann verbindlichen Anforderungen der sogenannten SEPA-Verordnung nicht entsprechen.

Sequel → SQL.

Sequentialtestverfahren – *Folgeprüfverfahren;* Klasse von → statistischen Testverfahren, bei denen der Stichprobenumfang nicht fest vorgegeben ist, sondern sich als → Ausprägung einer → Zufallsvariablen im Verlauf der Testdurchführung erst ergibt. Anwendung v.a. in der Qualitätskontrolle (→ Qualitätssicherung) und bei → Stichprobeninventuren. Ziel ist, den beta-Fehler für ausgewählte Alternativen zu begrenzen. – Nach Entnahme eines Stichprobenelements und Feststellung seiner Merkmalsausprägung gibt es hierbei *drei Handlungsalternativen:* Ablehnung der → Nullhypothese; Beibehaltung der Nullhypothese; Fortsetzung der Entnahme. Letzteres dann, wenn der Stichprobenbefund zwar zur Ablehnung der Nullhypothese führt, der beta-Fehler aber noch unbefriedigend groß ist. Dabei ist für die → Prüfgröße ein dritter Bereich *neben* Ablehnungs- (kritische Region) und → Nichtablehnungsbereich festgelegt. – *Vor- und Nachteile:* Mit Sequentialtestverfahren können in vielen Fällen erhebliche Kostenvorteile erzielt werden. Es besteht jedoch auch das Risiko eines sehr großen Stichprobenumfangs; ggf. muss der Entnahmevorgang nach einem geeigneten Kriterium abgebrochen werden.

Sequenz → Steuerkonstrukt.

Sequenzanalyse – I. Statistik: → Sequentialtestverfahren.

II. Mikroökonomik: Untersuchung von ökonomischen Prozessen, insbesondere vom Ungleichgewicht ins Gleichgewicht und umgekehrt (*Beispiel:* → Cobweb-Theorem). Die Sequenzanalyse ist immer dynamisch (vgl. → Analyse-Methoden). Der Untersuchungszeitraum wird in Perioden zerlegt und die Entwicklung der interessierenden ökonomischen Variablen über alle Perioden untersucht.

sequenzielle Gleichgewichte → Spieltheorie.

sequenzielle Informationsbeschaffung – im Fall von Entscheidungen unter Ungewissheit (→ Entscheidungstheorie) angewendetes Verfahren der Informationsbeschaffung. Die sequenzielle Informationsbeschaffung besteht aus einem schrittweisen Hinzuziehen weiterer Informationen, bis der Grad der Unsicherheit aufgrund dieser zusätzlichen Information auf ein als ausreichend angesehenes Maß reduziert ist. Methodische Grundlage der sequenziellen Informationsbeschaffung ist die → Sequenzanalyse.

Sequester – 1. *Vom Staat* eingesetzter Zwangsverwalter von beschlagnahmten Unternehmungen, Grundstücken oder sonstigen Vermögenswerten. – 2. *Vom Gericht* auch aufgrund → einstweiliger Verfügung zur Verwahrung und Verwaltung beweglicher oder unbeweglicher Sachen zu bestellende Person (§§ 848, 938 ZPO). – 3. *Von zwei* oder mehreren *Personen (Parteien)* zur Verwahrung eines Streitobjektes bestellte Vertrauensperson.

Serie – in begrenzter Anzahl hergestellte Produktarten. Die Serie ist dadurch gekennzeichnet, dass lediglich die Grundausführung der Produktart spezifiziert ist, sodass unmittelbar kundenorientiert produziert werden kann (→ unmittelbar kundenorientierte Produktion). – *Ähnlich:* → Sorte. – Vgl. auch → Serienproduktion, → Lossequenzenplanung.

Serienkalkulation – auf die Kalkulation ganzer Produktionsserien (→ Serie) gerichtete Form der → Zuschlagskalkulation für Betriebe mit → Serienproduktion, kann ggf. mit einer → Divisionskalkulation kombiniert werden.

Serienproduktion – *Serienfertigung;* Elementartyp der Produktion (→ Produktionstypen), der sich aus dem Merkmal der Prozesswiederholung ergibt. Bei Serienproduktionen werden größere, aber begrenzte Stückzahlen von unterschiedlichen Produkten (bzw. Produktarten) nacheinander auf den gleichen Produktionsanlagen in → Losen oder parallel hergestellt. Die Serienproduktion hat große Ähnlichkeit mit der → Sortenproduktion. – *Beispiel:* Herstellung von Personenkraftwagen. – Vgl. auch → Einzelproduktion, → Massenproduktion.

Seriensequenzenplanung → Lossequenzenplanung.

Serienzeichen → Marken, die aus einem Stammzeichen durch Abwandlung (Voranstellen, Anhängen von Silben etc.) hervorgehen. Serienzeichen werden von vielen Unternehmen angemeldet und benutzt, um verschiedene Warenarten so zu kennzeichnen, dass sie der Verkehr als Waren aus demselben Geschäftsbetrieb erkennt. Bei der Verwendung ähnlicher Kennzeichen durch Dritte kann daher unter dem Aspekt des Serienzeichens Verwechslungsgefahr bestehen, wenn der Verkehr in den kollidierenden Kennzeichen den gleichen Stamm erkennt.

SERM – Abk. für *Strukturiertes-Entity-Relationship-Modell;* Meta-Modell zur Modellierung der Datenbasis einer → Datenbank. Das SERM stellt eine Erweiterung des → Entity Relationship Modells (ERM) dar, das durch eine gezielte Strukturierung der Objekttypen, die während der → Datenmodellierung als Teil des Datenschemas entstehen, Existenzabhängigkeiten direkt sichtbar erscheinen lässt, sodass die Analyse des Datenschemas über explizite Einstiegsknoten erleichtert wird. Weiterhin vermeidet bzw. erschwert die Verwendung des SERM die Bildung von unnötigen Objekten in der Datenbank und die Modellierung von Inkonsistenzen.

Server – aus dem Englischen übernommene Bezeichnung für einen → Computer in einem → Netz, der den im Netz verbundenen Arbeitsstationen bestimmte Dienste (z.B. Datenverwaltung) zur Verfügung stellt. – Vgl. auch → Client/Server-Architektur.

Service – 1. *Begriff:* Service hat in den Wirtschaftswissenschaften mehrere Bedeutungen. (1) Aus dem Englischen übersetzt steht „Service" für einen Dienst, den jemand freiwillig leistet. (2) Service kennzeichnet darüber hinaus die nicht-produktualisierte (Wirtschafts-)Leistung, die (2a) entweder die Kernleistung eines Unternehmens darstellt (Dienstleistungsunternehmen) oder (2b) die erstellten Produkte als Zusatzleistung unterstützt wie z.B. der Pre- und Aftersalesservice als Dienstleistung für Produkte vor und nach dem Gütererwerb. Hinzu kommt der → Kundendienst, mit Services für erworbene Produkte wie etwa die Wartung oder Pflege. Volkswirtschaftlich ist mit diesem Service-Begriff die → Dienstleistungsgesellschaft angelegt, der hierzulande den Wandel des Standorts mit der Tertiarisierung kennzeichnet. (3) Eine weitere Service-Kennzeichnung meint die von Kunden erlebte Serviceleistung als Momente der besonderen Aufmerksamkeit eines Unternehmens. – 2. *Ziele:* Herkömmliches Service-Management knüpft meist an (2b) und umfasst im Wesentlichen die Definition von Service-Standards mithilfe von Service-Routinen, um Kunden entweder die Verfügbarkeit der Kernleistung zu gewährleisten oder mit Zusatzdiensten den Markterfolg der Kernleistung zu unterstützen. – 3. *Aspekte:* Problematisch ist, dass die leistungsabhängige Servicekennzeichnung (1) und/oder planungsbezogene Definition von Service (2) nicht mit der Wahrnehmung und Erwartung von Kunden gemäß Definition (3) übereinstimmen muss. Vielmehr setzen diese ggf. die Einhaltung vereinbarter Service-Vereinbarungen sogar voraus, sodass diese nichts mehr mit erlebten Service-Momenten im Sinne der Definition (3) zu tun haben müssen. In Zeiten gesättigter Märkte und globalisiertem Wettbewerb sind solche Service-Momente aber wichtige Merkmale zur Abgrenzung auf Märkten und können die Unique Value Proposition als hervorstechendes Verkaufsversprechen prägen. Vom Kunden stetig erlebbare Servicemomente sind abhängig von der → Unternehmenskultur. Paradoxerweise ist möglich, dass ein Unternehmen mit seiner nicht-produktualisierten Kernleistung als Dienstleister (z.B. ein Telekommunikationsunternehmen) gemäß Definition 1 gilt, umfangreichen Kundendienst sowie Pre- und Aftersalesservices erbringt (z.B. mithilfe von Service-Level-Agreements, also vereinbarten Service-Standards, wie etwa die definierte Verfügbarkeit von Netzwerkressourcen), aber von Kunden dennoch nicht als service-orientiert wahrgenommen wird.

Servicebereich → Zentralbereich, der für die Durchführung von Aufträgen operativer Teilbereiche zur Erfüllung bestimmter Funktionen zuständig ist. Beim Servicemodell des Zentralbereichs entscheiden die operativen Bereiche über das „Ob" und das „Was" der Funktionserfüllung, während dem Servicebereich die Entscheidung über das „Wie" der Auftragsdurchführung obliegt.

Servicebrand – Marke für eine Dienstleistung. Da es sich bei der Dienstleistung um ein abstraktes Leistungsangebot handelt, stellt die Qualitätsunsicherheit, die ein Wesensmerkmal des Markenartikels ist, eine noch größere Herausforderung an den Anbieter dar.

Servicegrad – Anteil der rechtzeitigen Lieferungen an den gesamten Lieferungen einer Periode. Komplementäre Wahrscheinlichkeit zur Fehlmengenwahrscheinlichkeit. – Vgl. auch → Fehlmengen.

Servicemarketing – Erstellung der Servicekomponenten für ein Produkt in einer eigenen Servicegesellschaft. Servicemarketing ist kein sektorales Marketing für die Serviceindustrie, sondern in Abgrenzung zum Gütermarketing eine dienstleistungsorientierte Marketingkonzeption. – Vgl. auch → Outsourcing.

Serviceorientierte Architektur → SOA.

Servicepolitik – 1. *Begriff:* das mit den Waren unmittelbar verbundene oder selbstständige Angebot von → Dienstleistungen. Zunehmende Produktkomplexität, abnehmende Funktionsdurchschaubarkeit und zunehmende Bequemlichkeit eröffnen Servicechancen für Unternehmen. Das Produkt dient als Voraussetzung für Servicemaßnahmen. Die Gewinnmöglichkeiten verlagern sich auf den Service. Diese im Industriegütergeschäft bekannte Entwicklung gewinnt auch im Konsumgütergeschäft immer mehr an Bedeutung. – 2. *Mittel:* a) Warenauswahl, Warenpräsentation, Beratung, Verpackung (Tragetaschen, Geschenkverpackung); b) Raumgestaltung, Zustellung, Reparatur, Installation, Wartung, Reklamation und Warenrücknahme, Garantieleistungen, Auswahlsendungen, Inzahlungnahme gebrauchter Waren, Zugaben u.a.

Service-Rechenzentrum – 1. *Begriff:* selbstständiges → Rechenzentrum, das Datenverarbeitungsaufgaben für andere Betriebe durchführt. – Vgl. auch → Outsourcing. – 2. *Aufgaben* sind u.a. Abwicklung des Massengeschäfts (z.B. → computergestützte Lohn- und Gehaltsabrechnung) oder Zurverfügungstellen bestimmter Leistungen (z.B. Time Sharing zur → Finanzplanung). Typischer Anbieter solcher Leistungen ist z.B. die → DATEV e.G. – 3. *Vorteile* der Nutzung von Service-Rechenzentren: Verlagerung des Betriebsrisikos, kostengünstige Nutzung komfortabler Lösungen, weniger Overhead im eigenen Unternehmen. Nachteile sind die Abhängigkeit von externen Institutionen sowie eingeschränkte Einflussmöglichkeiten.

Servicewettbewerb – Unter Service versteht man Dienstleistungen eines Herstellers oder Händlers, die er seinem Abnehmer entweder im Zusammenhang mit dem Kauf eines Produktes oder davon unabhängig als eigenes Gut anbietet. Service (z.B. Verkaufsberatung, Garantieleistungen) kann im Zusammenhang mit dem Kauf eines Produktes gesehen werden (Bundle Theory). Insoweit steht der Service in engem Zusammenhang mit der Produktqualität und wirft im Hinblick auf die Steuerung des Wettbewerbsprozesses die gleichen Probleme wie der → Qualitätswettbewerb auf (Transparenz, Rechenbarkeit und Verzögerungen bei der Anpassung). Davon unterschieden werden muss der Service, der unabhängig von dem Kauf eines Produktes vom Verkäufer oder von selbstständigen Serviceunternehmen angeboten wird (z.B. technischer Kundendienst). Insoweit ist Service unabhängig von der Produktqualität. Service bekommt dann den Charakter eines selbstständigen Gutes, für welches mit Preis, Qualität und Werbung Wettbewerb betrieben werden kann. – Servicewettbewerb steht in engem Zusammenhang mit der Art der Güter. Er spielt nur eine Rolle bei technisch komplizierten Investitions- und Gebrauchsgütern sowie bestimmten Dienstleistungen (z.B. Banken und Versicherungen) und ist insofern – abgesehen von seiner Intensität – unabhängig von Marktform und Marktphase. – Vgl. auch → Preiswettbewerb, → Nichtpreiswettbewerb.

Servizitation – Erweiterung des Güterangebots eines Unternehmens um komplementäre Serviceangebote. Die so gebildeten Verbundsysteme von Leistungen sollen die → Kundenbindung stärken.

Servlet – aus den Begriffen → Server und → Applet zusammengesetztes Wort für ein kleines, in → Java geschriebenes Programm, das im Gegensatz zum Applet auf dem Server und nicht auf dem Client ausgeführt wird. – Vgl. auch → Enterprise JavaBeans.

Session Length – Verweildauer eines Besuchers auf einer → Website. Die durchschnittliche Session Length ist ein Maß für die Erfolgsmöglichkeiten von Werbung mit → Bannern.

SEStEG – 1. *Begriff:* SEStEG steht für „Gesetz über steuerliche Begleitmaßnahmen zur Einführung der Europäischen Gesellschaft und zur Änderung weiterer steuerrechtlicher Vorschriften". Mit der Einführung des SEStEG wurde u.a. die Umsetzung der EU-Verschmelzungsrichtlinie verfolgt und die steuerlichen Begleitmaßnahmen zur Einführung der Europäischen Gesellschaft geregelt. In diesem Zusammenhang wurde das Umwandlungsteuergesetz umfassend reformiert sowie eine Reihe von anderen steuerrechtlichen Vorschriften geändert. – 2. *Ziel* des Gesetzes waren u.a. die Verbesserung der Standortattraktivität Deutschlands, die Erweiterung des dt. Besteuerungsrechts, die Begrenzung von Verlustübertragungen bei grenzüberschreitenden Umwandlungen sowie die Anpassung an rechtliche Entwicklungen innerhalb der EU.

SET – Abk. für → Secure Electronic Transaction.

Settlement – *Verrechnung, Zahlungsausgleich.* Durch das Settlement werden Verpflichtungen, die aus Zahlungs- und Wertpapierabwicklungen entstanden, zwischen zwei oder mehreren Parteien mit schuldbefreiender Wirkung erfüllt. Dabei können die Verpflichtungen sowohl in Zentralbank- als auch in Geschäftsbankengeld eingelöst werden. Dem Settlement geht meist ein Clearing voraus, das oft in einem → Automated Clearing House (ACH) erfolgt.

Set-Top-Box – Zusatzgerät für den Fernseher, welches Daten dekomprimiert oder entschlüsselt, um → digitales Fernsehen, WebTV, oder Pay-TV zu ermöglichen.

SEU – Abk. für → Softwareentwicklungsumgebung.

Seuchen → übertragbare Krankheiten.

Sexualproportion – Verhältnis der männlichen zu den weiblichen Personen, bei Geburt üblicherweise ca. 105 bis 106 Knabengeburten auf 100 Mädchengeburten. In modernen Bevölkerungen wird sich in den Geburtsjahrgängen bis etwa um das 55. Lebensjahr ein *Männerüberschuss* erhalten. Durch die Übersterblichkeit des männlichen Geschlechts kommt es beim Bevölkerungsanteil der über 55-Jährigen zu einem deutlichen *Frauenüberschuss*.

sexuelle Belästigung – sexuell bestimmtes Verhalten, das die Würde dessen verletzt, dem gegenüber es ausgeübt wird. Im Arbeitsrecht galt zum Schutz der Beschäftigten vor sexueller Belästigung am Arbeitsplatz das Beschäftigtenschutzgesetz vom 24.6.1994 (BGBl. I 1406, 1412). Seit dem 18.8.2006 ist der Schutz vor sexueller Belästigung im AGG geregelt (→ AGG im Arbeitsrecht).

SFAC – Abk. für → Statement of Financial Accounting Concepts.

SFAS – Abk. für → Statement of Financial Accounting Standards.

SGE – Abk. für *strategische Geschäftsfeldeinheit* (→ strategisches Geschäftsfeld).

SGML – Abk. für *Standard Generalized Markup Language;* umfassender Standard für Auszeichnungssprachen für digitale Dokumente. Eine Auszeichnungssprache besteht aus → Tags, mit denen bestimmte Elemente der Struktur des Dokuments, z.B. Formatierungen, eindeutig definiert werden können. SGML strukturiert und kennzeichnet Inhaltselemente von Dokumenten in Form von Text. Dieser Text kann dann unabhängig vom eingesetzten Rechner und der eingesetzten Software von einem SGML-Interpreter dargestellt werden. – Vgl. auch → HTML, → XML.

Shapley – Lloyd Stowell, geb. 1923, amerik. Ökonom und Mathematiker, heute emeritierter Professor an der University of California, Los Angeles. Sein Forschungsgebiet ist die mathematischer Ökonomik, insbes. die → Spieltheorie. 2012 erhält er (gemeinsam mit Alwin E. → Roth) den → Nobelpreis für Wirtschaftswissenschaften.

Shapley-Wert → kooperative Spieltheorie.

Share – amerikanische Bezeichnung für → Aktie.

Share Deal – Beim Share Deal erfolgt der Unternehmenskauf durch den Erwerb von → Anteilen der zum Verkauf stehenden Gesellschaft. Es handelt sich um einen Rechtskauf gemäß § 453 I BGB. – Vgl. auch → Asset Deal.

Shared Services – im Rahmen der → Organisation die Konzentration ehemals dezentral durchgeführter, interner Dienstleistungen in einem organisatorischen Verantwortungsbereich (Shared Service Center). Wichtigstes Ziel ist die Verbesserung der Effizienz der → Ressourcennutzung. Deshalb sollen die ursprünglich in mehreren dezentralen → organisatorischen Einheiten (z.B. → Sparten) erbrachten Aufgaben standardisiert, zusammengefasst und gegen Verrechnungspreise an die internen Abnehmer abgegeben werden. Hierfür kommen primär einfache Unterstützungs- und Verwaltungsprozesse in Frage. – Vgl. auch → Servicebereich.

Shareholder → Anteilseigner.

Shareholder Value → Ertragswert des → Eigenkapitals; Maßgröße der Unternehmensbewertung als Alternative zum Substanzwert (→ Reproduktionswert). Das Shareholder Value-Konzept ist eine Unternehmensstrategie, bei der der Vorstand einer börsennotierten Aktiengesellschaft durch alle Maßnahmen, die er in seinem Unternehmen entwickelt und umsetzt, den Unternehmenswert im Sinn des Marktwertes des Eigenkapitals steigern soll. Dabei wird der Gewinn als Maßgröße des Unternehmenserfolges in Frage gestellt. Zielgröße ist das Aktionärsvermögen. Demnach sind Geschäftseinheiten, deren Renditen unterhalb der durchschnittlichen → Kapitalkosten der Unternehmung liegen, zu veräußern und die Erlöse ggf. an die Aktionäre (Shareholder) auszuschütten, da es andernfalls zur Wertvernichtung kommt. – Der Unternehmenswert ergibt sich durch die Diskontierung des künftigen → Cashflow *(Operating Cashflow)*, dem Zahlungsströme zugrunde liegen, weshalb ihm Vorrang vor dem „buchhalterischen" Gewinn als Diskontierungsgröße eingeräumt wird. Für die Bestimmung des *Kalkulationszinsfußes* werden die durchschnittlichen Kapitalkosten herangezogen, die sich aus den Eigen- und den Fremdkapitalkosten zusammensetzen. Die Eigenkapitalkosten bestehen aus dem Zins quasi-sicherer Anlagen (z.B. Bundesanleihen) und einem Aufschlag für das Risiko. Die Eigenkapitalkosten spiegeln die erzielbaren erwarteten Renditen für Investitionsalternativen mit demselben Risikoniveau wider und sind somit als Renditeforderungen der Aktionäre zu interpretieren. Für die Quantifizierung des Risikoaufschlags bietet das → Capital Asset Pricing Model (CAPM) eine theoretische Möglichkeit. Die praktische Ermittlung des Shareholder Values ist durch das Problem der Datengenerierung (Prognosen des Cashflow, Ermittlung des Kalkulationszinsfußes) erschwert.

Share of Advertising – Anteil des Werbeaufwands eines Anbieters am Werbeaufwand seiner Branche. Dieser Quotient wird verglichen mit dem → Marktanteil (Share of Market). Ist der Quotient aus beiden Kennzahlen größer 1, spricht man von Overspending, bei kleiner 1 von Underspending.

Sharpe – William Forsyth, geb. 1934, amerik. Wirtschaftswissenschaftler, lehrte – nach Tätigkeit bei der Firma Rand – an der University of Washington (1961–1968), der University of California (1968–1970) und an der Stanford University (1970–1989); → Nobelpreis für Wirtschaftswissenschaften 1990 (zusammen mit → Markowitz und → Miller). Sharpe hat die Grundlagen für die moderne Kapitalmarkttheorie gelegt. Er geht von der Theorie der

→ Portfolio Selection aus und entwickelt ein Kapitalmarktmodell (Capital Asset Pricing Model (CAPM)), in dem unter Ungewissheit das optimale Portfolio des Marktes als Gleichgewicht aus dem individuell optimalen Portfolio abgeleitet wird. – *Hauptwerke:* „Portfolio Theory and Capital Markets" (1970) und „Investments" (1978).

Shell – *Schale.* 1. *I.w.S.:* Begriff aus dem → Software Engineering, der v.a. im Zusammenhang mit dem → Betriebssystem (BS) → Unix bekannt geworden ist. Um einen Kern (die zugrunde liegende Hardware oder hardwarenahe Funktionen) herum wird das Programmsystem in mehreren Schalen, für die jeweils → Schnittstellen nach innen und außen definiert sind, aufgebaut. Die Vorteile liegen v.a. darin, dass einzelne Schalen und der Kern des Programmsystems mit relativ geringem Aufwand verändert bzw. ganz ausgetauscht werden können. – 2. *I.e.S.:* die äußerste Schale eines → Softwaresystems bzw. die Schale, die dem Benutzer als → Benutzeroberfläche zur Verfügung gestellt wird. – 3. Im Bereich der → Expertensysteme: → Expert System Shell.

Shephards Lemma – Lehrsatz der → Produktionstheorie, der besagt, dass sich eine bedingte Faktornachfragefunktion einer Ein-Produkt-Unternehmung durch partielle Ableitung der → Kostenfunktion nach dem betreffenden Faktorpreis gewinnen lässt.

Sherman Act – US-amerikanisches Gesetz gegen Kartelle und den Missbrauch von Monopolstellungen im Wirtschaftsleben aus dem Jahre 1890. Von Senator Sherman eingebracht und nach ihm benannt. Führte zu teilweise spektakulären Entflechtungen, z.B. bei General Electric und Standard Oil. – *Zweck:* Schutz der in der amerik. Verfassung garantierten individuellen Freiheitsrechte und Bewahrung des freien Wettbewerbs. – *Ergänzung* des Sherman Act 1914 durch den → Clayton Act und den → Federal Trade Commission Act. – Vgl. auch → Antitrust-Gesetzgebung.

Shift-Analyse – *Shift-Share-Analyse;* Beschreibungsmodell der Regionalforschung zur Analyse der Unterschiede in der Entwicklung zweier oder mehrerer (Teil-)Räume in einer bestimmten Zeitspanne, gemessen als Abweichung vom → Wachstum des Gesamtraumes, sowie der quantitativen Bestimmung der für die relativen Entwicklungsgewinne bzw. -verluste maßgeblichen Ursachen. Die Shift-Analyse erfreut sich großer Beliebtheit sowohl als Diagnose- wie auch als Prognoseinstrument. – *Anwendungen:* Anwenden lässt sich die Shift-Analyse auf unterschiedlichste „Aktivitäten" wie z.B. auf die Entwicklung von Beschäftigten, Bruttoinlandsprodukt, Altersstruktur der Bevölkerung. Vielfach wird sie auch als Prognoseinstrument eingesetzt, indem die ermittelten Abweichungen im Entwicklungstempo auf die Zukunft projiziert werden. Dazu notwendig sind lediglich die Projektionsdaten des Gesamtraumes.

Shift-Share-Analyse → Shift-Analyse.

Shop-in-Shop-Prinzip → Shop in the shop.

Shop in the Shop – *Shop-in-Shop-Prinzip;* Aufteilung eines großflächigen Verkaufsraums in mehrere optisch voneinander abgegrenzte Bereiche, in denen zusammengehörige Waren in der jeweils passenden Atmosphäre (Raumgestaltung) angeboten werden; dient der Auflockerung großer Verkaufsflächen in → Warenhäusern und → Selbstbedienungswarenhäusern. Betreiber sind häufig Hersteller exklusiver Artikel, z.B. Textilien, Lederwaren, Kosmetika, Sportartikel, aber auch manche Spezialanbieter wie Schinken- oder Wurstwarenhersteller, Bäckereien, Tabak- oder Blumenhändler, Reinigungen (→ Rack Jobber). – Vgl. auch → Store in the Store.

Shopping Bot – *Shopbot;* virtueller → Agent, der im → World Wide Web analog zu einer → Suchmaschine gezielt die Onlineshops nach bestimmten Produkten und nach preisgünstigen Angeboten durchsucht. Shopping Bots führen zu verbesserter Preistransparenz und damit zu größerem Preisdruck.

Shoppingcenter → Einkaufszentrum.

Shopping Goods – erklärungsbedürftige Güter des periodischen oder aperiodischen Bedarfs, für deren Erwerb der Konsument i.d.R. bereit ist, Beschaffungsanstrengungen auf sich zu nehmen, z.B. weite Einkaufswege, umfassende Preisvergleiche (→ Gebrauchsgüter). Shopping Goods sind z.B. Möbel, Filmkameras, modische Kleidung, bestimmte Champagner- oder Kosmetikmarken. – Vgl. auch → Convenience Goods, → Speciality Goods.

Shopping Mall → Electronic Mall.

Shop Steward – Vertrauensmann der Belegschaft mit sehr starker Stellung im Betrieb. Nur in Großbritannien anzutreffen, nicht in Deutschland.

Shortfallrisiko – 1. *Begriff:* Gefahr der Nichterreichung (im Sinne von Unterschreitung) von Zielgrößen. Gemessen wird das Ausmaß dieser Gefahr. – 2. *Bemessung:* Maße für das Shortfallrisiko sind spezielle → Risikomaße. Dabei konzentrieren sich Shortfallrisikomaße auf das Shortfallrisiko bzw. Downside Risiko relativ zu einer vorgegebenen Zielgröße (Target). Diese stellt i.d.R. eine Zielrendite bzw. mind. angestrebte Rendite oder auch ein Ziel-Endvermögen dar. Damit entsprechen die Risikomaße des Shortfalltypus im Gegensatz z.B. zu Maßen für die → Volatilität eher einem intuitiven Risikoverständnis (Risiko). – 3. *Arten:* Das Ausmaß der Gefahr der Unterschreitung der Zielgröße wird in verschiedener Weise berücksichtigt. Bei der Shortfallwahrscheinlichkeit spielt nur die Wahrscheinlichkeit der Unterschreitung der Zielgröße eine Rolle. Beim Shortfallerwartungswert wird hingegen die mittlere Unterschreitungshöhe berücksichtigt und bei der Shortfallvarianz die mittlere quadratische Unterschreitungshöhe. Der Mean Excess Loss (bedingter Shortfallerwartungswert) ist ein Beispiel für ein bedingtes Shortfallrisikomaß. Er misst die mittlere Unterschreitung der Zielgröße unter der

Bedingung, dass ein Shortfall eintritt. Gemessen werden somit nur die durchschnittlichen Konsequenzen im Worst Case-Fall, dass der Shortfall tatsächlich eintritt.

Short Position – 1. Bei Aktien die durch einen → Leerverkauf entstandene Position. – 2. Bei einem → Optionsgeschäft (oder → Financial Future) nimmt der Verkäufer (Stillhalter) einer Verkaufs- oder Kaufsoption die Short Position ein (Short Put oder Short Call). Dies sagt nichts darüber aus, ob er das Asset besitzt, das er verkauft. Auch bei diesen Geschäften gibt es aber gedeckte oder ungedeckte Verkäufe. – 3. Allgemein kann jede Position eines Portfolios entweder als Long oder Short bezeichnet werden. – *Gegenteil:* Long Position.

Short Sale → Leerverkauf.

SI – Abk. für → Internationales Einheitensystem (Systéme International d'Unités).

SIC → Schwarz-Informationskriterium.

Sicherheit – I. Finanzierung: → Kreditsicherheit.

II. Verkehrswesen: 1. *Begriff:* Eigenschaft eines Verkehrssystems, Transportvorgänge ohne Schaden an den Verkehrsobjekten und den Verkehrsmitteln durchführen zu können. In der Logistik spielt zudem der Aspekt der Zuverlässigkeit eine entscheidende Rolle (Berechenbarkeit). – 2. *Verkehrswertigkeit:* Der Sicherheitsgrad eines Verkehrssystems lässt sich nach Maßgabe der relativen Schadenshäufigkeit und der daraus entstehenden ökonomischen Folgen bestimmen. Relativ hohe Sicherheitsrisiken treten im Straßenverkehr auf; sie sind deutlich geringer sowohl bei der Binnen- und Seeschifffahrt als auch bei der Eisenbahn.

III. Entscheidungstheorie: Bezeichnung desjenigen *Ungewissheitsgrades,* bei dem nur eine einzige Zukunftslage für möglich gehalten wird.

Sicherheitsäquivalent – mit Sicherheit eintretender (subjektiver) Ergebniswert, der einer (unsicheren) Verteilung alternativ möglicher Ergebnisse äquivalent ist. – Vgl. auch → Entscheidungstheorie, → Bernoulli-Prinzip.

Sicherheitsarrest → persönlicher Arrest.

Sicherheitsbeauftragter – Person, die gemäß § 22 SGB VII in Unternehmen mit regelmäßig mehr als 20 Beschäftigten zu bestellen ist. – *Aufgaben:* den Unternehmer bei der Durchführung des Unfallschutzes zu unterstützen, u.a. sich laufend von der ordnungsgemäßen Benutzung der vorgeschriebenen Schutzvorrichtungen zu überzeugen (→ Arbeitssicherheit). Der Sicherheitsbeauftrage ist Mitglied des Arbeitsschutzausschusses. – Vgl. auch → Fachkraft für Arbeitssicherheit, → Sicherheitsingenieur.

Sicherheitsbestand – *eiserner Bestand;* Vorratsmenge, durch die nach statistischer Wahrscheinlichkeit auftretende potenzielle Entnahmeüberschreitungen, Überschreitungen der Beschaffungszeit/Lieferzeit oder Fehler hinsichtlich der Lieferungsbeschaffenheit ausgeglichen werden können. – *Bewertung* des eisernen Bestandes als zusammengefasster Posten von Vermögensgegenständen des Vorratsvermögens mit Festwerten unter unverändertem Bilanzansatz in aufeinander folgenden Geschäftsjahren ist unter bestimmten Voraussetzungen (→ Festwert) handels- und steuerrechtlich anerkannt. Die ggf. mit dem eisernen Bestand betriebspolitisch angestrebte Substanzerhaltung kann durch Festbewertung beim eisernen Bestand (zur Vermeidung von → Scheingewinnen durch Preissteigerungen) nur in den engen Grenzen des Festwertverfahrens erreicht werden.

Sicherheitsgurte – Zwei- oder Dreipunktgurte, für die Vordersitze und für Rücksitze, für alle Kraftfahrzeuge, ausgenommen sind Kraftomnibusse, die sowohl für den Einsatz im Nahverkehr als auch für stehende Fahrgäste gebaut sind (§ 35a StVZO). Die Sicherheitsgurte müssen während der Fahrt angelegt sein, mit Ausnahme für Taxi-(Mietwagen-)fahrer, Lieferanten und Fahrten im Schritttempo und auf Parkplätzen (§ 21a StVO). – *Verstöße* können zu versicherungsrechtlichen Nachteilen oder bei Schadensersatzansprüchen als → Mitverschulden berücksichtigt werden.

Sicherheitsingenieur → Fachkraft für Arbeitssicherheit, die die Bezeichnung Ingenieur tragen darf und über sicherheitstechnische Fachkenntnisse verfügen muss. – *Aufgaben:* Beratung der für den Arbeitsschutz und die Unfallverhütung verantwortlichen Personen, sicherheitstechnische Überprüfung der Betriebsanlagen, Beobachtung der Durchführung des Arbeitsschutzes, Hinwirken auf sicherheitsorientiertes Verhalten aller Betriebsangehörigen (→ Arbeitssicherheit).

Sicherheitsleistung – I. Bürgerliches Recht: Vielfach durch Gesetz oder Abrede der Parteien vorgesehenes Mittel, v.a. zur Abwendung bestimmter Rechtsnachteile, z.B. bei vorläufiger Vollstreckbarkeit eines Urteils; verschiedene Arten der Sicherheitsleistung in §§ 232–240 BGB; zur Abwendung des Vermieterpfandrechts § 562c BGB; in der Praxis kommt die Sicherheitsleistung hauptsächlich in Form der Bankbürgschaft vor.

II. Steuerrecht: Entsprechendes gilt im Steuerrecht (§§ 241–248 AO), wenn Sicherheitsleistung gefordert werden kann, z.B. bei Aussetzung der Steuerfestsetzung oder Vollziehung (§ 361 AO), Stundung (§ 222 AO).

III. Zollrecht: (Art. 189 ff. ZK): Forderung der Leistung einer vollen oder teilweisen Sicherheit für auf den betreffenden Waren ruhende → Einfuhrabgaben, z.B. bei der Gewährung von → Zahlungsaufschub, im gemeinschaftlichen und → gemeinsamen Versandverfahren, bei Erteilung von → Carnets TIR, bei → Zollagern, in der → vorübergehenden Verwendung und anderen → Nichterhebungsverfahren.

Sicherheitsmeister → Fachkraft für Arbeitssicherheit.

Sicherheitsprüfung – Begriff des Straßenverkehrsrechts für die periodisch durchzuführende Untersuchung von Fahrzeugen, die der Personenbeförderung dienen, und Lastkraftwagen auf ihre Verkehrssicherheit durch einen geeigneten Kfz-Betrieb (§ 29 I und II StVZO i.V.m. Anlage VIII). – *Anders:* → Hauptuntersuchung (HU).

Sicherheitstechniker → Fachkraft für Arbeitssicherheit.

Sicherheitsüberprüfungsgesetz (SÜG) – Gesetz vom 20.4.1994 (BGBl. I 867) m.spät.Änd. Es regelt die Voraussetzungen und das Verfahren zur Überprüfung einer Person, die von der zuständigen Stelle mit einer sicherheitsempfindlichen Tätigkeit im staatlichen Bereich betraut werden soll oder bereits betraut worden ist. Damit soll für den Bereich des Bundes gewährleistet werden, dass im staatlichen Interesse geheim zu haltende Informationen nicht Unbefugten bekannt werden. Eine sicherheitsempfindliche Tätigkeit übt u.a. aus, wer Zugang zu Verschlusssachen hat oder ihn sich verschaffen kann, die „streng geheim", „geheim" oder „VS-vertraulich" eingestuft sind. Das SÜG gilt nicht für Mitglieder der Verfassungsorgane des Bundes, Richter, soweit sie Aufgaben der Rechtsprechung wahrnehmen und bestimmte ausländische Staatsangehörige. Das SÜG bestimmt verschiedene Arten der Sicherheitsüberprüfung und regelt die dabei zu treffenden Maßnahmen. Darüber hinaus enthält es Vorgaben für eine vom Betroffenen abzugebende Sicherheitserklärung sowie Vorschriften über das Anlegen von Sicherheitsakten sowie über die Verarbeitung der bei den Sicherheitsprüfungen anfallenden Daten. Sonderregelungen gelten bei Sicherheitsüberprüfungen nicht öffentlicher Stellen. Personen, die von einer Sicherheitsüberprüfung betroffen sind, können bestimmten Reisebeschränkungen unterworfen werden.

Sicherheitswechsel – *Depotwechsel*; → Wechsel, der vom Kreditgeber auf den Kreditnehmer gezogen wird, um eine Kreditforderung abzusichern (→ Kreditsicherheit).

Sicherstellungsauftrag → Kassenärztliche Vereinigung (KV).

Sicherstellungsgesetze – Gesetze, die für den Fall des → Notstandes die für Zwecke der Verteidigung, v.a. zur Deckung des Bedarfs der Zivilbevölkerung und der Streitkräfte, erforderliche Versorgung mit Gütern und Leistungen sicherstellen sollen.

Sicherung der Familie und von Kindern – Nach dem Grundgesetz (Art. 6 GG) stehen Ehe und Familie unter dem bes. Schutz des Staates. Leistungen der → sozialen Sicherung sind deshalb so ausgestaltet, dass sie der bes. Lage von Familie und Kindern Rechnung tragen. Aus ökonomischer Sicht kann man dies im Hinblick auf die Kinder nicht nur verteilungspolitisch rechtfertigen (→ Verteilungsgerechtigkeit), sondern auch durch die Stabilisierung intergenerationeller Austauschbeziehungen und durch positive → externe Effekte auf die Gesellschaft, die von Kindern ausgehen (Sozialpolitik in der Marktwirtschaft). Von den Leistungen, die Kindererziehende erbringen, profitieren auch Kinderlose. Man unterscheidet: (1) → Familienlastenausgleich bzw. → Familienleistungsausgleich; dazu zählen Steuerermäßigungen und staatliche Transferleistungen (→ Kindergeld, → Kinderfreibeträge, Erziehungsgeld und -urlaub bzw. neuerdings → Elterngeld und → Elternzeit, soziale Hilfen) und (2) → Ausbildungsförderung. In der aktuellen Diskussion stehen zudem verstärkte Maßnahmen zur Verbesserung der Vereinbarkeit von Familie und Beruf, u.a. durch einen Ausbau von Angeboten zur Kinderbetreuung, im Mittelpunkt.

Sicherungsabtretung – *Sicherungszession;* → Forderungsabtretung zur Sicherung einer Forderung des Zessionars gegen den Zedenten. Die Sicherungsabtretung ist ein treuhänderisches Rechtsverhältnis (→ Treuhandschaft); der Treuhänder, hier der Zessionar, hat gegenüber dem Schuldner der abgetretenen Forderung, die volle Rechtsstellung des Gläubigers der abgetretenen Forderung, von dieser darf jedoch im Innenverhältnis zum Zedenten nur im Rahmen der getroffenen Vereinbarung Gebrauch gemacht werden. Der Zessionar muss die Forderung zurückübertragen, wenn seine Forderung gegen den Zedenten erlischt. Sicherungsabtretung wird vielfach in Form der → stillen Zession vorgenommen. – Vgl. auch → eigennützige Treuhandverhältnisse, → Globalabtretung, → Mantelzession.

Sicherungsbedingungen – *internationale Sicherungsbedingungen,* → Außenhandelsfinanzierung.

Sicherungseinbehalt – von Factoringgesellschaften beim Forderungsankauf einbehaltener Betrag, der der Verrechnung von nachträglich eingeräumten Rabatten, Skontoabzügen und weiteren Abzügen dient, die der Zahlungspflichtige (der Kunde des Forderungsverkäufers) an der angekauften Forderung evtl. vornimmt. Sofern der Factor das → Delkredererisiko übernommen hat, wird der (restliche) Sicherungseinbehalt auch im Fall der Nichtzahlung durch den Zahlungspflichtigen an den Forderungsverkäufer ausbezahlt. – Vgl. auch → Factoring.

Sicherungsfonds – 1. *Begriff:* Unternehmen zum Schutz der Versicherten, Bezugsberechtigten und sonstigen begünstigten Personen aus einem Versicherungsvertrag in der → Lebensversicherung und substitutiven Krankenversicherung für den Fall, dass die Versicherer ihre Verpflichtungen auf Dauer nicht mehr erfüllen können (§§ 124 ff. VAG). – 2. *Funktionsweise:* Der Sicherungsfonds bedarf der Zulassung durch die → Aufsichtsbehörde. Es besteht Zwangsmitgliedschaft für alle Lebens- und Krankenversicherer. Die Mitglieder finanzieren die Fonds. Stellt die Aufsichtsbehörde fest, dass ein Versicherer überschuldet oder zahlungsunfähig ist (§ 88 II VAG) oder dass das Unternehmen auf Dauer nicht mehr imstande ist, seine Verpflichtungen zu erfüllen, ein → Insolvenzverfahren aber im Interesse der Versicherten vermieden werden soll (§ 89 I VAG; vgl. auch Insolvenz des Versicherers) und andere Maßnahmen nicht ausreichend sind, so ordnet die Aufsichtsbehörde die Übertragung des gesamten Bestands auf den Sicherungsfonds an. Dieser führt den Bestand weiter, kann ihn oder Teile davon aber auch auf andere Versicherer übertragen. Um eine Übertragung zu ermöglichen, kann der Sicherungsfonds die Versicherungsbedingungen und Tarifbestimmungen mit Zustimmung eines unabhängigen Treuhänders so anpassen, dass sie den Verhältnissen des → Zessionars entsprechen (§ 125 VI VAG). Die Aufgaben und Befugnisse des Sicherungsfonds können auf eine juristische Person des Privatrechts übertragen werden (§ 127 VAG). Das ist geschehen: Für die Lebensversicherung ist die Übertragung auf die Protektor Lebensversicherungs-AG und für die → Krankenversicherung auf die → Medicator AG erfolgt.

Sicherungsgrundschuld → Grundschuld, die als Sicherheit für einen gewährten Kredit bestellt wird. Weil die Handhabung beweglicher und weniger kompliziert ist als bei der → Hypothek, findet die Grundschuld zur Besicherung von Bankkrediten meist Anwendung. – Mit dem Risikobegrenzungsgesetz vom 18.8.2008 (BGBl. I 1666) können Einreden, die dem Eigentümer aufgrund des Sicherungsvertrags (s. → Sicherungszweckerklärung) mit dem bisherigen Gläubiger gegen die Grundschuld zustehen oder sich aus dem Sicherungsvertrag ergeben, auch jedem Erwerber der Grundschuld entgegengesetzt werden. Die Gutgläubigkeit des Erwerbers ist unerheblich (§ 1192 Ia BGB). Trotz fehlender Akzessorietät hat sich die Sicherungsgrundschuld damit der → Sicherungshypothek angenähert.

Sicherungshypothek – streng akzessorische → Hypothek, bei der das Recht des Gläubigers aus der Hypothek sich nur nach der zugrunde liegenden Forderung bestimmt und der Gläubiger sich zum Beweis der Forderung nicht auf die Eintragung im → Grundbuch berufen kann. Die Hypothek muss im Grundbuch als Sicherungshypothek bezeichnet werden (§ 1184 II BGB). – Erteilung eines → Hypothekenbriefs ist bei der Sicherungshypothek kraft Gesetzes ausgeschlossen (§ 1185 BGB). – Die Sicherungshypothek ist immer → Arresthypothek bzw. → Zwangshypothek. – Die Sicherungshypothek kann in eine gewöhnliche Hypothek *umgewandelt* werden und umgekehrt. – *Bes. Formen:* Die Sicherungshypothek für Inhaber- und Orderpapiere (§§ 1187–1188 BGB) wird zur Sicherstellung einer Forderung aus einer → Anleihe, einem Wechsel oder einem anderen Papier verwendet, das durch Indossament übertragen werden kann (→ Höchstbetragshypothek). – *Bedeutung:* Im Kreditgeschäft wird die Sicherungshypothek mangels Verkehrsfähigkeit kaum als Sicherheit angewendet (→ Kreditsicherheit). Praktische Bedeutung besitzt sie, wenn sich der Gläubiger zur Sicherung seiner fälligen Forderung im Rahmen einer Zwangsvollstreckung eine Hypothek verschaffen will (→ Zwangshypothek, → Arresthypothek), eine Vollstreckung kann nur erfolgen, wenn der Eigentümer dies duldet.

Sicherungsschein – 1. *Begriff:* Der Sicherungsschein bestätigt, dass für den Fall der Zahlungsunfähigkeit des Schuldners eine von diesem einem Dritten gegenüber zu erbringende Leistung versichert ist und dass die Versicherung des Schuldners gegenüber dessen Gläubigern haftet. Der Sicherungsschein dient also der Absicherung der Gläubiger. – 2. *Besonderheiten in der Kfz-Versicherung:* In der → Kfz-Versicherung wird ein Sicherungsschein bei finanzierten oder geleasten Kraftfahrzeugen ausgestellt und bestätigt den Versicherungsumfang. Der Sicherungsschein dient insoweit dem Schutz des Kreditgebers bzw. des Leasinggebers, als diese berechtigt sind, neben dem Versicherungsnehmer Ansprüche gegen den Versicherer geltend zu machen.

Sicherungstreuhandschaft → Treuhandschaft.

Sicherungsübereignung – 1. *Begriff:* Vertrag, durch den der Schuldner dem Gläubiger zur Sicherung einer Schuld das → Eigentum an einer → beweglichen Sache oder an einer Sachgesamtheit (z.B. Warenlager) mittels → Besitzkonstituts (§ 930 BGB) überträgt mit der Verpflichtung zur Rückübertragung, sobald die Schuld getilgt ist, oder mit der Vereinbarung, dass das Eigentum nach Erfüllung der Schuld von selbst an den Schuldner zurückfällt. Die Sicherungsübereignung ist ein treuhänderisches Rechtsverhältnis (→ Treuhandschaft). – 2. *Bedeutung:* Die Sicherungsübereignung hat weitgehend das → Pfandrecht verdrängt, da sie im Gegensatz zu diesem eine tatsächliche Übergabe der Ware nicht voraussetzt. Sie ist jedoch nur wirksam, wenn ein → Besitzkonstitut vereinbart ist. Die Sicherungsübereignung einer Sachgesamtheit, bes. eines Warenlagers, ist auch in der Weise möglich, dass dem Schuldner die Veräußerung einzelner Waren im Wege eines normalen Geschäftsverkehrs gestattet wird, andererseits jedoch auch die Waren, die erst in Zukunft Bestandteil des Warenlagers werden, von der Sicherungsübereignung erfasst werden. – Vgl. auch → Raumsicherungsvertrag. Die Sicherungsübereignung größerer Sachgesamtheiten kann nichtig sein, wenn sie den Schuldner unangemessen in seiner wirtschaftlichen Freiheit beschränkt oder andere Gläubiger über die Kreditwürdigkeit des Schuldners täuscht (→ Knebelungsvertrag, → Kredittäuschungsvertrag). – 3. *Rechtsfolgen:* Vollstreckt ein Gläubiger des Sicherungsgebers in die zur Sicherung übereignete Sache, so kann der Sicherungsnehmer mit der → Drittwiderspruchsklage Freigabe verlangen (§ 771 ZPO); ebenso kann der Sicherungsgeber der Vollstreckung durch Gläubiger des Sicherungsnehmers nicht widersprechen, solange die gesicherte Forderung besteht (strittig). Im → Insolvenzverfahren kann der Sicherungsnehmer aber nicht → Aussonderung, sondern nur → Absonderung verlangen. – Vgl. auch → eigennützige Treuhandverhältnisse.

Sicherungsverfahren – bes. Verfahren zur selbstständigen gerichtlichen Anordnung von → Maßregeln der Besserung und Sicherung, wenn der Täter nicht bestraft werden kann, weil er schuldunfähig oder verhandlungsunfähig ist und deshalb ein Strafverfahren nicht durchgeführt wird (vgl. z.B. §§ 63, 71 f. StGB i.V. mit §§ 413 ff. StPO). – Vgl. auch → Arrestverfahren, → objektives Verfahren.

Sicherungsvermögen – *veraltet: Deckungsstock (früher im Versicherungsaufsichtsgesetz (VAG) gebräuchlicher Begriff für das Sicherungsvermögen).* – 1. *Begriff:* Gesamtheit der Vermögenswerte des Versicherers, die der Bedeckung der versicherungstechnischen Rückstellungen, Verbindlichkeiten und Rechnungsabgrenzungsposten dienen (mit Ausnahme der sog. freien Rückstellung für Beitragsrückerstattungen), vgl. § 66 Ia VAG. – 2. *Einzelheiten:* Dem Sicherungsvermögen sind laufend Beträge in der Höhe zuzuführen und vorschriftsmäßig, d.h. in qualifizierten Kapitalanlagen gem. § 54 VAG und §§ 1 ff. AnlV (vgl. Anlagegrundsätze) zu investieren, wie es dem voraussichtlichem Anwachsen des Solls dieses Vermögens gem. § 66 Ia VAG entspricht. Demnach muss das Sicherungsvermögen mindestens die Summe folgender Posten bedecken: a) die Beitragsüberträge, – b) die Deckungsrückstellung, – c) die Rückstellungen (1) für noch nicht abgewickelte Versicherungsfälle und Rückkäufe, (2) für erfolgsunabhängige Beitragsrückerstattungen und (3) für unverbrauchte Beiträge aus ruhenden Versicherungsverträgen, – d) den festgelegten Teil der Rückstellung für erfolgsabhängige Beitragsrückerstattungen, – e) die Verbindlichkeiten aus dem selbst abgeschlossenen Versicherungsgeschäft gegenüber Versicherungsnehmern, – f) die als → Prämien eingenommenen Beträge, die ein Versicherungsunternehmen zu erstatten hat, wenn ein Versicherungsvertrag oder ein in § 1 IV VAG genanntes Geschäft nicht zustande gekommen ist oder aufgehoben wurde. Maßstab für das Soll sind die Bruttowerte vor Abzug der Anteile für das in Rückdeckung gegebene Geschäft. Entspricht das Sicherungsvermögen nicht dem Soll, hat der Vorstand den fehlenden Betrag unverzüglich zuzuführen. Das Sicherungsvermögen ist gesondert von jedem anderen Vermögen zu verwalten und am Sitz des Unternehmens aufzubewahren. Zugeführte Vermögensgegenstände werden grundsätzlich zum → Buchwert angerechnet (Besonderheiten für Grundstücke vgl. § 66 IIIa VAG). Die Zugehörigkeit des einzelnen Vermögensgegenstands zum Sicherungsvermögen wird durch die Eintragung in das Vermögensverzeichnis begründet. Die Eintragung ist konstitutiv. Eine Ausnahme gilt für Anteile des Rückversicherers an den versicherungstechnischen Bruttorückstellungen in der Schaden-/ Unfallversicherung; hier ist keine Eintragung erforderlich (§ 66 VIa VAG). In der → Lebensversicherung, der → privaten Krankenversicherung nach Art der Lebensversicherung, der privaten Pflegeversicherung und der → Unfallversicherung mit garantierter Beitragsrückzahlung hat das Unternehmen die anteiligen Werte des Sicherungsvermögens auch für den in Rückdeckung gegebenen Anteil selbst aufzubewahren und zu verwalten (§ 67 VAG), allerdings mit Ausnahme der die Beitragsüberträge und die Rückstellung für noch nicht abgewickelte Versicherungsfälle bedeckenden Vermögensgegenstände. Diese Ausnahme beruht auf Art. 57 Nr. 3 und 60 Nr. 6 der EU-Rückversicherungsrichtlinie von 2005, wonach die Mitgliedstaaten bei Versicherungsunternehmen, die eine Zulassung nach der Ersten Lebensversicherungsrichtlinie, der Ersten Schadenversicherungsrichtlinie oder der Rückversicherungsrichtlinie haben, davon absehen müssen, ein System von versicherungstechnischen Bruttorückstellungen durch die Besicherung von Vermögenswerten zur Bedeckung noch nicht verdienter Prämien und noch nicht abgewickelter Schadensfälle beizubehalten oder einzuführen. Nach § 54b VAG sind die Kapitalanlagen der fondsgebundenen Lebensversicherung und der indexgebundenen Lebensversicherung in einer eigenen Abteilung des Sicherungsvermögens, dem Anlagestock, in den betreffenden Werten anzulegen. Mit Genehmigung der → Aufsichtsbehörde können weitere selbstständige Abteilungen des Sicherungsvermögens eingerichtet werden, vgl. § 66 VII VAG. – 3. *Überwachung und Sicherstellung des Sicherungsvermögens:* Zur Überwachung des Sicherungsvermögens ist – außer bei kleineren Vereinen – vom Aufsichtsrat ein → Treuhänder zu bestellen (§ 70 VAG), der allen Verfügungen über das Sicherungsvermögen und allen Entnahmen zustimmen muss (§ 72 VAG). Dem Sicherungsvermögen dürfen nur unter bestimmten Voraussetzungen Gegenstände entnommen werden. Eine dieser Voraussetzungen ist die Notwendigkeit, eine vernünftige Kapitalanlagepolitik betreiben zu können. So können dem Sicherungsvermögen Gegenstände entnommen werden, um sie gegen andere, mindestens ebenso werthaltige, auszutauschen. Entnahmen sind ferner zur Erfüllung von Verpflichtungen aus dem Versicherungsvertrag oder infolge von Änderungen des Geschäftsplans zulässig, sofern und soweit dadurch Mittel frei werden (§ 77 I VAG). Zwangsvollstreckungsmaßnahmen in das Sicherungsvermögen sind nur soweit zulässig, wie für den Anspruch, zu dessen Gunsten verfügt wird, die Zuführung zum Sicherungsvermögen vorgeschrieben und auch tatsächlich erfolgt ist (§ 77 II VAG). – 4. *Sicherungsvermögen im Insolvenzverfahren:* Die besondere Absicherung von Vermögenswerten in Höhe der Verpflichtungen des Versicherers aus Versicherungsverträgen soll einen speziellen Schutz der Versicherungsnehmer im Fall der Insolvenz des Versicherers bewirken. Die Ansprüche der Versicherungsnehmer rangieren damit vor allen anderen Gläubigern, soweit

Mittel im Sicherungsvermögen enthalten sind. Im Insolvenzfall werden aus dem Sicherungsvermögen zuerst die Ansprüche aus den damit abgedeckten Versicherungsverträgen befriedigt. Nur wenn danach noch Sicherungsvermögen übrig ist, können die entsprechenden Vermögenswerte auch zur Abgeltung anderer Ansprüche verwendet werden.

Sicherungsverwahrung – 1. → Maßregel der Besserung und Sicherung nach § 66, 66a StGB, die bei bestimmten gefährlichen Tätern neben der → Freiheitsstrafe verhängt werden kann. – Die Unterbringung in der Sicherungsverwahrung ordnet das Gericht neben der Strafe an, wenn jemand wegen in § 66 Abs. 1 StGB benannter vorsätzlichen → Straftaten verurteilt worden ist und vorher schon mehrfach zu Freiheitsstrafen verurteilt worden ist und sie verbüßt hat und die Gesamtwürdigung des Täters und seiner Taten ergibt, dass er infolge eines Hanges zu erheblichen Straftaten für die Allgemeinheit gefährlich ist (genaue Voraussetzungen vgl. § 66 I StGB). Die Sicherungsverwahrung kann bei bestimmten Verbrechen und schweren Vergehen auch nachträglich angeordnet werden, wenn vor Ende des Strafvollzugs Tatsachen erkennbar werden, die auf eine erhebliche Gefährlichkeit des Verurteilten für die Allgemeinheit hinweisen; Näheres zu den Voraussetzungen in § 66b StGB. Die *nachträgliche* Sicherungsverwahrung kann auch bei Tätern, die nach Jugendstrafrecht bestraft worden sind, unter den Voraussetzungen des § 7 JGG, die denen des § 66b StGB nachgebildet sind, angeordnet werden. – 2. Durch Urteil vom 4.5.2011 hat das Bundesverfassungsgericht festgestellt, dass die Regelungen über die Sicherungsverwahrung in den §§ 66,66a, 67d Abs. 3 S. 1 StGB, § 7 Abs. 3 und § 106 JGG verfassungswidrig sind, aber bis zur Neuregelung durch den Gesetzgeber bis zum 31.5.2013 nach Maßgabe der Gründe des Urteils weiter anwendbar sind.

Sicherungszession → Sicherungsabtretung.

Sicherungszweckerklärung – Zusatzvereinbarung zur → Grundschuld, auch Zweckerklärung oder Sicherungsabrede genannt, die u.a. folgende Regelungen beinhaltet: (1) Bestimmung der Kredite, die besichert werden sollen; (2) Unterhaltung, Versicherungs- und Besichtigungsrecht des Grundstücks.

Sicht → Architektur integrierter Informationssysteme.

Sichtakkreditiv → Sichtzahlungsakkreditiv.

Sichteinlagen – I. Einlagengeschäft: täglich fällige Gelder; → Einlagen auf Bankkonten, die jederzeit fällig sind, und die den Zwecken des bargeldlosen Zahlungsverkehrs dienen, z.B. → Giroeinlagen. Sichteinlagen bei Notenbanken sind i.d.R. nicht, bei Geschäftsbanken niedrig verzinslich. Keine Sichteinlagen sind → Spareinlagen, die der Geldanlage und nicht dem Zahlungsverkehr dienen. – *Gegensatz:* → Termineinlagen.

II. Geldpolitik: Bei der Berechnung mindestreservepflichtiger Einlagen rechnet die → Deutsche Bundesbank Einlagen mit einer Laufzeit oder Kündigungsfrist von weniger als einem Monat zu den Sichteinlagen.

Sichtgerät → Bildschirm.

Sichtinkassi → Dokumente gegen Zahlung-Inkassi.

Sichtkurs → Devisenkurs für den Ankauf von → Auslandsschecks in Fremdwährung.

Sichttratte → gezogener Wechsel (Tratte), der bei Vorlage (bei Sicht) zahlbar ist. – Im *Exportgeschäft* werden Sichttratten v.a. beim Dokumenteninkasso (→ Inkasso) und Dokumentenakkreditiv (→ Akkreditiv) verwendet, falls ihre Ausstellung vorgeschrieben ist. Wenn beim Dokumentenakkreditiv eine Sichttratte gezogen wird, werden die Dokumente nur gegen Bezahlung der Sichttratte ausgehändigt.

Sichtwechsel → Wechsel, der bei Vorlage (bei Sicht) einzulösen ist (Art 34 I WG). Dies ist immer dann der Fall, wenn ein entsprechender Vermerk (bei Sicht oder auf Sicht) angebracht wurde oder die Angabe der Verfallzeit fehlt. Das Wechselgesetz sieht vier Möglichkeiten für die Angabe der Verfallzeit vor (Art 33 I WG): a) auf Sicht (Sichtwechsel); – b) auf eine bestimmte Zeit nach Sicht (Nachsichtwechsel – z.B.: 14 Tage nach Sicht); – c) auf eine bestimmte Zeit nach der Ausstellung (Datowechsel – z.B.: 3 Monate dato); – d) auf einen bestimmten Tag (Tagwechsel). – Sichtwechsel werden insbes. im Zusammenhang mit → Bürgschaftskrediten ausgestellt. Falls der Hauptschuldner seinen Zahlungsverpflichtungen nicht nachkommt, wird der Wechsel dem Bürgen (→ Bezogener) vorgelegt, wodurch der Wechsel sofort zur Zahlung fällig wird.

Sichtzahlungsakkreditiv – *Sichtakkreditiv.* Der Akkreditivbegünstigte erhält den Akkreditivbetrag bei Sicht ausbezahlt, d.h. im Gegenzug zur Aufnahme der von ihm eingereichten Dokumente durch die als Zahlstelle des Akkreditivs eingesetzte Bank. – Vgl. auch → Akkreditiv.

Side Trading – *Side Grading;* Veränderung des Angebotsprogramms (→ Sortiments) eines Unternehmens, um neue Zielgruppen zu erschließen, unter Beibehaltung des Leistungsniveaus. – Vgl. auch → Trading-up.

Siebener-Gruppe → G 7, Group of Seven.

Sieben-S-Modell – *7-S-Modell.* 1. *Begriff:* Modell eines Unternehmens mit sieben Kernvariablen, die für die Gestaltung des Unternehmens wesentlich sind und zugleich Ansatzpunkte für Interventionen vonseiten einer Beratung bieten. – 2. *Die Variablen:* (1) Die *Strategie* (Strategy) umfasst alle Maßnahmen, die dazu dienen sollen, einen nachhaltigen Wettbewerbsvorteil zu generieren, d.h. etwa auch eine systematische Ressourcenallokation (→ Strategieberatung). (2) Die *Struktur* (Structure), d.h. die → Aufbauorganisation des Unternehmens, zeigt auf, wer an wen zu berichten hat und wie Aufgaben unterteilt und delegiert werden. (3) Die *Systeme* (Systems) bilden den Rahmen für die Prozesse, die im gewöhnlichen Geschäftsverkehr/Tagesgeschäft ablaufen, bspw. Informationssysteme, Budgetierung, Fabrikationsprozesse, Qualitätskontrolle und Messung der Leistungserfüllung. (4) Die *Unternehmenskultur* (Style) enthält einerseits Elemente, die durch das Management vorgegeben bzw. vorgelebt werden, andererseits aber auch solche, die sich im Unternehmen historisch entwickelt haben. (5) Die *Menschen/Mitarbeiter* (Staff) bedingen die Ausgestaltung des Personalwesens sowie die Demografie des Unternehmens. (6) Die *gemeinsamen Werte* (Shared Values) bestimmen die grundlegende Ausrichtung des Unternehmens. Gemeint sind Werte und Fähigkeiten, die bspw. unter Einbeziehung von Zielvereinbarungen die weitere Unternehmensentwicklung betreffen. Diese Werte müssen von möglichst vielen Mitarbeitern geteilt werden. (7) Die *Fähigkeiten* (Skills) im Sinne des Modells sind die charakteristischen Fähigkeiten, die das Unternehmen als Ganzes am besten beherrscht (Corporate Skills). – 3. *Harte und weiche Variablen:* Die Variablen sind teils hart und teils weich. Die harten Variablen sind i.d.R. greifbar und im Unternehmen konkret dargelegt. Sie sind bspw. anhand von Strategiepapieren, Unternehmensplänen, Unternehmensdarstellungen oder Organigrammen nachvollziehbar. Die weichen Variablen sind dagegen kaum materiell greifbar. Fähigkeiten, gemeinsame Werte und kulturelle Elemente entwickeln sich in einem Unternehmen ständig fort. – Die Effektivität einer Organisation liegt in der Interaktion der verschiedenen Faktoren – so die zentrale Idee des Modells, das im Übrigen auch unter der Bezeichnung McKinsey-7-S bekannt ist (die beiden maßgeblichen Urheber, Thomas J. Peters und Robert H. Waterman waren seinerzeit als Berater bei McKinsey & Company tätig).

Siebte EG-Richtlinie – *Konzernbilanzrichtlinie, gesellschaftliche Richtlinie;* verabschiedet im Juni 1983. Die Umsetzung der Siebten Richtlinie in deutsches Recht erfolgte am 19.12.1985 im Rahmen des → Bilanzrichtlinien-Gesetzes (BiRiLiG). Die neuen Regelungen mussten erstmals für die Geschäftsjahre, die nach dem 31.12.1989 beginnen, konnten jedoch freiwillig schon vorher angewandt werden. – *Zweck:* Harmonisierung der Vorschriften zur Rechnungslegung im Konzern (→ Konzernabschluss) in den Mitgliedsstaaten der EU. Die Siebte Richtlinie ergänzt die → Vierte EG-Richtlinie, die sich auf den Einzelabschluss beschränkt.

Siedlung – menschliche Niederlassung. Dazu gehören die Behausungen als Wohn-, Arbeits-, Erholungs-, Kultstätten usw. in ihren Gruppierungen. Unterschieden wird nach der Benutzungsdauer einer Siedlung (z. B. temporäre Siedlung, saisonale Siedlung) sowie nach städtischen (→ Stadt) und ländlichen Siedlungen.

Siedlungsdichte – Einwohner je km^2 Siedlungsfläche.

Siedlungseinheit – Begriff der Bevölkerungsstatistik für die Abgrenzung von Ortschaften mit den ihnen zugehörigen Wohnstätten nach Größenordnungen. Einzelne Bezeichnungen vgl. Tabelle.

Siedlungseinheiten

Ort		Bezeichnung
von	bis unter	
	2.000	Landgemeinde
2.000	5.000	ländl. Kleinstadt
5.000	20.000	Kleinstadt
20.000	100.000	Mittelstadt
100.000	1.000.000	Großstadt
über 1 Million Einwohner		Weltstadt

Siegelbruch – Strafrechtliches Vergehen (§ 136 II StGB). Strafbar ist, wer unbefugt ein dienstliches Siegel vorsätzlich ablöst oder beschädigt oder unkenntlich macht, welches von einer Behörde oder einem Beamten (z.B. Gerichtsvollzieher) angelegt ist, um Sachen dienstlich zu verschließen, zu bezeichnen oder in Beschlag zu nehmen, oder den durch das Siegel bewirkten amtlichen Verschluss ganz oder z.T. unwirksam macht. – *Strafe:* Freiheitsstrafe bis zu einem Jahr oder Geldstrafe.

Signal – I. Informationstheorie: physikalisch messbares Faktum oder Ereignis, das als Ergebnis eines Kombinations- und Transformationsvorganges von Zeichen der Übermittlung von Nachrichten in einem Kanal von einem Sender an einen Empfänger dient. Signale überbrücken entweder räumliche Distanzen (Telegraphie) oder Zeitspannen (Gedächtnis, Speicher) und sind Träger von → Informationen.

II. Werbung: → nonverbale Kommunikation.

Signalfunktion des Preises – Begriff der → Preistheorie. Veränderungen der Nachfrage eines knappen → Gutes lösen Preisveränderungen aus, die dem Produzenten anzeigen, dass sich die relative → Knappheit des Gutes verändert hat. Preiserhöhungen signalisieren, dass das Angebot für die herrschende Nachfrage zu gering, Preissenkungen, dass das Angebot für die herrschende Nachfrage zu hoch ist. I.d.R. werden die Unternehmungen sich (bei Gewinnmaximierung) an die veränderte Knappheitssituation durch Veränderungen der Angebots- bzw. Ausbringungsmenge anpassen.

Signalisierung → Adverse Selection.

Signalling → Adverse Selection.

Signalpreis – niedriger, positiv kommunizierbarer Preis einer Leistung, mit dem um Kunden geworben wird.

Signalwirkungen – veränderte Verhaltensweise der Wirtschaftssubjekte schon während der Diskussion einer Steuerrechtsänderung bzw. einer Neueinführung (Wahrnehmungsphase) mit dem Ziel, die Steuerzahlung zu vermeiden oder zu mindern; bestimmte Form der → Steuerwirkung. Ökonomisch handelt es sich um zeitliche, räumliche oder sachliche Substitutionsprozesse. – *Beispiele:* Vorziehen von Käufen bei drohender Erhöhung spezieller Verbrauchssteuern; steuerlich bedingte Verlagerung von Standorten; Substitution eines bisher besteuerten Produktionsfaktors durch einen nicht besteuerten. Man unterscheidet diese Wahrnehmungsphase von der → Marktphase mit den Versuchen, die Steuerlast vor oder zurück zu wälzen, und von der Inzidenzphase (s. → Inzidenz) mit den Incentives und den Disincentives-Wirkungen der Steuerrechtsänderungen.

Signaturgesetz (SigG) – Signaturgesetz vom 16.5.2001 (BGBl. I 876) m.spät.Änd. bezweckt, Rahmenbedingungen für → digitale Signaturen zu schaffen, unter denen diese als sicher gelten und Fälschungen digitaler Signaturen oder Verfälschungen von signierten Daten zuverlässig festgestellt werden können. Als weltweit erstes Gesetz für den gesamten Rechtsraum eines Staates enthält das Signaturgesetz grundsätzliche technische und organisatorische Anforderungen für die Sicherungsinfrastruktur digitaler Signaturen. Es dient dem Verbraucherschutz und der Vertrauensbildung bei der Nutzung elektronischer Medien. Einzelheiten regelt die Verordnung zur digitalen Signatur (SigV) vom 16.11.2001 (BGBl. I 3074) m.spät.Änd.

Signaturkarte – Bei der qualifizierten elektronischen Signatur wird der private Schlüssel (Kpriv), der zur Signaturerzeugung verwendet wird, zum Schutz in einer sog. sicheren Signaturerstellungseinheit (§ 2 Nr. 10 SigG) – z.B. einer bes. gesicherten → Chipkarte (Signaturkarte) gespeichert. – Der Chipkartenhersteller muss in einem Prüf- und Bestätigungsverfahren nachweisen, dass ein Auslesen aus der Chipkarte unmöglich sowie der Signaturalgorithmus auf der Chipkarte sicher implementiert ist. – Die Signaturkarte gilt heute als das sicherste Instrument zur Onlinelegitimation. Sie findet ihren Einsatz u.a. sowohl bei → Bankgeschäften, bei virtuellen Behördengängen oder als Internetausweis.

Signifikanzniveau – *Irrtumswahrscheinlichkeit;* vorab festgelegte größtmögliche → Wahrscheinlichkeit α der fälschlichen Ablehnung der → Nullhypothese, also des Begehens eines → Alpha-Fehlers bei → statistischen Testverfahren. – Vgl. auch → Adjustierung des Signifikanzniveaus, → konservatives Testen, → Randomisierung.

Silent Shopper → Mystery Shopper.

Silvesterputz → Window Dressing.

Simon – Herbert Alexander, 1916–2001, amerik. Nationalökonom und Psychologe, lehrte seit 1949 an der Carnegie-Mellon University in Pittsburgh; → Nobelpreis für Wirtschaftswissenschaften 1978. Simon erhielt den Preis für seine umfassenden Arbeiten zu den Themen verwaltungsmäßiges Handeln und Entscheidungsfindung in großen Organisationen. Dabei vertrat er die Meinung, dass das Bild des → Homo oeconomicus, des rational Kosten und Nutzen kalkulierenden Individuums, unrealistisch sei, da die Kosten der Informationsgewinnung und die Ignoranz der unsicheren Zukunft unberücksichtigt blieben. – *Hauptwerke:* „Administrative Behavior" (1947) und „Public Administration" (1950).

Simplex – Art der → Datenübertragung, bei der → Daten nur in eine Richtung über das → Medium übertragen werden können. – *Gegensatz:* (Voll) → Duplex.

Simplexalgorithmus – Verfahren des → Operations Research (OR) zur optimalen Lösung → linearer Optimierungsprobleme. Da bekannt ist, dass eine optimale Lösung (wenn sie existiert) in einer Ecke des durch die linearen Restriktionen beschriebenen Polyeders angenommen wird, versucht der Simplexalgorithmus ausgehend von einer zulässigen Ecke iterativ zu einer benachbarten Ecke zu gehen, ohne dass sich der Zielfunktionswert verschlechtert.

Simplifikation – Begriff der Unternehmenspolitik für die Einengung des Leistungsprogramms einer Unternehmung durch Spezialisierungsmaßnahmen (→ Wertschöpfungsstrategien). – *Gegensatz:* → Diversifikation.

Sims – Christopher Albert, geb. 1942, US-amerik. Ökonom. Lehrtätigkeiten an diversen amerik. Universitäten, seit 1999 Professor an der Yale University. Wie Thomas → Sargent – mit dem er 2011 den → Nobelpreis für Wirtschaftswissenschaften erhält – forscht er seit Jahren an Ursachen und Wirkung in der Makroökonomie und entwickelte neue Messmethoden.

Simulation – 1. *Begriff:* ein möglichst realitätsnahes Nachbilden von Geschehen der Wirklichkeit. Aus Sicherheits- und Kostengründen ist es für fast alle konkreten Problemkreise notwendig, sie aus der Realität zu lösen und abstrakt zu behandeln; d.h. durch Abstraktion wird ein → Modell geschaffen, an dem zielgerichtet experimentiert wird. Die daraus resultierenden Ergebnisse werden anschließend wieder auf das reale Problem übertragen. Simulation ist nicht auf analytische Verfahren (→ effektiver Algorithmus) in geschlossener Form zurückzuführen; bei der Konzipierung des Modells sind deshalb viel Geschick und Erfahrung einzubringen, um die wesentlichen Einflussgrößen zu erfassen und keine unzulässige Vergröberung vorzunehmen. – 2. *Klassifizierung:* (1) *Physikalische Modelle* (Windkanal) oder *abstrakte Modelle* (Planspiel); (2) *Modelle mit menschlicher Entscheidung* (militärische Sandkastenspiele) oder *ohne* *menschliche Entscheidung* (Automatensteuerung); (3) *deterministische Modelle* (Wärmeflussgleichungen) oder *stochastische Modelle* (Nachbildung der Molekularbewegung). – Unter Simulation *i.e.S.* versteht man die Behandlung mathematischer Probleme, die Modelle von technischen oder ökonomischen Vorgängen sind. I.d.R. werden zeitabhängige Phänomene behandelt, deren Änderung in Zeitschritten (zeitorientiert) oder Ereignisschritten (ereignisorientiert) nachvollzogen werden kann. – 3. *Stochastische Simulation:* Bei der stochastischen Simulation sind die zu betrachtenden Einflussgrößen durch den Zufall bestimmt, daher wird der Simulation-Ablauf durch die Regeln der Wahrscheinlichkeitsrechnung bestimmt. Eingangsdaten sowie Ergebnisse sind Statistiken und somit nicht reproduzierbar. Bei dem Modellaufbau müssen die Beziehungen der Wahrscheinlichkeitsverteilungen untereinander und die Veränderung der Systemzustände beschrieben werden. In Form von Ablaufdiagrammen und daraus resultierenden Computerprogrammen wird die Logik des Systemablaufes nachgebildet. Notwendige Daten zur Ermittlung eines Simulationsergebnisses werden aus → Zufallsgeneratoren gewonnen, die jede vorgegebene Verteilung synthetisch erzeugen. Zur Steuerung von Systemänderungen werden zeitorientierte Ereignislisten geführt. Spezielle Simulationssprachen (SIMULA, GPSS) erleichtern den EDV-technischen Aufbau und Ablauf von Simulationsmodellen. Simulationssoftware bietet interaktive grafische Entwicklung und Animation von Simulation. – 4. *Anwendung:* Simulation wird angewandt, wenn ein Problem sich nicht durch ein mathematisches Modell beschreiben lässt, also keine analytische Lösung existiert oder eine exakte Lösung einen unverhältnismäßig hohen Rechenaufwand verursacht. Oft können → Wartesysteme nicht mit der → Warteschlangentheorie behandelt werden (Verteilungsprämissen), sodass die aufwendigere aber flexible Simulation zum Einsatz kommt.

Simulationsmodelle → Simulation, → Modell.

Simulationssprache – eine → Programmiersprache, die durch ihren Aufbau und spezielle Sprachelemente bes. die Durchführung von → Simulationen unterstützt. – *Bekannte Simulationssprachen:* Dynamo, GPSS, Simscript, Simula.

Simultaneous Engineering – Methode zur Verkürzung der → Produktentwicklung mittels paralleler Initiierung der notwendigen Entwicklungsarbeiten. In diesen simultanen Prozess können auch die Lieferanten einbezogen werden, um die Entwicklung zu beschleunigen und zu optimieren.

Simultaneous-Peripheral-Operations-Online-Betrieb → Spool-Betrieb.

simultanes Gleichgewicht → allgemeines Gleichgewicht.

simultanes System – Typisches Beispiel eines simultanen Systems ist Folgendes:

$$(1) Y_{1i} = \beta_0 + \beta_1 Y_{2i} + \beta 2 X_{1i} + \beta_3 X_{2i} + \epsilon_{1i}$$
$$(2) Y_{2i} = \alpha_0 + \alpha_1 Y_{1i} + \alpha 2 X_{1i} + \alpha_3 X_{3i} + \epsilon_{2i}$$

Die unverzögerten endogenen Variablen (→ Variable, endogene) Y_1 und Y_2 werden als gemeinsam abhängige Variablen (→ Variable, gemeinsam abhängige) bezeichnet. Ihre Werte werden durch das Modell bestimmt. Daneben enthält das simultane Gleichungssystem i.Allg. Variablen, die nicht gleichzeitig durch das Modell erklärt werden. Sie sind als vorherbestimmt zu betrachten. Zu den vorherbestimmten Variablen (→ Variable, vorherbestimmte) rechnet man die verzögerten endogenen Variablen (hier keine enthalten) und die echten, von außerhalb des Modells vorgegebenen, exogenen Variablen (→ Variable, exogene) (hier X_1, X_2 und X_3). Ein simultanes Gleichungssystem wird als vollständig bezeichnet, wenn es ebenso viele Gleichungen wie gemeinsam abhängige Variablen enthält (hier gegeben). Simultane Gleichungssysteme können in der strukturellen Form und in der reduzierten Form geschrieben und analysiert werden (→ Mehrgleichungsmodell). – Warum es in simultanen Systemen zur Korrelation zwischen Störterm und erklärenden Variablen kommt, kann leicht an obigem Modell veranschaulicht werden. Nimmt z.B. ε_1 zu, so führt dies zu einer Erhöhung von Y_1 in Gleichung 1, was wiederum zu einer Erhöhung von Y_2 über Gleichung 2 führt, da Y_1 hier eine erklärende Variable ist. Diese Erhöhung von Y_2 geht dann wieder in Gleichung 1 ein, da Y_2 hier eine erklärende Variable ist. Eine Erhöhung des Störterms ε_1 führt also in Gleichung 1 auch zu einer Erhöhung der erklärenden Variable Y_2. ε_1 und Y_2 sind also korreliert.

Simultangründung → Einheitsgründung.

Simultankonsolidierung – Methode der Erstellung des → Konzernabschlusses für einen → mehrstufigen Konzern, bei der anders als bei der → Kettenkonsolidierung keine Teilkonzernabschlüsse erstellt werden. Der Gesamtkonzernabschluss wird in einem Schritt erstellt.

Simultanplanung – 1. *Begriff:* Planung, bei der alle Teilpläne unter Berücksichtigung der gegenseitigen Interdependenzen gleichzeitig (simultan) aufgestellt werden. – 2. *Merkmale:* Simultanplanung führt bei gleichzeitiger Berücksichtigung der Zielsetzung in einem Schritt zu harmonisch aufeinander abgestimmten Teilplänen und zum optimalen Gesamtplan (→ Gesamtplanung). – 3. *Anwendung:* Schwierigkeiten bei der Durchführung betrieblicher Simultanplanungen bestehen im Umfang der dabei entstehenden Planungsmodelle, der mangelnden Kenntnis funktionaler Zusammenhänge der betrieblichen Aktionsvariablen sowie der Unsicherheit gewisser relevanter Daten. – *Gegensatz:* → Sukzessivplanung.

Single Euro Payments Area (SEPA) – 1. *Begriff und Dimension*: Abkürzung für Single Euro Payments Area (Einheitlicher Euro-Zahlungsverkehrsraum), in dem alle Euro-Zahlungen wie inländische Zahlungen behandelt werden. Mit SEPA wird nicht mehr zwischen nationalen und grenzüberschreitenden Zahlungen unterschieden. Nutzer von Zahlungsverkehrsdienstleistungen können mit SEPA bargeldlose Euro-Zahlungen von einem einzigen Konto vornehmen und hierbei einheitliche Zahlungsinstrumente (→ SEPA-Überweisung, → SEPA-Lastschrift) ebenso einfach, effizient und sicher einsetzen wie die heutigen Zahlungsverkehrsinstrumente auf nationaler Ebene. SEPA betrifft jedes Kreditinstitut und jeden Kontoinhaber, ganz gleich ob Privatperson, Wirtschaftsunternehmen oder Verein. Der SEPA-Raum besteht aus den 27 EU-Staaten, den weiteren EWR-Ländern Island, Liechtenstein und Norwegen sowie der Schweiz und Monaco. – 2. *Zielsetzungen*: Mit der Einführung des Euro als gemeinsamer Währung im Jahr 1999 und der Eurobanknoten und -münzen im Jahr 2002 wurden bereits wichtige Grundlagen für einen einheitlichen Euro-Zahlungsverkehrsraum gelegt. Die Einwohner des Euroraums können seitdem Barzahlungen im gesamten Eurowährungsgebiet ebenso einfach durchführen wie zuvor mit der nationalen Währung im eigenen Land. Die Einführung des Euro führte jedoch noch nicht zur Verwirklichung eines Binnenmarktes im unbaren Zahlungsverkehr. Die Zahlungsverkehrsmärkte in Europa sind immer noch stark fragmentiert. So verfügt jedes Land über eigene technische Standards, z.B. in Bezug auf die Kontonummern-Systematik oder das Datenformat für den Zahlungsaustausch. Des Weiteren sind die einzelnen Zahlungsverfahren in jedem Land unterschiedlich ausgestaltet. So bestehen bspw. deutliche Unterschiede zwischen dem dt. und dem franz. Lastschriftverfahren. Mit SEPA wird die Währungsunion für den Binnenmarkt abgeschlossen. Die traditionellen Strukturen der bisherigen nationalen Zahlungsverkehrsmärkte werden aufgebrochen. Künftig wird es in Europa einheitliche Verfahren und Standards geben, sodass jeder Kunde Überweisungen, Lastschriften und Kartenzahlungen in einheitlicher Weise überall in Europa einsetzen kann. Durch die Harmonisierung können die Bankkunden ihren gesamten Euro-Zahlungsverkehr über eine beliebige Bank im Euroraum abwickeln. Die Abschottung der bisherigen nationalen Märkte wird zugunsten eines europaweiten Zahlungsverkehrsmarktes aufgehoben und europaweiter Wettbewerb geschaffen. SEPA betrifft also nicht nur den grenzüberschreitenden Eurozahlungsverkehr, sondern soll zu einer vollständigen Integration der nationalen Zahlungsverkehrsmärkte führen. – 3. *Beteiligte*: Im Jahr 2002 erklärte das europäische Kreditgewerbe in einem „Weißbuch" seine Absicht, einen einheitlichen Zahlungsverkehrsraum in Europa zu schaffen. Zur Steuerung dieser Aktivitäten wurde ebenfalls im Jahr 2002 der Europäische Zahlungsverkehrsrat (European Payments Council (→ EPC)) gegründet. Der EPC entwickelte die gemeinsamen europäischen Regeln für SEPA-Überweisungen und SEPA-Lastschriften. Auf nationaler Ebene begleitet das dt. Kreditgewerbe im Rahmen der Deutschen Kreditwirtschaft (DK) unter Mitwirkung der → Deutschen Bundesbank die Arbeiten. Zu diesem Zweck wurde die EPC-Gremienstruktur national „gespiegelt". Die Deutsche Bundesbank und die übrigen Zentralbanken des Eurosystems fördern den SEPA-Prozess und begleiten die Arbeiten des Kreditgewerbes aktiv im Rahmen ihrer politischen „Katalysator"-Funktion. Die Bundesbank fungiert als Bindeglied zwischen dt. Kreditgewerbe und Eurosystem. Um die reibungslose Einführung von SEPA in Deutschland zu erleichtern, hat die Deutsche Bundesbank zusammen mit dem Bundesministerium der Finanzen den SEPA-Rat ins Leben gerufen, in dem sowohl die Anbieterseite (v.a. die Deutsche Kreditwirtschaft) als auch die Nachfrager (u.a. Unternehmen, Handel, Verbraucherinnen und Verbraucher sowie öffentliche Verwaltungen) vertreten sind. – 4. *Zeitplanung*: Am 28.1.2008 wurde die SEPA-Überweisung und am 2.11.2009 die SEPA-Lastschrift eingeführt. Ursprünglich sollten sich die SEPA-Verfahren im Wege eines marktgetriebenen Prozesses etablieren. Gleichwohl dominieren in fast allen Euro-Ländern nach wie vor die gewohnten nationalen Verfahren. Um einen ineffizienten Parallelbetrieb alter und neuer Zahlverfahren zu vermeiden, war ein Auslauftermin für die nationalen Verfahren notwendig. Da sich die an SEPA beteiligten Zahlungsdienstleister untereinander nicht auf einen verbindlichen Auslauftermin einigen konnten, sah sich der europäische Gesetzgeber genötigt, diesen per Verordnung zu erlassen. Mit der am 31.3.2012 in Kraft getretenen SEPA-Verordnung (Verordnung (EU) Nr. 260/2012 zur Festlegung der technischen Vorschriften und der Geschäftsanforderungen für Überweisungen und Lastschriften in Euro und zur Änderung der Verordnung (EG) Nr. 924/2009) hat der europäische Gesetzgeber einen gemeinsamen Auslauftermin festgelegt. Dieser gilt sowohl für Unternehmen, öffentliche Verwaltungen, Vereine als auch für alle Verbraucherinnen und Verbraucher. Ab Februar 2014 müssen die in den Euro-Ländern angebotenen Verfahren für Überweisungen und Lastschriften grundsätzlich die in der SEPA-Verordnung definierten Anforderungen erfüllen und damit auf einer europaweit einheitlichen Basis stehen. Diese technischen Anforderungen erfüllen zurzeit allein die SEPA-Verfahren. Der Auslauftermin für Mitglieder der Europäischen Union, die den Euro nicht als Landeswährung verwenden, ist der 31.10.2016. Wird der Euro in einem dieser Mitgliedstaaten jedoch vor dem 31.10.2015 als Währung eingeführt, müssen die betreffenden Anforderungen binnen eines Jahres nach dem Zeitpunkt des Beitritts zum Euroraum umgesetzt werden. – Vgl. auch → CREDEURO, → EPC, → Interbank Convention on Payments (ICP).

Single-Loop-Lernen – Lernprozess des → organisationalen Lernens, bei dem die erkannten Probleme mit den vorgegebenen Werten und Zielen verglichen werden, um geeignete Aktionen zur Lösung der Probleme einleiten zu können. Single-Loop-Lernen beschäftigt sich mit der Oberflächenstruktur, d.h. mit der Gesamtheit aller organisatorischen Regeln, welche die Strukturen und Prozesse festlegen, die offiziell dokumentiert, autorisiert und somit gleichsam an der „Oberfläche" der Organisation sichtbar sind. – Vgl. auch → Balanced Scorecard, → Double-Loop-Lernen.

Single Source – Gemeinsame Datenquelle für Ursache- und Wirkungs-Variablen, die eine Analyse von kausalen Zusammenhängen ermöglicht.

Single Sourcing – Beschaffungsstrategie, die eine gezielte, freiwillige Beschränkung auf einen – bei dual sourcing zwei – Lieferanten vornimmt.

singulärer Satz → Existenzaussage.

Singularinstanz – eine mit nur einem Handlungsträger besetzte → Instanz. Die Leitung der hierarchisch untergeordneten organisatorischen Einheiten erfolgt nach dem → Direktorialprinzip. – *Gegensatz:* → Pluralinstanz.

SIR-Konzept – *Stimulus-Insystem-Response-Konzept,* → Käufer- und Konsumentenverhalten.

Sistema Económico Latinoamericano → SELA.

SITC – Abk. für *Standard International Trade Classification, Internationales Warenverzeichnis für den Außenhandel;* System der Warenklassifikation, das in enger Verbindung zum → Harmonisierten System (zur Bezeichnung und Kodierung der Waren) und zur → Kombinierten Nomenklatur (KN) steht und internationale Vergleichbarkeit der Statistiken gewährleistet. Im Unterschied zum Harmonisierten System zur Beschreibung und Codierung der Waren und der Kombinierten Nomenklatur weist es eine höhere Aggregation der Warengruppen auf und berücksichtigt in der Gliederung nicht nur Materialbeschaffenheit und Verarbeitungsgrad der zu klassifizierenden Waren, sondern auch deren Herkunft nach Branchen. Seine Struktur ist außerdem mehr an statistischen Erfordernissen orientiert. Die momentan gültige Version SITC Rev. 4 lässt sich durch Umgruppierung in das HS überführen.

Site → Website.

sittenwidrige Werbung – wurde bis zur Neufassung des UWG 2004 durch die Generalklausel des § 1 UWG a.F. verboten. Der Tatbestand erforderte ein Handeln im geschäftlichen Verkehr zu Zwecken des Wettbewerbs (→ Wettbewerbsverhältnis) und einen Verstoß gegen die guten Sitten. Wertungsmaßstab war der Schutz des Leistungswettbewerbs, der auf der Qualität und Preiswürdigkeit der eigenen Leistung beruhte und als Sittenverstoß Handlungen erfasste, die dem Anstandsgefühl der verständigen Durchschnittsgewerbetreibenden widersprachen oder von der Allgemeinheit missbilligt und als untragbar angesehen wurden. Zur Konkretisierung der Generalklausel wurden in der Rechtsprechung Fallgruppen des unlauteren → Kundenfangs, der individuellen sowie allg. Behinderung, der → Ausbeutung fremder Leistung und des → Rechtsbruchs herausgearbeitet, die weitere Untergruppen typischer Wettbewerbsverstöße erfassten. Mit der Neufassung des UWG durch Gesetz vom 3.7.2004 (BGBl. I 1414) verschwand der Begriff der sittenwidrigen Werbung aus dem Gesetz und wurde durch den der unlauteren Wettbewerbshandlung, mit der UWG-Novelle 2008 durch Gesetz vom 22.12.2008 (BGBl. I 2949) durch den der unlauteren geschäftlichen Handlung ersetzt. Mit dem Ersetzen des Begriffs der Sittenwidrigkeit durch den der Unlauterkeit ist keineswegs ein Paradigmenwechsel verbunden. Der Grund liegt zum einen darin, den Verletzer nicht in jedem Fall einer gegen das UWG verstoßenden Werbung mit dem Stigma der Unsittlichkeit (zudem ein antiquierter Begriff) zu belasten, und zum anderen darin, die Terminologie dem Gemeinschaftsrecht anzupassen. Mit der UWG-Novelle 2008 wurde der Begriff der Wettbewerbshandlung durch den der geschäftlichen Handlung ersetzt. Hiermit soll sehr wohl eine inhaltliche Änderung bewirkt werden; mit der Umsetzung der Richtlinie über unlautere Geschäftspraktiken wird der Anwendungsbereich des UWG auf geschäftliche Handlungen bei und nach Vertragsschluss erstreckt.

Sittenwidrigkeit – 1. *Begriff:* Verstoß gegen das Anstandsgefühl aller billig und gerecht Denkenden. Dabei ist bes. die Wertordnung des Grundgesetzes zu berücksichtigen. – 2. *Rechtsfolgen:* a) → Rechtsgeschäft, das gegen die guten Sitten verstößt (sittenwidriges Rechtsgeschäft), ist nichtig (§ 138 BGB), z.B. → Knebelungsverträge, → Kredittäuschungsverträge, → Wucher. Ein Vertrag kann auch wegen der Art seines Zustandekommens (z.B. → Schmiergeld) sittenwidrig sein. Wegen des → Abstraktionsprinzips ist eine auf einem sittenwidrigen Geschäft beruhende → Verfügung grundsätzlich wirksam. – b) Sittenwidrigkeit eines Geschäftes schließt die *Besteuerung* nicht aus (§ 40 AO). – c) Wer einem anderen in sittenwidriger Weise *Schaden* zufügt, ist zum → Schadenersatz verpflichtet (§ 826 BGB). – Vgl. auch → sittenwidrige Werbung.

Situationsanalyse – Begriff der Theorie der Wirtschaftspolitik. – *Elemente:* 1. *Diagnose:* Beschreibung und Erklärung der jeweiligen wirtschaftlichen Lage sowie Aufzeigen und Erklären von Abweichungen zwischen dem erwünschten Zustand (wirtschaftspolitisches Ziel) und der realen Situation. – Vgl. auch → Konjunkturdiagnose, → Gemeinschaftsdiagnose, → Sachverständigenrat zur Begutachtung der gesamtwirtschaftlichen Entwicklung (SVR). – 2. *Status-quo-Prognose:* Vorhersage über die Fortentwicklung der Situation, wenn keine wirtschaftspolitischen Eingriffe vorgenommen werden. – *Zweck:* Erkennung wirtschaftspolitischen Handlungsbedarfs unter Berücksichtigung der Verzögerungen (→ Lag), mit denen die Wirkungen erwogener Maßnahmen einsetzen dürften. – 3. *Wirkungsprognose/Entscheidungsprognose:* Vorhersage möglicher Haupt- und Nebenwirkungen der in der jeweiligen

Wirtschaftslage zur Zielerreichung vorgeschlagenen wirtschaftspolitischen Instrumente oder Programme (→ Konjunkturprognose). – *Zweck:* Bereitstellung von Informationen für den wirtschaftspolitischen Entscheidungsträger, der diese für das Problemlösungsverfahren benötigt.

situationsbezogene Verschuldung → Deckungsgrundsatz. – *Gegenteil:* → objektbezogene Verschuldung.

situationsbezogene Verschuldungsregel → Haushaltssystematik, → Last der Staatsverschuldung.

Situationskontrolle – Grad, in dem eine Person Kontrolle über als aversiv (widerwillig) erlebte Arbeitsbedingungen besitzt; eine Funktion der Person und der Situation. Der Grad der erlebten Situationskontrolle hängt auch von der Einstellung der Person ab, sich selbst oder das Schicksal als wesentliche Bedingung für die eigene Lebenssituation zu betrachten *(Locus of Control)*. – *Folgen:* Abhängig von der Situationskontrolle wählt die Person im Rahmen der Belastungsbewältigung unterschiedliche Coping-Strategien (Coping). Bei hoher Situationskontrolle sind innovative Tendenzen, bei niedriger Situationskontrolle resignative Tendenzen und das Eintreten → resignativer Arbeitszufriedenheit wahrscheinlich. Bürokratische Organisation führt i.d.R. zu Einschränkung der Situationskontrolle.

Situationsprüfung → Prüfung.

Situationstheorien der Führung – Oberbegriff für solche Führungsansätze, die nicht nur Merkmale der Führungskraft berücksichtigen (z.B. → Führungsstil), sondern auch Merkmale der Führungssituation, wie z.B. die Strukturiertheit der Aufgaben der Geführten (das Ausmaß, in dem für die Aufgaben der Geführten die Ziele und die Wege dorthin bekannt sind). Ein Beispiel dafür ist die Kontingenztheorie der Führung.

situative Entscheidung – Entscheidung, die bedingt wird durch die Beziehungen zwischen Situation und Struktur, z.B. einer Organisation (Prinzip der situativen Bedingtheit). Die situative Entscheidung basiert auf der Kombination der Aussagen der vergleichenden Organisationsforschung und des dort entwickelten situativen Ansatzes (Bedingtheits- oder Kontingenz-Ansatz) mit den Ergebnissen des Entscheidungsansatzes. – Vgl. auch → Entscheidungsverhalten, → Entscheidungstheorie, → entscheidungsorientierte Betriebswirtschaftslehre.

situatives Führen → Theorie des Reifegrades.

Sitz – 1. *Begriff:* Bezeichnung für den Betriebsmittelpunkt (Hauptniederlassung) von Handelsgesellschaften; i.Allg. im Gesellschaftsvertrag festgelegt (zwingend für Kapitalgesellschaften und Genossenschaften). Sitz der Gesellschaft ist der Ort, den der Gesellschaftsvertrag bestimmt. Als Sitz der AG oder der GmbH hatte der Gesellschaftsvertrag nach altem Recht (§ 5 II AktG a.F., § 4a II GmbHG a.F.) i.d.R. den Ort zu wählen, wo die AG bzw. die GmbH einen Betrieb hat, oder der Ort, wo sich die Geschäftsleitung befindet oder die Verwaltung geführt wird. Nach einhelliger Auffassung musste dieser Ort im Inland gelegen haben. Durch das → Gesetz zur Modernisierung des GmbH-Rechts und zur Bekämpfung von Missbräuchen (MoMiG) und die erfolgte Streichung der genannten Vorschriften erfolgte eine Deregulierung. AGs und GmbHs können nun einen Verwaltungssitz haben, der nicht notwendig mit dem Satzungssitz übereinstimmen muss. Dieser Verwaltungssitz soll auch im Ausland liegen können, was sich ebenfalls aus den genannten Streichungen ergeben soll. Dt. Konzernmuttergesellschaften sollen so ihre Auslandstöchter als Kapitalgesellschaften dt. Rechts führen können. Zweigniederlassungen sind ebenfalls weiter zulässig. – 2. *Bedeutung:* Der Sitz ist v.a. maßgebend für die Bestimmung des → Erfüllungsorts, des → Gerichtsstandes und des für die Führung des → Handelsregisters zuständigen Registergerichts sowie des Insolvenzgerichts (§§ 3, 4 InsO). – 3. Für die international-privatrechtliche Anknüpfung ist zwischen dem satzungsmäßigem Sitz und dem tatsächlichen Hauptsitz der Verwaltung der Gesellschaft zu unterscheiden. Nach dt. internationalen Privatrecht bestimmt sich das für eine Handelsgesellschaft maßgebliche Recht nach ihrem tatsächlichen Sitz, d.h. Ort der Hauptverwaltung, sog. → Sitztheorie. Die Rechtsverhältnisse der Gesellschaft, die Fragen der Rechtsfähigkeit, der Haftung etc. richten sich nach dem Sitz. Im Unterschied dazu sieht die → Gründungstheorie (es geht also um *Sitztheorie vs. Gründungstheorie*) als maßgeblich an, wo die Gesellschaft gegründet worden ist. Dies bedeutet, dass eine z.B. in England gegründete Gesellschaft, die ihren Unternehmensschwerpunkt in Deutschland hat, als Gesellschaft ausländischen Rechts anerkannt werden müsste. Für die Mitgliedsstaaten der EU hat der → EuGH aus dem Gesichtspunkt der Niederlassungsfreiheit der Gründungstheorie den Vorzug gegeben. Dies bedeutet in Fällen des Zuzugs, dass eine in einem anderen Mitgliedsstaat gegründete Gesellschaft in jedem anderen Mitgliedsstaat eine Zweigniederlassung errichten, dort zum Register anmelden und mit dieser wirtschaftlich tätig werden darf (*Centros-, Überseering- und Inspire Art-Vorteile* des EuGH). – 4. *Steuerlich* hat eine Körperschaft, Personenvereinigung oder Vermögensmasse ihren Sitz an dem Ort, der durch Gesetz, Gesellschaftsvertrag, Satzung, Stiftungsgeschäft oder dergleichen bestimmt ist (§ 11 AO). Von Bedeutung ist der Sitz z.B. zur Begründung der Steuerpflicht (§ 1 I KStG). – Gewerbesteuerrechtlich wird der Sitz nur dann als → Betriebsstätte angesehen, wenn zugleich auch die geschäftsleitende Tätigkeit am Ort des Sitzes dauernd ausgeübt wird. – Vgl. auch → Stätte der Geschäftsleitung, → Wohnsitz.

Sitzladefaktor → Ladefaktor.

Sitztheorie – 1. Nach der bisherigen höchstrichterlichen Rechtsprechung zum *dt. internationalen Gesellschaftsrecht* beurteilte sich die → Rechtsfähigkeit einer → Gesellschaft nach dem Recht am Ort ihres tatsächlichen Verwaltungssitzes. Das galt auch dann, wenn eine Gesellschaft in einem anderen Staat wirksam gegründet worden ist und anschließend ihren Verwaltungssitz nach Deutschland verlegt. Folge einer Verlegung des Verwaltungssitzes nach Deutschland war, dass eine nach dem Recht des anderen Staates wirksam gegründete Gesellschaft ihre vertraglichen Rechte vor dt. Gerichten nicht durchsetzen konnte, solange sie nicht nach den Regeln des dt. Gesellschaftsrechts neu gegründet worden war. – 2. Nach der *Rechtsprechung des → EuGH* (vgl. z.B. das Urt. v. 9.3.1999 zu *Centros*) ist die Sitztheorie mit dieser Folge nicht mit der in Art. 43 und 48 EGV garantierten Niederlassungsfreiheit vereinbar (vgl. neben der Entscheidung zu *Centros* auch die zu *Überseering* und*Inspire Art Ltd.*). Der BGH hat die Konsequenz gezogen und die Sitztheorie zumindest im Anwendungsbereich des EU-Rechts zugunsten der → Gründungstheorie aufgegeben. Dies bedeutet, dass eine Gesellschaft, die unter dem Schutz der im EGV garantierten Niederlassungsfreiheit steht, berechtigt ist, ihre vertraglichen Rechte in jedem Mitgliedsstaat geltend zu machen, wenn sie nach der Rechtsordnung des Staates, in dem sie gegründet worden ist und in dem sie auch nach der Verlegung des Verwaltungssitzes weiterhin ihren satzungsmäßigen Sitz hat, hinsichtlich des geltend gemachten Rechts rechtsfähig ist. Die neue Rechtsprechung eröffnet zusätzliche Gestaltungsmöglichkeiten bei der Wahl des Gesellschaftssitzes und der Rechtsform in der EU. Dies ist v.a. für Fragen der Kapitalausstattung und Haftungsbegrenzung von Bedeutung. Ob die neue Rechtsprechung auch für außerhalb der EU gegründete Gesellschaften gilt, bleibt offen. – 3. *Steuerrecht:* Steuerlich bedeutet die Aufgabe der Sitztheorie für europäische Gesellschaften, dass Briefkastengesellschaften in Staaten der EU und des EWR auch für steuerliche Zwecke anerkannt werden müssen und somit zur Einkommensteuerverlagerung herangezogen werden können.

Sitzverlegung – 1. *Begriff:* a) die Verlegung des satzungsmäßigen Sitzes (statutarischer Sitz; Satzungssitz) einer Kapitalgesellschaft von einem Land in ein anderes, – b) (bei ungenauem Sprachgebrauch) die Verlegung des Ortes der Geschäftsleitung bzw. der Hauptverwaltung einer Gesellschaft von einem Land in ein anderes. – 2. *Gesellschaftsrechtliche Regelungen:* a) die Verlegung des satzungsmäßigen Sitzes in ein anderes Land ist bisher bei nach nationalem Recht gegründeten juristischen Personen gar nicht möglich; sie lässt sich höchstens durch Umwegkonstruktionen erreichen, z.B. die Gründung einer zweiten Kapitalgesellschaft nach ausländischem Recht und die anschließende grenzüberschreitende Verschmelzung der „alten" Kapitalgesellschaft auf die neue („unechte Sitzverlegung"). Bei der genuin europäischen Rechtsform der → Societas Europaea (SE) (Europäische Gesellschaft) ist eine Verlegung des satzungsmäßigen Sitzes in ein anderes Land der → EU oder des → EWR dagegen nach einer Wartezeit von mind. zwei Jahren nach deren Gründung möglich. – b) die Verlegung des Ortes der Geschäftsleitung in ein anderes Land bei Gesellschaften, die ihren satzungsmäßigen Sitz im Land ihrer Gründung beibehalten, ist dagegen bei zahlreichen Rechtsformen nationalen Rechts möglich. Bspw. ermöglichen Großbritannien oder die Niederlande ihren Gesellschaftsformen (z.B. Ltd, B.V) schon seit langem die Verlegung der Geschäftsleitung in ein anderes Land; Deutschland hat dies dagegen erst wesentlich später eingeführt (dt. GmbH dürfen heutzutage ihre Hauptverwaltung/Geschäftsleitung in anderen Ländern unterhalten, ohne deswegen aufgelöst zu werden). – 3. *Steuerliche Problematik*: a) *laufende Besteuerung der Gesellschaft:* Durch die Verlegung des Sitzes und/oder Geschäftsleitung aus Deutschland heraus kann eine bislang unbeschränkt steuerpflichtige Kapitalgesellschaft zu einer möglicherweise nur noch beschränkt steuerpflichtigen Gesellschaft werden. Damit ändern sich die Regeln, denen sie steuerlich unterliegt, umfassend, und ihr Auslandsvermögen scheidet aus der dt. Besteuerung aus. In den → Doppelbesteuerungsabkommen (DBA) verändert sich durch eine Verschiebung des Geschäftsleitungsortes die DBA-rechtliche Ansässigkeit, was gravierende Konsequenzen auf die Verteilung der Besteuerungsrechte auf die einzelnen Staaten haben kann. – b) *Besteuerung der Anteilseigner:* Scheidet eine Gesellschaft aus der dt. Besteuerung aus, so halten die Anteilseigner anschließend nicht mehr Anteile an einer „dt." Gesellschaft. Bei ausländischen (beschränkt steuerpflichtigen) Gesellschaftern könnte das dazu führen, dass bisher in Deutschland steuerpflichtige Anteile in Zukunft in Deutschland nicht mehr steuerpflichtig wären (weil die beschränkte Steuerpflicht normalerweise nur Vermögensteile mit Bezug zu Deutschland betrifft). – 4. *Lösungsansätze des Gesetzes*: a) Wegzugsbesteuerung mit kompletter Aufdeckung aller vorhandenen stillen Reserven und sofortiger Versteuerung bei Wegzug einer Gesellschaft in ein Drittland (nicht EU, nicht EWR), § 12 III KStG. – b) beim Umzug innerhalb der EU/des EWR lediglich Aufdeckung und Versteuerung solcher stiller Reserven, für die Deutschland durch den Umzug das Besteuerungsrecht tatsächlich verliert. – c) Behandlung der Anteile: Versteuerung der stillen Reserven so, als ob die Anteile verkauft worden wären, wenn sie später nicht mehr besteuert werden könnten; anders nur bei Anteilen an einer SE oder SCE, da in diesen Fällen das Europarecht eine solche Vorgehensweise verbietet. – 5 *Wirtschaftliche Beurteilung*: Wegen der gravierenden potenziellen steuerlichen Folgen ist eine Sitzverlegung (sei es in Hinblick auf den Satzungssitz, sei es in Hinblick auf den Geschäftsleitungsort) hoch riskant und in der Praxis selten.

SIV – *Conduits*; – Abk. für *strukturierte Investmentvehikel*. – Vgl. → Verbriefung von Kreditportfolios.

Six Sigma Pricing – Anwendung des Six-Sigma-Verfahrens auf das Preismanagement mit dem Ziel, Fehler und Fehlerquellen entlang des Pricing-Prozesses auszumerzen.

SIX Swiss Exchange – eine der größten → Börsen Europas und Betreiberin mehrerer Handelsplattformen für schweizer Aktien, Schweizerfranken-Anleihen, International Bonds und → Exchange Traded Funds sowie für den Schweizerfranken-Repo-Handel. Nach dem Zusammenschluss der drei regionalen Börsen Genf, Basel und Zürich zur SWX im Jahre 1995 führte die SWX 1996 das weltweit erste vollintegrierte vollautomatische Handels-, Clearing- und Settlement-System ein. Mitte 2008 Umfirmierung zur SIX. Bekannteste Produkte sind der Swiss Market Index (SMI) und der Swiss Performance Index (SPI) im Aktienbereich sowie der Swiss Bond Index (SBI) für Bonds. – Im Juli 1999 führte die SIX den New Market als Segment für Wachstumsgesellschaften ein. Die Schwesterbörse SWX Europe Limited mit Sitz in London (zuvor virt-x Exchange Limited) wurde 2001 als grenzüberschreitende Handelsplattform gegründet. Darüber hinaus betreibt die SIX mit Partnern den Indexanbieter STOXX und die Swiss Fund Data.

Skala – beschreibt in der Statistik die Art, wie eine → Ausprägung eines → Merkmals oder einer → Variablen erfasst wird. Eine Skala repräsentiert eine Vorschrift, die für das interessierende Merkmal jeder Beobachtung bei einer statistischen Einheit einer Stichprobe einen Beobachtungswert (ein Datum) zuordnet. Dieser Wert ist dann die spezielle Ausprägung des Merkmals. Die Strukturierung der Skala bez. des Informationsgehalts bestimmt das → Skalenniveau. Die Festlegung einer Skala für ein Merkmal wird als *Skalierung* bezeichnet (→ Messung).

skalares Element → Datenelement.

Skaleneffekt → Economies of Scale.

Skalenelastizität – Verhältnis zwischen relativer Änderung des → Outputs x und der sie auslösenden relativen Änderung des Faktoreinsatzniveaus λ. Es wird also eine proportionale Variation aller Einsatzmengen vorausgesetzt (proportionale → Faktorvariation). Es gilt als Punktelastizität (→ Elastizität):

$$\eta_{x,\lambda} = \frac{\frac{dx}{x}}{\frac{d\lambda}{\lambda}} = \frac{dx}{d\lambda}\frac{\lambda}{x}$$

Je nach den Werten, die die Skalenelastizität annimmt, liegen konstante (Constant Returns to Scale; $\eta_{x,\lambda} = 1$), steigende (Increasing Returns to Scale, $\eta_{x,\lambda} > 1$) oder abnehmende → Skalenerträge (Decreasing Returns to Scale, $\eta x,\lambda < 1$) vor. Ist die Skalenelastizität konstant und gleich eins, handelt es sich um eine linear-homogene → Produktionsfunktion (→ Homogenität). Der Wert der Skalenelastizität ergibt sich als Summe der → partiellen Produktionselastizitäten.

Skalenertrag – *Niveaugrenzprodukt, Returns to Scale*; Änderung des → Outputs (Produktionsertrags), die dadurch entsteht, dass bei gegebener → Produktionstechnik alle Faktoreinsatzmengen im gleichen Verhältnis variiert werden. Wächst die Produktionsmenge proportional, überproportional oder unterproportional zum Faktoreinsatz, spricht man von → konstantem, → zunehmendem oder → abnehmendem Skalenertrag (Constant, Increasing oder Decreasing Returns to Scale). – Vgl. auch → Skalenelastizität.

Skalenniveau – *Messniveau;* Begriff der Statistik für das Intensitätsniveau einer → Messung. – Zu *unterscheiden:* (1) → Nominalskala: Dient lediglich der Klassifikation und Identifikation von Untersuchungsobjekten (z.B. Geschlecht: 1: männlich, 2: weiblich). Die Analyse nominalskalierter Daten beschränkt sich auf Häufigkeitsanalysen. (2) → Ordinalskala: Diese ordnet die Untersuchungsobjekte nach ihrem Rang (z.B. Rating A ist besser als Rating B), sagt jedoch nichts über das Ausmaß der Unterschiede aus. Zulässige mathematische Operationen bei ordinalskalierten Daten sind bspw. die Berechnung des Modus und des Medians. (3) → Intervallskala: Es wird eine Maßeinheit vorausgesetzt, sodass der Abstand zwischen zwei Zahlen oder die Differenz zweier Zahlen eine Bedeutung bekommt (z.B. Temperaturmessung in Grad Celsius). Es existiert jedoch kein natürlicher Nullpunkt. Ein → arithmetisches Mittel ist berechenbar und bietet eine sinnvolle Interpretation. (4) → Verhältnisskala (Ratioskala): Diese bildet das höchste Skalenniveau. Sie hat im Vergleich mit der Intervallskala zusätzlich einen eindeutig festgelegten Nullpunkt (z.B. Höchstgeschwindigkeit eines Fahrzeugs). Intervall- und Verhältnisskalen werden oft zu *metrischen Skalen* bzw. *Kardinalskalen* zusammengefasst.

Skalierung → Skala.

Skalierungsverfahren – Verfahren zur Wahrnehmungs-, Image- und Einstellungsmessung. Ziel ist das Messen qualitativer Eigenschaften auf einem möglichst hohen → Skalenniveau. Skalierungsverfahren liefern ordinal-, intervall- oder verhältnisskalierte Messwerte, wobei sowohl die Auswahl der aufzunehmenden Stimuli (→ Expertenbefragung, → Pretest etc.) als auch die Interpretation der erhaltenen Antworten objektiv nachvollziehbar sind. Skalierungsverfahren ermöglichen es somit, subjektive Tatbestände in Zahlen auszudrücken und der numerischen Analyse zugänglich zu machen. Die Unterschiede zwischen den einzelnen Verfahren liegen in der Konstruktion und der Anwendung der jeweiligen Skalen. – *Bekannteste Verfahren:* → Thurstone-Skalierung, → Likert-Skalierung, → Guttman-Skalierung, → semantisches Differenzial, → Polaritätsprofil, → multidimensionale Skalierung (MDS), → Coombs-Skalierung, → Magnitude-Skalierung, → Fishbein-Modell, → Trommsdorff-Modell.

Skalogrammverfahren – Verfahren zur Wahrnehmungs-, Image- und Einstellungsmessung. Sie werden den → psychologischen Testverfahren zugerechnet. – 1. *I.w.S.:* Erhebungstechniken, bei denen Eigenschaften oder Merkmale zuzuordnen oder Objekte gegenüber vorgegebenen Items einzuordnen sind. – 2. *I.e.S.:* Identisch mit den → Skalierungsverfahren.

Skandal – 1. *Begriff:* Ein (Unternehmens-)Skandal wird als sozialer Prozess definiert, der mit einem angenommenen oder tatsächlichen Missstand als Verstoß gegen Recht und/oder Moral eines Unternehmens beginnt und zugleich die medienübergreifende Berichterstattung mit Empörung erfordert. Damit ergibt sich eine große Bandbreite möglicher Unternehmensskandale, die auf handelnde Personen, aber auch auf Leistungsprozesse oder Abläufe bezogen werden kann. Bilanzierungs-, Schmiergeld- und Dioxinskandal sind ausgewählte Beispiele dafür, dass sie gemäß Studien zunehmen. – 2. *Aspekte:* Das Wort Skandal wird auf das griechische Wort „skandalon“ zurückgeführt, das ursprünglich den Verschluss einer Falle bezeichnete, heute verkürzt als „öffentliches Ärgernis“ übersetzt wird und oft synonym mit dem Wort „Affäre“ (von französisch „affaire“, „zu tun haben mit“/„Angelegenheit“) verwendet wird. Affären existieren im Unterschied zu Skandalen aber auch ohne medial erzeugte Öffentlichkeit. Skandale sind notwendig medienabhängig und sind damit stakeholder-relevant. – Der Skandal als sozialer Prozess beinhaltet a) die Identifikation eines Missstands mit angenommener und/oder tatsächlicher Verfehlung einer moralischen und/oder gesetzlichen Norm, b) Enthüllung der Verfehlung, c) eigendynamische Empörung in den Medien oder anderen Institutionen wie Politik, Vereinen oder Verbänden jenseits des betroffenen Unternehmens. Missstände werden als Verstoß gegen Moral (illegitimes Handeln) oder Recht (illegales Handeln) definiert. Skandale sind durch ihre Medienabhängigkeit gruppengebundene und emotionalisierte Wahrnehmungsphänomene. Damit ist der Skandal analytisch nicht so ohne Weiteres kennzeichnungsfähig, da in der Stakeholdergesellschaft – also einer Gesellschaft mit Gruppen, die durch unterschiedliche Nutzenmaßstäbe geprägt sind – eine definierte Norm als Referenzpunkt für den Verstoß als Auslöser für einen Skandal streng genommen nicht existiert. Das Wesen und Risiko von Skandalen besteht allerdings in der emotionalisierenden Empörung und nicht der rationalen Kennzeichnung des Normenverstoßes. Aus Unternehmenssicht bergen Skandale ein unternehmerisches Risiko in sich, da mit der Skandalisierung unternehmerische Entscheidungskompetenz durch medialen Druck geschmälert wird und/oder Imageschäden entstehen können. Die Vermeidung und Minderung von Skandalen sind als Ziele dem → Risikomanagement und hierbei der Risikokommunikation zuzuordnen. – 3. *Instrumente:* Das → Issues Management ist eine Methode, um Skandale zu vermeiden. Das Risiko von Skandalen für das unternehmerische Handeln systematisch zu schmälern, ist eine strategische Kompetenz und eine Aufgabe der (internen) Risikokommunikation, um eine → Unternehmenskultur des adäquaten Umgangs mit Risiken zu prägen. Sie findet Niederschlag in der → Corporate Governance.

Skimming Pricing → Abschöpfungspreispolitik.

Skimming-Strategie → Abschöpfungspreispolitik.

sklavische Nachahmung – *Nachbau,* → Ausbeutung.

Sklerose → Eurosklerose.

Skonto – 1. *Charakterisierung:* prozentualer Nachlass, der vom Kaufpreis entsprechend den → Zahlungsbedingungen auf den Rechnungsbetrag bei Zahlung binnen einer bestimmten Frist gewährt wird, oft auch gestaffelt z.B. „Zahlbar in drei Monaten netto, binnen einem Monat 2 Prozent, binnen zehn Tagen 3 Prozent Skonto“. Wirtschaftlich gesehen ist Skonto der Preis für die Kreditnutzung bzw. Vorfinanzierung, die bei der Warenlieferung dem Abnehmer eingeräumt wurde. Außer den anteiligen Zins- und Verwaltungskosten enthält der dem Barpreis zugeschlagene Skonto kalkulatorisch noch eine Prämie für das Kreditrisiko, sodass dem Käufer ein Anreiz für die Zahlung gegeben ist. – *Sonderform:* Warenskonto (Nachlass in Form von Waren). – 2. *Buchung:* Da *Lieferer*-Skonti als Anschaffungspreisminderungen zu behandeln sind (§ 255 I HGB), sind sie bei den entsprechenden Positionen der Vorräte bzw. Anlagen direkt abzusetzen. *Kunden*-Skonti sind als Erlösschmälerungen von den Umsatzerlösen abzuziehen (§ 277 I HGB). Eine gesonderte Buchung als Aufwand (nach IKR in Klasse 6) bzw. Ertrag (Klasse 5) kommt nur dann infrage, wenn die Skonti den Umsatzerlösen als Erlösberichtigungen bzw. den Aufwendungen als Aufwandsberichtigungen nicht direkt zurechenbar sind. Ein gesonderter Ausweis in der → Gewinn- und Verlustrechnung (GuV) ist nicht vorgesehen, aber zur Verbesserung des Einblicks durch offenes Absetzen bei den Materialaufwendungen und den Umsatzerlösen möglich (§ 265 V HGB). – 3. *Umsatzsteuerliche Behandlung:* a) beim Lieferer: → Entgelt und damit auch die darauf zu berechnende USt wird gemindert; – b) beim Abnehmer: Kürzung des → Vorsteuerabzugs.

Skontration – I. Buchführung: (Lagerbuchführung): 1. *Begriff:* Erfassung des Materialverbrauchs mithilfe von Materialentnahmescheinen, die bei jedem Lagerabgang unter Angabe der empfangenden Kostenstelle und der Auftragsnummer ausgestellt werden. Auch als *Fortschreibung* oder *Fortschreibungsmethode* bezeichnet. – 2. *Nachteil* der Skontration liegt in dem hohen Arbeitsaufwand. Demgegenüber steht der *Vorteil* des jederzeit feststellbaren Sollbestandes. Durch Vergleich dieses Sollbestandes mit dem durch → Inventur ermittelten Istbestand kann auch der nicht bestimmungsgemäße → Lagerverlust (Schwund,

Diebstahl etc.) bestimmt werden. – 3. *Arten:* a) *Sorten-Skontration,* bei der nur Materialien gleicher Art zusammen gelagert und artweise fortgeschrieben werden; *Partie-Skontration,* bei der ein Posten Material ungetrennt gelagert und fortgeschrieben wird. – b) *Mengen-Skontration; Wert-*Skontration.

II. Bankwesen: Ausgleich von Forderungen und Verbindlichkeiten durch Aufrechnung, wie u.a. bei der Liquidation von Termingeschäften oder beim Netto-Clearing von Zahlungssystemen (z.B. → Euro1 der → EBA). Man unterscheidet zwischen bilateraler und multilateraler Skontration. – Vgl. auch → Kontokorrent.

Skontro – Neben- und Hilfsbuch der Buchführung zum täglichen Nachweis von Bestandsmengen durch Aufzeichnung mengenmäßiger Ein- und Ausgänge. Vielfach im Lager-, Wechsel-, Devisen-, Sorten- und Effektenverkehr üblich. – Vgl. auch → Lagerkarte, → laufende Inventur.

Skontroführer – ein zum Handel an der → Börse zugelassener Handelsteilnehmer (früher: nur Kredit- oder Finanzdienstleistungsinstitut), der die Vermittlung und den Abschluss von Börsengeschäften in ihm zugewiesenen Wertpapieren betreibt und auf einen geordneten Marktverlauf hinwirken soll. Dem Skontroführer obliegt die Bildung von Börsenpreisen im regulierten Markt, wenn diese nicht über elektronische Systeme ermittelt werden. Die Zulassung zum Skontroführer erfolgt auf Antrag und setzt die entsprechende Zuverlässigkeit und berufliche Eignung der für den Skontroführer handelnden Personen voraus. Daneben muss der Antragsteller auch über eine ausreichende wirtschaftliche Leistungsfähigkeit verfügen, wobei es der jeweiligen Börse überlassen bleibt, hierfür den Anforderungen des Marktes entsprechende Voraussetzungen aufzustellen. Grundsätzliches zu den Rechten und Pflichten sowie zur Zulassung des Skontroführers regelt das Börsengesetz (v.a. §§ 27 ff. BörsG); Einzelheiten die jeweilige Börsenordnung.

S-Kurven-Konzept – Instrument zur Bewertung von → Technologien, welches auf der Identifikation des verfügbaren technischen Potenzials einer Technologie basiert. Die Leistungsfähigkeit einer Technologie ist abhängig von der Lebenszyklusphase in der sich die Technologie befindet, sodass Technologien eines bestimmten Anwendungsgebietes im Hinblick auf ihr Weiterentwicklungspotenzial zwangsläufig an technische Leistungsgrenzen stoßen. Der Verlauf des Leistungspotenzials einer Technologie lässt sich in Form einer S-Kurve über dem kumulierten F&E-Aufwand abbilden (vgl. Abbildung „S-Kurven-Konzept"). Dies bedeutet, dass mit zunehmender Technologiereife immer höhere F&E-Investitionen notwendig sind, um inkrementale Steigerungen der Leistungsfähigkeit zu erzielen. S-Kurven-Konzepte unterstützen Entscheidungen hinsichtlich des Zeitpunktes, zu dem weitere F&E-Anstrengungen in leistungsfähigere Substitutionstechnologien zu investieren sind, bzw. zu welchem aus bestehenden Technologien auszusteigen ist. Dazu empfiehlt sich die Aggregation von verschiedenen Anwendungen einer Technologie innerhalb einer S-Kurven-Analyse. Das S-Kurven-Konzept

S-Kurven-Konzept

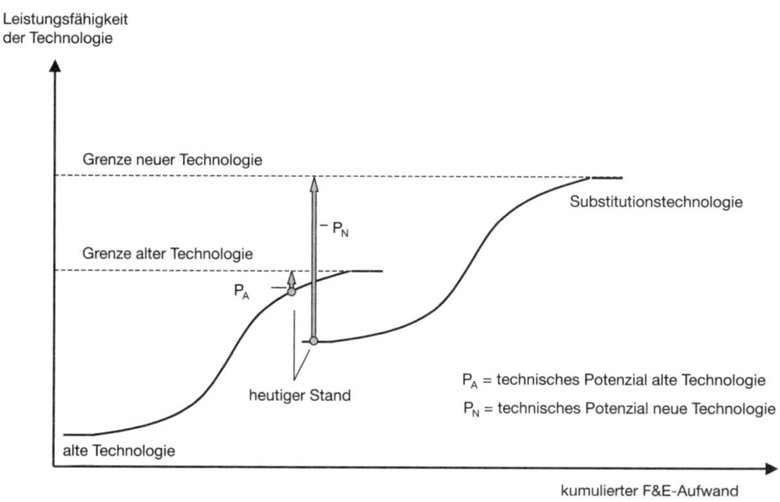

liefert Informationen sowohl im Hinblick auf Entscheidungen bez. Einzeltechnologien als auch der Planung des F&E-Programms. Da dem S-Kurven-Konzept ein Lebenszyklusmodell zugrunde liegt, kann dieses Konzept auch bei der Bewertung von Produkten oder Prozessen Anwendung finden.

SLC – Abk. für → *Stand-by Letter of Credit*, Handelskreditbrief.

Sleeper-Effekt – Kommunikationseffekt, der besagt, dass die negativen Wirkungen eines unglaubwürdigen Kommunikators im Laufe der Zeit verloren gehen („einschlafen"). – *Ursache:* Im Zeitablauf kommt es zu einer Entflechtung von → Informationsquelle und -inhalt. Es wird noch erinnert, was gesagt wurde, aber vergessen, wer es gesagt hat.

Slice-of-Life-Werbung – in der Werbung gewählte Szenendarstellung aus dem Alltagsleben. Es wird versucht, das beworbene Leistungsangebot möglichst natürlich in der Nutzungs-Realität darzustellen.

SLIM – Eine Initiative der EG/EU, im Zuge derer zahlreiche grundlegende Rechtstexte des Gemeinschaftsrechts, die durch zahlreiche Änderungen unübersichtlich geworden waren, übersichtlicher gefasst und modernisiert worden sind bzw. werden. So wurde bspw. die alte Sechste EG-Richtlinie über die Umsatzsteuern (1977) durch einen neuen, ca. 400 Artikel umfassenden Text, die → Mehrwertsteuersystemrichtlinie, ersetzt.

Slip – Formularstreifen, gebräuchlich im Bankbetrieb, v.a. bei Ausführung von Börsenaufträgen.

Slogan – zentrale Werbeaussage, die durch Kürze und Prägnanz, verstärkt durch sprachlich-rhythmische Intonation und Wortwohlklang (wesentlich für Gefallen und Behalten), die → Akzeptanz und die Gedächtniswirkung (→ Recalltest, → Recognitiontest) erhöhen soll. Slogans werden häufig durch Melodien untermalt (→ Jingle).

Slot → Frame.

Slum – *Elendsviertel;* räumlich segregiertes Wohngebiet (→ Segregation) in urbanen → Agglomerationen, das i.d.R. als innerstädtisches Notquartier zu verstehen ist. Merkmale eines Slums sind Verfallserscheinungen der baulichen Substanz, niedrige Wohnstandards, schlechte → Infrastruktur und ein hoher Anteil an Arbeitslosen, Sozialhilfeempfängern sowie Beschäftigten im → informellen Sektor. Slums kommen v.a. in → Entwicklungsländern als Auffangquartiere für städtische Zuwanderer vor dem Hintergrund zunehmender Landflucht vor. Doch auch in → Industrieländern kann es als Ergebnis der Verlagerung innerstädtischer Industriearbeitsplätze und des Rückbaus des Sozialstaates zur Slumbildung (Slums of Despair) kommen. Slums können dort ferner auch Ausdruck eines sog. ökologischen Rassismus, d.h. der Konzentration des sozialen Wohnungsbaus in ungünstigen Umgebungen (z.B. in der Nähe von Einsenbahnarealen, Schlachthöfen, Autobahnen oder umweltintensiven Industrien) sein; derartige Slums stehen meist in öffentlichem Besitz (Federal Slums).

Slutsky-Hicks-Gleichung – teilt im Rahmen der → Haushaltstheorie die Reaktion der Nachfrage eines → Haushalts auf eine Preisänderung für ein → Gut (a) in einen → Einkommenseffekt und (b) in einen → Substitutionseffekt auf (vgl. → Nachfragetheorie des Haushalts). Dabei kann der Einkommenseffekt je nach → Einkommenselastizität der Nachfrage des betreffenden → Gutes den Substitutionseffekt verstärken (→ superiore Güter), abschwächen (→ inferiore Güter) oder im Fall des → Giffen-Paradoxons auch überkompensieren.

Small-Claims-Verfahren – Seit dem 1.1.2009 können nach der Verordnung des europäischen Parlaments und des Rates Nr. 861/2007, ABlEU 2007 Nr. L 199/1 geringfügige Forderungen in einem sog. Small-Claims-Verfahren geltend gemacht werden (§§ 1097 bis 1109 ZPO). – Die Verordnung schafft ein einheitliches europäisches Zivilverfahren, das vor den Gerichten der Mitgliedsstaaten der Europäischen Union – mit Ausnahme Dänemarks – Anwendung findet. Das Small-Claims-Verfahren gilt ausschließlich für grenzüberschreitende Sachverhalte, für Rechtsstreitigkeiten innerhalb Deutschlands gilt das Verfahren nicht. Auch bei grenzüberschreitenden Fällen kann die klagende Partei wählen, ob sie das neue Verfahren oder das „normale" Zivilverfahren nutzen will. – Die neue Small-Claims-Verordnung ermöglicht die Durchsetzung auch streitiger Forderungen bis zu 2.000 Euro in einem streitigen Zivilverfahren. Die Vollstreckung aus einem in diesem Verfahren ergangenen Urteil ist vereinfacht, das sonst notwendige Vollstreckbarerklärungsverfahren ist nicht erforderlich. – Das Verfahren ist ebenfalls vereinfacht. Zur Einleitung steht dem Kläger ein standardisiertes Formular zur Verfügung. Ausfüllhinweise sollen die Nutzung in der täglichen Praxis vereinfachen. Die Parteien müssen sich nicht durch einen Rechtsanwalt vertreten lassen. – Small-Claims-Verordnung lässt bewusst Raum für die Anwendung des jeweiligen nationalen Rechts. Dies gilt insbesondere für das Rechtsmittelsystem. Das bedeutet, dass ein nach dieser Verordnung ergangenes Urteil in Deutschland bei Vorliegen der gesetzlichen Voraussetungen mit dem Rechtsmittel der Berufung anfechtbar ist. – Keine Anwendung findet das neue europäische Verfahren u.a. auf Streitigkeiten des ehelichen Güterrechts, des Erb- oder Unterhaltsrechts, bei Miete und Pacht mit Ausnahme von Zahlungsklagen sowie bei Ansprüchen, die die Verletzung der Privatsphäre oder der Persönlichkeitsrechte einschließlich der Verletzung der Ehre zum Gegenstand haben (Art. 2 der VO).

Smalltalk – von der Firma Rank Xerox im Palo Alto Research Center (USA) Ende der 1980er-Jahre entwickelte → Programmiersprache. Smalltalk ist die erste objektorientierte Sprache, in der das Klassenkonzept der Programmiersprache Simula in weiterentwickelter Form integriert ist.

Smart Devices – informationstechnisch aufgerüstete Alltagsgegenstände, die einen Mehrwert durch sensorgestützte Informationsverarbeitung und Kommunikation erhalten.

Smart Market – Im Gegensatz zu Smart Grid (intelligentes Stromnetz) bezeichnet Smart Market den Bereich außerhalb des Netzes, in dem Energiemengen oder damit verbundene Dienstleistungen zwischen verschiedenen Marktakteuren gehandelt werden. Dabei bildet die zur Verfügung stehende Netzkapazität des Smart Grid eine wesentliche Grundlage zur Erfüllung der im Smart Market gehandelten Dienstleistungen oder Energiemengen. Allerdings ist zu unterscheiden zwischen der Bereitstellung und Optimierung der Infrastruktur Smart Grid, also Aufgaben, die als Kerngeschäft der Netzbetreiber dem regulierten Bereich zugeordnet sind, und der Bereitstellung und Optimierung von Energiemengen bzw. Dienstleistungen, die die Infrastruktur nutzen, aber klar dem wettbewerblichen Bereich zugeordnet sind. Zur Abgrenzung der Begrifflichkeiten hat die Bundesnetzagentur im Dezember 2011 das Eckpunktepapier „Smart Grid und Smart Market“ veröffentlicht.

Smart Shopper – qualitätsbewusster, informierter Käufer, der maximale Qualität zu niedrigstem Preis nachfragt. Die Smartheit resultiert aus zunehmendem Wissen über Preise und Leistungen mit dem Ziel einer Bescheidenheit auf höchstem Niveau.

Smith – Adam, 1723–1790, engl. Nationalökonom, lehrte an der Universität Glasgow 1751–1764. Mit Smith beginnt die Geschichte der Wirtschaftswissenschaft. Sein Werk bildet die Grundlage der → klassischen Lehre, die sich bis heute weltweit durchgesetzt hat, auch wenn sie in einigen Punkten fortentwickelt wurde. Das *Hauptwerk* von Smith, „An Inquiry into the Nature and Causes of the Wealth of Nations“, 2 Bde. (1776), ist die „Bibel“ der Nationalökonomen geworden. Smith betonte die Bedeutung der Arbeit als der eigentlichen Quelle des Wohlstands der Nationen, entdeckte die zentrale Bedeutung der → Arbeitsteilung, von der die Steigerung der → Produktivität abhängt und deren Geschichte die des technischen, aber auch des menschlichen Fortschritts ist. Die Tauschvorgänge bilden die Grundlage des wirtschaftlichen Geschehens (angeborener Hang des Menschen zum Tauschen). Der Preis nimmt die zentrale Stellung für die Ausrichtung der Produktion und die Einkommensverteilung ein. Smith unterschied den Marktpreis, gebildet durch Angebot und Nachfrage, vom → natürlichen Preis, der mit den Durchschnittskosten (Lohn, Grundrente und Profit) übereinstimmt. Der Marktwert schwankt um den natürlichen Wert, kann sich auf Dauer aber nicht weit von ihm entfernen. Voraussetzung für die Wirkung des Preismechanismus und die immer weitere Ausdehnung der Arbeitsteilung, deren gesellschaftliche Nachteile Smith allerdings auch sah, sind ein freier Markt und eigennütziges Handeln der Menschen, das zu einem Zustand der Harmonie der ganzen Wirtschaft führt. Aus dieser Theorie wurde die Forderung nach weitgehender Nicht-Intervention des Staates sowie nach voller Handels- und Gewerbefreiheit (→ Laissez-Faire-Regel) abgeleitet. Nach der Lehre von Smith ist die → Zahlungsbilanz ausschlaggebend für die Außenhandelssituation eines Landes im Gegensatz zu der merkantilistischen Auffassung, die Handelsbilanz sei entscheidend. Ein weiteres Werk von Smith, „The Theory of Moral Sentiments“, 2 Bde. (1759), ist von den Ökonomen in der Vergangenheit kaum gelesen worden, wird aber neuerdings stärker beachtet. Zweck dieses Buches ist darzulegen, dass die wichtigste Triebfeder moralischer Gefühle unser Mitgefühl mit der Empfindung anderer ist.

Smith – Vernon Lomax, geb. 1927, amerik. Nationalökonom, der – nach einer Professur an der University of Arizona – seit 2001 an der George Mason University Fairfax lehrt; → Nobelpreis für Wirtschaftswissenschaften 2002 (zusammen mit → Kahneman). Smith erhielt den Nobelpreis für den Einsatz von Laborexperimenten als Werkzeug in der empirischen Analyse, bes. in Studien unterschiedlicher Marktmechanismen. Zwar hatten schon Ökonomen vor ihm experimentelle Untersuchungen durchgeführt, wie sein akademischer Lehrer Chamberlin. Smith hat jedoch sowohl methodisch als auch substanziell die Fundamente gelegt, die heute allg. für Laborexperimente anerkannt werden. Eine Sammlung wichtiger Arbeiten in „Papers in Experimental Economics“ (1991).

Smithsche Steuerregeln → Besteuerungsprinzipien.

SNA – I. Volkswirtschaftliche Gesamtrechnung: – Abk. für → System of National Accounts.

II. Informatik: 1. Abk. für *Systems Network Architecture;* von IBM entwickeltes geschlossenes Rechnernetz (→ geschlossenes Netz, → lokales Netz). – 2. Abk. für *Social Network Analysis*; Analysemethode, mit deren Hife die (sozialen) Beziehungen in einem Kommunikationsnetzwerk untersucht werden (→ Kommunikation).

Snedecor-Verteilung → F-Verteilung.

Snobeffekt – bezeichnet in der → Haushaltstheorie (→ Nachfragetheorie des Haushalts) eine → Nachfrageinterdependenz und stellt als Gegenteil des → Mitläufereffektes den Effekt dar, dass die Nachfrage nach einem → Gut abnimmt, und zwar aufgrund (des negativen → externen Effekts) des zunehmenden Konsums dieses Gutes durch andere Personen. Bei Vorliegen des Snobeffekts ist die individuelle Nachfrage eine fallende Funktion der Gesamtnachfrage nach einem Gut. – Vgl. auch → externer Konsumeffekt.

SOA – Abk. für *serviceorientierte Architektur* bzw. *service-oriented architecture*. Konzept, bei dem die direkten und festen Abhängigkeiten von Elementen in einem → Softwaresystem dadurch minimiert werden, dass diese so weit wie möglich als eigenständige Dienste, sog. Services, definiert und umgesetzt werden. Ein Dienst bietet dabei verschiedene Fähigkeiten an, die er leistet, und stellt bestimmt Anforderungen hinsichtlich seiner Nutzung. Durch dieses Konzept lassen sich einzelne Dienste leicht kombinieren und zu neuen Systemen zusammensetzen.

Social Accounting – Darstellung sozialer Kosten und sozialer Erträge (→ externe Effekte), d.h. solcher Kosten und Nutzen, die auf die Allgemeinheit abgewälzt werden bzw. ihr zugute kommen. Das Social Accounting hat seinen Ursprung in der Kritik an der traditionellen Rechenschaftslegung, welche sich ausschließlich am monetären Gewinnziel der Einzelwirtschaften orientiert und wichtige gesamtwirtschaftliche Ziele (z.B. Umweltschutz) außer Acht lässt. Mithilfe des Social Accounting soll versucht werden, die durch die Unternehmung bedingten Veränderungen in der Gesellschaft und der Umwelt zu erfassen (soziale Kosten und Nutzen), die gesellschaftliche Verantwortung der Unternehmung stärker zum Ausdruck zu bringen und allen Interessenten mithilfe quantitativer Informationen deutlich zu machen. Die Probleme der Quantifizierung sind beträchtlich. – Vgl. auch → Sozialbilanz.

Social Branding – 1. *Begriff (Definition):* Social Branding umfasst alle konkreten Maßnahmen zum Aufbau und zur Pflege von Marken, die sich sozialer Interaktionen und der technischen Möglichkeiten des Web 2.0 bedienen. – 2. *Merkmale:* Social Branding zeichnet sich durch drei Merkmale aus: – a) Nutzung der technologischen Möglichkeiten des Web 2.0 für die Markenführung; – b) regelmäßige, markenkonforme Interaktionen mit den Nutzern sozialer Medien); – c) Förderung der Erstellung positiver und markenrelevanter Inhalte durch Nutzer sozialer Medien, ggf. durch Vernetzung der Nutzer und Aufbau von Brand Communities (Brand Community). – 3. *Ziele:* Die Nutzer sozialer Medien sollen sich zu treuen und bekennenden Markenbotschaftern entwickeln, die den Bekanntheitsgrad der Marke erhöhen (Markenbekanntheit) und ihr Image glaubwürdig stärken. – 4. *Herausforderung:* Die Nutzer sozialer Medien müssen Vertrauen in die Marke fassen. Hierzu müssen in der Markenkommunikation vier Ebenen beachtet werden: – a) Appellebene: offene und nicht manipulative Ansprache der Nutzer sozialer Medien; – b) Sachebene: Aussand glaubwürdiger, relevanter und einprägsamer Markenbotschaften; – c) Selbstkundgabe: authentische, aufrichtige, interessante, kompetente, kultivierte und robuste Markenpersönlichkeit; – d) Beziehungsebene (Relationship Marketing): interessierter, wertschätzender und respektvoller Umgang auf Augenhöhe mit den Nutzern sozialer Medien. – 5. *Implementierung:* Bei der Implementierung des Social Branding sind drei Aspekte hervorzuheben: – a) Aufbau eines technologischen Grundverständnisses zu den Möglichkeiten und Grenzen des Web 2.0 bei Managern und Mitarbeitern; – b) Aufbau von Markenwissen und -commitment (Markencommitment) bei Managern und Mitarbeitern zwecks Sicherstellung markenkonformer Aktivitäten im Web 2.0; – c) Aufbau von Interaktionskompetenzen bei Managern und Mitarbeitern zwecks Sicherstellung einer glaubwürdigen und professionellen Markenkommunikation im Web 2.0.

Social Engineering → Sozialtechnik.

Social Enterprise Initiative – 1. *Begriff:* Von der Harvard Business School (HBS) (Boston/Massachusetts, USA) ins Leben gerufene Initiative, die zum Ziel hat, die Führung in NPO sowie öffentlichen Unternehmen und Verwaltungen zu verbessern. – 2. *Merkmale:* a) Die Initiative ist stark von der Zusammenarbeit zwischen der Fakultät, Studierenden und Alumni (Ehemaligen) der HBS geprägt. – b) Manager aller Sektoren sollen ihre Fähigkeiten und ihr Wissen einsetzen um zur Verbesserung der Gesellschaft beizutragen – dabei steht die Durchführung von Weiterbildungsprogrammen („Executive Education") der HBS im Vordergrund.

Social Entrepreneurship – *soziales Unternehmertum;* unternehmerisches Denken und Handeln zum Wohle der Gesellschaft und zur Lösung oder Verbesserung gesellschaftlicher Missstände. Social Entrepreneurship wird sowohl von Non-Profit-Unternehmen betrieben, um durch die Gestaltungsspielräume des Unternehmertums ihre Mission besser erfüllen zu können, als auch von normalen Unternehmen um gesellschaftliche Verantwortung zu übernehmen. Der Erfolg von Social Entrepreneurship wird nicht allein auf Basis finanzieller Profite, sondern anhand des gesellschaftlichen Nutzens bewertet. – Vgl. auch → Entrepreneurship.

Social Fiscal Policy – Ergänzung der traditionellen Fiscal Policy (→ Fiskalpolitik) unter expliziter Berücksichtigung der finanzpolitischen Allokations- und Distributionsfunktion.

Social Goods → öffentliches Gut.

Social Labelling → soziales Gütesiegel.

Social Man → Menschenbilder.

Social Marketing – 1. *Begriff:* Gebrauch von Marketingtechniken mit dem Ziel, eine Zielgruppe dahingehend zu beeinflussen, dass diese freiwillig ein Verhalten akzeptiert, ablehnt, verändert oder aufgibt. Dies geschieht zum eigenen Wohl, zum Wohl für bestimmte Personengruppen oder zum Wohl der Gesellschaft als Ganzes. – 2. *Abgrenzung zum Nonprofit-Marketing:* a) Sozialmarketing stellt eine eigenständige fachlich-inhaltliche Disziplin dar. – b) Das Sozialmarketing weist zwar Schnittstellen und Überschneidungen mit dem → Nonprofit Marketing auf, dennoch ist es nicht auf → Nonprofit-Organisationen (NPO) begrenzt: Auch die öffentliche Hand kann eine Sozialmarketing-Kampagne oder -Botschaft durchführen. – c) Im Kontext des Sozialmarketing stehen nicht nur andere Instrumente bzw. Beeinflussungstechniken (bspw. Humor oder Abschreckung) im Vordergrund, sondern es wirken auch andere Mechanismen auf Seiten der Adressaten von Sozialmarketing-Kampagnen.

Social Responsiveness – Die Fähigkeit einer Unternehmung, in ihrem Handeln für die Ansprüche der Betroffenen empfänglich zu sein und diese Ansprüche so weit als möglich zu berücksichtigen. Social Responsiveness ist eine wichtige Voraussetzung für die Umsetzung einer Glaubwürdigkeitsstrategie (→ Glaubwürdigkeit).

Social Sector → Nonprofit-Sektor.

Societas Cooperativa Europaea (SCE) – In der Bundesrepublik Deutschland rechtlich eingeführt worden ist die SCE durch das Gesetz zur Ausführung der Verordnung (EG) Nr. 1435/2003 des Rates vom 22.7.2003 über das Statut der Europäischen Genossenschaft (SCE) (SCE-Ausführungsgesetz-SCEAG), Gesetz vom 14.8.2006 (BGBl. I 1911) m.spät. Änd. Die Verordnung (EG) Nr. 1435/2003 regelt etliche Einzelfragen der SCE direkt. – 1. *Wesen*: Die SCE ist eine → Körperschaft, deren → Grundkapital in Geschäftsanteile zerlegt ist. Sie ist eine → juristische Person. Ihr Hauptzweck ist es, den Bedarf der Mitglieder zu decken und/ oder deren wirtschaftliche/ soziale Tätigkeiten zu fördern. Diese Zwecke werden nach den gesetzlichen Vorgaben insbesondere wie folgt erfüllt: Lieferung von Waren an die Mitglieder, Erbringung von Dienstleistungen für die Mitglieder, Durchführung von Arbeiten im Rahmen der Tätigkeiten der Genossenschaft und die Deckung des Bedarfs der Mitglieder durch Beteiligung an einer anderen europäischen oder nationalen Genossenschaft. – 2. *Gründung*: Es muss ein grenzüberschreitender Bezug gegeben sein. Bei einer Neugründung können natürliche Personen, Personengesellschaften, Kapitalgesellschaften oder Genossenschaften als Gründer agieren. Dabei muss es sich um mind. fünf natürliche Personen oder mind. fünf juristische Personen des Privatrechts, Personengesellschaften oder juristische Personen des öffentlichen oder privaten Rechts handeln. Grundsätzlich müssen mind. zwei davon den Wohnsitz in einem der EU-Mitgliedsstaaten (→ EU) haben bzw. es müssen zwei Gesellschaften dem Recht verschiedener EU-Mitgliedsstaaten unterliegen. Eingezahltes Gründungskapital: mind. 30.000 Euro (Art. 3 II VO 1435/2003). – 3. *Entstehung durch Umwandlung*: Die SCE kann durch → Verschmelzung von verschiedenen Genossenschaften (vgl. dazu §§ 5 – 9 SCEAG) oder durch Umwandlung einer bestehenden Genossenschaft über einen Formwechsel (§§ 190 ff. UmwG) gebildet werden (→ formwechselnde Umwandlung). – 4. *Registerwesen*: Nach § 3 SCEAG ist die SCE entsprechend den für Aktiengesellschaften geltenden Vorschriften in das Genossenschaftsregister einzutragen. Die Anmeldung zur Eintragung erfordert außerdem, dass die Bescheinigung des Prüfungsverbandes beigefügt ist, nach der die Europäische Genossenschaft zum Beitritt zugelassen ist. (Art. 71 VO 1435/2003 i.V. mit § 11 II Nr. 3 GenG). – 5. *Sitz*: Der Sitz muss in dem EU-Mitgliedsstaat sein, in dem sich auch der Hauptsitz befindet (Art. 6 VO 1435/2003). Ist diese Voraussetzung nicht mehr erfüllt bzw. wird der rechtmäßige Zustand auch nach einer Aufforderung nicht mehr hergestellt, so kann das Registergericht ggf. gemäß § 10 SCEAG ein Amtslöschungsverfahren betreiben. Zur Sitzverlegung in einen anderen Mitgliedsstaat vgl. die Einzelheiten in Art. 7 VO 1435/2003. – 6. *Leitungsorgan*: Nach Art. 36 Nr. b) VO 1435/2003 kann in der Satzung zwischen einem sog. dualistischen System (Vorstand, von einem Aufsichtsrat kontrolliert) und einem monistischen System (Verwaltungsrat) gewählt werden (Einzelheiten: Art. 36 ff. VO 1435/2003 und §§ 12 ff. SCEAG). In beiden Fällen ist eine Generalversammlung als oberstes Entscheidungsorgan einzurichten (Art. 36 Nr. a) VO 1435/2003). Bei einer kapitalmarktorientierten (im Sinne § 264d HGB) europäischen Genossenschaft muss mindestens ein Mitglied des Verwaltungsrats über Sachverstand in Rechnungslegung oder Abschlussprüfung verfügen – so § 19 I 2 SCEAG, eingeführt durch das → Bilanzrechtsmodernisierungsgesetz (BilMoG). – 7. *Mitbestimmung*: Die Beteiligung der Arbeitnehmer an den Unternehmensentscheidungen in einer Europäischen Genossenschaft ist in Deutschland in dem SCE-Beteiligungsgesetz (SCEBG), Gesetz vom 14.8.2006 (BGBl. I 1911, 1917), geregelt. Wegen Einzelheiten wird auf die §§ 4-39, 41 f. SCEBG verwiesen.

Societas Europaea (SE) – I. Begriff: 1. *Allgemeines:* Durch Verordnung (EG) Nr. 2157/2001 des Rates der Europäischen Union vom 8.10.2001 über das Statut der Europäischen Gesellschaft (ABl. L 294/1 vom 10.11.2001) geschaffene europarechtliche (transnationale) Rechtsform einer Aktiengesellschaft, mit der in erster Linie erreicht werden soll, dass mit der Gründung einer Societas Europaea die Möglichkeit eröffnet wird, dass a) Gesellschaften verschiedener Mitgliedsstaaten fusionieren oder eine Holding errichten; b) Gesellschaften u.a. juristische Personen aus verschiedenen Mitgliedsstaaten, die wirtschaftlich tätig sind, gemeinsame Tochtergesellschaften gründen. In Kraft getreten am 8.10.2004 (Art. 70). – 2. *Gründungsformen:* Im Gebiet der → EU können Handelsgesellschaften in der Form der Europäischen Aktiengesellschaft nach den Vorschriften der oben genannten VO gegründet werden. – a) Die im Anhang der VO genannten nach dem jeweiligen Recht des Mitgliedsstaats zulässigen Aktiengesellschaften, die ihren Sitz und ihre Hauptverwaltung in der EU haben, können eine Societas Europaea durch Verschmelzung gründen, sofern mind. zwei von ihnen dem Recht verschiedener Mitgliedsstaaten unterliegen. – b) Aktiengesellschaften und GmbHs können unter den genannten Voraussetzungen eine Holding-Societas Europaea gründen, sofern mind. zwei von ihnen dem Recht verschiedener Mitgliedsstaaten unterliegen oder seit mind. zwei Jahren eine dem Recht eines anderen Mitgliedsstaates unterliegende

Tochtergesellschaft oder eine Zweigniederlassung in einem anderen Mitgliedsstaat haben. – c) Gesellschaften und juristische Personen des öffentlichen oder privaten Rechts können eine Tochter-Societas Europaea durch Zeichnung ihrer Aktien gründen, sofern die Voraussetzungen wie bei c) vorliegen. – d) Eine Aktiengesellschaft, die nach dem Recht eines Mitgliedsstaates gegründet worden ist, kann in eine Societas Europaea umgewandelt werden, wenn sie seit mind. zwei Jahren eine dem Recht eines anderen Mitgliedsstaates unterliegende Tochtergesellschaft hat (Art. 2). – 3. *Merkmale der Societas Europaea:* Die Societas Europaea besitzt eine eigene Rechtspersönlichkeit. Vorbehaltlich der Bestimmungen der VO findet das Recht des Sitzstaats der Societas Europaea Anwendung. Das gezeichnete Kapital muss mind. 120.000 Euro betragen (Art. 4). Der Sitz der Societas Europaea muss in dem Mitgliedsstaat liegen, in dem sich die Hauptverwaltung befindet (Art. 7). Der Sitz kann in einen anderen Mitgliedsstaat verlegt werden (Art. 8). Die Societas Europaea muss ihrer Firma den Zusatz „SE" voran- oder nachstellen (Art. 11). Eine Societas Europaea kann in das Handelsregister eingetragen werden, wenn eine Vereinbarung über die Beteiligung der Arbeitnehmer entsprechend der Richtlinie 2001/86/EG des Rats vom 8.10.2001 zur Ergänzung des Status der Europäischen Gesellschaft hinsichtlich der Beteiligung der Arbeitnehmer (ABl. L 294/22 vom 10.11.2001) geschlossen worden ist. Die Eintragung und Löschung der Eintragung einer Societas Europaea werden nach dem Recht des Mitgliedsstaates und zu Informationszwecken im Amtsblatt der Europäischen Gemeinschaft veröffentlicht (Art. 13, 14). – 4. *Verfassung der Societas Europaea:* Die Societas Europaea verfügt über eine Hauptversammlung der Aktionäre und entweder über ein Aufsichtsorgan und ein Leitungsorgan (dualistisches System) oder nur ein Verwaltungsorgan (monistisches System). Das dualistische System hat die Struktur der dt. Aufsichtsratsverfassung, während das monistische System dem angloamerikanischen Board System folgt (Art. 38-45). Für beide Systeme gilt, dass sie Mitglieder der Organe für höchstens sechs Jahre mit der Möglichkeit der Wiederbestellung berufen können (Art. 46). – 5. *Rechnungslegung*: Für die Societas Europaea gilt hinsichtlich des → Jahresabschlusses und ggf. des konsolidierten Abschlusses einschließlich des Lageberichts und der Prüfung der Abschlüsse das Recht des Mitgliedsstaates für Aktiengesellschaften (Art. 61), Sonderregelungen für Kreditinstitute, Finanzinstitute und Versicherungsunternehmen in Art. 62. – 6. Für die *Auflösung* und *Liquidation* gilt das Recht des Sitzstaats (Art. 62 ff.). – 7. Als *deutsches Ausführungsgesetz* zu VO und Richtlinie wurde das SE-Ausführungsgesetz (SEAG) vom 22.12.2004 (BGBl. I S. 3675) m.spät.Änd. geschaffen. Die Beteiligung der Arbeitnehmer ist im SE-Beteiligungsgesetz (SEBG) vom 22.12.2004 (BGBl. I 3675,3686) geregelt

II. Besteuerung: 1. *Körperschaftsteuer:* Die Besteuerung der Societas Europaea entspricht den Regelungen zur Besteuerung von Kapitalgesellschaften. – Nach den Doppelbesteuerungsabkommen unterliegt der Gewinn aus jeder Betriebsstätte im Staat der Betriebsstätte der Besteuerung. Die Ausschüttung der erwirtschafteten Gewinne an die Aktionäre in Form von Dividenden kann mit einer Pflicht zur Einbehaltung von Kapitalertragsteuer belegt werden, allerdings ist dies nur dem Staat erlaubt, in dem die Societas Europaea ihren Sitz hat. Die von der Societas Europaea empfangenen Dividenden sind beim Anteilseigner steuerpflichtige Einkünfte (aus Kapitalvermögen oder, bei einem Mutterunternehmen, aus Gewerbebetrieb) und unterliegen in Deutschland der Besteuerung nach dem → Teileinkünfteverfahren oder der → Abgeltungsteuer. – 2. *Umwandlungssteuerrecht:* Die Gründung der Societas Europaea wie auch ihre Verschmelzung, Spaltung oder Sitzverlegung in ein anderes Land ist hinsichtlich der steuerrechtlichen Behandlung in der → Fusionsrichtlinie der EG geregelt. In Deutschland sind die Vorgaben dieser Richtlinie vorwiegend im Umwandlungssteuergesetz geregelt worden. Demnach löst die Gründung einer Societas Europaea durch grenzüberschreitende Fusion soweit wie möglich keine akute Steuerbelastung auf der Ebene der Gesellschaft oder bei den Gesellschaftern aus; allerdings muss sichergestellt werden, dass die bei den beteiligten Unternehmen oder den Anteilseignern schon vorhandenen stillen Reserven dem Fiskus für eine spätere Besteuerung noch zur Verfügung stehen können und nicht etwa endgültig verloren gehen (Steuerneutralität). Nach denselben Grundsätzen wird auch eine Sitzverlegung der Societas Europaea behandelt. – 3. *Verkehrsteuern* wie z.B. Grunderwerbsteuer dürfen bei der Gründung oder Sitzverlegung einer Societas Europaea erhoben werden, einen steuerneutralen Steueraufschub wie bei den Einkommensteuern gibt es hierbei nicht. – 4. *Grenzüberschreitende Besonderheiten*: Da die Societas Europaea v.a. grenzüberschreitend aktiv sein wird (sei es als Holding, sei es mit mehreren Betriebsstätten), sind für ihre Besteuerung im laufenden Geschäft die → Doppelbesteuerungsabkommen (DBA) bes. wichtig; verfügt sie über mehrere rechtlich unselbständige Zweigniederlassungen, so wird demnach jede Zweigniederlassung ihren Gewinn im betreffenden Land zu versteuern haben (→ Betriebsstättenprinzip).

Societas Privata Europaea (SPE) – Die Societas Privata Europaea (SPE), oder Europäische Privatgesellschaft, ist der Name einer Gesellschaftsform für kleinere oder mittlerere Unternehmen (KMU), deren Einführung auf EU-Ebene bisher noch nicht stattgefunden hat. Ihr geplanter Zuschnitt (z.B. Kapitalgesellschaft, Mindestkapital 1 Euro, Gründer können natürliche und juristische Personen sein) ähnelt in der Bundesrepublik Deutschland der → Gesellschaft mit beschränkter Haftung (GmbH). Zu den bereits in Deutschland bestehenden europäischen Gesellschaftsformen (→ europäisches Gesellschaftsrecht) könnte so das Angebotsspektrum für die Unternehmen erweitert werden. Im Einzelnen vorgestellt werden ihre Grundlagen und ihre Strukturen in einem EU-Kommissionsentwurf (vom 25.6.2008), der weitgehend selbst erklärend ist und im Internet über die Website der Europäischen Kommission abgerufen werden kann.

Societe des Bourses Francaises → Pariser Börse.

Society for Worldwide Interbank Financial Telecommunication → SWIFT.

SoFFin → Finanzmarktstabilisierungsfonds.

sofortige Beschwerde – 1. *Zivilprozess:* Findet statt gegen im ersten Rechtszug ergangene Entscheidungen der Amts- und Landgerichte, wenn dies im Gesetz ausdrücklich bestimmt ist oder es sich um solche eine mündliche Verhandlung nicht erfordernde Entscheidung handelt, durch die ein das Verfahren betreffendes Gesuch zurückgewiesen worden ist (§ 567 ZPO). In Kostensachen ist sie nur zulässig, wenn der Wert der → Beschwer 200 Euro übersteigt. Sie muss, soweit keine andere Frist bestimmt ist, innerhalb einer → Notfrist von zwei Wochen nach Zustellung der Entscheidung eingelegt werden (§ 569 ZPO). Der Beschwerdegegner kann sich der Beschwerde anschließen, selbst wenn er auf die Einlegung der sofortigen Beschwerde verzichtet hat oder die Frist verstrichen ist (Anschlussbeschwerde, § 567 III ZPO). Nach der Neuregelung durch das ZPO-Reformgesetz vom 27.7.2001 (BGBl. I 1887, 3138) kann das Gericht der sofortigen Beschwerde selbst abhelfen, andernfalls muss es die sofortige Beschwerde unverzüglich dem Beschwerdegericht vorlegen (§ 572 ZPO). → Anwaltszwang besteht i.d.R. nur, wenn der Rechtsstreit in erster Instanz bei einem Landgericht anhängig ist (§ 569 III ZPO). – 2. *Strafprozess:* Frist beträgt eine Woche (§ 311 StPO), sonst wie oben.

Soft Computing – Sammelbegriff für Techniken der → Künstlichen Intelligenz (KI) zur numerischen Ermittlung von Näherungslösungen. Ausgeschlossen sind damit Techniken, bei denen es um harte Fakten und exaktes Schließen geht. Das Soft Computing umfasst v.a. die Bereiche der → Fuzzy Logic, der → neuronalen Netze, des probabilistischen Schließens, der → Evolutionsstrategien und der → genetischen Algorithmen.

Soft Selling – (auch „Customer-oriented-Selling") Form des → persönlichen Verkaufs, bei der versucht wird, die für den Kunden optimale Problemlösung zu finden. Die auf → Kundenzufriedenheit fokussierte Verkaufstechnik empfiehlt sich bes. dann, wenn auf langfristige → Kundenbindungen Wert gelegt wird. – *Gegensatz:* → Hard Selling.

Software – 1. *Begriff:* (1) *I.e.S.:* zusammenfassende Bezeichnung für die Programme, die auf einem → Computer ausgeführt werden können. Ohne Software ist die → Hardware nicht betriebsfähig. Unterschieden wird zwischen → Anwendungsprogrammen und → Systemprogrammen. – (2) *I.w.S.:* auch organisatorische Richtlinien, Verfahrensregeln und bes. die zugehörige → Dokumentation. – 2. *Dienstleistungskomponente* im Angebot eines Herstellers. Sie ergänzt die → Hardware zu einer Problemlösung.

Software Agent → Agent.

Software as a Service (SaaS) – bedarfsorientiere Bereitstellung von → Anwendungen nach dem Konzept von → Everything as a Service (EaaS).

Softwareeinsatz – *Systembetrieb;* Phase im → Softwarelebenszyklus, in der das entwickelte → Softwaresystem seiner Zweckbestimmung entsprechend eingesetzt wird. In der → betrieblichen Datenverarbeitung z.T. eine sehr lange Phase. Die Lebensdauer großer → Softwaresysteme liegt häufig zwischen zehn und 15 Jahren.

Software Engineering – wissenschaftliche Disziplin, die sich mit der Entwicklung, dem Einsatz und der Wartung von → Software befasst. – 1. *Ziele:* Reduktion der Problemkomplexität durch Bereitstellung von Prinzipien (z.B. Abstraktion, → Modularisierung), Methoden (→ Softwareentwurfsmethoden) und Werkzeugen (→ Softwareentwicklungsumgebungen (SEU), → CASE). – 2. *Einordnung:* Software Engineering wird z.T. der → Wirtschaftsinformatik und z.T. der Praktischen → Informatik zugeordnet, da einige Fragestellungen eher betriebswirtschaftlich (z.B. Softwarekosten, Projektmanagement, betrieblicher Einsatz), andere eher technisch sind (z.B. Softwaretechnologie, Softwarewerkzeuge). – 3. *Teilgebiete:* (1) *Softwareentwicklung:* Softwareprojekte durchlaufen i.d.R. typische Phasen (→ Softwarelebenszyklus): → Problemanalyse, → Anforderungsdefinition, → Spezifikation, → Entwurfsphase, → Implementierung, → Testen, → Softwareeinsatz und → Softwarewartung. (2) *Projektmanagement:* Softwareprojekte werden in bestimmten Formen der → Projektorganisation durchgeführt. Zum Projektmanagement zählen auch die Anwendung von → Kostenschätzungsmodellen und die Definition von → Meilensteinen zur Planung und Kontrolle des Projektfortschritts. (3) *Softwarequalitätssicherung:* Sicherung der → Softwarequalität durch Definition von Qualitätsmerkmalen und Entwicklung und Anwendung von Maßnahmen zur Erfüllung der Qualitätsmerkmale. (4) *Softwaretechnologie:* Bereitstellung von Prinzipien, Methoden und Werkzeugen für die Entwicklung von → Softwaresystemen („Programmieren im Großen") und die → Programmentwicklung („Programmieren im Kleinen"). – 4. *Praxis:* Das praktische Software Engineering konzentriert sich auf das Projektmanagement und auf den Einsatz von → Softwarewerkzeugen.

Software Engineering Environment System (SEES) → Softwareentwicklungsumgebung (SEU).

Softwareentwicklung – Entwicklung eines → Softwaresystems oder eines einzelnen → Programms (→ Programmentwicklung); u.a. Gegenstand des → Software Engineering.

Softwareentwicklungsumgebung (SEU) – integriertes Bündel aufeinander abgestimmter Methoden (mit ähnlicher Philosophie) einschließlich zugehöriger → Softwarewerkzeuge mit denen der Prozess der → Softwareentwicklung oder auch der gesamte → Softwarelebenszyklus begleitet und unterstützt werden soll.

Softwareentwurfsmethoden – 1. *Begriff* aus dem → Software Engineering: (1) *i.w.S.:* alle Methoden, die in der → Entwurfsphase für den Entwurf eines → Softwaresystems angewendet werden; (2) *i.e.S.:* Methoden, die meist nicht nur die Entwurfsphase, sondern auch weitere Phasen des → Softwarelebenszyklus erfassen; diese werden z.T. durch → Softwarewerkzeuge unterstützt. – 2. *Beispiele:* → HIPO-Methode, → Jackson System Development (JSD), → Petri-Netze, → SADT, → SD/CD-Methode. – Vgl. auch → Softwareentwurfsprinzipien.

Softwareentwurfsprinzipien – 1. *Begriff:* im → Software Engineering Prinzipien, die dem Entwurf eines → Softwaresystems zugrunde gelegt werden (→ Entwurfsphase). – 2. *Arten:* (1) *Softwareentwurfsprinzipien zur Systemstrukturierung:* Abstraktionsebenen (Abstraktion), → virtuelle Maschinen; (2) *Softwareentwurfsprinzipien zur Systemzerlegung:* → Modularisierungsprinzipien; (3) *weitere Softwareentwurfsprinzipien:* getrennte Übersetzbarkeit, beschränkte Modulgröße, → Lokalität. – Vgl. auch → Softwareentwurfsmethoden.

Software-Ergonomie – 1. *Begriff:* die Eigenschaft eines Softwareprodukts, ergonomisch (→ Ergonomie) gestaltet zu sein. – 2. *Ziel* der Software-Ergonomie ist es, Softwareprodukte entsprechend den Bedürfnissen der mit ihnen arbeitenden Menschen zu gestalten. – 3. *Inhalte:* Fragen der Dialoggestaltung, Arbeitsinhalte, Bewahrung und Gestaltung von Entscheidungsspielräumen, → Robustheit der Kommunikation, → Benutzeroberflächen u.a. – Vgl. auch → Benutzerfreundlichkeit.

Softwarehaus – Unternehmen, das vorrangig Softwareprodukte für externe Auftraggeber (→ Individualsoftware) oder → Standardsoftware herstellt; außerdem häufig Beratungs- und Schulungsleistungen.

Softwarekosten – 1. *I.e.S.:* die durch Entwicklung von Softwareprodukten und durch → Softwarewartung verursachten Kosten (überwiegender Anteil). – 2. *I.w.S.* werden auch Kosten des → Softwareeinsatzes hinzugerechnet.

Softwarelebenszyklus – *Software Life Cycle:* im → Software Engineering Bezugsbasis für die Phasen, die ein Softwareprodukt bei seiner Herstellung und dem späteren Einsatz durchläuft; Grundlage für → Phasenmodelle.

Software Life Cycle → Softwarelebenszyklus.

Softwarepaket – *Programmpaket.* 1. Synonym für → Softwaresystem. – 2. Synonym für → Standardsoftware.

Softwarepflege → Softwarewartung.

Softwarepiraterie – Spezieller Straftatbestand der unerlaubten Verwertung im Urheberstrafrecht, beinhaltet die unerlaubte Vervielfältigung und Verbreitung urheberrechtlich geschützter Werke (§§ 106 ff. UrhG), wozu auch Programme für die → Datenverarbeitung gehören (z.B. Herstellung von Raubkopien von Computerprogrammen § 2 I Nr. 1 i.V. mit §§ 106 ff. UrhG). – *Strafe:* → Freiheitsstrafe bis drei Jahre (bei Gewerbsmäßigkeit bis zu fünf Jahre, vgl. § 108 a UrhG) oder → Geldstrafe. Der → Versuch ist strafbar.

Softwarequalität – 1. *Begriff:* Ein Softwareprodukt weist wie andere Produkte bestimmte Qualitätseigenschaften auf. Die → Qualität wird hauptsächlich von der Vorgehensweise bei der Herstellung beeinflusst. – 2. *Merkmale der Softwarequalität:* In der Literatur werden unterschiedliche Aufschlüsselungen der Merkmale genannt, z.B. → Verständlichkeit, Korrektheit, → Zuverlässigkeit, → Benutzerfreundlichkeit, → Wartungsfreundlichkeit, → Portabilität, → Universalität, → Robustheit, → Effizienz eines Softwareprodukts. – 3. *Zielkonflikte:* Die gleichzeitige Optimierung aller Qualitätseigenschaften ist i.d.R. nicht möglich wegen zahlreicher Zielkonflikte, bes. konkurriert das Effizienzstreben mit allen anderen Zielen. – 4. *Konsequenzen:* Die Merkmale der Softwarequalität bildeten den Ausgangspunkt für die Entwicklung von Prinzipien, Methoden und Werkzeugen des → Software Engineering, v.a. für → Softwareentwurfsprinzipien, → Softwareentwurfsmethoden, → Softwarequalitätssicherung.

Softwarequalitätssicherung – 1. *Begriff:* alle Prinzipien, Methoden und Werkzeuge, die der Herstellung und Aufrechterhaltung der → Softwarequalität dienen. – 2. *Arten:* a) *Analytische Softwarequalitätssicherung* erfolgt anhand des bereits entwickelten Softwareprodukts. Die Qualität wird primär diagnostiziert und ggf. verbessert, aber nicht von Grund auf hergestellt. (1) Statischen Analysen liegen die Quellprogramme zugrunde. *Methoden:* Structured → Walk-through, Code Inspection, → Programmverifikation. (2) *Dynamische* Analysen werden bei Ausführung der *Maschinenprogramme* durchgeführt (→ Testen). – b) *Konstruktive Softwarequalitätssicherung* wird bereits bei der → Softwareentwicklung betrieben mit dem Ziel, von vornherein ein Softwareprodukt hoher Qualität zu erzeugen. – Vgl. auch → Softwareentwurfsprinzipien, → Softwareentwurfsmethoden.

Softwaresystem → Software, die aus mehreren Bausteinen besteht; die Bausteine bezeichnet man je nach Betrachtungsebene als → Programme oder als → Module. – 1. *Programmiertechnisch*

(→ Programmierung) gesehen besteht ein Softwaresystem aus Programmen (→ Hauptprogrammen, → Unterprogrammen), aus deren Zusammenwirken sich die Lösung eines Problems ergibt. – 2. *Konzeptionell* betrachtet besteht ein Softwaresystem aus Modulen, die bei einer Zerlegung nach Abstraktionsprinzipien (Abstraktion) entstehen.

Software Tool → Softwarewerkzeug.

Softwarewartung – 1. *Begriff* aus dem → Software Engineering mit unterschiedlichen Bedeutungen: a) *Nachträgliche Fehlerbehebung:* Softwarewartung ist eine beschönigende, dennoch gebräuchliche Umschreibung des Sachverhalts, dass Softwareprodukte aufgrund ihrer Unzuverlässigkeit und Fehlerhaftigkeit nach der Entwicklung noch während der gesamten Lebensdauer korrigiert und modifiziert werden müssen. – b) *Nachträgliche Änderungen:* Z.T. wird unter Softwarewartung zusätzlich die nachträgliche Anpassung eines Softwareprodukts an geänderte Anforderungen und Umgebungsbedingungen subsumiert, auch als *Softwarepflege* bezeichnet. – 2. *Phase im* → Softwarelebenszyklus, die sich weitgehend mit der Phase des → Softwareeinsatzes überlappt.

Softwarewerkzeug – *Software Tool;* im → Software Engineering ein → Programm zur Unterstützung der → Softwareentwicklung, das die computergestützte Anwendung einer Methode im → Dialogbetrieb ermöglicht. – *Beispiel:* PSL/PSA.

Solawechsel – *eigener Wechsel, Eigenwechsel;* → Wechsel, bei dem sich der → Wechselaussteller selbst zur Zahlung einer Geldsumme verpflichtet. – *Gegensatz:* → gezogener Wechsel (Tratte).

Solidarbeitrag → Sozialpolitik, Gestaltungsprinzipien.

Solidarfonds-Abfallrückführung – aufgelöst und abgewickelt durch Gesetz vom 20.10.2005 (BGBl I 3010).

Solidarhaftung – Haftung mehrerer Personen als → Gesamtschuldner.

Solidarität – I. Genossenschaftswesen: Prinzip der Unternehmensführung in Genossenschaften, das unterschiedlich ausgelegt wird. Zum einen ist die Solidarität als Wesensmerkmal der Genossenschaft als Gemeinschaftsverpflichtung und -haftung in der Weise zu sehen, dass jeder Einzelne für das Gesamte verantwortlich ist und umgekehrt. Zum anderen wird die Solidarität als ein Instrument der individuellen wirtschaftlichen Besserstellung der Mitglieder betrachtet, welches das einzelne Genossenschaftsmitglied durch das Zusammenwirken in die Lage versetzt, mehr zu erreichen, als durch individuelles Wirtschaften. So gesehen ist Solidarität als ein individualnützliches zweckrationales Handeln zu sehen und diesbezüglich nicht im Sinne eines altruistischen Grundsatzes. – Vgl. auch → Genossenschaftswesen.

II. Privat- und Sozialversicherung: 1. *Allgemein:* Prinzip, das gemäß seinem juristischen Ursprung eine Form der Gemeinschaftshaftung ausdrückt, nach der jeder Einzelne für das Gesamte verantwortlich ist und umgekehrt. Der Begriff der Solidarität umschreibt damit das genuine → Versicherungsprinzip, dem zufolge sich (evtl. auch einander unbekannte) Menschen zu einer Gemeinschaft zusammenschließen, um ein für eine Einzelperson untragbares Risiko gemeinsam zu tragen bzw. eine schwierige Aufgabe gemeinsam zu bewältigen. In diesem Sinne ist Solidarität als ein individualnützliches zweckrationales Handeln zu sehen und nicht als altruistischer Grundsatz. – 2. *Formen:* In der heutigen Großgesellschaft sind traditionelle Formen von solidarischem Verhalten innerhalb von Kleingruppen wie etwa Familie, Nachbarschaft, Zunft o.Ä. weitgehend neuen Formen von institutionalisierter, vertraglich zugesicherter Solidarität, den Sozialversicherungssystemen (→ Sozialversicherung), gewichen. Dabei ist zu betonen, dass aus der ursprünglichen Bedeutung des Solidaritätsbegriffes keine bestimmten Ausgestaltungen dieser Institutionen (etwa bestimmte Formen der Umverteilung in der Sozialversicherung) abgeleitet werden können; Ausfluss des Solidaritätsprinzips ist lediglich die Sicherung des gemeinsamen Einstehens für durch die Natur verursachte und für die Einzelperson untragbare, ungewisse Schicksalsschläge.

Solidaritätsbeitrag – Ausgleich, den nicht organisierte Arbeitnehmer anstelle des ersparten Gewerkschaftsbeitrags zu den Kosten gewerkschaftlicher Arbeit zu leisten haben. In → Tarifverträgen vorgesehene Regelung; nach überwiegender Auffassung ist eine solche Regelung nicht mehr von der → Tarifautonomie gedeckt.

Solidaritätsfonds – durch Abkommen des → Pariser Clubs geschaffener Fonds mit einer Kapitalausstattung von 20 Mrd. → Sonderziehungsrechten (SZR); Nachfolger des → Europäischen Währungsabkommens (EWA). Nach Schaffung des → EWS und der Einführung der erweiterten Beistandskredite im Rahmen des → IWF verlor der Solidaritätsfonds seine Bedeutung. – Vgl. auch → Strukturpolitik der Europäischen Union.

Solidaritätsfonds der EU – Der Europäische Solidaritätsfonds wurde 2002 eingerichtet nach den Erfahrungen schwerer Überschwemmungen, Waldbrände und anderer Katastrophen. Er ist ein Ausdruck konkreter europäischer Solidarität und ist von den Strukturfonds getrenntes Finanzierungsinstrument für Nothilfe im Falle schwerer Katastrophen. Förderfähig sind Situationen, in denen die geschätzten Direktkosten der Schäden mehr als 3 Mrd. Euro oder 0,6 Prozent des BIP des betroffenen Staats betragen. In Ausnahmefällen kann der EUSF auch bei außergewöhnlichen regionalen Katastrophen intervenieren. Pro Jahr stehen 1 Mrd. Euro zur Verfügung.

Solidaritätsprinzip → Sozialpolitik, Gestaltungsprinzipien.

Solidaritätszuschlag – I. Finanzwissenschaft: 1. *Begriff:* Steuer, die als Ergänzungsabgabe zur Einkommensteuer und zur Körperschaftsteuer nach Art. 106, 1, Nr. 6 GG als Bundessteuer erhoben werden darf. → Bemessungsgrundlage ist die Einkommen- und Körperschaftsteuerschuld. – 2. *Begründung:* Einkommen- und Körperschaftsteuer bedürfen als Gemeinschaftsteuern der Zustimmung des Bundesrates. Der Bund besitzt seit der Finanzreform von 1969 ein Zuschlagsrecht zu diesen Steuern, das er selbstständig wahrnehmen kann. Dies war bisher zweimal erfolgt, von 1968 bis (auslaufend) in die 1980er-Jahre und seit dem 1.1.1995 mit dem Solidaritätszuschlag. Dieser wurde eingeführt, um die Kosten der dt. Wiedervereinigung zu finanzieren. Er wird in West- und Ostdeutschland erhoben. Das Aufkommen aus dem Zuschlag steht dem Bund zu, nicht wie die Einkommensteuer Bund und Ländern gemeinsam.

II. Einkommensteuer: Ergänzungsabgabe in Höhe von 5,5 Prozent der geschuldeten Einkommen- oder Körperschaftsteuer. Darüber hinaus wird sie auf Lohnsteuer, Kapitalertrag- oder Zinsabschlagsteuer erhoben. Die Erhebung wird nur vorgenommen, wenn die Bemessungsgrundlage über 972 bzw. 1.944 Euro liegt. Darüber hinaus kann der Zuschlag höchstens 20 Prozent des Unterschiedsbetrags zwischen Bemessungsgrundlage und Freigrenze betragen. Der Solidaritätszuschlag ist als → Personensteuer weder bei der Ermittlung der Einkünfte (→ Einkünfteermittlung) noch als → Sonderausgabe oder → außergewöhnliche Belastung abzugsfähig. Ab dem Veranlagungszeitraum 2011 erfolgt die Erhebung des Solidaritätszuschlags unabhängig von der Bemessungsgrenze von 972 oder 1.944 Euro. Er beläuft sich auf 5,5 Prozent ohne der Beschränkung von 20 Prozent. Zugunsten des Steuerpflichtigen wird diese Regelung auch für die Jahre 2009 und 2010 angewendet.

III. Verfassungsmäßigkeit: Der siebte Senat des Niedersächsischen Finanzgerichts hält die Erhebung des Solidaritätszuschlags für nicht verfassungsgemäß. Daher wurde dem Bundesverfassungsgericht die Klage vorgelegt (AZ 7 K 143/08). Spätestens ab dem Jahr 2007 wird die verfassungsrechtliche Berechtigung zur Erhebung des Solidariätszuschlags infrage gestellt. Das BVerfG (Beschluss vom 8.9.2010, 2 BvL 3/10, BFH/NV 2010 S. 2217) weist die vom Niedersächsischen Finanzgericht vorgelegte Frage als unzulässig ab. Beim BFH sind noch die Verfahren II R 50/09, II R 20/10 und I R 22/10 anhängig, in denen die Vereinbarkeit der Festsetzung des Solidaritätszuschlags in den Veranlagungszeiträumen 2005 und 2007 mit dem Verfassungsrecht bezweifelt wird.

IV. Aufkommen: 13,1 Mrd. (2008), 12,3 Mrd. Euro (2007), 11,3 Mrd. Euro (2006), 10,3 Mrd. Euro (2005), 10.288,1 Mio. Euro (2003), 10.403,3 Mio. Euro (2002), 11.068,6 Mio. Euro (2001), 11.841,2 Mio. Euro (2000), 13.430,4 Mio. Euro (1995).

Solidarpaktfortführungsgesetz – Gesetz vom 20.12.2001 zur Neufassung des Finanzausgleichsgesetzes ab 1.1.2005 und damit zur Reformierung des bundesstaatlichen Finanzausgleichs. – *Inhalt:* stärke Ausrichtung des Finanzausgleichs auf den Aspekt seiner Anreizwirkungen (v.a. Erhöhung der Umsatzsteuerergänzungsanteile zugunsten der neuen Bundesländer statt garantierter Mindestauffüllung sowie im Rahmen des → Länderfinanzausgleichs Abflachung des Ausgleichstarifs und gleichzeitige Verbreiterung der Bemessungsgrundlage); Neuregelung der Vergabe von Bundesergänzungszuweisungen (allg. Bundesergänzungszuweisungen statt Fehlbetrags-Bundesergänzungszuweisungen; Berücksichtigung von teilungsbedingten Sonderlasten aus dem bestehenden starken infrastrukturellen Nachholbedarf und zum Ausgleich unterproportionaler kommunaler Finanzkraft in den neuen Ländern; Ausgleich für überdurchschnittlich hohe Kosten politischer Führung zugunsten kleinerer Länder; vgl. → Ergänzungszuweisung); Neugestaltung der Abwicklung des → Fonds Deutsche Einheit.

Solidarprinzip → Sozialpolitik, Gestaltungsprinzipien.

Soll → Debet; linke Seite des Kontos (→ Konten), auf der die → Lastschrift gebucht wird. – Vgl. auch → Saldo.

Solldeckungsbeitrag – *Deckungsvorgabe;* in einer Periode (→ Deckungsbudget) durch ein Projekt oder je Einheit einer Bezugsgröße (Deckungssätze) hereinzuholender → Deckungsbeitrag. – *Beispiel:* → Mindestdeckungsbeitrag.

Sollertragsbesteuerung – finanzwissenschaftlicher Begriff für den Tatbestand, dass Steuern auf solche Vermögens- oder Kapitalbestände erhoben werden, bei denen lediglich unterstellt wird, sie würden Erträge abwerfen (→ Sollsteuern). Der Besteuerungsidee nach „sollen" Bestände an produktiven Faktoren Erträge abwerfen. Die Sollertragsbesteuerung lässt sich unter allokationspolitischem Aspekt zur Kapital- und Vermögenslenkung einsetzen, wenn in bestimmten Wirtschaftsbereichen der Faktoreinsatz künstlich verteuert oder die Faktorverschwendung steuerlich „bestraft" werden soll (W. Andreae).

Sollertragsteuern → Sollsteuern.

Soll-Ist-Vergleich – I. Kostenrechnung: Gegenüberstellung von → Sollkosten und wirklich entstandenen Kosten eines bestimmten Zeitabschnittes (Istkosten) in der Betriebsabrechnung. Aufgabe der → Plankostenrechnung. Bei Verwendung gleicher → Planpreise im Soll und Ist entspricht der Soll-Ist-Vergleich einer Gegenüberstellung der vorgegebenen und der verbrauchten Mengen, die dadurch erst addierbar werden. – Die errechneten *Kostenabweichungen* (→ Abweichungen) werden ermittelt und unter Berücksichtigung der Kosteneinflussgrößen bzw. -bestimmungsfaktoren analysiert, d.h. auf ihre Ursachen zurückgeführt. Dadurch wird ein zwischenzeitlicher

(Zeitvergleich; vgl. → Betriebsvergleich) und zwischenbetrieblicher Vergleich (→ Betriebsvergleich) ermöglicht. – Vgl. auch → Kostenkontrolle.

II. Prüfungswesen: → Prüfung.

Sollkaufmann – Es handelt sich um frühere Kaufmannsform, aufgehoben durch das *Handelsrechtsreformgesetz 1998.*

Sollkonzept – 1. *Begriff:* im → Phasenmodell der Systemanalyse die Phase, die aufbauend auf der → Istanalyse den Grobentwurf eines → betrieblichen Informationssystems zum Gegenstand hat. – 2. *Bestandteile:* a) *Modellentwurf:* Entsprechend den Unternehmenszielen wird ein u.U. mehrere Alternativen umfassendes Modell des Informationssystems entworfen. – b) *Systemrechtfertigung:* Es wird die logische, technische und wirtschaftliche Durchführbarkeit geprüft (Durchführbarkeitsstudie) und über die Weiterverfolgung einer Alternative entschieden, auch über Eigenerstellung des → Softwaresystems oder Kauf von → Standardsoftware (→ Make or Buy). – 3. *Ergebnis:* Die gewählte Alternative geht als Vorgabe in die nächste Phase (→ Systementwurf) ein. In einem Realisierungsplan werden die personellen und finanziellen Ressourcen sowie ein Zeitplan festlegt.

Sollkosten – *Budgetkosten;* die aufgrund von Ermittlungen in der → Kostenplanung bei Erreichung eines bestimmten → Beschäftigungsgrades als erforderlich angesehenen Kosten. Die Sollkosten ergeben sich als Summe (1) der vom Beschäftigungsgrad unabhängigen → fixen Kosten, (2) der durch die Leistungserstellung verursachten → variablen Kosten je Kostenstelle. – *Voraussetzungen:* Plankostenrechnung, Kenntnis des erzielten Beschäftigungsgrades. – *Zweck:* Grundlage des → Soll-Ist-Vergleichs. – Vgl. auch → Vorgabekosten, → Plankosten.

Sollkostenrechnung → Plankostenrechnung.

Sollsaldo → Debetsaldo.

Sollspanne – die bei Wareneingang gemäß den spezifischen, preispolitischen Zielsetzungen (→ Mischkalkulation) festgelegte → Handelsspanne. Die Sollspanne dient als Vergleichsgröße, indem sie der → Istspanne eines Artikels zur Kontrolle des → Rohertrags oder sämtlicher Warengruppen eines Sortiments zur Kontrolle des → Warenrohgewinns gegenübergestellt wird. – *Abweichungen zur* → Istspanne resultieren i.d.R. aus Diebstählen durch Kunden, Mitarbeiter oder Lieferanten oder aus an Kunden gewährten Skonti bzw. Preisabschriften. – Eine mithilfe des Spannenvergleichs für eine Warengruppe durchgeführte Rohgewinnkontrolle ist nur dann aussagekräftig, wenn Wareneingang und -ausgang in einer Periode sich in etwa entsprechen. Ansonsten sind weitere Korrekturen um die Lagerbestandsveränderungen erforderlich (→ Betriebshandelsspanne).

Sollsteuern – *Sollertragsteuern;* Steuern, die an das Halten von Vermögens- oder Kapitalbeständen unabhängig von tatsächlich erzielten Erträgen anknüpfen (→ Sollertragsbesteuerung). Fehlen Erträge, führen Sollsteuern zur Aufzehrung der Vermögens- und Kapitalsubstanz (bestehende Gefahr bez. Vermögen-, Grund- und Erbschaftsteuer); entsprechend werden Sollsteuern in diesem Fall auch als *Substanzsteuern* bezeichnet (*anders:* → Substanzsteuern im Sinn der Betriebswirtschaftlichen Steuerlehre).

Sollversteuerung – Besteuerungsart bei der → Umsatzsteuer (Regelfall). Versteuerung nach den vereinbarten Entgelten, d.h. ohne Rücksicht auf die Vereinnahmung. Umsatzsteuerschuld entsteht mit Ablauf des → Voranmeldungszeitraums, in dem die entsprechende → Lieferung oder → sonstige Leistung ausgeführt wurde. Wird dadurch ein Umsatz versteuert, dem später keine Bezahlung folgt, kann der entsprechende Steuerbetrag wieder abgesetzt werden. – Wird das → Entgelt oder ein Teilentgelt vereinnahmt, bevor die Leistung erbracht wird, entsteht insoweit die Steuer mit Ablauf des Voranmeldungszeitraumes, in dem das Entgelt oder das Teilentgelt vereinnahmt wurde (→ Mindest-Ist-Besteuerung). – Wechsel zur → Istversteuerung: Der → Unternehmer kann die Entgelte, die er nach dem Zeitpunkt des Wechsels der Besteuerungsart für bereits versteuerte Lieferungen und sonstige Leistungen noch erhalten hat (Außenstände), nach Vereinnahmung absetzen.

Sollzahlen – Wahrscheinlichkeits- oder Planzahlen, die als → Richtzahlen für die Betriebs-, Absatz- und Finanzpolitik der Unternehmung dienen. Im Rahmen der Finanzplanung werden im → Finanzplan für einen bestimmten, zukünftigen Zeitraum Beträge für die zu erwartenden Einzahlungen und beabsichtigten Auszahlungen zusammengestellt. Sollzahlen werden anhand von im zwischenbetrieblichen oder im Zeitvergleich gewonnenen Erfahrungswerten ermittelt. – Nach Ablauf des Planabschnitts werden zur *Kontrolle* die Sollzahlen mit den → Istzahlen laut Buchführung verglichen und abgestimmt. – Bei wesentlichen *Abweichungen* werden betriebs- oder finanzpolitische Maßnahmen ergriffen.

Sollzeit – I. Plankostenrechnung: die für die Durchführung eines Arbeitsgangs an einem Produkt je → Kostenstelle aufgrund der Ermittlungen der → Kostenplanung als erforderlich angesehene Zeit. Über die für eine Zeitperiode (Tag, Monat etc.) geplanten Kosten (→ Sollkosten, → Plankosten) ist es möglich, die Sollzeit und die später anfallende → Istzeit zu vergleichen (→ Soll-Ist-Vergleich). – *Ähnlich:* → Standardzeit.

II. Arbeitswissenschaft: → Vorgabezeiten für die planmäßige Durchführung von Arbeitsabläufen oder Ablaufabschnitten (Arbeitsablauf) für Mensch, Betriebsmittel und Arbeitsgegenstand. Auch als *Richtzeit* bezeichnet. – Die Sollzeit wird ermittelt: (1) als Bezugszeit aus der → REFA-Normalleistung, (2) aus der Durchschnittsleistung, (3) aus → Systemen vorbestimmter Zeiten (SvZ), (4) durch Schätzen und Vergleichen, (5) aus betrieblichen Planzeiten, (6)

Berechnen (nur für Betriebsmittel- und Arbeitsgegenstandszeiten). – *Gegensatz:* → Istzeit.

Sollzinsen → Aktivzinsen.

Solow – Robert Merton, geb. 1924, amerik. Nationalökonom, lehrt seit 1949 am Massachusetts Institute of Technology; → Nobelpreis für Wirtschaftswissenschaften 1987. Solow ist der Begründer der neoklassischen → Wachstumstheorie. Seine Theorie löste die bis dahin herrschende postkeynesianische Wachstumstheorie ab. Seine wichtigste Erkenntnis war, dass die Wachstumsrate des Nationaleinkommens langfristig von der Investitionsquote unabhängig ist, das Niveau des Nationaleinkommens pro Kopf jedoch abhängig. In späteren Arbeiten berücksichtigte er den Aspekt des technischen Fortschritts, dessen Wachstumsbeitrag er ermittelte. – *Hauptwerke:* „A Contribution to the Theory of Economic Growth", in: The Quarterly Journal of Economics, 70 (1956), „Capital Theory and the Rate of Return" (1963) und „Growth Theory. An Exposition" (1969).

Solow-Modell – von Robert M. Solow (1956) entwickeltes Wachstumsmodell, mit dem die → neoklassische Wachstumstheorie begründet wurde. – 1. *Struktur des Modells:* Ausgangspunkt ist eine neoklassische Produktionsfunktion $Y=F(K,L)$, wonach Output Y mit physischem Kapital K und Arbeit L produziert wird. Im Zentrum der Betrachtung steht die Entwicklung des Kapitalstocks K. Kapital wird mit einer exogenen Abschreibungsrate $0<\delta<1$ abgenutzt. Die Sparquote $0<s<1$ und Bevölkerungswachstum n sind exogen. Ausgangspunkt des Modells ist das Gütermarktgleichgewicht einer geschlossenen Ökonomie ohne Staat zum Zeitpunkt t, sodass die aggregierte Ersparnis S_t den aggregierten Bruttoinvestitionen I_t entsprechen

$$I_t = S_t = sY_t.$$

Da sich die Bruttoinvestitionen aus den Nettoinvestitionen und den Abschreibungen zusammensetzen, gilt

$$I_t = I_t^{net} + \delta K_t = S_t = sY_t.$$

Berücksichtigt man nun, dass Nettoinvestionen eine Änderung des Kapitalstocks ($\Delta K_{t+1}=K_{t+1}-K_t$) herbeiführen, erhält man

$$K_{t+1} - K_t = sY_t - \delta K_t$$

bzw. in zeitstetiger Notation

$$\dot{K}(t) = \frac{\partial K(t)}{\partial t} = sY(t) - \delta K(t).$$

Damit steigt (sinkt) der Bestand an physischem Kapital, wenn die aggregierte Ersparnis größer (kleiner) ist als die Abschreibungen. Teilt man die letzte Gleichung durch $K(t)$ erhält man die Wachstumsrate des Kapitalstocks

$$\frac{\dot{K}(t)}{K(t)} = s\frac{Y(t)}{K(t)} - \delta.$$

Da die Bevölkerung, welche anahmegemäß mit dem Erwerbspersonenpotential übereinstimmt, mit konstanter Rate n wächst, zieht man sich auf die Betrachtung von Pro-Kopf-Größen, also der Entwicklung der Kapitalintensität $k=K/L$ und des Einkommens pro Kopf $y=Y/L$, zurück. Weil die neoklassischen Eigenschaften für die Produktionsfunktion gelten, muss Linearhomogenität gelten, sodass für den Pro-Kopf-Output gilt:

$$y = \frac{Y}{L} = F(\frac{K}{L}, \frac{L}{L}) = F(k,1) = f(k),$$

wobei f als Pro-Kopf-Produktionsfunktion oder als intensive Produktionsfunktion bezeichnet wird. Offensichtlich ist das Pro-Kopf-Einkommen eine Funktion der Kapitalintensität. Steigt k steigt y. k steigt, wenn der aggregierte Maschinenbestand schneller wächst als die Bevölkerung, mathematisch:

$$\frac{\dot{k}}{k} = \frac{\dot{K}}{K} - \frac{\dot{L}}{L}$$

Damit ergibt sich für die Wachstumsrate der Kapitalintensität unter Berücksichtigung von *dot KK* und $L/L = n$

$$\frac{\dot{k}}{k} = \frac{\dot{K}}{K} - \frac{\dot{L}}{L} = s\frac{Y}{K} - \delta - n = s\frac{Y/L}{K/L} - \delta - n$$

$$\frac{\dot{k}}{k} = s\frac{y}{k} - \delta - n$$

bzw.

$$\dot{k} = sy - (\delta + n)k.$$

Dies ist die fundamentale Bewegungsgleichung des Solow-Modells. – 2. *Dynamik und* Steady State: k steigt (sinkt), wenn

$$\dot{k} > (<) 0$$

und damit auch y, wenn

$$sy > (<)(\delta + n)k.$$

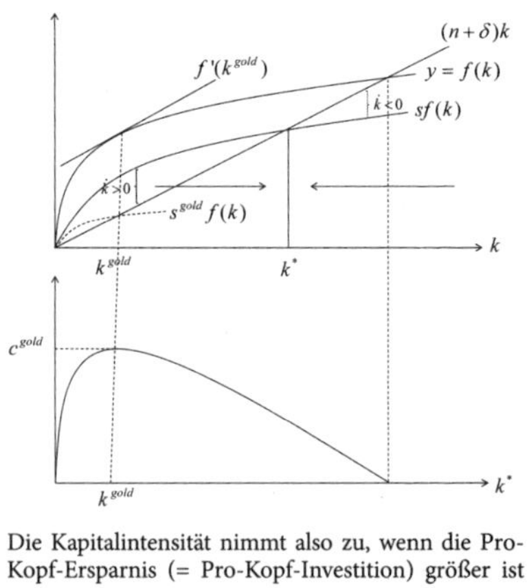

Die Kapitalintensität nimmt also zu, wenn die Pro-Kopf-Ersparnis (= Pro-Kopf-Investition) größer ist als die notwendige Investition, die erforderlich wäre, um die Kapitalausstattung pro Kopf bei Vorliegen von Abschreibungen und Bevölkerungswachstum konstant zu halten. Ist die tatsächliche Investition kleiner müssen Kapitalintensität und Output pro Kopf sinken. Ist nun dauerhaftes Wachstum in Pro-Kopf-Größen möglich? Die Antwort lautet: nein. Die Kapitalausstattung und damit der Output pro Kopf steigen solange, wie $sy>(n+\delta)k$. Da aber y wegen positiven, aber abnehmenden Grenzerträgen konkav in k ist, muss auch sy konkav sein. Demgegenüber ist $(n+\delta)k$ eine lineare Ursprungsgerade, sodass sich beide Funktionen nur einmal schneiden können. Danach verläuft die Pro-Kopf-Ersparnis unterhalb der Ursprungsgeraden, sodass jetzt $\dot{k} < 0$. Im Schnittpunkt gilt $sy=(\delta+n)k$, sodass $\dot{k} = \dot{y} = 0$. Dies ist gleichzeitig der Steady State, ausgezeichnet durch eine konstante Kapitalintensität k^* und konstantes Prop-Popf-Einkommen y^*. Abweichungen von k^* nach rechts oder links führen wieder zum Steady State k^* zurück. Er ist damit global stabil und die Ökonomie wird dauerhaft einen Zustand mit Nullwachstum in den Pro-Kopfgrößen erreichen. – 3. *Mit exogenem technischen Fortschritt:* Dauerhaftes Wachstum in Pro-Kopf-Größen kann nur durch Produktivitätsfortschritt erreicht werden. Das Solow-Modell behandelt diesen als exogen, d.h. er wird nicht aus dem Modell heraus erklärt. Exogener technischer Fortschritt bedeutet, dass die Arbeitsproduktivität A mit exogener Rate x wächst. Damit lautet die Produktionsfunktion jetzt $Y=F(K,AL)$. Man spricht auch von arbeitsvermehrenden technischen Fortschritt. Die (quasi) zur Verfügung stehende Menge an Arbeit steigt also mit der Rate n und x. Deshalb ist es jetzt erforderlich, nicht mehr Pro-Kopf-Größen, sondern sogenannte Effizienzeinheiten der Arbeit zu betrachten. Der Output in Effizienzeinheiten $y=Y/(AL)$ kann folgendermaßen beschrieben werden

$$y = \frac{Y}{AL} = F(\frac{K}{AL}, \frac{AL}{AL}) = F(k,1) = f(k),$$

wobei die Kapitalausstattung in Effizienzeinheiten jetzt definiert durch $k=K(AL)$ sich folgendermaßen entwickelt

$$\frac{\dot{k}}{k} = \frac{\dot{K}}{K} - \frac{\dot{L}}{L} - \frac{\dot{A}}{A} = s\frac{Y(t)}{K(t)} - \delta - n - x$$

$$\frac{\dot{k}}{k} = s\frac{Y(t)/AL}{K(t)/AL} - \delta - n - x$$

$$\frac{\dot{k}}{k} = s\frac{y}{k} - \delta - n - x$$

bzw.

$$\dot{k} = sy - (\delta + n + x)k.$$

Damit ist die Kapitalintensität in Effizienzeinheiten langfristig wieder konstant und genauso der Output in Effizienizeinheiten. Allerdings gilt im Steady State deshalb auch

$$\frac{\dot{k}}{k} = \frac{\dot{K}}{K} - \frac{\dot{L}}{L}\frac{\dot{A}}{A} = 0$$

und

$$\frac{\dot{K}}{K} - \frac{\dot{L}}{L} = x\,.$$

Damit wachsen die Kapitalintensität K/L und der Output pro Kopf Y/L im Steady State mit der Rate des technischen Fortschritts x. Das Solow-Modell ist also in der Lage langfristiges Wachstum in den Pro-Kopf-Größen zu generieren, wenn exogener technischer Fortschritt implementiert wird, aber nicht zu erklären, weil technischer Fortschritt nicht aus dem Modell heraus erklärt wird. Langfristiges Wachstum dieser Größen scheint eine empirische Regularität zu sein (siehe Kaldor-Fakten). Dementsprechend wurde das Modell kritisiert. Wie schwerwiegend diese Kritik ist, hängt vom tatsächlichen Beitrag des technischen Fortschritts zum Wirtschaftswachstum ab. Das Solow-Residuuum liegt zwischen 1/3 und 2/3. Damit kann man zumindest sagen, dass das Solow-Modell einen signifikanten Teil des Wirtschaftswachstums erklärt, aber ein signifikanter Teil bleibt unerklärt. Dieses ist Gegenstand der endogene Wachstumstheorie. – 4. *Die* → goldene Regel der Kapitalakkumulation: induziert im Wachstumsgleichgewicht eine Sparquote s^{gold}, welche dort den Pro-Kopf-Konsum $c^* = c^{gold}$ maximiert. Konzeptionell muss im Solow-Modell der Abstand zwischen der Pro-Kopf-Produktionsfunktion y und der Ursprungsgeraden $(n+\delta)k$ maximiert werden, denn es gilt: Pro-Kopf-Konsum = Pro-Kopf-Output minus Pro-Kopf-Ersparnis. Also ist zu maximieren

$$c^* = f(k^*) - (n + \delta)k^*,$$

sodass gilt: $f'(k^{gold})=(n+\delta)$. s^{gold} ist nun diejenige Sparquote, welche mit k^{gold} kompatibel ist. Ist $s>s^{gold}$ so liegt dynamische Ineffizienz vor. Die Sparquote sollte reduziert werden, weil der Pro-Kopf-Konsum sofort und für alles Zeit erhöht werden kann. Ist $s<s^{gold}$, liegt dynamische Effizienz vor und die Sparquote kann nicht erhöht werden ohne gegenwärtigen Konsum zu reduzieren. Hier muss allerdings berücksichtigt werden, dass dies eine sehr technische Argumentation ist, weil diese Sparquote ein exogener Parameter ist. Im Diamond-Modell (siehe → Generationenmodelle) ist die Sparquote endogenisiert. Auch diese Modelle können im Gegensatz zum Ramsey-Modell (siehe → Ramsey-Modelle) Steady States hevorbringen, welche durch Kapitalüberakkumulation gekennzeichnet sein.

Solvabilität – 1. *Begriff:* Aufsichtrechtlich geforderte Fähigkeit von Versicherungsunternehmen, ihre Existenz und die dauernde Erfüllbarkeit der eingegangenen Verpflichtungen jederzeit durch ausreichende Solvabilitätsmittel sicherzustellen. – 2. *Merkmale:* Die Grundidee der Solvabilität umfasst drei Punkte: a) Die Gesamtrisikolage des Versicherungsunternehmens wird mit bestimmten Indikatoren gemessen – b) Die Risikotragfähigkeit des Versicherungsunternehmens wird über den Bestand an Solvabilitätsmitteln abgebildet; – c) Unterschreiten die vorhandenen Solvabilitätsmitteln den Solvabilitätskapitalbedarf, werden aufsichtsrechtliche Sanktionen ausgelöst. – 3. *Entwicklung:* Historisch bezog sich der Solvabilitätsbegriff entsprechend der Ausrichtung der klassischen Versicherungsaufsicht auf das einzelne Versicherungsunternehmen (Solo-Solvabilität). Mit zunehmender Bildung von Versicherungskonzernen kam es zu Konflikten mit den Grundsätzen der Versicherungsaufsicht, da der Konzerneinfluss auf die Solvabilität keine Berücksichtigung fand. Daher wurde das Solvabilitätssystem zur Solo-Plus-Solvabilität ausgebaut, die mit zusätzlichen Anzeigepflichten, Kontrollen und der Ermittlung einer Konzernsolvabilität einhergeht (§ 104a – 104h VAG). – 4. *Aktuelle Entwicklungen:* Die derzeit geltenden Solvabilitätsgrundsätze (→ Solvency I) werden zukünftig durch die Vorschriften unter → Solvency II ersetzt.

Solvabilitätsspanne – 1. *Begriff:* Betrag an freien und unbelasteten Eigenmitteln, über den ein Versicherungsunternehmen nach Maßgabe von → Solvency I mind. verfügen muss, um aufsichtsrechtlichen Sanktionen (Finanzierungsplan, Solvabilitätsplan) vorzubeugen. Betriebswirtschaftlich operationalisiert die Solvabilitätsspanne die (versicherungstechnische) Risikolage des Versicherungsunternehmens. Ein Drittel der Solvabilitätsspanne gilt als Garantiefonds. – 2. *Methodik:* Die Solvabilitätsspanne ist ein Betrag, der nach § 53c VAG und der KapitalausstattungsVO aus Kennzahlen des Jahresabschlusses unter partieller Berücksichtigung der Rückversicherung gebildet wird. – a) In der Nicht-Lebensversicherung: Maximum aus Beitragsindex und Schadenindex; – b) in der Lebensversicherung: Die Berechnungsgrundlage bilden (1) die Versicherungssumme, (2) die Deckungsrückstellung, (3) die Beitragsüberträge, (4) die Beitragseinnahmen (bei Zusatzversicherungen). – 3. *Maßnahmen:* Bei Unterschreitung der Solvabilitätsspanne muss das Versicherungsunternehmen auf Verlangen der Aufsichtsbehörde einen „Plan zur Wiederherstellung gesunder Finanzverhältnisse" (Solvabilitätsplan) zur Genehmigung vorlegen. Der Plan kann Maßnahmen zur Beeinflussung der Ist-Solvabilität oder der Soll-Solvabilität vorsehen. – 4. *Probleme:* Zentrale Kritikpunkte betreffen u.a.: a) Den Vergangenheitsbezug der bilanziellen Einflussgrößen, – b) die fehlende Berücksichtigung der Ertragskraft des Versicherungsunternehmens, – c) die begrenzte Anrechnung der Rückversicherung, – d) die fehlende Berücksichtigung des risikopolitischen Instrumentariums, ferner speziell in der Nicht-Lebensversicherung, – e) im Zusammenhang mit der Prämie als Risikoindikator die Außerachtlassung des darin enthaltenen Sicherheitszuschlags, – f) im Zusammenhang mit den Schäden als Risikoindikator die Außerachtlassung ihrer Zufallsschwankungen, – g) die fehlende Einbeziehung von Kapitalanlagerisiken, sowie schließlich in der Lebensversicherung – h) die fehlende Berücksichtigung von Diversifikationseffekten zwischen Kapitalanlagerisiken und Biometrischen Risiken. – 5. *Ausblick:* Im Rahmen von → Solvency II soll die Berechnung des aufsichtsrechtlich notwendigen Kapitals in Form der Solvabilitätsspanne durch ein betriebswirtschaftlich fundiertes Standardmodell oder durch interne Modelle einzelner Versicherungsunternehmen ersetzt werden. Darüber hinaus wird im Ansatz von Solvency II die → Versicherungsaufsicht (VA) um qualitative Aufsichtselemente und verstärkte Offenlegungsvorschriften zur Stärkung der Marktdisziplin ergänzt.

Solvency Capital Requirement (SCR) – 1. *Begriff:* Beschreibt im Rahmen der 1. Säule von → Solvency II die regulatorische Solvenzkapitalanforderung. Das SCR kann entweder unter Verwendung einer vorgegebenen Standardformel oder durch ein vom einzelnen Versicherungsunternehmen entwickeltes internes Modell berechnet werden. – 2. *Modelle:* a) *Standardmodell:* Das SCR wird im Standardmodell unter dem Grundsatz der Unternehmensfortführung so ermittelt, dass alle quantifizierbaren Risiken, denen ein Versicherungsunternehmen ausgesetzt ist, berücksichtigt werden. Es wird als → Value at Risk (VAR) zu einem → Konfidenzniveau von 99,5 Prozent berechnet. Das SCR soll mind. folgende Risiken berücksichtigen: (1) *Nichtlebensversicherungsrisiko* (Prämien- und Reserverisiko, Katastrophenrisiko), (2) *Lebensversicherungsrisiko* (Sterberisiko, Langlebigkeitsrisiko, Invaliditätsrisiko, Kostenrisiko, Stornorisiko, Katastrophenrisiko), (3) *Krankenversicherungsrisiko* (Kostenrisiko, Prämien- und Reserverisiko, Epidemierisiko), (4) *Marktrisiko* (Zinsrisiko, Aktienrisiko, Immobilienrisiko, Spread-Risiko, Wechselkursrisiko, Konzentrationsrisiko), (5) *Ausfallrisiko*, (6) *operationelles Risiko*. – Die ermittelten Kapitalbedarfe für die einzelnen Risikokategorien werden im Standardmodell unter Berücksichtigung der Risikokorrelationen zum gesamten SCR aggregiert. – b) *Interne Modelle:* Interne Modelle zur Ermittlung des SCR müssen von der → Aufsichtsbehörde überprüft und zertifiziert werden. Die → Zertifizierung erfolgt nur, wenn das interne Modell dem Risikoprofil des Versicherungsunternehmens besser Rechnung trägt, als das Standardmodell, und statistische Standards, Kalibrierungs-, Validierungs- sowie Dokumentationsstandards eingehalten werden. Sie können in Form von Voll- oder Teilmodellen genutzt werden. Teilmodelle finden nur auf einige Risikokategorien oder Geschäftsbereiche des Versicherungsunternehmens Anwendung.

Solvency I – 1. *Begriff:* Aktuelle aufsichtsrechtliche Vorschriften zum europäischen Solvabilitätssystem, die sich auf Basis des „Müller-Berichts" aus den europäischen Richtlinien 2002/13/EG für die Schadenversicherung und 2002/83/EG für die Lebensversicherung ergeben und über § 53c VAG i.V. mit der KapitalaustattungsVO in das dt. Recht übertragen wurden. – 2. *Merkmale:* Das Solvabilitätssystem nach Solvency I führt weit gehend das tradierte europäische Solvabilitätssystem fort, das auf dem Vergleich von Ist-Solvabilität und Soll-Solvabilität basiert. Die Umsetzung von Solvency I brachte neben erhöhten Informationsbereitstellungserfordernissen insbesondere die Notwendigkeit mit sich, die → Solvabilität nicht nur zum Jahresabschlussstichtag, sondern zu jedem Zeitpunkt zu gewährleisten. – 3. *Probleme:* s. → Solvabilitätsspanne. – 4. *Aktuelle Entwicklungen:* Im Rahmen von → Solvency II soll die Berechnung der aufsichtsrechtlich geforderten Solvabilitätsmittel durch ein betriebswirtschaftlich fundiertes Standardmodell oder durch interne Modelle für einzelne Versicherungsunternehmen ersetzt werden. Darüber hinaus wird im Ansatz von Solvency II die → Versicherungsaufsicht (VA) um qualitative Aufsichtselemente und verstärkte Offenlegungsvorschriften zur Stärkung der Marktdisziplin ergänzt.

Solvency II – 1. *Begriff:* Projekt der EU-Kommission zur grundlegenden Reform des Versicherungsaufsichtsrechts in Europa. Dabei werden insbesondere Fragen der Finanzaufsicht, des → Risikomanagement und der Finanzberichtserstattung von Versicherungsunternehmen diskutiert. Es soll ein weitgehend wettbewerbsneutrales Aufsichtssystem geschaffen werden, das die tatsächliche Risikolage des Versicherers umfassend und realistisch beschreibt und Anreize für die Versicherungsunternehmen setzt, unternehmensinterne Risikomanagementsysteme zu implementieren. – 2. *Strukturmerkmale:* Solvency II verfolgt analog zu Basel II einen Drei-Säulen-Ansatz, der quantitative Aspekte des Finanzmanagement mit qualitativen Anforderungen an das Risikomanagement und Offenlegungspflichten verknüpft. – a) *1. Säule:* Bestimmungen über quantitative Anforderungen hinsichtlich der Dotierung versicherungstechnischer Rückstellungen, der Vermögensanlage und der → Solvabilität des Versicherungsunternehmens. Auch bei Solvency II bleibt die grundlegende Solvabilitätsidee eines Vergleichs zwischen den vorhandenen Solvabilitätsmitteln und den geforderten Solvabilitätsmitteln erhalten. Dabei werden die geforderten Solvabilitätsmittel zweistufig definiert. Die Versicherungsunternehmen müssen mind. das Minimum-Capital Requirement (Minimalsolvenzkapital) vorhalten, das über einfache Faktormodelle ermittelt wird. Zur Vermeidung aufsichtsrechtlicher Eingriffe müssen Solvabilitätsmittel mind. in Höhe des Solvency Capital Requirement (Zielsolvenzkapital) vorgehalten werden. Dieses kann wahlweise über ein von der Aufsichtsbehörde vorgegebenes Standardmodell oder über ein von der Aufsichtsbehörde zertifiziertes internes Risikomodell des Versicherungsunternehmens berechnet werden. – b) *2. Säule:* Vorschriften für die internen Modelle und Prozesse für das Risikomanagement des Versicherungsunternehmens sowie Festlegung des aufsichtsrechtlichen Überprüfungsprozesses. – c) *3. Säule:* Offenlegungsvorschriften zur Förderung der Marktdisziplin der Versicherungsunternehmen. Hierbei ist eine Koordination mit den Offenlegungsvorschriften der externen Rechnungslegung (IAS/IFRS) notwendig. – 3. *Aktuelle Entwicklungen:* Mit Abschluss des Solvency I-Projekts wurden nur partielle Anpassungen an den Details des bestehenden Solvabilitätssystems vorgenommen, sodass parallel dazu das Solvency II-Projekt mit dem Ziel begonnen wurde, die Struktur der gesamten → Versicherungsaufsicht (VA) hin zu einem risikobasierten System zu ändern. Das Solvency II-Projekt ist in zwei Phasen unterteilt. Die erste Phase begann im Mai 2001 mit der Beauftragung und Durchführung zweier Studien (KPMG-Report, Sharma-Report), die alternative Grundkonzepte und eine Vielzahl von Einzelfragen eines neuen Aufsichtssystems diskutierten. Auf Basis des Drei-Säulen-Modells werden in Phase 2 seit dem Jahr 2003 unter Zusammenschluss der europäischen Versicherungsaufsichtsbehörden (EIOPA, ehemals CEIOPS) die Details des zukünftigen Aufsichtssystems ausgearbeitet. Die theoretischen Arbeiten von EIOPA/CEIOPS werden durch sog. Quantitative Impact Studies (QIS) begleitet, um die vorgeschlagenen Standardmodelle im Hinblick auf Ihre Praxistauglichkeit zu kalibrieren. Die Arbeiten der zweiten Phase mündeten in der Verabschiedung der EU-Rahmenrichtlinie im Juli 2007. Die Omnibus II-Richtlinie, die derzeit zwischen Rat und Parlament der Europäischen Union verhandelt wird, passt u.a. die Rahmenrichtlinie an den Vertrag von Lissabon an und regelt die Befugnisse der neuen Aufsichtsbehörden. Außerdem definiert sie Übergangsregelungen für die Einführung von Solvency II. Darüber hinaus führt EIOPA derzeit eine Studie (Impact Assessment) durch, die die Auswirkungen des Niedrigzinsumfelds auf die langfristigen Garantien der Versicherungsunternehmen untersuchen soll. Voraussichtlich werden die Umsetzung in nationales Recht und die Anwendung von Solvency II nicht vor dem Jahr 2014 erfolgen.

Solvenz → Zahlungsfähigkeit.

Sombart – Werner, 1863–1941, deutscher Nationalökonom, lehrte in Breslau (1890–1906) und Berlin, seit 1906 an der Handelshochschule, ab 1917 an der Universität. Sombarts Verdienst liegt, neben der gründlichen Erforschung des → Sozialismus und der sozialen Bewegung, in seinem monumentalen Werk über den modernen Kapitalismus, das bei manchen Fehlern im Einzelnen noch heute lesenswert ist. Im Gegensatz zu seinem Lehrer → Schmoller suchte Sombart nach einer Verbindung der historischen Forschung mit den Erkenntnissen der allg. Volkswirtschaftslehre (Wirtschaftstheorie). – *Hauptwerke:* „Sozialismus und soziale Bewegung im 19. Jahrhundert" (1896), „Der moderne Kapitalismus", 2 Bde. (1902) und „Die drei Nationalökonomien" (1930).

Sommerfeld – Heinrich, 1884–1950, Professor der Betriebswirtschaftslehre in Mannheim bzw. Heidelberg, Breslau und Köln. – *Bes. Arbeitsgebiete:*

Finanzierungen, Börsenwesen und Allgemeine Betriebswirtschaftslehre. – Sommerfeld bevorzugte eine mathematisch-analytische *Arbeitsmethode* und untersuchte damit die „Technik des börsenmäßigen Termingeschäfts" (1922) und entwickelte eine „Betriebswirtschaftliche Theorie des Bezugsrechts" (1927), die sich v.a. auf die sehr schwierige Bewertung bezieht. – Angeregt durch die Inflation, befasste er sich mit den Problemen der Bilanz und der Substanzerhaltung („Goldmarkbuchhaltung", 2. Aufl. (1924); „Der Unternehmer als Verwalter von Volksvermögen" (1934)), aus denen heraus er seine „Eudynamische Bilanztheorie" entwickelte.

Sommerpreise – Staffelpreise für den Sommerbezug von Waren, deren Einkauf normalerweise erst im Herbst oder Winter erfolgt zwecks Ausgleichs von Saisonschwankungen, z.B. im Brennstoffhandel. – Vgl. auch → Preisstaffeln.

Sommerschlussverkauf → Abschnittsschlussverkäufe.

Sonderabfall – Bezeichnung aus dem alten Abfallgesetz; → Abfall aus Unternehmen oder öffentlichen Einrichtungen, der nach Art, Beschaffenheit oder Menge in bes. Maße gesundheits-, luft- oder wassergefährdend, explosiv oder brennbar ist oder Erreger übertragbarer Krankheiten enthalten oder hervorbringen kann (§ 2 II AbfG). Im Kreislaufwirtschaftsgesetz (Kreislaufwirtschaft- und Abfallgesetz – KrW-/AbfG vom 15.7.2006) wird der Begriff Sonderabfall nicht mehr verwendet, sondern die Bezeichnung *bes. überwachungsbedürftiger Abfall.*

Sonderabgaben – 1. *Begriff/Charakterisierung:* Abgaben, die nur einer Gruppe auferlegt werden; i.d.R. erhoben als Ausgleichsabgabe (z.B. Ausbildungsplatzabgabe, Abgabe nach dem Milch- und Fettgesetz, Schwerbehindertenabgabe), Branchenabgaben oder Fondbeiträge etc. Da Sonderabgaben geeignet sind, die Zuständigkeitsverteilung der bundesrepublikanischen Finanzverfassung zu unterlaufen, ist eine genaue Abgrenzung zum abgabenrechtlichen Steuerbegriff (→ Abgaben) und eine Präzisierung der Einsatzbereiche nötig: Laut Bundesverfassungsgericht ist eine Sonderabgabe anstelle einer Steuer nur (ausnahmsweise) zulässig, wenn die Gruppe, der die Sonderabgaben auferlegt wird, eine bes., spezifizierbare Beziehung zu dem mit der Abgabenerhebung verfolgten Zweck aufweist und hinsichtlich bestimmter Merkmale (gemeinsame Interessen) homogen ist. – 2. *Verwendung:* Das Abgabenaufkommen ist gruppennützig zu verwenden, d.h. die Gelder müssen der gleichen Gruppe wieder zufließen. Verwendung und Erhebung sollten demselben Zweck dienen. Sonderabgaben dürfen nicht wie die Steuer zur Finanzierung allgemeiner Staatsausgaben herangezogen werden; das → Nonaffektationsprinzip gilt nicht. Sonderabgaben sind Abgaben zur Finanzierung bes. Aufgaben, die nicht in den Haushaltsplänen erfasst sind. – 3. *Bedeutung:* Sonderabgaben sind von wirtschaftspolitischer Bedeutung, da sie als pretiales allokationspolitisches Lenkungsinstrument (Wirkungszweckabgaben) gezielt einsetzbar sind, z.B. Schwerbehindertenabgabe (Unterstützung der Durchsetzung der Pflichtplatzquote nach dem Schwerbehindertengesetz), Abwasserabgabe, zukünftig evtl. eine Emissionsabgabe.

Sonderabschreibung – I. Begriff: Im Gegensatz zu → Absetzung für Abnutzung (AfA), → Absetzung für außergewöhnliche technische oder wirtschaftliche Abnutzung (AfaA) und zur → Teilwertabschreibung steht die Sonderabschreibung in keiner Beziehung zur Wertminderung eines Wirtschaftguts; ihr Zweck ist die Gewährung einer Steuervergünstigung durch Manipulation der Bemessungsgrundlage „Gewinn". Von Sonderabschreibungen i.w.S. spricht man i.Allg. beim abnutzbaren Anlagevermögen; wird die Steuervergünstigung dabei anstelle der AfA nach § 7 EStG gewährt, so spricht das Gesetz i.d.R. von *erhöhten Absetzungen*(z.B. §§ 7 b–d, 7g, 7h, 7i, 7k EStG), während Sonderabschreibungen i.e.S. (Bewertungsfreiheiten) zusätzlich zur linearen AfA nach § 7 EStG in Betracht kommen (z.B. § 7f EStG, § 82f EStDV). Für die Wertherabsetzung beim nicht abnutzbaren Anlagevermögen und beim Umlaufvermögen ist der Begriff „Bewertungsabschlag" üblich. Dem Wesen nach stellen auch die Abzüge von den Anschaffungs- oder Herstellungskosten nach § 6b EStG (sog. Reinvestitionszulage, → 6b-Rücklage) oder R 6.6 EStR (→ Ersatzbeschaffungsrücklage) Sonderabschreibungen dar. – *Handelsrechtlich* fallen die Sonderabschreibungen unter die Kategorie der steuerrechtlichen → Abschreibungen (§§ 254, 279 II HGB). Sie müssen auch in der Handelsbilanz vorgenommen werden, wenn sie steuerlich in Abzug gebracht werden sollen (→ Maßgeblichkeitsprinzip).

II. Sonderabschreibungen zur Förderung der Anschaffung/Herstellung bestimmter Wirtschaftsgüter oder bestimmter Arten von Betrieben: Sonderabschreibungen sind vom Gesetzgeber häufig zur Förderung bestimmter Investitionen gewährt worden, bes. für Immobilieninvestitionen. Diese Regelungen über Sonderabschreibungen haben i.d.R. eine zeitlich begrenzte Laufzeit, weil entweder der Förderzweck erreicht oder die Subvention zu teuer wird. Dementsprechend haben § 7b EStG (erhöhte Absetzungen für Einfamilienhäuser, Zweifamilienhäuser, Eigentumswohnungen), § 7c EStG (erhöhte Absetzungen für Baumaßnahmen an Gebäuden zur Schaffung neuer Mietwohnungen), § 7d EStG (erhöhte Absetzungen für Wirtschaftsgüter, die dem Umweltschutz dienen), § 7e EStG (Bewertungsfreiheit für Fabrikgebäude, Lagerhäuser und landwirtschaftliche Betriebsgebäude), § 7f (Bewertungsfreiheit für abnutzbare Wirtschaftsgüter des Anlagevermögens privater Krankenhäuser), § 7k (erhöhte Absetzung für Wohnungen mit Sozialbindung) daher keine aktuelle Bedeutung mehr. Ihre Stichtage sind abgelaufen oder die Vorschriften sind aufgehoben worden. *Bis zum Veranlagungszeitraum 2007* kann die → Ansparabschreibung für kleinere Betriebe (§ 7g EStG); Rücklagenbildung vor der Anschaffung und spätere Sonderabschreibung bis zu 20 Prozent der geplanten Anschaffungs- oder Herstellungskosten insgesamt in den ersten fünf Jahren geltend gemacht werden. *Ab dem Veranlagungszeitraum 2008* gilt stattdessen der → Investitionsabzugsbetrag (§ 7g EStG n.F.); die erhöhten Absetzungen bei Gebäuden in Sanierungsgebieten und städtebaulichen Entwicklungsbereichen (§ 7h EStG; zu jeweils 9 Prozent in den ersten sieben und 7 Prozent in den nächsten vier Jahren der Modernisierungsaufwendungen) und die erhöhten Absetzungen bei Baudenkmälern (§ 7i EStG; Absetzbarkeit von Herstellungsaufwand, der zur Erhaltung des Gebäudes sinnvoll ist, zu jeweils 9 Prozent in den ersten sieben und 7 Prozent in den nächsten vier Jahren). Für selbstgenutzte Wirtschaftsgüter, die nicht zur Einnahmenerzielung verwendet werden, sind Sonderabschreibungen begrifflich ausgeschlossen.

III. Sonderabschreibungen zur Beeinflussung der Standortwahl: *Zonenrandgebiet:* § 3 ZonenrandFG; *Berlin (West):*§ 14 BerlinFG (→ Förderung der Wirtschaft von Berlin (West)); *neue Bundesländer:* § 4 FördergebietsG. Diese Arten von Sonderabschreibungen sind allesamt wegen Fristablaufs für aktuelle Neuinvestitionen nicht mehr nutzbar; der Gesetzgeber hat hier die Förderung auf → Investitionszulagen umgestellt.

IV. Gemeinsame Vorschriften für Sonderabschreibungen (einschließlich erhöhter Absetzungen) gemäß § 7a EStG: 1. Fallen im Begünstigungszeitraum *nachträgliche Anschaffungs- oder Herstellungskosten* an, so bemessen sich die Sonderabschreibungen vom Jahr der Entstehung der nachträglichen Anschaffungs-/Herstellungskosten an bis zum Ende des Begünstigungszeitraums nach den erhöhten Anschaffungs-/Herstellungskosten. – 2. Können Sonderabschreibungen bereits für *Anzahlungen* oder *Teilherstellungskosten* geltend gemacht werden, so können nach erfolgter Anschaffung bzw. Herstellung Sonderabschreibungen nur insoweit in Anspruch genommen werden, als sie nicht bereits geltend gemacht wurden. – 3. Bei Wirtschaftsgütern, bei denen *erhöhte Absetzungen* in Anspruch genommen werden, müssen in jedem Jahr des Begünstigungszeitraums mind. Absetzungen in Höhe der AfA nach § 7 I oder IV EStG berücksichtigt werden; Sonderabschreibungen sind grundsätzlich nur neben der linearen AfA nach § 7 I oder IV EStG zulässig, nicht neben der degressiven AfA. – 4. Liegen bei einem Wirtschaftsgut die Voraussetzungen für die Inanspruchnahme von Sonderabschreibungen aufgrund mehrerer Vorschriften vor, so darf nur eine dieser Vorschriften angewandt werden (→ Kumulierungsverbot). – 5. Ist ein Wirtschaftsgut *mehreren Beteiligten* zuzurechnen und erfüllen nur einzelne Beteiligte die Voraussetzungen für die Inanspruchnahme der Sonderabschreibungen, so können diese nur anteilig geltend gemacht werden. – 6. Sonderabschreibungen sind bei Wirtschaftsgütern, die zu einem → Betriebsvermögen gehören, in einem gesonderten Verzeichnis aufzunehmen, es sei denn, die notwendigen Angaben sind aus der Buchführung ersichtlich.

V. Bedeutung: Der Gesetzgeber benutzt die Sonderabschreibungen als wirtschafts- und sozialpolitisches Steuerungsinstrument und räumt dem Steuerpflichten das *Wahlrecht* ein, Teile der zu aktivierenden Anschaffungs- bzw. Herstellungskosten, die eigentlich erst in späteren Perioden durch die Leistungserstellung verzehrt werden, sofort in Abzug zu bringen und somit die ertragsteuerliche Bemessungsgrundlage zu mindern. Diese Möglichkeit der Bildung → stiller Rücklagen wird auch nicht durch das sog. → Wertaufholungsgebot für Kapitalgesellschaften (§ 280 HGB) eingeschränkt, sodass dem Steuerpflichtigen ein wesentliches *bilanzpolitisches Instrumentarium* zur Verfügung steht. Die Vorverlagerung vorhandenen Aufwandspotenzials stellt eine erhebliche *Liquiditätshilfe* für den Betrieb dar, da – unterstellt, die Ertragslage sei so gut, dass durch die Sonderabschreibungen keine buchmäßigen Verluste entstehen – mit der Gewinnverschiebung auf spätere Perioden auch Steuerzahlungen nachverlagert werden. Die vorerst eingesparten Steuerbeträge können damit solange anderweitig zinsbringend angelegt werden, bis sie später infolge der dann konsequenterweise geringeren Periodenabschreibung für Steuermehrzahlungen aufgebracht werden müssen. Durch diesen sog. *Zinseffekt* erhöht sich die *Rentabilität*, wobei der Zinsvorteil umso größer ist, je länger die Nutzungs- und damit die Abschreibungsdauer ist. Allerdings tritt hierbei i.d.R. (d.h. bei durchschnittlich gleichbleibendem Steuersatz) keine echte Steuerersparnis, sondern nur eine Steuerstundung ein, weil *keine zusätzlichen Betriebsausgaben* geltend gemacht werden und die Höhe des zu versteuernden Gesamtgewinns während der Nutzungsdauer des abzuschreibenden Wirtschaftsgutes insgesamt nicht gemindert wird. Bezieht man den *progressiven Steuertarif* in die bilanzpolitischen Überlegungen mit ein, so erreicht man die größtmögliche Steuerminderung dann, wenn das Abschreibungspotenzial entsprechend dem jeweiligen Steuersatz eingesetzt wird, d.h. z.B. bei steigendem Steuersatz die Sonderabschreibungen in späteren Perioden geltend zu machen. Dieser sog. *Steuersatzeffekt,*der mit dem Zinseffekt konkurriert, diesen aber auch ergänzen und damit verstärken kann, übt ebenso wie dieser einen wesentlichen Einfluss auf Liquidität und Rentabilität des Unternehmens aus und ist bei einem gegebenen Abschreibungspotenzial umso stärker, je höher der Steuersatz des Steuerpflichtigen ist. Zu beachten ist ferner, dass sich wegen der gesenkten Steuerbilanzwerte auch erbschaftsteuerlich (und damit endgültige) Steuervorteile ergeben können, wenn es während der Laufzeit der Sonderabschreibungen zu einem Betriebsübergang kommt. Hinsichtlich einer *betrieblichen Steuerplanung* kann man resümierend feststellen, dass die *Vorteilswirkung* von Sonderabschreibungen gegenüber normalen Abschreibungen *umso größer* ist, (1) je mehr die Sonderabschreibungsbeträge an den *Nutzungsdauerbeginn* gelegt werden können, (2) je größer die *zeitlichen Steuersatzunterschiede* bei fallenden Steuersätzen sind, (3) je kleiner die *zeitlichen Steuersatzunterschiede* bei steigenden Steuersätzen sind, (4) je länger die *Abschreibungsdauer,* d.h. Nutzungsdauer des Anlagegutes ist, (5) je höher der *Steuersatz* bei einem *festen Zinssatz* ist, (6) je höher der *Kalkulationszins* (z.B. Zins für alternative Geldanlage) angenommen wird.

Sonderangebot – im Verkehr mit dem → Letztverbraucher bes. beworbene Waren oder Leistungen, die einzeln nach Güte oder Preis gekennzeichnet sind und sich in den regelmäßigen Geschäftsbetrieb einfügen. Einzelne Waren können mehrere sein, nicht aber ganze Warengruppen oder überwiegende Teile eines Sortiments. Sie sind jeweils nach Güte oder Preis zu kennzeichnen, Individualisierung im Zusammenhang mit weiteren Angaben reicht. Zeitliche Befristung schließt Sonderangebote nicht aus, kann aber u.U. wettbewerbswidriges übertriebenes Anlocken (→ Kundenfang) sein. Maßstab für den regelmäßigen Geschäftsverkehr ist der übliche Betriebszuschnitt des Anbietenden, in Relation dazu übersteigerte Anpreisungen (Menge, Umstände des Verkaufs, bes. Gestaltung der Werbemittel) können den Eindruck einer verbotenen → Sonderveranstaltung hervorrufen. Sonderangebote sind auch im zeitlichen Zusammenhang mit → Abschnittsschlussverkäufen zulässig, solange nicht der Eindruck eines vorgezogenen oder verlängerten Schlussverkaufs entsteht. Unzulässige Sonderangebote können gegen §§ 3, 5 UWG verstoßen.

Sonderausgaben – 1. *Begriff:* Bestimmte Ausgaben, die weder als Betriebsausgaben oder Werbungskosten abzugsfähig (also i.d.R. privat veranlasst) sind, aber dennoch aufgrund von Sondervorschriften (§§ 10 ff. EStG) von der Bemessungsgrundlage der Einkommensteuer abgezogen werden können. – 2. Der Abzug der Sonderausgaben erfolgt zur Ermittlung des gesamten steuerlichen Einkommens vom → Gesamtbetrag der Einkünfte. Den Sonderausgaben gleichgestellt sind bestimmte Abschreibungen (§§ 10f, 10g EStG) und der Verlustabzug nach § 10d EStG. – 3. Es sind zwei *Arten von Sonderausgaben* zu unterscheiden: a) *unbeschränkt abzugsfähige Sonderausgaben,* die in unbegrenzter Höhe abgezogen werden können, und beschränkt abzugsfähige Sonderausgaben, die nur im Rahmen bestimmter Höchstbeträge geltend gemacht werden können. – Zu den *unbeschränkt abzugsfähigen Sonderausgaben* gehören bes.: (1) auf bes. Verpflichtungsgründen beruhende Renten und dauernde Lasten, (2) → Kirchensteuer, (3) → Steuerberatungskosten (seit dem 1.1.2006 nicht mehr als Sonderausgaben abzugsfähig). – b) Nur *beschränkt abzugsfähige Sonderausgaben* sind: (1) → Unterhaltsleistungen an den geschiedenen oder getrennt lebenden Ehegatten (bis zu 13.805 Euro pro Jahr; § 10 Nr.1 EStG; → Realsplitting), (2) → Vorsorgeaufwendungen, (3) bestimmte Kosten für die Berufsausbildung (→ Berufsausbildungskosten), (4) Teile des → Schulgelds für ein Kind des Steuerpflichtigen, (5) Beiträge für Altervorsorgeverträge (§ 10a EStG), (6) → Spenden (§ 10b EStG) und (7) seit dem Veranlagungszeitraum 2006 zwei Drittel der Aufwendungen für Kinderbetreuung, maximal jedoch 4.000 Euro je Kind (→ Kinderbetreuungskosten) – 4. *Verfahren:* Zur Berücksichtigung der Sonderausgaben werden bestimmte Mindestbeträge als Pauschalbeträge angesetzt, und zwar der → Sonderausgaben-Pauschbetrag (§ 10c I EStG) und zusätzlich – vom Arbeitslohn – eine Vorsorgepauschale. Im Rahmen der → Veranlagung zur Einkommensteuer können höhere Sonderausgaben berücksichtigt werden, wenn dafür Nachweise beigebracht werden; hierfür kann bei Arbeitnehmern auch schon während des laufenden Jahres ein → Freibetrag auf der Lohnsteuerkarte eingetragen werden (§ 39a I Nr. 2 EStG).

Sonderausgaben-Pauschbetrag – Für bestimmte → Sonderausgaben wird dem Steuerpflichtigen ein Sonderausgaben-Pauschbetrag von 36 Euro (bei Zusammenveranlagung von Ehegatten: 72 Euro) abgezogen, wenn er nicht höhere Aufwendungen nachweist (§ 10c I EStG). Zu den Sonderausgaben zählen: → Unterhaltsleistungen, Rentenverpflichtungen, gezahlte → Kirchensteuer, → Steuerberatungskosten (bis 31.12.2005), → Berufsausbildungskosten, → Schulgeld und → Spenden.

Sonderausweis – 1. *Teil des Nennkapitals einer (unbeschränkt steuerpflichtigen) Kapitalgesellschaft,* der nicht aus Einlagen der Anteilseigner stammt, sondern aus zur Kapitalerhöhung verwendeten Gewinnrücklagen besteht. Der Sonderausweis umfasst also Nennkapital, das aus früheren thesaurierten Gewinnen stammt (und das deshalb, wenn es irgendwann als Dividende ausgeschüttet werden sollte, nicht als Kapitalrückzahlung bei den Anteilseignern steuerfrei bleibt, sondern als Gewinnausschüttung angesehen und als Dividende besteuert wird). – Wird das Nennkapital herabgesetzt und in Rücklagen umgewandelt, gilt zuerst der Sonderausweis als (wieder) in Rücklagen verwandelt; wird Nennkapital herabgesetzt und ausgeschüttet, gelten zunächst die Beträge aus dem Sonderausweis als ausgeschüttet und müssen vom Anteilseigner als Dividendenbezüge versteuert werden (§ 28 KStG). Ein Sonderausweis zum Schluss des Wirtschaftsjahrs vermindert sich um den positiven Bestand des steuerlichen Einlagekontos zu diesem Stichtag; der Bestand des steuerlichen Einlagekontos vermindert sich entsprechend (§ 28 III KStG). – 2. *Führerschein zur Fahrgastbeförderung,* neben dem → Führerschein erforderliche bes., von der zuständigen Behörde ausgestellte Urkunde als Nachweis der Berechtigung zur Führung bes. Fahrzeuge zu bestimmten Zwecken, z.B. für Taxis, Kraftomnibusse, Krankenkraftwagen.

Sonderbetriebsausgaben → Sonderbetriebsvermögen.

Sonderbetriebseinnahmen → Sonderbetriebsvermögen.

Sonderbetriebsvermögen – steuerrechtlicher Begriff für Wirtschaftsgüter, die im Eigentum von einem oder mehreren → Mitunternehmern einer Personengesellschaft stehen. Die Wirtschaftsgüter gehören zum Sonderbetriebsvermögen I, wenn sie unmittelbar dem Betrieb der Mitunternehmerschaft dienen. Zum Sonderbetriebsvermögen II gehören Wirtschaftsgüter, die unmittelbar zur Begründung oder Stärkung der Beteiligung des Mitunternehmers an der Personengesellschaft eingesetzt werden und damit die Beteiligung des Gesellschafters fördern. Gewillkürtes Sonderbetriebsvermögen ist möglich, wenn das Wirtschaftsgut geeignet ist, dem Gewerbebetrieb der Mitunternehmerschaft oder der Beteiligung zu dienen. Die Willkürung erfolgt durch Aktivierung in der Sonderbilanz. Die Sonderbilanz weist aktive und passive Wirtschaftsgüter des Sonderbetriebsvermögens I und II aus. Die Sonder-Gewinn- und Verlustrechnung weist Sonderbetriebseinnahmen und Sonderbetriebsausgaben aus. Hierunter fallen bspw. Sondervergütungen der Mitunternehmerschaft an den Mitunternehmer, sonstige Sonderbetriebseinnahmen aus dem Sonderbetriebsvermögen oder Sonderbetriebsausgaben beim Sonderbetriebsvermögen.

Sonderbilanzen – *Spezialbilanzen.* 1. *Bilanzen aus bes. Anlässen:* Gründungsbilanzen, Vermögensbilanzen, Verschuldungsbilanzen, Sanierungsbilanzen, Fusionsbilanzen, Liquidationsbilanzen, Liquiditätsbilanzen, Insolvenzbilanzen, Auseinandersetzungsbilanzen, Umwandlungsbilanzen. – Sonderbilanzen werden häufig als → Status bezeichnet, v.a. in den Fällen, in denen der Ausweis von Vermögen und Schulden im Vordergrund steht, so: Vermögens-, Liquiditäts-, Insolvenzstatus u.a. – 2. *Einkommen- und Gewerbesteuer:* die Nebenrechnung, in der das → Sonderbetriebsvermögen des Gesellschafters einer → Personengesellschaft und die zugehörigen Einnahmen (Sonderbetriebseinnahmen) und Aufwendungen (Sonderbetriebsausgaben) erfasst werden.

Sondereinzelkosten – die in der → Zuschlagskalkulation im Rahmen der → Vollkostenrechnung über Einzelmaterial und Fertigungslöhne hinaus auftragsweise erfassbaren → Einzelkosten, die nicht in die → Kostenstellenrechnung einbezogen werden. Sie werden den → Kostenträgern direkt angelastet. – *Zu unterscheiden:* → Sondereinzelkosten der Fertigung und → Sondereinzelkosten des Vertriebs.

Sondereinzelkosten der Fertigung – *Fertigungssonderkosten;* im Fertigungsbereich anfallende → Sondereinzelkosten. Zu den Sondereinzelkosten der Fertigung zählen auftragsweise erfassbare Werkzeugkosten, Patent- und Lizenzkosten, Kosten für Materialanalysen, Kosten für anzufertigende Modelle und Schablonen, Kosten für Sonderanfertigungen etc.

Sondereinzelkosten des Vertriebs – *Vertriebssonderkosten;* im Vertriebsbereich anfallende → Sondereinzelkosten. Zu den Sondereinzelkosten des Vertriebs zählen alle auftragsweise erfassbaren Vertriebskosten (→ Einzelkosten), z.B. Provisionen, Ausgangsfrachten und -zölle, Verpackung, Verkaufslizenzen.

Sondergericht → Sondergerichtsbarkeit.

Sondergerichtsbarkeit – Gerichte, die eine beschränkte Gerichtsbarkeit für bes. Sachgebiete ausüben *(Sondergerichte).* Durch Art. 101 II GG zugelassen, wenn sie durch Gesetz errichtet worden sind. – *Beispiele:* Arbeitsgerichte, ärztliche Berufsgerichte, Schifffahrtsgerichte.

Sondergut der Ehegatten → eheliches Güterrecht.

Sonderinsolvenz – ein → Insolvenzverfahren, das ausnahmsweise nicht das gesamte Vermögen des → Gemeinschuldners ergreift, sondern nur einen Teil. – *Wichtigste Fälle:* (1) → Nachlassinsolvenz (§§ 315–331 InsO): Sondermasse ist der Nachlass, beteiligt sind nur die Nachlassgläubiger.(2) Insolvenzverfahren über das Gesamtgut einer fortgesetzten *Gütergemeinschaft* oder das von den Ehegatten gemeinschaftlich verwaltete Gesamtgut (§§ 332–334 InsO): Gläubiger sind nur die Gesamtgutgläubiger.

Sonderkonto – Zusatz zur Kontenbezeichnung des → Bankkontos, der auf Einschränkung in der Verfügungsbefugnis des genannten Konteninhabers hindeutet. Rechtliche Bedeutung nur von Fall zu Fall zu ermitteln. Echtes Sonder-(Treuhand-)konto ist das → Anderkonto.

Sondernachfolge → Rechtsnachfolge.

Sondernachlass → Rabatt.

Sonderopfer → Aufopferungsanspruch.

Sonderorganisationen der UN – *Specialized Agencies;* Organisationen mit einem ausgedehnten internationalen Zuständigkeitsbereich auf wirtschaftlichen, sozialen, kulturellen und weiteren Gebieten, den → UN angeschlossen. Gemäß Art. 57 UN-Charta wurden mit den nachstehenden, teils schon viele Jahre bestehenden teils neu errichteten autonomen internationalen Organisationen Abkommen abgeschlossen, die die Kompetenzen der zu dem System der UN gehörigen Organisationen festlegen. – *Im Einzelnen:* Internationale Arbeitsorganisationen (→ ILO); Ernährungs- und Landwirtschaftsorganisationen der Vereinigten Nationen (→ FAO); Organisation der Vereinten Nationen für Erziehung, Wissenschaft und Kultur (→ UNESCO); Weltgesundheitsorganisation (→ WHO); Internationale Bank für Wiederaufbau und Entwicklung, Weltbank (→ IBRD); Internationale Finanz-Corporation (→ IFC); Internationale Entwicklungsorganisation (→ IDA); Internationaler Währungsfonds (→ IWF); Internationale Zivilluftfahrt-Organisation (→ ICAO); Weltpostverein (→ UPU); Internationaler Fernmeldeverein (→ ITU); Weltorganisation für

Meteorologie (WMO); Internationale Organisation für Seeschifffahrtsfragen (IMO); Welthandelsorganisation (→ World Trade Organization (WTO)); Internationaler Fonds für landwirtschaftliche Entwicklung (→ IFAD); Weltorganisation für geistiges Eigentum (→ WIPO); Organisation der Vereinigten Nationen für industrielle Entwicklung (→ UNIDO). – Mit der Internationalen Atomenergie-Organisation (→ IAEA) bilden die vorstehend genannten Sonderorganisationen der UN die den Vereinten Nationen angeschlossenen zwischenstaatlichen Organisationen *(UN-Familie)*.

Sonderpfanddepot – *Depot D*, Verwahrung von Wertpapieren nach § 12 DepotG, wobei für jeden einzelnen Kunden ein Sonderpfanddepot zu führen ist.

Sonderposten mit Rücklagenanteil – 1. Bei *Nichtkapitalgesellschaften* (§ 247 III HGB): ein das Steuerergebnis mindernder Passivposten (unversteuerte „Rücklage"), der erst bei seiner Auflösung das steuerliche Ergebnis wieder erhöht, z.B. die Übertragung von → stillen Rücklagen, die bei der Veräußerung von Anlagevermögensgegenständen aufgedeckt wurden, auf Reinvestitionsobjekte gemäß § 6b EStG. Sonderposten mit Rücklagenanteil dürfen handelsrechtlich gebildet werden, sofern sie steuerrechtlich zulässig sind, d.h. es ist handelsrechtlich weder Voraussetzung, dass steuerlich ein Sonderposten mit Rücklagenanteil gebildet wurde, noch dass umgekehrt Maßgeblichkeit besteht (→ Maßgeblichkeitsprinzip). – Vgl. auch → Rücklagen. – 2. Bei *Kapitalgesellschaften:* a) gleicher Begriffsinhalt wie unter Punkt 1), aber mit der Einschränkung, dass die Bildung des Sonderposten mit Rücklagenanteil in der Steuerbilanz von einer entsprechenden Passivierung im → Jahresabschluss abhängig gemacht wird (umgekehrte Maßgeblichkeit; vgl. § 273 HGB). – b) Bei steuerlich begründeten außerplanmäßigen Abschreibungen, denen handelsrechtlich im Rahmen der umgekehrten Maßgeblichkeit gefolgt wird (§§ 254, 279 II HGB), kann wahlweise direkt oder indirekt abgeschrieben werden. Bei → indirekter Abschreibung ist in Höhe des Unterschieds zwischen dem handelsrechtlich zulässigen Wertansatz und dem steuerrechtlich möglichen niedrigeren Wertansatz ein Sonderposten mit Rücklagenanteil zu bilden (§ 281 HGB). – *Beispiele:* erhöhte Absetzungen bei Gebäuden in Sanierungsgebieten gemäß § 82g EStDV, § 7h EStG, Sonderabschreibungen auf Handelsschiffe, Seefischereischiffe sowie Luftfahrzeuge gemäß § 82f EStDV. – c) Im Konzernabschluss dürfen Sonderposten mit Rücklagenanteil nicht übernommen werden, da § 308 III HGB durch das TransPuG 2002 aufgehoben wurde. – 3. Die *Auflösung* des Sonderpostens mit Rücklagenanteil richtet sich i.d.R. nach den steuerrechtlichen Vorschriften (§§ 247, 281 I HGB).

Sonderpreis → Rabatt.

Sonderpreisaktion – *Preisaktion, Price-off Promotion, Price Pack;* Maßnahme der → Verkaufsförderung. Der Produktpreis wird für einen bestimmten Zeitraum augenfällig reduziert mit entsprechender Herausstellung auf der Verpackung und durch Displays am Point of Purchase – POP; vgl. → Point of Sale (POS). – *Arten:* a) Angebot einer im Preis reduzierten Verpackungseinheit *(Reduced-Price Pack)*. – b) Zwei oder mehrere zusammengefasste Verpackungseinheiten bzw. eine größere Verpackungseinheit zu einem sichtlich günstigeren Mengen-/Preis-Verhältnis *(Multiple Pack)*. – c) *Sonderformen:* → Banded Pack und → Self Liquidation Offer. – Vgl. auch → Sonderangebot.

Sonderprüfung → Wirtschaftsprüfung.

Sonderrechnung → Auswertungsrechnung.

Sonderrecht – Einzelnen Aktionären oder Aktionärsgruppen, auch Aktiengattungen, von der AG als Mitgliedschaftsrechte eingeräumte bes. Befugnisse, z.B. Rechte auf Entsendung von Aufsichtsratsmitgliedern oder Rechte auf Vorzugsaktien. Sonderrechte beruhen immer auf der Satzung. Sie können nur unter erschwerten Voraussetzungen geändert werden (§ 26 I AktG) und sind im Gegensatz zu den bloßen → Genussrechten an den Aktienbesitz gebunden. – *Anders:* → Sondervorteil.

Sonderurlaub → Urlaub.

Sonderveranstaltung – bis zum 8.7.2004 geltende Regelung: Unzulässige Verkaufsveranstaltung im Einzelhandel, die außerhalb des regelmäßigen Geschäftsverkehrs stattfindet, der Beschleunigung des Warenabsatzes dient und den Eindruck der Gewährung bes. Kaufvorteile hervorruft (§ 7 I UWG a.F.). – *Gegensatz:* → Sonderangebote § 7 II UWG a.F.; erlaubte Sonderveranstaltungen waren → Abschnittsschlussverkäufe und → Räumungsverkäufe. Nach dem UWG vom 3.7.2004 (BGBl. I 1414) m.spät.Änd. gibt es das Verbot der Sonderveranstaltungen nicht mehr.

Sonderverkauf → Sonderveranstaltung.

Sondervermögen – I. Verwaltung: 1. *Begriff:* Vermögensteil im Eigentum einer Gebietskörperschaft, der über keine Rechtsfähigkeit verfügt, aber organisatorisch und haushaltsmäßig einen wesentlich höheren Selbstständigkeitsgrad als Verwaltungseinheiten aufweist. – 2. *Regelungen bez. des Haushalts:* Sondervermögen werden haushaltsmäßig in Form einer *Sonderrechnung* behandelt, die entweder als getrennte Rechnung neben dem Haushaltsplan des Trägers (z.B. → Wirtschaftsplan) oder als bes. Abschn. im Haushaltsplan des Trägers geführt wird. – Im *Haushaltsplan des Trägers* selbst sind die Sondervermögen nur noch mit ihrem Nettoergebnis (Nettobetrieb) ausgewiesen. – Es gilt das staatliche und kommunale Haushaltsrecht. – 3. *Arten:* a) *Sondervermögen des Bundes und der Bundesländer:* → Sondervermögen des Bundes. – b) *Sondervermögen der Kommunen:* U.a. das Vermögen der nicht rechtsfähigen Stiftungen, die wirtschaftlichen Unternehmen ohne eigene Rechtspersönlichkeit und öffentliche Einrichtungen, für die aufgrund gesetzlicher Vorschriften Sonderrechnungen geführt werden (z.B. Eigenbetrieb) sowie die rechtlich unselbstständigen Versorgungs- und Versicherungseinrichtungen für Gemeindebedienstete (z.B. Eigenunfallversicherung). – Vgl. auch → öffentliche Unternehmen.

II. Kapitalanlagegesellschaften: → Kapitalanlagegesellschaften, → Investmentfonds.

Sondervermögen der Kommunen → Sondervermögen.

Sondervermögen des Bundes – wirtschaftlich verselbstständigte, rechtlich unselbstständige Vermögensteile, die aus dem Bundesvermögen getrennt und mit eigenem Haushalt versehen sind, um Aufgaben zu erfüllen, die sonst das Budget hätte übernehmen müssen. Nach Art. 115 Absatz 1 GG neuer Fassung unterliegen die Kreditermächtigungen des Kernhaushalts der maximal zulässigen Nettokreditaufnahme. Am 31.12.2010 bestehende Kreditermächtigungen für bereits eingerichtete Sonderermögen bleiben davon unberührt. – *Beispiele:* Sonderfond Finanzmarktstabilisierung (SoFFin, → Finanzmarktstabilisierungsfonds), → ERP-Sondervermögen, Erblastentilgungsfonds, Entschädigungsfonds, Bundeseisenbahnvermögen, Bundes-Pensions-Service für Post und Telekommunikation e.V., Sondervermögen „Kinderbetreuungsausbau", Sondervermögen „Energie- und Klimafonds".

Sonderverwahrung – *Sonderdepot, Streifbanddepot;* gesetzliche Grundform der → Wertpapierverwahrung (§ 2 DepotG). Der Verwahrer ist verpflichtet, die Wertpapiere unter äußerlich erkennbarer Bezeichnung jedes Hinterlegers gesondert von seinen eigenen Beständen und von denen Dritter aufzubewahren. Wertpapiermantel und -bogen werden aus Sicherheitsgründen getrennt abgelegt. Die depotführende Bank hat ein → Depotbuch (Verwahrungsbuch) zu führen. Die Wertpapiere werden meist mit Streifbändern bebändert, die die Namen der Kunden und Kundenummer tragen. Sie bleiben individuelles Eigentum des Kunden, der im Insolvenzverfahren des Verwahrers → Aussonderung der ihm gehörenden einzelnen Stücke verlangen kann. – Auch bei der Sonderverwahrung ist → Drittverwahrung möglich. – Im *Vergleich zur* → Sammelverwahrung ist die Sonderverwahrung deutlich arbeitsintensiver.

Sondervollmacht → Spezialvollmacht.

Sondervorteil – Ein im Zusammenhang mit der → Gründung einer AG neben dem → Gründerlohn einzelnen Aktionären für ihre Person gewährter bes. Vorteil, z.B. Warenbezugsrecht. Die Sondervorteile müssen in der Satzung festgesetzt werden (§ 26 I AktG). Sie entsprechen den → Genussrechten und sind im Gegensatz zu den → Sonderrechten an Aktienbesitz nicht gebunden.

Sonderwirtschaftszone – *Free Production Zone, Investment Promotion Zone;* abgegrenztes, meist physisch gesichertes Gebiet innerhalb des Wirtschaftsraumes eines Staates, für das zoll-, steuer- und andere rechtliche Sonderbestimmungen und administrative Vergünstigungen gelten für Güter, die nicht in den inländischen Warenverkehr gebracht werden. Im Bankensektor gibt es analoge freie Bankenzonen (Off-Shore-Zentren). – *Anders:* → Freihandelszone, zollrechtliche → Freizone.

Sonderziehungsrechte (SZR) – *Special Drawing Rights (SDR);* von den Mitgliedsländern des → IWF 1969 durch Vereinbarung geschaffene und erstmals 1970 zugeteilte internationale → Währungsreserven. SZR stellen einen Buchkredit dar, den der IWF den Mitgliedern im SZR-System entsprechend ihrer IWF-Quoten einräumt. – 1. *Handhabung:* Bei Finanzbedarf wendet sich ein Mitglied an den IWF, der ein anderes Mitglied mit starker → Zahlungsbilanz auffordert, seine SZR in konvertierbare Währung umzutauschen. Anfänglich durften nur 70 Prozent, später 85 Prozent der Quote im Fünf-Jahres-Durchschnitt langfristig verwendet werden. SZR-annehmende Länder haben nur die Pflicht, bis 200 Prozent der eigenen Zuteilung anzunehmen. – SZR stellen *internationale Liquidität* dar, die nicht durch Exporte verdient werden müssen. Sie ermöglichen einen Kredit ohne Auflagen. Seit 1970 wurden in sechs jährlichen Raten insgesamt 21,4 Mrd. SZR ausgegeben, was ca. 2 Prozent aller Währungsreserven der Fonds-Mitglieder entspricht. Die letzte Zuteilung fand 1981 statt. – 2. *Bewertung:* Anfänglich entsprach das SZR 1 US-Dollar. Ab 1.7.1974 wurde nach einer Korbbewertung verfahren (16 wichtigste Währungen). Seit Januar 2001 enthält der Korb nur noch die vier Währungen US-Dollar, Euro, Pfund-Sterling, Yen. Der Wert des SZR wird täglich ermittelt. Ermittlung (Stand: 15.06.2009): 1 SZR = 0,6320 US-Dollar + 0,0903 Pfund Sterling + 18,4 Yen + 0,41 Euro. – 3. *Probleme und Bedeutung:* Um → Inflation zu vermeiden, blieb die Schaffung von SZR begrenzt, sodass sie als internationale Zahlungsmittel keine große Bedeutung haben. Entwicklungsländern verschaffen SZR Kreditmöglichkeiten, daher setzen sie sich für eine Erhöhung der SZR-Zuteilungen ein, wobei sie den Entwicklungsländern als Entwicklungshilfe zur Verfügung gestellt werden sollen. Eine Zuteilung von SZR bedarf der Zustimmung von 85 Prozent der Quoten des IWF. Im Oktober 1994 scheiterte der Versuch einer Neuzuteilung um 36 Mrd. SZR am Widerstand der Industrieländer, bes. Deutschlands. Im Gespräch ist allerdings eine einmalige Sonderzuteilung, die auch jenen 1/5 der IWF-Mitglieder zugute kommen würde, die noch nie an einer Zuteilung teilgenommen haben. Die Durchsetzung scheitert derzeit am Veto der USA.

Sonnenflecken → Sunspots.

Sonntagsarbeit – Arbeit an Sonntagen und gesetzlichen Feiertagen. Die Beschäftigung von Arbeitnehmern an Sonn- und gesetzlichen Feiertagen von 0 bis 24 Uhr ist verboten (§ 9 I ArbZG). Allerdings sieht das ArbZG in §§ 10 ff. eine Reihe von

Ausnahmeregelungen vor. – Ist eine Ausnahmeregelung einschlägig, darf also an einem Sonntag gearbeitet werden, ist damit aber noch nicht gesagt, dass der Arbeitnehmer zur Sonntagsarbeit verpflichtet ist. Das richtet sich nach dem Arbeitsvertrag. – Bei der Anordnung von Sonntagsarbeit ist die Mitbestimmung des Betriebsrats zu beachten. – Vgl. auch → Arbeitszeit, → Jugendarbeitsschutz, → Arbeitsentgelt.

Sonntagszuschlag → Mehrarbeitszuschlag.

sonstige bebaute Grundstücke → Grundstücksart im Sinn des Bewertungsgesetzes. – 1. *Begriff:* Alle Grundstücke, die nicht → Mietwohngrundstück, → Geschäftsgrundstück, → gemischtgenutztes Grundstück, → Einfamilienhaus oder → Zweifamilienhaus sind, z.B. Altersheime, Kinderheime, Gebäude für sportliche Zwecke. – 2. *Einheitswert:* Ermittlung nach dem Sachwertverfahren (→ Sachwert). – 3. *Bedarfswert:* Ermittlung nach den normalen Regeln für bebaute Grundstücke. – Vgl. auch → Grundstücksbewertung.

sonstige betriebliche Aufwendungen – Position der → Gewinn- und Verlustrechnung (GuV) gemäß § 275 HGB, deren Inhalt sich auch danach richtet, ob nach dem → Gesamtkostenverfahren oder dem → Umsatzkostenverfahren gegliedert wird. – 1. *Bei Anwendung des Gesamtkostenverfahrens:* Sonstige betriebliche Aufwendungen sind alle Aufwendungen der gewöhnlichen Geschäftstätigkeit (d.h. Aufwendungen aus Tätigkeiten zur Erfüllung des Unternehmenszwecks, die mit einer gewissen Regelmäßigkeit und nicht nur selten auftreten, vgl. zur Abgrenzung → außerordentliche Aufwendungen), die nicht unter die Positionen Materialaufwand (→ Materialkosten), Personalaufwand (→ Löhne und Gehälter, → Sozialkosten), → Abschreibungen auszuweisen sind oder zu den Aufwendungen des Finanzergebnisses (Positionen 9 bis 13 gemäß § 275 II) und zu den Steuern (Positionen 18, 19) gehören. Aus der Abgrenzung zwischen gewöhnlicher und außerordentlicher Geschäftstätigkeit ergibt sich, dass zu sonstigen betrieblichen Aufwendungen neben betrieblich ordentlichen auch betrieblich periodenfremde Aufwendungen sowie betriebsfremde Aufwendungen gehören können, sofern sie noch innerhalb der gewöhnlichen Geschäftstätigkeit liegen (→ Kosten, → neutrale Aufwendungen). – *Beispiele:* Verluste aus dem Abgang von Gegenständen des Anlage- und Umlaufvermögens, Prüfungsaufwendungen, Spenden, Ausgangsfrachten, Werbeaufwendungen, Lagerkosten. – 2. Bei *Anwendung des Umsatzkostenverfahrens:* Zu den sonstigen betrieblichen Aufwendungen gehören die Aufwendungen der gewöhnlichen Geschäftstätigkeit, die nicht unter den Aufwendungen der Funktionsbereiche Herstellung, Vertrieb, allg. Verwaltung oder Finanzierung erfasst werden und die nicht aktiviert wurden. – Vgl. auch → sonstige betriebliche Erträge. – 3. Wird die Position im → Anhang nicht näher erläutert, behindert sie als Sammelposition heterogenen Inhalts die → Bilanzanalyse.

sonstige betriebliche Erträge – Position der → Gewinn- und Verlustrechnung (GuV), die bei Anwendung des → Gesamtkostenverfahrens gemäß § 275 II HGB unter Nr. 4, bei Anwendung des → Umsatzkostenverfahrens gemäß § 275 III HGB unter Nr. 6 auszuweisen ist. Sonstige betriebliche Erträge sind Erträge der gewöhnlichen Geschäftstätigkeit (zur Kennzeichnung vgl. → sonstige betriebliche Aufwendungen), die nicht unter → Umsatzerlöse, aktivierte → Eigenleistungen oder Erträge des Finanzbereiches (§ 275 II Nr. 9, 10, 11 bzw. § 275 III Nr. 8, 9, 10 HGB) erfasst sind. Aus der Abgrenzung zwischen gewöhnlicher und außerordentlicher Geschäftstätigkeit ergibt sich, dass sonstige betriebliche Erträge periodenfremde und betriebsfremde Erträge enthalten können, sofern sie der gewöhnlichen Geschäftstätigkeit zuzuordnen sind (→ neutrale Erträge).

sonstige Bezüge – *einmalige Bezüge;* Begriff des Lohnsteuerrechts: bes. einmalige Arbeitslohnzahlungen, die neben dem laufenden Arbeitslohn gezahlt werden. Sonstige Bezüge sind u.a.: Weihnachts- und Neujahrszuwendungen; → Tantiemen und → Gratifikationen, wenn sie nicht zum laufenden Arbeitslohn gehören; das 13. Monatsgehalt; Urlaubsabfindungen (Entschädigungen für nicht gewährten Urlaub); → Jubiläumsgeschenke(-gaben); einmalige → Abfindungen an ausscheidende Arbeitnehmer; Vergütungen für Arbeitnehmererfindungen. → Pauschalierung der Lohnsteuer für sonstige Bezüge unter bestimmten Voraussetzungen (§ 40 I Nr. 1 EStG); Besteuerung in den anderen Fällen gemäß § 39b III EStG (→ Lohnsteuer).

sonstige Einkünfte – Begriff des Einkommensteuerrechts. Nach § 22 EStG gehören zu den sonstigen Einkünften → Einkünfte aus wiederkehrenden Bezügen (z.B. Renten), Einkünfte aus Unterhaltsleistungen, Einkünfte aus privaten Veräußerungsgeschäften, Einkünfte aus nicht nachhaltigen Leistungen, soweit sie weder zu anderen Einkunftsarten noch zu anderen sonstigen Einkünften gehören; Entschädigungen etc., die an Abgeordnete geleistet werden, Leistungen aus Altersvorsorgeverträgen, Pensionsfonds, Pensionskassen und Direktversicherung. Durch das EStG 2008 wurden die Regelungen zu den privaten Veräußerungsgeschäften (§ 22 EStG i.V. mit § 23 EStG) ab dem Veranlagungszeitraum 2009 neu geregelt. – Vgl. hierzu → private Veräußerungsgeschäfte

sonstige Forderungen – Bilanzposten auf der Aktivseite gemäß § 266 HGB. Sammelposten für alle am Bilanzstichtag feststehenden Forderungen, die nicht mit Lieferungen und Leistungen im Zusammenhang stehen und keine Forderungen gegenüber verbundenen Unternehmen oder Beteiligungsunternehmen sind. – *Beispiele:* Forderungen an das Finanzamt wegen Steuerguthaben, Vorschusszahlungen an Belegschaftsmitglieder, außerdem der Teil der Erträge des Geschäftsjahres, die erst nach dem Bilanzstichtag zu Einnahmen werden (antizipative Posten;

→ Abgrenzung). – *Einordnung in der Bilanz* gemäß § 266 HGB: Aktiva B II. 4. „Sonstige Vermögensgegenstände".

sonstige Kosten → allgemeine Betriebskosten.

sonstige Leistung – 1. *Begriff:* Leistungen, die keine Lieferungen sind. Sonstige Leistungen können auch in einem Dulden oder Unterlassen bestehen (§ 3 IX UStG). – 2. *Abgrenzung zur Lieferung:* → Lieferung. – 3. *Ort der sonstigen Leistungen:* Welcher Staat berechtigt ist, eine sonstige Leistung seiner Umsatzsteuer zu unterwerfen, richtet sich nach den Vorschriften über den Ort der sonstigen Leistung. Die Besteuerung orientiert sich dabei auch bei sonstigen Leistungen, wie bei Lieferungen, grundsätzlich am → Bestimmungslandprinzip. Grundsätzlich ist es aber bei sonstigen Leistungen schwieriger, ein Bestimmungsland der sonstigen Leistungen festzulegen, als bei Lieferungen; daher wird der Ort der sonstigen Leistung gelegentlich auch nach dem Kriterium der Vereinfachung oder gar nach einer bloßen Auffangregel für anders nicht regelbare Fälle festgelegt. – Im Einzelnen ist der Ort der sonstigen Leistung: a) *Weil es sich nach Ansicht des Gesetzgebers typischerweise um das Bestimmungsland der sonstigen Leistung handelt:* (1) bei sonstigen Leistungen in Zusammenhang mit einem Grundstück: der Ort des Grundstücks, (2) bei künstlerischer, wissenschaftlicher, unterrichtender, sportlicher, unterhaltender oder ähnlicher Tätigkeit: der Tätigkeitsort, (3) bei Arbeiten an beweglichen körperlichen Gegenständen und bei der Begutachtung solcher Gegenstände ebenfalls der Tätigkeitsort, (4) bei Vermittlungsleistungen der Ort des vermittelten Umsatzes. – Für die Fälle (3) und (4) gilt aus Vereinfachungsgründen die sonstige Leistung als im Staat des Leistungsempfängers als erbracht, wenn dieser eine Umsatzsteuer-Identifikationsnummer benutzt. – b) *Stammt die sonstige Leistung aus dem Leistungskatalog in § 3a IV UStG* und ist der Empfänger der sonstigen Leistung ein Unternehmer oder ein Jemand außerhalb der EU, dann gilt aus Vereinfachungsgründen der Wohnort/Sitz/Ort des Unternehmens des Leistungsempfängers als Ort der sonstigen Leistung. (→ Katalogleistungen). – c) Ein Sonderfall ist die auf *elektronischem Weg erbrachte* sonstige Leistung: wenn der Empfänger kein Unternehmer ist und seinen Wohnsitz in der EU hat, dann Besteuerung am Ort seines Wohnsitzes, wenn die Leistung von einem Unternehmer aus dem Drittland ausgeführt wird. – d) Sofern die bisher aufgeführten Regeln nicht eingreifen, findet subsidiär das → Ursprungslandprinzip Anwendung: Ort der sonstigen Leistung ist dann der Ort, an dem das leistende Unternehmen seinen Sitz hat bzw. seine Niederlassung betreibt (§ 3a I UStG). – 3. *Sonderfälle:* Beförderungsleistungen (§ 3b UStG), Lieferungen während einer Beförderung an Bord eines Schiffes, in einem Luftfahrzeug oder in einer Eisenbahn (§ 3e UStG), Ort der sonstigen Leistung bei unentgeltlichen Wertabgaben (§ 3f UStG) und Ort der Leistung von Gas und Elektrizität (§ 3g UStG). – 4. *Bes. Arten von sonstigen Leistungen:* → Werkleistungen. – 5. *Grenzüberschreitende Dienstleistungen:* Im Dezember 2007 einigten sich die EU-Finanzminister einen Systemwechsel bei der Umsatzsteuer von Dienstleistungen vorzunehmen. Künftig sollen grenzüberschreitende Dienstleistungen von 2010 an innerhalb der EU zur Vermeidung von Wettbewerbsverzerrungen nicht mehr im Ursprungsland, sondern im Bestimmungsland mehrwertsteuerpflichtig sein.

sonstige Leistungserbringer – im → Gesundheitswesen die Erbringer von Heil- und Hilfsmitteln.

sonstiges Einkommen → Ausgleichsrente.

sonstiges Vermögen – Begriff des Bewertungsgesetzes; relevant im Rahmen der früher erhobenen Vermögensteuer: Alle Wirtschaftsgüter, die nicht zu den Vermögensarten → land- und forstwirtschaftliches Vermögen, → Grundvermögen und → Betriebsvermögen gehören und nicht unter die Befreiungsvorschrift des § 111 BewG (zum 1.1.1997 aufgehoben) fielen. – *Beispiele:* Spareinlagen, Bankguthaben, Aktien, Geschäftsguthaben, Kapitalwert von Nießbrauchrechten, noch nicht fällige Versicherungsansprüche, Edelmetalle, Schmuck- und Luxusgegenstände.

sonstige Verbindlichkeiten – Bilanzposten auf der Passivseite gemäß § 266 HGB. Sammelposten für alle Verbindlichkeiten, die nicht unter die Position C. 1 bis C. 7 der → Bilanzgliederung fallen, u.a. Steuerschulden (gesonderter Vermerk bei nicht kleinen Kapitalgesellschaften (→ Größenklassen), noch nicht ausbezahlte Löhne und Gehälter, einbehaltene Sozialbeiträge (gesonderter Vermerk bei nicht kleinen Kapitalgesellschaften), fällige Provisionen, außerdem der Teil der Aufwendungen des Geschäftsjahres, der erst nach dem Bilanzstichtag zu Ausgaben verpflichtet (antizipative Posten; → Abgrenzung).

Sorgerecht – Begriff des Familienrechts. – Vgl. auch → Personensorge, → Vermögensverwaltung. Führt der allein sorgeberechtigte Elternteil eine → Lebenspartnerschaft, hat sein Lebenspartner im Einvernehmen mit dem sorgeberechtigten Elternteil die Befugnis zur Mitentscheidung in Angelegenheiten des täglichen Lebens (§ 9 LPartG).

Sorgfalt in eigenen Angelegenheiten – Begriff des BGB. Soweit ein Schuldner für Sorgfalt in eigenen Angelegenheiten haftet, kann er sich, sofern nicht → grobe Fahrlässigkeit vorliegt, durch den Nachweis entlasten, dass er in eigenen Angelegenheiten auch nicht sorgfältiger verfährt (§ 277 BGB).

Sorgfaltspflicht – Vielfach aufgrund Gesetz oder Rechtsgeschäft bestehende Verpflichtung zur Wahrung der Interessen anderer. – 1. *Sorgfaltspflicht des Arbeitgebers:* Diese umfasst alle Vorkehrungen zum Schutze von Leben und Gesundheit seiner Arbeitnehmer, bei der Regelung seines Geschäftsbetriebs, z.B. Instandhaltung der Geschäftsräume und

Unfallverhütung. – Vgl. auch → Fürsorgepflicht (des Arbeitgebers), → Arbeitsschutz. – 2. *Sorgfaltspflicht des Handelsvertreters, des Handelsmaklers etc.*: Sorgfalt eines ordentlichen Kaufmannes (§§ 86 III, 347 I HGB). Im Einzelfall kommt es darauf an, wie ein ordentlicher und gewissenhafter → Kaufmann des gleichen Geschäftszweiges gehandelt hätte. – 3. *Sorgfaltspflicht bei einer Aktiengesellschaft:* Die Mitglieder des Vorstands und des Aufsichtsrats müssen die Sorgfalt eines ordentlichen und gewissenhaften Geschäftsleiters anwenden; im Streitfall müssen sie den → Beweis dafür erbringen, sonst sind sie zu → Schadensersatz verpflichtet (§§ 93, 116 AktG). – Vgl. auch → Sorgfalt in eigenen Angelegenheiten, → Fahrlässigkeit.

SOR-Konzept – *Stimulus-Organismus-Response-Konzept;* → Käufer- und Konsumentenverhalten, → Entscheidungsverhalten.

Sorte – I. Handelsbetriebslehre: Gemäß der → Sortimentspyramide Teilelement eines bestimmten → Artikels.

II. Bankwesen: → Geldsorten.

III. Industriebetriebslehre: In begrenzter Anzahl hergestellte Varianten einer Produktart. – *Ähnlich:* → Serie. – Vgl. auch → Sortenproduktion, → Lossequenzenplanung.

Sorten – Banknoten und Münzen, die über eine ausländische Währung lauten. Sorten werden häufig zu den → Devisen gezählt. Sie werden jedoch im Gegensatz zu Devisen nicht amtlich gehandelt.

Sortenhandel – bankmäßiger Handel mit ausländischen Banknoten und Münzen (→ Geldsorten); von bes. Bedeutung für den Reiseverkehr. – Die *Kursbildung* erfolgt frei am Markt. Bei vollständig konvertiblen Währungen orientiert sich der Sortenkurs am Devisenkurs.

Sortenkalkulation – *Sortenrechnung;* → Kalkulation bei → Sortenproduktion. Typische Form der Sortenkalkulation ist die durch Äquivalenzziffern verfeinerte → Divisionskalkulation.

Sortenkurs → Kurs ausländischer → Geldsorten (Banknoten) an der Börse.

Sortenliste – beim → Bundessortenamt (BSA) geführtes Verzeichnis nach dem Saatgutverkehrsgesetz. Enthält bez. → Saatgut u.a. Sortenbezeichnung, Name und Anschrift des Züchters, Auflagen und Beschränkungen, Zeitpunkt des Beginns und der Beendigung der Sortenzulassung (§ 47 SaatG).

Sortenproduktion – *Sortenfertigung;* Elementartyp der Produktion (→ Produktionstypen), der sich aus dem Merkmal der Prozesswiederholung ergibt. Bei Sortenproduktion werden größere, aber begrenzte Stückzahlen von Varianten einer Produktart nacheinander auf den gleichen Produktionsanlagen in → Losen oder parallel hergestellt. Bei Walzwerken spricht man hier z.B. von Walzzyklen. Die Sortenproduktion hat große Ähnlichkeit mit der Serienproduktion. – *Beispiel:* Herstellung von Profilstahl in verschiedenen Abmessungen. – Vgl. auch → Einzelproduktion, → Massenproduktion.

Sortenrechnung → Sortenkalkulation.

Sortenschutzgesetz (SortSchG) – i.d.F. vom 19.12.1997 (BGBl. I 3164) m.spät.Änd. enthält Regelungen über die Voraussetzungen und den Inhalt des Sortenschutzes (u.a. eine Sortendefinition, ein Recht auf Sortenschutz für den Ursprungszüchter oder Sortenentdecker, die Dauer des Sortenschutzes), das → Bundessortenamt (BSA) und das vor ihm zu führende Verfahren (u.a. die Stellung eines Sortenschutzantrages, die Eintragung in die Sortenschutzrolle, die Beendigung des Sortenschutzes), das gerichtliche Verfahren und Rechtsverletzungen (Anspruch auf Unterlassung, Schadenersatz, Vergütung, Vernichtung und Auskunft).

Sortenschutzrecht – auf der Grundlage des Sortenschutzgesetzes (SSchG) i.d.F. vom 19.12.1997 (BGBl. I 3164) m.spät.Änd. erteiltes → gewerbliches Schutzrecht für Pflanzensorten, die unterscheidbar (§ 3 SSchG), homogen (§ 4 SSchG), beständig (§ 5 SSchG), neu (§ 6 SSchG) und durch eine eintragbare Sortenbezeichnung (§ 7 SSchG) bezeichnet sind. Das Sortenschutzrecht steht wie das Recht auf die → Erfindung dem Ursprungszüchter, dem Entdecker oder seinem Rechtsnachfolger zu (§ 8 SSchG), ist übertragbar und kann Gegenstand von Lizenzen sein (§ 11 SSchG), Schutz gegen die Anmeldung durch Nichtberechtigte wird nach den Grundsätzen über die widerrechtliche → Entnahme gewährt (§ 9 SSchG). Die Entstehung des Sortenschutzrechts setzt einen entsprechenden Antrag (§ 22 SSchG) an das → Bundessortenamt (BSA) voraus, das die Anmeldung bekanntmacht (§ 24 SSchG), durch Anbau oder sonstige Untersuchungen prüft (§ 26 SSchG), bei Vorliegen der Schutzvoraussetzungen das Sortenschutzrecht erteilt und in die Rolle einträgt. Gegen den Antrag auf Erteilung des Sortenschutzrechts können von jedermann Einwendungen erhoben (§ 25 SSchG) werden, unter den Voraussetzungen des § 31 II, III SSchG ist die Erteilung zurückzunehmen oder zu widerrufen. Zum Verfahrensrecht: Bundessortenamt; Rechtsmittelgerichte: → Bundespatentgericht (BPatG), → Bundesgerichtshof (BGH); vgl. §§ 34 f. SSchG). Das Sortenschutzrecht begründet auf die Dauer von 25 Jahren (bei Hopfen, Kartoffel, Rebe und Baumarten 30 Jahre) ausschließliche Verwertungsrechte des Rechtsinhabers (§§ 10, 13 SSchG), deren Verletzung Unterlassungs-, und Bereicherungsansprüche, bei Verschulden Schadensersatzansprüche auslöst. Daneben bestehen → Auskunftspflichten, → Vernichtungsansprüche und die Möglichkeit der → Grenzbeschlagnahme (§§ 37–37b, 40a SSchG). Für Sortenschutzstreitsachen sind entsprechend den Regeln für → Patentstreitsachen die Landgerichte ausschließlich sachlich zuständig (§ 38 SSchG). – *Einsicht in Rolle und Unterlagen, Gebühren:* → Akteneinsicht, → Bundessortenamt (BSA).

Sortenschutzrolle – beim → Bundessortenamt (BSA) geführtes öffentliches Register über den rechtskräftig erteilten Sortenschutz (§ 28 SSchG; vgl. → Sortenschutzrecht).

Sortensequenzenplanung → Lossequenzenplanung.

Sortenspanne → Stückspanne.

Sortenwechselkosten – die bei der Umstellung einer Fertigungsstelle (Einzelanlage, Anlagenstraße) von einer zu produzierenden Sorte auf eine andere anfallenden Kosten. Sortenwechselkosten setzen sich zusammen aus → Rüstkosten, → Anlaufkosten und ggf. den aus dem Stillstand der Anlagen resultierenden entgehenden Deckungsbeiträgen (→ Opportunitätskosten). Sortenwechselkosten gehören zu den → Fertigungskosten.

Sortierbegriff – das Kriterium, nach dem beim → Sortieren ein Datenbestand geordnet wird; häufig (aber nicht zwingend) ein → Datenelement (evtl. auch eine → Datenstruktur), das einen → Schlüssel darstellt (z.B. die Artikelnummer bei Artikeldatensätzen). Für den → Datentyp dieses Datenelements muss eine aufsteigende oder absteigende Reihenfolge definiert sein; eindeutig und vordefiniert, z.B. bei Zahlen und bei Zeichenketten (alphabetische Reihenfolge).

Sortieren – 1. *Begriff:* in der elektronischen → Datenverarbeitung ein Vorgang, bei dem die Komponenten eines Datenbestands in eine nach einem oder mehreren → Sortierbegriffen geordnete Reihenfolge gebracht werden. – 2. *Arten:* (1) *internes Sortieren:* Sortieren eines → Arrays im internen → Arbeitsspeicher des → Computers; (2) *externes Sortieren:* Sortieren einer → Datei, die sich auf einem externen → Datenträger befindet. – 3. *Verwendung:* das externe Sortieren ist einer der häufigsten Arbeitsschritte in der betrieblichen Datenverarbeitung; bei großen Dateien sehr aufwendiger Vorgang. – 4. *Sortieralgorithmen:* für das Sortieren existiert ein breites Repertoire wohl bekannter → Algorithmen.

Sortiment – 1. *Begriff:* Gesamtheit aller beschafften oder selbst hergestellten Absatzgüter (Produkte und Dienstleistungen), die ein → Handelsbetrieb zu einem bestimmten Zeitpunkt auf dem Absatzmarkt anbietet. – 2. *Dimensionen:* Zu unterscheiden sind die Sortimentstiefe (alternative Kaufmöglichkeiten), die Sortimentsbreite (additive Kaufmöglichkeiten) und die Sortimentsmächtigkeit (präsentierte Stückzahl je → Sorte). – 3. *Sortimentsschwerpunkte:* Das Kernsortiment umfasst die Hauptumsatzträger. Es bestimmt die inhaltliche Orientierung des Warenangebotes und somit die Stellung der Handelsunternehmung im Branchengefüge. Durch Zusatz- und Randsortimente wird dem dynamischen Aspekt der → Sortimentspolitik Rechnung getragen. Das Zusatzsortiment umfasst diejenigen Warenkreise, die das Kernsortiment aus Verbundgesichtspunkten sinnvoll ergänzen oder hohe Erträge gewährleisten. Demgegenüber handelt es sich beim Randsortiment um betriebswirtschaftlich eher problematische Artikel eines Warenkreises mit kurzen Lebenszyklen oder niedrigen Umschlagszahlen, die aber aus Gründen der Vollständigkeit des Angebots geführt werden (z.B. Übergrößen).

Sortimentsbreite → Programmbreite.

Sortimentsdimensionen → Sortiment.

Sortimentsgroßhandlung → Großhandelsunternehmung mit breitem Sortiment, in erster Linie an den üblichen Bedürfnissen ihrer Abnehmer ausgerichtet. Sortimentsgroßhandlungen treten hauptsächlich auf bei einer großen Diskrepanz zwischen breiter, warenbedingt spezialisierter Erzeugerstruktur und einheitlicher, bedarfsorientierter Abnehmerstruktur, z.B. der Großhandel mit Konsumgütern, hierbei v.a. die Cash-and-Carry-Großhandlungen: → Cash-and-Car → ry-Großhandel (CC).

Sortimentsplanung → Materialbedarfsplanung, → Sortimentspolitik.

Sortimentspolitik – Entscheidungen des → Handelsmanagements über die Zusammenstellung des → Sortiments. Sortimentspolitik ist abhängig von den Zielsystemen im Handel, bes. der Wahl der Betriebsform. Weitere Determinanten sind Gegebenheiten auf den Absatz- und Beschaffungsmärkten, innerbetriebliche Begrenzungsfaktoren wie Verkaufsflächen und Lagerkapazität, Ladenausstattung, Grad der eingeräumten Entscheidungsfreiheit, z.B. bei Filialleitern oder Mitgliedern kooperativer Gruppen. – *Zu unterscheiden:* (1) *Qualitative Sortimentspolitik:* bezieht sich auf die Eigenarten der angebotenen Waren, d.h. dem *Sortimentsinhalt,* z.B. Lebensmittel, Textilien, Freizeitbedarf. (2) *Quantitative Sortimentspolitik:* bezieht sich auf die Anzahl der geführten Waren, d.h. die *Sortimentsdimensionen.* Sortimente können in ihrer Tiefe (Differenzierung) oder ihrer Breite (Diversifizierung) ausgeweitet bzw. eingeengt werden. (3) *Zeitliche Sortimentspolitik:* bezieht sich auf die Stetigkeit von Inhalt und Dimensionen eines Sortimentes *(Sortimentsdynamik).*

Sortimentspyramide – 1. *Charakterisierung:* Systematische Gliederung des Warenangebots im → Sortiment: a) *Sortiment,* bestehend aus *Warengruppen,* z.B. Waren des Bekleidungsbedarfs, Wohnungsbedarfs, Nahrungsmittelbedarfs. – b) Die Warengruppe Nahrungsmittelbedarf besteht aus *Warengattungen,* z.B. Fleischwaren, Backwaren, Getränken. – c) Die Warengattung Getränke besteht aus *Warenarten,* z.B. Erfrischungsgetränken, Weinen, Bieren. – d) Die Warenart Biere besteht aus *Artikeln,* z.B. Malzbier, Weißbier, Pilsbier. – e) Der Artikel Pilsbier besteht aus *Sorten,* z.B. Pils Marke A, Pils Marke B, Pils Marke C. – f) Die Sorte Marke C besteht aus einzelnen *Waren,* z.B. eine 0,5-Literflasche Marke C (ein Stück), ein Dreierpack mit drei Stück 0,5-Literflaschen der Marke C, eine Kiste mit 20 Stück 0,5-Literflaschen der Marke C. – Nach dieser Einteilung ist die Ware die *kleinste* zum Verkauf angebotene *Einheit* in einem Handelsbetrieb. – 2. Bei den *Sortimentsdimensionen* kommt es auf die Betrachtungsebene an: a) Ein Lebensmittelsupermarkt hat auf der Ebene der Warengruppen ein *schmales Sortiment*, gemessen an allen Handelswaren sämtlicher Warengruppen; jedoch ein *breites Sortiment* verschiedener Warengattungen. Hierbei bestehen viele additive Kaufmöglichkeiten. – b) Ein Getränkehändler hat erst auf der Ebene der Warenarten ein breites Sortiment. Innerhalb dieser Begrenzung führt er i.d.R. viele Artikel. Er hat somit ein *tiefes Sortiment*, das für einen bestimmten Bedarf viele alternative Kaufmöglichkeiten bietet. – Von einem mächtigen Sortiment spricht man, wenn die Anzahl der Waren einer Sorte sehr hoch ist. – Vgl. auch → Sortiment.

Sortimentstiefe → Programmtiefe.

Sortimentsverbundanalyse – Analyse des → Sortiments dahingehend, welche Produkte häufig zusammen gekauft werden. Anwendung bei der Auswahl der Sonderangebotsartikel und der Regalplatzzuweisung sowie im Rahmen der Strategie des kalkulatorischen Ausgleichs (→ Mischkalkulation). Erforderlich sind Daten über Einkaufskörbe von Verbrauchern. Die Auswertung gestaltet sich wegen der großen Datenfülle und der i.d.R. nur schwachen Zusammenhänge oft schwierig.

Southern African Customs Union (SACU) – *Südafrikanische Zollunion;* gegründet Dezember 1969 durch Unterzeichnung eines Abkommens, das 1970 in Kraft getreten ist (anstelle des Abkommens von 1910), zur Begründung einer Zollunion. Heutige Mitglieder sind Botswana, Lesotho, Namibia, Südafrika und Swasiland. Sitz des Sekretariats: Windhuk. Einziges Organ ist die Kommission für Zollunion. – *Zielsetzung* ist die Sicherstellung des freien Warenverkehrs zwischen den Mitgliedsländern und die Anwendung einheitlicher Zolltarife und Handelsbestimmungen auf Importe aus Drittländern.

Souveränitätsprinzip → Internationales Steuerrecht (IStR).

Sowchose – staatseigener landwirtschaftlicher Großbetrieb in der ehemaligen UdSSR. Die Sowchosen waren meist hochspezialisierte Produktionsbetriebe, v.a. für Getreideanbau und Viehwirtschaft. Die Beschäftigten der Sowchosen waren Lohnarbeiter, im Gegensatz zu den Genossenschaftsbauern der → Kolchose. Die Sowchosen erreichten teilweise Größenordnungen von über 100.000 ha. In der gesamten UdSSR wurden ca. 60 Prozent der landwirtschaftlich genutzten Fläche durch Sowchosen bewirtschaftet. – Vgl. → Kollektivierung.

Sowjetische Aktiengesellschaft (SAG) – Gesellschaftsform, in der die UdSSR während der Zeit der Sowjetischen Besatzungszone 213 Betriebe mit rund 30 Prozent der großindustriellen Produktionskapazität zusammenfasste und im Rahmen der Reparationen in ihr Eigentum übernahm. Die Schwerpunkte der SAG waren die Mineralöl-, Gummi-, Elektro- und Chemische Industrie und der Bergbau. 1952/53 kaufte die DDR die SAG zurück.

Sozialbeirat – beim Bundesministerium für Arbeit und Soziale Sicherung gebildetes Gremium für alle Zweige der gesetzlichen Rentenversicherung (§ 155 SGB VI). – *Zusammensetzung* (§ 156 SGB VI): Der Sozialbeirat besteht aus vier Vertretern der Versicherten, vier Vertretern der Arbeitgeber, einem Vertreter der Deutschen Bundesbank und drei Vertretern der Sozial- und Wirtschaftswissenschaften. – *Aufgaben:* Erstellung von Gutachten zur Vorbereitung der → Rentenanpassung und Stellungnahme zum Rentenversicherungsbericht der Bundesregierung nach § 154 SGB VI.

Sozialbeiträge → Lohneinkommen.

Sozialbericht – 1. von einer Gesellschaft freiwillig oder aufgrund von Statut (Satzung) oder auf Beschluss der Gesellschafterversammlung vorgelegter *Teil eines* → Geschäftsberichts mit Daten über die Entwicklung der Belegschaftszahlen nach Geschlecht, Alter, Krankheitstagen, Lohnsumme, Sozialleistungen sowie die aus der Belegschaft heraus unternommene Gemeinschafts- und Gruppentätigkeit (Sport, Werkzeitung, Schach etc.). – *Anders:* → Sozialbilanz. – 2. *Von 1958 bis 1969* wurde als Sozialbericht jener Bericht bezeichnet, den die Bundesregierung alljährlich aufgrund der Rentenversicherungs-Neuregelungsgesetze im Zusammenhang mit der → Rentenanpassung abzugeben hatte (seit 1970 Rentenanpassungsbericht). – *Seit 1970* jährlich von der Bundesregierung zu erstellende Übersicht über Maßnahmen und Pläne im Bereich der → Sozialpolitik. Im Teil A des Berichtes werden u.a. die wichtigsten renten-, arbeitsmarkt-, vermögens-, familien-, städtebau- und wohnungspolitischen Vorhaben der Bundesregierung angekündigt. Im Teil B wird das → Sozialbudget ausgewiesen. – *Seit 1973* sollen Sozialberichte jeweils im ersten (als Programmbericht) und letzten Jahr (als Rechenschaftsbericht) der Legislaturperiode vorgelegt werden, und zwar in Verbindung mit dem jährlich zu erstellenden Sozialbudget. Die Sozialberichte informieren über die sozialpolitische Situation und die sozialpolitischen Aktivitäten in den Legislaturperioden.

Sozialbilanz – 1. *Begriff:* freiwillige Form einer systematischen und regelmäßigen Berichterstattung, die dazu dient, Informationen über die gesellschaftlich positiven und/oder negativen Auswirkungen von Unternehmensaktivitäten zu veröffentlichen. – 2. *Charakterisierung:* Die verschiedenen Sozialbilanzkonzepte sind Ausdruck des Versuches, den an einzelwirtschaftlichen Zielen ausgerichteten → Jahresabschluss durch eine auf gesamtwirtschaftliche und gesellschaftliche Ziele bezogene Berichterstattung zu ergänzen. Das klassische Rechnungswesen von Unternehmen wird als instrumentelle Grundlage für unzulänglich gehalten, sowohl für die unternehmensinterne Planung, Realisierung und Kontrolle einer sozialverantwortlichen Unternehmenspolitik als auch für Versuche einer darauf abzielenden externen Steuerung und Kontrolle des Unternehmensgeschehens. Gesucht wurde und wird nach einem brauchbaren Informations-, Planungs- und Rechnungslegungsinstrumentarium für Unternehmen zur Verwirklichung einer sozialverantwortlichen Unternehmenspolitik und – im Zusammenhang damit – nach einer neuen Bestimmung des Unternehmenserfolges. – 3. Die *Praxis der Sozialbilanzierung* in der Bundesrepublik Deutschland reduziert die gesellschaftsorientierte Unternehmensrechnung zum großen Teil auf die quantitativen Daten des Jahresabschlusses, deren Gruppierung bzw. Strukturierung, ergänzt um die verbale Beschreibung bewirkten sozialen Nutzens analog den Empfehlungen des *Arbeitskreises „Sozialbilanz-Praxis"* (Zusammenschluss von Unternehmen) von 1977. Danach Gliederung der Sozialbilanz in: (1) *Sozialbericht:* mit statistischem Material angereicherte verbale Darstellung der Ziele, Maßnahmen, Leistungen und – soweit möglich – der Wirkungen gesellschaftsbezogener Aktivitäten der Unternehmen; (2) *Wertschöpfungsrechnung:* Ausweis des innerhalb einer Periode geschaffenen betrieblichen Wertzuwachses sowie dessen Verteilung (→ Wertschöpfung); (3) *Sozialrechnung:* Darstellung der vom Unternehmen geleisteten „gesellschaftsbezogenen" Aufwendungen bzw. der dem Unternehmen zugeflossenen, direkt erfassbaren „gesellschaftsbezogenen" Erträge durch Umgruppierung der Daten der GuV und deren Verteilung auf Beziehungsfelder wie Unternehmen und Mitarbeiter, Unternehmen und Staat, Unternehmen und Umwelt. Die Ertragsseite bilden Rückflusskategorien von der Gesellschaft zum Unternehmen wie z.B. Subventionen, Sonderabschreibungen, infrastrukturelle Leistungen etc. Gesellschaftsbezogene Aufwendungen sind z.B. Löhne, freiwillige Sozialleistungen, Steuern, Spenden, Ausgaben für Umweltschutz. – Diesen Empfehlungen des Arbeitskreises hat der *Deutsche Gewerkschaftsbund* einen Katalog von *arbeitsorientierten Indikatoren bzw. Kennzahlen* entgegengesetzt, der die gewerkschaftlichen Forderungen zum Inhalt einer gesellschaftsbezogenen Rechnungslegung von dt. Großunternehmen präzisieren soll.

Sozialbudget – 1. *Begriff:* Zusammenfassung finanzieller Kennziffern zu den Sozialleistungen zur Erstellung eines zeitpunkt- und verlaufsbezogenen Gesamtbildes der sozialen Sicherung, bei dem Höhe, Struktur, Entwicklung und Finanzierung der Kosten des Systems erkennbar werden. Damit sollen Entscheidungen über die Finanzierung und Verteilung von Sozialleistungen besser vorbereitet werden können. Die Aufstellung des Sozialbudgets hat keine bindende Wirkung; Aufgaben und Ziele sind also Information, Entscheidungshilfe und Erfolgskontrolle für die Sozialpolitik. Trotz kritischer Positionen zur Aussagekraft des Sozialbudgets zeichnen sich bis heute keine Erfolg versprechenden Alternativkonzeptionen ab. Zur These von der Einheit des Sozialbudgets vgl. → Generationenvertrag. – 2. Die *Funktionen,* nach denen das Sozialbudget gegliedert wird, beziehen sich auf die Bereiche Familie, Gesundheit, Beschäftigung, Alter und Hinterbliebene, Wohnen, Sparförderung und allg. Lebenshilfen sowie auf die Folgen politischer Ereignisse. Dabei bildet jede der genannten Gruppierungen eine Gesamtheit aus Funktionenbündeln, z.B. umfasst die Gruppe „Familie" die Funktionen „Kinder, Ehegatten, Mutterschaft". Sie sind Bezugspunkte für die Zuordnung von Leistungen infolge des Vorhandenseins von Kindern, von Leistungen bei Mutterschaft und von Maßnahmen und Zuschüssen zur Jugendhilfe. – 3. Bei der Gliederung nach sozialpolitischen *Institutionen* wird abgestellt auf Träger von unter einem Gesetz zusammengefassten Leistungen, die in Form von Selbstverwaltungskörperschaften, als Teile der öffentlichen Verwaltung oder der inneren Verwaltung oder als Gruppe von in sich ähnlichen Einrichtungen oder Tätigkeiten fungieren. Die Institutionen gelten als die Grundeinheit des Sozialbudgets. Aus ihren Rechnungsabschlüssen und Statistiken stammen die Daten, die in Teilquantitäten zerlegt die Leistungen der Institutionen in ihren unterschiedlichen Formen sichtbar machen. An den Tätigkeitsbereichen der Institutionen orientieren sich sozialplanerische und gesetzgeberische Maßnahmen. Die Institutionen sind als ausführende Instanzen Träger sozialpolitischer Aktivitäten.

Sozialdarwinismus – Bezeichnung für eine soziologische Erklärung gesellschaftlicher und wirtschaftlicher Entwicklung, nach der sich im gesellschaftlichen und wirtschaftlichen Wettbewerb nur derjenige durchsetzen kann, der mit den sich ändernden Umweltbedingungen durch seine biologischen Anlagen oder Ausstattung am besten fertig wird, während die Nicht-Anpassungsfähigen eliminiert werden (Selektion). Indem die Überlebenden als biologisch Tauglichste (Survival of the Fittest) bezeichnet werden, erfolgt eine Rechtfertigung der bestehenden gesellschaftlichen und ökonomischen Verhältnisse.

Sozialdaten – Einzelangaben über die persönlichen und sachlichen Verhältnisse (→ personenbezogene Daten), die von den sozialrechtlichen Leistungsträgern (Sozialversicherungsträger, Sozialhilfeträger, Versorgungsbehörden) zur Erfüllung ihrer gesetzlichen Aufgaben gesammelt und gespeichert werden. – Sozialdaten unterliegen dem *Sozialgeheimnis* (§ 35 SGB I) und dürfen nur unter den Voraussetzungen der §§ 67 ff. SGB X geoffenbart werden. Danach ist eine *Offenbarung personenbezogener Daten* außer im Fall der schriftlichen Einwilligung des Betroffenen im jeweils genau im Einzelnen bestimmten Umfang nur möglich: im Rahmen der → Amtshilfe, der Durchführung des → Arbeitsschutzes, der Erfüllung bes. gesetzlicher Mitteilungspflichten, des Schutzes der inneren und äußeren Sicherheit, der Durchführung eines Strafverfahrens, der Verletzung der Unterhaltspflicht und des Versorgungsausgleichs sowie der Forschung und Planung. Gegenüber Personen oder Stellen außerhalb des Bundesgebietes dürfen personenbezogene Daten nicht geoffenbart werden, wenn Grund zur Annahme besteht, dass schutzwürdige Belange des Betroffenen beeinträchtigt werden. Personen und Stellen, denen personenbezogene Daten, Betriebs- bzw. Geschäftsgeheimnisse geoffenbart worden sind, dürfen diese nur zu dem Zweck verwenden, zu dem sie geoffenbart worden sind; im Übrigen sind die Daten geheim zu halten (§ 78 SGB X). Zum Schutz der Sozialdaten bei der Datenverarbeitung enthalten die §§ 78a–85a SGB X weitere Vorschriften.

Sozial-Dumping – billiges Exportangebot eines Landes aufgrund eines niedrigen Lohnniveaus bzw. niedriger Lohnnebenkosten (v.a. Sozialaufwendungen). – Sozial-Dumping stellt jedoch (wie auch das Umweltdumping oder das → Valutadumping) kein → Dumping im Sinn des GATT-/GATS-/WTO-Vertrags dar, da beim Sozial-Dumping der Exportvorteil auf einem allg. Kostenvorteil, nicht aber auf einer räumlichen Preisdifferenzierung beruht. – Sozial-Dumping liefert inländischen Anbietern häufig einen Vorwand, vom Staat protektionistische Eingriffe zu fordern. – Vgl. auch → GATT, → GATS, → World Trade Organization (WTO).

soziale Alterssicherung der freien Berufe – 1. *Berufsständische Versorgungswerke:* im Rahmen der → sozialen Sicherung Sondersysteme der Pflichtversorgung der Angehörigen kammerfähiger freier Berufe. – *Personenkreis:* Erfasst werden Ärzte (einschließlich Zahnärzte und Tierärzte), Apotheker, Architekten, Rechtsanwälte, Notare, Steuerberater und Steuerbevollmächtigte, Steuerprüfer und vereidigte Buchprüfer. Mitglieder sind Selbstständige und Angestellte gleichermaßen, bei denen die Versorgungswerke die Pflichtversicherung in der gesetzlichen Rentenversicherung ersetzen. – Die ca. 80 berufsständischen Versorgungswerke haben das *Ziel* der → Lebensstandardsicherung, die durch → Beitragsbezogenheit und eine → dynamische Rente erreicht werden soll. Die Versorgungswerke gewähren Rente für das Alter, bei Berufsunfähigkeit und für Hinterbliebene. – 2. *Künstlersozialkasse:* Pflichtversicherung für Künstler und Publizisten; vgl. Künstlersozialkasse.

soziale Angelegenheiten – Begriff des Betriebsverfassungs- bzw. Personalvertretungsrechts. Der Betriebsrat hat, soweit eine gesetzliche oder tarifliche Regelung nicht besteht (Tarifvorrang; vgl. → Betriebsvereinbarung), in sozialen Angelegenheiten ein erzwingbares → Mitbestimmungsrecht; u.a. bei den Fragen der → Ordnung des Betriebs und des Verhaltens der Arbeitnehmer im Betrieb, bei Festlegung der → Lage der Arbeitzeit, bei vorübergehender Verkürzung oder Verlängerung der betriebsüblichen → Arbeitszeit und v.a. auch bei Fragen der → betrieblichen Lohngestaltung, hier v.a. bei der Festsetzung der Akkord- und Prämiensätze und Regelung der → betrieblichen Altersversorgung (bAV) (§ 87 BetrVG). § 87 I BetrVG enthält eine erschöpfende Aufzählung derjenigen sozialen Angelegenheiten, in denen ein erzwingbares Mitbestimmungsrecht des Betriebsrats besteht. Das Gesetz regelt die Erzwingung in der Weise, dass im Fall der Nichteinigung zwischen Arbeitgeber und Betriebsrat die Einigungsstelle entscheidet und der Spruch der Einigungsstelle die Einigung zwischen Arbeitgeber und Betriebsrat ersetzt (§ 87 II BetrVG). – Vgl. auch → Betriebsverfassung.

soziale Aufwendungen → Sozialkosten.

soziale Auswahl → betriebsbedingte Kündigung.

soziale Betriebsgestaltung – Schlagwort für die Berücksichtigung gerechtfertigter Forderungen der → Arbeitnehmer an den Betrieb, Würdigung der Persönlichkeit und Schaffung eines guten → Betriebsklimas. – 1. *Zweck:* Soziale Betriebsgestaltung dient: (1) Dem Arbeitnehmer; (2) dem Betrieb durch Steigerung des Leistungswillens der Belegschaft. – 2. *Mittel der sozialen Betriebsgestaltung:* Gerechte Entlohnung, (→ betriebliche Lohngestaltung), → Gewinnbeteiligung, → Mitwirkung, → Mitbestimmung, → Miteigentum. – Vgl. auch → Betriebssoziologie.

soziale Differenzierung – Ausdruck für den Tatbestand der Heterogenität, Vielfalt und Komplexität von Gesellschaften bzw. einzelnen sozialen Systemen (wie Institutionen und Organisationen), differenziert nach Rollen und Positionen, Autorität und Prestige, Macht und Herrschaft sowie nach Ständen, → Klassen und Schichten (→ soziale Schicht). – *Erklärung der Formen der sozialen Differenzierung:* Nach Smith und Durkheim ist die steigende Arbeitsteilung die Ursache sozialer Differenzierung. Sozialgeschichtlich ist davon auszugehen, dass seit der Herausbildung der modernen bürgerlichen, industriellen und bürokratischen Gesellschaften die Prozesse der Differenzierung und Segmentierung einzelner sozialer Bereiche sich verstärkt haben und zur relativen Verselbstständigung z.B. des ökonomischen, religiösen, politischen und bürokratischen, des rechtlichen und staatlichen Bereichs geführt haben. Entsprechend diesen Differenzierungsprozessen nimmt die Komplexität und damit die soziale Differenzierung der Gesellschaften und ihrer sozialen Gebilde, z.B. der Universitäten, Betriebsteile und Berufe, zu.

soziale Dimension der EU → Sozialpolitik der Europäischen Union.

soziale Erträge – positiver → externer Effekt im Konsum- oder im Produktionsbereich. – *Anders:* gesellschaftlicher Nutzen, gesellschaftliche Erträge. – *Gegenteil:* → soziale Kosten.

Soziale Frage – Frage nach ausgewogenen Verhältnissen zwischen verschiedenen Berufsgruppen (z.B. Agrarbeschäftigte, Handwerker, Industriearbeiter) innerhalb der Gesellschafts- und Wirtschaftordnung. Im 19. (und frühen 20.) Jh. galt als Soziale Frage die Integration der „neuzeitlich entstandenen“ Arbeiterklasse („Arbeiterfrage“) und die Bekämpfung der ökonomischen Verelendung breiter

Bevölkerungsschichten; auch heute gilt dies z.T. noch als Anliegen der → Sozialpolitik (bes. Institution und Qualität des freien Arbeitsvertrages). Das Problem einer „sozial schwachen" Arbeiterklasse erscheint nach heutiger Meinung allerdings als nicht mehr gegeben (u.a. wegen der staatlich geschützten Entstehung von Interessenverbänden, Gewerkschaften und Parteien); andere soziale Schichten sind dagegen notleidend geworden oder gefährdet (z.B. allein stehende Mütter, alte Menschen, behinderte Menschen; sog. *neue Soziale Frage*). – Vgl. auch → Proletaritätsmerkmale.

soziale Gerechtigkeit → Gerechtigkeit.

soziale Indikatoren – 1. *Begriff:* quantitative Messziffern, die Aussagen über Zustand und Entwicklung gesellschaftlicher Anliegen ermöglichen sollen. Der Begriff wird je nach Zielsetzung des Systems unterschiedlich weit gefasst: Wohlfahrtsmessung („Lebensqualität"), Dauerbeobachtung des sozialen Wandels sowie Prognose und Steuerung gesellschaftlicher Prozesse. – 2. *Ausprägungen:* a) Die in den USA zu Beginn der 1960er-Jahre in Gang gekommene Diskussion über soziale Indikatoren basierte auf der Erkenntnis, dass das Bruttosozialprodukt (jetzt: → Bruttonationaleinkommen (BNE)) kein zuverlässiger Wohlfahrtsindikator sein kann; positive Wachstumsraten sind also nicht gleichbedeutend mit Wohlfahrtssteigerung. Zudem wurde ein Mangel an zielbezogenen Indikatoren und Daten in nichtökonomischen Gesellschaftsbereichen festgestellt. Aus diesen Gründen werden *mehrdimensionalen Systeme* gebildet u.a. mit Bereichen wie Gesundheit, Bildung, soziale Sicherung, Umweltqualität und Freizeit. Nicht alle Messzahlen lassen sich monetär definieren, z.T. wurde darauf bewusst verzichtet. – b) Zentrale Probleme bei der Entwicklung eines umfassenden Systems von sozialen Indikatoren sind u.a. die Aufgliederung der einzelnen Tatbestände auf Gruppen, Schichten, Regionen etc. sowie die Gewichtung der Einzelindikatoren zum Zwecke ihrer Aggregation zu globalen Messzahlen. Von den bislang vorgelegten Entwürfen gilt das *Konzept der OECD* (List of Social Concerns, Paris 1973, und The OECD List of Social Indicators, Paris 1982) zur Bestimmung der Wohlfahrt von Individuen als das umfassendste mit den Hauptzielgebieten (sozialen Anliegen): Gesundheit, Bildung, Erwerbstätigkeit und Qualität des Arbeitslebens, Zeitverwendung und Freizeit, ökonomischer Status, physische sowie soziale Umwelt und persönliche Sicherheit. Für diese Anliegen wurden zahlreiche Indikatorenvorschläge entwickelt, die jedoch wegen statistischer Probleme nur teilweise quantifiziert werden konnten. – c) Seit Anfang der 1980er-Jahre haben die Bestrebungen um die Entwicklung von Systemen von sozialen Indikatoren wieder an Bedeutung verloren, jedoch in vielen Ländern mit der Publikation von entsprechenden Datenhandbüchern und Berichten eine *Verbesserung der Sozialberichterstattung* gebracht. Überlegungen zu den sozialen Indikatoren können auch bei der Problematik der Volumenmessung staatlicher und privater Dienstleistungen behilflich sein.

Sozialeinrichtung – Begriff des Betriebsverfassungsrechts. Der Betriebsrat hat ein erzwingbares Mitbestimmungsrecht in → sozialen Angelegenheiten nach § 87 I Nr. 8 BetrVG hinsichtlich der Form, Ausgestaltung und Verwaltung von Sozialeinrichtungen, deren Wirkungsbereich auf den Betrieb, das Unternehmen oder den Konzern beschränkt ist (z.B. Kantinen, Lehrlingsheime, Betriebskindergärten, Werksbüchereien, Pensions- und Unterstützungskassen). Der Betriebsrat kann die Errichtung von Sozialeinrichtungen nicht erzwingen, ihre Schließung nicht verhindern. Im Rahmen der vom Arbeitgeber für die Sozialeinrichtung zur Verfügung gestellten Mittel erstreckt sich das Mitbestimmungsrecht bes. auf die Verteilung der Mittel. Die Errichtung von Sozialeinrichtungen kann der Betriebsrat durch Abschluss einer freiwilligen → Betriebsvereinbarung erreichen (§ 88 Nr. 2 BetrVG).

soziale Kassen – steuerrechtlicher Begriff: rechtsfähige Pensions-, Sterbe-, Kranken- und Unterstützungskassen. – *Besteuerung:* von der Körperschaftsteuer befreit gemäß 5 I Nr. 3 KStG i.V. mit §§ 1–3 KStDV, wenn bestimmte Voraussetzungen für die Steuerbefreiung eingehalten werden, vgl. auch → Pensionskasse, → Unterstützungskasse.

soziale Kosten – *volkswirtschaftliche Kosten.* 1. Summe aus → privaten Kosten und → externen Kosten. – 2. Bisweilen wird der Begriff jedoch auch als Synonym für *externe Kosten* verwendet.

soziale Leistungen → Sozialkosten, → Sozialleistungen.

Soziale Marktwirtschaft – I. Wirtschaftsordnung: 1. *Charakterisierung:* Von Müller-Armack und Ludwig Erhard konzipiertes wirtschaftspolitisches Leitbild, das ab 1948 in der Bundesrepublik Deutschland verwirklicht worden ist. Es greift die Forderung des Ordoliberalismus (→ Freiburger Schule) nach staatlicher Gewährleistung einer *funktionsfähigen Wettbewerbsordnung* auf, ergänzt jedoch den Katalog wirtschaftspolitischer Staatsaufgaben unter Betonung *sozialpolitischer Ziele.* Mit diesem Leitbild wird versucht, Ziele und Lösungsvorschläge des → Liberalismus, der christlichen Soziallehre und des freiheitlichen Sozialismus (*Gegenteil:* → Kommunismus) miteinander zu verbinden. Sie ist kein streng in sich geschlossenes Konzept, wodurch der Gestaltungsauftrag an die Träger der Wirtschaftspolitik umfassender und elastischer als beim Ordoliberalismus ist. Die Soziale Marktwirtschaft ist eher eine Ordnungsidee, die offen ist auch für soziale und auch ökologische Erweiterungen bzw. Spezifizierungen. – 2. *Aufgaben/Instrumente:* Neben der Gewährleistung einer freiheitlichen Wettbewerbsordnung wird eine soziale Ausrichtung der Wirtschaftspolitik gefordert. Die Kennzeichnung als sozial erhält diese Konzeption vorrangig nicht durch eine staatliche Umverteilung von Vermögen oder Einkommenschancen, vielmehr wird eine *sozialpolitisch motivierte Verteilung der Einkommenszuwächse,* die durch eine sinnvolle Ordnungspolitik erst ermöglicht werden, sowie eine *sozialorientierte Beeinflussung der Marktprozesse* bei Gewährleistung der → Marktkonformität der Instrumente angestrebt. Sozial unerwünschte Marktergebnisse sollen durch Beschränkung oder indirekte Beeinflussung der privatwirtschaftlichen Initiative korrigiert werden, tief greifende strukturelle Umbrüche werden mittels *staatlicher Anpassungsinterventionen* in ihren sozialen Folgen gemildert. Die ordoliberale These der prinzipiellen Stabilität des privatwirtschaftlichen Sektors wird nicht vollkommen geteilt und hieraus die Notwendigkeit einer *maßvollen staatlichen* → Konjunkturpolitik abgeleitet. In den sozialpolitisch relevanten Bereichen, in denen → Marktversagen zu befürchten ist (z.B. soziale Versicherungssysteme), hat der Staat unter Wahrung des Subsidiaritätsprinzips unterstützend einzugreifen oder die Bereitstellung entsprechender Güter und Dienstleistungen selbst zu organisieren. Weitere Aufgaben des Staates sind eine aktive Arbeitsmarkt-, Vermögens-, Wohnungsbau- und Bildungspolitik, Gewährleistung einer sozialen Gestaltung der Unternehmensverfassung sowie Bereitstellung der für die sozio-kulturell und wirtschaftliche Entwicklung notwendigen materiellen und immateriellen Infrastruktur. – 3. *Entwicklung:* a) Die 1. Phase der Sozialen Marktwirtschaft, zeitlich von 1948 bis 1966/7, ist geprägt von der Dominanz der Ordoliberalen. In diesem Zeitraum fallen u.a. das Gesetz gegen Wettbewerbsbeschränkungen, das Bundesbankgesetz sowie das Tarifvertragsgesetz; – b) Von 1966/7 (Stabilitäts- und Wachstumsgesetz) bis Anfang der 1980er-Jahre dominieren Vorstellungen des freiheitlichen Sozialismus, wie sie z.B. in der antizyklischen Fiskalpolitik sowie in den Mitbestimmungsgesetzen zum Ausdruck kommen; – c) Anfang der 1980er-Jahre erfolgte eine Wiederbelebung der neoliberalen Vorstellungen einer stabilen Marktwirtschaft (Angebotsökonomie). Die Geldpolitik wurde potenzialorientiert festgelegt, man strebte nach einem konjunkturneutralen Haushalt. – d) Seit der Wiedervereinigung Deutschlands und danach ist eine mehr auf Nachhaltigkeit und Finanzierbarkeit bedachte Fortentwicklung der Sozialen Marktwirtschaft zu verzeichnen.

II. Wirtschaftsethik: Aus wirtschaftsethischer Sicht stellt die Soziale Marktwirtschaft das beste bislang bekannte Mittel zur Realisierung gesellschaftlicher Solidarität dar. Zwei Punkte stellen einen Unterschied zu verbreiteten Ansichten dar: (1) Das „Soziale" der Sozialen Marktwirtschaft ist nicht als Ergänzungs- oder Korrekturmaßnahme, sondern als Voraussetzung von Märkten bzw. der Kennzeichnung des institutionellen Arrangements insgesamt zu verstehen; so ist → Sozialpolitik nicht *gegen,* sondern *für* den Markt, d.h. als Versicherung, zu konzipieren. (2) Dementsprechend gewinnt die Soziale Marktwirtschaft moralische Qualität v.a. aufgrund der Koordinationsleistung der Märkte, die grundsätzlich allen Mitgliedern der Gesellschaft zum Vorteil gereichen, nicht aber wegen vermeintlich „sozialer" Umverteilungsmaßnahmen.

soziale Nutzen → externer Effekt.

soziale Pflegeversicherung → Pflegeversicherung.

soziale Präferenzen – 1. *Begriff:* Eine über den streng materiellen Eigennutz hinausgehende Motivation von Menschen, die bes. Aspekte wie Verteilungsgerechtigkeit, Effizienz und/oder → Reziprozität enthält. – 2. Das *Standardmodell* des → Homo oeconomicus unterstellt den Wirtschaftssubjekten ein am rein materiellen Eigennutz ausgerichtetes Verhalten, das keinerlei Empfindungen für andere Akteure, also weder Missgunst noch Zuneigung oder Mitleid, berücksichtigt. Eine Vielzahl von Untersuchungen im Rahmen der experimentellen Wirtschaftsforschung stehen im direkten Widerspruch zu diesen Annahmen. So gibt es bes. im → Diktatorspiel wie auch im → Ultimatumspiel deutliche Hinweise darauf, dass Gesichtspunkte wie Gerechtigkeit oder Bestrafung von Fehlverhalten im tatsächlichen Verhalten von nicht vernachlässigbarer Bedeutung sind. – 3. Die *Ergänzung* des Homo-oeconomicus-Modells um soziale Präferenzen erhöht in einer Reihe von Experimenten den Aussagegehalt der Theorie erheblich. Aufbauend auf einer um soziale Präferenzen ergänzten Motivation der Akteure können → Nash-Gleichgewichte ermittelt werden. Es zeigt sich, dass auf diesem Weg zahlreiche „Anomalien" erklärt werden. – 4. Es ist jedoch noch umstritten, welcher *Natur die sozialen Präferenzen* konkret sind. Derzeit werden drei Alternativen intensiv diskutiert:(1) Modelle mit Ungleichheitsaversion, in denen zumindest eine Teilmenge der Akteure ungleiche Einnahmen der Akteure als unangenehm empfinden und ggf. dazu bereit sind, auf bestimmte Geldbeträge zu verzichten, um eine gerechtere Einkommensverteilung zu erhalten. (2) Modelle mit Vorlieben für Effizienz, in denen Akteure u.U. dazu bereit sind Opfer zu bringen, wenn dafür um so höhere Gewinne bei anderen Akteuren anfallen, die die Gewinnsumme aller Akteure hinreichend ansteigen lässt. (3) Ansätze mit Reziprozität, in denen Akteure nach dem Motto „Wie du mir, so ich dir!" verfahren.

soziale Probleme → Theorie der Sozialpolitik, → gesellschaftliche Schwäche, → Lebenslage.

sozialer Konflikt → Konflikt.

sozialer Wohnungsbau → soziale Wohnraumförderung, → Wohnraumförderungsgesetz.

sozial erwünschtes Antwortverhalten – bei → Befragungen zu beobachtendes Phänomen. Die Probanden geben im Rahmen einer Befragung eine ihrer Meinung nach sozial erwünschte Antwort, die aber nicht ihrer tatsächlichen → Einstellung entspricht. Dies kann durch geschickte Fragengestaltung vermindert werden (z.B. Aussagen über andere Menschen treffen lassen). Form des → systematischen Fehlers.

soziale Schicht – Gesellschaftsmitglieder, denen in etwa ein gleicher sozialer Status und damit ein gleiches soziales Prestige zugemessen wird; i.Allg. wird zwischen *Unter-, Mittel- und Oberschicht* unterschieden. In fortgeschrittenen Industriegesellschaften sind es v.a. die Merkmale Beruf (oder Berufsprestige), Bildung und Einkommen, mit deren Hilfe Individuen nach ihrem sozio-ökonomischen Status (SES) gemessen und dann zu Schichten gruppiert werden. Charakteristisch ist zudem, dass es (anders als in Ständeund Kastengesellschaften) zwischen den Schichten keine harten und unüberwindbaren Grenzen, sondern soziale Mobilität (Auf- und Abstiegsprozesse) innerhalb einer Generation oder zwischen Generationen, gibt. Die Schichtzugehörigkeit sagt nur bedingt etwas aus über Macht, Einfluss und Prestige der Individuen in ihren verschiedenen Tätigkeits- und Wirkungsbereichen (z.B. ein Arbeiter, der Vorsitzender des Betriebsrats und eines Partei-Ortsvereins ist). – Strittig ist, inwiefern das Selbstbild westlicher Gesellschaften, dass v.a. die individuelle Leistung über die Schichtzugehörigkeit entscheidet und es eine starke Mobilität zwischen den Schichten gibt, der Wirklichkeit entspricht bzw. neue (und alte) soziale Barrieren die Schichtmobilität einschränken. Um der zunehmenden gesellschaftlichen Differenzierung vertikaler und horizontaler Art (innerhalb der Schichten) gerecht zu werden, arbeitet die Soziologie seit den 1980er-Jahren mit den Konzepten der Lebensstile und Lebensstilgruppen. – Vgl. auch → soziale Differenzierung.

soziales Entschädigungsrecht – Oberbegriff für die einzelnen Rechtsgebiete, nach denen bei Gesundheitsschäden eine soziale Entschädigung bzw. Versorgung in Anspruch genommen werden kann. Das soziale Entschädigungsrecht hat sich aus der Kriegsopferversorgung entwickelt und umfasst heute auch Leistungen nach dem Bundesversorgungsgesetz, Infektionsschutzgesetz, Häftlingshilfegesetz (HHG), Soldatenversorgungsgesetz, Zivildienstgesetz und Opferentschädigungsgesetz (OEG). – Einheitlicher *Grundgedanke* ist die Entschädigung und Versorgung von Personen, die aufgrund von Einwirkungen, für die die Allgemeinheit bzw. der Staat die Verantwortung trägt, Gesundheitsschäden erlitten haben. – *Leistungen:* Heil- und Krankenbehandlung sowie andere Leistungen zur Erhaltung, Besserung und Wiederherstellung der Leistungsfähigkeit, bes. Hilfen im Einzelfall einschließlich Berufsförderung, Beschädigtenrente, Renten an Hinterbliebene, Bestattungsgeld und Sterbegeld sowie Kapitalabfindung, bes. Hilfen im Einzelfall (vgl. § 24 I SGB I). Der Umfang der Leistungen richtet sich generell nach dem Bundesversorgungsgesetz (BVG). Zuständig für die Leistungen sind die Versorgungsbehörden – → Versorgungsanstalt des Bundes und der Länder (VBL) – und Landesversorgungsämter; für die bes. Hilfen die Fürsorge- und Hauptfürsorgestellen.

soziales Gütesiegel – *Social Labelling;* Zeichen, die Aufschluss über Produktionsbedingungen gemäß sozialer Mindeststandards geben und so Konsumenten Präferenzentscheidungen ermöglichen. Vorhandene Gütesiegel sind jedoch zahlenmäßig noch begrenzt und haben derzeit eher Modellcharakter. – *Formen/ Beispiele:* Rugmark (keine Kinderarbeit bei Teppichherstellung), Flower Label, Trans Fair Siegel.

soziale Sicherung – 1. *Begriff:* Die soziale Sicherung stellt einen der zentralen Zweige der → Sozialpolitik dar. Sie dient der Überwindung bestimmter Fälle von → Marktversagen, speziell im Zusammenhang mit der Bildung und Verwertung von → Humankapital bzw. → Humanvermögen, sowie der Erreichung bestimmter verteilungspolitischer Ziele (→ Sozialpolitik in der Marktwirtschaft). – 2. *Organisation:* In Deutschland werden Leistungen der sozialen Sicherung im Rahmen eines gegliederten Systems erbracht. Die traditionelle Selbstverwaltung der sozialen Sicherung in Form von Körperschaften des öffentlichen Rechts gilt für die gesetzliche → Krankenversicherung, → Unfallversicherung, → Rentenversicherung und → Pflegeversicherung. Eine bes. Form der Selbstverwaltung gilt für die → Bundesagentur für Arbeit, die v.a. die → Arbeitslosenversicherung administriert. Ergänzend erbringen allg. staatliche oder kommunale Verwaltungen Leistungen in den Bereichen → Sicherung der Familie und von Kindern, Grundsicherung Erwerbsfähiger (→ Arbeitslosengeld II), → Sozialhilfe, Wohnungspolitik (→ soziale Sicherung des Wohnens), → Eingliederung behinderter Menschen, → soziale Sicherung von Wehrpflichtigen und Zivildienstleistenden und Absicherung von Kriegsfolgen. – Im Gegensatz zu Deutschland wird in anderen entwickelten Ländern soziale Sicherung oft direkt vom Staat angeboten (→ Beveridge-Plan). Die Leistungen sind dadurch politisch besser steuerbar, aber auch relativ unsicher, wenn im Staatshaushalt Finanzierungsprobleme auftreten. Daneben spielen oftmals Privatversicherungen eine größere Rolle als in Deutschland. – 3. *Gesetzliche Regelungen:* Das → *Sozialgesetzbuch (SGB)* enthält wichtige gesetzliche Grundlagen der sozialen Sicherung in Deutschland. Die → *Sozialgerichtsbarkeit* dient der juristischen Kontrolle in einem eigenen Instanzenzug. – a) *Leistungen:* Die meisten Leistungen der sozialen Sicherung werden in Bundesgesetzen geregelt. Das gilt insbesondere auch für die Leistungen der Sozialversicherungen, da diese gesetzliche Zwangsversicherungen darstellen. Alle gleichartigen Träger eines Versicherungszweiges der Sozialversicherung müssen im Wesentlichen gleiche Leistungen (→ Regelleistungen) anbieten. Darüber hinaus können durch Regelung in der Satzung der einzelnen Träger jedoch auch → Mehrleistungen erbracht werden, die allerdings nur eine geringe Rolle spielen. – b) *Finanzierung:* Die Finanzierung der Sozialversicherungen erfolgt überwiegend aus (zweckgebundenen) → Beiträgen, unmittelbar vom Staat angebotene Leistungen der sozialen Sicherung werden aus allg. Haushaltsmitteln (→ Steuern, → öffentliche Kreditaufnahme) finanziert. Nennenswerte Zuschüsse aus allg. Haushaltsmitteln erhalten allerdings auch die Rentenversicherung und, in wachsendem Maße, die Krankenversicherung. – c) *Beitragshoheit:* Eine wesentliche Befugnis der Selbstverwaltung der sozialen Sicherung, die Beitragshoheit, gilt heute nur noch in der Unfallversicherung, bei der die einzelnen Träger ihre ausschließlich durch die Unternehmer zu erbringenden Beiträge mittels Satzung festlegen. Bis zur → Gesundheitsreform 2007 herrschte auch in der Krankenversicherung Beitragshoheit, mit regional und nach Kassen unterschiedlichen Beitragssätzen. Seither erfolgt die Beitragsfestsetzung, wie schon zuvor bei der Rentenversicherung, durch gesetzliche Regelung. – 4. *Aktuelle Herausforderungen:* → Sozialpolitik in der Marktwirtschaft.

soziale Sicherung der Beamten – 1. *Begriff:* integraler Bestandteil der Versorgung von Beamten im Rahmen des auf Lebenszeit angelegten Dienst- und Treueverhältnisses der Beamten. Das *Alimentationsprinzip* fordert als hergebrachter Grundsatz des Berufsbeamtentums eine amtsangemessene *Versorgung* der Beamten bei Erreichen der Altersgrenze oder bei Dienstunfähigkeit bzw. der Hinterbliebenen bei seinem Tod. Der Dienstherr hat durch *Beihilfe* einzugreifen, wenn die den Beamten zustehende Besoldung aufgrund bes. Umstände, wie z.B. Krankheit, sich als nicht ausreichend erweist. – 2. *Leistungsarten:* Die *Leistungen für die* → Alterssicherung der Beamten und ihrer Hinterbliebenen sind höher als für vergleichbare Versicherte in der gesetzlichen Rentenversicherung, da die Beamtenversorgung gedanklich auch eine Betriebsrente mit enthält. Die *Leistungen der Beihilfe* entsprechen etwa der Hälfte der Leistungen der gesetzlichen → Krankenversicherung und der gesetzlichen → Pflegeversicherung. Für die *restlichen Leistungen* muss der Beamte selbst aufkommen, wofür er i.d.R. eine Versicherung bei einer privaten Krankenversicherung abschließt. – 3. *Beurteilung:* Das gesamte System der sozialen Sicherung der Beamten ist – wie das dt. Berufsbeamtentum selbst – nur schwer systematisch zu begründen und zu erklären, da es in Jahrhunderten historisch gewachsen ist. – Vgl. auch → soziale Sicherung.

soziale Sicherung des Wohnens – 1. *Überblick:* Wohnen ist kein gewöhnliches Konsumgut, da es zum lebensnotwendigen Bedarf gehört. Deswegen soll jedem Bürger ein angemessenes und ggf. familiengerechtes Wohnen wirtschaftlich möglich sein. – 2. *Arten:* a) → soziale Wohnraumförderung: Durch die staatliche Förderung von Mietwohnraum sowie selbst genutzten Wohneigentums (→ Objektförderung) soll einkommensschwächeren Bevölkerungskreisen mittelbar geholfen werden, eine angemessene Wohnung zu erhalten. – b) → Wohngeld: Teil des Systems der sozialen Sicherung. Als unmittelbare → *Subjektförderung* ergänzt es die Objektförderung im Rahmen der staatlichen Wohnungspolitik. Wohngeld wird nicht von Amts wegen, sondern nur auf Antrag gewährt.

soziale Sicherung von Wehrpflichtigen und Zivildienstleistenden – Wehrpflichtige und Zivildienstleistende sowie – falls der Bundesgrenzschutz die zur Erfüllung seiner Aufgaben notwendige zahlenmäßige Stärke unterschreiten sollte – Wehrpflichtige, die zum Polizeivollzugsdienst im Bundesgrenzschutz verpflichtet werden, leisteten in der Vergangenheit Dienste aufgrund gesetzlicher Pflicht. Den Dienstleistenden durften dadurch keine Nachteile – auch nicht in ihrem späteren Berufsleben – entstehen. Dies bedeutet u.a., dass gemäß *Arbeitsschutzgesetz* während der Dienstzeit ein evtl. bestehendes Arbeitsverhältnis ruhte und Kündigungsschutz bestand. Durch das *Unterhaltssicherungsgesetz* war die Sicherung des Lebensbedarfs der Dienstleistenden und ihrer Familienangehörigen geregelt. – Die Kosten, die durch Leistungen des Arbeitsschutz-, Unterhaltssicherungsgesetzes und durch Beiträge zur Renten- und Krankenversicherung sowie zur Bundesagentur für Arbeit entstanden, trug im Rahmen der → sozialen Sicherung der Bund. – Die seit 1956 bestehende Wehrpflicht wurde allerdings zum 1.7.2011 ausgesetzt. Nach einem entsprechenden Beschluss des Bundestages wird auf eine Einberufung Wehrpflichtiger und Zivildienstleistender ab diesem Zeitpunkt bis auf Weiteres verzichtet.

soziales Jahr – *freiwilliges soziales Jahr.* 1. *Begriff:* ganztätige pflegerische, erzieherische oder hauswirtschaftliche Hilfstätigkeit in Einrichtungen der Jugendhilfe oder Gesundheitshilfe, v.a. in Krankenanstalten, Altersheimen, Kinderheimen u.a. – 2. *Rechtsgrundlage:* Gesetz zur Förderung eines freiwilligen sozialen Jahres vom 15.7.2002 (BGBl. I 2596) m.spät.Änd. – 3. Das soziale Jahr soll zwischen der Vollendung des *17. und 27. Lebensjahres* bis zur Dauer von zwölf zusammenhängenden Monaten geleistet werden; Helfer und Helferinnen müssen sich mind. für sechs Monate verpflichten. In Ausnahmefällen kann das soziale Jahr schon nach Vollendung des 16. Lebensjahres geleistet werden. – 4. *Vergütung:* Den Helfern und Helferinnen dürfen nur Unterkunft, Verpflegung, Arbeitskleidung und ein angemessenes Taschengeld gewährt sowie Aufwendungen für Beiträge zum Zweck der → Höherversicherung ersetzt werden. – 5. *Steuerliche Vergünstigungen* werden den Eltern unter diesen Voraussetzungen gewährt ähnlich wie für Kinder, die sich in Berufsausbildung befinden (→ Berufsausbildungskosten, → Kinderfreibetrag).

soziales Mietrecht → Mieterschutz.

soziales Sicherungssystem → soziale Sicherung.

soziales Unternehmertum → Social Entrepreneurship.

Sozialethik → Ethik.

soziale Ungleichheit – 1. *Begriff:* Tatbestand der ungleichen Bewertung der verschiedenen sozialen Positionen und deren Ausstattung mit Ressourcen (z.B. Eigentum, Einkommen, Vermögen, aber auch Schönheit und Herkunft) und den daraus sich ergebenden vertikalen Unterschieden an Macht, Einfluss, Prestige (→ soziale Differenzierung). – *Bewertungsmaßstäbe der sozialen Ungleichheit:* In den einzelnen Gesellschaftssystemen (Stammes-, Stände, Klassengesellschaft u.a.) und im historischen Wandel unterschiedlich; wird z.B. als naturgegeben und gottgewollt, als unakzeptabel und ungerecht oder auch der Ungleichentwicklung nicht überschritten werden. – 2. *Ursachen:* Gesellschaftsspezifische Bewertungen von Alter, Geschlecht, ethnischer Zugehörigkeit, gesellschaftlicher Nützlichkeit einer Position.

soziale Wohnraumförderung – staatliche Maßnahmen zur Förderung des Wohnungsbaus und anderer Maßnahmen zur Unterstützung von Haushalten bei der Versorgung mit Mietwohnraum und bei der Bildung von selbst genutztem Wohneigentum. Unterstützt werden Haushalte, die sich am Markt nicht angemessen mit Wohnraum versorgen können und auf Unterstützung angewiesen sind. Dies sind: (1) im Fall der Förderung von Mietwohnraum bes. Haushalte mit geringem Einkommen sowie Familien und andere Haushalte mit Kindern, Alleinerziehende, Schwangere, ältere Menschen, behinderte Menschen, Wohnungslose und sonstige hilfebedürftige Personen; (2) im Fall der Förderung der Bildung selbst genutzten Wohneigentums bes. Familien und andere Haushalte mit Kindern sowie behinderte Menschen, die unter Berücksichtigung ihres Einkommens und der Eigenheimzulage die Belastungen des Baus oder Erwerbs von Wohnraum ohne soziale Wohnraumförderung nicht tragen können. – *Gesetzliche Regelungen im Einzelnen:* → Wohnraumförderungsgesetz. – Vgl. auch → Eigenheimzulage.

Sozialfrist → außerordentliche Kündigung.

Sozialgeheimnis → Sozialdaten.

Sozialgeld → Arbeitslosengeld II.

Sozialgeografie – Wissenschaft von den räumlichen Organisationsformen und den raumbildenden Prozessen von menschlichen Gruppen und Gesellschaften. Die Sozialgeografie beschäftigt sich hauptsächlich mit den → Grunddaseinsfunktionen. Durch die Konzentration auf soziale Sachverhalte stellt sie eine Ergänzung zur → Wirtschaftsgeografie dar. Die Sozialgeografie ist bestrebt, die Kriterien für eine Auswahl der räumlichen Erscheinungen, deren Verbreitungsmuster sie analysiert, theoretisch aus sozialräumlichen Problemen und Raumplanungsfragen abzuleiten. Sie hat den Anspruch, alle für die Lösung eines Problems wichtigen Geofaktoren (Verkehr, Wirtschaft, Wohnen, Boden, Wasser etc.) zu integrieren (Kräftelehre).

Sozialgericht – bes. → Verwaltungsgericht erster Instanz zur Entscheidung in allen Angelegenheiten der → Sozialversicherung (→ Krankenversicherung, → Unfallversicherung, → Rentenversicherung, → Knappschaftsversicherung, → Pflegeversicherung), der Grundsicherung für Arbeitsuchende, der Arbeitsförderung, der → Sozialhilfe, der Kriegsopferversorgung (mit Ausnahme der fürsorgerischen Maßnahmen) und der Gewährung von → Erziehungsgeld oder Elterngeld (vgl. § 51 SGG). Die Zuständigkeit des Sozialgerichts ist weiter begründet durch zahlreiche weitere Gesetze (z.B. öffentlich-rechtliche Streitigkeiten aufgrund des Entgeltfortzahlungsgesetzes; Anerkennung von schwerbehinderten Menschen nach dem SGB IX; Entschädigung von Opfern von Gewalttaten nach dem OEG; Alterssicherung der Landwirte etc.). – *Besetzung:* Die einzelnen Fachkammern entscheiden in der Besetzung mit einem Berufsrichter und zwei ehrenamtlichen Richtern. Die Vorbereitung der mündlichen Verhandlung obliegt allein dem Berufsrichter als Kammervorsitzendem. – Vgl. auch → Gerichte, → Bundessozialgericht (BSG), → Landessozialgericht.

Sozialgerichtsbarkeit – selbstständige Gerichtsbarkeit, die durch unabhängige, von den Verwaltungsbehörden getrennte, bes. Verwaltungsgerichte ausgeübt wird (§ 1 SGG). Die Sozialgerichtsbarkeit wurde in Art. 95 GG als den anderen Gerichtsbarkeiten gleichwertige Gerichtsbarkeit verankert und aufgrund des Sozialgerichtsgesetzes (SGG) i.d.F. vom 23.9.1975 (BGBl. I 2535) m.spät.Änd. begründet. Als Gerichte der Sozialgerichtsbarkeit wurden in den Ländern → Sozialgerichte und → Landessozialgerichte und im Bund das → Bundessozialgericht (BSG) errichtet (§ 2 SGG). – Die Gerichte der Sozialgerichtsbarkeit sind *zuständig* für die ihnen in § 51 SGG und in den einzelnen Sozialgesetzen zugewiesenen Streitsachen (v.a. Angelegenheiten der Sozialversicherung, der Grundsicherung für Arbeitsuchende, der Arbeitsförderung, des Kassenarztrechtes, des sozialen Entschädigungsrechts, der Streitigkeiten um die Feststellung des Grades der Behinderung und der Ausstellung von Ausweisen für schwerbehinderte Menschen), ab 1.1.2005 auch in Angelegenheiten der Sozialhilfe. – *Rechtsschutz* wird auf Klage (Anfechtungs-, Verpflichtungs-, Leistungs-, Feststellungsklage) gewährt. Ein Widerspruchsverfahren ist bis auf wenige Ausnahmen (§ 78 I 2 SGG) obligatorisch. – Den Richtern der Sozialgerichtsbarkeit obliegt eine weit gehende *Aufklärungspflicht* einschließlich der Beseitigung von Formfehlern, der Erläuterung unklarer und der Stellung sachdienlicher Anträge, der Ergänzung ungenügender Angaben und der Abgabe wesentlicher Erklärungen. Der Sachverhalt ist von Amts wegen zu ermitteln (§ 103 SGG). – Das Gerichtsverfahren ist für die in § 183 SGG genannten Personengruppen (u.a. Versicherte, Leistungsempfänger, Behinderte) *kostenfrei;* die anderen Verfahrensbeteiligten haben eine → Pauschgebühr zu zahlen (§ 184 SGG). Kostenpflicht besteht nach dem Gerichtskostengesetz, wenn weder

der Kläger noch der Beklagte zum Personenkreis der § 183 SGG gehören (§ 197a SGG). – Einzelheiten des *Verfahrens* sind im SGG geregelt.

Sozialgesetzbuch (SGB) – Gesetzestext (Kodifikation), in dem zentrale Sozialleistungsgesetze zusammengefasst sind. Das SGB wird, wenn die Arbeiten am Gesamtwerk abgeschlossen sind, alle auf Dauer angelegten Sozialleistungsbereiche umfassen: → Ausbildungsförderung, Arbeitsförderung bis hin zur Sicherung bei → Arbeitslosigkeit und bei Zahlungsunfähigkeit des → Arbeitgebers einschließlich der bes. Förderung Schwerbehinderter, gesetzliche Kranken-, Unfall-, Pflege- und Rentenversicherung, Kriegsopferversorgung u.a. Formen der sozialen Entschädigung bei Gesundheitsschäden, → Wohngeld, → Kinder- und → Elterngeld, Grundsicherung für Arbeitssuchende, → Jugendhilfe und → Sozialhilfe. Derzeit sind das Sozialgesetzbuch I bis XII in Kraft. Dies sind: Erstes Buch – Allgemeiner Teil (SGB I), Zweites Buch – Grundsicherung für Arbeitssuchende (SGB II), Drittes Buch – Arbeitsförderung (SGB III), Viertes Buch – Gemeinsame Vorschriften für die Sozialversicherung (SGB IV), Fünftes Buch – Gesetzliche Krankenversicherung (SGB V), Sechstes Buch – Gesetzliche Rentenversicherung (SGB VI), Siebtes Buch – Gesetzliche Unfallversicherung (SGB VII), Achtes Buch – Kinder- und Jugendhilfe (SGB VIII), Neuntes Buch – Rehabilitation und Teilhabe behinderter Menschen (SGB IX), Zehntes Buch – Sozialverwaltungsverfahren und Sozialdatenschutz (SGB X), Elftes Buch – Soziale Pflegeversicherung (SGB XI), Zwölftes Buch – Sozialhilfe (SGB XII).

Sozialhilfe – Teil des Systems der sozialen Sicherung, der zur Sicherung der Existenz verschiedene staatliche Leistungen in Fällen individueller Notlage zur Verfügung stellt.

I. Allgemeines: 1. *Rechtsgrundlage:* Das ursprünglich die Sozialhilfe regelnde Bundessozialhilfegesetz (BSHG) ist am 31.12.2004 außer Kraft getreten und durch das seit dem 1.1.2005 geltende zwölfte Buch Sozialgesetzbuch – Sozialhilfe (SGB XII) ersetzt worden (Art. 1, 68, 70 des Gesetzes zur Einordnung des Sozialhilferechts in das → Sozialgesetzbuch vom 27.12.2003 [BGBl. I 3022]). – 2. *Aufgabe:* Wer nicht in der Lage ist, aus eigenen Kräften seinen Lebensunterhalt zu bestreiten oder in bes. Lebenslagen sich selbst zu helfen und auch von anderer Seite keine ausreichende Hilfe erhält, hat ein Recht auf persönliche und wirtschaftliche Hilfe, die seinem bes. Bedarf entspricht, ihn zur Selbsthilfe befähigt, die Teilnahme am Leben in der Gemeinschaft ermöglicht und die Führung eines menschenwürdigen Lebens sichert. Hierbei müssen Leistungsberechtigte nach ihren Kräften mitwirken (§ 9 SGB I, § 1 SGB XII). – 3. *Leistungen:* Die Sozialhilfe umfasst a) Hilfe zum Lebensunterhalt, b) Grundsicherung im Alter und bei Erwerbsminderung, c) Hilfen zur Gesundheit, d) Eingliederungshilfe für behinderte Menschen, e) Hilfe zur Pflege, f) Hilfe zur Überwindung bes. sozialer Schwierigkeiten, g) Hilfe in anderen Lebenslagen. Die Leistungen richten sich nach der Besonderheit des Einzelfalls *(Grundsatz der Individualisierung).* Sozialhilfe erhält nicht, wer sich v.a. durch Einsatz seiner Arbeitskraft, seines Einkommens und Vermögens selbst helfen kann oder wer die erforderliche Leistung von anderen, bes. von Angehörigen oder von Trägern anderer Sozialleistungen, erhält. Verpflichtungen anderer, bes. Unterhaltspflichtiger oder Träger anderer Sozialleistungen bleiben unberührt *(Grundsatz des Nachrangs der Sozialhilfe).* Auf Sozialhilfe besteht ein Anspruch, soweit im Gesetz bestimmt wird, dass die Leistung zu erbringen ist. Der Anspruch kann nicht übertragen, verpfändet oder gepfändet werden. Über Art und Maß der Leistungserbringung ist nach pflichtgemäßem Ermessen zu entscheiden, soweit das Ermessen nicht ausgeschlossen ist. – 4. *Leistungsberechtigte:* a) *Sachliche Voraussetzungen: Hilfe zum Lebensunterhalt* ist Personen zu leisten, die ihren notwendigen Lebensunterhalt nicht oder nicht ausreichend aus eigenen Kräften und Mitteln, bes. aus ihrem Einkommen und Vermögen oder dem ihres nicht getrennt lebenden Ehegatten oder Lebenspartners, beschaffen können. *Grundsicherung im Alter und bei Erwerbsminderung* ist Personen zu leisten, die das 65. Lebensjahr vollendet haben oder das 18. Lebensjahr vollendet haben und dauerhaft voll erwerbsgemindert sind, sofern sie ihren notwendigen Lebensunterhalt nicht oder nicht ausreichend aus eigenen Kräften und Mitteln, bes. ihrem Einkommen und Vermögen oder dem ihres Ehegatten oder Lebenspartners, die deren notwendigen Lebensunterhalt übersteigen beschaffen können. Die übrigen Hilfen sind zu leisten, soweit den Leistungsberechtigten die Aufbringung der Mittel aus dem Einkommen und Vermögen nicht zuzumuten ist (vgl. § 19 SGB XII). – b) *Persönliche Voraussetzungen:* Sozialhilfe wird grundsätzlich nur an Deutsche mit Aufenthalt im Inland gewährt. Deutsche, die ihren gewöhnlichen Aufenthalt im Ausland haben, erhalten ausnahmsweise Leistungen, soweit dies wegen einer außergewöhnlichen Notlage unabweisbar ist und zugleich nachgewiesen wird, dass eine Rückkehr aus bestimmten schwerwiegenden, im Gesetz genannten Gründen nicht möglich ist (§ 24 SGB XII). Ausländern, die sich im Inland aufhalten, ist grundsätzlich Hilfe zum Lebensunterhalt, Hilfe bei Krankheit, Schwangerschaft und Mutterschaft sowie zur Pflege zu leisten; bei weiteren Leistungen können sich aber Einschränkungen ergeben. Diese eingeschränkte Sozialhilfe gilt nicht für Ausländer, die u.a. nur eine unbefristete Aufenthaltserlaubnis haben. Ausländer, die eingereist sind, um Sozialhilfe zu erlangen, haben keinen Anspruch auf Sozialhilfe; allerdings wird Hilfe zur Behebung eines akut lebensbedrohlichen Zustands oder einer unaufschiebbar gebotenen Behandlung einer schweren oder ansteckenden Krankheit geleistet. Leistungsberechtigte nach dem Asylbewerberleistungsgesetz erhalten keine Leistungen der Sozialhilfe. – c) *Abgrenzung der Sozialhilfe für den Lebensunterhalt vom Arbeitslosengeld II:* Durch das Sozialgesetzbuch Zweites Buch – Grundsicherung für Arbeitssuchende (SGB II), das durch das Vierte Gesetz für moderne Dienstleistungen am Arbeitsmarkt vom 24.12.2003 (BGBl. I 2954) geschaffen und am 1.1.2005 in Kraft getreten ist (Art. 1, Art. 61), ist die → Arbeitslosenhilfe als Leistung der Arbeitsförderung ersetzt worden durch das → Arbeitslosengeld II (§§ 19 ff. SGB II). Erwerbsfähige Hilfebedürftige (Personen, die a) nicht wegen Krankheit oder Behinderung auf absehbare Zeit außerstande sind, unter den üblichen Bedingungen des allg. Arbeitsmarktes mind. drei Stunden täglich erwerbstätig zu sein und b) ihren Unterhalt, die Eingliederung in Arbeit und den Lebensunterhalt der mit ihnen in Bedarfsgemeinschaft lebenden Personen nicht oder nicht ausreichend aus eigenen Kräften, v.a. nicht durch Aufnahme einer zumutbaren Arbeit oder aus Einkommen und Vermögen sichern können und die erforderliche Hilfe bes. nicht von Angehörigen erhalten) erhalten keine Leistungen für den Lebensunterhalt nach dem Sozialhilferecht mit Ausnahme der Übernahme von Schulden v.a. Mietrückständen zur Vermeidung der Wohnungslosigkeit (§§ 21, 34 SGB XII). Stattdessen erhalten sie Arbeitslosengeld II als Leistung zur Sicherung des Lebensunterhalts einschließlich der angemessenen Kosten für Unterkunft und Heizung und ggf. einen befristeten Zuschlag (§ 19 SGB II).

II. Hilfe zum Lebensunterhalt: 1. *Allgemein:* Der notwendige Lebensunterhalt umfasst v.a. Ernährung, Unterkunft, Kleidung, Körperpflege, Hausrat, Heizung und persönliche Bedürfnisse des täglichen Lebens. Leistungen für die Unterkunft werden in Höhe der tatsächlichen Aufwendungen erbracht, für die Heizung ebenso, soweit sie angemessen sind. Allerdings können die Träger der Sozialhilfe Pauschalen festsetzen und auch bei unangemessen hohen Mieten Wohnungswechsel verlangen (§ 29 SGB XII). – 2. *Regelsatz:* Der gesamte Bedarf des notwendigen Lebensunterhalts – mit Ausnahme von Leistungen für Unterkunft und Heizung und bestimmter Sonderbedarfe – wird nach den Regelsätzen erbracht. Die Höhe der monatlichen *Regelsätze der Sozialhilfe* wird von den Landesregierungen am 1. Juli eines jeden Jahres durch Rechtsverordnung festgesetzt. Darin können Träger der Sozialhilfe ermächtigt werden, auf der Grundlage von Mindestregelsätzen regionale Regelsätze zu bestimmen. Die Regelsatzbemessung berücksichtigt Stand und Entwicklung von Nettoeinkommen, Verbraucherverhalten und Lebenshaltungskosten. Grundlage sind die tatsächlichen, statistisch ermittelten Verbrauchsausgaben von Haushalten in unteren Einkommensgruppen. Die Regelsatzbemessung hat zu gewährleisten, dass bei Haushaltsgemeinschaften von Ehepaaren mit drei Kindern die Regelsätze (zusammen mit Durchschnittsbeträgen für Unterkunft, Heizung und bestimmten einmaligen Bedarfen und unter Berücksichtigung eines durchschnittlich abzusetzenden Betrages) unter den erzielten monatlichen durchschnittlichen Nettoarbeitsentgelten unterer Lohn- und Gehaltsgruppen (einschließlich anteiliger einmaliger Zahlungen zzgl. Kindergeld und Wohngeld in einer entsprechenden Haushaltsgemeinschaft mit einer alleinverdienenden vollzeitbeschäftigten Person) bleiben *(Lohnabstandsgebot).* – 3. *Weitere Leistungen im Rahmen der Hilfe zum Lebensunterhalt* sind der *Mehrbedarf* bei bestimmten Personengruppen (z.B. Schwangere), *einmalige Bedarfe* (z.B. Erstausstattung für Bekleidung), *Beiträge für die Kranken- und Pflegeversicherung und die Alterssicherung* sowie *Schuldenübernahme* zur Sicherung der Unterkunft oder zur Behebung einer vergleichbaren Notlage (§§ 30–38 SGB XII). – 4. *Einschränkung der Leistung:* Lehnen Leistungsberechtigte entgegen ihrer Verpflichtung die Aufnahme einer Tätigkeit oder die Vorbereitung dazu ab, vermindert sich der maßgebende Regelsatz in einer ersten Stufe um bis zu 25 Prozent, bei wiederholter Ablehnung in weiteren Stufen um jeweils bis zu 25 Prozent (§ 39 SGB XII). Können nämlich Leistungsberechtigte durch Aufnahme einer zumutbaren Tätigkeit Einkommen erzielen, sind sie hierzu sowie zur Teilnahme an einer erforderlichen Vorbereitung verpflichtet. Nicht zumutbar ist eine Tätigkeit, wenn die Person wegen Erwerbsminderung, Krankheit, Behinderung oder Pflegebedürftigkeit hierzu nicht in der Lage ist oder die Regelaltersgrenze der gesetzlichen Rentenversicherung erreicht oder überschritten hat oder der Tätigkeit ein sonstiger wichtiger Grund entgegensteht (§ 11 III, IV SGB XII).

III. Sonstige Hilfen: Die *Grundsicherung im Alter und bei Erwerbsminderung* ist näher in den §§ 41–46 SGB XII geregelt. *Hilfen zur Gesundheit* sind die vorbeugende Gesundheitshilfe, die Hilfe bei Krankheit, bei Schwangerschaft und Mutterschaft sowie bei Sterilisation (§§ 47–52 SGB XII). Die Leistungen der *Eingliederungshilfe für behinderte Menschen* regelt § 54 SGB XII. *Hilfen zur Pflege* (§§ 61–69 SGB XII) werden nicht erbracht, sofern der Pflegebedürftige gleichartige Leistungen nach anderen Rechtsvorschriften, bes. der sozialen Pflegeversicherung nach dem SGB XI erhält. Zur *Hilfe in anderen Lebenslagen* gehört u.a. die Hilfe zur Weiterführung des Haushalts, die Altenhilfe und die Blindenhilfe (§§ 70–74 SGB XII).

IV. Zuständigkeiten: Örtliche Träger der Sozialhilfe sind die kreisfreien Städte und Kreise, soweit nicht Landesrecht anderes bestimmt. Die überörtlichen Träger werden durch Landesrecht bestimmt (§ 3 SGB XII). Für die Sozialhilfe örtlich zuständig ist grundsätzlich der Träger der Sozialhilfe, in dessen Bereich sich die Leistungsberechtigten tatsächlich aufhalten (§ 98 SGB XII). Für die Sozialhilfe sachlich zuständig ist der örtliche Träger der Sozialhilfe, soweit nicht der überörtliche Träger zuständig ist. Näheres dazu bestimmt (§ 97 SGB XII).

Sozialinnovation → Innovation.

Sozialisation – I. Soziologie: 1. *Begriff:* Prozess der Eingliederung bzw. Anpassung des heranwachsenden Menschen in die ihn umgebende Gesellschaft und Kultur. Da der Mensch nicht über Instinkte verfügt, die sein Handeln steuern, muss er im Prozess der Sozialisation soziale Normen, Verhaltensstandards und Rollen erlernen, um ein im jeweiligen sozialen Kontext handlungsfähiges und verhaltenssicheres soziales Wesen zu werden und seine soziokulturelle Persönlichkeit zu entwickeln. – 2. *Träger der Sozialisation:* Sozialisationsinstanzen und Sozialisationsagenten (Familie, Schule, Kirche, Altersgruppen, Medien etc.). – 3. Zu *unterscheiden:* (1) *Primäre Sozialisation:* Erfolgt in der frühkindlichen Entwicklungsphase, wird vorwiegend durch die Familie vermittelt durch eine Verknüpfung kognitiver und emotionaler Inhalte; (2) *sekundäre Sozialisation:* Es werden neue soziale Rollen und Normen vermittelt und gelernt, doch bemüht sich die Sozialisation nur auf begrenze Verhaltensbereiche. Die Phase der primären und sekundären Sozialisation überschneiden sich.

II. Wirtschaftspädagogik/Arbeits- und Organisationspsychologie: Fortdauernder Prozess der Entstehung, Entwicklung und Ausbildung von Persönlichkeitsstrukturen in beruflichen Struktur- und Interaktionszusammenhängen. Dieser Aneignungsprozess findet v.a. in der Auseinandersetzung mit beruflichen Anforderungen in schulischen und betrieblichen Einrichtungen des Berufsbildungssystems sowie während der Erwerbstätigkeit in allen beruflichen Positionen statt. Unter dem Einfluss kognitions- und handlungstheoretischer Ansätze deutet sich eine Verlagerung des Interesses auf die Analyse der Bedingungen und Möglichkeiten der Entwicklung personaler Identität im Spannungsfeld gesellschaftlicher Anforderungen und individuellen Entfaltungsanspruchs an. In diesem Sinn wird Sozialisation als kategorialer Oberbegriff aufgefasst, der die Aspekte der *Personalisation* (Mündigwerden in der Gesellschaft) und → Qualifikation (Handlungsfähigkeit zur Erfüllung beruflicher und gesellschaftlicher Anforderungen) umschließt.

Sozialismus – 1. *Begriff:* a) Sammelbezeichnung für zahlreiche *Gesellschaftsentwürfe* bzw. Lehren zu deren Verwirklichung, die seit Ende des 18. Jh. entstanden sind, mit dem Ziel, eine Gesellschaftsordnung, in der *Gleichheit, Solidarität* und *Gerechtigkeit* zwischen allen Menschen gewährleistet ist, anstelle der kritisierten individualistisch-liberalen → Marktwirtschaft zu errichten. Art und Umfang der angestrebten Umgestaltung sowie der Weg zur ihrer Realisierung unterscheiden sich je nach sozialistischer Schule z.T. erheblich. – Sozialismus und → Kommunismus werden oft synonym verwandt. – b) Bezeichnung für *Gesellschaftsordnungen,* die sich (unter Berufung auf die marxistische Geschichtsphilosophie) nach dem Verständnis der dort herrschenden Parteien auf der Entwicklungsstufe zwischen → Kapitalismus und Kommunismus befinden. – 2. *Konzeptionen:* a) *Frühsozialistische Konzepte* (nach Marx und Engels auch *utopischer Sozialismus*): Z.T. werden eine umfassende Vergesellschaftung der Produktionsmittel, eine egalitäre Gesellschaftsordnung und eine straffe, zentrale Organisation aller Lebensbereiche (Babeuf, Cabet), z.T. aber auch die Beibehaltung von Privateigentum und einer gewissen sozialen Differenzierung (Saint-Simon, Fourier) gefordert. In vielen Konzepten wird die Errichtung von Arbeits- und Wohngenossenschaften als Voraussetzung für den Sozialismus (u.a. Fourier, Owen, Buchez, Blanc) betrachtet. – b) *Wissenschaftlicher Sozialismus:* (1) Der → Marxismus übernimmt unterschiedliche Vorstellungen einzelner Frühsozialisten: Die Annahme, bewegendes Moment der Geschichte seien Klassenkämpfe (Babeuf) oder die geschichtliche Entwicklung sei vorbestimmt und münde in eine optimale, harmonische Gesellschaftsordnung, wobei der Weg dorthin durch bewusstes Handeln beschleunigt werden könne (Saint-Simon, Fourier). (2) *Rodbertus-Jagedzow,* der ebenfalls eine geschichtliche Zwangsläufigkeit unterstellt, hält den Kapitalismus für die Vorstufe zum Staatssozialismus, d.h. einer staatlich gelenkten Wirtschaft ohne privates Grund- und Kapitaleigentum. Dort erfolge keine Ausbeutung der Arbeiter mehr, da ihnen nicht die als unverdientes Einkommen angesehenen Zins- und Grundrenteneinkünfte vorenthalten würden. (3) *Lassalle* leitet aus der Hegelschen Geschichtsphilosophie ab, dass Endpunkt der gesellschaftlichen Entwicklung die staats- und klassenlose Gemeinschaft sei. Die Arbeiter müssten jedoch auf dem Weg dorthin versuchen, auf parlamentarischem Weg die Macht im Staat zu erlangen, um durch den Aufbau von Produktionsgenossenschaften den Sozialismus zu verwirklichen. – c) → Marxismus-Leninismus (→ Bolschewismus). – d) *Neomarxistische Strömungen („Neue Linke"):* → Neomarxismus. – e) → Revisionismus (freiheitlich-demokratischer Sozialismus): Abkehr von marxistischen Grundpositionen (u.a. Klassenkampftheorie und idealisierende Kommunismuskonzeption) insgesamt; die Vorstellung, dass die Arbeiterschaft auch in einer → Marktwirtschaft auf demokratisch-parlamentarischem Weg ihre Interessen zur Geltung bringen könne und der Kapitalismus ohne revolutionäre Diktatur des Proletariats zu einer dem Gemeinwohl verpflichteten Gesellschaftsordnung umgewandelt werden könne, herrscht vor. – *Beispiel:* SPD seit dem Godesberger Parteitag von 1959. – 3. *Kritik:* a) Die Frage nach der durch die einzelnen sozialistischen Programme zu verwirklichenden *konkreten Wirtschafts- und Gesellschaftsordnung* bleibt aufgrund der Vieldeutigkeit des Sozialismusbegriffs und der zumeist vagen Zukunftsentwürfe unbeantwortet. – b) Die realen marktwirtschaftlichen Ordnungen werden oft an *idealisierenden* Konzepten, ohne hinreichende Überprüfung deren tatsächlicher Realisierbarkeit, gemessen. – c) Von liberaler Seite aus wird eingewendet, dass die angestrebte Gleichheit, Gerechtigkeit und Solidarität nur mit einem (mehr oder weniger umfassenden)

Kontrollsystem realisiert werden kann; dabei bestehe die Gefahr der *Entmündigung der Individuen* durch die staatlichen Entscheidungsträger, deren politische Vorstellungen und Aktivitäten nicht zwangsläufig gemeinwohlfördernd sein müssen (→ Kollektivismus). Die Erfahrungen mit den ehemaligen sozialistischen Systemen in Osteuropa zeigen, dass diese die von ihnen angestrebten Ziele nicht besser lösen können als die die Selbstverantwortung betonenden und dem → Individualismus verpflichteten Gesellschaftsordnungen.

Sozialistengesetz – ein von Bismarck in seinem Kampf gegen die Sozialdemokratie entworfenes und durchgesetztes Ausnahmegesetz (1878). – Es enthielt das Verbot sozialdemokratischer Zusammenschlüsse, wie auch ein Verbot der sozialistischen Gewerkschaften, des Allgemeinen Deutschen Arbeitervereins und der Internationalen Gewerkschaften und gab die Möglichkeit, sozialistische Zeitungen und Zeitschriften zu verbieten. Die alsbald eingeleitete Begründung der → Sozialversicherung sollte die propagandistischen Möglichkeiten der sozialistischen Stellungnahme gegen den Staat weiter beschneiden. – *Aufhebung* des Sozialistengesetzes 1890. – Vgl. auch → Bismarcksche Sozialversicherungspolitik.

sozialistische Marktwirtschaft – 1. *Begriff:* → Wirtschaftsordnung, in der bei Staats- bzw. Gesellschaftseigentum an den Produktionsmitteln (mit Ausnahmen in Landwirtschaft, Handwerk und Kleingewerbe) der Wirtschaftsprozess bei (indirekter) staatlicher Struktursteuerung dezentral über Märkte koordiniert wird. – 2. *Formen* (nach realisierter Eigentumsordnung und den daraus folgenden Konsequenzen bez. des Inhalts und Umfangs staatlicher Wirtschaftspolitik): (1) → Staatssozialistische Marktwirtschaft (Staatseigentum; z.B. Ungarn bis Ende der 1980er-Jahre, China in den 1980er-Jahren, Tschechoslowakei 1966–1968); (2) → selbstverwaltete sozialistische Marktwirtschaft (Gesellschaftseigentum; z.B. Jugoslawien bis Ende der 1980er-Jahre).

Sozialkapital – zusammenfassender Begriff für die Sozialrücklagen (z.B. für zusätzliche Unterstützungen bei lange dauernden Krankheiten, für Fortbildung etc.) und Sozialrückstellungen (durch betriebliche Pensionskassen, Unterstützungsvereine u.Ä.) einer Unternehmung; Mittelstellung zwischen → Eigenkapital und → Fremdkapital. Sozialrücklagen i.Allg. nicht frei verfügbar, während die fremdkapitalähnlichen Sozialrückstellungen größere Dispositionsfreiheit gewähren. Das Sozialkapital gewinnt durch seine starke Zunahme an Bedeutung. Das bilanziell ausgewiesene Sozialkapital beträgt durchschnittlich 8 bis 15 Prozent des Gesamtkapitals, wobei der tatsächliche Anteil oft höher liegt, wenn Teile des Sozialkapitals unter anderen Positionen ausgewiesen werden. Das Sozialkapital kann – bes. bei Steuerbegünstigung – der → Selbstfinanzierung dienen. – Verschiedene Vorschläge (darunter der Gewerkschaften) beabsichtigen die Zusammenfassung des betrieblichen Sozialkapitals zu überbetrieblichen *Sozialfonds* mit Arbeitnehmerbeteiligung. – *Anders:* Sozialvermögen.

Sozialkasse → gemeinsame Einrichtung der Tarifvertragsparteien des → Baugewerbes. Die Sozialkassen sind errichtet und geregelt durch Tarifverträge, für die → Allgemeinverbindlichkeitserklärung erfolgte. Die Urlaubs- und Lohnausgleichskasse (ULAK) der Bauwirtschaft erbringt Leistungen im Urlaubs- und Lohnausgleichs- und Berufsausbildungsverfahren, die Zusatzversorgungskasse des Baugewerbes (ZVK-Bau) gewährt zusätzliche Leistungen zu den gesetzlichen Renten. Sitz dieser Kassen ist Wiesbaden. Für Bayern und Berlin bestehen bes. Kassen. Die ZVK-Bau zieht für alle Kassen bei allen Betrieben des Baugewerbes die Beiträge ein. Der Sozialkassenbeitrag liegt bei 19 Prozent der Bruttolöhne der gewerblichen Arbeitnehmer, wobei darin 14,45 Prozent für den Urlaub enthalten sind.

Sozialkompetenz – 1. *I.w.S.:* kommunikative (Dialogfähigkeit), integrative (Konsensfähigkeit) und kooperative (Teamfähigkeit) Fähigkeiten eines Menschen, die aus der Sozialisation bzw. aus dem sozialen Lernen entstehen. – 2. *I.e.S.:* vorzügliche kommunikative Fähigkeiten, die im Zusammenhang mit Gruppen- und Teamarbeit, aber auch im Kontakt mit Kunden und Lieferanten (wachsende) Bedeutung erlangen. Gilt neben → Fachkompetenz und → Methodenkompetenz als Teil einer umfassenden → Handlungskompetenz. – Vgl. auch → emotionale Kompetenz.

Sozialkosten – *soziale Aufwendungen, soziale Leistungen, Soziallasten;* Teil der im betrieblichen Rechnungswesen zu erfassenden → Arbeitskosten (→ Personalnebenkosten). – 1. *Gesetzliche Sozialkosten:* durch Gesetz, Verordnung oder Tarifordnung veranlasste Aufwendungen, v.a. die Arbeitgeberanteile an der Sozialversicherung (Angestellten-, Arbeiterrenten-, Knappschafts-, Kranken-, Pflege-, Arbeitslosenversicherung) und Unfallversicherung (einschließlich der Berufsgenossenschaft). Diese gesetzlichen Sozialkosten werden mit den Löhnen und Gehältern zugleich fällig und mit diesen gebucht und kostenmäßig abgerechnet. – *Buchung:* (1) *Arbeitgeberanteile zur Sozialversicherung:* Konto Sozialaufwand (soziale Abgaben und Aufwendungen für Altersversorgung und für Unterstützung, § 275 II Nr. 6b HGB) an noch nicht abgeführte Sozialversicherung; noch nicht abgeführte Sozialversicherung an Bankkonto. (Die Arbeitnehmeranteile sind nicht Sozialkosten der Unternehmung sondern durchlaufende Posten; Buchung: Lohnkonto an noch nicht abgeführte Sozialversicherung, noch nicht abgeführte Sozialversicherung an Bank.) (2) *Beiträge an die Berufsgenossenschaften* werden ausschließlich vom Unternehmer im Umlageverfahren nach Lohn- und Gehaltssumme geleistet. – *Buchung:* Soziale Abgaben etc. (§ 275 II Nr. 6b HGB) an Bankkonto. – 2. *Freiwillige Sozialkosten:* Aufwendungen aus der mehr oder weniger freiwilligen Durchführung fürsorglicher Maßnahmen zugunsten der Belegschaft oder deren Angehörigen, z.B. Zuschüsse an Pensionskassen, Gratifikationen, Werkküchen, Werkswohnungen, Erholungsheime, Unterstützungseinrichtungen, Ausgaben für kulturelle und sportliche Förderung der Belegschaftsmitglieder etc. In der Gewinn- und Verlustrechnung werden freiwillige Sozialkosten als sonstige betriebliche Aufwendungen (§ 275 II Nr. 8 und III Nr. 7 HGB) erfasst. Nur tarif- und branchenübliche Aufwendungen, die mittelbar oder unmittelbar dem Betriebszweck dienen, werden in die Kostenrechnung übernommen. In größeren Betrieben wird ein Teil der freiwilligen Sozialkosten häufig in → Hilfskostenstellen (Kantinen, Werkbüchereien u.Ä.) erfasst.

Soziallasten → Sozialkosten.

Sozialleistungen – soziale Leistungen des Staates bzw. öffentlich-rechtlicher Körperschaften. – Zu den Sozialleistungen *gehören:* die im Prinzip aus dem Sozialsystem des Deutschen Reiches übernommene öffentliche → Sozialversicherung (Kranken-, Pflege-, Unfall-, Renten- und Arbeitslosenversicherung); Kriegs- und Kriegsfolgeleistungen (Kriegsopferversorgung, Lastenausgleich); → Sozialhilfe, Grundsicherung für Arbeitsuchende, Fürsorgeerziehung und → Jugendhilfe; → Kindergeld; → Unterhaltsvorschuss; → Erziehungsgeld bzw. → Elterngeld etc. – Sozialleistungen sind Gegenstand der amtlichen → Sozialstatistik. – Vgl. auch → soziale Sicherung.

Soziallohn – Teil der Vergütung im Rahmen einer sozialgerechten Entgeltgestaltung durch Berücksichtigung des Alters und der Dauer der Unternehmenszugehörigkeit, des Familienstandes oder der Zahl der Kinder. Ist-Form des → Bedürfnislohns. – *Sonderform:* → Familienlohn. – Vgl. auch → Sozialzulage.

Sozialmarketing → Social Marketing.

Sozialökologie – theoretischer Ansatz in der geografischen und soziologischen Stadtforschung, der als Teil der Humanökologie die Reaktion menschlicher Organismen auf die Umwelt untersucht. Unter Übertragung von Begriffen, Hypothesen und Methoden aus der (Bio-)Ökologie werden die räumlich-sozialen Verhaltens- und Organisationsweisen von Individuen oder Aggregaten von Individuen (z.B. Slumbewohner) als Wirkung sog. „ökologischer Variablen" der physischen wie sozialen räumlichen Umwelt (z.B. Boden, Klima, Lage, Flächennutzungsstruktur, Bevölkerungsdichte, Baustruktur, Stadtgröße, Technologie) aufgefasst.

Sozialordnungspolitik → Theorie der Sozialpolitik.

Sozialpartner – umstrittener Begriff für die Tarifpartner (→ Tarifvertrag). Aufgabe der Koalition ist u.a., durch Abschluss von Tarifverträgen eine sinnvolle Ordnung des Arbeitslebens zu schaffen; sie sind gewissermaßen „soziale Gegenspieler".

Sozialplan – I. Grundsätzlich: 1. *Begriff:* → Betriebsvereinbarung über den *Ausgleich oder die Milderung der wirtschaftlichen Nachteile,* die Arbeitnehmern durch eine geplante → Betriebsänderung entstehen (§ 112 I 2 BetrVG). – 2. *Erzwingbare* → Mitbestimmung zur Aufstellung eines Sozialplans bei Betriebsänderungen in Unternehmen mit mehr als 20 Arbeitnehmern. Besteht die Betriebsänderung lediglich in einem Personalabbau, sind die bes. Voraussetzungen des § 112a I BetrVG zu beachten. – Im Fall der Betriebsänderung bei einem *neugegründeten Unternehmen* finden während der ersten vier Jahre nach der Gründung die Vorschriften über die Erzwingbarkeit eines Sozialplans keine Anwendung (§ 112a II BetrVG). – 3. *Verfahren zur Herbeiführung einer Einigung über den Sozialplan:* Es entspricht zunächst dem des → Interessenausgleichs. Kommt eine freiwillige Einigung zwischen Arbeitgeber und Betriebsrat auch unter Vermittlung der Einigungsstelle nicht zustande, so entscheidet diese *verbindlich* über die Aufstellung eines Sozialplans, der die Wirkung einer → Betriebsvereinbarung hat (§ 112 IV, I 3 BetrVG). Die Einigungsstelle hat nach § 112 V BetrVG eine Interessenabwägung zwischen den sozialen Belangen der betroffenen Arbeitnehmer und der wirtschaftlichen Vertretbarkeit der Belastungen für das Unternehmen vorzunehmen. Dabei soll nach näherer Maßgabe des § 112 V BetrVG den Gegebenheiten des Einzelfalls Rechnung getragen werden. – 4. *Inhalt des Sozialplans:* Ausgleich oder Milderung der wirtschaftlichen Nachteile des Arbeitnehmers. I.d.R. werden pauschale Abfindungen vorgesehen, die sich nach Lebensalter, Betriebszugehörigkeit und Monatsentgelt richten z.B. als Produkt aus diesen Faktoren, geteilt durch einen Divisor oder nach einer Punktetabelle. Weiter kommen in Betracht Übernahme in eine Qualifizierungsgesellschaft, Zahlungen von Lohnausgleich, Beihilfe für Umschulungsmaßnahmen, Weitergewährung von Deputaten, Werkswohnungen etc.

II. Sozialplan im Insolvenzverfahren: 1. Die Eröffnung des Insolvenzverfahrens ändert nichts an den *Beteiligungsrechten des Betriebsrats* nach den §§ 111 ff. BetrVG. Im Insolvenzfall ist zwischen Insolvenzverwalter und Betriebsrat ein Sozialplan zu vereinbaren; kommt eine solche Vereinbarung nicht zustande, ist ein Sozialplan vor der Einigungsstelle aufzustellen. – 2. An die Stelle der wirtschaftlichen Vertretbarkeit für das Unternehmen treten die Interessen der Insolvenzgläubiger. – 3. Für einen Sozialplan nach § 112 I des Betriebsverfassungsgesetzes, der nach Eröffnung des Insolvenzverfahrens aufgestellt wird, kann ein Gesamtbetrag von 2,5 Brutto-Monatsverdiensten der von Entlassung betroffenen Arbeitnehmer vereinbart werden. Das Volumen des Sozialplans darf jedoch ein Drittel der für die Befriedigung der Insolvenzgläubiger nach Berücksichtigung der Massekosten und Masseschulden zur Verfügung stehenden Insolvenzmasse nicht überschreiten. Der so ermittelte Betrag wird nach dem Sozialplan, der von dem Insolvenzverwalter mit dem Betriebsrat abgeschlossen wird, auf die betroffenen Arbeitnehmer verteilt (§ 123 InsO). Die Verbindlichkeiten aus einem solchen Sozialplan sind Masseverbindlichkeiten. Ein Sozialplan, der vor der Eröffnung des Insolvenzverfahrens, jedoch nicht früher als drei Monate vor dem Eröffnungsantrag aufgestellt worden ist, kann sowohl vom Insolvenzverwalter als auch vom Betriebsrat widerrufen werden. Näheres in § 124 InsO.

Sozialpolitik – 1. *Begriff:* Sozialpolitik bildet innerhalb der → allgemeinen Wirtschaftspolitik einen Querschnittsbereich, der in grundlegenden Ordnungsregeln der Wirtschaft verankert ist und Berührungen zu zahlreichen Einzelfeldern aufweist. Sie umfasst einen Kernbestand an Arbeitsmarktregulierungen (→ Arbeitsmarktpolitik) und an Institutionen zur → sozialen Sicherung eines nennenswerten Teils der (Erwerbs-)Bevölkerung (→ Theorie der Sozialpolitik). – 2. *Begründung:* Im Rahmen marktwirtschaftlicher Systeme lässt sich sozialpolitisches Handeln allg. durch bestimmte Fälle sozialpolitisch relevanten → Marktversagens sowie durch Verweis auf verteilungspolitische Zielsetzungen (→ Verteilungsgerechtigkeit) begründen (→ Sozialpolitik in der Marktwirtschaft). In der Bundesrepublik Deutschland kann zudem auf das Sozialstaatsgebot der Verfassung (Art. 20 und 28 GG) verwiesen werden. – 3. *Instrumente:* a) *Handlungsmöglichkeiten:* Die Sozialpolitik verfügt grundsätzlich über das gesamte Instrumentarium politischer Eingriffe in das gesellschaftliche und wirtschaftliche Geschehen. Der Katalog der Instrumente reicht von der reinen Information und Beratung, der politischen Überzeugung (Moral Suasion) und der sozialpädagogischen Betreuung (Sozialarbeit) über rechtliche Regulierungen privater Entscheidungen und Verträge bis hin zu fiskalischen Mitteln wie Zwangsabgaben (→ Steuern, → Beiträge) einerseits und Transfers an Haushalte bzw. → Subventionen an Unternehmen andererseits, einschließlich staatlich organisierter Güter- und Dienstleistungsangebote (→ Realtransfers). – b) *Wirkungen:* (1) Rechtliche Beschränkungen von Handlungs- und Vertragsfreiheiten (Regulierungen i.e.S.), die als staatliche Kontrolle zur Einhaltung sozialpolitischer Normen, z.B. beim Arbeitnehmer-, Mieter- und Verbraucherschutz, gedacht sind, können (legale) Ausweichreaktionen und Vorfeldwirkungen entfalten, die dem eigentlichen Schutzzweck zuwider laufen. Bei sozialpolitisch motivierten Transfers und Subventionen besteht, neben der Möglichkeit von Mitnahme- und Gewöhnungseffekten, wie bei Zwangsabgaben die Gefahr einer Überwälzung, sodass Zahlung (bzw. Zahlungsempfang) und materielle → Inzidenz im Sinn der daraus resultierenden Belastungen oder Begünstigungen nicht übereinzustimmen brauchen. Die staatliche Bereitstellung von Gütern und Dienstleistungen kann mangels Ausrichtung an der Nachfrage und Preiskonkurrenz zu Ineffizienzen verschiedener Art führen. Aufgrund ökonomischer Wirkungsanalysen, die solche Probleme offen legen, lassen sich das sozialpolitische Instrumentarium und sein zielgerichteter Einsatz verbessern. (2) Die Anforderungen der → Marktkonformität und der → Systemkonformität können bei der Auswahl der sozialpolitischen Mittel im Rahmen der → sozialen Marktwirtschaft eine Präferenz für generelle gegenüber speziellen Regulierungen, indirekte gegenüber direkten Interventionen (Beeinflussung von Marktdaten und Anreizen statt Setzung von Mengen und Preise) sowie weniger intensive gegenüber intensiveren Mitteln (Information und Beratung statt Geboten, Verboten) bestimmen. Darüber hinaus verweist die Analyse der Systemkonformität auf die Gefahr von kumulativen Wirkungen und Wirkungsinterdependenzen von im Einzelnen vielleicht systemverträglichen politischen Interventionen. (3) Häufig werden mit der Sozialpolitik verbundene ökonomische Effizienzverluste jedoch mit einem abstrakten, theoretischen Ideal (→ Wohlfahrtsoptimum, vollständiger Wettbewerb) verglichen. Abweichungen von diesem Ideal werden oft schon als Nachweis angesehen, dass Sozialpolitik insgesamt eine Belastung für die Wettbewerbsfähigkeit der Volkswirtschaft darstelle. Demgegenüber kann aber auch auf den wirtschaftlichen und gesellschaftlichen Wert der Sozialpolitik, v.a. auf den Beitrag der Sozialpolitik zur Produktivität (bes. des Faktors Arbeit) und zur Verbesserung der Gesamtleistungsfähigkeit des gesellschaftlichen Systems hingewiesen werden. – 4. *Entwicklung:* Die moderne Sozialpolitik entfaltete sich als Reaktion des Staates auf die Arbeiterfrage des 19. Jh. (→ Soziale Frage, → Bismarcksche Sozialversicherungspolitik). Die weitere Expansion der Sozialpolitik über eine Schutzpolitik zur ausgleichs- und gesellschaftsgestaltenden Politik im (kontinentaleuropäischen) → Sozialstaat wie in den (angelsächsischen vs. skandinavischen) → Wohlfahrtsstaaten folgt zum einen dem Wachstum des wirtschaftlichen Wohlstands, zum anderen einer Wechselwirkung von sozialem Problembewusstsein und wachsender Problemlösungsfähigkeit. Anhaltende und aktuelle Herausforderungen für die Umgestaltung der Sozialpolitik in entwickelten Volkswirtschaften ergeben sich bei der Bekämpfung von → Arbeitslosigkeit, der Bewältigung des demografischen Wandels (→ demografische Alterung) und, vor dem Hintergrund wachsender internationaler Verflechtung des Wirtschaftsgeschehens (→ Globalisierung), durch zunehmenden Systemwettbewerb (→ Sozialpolitik in der Marktwirtschaft).

Sozialpolitik, Gestaltungsprinzipien – 1. *Prinzip der Selbstverantwortlichkeit:* a) Im Rahmen einer freiheitlichen Sozialpolitik in der → Sozialen Marktwirtschaft (→ Sozialpolitik in der Marktwirtschaft) hat das Prinzip der Selbstverantwortlichkeit der einzelnen Person Vorrang vor anderen Gestaltungsprinzipien, die diese Freiheitlichkeit und Selbstverantwortung ergänzen oder einschränken. – b) Mit diesem Grundprinzip der Sozialpolitik steht eine Reihe von weiteren Gestaltungsprinzipien in einem engen Zusammenhang: (1) das *Individualprinzip*, nach dem

Sozialpolitik auf den einzelnen Bürger oder die Familie bezogen ist und nicht auf Kollektive (z.B. Volk, Klasse); (2) das → Äquivalenzprinzip, durch das der Grundsatz des „do ut des" und die Gleichwertigkeit von Leistung und Gegenleistung im Tausch auch auf sozialpolitische Institutionen übertragen wird, indem eine (Grund-)Äquivalenz von *Beitrag und Leistung* sowie von *Beitrag und Risiko* bzw. Erwartungswert des Schadens *(Risikoäquivalenz)* eingehalten und eine ausgeprägte Beitragsfinanzierung von Sozialleistungen vorgenommen wird; (3) das → Versicherungsprinzip, bei dem das marktwirtschaftliche Prinzip der Versicherung eines Schadensrisikos nach dem Gesetz des Risikoausgleichs bei einer großen Zahl von Risikoträgern innerhalb eines Versichertenkollektivs *(Schadensgemeinschaft)* nach dem Grundsatz der Risikoäquivalenz von Beitrag und individuellem Risiko übernommen wird. – 2. *Solidaritätsprinzip:* a) *Begriff:* Dem Prinzip der Selbstverantwortlichkeit wird i.d.R. das Solidar- oder Solidaritätsprinzip gegenübergestellt. Geht man jedoch gemäß der Herkunft dieses Prinzips aus der *christlichen Soziallehre* davon aus, dass sich der Einzelne als Persönlichkeit nur in verschiedenen Formen der menschlichen Gemeinschaft entfalten kann, dann ergänzt das Solidarprinzip die Selbstverantwortlichkeit des Einzelnen (für sich und die Seinen) nur um die andere Seite der Personalität des Menschen mit der Verantwortung der Einzelperson für die Gemeinschaft. – Die in der Tradition der *Arbeiterbewegung* allen Arbeitnehmern zugeschriebene Solidarität wird in der *staatlichen Institution der Sozialversicherung* auch auf die Versichertengemeinschaft übertragen, die heute durch eine weitgehende Differenzierung, Pluralität und Anonymität gekennzeichnet ist. Im Rahmen eines *Gesellschaftsvertrags* (→ Sozialpolitik in der Marktwirtschaft) könnte das Solidarprinzip jedoch nur insoweit zur Anwendung kommen, als die Einstellung der Solidarität bei dem betroffenen Kollektiv auch tatsächlich relevant ist. – b) Als Gestaltungsprinzip *auf der instrumentellen Ebene* bezeichnet das Solidarprinzip die Inanspruchnahme Einzelner für Aufgaben der Gemeinschaft und das Eintreten der Gemeinschaft für die gesellschaftlich Schwachen. Mit dem Solidarprinzip sind also Abweichungen vom Äquivalenzprinzip und interpersonelle Umverteilung (→ Verteilungspolitik) verbunden, was sich meist auch in einer *Mischfinanzierung* aus Beiträgen und allg. Steuermitteln niederschlägt. Solidarische Leistungen kann die Gemeinschaft (1) nach dem *Versorgungsprinzip* für eine gesellschaftliche Leistung, z.B. für die Dienste als Beamter oder für den Kriegsdienst, die als *Vorleistung* die Gegenleistung begründet, oder (2) nach dem *Fürsorgeprinzip* gewähren, wenn ohne eine entsprechende Vorleistung für Mitglieder *in Notlagen* das soziokulturelle → Existenzminimum (nach dem *Finalprinzip* der Herstellung eines bestimmten Endzustandes) durch *Fremdhilfe* (seitens der Gemeinschaft) gewährleistet werden soll. – 3. *Subsidiaritätsprinzip:* Die Abwägung von Selbstverantwortlichkeit und solidarischer Hilfe durch die Gemeinschaft wird durch das in der christlichen Soziallehre entwickelte Subsidiaritätsprinzip (→ Subsidiarität) ermöglicht. Das Subsidiaritätsprinzip als *Kompetenzabgrenzungsregel* zwischen Bürger und den verschiedenen Ebenen des Staates kann auch als Grundregel der Sozialpolitik in einer freiheitlichen Gesellschaftsordnung verstanden werden. Nach der Darstellung dieses Prinzips bei *Nell-Breuning* beinhaltet die Subsidiarität zunächst die Verpflichtung des Staates zu einer Vorleistung für die Entwicklung der Selbstverantwortlichkeit und Selbsthilfefähigkeit *(Startchancen).* Das Subsidiaritätsprinzip verlangt dann die Nichteinmischung und Zurückhaltung gegenüber der Freiheit und Selbstverantwortlichkeit der Einzelnen bzw. der Familien. Schließlich beinhaltet das Subsidiaritätsprinzip die (im allg. Sprachgebrauch einseitig betonte) nachrangige Hilfe für den Einzelnen durch die Gemeinschaft (größere gesellschaftliche Gliederungen, Staat) *nach* Ausschöpfung der *Selbsthilfe.*

Sozialpolitik der Europäischen Union – 1. *Rechtsgrundlagen:* Sozialpolitische Zielsetzungen enthielt bereits der 1952 in Kraft getretene Vertrag über die Gründung der Europäischen Gemeinschaft für Kohle und Stahl (→ EGKS). Der Vertrag über die Gründung der → EWG (Europäische Wirtschaftsgemeinschaft) – → EWGV - bezeichnete sowohl in seiner Präambel als auch in den Art. 2 und 3 die Verbesserung der Arbeits- und Lebensbedingungen der Arbeitnehmer in der Gemeinschaft als eines der Integrationsziele. Heute bilden v.a. die Art. 151-166 AEUV die Rechtsgrundlage für sozialpolitische Aktionen der EU. Mit dem → Amsterdamer Vertrag wurde ein eigenes Beschäftigungskapitel Art. 145-150 AEUV eingeführt. Durch eine koordinierte Beschäftigungsstrategie sollen demnach ein hohes Beschäftigungsniveau, Wettbewerbsfähigkeit und sozialer Zusammenhalt gefördert werden. – 2. Grundsätzlich liegt die *Zuständigkeit für die Sozialpolitik* jedoch vorläufig auch weiterhin bei den einzelnen Mitgliedsstaaten; die Rolle der Union im Bereich der Sozialpolitik besteht gegenwärtig primär darin, auf eine möglichst enge Zusammenarbeit der Mitgliedsstaaten in sozialen Fragen hinzuwirken sowie unter bestimmten Voraussetzungen ergänzende finanzielle Hilfestellungen zu gewähren. Zentrales sozialpolitisches *Finanzinstrument der Gemeinschaft* ist der Europäische Sozialfonds (ESF). – 3. *Entwicklung:* Den faktischen Beginn einer EU-Sozialpolitik stellt das vom Ministerrat (heute: → Rat der Europäischen Union) 1974 verabschiedete *erste Soziale Aktionsprogramm* dar. Durch das Inkrafttreten der → EEA *(Einheitliche Europäische Akte)* sind die sozialpolitischen Zuständigkeiten der Gemeinschaft nur sehr begrenzt ausgeweitet worden. Seitdem kann der Ministerrat auf Vorschlag der → Europäischen Kommission im ordentlichen Gesetzgebungsverfahren (→ EU-Gesetzgebung) zusammen mit dem → Europäischen Parlament Rechtsakte *zum Schutz der*

Sicherheit und der Gesundheit der Arbeitnehmer erlassen (Art. 153 Abs. Buchst.a AEUV). Im Dezember 1989 wurde vom Europäischen Rat die sog. → EU-Sozialcharta beschlossen. Weil sich Großbritannien auch im Zuge der Aushandlung des Vertrags über die EU weigerte, die Etablierung einer echten gemeinsamen Sozialpolitik zu akzeptieren, beschloss der Europäische Rat vom Dezember 1991 (Maastricht), die bereits im Gemeinschaftsrecht existierenden sozialpolitischen Bestimmungen fortbestehen zu lassen und dem EU-Vertrag ein *Protokoll über die Sozialpolitik* hinzuzufügen, das es den übrigen Mitgliedsstaaten erlaubt, die Institutionen und Verfahren der Union für eine gemeinschaftliche Sozialpolitik zunächst unter Ausklammerung Großbritanniens (seit 1998 akzeptiert auch Großbritannien die einschlägigen Sozialbestimmungen des EGV) zu nutzen. Fragen des Arbeitsentgelts, des Streik- und Aussperrungsrechts sowie weitere Bereiche des Arbeitsrechts sind weiterhin in der Kompetenz der Mitgliedsländer. – 4. *Bedeutung:* Beschlüsse nach Maßgabe der Bestimmungen des Sozialprotokolls bedürfen der Einstimmigkeit jener Mitgliedsstaaten, die diesem Protokoll zugestimmt haben. Insgesamt gesehen begründen das primäre Gemeinschaftsrecht sowie die Existenz der Sozialcharta und des Sozialprotokolls zum EU-Vertrag allenfalls ansatzweise das Bestehen einer echten gemeinschaftlichen Sozialpolitik. Denn auch die in Amsterdam im Hinblick auf die EWU vereinbarte Reform des Beschäftigungstitels (Art. 145-150 AEUV) ändert grundsätzlich nichts an den vorrangig nationalen Zuständigkeiten in der Sozial- und Beschäftigungspolitik; es verpflichtet die Mitgliedsstaaten lediglich „auf die Förderung der Qualifizierung, Ausbildung und Anpassung der Arbeitnehmer" (Art. 145 AEUV). – 5. *Instrumente:* Seit dem Beginn der europäischen Integration hatte die EU auch das Ziel durch Kooperation und ergänzende Maßnahmen auf europäischer Ebene, den sozio-ökonomischen Wandel zu begleiten und den sozialen und wirtschaftlichen Zusammenhalt zu stärken. Eine Reihe von Instrumenten und Mechanismen unterstützen diese Ziele: Wichtige europäische Gesetze wurden z.B. für die Bereiche Gesundheit und Schutz am Arbeitsplatz, Gleichberichtigung sowie Anti-Diskriminierung angenommen. Der Europäische Sozialfonds (ESF) und der Europäische Globalisierungsanpassungsfonds (EGF) helfen dabei, dass Menschen in Arbeit bleiben oder neue Arbeit finden können. Der ESF unterstützt im Jahr ca. 9 Mio. Arbeitnehmer. Alleine im Jahr 2009 stehen 10,8 Mrd. Euro aus dem ESF zur Verfügung. Der ESF kann auf krisenbedingte Bedürfnisse reagieren. Weitere Vereinfachungen sowie vorgezogene Zahlungen in Höhe von 1,8 Mrd. Euro wurden beschlossen. Der EGF ist so angepasst worden, dass nun auch krisenbedingte Entlassungen abgefedert werden können und die Kofinanzierung durch die Gemeinschaft erhöht worden ist. Außerdem sind die auf EU-Ebene angenommenen Flexicurity-Prinzipien ein wichtiger Rahmen, der es u.a. erlaubt, interne Flexibilität und Sicherheit etwa durch Kurzarbeit bei gleichzeitiger Fortbildung zu erhalten, sodass die Arbeitgeber die Kosten von Entlassungen und Neueinstellungen sparen können. Das Europäische Beschäftigungsportal EURES hilft Arbeitsuchenden einen Job in einem anderen europäischen Land zu finden. Auch hilft die EU, die nationalen Anstrengungen für aktive Arbeitsmarktintegration, lebenslanges Lernen und die Bekämpfung von Armut sowie bei der Modernisierung der Sozialschutzsysteme zu koordinieren. Die sog. „New Skills for New Jobs"-Initiative zielt darauf ab, zukünftige Qualifikationserfordernisse rechtzeitig zu erkennen, die Bildungs- und Ausbildungssysteme darauf auszurichten und Angebot und Nachfrage auf dem europäischen Arbeitsmarkt besser zusammenzuführen. Dank des Binnenmarkts können Arbeitnehmer und Dienstleistungen – bei gleichzeitigem Schutz der Arbeitnehmerrechte – frei zirkulieren und qualitativ hochwertige, zugängliche und nachhaltige soziale Dienste angeboten werden. Mit der erneuerten Sozialagenda hat die Kommission im Juli 2008 die Bedeutung des sozialen Europa bestätigt und ihren Anspruch ausgedrückt, die EU Politiken an veränderte soziale Wirklichkeiten und Trends im Rahmen einer europäischen sozialen Marktwirtschaft anzupassen. → Vertrag von Lissabon, der explizit von der europäischen sozialen Marktwirtschaft spricht, sieht eine rechtsverbindliche Grundrechte-Charta vor, die eine Reihe von sozialen Rechten beinhaltet, z.B. das Recht der Arbeitnehmer auf Information und Konsultation, Schutz vor unbegründeter Entlassung, ein Recht auf faire und gerechte Arbeitsbedingungen und das Recht auf Sozialschutz.

Sozialpolitik in der Marktwirtschaft

von Prof. Dr. Gerhard Kleinhenz und Prof. Dr. Martin Werding

I. Begründung

1. Überblick: Staatliche Interventionen in das Wirtschaftsgeschehen, die sich dem Bereich der → Sozialpolitik zuordnen lassen (→ Theorie der Sozialpolitik), werden häufig durch Verweis auf verteilungspolitische Zielsetzungen (→ Verteilungsgerechtigkeit) begründet, die im Rahmen dezentral koordinierter Marktprozesse nicht

oder nicht in ausreichendem Maße erreicht werden. Zugleich wird allerdings auch auf die soziale Dimension einer Wirtschaftsordnung mit funktionierendem → Wettbewerb hingewiesen, die zum ökonomischen Umgang mit knappen Ressourcen anhält, wirtschaftlichen Wohlstand erhöht und das Entstehen wirtschaftlicher und politischer Macht behindert.

Anknüpfend an die neoklassisch geprägte → Wohlfahrtsökonomik können sozialpolitische Interventionen auch ohne Rückgriff auf verteilungspolitische Ziele mit dem Ziel ökonomischer → Effizienz gerechtfertigt werden, unter Hinweis auf bestimmte Fälle von → Marktversagen, die sich nur durch staatliche Eingriffe lösen lassen. An sozialpolitischen Maßnahmen wird aber auch Kritik geübt, weil sie Fehlanreize („Sozialstaatsfallen") erzeugen, die zu statisch oder dynamisch ineffizientem Verhalten der dadurch Belasteten wie der Begünstigten führen (→ Staatsversagen).

Vertreter der → Neuen Politischen Ökonomie weisen darauf hin, dass von politischen Entscheidungsträgern sowie öffentlicher Verwaltung aufgrund ihrer Handlungsbedingungen und Anreize generell kein wohlfahrtsmaximierendes Verhalten zu erwarten sei. Neben Vorschlägen, wie durch sozialpolitische Maßnahmen ausgelöste Ineffizienzen verringert und Fehlentwicklungen im Bereich der politischen Willensbildung durch konstitutionelle Regeln eingedämmt werden können, wird von Ökonomen daher vereinzelt auch ganz fundamentale Skepsis gegenüber einer speziellen Sozialpolitik geäußert und eine „Marktwirtschaft ohne Attribute" gefordert.

2. Sozialpolitisch relevante Fälle von Marktversagen: Mit verschiedenen Schwerpunktsetzungen werden in der ökonomischen Fachliteratur folgende Anlässe genannt, bei denen sozialpolitische Maßnahmen effizienzsteigernd wirken können: a) Herstellung einer größeren Balance der *Verhandlungsmacht auf Arbeitsmärkten*, die bei unreguliertem Wettbewerb sehr ungleich verteilt sein kann; b) Stabilisierung *intergenerationeller Austauschbeziehungen* bei der Unterstützung von Kindern und Älteren, da deren zeitliche Struktur den Abschluss bindender Verträge unmöglich macht; c) Überwindung von *Kreditbeschränkungen*, die den Erwerb von marktfähigen Qualifikationen trotz entsprechender Fähigkeiten behindern; d) Überwindung von Problemen → *adverser Selektion*, die v.a. bei der Versicherung von Gesundheits- und Langlebigkeitsrisiken eine große Rolle spielen können; e) Lösungen für Fälle, in denen *asymmetrische Informationen* rationale Konsumentscheidungen behindern, was v.a. in den Bereichen Krankenbehandlung und Kauf von Arzneien und Nahrungsmitteln dringlich werden kann; f) Versicherung von *gesamtwirtschaftlichen „Risiken"* wie Arbeitslosigkeit und Inflation, die der Sicherung des eigenen Lebensunterhalts bzw. langfristiger finanzieller Vorsorge entgegen stehen.

Der sozialpolitische Bezug all dieser Anlässe kann letztlich durchgängig darin gesehen werden, dass es sich um Marktversagen beim Erwerb und der Verwertung von → Humankapital (als Inbegriff der Erwerbskapazität von Individuen) bzw. von → Humanvermögen (als weiter gefasstem Begriff menschlicher Fähigkeiten) handelt.

3. Verteilungspolitische Ziele: Zur Begründung sozialpolitischer Maßnahmen können auch verschiedene Verteilungsziele angeführt werden, die typischerweise in sehr unterschiedlicher Beziehung zu Marktprozessen und -ergebnissen stehen. Zu nennen sind v.a. folgende Konzepte mit Bezug auf die a) Gerechtigkeit von Resultaten: (1) Leistungsgerechtigkeit, die bei funktionierendem Wettbewerb zugleich mit dem Effizienzziel realisiert wird, aber mit einer sehr ungleichen Verteilung von Marktergebnissen einher gehen kann; (2) Bedarfsgerechtigkeit, die zumeist von einem gewissen Grad an Ungleichheitsaversion getragen wird und i.d.R. nur durch eine korrigierende Umverteilung von Marktergebnissen hergestellt werden kann; (3) Varianten der Bedarfsgerechtigkeit, die Umverteilung nur bis zur Sicherung gewisser Mindesteinkommen oder Mindestausstattungen mit Gütern („Existenzminimum") bzw. nur bei ausgewählten („lebensnotwendigen") Gütern erfordern; b) Gerechtigkeit von (Markt-)Prozessen: Regel- oder allgemeiner Prozessgerechtigkeit, bei der Marktergebnisse z.B. dann als „gerecht" erscheinen, wenn alle Akteure im Marktgeschehen denselben Regeln unterliegen und auf den Märkten funktionierender Wettbewerb herrscht; c) Gerechtigkeit von Ausgangsbedingungen: Chancengerechtigkeit oder -gleichheit, bei der die faktischen Möglichkeiten, Zugang zu Märkten zu finden und dort vermarktbare Leistungen zu erbringen, im Mittelpunkt stehen, sodass u.U. auf dieser Ebene umverteilende Maßnahmen erforderlich werden. Die konzeptionelle Trennung von Ausgangsbedingungen, Prozessen und Resultaten lässt sich im realen Wirtschaftsgeschehen nicht strikt einhalten, auf den verschiedenen Gerechtigkeitskonzepten basierende Ansätze und Instrumente der Sozialpolitik sind jedoch in ihrer Orientierung unterscheidbar.

Die Möglichkeit einer ausgleichenden Umverteilung von Anfangsausstattungen oder Marktergebnissen hat ex ante, d.h. solange die Betroffenen nicht wissen, ob sie dabei zu den Belasteten oder Begünstigten gehören werden, den Charakter einer Versicherung. Hinter einem „Schleier der Unwissenheit" (Rawls u.a.) würden risikoaverse Individuen daher ein gewisses Maß an Umverteilung, die ex post vorgenommen wird, verfassungsmäßig vereinbaren. Anknüpfend an die neuzeitliche Sozialphilosophie lässt sich umverteilende Sozialpolitik daher auch als wechselseitige Versicherung auf der Basis eines wohlfahrtssteigernden „Gesellschaftsvertrages" begründen. Offen bleibt aber das Ausmaß so begründbarer Umverteilung und die damit ex post verbundenen Effizienzprobleme stellen sich unverändert.

Praktische Bedeutung für die Diskussion über sozialpolitische Maßnahmen haben v.a. etwaige Konflikte zwischen Leistungs- und (Mindest-)Bedarfsgerechtigkeit, wobei sich Anreizprobleme, die aus bedarfsorientierter Umverteilung resultieren können, durch eine stärkere Ausrichtung politischer Eingriffe auf Chancengerechtigkeit mildern lassen.

II. Entwicklung

1. Anfänge: Ursprünge der Sozialpolitik in entwickelten Volkswirtschaften lassen sich bis zur Armenfürsorge im Mittelalter zurückverfolgen, die vergleichsweise paternalistisch und karitativ ausgerichtet war und häufig von bürgerschaftlichem Engagement (Stiftungen) getragen wurde.

Als Einstieg in eine staatliche Sozialpolitik werden häufig das Verbot von Kinderarbeit gegen Mitte des 19. Jh. (in Preußen: 1839; ähnlich in anderen deutschen und europäischen Staaten sowie in Nordamerika) und die fast simultane Einführung einer allgemeinen Schulpflicht genannt, die den potenziell produktiven, effizienzsteigernden Charakter sozialpolitischer Maßnahmen sehr gut illustrieren.

Die weitere Entwicklung stand im Zeichen der Lösung der „Arbeiterfrage des 19. Jh." (→ soziale Frage), die in Deutschland mit der → Bismarckschen Sozialversicherungspolitik (1881–89) zur Gründung des ersten staatlichen Alterssicherungssystems der Welt führte. Die Sozialpolitik war in dieser Zeit vorrangig auf die Verbesserung der → Lebenslagen der → Arbeitnehmer ausgerichtet und wurde dann sukzessive auf deren Angehörige und andere Bevölkerungsgruppen ausgeweitet.

2. Entfaltung in Deutschland nach 1945: Nach dem Zweiten Weltkrieg sollte die Konzeption der → Sozialen Marktwirtschaft nach den Vorstellungen ihrer geistigen Väter die historische „soziale Frage" überwinden und auf der Grundlage der wirtschaftlichen Leistungsfähigkeit einer Wettbewerbsordnung zugleich ein System sozialen Schutzes und Ausgleichs ermöglichen, das die gesellschaftlichen Ziele der Freiheit und der Gerechtigkeit vereint. Kennzeichnend dafür waren eine bes. Arbeitsmarktordnung (→ Tarifautonomie) und ein vorrangig beitrags- und erwerbsbezogenes System → sozialer Sicherung (→ Arbeitslosen-, → Kranken-, → Unfall- und Rentenversicherung).

In den 1960er- und 1970er-Jahren ergaben sich durch einen weiteren Ausbau von Versichertenkreis und Leistungsniveau dieses Systems, eine ergänzende Sicherung des soziokulturellen Existenzminimums (→ Sozialhilfe als Rechtsanspruch) sowie – im Gefolge erster, spürbarer Beschäftigungsprobleme – eine massive Ausweitung der Arbeitsmarktpolitik (→ Arbeitslosenhilfe, „aktive → Arbeitsmarktpolitik", → Vorruhestand) jedoch nennenswerte Akzentverschiebungen. Der Sozialstaat wurde trotz stark steigender finanzieller Belastungen von den Bürgern immer mehr an seinem historisch gewachsenen Sicherungs- und Leistungsniveau gemessen und eine weit verbreitete Vorstellung von einem „Besitzstand" an sozialen Errungenschaften begründet, vor deren Reform politisch Verantwortliche mit Rücksicht auf ihre Wiederwahlchancen zurückschreckten.

Im Prozess der Wiedervereinigung wurden die sozialstaatlichen Institutionen der alten Bundesländer ab 1990 im Kern unverändert auf die neuen Bundesländer übertragen. Allerdings erwiesen sich die Hoffnungen auf ein schnelles Wirtschaftswunder in den neuen Bundesländern als Illusion. U.a. dadurch wurden in der Folgezeit Grenzen der Tragfähigkeit des realisierten Umfangs der Sozialleistungen für wirtschaftliche Wertschöpfung und Beschäftigung am Standort Deutschland unübersehbar offen gelegt. Zudem rückten in dieser Zeit die Auswirkungen der demografischen Entwicklung für die Sozialpolitik in Deutschland ins öffentliche Bewusstsein. Trotz anhaltenden politischen Widerstands entstand ein breiter Konsens für die Notwendigkeit einer Reform des Sozialstaates, die u.a. in zahlreichen Reformkommissionen (→ Hartz-Kommission, → Rürup-Kommission) vorbereitet wurden. Ab dem Jahr 2000 wurden daher v.a. in den Bereichen Alterssicherung (→ Riester-Rente, Rente mit 67) und Arbeitsmarktpolitik (→ Hartz-Gesetze) weitreichende Reformen vorgenommen (→ Agenda 2010).

3. Modelle im internationalen Vergleich: In der international vergleichenden Sozialpolitikforschung werden in entwickelten Volkswirtschaften die idealtypischen Grundmodelle des → Sozialstaats und des → Wohlfahrtsstaats unterschieden. Darüber hinaus existieren zahlreiche mehrgliedrige Typologien, die den kontinental-europäischen Sozialstaat, der i.d.R. ein komplexeres System parafiskalischer Sicherungsinstitutionen, stärkere Mitwirkungsrechte der Tarifpartner und ein höheres, aber stark am jeweiligen Haushaltskontext anknüpfendes Sozialleistungsniveau aufweist, auch als „konservativ" oder „korporatistisch" charakterisieren, und einerseits vom „liberalen" angelsächsischen Wohlfahrtsstaat, mit tendenziell niedrigeren, aber universeller gewährten Leistungen in unmittelbarer Verantwortung des Staates, andererseits vom „sozialdemokratischen" skandinavischen Wohlfahrtsstaat, mit individualistisch-universell gewährtem, wiederum vergleichsweise hohem Leistungsniveau und einer generellen Ausrichtung auf allseitige Erwerbsbeteiligung abgrenzen; fallweise wird auch verzeichnet, dass staatliche Sozialpolitik in südeuropäischen Ländern in solchen Gegenüberstellungen generell wenig entwickelt ist. Der Ursprung solcher Modelle von Sozialpolitik im Rahmen marktwirtschaftlicher Ordnungen wird dabei bezeichnenderweise ausnahmslos in Europa gesehen.

III. Herausforderungen und Reformen

1. Arbeitsmarktentwicklung und Erwerbsanreize: Im Gefolge der „Ölpreisschocks“ von 1973 und 1979 und im Zuge einer fortschreitenden internationalen Verflechtung der Wirtschaftstätigkeit („Globalisierung“) erlebten zahlreiche entwickelte Volkswirtschaften eine langfristige Zunahme der „strukturellen“, „Sockel“- oder „Trend“- → Arbeitslosigkeit. In Deutschland setzte sich diese Entwicklung bis 2005 praktisch ungebrochen fort. Das Verharren der Arbeitslosigkeit auf hohem Niveau selbst bei günstiger konjunktureller Entwicklung („ → Hysterese“) wurde dabei auch mit ungünstigen Anreizeffekten der sozialen Sicherung im Falle von Arbeitslosigkeit (→ Arbeitslosenversicherung, → Arbeitslosenhilfe, „Sozialstaatsfalle“) und mit hohen → Lohnnebenkosten, die insbes. aus dem gesamten System sozialer Sicherung resultieren, begründet. Den Vorbildern anderer Länder folgend, in denen ähnliche Systeme teilweise bereits wesentlich früher umgestaltet wurden, erfolgten in Deutschland in den Jahren ab 2002 ebenfalls weit reichende Reformen (→ Hartz-Gesetze). Ziel der Arbeitsmarktreformen war und ist es, eine neue Balance zwischen den Aspekten einer sozialpolitisch erwünschten Absicherung von Risiken des Erwerbslebens und einer konsequenten Aktivierung erwerbsfähiger Sozialleistungsbezieher herzustellen. Im Anschluss an die Reformen ergab sich kurzfristig eine erkennbare Trendumkehr bei der Entwicklung der Arbeitslosigkeit, die durch eine neuerliche internationale Wirtschaftskrise („Finanzmarktkrise“) jedoch überlagert wird. Die Krise stärkt aller Voraussicht nach in Öffentlichkeit, Politik und Wissenschaft das Bewusstsein, dass ein leistungsfähiger und verlässlicher Sozialstaat integraler Bestandteil einer staatlich gewährleisteten Wettbewerbsordnung ist und die Leistungsfähigkeit einer Marktwirtschaft unmittelbar steigern kann. Die aus früheren Erfahrungen gewonnenen Anforderungen an die Anpassungsfähigkeit des Sozialleistungssystems und die Absage an überzogene Erwartungen der Bürger an den Sozialstaat bleiben aber unverändert gültig.

2. Demografischer Wandel: Der Geburtenrückgang der 1970er-Jahre und eine ständige Zunahme der → Lebenserwartung führen in zahlreichen entwickelten Volkswirtschaften zu einer massiven Verschiebung der Altersstruktur der Wohnbevölkerung (→ demografische Alterung), die z.B. in Deutschland ab etwa 2015 immer klarer hervortritt und sich bis etwa 2035 noch zusehends verschärft. Für alle im → Umlageverfahren finanzierten Zweige des Sozialversicherungssystems führt diese Entwicklung bei unverändertem Leistungsniveau aller Voraussicht nach zu starken finanziellen Anspannungen. Nur bei massiven Senkungen des Leistungsniveaus, die den Sicherungszweck des Systems verletzen und u.a. zu steigender „Altersarmut“ führen könnten, ließen sich die Sozialversicherungsbeiträge konstant halten. Relevant sind diese Probleme nicht nur für die → gesetzliche Rentenversicherung (GRV), wo ihnen in Deutschland mittlerweile mit einer ganzen Serie von Reformen entgegen gewirkt wird (→ Rentenreform), sondern auch für die gesetzliche → Krankenversicherung und die soziale → Pflegeversicherung, wo grundlegende Reformen mit ähnlicher Reichweite bis heute fehlen. Zentrale Elemente der Rentenreformen sind langfristige, regelgebundene Senkungen des Niveaus gesetzlicher Renten, der partielle Übergang zu einer Altersvorsorge im → Kapitaldeckungsverfahren durch staatliche Förderung ergänzender, privater Vorsorgeersparnisse (→ Riester-Rente) sowie eine Heraufsetzung der Regelaltersgrenze für den Bezug von → Altersrenten (von 65 auf 67 Jahre) zur Verlängerung der Lebensarbeitszeit. Ähnliche Ansätze zur Stärkung eigenverantwortlicher Sicherung mit staatlicher Regulierung der dabei individuell zu übernehmenden Risiken sind auch für andere Zweige des Sozialversicherungssystems zu prüfen. Da die aktuelle Wirtschaftskrise die Akzeptanz für verstärkte private Vorsorge durch Vermögensbildung beeinträchtigt haben dürfte, erhöht sich dann allerdings auch aus sozialpolitischer Sicht die Dringlichkeit einer konsistenteren Regulierung der Finanzmärkte. Schließlich stellt der demografische Wandel auch wegen seiner bislang unabsehbaren, noch wenig erforschten Folgen auch für die Entwicklung von (→ Arbeits-)Produktivität und → technischem Fortschritt eine anhaltend große Herausforderung für die Sozialpolitik und ihre Anpassungsfähigkeit dar.

3. Sozialpolitik im Systemwettbewerb: Die fortschreitende internationale Verflechtung durch steigenden Handel mit Gütern und Dienstleistungen sowie durch die Zunahme von Kapitalverkehr und Arbeitskräftemobilität führt zugleich zu einem immer intensiveren Systemwettbewerb im Bereich der Sozialpolitik, sowohl innerhalb der Europäischen Union (→ EU) als auch auf globaler Ebene. Einerseits zwingt dieser Wettbewerb einzelne Volkswirtschaften dazu, Ineffizienzen zu vermindern, die durch bestehende sozialpolitische Eingriffe in das Wirtschaftsgeschehen ausgelöst werden können. Andererseits birgt er die Gefahr einer effizienzmindernden „Erosion“ selbst eines harten Kerns sozialpolitischer Maßnahmen und selbst von Ordnungsregeln, die dem Wettbewerb auf nationaler Ebene zur Überwindung von → Marktversagen ganz bewusst entzogen wurden. Auf der Ebene nationaler Sozialpolitik ergeben sich daraus Herausforderungen im Umgang mit wachsender Ungleichheit und einer verstärkten Steuerung durch ökonomische Anreize, wo in der Vergangenheit auf die Begrenzung des Eigennutzes durch christliche Moral oder die Solidarität der Arbeitnehmerschaft vertraut wurde. Entsprechende Ansätze können in einer andersartigen Verbindung von sozialer Sicherung und Eigenverantwortung zur Erhöhung von Transparenz und Effektivität sozialstaatlicher Institutionen sowie in einer verstärkten Förderung und Forderung individueller Handlungskompetenzen als Triebkraft neuer wirtschaftlicher Dynamik, auch im Sinn einer stärkeren Betonung des Ziels der Chancengerechtigkeit anstelle reiner

Bedarfsgerechtigkeit, bestehen. Daneben ist jedoch auch eine stärkere Koordinierung sozialpolitischer Maßnahmen erforderlich, speziell innerhalb der EU (→ Sozialpolitik der Europäischen Union), aber darüber hinaus auch im Bereich der internationalen Handelspolitik, die als Grundlage für die Verbreitung gewisser Mindeststandards genutzt werden könnte, z.B. indem durch eine globale Ächtung von Kinderarbeit ein erster Einstieg in eine wohlfahrtssteigernde Sozialpolitik auch in Schwellen- und Entwicklungsländern vollzogen wird (→ internationale Sozialpolitik).

Sozialprodukt – früherer Begriff für → Nationaleinkommen. – Vgl. auch → Bruttonationaleinkommen (BNE).

Sozialpsychologie – Teilgebiet der Psychologie. – *Untersuchungsgegenstand* sind jene psychischen Vorgänge, in denen Beziehungen des Menschen zu einem oder mehreren anderen Menschen zum Ausdruck kommen. Diese Beziehungen entsprechen Verhaltensweisen der Menschen zueinander. Solche gemeinschaftsbedingten psychischen Phänomene sind Liebe, Hass, Sympathie, Antipathie, Nachahmungstrieb, Pflegetrieb, Machtstreben, Minderwertigkeitsgefühl, Ressentiment etc. Ferner sucht die Sozialpsychologie die Wurzeln der Entstehung der verschiedenen Sozialgebilde wie Ehe, Horde, Stamm, Volk, Gesellschaft, Staat psychologisch zu erfassen. – Vgl. auch Gruppenpsychologie.

Sozialrecht – Teilgebiet des öffentlichen Verwaltungsrechts. – 1. *Materieller Begriff:* Ein einheitlicher Begriff hat sich bis heute nicht durchgesetzt. Nach § 1 SGB I soll das Recht des Sozialgesetzbuches zur Verwirklichung sozialer Gerechtigkeit und sozialer Sicherheit dienen. Es soll v.a. dazu beitragen, ein menschenwürdiges Dasein zu sichern, gleiche Voraussetzungen für die freie Entfaltung der Persönlichkeit, v.a. auch für junge Menschen, zu schaffen, die Familie zu schützen und zu fördern, den Erwerb des Lebensunterhalts durch eine frei gewählte Tätigkeit zu ermöglichen und bes. Belastungen des Lebens, auch durch Hilfe zur Selbsthilfe, abzuwenden oder auszugleichen. – 2. *Formeller Begriff:* Danach umfasst Sozialrecht alle Rechtsgebiete, die nach dem Willen des Gesetzgebers als bes. Teile des Sozialgesetzbuches (Art. II Sozialgesetzbuch (SGB) – Allgemeiner Teil – vom 11.12.1975, BGBl. I 3015) gelten und/ oder nach denen Anspruch auf Sozialleistungen nach dem Sozialgesetzbuch besteht (§§ 18 ff. SGB I); v.a. also das Sozialversicherungsrecht, Recht der Arbeitsförderung, Recht der sozialen Entschädigung, Kassenarztrecht, das Kindergeld-, Jugendhilfe-, Sozialhilfe-, Wohngeldrecht. – Das Sozialrecht ist das Recht der öffentlichen Leistungsverwaltung und wird herkömmlich unterteilt in das Recht der *Sozialversicherung,* Recht der *sozialen Entschädigung* und *Sozialhilferecht.* Als vierte sog. Säule des Sozialrecht hat sich das Recht der *sozialen Förderung* herausgebildet. – Vgl. auch → Sozialgesetzbuch (SGB).

Sozialrechtliche Schule – wissenschaftliche Richtung, nach deren Auffassung das Wirtschaftsleben durch die jeweils geltende Rechtsordnung bestimmt wird, sodass die wirtschaftlichen Erscheinungen nur im Zusammenhang mit der Rechtsordnung verstanden werden können und unbedingt geltende ökonomische Gesetze nicht existieren. – *Hauptvertreter* in Deutschland: Stammler, → Diehl und Stolzmann; in den Vereinigten Staaten: Commons.

Sozialrente – umgangssprachliche Bezeichnung für Renten aus der gesetzlichen → Sozialversicherung.

Sozialreport → Sozialbilanz.

Sozialstaat – neben den Prinzipien der → Demokratie und des → Rechtsstaates eine für alle Staatsgewalten rechtsverbindliche Grundentscheidung des Grundgesetzes (Art. 20 I). Hierdurch wird in erster Linie der Gesetzgeber zur Schaffung sozialer Gerechtigkeit (Abbau sozialer Ungleichheit, Schutz der sozial Schwachen; vgl. → Sozialhilfe) und sozialer Sicherheit (soziale Sicherungssysteme; vgl. → soziale Sicherung, → Sozialversicherung) verpflichtet. Dabei steht ihm ein regelmäßig weiter Gestaltungsspielraum zu, sodass konkrete Handlungspflichten oder subjektive Rechte aus dem Prinzip des Sozialstaates regelmäßig nicht abgeleitet werden können. – Vgl. auch → Sozialpolitik, Sozialpolitik als Reform des Sozialstaats.

Sozialstaatlichkeit → Sozialstaatsprinzip; System der sozialem Sicherung und die Umverteilungspolitik (Redistribution) des Staates.

Sozialstatistik – 1. *I.w.S.:* Anwendung statistischer Methoden auf die Erfassung und Messung gesellschaftlicher und ökosozialer Tatbestände zur Gewinnung von Einsichten in Struktur und Entwicklung der Bevölkerung, der wirtschaftlichen Erzeugungsbereiche (Agrarstatistik, Industriestatistik etc.) und der Verbrauchseinheiten (→ Haushalte) sowie des Güter- und Einkommenskreislaufs. – 2. *I.e.S.:* Teilgebiet der → amtlichen Statistik zur Erfassung der → Sozialleistungen: (1) nach der Zahl der Personen und der Leistungsfälle; (2) nach der Höhe der durchschnittlich je Empfänger geleisteten Beträge unter Berücksichtigung der Kürzungsbeträge nach Geschlecht der Empfänger.

Sozialstruktur – das aus den Elementen: Bildungsgrad, Stellung im Beruf, Höhe des Einkommens, Wertschätzung einzelner beruflicher Tätigkeiten in der öffentlichen Meinung sich aus verschiedenen sozialen Schichten bildende Gefüge des Gesellschaftsaufbaus. Statistisch sind die genannten Merkmale, die in der modernen Industriegesellschaft keinesfalls an bestimmte Berufsstände oder → Klassen gebunden sind, nicht erfassbar. Im Anschluss an die → Volkszählungen und → Berufszählungen bzw. den

→ Mikrozensus wird die Bevölkerung (1) nach der Stellung im Erwerbsleben, (2) nach Wirtschaftsbereichen, (3) nach dem Beruf und (4) nach der Stellung im Beruf gegliedert. Diese Gliederungen gewährleisten noch nicht die Erfassung aller sozialen Schichten, die heute von Bedeutung sind. Durch die sog. sozioökonomische Gliederung der Bevölkerung, bei der die Merkmale der erwähnten vier Gliederungen in geeigneter Weise kombiniert sind, kann ein tieferer Einblick in die sozialen und wirtschaftlichen Verhältnisse der Bevölkerung gewonnen werden. Das → Statistische Bundesamt (StBA) widmet in seinem gemeinsam mit Forschungsinstitutionen produzierten Datenreport - einer Publikation, die Daten der amtlichen Statistik und der Sozialforschung vereint - ein Kapitel der Sozialstruktur.

Sozialtechnik – *Social Engineering.*

I. Allgemein: Auswertung verhaltenswissenschaftlicher Gesetzmäßigkeiten zur Beherrschung (Beeinflussung) des sozialen Lebens.

II. Marketing: Anwendung von sozial- und verhaltenswissenschaftlichen Techniken in der Werbung, bei der Packungsgestaltung, der Warenplatzierung, beim persönlichen Verkauf etc. Zunehmende Bedeutung der Sozialtechnik bei der Bearbeitung gesättigter Märkte. – *Werbetechniken:* (1) aktivierende und emotionale Techniken; (2) kognitive und informative Techniken u.a. – *Kritik* bei der Anwendung in der Werbung v.a. am Missbrauch zur → Manipulation der Konsumenten und an der Gefährdung der kreativen Werbegestaltung durch Einsatz wissenschaftlich erarbeiteter Gesetzmäßigkeiten.

sozial ungerechtfertigte Kündigung → Kündigungsschutz.

sozialverantwortliche Rechnungslegung → Sozialbilanz.

Sozialversicherung – eines der wichtigsten Instrumente staatlicher → Sozialpolitik.

I. Charakterisierung: Im Gegensatz zur Individualversicherung werden durch gesetzlich geregelte Einrichtungen weite Kreise der Bevölkerung gegen Schäden gesichert, die die Existenzgrundlage des Einzelnen und der Gemeinschaft zu beeinträchtigen drohen, wie Krankheit, Beeinträchtigung der Arbeitsfähigkeit und dadurch entstehender Verdienstausfall, sowie zum Ausgleich der durch Entbindung oder Tod entstehenden Kosten. Umfang, Leistungen und Verfahren der Sozialversicherung sind in den einzelnen Staaten verschieden geregelt. – Die *dt.* Sozialversicherung entstand aus der Idee der genossenschaftlichen Selbsthilfe, ist jedoch durch die Mitwirkung des Staates bei der Verwaltung und Aufbringung der Mittel (Versicherungszwang, gesetzlich geregelte Staffelung der Zwangsbeiträge, die sich weniger nach den Leistungen der Versicherung als nach der Leistungsfähigkeit der Versicherten richten) zu einem Teilgebiet staatlicher Sozialpolitik geworden, bes. auch durch die Umstellung der Leistungen bei der Währungsreform im Verhältnis 1:1.

II. Versicherungszweige: → Krankenversicherung, → Unfallversicherung, → Pflegeversicherung und → Rentenversicherung. Die *Zurechnung* der → Arbeitslosenversicherung zur Sozialversicherung hängt von der Fragestellung ab; als Teilgebiet staatlicher Tätigkeit gehört sie zur Sozialversicherung bei der Erfassung der Güter- und Einkommensströme im Rahmen der → Volkswirtschaftlichen Gesamtrechnungen (VGR).

III. Träger: ausschließlich Körperschaften oder Anstalten des öffentlichen Rechts (→ Versicherungsträger), Leistungen und Beiträge bzw. die Art der Beitragsberechnung sind gesetzlich festgelegt. Träger der Krankenversicherung (→ Krankenkassen) haben die Möglichkeit innerhalb gewisser vom Gesetzgeber vorgezeichneter Grenzen selbst über die Leistungen zu entscheiden; bis 2008 galt dies auch für die Beitragssätze.

IV. Rechtssystematik: Als Teilgebiet des → Sozialrechts unterscheidet sich die Sozialversicherung von der Versorgung (→ soziales Entschädigungsrecht) dadurch, dass i.d.R. Leistungen nur nach dem Versicherungsprinzip, also nach vorangegangener Beitragsentrichtung erbracht werden. Das Versicherungsprinzip wird jedoch durch das Prinzip des sozialen Ausgleichs in zahlreichen Einzelregelungen durchbrochen. Von der → Sozialhilfe bzw. dem → Arbeitslosengeld II unterscheidet sich die Sozialversicherung grundsätzlich dadurch, dass bei Eintritt des Versicherungsfalls die gesetzlich vorgesehenen Leistungen unabhängig von einer Bedürftigkeitsprüfung gewährt werden.

V. Gerichtsbarkeit: Streitigkeiten in Angelegenheiten der Sozialversicherung werden vor den → Sozialgerichten (→ Landessozialgerichte, → Bundessozialgericht (BSG)) entschieden. – Vgl. auch → Sozialgerichtsbarkeit, → soziale Sicherung.

Sozialversicherungsabkommen – zwischenstaatliches Recht, mehrseitige (von mehr als zwei Vertragsstaaten vereinbarte) oder zweiseitige (von zwei Vertragsstaaten vereinbarte) internationale Verträge oder Vereinbarungen über Fragen der sozialen Sicherheit. Sozialversicherungsabkommen werden innerstaatliches Recht erst durch Ratifizierungsgesetze und Vereinbarungen in den betreffenden Ländern.

Sozialversicherungsausweis → Versicherungsausweis.

Sozialversicherungsbeitrag → Gesamtsozialversicherungsbeitrag.

Sozialversicherungsentgeltverordnung – 1. *Begriff:* Verordnung über die sozialversicherungsrechtliche Beurteilung von Zuwendungen des Arbeitgebers als Arbeitsentgelt vom 21.12.2006 (BGBl. Teil I 2006, S. 3385), regelt die Bewertung bestimmter Sachleistungen. Nachfolgeregelung zur sog.

Sachbezugsverordnung. Die SvEV dient der Vereinfachung der Berechnung des Wertes solcher Leistungen. – 2. *Ertragsteuerliche Behandlung*: Soweit die SvEV Werte für Sachbezüge festsetzt, sind diese Werte in den dort geregelten Fällen auch bei der Besteuerung maßgeblich (§ 8 II Satz 6 EStG; R 8.1 LStR); das macht Sinn, weil sonst der Vereinfachungszweck nicht zu erreichen wäre.

Sozialversicherungspflicht → Versicherungspflicht.

Sozialversicherungswahlen – Sammelbegriff für die Wahlen der Selbstverwaltungsorgane, der Versichertenältesten und Vertrauensmänner bei den Trägern der Sozialversicherung. Die Wahlen finden alle sechs Jahre statt (§ 58 SGB IV). – *Rechtliche Regelung*: Einzelheiten über Grundsätze und Durchführung der Sozialversicherungswahlen sind in den §§ 43 ff. SGB IV und der dazu ergangenen Wahlordnung für die Sozialversicherung (SVWO) vom 28.7.1997 (BGBl. I 1946) m.spät.Änd. geregelt.

Sozialvertrag → Gesellschaftsvertrag.

Sozialverträglichkeit – Managementsysteme zur Überprüfung der Sozialverträglichkeit können in enger Verbindung zu → Umweltmanagementsystemen, → Qualitätsmanagementsystemen und dem Arbeitschutz stehen. – Standard zur Überprüfung der Sozialverträglichkeit: Standard SA (Social Accountability) 8000 der Organisation Social Accountability International.

Sozialwidrigkeit von Kündigungen → betriebsbedingte Kündigung, → personenbedingte Kündigung, → verhaltensbedingte Kündigung.

Sozialwissenschaften – 1. *Begriff*: Der Terminus Sozialwissenschaften ist eine Sammelbezeichnung für all jene wissenschaftlichen Disziplinen, die sich mit den Phänomenen des gesellschaftlichen Zusammenlebens der Menschen auseinandersetzen. Sozialwissenschaften werden auch als Gesellschaftswissenschaften bezeichnet. – 2. *Charakterisierung*: Eine allg. Charakterisierung zu geben ist schwer, da die verschiedenen Disziplinen äußerst inhomogene Erkenntnisinteressen verfolgen, sich in Ihrer Fachterminologie und den verwendeten Methoden stark unterscheiden und die Gewichtung von Theorie und Empirie unterschiedlich handhaben. Ihnen gemeinsam ist, dass ihre Forschungsobjekte immer auch handelnde Subjekte in dieser Welt sind. Damit werden ihre Forschungsergebnisse immer auch rückbezüglich und die empirische Überprüfung Ihrer wissenschaftlichen Aussagen schwierig. – 3. *Zugehörige Disziplinen*: Klassisch werden folgende Disziplinen zu den Sozialwissenschaften gezählt: Anthropologie (Sozial- und Kulturanthropologie) und Sozialphilosophie, Sozialethik, Sozialgeschichte, Sozialpsychologie, Soziologie, Pädagogik, Erziehungswissenschaft inkl. der Sozialpädagogik, empirische Sozialforschung, Bevölkerungswissenschaft, Ethnologie (Völkerkunde), Anthropogeographie, Kunstwissenschaft, Kulturwissenschaft, Religionswissenschaft, Religionspädagogik, Rechtswissenschaft (Jura), Politikwissenschaft (Politologie), Medienwissenschaft, Kommunikationswissenschaft, Sprachwissenschaft, Wirtschaftswissenschaften. – 4. *Abgrenzungen*: Hinsichtlich der verwendeten Methoden und Vorgehensweisen gibt es Überschneidungen zwischen den Sozialwissenschaften, den Geisteswissenschaften und den Naturwissenschaften. Doch während die Sozialwissenschaften auf die Prozesse menschlichen Zusammenlebens fokussieren, beschäftigen sich die Geisteswissenschaften mit den kulturellen Produkten menschlichen Daseins, wie Sprache, Philosophie, und Mathematik. Dahingegen kann der Blick der Naturwissenschaften als objektbezogen charakterisiert werden. Sie versuchen die Zusammenhänge, den Aufbau und das Entstehen und Vergehen der unbelebten und belebten Natur zu erklären.

Sozialwucher → Wucher.

Sozialzulage → Zulage zum Tariflohn, die – ähnlich wie bei Beamten und öffentlich Bediensteten – auch in der Wirtschaft aufgrund von Einzelarbeitsvertag, Betriebsvereinbarung oder Tarifvertrag aus sozialen Gründen gewährt werden kann, z.B. Verheirateten- oder Frauenzulage, Kinderzulage, Alterszulage, Wohnungs- oder Trennungsgeld.

Soziogramm – grafische Darstellung der interpersonellen Beziehungen im Unternehmen anhand von Ergebnissen soziometrischer Messungen (→ Transaktionsanalyse). Ein häufiges Anwendungsgebiet stellt die Analyse der Beziehungen zwischen den Abteilungen und den Individuen in einem Unternehmen dar, um Arbeitsabläufe zu optimieren.

Soziologie – 1. *Begriff/Entwicklung*: Soziologie ist eine empirische Wissenschaft, die sich auf die Struktur und Funktionsweise von Gesellschaften und das Handeln von Individuen in sozialen Kontexten richtet. Begründet wurde sie von Comte (1798–1857), der sie als „soziale Physik" bezeichnete. – Die Sozialforschung hat sich u.a. aus der Bevölkerungsstatistik („Moralstatistik", Quetelet) im frühen 19. Jh. entwickelt. Weitere Impulse erhielt sie durch die engl. Studien zur Lage einzelner Bevölkerungsgruppen, z.B. der „Lage der arbeitenden Klassen" (Engels 1845), der drei-, später siebzehnbändigen Studie über „Life and Labour in London" von Booth (1889–1902) sowie die franz. Studien über Arbeiterfamilien von Le Play (1855) und dessen Schülern. In Deutschland hat v.a. nach dem Ersten Weltkrieg der → Verein für Socialpolitik durch seine Umfragen, u.a. zur Berufswahl und zum Berufsschicksal, zur Ausbreitung der empirischen Sozialforschung und deren Methoden beigetragen. – 2. *Wichtige Vertreter* des Faches waren: Marx (1818–1883), Simmel (1858–1918), Durkheim (1858–1917), Mead (1863–1931), Weber (1864–1920), Lazarsfeld (1901–1976), Parsons (1902–1979), Merton, (1910–2003), Coleman (1926–1995), Luhmann (1927–1998), Bourdieu (1930– 2002). – 3. *Gegenstand:* Die Entwicklung und

Etablierung der Soziologie als eigenständigem Fach hängt eng mit der nach dem Zweiten Weltkrieg zunehmenden quantitativen Orientierung, der Zunahme mathematisch-statistischer Verfahren und dem → Kritischen Rationalismus als vorwiegendem wissenschaftlichem Paradigma zusammen. – Die Soziologie richtet sich u.a. auf die Erforschung sozialen Wandels und der sozialen Ungleichheit, der sozialen Integration, von sozialen Institutionen und Interaktionsprozessen, ferner in zahlreichen Teilgebieten u.a. der Familie, Jugend, Wirtschaft und Betrieb, abweichenden Verhalten, Stadt und Massenkommunikation. Zur Erklärung verwendet sie allg. Theorien wie die Systemtheorie (z.B. Luhmann), Handlungstheorien (z.B. Homans) und die Rational-Choice-Theorie. – 4. Zunehmend wird die Trennung von Makro- und Mikrosoziologie verlassen und durch *Analysen in Form des analytischen Mikro-Makro-Modells* ersetzt, weil nicht spezifiziert. Das Vorgehen lässt sich am Beispiel der Annahme von Weber, der Kapitalismus sei aus der protestantischen Ethik entstanden, erläutern. Erklärt werden soll ein Sachverhalt auf der Makroebene X_j (die Entstehung des Kapitalismus) durch eine Hypothese auf der Makroebene X_i -> X_j (X_i = protestantische Ethik). Diese Erklärung von X_j wird nun ersetzt durch eine von X_i über x_i und x_j zu X_j, weil die ursprüngliche Makrohypothese den Sachverhalt nur unzureichend erklärt. Deshalb erfolgt die Erklärung über die Mikroebene: Eine Erklärung, die protestantische Umgebung beeinflusst einzelne protestantische Familien in ihrer Ethik, dies ist der Kontexteffekt X_i -> x_i, sie erziehen ihre Kinder zu einer Leistungsethik und einem spezifischen ökonomischen Verhalten, dies ist die Mikrohypothese x_i -> x_j, aggregiert man deren Verhalten durch eine Aggregationsregel (x_j -> X_j), im einfachsten Fall durch Addition, so gelangt man zur Erklärung des Sachverhalts X_j (dem Entstehen des modernen Kapitalismus) – 5. Die *wichtigsten Forschungsmethoden* der Soziologie sind die Face-to-Face, schriftliche und telefonische → Befragung, zunehmend als CAPI (Computer Assisted Personal Interview) und CATI (Computer Assisted Telefone Interview), ferner die Inhaltsanalyse von Texten und die Sekundäranalyse bereits vorliegender Datensätze unter neuen Fragestellungen. – 6. Der systematischen Erforschung sozialer Strukturen und des sozialen Wandels in Deutschland dienen zwei regelmäßige *Umfragen:* a) *ALLBUS:* Eine seit 1980 durchgeführte repräsentative Bevölkerungsbefragung mit ca. 3.000 Personen, seit 1991 zusätzlich in den fünf neuen Bundesländern. Neben einer Standarddemographie enthält er wechselnde Themen, z.B. Kriminalität, Einstellung gegenüber Ausländern, politische Einstellungen. – b) *Sozioökonomische Panel (SOEP):* Eine Panel-Befragung (→ Panel), die sich primär auf die Erwerbstätigkeit, Einkommen und Lebenszufriedenheit richtet; sie soll amtliche Statistiken ergänzen. Ihr liegt ein mikroökonomischer Ansatz zugrunde. Die Wiederholungs-Befragungen erfolgen seit 1984 jährlich; 1990 wurden sie auf die neuen Bundesländer ausgedehnt, im Jahre 2001 umfasste sie rund 12.000 Haushalte mit mehr als 22.000 Personen ab 16 Jahren: Deutsche, Ausländer und Zuwanderer. Es wird vom Deutschen Institut für Wirtschaftsforschung, Berlin, betreut. Das SOEP ist mit seiner Vielzahl von Analysemöglichkeiten (Individuum, Haushalt; Längsschnitt) das gegenwärtig komplexeste und aufwendigste Forschungsinstrument der empirischen Sozialforschung in Deutschland. Seine Daten werden von Soziologen, Ökonomen und politischen Wissenschaftlern genutzt.

Soziologie – Mikro-Makro-Modell

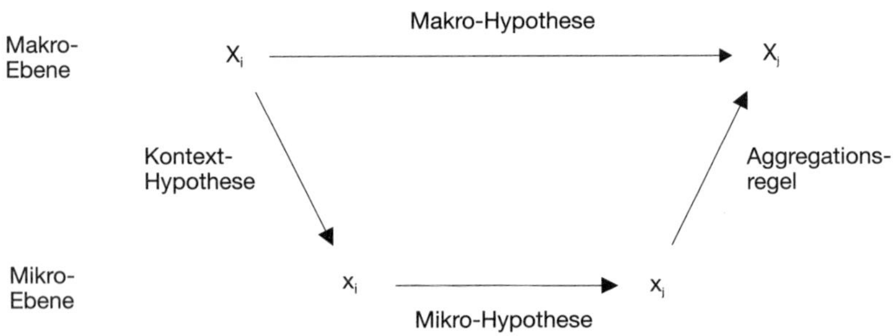

Sozioökonomie

von Prof. Dr. Andrea Maurer

I. Begriff

Sozioökonomie steht für ein *Forschungsprogramm*, das wirtschaftliches Handeln sowie die Kerninstitutionen und Strukturen der moderner Wirtschaft nicht allein unter „ökonomischen" Gesichtspunkten (Effizienz) und unter ausschließlicher Berücksichtigung ökonomischer Faktoren (Nutzen- und Gewinnorientierung der Akteure auf der einen Seite und die materiellen Ressourcen auf der anderen) erklären will. Das gemeinsame Anliegen von Sozioökonomen ist vielmehr, Wirtschaften bzw. wirtschaftliches Handeln in seiner gesellschaftlichen Bedingtheit zu verorten und daher das Wechselspiel von Wirtschaft und Gesellschaft in den Mittelpunkt zu rücken.

II. Merkmale

Charakteristisch für die Sozioökonomie ist der umfassende Anspruch, Wirtschaften und wirtschaftliches Handeln „realistischer" und damit umfassender beschreiben und erklären zu können, als dies die Standardökonomik bzw. neo-klassische Ansätze tun. Dahinter steht ein komplexes Verständnis der Aufgaben und der Methodologie einer modernen Sozialwissenschaft, von der die Wirtschaftswissenschaft ein Teil ist (vgl. → Weber und → Schumpeter).

Zunächst ordnet sich die Sozioökonomie in die Tradition der modernen Sozialtheorie ein, welche sich gegen eine idealistische Philosophie und eine reine Naturwissenschaft abgegrenzt und als Sozialwissenschaft etabliert hat, welche ausgehend von „realistischen" Beschreibungen des Menschen, d.h. solchen Annahmen, die dem Bild des wahren Menschen möglichst gut entsprechen und keine „Idealbilder" im normativen Sinne vorgeben, die reale Probleme bei der Gestaltung der sozialen, der wirtschaftlichen und/oder der politischen Ordnung erfassen und dafür Gestaltungsvorschläge entwickeln wollen. Neben dem damit vorgegebenen Postulat einer realistischen und für verschiedenen Handlungsfelder zu verwendenden Beschreibung des menschlichen Akteurs ist die zweite wichtige Annahme, dass das individuelle Handeln immer in sozialen Kontexten verortet ist und damit einerseits direkte soziale Beziehungen/Interaktionen und andererseits soziale, kulturelle, politische und ökonomische Institutionen relevant sind (vgl. → Soziologie).

In der neueren Sozioökonomie werden daraus v.a. drei kennzeichnende Prinzipien abgeleitet.

a) So wird für die Sozioökonomie zumeist daran festgehalten, dass Wirtschaft ausgehend vom Handeln der Menschen zu erklären sei. Gleichwohl werden aber sowohl das Handlungsmodell des „Homo Oeconomicus" als auch das des „Homo sociologicus" als zu realitätsfern abgelehnt. An deren Stelle sollen komplexere Handlungsmodelle entwickelt und für die Erklärung wirtschaftlicher Sachverhalte eingesetzt werden. Diese sollen insbesondere erfassen können, dass die Akteure weder über vollkommene Informationen bzw. -verarbeitungskapazitäten verfügen noch nur ökonomische Zwecke verfolgen, vielmehr soll berücksichtigt werden, dass sie auch nicht-ökonomische Ziele haben und auch wert- oder allgemeinwohlorientiert handeln (Hirschman 1980; Weber 1988; Schumpeter 1987; Etzioni 1991).

b) Für die Sozioökonomie ist zweitens die Analyse von „Wirtschaft und Gesellschaft" charakteristisch. Damit wird all den Ansätzen eine Absage erteilt, die Wirtschaft unter Ausblendung von Gesellschaft und Gesellschaft ohne Wirtschaft analysieren und erklären wollen. Dahinter steht die empirische Beobachtung, dass mit der modernen bürgerlichen Gesellschaft nicht mehr länger Moral, Religion, Ästhetik oder Literatur die zentralen Begründungs- und Ordnungsmuster vorgeben, sondern die Wirtschaft. Dann wird Wirtschaften aus seiner moralisch-ethischen Rahmung freigesetzt (Polanyi 1978) und Gegenstand gesellschaftlich-politischer Gestaltung.

c) Nicht zuletzt ist die Sozioökonomie auch durch die Integration bzw. mitunter auch durch die gleichzeitige Verwendung verschiedener Methoden, Begriffe, Modelle und Arbeitsweisen charakterisiert. Sozioökonomie wird daher von vielen auch als interdisziplinäres Programm definiert. Aus heutiger Sicht können zwei grundlegende Positionen unterschieden werden, die eine je spezifische Form „sozio-ökonomischer Arbeit" ausmachen. So wird eine interdisziplinäre Arbeitsteilung unter dem gemeinsamen Dach handlungsbasierter Erklärungen mit dem Anspruch, Wirtschaft und Gesellschaft in ihrem Zusammenspiel zu erfassen, praktiziert (Weber 1985/1920; Hirschman 1981). Dem stehen Ansätze gegenüber, welche wirtschaftliche Fragen auf Basis soziologisch und/oder sozialphilosophischer Konzepte und unter gesellschaftlich-moralischen Perspektiven betrachten wollen. Dies wird als der „Standardökonomik" und der klassischen Soziologie überlegen und daher als „paradigm shift" gesehen (Etzioni 1991; 2003, S. 107).

III. Unterscheidung von ähnlichen Begriffen

In der Antike war die Haus- und Staatswirtschaft Thema der Staats- und Sozialphilosophie unter ethisch-politischen Aspekten. Zu Beginn der europäischen Moderne entsteht die *politische Ökonomie*, welche die

Wohlfahrtsproduktion einzelner Nationen in den Vordergrund rückt und nach den Regulierungen einer aus normativen Bezügen freigesetzten Industrie bzw. dem Handel fragt. Adam Smith wurde dafür zum Meilenstein. Karl Marx (1982) hat kritisch auf Smith Bezug nehmend in der menschlichen Arbeit die wertschaffende Größe und in der Produktionsweise das dynamische Moment der Gesellschaftsentwicklung ausgemacht. Die Entwicklung der menschlichen Gesellschaft wird von Marx auf die Entwicklung der Produktivkräfte und die davon angetriebene Produktionsweise zurückgeführt.

Von Vertretern der neuen Wirtschaftssoziologie, allen voran von Mark Granovetter, Harrison White, James Coleman und Richard Swedberg, wird auch eine handlungsbasierte Erklärungsweise verfochten. Und auch ihr Anliegen ist es, komplexere, soziologisch informierte Handlungsbeschreibungen und -theorien einzusetzen (vgl. → Wirtschaftssoziologie) . Damit wird aber explizit angestrebt, die Wirkungen sozialer Faktoren wie sozialen Beziehungen und Netzwerke (Granovetter, White), von sozialen Handlungsrechten (Coleman) oder auch die soziale Konstitution von Interessen (Swedberg) bei der Analyse zentraler Wirtschaftsinstitutionen berücksichtigen zu können (vgl. zum Verhältnis von Sozioökonomie und Wirtschaftssoziologie ausführlich Maurer 2011). Die Sozialökonomie verbindet mit der *neuen Wirtschaftssoziologie* die Kritik an der Neoklassik, insbesondere an der Verwendung des Modells des „Homo oeconomicus" und der universellen Verwendung des Wettbewerbs.

IV. Entwicklung bzw. Geschichte des Begriffes

Das Forschungsprogramm hat seinen Namen durch den älteren deutschen Begriff der „Socialökonomie" (Weber 1985/1920; Schumpeter 1987) und wird heute auch als „Sozialökonomik" oder „Sozialökonomie" bezeichnet (Perridon und Granvogl 2000; vgl. zur Begriffsgeschichte ausführlich Oppolzer 1990). Die neueren Ansätze aus dem angelsächsischen Sprachraum, die seit den 1980er-Jahren dem Paradigma zu verstärktem Ansehen verholfen haben, zeichnen als „socio-economics" (Etzioni und Lawrence 1991; Swedberg 1991) oder „socio-economic paradigm" (Etzioni 2003, Hollingworth et al. 2002). Die Renaissance dieser Forschungstradition zeigt sich auch in aktuellen deutschsprachigen Publikationen (etwa Althaler 1995; Perridon und Granvogl 2000; Mikl-Horke 2011).

Startpunkte des sozioökonomischen Denkens sind v.a. Max Weber, Werner Sombart und Josef Schumpeter. Sie haben sich als Nationalökonomen, Wirtschaftshistoriker und Soziologen verstanden und zu Beginn des 20. Jahrhunderts die Grundlagen der modernen Sozialwissenschaften gelegt. Im Zentrum ihrer Forschung stand das Zusammenspiel von Wirtschaft und Gesellschaft, insbesondere die Entstehung des modernen Kapitalismus als Teil eines umfassenden sozialen Wandels. Sie verbindet auch der Anspruch einer *integrativen Perspektive* auf Wirtschaft, d.h., die Verbindung von Wirtschaftstheorie, Wirtschaftsgeschichte und Wirtschaftssoziologie.

Max Weber (1864-1920) kommt eine herausgehobene Stellung zu (Oppolzer 1990; S. 21; Swedberg 1991; Maurer 2011, S. 105). Weber hat das Kompendium „Grundriß der Sozialökonomik" in mehreren Bänden konzipiert und dazu einen eigenen Beitrag „Wirtschaft und Gesellschaft" (Weber 1985) verfasst. Mit der verstehenden Soziologie, der Idealtypenbildung und der Werturteilsfreiheit hat er ein methodologisches Fundament zur integrativen Analyse von Wirtschaft vorgelegt. Max Weber hat weiterhin in den Studien zur Protestantischen Ethik gezeigt, wie religiös-kulturelle Ideen vermittelt über das Handeln der Menschen die für den modernen Kapitalismus wichtigen Wirtschaftsinstitutionen: den privat-kapitalistischen Wirtschaftsbetrieb, den Massengütermarkt und die Kapitalrechnung in Geld, mit hervorgebracht haben. Nicht zuletzt hat Weber eine auch heute noch anschlussfähige Definition des Gegenstands der Sozioökonomie festgelegt: „‚Wirtschaftlich *orientiert*' soll ein Handeln insoweit heißen, als es seinem gemeinten Sinne nach an der Fürsorge für einen Begehr nach Nutzleistungen orientiert ist." (1985: 31, Hervorh. im Orig.)

Trotz des Bemühens der Klassiker eine integrative Sozialökonomik auf den Weg zu bringen, gingen Soziologie, Ökonomie, Politik- und Geschichtswissenschaft im 20. Jahrhundert zunehmend getrennte Wege und verlor die Soziologie das Wirtschaften im 20. Jahrhundert mehr und mehr aus dem Blick. Die Ökonomik meinte, sich auf das rational-logische und die Soziologie auf das nicht-rationale Handeln und auf weniger rationale Ordnungsmechanismen wie Normen und Herrschaft beschränken zu können. So entstanden von 1945 bis in die 1980er nur wenige Arbeiten, die dem Anspruch der Sozioökonomie zuzurechnen wären; zu diesen Ausnahmen zählen aber die wichtigen Arbeiten von Albert Hirschman, Kenneth Galbraith, Gunnar Myrdal, Neils Smelser u.a. (vgl. dazu Perridon und Granvogl 2000; Mikl-Horke 2011). Erst in den 1980er-Jahren belebte sich – im Kontext anderer Entwicklungen (neue Wirtschaftssoziologie, Neuer Institutionalismus in der Soziologie, Neue Institutionenökonomik) – wieder eine Sozioökonomie. Die Institutionalisierung des sozio-ökonomischen Ansatzes wurde wesentlich durch die Gründung der „Society for the Advancement of Socio-Economics" (SASE) Ende der 1980er in den USA (Harvard University) vorangetrieben.

V. Ziele

Die Vertreter und Vertreterinnen des „sozio-ökonomischen Programms" verbindet die einhellige Kritik an der Neoklassik. Die dort verwendeten Modelle des „Homo oeconomicus" und des „Wettbewerbsmarktmodells" sowie die damit verbundene Ausrichtung auf Gleichgewichtsanalysen werden als unrealistisch kritisiert. An deren Stelle sollen einerseits „realistischere Handlungsmodelle und -beschreibungen" wie etwa die des homo socio-oeconomicus oder des homo culturalis treten, auf der anderen Seite wird im Anschluss an die Klassiker dafür plädiert, die Annahme einer „reinen Sphäre der Wirtschaft" aufzugeben. Von denjenigen Vertretern, die sich einer sozialwissenschaftlichen Modell- und Theoriebildung zugehörig fühlen, werden stattdessen realistische Marktmodelle gefordert. So hat etwa Albert Hirschman Situationsbeschreibungen eingebracht und entwickelt, die gemeinsames Handeln anstatt Wettbewerb thematisieren oder eben auch Organisationen und er hat rekonstruiert, wie sich das interessengeleitete Handeln durchgesetzt hat (Hirschman 1980). Politisch relevant wurden Hirschmans Analysen im Kontext von Entwicklungspolitik oder von Systemzusammenbrüchen wie nach 1989 (vgl. Pies und Leschke 2006). Eine andere Kritik wendet sich gegen die Gleichgewichtsanalyse der Neoklassik und will an deren Stelle Umverteilungsfragen und ethische Bewertungskriterien in die Ökonomie zurückholen.

Zusammenfassend ist festzuhalten, dass das grundsätzliche Ziel sozioökonomischer Ansätze die Erklärung wirtschaftlicher Sachverhalte unter Einbeziehung sozialer Faktoren ist. Dafür ist die Annahme zentral, dass Wirtschaft und Gesellschaft nur im Zusammenhang, der sich in konkreten historischen Momenten darstellt, umfassend erfasst werden können. Weitgehend geteilt wird zudem der Anspruch, wirtschaftliche Sachverhalte über das individuelle Handeln in sozialen Kontexten zu erklären und dafür möglichst „realistische" Beschreibungen zu verwenden.

VI. Wichtige Arbeiten und aktuelle Streitpunkte

Gegenwärtige Herausforderungen, Konflikte und Entwicklungslinien konzentrieren sich um drei Aspekte:

a) Wo sind Brücken und wo Grenzen zum Neuen Institutionalismus und insbesondere zur neuen Wirtschaftssoziologie zu bauen?

- Smelser hat die „new economic sociology" in den 1980er-Jahren auch erfolgreich etabliert, indem er sie als die wissenschaftliche Disziplin definiert hat, die mithilfe soziologischer Konzepte und unter soziologischen Perspektiven „Kerninstitutionen der Wirtschaft" analysiert (vgl. Maurer 2008).

b) Welche theoretischen Begriffe und Konzepte sind für die Erfassung des Wechselverhältnisses von Wirtschaft und Gesellschaft verwendbar?

- Hilft der Begriff der Institution weiter, wie er klassisch in der Soziologie – und zunehmend in der Ökonomie – verwendet wird?
- Wie sind die Konzepte des alten, dem amerikanischen Pragmatismus zugehörigen Begriffe und Konzepte einzuordnen?
- Inwiefern helfen marxistische und neo-marxistische Konzepte, die eher auf der Makroebene angesiedelt sind?
- In welchem Maße kann die Sozioökonomie an sozial-philosophische Ideen anschließen?

c) Wie sind die von den Klassikern – v.a. von Max Weber – gelegten methodologischen Grundlagen weiterzuentwickeln?

- Welche Methodologie ist für die Sozioökonomie passend? Das heißt, ist die Sozioökonomie mit einem strengen „Methodologischen Individualismus" vereinbar oder wäre eher ein „Methodologischer Individualismus" wie er etwa bei Weber zu finden ist, passend.
- Mithilfe welches theoretischen Werkzeugs können Individuum und Gesellschaft, bzw. Annahmen auf der Handlungs- und der Strukturebene miteinander verbunden werden?
- Wie „realistisch" können und müssen Handlungs- und Situationsmodelle sein? Und was kann hierfür als methodologisch-theoretischer Bezugspunkt gelten?

d) Nicht zuletzt die Erfolge der Neurowissenschaften und der Verhaltensökonomik regen die Diskussion darüber an, ob und inwiefern dem Menschen Handlungsautonomie zuzusprechen ist und ob und in welchem Umfang Emotionen und Irrationalitäten bei der Erklärung wirtschaftlicher Phänomene einzubeziehen sind.

VII. Aktueller Stand

Die Diskussionen der letzten Jahre waren v.a. durch die Arbeiten von Amitai Etzioni angeregt. Weiterhin zu nennen sind aber auch Albert Hirschman, Amartya Sen, Robert Putnam sowie die Wiederentdeckung der sozioökonomischen Klassiker. Vor allem Etzioni will die Sozioökonomie als Forschungsprogramm wissenschaftlich und organisatorisch fundieren und ihr einen eigenständigen Platz in der Wissenschaftslandschaft einräumen (Etzioni 1991; 2003 sowie Etzioni und Lawrence 199). Dabei greift Etzioni auf ein Handlungsmodell der Sozialpsychologie zurück, das den inneren Konflikt zwischen moralischer Pflicht und individueller Lust sowie die begrenzte Rationalität von Handelnden und damit emotionale Aspekte des individuellen Entscheidens und die moralisch-kulturelle Seite der Sozialen Welt betont (vgl. Etzioni 2003, S. 111). Die Arbeiten von Etzioni waren so zwar ein wichtiger Anstoß, der aber noch um Aspekte der sozialen Konstitution von Handlungszielen und -orientierungen sowie auch um die Analyse der Funktion sozialer Institutionen in der Wirtschaft ergänzt werden muss.

In der Sozioökonomie sind in den letzten Jahren wichtige Beiträge zur theoretischen und empirischen Erforschung von Sozialkapital und von Vertrauen sowie auch zur Moral von Märkten und der „ethischen Bindung" von Managern und Organisationen vorgelegt worden. Es steht aber noch die Auseinandersetzung mit neuen theoretischen Strömungen und die Ausarbeitung des eigenen theoretischen Fundaments aus.

VIII. Ausblick

Der Begriff der Sozioökonomie wird von verschiedenen Positionen und Ansätzen verwendet, sodass „Grenzen" nicht einfach zu ziehen sind. Das liegt wesentlich daran, dass die meisten Vertreter und Vertreterinnen der Sozioökonomie aus unterschiedlichen disziplinären Kontexten stammen und sich einem interdisziplinären Arbeiten bzw. einer einheitlichen Sozial- und Gesellschaftswissenschaft verbunden fühlen. Als gemeinsames Dach im Sinne eines übergreifenden Anspruchs kann jedoch der Anspruch gesehen werden, „bessere" im Sinne von komplexeren und realitätsnäheren Erklärungen und Analysen wirtschaftlicher Sachverhalte vorzulegen, weil diese Wirtschaft und Gesellschaft im Zusammenhang erfassen. Dass damit heute unterschiedliche, wenngleich erkennbare Positionen verbunden sind, könnte der große Vorteil der Sozioökonomie.

Sozioökonomisches Panel → Soziologie.

Sozius → Teilhaber.

Space Management – Optimierung der Verkaufsflächen und Verkäufsräume im Einzelhandel, z.B. Abmessungen und Anordnungen der Regale und Bildung von bedarfsgerechten Warengruppen.

Spaltprodukte → Kuppelprodukte.

Spaltung – Teilung in zwei oder mehrere Unternehmen bzw. Gesellschaften, z.B. um bestehende Unternehmenseinheiten nicht zu groß werden zu lassen. Es wird unterschieden zwischen der Spaltung von Personengesellschaften (→ Realteilung) und Spaltung von Kapitalgesellschaften. Zivilrechtliche Möglichkeiten der Spaltung: vgl. → Rechtsträger, Spaltung von.

Spaltungsgesetz – Gesetz über die Spaltung der von der Treuhandanstalt verwalteten Unternehmen vom 5.4.1991 (BGBl. I 854) – SpTrUG - m.spät. Änd. – *Zweck des Gesetzes:* Erleichterung der Privatisierung der von der Treuhandanstalt verwalteten ehemaligen volkseigenen Unternehmen, deren Anteile sich unmittelbar oder mittelbar zu 100 Prozent in der Hand der Treuhandanstalt befinden, um schneller die Aufteilung der Betriebe und die Verselbstständigung von Betriebsteilen zu großen Unternehmenseinheiten in rechtlich selbstständige Einheiten zu erreichen. – Vgl. auch → Rechtsträger, Spaltung von.

Spam – *Spam-Mail;* → E-Mail mit werblichem Inhalt, die dem Empfänger unaufgefordert zugesandt wird. Spamming ist nach dem inoffiziellen Verhaltenscodex der Internetgemeinde verpönt.

spanabhebende Fertigung – technisches Verfahren, bei dem vom Werkstück (Rohling) Werkstoffteile abgetrennt werden. – *Beispiele:* Drehen, Hobeln, Bohren, Fräsen. Beim Drehen einer Welle aus einem Stück Stabstahl z.B. wird der Stabstahldurchmesser abgedreht, bis der gewünschte Durchmesser der Welle erreicht ist. – Vgl. auch → spanlose Fertigung.

spanlose Fertigung – technisches Verfahren, bei dem die Form eines Werkstückes ohne bzw. mit relativ geringem Stoffverlust geändert wird. Die Festigkeitseigenschaften des Werkstoffes werden dabei ausgenutzt, um bei Anwendung von Druck oder Zug die Formänderung zu bewirken. Die Arbeitsoperationen können an warmen oder kalten Werkstücken vorgenommen werden. – *Beispiele:* Pressen, Schmieden, Ziehen, Walzen. – Vgl. auch → spanabhebende Fertigung.

Spannenklausel – Art der → Differenzierungsklausel. Sie sichert den tarifgebundenen Arbeitnehmern (→ Tarifgebundenheit) eine bestimmte Vergünstigung derart, dass es dem Arbeitgeber zwar nicht verboten ist, auch den nicht tarifgebundenen einen Vorteil der gleichen Art zu gewähren; er muss nur diese Vergünstigung den Tarifgebundenen zusätzlich gewähren. Spannenklauseln sind nach der Rechtsprechung unzulässig. Allerdings mehren sich die Stimmen, die das anders sehen.

Spannweite – bei einer → Gesamtheit, bei der ein → quantitatives Merkmal interessiert, die Differenz aus größter und kleinster → Ausprägung. Die Spannweite wird in der statistischen Qualitätskontrolle (→ Qualitätssicherung) als einfaches → Streuungsmaß verwendet.

Span of Control → Leitungsspanne.

Sparbrief – Anlagealternative zur → Spareinlage mit fester (längerer) Laufzeit und fester (höherer) Verzinsung. Kein Wertpapier im Sinn des Depotgesetzes. Ein Kursrisiko ist nicht vorhanden. Die Zinsen werden entweder ausgezahlt oder kumuliert. Nach Sperrfrist ist Rückgabe unter Beachtung eventueller Höchstgrenzen möglich. Dem Sparbrief entsprechen in der Schweiz die Kassenobligationen.

Sparbuch – das von einer → Sparkasse (Sparkassenbuch) oder Bank dem Inhaber eines → Sparkontos ausgehändigte Buch, in dem alle Kontoveränderungen, (Einzahlungen, Abhebungen, Zinsgutschriften) einzutragen und zu quittieren sind. Es muss auf den Namen des Kontoinhabers ausgestellt sein (anonyme Sparkonten sind nach § 154 II AO nicht möglich), ist aber kein → Wertpapier i.e.S., sondern vorwiegend Schuld- und Beweisurkunde (§ 808 BGB; → hinkendes Inhaberpapier). Die Sparkasse oder Bank ist zur Prüfung der Legitimation des Vorzeigers berechtigt, aber nicht verpflichtet (qualifiziertes Legitimationspapier). – *Übertragung*: Ein Sparguthaben wird daher nicht durch Übertragung des Eigentums am Sparbuch durch → Übereignung des Sparbuchs übertragen, sondern (soweit nicht die Satzung entgegensteht) durch → Forderungsabtretung (§ 398 BGB). – *Verpfändung:* Ein Sparbuch kann nicht verpfändet werden, sondern nur das Sparguthaben. Allerdings wird in der Übergabe des Sparbuchs zur Verpfändung regelmäßig die stillschweigende Abtretung der Forderung oder ggf. die Vereinbarung eines → Zurückbehaltungsrechts zu erblicken sein. Sparcards ersetzen immer öfter das Sparbuch.

Spardabanken → Kreditgenossenschaften.

Spareinlagen – 1. *Begriff:* Einlagen, die ein → Kreditinstitut als solche annimmt und durch Ausfertigung einer Urkunde, v.a. eines → Sparbuches, als Spareinlagen kennzeichnet. Spareinlagen dienen der Ansammlung oder Anlage von Vermögen, nicht aber dem Geschäftsbetrieb oder dem → Zahlungsverkehr. Geldbeträge, die von vornherein befristet angenommen werden, gelten nicht als Spareinlagen. Von dieser Regelung ausgenommen sind Geldbeträge, die aufgrund von Vermögensbildungsgesetzen geleistet werden. – 2. *Rechtsgrundlagen:* Zivilrechtlich sind Spareinlagen als → Darlehen (§ 607 BGB) anzusehen. Bankrechtliche Definition ist der § 21 IV Verordnung über die Rechnungslegung der Kreditinstitute (RechKredV, Rechnungslegungsverordnung). – 3. *Arten:* Seit Inkrafttreten der Vierten Novelle des Kreditwesengesetzes am 1.7.1993 ist ein gesetzlicher Schutz der Bezeichnung Spareinlagen nicht mehr gegeben. Alle Kreditinstitute können damit → Einlagen in individueller Ausgestaltung unter dem Produktnamen Spareinlagen anbieten. Machen Kreditinstitute davon Gebrauch, ist ihnen lediglich verwehrt, Einlagen, die nicht den Bestimmungen der RechKredV entsprechen, in der Bilanz der Spareinlagenposition auszuweisen. Dann entfällt auch eine privilegiertere Behandlung bei den bankaufsichtsrechtlichen Liquiditätsgrundsätzen wie auch bei der Mindestreservehaltung. Einlagen dieser Art können als unechte Spareinlagen bezeichnet werden, im Gegensatz zu den privilegierteren echten Spareinlagen. – 4. *Einlegerkreis:* Nach § 21 IV Nr. 3 RechKredV sind Kapitalgesellschaften, Genossenschaften, wirtschaftliche Vereine, Personenhandelsgesellschaften sowie ausländische Unternehmen mit vergleichbarer Rechtsform von der Einlage ausgeschlossen. Zugelassen sind dagegen natürliche Personen, Personenzusammenschlüsse, Einzelfirmen, gemeinnützige, mildtätige, kirchliche Einrichtungen sowie juristische Personen des öffentlichen Rechts. – 5. *Verzinsung:* Bei der Gestaltung der Zinssätze für Spareinlagen ist (neben den für das Zinsniveau wichtigen Faktoren) die Dauer der vereinbarten Kündigungsfristen und nicht die Dauer der tatsächlichen Kapitalüberlassung entscheidend. Je länger die Kündigungsfrist ist, desto höher ist i.d.R. der Zinssatz. Aufgelaufene Zinsen werden jährlich nachträglich auf den Sparkonten vergütet und bei Vorlage des Sparbuches eingetragen. Die jeweils geltenden Zinssätze sind durch Aushang im Kassenraum ersichtlich zu machen. – 6. *Kündigungsfrist:* Nach § 21 IV Nr. 4 RechKredV weisen Spareinlagen eine Kündigungsfrist von mind. drei Monaten auf. Darüber hinaus können beliebig lange Kündigungsfristen vereinbart werden. In der Praxis handelt es sich dabei um Kündigungsfristen von sechs Monaten, zwölf Monaten, 24 Monaten und 48 Monaten. Diese Spareinlagen können mit beliebig langen Kündigungssperrfristen ausgestattet werden, zwingend vorgeschrieben ist dies durch die RechKredV allerdings nicht. Nach § 21 IV Satz 2 RechKredV können Kreditinstitute in ihren Sparbedingungen Vereinbarungen treffen, die dem Kunden das Recht einräumen, ohne Kündigung über einen Teil seiner Spareinlagen zu verfügen, und zwar bis zu einem bestimmten Betrag, der pro Sparkonto maximal 2.000 Euro nicht übersteigen darf, nur für Spareinlagen mit dreimonatiger Kündigungsfrist vereinbart werden darf und jeweils für einen Kalendermonat gilt. – Mit der Kündigung zur Fälligstellung der Spareinlagen bringt der Sparer zum Ausdruck, dass er den Sparvertrag beenden und das eingezahlte Sparkapital ganz oder teilweise zurückfordern will. Nach Ablauf der Kündigungsfrist erhält der Sparer einen Anspruch auf sofortige Rückzahlung des dann fälligen Sparkapitals. Wird dagegen eine Spareinlage vor Fälligkeit, also ohne Einhaltung der Kündigungsfrist oder vor Ablauf einer evtl. bes. vereinbarten Kündigungssperrfrist, vorzeitig zurückgezahlt, so ist dazu ein Schuldabänderungsvertrag erforderlich. Dazu ist allerdings nur der Sparer selbst berechtigt. Einen Rechtsanspruch auf vorzeitige Kündigung hat der Sparer nicht. Entspricht jedoch das Kreditinstitut dem Wunsch des Sparers auf vorzeitige Kündigung, so hat der Sparer dafür einen Vorfälligkeitspreis zu zahlen, d.h. er muss mit einer Zinseinbuße oder mit einer anderen Kostensanktion rechnen. Das kann in Form von → Vorschusszinsen, eines Vorfälligkeitsentgelts oder einer Parallelverzinsung erfolgen.

Sparen – Vorgang, der sich in der → Haushaltstheorie auf den Teil des laufenden → verfügbaren Einkommens eines → Haushalts bezieht, der nicht für den → Konsum verausgabt wird. Bietet eine Volkswirtschaft keine Möglichkeit, bestimmte Einkommensteile konsumtiv zu verausgaben, spricht man vom *Zwangssparen. Freiwilliges Sparen* kann entweder Vermögensanlage oder *Zwecksparen,* z.B. für dauerhafte Konsumgüter, sein. – Bezogen auf die Vermögensanlage wird die Höhe des *Sparens* durch die Überlegung bestimmt, inwieweit sich

Konsumverzicht in der laufenden Periode zugunsten eines (1) erweiterten Handlungsspielraumes und (2) – bei zinsbringender Anlage – eines Einkommens aus Vermögen in der Zukunft lohnt. Im Fall des *Zwecksparens* muss zwischen heutigem und zukünftigem Konsum abgewogen werden. Aufgrund der Unsicherheit der Zukunft haben die Haushalte i.d.R. eine *Zeitpräferenz zugunsten der Gegenwart,* sie schätzen den gegenwärtigen Konsum also höher als den zukünftigen. Ist die Höherschätzung des Gegenwartskonsums sehr ausgeprägt, kann auch *Entsparen* Platz greifen, indem der Gegenwartskonsum höher angesetzt wird als das laufende Einkommen. In Höhe der Differenz muss dann ein Kredit aufgenommen werden, der in späteren Perioden zulasten von Konsummöglichkeiten getilgt wird. Die *Minderschätzung zukünftiger Bedarfe* kann durch die Zahlung eines Zinses auf den Sparbetrag ausgeglichen werden. Weiterhin wird angenommen, dass die Höhe des *Sparens* nicht nur vom Zins (Klassiker) und dem laufenden Einkommen (Keynes) abhängt, sondern auch vom → permanenten Einkommen (Friedman).

Sparer-Freibetrag – Begriff des Einkommensteuerrechts. Ein → Freibetrag von 750 Euro bei Einzelveranlagung (1.500 Euro bei Zusammenveranlagung von Ehegatten), der bei der Ermittlung der → Einkünfte aus Kapitalvermögen nach Abzug der → Werbungskosten zu berücksichtigen ist (§ 20 IV EStG). Durch die Einführung der Abgeltungsteuer am 1.1.2009 wurde der Sparer-Freibetrag durch einen → Sparer-Pauschbetrag (§ 20 IX EStG) ersetzt. Dieser beläuft sich auf 801 Euro bei Einzelveranlagung (1.602 bei Zusammenveranlagung von Ehegatten) und wird bei der Ermittlung der Einkünfte aus Kapitalvermögen als Werbungskosten abgezogen; der Abzug der tatsächlichen Werbungskosten ist damit ausgeschlossen. – Betreffend Sparer-Freibetrag vgl. auch → Kapitalertragsteuer.

Sparer-Pauschbetrag – Mit Einführung der Abgeltungsteuer ab dem 1.1.2009 wurde der → Sparer-Freibetrag und die Werbungskostenpauschale durch einen Sparer-Pauschbetrag (§ 20 IX EStG) ersetzt. Bei der Ermittlung der Einkünfte aus Kapitalvermögen werden als Werbungskosten ein Betrag von 801 Euro (1.602 bei Zusammenveranlagung) abgezogen; der Abzug der tatsächlichen Werbungskosten ist ausgeschlossen. Der gemeinsame Sparer-Pauschbetrag ist bei der Einkunftsermittlung bei jedem Ehegatten je zur Hälfte abzuziehen; sind die Kapitalerträge eines Ehegatten niedriger als 801 Euro, so ist der anteilige Sparer-Pauschbetrag insoweit, als er die Kapitalerträge dieses Ehegatten übersteigt, bei dem anderen Ehegatten abzuziehen.

Sparförderung → Vermögensumverteilungspolitik.

Sparfunktion – Begriff für die funktionale Abhängigkeit des Sparens (S) von verschiedenen Einflussfaktoren, wie z.B. Einkommen, Preise, Vermögen, Zinsniveau. Wegen der Aufteilung des Einkommens (Y) auf Sparen und Konsum (C),

$$Y = C + S \text{ bzw. } S = Y - C,$$

stellen Hypothesen über das Konsumverhalten (→ Konsumfunktion) gleichzeitig auch Sparhypothesen dar. – Vgl. auch → Sparparadoxon.

Spargiroverkehr → Überweisungsverkehr der dt. Sparkassen, der 1909 aufgenommen wurde. Der Spargiroverkehr verfügt über das größte Gironetz, dem neben den Sparkassen alle kommunalen Kreditinstitute angeschlossen sind. Als regionale Zentralstellen dienen die Girozentralen (→ Landesbanken). – Als *Überweisungsformular* dient ein dreiteiliger Durchschreibevordruck: Der mittlere Teil ist der Träger der Überweisung, er wird über die Kontostelle des Empfängers diesem zugestellt; der obere Teil ist der eigentliche Auftrag, der vom Auftraggeber unterschrieben werden muss. – Der *Überweisungsweg* geht von Sparkasse A, wo der Auftraggeber sein Konto hat, zur Girozentrale X und von dort zum Konto des Empfängers bei der Sparkasse B. Liegen beide Sparkassen in verschiedenen Ländern, läuft die Abwicklung über beide Girozentralen in den betroffenen Ländern: Sparkasse A – Girozentrale X – Girozentrale Y – Sparkasse B. – Ein Auftraggeber, der selbst kein Spargirokonto hat, kann durch *Bareinzahlung* mittels Zahlscheins eine Überweisung an den Inhaber eines Spargirokontos vornehmen. – Neben dem normalen Spargiroverkehr ist ein *Eilüberweisungsverkehr* wie auch ein *Eileinzugsverkehr* entwickelt worden. Der Scheck- und der Wechsel-Inkassoverkehr werden in der allg. üblichen Form durchgeführt.

Sparkassen – 1. *Begriff:* Kreditinstitute, die unter dem Leitgedanken der Förderung und Pflege des Sparens mit jedermann im Rahmen der satzungsmäßigen Bestimmungen alle Formen von → Bankgeschäften betreiben und sich überwiegend in kommunaler Trägerschaft befinden. Daneben existieren noch freie Sparkassen, die privatrechtlich als Verein, Stiftung oder Aktiengesellschaft geführt werden. Obwohl sie rein rechtlich nicht den Maximen des öffentlichen Auftrags und dadurch der Sparkassengesetzgebung der Länder unterliegen, sind sie dennoch den öffentlichen Sparkassen insofern gleichgestellt, als sie sich gleichfalls dem Gemeinnützigkeitsprinzip verpflichtet haben. – *Zusammenschluss:* Sparkassen sind regional in Sparkassen- und Giroverbänden mit regionalen Girozentralen zusammengeschlossen, die im → Deutschen Sparkassen- und Giroverband (DSGV) ihre Spitzenorgane haben. – 2. *Geschäftstätigkeit:* a) *Mittelbeschaffung:* Spareinlagen, Sparbriefe/Sparkassenbriefe und Sparkassenobligationen nehmen eine hervorragende Stellung am gesamten Geschäftsvolumen ein. Dem Sicht- und Termineinlagengeschäft kommt eine wesentlich geringere, aber zunehmende Bedeutung zu. Ihre Eigenkapitalbasis können Sparkassen nur aus Gewinnerzielung durch Bildung von Rücklagen erweitern. Die Haftungsfunktion des

Eigenkapitals wird durch die Gewährträgerhaftung ersetzt. – b) *Mittelverwendung*: Wohnungsbau- und Kommunalkredite stehen im Vordergrund; daneben werden in größerem Umfang Anleihen und Schuldverschreibungen gehalten. – c) *Dienstleistungsgeschäft*: Die Angebotspalette der Sparkassen entspricht heute weitgehend der anderer Universalbanken; die Abwicklung des bargeldlosen Zahlungsverkehrs privater Haushalte gilt jedoch weiterhin als traditionelle Domäne der Sparkassen. – 3. *Rechtliche Besonderheiten:* Sparkassen sind in der Bundesrepublik Deutschland überwiegend kommunale juristische Personen öffentlichen Rechts (Anstalten). Seit dem Wegfall der Gewährträgerhaftung/Anstaltslast am 18.7.2005 haftet nicht mehr die betreffende kommunale Körperschaft für die Verbindlichkeiten der Sparkassen, sondern allein der Haftungsverbund der Sparkassen-Finanzgruppe. Die Spareinlagen bei den Sparkassen sind als mündelsicher anerkannt (Mündelsicherheit). Die Bezeichnung Sparkasse darf (auch in Wortzusammensetzung) nur von öffentlich-rechtlichen Sparkassen, die eine Erlaubnis zum Geschäftsbetrieb nach § 32 KWG besitzen, und von anderen Unternehmen, die sich vor Inkrafttreten des KWG als Sparkassen bezeichnen durften, geführt werden (§ 40 KWG). Daneben besteht die Erlaubnis für Spar- und Darlehnskassen und für Kreditinstitute im Sinn von § 1 Gesetz über → Bausparkassen. – 4. *Besteuerung*: a) *Umsatzsteuer*: Sparkassen sind umsatzsteuerliche Unternehmer, da sie nachhaltig sonstige Leistungen gegen Entgelt erbringen (§ 2 UStG), ihre Tätigkeit bei der Kreditgewährung ist jedoch steuerfrei (§ 4 Nr. 8 UStG), es sei denn, sie entscheiden sich – was nur bei der Kreditgewährung an andere Unternehmer möglich ist – freiwillig zur Steuerpflicht. Mit ihren Umsätzen aus Depotgeschäft sind die Sparkassen dagegen umsatzsteuerpflichtig. – b) *Körperschaftsteuer*: Auch als juristische Personen unterliegen die Sparkassen der Körperschaftsteuerpflicht, da sie einen Betrieb gewerblicher Art darstellen (§ 4 I, 4 II KStG). Sie haben Einkünfte aus Gewerbebetrieb, deren Höhe nach den üblichen gesetzlichen Regeln durch Bilanzierung festzustellen ist (§§ 4 I, 5 I EStG). – c) *Gewerbesteuer*: Als gewerblich tätige Unternehmen unterliegen Sparkassen auch der Gewerbesteuer (§ 2 GewStG).

Sparkassenbilanz → Bankbilanzrichtlinie-Gesetz.

Sparkassenbrief → Sparbrief der Sparkassen.

Sparkassenbuch → Sparbuch.

Sparkassenreglement – 1838 unter der Bezeichnung „Reglement, die Einrichtung des Sparkassenwesens betreffend“ erlassenes *„preußisches Sparkassenreglement“* – *Inhalt:* Das Sparkassenreglement suchte die Errichtung von → Sparkassen durch die Gemeinden zu fördern und gab dem Sparkassenwesen in Preußen einen starken Auftrieb. Es wurde auch eine Prüfung der Sparkassen durch die Aufsichtsbehörden angeordnet, die allerdings zunächst nur in großen Abständen erfolgte und mehr formalen Charakter hatte.

Sparkassensatzung – durch das Verwaltungsorgan des Eigentümers, i.d.R. Gemeinde, Städte oder kommunale Zweckverbände, etc. zu erlassende → Satzung. Sie gibt die Richtlinien für die Geschäftstätigkeit der → Sparkassen vor und bildet die Grundlage für die Organisation. Die Sparkassensatzung muss sich eng an die → Mustersatzung für Sparkassen anlehnen, die die wesentlichen Punkte enthält und vorgibt.

Sparkonto – ein bei einem Kreditinstitut geführtes Konto, auf dem Geldeinlagen verbucht werden, die nicht den Zwecken des Zahlungsverkehrs, sondern der Anlage dienen. Als solches v.a. durch Ausfertigung eines → Sparbuchs gekennzeichnet. Das Sparkonto muss immer ein Guthaben aufweisen; es erlischt, wenn die Einlage zurückgezahlt ist. – Vgl. auch → Spargiroverkehr, → Spareinlage.

Sparparadoxon – beschreibt die Auswirkungen einer Senkung der autonomen Konsumnachfrage auf die gesamtwirtschaftliche Ersparnisbildung im Rahmen des einfachen keynesianischen Gütermarktmodells (→ Einkommen-Ausgaben-Modell)

$$Y = C + I,$$

$$C = C_0 + c \cdot Y \quad (0 < c < 1),$$

wobei: Y = gesamtwirtschaftliches Einkommen, C = gesamtwirtschaftlicher Konsum, I = autonome Investition, C_0 = autonomer Konsum, c = marginale Konsumquote. Durch einen Rückgang des autonomen Konsums C_0 wird der Wunsch der Wirtschaftssubjekte zum Ausdruck gebracht, mehr sparen zu wollen. Da hierdurch jedoch ein kontraktiver → Multiplikatorprozess ausgelöst wird, der das Einkommen im Ausmaße von $dY = 1/s\ dC_0$ ($s = 1 - c$ = marginale Sparquote) vermindert, bleibt das gesamtwirtschaftliche Sparen

$$S = Y - C = -C_0 + s \cdot Y$$

insgesamt unverändert: $dS = -dC_0 + s \cdot dY = -dC_0 + dC_0 = 0$.

Das ist das *Paradoxon der Sparsamkeit*. Der einzelwirtschaftliche Wunsch mehr zu sparen und weniger zu konsumieren lässt die gesamtwirtschaftliche Ersparnisbildung unverändert. Bei einer einkommensabhängigen Investitionsnachfrage ($I = I_0 + k \cdot Y$, $0 < k < 1$) würde der Wunsch, mehr zu sparen, sogar zu einem Rückgang des gesamtwirtschaftlichen Sparens führen.

Sparprämie → steuerbegünstigtes Sparen.

Sparquote der privaten Haushalte – Quotient aus dem → Sparen (einschließlich der Ansprüche auf betriebliche Altersversorgung) bezogen auf die Summe aus → verfügbarem Einkommen und Zunahme der betrieblichen Versorgungsansprüche.

Sparte – 1. *Einzelner Zweig* einer Branche. – 2. → Organisatorischer Teilbereich einer Unternehmung

(Division), in dem bei reiner Verwirklichung der → Spartenorganisation sämtliche Kompetenzen für jeweils ein Produkt bzw. eine Produktgruppe zusammengefasst sind; häufig als → Profitcenter ausgestaltet.

Sparteneinzelkosten – einer einzelnen → Sparte des Produktions- und Absatzprogramms direkt zurechenbare Kosten (→ Einzelkosten), z.B. Kosten des Spartenleiters, Kosten der zur Sparte zählenden Produkte, Kosten für spartenspezifische Werbung.

Spartenorganisation – 1. *Begriff:* Organisationsmodell (→ Organisationsstruktur), bei dem die → Spezialisierung nach Produkten bzw. Produktgruppen erfolgt. – 2. *Charakterisierung:* Bei reiner Spartenorganisation entstehen auf der zweiten Hierarchieebene → organisatorische Teilbereiche, in denen jeweils die Kompetenzen für eine Produktart bez. sämtlicher → Funktionen und Märkte der Unternehmung zusammengefasst sind. – Vgl. Abbildung „Spartenorganisation – Grundmodell". Diese → Sparten werden häufig als → Profitcenter geführt.

Spartenorganisation – Grundmodell

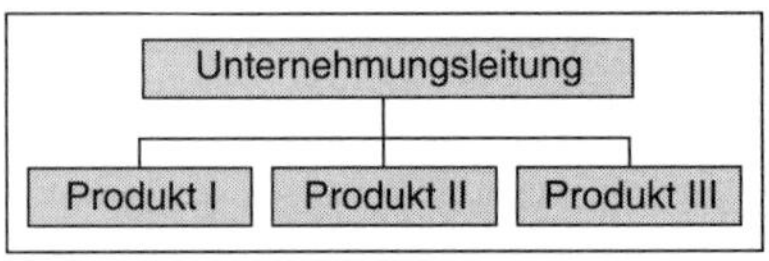

3. *Beurteilung:* a) → Ressourcennutzung: Die Spartenorganisation führt im Vergleich zur → Funktionalorganisation in der Tendenz zu einer schlechteren Nutzung funktionsbedingter Synergien, da die Ausstattung sämtlicher Sparten mit den gesamten für ihre Aktivitäten erforderlichen Ressourcen im Verhältnis zur Ressourcenauslastung und Nutzung von Vorteilen der → Spezialisierung und → Größendegression anderer Organisationsformen häufig nachteilig ist. – b) *Interdependenzprofil* (→ Interdependenzen): Angesichts der Autonomie der Sparten fehlen weitgehend Interdependenzen aufgrund innerbetrieblicher Leistungsverflechtungen; die Marktinterdependenzen wachsen mit sinkendem Diversifikationsgrad des Produktprogramms der Unternehmung. – c) Die *Dispositionsfähigkeit*wird aufgrund fehlender innerbetrieblicher Interdependenzen positiv beeinflusst. – 4. *Modifizierung:* In der Praxis wird die Spartenorganisation wegen ihrer Nachteile meist zu einer → mehrdimensionalen Organisationsstruktur ressourcen- und/oder marktorientiert modifiziert; funktionale Zentralbereiche (z.B. Werke) sollen v.a. eine bessere Ressourcennutzung und auf einzelne Märkte ausgerichtete → organisatorische Einheiten eine höhere Koordination der marktorientierten Spartenaktivitäten sicherstellen.

Spartentrennung – Trennung der Versicherungssparten → Lebensversicherung und → Krankenversicherung von den übrigen Versicherungssparten in eigenen Rechtseinheiten. Die Erlaubnis zum Betrieb der Lebensversicherung und die Erlaubnis zum Betrieb anderer Versicherungssparten schließen einander aus. Das gleiche gilt für die Erlaubnis zum Betrieb der Krankenversicherung (§ 8 Ia VAG).

Spar- und Darlehenskasse → Kreditgenossenschaften.

Sparzulage → Arbeitnehmer-Sparzulage.

späte Mehrheit – Gruppe von → Adoptoren, die sich im Hinblick auf neue Produkte skeptisch, zurückhaltend und passiv verhält und sie erst relativ spät erwirbt.

Spätkapitalismus – 1. *Begriff* der → historischen Schule der Nationalökonomie und der neomarxistischen Theorie (→ Neomarxismus) zur Beschreibung des Endstadiums des → Kapitalismus: Für *Sombart* (Vertreter der Historischen Schule) ist der Spätkapitalismus durch zunehmende nationale Wettbewerbsbeschränkungen sowie anwachsende soziale Konflikte gekennzeichnet. Für den *Neomarxismus* ist der Spätkapitalismus gekennzeichnet durch: (1) Zunahme der internationalen → Konzentration und Zentralisation des Kapitals; (2) wachsende Monopolisierung und Kartellierung der Wirtschaft; (3) umfangreiche wirtschaftspolitische Eingriffe des Staates zur Beseitigung der immer heftiger werdenden Wirtschaftskrisen; (4) wachsende Bedeutung der Rüstungsindustrie, um Ersatzmärkte für das überschüssig akkumulierte Kapital zu schaffen und (5) die Verschärfung des Klassenkampfes (Mandel). – 2. Als *Ursache* hierfür wird, wie bei Marx, der Grundwiderspruch zwischen Produktivkräften und Produktionsverhältnissen des Kapitalismus angesehen (→ historischer Materialismus). Die Folgen des ökonomischen Grundwiderspruchs beschränken den Handlungs- und Entscheidungsspielraum der politischen Instanzen: Der Staat muss immer stärker die zunehmend heftigeren Krisen auffangen. Dies hat jedoch nur die Konsequenz zukünftig noch größerer Störungen. Die Regierung muss immer mehr der ihr zur Verfügung stehenden Ressourcen zur Krisenbewältigung aufwenden und kann daher immer weniger allg. Kollektivgüter bereitstellen; aufgrund der Instabilität des privatwirtschaftlichen Sektors wird für sie eine längerfristige konzeptionelle Planung immer schwieriger. Dies ruft eine Legitimationskrise der staatlichen Instanzen hervor, da sie von den Staatsbürgern (Wählern) für diese Entwicklung haftbar gemacht werden, ggf. durch Entzug der Wählerloyalität. – Der diesem Argumentationsmuster zufolge von der ökonomischen Basis auf die Ebene des politischen Überbaus verlagerte Widerspruch bewirkt schließlich eine revolutionäre Umwälzung des gesamten Gesellschaftssystems. – 3. *Kritik:* Diese Theorie gilt als Ad-hoc-Hypothese, die nachträglich in das historisch-materialistische Entwicklungsschema von Marx eingeführt wurde, um dessen Grundidee der geschichtlichen Zwangsläufigkeit trotz der offenkundigen Stabilität der privatwirtschaftlichen Marktwirtschaft aufrechterhalten zu können.

Special Drawing Rights (SDR) → Sonderziehungsrechte (SZR).

Specialized Agencies → Sonderorganisationen der UN.

Specialty Goods – höherwertige, teure Waren, die nur selten gekauft werden. – *Anders:* → Convenience Goods, → Shopping Goods.

Spediteur – I. Begriff: Derjenige, der gewerbsmäßig im Rahmen der für → Speditionsgeschäfte gültigen Rechtsvorschriften Güterversendungen durch Frachtführer oder Verfrachter von Seeschiffen für Rechnung eines anderen (des Versenders) im eigenen Namen besorgt (§ 453 HGB). Das „Besorgen von Güterversendungen" beinhaltet die kaufmännisch-organisatorische Auswahl und Kontrolle von und den Vertragsabschluss mit → Frachtführern bzw. Verfrachtern, → Verkehrsbetrieben, die dann die Güter des Auftraggebers (des Versenders) zu befördern haben. Übernimmt der Spediteur auch Beförderungen, so ist er *zugleich* auch Frachtführer bzw. Verfrachter (Selbsteintritt, § 458 HGB). – Frachtrecht gilt ferner für den Spediteur, wenn als Vergütung ein Betrag vereinbart ist, der die Beförderungskosten einschließt (§ 459 HGB) oder wenn er das Gut als Sammelladung mit Gütern anderer Auftraggeber versendet (§ 460 HGB).

II. Arten: 1. Nach der *rechtlichen Stellung* gegenüber dem Auftraggeber: a) *Haupt-Spediteur:* der vom Versender beauftragte Spediteur, der sich zur Durchführung des Auftrags anderer Spediteure bedienen muss. – b) *Nachfolgender Spediteur:* Dieser erhält vom Haupt-Spediteur den Auftrag zur Fortsetzung des Transports und zur Ablieferung in eigenem Namen für Rechnung des Versenders; er ist nicht → Erfüllungsgehilfe des Haupt-Spediteurs, sondern selbstständiger Spediteur – c) *Unter-Spediteur:* unselbstständiges Hilfsorgan (Erfüllungsgehilfe), mit dem der Haupt-Spediteur auf eigene Rechnung kontrahiert. – 2. Nach der *Funktion* bei der Abwicklung des Beförderungsauftrags: a) *Versand-Spediteur (Platz-Spediteur):* ggf. mit der Aufgabe, das Gut heranzuschaffen. – b) *Empfangs-Spediteur (Abroll-Spediteur):* mit der Aufgabe der Auslieferung, ggf. auch der Anfuhr des Gutes. – 3. Nach der *vom Standort ausgehenden Spezialisierung:* a) *Grenz-Spediteur (Zoll-Spediteur, Umschlag-Spediteur):* mit dem Sitz an der Grenze und bes. Erfahrung in Zollangelegenheiten. – b) *Binnen-Spediteur* – c) *Seehafen-Spediteur:* Umschlag-Spediteur von Land- auf Seeverkehrsmittel oder umgekehrt; bei Transitverkehr zugleich Grenz-Spediteur, vielfach noch vom Heimathafen aus spezialisiert auf Bezugs- oder Lieferländer oder nach Warenarten. – 4. Nach den vorwiegend *behandelten Wirtschaftsgütern:* a) *Möbel-Spediteur* – b) *Bücher-Spediteur.* – 5. Nach *Warenarten* wie unter 3c. – 6. Nach der Art der vorwiegend *ausgeführten Transporte:* a) *Paket-Spediteur,* – b) *Expressgut-Spediteur,* – c) *Sammelladungs-Spediteur* im Rahmen des → Sammelladungsverkehrs.

III. Pflichten: 1. *Gesetzliche Regelung:* Die Besorgung der Versendung wird in § 454 I HGB näher ausgestaltet. Dazu gehören a) die Bestimmung des Beförderungsmittels und des -weges, – b) die Auswahl der ausführenden Unternehmer, der Abschluss der erforderlichen Fracht-, Lager- und Speditionsverträge und die Erteilung der Informationen und Weisungen an die ausführenden Unternehmer und – c) die Sicherung von Schadensersatzansprüchen des Versenders. Nach § 454 II HGB zählen zu den Pflichten des Spediteurs nur dann die Ausführung sonstiger, auf die Beförderung bezogener Leistungen wie z.B. die Versicherung und Verpackung des Gutes, seine Kennzeichnung und Zollbehandlung, wenn dies bes. vereinbart wurde. Der Spediteur kann aber ebenso durch Vereinbarungen mit dem Versender diese Pflichten nach Absatz 2 dahingehend beschränken, dass er nur den Abschluss der dazu erforderlichen Verträge schuldet. Stets hat der Spediteur das Interesse des Versenders wahrzunehmen und dessen Weisungen zu befolgen (§ 454 IV HGB). – 2. Abwandlung nach den *Allgemeinen Deutschen Spediteurbedingungen (ADSp)* i.d.F. vom 13.12.2002 (BAnz 2003, 130) gültig ab 1.1.2003: Abweichende Vereinbarungen durch die ADSp, welche bisher weitgehend als AGB vereinbart wurden und wodurch die Haftung des Spediteurs durch die Versicherung ersetzt wurde, sind nur noch im Rahmen des § 466 HGB möglich. Wichtige Regelungsinhalte der ADSp sind u.a. a) der Spediteur ist verpflichtet, eine Haftungsversicherung abzuschließen und aufrecht zu halten, die seine verkehrsvertragliche Haftung nach dem ADSp und nach dem Gesetz im Umfang der Regelhaftungssummen abdeckt (Ziff. 29, 1 ADSp). Der Spediteur darf sich gegenüber dem Auftraggeber auf die ADSp nur berufen, wenn er bei Auftragserteilung einen ausreichenden Haftungsversicherungsschutz vorhält (Ziff. 29, 3 ADSp). – b) *Haftungsgrenze:* Eine umfangreiche Regelung von Haftungsbegrenzungen sehen Ziff. 23 und 24 ADSp vor.

IV. Rechte: 1. Recht auf *Provision* und *Aufwendungsersatz:* Der Anspruch entsteht mit der Übergabe des Gutes an den Frachtführer oder Verfrachter (§ 456 HGB). Gezahlte Fracht, Lagergeld und sonstige Spesen sind zu ersetzen. Es darf keine höhere als die wirklich verauslagte Fracht berechnet werden, Frachtabschläge sind dem Versender gutzubringen. Eingehende Regelung der Ansprüche auf Entgelt und Auslagenersatz, Leistungsfreiheit bei Hindernissen in den Ziff. 16 ff. ADSp. – 2. *Sicherungsrechte:* a) Gesetzliches Pfandrecht am Speditionsgut, solange der Spediteur es im → Besitz hat oder durch Konnossement, Ladeschein oder Lagerschein darüber verfügen kann (§ 464 HGB); b) → Zurückbehaltungsrecht nach Ziff. 20.1 ADSp.

V. Haftung: 1. Nach §§ 461 I, 426, 427 HGB haftet der Spediteur für den Schaden, welcher bei Verlust oder

Beschädigung des in seiner Obhut befindlichen Gutes entsteht, in gleicher Weise wie der → Frachtführer. Danach haftet er für Güterschäden regelmäßig in Höhe von 8.33 SZR/kg wie ein Frachtführer aus vermutetem Verschulden. Von dieser Haftung kann nur sehr eingeschränkt im Rahmen des § 466 HGB abgewichen werden. – 2. Bei Vorsatz oder Leichtfertigkeit entfällt die Summenbegrenzung und der Spediteur haftet voll (§§ 461 I, 435 HGB). – 3. Für nicht in der Obhut des Spediteurs entstandene Güterschäden haftet der Spediteur ohne Summenbegrenzung i.d.R., wenn er eine ihm nach § 454 HGB obliegende Pflicht verletzt und der Schaden durch die Sorgfalt eines ordentlichen Kaufmanns hätte abgewendet werden können (§ 461 II HGB). – 4. Für Verschulden „seiner Leute" bzw. Hilfspersonen muss der Spediteur gemäß § 462 HGB einstehen. – 5. Alle mit den Speditionsleistungen verbundenen Ansprüche verjähren innerhalb eines Jahres, bei Vorsatz oder Leichtfertigkeit 3 Jahre nach Ablieferung des Gutes (§§ 463, 439 HGB).

Spediteur-Konnossement – weder → Traditionspapier noch → Konnossement laut HGB, da es nicht von einem Reeder gezeichnet, sondern von einem → Spediteur ausgestellt wird. Das Spediteur-Konnossement ermöglicht dem Versender, über das Gut beim Empfangsspediteur zu verfügen und vereinfacht die Prüfung der Legitimation des Empfängers, der die Auslieferung des Gutes am Bestimmungsort fordert.

Spediteur-Sammelgutverkehr → Sammelladungsverkehr.

Spedition → Logistikunternehmen; mit der Definition des → Spediteurs wird der ursprüngliche Leistungsbereich von Speditionen, d.h. die Planung, Organisation und Steuerung des Güterflusses und des damit verbundenen Informationsflusses, beschrieben. Darüber hinaus treten Speditionen bei Selbsteintritt als → Frachtführer auf und übernehmen immer häufiger die Rolle eines logistischen Systemanbieters, der neben sämtlichen logistischen Funktionen auch Servicefunktionen wie Merchandising, Logistikberatung, Qualitätskontrolle und Montage sowie Fakturierung anbietet.

Speditionsbuch – wichtiger Bestandteil der Betriebsbuchführung einer → Spedition bzw. eines → Spediteurs. Aufträge und ausgeführte Leistungen werden anhand von Buchungsunterlagen chronologisch aufgezeichnet, wobei jeder Auftrag seine Stamm- oder Positionsnummer erhält. Jede Verkehrsabteilung einer Spedition führt ihre Speditionsbücher, in denen alle Betriebsleistungen festgehalten und in ihrem Ablauf kontrolliert werden. Unterschiedliche Spalteneinteilung lässt jeweils durchlaufende Speditionsaufwendungen, Gesamterlös und als Differenz den Brutto-Speditionsgewinn erkennen.

Speditionsgeschäft – ursprünglich ein Nebengewerbe des Handels, im 19. Jh. verselbstständigtes Gewerbe. Rechtlich ist das Speditionsgeschäft ein gegenseitiger, auf eine Geschäftsbesorgung im Sinn von § 675 BGB gerichteter → Vertrag, wirtschaftlich ein Hilfsgeschäft zum → Frachtvertrag.

I. Begriff: 1. *Nach geltendem Recht:* ein Vertrag, durch den ein → Spediteur oder anderer → Kaufmann es im Betrieb seines Handelsgewerbes übernimmt, die Güterversendung für Rechnung eines anderen (des Versenders) im eigenen Namen durch Frachtführer oder Verfrachter zu besorgen. – 2. *Nach wirtschaftlichem Sprachgebrauch:* neben der Besorgung von Güterbeförderung durch Dritte auch die Funktion des → Frachtführers, des → Lagerhalters und/oder des → Kommissionärs.

II. Rechtsgrundlagen: §§ 453–466 HGB, abgeändert und ergänzt durch die Allgemeinen Deutschen Spediteurbedingungen (ADSp).

III. Vertragsformen: 1. Der *Speditionsvertrag* zwischen Spediteur und Versender (Geschäftsherr), dessen Weisungen der Spediteur zu befolgen hat. – 2. Der *Fracht-(Beförderungs-)Vertrag* zwischen Spediteur und Frachtführer. Der Spediteur als Absender wird grundsätzlich allein berechtigt und verpflichtet, der Versender aber geschützt: a) Der Spediteur darf bei seinen Schadensersatzansprüchen den Schaden des Versenders (→ Drittschaden) zugrunde legen. – b) Im Verhältnis zwischen Spediteur und seinen Gläubigern gelten (§ 457 HGB) die Ansprüche aus dem Frachtvertrag schon vor deren Abtretung als Forderung des Versenders, der sie aber erst nach Abtretung geltend machen kann.

IV. Sonderform: Sonderform des Speditionsgeschäfts bildet ein Speditionsgeschäft, bei dem Spediteur und Versender sich über einen bestimmten Satz der Beförderungskosten vor der Ausführung des Verkehrsgeschäfts geeinigt haben *(Speditionsgeschäft mit festen Spesen)*. Der Spediteur hat nur die Rechte und Pflichten eines Frachtführers (§ 459 HGB). Soweit die Allgemeinen Deutschen Spediteurbedingungen gelten, sind aber diese maßgebend (§ 52c ADSp).

Speditionskontenrahmen – vom Bundesverband Spedition und Lagerei e. V. (BSL) entwickelter, 1990 neu gefasster → Kontenrahmen für das Speditions- und Lagereigewerbe. – *Kontenklassen:* 0 Anlage- und Kapitalkonten, 1 Finanz- und Privatkonten, 2 Abgrenzungskonten, 3 Vorräte, 4 Kostenartenkonten, 5 und 6 frei für interne Leistungsverrechnungen, 7 auftragsgebundene, direkt zurechenbare Speditionskosten, 8 Erlöse, 9 Abschlusskonten. Da die meisten Unternehmen nach dem → Prozessgliederungsprinzip strukturierte Kontenpläne verwenden, wurde dieses bei der Neufassung beibehalten. Es wurden nur geringfügige Anpassungen an das Bilanzgliederungsschema des HGB vorgenommen. Geschäftszweigtypisch ist die überwiegend verkehrsträgerbezogene Gliederung der Klassen 7 und 8 (Internationale, Seehafen-, Luftfracht-, Binnenschifffahrts-, Kraftwagen- und Bahnspedition, Lagerei, Möbelspedition, Logistikprojekte).

Speditionskonto – früher in der Buchführung der Spediteure bzw. Speditionen wie das → Warenkonto im Handel oder das → Herstellkonto in der Industrie als → gemischtes Konto geführtes Bruttobetriebsergebniskonto. Nach dem → Speditionskontenrahmen werden die mit einem Auftrag unmittelbar zusammenhängenden Speditionskosten (Frachtkosten, Rollgelder, Umschlagsgebühren, Zölle, Lagergelder, Versicherungen etc.) verkehrsträgerbezogen bzw. abteilungsweise in Konten der Klasse 7 erfasst, während die Speditionserlöse der speditionsbetrieblichen Leistungen (Bahn, Kraftwagen, Schifffahrt, Luftfracht etc.) in Klasse 8 gebucht werden. Zur Ermittlung der Abteilungsbruttoergebnisse können die auftragsbedingten Kosten über die entsprechenden Erlöskonten abgeschlossen werden. Die Summe dieser Abteilungsbruttoergebnisse ergibt nach Abzug der Betriebskosten (Klasse 4) das Betriebsergebnis. In der Praxis werden die Konten der Klassen 7 und 8 z.T. auch nach geografischen Kriterien strukturiert.

Speed Factor – *Plannutzenziffer;* reziproker Wert der Engpassbelastung b_{Ej} durch eine Einheit der Produktart j: $1/b_{Ej}$. Multipliziert mit dem → Deckungsbeitrag ergibt der Speed Factor den → Warenrohgewinn pro Einheit der Engpassbelastung. Der Speed Factor kann auch auf die Gesamtdurchlaufzeit durch den Betrieb bezogen werden und gibt dann an, mit welcher Geschwindigkeit ein bestimmter Bruttogewinn erzielbar ist. – Vgl. auch → Bruttogewinnanalyse.

Speicher – 1. *Begriff:* Funktionseinheit innerhalb eines → Computers, die → Daten aufnimmt, aufbewahrt und abgibt. – 2. *Zugriffsarten:* → Datenorganisation.

Speicherbuchführung – spezielle Form der EDV-Buchführung (→ Buchführung), bei der die Buchungen auf maschinell lesbaren Datenträgern (früher insbesondere Magnetbänder, Magnetplattenspeicher oder auch im Mikrofilmverfahren, in der Folge dann Disketten, CDs, USB-Sticks u.Ä.) gespeichert werden, ohne dass Ausdrucke der Geschäftsvorfälle und ihrer Buchungen in zeitlicher und kontenmäßiger Ordnung vorliegen. Die Speicherbuchführung entspricht den → Grundsätzen ordnungsmäßiger Buchführung (GoB), wenn die Buchungen auf den Beleg zurückverfolgbar und in der für den jeweiligen Zweck (Grundbuch oder Konto) erforderlichen Form jederzeit in angemessener Frist innerhalb der gesamten Aufbewahrungsfrist lesbar gemacht werden können (§ 239 IV HGB).

Speicherchip – Hardwarebaustein (→ Hardware) zur Speicherung von → Bits. Speicherchips können in flüchtige (z.B. Random Access Memory (→ RAM)) und nicht flüchtige (z.B. Electrically Eraseable Programmable Read Only Memory (EEPROM)) Bausteine unterteilt werden, wobei der Zugriff auf flüchtige Speicherchips wesentlich schneller erfolgen kann als auf nicht flüchtige.

Speicherhierarchie – 1. *Begriff:* funktionale Zusammenfassung von Datenspeichern (→ Daten, → Speicher) mit unterschiedlichen → Zugriffszeiten. Die Speicherhierarchie stellt sich als ein einheitlicher → Arbeitsspeicher dar, obgleich sie aus verschiedenen Speichern unterschiedlichen Typs und Größe gebildet wird. – 2. *Zweck* des Konzepts der Speicherhierarchie ist die Beschleunigung des Datendurchsatzes mit wirtschaftlich vertretbarem Aufwand durch Anpassung der Zugriffszeit zu den gespeicherten Daten an die Operationsgeschwindigkeit des → Zentralprozessors. – 3. *Funktionsweise:* Zwischen das schnelle Rechenwerk des → Zentralprozessors und den (im Vergleich dazu) langsamen → Arbeitsspeicher wird ein Pufferspeicher (→ Cache) geschaltet, dessen Zugriffszeit etwa der Ausführungszeit eines elementaren Verarbeitungsschrittes im Rechenwerk entspricht. Der Pufferspeicher hält nur die unmittelbar zur Verarbeitung anstehenden Daten für den schnellen Zugriff durch das Rechenwerk bereit. Das Rechenwerk verkehrt fast ausschließlich mit dem Pufferspeicher. Moderne → Computer arbeiten mit dieser zweistufigen Speicherhierarchie oder unter Einbeziehung des → virtuellen Speichers mit dreistufiger Speicherhierarchie. Die Daten sind der erwarteten Zugriffshäufigkeit entsprechend auf die unterschiedlichen Speicher verteilt.

Speicherkapazität – Fassungsvermögen eines → Speichers in Bits (z.B. Halbleiterspeicher), Bytes (z.B. Haupt-Arbeitsspeicher) oder → Zeichen (z.B. Textsystemen).

Speichersystem → Speicherhierarchie.

Speicherungsdichte → Aufzeichnungsdichte.

Speiseeissteuer – früher in einigen Ländern mit der Getränkesteuer verbundene → Verbrauchsteuer auf Speiseeis. Die Speiseeissteuer ist keine Steuer mit „örtlich bedingtem Wirkungskreis" und kann deshalb nach Art. 105 IIa GG von den Ländern nicht eingeführt werden.

Spektralanalyse → Zeitreihenanalyse.

Spekulation – I. Allgemein: Alle auf Gewinnerzielung aus Preisveränderungen gerichteten Geschäftstätigkeiten (→ Spekulationshandel), also die Ausnutzung von zeitlichen Preisunterschieden.

II. Börsengeschäft: Im Gegensatz zur Daueranlage meist kurzfristige Betätigung, die lediglich auf Gewinn bringende Ausnutzung der Preisunterschiede zu verschiedenen Zeitpunkten gerichtet ist. – Es kann auf ein Steigen *(Hausse-Spekulation)* oder ein Fallen *(Baisse-Spekulation)* der Kurse spekuliert werden (Baisse-Spekulation nur durch Abschluss eines → Termingeschäfts möglich). – Die *Träger* der Effekten-Spekulation sind v.a. die Eigenhändler an der Börse (Kulisse), auch als berufsmäßige Spekulation bezeichnet. – *Wirkungen:* Indem die Spekulation die künftige Entwicklung vorwegnimmt, kann sie marktregulierend, preis- und risikoausgleichend wirken sowie die Handelbarkeit von Wertpapieren erhöhen und damit eine volkswirtschaftlich nützliche Aufgabe erfüllen. Andererseits kann die Spekulation Kursbewegungen induzieren, die zu tief greifenden Störungen des Kapitalmarkts führen, und im Extremfall auslösendes Moment für einen Börsenkrach sein.

III. Devisenhandel: → Devisenspekulation.

Spekulationsfrist – Spekulationsgeschäfte.

Spekulationshandel – Geschäftsabschluss, dem nicht die Absicht auf tatsächliche Lieferung der ge- bzw. verkauften Waren, sondern das Bestreben zur Ausnutzung von Preisdifferenzen zwischen Einkauf und Verkauf zugrunde liegt. Reine Form des Spekulationshandels nur bei → Termingeschäften an der Börse (→ Spekulation). – *Gegensatz:* Effektivhandel.

Spekulationskrise → Finanzkrisen.

Spekulationspapiere – *Spekulationswerte;* Wertpapiere, meist Aktien oder Termingeschäfte, deren Kurswert relativ starken Schwankungen unterliegt und die deshalb zur Durchführung einer → Spekulation bes. geeignet sind.

Spekulationssteuer → Finanzkrisen.

Spekulationswerte → Spekulationspapiere.

spekulative Blase – *Bubble;* Abweichungen eines Assetpreises (→ Asset) von seinem Fundamentalwert, in Modellen mit rationalen Erwartungen verursacht durch Verletzung der Transversalitätsbedingung. Die Bezeichnung solcher Abweichungen als Blasen soll andeuten, dass sie eine Tendenz zur Selbstverstärkung beinhalten. – *Erläuterung:* Wenn die Wirtschaftssubjekte die momentan beobachteten Fundamentaldaten auch für die Zukunft erwarten, kann eine Abweichung des Assetpreises von den momentanen Fundamentaldaten nur dann entstehen, wenn die Wirtschaftssubjekte eine durch Fundamentaldaten nicht gestützte Preisänderung *erwarten.* Diese Erwartungen haben dann auch einen *tatsächlichen* Einfluss auf die Assetpreisbildung. Ist die kumulative Abweichung des Assetpreises von seinem Fundamentalwert dabei von ganz bestimmter stochastischer Natur, so kann die Abweichung auch plötzlich wieder verschwinden. Man spricht in diesem Zusammenhang von *platzenden Blasen.* Die Existenz von Blasen ist empirisch schwer nachweisbar. Dies liegt nicht zuletzt daran, dass eine Blase in Relation zu einem Fundamentalwert definiert ist, dessen Ermittlung jedoch stets vom zugrunde liegenden theoretischen Modell abhängig ist. – Vgl. auch → Wechselkurstheorie.

Spence – Andrew Michael, geb. 1943, amerik. Nationalökonom kanadischer Herkunft, lehrte in Harvard und Stanford, war an beiden Universitäten die meiste Zeit als Dekan tätig; emeritiert seit 2000; → Nobelpreis für Wirtschaftswissenschaften 2001 (zusammen mit → Akerlof und → Stiglitz). Spence hat untersucht, wie sich Marktteilnehmer bei asymmetrischen Informationen anpassen. Besser informierte Marktteilnehmer (z.B. Versicherungen) träfen Maßnahmen, die für sie mit Kosten verbunden sind, um ihre Informationen an schlechter informierte Marktteilnehmer weiterzugeben. Auf diese Weise würde das Ergebnis am Markt verbessert. – *Hauptwerk:* „Market Signaling: Informational Transfer in Hiring and Related Processes" (1974).

Spenden – I. Begriff: Freiwillige Leistungen, die ohne Gegenleistung, aber i.d.R. mit einer gewissen Zweckbestimmung gegeben werden.

II. Besteuerung: 1. *Grundsätzlich* sind Spenden nicht abzugsfähige → Kosten der Lebensführung. – 2. *Ausnahmen:* Spenden zur Förderung steuerbegünstigter Zwecke im Sinne der §§ 52 bis 54 AO (→ gemeinnütziger Zwecke, mildtätige und kirchliche Zwecke) mindern als → Sonderausgaben (§ 10b EStG) die Einkommensteuer und bei der Körperschaftsteuer als abzugsfähige Ausgaben (§ 9 Nr. 3 KStG) das → Einkommen. – 3. *Voraussetzung für die Abzugsfähigkeit:* (1) Empfänger der Zuwendung muss eine inländische juristische Person des öffentlichen Rechts oder eine inländische öffentliche Dienststelle sein, die bestätigt, dass der zugewendete Betrag für die bezeichneten Zwecke verwendet wird. Mit EuGH-Urt. v. 27.1.2009 können auch Spenden an ausländische gemeinnützug anerkannte Einrichtungen abgesetzt werden, wenn die Vergleichbarkeit der Einrichtung mit einer dt. gemeinnützigen Einrichtung, insbesondere hinsichtlich der Zweckverfolgung und Mittelverwendung sowie Betrag und Art der Spende samt konkreter Verwendung der Spende nachgewiesen werden. (2) Empfänger der Zuwendung muss eine nach § 5 I Nr. 9 KStG steuerbefreite Körperschaft, Personenvereinigung oder Vermögensmansse sein, die bestätigt, dass die Spenden für ihre satzungsmäßigen Zwecke verwendet werden. – 4. *Die Höhe der Abzugsfähigkeit* ist begrenzt auf 20 Prozent des → Gesamtbetrags der Einkünfte oder 4 Promille der Summe der gesamten Umsätze und der im Kalenderjahr aufgewendeten Löhne und Gehälter. – 5. *Nicht abziehbar* sind Mitgliedsbeiträge an Körperschaften, die den Sport, kulturelle Betätigungen, die in erster Linie der Freizeitgestaltung dienen, die Heimatpflege und Heimatkunde oder Zwecke i.S.d. § 52 II Nr. 33 AO fördern. Rückwirkend ab dem 1.1.2007 sind Mitgliedsbeiträge an Kulturfördervereine als Sonderausgaben abzugsfähig. Dies gilt auch, wenn den Mitgliedern Vergünstigungen gewährt werden. – 6. *Spendenvortrag:* Abziehbare Zuwendungen, die die Höchstbeträge überschreiten oder im Veranlagungszeitraum der Zuwendung nicht berücksichtigt werden können, sind im Rahmen der Höchstbeträge in den folgenden Veranlagungszeiträumen als Sonderausgaben abzuziehen. – 7. *Spenden in einen Vermögensstock einer Stiftung* des öffentlichen Rechts oder einer nach § 5 I Nr. 9 KStG steuerbefreiten Stiftung des Privatrechts können auf Antrag des Steuerpflichtigen im Veranlagungszeitraum der Zuwendung oder in den folgenden neun Veranlagungszeiträumen bis zu einem Gesamtbetrag von einer Mio. Euro zusätzlich zu den Höchstbeträgen nach

§ 10b EStG abgezogen werden. Dieser bes. Abzugsbetrag kann der Höhe nach innerhalb des Zehnjahreszeitraums nur einmal in Anspruch genommen werden. Seit dem 1.1.2007 muss die Spende nicht mehr im Jahr nach der Gründung erfolgen. Auch Spenden an länger bestehende Stiftungen sind begünstigt. Der jährliche Höchstbetrag von 20.450 Euro für Spenden an Stiftungen ist seit dem 1.1.2007 aufgehoben. – 8. *Sonderregelung für Ausgaben zur Förderung staatspolitischer Zwecke:* Hierzu zählen Spenden und bei der Einkommensteuer zusätzlich Mitgliedsbeiträge an politische Parteien (§§ 10b II EStG, 9 Nr. 3 KStG). Sie sind nicht als → Betriebsausgaben abzugsfähig (§ 4 VI EStG). – a) Natürliche Personen, die Ausgaben zur Förderung staatspolitischer Zwecke leisten, können diese bis zur Höhe von 1.650 Euro bei Einzelveranlagung (3.300 Euro bei zusammenveranlagten Ehegatten) als Sonderausgaben abziehen, soweit für sie nicht eine Steuerermäßigung nach § 34g EStG gewährt worden ist; die Steuerermäßigung beträgt 50 Prozent der Ausgaben, maximal 825 Euro/1.650 Euro. – b) Bei der Körperschaftsteuer sind Spenden an politische Parteien nicht mehr abzugsfähig. – 9. *Haftung:*Wer vorsätzlich oder grob fahrlässig eine unrichtige Spenden- oder Mitgliedsbeitragsbestätigung ausstellt, haftet für die entgangene Steuer. Diese ist mit 30 Prozent des zugewendeten Betrags anzusetzen (§ 10 b IV EStG). – 10. Bei der → Gewerbesteuer sind die Spenden zur Förderung steuerbegünstigter Zwecke (§ 10 b I EStG) zur Ermittlung des → Gewerbeertrags vom Gewinn zu kürzen, soweit sie aus Mitteln des Gewerbebetriebs einer natürlichen Person oder → Personengesellschaft entnommen sind (§ 9 Nr. 5 GewStG). Anerkannt werden analog der einkommensteuerlichen Vorschriften maximal 20 Prozent des Gewinns aus Gewerbebetrieb oder vier Promille der Summe der gesamten Umsätze und der im Kalenderjahr aufgewendeten Löhne und Gehälter.

III. Kostenrechnung: Spenden sind, soweit sie nicht im Rahmen betriebs- und branchenüblicher freiwilliger sozialer Aufwendungen bleiben oder nicht unmittelbar als → Werbekosten angesehen werden können, als → betriebsfremde Aufwendungen bei der Umformung von Aufwendungen in Kosten auszuscheiden.

Spendenmarketing → Fundraising.

Spendenrücktrag – Rückwirkend ab dem 1.1.2007 entfällt der bisher mögliche Rücktrag in das Vorjahr. – Vgl. → Spendenvortrag.

Spendenvortrag – 1. *Einkommensteuer:* Bis zum Veranlagungszeitraum 2006 war der Abzug von Teilbeträgen von Einzelgroßspenden über 25.565 Euro für wissenschaftliche, mildtätige oder bes. förderungswürdig anerkannte kulturelle Zwecke nicht nur im Jahr der Hingabe der → Spende bis zu den Höchstsätzen begrenzt, sondern der darüber hinausgehende Betrag konnte auf den vorangegangenen Veranlagungszeitraum zurückgetragen oder aber auf die folgenden fünf Veranlagungszeiträume vorgetragen werden. Ab dem Veranlagungszeitraum 2007 ist der Rücktrag in das Vorjahr durch die Einführung des *Gesetzes zur weiteren Stärkung des bürgerschaftlichen Engagements* nicht mehr zulässig. Darüber hinaus ist ein Spendenvortrag für Zuwendungen für steuerbegünstigte Zwecke über den Höchstgrenzen (20 Prozent des Gesamtbetrags der Einkünfte oder vier Promille der Umsätze, Löhne und Gehälter) nunmehr unbefristet erlaubt. Für das Jahr 2007 ist ein Rücktrag einer Großspende in das Vorjahr wahlweise letztmalig möglich. – 2. *Gewerbesteuer:* Die einkommensteuerlichen Regelungen gelten für die Gewerbesteuer analog, jedoch muss die Spende aus Mitteln des Gewerbebetriebs stammen. Ein Spendenrücktrag ist nicht zulässig. Außerdem ist der Vortrag ab dem Erhebungszeitraum 2007 zeitlich unbefristet möglich und setzt keine Mindesthöhe mehr voraus.

Spenderpyramide – 1. *Begriff:* Die Spenderpyramide ist eine Unterscheidung unterschiedlicher Spendertypen und wird dazu verwendet, die Aktivitäten einer NPO an den Beziehungen zu den Spender zu orientieren und den Aufbau und den Erhalt der Beziehung durch eine differenziertes Einbinden der Spendertypen zu stärken. – 2. *Merkmale:* Die Spenderpyramide unterscheidet sechs Spendertypen, die hierarchisch (d.h. in ansteigender finanzieller Bedeutung für die NPO) aufgebaut sind: Spendeanfragen (Interessenten), erstmalige Spender, Spender, verbundene Spender, Großspender, Legate. – 3. *Einordnung:* a) Die Spenderpyramide ist ein Instrument des → Relationship Fundraising. – b) Die Spenderpyramide ist in Bezug auf die → Kundenintegration in NPO, speziell die finanzielle Integration, wichtig.

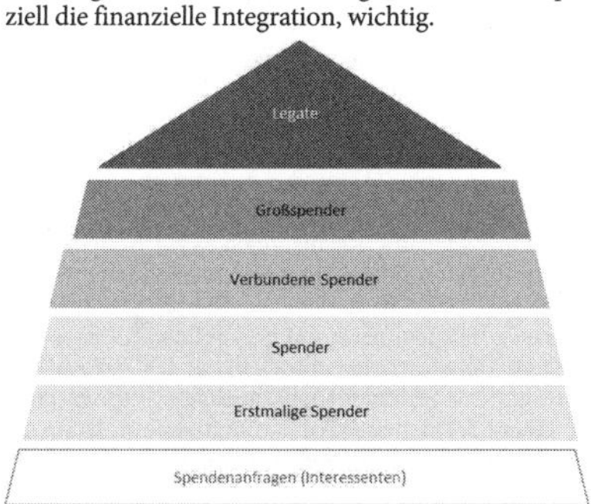

Sperren – Maßnahmen zur Verhinderung v.a. der Einlösung, Übertragung und Verpfändung von Wertpapieren etc. – 1. Sperren von → Sparbüchern erfolgt durch die Sparkasse bzw. Bank auf Verlustanzeige des Sparers, um Abhebungen durch nicht Berechtigte zu verhindern. – 2. → Schecksperre.

Sperrjahr – 1. *Aktiengesellschaft:* Die einjährige Frist, die im Fall der → Abwicklung der AG gemäß § 272 I AktG seit dem dritten Aufruf der Gläubiger verstrichen sein muss, bevor das Vermögen verteilt werden darf. – 2. *Gesellschaft mit beschränkter Haftung:* Ebenso in § 73 GmbHG vorgesehen; dort ist ferner ein Sperrjahr in § 58 I Nr. 3 vorgesehen für die Anmeldung einer Herabsetzung des Stammkapitals zum Handelsregister.

Sperrklinkeneffekt → Ratchet Effect.

Sperrminorität → Minderheitsrechte.

Sperrpatent – dient dazu, einem Dritten die Benutzung seiner Erfindung unmöglich zu machen. – *Beispiel:* Kenntnis eines Verfahrens aus Lizenzverhandlungen wird zur Erlangung eines Vorrichtungspatents verwendet, um dem Lizenzgeber die Ausführung seines Verfahrenspatents unmöglich zu machen. Die Erwirkung des Sperrpatents kann wie der missbräuchliche Erwerb von Kennzeichnungsrechten unlauterer Wettbewerb sein (→ Behinderungswettbewerb).

Sperrwirkung → Betriebsvereinbarung.

Sperrzeit – Zeitraum, während dessen der ansonsten bestehende Anspruch auf → Arbeitslosengeld des SGB III wegen bestimmter in § 159 SGB III beschriebener Verhaltensweisen des Arbeitslosen ruht. – 1. *Grundgedanke:* Die Leistungspflicht aus der → Arbeitslosenversicherung soll gemindert werden, wenn der Arbeitslose den Eintritt des Versicherungsfalls selbst herbeigeführt oder verschuldet hat oder aber an der Behebung der eingetretenen Arbeitslosigkeit nicht ausreichend seiner → Mitwirkungspflicht nachgekommen ist. – 2. *Eintritt der Sperrzeit:* Wenn der Arbeitslose ohne wichtigen Grund (1) das Arbeitsverhältnis gelöst oder durch ein vertragswidriges Verhalten Anlass für die Kündigung des Arbeitgebers gegeben und dadurch seine Arbeitslosigkeit vorsätzlich oder grob fahrlässig herbeigeführt hat; (2) trotz Belehrung über die Rechtsfolgen eine von der Agentur für Arbeit angebotene Arbeit nicht angenommen oder nicht angetreten hat; (3) trotz Belehrung über die Rechtsfolgen die von der Agentur für Arbeit geforderten Eigenbemühungen nicht nachweist; 4) trotz Belehrung über die Rechtsfolgen sich geweigert hat, an zumutbaren Ausbildungs-, Umschulungs-, Fortbildungs- oder (beruflichen) Rehabilitationsmaßnahmen teilzunehmen; (5) die Teilnahme an einer solchen Maßnahme abgebrochen hat; (6) eine Aufforderung der Agentur für Arbeit, sich zu melden oder zu einem ärztlichen oder psychologischen Untersuchungstermin zu erscheinen, nicht nachkommt; (7) sich verspätet arbeitsuchend gemeldet hat. – 3. *Dauer:* bis zu zwölf Wochen je nach Fallgestaltung (§ 159 III–VI SGB III). Der Leistungsanspruch erlischt ganz, wenn der Arbeitslose Anlass für den Eintritt von Sperrzeit mit einer Dauer von 21 Wochen gegeben, darüber entsprechende Bescheide erhalten hat und zuvor auf diese Rechtsfolgen hingewiesen worden ist (§ 161 I Nr. 2 SGB III).

Spesenrechnung – Zusammenstellung der Auslagen und bes. Gebühren, die bei Ausführung eines Kundenauftrags im Bankgeschäft entstehen. Auch wenn die Ausführung des Auftrags durch → Selbsteintritt erfolgt, werden die Spesen berechnet.

Speyerer Verfahren – ein von K. Lüder an der Hochschule für Verwaltungswissenschaften Speyer unter Einbeziehung internationaler Erfahrungen entwickeltes und inzwischen in der Kreisstadt Wiesloch empirisch getestetes Konzept eines „Kommunalen Rechnungswesens" (NKR) für die Bundesrepublik Deutschland Mit diesem Ansatz wird das bisherige Nebeneinander von → Kameralistik im Kernhaushalt und kaufmännischem Rechnungswesen in den kommunalen Bereichen überwunden, eine konsolidierte vollständige Erfassung der kommunalen Finanzsituation und des Ressourcenverbrauchs ermöglicht und damit zugleich der Anschluss an die Entwicklung in anderen westlichen Industriestaaten, v.a. in anderen Mitgliedsstaaten der EU hergestellt. Lüders Konzept bedeutet für öffentliche Verwaltungen den Wandel vom klassischen Geldverbrauchs- zum Ressourcenverbrauchskonzept. Auf doppischer Grundlage (doppelte Buchführung) liefert das Speyerer Verfahren Informationen über das Ressourcenaufkommen (→ Ertrag) und den Ressourcenverbrauch, die Datenbasis für eine → Kostenrechnung und ermöglicht die Erstellung eines konsolidierten Abschlusses (→ Konzernabschlusses) für alle Aktivitäten und Organisationen einer Gemeinde. Speyerer Verfahren besteht aus den drei Hauptrechnungen → Ergebnisrechnung, → Vermögensrechnung und Finanzrechnung (Drei-Komponenten-Rechnungssystem), die in einem Rechnungsverbund systematisch miteinander verbunden sind (vgl. Abbildung „Speyerer Verfahren"). Speyerer Verfahren bedeutet, dass die herkömmliche Haushaltsrechnung in Form des Verwaltungshaushaltes zur Ergebnisrechnung, die herkömmliche Haushaltsrechnung in Form des Vermögenshaushaltes zur Finanzrechnung fortentwickelt und die Vermögensrechnung vervollständigt werden. Lüders Reformkonzept bedeutet nicht die Abschaffung bisheriger Rechnungen, sondern den Ausbau des bisherigen Rechnungssystems, dessen Vervollständigung und Ausgestaltung derart, dass die notwendigen internen und externen Informationen über die Finanz- und Vermögenssituation sowie über das Ressourcenaufkommen und den Ressourcenverbrauch aussagefähig aufbereitet und bereitgestellt werden.

Spezialbanken – Kreditinstitute (→ Banken), die sich im Rahmen des Bankgeschäfts bes. Aufgaben widmen. Sie können sich beschränken auf: 1. *Einen bestimmten Kundenkreis,* indem sie die Einlagen nur oder doch überwiegend aus einer bestimmten Bevölkerungsschicht sammeln oder Kredite an bestimmte Kreise gewähren; Geschäftstätigkeit als Branche- und Konzernbanken. – 2. *Spezialzweig des Bankgeschäfts:* (1) Realkreditbanken, spezialisiert in Institute für städtische und landwirtschaftliche Grundstücksbeleihung, → Schiffsbanken, Teilzahlungsbanken, → Bausparkassen, Postbank u.a.; (2) Absatzfinanzierungsinstitute; (3) Institute des Abrechnungsverkehrs

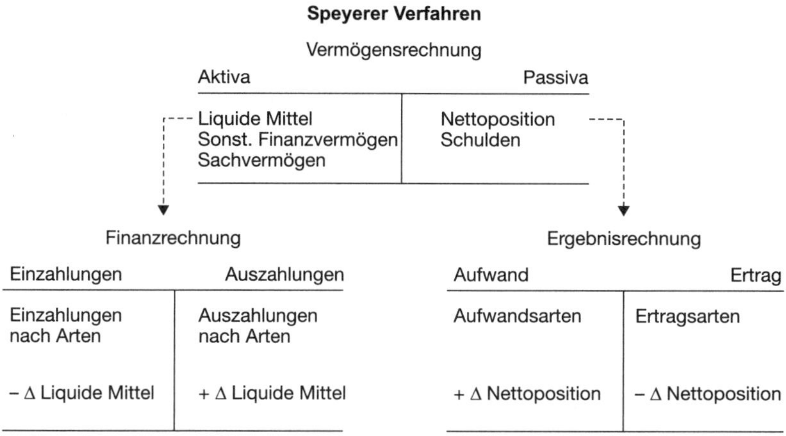

u.a. – Der Begriff der Spezialbanken ist in der Statistik der → Deutschen Bundesbank ungebräuchlich. – *Anders:* → Banken mit Sonderaufgaben. – *Gegensatz:* → Universalbanken.

Spezialbilanzen → Sonderbilanzen.

Spezialfonds – *Spezial-Sondervermögen;* auch Individualfonds genannt, nicht zu verwechseln mit → Spezialitätenfonds. Form der → Vermögensverwaltung für juristische Personen, i.d.R. Kapitalsammelstellen, durch Auflegen eines Fonds, wobei bis zum Investmentänderungsgesetz (InvÄndG, BGBl. I S. 3089) vom 21.12.2007 nicht mehr als 30 institutionelle Anleger im Besitz der Anteilsscheine des Fonds sein durften. Spezialfonds werden gemäß den individuellen Anforderungen und Bedürfnissen dieser Anleger ausgerichtet und bringen gegenüber der Selbstverwaltung des Vermögens Kosten- und Steuervorteile. – Die Spezialfonds verwaltenden Banken und Vermögensverwaltungsgesellschaften unterliegen dem → Investmentgesetz (InvG). – Spezialfonds haben seit 1997 in Deutschland das jährliche Mittelaufkommen und Fondsvolumen der Publikumsfonds, welche vom breiten Publikum erworben werden können, übertroffen. – *Anders:* → Spezialitätenfonds. – Vgl. auch → Investmentfonds.

Spezialgeschäft – Betriebsform des → Einzelhandels, die im Vergleich zu einem → Fachgeschäft eine geringere Sortimentsbreite, aber eine größere Sortimentstiefe hat. – *Beispiele:* Spezialgeschäfte für Krawatten, Damenstrümpfe, Blusen, Hemden, Handschuhe.

Spezialgroßhandlung – Betriebsform des → Großhandels mit geringer Sortimentsbreite und großer Sortimentstiefe, oft als Ergänzung zu einer → Sortimentsgroßhandlung, z.B. als Tabakwaren-, Milch- und Molkereiprodukte- oder Schraubengroßhandlung. Spezialisierung kann herkunfts-, stofforientiert (Lederwarengroßhandel) oder bedarfsorientiert sein (Sportartikel-, Knopfgroßhandel).

Spezialhandel – Form des statistischen Nachweises des Warenverkehrs im Außenhandel (→ Außenhandelsstatistik) aus der Perspektive des Zollinlandes. Der Spezialhandel enthält im Wesentlichen die Waren, die zum Ge- und Verbrauch oder zur Be- oder Verarbeitung in die Bundesrepublik Deutschland eingeführt bzw. aus der Erzeugung oder Be- oder Verarbeitung der Bundesrepublik stammen und ausgeführt werden. Der Spezialhandel unterscheidet sich vom → Generalhandel durch die unterschiedliche Einbeziehung des → Lagerverkehrs. Der Spezialhandel enthält im Unterschied zum Generalhandel nicht die Einfuhr von Waren auf Lager und die Ausfuhr von Waren aus Lager. Anders als der Generalhandel umfasst er aber Einfuhren aus Lager in den freien Verkehr.

Spezialisierung – I. Industriebetriebslehre: → Arbeitsteilung.

II. Organisation: 1. *Begriff:* die im Rahmen der → Arbeitsteilung erfolgende inhaltliche Ausrichtung der Kompetenzen organisatorischer Einheiten auf jeweils spezielle Handlungen. – 2. *Gestaltungsalternativen:* Die → Zentralisation kann dabei nach dem → Verrichtungsprinzip (Funktionalprinzip) oder nach dem → Objektprinzip erfolgen. – 3. *Beurteilung:* Die → organisatorische Effizienz hängt u.a. von der Art und der hierarchischen Positionierung der spezialisierten Einheit ab. Bei der Spezialisierung einer Stelle auf Verrichtungen z.B. können sich v.a. auf tiefer gelegenen Hierarchieebenen Vorteile besserer Auslastung maschineller Anlagen und höherer Geschicklichkeit der Handlungsträger bei gleichartigen Tätigkeiten einstellen; als Nachteil kann u.a. Monotonie mit ihren Ermüdungs- und Frustrationsfolgen auftreten.

III. Wettbewerbsrecht: → Spezialisierungskartell.

IV. Außenwirtschaft: Spezialisierung im → Außenhandel impliziert, dass sich die Länder auf die Rohstoffförderung oder Produktion von Waren und auf den Export in Länder konzentrieren, bei denen sie über *komparative Kostenvorteile*, das sind geringere → Opportunitätskosten im internationalen Vergleich, verfügen.

V. Informatik: Konzept der Modellierung, bei dem ein allgemeiner Typ von → Objekten zur besseren Unterscheidung in verschiedene, andere Subtypen unterteilt wird. – *Gegensatz:* → Generalisierung.

Spezialisierungsgewinn – Ressourcenersparnis, die sich als Ergebnis der → Spezialisierung ergibt. Z.B. wird die Produktivität der Faktoren gesteigert und es werden Erfahrungs- und Lerneffekte evident. – Vgl. → Handelsgewinn.

Spezialisierungskartell → Kartell mit dem Ziel der Konzentration der beteiligten Unternehmen auf eine bestimmte Produktion bzw. auf die Erbringung bestimmter Dienstleistungen zu Rationalisierungszwecken. Die beteiligten Unternehmen gehen dabei arbeitsteilig vor, d.h. die Gesamtheit der Unternehmen behält ihr bisheriges Leistungsprogramm bei. Nach der „Verordnung (EU) Nr. 1218/2010 vom 14.12.2010 über die Anwendung von Art. 101 III des Vertrages über die Arbeitsweise der Europäischen Union auf bestimmte Gruppen von Spezialisierungsvereinbarungen" (ABl. L 335, S. 43) sind Spezialisierungskartelle vom Verbot des Art. 101 I AEUV und § 1 GWB freigestellt, wenn der gemeinsame Marktanteil der Beteiligten 20 Prozent nicht überschreitet und die Spezialisierungsvereinbarung keine Kernbeschränkung des Wettbewerbs beinhaltet.

Spezialitätenfonds – seit Anfang der 1980er-Jahre aufgelegte → Investmentfonds nach speziellen Anlagebereichen für gehobene, teilweise risikobewusstere Anlegergruppen; z.B. sog. Branchenfonds mit Bank-, Versicherungs-, Brauereiaktien etc. Weiterhin wurden von den → Kapitalanlagegesellschaften u.a. sog. Länderfonds für bestimmte Länder oder Regionen, sog. Rohstoff-, Energie- und Technologiefonds, entwickelt.

Spezialitätsprinzip → Tarifvertrag.

Spezialmarkt – Form des → Markthandels; regelmäßig in größeren Zeitabständen wiederkehrende, zeitlich begrenzte Veranstaltung, auf der eine Vielzahl von Anbietern bestimmte Waren anbietet (§ 68 I GewO). – Vgl. auch → Jahrmarkt, auf dem Waren aller Art angeboten werden.

Spezialprävention – Strafzweck, wonach Strafe der Einwirkung auf den Täter dient (vgl. § 46 I Satz 2 StGB). – *Gegensatz:* → Generalprävention.

Spezialvollmacht – *Sondervollmacht;* → Vollmacht, die nur zur Vornahme eines bestimmten Geschäfts oder einiger bestimmter Geschäfte ermächtigt. – *Gegensatz:* → Generalvollmacht.

spezielle Betriebswirtschaftslehren – *bes. Betriebswirtschaftslehren;* Bezeichnung für jene Teile der → Betriebswirtschaftslehre (BWL), die sich mit den Besonderheiten einzelner Wirtschaftszweige (Industrie, Handel, Banken, Versicherungen etc.) bzw. einer vertiefenden Erforschung betriebswirtschaftlicher Sachverhalte befassen. Die Abgrenzung zur → Allgemeinen Betriebswirtschaftslehre ist unscharf. – Es *gehören dazu v.a.* Bankbetriebslehre, → Handelsbetriebslehre, → öffentliche Betriebswirtschaftslehre (Betriebswirtschaftslehre der öffentlichen Unternehmen und Verwaltungen), → Industriebetriebslehre, → Verkehrsbetriebslehre, Versicherungslehre.

spezielle Nachfragefunktion – Funktion, die die Abhängigkeit der → Nachfrage nach einem → Gut von einem bestimmten als bes. wichtig erachteten Faktor darstellt, z.B. die *Preis-Konsum-Funktion* (Abhängigkeit der Nachfrage vom Preis) und die *Einkommens-Konsum-Funktion* (Abhängigkeit der Nachfrage vom Einkommen; vgl. → Einkommenskonsumkurve). – *Verallgemeinerung:* → Nachfragefunktion.

Spezieskauf → Stückkauf.

Speziesschuld → Stückschuld.

Spezifikation – I. Informatik: Begriff aus dem → Software Engineering; zahlreiche unterschiedliche Bedeutungen. – 1. *Phase im* → Softwarelebenszyklus: (1) Synonym für → Anforderungsdefinition; (2) Synonym für *Entwurf;* (3) je nach → Phasenmodell auch eine Phase mit Aufgaben aus (1) und (2). – 2. *Dokument:* (1) Beschreibung des Leistungsumfangs eines Softwareprodukts; auch als *Systemspezifikation* bezeichnet; (2) Synonym für → Pflichtenheft; (3) Definition der Aufgabe eines → Moduls. – 3. *Konzept bei der* → Softwareentwicklung: Für ein Modul wird durch die Spezifikation zunächst seine Aufgabe detailliert festgelegt (das „Was"); auf Grundlage der Spezifikation erfolgt dann die → Implementierung des Moduls (das „Wie"). Ein Grundprinzip des Software Engineering fordert, dass Spezifikation und → Implementierung strikt getrennt werden. – 4. *Methode* zur Entwicklung und Darstellung einer Spezifikation. – *Arten:* → informale Spezifikation, → halbformale Spezifikation und → formale Spezifikation.

II. Ökonometrie: Phase der ökonometrischen Modellentwicklung, in der ein wirtschaftstheoretisch begründetes und statistisch schätzbares Modell (Schätzmodell) festgelegt wird. Es werden die abhängigen Variablen (→ Variable, endogene) und die erklärenden Variablen (→ Variable, exogene) sowie deren funktionaler Zusammenhang durch die Funktionalform des Schätzungsmodells bestimmt. Die → Box-Cox-Transformation ermöglicht es, die Wahl der Funktionalformen aus der Phase der Spezifikation herauszunehmen und durch die Schätzung der

Funktionsformparameter zu ersetzen. Probleme können bei der Wahl der geeigneten exogenen Variablen, bei der empirischen Operationalisierung der Variablen sowie bei der Aggregation des Modells (→ Aggregation) auftreten. – Die Spezifikation eines → ökonometrischen Modells basiert immer auf einem ökonomischen Modell und kann daher stets nur so gut sein wie das zugrunde liegende ökonomische Modell. Die Spezifikation des stochastischen Teils des Modells geht davon aus, dass der systematische Teil des Modells korrekt spezifiziert ist. Für die Beobachtungs- und Messfehler bzw. im Regelfall für die Störvariablen werden stochastische Spezifikationen gewählt, die die Ableitung von Schätz- und Testfunktionen mit wünschenswerten Eigenschaften ermöglichen und die mit den Annahmen bez. des systematischen Teils des Modells kompatibel sind. Nicht alle diese stochastischen Annahmen sind jedoch einer Überprüfung zugänglich (→ Spezifikationsfehlertest). Für eine Reihe von Fällen gibt es robuste Verfahren, die nur in geringem Maße auf eine Verletzung gewisser Verteilungsannahmen reagieren. Die Spezifikation eines ökonometrischen Modells wird i.d.R. in einem aufwendigen Trial-and-Error-Prozess gefunden.

Spezifikationsfehlertest – Test zur Überprüfung der → Spezifikation eines → ökonometrischen Modells. Vor einem solchen Test muss aber immer entschieden werden, welcher Teil der Spezifikationsannahmen überprüft werden soll und welche Teile ungeprüft bleiben. – Die meisten der Spezifikationsfehlertests sind für lineare → Einzelgleichungsmodelle konzipiert und basieren auf den Residuen einer OLS-Schätzung (→ Kleinstquadratemethode, gewöhnliche) bzw. davon abgeleiteten → Residuen. Zu den Tests der stochastischen Spezifikation zählen u.a. die → Autokorrelationstests und die Heteroskedastizitätstests. Häufig gibt aber bereits eine visuelle Betrachtung der Entwicklung der Schätzresiduen Hinweise auf eventuelle Spezifikationsmängel. Die Annahme beobachtungsinvarianter Koeffizienten kann mit sog. → Strukturbruchtests überprüft werden. Tests auf Fehler im systematischen Teil des Modells sind z.B. der → Hausman-Test und der → RESET-Test von Ramsey. – Bei → Mehrgleichungsmodellen deuten große numerische Unterschiede und Vorzeichenwechsel in den mit Schätzverfahren mit beschränkter Information bzw. Schätzverfahren mit voller Information geschätzten Koeffizienten auf im Modell vorhandene Spezifikationsfehler hin.

Spezifikationskauf → Bestimmungskauf.

spezifische Erlöse → Einzelerlöse.

spezifische Investitionen → Investitionen sind für bestimmte → Transaktionen dann spezifisch, wenn sie die Bindung von Kapital erfordern, deren Ertrag von der Fortsetzung dieser Transaktionsbeziehungen abhängt. Spezifische Investitionen sind dadurch gekennzeichnet, dass ihre Erträge in der nächstbesten Verwendung niedriger ausfallen als in der gegenwärtigen, sodass beim Investor eine → Quasirente anfällt. – Zu unterscheiden sind physische und räumliche Spezifität von Anlagen, die Spezifität von Humankapital und Widmungsspezifität. Letztere kommt aufgrund von spezifischen Investitionen eines Transaktionspartners zustande, der ohne diese den Anreiz hätte, sich die Quasirente seines Gegenübers anzueignen. Durch Widmungsspezifität soll die einseitige Abhängigkeit eines Partners durch eine wechselseitige Abhängigkeit der Beteiligten ersetzt werden, was zur Stabilisierung der Transaktionsbeziehung beiträgt. – Spezifische Investitionen können → glaubhafte Zusicherungen im Rahmen langfristiger → Verträge bestärken. – Vgl. auch → Team-Theorie der Unternehmung.

spezifische Inzidenz – Form der → Inzidenz. Die spezifische Inzidenz gibt die durch eine einzelne isolierte staatliche Maßnahme bedingte Einkommensverteilungsänderung bei sonst konstant gehaltenem → Budget an. Damit sind Aussagen über einer Maßnahme spezifisch zuordenbarer Wirkungen möglich (Partialanalyse); die Prämisse einer einseitigen Ausgaben- oder Einnahmenänderung ist jedoch realitätsfern. – *Gegensatz:* → differenzielle Inzidenz.

spezifische Kosten → Einzelkosten.

spezifischer Deckungsbeitrag → engpassbezogener Deckungsbeitrag.

spezifischer Verbrauch → Einzelverbrauch.

spezifischer Zoll → Zoll, (→ Einfuhrzoll) der nach dem Gewicht, dem Volumen, der Länge, der Stückzahl oder einer *Kombination* solcher Bemessungsfaktoren (z.B. Volumen und Alkoholgehalt) der betreffenden Ware berechnet wird. *Beispiel:* Zollsatz = 102,4 Euro / 100 kg. – Weniger als zehn Prozent der in der → EU bestehenden Zollsätze sind spezifische Zollsätze, etwa 90 Prozent sind *Wertzollsätze* (*ad valorem*). – Vgl. auch → Wertzoll, → Mischzoll, → Mengenzoll.

Spezifität → Governance-Structure-Theorie der Unternehmung, → Team-Theorie der Unternehmung, → spezifische Investitionen.

Sphärentheorie – nach Grundsätzen des Arbeitsrechts hat der Arbeitgeber Lohn bei unverschuldeten Betriebsstörungen zu zahlen, wenn die Störung aus seiner Sphäre stammt. – Vgl. auch → Betriebsrisiko.

Spider → Roboter.

Spiegelbildkonto → Übergangskonto.

Spiegelbildsystem → Zweisystem.

Spiel – Vertrag, bei dem der Geschäftserfolg von einer Ungewissheit, v.a. Zufall abhängt. Eine Verbindlichkeit wird durch Spiel nicht begründet (§ 762 BGB; → Naturalobligation). Im Gegensatz zum → Preisausschreiben geht es beim Spiel vornehmlich um Unterhaltung bzw. Gewinn.

Spielbankabgabe – Steuer auf den Betrieb einer Spielbank. Nach einer Rechtsverordnung vom 27.7.1938 (RGBl. 955) sind Spielbanken von den Steuern vom Einkommen, Vermögen und Umsatz sowie von der Lotterie- und Gesellschaftsteuer befreit. Sämtliche Steuern werden durch die Spielbankabgabe abgegolten. Nach einem Verwaltungsabkommen zwischen Bund und Ländern (nicht veröffentlicht) beträgt die Spielbankabgabe 80 Prozent des Bruttospielertrags. Von steuerrechtlicher Seite Bedenken wegen mangelnder Verfassungsmäßigkeit der Spielbankabgabe.

Spielbaum → extensive Form.

Spielgerät – Gerät, das mit einer den Spielausgang beeinflussenden mechanischen Vorrichtung ausgestattet ist und die Möglichkeit eines Gewinns bietet. Wer gewerbsmäßig (1) Spielgeräte aufstellen oder (2) ein anderes Spiel mit Gewinnmöglichkeiten veranstalten will, bedarf der Erlaubnis der Ortspolizeibehörde. – 1. Die Erlaubnis für die *Aufstellung eines Spielgeräts* darf nur erteilt werden, wenn dessen Bauart von der Physikalisch-Technischen Bundesanstalt zugelassen ist. Sie kann mit Auflagen versehen werden. Die Aufstellung setzt schriftliche Bestätigung der Behörde voraus, dass der Aufstellort den Durchführungsvorschriften entspricht (§ 33c GewO). Einzelheiten in der Spielverordnung i.d.F. vom 27.1.2006 (BGBl. I 280). – 2. Die Erlaubnis für die *Veranstaltung eines anderen Spieles* darf nur erteilt werden, wenn der Veranstalter im Besitz einer vom Bundeskriminalamt erteilten Unbedenklichkeitsbescheinigung oder eines Abdruckes hiervon ist; dazu im Einzelnen die §§ 33d–f GewO i.V. mit der VO zur Erteilung von Unbedenklichkeitsbescheinigungen i.d.F. vom 10.4.1995 (BGBl. I 510) m.spät.Änd.

Spiellust → Kundenfang.

Spielregeln → Regeln.

Spieltheorie

von Prof. Dr. Axel Ockenfels

I. Begriff und Entwicklung

Die Spieltheorie ist eine mathematische Methode, die das rationale Entscheidungsverhalten in sozialen Konfliktsituationen ableitet, in denen der Erfolg des Einzelnen nicht nur vom eigenen Handeln, sondern auch von den Aktionen anderer abhängt. Der Begriff „Spieltheorie" beruht darauf, dass am Anfang der mathematischen Spieltheorie den Gesellschaftsspielen wie Schach, Mühle, Dame etc. große Aufmerksamkeit gewidmet wurde. Frühe ökonomische Beiträge zur Spieltheorie wurden von → Cournot und → Edgeworth verfasst.

Als Meilenstein für die *Entwicklung der Spieltheorie* erwies sich das Buch von Neumann und Morgenstern. Danach hat sich die Spieltheorie erst allmählich und seit 1970 überaus stürmisch als die beherrschende Methodik in den – traditionell normativ ausgerichteten – Wirtschaftswissenschaften sowie mehr und mehr auch in den sozialwissenschaftlichen Nachbardisziplinen durchgesetzt. Der Nobelpreis für Wirtschaftswissenschaften des Jahres 1994, der an → Harsanyi, → Nash und → Selten in Anerkennung ihrer Verdienste um die Weiterentwicklung der Spieltheorie vergeben wurde, verdeutlicht die überragende Bedeutung der Spieltheorie für die moderne Wirtschaftstheorie.

Als wichtige (Lehr-)Bücher nach von Neumann und Morgenstern wurden v.a. Luce und Raiffa sowie Owen weithin geschätzt. Heute gibt es eine Fülle an Einführungen zur Spieltheorie, die kaum noch zu überblicken ist. Als deutsche Lehrbücher bieten sich die Werke von Berninghaus, Güth sowie Holler und Illing an.

II. Lösungskonzepte

Lösungskonzepte sollen das individuell rationale Verhalten in strategischen Entscheidungssituationen definieren. Der Tradition der Spieltheorie entsprechend werden Spiele mathematisch exakt beschrieben, sodass eine strenge mathematische Lösung möglich ist. Wird ein Spiel nur durch seine → charakteristische Funktion erfasst, so kann natürlich nicht das individuelle Verhalten selbst, sondern nur die Auszahlungsaufteilung beschrieben werden. Im Folgenden wird daher von Spielen in → extensiver Form oder in → Normalform ausgegangen. In derartigen Spielen sollte eine Lösungskonzeption diejenigen Strategien der Spieler auszeichnen, die den intuitiven Anforderungen an rationales Entscheiden genügen. Geht man von der extensiven Form eines Spiels aus, so muss eine Strategie $s_i \in S_i$ eines Spielers i für jeden Informationsbezirk einen Zug auswählen.

1. Dominierte und inferiore Strategien

Für einen Strategievektor $s = (s_1, ..., s_n)$ eines n-Personen-Spiels sei $s_{-i} = (s_1, ..., s_{i-1}, s_{i+1}, ..., s_n)$ der n-1-Vektor ohne i-te Komponente und

$$(\hat{s}_i, s_{-i}) = (s_1), \cdots, s_{i-1}, \hat{s}_i, s_{i+1}, \cdots, S_n)$$

der Strategievektor bestehend aus $\hat{s}_i$ und s_{-i}. Eine Strategie s_i heißt *dominiert,* falls Spieler i über eine alternative Strategie $\hat{s}_i$ verfügt, für die $u_i(\hat{s}_i, s_{-i}) \geq u_i(s_i, s_{-i})$ für alle Vektoren s_{-i} mit strikter Ungleichung für wenigstens einen Vektor s_{-i} gilt. In der Abbildung „Extensive Form – Vertrauensspiel" (→ extensive Form) ist die Strategie $s_2 = G$ von Spieler 2 dominiert, da r > s; in der Abbildung „Agentennormalform – Outside Option-Spiel" (→ Agentennormalform) ist die Strategie $s_1 = (R_1, l_1)$ von Spieler 1 dominiert, da z.B. $\hat{s}_i = (L_1, l_1)$ die obige Bedingung erfüllt. Dominierte Strategien sollte ein Spieler vermeiden, da es alternative Strategien gibt, die niemals schlechter, aber manchmal besser sind, also das Risiko einer falschen Entscheidung verringern.

Vermeiden alle Spieler ihre dominierten Strategien und ist allgemein bekannt, dass alle dominierten Strategien vermieden und damit eliminiert werden, so können sich neue Strategien als dominiert erweisen. Gilt

$$u_i(\hat{s}_i, s_{-i}) = \max \{u_i(s_i, s_i) : s_i \in S_i\},$$

so wird $\hat{s}_i$ *beste Antwort* auf s_{-i} genannt. Eine Strategie s_i heißt *inferior,* falls eine andere Strategie „häufiger" beste Antwort ist: Bezeichnet $B_i(s_i)$ die Menge der Vektoren s_{-i}, auf die s_i beste Antwort ist, so ist s_i inferior, falls eine Strategie $\hat{s}_i$ existiert mit

$$B_i(s_i) \underset{\neq}{\supset} B_i(s_i),$$

d.h. $\hat{s}_i$ ist immer beste Antwort, falls das für s_i zutrifft, aber nicht umgekehrt. Inferiore Strategien müssen nicht dominiert sein, wie folgendes 2-Personen Nullsummenspiel beweist, das nur durch die Auszahlungen $u_2(s)$ für alle sechs Strategievektoren $s = (s_1, s_2)$ beschrieben werden kann:

Spieltheorie – Bimatrix 3

$s_1\backslash s_2$	s_2^1	s_2^2	s_2^3
s_1^1	2	1	0
s_1^2	0	1	2

Obwohl nur s_2^1 beste Antwort auf s_1^1 und nur s_2^3 beste Antwort auf s_1^2 ist, erweist sich die Strategie s_2^2 als undominiert.

Individuelle Rationalität verlangt, dass ein Spieler i an das Verhalten s_{-i} seiner Mitspieler optimal angepasst ist. Inferiore Strategien sind fragwürdig, weil es andere Strategien gibt, die sich auf vielfältige Verhaltensweisen s_{-i} als beste Antwort erweisen. Sie sollten daher als Lösungsstrategien ausscheiden und – ähnlich wie dominierte Strategien – wiederholt eliminiert werden.

2. Gleichgewichte

Der Begriff des Gleichgewichts ergibt sich aus den Anforderungen, dass erstens alle Spieler beste Antworten auf das Verhalten der Mitspieler auswählen und dass zweitens die Erwartungen bez. des Verhaltens der Mitspieler stets rational sind. Ein Gleichgewicht ist damit ein (Strategien-)Vektor

$$s^* = (s_1^*, \ \ldots, s_n)$$

wechselseitig bester Antworten, d.h. für alle Spieler i = 1, ..., n des n-Personen-Spiels muss gelten, dass $u_i(s^*) \geq u_i(s_i, s_{-i})$ für alle Strategien $s_i \in S_i$ von Spieler i gilt. Würde ein Strategievektor s allgemein erwartet, der ungleichgewichtig ist, so würde sich diese Erwartung offenbar selbst zerstören, da dann mindestens ein Spieler mehr verdienen würde, falls er von s abweicht. Man kann daher Gleichgewichte – und nur diese! – als selbstbestätigende allgemeine Verhaltenserwartungen charakterisieren.

Andere Begründungen für das Gleichgewicht basieren auf einleuchtenden Axiomen (z.B. dem (umgekehrten) Konsistenzaxiom, das auch dann einen Anreiz für Gleichgewichtsverhalten postuliert, wenn andere schon ihre Gleichgewichtsstrategie gewählt haben) sowie auf Anpassungsprozessen wie etwa der besten Antwortdynamik, die schon von Cournot verwandt wurde, oder – mit wechselhaftem Erfolg – Prozessen sozialen Lernens oder kultureller Evolution.

In der Abbildung „Extensive Form – Vertrauensspiel" (→ extensive Form) ist

$$s^* = (N, A)$$

das einzige Gleichgewicht; in Bimatrix 1 (→ Normalform) ist

$$s^* = (s_1^2, s_2^1)$$

eindeutiges Gleichgewicht, während in Bimatrix 2 (→ Normalform) sowohl

$$s^1 = (s_1^1, s_2^2)$$

als auch

$$s^2 = (s_1^2, s_2^2)$$

gleichgewichtig sind. Im Nullsummenspiel der Bimatrix 3 erweist sich hingegen kein Strategienvektor $s = (s_1, s_2)$ als gleichgewichtig.

Um die Nichtexistenz von Gleichgewichten wie im Matrixspiel 3 zu vermeiden, erweitert man die strategischen Möglichkeiten der Spieler. Betrachtet sei eine Normalform $(S_1, ..., S_n; u_1, ..., u_n)$, für die alle Strategienmengen S_i endlich sind. Für alle s_i in S_i sei $q_i(s_i)$ die Wahrscheinlichkeit, mit der Spieler i die Strategie s_i verwendet. Eine gemischte Strategie q_i von Spieler i = 1, ..., n ist eine Wahrscheinlichkeitsverteilung über S_i, d.h. $q_i(s_i) \geq 0$ für alle $s_i \in S_i$ und

$$\sum_{s_i \in S_i} q_i(s_i) = 1.$$

Da alle Spieler j = 1, ..., n ihr Verhalten unabhängig voneinander randomisieren, ist die Realisationswahrscheinlichkeit eines Strategievektors s durch

$$\prod_{j=i}^{n} q_j(s_j)$$

bestimmt. Bezeichnet $q = (q_1, ..., q_n)$ einen Vektor gemischter Strategien, Q_i die Menge gemischter Strategien q_i des Spielers i = 1, ..., n und S die Menge der Strategievektoren s, so ist die gemischte Erweiterung von $(S_1, ..., S_n; u_1, ..., u_n)$ durch die Normalform $(Q_1, ..., Q_n; U_1, ..., U_n)$ mit den Auszahlungsfunktionen

$$U_i(q) = \sum_{s \in S} \prod_{j=i}^{n} q_j(s_j) u_i(s)$$
$$\text{für } i = 1, \cdots, n$$

bestimmt. Gemäß der wichtigen Existenzaussage von → Nash verfügt jede derartige gemischte Erweiterung über mindestens ein Gleichgewicht und jedes symmetrische Spiel dieser Art über mindestens ein symmetrisches Gleichgewicht. Die gemischte Erweiterung des Matrixspiels 3 verfügt über die Gleichgewichte

$$q = (q_1, q_2)$$
$$\text{mit } q_1(s_1^1) = \frac{1}{2}$$
$$\text{und } q_2(s_2^2) = 1$$
$$\text{oder } q_2(s_2^1) = \frac{1}{2} = q_2(s_2^3).$$

3. Verfeinerungen und Auswahl von Gleichgewichten

Das Problem der spieltheoretischen Lösungkonzepte ist häufig nicht die Existenz von Gleichgewichten, sondern eine Vielfalt. Um die Vielfalt einzuschränken, wurde der Gleichgewichtsbegriff verfeinert. Für extensive Spiele hat Selten gefordert, nur solche Gleichgewichte als Lösung zu akzeptieren, deren Handlungsanweisungen für jedes Teilspiel ein Gleichgewicht darstellen (Teilspielperfektheit). Das Konzept perfekter Gleichgewichte erfordert eine Robustheit der Anweisungen bezüglich kleiner Perturbationen, die man anschaulich auch als „zitternde Hand" bei der Strategienwahl beschreiben kann.

Das zur Perfektheit nahezu identische Konzept sequenzieller Gleichgewichte verzichtet – wenn auch nur vordergründig – auf Zittern bei der Strategienwahl, spezifiziert aber auf der anderen Seite explizit die Erwartungen der Spieler (v.a. in den von der Gleichgewichtspartie unerreichten mehrelementigen Informationsbezirken). Sequenzielle Gleichgewichte sind stets teilspielperfekt, aber nicht umgekehrt. Perfekte Gleichgewichte sind immer auch sequenzielle Gleichgewichte, wobei die Umkehrung nicht immer, aber fast immer zutrifft.

Ein Gleichgewicht wird als „strikt" bezeichnet, wenn jeder unilateral abweichende Spieler relativ zu seiner Gleichgewichtsauszahlung verliert. Strikte Gleichgewichte sind immer auch perfekt und damit sequenziell (rational). Leider existieren nicht immer strikte Gleichgewichte (vgl. → extensive Form, Abbildung „Extensive Form – Vertrauensspiel"), und wenn sie existieren, so können mehrere Gleichgewichte vorliegen (vgl. → Normalform, Bimatrix 2 in Abbildung „Normalform"). Verfeinerte Gleichgewichtsbegriffe wie (teilspiel-)perfekte oder sequenzielle Gleichgewichte können gewisse nicht-strikte Gleichgewichte für die Lösung ausschließen. Sie können aber nicht aus einer Vielzahl von strikten Gleichgewichten lösungsgeeignete auswählen. Dies ist Aufgabe der Gleichgewichtsauswahl. Eine Theorie der Gleichgewichtsauswahl wurde zuerst von Nash (1953) für eine Klasse von Verhandlungsspielen vorgeschlagen. Die erste umfassende Theorie zur Gleichgewichtsauswahl in endlichen Spielen haben Harsanyi und Selten entwickelt. Neben generell anwendbaren Theorien wurden auch Kriterien für spezielle Klassen von Spielen vorgeschlagen, wie z.B. das intuitive Kriterium von Cho und Kreps für die (durch mehrelementige Informationsbezirke) bedingte Erwartungsbildung in dynamischen Spielen mit unvollständiger Information.

III. Fazit

Die Spieltheorie erlaubt es, soziale Konfliktsituationen, also strategische Spiele, facettenreich abzubilden und mathematisch streng zu lösen. Unsere einfachen Beispiele können nur andeuten, welch reichhaltiges Instrumentarium und welche teils überraschenden Einsichten die Spieltheorie hierzu offeriert. Weitere – aber nicht angesprochene – Forschungsfelder ergeben sich z.B. aus der Wiederholung eines Spiels (→ wiederholte Spiele) und (oder in Verbindung mit) der Berücksichtigung von → unvollständiger Information. In solchen erweiterten Rahmen kann z.B. der strategische Aufbau von Reputation begründet werden. Andere Felder der Spieltheorie sind die → evolutionäre Spieltheorie, die das Verhalten nicht durch rationale Entscheidungskalküle, sondern als Ergebnis von kulturellen oder genetischen Prozessen ableitet, und die so genannte → kooperative Spieltheorie. Die Spieltheorie ist zuallererst eine normative Theorie. Sie wird aber auch erfolgreich bei der Erklärung von Feld- und Laborbeobachtungen sowie bei dem Design von Markt- und anderen Institutionen eingesetzt. Dennoch sollten diese Erfolge nicht darüber hinwegtäuschen, dass die deskriptive Bedeutung der Spieltheorie aufgrund der hohen Rationalitätsanforderungen ständig hinterfragt werden muss – was natürlich ebenso für die gesamte normativ ausgerichtete Wirtschaftswissenschaft zutrifft. Dies ist eine Aufgabe der experimentellen Wirtschaftsforschung, die in der Tat eine Vielzahl robuster Phänomene identifizieren konnte, die im Widerspruch zur spieltheoretischen Analyse stehen. Der verbreitete Versuch, durch leichte Abwandlungen im Optimierungskalkül der Akteure deskriptiv gehaltvolle Verhaltensprognosen zu generieren, muss angesichts der kognitiven Schranken menschlichen Handelns letztlich unbefriedigend bleiben. Daher ist parallel zur normativ ausgerichteten Spieltheorie ein aktives Forschungsfeld entstanden, dass sich vom Optimierungsprinzip abwendet und deskriptive Theorien eingeschränkt rationalen Verhaltens zu entwickeln sucht.

Spillover-Effekt – I. Volkswirtschaftslehre: 1. *Wirtschaftstheorie:* Räumlicher → externer Effekt. – 2. *Wirtschaftspolitik:* Beeinflussung der internationalen politischen Ebene, v.a. in Hinblick auf die europäische Integration, durch soziale und wirtschaftliche Entscheidungen und Entwicklungen auf nationaler Ebene.

II. Marketing: Beeinflussung von → Image und Bekanntheitsgrad eines Objekts (i.d.R. Produkt oder Produktgruppe) durch ein anderes Objekt und dessen Image (Partizipationseffekt). Denkbar sind positive (Spillover-Effekt i.e.S.) und negative Wirkungen. – *Beispiele:* Positive (negative) Wirkung des Images eines Landes oder einer Branche auf ein Produkt, positive Wirkung eines Produktes eines Produzenten mit hohem Bekanntheitsgrad (evtl. Marktführer) auf ähnliche Konkurrenzprodukte; positive Wirkung eines (positiven) Corporate Images (→ Corporate Identity); positive (negative) Wirkung des Produktes A eines Produzenten auf ein Produkt B desselben Produzenten (→ Umbrella-Effekt, → Kannibalismus-Effekt).

Spinnweb-Theorem → Cobweb-Theorem.

Spin-off – 1. *Begriff:* Ausgliederung einer Organisationseinheit aus bestehenden Strukturen (z.B. Unternehmen, Universität oder Forschungsinstitut) mittels Gründung eines eigenständigen Unternehmens durch Mitarbeiter der Ursprungsorganisation. – 2. *Merkmale:* Es entsteht eine neue rechtliche Einheit, die Know-How und Mitarbeiter aus der Ursprungsorganisation bündelt und vielfach auch nach der Ausgliederung noch inhaltliche oder wirtschaftliche Verbindungen zur Mutterorganisation aufrecht erhält. – 3. *Ziele:* Motive der Ausgründung sind vielfach Produktideen oder Forschungsergebnisse, die gute Geschäftsperspektiven aufweisen, jedoch außerhalb der Geschäftstätigkeiten der Ursprungsorganisation liegen oder nicht in deren Regie produziert bzw. optimal vermarktet werden können.

Spin-off-Gründung → Gründung eines Unternehmens durch ehemalige Mitarbeiter eines Unternehmens (meist Manager oder Ingenieure) oder einer nicht-privaten Forschungseinrichtung (z.B. Universität), um im eigenen Unternehmen eine neue Idee oder Erfindung zu verwirklichen.

Spitzen – *Spitzenbeträge.*

I. Bankwesen: Überschießende Beträge, die sich bei der Aufrechnung von Wert und Gegenwert ergeben, z.B. bei der Abwicklung von Termingeschäften, im Abrechnungsverkehr, beim Umtausch von Wertpapieren, bei Zusammenlegung von → Aktien, bei Ausübung von → Bezugsrechten.

II. Lohnpolitik: → Lohnspitzenverzicht.

Spitzenbeträge → Spitzen.

Spitzenrefinanzierungsfazilität – Geschäftsbanken können die Spitzenrefinanzierungsfazilität nutzen, um sich von den Zentralbanken Übernachtliquidität zu einem vorgegebenen Zinssatz (Spitzenrefinanzierungssatz) gegen refinanzierungsfähige Sicherheiten zu beschaffen. I.d.R. gibt es keine Kredithöchstgrenzen. Die Inanspruchnahme dieser Fazilität unterliegt mit Ausnahme der Bereitstellung ausreichender Sicherheiten keinen sonstigen Beschränkungen. Der Zinssatz für die Spitzenrefinanzierungsfazilität bildet i.Allg. die Obergrenze des Tagesgeldsatzes.

Spitzenrefinanzierungsfazilitäten des ESZB – Fazilität, mit der sich die → monetären Finanzinstitute (MFI) gegen die Verpfändung von Sicherheiten (Kategorie 1 und Kategorie 2) über Nacht Liquidität bei den nationalen Zentralbanken als ausführende Organe der EZB beschaffen können. Der Spitzenrefinanzierungssatz ist die Verzinsung dieses Kredits. – Vgl. auch → Geldpolitik.

Spitzenstellung → Alleinstellungswerbung.

Spitzentarif → Kurventarif.

Spitzenverband → Verband.

Split Ballot – *Gabelungsmethode, gegabelte Befragung;* → Befragung, bei der zwei jeweils repräsentativen Querschnitten unterschiedliche Frageformulierungen vorgelegt werden. Abweichende Ergebnisse sind aufgrund der Strukturgleichheit der Befragtenquerschnitte auf die variierte Fragestellung zurückzuführen. Split Ballot ermöglicht die experimentelle Überprüfung der Zweckmäßigkeit von Frageformulierungen. – Vgl. auch → Pretest.

Splitbuchung – in der EDV-Buchführung Bezeichnung für gleichzeitige Buchungen mehrerer Beträge im Soll und/oder im Haben (zusammengesetzte Buchungssätze, z.B. Forderungen an Umsatzerlöse und Umsatzsteuerschuld). Die Buchung der Umsatzsteuer wird meist programmgesteuert automatisch gesplittet (eingegeben wird z.B. Forderungen an Umsatzerlöse mit dem Bruttobetrag inkl. der Umsatzsteuer, gebucht wird jedoch automatisch an Umsatzerlöse (Nettobetrag) und an Umsatzsteuerschuld).

Split-Run-Verfahren – Methode der Werbemittelforschung, die nach dem Prinzip des Teilgruppenvergleichs (→ Split Ballot) vorgeht. Dabei werden verschiedene → Anzeigen in unterschiedlichen Gruppen oder Teilstichproben durch Platzierung eines Inserats in nur einem Teil der → Auflage, z.B. einer überregionalen Zeitung oder Zeitschrift, getestet. Unterschiedliche Ergebnisse können dann auf die Anzeigen zurückgeführt werden.

Split-Screen → Werbung.

Splitting → Einkommensteuer, → Versorgungsausgleich, → Rentensplitting unter Ehegatten.

Splitting-Tabelle → Einkommensteuer-Splittingtabelle.

Splitting-Verfahren – I. Einkommensteuerrecht: Eine Form der Besteuerung von → Ehegatten (→ Zusammenveranlagung).

II. Börsenwesen: Aktien, deren Kurs sehr hoch gestiegen ist, werden in zwei oder mehr Aktien aufgeteilt, wobei die Altaktionäre im Verhältnis ihrer Altaktien Anrecht auf diese neuen Aktien haben. Durch das Splitting-Verfahren verringert sich der Nennbetrag der einzelnen Aktie bzw. bei nennwertlosen Aktien der Anteil am Gesellschaftsvermögen. Aufgrund der erhöhten umlaufenden Stückzahl und des niedrigeren Kurses ergibt sich eine bessere Handelbarkeit der Aktien und Anteilsscheine. – Vgl. auch → Aktiensplit.

III. Produktionsplanung und -steuerung: Maßnahme, um Terminüberschreitungen aus der *Durchlaufterminierung* zu beseitigen. Sofern für einen Arbeitsgang eines Fertigungsauftrags mehrere Maschinen zur Verfügung stehen, kann der Auftrag aufgeteilt und parallel bearbeitet werden. – *Vorteil:* Reduktion der Durchlaufzeit. – *Nachteil:* Mehrfache Rüstkosten.

Sponsoring

von Prof. Dr. Manfred Bruhn

I. Grundlagen

1. Entwicklung

Sponsoring zählt in der Zwischenzeit zu den etablierten Instrumenten im Kommunikationsmix der Unternehmen. Erste Sponsoringengagements finden sich bereits in den 1960er-Jahren als Form der Schleichwerbung bei Sportveranstaltungen sowie in den 1970er-Jahren als Form der Sportwerbung. Erst seit den 1980er-Jahren wird von einem professionellen Sponsoring gesprochen, das mit dem heutigen Sponsoringverständnis übereinstimmt.

2. Aufwendungen

Sponsoring hat sowohl in Deutschland als auch weltweit so schnell wie kein anderes Kommunikationsinstrument an Bedeutung gewonnen. In Deutschland erhöhten sich die Sponsoringaufwendungen allein in den vergangenen zehn Jahren um mehr als 100 Prozent. Im Jahr 2008 investierten Unternehmen etwa 4,6 Mrd. Euro in

Sponsorships. Weltweit lag das Sponsoringvolumen im gleichen Jahr bei ca. 30 Mrd. Euro. Die enormen Wachstumsraten im Sponsoring lassen sich v.a. auf Veränderungen in den Kommunikations- und Medienmärkten sowie deren Folgen zurückführen (z.B. Informationsüberflutung, Reaktanzeffekte), die Wirkungsprobleme bei klassischen Kommunikationsinstrumenten wie der Mediawerbung erzeugen.

3. Begriff

Sponsoring bedeutet die Planung, Organisation, Durchführung und Kontrolle sämtlicher Aktivitäten, die mit der Bereitstellung von Geld, Sachmitteln, Dienstleistungen oder Know-how durch Unternehmen und Institutionen zur Förderung von Personen und/oder Organisationen in den Bereichen Sport, Kultur, Soziales, Umwelt und/oder den Medien, unter vertraglicher Regelung der Leistung des Sponsors und Gegenleistung des Gesponserten verbunden sind, um damit gleichzeitig Ziele der Marketing- und Unternehmenskommunikation zu erreichen. Das Prinzip von Leistung und Gegenleistung grenzt Sponsoring von anderen Formen der Unternehmensförderung wie z.B. Mäzenatentum und Spendenwesen ab.

4. Formen

Als erste Form des Sponsoring etablierte sich in den 1980er-Jahren das Sportsponsoring, gefolgt vom Kultur-, Sozio- und Umweltsponsoring in den 1990er-Jahren. Der Rundfunkstaatsvertrag aus dem Jahr 1991 bildete schließlich die Grundlage für das Programmsponsoring in Fernsehen und Rundfunk, das sich inzwischen zu einem umfassenden Mediensponsoring (auch mobile Kommunikation, Zeitschriften- und Internetsponsoring) ausgeweitet hat. Heute entfällt ein Großteil der Sponsoringinvestitionen von ca. 55 bis 65 Prozent auf das Sportsponsoring, ca. 10 Prozent werden in das Kultursponsoring investiert, 10 Prozent in das Sozio- und Umweltsponsoring sowie 20 Prozent in das Mediensponsoring.

II. Ziele

Unterscheiden lassen sich psychologische und ökonomische Zielsetzungen.

1. Ökonomische Sponsoringziele

Im Mittelpunkt stehen Umsatz- und Absatzziele sowie die Steigerung von Markenwerten und Marktanteilen. Jedoch lassen sich aus diesen Zielen nicht unmittelbar Ursache-Wirkungs-Zusammenhänge ableiten, sodass sie für die Praxis oftmals nur eine untergeordnete Rolle spielen.

2. Psychologische Sponsoringziele

Von Bedeutung sind insbesondere die Steigerung des Bekanntheitsgrades von Unternehmen oder Marken, die Imageprofilierung, die Ansprache spezieller Zielgruppen sowie die Steigerung der Mitarbeitermotivation und -identifikation. Insbesondere im Sozio- und Umweltsponsoring stellen auch die Demonstration von Verantwortungsbewusstsein und die Erreichung von Goodwill zentrale Zielsetzungen dar. In den letzten Jahren haben beziehungsorientierte Ziele an Bedeutung gewonnen, die den persönlichen Kontakt zu bedeutenden Unternehmenszielgruppen und die Zufriedenheit sowie Verbundenheit mit den Unternehmen fördern.

III. Sponsoringstrategie

1. Begriff

Die Sponsoringstrategie stellt die bewusste und verbindliche Festlegung der Schwerpunkte in den Sponsoringaktivitäten eines Unternehmens für einen längeren Zeitraum dar.

2. Ebenen

Die Strategiefindung im Sponsoring kann als Stufenprozess auf zwei Ebenen interpretiert werden:

Grobauswahl von Sponsoringbereichen: Entscheidung hinsichtlich der für das Unternehmen geeigneten Sportarten, Kulturbereiche, Förderbereiche im Sozio- und Umweltsponsoring oder Programm- bzw. Mediensponsoring. Als Vorgehen eignet sich eine Orientierung am so genannten Affinitätenkonzept. Hierbei werden Verbindungslinien zwischen den Sponsoringbereichen und den Produkten (Produktaffinität), den Zielgruppen (Zielgruppenaffinität) oder dem (angestrebten) Image (Imageaffinität) eines Unternehmens geprüft.

Feinauswahl von Sponsoringformen: Festlegung der Form der Förderung innerhalb des jeweiligen Sponsoringbereichs. In Abhängigkeit der Förderung von Einzelpersonen, Personengruppen, Projekten oder Veranstaltungen sind jeweils spezifische Entscheidungskriterien der Feinauswahl heranzuziehen, z.B. bisherige Erfolge eines Sportlers, voraussichtliche Medienpräsenz einer Veranstaltung oder Aktivitäten der Konkurrenz in dem jeweiligen Sponsoringbereich.

3. Abstimmung mit der Kommunikationsstrategie des Unternehmens

Die Sponsoringstrategie ist mit der grundlegenden kommunikativen Aufgabenstellung des Unternehmens abzustimmen. Zu analysieren ist, welche kommunikative Aufgabenstellung zu lösen ist und welchen Beitrag Sponsoring zur Lösung des Kommunikationsproblems leisten kann. Es lassen sich folgende fünf Kommunikationsstrategietypen unterscheiden: Bekanntmachungs-, Informations-, Imageprofilierungs-,

Konkurrenzabgrenzungs-, Zielgruppenerschließungs- und Beziehungspflegestrategie. Zur Vermittlung von Glaubwürdigkeit ist darüber hinaus v.a. im Sozio- und Umweltsponsoring auf einen engen Bezug zu Unternehmenszweck, -identität, -philosophie, -image und -kultur Wert zu legen.

4. Inhaltliche Bestimmung der Sponsoringstrategie

Bei der Festlegung einer Sponsoringstrategie lassen sich sieben relevante Dimensionen unterscheiden:

Sponsoringsubjekt: Festlegung des als Sponsor in die Öffentlichkeit tretenden Bezugssubjektes. Das Sponsoringsubjekt tritt entweder in Form eines Gesamtunternehmens, einer Produktlinie oder einzelner Produktmarken bzw. Dienstleistungsprogramme in den kommunikativen Mittelpunkt eines Sponsoringengagements.

Sponsoringzielgruppen: Bestimmung der anzusprechenden Zielgruppen des Unternehmens. Dabei ist eine möglichst große Überschneidung zwischen den Zielgruppen des Sponsors (Kunden, Medienvertreter, Mitarbeiter usw.) sowie den Zielgruppen der Gesponserten (aktive Teilnehmer, Besucher, Mediennutzer) anzustreben.

Sponsoringbotschaft: Festlegung der zu kommunizierenden Botschaft, z.B. in Form eines Namens, Logos, Slogans oder Emblems.

Gesponserter: Bestimmung der geförderten Einzelpersonen, Personengruppen, Projekte oder Veranstaltungen in sachlicher, personeller und zeitlicher Hinsicht.

Sponsoringmaßnahmen: Ermittlung der Instrumente in Form von Werbeträgern und Werbemitteln des Sponsoringengagements (z.B. persönliche Einladungen in die VIP-Lounge, Verteilung von Produktproben).

Sponsoringareal: Die Festlegung des Sponsoringareals umfasst die Entscheidung bezüglich der lokalen, regionalen, nationalen oder sogar internationalen Ausrichtung der Sponsoringaktivitäten eines Unternehmens.

Sponsoringtiming: Entscheidung über die zeitliche Allokation der Sponsoringaktivität, d.h. Festlegung des Zeitrahmens sowie der Intensität des Einsatzes der einzelnen Maßnahmen im Zeitablauf.

IV. Integration des Sponsoring in den Kommunikationsmix

1. Arten

Unternehmen kommunizieren auf verschiedenen Wegen mit aktuellen und potenziellen Kunden, Mitarbeitenden, der Öffentlichkeit und anderen Zielgruppen. Um einen effizienten und effektiven Einsatz des Sponsoring im Rahmen der Marketing- und Unternehmenskommunikation zu gewährleisten, ist eine Integration auf intrainstrumenteller und interinstrumenteller Ebene erforderlich.

Intrainstrumentelle Integration: Abstimmung der einzelnen Sponsorships untereinander mit dem Ziel der Realisierung eines optimalen instrumentespezifischen Zielerreichungsgrades.

Interinstrumentelle Integration: Vernetzung des Sponsoring mit den anderen Instrumenten der Unternehmens- und Marketingkommunikation (z.B. Mediawerbung, Verkaufsförderung, Public Relations) mit dem Ziel einer synergetischen Verstärkung der Gesamtwirkung der Kommunikation.

2. Formen

Im Hinblick auf die Integrationsentscheidung lassen sich mit der inhaltlichen, formalen und zeitlichen Integration drei Erscheinungsformen unterscheiden:

Inhaltliche Integration: Gegenstand der inhaltlichen Integration ist eine thematische Abstimmung zwischen Sponsoring und anderen Kommunikationsinstrumenten des Unternehmens. Durch die Schaffung einheitlicher Kernbotschaften wird ein in sich konsistentes Auftreten sichergestellt und eine synergetische Erhöhung der kommunikativen Wirkungen erreicht.

Formale Integration: Durch die Anwendung einheitlicher Gestaltungsprinzipien wie Slogans, Schrifttypen und Farben sowie Größen für Logos wird Sponsoring so mit anderen Kommunikationsinstrumenten verbunden, dass formal ein einheitliches Erscheinungsbild entsteht.

Zeitliche Integration: Bei der zeitlichen Vernetzung des Sponsoring geht es um die Analyse, inwieweit ein paralleler, sukzessiver, intermittierender oder ablösender Einsatz des Sponsoring mit anderen Kommunikationsinstrumenten die Wirkung des Sponsoring unterstützt.

V. Erfolgskontrolle im Sponsoring

1. Formen

Gegenstand der Erfolgskontrolle ist sowohl die Analyse kommunikativer Wirkungen als auch eine Beurteilung der Kosten-Nutzen-Relation der Sponsorships. Dabei ist zwischen Prozess-, Wirkungs- und Effizienzkontrollen zu unterscheiden:

Prozesskontrolle: Im Mittelpunkt steht die Kontrolle der Ablaufprozesse bei der Durchführung von Sponsorships. Methoden wie Checklisten, Netzpläne und ähnliche Verfahren werden zur Kontrolle der Ablaufprozesse eingesetzt.

Wirkungskontrolle: Gegenstand bildet die Messung der erfassbaren ökonomischen und psychologischen Wirkungen des Sponsoring. Letztere stehen i.d.R. im Vordergrund, da ökonomische Zielwirkungen im Sponsoring in den meisten Fällen allenfalls mittel- bis langfristig auftreten. Dabei werden klassische Verfahren der Marktforschung zum Nachweis kommunikativer Wirkungen eingesetzt.

Effizienzkontrolle: Zur Beurteilung von Sponsoringaktivitäten werden im Rahmen der Effizienzkontrolle Kosten-Nutzen-Vergleiche aufgestellt, d.h. die für ein Sponsorship aufgewendeten Kosten werden dem damit erzielten Nutzen gegenübergestellt. Der Nutzen umfasst dabei sämtliche Leistungen, die mit dem Sponsoring erzielt wurden, wie z.B. Besucherzahlen von Veranstaltungen, Einschaltquoten im Fernsehen und Reichweiten von Printmedien.

2. Messmethoden der Sponsoringwirkung

Durch die Untersuchung psychologischer Zielwirkungen werden die bei Zielpersonen durch kommunikative Maßnahmen ablaufenden, psychischen Prozesse analysiert. In Abhängigkeit der Ergebnisse der Wirkungskontrolle sind bei zukünftig durchzuführenden Sponsorships mehr oder weniger starke Anpassungen der Konzeption vorzunehmen. Kategorisieren lassen sich die Messmethoden entsprechend der Reaktionen auf Sponsoringimpulse:

Messung kognitiver Erfolgsgrößen: Zum Einsatz kommen in erster Linie Recall-Tests zur Erfassung der ungestützten Erinnerung sowie Recognition-Tests zur Erfassung der gestützten Erinnerung durch Vorlage von Werbemitteln. Darüber hinaus werden auch Methoden der Blickaufzeichnung herangezogen, um Aufschlüsse über die optimale Platzierung von Logos o.Ä. zu gewinnen.

Messung affektiver Erfolgsgrößen: Besondere Bedeutung kommt der Kontrolle von Einstellungs- und Imagewirkungen zu, die sich z.B. durch Einsatz des Semantischen Differenzials überprüfen lassen.

Konative Erfolgsgrößen: Der Nachweis verhaltensbezogener Wirkungen des Sponsoring ist nach wie vor schwierig zu erbringen. Anwendung finden primär Konsumentenbefragungen zu Handlungsabsichten (z.B. Kaufbereitschaft) und zu erinnertem Verhalten. Aus den Ergebnissen solcher Studien lässt sich aber nicht unmittelbar auf das tatsächliche Verhalten schließen.

3. Probleme

Die Erfolgskontrolle im Sponsoring ist sowohl mit inhaltlichen als auch methodischen Problemen behaftet. Insbesondere sind hierbei die Probleme der Wirkungsinterdependenzen und der davon abhängigen Wirkungszurechenbarkeit zu nennen. Darüber hinaus werden folgende offene Punkte der Wirkungsanalyse kontrovers diskutiert: Wirkung des Sponsoring im Zeitablauf, Kumulationseffekte beim Sponsoringeinsatz, Synergieeffekte des Sponsoring, Einbeziehung des Mediaverhaltens sowie Kaufrelevanz des Sponsoring.

VI. Zukunftsperspektiven des Sponsoring

Mit zunehmenden Wirkungsproblemen klassischer Formen der Kommunikation, hervorgerufen durch generelle Informationsüberlastung und zunehmende Reaktanzen der Zielgruppen, wird Sponsoring auch zukünftig in der Unternehmens- und Marketing-kommunikation an Bedeutung gewinnen. Sponsoring ist dabei als Instrument der strategischen Markenführung anzusehen und hat sich vom reinen Kommunikationsinstrument hin zum Wertschöpfungsinstrument entwickelt, mit dem vermehrt ökonomische Ziele verfolgt werden. Dementsprechend werden Unternehmen in Zukunft verstärkt auf eine steigende Professionalisierung und Effizienzorientierung achten. Darüber hinaus besteht für die Kommunikationspraxis der Unternehmen zukünftig die zentrale Herausforderung, den Einsatz von Sponsoring im Verbund mit anderen Kommunikationsinstrumenten professionell abzustimmen, d.h. die systematische Integration des Sponsoring voranzutreiben.

spontane Ordnung – 1. *Begriff:* Die spontane Ordnung ist von der geplanten Ordnung, auch Organisation genannt, abzugrenzen. Der Begriff spontane Ordnung, den Hayek (1963) popularisiert hat, bezieht sich auf die Genese dieser Ordnungsart: Sie ist entstanden, ohne dass irgendjemand sie bewusst geplant hätte, sie hat sich spontan gebildet. – *Beispiele:* Markt, Sprache, Moral, Gesetz, Schrift und Geld. – 2. In spontaner Ordnung werden Informationen genutzt, die nur einzelnen Individuen bekannt sind und die sich nicht sinnvoll aggregieren lassen. Die geplante Organisation, die auf der bewussten Anordnung der Elemente durch einen Organisator beruht, sei der spontanen Ordnung in Bezug auf die Koordination großer und komplexer Gesellschaften unterlegen, weil sie viel weniger Wissen verarbeiten könne (nämlich nur das an der Hierarchiespitze vorhandene) und deswegen notwendigerweise nur einen geringen Komplexitätsgrad hervorzubringen in der Lage sei. Für die Wirtschaftspolitik bedeutet dies den weitgehenden Verzicht auf interventionistische und ergebnisorientierte Eingriffe. Sie sollte vielmehr die Rahmenregeln adäquat setzen (Ordnungspolitik), damit neues Wissen in der spontanen Ordnung Markt (bei Hayek auch: Katallaxie) durch den → Wettbewerb hervorgebracht wird. – 3. *Entstehungsbedingungen:* Spontane Ordnungen ergeben sich daraus, dass ihre Elemente bestimmten Verhaltensregeln folgen. Allerdings bringt nicht jede Regelmäßigkeit im Verhalten eine solche Ordnung hervor. Eine zentrale Aufgabe für Sozialwissenschaftler sieht Hayek deshalb darin, die Eigenschaften von Regeln herauszuarbeiten, die eine spontane Ordnung ermöglichen. Unter Rückgriff auf Kant fordert er die Universalisierbarkeit von Regeln (→ Wirtschaftsverfassung, → Rechtsstaatlichkeit): (Rechts-)Regeln sollten allg. sein, d.h. auf eine unbestimmte Zahl von Fällen und Personen anwendbar sein. Des Weiteren müssten sie abstrakt in dem Sinn sein, dass sie kein bestimmtes Verhalten positiv vorschreiben, sondern nur einige Verhaltensweisen verbieten würden und ein individueller Freiheitsspielraum so erhalten bleibe. Der Staat hat die Aufgabe, für die Einhaltung jenes Minimums an Regeln zu sorgen, das für die Bildung sowie Erhaltung einer spontanen Ordnung erforderlich ist. – 4. *Entstehung der Regeln:* Ordnungen können sich spontan bilden, solange die beteiligten Elemente gewissen Regelmäßigkeiten folgten. Nach Hayeks Ansicht haben sich auch die spontane Ordnung ermöglichenden Regelmäßigkeiten in einem spontanen Prozess herausgebildet. Die unsichtbare Hand-Erklärung bleibt somit nicht auf den Koordinationsprozess beschränkt, der sich innerhalb eines gegebenen Regelrahmens ergibt, sondern sie wird auf die Entstehung dieses Rahmens ausgedehnt. – 5. *Markt als* spontane Ordnung*:* → Markt.

Spontanhandlungsverfahren → Schnellgreifbühne.

Spoofing – unerlaubtes Vortäuschen einer → IP-Adresse, um an private Daten von Dritten (z.B. Kreditkartennummer, PIN, etc.) zu gelangen. – Vgl. auch Link-Spoofing.

Spool-Betrieb – *Spooling, Simultaneous-Peripheral-Operations-Online-Betrieb.* 1. *Begriff:* Technik des → Betriebssystems (BS) für die Abwicklung von Ein-/ Ausgabevorgängen bei → Mehrplatzrechnern oder einem → Rechnernetz. – 2. *Ablauf:* Da die Geschwindigkeit der → Peripheriegeräte es i.d.R. nicht erlaubt, die Ein-/Ausgabewünsche aller → Programme sofort bzw. gleichzeitig abzudecken, werden die Ein- und Ausgabedaten zunächst auf temporären → Dateien zwischengespeichert. Das Betriebssystem des → Rechners, an den das benötigte Gerät angeschlossen ist, übernimmt es, diese Dateien zu verwalten und abzurufen, wenn sie zur Verarbeitung bzw. für die Ausgabe benötigt werden. Durch den Spool-Betrieb werden auf der einen Seite Wartezeiten der → Zentraleinheit wegen langsamer Peripheriegeräte vermieden, auf der anderen Seite ermöglicht er eine optimale Auslastung der Peripheriegeräte. – 3. *Anwendung:* v.a. bei Datenausgabe über → Drucker.

Spooling → Spool-Betrieb.

Spotgeschäft – 1. An den *internationalen Warenbörsen*: Geschäft gegen sofortige Kasse und Lieferung, Form des → Effektivgeschäfts. – 2. Im *Devisenhandel:* → Kassageschäft. – 3. Das Spotgeschäft wird abgewickelt zum *Spotkurs* oder *Spotpreis* (Kassakurs; → Kurs). – *Gegensatz:* → Termingeschäft.

Spotkurs → Spotgeschäft.

Spotpreis → Spotgeschäft.

Spotwerbung → Fernsehspot, → Fernsehwerbung.

Spread – Zinsaufschlag auf einen → Referenzzinssatz (Zinssatz für die erste Adresse) zur Bestimmung des Zinssatzes eines Kredites; der Spread steigt v.a. mit sinkender Bonität des Schuldners und sinkendem Wettbewerb der Gläubiger (Banken); er bestimmt die Zinssatzdifferenzen zwischen den Krediten (→ Zinsstrukturkurve) bzw. die Streubreite.

Spread Effect → Ausbreitungseffekt.

Spread Loss Cover – 1. *Begriff:* Konzept der → Finanzrückversicherung für zukünftige Verpflichtungen, das auf einer nicht proportionalen Grundform der Rückversicherung (z.B. Schadenexzedent oder Stop Loss) basiert (häufig auch Synonym für → Funded Cover). Grundgedanke ist die Verteilung von Schadenzahlungen auf mehrere Jahre. – 2. *Methodik und Merkmale:* Der → Rückversicherer stellt ab Vertragsbeginn limitierte Deckungsmittel pro Ereignis bzw. Jahr und/oder über eine mehrjährige Vertragslaufzeit zur Verfügung. Der → Erstversicherer zahlt hierfür eine Jahresprämie oder eine Einmalprämie (Gebühr). Der Rückversicherer übernimmt das (bedingte) → Kreditrisiko, das mit einer Vorfinanzierung von Schäden verbunden ist, wenn der Saldo der Zahlungsströme (Experience Account) negativ wird. In der Reinform des Spread Loss Cover ist die erbrachte Schadenleistung des Rückversicherers in der Folgezeit zzgl. einer Verzinsung vom Erstversicherer vollständig zurückzuerstatten (kein Underwriting Risk). Der Erstversicherer finanziert somit seine Schäden selbst, allerdings in kontinuierlicher, nicht zufallsbestimmter Form. Je nach Vereinbarung ist ein verbleibender Fehlbetrag am Ende der Laufzeit ggf. inkl. Sollzinsen vom Erstversicherer auszugleichen. Für einen möglichen positiven Schlusssaldo wird üblicherweise eine Gewinnbeteiligung vereinbart. Der Umfang des → Underwriting Risk bzw. Timing Risk bestimmt sich nach den getroffenen Vereinbarungen über mögliche Ausgleichsmechanismen im Rahmen des Experience Account. Das Ergebnis des Risikotransfertests bestimmt die Anerkennung als Rückversicherungsvertrag unter den jeweiligen → Bilanzierungsvorschriften. – 3. *Abgrenzung:* In der Praxis existieren i.d.R. Kombinationsformen aus Ansparmechanismen (Funded-Cover-Elemente: „prefunding“) und der Verteilung von Schadenleistungen über einen mehrjährigen Zeitraum (Spread-Loss-Cover-Elemente: „postfunding“). – 4. *Ziele:* Schadenzahlungen werden auf mehrere Jahre verteilt. Abgestimmte Rückversicherungsprämien ermöglichen eine Nivellierung des versicherungstechnischen Ergebnisses bzw. eine Glättung des Gewinnausweises während der Vertragslaufzeit. – 5. *Darstellung im Modell:*

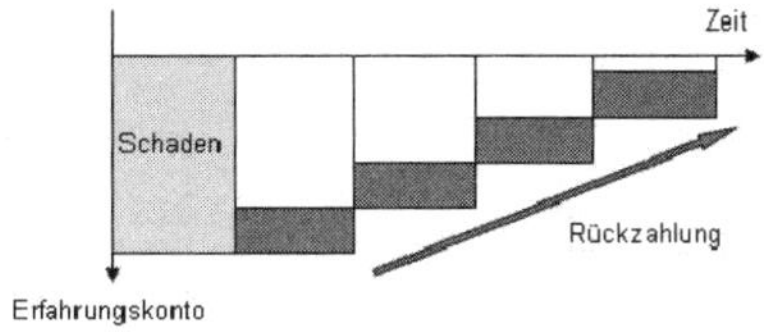

Spreadsheet – 1. engl. Kurzbezeichnung für → Arbeitsblatt. – 2. Kurzbezeichnung für → Tabellenkalkulationssystem (Spreadsheet-System).

Sprecherausschuss – 1. *Gesetzliche Grundlage:* Die Belange der vom Geltungsbereich des Betriebsverfassungsgesetzes weitgehend ausgenommenen → leitenden Angestellten werden durch den Sprecherausschuss der leitenden Angestellten vertreten gemäß dem Gesetz über Sprecherausschüsse der leitenden Angestellten (Sprecherausschussgesetz (SprAuG)) vom 20.12.1988 (BGBl. I 2312, 2316). Der Sprecherausschuss ist eine eigene, neben dem → Betriebsrat bestehende Arbeitnehmervertretung. – 2. *Organisation:* Voraussetzung für die Wahl eines Sprecherausschusses ist, dass im Betrieb mind. zehn leitende Angestellte beschäftigt werden (§ 1 SprAuG). Weiter muss sich die Mehrheit der leitenden Angestellten in einer Abstimmung für die Bildung eines Sprecherausschusses entscheiden (§ 7 II). Die Zahl der Sprecherausschussmitglieder richtet sich nach der Staffel des § 4. Die Geschäftsführung des Sprecherausschusses ist ähnlich wie die des Betriebsrates geregelt (§§ 11 ff.) – 3. *Mitwirkung:* Arbeitgeber und Sprecherausschuss können freiwillig Richtlinien über den Inhalt, den Abschluss oder die Beendigung von Arbeitsverhältnissen der leitenden Angestellten schriftlich vereinbaren (§ 28 I). Eine unmittelbare und zwingende (normative) Wirkung haben die Richtlinien nur bei einer entsprechenden Vereinbarung (§ 28 II 1). Der Sprecherausschuss hat keine erzwingbaren Mitbestimmungsrechte, sondern nur Mitwirkungsrechte, v.a. Unterrichtungs-, Anhörungs- und Beratungsrechte im Hinblick auf allg. Arbeitsbedingungen und Beurteilungsgrundsätze (§ 30), bei personellen Einzelmaßnahmen (§ 31) sowie in wirtschaftlichen Angelegenheiten (§ 32). Eine ohne Anhörung des Sprecherausschusses ausgesprochene Kündigung ist unwirksam (§ 31 II). – 4. *Verhältnis zum Betriebsrat:* Es soll ein Konkurrenzverhältnis vermieden werden. Es kann deshalb ein gegenseitiges Teilnahmerecht an den jeweiligen Sitzungen eingeräumt werden. Betriebsrat und Sprecherausschuss sollen einmal im Kalenderjahr eine gemeinsame Sitzung abhalten (§ 2 II). Soweit Betriebsvereinbarungen oder sonstige Vereinbarungen zwischen Arbeitgeber und Betriebsrat rechtliche Interessen der leitenden Angestellten berühren, hat der Arbeitgeber den Sprecherausschuss hierzu rechtzeitig anzuhören (§ 2 I 2). – 5. *Streitigkeiten* aus dem SprAuG entscheidet das Arbeitsgericht im → Beschlussverfahren (§ 2a I Nr. 2 ArbGG). Der Sprecherausschuss ist insoweit beteiligtenfähig (§ 10 ArbGG).

Sprecherfunktion – Form der Arbeitsteilung bei ressortloser Unternehmensführung (→ Organisation der Unternehmungsleitung).

Sprengstoffgesetz → explosionsgefährliche Stoffe.

Springer – räumlich und leistungsartmäßig flexible Arbeitskräfte, die je nach Notwendigkeit an unterschiedlichen Stellen im Produktionsprozess einsetzbar sind und spezifische oder alle Arbeitsaufgaben erfüllen können.

Sprinklerstrategie – spezifische Form der Timingstrategie zur Erschließung ausländischer Absatzmärkte (→ Internationales Marketing), bei der ein Unternehmen zeitlich parallel möglichst in viele Auslandsmärkte eintritt. – *Gründe für diese Timingstrategie:* Angleichung der Ländermärkte und Verbrauchsgewohnheiten, schnelle Amortisation von hohen Entwicklungskosten, Erzielung von Economies of Scale, Nutzung von Pioniervorteilen bei Verkürzung von Produktlebenszyklen, Etablierung von Industriestandards. – *Gegensatz:* → Wasserfallstrategie.

Sprint-Zertifikat – Finanzinstrument, das die Chance bieten soll, bei moderat steigenden Kursen besser als die ihnen zugrunde liegenden Aktien abzuschneiden. Sprintzertifikate haben meist eine feste Laufzeit, an dessen Ende der Startkurs zzgl. des doppelten Kursgewinns, den der Basiswert erzielt hat, ausgezahlt wird. Eine Kurssteigerung der zugrunde liegenden Aktie um 8 Prozent, hat dann einen „Sprint“ des → Zertifikats auf einen Gewinn von 16 Prozent zur Folge. Die Gewinnmöglichkeit ist jedoch durch einen Zielkurs begrenzt, sodass an überproportionalen Kursgewinnen nicht partizipiert werden kann. Bei einem Zielkurs von 120 Prozent Gewinn und einem Cap bei 140 Prozent sind als Maximum 140 Prozent der Investition zu erzielen. Die Auszahlung des Gewinns erfolgt in bar, wenn der Schlusskurs des Basiswerts am Bewertungsstichtag dem Startkurs entspricht oder höher liegt. Liegt er darunter, wird pro Zertifikat eine Aktie geliefert Damit ist kein höheres Kursrisiko verbunden als beim direkten Aktienerwerb, der Investor verzichtet aber auf eine eventuelle Dividende.

sprungfixe Kosten → intervallfixe Kosten.

Sprungkosten → intervallfixe Kosten.

Sprungregress → Sprungrückgriff.

Sprungrevision – 1. *Zivilprozessordnung:* In Ausnahmefällen als → Rechtsmittel gegen Endurteile der Landgerichte erster Instanz zugelassene → Revision. Die Sprungrevision bringt das Verfahren unter Übergehung der Berufungsinstanz (Oberlandesgericht) unmittelbar an den Bundesgerichtshof. Sie ist nur statthaft, wenn gegen das Urteil des Oberlandesgerichts die Revision zulässig wäre und wenn der Gegner einwilligt und das Revisionsgericht die Sprungrevision zulässt (§ 566a ZPO). – 2. *Strafprozess:* Ein Urteil, gegen das die Berufung zulässig ist, kann statt mit der Berufung sogleich mit der Revision angefochten werden (§ 335 StPO). Das ist möglich bei Urteilen des Strafrichters und des Schöffengerichts (§ 312 StPO). – 3. *Verwaltungsgerichtsordnung:* Revision gegen das Urteil eines Verwaltungsgerichts an das Bundesverwaltungsgericht unter Übergehung der → Berufung (§ 134 VwGO). Statthaft bei Einverständnis des Gegners und Zulassung durch das Verwaltungsgericht. Zulassung nur bei grundsätzlicher Bedeutung der Rechtssache oder Abweichen des Urteils von einer Entscheidung des Bundesverwaltungsgerichts, des Gemeinsamen Senats der obersten Gerichtshöfe des Bundes und des Bundesverfassungsgerichts. – 4. *Arbeits- und Sozialgerichtsbarkeit:* Gegner muss schriftlich zustimmen und Gericht muss Sprungrevision zugelassen haben (§§ 76 ArbGG, 161 SGG).

Sprungrückgriff – *Sprungregress;* beim Wechsel oder Scheck zulässige Form des → Rückgriffs. Der Inhaber braucht sich nicht an die Reihenfolge der Wechsel- bzw. Scheckverpflichteten zu halten, sondern kann bei jedem einzelnen der Indossanten, Bürgen und auch bei dem Aussteller Rückgriff nehmen (Art. 47 II WG, Art. 44 II ScheckG).

Sprungwerbung – typisches Instrument der → Pull-Strategie, bei der in der Produktwerbung der Hersteller die Absatzmittler bewusst überspringt und sich die Marketingkommunikation unmittelbar an die Verbraucher richtet.

SPT-Regel – *Shortest Processing Time; kürzeste Operationszeit;* → Prioritätsregel im Rahmen der Maschinenbelegungsplanung: Der Auftrag mit der kürzesten Bearbeitungszeit *(Operationszeit)* auf der jeweiligen Betriebsmittelgruppe wird als Erster dort bearbeitet.

SQL – relationale Datenbanksprache, die sich grob in zwei Teile gliedern lässt: Mit der → Datenbeschreibungssprache werden Tabellen, in denen die Daten in der → Datenbank abgelegt werden, angelegt und gewartet; mit der → Datenmanipulationssprache werden die → Datensätze angelegt, gelöscht, verändert oder über → Datenbankabfragen ausgewertet. Zur Auswertung wird entgegen der allg. üblichen → Programmierung nicht der Weg zum Erhalt des Ergebnisses beschrieben, sondern die Struktur der → Daten definiert (deklarative Programmierung), indem zunächst die im Ergebnis gewünschten Attribute der Datensätze, dann die anzusprechenden Tabellen und zum Schluss die gewünschten Einschränkungen, denen alle Ergebnisdatensätze unterliegen müssen, deklariert werden. Weiterhin stellt SQL Mechanismen für den Entwurf, die Einrichtung und die Zugriffssicherung von kompletten → Datenbanksystemen zur Verfügung.

Squeeze-out – Der Hauptaktionär, der mind. 95 Prozent des Grundkapitals mittelbar oder unmittelbar hält, kann von den Minderheitsaktionären die Übertragung ihrer → Aktien an ihn verlangen. Dafür ist eine angemessene Barabfindung zu zahlen; vgl. dazu BGH, Beschluss vom 19.7.2010 – II ZB 18/09, unter teilweise Aufgabe seiner früheren Rechtsprechung, Leitsätze: „1. Der einer angemessenen Abfindung zugrunde zu legende Börsenwert der Aktie ist grundsätzlich aufgrund eines nach Umsatz gewichteten Durchschnittskurses innerhalb einer dreimonatigen Referenzperiode vor der Bekanntmachung einer Strukturmaßnahme zu ermitteln ..., 2. Wenn zwischen der Bekanntgabe der Strukturmaßnahme und dem Tag der Hauptversammlung ein längerer Zeitraum verstreicht und die Entwicklung der Börsenkurse eine Anpassung geboten erscheinen lässt, ist der Börsenwert entsprechend der allgemeinen oder branchentypischen Wertentwicklung unter Berücksichtigung der seitherigen Kursentwicklung hochzurechnen." – 1. *Formen:* Der sog. *gesellschaftsrechtliche Squeeze-Out* nach §§ 327a ff. AktG steht im dt. Recht seit mehr als fünf Jahren zur Verfügung. Infolge der Umsetzung der EU-Übernahmerichtlinie (2004/25/EG) ist 2006 der sog. *übernahmerechtliche Squeeze-Out* hinzugekommen, ein Squeeze-Out im Anschluss an ein öffentliches Übernahme- oder Pflichtangebot (§ 39a WpÜG). Mit dem Dritten Gesetz zur Änderung des Umwandlungsgesetzes (3. UmwGÄndG) (vom 14.7.2011, BGBl. I, 1338) ist für „Konzernverschmelzungen" ein verschmelzungsrechtliches Squeeze-Out eingeführt worden (§ 62 UmwG n.F.). – 2. *Unterschiede:* Der Squeeze-Out nach § 327a f. AktG erfordert die Beteiligung der → Hauptversammlung, die über den Squeeze-Out abstimmt. Der übernahmerechtliche Squeeze-Out wird dagegen auf Antrag des Bieters im gerichtlichen Ausschlussverfahren durch das zuständige Gericht angeordnet und setzt keinen Hauptversammlungsbeschluss voraus. Während der gesellschaftsrechtliche Squeeze-Out jederzeit nach Erreichen der 95-Prozent-Schwelle möglich ist, steht der erleichterte übernahmerechtliche Squeeze Out nur im engen zeitlichen Zusammenhang mit einem öffentlichen Übernahme- oder Pflichtangebot zur Verfügung. Auch im Wege eines Wertpapierdarlehens kann die für § 327a AktG erforderliche Kapitalmehrheit von 95 Prozent erreicht werden. Das gilt auch dann, wenn der Darlehensnehmer eine Veräußerung der ihm zu Eigentum überlassenen Aktien nicht beabsichtigt und wenn einzelne Vermögensrechte aus ihnen (Dividende) schuldrechtlich dem Darlehensgeber gebühren sollen (BGH, Urt. vom 16.3.2009 – II ZR 302/06). Für ein verschmelzungsrechtliches Squeeze-Out genügt – in Abweichung von § 327a I AktG – eine nur 90-prozentige Beteiligung der Hauptaktionärin am Grundkapital; ferner muss u.a. ein sachlicher und zeitlicher Zusammenhang zu einer Konzernverschmelzung gegeben sein (vgl. näher § 62 V UmwG). – 3. *Rechtsmittel*: Die gesellschaftsrechtlichen Squeeze Outs haben eine Welle von Anfechtungsklagen durch Aktionäre ausgelöst. Der übernahmerechtliche Squeeze Out kann dagegen mangels Beschlusses der Hauptversammlung nicht angefochten werden. Beim übernahmerechtlichen Squeeze Out entfällt sogar, wenn der Bieter aufgrund des Angebots mind. 90 Prozent des vom Angebot betroffenen Grundkapitals erwirbt, jede Prüfung der Angemessenheit der angebotenen Abfindung. Es besteht dann eine gesetzlich angeordnete unwiderlegbare Vermutung, dass die in dem Übernahme- oder Pflichtangebot gewährte Gegenleistung angemessen ist. Erreicht der Bieter die Annahmequote allerdings nicht, muss das Gericht die Angemessenheit im Ausschlussverfahren feststellen. Dafür wird i.d.R. eine aufwendige eine Unternehmensbewertung erforderlich sein, was zu einer erheblichen Verzögerung des Ausschlusses führen kann. Beim gesellschaftsrechtlichen Squeeze-Out wird die Angemessenheit der angebotenen Barabfindung dagegen in einem gesonderten Verfahren, dem Spruchverfahren, geprüft. Der Squeeze Out wird beim gesellschaftsrechtlichen Ausschluss also unabhängig von dem zumeist langwierigen → gesellschaftsrechtliches Spruchverfahren (vorbehaltlich der Anfechtung des Hauptversammlungsbeschlusses aus anderen Gründen als der Angemesenheit der Abfindung) wirksam. – 4. *Hintergrund:* Die Möglichkeit eines Squeeze-Out trägt dem Umstand Rechnung, dass der Verwaltungsaufwand in Gesellschaften mit einem nur noch sehr geringen Anteil von Minderheitsaktionären den Mehrheitsverhältnissen kaum gerecht wird. Dies gilt insbesondere für das Abhalten und den Abstimmungsprozess auf einer Hauptversammlung. Die Folge ist, dass unternehmerische Entscheidungen verzögert oder durch möglicherweise unbegründete Anfechtungsklagen blockiert werden. Hierbei ist zu bedenken, dass der Hauptaktionär mit seiner Beteiligung überwiegend das Risiko des Unternehmens trägt. – Vgl. auch → Freeze-out.

SR-Konzept – *Stimulus-Response-Konzept,* → Käufer- und Konsumentenverhalten.

SRU – Abk. für → Sachverständigenrat für Umweltfragen.

SSL – Abk. für → Secure Socket Layer.

St. Galler Management-Konzept → integriertes Management.

Staatenbund – völkerrechtliche Verbindung von Staaten, i.d.R. zu einem einheitlichen Völkerrechtssubjekt mit einer einheitlichen Verfassung. Anders als der → Bundesstaat eine verhältnismäßig lose Form des Zusammenschlusses, mit viel Selbstständigkeit der Gliedstaaten (z.B. eigene Militärhoheit und Recht zur Errichtung eigener diplomatischer Vertretungen) und nur schwachen Ansätzen zur Bildung einer Zentralgewalt. – *Beispiele:* Deutscher Bund (1815–1867), Britisches Commonwealth.

Staatenloser – Person, die keine → Staatsangehörigkeit besitzt. Nach dem Gesetz zur Verminderung der Staatenlosigkeit vom 29.6.1977 (BGBl. I 1101) m.spät. Änd. sind Staatenlose unter erleichterten Voraussetzungen einzubürgern. – Vgl. auch → Einbürgerung.

Staatenverbund – vom dt. Bundesverfassungsgericht entwickelte Bezeichnung für einen Zusammenschluss von Staaten, der nicht als loser Staatenbund angesehen werden kann, aber (jedenfalls noch) nicht die Qualität eines Bundesstaates erreicht. Die Bezeichnung Staatenverbund wird in Anlehnung an das Bundesverfassungsgericht v.a. zur rechtlichen Qualifikation der Europäischen Gemeinschaften verwendet (→ EU). Er erfasst mit den Worten des Bundesverfassungsgerichts „eine enge, auf Dauer angelegte Verbindung souverän bleibender Staaten, die auf vertraglicher Grundlage öffentliche Gewalt ausübt, deren Grundordnung jedoch allein der Verfügung der Mitgliedstaaten unterliegt und in der die Völker der Mitgliedstaaten die Subjekte demokratischer Legitimation bleiben" (Leitsatz 1 des Urteils vom 30.6.2009 – 2 BvE 2/08 – zum → Vertrag von Lissabon).

staatliche Regulierung → Regulierung.

staatliche Sozialpolitik → Sozialpolitik.

Staatsangehörigkeit – rechtliches Verhältnis eines Menschen zu einem bestimmten Staat. – 1. *Bestimmung* der Staatsangehörigkeit entweder durch die Abstammung der Eltern (ius sanguinis) und/oder den Geburtsort (ius soli) sowie durch Eheschließung oder → Einbürgerung (Naturalisation). – 2. *In der Bundesrepublik Deutschland sind zu unterscheiden:* a) *Deutscher Staatsangehöriger* ist u.a. jeder, der die dt. Staatsangehörigkeit nach dem Staatsangehörigkeitsgesetz i.d.F. vom 22.7.1913 (RGBl. 583) m.spät.Änd., v.a. durch Geburt, Erklärung, Einbürgerung oder durch Annahme als Kind (§§ 3–13 StAG) erworben hat. Seit dem 1.1.2000 erwerben Kinder ausländischer Eltern die dt. Staatsangehörigkeit ebenfalls durch Geburt im Inland, wenn sich ein Elternteil u.a. seit acht Jahren rechtmäßig in Deutschland aufhält. Nach Erreichen der Volljährigkeit muss sich der Betreffende binnen fünf Jahren entscheiden, ob er die dt. Staatsangehörigkeit behalten will (sog. Optionsmodell). – b) *Deutscher* ist auch, vorbehaltlich anderer gesetzlicher Regelung, wer als Flüchtling oder Vertriebener dt. Volkszugehörigkeit oder als dessen Ehegatte oder Abkömmling im Gebiet des Deutschen Reichs nach dem Stand vom 31.12.1937 Aufnahme gefunden hat (Art. 116 I GG). – 3. Die Staatsangehörigkeit geht verloren durch Entlassung aus der Staatsangehörigkeit auf Antrag bei Zusicherung der Verleihung der neuen Staatsangehörigkeit, durch den Erwerb einer ausländischen Staatsangehörigkeit, durch Verzicht, durch die oben erwähnte Erklärung und durch

→ Annahme als Kind durch einen Ausländer (§§ 17 ff. StAG).

Staatsanleihe – von Bund, Ländern oder fremden Staaten ausgegebene Schuldverschreibung (→ Anleihe). – *Sonderform:* → Rentenanleihe.

Staatsanteil – Anteil des öffentlichen Sektors an den gesamtwirtschaftlichen Aktivitäten (→ Staatsquote). Zu den normativen Entscheidungshilfen zur Bestimmung des optimalen Staatsanteils vgl. → öffentliches Gut, → optimales Budget. Im Rahmen der → Verwendungsrechnung der → Volkswirtschaftlichen Gesamtrechnung (VGR) werden die Staatsausgaben als Prozentsatz des → Bruttoinlandsproduktes (BIP) ermittelt.

Staatsanwaltschaft – Staatliche Behörde, deren Aufgabe in erster Linie die Strafverfolgung ist (vgl. grundsätzlich zur Organisation und zu Zuständigkeiten die §§ 141 ff. GVG; die sachlichen Befugnisse der Staatsanwaltschaften sind im Wesentlichen in der StPO geregelt). Sie ist eine hierarchisch gegliederte Justizbehörde. Die Staatsanwaltschaft bei dem → Bundesgerichtshof (BGH), aus Bundesanwälten bestehend, wird vom → Generalbundesanwalt geleitet, der der Aufsicht und Leitung des Bundesjustizministers untersteht. Auf der Länderebene ist der erste Staatsanwalt der Generalstaatsanwalt als Leiter der Staatsanwaltschaft bei dem Oberlandesgericht. Er untersteht der Aufsicht des Landesjustizministers. Die Staatsanwaltschaften bei den Landgerichten werden von Leitenden Oberstaatsanwälten geleitet, die dem Generalstaatsanwalt unterstehen. Die Staatsanwaltschaft bei dem Landgericht besteht aus Staats- und Amtsanwälten. Amtsanwälte besitzen i.d.R. nicht die Befähigung zum Richteramt und dürfen nur beim Amtsgericht tätig werden. – Die *Staatsanwälte* sind im Gegensatz zu den Richtern an die Weisung ihrer vorgesetzten Behörde, Generalstaatsanwaltschaft etc. gebunden. Grenzen des Weisungsrechts ergeben sich aus dem → Legalitätsprinzip und den allg. Gesetzen. – Zeugen, Sachverständige und Beschuldigte müssen auf Ladung vor der Staatsanwaltschaft erscheinen. – *Tätigkeit:* Als Strafverfolgungsbehörde obliegt ihr die Leitung des Ermittlungsverfahrens, die Erhebung und Vertretung der Anklage und die Strafvollstreckung (→ Strafprozess); daneben Mitwirkungsrechte im Familien- und Verschollenheitsrecht.

Staatsanwaltschaftliches Verfahrensregister – Neben dem Bundeszentralregister und dem Erziehungsregister bes. bei dem Bundesamt für Justiz geführtes zentrales Register über die bei den Staatsanwaltschaften geführten Ermittlungsverfahren einschließlich steuerstrafrechtlicher Verfahren. Zweck ist die effektivere Gestaltung von Strafverfahren, insbesondere die Erleichterung der Ermittlung überörtlich handelnder Täter und Mehrfachtäter, das frühzeitige Erkennen von Tat- und Täterverbindungen und die Verfahrenskonzentration. Näheres über die im Zentralen Staatsanwaltschaftlichen Verfahrensregister gespeicherten Daten und deren Übermittlung und Verwendung in den §§ 492 ff. StPO und der Verordnung über den Betrieb des Zentralen Staatsanwaltschaftlichen Verfahrensregisters vom 23.9.2005 (BGBl. I S. 2885) m.spät.Änd.

Staatsanwaltsrat – dem → Betriebsrat vergleichbare Personalvertretung der Staatsanwälte. – Vgl. auch → Personalrat, → Präsidialrat.

Staatsaufsicht – staatliche Aufsicht über die → Körperschaften des öffentlichen Rechts, v.a. Gemeinden und Landkreise (sog. Kommunalaufsicht). Bei Selbstverwaltungsangelegenheiten ist die Staatsaufsicht → Rechtsaufsicht, im Bereich der Auftragsverwaltung → Fachaufsicht.

Staatsausgaben – Teil der → öffentlichen Ausgaben, die vom Staat ausgehen, wobei unter „Staat“ verstanden wird: (1) Bund und Länder, (2) Bund, Länder sowie Gemeinden und Gemeindeverbände, d.h. sämtliche → Gebietskörperschaften, oder (3) Bund, Länder, Gemeinden, Gemeindeverbände sowie die Träger der Sozialversicherung. Im letzteren Fall sind Staatsausgaben und → öffentliche Ausgaben identisch. – *Gegensatz:* → Staatseinnahmen.

Staatsausgabenmultiplikator – Maßzahl, die anzeigt, um wie viel sich das Inlandsprodukt (Y) verändert, wenn der Staatssektor seine Ausgaben für Güter und Dienstleistungen (G) variiert. Man greift auf das Multiplikatormodell zurück mit der Nachfrage $Y = C + G$, wobei C die laufenden Konsumausgaben angeben. Dieser Konsum ist gemäß → Konsumfunktion $C = b\ Yv$, mit b als marginaler Konsumquote und Yv als verfügbarem Einkommen. Das verfügbare Einkommen ergibt sich unter Abzug der Steuern und Zurechnung der Transferausgaben zu: $Yv = (1 - t)\ Y - T + Tr$, wobei t den proportionalen Einkommensteuersatz, T die Kopfsteuer sowie Tr die Transferzahlungen des Staates angeben. Durch partielle Differenziation der Produktion im Gleichgewicht nach den Staatsausgaben G errechnet man für den Staatsausgabenmultiplikator in diesem Modell einen Wert von: $dY / dG = 1 / (1 - b\ (1 - t))$

Der Staatsausgabenmultiplikator ist größer als der → Transfermultiplikator oder → Steuermultiplikator, da die Käufe von Gütern und Dienstleistungen unmittelbar nachfragewirksam werden, während es bei Veränderungen der Transfers und der Steuern auch zu Veränderungen der nachfrageunwirksamen Ersparnis kommt. – Vgl. auch → Haavelmo-Schneider-Theorem, → Multiplikator, → öffentliche Ausgaben.

Staatsausgabenquote – einzelne Staatsausgaben oder die Staatsausgaben insgesamt bezogen auf das → Bruttoinlandsprodukt (BIP). – Vgl. auch → Staatsquote.

Staatsbankrott – 1. *Begriff:* Zahlungsunfähigkeit des Staates, d.h. teilweise oder völlige Nichterfüllung der von einer öffentlichen Körperschaft eingegangenen Verpflichtung zur Zins- und/oder

Kapitalzahlung. – 2. *Formen:* (1) Repudiation (Verweigerung jeder Zins- und Tilgungszahlung); (2) vorläufige Einstellung von Zins- und/oder Tilgungszahlungen; (3) einseitige Herabsetzung der Zinsen und/oder Verschiebung von Tilgungszahlungen; (4) einseitige Umwandlung einer Edelmetallschuld in eine Papierschuld. – 3. *Ursache:* Der Staat hat bei freier Währung die Möglichkeit, seine Zahlungsfähigkeit mittels Geldschöpfung, d.h. Verschuldung bei der Notenbank, wieder herzustellen bzw. aufrechtzuerhalten. Durch den inflatorischen Prozess wird zugleich die Staatsschuld entwertet, ihre relative Last reduziert. Diese Möglichkeit wird durch den Verfall des Außenwerts der Währung begrenzt, und es besteht die Gefahr, dass die inländischen Wirtschaftssubjekte die eigene Währung zurückweisen, da deren Zahlungsmittelfunktion durch die Entwertung gestört ist. Ein derartiger Zusammenbruch einer Währung erzwingt eine → Währungsreform. – 4. *Bedeutung:* V.a. bei den hochverschuldeten Entwicklungsländern de facto Staatsbankrott, die bisher (zumeist über Umschuldungsabkommen) aufgefangen werden konnten (→ Auslandsverschuldung der Entwicklungsländer). Durch den Vertrauensverlust internationaler Investoren wird dem jeweiligen Land eine längere Zeit der Zugang zum internationalen Finanzmarkt erschwert bzw. verwehrt (z.B. Argentienkrise)

Staatsbürger – 1. *I.w.S.:* Personen deutscher → Staatsangehörigkeit. – 2. *I.e.S.:* die sich im Besitz der bürgerlichen Ehrenrechte befindenden, wahlberechtigten Personen.

Staatsbürgerrente → Grundrente.

Staatseinnahmen – Teil der → öffentlichen Einnahmen, der dem Staat zugeht, wobei unter „Staat" verstanden wird: (1) Bund und Länder, (2) Bund, Länder sowie Gemeinden und Gemeindeverbände, d.h. sämtliche → Gebietskörperschaften, oder (3) Bund, Länder, Gemeinden, Gemeindeverbände sowie die Träger der → Sozialversicherung. Im letzteren Fall sind Staatseinnahmen und öffentliche Einnahmen identisch. – *Gegensatz:* → Staatsausgaben.

Staatsgeheimnis – Gesetzlich gefasster Sammelbegriff für Tatsachen, Gegenstände oder Erkenntnisse, die nur einem begrenzten Personenkreis zugänglich sind und vor einer fremden Macht geheim gehalten werden müssen, um die Gefahr eines schweren Nachteils für die äußere Sicherheit der Bundesrepublik Deutschland abzuwenden (vgl. § 93 I StGB). Verstöße dagegen (etwa durch „Landesverrat" in Form der Mitteilung eines Staatsgeheimnisses an eine fremde Macht) sind als Landesverrat strafbar (§§ 94 ff. StGB).

Staatsgerichtshof → Verfassungsgericht.

Staatsgewalt – die dem Staat zustehenden Hoheitsbefugnisse. – Vgl. auch → Gewaltenteilung.

Staatshaftung – die unmittelbare Haftung des Staates für rechtswidriges Handeln seiner Amtswalter in Ausübung eines öffentlichen Amtes. Seit der → Föderalismusreform I gehört die Staatshaftung zur konkurrierenden Gesetzgebung (Art.74 I Nr. 25 GG). – Vgl. auch → Amtshaftung.

Staatshandelsländer – Länder, in denen das staatliche → Außenhandelsmonopol realisiert ist. Diese Regelung galt v.a. für → staatssozialistische Zentralplanwirtschaften.

Staatshaushalt – Gegenüberstellung von Solleinnahmen und Sollausgaben des Staatssektors in einem → Haushaltsplan, getrennt aufgestellt von Bund, Ländern und Gemeinden.

Staatskonsum → Kollektivkonsum.

Staatsmonopolkapitalismus – *Stamokap.* 1. *Begriff:* Von Lenin geprägte Bezeichnung (u.a. in „Staat und Revolution", 1917) für die von ihm beobachtete Verquickung von Staat und (Rüstungs-)Industrie in Deutschland während des Ersten Weltkriegs; der Begriff wurde seit den 1950er-Jahren von Vertretern des → Marxismus-Leninismus in der (ehemaligen) UdSSR und der (ehemaligen) DDR sowie von Teilen der westdeutschen Jungsozialisten wieder aufgegriffen. – 2. *Charakterisierung:* Die Theorie soll erklären, warum trotz der im Rahmen des → Marxismus abgeleiteten These von der zwangsläufigen Verschlechterung der Kapitalverwertungsbedingungen (→ tendenzieller Fall der Profitrate, → Krisentheorie) der → Kapitalismus in den westlichen Industriestaaten nicht zusammenbricht. Der Annahme zufolge bemächtigen sich die Monopole (→ Monopolkapitalismus) des Staatsapparats und ordnen ihn ihren Interessen unter. Durch wirtschaftspolitische Maßnahmen (steuerpolitische Umverteilung zugunsten der Monopole, Übernahme nichtprofitabler Wirtschaftsbereiche durch den Staat, Minderung der durch den Strukturwandel auftretenden sozialen Probleme etc.) sichert er die weitere Existenz des Kapitalismus und dabei die Kapitalverwertungsmöglichkeiten der Monopole. – 3. *Kritik:* a) Das zugrunde liegende marxistische Denken in geschichtlichen Zwangsläufigkeiten verkennt die Variabilität und Offenheit gesellschaftlicher und wirtschaftlicher Entwicklung. Die Theorie des Staatsmonopolkapitalismus selbst ist dabei als monokausale Ad-hoc-Hypothese zu werten, durch die das Versagen der Marxschen Voraussagen über den baldigen Untergang der kapitalistischen Ordnung verdeckt werden soll (→ Monopolkapitalismus, → Imperialismus, → Spätkapitalismus). – b) Der Begriff des Monopols ist nicht eindeutig definiert und steht oft allein für ein Großunternehmen, ohne dass dessen Marktmacht genau analysiert wird. – c) Es erfolgt keine systematische Analyse der Quantität und Qualität der unterstellten personellen und institutionell-organisatorischen Verflechtung zwischen Monopolen und Staatsapparat. – d) Die Theorie basiert darauf, dass der Staat ein einheitliches und von den Monopolen voll beherrschbares Gebilde ist. Damit verliert sie ihre Aussagekraft für eine föderale, pluralistische demokratische Ordnung mit ihren unterschiedlichen politischen Subsystemen und dem Wettstreit vieler verschiedener und voneinander unabhängiger Interessengruppen. – e) Die Theorie unterstellt, dass selbst sozialpolitische Maßnahmen, die die Großunternehmen („Monopole") durch Gewinnbesteuerung belasten, promonopolistisch sind: Sie dienten der Befriedung der Arbeiterklasse und der Armen und damit der Stabilisierung des kapitalistischen Systems. Damit wird die fundierte ökonomische Analyse jedoch durch „Verdachtsökonomie" (Peters) ersetzt.

Staatspapiere – vom Staat zum Zweck der Kreditaufnahme (→ öffentliche Kreditaufnahme) ausgegebene Schuldtitel. Staatspapiere werden nach ihrer Laufzeit unterteilt in kurzfristige (z.B. → unverzinsliche Schatzanweisungen), mittelfristige (z.B. → Bundesschatzbriefe) und langfristige (z.B. → Anleihen) Staatspapiere.

Staatsquote – 1. *Begriff:* Verhältnis der gesamten Staatsausgaben zum → Bruttoinlandsprodukt (BIP). Die Staatsquote fällt unterschiedlich aus, je nachdem, ob die Staatsausgaben in der Abgrenzung der Finanzstatistik oder der → Volkswirtschaftlichen Gesamtrechnung (VGR) nachgewiesen werden. – 2. *Bedeutung:* Die Staatsquote soll den Grad der Inanspruchnahme der gesamten Volkswirtschaft durch den staatlichen Sektor ausdrücken. Da auch Ausgaben des Staates einbezogen werden, die nicht Teilmenge des BIP sind, ist die Staatsquote eine „unechte" Quote. Sie ermöglicht damit zwar eine Einordnung der absoluten Beträge der Staatsausgaben in einem gesamtwirtschaftlichen Zusammenhang, liefert jedoch nur begrenzte Information über den Grad der Inanspruchnahme der gesamtwirtschaftlichen Leistung durch den Staat. Aussagefähiger ist die *Veränderung der Staatsquote* im Zeitablauf. Sie zeigt, ob die Staatsausgaben in einem bestimmten Zeitraum schneller oder langsamer gewachsen sind als das BIP. *Internationale Vergleiche von Staatsquoten* sind problematisch, da bereits geringe Unterschiede in den jeweils angewandten Konzepten der VGR die Aussagefähigkeit erheblich herabsetzen können.

Staatsschuldbuch – bei der → Bundeswertpapierverwaltung (BWpV) geführtes Schuldbuch, in dem die Buchschulden des Staates (Namen der einzelnen Berechtigten) registriert sind. – Vgl. auch → öffentliche Kreditaufnahme.

Staatsschulden – Teil der öffentlichen Schulden (→ öffentliche Kreditaufnahme), der vom Staat aufgenommen wird, wobei unter „Staat" verstanden wird: (1) Bund und Länder, (2) Bund, Länder sowie Gemeinden und Gemeindeverbände, d.h. sämtliche → Gebietskörperschaften, oder (3) Bund, Länder, Gemeinden, Gemeindeverbände sowie die Träger der Sozialversicherung. Im letzteren Fall sind Staatsschulden und öffentliche Schulden identisch. – *Theorie der Staatsschulden:* Von jeher gehört die Frage, ob eine höhere → Staatsquote durch *Steuern oder Anleihen* zu finanzieren sei, zu den grundsätzlichen Fragen der → Finanztheorie. Spricht eine Vermehrung der zukunftswirksamen öffentlichen Strukturinvestitionen zunächst für eine Anleihefinanzierung (→ Pay-as-You-Use-Prinzip, intergenerative Gerechtigkeit; rentabilitätsorientierte Rechtfertigung der Staatsverschuldung, objektbezogener → Deckungsgrundsatz), so sind aber je nach dem Auslastungsgrad des Produktionspotenzials und je nach den wirtschaftspolitischen Zielen die stabilisierenden, allokativen und distributiven Effekte, die die beiden alternativen Finanzierungsweisen haben können, unterschiedlich und nur mithilfe der *Differenzialinzidenzmethode* festzustellen. – Allgemein ist bei ausgelastetem Produktionspotenzial die höhere Staatsquote nur auf Kosten der privaten Investitionen, Ersparnis und Konsumausgaben möglich (→ Crowding-out). (1) Eine *Steuerfinanzierung* würde je nach der zu wählenden Steuerart entweder eine Einbuße an privaten Investitionen und damit an Wachstum (im Fall der Gewinnbesteuerung) bedeuten oder Verteilungsnachteile (im Fall der Verbrauchsbesteuerung) haben. (2) Demgegenüber lässt sich bei der *Kreditfinanzierung* hinsichtlich der Verteilungswirkungen kein Nachteil feststellen (Gandenberger-These), doch würden sich die im Zuge der Zinssteigerungen zu erwartenden Wachstumsverluste nach einem längeren oder kürzeren Zeitablauf wegen der Umwegsrentabilität und des längeren Reifeprozesses der öffentlichen Investitionen evtl. wettmachen lassen.

staatssozialistische Marktwirtschaft – Wirtschaftsordnung mit dem Nebeneinander von (juristischem) Staatseigentum an den Unternehmen und einzelwirtschaftlicher Planung und Koordination der Aktivitäten über Märkte. In der Realität tritt diese Wirtschaftsordnung nicht in reiner Form auf, sondern gemischt mit Merkmalen der staatssozialistischen Zentralplanwirtschaft, in der Planung und Koordination durch zumeist zentrale Staatsorgane erfolgt. – *Beispiele:* Ungarn Ende der 1960er-Jahre und China der 1980er-Jahre.

staatssozialistische Zentralplanwirtschaft – 1. *Begriff:* Vormals in osteuropäischen Ländern und der Sowjetunion realisierte → Wirtschaftsordnung mit dominierendem Staatseigentum an den Produktionsmitteln, zentraler Planung und Koordination der Produktions- und Verteilungsprozesse sowie staatlichem → Außenhandelsmonopol. Ursprünglich in der Sowjetunion begründet. – 2. Grundlegendes *Organisationsprinzip* in Staat und Wirtschaft ist der → demokratische Zentralismus: Der Staatsapparat ist dabei Instrument der herrschenden kommunistischen Partei zur Durchsetzung ihrer Ziele in allen politischen, wirtschaftlichen und kulturellen Bereichen. – 3. *Wirtschaftskoordination:* Die Vorgaben der kommunistischen Partei werden durch das oberste wirtschaftsführende Staatsorgan in wirtschaftliche Zielgrößen umgerechnet, auf deren Basis erstellt das Planungsorgan (1) einen konzeptionellen Perspektivplan

(Planungshorizont ca. 15 Jahre), (2) einen Fünfjahrplan sowie (3) den auf letzterem aufbauenden und für die Wirtschaftskoordination maßgeblichen Jahresplan. Mithilfe der → Bilanzierungsmethode erarbeitet das Planungsorgan zunächst einen vorläufigen Volkswirtschaftsplan, der sowohl reale als auch monetäre Bestands- und Stromgrößen umfasst. Zwar basiert die finanzielle Planung auf derjenigen der güterwirtschaftlichen Prozesse, jedoch werden beide Bereiche gleichzeitig (aufeinander) abgestimmt. Gegenstand der finanziellen Planung sind u.a. die Geldeinnahmen und -ausgaben der Betriebe, privaten Haushalte und des Staatshaushalts und das Volumen der Geldschöpfung bzw. -vernichtung. Auf der Basis des vorläufigen Planentwurfs übergibt das Planungsorgan den Ministerien die staatlichen Planaufgaben für die diesen unterstellten regionalen Leitungsorganen, die diese wiederum auf die einzelnen Betriebe aufschlüsseln; diese erarbeiten dann vorläufige Betriebspläne. Diese Betriebspläne werden über den umgekehrten Instanzenweg wieder zusammengefasst. Das Planungsorgan koordiniert die so aggregierten Teilpläne zum endgültigen Volkswirtschaftsplan, der als Gesetz verabschiedet wird und dessen Erfüllung allen untergeordneten Organen und Wirtschaftseinheiten verbindlich vorgeschrieben wird. Unternehmerisches Formalziel ist also die Planerfüllung (→ Planerfüllungsprinzip). – 4. *Koordinationsprobleme:* a) Die skizzierte Methode der Planaufstellung, durch die die Zentrale Informationen über die betrieblichen Produktionsmöglichkeiten zu erlangen versucht, sowie das Prinzip der Prämiierung in Abhängigkeit von der Erfüllung der auf diesen Informationen beruhenden Pläne, führt zu der betrieblich rationalen *Strategie der „weichen Pläne“*: Produktionsmöglichkeiten werden von den Berieben möglichst gering, die notwendigen Inputs möglichst hoch angegeben, um so zum einen leicht erfüllbare Pläne zu erlangen und zum anderen betriebsinterne Reserven ansammeln zu können. – b) Die *staatlich festgesetzten Preise* entsprechen allenfalls zufällig den gesamtwirtschaftlichen Knappheiten und lassen sich aufgrund ihrer bürokratisch-administrativen Festsetzung nur sehr verzögert an Datenänderungen anpassen. – c) Das System der Kennziffern erfasst immer nur einen Teilaspekt des betrieblichen Entscheidungsfeldes; auch sind die Hebel und Kennziffern zumeist *nicht konsistent* aufeinander abgestimmt. Beide Aspekte führen dazu, dass die Betriebsangehörigen ihre eigenen Prämienziele erreichen können, ohne dass der gesamtwirtschaftliche Planzusammenhang gewährleistet wird. – d) Die Interdependenzen zwischen monetärer und güterwirtschaftlicher Planung und Leitung führen in staatssozialistischen Zentralplanwirtschaften bei realen Planstörungen zu *inflationär wirkender Geldschöpfung.* Da die Preise staatlich festgelegt sind, zeigt sich der Geldüberhang nicht in einer offenen Preisinflation, sondern führt zu einer Zunahme der betrieblichen und bes. individuellen Kassenhaltung *(Kassenhaltungsinflation).* – e) Die staatssozialistische Zentralplanwirtschaft ist durch eine *relativ geringe Innovationsdynamik* gekennzeichnet. Eine Ursache hierfür ist, dass Produkt- und Verfahrensinnovationen Risiken für die Planerfüllung bedeuten und daher den Prämiierungsinteressen der Beschäftigten zuwiderlaufen. – f) Die *Unternehmensstruktur* ist *ausgeprägt monopolistisch; Konkurrenzdruck* fehlt. – 5. *Reformen:* In der ehemaligen DDR und in anderen osteuropäischen Staaten wurde in der Vergangenheit – zumeist erfolglos – versucht, den Koordinationsproblemen durch fortwährende organisatorische Umgestaltungen des Lenkungsapparates und durch Neuformulierung der Vorschriften zur Planung und „Vervollkommnung“ der → wirtschaftlichen Rechnungsführung zu begegnen. Seit Ende der 1980er-Jahre haben die ehemaligen staatssozialistischen Zentralplanwirtschaften den Weg einer umfassenden Transformation ihrer → Wirtschaftsordnungen zu → Marktwirtschaften gewählt.

Staatstätigkeit – Aktivitäten der öffentlichen Hand zur Erfüllung der → öffentlichen Aufgaben. Musgrave unterscheidet zwischen Aufgaben des Staates im Bereiche der → Allokation, der → Distribution und der Stabilisierung. – Vgl. auch → Staatsanteil.

Staatsunternehmen → öffentliche Unternehmen.

Staatsversagen – *Politikversagen.* 1. *Begriff:* Durch staatliches Handeln oder Unterlassen von Handlungen hervorgerufene Fehlallokationen. – 2. *Begründung* für die Vermutung von Staatsversagen: (1) Erkenntismängel: Der → Kritische Rationalismus ist eine Wissenschaftsauffassung, die davon ausgeht, dass es keine endgültigen Wahrheiten z.B. über die Wirkungszusammenhänge beim Einsatz der wirtschaftspolitischen Instrumente gibt; (2) Mängel beim Entwurf und der Koordination wirtschaftspolitischer Entscheidungen; (3) im parlamentarischen Gesetzgebungsverfahren angelegte Anreize für → politische Unternehmer, korrigierend in Marktabläufe einzugreifen. Diese Politik sind gemäß der → ökonomischen Theorie der Politik (Public Choice, A. Downs) daran interessiert, durch Wahlsiege persönliche Interessen zu verfolgen; (4) Beeinflussungen wirtschaftspolitischer Entscheidungen durch Interessenvertreter (→ Interessengruppen, → Rent Seeking); (5) Ineffizienzen bei der Ausführung wirtschaftspolitischer Entscheidungen (→ ökonomische Theorie der Bürokratie). – *Anders:* → Marktversagen.

Staatsverschuldung → öffentliche Kreditaufnahme, → Staatsschulden.

Staatsvertrag – völkerrechtlicher Vertrag, dessen Gegenstand die Begründung oder Änderung völkerrechtlicher Rechte oder Pflichten ist und bei dem die vertragschließenden Staaten, nicht aber die Regierung oder ein Ressort als Vertragspartner erscheint. Staatsverträge werden formal durch den Bundespräsidenten abgeschlossen, inhaltlich werden sie von der Bundesregierung ausgehandelt (Art. 59 I 2 GG). Vor ihrer Ratifikation, d.h. der Bestätigung des ausgehandelten und parafierten Vertrages durch den Bundespräsidenten ist bei bedeutenden Verträgen die Beteiligung von Bundestag und Bundesrat in Form eines Vertragsgesetzes vorgesehen. Wirksam wird der Staatsvertrag mit der Hinterlegung der Ratifikationsurkunde oder dem im Vertrag vereinbarten Zeitpunkt. Das Vertragsgesetz bewirkt die Transformation des Vertragsinhalts in innerstaatliches Recht.

Staatswirtschaft – derjenige Teil der Volkswirtschaft, in der wirtschaftlich relevante Entscheidungen von solchen Institutionen getroffen werden, deren Aufgaben überwiegend darin bestehen, Dienstleistungen eigener Art für die Allgemeinheit zu erbringen und die sich hauptsächlich aus Zwangsabgaben finanzieren. Im Unterschied zur → Marktwirtschaft wird die Entscheidung über den Einsatz knapper Güter nicht von privaten, sondern von staatlichen Stellen getroffen, d.h. nichtmarktliche Bedürfnisbefriedigung unter Einsatz hoheitlicher Gewalt. Der Begriff der Staatswirtschaft ist weitgehend deckungsgleich mit dem Begriff der → Finanzwirtschaft. – Vgl. auch → staatswirtschaftliche Planung.

staatswirtschaftliche Planung – Entwurf eines Handlungsprogramms für die Zukunftsgestaltung der Aufgaben des Staates (Versorgung mit → öffentlichen Gütern, Korrektur bestimmter Allokations- und Distributionseffekte des Marktes in Struktur und Prozess). – *Instrumente:* Raumordnungs-, Landes- und Regionalplanungen, Regierungsprogramme, Personalbedarfs- und -entwicklungspläne, Organisationspläne, → Haushaltsplan, → Finanzplan, Programmbudget, bestimmte Entscheidungstechniken (→ Kosten-Nutzen-Analyse, → Nutzwertanalyse, → Kosten-Wirksamkeits-Analyse, → Entscheidungsbaumverfahren).

Stab – Element der → Aufbauorganisation; eine → organisatorische Einheit, die nur indirekt durch Unterstützung einer → Instanz zur Lösung der Unternehmungsaufgabe beiträgt, v.a. bei Vorbereitung und Kontrolle der Entscheidungen der Instanz. Die Aufgabe ist genereller (Stabsgeneralist, z.B. Direktionsassistent) oder spezieller (Stabsspezialist, z.B. Stab für Rechtsangelegenheiten) Art. – Bei *multipersonalen Stäben* können Stabsstellen auch mit → Weisungsbefugnissen, allerdings nur für den Bereich der Stabsabteilung, ausgestattet sein. – Vgl. auch → Stab-Linienorganisation.

Stabdiagramm – grafische Darstellung von absoluten oder relativen → Häufigkeitsverteilungen bzw. → Wahrscheinlichkeitsfunktionen. In einem Stabdiagramm wird den beobachteten bzw. möglichen Ausprägungen eine vertikale Strecke („Stab") zugeordnet, deren Länge die beobachtete → Häufigkeit bzw. die → Wahrscheinlichkeit repräsentiert.

STABEX – Abk. für *Stabilisierung der Exporterlöse für Agrarerzeugnisse (franz.: Système de Stabilisation des Recettes d'Exportation).* 1. *Gegenstand: Ehemaliges* System zur Stabilisierung der Exporterlöse. Bereits im Ersten → Lomé-Abkommen war für die der → EU assoziierten → AKP-Staaten ein Mechanismus zur Verstetigung der Deviseneinnahmen, welche diese Länder aus dem Export von bestimmten tropischen und subtropischen Agrargütern sowie von Fischen erzielen, verankert worden. – 2. *Voraussetzungen:* Das STABEX-System fand, von wenigen Ausnahmen abgesehen, allein auf die AKP-Exporte in die EU und nur dann Anwendung, wenn die Ausfuhr des jeweiligen Produkts einen festgelegten Anteil (sog. Auslöseschwelle) der gesamten Devisenerlöse des betreffenden AKP-Landes überschreitet. Zudem darf der Erlösrückgang nicht selbstverschuldet sein bzw. auf eine gezielte Politik zurückzuführen sein. – 3. Das STABEX, wie auch → SYSMIN für mineralische Stoffe, wurden auf Druck der *Welthandelsorganisation* (→ World Trade Organization (WTO)) aufgehoben im Abkommen von *Cotonou* im Jahre 2000. – 4. *Leistungen:* a) Die STABEX-Bestimmungen gewährten den AKP-Staaten einen *automatischen Anspruch* auf die von der EU aufgebrachten Ausgleichsmittel, sobald die vertraglich fixierten Voraussetzungen gegeben sind. – b) Das von der EU im Rahmen einer *Sonderfazilität des* → EEF (Europäischer Entwicklungsfonds) zur Verfügung gestellte Mittelvolumen des STABEX-Fonds ist schrittweise ausgeweitet worden. Die STABEX-Fazilität ist in Jahrestranchen aufgeteilt. – c) Die *Höhe einer Ausgleichszahlung* errechnete sich aus dem Durchschnitt der Devisenerlöse, die ein AKP-Land in den zurückliegenden Jahren durch den Export des betreffenden Erzeugnisses in die EU erzielt hat. In bes. gelagerten Fällen kann es gestattet sein, auch die Exporte in andere AKP-Staaten oder auch sogar in sonstige Länder bei der Berechnung des Transferanspruchs mit zu berücksichtigen. – d) Die sog. „am wenigsten entwickelten AKP-Staaten" (und das ist die Mehrheit dieser Länder) erhielten die ihnen übertragenen STABEX-Mittel von Anfang an in vollem Umfang *ohne jede spätere Rückerstattungspflicht* zur Verfügung gestellt. Mittlerweile braucht keines der AKP-Länder empfangene Zahlungen in Jahren mit überdurchschnittlich hohen Erlösen zurückzugewähren. – 5. Die *Verwendung* der vom STABEX-Fonds ausgezahlten Mittel oblag beim Ersten Lomé-Abkommen ausschließlich dem Empfängerstaat. In der Folgezeit sind schrittweise *Verwendungsmodalitäten* eingeführt worden. Seit Inkrafttreten des Vierten Lomé-Abkommens erfolgen die STABEX-Zahlungen nur noch auf der Grundlage eines zwischen dem Empfängerland und der → Europäischen Kommission für jeden einzelnen Transferfall vereinbarten *Rahmenkonzepts für gegenseitige Verpflichtungen.* – Vgl. auch → SYSMIN.

stabile Bevölkerung → Bevölkerungsmodelle.

Stabilisierung der Exporterlöse für Agrarerzeugnisse → STABEX.

Stabilisierung der mineralischen Exporterlöse → SYSMIN.

Stabilisierungskrise – *Reinigungskrise;* eine Rezession bzw. → Depression, die vermeintlich notwendig bzw. unvermeidbar einer Erholung der Wirtschaft vorausgeht. – *Begründung:* Im Boom ändern sich Erwartungen und Verhaltensweisen, z.B. steigt das Anspruchsverhalten der Gewerkschaften, Arbeitgeber sind wegen der guten Überwälzungsmöglichkeiten eher zu Lohnzugeständnissen bereit, alle Wirtschaftssubjekte erwarten steigende Inflationsraten. Einige Ökonomen sind der Ansicht, dass sich diese Inflations- und Anspruchsmentalität nur durch eine tiefe Rezession brechen lässt, um so die Voraussetzungen für eine Rückkehr auf den gleichgewichtigen Wachstumspfad zu schaffen.

Stabilisierungspolitik – 1. *Begriff:* a) *Stabilisierungspolitik i.w.S.:* Alle staatlichen Maßnahmen zur Erreichung eines makroökonomischen Gleichgewichts mit hohem Beschäftigungsstand und stabilem Preisniveau. – b) *Stabilisierungspolitik i.e.S.:* Alle prozesspolitischen Maßnahmen zur Beeinflussung des Wirtschaftsablaufs; ordnungspolitische Aktivitäten, die das Regelwerk der Wirtschaft verändern, werden der → Wachstumspolitik und der Angebotspolitik (→ Angebotsökonomik) zugeordnet. – 2. *Ziele:* Gemäß § 1 des → Stabilitäts- und Wachstumsgesetzes (StWG) haben Bund und Länder bei ihren wirtschafts- und finanzpolitischen Maßnahmen die Erfordernisse des gesamtwirtschaftlichen Gleichgewichts zu beachten (sog. magisches Viereck; → Magisches Vieleck). – a) *Preisniveaustabilität:* Als Indikatoren für das gesamtwirtschaftliche Preisniveau werden die Deflatoren des Bruttoinlandsproduktes und des privaten Konsums, am häufigsten aber der → Verbraucherpreisindex für Deutschland (VPI) (früher der Preisindex für die Lebenshaltung für alle privaten Haushalte), auf europäischer Ebene der sog. → Harmonisierte Verbraucherpreisindex (HVPI) verwendet. – b) *Hoher Beschäftigungsstand* im Sinn eines möglichst hohen Ausnutzungsgrad der in der Volkswirtschaft vorhandenen Produktionsfaktoren. Zumeist wird auf die Beschäftigung des Arbeitskräfteangebots abgestellt. I.d.R. wird als Indikator die Arbeitslosenquote herangezogen. – c) *Außenwirtschaftliches Gleichgewicht* im Sinn eines in Relation zum Bruttoinlandsprodukt möglichst geringen Saldos in der Leistungsbilanz. Dies gilt entsprechend neuerer Vorschriften der EU-Kommission für den Außenhandel innerhalb des Euroraums. – d) *Stetiges und angemessenes Wirtschaftswachstum* (→ Wachstum) gehört nicht direkt zu den Zielen der Stabilisierungspolitik, sondern ist Kernaufgabe der längerfristig angelegten Wachstumspolitik. – Vgl. auch → Konjunkturpolitik.

Stabilisierungspolitik in einer großen offenen Volkswirtschaft – 1. *Charakterisierung:* In einer großen offenen Volkswirtschaft gehen von stabilisierungspolitischen Maßnahmen des Inlands neben inländischen Wirkungen auch Wirkungen auf das Ausland aus,sodass internationale → Rückwirkungen entstehen. Modelltheoretisch lassen sich solche Rückwirkungen durch makroökonomische → Totalmodelle großer offener Volkswirtschaften (Zwei-Länder-Modelle) abbilden. Im einfachsten Fall kann unterstellt werden, dass das Ausland eine zum Inland analoge makroökonomische Struktur aufweist. Die Modellgleichungen des Inlands, die aus dem IS-LM-Z-System (s. → IS-LM-Z-Modell) auf der Nachfrageseite und einer Keynesschen bzw. neoklassischen → Angebotsfunktion auf der Angebotsseite bestehen (→ Totalmodelle offener Volkswirtschaften, Nachfrageseite, → Totalmodelle offener Volkswirtschaften, Angebotsseite), sind dann um entsprechende Gleichungen für das Ausland zu ergänzen. Dabei ist zu beachten, dass bei Gültigkeit der → Kaufkraftparität sowie Vorliegen eines ausgeglichenen Außenbeitrages in der Ausgangslage der ausländische → Außenbeitrag real gesehen bis auf das Vorzeichen mit dem inländischen übereinstimmt, da die Güterexporte bzw. -importe des Inlands gleich den Güterimporten bzw. -exporten des Auslands sind. Außerdem entsprechen die ausländischen dem Kehrwert der inländischen → Terms of Trade. Ebenso wie im Fall einer kleinen offenen Volkswirtschaft (→ Stabilisierungspolitik in einer kleinen offenen Volkswirtschaft) kann vollkommene Kapitalmobilität unterstellt werden, sodass (bei Vernachlässigung von Wechselkursänderungserwartungen) ein einheitliches Zinsniveau in beiden Ländern herrscht. Im Unterschied zum Klein-Land-Fall wird das Weltzinsniveau bei Vorliegen einer großen offenen Volkswirtschaft durch stabilisierungspolitische Maßnahmen dieses Landes beeinflusst. – 2. *Expansive Fiskal- und Geldpolitik im Keynesschen Unterbeschäftigungsfall:* Wir unterstellen im Folgenden ein System flexibler Wechselkurse. a) *Fiskalpolitik:* Die Wirkungen, die von einer inländischen Staatsausgabensteigerung auf das In- und Ausland ausgehen, unterscheiden sich grundlegend von den entsprechenden Wirkungen im Fall einer kleinen offenen Volkswirtschaft. Im Unterschied zum Fall des kleinen Landes wird jetzt die Fiskalpolitik im System flexibler Wechselkurse effizient. Trotz des Anstiegs des Weltzinsniveaus und des daraus resultierenden Crowding-out-Effekts (→ Crowding-out) für die private Nettoinvestition ergibt sich in beiden Ländern eine Einkommensexpansion. Im Ausland verbessert sich der Außenbeitrag in stärkerem Maße als der Rückgang der Investitionsnachfrage, sodass sich dort das Einkommen erhöht. Die positive internationale Konjunkturübertragung, die eine expansive inländische Fiskalpolitik hervorruft, lässt sich von der monetären Seite mithilfe der Gleichgewichtsbedingung für den ausländischen Geldmarkt (der ausländischen → LM-Kurve) begründen: Da der Anstieg des Weltzinsniveaus die reale Geldnachfrage (bes. die Spekulationskassenhaltung) verringert und das ausländische Geldangebot im System flexibler Wechselkurse unverändert bleibt, kann ein neues Gleichgewicht auf dem Geldmarkt nur dadurch zustande kommen, dass sich das Einkommen zusammen mit dem Preisniveau erhöht. In entsprechender Weise lässt sich auch die Einkommenssteigerung im Inland begründen. Auf dem inländischen Gütermarkt kommt es aufgrund der Zunahme des ausländischen Einkommens zu positiven internationalen Rückwirkungen im Sinne einer Steigerung der inländischen Güterexporte. Da diese im Fall des kleinen Landes nicht auftreten und außerdem die reale Aufwertung der Inlandswährung wegen des Zinsanstiegs in beiden Ländern jetzt schwächer ausfällt als im Klein-Land-Fall, dominieren im Fall der großen offenen Volkswirtschaft die expansiven Effekte auf der Güternachfrageseite, sodass sich das Inlandseinkommen erhöht. – b) *Geldpolitik:* Im Unterschied zu einer Staatsausgabensteigerung bewirkt eine inländische Geldmengenexpansion trotz der damit verbundenen Senkung des Weltzinsniveaus eine negative internationale Konjunkturtransmission, die wiederum mit negativen internationalen Rückwirkungen und einer im Vergleich zum Klein-Land-Fall geringeren inländischen Einkommenssteigerung verbunden ist. Die ausländische Einkommenskontraktion lässt sich mit der realen Aufwertung der Auslandswährung erklären, die zu einem stärkeren Verdrängungseffekt führt als die expansive Wirkung, die sich insgesamt aus der Senkung des Weltzinsniveaus und der Einkommenssteigerung im Inland ergibt. Der negative Einkommenseffekt für das Ausland lässt sich von der monetären Seite, d.h. anhand der ausländischen Geldmarkt-Gleichgewichtsbedingung, damit begründen, dass die durch die Zinssenkung hervorgerufene Zunahme der realen Geldnachfrage bei unverändertem ausländischen Geldangebot (im System flexibler Wechselkurse) einen Einkommens- und Preisrückgang erfordert, um wieder ein Gleichgewicht auf diesem Markt herzustellen. Die inländische Einkommenssteigerung wird somit erkauft mit einem Rückgang des ausländischen Einkommens. Die expansive Geldpolitik des Inlands stellt insofern eine → Beggar-my-Neighbour-Politik (d.h. eine Politik zulasten des anderen Landes) dar. – 3. *Expansive Fiskal- und Geldpolitik im neoklassischen Vollbeschäftigungsfall:* a) *Fiskalpolitik:* Bei vollkommener Lohn- und Preisflexibilität im In- und Ausland ergeben sich für beide Länder Terms-of-Trade-abhängige Güterangebotsfunktionen (→ Totalmodelle offener Volkswirtschaften, Angebotsseite). Da eine Steigerung der inländischen Terms of Trade (reale Aufwertung der Inlandswährung) gleichbedeutend mit einer Senkung der ausländischen Terms of Trade (reale Abwertung der Auslandswährung) ist, bewirkt eine inländische Staatsausgabensteigerung über eine Verbesserung der inländischen Terms of Trade eine Erhöhung des inländischen und gleichzeitig einen Rückgang des ausländischen Güterangebots. Im Unterschied zum Keynesschen Unterbeschäftigungsfall kommt es jetzt also bei einer expansiven inländischen Fiskalpolitik zu einer negativen Konjunkturtransmission und kontraktiven internationalen Rückwirkungen. Nachfrageseitig lässt sich die Einkommenssenkung im Ausland damit begründen, dass die Verbesserung des ausländischen Außenbeitrages, die aus der realen Abwertung der Auslandswährung und der inländischen Einkommensexpansion resultiert, schwächer ausfällt als der zinsinduzierte Rückgang der privaten Investitionsnachfrage. Auf der Angebotsseite des Auslands erhöht sich der Produzentenreallohnsatz (weshalb dort die Arbeitsnachfrage und das Güterangebot zurückgehen). Neben dem Geldlohnsatz kommt es auch zu einer (im Vergleich dazu unterproportionalen) Preissteigerung, die sich damit begründen lässt, dass die Abwertung der Auslandswährung isoliert gesehen die ausländische Güternachfrage erhöht und das ausländische Güterangebot senkt, also einen Nachfrageüberschuss erzeugt, der nur über eine Preisniveauerhöhung abgebaut werden kann. Durch die vollkommen flexible Preisanpassung nach oben fällt auch die reale Abwertung der Auslandswährung geringer aus als im Keynesschen Unterbeschäftigungsfall. Eine inländische Staatsausgabensteigerung führt dann insgesamt zu stagflationären Wirkungen (→ Stagflation) im Ausland, wenn dieses durch eine neoklassische Angebotsstruktur gekennzeichnet ist. – b) Eine Steigerung der inländischen Geldmenge hat dagegen weder Realwirkungen noch Preiseffekte im Ausland, da der flexible Wechselkurs das Ausland vollständig von der monetären Störung des Inlands abschirmt. Ebenso wie im Fall des kleinen Landes gilt auch im vorliegenden neoklassischen Zwei-Länder-Ansatz eine Modelldichotomie (→ Dichotomie des Geldes) zwischen dem monetären und realen Sektor; daher bleiben auch die inländischen Realgrößen und Relativpreise unverändert, sodass es lediglich zu proportionalen Preissteigerungen im Inland und zu einer prozentual gleich großen Erhöhung des Wechselkurses kommt. – 4. In einer großen offenen Volkswirtschaft sind expansive Maßnahmen der Fiskalpolitik sowohl im Keynesschen Unterbeschäftigungsfall als auch im neoklassischen Vollbeschäftigungsfall effizient; auf das Ausland gehen dabei im System flexibler Wechselkurse positive (negative) Übertragungseffekte aus, wenn dieses ebenfalls durch eine Keynessche (neoklassische) Angebotsstruktur gekennzeichnet ist. Die Geldpolitik ist nur im Keynesschen Unterbeschäftigungsfall effizient und erzeugt eine negative Konjunkturübertragung, wenn auch im Ausland der Keynessche Unterbeschäftigungsfall gilt. Dagegen wäre die Konjunkturübertragung inländischer Geldpolitik expansiv, wenn das Ausland eine neoklassische Angebotsstruktur aufweisen würde und das Inland weiterhin durch Unterbeschäftigung gekennzeichnet ist.

Stabilisierungspolitik in einer kleinen offenen Volkswirtschaft – 1. *Charakterisierung:* Im Rahmen (keynesianischer) → Totalmodelle offener Volkswirtschaften lassen sich die Wirkungen stabilisierungspolitischer Maßnahmen (bes. der Fiskal- und Geldpolitik) auf zentrale gesamtwirtschaftliche Variablen analysieren. Dabei wird i.d.R. von vollkommener Kapitalmobilität sowie von einem System flexibler

→ Wechselkurse ausgegangen. Es gibt dann die Bedingung für die (ungedeckte) Zinsparität, sodass bei Vernachlässigung von Wechselkursänderungserwartungen der Inlandszins stets mit dem ausländischen Zinssatz übereinstimmt. Ist die betrachtete Volkswirtschaft klein gegenüber dem Rest der Welt, üben stabilisierungspolitische Maßnahmen des Inlands vernachlässigbare Wirkungen auf das Ausland aus, sodass die makroökonomischen Auslandsvariablen (wie ausländisches Nationaleinkommen, Preisniveau und Zinssatz) als exogene Größen aufgefasst werden können. Bei vollkommener Kapitalmobilität sowie Vernachlässigung erwarteter Wechselkursänderungen als weitere Renditekomponente für die Haltung ausländischer Wertpapiere liegt dann der Inlandszins auf dem vorgegebenen Niveau des Auslandszinssatzes fest. Es sind dann nur noch tendenzielle Abweichungen des inländischen vom ausländischen Zinssatz möglich. – 2. *Expansive Fiskal- und Geldpolitik im Keynesschen Unterbeschäftigungsfall:* a) Eine expansive Fiskalpolitik in Form einer Steigerung der Staatsausgaben (G) führt zunächst zu einer Güternachfrageerhöhung und über den vermehrten Bedarf an Transaktionskasse zu einer Zinssteigerungstendenz im Inland; die daraus resultierenden massiven Nettokapitalimporte bewirken im System flexibler Wechselkurse eine → Aufwertung der Inlandswährung, die wiederum einen Crowding-out-Effekt (→ Crowding-out) in Form eines Rückgangs der inländischen Nettoexporte hervorruft. Da die → IS-Kurve in Abbildung „Stabilisierungspolitik in einer kleinen offenen Volkswirtschaft (1)" bei unveränderter → LM-Kurve sowie unveränderter Angebotskurve Y^s zur Erreichung eines gesamtwirtschaftlichen Gleichgewichts wieder in ihre Ausgangslage zurückkehren muss, ergibt sich – ebenso wie im → IS-LM-Z-Modell – ein totales aufwertungsbedingtes Crowding-out. Die LM-Kurve ändert im P-Y-Diagramm ihre Lage nicht, da die Geldmenge M im System flexibler Wechselkurse exogen ist und der Inlandszins

Stabilisierungspolitik in einer kleinen offenen Volkswirtschaft (1)

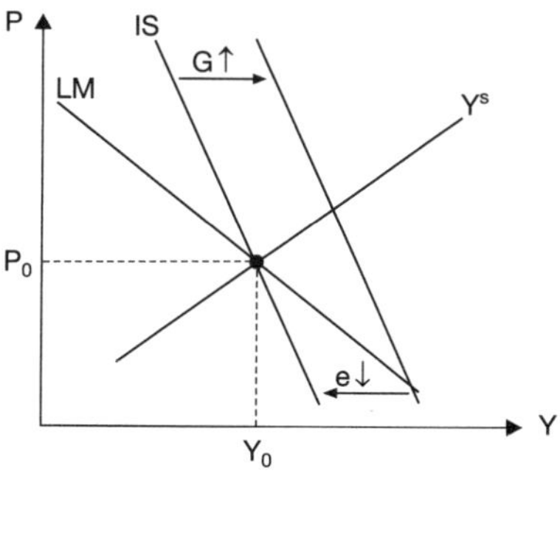

auf dem Niveau des ausländischen Zinssatzes festliegt. Angebotsseitig kommt es zu keiner Änderung des Güterangebots Y, da das Güterpreisniveau P und – wegen der Konstanz des Geldlohnsatzes W im Keynesschen Unterbeschäftigungsfall – auch der Produzentenreallohn W/P unverändert geblieben sind. Bei vollkommener Kapitalmobilität ist expansive Fiskalpolitik im System → flexibler Wechselkurse also ungeeignet, einen bestehenden Unterbeschäftigungszustand zu beseitigen.

b) Expansive *Geldpolitik* ist dagegen in diesem Wechselkurssystem effizient: Eine Steigerung der Geldmenge M löst über massive Kapitalexporte eine Abwertung der Inlandswährung aus, die den → Außenbeitrag zum Inlandsprodukt verbessert und zu einer Erhöhung der Güternachfrage führt. Da hiermit eine Preissteigerung im Inland verbunden ist, sinkt der Produzentenreallohnsatz, sodass es zu einer Beschäftigungssteigerung und einer Ausweitung des Güterangebots kommt. Im P-Y-Diagramm (vgl. Abbildung „Stabilisierungspolitik in einer kleinen offenen Volkswirtschaft (2)") werden die LM- und IS-Kurve jeweils nach rechts verschoben, sodass sich ein neues gesamtwirtschaftliches Gleichgewicht bei einem im Vergleich zur Ausgangslage höheren Wert des Nationaleinkommens und Preisniveaus ergibt.

Stabilisierungspolitik in einer kleinen offenen Volkswirtschaft (2)

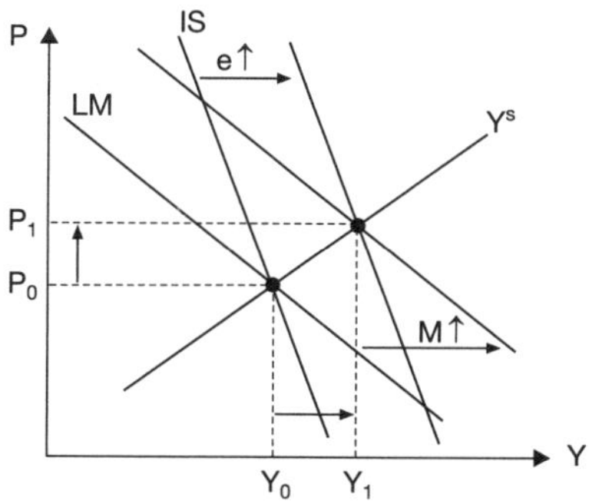

3. *Expansive Fiskal- und Geldpolitik im neoklassischen Vollbeschäftigungsfall:* a) *Fiskalpolitik:* Bei vollkommener Lohn- und Preisflexibilität gehen von einer Staatsausgabensteigerung positive Realeinkommenswirkungen bei einer gleichzeitigen Steigerung der Terms of Trade $\mathcal{T}$ aus (vgl. Abbildung „Stabilisierungspolitik in einer kleinen offenen Volkswirtschaft (3)"). Im $\mathcal{T}$-Y-Diagramm wird die IS-Kurve durch den Anstieg der Güternachfrage nach rechts verschoben, während die Lage der Güterangebotskurve in diesem Diagramm unverändert bleibt; trotz der realen Aufwertung der Inlandswährung und dem daraus resultierenden Rückgang des Außenbeitrages kommt es insgesamt zu einer Steigerung des Einkommens

und der Beschäftigung. Im Unterschied zum Keynesschen Unterbeschäftigungsfall ergibt sich im neoklassischen Vollbeschäftigungsfall kein totales, sondern nur ein partielles Crowding-out privater Güternachfrage. Die reale Aufwertung (Terms-of-Trade-Steigerung) fällt jetzt geringer aus, was sich mit der inländischen Preisniveausenkung begründen lässt. Der Rückgang des Preisniveaus, der anhand der LM-Kurve bei gegebenem Zinssatz und gestiegener realer Transaktionskassenhaltung erkennbar ist, resultiert daraus, dass die Wechselkurssenkung isoliert gesehen das Güterangebot erhöht und die Güternachfrage vermindert, also einen Angebotsüberschuss auf dem Gütermarkt erzeugt, der über eine Kontraktion des inländischen Preisniveaus abgebaut werden kann. Auf der Angebotsseite ergibt sich durch die Terms-of-Trade-Steigerung eine Senkung des Produzenten- und eine Steigerung des Konsumentenreallohnsatzes, wodurch die gleichgewichtige Beschäftigung und das Güterangebot zunehmen (→ Totalmodelle offener Volkswirtschaften, Angebotsseite). In einem analogen Modell für eine geschlossene Volkswirtschaft würde dagegen das in diesem Fall vollkommen preisunelastische Güterangebot unverändert bleiben und das Preisniveau durch die

Stabilisierungspolitik in einer kleinen offenen Volkswirtschaft (3)

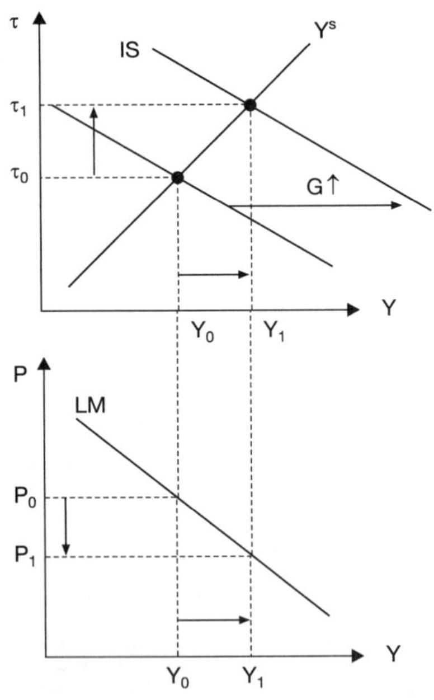

Staatsausgabenerhöhung ansteigen. Bei vollkommener Preis- und Lohnflexibilität kommt es also durch den Übergang von einer geschlossenen zu einer offenen Volkswirtschaft zu einer grundlegenden Änderung in der Wirkungsweise der Fiskalpolitik. Dabei wird implizit unterstellt, dass durch Maßnahmen der Fiskalpolitik Änderungen der Terms of Trade hervorgerufen werden, d.h. dass der flexible Wechselkurs nicht für die Übereinstimmung von in- und ausländischem Preisniveau, also für → Kaufkraftparität, sorgt.

b) Für die *Geldpolitik* gilt eine entsprechende Aussage nicht; vielmehr ist sie aufgrund einer zwischen dem realen und monetären Sektor bestehenden Dichotomie auch im Fall einer offenen Wirtschaft ineffizient in Bezug auf alle Realgrößen und Relativpreise (→ Dichotomie des Geldes). Im System flexibler Wechselkurse bewirkt eine Geldmengenexpansion lediglich proportionale Preis-, Lohn- und Wechselkurssteigerungen. Da es im τ-Y-Diagramm zu keiner Verschiebung der IS- und Y^s-Kurve kommt, bleiben die Terms of Trade und das reale Inlandsprodukt unverändert. – 4. Für stabilisierungspolitische Maßnahmen der Nachfragesteuerung gilt bei Vorliegen einer kleinen offenen Volkswirtschaft, dass durch den Übergang vom Keynesschen Unterbeschäftigungs- zum neoklassischen Vollbeschäftigungsfall die Geldpolitik im System flexibler Wechselkurse ineffizient und die Fiskalpolitik effizient wird.

Stabilisierungspolitik in einer Währungsunion – Auf der Grundlage des → IS-LM-Z-Modells für eine aus zwei Ländern (U_1 und U_2) bestehende Währungsunion (→ IS-LM-Z-Modell einer Währungsunion) lassen sich die Wirkungen geld- und fiskalpolitischer Maßnahmen auf die Mitgliedsländer der Union analysieren. Dabei wird gemäß der Bedingung für die Zinsparität von einheitlichen Zinssätzen innerhalb der Union ausgegangen, die wiederum – bei Vernachlässigung von Wechselkursänderungserwartungen – auf dem Niveau des exogen vorgegebenen ausländischen Zinssatzes festliegen. – 1. *Geldpolitik:* Eine Geldmengenexpansion der gemeinsamen Zentralbank führt über die damit verbundene Zinssenkungstendenz in der Union zu massiven Kapitalabflüssen ins große Ausland und zu einer Abwertung der Einheitswährung (Senkung des Wechselkurses in Mengennotierung). Dadurch verbessert sich für beide Unionsländer der bilaterale Handelsbilanzsaldo gegenüber dem großen Ausland. Bei vollkommen elastischem Güterangebot kommt es in beiden Ländern zu einer Einkommenssteigerung (vgl. Abbildung „Stabilisierungspolitik in einer Währungsunion (1)"). Da sich gleichzeitig das Gesamteinkommen der Union erhöht hat, bestätigt sich für die Union als Ganzes das Mundell-Fleming-Resultat über die Wirksamkeit der Geldpolitik im System flexibler Wechselkurse (→ Stabilisierungspolitik in einer großen offenen Volkswirtschaft). – 2. *Fiskalpolitik:* Findet eine einseitige Staatsausgabenerhöhung statt (z.B. in U_1), so ist hiermit im aktiven

Stabilisierungspolitik in einer Währungsunion (1)

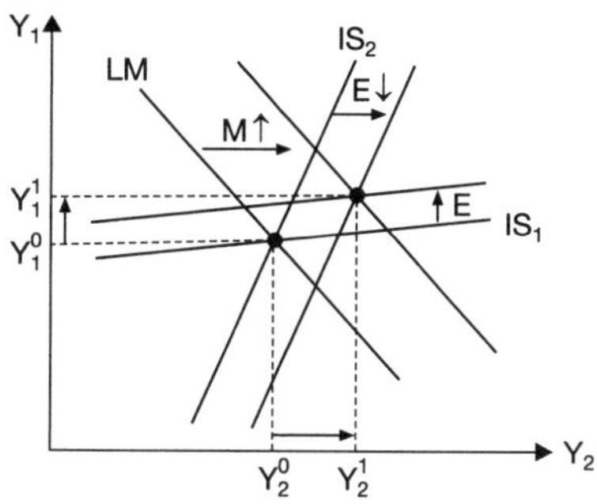

Stabilisierungspolitik in einer Währungsunion (2)

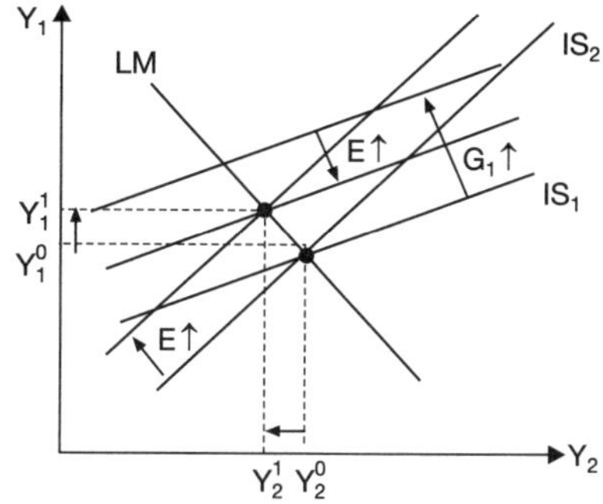

Land eine Einkommenssteigerung verbunden, während im passiven Unionsland das Einkommen sinkt. Durch die Aufwertung der Einheitswährung gehen für beide Länder die Güterexporte ins große Ausland zurück; gleichzeitig verbessert sich der innergemeinschaftliche Handelsbilanzsaldo zugunsten des passiven Landes U_2. Trotz dieser gegenläufigen Effekte auf dem Gütermarkt des Unionslandes U_2 ergibt sich dort eindeutig eine Einkommenskontraktion. Von der monetären Seite lässt sich die fiskalpolitisch induzierte negative Konjunkturtransmission in einer Währungsunion mit der Änderung der Geldnachfrage in beiden Ländern begründen. Da die Geldnachfrage des aktiven Landes gestiegen und das Gesamtgeldangebot der Union unverändert geblieben ist, muss die Geldnachfrage des passiven Landes gesunken sein, um das Geldmarktgleichgewicht aufrechtzuerhalten. Bei gegebenem Zins ist hierzu aber eine Senkung des Einkommens Y_2 erforderlich. Grafisch ist erkennbar, dass das neue Gleichgewicht nordwestlich des alten auf der unverändert gebliebenen → LM-Kurve liegen muss, da die Steigerung des Wechselkurses *E* in Mengennotierung die → IS-Kurve des passiven Landes U_2 nach links (d.h. in die kontraktive Richtung) verlagert (vgl. Abbildung „Stabilisierungspolitik in einer Währungsunion (2)"). In einer Währungsunion hat somit eine einseitig durchgeführte expansive Fiskalpolitik den Charakter einer → Beggar-my-Neighbour-Politik. Im Vergleich zum Mundell-Fleming-Fixpreisansatz für eine kleine offene Volkswirtschaft (→ Totalmodelle offener Volkswirtschaften, Nachfrageseite) wird die Fiskalpolitik effizient, wenn das stabilisierungspolitisch aktive Land in eine Währungsunion eintritt. Während eine Staatsausgabenerhöhung im Fall einer kleinen offenen Volkswirtschaft bei flexiblen Wechselkursen sowie vollkommener Kapitalmobilität keine Einkommenswirkungen erzielt, ergibt sich für das aktive Land durch den Beitritt in eine Währungsunion eine Einkommensexpansion, die allerdings zulasten des Partnerlandes geht. Die Einkommenssteigerung im aktiven Land kommt dabei trotz des aufwertungsbedingten Crowding-out-Effektes und des Rückgangs der Güterexporte ins passive Partnerland zustande. Wegen der negativen Konjunkturübertragung braucht das Gesamteinkommen der Union – im Unterschied zur Geldpolitik – nicht mehr anzusteigen.

Stabilisierungspolitik in makroökonomischen Totalmodellen geschlossener Volkswirtschaften → makroökonomische Totalmodelle geschlossener Volkswirtschaften, Stabilisierungspolitik.

Stabilisierungs- und Assoziierungsabkommen – *Stabilisierungs- und Assoziierungsabkommen* (SAA) der EU ersetzen inhaltlich der → Europa-Abkommen. – Mit *Beitrittskandidaten* schließt die EU seit 2001 diese Abkommen nach Art. 217 AEUV, um den Beitritts- und Annäherungsprozess zu ermöglichen. Inzwischen gibt es SAA mit Kroatien, Albanien, Mazedonien und Montenegro, vor dem Abschluss stehen SAA mit Bosnien-Herzegowina und Serbien.

Stabilität → allgemeines Gleichgewicht.

Stabilitätsgesetz (StabG) → Stabilitäts- und Wachstumsgesetz (StWG).

Stabilitätskultur – gesellschaftlich tief verankerte Akzeptanz des Ziels der Stabilität des Geldwertes (→ Geldwert, → Inflation).

Stabilitätspolitik → Geldpolitik, → Stabilisierungspolitik.

Stabilitätspolitik in geschlossenen Volkswirtschaften → makroökonomischen Totalmodelle geschlossener Volkswirtschaften, Stabilisierungspolitik.

Stabilitätspolitik in offenen Volkswirtschaften → Stabilisierungspolitik in einer kleinen offenen Volkswirtschaft, → Stabilisierungspolitik in einer großen offenen Volkswirtschaft.

Stabilitätsrat – Der Stabilitätsrat ist ein im Rahmen der Föderalismusreform II durch Gesetz vom

29.7.2009 (BGBl. I S. 2248) auf Verfassungsebene (Art. 109a GG) geschaffenes gemeinsames Gremium von Bund und Ländern zur Vermeidung von Haushaltsnotlagen (vgl. → Schuldenbremse). Art. 109a GG legt ferner fest, dass die Beschlüsse und die zugrunde liegenden Beratungsunterlagen des Stabilitätsrats zu veröffentlichen sind. Nach dem aufgrund des Art. 109a GG erlassenen Stabilitätsratsgesetz vom 10.8.2009 (BGBl. I S. 2702) gehören dem Stabilitätsrat die Finanzminister von Bund und Ländern und der Bundesminister für Wirtschaft und Technologie an. Aufgabe ist die regelmäßige Überwachung der aktuellen Lage und die Entwicklung der Haushalte von Bund und Ländern sowie die Durchführung von Sanierungsverfahren (§ 2). Ihm können weitere Aufgaben übertragen werden (z.B. nach § 51 des Haushaltsgrundsätzegesetzes). Der Stabilitätsrat legt zur Erfüllung seiner Aufgaben allgemein geltende, geeignete Kennziffern zur Prüfung der Haushaltslage und Finanzplanung fest und beschließt Schwellenwerte für diese Kennziffern. Auf der Grundlage eines Prüfberichts beschließt er, ob im Bund oder in einem Land eine Haushaltsnotlage droht (§ 4). Wird eine Haushaltsnotlage festgestellt, vereinbart der Stabilitätsrat mit Bund oder Land ein Sanierungsprogramm (§5).

Stabilitäts- und Wachstumsgesetz (StWG) – *Stabilitätsgesetz (StabG).*

I. Begriff/Charakterisierung: Kurzbezeichnung für das Gesetz zur Förderung der Stabilität und des Wachstums der Wirtschaft vom 8.6.1967 (BGBl. I 582). Rechtliche Regelung der Bund und Ländern obliegenden Pflicht, bei ihren wirtschafts- und finanzpolitischen Maßnahmen die Erfordernisse des gesamtwirtschaftlichen Gleichgewichts zu beachten (Art. 109 GG); Kodifizierung der keynesianischen Wirtschaftspolitik in der Bundesrepublik Deutschland. Maßnahmen gemäß Stabilitäts- und Wachstumsgesetz (StWG) sollen so getroffen werden, dass sie im Rahmen der marktwirtschaftlichen Ordnung gleichzeitig zur Stabilität des Preisniveaus, zu einem hohen Beschäftigungsstand, zum außenwirtschaftlichen Gleichgewicht und zu einem stetigen und angemessenen Wirtschaftswachstum beitragen (magisches Viereck). – Vgl. auch → Konjunkturpolitik, → Stabilisierungspolitik.

II. Maßnahmen: 1. Erstellung eines → Jahreswirtschaftsberichts durch die Bundesregierung, der eine Stellungnahme zu dem Jahresgutachten des → Sachverständigenrates zur Begutachtung der gesamtwirtschaftlichen Entwicklung (SVR), eine Darlegung der für das laufende Jahr von der Bundesregierung angestrebten wirtschafts- und finanzpolitischen Ziele (Jahresprojektion) und eine Darlegung der für das laufende Jahr geplanten Wirtschafts- und Finanzpolitik enthalten soll. – 2. Bildung des → Konjunkturrats für die öffentliche Hand zur Beratung der Bundesregierung. – 3. Im Fall der Gefährdung der Ziele des Stabilitäts- und Wachstumsgesetzes (StWG) ist eine Orientierungshilfe in Form der → Konzertierten Aktion vorgesehen; sie soll der Absicherung der gesellschaftspolitischen Flanke der Konjunkturpolitik dienen. – 4. Bei außenwirtschaftlichen Störungen des gesamtwirtschaftlichen Gleichgewichts, deren Abwehr durch binnenwirtschaftliche Maßnahmen nicht oder nur unzureichend möglich ist, hat die Bundesregierung alle Möglichkeiten der internationalen Koordination zu nutzen; notfalls setzt sie die ihr zur Verfügung stehenden wirtschaftspolitischen Mittel ein (Wirtschaftspolitik). – 5. Zur Abwehr einer Störung des gesamtwirtschaftlichen Gleichgewichts ist die Bundesregierung ermächtigt, durch Rechtsverordnung *steuerliche Maßnahmen* zu ergreifen. Sie kann v.a. Vorschriften erlassen, nach denen die Inanspruchnahme von → Sonderabschreibungen, erhöhten Absetzungen für Abnutzung sowie die Bemessung der Absetzungen in fallenden Jahresbeträgen (degressive Abschreibung) ganz oder teilweise ausgeschlossen werden kann. Sie kann Vorschriften erlassen, nach denen → Einkommensteuer, → Lohnsteuer und → Kapitalertragsteuer um höchstens 10 Prozent herabgesetzt oder erhöht werden können. Entsprechendes gilt u.a. für die → Körperschaftsteuer und die → Gewerbesteuer.

III. Regelungen für Bundes- und Länderhaushalte: 1. Im *Bundeshaushaltsplan* (→ Bundeshaushalt) sind Umfang und Zusammensetzung der Ausgaben und der Ermächtigungen zum Eingehen von Verpflichtungen zulasten zukünftiger Rechnungsjahre so zu bemessen, wie es zur Erreichung der Ziele des Stabilitäts- und Wachstumsgesetzes (StWG) erforderlich ist. → Finanzplan und → Subventionsbericht dienen ebenfalls der Erreichung dieser Ziele. – 2. Bei einer die volkswirtschaftliche Leistungsfähigkeit übersteigenden *Nachfrageausweitung* sollen Mittel des Bundes zur zusätzlichen Tilgung von Schulden bei der Deutschen Bundesbank oder zur Zuführung an die → Konjunkturausgleichsrücklage veranschlagt werden. Außerdem kann die Bundesregierung den Finanzminister ermächtigen, die Verfügung über bestimmte Ausgabemittel, den Beginn von Baumaßnahmen und das Eingehen von Verpflichtungen zulasten künftiger Rechnungsjahre von seiner Einwilligung abhängig zu machen. – 3. Bei einer die Ziele des Stabilitäts- und Wachstumsgesetzes (StWG) gefährdenden *Abschwächung* der allg. Wirtschaftstätigkeit sollen zusätzliche Ausgaben aus öffentlichen Mitteln geleistet werden, v.a. aus der Konjunkturausgleichsrücklage. Auch ist die Planung geeigneter Investitionsvorhaben so zu beschleunigen, dass mit ihrer Durchführung kurzfristig begonnen werden kann. – 4. Die *Kreditaufnahme* im Rahmen der in den Haushaltsgesetzen oder Haushaltssatzungen ausgewiesenen Kreditermächtigungen durch Bund, Länder, Gemeinden, Gemeindeverbände sowie der öffentlichen Sondervermögen und Zweckverbände kann die Bundesregierung zur Abwehr einer Störung des gesamtwirtschaftlichen Gleichgewichts beschränken.

IV. Bedeutung/Kritik: Mit dem Vordringen ideologischer und/oder theoretisch begründeter Kritik an einer keynesianischen Wirtschaftspolitik ist auch das Stabilitäts- und Wachstumsgesetz (StWG) nach kurzer Zeit aus dem Brennpunkt der konjunkturpolitischen Diskussion verschwunden; seine Instrumente werden kaum noch benutzt. – *Kritikpunkte:* 1. Fast ausschließliche *Nachfrageorientierung:* Vielfältige Ursachen → konjunktureller Impulse erfordern aber eine differenzierte Therapie; insofern ist die theoretische und politische Entwicklung, ausgedrückt in verbesserten theoretischen Kenntnissen über die Transmissionsmechanismen finanzpolitischer Maßnahmen, einer Verschiebung der politischen Zielstruktur und einer Veränderung der wirtschaftspolitischen Landschaft (Vordringen neoklassischer theoretischer Denkrichtungen und damit verbundener Werturteile; → Neoklassik) sowie der wirtschaftlichen Rahmenbedingungen über das Stabilitäts- und Wachstumsgesetz (StWG) hinweggegangen. – 2. *Instrumentelle* steuerungspolitische und verteilungspolitische *Kritikpunkte.* Diesen Kritikpunkten wurde durch die Einführung der Schuldenbremse in das Grundgesetz weitgehend nachgegeben. Dadurch sind viele Maßnahmen des StWG nicht mehr möglich.

Stabilitäts- und Wachstumspakt – 1. *Begriff und Ausgestaltung:* Anlässlich der Annahme des Vertrags von Amsterdam (1997) getroffene Entschließung der Mitgliedsstaaten der Europäischen Union zur Einhaltung fiskalischer Disziplin. Der Stabilitäts- und Wachstumspakt verpflichtet die EU-Mitgliedsstaaten, mittelfristig einen zumindest ausgeglichenen Haushalt anzustreben. Dabei soll – unabhängig von der konjunkturellen Lage (Ausnahme: eine tiefgreifende Rezession) – ein Haushaltsdefizit von 3 Prozent des BIP nicht überschritten werden. Gleichzeitig sind die Mitgliedsstaaten der Währungsunion verpflichtet, mehrjährige Stabilitätsprogramme mit Zielsetzungen für die Haushaltspolitik zu erstellen, die jährlich vorzulegen sind und die durch die Europäische Kommission sowie durch den Ministerrat überwacht werden. Nicht an der Währungsunion teilnehmende Länder müssen sog. Konvergenzprogramme vorlegen. Zur Überwachung der fiskalischen Disziplin wurde weiterhin ein „Frühwarnsystem" installiert. Dieses sieht vor, dass der Ministerrat vor dem drohenden Entstehen eines „übermäßigen Defizits" in einem Mitgliedsstaat eine „frühzeitige Warnung" in Form einer Empfehlung an den betreffenden Staat richtet, sein Budget zu konsolidieren. Liegen ausreichende und belastbare Hinweise dafür vor, dass ein Mitgliedsstaat die Defizitobergrenze erreicht oder überschritten hat, so eröffnet die Europäische Kommission ein Defizitverfahren, wozu sie das Initiativrecht besitzt. Stellt der Rat der Wirtschafts- und Finanzminister (Ministerrat) mit qualifizierter Mehrheit (ohne die Stimmen des betroffenen Landes) nach Vorlage einer Bewertung durch die Europäische Kommission und den Wirtschafts- und Finanzausschuss sowie unter Würdigung der „Gesamtlage" und unter Berücksichtigung der Argumente des betroffenen Landes das Vorliegen eines übermäßigen Defizits fest, so kann das betroffene Land innerhalb einer gesetzten Frist (maximal vier Monate) Abhilfemaßnahmen einleiten. Weiterhin setzt der Rat dem betreffenden Land eine Frist zur Korrektur des übermäßigen Defizits. Die Korrektur sollte innerhalb des Jahres erzielt werden, das auf die Feststellung des übermäßigen Defizits folgt. Leistet das Land diesem Beschluss, auch nach Verstreichen einer weiteren Zweimonatsfrist nach Feststellung der Nichtbefolgung der Auflagen, weiterhin nicht Folge, so können Sanktionsmaßnahmen eingeleitet werden. So kann von dem betreffenden Mitgliedsstaat verlangt werden, eine unverzinsliche Einlage („Stabilitätseinlage") bis zur Korrektur des übermäßigen Defizits zu leisten, die allerdings 0,5 Prozent des BIP des Mitgliedsstaates nicht überschreiten darf. Die Stabilitätseinlage setzt sich aus einem Betrag in Höhe von 0,2 Prozent des BIP sowie einer variablen Komponente zusammen. Diese beläuft sich auf 10 Prozent des Betrags, um den das Defizit den Referenzwert von 3 Prozent überschreitet. Hat der betreffende Staat dem Beschluss des Rates nach zwei Jahren noch nicht Folge geleistet, so wandelt sich die Einlage in eine Geldbuße um. Die Einlagen werden zurückgezahlt, wenn der Referenzwert unterschritten wird oder das Land den Empfehlungen des Rates Folge leistet. Im Jahr 2005 wurde eine Überarbeitung des Stabilitäts- und Wachstumspakts veröffentlicht. Diese Überarbeitung ermöglicht, länderspezifische ökonomische Überlegungen stärker zu berücksichtigen. Infolgedessen muss der Bericht der Kommission bei einer Überschreitung des Haushaltsdefizits von 3 Prozent des BIP eine Gesamtbewertung der wirtschaftlichen und haushaltspolitischen Lage des betreffenden Mitgliedsstaates beinhalten. Hinzukommend soll bei der Einschätzung der einzelnen Mitgliedsstaaten der Entwicklung der Schuldenstände mehr Beachtung geschenkt werden. Diese Änderungen führen zu einer differenzierteren Festlegung der jeweiligen Haushaltsziele und sollen somit die Glaubwürdigkeit des finanzpolitischen Rahmens der EU erhöhen. Außerdem soll im Zusammenhang mit dieser Überarbeitung des Stabilitäts- und Wachstumspakts eine engere Zusammenarbeit zwischen der Kommission, dem Rat und den Mitgliedsstaaten geschaffen werden. – 2. *Bewertung:* Der Stabilitäts- und Wachstumspakt wurde ins Leben gerufen, damit der europäischen Währungsgemeinschaft mit ihrer vereinheitlichten europäischen Geldpolitik ein Mindestmaß an Koordination der nationalen Haushaltspolitiken an die Seite gestellt werden konnte. Damit sollte sichergestellt werden, dass die Mitgliedsstaaten der Währungsunion keine nationalen Finanzpolitiken betreiben können, die sich zulasten anderer Mitgliedsstaaten oder zum Nachteil der Erreichung der Ziele der gemeinsamen Währungspolitik auswirken. Dies wird damit begründet, dass eine hohe Staatsverschuldung die Stabilität der Währung dadurch beeinträchtigen kann, dass bei den betreffenden Staaten die Neigung wächst, sich über Inflation zu entschulden und einen entsprechenden Druck auf die Währungsbehörde auszuüben, ihre Geldpolitik zu lockern. Angesichts des hohen Grades an Unabhängigkeit, den die europäischen Notenbanken genießen (vgl. auch → Europäisches System der Zentralbanken (ESZB)) sowie angesichts eines erhöhten Koordinationsaufwandes einer Vielzahl von Entscheidungsträgern aus sehr heterogenen Herkunftsländern dürfte diese Gefahr mit der → Europäischen Währungsunion (EWU) jedoch eher ab- als zugenommen haben. Bedeutsamer ist das Argument, dass in einem gemeinsamen Währungsraum unsolides Haushaltsgebaren zu negativen externen Effekten zulasten der anderen Mitgliedsländer in der Währungsgemeinschaft führt, weil es zu Zinserhöhungen und Wechselkursveränderungen kommen kann, die sich auf die gesamte Gemeinschaft auswirken. Ein Land mit ausgeprägten Verschuldungsabsichten könnte sich in einem einheitlichen Währungsraum die Tatsache zunutze machen, dass keine wechselkursbedingten Risikoprämien mehr bestehen und daher der Kapitalmarkt durch eine hohe Substituierbarkeit der Kapitalanlagen gekennzeichnet ist. Infolge dessen kommt es zu Kapitalflüssen in das Land mit der hohen Neuverschuldung und damit zu einer Alimentierung seines Defizits zulasten der anderen Mitgliedsstaaten. Damit trägt in einer Währungsunion die Gemeinschaft der Mitgliedsstaaten einen Teil des zins- und wechselkursbedingten crowding outs der bes. verschuldeten Staaten, die auf diese Weise einen Anreiz haben, sich als Trittbrettfahrer zu betätigen. Wird keine Solidarhaftung (bail out) der Mitgliedsstaaten der Währungsunion erwartet, so kann diesem Effekt allerdings entgegenstehen, dass Schuldtitel verschuldungsfreudiger Regierungen mit Risikoaufschlägen belegt werden. Während über die Notwendigkeit des Stabilitäts- und Wachstumspakts weitgehend Einigkeit besteht, so gibt es doch Kritik an seiner Ausgestaltung. So bedeuten die Vorgaben des Stabilitäts- und Wachstumspakts erhebliche Eingriffe in die nationale fiskalische Souveränität, gegen die sich in zahlreichen Mitgliedsstaaten Widerstände bemerkbar machen. In diesem Zusammenhang wird auch gefordert, konjunkturelle Entwicklungen stärker zu berücksichtigen und die Möglichkeit des Ausgleiches des Budgets über den Konjunkturzyklus hinweg (in der Vorgabe des Stabilitäts- und Wachstumspakts wird von einem mittelfristig nahezu auszugleichenden Staatshaushalt ausgegangen, was Interpretationsspielräume eröffnet) zu präzisieren. Kritisch wird zudem angemerkt, dass der Ministerrat bei seiner Entscheidung über einen diskretionären Entscheidungsspielraum verfügt und insbesondere nicht an die Empfehlungen der Kommission gebunden ist; auch wenn dem durch die Überarbeitung des Stabilitäts- und Wachstumspakts 2005 entgegengewirkt werden sollte. Vielmehr trifft der Rat seine Entscheidungen eigenständig „nach Prüfung der Gesamtlage" auf einer bewusst nicht-rechtlichen, sondern politischen Grundlage. Damit kann er auch bei einer objektiven Verletzung des Defizitkriteriums zu der Feststellung gelangen, dass kein übermäßiges Defizit vorliegt. Dies, so Kritiker, reduziere die Rechtssicherheit und damit die Glaubwürdigkeit des Stabilitäts- und Wachstumspakts. Die Feststellung eines übermäßigen Defizits kann weiterhin durch strategisches Abstimmungsverhalten einer Sperrminorität verschuldungsorientierter Länder verhindert werden. Angesichts der angespannten Haushaltslage in zahlreichen Mitgliedsländern erscheint damit eine faktische (und ggf. auch formale) Aufweichung der Defizitgrenze nicht als allzu unrealistisches Szenario. Weitere Kritik trifft die Sanktionierung übermäßiger Defizite, denn zum einen muss die Feststellung eines übermäßigen Defizits nicht zwangsläufig Sanktionen nach sich ziehen, denn dies soll nur „in der Regel" geschehen, zum anderen kommt es zu einer Geldbuße faktisch nur bei einer mehrjährigen Überschreitung der Defizitgrenzen, während ansonsten lediglich Zinsverluste anfallen, was die Abschreckungswirkung der Sanktionen begrenzt. Auch die Überführung der Zwangseinlage in eine Geldbuße soll lediglich „in der Regel" geschehen. Damit unterliegt die Sanktionierung eines nach den Standards des Stabilitäts- und Wachstumspakts stabilitätswidrigen Verhaltens zahlreichen politischen Abstimmungsmechanismen, die Raum für diskretionäre Handlungsspielräume und strategisches Verhalten geben. Die Bedenken sind auch durch die Überarbeitung des Stabilitäts- und Wachstumspakts im Jahr 2005 nicht gemildert. So wird im Gegenteil befürchtet, dass der Pakt erheblich geschwächt wird, da die Anreize für eine solide Haushaltspolitik und die Bindungswirkung der Regeln durch zahlreiche Ausnahmen und Sonderregelungen vermindert werden. Überdies wird der Pakt durch Länderdifferenzierungen intransparenter, komplizierter und damit letztlich noch schwerer durchsetzbar. Erhebliche Zweifel bestehen gegenüber der Aufweichung der 3 Prozentgrenze durch Veränderungen im Defizitverfahren. In den Jahren seiner bisherigen Existenz hat der Stabilitäts- und Wachstumspakts bisher noch keine durchschlagende Glaubwürdigkeit aufbauen können. Ob dies im Zuge der aus der → Subprime-Krise resultierenden jüngsten Rezension, welche die nach Expertenmeinung ohnehin nicht ausreichende haushaltspolitische Disziplin in vielen Mitgliedsstaaten in einem erheblichen Umfang erodiert hat, gelingen kann, muss abgewartet werden.

Stab-Linienorganisation – 1. *Begriff:* Form der → Aufbauorganisation, bei der den → Instanzen zur Unterstützung Stabsstellen (→ Stab) zugeordnet werden. – 2. *Gestaltungsalternativen:* a) Die Zuordnung von *Stabsgeneralisten* bewirkt eine generelle

Erweiterung der Instanzenkapazität. – b) Durch *spezialisierte Stäbe* kann eine → mehrdimensionale Organisationsstruktur realisiert werden; für die durch gleichzeitige Zerlegung eines Handlungskomplexes nach verschiedenen Gliederungskriterien gewonnenen Aufgaben (→ Spezialisierung) werden → Entscheidungskompetenzen oder → Kompetenzen für entscheidungsvorbereitende Aktivitäten formuliert, die auf → Entscheidungseinheiten bzw. Stäbe übertragen werden. Die für mehrdimensionale Organisationsstrukturen charakteristische Berücksichtigung mehrerer Aspekte einer Handlung im Entscheidungsprozess erfolgt bei der Stab-Linienorganisation somit durch ungleichgewichtige organisatorische Verankerung der Handlungsaspekte. – *Anders:* → Matrixorganisation. – Die Stab-Linienorganisation kann als Organisationsmodell auf der zweiten Hierarchieebene oder im Rahmen einer → Teilbereichsorganisation auf niedrigeren Hierarchieebenen ansetzen. – 3. *Vorteile:* V.a. Entlastung der Leitungseinheiten und Qualitätsverbesserung ihrer Entscheidungen mithilfe detaillierterer Entscheidungsvorbereitung durch den Stab sowie klare → Kompetenzabgrenzung durch das zugrunde liegende → Einliniensystem. – 4. *Nachteile:* V.a. mögliche Stab-Linienkonflikte z.B. durch Frustration des Stabes wegen fehlender direkter Entscheidungskompetenzen und informationelle Abhängigkeit der Instanz von ihrem Stab.

Stack – *Keller, Stapel;* bei der → Programmentwicklung benutzte → abstrakte Datenstruktur. Ein Stack ist eine spezielle Form der → linearen Liste, die Elemente nach dem Prinzip „Last-in-first-out“ (→ Lifo) aufnimmt und abgibt. Auf der Datenstruktur sind (mindestens) zwei → Funktionen definiert: push(Datenelement) und pop(). Die Funktion push(Datenelement) speichert das neue Datenelement, das ihr als Parameter übergeben wird, an der obersten Stelle des Stapels. Die Funktion pop() nimmt das oberste Element vom Stapel und gibt dieses als Rückgabewert der Funktion zurück. Verwendung häufig im Zusammenhang mit → Bäumen. – *Gegensatz:* → Queue.

Stackelberg – Heinrich von, 1905–1946, lehrte in Berlin (1935–1940), Bonn (1941–1943) und Madrid (1943–1946). Stackelberg vertrat entgegen der zu seiner Zeit herrschenden Lehre eine Theorie der Gleichgewichtslosigkeit der Märkte. Er ging aus von den Erkenntnissen der allgemeinen Gleichgewichtstheorie (→ Walras, → Pareto) und demonstrierte in der Theorie der Produktions- und Haushaltswirtschaft den Erkenntniswert mathematischer Formulierungen. Die Monopolpreistheorie wurde von ihm in den umfassenderen Zusammenhang einer systematisch aufgebauten Typenlehre gestellt, die auf der Unterscheidung von neun verschiedenen → Marktformen beruht: Freie (vollständige) Konkurrenz, Angebots-Oligopol, Nachfrage-Oligopol, bilaterales Oligopol, Angebots-Monopol, Nachfrage-Monopol, unbeschränktes Angebots-Monopol, beschränktes Nachfrage-Monopol, bilaterales Monopol (→ oligopolistische Preisbildung, → monopolistische Preisbildung). – *Hauptwerke:* „Marktform und Gleichgewicht“ (1934) und „Grundzüge der theoretischen Volkswirtschaftslehre“ (1943), die umgearbeitet und erweitert als „Grundlagen der theoretischen Volkwirtschaftslehre“ (1948) erschienen sind. Dieses Werk – ein Torso – war in den ersten Jahrzehnten nach dem Zweiten Weltkrieg ein viel benutztes Lehrbuch und hat erheblich zum internationalen wissenschaftlichen Anschluss Deutschlands beigetragen.

Stackelberg-Führerschaft – bes. → Modell nicht kooperativen oligopolistischen Verhaltens, entwickelt vom dt. Ökonomen *Heinrich von* → Stackelberg. Eine Firma (Führer) wählt zuerst ihre → Strategie, danach passen sich die anderen auf gewinnmaximierende Weise an. Die führende Firma kann diese Reaktion der anderen vorauskalkulieren, und auf diese Weise einen höheren Gewinn erzielen, als in einem symmetrischen → Oligopol (→ Cournot-Oligopol, → Bertrand-Oligopol). Mathematisch ergibt sich die optimale Produktionsmenge des *Stackelberg Leaders* so, dass die *Nash*-Reaktionsfunktion (→ Nash) des Folgenden in die Gewinnfunktion des Führers eingesetzt wird und dann die notwendigen und hinreichenden Optimierungsbedingungen ermittelt werden. Von bes. Bedeutung für die strategische → Handelspolitik, und zwar insofern, als jeder Anreiz für eine solche → Politik verschwindet, wenn die heimischen Firmen eine Stackelberg-Führerschaft besitzen.

Stackelbergsches Dyopol-Modell → oligopolistische Preisbildung.

Stadientheorie → Rostowsche Stadientheorie.

Stadt – im Gegensatz zum Land bzw. ländlichen Raum größere, verdichtete → Siedlung mit spezifischen Funktionen in der räumlichen Arbeitsteilung und politischen Herrschaft, abhängig von der gesellschaftlichen Organisation und Produktionsform. Als städtische Siedlungen gelten z.B. in der Bundesrepublik Deutschland laut → amtlicher Statistik Gemeinden mit Stadtrecht ab 2.000 und mehr Einwohnern (Landstadt 2.000–5.000 Einwohner, Kleinstadt 5.000–20.000 Einwohner, Mittelstadt 20.000–100.000 Einwohner, Großstadt mehr als 100.000 Einwohner).

Städtebauförderung – Aufgabe des Bundes, der Länder, der Gemeinden und sonstigen Körperschaften des öffentlichen Rechts zum Zweck der Sanierung und Entwicklung im Städtebau; gesetzlich geregelt in den §§ 136 ff. → Baugesetzbuch (BauGB).

städtebauliche Entwicklungsmaßnahmen – sollen Ortsteile und andere Teile des Gemeindegebietes entsprechend ihrer bes. Bedeutung für die städtebauliche Entwicklung und Ordnung der Gemeinde erstmalig entwickeln oder im Rahmen einer städtebaulichen Neuordnung einer neuen Entwicklung zuführen. Die Maßnahmen sollen der Errichtung von Wohn- und Arbeitsstätten sowie von Gemeindebedarfs- und

Folgeeinrichtungen dienen (§ 165 II BauGB). Mit der Vorbereitung und Durchführung der städtebaulichen Entwicklungsmaßnahmen kann die Gemeinde einen Entwicklungsträger beauftragen (§ 167 BauGB). Der Eigentümer eines im städtischen Entwicklungsbereich befindlichen Grundstückes kann unter bestimmten Voraussetzungen von der Gemeinde die Übernahme des Grundstückes verlangen (§ 168 BauGB). Auch sind im städtischen Entwicklungsbereich ohne → Bebauungsplan Enteignungen zugunsten der Gemeinde oder des Entwicklungsträgers zulässig (§ 169 III BauGB).

städtebaulicher Vertrag – Möglichkeit der Kommunen, einem Dritten die Vorbereitung und Durchführung städtebaulicher Maßnahmen nach dem Baugesetzbuch zu übertragen oder hierüber andere Vereinbarungen zu treffen. – *Gegenstände* eines städtebaulichen Vertrags können v.a. sein: die privatrechtliche Neuordnung der Grundstückverhältnisse, die Bodensanierung und die Freilegung von Grundstücken. Im Zusammenhang mit der → Bauleitplanung oder sonstigen städtebaulichen Satzungsverfahren können städtebauliche Verträge u.a. mit dem Ziel getroffen werden, den dringenden Wohnbedarf von Bevölkerungsgruppen mit bes. Wohnraumversorgungsproblemen zu decken oder dem Wohnbedarf der ortsansässigen Bevölkerung zu dienen (§ 11 BauGB). Nach I Nr. 3 dieser Vorschrift können sich Bauwillige gegenüber der Gemeinde durch städtebaulichen Vertrag verpflichten, Kosten und sonstige Aufwendungen zu übernehmen, die dieser etwa durch städtebauliche Planungen entstehen (sog. Folgekostenvereinbarungen).

Städtestatistik – laufend geführte, periodisch oder zu bes. Anlass veröffentlichte Statistik aus Groß- und Mittelstädten, häufig aus Ämtern, bei denen zugleich die Durchführung anderer Aufgaben liegt, wie Wahlamt, Standesamt u.Ä. – Ergebnisse werden im „Statistischen Jahrbuch der deutschen Gemeinden" veröffentlicht.

Städtetag → Deutscher Städtetag.

Stadtkämmerer – Leiter des Finanzdezernates einer Stadtverwaltung, dem die gesamte Finanzverwaltung der Stadtgemeinde obliegt. Er hat v.a. den jährlichen → Haushaltsplan aufzustellen und nach Genehmigung durch die Stadtvertretung durchzuführen.

Stadtkreis – die nur aus einer größeren, nicht dem → Landkreis eingegliederten, der sog. kreisfreien Stadt, bestehende kommunale Verwaltungskörperschaft.

Stadtmarketing – Maßnahmen von öffentlichen Verwaltungen, Gewerbevereinigungen und Gewerbetrieben zur Profilierung einer Stadt als attraktiven Standort für Industrie, Gewerbe und Dienstleistungen, als einen Ort mit einem breiten Handels-, Freizeit- und Infrastrukturangebot, insgesamt als eine Stadt mit hoher Lebensqualität (Standortmarketing). Bei dem engeren → City Marketing wird eine unverwechselbare Profilierung der Innenstadt gegenüber den großflächigen Anbietern auf der grünen Wiese mit ihren breiten Sortimenten in SB-Warenhäusern und → Fachmärkten sowie dem großzügigen Parkplatzangebot angestrebt. Citymanager sollen versuchen, die Wettbewerbsvorsprünge, die Centermanager erreicht haben, einzuholen. Typische Maßnahmen des Stadtmarketings sind: Prospekte, Werbebroschüren, sportliche, musikalische, kulturelle, soziale (Groß-)Veranstaltungen (→ Event-Handel), Schaufensterwettbewerbe, Gepäckaufbewahrungs- und Zustellservice, Kinderbetreuung, Sondertarife in öffentlichen Verkehrsmitteln und Parkhäusern, Restaurierung von Baudenkmälern, attraktive Einrichtung von Fußgänger- und Erholungszonen, Parks etc. – Vgl. auch → Stadtplanung.

Stadtökologie – interdisziplinärer Ansatz, der die Anpassung der Stadtentwicklung, des Städtebaus und der städtischen Lebensprozesse (→ Stadt) an die Erfordernisse ökologischer Verträglichkeit untersucht und konkrete Handlungsansätze für den ökologischen Stadtumbau entwickelt. Die Stadtökologie strebt die Vernetzung der Handlungsfelder Stadtwirtschaft, Stadttechnik, Stadtgestaltung, Verwaltung, Stadtpolitik und Umweltkommunikation an, um über „integrierte" Denk- und Vorgehensweisen neue Möglichkeiten des Planens und Handelns aufzuzeigen. Ihr Ziel ist die umweltorientierte Weiterentwicklung des modernen Städtebaus durch die Beachtung von ressourcensparenden, umweltschonenden und sich selbst regelnden Kreisläufen.

Stadtökonomik – *Stadtökonomie, Urban Economics;* Disziplin der Volkswirtschaftslehre (→ Volkswirtschaftstheorie), die durch die Anwendung der allg. → Mikroökonomik die wirtschaftlichen Zusammenhänge der standörtlichen Entscheidungen von Unternehmen, Haushalten und des öffentlichen Sektors in der → Stadt einerseits und der Stadtgröße und Stadtstruktur andererseits untersucht. Das Ziel der ökonomischen Theorien und Modelle der Stadtökonomik ist die Erklärung des Verstädterungsprozesses (→ Urbanisierung) und des Stadtwachstums. – *Gegenstand* der Stadtökonomik sind die verschiedenen Phasen des Verstädterungsprozesses. Das *mikroökonomische Konzept* führt die Bewegungen des Verstädterungsprozesses auf Veränderungen der Standortentscheidungen von Haushalten, Unternehmen und Behörden zurück. Der *systemtheoretische Ansatz* betrachtet Städte als komplexe Systeme, die sich mit ihrer Umwelt in zumeist dauerhaften Spannungszuständen befinden.

Stadtplanung – 1. *Begriff:* zweckgerichtete, staatliche Einflussnahme auf die räumliche Ordnung und Gestaltung der gesellschaftlichen Organisation im Hoheitsgebiet einer Kommune (→ Stadt). Stadtplanung ist keine rein technisch-städtebauliche Disziplin, sondern Teil einer umfassenden politischen Gesellschaftsplanung. Ihre Ziele und Mittel ergeben sich aus der jeweiligen politischen und gesellschaftlichen

Verfassung. Die moderne Stadtplanung reguliert die Konkurrenz der privaten → Standortwahl und Bodennutzungsinteressen und deren soziale und ökonomische Wirkungen mit dem Ziel der Beförderung des Allgemeinwohls. Dazu nimmt die kommunale Planung Einfluss auf die private Nutzung von Grund und Boden zur Sicherung der Funktionalität des Produktionsfaktors Boden hinsichtlich Nutzbarkeit, Verfügbarkeit, Zugänglichkeit, Ausstattung und Zuordnung. – 2. *Aufgabenbereiche:* (1) Festsetzung der langfristig gewünschten und mittelfristig zulässigen Flächennutzung; (2) Bereitstellung von Transport- und technischen Ver- und Entsorgungssystemen sowie öffentlicher sozialer → Infrastruktur (z.B. Schulen) zur Erschließung und Inwertsetzung der Flächennutzungen (kommunale Infrastrukturplanung); (3) Kontrolle und Steuerung des Bauens durch Festsetzung von Baudichten und Bauweisen. – 3. *Instrumente:* a) *Rechtsvorschriften:* Grundlage ist das → Baugesetzbuch (BauGB), das die → Bauleitplanung, Bodenordnung, Erschließung, → Enteignung, den Erlass bestimmter Bau-, Modernisierungsgebote u.a. und die Durchführung von Sanierungs- und Entwicklungsmaßnahmen regelt, ergänzt durch Verordnungen wie z.B. Baunutzungs- und Wertermittlungsverordnung; daneben bilden gesetzliche Regelungen für sektorale Planungen (z.B. Verkehr, Natur-, Immissionsschutz), Landesbauordnungen und kommunale Satzungen (z.B. Gestaltungssatzungen) weitere Rechtsgrundlagen. – b) *Informative Instrumente:* Pläne und Konzepte zur Steuerung des Verhaltens privater Investoren und zur verwaltungsinternen Koordination; teils sind Pläne rechtlich vorgeschrieben (so die beiden Planarten der Bauleitplanung, der → Flächennutzungsplan und der → Bebauungsplan), teils rechtlich zugelassen (z.B. Stadtentwicklungspläne, sektorale Pläne wie der Generalverkehrsplan), teils informeller Natur (z.B. Stadtteilentwicklungspläne). – 4. *Organisation der Stadtplanung:* a) *Planende Verwaltung:* Die Zuständigkeiten verteilen sich auf eine Reihe von Ämtern der Bauverwaltung wie auch anderer kommunaler Teilverwaltungen; bes. Stadtplanungsämter als Teil der Bauverwaltung gibt es nur in größeren Städten. – b) *Beteiligte:* übergeordnete Bundes- und Landesbehörden sowie eine Vielzahl halböffentlicher und privater Institutionen („Träger öffentlicher Belange"). – c) *Politische Gremien:* Entscheidungen über die Bauleitplanung, Ortssatzungen und kommunalen Investitionen trifft der Stadt- bzw. Gemeinderat; in einigen Städten haben Orts- bzw. Bezirksbeiräte ein Mitentscheidungsrecht. – d) *Institutionalisierte Bürgerbeteiligung:* Seit dem Städtebauförderungsgesetz von 1971 gesetzlich im BauGB vorgesehene und regulierte formale Mitwirkung planungsbetroffener Bürger.

Stadtregion – in der Bundesrepublik Deutschland angewandtes Modell zur Abgrenzung und Gliederung von großstädtischen Agglomerationen (→ Verdichtungsräume, → Stadt). Als Kriterien gelten eine Mindestgröße der gesamten Stadtregion (ab 80.000 Einwohner) und für die einzubeziehenden Gemeinden eine bestimmte Höhe der Einwohner-Arbeitsplatzdichte (> 250 je km^2), der Agrarquote (< 50 Prozent) und des in das Kerngebiet auspendelnden Erwerbspersonenanteils (25 Prozent; → Pendelwanderung, → Pendler). Über Schwellenwerte der letzten drei Merkmale wird die Stadtregion untergliedert in vier Ringe (Zonen): Kernstadt, Ergänzungsgebiet, Verstädterte Zone und Randzone.

Stadtverkehr – in der Verkehrswissenschaft und -politik gebräuchliche Bezeichnung für den in städtischen Verdichtungsräumen stattfindenden Verkehr. Sowohl hinsichtlich der darunter einzubeziehenden unterschiedlichen Verkehrssysteme wie in Bezug auf die räumliche Reichweite existieren allerdings unterschiedliche Abgrenzungen. Als Stadtverkehr bezeichnet wird z.B. der Verkehr innerhalb eines Stadtgebietes, der Verkehr innerhalb eines großstädtischen Bereichs (Metropolitan Area) und der im Gegensatz zum überregionalen Verkehr stattfindende Verkehr, → öffentlicher Personennahverkehr (öPNV). Belieferung des Einzelhandels in städtischen Verdichtungsräumen wird als City-Logistik bezeichnet.

Stafettenverkehr → Streckenverkehr, bei dem eine Transporteinheit für einzelne Teilstrecken von wechselndem Fahrpersonal und/oder wechselnden Fahrzeugen (evtl. mit Zugmaschine, Lokomotive, Schleppschiff) transportiert wird.

Staffelanleihe → Anleihe mit veränderlichem Zinsfuß *(Staffelzins)*, und zwar erhöht (→ Stufenzinsnaleihe) oder ermäßigt sich dieser nach einem in den Emissionsbedingungen festgelegten Plan zu bestimmten Terminen. Staffelanleihen mit sinkendem Zinsfuß sind selten.

Staffelbeteiligung → Pflichtbeteiligung.

Staffelform → Gewinn- und Verlustrechnung (GuV).

Staffelkonto – *Saldenkonto;* Konto, bei dem nach jeder Kontobewegung sofort der Saldo errechnet wird. – Vgl. auch Abbildung „Staffelkonto". Es wird z.B. in der → Lagerbuchführung, ferner bei den Personenkonten (Sparkonto, Kontokorrent) der Kreditinstitute verwendet. – *Beispiel:* Vgl. Tabelle „Staffelkonto (weitere Form)". Darstellung der *Zinsrechnung*

Staffelkonto

Jahr	Vorgang	Euro
31. Dezember	Saldo	1.486,50
6. Januar	Einzahlung	180,00
		1.666,50
10. Januar	Auszahlung	85,20
		1.581,30

Staffelkonto (weitere Form)

Vorgang	Umsätze		Salden	
	Soll	Haben	Soll	Haben
Saldo		1.486,50		1.486,50
Einzahlung		180,00		1.666,50
Auszahlung	85,20			1.581,30

beim Abschluss der Staffelkonten im Gegensatz zu der Postenmethode (→ Zinsrechnung).

Staffelmiete – Vereinbarung des Mietzinses in Schriftform für bestimmte Zeiträume in unterschiedlicher Höhe. Der Mietzins muss jeweils mind. ein Jahr unverändert bleiben und betragsmäßig ausgewiesen sein. Eine Erhöhung des Mietzinses aus anderen Gründen ist während dieser Zeit ausgeschlossen (§ 557a BGB).

Staffelpreise → Preisstaffeln.

Staffelrabatt → Rabatt, der als → Mengenrabatt je nach Höhe der Abnahmemenge gewährt wird (→ Preisstaffeln).

Staffelrechnung → Staffelkonto.

Staffelspannen → Handelsspannen, deren Unterschiede sich aus einer Staffelung der Verkaufspreise, z.B. bei Staffeln von → Mengenrabatten, ergeben.

Staffeltarif – Begriff des Gewerbesteuerrechts: Mit der *Unternehmensteuerreform 2008* ist der Staffeltarif für die Gewerbesteuer ab dem Erhebungszeitraum 2008 erstmalig entfallen. Bisher diente der gewerbesteuerliche Staffeltarif zur Begünstigung bei der Gewerbeertragsteuer für Personenunternehmen: Statt einer einheitlichen → Steuermesszahl stieg sie bis zu einem Gewerbeertrag von 48.000 Euro in vier Stufen à 12.000 Euro von ein Prozent auf fünf Prozent an (→ Gewerbesteuer). Seit dem Erhebungszeitraum 2008 beträgt die Steuermesszahl jedoch nunmehr 3,5 Prozent und ist einheitlich unabhängig von der Rechtsform anzuwenden.

Staffelung von Plänen → rollende Planung, → Blockplanung.

Stage-Gate-Modell – nach Cooper und Kleinschmidt ein standardisiertes Prozessmodell zur Entwicklung von → Produktinnovationen. Ziel des Modells ist die Sicherung der Prozessqualität bei der Innovationsentwicklung. Der Innovationsprozess wird von Cooper und Kleinschmidt in mehrere Stufen (engl. *stages*) unterteilt. Im Gegensatz zu anderen Prozessmodellen beinhaltet im Stage-Gate-Modell jede Stufe bereichsübergreifende Aktivitäten aus dem Aufgabenspektrum verschiedener Funktionsbereiche bzw. Abteilungen eines Unternehmens. Nach Beendigung der einzelnen Stufen werden die Ergebnisse anhand vordefinierter Kriterien im Rahmen einer Meilensteinanalyse (engl. *gates*) überprüft (vgl. Abbildung „Stage-Gate-Modell im Überblick").

Die wissenschaftlichen Grundlagen für das Stage-Gate-Modell basieren auf der von R. Cooper und E. Kleinschmidt durchgeführten Studie „NewProd III". Ziel der Untersuchung war es, Erfolgsfaktoren für die Entwicklung von Produktinnovationen abzuleiten. Eine zentrale Aussage der Studie „NewProd III" war die Identifikation prozessbezogener Erfolgsfaktoren und deren entscheidender Einfluss auf den Erfolg neuer Produkte.

Stagflation – 1. *Begriff*: Damit werden ökonomische Situationen gekennzeichnet, in denen

Stage-Gate-Modell im Überblick

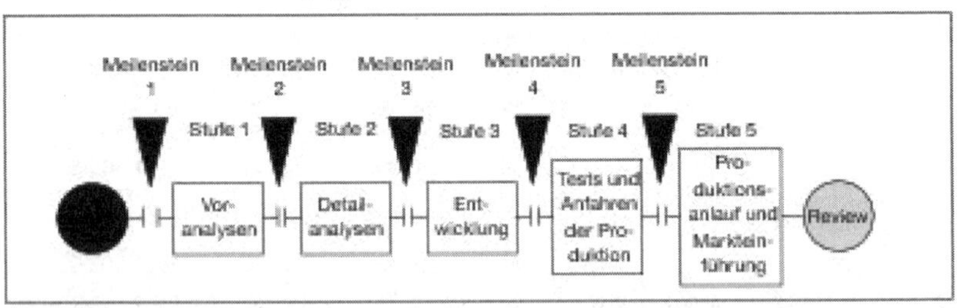

Quelle: Kleinschmitt, E./Geschka, H./Cooper, R.,Produktinnovationen an Markt und Kunden ausrichten, Berlin 1996, S. 52–53.

unterausgelastete Produktionskapazitäten, Arbeitslosigkeit und unzureichendes wirtschaftliches Wachstum bei gleichzeitig hoher Preissteigerungsrate auftreten. Stagflation ist also durch das gleichzeitige Auftreten von wirtschaftlicher Stagnation (→ Konjunkturphasen) und → Inflation gekennzeichnet. Stagflation ist in den westlichen Industrienationen v.a. als Folge von Angebotsschocks (wie die Ölpreisschocks in den 1970er-Jahren) aufgetreten. – 2. *Wirtschaftspolitische Maßnahmen:* Stagflation lässt sich nicht mit den traditionellen Instrumenten der → Globalsteuerung bekämpfen, da diese an den Aggregatgrößen der gesamtwirtschaftlichen Nachfrage ansetzen. Außerdem schließt die der Globalsteuerung zugrunde liegende keynesianische Theorie das gleichzeitige Auftreten von Inflation und stagnierender Wirtschaftstätigkeit aus. Wie die Diskussion um die → Phillips-Kurve gezeigt hat, besteht bei stabilen Inflationserwartungen stets eine negative Beziehung zwischen → Arbeitslosenquote und → Inflationsrate. Gemäß der monetaristischen Version der Phillips-Kurve existiert dieser Trade-off dann nicht mehr, d.h. ist eine Zunahme der Arbeitslosigkeit mit einem Anstieg der Inflationsrate verbunden, wenn damit gleichzeitig eine überproportionale Erhöhung der von den privaten Haushalten erwarteten Inflationsrate einhergeht. Aus monetaristischer Sicht erfordert daher die Bekämpfung von Stagflation die „Brechung" von Inflationserwartungen. Grafisch wäre damit eine Verlagerung der kurzfristig mit negativer Steigung verlaufender Phillips-Kurve in Richtung Ursprung verbunden. Die Reduktion von Inflationserwartungen erfordert eine stabile, glaubwürdige und an Regeln orientierte Geldpolitik der Zentralbank, die außerdem ein hohes Maß an Reputation besitzen muss. Allgemein ist eine → angebotsorientierte Wirtschaftspolitik, die mit einer Stabilisierung der Erwartungsbildung verbunden ist, ein geeignetes Mittel, um das Problem der Stagflation in den Griff zu bekommen. In jüngster Zeit ist eher das Gegenstück zur Stagflation zu beobachten, d.h. eine Zunahme der Arbeitslosigkeit, die mit einem Rückgang der Inflationsrate einhergeht, sodass bereits von → Deflation und der Rückkehr der Keynesschen → Liquiditätsfalle gesprochen wird.

Stagnation → Konjunkturphasen, → säkulare Stagnation.

Stakeholder → Anspruchsgruppen.

Stakeholder-Ansatz – Konzept, nach dem die Unternehmensführung nicht nur die Interessen der → Anteilseigner (Shareholder), sondern aller → Anspruchsgruppen, ohne deren Unterstützung das Unternehmen nicht überlebensfähig wäre, zu berücksichtigen hat. Die Gruppe der Stakeholder ist folglich sehr heterogen und umfasst z.B. die Arbeitnehmer, Kunden und Lieferanten, den Staat und die Öffentlichkeit. – Der Stakeholder-Ansatz baut auf der Koalitionstheorie der Unternehmung auf. Die Unternehmung wird als Organisation betrachtet, in der verschiedene Interessengruppen (Stakeholder) zusammengeschlossen sind. Aufgabe der Unternehmensleitung ist es, zwischen den unterschiedlichen Gruppen zu vermitteln, um einerseits die Kooperation im Rahmen der unternehmerischen Leistungserstellung zu sichern und andererseits Kompromisse hinsichtlich der Verteilung des erwirtschafteten Unternehmenserfolgs auszuarbeiten. – Vgl. auch wertorientierte Unternehmensführung.

Stakeholder Value – Wertanteil verschiedener → Anspruchsgruppen am Unternehmenswert. – Vgl. auch → Stakeholder-Ansatz.

Stalking – „Stalking"-Strafvorschrift nach § 238 StGB, eingefügt durch das 40. StrÄndG vom 22.3.2007 (BGBl I S. 354). Der dt. Gesetzgeber nennt es – entgegen einem allg. Trend zur verstärkten Nutzung von Anglizismen im dt. Sprachraum - *Gesetz zur Strafbarkeit beharrlicher Nachstellungen.* Bestraft wird u.a., wenn der Täter einem anderen Menschen unbefugt nachstellt, indem er beharrlich seine räumliche Nähe aufsucht, unter Verwendung von Telekommunikationsmitteln oder sonstigen Mitteln der Kommunikation oder über Dritte Kontakt zu ihm herzustellen versucht. Strafdrohung: Freiheitsstrafe bis zu drei Jahren oder Geldstrafe, in einem schweren Fall Freiheitsstrafe von drei Monaten bis zu fünf Jahren.

Stammaktie – *Common Share, Common Stock;* gewöhnliche Form der → Aktie, die dem Inhaber die normalen, im Aktiengesetz vorgesehenen Mitgliedschaftsrechte (Stimm-, Dividenden- und Bezugsrecht, Recht auf Anteil am Liquidationserlös sowie Recht auf Rechenschaftslegung und Information) gewährt. Die Stammaktie ist Hauptträger der Beschaffung von → Eigenkapital (→ Kapitalerhöhung, → Aktie) in der AG. – *Gegensatz:* → Vorzugsaktie.

Stammbelegschaft – *Stammpersonal;* Bezeichnung für bewährte Fachkräfte in Industrieunternehmen, die i.d.R. sehr lange im Betrieb tätig sind, den „Stamm" der Belegschaft bilden und auch in Krisenzeiten möglichst nicht entlassen werden.

Stammdatei – in der → betrieblichen Datenverarbeitung eine → Datei, die → Stammdaten eines Betriebs enthält.

Stammdaten – in der → betrieblichen Datenverarbeitung wichtige Grunddaten (→ Daten) eines Betriebs, die über einen gewissen Zeitraum nicht verändert werden; z.B. Artikel-Stammdaten, Kunden-Stammdaten, Lieferanten-Stammdaten, Erzeugnisstrukturen (→ Stücklisten) u.a. Stammdaten werden oft nicht permanent, sondern periodisch aktualisiert (Dateifortschreibung). – Vgl. auch → Stammdatei.

Stammeinlage – Seit dem → Gesetz zur Modernisierung des GmbH-Rechts und zur Bekämpfung von Missbräuchen (MoMiG): *Geschäftsanteil.* Die auf den einzelnen Gesellschafter entfallende Beteiligung am → Stammkapital der GmbH. Der Nennbetrag jedes

Geschäftsanteils (Stammeinlage) muss mind. einen Euro betragen; die Summe der Nennbeträge aller Geschäftsanteile muss mit dem Stammkapital übereinstimmen (§ 5 III 2 GmbHG). Schon bei der Errichtung können Gesellschafter auch mehrere → Geschäftsanteile übernehmen (§ 5 II 2 GmbHG), die Höhe ihrer Nennbeträge kann verschieden sein (§ 5 III 1 GmbHG).

Stammkapital – Einlage- oder Nominalkapital einer → Gesellschaft mit beschränkter Haftung (GmbH), das sich aus der Summe der Nennbeträge aller Geschäftsanteile (→ Stammeinlagen, → Geschäftsanteil) ergibt. – *Mindestsumme:* grundsätzlich 25.000 Euro (§ 5 I GmbHG), bei der Unternehmergesellschaft auch weniger möglich (§ 5a I GmbHG). – *Finanzierungsmäßig* ist das Stammkapital → Eigenkapital; es dient zur → Finanzierung und als → Garantiekapital. – *Bilanzierung:* In der Bilanz der GmbH ist das Stammkapital gemäß § 42 I GmbHG als → gezeichnetes Kapital auszuweisen (§ 266 III HGB).

Stammkunde – Käufer, der seinen Bedarf regelmäßig bei demselben Lieferanten deckt. Eine möglichst breite Stammkundschaft aufzubauen und zu erhalten, ist bes. Ziel des Einzelhandels (→ Fachgeschäfte) und vieler Dienstleistungsbetriebe, z.B. Frisöre, Sportveranstalter. Andererseits darf die Absatzpolitik auch nicht, stark auf „Bewährtes" vertrauend, unflexibel sein, sodass sie langweilig, unmodern und veraltet wirkt. – *Gegensatz:* → Laufkunde. – Vgl. auch → Relationship Marketing; → Ladenverschleiß.

Stammpriorität → Vorzugsaktie.

Stammzellgesetz – vom 28.6.2002 (BGBl. I 2277) m.spät.Änd. gilt für die Einfuhr (menschlicher) embryonaler Stammzellen und für die Verwendung von embryonalen Stammzellen, die sich im Inland befinden (§ 2 des Gesetzes i.d.F. vom 14.8.2008 (BGBl. I 1708)). Es bezweckt im Hinblick auf die staatliche Verpflichtung zum Schutz der Menschenwürde und des Rechts auf Leben sowie die Gewährleistung der Forschungsfreiheit (1) das grundsätzliche Verbot der Einfuhr und Verwendung embryonaler Stammzellen; (2) die Vermeidung einer von Deutschland ausgehenden Gewinnung embryonaler Stammzellen oder der Erzeugung von Embryonen zur Gewinnung solcher Zellen und (3) die Formulierung der Voraussetzungen unter denen die Einfuhr und Verwendung embryonaler Stammzellen ausnahmsweise zu Forschungszwecken zugelassen sind (die Prüfung des Vorliegens dieser Voraussetzungen obliegt der → Zentralen Ethik-Kommission für Stammzellenforschung). Jede ausnahmsweise Einfuhr und Verwendung embryonaler Stammzellen zu Forschungszwecken bedarf der behördlichen Genehmigung. Genehmigungsfähig, wenn die embryonalen Stammzellen im Herkunftsland vor dem 1.5.2007 gewonnen wurden oder im Anschluss daran kryokonserviert gelagert werden (embryonale Stammzell-Linie), vgl. § 4 II des Gesetzes.

Short-term-Ratingklassen

A-1	sehr starker Grad der Rückzahlungsfähigkeit
A-2	starker Grad der Rückzahlungsfähigkeit
A-3	zufrieden stellender Grad der Rückzahlungsfähigkeit
B	Rückzahlungsfähigkeit
C	termingerechte Rückzahlung erscheint zweifelhaft
D	Verzug bei der Rückzahlung ist zu erwarten oder bereits eingetreten

Stamokap – Abk. für → Staatsmonopolkapitalismus.

Standard – *Typenmuster, Klassenmuster;* Ausfallmuster für Kaufabschlüsse, die die Durchschnittsqualität einer bestimmten Warentype darstellen, festgelegt durch → Standardisierung, z.B. im Baumwoll-, Getreide-, Kaffeehandel.

Standard & Poor's – 1. *Begriff:* Rating-Agentur, die mehr als 10.000 Emittenten ratet (vgl. → Credit Rating). Standard & Poor's unterscheiden zwischen Short-Term- (Geldmarktpapier) und Long-Term-Ratingklassen (Bonds). Das kurzfristige Rating gibt eine aktuelle Beurteilung der Wahrscheinlichkeit einer pünktlichen Bezahlung von Schulden, die eine ursprüngliche Laufzeit von nicht mehr als einem Jahr haben. – 2. *Ratingklassen:* a) *Short-Term-Ratingklassen:* Vgl. Abbildung „Short-term-Ratingklassen".

b) *Long-Term Rating-Klassen:* Vgl. Abbildung „Long-term-Ratingklassen".

3. *Interpretation:* Die Qualitätsstufen bei langlaufenden festverzinslichen (Wert-)Papieren reichen von Spitzenanleihen der Klasse AAA bis zu Anleihen von Unternehmen, die in Zahlungsverzug geraten sind (Klasse D). Das Rating bezieht sich i.d.R. jeweils auf eine Emission, nicht jedoch auf den Emittenten. So kann z.B. eine sehr gut abgesicherte Anleihe eines ansonsten eher finanziell schwachen Emittenten ein über dem allg. Bonitätsgrad des Emittenten stehendes Rating erhalten. Als Investment Grade werden Papiere bezeichnet, die mind. BBB haben. Papiere, die ein schlechteres Rating haben, werden als Speculative Grade bezeichnet. Je schlechter das Rating ist, desto höher ist der Yield Spread gegenüber Staatsanleihen. – Vgl. auch → Länderrating.

Standard & Poor's 100 Index – analog zum Standard & Poor's 500 Index berechneter Aktienindex, basierend auf 100 Aktienkursen.

Long-term-Ratingklassen

AAA	beste Qualität des Schuldners
AA+ AA AA–	etwas größeres Ausfallrisiko als beim Top-Rating
A+ A A–	gute Qualität des Schuldners, veränderte Rahmenbedingungen können Rückzahlungen beeinflussen
BBB+ BBB BBB–	durchschnittliche Qualität des Schuldners
BB+ BB BB–	Anleihen mit spekulativem Charakter, Gefahr, dass Zinsen und Tilgung nicht gezahlt werden
B+ B B–	sehr spekulativ
CCC+ CC C	Anleihen sind mehr oder weniger stark anfällig für Zahlungsverzug
D	Anlage ist in Zahlungsverzug

Standard & Poor's 500 Index – neben dem → Dow-Jones Index wichtigster Aktienindex in den USA, der von → Standard & Poor's entwickelt wurde. Er umfasst 500 Aktien der USA, davon 400 aus der Industrie, jeweils 40 aus der Versorgungs- und Finanzbranche sowie 20 Transportunternehmen. Im Gegensatz zum Dow-Jones ist der Standard & Poor's 500 Index nach dem Wert der umlaufenden Aktien der Gesellschaft gewichtet. Ca. ein Viertel der Unternehmen machen demzufolge 60 Prozent des Index aus.

Standardabweichung – positive Wurzel aus der → Varianz. Die Standardabweichung ist weit verbreitet als (absolutes) → Streuungsmaß. Sie hat dieselbe Dimension wie die Merkmalswerte selbst.

Standardarbeitszeit – *Planarbeitzeit;* festgelegte Arbeitszeitstruktur für einzelne Arbeitnehmer oder ganze Betriebsabteilungen, die im Rahmen flexibler Arbeitszeiten (→ Arbeitszeitflexibilisierung) zum Zwecke der Aufrechterhaltung der Betriebsbereitschaft zu vereinbaren ist. Die Arbeitszeit bezieht sich auf die zukünftige Erstellung einer Leistungseinheit pro Arbeitsgang.

Standarddatenstruktur → Datenstruktur.

Standarddatentyp – 1. *Begriff:* ein → Datentyp, der in den gängigen → Programmiersprachen vordefiniert zur Verfügung steht. – 2. *Arten* (v.a. in → Pascal und darauf aufbauenden Sprachen): (1) numerisch ganzzahlig, (2) numerisch reell, (3) logisch, (4) Zeichen bzw. Zeichenketten (alphanumerisch).

Standard-Daten-Verfahren → Systeme vorbestimmter Zeiten (SvZ).

Standardfactoring – liegt vor, wenn ein Factor beim Ankauf von Forderungen die Finanzierungs-, die Delkredere- und die Dienstleistungsfunktion übernimmt. – Vgl. auch → Factoring.

Standard Generalized Mark-up Language → SGML.

Standardgut – *Numéraire;* in der → Mikroökonomik das → Gut, dessen → Preis auf 1 normiert wird, um den Preis der übrigen Güter in Einheiten des → Standardgutes auszudrücken (→ relativer Preis).

Standard International Trade Classification (SITC) → SITC.

Standardisierung – I. Management: Standardisierung dient der Reduktion der intra- und interbetrieblichen → Prozesskosten. Intrabetrieblich sind das v.a. Wechselkostenund Lernkosten, extrabetrieblich Transaktionskosten. Qualitätsstandardisierte Produkte reduzieren den Beschaffungsaufwand und das Beschaffungsrisiko. Das Marktfeld wird erweitert. Die Absatzflexibilität kann bei reduzierter Lagerhaltung gesteigert werden. Die Entscheidungsproblematik liegt in der Prognose, wie viel Gleichteile der Kunde bei unterschiedlichen Produkten und Marken bemerkt und akzeptiert, ohne seine Markenpräferenz aufzugeben.

II. Handelsbetriebslehre: Festlegung eines Ausführungs- oder Qualitätsmusters, das den Durchschnitt einer bestimmten Warenart darstellt, für den die Preisbestimmung gelten soll (→ Standard).

III. Industriebetriebslehre: → Produktstandardisierung.

IV. Marketing: → Standardisierungsstrategie.

V. Rechnungswesen: → Standardkosten und entsprechende Maße für Kalkulation und Betriebsabrechnung; → Richtzahlen für den Betriebsvergleich.

VI. Statistik: 1. *Allgemeine Statistik:* → Standardtransformation. – 2. In der → Bevölkerungsstatistik und → Wirtsc → haftsstatistik: Ermittlung von statistischen Kenngrößen für eine → Gesamtheit unter Zugrundelegung einer – von der beobachteten verschiedenen – Standard-Struktur. – *Beispiel:* Standardisierung der (globalen) Sterberate (→ Mortalitätsmaße) einer Bevölkerung erfolgt dadurch, dass aus den altersspezifischen Sterberaten ein gewogenes → arithmetisches Mittel errechnet wird, bei dem zur → Gewichtung die Anteile der einzelnen Altersklassen einer Standard-Bevölkerung (z.B. Bevölkerung 31.12.1995) eingehen. Eine solche standardisierte Sterberate gibt Auskunft über die Mortalität der Bevölkerung, wobei der Einfluss der Veränderung ihres Altersaufbaus seit 1995 neutralisiert ist.

Standardisierungsstrategie – 1. *Begriff:* Strategie, die sich an den durchschnittlichen Anforderungen und Erwartungen bestimmter Kundengruppen (→ Marktsegmente) ausrichtet und dabei sowohl die Marketingpolitik und Leistungspolitik (→ marketingpolitische Instrumente) eines Anbieters (→ marketingpolitische Instrumente) umfasst. Keine individuellen, sondern durchschnittliche Problemlösungen gleicher Art, unabhängig von der spezifischen Problemstellung des einzelnen Nachfragers. – 2. *Vorteile* bei Kosten, Auftragsabwicklung, Lieferservice etc. aufgrund des Mengeneffekts einer → Serienproduktion. – 3. *Nachteile:* Geringere Anpassung an spezifische Kundenprobleme, daher geringere preispolitische Spielräume. – Eine Präferenzbildung in den Käufersegmenten ist nicht nur durch vollständige oder teilweise Individualisierung der physischen Produkte (Hardware), sondern auch durch die Anpassung von Softwareleistungen sowie die kundenorientierte Gestaltung der anderen → marketingpolitischen Instrumente möglich. Dabei sind Standardisierung und Individualisierung die konträren Pole eines breiten Entscheidungskontinuums. – *Gegensatz:* → Individualisierungsstrategie.

Standardkosten – die auf die Leistungseinheit bezogenen, für einen längeren Zeitraum fest vorgegebenen → Plankosten. – Vgl. auch → Standardkostenabrechnung, → Standardkostenrechnung.

Standardkostenabrechnung – buchmäßige Abrechnung im System der → Plankostenrechnung. – Die Standardkostenabrechnung umfasst (1) den Vergleich der → Standardkosten mit den Istkosten; (2) muss die Feststellung und Analyse der Ergebnisse aus den → Abweichungen zwischen Standard- und Istkosten gewährleistet sein. – Die Standardkostenabrechnung ist eine *Verbrauchsmengenrechnung,* bei der die Wertansätze dazu dienen, die Mengen addierbar zu machen. Es wird keine enge Verbindung zur betrieblichen Planung geschaffen. Die Standardkostenabrechnung dient der nachträglichen Kostenkontrolle.

Standardkosten-Modell → Normenkontrollrat.

Standardkostenrechnung – eine auf der → Normalkostenrechnung aufbauende Entwicklungsform der → Plankostenrechnung. Den einzelnen Leistungseinheiten werden durch genaue Kostenplanungen ermittelte → Standardkosten vorgegeben.

Standardnormalverteilung – spezielle → Normalverteilung mit → Erwartungswert 0 und → Varianz 1. Für die → Dichtefunktion und → Verteilungsfunktion der Standardnormalverteilung existieren Tabellenwerke. Mit diesen können Werte von Dichte- bzw. Verteilungsfunktionen beliebiger Normalverteilungen ermittelt werden. – Vgl. auch → Standardtransformation.

Standardpreis → fester Verrechnungspreis.

Standardprodukte → Produkte, die über eine generell vereinbarte (genormte) Mindestqualität verfügen. Änderungen am Produkt konzentrieren sich auf Mengen, Preise und Zeiten. Standardprodukte können warenbörslich gehandelt werden.

Standardrente → Eckrentner.

Standardsoftware → Software, die zu einem Anwendungsgebiet für den anonymen Markt erstellt wird. Standardsoftware muss an die speziellen Anforderungen der → Benutzer angepasst oder sogar auf die gesamte betriebliche → Ablauforganisation ausgerichtet werden (→ Customizing). – *Vorteile gegenüber einer Eigenentwicklung:* (1) geringere Entwicklungs- und Wartungskosten; (2) schnellere Verfügbarkeit im Unternehmen; (3) kein Risiko von Fehlentwicklungen; (4) es lassen sich auch Anwendungen realisieren, bei denen im Unternehmen keine oder nur unzureichende Qualifikationen für eine Realisierung vorhanden sind; (5) Standardsoftware ist besser dokumentiert als → Individualsoftware und verringert damit die Abhängigkeit von den Softwareentwicklern.

Standardsoftware für die Kostenrechnung – 1. *Begriff:* Von Softwareunternehmen erstellte EDV-Programme, die geeignet sind, unmittelbar bzw. nach Vornahme geringer Modifikationen (bes. Schnittstellenprogrammierung) zur Durchführung der Kostenrechnung im Unternehmen eingesetzt zu werden. – 2. *Bedeutung:* Traditionell wurden die in der Praxis vorfindbaren EDV-Programme der Kostenrechnung betriebsindividuell erstellt. Ausgehend von zunächst sehr einfach aufgebauten Konzepten wurden sie im Laufe der Zeit durch Erweiterungen und Ergänzungen verfeinert, ohne jedoch bei diesem Prozess das Grundkonzept ändern zu können. Standardsoftware erweist sich heute als konzeptionell weiterentwickelter, flexibler und zudem wirtschaftlicher als eigenentwickelte Programme. – 3. *Arten:* Der Markt für Standardsoftware für die Kostenrechnung ist mit steigender Tendenz sehr breit; das Spektrum reicht von Software für Großunternehmen, die erhebliche Anforderungen an die Leistungsfähigkeit der → Hardware stellen, jedoch Flexibilität (breites Spektrum an Auswertungsmöglichkeiten, kostenrechnungssystembezogene Flexibilität, z.B. Nebeneinander von Voll- und Teilkostenrechnung) bieten, bis zum Angebot von auf Personal Computern installierbarer Software, die dafür geeignet ist, für Klein- und mittlerweile auch für Mittelbetriebe die gesamte Kostenrechnung durchzuführen. – Vgl. auch → Kostenrechnungssoftware.

Standardtarif – 1. *Begriff:* brancheneinheitlicher Tarif in der Privaten Krankenversicherung (PKV) mit einem gesetzlich begrenzten Höchstbeitrag, dessen Versicherungsschutz vergleichbar mit demjenigen der Gesetzlichen Krankenversicherung (GKV) ist. Der Standardtarif besteht seit 1994. Der Standardtarif erfüllt in der PKV v.a. eine soziale Schutzfunktion.

Er richtet sich insbesondere an Versicherte, die aus finanziellen Gründen einen sehr preiswerten Tarif benötigen. – 2. *Berechtigte Personengruppen:* Weil der Standardtarif in der PKV eine soziale Schutzfunktion erfüllt, ist er nur für bestimmte, vom Gesetzgeber definierte Personengruppen geöffnet. So sind i.d.R. nur Personen zur Versicherung im Standardtarif berechtigt, die seit mind. zehn Jahren privat vollversichert sind und das 65. Lebensjahr vollendet haben oder das 55. Lebensjahr vollendet haben und über ein Einkommen unterhalb der Jahresarbeitsentgeltgrenze (→ Versicherungspflichtgrenze) verfügen. Der Standardtarif darf dabei nicht mit → Zusatzversicherungen verbunden werden (Ausnahmen: → Krankentagegeldversicherung, Auslandsreisekrankenversicherung). – 3. *Beitragslimitierungen:* Der Standardtarif ist mit einer Beitragsgarantie verbunden. Der Beitrag darf den Höchstbeitrag – 610,32 Euro (2013) – nicht übersteigen. Sind Ehepaare oder Lebenspartner im Standardtarif versichert und liegt deren Gesamteinkommen unter der Beitragsbemessungsgrenze von 47.250 Euro (2013), dann zahlen beide Ehe- oder Lebenspartner maximal 150 Prozent des durchschnittlichen GKV-Höchstbetrags. – 4. *Rechtsgrundlagen:* Allgemeine Versicherungsbedingungen (AVB) für den Standardtarif. Weitere rechtliche Vorgaben finden sich in den §§ 257 IIa und 315 SGB V. – 5. *Modifizierter Standardtarif und Tarifschließung:* Mit Wirkung vom 1.7.2007 bis zum 31.12.2008 bestand für bis dahin nicht krankenversicherte und dem Rechtskreis der PKV zugeordnete Personen die Möglichkeit der vorübergehenden Versicherung im Standardtarif (modifizierter Standardtarif). Seit dem 1.1.2009 ist der modifizierte Standardtarif in den neuen brancheneinheitlichen Basistarif überführt. Zudem wurde der Standardtarif zu jenem Zeitpunkt für Neuzugänge geschlossen. Bestandsversicherte haben Bestandsschutz.

Standardtender – spezielles → Tenderverfahren im Rahmen von → Wertpapierpensionsgeschäften, das vom → Europäischen System der Zentralbanken (ESZB) innerhalb von 24 Stunden nach Bekanntmachung des Tenders durchgeführt wird. Die Bekanntgabe der Zuteilungsergebnisse erfolgt sehr kurzfristig (innerhalb von ca. zwei Stunden) nach Ablauf der Gebotsfrist. Ihre Abwicklung erfolgt regelmäßig am ersten Geschäftstag nach dem Abschlusstag. Die Ausschreibungen erfolgen normalerweise so, dass alle Geschäftspartner im Gebiet der → Europäischen Währungsunion (EWU) die Möglichkeit erhalten, stets an den regelmäßigen Refinanzierungsgeschäften mit zweiwöchiger oder dreimonatiger Laufzeit teilzunehmen. – *Gegenteil:* Schnelltender (mit Ankündigung und Abwicklung innerhalb einer Stunde).

Standardtransformation – gelegentlich auch *Standardisierung;* in der Statistik spezielle lineare Transformation eines → quantitativen Merkmals bzw. einer → Zufallsvariablen (→ Variablentransformation). Bei der Standardtransformation wird vom jeweiligen Wert das → arithmetische Mittel bzw. der → Erwartungswert subtrahiert und das Resultat durch die → Standardabweichung dividiert. Damit entsteht ein Merkmal bzw. eine → Variable mit dem arithmetischen Mittel bzw. Erwartungswert 0 und der → Varianz 1. – *Anwendung:* Die Standardtransformation ist bes. bei Variablen mit einer → Normalverteilung von Bedeutung, weil dann nur noch Tabellen für die → Standardnormalverteilung erforderlich sind. Außerdem spielt die Standardtransformation in verschiedenen Bereichen der Statistik, etwa beim zentralen → Grenzwertsatz, und in der Ökonometrie eine Rolle.

Standardzeit – für einen längeren Zeitraum geltende → Sollzeit im Rahmen der → Plankostenrechnung.

Stand-by-Akkreditiv → Stand-by Letter of Credit.

Stand-by-Arrangement → Bereitschaftskreditabkommen.

Stand-by Letter of Credit – *Stand-by-Akkreditiv.* 1. *Begriff und Merkmale:* Der Stand-by Letter of Credit ist seinem Rechtscharakter nach ein → Akkreditiv und umfasst ein Zahlungsversprechen (Schuldversprechen) der akkreditiveröffnenden Bank. Die Besonderheit von Stand-by Letters of Credit liegt darin, dass sie als garantieähnliche Instrumente eingesetzt werden, d.h. sie werden i.d.R. nicht in Anspruch genommen: Mit Stand-by Letters of Credit können warenbezogene Verpflichtungen (z.B. die Erfüllung von Kaufverträgen hinsichtlich der Lieferung, der Bezahlung oder der Gewährleistung) ebenso akkreditivmäßig abgesichert (garantiert) werden wie Verpflichtungen zur Rückzahlung von Krediten. Grundsätzlich können Stand-by Letters of Credit unwiderruflich bzw. widerruflich, unbestätigt bzw. bestätigt sowie übertragbar eröffnet werden. Ihren Ursprung haben Stand-by Letters of Credit in den USA, wo die Garantie als Zahlungsverpflichtung nicht bekannt ist im Außenhandel üblichen und notwendigen Garantien ersetzen. – 2. *Stand-by Letter of Credit als reines Garantieinstrument:* Bei der reinen Form des Stand-by Letter of Credit wird die Zahlung der eröffnenden Bank nicht durch Vorlage von (Versand-)Dokumenten ausgelöst, wie dies bei den anderen Akkreditivarten der Fall ist. Bei dieser Form des Stand-by Letter of Credit wird der Zahlungsanspruch des Begünstigten vielmehr durch eine schriftliche Erklärung (Written Statement) begründet, die der Begünstigte selbst oder ein (neutraler) Dritter in Übereinstimmung mit den im Stand-by Letter of Credit definierten Zahlungs-(Garantie-)Voraussetzungen ausstellt (→ Bankgarantien). – 3. *Stand-by Letter of Credit als dokumentäres Garantieinstrument:* Zunehmend treten Formen des Stand-by Letter of Credit in Erscheinung, die nicht nur reinen Garantiecharakter tragen, sondern zugleich der Absicherung der Bezahlung von Exportgeschäften dienen und die insoweit – wie die anderen Akkreditivarten – zugleich dokumentären Charakter haben (sog. dokumentäre Stand-by Letters of Credit).

Der begünstigte Exporteur erlangt bei solchen Formen Zahlung aus dem Stand-by Letter of Credit nur, wenn er (1) die im Stand-by Letter of Credit definierte (von ihm selbst oder von einem Dritten auszustellende) Erklärung einreicht und außerdem (2) jene (Versand-)Dokumente vorlegt, wie sie bei den übrigen Akkreditivarten üblicherweise in Erscheinung treten und wie sie in den Bedingungen des Stand-by Letter of Credit im Einzelfall festgelegt sind.

Stand-by-Roll-over-Kredit → Roll-over-Kredit.

Stand der Technik – Begriff in der Umweltgesetzgebung. Der Stand der Technik umfasst fortschrittliche Verfahren, Einrichtungen oder Betriebsweisen, die in der Praxis geeignet erscheinen, die bestmögliche Begrenzung von Gefahren zum Schutz der Allgemeinheit zu sichern, ohne die Umwelt zu beeinträchtigen. Zur näheren Bestimmung sind mit Erfolg erprobte Maßnahmen heranzuziehen. Entscheidend dabei ist, dass die technische Erprobung in einem Fall genügt. – Vgl. auch → allgemein anerkannte Regeln der Technik, → Stand von Wissenschaft und Forschung, → Schweigekartell der Oberingenieure. – *Zur rechtlichen Bedeutung:* → Neuheit, → Erfindungshöhe, → Patent, → Gebrauchsmuster.

standeswidriges Verhalten → Berufsgerichte.

Standgeld – Gebühr für Aufstellung (Platzmiete), u.U. von Ausstellungsständen auf Märkten, Messen etc.

ständige Fazilitäten des ESZB → Europäisches System der Zentralbanken (ESZB), → Geldpolitik, → Einlagenfazilitäten des ESZB, → Spitzenrefinanzierungsfazilität.

Standleitung – eine ständig bestehende (Telefon-) Leitung zwischen zwei → Computern an verschiedenen Orten mit oft hoher → Bandbreite. Standleitungen werden z.B. bei größeren Unternehmen für den Anschluss an das → Internet verwendet.

Standort – 1. *Allgemeine Geografie:* vom Menschen für bestimmte Nutzungen ausgewählter Platz bzw. Raumstelle, an denen unterschiedliche wirtschaftliche, soziale und/oder politische Gruppen im Raum agieren. – 2. *Wirtschaftsgeografie:* a) *Äußerer Standort:* geografischer Ort, an dem ein Wirtschaftsbetrieb aktiv ist, d.h. Güter erstellt oder verwertet. – Vgl. auch → Standortfaktoren, → Standortplanung, → Standortpolitik, → Standortwahl. – b) *Innerbetrieblicher Standort:* räumliche Lage der einzelnen Teile einer Unternehmung, eines Betriebs bzw. einer Abteilung zueinander und ihre möglichst optimale Zuordnung. – Vgl. auch → Layoutplanung.

Standortallokationsmodelle – räumliche Modelle, die verwendet werden, um bei gegebenem Wegenetz und Kosten die optimale Lage und Kapazität von Angebotsstandorten bei gegebener Lage und Größe der Nachfragestandorte (→ Standort) oder umgekehrt zu ermitteln. Das Ziel besteht in der räumlichen Zuordnung von Angebots- und Nachfragestandorten, sodass die Investitions- und → Transportkosten auf der Basis einer gemeinsamen Recheneinheit minimiert werden.

Standortanalyse → Standortwahl, → Standortpolitik.

Standortbilanz – Teilelement der Ökobilanzsystematik. Kann analog einer → Umweltverträglichkeitsprüfung für Betriebsstandorte aufgebaut werden. Legt Investitions- und Sanierungsbedarf offen, wichtiger Bestandteil für die Ermittlung von Störfallrisiko, Bonität, Haftungsaspekten und Unternehmenswert.

Standortdreieck – Modell zur Lokalisation des transportkostenminimalen Produktionsstandortes (tonnenkilometrischer Minimalpunkt) in einem Dreieck, das aus Konsumort und zwei Materialfundorten gebildet wird (→ Industriestandorttheorie von Weber). Die Bestimmung des Transportkostenminimalpunktes kann geometrisch (Kräfteparallelogramm) oder mechanisch (mittels des Varignon'schen Apparates) erfolgen.

Standortfaktoren – maßgebliche Determinante der → Standortwahl. Standortfaktoren sind die variablen standortspezifischen Bedingungen, Kräfte, Einflüsse etc., die sich positiv oder negativ auf die Anlage und Entwicklung eines Betriebs auswirken; sie sind als wirtschaftliche Vor- und Nachteile zu begreifen, die aus dem Niederlassen eines Unternehmens an einem bestimmten → Standort resultieren. – *Dimensionen:* Standortfaktoren stellen sich zum einen als *Standortbedürfnis* dar, d.h. aus Sicht der Anforderungen, die ein Unternehmen an einen potenziellen Standort stellt. Daneben charakterisieren Standortfaktoren die *Standortqualität*, d.h. das räumliche Auftreten der Standortfaktoren in unterschiedlichen Kombinationen und Ausprägungen. – *Systematisierung:* Standortfaktoren lassen sich nach mehreren Kriterien systematisieren, wobei Überschneidungen auftreten können: (1) *Zugehörigkeit zur Leistungserstellung:* Beschaffungs-, produktions- und absatzbezogene Standortfaktoren. (2) *Grad der monetären Quantifizierbarkeit:* Harte Standortfaktoren schlagen sich unmittelbar in Kosten nieder; weiche Standortfaktoren lassen sich nicht unmittelbar in Kosten-Nutzen-Analysen quantifizieren, sondern stellen eine selektive Clusterung all der Faktoren dar, die auf dem individuellen Raumempfinden der Menschen in ihrer Lebens- und Arbeitswelt basieren. (3) *Maßstabsebene:* Geht man von einer internationalen Standortwahl aus, muss zunächst ein Land bestimmt werden, in welchem die Ansiedlung erfolgt (Makroebene), dann die Region (Mesoebene) und innerhalb dieser eine Gemeinde (Mikroebene). (4) *Grad der Spezifität:* Allg. Standortfaktoren mit branchenübergreifender Bedeutung, spezielle Standortfaktoren mit sektorspezifischer Bedeutung. – Vgl. Abbildung „Standortfaktoren".

Standortplanung – Entscheidungsprozess zur Ermittlung des jeweils optimalen → Standortes einer

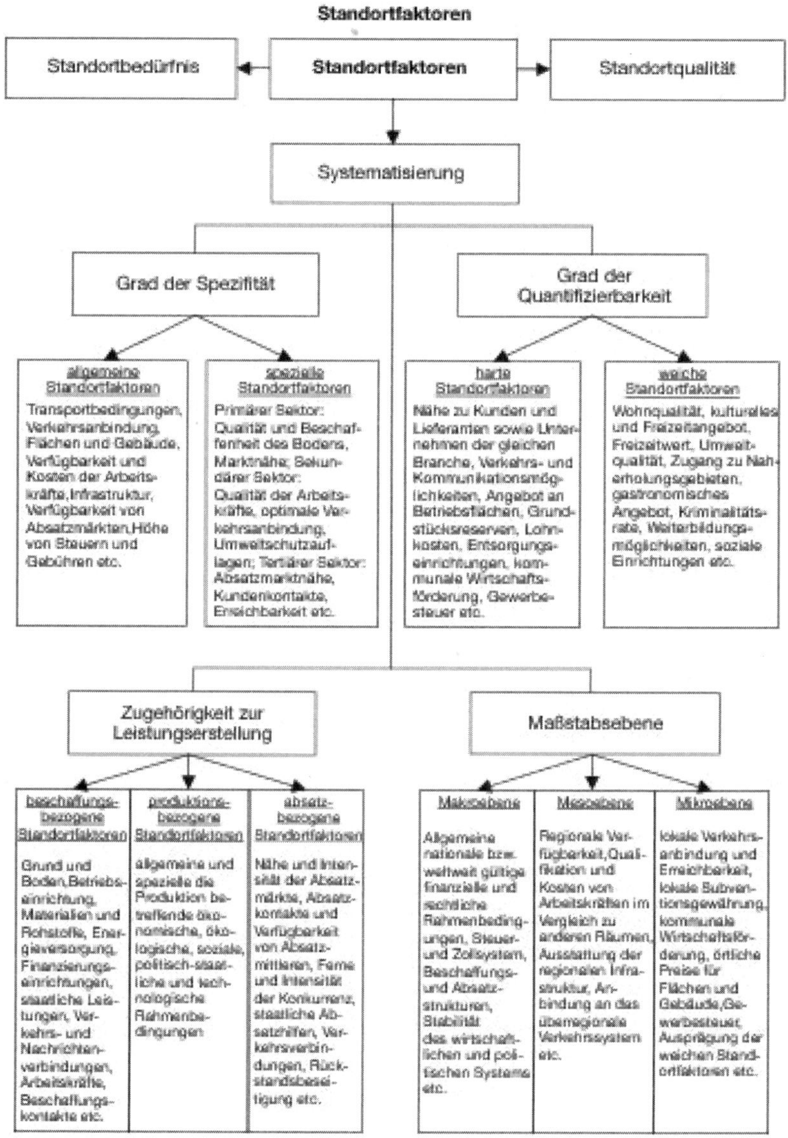

Unternehmung bzw. von Unternehmungsbereichen. Standortplanung umfasst somit die zielorientierte Suche alternativ in Frage kommender Standorte, deren Beurteilung anhand der jeweiligen Standortgegebenheiten im Hinblick auf die relevanten Standortfaktoren sowie die Auswahl des bestmöglichen

Standortes. – *Zu unterscheiden:* (1) betriebliche Standortplanung; (2) innerbetriebliche Standortplanung – *Verfahren der optimalen Zuordnung von Angebots- und Nachfragestandorten:* → Standortallokationsmodelle.

Standortpolitik – im Handel Instrument des → Handelsmarketings wegen der begrenzten → Einzugsgebiete von Handelsbetrieben. Ein einmal gewählter Standort determiniert entscheidend das mögliche Umsatzpotenzial. – *Formen:* Standortwahl, Standortanpassung, Standortspaltung. Sicherung neuer Standorte ist für expandierende Filialunternehmen und kooperative Gruppen zentrales Instrument zur Erreichung des Wachstumszieles. – *Vorgehen:* Jeder Standort lässt sich durch unterschiedliche lokale Bedingungen kennzeichnen, die in sog. Standortfaktorenkatalogen erfasst und gemäß den betriebsformenspezifischen Anforderungen bewertet werden. Auszuwählen ist der Standort, dessen Standortbedingungen in höchstem Maß den jeweiligen Standortanforderungen entsprechen. – Die Standortpolitik ist stark von der regionalen → Infrastrukturpolitik abhängig. Nach § 11 III Baunutzungsverordnung ist die Errichtung großflächiger Handelsbetriebe außer in Kerngebieten nur in für sie festgesetzten Sondergebieten zulässig. Als Vermutungsregel für negative Auswirkungen ansiedlungswilliger Einzelhandelsbetriebe gilt eine Geschossfläche von mind. 1.200 m^2. – Wegen der hohen Grundstückspreise und der hohen Baukosten ist Standortpolitik stets mit der Finanzierungs- und Investitionspolitik *abzustimmen.* – Vgl. auch → internationale Standortpolitik.

Standortprodukte – Produkte, die über eine generell vereinbarte (genormte) Mindestqualität verfügen. Wandlungen konzentrieren sich auf Mengen, Preise und Zeiten. Standortprodukte können warenbörslich gehandelt werden.

Standortspaltung – Dezentralisierung des betrieblichen Leitungsvollzugs an mehreren → Standorten, z.B. Produktions-, Verwaltungs- bzw. Verkaufszentren. – 1. *Gründe:* (1) Heterogenität des betrieblichen Leistungsprogramms, (2) großer Mengenabsatz je Zeiteinheit, (3) Ausdehnung des betrieblichen Absatzgebietes, (4) Ausdehnung des betrieblichen Beschaffungsgebietes und (5) räumliche Differenzierung der Kreditverhältnisse oder der Kosten der staatlichen Verbandsleistungen. – 2. *Vorteile:* Durch Zerlegung des Gesamtbetriebes in räumlich getrennte und verschieden große Teilbetriebe können Standortgebundenheiten und Standortvorteile für einzelne Teilprozesse berücksichtigt und somit für den betrieblichen Gesamtprozess die optimalen Standortbedingungen realisiert werden.

Standorttheorie – 1. *Allgemeine Geografie:* Erklärung des → Standorts einer Tätigkeit oder Funktion durch normativ-deduktive Theorien, Handlungs- oder Verhaltenstheorien. – 2. *Wirtschaftsgeografie:* a) *Begriff:* Theorie zur Erklärung der räumlichen Verteilung von Wirtschaftsbetrieben. – b) *Typen:*(1) Einzelwirtschaftliche bzw. betriebswirtschaftlich ausgerichtete Standorttheorien ermitteln den optimalen Standort für einen zusätzlichen Einzelbetrieb (z.B. → Industriestandorttheorie).(2) Gesamtwirtschaftliche bzw. volkswirtschaftlich ausgerichtete Standorttheorien beschäftigen sich mit der optimalen räumlichen Struktur aller wirtschaftlichen Aktivitäten in einem bestimmten Gebiet (z.B. Theorie der → zentralen Orte, Theorie der Marktnetze, → Thünen-Modell).

Standortwahl – Auswahl einer nach verschiedenen volks- und betriebswirtschaftlichen Kriterien (→ Standortfaktoren) analysierten und bewerteten Gewerbefläche bzw. Ansammlung von Gewerbeflächen durch ein Unternehmen (→ Standortplanung) für eine Gründung, Ansiedlung oder Verlagerung z.B. eines Industrie- oder Gewerbebetriebes. Das Standortwahlverhalten ist entscheidend bestimmt von den spezifischen Standortanforderungen, den Handlungsressourcen und der selektiven Raumkenntnis des Unternehmens bzw. der Entscheidungsträger. Die Standortentscheidung ist zudem unter der Bedingung der Ungewissheit zukünftiger Entwicklungen zu treffen. Daher werden bei der realen Standortsuche nicht alle möglichen Alternativen einbezogen, sondern es wird i.d.R. jener unter den bekannten → Standorten gewählt werden, der die Handlungsziele oder Erwartungen des Entscheidungsträgers am ehesten befriedigt (→ Menschenbild des → Satisfizers). Dabei können ökonomische wie nicht-ökonomische (persönliche, freizeitbezogene, kulturelle etc.) Kriterien wie auch die individuelle Risikobereitschaft standortwirksam werden. In dem räumlich hierarchischen Suchprozess werden zudem unterschiedliche Bewertungsmaßstäbe angelegt, je nachdem, ob der nationale bzw. regionale Makrostandort ausgewählt oder der lokale, innerstädtische Mikrostandort fixiert wird.

Stand von Wissenschaft und Forschung – Wird bei einem Produktionsprozess der Stand von Wissenschaft und Forschung vorgeschrieben, so müssen die fortschrittlichsten Umweltschutz- und Sicherheitstechniken eingehalten werden. – Vgl. auch → allgemein anerkannte Regeln der Technik, → Stand der Technik.

Stapel → Stack, → Stapelbetrieb.

Stapelbetrieb – *Stapelverarbeitung, Batch-Verarbeitung, Batch Processing;* Betriebsart eines → Computersystems, bei der die → Jobs der → Benutzer jeweils als Ganzes abgearbeitet werden, ohne dass der Benutzer während der Bearbeitung Eingriffsmöglichkeiten hat.

Stapelbuchhaltung – Buchhaltungsform, früher in erster Linie in der Bankbuchhaltung. Die Belege wurden aufgestapelt, nach Kontonummern vorsortiert und erst nach einem bestimmten Zeitpunkt, dem *Buchungsschnitt* (12 bis 14 Uhr), auf die Personenkonten übernommen. – In der *EDV-Buchführung* ist das

Stapelverfahren (→ Stapelbetrieb) eine Organisationsform der Datenerfassung. Inhaltlich zusammengehörige, gemeinsam abzustimmende Buchungen (z.B. die Rechnungsausgänge und -eingänge eines Tages, die Bankbelegbewegungen, die Kassenbewegungen eines Zeitraums) werden in einer Zwischendatei (Stapelbuchungsdatei) erfasst und können vor dem Buchen protokolliert, kontrolliert und korrigiert werden. - *Gegensatz:* → Dialogbuchung.

Stapelverarbeitung → Stapelbetrieb.

Star - Star benennt eine der vier Portfoliokategorien der Marktwachstums-Marktanteils-Matrix, die von der Boston Consulting Group entwickelt wurde. Produkte, die als Stars bezeichnet werden können, befinden sich in einem Markt mit hohem Marktwachstum. Das Unternehmen hat zwar einen hohen Marktanteil, doch muss es zu dessen Verteidigung weiterhin stark investieren und verfolgt deshalb eine *Investitionsstrategie*. Die erzielten Einnahmen reichen meistens nur zur Deckung des neuen Finanzbedarfs aus. - Vgl. auch → Cash Cows, → Dogs und → Question Marks.

Starchtest → Recognitiontest.

Stärken-/ Schwächenanalyse - 1. *Begriff:* Analyse und Bewertung der Ressourcen eines Unternehmens aus einer langfristigen Perspektive heraus. Dabei misst man sich z.B. mit den wichtigsten Konkurrenten oder an betriebswirtschaftlichen Standards. Die Stärken-/ Schwächenanalyse kann für eine Ist- sowie für eine Soll-Situation durchgeführt werden. Die Ermittlung der Potenzialwerte kann nach intuitivem Ermessen der Entscheidungsträger oder, falls dies möglich ist, durch direkte Messungen erfolgen. - 2. *Einordnung:* Instrumente eines → strategischen Managements; erweitert die → Potenzialanalyse.

starke Nachhaltigkeit - Starke Nachhaltigkeit ist eine Form der → Nachhaltigkeit. Erhaltung der natürlichen → Ressourcen steht im Vordergrund, da davon ausgegangen wird, dass → Naturkapital durch kein anderes Kapital ersetzt werden kann. - Vgl. auch → schwache Nachhaltigkeit.

starre Plankostenrechnung - Grundform einer → Plankostenrechnung, die auf den Grundprinzipien der → Vollkostenrechnung aufbaut und Kosten nur für einen ganz bestimmten → Beschäftigungsgrad vorgibt. Wegen des Fehlens einer → Kostenauflösung kann man mit der starren Plankostenrechnung keine → Abweichungsanalyse durchführen.

Startkapital → Existenzgründungsförderung.

Start-up - Begriff aus der Venture-Capital-Finanzierung. Im Rahmen des chronologischen Phasenmodells die Finanzierungsphase nach der → Seed Stage. Sie betrifft innerhalb des → Early Stage die Finanzierung der Frühphase eines → Start-up-Unternehmens, die sich von der Entwicklung des Businessplans bis zum Produktionsstart und der Produktvermarktung erstreckt.

Start-up-Unternehmen - junge, noch nicht etablierte Unternehmen, die zur Verwirklichung einer innovativen Geschäftsidee (häufig in den Bereichen → Electronic Business, Kommunikationstechnologie oder Life Sciences) mit geringem Startkapital gegründet werden und i.d.R. sehr früh zur Ausweitung ihrer Geschäfte und Stärkung ihrer Kapitalbasis entweder auf den Erhalt von → Venture-Capital bzw. → Seed Capital (evtl. auch durch → Business Angels) oder auf einen Börsengang (→ IPO) angewiesen sind.

STATBIL - Abk. für → statistische Bilanzanalyse.

Statement of Earned Surplus - *Statement of Retained Earnings;* zweiter Teil der angloamerikanischen Gewinn- und Verlustrechnung, in dem die Veränderung des Gewinnvortrags dargestellt wird im Gegensatz zum → Statement of Income. - *Gliederung:* Gewinnvortrag des letzten Jahres + Reingewinn der Berichtsperiode - Dividende = Gewinn-(Verlust-) Vortrag der Berichtsperiode.

Statement of Financial Accounting Concepts (SFAC) - Verlautbarungsart des → Financial Accounting Standards Board (FASB). Die Gesamtheit der bisher sieben veröffentlichten SFAC bildet das → Conceptual Framework des FASB und damit das konzeptionelle Grundgerüst der → US-GAAP.

Statement of Financial Accounting Standards (SFAS) - Ehemals zentrale Verlautbarungsart des → Financial Accounting Standards Board (FASB). Die Gesamtheit der ca. 150 veröffentlichten SFAS bildete den Hauptbestandteil der → US-GAAP. Seit dem Jahr 2009 veröffentlicht das FASB seine Verlautbarungen als Accounting Standards Codification (ASC).

Statement of Income - derjenige Teil der angloamerikanischen Gewinn- und Verlustrechnung, der ausschließlich zur Ermittlung des Periodengewinns dient; die Gewinnvortragsrechnung ist nicht darin enthalten, sondern wird im → Statement of Earned Surplus erfasst. - *Gliederung* des Statement of Income: Umsatz - Einstandswert der verkauften Waren bzw. Herstellkosten der umgesetzten Fabrikate - Verwaltungs- und Vertriebsaufwand + neutrale Erträge - Rückstellungsaufwand für Körperschaftsteuer = Reingewinn. - Vgl. auch → Umsatzkostenverfahren.

Statement of Profit and Loss - angloamerikanische Bezeichnung für → Gewinn- und Verlustrechnung (GuV). - Zu *unterteilen* in: (1) → Statement of Income, das der Ermittlung des Periodengewinns dient, und (2) → Statement of Earned Surplus, das die Veränderung des Gewinnvortrags darstellt.

Statement of Retained Earnings → Statement of Earned Surplus.

Statement of Stockholders' Equity - Bestandteil der US-amerikanischen finanziellen Jahresberichterstattung. Es zeigt die Entwicklung des bilanziellen → Eigenkapitals eines Unternehmens im Laufe des Geschäftsjahres. Ausgehend von einem Anfangsbestand werden Ab- und Zugänge der einzelnen

Eigenkapitalbestandteile berücksichtigt, um zum Endbestand zu gelangen.

stationäre Bevölkerung → Bevölkerungsmodelle.

stationäre Pflege – *Heimpflege*. 1. *Begriff*: Aufenthalt in einer Einrichtung (Pflegeheim), in der Pflegebedürftige (→ Pflegebedürftigkeit) unter ständiger Aufsicht untergebracht, verpflegt und durch Fachpersonal betreut werden. – 2. *Merkmale*: Stationäre Pflege kommt in Frage, wenn eine angemessene Versorgung und Betreuung der pflegebedürftigen Person durch ambulante Pflege nicht mehr ausreichend gewährleistet werden kann. Zwischen den zur stationären Pflege zugelassenen Pflegeeinrichtungen und den → Pflegekassen bzw. privaten Krankenversicherern bestehen Versorgungsverträge, die eine teilweise, je nach Pflegestufe variierende Kostenübernahme (Pflegesachleistung) und die durch die Pflegeeinrichtungen zu erbringenden Pflegeleistungen regeln.

stationärer Bankvertrieb – Stationärer Bankvertrieb ist im Rahmen des sog. Multi-Channel-Vertriebs ein Distributionsweg, über welchen → Kreditinstitute ihre Produkte und Dienstleistungen offerieren. Hierzu zählen bspw. Filialen der Kreditinstitute, die üblicherweise zu festgelegten Öffnungszeiten persönliche oder telefonische Beratung anbieten oder Selbstbedienungsfilialen (SB), die 7x24 Stunden bestimmte Leistungen anbieten (z.B. → Einzahlungen, → Auszahlungen, → Überweisungen). – Vgl. → Kreditwesengesetz (KWG), → Bankgeschäfte, → Kapitalanlagegesellschaft.

stationärer Handel – Handelsbetriebe mit festem Standort. – *Gegensatz:* → ambulanter Handel.

stationärer Prozess → Stationarität.

stationäres Gleichgewicht – *statisches Gleichgewicht;* Zustand einer → stationären Wirtschaft, in dem zu jedem Zeitpunkt ein Gleichgewicht im Sinne eines dauerhaften Ruhezustands vorliegt.

stationäre Wirtschaft – *statische Wirtschaft;* Volkswirtschaft in einem langfristigen Gleichgewichtszustand unter gleichbleibenden Umweltbedingungen (konstante Bevölkerung, kein technischer Fortschritt, unveränderte Konsumgewohnheiten), wobei sich in jeder Periode alle wirtschaftlichen Aktivitäten unverändert wiederholen *(stationäres Gleichgewicht* bzw. *statisches Gleichgewicht).* Alle Variablen (z.B. Verbrauch, Einkommen, Kapitalstock, Preise, Zinsen) weisen im Zeitablauf eine Veränderungsrate von null auf. – Das stationäre Gleichgewicht ist als Fiktion *Erklärungszwecken* dienlich. In der neoklassischen *Wachstumstheorie* hat das Konzept des stationären Gleichgewichts Bedeutung erlangt, nachdem es als theoretisches Konzept der „klassischen Theorie" von Keynes (→ Keynesianismus) angegriffen worden war. – *Gegensatz:* → evolutorische Wirtschaft.

Stationarität – *stationärer Prozess.* Eine → Zeitreihe folgt einem schwach stationären Prozess, wenn der Erwartungswert und die Varianz endlich und zeitunabhängig sind und die Autokovarianzen lediglich von der zeitlichen Verschiebung, d.h. von der Länge des → Lags zwischen zwei Realisationen des Prozesses abhängen. Eine Zeitreihe folgt einem stark stationären Prozess, wenn die gemeinsame Verteilungsfunktion einer Untergruppe ihrer Elemente nicht von der Zeit abhängig ist. – *Beispiele für nicht stationäre Prozesse*: 1. → Random Walk, Random Walk mit → Drift. – 2. *Regression mit Zeitreihen, die Realisationen nicht stationärer Prozesse darstellen*: → Scheinregression. – 3. *Stationaritätstests*: → Dickey-Fuller-Test, → KPSS-Stationaritätstest. – 4. *Herstellung von Stationarität*: Ein Random Walk oder ein Random Walk mit Drift sind zwar nicht stationär, jedoch ihre ersten → Differenzen $\Delta Y_t = Y_t - Y_{t-1}$. Es besteht die generelle Möglichkeit einen nicht stationären Prozess durch Differenzenbildung $\Delta^d Y_t$ in einen stationären zu überführen. Die Höhe der Größe d, der sog. → Integrationsgrad, ist dabei von Prozess zu Prozess verschieden. – Vgl. auch → Trendbereinigung und Stationarisierung.

Stationsbetrieb → Verkehrsbetrieb.

statische Analyse → Analyse-Methoden.

statische Auftragsfreigabe → statische Einplanung.

statische Bilanz → Bilanz, deren primäre Aufgabe es ist, den Vermögens- und den Schuldenstand einer Unternehmung zu einem bestimmten Zeitpunkt darzustellen. Grundlage der Bilanz (→ statische Bilanztheorie) bildet das Inventar als Spezifikation aller Vermögensteile und Schulden. Durch Gegenüberstellung von Anfangs- und Schlussbeständen ergibt sich der Vermögenszuwachs, d.h. der Gewinn einer Rechnungsperiode. – Diese vermögensrechnerische Auffassung liegt den gesetzlichen Bestimmungen zur Vermögensaufstellung gemäß BewG, zur Bilanzierung nach der Konkursordnung und (mit Einschränkungen) zur Erstellung der Jahresbilanz gemäß §§ 242 ff. HGB zugrunde.

statische Bilanztheorie – von *Simon* (Die Bilanzen der Aktiengesellschaften und der Kommanditgesellschaften auf Aktien, 1886) begründete Theorie über den Zweck der Bilanz. Die statische Bilanz gilt als Mittel zur Darstellung des Vermögensstandes (→ Vermögensstatus) zu einem gegebenen Zeitpunkt. Sie bezieht sich auf zweierlei: (1) auf die Konstitution der Unternehmung, also die grundsätzliche Kapital- und Vermögensbeschaffenheit. Die Vermögenswerte sollen das in ihnen investierte Kapital darstellen, werden also zum Anschaffungswert angesetzt. Keine → Abschreibung, sondern passivische → Wertberichtigung; keine stillen Rücklagen; (2) nach neuerer Auffassung auch auf die Situation der Unternehmung: Das Ergebnis der wirtschaftlichen Tätigkeit einer abgelaufenen Geschäftsperiode wird nachgewiesen durch die → Buchführung, deren Aufgabe es ist, die Bilanzposten während der Rechnungsperiode zu kontrollieren. Die Zunahme des → Eigenkapitals (ohne Einlagen und Entnahmen) im Vergleich zur Vorjahresbilanz entspricht dem Gewinn des Betriebsabschnittes (Vermögenszuwachs); Vermögensabnahme entsprechend dem Verlust.

statische Einkommen - Einkommen, die im Zustand des stationären → Gleichgewichts anfallen. Zum statischen Einkommen gehören: Lohn und Gehalt (→ Arbeitseinkommen), → Grundrente, → Kapitalzins, → Unternehmerlohn sowie der → Monopolgewinn. - Gegensatz: → Dynamische Einkommen.

statische Einplanung - *statische Auftragsfreigabe;* Verfahren zur Einplanung von Produktionsaufträgen auf den Betriebsmittelgruppen. Bei der statischen Einplanung wird ein Produktionsauftrag nur dann freigegeben, wenn die Prüfung der Verfügbarkeit der benötigten Ressourcen uneingeschränkt positiv ausfällt, d.h. wenn alle benötigten Ressourcen tatsächlich am Produktionsort vorhanden sind. Die Prüfung bezieht sich auf die benötigten Einzelteile und → Baugruppen gemäß → Arbeitsplan und → Stückliste, die Betriebsmittelgruppen, die für die Durchführung der → Arbeitsgänge vorgesehen sind, das erforderliche Personal für Bearbeitung und Transport der Produktionsaufträge und die zur Produktion benötigten Informationen, wie z.B. Arbeitspläne und NC-Programme.

statische Muskelarbeit - Zustand, in dem ein Muskel über längere Zeit gegen eine äußere Kraft angespannt wird, ohne dass es zu einer Bewegung der Gliedmaßen kommt. Das heißt, es liegt statische Muskelarbeit vor, wenn durch Muskelkontraktionen eine Gelenkbewegung verhindert wird. Eine hohe Intensität der → Belastung liegt vor, da der beanspruchte Muskel kaum durchblutet wird. - *Gegensatz:* → dynamische Muskelarbeit.

statischer Verschuldungsgrad → Verschuldungsgrad.

statisches Gleichgewicht → stationäres Gleichgewicht.

statisches Modell → ökonometrisches Modell, welches im Gegensatz zum dynamischen Modell (→ Lag-Modell) keine verzögerten erklärenden Variablen enthält.

statische Wirtschaft → stationäre Wirtschaft.

Statistik

von Prof. Dr. Udo Kamps

I. Begriff

Umfassendes methodisch-quantitatives Instrumentarium zur Charakterisierung und Auswertung empirischer Befunde bei gleichartigen Einheiten („Massenphänomenen“) mit universellen Einsatzmöglichkeiten in Politik, Wirtschaft und Gesellschaft und allen Geistes-, Sozial- und Naturwissenschaften einschließlich Medizin und Technik, in denen mit Zahlen oder Bewertungen gearbeitet wird. Ergebnisse statistischer Untersuchungen werden ebenfalls als Statistik bezeichnet. Statistik findet darüber hinaus auch Verwendung als Synonym für → Schätzfunktion.

II. Zielsetzungen und Gegenstände

Statistische Methoden sind darauf ausgerichtet, unter gleichen Rahmenbedingungen wiederholt beobachtbare Vorgänge mithilfe von Zahlen allgemein zu charakterisieren. Typischerweise sind statistische Untersuchungen auf die Beschreibung (Deskription) oder Erkundung (Exploration) einer geeignet abgegrenzten → Grundgesamtheit von Einheiten (z.B. der Bevölkerung eines Landes, der Tagesproduktion einer Fertigungsanlage) gerichtet oder und insbesondere darauf, Schlussfolgerungen über die Strukturen in einer Grundgesamtheit (→ Induktion; → Inferenz) zu ermöglichen. Wird die Grundgesamtheit empirisch vollständig erfasst (→ Vollerhebung), konzentrieren sich die statistischen Methoden auf die Deskription der Befunde, also die Überführung der empirisch erlangten Einzelinformationen in global kennzeichnende Aussagen (→ deskriptive Statistik). Hierzu werden Häufigkeitsverteilungen, Mittelwerte, Anteilswerte, Streuungsmaße, Korrelationskoeffizienten und tabellarische und grafische Darstellungsmethoden herangezogen. Die Beurteilung einer Grundgesamtheit gelingt auch dann, wenn diese nur teilweise empirisch erfasst wurde, soweit eine → Zufallsstichprobe (repräsentative Stichprobe), also eine durch einen zufälligen Auswahlvorgang gewonnene Teilgesamtheit, vorliegt. Diese Beurteilung mittels Zufallsstichprobenbefund geschieht durch Punkt- und Intervallschätzung von Kenngrößen der Grundgesamtheit und durch Prüfung von Hypothesen über solche Größen (→ Inferenzstatistik). Die Inferenzstatistik basiert auf der → Wahrscheinlichkeitsrechnung und liefert deshalb wahrscheinlichkeitsgestützte Aussagen. Die → explorative Datenanalyse nimmt eine Stellung zwischen der deskriptiven und der induktiven Statistik ein. Sie ist konzipiert als Suchprozess für Strukturen und Besonderheiten in den Daten, der neue Fragestellungen oder Hypothesen aufdecken soll, und ist i.d.R. nicht ohne intensiven Computereinsatz möglich.

Methoden der Statistik, die primär zur Beantwortung substanzwissenschaftlicher Fragestellungen eingesetzt werden (Kennzeichnung der Entwicklung eines Preisniveaus, der Fertilität einer Bevölkerung, Ermittlung des Bruttosozialproduktes eines Landes) werden als materielle Statistik neben die methodische Statistik gestellt. Innerhalb dieser werden Teilbereiche, z.B. Bevölkerungs-, Wirtschafts-, Betriebsstatistik oder spezieller Preis-, Einkommens-, Produktivitäts- oder Hochschulstatistik unterschieden.

Die → Ökonometrie ist intensiv mit der Statistik verknüpft. Sie ist enger angelegt, da ihr Gegenstand speziell die Modellierung und statistische Charakterisierung ökonomischer Phänomene betrifft. Jedoch ist in der Ökonometrie der umfassende Einsatz von Punkt- und Intervallschätzung sowie Hypothesenprüfung unabdingbar, weil zu ökonomischen Vorgängen nur Stichprobenbefunde verfügbar sein können. Die Statistik ist daher neben der Wirtschaftstheorie die wichtigste Komponente der Ökonometrie, deren materieller Teil als empirische Wirtschaftsforschung oder angewandte Ökonometrie bezeichnet wird.

Den wahrscheinlichkeitsbasierten Methoden der Statistik kommt in der → Entscheidungstheorie eine besondere Bedeutung für die Informationslagen Unsicherheit und Risiko zu, etwa im Versicherungswesen, bei der Analyse von Finanzmärkten oder bei Kreditwürdigkeitsbeurteilungen im Bankwesen.

III. Arbeitsschritte bei statistischen Untersuchungen

Ausgangspunkt ist ein Untersuchungsziel, z.B. Kennzeichnung der Mitarbeiterstruktur einer Unternehmung, das zunächst durch Festlegung der zu berücksichtigenden Untersuchungsvariablen, wie Alter, Ausbildungsstand, Zugehörigkeitsdauer und der zu erkundenden Zusammenhänge statistisch präzisiert werden muss. Die Grundgesamtheit, z.B. die Mitarbeiterschaft einer Unternehmung, ist sachlich, räumlich und zeitlich abzugrenzen. Bei der Erhebung, also der empirischen Ermittlung der Werte der Untersuchungsvariablen, sind Kostenfragen unmittelbar mit der Qualität der zu erzielenden Daten verknüpft. Bei der Auswertung von Unterlagen, die eigentlich anderen Zwecken dienen (→ Sekundärstatistik), z.B. Personalakten, wird eine größere Wirtschaftlichkeit oft mit einer unvollkommenen Ausrichtung auf das Untersuchungsziel erkauft. Auch bei schriftlichen oder mündlichen Befragungen oder Beobachtungen eigens für Zwecke einer statistischen Untersuchung (→ Primärstatistik) sind die richtige Erfassung der Zielgesamtheit (Probleme der Nichterfassung und Mehrfacherfassung) und die korrekte Ermittlung der Variablenwerte (Angabefehler, Auskunftsverweigerung) Voraussetzungen für verwertbare Resultate. Die ermittelten Daten werden mittels Tabellen und Grafiken in übersichtliche Darstellungsformen gebracht. Bei dieser Aufbereitung sind geeignete Computerprogramme unentbehrlich. Die aufbereiteten Resultate werden schließlich der Analyse zugeführt, wobei in jedem Fall Methoden der Deskription (Ermittlung von Kenngrößen einschließlich Zusammenhangskoeffizienten) am Anfang stehen. In analoger Weise wird vorgegangen, wenn bspw. eine statistische Qualitätskontrolle oder eine Marketingstudie durchgeführt werden sollen.

IV. Repräsentativstatistiken

Erfolgt eine → Teilerhebung (Stichprobenerhebung), etwa von 400 Personen, die zu einer Belegschaft von 12.000 Personen einer Unternehmung gehören, dann muss die Auswahl der Stichproben zufällig erfolgt sein, sollen die Stichprobenresultate als Schätzungen auf die Grundgesamtheit übertragen oder Hypothesen über die Grundgesamtheit geprüft werden können. Für die Zufälligkeit der Auswahl sind zahlreiche Stichprobenverfahren verfügbar, die jeweils eine adäquate Übertragung der Stichprobenbefunde auf die Grundgesamtheit ermöglichen.

V. Statistische Adäquation

Die Problemkreise der Festlegung der Untersuchungsvariablen angesichts des Untersuchungsziels, der richtigen Eingrenzung der Grundgesamtheit, der korrekten Erhebung der Daten, der fehlerfreien Aufbereitung und der dem Untersuchungsziel gerecht werdenden Analysemethoden sowie, bei Repräsentativuntersuchungen, der zufälligen Auswahl der Stichprobeneinheiten werden als Adäquationsprobleme der Statistik (→ Adäquation) zusammengefasst. Ihre Lösung ist unmittelbar mit der Qualität erzielter Resultate verknüpft.

VI. Teilbereiche der methodischen Statistik

Von universeller Anwendungsbedeutung sind Maße zur Charakterisierung von Häufigkeitsverteilungen, v.a. Mittelwerte, Streuungsmaße und Korrelationskoeffizienten, die unter deskriptiver und inferenzieller Perspektive betrachtet werden können. Die Grundlage der Inferenzstatistik ist die Wahrscheinlichkeitsrechnung. In der → Stichprobentheorie werden Modelle zur optimalen zufälligen Auswahl von Teilgesamtheiten mit ihren wesentlichen inferenziellen und organisatorischen Implikationen betrachtet. Die Theorie der Schätzfunktionen (Schätzfunktion) hat die Eignung von aus Zufallsstichproben gewonnenen Maßgrößen für die Parameterschätzung zum Gegenstand. Bei der Theorie der Hypothesenprüfung (→ statistische Testverfahren) werden substanzwissenschaftlich entwickelte Hypothesen über Parameter oder Verteilungsfunktionen von Grundgesamtheiten unter Inkaufnahme einer kleinen Irrtumswahrscheinlichkeit (→ Signifikanzniveau) statistisch überprüft. Die statistische Entscheidungstheorie bildet den theoretischen Überbau der Schätzung und

Hypothesenprüfung und kann auch als Teil der (allgemeiner angelegten) Entscheidungstheorie aufgefasst werden. In dieser kommt heute den Entscheidungen unter Unsicherheit bei voller oder teilweiser Kenntnis von Wahrscheinlichkeitsverteilungen über der Menge der Umweltzustände besondere Bedeutung zu. Die Analyse des Zusammenhangs mehrerer statistischer Variablen erfolgt in der → Regressionsanalyse, bei der die funktionale Form zufallsbedingt gestörter Wirkungszusammenhänge im Vordergrund steht, sowie in der → Korrelationsanalyse, bei der die Intensität der statistischen Verknüpfung zwischen Variablen erfasst wird. Von besonderer Bedeutung in der Wirtschaftswissenschaft sind die Methoden der → Zeitreihenanalyse, die für Prognosen nutzbar gemacht werden. Die dynamische Analyse zahlreicher ökonomischer und demografischer Prozesse erfolgt auf der Grundlage der Theorie stochastischer Prozesse. Im Marketing werden zahlreiche Verfahren der → multivariaten Statistik (Clusteranalyse, Faktorenanalyse, Diskriminanzanalyse, Varianzanalyse) eingesetzt.

Gegenstand der → Bevölkerungsstatistik sind die Methoden und Ergebnisse der Erfassung und Prognose von Bevölkerungsbewegungen durch Geburten, Eheschließungen, Sterblichkeit und Wanderungen.

Von erstrangiger Bedeutung in der Wirtschaftsstatistik sind die → Volkswirtschaftlichen Gesamtrechnungen (VGR), zu denen auch die statistische Problematik makroökonomischer Aggregatgrößen gerechnet wird, die → Input-Output-Analyse, die Theorie der Indexzahlen (→ Indexzahl), z.B. Preisindexzahlen, sowie die statistische Analyse wirtschaftlicher → Konzentration.

In der → Betriebsstatistik stehen Methoden der Verlaufsstatistik, der Stichprobenverfahren im Rechnungswesen, der Arbeitsprozessanalyse (Multimomentverfahren; Multimoment-Zeitstudien) und der laufenden Kontrolle und Überwachung der Qualität von Fertigungsprozessen im Vordergrund.

VII. Institutionen der amtlichen Statistik

Für die amtliche Statistik in Deutschland gelten die Prinzipien der fachlichen Zentralisation und der regionalen Dezentralisation. Neben der fachlich verselbstständigten Statistik (ausgelöste Statistik) gibt es auch noch Ressortstatistik durch Verwaltungen, falls statistische Unterlagen bei Verwaltungsvorgängen anfallen oder falls sich deren Bearbeitung vom Verwaltungsablauf nicht trennen lässt.

Die fachlich verselbstständigte Statistik wird vom → Statistischen Bundesamt → (StBA), von den Statistischen Landesämtern und den Statistischen Ämtern und Dienststellen der Gemeinden, v.a. der Großstädte, durchgeführt. Das Bundesamt in Wiesbaden, eine selbstständige Bundesbehörde im Geschäftsbereich des Innenministers, hat vorwiegend die Aufgaben, Statistiken für Bundeszwecke vorzubereiten und weiterzuentwickeln, auf einheitliche Durchführung der Programme durch die Länder hinzuwirken, die Ergebnisse zusammenzustellen und zu veröffentlichen, Statistiken der EU und internationaler Organisationen zu präsentieren und Volkswirtschaftliche Gesamtrechnungen durchzuführen. Den Landesämtern obliegt der Hauptteil der Durchführungsarbeiten; sie nehmen Einfluss auf die Bundesstatistik über den Statistischen Beirat beim Statistischen Bundesamt.

Die rechtlichen Grundlagen amtlicher statistischer Tätigkeit leiten sich aus Art. 73 Nr. 11 und Art. 83 GG ab. Sie ergeben sich aus dem Gesetz über die Statistik für Bundeszwecke (BStatG) vom 22.1.1987, aus dem Bundesdatenschutzgesetz (BDSG) vom 14.1.2003 und aus Landesgesetzen, etwa Landesdatenschutzgesetzen. Die Durchführung von Bundesstatistiken muss i.d.R. durch ein Bundesgesetz angeordnet werden. Die Vereinheitlichung der amtlichen Statistik der ehemaligen Bundesrepublik und der neuen Länder ist im Wesentlichen vollendet. Ein Informationsbedarf richtet sich insbesondere auf eventuell noch vorhandene strukturelle Unterschiede und macht separate Ausweise, etwa in der Erwerbstätigkeits- und Lohnstatistik, sinnvoll und nötig.

VIII. Quellenwerke amtlicher statistischer Daten

Solche werden vom Statistischen Bundesamt, von den statistischen Ämtern der Bundesländer, von statistischen Ämtern anderer Staaten sowie von internationalen Organisationen (z.B. vom Statistischen Amt der Europäischen Gemeinschaft) veröffentlicht. Vom Statistischen Bundesamt werden v.a. das Statistische Jahrbuch sowie Wirtschaft und Statistik (monatlich mit einem Text- und einem Zahlenteil erscheinend) veröffentlicht. Neben diesen zusammenfassenden, also alle Tätigkeitsfelder der amtlichen Statistik abdeckenden Veröffentlichungen erfolgen in weniger regelmäßiger Abfolge Veröffentlichungen innerhalb von Fachserien, die durch thematische Spezialisierung gekennzeichnet sind. Weiter können zahlreiche Daten auf der Homepage des Statistischen Bundesamtes abgerufen werden.

IX. Ausbildung

Statistik ist Gegenstand oder Bestandteil zahlreicher Studiengänge an Universitäten, Fachhochschulen und Berufsakademien.

1. Studiengänge

Das Fach Statistik kann im Bachelor- und im Masterbereich an mehreren deutschen Hochschulen studiert werden (z.B. an der TU Dortmund).

Statistik ist ein Kernbestandteil fast aller wirtschafts- und sozialwissenschaftlicher Studiengänge, etwa der Bachelor- und Master-Studiengänge in den Fächern Volkswirtschaftslehre, Betriebswirtschaftslehre, Wirtschaftspädagogik, Psychologie und Soziologie, sowie verschiedener naturwissenschaftlicher, technischer und medizinischer Studiengänge. Darüber hinaus kann Statistik (gelegentlich einschließlich, gelegentlich neben Ökonometrie), etwa in den wirtschaftswissenschaftlichen Bachelor- und Master-Studiengängen, an einigen Standorten als Vertiefungsgebiet gewählt werden. Analoge Regelungen gelten für verschiedene naturwissenschaftliche Studiengänge. Speziell im Studiengang Mathematik ist Statistik v.a. in der letzten Phase des Bachelor-Studiums und im Master-Studium als mathematische Statistik (→ Stochastik) einer von verschiedenen möglichen Schwerpunkten.

An den betriebswirtschaftlichen Fachbereichen der Fachhochschulen und der Berufsakademien sind i.d.R. ebenfalls Pflicht-Grundausbildungen in Statistik eingeführt.

2. Studieninhalte

Speziell in den wirtschaftswissenschaftlichen Studiengängen an Universitäten umfasst die Grundausbildung Teile der deskriptiven Statistik, Wirtschaftsstatistik, Bevölkerungsstatistik sowie der Wahrscheinlichkeitsrechnung und die wesentlichen Grundlagen der Inferenzstatistik.

Aufbauend auf der Grundausbildung werden v.a. die Gebiete Wirtschaftsstatistik, Verlaufs- und Bevölkerungsstatistik, Stichprobenverfahren, Regressions- und Korrelationsanalyse, Schätz- und Testmethoden, Ökonometrie und angewandte Wirtschaftsforschung, insbesondere Ökonometrie der Finanzmärkte, Zeitreihenanalyse, Prognoseverfahren, statistische Entscheidungstheorie, multivariate Analysemethoden, verteilungsfreie Prüfverfahren und stochastische Prozesse vertreten.

Statistik der sozialversicherungspflichtig Beschäftigten → Beschäftigungsstatistik.

Statistik über den Steuerhaushalt – Teil des Systems der → Steuerstatistiken; die Statistik über den Steuerhaushalt ermittelt quartals- und jahresweise für Bund und Länder bzw. für die Gemeinden und Gemeindeverbände die kassenmäßigen Steuereinnahmen. Sie bildet das Steueraufkommen ab und liefert so wichtige Informationen für Haushaltsplanungen und Steuerschätzungen sowie zur Wirkung von steuerrechtlichen Änderungen.

statistische Bilanzanalyse (STATBIL) – multivariates Verfahren der Sparkassen zur Bilanzauswertung (→ Bilanzanalyse) und Früherkennung von Kreditrisiken, auf Bilanzkennzahlen aufbauend. Ergebnis für jeden zu prüfenden Fall sind (1) *Gesamtrisikoindex* sowie (2) *Bereichsrisikoindex* für die Bereiche Ertragskraft, Kapitalbindung, mittelfristige Liquidität, Personalkostenintensität, Vorratsintensität, Schuldentilgungskraft, Auflösungsrisiko und Barliquidität. – *Bedeutung*: als Erweiterung des traditionellen Bilanzbeurteilungsinstrumentariums bes. bei der Erforschung der Ursachen vorliegender Bilanzstrukturen und Risiken sowie bei der Beratung von Kreditnehmern.

statistische Datenanalyse → Datenanalyse.

statistische Einheit → Erhebungseinheit.

statistische Entscheidungstheorie – Art der allg. → Entscheidungstheorie, bei der optimale Aktionen in Abhängigkeit von Stichprobeninformationen über Umweltzustände (→ Umweltzustand) festgelegt werden. Betont wird das Problem der Informationsbeschaffung zum Zweck der Entscheidung unter Unsicherheit.

Statistische Güterklassifikation in Verbindung mit den Wirtschaftszweigen in der Europäischen Wirtschaftsgemeinschaft → CPA.

statistische Masse → Grundgesamtheit.

statistische Qualitätskontrolle → Partialkontrolle.

Statistischer Beirat – nach § 4 des Bundesstatistikgesetzes (BStatG) in Grundsatzfragen beratendes Gremium beim → Statistischen Bundesamt (StBA), bestehend aus Vertretern aller an der Bundesstatistik beteiligten Gruppen. – *Zusammensetzung*: Stimmberechtigte Mitglieder sind Vertreter der gewerblichen Wirtschaft, der freien Berufe, der Landwirtschaft, der wirtschaftswissenschaftlichen Institute, der Hochschulen, der Arbeitgeberverbände, der Gewerkschaften und der kommunalen Spitzenverbände; beratende Mitglieder sind Vertreter der Bundesministerien, des Bundesrechnungshofs, der Deutschen Bundesbank, der Statistischen Landesämter und des Bundesbeauftragten für den Datenschutz. Vorsitzender ist der Präsident des StBA. – *Aufgaben:* Beratung in Grundsatzfragen des Programms der amtlichen Statistik, aber auch Behandlung ausgewählter Probleme einzelner Statistiken, wofür Fachausschüsse gebildet werden und Sachverständige hinzugezogen werden können. Das StBA hat die Anregungen und Vorschläge des Statistischen Beirats zu prüfen und im Rahmen der verwaltungsmäßigen Notwendigkeiten und finanziellen Möglichkeiten zu verwerten.

statistischer Fehler → Fehler.

Statistisches Amt der Europäischen Union → EUROSTAT.

Statistisches Bundesamt (StBA) – I. Organisation: *Gesetzliche Grundlage* für die Arbeit des Statistisches Bundesamtes (StBA) ist das Gesetz über die Statistik für Bundeszwecke (Bundesstatistikgesetz

[BStatG]) vom 22.1.1987 (BGBl. I 462/565) i.V. mit weiteren Gesetzen. Danach ist das Statistische Bundesamt (StBA) eine selbstständige Bundesoberbehörde im Geschäftsbereich des Bundesministeriums des Innern (BMI) und Mittelpunkt der amtlichen statistischen Organisation im Bundesgebiet. – Beratendes Gremium ist der → Statistische Beirat.

II. Aufgabengebiet: Das Statistische Bundesamt hat den Auftrag, objektive, unabhängige und qualitativ hochwertige statistische Informationen bereitzustellen und zu verbreiten. Nutzer dieser Informationen sind Politik, Regierung, Verwaltung, Wirtschaft und Privatpersonen. Hauptaufgabenbereiche sind die methodische und technische Vorbereitung der einzelnen Statistiken, die Weiterentwicklung des Programms der Bundesstatistik, die Koordinierung der Statistiken untereinander und die Zusammenstellung und Veröffentlichung der Bundesergebnisse. Die Aufgaben sind in §3 des Bundesstatistikgesetzes präzisiert. Die bundesweiten amtlichen Statistiken („Bundesstatistiken") werden vom Statistischen Bundesamt in Zusammenarbeit mit den Statistischen Ämtern der 16 Länder durchgeführt.

III. Veröffentlichungen und Datenverarbeitung: Zu den wichtigsten zusammenfassenden Veröffentlichungen zählen das jährlich erscheinende Statistische Jahrbuch und die monatliche Publikation Wirtschaft und Statistik. Die periodisch erscheinenden Fachserien enthalten Ergebnisse einzelner Sachgebiete: 1 Bevölkerung und Erwerbstätigkeit, 2 Unternehmen und Arbeitsstätten, 3 Land- und Forstwirtschaft, Fischerei, 4 Produzierendes Gewerbe, 5 Bauen und Wohnen, 6 Binnenhandel, Gastgewerbe, Tourismus, 7 Außenhandel, 8 Verkehr, 9 Dienstleistungen, 10 Rechtspflege, 11 Bildung und Kultur, 12 Gesundheit, 13 Sozialleistungen, 14 Finanzen und Steuern, 15 Wirtschaftsrechnungen, 16 Verdienste und Arbeitskosten, 17 Preise, 18 Volkswirtschaftliche Gesamtrechnungen, 19 Umwelt. STATmagazin, das Web-Magazin des Statistischen Bundesamtes, bietet aktuell aufbereitete Informationen mit unterschiedlichen Themenschwerpunkten. Die Veröffentlichungen des Statistischen Bundesamtes können über den Publikationsservice bestellt bzw. heruntergeladen werden. Daneben bieten die Datenbanken Zugang zu umfassendem Zahlenmaterial.

statistische Schätzverfahren → Intervallschätzung, → Punktschätzung.

statistische Systematik der Wirtschaftszweige in der EU → NACE.

statistische Testverfahren – *statistische Prüfverfahren, Hypothesenprüfung.* 1. *Begriff:* Statistische Testverfahren sind diejenigen Methoden der → Inferenzstatistik, mit denen eine Entscheidung über die Beibehaltung oder Zurückweisung einer → Nullhypothese H_0 mithilfe eines Stichprobenbefundes getroffen wird. – 2. *Beispiele für den Einsatz von statistischen Testverfahren:* a) Eine Lieferung technischer Kleinteile soll gemäß Vertragsbedingungen höchstens 3 Prozent Ausschuss enthalten; die Einhaltung dieser Bedingung kann vom Abnehmer durch ein statistisches Testverfahren überprüft werden. – b) Die Qualität einer Bestandsbuchführung bez. Korrektheit des Totalwertes des Lagers kann mithilfe eines statistischen Testverfahrens auf der Grundlage einer → Stichprobeninventur getestet werden. – c) Durch ein statistisches Testverfahren kann die Hypothese überprüft werden, eine bestimmte → Variable besitze eine → Normalverteilung. – d) Liegen mehrere → Grundgesamtheiten vor, kann deren Homogenität bez. → Parametern oder → Verteilungen einer Variablen getestet werden. – 3. *Gegenstände:* a) Ein statistisches Testverfahren kann einen *Parameter* einer Grundgesamtheit (z.B. → Erwartungswert, → Varianz, → Anteilswert) zum Gegenstand haben (→ Parametertest). Dabei kann ein punktueller Wert (→ zweiseitige Fragestellung) oder ein Mindest- bzw. Höchstwert (→ einseitige Fragestellung) behauptet sein. Auch gibt es die Möglichkeit der Prüfung einer Hypothese über die *Verteilung* einer Grundgesamtheit, z.B. Normalverteilung (Anpassungstest, Goodness-of-Fit-Test, → Chi-Quadrat-Test) oder die Prüfung auf Zufälligkeit der Stichprobenentnahme. Die genannten Gegenstände betreffen, da sie sich nur auf *eine* Grundgesamtheit beziehen, den *Ein-Stichproben-Fall.* – b) Der *Zwei-* und *Mehr-Stichproben-Fall* betrifft den Vergleich von Parametern bzw. Verteilungen in mehreren Grundgesamtheiten. – 4. *Gedankenfolge bei der Durchführung von Testverfahren*, dargestellt für punktuelle Parameterhypothesen: Es wird zunächst eine kleine (z.B. 0,05) → Wahrscheinlichkeit α dafür festgelegt, dass H_0 fälschlich abgelehnt wird (→ Signifikanzniveau, → Alpha-Fehler). Die Menge aller möglichen Stichprobenresultate wird in zwei Teilmengen derart zerlegt, dass der einen Teilmenge, der → kritischen Region, bei Gültigkeit von H_0 eine Wahrscheinlichkeit von höchstens α zukommt. Die Zerlegung erfolgt auf der Grundlage einer → Prüfvariablen, z.B. dem Stichprobendurchschnitt bei der Prüfung eines Erwartungswertes. Liefert die Stichprobe einen Befund aus der kritischen Region, wird H_0 beim Signifikanzniveau α abgelehnt, sonst beibehalten. Neben dem Risiko eines Alpha-Fehlers besteht auch das Risiko eines → Beta-Fehlers, also der fälschlichen Beibehaltung von H_0. – 5. Statistische Tests sind nicht symmetrisch in den Hypothesen. Aufgrund der Konstruktion können statistische Tests stets nur die jeweilige Alternativhypothese zum vorgegebenen Signifikanzniveau α statistisch absichern. Lehnt ein Test die Nullhypothese nicht ab, so kann lediglich ausgesagt werden, dass die aktuelle Stichprobe nicht gegen die Nullhypothese spricht. Gute Tests zeichnen sich bei einem vorgegebenen alpha-Fehler durch einen möglichst kleinen beta-Fehler (zumindest punktuell) aus (→ Gütefunktion, → Teststärke). – 6. *Übersicht über statistische Testverfahren:* Eine erste Hauptgruppe von statistischen Testverfahren ist durch die Voraussetzung gekennzeichnet, die betrachteten Variablen besitzen eine Normalverteilung *(„klassische“, parametrische, verteilungsgebundene statistische Testverfahren).* Hierzu rechnen etwa der *t-Test* (Prüfung eines Erwartungswertes; Vergleich zweier Erwartungswerte) oder der *F-Test* (Vergleich zweier Varianzen). Falls keine spezielle Verteilungsform unterstellt werden kann, werden nichtparametrische Tests verwendet, etwa der *Vorzeichentest* oder *Vorzeichen-Rang-Test* (Prüfung eines → Medians) oder der *Wilcoxon-Mann-Whitney-Test* (Vergleich zweier → Lokalisationen). Die parametrischen Testverfahren weisen gewisse theoretische Optimalitätseigenschaften auf; die nicht parametrischen (verteilungsfreien) Testverfahren haben die Vorteile nicht restriktiver Anwendungsvoraussetzungen.

statistische Variable → Merkmal.

Stätte der Geschäftsleitung – gewerbesteuerlicher Begriff für den Ort, an dem sich die Geschäftsleitung eines Unternehmens befindet. Die Stätte der Geschäftsleitung gilt als gewerbesteuerpflichtige → Betriebsstätte (§ 12 Nr. 1 AO). – *Anders:* → Sitz.

Status – I. Begriff: rechnungsmäßige Gegenüberstellung des Vermögens und der Schulden mit dem Zweck, betriebwirtschaftlich bedeutsame Fragen zu prüfen und zu beantworten. Mit einem Überschuldungsstatus z.B. wird geprüft, ob das Vermögen eines Unternehmens noch die Schulden deckt oder eine → Überschuldung vorliegt; ein Liquiditätsstatus prüft die Liquiditätssituation eines Unternehmens; ein Vergleichsstatus wird bei insolvent gewordenen Schuldnern erstellt als Voraussetzung für die Ermittlung der Insolvenzmasse. Ausgangspunkt der Aufstellung eines Status sind i.d.R. die Daten der Buchführung bzw. der Bilanzierung.

II. Arten: nach den Anlässen der Aufstellung lassen sich unterscheiden, z.B. Status für → Sanierung, → Insolvenzverfahren, → Liquidation, Erbschaftsauseinandersetzung, Gesellschafterauseinandersetzung (→ Auseinandersetzung), Gewährung von Krediten, finanzielle Überwachung (→ Finanzierung).

III. Aufstellung: beginnt i.d.R. mit einer kontenweisen Zusammenstellung der Vermögensgegenstände und Schulden auf der Grundlage der aktuellen Buchführung; diese werden in einem zweiten Schritt dem jeweiligen Zweck des Status entsprechend gliederungsmäßig zusammengefasst und bewertet.

IV. Kreditstatus: 1. *Allgemeines:* Der Kreditstatus soll über Höhe, Zusammensetzung und Liquidierbarkeit des Vermögens, über Höhe und Zusammensetzung der Schulden, über bestehende Sicherheiten und frei verfügbare Teile des Vermögens und somit über die Möglichkeiten zur Schuldendeckung informieren. – 2. *Gliederung:* Beherrschendes Gliederungsprinzip ist das der Fristigkeit und Fälligkeit des Eigenkapitals sowie der Schulden (Kapitalherkunft) und der Vermögensgegenstände (Kapitalverwendung). – 3. *Bewertung:* Der Kreditstatus wird aus dem Jahresabschluss abgeleitet, wobei stille Reserven, soweit erkennbar, aufgelistet und Vermögens- und Schuldpositionen i.d.R. unter der Prämisse des Going-Concern-Prinzips nach Stichtagswerten bewertet werden. – 4. *Gewinn- und Verlustrechnung:* Die in den Kreditstatus gewöhnlich einbezogene Erfolgsrechnung soll Auskunft geben, ob das Unternehmen fähig ist, in ausreichendem Maße Überschüsse zu erzielen, die nach Abzug der Steuern für die Verzinsung und Tilgung bzw. Rückzahlung von Krediten u.a. Schulden zur Verfügung stehen. Dementsprechend wird bei der Aufstellung einer in den Kreditstatus einbezogenen Gewinn- und Verlustrechnung das Prinzip einer adäquaten Gliederung (z.B. nach Ergebnisbereichen in ordentliches, Finanz- und außerordentliches Ergebnis) befolgt.

V. Finanzstatus: weicht vom Kreditstatus insofern ab, als nur bestimmte, mit den Finanzströmen des Unternehmens zusammenhängende Aktiv- und Passivposten erfasst werden. Es kommt bei dem Finanzstatus im Wesentlichen auf die *Ermittlung des Liquiditätsüberschusses* (oder der -unterdeckung) durch Gegenüberstellung der vorhandenen Geldmittel zu den kurzfristig fälligen Verpflichtungen an.

Statut → Satzung.

Stauen – Einbringen und Sichern von Gütern in Laderäumen von Transportmitteln, in → Ladeeinheiten und in Lagerräume unter bes. Berücksichtigung der Raumverhältnisse, der transport- und lagerungsrelevanten Gütereigenschaften und der statischen und dynamischen Beanspruchungen.

Steady State – Zustand einer Wirtschaft, bei dem alle ökonomisch relevanten Größen, wie Konsum, Investitionen, Arbeitsmenge, im Zeitablauf relativ zueinander konstant sind oder mit derselben Rate wachsen (stetiger Entwicklungspfad). – *Sonderfall:* → stationäre Wirtschaft.

stehendes Gewerbe – der an eine feste → Betriebsstätte, in den Räumen der gewerblichen Niederlassung gebundene → Gewerbebetrieb. – *Gegensatz:* → Reisegewerbe.

Steigerungsbetrag – Bestandteil der Renten aus Höherversicherungsbeiträgen der gesetzlichen → Rentenversicherungen, abhängig von Anzahl und Höhe der entrichteten Beiträge und dem Alter im Ankaufsjahr.

Steigerungsfaktor – Faktor, mit dem der durch die analytische Arbeitsbewertung für eine bestimmte Tätigkeit ermittelte → Arbeitswert (ausgedrückt in Arbeitswertpunkten) zu multiplizieren ist. Das Produkt wird zum gleichbleibenden Grundbetrag addiert und ergibt den → Grundlohn. Die so einheitlich je Betrieb ermittelten Grundlöhne, erhöht um den jeweiligen Akkordzuschlag, ergeben die Akkordrichtsätze der betreffenden Tätigkeiten. – *Anders:* → Geldfaktor.

Steigung – einer → Funktion ist die infinitesimal kleine Änderung der abhängigen Variable dividiert durch die Änderung der unabhängigen Variable. Die Steigung lässt sich mithilfe der ersten → Ableitung f' einer Funktion bestimmen. – Vgl. auch → Differenzialquotient, → Differenzialrechnung.

Steinkohlenbergbau – Der deutsche Steinkohlenbergbau war bis nach dem zweiten Weltkrieg ein wichtiger Wirtschaftszweig mit hoher energiepolitischer (Wärme, Verstromung) und rüstungspolitischer (Stahlherstellung) Bedeutung. Entsprechend der für den Frieden und den Wohlstand in Europa zentralen Rolle von Kohle und Stahl vereinbarten 1952 Frankreich, Deutschland, Italien und die Benelux-Staaten die Zusammenarbeit in der Montanunion (Europäische Gemeinschaft für Kohle und Stahl). Erst 1957 wurden die EWG und Euratom gegründet. Seit dem Maastricht-Vertrag, in Kraft seit 1992, bildeten die drei supranationalen Gemeinschaften die erste Säule der Europäischen Union. Der Vertrag über die Montanunion war auf 50 Jahre abgeschlossen und wurde nicht verlängert, sodass er 2002 abgelaufen ist. Seitdem werden für Kohle und Stahl die Vorschriften des EG-Vertrags angewandt. – Die *Strukturprobleme* im Steinkohlenbergbau machten sich bereits Ende der 1950er-Jahre bemerkbar. Ausgelöst durch billige Importkohle und preiswertes Erdöl und Erdgas wurde der einheimische Steinkohlenbergbau unrentabel. Es begann das Zechensterben. 1957 gab es in Deutschland 153 Zechen mit insgesamt 607.000 beschäftigten Arbeitnehmern, darunter 384.000 Bergarbeitern unter Tage, 1991 nur noch 26 Zechen mit 122.000 Arbeitnehmern, darunter 65.000 Bergarbeitern, 2006 gab es 8 Zechen mit 35.000 Beschäftigten. 2009 waren noch 6 Zechen in Betrieb. Ab 2012 nur noch 3 Zechen. – Mit dem Ersten *Verstromungsgesetz* von 1965 begann die Förderung der Verwendung von Kohle in Kraftwerken. Mit dem Dritten Verstromungsgesetz 1974 wurde der Kohlepfennig eingeführt. Das Vierte Verstromungsgesetz wurde 1995 wegen Verfassungswidrigkeit des Kohlepfennigs aufgehoben. Das Fünfte Verstromungsgesetz von 1995 leitete den Einstieg in den Ausstieg ein. Für die dauerhafte Stilllegung von Bergbauunternehmen wurden Haushaltsmittel bereit gestellt. Das *Steinkohlefinanzierungsgesetz* vom 20.12.2007 (BGBl. I 3086) sieht für 2018 das Ende der subventionierten Förderung der Steinkohle in Deutschland vor. Für 2009 bis 2018 werden noch einmal 13,9 Mrd. Euro Subventionen zur Verfügung gestellt. – Die Stromgewinnung durch Steinkohle wird in den letzten Jahren unter dem Gesichtspunkt des Klimawandels kritisch gesehen; die Freisetzung von Kohlendioxid soll dadurch eingedämmt werden, dass Emissionsberechtigungen erworben werden müssen, vgl. → Emissionshandel. Die Abscheidung von Kohlendioxid ist technisch noch in den Anfängen. – Wegen der stürmischen Entwicklung der Gaspreise wird neuerdings wieder auf den Bau von Kohlekraftwerken gesetzt. Ob dies zu einer Renaissance des dt. Kohlenbergbaus führen wird, ist nicht absehbar.

Stelle → organisatorische Einheit, die aus der → Stellenbildung hervorgeht und im Rahmen der → Aufbauorganisation den Kompetenzbereich eines gedachten Handlungsträgers gemäß der → Stellenbeschreibung abgrenzt. Element des → organisatorischen Teilbereichs.

Stellenangebot – 1. *Begriff:* Instrument der → Personalbeschaffung, mit dem sich ein Unternehmen an das interne (innerbetriebliche Stellenausschreibung) und externe (→ Personalwerbung) Arbeitskräftepotenzial wendet, um vakante → Stellen zu besetzen (→ Ausschreibung von Arbeitsplätzen). – 2. *Form:* Anzeige der vakanten Stelle entweder in Zeitungen, Fachzeitschriften, am → Schwarzen Brett oder in anderen Medien, mit denen die Zielgruppe erreicht werden kann. – 3. *Inhalt:* Darstellung des Anforderungsprofils der Stelle, des Eintrittstermins, der erwünschten Bewerbungsunterlagen, der Ausschreibungsfrist und weiterer Informationen für den potenziellen Stelleninhaber.

Stellenanzeige → Personalanzeige.

Stellenbeschreibung – *Job Description; Arbeitsplatzbeschreibung; Position guide*; 1. *Begriff:* verbindliche, in schriftlicher Form abgefasste Fixierung der organisatorischen Eingliederung einer → Stelle im Betrieb hinsichtlich ihrer Ziele, → Aufgaben, → Kompetenz, Pflichten etc. Ist ein Instrument der Personalplanung. – 2. *Bestandteile:* Bezeichnung der Stelle und ihres organisatorischen Ranges in der Hierarchie, Kompetenzen, aktive und passive → Stellvertretung, Tätigkeitsgebiet, spezielle Aufgaben. – 3. *Zweck:* Schaffung einer transparenten, umfassenden und überschneidungsfreien Ordnung der → Zuständigkeiten; Eingliederung der Stelle im Unternehmen, Hilfsmittel bei der → Arbeitsbewertung, der → Karriereplanung, der → Personalführung, der Ermittlung des → Personalbedarfs. – 4. *Nachteile:* Fixierte Aufgabenbeschreibungen können zu organisatorischer Inflexibilität und Stellenegoismus führen. Bestandteile: Stellenbezeichnung, Rang, Stelleneinordnung, Unterstellung, Überstellung, Stellvertretung, Ziele der Stelle, Aufgaben, Stellenbefugnisse, Anforderungen.

Stellenbesetzungsdiagramm → Organigramm.

Stellenbildung – 1. *Begriff:* Vorgang zur Gestaltung der → Aufbauorganisation, bei dem durch → Aufgabenanalyse gewonnene Teilaufgaben im Wege der → Aufgabensynthese für jeweils einen gedachten Handlungsträger zu einem Aufgabenkomplex bzw. zu einer → Stelle zusammengefasst werden. – 2. *Kriterien:* Die Zusammenfassung der Teilaufgaben kann nach den verschiedenen Aufgabenmerkmalen, v.a. dem Verrichtungsaspekt (→ Verrichtungsprinzip) oder dem Objektaspekt (→ Objektprinzip), erfolgen; eine → Zentralisation nach dem einen Kriterium bedeutet zugleich eine → Dezentralisation nach dem anderen Kriterium. – 3. Das *Kernproblem* der Stellenbildung besteht in der Synchronisation der Anforderungsprofile der gebildeten Stellen und der Fähigkeitsprofile der potenziellen Handlungsträger (→ Arbeitsgestaltung). Dabei wird die Vielfalt der theoretischen Gestaltungsalternativen der Stellenbildung in der Praxis durch feststehende Berufsbilder (→ anerkannter Ausbildungsberuf) eingeschränkt. – Vgl. auch → Spezialisierung.

Stelleneinzelkosten → Kostenstelleneinzelkosten.

Stellengemeinkosten → Kostenstellengemeinkosten.

Stellengesuch – Anzeige in einer Zeitung, Fachzeitschrift oder auch auf Stellenbörsen im Internet, in der ein Stellensuchender seine Arbeitskraft und seine Fähigkeiten einem potenziellen Arbeitgebern anbietet, mit der Absicht, eine neue Arbeitsstelle zu finden.

Stellenhierarchie → Hierarchie.

Stellensuche – Nach der Kündigung eines dauernden (nicht nur auf kurze Zeit abgeschlossenen) Arbeitsverhältnisses hat der Arbeitnehmer einen unabdingbaren Anspruch auf angemessene Freistellung von der Arbeit zum Aufsuchen einer neuen Stelle (§ 629 BGB). Während dieser Zeit ist das Entgelt fortzuzahlen (§ 616 BGB); → Entgeltfortzahlung. Zeit und Dauer der Freistellung sind unter Ausgleichung der beiderseitigen Interessen nach Treu und Glauben zu bestimmen (§ 242 BGB).

Stellenvermittlung → Arbeitsvermittlung.

Stellungnahme – Die Möglichkeiten zur Abgabe von Stellungnahmen sind in zahlreichen Bestimmungen des EU-Rechts enthalten. Stellungnahmen sind generell keine verbindlichen Rechtsakte (Art. 288 AEUV). Sie werden zumeist im Zuge der Vorbereitung von Rechtsakten eingeholt, um die Auffassung anderer Gemeinschaftsorgane oder der Mitgliedsstaaten festzustellen.

Stellvertretung – I. Organisation: 1. *Begriff:* Übernahme der Aufgaben eines Stelleninhabers durch einen anderen Handlungsträger zur Gewährleistung der Aufgabenerfüllung in den Fällen, in denen der Vertretene aus bestimmten Gründen nicht selbst handeln kann oder will (z.B. wegen dienstlicher Abwesenheit, Urlaub oder Krankheit). Der *Stellvertreter* nimmt die formale → Kompetenz im Namen und im Sinn des Vertretenen, aber in eigener → Verantwortung wahr. – 2. *Formen:* Die Stellvertretung kann haupt- oder nebenamtlich sowie unbegrenzt oder begrenzt sein.

II. Bürgerliches Recht: Abgabe oder Empfang einer → Willenserklärung für einen anderen in dessen Namen. – 1. Stellvertretung *liegt* nur *vor,* wenn Vertreter über Abgabe und Inhalt der Erklärung, mag er auch im Innenverhältnis zum Vertretenen weisungsgebunden sein, selbst entscheidet; wer nur die vorformulierte Erklärung überbringt, ist nicht Vertreter, sondern Bote. – 2. Eine *Erklärung* des Vertreters, die er innerhalb der ihm zustehenden → Vertretungsmacht im Namen des Vertretenen abgibt, wirkt unmittelbar für und gegen den Vertretenen; ist aus den Umständen (z.B. Verkäufer im Ladenlokal) nicht ersichtlich, dass der Vertreter in fremdem Namen handeln will, treffen ihn die Wirkungen des Geschäfts selbst (§ 164 BGB); Sonderregeln bei → Vertretung ohne Vertretungsmacht. – 3. Soweit es auf *Kenntnis* oder Unkenntnis gewisser Umstände ankommt (z.B. beim → gutgläubigen Erwerb), ist Kenntnis des Vertreters entscheidend; auf die des Vertretenen kommt es nur an, wenn der Vertreter nach bestimmten Weisungen gehandelt hat (§ 166 BGB). – 4. → Selbstkontrahieren ist dem Vertreter i.d.R. verboten. Vertreter kann auch ein beschränkt Geschäftsfähiger (→ Geschäftsfähigkeit) sein (§ 165 BGB).

Stempelsteuern – Steuern, die durch Aufkleben und Abstempelung oder Beschaffung von Steuermarken auf einer Urkunde entrichtet werden, z.B. die frühere → Wechselsteuer.

STEP2 – Zahlungsystem der → EBA Clearing für das → Clearing für Massenzahlungen innerhalb der → EU. Es nahm am 28.4.2003 seinen Betrieb zur Verarbeitung auf. Die Verrechnung erfolgt über → TARGET2. STEP2 zielt auf eine kostengünstige Abwicklung über die gesamte Prozesskette ab – v.a. auch hinsichtlich der Abwicklung innerhalb der einzelnen beteiligten Banken. Deshalb nutzt STEP2 marktgängige Standards und setzt auf einen hohen Automatisierungsgrad. Neben SEPA-Überweisungen und SEPA-Lastschriften verarbeitet STEP2 auch Zahlungen in den italienischen und irischen nationalen Formaten. – Vgl. auch → Single Euro Payments Area (SEPA).

Step Ladder System → innerbetriebliche Leistungsverrechnung.

Sterbegeld – I. Sozialversicherung: Versicherungsleistung im Todesfall zur Deckung der mit der Beisetzung etc. entstehenden Aufwendungen. – 1. *Gesetzliche Unfallversicherung* (§ 64 SGB VII): Sterbegeld wird gezahlt, wenn der Versicherte infolge eines Versicherungsfalls oder eines gleichbestehenden Sachverhaltes verstorben oder verschollen ist; es beträgt ein Siebtel der im Zeitpunkt des Todes geltenden Bezugsgröße (§ 18 SGB IV). Außerdem hat der Unfallversicherungsträger stets die Kosten für die Überführung des Verstorbenen an den Ort der Bestattung zu bezahlen, bei ausländischen Gastarbeitern auch in den Heimatort. – 2. *Kriegsopferversorgung:* Sterbegeld als Leistung an die Angehörigen eines verstorbenen Beschädigten (neben dem → Bestattungsgeld) in Höhe des Dreifachen der ihm für den Sterbemonat zustehenden Versorgungsbezüge. Sterbegeld wird neben den → Hinterbliebenenrenten gewährt (§ 37 BVG).

II. Lohnsteuerrecht: 1. *Begriff:* An Angehörige von verstorbenen Arbeitnehmern gezahlte Gelder oder Weiterzahlung von Gehalt oder Lohn im Sterbemonat. – 2. *Steuerliche Behandlung:* Diese Bezüge gelten als → Arbeitslohn der Empfänger und sind entsprechend deren → Lohnsteuerkarte steuerpflichtig. Werden die Bezüge eines Gnadenvierteljahrs in einer Summe ausgezahlt, beträgt der → Lohnzahlungszeitraum auch ein Vierteljahr.

Sterbekassen – Einrichtungen, die ihren Mitgliedern (mit oder ohne Rechtsanspruch) ein geringes Sterbegeld bieten, i.Allg. nur zur Deckung der Bestattungskosten. Arbeitsgebiet räumlich (z.B. auf Gemeinde oder Kreis) und/oder personell (auf Angehörige bestimmter Berufsgruppen oder eines Betriebes) eng begrenzt. Beiträge werden meist durch Umlage (→ Umlageverfahren) aufgebracht.

Sterberate → Mortalitätsmaße.

Sterbetafel – 1. *Begriff:* Instrument, mit dem eine vollständige statistische Beschreibung der → Mortalität in einer Bevölkerung möglich ist. Auf der Grundlage von beobachteten Sterbefällen wird die Entwicklung einer konstruierten (Sterbetafel-)Bevölkerung in ihrem gesamten Lebenszyklus dargestellt und veranschaulicht. Daraus lassen sich Aussagen über die Sterbeverhältnisse in den verschiedenen Altersgruppen treffen. Eine Sterbetafel liefert verschiedene logisch abgeleitete und interpretierbare Parameter zur Beschreibung der Mortalität. – 2. *Aufbau:* Die wichtigste Variable bei der Erstellung einer Sterbetafel ist die → Sterbewahrscheinlichkeit q(x). Sie gibt die Wahrscheinlichkeit an, mit der eine Person im Alter x vor Erreichen des Alters x+1 stirbt. Die Sterbewahrscheinlichkeit wird aus der Anzahl der Sterbefälle im Alter x dividiert durch die Zahl der Personen, die das Alter x erreicht haben, berechnet. Aus den Werten für q(x) lassen sich als inverse Größen unmittelbar die Überlebenswahrscheinlichkeiten p(x) ableiten. Es gilt: p(x) = 1 - q(x). Die eigentliche Sterbetafelfunktion l(x) gibt die Anzahl der Personen an, die ausgehend von einem Anfangsbestand l(0) (Radix) das Alter x vollendet haben. Zu beachten ist, dass es sich bei den Werten von l(x) nicht um tatsächlich beobachtete Individuen handelt. Ausgehend von l(0) = 100.000 lassen sich die weiteren Werte wie folgt berechnen: l(1) = 100.000 * p(0) = 100.000 * (1-(q(0)) = 100 000 * 0.99587 = 99.587, l(2) = 99.587 * p(1) = 99.587 * (1-(q(1)) = 99.587 * 0,99966 = 99.553, usw. Allgemein dargestellt ergibt sich: l(x) = l(x-1) * p(x-1). Der Parameter L(x) bezeichnet die von der Sterbetafelbevölkerung im Alter x durchlebten Jahre. Das bedeutet, dass jedes Mitglied der Sterbetafel, das von Alter x bis Alter x+1 überlebt hat, exakt ein Jahr zu diesem Wert beiträgt. Die Aufsummierung dieser L(x)-Werte ergibt alle von der Sterbetafelbevölkerung durchlebten Personenjahre. Wird der aufsummierte Wert durch den Ausgangswert von 100.000 dividiert, ergibt sich die → Lebenserwartung bei der Geburt, bezeichnet als e(0). Entsprechend kann die fernere Lebenserwartung im Alter x berechnet werden. – 3. *Arten:* Es gibt zwei grundsätzliche Arten von Sterbetafeln. Zum einen handelt es sich um die → Periodentafel (Querschnittstafel), die von den beobachteten altersspezifischen Mortalitätsverhältnissen eines bestimmten Beobachtungszeitraums ausgeht, zu denen 100 oder mehr verschiedene, im Beobachtungszeitraum noch lebende Geburtenjahrgänge beitragen. Der auf diese Weise dargestellte Lebensverlauf einer Geburtskohorte (siehe Spalte l(x) der Sterbetafel) muss als fiktiv bezeichnet werden, spiegelt aber das in diesem Zeitraum aktuell zugrundeliegende Sterblichkeitsgeschehen wider. Zum anderen handelt es sich um die → Generationentafel (Längsschnitttafel), die auf den Mortalitätsverhältnissen eines einzigen Geburtsjahrgangs beruht. Um den gesamten Lebensablauf einer Generation exakt nachbilden zu können, bedarf es allerdings der Daten über einen Zeitraum von rund 100 Kalenderjahren. – 4. *Anwendung in der Versicherungspraxis:* Sterbetafeln dienen der Berechnung der mittleren Lebenserwartung der Versicherten bzw. der Antragsteller und sind damit die wichtigsten Grundlagen für die → Prämienkalkulation in der → Lebensversicherung und in der privaten Krankenversicherung (PKV).

Sterbetafelbevölkerung – die einer → Sterbetafel zugrunde liegende (hypothetische) Bevölkerung, aus deren Entwicklung die Sterbewahrscheinlichkeiten gewonnen werden.

Sterbevierteljahr – umgangssprachliche Bezeichnung für die in der gesetzlichen → Rentenversicherung in den ersten drei Monaten nach dem Tod des Versicherten zu zahlende Witwen-/Witwerrente. Während des Sterbevierteljahres erhält die Witwe (oder der Witwer) Rente in Höhe der Rente des Versicherten ohne Kinderzuschuss. Der Rentenartfaktor beträgt bei der kleinen und großen Witwenrente bis zum Ende des dritten Kalendermonats 1,0; anschließend bei der kleinen Witwen-/Witwerrente 0,25 und bei der großen Witwen-/Witwerrente 0,6 (§ 67 SGB VI).

Sterbewahrscheinlichkeit – 1. *Begriff:* Wahrscheinlichkeit, mit der eine bestimmte Person in einem vorgegebenen Zeitraum durch Tod aus einem Personenkollektiv ausscheidet. – 2. *Merkmale:* Sterbewahrscheinlichkeiten sind in der Personenversicherung und Altersversorgung die wichtigsten Ausscheidewahrscheinlichkeiten. Sie werden – üblicherweise normiert auf den Zeitraum von einem Jahr – für unterschiedliche Grundkollektive ermittelt, wie z.B. die Gesamtbevölkerung eines Landes, die sozialversicherungspflichtige Bevölkerung, die Belegschaft eines Unternehmens, einen Versichertenbestand, die Mitglieder eines Berufsstands. Sterbewahrscheinlichkeiten werden ferner mindestens differenziert nach Altersklassen und Geschlecht erhoben. Manchmal treten weitere Unterscheidungsmerkmale hinzu, etwa das Rauchverhalten, die zurückgelegte Dauer eines Versicherungsvertrags nach einer Gesundheitsprüfung etc. Die einjährige Sterbewahrscheinlichkeit q_x eines x-jährigen steht mit der einjährigen Erlebenswahrscheinlichkeit p_x in dem Zusammenhang $q_x + p_x = 1$. – 3. *Modell:* Bei der Herleitung von Sterbewahrscheinlichkeiten werden zunächst

„rohe Sterbewahrscheinlichkeiten" aus den relativen Häufigkeiten von Todesfällen in den nach den gewählten Differenzierungskriterien in Zellen aufgeteilten Grundkollektiven geschätzt. Da bei vielen Grundkollektiven einzelne Zellen nur schwach oder gar nicht besetzt sind, werden diese Rohdaten anschließend durch Glättungs- und Extrapolationsverfahren modifiziert. Die so gewonnenen Werte können als „best estimate"-Schätzer für die Sterbewahrscheinlichkeiten gelten. Sie werden häufig als „Sterbewahrscheinlichkeiten 2. Ordnung" bezeichnet, da sie in einem Versichertenkollektiv naturgemäß erst nach Abschluss von Verträgen, deren Kalkulation „Sterbewahrscheinlichkeiten 1. Ordnung" zugrunde lagen, ermittelt werden können. Die für künftige Vertragsabschlüsse verwendeten „Sterbewahrscheinlichkeiten 1. Ordnung" werden aus den „Sterbewahrscheinlichkeiten 2. Ordnung" durch Addition von Sicherheits- und Schwankungszuschlägen abgeleitet, deren Höhe von der Größe des Kollektivs und der Art des betriebenen Geschäfts abhängt. – 4. *Anwendungsbereiche:* Sterbewahrscheinlichkeiten sind die wesentliche statistische Grundlage der Prämien- und Reservekalkulation in der Lebens- und Rentenversicherung (siehe auch → Nettoprämie, Deckungsrückstellung). – 5. *Probleme:* Sterbewahrscheinlichkeiten sind keine Naturkonstanten. Sie werden von äußeren Rahmenbedingungen beeinflusst und ändern sich daher im Zeitablauf. In den meisten westlichen Ländern waren die Änderungen so gravierend, dass die Lebenserwartung im vergangenen Jahrhundert jedes Jahr im Schnitt um etwa zwei bis drei Monate gestiegen ist. Um verlässliche Kalkulationsgrundlagen für Rentenversicherungsverträge mit manchmal über 70-jährigen Vertragsdauern zu erhalten, ist eine Schätzung der weiteren Trendentwicklung notwendig. Siehe auch → Sterbetafeln. – 6. *Verwandte Begriffe:* Erlebenswahrscheinlichkeit, → Lebenserwartung, Langlebigkeit.

Sterbeziffer → Mortalitätsmaße.

Sterblichkeit → Mortalität, → Mortalitätsmaße.

Sterilisierung – *Neutralisierung;* seitens der → Zentralbank unternommener Versuch, die Geldmengenwirkung einer im Zuge von Devisenmarktinterventionen entstehenden Zu- oder Abnahme der → Devisenreserven durch eine Offenmarktpolitik ganz oder teilweise zu kompensieren. Tritt oft bei der Aufrechterhaltung eines Systems mit → fixen Wechselkursen auf, wenn die → Zentralbank → Devisenreserven verkaufen muss, zugleich aber eine monetäre Kontraktion vermeiden will. Dadurch wird der vom → monetären Ansatz zur Zahlungsbilanztheorie betonte Prozess der Erreichung einer ausgeglichenen → Leistungsbilanz verzögert. Der Sterilisierung sind allerdings Grenzen gesetzt. Noch am leichtesten möglich ohne → internationale Kapitalmobilität, sogar kurzfristig völlig unmöglich bei perfekter → Kapitalmobilität. – Vgl. auch → Zahlungsbilanzausgleich, → Portfolio-Ansatz.

Stern-Netzwerk → Netzwerktopologie.

Stern-Report – Der „Stern Review on the Economics of Climate Change" (Stern-Report) wurde 2006 im Auftrag der britischen Regierung von Nicholas Stern erstellt und betrachtet die wirtschaftlichen Aspekte und Folgen des → Klimawandels.

stetiges Merkmal – in der Statistik Bezeichnung für ein → Merkmal, bei dem mehr als abzählbar unendlich viele mögliche Ausprägungen vorkommen können oder zumindest denkbar sind. – *Beispiele:* Länge, Gewicht, Zeitdauer. – Wegen der in der Praxis immer beschränkten Messgenauigkeit bleibt ein stetiges Merkmal *theoretische Modellvorstellung.* – *Gegensatz:* → diskretes Merkmal.

Stetigkeitskorrektur – in der Statistik bei der → Approximation einer diskreten durch eine stetige → Verteilung die geeignete Korrektur der Bereichsgrenzen bei der Ermittlung von → Wahrscheinlichkeiten um 0,5 Einheiten zur Verbesserung der Approximation. Z.B. wird, falls die Voraussetzungen vorliegen, der Wert der → Verteilungsfunktion der → Binomialverteilung bei der (ganzzahligen) → Ausprägung x durch den Wert der entsprechenden → Normalverteilung an der Stelle x + 0,5 angenähert.

Steuer → fiskalische Besteuerung, → nicht fiskalische Besteuerung, → Steuern.

Steuerabgrenzung → Abgrenzungsposten für aktive latente Steuern.

Steuerabwehr – 1. *Begriff:* Sammelbegriff für alle Formen der sich an verschiedenen Stellen des Wirtschaftskreislaufs abspielenden Bemühungen von Steuerpflichtigen, einer ihnen auferlegten Steuer wirksam zu begegnen. – 2. *Formen:* a) *Rechtswidrige Formen:* → Steuerhinterziehung, → Steuerumgehung. – b) *Rechtlich zulässige Formen:* → Steuerausweichung (Steuervermeidung), → Steuereinholung, → Steuerüberwälzung.

Steuerabzug – *Quellenabzug;* bes. Erhebungsform der → Abzugsteuern. Der Steuerabzug ist die steuertechnische Durchsetzung des Quellenprinzips. Die Einkommensteuer ist grundsätzlich eine Veranlagungssteuer. In gewissen Fällen wird statt der → Veranlagung jedoch ein Steuerabzug an der Quelle durchgeführt und zwar bei der → Lohnsteuer durch den Arbeitgeber, bei der → Kapitalertragsteuer durch den Schuldner, bei der Bauabzugssteuer durch den Auftraggeber sowie in bestimmten Fällen der → beschränkten Steuerpflicht. *Mit der Unternehmensteuerreform 2008* wurde zum 1.1.2009 eine sog. Abgeltungsteuer für bestimmte Einkünfte aus Kapitalvermögen eingeführt. Der Steuersatz beträgt einheitlich 25 Prozent. Mit der Einführung der Abgeltungsteuer sind die im Ausland gezahlten Steuern maximal in Höhe von 25 Prozent auf die inländische Einkommensteuer anrechenbar (§ 32d V EStG). Die bisher länderbezogene Anrechnung (per country limitation) kommt in diesen Fällen nicht mehr zu Anwendung.

Steueranmeldung – 1. *Begriff:* Die Steueranmeldung ist eine → Steuererklärung, in der der → Steuerpflichtige die Steuer selbst zu berechnen hat (§ 150 I Satz 3 AO). Steueranmeldungen sind nach den jeweiligen Einzelsteuergesetzen u.a. vorgesehen für (1) die Umsatzsteuer (§ 18 I und III UStG), (2) die Lohnsteuer (§ 41a I EStG), (3) die Kapitalertragsteuer (§ 45a I EStG), (4) die Bauabzugssteuer (§ 48a I EStG), (5) die Aufsichtsratsteuer (§ 50a I-III EStG), (6) die Steuer für Vergütungen an beschränkt Steuerpflichtige nach § 50 a IV-VII EStG, (7) die Versicherungssteuer (§ 8 I 1 VersStG), (8) die Wettsteuer (§ 18 RennwLottAB) und (9) die Feuerschutzsteuer (§ 8 FeuerSchStG). – 2. *Wirkungen:* Eine Steueranmeldung mit einer Zahllast steht einer Steuerfestsetzung unter Vorbehalt der Nachprüfung (→ Vorbehaltsfestsetzung) gleich (§ 168 Satz 1 AO). Führt die Steueranmeldung zu einer Herabsetzung der Steuer oder einer Steuervergütung bzw. einem Erstattungsanspruch, wirkt die Steueranmeldung erst dann als Vorbehaltsfestsetzung, wenn die Finanzbehörde zustimmt (§ 168 Satz 2 AO). Bis dahin ist die Steueranmeldung als Antrag auf Steuerfestsetzung anzusehen. Soweit die Finanzbehörde von den Angaben in der Steueranmeldung abweichen will, ist der Erlass eines Steuerbescheids erforderlich (§ 167 I AO).

Steueranpassungsgesetz → Abgabenordnung (AO).

Steueranspannung – Intensität, mit der die öffentlichen Aufgabenträger die ihnen zugewiesenen Steuerquellen ausschöpfen. Abhängig von: (1) Höhe des → Steuertarifs; (2) Höhe des Steuerhebesatzes (bei manchen Steuerarten, z.B. Gewerbe- und Grundsteuer); (3) Abgrenzung der → Bemessungsgrundlage; (4) Art und Ausmaß gewährter Steuerermäßigungen und Steuerbefreiungen; (5) Intensität der Steuerkontrollen und Sanktionierung von Steuervergehen und -verstößen. – Bei der Ausgestaltung des → Finanzausgleichs sind Finanzkraftunterschiede aufgrund unterschiedlicher Steueranspannung zu eliminieren, z.B. indem mit fiktiven Einnahmen gerechnet wird.

Steueranstoß – Steueränderung, die Verhaltensänderungen bei den Besteuerten auslöst. – Vgl. auch → Steuerwirkungen, → Signalwirkungen.

Steuerarrest → Arrest.

Steuerarten – die einzelnen → Steuern, die insgesamt das → Steuersystem bilden. – In der *Bundesrepublik Deutschland* gibt es ca. 30 verschiedene Steuerarten. – Vgl. auch → Steuerartendependenzen, → Steuerarteninterdependenzen.

Steuerartendependenzen – einseitige Beeinflussungen bestimmter → Steuerarten durch andere. Die wichtigsten Beispiele im dt. Steuerrecht sind bzw. waren bei der Gewerbesteuer zu finden: (1) die frühere Abzugsfähigkeit der ehemalig erhobenen Gewerbekapitalsteuer von der Bemessungsgrundlage der Gewerbeertragsteuer. (Dieses Beispiel ist inzwischen durch Abschaffung der Gewerbekapitalsteuer entfallen), (2) die Abhängigkeit der Gewerbeertragsteuer vom Begriff des gewerblichen Gewinns bei der Einkommen- und Körperschaftsteuer (existiert auch heute noch, § 7 GewStG). – *Gegensatz:* → Steuerarteninterdependenzen.

Steuerarteninterdependenzen – gegenseitige Abhängigkeiten und Beeinflussungen der → Steuerarten untereinander, z.B. Einkommen- und Kirchensteuer (die Kirchensteuer ist abhängig von der Einkommensteuer, da sie je nach Land ca. 8–9 Prozent der Einkommensteuerschuld beträgt; die Einkommensteuer wird durch die Kirchensteuer beeinflusst, da die gezahlte Kirchensteuer als Sonderausgabe den Gesamtbetrag der Einkünfte mindert). – *Gegensatz:* → Steuerartendependenzen.

Steueraufkommen – 1. *Begriff:* Summe der Einnahmen der öffentlichen Hand aus den einzelnen → Steuern in einer bestimmten Periode (Rechnungsjahr, Kalenderjahr etc.). Steueraufkommen in der Bundesrepublik Deutschland: vgl. unter den einzelnen Steuerarten. – 2. *Verteilung des Steueraufkommens:* → Steuerertragshoheit. – 3. *Anteile der Gebietskörperschaften am Steueraufkommen:* a) *Bund:* 2007: 42,8 Prozent, 2006: 41,7 Prozent, 2002: 43,5 Prozent, 2000: 42,5 Prozent, 1995: 45,0 Prozent, 1990: 48,7 Prozent, 1985: 47,2 Prozent, 1980: 48,3 Prozent. – b) *Länder:* 2007: 39,6 Prozent, 2006: 39,9 Prozent, 2002: 40,4 Prozent, 2000: 40,6 Prozent, 1995: 38,5 Prozent, 1990: 34,3 Prozent, 1985: 35,3 Prozent, 1980: 34,8 Prozent. – c) *Gemeinden:* 2007: 13,5 Prozent, 2006: 13,8 Prozent, 2002: 11,9 Prozent, 2000: 12,2 Prozent, 1995: 11,7 Prozent, 1990: 13,3 Prozent, 1985: 14,1 Prozent, 1980: 14,0 Prozent. – d) *EU:* 2006: 4,5 Prozent, 2002: 4,2 Prozent, 2000: 4,7 Prozent, 1990: 3,8 Prozent, 1985: 3,5 Prozent, 1980: 2,9 Prozent. – Vgl. auch → Finanzausgleich.

Steueraufsicht – zollamtliche Überwachung (1) des Warenverkehrs über die Grenze und in den Freizonen und Freilagern; (2) der Gewinnung und Herstellung, Lagerung, Beförderung und gewerblicher Verwendung verbrauchsteuerpflichtiger Waren; (3) des Handels mit verbrauchsteuerpflichtigen Waren; (4) der Weiterverwendung von Waren in einem Verbrauchsteuerverfahren; (5) der Herstellung und Ausfuhr von Waren, für die ein Erlass, eine Erstattung oder Vergütung von Verbrauchsteuer beansprucht wird (§ 209 AO). Durchführung der Steueraufsicht grundsätzlich durch → Nachschau, bes. Aufsichtsmaßnahmen sind möglich (§ 213 AO).

Steuerausgleichskonto – Konto, auf dem Bewertungsunterschiede zwischen → Handelsbilanz und → Steuerbilanz (Mehr- oder Wenigergewinne) gesammelt werden und das in die Passivseite der Steuerbilanz eingestellt wird, solange die steuerlichen Gewinne die Gewinne der Handelsbilanzen übersteigen. Das Steuerausgleichskonto hat Rücklagencharakter (zusätzliches Eigenkapital in der Steuerbilanz) und gleicht sich spätestens bei Auflösung der

Unternehmung aus, da es sich bei den Unterschieden zwischen Handels- und Steuerbilanz nur um Gewinnverlagerungen handelt. – Vgl. auch → Mehr- und Wenigerrechnung, → latente Steuern.

Steueraushöhlung – 1. *Begriff:* Durch → Ertragsteuern wird der für die Einkommensbesteuerung zur Verfügung stehende Wertestrom „ausgehöhlt", da das Steuersystem häufig aus solchen Steuern besteht, die in Ertrags- und Einkommensentstehungssphäre desselben Wertestromes im Wirtschaftskreislauf ansetzen. – Im dt. Steuersystem bewirken dies Gewerbe-, Grund- und Körperschaftsteuer auf thesaurierte Gewinne. – 2. *Probleme durch Steueraushöhlung:* a) Die *Ertragshoheit* der → Gebietskörperschaften wird in unterschiedlicher Weise berührt und verändert: Grund- und Gewerbesteuer stehen den Gemeinden zu, Körperschaftsteuer Bund und Ländern gemeinsam, demgegenüber werden von der Steueraushöhlung nur Bund und Länder betroffen; die Einkommensteuer steht Bund und Ländern gemeinsam zu, wobei die Körperschaftsteuer einen Teil der Steueraushöhlung ausgleicht. – b) Die Möglichkeiten der *steuerlichen Lastverteilung* nach der Leistungsfähigkeit werden eingeschränkt: Je mehr Ertragsteuern in einem Steuersystem bestehen, desto „unpersönlicher" wird die Steuerlast verteilt, desto geringere Möglichkeiten verbleiben der Einkommensteuer, da allein sie die Merkmale der individuellen steuerlichen Leistungsfähigkeit berücksichtigen kann. – Vgl. auch → Gemeinschaftsteuern, → Leistungsfähigkeitsprinzip, → Ertragsbesteuerung, → Einkommensbesteuerung, → Finanzhoheit, → Steuerhoheit.

Steuerausländer – 1. eine nicht amtliche Bezeichnung für einen beschränkt Steuerpflichtigen. Beschränkt Steuerpflichtige haben ihren → Wohnsitz und → gewöhnlichen Aufenthalt außerhalb Deutschlands und sind daher zumeist Ausländer. – 2. *Ausländische Arbeitgeber:* Arbeitgeber, die im Inland keinen Wohnsitz, gewöhnlichen Aufenthalt, Geschäftsleitung, Sitz, Betriebstätte oder ständigen Vertreter haben, müssen keine Lohnsteuer einbehalten, wenn ihre Arbeitnehmer im Inland beschäftigt sind (§ 38 I Satz 1 EStG). – *Ausnahme:* ausländische Arbeitgeber, die im Inland gewerbsmäßige → Arbeitnehmerüberlassung betreiben. – 3. *Ausländische Arbeitnehmer:* grundsätzlich im Staat ihrer Tätigkeit steuerpflichtig; Sonderregelung für → Grenzgänger vorhanden. – 4. *Harmonisierung:* Erwägungen zur Harmonisierung der Besteuerung von Grenzgängern haben nach dem sog. Schumacher-Urteil des Europäischen Gerichtshofs (1995) an Bedeutung verloren. – 5. *Deutsche Steuerpflichtige als Steuerausländer im Ausland:* Besteuerung richtet sich im Ausland nach dortigen Vorschriften. Nach dem sog. Auslandstätigkeitserlass können die obersten Finanzbehörden der Länder die auf ausländische Einkünfte (kein Doppelbesteuerungsabkommen) entfallende dt. Einkommensteuer unter bestimmten Voraussetzungen mit Zustimmung des Bundesministers der Finanzen erlassen, unabhängig davon, ob und inwieweit der ausländische Staat tatsächlich besteuert. Der Arbeitgeber wird insoweit vom Steuerabzug vom Arbeitslohn entbunden. Das ändert dann freilich nichts daran, dass die betreffenden Steuerpflichtigen am ausländischen Einsatzort die dortige Steuer weiter zu zahlen haben werden.

Steueraussetzung – 1. Sammelbezeichnung für Aussetzung der → Steuerfestsetzung, der Vollziehung und der → Vollstreckung. – 2. Bei den Verbrauchsteuern schließt die Steueraussetzung auch den Aufschub der Entstehung der Steuer mit ein.

Steuerausweichung – *Steuervermeidung, Steuerevasion;* rechtlich zulässige Form der → Steuerabwehr durch bewusste Unterlassung der Verwirklichung steuerbegründender oder -erhöhender Sachverhalte sowie durch Erfüllung steuermindernder Tatbestände. – 1. *Unternehmer* passen ihr Erzeugnis der Steuerbemessungsgrundlage an (z.B. Hubraum bei der Herstellung von Kraftfahrzeugen), ändern die Unternehmensform (gegen Körperschaft- bzw. Einkommensteuer) oder den Standort (bei erheblichen Unterschieden in der örtlichen Gewerbesteuer), unterlassen mögliche Mehrleistung oder treiben betriebswirtschaftlich nicht gerechtfertigte Aufwendungen, etwa bei der Werbung (gegen übersteigerte Spitzensätze der Einkommensteuer). – 2. *Haushalte* vermeiden Steuern u.a. durch Konsumeinschränkung oder -verlagerung bei exzessiver → Verbrauchsbesteuerung (z.B. von Kaffee, Tabakwaren, Benzin). – 3. *Erwerbstätige mit höherem Einkommen* unterlassen Mehrarbeit, Ehepaare vermeiden Doppelverdienst bei progressiver Einkommensbesteuerung, Kirchenaustritt zur Vermeidung der Kirchensteuer. – *Anders:* → Steuerumgehung.

Steuerbarkeit → Disponierbarkeit.

steuerbefreite Wirtschaftsgüter – Wirtschaftsgüter, die nach den Vorschriften des Vermögensteuergesetzes oder anderer Gesetze von der → Vermögensteuer befreit waren.

Steuerbefreiungen – Ausnahmen von einer grundsätzlich bestehenden → Steuerpflicht. Bestimmte Tatbestände werden aufgrund persönlicher *(subjektive bzw. persönliche Steuerbefreiungen)* oder sachlicher *(objektive bzw. sachliche Steuerbefreiungen)* Voraussetzungen von der Besteuerung ausgenommen. Da die Steuerbefreiungen auf jeweils normierten Tatbeständen basieren, gibt es keine einheitliche Regelung; vgl. bei den einzelnen Steuerarten. – Vgl. auch → steuerbegünstigte Zwecke.

steuerbegünstigter Wohnungsbau → Wohnungsbau.

steuerbegünstigtes Sparen – I. Begriff: Freiwilliges Sparen, für das Steuervergünstigungen gewährt werden. Die Vergünstigung besteht in der Abzugsmöglichkeit als → Sonderausgaben, in der Gewährung von Prämien bzw. Zulagen oder in Steuerermäßigungen.

II. Sonderausgabenabzug: Beiträge zu Kapitallebensversicherungen („Altverträge" bis 1.1.2005) sind im Rahmen der Höchstbeträge als Sonderausgaben abzugsfähig (→ Vorsorgeaufwendungen). Darüber hinaus sind die während der mind. zwölfjährigen Laufzeit einer Kapitallebensversicherung auflaufenden außerrechnungsmäßigen und rechnungsmäßigen Zinsen auf die Sparanteile nicht steuerpflichtig (§ 20 I Nr. 6 EStG). Bei „Neuverträgen" - ab dem 1.1.2005 mit Inkrafttreten des → Alterseinkünftegesetzes (AltEinkG) - werden die Versicherungserträge über einen bestimmten Zeitraum stufenweise steuerpflichtig gestellt. Analog hierzu wird der Sonderausgabenabzug in der Ansparphase über einen bestimmten Zeitraum stufenweise reduziert.

III. Prämiengewährung: Der Steuerpflichtige kann die Gewährung einer → Wohnungsbauprämie in Höhe von 8,8 Prozent der geleisteten Beiträge (maximal von 512 Euro, bei Ehegatten maximal von 1.024 Euro jährlich) beantragen, wenn er die diesbezüglichen Voraussetzungen erfüllt, bes. die entsprechenden Einkommensgrenzen nicht überschreitet. Geregelt im Wohnungsbau-Prämiengesetz.

IV. Zulagen: Die Anlage vermögenswirksamer Leistungen der Arbeitgeber durch den Arbeitnehmer in bestimmten Anlageformen wird durch eine → Arbeitnehmer-Sparzulage in Höhe von - je nach Anlageform - 18 Prozent oder 9 Prozent der Leistungen (maximal von 400 Euro oder 470 Euro jährlich, wiederum je nach Anlageform) prämiert, wenn die Voraussetzungen des *Fünften Vermögensbildungsgesetzes* erfüllt sind, bes. gewisse Einkommensgrenzen nicht überschritten werden. - Vgl. auch → Vermögensbildung der Arbeitnehmer.

V. Steuerermäßigungen: Im Rahmen der Berlin-Förderung (→ Förderung der Wirtschaft von Berlin (West)) wurden Darlehen zur Finanzierung von betrieblichen Investitionen und von Baumaßnahmen im Sinn der §§ 16, 17 BerlinFG durch eine Steuerermäßigung gefördert, die 12 Prozent (§ 16 BerlinFG) bzw. 20 Prozent (§ 17 BerlinFG) der hingegebenen Darlehenssumme, höchstens aber (für Darlehen nach §§ 16, 17 BerlinFG insgesamt) 50 Prozent der Einkommensteuer oder Körperschaftsteuer, die sich ohne die Ermäßigung ergeben würde, betrug. Die Steuerermäßigung nach § 16 BerlinFG konnte für vor dem 1.7.1991, die nach § 17 BerlinFG für vor dem 1.1.1992 gewährte Darlehen in Anspruch genommen werden.

steuerbegünstigte Zwecke - Anknüpfungspunkte für die Gewährung bestimmter → Steuervergünstigungen. - 1. *Arten:* gemeinnützige, mildtätige und kirchliche Zwecke (§§ 51–54 AO; vgl. → gemeinnützige Zwecke). - 2. *Voraussetzungen:* Gewährung nur, wenn die steuerbegünstigten Zwecke durch eine Körperschaft, Personenvereinigung oder Vermögensmasse im Sinn des KStG ausschließlich und unmittelbar verfolgt werden. - 3. *Steuerbefreiungen* wegen der ausschließlichen und unmittelbaren Verfolgung steuerbegünstigter Zwecke sind u.a. vorgesehen: (1) bei der → Körperschaftsteuer (§ 5 I Nr. 9 KStG), (2) bei der früher erhobenen → Vermögensteuer (§ 3 I Nr. 12 VStG), (3) bei der → Gewerbesteuer (§ 3 Nr. 6 GewStG), (4) bei der → Grundsteuer (§ 3 I Nr. 3, 4 GrStG) und (5) bei der → Umsatzsteuer (§ 4 Nr. 18 UStG). - *Anders:* → Steuervergünstigungen.

Steuerbehörden → Finanzverwaltung.

Steuerbelastung als internationaler Standortfaktor

von Prof. Dr. Thomas Egner

I. Charakterisierung

→ Steuern stellen für die Wirtschaftssubjekte negative Erfolgsbeiträge dar, da regelmäßig eine Orientierung an Nettozielgrößen erfolgt. Gesucht werden deshalb (internationale) Investitionsstandorte, die bei gegebener → Investition die minimale Steuerbelastung bzw. die maximale Nachsteuerrendite aufweisen. Der Stellenwert der internationalen Steuerbelastung hängt allerdings von der Art des Investitionsvorhabens ab (gering bei Vertriebsniederlassungen, stark bei Verwaltungsstellen, → Holdinggesellschaften und Finanzierungszentren). Die Steuer wird umso bedeutsamer, je weniger die Tätigkeit an einen lokalen Markt gebunden ist und je leichter sich Aktivitäten ohne größeren Aufwand international verlagern lassen. Steuerbelastungsvergleiche spielen dabei nicht nur bei der Standortwahl von Unternehmen eine Rolle, sie finden zunehmend auch bei Arbeitnehmern mit internationaler Arbeitsplatzsuche sowie in Entsendungsfällen Anwendung.

II. Merkmale

Internationale Steuerbelastungsvergleiche können entweder auf einzelwirtschaftliche Entscheidungen bezogen werden oder Störungen der gesamtwirtschaftlichen Allokation („schädlicher Steuerwettbewerb", „Steuerdumping") aufzeigen. Daneben können auch volkswirtschaftliche Verteilungswirkungen betrachtet werden.

Ein Steuerbelastungsvergleich zur Standortwahl sollte die ausländische und inländische Unternehmensbesteuerung einschließlich gewährter Entlastungsmaßnahmen enthalten. Es ist sowohl die steuerliche Belastung auf Unternehmensebene als auch die Belastung durch den Gewinntransfer an die Gesellschafter zu berücksichtigen. Hierbei lässt sich zwischen der „Inbound-Perspektive“ (ein Ausländer erwägt die Standortwahl im Inland) und der (umgekehrten) „Outbound-Perspektive“ unterscheiden. Die isolierte Betrachtung rein nationaler Sachverhalte ist wenig sinnvoll.

Umfassende Analysen zu Steuerpflicht, Bemessungsgrundlage und Tarif bei allen relevanten Steuerarten sind vorteilhaft gegenüber Untersuchungen, die sich auf ausgewählte Teilaspekte (z.B. Steuertarife) beschränken. Belastungsvergleiche umfassen häufig nur die laufende Besteuerung, obwohl Akquisitionen, Rechtsformwechsel und andere aperiodische Sonderanlässe von hoher Relevanz sein können. Dies gilt insbesondere, wenn spätere Restrukturierungen (z.B. Funktionsverlagerungen) nicht ausgeschlossen werden können und steuerliche Flexibilität einen besonderen Wert erhält. In jüngster Zeit gewinnen neben den Ertragsteuern auch die Erbschaftsteuer und Steuern auf einzelne Produktionsfaktoren (z.B. Energiesteuern) und Branchen (z.B. Bankenabgaben) an Bedeutung.

Eine allgemeingültige Steuerbelastung lässt sich nicht berechnen. Sie wird vielmehr von einer Fülle von Bedingungen (z.B. Rechtsform, Ertragslage, Finanzierung, Ausschüttungsverhalten, Branche, ausgeübte Tätigkeit, Unternehmensgröße) beeinflusst und ist insofern situationsabhängig. Gesucht wird möglichst die Belastung der konkret geplanten Maßnahmen, nicht die Steuerbelastung bestimmter Gruppen von Unternehmen (z.B. ertragreiche thesaurierende Kapitalgesellschaften) oder bestimmter Typen von Investitionen oder gar der Gesamtheit aller Unternehmen (einschließlich Handwerk, Freiberufler). Die für vergangene Zeiträume geltende Besteuerung kann nur Indikator für die künftige Steuerbelastung sein.

Komplexitätserhöhend wirkt sich zudem aus, wenn der Durchführungsweg einer Investition (Rechtsform) noch offen ist, da regelmäßig keine rechtsformunabhängige Besteuerung an den Investitionsstandorten vorliegt. Die gilt sowohl für die Rechtsform des Investors als auch der Investition selbst. In Einzelfällen können auch Zwischengesellschaften – häufig angesiedelt in Drittstaaten - steuermindernd wirken.

Entscheidungsrelevant ist die zusätzliche Steuer, welche mit der Standortwahl ausgelöst wird (Grenzsteuerbelastung), nicht die Durchschnittssteuerbelastung. Häufig bezieht man die Steuerzahlung auf den Gewinn als Bezugsgröße, jedoch beruht dieser auf Bilanzierungskonventionen. Ökonomische Bezugsgrößen der Steuerbelastung wie die interne Rendite oder der Kapitalwert vermeiden dieses Problem.

Für die Standortwahl setzen Unternehmen (einzelwirtschaftliche Betrachtung) oft extrem vereinfachte Steuerbelastungsvergleiche ein: Mehr als 50 Prozent geben an, dass sie sich lediglich von den Steuersätzen leiten lassen. Nur 38 Prozent achten darüber hinaus auf die Bemessungsgrundlage, wobei i.d.R. wiederum lediglich Abschreibungsregeln im Vordergrund stehen. Dies kann zu gravierenden Fehlentscheidungen führen.

III. Methoden

Die Messmethoden für die Steuerbelastung lassen sich in qualitative und quantitative Verfahren einteilen.

1. Qualitative Methoden:

Rechtsnormenvergleiche nehmen eine qualitative Analyse der steuerlichen Standortbedingungen vor. Vollständige Rechtsnormenvergleiche umfassen sowohl die lokale ausländische Besteuerung (z.B. Tarife bei Thesaurierung und Ausschüttung, Substanzsteuern, Quellenbesteuerung, Organschaft, Behandlung von Veräußerungsgewinnen, Abschreibungsregeln, Rückstellungen, Verlustbehandlung, Subventionen) als auch die steuerliche Erfassung grenzüberschreitender Aktivitäten im Heimatland einschließlich der gewährten Entlastungsmaßnahmen (Anrechnung, Freistellung, Verrechnungspreise, Missbrauchsvorschriften, Verständigungsverfahren). Allerdings wird wegen der qualitativen Darstellung weder eine absolute noch eine prozentuale Steuerbelastung errechnet. Nur in Ausnahmefällen kann daher aufgrund besonderer Vorteile (z.B. Steueroasen) oder Nachteile schon ein abschließendes Urteil über die steuerlichen Standortbedingungen gefällt werden. Die qualitativen Rechtsnormenvergleiche stellen für einige quantitative Verfahren eine notwendige Voraussetzung dar.

2. Quantitative Verfahren:

(a) *Steuerquoten* ermitteln sich als Quotient aus einer vergangenheitsbezogenen Steuerlast und einer entsprechenden Bezugsgröße. Auf Makroebene werden Steuerdaten der volkswirtschaftlichen Gesamtrechnung i.d.R. auf das Bruttoinlandsprodukt bezogen. Auf Mikroebene wird die Unternehmensteuerlast in Relation zu buchhalterischen Größen wie den Jahresüberschuss gesetzt (Konzernsteuerquote). Damit werden auf Mikro- und Makroebene zwar Steuerzahlungen erfasst, die sich unter Berücksichtigung des vollständigen, komplexen Steuersystems tatsächlich ergeben haben, allerdings erhält man lediglich die Durchschnittsbelastung für eine Vielzahl unternehmerischer Aktivitäten in der Vergangenheit. Dies kann nicht als Indikator für die Steuerbelastung einer bestimmten einzelwirtschaftlichen Investitionsmaßnahme in der Zukunft dienen. Allerdings können hohe Konzernsteuerquoten Anlass für die Diskussion der Standortfrage geben.

(b) *Tarifvergleiche* bilden die einfachste Form von Steuerbelastungsvergleichen. I.d.R. existieren mehrere Ertragsteuerarten und Ergänzungsabgaben nebeneinander (z.B. GewSt, KSt, ESt, Solz, KiSt), für die eine kombinierte Ertragsbelastung berechnet werden muss. Zudem ist zu beachten, dass nicht alle Steuerarten auf dieselbe Bemessungsgrundlage zurückgreifen. Bei Berücksichtigung von Substanzsteuern ist zu beachten, dass deren relative Bedeutung von der Ertragssituation abhängt. Tarifvergleiche liefern (scheinbar) anschauliche Werte und sind leicht zu erstellen. Sie vernachlässigen jedoch den zeitlichen Gewinnanfall (z.B. Abschreibung), Verlustbehandlung, Investitionsfördermaßnahmen, aperiodische Sonderanlässe usw. und können daher im Einzelfall zu groben Fehlbeurteilungen führen. Dennoch finden sie in der politischen Steuerdiskussion häufig Anwendung, da der Tarifbelastung eine hohe psychologische Bedeutung bei Investitionsentscheidungen zugesprochen wird. Dementsprechend veröffentlicht z.B. das Bundesfinanzministerium regelmäßige derartige Vergleiche.

(c) *Effektivsteuersätze* können als Grenz- und als Durchschnittssteuersätze berechnet werden. Beide Verfahren beziehen sich i.d.R. auf typisierte Investitionsvorhaben und beschränken sich auf die vermeintlich wesentlichen steuerlichen Determinanten (z.B. Abschreibungen). *Effektive Grenzsteuersätze* (EMTR = Effective Marginal Tax Rates) vergleichen die Bruttorendite von Investitionen mit der Nettorendite des Investors nach Steuern. Das Verhältnis beider interner Renditen bestimmt die effektive Steuerbelastung. Damit wird die Steuerwirkung auf eine ökonomische Bezugsgröße bezogen. Allerdings kann das Steuersystem nur in seinen groben Strukturen und nicht mit seinen oft bedeutsamen Sondervorschriften abgebildet werden. *Effektive Durchschnittssteuersätze* (EATR = Effective Average Tax Rates) greifen die Kritik an den effektiven Grenzsteuersätzen, nur die Betrachtung von Marginalinvestitionen zuzulassen, auf und setzen den Vor- und Nachsteuerendwert einer Investition in Beziehung. (d) *Veranlagungssimulationen* beruhen auf der individuellen Planung der beabsichtigten Investitionsaktivitäten. Für jedes Jahr bis zum Planungshorizont wird eine Unternehmensplanung einschließlich Bilanz und Erfolgsrechnung des Unternehmens abgeleitet. Unter Anwendung der Regeln des in- und ausländischen Steuersystems schließt sich die Simulation der Steuerveranlagungen in beiden Ländern an. Dabei wirkt die Steuer als Auszahlung in die Unternehmensplanung zurück. Die Höhe der Steuerbelastung wird daher nicht gesondert ermittelt, sondern sie nimmt indirekt Einfluss auf die unternehmerische Zielgröße, z.B. den erreichten Kapitalwert. Dem Vorteil der umfassenden und genauen Vorgehensweise steht ein hoher Aufwand für die individuelle Planung gegenüber.

IV. Methodenvergleich

Die verschiedenen Methoden weisen Vor- und Nachteile auf. In der nachstehenden Tabelle werden die einzelnen Verfahren anhand von vier Kriterien beurteilt:

(1) Umfang des Belastungsvergleichs: Sinnvoll erscheinen i.d.R. nur diejenigen Verfahren, die neben der Gesellschaftsebene auch die Gesellschafterebene(n) einbeziehen, da der grenzüberschreitende Gewinntransfer auf die Gesellschafterebene durch Doppelbesteuerungsabkommen länderspezifisch geregelt ist.

(2) Typisierung versus Individualisierung: Typisierende Betrachtungen sind i.d.R. nicht in der Lage die Unternehmenssituation sachgerecht abzubilden.

(3) Vergangenheits- versus Zukunftsorientierung: Durch die sich regelmäßig ändernden steuerlichen Rahmenbedingungen ist die Betrachtung von historischen Steuerbelastungen nur selten hilfreich.

(4) Statische versus dynamische Verfahren: Dynamische Verfahren sind vorzuziehen, da sie die zeitliche Struktur der Steuerbelastung berücksichtigen, während statische Verfahren nur zeitpunktbezogene Aussagen liefern.

Aus der Tabelle ist somit z.B. zu entnehmen, dass die Veranlagungssimulation den breitesten Gestaltungsspielraum bietet. Die Anwendung von Steuerquoten lässt nur statische Vergleiche zu, die zudem vergangenheitsbezogen sind. Tarifvergleiche sind stets statisch und lassen nur begrenzt auf den Tarif die Berücksichtigung der individuellen Situation des Unternehmens zu.

V. Grenzen

Die Bedeutung der Besteuerung bei internationalen Standortfragen darf nicht überschätzt werden. Sie stellt nur einen Faktor neben anderen dar, und ist zudem abhängig von denjenigen Faktoren, die die steuerlichen Bemessungsgrundlagen beeinflussen. Daneben hängt die Besteuerung von der konkreten Unternehmenssituation ab, sodass steuerliche Fehlentscheidungen bei unvorhergesehenen Veränderungen der Unternehmensbedingungen nicht ausgeschlossen werden können (günstige steuerliche Regelungen in der Gewinnsituation, aber restriktive Regelungen zur Verlustnutzung). Daneben leidet die Steuerplanung an der fehlenden Konstanz steuerlicher Rahmenbedingungen, sodass über die Regelungen zur Ermittlung der Bemessungsgrundlage und der Steuersätze Unsicherheit herrscht. Dies umfasst nicht zuletzt die Zunahme steuerlicher Maßnahmen gegen Steuerdumping, durch die immer wieder auch Bestimmungen von Doppelbesteuerungsabkommen außer Kraft gesetzt werden („treaty overriding“). Die Wirkung von Steuerbelastungsvergleichen wird auch dadurch eingeschränkt, dass einer rechnerischen Steuerbelastung oft auch empfundene Steuerbelastungen entgegenstehen.

	Verfahren/Kriterium	Tarif-vergleich	Steuerquoten		Effektive		Veranla-gungs-simulation
			micro	macro	Grenz-steuersätze	Durchschnitts-steuersätze	
(1)	Gestaltungsebene	X	X	X	X	X	X
	Gestaltungs- und Gestalterebene	X	-	-	X	X	X
(2)	Typisiert	X	X	X	X	X	X
	Individuell	(X)	-	-	-	-	X
(3)	Vergangenheits-bezogen	X	X	X	X	X	X
	Zukunftsbezogen	X	-	-	X	X	X
(4)	Statisch	X	X	X	-	-	X
	Dynamisch	-	-	-	X	X	X

Legende: x = kann in diesem Verfahren berücksichtigt werden; (x) = kann begrenzt berücksichtigt werden; - = kann in diesem Verfahren nicht berücksichtigt werden.

VI. Ausblick

Steuerharmonisierung – zumindest innerhalb der Europäischen Union – könnte die Bedeutung von Steuerbelastungsvergleichen reduzieren. Bisher haben sich die Bestrebungen der EU aber nur auf die indirekten Steuern bezogen und waren lediglich bei der Ermittlung der Bemessungsgrundlagen annähernd erfolgreich. Im Bereich der direkten Steuern wird derzeit an einheitlichen europäischen Gewinnermittlungsvorschriften für körperschaftsteuerpflichtige Unternehmen (common consolidated corporate tax base [CCCTB]) gearbeitet, die in mehreren Staaten der EU tätig sind. Der schnellen Verwirklichung des Projekts stehen aber die nationalen Steuerinteressen der Mitgliedsstaaten entgegen. Die Bedeutung von internationalen Steuerbelastungsvergleichen wird deshalb für absehbare Zeit weiter evident bleiben.

Steuerbelastungsgefühl – subjektives Maß der Steuerlast, das sich aus den objektiven Einkommenseinbußen und aus den subjektiv empfundenen Nutzeneinbußen zusammensetzt. – Beeinflussungsfaktor des → Steuerwiderstands. – Vgl. auch → Steuerillusion.

Steuerbemessungsgrundlage → Bemessungsgrundlage.

Steuerberater – 1. *Begriff/Aufgaben:* Steuerberater leisten nach dem Steuerberatungsgesetz (StBerG) vom 16.8.1961 i.d.F. der Bekanntmachung vom 4.11.1975 (BGBl. I 2735) m.spät.Änd. geschäftsmäßige Hilfe in Steuersachen. Sie haben die Aufgabe, im Rahmen ihres Auftrags ihre Auftraggeber in Steuersachen zu beraten, sie zu vertreten und ihnen bei der Bearbeitung ihrer Steuerangelegenheiten und bei der Erfüllung ihrer steuerlichen Pflichten Hilfe zu leisten. Dazu gehören auch die Hilfeleistung in Steuerstrafsachen und in Bußgeldsachen wegen einer → Steuerordnungswidrigkeit sowie die Hilfeleistung bei der Erfüllung von Buchführungspflichten, die aufgrund von Steuergesetzen bestehen, bes. die Aufstellung von → Steuerbilanzen und deren steuerrechtliche Beurteilung. Die Tätigkeit ist → freier Beruf, kein Gewerbe (§ 33 StBerG). Sie wird häufig im Rahmen von → Steuerberatungsgesellschaften ausgeübt. – 2. *Voraussetzungen:* a) *Prüfung:* (1) Als Steuerberater kann nur *bestellt* werden, wer die Prüfung als Steuerberater bestanden hat oder von dieser Prüfung befreit worden ist (§ 35 I StBerG). (2) Fachliche Voraussetzung für die Zulassung zur Prüfung: (a) Erfolgreicher Abschluss eines wirtschaftswissenschaftlichen oder eines rechtswissenschaftliches Hochschulstudium bzw. Hochschulstudium mit wirtschaftswissenschaftlicher Fachrichtung mit einer Regelstudienzeit von jeweils mind. acht Semestern und eine sich daran anschließende hauptberufliche praktische Tätigkeit von zwei Jahren auf dem Gebiet der von den Bundes- oder Landesfinanzbehörden verwalteten Steuern; oder (b) erfolgreicher Abschluss eines wirtschaftwissenschaftliches oder rechtswissenschaftliches Hochschulstudium oder ein Hochschulstudium mti wirschaftswissenschaftlicher Fachrichtung mit einer Regelstudienzeit von jeweils weniger als acht Semestern und danach eine hauptberufliche praktische Tätigkeit von drei Jahren; (c) eine Abschlussprüfung in einem kaufmännischen Ausbildungsberuf oder eine gleichwertige andere Vorbildung und eine sich daran anschließende zehnjährige praktische hauptberufliche Tätigkeit auf dem Gebiet der von Bundes- oder Landesfinanzbehörden verwalteten Steuern oder erfolgreiche Prüfung zum geprüften Bilanzbuchhalter oder Steuerfachwirt und anschließende siebenjährige praktische Tätigkeit; (d) siebenjährige Tätigkeit auf dem Gebiet der von Bundes- oder Landesfinanzbehörden verwalteten Steuern als Sachbearbeiter oder in mind. gleichwertiger Stellung als Beamter des gehobenen Dienstes der Finanzverwaltung oder als vergleichbarer Angestellter. (e) Die genannten Tätigkeiten können auch als Teilzeitbeschäftigung ausgeübt werden, diese muss einen Umfang von mind. 16 Wochenstunden haben (§ 36 StBerG). (3) Befreiung von der Prüfung für (a) Professoren, die an einer dt. Hochschule mind. zehn Jahre auf dem Gebiet der von Bundes- oder Landesfinanzbehörden verwalteten Steuern gelehrt haben, (b) ehemalige Finanzrichter mit mind. zehnjähriger Tätigkeit auf dem Gebiet der von Bundes- oder Landesfinanzbehörden verwalteten Steuern, (c) ehemalige Beamte und Angestellte des höheren und gehobenen Dienstes der Finanzverwaltung, der gesetzgebenden Körperschaften, der Gerichte der Finanzgerichtsbarkeit und der obersten Behörden und der Rechnungsprüfungsbehörden von Bund und Ländern bzw. vergleichbare Angestellte mit mind. zehn- bzw. fünfzehnjähriger Tätigkeit auf dem Gebiet der von den Bundes- oder Landesfinanzbehörden verwalteten Steuern (§ 38 StBerG). (4) Die Prüfung erfolgt schriftlich und mündlich. Sie verlangt gründliche Kenntnis des steuerlichen Verfahrensrechts sowie des Steuerstraf- und Steuerordnungswidrigkeitenrecht, der Steuern vom Einkommen und Ertrag, des Bewertungsrechts und einheitswertabhängiger Steuern, der Verbrauch- und Verkehrsteuern, Grundzüge des Zollrechts, Handelsrecht, Grundzüge des Bürgerlichen Rechts, des Gesellschaftsrechts, des Insolvenzrechts und des Rechts der Europäischen Gemeinschaft, Kenntnis von Betriebswirtschaft und Rechnungswesen, Volkswirtschaft und Berufsrecht. Es ist nicht erforderlich, dass sämtliche Gebiete Gegenstand der Prüfung sind (§ 37 StBerG). 3. *Bestellung* (§§ 40–48 StBerG): a) Die Bestellung erfolgt durch Aushändigung einer Urkunde durch die zuständige → Steuerberaterkammer. Sie ist u.a. zu versagen, wenn der Bewerber (1) nicht in geordneten wirtschaftlichen Verhältnissen lebt; (2) infolge strafgerichtlicher Verurteilung die Fähigkeit zur Bekleidung öffentlicher Ämter nicht besitzt; (3) aus gesundheitlichen Gründen dauernd unfähig ist, den Beruf ordnungsgemäß auszuüben; (4) sich so verhalten hat, dass die Besorgnis begründet ist, er werde den Berufspflichten nicht genügen; (5) eine mit dem Beruf unvereinbare Tätigkeit ausübt; (6) die vorläufige Deckungszusage auf den Antrag zum Abschluss einer Berufshaftpflichtversicherung nicht vorlegt (§ 40 II und III StBerG). – b) Vor der Aushändigung hat der Steuerberater die Versicherung abzugeben, dass er seine Pflichten als Steuerberater gewissenhaft erfüllen werde. – c) Die Bestellung erlischt durch Tod, Verzicht, rechtskräftige Ausschließung aus dem Beruf (§ 45 StBerG) oder durch rechtskräftige Rücknahme der Prüfungsentscheidung oder der Entscheidung über die Befreiung von der Prüfung. Sie kann unter bestimmten Voraussetzungen zurückgenommen oder widerrufen werden (§ 46 StBerG). – 4. *Rechte/ Pflichten:* a) Steuerberater haben ihre *Berufsbezeichnung* im beruflichen Verkehr zu führen. Die Führung weiterer Berufsbezeichnungen ist nur zulässig, wenn sie amtlich verliehen worden sind. Zusätze, die auf einen akademischen Grad oder eine staatlich verliehene Graduierung hinweisen, sind erlaubt (§ 43 StBerG). – b) Steuerberater haben ihren Beruf unabhängig, eigenverantwortlich, gewissenhaft, verschwiegen und unter Verzicht auf berufswidrige Werbung *auszuüben.* Sie haben sich jeder Tätigkeit zu enthalten, die mit ihrem Beruf oder dem Ansehen ihres Berufs nicht vereinbar ist. Unvereinbar ist v.a. grundsätzlich eine gewerbliche Tätigkeit oder eine Tätigkeit als Arbeitnehmer (§ 57 StBerG). Ein Steuerberater darf jedoch als Angestellter von anderen Personen oder Personenvereinigungen, die zur Hilfeleistung in Steuersachen befugt sind, tätig werden (§ 58 StBerG). Eine Berufsausübung ist nicht möglich, wenn ein Steuerberater ein öffentlich-rechtliches Dienstverhältnis als Wahlbeamter auf Zeit oder ein öffentlich-rechtliches Amtsverhältnis nicht ehrenamtlich übernommen hat (§ 59 StBerG). Eigenverantwortlich ist nur eine selbstständige Tätigkeit als zeichnungsberechtigter Vertreter eines Steuerberaters, Steuerbevollmächtigten, einer Steuerberatungsgesellschaft sowie als Angestellter im Sinn des § 58 StBerG, wenn damit das Recht der → Zeichnung verbunden ist (§ 60 StBerG). – c) Steuerberater haben ihre *Gehilfen* zur Verschwiegenheit zu verpflichten (§ 62 StBerG). – d) Sie haben die *Ablehnung* eines Auftrags unverzüglich zu erklären (§ 63 StBerG). – e) Die *Vergütung* richtet sich nach der vom Bundesminister der Finanzen erlassenen → Steuerberatergebührenverordnung. Die Höhe der Gebühren darf den Rahmen des Angemessenen nicht übersteigen und hat sich nach Zeitaufwand, Wert des Objekts und Art der Aufgabe zu richten (§ 64 StBerG). – f) Steuerberater haben die *Prozessvertretung* zu übernehmen, wenn sie einer Partei zur vorläufig unentgeltlichen Wahrnehmung der Rechte aufgrund des § 142 FGO beigeordnet sind (§ 65 StBerG). – g) Der Steuerberater muss die Handakten zehn Jahre nach Beendigung des Auftrags *aufbewahren* (§ 66 StBerG). – h) Er hat sich gegen die aus der Berufstätigkeit ergebenden Haftpflichtgefahren angemessen zu *versichern* (§ 67 StBerG). – i) *Ahndung* (§§ 89–94 StBerG): Gegen denjenigen, der seine Pflichten schuldhaft verletzt, wird eine berufsgerichtliche Maßnahme verhängt. Als berufsgerichtliche Maßnahmen sind vorgesehen: Warnung, Verweis, Geldbuße bis zu 50.000 Euro, Berufsverbot für die Dauer von einem bis zu fünf Jahren, Ausschließung aus dem Beruf. Die Verfolgung einer Pflichtverletzung, die nicht die Ausschließung aus dem Beruf rechtfertigt, verjährt in fünf Jahren. Zuständig für die Ahndung sind die ordentlichen

Gerichte (§§ 95–104 StBerG). Für das berufsgerichtliche Verfahren gelten bes. Verfahrensvorschriften (§§ 105–145 StBerG). Gegen den Steuerberater kann u.a. durch Beschluss ein Berufs- oder Vertretungsverbot verhängt werden, wenn dringende Gründe für die Annahme vorhanden sind, dass auf Ausschließung aus dem Beruf erkannt werden wird (§ 134 StBerG). Nach Verkündigung eines solchen Beschlusses darf der Steuerberater seinen Beruf nicht mehr ausüben (§ 139 StBerG), für ihn kann ein Vertreter bestellt werden (§ 145 StBerG). – 5. *Aktuelle Entwicklungen:* Durch das Achte Steuerberatungsänderungsgesetz vom 8.4.2008 (BGBl. I 666) wurde der Berufstand gestärkt, das Berufsrecht der Steuerberater liberalisiert sowie an die Richtlinie über die Anerkennung von Berufsqualifikationen (RL 2005/36/EG) angepasst. Die Novellierung des Steuerberatungsgesetzes sieht insbesondere die Einführung der sog. Syndikus-Steuerberater vor, die neben ihrer Anstellungstätigkeit in Unternehmen nunmehr auch als selbständiger Steuerberater in eigener Praxis tätig sein können (§ 58 Nr. 5a StBerG) Außerdem ermöglicht sie Kooperationen mit Angehörigen aller freien Berufe, Bürogemeinschaften mit Lohnsteuerhilfevereinen und die Gründung einer → Steuerberatungsgesellschaft in Form einer → GmbH & Co. KG (§ 56 StBerG). Auch eine gewerbliche Betätigung kann neben der Steuerberatertätigkeit erlaubt werden, soweit durch die gewerbliche Tätigkeit eine Verletzung von Berufspflichten nicht zu erwarten ist (§ 57 IV Nr. 1 StBerG). Die Organisation der Steuerberaterprüfung ist auf die → Steuerberaterkammern verlagert worden (§§ 35 V, 37b StBerG), die rechtliche Abnahme der Prüfung obliegt hingegen den obersten Landesfinanzbehörden, sodass es bei der Staatlichkeit und Bundeseinheitlichkeit der Prüfung bleibt. Aufgenommen in das Steuerberatungsgesetz ist nunmehr auch die schon vorher bestehende Fortbildungspflicht der Steuerberater (§ 57 IIa StBerG).

Steuerberatergebührenordnung – Steuerberatergebührenverordnung.

Steuerberaterkammer – 1. *Begriff:* Berufskammer der → Steuerberater, → Steuerbevollmächtigten und → Steuerberatungsgesellschaften. Die Steuerberaterkammer ist eine → Körperschaft des öffentlichen Rechts, gebildet von denjenigen, die in einem Oberfinanzbezirk oder einem durch die jeweilige Landesregierung bestimmten Kammerbezirk ihre berufliche Niederlassung haben; Sitz im Kammerbezirk (§ 73 StBerG). Mitglieder sind auch → Steuerberater und → Steuerbevollmächtigte, die bestellt, aber noch keine berufliche Niederlassung begründet haben, oder Mitglieder des Vorstandes, Geschäftsführer oder vertretungsberechtigte persönlich haftende Gesellschafter von Steuerberatergesellschaften (§ 74 StBerG) sind. – 2. *Aufgaben:* a) Berufliche Belange der Steuerberater und -bevollmächtigten zu wahren und zu fördern; Steuerberaterkammern führen die Aufsicht über ihre berufliche Tätigkeit (§ 76 StBerG). – b) Steuerberater und -bevollmächtigte haben in Aufsichts- und Beschwerdesachen vor der Steuerberaterkammer zu erscheinen, wenn sie zur Anhörung geladen werden. Auf Verlangen haben sie Auskunft zu geben und ihre Handakten vorzulegen, wenn sie dadurch ihre Verschwiegenheitspflicht nicht verletzen (§ 80 StBerG). – c) Pflichtverletzungen können durch den Vorstand der Steuerberaterkammer gerügt werden, wenn die Schuld des Mitglieds gering ist und ein Antrag auf Einleitung eines berufsgerichtlichen Verfahrens nicht erforderlich erscheint (§ 81 StBerG). – 3. *Aufsicht:* Landesfinanzminister bzw. Finanzsenator führen die Aufsicht über die Steuerberaterkammern, die ihren Sitz im jeweiligen Land haben (§ 88 StBerG). – 4. *Aktuelle Entwicklungen:* Durch das Achte Steuerberatungsänderungsgesetz vom 8.4.2008 (BGBl. I 666) wurde die Organisation der Steuerberaterprüfung auf die Steuerberaterkammern verlagert. – Vgl. auch → Steuerberater.

Steuerberatungsgesellschaft – 1. *Begriff:* Nach dem Steuerberatungsgesetz (StBerG) vom 16.8.1961 i.d.F. der Bekanntmachung vom 4.11.1975 (BGBl. I 2735) m.spät.Änd. Gesellschaften, die geschäftsmäßig Hilfe in Steuersachen leisten. Sie bedürfen der Anerkennung, die den Nachweis voraussetzt, dass die Gesellschaft von → Steuerberatern verantwortlich geführt wird (§ 50 StBerG). – 2. *Rechtsform:* Als Steuerberatungsgesellschaft können Aktiengesellschaften, Kommanditgesellschaften auf Aktien, Gesellschaften mit beschränkter Haftung, Offene Handelsgesellschaften, Kommanditgesellschaften und Partnergesellschaften anerkannt werden (§ 49 StBerG). – 3. *Voraussetzung für die Anerkennung:* a) Die Mitglieder des Vorstandes, die Geschäftsführer oder die persönlich haftenden Gesellschafter müssen Steuerberater sein. Mind. ein Steuerberater, der Mitglied des Vorstandes, Geschäftsführer oder persönlich haftender Gesellschafter ist, muss seine berufliche Niederlassung am Sitz der Gesellschaft oder in deren Nahbereich haben. Neben Steuerberatern können auch Rechtsanwälte, niedergelassene europäische Rechtsanwälte, Wirtschaftsprüfer, vereidigte Buchprüfer und Steuerbevollmächtigte sowie nach Genehmigung durch die zuständige Steuerberaterkammer bes. befähigte Personen mit einer anderen Ausbildung als in einer der oben in § 36 StBerG genannten Fachrichtungen Mitglieder des Vorstands, Geschäftsführer oder persönlich haftende Gesellschafter einer Steuerberatungsgesellschaft sein. Die Zahl dieser Vorstandsmitglieder, Geschäftsführer und persönlich haftenden Gesellschafter darf die Zahl der Steuerberater im Vorstand, unter den Geschäftsführern oder unten den persönlich haftenden Gesellschaftern nicht übersteigen (§ 50 II–IV StBerG). – b) Bei Aktiengesellschaften oder Kommanditgesellschaften auf Aktien müssen die Aktien auf Namen lauten; die Übertragung muss an die Zustimmung der Gesellschaft gebunden sein (→ vinkulierte Aktien); dasselbe gilt für die Übertragung von Geschäftsanteilen bei einer Gesellschaft mit beschränkter Haftung (§ 50 V StBerG). – c) Voraussetzung für die Anerkennung ist ferner, dass die Gesellschafter ausschließlich Steuerberater, Rechtsanwälte, niedergelassene europäische Rechtsanwälte, Wirtschaftsprüfer, vereidigte Buchprüfer, Steuerbevollmächtigte oder in der Gesellschaft tätige Personen sind, deren Tätigkeit als Vorstandsmitglied, Geschäftsführer oder persönlich haftender Gesellschafter nach § 50 III StBerG genehmigt worden ist (§ 50a I StBerG). – 4. Über die Anerkennung als Steuerberatungsgesellschaft stellt die zuständige Steuerberaterkammer eine *Urkunde* aus (§ 52 StBerG). Als Gebühr für die Bearbeitung des Antrags auf Anerkennung sind an die zuständige Steuerberaterkammer 500 Euro zu zahlen (§ 51 StBerG). – 5. *Bezeichnung:* Die Gesellschaft ist verpflichtet, die Bezeichnung „Steuerberatungsgesellschaft" in die → Firma oder den Namen aufzunehmen (§ 53 StBerG). – 6. Die Anerkennung *erlischt* (§ 54 StBerG) durch Auflösung der Gesellschaft oder Verzicht auf die Anerkennung; außerdem kann die zuständige Steuerberaterkammer die Anerkennung zurücknehmen (§ 55 StBerG), wenn sich nach der Anerkennung ergibt, dass diese hätte versagt werden müssen. Sie hat die Anerkennung zu widerrufen, wenn die Voraussetzungen für die Anerkennung nachträglich fortfallen oder die Steuerberatungsgesellschaft nicht die vorgeschriebene Haftpflichtversicherung unterhält, es sei denn, dass die Steuerberatungsgesellschaft innerhalb einer von der zuständigen Steuerberaterkammer zu bestimmenden Frist den gesetzmäßigen Zustand herbeiführt. – 7. Die Steuerberatungsgesellschaften haben ihre *Berufstätigkeit* unabhängig, eigenverantwortlich, gewissenhaft, verschwiegen und unter Verzicht auf berufswidrige Werbung auszuüben. Auch für sie gelten die Steuerberatergebührenordnung und die Notwendigkeit der Berufshaftpflichtversicherung (§ 72 StBerG). – 8. Die Steuerberatungsgesellschaft und die Mitglieder des Vorstandes, Geschäftsführer und vertretungsberechtigte persönlich haftende Gesellschafter, die nicht Steuerberater oder Steuerbevollmächtigte sind, sind Mitglieder der *Berufskammer der Steuerberater* (→ Steuerberaterkammer), wenn die Steuerberatungsgesellschaft ihren Sitz im Kammerbezirk hat (§ 74 StBerG). Die Vorschriften der Berufsgerichtsbarkeit gelten auch für diese Vorstandsmitglieder, Geschäftsführer oder persönlich haftenden Gesellschafter. An die Stelle der Ausschließung aus dem Beruf tritt die Aberkennung der Eignung, eine Steuerberatungsgesellschaft zu vertreten und ihre Geschäfte zu führen (§ 94 StBerG). – 9. Die Steuerberatungsgesellschaft hat ihre Gehilfen, die nicht selbst Steuerberater oder Steuerbevollmächtigte sind, zur *Verschwiegenheit* zu verpflichten (§ 72 StBerG). – 10. *Aktuelle Entwicklungen:* Durch das Achte Steuerberatungsänderungsgesetz vom 8.4.2008 (BGBl. I 666) ist u.a. die Gründung einer Steuerberatungsgesellschaft in Form einer GmbH & Co. KG möglich. – Vgl. auch → Steuerberater.

Steuerberatungskosten – Aufwendungen für die Beratung in Steuerangelegenheiten. Hierzu gehören auch Kosten für Steuerfachliteratur und Kosten für Einsprüchen gegen Steuerbescheide. Steuerberatungskosten waren, soweit sie nicht → Betriebsausgaben oder → Werbungskosten sind, unbeschränkt als → Sonderausgaben abzugsfähig (§ 10 I Nr. 6 EStG). Seit dem 1.1.2006 sind Steuerberatungskosten nur noch abzugsfähig, sofern es sich um Betriebsausgaben oder Werbungskosten handelt. Die verbleibenden Steuerberatungskosten gelten als privat veranlasst, so dass eine Abzug als Sonderausgaben entfällt. Für beschränkt Steuerpflichtige gelten seit dem Veranlagungszeitraum 2006 die gleichen Regeln wie für unbeschränkt Steuerpflichtige.

Steuerbescheid – der nach § 122 I AO bekannt gegebene → Verwaltungsakt, der eine → Steuerfestsetzung bewirkt, voll oder teilweise von einer Steuer freistellt (→ Freistellungsbescheid) oder einen Antrag auf Steuerfestsetzung ablehnt (§ 155 I AO). – 1. *Form und Inhalt:* Steuerbescheide sind grundsätzlich schriftlich zu erteilen und müssen Art und Betrag der festgesetzten Steuersumme, den Steuerschuldner benennen und eine Rechtsbehelfsbelehrung enthalten (§ 157 I AO). – 2. *Aufhebung* und *Änderung,* solange die → Festsetzungsverjährung nicht eingetreten ist. Durch Aufhebung wird der Steuerbescheid ersatzlos zurückgenommen, durch Änderung in seinem Inhalt partiell verändert. Aufhebung oder Änderung ist bis zur → Festsetzungsverjährung möglich: (1) Bei → offenbarer Unrichtigkeit jederzeit (§ 129 AO); (2) bei einer Steuerfestsetzung unter Vorbehalt, solange der Vorbehalt wirksam ist (§ 164 AO); (3) bei vorläufiger Steuerfestsetzung mit Beseitigung der Ungewissheit (§ 165 AO); (4) bei → Verbrauchsteuern ohne Einschränkungen; (5) bei → Besitzsteuern und → Verkehrsteuern nur nach Maßgabe der §§ 172 ff. AO. Gesamtaufrollung ist nicht zulässig; für die Aufhebung oder Änderung ist die Rechtslage zum Zeitpunkt der ursprünglichen Steuerfestsetzung maßgebend, soweit die Änderung reicht, können dabei auch Rechtsfehler berichtigt werden. Die Korrekturvorschriften gelten u.a. auch für → Steueranmeldungen, → Feststellungsbescheide , → Steuermessbescheide. – 3. *Rechtsbehelf:* Gegen den Steuerbescheid ist der Einspruch gegeben (§ 347 AO).

Steuerbetragstarif → Stufentarif.

Steuerbevollmächtigter – 1. *Begriff:* Steuerbevollmächtigte leisten nach dem Steuerberatungsgesetz (StBerG) vom 16.8.1961 i.d.F. der Bekanntmachung vom 4.11.1975 (BGBl. I 2735) m.spät.Änd. geschäftsmäßig Hilfe in Steuersachen. Sie haben die Aufgabe, im Rahmen ihres Auftrags ihre Auftraggeber in Steuersachen zu beraten, sie zu vertreten und ihnen bei der Bearbeitung ihrer Steuerangelegenheiten und bei der Erfüllung ihrer steuerlichen Pflichten Hilfe zu leisten; auch Hilfeleistungen in Steuerstrafsachen und in Bußgeldsachen wegen einer → Steuerordnungswidrigkeit sowie Hilfeleistung bei der Erfüllung von

Buchführungspflichten, die aufgrund von Steuergesetzen bestehen, bes. die Aufstellung von → Steuerbilanzen und deren steuerrechtliche Beurteilung. Die Tätigkeit ist → freier Beruf, kein Gewerbe (§ 33 StBerG). – 2. *Rechte/Pflichten:* Entsprechend den Vorschriften für → Steuerberater.

Steuerbilanz – I. Grundlagen: 1. *Begriff:* Eine unter Berücksichtigung einkommensteuerlicher Vorschriften aus der → Handelsbilanz abgeleitete Vermögensübersicht. – 2. *Zweck:* Die Steuerbilanz dient Gewerbetreibenden, die aufgrund gesetzlicher Vorschriften verpflichtet sind, Bücher zu führen und regelmäßig Abschlüsse zu machen, oder dies freiwillig tun, der periodischen Gewinn- bzw. Verlustermittlung (vgl. § 5 I EStG) und ist damit *ein* Instrument zur Ermittlung der objektiven wirtschaftlichen Leistungsfähigkeit. Sie bildet u.a. eine Grundlage für die Ermittlung der Bemessungsgrundlagen von → Einkommensteuer bzw. → Körperschaftsteuer und → Gewerbesteuer nach dem Gewerbeertrag. – 3. *Notwendigkeit:* Der → Steuererklärung ist eine Vermögensübersicht beizufügen; entspricht diese Übersicht nicht bereits den steuerlichen Vorschriften (Handelsbilanz = Steuerbilanz), so kann die erforderliche Anpassung der Handelsbilanz an die bilanzsteuerrechtlichen Vorschriften, bes. §§ 4–7g EStG, auch durch Zusätze oder Anmerkungen, z.B. durch eine → Mehr- und Wenigerrechnung, erfolgen; die Aufstellung einer bes. Vermögensübersicht, einer Steuerbilanz, ist nicht erforderlich (§ 60 EStDV). – 4. *Maßgeblichkeitsprinzip:* Für die Steuerbilanz gilt das aus § 5 I EStG abgeleitete → Maßgeblichkeitsprinzip. Danach ist sowohl bei der Bilanzierung (Ansatz dem Grunde nach) als auch bei der Bewertung (Ansatz der Höhe nach) das Betriebsvermögen anzusetzen, das nach den handelsrechtlichen → Grundsätzen ordnungsmäßiger Buchführung (GoB) auszuweisen ist. Das Maßgeblichkeitsprinzip gilt jedoch nur insoweit, als nicht zwingende steuerliche Vorschriften entgegenstehen (Durchbrechung des Maßgeblichkeitsprinzips). – Bei steuerlichen Bilanzierungs- und Bewertungswahlrechten ist infolge des Maßgeblichkeitsprinzips der handelsrechtliche Bilanzansatz verbindlich, wenn er steuerrechtlich zulässig ist.

II. Bilanzierung: 1. *Grundsatz:* Dem Maßgeblichkeitsprinzip entsprechend sind in der Steuerbilanz alle Wirtschaftsgüter des *Betriebsvermögens* auszuweisen, für die handelsrechtlich eine Aktivierungs- oder Passivierungspflicht besteht; handelsrechtliche Aktivierungs- oder Passivierungsverbote sind auch in der Steuerbilanz zu beachten. – 2. *Durchbrechungen:* (1) Nach Auffassung des Großen Senats des Bundesfinanzhofs führen handelsrechtliche Aktivierungswahlrechte zu steuerlichen Aktivierungsgeboten, handelsrechtliche Passivierungswahlrechte hingegen zu steuerlichen Passivierungsverboten. (2) Rückstellungen wegen Patentrechtsverletzungen und Jubiläumsrückstellungen dürfen nur unter einschränkenden Bedingungen in die Steuerbilanz übernommen werden (§ 5 III, IV EStG), Rückstellungen für drohende Verluste aus schwebenden Geschäften dürfen überhaupt nicht angesetzt werden (§ 5 IVa EStG). Darüber hinaus ist es nicht zulässig, Rückstellungen zu bilden für Aufwendungen, die in zukünftigen Jahren einmal zur Aktivierung eines Wirtschaftsgutes führen müssen sowie Aufwendungen in Zusammenhang mit radioaktivem Material (§ 5 IVb EStG).

III. Bewertung: 1. *Bewertungsverfahren:* a) Die Bewertung der Wirtschaftsgüter erfolgt in der Steuerbilanz grundsätzlich durch → Einzelbewertung (§ 6 I EStG). Dabei sind steuerrechtliche Wahlrechte bei der Gewinnermittlung in Übereinstimmung mit der handelsrechtlichen Jahresbilanz auszuüben (§ 5 I 2 EStG). – b) Handelsrechtliche Bewertungsvereinfachungen, wie → Durchschnittsbewertung, → Festwert, → Gruppenbewertung, werden steuerlich anerkannt, soweit sie den → Grundsätzen ordnungsmäßiger Buchführung (GoB) entsprechen. – c) Verbrauchsfolgeverfahren: Nur die Lifo-Methode (→ Lifo) wird anerkannt (§ 6 I Nr. 2a EStG). – 2. *Bewertungsmaßstäbe:* Die Bewertung der einzelnen Wirtschaftsgüter erfolgt in der Steuerbilanz mithilfe der → Anschaffungskosten, der → Herstellungskosten oder des → Teilwerts. – 3. *Bilanzansätze:* Unter Verwendung dieser Bewertungsmaßstäbe ergeben sich für die einzelnen Wirtschaftsgüter folgende Wertansätze: a) Abnutzbare Wirtschaftsgüter des → Anlagevermögens sind mit den Anschaffungs- oder Herstellungskosten, vermindert um die → Absetzungen für Abnutzung (AfA), anzusetzen. Der Ansatz des niedrigeren Teilwerts ist bei einer dauernden Wertminderung möglich (und zwingend), bei einer nur vorübergehenden Wertminderung dagegen nicht mehr möglich (§ 6 I Nr. 1 EStG; Durchbrechung des → Maßgeblichkeitsprinzips). Eine Wertaufholung bis maximal zu den fortgeführten Anschaffungs- oder Herstellungskosten ist notwendig, wenn die Wertminderung entfallen ist (§ 6 I Nr. 1 EStG, §§ 253 V, 280 HGB). – b) Nichtabnutzbare Wirtschaftsgüter des Anlagevermögens und Wirtschaftsgüter des → Umlaufvermögens sind mit den Anschaffungs- oder Herstellungskosten anzusetzen. Der Ansatz des niedrigeren Teilwerts ist auch hier nur noch bei dauernder Wertminderung möglich, dann aber auch zwingend; Wertaufholung bis maximal zu den Anschaffungskosten ist auch hier erforderlich, wenn die Wertminderung entfallen ist (§ 6 I Nr. 2 EStG). – c) → Pensionsrückstellungen sind höchstens mit dem Teilwert anzusetzen, für dessen Berechnung das Gesetz hier bes. Vorgaben macht (§ 6a EStG). – d) Andere Rückstellungen sind mit den Anschaffungskosten bzw. dem höheren Teilwert anzusetzen, d.h. mit dem Aufwand, der bei vernünftiger kaufmännischer Beurteilung nach den Verhältnissen am Bilanzstichtag wahrscheinlich zur Erfüllung notwendig ist. Zusätzlich gelten für Rückstellungen folgende Grundsätze: (1) Für gleichartige Verpflichtungen ist es auf der Grundlage der Erfahrungen der Vergangenheit zu berücksichtigen, wenn wahrscheinlich nur ein Teil wirklich beansprucht werden wird; (2) Sachleistungsverpflichtungen sind mit Vollkosten anzusetzen; (3) Künftige Vorteile, die mit der Verpflichtung zusammenhängen, sind gegenzurechnen; (4) Rückstellungen für Verpflichtungen, die wirtschaftlich durch den laufenden Betrieb entstehen, sind ratierlich anzusammeln; (5) Rückstellungen sind mit 5,5 Prozent abzuzinsen. – e) Rentenverpflichtungen sind mit dem Rentenbarwert zu bewerten. – f) Verbindlichkeiten sind mit den Anschaffungskosten oder dem höheren Teilwert anzusetzen. Als Anschaffungskosten gilt im Regelfall der Rückzahlungsbetrag. – g) Entnahmen und Einlagen sind i.d.R. mit dem Teilwert zu bewerten (§ 6 I Nr. 4 und 5 EStG; dort auch zu Ausnahmen). – h) Aus betrieblichem Anlass unentgeltlich erworbene Wirtschaftsgüter sind mit dem Betrag zu bewerten, den der Erwerber für das einzelne Wirtschaftsgut im Zeitpunkt des Erwerbs hätte aufwenden müssen (§ 6 IV EStG). Wird ein Betrieb, Teilbetrieb oder ein Mitunternehmeranteil unentgeltlich erworben, so ist der Erwerber an die Buchwerte des Rechtsvorgängers gebunden (§ 6 III EStG). – i) Wird ein Wirtschaftsgut von einem Betrieb in einen anderen Betrieb desselben Steuerpflichtigen überführt, bleibt der Buchwert unverändert; sonst ist der Teilwert anzusetzen.

IV. **Steuerbilanzpolitik:** Die bestehenden Bilanzierungs- und Bewertungswahlrechte sind Aktionsparameter der Steuerbilanzpolitik, die im Rahmen der betriebswirtschaftlichen Steuerpolitik auf die zielentsprechende Beeinflussung des Steuerbilanzgewinns gerichtet ist. In Abhängigkeit von den übergeordneten Zielen der Unternehmenspolitik kann das steuerspezifische Bereichsziel „Minimierung der relativen Steuerbelastung" dabei grundsätzlich durch die Minimierung des Barwerts der Steuerzahlungen (Steuerbarwertminimierung) oder durch die Maximierung des Barwerts des nach Abzug der Ertragsteuern verbleibenden Einkommens (Nettogewinnmaximierung) verfolgt werden. – Vgl. auch → Steuerpolitik.

Steuerbilanzpolitik → Bilanzpolitik, → Steuerbilanz.

Steuercontrolling – Anwendung der Konzepte des → Controllings auf die Steuerplanung eines Unternehmens. Sinnvoll ist Steuercontrolling, da die Grundüberlegungen, die von der Unternehmensplanung zum Controlling geführt haben, auch auf die Steuerplanung übertragbar sind; ein spezifisch steuerliches Prognoseproblem resultiert nicht nur aus der Ungewissheit über die steuerliche Beurteilung eines derzeit geplanten Sachverhalts, sondern auch aus der sich durch die Veränderung der steuerlichen Rechtslage im Zeitablauf ergebenden Ungewissheit. Aufgrund der sich permanent verändernden steuerlichen Rahmenbedingungen ist es nicht mehr möglich, eine steuerlich optimale Lösung zu konzipieren, die dann unverändert dauerhaft Bestand hat. Vielmehr machen die permanenten Änderungen der steuerlichen Rahmenbedingungen stets Prüfungen erforderlich, inwieweit eine Anpassung der einmal gefundenen Lösung an die veränderten Rahmenbedingungen zu erfolgen hat. An die Stelle der einmaligen Steuerplanung kann daher ein Steuercontrolling treten, das einmal gefundene Lösungen unter Berücksichtigung der veränderten Rahmenbedingungen permanent fortentwickelt.

Steuerdaten-Übermittlungsverordnung (StDÜV) – Rechtsverordnung vom 28.1.2003 (BStBl. I 162) m.spät.Änd., regelt u.a. die elektronische Übermittlung von → Steuererklärungen und → Steueranmeldungen.

Steuerdelikte → Steuerordnungswidrigkeit, → Steuerstraftat.

Steuerdestinatar – der nach Absicht des Gesetzgebers wirtschaftliche Träger einer Steuer. – *Beispiel:* Bei der → Umsatzsteuer ist der Unternehmer Steuerschuldner, der Verbraucher Steuerdestinatar. Ob der Wille des Gesetzgebers bez. Steuerschuldner und Steuerdestinatar realisiert wird, hängt von der Möglichkeit zur Steuerüberwälzung am Markt ab (→ Steuern).

Steuereinholung – rechtlich zulässige Form der → Steuerabwehr: erhöhte Leistung des Steuerbetroffenen, um einen Ausgleich (Einholung) der Belastung aus Steuerzahlungen zu erzielen (A. Lampe). Während Steuern im Sektor Haushalte i.d.R. Konsumeinschränkungen bewirken, kann eine Steuer im Bereich der Unternehmungen auch gewisse „Anspornwirkungen" auslösen, bes. bei Unternehmen, die kurzfristig ihre Steuerbelastung nicht auf die Abnehmer ihrer Erzeugnisse abwälzen können; sie versuchen deshalb, den durch Steuern eingetretenen Verlust auf dem Weg einer anderweitigen Kostensenkung auszugleichen. – *Anders:* → Steuerausweichung.

Steuereinmaleins – eine von Swift 1728 formulierte Erkenntnis, dass bei einer Verdoppelung des Steuersatzes sich die Einnahmen keineswegs verdoppeln müssen *(Swiftsches Steuereinmaleins)*. Heute als *Steuerertragsgesetz* bezeichnet (der Volks- und Betriebswirtschaft entnommen); es besagt, dass bei einer prozentualen Erhöhung des Steuersatzes der Steuerreinertrag mit einem geringeren Prozentsatz wächst oder sogar zurückgeht. Derartige Steuerausweicheffekte sind bes. bei einkommens- und vermögensabhängigen Steuern oder aufgrund von inflationsbedingten Einkommensverlusten zu erwarten. Bei Steuern auf die Einkommensverwendung werden sie durch Substitutionsvorgänge verursacht. – Vgl. auch → Laffer-Kurve.

Steuereinnahmen → öffentliche Einnahmen.

Steuererfindungsrecht → Steuergesetzgebungshoheit.

Steuererklärung – 1. *Begriff:* Erklärung über steuerlich erhebliche Sachverhalte; mittelbar über die Feststellung der → Besteuerungsgrundlagen oder unmittelbar Grundlage der → Steuerfestsetzung. Steuererklärung, in der der Steuerpflichtige die Steuer selbst zu errechnen hat, ist eine sog. → Steueranmeldung. – 2. *Erklärungspflichtige:* Wer zur Abgabe verpflichtet ist, regeln die Einzelsteuergesetze (§ 149 AO). Erklärungspflichten ergeben sich bes. aus § 25 EStG, § 41a EStG, § 56 EStDV, § 31 KStG, § 18 UStG (→ Umsatzsteuervoranmeldung), § 28 BewG, § 31 ErbStG, § 14a GewStG, § 19 GrEStG. Die Verpflichtung kann sich auch aus einer Aufforderung der Finanzbehörde ergeben. Der Erklärungspflichtige ist regelmäßig der → Steuerpflichtige (§ 33 I AO) sowie die gesetzlichen Vertreter, Vermögensverwalter und Verfügungsberechtigte (§§ 34, 35 AO). – 3. *Form/Inhalt:* Grundsätzlich nach amtlich vorgeschriebenem Vordruck (§ 150 AO), in Ausnahmefällen auch Aufnahme an Amtsstelle (§ 151 AO). Die Steuererklärung ist wahrheitsgemäß nach bestem Wissen und Gewissen abzugeben, nach Maßgabe der Einzelsteuergesetze eigenhändig zu unterschreiben und mit den erforderlichen Unterlagen zu versehen. Unrichtige Steuererklärung ist zu berichtigen (→ Anzeigepflicht). – 4. *Steuererklärung im automatisierten Besteuerungsverfahren:* Zur Erleichterung und Vereinfachung des automatisierten Besteuerungsverfahrens kann das Bundesministerium der Finanzen (BMF) durch Rechtsverordnung mit Zustimmung des Bundesrates bestimmen, dass Steuererklärungen oder sonstige für das Besteuerungsverfahren erforderliche Daten ganz oder teilweise auf maschinell verwertbaren Datenträgern oder durch Datenfernübertragung übermittelt werden können (§ 150 VI AO); vgl. → Steuerdaten-Übermittlungsverordnung (StDÜV). – 5. *Erklärungsfrist:* Wann die Steuererklärung abzugeben ist, richtet sich nach den Einzelsteuergesetzen und § 149 AO. Gegen denjenigen, der seiner Pflicht zur Abgabe nicht fristgemäß nachkommt, kann ein → Verspätungszuschlag festgesetzt werden. Bei Nichtabgabe ist → Schätzung möglich. – 6. Steuererklärung kann durch → Zwangsmittel *erzwungen* werden.

Steuererlass → Erlass von Ansprüchen aus dem Steuerschuldverhältnis. – 1. *Allgemein:* Entsprechend dem Grundsatz der → Gesetzmäßigkeit der Verwaltung müssen entstandene Ansprüche aus dem Steuerschuldverhältnis fristgerecht (d.h. bei Fälligkeit) eingezogen werden. Ein Erlass kommt nur in bes. Ausnahmefällen in Betracht. Er bedarf deshalb gesetzlicher Grundlage. – 2. *Begriff:* Erlass ist der vollständige oder teilweise einseitige Verzicht auf eine Abgabenforderung durch → Verwaltungsakt. Erlass führt zum Erlöschen des betreffenden Anspruchs aus dem Steuerschuldverhältnis (§ 47 AO). Es ist zwischen dem Billigkeits- oder Zahlungserlass im Rahmen des Erhebungsverfahrens und der abweichenden Festsetzung von Steuern im Rahmen des Festsetzungsverfahrens (auch Festsetzungserlass) zu unterscheiden. – 3. *Billigkeitserlass:* Ansprüche aus dem Steuerschuldverhältnis können erlassen oder erstattet werden, wenn ihre Einziehung im Einzelfall unbillig wäre (§ 227 AO). Die Unbilligkeit kann in der Sache selbst (sachliche Unbilligkeit) oder in den persönlichen Verhältnissen des Steuerpflichtigen (persönliche Unbilligkeit) begründet sein. Die Finanzbehörde hat nach pflichtgemäßem Ermessen zu entscheiden. Liegt Unbilligkeit vor, besteht jedoch ein Rechtsanspruch auf Erlass. Die Entscheidung ist in den Grenzen des § 102 FGO gerichtlich nachprüfbar. – a) *Sachliche Unbilligkeit:* Ist anzunehmen, wenn die Besteuerung eines Sachverhalts, der unter einen gesetzlichen Tatbestand fällt, im Einzelfall mit dem Sinn und Zweck des Steuergesetzes nicht vereinbar ist, wenn also der Sachverhalt zwar den Wortlaut des gesetzlichen Tatbestands erfüllt, die Besteuerung aber den Wertungen des Gesetzgebers zuwiderläuft. Es muss also angenommen werden können, dass der Gesetzgeber die zu entscheidende Frage – hätte er sie geregelt – im Sinn der begehrten Billigkeitsmaßnahme entschieden hätte. Umstände, die der Gesetzgeber bei Fassung des Gesetzestatbestands bewusst in Kauf genommen hat, rechtfertigen keinen Erlass aus sachlichen Billigkeitsgründen. Ebensowenig ist ein unanfechtbar gewordener Verwaltungsakt im Erlassverfahren nachprüf- und änderbar. Dies würde eine unzulässige Aushöhlung der → Bestandskraft bedeuten. – b) *Persönliche Billigkeitsgründe* liegen vor, wenn der Steuerpflichtige eines Erlasses bedürftig und würdig ist. – (1) *Erlassbedürftigkeit* ist u.a. dann gegeben, wenn bei Ablehnung des Erlassbegehrens die Existenz des Steuerpflichtigen bzw. der notwendige Lebensunterhalt ernsthaft gefährdet würde und allein durch einen Erlass ausgeräumt werden könnte. Eine Existenzgefährdung scheidet regelmäßig dann aus, wenn die in der sofortigen Einziehung liegende Unbilligkeit durch die Gewährung einer Ratenzahlung (z.B. durch → Stundung oder → Vollstreckungsaufschub) beseitigt werden kann. – Die Unbilligkeit der Steuereinziehung hat der Steuerpflichtige durch eine aktuell erstellte Gegenüberstellung der flüssigen Mittel bzw. Vermögenswerte und der rückständigen bzw. kurzfristig fällig werdenden Verpflichtungen zu jedem Fälligkeitstag (Liquiditäts- und Vermögensstatus) eindeutig und zweifelsfrei darzulegen. – Für die Berücksichtigung persönlicher Gründe ist bei solchen Steuern, die der Steuerpflichtige nur treuhänderisch vereinnahmt bzw. abwälzen kann (wie Lohn- und Umsatzsteuer) regelmäßig kein Raum. – (2) *Erlasswürdigkeit* ist regelmäßig (nur) anzunehmen, wenn der Steuerpflichtige in der Vergangenheit seinen steuerlichen Pflichten insgesamt und ordnungsgemäß nachgekommen ist und alles unternommen hat, das Entstehen von Steuerrückständen zu verhindern bzw. sie zu vermeiden. Der Steuerpflichtige darf also seine mangelnde Leistungsfähigkeit nicht selbst herbeigeführt oder durch sein Verhalten nicht in eindeutiger Weise gegen die Interessen der Allgemeinheit verstoßen haben. – c) *Weitere Voraussetzungen* für einen Billigkeitserlass sind, dass eine evtl. wirtschaftliche Notlage durch die Festsetzung der

Abgaben selbst verursacht worden ist (Kausalzusammenhang), und dass sichergestellt ist, dass die Billigkeitsmaßnahme dem Steuerpflichtigen und nicht evtl. weiteren Gläubigern zugute kommt. – 4. *Abweichende Festsetzung von Steuern aus Billigkeitsgründen:* Voraussetzung für eine abweichende Festsetzung ist, dass die Erhebung der Steuer nach Lage des einzelnen Falles unbillig wäre (§ 163 AO). Wegen des Begriffs der Unbilligkeit vgl. die Ausführungen zu Punkt 3. – Die Steuer kann entweder niedriger festgesetzt werden oder einzelne Besteuerungsgrundlagen, die die Steuer erhöhen, können bei der Festsetzung unberücksichtigt bleiben (§ 163 Satz 1 AO). Bei Steuern vom Einkommen (Einkommen- und Körperschaftsteuer) kann mit Zustimmung des Steuerpflichtigen zugelassen werden, dass einzelne Besteuerungsgrundlagen, die die Steuer erhöhen, erst zu einem späteren Zeitpunkt, Besteuerungsgrundlagen, die die Steuer mindern, schon zu einem früheren Zeitpunkt berücksichtigt werden (§ 163 Satz 2 AO). Die Entscheidung über die Billigkeitsmaßnahme kann mit der Steuerfestsetzung verbunden werden.

Steuererstattung → Steuervergütung.

Steuererstattungsanspruch – öffentlich-rechtlicher Anspruch auf Erstattung des gezahlten oder zurückgezahlten Betrages, wenn eine Steuer, eine → Steuervergütung, ein Haftungsbetrag oder eine → steuerliche Nebenleistung ohne rechtlichen Grund gezahlt oder zurückgezahlt worden ist oder der rechtliche Grund für die Zahlung oder Rückzahlung später wegfällt oder in Sonderfällen nach einem Einzelsteuergesetz eine Steuererstattung vorgesehen ist (§ 37 II AO). Gläubiger des Anspruchs ist derjenige, auf dessen Rechnung die Zahlung bewirkt worden ist. Im Fall der Abtretung, Verpfändung oder Pfändung richtet sich der Anspruch auch gegen den Abtretenden, Verpfänder oder Pfändungsschuldner. Der Erstattungsbetrag ist zu verzinsen (§§ 233a, 236 AO).

Steuerertragsgesetz → Steuereinmaleins.

Steuerertragshoheit – *Steuerertragskompetenz;* Teil der → Steuerhoheit. – 1. *Begriff:* Recht auf das → Steueraufkommen. Die Steuerertragshoheit ist geteilt. Verteilung des Steueraufkommens auf Bund, Länder und Gemeinden festgelegt in Art. 106 GG. – 2. *Ausprägungen:* a) *Originäre Steuereinnahmen:* (1) des *Bundes:* → Finanzmonopol, → Zölle, → Verbrauchsteuern (mit Ausnahmen), → Versicherungsteuer, Abgaben im Rahmen der EU (Abschöpfungen); (2) der *Länder:* → Vermögensteuer (gegenwärtig nicht mehr erhoben), → Erbschaftsteuer, → Kraftfahrzeugsteuer, → Verkehrsteuern (mit Ausnahmen), → Biersteuer, → Spielbankabgabe; (3) der *Gemeinden* und *Gemeindeverbände:* → Grundsteuer, örtliche Verbrauch- und Aufwandsteuer (z.B. Getränkesteuer, Hundesteuer), → Gewerbesteuer, an der jedoch Bund und Länder durch eine Umlage (Gewerbesteuerumlage) beteiligt werden. – b) → Gemeinschaftsteuern, an denen Bund und Länder unterschiedlich hoch beteiligt sind (→ Einkommensteuer, → Körperschaftsteuer und → Umsatzsteuer). – 3. *Aufbau:* Verteilung des → Steueraufkommens nach einem *Mischsystem:* a) *Trennsystem:* Die einzelnen Steuern fließen entweder ausschließlich dem Bund (→ Bundessteuern), den Ländern (→ Landessteuern) oder den Gemeinden (→ Gemeindesteuern) oder in Form der → Gemeinschaftsteuern dem Bund und den Ländern gemeinsam zu. – b) *Verbundsystem:* Die Gemeinden werden am Länderanteil der Gemeinschaftsteuern und der Bund und die Länder an den → Realsteuern beteiligt.

Steuerertragskompetenz → Steuerertragshoheit.

Steuerevasion → Steuerausweichung.

Steuerexport/-import – Begriffe im Zusammenhang mit regionalen Steuerinzidenzanalysen, denen die Fragestellung zugrunde liegt, ob und inwieweit Steuern regional überwälzbar sind. – *Zu unterscheiden:* (1) Steuerexport/-import über die *Leistungsbilanz:* Belastung der Export- bzw. Importgüterpreise, (2) Steuerexport/-import über die *Kapitalbilanz:* Belastung der Faktoreinkommensströme an das Ausland bzw. Inland und (3) Steuerexport/-import durch *Offset:* Abzug einer im Inland bzw. Ausland gezahlten Steuer von einer im Ausland zu zahlenden Steuerschuld oder von der → Bemessungsgrundlage.

Steuerfahndung – *Steuerfahndung (Zollfahndung);* 1. *Verfahren* der Finanzbehörde zur Erforschung von → Steuerstraftaten und → Steuerordnungswidrigkeiten sowie zur Ermittlung der entsprechenden → Besteuerungsgrundlagen und zur Aufdeckung und Ermittlung unbekannter Steuerfälle (§ 208 I AO). Der Steuerfahndung können innerhalb der Zuständigkeit der Finanzbehörden auch andere Aufgaben einschließlich der → Außenprüfung übertragen werden (§ 208 II AO). – 2. *Beamte der* Steuerfahndung haben aufgrund ihrer Sonderaufgaben *erweiterte Befugnisse* zur Sachaufklärung. Sie haben im Strafverfahren wegen Steuerstraftaten dieselben Rechte und Pflichten wie die Behörden des Polizeidienstes nach den Vorschriften der Strafprozessordnung und können dabei bes. Beschlagnahmen, Notveräußerungen und Durchsuchungen anordnen sowie bei einer Durchsuchung die nach Gesetz aufzubewahrenden Geschäftspapiere durchsehen; sie sind Hilfsbeamte der Staatsanwaltschaft (§ 404 AO). – 3. Der *Steuerpflichtige* hat gegenüber der Steuerfahndung → Mitwirkungspflichten, soweit es um die Feststellung von Besteuerungsgrundlagen geht.

Steuerfestsetzung – 1. *Begriff:* Entscheidung der Finanzbehörde über den kraft Gesetzes (§ 38 AO) entstandenen Steueranspruch durch → Steuerbescheid, Konkretisierung des gesetzlich entstandenen Steueranspruchs durch → Verwaltungsakt. Als Steuerfestsetzung gilt auch die volle oder teilweise Freistellung von einer Steuer sowie die Ablehnung eines Antrags auf Steuerfestsetzung. – 2. *Grundsätze:* Steuern werden von der Finanzbehörde grundsätzlich durch

Steuerbescheid festgesetzt (§ 155 I AO). Steuerfestsetzung ist i.d.R. nicht erforderlich, wenn der Steuerpflichtige eine → Steueranmeldung abzugeben hat, bei der Entrichtung der Steuer durch Steuerzeichen oder Steuerstempler (§§ 167, 168 AO) und bei → Fälligkeitsteuern. Steuerfestsetzung ist rechtswidrig, wenn die → Festsetzungsverjährung eingetreten ist (§ 169 I AO). – 3. *Vorbehalt:* Solange der Steuerfall nicht abschließend geprüft ist, können Steuern ohne nähere Begründung unter dem Vorbehalt der Nachprüfung festgesetzt werden (§ 164 AO). Innerhalb der Festsetzungsfrist (→ Festsetzungsverjährung) kann die Steuerfestsetzung aufgehoben oder geändert werden, solange der Vorbehalt wirksam ist. Der Vorbehalt kann jederzeit aufgehoben werden. Die Aufhebung steht einer Steuerfestsetzung ohne Vorbehalt gleich. Er ist aufzuheben, wenn eine → Außenprüfung stattgefunden hat, die zu keiner Änderung der Vorbehaltsfestsetzung geführt hat oder wenn der Steuerfall abschließend geprüft ist. – 4. *Vorläufigkeit:* Wenn objektiv ungewiss ist, ob und inwieweit die Voraussetzungen für die Entstehung einer Steuer eingetreten sind, kann die Steuer insoweit vorläufig festgesetzt oder die Steuerfestsetzung ausgesetzt werden (§ 165 AO), aufgehoben oder geändert werden; bei Beseitigung der Ungewissheit ist die Steuerfestsetzung aufzuheben, zu ändern, für endgültig zu erklären oder nachzuholen (§ 165 II 2 AO). – 5. *Billigkeit:* Wenn die Erhebung der Steuer nach Lage des einzelnen Falles unbillig wäre, können Steuern niedriger festgesetzt werden, einzelne → Besteuerungsgrundlagen unberücksichtigt bleiben oder in andere Besteuerungsperioden verlagert werden (§ 163 AO).

Steuerflucht – Verlegung eines Wohn- oder Unternehmenssitzes ins Ausland mit dem Zweck der Steuerersparnis, eine steuerlich motivierte Kapitalflucht. Maßnahmen gegen die Steuerflucht wurden in Deutschland bereits im Ersten Weltkrieg, später mit der Notverordnung vom 8.12.1931 (Reichsfluchtsteuer) und deren Änderungen von 1934, 1937 und 1942 getroffen. – 1. Die *Reichsfluchtsteuer* bedeutete die grundsätzliche Abkehr vom Prinzip der Freizügigkeit und erfasste alle diejenigen, die zu einem bestimmten Zeitpunkt (31.3.1931) im Reichsgebiet ansässig waren und danach ihren Wohnsitz oder gewöhnlichen Aufenthalt ins Ausland verlegten. – Durch den hohen Steuersatz von 25 Prozent des gesamten steuerpflichtigen Vermögens sollte die Auswanderung steuerkräftiger Personen gestoppt bzw. ein Ausgleich für die künftigen Steuerverluste geschaffen werden. – 2. Heute kommt es zu einer Verlagerung von Einkünften und Vermögen in → Steueroasen, wodurch sich i.d.R. wegen Wegfalls der → unbeschränkten Steuerpflicht in der Bundesrepublik Deutschland und wegen möglicher und erstrebter Ausnutzung des niedrigeren Steuerniveaus in dem ausländischen Staat Vorteile hinsichtlich der Besteuerung ergeben. Diese Vorteile sind allerdings seit 1972 durch das → Außensteuergesetz (AStG) erheblich eingeschränkt und z.T. sogar in ihr Gegenteil verkehrt worden. Durch die Internationalisierung haben sich für die Bekämpfung der Steuerflucht aber auch weitere Probleme ergeben: (1) Die grenzüberschreitende Mobilität von Personen und Kapital ist normaler geworden, das macht es schwerer, eine Abgrenzung zwischen „normalen" Sachverhalten und missbräuchlichem Verhalten, das (nur) der Steuerminimierung dient, zu finden, (2) aufgrund europäischen Rechts, das die Freiheit des Personenverkehrs und auch des Kapitalverkehrs in der EU schützt, können Maßnahmen zur Abwehr der Steuerflucht nicht mehr völlig nach dem Belieben des nationalen Gesetzgebers gestaltet werden, sondern müssen sich vom EuGH auf ihre sachliche Berechtigung überprüfen lassen. – Vgl. auch → Basisgesellschaften, → erweiterte beschränkte Steuerpflicht.

steuerfreie (sonstige) Leistungen → Umsatzsteuer.

steuerfreie Lieferungen → Umsatzsteuer.

steuerfreie Rücklagen → Rücklagen.

steuerfreies Existenzminimum – Betrag des Einkommens, der für die Existenz des Steuerpflichtigen erforderlich ist und bei einer am → Leistungsfähigkeitsprinzip orientierten Besteuerung nicht für Steuerzahlungen zur Verfügung steht (→ Grundfreibetrag bei der → Einkommensteuer). Dass das Existenzminimum des Steuerpflichtigen nicht mit Einkommensteuer belastet werden darf, wird von der Rechtsprechung des Bundesverfassungsgerichts u.a. aus der staatlichen Verpflichtung, die Menschenwürde zu achten, hergeleitet: Es ist demnach nicht nur nicht sinnvoll, wenn der Staat einem Bürger erst einen Teil seines Existenzminimums als Steuer abnehme, um ihm anschließend dieses Geld wieder in Form staatlicher Unterstützungszahlungen zurückgeben zu müssen (Sozialhilfe etc.), sondern auch nicht zulässig, da durch ein solches Vorgehen Menschen, die ökonomisch eigentlich in der Lage seien, unabhängig zu leben, in die Position eines Bittstellers gegenüber staatlichen Stellen hineingezwungen würden.

Steuergefährdung → Steuerordnungswidrigkeit nach § 379 AO. Steuergefährdung begeht: (1) Wer vorsätzlich oder leichtfertig Belege ausstellt, die in tatsächlicher Hinsicht unrichtig sind; (2) wer Belege gegen Entgelt in den Verkehr bringt oder (3) wer nach Gesetz buchungs- oder aufzeichnungspflichtige Geschäftsvorfälle oder Betriebsvorgänge nicht oder in tatsächlicher Hinsicht unrichtig verbucht oder verbuchen lässt und dadurch die Verkürzung von Steuereinnahmen oder die Erlangung ungerechtfertigter Steuervorteile ermöglicht; (4) wenn durch die Ausstellung unrichtiger Belege Einfuhr- oder Ausfuhrabgaben verkürzt werden können, die von einem anderen Mitgliedsstaat der EU verwaltet werden oder die einem Staat zustehen, der für Waren aus der EU aufgrund eines Assoziations- oder Präferenzabkommens eine Vorzugsbehandlung gewährt; das Gleiche gilt, wenn sich die Tat auf Umsatzsteuern bezieht, die von einem anderen EU-Mitgliedsstaat verwaltet werden (5) wer bestimmten Mitteilungspflichten nicht nachkommt; (6) wer die Pflicht zur → Kontenwahrheit (§ 154 I AO) verletzt; (7) wer vorsätzlich oder fahrlässig einer Auflage nach § 120 II Nr. 4 AO zuwider handelt. – *Strafe:* Geldbuße bis zu 5.000 Euro, wenn keine leichtfertige → Steuerverkürzung vorliegt.

Steuergegenstand → Steuerobjekt.

Steuergeheimnis – die Amtsträgern, Kirchenamtsträgern und amtlich zugezogenen Sachverständigen obliegende Verpflichtung, Verhältnisse sowie Betriebs- und Geschäftsgeheimnisse eines Steuerpflichtigen, die ihnen im Rahmen ihres Amtes bekannt geworden sind, nicht unbefugt zu offenbaren, zu verwerten oder geschützte Daten im automatisierten Verfahren nicht unbefugt abzurufen (§ 30 AO). – *Verletzung* des Steuergeheimnises ist strafbar: Geld- oder Freiheitsstrafe bis zu zwei Jahren (§ 355 StGB). – *Verfolgung* nur auf → Strafantrag des Steuerpflichtigen, dessen Interesse verletzt ist, oder des Dienstvorgesetzten. – *Ausnahmen:* Die Offenbarung erlangter und dem Steuergeheimnis unterliegender Kenntnisse ist zulässig, wenn (1) sie der Durchführung eines Besteuerungsverfahrens bzw. eines Strafverfahrens wegen einer → Steuerstraftat oder eines Bußgeldverfahrens wegen einer → Steuerordnungswidrigkeit dient, (2) sie durch Gesetz ausdrücklich zugelassen ist, (3) der Betroffene zustimmt, (4) sie der Durchführung eines Strafverfahrens wegen einer Tat dient, die keine Steuerstraftat ist, und die Kenntnisse in einem Verfahren wegen einer Steuerstraftat oder Steuerordnungswidrigkeit bzw. ohne Bestehen einer steuerlichen Verpflichtung oder unter Verzicht auf ein Auskunftsverweigerungsrecht erlangt worden sind, (5) für sie ein zwingendes öffentliches Interesse besteht, namentlich bei der Verfolgung von Verbrechen und vorsätzlich schwerer Vergehen gegen Leib und Leben und gegen den Staat, bei der Verfolgung von Wirtschaftsstraftaten und zur Richtigstellung in der Öffentlichkeit verbreiteter unwahrer Tatsachen, die geeignet sind, das Vertrauen in die Verwaltung erheblich zu erschüttern (§ 30 IV und V AO).

Steuergerechtigkeit – Forderung nach einer gerechten Verteilung der Abgabenlast auf die Gesamtheit der Steuerpflichtigen, die den gesellschaftspolitischen Gerechtigkeitsvorstellungen entspricht. Das Postulat der Steuergerechtigkeit ist in einem Rechtsstaat das systemtragende und -bestimmende Prinzip des → Steuerrechts, das widerspruchslos über den einzelnen konkret formulierten → Besteuerungsprinzipien steht. Eine absolute Steuergerechtigkeit kann es nicht geben, weil dazu der Maßstab fehlt, nach dem das Steuersystem ausgerichtet werden müsste. Steuergerechtigkeit hat dem sozialpolitischen Grundsatz (→ gerechte Einkommensverteilung) zu entsprechen; auch finanzpolitische (Ergiebigkeit) und wirtschaftspolitische (Konjunktur und Wachstum) Aspekte, die jeglicher Steuergerechtigkeit eine Grenze setzen, sind zu beachten. Der steuertechnische Weg zur Steuergerechtigkeit führt historisch von der → Kopfsteuer über die Proportionalsteuer zur → Steuerprogression; ein progressiver Tarif folgt auch dem der heutigen Gerechtigkeitsvorstellung nächstgelegenen → Leistungsfähigkeitsprinzip.

Steuergerichte → Finanzgerichte.

Steuergesetze – Rechtsnormen des → Steuerrechts, die in einem förmlichen Gesetzgebungsverfahren zustande kommen und nach ordnungsgemäßer Ausfertigung im Bundesgesetzblatt verkündet werden (Gesetze im formellen Sinn). – Nach dem Stufenbau der Rechtsordnung stehen die Normen des Europarechts (Gemeinschaftsrecht) und die dt. Verfassung (Grundgesetz) über den einfachen Gesetzen, während diese über den Rechtsverordnungen (→ Steuerrechtsverordnungen) und Satzungen (→ autonome Satzungen) stehen. Völkerrechtliche Verträge über die Befreiung von Steuern (→ Doppelbesteuerungsabkommen (DBA)) werden durch Zustimmungsgesetze gemäß Art. 59 II GG in innerstaatliches Recht transformiert; sie gehen als Spezialnormen den anderen Steuergesetzen vor (§ 2 AO), sofern nicht im Einzelfall Abweichungen gesetzlich bestimmt sind.

Steuergesetzgebungshoheit – *Steuergesetzgebungskompetenz;* Teil der → Steuerhoheit. – 1. *Begriff:* Das Recht zur Gesetzgebung im Bereich des → Steuerrechts schließt das *Steuererfindungsrecht* ein. – 2. *Arten:* a) Steuergesetzgebungshoheit des *Bundes:* (1) *ausschließliche Gesetzgebung* für → Zölle und → Finanzmonopole (Art. 105 I GG); (2) *konkurrierende Gesetzgebung* für die übrigen Steuern, deren Aufkommen (→ Steueraufkommen) dem Bund ganz oder teilweise zustehen oder für die ein Bedürfnis nach bundesgesetzlicher Regelung besteht (Art. 105 II i.V. mit Art. 72 II GG). – b) Steuergesetzgebungshoheit der *Länder:* (1) *ausschließliche Gesetzgebung* für örtliche Verbrauch- und Aufwandsteuern, solange und soweit sie nicht bundesgesetzlich geregelten Steuern gleichartig sind (Art. 105 IIa GG); Recht, den Steuersatz der Grunderwerbsteuer festzulegen (ausdrückliche Sonderregelung in Art. 105 IIa GG, seit 2006). (2) *konkurrierende Gesetzgebung* solange und soweit der Bund von seinem Gesetzgebungsrecht keinen Gebrauch macht (Art. 105 II i.V. mit Art. 72 I GG).

Steuergesetzgebungskompetenz → Steuergesetzgebungshoheit.

Steuergestaltungsberatung → Steuerberater.

Steuergrenzen – 1. *Begriff:* Bezeichnung für Grenzkontrollen aus steuerlichen Gründen, d.h. für „Grenzen“, die aus steuerlichen Gründen aufrecht erhalten werden. – 2. *Gründe für Steuergrenzen:* Bei den indirekten Steuern steht aufgrund des Bestimmungslandprinzips die Steuer für eine exportierte Ware nur dem Staat zu, in dem diese Ware auf den Markt gelangt, während sie in dem Land, in dem sie hergestellt worden ist oder durch das sie transportiert wird, steuerlich unbelastet bleiben soll. Das macht sowohl für das Importland wie das Exportland Grenzkontrollen zwingend erforderlich. Das Importland muss durch Kontrollen an seinen Grenzen jede Ware feststellen, die in sein Gebiet verbracht wird (um diese Waren steuerlich erfassen und mit den für seinen Markt geltenden indirekten Steuern belasten zu können), während das Exportland durch Grenzkontrollen seine Ausfuhren kontrollieren muss. – 3. *Steuergrenzen in der EU:* a) Zwischen den EU-Staaten bestehen aufgrund der Bestimmungen über den Europäischen Binnenmarkt seit dem 1.1.1993 keine Grenzkontrollen mehr. Zwar gilt für die indirekten Steuern innerhalb der EU noch vorrangig das Bestimmungslandprinzip, es muss jedoch auf anderem Wege kontrolliert werden als durch die Errichtung von Steuergrenzen. Dies ist durch EG-Recht zwingend vorgeschrieben (Art. 33 der Sechsten EG-Richtlinie). – b) Gegenüber dem Drittlandsgebiet können (und müssen) die EU-Staaten jedoch Steuergrenzen weiterhin aufrecht erhalten.

Steuergrundsätze → Besteuerungsprinzipien.

Steuerguthaben → Körperschaftsteuerguthaben.

Steuergutscheine – vom Staat begebene kurz- und mittelfristige → Inhaberschuldverschreibungen, die nach Fälligkeit vom Fiskus als Steuerzahlung angenommen werden. Steuergutscheine sind nicht verzinslich, jedoch vielfach mit einem je nach der Länge der Besitzzeit steigenden Disagio ausgestattet. – *Zwecke der Steuergutschein-Ausgabe:* (1) Aufgrund der VO vom 4.9.1932 wurden Steuergutscheine für pünktliche Steuerzahlung und Mehreinstellung von Arbeitern, also aus konjunkturpolitischen Gründen, ausgegeben. – (2) Die Ausgabe von Steuergutscheinen nach dem Neuen Finanzplan von 1939 diente u.a. der Kapitalmarktpolitik. Die Steuergutscheine mussten von öffentlichen Kassen (Reich, Ländern, Gemeinden, Reichsbahn, Reichspost, Reichsautobahn u.Ä.) bei der Reichsfinanzverwaltung gegen Bargeld erworben und für gewerbliche Lieferungen und Leistungen in Höhe von 40 Prozent des jeweiligen Rechnungsbetrages in Zahlung gegeben werden. Die Laufzeit dieser Steuergutscheine betrug je zur Hälfte sechs Monate und drei Jahre. Mit ihnen war neben der staatlichen Kreditaufnahme noch eine Einschränkung des Bargeldumlaufs verbunden.

Steuerharmonisierung in der EU – 1. *Grundlagen:* a) *Harmonisierungsbedarf:* Der EG-Binnenmarkt ist unterschiedlichen Steuergesetzen unterworfen, was den Wettbewerb zwischen den Marktteilnehmern (v.a. zwischen Unternehmen der betreffenden Staaten) verzerrt. – b) *Harmonisierungsermächtigung:* Bei der Gründung der E(W)G wurde in Art. 93 (ex-Art. 99) EGV für die indirekten Steuern den Organen der EG eine ausdrückliche Ermächtigung dazu erteilt, die Steuergesetze der Mitgliedsstaaten durch EG-Richtlinien aneinander anzugleichen und auf diesem Wege die Wettbewerbsverzerrungen zu verhindern. Diese Ermächtigung wurde später auf das Funktionieren des Binnenmarktes eingeschränkt. Für die direkten Steuern ergibt sich aus der allg. Regelung des Art. 94 EGV (Harmonisierung aller Rechts- und Verwaltungsvorschriften der Mitgliedsstaaten, soweit sie das Funktionieren des Gemeinsamen Marktes behindern) ebenfalls eine Ermächtigung, Richtlinien zu erlassen. D.h. die Steuerhoheit bei indirekten und direkten Steuern liegt grundsätzlich bei den Mitgliedsstaaten. Der Spielraum, wie diese ihre Möglichkeiten als Gesetzgeber nutzen dürfen, kann von der EG so weit eingeengt werden, wie dies notwendig ist, um den Binnenmarkt von Behinderungen und Wettbewerbsverzerrungen zu befreien. – c) *Voraussetzungen der Harmonisierung:* Sowohl im Bereich der direkten als auch der indirekten Steuern setzt eine Harmonisierung durch Richtlinien voraus, dass ein Richtlinienvorschlag der Europäischen Kommission vom Rat der Wirtschafts- und Finanzminister (ECOFIN-Rat) einstimmig gebilligt wird. Wegen der nationalen Bedeutung ist für die Fälle, die einen weiteren Souveränitätsverzicht bedeuten würden, eine Zustimmung schwierig. Die Steuerharmonisierung in der EU ist daher v.a. von Vorschlägen, die sich auf enge Detailfragen beschränken, i.d.R. von sehr langen Verhandlungszeiten über Gesetzesinitiativen sowie teilweise auch vom Scheitern von Vorlagen im Gesetzgebungsprozess geprägt. – d) *Abgrenzung zur Abschaffung von Binnenmarkthindernissen durch Rechtsprechung:* In der Praxis spielt neben der Steuerharmonisierung in der EU v.a. die Rechtsfortbildung durch den Europäischen Gerichtshof und die nationalen Gerichte eine große Rolle. In diesem Prozess werden nicht neue Normen geschaffen, sondern schon bestehende Normen, z.B. die europäischen Grundfreiheiten, konsequent angewandt und daraus Vorgaben abgeleitet, die bei der Gestaltung der Steuergesetze im Binnenmarkt einzuhalten sind (z.B. das Diskriminierungsverbot). – Unterschiede zu einer Steuerharmonisierung in der EU: (1) Die Gerichtsentscheidungen lassen den Mitgliedsstaaten grundsätzlich volle Ermessensfreiheit bei der Wahl ihrer nationalen Gesetzgebung; sie zeigen die aufgrund höherrangigen Rechts nicht erlaubten Alternativen auf. Eine Steuerharmonisierung in der EU würde dagegen eine Vereinheitlichung erzwingen. (2) Durch Gerichtsentscheidungen können nationale Regeln nur verworfen werden, wenn sich nachweisen lässt, dass sie als solche schon mit den Grundgedanken des Binnenmarktes unvereinbar sind. In verschiedenen Staaten zwar unterschiedlich ausgestaltete, jede für sich aber bei isolierter Betrachtung rechtlich zulässige nationale Regelung kann nur mittels Steuerharmonisierung in der EU durch Richtlinien beseitigt werden. – e) *Entwicklung:* In den letzten Jahren wird offiziell nicht mehr versucht, eine weitgehende Angleichung zu erreichen; vielmehr beschränkt sich die Europäische Kommission – auch bei ihren Vorschlägen zu einer weiteren Steuerharmonisierung in der EU – nach dem Subsidiaritätsprinzip auf Punkte, die die Mitgliedsstaaten selbst nicht lösen können. – 2. *Bereich der indirekten Steuern:* Im Bereich der indirekten Steuern hat eine Harmonisierung frühzeitig begonnen (Ende der 1960er-Jahre). Praktisch vollständig harmonisiert werden konnten jedoch nur die Kapitalverkehrsteuern (durch die Kapitalverkehrsteuer-Richtlinie von 1969). Als bes. wichtig für den grenzüberschreitenden Handel erwies sich die Umsatzsteuer. Hier konnten Einigungen erzielt werden über die Einführung des Mehrwertsteuer-Systems in der gesamten Gemeinschaft (Erste Umsatzsteuer-Richtlinie) und schließlich auch darüber, dass die Bemessungsgrundlage in allen Mitgliedsstaaten – mit einigen wenigen verbleibenden Ausnahmen – nach gleichen Regeln zu berechnen sei (Sechste Umsatzsteuer-Richtlinie von 1977). Wegen des hohen Aufkommens der Umsatzsteuer und ihrer Relevanz für das Preisniveau war eine Einigung über die Angleichung der Steuersätze jedoch nicht möglich. Mit der Abschaffung der Steuergrenzen im EG-Binnenmarkt war es jedoch in Einzelfällen möglich, dass Waren aus anderen Mitgliedsstaaten auf den Markt eines Landes gelangen konnten, ohne dass die Steuerbelastung an das Niveau dieses Landes angepasst werden musste. Um die daraus resultierenden Wettbewerbsverzerrungen in Grenzen zu halten, wurden daher erstmals auch Vorschriften über einen Mindeststeuersatz auf 15 Prozent in die betreffende Richtlinie aufgenommen. Wofür ein ermäßigter Steuersatz verlangt werden darf, ist ebenfalls strikt durch EG-Vorgaben geregelt; allerdings sind diese infolge zahlreicher Übergangsvorschriften und Wahlrechte in diesem Bereich teilweise von Land zu Land unterschiedlich angewandt und sehr kompliziert. – Ab 2006 wurde außerdem für fast alle bisherigen Schritte im Bereich der Umsatzsteuerharmonisierung eine Zusammenfassung in einem einheitlichen, leichter lesbaren Text verwirklicht: → Mehrwertsteuersystemrichtlinie. Für die Praxis folgt aus der Steuerharmonisierung in der EU im Bereich der Umsatzsteuer, dass fast alle Fragen, die sich bei der Auslegung von Umsatzsteuergesetzen ergeben, in die Zuständigkeit des Europäischen Gerichtshofs fallen. – Im Bereich der speziellen Verbrauchsteuern hat die Gemeinschaft kleinere Fortschritte bei der Steuerharmonisierung erreicht. Diese beschränken sich auf die Angleichung der drei wichtigsten Steuern – Tabaksteuer, Alkoholsteuern und Mineralölsteuer – sowie auf die Vorgabe allg. Grundsätze zur Gestaltung solcher Steuern (Verbrauchsteuer-Systemrichtlinie), die Festlegung der zu besteuernden Gegenstände und nähere technische Regelungen (Mineralölsteuerstruktur-Richtlinie, Alkoholsteuerstruktur-Richtlinie, Tabaksteuerstruktur-Richtlinie) und auf die Vorgabe von Mindeststeuersätzen (zur Verhinderung eines ruinösen Steuersenkungswettbewerb zwischen den Mitgliedsstaaten). Für die übrigen Verbrauchsteuern gilt der Grundsatz, dass die Mitgliedsstaaten bei der Gestaltung ihrer Gesetze frei sind, solange sie nicht zur Einführung von Grenzkontrollen oder ähnlichen Formalitäten beim Grenzübertritt innerhalb der EU führen. – 3. *Direkte Steuern:* Weitgehende Pläne zu einer vollständigen Harmonisierung der direkten Steuern sind bereits sehr frühzeitig gescheitert. Die bisherigen Fortschritte beschränken sich auf Detailfragen; im Einzelnen sind zu nennen: (1) Amtshilferichtlinie über die Auskunftserteilung zwischen den Finanzbehörden (1977); (2) Fusionsrichtlinie über die Behandlung grenzüberschreitender Verschmelzungen, Spaltungen, Einbringungen und Anteilstauschvorgänge (1990); (3) Mutter-Tochter-Richtlinie über die Behandlung von grenzüberschreitenden Dividendenzahlungen im europäischen Konzern (1990); (4) Schiedsabkommen zwischen den Mitgliedsstaaten (1990); (5) Zinsrichtlinie über die Besteuerung privater Zinserträge in der EU (2003); (6) Zinsen-und-Lizenzgebühren-Richtlinie (2003 m.spät.Änd.). Von bes. Interesse unter theoretischen Gesichtspunkten ist die Vereinbarung der EU mit der Schweiz (das sog. Zinsabkommen, 2005), da es sich hierbei bei inhaltlicher Betrachtung um ein – wenn auch auf enge Details begrenztes – erstes Doppelbesteuerungsabkommen der EU mit einem anderen Land handelt. – 4. *Die Entwicklungsperspektiven* der Steuerharmonisierung in der EU sind weiterhin im Bereich der konsequenten Anwendung der EG-Vertragsvorschriften und der bisher zur Steuerharmonisierung in der EU erlassenen Regelungen durch die Gerichte zu erwarten.

Steuerhäufung – Konzentration mehrerer Steuern auf ein Steuersubjekt infolge → Steuerüberwälzung. Diese die steuerliche Leistungsfähigkeit mindernde Steuerinzidenz ist problematisch, da kaum vorhersehbar. – *Beispiel:* Zuckersteuer, Mehrwertsteuer, überwälzte Gewerbesteuer auf allen Stufen, überwälzte Teile der Körperschaft- und Einkommensteuer auf allen Stufen und schließlich „Steuern von der Steuer" (→ Kaskadenwirkung) belasteten den Zuckerverbrauch.

Steuerheft → Straßenhandel.

Steuerhehlerei – *Steuerhehlerei (Zollhehlerei);* der → Hehlerei des allg. Strafrechts nachgebildeter Tatbestand des Steuerstrafrechts (→ Steuerstraftat). Steuerhehlerei begeht, wer Erzeugnisse oder Waren, hinsichtlich deren → Verbrauchsteuern oder Einfuhr- und Ausfuhrabgaben hinterzogen oder → Bannbruch begangen worden ist, ankauft oder sich oder einem Dritten in anderer Weise verschafft, sie absetzt oder abzusetzen hilft, um sich oder einen Dritten zu bereichern (§ 374 AO). – *Strafe:* Bestrafung wie bei → Steuerhinterziehung, bei gewerbsmäßigem Handeln wie bei → Schmuggel.

Steuerhinterziehung – *Steuerhinterziehung (Zollhinterziehung);* rechtswidrige Form der → Steuerabwehr. Steuerhinterziehung ist eine → Steuerstraftat. – 1. Steuerhinterziehung *begeht,* wer vorsätzlich (1) den Finanzbehörden oder anderen Behörden über steuerlich erhebliche Tatsachen unrichtige oder unvollständige Angaben macht; (2) die Finanzbehörden pflichtwidrig über steuerlich erhebliche Tatsachen in Unkenntnis lässt; (3) pflichtwidrig die Verwendung von Steuerzeichen oder Steuerstemplern unterlässt und dadurch Steuern oder Einfuhr- und Ausfuhrabgaben verkürzt oder für sich oder einen anderen nicht gerechtfertigte Steuervorteile erlangt (§ 370 AO). Versuch ist strafbar. – 2. a) *Steuerverkürzung* liegt vor bei → Veranlagungsteuern bes. dann, wenn Steuern nicht, nicht in voller Höhe oder nicht rechtzeitig festgesetzt werden, bei → Fälligkeitsteuern, wenn im Fälligkeitszeitpunkt ein geringerer Betrag als der durch Tatbestandsverwirklichung geschuldete Betrag entrichtet wird. – b) *Nicht gerechtfertigte Steuervorteile* (einschließlich Steuervergütungen) sind erlangt, soweit sie zu Unrecht gewährt oder belassen werden. Ob die Steuer, auf die sich die Tat bezieht, aus anderen Gründen hätte ermäßigt oder der Steuervorteil aus anderen Gründen hätte beansprucht werden können, ist für die Bestrafung ohne Bedeutung. – 3. *Strafen:* (1) Freiheitsstrafe bis zu fünf Jahren oder Geldstrafe; (2) in bes. schweren Fällen Freiheitsstrafen von sechs Monaten bis zu zehn Jahren; bes. schwerer Fall liegt i.d.R. vor, wenn der Täter in großem Ausmaß Steuern verkürzt oder nicht gerechtfertigte Steuervorteile erlangt, seine Befugnisse oder Stellung als Amtsträger missbraucht, die mithilfe eines Amtsträgers ausnutzt, der seine Befugnisse oder seine Stellung missbraucht, unter Verwendung nachgemachter oder verfälschter Belege fortgesetzt Steuern verkürzt oder nicht gerechtfertigte Steuervorteile erlangt oder als Miglied einer Bande, die sich zur fortgesetzten Begehung von Strafttaten verbunden hat, Umsatz- oder Verbrauchsteuern verkürzt oder nicht gerechtftertigte Umsatz- oder Verbrauchssteuervorteile erlangt. – *Straffreiheit* kann durch rechtzeitige → Selbstanzeige erlangt werden (§ 371 AO). – 4. *Gewerbsmäßige Hinterziehung von Einfuhr- und Ausfuhrabgaben* wird als gewerbsmäßiger, gewaltsamer und bandenmäßiger → Schmuggel nach § 373 AO steuerstrafrechtlich geahndet. – 5. Hinterzogene Steuern sind zu *verzinsen* (→ Hinterziehungszinsen, § 235 AO). – 6. Die *Festsetzungsfrist* verlängert sich auf zehn Jahre (§ 169 II Satz 2 AO).

Steuerhoheit – 1. *Begriff:* das einer öffentlich-rechtlichen Körperschaft zustehende Recht, → Steuern zu erheben (originäre Steuerhoheit: Bund, Länder; derivate Steuerhoheit: Gemeinden, Kirchen). Die Steuerhoheit ist Teil der → Finanzhoheit, die das gesamte staatliche Finanzwesen mit der Einnahmen- und Ausgabenseite umfasst. – 2. *Bedeutung:* Obwohl sich die Steuerhoheit nur auf einen Teil der Einnahmen, die Steuern, bezieht, wird sie in der Politik häufig als wichtigster Teil der Staatshoheit gesehen, da die staatliche Handlungsfreiheit stets eng mit der Finanzierbarkeit verbunden ist. – 3. *Arten:* → Steuergesetzgebungshoheit (Steuergesetzgebungskompetenz, Objekthoheit), → Steuerertragshoheit (Steuerertragskompetenz), → Steuerverwaltungshoheit (Steuerverwaltungskompetenz) und Steuerrechtsprechungshoheit.

Steuerillusion – steuerpsychologischer Begriff für das subjektive Gefühl, von einer Steuer belastet zu sein (→ Steuerbelastungsgefühl). Die tatsächliche Belastung kann höher oder geringer sein. Bes. bei → Abzugsteuern bzw. → Quellensteuern kann eine Steuerillusion derart vorliegen, dass der Einzelne seine tatsächliche Belastung unterschätzt. Durch Abgabenbezeichnungen, die nicht Steuern heißen („Opfer", „Beitrag", „Hilfe" oder „Pfennig"), kann Steuerillusion zur Vermeidung von Steuerwiderständen genutzt werden.

Steuerimport → Steuerexport/-import.

Steuerinländer – eine nicht amtliche Bezeichnung für einen unbeschränkt Steuerpflichtigen. Gemeint sind solche Personen, die aus Sicht der Steuergesetze als Inländer behandelt werden. Das sind v.a. alle diejenigen, die in Deutschland ihren → Wohnsitz oder → gewöhnlichen Aufenthalt haben (§ 1 I EStG). Auf die Staatsangehörigkeit kommt es nach dem dt. Steuerrecht nicht an; deshalb sind auch Ausländer mit dt. Wohnsitz aus der Sicht der Fachsprache als Steuerinländer zu bezeichnen.

Steuerinzidenz → Inzidenz.

Steuerkapitalisierung – Abzug des kapitalisierten jährlichen Steuerbetrags von dem Kaufpreis eines besteuerten Vermögensobjekts. Ziel ist, dass dem Käufer aus dem aufgewendeten Kaufpreis unbeschadet seiner laufenden Steuerzahlung die gleiche Nettoverzinsung verbleibt wie ohne Besteuerung.

Steuerkarte → Lohnsteuerkarte.

Steuerklassen → Erbschaftsteuerklassen, → Lohnsteuerklassen.

Steuerklassifikation – Einteilung von → Steuern nach bestimmten Gesichtspunkten. Die Wahl der Einteilungskriterien ist von dem Untersuchungszweck abhängig, daher gibt es eine große Zahl mehr oder weniger unterschiedlicher Steuerklassifikationen.

I. Beispielhafte Steuerklassifikationen: In der Tabelle „Steuerklassifikation" sind vier Steuerklassifikationen beispielhaft gegenübergestellt: eine betriebswirtschaftliche (Rose), eine steuerrechtliche (Tipke), eine finanzwissenschaftliche (Nöll v.d. Nahmer) und die Gliederung der Steuern im Finanzbericht. Alle Einteilungen knüpfen an das → Steuerobjekt an. Trotzdem ergeben sich zahlreiche Divergenzen aus den unterschiedlichen Zwecksetzungen der einzelnen Gliederungen. Die Divergenz äußert sich u.a. darin, dass einem Begriff *verschiedene Inhalte* zugeordnet werden. So fallen nach dem Verständnis der betriebswirtschaftlichen Steuerlehre unter den Begriff „Ertragsteuern" andere Steuerarten als nach den hierzu identischen Auffassungen von Steuerrechts- und Finanzwissenschaft: Eine Überschneidung liegt nur hinsichtlich der Gewerbesteuer vor. Die mangelnde

Steuerklassifikation

Finanzstatistische Klassifikation (nachFinanzbericht)

		Steuern auf das Einkommen und Vermögen			Steuern auf den Vermögensverkehr		Steuern auf die Einkommensverwendung						
		Steuern vom Gewerbebetrieb	Steuern vom Vermögensbesitz	Steuern vom Einkommen			Steuern vom Umsatz		KraftfahrzeugSt	MineralölSt	sonstige Steuern		
Betriebswirtschaftliche Klassifikation (nach Rose)	Ertragsteuern			EinkommenSt (KircheneinkommenSt) KörperschaftSt								sonstige Einnahmesteuern	Finanzwissenschaftliche Klassifikation (nach Nöll v. d. Nahmer): Einnahmesteuern
		GewerbeertragSt											
	Faktorsteuern	SchankerlaubnisSt GrundSt										Ertragsteuern	
	Substanzsteuern	GewerbekapitalSt											
			VermögenSt									Vermögenstandsteuern	Vermögensteuern
					Erbschaft- und SchenkungSt								
	Verkehrsteuern					GrunderwerbSt						Vermögenverkehrsteuern	
								UmsatzSt				allg. Ausgabesteuer	Ausgabesteuern
							VersicherungSt		KraftfahrzeugSt			spezielle Ausgabesteuern	
	Produktsteuern									MineralölSt	sonstige Steuern		
Steuerrechtliche Klassifikation (nach Tipke)		Ertragsteuern	sonstige Steuern auf das Einkommen			spezielle Rechtsverkehrsteuern	allgemeine		Realverkehrsteuern	Verbrauchsteuern			
		Steuern auf das Einkommen			Steuern auf die Einkommensverwendung								

Übereinstimmung der Begriffsinhalte kann dadurch erklärt werden, dass Steuerrechts- und Finanzwissenschaft mit einem historisch begründeten Begriffsverständnis arbeiten, demzufolge mit „Ertragsteuern" die Erträge aus der Kombination der volkswirtschaftlichen Produktionsfaktoren Arbeit, Boden und Kapital besteuert werden sollen, während die betriebswirtschaftliche Klassifikation die Ertragsteuern als Steuern auf das wirtschaftliche Ergebnis der Unternehmung sieht. Das Schema *umfasst nicht* die Sonderfälle Zoll und Spielbankabgabe. „Sonstige Steuern" sind die Salz-, Zucker-, Kaffee-, Tee-, Leuchtmittel-, Tabak-, Bier-, Schaumwein-, Getränke-, Vergnügung-, Hunde-, Jagd-, Luxuspferde-, Motorboot-, Zweitwohnungsteuer u.a. (von denen eine Reihe in Deutschland nicht mehr existieren).

II. Weitere Steuerklassifikationen: 1. → Direkte Steuern und → indirekte Steuern: Einteilungsmerkmale sind (1) die Veranlagungs- und Erhebungstechnik, (2) die Überwälzbarkeit, (3) die steuerliche Leistungsfähigkeit. – 2. → Marktsteuern und → Maßsteuern: Auch hier ist die Möglichkeit der Überwälzung ein Gliederungskriterium (Schmölders). – 3. → Personensteuern (bzw. Personal- oder Subjektsteuern) und → Realsteuern (bzw. Objekt- oder Sachsteuern): Gliederungskriterium ist die Berücksichtigung bzw. Nichtberücksichtigung der persönlichen Verhältnisse des Steuerschuldners in der Steuerbemessungsgrundlage. – 4. → Besitzsteuern, → Verkehrsteuern, → Verbrauchsteuern, → Zölle: abgestellt auf die Besteuerung des Objekts. – 5. → Periodische Steuern und → nicht periodische Steuern: Gliederung erfolgt nach der Regelmäßigkeit der Entstehung der Steuer. – 6. → Veranlagungsteuern und → Fälligkeitsteuern: Unterscheidung ist bes. im Rahmen des → Steuerstrafrechts erheblich. – Vgl. auch → Steuerhinterziehung. – 7. *Steuern der Einkommensentstehung, der Einkommensverwendung und Steuern außerhalb des Leistungskreislaufs:* Gliederung nach der Entstehung im Wirtschaftskreislauf (Haller).

Steuer-Kombinationstarife → Steuertarife, die nicht für alle Steuerbemessungsabschnitte denselben Steuertariftyp anwenden, sondern Struktur und Typ abschnittsweise verändern.

Steuerkonstrukt – *Kontrollstruktur.* 1. *Begriff:* eine Konstruktion zur Steuerung des Ablaufs in einem → Algorithmus oder → Programm. Begriff wird v.a. in der → strukturierten Programmierung verwendet; mit einem Steuerkonstrukt wird die Reihenfolge festgelegt, in der die → Strukturblöcke zur Ausführung gelangen. – 2. *Arten:* a) *Sequenz:* Strukturblöcke werden hintereinander ausgeführt. – b) *Selektion:* In Abhängigkeit von einer Bedingung wird ein Strukturblock ausgewählt, der ausgeführt werden soll. – c) *Repetition:* Ein Strukturblock wird in Abhängigkeit von einer Bedingung wiederholt ausgeführt.

Steuerkraft – die von → Gebietskörperschaften bei normaler bzw. durchschnittlicher Anspannung ihrer zugewiesenen Steuerquellen (→ Steueranspannung) erzielbaren Steuereinnahmen; gemessen durch die → Steuerkraftmesszahl.

Steuerkraftmesszahl – Größe, mit der die Höhe der originären → Steuerkraft eines öffentlichen Aufgabenträgers gemessen werden soll: Summe der mit fiktiven, landeseinheitlichen Hebesätzen modifizierten Steuereinnahmen der Gemeinden; wenig ergiebige Steuerarten (z.B. → örtliche Verbrauch- und Aufwandsteuern) werden aus Vereinfachungsgründen i.d.R. nicht berücksichtigt. Im Rahmen des kommunalen (ergänzenden) → Finanzausgleichs wird die Steuerkraftmesszahl zur Berechnung der → Schlüsselzuweisungen der → Ausgleichsmesszahl (relativer Finanzbedarf) gegenübergestellt.

Steuerkurswert – für die steuerliche Bewertung jeweils vom Bundesminister der Finanzen festzulegender amtlicher Wert, mit dem bestimmte Wertpapiere vermögensteuerlich bei der Ermittlung des → sonstigen Vermögens oder des → Einheitswerts von → Betriebsvermögen anzusetzen waren. – *Anders:* → Kurswert.

Steuerlager – Lagerstätte, in der eine verbrauchsteuerpflichtige Ware durch Hersteller, Händler oder gewerbliche Lagerhalter gelagert werden darf, ohne dass bereits die → Verbrauchsteuer entsteht (→ Steueraussetzung). Die Bewegung der Ware zwischen zwei Steuerlagern, auch in unterschiedlichen Mitgliedsstaaten der EU, ist zulässig. Erst das Ausscheiden der Ware aus dem System der Steuerlager führt zum Entstehen der Steuerpflicht (Übergang in den freien Verkehr).

Steuerlastquote → Steuerquote.

steuerliche Beziehungslehre – Teilgebiet der finanzwissenschaftlichen Steuerlehre (→ Finanzwissenschaft), die die wechselseitige Abstimmung der einzelnen Steuerarten eines Systems herstellen soll. Die Einzelsteuern sollen sich in ihren Zwecken und Zielen ergänzen und kontrollieren. – Zu *unterscheiden:* (1) in *steuertechnischer Hinsicht:* → mehrgliedrige Steuern, Ergänzungsteuern, Folgesteuern und Kontrollsteuern; (2) hinsichtlich der Erfassung von (zumeist negativen) *Wirkungszusammenhängen:* → Steueraushöhlung, → Steuerhäufung und → Kaskadenwirkung.

steuerliche Nebenleistungen – Ansprüche aus dem → Steuerschuldverhältnis, die jedoch nicht wie Steuern der Einnahmeerzielung, sondern bestimmten Nebenzwecken dienen. Steuerliche Nebenleistungen sind ausschließlich Verzögerungsgelder, → Verspätungszuschläge, → Zinsen, → Zwangsgelder, → Säumniszuschläge, Kosten (§ 3 IV AO) und Zuschläge im Fall einer → Schätzung bei fehlenden bzw. unbrauchbaren Aufzeichnungen über Geschäftsbeziehungen in grenzüberschreitenden Konzernen (§§ 162 IV, 90 III AO).

steuerlicher Formeltarif → Kurventarif.

steuerliches Einlagekonto – 1. *Begriff:* Bes. Konto, auf dem eine unbeschränkt steuerpflichtige Kapitalgesellschaft diejenigen Einlagen ihrer → Anteilseigner auszuweisen hat, die nicht ins Nennkapital geleistet worden sind (z.B. → Agio). – 2. *Steuerliche Bedeutung des steuerlichen Einlagekontos:* Das steuerliche Einlagekonto ermöglicht die Feststellung, ob Ausschüttungen einer Kapitalgesellschaft an ihre Anteilseigner aus thesaurierten Gewinnen (die daher steuerlich als Dividendenerträge zu behandeln sind) oder aus früheren Einlagen der Anteilseigner (die daher keine steuerpflichtigen Einkünfte, sondern nur eine Minderung der Anschaffungskosten der jeweiligen Anteile darstellen) stammen. Ausschüttungen werden nur dann aus dem steuerlichen Einlagekonto stammend angesehen, wenn alle übrigen Rücklagen verbraucht sind (vgl. § 27 I KStG). – 3. Die *Höhe des* steuerlichen Einlagekontos ist für das Ende jedes Wirtschaftsjahr gesondert festzustellen, d.h. Streitigkeiten darüber, welche Höhe des steuerlichen Einlagekontos richtig ist und welche nicht, sind, wenn der → Bescheid über die entsprechende Feststellung erst einmal bestandskräftig geworden ist und nicht mehr geändert werden kann, nicht mehr möglich. Damit wird vermieden, dass die Historie früherer Einlagen über Jahre und Jahrzehnte in die Vergangenheit hinein ausgeforscht werden muss wenn Unklarheiten entstehen.

steuerliche Wahlrechte → Steuerpolitik.

Steuermarken → Stempelsteuern.

Steuermentalität – von G. Schmölders geprägter Begriff zur Kennzeichnung der allg. Einstellung zum Abgabewesen bzw. zur Besteuerung, wobei diese durch die sozio-kulturelle und politische Einschätzung der Staatsautorität allg. und seiner Leistungserbringung im Besonderen geprägt ist. Bez. Steuermentalität lassen sich auffallende internationale Unterschiede (allg. Nord-Süd-Gefälle in Europa) aufzeigen. – Vgl. auch → Steuermoral.

Steuermessbescheid – förmliche Feststellung des → Steuermessbetrages bei den → Realsteuern. Die Vorschriften über die → Steuerfestsetzung finden sinngemäß Anwendung (§ 184 I AO). Entscheidungen im Steuermessbescheid können nur durch dessen Anfechtung, nicht auch durch Anfechtung des Steuerbescheides angegriffen werden, dessen Grundlage sie sind (§ 42 FGO, § 351 II AO). – *Rechtsbehelf:* → Einspruch (§ 347 I Nr. 1 AO).

Steuermessbetrag – Bemessungsgrundlage bei den → Realsteuern. Der Steuermessbetrag ergibt sich durch Anwendung der → Steuermesszahl auf die → Besteuerungsgrundlage (bei der Gewerbesteuer: → Gewerbeertrag; bei der Grundsteuer: → Einheitswert). Der Steuermessbetrag wird durch → Steuermessbescheid festgesetzt.

Steuermesszahl – der bei den → Realsteuern auf die → Besteuerungsgrundlage anzuwendende Prozentsatz zur Ermittlung des → Steuermessbetrages. Vgl. → Gewerbesteuer (dort seit 2008: 3,5 Prozent), → Grundsteuer.

Steuermoral – Einstellung des → Steuerpflichtigen zum Steuerdelikt. Mangelnde Steuermoral führt zu illegalem → Steuerwiderstand (z.B. Steuerhinterziehung). – Vgl. auch → Steuermentalität.

Steuermultiplikator – Maßzahl, die anzeigt, um wie viel sich das Inlandsprodukt (Y) verändert, wenn der Staatssektor die Steuerbelastung der privaten Haushalte (T) variiert. Man nimmt ein Multiplikatormodell an mit der folgenden Nachfrage nach inländischen Gütern: $Y = C + G$, wobei G die Staatsnachfrage ist. Für die Konsumnachfrage gilt die Konsumfunktion: $C = b\ Yv$, wobei Yv das verfügbare Einkommen ist. Für das verfügbare Einkommen trifft zu: $Yv = (1 - t)\ Y - T + Tr$, wobei t den proportionalen Einkommenssteuersatz darstellt, T die vom Einkommen unabhängige Kopfsteuer und Tr die entsprechenden Transferzahlungen. Berechnet man das partielle Differential der Produktion im Gleichgewicht nach den Kopfsteuern T, so erhält man den folgenden Wert für den Steuermultiplikator: $dY/dT = -b / (1-b\ (1-t))$,

Der Steuermultiplikator ist größengleich mit dem → Transfermultiplikator und um die Größenordnung 1 kleiner als der → Staatsausgabenmultiplikator für Güter und Dienstleistungen, da zusätzliche Nachfrageeffekte einer Steuersenkung nur mittelbar wirksam werden. – Vgl. auch → Haavelmo-Schneider-Theorem, → Multiplikator.

Steuern – I. Begriff: öffentliche → Abgaben, die ein Gemeinwesen kraft Zwangsgewalt in einseitig festgesetzter Höhe und (anders als bei → Gebühren und → Beiträgen) ohne Gewährung einer Gegenleistung von natürlichen und juristischen Personen seines Gebietsbereichs erhebt. Entsprechend der heute gültigen → Steuerrechtfertigungslehre werden eine unbeschränkte staatliche Steuerhoheit und steuerliche Unterwerfung als unbestrittene, weil gemeinschaftsbedingte Normen, anerkannt; dementsprechend Begriffsumschreibung in der Finanzwissenschaft als „Zwangsabgaben ohne Anspruch auf Gegenleistung" und in der Abgabenordnung (§ 3 I AO) als „Geldleistungen, die nicht eine Gegenleistung für eine bes. Leistung darstellen und von einem öffentlich-rechtlichen Gemeinwesen zur Erzielung von Einkünften allen auferlegt werden, bei denen der Tatbestand zutrifft, an den das Gesetz die Leistungspflicht knüpft; die Erzielung von Einnahmen kann Nebenzweck sein."

II. Entwicklung: 1. Steuern waren schon in *antiken Finanzwirtschaften* gebräuchlich. – 2. Im europäischen *Mittelalter und zu Beginn der Neuzeit* standen sie als Geldbeschaffungsmittel noch hinter Erträgen aus Domänen und Regalien zurück. – 3. Mit dem *Absolutismus* begann die ununterbrochene Zunahme ihrer Bedeutung. – 4. In *modernen demokratischen Staatswesen* liegt das Bewilligungsrecht bei den vom Volk periodisch gewählten Parlamenten, womit gewährleistet sein soll, dass die Steuerlast unter Beachtung von → Steuergerechtigkeit und steuerökonomischen Prinzipien (→ Steuerwirkungen, → Steuereinmaleins, → Psychological Breaking Point etc.) auferlegt wird. Durch ständige Erhöhung der Sätze und Einführung immer neuer Steuern ist das Steueraufkommen in vielen Ländern auf 1/3 des → Volkseinkommens gestiegen; daraus ergibt sich, dass die → Steuerpolitik ein bedeutsames Mittel zur Lenkung der volkswirtschaftlichen Einkommensströme geworden ist.

III. Grundbegriffe: 1. *Steuersubjekt:* die zur Besteuerung herangezogene Person. – *Steuerschuldner:* Der gesetzlich zur Entrichtung Bestimmte; er stimmt i.d.R. mit dem Steuerzahler überein. – *Ausnahme:* Steuererhebung im Quellenabzugsverfahren. Er ist mit dem → Steuerträger, d.h. dem mit der Steuer wirklich Belasteten nur dann identisch, wenn → Steuerüberwälzung unterbleibt. → Steuerdestinatar: die vom Gesetz nicht als Steuerzahler, aber als Steuerträger vorgesehene Person. – 2. → Steuerobjekt *(Steuergegenstand):* Tatbestand, an den die Steuererhebung anknüpft. Gezahlt wird die Steuern aus der → Steuerquelle (Einkommen oder Vermögen). – 3. Rechtlich greift die Besteuerung an der → Bemessungsgrundlage an. Von der Steuereinheit, einem festgelegten Anteil der Steuerbemessungsgrundlage (Maß, Gewicht, Wertziffer), wird der → Steuersatz oder *Steuerbetrag* erhoben; → Steuertarif ist ein listenmäßiges Verzeichnis, das den Steuereinheiten bestimmte Sätze oder Beträge zuordnet.

IV. Einteilung: Die Einteilung der Steuern ist nach unterschiedlichen Gesichtspunkten möglich. – Vgl. auch → Steuerklassifikation.

V. Kostenrechnung: Steuern werden als Kosten nur verrechnet, soweit sie die betriebliche Tätigkeit an sich (Kauf und Einsatz von Produktionsfaktoren, ihre Kombination und Transformation zu Fertigprodukten und deren Absatz) belasten, nicht dagegen, soweit sie das Ziel der betrieblichen Tätigkeit, den Gewinn, belasten. Diese allg. betriebswirtschaftliche Auffassung deckt sich im Wesentlichen mit den *Leitsätzen für die Preisermittlung aufgrund von Selbstkosten (LSP).* Danach sind für die Preiskalkulation *zu unterscheiden:* (1) *Kalkulierbare Steuern,* bes. Gewerbesteuer, Grundsteuer, Kraftfahrzeugsteuer und Beförderungsteuer sowie als Sonderkosten die Umsatzsteuer und bes. auf dem Erzeugnis lastende Verbrauchsteuern. (2) *Nicht kalkulierbare* Steuern sind v.a. Einkommen-, Körperschaft-, Kirchensteuer, Erbschaft- und Schenkungsteuer; dies sind also keine Kosten.

VI. Handelsbilanz: Steuern sind als Anschaffungsnebenkosten (z.B. Grunderwerbsteuer) oder als Teil der Herstellungskosten (Gewerbesteuer, Grundsteuer; nicht jedoch gewinnabhängige Steuerarten) zu aktivieren, sonst laufender Periodenaufwand. Für → Abgrenzungsposten für aktive latente Steuern besteht grundsätzlich ein → Aktivierungswahlrecht im Einzelabschluss. – *Ausnahme:* Latente Steuern im Konzernabschluss, die durch Konsolidierungsmaßnahmen entstehen; hier gilt Aktivierungspflicht. Sichere Steuerverbindlichkeiten sind unter den sonstigen Verbindlichkeiten, unsichere unter Steuerrückstellungen zu passivieren. – In der → Gewinn- und Verlustrechnung (GuV) von Kapitalgesellschaften sind Steueraufwendungen getrennt nach Steuern vom Einkommen und vom Ertrag sowie sonstige Steuern auszuweisen. Im Gegensatz zum → Gesamtkostenverfahren enthält die Position „sonstige Steuern" beim → Umsatzkostenverfahren nur die nicht aktivierten Steuern.

Steuernachschau → Außenprüfung, → Nachschau.

Steuernummer – *Steuerregisternummer.* 1. *Begriff:* Kennnummer, unter der der Steuerpflichtige bei seinem Finanzamt geführt wird. – 2. Bei der *Umsatzsteuer* müssen Unternehmer entweder ihre Steuernummer oder ihre → Umsatzsteuer-Identifikationsnummer auf der → Rechnung angeben; ansonsten wird die Rechnung umsatzsteuerlich nicht anerkannt und ermöglicht dem Leistungsempfänger keinen Vorsteuerabzug. Da dies auch in allen anderen EU-Staaten gilt, können für grenzüberschreitende Lieferungen und Leistungen, mit denen ein Unternehmer in einem anderen Staat steuerpflichtig wird, Rechnungen de facto erst geschrieben werden, wenn der Unternehmer sich dort bei einem Finanzamt amtlich als Steuerpflichtiger registrieren lassen hat.

Steueroasen – Bezeichnung für Länder, die ein niedriges Steuerniveau haben, weil keine oder nur sehr niedrige → Steuern oder sonstige → Abgaben erhoben werden, z.B. die Bermuda-Inseln, die Bahamas, sowie – mit gewissen Einschränkungen – Liechtenstein, Monaco, Schweiz. Das niedrige Steuerniveau kann entweder auf einer im allg. niedrigen maximalen Steuerbelastung oder aber auf bes. Steuer- und Abgabenprivilegien für bestimmte Steuersubjekte beruhen. Ein Teil dieser Länder versucht, die fehlenden Steuer- und Abgabeneinnahmen durch andere Einnahmen (Sonderbriefmarken, Konzessionen etc.) auszugleichen. – Das im Verhältnis zu anderen Staaten niedrige Steuerniveau bietet den Anreiz zur *Verlagerung von Einkünften und Vermögen* in diese Länder zum Zwecke der Steuerersparnis. – Die aus der Sicht der Steuerpflichtigen vorhandene Attraktivität der Steueroasen ist durch das → Außensteuergesetz (AStG) erheblich eingeschränkt und z.T. in ihr Gegenteil verkehrt worden. Ähnliche Maßnahmen haben auch zahlreiche andere Länder ergriffen. Darüber hinaus sind seit Mitte der 1990er-Jahre die Steueroasen auch durch koordinierte Abwehrmaßnahmen der OECD-Länder stark unter Druck gesetzt worden, von einem als unfair empfundenen Steuerwettbewerb Abstand zu nehmen. Da infolge all dieser Maßnahmen legale Formen der Steuerverringerung durch Geschäfte mit Steueroasen nur noch geringe Vorteile versprechen, hat sich die Attraktivität von Steueroasen seitdem hauptsächlich auf Aktivitäten verengt, bei denen Steuerpflichtige eines hoch (oder normal hoch) besteuernden Landes Kapital in Steueroasen anlegen und dessen Existenz dem heimatlichen Fiskus verschweigen. In den letzten Jahren (nach 2000) konzentrieren sich die Bemühungen der Finanzverwaltungen daher zunehmend darauf, die Steueroasenländer zu veranlassen, den Heimatstaaten der bei ihnen engagierten Kapitalanleger Auskünfte über die Existenz und die Höhe von Kapitalanlagen und Erträgen in ihrem Land zu geben. Insbesondere die OECD hat Standards für einen grenzüberschreitenden Auskunftsaustausch aufgestellt, deren Einhaltung die Hoch- und Normalsteuerländer auch von den Steueroasen fordern. Insbesondere der Plan, dass gegenüber Staaten, die als Steueroase gelten und die diesen Standards trotzdem auch nicht entsprechen wollen, massive und v.a. koordinierte wirtschaftliche und steuerliche Sanktionen der übrigen Länder verhängt werden sollten, hat in den letzten Jahren zu einem unerwartet weitgehenden Einlenken der Steueroasenländer gegenüber den Industriestaaten geführt, indem zahlreiche Steueroasenländer ihre Bereitschaft bekundet haben, grenzüberschreitend Auskünfte über Kapitalanlagen und Einkünfte zu erteilen, um diesen Sanktionen zu entgehen. Es ist daher durchaus denkbar geworden, dass Steueroasen als Anlageort für dem Fiskus verschwiegene Gelder auf Dauer nicht mehr behaupten können werden; allerdings bleibt abzuwarten, ob die Steueroasenländer ihren gegenüber den übrigen Ländern eingegangenen Verpflichtungen zur fiskalischen Zusammenarbeit im Auskunftsverkehr in der Praxis auch tatsächlich hinreichend Folge leisten werden. – Vgl. auch → Auskunftsaustausch, → Basisgesellschaften, → Steuerabwehr, → Steuerflucht, → Verhaltenskodex.

Steuerobjekt – *Steuergegenstand;* Tatbestand, dessen Vorhandensein Grundlage der Besteuerung (→ Steuern) ist. Inbegriff der sachlichen Voraussetzungen zur Entstehung der Steuerschuld. Steuerobjekt kann ein Wirtschaftsgut oder ein wirtschaftlicher Vorgang sein. – *Beispiel:* Der Arbeitslohn ist das Steuerobjekt und wird mit der Einkommensteuer besteuert.

Steuerordnung → Steuersystem.

Steuerordnungswidrigkeit – *Steuerordnungswidrigkeit* (Zollordnungswidrigkeit). 1. *Begriff/Arten:* Zuwiderhandlung, die nach den Steuergesetzen mit Geldbuße geahndet werden kann (§ 377 AO). Dazu zählen v.a. leichtfertige → Steuerverkürzung, → Steuergefährdung, → Gefährdung der Abzugsteuern, → Verbrauchsteuergefährdung, → Gefährdung der Einfuhr- und Ausfuhrabgaben, unzulässiger Erwerb von Steuererstattungs- und Vergütungsansprüchen, Zuwiderhandlungen nach dem Steuerberatungsgesetz (StBerG) (§§ 378–383a AO und §§ 160–163 StBerG). – 2. *Strafe:* Geldbuße bis zu 50.000 Euro. – 3. *Verjährungsfrist:* Fünf Jahre (§ 384 AO). – 4. *Verfahren:* a) Es gilt das Gesetz über Ordnungswidrigkeiten i.V. mit §§ 409–412 AO. Sachlich zuständig ist die Finanzbehörde, die die betroffene Steuer verwaltet. – b) Gegen einen Rechtsanwalt, Steuerberater, Steuerbevollmächtigten, Wirtschaftsprüfer oder vereidigten Buchprüfer kann erst nach Stellungnahme der zuständigen Berufskammer wegen einer Steuerordnungswidrigkeit, die er in Ausübung seines Berufes bei der Beratung in Steuersachen begangen hat, ein Bußgeldbescheid erlassen werden (§ 411 AO).

Steuerparadoxon – I. Finanzwissenschaft: 1. *Begriff:* Eine von C. Föhl aufgestellte These, dass wie alle anderen Steuern auch Gewinnsteuern überwälzbar (→ Steuerüberwälzung) seien. Durch die Wiederverausgabung der Steuereinnahmen durch den Staat oder durch Kreditfinanzierung steigt die gesamte Nachfrage nach Gütern und Diensten, ohne dass sich das Angebot ausdehnt, und ermöglicht dadurch die für eine Überwälzung notwendigen Preiserhöhungen. – 2. *Bedeutung:* Die Aussage von Föhl löste eine umfangreiche Diskussion aus *(Föhl-Kontroverse)*, da sie im völligen Gegensatz zu der bisherigen mikroökonomisch abgeleiteten Nichtüberwälzungsthese stand. Es zeigte sich, dass die Prämisse unveränderter Konsum- und Investitionsausgaben infolge erhöhter Gewinnbesteuerung unhaltbar ist und dass sich eindeutige Aussagen über die Überwälzung von Gewinnsteuern kaum fällen lassen. – Vgl. auch → Inzidenz.

II. Investitionsrechnung: Ein abschreibungsfähiges Investitionsobjekt ist vor Steuern nicht vorteilhaft (Kapitalwert < Anschaffungszahlung), nach Steuern jedoch vorteilhaft (Kapitalwert > Anschaffungsauszahlung).

Steuerpflicht – 1. Die *persönliche Steuerpflicht* bezeichnet bei den → Personensteuern die Personen, die von der Steuer erfasst werden (Steuersubjekt) und den Umfang, in dem diese Erfassung eintritt (→ unbeschränkte Steuerpflicht, → beschränkte Steuerpflicht). – 2. Die *sachliche Steuerpflicht* bezeichnet dagegen das → Steuerobjekt. – Vgl. auch → Steuerpflichtiger.

Steuerpflichtiger – 1. *Steuerrecht allgemein (Abgabenordnung):* derjenige, der eine Steuer schuldet, für eine Steuer haftet, eine Steuer für Rechnung eines Dritten einzubehalten und abzuführen, eine Steuererklärung abzugeben, Sicherheit zu leisten, Bücher und Aufzeichnungen zu führen oder andere ihm durch die Steuergesetze auferlegte Verpflichtungen zu erfüllen hat (§ 33 I AO). Steuerpflichtige sind auch gesetzliche Vertreter, Vermögensverwalter und Verfügungsberechtigte. Steuerpflichtiger ist nicht, wer in fremder Sache Auskunft zu erteilen, Urkunden vorzulegen, ein Sachverständigengutachten zu erstellen oder das Betreten von Grundstücken, Geschäfts- und Betriebsräumen zu gestatten hat (§ 33 II AO). – 2. *Spezielle Steuerarten:* Vom vorstehenden Begriffsverständnis ganz zu unterscheiden sind die speziellen Begriffe → beschränkt Steuerpflichtiger (→ Steuerausländer) und → unbeschränkt Steuerpflichtiger (→ Steuerinländer), die sich auf zwei unterschiedliche Kategorien der subjektiven Steuerpflicht beziehen und festlegen, nach welchen Regeln jemand bei der Einkommen-, Körperschaftsteuer oder Erbschaftsteuer besteuert wird.

Steuerplanung → Steuerpolitik.

Steuerpolitik – I. Finanzwissenschaft/Wirtschaftspolitik: 1. *Begriff:* Einsatz steuerlicher Maßnahmen im Dienste der Finanz- und Wirtschaftspolitik (→ Finanzpolitik). – 2. *Ziele:* a) *Fiskalische Ziele:* Steigerung des Steueraufkommens. – b) *Nicht fiskalische Ziele:* Die Steuerpolitik kann jegliche staatspolitischen Ziele verfolgen, z.B. allokative Ziele durch differenzierte Umsatzsteuersätze, wachstumspolitische Ziele durch erhöhte Abschreibungen, distributive Ziele durch einen progressiven Einkommensteuertarif und konjunkturpolitische Ziele durch eine → Built-in Flexibility. – 3. *Ansätze:* a) *Auswahl der Steuerobjekte,* z.B. Neueinführung oder Abschaffung von Steuern. – b) *Steuertechnik,* diesbezüglich vielfältige Eingriffsmöglichkeiten, z.B. Steuerbefreiungen, Ausdehnung oder Einschränkung der Steuerbemessungsgrundlage, Steuersatzänderungen. – 4. *Wirkungen:* In allen Bereichen der Volkswirtschaft (Einkommensentstehung, -verwendung und -verteilung, bei privaten Haushalten wie bei Unternehmen und auch im Ausland) zeigen sich Wirkungen, wobei die Interdependenzen der Auswirkungen einen hohen Komplexitätsgrad aufweisen und häufig nicht-deterministisch sind. Für staatliche Entscheidungsträger ist die Kenntnis der Wirkungen seiner Maßnahmen unerlässlich, doch nie umfassend erreichbar, sodass man beabsichtigte und unbeabsichtigte Wirkungen unterscheiden muss. – 5. *Grenzen:* Liegen in den ökonomischen und psychischen → Grenzen der Besteuerung i.Allg., im Besonderen jedoch in den Vorstellungen vom Sinn und Zweck der einzelnen → Steuern. Ferner muss eine aktive Steuerpolitik stets beachten, dass in demokratisch regierten Staaten Variationen im Steuergefüge nur sehr langsam in die Tat umgesetzt werden können, woraus eine strukturelle Schwerfälligkeit der Steuerpolitik resultiert.

II. Betriebswirtschaftslehre: Der auf das Objekt → Steuern bezogene Teilbereich der allg. Unternehmenspolitik, mit der die Erreichung der Unternehmensziele gewährleistet werden soll. – 1. *Ziele:* In der sog. betriebswirtschaftlichen Steuerlehre werden zahlreiche steuerpolitische – vornehmlich steuerbilanzpolitische – Ziele diskutiert. In allgemeingültiger Form kann eine *steuerpolitische Zielfunktion* definiert werden als: Minimiere den Barwert der Steuerauszahlung, der sich durch die Wirkungen des Einsatzes steuerpolitischer Mittel auf die Größen Steuerhöhe und Zahlungszeitpunkt erzielen lässt, und beachte hierbei die Gewährleistung des vorgegebenen Erfolgsniveaus. – 2. *Mittel:* Vgl. Abbildung „Steuerpolitisches Instrumentarium".

a) *Sachverhaltsgestaltung:* Die über die bloße Ausübung der steuerlichen Wahlrechte hinausgehende steuerlich motivierte Beeinflussung des verwirklichten Sachverhalts unter den oben genannten Zielsetzungen (z.B. Wahl der Rechtsform, Bestimmung des Standorts, Anschaffung geringwertiger Wirtschaftsgüter). – b) Ein *steuerliches Wahlrecht* folgt immer erst auf einen realisierten Sachverhalt. Ein Wahlrecht liegt dann vor, wenn an den verwirklichten Sachverhalt nicht zwingend eine bestimmte Rechtsfolge anknüpft, sondern der Steuerpflichtige entweder bestimmen kann, welche von mind. zwei alternativen Rechtsfolgen bei ihm Anwendung finden soll, oder er die Wahl hat, ohne weitere Sachverhaltsgestaltung eine bestimmte Rechtsfolge eintreten zu lassen oder jegliche Rechtsfolge zu vermeiden. – *Differenzierung der steuerlichen Wahlrechte:* (1) Die *steuerbilanziellen Wahlrechte* (z.B. Wahl der Abschreibungsmethode, Übertragung stiller Reserven nach § 6b EStG, Bewertung von Vorratsvermögen nach Lifo, etc.) dienen der Beeinflussung der Steuerbilanz. Neben der ordentlichen, regelmäßig jährlich zu erstellenden Ertragsteuerbilanz existieren steuerliche → Sonderbilanzen (außerordentliche Steuerbilanzen), die zu bestimmten Anlässen anzufertigen sind (z.B. Umwandlung, Beendigung, Gründung) und ebenfalls durch den Einsatz bestimmter Wahlrechte gestaltet werden können. (2) Wahlrechte, die die → Überschussrechnung nach § 4 III EStG beeinflussen (z.B. § 6c EStG, § 7 EStG). (3) Wahlmöglichkeiten, die es dem Steuerpflichtigen erlauben, auf die *Rechenwerke* einzuwirken, die der Ermittlung der Überschusseinkunftsarten (→ Einkünfte) nach § 2 I Nr. 4–7 EStG dienen (z.B. §§ 82g, 82i EStDV). (4) Außerhalb dieser speziellen Gebiete verbleibt ein großer Bereich, in dem der Steuerpflichtige aufgrund vorhandener Wahlrechte steuerpolitische Aktivitäten entfalten kann. Da diesem Umfeld ein unmittelbarer Bezug zu einer der genannten speziellen Steuerpolitiken fehlt, wird es als *allg. steuerpolitischer Teilbereich* bezeichnet, der die Wahlrechte umfasst, deren Wirkung über die Beeinflussung der zuvor genannten Rechenwerke hinausgeht *(Rechtswahlmöglichkeiten).* Insgesamt sind über 100 Rechtswahlmöglichkeiten bekannt (z.B. Option nach § 9 UStG). – 3. *Wirkungen:* a) Die *Sachverhaltsgestaltungen* zeigen ihre Wirkungen sowohl im allg. steuerpolitischen Bereich als auch in den einzelnen genannten speziellen Steuerpolitiken – b) *Steuerpolitische Wahlrechte* beeinflussen die Steuerschuld unmittelbar oder mittelbar über eine Beeinflussung der Bemessungsgrundlage, des Steuersatzes oder beider Größen. Weitere Folgen aufgrund der → Steuerartendependenzen und → Steuerarteninterdependenzen. Ferner lassen sich durch die Ausübung von Wahlrechten Steuerbemessungsgrundlagen persönlich (bestimmten Steuerpflichtigen) oder sachlich (unterschiedlichen Einkunftsarten, Vermögensarten) zuordnen. Weitere Konsequenzen durch die Veränderung der mit den Steuerpflichtigen verbundenen Verwaltungsaufgaben. Von entscheidender Bedeutung ist die Möglichkeit, den Zahlungszeitpunkt zu verschieben. – c) Aus dem Zusammenspiel dieser Konsequenzen ergibt sich die vom Steuerpflichtigen zur Erreichung seines steuerpolitischen Ziels angestrebte *Folge.* Bei der Durchführung betriebswirtschaftlicher Steuerpolitik sind die durch sie anfallenden *Kosten* mit in den Vorteilhaftigkeitskalkül einzubeziehen. – 4. *Ungewissheit:* Steuerpolitische Entscheidungen werden von Ungewissheit beeinflusst. – a) Auf der *Sachverhaltsseite* ist zum einen ungewiss, welche Würdigung der bereits realisierte oder zukünftig zu realisierende Sachverhalt durch die Finanzverwaltung erfährt, zum anderen ist die Sachverhaltsentwicklung mit Ungewissheiten behaftet. – b) Die *Steuerrechtsseite* unterliegt der Ungewissheit bes. durch die Risiken, die durch Gesetzgebung, Rechtsprechung und Finanzverwaltung verursacht werden. – c) *Vermeidung der Ungewissheit* ist kaum möglich; allenfalls bezogen auf den Bereich der für den Steuerpflichtigen erkennbaren „eingrenzbaren Ungewissheit" durch verbindliche Zusagen seitens der Finanzverwaltung oder durch Steuerklauseln. Hinsichtlich „uneingrenzbarer Ungewissheiten" (unerwarteter Rechtssprünge) besteht keine Möglichkeit des Steuerpflichtigen, sie im Rahmen seriöser Planungen zu berücksichtigen. Der Steuerpflichtige ist hier bes. auf Übergangsregelungen durch Gesetzgeber und Finanzverwaltung angewiesen, um steuerlich untragbare Ergebnisse für bereits getroffene Dispositionen zu vermeiden.

Steuerprogression – eine der drei möglichen Ausprägungen der → Steuertariftypen, gekennzeichnet durch einen mit steigender Bemessungsgrundlage wachsenden Durchschnittssteuersatz *(progressiver Steuertarif).* Der Grenzsteuersatz ist immer höher als der Durchschnittssteuersatz. Der Durchschnittssteuersatz kann degressiv, linear oder progressiv steigen, was zu verzögerter, linearer oder beschleunigter Progression führt. – *Wirkung* der Steuerprogression: → Grenzen der Besteuerung, → Psychological Breaking Point, → Steuerabwehr. – Vgl. auch: → Steuerregression; → Steuerproportionalität, in der praktischen Ausgestaltung des progressiven Steuertarifs außerdem als logische Konsequenz zu beobachten: → Progressionsvorbehalt.

Steuerproportionalität – eine der drei möglichen Ausprägungen der → Steuertariftypen, gekennzeichnet durch einen konstanten durchschnittlichen Steuersatz für jede Höhe der Steuerbemessungsgrundlage *(proportionaler Steuertarif).* Der Grenzsteuersatz entspricht dem Durchschnittssteuersatz.

Steuerpsychologie – Teilbereich der → Finanzpsychologie, deren Erklärungsobjekt die psychologischen → Grenzen der Besteuerung sind. Ziel ist es, die Steuerzwecke besser zu verwirklichen. Zu den steuerpsychologischen Maßnahmen gehören z.B. Informationsvermittlung über die mit Steuern finanzierten staatlichen Leistungen, geschickte Namensgebung (z.B. Pfennigabgaben) oder unmerkliche Ausgestaltung der Steuern.

Steuerquelle – Güter- bzw. Geldstrom oder -bestand, aus dem die Steuer „letztlich" gezahlt wird.

Steuerquote – *Steuerlastquote;* Relation der Steuerschuld oder der tatsächlichen Steuereinnahmen zu einer anderen monetären Größe, um die relative Belastung durch die Besteuerung darzustellen (z.B. Anteil der Steuern am Bruttoinlandsprodukt einer Periode).

Steuerpolitik

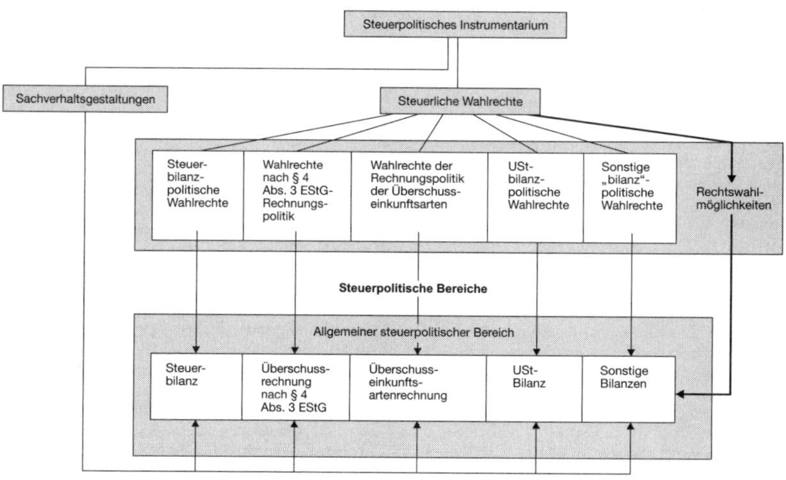

Steuerrecht – I. Begriff: Gesamtheit der Rechtsnormen unserer Rechtsordnung, die sich – im weitesten Sinn – auf → Steuern beziehen. Diese schaffen und regeln die Rechtsbeziehungen (Rechte und Pflichten) zwischen den Trägern der → Steuerhoheit und den ihnen unterworfenen natürlichen und juristischen Personen.

II. Gliederung: 1. a) *Materielles Steuerrecht:* Dieses regelt Steuersubjekt, Steuerobjekt, Befreiungen, Bemessungsgrundlage und Steuersätze der einzelnen Steuerarten. – b) *Formelles Steuerrecht:* enthält die verfahrensrechtlichen Regelungen des Steuerrechts. – 2. a) *Allgemeines Steuerrecht:* Rechtsnormen, die für alle Steuerarten gelten und die sowohl das Verfahren als auch – teilweise – das materielle Steuerrecht allg. Charakters betreffen, sind mehr oder weniger einheitlich gestaltet. Weitgehend in der → Abgabenordnung (AO) und im → Bewertungsgesetz (BewG) kodifiziert. – b) *Besonderes Steuerrecht:* Dieses regelt für die Vielzahl der verschiedenen Steuern vorwiegend das materielle Steuerrecht der einzelnen Steuerarten, enthält aber auch bes. Verfahrensvorschriften, die nur für die jeweilige einzelne Steuer gelten.

III. Rechtsquellen: Lehre von den Rechtsquellen des Steuerrechts ist – entsprechend der Natur des Steuerrechts – Teilstück der Rechtsquellenlehre des Verwaltungsrechts und damit zugleich Teil der allg. Rechtslehre. Als Quellen des Steuerrechts kommen folgende in Betracht: (1) → Steuergesetze, (2) → Steuerrechtsverordnungen, (3) → autonome Satzungen, (4) → Gewohnheitsrecht, (5) → supranationales Recht, (6) → Doppelbesteuerungsabkommen (DBA).

IV. Rechtsanwendung: Die Rechtsanwendung im Steuerrecht besteht – wie im allg. Recht – darin, einen konkreten Sachverhalt unter den maßgebenden (abstrakten) gesetzlichen Tatbestand zu subsumieren, sodass sich eine konkrete Rechtsfolge bzw. eine gesetzlich zugelassene Wahlmöglichkeit zwischen verschiedenen Rechtsfolgen (steuerliches Wahlrecht, → Steuerpolitik) ergibt. Sie setzt die Feststellung des Sachverhalts (geregelt in der AO (Ermittlungsverfahren) und in der FGO (Erforschung des Sachverhalts und Beweisaufnahme)) und der anzuwendenden Rechtsnorm (Auffinden, Textkritik und Auslegung) voraus.

V. Rechtsauslegung: Die Auslegung im Steuerrecht ist gesetzlich nicht mehr geregelt. – 1. Sie folgt den *allg. geltenden Auslegungsregeln:* Die Steuergesetze sind gemäß ihres Sinngehalts unter Berücksichtigung der → wirtschaftlichen Betrachtungsweise und der → Entwicklung der Verhältnisse auszulegen (→ typische Betrachtungsweise). – 2. Dieses Ziel wollen die Anhänger der verschiedenen subjektiven und objektiven *Auslegungstheorien* auf verschiedenen Wegen erreichen: Während die subjektiven Theorien von dem Sinn des Gesetzes ausgehen, den es nach dem Willen des historischen Gesetzgebers haben sollte, stellen die objektiven Theorien auf den Willen des Gesetzes selbst ab (historische Auslegungsmethode). Das Bundesverfassungsgericht hebt den objektivierten Willen des Gesetzgebers hervor, wie er sich aus dem Wortlaut der Gesetzesbestimmung und dem gegebenen Sinnzusammenhang ergibt. Aufgrund dieser Rechtsprechung kann im Steuerrecht die objektive Auslegungstheorie heute als die herrschende angesehen werden. – 3. Die von der allg. Rechtslehre entwickelten verschiedenen *Auslegungsmethoden* gelten auch im Steuerrecht. Sie stehen gleichwertig nebeneinander, ergänzen einander und sind i.d.R. alle miteinander zu verbinden. – *Wichtigste Methoden:* (1) *Grammatische Auslegung:* Sie geht von dem Wortlaut der festgestellten Rechtsnorm aus und soll diesen unter Heranziehung des Sprachgebrauchs und der Grammatik klarstellen. (2) *Historische Auslegung:* Sie berücksichtigt aufgrund der Materialien die Entstehungsgeschichte der Rechtsnorm, wobei die Entwicklung der Verhältnisse zu beachten ist. (3) *Logisch-systematische Auslegung:* Sie ermittelt und stellt ab auf den Sinn der Begriffe und den Sinnzusammenhang der Rechtssätze nach der allg. Rechtsordnung und nach der Systematik des Gesetzes. (4) *Teleologische Auslegung:* Sie geht von dem spezifischen Sinn und Zweck des Steuergesetzes aus, der einerseits in der beschreibenden Erfassung steuerpflichtiger, steuerfreier oder steuerbegünstigter Vorgänge, andererseits in der Bestimmung von Art und Umfang der Steuerpflicht, der Steuerbefreiung oder der Steuervergünstigung zu sehen ist.

VI. Verhältnis zu anderen Rechtsgebieten: 1. *Zum Bürgerlichen Recht:* Bürgerlich-rechtliche Vertragsfreiheit ist dem Steuerrecht fremd. Wenn auch die Besteuerung i.Allg. an Vorgänge anknüpft, denen bürgerlich-rechtliche Rechtsgeschäfte zugrunde liegen, so kommt es bei deren steuerrechtlicher Wertung doch mehr auf das an, was (wirtschaftlich betrachtet) ist und durchgeführt wird. – Das Steuerrecht verwendet häufig Rechtsbegriffe des Bürgerlichen Rechts. Diese können im Steuerrecht einen abweichenden (z.B. Wohnsitz) oder den gleichen (z.B. Ehe, Miete) Inhalt haben oder dem Steuerrecht angepasst (z.B. Aufrechnung) sein. Auch bürgerlichrechtliche Begriffe müssen daher im Steuerrecht stets aus dem steuerrechtlichen Bedeutungszusammenhang heraus interpretiert werden. – 2. *Zum Zivilprozessrecht:* Während die ZPO der Durchsetzung und Sicherung bürgerlich-rechtlicher Ansprüche zwischen Privatpersonen dient, regelt das formelle Steuerrecht die Entstehung, Festsetzung, Erhebung und Vollstreckung hoheitlicher Ansprüche sowie den Rechtschutz des Bürgers gegen unberechtigte steuerliche Inanspruchnahme. Das Zivilprozessrecht wird deshalb von der Dispositionsmaxime beherrscht, während im Steuerrecht der Untersuchungsgrundsatz gilt. Allerdings greift auch die FGO auf einzelne Vorschriften der ZPO zurück, so z.B. die Bestimmungen für die Ausschließung und Ablehnung von

Gerichtspersonen, für die Beweisaufnahme, für die Streitgenossenschaft. Soweit die FGO keine Bestimmungen über das Verfahren trifft, sind – unter Beachtung der grundsätzlichen Unterschiede beider Verfahren – die Vorschriften des GVG und der ZPO sinngemäß anzuwenden. – 3. *Zum Verwaltungsrecht:* Das Steuerrecht ist in seinem Kern – wie heute allg. anerkannt ist – bes. Verwaltungsrecht. Es hat sich jedoch bes. nach Einrichtung des Reichsfinanzhofs und dem Inkrafttreten der AO im Jahre 1919 weitgehend verselbstständigt. Das formelle Steuerrecht lehnt sich – entsprechend der erstrebten Verfahrensvereinheitlichung – i.d.R. an die Verwaltungsgerichtsordnung an, soweit nicht die Besonderheiten und die Eigengesetzlichkeit des Steuerrechts Abweichungen fordern. – 4. *Zum Finanzrecht:* Dieses erfasst die rechtliche Ausgestaltung der öffentlichen Finanzmittel in ihrer Gesamtheit und regelt deren Bestand, Beschaffung und Verwendung ebenso wie die verfahrensmäßigen Einrichtungen, die der Kontrolle und Sicherung einer gesetzmäßigen Verwaltung und Verwendung dieser Mittel dienen. Das Steuerrecht stellt sich als ein wichtiges Teilgebiet des Finanzrechts dar: Es bezieht sich nur auf eine einzelne Art der öffentlichen Einnahmen, die Steuern; es erfasst nicht andere öffentliche Einnahmen sowie die Verausgabung der öffentlichen Finanzmittel.

VII. Steuerrecht und Rechtsprechung: 1. Die → Finanzgerichtsbarkeit wird durch unabhängige, von der Verwaltung losgelöste Gerichte ausgeübt, in den Ländern durch die *Finanzgerichte* als obere Landesgerichte und im Bund durch den *Bundesfinanzhof* (§§ 1, 2 FGO). Ziel des Verfahrens ist der Rechtsschutz des einzelnen gegenüber rechtswidrigen Maßnahmen der Verwaltung. Die gerichtlichen Entscheidungen binden die Beteiligten soweit, als über den Streitgegenstand entschieden worden ist (→ Rechtskraft). Zwar wirken sie formell nicht über den entschiedenen Einzelfall hinaus, werden aber i.d.R. von der Finanzverwaltung auch in anderen – gleichgelagerten – Fällen beachtet. – 2. Das *Bundesverfassungsgericht* hatte bisher in einer Vielzahl von Fällen die Verfassungsmäßigkeit steuerrechtlicher Vorschriften zu prüfen. Seine Entscheidungen greifen unmittelbar und gestaltend in das Steuerrecht ein.

Steuerrechtfertigungslehre – Lehre zur Begründung der Erhebung von → Steuern. Die Steuerrechtfertigungslehre geht von den Funktionen des Gemeinwesens aus. – *Arten:* (1) Äquivalenztheorie (auf dem → Äquivalenzprinzip aufbauende Steuerrechtfertigungslehre; Interessentheorie); (2) Assekuranztheorie (auf dem → Assekuranzprinzip aufbauende Steuerrechtfertigungslehre); (3) → Opfertheorien (→ Leistungsfähigkeitsprinzip; → Ability to Pay Principle). – Steuerrechtfertigungslehre und → Steuertheorie werden i.d.R. synonym verwendet.

Steuerrechtsverordnung – Rechtsnorm des → Steuerrechts, die nicht in einem förmlichen Gesetzgebungsverfahren zustande gekommen ist, sondern aufgrund einer gesetzlichen Ermächtigung durch die Bundesregierung oder den Bundesminister der Finanzen ggf. i.V. mit der Zustimmung des Bundesrates erlassen wurde (Art. 80 GG). Die Steuerrechtsverordnung hat bindende Wirkung für den Steuerpflichtigen. – Vgl. auch → Rechtsverordnung.

Steuerreform – Umgestaltung einer bestehenden Steuerordnung (→ Steuersystem).

I. Allgemein: Die Steuersysteme fast aller entwickelten Staaten werden von Zeit zu Zeit durch größere Steuerreformen den gesellschaftlichen Anschauungen, den Veränderungen der wirtschaftlichen und sozialen Verhältnisse und den Bedürfnissen des Staatshaushalts angepasst. Meist verfolgt eine Steuerreform auch das Ziel, das Steuersystem durch Verringerung der Zahl der Steuerarten, durch Verbesserung der Verständlichkeit der Steuernormen und durch Erhöhung der Transparenz der Verwaltungsvorgänge zu vereinfachen *(Vereinfachung des Steuerrechts).* Der Realisierung solcher Zielvorstellungen sind jedoch einerseits durch die wachsenden Haushaltsbedürfnisse und die zunehmende Verwendung des Steuerrechts zur Durchsetzung wirtschafts- und sozialpolitischer Ziele und andererseits durch das Bestreben, die Gleichmäßigkeit und Gerechtigkeit der Besteuerung möglichst zu perfektionieren, sehr enge Grenzen gesetzt.

II. Steuerreform in der Bundesrepublik Deutschland: Die Diskussionen um eine *große Steuerreform* begannen mit dem im Jahre 1953 veröffentlichten Gutachten des wissenschaftlichen Beirats beim Bundesfinanzministerium zur → organischen Steuerreform. – 1. Am 1.1.1968 wurde die nahezu 50 Jahre alte kumulative Allphasen-Bruttoumsatzsteuer durch die nichtkumulative *Allphasen-Nettoumsatzsteuer* (Mehrwertsteuer, → Umsatzsteuer) ersetzt. – 2. Auf der Grundlage der Vorschläge der Kommission beim Bundesfinanzministerium (Steuerreformkommission) erfolgte die Ausarbeitung von *drei Gesetzentwürfen,* die in unterschiedlichem Maße realisiert wurden. – a) Das *Erste Steuerreformgesetz* hatte die Reichsabgabenordnung zum Inhalt. Die reformierte Abgabenordnung ist als AO 1977 am 1.1.1977 in Kraft getreten. Ziel war es u.a., die Systematik und Terminologie zu verbessern und den Charakter der AO als Mantelgesetz wiederherzustellen. – b) Im *Zweiten Steuerreformgesetz* sollten die einheitswertabhängigen Steuern, bes. die Vermögensteuer, Erbschaftsteuer, Grundsteuer und Gewerbekapitalsteuer reformiert werden. Die ursprüngliche Zielsetzung des Gesetzgebers, das Gesetz als Ganzes zu verabschieden, ließ sich nicht realisieren; dieser Reformentwurf wurde im Finanzausschuss in drei Gesetze aufgeteilt. Mit Wirkung vom 1.1.1974 sind das Gesetz zur Reform des Grundsteuerrechts vom 7.8.1973 (BGBl. I 965), das Gesetz zur Reform des Erbschaft- und Schenkungsteuerrechts vom 17.4.1974 (BGBl. I 933) sowie das Vermögensteuerreformgesetz (VStRG) vom 17.4.1974 (BGBl. I 949) in Kraft getreten. – c)

Der Entwurf des *Dritten Steuerreformgesetzes* befasste sich mit der Neuregelung des Einkommensteuerrechts (Art. 1), des Körperschaftsteuerrechts (Art. 2) und des Sparprämienrechts (Art. 3). Bereits vor der Behandlung des Dritten Steuerreformgesetzes wurden einige zum Reformprogramm der Bundesregierung gehörende Maßnahmen vorgezogen und vorab verwirklicht. (1) Aus diesem Komplex ist bes. das *Außensteuerreformgesetz* von Bedeutung, das als Erstes Gesetz im Rahmen der Steuerreform am 13.9.1972 in Kraft trat (BGBl. I 1713). (2) Da das Dritte Steuerreformgesetz aus verschiedenen Gründen nicht als Ganzes verwirklicht werden konnte, entschloss man sich, die Körperschaftsteuerreform zunächst zurückzustellen und aus den Art. 1 und 3 einige Regelungen vorzuziehen, die als bes. Gesetzentwurf zusammengefasst wurden. Dieser *Entwurf eines Gesetzes zur Reform der Einkommensteuer und der Sparförderung* war heftig umstritten und wurde nach zweimaliger Anrufung des Vermittlungsausschusses in erheblich veränderter Form Gesetz, das erstmals für den Veranlagungszeitraum 1975 Gültigkeit besaß. – Der zunächst zurückgestellte Art. 2 des geplanten Zweiten Steuerreformgesetzes war die Grundlage für das *Körperschaftsteuerreformgesetz,* das sowohl das KStG 1977 umfasst als auch die erforderlichen Änderungen des EStG 1975. Daneben wurde auch ein *Einführungsgesetz* zum Körperschaftsteuerreformgesetz verabschiedet, das die notwendige Anpassung anderer Steuergesetze, bes. das Umwandlungssteuergesetz 1977 (→ Umwandlung) enthält. In den 1990er-Jahren waren die Vorhaben zur Steuerreform durch schrittweise Steuersenkungen unter Verbreiterung der Bemessungsgrundlage gekennzeichnet. Eine weitere inhaltliche größere Steuerreform erfolgte 2001 mit der Abschaffung des geschaffenen Anrechnungsverfahrens bei der Körperschaftsteuer und dem Übergang auf das → Halbeinkünfteverfahren (Definitivsteuer mit niedrigerem Satz, zugleich Halbeinkünfteverfahren für Dividendeneinkünfte und zugleich ein Optionsrecht, nach dem Personengesellschaften für die Körperschaftsteuer – statt Einkommensteuer – optieren können sollen). (3) *Nicht verwirklicht* worden ist bisher v.a. eine grundlegende Reform der Gewinnermittlung im Einkommensteuerrecht, die zunächst im Rahmen des Dritten Steuerreformgesetzes vorgesehen war, auch wenn sich das Einkommensteuergesetz Ende der 1990er-Jahre durch Einzelbestimmungen zunehmend vom Handelsgesetzbuch (HGB) gelöst hat. – 3. *Weitere wesentliche Änderungen:* a) Durch das *Steueränderungsgesetz 1979* ist u.a. ab 1980 die *Lohnsummensteuer abgeschafft* worden. – b) Im Zuge der *Harmonisierung der Steuervorschriften* innerhalb der EU (→ Steuerharmonisierung in der EU) wurde das *Umsatzsteuergesetz* reformiert, das am 1.1.1968 in Kraft trat. – c) Weiter ist das *Grunderwerbsteuergesetz 1983* zu nennen, welches die landesrechtlichen Grunderwerbsteuergesetze ablöste, die Zahl der Steuerbefreiungen drastisch einschränkte und den Steuersatz von 7 Prozent auf 2 Prozent (später 3,5 Prozent) senkte. – d) *Steuerreformgesetz 1990:* Absenkung des Einkommensteuerspitzensatzes auf 53 Prozent sowie Einführung eines linear-progressiven Tarifverlaufs im Bereich der Progressionszone; unbeschränkter Verlustvortrag. – e) *Standortsicherungsgesetz 1994:* Begrenzung des ESt-Spitzensteuersatzes für gewerbliche Gewinne auf 47 Prozent; Senkung der KSt-Tarifbehandlung auf 45 Prozent, der Ausschüttungsbelastung auf 30 Prozent. – f) *Jahressteuergesetz 1997:* Abschaffung der Drohverlust-Rückstellung. – g) *Steuerentlastungsgesetz 1999/2000/2002:* Absenkung der Schwelle für „wesentliche" Beteiligungen auf 10 Prozent; Einführung eines Wertaufholungsgebots. – h) *Zahlreiche Gesetze 2002 und 2003* senkten die Beteiligungsschwelle weiter ab auf 1 Prozent, begrenzten den Umfang in dem sich → Verlustvorträge steuermindernd auswirken können, regelten die Gesellschafter-Fremdfinanzierung neu und kürzten zahlreiche Subventionen linear um 12 Prozent ihres bisherigen Volumens. – i) Weitere *Gesetze 2004-2008:* Z.B. ab Veranlagungszeitraum 2007 Senkung des Einkommensteuerspitzensatzes von 45 Prozent auf 42 Prozent und Erhöhung wiederum auf 45 Prozent (*„Reichensteuer"*) ab einem Einkommen von über 250.000 Euro bzw. 500.000 Euro, Erweiterung des Inlandsbegriffs, Berücksichtigung negativer Einkünfte im Rahmen des Progessionsvorbehalts, Teilwertabschreibung auf Gesellschafterdarlehen, Außensteuergesetz etc. – j) *Unternehmensteuerreform 2008* wurde am 25.5.2007 vom Bundestag → verabschiedet. Der Bundesrat hat dem Gesetz am 6.7.2007 zugestimmt. Es trat zum 1.1.2008 bzw. im Fall der Abgeltungsteuer zum 1.1.2009 in Kraft: Senkung des Körperschaftsteuersatzes von 25 Prozent auf 15 Prozent, Einführung einer Zinsschranke, Reform der Gewerbesteuer etc. – k) *Erbschaftsteuerreform:* Neuregelung der Erbschaftsteuer bzw. Schenkungsteuer ab 2009 aufgrund von Vorgaben des Bundesverfassungsgerichts. Ab 2009 darf die Steuer nach dem bisherigen Recht nicht mehr erhoben werden, da sie gegen das Grundgesetz verstößt (Vorwurf: Begünstigungen von Grundvermögen und Betriebsvermögen). Maßgeblicher Inhalt der Neuregelung: bestehende Begünstigungen für Grundvermögen und Betriebvermögen werden lediglich durch neue, technisch jetzt anders gefasste Begünstigungen derselben Vermögensarten ersetzt; da sich zu deren Rechtswidrigkeit das Verfassungsgericht aus technischen Gründen frühestens erst in mehreren Jahren äußern können wird (und dann die Neuregelungen wiederum aus fiskalischen Gründen vermutlich nicht rückwirkend verwerfen wird), ist im Endeffekt der bisherige Zustand nicht entscheidend verändert worden; darauf, ob dieses Vorgehen des Gesetzgebers letztlich als eine Umgehung der verfassungsrechtlichen Vorgaben gesehen werden muss, wird in der öffentlichen Diskussion jedoch kaum eingegangen.

Steuerregression – eine der drei möglichen Ausprägungen der → Steuertariftypen, gekennzeichnet durch einen mit steigender Bemessungsgrundlage sinkenden Durchschnittsteuersatz *(regressiver Steuertarif).* Der Grenzsteuersatz ist niedriger als der Durchschnittsteuersatz. Der Durchschnittsteuersatz kann degressiv, linear oder progressiv fallen, was zu verzögerter, linearer oder beschleunigter Regression führt. – *Auswirkung:* Die Steuerregression wird durch die Eigenschaft der → Verbrauchsteuern bewirkt, niedrige Einkommensschichten relativ stärker zu belasten als höhere. Da Wirtschaftssubjekte mit einem geringen Einkommen i.d.R. eine höhere Konsumquote haben als Bezieher größerer Einkommen, werden sie relativ mehr von einer Verbrauchsteuer erfasst als die übrigen Gruppen. Deshalb sind hohe Verbrauchsteuersätze aus sozialpolitischen Gesichtspunkten bedenklich.

Steuerrevolte – Aufbegehren eines großen Teils der Steuerpflichtigen gegen die Staatsautorität wegen drückender Steuerlasten. Im Laufe der Geschichte gab es zahlreiche derartige Steuerwiderstandsbewegungen, z.B. die Boston Tea Party (1773), den Winzeraufstand von Bernkastel (1926), Steuerrevolten in den USA Ende der 1970er- und Anfang der 1980er-Jahre in verschiedenen Bundesstaaten, sowie die Proteste in Großbritannien wegen der Einführung einer kommunalen Kopfsteuer (Poll Tax) 1990.

Steuersachverständige – Personen und Organisationen, die dem → Steuerpflichtigen beratend und helfend zur Seite stehen, u.a. → Wirtschaftsprüfer (WP), → Wirtschaftsprüfungsgesellschaften, → Steuerberater, → Steuerbevollmächtigte, → Steuerberatungsgesellschaften, Fachanwälte für Steuerrecht.

Steuersatz – Prozent- oder Promillesätze der → Bemessungsgrundlage einer Steuer. Der Steuersatz bestimmt die Höhe der Steuerbelastung. – Im Rahmen der *Harmonisierung der Besteuerung auf EU-Ebene* sind durch → Verbrauchsteuersatzrichtlinien Mindeststeuersätze für einige Steuerarten bestimmt worden. – Vgl. auch → Steuertarif.

Steuerschuld – I. Abgabenordnung: Die vermögensrechtliche Verpflichtung des → Steuerschuldners im → Steuerschuldverhältnis, den Steueranspruch des Steuerberechtigten zu erfüllen. – 1. *Entstehung:* Die Steuerschuld entsteht, sobald der Tatbestand verwirklicht ist, an den das jeweilige Einzelsteuergesetz die Leistungspflicht knüpft (§ 38 AO). – 2. *Erlöschen:* Die Steuerschuld erlischt durch → Zahlung, → Aufrechnung, Billigkeitserlass (→ Steuererlass), → Verjährung oder durch Eintritt der Bedingung bei auflösend bedingten Ansprüchen (§ 47 AO). – 3. *Zurechnungssubjekt:* Wer die Steuerschuld zu erfüllen hat, wer Steuerschuldner ist, richtet sich nach den Einzelsteuergesetzen (§ 43 AO). Der Steuerschuldner muss steuerrechtsfähig sein, d.h. Träger steuerlicher Rechte und Pflichten sein können. Handlungsfähigkeit bzw. steuerliche Geschäftsfähigkeit ist nicht erforderlich.

II. Erbschaftsteuer: Steuerschulden sind abzugsfähig, soweit sie vom Erblasser stammen (Nachlassverbindlichkeiten).

Steuerschuldner – 1. *Begriff:* Wer Steuerschuldner ist, bestimmt grundsätzlich das jeweilige Einzelsteuergesetz (§ 43 AO). Soweit es an einer ausdrücklichen Regelung fehlt, ist Steuerschuldner derjenige, der den Tatbestand verwirklicht, an den das Einzelsteuergesetz die Steuerpflicht knüpft (analog § 38 AO). – 2. *Einzelfälle:* a) *Einkommensteuer:* Steuerschuldner ist die natürliche Person mit Einkommen (§§ 1, 2 EStG). – b) *Körperschaftsteuer:* Steuerschuldner sind die in § 1 KStG aufgezählten Körperschaften etc. – c) *Gewerbesteuer:* Steuerschuldner ist der Unternehmer (§ 5 I GewStG). – d) *Umsatzsteuer:* Steuerschuldner ist der Unternehmer (§ 13a UStG). – e) *Lohnsteuer:* Steuerschuldner ist der Arbeitnehmer (§ 38 II EStG). – f) *Erbschaftsteuer:* Steuerschuldner ist der Erwerber, bei einer Schenkung auch der Schenker (§ 20 I ErbStG). – g) *Grunderwerbsteuer:* Steuerschuldner sind die an dem Erwerbsvorgang beteiligten Personen (§ 13 Nr. 1 GrEStG). – 3. Jeder Steuerschuldner ist zugleich auch → Steuerpflichtiger.

Steuerschuldnerschaft des Leistungsempfänger – amtliche Bezeichnung für das sog. → Reverse-Charge-Verfahren.

Steuerschuldverhältnis – öffentlich-rechtliches → Rechtsverhältnis, auf die vermögensrechtlichen Ansprüche des Steuerrechts gerichtet. Dies sind der Steueranspruch, der → Steuervergütungsanspruch, der Haftungsanspruch (→ Haftung), der Anspruch auf eine → steuerliche Nebenleistung und der → Steuererstattungsanspruch sowie die in Einzelsteuergesetzen geregelten Steuererstattungsansprüche (§ 37 I AO). – Vgl. auch → Steuerschuld.

Steuerstatistiken – laufende Statistiken zur Erfassung der Steuerquellen und der daraus fließenden Erträge sowie der Steuerbemessungsgrundlagen mit dem Ziel, Aufkommen und Belastungs- bzw. Verteilungswirkungen von Steuern zu dokumentieren. Steuerstatistiken basieren als → Sekundärstatistiken auf den steuerlichen Unterlagen der Finanzbehörden und sind Totalerhebungen. Sie dienen als wichtige Informationsquelle für Politik (insbesondere das Bundesministerium für Finanzen (BMF)), Wirtschaft und Wissenschaft. Rechtsgrundlage ist das Gesetz über Steuerstatistiken (StStatG) vom 11.10.1995 (BGBl. I 1250, 1409),zuletzt geändert durch Art. 15 G. v. 8.12.2010 (BGBl. I S. 1768). – Ein zentrales Element ist die → Statistik über den Steuerhaushalt, die quartals- und jahresweise für Bund und Länder bzw. für die Gemeinden und Gemeindeverbände die kassenmäßigen Steuereinnahmen vor und nach der Steuerverteilung sowie sonstige Steuern und steuerähnliche Einnahmen ermittelt. Daneben werden jährlich ein → Realsteuervergleich und eine → Umsatzsteuerstatistik und in unterschiedlicher Periodizität Verbrauchssteuerstatistiken für Energie, Tabak,

Bier, Mineralöl, Brannt- und Schaumwein erhoben. Nach Unterbrechungen werden auch wieder dreijährlich eine → Gewerbesteuerstatistik und jährlich eine → Erbschaft- und Schenkungsteuerstatistik ermittelt. Außerdem existiert eine jährliche bzw. alle drei Jahre durchgeführte → Einkommensteuerstatistik bzw. → Lohn- und Einkommensteuerstatistik. – Die Veröffentlichung statistischer Daten zu Finanzen und Steuern erfolgt in Fachserie 14.

Steuerstrafrecht – die bes., sich auf → Steuerstraftaten beziehenden strafrechtlichen Vorschriften der Abgabenordnung (AO). Das Steuerstrafrecht umfasst die materiellen Strafvorschriften (§§ 369–376 AO), ergänzt durch das Strafgesetzbuch (StGB) und die formellen Vorschriften des Steuerstrafverfahrensrechts (§§ 385–408 AO).

Steuerstraftat – *Steuervergehen.* 1. *Begriff:* Steuerstraftaten sind: a) Taten, die nach den Steuergesetzen strafbar sind, d.h. (1) → Steuerhinterziehung, (2) gewerbsmäßiger, gewaltsamer und bandenmäßiger → Schmuggel, (3) → Steuerhehlerei; b) → Bannbruch; c) → Steuerzeichenfälschung; d) Begünstigung einer Person, die eine dieser Taten begangen hat (§ 369 AO). – Verletzung des → Steuergeheimnisses ist *keine* Steuerstraftat, sondern Straftat nach § 355 StGB. – 2. *Strafe:* Geldstrafe oder Freiheitsstrafe; Tatwerkzeuge oder -produkte können eingezogen werden. Bei Freiheitsstrafe von mind. einem Jahr kann das Gericht in bestimmten Fällen die Fähigkeit, öffentliche Ämter zu bekleiden und Rechte aus öffentlichen Wahlen zu erlangen, aberkennen (§ 375 I AO). – 3. *Verjährung:* Die Strafverfolgung verjährt in fünf Jahren (§§ 78 StGB), die Verjährungsfrist wird durch die Bekanntgabe eines Bußgeldverfahrens oder deren Anordnung unterbrochen (§ 376 AO).

Steuerstrafverfahrensrecht – die formellen bes. Vorschriften des → Steuerstrafrechts (§§ 385–408 AO), die in Ergänzung der allg. Vorschriften (Strafprozessordnung, Gerichtsverfassungsgesetz und Jugendgerichtsgesetz) gelten. – 1. Die *Finanzbehörden* (Hauptzollamt, Finanzamt, → Bundeszentralamt für Steuern oder Familienkasse) haben bei allen → Steuerstraftaten von Amts wegen den Sachverhalt zu erforschen. Dabei nehmen sie die Rechte und Pflichten der → Staatsanwaltschaft im Ermittlungsverfahren wahr. Die Finanzbehörde kann die Sache jedoch jederzeit an die Staatsanwaltschaft abgeben. Diese kann die Sache auch jederzeit an sich ziehen und wieder abgeben (§ 386 AO). Die Einleitung des Strafverfahrens ist dem Beschuldigten mitzuteilen (→ Selbstanzeige). – 2. Bieten die Ermittlungen genügenden Anlass zur Erhebung der öffentlichen Klage, so beantragt die Finanzbehörde beim Amtsgericht den Erlass eines → Strafbefehls, wenn die Strafsache zur Behandlung im Strafbefehlsverfahren geeignet erscheint; andernfalls legt die Finanzbehörde die Akten der Staatsanwaltschaft vor, die sodann die Entscheidung trifft. An dem weiteren Verfahren ist die Finanzbehörde zu beteiligen. Ihr sind alle Termine und Entscheidungen mitzuteilen. – 3. Zulässig ist auch, die → Einziehung oder den → Verfall zu beantragen (§ 401 AO). – 4. Als *Verteidiger* können auch Steuerberater, Steuerbevollmächtigte, Wirtschaftsprüfer und vereidigte Buchprüfer gewählt werden, wenn die Finanzbehörde das Verfahren wegen der Steuerstraftat selbstständig durchführt (§ 392 AO).

Steuerstundungsmodelle – 1. *Begriff des Einkommensteuerrechts:* Ein Steuerstundungsmodell liegt vor, wenn aufgrund einer modellhaften Gestaltung steuerliche Vorteile durch die Verrechnung von Verlusten mit den übrigen Einkünften einer Person erreicht werden sollen. Voraussetzung für die Einstufung einer Gestaltung als Steuerstundungsmodell ist dabei, dass innerhalb der Anfangsphase das Verhältnis der insgesamt prognostizierten Verluste zum eingesetzten Kapital 10 Prozent übersteigt. – 2. *Rechtsfolgen:* Die Verluste aus einer Gestaltung, die als Steuerstundungsmodell eingestuft wird, können nicht mit dem übrigen Einkommen verrechnet werden, sondern lediglich mit zukünftigen Gewinnen aus demselben Modell verrechnet werden (§ 15b EStG). Dadurch wird der angestrebte steuersparende Effekt zunichte gemacht. – 3. *Voraussetzung* für die Anwendung der Regelungen über Steuerstundungsmodelle ist, dass es sich nach den normalen Regeln um „Einkünfte" handelt; dass ist nicht der Fall, wenn durch die Gestaltung nicht insgesamt (über die Totalperiode hinweg) ein Überschuss erzielt werden soll (→ Liebhaberei). Voraussetzung ist ferner, dass es sich um eine modellhafte Gestaltung handeln muss; das schließt es aus, die Regelung auf Verluste von Existenzgründern oder Firmengründern anzuwenden.

Steuersubjekt → Steuern.

Steuersystem – *Steuerordnung.* 1. *Begriff:* Gesamtheit der in einem Land erhobenen bzw. mit einem bestimmten Sinngehalt zu erhebenden → Steuern. a) *I.e.S.:* Darstellung der Vielzahl der gleichzeitig erhobenen Steuern (deskriptiver Aspekt). – b) *I.w.S.:* Forderung nach einem logischen Zusammenhang aller Steuern (gestalterischer Aspekt). – 2. *Arten:* a) Nach der *Art der Entstehung:* → historisches Steuersystem, → rationales Steuersystem. – b) Nach der *Konzeption:* → äußeres Steuersystem, → inneres Steuersystem. – c) Nach der Anzahl der → Steuerarten: → monistisches Steuersystem, → pluralistisches Steuersystem. – 3. *Heutige Steuersysteme* sind so vielgestaltig und komplex, müssen auf die föderalistischen Strukturen (→ Föderalismus) und verschiedenste politische Ziele Rücksicht nehmen, dass die Gestaltung rationaler Steuersysteme nur als theoretische Aufgabe bzw. – sofern überhaupt möglich – als Maßstab für eine „permanente Steuerreform" denkbar ist. – Vgl. auch → Gemeindesteuersystem.

Steuersystemtheorie – befasst sich grundsätzlich mit der Kompatibilität des → Steuersystems mit dem → Wirtschaftssystem. Außerdem werden als spezielle Probleme diskutiert: (1) wie die direkte Besteuerung mit einer Erhöhung der → Mehrwertsteuer zu ergänzen sei, ohne dass Distributionsnachteile wegen der ihr innewohnenden Regressivität in Kauf genommen werden müssen; (2) inwieweit ein Einkommensteuersystem (Berücksichtigung der persönlichen Leistungsfähigkeit, Besteuerung der Einkommensentstehung) durch ein Ausgabensteuersystem (Besteuerung der Einkommensverwendung) abzulösen sei, um die negativen Wirkungen der Einkommensbesteuerung zu vermeiden. Auch die Theorie der → optimalen Besteuerung wird zur Steuersystemtheorie gezählt, da sie danach fragt, welches System an (allg. oder speziellen) Verbrauchsteuern die allg. Wohlfahrt am wenigsten beeinträchtigt. – Vgl. auch → Steuertheorie.

Steuertabelle – Übersicht in Tabellenform, die i.d.R. den jeweiligen Steuerbemessungsgrundlagen (→ Bemessungsgrundlage) die entsprechenden → Steuersätze bzw. zu entrichtenden Steuerbeträge zuordnet (z.B. Lohnsteuertabellen).

Steuertarif – gesetzlich festgelegte funktionale Beziehung zwischen der Bemessungsgrundlage einer Steuer und der Steuerschuld. – Vgl. auch → Steuertariftypen, → Steuer-Kombinationstarife.

Steuertarifformen – Ausprägungen der verschiedenen → Steuertariftypen: → Stufentarif, → Kurventarif.

Steuertariftypen – Gestaltung des Verlaufs des → Steuertarifs bei steigender Bemessungsgrundlage. – *Arten:* Steuertariftypen mit Proportionalität (proportionaler Steuertarif, → Steuerproportionalität), Progression (progressiver Steuertarif, → Steuerprogression) und Regression (regressiver Steuertarif, → Steuerregression), wobei zwischen beschleunigter, linearer und verzögerter Progression bzw. Regression unterschieden wird. – *Darstellung* von Steuertariftypen in verschiedenen → Steuertarifformen.

Steuertechnik – alle administrativen und juristischen Maßnahmen der Steuererhebung und -kontrolle, z.B. Festsetzung des Namens der Steuer, Bestimmung von Steuerobjekt, -bemessungsgrundlage, -subjekt, -tarif, -satz und Steuerrechtsprechung. Funktion der Steuertechnik ist es, den allg. Steuergrundsätzen (→ Besteuerungsprinzipien) zu dienen und die Ausgestaltung einer Steuer im Detail festzulegen. Bei der Ausgestaltung der Steuertechnik sind die potenziellen Wirkungsweisen zu berücksichtigen, um die mit einer bestimmten Steuer angestrebten Ziele zu verwirklichen. – Vgl. auch → Grenzen der Besteuerung, → Steuerwirkungen, → Steuern.

Steuertheorie – 1. *I.w.S.:* Sammelbezeichnung für die → Steuerrechtfertigungslehre, die Lehre vom → Steuersystem (→ Steuersystemtheorie), die Lehre von den → Steuerwirkungen, die Lehre von den Steuergrundsätzen (→ Besteuerungsprinzipien) und die Lehre von den → Grenzen der Besteuerung. – 2. *I.e.S.:* Synonyme Bezeichnung für die *Steuerrechtfertigungslehre.* – Vgl. auch → Finanztheorie.

Steuerträger – der durch eine Steuer tatsächlich wirtschaftlich Belastete; ökonomischer Begriff im Unterschied zum steuerjuristischen Begriff des Steuerschuldners (→ Steuern). Der Steuerträger trägt die Steuer aus seinem Einkommen oder Vermögen. – *Anders:* → Steuerdestinatar.

Steuerüberwälzung – I. Allgemein: 1. *Begriff:* Rechtlich zulässige Form der → Steuerabwehr. Prozess der Übertragung der Steuerlast vom Steuerpflichtigen (Steuerzahler) auf den Steuerträger. Maßgeblich für die Steuerüberwälzung ist die Elastizität von Angebot und Nachfrage nach einem Gut. Möglichkeit und Grad der Steuerüberwälzung hängen auch vom Einkommen ab, da mit höherem Einkommen die Elastizität der Nachfrage steigt. Am Ende dieses Prozesses der Steuerüberwälzung steht die endgültige Steuerbelastung (→ Inzidenz). – 2. *Arten:* a) *Fortwälzung:* Ein Anbieter gibt die Steuer in einer Preiserhöhung an den Nachfrager weiter; üblicher, unterstellter Fall bei Umsatz- und Verbrauchsteuern. Für den Anbieter von Arbeitskraft ist eine Fortwälzung über Lohnerhöhungen abhängig von der Verhandlungsmacht der Gewerkschaften. – b) *Schrägwälzung:* Der Anbieter verteuert andere Produkte, da eine Preiserhöhung bei dem belasteten Gut aufgrund der Nachfrageelastizitäten nicht möglich ist. – c) *Rückwälzung:* Der Nachfrager wälzt eine Steuer auf den Anbieter bzw. Lieferanten über. Der Unternehmer versucht die Löhne oder Einkaufspreise, die privaten Haushalte versuchen die Güterpreise zu drücken. – 3. *Umfang:* Die Frage, in welchem Umfang die verschiedenen Steuern überwälzt werden können, versucht die Steuerwirkungslehre (→ Steuerwirkungen) mit zwei unterschiedlichen *Betrachtungsweisen* zu lösen: a) *Makroökonomische Analyse der Steuerüberwälzung:* Kriterium ist die Veränderung des Einkommens der Besteuerten. Im Rahmen der Kreislauftheorie (→ Kreislaufanalyse) werden dabei die Auswirkungen von Änderungen bestimmter Steuersätze auf die Einkommen verschiedener Gruppen (Haushalte und Unternehmer) oder verschiedener Branchen untersucht. – b) *Mikroökonomische Analyse der Steuerüberwälzung:* Gegenstand ist die Untersuchung der Auswirkungen verschiedener Steuern im Rahmen der *mikroökonomischen Preistheorie.* Analysiert werden die kurz- und langfristigen Effekte einer Steuer auf die individuelle Kosten- und Preis-Mengen-Struktur. Im Mittelpunkt steht dabei die Frage, wie sich die gewinnmaximalen Preise und Ausbringungsmengen in den verschiedenen → Marktformen verändern. Variieren weder der Preis noch die Menge, so hat der Steuerzahler selbst die Steuerlast zu tragen, andernfalls wird diese auf den „Vormann" (Rückwälzung) oder auf den Abnehmer abgewälzt (Fortwälzung).

II. Umsatzsteuerrecht: In dem seit 1.1.1968 geltenden Umsatzsteuerrecht i.d.R. völlige Überwälzung der Steuer auf den Endabnehmer, da für die Unternehmer in der Produktions- und Handelskette die Steuer wegen des → Vorsteuerabzugs nur den Charakter eines → durchlaufenden Postens hat.

Steuerumgehung – eine erfolglose Form der → Steuerabwehr. Steuerumgehung ist der Missbrauch von Formen und Gestaltungsmöglichkeiten des Rechts zur Umgehung oder Minderung öffentlicher Abgaben. – Grundsätzlich darf der Steuerpflichtige die für ihn günstigste rechtliche Form wählen (Grundsatz der Vertrags- und Gestaltungsfreiheit). Es sind zwei Tatbestände zu unterscheiden: (1) Enthält das im Einzelfall anzuwendende Einzelsteuergesetz Regelung, deren Ziel die Verhinderung einer Steuerumgehung ist und erfüllt der konkrete Sachverhalt diesen Tatbestand, richtet sich die Rechtsfolge ausschließlich nach dieser einzelsteuergesetzlichen Norm (§ 42 I 2 AO). (2) Ist der Tatbestand indes nicht erfüllt, liegt ein Missbrauch von Gestaltungsmöglichkeiten dann vor, wenn eine unangemessene rechtliche Gestaltung gewählt wird, die beim Steuerpflichtigen oder einem Dritten im Vergleich zu einer angemessenen Gestaltung zu einem gesetzlich nicht vorgesehenen Steuervorteil führt und der Steuerpflichtige keine außersteuerlichen Gründe für die gewählte Gestaltung nachweist, die nach dem Gesamtbild der Verhältnisse beachtlich sind (§ 42 II AO). In diesem Fall sind die Steuern so zu erheben, wie sie bei einer den wirtschaftlichen Vorgängen, Tatsachen und Verhältnissen angemessenen rechtlichen Gestaltung zu erheben wären (§ 42 I 3 AO). – Nur bei *Grenzfällen* kann Steuerumgehung als → Steuerhinterziehung *strafbar* oder als → Steuerordnungswidrigkeit mit Geldbuße geahndet werden, v.a. dann, wenn der Steuerpflichtige das Geschehen gegenüber den Finanzbehörden nicht vollständig offenlegt und dadurch versucht, das Vorliegen einer Gestaltung, die als Steuerumgehung beurteilt werden könnte, zu verschleiern.

Steuer und Versicherungen → Versicherung und Steuer.

Steuerungssicht → Architektur integrierter Informationssysteme.

Steuerungszentrale → Standort, von dem aus andere Orte und → Regionen Entscheidungsimpulse, Handlungsanweisungen und Informationen erhalten und in ihrer Entwicklung kontrolliert werden. In Steuerungszentralen sind v.a. Organe und Institutionen angesiedelt, welche mit der Steuerung, Planung, Lenkung und Kontrolle von Wirtschaft und globaler Politik betraut sind (→ Global City, → Metropolregion, → Metropole). Hinzu kommen Einrichtungen für Handel, Verkehr und Kommunikation.

Steuerverbund – 1. *Begriff:* Steuerarten, deren → Steuerertragshoheit sich gemäß dem → Verbundsystem auf mehrere öffentliche Aufgabenträger verteilt. – 2. *Arten:* a) *Einzelverbund:* Das Aufkommen einer einzelnen Steuer wird aufgeteilt; *Gesamtverbund:* Das Aufkommen mehrerer Steuern wird aufgeteilt. – b) *„Kleiner" Steuerverbund:* Steuerverbund zwischen Bund und Ländern, in der Bundesrepublik Deutschland Körperschaft- und Umsatzsteuer; *„großer" Steuerverbund:* Steuerverbund zwischen Bund, Ländern und Gemeinden, z.B. Einkommen- und Gewerbesteuer. – 3. *Messzahl:* → Steuerverbundquote. – Vgl. auch → Finanzverfassung, → Finanzausgleich.

Steuerverbundquote – *Verbundquote;* die bei Verbundsteuern (→ Gemeinschaftsteuern) den beteiligten öffentlichen Aufgabenträgern zugewiesenen Aufkommensanteile. – Vgl. auch → Finanzausgleich, → Steuerverbund.

Steuervergehen → Steuerstraftat.

Steuervergünstigungen – steuerliche Vorteile, die aus wirtschaftspolitischen, sozialen oder sonstigen Gemeinwohlgründen gewährt werden und daher nicht im → Leistungsfähigkeitsprinzip wurzeln, sondern vorrangig der Verwirklichung wirtschafts- und sozialpolitischer Lenkungsziele dienen; auch die aus Gründen der Gemeinnützigkeit gewährten Steuervorteile (→ steuerbegünstigte Zwecke, §§ 51 ff. AO). – *Arten:* (1) Abschreibungsvergünstigungen, (2) steuerfreie Rücklagen, (3) Investitionszulagen und -zuschüsse, (4) Steuerabzugsbeträge, (5) Aufschub der Gewinnrealisierung oder der Besteuerung von Gewinnen. – Steuervergünstigungen ergeben sich aus Vorschriften der einzelnen Steuergesetze (z.B. steuerfreie Rücklage nach § 6b III EStG), aber auch aufgrund bes. Gesetze (z.B. Fördergebietsgesetz, Investitionszulagengesetz). Steuervergünstigungen müssen mit dem Europarecht vereinbar sein, sie können insbesondere gegen das Verbot der Diskriminierung von Ausländern gegenüber Inländer oder gegen das EG-rechtliche Beihilfeverbot verstoßen. – *Anders:* → Steuerbefreiungen.

Steuervergütung – *Steuererstattung;* Begriff des Umsatzsteuerrechts. Körperschaften, die ausschließlich und unmittelbar gemeinnützige, mildtätige oder kirchliche Zwecke verfolgen, und juristische Personen des öffentlichen Rechts können unter bestimmten weiteren Voraussetzungen eine Steuervergütung zum Ausgleich der Umsatzsteuer beantragen, die auf der an sie bewirkten Lieferung eines Gegenstandes, seiner Einfuhr oder seinem innergemeinschaftlichem Erwerb lastet, wenn dieser Gegenstand im Drittlandsgebiet verwendet wird (§ 4a UStG). Steuervergütung tritt insoweit an die Stelle des → Vorsteuerabzugs, von dem die genannten Einrichtungen grundsätzlich ausgeschlossen sind.

Steuervergütungsanspruch – Anspruch aus dem → Steuerschuldverhältnis, den derjenige haben kann, der eine Steuer zwar wirtschaftlich getragen hat, aber nicht als Steuerschuldner entrichtet hat (§§ 37 II, 155 IV AO). – *Beispiele:* Vergütung der Vorsteuer an im Ausland ansässige Unternehmer (§ 18 IX UStG i.V. mit §§ 59 ff. UStDV), Vergütungen nach verschiedenen Verbrauchssteuergesetzen (z.B. § 11 MinÖlStG, § 13 TabakStG). – *Anders:* → Steuererstattungsanspruch.

Steuerverjährung → Verjährung, → Festsetzungsverjährung, → Zahlungsverjährung.

Steuerverkürzung – *leichtfertige Steuerverkürzung;* → Steuerordnungswidrigkeit nach § 378 AO. Steuerverkürzung begeht, wer als Steuerpflichtiger oder bei Wahrnehmung der Angelegenheiten eines Steuerpflichtigen leichtfertig (grobfahrlässig) handelt. Steuerverkürzung bewirkt, dass Steuereinnahmen verkürzt oder Steuervorteile zu Unrecht gewährt oder belassen werden. – *Strafe:* Geldbuße bis zu 50.000 Euro; eine Geldbuße wird nicht festgesetzt, soweit der Täter unrichtige oder unvollständige Angaben bei der Finanzbehörde berichtigt, ergänzt oder unterlassene Angaben nachholt, bevor ihm oder seinem Vertreter die Einleitung eines Straf- oder Bußgeldverfahrens bekannt gegeben worden ist (§ 371 I, II AO). Die Festsetzungsfrist verlängert sich auf fünf Jahre (§ 169 II Satz 2 AO). – Vgl. auch → Steuerhinterziehung, → Selbstanzeige.

Steuervermeidung → Steuerausweichung.

Steuerverwaltung → Finanzhoheit, → Finanzverwaltung, → Steuerhoheit.

Steuerverwaltungsakte – 1. *Begriff/Beispiele:* Hoheitliche Maßnahmen, Verfügungen, Entscheidungen oder andere hoheitliche Maßnahmen (→ Verwaltungsakt) der → Finanzverwaltung auf dem Gebiet des Steuerrechts mit unmittelbarer Rechtswirkung nach außen. Abgegrenzt werden muss der Verwaltungsakt von reinen internen Maßnahmen wie z.B. der Niederschlagung (§ 261 AO). Der wichtigste Steuerverwaltungsakt ist der → Steuerbescheid (§ 155 I AO), durch den der Fiskus seinen Steueranspruch gegenüber dem Steuerpflichtigen geltend macht. Weitere Steuerverwaltungsakte sind z.B. Feststellungsbescheide (§ 179 AO), Steuermessbescheide (§ 184 AO), Haftungs- und Duldungsbescheide, verbindliche Zusagen (§ 204 AO), Stundungsverfügungen (§ 222 AO) oder auch die Gewährung einer → Aussetzung der Vollziehung (§ 361 AO). – 2. *Korrekturmöglichkeiten:* Aufhebung oder Änderung von Steuerbescheiden und ihnen gleichgestellten Bescheiden nach §§ 164, 165, 172–177 AO vor Ablauf der → Festsetzungsverjährung; Korrektur sonstiger Steuerverwaltungsakte (z.B. Stundung, Erlass, Buchführungserleichterungen) durch Rücknahme (§ 130 AO) oder Widerruf (§ 131 AO); Korrektur von → offenbaren Unrichtigkeiten (§ 129 AO). Eine Korrektur ist auch während des außergerichtlichen und Einspruchsverfahrens und während eines finanzgerichtlichen Verfahrens möglich (§ 132 AO).

Steuerverwaltungshoheit – Teil der → Steuerhoheit. – 1. *Begriff:* Das Recht zur Verwaltung der → Steuern; nach Art. 108 GG festgelegte Kompetenz zum Gesetzesvollzug der Steuergesetze durch die Bundesfinanzbehörden, durch die Landesfinanzbehörden im Auftrage des Bundes (Bundesauftragsverwaltung) oder durch die Landesfinanzbehörden (Bundesaufsichtsverwaltung), wobei die Verwaltung der den Gemeinden zufließenden Steuern, die grundsätzlich bei den Ländern liegt, den Gemeinden übertragen werden kann, wie bei den → Realsteuern und örtlichen Verbrauch- und Aufwandsteuern. – 2. *Ausprägungen:* a) *Verwaltung vom Bund:* Zölle, Finanzmonopol, bundesgesetzlich geregelte Verbrauchsteuern, Einfuhrumsatzsteuer und Abgaben im Rahmen der EU. – b) *Verwaltung vom Land im Auftrage des Bundes:* Steuern, die ganz oder teilweise dem Bund zufließen, wie Versicherung-, Einkommen-, Körperschaft-, Umsatzsteuer. – c) *Verwaltung vom Land:* z.B. Vermögen-, Erbschaft-, Kraftfahrzeug-, Grunderwerb-, Feuerschutz-, Rennwett- und Lotterie-, Gewerbe-, Grundsteuer und Spielbankabgabe.

Steuerwerk – Funktionseinheit eines → Prozessors, die für die Durchführung der einzelnen → Befehle eines Programms sorgt. Das (bzw. die) Steuerwerk(e) der → Zentraleinheit eines → Computers z.B. übernimmt (übernehmen) aus dem → Arbeitsspeicher bzw. Pufferspeicher (→ Puffer) die → Maschinenbefehle, entschlüsselt (entschlüsseln), interpretiert (interpretieren) und (ggf.) modifiziert (modifizieren) sie, veranlasst (veranlassen) die Ausführung der Befehle und übernimmt (übernehmen) dabei erforderliche Steuerungsaufgaben.

Steuerwettbewerb – 1. *Begriff:* Wettbewerb der Staaten um Investoren und Steuerquellen mithilfe des Steuerrechts. Ein Steuerwettbewerb ergibt sich daraus, dass Steuern in – je nach Staat – unterschiedlicher Höhe anfallen. Besteuerung und Steuersatz sind ein bei der Standortwahl zu berücksichtigender Faktor (Standortfaktoren). – 2. *Abwehrmaßnahmen gegen Steuerwettbewerbe:* Investitionen, bei denen die Entscheidung für den ausländischen Standort aufgrund der Steuerbelastung getroffen wird, gelten seitens der Staaten für gewöhnlich als „missbräuchlich", die es durch steuerliche Gegenmaßnahmen zu verhindern gilt. Durch „legitime" Erwägungen begründete Entscheidungen für wirtschaftliche Tätigkeiten im Ausland sollen dagegen nicht Ziel von Zusatzbelastungen sein. – *Konzepte:* a) Heraufsetzung der Steuerbelastung für das Auslandsengagement auf das inländische Steuerniveau. – *Beispiele:* → Hinzurechnungsbesteuerung im dt. Außensteuergesetz; Plan, zur Vermeidung der Doppelbesteuerung bei Auslandseinkommen von der → Freistellungsmethode auf die → Anrechnungsmethode überzugehen, sodass eine Steuerbelastung mind. in Höhe des dt. Steuerniveaus anfällt. – b) Restriktive Maßnahmen gegen ausländische Länder, deren Steuerniveau als zu niedrig angesehen wird. – *Beispiel:* Praktiken von Staaten, die ausländischen Investoren günstigere Steuerbedingungen anbieten als ihren eigenen Steuerpflichtigen, um auf diese Weise Investitionen an sich zu ziehen (Gewährung einer Vorzugsbehandlung). Unfairer Steuerwettbewerb kann auch darin bestehen, dass ein Staat ausländischen Investoren die Sicherheit gibt, dass sein heimischer Fiskus von seinem dortigen Vermögen und seinen dortigen Einkünften nichts erfahren wird (mangelnde Transparenz). Sowohl OECD als auch EU haben Grundsätze erarbeitet, wann von einem unfairen Steuerwettbewerb auszugehen ist (z.B. → Verhaltenskodex); auf nicht-kooperative Länder, die diese Grundsätze fortdauernd verletzen, soll zunehmender politischer und wirtschaftlicher Druck ausgeübt werden, um sie zur Beendigung des unfairen Steuerwettbewerbs zu bewegen. Gegenüber den EU-Staaten wendet zudem die Europäische Kommission das EG-vertragliche Beihilfeverbot an, um eine steuerliche Bevorzugung im Sinn eines unfairen Steuerwettbewerbs auch gerichtlich untersagen zu lassen.

Steuerwiderstand – Gesamtheit der psychologisch bedingten Gegenreaktionen, die die Besteuerung bei den ihr Unterworfenen hervorruft. Je stärker der Steuerwiderstand, desto eher versucht der Steuerpflichtige, der Steuer auszuweichen, sie zu umgehen oder auf die finanzpolitische Willensbildung Einfluss zu nehmen (→ Steuerabwehr). → Steuermentalität und → Steuermoral sowie das subjektive Belastungsgefühl bestimmen den Steuerwiderstand, der neben negativen fiskalischen Effekten auch zu negativen Auswirkungen auf andere finanzpolitische Ziele und auf die Einstellung zum Staat führen kann.

Steuerwirkungen – 1. *Begriff:* Effekte der Steuern oder Steuerrechtsänderungen auf volkswirtschaftliche Größen. Steuerwirkungen umfassen Steuerausweichreaktionen in der Ankündigungs- oder Wahrnehmungsphase (→ Signalwirkungen), Überwälzungsprozesse bei der Steuerauferlegung in der Markt- oder Zahlungsphase sowie Anreizwirkungen in der Inzidenzphase (→ Inzidenz) beim Steuerträger. – 2. *Arten:* a) Sachliche, räumliche, zeitliche *Substitutionsprozesse* der potenziell Betroffenen, um der Steuer legal auszuweichen. – b) *Überwälzung:* Prozess der Übertragung der Steuerlast vom Steuerpflichtigen auf den Steuerträger (→ Steuerüberwälzung nach vorne oder zurück) – c) *Steuereinholung:* Derjenige, der die Steuerlast trägt, kann versuchen, durch verstärkte Wirtschaftstätigkeit die Einkommenseinbuße auszugleichen (→ Incentives). Wenn ein bestimmtes subjektives Belastungsgefühl überschritten ist, können auch entgegengesetzte Effekte (→ Disincentives) eintreten. Wirkungen auf die unternehmerische Investitionsentscheidung (Bedeutung für die Konjunktur- und Wachstumspolitik), auf die private Spar- und damit Konsumentscheidung und Wirkungen auf das Arbeitsangebots- und Nachfrageverhalten stehen im Mittelpunkt des Interesses. – Vgl. auch → Steuerabwehr; → Steuervermeidung. – 3. *Einfluss auf die Einkommensverteilung:* Alle aufgezeigten Effekte schlagen sich in veränderten Einkommenspositionen nieder und enden in der Steuerinzidenz (→ Inzidenz).

Steuerwissenschaften – Gesamtheit der rechts-, wirtschafts- und sozialwissenschaftlichen Disziplinen, die sich mit der Besteuerung und ihren Auswirkungen beschäftigen: (1) Steuerrechtswissenschaft (→ Steuerrecht), (2) Staats- bzw. Verfassungsrechtslehre (→ Verfassung), (3) → Finanzwissenschaft und (4) betriebswirtschaftliche Steuerlehre.

Steuerzahler – führt die Steuer an das → Finanzamt ab; i.d.R. identisch mit dem Steuerpflichtigen; nur in den Fällen des Quellenabzugsverfahrens fallen Steuerzahler (z.B. bei der Lohnsteuer das Unternehmen) und Steuerschuldner auseinander (→ Steuern).

Steuerzeichen → Banderolensteuer, → Tabaksteuer.

Steuerzeichenfälschung → Steuerstraftat (§ 369 AO). Steuerzeichenfälschung begeht, wer Steuerzeichen (Wertzeichen) nachmacht oder verfälscht, wer sich falsche Steuerzeichen verschafft, falsche Steuerzeichen als echt verwendet, feilhält oder in Verkehr bringt (§ 148 StGB). Verwendung oder Verbreitung falscher Steuerzeichen, Versuch und Vorbereitungshandlungen sind ebenfalls strafbar, bei Vorbereitungshandlungen kommt Straffreiheit in Betracht (§ 149 StGB). – *Strafe:* Freiheitsstrafe bis zu fünf Jahren oder Geldstrafe; bei Verwendung oder Verbreitung falscher Steuerzeichen Freiheitsstrafe bis zu einem Jahr oder Geldstrafe; bei Vorbereitungshandlungen Freiheitsstrafe bis zu zwei Jahren oder Geldstrafe.

Steuerzinsen → Vollverzinsung.

Steuerzusatztarif → Stufentarif.

Steuerzuschlag – in bestimmten gesetzlich vorgesehenen Fällen auf den Betrag der endgültig geschuldeten Steuer erhobener Zuschlag, z.B. wenn die Abgabefrist der Steuererklärung nicht eingehalten wird, Verspätungszuschlag. Steuerzuschläge sind → steuerliche Nebenleistungen (§ 3 IV AO). – Vgl. auch → Säumniszuschlag. – Im Ergebnis fällt aber auch die Schätzung unter diesen Begriff, insbesondere der Zuschlag nach § 162 IV AO, wenn ein Steuerpflichtiger keine oder im Wesentlichen nicht verwertbare Aufzeichnungen vorlegt. Dann wird ein Zuschlag von 5.000 Euro festgesetzt. Dabei beträgt der Zuschlag mind. 5 Prozent und höchstens 10 Prozent des Mehrbetrags der Einkünfte, der sich nach einer Berichtigung aufgrund der Hinzuschätzung auf Basis des § 162 III AO ergibt, wenn sich ein Zuschlag von mehr als 5 000 Euro ergibt. – Das Absehen von der Festsetzung dieses Zuschlages ist möglich.

Steuerzweck – oberste Zweckbestimmung von Steuern, abhängig von der historischen Entwicklung der staatlichen Aktivität. – 1. Rein *fiskalischer Zweck* im europäischen Mittelalter; erweiterte fiskalische Zwecksetzung durch die Merkantilisten: Ausbau der → Verbrauchsbesteuerung zur finanziellen Sicherung einer aktiven Handelsbilanz (→ Merkantilismus). – 2. *Sozialpolitischer Zweck* tritt mit aufkommendem Hochkapitalismus neben den fiskalischen: Einkommensungleichheiten beschleunigen Einführung der Einkommensbesteuerung als nachträgliche Korrektur der Verteilung des Nationaleinkommens. Daneben kommt es zu einer allg. Verstärkung der Steuerlast zur Erfüllung der wachsenden öffentlichen Aufgaben (Schulen, Hygiene, Straßen, Rechtswesen, Heer, Polizei). – 3. → Steuerpolitik rückt seit den 1930er-Jahren ins Zentrum der Volkswirtschaft, sie wird Instrument zur *Stärkung von Konsum oder Investition;* einzelne Steuern oder Steuerparagraphen lenken die Aktivität der Individuen in die volkswirtschaftlich gebotene bzw. erwünschte Richtung (Zwecksteuer). Eigene Investitionen der öffentlichen Hand in wachsendem Umfang. – 4. Heute wird die Besteuerung zur Erreichung *jeglicher staatspolitischer Zwecke* (→ fiskalische Besteuerung, → nicht fiskalische Besteuerung) eingesetzt. Vgl. auch die Aufgaben des Staates auf dem Gebiet der Allokation, der Distribution und der Stabilisierung nach R.A. Musgrave.

Stichprobe – Teilmenge einer → Grundgesamtheit, die für eine Untersuchung ausgewählt wird. – *I.w.S.:* Durchführung und Ergebnis einer → Teilerhebung. – *I.e.S.:* Synonym für → Zufallsstichprobe.

Stichprobenfehler → Stichprobenzufallsfehler.

Stichprobenfunktion – Funktion des → Zufallsvektors ($X_1, ..., X_n$), welcher die n Beobachtungswerte aus einer → Zufallsstichprobe bezeichnet, z.B. der Stichprobendurchschnitt

$$\bar{X} = \frac{1}{n}\sum X_i.$$

Zu den Stichprobenfunktion rechnen bes. die → Schätzfunktionen und die Teststatistiken.

Stichprobeninventur – handels- und steuerrechtlich zulässiges Inventurvereinfachungsverfahren (§ 241 I HGB), bei dem der Bestand der Vermögensgegenstände nach Art, Menge und Wert mithilfe anerkannter mathematisch-statistischer, wahrscheinlichkeitstheoretisch abgesicherter Verfahren aufgrund von Stichproben ermittelt wird (→ Teilerhebung). Es entspricht den → Grundsätzen ordnungsmäßiger Inventur, wenn die Teilerhebung unter Einhaltung des Grundsatzes der Vollständigkeit (der Stichprobe und der zu inventarisierenden Grundgesamtheit) nachprüfbare und einer Vollinventur gleichwertige Ergebnisse liefert. Dies ist nur bei ordnungsmäßiger → Lagerbuchführung möglich. Die Stichprobeninventur bietet wegen der kürzeren Erhebungs- und Auswertungszeiten bes. Kostenvorteile.

Stichprobenprüfplan – statistisches Instrument der → Abnahmeprüfung. Ein Stichprobenprüfplan ist eine Zusammenstellung von Anweisungen zur Stichprobenprüfung. Bei gegebenem Losumfang enthält ein Stichprobenprüfplan Angaben über die Anzahl zu prüfender Produkte sowie Angaben, bis zu welcher Anzahl beanstandeter Produkte ein Los akzeptiert werden kann. – Vgl. auch → Qualitätssicherung.

Stichprobenprüfung – *Auswahlprüfung.* 1. *Charakterisierung:* Form einer → Prüfung, bei der nur eine Auswahl von Prüfungs-(Ist-)Objekten (Stichprobenelemente) aus der Menge des Prüfungskomplexes (Grundgesamtheit) geprüft wird. Das Gesamturteil wird durch einen Schluss von dem Zustand der geprüften Istobjekte der Stichprobe auf den wahrscheinlichen Zustand sämtlicher Istobjekte des Prüfungskomplexes gewonnen. Eine Stichprobenprüfung ist nur möglich, wenn keine vollkommene Sicherheit über den Prüfungskomplex gefordert ist; unter Wirtschaftlichkeitsgesichtspunkten der Prüfung kann sie dann geboten sein. Ihre Einsetzbarkeit hängt vom Vorliegen bestimmter methodischer Bedingungen ab. – 2. *Auswahlprinzipien:* a) *Bewusste Auswahl:* Der Prüfer bestimmt Ansatz und Umfang der Stichprobe nach seinem Ermessen, ausgehend z.B. von persönlichen Berufserfahrungen, Branchen- und Unternehmungskenntnissen. Wichtig sind auch die absolute oder relative Bedeutung des einzelnen Prüfungsgegenstandes und das jeweilige Fehlerrisiko. Entnahmetechniken sind z.B. Auswahl typischer Fälle (Auswahl typischerweise fehlerbehafteter Elemente einer Grundgesamtheit nach allg. oder speziellen Erfahrungen des Prüfers), Auswahl nach dem Konzentrationsprinzip (Cut-off-Verfahren, Auswahl der Elemente nach deren Gewicht, bes. nach der Höhe der Istwerte) und Klumpenauswahl (Auswahl eines Teilbereichs aus einer Grundgesamtheit; dieser Teilbereich wird lückenlos geprüft). Eine Bezifferung von Sicherheit und Genauigkeit der Urteilsaussage ist nicht möglich. Der erforderliche Stichprobenumfang wird nicht mithilfe von mathematisch-statistischen Verfahren errechnet. Ob die angesetzte Stichprobe repräsentativ ist, lässt sich i.d.R. nicht nachweisen. – b) *Zufallsauswahl:* Mithilfe mathematisch-statistischer Methoden wird aus der Grundgesamtheit eines Prüfungsbereichs eine hinsichtlich des zu prüfenden Merkmals repräsentative Stichprobe ausgewählt (→ uneingeschränktes Zufallsstichprobenverfahren); im Fall heterogener Grundgesamtheiten (Streuung der Merkmalswerte der Elemente der Grundgesamtheiten in einem weiten Bereich) können komplexe Formen der Auswahl (→ höhere Zufallsstichprobenverfahren) erforderlich werden. – 3. *Arten von Zufallsstichproben bez. prüferischer Fragestellungen:* a) *Schätzstichproben:* Aus einer Analyse des Fehleranteils oder des Fehlerwertes der Stichprobenelemente wird auf den Zustand des gesamten Prüfungsobjekts (auf dessen Fehleranteil oder dessen Gesamtfehlerwert) geschlossen. – b) *Teststichproben:* Ein Hypothesenpaar über den Zustand der Grundgesamtheit (d.h. deren Ordnungsmäßigkeit/Nichtordnungsmäßigkeit) wird getestet. Bei vorgegebener Höchstgrenze des Anteils fehlerbehafteter Elemente oder des Gesamtfehlerwertes einer Grundgesamtheit und vorgegebenem Sicherheits- und Genauigkeitsgrad wird aufgrund der Zahl der fehlerhaften Elemente einer Stichprobe bzw. aufgrund deren Fehlerwert getestet, ob das Prüfungsobjekt als (noch) ordnungsmäßig gelten kann oder ob es als wesentlich (materiell) fehlerhaft einzustufen ist.

Stichproben-Regressionsgerade – in der → Regressionsanalyse Bezeichnung für eine

Regressionsgerade, die mithilfe von Stichprobenbefunden numerisch konkretisiert (geschätzt) wird. Sie wird als → Kleinste-Quadrate-Regressionsgerade aus Wertepaaren, die Punkte repräsentieren, gewonnen. Die Kenngrößen der Stichproben-Regressionsgerade werden als → Schätzwerte für die → Parameter der Regressionsgerade der → Grundgesamtheit verwendet.

Stichprobentheorie – Teilgebiet der methodischen → Statistik. Gegenstand der Stichprobentheorie sind die → Zufallsstichprobenverfahren, wobei bes. die Quantifizierung des → Stichprobenzufallsfehlers im Mittelpunkt steht. Außerdem umfasst die Stichprobentheorie die Bestimmung „optimaler" Verfahrensweisen beim Einsatz → höherer Zufallsstichprobenverfahren.

Stichprobenverfahren – 1. *I.w.S.:* Synonym für → Teilerhebung. – 2. *I.e.S.:* Synonym für → Zufallsstichprobenverfahren.

Stichprobenverteilungen – gelegentlich zusammenfassende Bezeichnung für die Gaußsche → Normalverteilung, die → Chi-Quadrat-Verteilung, die → F-Verteilung und die → t-Verteilung, die in der → Stichprobentheorie eine bes. Rolle spielen.

Stichprobenzufallsfehler – *Stichprobenfehler, Schätzfehler, Zufallsfehler;* in der Stichprobentheorie und in der → Inferenzstatistik der → Fehler einer → Schätzfunktion (z.B. Varianz), der dadurch zustande kommt, dass dessen Berechnung eine → Zufallsstichprobe zugrunde liegt. – *Gegensatz:* → Nichtstichprobenfehler.

Stichtag – I. Statistik: → Referenzzeit.

II. Recht: für rechtsverbindliche Abmachungen (Verträge), Gesetze und Verordnungen der Zeitpunkt des In-Kraft-Tretens.

III. Rechnungswesen: der durch HGB vorgeschriebene Bilanzzeitpunkt (→ Stichtagsprinzip) oder für Zwischen- und Sonderbilanzen der von der Sache her gebotene Termin.

Stichtagsinventur – Form der → effektiven Inventur. An einem bestimmten Stichtag, meist dem der Jahresbilanz, werden alle Bestände des Betriebs körperlich aufgenommen. Zu diesem Zweck wird der Betrieb oft stillgelegt: Die gesamte Belegschaft beteiligt sich, eingeteilt in Inventurtrupps, an der Aufnahme. Durch zweckentsprechende Vorbereitung kann die Stillstandszeit erheblich eingeschränkt werden. Die Uraufzeichnungen sind, v.a. für → Außenprüfungen, aufzubewahren. – Als Stichtagsinventur gilt auch die auf einige Tage (i.d.R. bis zehn Tage, vgl. R 5.3 EStR 2005) vor oder nach dem Bilanzstichtag *ausgeweitete Bestandsaufnahme;* für Bestandsveränderungen zwischen dem Aufnahme- und dem Bilanzstichtag ist ein eindeutiger Buch- und Belegnachweis erforderlich. – *Vorteile:* Genauigkeit und die Möglichkeit, die ermittelten Bestände und Werte der Bilanzierung zugrunde zu legen. – *Nachteile:* Arbeitsanhäufung, Betriebsunterbrechung und Durchführung der → Inventur mit teilweise ungeschulten Kräften. Deshalb häufig → laufende Inventur. – Vgl. auch → Grundsätze ordnungsmäßiger Inventur.

Stichtagsprinzip → Grundsatz ordnungsmäßiger Buchführung (GoB), nach dem bei der Bilanzierung nur diejenigen Geschäftsvorfälle berücksichtigt werden dürfen, die bis zum Abschlussstichtag entstanden sind. Für Ansatz und Bewertung der → Aktiva und → Passiva bedeutet dies, dass Tatsachen, die bereits vor dem Stichtag bestanden, dem Bilanzierenden aber erst später bis zur Bilanzaufstellung bekannt wurden, zu berücksichtigen sind. Diese *„wertaufhellenden Tatsachen"* sind zu unterscheiden von *„wertbeeinflussenden"*, die erst nach dem Abschlussstichtag eingetreten sind. Diese sollen nicht in die Bilanzierung einfließen; vgl. aber → Verlustantizipation. Der Grundsatz ist durch das HGB 1985 ausdrücklich aufgenommen worden für alle bis zum Abschlussstichtag entstandenen vorhersehbaren Risiken und Verluste, die selbst dann zu berücksichtigen sind, wenn sie erst zwischen dem Abschlussstichtag und dem Tag der Aufstellung des Jahresabschlusses bekannt geworden sind (§ 252 I 4 HGB; → Vorsichtsprinzip).

Stichwahlverfahren → Abstimmungsverfahren, das im ersten Wahlgang die absolute Mehrheit erfordert. Für den Fall, dass kein Kandidat diese erreicht, ist ein zweiter Wahlgang mit den beiden Kandidaten mit den höchsten Stimmenzahlen vorgesehen, in dem die → einfache Mehrheitsregel angewendet wird.

Stiefkinder – leibliche Kinder des anderen Ehegatten (eheliche Stiefkinder). – 1. *Einkommensteuerrecht:* Stiefkinder gehören nicht zu den → Kindern im Sinn des § 32 I EStG. Grundsätzlich erhält daher nur der leibliche Elternteil einen → Kinderfreibetrag sowie die daran anknüpfenden Vergünstigungen. – 2. *Erbschaftsteuer:* Stiefkinder gelten als Kinder bes. hinsichtlich ihrer Zuordnung zu den erbschaftsteuerlichen Steuerklassen (→ Erbschaftsteuerklassen; § 15 ErbStG).

Stifterverband für die Deutsche Wissenschaft (SV) – gemeinnütziger Verein, 1920 gegründete, 1949 wieder errichtete Gemeinschaftsaktion der Wirtschaft zur Förderung der Wissenschaft in Forschung und Lehre und zur Förderung des qualifizierten wissenschaftlichen Nachwuchses. – *Förderungsschwerpunkte:* Internationale wissenschaftliche Zusammenarbeit; Medizinische Forschung; Geisteswissenschaftliche Forschung; Struktur und Organisation der Wissenschaft u.a., Finanzierung von wissenschaftlichen Dienstleistungen und Hilfseinrichtungen. Förderung der Errichtung von Stiftungen mit eigener Vermögensausstattung im Dienst der Wissenschaft. – *Planung und Durchführung* des Förderungsprogramms in Zusammenarbeit mit: Deutsche Forschungsgemeinschaft, Max-Planck-Gesellschaft, Deutscher Akademischer Austauschdienst, Alexander-von-Humboldt-Stiftung, Studienstiftung des dt. Volkes. – *Veröffentlichungen:* Tätigkeitsbericht (jährlich), Forum Stifterverband (Zeitschrift für die Mitglieder, sechsmal jährlich), Einzelpublikationen.

Stiftung – I. Begriff: 1. *Zuwendung von Vermögenswerten* für bestimmte, oft gemeinnützige oder wohltätige Zwecke (Stiftungsgeschäft). Eine Stiftung hat keine mitgliedschaftliche Struktur. Der Stifter setzt ein → Kuratorium, einen Stiftungsrat ein, der sich i.d.R. durch Kooptation (→ Berufung) selbst ergänzt. – 2. Bezeichnung für die *Vermögenswerte* selbst. – Vgl. auch → Non-Profit-Organisation (NPO).

II. Arten: 1. *Private Stiftung (Stiftung des Privatrechts):* a) Sonderregelung für die *rechtsfähige Stiftung* in §§ 80–88 BGB: Errichtung durch Rechtsgeschäft, das unter Lebenden der Schriftform bedarf, oder durch letztwillige Verfügung. Rechtsfähigkeit erlangt die Stiftung durch behördliche Anerkennung, auf die ein Anspruch besteht. Voraussetzung ist, dass die dauernde und nachhaltige Erfüllung des Stiftungszwecks gesichert erscheint und der Stiftungszweck das Gemeinwohl nicht gefährdet. Die Verfassung der Stiftung wird durch das Stiftungsgeschäft festgelegt. Durch das Stiftungsgeschäft muss die Stiftung eine → Satzung erhalten und Regelungen über Namen, Sitz, Zurede, Vermögen und Bildung des Vorstands der Stiftung. Als Organ der → juristischen Person ist ein Vorstand zu bilden, dem die Vertretung der Stiftung obliegt. – Einzelheiten regelt das Landesrecht. – b) Auf *nicht rechtsfähige Stiftungen* sind die vorgenannten Sonderregeln nicht entsprechend anwendbar. Sie entstehen durch die ggf. an die entsprechenden Formen des Schuld- oder Erbrechts gebundenen Zuwendungen und unterliegen den allg. Vorschriften. – 2. *Öffentliche Stiftung (Stiftung des öffentlichen Rechts):* Diese sind meist zugleich Anstalten des öffentlichen Rechts und haben oft Selbstverwaltung, vielfach als sog. *unselbstständige Stiftung* aber keine Rechtsfähigkeit.

III. Steuerliche Behandlung: 1. *Körperschaftsteuer:* Rechtsfähige Stiftungen unterliegen als → juristische Personen, nicht rechtsfähige als → Zweckvermögen grundsätzlich der Körperschaftsteuer, ausgenommen Stiftungen, die ausschließlich und unmittelbar kirchlichen, gemeinnützigen oder mildtätigen Zwecken dienen. – 2. *Gewerbesteuer:* Entsprechende Regelung. – 3. *Erbschaftsteuer:* Das Vermögen von Familien-Stiftungen, d.h. Stiftungen, die im Wesentlichen im Interesse einer Familie errichtet worden sind, unterliegt in Zeitabständen von 30 Jahren der → Erbschaftsteuer (sog. *Erbersatzsteuer*). Der Übergang von Vermögen vom Stifter auf die Stiftung aufgrund eines Stiftungsgeschäftes unterliegt bei allen Stiftungen der Erbschaftsteuer, da es sich um eine freigiebige Zuwendung handelt, durch die die Stiftung bereichert werden soll; steuerfrei ist der Vorgang nur dann, wenn die Stiftung dient unmittelbar und ausschließlich den oben bezeichneten begünstigten Zwecken dient. – 4. *Besteuerung ausländischer Familien-Stiftungen:* → Außensteuergesetz (AStG). – 5. *Behandlung von Zuwendungen von Spenden in den Vermögensstock einer Stiftung:* Einkommen- und körperschaftsteuerlich sind Spenden in den Vermögensstock einer Stiftung in bestimmten Höchstgrenzen steuerlich abzugsfähig (§ 10b EStG, § 9 KStG), wenn die Stiftung als gemeinnützige Institution nach § 5 I Nr. 9 KStG steuerbefreit ist. Die Höchstgrenzen für steuerlich abzugsfähige Spenden liegen gegenwärtig insgesamt bei 20 Prozent des Gesamtbetrags der Einkünfte bzw. alternativ 4 Promille aus der Summe von Umsätzen und der im Kalenderjahr aufgewendeten Löhne und Gehälter; Spenden zur Finanzierung der laufenden Arbeit einer Stiftung sind also maximal bis zu diesen Höchstgrenzen abzugsfähig. Seit dem 1.1.2007 ist darüber hinaus ein Abzug von Spenden in den Vermögensstock einer steuerbegünstigten Stiftung auf Antrag im Veranlagungszeitaum der Zuwendung und in den folgenden neun Veranlagungszeiträumen bis zu einem Gesamtbetrag von einer Million Euro zusätzlich zu den Höchstbeträgen für laufende Spenden zulässig. Der Abzugsbetrag bezieht sich auf den gesamten Zehnjahrezeitraum und kann der Höhe nach innerhalb des Zeitraums nur einmal in Anspruch genommen werden. Die Spende muss nicht im Jahr der Gründung erfolgen. Auch Spenden an länger bestehende Stiftungen sind gegünstigt. Ein früherer jährlicher Höchstbetrag von 20.450 Euro für Spenden an Stiftungen ist seit dem 1.1.2007 entfallen. – Vgl. auch → Spenden. – 6. *Besteuerung anderer ausländischer Stiftungen*: ausländische Stiftungen aus der EU oder dem EWR, die nach den Maßstäben des dt. Rechts gemeinnützig sind, werden vom dt. Staat nach denselben Bedingungen wie inländische Stiftungen behandelt, wenn sie nachweisen können, dass sie die Anforderungen des dt. Steuerrechts ebenso erfüllen wie inländische Stiftungen. In der Praxis dürfte der Nachweis, dass eine ausländische Stiftung nach dt. Maßstäben gemeinnützig ist, jedoch unverhältnismäßig aufwendig sein.

Stiftung für die Rechte zukünftiger Generationen – 1. *Begriff:* Die → Stiftung für die Rechte zukünftiger Generationen (SRzG) wurde im September 1996 gegründet. Sie besteht aus einem wissenschaftlichen und einem unternehmerischen Beirat. Zur Sicherung der finanziellen Basis und der Unabhängigkeit ist ebenfalls ein Förderverein in die Stiftung eingegliedert. Angegliedert an die SRzG ist das Institut für demografische Zukunftsfähigkeit (idz). – 2. *Ziele:* Die Ziele der Stiftung sind die Vertiefung und Verbreitung des Wissens um Generationengerechtigkeit und → Nachhaltigkeit. Dabei sind die Arbeitsschwerpunkte wissenschaftliche und handlungsorientierte Analysen.

Stiftung für Hochschulzulassung – rechtsfähige Stiftung des öffentlichen Rechts mit Sitz in Dortmund. Errichtet durch Gesetz vom 18.11.2008 (GV. NRW. 710). Nachfolgeorganisation der *Zentralstelle* *für die Vergabe von Studienplätzen (ZVS). Aufgaben* festgelegt im Staatsvertrag über die Errichtung einer gemeinsamen Einrichtung für Hochschulzulassung vom 5.6.2008. (1) Vergabe von Studienplätzen in den bundesweit zulassungsbeschränkten Studiengängen Human- und Zahnmedizin, Tiermedizin und Pharmazie. (2) Daneben Vergabe von Studienplätzen im Auftrag der Hochschulen bei örtlichen Zulassungsbeschränkungen. Für die Vermittlung von Studienplätzen in diesen Studiengängen gibt es das *dialogorientierte Serviceverfahren*. Das Verfahren ist internetbasiert und soll durch einen Datenabgleich vermeiden, dass infolge Mehrfachbewerbungen oder Nichtbeanspruchung von Studienplätzen besetzbare Studienplätze unbesetzt bleiben.

Stiftung Warentest – auf Beschluss des Bundestages 1964 gegründetes unabhängiges Warentestinstitut; Sitz in Berlin. – Ca. 15 Prozent des jährlichen Haushalts sind Bundesmittel; Rest wird aus Publikationen der Stiftung finanziert. – Nach § 2 der Satzung ist der ausschließliche und unmittelbare *Stiftungszweck* die Unterrichtung der Öffentlichkeit über objektiv feststellbare Merkmale des Nutz- und Gebrauchswertes von Waren und Leistungen, die überregional in grundsätzlich gleichbleibender Beschaffenheit und in einer zu ihrer Identifizierung ausreichenden Weise angeboten werden. – *Wichtige Veröffentlichungen:* „test", „Finanztest".

Stigler – George Joseph, 1912–1991, amerik. Nationalökonom, lehrte an verschiedenen amerik. Universitäten (Iowa, Minnesota, Brown, Columbia), seit 1958 bis zu seinem Tod an der University of Chicago; → Nobelpreis für Wirtschaftswissenschaften 1982. Stigler stellte das sog. Survivor-Prinzip auf. Er machte die Theorie des → Monopols und den Gedanken der Selektion für die Bestimmung optimaler Betriebs- und Unternehmensgrößen nutzbar. Sie besagt, wenn → Konkurrenz das dauerhafte und prägnante Element aller Transaktionen ist, dann werden wenigstens einige Transaktoren – vielleicht zufällig – die optimale Lösung finden. Sie werden deshalb rascher wachsen und die anderen zur Übernahme der optimalen Lösung zwingen. Nach dem Survivor-Prinzip sind einige Industrien höher konzentriert, weil der Wettbewerb infolge von großen Ersparnissen große und effiziente Firmen selektiert hat. Wird ferner die Preishöhe durch die Grenzunternehmen mit den hohen Posten bestimmt, dann weisen die höher konzentrierten Branchen mit den effizienteren, größeren Unternehmen höhere Gewinne aus. Stigler wendete sich gegen staatliche Eingriffe, deren Folge i.d.R. schlimmer seien als ein interventionsfreier Zustand. Er ist ein Begründer der Informationsökonomik. Sein Modell gilt heute noch als Grundlage für zahlreiche informationsökonomische Modelle. – *Hauptwerke:* „The Economics of Information", in: Journal of Political Economy, 69 (1961), „The Organisation of Industry" (1968), „The Behavior of Industrial Prices" (zusammen mit J. Kindahl 1970) und „The Citizen and the State" (1975).

Stiglitz – Joseph Eugene, geb. 1943, amerik. Nationalökonom, lehrt seit 1999 an der Columbia University, war zuvor Professor in Yale, Princeton, Oxford und Stanford, sowie Chairman des Council of Economic Adviser und Chefökonom der Weltbank; → Nobelpreis für Wirtschaftswissenschaften 2001 (zusammen mit → Akerlof und → Spence). Stiglitz, der eine Vielzahl von Büchern und Aufsätzen verfasst hat – zu ganz unterschiedlichen Gebieten – beschäftigte sich auch mit asymmetrischen Informationen. Anders als Spence geht bei ihm die Marktanpassung von schlechter informierten Marktteilnehmern aus. In einer Reihe von Beiträgen hat Stiglitz aufgezeigt, wie asymmetrische Informationen viele beobachtete Phänomene erklären können, z.B. die Arbeitslosigkeit und die Kreditrationierung. – *Hauptwerk:* „Volkswirtschaftslehre" (1999).

stilisierte Fakten – deskriptive Darstellung typischer Regularitäten ökonomischer Größen.

stille Forderungsabtretung → stille Zession.

stille Gesellschaft – I. Charakterisierung: 1. Die (typische) stille Gesellschaft ist eine Sonderform der → Gesellschaft, bei der sich eine Person (auch eine juristische Person, andere Gesellschaften), der stille Gesellschafter, derart an dem Handelsgewerbe eines anderen (→ Einzelkaufmann oder → Handelsgesellschaft) beteiligt, dass ihre Einlage gegen einen Anteil am Gewinn in das Vermögen des Inhabers des Handelsgeschäftes übergeht. Die Einlage des stillen Gesellschafters kann in Geld-, Sach-, Dienstleistungen und Ähnlichem bestehen. Ein Gesellschaftsvermögen entsteht nicht. Der stille Gesellschafter wird durch die Beteiligung nicht zum → Kaufmann; der Inhaber muss aber Kaufmann sein und wird aus den mit Dritten abgeschlossenen Geschäften allein berechtigt und verpflichtet. Die stille Gesellschaft ist als solche keine Handelsgesellschaft, sondern eine → Gesellschaft bürgerlichen Rechts (GbR). – An einem Unternehmen können sich *mehrere stille Gesellschafter* beteiligen. Es bestehen dann ebenso viele voneinander unabhängige stille Gesellschaften, wie stille Gesellschafter vorhanden sind. – 2. *Abgrenzung der typischen stillen Gesellschaft gegen ähnliche Rechtsformen,* z.B. partiarisches Darlehen, ist mitunter schwierig, weil die Gesellschafter im Rahmen der → Vertragsfreiheit ihre Verhältnisse beliebig regeln und den stillen Gesellschaftern weit(er) gehenden Einfluss einräumen können. – 3. *Rechtsgrundlage:* §§ 230–236 HGB; ergänzend gelten die §§ 705 ff. BGB über die Gesellschaft bürgerlichen Rechts, aber nur soweit sie das Innenverhältnis der Gesellschaft betreffen.

II. Errichtung: 1. Die stille Gesellschaft wird durch Vertrag begründet, der, soweit nicht die Vorschriften des BGB (z.B. wegen der Einbringung eines Grundstücks) Abweichungen enthalten, keiner Form bedarf. Anders als bei der Kommanditgesellschaft (KG) keine → Handelsregistereintragung. – 2. Die Einlage des stillen Gesellschafters wird auf dem → Einlagekonto verbucht. – 3. Ein gesetzliches → Wettbewerbsverbot besteht nicht, jedoch gilt auch für den stillen Gesellschafter eine abgeschwächte Treuepflicht.

III. Firmenbezeichnung: Eine → Firma hat die stille Gesellschaft als solche nicht. Der Inhaber darf und muss, wenn die sonstigen Voraussetzungen vorliegen, eine Firma führen; ist der Inhaber Einzelkaufmann, darf in die Firma kein ein Gesellschaftsverhältnis andeutender Zusatz aufgenommen werden.

IV. Geschäftsführung/Vertretung: Diese stehen ausschließlich dem Inhaber zu. Der Inhaber darf aber ohne Zustimmung des stillen Gesellschafters keine persönlich haftenden Gesellschafter oder Kommanditisten (anders im Fall weiterer stiller Gesellschafter) aufnehmen.

V. Bilanz/Kontrollrecht: 1. Die *Aufstellung der Bilanz* ist Aufgabe des Geschäftsinhabers. – 2. *Kontrollrecht des stillen Gesellschafters:* a) Er ist berechtigt, die abschriftliche Mitteilung des Jahresabschlusses zu verlangen und dessen Richtigkeit unter Einsicht der Bücher und Papiere (ggf. unter Zuziehung eines Sachverständigen) zu prüfen. – b) Bei → wichtigem Grund kann das Gericht die Mitteilung eines Jahresabschlusses oder sonstige Aufklärung sowie die Vorlegung der Bücher und Papiere jederzeit anordnen. Eine vertragliche Erweiterung dieser Rechte ist möglich. Einschränkungen können nach Lage des Einzelfalles als gegen die guten Sitten verstoßend angesehen werden oder dazu führen, das Vorliegen einer stillen Gesellschaft überhaupt zu verneinen, weil das Kontrollrecht eine wesentliche Befugnis des stillen Gesellschafters darstellt.

VI. Gewinn- und Verlustverteilung: 1. Der stille Gesellschafter muss zwingend am Gewinn des Unternehmens beteiligt sein; die Beteiligung am Verlust kann ausgeschlossen werden (§ 231 HGB). – 2. Soweit der stille Gesellschafter seine Einlage voll geleistet hat, wird der Gewinn, sofern er nicht bar ausgezahlt wird, einem Konto „sonstige Verbindlichkeiten" gutgeschrieben. Verluste werden auf dem Einlagekonto abgeschrieben, das ggf. auch einen aktiven Stand aufweisen kann. Ist die Einlage durch Verlust gemindert, werden spätere Gewinne zunächst zur Auffüllung des Einlagekontos verwendet. Zuzahlungen über den Betrag der rückständigen Einlage hinaus braucht der stille Gesellschafter nicht zu leisten.

VII. Auflösung: Die Auflösung kann erfolgen durch (1) Vereinbarung, (2) Zeitablauf, (3) soweit nicht vertraglich ausgeschlossen, Tod des Inhabers (nicht Tod des stillen Gesellschafters), (4) Insolvenz des Inhabers oder des stillen Gesellschafters, (5) befristete Kündigung durch einen Gesellschafter oder einen Privatgläubiger des stillen Gesellschafters (§§ 132, 134, 135 HGB über die offene Handelsgesellschaft gelten entsprechend (§ 234 HGB)) sowie (6) außerordentliche Kündigung bei wichtigem Grund. – *Auseinandersetzung* durch Berichtigung des für den Zeitpunkt der Auflösung zu ermittelnden → Abfindungsguthabens; der stille Gesellschafter nimmt am Gewinn oder ggf. Verlust aus schwebenden Geschäften noch teil (§ 235 II S. 2 HGB). Soweit Verluste die Einlage gemindert haben, besteht kein Rückzahlungsanspruch. Sacheinlagen verbleiben dem Unternehmen; lediglich die nur zum Gebrauch überlassenen Sachen sind in Natur zurückzugewähren. Die Auseinandersetzungsbilanz ist keine Vermögens-, sondern eine Erfolgsbilanz; Wertsteigerungen des Anlagevermögens werden nur ausnahmsweise berücksichtigt. Regelung im Gesellschaftsvertrag zweckmäßig.

VIII. Insolvenz: Bei Insolvenz des Inhabers kann der stille Gesellschafter wegen seiner Einlage eine Forderung nur als → Insolvenzgläubiger und nur insoweit geltend machen, wie sie den Betrag des auf ihn entfallenden Anteils am Verlust übersteigt. Eine noch nicht erbrachte Einlage muss er zur Insolvenzmasse einzahlen, soweit es zur Deckung seines Anteils am Verlust erforderlich ist. – Ist die Einlage aufgrund einer im letzten Jahr vor der Insolvenzeröffnung getroffenen Vereinbarung zwischen den Gesellschaftern ganz oder teilweise zurückgewährt oder der Anteil aus dem entstandenen Verlust ganz oder teilweise erlassen worden, unterliegen Rückgewähr oder Erlass der → Anfechtung durch den Insolvenzverwalter, ausgenommen, wenn die Insolvenz in Umständen seinen Grund hat, die erst nach der Vereinbarung eingetreten sind.

IX. Steuerliche Behandlung: 1. *Einkommensteuer:* a) *Typische stille Gesellschaft:* Der „Stille" ist nur am Geschäftserfolg und nicht an den Wertveränderungen des Vermögens beteiligt. Die Gewinnanteile des stillen Gesellschafters sind beim Inhaber → Betriebsausgaben, der vom Inhaber ermittelte Gewinn → Einkünfte aus Gewerbebetrieb. Der typische stille Gesellschafter versteuert die Gewinnanteile als Einnahmen aus Kapitalvermögen (§ 20 I Nr. 4 EStG) bzw. als → Betriebseinnahme, wenn er die Beteiligung in einem → Betriebsvermögen hält. Aufwendungen des stillen Gesellschafters für zu tragende Verluste bis zur Höhe der Einlage sind steuerlich als → Werbungskosten bzw. Betriebsausgaben abzugsfähig. Bei negativem Einlagenkonto ist § 15a EStG sinngemäß anzuwenden (→ negatives Kapitalkonto). Der Betriebsinhaber hat bei Auszahlung des Gewinnanteils → Kapitalertragsteuer einzubehalten und an das Finanzamt abzuführen (§ 43 I Nr. 3 EStG); s. auch → Steuerabzug. – b) *Atypische stille Gesellschaft:* Der stille Gesellschafter ist an den stillen Reserven beteiligt. Er wird als → Mitunternehmer betrachtet. Beteiligt sich jedoch eine Kapitalgesellschaft an einer anderen Kapitalgesellschaft als atypisch stiller Gesellschafter, so sind die evtl. Verluste aus dieser Beteiligung nur mit späteren Gewinnen aus derselben stillen Beteiligung ausgleichbar (Verhinderung von Quasi-→ Organschaften; § 15 IV EStG). – 2. *Gewerbesteuer:*

Zum → Gewerbeertrag gehören die Gewinnanteile aller Gesellschafter. *Ab dem Erhebungszeitraum 2008* erfolgt die Hinzurechnung in Höhe von 25 Prozent des Gewinnanteils unabhängig von der Gewerbesteuerpflicht beim Empfänger und nur, soweit die Summe des Gewinnanteils sowie weiterer Finanzierungsentgelte den Betrag von 100.000 Euro übersteigen. – 3. *Bewertungsgesetz:* Der Kapitalanteil des Inhabers gehört zu dessen → Betriebsvermögen. Die Einlage des (typischen) stillen Gesellschafters zählt zum → sonstigen Vermögen. Der Anspruch auf den Gewinnanteil ist als Kapitalforderung mit dem Nennwert anzusetzen (§ 12 BewG), falls nicht bes. Umstände einen höheren (bes. gute, dauernde Gewinnaussichten) oder einen niedrigeren (bes. niedriger Zins) Wert begründen (R 112 ErbStR). – 4. *Umsatzsteuer:* Die (typische und atypische) stille Gesellschaft ist reine Innengesellschaft. Nach außen tritt immer nur ein Unternehmer, der Inhaber in Erscheinung. Der stille Gesellschafter oder die stille Gesellschaft sind nicht Unternehmer im Sinn des Umsatzsteuerrechts.

Stille Reserve – 1. *Rechnungswesen:* → stille Rücklagen. – 2. *Beschäftigungs-/Konjunktur-/Arbeitsmarktpolitik:* Teil des → Erwerbspersonenpotenzials; zur stillen Reserve gehören v.a.: – (1) Personen, die beschäftigungslos sowie verfügbar sind und Arbeit suchen, ohne bei den Agenturen für Arbeit (→ Agentur für Arbeit) oder einem kommunalen Träger der Grundsicherung für Arbeitsuchende nach SGB II als → Arbeitslose registriert zu sein, – (2) Personen, die wegen ungünstiger Arbeitsmarktlage die Arbeitssuche entmutigt aufgegeben haben, bei günstiger Arbeitsmarktlage aber Arbeitsplätze nachfragen würden, – (3) Personen in Warteschleifen des Bildungs- und Ausbildungssystems oder in arbeitsmarkt- und sozialpolitischen Maßnahmen (→ Arbeitsmarktpolitik) und – (4) Personen, die aus Arbeitsmarktgründen vorzeitig aus dem Erwerbsleben ausgeschieden sind (Frühverrentung). – (1) und (2) stellen die stille Reserve im engeren Sinne dar, (3) und (4) bilden die stille Reserve in arbeitsmarkt- und sozialpolitischen Maßnahmen.-Die gesamte stille Reserve wird auf 1,4 bis 1,8 Mio. Personen geschätzt, wobei zu beachten ist, dass aufgrund unterschiedlicher Messverfahren und der Abhängigkeit vom Konjunkturverlauf die Angabe valider Daten schwierig ist. Insbesondere nach der deutschen Wiedervereinigung lag der Umfang aufgrund der spezifischen arbeitsmarktpolitischen Maßnahmen in den neuen Bundesländern z.T. deutlich höher (vgl. auch → Arbeitslosigkeit, → Arbeitslosenquote). Die offizielle Arbeitsmarktstatistik unterschätzt also systematisch den Gesamtumfang der Unterbeschäftigung. Auch unter fiskalpolitischen Gesichtspunkten ist zu beachten, dass mögliche Beiträge zur Produktion nicht geleistet und Arbeitseinkommen nicht erzielt werden.

stiller Gesellschafter – Am Handelsgewerbe eines Kaufmanns mit einer Vermögenseinlage beteiligte Person, die dafür einen Anteil am Gewinn aus dem Handelsgeschäft erhält. Der „Stille" ist kein Gesellschafter im herkömmlichen Sinn, er ist am Geschäftsvermögen des Unternehmens nicht beteiligt. – Vgl. auch → stille Gesellschaft.

stille Rücklagen – *stille Reserven.*

I. Charakterisierung: 1. *Begriff:* nicht aus der Bilanz ersichtliche Teile des Eigenkapitals einer Unternehmung. Sie entstehen durch Unterbewertung von Aktiva und/oder Nichtaktivierung aktivierungsfähiger Vermögensgegenstände und/oder Verzicht auf mögliche Zuschreibungen und/oder Überbewertung von Passiva. – 2. *Möglichkeiten der Bildung von stiller Rücklagen:* (1) zwangsläufige Bildung (z.B. durch Preisschwankungen, Geldwertveränderungen die aufgrund der gesetzlichen Vorschriften nicht berücksichtigt werden dürfen;) (2) durch Ausnutzung von Ermessensspielräumen; (3) aufgrund von Schätzfehlern, z.B. bei Abschreibungen oder Rückstellungen; (4) aufgrund willkürlicher Bildung. – 3. *Folge* der Bildung stiller Rücklagen ist, dass der Gewinn bzw. das Eigenkapital geringer erscheinen als es der Wirklichkeit am Bilanzstichtag entspricht. – 4. *Auflösung von stillen Rücklagen:* erfolgt durch den betrieblichen Prozess im Zeitablauf, durch Gewinnrealisation oder Übergang zu normaler Bewertung; mitunter werden durch die bewusste Auflösung Verluste gedeckt und nicht ausgewiesen. – 5. *Beurteilung:* Bildung und spätere Auflösung der stillen Rücklagen sind ständig in der Diskussion, da Möglichkeit der Gewinnverschiebung und -beeinflussung (bes. hinsichtlich der → Dividendenpolitik) und damit Rückwirkung auf Bilanz sowie Gewinn- und Verlustrechnung. Der ausgewiesene Gewinn als Kennzahl wird problematisch, denn für den Aktionär und jeden Außenstehenden ist nicht zu ersehen, ob Gewinn in dieser Höhe effektiv erzielt wurde oder als manipulierte Größe durch Bildung bzw. Auflösung stiller Rücklagen erzielt ist. Übermäßige Dotierung der stillen Rücklagen ist Verstoß gegen das Prinzip der → Bilanzwahrheit und → Bilanzklarheit, während „normale stille Rücklagen" der kaufmännischen Vorsicht (sog. Bilanzvorsicht) und dem im Handelsrecht verankerten Gläubigerschutz entsprechen. – *Vorteile:* Ausgleichsmöglichkeit bei wirtschaftlichen Schwankungen; Aufbringung von Kapital mittels → Selbstfinanzierung; Steuerstundungseffekt, ggf. Steuerersparnis infolge → Steuerprogression.

II. Bilanzierung: 1. *Zwangsrücklagen:* entstehen durch handelsrechtliche Aktivierungsverbote ferner durch handelsrechtliche Bewertungsgebote (z.B. das Verbot, in der Handelsbilanz die Anschaffungs- bzw. Herstellungskosten abzüglich planmäßiger Abschreibungen zu überschreiten, auch wenn der → Tageswert höher ist; im Einzelnen → Bewertung). – 2. *Ermessensrücklagen:* entstehen durch Ausnutzung der im HGB im Hinblick auf das → Vorsichtsprinzip eingeräumten Bilanzierungs- und Bewertungsspielräume (z.B. keine Aktivierung bei Aktivierungswahlrecht; Bewertung von Vermögensgegenständen an der Bewertungsuntergrenze). – 3. *Willkürrücklagen:* entstehen durch absichtliches Überschreiten der im HGB eingeräumten Ermessensspielräume (z.B. die willkürliche Überbewertung von → Rückstellungen; die Nichtaktivierung aktivierungspflichtiger Vermögensgegenstände; die Passivierung fiktiver Schulden). – 4. *Schätzungsrücklagen:* Sie sind eine Folge unvollkommener Voraussicht bei der Berücksichtigung zukünftiger Einflüsse auf die Wertansätze (z.B. die irrtümlich zu kurz geschätzte Nutzungsdauer bei der Bemessung von → Abschreibungen; die irrtümliche Unterbewertung → zweifelhafter (dubioser) Forderungen).

stille Zession – *stille Forderungsabtretung;* Zession, die dem Schuldner nicht angezeigt wird. Üblich u.a. bei → Sicherungsabtretung an Banken. Die stille Zession birgt die Gefahr, dass der Zedent die Forderung erneut abtritt, der Schuldner in Unkenntnis der stillen Zession an den zweiten Zessionar leistet und damit befreit wird (§ 408 BGB). – Vgl. auch → Globalabtretung, → Mantelzession.

Stillhalteabkommen – I. Schuldrecht: → pactum de non petendo.

II. Wirtschaftsgeschichte: 1931 in Basel abgeschlossener Vertrag zwischen Ausschüssen ausländischer Banken sowie Reichsbank, Deutscher Golddiskontbank und Stillhalteausschuss der dt. Regierung über die Stillhaltung ausländischer Gläubigerbanken für die kurzfristigen Kredite an dt. Banken, Industrie- und Handelsunternehmen. – 1932 trat das *Deutsche Kreditabkommen* an seine Stelle, das jährlich verlängert wurde. – *Neuregelung* durch → Londoner Schuldenabkommen (1953).

Stillhalter – Verkäufer einer → Option, der im Fall der Ausübung der Option durch den Käufer die Pflicht hat, den Basiswert gegen Zahlung des vereinbarten Basispreises zu liefern, d.h. zu verkaufen (Stillhalter in Kaufoptionen), oder zu übernehmen, d.h. zu kaufen (Stillhalter in Verkaufsoptionen).

Stilllegung → Betriebsstilllegung.

Stillschweigen – bedeutet im Sinn des Bürgerlichen Rechts i.d.R. → Ablehnung. Anders nur, wenn gesetzlich vorgeschrieben (z.B. § 362 HGB) oder wenn → Treu und Glauben eine ausdrückliche Ablehnung gebieten. Doch kann stillschweigende Annahme oder stillschweigendes Bewirken einer vertragsmäßigen Leistung auch Annahme des Vertragsangebots durch → konkludente Handlung bedeuten. – Vgl. auch → Bestätigungsschreiben.

Stillstandskosten – durch den Stillstand einzelner Produktionsstellen (Arbeitsplätze, Anlagen, Anlagenstraßen), Betriebsteile oder des Gesamtbetriebs anfallende → Kosten. – *Begriffsverwendung* in zweifacher Sicht: (1) Die auch bei Stilllegung einer Produktiveinheit nicht wegfallenden Kosten. Dazu zählen z.B. Mieten und andere → Raumkosten, Zinskosten der Anlagen, → Grundsteuer, → Instandhaltungskosten. – (2) Die *aufgrund eines Produktionsstillstands anfallenden Kosten.* Stillstandskosten wird dann synonym mit *Betriebsunterbrechungskosten* und *Ausfallkosten* gebraucht. Stillstandskosten in diesem Sinn umfassen pagatorische Kosten (z.B. Wiederanlaufkosten) sowie → Opportunitätskosten in Form der durch den Stillstand entgehenden Deckungsbeiträge.

Stillstandzeit → Brachzeit.

Stillzeit – die der stillenden Mutter, die ihr Kind regelmäßig ganz oder in wesentlichem Umfang auf natürliche Weise stillt, auf ihr Verlangen vom Arbeitgeber zur Verfügung zu stellende, zum Stillen erforderliche Zeit. Mind. zweimal täglich eine halbe Stunde oder einmal täglich eine Stunde (§ 7 MuSchG). Nähere Regelung durch Gewerbeaufsichtsämter. – Durch die Gewährung der Stillzeit darf ein *Verdienstausfall* nicht eintreten. Die Stillzeit darf nicht vor- oder nachgearbeitet und nicht auf die Ruhepausen (→ Arbeitszeit) angerechnet werden.

Stimmenkauf → Stimmrechtsbindung.

Stimmenmaximierung – mögliche Zielsetzung von Parteien im Wettbewerb untereinander (→ Parteienwettbewerb). Der Wahlmechanismus im politischen Wettbewerb ersetzt den Marktmechanismus, mittels dessen die privaten Unternehmen die Zielsetzung der Gewinnmaximierung verfolgen.

Stimmenmehrheit – Mehrdeutiger Begriff des Abstimmungsrechts. Kann bedeuten: (1) Einfache Mehrheit der abgegebenen anwesenden Stimmen; (2) Mehrheit der gesetzlich vorgeschriebenen Zahl (z. B. Mehrheit der gesetzlichen Zahl der Mitglieder des Bundestags), auch absolute Mehrheit genannt; (3) andere Quoren qualifizierter Mehrheiten sind etwa die $^2/_3$- oder $^3/_4$-Mehrheit. – 1. *Aktiengesellschaft:* Stimmenmehrheit ist, soweit nicht Gesetz oder Satzung eine → qualifizierte Mehrheit vorgeschrieben, für Beschlüsse der → Hauptversammlung einer AG i.Allg. erforderlich und ausreichend (§ 133 AktG). – 2. *Offene Handelsgesellschaft/Kommanditgesellschaft:* Soweit bei der Beschlussfassung ausnahmsweise Stimmenmehrheit entscheidet, wird die Stimmenmehrheit mangels anderer Vereinbarung nach der Zahl der Gesellschafter berechnet (§ 119 II HGB).

Stimmenverkauf → Stimmrechtsbindung.

Stimmrecht – I. Voraussetzungen: 1. *Allgemeines:* Stimmrechte gewähren → Nennwertaktien nach ihrem Nennwert, → Stückaktien nach der Zahl der Stücke. Wenn ein Aktionär mehrere Aktien besitzt, kann die Satzung das Stimmrecht durch Festsetzung eines Höchstbetrags oder von Abstufungen beschränken (§ 134 I AktG). – 2. Wesentlich für Bedingungen und Form der Ausübung des Stimmrechts ist die *Satzung:* a) Üblich war es früher, dass die Ausübung des Stimmrechts von der *Hinterlegung der Aktien* bis zu einem bestimmten Zeitpunkt vor der Hauptversammlung abhängig gemacht wurde. Im November

2005 trat das Gesetz zur Unternehmensintegrität und Modernisierung des Anfechtungsrechts (UMAG) vom 22.9.2005 (BGBl. I 2802) in Kraft, das bei börsennotierten Gesellschaften das Hinterlegungserfordernis durch eine Bescheinigung des Anteilsbesitzes ersetzt, die durch das depotführende Institut auszustellen ist. Der Nachweis muss sich auf den 21. Tag vor der Hauptversammlung, den sog. Record Date beziehen und der Gesellschaft spätestens am siebten Tag vor der Versammlung zugehen. Ein solcher Record Date ist international üblich und wird von der bis zum August 2008 umzusetzenden EU-Aktionärsrechterichtlinie (2007/36/EG) nun auch europaweit vorgeschrieben. – b) Die Satzung kann die Ausübung des Stimmrechts von der *Anmeldung der Aktionäre zur Hauptversammlung* abhängig machen (§ 123 II AktG). Dies ist zumindest bei börsennotierten Unternehmen die Praxis, denn nur so kann von den Organisatoren abgeschätzt werden, wie viele Aktionäre sich zur Versammlung einfinden werden. – 3. *Weiterentwicklung des Stimmrechts*: Infolge des Gesetzes zur Umsetzung der Aktionärsrechterichtlinie (ARUG, 30.07.2009 BGBl. I S. 2479) können die Unternehmen in ihre Satzungen eine elektronische Ausübung des Stimmrechts während und eine (elektronische) Briefwahl vor der Hauptversammlung vorsehen (§ 118 II AktG). Ob die Gesellschaften in Zukunft von diesen Möglichkeiten vermehrt Gebrauch machen werden, hängt sicherlich nicht zuletzt von der technischen Entwicklung ab.

II. Ausübung: 1. Das Stimmrecht kann durch einen *Bevollmächtigten* ausgeübt werden; die Vollmacht bedarf der Schriftform (§ 134 III AktG; sog. Vollmachtsaktionär). Börsennotierte Gesellschaften bieten den Service eines Stimmrechtsvertreters an, i.d.R. einen Mitarbeiter der Gesellschaft, der nach den Weisungen der Aktionäre abstimmt. Das Stimmrecht kann auch über → Aktionärsvereinigungen ausgeübt werden. – 2. *Kreditinstitute* bedürfen zur Ausübung des Stimmrechts der Depotaktien der schriftlichen Ermächtigung des Deponenten, die längstens 15 Monate gültig und jederzeit widerruflich ist. Das stimmrechtsausführende Kreditinstitut hat dem Aktionär die von der Gesellschaft nach § 125 AktG zu erstellenden Mitteilungen sowie die Vorschläge zur Ausübung des Stimmrechts (§ 128 AktG) zuzusenden. Der Aktionär kann zu einzelnen oder allen Vorschlägen anders lautende Weisungen geben, an die sich die depotführende Bank i.d.R. halten muss (s.a. → Depotstimmrecht). – 3. Ein Aktionär, der durch die Beschlussfassung *entlastet* werden soll (→ Entlastung), kann das Stimmrecht weder für sich noch für einen anderen ausüben (§ 136 I AktG, sonst → Stimmrechtsmissbrauch). – 4. Für → *Minderjährige* wird das Stimmrecht durch den → gesetzlichen Vertreter ausgeübt. – 5. Bei → *Sicherungsübereignung* ist der → Treuhänder zur Stimmrechts-Ausübung befugt, kann aber die Ausübung dem → Treugeber überlassen. – Bisweilen gehen Aktionäre → Stimmrechtsbindungen ein.

III. Sonstige Stimmrechte: Stimmrecht bei *GmbH:* Beschlussfassung und der Mehrheit der abgegebenen Stimmen. Jeder Euro eines Geschäftsanteils gewährt eine Stimme (§ 47 II GmbHG); bei *Personengesellschaften:* → Abstimmung; *Stimmrechte im Insolvenzverfahren:* → Insolvenzverfahren.

Stimmrechtsaktie → Mehrstimmrechtsaktie.

Stimmrechtsbindung – vertragliche Verpflichtung des Aktionärs, in einem bestimmten Sinn zu stimmen. Verpflichtung kann sich im Rahmen einer als Innen-GbR ausgestalteten Schutzgemeinschaft ergeben, vgl. dazu BGH, NJW 2009, 669. – Stimmrechtsbindung ist i.d.R. *zulässig* gegenüber anderen Aktionären oder Dritten. Anderweitige Stimmrechtsbindung kann nichtig sein und u.U. zu → Schadensersatz verpflichten (vgl. § 136 II AktG = Verpflichtung des Aktionärs, nach Weisung der Gesellschaft, des Vorstands oder des Aufsichtsrats der Gesellschaft oder nach Weisung eines abhängigen Unternehmens das Stimmrecht auszuüben, ist nichtig). – Die Stimmrechtsbindung als Stimmenverkauf ist im übrigen *unzulässig* und als → Ordnungswidrigkeit zu ahnden, wenn dafür ein bes. Vorteil (z.B. ein Entgelt) gewährt oder versprochen wird (§ 405 III Nrn. 6 und 7 AktG).

stimmrechtslose Vorzugsaktie → Vorzugsaktie.

Stimmrechtsmissbrauch – Benutzung von Aktien eines anderen ohne dessen Einwilligung oder die Benutzung bzw. Überlassung von Aktien gegen Gewährung oder Versprechen bes. Vorteile zur Ausübung des Stimmrechts oder Ausübung des Stimmrechts für Aktien, für die der Aktionär das Stimmrecht nicht ausüben darf. – *Sanktion:* Stimmrechtsmissbrauch ist als → Ordnungswidrigkeit zu ahnden (§ 405 III AktG).

Stimmschein – Hinterlegungsbescheinigung, von der als Hinterlegungsstelle für die Aktien fungierenden Bank bzw. von dem Notar ausgestellte Bescheinigung als Grundlage für die Ausübung des Stimmrechts bei der Teilnahme an der Hauptversammlung einer AG. Der Stimmschein bezieht sich je nach dem Betrag der hinterlegten Aktien auf eine bestimmte Stimmenzahl. Die Aktien bleiben bis zum Schluss der Hauptversammlung gesperrt, um Doppelanmeldungen unmöglich zu machen. Heute genügt bei börsennotierten Gesellschaften ein in Textform auf den 21. Tag vor der Hauptversammlung erstellter Nachweis über den Anteilsbesitz. – Vgl. → Stimmrecht.

stimulierende Information – *Anregungsinformation;* Nachricht, die einen Handlungsprozess auslöst, in dessen Verlauf ein Entscheidungsproblem formuliert und gelöst wird. Kennzeichen der stimulierenden Information ist, dass zu Beginn des Prozesses noch vollständig offen ist, ob überhaupt eine Entscheidung und wie diese ggf. getroffen wird. – *Beispiele:*

Veränderte Marktdaten, neu erlassene Gesetze. – Vgl. auch → Anregungsphase.

Stimulus → Reiz zur Aktivierung des Verhaltens. Stimuli lassen sich unterscheiden in: emotionale Stimuli (gefühlsbetont), kognitive Stimuli (gedanklich betont) und physische (physikalische) Stimuli (wahrnehmungsbetont). – Vgl. auch → Käufer- und Konsumentenverhalten.

Stimulus-Organismus-Response-Konzept (SOR-Konzept) → Käufer- und Konsumentenverhalten.

Stimulus-Response-Konzept (SR-Konzept) → Käufer- und Konsumentenverhalten.

Stochastik – Oberbegriff für Wahrscheinlichkeitstheorie bzw. → Wahrscheinlichkeitsrechnung und für → Statistik auf der Grundlage der Wahrscheinlichkeitstheorie. V.a. zählt die → Inferenzstatistik zur Stochastik.

stochastische Konjunkturtheorie – Teilgebiet der → Konjunkturtheorie, das exogenen stochastischen Faktoren die wesentliche Rolle bei der Auslösung und dem Aufrechterhalten eines → Konjunkturzyklus zuerkennt. Nach W. Krelle (1959) genügen kleine und daher mit hoher Wahrscheinlichkeit eintretende Abweichungen vom → Gleichgewicht, einen Konjunkturzyklus herbeizuführen und diesen für eine längere Zeit in Gang zu halten.

stochastischer Prozess – Folge von Zufallsvariablen $(X(t))_t$, die mit einem (z.B. zeitlichen) Index t aus einer Indexmenge (z.B. natürliche Zahlen oder $(0,\infty)$) versehen sind. Je nachdem, ob für jedes reelle t oder nur für einzelne, etwa ganzzahlige t eine Betrachtung erfolgt, unterscheidet man stochastische Prozesse mit stetiger oder diskreter Indexmenge (z.B. Zeit). Anhand der Verknüpfung zwischen den Verteilungen der Zufallsvariablen zu den verschiedenen Zeitpunkten bzw. den Abhängigkeiten zwischen Zufallsvariablen mit verschiedenen Indizes (z.B. Zeiten) werden *verschiedene Typen* von stochastischen Prozessen unterschieden. – *Anwendung* der Theorie der stochastischen Prozesse z.B. in der → Zeitreihenanalyse auf spektralanalytischer Grundlage, in der → Marktforschung (z.B. Markenwahlmodelle auf der Grundlage eines → Markov-Prozesses) und in der → Warteschlangentheorie, Zuverlässigkeitstheorie und bei Lagerhaltungsproblemen.

stochastische Unabhängigkeit – 1. Bei *zwei* → Ereignissen A und B liegt stochastische Unabhängigkeit dann vor, wenn die Information, dass Ereignis B eingetreten ist, die Wahrscheinlichkeit des Eintretens von Ereignis A nicht beeinflusst im Sinne von $P(A|B) = P(A)$. Stochastische Unabhängigkeit ist dadurch gekennzeichnet, dass $P(A \cap B) = P(A) \cdot P(B)$ gilt, die → Wahrscheinlichkeit des Eintretens beider Ereignisse also gleich dem Produkt der Einzelwahrscheinlichkeiten ist (→ Multiplikationssätze der Wahrscheinlichkeit). In diesem Fall gilt auch für die → bedingten Wahrscheinlichkeiten $P(A|B) = P(A)$ bzw. $P(B|A) = P(B)$, wobei $P(B) \neq 0$ bzw. $P(A) \neq 0$ vorausgesetzt werden muss. – Bei *mehr als zwei Ereignissen* wird bei der Definition der stochastischen Unabhängigkeit zwischen paarweiser und gemeinsamer stochastischer Unabhängigkeit der beteiligten Ereignisse unterschieden. – 2. Bei *einem* → Zufallsvektor (X,Y) *mit zwei Komponenten* liegt der Spezialfall stochastische Unabhängigkeit vor, wenn für die gemeinsame → Verteilungsfunktion F von X und Y gilt: $F_{X,Y}(x, y) = F_X(x) \cdot F_Y(y)$. In diesem Fall ist die → Wahrscheinlichkeitsfunktion (bzw. → Dichtefunktion) des Zufallsvektors (X,Y) ebenfalls als Produkt der Wahrscheinlichkeitsfunktionen (bzw. Dichtefunktionen) von X und Y darstellbar (vgl. diskrete bzw. stetige → Zufallsvariablen). – Für einen *Zufallsvektor mit mehr als zwei Komponenten* ist die Definition der stochastischen Unabhängigkeit entsprechend zu verallgemeinern.

Stock – 1. Warenvorrat. – 2. Aus dem Englischen entnommener Begriff für *Aktien.*

Stock Appreciation Rights – *Phantom Stocks;* fiktive → Aktienoptionen für die Vergütung von Mitarbeitern und Führungskräften, welche jedoch kein Recht auf einen Aktienbezug beinhalten. Im Gegensatz zu realen → Aktionoptionsplänen stellen sie erfolgsabhängige Tantiemen dar. Als virtuelle Variante der *Stock Options* wird auf die tatsächliche Ausgabe von Aktien verzichtet und die finanziellen Auswirkungen entsprechend nur nachgebildet. Es wird die Differenz zwischen Ausübungspreis (Basispreis der Aktie zu einem bestimmten Ausübungszeitpunkt) und Marktpreis erstattet. Fiktive Aktienoptionen werden auf einem internen Konto für die Mitarbeiter geführt. Damit werden Neuemissionen und die damit verbundene Verwässerung des Aktienkurses vermieden, wodurch solche Programme schneller und kostengünstiger durchführbar sind.

Stockdividende – Ausgabe von kostenlosen zusätzlichen Aktien anstelle der Barausschüttung einer → Dividende. – In der Bundesrepublik Deutschland nur über die Ausgabe von → Gratisaktien nach vorangehender Dividendenausschüttung zulässig.

Stockholmer Konvention – *Übereinkommen zur Errichtung der* → EFTA (*European Free Trade Association, Europäische Freihandelszone*); am 4.1.1960 in Stockholm unterzeichnet und am 3.5.1960 in Kraft getreten.

Stockholmer Schule – *Schwedische Schule;* Richtung der Wirtschaftswissenschaften in Schweden. – *Hauptvertreter:* Lindahl, → Ohlin, → Myrdal, Lundberg. – *Bedeutung:* Hauptverdienst der Stockholmer Schule ist es, den Einfluss von → Erwartungen (d.h. die Vorausschau der im Wettbewerb stehenden Unternehmer) auf die Preisbildung untersucht zu haben. Zur Kennzeichnung der unterschiedlichen Betrachtungsweise wurde das Begriffspaar ex ante und ex post in die Theorie eingeführt. Ex-ante-Größen sind am Anfang einer Periode erwartete bzw. geplante Größen, Ex-post-Größen am Ende der Periode realisierte Größen. Die Abweichungen zwischen Ex-ante- und Ex-post-Größen, d.h. zwischen Erwartungen und Tatsachen, bestimmen den Wirtschaftsprozess (Schneider). Mithilfe dieser Begriffe können dynamische, meist makroökonomische Prozessanalysen vorgenommen werden. – Wichtige Arbeiten der Stockholmer Schule entstanden auch auf dem Gebiet der *Preistheorie.*

Stock Option – *Aktienoption.* Der engl. Begriff Stock Option wird in Deutschland im Zusammenhang mit *Zusatzvergütungen* gebraucht, die v.a. Führungskräfte großer Unternehmen in Abhängigkeit vom Unternehmenserfolg gewährt werden (Stock-Option-Programme). Dabei stehen ihnen Bezugsrechte auf Aktien des eigenen Unternehmens zu.

Stock Option Plan → Aktienoptionsplan.

Stoffaufbereitung → Produktionstechnik.

Stoffbilanz – *Materialbilanz;* systematische, nach Arten geordnete Gegenüberstellung der Mengen an Material-(Stoff-)einsatz (Input) und Material-(Stoff-)ausbringung (Output) eines produktiven Systems. Es gilt: Menge (Masse) des Inputs = Menge (Masse) des Outputs. Der gesamte Stofffluss wird art- und mengenmäßig identifiziert, Verluste und unkontrollierte Emissionen werden offen gelegt, Notwendigkeiten und Möglichkeiten für Erfassen, Rückhalten, Verarbeiten und Recycling von stofflichen Rückständen werden sichtbar.

Stoffe → Material.

Stoffkosten → Materialkosten.

Stoffkostenplanung → Verbrauchsplanung.

stoffneutrale Produktion – *durchlaufende Produktion;* Elementartyp der Produktion (→ Produktionstypen), der sich aus dem Merkmal der prozessbedingten Stoffveränderung ergibt. Bei stoffneutraler Produktion wird ein Einsatzstoff zu einem Produkt umgeformt; die eingesetzte Substanz bleibt in ihrer chemisch-physikalischen Zusammensetzung vollständig bzw. im Wesentlichen unverändert erhalten. – *Beispiel:* Walzen von Stahl in einem Walzwerk. – Vgl. auch → analytische Produktion, → synthetische Produktion, → analytisch-synthetische Produktion.

Stoffpatent – Erzeugniserfindung, durch die ein neuer Stoff (z.B. Legierung, aber auch eine neue Stoffgruppe, wenn sie durch eine hinreichende Anzahl von Beispielen zu den sie kennzeichnenden Eigenschaften in ihren Grenzen individualisiert ist) bestimmter Art oder Konstitution bereitgestellt wird, der als „Individuum" von anderen Stoffen unterscheidbar zu definieren ist. Im Patentanspruch genügt die Angabe seiner charakteristischen Eigenschaften (Strukturformel, Summenformel, unterscheidungskräftiger sonstiger physikalischer oder chemischer Eigenschaften). Ist die Konstitution des Stoffes nicht bekannt und können auch zuverlässig messbare Charakteristika nicht angegeben werden, kann der Stoffanspruch durch das Herstellungsverfahren gekennzeichnet werden; auch in diesem Fall wird ein Erzeugnispatent erteilt.

Stoffstrommanagement – zielorientiertes, verantwortliches, ganzheitliches und effizientes Beeinflussen von Stoffsystemen, wobei die Zielvorgaben aus dem ökologischen und dem ökonomischen Bereich kommen, unter Berücksichtigung von sozialen Aspekten.

Stoffumwandlung → Produktionstechnik.

Stoff- und Energiebilanz → Sachbilanz, → Ökobilanz.

Stolper-Samuelson-Theorem – Aussage über den Zusammenhang zwischen Güterpreisen und realen Faktoreinkommen in der Welt des → Heckscher-Ohlin-Theorems: Steigt der relative → Preis des → kapitalintensiven Gutes, so sinkt das Realeinkommen des Faktors → Arbeit, und es steigt das Realeinkommen des Faktors → Kapital *(Magnification Effect).* – Der *Grund für die Güterpreisveränderung* kann beliebig sein, in der ursprünglichen Formulierung des Theorems wurde dahinter jedoch eine handelspolitische Maßnahme (z.B. → Zoll) gesehen. – Das Stolper-Samuelson-Theorem ist nicht nur im Zusammenhang mit → Protektion und Handelspolitik relevant. Es ist eine *allg.* Aussage über den Zusammenhang zwischen Güterpreisen und realen → Faktoreinkommen. Die Ursache für die Güterpreisveränderung ist dabei völlig irrelevant. Das Überraschende an diesem Theorem liegt darin, dass die → Realeinkommen sich im Zuge von Güterpreisveränderungen unabhängig von den Präferenzen der Faktoreinkommensbezieher eindeutig verändern. Dies ist dann nicht mehr für alle Faktoren der Fall, wenn einzelne davon *sektorspezifisch* sind, und nicht in andere Verwendungsrichtungen wandern können. Dies ist zumindest kurzfristig für installiertes Sachkapital zu erwarten. – Vgl. auch → Ricardo-Viner-Modell, → Handelspolitik.

Stone – John Richard Nicholas, 1913–1991, engl. Nationalökonom, arbeitete von 1940–1945 im statistischen Büro der Regierung, lehrte von 1945 bis zu seinem Tod in Cambridge; → Nobelpreis für Wirtschaftswissenschaften 1984. Stone hatte entscheidenden Anteil an der Entwicklung volkswirtschaftlicher Rechnungssysteme. Er erstellte zusammen mit → Meade unter dem Einfluss von → Keynes 1941 die erste offizielle Volkswirtschaftliche Gesamtrechnung für Großbritannien. Leistungen auf anderen Gebieten kamen hinzu: die Behandlung von Index-Problemen; die Veröffentlichung von Beiträgen zur → Input-Output-Rechnung; Arbeiten zur demografischen Gesamtrechnung (im Stile von Input-Output-Rechnungen); die Entwicklung des „Programme for Growth", ein quantitatives Modell der engl. Wirtschaft, sowie Untersuchungen auf dem Gebiet des Konsumentenverhaltens und zur Nachfragetheorie (u.a. Aufstellung von Nachfragefunktionen für dauerhafte Güter). – *Hauptwerke:* „National Income and

Expenditure" (zusammen mit Meade 1944), „Quantity and Price Indexes in National Accounts" (1956), „Input-Output and National Accounts" (1961), „A Programme for Growth" (1962) und „The Measurement of Consumers' Expenditure and Behavior in the United Kingdom, 1920–1938" (mit anderen Autoren 1954).

Stop Loss Order – Auftrag eines Kunden an seine Bank, ein bestimmtes Wertpapier zu verkaufen, sobald ein gewisser Kurs unterschritten wird. – Vgl. auch → Limit Order.

Store Check – Überprüfung der Warenpräsentation bzw. Angebotsbedingungen für die Artikel eines Herstellers in bestimmten Verkaufsstellen von Einzelhandelsunternehmen.

Store Erosion → Ladenverschleiß.

Store in the Store – Anmietung eines Teils der Verkaufsfläche im Einzelhandel durch externe Anbieter. I.d.R. sind diese Flächen von den übrigen Verkaufsräumen abgetrennt oder befinden sich außerhalb der Hauptverkaufszonen (z.B. Bäckerei im Warenhaus). Im Vergleich zum → Shop in the Shop haben die Betreiber eine größere Möglichkeit zur eigenständigen Profilierung ihres Angebots.

Störer → Haftung.

Store-Test – realitätsnahes Verfahren der → Marktforschung. Das Produkt wird in einer ausgewählten Anzahl von Handelsgeschäften (i.d.R. 10 bis 15) unter kontrollierten Bedingungen verkauft. Bei eingeführten Produkten dient der Store-Test der Wirkungskontrolle von Marketingaktivitäten (z.B. Preisaktionen, persönliche Verkaufsförderung, Platzierung), bei neuen bzw. veränderten Produkten der Überprüfung von Marktchancen. Nachteilig ist v.a., dass keine klassische Werbung eingesetzt werden kann und die Abverkaufsdaten keine Trennung zwischen Erst- und Wiederkauf zulassen und damit der langfristige Produkterfolg, der v.a. vom Wiederkauf abhängt, nur unsicher prognostiziert werden kann. – *Anders:* → Markttest.

Störfallbeauftragter – bei bestimmten genehmigungsbedürftigen Anlagen zu bestellender Beauftragter, der den Betreiber in Angelegenheiten, die für die Sicherheit der Anlage bedeutsam sein könnten, beraten soll. – *Gesetzliche Regelung:* §§ 58a–58d BImSchG und VO über Immissionsschutz- und Störfallbeauftragte (5. BimSchV) vom 30.7.1993 (BGBl. I 1433) m.spät.Änd. – Vgl. auch → Immissionsschutzbeauftragter.

Störfall-Verordnung – Zwölfte Verordnung zur Durchführung des Bundesimmissionsschutzgesetzes (12. BImSchV) vom 8.6.2005 (BGBl. I 1598) m.spät. Änd.; gehört ebenfalls u.a. zum Arbeitsschutzrecht (→ Arbeitsschutz). Die Verordnung bezweckt in bes. Maße eine Vorsorge gegen Chemieunfälle. Die Betreiber genehmigungsbedürftiger Anlagen sind verpflichtet, erforderliche Vorkehrungen zur Verhinderung oder Minderung von Störfällen (z.B. Brand, Explosion) zu treffen und den Eintritt eines Störfalles der zuständigen Behörde unverzüglich anzuzeigen. Außerdem wird die Aufstellung und Fortschreibung betrieblicher Alarm- und Gefahrabwehrpläne gefordert. Die bedeutsamen Regelungen für den Schutz der Beschäftigten von Anlagen, die der Störfall-Verordnung unterliegen, werden in § 10 III und im Anhang III getroffen. Danach sind im Hinblick auf Störungen des bestimmungsgemäßen Betriebs Maßnahmen zum Schutz der Beschäftigten vor einer Lebensgefahr und vor schwerwiegenden Gesundheitsbeeinträchtigungen in den internen Alarm- und Gefahrenabwehrplänen zu berücksichtigen und es ist ein Sicherheitsmanagementsystem zu etablieren.

Störgröße → Störterm.

Stornierung – 1. Rückbuchung (→ Stornobuchung). – 2. Rückziehung eines → Auftrages. – 3. Rückbuchung von Gutschriften durch die Bank; Recht der Bank zur Stornierung. – Vgl. auch → Stornorecht.

Stornobuchung – (zulässige) *Rückbuchung* zur Aufhebung *(Stornierung)* einer bereits erfolgten unrichtigen Buchung. Gesetzlich nicht erlaubt sind dagegen Streichungen (wenn sie zu Unleserlichkeit führen) und Radierungen. – Vgl. auch → Berichtigungsposten.

Stornorecht – Recht der Bank, irrige → Gutschriften (z.B. infolge Irrtums, Schreibfehlers etc.), für die kein entsprechender Auftrag vorlag oder Belastungen (Schecks, Lastschriften) mangels Deckung rückgängig zu machen *(Stornierung)*. Das Stornorecht ist in den Allgemeinen Geschäftsbedingungen der Banken und Sparkassen (Nr. 8 und 9) vorgesehen; es steht selbstständig neben der → Anfechtung wegen Irrtums (§ 119 BGB), ist an dessen Voraussetzungen, bes. an irgendwelche Fristen, nicht gebunden.

Stornorisiko – I. Allgemein: Aus Sicht des Versicherungsunternehmens die Möglichkeit des Versicherungsnehmers, einen Versicherungsvertrag vor Ablauf der vereinbarten Versicherungsdauer zu kündigen.

II. Lebensversicherung: 1. *Begriff:* Wie oben, in Bezug auf einen Lebensversicherungsvertrag. – 2. *Modell:* Üblicherweise wird das Stornorisiko eines Lebensversicherers durch eine Ausscheideordnung (Ausscheidewahrscheinlichkeit) beschrieben, die Stornowahrscheinlichkeiten aufgrund historischer Beobachtungen im Unternehmen in Abhängigkeit vom Alter der versicherten Person und der zurückgelegten Versicherungsdauer beschreibt. Für manche Anwendungen wird zusätzlich versucht, das Stornoverhalten der Kunden in Abhängigkeit von Zinsentwicklungen zu modellieren. Dem liegt die Überlegung zugrunde, dass bei rasch steigenden Zinssätzen wegen der Methodik der Rückkaufswertberechnung aus Kundensicht ein Storno Ausdruck finanzrationalen Verhaltens sein kann, während bei stark sinkenden Zinssätzen ein Verzicht auf vertragliche Garantien unvernünftig ist. Üblicherweise wird die Zinsabhängigkeit des Stornorisikos so modelliert, dass – ausgehend von den zuletzt beobachteten Zinssätzen – bei einem bestimmten Zinsrückgang ein linearer Rückgang des Stornos bzw. bei einem bestimmten Zinsanstieg ein linearer Anstieg des Stornos jeweils bis zu bestimmten Grenzwerten unterstellt wird. Die Modellierung des Stornorisikos verfolgt das Ziel, die finanziellen Auswirkungen eines veränderten Kundenverhaltens auf das Lebensversicherungsunternehmen zu quantifizieren. – 3. *Wirkungen:* Die Stornierung eines Lebensversicherungsvertrags führt entweder zur Auszahlung des Rückkaufswerts oder zur Bildung einer reduzierten beitragsfreien Versicherungsleistung. Die finanziellen Auswirkungen für das Lebensversicherungsunternehmen können sehr unterschiedlich sein: Wertvernichtend wirken sich bei noch nicht getilgten Abschlussaufwendungen die in der Zukunft wegfallenden (meist positiven) Erfolgsmargen aus dem stornierten Vertrag aus, wertsteigernd wegfallende Garantiekosten, Erträge aus vereinnahmten Stornoabschlägen und im Unternehmen verbleibende Bewertungsreserven. Die Auswirkungen von mehr oder weniger Storno auf die Finanzverfassung eines Lebensversicherers können damit sehr unterschiedlich sein. Aus dem Umfang, indem sich das Stornorisiko realisiert, sind keine einfachen Rückschlüsse auf die Finanzverfassung eines Lebensversicherers zu ziehen. Die Abhängigkeiten des Stornorisikos von den Umfeldbedingungen, insbesondere den Kapitalmarktgegebenheiten, sind empirisch noch wenig erforscht. – 4. *Herausforderungen:* Für verschiedene Anwendungsgebiete, etwa bei der Entwicklung von Absicherungsstrategien zur Sicherstellung von Garantieleistungen (Hedging), bei der Nachreservierung von Rentenversicherungen aufgrund zunehmender Langlebigkeit oder bei der Bestimmung von Bestandswerten nach einer Embedded Value-Methode (Embedded Value), müssen Annahmen über die künftige Entwicklung der Stornowahrscheinlichkeiten getroffen werden.

Störterm – *Störgröße, Störvariable;* im → Regressionsmodell und allg. bei der → Spezifikation von ökonometrischen Modellen die Zufallsvariable, die beim strukturellen Ansatz (→ Struktur) für jede Beobachtung der abhängigen Variablen (→ Variable, endogene) neben den Werten der unabhängigen Variablen (→ Variable, exogene) und vorherbestimmten Variablen (→ Variable, vorherbestimmte) zur Erklärung herangezogen wird. Über die Störterme werden gewisse Annahmen getroffen, etwa dass ihr Erwartungswert null ist, dass ihre Varianzen gleich sind, dass sie unkorreliert sind, sodass sie generell als Realisationen von → weißem Rauschen betrachtet werden können. Ggf. wird auch die Annahme getroffen, dass die Störterme normalverteilt sind. Die Störterme sind der Inbegriff der Einflüsse, die in nicht dominierender Weise neben den erklärenden Variablen auf die endogene Variable einwirken.

Störung der Geschäftsgrundlage – 1. *Begriff:* Schwerwiegende Veränderung der → Geschäftsgrundlage. – 2. *Rechtsfolgen:* Entgegen dem Grundsatz → pacta sunt servanda kann diese Veränderung unter folgenden Voraussetzungen zur Vertragsanpassung oder zum → Rücktritt führen (§ 313 BGB): (1) Die Parteien hätten den Vertrag nicht oder mit anderem Inhalt geschlossen, wenn sie diese Veränderungen bei Vertragsschluss vorausgesehen hätten. – (2) Einem Vertragspartner muss das Festhalten am Vertrag unzumutbar sein.

Störvariable → Störterm.

Storyboard – Arbeitspapier zur Gestaltung und Produktion eines → Fernsehspots als Hilfsmittel, den optischen Teil des Films nicht nur verbal, sondern auch zeichnerisch oder fotografisch zu erläutern.

STOXX → Dow Jones STOXX.

STP – Abk. für *Straight-through Processing*. Im Zuge der Fortentwicklung des europäischen Zahlungsverkehrs wurde STP als engl. Begriff für eine durchgängig automatisierte Verarbeitung von Zahlungsaufträgen vom Anfang bis zum Ende der Prozesskette geprägt (Interoperabilität). Voraussetzung hierfür ist eine Standardisierung von Verfahren auf europäischer Ebene – wie sie in Deutschland durch die Abkommen im Zahlungsverkehr im Rahmen der Arbeit der Deutschen Kreditwirtschaft (DK) erreicht wurde. Deshalb wird im Zuge der Errichtung der → Single Euro Payments Area (SEPA) an einer Interoperabilität bestehender nationaler Standards bzw. an der Schaffung neuer europäischer Standards gearbeitet. Hier wurden mit der Verwendung von → IBAN und → BIC im grenzüberschreitenden Zahlungsverkehr zur Adressierung des Begünstigten (IBAN) und der Bank des Begünstigten (BIC) bereits wesentliche Voraussetzungen für ein STP geschaffen.

Strafandrohung – Es geht um denjenigen Teil eines Strafgesetzes, der bestimmt, welche Strafe die Verwirklichung eines strafrechtlichen Tatbestandes durch den Täter für diesen zur Folge haben kann (= die sog. Rechtsfolge, vgl. im Einzelnen §§ 38 ff. StGB). Wenn sie vom Gesetz absolut bestimmt ist, hat der Richter kein Strafzumessungsermessen (vgl. etwa für § 211 StGB, Mord, die lebenslange Freiheitsstrafe). Wenn sie relativ bestimmt ist, bspw. wenn das Gesetz nur einen Strafrahmen gibt (sowohl nach Strafart als auch innerhalb der Strafart), besteht ein solches richterliches Ermessen. – *Strafe:* Lebenslange oder zeitige → Freiheitsstrafe und → Geldstrafe, → Nebenstrafen. Bei → Ordnungswidrigkeiten Geldbuße.

Strafanspruch – staatlicher Anspruch auf Bestrafung desjenigen, der eine → Straftat begeht. Die Durchsetzung erfolgt im → Strafprozess.

Strafantrag – Ein zur Verfolgung bestimmter Straftaten notwendiger Antrag durch einen Antragsberechtigten, i.d.R. des durch die Straftat Verletzten (§§ 77 ff. StGB). Der Strafantrag bedeutet eine Abweichung von dem das dt. Strafrecht beherrschenden Grundsatz der Strafverfolgung von Amts wegen, nach dem die → Staatsanwaltschaft ohne Zutun Dritter einzuschreiten hat (→ Offizialmaxime). – 1. *Wann* der Strafantrag *erforderlich* ist, bestimmt Gesetz im Einzelfall. So z.B. bei: Fahrlässiger Körperverletzung, § 230 StGB (Verkehrsunfall), Beleidigung, zahlreichen Delikten des → unlauteren Wettbewerbs (z.B. Zahlung von Schmiergeldern), geschäftlicher Verleumdung, Verrat von Betriebsgeheimnissen, Verwertung anvertrauter Vorlagen, Verleitung zum Geheimnisverrat (→ Betriebs- und Geschäftsgeheimnis). – 2. Berechtigt zur *Antragstellung* ist i.Allg. nur der durch die Tat Verletzte, bei Minderjährigen der gesetzliche Vertreter, ausnahmsweise auch ein Verband. Der Strafantrag ist innerhalb von drei Monaten nach Erlangung der Kenntnis von Tat und Täter zu stellen (§ 77 b StGB). – 3. *Rücknahme* ist bis zur → Rechtskraft des Urteils zulässig. – Vgl. auch → Privatklage.

Strafaussetzung zur Bewährung – Aussetzung der Vollstreckung einer → Freiheitsstrafe bis zu einem (§ 56 I StGB) bzw. bis zu zwei Jahren (§ 56 II StGB) auf Bewährung, wenn zu erwarten ist, dass der Verurteilte künftig keine → Straftat mehr begehen wird und – im Fall des § 56 II StGB – bes. Umstände vorlagen. Bewährungszeit beträgt zwei bis fünf Jahre (§ 56 a StGB). Sie kann mit Auflagen und Weisungen verbunden werden. Bei erneuter Straftat oder Nichterfüllung der Auflagen Widerruf und Vollstreckung der Freiheitsstrafe (§ 56 f StGB). Eine Strafaussetzung ist auch nach Verbüßung von 2/3 einer zeitigen Freiheitsstrafe und nach Verbüßung von 15 Jahren einer lebenslänglichen Freiheitsstrafe möglich, wenn verantwortet werden kann zu erproben, ob der Verurteilte außerhalb des Strafvollzugs keine Straftaten mehr begehen wird (§§ 57 ff. StGB). Ähnlich die → Verwarnung mit Strafvorbehalt bei verwirkter → Geldstrafe. – Vgl. auch → Führungsaufsicht.

Strafbefehl – Schriftliche richterliche Straffestsetzung durch das Amtsgericht ohne Hauptverhandlung und Urteil auf Antrag der → Staatsanwaltschaft (§§ 407–412 StPO). Im Strafbefehl können → Geldstrafe, → Verwarnung mit Strafvorbehalt, Entziehung der → Fahrerlaubnis bis zu einer Sperre von zwei Jahren, → Fahrverbot, Absehen von Strafe (§ 60 StGB), → Einziehung,Verfall, Vernichtung, Unbrauchbarmachung (§§ 73 ff StGB) und → öffentliche Bekanntmachung der Verurteilung und – soweit der Angeschuldigte einen Verteidiger hat – → Freiheitsstrafe bis zu einem Jahr festgesetzt werden, wenn deren Vollstreckung zur Bewährung ausgesetzt wird. – Gegen einen Strafbefehl ist als Rechtsmittel der → Einspruch zulässig; der ist binnen zwei Wochen nach Zustellung schriftlich bei Gericht oder zu Protokoll der Geschäftsstelle einzulegen. Der Einspruch führt zur Hauptverhandlung, in der das Gericht ohne Bindung an den Strafbefehl entscheidet (z.B. Freispruch, aber auch höhere Strafe möglich). – Wird *kein Einspruch* eingelegt, hat der rechtskräftige Strafbefehl die Wirkung eines rechtskräftigen Urteils.

Strafe – 1. *Begriff:* Schwerste staatliche Sanktion als Reaktion auf eine → Straftat. Neben die eigentlichen Kriminalstrafen, der → Freiheitsstrafe und der → Geldstrafe, treten → Maßregeln der Besserung und Sicherung, die ihrem Zweck nach nicht der Übelszufügung dienen, sondern Schutz- und Besserungszweck haben. Zu den sonstigen Mitteln zur Erzwingung gesetzmäßigen Verhaltens gehören → Geldbuße, → Beugemittel, Ordnungsmittel u.a. – 2. *Steuerliche Behandlung:* Aufwendungen für Strafen werden steuerrechtlich nicht als abzugsfähig anerkannt (§§ 4 V Nr. 8, 12 Nr. 4 EStG, § 10 Nr. 3 KStG).

Straffreiheit → Selbstanzeige, → Rücktritt.

Strafmündigkeit – Begriff des Strafrechts. Die Strafmündigkeit bezeichnet die Fähigkeit, strafrechtlich verantwortlich zu sein. Sie beginnt mit 14 Jahren; Kinder, die noch nicht 14 Jahre alt sind, sind schuldunfähig und damit strafunmündig (vgl. § 19 StGB). Jugendliche von 14 bis 18 Jahren sind strafrechtlich verantwortlich, wenn sie zur Zeit der Tat nach ihrer sittlichen und geistigen Entwicklung reif genug sind, das Unrecht der Tat einzusehen und nach dieser Einsicht zu handeln (§ 3 JGG).

Strafprozess – Verfahren zur Feststellung und Durchsetzung des staatlichen → Strafanspruchs. – *Rechtsgrundlage:* Strafprozessordnung i.d.F. vom 7.4.1987 (BGBl. I 1074) m.spät.Änd. und → Gerichtsverfassungsgesetz (GVG).

I. Verfahren: 1. *Ermittlungsverfahren:* Das Ermittlungsverfahren dient der Prüfung und Feststellung, ob genügender Anlass zur Erhebung der öffentlichen Klage (Anklage) durch die → Staatsanwaltschaft besteht. – 2. *Hauptverfahren:* Das Hauptverfahren dient der gerichtlichen Feststellung, ob der Beschuldigte eine strafbare Handlung begangen hat, endet mit Verurteilung, Freispruch oder Einstellung des Verfahrens. – 3. *Vollstreckungsverfahren:* Das Vollstreckungsverfahren dient der Verwirklichung der gerichtlichen Entscheidung, vor allem der Beitreibung oder dem Vollzug der erkannten Strafen.

II. Allgemeine Verfahrensgrundsätze: 1. Grundsatz des → rechtlichen Gehörs. – 2. *Anklagegrundsatz:* Nur aufgrund einer Anklage der Staatsanwaltschaft und in bestimmten Fällen aufgrund einer → Privatklage kommt es zum Hauptverfahren. – 3. → Legalitätsprinzip: Die Staatsanwaltschaft ist bei Vorliegen einer strafbaren Handlung zur Verfolgung verpflichtet. Bagatellsachen, Auslandstaten und unwesentliche Nebenstraftaten sowie Staatsschutzsachen bei tätiger Reue können unverfolgt bleiben (§§ 153 ff. StPO;

→ Opportunitätsprinzip). – 4. *Amtsermittlung:* Die Erforschung des Sachverhalts erfolgt von Amts wegen. – 5. *Öffentlichkeit:* Die Hauptverhandlung ist grundsätzlich öffentlich. – 6. *Grundsatz der Mündlichkeit:* Nur das in der Hauptverhandlung mündlich Vorgetragene, nicht der Akteninhalt ist Entscheidungsgrundlage.

III. Gerichtliche Zuständigkeit: Kleinere Straftaten kommen vor den Einzelrichter beim → Amtsgericht, größere Straftaten vor das → Schöffengericht oder die Große Strafkammer beim → Landgericht, die auch als Schwurgerichtskammer für Kapitalverbrechen zuständig ist. In Staatsschutzsachen sind die → Oberlandesgerichte (OLG) (§§ 24, 74, 120 GVG) zuständig. Über die → Berufung gegen Urteile des Einzelrichters entscheidet die Kleine Strafkammer beim Landgericht, gegen die Urteile des Schöffengerichts ist Berufung an die Große Strafkammer zulässig. Über die → Revision entscheidet das Oberlandesgericht. Gegen Urteile der Landgerichte und der Oberlandesgerichte im ersten Rechtszug findet die Revision an den Bundesgerichtshof statt. Revisionsentscheidungen des Oberlandesgerichts oder des Bundesgerichtshofes unterliegen keinem weiteren → Rechtsmittel.

IV. Besondere Arten des Verfahrens: 1. Das *Strafbefehlsverfahren:* Das Strafbefehlsverfahren dient der Ahndung von → Vergehen durch schriftlichen → Strafbefehl ohne Hauptverhandlung. – 2. *Beschleunigtes Verfahren:* Schnellverfahren mit verkürzter Beweisaufnahme und ohne Einhaltung der sonst üblichen Fristen. – 3. → Sicherungsverfahren: Verfahren zur Unterbringung in einer Heil- und Pflegeanstalt, wenn der Täter bei Begehen der Tat schuldunfähig gewesen ist. – 4. *Einziehungsverfahren:* Verfahren zur Einziehung, Vernichtung oder Unbrauchbarmachung von Vermögensgegenständen außerhalb des Hauptverfahrens. – Vgl. auch → Einziehung. – 5. *Jugendgerichtsverfahren:* Verfahren nach dem → Jugendstrafrecht.

Strafrecht – I. Allgemeines: 1. *Begriff:* Inbegriff der Rechtsnormen, in denen die Voraussetzungen für die Straftat und ihre Rechtsfolgen festgelegt sind; umfasst i.w.S. auch das Strafverfahrensrecht, das der Durchsetzung des staatlichen Strafanspruchs dient. – 2. *Rechtsgrundlagen:* Strafgesetzbuch (StGB) i.d.F. vom 13.11.1998 (BGBl. I 3322); daneben gelten die sehr umfangreichen strafrechtlichen Nebengesetze.

II. Bundesrecht und Landesrecht: Das Strafrecht gehört zur konkurrierenden → Gesetzgebungskompetenz des Bundes (Art. 74 Nr. 1 GG). → Landesgesetze sind nur insoweit zulässig, als der Bund von seinem Gesetzgebungsrecht keinen Gebrauch macht. Die Materien, die die Länder regeln dürfen, ergeben sich im Wesentlichen aus dem Einführungsgesetz zum StGB.

III. Gliederung: 1. *Allgemeiner Teil:* Enthält allg. Regeln, die für alle Straftaten gelten (z.B. Regeln über die Einteilung der → Straftaten, über → Versuch, → Teilnahme, Rechtfertigungs-, Schuldausschließungs-, Strafausschließungsgründe, → Verjährung). – 2. *Besonderer Teil:* Dieser Teil umfasst die einzelnen Straftatbestände mit der jeweiligen → Strafandrohung (z.B. → Beleidigung, → Begünstigung, → Bestechung, → Betrug, → Diebstahl, → Einbruchdiebstahl, Delikte des → unlauteren Wettbewerbs, des → Steuerstrafrechts, des → Straßenverkehrsrechts und des → Wirtschaftsstrafrechts). – 3. *Sonderregelung* für das → Jugendstrafrecht.

Strafrechtsschutz – 1. *Begriff:* Leistungsart der → Rechtsschutzversicherung. – 2. *Varianten:* a) *Allgemeiner Straf-Rechtsschutz:* für die Verteidigung gegen den Vorwurf der Verletzung von Straftaten, die sowohl vorsätzlich als auch fahrlässig begangen werden können (z.B. Körperverletzung), solange dem Versicherungsnehmer ein fahrlässiges Verhalten zur Last gelegt wird. Beim Vorwurf eines vorsätzlichen Verhaltens erhält der Versicherungsnehmer rückwirkend Versicherungsschutz, wenn keine entsprechende Verurteilung erfolgt. Kein Rechtsschutz besteht beim Vorwurf einer Straftat, die nur vorsätzlich begangen werden kann (z.B. Diebstahl, Beleidigung). Im Rahmen spezieller, meist zielgruppenspezifischer Deckungskonzepte („Spezial-Straf-Rechtsschutz") wird der Leistungsumfang z.T. stark erweitert. – b) *Verkehrs-Straf-Rechtsschutz:* für die Verteidigung gegen den Vorwurf, eine verkehrsrechtliche Straftat begangen zu haben. Hier besteht – selbst bei Vorsatzvorwurf – Versicherungsschutz, solange der Versicherungsnehmer nicht wegen vorsätzlicher Begehung der Straftat verurteilt wird. Erfolgt eine derartige Verurteilung, muss der Versicherungsnehmer die vom Versicherer bereits geleisteten Zahlungen erstatten.

Strafregister → Bundeszentralregister, → Strafverfahrensregister, → Verkehrszentralregister.

Straftat – 1. Die einzelne gesetzliche Strafbestimmung. – 2. Die konkrete, den Tatbestand eines Strafgesetzes verwirklichende rechtswidrige und schuldhafte Tat (Handlung oder Unterlassung).

Strafvereitelung – die absichtliche oder wissentliche Vereitelung der Bestrafung einer durch einen anderen begangenen → Straftat oder der Vollstreckung einer gegen einen anderen verhängten Strafe oder Maßnahme (§ 258 StGB). – *Strafe:* Freiheitsstrafe bis zu fünf Jahren oder Geldstrafe. Eine Strafvereitelung zugunsten eines Angehörigen oder die Selbstbegünstigung sind straflos.

Strafverfahrensregister – ein beim → Bundeszentralregister zu führendes zentrales staatsanwaltschaftliches Verfahrensregister. – 1. *Rechtsgrundlage:* §§ 474 ff. der Strafprozessordnung (StPO). – 2. *Bedeutung:* Zentrale Erfassung der von den Staatsanwaltschaften geführten Verfahren zum Zwecke der Strafverfolgung und Strafvollstreckung; vor allem zum Zwecke der Ermittlung überörtlicher Täter und Mehrfachtäter und um Doppelverfahren zu vermeiden. – 3. *Auskünfte* werden grundsätzlich nur den Strafverfolgungsbehörden und in Ausnahmefällen den Verfassungsschutzbehörden erteilt. Auskünfte an einen Betroffenen nach § 19 des Bundesdatenschutzgesetzes sind nur im Einvernehmen mit der mitteilenden Staatsanwaltschaft möglich (§ 477 StPO).

Strafverteidiger → Verteidiger.

Strafvollstreckung → Vollstreckung.

Strafvollstreckungskammer – bei den → Landgerichten gebildete Kammern, die zuständig sind für gerichtliche Entscheidungen bei der Vollstreckung von → Freiheitsstrafen und freiheitsentziehenden Maßregeln (vgl. näher die §§ 462 a ff. StPO). – *Besetzung*: I.d.R. ein Berufsrichter; in bes. schwierigen Fällen u.a. bei Aussetzung des Restes der lebenslangen Freiheitsstrafe oder der Aussetzung der Vollstreckung der Unterbringung im psychiatrischen Krankenhaus oder in der → Sicherungsverwahrung entscheiden drei Berufsrichter (§ 78 b GVG).

Strafvollzug – Regelung des Vollzuges der → Freiheitsstrafe und der freiheitsentziehenden → Maßregeln der Besserung und Sicherung. – 1. *Rechtsgrundlage:* Strafvollzugsgesetz (StVollzG) vom 16.3.1976 (BGBl. I 581) m.spät.Änd. – 2. *Aufgabe:* a) Der Gefangene soll fähig werden, künftig in sozialer Verantwortung ein Leben ohne Straftaten zu führen (sog. Vollzugsziel). – b) Schutz der Allgemeinheit vor weiteren Straftaten. – 3. *Gestaltung*: a) Das Leben im Strafvollzug soll den allg. Lebensverhältnissen soweit wie möglich angeglichen werden. – b) Schädlichen Folgen des Freiheitsentzuges ist entgegenzuwirken. – c) Der Strafvollzug ist darauf auszurichten, dass er dem Gefangenen hilft, sich in das Leben in Freiheit einzugliedern. – 4. *Stellung des Gefangenen:* a) An der Gestaltung seiner Behandlung und an der Erreichung des Vollzugszieles hat der Gefangene mitzuwirken. – b) Der Gefangene unterliegt den im Strafvollzugsgesetz enthaltenen Beschränkungen, das Gesetz (§§ 108 ff.) enthält auch Regelungen über Rechtsbehelfe des Gefangenen gegen ihn beschwerende Maßnahmen. Zuständig für den Antrag auf gerichtliche Entscheidung ist die Strafvollstreckungskammer, in deren Bezirk die Strafvollzugsanstalt liegt (§§ 110 ff. StVollzG).

Strafzumessung – Festsetzung der → Strafe. Zu berücksichtigen sind die Schuld des Täters und die Wirkung der Strafe auf das künftige Leben des Täters. Beweggründe, Ziele, Gesinnung, Maß der Pflichtwidrigkeit, Art der Ausführung und die verschuldeten Auswirkungen der Tat, Vorleben und Verhalten nach der Tat sind vom Gericht vor der Straffestsetzung abzuwägen (§ 46 StGB).

Strahlenschutz – Schutz vor radioaktiven Strahlen, geregelt (1) im Strahlenschutzvorsorgegesetz (StrVG) vom 19.12.1986 (BGBl. I 2610) m.spät.Änd. und (2) in der Strahlenschutzverordnung (StrlSchV) vom 20.7.2001 (BGBl. 1714, 2002 I 1459) m.spät.Änd. Nach dem StrVG ist zum Schutz der Bevölkerung die Radioaktivität in der Umwelt zu überwachen und die radioaktive Kontamination der Umwelt im Fall von Ereignissen mit möglichen nicht unerheblichen radiologischen Auswirkungen unter Beachtung des Standes der Wissenschaft und unter Berücksichtigung aller Umstände durch angemessene Maßnahmen so gering wie möglich zu halten.

Strahlen- und Röntgenschutzverordnung – Verordnung über den Schutz vor Schäden durch ionisierende Strahlen (StrlSchV vom 20.7.2001, BGBl. I 1714, m.spät.Änd.) und die Verordnung über den Schutz vor Schäden durch Röntgenstrahlen (RöV i.d.F. vom 30.4.2003, BGBl. I 604, m.spät.Änd.), die auf der Grundlage von Ermächtigungsvorschriften des → Atomgesetzes (AtG) erlassen worden sind. Enthalten Bestimmungen zum Schutz von Arbeitnehmern vor Strahleneinwirkungen. Beruflich betroffen sind v.a. Arbeitnehmer, die medizinisch-technisches Gerät bedienen, und Arbeitnehmer in Kernkraftwerken. Die StrlSchV enthält für den Umgang mit radioaktiven Stoffen sowie die Errichtung und den Betrieb von Anlagen zur Erzeugung ionisierender Strahlen Schutzvorschriften. Die Generalklausel (§ 6 StrlSchV, § 2c RöV) enthält die gesetzliche Verpflichtung, jede unnötige Strahlenexposition zu vermeiden. Der Strahlenschutzverantwortliche hat die erforderliche Anzahl von Strahlenschutzbeauftragten für die Leitung oder Beaufsichtigung der genehmigungspflichtigen Tätigkeiten schriftlich zu bestellen (§ 31 StrlSchV). Von bes. Bedeutung sind die Bestimmungen über Dosisgrenzwerte für beruflich strahlenexponierte Personen (§§ 54 ff. StrlSchV) und die Einrichtung von Strahlenschutzbereichen (§§ 36 ff. StrlSchV).

Straight Bond – *Plain-Vanilla Bond,* Fixed Rate Bond, Festzinsanleihe; eine → Anleihe mit fester Verzinsung.

Straight-through Processing → STP.

Straßburger Patentübereinkommen – von den Mitgliedern des Europarats am 27.11.1963 geschlossenes Abkommen zur Vereinheitlichung von Begriffen des materiellen Rechts der Erfindungspatente, dem die Bundesrepublik Deutschland durch das Gesetz vom 21.6.1976 (BGBl. II 649) zugestimmt hat. Es schuf den Rahmen für das → Europäische Patentübereinkommen (EPÜ) seine Regelungen sind weitgehend in das derzeit geltende dt. Patentgesetz übernommen worden. – Vgl. auch → Patent.

Straßenbaulast – die einer Behörde obliegende Wegebau-, Unterhalts- und Aufsichtspflicht über öffentliche Straßen.

Straßengüterverkehr → Straßenverkehr.

Straßengüterverkehrsteuer – Besteuerung von Güterbeförderungen mit Kraftfahrzeugen nach dem Gesetz über die Besteuerung des Straßengüterverkehrs

(StrGüVStG) vom 28.12.1968 (BGBl. I 1461), befristet bis 31.12.1972.

Straßenhandel – Form des → ambulanten Handels; Angebot einer begrenzten, spezialisierten Warenauswahl an Straßen, auf bestimmten Plätzen oder in Fußgängerzonen. Zum Straßenhandel zählen auch Eiswagen und Schnellimbissbuden, obwohl Abgrenzung vom → Kiosk nur schwer möglich. Gleiches gilt, wenn der stationäre Einzelhandel und die Gastronomie ihr Angebot in den Straßenbereich hinein ausdehnen. – *Umsatzsteuerliche Behandlung* (§ 22 V UStG und § 68 UStDV): Unternehmer, die ohne Begründung einer gewerblichen Niederlassung oder außerhalb ihrer gewerblichen Niederlassung von Haus zu Haus oder auf öffentlichen Straßen, Wegen, Plätzen, Märkten oder an anderen öffentlichen Orten Umsätze ausführen oder Gegenstände erwerben, haben ein sog. Steuerheft zu führen. Ausfertigung auf Antrag des Straßenhandel-Unternehmers durch das zuständige → Wohnsitzfinanzamt bzw. → Betriebsfinanzamt. – *Befreiung* von der Verpflichtung, ein Steuerheft zu führen, für Unternehmer, die den Handel mit Zeitungen und Zeitschriften betreiben, die ihre Umsätze nach den Durchschnittssätzen für land- und forstwirtschaftliche Betriebe versteuern, sowie Unternehmer, die im Inland eine gewerbliche Niederlassung haben und Aufzeichnungen nach § 22 UStG sowie nach §§ 63–66 UStDV machen. Die befreiten Unternehmer haben die Bescheinigung über die Befreiung von der Führung eines Steuerhefts bei sich zu führen.

Straßenproduktion – *Straßenfertigung, Reihenproduktion, Linienproduktion;* Übergang von der → Fließproduktion zur Straßenproduktion, wenn die Arbeitsgänge nicht in eine gemeinsame → Taktzeit eingepasst werden können. Die zeitliche Abstimmung der Fließproduktion wird aufgegeben.

Straßenverkehr – 1. *Begriff:* Beförderung von Personen und Gütern auf der Straße, v.a. mittels Kraftfahrzeugen. – Im Personenverkehr unterscheidet man zwischen → Individualverkehr und → öffentlichem Verkehr, bes. → öffentlichem Personennahverkehr (öPNV). Der Straßengüterverkehr (→ Güterkraftverkehr) wird unterteilt nach *gewerblichem* und *Werkverkehr*. – 2. *Funktion:* Im Personenverkehr bietet der Straßenverkehr ein hohes Maß an Mobilität in Form des motorisierten Individualverkehrs und durch Busverkehre. Im Straßengüterverkehr bestehen Systemvorteile gegenüber anderen Verkehrsträgern durch eine hohe Netzdichte und eine relativ hohe Geschwindigkeit. Die große Auswahl an → Verkehrsmitteln und Transportbehältern bewirkt zudem eine hohe Affinität des Straßenverkehrs zu modernen logistischen Konzeptionen der → Verkehrswirtschaft. – 3. *Problembereiche:* Der Straßenverkehr hat sich seit den 1950er-Jahren sowohl im Personen- als auch im Güterverkehr zum bedeutendsten Verkehrsträger entwickelt. Während dieses Wachstum in der Vergangenheit noch über den Ausbau der → Infrastruktur abgefangen werden konnte, hat sich der Widerstand gegen ein weiteres Anwachsen des Straßenverkehrs wegen der damit verbundenen Umweltbelastungen seit Mitte der 1970er-Jahre verstärkt. Öffentlichkeit und Politik suchen deshalb nach Wegen, wie diese Entwicklung durch Förderung anderer, weniger stark mit negativen → externen Effekten belasteter Verkehrsträger gebremst bzw. die Mobilität insgesamt verringert werden kann. Bisher sind alle diese Bemühungen (Förderung des → kombinierten Verkehrs, Autobahngebühr, Erhöhung der → Mineralölsteuer u.a.) wenig erfolgreich gewesen, denn für den Straßenverkehr werden auch weiterhin überproportionale Wachstumsraten prognostiziert. Eine derartige restriktive Politik kann auch gegen die Wirtschaftsentwicklung gerichtet sein, wenn den Nachfragern keine gleichwertigen Substitutionsangebote der anderen Verkehrsträger vorliegen.

Straßenverkehrsgefährdung – Strafrechtliches Vergehen nach den §§ 315b–d, 316 StGB. 1. Beeinträchtigung der Sicherheit des Straßenverkehrs durch einen *gefährlichen Eingriff,* v.a. durch Zerstören oder Beschädigen von Anlagen oder Fahrzeugen oder durch Bereiten von Hindernissen, wodurch Leib oder Leben eines anderen oder fremde Sachen von bedeutendem Wert *konkret gefährdet* werden (§ 315 b StGB). – *Strafe:* Freiheitsstrafe bis zu fünf Jahren oder Geldstrafe, in einem bes. → schweren Fall Freiheitsstrafe zwischen einem und zehn Jahren. – 2. Straßenverkehrsgefährdung durch *Führen eines Fahrzeugs,*wodurch Leib oder Leben eines anderen oder fremde Sachen von bedeutendem Wert konkret gefährdet worden sind z.B. grob verkehrswidriges und rücksichtsloses Nichtbeachten der Vorfahrt, falsches Überholen (§ 315 c StGB). – *Strafe:* Freiheitsstrafe bis zu fünf Jahren oder Geldstrafe. – 3. Führen eines Fahrzeuges, obwohl der Führer infolge des Genusses *alkoholischer Getränke oder anderer berauschender Mittel* (z.B. Medikamente) nicht in der Lage ist, das Fahrzeug zu führen, ohne dass eine konkrete Gefährdung eintreten muss (→ Trunkenheit im Verkehr, § 316 StGB). – *Strafe:* Freiheitsstrafe bis zu einem Jahr oder Geldstrafe. – *Daneben* ist bei allen Straßenverkehrsgefährdungen *Entziehung der* → Fahrerlaubnis als → Maßregel der Besserung und Sicherung oder → Fahrverbot als → Nebenstrafe möglich.

Straßenverkehrsgenossenschaft (SVG) – Kooperationen von Gütertransportunternehmen und Spediteuren sowie Zusammenschlüsse von Unternehmen, die Personenbeförderung durchführen. – 1. Die Straßenverkehrsgenossenschaft (*SVG)* i.e.S. ist eine Kooperation im Straßengüterverkehr, die Produkte und Dienstleistungen für Unternehmen des Verkehrsgewerbes anbieten. Der genossenschaftliche Geschäftsbetrieb deckt bis zu einem gewissen Grade die beschaffungs- und absatzausgerichteten Bedürfnisse der Mitglieder. Aufgabenbereiche sind: Beschaffung von Treibstoffen und Zubehör, unterwegs Betreuung von Personal und Fahrzeugen durch Errichtung und Unterhaltung von Autohöfen, Durchführung von Fahrerschulung und Vermittlung von Kfz-Finanzierung, Versicherungsschutz und Abschluss von Kollektivversicherungspolicen sowie die Unterhaltung von Informationsdiensten und Rechenzentren. Die Straßenverkehrsgenossenschaft (*SVG)* ist regional organisiert; sie ist an die Bundes-Zentralgenossenschaft-Straßenverkehr (BZG eG) Frankfurt a.M. angeschlossen. – 2. *Spediteurgenossenschaften* sind Kooperationen von Spediteuren, die absatzwirtschaftlich ausgerichtet sind, jedoch auch als Sammelladegemeinschaften auftreten. – 3. *Genossenschaften des Personenverkehrs* sind Taxigenossenschaften, in denen Unternehmen mit einem oder mehreren Funk-Taxis zusammengeschlossen sind. Ihre Funktionen sind insbesondere Funkvermittlung und damit Erleichterung des Marktzugangs, Vereinbarung des Dienstleistungsentgeltes, Werbung, gemeinsamer Einkauf von Treibstoffen, Hilfs- und Betriebsstoffen sowie Ersatzteilen.

Straßenverkehrsgesetz (StVG) → Beförderungsvertrag – StVG i.d.F. v. 5.3.2003, BGBl. I 310, zuletzt geändert durch Art. 9 G vom 29.5.2009 I 1170. Das Straßenverkehrsgesetz bezieht sich auf Zulassung von Kraftfahrzeugen, Fahrerlaubnisse sowie u.a. auf die Haftpflicht (§§ 7 ff. – § 12 Haftungssummen bei Ersatzpflicht).

Straßenverkehrsrecht – zusammenfassende Bezeichnung für die Vorschriften, die sich auf die Rechte und Pflichten der Teilnehmer am Straßenverkehr und die Zulassungsvoraussetzungen für die Teilnahme am Straßenverkehr mit Fahrzeugen beziehen. – 1. *Wichtige Rechtsgrundlagen:* a) *Straßenverkehrsgesetz* (StVG) i.d.F. der Bekanntmachung vom 5.3.2003 (BGBl. I 310, 919) m.spät.Änd.: enthält allg. Vorschriften über Zulassung von Kraftfahrzeugen (Betriebserlaubnis), → Fahrerlaubnis sowie deren Erteilung und Entzug, eingehende Bestimmungen über die Haftpflicht des Halters und Führers von Kraftfahrzeugen (→ Kraftfahrzeughaftung), den Ausschluss und Umfang der Kraftfahrzeughaftung. – b) *Straßenverkehrs-Ordnung* (StVO) vom 16.11.1970 (BGBl. I 1565) m.spät.Änd.: regelt das Verhalten der Verkehrsteilnehmer im Straßenverkehr. Die Nichtbeachtung der Vorschriften der StVO wird als → Ordnungswidrigkeit mit Geldbußen geahndet. Daneben kann → Fahrverbot verhängt werden (§ 24 StVG). – c) *Straßenverkehrs-Zulassungs-Ordnung* (StVZO) vom 26.4.2012 (BGBl. I 679) m.spät.Änd. und Fahrzeug-Zulassungsverordnung (FZV) vom 3.2.2011 (BGBl. I 139) m.spät.Änd.: Die StVZO und FZV schaffen die Voraussetzungen für die Teilnahme am Verkehr. Sie enthalten Vorschriften über die Zulassung zum Verkehr, das Führen von Kraftfahrzeugen und die Zulassung v.a. von Kraftfahrzeugen: Pflichtversicherung sowie eingehende Bau- und Betriebsvorschriften. – Verstöße werden nach § 24 StVG als → Ordnungswidrigkeit geahndet. – 2. *Verkehrsrechtliche Nebengesetze* nach ihrer verkehrswirtschaftlichen Bedeutung: a) Güterkraftverkehrsgesetz (GüKG). – Vgl. auch → Güterkraftverkehr i.d.F. vom 22.6.1998 (BGBl. I 1485) m.spät. Änd. sowie zahlreiche Verordnungen, Richtlinien und Erläuterungen; Gütertarifrecht (Regelung in verschiedenen Preisverordnungen). – b) → Personenbeförderungsgesetz (PBefG) i.d.F. vom 8.8.1990 (BGBl. I 1690) m.spät.Änd. und VO über den Betrieb von Kraftfahrunternehmen im Personenverkehr (BOKraft) vom 21.6.1975 (BGBl. I 1573) m.spät.Änd. – 3. *Weitere Gesetze:* Von Bedeutung sind ferner das Bundesfernstraßengesetz (FStrG) i.d.F. vom 28.6.2007 (BGBl. I 1206) m.spät.Änd. und das → Pflichtversicherungsgesetz (PflVG) i.d.F. vom 5.4.1965 (BGBl. I 213) m.spät.Änd.

Strategic Fit – *Strategie-Fit;* konzeptionelle Vereinbarkeit der strategischen Aktivitäten eines Unternehmens oder – bei der Kooperation von Unternehmungen – mehrerer Unternehmen.

Strategie – I. Unternehmensplanung: 1. *Begriff:* v.a. im strategischen Management: Strategie wird definiert als die grundsätzliche, langfristige Verhaltensweise (Maßnahmenkombination) der Unternehmung und relevanter Teilbereiche gegenüber ihrer Umwelt zur Verwirklichung der langfristigen Ziele. – 2. *Merkmale:* Eine Strategie trifft Aussagen zu den folgenden vier Bereichen: (1) dem Tätigkeitsbereich, d.h. dem Ausmaß der Umweltbeziehungen der Unternehmung (Scope/Domain), (2) den Ressourcen der Unternehmung und den damit verbundenen Fähigkeiten, die strategischen Ziele zu erreichen (Distinctive Competence), (3) den Wettbewerbsvorteilen der Unternehmung (Competitive Advantage) und (4) der Synergien, die durch die strategischen Entscheidungen entstehen können.

II. Entscheidungs-/ Spieltheorie: Satz von Regeln, deren Beachtung die Wahrscheinlichkeit für das Auftreten eines gewünschten Ereignisses erhöhen soll. In der Entscheidungstheorie Aktion in einer mehrstufigen Entscheidung, bestehend aus aufeinanderfolgenden Maßnahmen über alle betrachteten Teilperioden; in der Spieltheorie ein Spielplan, nach dem ein Spieler seine Auswahlmöglichkeiten für jeden Spielzug bestimmt. – Vgl. auch → Spieltheorie.

Strategieberatung

von Dr. Jörg Schneider

I. Gegenstand

Als Spezialgebiet der klassischen Unternehmensberatung beinhaltet die Strategieberatung die Unterstützung eines Unternehmens oder einer Organisation bei der Behandlung strategischer Fragestellungen. Diese betreffen die Überprüfung, Weiterentwicklung oder Neuentwicklung von Zielrichtungen, Konzepten und Maßnahmen einschließlich der Gestaltung gesamthafter Geschäftsmodelle. Strategieentwicklung ist immer auf die Zukunft gerichtet. Sie basiert einerseits auf Erwartungen betreffend das Unternehmensumfeld (z.B. Märkte, Technologie, Wettbewerb, gesetzlicher Rahmen usw.) und andererseits auf grundsätzlichen und umfassenden Zielsetzungen für das Unternehmen (z.B. Fortbestand, Marktposition, Kapitalrendite, Shareholder Value).

Es handelt sich um einen Prozess von Analyse, Interpretation und kreativer Gestaltung, in dem Rationalität und Intuition zusammenwirken. Nicht jede → Strategie wird systematisch entwickelt. Gezielte Strategieentwicklung erfordert einerseits die Bereitschaft zu dezidiertem strategischem Handeln, andererseits ein breites Spektrum fachlicher Kompetenzen und Erfahrungen (z.B. Branchenerfahrungen). Diese Voraussetzungen können in einem Unternehmen ganz oder teilweise fehlen. Hieraus ergibt sich der Ansatzpunkt und vielfach die Notwendigkeit der Strategieberatung.

II. Anlässe der Strategieberatung

Die Hinzuziehung von Strategieberatern resultiert aus dem Bedürfnis von Firmenleitungen, eine unvoreingenommene Perspektive für das Unternehmen zu gewinnen und evtl. divergierende Auffassungen über die Weiterentwicklung des Unternehmens zu überwinden. Dabei ergeben sich unterschiedliche Aufgabenstellungen.

Überprüfung bestehender Strategien: Unternehmen befinden sich zu jeder Zeit in einer bestimmten strategischen Position und handeln in strategisch relevanter Weise. Bewusst oder unbewusst verfolgte Strategien stellen nicht zwingend ein Optimum dar. Zu überprüfen ist ihre Stichhaltigkeit in Bezug auf Umfeld und Unternehmensziel sowie ihre Konsistenz und innere Widerspruchsfreiheit. Die Überprüfung kann durch negative Entwicklungen (z.B. rückläufige Geschäftsentwicklung, sinkende Erträge, unbefriedigende Kapitalverzinsung), aber auch durch neue Geschäftsideen im Unternehmen ausgelöst werden. Auch das Anstehen bedeutender Investitionen kann Anlass einer Überprüfung sein.

Weiterentwicklung/ Anpassung von Strategien: Die Notwendigkeit zur strategischen Weiterentwicklung oder Anpassung (Strategic Redesign) ergibt sich aus externen oder internen Veränderungen. Das externe Umfeld des Unternehmens verändert sich stetig oder sprunghaft (z.B. Marktsättigung, Auftreten neuer Technologien, neuer Gesetze und Wertvorstellungen, neuer Wettbewerber). Intern kann die Verfügbarkeit neuer oder zusätzlicher Ressourcen (z.B. Erfindungen, verfügbar werdender Cashflow) ebenso wie ihr Wegfall (z.B. Auslaufen von Patenten, Verlust wichtiger Mitarbeiter, Wegfall von Betriebsgenehmigungen usw.) Anlass zu expansiver oder kontraktiver Umorientierung geben.

Neuentwicklung von Strategien: Die Notwendigkeit für einen strategischen Neuanfang (Strategic Renewal) ergibt sich bei der Neugründung von Unternehmen, im Zusammenhang mit Fusionen oder Übernahmen sowie vielfach nach einem Eigentümerwechsel. In diesen Fällen wird häufig eine Neudefinition des allgemeinen Unternehmensziels erforderlich, die eine strategische Neupositionierung im Markt und eine Anpassung der Wertschöpfungskette nach sich zieht.

III. Ebenen der Strategieberatung

Auf den verschiedenen Unternehmensebenen stellen sich unterschiedliche strategische Aufgaben, die mit jeweils entsprechenden gedanklichen Ansätzen zu bearbeiten sind. Der Berater muss je nach Strategieebene über spezifische Kenntnisse und Erfahrungen verfügen.

Unternehmensstrategie (Corporate Strategy): Auf der obersten Unternehmensebene (z.B. Konzernebene) sind insbesondere folgende strategische Fragen zu entscheiden: (1) Festlegung der Grundwerte des Unternehmens und Formulierung einer unternehmerischen * Vision (Strategic Intent); (2) Festlegung/ Aktualisierung und Quantifizierung gesamthafter und übergreifender Unternehmensziele; (3) Auswahl und Gewichtung der einzubeziehenden Geschäftsfelder (Geschäftsportfolio); (4) Zielsetzungen bzw. Mission der einzelnen Geschäftseinheiten im Unternehmensverbund; (5) Prüfung und Genehmigung der nachgeordneten individuellen Geschäftsstrategien, (6) Übergreifende Zuteilung von Mitteln für die einzelnen Geschäftseinheiten (Allocation of Resources). Wichtige Arbeitsbereiche der Entwicklung von Unternehmensstrategien sind: Analyse von Trends und Diskontinuitäten, Entwicklung von Branchen- und Umfeldszenarien, Beurteilung der internen Kernkompetenzen, → Portfolio-Analyse und -management, Wertmanagement, Allianzen, Übernahmen, Zusammenschlüsse.

Geschäftsstrategie (Business Strategy): Auf der Ebene selbstständig planender und operierender Geschäftseinheiten ergeben sich v.a. folgende strategische Fragestellungen: (1) Positionierung der Geschäftseinheit im Verhältnis zum → Wettbewerb; (2) Auswahl der fokussiert zu bearbeitenden Marktsegmente; (3) Definition und Bewertung strategischer Optionen; (4) Entscheidung für/ gegen eine zu verfolgende Geschäftsstrategie und ein Erfolg versprechendes Geschäftsmodell; (5) Definition der zur Durchsetzung erforderlichen internen → Wertschöpfung; (6) Prüfung der Machbarkeit (Feasibility Study); (7) Quantifizierung der angestrebten Ergebnisse im Zeitablauf (→ Business Plan); (8) Ausarbeitung von Aktionsplänen zur Umsetzung. Wichtige Arbeitsbereiche der Entwicklung von Geschäftsstrategien sind die Analyse von Branchen- und Technologietrends, die Bewertung branchenspezifischer Marktkräfte (Nachfragestruktur, Lieferantenstruktur, Wettbewerber, Substitutionsrisiken) sowie die Einschätzung von Produktlebenszyklen.

Funktionale Strategie: Entscheidungen auf der funktionalen Ebene innerhalb der Wertschöpfungskette eines Unternehmens sind der Unternehmens- und der Geschäftsstrategie nachgeordnet. Sie können aber im Hinblick auf Effizienz, Kosten oder Kapitalbindung besondere strategische Bedeutung erlangen und die Voraussetzung für besondere Wettbewerbsvorteile und die Entwicklung neuartiger Geschäftsmodelle schaffen. Wichtige Fragestellungen sind z.B.: (1) Konformität interner Prozesse mit den Anforderungen der Geschäftsstrategie (z.B. Kosten, Effizienz, Schnelligkeit); (2) Grad der → Produktivität und → Kosteneffizienz (z.B. Forschung und Entwicklung, Kundenbeziehungen); (3) Optimierung der Wertschöpfungstiefe (z.B. Fremdvergabe); (4) Generierung von zusätzlichem Kundennutzen durch Einsatz überlegener Systeme (z.B. Vernetzung mit Kunden und Lieferanten). Wichtige Arbeitsbereiche der funktionalen Strategieentwicklung können sein: Prozess-Reengineering, industrieübergreifende Vergleiche (Cross Industry Functional Benchmarking (CIFB)), → Outsourcing/ → Insourcing, Nutzung von → Erfahrungskurven usw.

IV. Vorgehen der Strategieberatung

Strategieberatung folgt grundsätzlich dem allgemeinen Muster von Beratungsprojekten. Ausgehend von einer Lagebeurteilung werden Handlungsoptionen erarbeitet, geprüft und einer Auswahl unterworfen. Die Umsetzung der gewählten Variante wird vorbereitet, später die Implementierung im Unternehmen begleitet und unterstützt. Spezifische Ausprägungen und Erfordernisse ergeben sich aus der Vielschichtigkeit strategischer Fragestellungen.

Klärung der Strategieebene/Projektfokus: Auch bei Anstoß durch das Unternehmen kommt i. d. R. dem Berater die Aufgabe der eindeutigen Projektformulierung zu. Hierzu gehört bereits in der Akquisitionsphase die Klärung der Strategieebene, auf der sich das Projekt bewegen soll. Sofern Fragestellungen verschiedener Ebenen gleichzeitig aufgeworfen werden, ist die Reihenfolge ihrer Behandlung mit dem Klienten zu vereinbaren. Die gedankliche Hierarchie deutet darauf hin, dass in derartigen Fällen die Unternehmens- bzw. Konzernebene Vorrang vor der Geschäftsebene und der funktionalen Ebene hat. Ein Top-down-Denkansatz ist dennoch nicht zwingend, da bspw. das Auftreten neuer Wettbewerber oder neuer Geschäftsmodelle die Überprüfung der gesamten Unternehmensstrategie (z.B. der Portfoliostrategie) auslösen kann. Dessen ungeachtet muss für jedes Projekt ein inhaltlicher Fokus gefunden werden. Dies schließt nicht aus, dass Strategieberatung mehrere Stufen durchläuft und dass mit neuen Erkenntnissen auch Verschiebungen des Projektfokus einvernehmlich vorgenommen werden können.

Unternehmensziele: Strategieentwicklung setzt das Vorhandensein von Unternehmenszielen voraus. Beratung impliziert daher die grundsätzliche Klärung dieser Ziele und häufig auch ihre Neuformulierung im Dialog mit der Unternehmensführung vor der endgültigen Definition des Projektes. Dieser Prozess kann sich in der Praxis wiederholen, falls aufgrund strategisch relevanter Informationen eine Zielkorrektur sinnvoll wird. Strategieberatung kann auch Anlass zur Revision von Unternehmenszielen im Licht einer vorhandenen Vision sein.

Auswahl relevanter Informationen: Aus der Sicht des Beraters und Projektmanagers ist es erforderlich, rasch Klarheit über die vorhandene bzw. notwendige Informationsbasis zu gewinnen. Schlüsselinformationen werden zusammengestellt, auf ihre Relevanz geprüft und zu einer Situationsbeschreibung zusammengeführt. Eventuelle Fehlinterpretationen sind frühzeitig zu eliminieren. Im Einvernehmen mit dem Klienten wird eine gemeinsame Wissensbasis für die strategische Analyse etabliert.

Analyse der strategischen Ausgangslage: In dieser Phase wird v.a. die methodische Kompetenz des Beraters in Anspruch genommen. Unter externem Blickwinkel bezieht sich die Analyse auf die Position des Unternehmens im wirtschaftlichen Umfeld, die Stellung und das Verhalten der Wettbewerber, die Machtverhältnisse von Kunden und Lieferanten, die Möglichkeit des Auftretens neuer Marktteilnehmer oder von Substitutionsprodukten. Die interne Analyse bezieht sich auf die Kosten- und Ertragsposition des Unternehmens, vorhandene → Kernkompetenzen, die Sinnfälligkeit seiner Wertschöpfungskette in Bezug auf Markterfordernisse und Zielgruppen, die Bewertung einzelner Geschäftsbereiche usw. In dieser Phase sind auch zu erwartende konjunkturelle Verläufe sowie strukturelle Trends bzw. Brüche zu erfassen (z.B. weltwirtschaftliche Entwicklungen, demografische Veränderungen, Tendenzen im Kundenverhalten) und ggf. zu Szenarien zu verdichten (Szenarioanalyse).

Strategieentwicklung im engeren Sinn: Vor dem Hintergrund der Position des Unternehmens werden strategische Denkansätze im Sinn von Handlungsentwürfen entwickelt. Dem Berater und Projektmanager obliegt es, vorhandene Ideen zu sammeln, weitere Ideen einzubringen und durch geeignete Veranstaltungen (z.B. Brainstorming-Workshops) das Generieren neuer Ideen zu unterstützen. Der innovative Gehalt einer künftigen Strategie wird in dieser Projektphase begründet. Soweit die generierten Ideen sich zu konkreten Handlungsoptionen verdichten, sind sie qualitativ und quantitativ zu bewerten und einer Auswahl zu unterziehen. Die Entwicklung von Auswahlkriterien erfolgt mit Blick auf die Unternehmensziele im Dialog mit der Unternehmensleitung. Alle Handlungsalternativen werden an den Kriterien gemessen, die im Sinne eines Filters die zweckdienlichsten Optionen erkennen lassen. In dieser Phase kann der Berater Erfahrungen sinnvoller Operationalisierung einbringen. Bei Vorliegen mehrerer plausibler Zukunftsszenarien wird es notwendig, alle Handlungsalternativen vor deren Hintergrund durchzuspielen und so auf ihre Robustheit und ihr gesamthaftes Wertsteigerungspotenzial zu überprüfen.

Entscheidung: Die verantwortliche Entscheidung zugunsten einer strategischen Option obliegt der Unternehmensführung. Der Berater muss aber bereit und in der Lage sein, Empfehlungen abzugeben und diese nachvollziehbar quantitativ und qualitativ zu begründen. In jedem Fall obliegt es ihm, die systematische Entscheidungsvorbereitung sicherzustellen. Hierzu gehört in erster Linie die finanzielle Bewertung jeder Alternative, im Fall einer Geschäftsstrategie etwa in Form eines Geschäftsplans (Business Plan). Mögliche Risiken (z.B. das Nichteintreten von Annahmen, Gegenreaktionen von Wettbewerbern) werden in ihren möglichen Auswirkungen als Varianten berücksichtigt. Falls mehrere Zukunftsszenarien in Betracht gezogen werden, sind deren Parameter zu einer weiteren Auffächerung der zu erwartenden Ergebnisse einzusetzen. Schließlich ist die reale Umsetzbarkeit jeder Variante zu prüfen. Die systematische Entscheidungsvorbereitung führt nicht zu einer Verringerung der Ungewissheit über die Zukunft, ermöglicht jedoch, die Bandbreite möglicher Folgen einzugrenzen.

V. Implementierung

Die Entwicklung jeder Strategie hat ihre Umsetzung im Unternehmen und die Durchsetzung im Markt zum Ziel. Der Erfolg hängt einerseits von der Entschlossenheit des verantwortlichen Managements, andererseits von der Beachtung spezifischer Erfordernisse ab. Der Vorgang kann durch beratende Unterstützung abgesichert, erleichtert und beschleunigt werden, wobei methodische Kompetenz und (z.T. auch branchenübergreifende) Erfahrung den wesentlichen Nutzen stiften. Die Implementierung einer neuen oder abgewandelten Strategie erfordert im Unternehmen einen Veränderungsprozess. Sie kann scheitern, wenn die Strategie im Unternehmen nicht verstanden und akzeptiert wird. Hieraus resultiert interner Kommunikations- und Schulungsbedarf. Auf das Instrumentarium des → Change Managements wird verwiesen.

Die Gesamtstrategie muss ferner in Einzelziele und -aufgaben aufgefächert werden, um wirksam werden zu können. Dies bindet qualifizierte Managementkapazität, die durch den Einsatz der seit dem Entwicklungsstadium involvierten Strategieberater wirksam ergänzt werden kann. Die Umsetzung der Strategie im Unternehmen muss letztendlich durch das Handeln der Mitarbeiter in ihren jeweiligen Kompetenzbereichen erfolgen. Es hat sich herausgestellt, dass dieser Effekt durch Zielvorgaben (z.B. Budgets) nur mangelhaft erreicht werden kann. Es gilt vielmehr, quantitative Ziele mit qualitativem Handeln zu kombinieren und die Eigeninitiative und Kreativität der Mitarbeiter in die strategisch gewollte Richtung zu lenken. Eine erfolgreiche Methode wurde unter der Bezeichnung → Balanced Scorecard (BSC) bekannt. Sie beinhaltet die Abstimmung einzelner Ziele und Maßnahmen mit der Unternehmensstrategie und ermöglicht die Kontrolle strategiegerechten Handelns. Die Einführung und Nutzung dieser Instrumente gilt inzwischen als fester Bestandteil der Strategieberatung. – Vgl. auch → Consulting.

Strategie-Fit → Strategic Fit.

strategiekonforme Organisation – 1. *Organisationsstrukturen*: Organisationsstrukturen sind Regelungssysteme, die sich als Infrastrukturen im Sinn von Ordnungs- und Orientierungsrahmen begreifen lassen. Sie leisten einen Beitrag zur Ausrichtung von arbeitsteilig durchgeführten Handlungen auf die obersten Unternehmungsziele. Organisatorische Regelungen müssen vielfältigen Anforderungen genügen, welche sich in die Kategorien Integration (statische Betrachtung) und Änderung (dynamische Betrachtung) einordnen lassen. Bei der Bewältigung von *Integrationserfordernissen* steht die zielorientierte Ausschöpfung von gegebenen Handlungspotenzialen durch Koordinations- und Motivationsmaßnahmen im Mittelpunkt. Die Herausforderung an organisatorische Gestaltungsaktivitäten liegt darin, trotz eines durch Arbeitsteilung verursachten Zwangs zum Potenzialsplitting und daraus resultierenden Problemen der Schnittstellenbewältigung (Koordinationsproblem) und trotz möglicher Diskrepanzen zwischen Unternehmungs- und Individualzielen (Motivationsproblem) eine möglichst umfassende und reibungslose Ausschöpfung von Ressourcen und Märkten zu gewährleisten. Betreibt man organisatorische Gestaltung unter *Änderungsgesichtspunkten,* d.h. mit einer Akzentuierung dynamischer Elemente wie der Modifizierung von Wissensstrukturen oder der

Forcierung von Wandel innerhalb der Unternehmung, so erweitert sich die Komplexität des Gestaltungsproblems. Zur Verwirklichung eines solchen Anliegens muss durch geeignete organisatorische Regelungen die Voraussetzung dafür geschaffen werden, dass der zielorientierte Aufbau von Handlungspotenzialen für zukünftige Perioden gelingt. – 2. *Strategien*: Strategien stellen längerfristig gültige Grundsatzentscheidungen dar, die den Rahmen für künftige detailliertere Entscheidungen bilden. Sie sind auf den Aufbau und die Sicherung von Erfolgspotenzialen ausgerichtet, welche im Anschluss durch eine strategiekonforme Ausrichtung des operativen Geschäfts nach Maßgabe der obersten Unternehmungsziele ausgeschöpft werden. Es existieren verschiedene Möglichkeiten, *Formen der strategischen Positionierung* zu systematisieren. Hier sollen strategische Entscheidungen nach der Basis des Wettbewerbs, der Ausgestaltung des Leistungsangebots und der Art der Marktbearbeitung unterschieden werden. (a) Strategische Entscheidungen hinsichtlich der *Basis des Wettbewerbs* erfordern die Beantwortung der Frage, ob eine gesicherte Wettbewerbsposition in erster Linie durch Kostenwettbewerb (Minimierung der mit der Leistungserstellung verbundenen Kosten, um in der Preispolitik einen größeren Dispositionsspielraum gegenüber der Konkurrenz zu erlangen) oder durch Zeitwettbewerb (möglichst reibungslose Gestaltung des Leistungsprozesses von seiner Auslösung bis zur Vertragserfüllung gegenüber dem Kunden) aufgebaut und gesichert werden soll. (b) Mit der *Ausgestaltung des Leistungsangebots* legt die Unternehmung fest, mit welchen Leistungselementen der beim Kunden vermutete Bedarf gedeckt werden soll. Im Einzelnen ist über die Leistungsbestandteile (z.B. Ausprägung von Sach- und Dienstleistungen), über den Grad an kundenindividueller Ausgestaltung der Leistung (Standardisierung, modularisierte Kundenleistung, kundenindividuelle Leistungen) und über die Berücksichtigung absatzwirtschaftlicher Verbundeffekte (v.a. produktübergreifende Nachfrage) zu entscheiden. Mithilfe des Merkmals *Art der Marktbearbeitung* werden einerseits die Ausschöpfung des Nachfragepotenzials (flächendeckende oder segmentierende Marktbearbeitung), andererseits der Aufbau und die Sicherung längerfristiger Kundenbindungen in die Analyse einbezogen. – 3. *Wettbewerbsstrategie und Organisation*: (1) *Zusammenhang*: Der Zusammenhang zwischen Strategie und Organisationsstruktur wird in der Literatur in hohem Maße aus der Perspektive eines „Structure follows Strategy" betrachtet. Dieser auf A.D. Chandler (1962) zurückgehende Slogan erfasst die Frage der strategiekonformen Organisation nur sehr begrenzt und betont zu einseitig die statische Dimension. Hinsichtlich der Basis des Wettbewerbs kann man feststellen, dass beim Kostenwettbewerb die effiziente Nutzung von (internen und externen) Potenzialen, beim Zeitwettbewerb die effiziente Abstimmung von Interdependenzen in den Vordergrund rückt. Eine kostenorientierte Wettbewerbsstrategie wird deshalb tendenziell zu Organisationsstrukturen führen, die eine Zuweisung von Kompetenzen in Bezug auf zusammengehörende Potenziale (Ressourcen, Märkte) an jeweils eine organisatorische Einheit erlaubt; durch solche Lösungen wird jedoch zugleich die bereichsübergreifende Abstimmung von Interdependenzen erschwert. Bei einer strategischen Fokussierung auf Kostenaspekte besteht mithin eine Tendenz zur Bildung funktions- und markt-, (bzw. kunden-) orientierter Strukturen. Umgekehrt begünstigt der Zeitwettbewerb Tendenzen zur organisatorischen Verselbstständigung von Wertschöpfungsketten durch Aufsplittung von Potenzialen. Die in vielen Branchen zu beobachtende Tendenz, durch Bildung weitgehend autonomer Produktbereiche eine prozessorientierte Organisationsgestaltung zu betreiben, ist Ausdruck einer Hinwendung zum Zeitwettbewerb. Hinsichtlich der Struktur des Leistungsangebotes kann als organisatorisch relevantes Merkmal die Produktkomplexität angesehen werden; sie nimmt mit einer Ausdifferenzierung der angebotenen Sach- und Dienstleistungen zu. Unternehmungen, die Produkte mit einer hohen Komplexität anbieten, müssen in bes. Maße sicherstellen, dass auf das notwendige Produkt- und Prozesswissen zurückgegriffen werden kann. Ist eine ausgeprägte Produktkomplexität das Ergebnis einer Bündelung artverschiedener Sach- und Dienstleistungen, erhöht sich i.d.R. die Intensität der Prozessinterdependenzen. Eine Steigerung der Kundenindividualisierung weist von allen strategischen Einflussgrößen die umfassendsten organisatorischen Auswirkungen auf. V.a. steigen die Anforderungen durch eine Zunahme der Ungewissheit aufgrund der Einbindung des Kunden in den Prozess der Leistungserstellung deutlich. (2) *Konsequenzen*: Für den Organisationsgestalter liefern die Ergebnisse wettbewerbsstrategischer Analysen Bausteine für den Entwurf von Organisationsstrukturen. Eine strategiekonforme Organisationslösung ist immer das Ergebnis einer Ausbalancierung verschiedener, häufig in Konflikt zueinander stehender Einflüsse. So ist z.B. die Verfolgung des Zeitwettbewerbs nicht mit jeder Ausgestaltung des Leistungsangebots kompatibel. Mit zunehmender Produktkomplexität und Kundenindividualisierung zeigen sich aufgrund nachhaltig wachsender Interdependenzen rasch die Grenzen einer Wahl dieser Wettbewerbsbasis. Auch der Entscheidung zugunsten des Kostenwettbewerbs ist die Frage vorgelagert, ob man über möglichst hohe Standardisierung des Leistungsprogramms Kostenvorteile realisieren will, um niedrige Absatzpreise sicherzustellen, oder ob durch Ausdifferenzierung des Angebots verbunden mit Kundenindividualisierung das akquisitorische Potenzial und ein damit verbundener größerer Preissetzungsspielraum genutzt werden sollen. – 4. *Strategieanpassung und Organisationsstruktur*: Die Frage der strategiekonformen Organisationsstruktur wird in Praxis und Wissenschaft vorrangig aus statischer Sicht behandelt. Wenn mit dem Aufbau zukünftiger Handlungspotenziale die Strategiedynamik und damit die Bedeutung von Lernen und Wandel in den Vordergrund rücken, stellt sich das schwierige Problem einer Ausbalancierung von Integrations- und Änderungsanforderungen. Mit der Lerndimension richtet sich der Blick auf Wissensstrukturen und ihre Veränderungen im Zeitablauf: Die Schaffung eines strukturellen Rahmens, welcher die unternehmungsweite Entwicklung neuen sowie den individuen- und bereichsübergreifenden Transfer vorhandenen Wissens sicherstellt, wird zur Herausforderung für die Organisationsgestaltung. Unternehmungen mit Fähigkeit zum Wandel besitzen die für einen Aufbau zukünftiger Handlungspotenziale unerlässliche Fähigkeit zur Anpassung an Entwicklungen in der relevanten Umwelt. Beispielhaft hierfür können umfassende strategische Neuausrichtungen, die Generierung neuer Produktideen und deren Umsetzung in marktfähige Leistungen sowie eine grundsätzliche strukturelle Flexibilität angeführt werden. Ebenso wie bei der Integrationsperspektive spielen auch unter Änderungsaspekten Motivationsfragen eine große Rolle: Es ist zu klären, wie bei den Mitarbeitern eine grundsätzliche Bereitschaft erzeugt werden kann, sich in Lernprozessen zu engagieren und Maßnahmen zur Anpassung an geänderte Bedingungen aktiv zu ergreifen und mit zu tragen.

Strategienfächer – 1. *Begriff:* Innerhalb der strategischen Planung (→ strategisches Management) zum Einsatz kommende → Heuristik. Der Strategienfächer unterstützt einen stufenweisen Entwurf von → strategischen Programmen, wobei von Stufe zu Stufe detaillierter geplant wird. – 2. *Planungsstufen: 1. Stufe:* → Strategische Grundhaltung; *2. Stufe:* Strategische Stoßrichtung des strategischen Geschäftsfelds, aufbauend auf den Normstrategien aus der → Portfolio-Analyse; *3. Stufe:* Strategische Stoßrichtung der Hauptzielgruppen; *4. Stufe:* → Wertschöpfungsstrategien; *5. Stufe:* → Funktionalstrategien. – 3. *Unterstützung des Strategienfächers:* Die Heuristik des Strategienfächers kann durch Checklisten für zur Auswahl stehende Entwurfsalternativen (strategische Kataloge) unterstützt werden.

strategische Allianz – *strategische Partnerschaft;* grundsätzliche Vereinbarung zweier Unternehmen zur Zusammenarbeit. Wird i.Allg. über einzelne Projekte konkretisiert. Kann über → Joint Ventures oder wechselseitige → Beteiligungen institutionalisiert werden. Motive sind Risikoteilung, Know-how-Austausch, Neutralisierung von Konkurrenz etc. – Vgl. auch → internationale strategische Allianz.

strategische Analyse → strategisches Management.

strategische Erfolgsposition → Führungsmodelle.

strategische Frühaufklärung – I. Begriff: (im Rahmen des → strategischen Managements): antizipative Suche nach *schwachen Signalen;* d.h. frühzeitiges Aufspüren von Chancen zu neuen Erfolgspotenzialen, rechtzeitige Vorbereitung und Ingangsetzung der Umgehung oder Umwandlung von Risiken. – Mit einer Warnung bzw. *Frühwarnung* sind nur Hinweise auf potenzielle Krisen verbunden; „Frühaufklärung" macht dagegen auch auf Gelegenheiten aufmerksam, wie z.B. Ideen zu neuen Geschäften.

II. Konzept der schwachen Signale: 1. Dieses *Konzept* stellt die Frühaufklärung (Before Fact Approach) dem traditionellen → Krisenmanagement (After Fact Approach) gegenüber. Dabei wird von der Annahme ausgegangen, dass sich Unternehmen aufgrund der zunehmenden Komplexität, Turbulenz und auch Unvorhersagbarkeit des Unternehmensumfelds immer häufiger sog. strategischen Überraschungen ausgesetzt sehen. Um diese zumindest z.T. zu vermeiden, ist es erforderlich, zukünftig zu erwartende Gefahren und Gelegenheiten möglichst frühzeitig aufzuspüren. Dies kann deshalb möglich sein, weil die meisten zukünftigen Ereignisse und Entwicklungen sich durch sog. schwache Signale ankündigen und somit antizipierbar sind. – 2. *Problem der Diskontinuitäten:* Die Qualität einer strategischen Frühaufklärung hängt in hohem Maße von den Möglichkeiten zur Prognose der Systementwicklung ab. Dabei stellt das Auftreten sog. Diskontinuitäten ein bes. schwerwiegendes Problem dar. Diskontinuitäten sind Richtungsänderungen (Strukturbrüche) oder Niveauänderungen (Unstetigkeiten). Die meisten der strategisch relevanten Diskontinuitäten sind mit den bekannten quantitativen (statistischen oder ökonometrischen) Modellprognosen nicht vorhersagbar, weil die Veränderung sich nicht als eine kausallogische Gesetzmäßigkeit der Vergangenheit erklären lässt oder die die Veränderung bewirkenden „dritten Variablen" nicht quantifizierbar sind. Gelingt eine Antizipation zukünftiger Entwicklungen und Ereignisse, so kann die Unternehmensplanung prinzipiell durch strategische Frühaufklärung verbessert werden, indem sie zeitlich abgestufte Reaktionsstrategien für alternativ mögliche Zukunftsverläufe entwickelt und bereithält.

III. Realisierungsansätze: 1. *Indikatorenorientierte Ansätze:* I.Allg. nicht-vernetzte Indikatorensysteme, die als einfache Kennzahlensysteme, als (Früh-)Indikatorensysteme oder als aggregierte Spezialindikatoren auftreten können. – 2. *Modellorientierte Ansätze:* Modelle aus den → System Dynamics (z.B. Feedback-Diagramme), Entwicklung von Szenarien sowie Entscheidungs- und Simulationsmodelle (→ Simulation). – 3. *Analyseorientierte Ansätze:* Es stehen verschiedene analytische Verfahren im Mittelpunkt, durch deren Anwendung eine systematischere Identifikation, Erfassung, Auswertung und Interpretation schwacher Signale erzielt werden soll. Zu unterscheiden: Bezugsrahmengebundene und -indifferente Methoden sowie Ansätze mit einem Methoden-Mix. – 4. *Informationsquellenorientierte Ansätze:* Die Art der zur Verwendung kommenden Informationsquellen ist wesentlich für die Gestaltung des Konzepts. Zu unterscheiden: (1) Partizipatives Recherchieren für Ansätze, in denen die Systemnutzer am Recherchieren der Informationen beteiligt sind; (2) eigenes Recherchieren beim Träger des Ansatzes (mit und ohne eine regelmäßige Publikation). – 5. *Netzwerkorientierte Ansätze:* Ansätze, bei denen der (nahezu) vollständige Informationsverarbeitungsprozess innerhalb eines → Netzwerks von Personen (bzw. → Hosts von Datenbanken) bewältigt wird.

IV. Anwendungsstand: 1. Die Schwerpunkte der Frühaufklärungsaktivitäten hängen von den *Entwicklungsstadien* ab: Die Beobachtung ökonomischer Entwicklungen ist am nächsten liegend und mit dem höchsten Maß an Vertrauen hinsichtlich ihrer Zuverlässigkeit verbunden. Am anderen Ende der Skala ist die Beobachtung der gesellschaftlichen Entwicklungen anzusiedeln. – 2. *Rangordnung des Methodeneinsatzes* (die am meisten eingesetzte Technik wird zuerst genannt): → Szenario-Technik, → Extrapolation, → Trend-Impact-Analyse, → Brainstorming, Experten-Befragung (→ Delphi-Technik), ökonometrische und statistische Modellrechnungen (→ Statistik, → Ökonometrie), Simulationsmodelle (→ Simulation), → Cross-Impact-Analyse und Entscheidungsbaumverfahren (→ Entscheidungsbaum). Diese Methoden sind zu nicht unerheblichen Teilen der Zukunftsforschung zuzuordnen.

strategische Führung – Planungs-, Steuerungs- und Kontrollprozesse bez. → Strategien, d.h. im Hinblick auf Vorgehensweisen grundsätzlicher Art im Zusammenhang mit dem Unternehmen einschließlich der hiermit verbundenen Festlegung zu erreichender Ziele oder auf Basis vorabbestimmter Zwecke und Ziele.

strategische Geschäftseinheit → strategisches Geschäftsfeld.

strategische Geschäftsfeldeinheit (SGE) → strategisches Geschäftsfeld.

strategische Geschäftsfeldkurve – systematische und hierarchische Aneinanderreihung von → strategischen Geschäftsfeldern hinsichtlich ihres Erfolgsbeitrages in Prozent ihres Geschäftsvolumens.

strategische Grundhaltung – Teilaspekt der unverwechselbaren, historisch gewachsenen Identität eines Unternehmens, bedingt durch einen „Kern" grundlegender Eigenschaften, der sich aus dem Vergleich der strukturellen Gegebenheiten, der → Unternehmensverfassung, der Unternehmenspolitik sowie der Unternehmenskultur mit denen anderer Unternehmen ergibt. Erste Stufe eines → Strategienfächers. – Ein *Beispiel* für eine der strategischen Grundhaltungen, bezogen auf die Definition des Geschäfts (Primärbereich) eines Unternehmens, ist aus der vereinfachten Typologie der Abbildung zu entnehmen.

strategische Gruppe – 1. *Begriff:* Gruppe der Wettbewerber in einer Branche, die ein homogenes strategisches Verhalten aufweisen, d.h. bez. bestimmter strategischer Dimensionen (z.B. Spezialisierung, Marken-Identifikation, Qualität) dieselbe oder ähnliche Strategie verfolgen. I.Allg. existieren in jeder Branche mehrere strategische Gruppen. – Jede der strategischen Gruppen kann z.B. anhand des Konzepts der fünf Wettbewerbskräfte auf ihre Struktur hin untersucht werden (→ Wettbewerbsstrategie). – 2. *Mobilitätsbarrieren von strategischen Gruppen:* a) Unterschiedlich hohe → Markteintrittsschranken der strategischen Gruppen erklären unterschiedliche Rentabilitäten der strategischen Gruppen. Der Neueintritt in eine strategische Gruppe erfordert die Überwindung von deren Eintrittsbarrieren, die nicht identisch mit denen der generellen Branche sein müssen. – b) Der Wechsel von einer strategischen Gruppe in eine andere erfordert zusätzlich die Analyse der relevanten → Marktaustrittsschranken aus der bisherigen strategischen Gruppe.

strategische Handelspolitik → Handelspolitik.

strategische Industriepolitik – neben der → Strukturerhaltungspolitik und der → Strukturanpassungspolitik Teilbereich der → Strukturpolitik bzw. → Industriepolitik. – *Ausgangspunkt* der strategischen Industriepolitik ist die Erwartung, dass in bestimmten Industriezweigen höhere Gewinne zu erzielen sind als in anderen. Diese Gewinne seien das Ergebnis einer Monopolisierung, die auf der Ausnutzung von statischen (Fixkosten) oder dynamischen → Skalenerträgen (Learning-by-Doing) beruhen. Ein Land, das sich erfolgreich auf derartige „strategische" Industrien spezialisiert, könne im internationalen Wettbewerb höhere Einkommen erzielen als andere Länder. – *Aufgabe der strategischen Industriepolitik* ist es, diese Industrien gezielt zu fördern, um einen Wettbewerbsvorteil gegenüber dem Ausland zu erzielen. – Statische und dynamische Skalenerträge werden v.a. in forschungsintensiven Industriezweigen vermutet. Im Zentrum der strategischen

Strategische Grundhaltung

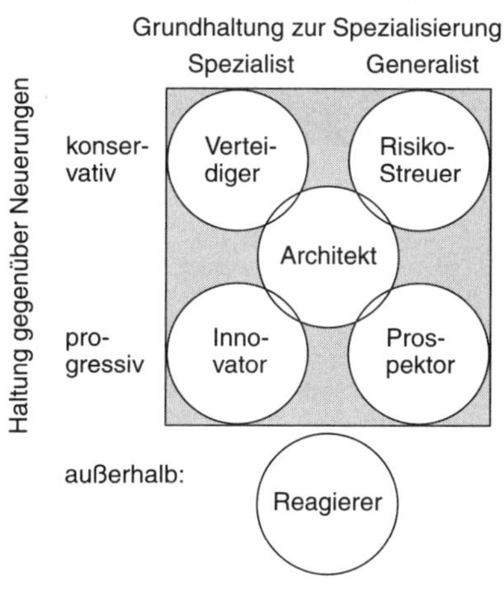

Industriepolitik steht daher die *Forschungs- und Technologiepolitik* (→ Technologiepolitik). Als „strategische" Industriezweige werden am häufigsten die Mikroelektronik sowie die Luft- und Raumfahrtindustrie genannt. Tatsächlich ist die Forschungsförderung der Industrieländer stark auf diese beiden Bereiche konzentriert. – Voraussetzung dafür, dass die gezielte Förderung strategischer Industrien deren Position auf dem Weltmarkt verbessert, ist jedoch, dass vom Ausland keine Gegenmaßnahmen ergriffen werden. Wenn alle Länder auf die gleichen Industrien setzen, kann es zu einem internationalen → Subventionswettlauf kommen. Eine weitere Voraussetzung ist, dass der Staat tatsächlich unterscheiden kann zwischen „strategischen" und anderen Industriezweigen. Die strategische Industriepolitik wird daher mit ähnlichen Argumenten kritisiert wie die vorausschauende Strukturplanung (→ Industriepolitik, Konzeptionen).

strategische Kontrolle – 1. *Begriff*: Überwachung der Durchführung der strategischen Programme *(Plan- bzw. Durchführungskontrolle)* sowie Überprüfung der weiteren Gültigkeit der gesetzten Planannahmen *(Prämissenkontrolle)*. Letztere sollte antizipativ erfolgen, wozu sie durch → strategische Frühaufklärung unterstützt werden kann. – Planung und Kontrolle können zeitlich gleichlaufende Prozesse sein. – 2. *Einordnung*: Phase im Ablaufprozess eines → strategischen Managements; Teilaufgabe einer strategischen Steuerung. – 3. *Arten:* a) *Direkte strategische Kontrolle:* Es wird unmittelbar untersucht, ob die Aussagen der strategischen Programme erfüllt werden bzw. weiterhin als erfüllbar erscheinen. – b) *Indirekte strategische Kontrolle:* Die operativen Maßnahmen werden hinsichtlich der Erreichung des strategisch Gewollten überprüft. – 4. *Beziehung zwischen strategischer Kontrolle und operativer Kontrolle:* Kontrollinformationen, die im Rahmen des operativen Kontrollprozesses auch für die aus dem strategischen Programm abgeleiteten Maßnahmen gewonnen werden zieht man heran, um zu überprüfen, ob angesichts dessen, was im operativen Geschäft bereits erreicht wurde (oder noch für erreichbar gehalten wird), die mit dem strategischen Programm verbundenen Erwartungen realistisch waren und weiterhin sinnvoll aufrechterhalten werden können. – Vgl. auch → Kontrolle.

strategische Lücke – Differenz zwischen der möglichen Entwicklung einer Unternehmung und ihrer Entwicklung bei Beibehaltung des derzeitigen strategischen Instrumentariums. Im Gegensatz zur operativen Lücke kann die strategische Lücke nur mit neuen Produkten, Technologien und/oder Märkten erschlossen werden.

strategische Netzwerke – stellen eine auf die Realisierung von Wettbewerbsvorteilen zielende intermediäre, → hybride Organisationsform zwischen marktlichen und hierarchischen Koordinationsformen dar, die sich durch komplexe, eher kooperative als kompetitive und durch relativ stabile Beziehungen zwischen rechtlich selbstständigen Unternehmen auszeichnen. Akteure, Ressourcen und Aktivitäten, die Beziehung zwischen diesen Bereichen sowie die Entwicklung von → Strategien zum Auf- und Ausbau von Netzwerkpositionen stehen im Mittelpunkt der Betrachtungen. Dem Marketing kommt dadurch die Aufgabe zu, die Position des Unternehmens in strategischen Netzwerken aufzubauen und zu steuern. Der Netzwerkansatz stellt einen komplexen, relativ neuen und empirisch noch kaum gestützten Betrachtungswinkel im Marketing dar und ist somit inhaltlich nur ansatzweise durchleuchtet.

strategische Partnerschaft → strategische Allianz.

Strategische Planung

von Prof. Dr. Günter Müller-Stewens

I. Begriff

Unter einer strategischen Planung wird die Institutionalisierung eines umfassenden Prozesses verstanden, um zu entscheiden, in welche Richtung sich ein Unternehmen (oder ein Teilbereich des Unternehmens) entwickeln soll, d.h. welche Erfolgspotenziale es nutzen und ausschöpfen sollte, und welchen Weg in Form zu ergreifender Aktionen und zu allokierenden Ressourcen es dazu wählen soll.

II. Zweck

Als Managementsystem unterstützt es die Unternehmensführung bei der Entwicklung von Strategien. Es ist ein Instrument des → strategischen Management → s zur Koordination der strategischen Entwicklungspläne der einzelnen Organisationseinheiten. Im Zentrum steht dabei der Abgleich zwischen den normativen Vorgaben aus der Unternehmensleitung (Unternehmensziele, Performance-Erwartungen, strategische Prioritäten etc.) und den Entwicklungsplänen der Geschäfte auf deren Konsistenz – beides abgestimmt mit den erwarteten Veränderungen im sozio-ökonomischen Umfeld des Unternehmens. Dieser Abgleich ist erforderlich, um darauf aufbauend Entscheidungen zur Ressourcenallokation treffen zu können, die auch im Interesse des Gesamtunternehmens und seiner geplanten Entwicklung stehen.

III. Geschichte

Entstanden war die strategische Planung in den 1950er-Jahren als praktisches Hilfsmittel, um in Unternehmen von wachsender Größe und Diversifikation die Investitionen zu koordinieren und eine Langfristplanung zur Bewältigung des Wachstums - oft noch in Verkäufermärkten - zu entwickeln. Man erstellte dazu Prognosen zur langfristigen Entwicklung des sozio-ökonomischen Umfeldes, auf deren Basis dann 5-Jahres-Pläne des Unternehmens geschrieben wurden. Es kam zu eigenen Fachabteilungen in den Unternehmenszentralen und auch die Forschung begann sich im Sinne einer „Verwissenschaftlichung" der Unternehmensführung dafür zu interessieren. Der Hauptzweck der Planung war es, mit dem rasanten Wachstum der Märkte nach dem Zweiten Weltkrieg mitzuhalten. Aufbauend auf den Langfristprognosen ging es um das Setzen strategischer Prioritäten sowie das Planen der Diversifikation und der damit verbundenen Synergienerwartungen, die allerdings nur selten erfüllt wurden. Dies änderte sich relativ schlagartig in den 1970er-Jahren (Ölkrise etc.). Man erkannte, dass die Umfeldfaktoren nicht mehr langfristig prognostizierbar waren, sondern dass es eher darum ging Frühindikatoren zu identifizieren, die auf Diskontinuitäten in bislang mehr oder minder linear verlaufenden Entwicklungen hindeuteten. Strategisches Planen war nun Denken in Optionen; die Pläne hatten nun auf Szenarien zu möglichen Entwicklungen der Zukunft aufzubauen. Angesichts rückläufiger Wachstumszahlen nahm nun auch der Wettbewerb zu. Aufgabe der Strategie war es nun, sich so einzigartig zu positionieren, dass Wettbewerbsvorteile realisiert werden können, um so auch durch Verdrängung weiter wachsen zu können. Es drängte sich daraufhin immer mehr die Frage ins Zentrum, warum in diesem Wettbewerb manche Wettbewerber deutlich erfolgreicher waren als andere. Was waren die Treiber dieser Performance-Unterschiede? Zuerst suchte man in den 1980er-Jahren im externen Branchenumfeld des Unternehmens nach den Erklärungsfaktoren. Überdurchschnittlicher Erfolg erklärte sich aus dem besseren Anpassen an die Branchendynamik. Man versuchte so die attraktiven Branchen(nischen) ausfindig zu machen, in denen es sich zu positionieren galt. Auf die Dauer bestand hier allerdings die Gefahr, dass sich die Wettbewerbsstrategien immer mehr ähnelten, da man versuchen würde, die Einzigartigkeit der Erfolgreichen zu kooperieren. Konsequenterweise richtete sich deshalb das Interesse in den 1990er-Jahren mehr auf die internen Treiber der Profitabilität. Die Ausstattung des Unternehmens mit seinen spezifischen Ressourcen und Fähigkeiten sah man als primäre Quelle von Wettbewerbsvorteilen. Die Frage war nun, wie ein Unternehmen seine gegebene Ressourcenbasis nutzen konnte um sich wiederum einzigartig zu positionieren. Dies könnten Fähigkeiten sein die auf der Geschäftsebene, aber auch auf der Corporate-Ebene angesiedelt sein können. Logische Folge davon war, dass sich Unternehmen begannen auf das zu konzentrieren, was sie besonders gut konnten (Kernkompetenzen). Den Rest besorgte man sich über strategische Partnerschaften, was wiederum zu speziellen Herausforderungen hinsichtlich der Führung dieser Allianzpartner führte. Dabei sieht man heute ein spezielles Potenzial für Wettbewerbsvorteile in der nachhaltigen Fähigkeit zur Innovation. Strategie hat sich darauf zu richten, diese kontinuierlich zu stärken. Damit muss die strategische Planung auch die Fragen danach stellen. Dies können Produkt- oder Geschäftsmodellinnovationen sein, die die externen Trends intelligent zu nutzen wissen, oder Prozessinnovationen über die es gelingt, den Fortschritt aus den Informations- und Kommunikationstechnologien gezielt zu nutzen, oder es sind Managementinnovationen, wo das Potenzial neuer Managementkonzepte schnell erkannt und ausgeschöpft wird. Dies stärkt dann auch das Interesse an den mit Innovationen einhergehenden strategischen Entrepreneurship-Fähigkeiten.

Parallel zu diesem eher induktiven, fähigkeitenbasierten Ansatz prägte über den Shareholder-Value-Ansatz auch immer mehr eine deduktive Denkweise die Unternehmensführung (speziell auch in den börsennotierten Gesellschaften). In der Kommunikation mit dem Kapitalmarkt mussten Performance-Erwartungen kommuniziert werden die es für ein erfolgreiches Unternehmen - meist quartalsweise - auch einzulösen galt. D.h. Strategieentwicklung richtete sich immer mehr an den durch die Unternehmensleitung vorgegebenen finanziellen Zielen aus - die diese bereits ihren Aktionären kommuniziert hatten - und die es nun zu erreichen galt. Damit nahm auch die Kurzfristorientierung in der Strategiearbeit zu - obgleich es natürlich auch Aktionäre gibt, die klare Langfristinteressen verfolgen (z.B. Staatsfonds). Es wurden Zielrenditen definiert, die weit über dem realen Wachstum der Wirtschaft lagen. Als Auswirkung der tief greifenden Finanz- und Wirtschaftskrise 2007-2009 wird man in der Strategiearbeit noch mehr der langfristigen, gesamtgesellschaftlichen Verantwortung des Unternehmens gerecht werden müssen.

IV. Kritik

Trotz einer langen Liste an Kritikpunkten wird i.A. die Notwendigkeit der strategischen Planungssysteme kaum angezweifelt. Unzufriedenheit kommt nicht daher, *dass* es eine strategische Planung gibt, sondern der Kern der Kritik richtet sich oft darauf, *wie* dieser Prozess stattfindet. Er ist heute oft zu einem rigiden, datengetriebenen Prozess zur Festlegung von Budgets und finanzieller Hochrechnungen degeneriert. Damit wird durchaus Einfluss ausgeübt, denn es werden auf seiner Basis Ressourcenallokationsentscheidungen getroffen, Entlohnungsmetriken definiert, die in den Kapitalmarkt kommunizierten Ergebniserwartungen abgeleitet etc.

Eine Überführung der Strategien in operative Pläne kann zwar anzustrebende Konsequenz des mit einem strategischen Planungssystem verbundenen Prozesses sein, hat aber selbst wenig mit Strategie zu tun, sondern ist eher ein Derivat davon. Die Erörterung wesentlicher Themen, wie etwa das Reagieren auf neue Trends, bleibt aus Sicht der Beteiligten ausgeblendet. D.h., dass es nicht gelang oder es versäumt wurde, das System ausreichend auf den mit ihm verfolgten Zweck anzupassen. Strategische Planungssysteme verfehlen oft ihren eigentlichen Zweck und finden entkoppelt von den eigentlichen Herausforderungen der Unternehmensleitung statt.

V. Vorgehen

Eine strategische Planung ist in größeren Unternehmen meist als jährlich wiederkehrender Prozess installiert. Er beginnt damit, dass die Unternehmensleitung den Rahmen für das Gesamtunternehmen vorgibt (Mission, Werte, Vision, Ziele) und die strategischen Geschäftseinheiten darauf aufbauend ihre Geschäftsstrategien entwickeln. Darüber wird dann mit der Unternehmensleitung verhandelt und Zielvereinbarungen werden getroffen. Sind die Strategien verabschiedet, werden sie eine mehrjährige Finanzplanung und in Budgets transformiert. Erfahrungen zeigen, dass die Umsetzung der Pläne das eigentliche Problem darstellt.

VI. Methodik

Bevor es in einer strategischen Planung zur Entwicklung von Strategien kommt, wird meist eine strategische Analyse durchgeführt. Zu ihr gehört sowohl eine externe Analyse zur Ermittlung der Gefahren und Gelegenheiten aus dem Umfeld des Unternehmens, als auch eine interne Analyse mit Fokus auf die Stärken und Schwächen. Beide Analysen sind dann in einer Synthese zur Ermittlung der Chancen und Risiken des Unternehmens zu integrieren. Darauf aufbauend werden dann die Strategieoptionen ermittelt, bewertet und ausgewählt.

strategischer Fahrplan → strategisches Spielbrett.

strategischer Katalog → Strategienfächer.

strategisches Abstimmungsverhalten – Für den Teilnehmer an einer demokratischen Entscheidung lohnt es sich, seine Stimme nicht der von ihm am höchsten präferierten Alternative zu geben, sondern einer anderen, da er damit den Ausgang der Entscheidung für sich günstiger gestalten kann. Dies kann z.B. im → Stichwahlverfahren der Fall sein, wenn er glaubt, dass die für ihn beste Alternative keine Chance hat, die Stichwahl zu erreichen. Strategisches Abstimmungsverhalten bedeutet, dass es bei Abstimmungen nicht zur Aufdeckung der wahren Präferenzen kommt.

strategisches Controlling – Teilbereich des → Controlling, der sich mit der Unterstützung des → strategischen Managements befasst. Zu den Aufgaben zählen u.a. die Mitwirkung bei der Erstellung von Strategien, die kritische Kommentierung von Strategieentwürfen, das Zusammenfügen von Teilstrategien zu einer Gesamtstrategie und die → strategische Kontrolle.

strategisches Geschäftsfeld – *strategische Geschäftseinheit, strategische Geschäftsfeldeinheit (SGE)*. 1. *Begriff:* Ein möglichst isolierter Ausschnitt aus dem gesamten Betätigungsfeld eines Unternehmens. Das strategische Geschäftsfeld entsteht i.Allg. durch die Zusammenfassung von untereinander möglichst homogenen Produkt/Markt-Kombinationen. Die Anzahl der strategischen Geschäftsfelder sollte übersichtlich und handhabbar bleiben (unter zehn), sodass es oft zweckmäßig und erforderlich ist, weiter (z.B. in Zielgruppen) zu segmentieren. – Vgl. auch → strategisches Management. – 2. *Organisatorische Abgrenzung des strategischen Geschäftsfeldes* (diese muss nicht mit den historisch gewachsenen Grenzen der organisatorischen Verantwortungsbereiche eines Unternehmens zusammenfallen – duale Organisation): a) *Durchführung:* I.Allg. werden Kataloge von Kriterien (z.B. „gemeinsame Kapazitäten", „gemeinsame Kundengruppen") gebildet, mit deren Hilfe eine Aufteilung der Unternehmensaktivitäten in solche Teileinheiten erreicht werden soll, für die eine strategische Planung möglich und sinnvoll erscheint. Abgrenzung so, dass die Potenziale der einzelnen strategischen Geschäftsfelder möglichst autonom gesteuert werden können. – b) *Zweck:* Es soll eine eigenverantwortliche und effiziente Durchführung des strategischen Programms des strategischen Geschäftsfeldes, das relativ unabhängig für diese geplant werden kann, sichergestellt werden (→ Strategienfächer). – 3. *Erweiterung der Abgrenzungsproblematik:* → Definition des Geschäfts.

strategisches Management – 1. *Zentrale Fragen:* Strategisches Management stellt sich der Frage, warum einige Unternehmungen in einer Branche erfolgreich sind und andere nicht. Jede Unternehmung muss im heutigen Wettbewerb folgende zentrale Fragen beantworten: (a) Welche langfristigen Ziele sollen wir verfolgen? (b) In welchen Geschäftsfeldern wollen wir tätig sein? (c) Mit welchen langfristigen Maßnahmen wollen wir den Wettbewerb in den Geschäftsfeldern bestreiten? (d) Was sind unsere Kernfähigkeiten, mit denen wir im Wettbewerb bestehen können? (e) Was müssen wir tun, um unsere langfristigen Maßnahmen umzusetzen? Diese Fragen stehen im Mittelpunkt eines strategischen Managements. So beschäftigt sich, vereinfacht gesagt, das strategische Management mit der Planung und Umsetzung von Strategien in Unternehmungen. – 2. *Kennzeichen:* Die Verfolgung einer einmal eingeschlagenen Strategie ist nicht unbedingt Garant für den zukünftigen Erfolg: (a) Größe und Marktanteil sind keine

Sicherheit für einen langfristigen Erfolg; (b) Kernfähigkeiten, die zu einem Zeitpunkt den strategischen Erfolg einer Unternehmung begründen, verlieren im Zeitverlauf ihre Relevanz; (c) junge, stark wachsende Märkte verändern ihre Spielregeln in dynamischen Sprüngen. Damit wird der strategische Erfolg einer Unternehmung in Zukunft weniger von ihren gegenwärtigen Produkten bestimmt, als vielmehr von ihrer Fähigkeit, die Märkte der Zukunft zu besetzen. Strategisches Management bedeutet somit mehr als nur die langfristige Positionierung des bereits bestehenden Produktprogramms einer Unternehmung. Strategisches Management ist vielmehr mit einem Blick in die Zukunft verbunden. Es gilt, die zentrale Frage zu beantworten, wie der Bestand und der Erfolg der Unternehmung dauerhaft gesichert werden können. – 3. *Durchführung:* Angesichts seiner Bedeutung stellt sich die Frage, wie strategisches Management idealerweise in einer Unternehmung durchgeführt werden sollte. Bewährt hat sich ein Prozessmodell, das die vielfältigen Aufgaben des strategischen Managements ordnet, systematisiert und in eine gewisse idealtypische Reihenfolge bringt. So werden in diesem Verständnis vier unterschiedliche Aktivitätenbündel oder Phasen unterschieden: (1) Die Phase der Zielbildung (Entwicklung der Unternehmungspolitik, des Leitbildes und strategische Zielsetzungen), (2) die Phase der strategischen Analyse (Unternehmungs- und Umweltanalyse, Prognose und Frühaufklärung), (3) die Phase der Strategieformulierung (Formulierung, Bewertung und Auswahl von Strategien), (4) die Phase der Strategieumsetzung. Dabei ist der strategische Managementprozess nicht als eine strikte, top-down vorgegebene Abfolge von Phasen zu verstehen, sondern als ein iterativer Prozess, der durch eine Vielzahl von Rückkopplungen und Überlappungen gekennzeichnet ist. Der Strategieprozess ist sowohl durch eine abschließende Kontrollphase als auch durch ein prozessbegleitendes strategisches Controlling zu unterstützen.

strategisches Programm – das Ergebnis des formalisierten und bewussten Entwurfs der Strategien (→ Strategienfächer) zu einem → strategischen Geschäftsfeld. – Vgl. auch → strategisches Management.

strategisches Spielbrett – 1. *Begriff:* Instrument zur Kreativitätsförderung (→ Kreativitätstechniken). Das strategische Spielbrett soll einen Anstoß liefern, über die gesamte Bandbreite der Betätigungsmöglichkeiten nachzudenken mit dem Ziel, die Wertschöpfungskette des Unternehmens (→ Wettbewerbskonzepte) weiterzuentwickeln (vgl. Abbildung „Strategisches Spielbrett"). – 2. Überlegungen in Richtung *neuer Spielregeln* in zwei Richtungen, innerhalb derer gesucht wird: Innovation in einem Teilmarkt sowie Änderungen der Grundlagen des Wettbewerbs im Gesamtmarkt. Diese Strategien können durch die Ausnutzung eines bestehenden Differenzierungspotenzials in den Gewinnen verwirklicht werden, wenn ein großer Wettbewerbsvorteil (→ Wettbewerbsstrategie) in einem der Erfolgsfaktoren der Branche herausgearbeitet werden kann. – 3. *Realisierung einer Strategie* aus dem strategischen Spielbrett erfolgt (nach Überprüfung des Gleichgewichts der → strategischen Geschäftsfelder in einer → Portfolio-Analyse) über einen sog. *strategischen Fahrplan*, der die Einordnung der neu gestalteten Wertschöpfungskette in den unternehmenspolitischen Rahmen beinhaltet. So sind z.B. im 7F-Rahmen (→ Führungsmodelle) alle Komponenten des Führungssystems neu aufeinander abzustimmen.

strategische Steuerung → strategisches Management.

strategische Suchfeldanalyse – 1. *Begriff:* Instrument hinsichtlich der Rekrutierung von Unternehmen, also der Suche nach Rückzugs-Betätigungsfeldern sowie neuen Betätigungsfeldern (z.B. eine Veränderung der strategischen Grundhaltung, die Einführung eines Planungs- und Kontrollsystems oder der Eintritt in *neue Geschäfte*); Mittelpunkt ist die Suche nach neuen Geschäften. – Vgl. auch → strategisches Management. – 2. *Vorgehensweise:* Innerhalb des Prozesses einer strategischen Suchfeldanalyse werden i.Allg. von einem weiten und erst grob abgegrenzten Suchraum ausgehend sukzessive und über mehrere Auswahlebenen untaugliche Alternativen ausgefiltert und die neuen Geschäfte konkretisiert. Dabei Bewertung der Erfolgspotenziale der Alternativen auf der Basis einer 2-dimensionalen Bewertung: Der Beurteilung ihrer Attraktivität sowie der Erfolgsträchtigkeit möglicher → Markteintrittsstrategien ins neue Geschäft; die Kriterien zur Beurteilung der Ausprägungen beider Dimensionen verändern sich auf den einzelnen Auswahlebenen. Konnten neue Geschäfte ausgefiltert und durch die Entscheidungsträger verabschiedet werden, dann schließt sich dem Prozess einer strategischen Suchfeldanalyse die Suche nach Neu-Produktentwicklungen an.

strategische Umweltpolitik – Untersucht wird, wie sich die unter nationalen Gesichtspunkten optimale Umweltpolitik ändert wenn unvollständiger Wettbewerb auf Weltmärkten einbezogen wird. Die Resultate sind uneindeutig und unterscheiden sich v.a. danach, ob Bertrand-Wettbewerb oder Cournot-Wettbewerb betrachtet wird. Insgesamt zeigt die Theorie, dass häufig nationale Anreize bestehen, Umweltstandards unter den pareto-optimalen Standards festzulegen (→ Ökodumping). Daher besteht internationaler Koordinationsbedarf in der Umweltpolitik selbst dann, wenn es sich nur um nationale (nicht grenzüberschreitende) Schadstoffe handelt.

strategische Unternehmensführung → strategisches Management.

Stratifikation → Schichtenbildung.

Strazze → Kladde.

Streamer – *Tape-Streamer;* Magnetbandkassettenspeicher (→ Magnetband) für die Datensicherung

(→ Back-up System) mit sehr schneller Datenübertragung.

Streckengeschäft – Form der Warendistribution, bei der die Ware von einem Glied der → Absatzkette, z.B. einem Hersteller (H), direkt, unter Umgehung des Großhandels (GH), an den Einzelhändler (EH) geliefert wird. Der GH hat nur eine disponierende Funktion, indem Auftrags-, Rechnungs- und Zahlungsweg über ihn führen. – *Beispiel:* Vgl. Abbildung „Streckengeschäft".

Streckengeschäfte werden häufig bei der Verteilung von Massengütern (Getreide, Eisen, Stahl, Kohle, Baustoffe, Düngemittel u.a.) getätigt *(Streckengroßhandel)*, aber auch beim Handel mit Verbrauchsgütern, z.B. in kooperativen Gruppen, wo die Lieferanten nicht an den zentral disponierenden Großhandel, sondern an die dezentralen Auslieferungslager oder die Mitglieder der Einzelhandelsstufe direkt liefern.

Streckengroßhandel → Streckengeschäft.

Streckengroßhandlung → Großhandelsunternehmung, die nicht in den Warenstrom, sondern dispositiv in den Informations- und Zahlungsstrom eingeschaltet ist (→ Distribution). Streckengroßhandlung tätigt ausschließlich oder überwiegend → Streckengeschäfte. Durch Vordisposition übernimmt sie Aufgaben des zeitlichen und mengenmäßigen Ausgleichs, v.a. der Markterschließung (→ Handelsfunktionen). – *Gegensatz:* → lagerhaltende Großhandlung.

Streckenverkehr – Verkehr zur Verbindung weniger relativ weit voneinander entfernt liegender Orte. – *Gegensatz:* → Flächenverkehr oder Verteilerverkehr.

Streifbanddepot → Sonderverwahrung.

Streifensteuer → Banderolensteuer.

Streik – 1. *Begriff:* Kampfmaßnahme der Arbeitnehmerseite im → Arbeitskampf; gemeinsame und planmäßige Arbeitsniederlegung durch eine größere Anzahl von Arbeitnehmern mit dem Ziel, einen bestimmten Kampfzweck zu erreichen und nach Erreichung des Kampfzweckes die Arbeit wieder aufzunehmen. Wie viele Arbeitnehmer die Arbeit niederlegen müssen, damit von einem Streik gesprochen

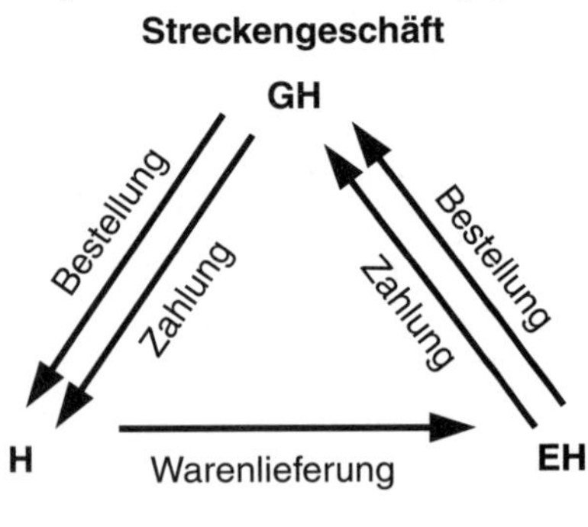

werden kann, hängt von den Umständen des Einzelfalles ab. – 2. *Rechtmäßigkeit:* a) Das Grundgesetz *garantiert verfassungsrechtlich* den Streik als Arbeitskampfmittel (Art. 9 III GG). Ohne das Druckmittel des Streiks könnte die Freiheit der Tarifpartner zum Abschluss von Tarifverträgen (→ Tarifautonomie) nicht wirksam werden. – b) Es ist jedoch *nicht jeder Streik rechtmäßig;* insoweit besteht keine gesetzliche Regelung. Nach den durch Rechtslehre und -sprechung entwickelten Grundsätzen wird ein Streik von der überwiegenden Meinung nur unter folgenden *Voraussetzungen als rechtmäßiger Streik* anerkannt: (1) Der Streik muss *von einer Gewerkschaft geführt* werden, d.h. die Gewerkschaft muss den Streik entweder ausrufen oder einen bereits begonnenen Streik genehmigen und fortführen. Jeder Streik, der nicht von einer Gewerkschaft geführt wird, sondern von einer Gruppe von Arbeitnehmern *(wilder Streik)* ist rechtswidrig. (2) Der Streik muss sich *gegen* einen *Tarifpartner* (Arbeitgeber oder Arbeitgeberverband) richten. Streiks mit dem Ziel, politische Organe (z.B. den Bundestag) zu bestimmten Maßnahmen zu zwingen *(politischer Streik)* und Streiks zur Unterstützung des Arbeitskampfes anderer Arbeitnehmer in einem anderen Tarifbereich (*Sympathie-Streiks;* BAG 5.3.1985 – 1 AZR 468/83), sind unzulässig. (3) Mit dem Streik muss die kollektive *Regelung von Arbeitsbedingungen,* bzw. ein tariflich regelbares und zulässiges *Ziel* erstrebt werden, z.B. die tarifliche Regelung von Löhnen und Urlaub. Daher sind *Demonstrationsstreiks* während der Arbeitszeit, mit denen auf soziale Missstände hingewiesen werden soll, unzulässig (BAG 23.10.1984 – 1 AZR 126/81). (4) Der Streik darf nicht gegen *Grundregeln des kollektiven Arbeitsrechts,* v.a. gegen die Einhaltung der tariflichen Friedenspflicht (→ Tarifvertrag) verstoßen. (5) Der Streik darf nicht gegen das *Prinzip der Verhältnismäßigkeit* und der *fairen Kampfführung* verstoßen, zu dem v.a. das Unterbleiben von Gewaltandrohungen und -anwendungen gehört. Aus dem Prinzip der fairen Kampfführung folgt auch die Pflicht der den Streik durchführenden Gewerkschaft, einen Notdienst (Erhaltungsarbeiten, Notstandsarbeiten) einzurichten, wenn dieser erforderlich ist, um einen unverhältnismäßig hohen Schaden von dem Arbeitgeber abzuwenden oder um die öffentliche Sicherheit zu gewährleisten. (6) Die Gewerkschaft muss alle Möglichkeiten der friedlichen Einigung ausgeschöpft haben (Friedenspflicht); der Streik muss das letzte mögliche Mittel, die *ultima ratio,* zur Durchsetzung der gewerkschaftlichen Forderungen sein. – Streiks von Beamten (Beamtenstreik) laufen der Treuepflicht der Beamten zuwider und sind, soweit sie gegen das Beamtenrecht verstoßen, rechtswidrig. – 3. *Zulässige Arten von Streiks:* Die neuere Rechtsprechung ist zugunsten der Gewerkschaften großzügig. Danach sind neben Voll- und Schwerpunktstreiks u.a. grundsätzlich zulässig: Warnstreiks (BAG, 21.6.1988 – 1 AZR 651/86), Sympathiestreiks (BAG, 19.6.2007 – 1 AZR 396/06), Streiks gegen Unternehmen mit OT-Mitgliedschaft (LAG Hessen, 17.9.2008 – 9 SaGa1442/08), sog. Flashmob-Aktionen (LAG Berlin-Brandenburg, 29.9.2008 – 5 Sa 967/08), Streiks zur Erlangung eines Sozialplans (BAG, 24.4.2007 – 1 AZR 252/06). – 4. *Statistische Erfassung:* Angaben über vom Streik betroffene Betriebe, beteiligte Arbeitnehmer, Gesamtdauer der Streiks und verlorene Arbeitstage nach Wirtschaftsgruppen werden vierteljährlich von der Bundesagentur für Arbeit veröffentlicht. – 5. *Rechtsfolgen:* a) Der *rechtmäßige Streik* führt nicht zur Auflösung der Arbeitsverhältnisse der Streikenden; er führt lediglich zur Suspendierung der beiderseitigen Rechte und Pflichten aus dem Arbeitsverhältnis. Dementsprechend ist ein rechtmäßiger Streik kein Grund für eine fristlose Kündigung. Der Arbeitgeber hat das Recht zur → Aussperrung. Die Arbeitnehmer sind für die Dauer des Streiks nicht verpflichtet zu arbeiten; sie haben für diese Zeit keinen Anspruch auf Arbeitslohn, bezahlten Urlaub oder Arbeitslosengeld (→ Arbeitskampf). – b) Ein Arbeitnehmer, der sich an einem *rechtswidrigen Streik* beteiligt, begeht einen Arbeitsvertragsbruch. Der Arbeitgeber kann einen Arbeitnehmer aus diesem Grund jedoch nur dann fristlos entlassen (→ außerordentliche Kündigung), wenn der Arbeitnehmer schuldhaft gehandelt hat, d.h. wenn ihm die Umstände bekannt waren, aus denen die Rechtswidrigkeit des Streiks folgte.

Streikeinsatz von Beamten – Einsatz von Beamten, die selbst nicht streiken dürfen, auf den bestreikten Arbeitsplätzen. Nach der Rechtsprechung verstößt es gegen das Grundrecht der → Koalitionsfreiheit des Art. 9 III GG, wenn die Arbeitgeber des öffentlichen Dienstes bei einem rechtmäßigen Streik ihrer Arbeiter und Angestellten um den Abschluss eines Tarifvertrages Beamte auf den bestreikten Arbeitnehmerplätzen einsetzen, solange dafür keine gesetzliche Regelung besteht (BVerfG vom 2.3.1993 (1 BvR 1213/85)).

Streikgelder – *Streikvergütungen;* nicht vom Arbeitgeber, sondern von einem Dritten während eines Streikes an Arbeitnehmer gezahlte Unterstützungen. – *Steuerliche Behandlung:* Streikgelder sind für den Arbeitnehmer zwar Einnahmen, fallen aber nicht unter die steuerpflichtige Einkunftsart „Einkünfte aus nichtselbständige Arbeit", da sie gerade nicht für eine Arbeitsleistung gezahlt werden, sondern als finanzielle Unterstützung während einer Zeit, in der der Arbeitnehmer dem Arbeitsverhältnis gerade nicht nachkommen will; also stammen diese Gelder jedenfalls nicht „aus" der nichtselbständigen Arbeit. Die Rechtsprechung sieht Streikgelder auch nicht als Entschädigung für entgangene Einnahmen aus dem Arbeitsverhältnis an (§ 24 EStG). Somit sind Streikgelder nach der geltenden Rechtsprechung nicht steuerpflichtig. – Da es sich gar nicht erst um „Einkünfte" aus einer der sieben Einkunftsarten handelt, kommt auch die Anwendung des Progressionsvorbehalts auf Streikgelder nicht in Betracht; denn der Progressionsvorbehalt berücksichtigt nach der Konzeption des Gesetzes nur die Existenz von steuerfrei gestellten Einkünften, nicht aber von Bezügen, die gar nicht erst „Einkommen" i.S.d. EStG darstellen.

Streikposten – Personen, die von den streikenden Arbeitnehmern oder von der Gewerkschaft vor den Toren der Betriebe, die bestreikt werden, aufgestellt werden, um die Arbeitswilligen („Streikbrecher") zu veranlassen, sich an der Arbeitsniederlegung (→ Streik) zu beteiligen. Die Tätigkeit der Streikposten darf nicht zur Nötigung (§ 240 StGB) oder sonstigen unerlaubten Handlungen ausarten. Bei Verstößen gegen die Prinzipien fairer Kampfführung (Drohung oder Gewaltanwendung) kann eine Haftung der Streikposten oder des Verbandes, der Streikposten eingesetzt hat, als → unerlaubte Handlung in Betracht kommen.

Streikvergütungen → Streikgelder.

Streitbeilegung → außergerichtliche Streitbeilegung, → Mediation.

Streitgegenstand – Begriff des Zivilprozessrechts zur Bestimmung und Abgrenzung des zur Entscheidung gestellten Streitstoffes. Der Streitgegenstand wird im → Zivilprozess durch den Klageantrag und die zur näheren Begründung und Abgrenzung angeführten Tatsachen (Sachverhalt) bestimmt. Wichtig v.a. für den Umfang der → Rechtskraft, die sich nur auf den von dem Kläger zur Entscheidung des Gerichts gestellten Streitgegenstand erstreckt.

Streitgenossenschaft – 1. *Begriff:* Streitgenossenschaft liegt vor, wenn in einem → Zivilprozess mehrere Personen Kläger oder Beklagte sind (§§ 59–63 ZPO). – 2. *Arten:* a) *Einfache Streitgenossenschaft:* Die Handlungen der einzelnen Streitgenossen wirken weder zum Vorteil noch zum Nachteil der anderen; das Gericht entscheidet so, als lägen mehrere selbstständige Prozesse vor. Streitgenossenschaft ist *zulässig:* (1) Wenn mehrere Personen hinsichtlich des Streitgegenstandes in Rechtsgemeinschaft stehen, z.B. Miteigentümer einer Sache klagen auf Herausgabe; (2) wenn sie aus demselben tatsächlichen und rechtlichen Grunde berechtigt oder verpflichtet sind, z.B. mehrere Mittäter einer → unerlaubten Handlung; (3) wenn gleichartige oder auf einem im Wesentlichen gleichartigen tatsächlichen und rechtlichen Grund beruhende Ansprüche oder Verpflichtungen Gegenstand des Rechtsstreits sind, z.B. Klage der Versicherungsgesellschaft gegen mehrere Versicherungsnehmer auf Prämien. – b) *Notwendige Streitgenossenschaft:* Ein säumiger Streitgenosse wird durch den Nichtsäumigen als vertreten angesehen, auch kann der Prozess allen gegenüber nur einheitlich entschieden werden. Zulässig: (1) Wenn einheitliche Prozessführung durch oder gegen mehrere nach materiellem Recht erforderlich ist, z.B. Klage auf Ausschließung eines Gesellschafters aus der OHG; (2) wenn das streitige Rechtsverhältnis allen Streitgenossen gegenüber nur einheitlich festgestellt werden kann, z.B. Anfechtungsklage mehrerer Aktionäre auf Nichtigkeit eines Hauptversammlungsbeschlusses. – 3. *Kostenentscheidung:* § 100 ZPO.

Streithilfe → Intervention.

Streitschlichtung → außergerichtliche Streitbeilegung, → Mediation.

Streitverkündung – Aufforderung einer Prozesspartei an einen Dritten, dem Rechtsstreit als Nebenintervenient (→ Intervention) beizutreten (§ 72 ZPO). Die Partei, die für den Fall des für sie ungünstigen Ausgangs eines Rechtsstreits Ansprüche gegen Dritte erheben zu können glaubt oder Ansprüche Dritter befürchtet, kann durch Streitverkündung die Interventionswirkung herbeiführen. – Streitverkündung *erfolgt* durch Zustellung eines bei Gericht einzureichenden Schriftsatzes an den Dritten, der den Grund der Streitverkündung und die Lage des Rechtsstreits angeben muss. Der Dritte kann dem Streitverkünder beitreten, die Interventionswirkung tritt jedoch auch ein, wenn er es unterlässt.

Streitwert – Wert des → Streitgegenstandes u.a. im Zivilprozess (§§ 2–9 ZPO, §§ 11 ff. GKG). Wichtig für die sachliche → Zuständigkeit, Zulässigkeit eines → Rechtsmittels sowie Berechnung der → Prozesskosten; in Zweifelsfällen auf Antrag oder von Amts wegen Festsetzung durch das Gericht. – *Berechnung:* Es ist lediglich von dem Hauptanspruch auszugehen, Zinsen und Kosten bleiben unberücksichtigt; mehrere in einer → Klage geltend gemachte Ansprüche werden zusammengerechnet, ebenfalls Klage und → Widerklage (Letzteres jedoch nicht für die Entscheidung über die Zuständigkeit). Die Höhe des Streitwerts wird i.Allg. nach freiem Ermessen festgesetzt. Maßgebend ist der Wert des geltend gemachten Anspruchs. Bei wiederkehrenden Leistungen § 9 ZPO, § 13 GKG. – U.U. Möglichkeit eines geringeren Streitwerts für eine Partei bei entsprechend wirtschaftlichen Verhältnissen; *gespaltener Streitwert;* → Anfechtung (von Hauptversammlungsbeschlüssen); → unlauterer Wettbewerb, → Streitwertbegünstigung.

Streitwertbegünstigung – wird in Wettbewerbs-, Marken-, Patent- und Gebrauchsmustersachen einer wirtschaftlich schwachen Partei gewährt, wenn sie glaubhaft macht, dass die Kostenbelastung nach dem vollen Streitwert ihre wirtschaftliche Lage erheblich gefährden würde (§ 12 IV UWG, § 142 MarkenG, § 144 PatG, § 26 GebrMG, § 54 GeschMG n.F.). In Wettbewerbssachen hat eine Streitwertherabsetzung nach § 12 IV UWG (Herabsetzung wegen nach Art und Umfang einfacher Sache oder Untragbarkeit der Kosten aus dem vollen Streitwert für eine Partei) Vorrang. Streitwertbegünstigung ist Festsetzung eines Teilstreitwerts mit der Folge, dass die begünstigte Partei im Fall vollständigen oder teilweisen Unterliegens Anwalts- und Gerichtskosten nur nach dem Teilstreitwert zu tragen hat.

Streitwertherabsetzung → Streitwertbegünstigung.

Stress → Beanspruchung und Belastung, Coping.

Stressfaktor – Begriff aus der verhaltensorientierten Wirtschaftsgeographie, der Standortunzulänglichkeiten (→ Standort) unternehmerischen Handelns bezeichnet. – Es lassen sich zwei Formen von Stressfaktoren unterscheiden: (1) Standortinterne Stressfaktoren, die fehlende Expansionsmöglichkeiten, die Überalterung von Produktionsanlagen, schlechte örtliche Verkehrsverhältnisse und Umweltschutzauflagen sein können; (2) standortexterne Stressfaktoren, welche auf regionaler, nationaler und supranationaler Ebene auftreten, z.B. Konjunktureinbrüche, technologische Umwälzungen oder die Konkurrenz neuer Wettbewerber auf dem Markt. – Stressfaktoren sind als Stimuli potenzieller unternehmerischer Anpassungshandlungen aufzufassen. Ihr Erkennen ruft eine Reaktion des betroffenen Unternehmens hervor. Das Spektrum dieser Reaktionen reicht von standorterhaltenden Maßnahmen bis hin zur Standortverlagerung, → Standortspaltung und Liquidation eines Unternehmens.

Stresstest

von Prof. Dr. Detlev Hummel und Alexander Uhlig

Stresstests dienen der Überprüfung der Verlustanfälligkeit von Kreditinstituten. Sie zeigen die Konsequenzen auf, für den Fall, dass außergewöhnliche, aber plausible Ereignisse eintreten. Dabei existieren zahlreiche unterschiedliche Verfahren von Stresstests, die jedoch einem gemeinsamen Ziel dienen: der Bestimmung der Widerstandsfähigkeit von Kreditinstituten in extremen Situationen. Insbesondere nach den Ereignissen der jüngsten Finanzmarktkrise haben sowohl Bankenaufsicht als auch die Kreditinstitute selbst verstärkt Stresstests durchgeführt, da sie einen zusätzlichen Beitrag zum traditionellen Risikomanagement und damit der Stabilität des gesamten Finanzsektors leisten können.

I. Begriff

Gesamtheit der Methoden und Analysetechniken zur Überprüfung der Verlustanfälligkeit von Kreditinstituten für den Fall, dass sich makroökonomische Faktoren stark ändern oder andere außergewöhnliche, aber plausible Ereignisse eintreten. Trotz der Vielfalt der jeweiligen Ausgestaltung weisen alle Stresstests die gleiche Grundstruktur auf, indem sie untersuchen, wie stark sich der Wert bspw. eines Wertpapier- oder Kreditportfolios bei einem angenommenen Schock in den Risikoparametern verändert. Stresstests können sowohl Markt-, Kredit- und Liquiditätsrisiken als auch zunehmend operationelle Risiken bewerten. Als Risikoparameter können u.a. eine Migration von Ratingnoten, eine Erhöhung der Verlustquoten für grundpfandrechtliche Sicherheiten, eine verstärkte Inanspruchnahme von Kreditlinien oder auch der gleichzeitige Ausfall der größten Kreditnehmer je nach unterstelltem Szenario verwendet werden. Zu unterscheiden sind Stresstests als Bestandteil des betrieblichen Risikomanagements (ökonomische Stresstests) von aufsichtsrechtlich vorgeschriebenen Anwendungen (regulatorische Stresstests). Organe der → Bankenaufsicht führen ebenfalls Stresstests zur Prüfung der Robustheit einzelner Institute, Institutsgruppen oder des gesamten (nationalen) Finanzsystems durch.

II. Merkmale

a) Sensitivitätsanalysen

Univariate Sensitivitätsanalysen betrachten lediglich den isolierten Einfluss, den eine starke Veränderung eines einzelnen Risikofaktors auf ein bestimmtes Portfolio eines Kreditinstituts hat.

(1) *Portfolioindividuelle Verfahren:* Hierbei bestimmt die Bank individuell für sich den zu verändernden Risikofaktor. Zuvor ist eine Identifikation des wesentlichen Risikotreibers im jeweiligen Portfolio erforderlich.

(2) *Standardisierte Verfahren:* Derartige Sensitivitätsanalysen verwenden standardisierte Faktoren, wie z.B. Ratingklassen.

Beide Verfahren vernachlässigen jedoch Interdependenzen zwischen den verschiedenen Risikofaktoren. Ihr Vorteil liegt in der einfachen Durchführbarkeit, ihre Aussagekraft ist jedoch beschränkt, da sich in Stresssituationen nur selten lediglich einzelne Risikofaktoren verändern. Auch ist gerade die Kombination von mehreren Stressereignissen unter Umständen erst institutsgefährdend, wohingegen isolierte Schocks noch keine Gefährdung darstellen müssen. Ebenso werden Reaktionshandlungen der Banken auf sich verändernde Einflussfaktoren ausgeblendet. Sensitivitätsanalysen eignen sich daher nur für das kurzfristige → Risikomanagement bzw. zur Abschätzung der Schäden von kurzzeitigen Schocks.

b) Szenarioanalysen

Multivariate Szenarioanalysen betrachten die gleichzeitige Veränderung mehrerer Risikofaktoren während eines Stressereignisses und beziehen hierbei auch die → Korrelationen zwischen den jeweiligen Risikofaktoren mit ein. Herausfordernd ist hier insbesondere die Konstruktion realitätsnaher Szenarien.

(1) *Historische Szenarien (auch „Lookback-Szenarien"):* Mittels historischer Simulationen werden in der Vergangenheit stattgefundene, extreme Konstellationen der Risikofaktoren auf das aktuell bestehende → Portfolio angewandt. Hierdurch können Fragestellungen z.B. wie stark sich der Wert eines Aktienportfolios verändert, sollten die Russlandkrise aus dem Jahr 1998 oder die Ereignisse des 11. September 2001 erneut eintreten, beantwortet werden. Problematisch hierbei ist, dass die Anwendung historischer Daten bzw. Szenarien vernachlässigt, dass sich Krisen nur äußerst selten in identischer Ausprägung wiederholen und sich die Portfoliozusammensetzung bspw. durch neue Produkte seit dem vergangenen Ereignis stark verändert haben kann. Ebenso können strukturelle Änderungen, wie z.B. die Euro-Einführung stattgefunden haben, sodass die Verwendung einer historischen Datenbasis nur eingeschränkt möglich ist.

(2) *Hypothetische Szenarien:* Derartige selbst erstellte Szenarien basieren auf den wesentlichen Risikofaktoren des zu stressenden Portfolios. Diese werden einzeln oder in Kombination geschockt. Korrelationen und nichtlineare Abhängigkeiten können ebenfalls mit einbezogen werden. Unter Einfluss des hypothetischen Szenarios wird das Portfolio im Anschluss neu bewertet, sodass der entstandene Verlust berechnet werden kann. Häufig verwendete Krisenszenarien sind bspw. Änderungen von Zinskurven und Schocks von Aktienmärkten, Credit-Spreads oder Währungen.

(3) *Hybride Szenarien:* Bei Hybridszenarien werden die Reaktionen, die Risikofaktoren während historisch beobachteter Stresssituationen gezeigt haben, mit weiteren Risikoszenarien verknüpft, um daraus neuartige Szenarien zu generieren. Die Marktbewegungen der Vergangenheit bzw. deren Einfluss auf die Risikofaktoren werden nicht gesondert betrachtet, sondern dienen lediglich als Konstruktionselement.

III. Ziele

Stresstests dienen der Bewertung des Risikos extremer Ereignisse, die nur eine geringe Eintrittswahrscheinlichkeit haben. Auf diese Weise soll die Verlustanfälligkeit von Kreditinstituten in besonderen Situationen bestimmt werden, um frühzeitig mögliche Gegenmaßnahmen ergreifen zu können. Sie dienen ebenfalls als Informationsquelle der Bankenaufsicht, die durch die regelmäßige Durchführung von Stresstests wichtige Erkenntnisse zur Risikolage der Kreditinstitute und damit auch über die Stabilität des Finanzsystems als Ganzes erhält. So wird bspw. überprüft, ob ein Kreditinstitut auch bei Eintritt bestimmter negativer Entwicklungen weiterhin in der Lage ist, seine aufsichtsrechtlichen Liquiditäts- und Eigenkapitalvorschriften zu erfüllen.

IV. Entwicklung

Erhebungen der → Deutschen Bundesbank zeigen, dass die Bedeutung von Stresstests hinsichtlich ihrer Anwendung in Kreditinstituten seit dem Jahr 2000 stark zugenommen hat. Insbesondere im Marktrisikobereich führen nahezu alle großen Institute regelmäßig Stresstests durch. Etwas geringer liegt die Anwendungshäufigkeit im Kredit- und Liquiditätsrisikobereich, wo die Kreditinstitute größere Modellierungsprobleme zu bewältigen haben. Aktuell werden insbesondere Stresstests zum → Liquiditätsrisiko und zu operationellen Risiken zunehmend relevanter. In der Vergangenheit wurden Stresstests sowohl seitens der Kreditinstitute als auch durch die Bankenaufsicht eine geringere Bedeutung beigemessen. Vor Ausbruch der → Subprime-Krise kamen vornehmlich vergangenheitsorientierte Methoden zum Einsatz. Außerdem wurden die daraus gewonnenen Erkenntnisse nur unzureichend in tatsächliche Steuerungs- und Entscheidungsprozesse des oberen Managements eingebunden.

V. Aufsichtsrechtliche Vorgaben

In zahlreichen Passagen des Rahmenwerks der neuen Baseler Eigenkapitalvereinbarungen (→ Basel II), den hierzu folgenden EU-Richtlinien und der Solvabilitätsverordnung (SolvV) werden Anforderungen an Stresstests formuliert. Aufgrund der starken Heterogenität der Kreditinstitute wurde auf eine einheitliche Vorgabe interner Stresstests aufsichtsrechtlich jedoch verzichtet. Die Mindestanforderungen an das Risikomanagement (MaRisk) legen daher die konkrete Ausgestaltung eigener Stresstests in die Verantwortung des einzelnen Kreditinstituts. Institute, die zur Ermittlung der aufsichtlichen Mindesteigenkapitalanforderungen interne ratingbasierte Modelle nutzen (IRBA-Institute), müssen den § 123 der Solvabilitätsverordnung (SolvV) berücksichtigen, der Anforderungen an Stresstests bei der Einschätzung der Angemessenheit der Kapitalausstattung stellt. Mit Veröffentlichung der geänderten MaRisk im Jahr 2009 gelten in Deutschland neue bankaufsichtliche Rahmenbedingungen, die die Vorgaben der → Bank für Internationalen Zahlungsausgleich (BIZ) und des Europäischen Ausschusses der Bankenaufsichtsbehörden (CEBS) umsetzen und präzisieren. Die → Bundesanstalt für Finanzdienstleistungsaufsicht (BaFin) schreibt nunmehr vor, dass das den MaRisk unterliegende Institut regelmäßig angemessene Stresstests für alle wesentlichen Risiken durchzuführen hat. Insbesondere Risikokonzentrationen und Risiken aus außerbilanziellen Geschäften werden stärker berücksichtigt. Ebenso wird betont, dass die Ergebnisse von Stresstests stärker bei der Beurteilung der Risikotragfähigkeit des Instituts zu berücksichtigen sind. Näheres hierzu regelt der Abschnitt AT 4.3.2 „Risikosteuerungs- und -controllingprozesse" der MaRisk.

Weitere Leitlinien, bspw. der CEBS zur empfohlenen Ausgestaltung von Stresstests, betonen derzeit die wachsende Bedeutung sog. „Reverse Stresstests", bei denen vornehmlich das Risikodeckungspotential betrachtet wird. Durch Vorgabe einer Gesamtverlusthöhe wird untersucht, ab welcher Schwelle die Risikofaktoren verschiedener Szenarien für das Institut existenzbedrohend werden.

VI. Probleme

Die Aussagekraft von Stresstests wird durch eine Vielzahl von Faktoren stark beeinflusst. So sind die gewonnenen Resultate häufig nur schwer interpretierbar, da in der Praxis häufig viele Szenarien simultan durchgeführt werden. Die Vielzahl der Ergebnisse kann somit den Erkenntnisgewinn des Stresstests reduzieren. Weiterhin wird zu den jeweiligen angenommenen Szenarien häufig die Eintrittswahrscheinlichkeit nur unzureichend bestimmt. Ferner werden Interdependenzen der Risikofaktoren nicht ausreichend berücksichtigt und mögliche Gegenreaktionen der Kreditinstitute auf Stressereignisse ausgeblendet. Folglich sind die Ergebnisse von Stresstests stets kritisch zu hinterfragen. Kreditinstitute sollten dennoch auf den Resultaten von Stresstests aufbauend konkrete Maßnahmenpläne vorbereiten.

VII. Beurteilung

In den vergangenen Jahren hatte sich das Konzept des → Value at Risk (VaR) als Standard zur Beurteilung des Risikogehalts von Portfolios und Einzelpositionen durchgesetzt. Hierauf basiert ebenfalls die Berechnung der Mindesteigenkapitalanforderungen der Bankenaufsicht. Die Beurteilung des Risikos auf alleiniger Grundlage einer einzigen mathematischen Kennzahl gilt jedoch mittlerweile als unzureichend. Insbesondere die Berücksichtigung der Verluste in extremen Marktsituationen (sog. „fat tails") werden mit den gängigen Value-at-Risk-Ansätzen nicht ausreichend berücksichtigt. So haben die Erfahrungen mit extremen Marktbedingungen gezeigt, dass Ereignisse aus den Randbereichen der Wahrscheinlichkeitsverteilung deutlich häufiger eintreten, als es die zumeist unterstellte → Standardnormalverteilung prognostiziert. Ebenso schränkt die Bindung an eine historische Datenbasis die Ausgestaltbarkeit der Risikoermittlung in erheblichem Maße ein. Stresstests stellen somit eine sinnvolle Ergänzung zum gängigen Risikomaß des Value-at-Risk-Ansatzes dar. Sie können das Risiko extremer Ereignisse, die nur eine sehr geringe Eintrittswahrscheinlichkeit aufweisen, bewerten. Durch den Verzicht auf Annahmen über statistische Verteilungen der Renditen können neben historischen auch hypothetische Szenarien betrachtet werden. Weiterhin wird durch die Simulierung von außergewöhnlichen Marktsituationen auch das Phänomen der „fat tails" berücksichtigt. Somit ermöglichen Stresstests in Kombination mit dem Value-at-Risk-Konzept eine bessere Kenntnis und somit auch eine bessere Steuerung der Risiken komplexer Portfolios.

VIII. Aktuelle Entwicklungen und Ausblick

Die European Banking Authority (EBA) hat im August 2011 die Ergebnisse eines EU-weiten Stresstest unter 90 Kreditinstituten aus 20 Ländern veröffentlicht. Hierbei wurden zwei aufeinander aufbauende Szenarien untersucht: Im Basisszenario wurde geprüft, wie sich das Eigenkapital der Banken verändert, wenn das Wirtschaftswachstum der Euro-Zone in den Jahren 2011 und 2012 der Prognose der Europäischen Kommission entspricht. Im Krisenszenario wurde die Kapitalausstattung unter deutlich schlechteren Rahmenbedingungen simuliert. Neben einem negativen Wirtschaftswachstum wurden Aktienkurseinbrüche, ein Anstieg der Arbeitslosigkeit, ein Zusammenbrechen der Immobilienmärkte und eine deutliche Reduktion der Kurse für Staatsanleihen unterstellt. Besonders die Ausfallwahrscheinlichkeit für griechische Staatspapiere wurde deutlich angehoben. Der Stresstest diente in erster Linie der Schaffung von Transparenz über die Widerstandsfähigkeit des europäischen Bankensystems. Er galt als bestanden, wenn das Kernkapital des jeweiligen Kreditinstituts auch im strengsten Stressszenario nicht unter 5 Prozent der risikogewichteten Aktiva fiel. Hiernach gemessen hat sich das deutsche Bankensystem als robust erwiesen. Alle teilnehmenden deutschen Banken haben den Test bestanden. Europaweit konnten acht Banken die Anforderungen des Tests nicht erfüllen: fünf davon stammen aus Spanien, zwei aus Griechenland, eine aus Österreich. Durchgefallene Institute müssen bis zum Jahresende ihre Kapitalpuffer erhöhen. Diejenigen Institute, die nur knapp bestanden haben, werden künftig strenger beaufsichtigt. Der 2011 durchgeführte Stresstest wies somit deutlich strengere Anforderungen und Konsequenzen als noch im Jahr 2010 auf. An der Durchführung des Tests wurden jedoch auch zahlreiche Aspekte öffentlich stark diskutiert. Insbesondere die starke Zunahme an einzureichenden Daten und die mangelnde Anerkennung von stillen Einlagen als hartes Kernkapital wurden Gegenstand der Kritik.

Stresstests von Kreditinstituten werden zukünftig sowohl im regulatorischen Umfeld als auch im betrieblichen Risikomanagement weiter an Bedeutung gewinnen. Herausfordernd bleibt die methodische Weiterentwicklung, wie auch die Interpretation und Integration der resultierenden Ergebnisse in die Risikosteuerung von Banken. Gelingt diese, können Stresstests zum Qualitäts- und Unterschiedsmerkmal gegenüber Wettbewerbern werden.

Stretch Goals – ausgedehnte und überhöhte Zielvorgabe. Bspw. solle man demnach mehr verlangen als man eigentlich erwartet, dann bekomme man was man ursprünglich wollte. Zudem sind dehnbare/ unpräzise → Ziele gemeint, die bei der Überprüfung der Ziele nach Bedarf dorthin gezogen werden, wo sie gebraucht werden.

Streukosten – Aufwendungen, die einem Werbetreibenden entstehen, wenn er seine → Werbemittel auf verschiedene → Medien (→ Werbeträger) streut, z.B. durch Beschaffung von Preisinformationen (Anzeigenpreislisten, Preislisten der Plakatinstitute) u.a. Streukosten stellen einen Teil der → Werbekosten dar.

Streupflicht – Streuen und Reinigen der Straßen und Bürgersteige bei Schnee- und Eisglätte. Fahrbahnen an gefährlichen Stellen und Bürgersteige sind so zu streuen, dass ein vorsichtiger Verkehrsteilnehmer keinen Schaden erleiden kann. – § 3 III FStrG und die Straßen- und Wegegesetze der Länder bestimmen, dass die Träger der Straßenbaulast räumen und streuen sollen. Eine Verpflichtung besteht auch im Rahmen der → Verkehrssicherungspflicht. Gemeinden haben innerhalb geschlossener Ortschaften zu streuen. Haftung der Gemeinden als Amtspflichtverletzung (§ 839 BGB, Art. 34 GG). – Bez. der *Bürgersteige* ist die Räum- und Streupflicht der Gemeinde meist durch Ortssatzung auf die Straßenanlieger übertragen.

Streuplan – *Mediaplan, Mediastreuplan.* 1. *Begriff:* Übersicht des zeitlichen Einsatzes der vorgegebenen, empfohlenen oder genehmigten → Medien, d.h. eine Auflistung der definierten → Werbeträger (z.B. Hörfunk und Fernsehen) mit dem jeweiligen Veröffentlichungsdatum. Kernstück der gesamten Konzeption einer → Werbekampagne. – 2. *Zweck:* Der Streuplan legt die Streuwege (→ Streuung) und → Werbemittel fest, bestimmt den Zeitpunkt der Streuung, berücksichtigt das Zielfeld (→ Zielgruppe) mit allen möglichen Nebenbereichen und Überschneidungen und kontrolliert den Streuerfolg (u.U. mittels Auflösung des Streuplans in einzelne Kontrollkarten oder -positionen). – 3. *Bestimmungsfaktoren:* (1) → Werbeziele: vom Objekt determiniert; (2) *marktrelevante Daten:* Eigenschaften wie soziologische oder Kaufkraftstruktur, Nachfrage, Bedarf und Konkurrenzwerbung; (3) *werbetechnische Aspekte:* Möglichkeiten der kreativen Arbeit, Agenturleistungen und -beratungen, gesetzliche Verordnungen, konjunkturpolitische Tendenzen etc.; (4) → Media: Eigenschaften der einzelnen Werbeträger in Bezug auf die Kontaktierung der Zielgruppen, → Mediaanalyse etc. – Vgl. auch → Mediaplanung, → Streukosten, → Streuverluste.

Streuplan-Analyse-Programm (SAP) – Abk. *SAP.* – Vgl. auch → Mediaselektionsmodelle.

Streuplanung → Mediaplanung.

Streuung – I. Statistik: *Dispersion, Variabilität;* das mehr oder minder weite Entferntsein der Beobachtungswerte eines → Merkmals bzw. der Ausprägungen einer → Zufallsvariablen voneinander. Die Quantifizierung der Streuung erfolgt durch → Streuungsmaße.

II. Werbung: *Mediastreuung.* 1. *Begriff:* alle Maßnahmen, die zur Verbreitung des verschiedenartigsten Werbematerials gehören und dazu dienen, Werbebotschaften an einen bestimmten Empfängerkreis (→ Zielgruppe) zu bringen bzw. mit ihm in Kontakt zu kommen; ein geschlossenes Arbeitsgebiet im Bereich der Werbung. – 2. *Charakterisierung:* Durch die Streuung wird das Werbematerial gewissermaßen aktiviert und zum → Werbemittel umfunktioniert. Dabei ist wichtig, dass der Einsatz der Werbemittel beim Werbesubjekt zum richtigen Zeitpunkt und über den richtigen Werbeträger (→ Medien) erfolgt. Voraussetzung ist gründliche Kenntnis aller Medien sowie eine exakte Markt- und → Mediaanalyse; beides dient als Grundlage zur Aufbereitung eines → Streuplans. Um einen maximalen Erfolg zu gewährleisten, muss streuungsbezogen die Vielzahl der gegebenen Möglichkeiten zusammengefasst und auch genutzt werden. Die Streuung im Optimalfall müsste ohne → Streuverluste den gesamten potenziellen Interessenten- und Kundenkreis, aber auch einzelne, kleine Gruppen erreichen. – 3. *Streuarten:* a) Nach der *Gezieltheit:* (1) *Auswahl-Streuung (gezielte Streuung):* Die Werbung richtet sich an die für das Produkt oder die angebotene Leistung einzige Bedarfsgruppe (→ Zielgruppe). Das Werbematerial kann gezielt gestreut werden. – *Beispiel:* Jede Firma, die eine Datenverarbeitungsanlage unterhält, benötigt auch Datenträger etc.; mit Fachzeitschriften oder über Adressen der Betriebe (→ Adressenverlage) im Bereich Datenverarbeitung kann in diesem Fall gezielt geworben werden. – (a) Ist der Interessenten- oder Personenkreis so klein, dass eine spezielle Gruppe angesprochen werden kann, die wahrscheinlich gewillt ist, das Produkt zu kaufen oder anzuwenden, ist *„fein gezielte"* Streuung möglich. – *Beispiel:* Streuung in die als Kunden bekannten Adressen; im Investitionsgüterbereich z.B. Benutzer gelieferter Maschinen und Einrichtungen, denen Ergänzungsgeräte oder bes. Dienstleistungen angeboten werden. – (b) Kategorien von Konsumenten, die der Anbieter z.B. mit der Post oder als Leser einer bestimmten Fachzeitschrift erreichen kann, werden mit der sog. *grob gezielten* Streuung erfasst. – *Beispiel:* Postwurfsendung an alle Schließfachinhaber.(2) *Zufalls-Streuung (ungezielte Streuung):* vielseitiges Gebiet. Kann nur bei bestimmten Konsumgütern angewandt werden. – *Beispiel:* Fernseh- und Funkspots. Die ungezielte Streuung wird feiner, wenn eine Postwurfsendung auf alle Haushaltungen in einem bestimmten Stadtbezirk begrenzt wird (→ Direktwerbung). – b) Nach der *Art des Streuweges:* (1) *Eigenstreuwege:* Streuung über Vertreter, Verkäufer, Propagandisten, Boten etc. (2) *Fremdstreuwege:* Streuung über Post, Botendienste etc. – Vgl. auch → Streukosten.

Streuungsdiagramm – *Korrelationsdiagramm;* grafische Veranschaulichung der verbundenen Beobachtungen (x_1, y_1), (x_2, y_2), ... zweier → Merkmale durch Punkte in einem Koordinatensystem. Das Streuungsdiagramm bildet die optische Grundlage der → Regressionsanalyse und der Ermittlung der → Korrelation.

Streuungsmaß – in der Statistik zusammenfassende Bezeichnung für → Maßzahlen zur Kennzeichnung der → Streuung, bes. → Varianz, → Standardabweichung, → durchschnittliche absolute Abweichung, → Spannweite, → mittlerer Quartilsabstand (absolute Streuungsmaße) und → Variationskoeffizient (relatives Streuungsmaß). – Bei theoretischen → Verteilungen wird das Wort in analoger Bedeutung (→ Streuungsparameter) gebraucht.

Streuungsparameter – funktional- oder explizite → Parameter von theoretischen → Verteilungen, die die → Streuung kennzeichnen.

Streuverluste – Überschreitung des Rahmens der anvisierten Zielgruppe, die mit der Werbebotschaft erreicht werden soll, durch → Medien und → Werbemittel. Streuverluste treten auf, wenn bei der → Streuung der Werbemaßnahmen keine Deckungsgleichheit von Streu- und Absatzgebiet erzielt wird. – Vgl. auch → Streuplan, → Reichweite, → Mediaplanung.

Streuwerbung – Form der Werbung, bei der die → Werbemittel breit an namentlich unbekannte Zielgruppen gestreut werden. – *Gegensatz:* → Direktwerbung.

Strichcode → Barcode.

Stripped Bond – Wertpapierform bei der ein festverzinsliches Wertpapier (i.d.R. → Staatsanleihen) in die Bestandteile Zinszahlungen und Rückzahlungsbetrag (Mantel) zerlegt (Coupon Stripping) und getrennt gehandelt wird (STRIPS = Separate Trading of Registered Interest and Principal of Securities). Der Verkauf erfolgt also einzeln für jede Zahlung als Null-Coupon-Anleihe oder als Zusammenfassung mehrerer Zinsscheine auf einen Zinstermin (Abzinsung mit internem Zinsfuß). Das Coupon Stripping bewirkt, dass der Mantel und die Zinszahlung der ursprünglichen Anleihe den Charakter von Zerobonds annehmen. → TIGRs und → CATS gehören zu den Stripped Bonds. – Die KfW setzte 1992 solche Anleihen auf, die Deutsche Bundespost wandte dieses Konzept 1996 an. Seit 1997 ist Coupon Stripping für Bundesanleihen möglich.

STRIPS – Abk. für *Separate Trading of Registered Interest and Principal of Securities;*. – Vgl. → Stripped Bond.

Strohmann – 1. *Begriff:* Vorgeschobene Person, die im eigenen Namen für jemand anders handelt und die Treuhänderstellung verheimlicht. Häufig bei der Gründung von Gesellschaften (um gesetzlich geforderte Anzahl der Gründer herzustellen). – 2. *Wirkung:* Der Strohmann und nicht der Hintermann ist ggf. → Kaufmann, weil das Betreiben eines → Handelsgewerbes, wenn auch für fremde Rechnung oder mit den Mitteln eines anderen, Voraussetzung der Kaufmannseigenschaft ist. Neben ihm kann aber u.U. auch der Hintermann haften, z.B. beim Erwerb von Gesellschaftsrechten als eigentlicher Erwerber für die Gesellschaftsteuer.

Strombörse – Handelsplatz für Strom, ähnlich der Wertpapierbörse. Mit der Liberalisierung des Strommarktes und damit der Aufhebung des Strommonopols in der Bundesrepublik ergab sich die Anforderung, für die Ware Strom eine Börse zu schaffen. Es wird somit den Käufern und Verkäufern ermöglicht, Strom sowohl über den Kassahandel als auch über den → Terminmarkt zu erwerben und sich so gegen Preisniveauschwankungen abzusichern. Im Jahr 2000 wurden in Deutschland die Leipzig Power Exchange (LPX) und die European Energy Exchange (EEX) in Frankfurt a.M. gegründet. Die beiden Börsen fusionierten zum 1.1.2002 zur (neuen) EEX (Leipzig). Neben Erdgas- und Kohlehandel wird dort auch → Emissionshandel betrieben. Durch den Zusammenschluss der Stromspotmarktaktivitäten der Energiebörsen Powernext SA aus Frankreich und der EEX AG in Deutschland entstand 2008 das Unternehmen EPEX SPOT mit Sitz in Paris und einer Zweigstelle in Leipzig.

Stromeinspeisungsvergütung → Einspeisevergütung.

Stromgleichgewicht – im Rahmen makroökonomischer → Modelle verwendeter Gleichgewichtsbegriff, der sich auf die → Stromgrößen der Güter- und Faktormärkte bezieht. Stromgleichgewicht liegt vor, wenn das Güter- bzw. Faktorangebot der Güter- bzw. Faktornachfrage innerhalb einer Zeitspanne entspricht. Zu unterscheiden von dem ebenfalls in makroökonomischen Modellen verwendeten Begriff des Portfoliogleichgewichts, welches sich auf die Bestandsgrößen auf den Assetmärkten bezieht. Bestandsgrößen erfassen Vermögens- und Schuldenwerte zu einem bestimmten Stichtag. – Vgl. auch → Portfolio-Ansatz.

Stromgrößen – volkswirtschaftliche Größen, die zeitraumbezogen gemessen werden, z.B. Nationaleinkommen, Konsumausgaben. – *Gegensatz:* → Bestandsgrößen.

Stromgrundversorgung – Stromgrundversorger ist das Energieversorgungsunternehmen (EVU), das die meisten Haushaltskunden in einem Netzgebiet der allg. Versorgung mit Elektrizität beliefert. Das EVU hat für das Netzgebiet, in dem es die Grundversorgung durchführt, allg. Bedingungen und allg. Preise für die Versorgung mit Elektrizität in Niederspannung öffentlich bekannt zu machen und zu diesen Bedingungen jeden Kunden zu beliefern. Die allg. Bedingungen sind geregelt in der Stromgrundversorgungsverordnung – StromGVV – vom 26.10.2006 (BGBl. I 2391) m.spät.Änd. Sie sind Bestandteil des

Grundversorgungsvertrages zwischen EVU und Haushaltskunden.

Stromkosten – Teil der → Energiekosten. – 1. *Erfassung:* a) Kosten für Fremdstrom werden als primäre Kosten in der Kostenrechnung erfasst; b) Kosten der eigenen Stromerzeugung werden als → innerbetriebliche Leistungen auf einer eigenen (Hilfs-) Kostenstelle gesammelt. – 2. *Verrechnung:* Die Weiterrechnung auf die verbrauchenden Kostenstellen sollte möglichst als → Kostenstelleneinzelkosten erfolgen. Fehlen die hierzu erforderlichen Verbrauchsmesseinrichtungen, verwendet man häufig den tatsächlichen Verbrauch möglichst gut widerspiegelnde Schlüssel (→ Gemeinkostenschlüsselung) wie installierte kW. – Vgl. auch → Kostenstellengemeinkosten, → innerbetriebliche Leistungsverrechnung, → unechte Gemeinkosten.

Stromsteuer – 1. *Begriff:* Eine Verbrauchsteuer auf Strom, durch die Strom verteuert und somit zum Energiesparen ein Anreiz gegeben werden soll (→ Ökosteuer). – 2. *Rechtsgrundlage:* Stromsteuergesetz (StromStG) vom 24.3.1999 (BGBl. I 378). – 3. *Steuergegenstand:* Besteuert wird elektrischer Strom im Sinn der Position 2716 der Kombinierten Nomenklatur (→ KN). – 4. *Steuergebiet:* Erhoben wird die Stromsteuer im Gebiet der Bundesrepublik Deutschland ohne die Gebiete von Büsingen und Helgoland. – 5. *Steuertarif:* Die Steuer beträgt 20,50 Euro pro Megawattstunde (Stand: 2009). – 6. *Verfahrensrechtliche Vorschriften:* a) *Erlaubnispflicht:* Wer Letztverbraucher im Erhebungsgebiet der Stromsteuer mit Strom versorgen will, bedarf der Erlaubnis, die beim Hauptzollamt beantragt werden kann. Voraussetzungen für die Erlaubnis sind in § 4 StromStG näher geregelt. – b) *Steuerentstehung:* Die Steuer entsteht, sobald der gelieferte Strom vom Letztverbraucher im Steuergebiet aus dem Versorgungsnetz entnommen wird oder dadurch, dass der Versorger Strom zum Selbstverbrauch entnimmt; bei Eigenerzeugern entsteht die Steuer mit der Entnahme von Strom zum Selbstverbrauch. – c) *Steuerschuldner* ist je nach Konstellation entweder der Stromversorger oder der Eigenerzeuger. Wer widerrechtlich Strom aus einem Versorgungsnetz entnimmt, ist ebenfalls Steuerschuldner. Bei Bezug von Strom von einem Versorger außerhalb des Steuergebiets ist nicht der ausländische Versorger, sondern der Letztverbraucher Steuerschuldner. – 7. *Steuerberechnung:* Der Steuerschuldner muss die Steuer selbst berechnen und den zu zahlenden Betrag beim Finanzamt in einer Steueranmeldung erklären. Als Anmeldungszeitraum kann der Monat oder das Kalenderjahr gewählt werden; bei jährlicher Anmeldung sind monatliche Vorauszahlungen zu entrichten. – 8. *Steuerbefreiungen* sind vorgesehen: (1) Für Strom aus erneuerbaren Energieträgern, der entweder von Eigenerzeugern als Letztverbrauchern erzeugt wird oder aus einem nur aus regenerativen Energien gespeisten Netz entnommen wird; (2) Strom zur Verwendung bei der Stromerzeugung ist steuerfrei. Strom aus Anlagen mit einer Nennleistung von bis zu 2 Megawatt ist steuerfrei, wenn er vom Anlagenbetreiber in einem räumlichen Zusammenhang zur Entnahmestelle geleistet wird; (3) Strom, der in Notstromaggregaten und an Bord von Schiffen oder Luftfahrzeugen erzeugt wird – 9. *Ermäßigte Steuersätze nach § 9 StromStG:* (1) Im Verkehr mit Oberleitungsomnibussen oder im Fahrbetrieb im Schienenbahnverkehr mit bestimmten Ausnahmen: 11,42 Euro je Megawattstunde; (2) Strom, der von Unternehmen des Produzierenden Gewerbes und der Land- und Forstwirtschaft zu betrieblichen Zwecken verbraucht wird, unterliegt einem ermäßigten Steuersatz von 12,30 Euro. – 10. *Steuersenkungsmöglichkeiten:* Für Unternehmen des Produzierenden Gewerbes sind Steuererlass, -erstattung oder -vergütung vorgesehen, soweit die Steuer im Kalenderjahr den Betrag von 512,50 Euro übersteigt, wenn bestimmte andere Voraussetzungen erfüllt sind. – 11. *Änderung:* Das Stromsteuergesetz wurde letztmalig 2008 geändert. – 12. *Aufkommen:* 7.247 Mio. Euro (2011), 6,3 Mrd. Euro (2006), 6.531,2 Mio. Euro (2003), 5.096,5 Mio. Euro (2002), 4.322,5 Mio. Euro (2001), 3.355,7 Mio. Euro (2000), 1.815,5 Mio. Euro (1999).

Stromversorger – Begriff des Stromsteuergesetzes für einen Unternehmer, der Strom an Letztverbraucher leistet (§ 2 I Nr.1 StromStG). – Vgl. auch → Eigenerzeuger.

Structural Adjustment Programme → Strukturanpassungsprogramm (SAP).

Structure-Conduct-Performance-Paradigma → Industrieökonomik.

Structured Finance – umfasst alle fortgeschrittenen privaten und öffentlichen Lösungen zum effizienten Refinanzieren und Absichern wirtschaftlicher Aktivitäten, die über die konventionellen Formen (→ Kredit, → Anleihe, → Aktie) hinausgehen. Ziel ist die Senkung der → Kapitalkosten, die Reduktion von Interessenkonflikten, Steueroptimierung sowie die Liquiditätssteuerung. Die entsprechenden Instrumente (1) kombinieren traditioneller Finanzinstrumente mit Derivaten oder (2) replizieren traditioneller → Finanzinstrumente durch Synthetisierung. Structured Finance kommt zum Zug, wenn traditionelle Finanzierungsformen zu teuer oder nicht erhältlich sind.

Structured Walk-through → Walk-through.

Struktogramm – *Nassi-Shneiderman-Diagramm.* 1. *Begriff:* grafisches Hilfsmittel bei der → Programmentwicklung zur Darstellung eines → Algorithmus. – 2. *Darstellungsform:* Ein Struktogramm wird aus → Strukturblöcken zusammengesetzt, die entweder hintereinander geschaltet oder geschachtelt sind. Zur Darstellung des Ablaufs werden Symbole verwendet, die die → Steuerkonstrukte der strukturierten Programmierung beschreiben. – 3. *Vorteile:* Struktogramme zwingen den → Programmierer zu disziplinierter Gestaltung des Programmablaufs. – 4. *Bedeutung:* Mit zunehmender Verwendung der strukturierten → Programmierung drängen Struktogramme die früher üblichen → Programmablaufpläne immer mehr zurück.

Struktur – I. Wissenschaftstheorie: Menge der die einzelnen Elemente eines → Systems verknüpfenden Relationen. Im Rahmen der Betriebswirtschaftslehre kommt verschiedenen strukturellen Regelungen zum Zweck der → Organisation des betrieblichen Geschehens bes. Bedeutung zu.

II. Statistik: Bezeichnung für die Verhältnisse in der → Grundgesamtheit. Z.B. ist die strukturelle Regressionsgerade die Regressionsgerade der Grundgesamtheit, deren → Parameter aus einer Stichprobe (→ Teilerhebung) zu schätzen sind.

III. Ökonometrie: Die Struktur eines → ökonometrischen Modells umfasst die Funktionalform und deren Parameter sowie die Verteilungsfunktionen der Zufallsvariablen im Modell und deren Parameter.

Strukturalismus – Die Ergebnisse der klassischen → Außenwirtschaftstheorie unterstellen durch die internationale Arbeitsteilung eine Wohlfahrtsverbesserung aller. Nach dem Ansatz des Strukturalismus wird die Welt dagegen in Zentrum und Peripherie aufgeteilt, deren Produktionsstrukturen erheblich voneinander abweichen. Die Verteilung der Handelsgewinne begünstigt nur das Zentrum. – Gefordert wird eine strukturelle Transformation (Industrialisierung), die einkommenselastische Industriegüterimporte durch heimische Produktion ersetzt (Importsubstitution) und schließlich zu → internationaler Wettbewerbsfähigkeit führt. In der Übergangsphase werden protektionistische Maßnahmen, Devisenkontrollen, Subventionierung heimischer Investitionen und Attrahierung ausländischen Kapitals für die noch jungen Industriesektoren vorgeschlagen.

Strukturanpassungspolitik – Teilbereich der → Industriepolitik, → sektoralen Strukturpolitik oder → Regionalpolitik. – 1. *Begründung:* In erster Linie geht es darum, den Abbau von Arbeitsplätzen in strukturschwachen Branchen zu verlangsamen und für einen Ausgleich an Beschäftigungsmöglichkeiten in anderen Branchen zu sorgen. Dafür werden zeitlich befristete Subventionsprogramme aufgelegt und oftmals auch außenhandelspolitische Schutzmaßnahmen ergriffen. Daneben werden häufig staatlich geförderte Umschulungsprogramme angeboten, um die Wiedereingliederung freigesetzter Arbeitskräfte in anderen Wirtschaftszweigen zu erleichtern. – 2. In den Bereich der Strukturanpassung fallen auch jene *Maßnahmen,* mit denen die Wettbewerbsfähigkeit gefährdeter Branchen wiederhergestellt werden soll. Diese Unterstützung wird i.d.R. in Form von Investitionshilfen für Rationalisierungsmaßnahmen, für eine Neugestaltung der Produktpalette oder für eine Modernisierung der Produktionsanlagen gewährt. Oftmals sind derartige Beihilfen an Auflagen zum freiwilligen Kapazitätsabbau der geförderten Unternehmen geknüpft. Die strukturellen Anpassungserfordernisse werden vorrangig vom internationalen Wettbewerb bestimmt. In hoch entwickelten Industrieländern sind es v.a. arbeitsintensive Industrien und Industrien mit standardisierten, leicht imitierbaren Produkten, die unter den Druck der Konkurrenz aus weniger entwickelten Ländern geraten. – 3. Die *Unterscheidung* zwischen Maßnahmen zur Strukturerhaltung (→ Strukturerhaltungspolitik) und zur Strukturanpassung wird zusätzlich dadurch erschwert, dass viele Anpassungshilfen über sehr lange Zeiträume hinweg gewährt werden. Wenn die Anpassungsprobleme auch nach Ablauf eines Förderprogramms nicht gelöst sind, werden oftmals Folgeprogramme aufgelegt. Dadurch entwickeln sich industriepolitische Maßnahmen, die ursprünglich der Strukturanpassung dienen sollten, häufig im Nachhinein zu Maßnahmen einer Konservierungs- bzw. Strukturerhaltungspolitik. – Vgl. auch → strategische Industriepolitik.

Strukturanpassungsprogramm (SAP) – *Structural Adjustment Program;* durch den Internationalen Währungsfonds (→ IWF) und die → Weltbank gewährte Großkredite zu Sonderkonditionen für Entwicklungsländer. Voraussetzung war, dass das Empfängerland ein gemeinsam ausgearbeitetes Entwicklungsprogramm umsetzte, das bes. auf die Beseitigung struktureller Schwächen (Staatshaushalt, Außenhandel, Infrastruktur etc.) abstellte. Während die makroökonomische Rationalität der Strukturanpassungsprogramme weitgehend unumstritten war, richtete sich Kritik gegen die mikroökonomischen und bes. sozialen Auswirkungen dieser Sanierungsprogramme in den betroffenen Ländern. In verschiedenen Ländern kam es im Zusammenhang mit der Umsetzung von Strukturanpassungsprogrammen zu Unruhen („Brotaufstände"). 1999 wurden die Strukturanpassungsprogramme eingestellt und durch die → PRGF (Armutsfazilität) in veränderter Form weitergeführt.

Strukturbeitrag – *Fristentransformationsbeitrag;* Kapitalbindungs- bzw. -überlassungsprämie, die am Geld- und Kapitalmarkt für Einlagen bzw. Kredite bestimmter → Fristigkeit im Vergleich zum Satz für täglich fälliges Geld gezahlt wird. Der Strukturbeitrag resultiert damit aus der durchgeführten → Fristentransformation.

Strukturberichterstattung – existierte von 1978 bis 2001. Sie wurde im Auftrag des Bundeswirtschaftsministeriums (heute: Bundesministerium für Wirtschaft und Technologie (BMWi)) von den Wirtschaftsforschungsinstituten → Deutsches Institut für Wirtschaftsforschung (DIW), → ifo Institut für Wirtschaftsforschung, Institut für Weltwirtschaft (IfW), → Hamburgisches Welt-Wirtschafts-Archiv (HWWA), → Rheinisch-Westfälisches Institut für Wirtschaftsforschung (RWI) und – seit 1992 - auch dem → Institut für Wirtschaftsforschung Halle

(IWH) durchgeführt. Die Strukturberichterstattung sollte die Ursachen und Entwicklungslinien des → sektoralen Strukturwandels in der dt. Volkswirtschaft und bes. auch die Wirkungen der → sektoralen Strukturpolitik untersuchen. Im Rahmen dieser Forschungsarbeiten sind umfangreiche empirische Analysen angestellt worden, u.a. über Richtung und Tempo des Strukturwandels in unterschiedlichen Wachstumsphasen der dt. Volkswirtschaft.

Strukturblock – 1. *Begriff:* bei der → strukturierten Programmierung ein Baustein eines → Algorithmus bzw. eines → Programms. – 2. *Definition (rekursiv):* Ein Strukturblock ist entweder ein Elementarblock (ein Strukturblock, der nur aus einem → Befehl besteht) oder er enthält selbst wieder mehrere Strukturblöcke. – 3. *Verwendung:* als → Struktogramm.

Strukturbruch – Vorgang, dass bei einem Regressionsansatz (→ Regressionsanalyse) oder in einem Modell der → Ökonometrie Änderungen der Werte der → Parameter eintreten. Ist ein Strukturbruch vorgekommen, muss eine erneute Parameterschätzung vorgenommen werden. Das Eintreten eines Strukturbruchs kann durch → statistische Testverfahren überprüft werden. In der Realität eher allmähliche Strukturveränderungen.

Strukturbruchtest – Verfahren zur Überprüfung der Annahme beobachtungsinvarianter Koeffizienten. Für lineare → Einzelgleichungsmodelle findet v.a. der → Chow-Test, der → CUSUM-Test und der → CUSUMQ-TEST Anwendung.

strukturelle Arbeitslosigkeit → Arbeitslosigkeit.

strukturelle Heterogenität → Dependencia-Theorien.

strukturelle Operationen des ESZB → Geldpolitik.

struktureller Wandel – *Strukturwandel.* Die Veränderung der → Wirtschaftsstruktur, d.h. der relativen Gewichte einzelner Sektoren während des Entwicklungsprozesses. Im Entwicklungsprozess nimmt die Bedeutung des → primären Sektors im Laufe der Zeit ab, der → sekundäre Sektor und tertiäre Sektor (→ Dienstleistungssektor) nehmen an Bedeutung zu, wobei schließlich der tertiäre Sektor den Industriebereich überflügelt (→ Drei-Sektoren-Hypothese). – Vgl. auch → sektoraler Strukturwandel, → regionaler Strukturwandel, → Wachstumstheorie.

strukturelles Defizit – Konzept des → Sachverständigenrates zur Begutachtung der gesamtwirtschaftlichen Entwicklung (SVR); dient der Ermittlung des konjunkturbereinigten Konsolidierungsbedarfs der öffentlichen Haushalte. Das strukturelle Defizit steht in einem engen Zusammenhang mit dem → konjunkturneutralen Haushalt und dem → konjunkturellen Impuls, und wurde im Jahresgutachten 1994/1995 weiterentwickelt. – Dem Konzept des strukturellen Defizits wird vom Sachverständigenrat mittlerweile eine größere *Bedeutung* beigemessen als dem des konjunkturneutralen Haushalts und dem des konjunkturellen Impulses. – Mit dem strukturellen Defizit wird der Teil des Gesamtdefizits der öffentlichen Haushalte mittels Zeitreihenverfahren ökonometrisch geschätzt, der dauerhaften Charakter hat, sich also nicht im Laufe eines → Konjunkturzyklus selbsttätig abbaut oder durch gesetzlich befristete Maßnahmen begründet ist. Das strukturelle Defizit entspricht also jenem Teil des Gesamtdefizits, der bei Normalauslastung des → Produktionspotenzials besteht. – Vgl. → Angebotspolitik, → Monetarismus; *Gegenteil:* → konjunkturelles Defizit.

strukturelle Zahlungsbilanzungleichgewichte – Erscheinungsform der → Zahlungsbilanz, wenn die Politikträger ein annäherndes Zahlungsbilanzgleichgewicht in einer angemessenen Zeit mithilfe binnenwirtschaftlicher Mittel (d.h. ohne Wechselkurskorrektur) nicht herbeiführen können.

Strukturerhaltungspolitik – Teilbereich der → Industriepolitik, → sektoraler Strukturpolitik oder → Regionalpolitik. – 1. *Begründung:* Im Zentrum der Strukturerhaltungspolitik stehen in nahezu sämtlichen Industrieländern die Landwirtschaft, der Bergbau und die Eisen- und Stahlindustrie (strukturschwache Branchen). In diesen drei Branchen sei, so heißt es, ein gewisses Mindestmaß an Autarkie unverzichtbar, um in einem möglichen Krisenfall nicht völlig von Lieferungen des Auslandes abhängig zu sein. Die Landwirtschaft stelle die Ernährung der Bevölkerung sicher, der Bergbau bewahre die nationalen Energiereserven, und die Eisen- und Stahlindustrie sei u.a. aus militärstrategischen Gesichtspunkten unverzichtbar. – 2. *Probleme:* Ein gemeinsames Merkmal der Konservierungspolitiken ist ihre Beharrungstendenz. Die Landwirtschaft in der EU produziert mittlerweile weit mehr als zur Existenzsicherung der Bevölkerung nötig, die energiewirtschaftliche Bedeutung der Steinkohle ist stark geschrumpft, und für den militärischen Bereich ist die Stahlerzeugung längst kein Schlüsselbereich mehr. Dennoch wird die Unterstützung für Landwirtschaft, Kohle und Stahl weitgehend unvermindert fortgesetzt. Diese drei Branchen zählen weltweit zu den am höchsten subventionierten Bereichen der Wirtschaft. – Vgl. auch → Strukturanpassungspolitik, → strategische Industriepolitik.

Strukturfonds der Europäischen Union → Strukturpolitik der Europäischen Union.

Strukturforschung → Strukturberichterstattung.

Strukturhilfe – im Rahmen der → finanziellen Zusammenarbeit seit 1987 zur Verfügung stehendes Instrument der dt. Bundesregierung, mit dessen Hilfe Strukturanpassungsmaßnahmen der Entwicklungsländer unterstützt werden können. Devisen für den Import von Waren und Dienstleistungen sollen im Zusammenhang mit Strukturanpassungsprogrammen der Weltbank zur Verfügung gestellt werden (→ Warenhilfe).

Strukturierte Investmentvehikel – Abk. *SIV*, Conduits. – Vgl. → Verbriefung von Kreditportfolios.

strukturierte Programmierung – 1. *Begriff:* Methode, die bei der → Programmentwicklung angewendet wird. – 2. *Zweck:* Unterstützung des → Programmierers bei der Gestaltung eines → Algorithmus dahingehend, dass der Algorithmus und das daraus resultierende → Programm transparent, verständlich und leicht zu ändern sind. – 3. *Definitionsansatz:* Strukturierte Programmierung ist eine Methode, bei der ein Algorithmus bzw. ein Programm aus → Strukturblöcken zusammengesetzt wird und bei der zur Steuerung des Ablaufs ausschließlich die → Steuerkonstrukte Sequenz, Selektion und Repetition benutzt werden.

strukturierter Datentyp – 1. *Begriff:* → Datentyp, dessen Wertemenge nicht aus → Datenelementen, sondern aus → Datenstrukturen besteht; d.h. die Werte sind strukturiert. Auch abstrakte Datentypen sind i.d.R. strukturiert. – 2. *Gebräuchlichste Arten:* → Array und → Record.

Strukturiertes Entity Relationship Modell → SERM.

Strukturierung – im Rahmen der Organisation die vertikale Zerlegung eines Handlungskomplexes in zunehmend stärker strukturierte Teilhandlungen zur Regelung der → Delegation. Durch Strukturierung wird der Spielraum der → Entscheidungskompetenzen bestimmt und von Ebene zu Ebene der Entscheidungshierarchie fortlaufend eingeschränkt. Hierarchisch übergeordnete organisatorische Einheiten verfügen demnach stets über eine größere Entscheidungsautonomie als die ihnen nachgeordneten Einheiten.

Strukturkrisenkartell → Kartell, das im Fall eines auf einer nachhaltigen Änderung der Nachfrage beruhenden Absatzrückgangs (Strukturkrise) zur Kapazitätsanpassung errichtet wird. Nach Wegfall der früheren Legalisierungsmöglichkeit (ehemals Erlaubniskartell nach § 6 GWB a.F.) ist eine mögliche Ausnahme vom Verbot des § 1 GWB und Art. 101 I AEUV im Einzelfall anhand des § 2 GWB und Art. 101 III AEUV zu beurteilen. Grundsätzlich kann Strukturkrisen aus wettbewerbsrechtlicher Sicht jedoch nur noch mittels wettbewerbskonformer Kooperationen mit dem Ziel der Effizienzsteigerung begegnet werden.

Strukturorganisation → Aufbauorganisation.

Strukturpolitik – zusammenfassend für verschiedene Aufgabenfelder der Wirtschaftspolitik, die auf Änderungen der → Wirtschaftsstruktur abzielen. – Vgl. auch → Industriepolitik, → Infrastrukturpolitik, → Regionalpolitik, → sektorale Strukturpolitik, → unternehmensgrößenbezogene Strukturpolitik.

Strukturpolitik der Europäischen Union → Kohäsion.

Strukturregion → Region.

Strukturschaubild → Organigramm.

strukturschwacher Raum – hinter der allg. Entwicklung zurückgebliebener Raum mit ungünstigen Strukturmerkmalen. Zumeist handelt es sich um ländliche Räume oder altindustrialisierte Problemgebiete (→ Altindustrieregion, → Peripherie). Strukturverbesserungen sollen mit Maßnahmen der → Raumordnungspolitik erreicht werden. Der aus der → Raumordnung und Raumplanung stammende Begriff hat sich im heutigen Sprachgebrauch durchgesetzt, obwohl die Bezeichnung „strukturschwach" eine unglückliche Formulierung darstellt.

Strukturstückliste – Art der → Stückliste; Angabe sämtlicher Teile und Baugruppen, die ein Fertigerzeugnis enthält, in ihrem fertigungstechnischen Zusammenhang. Mengenangaben beinhalten die Mengen, mit denen ein Teil oder eine Baugruppe direkt in eine Einheit einer übergeordneten Baugruppe eingeht (→ Stücklistenauflösung). – Bei sehr komplexen Produkten wird Übersichtlichkeit durch → Baukastenstücklisten hergestellt.

Strukturvariante → Variante, die sich von anderen Varianten eines → Teils dadurch unterscheidet, dass Teile (ein Teil) einer tieferen → Fertigungsstufe entweder (1) enthalten bzw. nicht enthalten oder (2) durch (ein) andere(s) ersetzt sind (ist). – *Beispiele:* zu (1): Mikrocomputer mit/ohne mathematischen Coprozessor (→ Hilfsprozessor); zu (2): Pkw mit Sportsitzen (gegenüber Normalsitzen).

Strukturvertrieb – 1. *Begriff:* Vertriebsform, die durch eine besondere Organisation gekennzeichnet ist. Charakteristisch sind der pyramidenartige Aufbau und die hierarchische Struktur (mehrstufige Vermittlungsorganisation). An der Spitze der Struktur steht ein sog. Strukturkopf, häufig in Form einer → Vertriebsgesellschaft, die für die einzelnen mit ihr durch einen Vermittlervertrag verbundenen Untervermittler die pyramidenförmige Struktur vorgibt und die Vermittler in diese einstuft. – 2. *Merkmale:* Neue Vermittler (Neueinsteiger) werden üblicherweise auf der untersten Ebene eingestuft. Sie können durch Erreichen vorgegebener Vermittlungserfolge und/ oder die Zuführung neuer Vermittler innerhalb der Struktur von Stufe zu Stufe aufsteigen. Dabei kann der Untervermittler üblicherweise frei entscheiden, ob er seinen Schwerpunkt auf die Vermittlungstätigkeit oder auf die Zuführung und Betreuung weiterer Untervermittler legt. Die Vergütung bei einem Strukturvertrieb ist üblicherweise wie folgt geregelt: Die Vertriebsgesellschaft erhält vom Versicherer für die Vermittlung eines Geschäfts, z.B. eines Versicherungsvertrags, eine Gesamtprovision. Diese wird nach Abzug des (Leitungs-)Provisionsanteils für die Vertriebsgesellschaft auf die darunter liegenden Strukturebenen bis zum eigentlichen Vermittler verteilt. Je höher die Hierarchiestufe eines Vermittlers/ Betreuers ist, desto höher ist dessen Provisionssatz bzw. -anteil. Somit ist der betreuende bzw.

hierarchisch höher angesiedelte Vermittler stets an den → Provisionen für das vermittelte Geschäft des vom ihm angeworbenen/ betreuten Untervermittlers beteiligt. – 3. *Zweck:* Förderung des Absatzvolumens durch Anwerbung und Anbindung einer möglichst großen Zahl produktiver Untervermittler. Durch anfänglich geringe Provisionen mit der Aussicht auf Höherstufung und Steigerung des Provisionssatzes werden die Untervermittler zu einer möglichst engagierten Vermittlungs- und Anwerbetätigkeit motiviert, was den Absatz erhöhen soll.

Strukturwandel → struktureller Wandel.

Stückaktie → Aktie, die auf keinen Nennbetrag lautet. Alle Stückaktien einer Gesellschaft sind am Grundkapital mit gleichem Anteil beteiligt. Der auf einzelne Aktien anfallende anteilige Betrag des Grundkapitals darf 1 Euro nicht unterschreiten. Aktien über einen geringeren Nennbetrag sind nichtig (§ 8 III AktG). – Die Stückaktie ist in Deutschland erst seit 1998 zugelassen. Sie stellt eine unechte nennwertlose Aktie dar. Der Grundgedanke der Stückaktie besteht darin, dass jede Aktie einen gleichgroßen Anteil des zur Verfügung stehenden → Grundkapitals der Gesellschaft, das nennbetragsmäßig festgesetzt ist, repräsentiert. Die Gesamtzahl der Aktien erfasst das gesamte Grundkapital, durch einfache Division errechnet sich der Anteil des Grundkapitals je Aktie. – Vgl. auch → Quotenaktie.

Stückbeitrag → fixe Kosten, → Stückdeckungsbeitrag.

Stückdeckungsbeitrag – *Stückbeitrag;* die einem einzelnen „Stück" (Mengeneinheit, Volumeneinheit) eines Erzeugnisses (Leistungseinheit) zurechenbare Differenz aus → Nettoerlösen und Stückeinzelkosten (→ Einzelkosten). Stückdeckungsbeiträge sind eine zentrale Erfolgsgröße zur Planung des Produktions- und Absatzprogramms (→ Produktionsprogrammplanung). – Vgl. auch → Deckungsbeitrag, → Stückerfolg.

Stücke – einzelne Mengeneinheiten eines → Wertpapiers, z.B. 100 (Stück) Aktien. – Vgl. auch → Stückezuteilung.

Stückelung – 1. Einteilung einer Aktien- oder Wertpapieremission in die Nennbeträge der einzelnen Aktien bzw. Abschnitte. Die Stückelung ist meist in einer Spalte des Kurszettels angegeben. Urkunden verschiedener Stückelung einer Emission sind durch verschiedene Farben gekennzeichnet. – 2. Stückelung der *Banknoten:* → Notenstückelung.

Stückerfolg – Gewinn oder Verlust, der durch Herstellung und Verkauf einer Produktionseinheit erzielt wird. Der Stückerfolg wird bestimmt auf der Ertragsseite durch den → Nettoerlös, auf der Kostenseite durch die Selbstkosten (→ Stückkosten). – *Zu unterscheiden sind:* (1) *Nettostückerfolg:* In den Selbstkosten/Stück sind anteilige → fixe Kosten enthalten; (2) *Bruttostückerfolg:* In den Selbstkosten/Stück sind nur proportionale → Gemeinkosten und → Einzelkosten enthalten. – *Bedeutung:* Die Kenntnis des Stückerfolgs ist u.a. wichtig für die → Produktionsprogrammplanung. – Vgl. auch → Stückdeckungsbeitrag.

Stückeverzeichnis – *Nummernverzeichnis;* Aufstellung über die vom Kommissionär, d.h. von der beauftragten Bank, für den Kunden angeschafften → Wertpapiere, in der diese nach Art, Nennbetrag, nach Nummern oder sonstigen Bezeichnungsmerkmalen bezeichnet sind. Das Stückeverzeichnis muss unverzüglich, spätestens innerhalb einer Woche, angefertigt und dem Kunden übersandt werden (§ 18 DepotG). Spätestens mit der Absendung des Stückeverzeichnisses geht das Eigentum an den darin bezeichneten Wertpapieren, soweit der Kommissionär über sie zu verfügen berechtigt ist, auf den Kommittenten über. – Unter in §§ 20 ff. DepotG festgelegten Voraussetzungen braucht die Absendung des Stückeverzeichnisses erst auf Verlangen des Kommittenten zu erfolgen. – Die *Übersendung des Stückeverzeichnisses kann unterbleiben,* wenn innerhalb der dafür bestimmten Frist die Wertpapiere dem Kommittenten ausgehändigt oder in seinem Auftrag wieder veräußert werden.

Stückezuteilung – Zuteilung der → Stücke bei einer Wertpapieremission. Stückezuteilung wird bisweilen schon während der noch laufenden Zeichnungsfrist vorgenommen, meist aber nach Abschluss der → Zeichnung, wenn sich das Ergebnis übersehen lässt. Bei Überzeichnung werden oftmals kleine Zeichnungen bevorzugt berücksichtigt oder solche, bei denen man mit einer Dauer-Platzierung rechnen kann, ebenso möglich ist Verlosung. – Vgl. → Bookbuilding, → Überzeichnung.

Stückgut – Güterart, die selbst, verpackt oder mit einer → Ladeeinheit so formbeständig ist, dass sie bei Transport-, Lagerungs- und Umschlagsvorgängen als Beförderungseinheit zu behandeln ist. Maximalgewicht üblicherweise bis 3 t. – *Gegensatz:* → Massengut.

Stückkauf – Spezialfall einer → Stückschuld, z.B. Kauf eines bestimmten Gemäldes, eines gebrauchten Kraftwagens. – Vgl. auch → Nacherfüllung.

Stückkosten – *Einheitskosten;* die auf ein einzelnes „Stück" (Mengeneinheit, Volumeneinheit) eines Erzeugnisses (Leistungseinheit) bezogenen → Selbstkosten. Der Ermittlung der Stückkosten dient die → Kalkulation. – *Gegensatz:* → Gesamtkosten. – Vgl. auch → Stückerfolg, → Stückrechnung, → Durchschnittskosten.

Stückkostenkalkulation → Kalkulation.

Stückkurs – absolut angegebener Börsenkurs (→ Kurs). – *Gegensatz:* → Prozentkurs. – Vgl. auch → Stücknotierung.

Stückländerei – einzelne land- und forstwirtschaftlich genutzte Flächen, bei denen die Wirtschaftsgebäude oder die Betriebsmittel oder beide Arten von

Wirtschaftsgütern nicht dem Eigentümer des Grund und Bodens gehören. Im Sinn des Bewertungsgesetzes ist Stückländerei ein Betrieb der Land- und Forstwirtschaft und damit eine bewertungsfähige → wirtschaftliche Einheit.

Stückliste – 1. *Begriff:* Tabellarische Darstellung einer Erzeugnisstruktur, in der die zur Herstellung eines übergeordneten Teils (Endprodukt oder Baugruppe) benötigten untergeordneten Teile mit ihren Mengenkoeffizienten aufgeführt sind; wichtige Angaben (bez. der untergeordneten Teile): Teilenummer, evtl. Variantennummer (→ Varianten), Teilebezeichnung, Mengenkoeffizient, evtl. Verweis auf zugehörige Konstruktionszeichnung u.a. – Für normalisierte Teile und Aggregate (→ Normalisierung) werden *Normal-Stücklisten* angelegt. Als *Konstruktions-Stückliste* wird die funktionelle Gliederung eines komplexen Fertigprodukts dargestellt; für die → Bedarfsermittlung werden *fertigungsbezogene Stücklisten* benötigt. – 2. *Grundformen:* a) → Baukastenstückliste (einstufige Stückliste): enthält nur die Teile der nächsttieferen Fertigungsstufe. – b) → Strukturstückliste (mehrstufige Stückliste): enthält alle Teile über alle Fertigungsstufen hinweg, die zur Herstellung des übergeordneten Teils erforderlich sind, in hierarchischer Anordnung nach den Fertigungsstufen. – c) *Mengenübersichtsstückliste:* summarische Aufstellung aller Teile, die in einer Erzeugnisstruktur vorkommen. Teile, die mehrfach auftreten, werden nur einmal (mit der Gesamtmenge) aufgeführt. – d) *Sonderformen:* Varianten-Stückliste und Matrix-Stückliste (→ Gozinto-Graph). – 3. *Verwendung:* an vielen Stellen eines Produktionsbetriebs, v.a. bei der deterministischen Bedarfsplanung, Konstruktion, Vor- und Nachkalkulation. – Vgl. auch → Teileverwendungsnachweis, → Stücklistenauflösung.

Stücklistenauflösung – Ermittlung der in einer Planperiode erforderlichen Bedarfsmengen an Rohstoffen und Halbfabrikaten, d.h. Baugruppen und Einzelteilen, aufgrund von → Stücklisten. – *Methoden:* (1) analytische Methode (Ausgangspunkt: Fertigerzeugnis; → Strukturstückliste); (2) synthetische Methode (Ausgangspunkt: Einzelteil bzw. Baugruppe; (→ Baukastenstückliste); (3) Gozinto-Methode (→ Gozinto-Graph).

Stücklistenprozessor – in der → Produktionsplanung und -steuerung ein → Programm, das aus den gespeicherten Erzeugnisstrukturdaten → Stücklisten erzeugt oder entsprechende Erzeugnisstrukturinformationen für andere Programme (z.B. deterministische → Bedarfsplanung) zur Verfügung stellt. – Stücklistenprozessoren waren die ersten Programme für die Produktionsplanung und -steuerung; sie bilden auch heute noch den Kern vieler → PPS-Systeme.

Stücklohn → Akkordlohn.

Stücknotierung – Börsenkurse, die sich in Euro oder einer anderen Geldeinheit je Stück (→ Stückkurs) verstehen. Gebräuchlichste Notierungsform bei Aktien. – *Gegensatz:* Notierung in Prozent, üblich bei Schuldverschreibungen.

Stück-Perioden-Ausgleich – in → PPS-Systemen verwendetes heuristisches Verfahren zur Berechnung von → Losgrößen bei diskretem Bedarfsverlauf.

Stückrechnung – eine auf die Leistungseinheit („Stück") bezogene → Erfolgsrechnung, bei der durch Gegenüberstellung von Stückkosten und erzieltem Stückerlös der → Stückerfolg ermittelt wird.

Stückschuld – *Speziesschuld;* Schuld, die auf Leistung einer bestimmten Sache gerichtet ist. – *Gegensatz:* → Gattungsschuld.

Stückspanne – absolute → Handelsspanne einer Ware (Rohertrag im Handel), bezogen auf ein einzelnes Stück Ware, eine Sorte *(Sortenspanne)* oder einen Artikel *(Artikelspanne).* Stückspannen können für alle Einheiten einer Artikel- oder Warengruppe einheitlich sein; i.d.R. werden sie jedoch im Zuge der → Mischkalkulation differenziert festgelegt, und es ergeben sich → Durchschnittsspannen.

Stückzinsen – 1. *Begriff:* Die bei Veräußerung von festverzinslichen Wertpapieren seit dem Fälligkeitstag des letzten eingelösten → Coupons bis zum Veräußerungstag aufgelaufenen Zinsen. Stückzinsen werden bei Börsenumsätzen dem → Kurswert hinzugerechnet. – 2. *Steuerliche Behandlung:* a) Die Stückzinsen werden beim *Veräußerer* als → Einkünfte aus Kapitalvermögen berücksichtigt, wenn sie gesondert in Rechnung gestellt werden (§ 20 II Nr. 3 EStG). Die Stückzinsen sind in dem Jahr der Gutschrift zu versteuern. – b) Beim *Erwerber* sind die gezahlten Stückzinsen in dem Veranlagungszeitraum, in dem der Zinsschein eingelöst wird, als negative Einnahmen abzuziehen. Hält der Erwerber die Anleihe im Betriebsvermögen, sind die bezahlten Zinsen als Rechnungsabgrenzungsposten zu aktivieren.

Stückzoll → Mengenzoll.

Student-Verteilung → t-Verteilung.

Studienreisen – 1. *Begriff* des Einkommensteuerrechts: Reisen, die ausschließlich oder doch ganz überwiegend zur Förderung des ausgeübten Berufs unternommen werden. Eine Studienreise liegt v.a. vor, wenn die Reise im Rahmen einer lehrgangsmäßigen Organisation, nach Art eines beruflichen Praktikums oder sonst in einer Weise durchgeführt wird, die die Möglichkeit eines anderen (privaten) Reisezwecks so gut wie ausschließt. – 2. Die angefallenen *Aufwendungen für* Studienreisen in diesem Sinn sind → Fortbildungskosten, die als → Werbungskosten abzugsfähig sind; Aufwendungen nicht in diesem Sinn gehören nach § 12 EStG zu den nicht abzugsfähigen Kosten der Lebensführung. Bei Studienreisen, die beruflich und privat veranlasst sind, können einzelne Vorgänge als Werbungskosten anerkannt werden, wenn sie sich anhand objektiver Merkmale und Unterlagen von den nicht abziehbaren

Lebenshaltungskosten trennen lassen und außerdem nicht von untergeordneter Bedeutung sind (z.B. Spezialkurse, Sprachlehrgänge).

Studienstiftung des deutschen Volkes – von Bund und Ländern der Bundesrepublik Deutschland, zahlreichen Städten und Landkreisen, dem → Stifterverband für die Deutsche Wissenschaft (SV), der → VolkswagenStiftung und privaten Spendern gemeinsam finanzierter, der Begabtenförderung dienender Verein; Sitz in Bad Godesberg, Bonn. – *Aufgabe:* Die Studienstiftung des deutschen Volkes soll die vollwertige Hochschulausbildung wissenschaftlich oder künstlerisch hoch begabter junger Menschen sicherstellen. – An den Hochschulen sind Hochschullehrer als Vertrauensdozenten tätig; die Hochschulen und die höheren Schulen schlagen geeignete Studenten vor.

Studium im Medienverbund – 1. *Begriff:* Ein integrativ-strukturiertes, einen turnusmäßigen Substitutionsprozess von Direkt- und → Fernstudium beinhaltendes, auf Medienverbundebene zu organisierendes einheitliches Studiensystem, in welchem die Studiengruppen wechselseitig im Direkt- und im Fernstudium studieren können. Keine Unterscheidung von Direkt- und Fernstudenten (Chancengleichheit). – 2. *Zweck:* Direktstudium mit Optimierungstendenzen der Organisationsstrukturen in den überregionalen Bereich der Bildungsinstitution (Kapazitätserweiterung). – 3. *Durchführung:* Die Vermittlung der Lehrinhalte erfolgt durch organisierten, nach Zweckmäßigkeitsgründen vorzunehmenden regionalen und überregionalen Medieneinsatz. – a) *Regionaler Medieneinsatz:* Bereicherung des direkten Lehrbetriebes durch technische (speichernde) Medien (Enrichment-Funktion) als Teil des Studiums im Medienverbund. – b) *Überregionaler Medieneinsatz:* Optimierung der Organisationsstruktur, Bereich des Fernstudiums als Teil des Studiums im Medienverbund. Es können zentrale und dezentrale Tutorials und Seminare veranstaltet wie auch Praktika (wegen der Zeit- und Ortsungebundenheit dieses Studienteils) in das Studium aufgenommen werden. – 4. *Vorteile:* Einteilung der Studiengänge nach Studieneinheiten, Komprimierung von unmittelbar zusammenhängenden Lehrinhalten zu einer Studieneinheit, Straffung des Studienstoffes, Konzentration des Studiums, Verkürzung der Studienzeit, Kostendegression. Studieneinheit und Lehrobjektivierung führen zur (äußeren) Standardisierung des Studiums. – Vgl. auch → Fernstudium im Medienverbund.

Study Group on a European Civil Code (SGECC) → Europäisches Privatrecht.

Stufen(wert)zahlverfahren → Arbeitsbewertung.

Stufenausbildung – Organisationsform der → Berufsausbildung. Einer Grundbildung auf breiter Basis folgt eine gestufte, spezieller werdende Ausbildung mit Abschlussmöglichkeiten nach jeder Stufe. Nach § 5 II BBiG besteht die gesetzliche Möglichkeit, die Berufsausbildung in diesem Sinn sachlich und zeitlich in bes. geordneten, aufeinander aufbauenden Stufen durchzuführen: Auf die erste Stufe der beruflichen Grundbildung auf Berufsfeldbreite sollen die Stufen der allg. beruflichen Fachbildung und der bes. beruflichen Fachbildung folgen. Nach der Anzahl der Auszubildenden sind bes. die Stufenausbildungsordnungen im Einzelhandel, in den elektrotechnischen Berufen und in Bau- und Textilberufen von Bedeutung.

Stufen der Technologieentwicklung – Drei Stufen der Technologieentwicklung (→ Technologie) werden unterschieden:(1) „ → Stand der Wissenschaft",–(2) „ → Stand der Technik",(3) „ → allgemein anerkannte Regeln der Technik".

Stufenflexibilität – Auch in → Währungssystemen mit grundsätzlich → festen Wechselkursen kann die Notwendigkeit auftreten, die vereinbarten festen Kurse den Realitäten anzupassen (→ Realignment), sodass sich die Kurse in „Stufen" verändern können. – Vgl. auch → Wechselkurspolitik.

Stufengründung – *Sukzessivgründung, Zeichnungsgründung;* Form der → Gründung einer AG, bei der die Gründer nicht das gesamte Grundkapital (Aktien) übernehmen, sondern das Publikum durch → Zeichnung von Aktienbeträgen mitwirken soll. Die Stufengründung widerspricht damit dem aktienrechtlichen Gründungsgedanken (§ 23 AktG) und ist insofern unzulässig. Aus diesem Grund wurde sie in Deutschland bereits mit der Aktienrechtsreform 1965 abgeschafft. – *Gegensatz:* → Einheitsgründung.

Stufenleiterverfahren → innerbetriebliche Leistungsverrechnung.

Stufentarif → Steuertarifform, bei der die Bemessungsgrundlage in Tarifstufen, denen jeweils ein bestimmter Steuersatz (Steuerzusatztarif) oder Steuerbetrag (Steuerbetragstarif) zugeordnet wird, skaliert wird. – *Merkmal:* Innerhalb der Stufengrenzen wird die Progression unterbrochen. – *Arten:* a) *Steuerzusatztarif:* Der Durchschnittssteuersatz ändert sich von Stufe zu Stufe, bleibt aber innerhalb des Bereiches konstant; folglich Abwechslung zwischen Progression und Proportionalität; vgl. Abbildung „Stufentarif (1)":

Stufentarif (1)

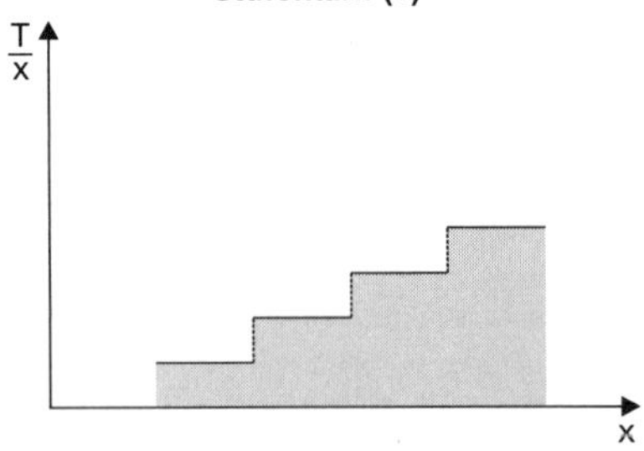

Problem: Eine Erhöhung der Steuersätze führt dazu, dass die Besteuerung in sich nicht mehr ausgewogen ist. – b) *Steuerbetragstarif:* Der Steuerbetrag ändert sich von Stufe zu Stufe, bleibt aber innerhalb einer Stufe konstant. Dieser Tarif weist eine „innere Regression" auf, weil der Durchschnittssteuersatz innerhalb eines Bereichs mit wachsender Bemessungsgrundlage sinkt; vgl. Abbildung „Stufentarif (2)":

Stufentarif (2)

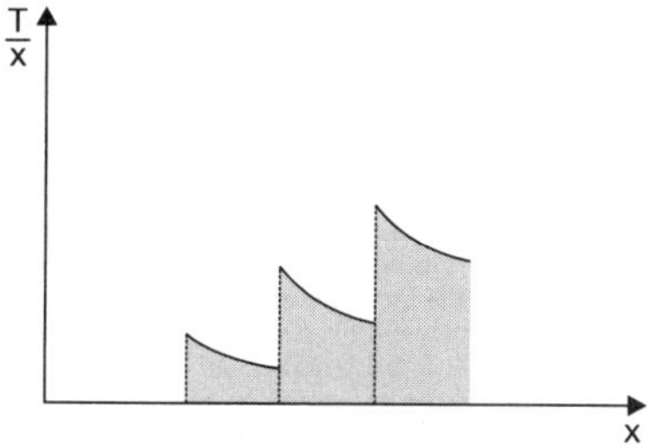

Bis 1933 galt in Deutschland der Stufentarif in Form des Steuerzusatztarifs für die Einkommensteuer; wurde 1934 durch den Anstoßtarif (→ Kurventarif) ersetzt.

Stufentheorien – Vorstellungen des Ablaufs der Weltwirtschaftsgeschichte in Gestalt unterscheidbarer und zwingend aufeinander folgender Phasen, von wissenschaftlicher Geltung v.a. im 19. Jh. Stufentheorien sind keine Theorien im eigentlichen Sinn, ihnen fehlt die Fähigkeit, die behauptete Abfolge zu erklären; vielfach ist schon die Abfolge als solche bestritten worden. – Die Stufentheorien unterscheiden sich nach den *Kriterien,* die für die Konstruktion der Stufen verwendet werden: (1) nach *List:* (a) Wilder Zustand, (b) Hirtenstand, (c) Agrikulturstand, (d) Agrikultur-Manufakturstand und (e) Agrikultur-Manufaktur-Handelsstand; (2) nach der *räumlichen Intensität der wirtschaftlichen Verflechtung* (z.B. Bücher): Haus-, Stadt-, Volks- und Weltwirtschaft; (3) nach der *Organisation des Tauschs* (z.B. Hildebrand): Natural-, Geld- und Kreditwirtschaft.

Stufenverfahren – *Stufenleiterverfahren;* hat den Zweck der innerbetrieblichen Leistungsverechnung und beruht darauf, Kostenstellen nacheinander anzuordnen. So gibt jede Kostenstelle an die nachfolgende Kostenstelle Leistungen ab, aber sie selbst erhält keine Leistungen von einer nachgelagerten Kostenstellen.

stufenweise Fixkostendeckungsrechnung – 1. *Charakterisierung:* Teilkostenrechnungssystem (→ Teilkostenrechnung), das auf einer Spaltung der Kosten in fixe und variable Bestandteile (→ Kostenauflösung) basiert, wobei als Kosteneinflussgröße die → Beschäftigung herangezogen wird. Die variablen Kosten werden von den → Nettoerlösen mit dem Ergebnis eines → Deckungsbeitrags abgezogen, die Fixkosten jedoch nicht in einem Betrag, sondern differenziert nach unterschiedlichen Fixkostenschichten sukzessive subtrahiert. – *Ähnlich:* → Direct Costing. – 2. *Fixkostenschichten:* Die Zahl zu unterscheidender Fixkostenschichten hängt zum einen von der Kostenstruktur des konkreten Unternehmens, zum anderen von den Rechnungszwecken der stufenweisen Fixkostendeckungsrechnung (→ Kostenrechnung) ab. Üblicherweise werden unterschieden: Erzeugnis, Erzeugnisgruppen, Kostenstellen, Bereichs- und Unternehmensfixkosten, wobei – als exemplarische Erläuterung – Erzeugnisfixkosten solche Kosten sind, die sich zwar nicht mit der Ausbringung eines Produkts verändern, jedoch dann abbaubar sind, wenn auf das Erzeugnis ganz verzichtet wird. – 3. *Aussagefähigkeit:* Die stufenweise Fixkostendeckungsrechnung lässt durch die Trennung von fixen und variablen Kosten unmittelbar die erfolgsmäßigen Konsequenzen von Änderungen der Absatzmengen der Produkte erkennen. Anders als die → Vollkostenrechnung kann die stufenweise Fixkostendeckungsrechnung damit wertvolle Informationen für kurzfristige programmpolitische Entscheidungen liefern (→ Deckungsbeitragsrechnung). Durch die starke Differenzierung der Fixkosten liefert sie im Gegensatz zum → Direct Costing darüber hinaus auch wichtige Daten für mittel- und längerfristige Dispositionen, z.B. Informationen zur Streichung von Produkten oder Produktgruppen aus dem Erzeugnisprogramm. Von der → Einzelkostenrechnung unterscheidet sich die stufenweise Fixkostendeckungsrechnung bes. durch eine geringere Exaktheit der Kostenerfassung (z.B. in Teilbereichen vorgenommene → Gemeinkostenschlüsselung) und die geringere Zahl von Bezugsgrößen.

Stufenzinsanleihe – *Step-up Board.* Form der → Staffelanleihe, bei der über die Laufzeit der Zinsfuß mehrmals, i.d.R. jährlich, ansteigt. – *Beispiel:* → Bundesschatzbriefe.

Stuffer → Flyer.

Stundung – 1. *Stundung einer Forderung:* Vertrag zwischen Gläubiger und Schuldner, durch den die Fälligkeit einer Forderung hinausgeschoben wird. Während der Stundung tritt Hemmung der Verjährungsfristen ein (§ 205 BGB). – 2. *Stundung von Ansprüchen aus dem Steuerschuldverhältnis:* a) *Allgemeines und Tatbestand:* Stundung möglich, wenn die Einziehung der Abgabenbeträge bei Fälligkeit eine erhebliche Härte für den Steuerpflichtigen bedeuten würde und der Anspruch durch die Stundung nicht gefährdet erscheint; sie soll i.d.R. nur auf Antrag und gegen → Sicherheitsleistung gewährt werden (§ 222 Sätze 1 und 2 AO). Die Finanzbehörde hat nach pflichtgemäßem Ermessen zu entscheiden. Sofern eine erhebliche Härte vorliegt, besteht ein Rechtsanspruch auf Stundung. Die Entscheidung ist in den Grenzen des § 102 FGO gerichtlich nachprüfbar. – b) *Voraussetzungen* für eine Stundung: Eine erhebliche Härte kann sowohl durch die wirtschaftlichen und persönlichen Verhältnisse des Steuerpflichtigen (persönliche Billigkeitsgründe wie insbesondere Krankheit, Arbeitslosigkeit, bestimmte betriebliche Umstände und auch Narturkatastrophen) als auch durch in der Sache selbst liegende Umstände begründet sein (sachliche Billigkeitsgründe). (1) *Sachliche Billigkeitsgründe* liegen regelmäßig dann vor, wenn die zu fordernde oder eine andere Steuer in kurzer Frist und mit Sicherheit oder zumindest an Sicherheit grenzender Wahrscheinlichkeit zurückzuzahlen sein wird bzw. wenn der Steuerpflichtige nachweist, dass er binnen kurzer Frist eine Erstattung der Beträge erwarten kann, deren Stundung er begehrt. In diesen Fällen kann ein sog. Verrechnungsstundung im Hinblick auf den bestehenden Gegenanspruch gewährt werden. (2) *Persönliche Billigkeitsgründe* liegen vor, wenn der Steuerpflichtige einer Stundung bedürftig und würdig ist. (a) *Stundungsbedürftigkeit* und damit eine erhebliche Härte kann regelmäßig nur dann angenommen werden, wenn der Steuerpflichtige die erforderlichen Mittel zur fristgerechten Entrichtung der Abgaben ohne eigenes Verschulden nicht zur Verfügung hat und sie auch nicht in zumutbarer Weise (z.B. durch Kreditaufnahme) beschaffen kann. Eine Stundung von Abschlusszahlungen, auf die sich der Steuerpflichtige hätte einstellen können und müssen, scheidet danach regelmäßig aus. – Die erhebliche Härte hat der Steuerpflichtige durch eine aktuell erstellte Gegenüberstellung der flüssigen Mittel bzw. Vermögenswerte und der rückständigen bzw. kurzfristig fällig werdenden Verpflichtungen zu jedem Fälligkeitstag (Liquiditäts- und Vermögensstatus) eindeutig und zweifelsfrei darzulegen. (b) *Stundungswürdigkeit* ist regelmäßig (nur) anzunehmen, wenn der Steuerpflichtige seine mangelnde Leistungsfähigkeit nicht selbst herbeigeführt oder durch sein Verhalten nicht in eindeutiger Weise gegen die steuerlichen Interessen der Allgemeinheit verstoßen hat (z.B. durch Verletzung seiner steuerlichen Erklärungs- und Zahlungspflichten, ungleichmäßige Gläubigerbefriedigung oder unsachgerechte Mittelverwendung). – c) *Stundungsverbot:* Steueransprüche gegen den → Steuerschuldner können nicht gestundet werden, soweit ein Dritter (Entrichtungspflichtiger) die Steuer für Rechnung des Steuerschuldners zu entrichten, bes. einzubehalten und abzuführen hat (Verbot der Stundung von Abzugssteuern wie z.B. Lohnsteuer, Kapitalertragsteuer, Bauabzugssteuer nach § 48 EStG; vgl. § 222 Satz 3 AO). Ebenso ist die Stundung eines Haftungsanspruchs gegen den Entrichtungspflichtigen (z.B. den Arbeitgeber im Fall des § 42 EStG) ausgeschlossen, soweit er Steuerabzugsbeträge einbehalten oder Steuerbeträge eingenommen hat (§ 222 Satz 4 AO). – d) *Verzinsung:* Zu zahlen sind ggf. → Stundungszinsen.

Stundungsvergleich → Vergleich.

Stundungszinsen – 1. *Tatbestand:* Für die Dauer einer gewährten → Stundung von Ansprüchen aus dem Steuerschuldverhältnis sind Zinsen zu erheben, wenn nicht im Einzelfall zinslose Stundung bewilligt ist (§ 234 AO). → Steuerliche Nebenleistungen werden nicht verzinst. – 2. *Berechnungsgrundsätze:* Die Zinsen betragen 0,5 Prozent für jeden vollen Monat des Zinslaufes; angefangene Monate bleiben außer Ansatz. Der zu verzinsende Betrag wird auf volle 50 Euro nach unten abgerundet (§ 238 AO). Eine Bagatellgrenze von zehn Euro ist zu beachten (§ 239 II AO). – Wird die Steuerfestsetzung nach Ablauf der Stundung geändert, aufgehoben oder wegen einer → offenbaren Unrichtigkeit berichtigt, hat dies keinen Einfluss auf die bis dahin entstandenen Stundungszinsen. – 3. *Zinsverzicht:* Soweit die Erhebung der Zinsen im Einzelfall unbillig ist, kann die Finanzbehörde auf eine Zinsfestsetzung ganz oder teilweise verzichten, z.B. in Katastrophenfällen, bei länger dauernder Arbeitslosigkeit bzw. Krankheit des Steuerschuldners, bei Liquiditätsschwierigkeiten aufgrund Forderungsausfällen im Insolvenzverfahren, im Rahmen von Sanierungen, im Rahmen einer sog. Verrechnungsstundung im Hinblick auf kurzfristig fällig werdende Erstattungsansprüche, gegenüber einem Steuerpflichtigen, der bisher seinen steuerlichen Verpflichtungen pünktlich nachgekommen ist und keine Stundungen begehrt hat.

Sturmversicherung – Versicherung gegen Sturmschäden an Gebäuden und beweglichen Sachen. Als Sturm gilt eine wetterbedingte Luftbewegung von mind. der Windstärke acht laut Beaufortskala. Die Sturmversicherung ist ein eigenständiger → Versicherungszweig im Rahmen der gebündelten Geschäftsversicherung. Weiterhin ist die Sturmgefahr in der → verbundenen Hausratversicherung und der → verbundenen Wohngebäudeversicherung mit gedeckt. Bei industriellen Risiken kann die Abdeckung über die → Extended-Coverage-Versicherung erfolgen.

Stuttgarter Verfahren – 1. *Begriff:* Ein steuerliches Verfahren zur Bewertung nicht notierter Aktien und Anteile an Kapitalgesellschaft. Wo der → gemeine Wert der Anteile unter Berücksichtigung des Vermögens und der Ertragsaussichten zu schätzen ist, wird er durch das Stuttgarter Verfahren ermittelt. – Man geht davon aus, dass der Wert eines Anteils an einer Kapitalgesellschaft grundsätzlich dem Wert der Vermögenssubstanz entspricht, für einen überdurchschnittlichen Gewinn aber ein Aufschlag gezahlt werden würde. Das Stuttgarter Verfahren ist somit ein sog. Übergewinnabgeltungsverfahren. – 2. *Rechtsgrundlagen:* R 97 ff. der ErbStR; § 11 BewG. – 3. *Anwendungsbereich:* Das Stuttgarter Verfahren findet Anwendung, wenn zum Bewertungsstichtag keine Kurse einer dt. Börse, des geregelten Markts oder des Freiverkehrs vorliegen und sich ein gemeiner Wert auch nicht aus Verkäufen ableiten lässt, die weniger als ein Jahr zurückliegen (§ 11 II BewG). Relevant ist das Stuttgarter Verfahren nach Wegfall der Vermögensteuer hauptsächlich für Zwecke der Erbschaftsteuer; ob es auch für ertragsteuerliche Zwecke eine geeignete Basis zur Schätzung des gemeinen Wertes abgeben kann, ist umstritten (z.B. für Wegzugsbesteuerung). – 4. *Arten:* (1) Regelbewertung und (2) Sonderregelungen. – 5. *Vorgehensweise:* a) *Vermögenswertermittlung:* Bei der Regelbewertung bildet der Vermögenswert der Kapitalgesellschaft den Ausgangswert. Dieser ist aus den aktuellsten Steuerbilanzwerten abzuleiten. Dabei sind jedoch Betriebsgrundstücke mit dem Grundbesitzwert (Bedarfswert) und Wertpapiere nach dem für sie geltenden bewertungsrechtlichen Wert (ggf. also dem Wert nach dem Stuttgarter Verfahren) anzusetzen. Vom Ausgangswert sind folgende Korrekturen vorzunehmen: (1) Hinzurechnung des Gewinns (bzw. Abrechnung des Verlustes) zwischen letztem Bilanzstichtag und Bewertungsstichtag. Korrektur dieses Gewinns um die evtl. Abschreibungen auf die Gebäude und Grundstücke, die das Ergebnis beeinflusst haben. (2) Berücksichtigung von Vermögensänderungen infolge von Veräußerung oder Erwerb von Anlagevermögen. (3) Korrekturen wegen zwischenzeitlich erfolgter Gewinnausschüttungen, Kapitalerhöhungen oder -herabsetzungen oder verdeckten Einlagen. – b) *Umrechnung Vermögenswert in Prozentgröße* erfolgt im zweiten Schritt, indem der berechnete Vermögenswert zum Nennkapital der Kapitalgesellschaft ins Verhältnis gesetzt wird. – c) *Ermittlung voraussichtlicher künftiger Jahresertrag:* Schätzung ist möglichst aus den Betriebsergebnissen der letzten drei Wirtschaftsjahre abzuleiten. (1) Ausgangspunkt: Auszugehen ist vom jeweiligen zu versteuernden Einkommen. (2) Korrekturen haben zu erfolgen für: (a) Sonderabschreibungen oder erhöhte Absetzungen, Bewertungsabschläge, Zuführen und Teilwertabschreibungen. Berücksichtigungsfähig sind nur die normalen Abschreibungen; (b) Abschreibungen auf den Firmenwert oder firmenwertähnliche Wirtschaftsgüter sind zu stornieren, ebenso Verlustrückträge und Verlustvorträge, die das Ergebnis beeinflusst haben; (c) einmalige Veräußerungsverluste und -gewinne (da als außerordentliche Vorfälle nicht geeignet, zukünftige Gewinne zu prognostizieren); (d) für steuerfreie Einkünfte bzw. nichtabziehbare Aufwendungen. (3) Abschläge sind evtl. möglich bis zu 30 Prozent bei Gesellschaften, bei denen das Ergebnis in bes. Maße von der persönlichen Tätigkeit des Gesellschafter-Geschäftsführers abhängig ist, ohne dass das Jahresergebnis deswegen bereits um ein entsprechend hohes Gehalt gemindert worden wäre. (4) Gewichtung der Jahresergebnisse ist im nächsten Schritt vorzunehmen; Gewichtungsfaktoren: 3,0 für Ergebnis aus dem letzten Wirtschaftsjahr, 2,0 für vorletztes Wirtschaftsjahr, 1,0 für Ergebnis vorvorletztes Wirtschaftsjahr; dann Division der Gesamtsumme durch 6,0. (5) Umrechnung in einen Prozentsatz: Der so ermittelte gewichtete Jahresertrag ist auf das Nennkapital der Gesellschaft zu beziehen; er muss mind. Null Prozent betragen, außer wenn objektiv ein baldiger Zusammenbruch des Unternehmens zu erwarten ist. (6) Zusammenführung von Vermögenswert und Ertragshundertsatz zum Stuttgarter Verfahren-Wert erfolgt, indem auf den Vermögenswert der Unterschiedsbetrag addiert wird, den ein Erwerber für eine überdurchschnittliche Verzinsung seines investierten Kapitals für die nächsten fünf Jahre noch bezahlen würde. Daraus abgeleitete Formel (bei Regelverzinsung = 9 Prozent): gemeiner Wert = 68 Prozent · (V + 5 E) mit V = Vermögenswerthundertsatz, E = Ertragshundertsatz; ergibt den Prozentsatz, mit dem der Nennbetrag einer Beteiligung an der betreffenden Kapitalgesellschaft zu multiplizieren ist, um ihren gemeinen Wert nach dem Stuttgarter Verfahren zu erhalten. – d) Bes. Umstände können durch Zu- oder Abschläge berücksichtigt werden (R 100 III ErbStR); möglich z.B. bei Anteilen ohne Einfluss auf die Geschäftsführung (10-prozentiger Abschlag; Einzelheiten und Voraussetzungen in R 101 ErbStR geregelt). – e) *Sonderregelungen* gelten für neu gegründete Gesellschaften, Holdinggesellschaften, Organgesellschaften, Komplementärgesellschaften einer GmbH & Co. KG, Gesellschaften mit ungleichen Gesellschafterrechten, eigenen Anteilen, gemeinnützigen Gesellschaften. – 6. *Kritik:* Das Stuttgarter Verfahren hat durch die Praxis von Rechtsprechung und Verwaltung quasi-gesetzlichen Charakter erhalten. Da es zu wenig auf die konkreten Gegebenheiten des Einzelfalls abstellt, ist es wegen Verstoßes gegen das Leistungsfähigkeitsprinzip aus steuerrechtlicher Sicht kritisiert worden. Kritik der Betriebswirtschaftslehre u.a. an dem als wissenschaftlich überholt geltenden Verfahren der Übergewinnabgeltung und bes. der Betonung des Vermögenswertes, neuerdings (seit Einführung der verlängerten Maßgeblichkeit) natürlich auch der Messung dieses Vermögenswertes mit von den wirklichen Werten weit entfernten Steuerbilanzwerten. Nach einem Urteil des Bundesverfassungsgerichts (BVerfG, 1 BvL 10/02 vom 7.11.2006) ist die Anwendung des Stuttgarter Verfahrens im Zusammenhang mit der Erbschaftsteuer mit dem Grundgesetz nicht vereinbar. Im Rahmen der → Erbschaftsteuerreform galt es, eine neue Regelung zur Bewertung von Betriebsvermögen bzw. Beteiligungsbesitz zu finden. – 7. *Bei der Bewertung von Anteilen an Kapitalgesellschaften* ist nach Inkrafttreten der Erbschaftsteuerreform mit Wirkung ab dem 1.1.2009 ist vorrangig der gemeine Wert zugrunde zu legen. Dieser ermittelt sich bei Anteilen an Kapitalgesellschaften grundsätzlich nach dem Börsenkurs. Bei nicht notierten Anteilen soll der gemeine Wert in erster Linie aus Verkäufen unter fremden Dritten abgeleitet werden, die weniger als ein Jahr vor dem Besteuerungszeitpunkt liegen. Andernfalls ist der gemeine Wert zu schätzen (sog. → Ertragswertverfahren).

Stützung – Hilfestellung bei einer → Befragung, indem z.B. die möglichen Antworten in Form von Listen vorgegeben werden.

Stützungskauf → Intervention einer → Notenbank auf dem → Devisenmarkt. - Vgl. auch → Wechselkurspolitik.

Subadditivität - eine → Kostenfunktion K ist subadditiv, wenn entweder $K(x_1) + K(x_2) > K(x_1 + x_2)$ (→ Economies of Scale) oder $K(x + y) < K(x) + K(y)$ (→ Economies of Scope) gilt (→ Mehrproduktunternehmen); d.h., die Produktion der Mengen x_1 und x_2 bzw. x und y in demselben Betrieb führt zu geringeren Kosten als die Produktion in jeweils getrennten Betrieben.

Subagent → Generalvertreter.

Subcontracting - Verlagerung von Wertschöpfungsaktivitäten eines Unternehmens auf fremde Unternehmen, die im Gegensatz zu → Outsourcing nur auf eine bestimmte Zeit angelegt ist.

Subcontractor → Generalunternehmer.

Subject-to-Tax-Klausel → Rückfallklausel.

Subjektförderung - Subventionsmaßnahme im Rahmen der → sozialen Wohnraumförderung, die eine Personengruppe direkt begünstigt. Dazu zählt v.a. das → Wohngeld (Zuschuss zur Wohnungsmiete, gezahlt an die Bezieher von Einkommen, das eine bestimmte, von der Familiengröße abhängige Höhe nicht überschreitet).

subjektiv-dingliche Rechte - dem jeweiligen Eigentümer eines anderen → Grundstücks zustehende → dingliche Rechte, z.B. Grunddienstbarkeiten, Überbaurente, Notwegrente.

subjektiver Wert - 1. Von der → Grenznutzenschule vertretene Auffassung, dass der Wert und letztlich auch der Preis eines knappen → Gutes von dem individuellen → Nutzen, also von der subjektiven Wertschätzung des Nachfragers, bestimmt wird. Der subjektive Wert beruht auf der Gültigkeit der → Gossenschen Gesetze. - 2. Wert, den jemand einer Sache beimisst *(persönlicher Wert)*, z.B. Liebhaberwert. - *Gegensatz:* → objektiver Wert.

subjektives öffentliches Recht - Anspruch des Einzelnen gegen den Staat oder eine juristische Person des öffentlichen Rechts auf Gewährung oder Gewährleistung einer dem öffentlichen Recht angehörenden Rechtsposition (z.B. Recht zur Mitbenutzung einer gemeindlichen Anstalt, Recht auf Anerkennung einer für einen bestimmten Zeitraum verliehenen Konzession, Anspruch auf Rückerstattung irrtümlich gezahlter Abgaben). Das subjektive öffentliche Recht verpflichtet die zuständige Behörde zu einem bestimmten Verhalten gegenüber dem Berechtigten. - *Zu unterscheiden* sind die subjektiven öffentlichen Rechte von den → Reflexrechten, die dem Einzelnen eine wesentlich schwächere Rechtsstellung gewähren.

subjektives Recht → Recht.

subjektives Risiko - U.a. in der → Versicherungsmedizin. - 1. *Begriff:* Im Gegensatz zum objektiven Risiko (Anomalie) handelt es sich hier um Risikomerkmale wie Gesundheitsverhalten oder Einstellung gegenüber Krankheiten, die von der versicherten Person subjektiv beeinflussbar sind und sich somit entscheidend auf den Risikoverlauf und auf die Inanspruchnahme von Versicherungsleistungen auswirken können. - 2. *Beispiele:* So sind Tendenzen zu einem hohen subjektiven Risiko beim Abschluss einer überhöhten → Berufsunfähigkeitsrente erkennbar.

subjektive Wahrscheinlichkeit → Wahrscheinlichkeit, die als quantitativer Ausdruck des Überzeugtheitsgrades eines Subjektes, z.B. eines Experten, numerisch festgelegt wurde. Bei der Festlegung von subjektiven Wahrscheinlichkeiten sind die Axiome der → Wahrscheinlichkeitsrechnung zu beachten. - *Anwendung* z.B. in der → Entscheidungstheorie oder im → Marketing, soweit aus → relativen Häufigkeiten gewonnene objektive Wahrscheinlichkeitswerte nicht zur Verfügung stehen. - Vgl. auch → Wahrscheinlichkeitsauffassungen.

subjektive Werttheorie - Grundannahme der → Grenznutzenschule, dass der Wert nachgefragter → Güter subjektiv bestimmt ist und damit → subjektive Werte ihre → Preisbildung maßgeblich mitbeeinflussen.

Subjektsteuern → Personensteuern.

Subkultur - soziale Gruppe, deren → Normen, → Einstellungen und Verhaltensweisen von der jeweiligen Mehrheitskultur erheblich und z.T. konfliktär abweicht. Subkulturen bestimmen auch entscheidend das Kauf- und Konsumverhalten. Eine typische Form von Subkulturen sind die → Peer Groups.

Submission → Ausschreibung, → Einschreibung.

Submissionskartell - Sonderform eines → Preiskartells, bei dem die angeschlossenen Unternehmungen vertraglich verpflichtet werden, bestimmte Vereinbarungen über Angebotspreise und -bedingungen bei öffentlichen Ausschreibungen einzuhalten. Verstößt gegen § 1 GWB und Art. 101 I AEUV sowie gegen § 298 StGB (strafbarer Submissionsbetrug).

Subordinationskonzern → Konzern, dessen Innenverhältnis durch finanzielle, wirtschaftliche oder personelle Abhängigkeit der Tochtergesellschaften von der herrschenden Konzernspitze (Holding-, Dachgesellschaft etc.) gekennzeichnet ist. - *Gegensatz:* → Koordinationskonzern.

Subprime-Krise

von Prof. Dr. Oliver Budzinski und Prof. Dr. Albrecht F. Michler

I. Kurzbeschreibung

Seit dem Frühjahr 2007 ließ sich auf dem US-Markt für Hypothekenkredite mit geringer Bonität (Subprime) ein drastischer Anstieg von Zahlungsausfällen beobachten, der in der Folgezeit zu erheblichen Neubewertungen von Krediten, Auflösungen von Kreditportefeuilles, Notfinanzierungen von Spezialinstituten bis hin zum Zusammenbruch von Finanzinstituten führte. Da die Refinanzierung der US-Hypothekenkredite auf den internationalen Finanzmärkten in Form von Kreditverbriefungen stattfand, erreichte die Subprime-Krise ab Mitte 2007 auch die Finanzmärkte anderer Industrieländer und löste in der Folgezeit eine weltweite → Finanzkrise und Konjunkturkrise aus.

II. Das Subprime-Segment

Die Einstufung als Subprime-Hypothek erfolgt, wenn der Kreditnehmer in der Vergangenheit zahlungsunfähig war, bei ihm eine Zwangsversteigerung dokumentiert wurde oder er mit Kreditraten in Verzug geraten ist. Als Indikatoren für die Subprime-Klassifizierung werden ferner das Verhältnis zwischen dem Schuldendienst und dem laufenden Einkommen (debt service-to-income ratio; DTI ratio) sowie das Verhältnis der Kreditsumme zum Wert der Immobilie (mortgage loan-to-value ratio; LTV ratio) herangezogen. Kreditnehmer mit einem geringen „credit score", einem DTI über 55 Prozent oder einem LTV von über 85 Prozent werden dem Subprime-Markt zugeordnet. Neben dem Subprime-Markt existiert das Marktsegment für „Alt A"-Kredite. Bei diesen Hypotheken muss kein oder kein vollständiger Einkommensnachweis vorliegen. Aufgrund der geringeren Dokumentationspflicht spricht man auch von „low doc/no doc loans".

III. Motivation für die Nachfrage nach Hypothekenkrediten

Der hohe und seit Mitte der 1990er-Jahre nochmals deutlich gestiegene Anteil von Hauseigentümern an der US-Bevölkerung (1995: ca. 65 Prozent; 2004: ca. 69 Prozent) ist mit dem geringen Angebot an Mietwohnungen und entsprechend hohen Mieten in vielen US-Regionen erklärbar. Eine flächendeckende Förderung des Mietwohnungsbaus existiert nicht. Zugleich sind Rechte von Mietern begrenzt, sodass eine mangelnde Planungssicherheit den Wunsch nach der eigenen Immobilie verstärkt. Die Notwendigkeit, den Erwerb privaten Wohneigentums überwiegend mit Krediten zu finanzieren, lässt sich mit der geringen Sparquote in den USA begründen. Neben der mangelnden Sparfähigkeit von Beziehern niedriger Einkommen dürfte die mangelnde Sparwilligkeit breiter Bevölkerungsschichten ausschlaggebend sein. Trotz einer Vielzahl denkbarer Erklärungsansätze (Messfehler, Ausbau der sozialen Sicherungssysteme, demografische Faktoren usw.) lässt sich der trendmäßige Rückgang der privaten Sparquote in den USA empirisch nicht zufriedenstellend erklären („Personal Saving Rate Puzzle"). Festzuhalten bleibt aber, dass die Ersparnisbildung von staatlicher Seite in den USA nicht wirksam gefördert wurde, während Zinszahlungen für (Hypotheken-)Kredite steuerlich abzugsfähig waren und damit nicht nur die originäre Kreditaufnahme für den Immobilienerwerb sondern auch die Finanzierung des privaten Konsums über Hypothekenkredite begünstigten. So war zu beobachten, dass die zusätzliche Beleihung von bereits bestehendem Immobilieneigentum (MEW; mortgage equity withdrawal) für Konsumzwecke deutlich zunahm, weil steigende Immobilienpreise auch den nominellen Beleihungswert der Immobilie erhöhten.

Die Ausgestaltung des US-Steuerrechts veränderte zudem die Finanzierungspraxis beim Erwerb von Immobilien. Überschreitet die Fremdfinanzierungsquote 80 Prozent des Immobilienwertes, ist in den USA traditionell der Abschluss einer Ausfallversicherung (PMI; private mortgage insurance) erforderlich, die bis zum Jahr 2007 nicht steuerlich abzugsfähig war und deren volle Abzugsfähigkeit auch seitdem an gewisse Bedingungen geknüpft ist. Aus diesem Grund ging man dazu über, bei hohen Fremdfinanzierungsquoten neben einem ersten Hypothekenkredit (80 Prozent) simultan einen zweiten (nachrangigen) Kredit (piggyback loan) aufzunehmen, mit dem man eine PMI vermeiden konnte. Beim Vergleich der beiden Finanzierungsformen führte die steuerliche Abzugsfähigkeit des zweiten Kredites häufig zu Kostenvorteilen gegenüber der Versicherungslösung. Während bei der traditionellen Finanzierung mit PMI üblicherweise ein Eigenanteil beim Immobilienerwerb erforderlich war, führte die „piggyback loan"-Finanzierung häufig zu einer vollständigen Fremdfinanzierung (80/20 loan).

Die Kreditaufnahme wurde zudem durch ein „gutes" Finanzierungsumfeld begünstigt. Eine zunehmend stabilitätsorientierte Geldpolitik in vielen Industrieländern führte in den 1980er- und 1990er-Jahren zu einem Disinflationsprozess (sukzessiver Rückgang der Inflationsraten), der nicht nur längerfristig ein Absinken der langfristigen Nominalzinssätze im Sinne der Fisher-Relation auslöste, sondern – aufgrund sinkender Inflationsrisikoprämien – bis zum Jahr 2005 auch einen spürbaren Rückgang der Realzinssätze bewirkte. Neben diesem Absinken von makroökonomischen Risiken werden zunehmende globale Sparüberschüsse – insbesondere aus Schwellenländern wie der VR China – für den tendenziellen Rückgang der Langfristzinsen verantwortlich gemacht. Die mangelnde Investitionsbereitschaft von inländischen Anlegern in Emerging Markets (aufgrund vorangegangener Finanzkrisen) und ihre Suche nach sicheren Anlagehäfen führte zu einem Kapitalexport in die Industrieländer, speziell in die USA. Auch die Notenbanken der Schwellenländer legten ihre Devisenreserven schwerpunktmäßig in den USA an. Leistungsbilanzüberschüsse gegenüber den USA und der Versuch durch Devisenmarktinterventionen eine Aufwertung der heimischen Währung gegenüber dem US-Dollar zu verhindern, führte zu einem stetigen Aufbau entsprechender Reservepositionen und einen entsprechenden Rückfluss in die USA. Auch das Petro-Dollar-Recycling der ölexportierenden Länder sowie die Durchführung von Carry Trades, d.h. die Kreditaufnahme auf dem Geldmarkt eines Niedrigzinslandes (bspw. Japan) und die simultane Anlage der liquiden Mittel in anderen Laufzeitsegmenten des US-Finanzmarktes begünstigte die Zinsentwicklung in den USA. Schließlich lassen sich auch demografische Veränderungen als Ursache für sinkende langfristige Zinssätze anführen. Die Vermögensbildung gewinnt im Hinblick auf die Altersvorsorge in vielen Industrieländern eine zunehmende Bedeutung. Als Vehikel zur Alterssicherung werden häufig Pensionsfonds eingesetzt, die aufgrund gesetzlicher Restriktionen eine hohe Anlagepräferenz für Anleihen aufweisen. Auch die kurzfristigen Refinanzierungsmöglichkeiten für den Immobilienerwerb verbesserten sich nach der Jahrtausendwende deutlich. Durch die sukzessiven Leitzinssenkungen der US-Notenbank von 6,5 Prozent im Jahr 2000 bis auf 1,0 Prozent für die Fed Fund Target Rate im Jahr 2004 stieg die Attraktivität variabel verzinslicher Hypothekenkredite deutlich an.

Die Aufnahme von Hypothekenkrediten wurde schließlich durch die mangelnden Sanktionsmöglichkeiten auf den US-Kreditmärkten begünstigt. In den meisten US-Bundesstaaten dient lediglich die Immobilie des Schuldners als Sicherheit, der Zugriff von Gläubigern auf andere Vermögensgegenstände des Kreditnehmers ist hingegen ausgeschlossen. In der Praxis zieht ein Hausbesitzer, der seinen Hypothekarkredit nicht mehr bedienen kann, aus dem Haus aus, steckt die Haustürschlüssel in ein Kuvert und schickt ihn an seine Bank (jingle mail). Zwar droht kurzfristig ein Verlust der Kreditwürdigkeit, durch zuverlässige Zahlungen von Kreditkartenrechnungen kann das persönliche Rating aber rasch wieder verbessert werden.

Die mangelnde Haftung für Hypothekenkredite begünstigte nicht nur das Subprime-Segment sondern auch den spekulativen Erwerb von Immobilien. Spekulative Marktteilnehmer, die keine oder geringe Eigenmittel investieren, werden bei sinkenden Immobilienwerten keinen Sinn darin sehen, weitere Zins- und Rückzahlungen zu leisten. Man verliert im schlimmsten Fall seinen geringen Eigenmittelanteil und akzeptiert kurzfristig eine Herabstufung der Kreditwürdigkeit. Bei steigenden Immobilienpreisen können spekulative Marktteilnehmer hingegen von der Marktentwicklung profitieren (vgl. → Minsky-Effekt). Die steuerliche Abzugsfähigkeit der Kredite forcierte zudem die Fremdkapitalaufnahme für den spekulativen Erwerb einer Zweit- oder Drittimmobilie.

IV. Motivation für das Angebot von Hypothekenkrediten

Betrachtet man die Kreditvergabe von US-Banken seit dem Platzen der Dotcom-Blase im Frühjahr 2000, so ist eine deutliche Umstrukturierung erkennbar. Während die Kredite an Unternehmen ab dem Jahr 2001 rückläufig waren, stieg die Vergabe von Hypothekenkrediten ab dem Jahr 2000 signifikant an, was auf eine Neuausrichtung des Geschäftsmodells vieler US-Finanzinstitute schließen lässt. Ob diese Neuorientierung zu Beginn aktiv betrieben wurde (restriktive Kreditvergabe an gewerbliche Kunden) oder passiv auf einen konjunkturbedingten Rückgang der Kreditnachfrage reagiert wurde, spielt dabei eine untergeordnete Rolle. Die Neuausrichtung des Geschäftes insbesondere in der privaten Immobilienfinanzierung setzte – angesichts einer Hauseigentümerquote von ca. 67 Prozent aller US-Haushalte im Jahr 2000 – allerdings sehr bald die Erschließung neuer Kundengruppen voraus, die bislang für den privaten Immobilienerwerb nicht in Frage gekommen waren (Subprime-Segment).

Der signifikante Anstieg der realen Hauspreise in den US-Ballungsgebieten seit Ende der 1990er-Jahre und damit der zunehmende Wert der Kreditsicherheiten war ein Schlüsselfaktor für den Kreditboom auf den US-Hypothekenmärkten. Aus Sicht der Kreditinstitute bestand kein Problem, Hypothekenkredite auch an solche Bürger zu vergeben, deren aktuelle und erwartete Einkommenssituation unzureichend war, um die Zins- und Kreditrückzahlungen auch bei veränderten Zinskonditionen in den Folgejahren zu gewährleisten. Die Möglichkeiten, die als Sicherheit bereitstehenden Immobilien zu verwerten, reichten für die Kreditvergabe aus. Angesichts der im Vergleich zu den langfristigen Hypothekenzinssätzen nochmals deutlich niedrigeren Geldmarktsätze waren viele US-Haushalte zudem bereit, variabel verzinsliche Hypothekenkredite aufzunehmen. Dabei ist zu beachten, dass die traditionell langfristige festverzinsliche Immobilienfinanzierung in den USA durch eine Besonderheit geprägt ist. Im Fall eines Zinsrückgangs auf den Hypothekenmärkten kann ein Kreditnehmer seinen Hypothekenkredit vorzeitig aufkündigen und zu den günstigeren Zinskonditionen weitgehend kostenfrei einen neuen Vertrag abschließen. Die hohe Flexibilität auf dem US-Hypothekenmarkt verteuert allerdings a priori die festverzinsliche Immobilienfinanzierung in Abhängigkeit von der Laufzeit um ca. 0,5 bis 1,2 Prozentpunkte.

Variabel verzinsliche Hypothekenkredite (ARMs = adjustable rate mortgage) sind hybride Produkte, sie kombinieren variable und feste Verzinsungen. Zwei Drittel aller ARMs sind sog. „2/28"-Hypotheken. Bei einer Laufzeit des Hypothekenkredits von 30 Jahren wird für die beiden ersten Jahre ein Festzins vereinbart, der dann in eine variable Verzinsung umgewandelt wird. Die ARMs werden dann monatlich an die Zinsentwicklung auf den Geldmärkten angepasst, wobei unterschiedliche Geldmarktsätze als Referenz herangezogen werden können. Der ursprüngliche Festzins lag häufig unter der marktüblichen Verzinsung (Lockangebot; teaser rate). Beim Übergang zur variablen Verzinsung kann – bei zwischenzeitlich veränderten Konditionen auf den Geldmärkten – ein Zinsschock auftreten, auch wenn in den Kreditverträgen häufig Zinsobergrenzen (caps) vereinbart wurden, die den Kreditnehmer vor einem raschen und scharfen Anstieg der Zinssätze schützen sollten. Die Mehrzahl der hybriden Hypothekenkredite trat in der zweiten Hälfte 2007 und im Jahr 2008 in die Phase der variablen Verzinsung ein, die durch ein deutlich höheres Zinsniveau auf den US-Geldmärkten geprägt war.

Zusätzlich wurden Kreditverträge abgeschlossen, bei denen zunächst ausschließlich Zinszahlungen geleistet werden (interest-only mortgage) bzw. sogar negative Amortisationsraten (neg-am-loans) auftreten. Im zweiten Fall decken anfängliche Zahlungen der Kreditnehmer nicht einmal die laufenden Kreditzinsen ab, sodass das Kreditvolumen weiter ansteigt. Beim Erreichen des Grenzwertes (Schuldenanstieg bspw. maximal um 20 Prozent der ursprünglich vereinbarten Kreditsumme) bzw. fünf Jahre nach Vertragsabschluss beginnen die üblichen Zins- und Rückzahlungen. Darüber hinaus sind weitere Zahlungsoptionen denkbar, sodass man bei solchen Hypothekenkrediten auch von „option ARMs" spricht. Die Wahlmöglichkeiten werden bis zu fünf Jahre nach Vertragsabschluss gewährt bzw. laufen aus, wenn zwischenzeitlich die Verschuldungsobergrenze erreicht wurde. Erst nach dem Umwandlungsdatum erfolgen die Rück- und Zinszahlungen. Obwohl „option ARMs" seit Jahrzehnten existieren, nahm ihre Bereitstellung erst ab 2003 deutlich zu. Von rund 10 Prozent der Alt-A-Hypothekenkredite stieg ihr Anteil auf 40 Prozent im Jahr 2006. Die Quote der Zahlungsausfälle blieb zu Beginn der Subprime-Krise in 2007 zunächst niedrig, da die seit 2003 abgeschlossenen Kreditverträge erst später in die Umwandlungsphase eintraten.

Im Ergebnis stieß eine zunehmende Nachfrage nach Hypothekenkrediten auf ein steigendes Angebot seitens der Kreditinstitute, die die Nachfrage durch „innovative" Kreditkonstruktionen zusätzlich unterstützten. Die Entwicklung auf den Hypothekenmärkten wurde zudem durch die US-Politik flankiert, die das Subprime-Segment mit den zahlreichen neuen Finanzierungsmöglichkeiten als ein geeignetes Vehikel betrachtete, den Immobilienerwerb von (einkommensschwachen) Minderheiten wie Afro- und Hispano-Amerikaner zu forcieren.

V. Formen der Kreditverbriefung

Die traditionelle Refinanzierung bzw. Besicherung von Krediten des Subprime-Segments über die Federal Housing Association (FHA) wurde für die Hypothekenbanken zunehmend unattraktiv. FHA-Produkte wurden nicht schnell genug an veränderte Marktbedingungen angepasst, zugleich schrieb die FHA Beleihungsgrenzen vor und die Bearbeitungskosten für FHA-gesicherte Hypotheken senkte die Gewinnmargen. Im Ergebnis erfolgte die Refinanzierung der Hypothekenkredite verstärkt über Investmentbanken, die sich ihrerseits zunehmend über die Verbriefung von Krediten refinanzieren.

Unter Asset Backed Securities (ABS) versteht man einen Risikotransfer, bei dem ein Forderungspool verbrieft und das mit dem Pool verbundene Kreditrisiko auf andere Marktteilnehmer übertragen wird. Das Risiko des Forderungsverkäufers (Originator) – bspw. einer Investmentbank – wird somit vom Risiko des Forderungspools getrennt. Darüber hinaus werden bislang vergleichsweise illiquide Forderungspositionen – wie einzelne Hypothekenkredite – kapitalmarktfähig gemacht. Eine Klassifizierung von ABS-Verbriefungen lässt sich anhand der zugrundeliegenden Forderungspools durchführen. Besteht der Forderungspool bspw. im Wesentlichen aus den Hypothekenkrediten privater Haushalte spricht man von Residential Mortgage Backed Securities (RMBS).

Der Risikotransfer kann mithilfe unterschiedlicher Verbriefungstechniken erfolgen. Im Fall von True Sale Strukturen verkauft der Originator seinen Forderungspool an eine außerbilanzielle und insolvenzfeste Zweckgesellschaft (SPV = special purpose vehicle), sodass diese Forderungen nicht mehr in seiner Bilanz auftreten. Das SPV refinanziert den Kauf durch die Begebung von Anleihen. Die emittierten Anleihen können einzelnen Tranchen – die divergierende Ausfallrisiken bzw. Ratings aufweisen und damit unterschiedliche Risikoprämien beinhalten – zugeordnet werden. Neben Tranchen, für die ein Rating vorliegt, gibt es eine nicht bewertete Tranche (equity tranche), die im Fall von Forderungsausfällen die ersten Verluste („first loss position") übernehmen. Diese Tranche wird häufig vom Originator selbst oder besonders risikobereiten Anlegern wie spezifischen Hedge Funds gehalten. Bei umfangreicheren Forderungsausfällen werden die übrigen Tranchen in einer zuvor festgelegten Reihenfolge an den Verlusten beteiligt (waterfall structure).

Bei synthetischen Strukturen verbleiben die Forderungen in der Bilanz des Originators und der Risikotransfer erfolgt durch den Einsatz von Kreditderivaten (Credit Default Swaps [CDS] oder Garantien). Im Fall von Forderungsausfällen erhält der ursprüngliche Kreditgeber bei Abschluss eines CDS Kompensationszahlungen seitens des SPV. Im Gegenzug muss er laufende Zahlungen im Sinne einer Versicherungsprämie an die Zweckgesellschaft leisten. Das SPV hat nun zwei Alternativen, die Risiken an Investoren weiterzugeben. Wie bei einem True Sale erfolgt die Risikoübertragung an die Investoren über die Begebung von Wertpapieren (fully funded). Da das SPV nur Zahlungen im Fall von Leistungsstörungen an den originären Kreditgeber leistet, verfügt das SPV bei erfolgter Anleihenplatzierung über hohe liquide Mittel. Um die Zinszahlungen für die emittierten Anleihen sicherzustellen, wird das SPV diese Mittel wiederum in Wertpapieren mit hoher Bonität reinvestieren. Diese Papiere dienen zugleich als Sicherheit (collateral) für den Fall von erforderlichen Zahlungen aus dem CDS. Alternativ erfolgt die Risikoübertragung an die Investoren ebenfalls synthetisch über den Abschluss von CDS (unfunded). Schließlich sind Kombinationen der zuvor beschriebenen Refinanzierungsformen denkbar (partially funded). Bei Single Loan Transaktionen wird der klassische Fremdkapitalgeber – also in aller Regel ein Kreditinstitut – von vornherein durch die Kreditverbriefung ersetzt. Der Kreditnehmer erhält die Kreditsumme direkt vom SPV und leistet entsprechend Zins- und Rückzahlungen. Die Refinanzierung der Zweckgesellschaft erfolgt durch die Emission von Wertpapieren. Aus Sicht der Kreditinstitute bewirkt der Verzicht auf das Kreditgeschäft zwar einerseits sinkende Zinseinnahmen, andererseits lassen sich zusätzliche Provisionseinnahmen durch die Organisation der Verbriefungsstruktur generieren und zugleich Eigenmittel schonen. Traditionell wurden die Forderungen vom Originator an das SPV im Sinne eines True Sale verkauft. Im Zeitraum von 2002 bis 2004 erfolgte der Risikotransfer in zahlreichen Strukturen verstärkt durch den Einsatz von Kreditderivaten wie CDS oder Garantien. Seit 2005 ist eine Renaissance von True Sale Transaktionen sowie die Zunahme von Single Loan Transaktionen zu beobachten.

Die Existenz von Zweckgesellschaften lässt sich ökonomisch in zweifacher Weise begründen. Ein SPV nimmt eine Restrukturierung von Risiken vor. Für diese Intermediationsleistung (Risikotransformation) erzielen Zweckgesellschaften bzw. die Investoren in der Equity Tranche im Durchschnitt einen positiven Spread zwischen der Verzinsung des Forderungspools und den auftretenden Refinanzierungskosten. Durch die Ausnutzung unterschiedlicher Kapitalbindungsfristen von Forderungspool und emittierten Refinanzierungsinstrumenten können ein SPV bzw. die Investoren in der Equity Tranche ebenfalls positive Spreads generieren. Die Intermediationsleistung besteht in diesem Fall aus einer Fristentransformation im Hinblick auf die Kapitalbindung. In Abhängigkeit von der Struktur des Forderungspools, der Fristigkeit sowie der Struktur der Refinanzierung lassen sich Vehikel wie Special Investment Vehicles (SIVs), Collateralized Debt Obligations (CDOs) oder Commercial Paper Conduits (CP Conduits) differenzieren. Während bei SIVs und CP Conduits die Fristentransformation im Vordergrund steht und die Aktivpositionen zu einem erheblichen Teil über kurzfristige Geldmarktpapiere, den sog. Asset Backed Commercial Paper (ABCP) refinanziert werden, nehmen CDOs eine Risikotransformation vor. SIVs und CDOs weisen im Allgemeinen ein gut strukturiertes Portefeuille auf, wobei CDOs durch ein höheres Durchschnittsrisiko charakterisiert sind. Conduits (= Durchleitung, Röhre, Kanal) können hingegen vollständig in einer Asset-Klasse investiert sein. Während in einem SIV kurz- und mittelfristige Refinanzierungen eingesetzt werden und die durchschnittliche Laufzeit der Verbindlichkeiten drei Monate nicht unterschreitet, bestehen für Conduits keine Begrenzungen, sodass ihr Refinanzierungsrisiko deutlich stärker ausgeprägt ist.

VI. Motivation für die zunehmende Verbriefung von Krediten

Die Märkte für Verbriefungen waren in den letzten Jahren durch einen enormen Anstieg der Volumina geprägt. Während der Bestand an verbrieften Forderungen in den USA im Jahr 2000 bei ca. 5 Bio. USD lag, wuchs er bis Ende 2006 auf mehr als 11 Bio. USD an. Dieser Trend lässt sich sowohl von der Angebots- als auch von der Nachfrageseite begründen.

Aus Sicht von originären Kreditgebern weisen Verbriefungen eine Reihe von Vorteilen gegenüber der traditionellen Kreditvergabe auf. Durch die Ausgliederung von Krediten können Banken ihre erforderliche Eigenkapitalausstattung reduzieren bzw. die Eigenkapitalunterlegung verbessern (regulatory arbitrage). Zudem lassen sich in Abhängigkeit von der verwendeten Verbriefungstechnik Bilanzrelationen bzw. -kennziffern verbessern sowie leichter steuern, die Eigenkapitalrendite erhöhen oder stille Reserven realisieren. Die Verbriefung erlaubt zudem das aktive Management unterschiedlicher Risiken und deren Transfer auf andere Marktteilnehmer. Die Kreditinstitute erhalten Zugang zu bankunabhängigen Finanzierungsquellen sowie Anlegern mit sehr unterschiedlicher Risikobereitschaft und senken durch diese Diversifikationsmöglichkeiten die Risiken und Kosten ihrer Refinanzierung. Insgesamt lassen sich mithilfe von Verbriefungen das Bilanzstruktur-, das Risiko- und das Liquiditätsmanagement nachhaltig verbessern.

Aus Sicht potenzieller Anleger weisen verbriefte Kredite ebenfalls Vorteile gegenüber traditionellen Anlageformen auf. ABS-Strukturen erlauben die gezielte Übernahme von Kreditrisiken; die Anlage kann präzise an das eigene Risikoprofil angepasst werden. Zugleich partizipiert der Investor von der Risikodiversifikation eines gut strukturierten Forderungspools. Bei Einzelengagements in Unternehmensanleihen müsste er diese Diversifikation selber sicherstellen und dafür entsprechende Ressourcen aufwenden. Angesichts geringer Korrelationen gegenüber traditionellen Asset-Klassen lassen sich zusätzliche Diversifikationseffekte generieren und damit ein verbessertes Rendite/Risiko-Profil realisieren. Zum Ausgleich eventueller Kreditausfälle werden in den Verbriefungsstrukturen zusätzliche Absicherungen (credit enhancements) integriert. Folgerichtig bewirken einzelne Forderungsausfälle noch kein Downgrading bei der Bewertung des Forderungspools. ABS-Transaktionen wiesen deshalb in der Vergangenheit eine höhere Rating-Stabilität und deutlich geringere Ausfallraten als bspw. Unternehmensanleihen auf. Sofern die Eigenkapitalausstattung des Investors wiederum von der Bewertung seines Aktiva-Pools abhängt, kann dies zu einer spürbaren Eigenkapitalentlastung beitragen. Im Vergleich mit traditionellen Anlageformen wiesen Wertpapiere aus ABS-Tranchen bei vergleichbaren Ausfallrisiken signifikant höhere Spreads gegenüber den Refinanzierungskosten auf. Zugleich stiegen die Renditeaufschläge (spread pickups) mit der Komplexität der Verbriefungen, sodass im Laufe der Zeit ein zunehmender Anreiz zu immer komplexer werdenden Verbriefungsstrukturen bestand. In der Praxis bestand der Forderungspool eines CDOs bspw. wiederum aus anderen CDOs (squared CDO; CDO^2) und diese resultierten möglicherweise wiederum aus weiteren Vehikeln (cubed CDO; CDO^3).

Neben einer Vielzahl von Vorteilen lassen sich allerdings auch gravierende Nachteile von Verbriefungen identifizieren, die eine zusätzliche Begründung für die Subprime-Krise und ihre weitreichenden Auswirkungen liefern. Die Verlagerung der Kreditrisiken auf andere Marktteilnehmer verändert das Risikomanagement der originären Kreditgeber. Der Anreiz, die Qualität der Kreditnehmer detailliert zu prüfen sowie die Kreditvergabemodalitäten adäquat an die Bedürfnisse und die Zahlungsfähigkeit der Kreditnehmer anzupassen, ist deutlich gesunken. Die Bereitschaft von Originators bei der Verbriefungsstruktur auf die besonderen Anlage- bzw. Risikobedürfnisse von Investoren einzugehen (bespoke deals) reduziert den Liquiditätsgrad der emittierten Schuldtitel und damit – insbesondere in Phasen zunehmender Verspannungen auf den Märkten – deren Marktgängigkeit. Starke Wertschwankungen aufgrund von Illiquiditäten behindern eine zuverlässige und zeitnahe Bewertung der Wertpapiere und erzwingen möglicherweise beim Investor erhebliche Abschreibungen, was Vertrauensverluste auf den Finanzmärkten verstärkt. Die zunehmende Komplexität der Verbriefungsstrukturen beeinträchtigt schließlich die Identifikation der inhärenten Risiken eines Investmentvehikels. Die Risikodiversifikationseffekte des Forderungspools werden überschätzt und die Risikovorsorge war dementsprechend unzureichend. Systematische Risiken, die bspw. aus einer geldpolitisch induzierten Liquiditätsverknappung resultieren und eine Vielzahl von Finanzmarktsegmenten treffen, wurden in Investmentvehikeln nicht reduziert sondern möglicherweise verstärkt. Das mangelnde Risikobewusstsein beschränkte sich aber nicht nur auf die Marktteilnehmer sondern auch auf die Rating-Agenturen. Sie müssen das Gesamtrisiko des Forderungspools adäquat abschätzen, damit die Höhe der einzelnen, mit unterschiedlichen Ausfallrisiken bewerteten Tranchen zur Refinanzierung bestimmt werden können. Im Ergebnis testierten die Agenturen den Forderungspools und demzufolge auch den emittierten Schuldverschreibungen Ausfallsicherheiten, die den Annahmen einer Modellwelt und den historischen Erfahrungen genügten (Festlegung von Ausfallkorrelationen zur Berechnung simultaner Ausfallwahrscheinlichkeiten), in der Praxis – insbesondere bei stärkeren Verspannungen auf den Märkten – aber nicht haltbar sind (Instabilität der Korrelationsmuster). Vor diesem Hintergrund lässt sich auch die Kritik an den Rating-Agenturen und die Forderung nach einer wirksamen Kontrolle dieser Institutionen erklären. Die starke Konzentration von SIVs und Conduits auf die Fristentransformation setzt ferner eine hinreichende Liquidität insbesondere auf dem ABCP-Markt voraus. Das Prolongationsrisiko wurde von den Marktteilnehmern zwar gesehen; die Gefahr eines „Austrocknens" – angesichts des starken Wachstums des Commercial Paper-Marktes in den letzten Jahren – aber als nicht relevant eingestuft. Zudem wurden zugesagte Kreditlinien der Banken zur Liquiditätssicherung als ausreichend betrachtet, ohne deren eigene Refinanzierungsmöglichkeiten ausreichend zu hinterfragen.

VII. Die Rolle der Geldpolitik in der Subprime-Krise

Die Attraktivität strukturierter Kreditprodukte resultierte nicht zuletzt aus der Suche nach zusätzlichen Renditemöglichkeiten. Die erfolgreiche Stabilitätspolitik in den beiden letzten Dekaden des 20. Jahrhunderts führte in vielen Industrieländern zu einem deutlichen Rückgang der Inflationsraten und der Inflationsvolatilität. In der Folge sanken im Trend nicht nur die langfristigen Nominalzinssätze aufgrund sinkender Inflationserwartungen sondern auch die Realzinsen aufgrund rückläufiger, volatilitätsbedingter Risikoprämien. Lediglich zum Ende der 1990er-Jahre in der Hochphase des Aktienbooms stiegen die langfristigen Zinssätze aufgrund steigender Inflationsgefahren in den USA zeitweilig wieder an. Nach der drastischen Liquiditätsverknappung durch die US-Notenbank zu Beginn des Jahres 2000 und den in der Folgezeit auftretenden Kurseinbrüchen auf den Aktienmärkten setzten sich die Zinssenkungen auf den Bondmärkten fort. Die nach dem Börsen-Crash einsetzenden Portfolioumschichtungen zugunsten von Anleihen verstärkten den Zinssenkungsdruck zunächst auf den Staatsanleihenmärkten, dann aber auch auf den Märkten für Unternehmensanleihen (Corporates). Im Ergebnis war in vielen Ländern eine Abflachung in der Laufzeitstruktur der Zinssätze zu beobachten. Während die Zinsdifferenz zwischen den zehnjährigen Benchmark-Anleihen (US Treasuries) und den Geldmarktsätzen bspw. vollständig verschwanden, konnte die Differenz zwischen Unternehmensanleihen bzw. Anleihen aus strukturierten Krediten und den Geldmarktsätzen auf niedrigerem Niveau weiterhin genutzt werden. Der erneute geldpolitische Kurswechsel der US-Notenbank seit Ende 2000 und anderer Notenbanken im Frühjahr

2001 führte in der Folgezeit zu einem drastischen Rückgang der Geldmarktsätze, der die Zinssenkungstendenzen am langen Ende des Laufzeitenbandes deutlich überkompensierte und somit den Laufzeitspread unabhängig von der Bonität der langfristigen Papiere wieder öffnete. Die Aussichten auf hohe Renditen und die Bereitstellung ausreichender Liquidität durch die US-Notenbank zu sehr niedrigen Zinsen verstärkte den Trend zu Kreditverbriefungen. In einem solchen Umfeld war nicht mit einem Austrocknen der Geldmärkte zu rechnen. Die expansive Geldpolitik der US-Notenbank beflügelte andererseits die Vergabe variabel verzinster Hypothekenkredite im Subprime-Markt, sodass eine ausreichende Zahl an Krediten mit schlechter Bonität zur Verbriefung bereitstanden. Der erneute Kurswechsel der US-Notenbank ab 2004 ließ die Spreads wieder zusammenschrumpfen und zwar in einem bislang nicht bekannten Maß. So verschwand zeitweilig bspw. der Spread zwischen RMBS-Anleihen mit einem BB-Rating (vgl. Rating-Agenturen) und den Geldmarktsätzen vollständig. Während sich die Refinanzierungskonditionen für die Investmentvehikel, die auf eine kurzfristige Refinanzierung setzten deutlich verschlechterte, stiegen zugleich die Leistungsstörungen in den Forderungspools an: Aufgrund der steigenden Kurzfristzinssätze erhöhten sich sukzessive die Forderungsausfälle im Subprime-Segment. Im Ergebnis kamen viele Investmentvehikel somit von zwei Seiten unter Druck. Auf der Aktivseite durch steigende Ausfallrisiken und auf der Passivseite durch steigende Liquiditätsrisiken und Refinanzierungskosten.

Zusammenfassend kann festgestellt werden, dass heftige geldpolitische Kurswechsel (Stop-and-go-Politik) bei einer sich tendenziell verflachenden Zinsstrukturkurve erhebliche Gefahren für die internationalen Finanzmärkte beinhalten. Vor diesem Hintergrund wird die Geldpolitik der US-Notenbank von vielen Ökonomen als eine wesentliche Ursache bzw. als zentraler Auslöser für die Subprime-Krise angesehen. Im Gegensatz zur Europäischen Zentralbank – vgl. → Europäisches System der Zentralbanken (ESZB) → – hat die US-Notenbank kein eindeutig vorgegebenes Ziel bzw. keine eindeutig vorgegebene Zielorientierung. Im Federal Reserve Reform Act von 1977 ist die Mehrzielorientierung („maximum employment, stable prices, and moderate long-term interest rates") manifestiert. Das Federal Reserve System ist zudem politisch vom US-Kongress abhängig, der jederzeit die rechtlichen Grundlagen des Notenbanksystems verändern kann. Politischer Druck entsteht insbesondere dann, wenn dem Preisniveauziel in konjunkturellen Abschwungphasen mit negativen Beschäftigungseffekten eine zu hohe Bedeutung beigemessen wird. Betrachtet man die Geldpolitik der US-Notenbank unter der Führung von Alan Greenspan (August 1987 bis Januar 2006), so lassen sich deutliche Kurswechsel in der Zinspolitik immer an einem Anstieg der Arbeitslosenquote (Leitzinssenkung) oder an einem Anstieg der Inflationsrate (Leitzinserhöhung) festmachen, was insgesamt zu einer sehr unstetigen Geldpolitik führte.

Im Ergebnis lässt sich die Subprime-Krise nicht auf eine einzige Ursache zurückführen sondern resultiert aus einer Vielzahl von Ursachen, wobei nicht nur Fehlentwicklungen auf den Finanzmärkten zu beachten sind sondern auch ein massives Versagen der US-Wirtschaftspolitik respektive der Geldpolitik vorlag.

VIII. Die realwirtschaftlichen Folgen der Subprime-Krise

Durch den verstärkten Einsatz von Verbriefungen mit ihren Möglichkeiten des Risikotransfers bzw. der Risikoreallokation waren in den letzten Jahren die Verflechtungen in der Finanzindustrie sowohl auf der nationalen als auch der internationalen Ebene deutlich angestiegen. Diese zunehmende Integration der Finanzmärkte führte dazu, dass sich die massiven Kreditausfälle auf den US-Hypothekenmärkten, verknüpft mit einem drastischen Rückgang der Immobilienpreise in vielen US-Ballungsgebieten, sehr rasch zu einer allgemeinen Banken- oder Finanzkrise ausweiteten. Angesichts der mangelnden Transparenz über die vorhandenen Risikopotenziale innerhalb und außerhalb der Bankenbilanzen, stieg zwischen den Akteuren auf den Finanzmärkten das gegenseitige Misstrauen, was – nach der Insolvenz der US-Investmentbank Lehman Brothers im September 2008 – zeitweilig zu einem nahezu völligen Zusammenbruch des Interbankenmarktes führte. Mit anderen Worten, die Banken waren nicht mehr bereit, sich gegenseitig kurzfristige, ungesicherte Kredite bereitzustellen. Die Notenbanken waren gezwungen, die auftretenden Liquiditätsengpässe durch eine Ausweitung der Geldbasis zu beseitigen. Zugleich verschärften die Finanzinstitute ihre Kreditvergabebedingungen gegenüber nicht-finanziellen Unternehmen sowie privaten Haushalten und kündigten angesichts sinkender Kreditsicherheiten infolge der fallenden Immobilienpreise vorhandene Verträge auf. Der in vergangenen Jahren hohe Wachstumsbeitrag des (kreditfinanzierten) Konsums an der Entwicklung des US-Bruttoinlandsproduktes sank seit dem Herbst 2007 deutlich ab. Weder die Nettoexporte noch die anderen inländischen US-Nachfragekomponenten (Staatsausgaben und Investitionen) konnten den Nachfrageausfall im privaten Konsum kompensieren. Die bereits seit 2006 schwächer werdende Investitionsnachfrage trübte sich vielmehr weiter ein und verschärfte den Abwärtstrend. Auch der US-Arbeitsmarkt reagierte rasch auf die konjunkturelle Eintrübung, die Arbeitslosenquote stieg im Laufe des Jahres 2008 von 4,9 Prozent auf 7,6 Prozent an. Betrachtet man die Entwicklung in anderen Ländern wie Deutschland, so waren die realwirtschaftlichen Folgen der weltweiten Finanzkrise zunächst vergleichsweise gering. Seit dem zweiten Halbjahr 2008 lassen sich die Auswirkungen der Krise aber insbesondere an der Entwicklung der Investitionsnachfrage und der Nettoexporte erkennen. Eine weltweite Konjunktureintrübung trifft exportorientierte Länder besonders hart, wie sich auch an asiatischen Ländern wie Japan und Taiwan festmachen lässt. Ein Rückgang der gesamtwirtschaftlichen Nachfrage wirkt sich in Deutschland erfahrungsgemäß erst zeitverzögert auf dem Arbeitsmarkt in Form steigender Arbeitslosenquoten aus. Der deutliche Anstieg der Kurzarbeiterzahlen seit Ende 2008 spiegelt allerdings die zunehmenden Verspannungen auf den Arbeitsmärkten wider.

Angesichts der massiven realwirtschaftlichen Folgen haben sich nahezu alle Industrieländer entschlossen, staatliche Ausgabenpakete zur Konjunkturstabilisierung – im Sinne einer antizyklischen Fiskalpolitik – aufzulegen. Neben direkten staatlichen Zusatzausgaben (z.B. Investitionen in die Infrastruktur) versucht man die Konsumnachfrage der Haushalte (z.B. die Abwrackprämie für Altautos) und die private Investitionsnachfrage anzukurbeln. Die Probleme der antizyklischen Fiskalpolitik, die in den letzten Dekaden zu einer weitestgehenden Ablehnung dieser Politik – unabhängig von der ökonomischen Denkrichtung – geführt hat, gelten auch weiterhin. Während man das Problem der zeitlichen Wirkungsverzögerungen der eingeleiteten Maßnahmen, die im Extremfall zu einer prozyklischen Wirkung führen können, angesichts der befürchteten Länge der Konjunkturkrise noch relativieren kann, bleibt das Problem der Refinanzierung der Konjunkturpakete ungelöst. Im Ergebnis besteht die Gefahr eines nachhaltigen Anstiegs der Staatsverschuldung, da nicht nur die Konjunkturpakete sondern auch die Rettungsmaßnahmen für den nationalen Bankensektor finanziert werden müssen. Auch die Gefahr einer unerwünschten Reallokation von Produktionsfaktoren lässt sich erkennen. Während bspw. von einer Abwrackprämie für Altautos insbesondere die Hersteller von Kompaktfahrzeugen profitieren, werden Werkstätten oder Ersatzteillieferanten auf Dauer Nachteile erleiden. Auch die Wettbewerbssituation im Automobilsektor könnte sich auf längere Frist verschieben, wenn einzelne Hersteller überproportional von der Abwrackprämie profitieren.

Subroutine → Unterprogramm.

Subschema → externes Schema.

Subsidiarität – 1. *Begriff:* Der katholischen Soziallehre entstammendes *gesellschaftsethisches Prinzip* (→ Ethik), das auf die Entfaltung der individuellen Fähigkeiten, der Selbstbestimmung und Selbstverantwortung abstellt. Nur dort, wo die Möglichkeiten des Einzelnen bzw. einer kleinen Gruppe (Familie, Gemeinde) nicht ausreichen, die Aufgaben der Daseinsgestaltung zu lösen, sollen staatliche Institutionen subsidiär eingreifen. Dabei ist der Hilfe zur Selbsthilfe der Vorrang vor einer unmittelbaren Aufgabenübernahme durch den Staat zu geben. Der individuelle Aspekt der Subsidiarität (Selbstverantwortung) und der gesellschaftliche Aspekt (Schaffung der materiellen Voraussetzungen hierfür durch den Staat) lassen sich nicht scharf voneinander abgrenzen: Je nach Akzentuierung entsprechen sowohl marktwirtschaftliche als auch wohlfahrtsstaatliche Konzepte (→ Wohlfahrtsstaat) dem Subsidiaritätsprinzip. Das Subsidiaritätsprinzip ist ein zentrales Element des ordnungspolitischen Konzepts der → Sozialen Marktwirtschaft. – 2. *Finanzwissenschaft:* Subsidiarität wird als Grundsatz für die Aufgabenverteilung zwischen Privaten und Staat sowie innerhalb des privaten und öffentlichen Sektors angewandt. Die Verantwortung für eine Aufgabe ist der jeweils kleinsten dafür geeigneten Einheit zu übertragen; die Abstufung der Einheiten reicht vom Individuum über den privaten Haushalt und andere private Gemeinschaften bis hin zu den öffentlichen Kollektiven unterschiedlicher Größe (Verbände, Gemeinden, Länder, Zentralstaat, supranationale Organisationen). Aus der Subsidiarität ergeben sich Empfehlungen für die Zuständigkeit des Staates (z.B. für die Empfangsberechtigung von Sozialhilfeleistungen) und für die Aufgabenverteilung zwischen den verschiedenen Ebenen. – *Zuständigkeiten der einzelnen Verwaltungsebenen:* Die übergeordnete Ebene greift erst dann ein, wenn die untergeordnete überfordert ist. – *Umfang der Wirtschaftstätigkeit öffentlicher Verwaltungen:* Eine negative Interpretation von Subsidiarität besagt, dass sich die öffentliche Hand nur dann wirtschaftlich betätigen darf, wenn die privaten Unternehmen nicht im Stande sind, die notwendigen Aufgaben zu erfüllen *(Lückenbüßerfunktion);* bei einer positiven Formulierung von Subsidiarität übernehmen die öffentlichen Unternehmen eine *Vorreiterfunktion,* durch die die Betätigung privater Unternehmen erst möglich wird. – 3. *Sozialpolitik:* Im Rahmen der *Sozialpolitik* bedeutet der Grundsatz der Subsidiarität, dass eine Wahrnehmung von (sozialen) Aufgaben durch den Staat nur dann erfolgen soll, wenn diese von nichtstaatlichen Einrichtungen (z.B. freie Wohlfahrtspflege, SozialKirchen) nicht erfüllt werden können. – 4. *Europarecht:* Mit dem am 1.11.1993 erfolgten Inkrafttreten des *Vertrags zur Gründung der Europäischen Union* (→ EUV) ist ein spezifisch gemeinschaftsrechtliches Subsidiaritätsprinzip formal etabliert worden. a) *Rechtsgrundlage:* Art. 5 EUV-Lissabon besagt, dass bei Angelegenheiten, die nicht in die ausschließliche Zuständigkeit der Gemeinschaft fallen, die Gemeinschaft nur tätig wird, „sofern und soweit die Ziele der in Betracht gezogenen Maßnahmen von den Mitgliedstaaten weder auf zentraler noch auf regionaler Ebene ausreichend verwirklicht werden können, sondern vielmehr wegen ihres Umfangs oder ihrer Wirkungen auf Unionsebene besser zu verwirklichen sind" (Art. 5 Abs. 3 EUV). Der Subsidiaritätsgrundsatz des Unionsrechts entspricht also dem *föderalen Prinzip* und dient dem *Zweck,* dass in der Union staatliche Entscheidungen möglichst bürgernah getroffen werden und die nationale Identität der Mitgliedstaaten gewahrt bleibt. – b) Das europarechtliche Subsidiaritätsprinzip bedeutet keine Zuweisung von Zuständigkeiten, sondern eine Anweisung für deren *praktische Ausübung*. Der → Europäische Rat von Edinburgh hat 1992 ein Gesamtkonzept zur Anwendung des Subsidiaritätsprinzips verabschiedet. Seither werden sämtliche Rechtsetzungsakte der EU einer Subsidiaritätsprüfung unterzogen. Mit dem Protokoll Nr. 30 präzisierte der → Amsterdamer Vertrag weiter die Anwendung des Subsidiaritätsprinzips. – 5. *Genossenschaftswesen:* im Gegensatz zum Zentralitätsprinzip im Konzern (→ genossenschaftlicher Finanzverbund). Übergeordnete Verbundunternehmen sind nur dienende Institutionen der vorgelagerten Stufen; sie besitzen keinen von der genossenschaftlichen Primärstufe zu isolierenden Selbstzweck, sondern erfüllen Aufgaben, die von vorgelagerten kleineren Einheiten nicht oder nur in unzureichendem Maße erbracht werden könnten. – 6. *Versicherungswesen:* Subsidiarität im Versicherungswesen bedeutet, dass ein Rangverhältnis zwischen zwei oder mehreren Versicherungen besteht. Die subsidiäre Versicherung kommt erst dann zum Tragen, wenn eine andere Versicherung nicht leisten muss.

Subsidiarität der Einkunftsarten – Grundsatz, dass ein steuerpflichtiger Vorgang, der unter zwei verschiedenen Einkunftsarten eingestuft werden könnte als „betrieblich" durchgesetzt wird. – *Beispiel:* (1) Mieten, die ein Gewerbebetrieb aus der Vermietung eines leerstehenden Erweiterungsgeländes bezieht, erfüllen sowohl die Voraussetzungen für „Einkünfte aus Vermietung und Verpachtung" als auch – als Teil des Steuerbilanzgewinns – diejenigen für „Einkünfte aus Gewerbebetrieb"; die Einstufung als Teil des gewerblichen Betriebs setzt sich durch (§ 21 III EStG). (2) Zinserträge, die ein Gewerbebetrieb aus einem Bankguthaben bezieht, fallen sowohl unter „Einkünfte aus Kapitalvermögen" als unter „Einkünfte aus Gewerbebetrieb"; die Einkunftsart „Gewerbebetrieb" setzt sich durch (§ 20 III EStG).

Subsidiaritätsklage – 1. Nach Art. 8 des Protokolls über die Anwendung der Grundsätze der → Subsidiarität und der Verhältnismäßigkeit vom 13.12.2007 (ABl. Nr. C 306 S. 150) ist der Gerichtshof der Europäischen Union für Klagen wegen Verstoßes eines Gesetzgebungsakts gegen das Subsidiaritätsprinzip zuständig, die von einem Mitgliedstaat erhoben oder von einem Mitgliedstaat im Namen seines nationalen Parlaments oder einer Kammer dieses Parlaments übermittelt werden. – 2. Auf Antrag eines Viertels seiner Mitglieder ist der Bundestag verpflichtet, die Subsidiaritätsklage nach Art. 8 des Protokolls zu erheben. Wenn ein Viertel der Mitglieder des Bundestags die Erhebung der Klage nicht stützen, ist deren Auffassung in der Klageschrift deutlich zu machen (§ 12 des Integrationsverantwortungsgesetzes (IntVG) vom 22.9.2009 (BGBl. I S. 3022). – Vgl. auch → Subsidiaritätsrüge.

Subsidiaritätsprinzip → Subsidiarität.

Subsidiaritätsrüge – 1. Nach Art. 6 des Protokolls über die Anwendung der Grundsätze der → Subsidiarität und der Verhältnismäßigkeit vom 13.12.2007 (ABl. Nr. C 306 S. 150) können die nationalen Parlamente oder die Kammern eines dieser Parlamente zu einem Gesetzgebungsakt in einer begründeten Stellungnahme gegenüber dem Präsidenten des Europäischen Parlaments und der Kommission darlegen, weshalb der Entwurf nicht mit dem Subsidiaritätsprinzip vereinbar sei. – 2. Der Bundestag und der Bundesrat können in ihren Geschäftsordnungen regeln, wie eine Entscheidung über die Abgabe einer Stellungnahme nach Art. 6 des Protokolls herbeizuführen ist (§ 11 Abs. 1 des Integrationsverantwortungsgesetzes (IntVG) vom 22.9.2009 (BGBl. I S. 3022)). – Vgl. auch → Subsidiaritätsklage.

Subsistenzlandwirtschaft – landwirtschaftliche Produktion, die primär der Eigenversorgung dient und damit außerhalb des monetären Kreislaufs einer Volkswirtschaft bleibt.

Subsistenzmittelfondstheorie – 1. *Charakterisierung:* Bei den Klassikern der politischen Ökonomie existierte die Vorstellung eines vorgeschossenen gesamtwirtschaftlichen Lohnfonds, der aus den Gütern besteht, die die Arbeiter zum Leben brauchen (Subsistenzlohn). Die Lohnrate der Arbeiter ergibt sich aus der Division des → Lohnfonds durch die Anzahl der insgesamt beschäftigten Arbeiter. Das Subsistenzniveau, das die Höhe des Lohnfonds bestimmt, ist nicht in einem biologischen Sinne zu verstehen, sondern wird aus den jeweiligen sozialen Bedingungen heraus bestimmt. Die Eigenschaft der Lohnrate, in Richtung des Subsistenzniveaus zu tendieren, wurde entweder über ein starkes Bevölkerungswachstum (Thomas Malthus) oder über die Tendenz des technischen Fortschritts, Arbeitskräfte freizusetzen und der Existenz einer daraus resultierenden „industriellen Reservearmee" (Karl Marx) begründet. – Von Böhm-Bawerk griff das Konzept des Lohnfonds wieder auf. Der Lohnfonds ist jene Größe, aus der die Arbeitslöhne bestritten werden; die Höhe des Lohnfonds bestimmt wesentlich die Länge der durchschnittlichen Produktionsperiode. Varianten der Subsistenzmittelfondstheorie finden sich auch in den von Stingler, Eucken und von Stackelberg vertretenen Lohn- und Zinstheorien (→ Lohntheorien, → Zinstheorien). – Basis der Subsistenzmittelfondstheorie ist ein *Vier-Klassen-Modell* basierend auf Kapitalisten, Bodenbesitzern, (besitzlosen) Unternehmern und Arbeitern. Die Kapitalisten leihen den Unternehmern den *Subsistenzmittelfonds*, das ist eine Gütermenge (bes. Konsumgüter) bzw. deren monetärer Gegenwert. Die Überlassung dieses Subsistenzmittelfonds setzt die Unternehmer in den Stand, die Arbeiter zu beschäftigen, denn die Arbeiter müssen während der durchschnittlichen Produktionsperiode „alimentiert" werden. Die eingeschlagenen Produktionsumwege können nach dieser Lehrmeinung umso größer sein: (1) Je größer der Subsistenzmittelfonds, (2) je größer die Umschlagshäufigkeit des Kapitals (des Subsistenzmittelfonds), (3) je geringer der Lohnsatz und (4) je geringer die Zahl der zu beschäftigenden Arbeiter ist. – 2. *Bedeutung*: Die Subsistenzmittelfondstheorie ist Grundlage der monetären → Überinvestitionstheorie in der Hayekschen Form. – 3. *Kritik:* Nach Preiser u.a. wird bei der Subsistenzmittelfondstheorie die Synchronisierung der Produktion übersehen. Da aber in jedem Moment Produktionsprozesse beginnen und abgeschlossen werden, müsse niemand auf das Erscheinen irgendeines Produktes warten, niemand während einer Produktionsperiode „alimentiert" werden. Damit werde der Subsistenzmittelfondstheorie ihre eigentliche Basis entzogen.

Subskription – Zeichnung von Neuemissionen (→ Zeichnen), auch erstmaliger Verkauf einer Pfandbriefserie.

Substanzbetrieb – ein auf die Bewirtschaftung des Grund und Bodens gerichteter → Nebenbetrieb eines land- oder forstwirtschaftlichen Betriebs. – *Gegensatz:* → Verarbeitungsbetrieb.

Substanzbewertung – Bewertung für Zwecke der → Substanzsteuern; gesetzlich geregelt im → Bewertungsgesetz (BewG).

Substanzerhaltung → substanzielle Kapitalerhaltung.

substanzielle Abnutzung – die durch Gebrauch verursachte Aufzehrung des Nutzungspotenzials von Anlagegegenständen. Die infolge substanzieller Abnutzung eintretende → Wertminderung bestimmt neben anderen Faktoren die → Nutzungsdauer; sie wird in der Buchführung durch → Abschreibungen rechnerisch erfasst.

substanzielle Kapitalerhaltung – *Substanzerhaltung;* Erhaltung des Realvermögens in seiner Leistungsfähigkeit bei Preisänderungen. → Scheingewinne und Scheinverluste, die auf Veränderungen der Marktlage oder des Geldwertes beruhen, erscheinen somit nicht als Erfolge. Die substanzielle Kapitalerhaltung soll mittels der von Schmidt entwickelten → organischen Tageswertbilanz erreicht werden durch Bewertung der Anlage- und Umlaufgüter zu Tageswerten und durch organische → Abschreibung.

Substanzsteuern – I. Betriebswirtschaftliche Steuerlehre: In Abgrenzung zu den → Ertragsteuern knüpfen die Substanzsteuern an Roh- oder Reinvermögensgrößen, d.h. an *Bestands*größen an. Zu den Substanzsteuern zählen die frühere → Vermögensteuer (seit Ende 1996 nicht mehr erhoben), und Gewerbekapitalsteuer (→ Gewerbesteuer), die → Grundsteuer, und die → Erbschaftsteuer (bzw. Schenkungsteuer).

II. Finanzwissenschaft: → Sollsteuern.

Substanzverringerung – Verbrauch von Substanz bei Bergbaubetrieben, Steinbrüchen und ähnlichen Betrieben. – *Steuerlich* sind Absetzungen nach Maßgabe des Substanzverzehrs zulässig (→ Absetzung für Substanzverringerung (AfS); § 7 VI EStG.

Substanzwert → Reproduktionswert.

Substanzwertmethode – Verfahren der → Unternehmungsbewertung, bei der sich der Unternehmenswert aus den Ausgaben, die zur Reproduktion des zu bewertenden Unternehmens aufzuwenden sind, ergibt. Der auf diese Weise festgestellte Unternehmenswert wird daher auch als → Reproduktionswert bezeichnet. Es handelt sich hierbei um den Brutto-Unternehmenswert, von dem der Wert des → Fremdkapitals abzuziehen ist, um zum Netto-Unternehmenswert zu gelangen. Im Rahmen der Substanzwertmethode sind der Vollreproduktionswert und der Teilreproduktionswert zu differenzieren. Während sich der Vollreproduktionswert aus dem vollständigen „Nachbau" eines Unternehmens mit gleichem Ertragspotential ableitet, sind im Teilreproduktionswert in erster Linie nur die bilanzierungsfähigen Teile des Anlage- und des Umlaufvermögens enthalten. Das bedeutet, dass bei dieser Variante der Substanzwertmethode der Geschäftswert bzw. der Goodwill unberücksichtigt bleibt.

Substitution – I. Produktions- und Kostentheorie: begrenzte oder vollständige Ersetzung der Einsatzmengen von → Produktionsfaktoren durch andere (→ substitutionale Produktionsfaktoren).

II. Haushalts- und Preistheorie: begrenzte oder vollständige Ersetzung der Nachfragemengen von (marktfähigen) Gütern durch andere (→ Substitutionsgüter).

substitutionale Produktionsfaktoren → Produktionsfaktoren, die untereinander ausgetauscht werden können, ohne dass die Ausbringungsmenge (→ Output) sich ändert. Die Wirtschaftlichkeitsrechnung ermöglicht die kostengünstigste Auswahl der substitutionale Produktionsfaktoren (→ Minimalkostenkombination).

substitutionale Produktionsfunktion – Begriff der → Produktions- und Kostentheorie: → Produktionsfunktion mit einem variablen Einsatzverhältnis der → Produktionsfaktoren (→ Faktorintensität). Es werden ein oder mehrere Faktoren konstant gehalten und mind. zwei Faktoren variiert, um den gleichen Ertrag oder Ertragsveränderungen zu erzielen. Die ökonomisch günstigste Faktorkombination liegt vor, wenn das Verhältnis der → Grenzproduktivitäten der Faktoren dem Faktorpreisverhältnis entspricht (→ Minimalkostenkombination). Die partiellen → Faktorproduktivitäten und die Faktorkoeffizienten sind variabel. – 1. *Mikroökonomische* substitutionale Produktionsfunktion (einzelbetriebliche Betrachtungsweise): Die → Substitution der Faktoren kann begrenzt (periphere Substitution, begrenzte Substitution) oder vollständig (alternative Substitution, vollständige Substitution) erfolgen. Bei Variation eines Faktors und Konstanz wenigstens eines anderen Faktors kann der Grenzbetrag der

Faktorveränderung entsprechend dem → Ertragsgesetz ermittelt werden; dieses Gesetz stand in der ältesten Theorie (A.R.J. Turgot (1721-1781), J.H. von Thünen (1783-1850)) im Vordergrund der Betrachtung. – Bei *Variation aller Faktoren* ergibt sich das → Niveaugrenzprodukt, wobei je nach → Homogenität der Funktion eine konstante, zunehmende oder abnehmende Niveaugrenzproduktivität vorliegt. Wenn eine Vermehrung aller Faktoren die Ausbringung um λ^s erhöht, ist die Funktion homogen vom Grade s, s = 1 bedeutet konstante, s < 1 abnehmende, s > 1 zunehmende Niveaugrenzproduktivität. – 2. *Makroökonomische substitutionale Produktionsfunktionen:* Werden für einzelne Industrien und für ganze Volkswirtschaften aufgestellt. Der → Output wird als homogenes Produkt definiert, wobei das Problem der Realgüterzusammenfassung durch Verwendung der Wertschöpfung näherungsweise gelöst wird. Die bisher verwendeten makroökonomischen substitutionalen Produktionsfunktionen gehen von peripherer Substitution und, sofern technischer Fortschritt nicht berücksichtigt wird, von linearer Homogenität aus. Die bekanntesten Funktionen sind die → Cobb-Douglas-Funktion und die → CES-Funktion, die abnehmende Ertragszuwächse (→ Ertragsgesetz) aufweisen. Technischer Fortschritt kann in diese Produktionsfunktion arbeitssparend, kapitalsparend oder neutral eingebracht werden, was zu unterschiedlichen Wachstumspfaden führt.

Substitutionseffekt – Teileffekt der → Slutsky-Hicks-Gleichung; beschreibt im Rahmen der → Haushaltstheorie (→ Nachfragetheorie des Haushalts) die Reaktion eines → Haushalts auf eine Preisänderung für ein → Gut. Der Substitutionseffekt bewirkt im Fall einer Preissenkung eine Verstärkung der Nachfrage nach dem relativ billiger gewordenen Gut zulasten der relativ teureren Güter. Ihm steht der → Einkommenseffekt gegenüber.

Substitutionselastizität – Quotient aus der relativen Veränderung des Faktoreinsatzverhältnisses m und der relativen Veränderung des Faktorpreisverhältnisses n. Wird vorausgesetzt, dass die → Minimalkostenkombination in Bezug auf die → Produktionsfaktoren A und B erfüllt ist, gilt:

$$\frac{P_B}{P_A} = \frac{\partial x}{\partial B} : \frac{\partial x}{\partial A},$$

sodass n auch für das Verhältnis der Grenzerträge bzw. für die → Grenzrate der Substitution stehen kann. Dies ermöglicht es, die Substitutionselastizität als nur von der → Produktionsfunktion abhängige Größe zu bestimmen. Es gilt also:

$$\sigma = \frac{\frac{d\left(\frac{B}{A}\right)}{\frac{B}{A}}}{\frac{d\left(\frac{p_B}{p_A}\right)}{\frac{p_B}{p_A}}} = \frac{\frac{d\left(\frac{B}{A}\right)}{\frac{B}{A}}}{\frac{d\left(\frac{\frac{\partial x}{\partial B}}{\frac{\partial x}{\partial A}}\right)}{\frac{\frac{\partial x}{\partial B}}{\frac{\partial x}{\partial A}}}} = \frac{\frac{dm}{m}}{\frac{dn}{n}} = \frac{dm}{m} \cdot \frac{n}{dn}.$$

Die Substitutionselastizität nimmt in Abhängigkeit von der Produktionsfunktion unterschiedliche Werte an. Solche Produktionsfunktionen, für die die Substitutionselastizität konstant ist, werden als → CES-Funktionen bezeichnet. Wichtige CES-Funktionen stellen die → Wicksell-Cobb-Douglas-Produktionsfunktion (σ = -1), die → Leontief-Produktionsfunktion (limitationale Produktionsfaktoren, σ = 0) und die lineare Produktionsfunktion mit vollkommenen substituierbaren Produktionsfaktoren (σ = – ∞) dar. Diese Fälle lassen sich durch die Form der Isoquanten charakterisieren (vgl. Abbildung „Substitutionselastizität").

Die Substitutionselastizität steht in enger Beziehung zur Verteilung des Erlöses bzw. (auf volkswirtschaftlicher Ebene) des Einkommens auf die Faktoren. Aus dem Verhältnis der Erlösanteile $E_A = A \cdot p_A$ und $E_B = B \cdot p_B$ der Faktoren A und B, nämlich

$$v = \frac{E_B}{E_A} = \frac{p_B \cdot B}{p_A \cdot A} = n \cdot m,$$

folgt:

$$dv = \frac{\partial v}{\partial n} dn + \frac{\partial v}{\partial m} dm = m dn + n dm,$$

mithin

$$\frac{dv}{dn} = m + n\frac{dm}{dn} = m\,(1 + \frac{dm}{dn} \cdot \frac{n}{m}) = m\,(1+\sigma) = \frac{B}{A}(1+\sigma).$$

Ist σ = 0, folgt: $\frac{dv}{dn} = 0,$

d.h., die Verteilung für den sich z.B. relativ verteuernden Faktor B verbessert sich. Für σ = –1 bleibt die Verteilung (wegen dv/dn = 0) unverändert, Steigerung des Faktorpreisverhältnisses und Abnahme des Faktoreinsatzverhältnisses (oder umgekehrt) kompensieren sich hier exakt in ihrer Wirkung. Im Fall σ = – ∞ wird etwa der Faktor B bei relativer Verteuerung völlig aus dem Produktionsprozess verdrängt.

Substitutionsgüter – 1. *Begriff:* Konsum- oder Investitionsgüter, die einander in ihrer Verwendungsfunktion ersetzen können, z.B. Butter/Margarine, Kohle/Heizöl, Dampfkraft/Elektrizität. – 2. *Merkmale:* Preiserhöhungen für ein Gut führen bei den in Betracht kommenden Substitutionsgütern zu einer mengenmäßig gesteigerten Nachfrage und zumeist dadurch auch zu Preissteigerungen für die Substitutionsgüter (positiver Substitutionskoeffizient bzw. positive → Kreuzpreiselastizität der Nachfrage). – Vgl. Wettbewerbskräfte in den → Wettbewerbsstrategien.

Substitutionskoeffizient → Triffinscher Substitutionskoeffizient.

Substitutionskonzept – 1. *Begriff:* Bei der Abgrenzung des → relevanten Marktes ist das Substitutionskonzept von Bedeutung. Es drückt aus, ob zwei Güter Substitute in der Nachfrage sind oder nicht (komplementäre, indifferente oder neutrale Güter). Sind zwei Güter vollständige Substitute, dann ist der Wert

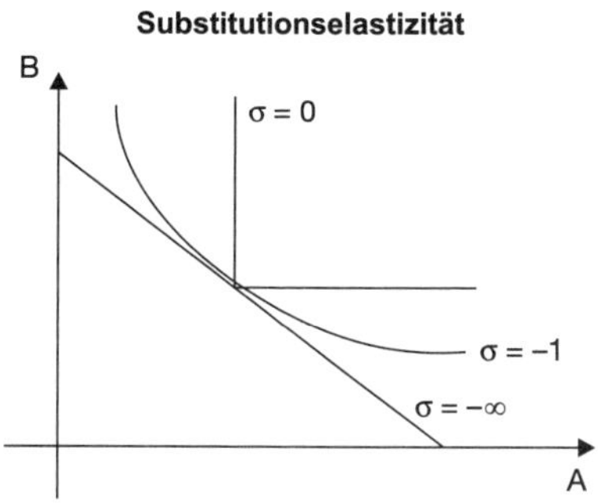

der indirekten Preiselastizität der Nachfrage bei diesen Werten positiv und endlich groß. – 2. *Kritik*: Andere Bedingungen, wie z.B. die Produktions- und Kostenbedingungen, werden bei der Bestimmung der Beziehungen zwischen den Gütern vernachlässigt. – 3. *Spezielle Ausprägung im Kartellrecht:* sog. Bedarfsmarktkonzept. Demnach gehören all jene Güter und Dienstleistungen dem gleichen sachlich relevanten Markt an, die ein verständiger Verbraucher unter funktionellen, preislichen und sonstigen Gesichtspunkten als gegenseitig austauschbar ansieht.

Substitutionskredit – Sammelbezeichnung für die unterschiedlichen Ausprägungsformen der → Kreditleihe.

Substitutionslücke – 1. *Begriff*: Abgrenzung des → relevanten Marktes. – Im Falle einer Substitutionslücke in der Nachfrage zwischen zwei Gütern, die in einem niedrigen Wert für die Kreuzpreiselastizität dieser Güter zum Ausdruck kommt, sind die betreffenden Märkte getrennt. Deshalb werden z.B. nur die Umsatzzahlen für Markt A bei der Vermutung der Marktbeherrschung im Markt A zugrunde gelegt. – 2. *Kritik*: Verbindungen zwischen zwei Gütern, die auf technischen oder funktionellen Eigenschaften basieren, werden vernachlässigt.

Substitutionsprinzip – 1. *Allgemein:* Grundsatz der → Substitution, der die wirtschaftliche Entscheidung über die Auswahl bzw. den Einsatz von Produktionsmitteln nach ihrer Qualität und ihren Preisen ermöglicht. – 2. *Organisation:* Tendenz, dass die generellen → Regelungen die fallweisen Regelungen dort ersetzen, wo Betriebsvorgänge in hohem Maße gleichartig und periodisch auftreten (Gutenberg). Je mehr generell geregelt ist, je höher also der → Organisationsgrad ist, umso mehr verliert der Betriebsprozess an individueller Substanz. Wo häufig individuelle Leistungen verlangt werden, versagt das Substitutionsprinzip der Organisation.

substitutive Produktionsfaktoren → Produktionsfaktoren.

substitutiver Handel – liegt vor, wenn sich die Handelsstrukturen der beteiligten Länder potenziell partiell „ersetzen“ können, weil sie miteinander im Wettbewerb stehen. – *Beispiel:* Autoindustrie Frankreich/Deutschland. – *Gegensatz:* → komplementärer Handel.

Subtraktionsmethode – zuweilen gebrauchter Begriff für Rest(kosten)wertrechnung (→ Kuppelprodukte).

Subunternehmer → Generalunternehmer.

Suburbanisierung – in hoch industrialisierten Ländern die aus der Stadtflucht resultierende Expansion der → Städte in ihr Umfeld und die damit einhergehende intraregionale Verschiebung des Wachstumsschwerpunktes aus dem Kernbereich einer Stadt (→ Zentrum) in das städtische Umland bzw. den suburbanen Raum (Suburbia). Gemessen wird die Suburbanisierung durch die Zunahme des Anteils von Bevölkerung und Beschäftigung im Umland bzw. Beschäftigung des → Verdichtungsraums und Abnahme der entsprechenden Anteile in der Kernstadt. Der suburbane Teil des Verdichtungsraumes kann innerhalb der kommunalen Grenzen der Kernstadt liegen, erstreckt sich i.d.R. jedoch auf benachbarte Gemeinden (Vororte) und Kreise. Seine äußere Grenze ist nicht exakt zu definieren. Neben physiognomischen Kriterien (verdichtete Wohngebiete) sind v.a. solche der funktionalen Verflechtung mit den Arbeitsplätzen bzw. Betrieben der Kernstadt geeignet (Tages-Pendlerzone, → Pendler). Allerdings löst sich diese eindeutige Verflechtungsorientierung mit wachsender Suburbanisierung von Betrieben des sekundären und tertiären Sektors immer stärker auf. Suburbanisierung kann zu verschiedenen raumplanerischen Stadt-Umland-Problemen (z.B. zunehmende Verkehrsbelastung durch Pendelwanderung) sowie zum Verlust von Steuerungsfähigkeit und Funktionen der Kernstadt führen. Dem sollen attraktivitätssteigernde Maßnahmen des Stadtmarketings entgegensteuern. – Vgl. auch → Urbanisierung.

Subvention – I. Finanzwissenschaft: → Einseitige Übertragungen des Staates an die Unternehmen; Geldzahlungen oder geldwerte Vorteile (z.B. Steuervergünstigungen, Preisnachlässe bei Käufen des Staates, Bürgschaften), die der Staat oder Institutionen der EU ohne (marktwirtschaftliche) Gegenleistung i.d.R. Unternehmen gewährt. Häufig liegen Subventionen bestimmte Bedingungen oder erwartete Verhaltensweisen zugrunde. Subventionen werden verschieden abgegrenzt. Im Subventionsbericht der Bundesregierung werden v.a. Geldzahlungen („Finanzhilfen“) und Steuervergünstigungen des Bundes dargestellt. In den Volkswirtschaftlichen Gesamtrechnungen (VGR) gelten nur laufende Transfers an Produzenten (ohne Vermögenstransfers) als Subventionen, allerdings i.d.R. keine Steuervergünstigungen. Die Wirtschaftsforschungsinstitute in Deutschland legen den Begriff der Subventionen in ihren

Arbeitsbereichen umfassender aus. – Die *Problematik* der Subventionen liegt darin, dass sie leicht – häufig versteckt – einzuführen, aber nur schwer wieder abzuschaffen sind und häufig weitere Maßnahmen nach sich ziehen. Die Begründungen für Subventionen sind meist fragwürdig, Erfolgskontrollen fehlen regelmäßig. Subventionen sind politisch beliebt, weil wählerwirksam Leistungen gewährt werden können, deren Finanzierung aber verschleiert wird.

II. Wirtschafts-/Strafrecht: 1. *Begriff:* Leistung aus öffentlichen Mitteln nach Bundes- oder Landesrecht oder nach dem Recht der Europäischen Gemeinschaften an Betriebe und Unternehmen, die wenigstens z.T. ohne marktmäßige Gegenleistung gewährt wird und der Förderung der Wirtschaft dienen soll (vgl. Legaldefinition in § 264 VII StGB). – 2. Subventionen als *Gegenstand eines strafbaren Delikts:* → Subventionsbetrug.

Subventionierung → Subvention, → interne Subventionierung.

Subventionsbericht – nach § 12 StabG alle zwei Jahre von der Bundesregierung vorzulegender Bericht über Höhe und Entwicklung der → Subventionen, gegliedert nach Aufgabenbereichen, Subventionsarten und Subventionsgebern; Instrument der Subventionskontrolle. Bei den Subventionsarten unterscheidet der Subventionsbericht nach Erhaltungssubventionen (z.B. Steinkohlebergbau), Anpassungssubventionen (z.B. landwirtschaftlicher Strukturwandel) und Förderungs- oder Wachstumssubventionen (z.B. Airbus). Im Subventionsbericht wird nicht von Subventionen, sondern von „Finanzhilfen und Steuervergünstigungen" gesprochen; neben den Subventionen im eigentlichen Sinn sind auch → Vermögenstransfers und → Steuervergünstigungen sowie einige Ausgaben an private Haushalte enthalten.

Subventionsbetrug – sog. abstraktes Gefährdungsdelikt, geschaffen zur besseren Bekämpfung der Wirtschaftskriminalität. – 1. *Begriff:* Vorsätzliche oder leichtfertige Täuschungshandlungen bei zumindest teilweise unentgeltlichen und zur Förderung der Wirtschaft bestimmten → Subventionen aus öffentlichen Mitteln, unrichtige oder unvollständige Angaben über subventionserhebliche Tatsachen, Verschweigen → subventionserheblicher Tatsachen und Gebrauchen einer durch unrichtige oder unvollständige Angaben erlangten Bescheinigung über eine Subventionsberechtigung oder über → subventionserhebliche Tatsachen (§ 264 StGB). – 2. *Strafe:* Freiheitsstrafe bis zu fünf Jahren oder Geldstrafe, in bes. → schweren Fällen Freiheitsstrafe von sechs Monaten bis zu zehn Jahren.

subventionserhebliche Tatsachen – Tatbestand des → Subventionsbetruges: (1) Tatsachen, die durch Gesetz oder aufgrund eines Gesetzes von dem Subventionsgeber als subventionserheblich bezeichnet sind; (2) Tatsachen, von denen die Bewilligung, Gewährung, Rückforderung, Weitergewährung oder das Belassen einer → Subvention oder eines Subventionsvorteils gesetzlich abhängig ist (Legaldefinition in § 264 VIII StGB).

Subventionsverordnung – Verordnung (EG) Nr. 2026/97 des Rates vom 6.10.1997 (ABl. L 288 vom 21.10.1997) m.spät.Änd. Instrument der EU zum Schutz gegen subventionierte Einfuhren aus nicht zur EU gehörenden Ländern. – 1. *Begriffsbestimmung:* Eine Subvention liegt vor, wenn eine Regierung in dem Ursprungs- oder Ausfuhrland eine finanzielle Beihilfe leistet, oder wenn irgendeine Form der Einkommens- und Preisstützung i.S.d. Art. XVI des GATT 1994 besteht und dadurch ein Vorteil entsteht. Subventionen sind jedoch nur dann Gegenstand von Ausgleichsmaßnahmen durch die EU, wenn es sich um spezifische Subventionen handelt. Von spezifischen Subventionen spricht man dann, wenn die gewährende Stelle die Subvention auf ein Unternehmen oder einen Wirtschaftszweig beschränkt. – 2. Nicht anfechtbare Subventionen sind *Subventionen für Forschungstätigkeit,* die von Unternehmen oder Hochschul- sowie Forschungseinrichtungen durchgeführt werden, sofern die Subvention nicht mehr als 75 Prozent der Kosten für industrielle Forschung oder 50 Prozent der Kosten der vorwettbewerblichen Entwicklung decken und sich die Beihilfen ausschließlich auf die Personalkosten, Kosten für Instrumente, Ausrüstung, Grundstücke, Beratungskosten oder andere Betriebskosten beschränken. Ebenfalls nicht angefochten werden Subventionen für benachteiligte Regionen innerhalb des Gebietes des Ursprungs- und/oder Ausfuhrlandes, die gemäß einem allg. Rahmen für die regionale Entwicklung gewährt werden sowie Subventionen zur Förderung der Anpassung von Einrichtungen an neue Umweltvorschriften. – 3. Ein → Antidumpingzoll kann erhoben werden, um eine Subvention auszugleichen, die mittelbar oder unmittelbar für die Herstellung, die Produktion, die Ausfuhr oder die Beförderung einer Ware gewährt wird, deren Überführung in den zollrechtlich freien Verkehr in die Gemeinschaft eine Schädigung verursacht. – 4. *Bedeutung:* Spielt im Hinblick auf die Zahl der Verfahren, die in der EU eingeleitet werden, kaum eine Rolle.

Subventionswert – monetärer Wert einer → Subvention, üblicherweise als Prozentsatz des Subventionsbetrags vom betrieblichen Aufwand (z.B. Investitionsaufwand oder Personalkosten), der als → Bemessungsgrundlage dient, berechnet. Der Subventionswert ist im Fall direkter Finanzhilfen (z.B. Investitionszulagen oder Investitionszuschüsse) relativ einfach zu ermitteln. Er liegt allerdings niedriger als der *Subventionssatz* (Fördersatz), wenn die Subvention zu versteuern ist. Bei steuerlichen Vergünstigungen (→ Sonderabschreibungen) kann der tatsächliche Subventionswert nur ex post berechnet werden. Im Fall einer Zinsbeihilfe ist der Subventionswert aus der Differenz zwischen effektiv gezahlten Zinsen und kalkulatorischen Vergleichszinsen (marktübliche Zinssätze) abzuleiten, wobei die „ersparten" Zahlungen auf einen Barwert abdiskontiert werden müssen.

Subventionswettlauf – gegenseitiges Überbieten der Regierungen verschiedener Länder bei der Subventionierung ihrer Exportindustrien (→ Exportsubvention).

Sucharbeitslosigkeit → Arbeitslosigkeit.

Suchbegriff – das Kriterium, auf das beim → Suchen die Komponenten eines Datenbestands (→ Daten) hin überprüft werden. Häufig ein → Datenelement (evtl. auch eine → Datenstruktur), das einen → Schlüssel darstellt (z.B. die Artikelnummer bei Artikelansätzen).

Suchdarlehen → Darlehen.

Suchen – 1. *Begriff:* in der Informationsverarbeitung ein Vorgang, bei dem in einem Datenbestand (→ Daten) eine Komponente nach einem → Suchbegriff gesucht wird. – 2. *Arten:* a) *Internes Suchen:* Suchen einer Komponente eines → Arrays im internen → Arbeitsspeicher des → Computers. – b) *Externes Suchen:* Suchen eines → Datensatzes in einer Datei auf einem externen → Datenträger. – 3. *Beispiele für Suchalgorithmen:* → binäre Suche, → Depth-First-Suche, → Breadth-First-Suche, → heuristische Suche.

Suchfeldanalyse → strategische Suchfeldanalyse.

Suchgut – im Rahmen der → Haushaltstheorie ein → Gut, bei dem der → Haushalt durch Informationssuche schon vor dem Kauf Kenntnisse über die Qualität erlangen kann. – Vgl. auch Informationseigenschaften von Gütern, → Vertrauensgut, → Erfahrungsgut.

Suchkosten → Informationsökonomik.

Suchmaschine – Aufgrund der dezentralen Struktur des → World Wide Web (WWW) sind Suchdienste bzw. Suchmaschinen erforderlich, die den Internetnutzern Informationen über relevante Inhalte zur Verfügung stellen. Im Unterschied zu Katalogen, die als Vorgänger der Suchmaschinen sich im einfachsten Fall als vorher von Menschen nach alphabetischen oder thematischen Kriterien geordnete Listen erweisen, läuft die Suche automatisiert ab. Die Sortierung und Kategorisierung der Adressinformation kann dabei automatisiert über elektronische Agenten oder manuell durch eine Redaktion erfolgen. Suchmaschinen sind attraktiv für Werbetreibende, da sie über hohe Zugriffsraten verfügen und die Möglichkeit kontextsensitiver Werbung bieten. Die mit Abstand meistgenutzte Suchmaschine weltweit ist Google. Weitere Anbieter von Suchdiensten sind etwa Yahoo! oder Microsoft. Neben der heutzutage wichtigsten Gruppe der indexbasierten Suchmaschinen, existieren auch Metasuchmaschinen, die Anfragen gleichzeitig an mehrere Suchmaschinen senden. – Vgl. auch → Internet.

Suchmaschinenmarketing – *Search-Engine-Marketing, SEM.* 1. *Begriff:* Marketingmaßnahmen, die eingesetzt werden um Einfluss auf die Wahrnehmung des eigenen Angebotes in Suchmaschinen zu nehmen. Die Reichweite von Suchmaschinen sowie die Intention der Nutzer für deren Anwendung sorgen für eine hohe Bedeutung der Suchmaschinen im Rahmen des Marketing. – 2. *Merkmale:* Da nur Angebote auf hohen Positionen auch einen Nutzen für den Anbieter (meist im Sinne von hohem Traffic) bringen, sind die Maßnahmen darauf ausgerichtet, eine möglichst hohe Positionierung in den Trefferlisten bzw. auf den Trefferseiten der Suchmaschinen zu erreichen. SEM als Überbegriff lässt sich weiter untergliedern in a) Suchmaschinenoptimierung, die sich sich auf Maßnahmen konzentriert, die das eigene Angebot für den Suchmaschinenalgorithmus optimal aufbereiten. Auch wenn die genauen Algorithmen nicht bekannt sind und permanent weiterentwickelt werden, kann die Positionierung durch verschiedene Maßnahmen grundlegend unterstützt und dadurch optimiert. (1) Keywords: Die Wahl der richtigen Keywords unterstützt die Zuordnung zu Begriffen und Themenbereichen. (2) On-Page-Optimierung: der Aufbau eines perfekt suchmaschinenfreundlichen Internet-Auftritts, (3) Off-Page-Optimierung: um Links auf die eigene Website zu generieren, die ebenfalls von Suchmaschinen interpretiert werden können und den Linkaufbau durch andere erleichtern. – b) Suchmaschinenwerbung als ein Instrument des Suchmaschinenmarketing steht für die Schaltung von bezahlter Werbung neben und/oder über den Sucherergebnissen von Suchmaschinen. Beeinhaltet ebenfalls das Platzieren von Werbung auf Content-Seiten, also auf fremden Websites. Alternativ auch als Search-Engine-Advertising (SEA) oder Paid Inclusions bezeichnet. – c) weiterführende Maßnahmen wie bspw. Backlinks, Internet-PR-Maßnahmen

Suchmaschinenoptimierung – Bestandteil des → Suchmaschinenmarketing.

Suchmaschinenwerbung – Bestandteil des → Suchmaschinenmarketing.

Suchphase – *Informationsbeschaffungsphase;* → Entscheidungsphase, die zum eigentlichen Prozess der Willensbildung führt. – *Ablauf:* In der Suchphase werden die möglichen Handlungsalternativen und deren zu erwartende Konsequenzen erfasst, um die Eignung der verfügbaren Alternativen zur Erreichung der gesetzten Ziele zu ermitteln. Darüber hinaus ist festzustellen, inwieweit die Alternativen inner- und außerbetrieblichen Beschränkungen oder Daten (z.B. rechtliche Normen) genügen, die der Einflussnahme des Entscheidungsträgers im Augenblick der Entscheidung entzogen sind (Phase der Alternativenbewertung).

Suchtheorie → Informationsökonomik, → Arbeitsmarkttheorien.

Süd-Süd-Handel → Handel zwischen → Entwicklungsländern (→ Süd-Süd-Kooperation), in Abgrenzung zum → Nord-Nord-Handel zwischen Industrieländern.

Süd-Süd-Kooperation – Intensivierung der außenwirtschaftlichen Beziehungen bzw. der wirtschaftlichen Zusammenarbeit zwischen → Entwicklungsländern. Begründung der Forderung nach verstärkter Süd-Süd-Kooperation u.a. mit Nachteilen für Entwicklungsländer durch außenwirtschaftliche Verflechtung mit den Industriestaaten (→ Dependencia-Theorien, → Kontereffekt). – *Beurteilung:* Die *Vorteile* für die beteiligten Länder würden aus verschiedenen Gründen abgeschwächt werden, z.B. durch: Beschränkung der Integrationsgewinne, weil die betreffenden Länder oft eine ausgeprägte Ähnlichkeit der Faktor- und Ressourcenausstattung bzw. relativ geringe Kostenunterschiede sowie eine unzureichende Funktionsfähigkeit der Güter- und Faktormärkte aufweisen; geringe Entfaltungsmöglichkeit dynamischer Integrationsgewinne (→ Handelsgewinn), nicht zuletzt aufgrund der relativen Enge der Märkte dieser Länder und ihres relativ niedrigen technologischen Niveaus. – In jedem Fall wäre die Süd-Süd-Kooperation nicht als Ersatz, sondern bestenfalls als *Ergänzung* bzw. *Erweiterung* der weltwirtschaftlichen Integration der Entwicklungsländer anzustreben. – *Beispiele:* West African Economic and Monetary Union (WEAMU), West African Monetary Zone (WAMZ), Economic Community of West African States (→ ECOWAS), → African Union (AU).

Suggestivwerbung – Werbung, die an die → Emotionen der Umworbenen appelliert und bewusst auf die Vermittlung von sachlichen Informationen verzichtet. Suggestivwerbung ist rechtlich grundsätzlich zulässig, soweit damit kein → Kundenfang oder eine Irreführung (→ irreführende Werbung) verbunden sind.

Sukzession → Rechtsnachfolge.

Sukzessionsschutz – Grundsatz im → gewerblichen Rechtsschutz und → Urheberrecht, wonach die Übertragung des Rechts oder die Einräumung von Nutzungsrechten solche Lizenzen (Nutzungsrechte) unberührt lässt, die vom Rechtsinhaber zuvor Dritten übertragen worden sind (§ 30 V MarkenG, § 15 III PatG). Der Sukzessionsschutz war für ausschließliche Lizenznehmer immer unbestritten und wird aus der dinglichen Wirkung ausschließlicher Nutzungsrechte hergeleitet, für einfache Lizenzen (Nutzungsrechte) war streitig, ob dem Inhaber des einfachen Nutzungsrechts Sukzessionsschutz zu gewähren ist. § 30 V MarkenG, § 15 III PatG erkennen den Sukzessionsschutz nunmehr auch zugunsten des einfachen Lizenznehmers ausdrücklich an, im Urheberrecht folgt er nach heutiger Meinung aus der dinglichen Wirkung auch einfacher Nutzungsrechtsübertragungen.

Sukzessivgründung → Stufengründung.

Sukzessivkonsolidierung → Kettenkonsolidierung.

Sukzessivlieferungsvertrag – einheitlicher → Vertrag, durch den sich der eine Teil zur Lieferung einer bestimmten oder unbestimmten Warenmenge, lieferbar in Raten, der andere (i.d.R.) zu ratenweiser Zahlung verpflichtet. Bei Gefährdung des Vertragszweckes durch Säumnis der einen Partei mit der Lieferung oder Zahlung oder durch eine mangelhafte Einzellieferung kann der andere Teil vom Vertrag zurücktreten oder Schadenersatz verlangen; wirkt jedoch nur, soweit der Vertrag noch nicht erfüllt ist. – Vgl. auch → Abzahlungsgeschäft.

Sukzessivplanung – 1. *Begriff:* Planung, bei der die einzelnen Teilpläne zeitlich nacheinander aufgestellt werden. Begonnen wird dabei mit den Teilbereichen, von denen vermutet wird, dass sie den größten Einfluss auf den Gesamtplan ausüben. Einflüsse aus zeitlich nachgeschalteten Teilplänen bleiben unberücksichtigt oder werden durch grobe Vorausschätzung einbezogen. – 2. *Merkmale:* Infolge der Interdependenzen der einzelnen Teilpläne wird eine schrittweise Abstimmung der Teilpläne erforderlich. Optimale Gesamtplanung ist auf diese Weise nicht zu erreichen. – *Gegensatz:* → Simultanplanung.

summarische Anmeldung – bis zum 1.1.2011 Verzeichnis der gestellungspflichtigen Waren, das bei der → Zollstelle bei Importen nach vorgeschriebenem Muster oder elektronisch abzugeben ist, wenn sich die weitere → Zollbehandlung nicht unmittelbar an die → Gestellung anschließt, um der Zollstelle eine Prüfung der Vollständigkeit der Ladung zu ermöglichen. Die summarisch angemeldeten Waren werden dann an den Orten verwahrt, die die Zollstelle festgelegt hat. Während bislang die summarische Anmeldung im Anschluss an die Gestellung abzugeben war, wird im Rahmen der Sicherheitsstrategien eine Verlagerung vor die Einfuhr vorgeschrieben, um bereits vor dem Eintreffen der Waren eine Risikoanalyse durchführen zu können. – Mit der *Zollkodex-Änderung von 2005* ist die summarische Anmeldung ab dem 1.7.2009 freiwillig, ab dem 1.1.2011 zwingend elektronisch abzugeben und zwar bei Im- und Exporten, soweit keine Ausfuhr- oder Wiederausfuhranmeldungen abzugeben sind. Dabei sind bestimmte Fristen für die Vorabanmeldungen zu beachten. Bei Importen ist zusätzlich zur summarischen Eingangsanmeldung vor dem Verbringen eine weitere summarische Anmeldung zur vorübergehenden Verwahrung abzugeben und zwar nach Ankunft der Waren am → Amtsplatz, auf die sich der Gestellende bei der Gestellung beziehen muss.

summarische Arbeitsbewertung → Arbeitsbewertung.

summarisches Verfahren – Zivilprozessverfahren, das schnell zum Urteil führen muss und deshalb nur eine beschränkte, summarische Prüfung des Prozessstoffes gestattet. Demgemäß sind nicht alle → Beweismittel zugelassen (meist nur Urkunden, u.U. auch Antrag auf Parteivernehmung). Es ergeht, wenn der Kläger hinreichende Nachweise erbracht und der Beklagte dem Anspruch widersprochen hat, ein sog. → Vorbehaltsurteil, aus dem der Kläger auf eigene Gefahr (Schadensersatzpflicht bei Aufhebung) vollstrecken kann. – In dem sich anschließenden sog. → Nachverfahren, in dem alle Beweismittel zugelassen sind, wird dann wie in jedem anderen Zivilprozess genau geprüft, ob das Vorbehaltsurteil zu Recht ergangen ist; je nach dem Ergebnis der Nachverfahren wird es entweder aufgehoben oder bestätigt. – *Beispiele:* Wechsel- und Urkundenprozesse (§§ 592 ff. ZPO).

summarische Versicherung – Vereinbarung in der → Feuerversicherung, in der → Feuer-Betriebsunterbrechungsversicherung und in verwandten → Versicherungszweigen, gemäß der die Frage nach dem Vorliegen einer Voll- oder → Unterversicherung nach dem Verhältnis der Gesamt-Versicherungssumme der summarisch verbundenen Positionen zum Gesamt-Versicherungswert der Sachen dieser Positionen zu entscheiden ist (vgl. auch → Versicherungssumme, → Versicherungswert).

Summationsindex → Summenzeichen (Σ).

Summe der Einkünfte – 1. *Begriff:* eine Zwischengröße auf dem Weg zur Berechnung des → zu versteuernden Einkommens bei der Einkommensteuer. Die Summe der Einkünfte ist jener Betrag, der sich ergibt, wenn alle diejenigen Beträge, die sich aus den 7 Einkunftsarten ergeben, einfach addiert werden. – 2. *Berechnung:* Bei der Berechnung der Summe der Einkünfte werden die Ergebnisse aus den 7 Einkunftsarten addiert, jedoch bleiben solche Positionen unberücksichtigt, für die das EStG eine Zusammenrechnung mit anderen Einkunftsarten ausdrücklich ausschließt, z.B. bestimmte Verluste von Kommandisten oder neuerdings – seit 2009 – im Regelfall auch die gesamten Einkünfte aus Kapitalvermögen. – 3. *Zu unterscheiden* ist die Bezeichnung von dem Ausdruck „Gesamtbetrag der Einkünfte", denn obwohl rein sprachlich beide Begriffe eigentlich dasselbe bezeichnen müssten, hat der dt. Gesetzgeber sie für unterschiedliche Zwischensummen als Fachausdruck verwendet; der Grund dürfte darin liegen, dass es notwendig war, für unterschiedliche Zwischensummen unterschiedliche Fachausdrücke zu erfinden und hierfür wenig andere sinnvolle begriffliche Ausdrucksweisen zur Verfügung gestanden hätten; → Gesamtbetrag der Einkünfte bezeichnet also eine *andere* Größe. – 4. *Fundstellen:* Die Reihenfolge der einzelnen Zwischensummen bei der Berechnung des zu versteuernden Einkommens und ihre Bezeichnung ist normiert in § 2 Va EStG, und H2 EStH gibt ein Schema mit einer Übersicht über die nötigen Rechenschritte.

Summenaktie → Nennwertaktie.

Summenanpassung – Anpassung der → Versicherungssumme an aktuelle Preise. Erfolgt in der → verbundenen Wohngebäudeversicherung über den gleitenden Neuwertfaktor bzw. Anpassungsfaktor.

Summenbilanz → Rohbilanz.

Summenexzedentenrückversicherung – *Surplus Treaty.* 1. *Begriff:* Form des → proportionalen Rückversicherungsvertrags, bei dem die Risikoaufteilung zwischen Erst- und Rückversicherer nicht anhand einer vorab vereinbarten festen Quote vorgenommen wird. – 2. *Merkmale:* Es bestimmt vielmehr der → Erstversicherer eine Versicherungssumme, bis zu der er pro Risiko maximal haften möchte. Die das Maximum übersteigenden Risiken (Exzedenten) werden vom Rückversicherungsunternehmen getragen. Die Anteile des → Rückversicherers variieren deshalb in Abhängigkeit von der Höhe des Maximums und der → Versicherungssumme des rückversicherten Vertrags. Die Haftung des → Rückversicherers wird immer auf ein Vielfaches des Maximums beschränkt.

Summenfunktion – in der Statistik Funktion, die jeder reellen Zahl die Anzahl *(absolute Summenfunktion)* oder den Anteil *(relative* Summenfunktion oder empirische → Verteilungsfunktion) der Elemente zuordnet, die *höchstens* diese Zahl als Merkmalswert aufweisen. Bei Ermittlung aus → Urwerten erhöht sich der Wert der Summenfunktion bei jedem Beobachtungswert um 1 bzw. die entsprechende → Häufigkeit bzw. den entsprechenden Anteil. Die Summenkurve (grafische Veranschaulichung einer Summenfunktion) ist eine Treppenkurve. Bei Vorliegen einer → klassierten Verteilung ordnet man jeder Klassenobergrenze die zugehörige kumulierte Häufigkeit (→ Kumulierung) zu und erhält unter Hinzunahme des linken Randpunktes der ersten Klasse mit Ordinate 0 einen Polygonzug als Näherung für die Summenkurve durch geradlinige Verbindung dieser Punkte.

Summenkurve → Summenfunktion.

Summenmehrheit → Abstimmung.

Summenzeichen – Σ; vereinfachende und verkürzte Schreibweise von Summen:

$$a_1 + a_2 + a_3 + \cdots + a_n = \sum_{i=1}^{n} a_i,$$

wobei: Σ = Summenzeichen, Σ ist das große griech. S (Sigma); a_i = allg. Summenglied, i-te Stelle in der Summe; i = Summationsindex; l, n = untere und obere Summationsgrenze (Summationsanfang und -ende). Eine große Bedeutung hat das Summenzeichen dann, wenn es möglich ist, die zu summierende Größe a_i explizit als eine Funktion des Summationsindex i darzustellen: $a_i = f(i)$. – *Regeln für das Rechnen mit Summen:*

$$(1) \qquad \sum_{i=1}^{n} a = n \cdot a \text{ wenn a = konstant;}$$

$$(2) \qquad \sum_{i=1}^{n} ca_i = c \cdot \sum_{i=1}^{n} a_i \text{ wenn c = konstant;}$$

$$(3) \quad \sum_{i=1}^{n}(a_i + b_i) = \sum_{i=1}^{n} a_i + \sum_{i=1}^{n} b_i.$$

Sunk Costs – *versunkene Kosten.*

I. Wettbewerbstheorie und -politik: → potenzieller Wettbewerb, → monopolistische Preisbildung.

II. Kostenrechnung: Teil der → nicht relevanten Kosten, der sich aus den Istkosten vergangener Perioden zusammensetzt, wie z.B. Kosten für in den Vorjahren erfolgte Markterschließungen oder Produktentwicklungen. Die traditionelle Vollkostenrechnung bezieht Sunk Costs mit in die Ermittlung der → Stückkosten ein.

Sunset Legislation – seit 1976 in einer Reihe von US-Bundesstaaten erprobtes Konzept zur Kürzung von Staatsausgaben durch automatische zeitliche Begrenzung der Maßnahmen und Programme der öffentlichen Hand. Es wird von vornherein ein Endtermin festgelegt; für eine Weiterführung ist ein erneuter Beschluss der Legislative notwendig. – Sunset Legislation wird oft als „legislativ"-bezogene Ergänzung zum „exekutiv"-bezogenen → Zero-Base-Budgeting aufgefasst. – *Ziel:* Parlament und Verwaltung werden in regelmäßigen Abständen zur Prüfung von Wirksamkeit, Wirtschaftlichkeit, politischer Aktualität und Zweckmäßigkeit der Maßnahmen und Programme aufgrund von Beurteilungsberichten gezwungen; für den Fall der Weiterführung können Verbesserungsauflagen gemacht werden. – *Beurteilung:* Bisherige Erfahrungen deuten auf der Seite der Exekutive darauf hin, dass verstärkt Evaluations- und Innovationspotenziale freigesetzt werden; auf der Seite der Legislative wird hingegen der erhebliche Kontroll- und Beschlussaufwand kritisiert.

Sunspots – *Sonnenflecken;* Begriff der → Konjunkturtheorie. Mithilfe von Sunspots lässt sich das Zustandekommen von → Konjunkturschwankungen in der folgenden Weise erklären: Ein beliebiges stochastisches Phänomen, anschaulich Sunspot genannt, habe a priori keinen zwangsläufigen realen Einfluss auf das Wirtschaftsgeschehen, aber die Wirtschaftssubjekte glauben fälschlicherweise, es hätte. Sie ändern daraufhin ihre Wirtschaftspläne mit der Konsequenz, dass ex post reale Auswirkungen auftreten, die sie nun als Ergebnis der Sunspots interpretieren.

Superdividende – *Überdividende.* 1. Bezeichnung für einen *Dividendenzuschlag,* der über die normale → Dividende hinaus auf Aktien mit Dividendenvorrecht (→ Vorzugsaktien) gezahlt wird. – 2. Bezeichnung für *größere* oder *außerordentliche Dividendenausschüttungen,* wenn ein ungewöhnlich günstiges Geschäftsjahr abgeschlossen wird, bes. im amerik. Aktienwesen (auch als *Bonus* bezeichnet).

superiores Gut – in der → Haushaltstheorie ein → Gut, dessen → Einkommenselastizität der Nachfrage größer Eins ist, dessen Konsum folglich mit steigendem → Einkommen überproportional zur Einkommenssteigerung zunimmt. Unter superioren Gütern versteht man zumeist Luxusgüter.

Superlativ-Werbung – häufig angewandtes Mittel im Rahmen der Werbung, um – meist durch einen übertreibenden → Slogan („… ist … der Beste") – die eigene Leistung bes. wirkungsvoll herauszustellen und den Kunden suggestiv zu beeinflussen. – *Zulässigkeit:* Solange dabei nicht gegen die guten Sitten verstoßen wird im Sinn der Generalklausel des § 1 UWG (→ sittenwidrige Werbung) oder eine objektiv nachweisbare Irreführung im Sinn des § 5 UWG (→ irreführende Werbung) vorliegt, ist Superlativ-Werbung gesetzlich nicht verboten. Die Grenzziehung im Einzelfall ist allerdings sehr schwierig. – Vgl. auch → unlautere Werbung, → unlauterer Wettbewerb.

Supermarkt – Betriebsform des Einzelhandels: Angebot eines Sortiments von Lebensmitteln, ergänzt um ausgewählte Non-Food-Artikel auf einer Mindestverkaufsfläche von 400 m^2, überwiegend in → Selbstbedienung (SB). Supermärkte haben gegenüber → Discountgeschäften ein eher *breites Sortiment* für die kleinräumliche Nahversorgung, das (verbunden mit regelmäßigen → Sonderangeboten) zu eher niedrigen Preisen angeboten wird. – *Größere* Supermärkte verfügen im Zuge des → Trading-up über attraktive Sortimentsschwerpunkte, z.B. für Wein, Spirituosen und Milchprodukte, sowie über Bedienungsabteilungen für Obst und Gemüse, Brot und Backwaren, Wurst und Fleischwaren und Käse, ggf. nach dem Prinzip des → Shop in the Shop von örtlichen Meistern (Bäckern, Metzgern) betrieben.

Supermultiplikator → Hicksscher Supermultiplikator.

Superneutralität des Geldes → monetäre Wachstumstheorie.

Superspiel → wiederholte Spiele.

Super-Währung – *Supranational/Super-Souvereign currency;* Eine 2009 vom chinesischen Zentralbankchef vorgeschlagene, von einzelnen Ländern unabhängige und langfristig stabile Leitwährung, welche die inhärenten Schwächen von kreditbasierten nationalen Währungen beheben kann. Hintergrund war die Finanzkrise (→ Subprime-Krise) und die damit offenbarten Schwächen des US-Dollars.

Supplement – thematisch bestimmte, meist illustrierte, meist mehrseitige → Beilage, oftmals in Tageszeitungen, bes. bei Wochenendausgaben *(„Heft im Heft").* V.a. verbreitet als Programmbeilagen, die neben Hörfunk- und TV-Programmen aktuelle Informationen und kulturell unterhaltende Themen enthalten. – *Arten:* (1) Tageszeitungen; dient der → Leser-Blatt-Bindung und zusätzlicher Anzeigenpräsentation; (2) Wochenzeitungen; Instrument zur Auflagenstabilisierung; (3) Publikumszeitschriften; erscheinen unregelmäßig und dienen v.a. als Trägerobjekt für zusätzliche Anzeigen, meist für spezielle Interessengebiete (Urlaub, Geldanlage etc.).

Supplementinvestition → Differenzinvestition.

Supplier Relationship Management → Einkaufspolitik.

Supply Chain Management (SCM) – 1. *Begriff:* Supply Chain Management bezeichnet den Aufbau und die Verwaltung integrierter Logistikketten (Material- und → Informationsflüsse) über den gesamten Wertschöpfungsprozess, ausgehend von der Rohstoffgewinnung über die Veredelungsstufen bis hin zum Endverbraucher. Supply Chain Management beschreibt somit die aktive Gestaltung aller Prozesse, um Kunden oder Märkte wirtschaftlich mit Produkten, Gütern und Dienstleistungen zu versorgen. Im Unterschied zum Begriff → Logistik beinhaltet Supply Chain Management neben den physischen Aktivitäten auch die begleitenden → Auftragsabwicklungs- und Geldflussprozesse. Durch den papierlosen Austausch von planungsrelevanten → Daten können die Beschaffungs-, Produktions- und Vertriebsplanungen auf den verschiedenen Stufen aufeinander abgestimmt werden, und die Unternehmen können auf Störungen unmittelbar mit Planänderungen reagieren. – 2. *Ziele:* Optimierung der Leistungen und Services der Supply Chain in Bezug zu den eingesetzten Kosten. – 3. *Voraussetzungen:* a) Supply Chain Management setzt v.a. die → Integration der → Informationsverarbeitung zwischen den Partnern der Supply Chain voraus. Dazu sind geeignete → Schnittstellen oder Services zum Informationsaustausch zwischen den Stufen der Supply Chain zu schaffen. – b) Die Notwendigkeit für ein Unternehmen, seine Zulieferer und Abnehmer über Störungen in der eigenen Logistikkette zu informieren, setzt ein hohes Maß an Vertrauen zwischen den Partnern der Supply Chain voraus.

Supply Chain Operations Reference-Model (SCOR) – generisches und modulares Modell der Supply Chain, mit dem eine einheitliche Terminologie zur Beschreibung und Analyse von Supply Chain Aktivitäten vorgeschlagen wird.

Supply Side Economics → Angebotsökonomik.

supranationales Recht – 1. *Begriff:* Rechtsnormen, die von supranationalen Organisationen kraft eigener – durch völkerrechtlichen Vertrag übertragener – Rechtsetzungsbefugnis erlassen werden und dem nationalen Recht vorgehen. – 2. *Beispiele* finden sich nur im EG-Recht, da andere Rechtsordnungen nur völkerrechtlichen, aber keinen supranationalen Charakter haben. Aus dem Steuerrecht lassen sich nennen: das Beihilfeverbot im EG-Vertrag, die europäischen → Grundfreiheiten, die Richtlinien der EG zum Umsatzsteuerrecht (v.a. die → Mehrwertsteuersystemrichtlinie) und zu einigen wenigen Spezialfragen des Ertragsteuerrechts (→ Fusionsrichtlinie, → Mutter-Tochter-Richtlinie, Richtlinie über Zinsen und Lizenzgebühren im Konzern), aber auch die Bestimmungen in den völkerrechtlichen Verträgen der EG mit anderen Staaten, soweit diese unmittelbar geltendes Recht beinhalten. – Sich einseitig über supranationales Recht hinwegzusetzen, ist – anders als bei normalem Völkerrecht, wo es einen erfolgreichen → Treaty Override sehr wohl gibt - nicht mit rechtlicher Wirkung möglich.

SUR – Abk. für *Seemingly Unrelated Regression Model*, vgl. → Mehrgleichungsmodell.

Surfen – Navigieren eines Nutzers im → World Wide Web, indem verschiedene → HTML-Dokumente abgerufen werden.

Surplus Net Profit → Reingewinn.

Surplus-Relief-Vertrag – *Surplus (Relief) Reinsurance.* Ein- oder mehrjährige → Rückversicherung eines (Teil-)Portefeuilles, die zur Entlastung des haftenden Kapitals des → Erstversicherers bzw. zur Unterstützung aufsichtsrechtlicher Solvabilitätsanforderungen dient (vgl. die Ziele der → Finanzrückversicherung allg.). Der Begriff wird hauptsächlich in den USA mit → Finanzrückversicherung und → Finite Risk Reinsurance gleichgesetzt.

Surrogation – 1. *Begriff:* Ersetzung eines zerstörten, beschädigten oder entzogenen Gegenstandes z.B. durch eine Entschädigungsforderung oder durch ein Austauschstück (Surrogat). – 2. *Formen:* a) *schuldrechtliche* Surrogation: Es besteht lediglich ein schuldrechtlicher Anspruch auf das Surrogat. Beispiel: → ungerechtfertigte Bereicherung (§ 818 I BGB). – b) *dingliche* Surrogation: Das Surrogat tritt mit dinglicher Wirkung an die Stelle des ursprünglichen Gegenstandes. – *Beispiel:* Erbschaftsanspruch (§ 2019 I BGB). – Vgl. auch → Unmöglichkeit, → Schadensersatz, → gegenseitige Verträge.

Surrogatkonkurrenz – *heterogene Konkurrenz.* → Konkurrenz zwischen Anbietern, die nicht → homogene Güter, sondern → heterogene Güter herstellen, die aber den gleichen konsumtiven oder produktiven Zwecken dienen können (Surrogate) und somit funktional austauschbar sind (→ Substitutionsgüter). – *Beispiel:* Wettbewerb verschiedener Automarken. Vollkommener Wettbewerb zwischen diesen substituierbaren Gütern ist deshalb nicht gegeben, weil die Nachfragenden sachliche oder persönliche Präferenzen äußern, die aber andererseits nicht stark genug sind, um den Anbietern ein reines Monopol zu verschaffen. Die → Preisabsatzfunktionen von Anbietern mit heterogener Konkurrenz lassen aufgrund der Nachfragerpräferenzen dennoch vom Konkurrenzpreis abweichende Preisforderungen zu, u.U. auch autonome Preisbereiche mit partieller Konkurrenzpreisunabhängigkeit.

Surrogatsteuer – Ausdehnung der → Verbrauchsbesteuerung eines Naturprodukts auf dessen künstlichen Ersatz (z.B. Zucker/Süßstoffsteuer). Surrogatsteuer ist aus fiskalischer Sicht erforderlich, wenn Konsumverlagerung auf das Ersatzgut zu erheblichem Steuerrückgang führen würde. – Vgl. auch → Folgesteuern.

Survey Feedback – eine auf Lewin zurückgehende Methode innerhalb der → Organisationsentwicklung, die darin besteht, dass in der Organisation oder einer Organisationseinheit Information durch mündliche oder schriftliche Befragung oder mithilfe von Beobachtungsverfahren gewonnen wird und diese Information sodann an jene Personen in entsprechend aufbereiteter Form zurückgemeldet wird, an denen sie erhoben wurde. Das Ziel besteht darin, dass diese Rückmeldung die Betroffenen aktiviert, Verbesserungsvorschläge zu erarbeiten und diese zu implementieren.

Surveyor – Person oder Unternehmen, die bzw. das sich mit der Überwachung von Be- und Entladungen, Begutachtungen der Qualität und Beschaffenheit einer Ware sowie Feststellung von Mängeln und Schäden befasst.

Survival of the Fittest → Sozialdarwinismus.

Suspendierung – Einseitige Dienstenthebung durch den Arbeitgeber ohne Auflösung des Arbeitsverhältnisses. Sie kommt häufig in zwei Fallgestaltungen vor: Nach einer ordentlichen Kündigung (→ Kündigungsschutz) während der laufenden Kündigungsfrist oder vor einer → außerordentlichen Kündigung, wenn der Verdacht besteht, dass der Arbeitnehmer für sie einen Grund gesetzt hat. Die Suspendierung ist nur zulässig, wenn die Weiterbeschäftigung des Arbeitnehmers (→ Beschäftigungsanspruch) zu einer Gefährdung der Interessen des Arbeitgebers führt. Hält der Arbeitnehmer die Suspendierung für ungerechtfertigt, kann er auf Beschäftigung klagen, auch im Wege der einstweiligen Verfügung. Während der Suspendierung ist der Arbeitgeber grundsätzlich zur Entgeltfortzahlung verpflichtet. Im Arbeitsvertrag kann sich der Arbeitgeber nicht das Recht zur Suspendierung vorbehalten (→ Allgemeine Geschäftsbedingungen im Arbeitsrecht).

Suspension → Suspendierung.

Suspensiveffekt – *aufschiebende Wirkung;* rechtlicher Begriff zur Bezeichnung der ggf. einem → Rechtsmittel oder → Rechtsbehelf innewohnenden Wirkung, den Eintritt der → Rechtskraft, i.w.S. auch den Vollzug einer Entscheidung etc., zu hemmen. – 1. *Öffentliches Recht:* Eine Einlegung von förmlichen Rechtsbehelfen (Widerspruch und Beschwerde) und von Rechtsmitteln (Klage vor dem Verwaltungsgericht) hat i.d.R. aufschiebende Wirkung insofern, als die Vollziehung des angefochtenen Verwaltungsakts bis zur rechtskräftigen Entscheidung über die von dem betroffenen Staatsbürger erhobenen rechtlichen Bedenken auszusetzen ist (z.B. § 80 VwGO). – 2. *Zivilprozess:* Für die Vollstreckbarkeit bestehen Sondervorschriften. Unter bestimmten Voraussetzungen ist aber einstweilige Einstellung der Zwangsvollstreckung zulässig.

Sustainability Consulting – Beratungsleistung, die darauf abzielt, Unternehmen und andere Organisationen mit Fachwissen und Instrumenten auszustatten, um die sozialen Aspekte und die Auswirkungen der unternehmerischen Tätigkeit auf die Umwelt aktiv zu managen. Sustainability Consulting umfasst: (1) die Betrachtung der sozialen und der Umweltwirkungen unter dem Gesichtspunkt der Nachhaltigkeitsfaktors, (2) die Gestaltung und Nutzengenerierung aus Corporate-Social-Responsibility-Programmen, (3) die nachhaltigkeitsorientierte Gestaltung der Wertschöpfungskette, (4) die Ausarbeitung von Monitoring-Systemen, (5) die Festlegung der Kommunikationspolitik.

Sustainable Development → nachhaltige Entwicklung.

SV – Abk. für → Stifterverband für die Deutsche Wissenschaft.

SVG – Abk. für → Straßenverkehrsgenossenschaft.

SVR – Abk. für → Sachverständigenrat zur Begutachtung der gesamtwirtschaftlichen Entwicklung.

Swap – 1. *Begriff:* a) *Swap im traditionellen Sinn:* Devisen-Swap, d.h. gleichzeitige Durchführung eines Kassa- und eines Termingeschäfts (→ Kassageschäft, → Termingeschäft) am Devisenmarkt zum „Preis" des → Swapsatzes (→ Arbitrage). – b) *Swap als Finanzinnovation:* Gegenseitige Nutzung von komparativen Kostenvorteilen durch zwei Vertragspartner. Dabei treten Banken als Intermediäre auf und schließen mit jedem Partner selbstständige Verträge ab. Für die übernommenen Risiken erhält die Bank Provision. – c) *Liquiditäts-Swap:* Ist im Fall von Liquiditätsvorteilen möglich. – 2. *Formen:* Innovative Swaps sind → Währungsswap, → Zinsswap, → Zins- und Währungsswap. – 3. *Swap als geldpolitisches Instrument:* → Swappolitik.

Swapgeschäfte – Geschäfte, in denen das → Europäische System der Zentralbanken (ESZB) (meist vertreten durch eine nationale Notenbank) von den Kreditinstituten Devisen per Kasse kauft (verkauft) und gleichzeitig per Termin verkauft (kauft). Das ESZB betreibt Devisenswapgeschäfte aufgrund der Tatsache, dass seine Geschäftspartner auf Devisenkassa- und -terminmärkten identisch sind, in einer Weise, dass sie faktisch → Devisenpensionsgeschäften entsprechen. Bei einem Ankauf von Devisen im Rahmen eines Swapgeschäftes stellt das ESZB dem Bankensystem für die Laufzeit des Geschäfts → Zentralbankgeld zur Verfügung. Die seit 1979 bei Bedarf von der Bundesbank abgeschlossenen Devisenswapgeschäfte, die ausschließlich auf US-Dollar lautet, dienen im Gegensatz zum anfänglichen Vorgehen nur der Feinsteuerung des Geldmarkts. Zu diesem Zweck können sie auch heute vom ESZB eingesetzt werden.

Swappolitik – *Devisenswappolitik.* 1. *Charakterisierung:* Kauf (Verkauf) von Devisen durch die Europäische Zentralbank (ESZB) von (an) Geschäftsbanken per Kasse bei gleichzeitigem Verkauf (Kauf) per Termin an diese (von dieser) zur Erhöhung (Reduktion) der → Liquidität bzw. Zentralbankgeldbestände der Geschäftsbanken; geldpolitisches Instrument (→ Geldpolitik, → Europäisches System der

Zentralbanken (ESZB)). Der Swapsatz wird jeweils zwischen ESZB und Geschäftsbanken vereinbart; er entspricht der Differenz zwischen Termin- und Kassakurs. – 2. *Wirkung:* Swappolitik beeinflusst → Währungsreserven sowie den in- und ausländischen → Geldmarkt. – 3. *Ziel:* Erhöhung des Geldexports der Banken (evtl. bei Bindung an Erwerb amerikanischer → Treasury Bills) bis ca. 1971; gegenwärtig Feinsteuerung der Liquidität und der Zinssätze am Markt. Darüber hinaus zur Steuerung des → Wechselkurses bei (bes. spekulationsbedingten) Devisen- und Kapitalbewegungen geeignet.

Swapsatz – Differenz zwischen dem Devisenterminkurs und dem Devisenkassakurs bezogen auf den Devisenkassakurs. Auf- bzw. Abschlag (→ Report bzw. → Deport) zum bzw. vom Devisenkassakurs zur Errechnung des Devisenterminkurses. Die überwiegende Mehrheit der Devisentermingeschäfte wird im Wege des Swapgeschäfts kontrahiert. – Vgl. auch → Devisenterminmarkt, → Wechselkurs, → Swapgeschäft.

Swaption – Recht, zu einem bestimmten Zeitpunkt oder innerhalb einer bestimmten Frist in einen hinsichtlich der Konditionen genau spezifizierten → Swap einzutreten. Für den Erwerb einer Swaption wird eine → Prämie gezahlt.

Sweat Equity – ist der unentgeltliche Arbeitseinsatz der Gründer (→ Existenzgründer) bei der → Gründung eines Unternehmens. Neben seiner eigenen Arbeitsleistung (→ Selbstfinanzierung ohne → Eigenkapital) muss auch noch das zusätzliche Kapital für notwendige → Investitionen aufgebracht werden (→ Selbstfinanzierung mit → Eigenkapital). Die Errichtung eines sog. „No-Budget-Modells" ist z.B. typisch für freischaffende Webdesigner, Informationsbroker und kleinere Agenturgründungen. Sweat Equity ist ein Instrument der → Selbstfinanzierung im Rahmen einer engen → Gründungsfinanzierung.

SWIFT – Abk. für *Society for Worldwide Interbank Financial Telecommunication.* 1. *Begriff:* Von Finanzinstituten getragene Gesellschaft (in der Rechtsform einer Genossenschaft nach belgischem Recht; Sitz in La Hulpe bei Brüssel). – 2. *Leistungen:* SWIFT betreibt ein internationales, hochverfügbares und sicheres Kommunikationsnetzwerk und bietet Produkte sowie Services, die es seinen Kunden ermöglichen, Finanznachrichten sicher und schnell untereinander auszutauschen. Die Operating Center befinden sich in den Vereinigten Staaten, in den Niederlanden und in der Schweiz. Neben den Transaktionen des → Zahlungsverkehrs werden über das SWIFT-Netzwerk auch Nachrichten im Zusammenhang mit Dokumentengeschäften, Devisengeschäfte und insbesondere auch Wertpapierhandelsgeschäften übermittelt. Zur Vermeidung von Missverständnissen und Auslegungsschwierigkeiten sind Adressen, Währungsbezeichnungen und Nachrichtentexte einer Normung unterworfen (international verständliche SWIFT-Standards). Deshalb erarbeitet SWIFT in enger Kooperation mit dem Finanzgewerbe Standards für den Nachrichtenverkehr. Es wurden Hunderte von Nachrichtentypen für den Datenaustausch definiert. Zu diesen SWIFT-Nachrichten gehören bspw. Interbank- und Kundenzahlungen, Deckungsanschaffungen aus Wertpapier- und Devisengeschäften sowie → Kontoauszüge für gegenseitig unterhaltene Konten zwischen Kreditinstituten.

Swiftsches Steuereinmaleins → Steuereinmaleins, → Laffer-Kurve.

Swing – 1. In bilateralen Handelsverträgen, bei denen der Zahlungsausgleich im Verrechnungsweg erfolgt, die vereinbarte Kreditgrenze. – 2. Der Betrag, bis zu dem das mit seinen Lieferungen im Rückstand befindliche Land sich bei der fremden Verrechnungsstelle verschulden darf. Erst wenn der Swing überschritten ist, werden die Lieferungen aus dem anderen Land gesperrt oder ist Zahlung in Devisen zu leisten.

Switch-Geschäft → Kompensationshandel.

Switch-over-Klausel – eine in neueren dt. Doppelbesteuerungsabkommen häufig vereinbarte Klausel, wonach Deutschland für bestimmte von Deutschen im Ausland erzielte ausländische Einkünfte zwar die Anwendung der → Freistellungsmethode zusagt (Befreiung von deutscher Steuer), sich aber vorbehält, diese Zusage für einzelne Fallkonstruktionen durch einseitige Erklärung gegenüber dem anderen Staat auch ohne Vertragsänderung wieder zurückzunehmen und hierfür dann in Zukunft zur Vermeidung einer Doppelbesteuerung nur noch auf die → Anrechnungsmethode zurückzugreifen. Damit entspricht nach der Nutzung der Switch-over-Klausel das Steuerniveau für die entsprechende Tätigkeit/Investition des dt. Steuerpflichtigen im Ausland in der Summe mind. dem dt. Steuerniveau; Steuerersparniseffekte durch Verlagerung einer Tätigkeit von Deutschland ins Ausland sind daher ausgeschlossen, sobald Deutschland von der Switch-over-Klausel Gebrauch macht. – Ein ähnlicher Mechanismus wie eine Switch-over-Klausel ist die im innerstaatlichen Recht der Bundesrepublik enthaltene Vorgabe, dass bei passiven Einkünften aus einem Niedrigsteuergebiet dann, wenn in einem Doppelbesteuerungsabkommen die Freistellungsmethode vorgesehen ist, auch entgegen dem Abkommen stattdessen nur die Anrechnungsmethode angewandt werden soll (§ 20 II AStG). Diese Regelung wird jedoch auch dann angewandt, wenn das maßgebliche DBA eine Switch-over-Klausel nicht enthält, ist also ein stärkerer Eingriff (→ Treaty Override). – Vgl. auch → Rückfallklausel, → Steuerwettbewerb.

SWOT-Analyse – dt. Abk. für *Analysis of strengths, weakness, opportunities and threats;* die Stärken-Schwächen-Chancen-Risiken-Analyse stellt eine Positionierungsanalyse der eigenen Aktivitäten gegenüber dem Wettbewerb dar. In dem ihr zugrunde liegenden Arbeitsverfahren, werden die Ergebnisse der externen Unternehmens-Umfeld-Analyse in Form eines Chancen-Risiken-Katalogs zunächst zusammengestellt und dem Stärken-Schwächen-Profil der internen Unternehmensanalyse gegenübergestellt. In einem weiteren Schritt werden die jeweiligen Überschneidungen gefiltert, die dann in der jeweiligen SWOT-Matrix zur Darstellung gelangen. Die SWOT-Matrix zeigt die weiter ausbaufähigen Chancen auf, konkretisiert die Gefährdungen, gegen

Systemmanagement – Theoretische, strategische und operative Ebene

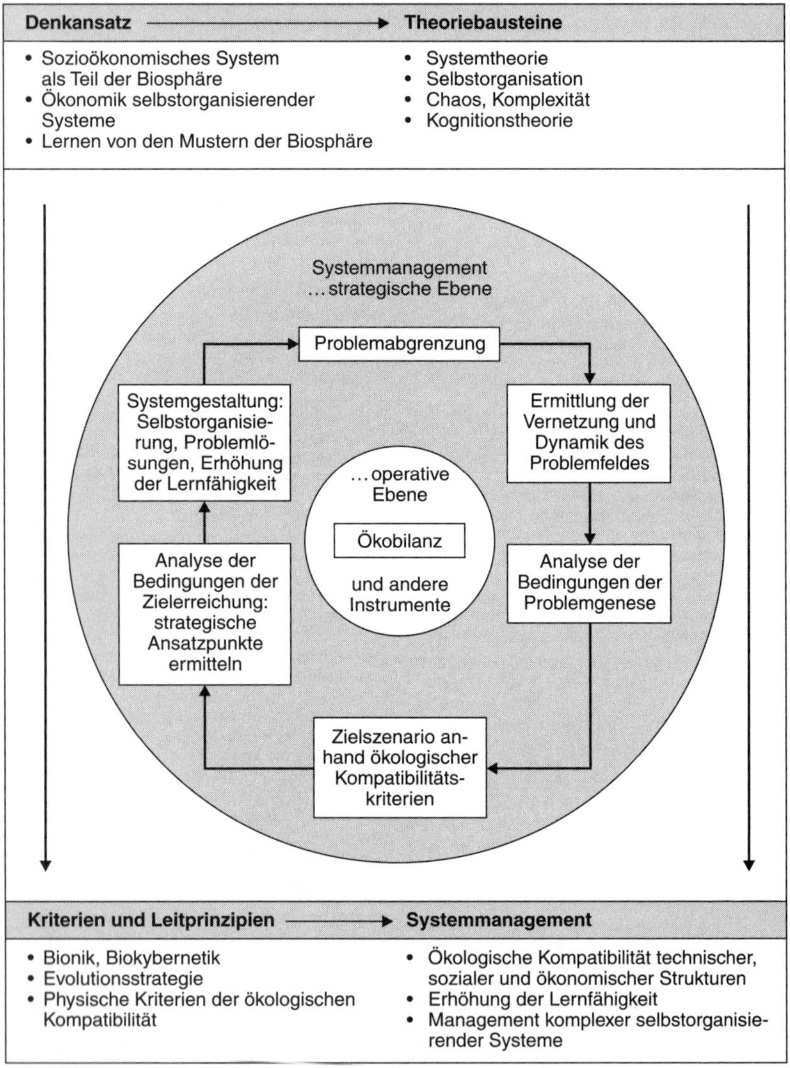

SWOT-Matrix

Umfeld / Unternehmen	Chancen	Risiken
Stärken	**Ausbauen**	**Absichern**
Schwächen	**Aufholen**	**Meiden**

die sich die Unternehmung zur Nutzung ihrer Stärken absichern sollte, als auch diejenigen Schwächen, die in der gleichen Absicht aufgeholt werden sollten. Schließlich deckt sie auch diejenigen Risiken auf, die es doppelt zu meiden gilt, da gerade in ihnen die internen Schwächen der Unternehmung mit den externen Risiken des Umfeldes zu einer doppelt gefährlichen Deckung kommen.

Syllogismus → Prämisse.

Sylos-Labini-Bedingung → monopolistische Preisbildung.

Symbiose → biokybernetische Grundregeln.

symbolische Führung – neuere Forschungsrichtung, nach der der *Führende* über den gezielten Einsatz von Symbolen (Sprachregelungen, Deutungsmuster, Rituale) die Akzeptanz angesichts von → Konflikten parteilich getroffener Entscheidungen mit verschleiernden Effekten innerhalb der Hierarchie nach unten abzusichern versucht. Symbolische Führung verweist auf latente, bisher in der Forschung weniger berücksichtigte Führungsfunktionen.

symbolische Programmierung – 1. *Ursprünglich:* Bezeichnung für → Programmierung unter Verwendung von Namen für → Daten und Befehle (→ Programmiersprachen). – 2. Im Zusammenhang mit der → *Künstlichen Intelligenz (KI)* geprägter Begriff, der den bes. Ansatz bei der Programmierung in diesem Bereich gegenüber der „konventionellen Programmierung“ abheben soll: Nicht die Manipulation von Zahlen oder Buchstaben, sondern von Symbolen, die Dinge der „realen“ Welt repräsentieren, steht im Mittelpunkt.

Sympathiestreik – Streik zur Unterstützung des Arbeitskampfes anderer Arbeitnehmer in einem anderen Tarifbereich. Sympathiestreiks sind nach neuer Rechtsprechung grundsätzlich zulässig; allerdings müssen sie verhältnismäßig sein (BAG, 19.6.2007 -1 AZR 396/06 – NZA 2007, 1055) (→ Streik).

Synallagma – wechselseitige Verknüpfung der Leistungspflichten bei → gegenseitigen Verträgen.

synchrone Datenübertragung – Form der → Datenübertragung, bei der eine Nachricht als Ganzes übertragen wird. Sende- und Empfangsgerät müssen

SWOT-Analyse

Stärken? (strengths)	**Chancen?** (opportunities)
Schwächen? (weakness)	**Risiken?** (threats)

nur am Anfang der Übertragung durch eine vereinbarte Bitfolge (→ Bit) synchronisiert werden; dadurch lassen sich höhere Übertragungsgeschwindigkeiten realisieren als bei der → asynchronen Datenübertragung.

Synchronfertigung → Just in Time (JIT).

Synchronisation – Gleichlauf verschiedener nationaler → Konjunkturzyklen.

Synchronisationsthese – These der → Geldtheorie, die die Einführung von Kreditbeziehungen mit dem Auseinanderfallen von Einnahmen und Ausgaben begründet.

Syndikat → Kartell, bei dem die Verpflichtung der Vertragsbeteiligten durch gemeinsame Organisation (z.B. für den Einkauf oder für den Absatz) abgesichert ist. – *Wettbewerbsrechtliche Beurteilung:* vgl. → Rationalisierungskartell.

Syndikus – Bezeichnung für einen in der Geschäftsleitung eines Unternehmens, eines Verbands, einer Genossenschaft o.Ä. tätigen Juristen, der für Rechtsangelegenheiten zuständig ist. Syndikusanwalt ist ein angestellter Rechtsanwalt, der für seinen Arbeitgeber rechtsberatende oder rechtsgestaltende Tätigkeiten ausübt, der aber in der Ausübung des Rechtsanwaltsberufs nicht durch das Dienstverhältnis im Unternehmen eingeschränkt werden darf. *Begründung:* Der Rechtsanwalt ist „unabhängiges Organ der Rechtspflege" (§ 1 BRAO).

Syndikusanwalt → Syndikus.

Synergetik – *Lehre vom Zusammenwirken;* von H. Haken Anfang der 1970er-Jahre begründeter Ansatz zu einer allg. Theorie der Selbstorganisation (→ Selbstorganisationstheorie). Gegenstand ist die Untersuchung von strukturellen raumzeitlichen Selbstorganisationsprozessen in wechselwirkenden Vielkomponentensystemen.

synergetische Effekte → Economies of Scope.

Synergie – beschreibt das Zusammenwirken verschiedener Kräfte zu einer Gesamtleistung. Häufig wird erwartet, dass diese Gesamtleistung höher liegt als die Summe der Einzelleistungen wie dies z.B. bei Unternehmensfusionen angenommen wird. So wird in der → Arbeits- und Organisationspsychologie untersucht, unter welchen Bedingungen eine Gruppenproblemlösung oder eine Gruppenentscheidung der Leistung des besten Einzelnen oder der Summe der Einzelleistungen überlegen ist. Synergie tritt v.a. bei komplexen Problemen auf, wenn die Personen, die über heterogene Informationen verfügen, am Problem interessiert sind, in ihren persönlichen Beziehungen zueinander nicht belastet sind und die Gruppe nicht mehr als fünf bis sieben Mitglieder umfasst. – Behindert wird Synergie durch Beziehungsspannungen zwischen den Gruppenmitgliedern, durch Konformität und durch eine zu große Zahl von Gruppenmitgliedern.

Synergieplanung – 1. *Begriff:* Planung zur Erzeugung von Wirtschaftlichkeitseffekten durch eine gemeinsame Nutzung von → Ressourcen. – 2. *Merkmale:* Hier wird davon ausgegangen, dass durch eine mehrere Einheiten übergreifende Ausnutzung der schon vorhandenen Ressourcen die → Effizienz oder → Effektivität dieser Ressourcen verbessert werden kann. Man kann z.B. versuchen, das Vorhandensein spezieller Produktionsmittel für die Produktion artverwandter Produkte zu nutzen und diese Produkte über ein schon ausgebautes Distributionssystem zu vertreiben. Dabei ist es u.U. möglich, das spezielle Know-how einzelner Unternehmensmitglieder auf einem neuen Anwendungsgebiet einzusetzen.

Synergismus → Schadstoffinteraktion.

synoptische Planung – Planung, die einen zu erreichenden Sollzustand zunächst losgelöst vom Istzustand definiert. Die Verbindung wird dann durch eine systematische Anwendung der Ziel-Mittel-Analyse hergestellt, die im retrograden Verfahren vom Sollzustand ausgeht und die Schritte ermitteln soll, die den Istzustand in den Sollzustand überführen. – In einer komplexen Umwelt wird die synoptische Planung meist als wenig realistisch eingeschätzt und eine → inkrementale Planung bevorzugt.

Syntaktik – Teilgebiet der als → Semiotik bezeichneten allg. Sprachtheorie. Gegenstand der Syntaktik sind sprachliche Zeichen (Wörter, Sätze) und deren Verknüpfungen. Erst im Rahmen der → Semantik interessiert die Bedeutung dieser Zeichen; die → Pragmatik untersucht deren Beziehungen zu ihren Benutzern.

Syntaxdiagramm – grafische Darstellungsform für die → Syntax einer Programmiersprache; wird z.B. in Beschreibungen der Programmiersprache → Pascal verwendet. – *Alternative Darstellungsform:* → Backus-Naur-Form.

Syntax einer Programmiersprache – formale Regeln über die zulässigen Sprachelemente einer → Programmiersprache und über zulässige Möglichkeiten ihrer Verwendung in einem → Programm. – Vgl. auch → Semantik einer Programmiersprache.

synthetische Produktion – Elementartyp der Produktion (→ Produktionstypen), der sich aus dem Merkmal der prozessbedingten Stoffveränderung ergibt. Unter synthetischer Produktion versteht man eine stoffzusammenfassende bzw. zusammenbauende Produktion, bei der verschiedene Einsatzstoffe oder Bauteile zu einer bestimmten Güterart zusammengefasst werden. – *Beispiele:* Vereinigung chemischer Elemente oder die Montage von Fernsehapparaten. – Vgl. auch → analytische Produktion, → analytisch-synthetische Produktion, → stoffneutrale Produktion.

synthetische Rückversicherung → *Alternativer Risikotransfer* (ART); → Rückversicherung über alternative Risikoträger und z.B. kapitalmarktspezifische Instrumentarien.

Syntropie – *Negentropie;* thermodynamisches Maß für den Konzentrationsgrad von freier, nutzbarer Energie in einem physikalischen System oder in einem Energieträger. Die Syntropie ist der Kehrwert der → Entropie.

SYPRO – für die Statistik im Produzierenden Gewerbe verwendete Wirtschaftszweigsystematik, abgelöst durch die → WZ.

SYSMIN – Abk. für *Stabilisierung der mineralischen Exporterlöse.* 1. *Gegenstand:* SYSMIN ist eine im Rahmen der → Lomé-Abkommen vereinbarte Regelung gewesen, die in Ergänzung zu → STABEX zu einer langfristigen Verbesserung und Stabilisierung der Devisenerlöse der mit der EU assoziierten (→ Assoziierungsabkommen) → AKP-Staaten aus dem Export bestimmter Bergbauprodukte beitragen soll. – 2. *Zielsetzung:* Die im Rahmen des (mit dem Zweiten Lomé-Abkommen geschaffenen) SYSMIN gewährten Mittel sollen vorzugsweise einen Beitrag zum Auf- und Ausbau der Förderkapazität der AKP-Staaten bei solchen mineralischen Rohstoffen leisten, an deren langfristiger Versorgungssicherheit die EU-Staaten ein bes. Interesse haben (Bauxit, Aluminium, Eisenerz, Kobalt, Kupfer, Mangan, Phosphate, Zinn, Gold). Die während des Zweiten und Dritten Lomé-Abkommens im Rahmen von Sysmin zur Verfügung gestellten Mittel wurden als Darlehen zu Sonderkonditionen vergeben; seit Inkrafttreten des Vierten Lomé-Abkommens erfolgt die Mittelgewährung in Form nicht-rückzahlbarer Zuschüsse an die jeweiligen Regierungen, die diese als Kredite an die betreffenden Minengesellschaften weitergeben können. Daneben besteht im Rahmen des Lomé-Abkommens bei der → EIB (Europäische Investitionsbank) ein spezieller, zinsgünstiger Kreditrahmen für den Ausbau des Bergbau- und Energiepotenzials der AKP-Staaten. Das → Cotonou-Abkommen, mit dem die Entwicklungszusammenarbeit der EU mit den AKP-Staaten bis 2020 fortgesetzt wird, setzt die Kooperation im Bereich mineralischer Rohstoffe seit 2008 in veränderter Form fort.

System – **I. Begriff:** 1. Menge von geordneten Elementen mit Eigenschaften, die durch Relationen verknüpft sind. Die Menge der Relationen zwischen den Elementen eines Systems ist seine *Struktur.* Unter *Element* versteht man einen Bestandteil eines Systems, der innerhalb dieser Gesamtheit nicht weiter zerlegt werden kann. Die Ordnung bzw. die Struktur der Elemente eines Systems ist im Sinn der Systemtheorie seine Organisation. Die Begriffe der Organisation und der Struktur sind also identisch. – 2. Ganzheitlicher Zusammenhang von Einheiten (Elementen), deren Beziehungen untereinander sich quantitativ (höhere Anzahl von Interaktionen) und qualitativ (größere Ergiebigkeit von Interaktionen) von ihren Beziehungen zu anderen Entitäten abheben. Diese Unterschiedlichkeit in den Beziehungen konstituiert eine Systemgrenze, durch die sich das System gegenüber seiner Umwelt abgrenzt. Die Systemgrenzen von Sozialsystemen oder psychischen Systemen sind nicht physikalisch-räumlich, sondern durch Symbol- und Sinnzusammenhänge bestimmt (→ Kognition, → Konstruktivismus). Komplexe Systeme sind selbstorganisatorisch (→ Selbstorganisationstheorie) und selbstreferenziell. Eingriffe in komplexe Systeme sind aus diesen Gründen problematisch und rufen häufig überraschende und unerwünschte Wirkungen hervor. – Vgl. auch → Komplexität.

II. Arten: 1. Nach ihrer *Entstehung:* a) *Natürliche Systeme:* (1) *Anorganische Systeme,* Planetensystem, Atomsystem etc.; (2) *organische Systeme:* Organismen der Pflanzen und → Tiere sowie die biologischen Familien. – b) *Vom Menschen gestaltete Systeme (künstliche Systeme):* (1) *Logische Systeme:* Alphabet, Logiksymbole, Zahlensysteme, Kontenplan u.a.; (2) *mechanische Systeme:* Technische Maschinen, Automaten u.a.; (3) *soziale Systeme,* sog. *„Mensch-Mensch-Systeme“:* Familiengemeinschaft, Staatsvolk, Religionsgemeinschaften u.a.; (4) *kombinierte Systeme* aus sozialen und sachlichen Elementen, sog. *„Mensch-Maschine-Systeme“* oder *sozio-mechanische Systeme:* Haushaltung, Unternehmung, Staatsorganisation, Kirche u.a. Alle diese Systeme sind *dynamische Systeme,* mit Ausnahme der logischen Systeme, die *statisch* sind. – 2. *Gesamt- und Teilsysteme:* Jedes reale System ist Element eines anderen Systems, ein Teil-, Unter-, Sub- oder Insystem in einem Gesamtsystem, Über-, Super- oder Umsystem. Ein Teilsystem ist ein *„Randelement“* eines Gesamtsystems. – 3. *Offene und geschlossene Systeme:* Ein *offenes System* ist ein System, das mind. ein Element („Randelement“) enthält, das zu Elementen anderer Systeme in Wechselwirkung steht. Alle realen Systeme sind offene Systeme. Ein *geschlossenes System* hat keine Randelemente. Doch können reale Systeme nur näherungsweise geschlossene Systeme sein. Es werden aber in der Systemtheorie geschlossene Formalsysteme entwickelt, um alle für einen bestimmten Zusammenhang wesentlichen Eigenschaften und Relationen zu erfassen. – 4. *Stabile und kybernetische Systeme: Stabile Systeme* sind dynamische Systeme, die, wenn sie durch eine Störung aus dem Gleichgewicht gebracht werden, wieder in den Zustand des Gleichgewichts zurückgehen. Das sind v.a. *kybernetische Systeme;* in ihnen wird die Rückkehr zum Gleichgewicht durch Rückkoppelung bewirkt. Stabile dynamische Systeme sind stets zweckstrebige (finale) Systeme, d.h., sie streben einem bestimmten Sollwert zu. Die Kybernetik hat in der Stabilitätstheorie Stabilitätsgesetze entwickelt, die nicht nur die Grundlage der Automatisierung bilden, sondern auch große Bedeutung für soziale, bes. wirtschaftliche Systeme haben. – 5. Die *betrieblichen Organisationen* sind stets sozio-mechanische Systeme (Mensch-Maschine-System), d.h., sie dienen mittels zwischenmenschlicher Kooperation und Koordination von Menschen und

Sachen der Leistungserstellung. – Vgl. auch → Systemmanagement, → Systemtheorie.

Systemanalyse – *Systementwicklung.* 1. *Begriff:* Die Systemanalyse befasst sich mit der Analyse, dem Entwurf, der Realisierung und Einführung computergestützter → betrieblicher Informationssysteme. Der Begriff Systemanalyse umfasst nicht nur analytische Tätigkeiten, sodass der Begriff *Systementwicklung* korrekter ist. Enge Beziehungen bestehen zum → Software Engineering, das sich als verselbständigte Disziplin mit der Entwicklung von → Softwaresystemen beschäftigt, während die Systemanalyse alle Aspekte eines computergestützten Systems (→ Software, → Hardware, Personal, organisatorische Maßnahmen etc.) umfasst. – 2. *Ziel:* Mithilfe einer Systemanalyse soll für einen vorgegebenen komplexen Aufgabenzusammenhang und unter finanziellen, personellen und zeitlichen Restriktionen ein funktionsfähiges Anwendungssystem erstellt werden. – 3. *Untersuchungsgegenstände* sind die verschiedenen Sichten eines → Informationssystems (→ Architektur integrierter Informationssysteme).

Systemanalytiker – 1. *Begriff:* Berufsbild in der → betrieblichen Datenverarbeitung. – 2. *Aufgaben:* Der Systemanalytiker ist bei der → Systemanalyse zuständig für die Bedarfsermittlung (bez. Neuentwicklungen bzw. Änderungen bestehender Systeme) sowie die für Entwicklung der Sollkonzeptionen (→ Sollkonzept). Weitere Aufgaben sind Durchführung der → Systemauswahl (Auswahl von → Standardsoftware), ökonomische und technische Begründung der Sollkonzeption, Entwurf der Ein-(Aus)gabedaten, → Benutzerschnittstellen, → Dateien und → Algorithmen sowie die Einführung der neuen Systeme.

Systemarchitektur – im → Software Engineering die innere Struktur eines → Softwaresystems (→ Module und ihre Beziehungen zueinander).

Systematik – in der Statistik erforderlich für die durchgängige Ordnung von Erhebungs- und Darstellungseinheiten, wenn die Ordnung nicht (1) durch quantitative Merkmale definiert ist (→ Größenklassen), (2) zeitlich festgelegt (→ Zeitreihen) und (3) durch kategoriale Zusammengehörigkeit vorgegeben ist (z.B. natürliche oder gesellschaftliche Kriterien wie Geschlecht, Familienstand, soziale Stellung im Erwerbsleben etc.). Die Systematik muss in diesem Teil von der Fragestellung her sachgerecht aufgebaut werden. Ein alphabetisches Verzeichnis sämtlicher vorkommender „Arten“ verweist auf diejenigen Untergruppen, der die einzelnen Merkmalsträger zuzuordnen sind. – Es werden *unterschieden*: Unternehmens- und Betriebssystematiken, Systematiken der öffentlichen Finanzwirtschaft und der privaten Haushalte, Gütersystematiken, Personensystematiken, Regionalsystematiken, Warenverzeichnisse, Systematiken der Wirtschaftszweige und der Berufe (→ Wirtschaftszweigsystematik; → Berufssystematik).

systematische Auswahl mit Zufallsstart → Auswahlverfahren zur Gewinnung einer uneingeschränkten Zufallsstichprobe (→ uneingeschränktes Zufallsstichprobenverfahren). Benötigt wird eine lückenlos durchnummerierte → Grundgesamtheit. Sind aus N Elementen n auszuwählen und ist N/n ganzzahlig, so wird aus den ersten N/n Elementen eines zufällig ausgewählt (Zufallsstart, z.B. mithilfe einer → Zufallszahlentafel). Ist a die Nummer dieses Elements, so gelangen weiter die Elemente mit den Ordnungsnummern

$$a + \frac{N}{n},\ a + 2\,\frac{N}{n}\ ,\ \ldots,\ a + (n-1)\,\frac{N}{n}$$

in die Stichprobe. – *Problematisch* ist dieses Auswahlverfahren dann, wenn die Nummerierung der einzelnen Elemente mit dem Untersuchungsgegenstand zusammenhängt.

systematischer Fehler – in der Statistik Bezeichnung für den → Nichtstichprobenfehler (→ Fehler).

systematischer Internalisierer – ein bilaterales System im außerbörslichen Bereich und neben → Börsen und → MTFs die dritte Möglichkeit zur Ausführung von Kauf- oder Verkaufsaufträgen. In den §§ 32 ff. WpHG wurden in Umsetzung der → MiFID, die sich derzeit in der Überarbeitung befindet, für Institute bes. Verhaltensregeln geschaffen, wenn sie Aufträge ihrer Kunden zum Kauf oder Verkauf von Aktien oder Aktien vertretenden Zertifikaten regelmäßig gegen ihren eigenen Bestand ausführen. So sind sie bspw. verpflichtet, ständig Quoten für Ankaufs- und Verkaufspreise zu stellen, um eine größere Transparenz herzustellen. Dies soll es dem Anleger ermöglichen, die Preisentwicklung eines Wertpapieres besser einschätzen zu können und Nachteile einer internen Auftragsausführung vermeiden. Regelungen finden sich auch in den Kapiteln III und IV Abschn. 2 und 4 der Verordnung (EG) Nr. 1287/2006 der Kommission vom 10.8.2006 zur Durchführung der MiFID-Richtlinie.

systematisches Güterverzeichnis für Produktionsstatistiken → GP.

Systemauswahl – 1. *Begriff:* in der → Systemanalyse die Auswahl von → Hardware und → Software des → Computersystems auf der Grundlage des → Sollkonzepts. – 2. *Vorgehen:* Entwicklung eines *Konfigurationsprofils* (→ Konfiguration) entsprechend den Anforderungen sowie den betrieblichen Gegebenheiten (z.B. vorhandene Konfiguration, organisatorische Rahmenbedingungen), das als Basis für eine Ausschreibung dient. Nach Bewertung der Alternativen wird eine → Sensitivitätsanalyse durchgeführt; dann Entscheidung zugunsten eines Computersystems bzw. Softwareprodukts. – 3. *Verfahren:* a) *eindimensional:* Leistungsmessungsverfahren (z.B. → Benchmark-Test), Investitionsrechnungsverfahren. – b) *mehrdimensional:* → Nutzwertanalyse u.a.

Systembetrieb – im Phasenmodell der → Systemanalyse (→ Phasenmodelle) die letzte Phase, die die Steuerung und Überwachung des Rechnerbetriebs zum Gegenstand hat.

systembezogener Tatbestand – von Gutenberg geprägter Begriff für Leitmaximen wirtschaftlicher Betätigung, die von dem konkret bestehenden Wirtschaftssystem abhängig sind. Bes. gilt das → erwerbswirtschaftliche Prinzip für eine Verkehrs- bzw. → Marktwirtschaft als charakteristisch, in einer → Zentralverwaltungswirtschaft dagegen ein Prinzip der plandeterminierten Leistungserstellung. – *Gegensatz:* → systemindifferenter Tatbestand.

System Dynamics – 1. *Begriff: System Dynamics* (SD) ist eine Methodik zur Modellierung, Simulation, Analyse und Gestaltung von dynamisch-komplexen Sachverhalten („dynamische Komplexität") in sozioökonomischen Systemen. SD wurde von Jay W. Forrester am Massachusetts Institute of Technology (MIT) in den 1950er-Jahren entwickelt, um Führungskräfte beim Management von komplexen unternehmerischen Entwicklungen und bei der Entscheidungsfindung zu unterstützen. In der deutschsprachigen Fachliteratur wird SD mit *Systemdynamik* übersetzt. In den Wirtschaftswissenschaften haben sich jedoch auch die englischen Begriffe *„Business Dynamics"* oder *„Strategy Dynamics"* etabliert. – 2. *Eigenschaften und Methoden von System Dynamics:* SD verfolgt das Ziel, das Verhalten eines Systems zu erklären und ggf. zu beeinflussen. Um dieses Ziel zu erreichen, werden relevante Systemstrukturen modelliert. SD erfasst dafür fünf konstituierende Elemente dynamischer sozioökonomischer Systeme: kausale Feedbackbeziehungen (*Feedback* und *Feedback Loops*), Wirkungsverzögerungen, Bestandesgrößen (stocks), Flussgrößen (flows) und Nichtlinearitäten. – *Feedback* ist die Rückführung von Informationen über den aktuellen Zustand eines Systems (Ausgangsgröße) auf dessen Eingang. *Feedback Loops*, d. h. in sich geschlossene Prozesse kausaler Beziehungen zwischen Systemvariablen, operationalisieren solche Rückführungsprozesse. Die Interaktion von Feedback Loops erzeugt das Verhalten eines Systems. *Wirkungsverzögerungen* sind in einem System vorhanden, wenn Ursache und Wirkung zeitlich voneinander getrennt sind. *Bestandesgrößen* sind Systemvariablen, die den aktuellen Zustand eines dynamischen Systems charakterisieren; z. B. ist der Produktlagerbestand eine Bestandesgröße eines Produktionssystems. *Flussgrößen* sind die Elemente eines Systems, welche Bestandesgrößen verändern. *Nichtlinearitäten* sind in sozioökonomischen Systemen eher die Regel als die Ausnahme. Ein System ist *nichtlinear*, wenn Änderungen in der Ausbringungsmenge nicht proportional zu Änderungen in der Eingabemenge sind. – Um ein System Dynamics Modell zu erstellen, benutzt ein Modellierer mehrere Methoden. Drei wesentliche sind das kausale Rückkopplungsdiagramm (Causal Loop Diagram, CLD), das Systemstrukturdiagramm (SSD) und das Bestandesgrößen- und Flüssediagramm (Stock and Flow Diagram, SFD). Durch umfangreiche Validierungsmethoden können hochqualitative System Dynamics Modelle erstellt werden. – 3. *Anwendung in Praxis und Forschung*: System Dynamics ist eine Methodik und somit vergleichbar mit der anwendungsorientierten Statistik. Dadurch kann SD in allen Bereichen der Volks- und Betriebswirtschaft, und darüber hinaus, zur Analyse von dynamischen und komplexen Sachverhalten eingesetzt werden. Praxisbeispiele stammen aus dem öffentlichen und privaten Sektor: Produktionsmanagement, strategische Planung, Analyse und Design von Geschäftsmodellen, Business Forecasting und Szenarioanalyse. SD kann für qualitative sowie für quantitative (mathematische) Modellierung verwendet werden. In Praxisanwendungen werden meist zuerst qualitative Modelle zur Erfassung und Strukturierung der Problemsituationen erstellt. Diese werden dann durch Quantifizierung als simulationsfähige Modelle ausgestaltet, welche für Szenarioanalysen verwendet werden können. Neben der problemorientierten Anwendung wird SD oft auch für *modellbasiertes Lernen* in der Ausbildung von Führungskräften eingesetzt. Durch die Interaktion mit einem externen, formalen Referenzmodell können Führungskräfte ihre eigenen mentalen Modelle über dynamische Systeme erkunden, testen und systematisch weiterentwickeln. Modellbasiertes Lernen strukturiert dabei die Lernprozesse. – In der Forschung wird SD als eine Strukturmethode zur Untersuchung der Funktionsweise von sozialen Systemen (Unternehmen, Organisationen, etc.) und für die kausale Analyse von Zeitreihen verwendet. Ein Forscher versucht die Zeitreihen durch Kausalmodelle (dynamische Hypothesen) und Simulationsmodelle zu erklären. Die dafür verwendete mathematische Formulierung als ein System von Differentialgleichungen erhöht den Grad der Zuverlässigkeit der aufgestellten Hypothesen bzw. Modelle. Die modellierten Kausalstrukturen stammen aus qualitativen und quantitativen empirischen Analysen. – Eine Abgrenzung von SD zu anderen Forschungsmethoden ist insbesondere im Fall von statistischen Methoden sinnvoll. SD basiert, im Gegensatz zu statistischen Methoden, auf mathematischen Differentialgleichungen, mit denen Kausalmodelle erstellt werden.

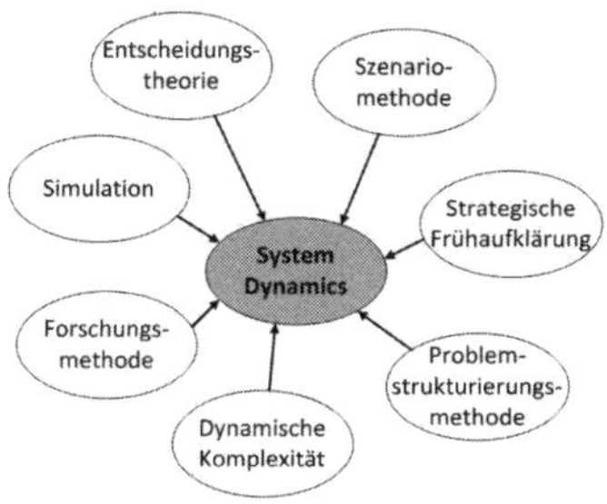

Verbindungen von System Dynamics zu anderen Bereichen der Wirtschaftswissenschaft

4. *Anwendungsfall (aus: Schwaninger und Grösser 2008):* Eine Schweizer Unternehmung hatte das Problem, dass sie zum Zeitpunkt der Einführung eines neuen Produktes keine Möglichkeit hatte, das Entwicklungspotenzial des Marktes zu bestimmen. Des Weiteren hatte die Unternehmung nur unzureichendes Wissen über die Einflussgrößen, welche die Entwicklung des Absatzes wesentlich bestimmen. Das durchgeführte System Dynamics Projekt war wesentlich, weil die kurzen Produktlebenszyklen in dieser Branche schnelle und klare Entscheidungen nötig machten. Das Ziel des Projekts und somit des Modells war es, die Einführung neuer Produkte der Unternehmung und somit den Ertrag für jede Produktgeneration zu optimieren. Die Projektleitung wollte erstens verstehen, welche Faktoren die Produkteinführung stark beeinflussen, und zweitens die Faktoren identifizieren, die den stärksten Einfluss auf das finanzielle Resultat einer Produkteinführung haben. Eine übergeordnete Zielsetzung des Projektes war die Erarbeitung von generellen Erkenntnissen zu Maßnahmen, um zukünftige Produkteinführungen besser gestalten zu können. Um diese Ziele zu erreichen, wurde ein qualitatives Systems Dynamics Modell erstellt, welches auf den Referenz-Modi zweier Variablen basierte – Anzahl monatlicher Produktverkäufe sowie Umsatz. Abbildung 2 zeigt die Entwicklung des Umsatzes in einem Zeitraum von 24 Monaten. In Expertenworkshops wurde ein detailliertes, quantitatives Modell entwickelt, welches kontinuierlich während dem Projektverlauf validiert wurde, um eine hohe Modellqualität und Akzeptanz durch das Unternehmen sicherzustellen. Die während den Modellierungsworkshops entstandenen Reflexionen führten zu Verbesserungen von früheren Modellversionen und haben weitere Datenbedürfnisse aufgedeckt. Nachfolgende Modellierungsworkshops quantifizierten und testeten die Modellstrukturen. Außerdem wurden Szenario- und Maßnahmenanalysen durchzuführen. Während dem Modellierungsprozess waren die Prioritäten darauf gerichtet, den Prozess transparent zu gestalten sowie eine zielführende Kommunikation mit dem Kunden zu ermöglichen und weniger darauf, das ein detailgetreues Modell zu entwickeln. Das Modell sollte so verständlich wie möglich ausgestaltet sein und dadurch sollte eine undurchsichtige „Black-Box“ Modellierung vermieden werden. Ohne diese Vorkehrungen hätte sich leicht ein intransparentes Modell ergeben können, da es sich bei der gegebenen Marktsituation, der Firmengröße sowie dem Produktportfolio, um hochkomplexe Zusammenhänge handelte. Abbildung 3 zeigt die auf wesentliche Sachverhalte reduzierte Feedbackstruktur des Modells als Systemstrukturdiagramm. Der erste Mechanismus des Modells war, dass eine Erhöhung der Anzahl Kunden und somit der monatlichen Verkäufe zur Verbesserung der relativen Attraktivität des Produkts führt (Gleichung 1).

$$AR_t = max\,\{AR_t + AWM_t, PC_t\}$$

In Gleichung 1 sind *AR* die Akzeptanzrate, *ARA* die Akzeptanz durch die relative Produktattraktivität, *AWM* die Akzeptanz durch Mund-zu-Mund

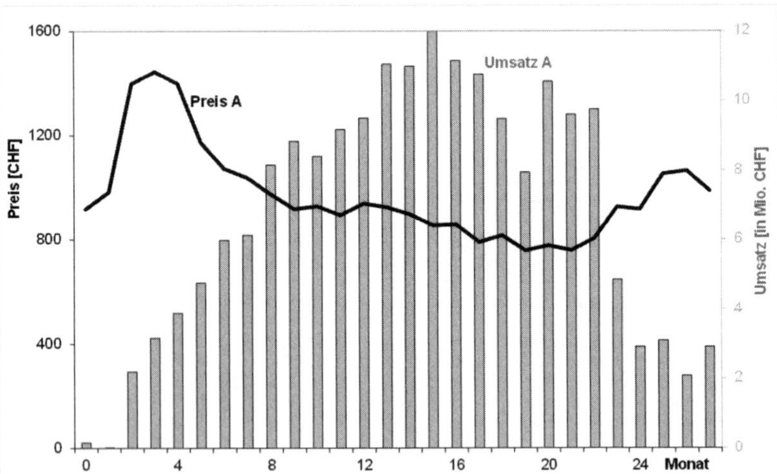

Abbildung 2: Daten zum Produktumsatz wurden als Referenzmodus für das Modell verwendet; Die Preisentwicklung wurde als exogener Datensatz aufgenommen.

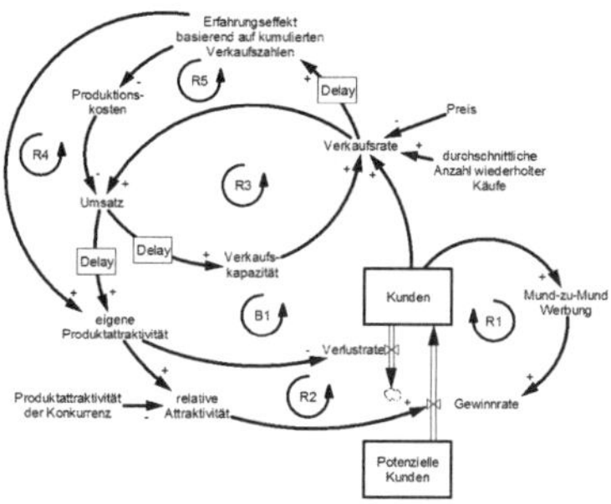

Abbildung 3: Systemstrukturdiagramm zum Anwendungsfall

Werbung und *t* der Einführungszeitpunkt des neuen Produkts. Attraktivität wurde definiert als eine Funktion der Servicequalität, Produktspezifikationen, Effekt von Marketing sowie der durchschnittlichen Produktionszeit. Alle dieser Faktoren konnten durch die Unternehmung direkt beeinflusst werden. Den Zusammenhang dieser Faktoren mit der Produktattraktivität wurde anhand der Erfahrung von firmeninternen Produktexperten gewichtet. Die Produktionszeit verringerte sich mit zunehmenden Lerneffekten. Der zweite Mechanismus war, dass Mund-zu-Mund Werbung nur einen positiven Einfluss auf die Akzeptanzrate hatte; mögliche negative Effekte von Mund-zu-Mund Werbung wurden nicht aufgenommen, da dies als wenig relevant eingeschätzt wurde (Gleichung 2).

$$AWM_t = \frac{\bar{c} \cdot \bar{i} \cdot (TC_t - PC_t \cdot PC_t)}{TC_t}$$

Wobei *AWM* die Akzeptanz durch Mund-zu-Mund Werbung, *c* die Kontaktrate zwischen Kunden der Unternehmung und *i* den Anteil der Kunden (in %) darstellt, die bei einem Kontakt das Produkt akzeptieren, *TC* die Anzahl aktueller Kunden und *PC* die potenziellen Kunden darstellt. Negative Effekte waren in dem Modell insofern inbegriffen, als eine lange Produktionszeit die Produktattraktivität reduzierte und zu einem Verlust von Kunden führte (s. Abbildung 3). Diese Beschreibung des Modells ist absichtlich kurz gehalten. Weitere Informationen zum Modell finden sich in Schwaninger und Grösser (2008). – Was war der Nutzen des System Dynamics Modells für die Unternehmung? Die System Dynamics Simulation wurde zuerst für ein bereits bestehendes Produkt erstellt und mit den verfügbaren Daten verglichen (Abbildung 4). Das dann vorhandene Modell wurde für eine neue Produktgruppe parametrisiert und dann zum Management der Einführung von neuen Produkten verwendet. So konnten verschiedene Handlungsmöglichkeiten bei unterschiedlichen Umfeld-Szenarien simuliert und daraus Handlungsempfehlungen für die Neueinführung von Produkten erarbeitet werden. Dadurch wurde die Entscheidungsfindung auf der Ebene des Produktmanagements wesentlich verbessert.

In der dargestellten Fallstudie wurde System Dynamics als quantitative Simulationsmethodik verwendet. Darüber hinaus kann System Dynamics jedoch auch als qualitative Methodik des Systemdenkens angewendet werden. Dies ist meist der erste Schritt bei einer praxisbezogenen Anwendung.

Systementwicklung → Systemanalyse.

Systementwurf – im Phasenmodell der → Systemanalyse (→ Phasenmodelle) die Phase in der, aufbauend auf dem → Sollkonzept, die Erarbeitung einer detaillierten → Spezifikation der Funktionen und → Daten für ein neues betriebliches → Softwaresystem erfolgt. – Bei *Eigenentwicklung* weitgehend deckungsgleich mit der → Entwurfsphase im → Software Engineering; bei *Fremdbezug* steht die Anpassung der → Standardsoftware an die

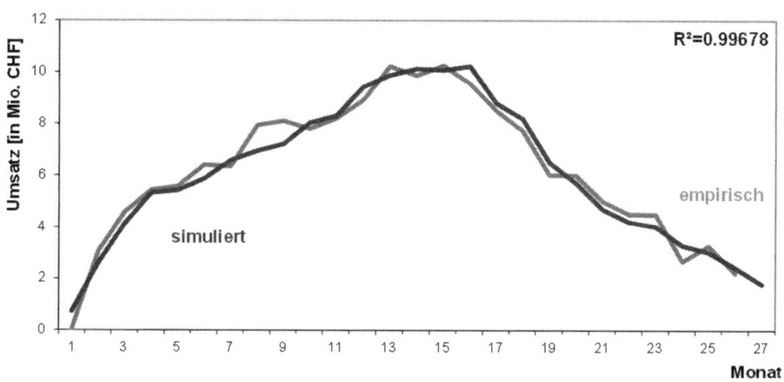

Abbildung 4: Vergleich historischer und simulierter Umsatz-Daten

individuellen betrieblichen Merkmale im Vordergrund.

Systeme vorbestimmter Zeiten (SvZ) – *Kleinstzeitverfahren, Standard-Daten-Verfahren, Elementarzeitverfahren.* 1. *Begriff:* Verfahren der Arbeitszeitermittlung manueller Tätigkeiten aufgrund vorbestimmter Bewegungszeiten. Dabei werden → Sollzeiten für das Ausführen von Vorgangselementen bestimmt, die vom Menschen voll beeinflussbar sind. – 2. *Analyse:* Alle Systeme vorbestimmter Zeiten halten konsequent eine bestimmte Reihenfolge der Analyse ein. Diese läuft nach folgenden Schritten ab: (1) Zerlegung des Bewegungsablaufes in Bewegungselemente (z.B. Hinfassen, Greifen, Weglegen, Loslassen); (2) Zeitanalyse durch Bestimmung der Bewegungszeit jedes einzelnen Bewegungselementes (z.B. Bewegungslängen, bewegtes Gewicht); (3) Kodierung des Bewegungselementes und der dazugehörigen Einflussgrößen und Entnehmen der Elementarbewegungszeiten aus Tabellen; (4) Addition der Elementarzeiten zu der gesuchten Gesamtbewegungszeit. Die Bewegungsstudien geben Aufschluss über die Gestaltung von Arbeitsmethoden.

Systemforschung → Systemtheorie.

Systemgeschäft – 1. *Begriff:* Investitionsgütermarketing, bei dem die Leistungsangebote oder Problemlösungs-Systeme sich als ein durch die Vermarktungsfähigkeit abgegrenztes, von einem oder mehreren Anbietern in einem geschlossenen Angebot erstelltes Anlagen-Dienstleistungsbündel (Hardware/Software-Kombination) zur Befriedigung eines komplexen Bedarfs darstellen. Im Gegensatz zum → Produktgeschäft und traditionellen → Anlagengeschäft ist das Systemgeschäft geprägt durch zusätzliche, über Engineering-Leistungen hinausgehende, umfangreiche Dienstleistungen (System-Software) in Form von → Pre-Sales-Services, → After-Sales-Services sowie → episodenbegleitende Dienstleistungen des Systemanbieters während der Leistungserstellung (z.B. Projektorganisation oder Projektmanagement wie etwa Federführung bei einer Anbieterkoalition). – 2. *Merkmale* des Systemgeschäftes: Hohe Komplexität des Hardware-Software-Bündels; Langfristigkeit des Beschaffungsentscheidungs-, Erstellungs- und Abwicklungsprozesses; Anbieterkoalitionen; hohe Interaktionskomplexität; hoher Auftragswert; Internationalität des Geschäfts; Bedeutung der Auftragsfinanzierung; hohe Individualität der Endleistung; Bedeutung von → Referenzanlagen. – 3. *Problematik der Umsatz- und Gewinnrealisation*: Im Gegensatz zum reinen Liefergeschäft darf beim Systemgeschäft erst dann Umsatz gebucht und Gewinn realisiert werden, wenn die Funktionsfähigkeit des ganzen Systems vom Kunden (z.B. durch ein Abnahmeprotokoll) bestätigt wurde. Solange diese Abnahme nicht erfolgt ist, handelt es sich bei den Lieferungen an den Kunden nur um einzelne Teile, die in der Bilanz des Lieferanten lediglich Vorräte (unverrechnete Lieferungen als Vorstufe zu späteren Forderungen) darstellen. Die richtige Behandlung solcher Geschäftsvorfälle stellt eine bes. Herausforderung an das Rechnungswesen dar (s. hierzu auch: → Grundsätze ordnungsmäßiger Buchführung (GoB): → Realisationsprinzip).

Systemhaus – Unternehmen, das nicht nur Softwareprodukte (→ Softwarehaus), sondern auch → Hardware anbietet; bes. „Komplettlösungen", d.h. Softwaresysteme zusammen mit der erforderlichen Hardwarebasis.

Systemimplementierung – 1. *Systemimplementierung i.e.S.:* a) *Begriff:* im Phasenmodell der → Systemanalyse (→ Phasenmodelle) die Phase, die auf der → Spezifikation aus dem → Systementwurf aufbaut. – b) *Inhalt:* bei *Eigenentwicklung* weitgehend deckungsgleich mit der Phase → Implementierung im → Software Engineering; bei *Fremdbezug* steht die Anpassung der → Standardsoftware an die individuellen betrieblichen Gegebenheiten im Vordergrund. – 2. *Systemimplementierung i.w.S.:* → Systemtest, Enddokumentation (→ Dokumentation), Erfassung von Datenbeständen, organisatorische Anpassungen und Schulung des Personals werden ebenfalls zur Systemimplementierung gerechnet.

systemindifferenter Tatbestand – von Gutenberg geprägter Begriff für Leitmaximen wirtschaftlicher Betätigung, die von dem jeweils praktizierten Wirtschaftssystem unabhängig sind. – *Beispiel:* Das → Wirtschaftlichkeitsprinzip ist unter den Bedingungen einer Verkehrs- bzw. → Marktwirtschaft und einer → Zentralverwaltungswirtschaft von Bedeutung. – *Gegensatz:* → systembezogener Tatbestand.

systemische Organisationsberatung – 1. *Begriff:* Beratungsansatz, der sich v.a. auf die Systemtheorie, die Kommunikationstheorie sowie auf Methoden verschiedener familientherapeutischer Schulen stützt. Die systemische Organisationsberatung geht dabei davon aus, dass sich komplexe Probleme nicht lösen lassen, wenn man die Aufmerksamkeit lediglich auf ein Element des Gesamtsystems richtet. Der inhaltliche Schwerpunkt liegt auf der Stärkung der Ressourcen und Kompetenzen der zu beratenden Organisation. – 2. *Vorgehen:* Der Berater versucht zunächst, die Regeln zu verstehen, die das Verhalten der Personen in diesem System prägen. Dabei werden weder individuelle persönliche Schwächen und Stärken bes. in den Blick genommen, noch werden Organisationsstörungen aus betriebswirtschaftlicher Sicht bearbeitet. Vielmehr geht es darum, die Teilaspekte eines Unternehmens in dem Zusammenhang zu sehen, in dem sie in diesem System stehen. Dazu gehören Personen (Geschäftsleitung, Mitarbeiter, Kunden, Geschäftspartner usw.), aber ebenso der Geschäftsgegenstand wie Produkte oder Dienstleistungen und immaterielle Anteile wie Aufgaben, Ziele, Firmengeschichte und -struktur. Diese Systembestandteile unterliegen einer ständigen Dynamik, die das volatile Gleichgewicht zwischen ihnen immer wieder stört.

Wenn es eine Störung im System gibt, ist das aus systemischer Sicht Ausdruck einer verletzten Balance. Es ist daher das oberste Ziel der systemische Organisationsberatung, Ausgleich zu schaffen und die Ordnung zwischen den einzelnen Systemteilen wiederherzustellen. Die Lösung muss dabei von innen aus der Organisation bzw. von den Mitarbeitern selbst kommen. Der systemische Berater beschränkt sich auf ein unterstützendes → Coaching sowie auf die Anregung und Gestaltung von Veränderungsprozessen. – Vgl. auch → Consulting.

Systemkonformität – *Ordnungskonformität.* 1. *Begriff:* Beurteilungsmaßstab für mögliche wirtschaftspolitischen Maßnahmen (→ wirtschaftspolitische Mittel). Gegeben, wenn eine Maßnahme mit der existierenden → Wirtschaftsordnung und/oder mit dem in der → wirtschaftspolitischen Konzeption gewählten wirtschaftlichen Koordinationsverfahren (→ Koordination) systemkonform ist. – 2. *Grade der Systemkonformität in Marktwirtschaften:* (1) Systemnotwendig (z.B. rechtliche Ausgestaltung der Privatautonomie); (2) systemfördernd (z.B. Allokationspolitik); (3) systemadäquat; (4) systemverschlechternd (z.B. wettbewerbsbehindernde Konzessionsvergabe); (5) systemzerstörend (z.B. Preis- und Lohnkontrollen). – *Anders:* → Marktkonformität, → Konzeptionskonformität. – *Gegenteil:* Systeminkonformität.

Systemmanagement – 1. *Begriff:* Methodik zur Erhaltung der Existenz und Entwicklungsfähigkeit von komplexen Systemen durch Lernen von der → Biosphäre und ihrer Evolution. Systemmanagement basiert auf der Grundidee, in Technik, Wirtschaft und Gesellschaft aus biologischen Vorbildern zu lernen und dehnt diese Idee auf die Erforschung und Umsetzung der evolutionär gefundenen Prinzipien im Umgang mit hochkomplexen Systemen aus. Ausgehend davon, dass das sozioökonomische System Teil der Biosphäre ist, dass es auf effiziente Formen der Selbstorganisation angewiesen ist und dazu von biologischen Mustern lernen kann, wird versucht, technische, soziale und ökonomische Strukturen so zu gestalten, dass sie überleben, sich entwickeln und weiter lernen, z.B. aus dem zwischenartlichen Zusammenwirken von Organismen. – Vgl. Abbildung „Systemmanagement". – 2. *Bedeutung:* Für das Systemmanagement gilt es, daraus zu lernen, indem z.B. Kooperation zum gegenseitigen Nutzen angeregt bzw. gefördert und umweltpolitisch umgesetzt wird. Das Systemmanagement geht davon aus, dass ökologische Krisen auf eine mangelnde Kenntnis selbstorganisierender Systeme und einen nicht angepassten Umgang mit diesen zurückzuführen sind. Um diesen Zustand zu überwinden, müssen Gestaltungs- und Eingriffsregeln für komplexe Systeme gewonnen und kybernetische Planungsmethoden (→ kybernetische Planung) entwickelt werden.

System of Integrated Environmental and Economic Accounting → SEEA.

System of National Accounts – der unter Federführung der Vereinten Nationen vorgelegte Rahmen für die Erstellung der → Volkswirtschaftlichen Gesamtrechnung (VGR). 1953 erstmals veröffentlicht, wurde das Regelwerk in den Jahren 1960, 1964, 1968, 1993 und zuletzt 2008 einer Revision unterzogen. Um dem Ziel der internationalen Vergleichbarkeit volkswirtschaftlicher Daten Rechnung zu tragen, wurde das SNA der Idee nach so konzipiert, dass es weltweit und unter unterschiedlichsten wirtschaftlichen Gegebenheiten und Anfordernissen angewandt werden kann. Allerdings führt die Offenheit seiner Definitionen und Abgrenzungen häufig zu wenig trennscharfen Festlegungen. Das in Europa gültige → Europäische System Volkswirtschaftlicher Gesamtrechnungen (ESVG) 1995 basiert auf dem SNA 1993.

systemorientierte Betriebswirtschaftslehre – 1. *Charakterisierung:* Bezeichnung für ein Programm innerhalb der → Betriebswirtschaftslehre (BWL), dessen Vertreter die betriebswirtschaftlichen Erkenntnisobjekte als *Systeme* interpretieren. – *Analyseinstrument:* → Systemtheorie einschließlich Kybernetik (→ Wirtschafts- und Sozialkypernetik). – *Begründer:* Ulrich („Die Unternehmung als produktives soziales System", 2. Aufl., 1970). – 2. Wegen ihrer Lenkungs- bzw. Steuerungsbedürftigkeit werden *Unternehmungen als Regelsysteme* aufgefasst. Abweichungen zwischen Ist- und Sollwerten führen zu Korrekturentscheidungen; dauerhafte Abweichungen machen die Veränderung der Sollwerte selbst erforderlich, wozu sog. Anpassungsentscheidungen notwendig sind. – 3. *Bedeutung:* Systemtheorie v.a. als nützlicher didaktischer Zugang zu Steuerungs- und Führungsproblemen von Unternehmen. Die einseitige Betonung der Gestaltungsaufgabe lässt die systemorientierte Betriebswirtschaftslehre als ein vom → Pragmatismus inspiriertes Programm erscheinen.

Systemprogramm – Bestandteil des → Betriebssystems (BS) eines → Computers; → Programm, das eine Aufgabe aus dem Bereich der computerinternen Abwicklung von Anwendungsprogrammen und der Datenverwaltung zu lösen hat (z.B. Übersetzen eines Programms, Kopieren einer → Datei, Zuteilung von Rechenzeit bei Timesharing-Betrieb). – *Gegensatz:* → Anwendungsprogramm.

Systemprogrammierer – 1. *Begriff:* Berufsbild in der → betrieblichen Datenverarbeitung. – 2. *Aufgaben:* Entwicklung, Betreuung und Wartung von Systemsoftware (→ Systemprogramm, → Software, → Betriebssystem (BS)) und systemnaher Software (z.B. Datenbanksystem, Datenfernverarbeitungsprogramme); Unterstützung und Beratung der → Anwendungsprogrammierer bei der Benutzung von Software.

Systemprüfung → Prüfung, bei der festgestellt wird, ob und inwieweit sich der → Prüfer auf die zuverlässige und vollständige betriebliche Erfassung und Verarbeitung der Elemente des zu prüfenden Objektes verlassen kann. Vom Ergebnis der Systemprüfung hängt ab, wie weitgehend nachfolgende Prüfungshandlungen durchzuführen sind. Von bes. Bedeutung für eine → Jahresabschlussprüfung sind die Systemprüfungen als Prüfung des → Internen Kontrollsystems (IKS) und die → EDV-Systemprüfung.

Systemrisiko – 1. *Allgemein* die Gefährdung der Funktionstüchtigkeit der internationalen Finanzordnung aufgrund nicht mehr beherrschbarer Kettenreaktionen von Abwertungsspekulationen und Bankenzusammenbrüchen. – 2. *Im Besonderen* das → Risiko, das entweder infolge der Unfähigkeit eines Teilnehmers in einem Wertpapierabwicklungs- oder → Zahlungsverkehrssystem seinen Verpflichtungen nachzukommen oder durch einen Fehler im System entsteht, und auch andere Finanzinstitute in Schwierigkeiten bringen kann.

System Selling → Systemgeschäft.

Systems Engineering → Systemtheorie.

Systems Network Architecture → SNA.

Systemspezifikation → Spezifikation.

Systemtest – im Phasenmodell der → Systemanalyse (→ Phasenmodelle) die Phase, die der Überprüfung des → Softwaresystems auf Funktionsfähigkeit dient. – Vgl. auch → Testen.

Systemtheorie – *Systems Engineering.*

I. Charakterisierung: Systemtheorie ist eine interdisziplinäre Wissenschaft, die eine für alle biologischen, sozialen und mechanischen → Systeme geltende formale Theorie zu entwickeln bestrebt ist. Die immer stärkere Anwendung der exakten Methoden in den Sozialwissenschaften hat in zunehmendem Maße die quantitativen Strukturen vieler Sozialgebilde erkennen lassen und zeigte, dass biologische, soziale und mechanische Gebilde vielfach isomorphe Systeme und Strukturen aufweisen. Die Systemtheorie hat insofern eine große Bedeutung für Wirtschaftswissenschaft und Wirtschaftspraxis, als sich die Betriebe heute äußerst instabilen Umweltverhältnissen gegenübersehen. Die Systemtheorie ermöglicht, die *Dynamik der betriebswirtschaftlichen Organisationssysteme* (→ Organisation), die bisher fast nur statisch gesehen wurden, ganz in den Blickpunkt zu rücken und sich auf das Kriterium der Flexibilität auszurichten, um die Organisation den veränderten Umweltbedingungen schnell anpassen zu können.

II. Richtungen: 1. Die *General Systems Theory,* die v.a. auf den amerik. Biologen Ludwig von Bertalanffy zurückgeht, will als neue interdisziplinäre Formalwissenschaft die einzelnen Realwissenschaften zu einer „Einheit der Wissenschaft" integrieren. Sie soll eine für alle Systeme geltende Theorie aufstellen und strebt eine exakte mathematische Formulierung der von ihr entwickelten Begriffe, Beziehungen, Gesetze etc. an. Sie benutzt v.a. die Vektor- und Matrizenrechnung, die Topologie, die Theorie der Differenzialgleichungen und die Funktionentheorie. – 2. Das *Systems Research,* auch *Systems Engineering* und *Systemforschung,* ist pragmatisch ausgerichtet und soll als „Sammelbezeichnung für alle Möglichkeiten realwissenschaftlicher und Interdisziplinforschung" (Kosiol) verwandt werden. Die übergreifende Wissenschaft zeigt isomorphe Strukturen in völlig verschiedenen Objektbereichen der Realität auf, während die Interdisziplinen einen ganz bestimmten realen Problembereich untersuchen und sich dabei der Theorien verschiedener Einzeldisziplinen bedienen.

Systemvergleich → vergleichende Werbung.

SYUM – für Zwecke der → Umweltrisiken abgeleitete Fassung der Wirtschaftssystematik, abgelöst durch die → WZ 2003.

Szenarien – Ziel ist, die Aufmerksamkeit auf kausale Prozesse und Entscheidungspunkte zu lenken. So können Unternehmen bspw. die Betroffenheit durch den Klimawandel (Vulnerabilität) erfassen, Risiken minimieren und Chancen nutzen. – Die strategische Planung mithilfe von Szenarien bedient sich der Methode der Szenariotechnik. Diese umfasst je nach Autor zwischen vier und acht Schritten, z.B. nach Bishop Festlegung der Steuerungsgrößen, Bestimmung und Priorisierung der Einflussgrößen, Entwicklung der Szenarien, Erarbeitung von Visionen, Ableitung von Handlungserfordernissen, Umsetzung der Maßnahmen.

Szenario → Szenario-Technik.

Szenario-Technik – 1. *Charakterisierung:* Die Szenario-Technik ist als eine Art Handlungskonzept und Methodenverbund zu verstehen. Dabei ersetzt sie nicht traditionelle Prognosemethoden, sondern stellt ein Komplement zu diesen dar. – 2. *Szenario:* a) *Begriff:* Ein Szenario ist im eigentlichen Sinn keine Vorhersage, sondern nur die Aufzeichnung der möglichen episodischen Abfolge von Ereignissen eines bes. interessierenden Systemaspekts. Der Zweck von Szenarien liegt darin, die Aufmerksamkeit der Verwender auf kausale Prozesse und Entscheidungspunkte zu lenken. Dazu wird bei ihrer Erstellung eine hypothetische Sequenz von Ereignissen konstruiert. Mögliche Ereignisse und Entwicklungen, die zu einem bestimmten relevanten Feld gehören (z.B. Bevölkerung von Europa), sich auf eine bestimmte Zeitperiode beziehen sowie auf irgendeine Art untereinander verbunden sind, bilden demnach ein Szenario. – b) *Basis-Typen:* Vgl. Abbildung „Szenario-Technik – Basis-Typen".

Szenarien können auch auf sehr *unterschiedlichen Betrachtungsebenen* angesiedelt werden. Auf einer sehr hohen und komplexen Betrachtungsebene angesiedelt sind z.B. die Globalszenarien. – 3. *Phasen:* Basistheorien der Szenario-Technik sind die allg. Modelltheorie (→ Modell) und die angewandte → Systemtheorie. Durch die Szenario-Technik werden komplexe Probleme dekomponiert und in eine neue Ordnung gebracht. – *EinzelphasenBeispiel:* (1) *Analysephase:* Es werden eine Problemanalyse und

-strukturierung vorgenommen, wichtige und kritische Problemfeldvariablen erhoben sowie alternative Annahmebündel gebildet und Konsistenzprüfungen der Annahmen vorgenommen. (2) *Prognosephase:* Es werden Bandbreiten zukünftiger Entwicklungen prognostiziert, daraus Präszenarien entwickelt und gegensätzliche, den Rahmen zukünftiger Entwicklungen absteckende Szenarien ausgewählt und interpretiert. Es werden überraschende Ereignisse identifiziert und Konsequenzen ermittelt. (3) *Synthesephase:* Erstellung der Szenarien, die Ergebnisse der zweiten Phase gehen dabei ein. (4) *Implementierungsphase:* Integration der Ergebnisse in den Planungsprozess. – 4. *Methoden:* a) *Quantitative Methoden:* Methoden auf der Grundlage mathematisch-statistischer Lösungsansätze liefern numerische Ergebnisse der zu prognostizierenden Größen. – *Beispiele:* Trendextrapolationen, Regressionsanalyse, ökonometrische Modelle. – b) *Qualitative Methoden:* Sie beruhen auf einer subjektiv begründeten Beurteilung der jeweiligen Prognosesituation und damit auf Intuition, Erfahrung und subjektiven Werthaltungen. Damit können auch sozio-politische Variablen in die Analyse einbezogen werden. – *Beispiele:* Morphologische Analysen, historische Analogiebildung, → Delphi-Technik, → Technologiefolgenabschätzung.

Szenario-Technik – Basis-Typen

Beziehungsanalyse	Konstruktionsalternativen	
	explorativ	antizipativ
deskriptiv	gegeben sind die Ursachen (Hypothesen), Frage nach den Wirkungen	gegeben sind die Wirkungen, Frage nach den Ursachenveränderungen
normativ	gegeben sind die Mittel, welche Ziele können erreicht werden	gegeben sind die Ziele, mit welchen Mitteln können sie erreicht werden

SZR – Abk. für → Sonderziehungsrechte.

Gabler Wirtschaftslexikon

T-Z

Gabler Wirtschaftslexikon

T-Z

18., aktualisierte und erweiterte Auflage

Springer Gabler

ISBN 978-3-8349-3464-2
DOI 10.1007/978-3-8349-3875-6

Die Deutsche Nationalbibliothek verzeichnet diese Publikation in der Deutschen Nationalbibliografie; detaillierte bibliografische Daten sind im Internet über http://dnb.d-nb.de abrufbar.

Springer Gabler

1. Auflage 1956, ..., 18., aktualisierte und erweiterte Auflage 2014

Redaktion: Stefanie Brich, Claudia Hasenbalg, Dr. Eggert Winter (Schriftleitung)
Korrektorat: Inge Kachel-Moosdorf
Layout und Satz: workformedia | Frankfurt am Main | München

Gedruckt auf säurefreiem und chlorfrei gebleichtem Papier

Springer Gabler ist eine Marke von Springer DE.
Springer DE ist Teil der Fachverlagsgruppe Springer Science+Business Media
www.springer-gabler.de

Verzeichnis der Abkürzungen

a.	– anno (Jahr)
Abb.	– Abbildung
AbfVerbG	– Abfallverbringungsgesetz
AbgG	– Abgeordnetengesetz
Abk.	– Abkürzung
ABl	– Amtsblatt
ABl EG	– Amtsblatt der Europäischen Gemeinschaften
ABl EU	– Amtsblatt der Europäischen Union
Abschn.	– Abschnitt
Abt.	– Abteilung
AbwAG	– Abwasserabgabengesetz
ADSp	– Allgemeine Deutsche Spediteurbedingungen
AEG	– Allgemeines Eisenbahngesetz
a.F.	– alte Fassung
AFB	– Allgemeine Bedingungen für die Feuerversicherung
AG	– Aktiengesellschaft; Amtsgericht; Ausführungsgesetz
AGB	– Allgemeine Geschäftsbedingungen
AHB	– Allgemeine Geschäftsbedingungen für die Haftpflichtversicherung
AKB	– Allgemeine Bedingungen für die Kraftfahrtversicherung
AktG	– Aktiengesetz
allg.	– allgemein
amerik.	– amerikanisch
AMG	– Arzneimittelgesetz
AO	– Abgabenordnung
AR	– Aufsichtsrat
ArbGG	– Arbeitsgerichtsgesetz
ArbNErfG	– Arbeitnehmererfindergesetz
ArbPlSchG	– Arbeitsplatzschutzgesetz
ArbStättV	– Arbeitsstättenverordnung
ArbZG	– Arbeitszeitgesetz
Art.	– Artikel
ASiG	– Gesetz über Betriebsärzte, Sicherheitsingenieure und andere Arbeitskräfte für Arbeitssicherheit
AStG	– Außensteuergesetz
ATG	– Altersteilzeitgesetz
AtG	– Atomgesetz
AUB	– Allgemeine Versicherungsbedingungen für die Unfallversicherung
Aufl.	– Auflage
AÜG	– Arbeitnehmerüberlassungsgesetz
AuslG	– Ausländergesetz
AVB	– Allgemeine Versicherungsbedingungen
AvmG	– Altersvermögensgesetz
AWB	– Allgemeine Bedingungen für die Leitungswasserversicherung
AWG	– Außenwirtschaftsgesetz
AWV	– Außenwirtschaftsverordnung
AZ	– Aktenzeichen
AZO	– Allgemeine Zollordnung
BaföG	– Berufsausbildungsförderungsgesetz
BAG	– Bundesarbeitsgericht
BAnz	– Bundesanzeiger
BAT	– Bundesangestelltentarif
BauGB	– Baugesetzbuch
b.a.w.	– bis auf weiteres
BBankG	– Gesetz über die deutsche Bundesbank
BBergG	– Bundesberggesetz
BBesG	– Bundesbesoldungsgesetz
BBG	– Bundesbeamtengesetz
BBiG	– Berufsbildungsgesetz
BDSG	– Bundesdatenschutzgesetz

BEG	– Bundesentschädigungsgesetz
ber.	– berichtigt
BerBiFG	– Berufsbildungsförderungsgesetz
BErzGG	– Bundeserziehungsgeldgesetz
bes.	– besonders(-e, -es, -er)
BetrAVG	– Gesetz zur Verbesserung der betrieblichen Altersvorsorge
BetrVG	– Betriebsverfassungsgesetz
BeurkG	– Beurkundungsgesetz
BewG	– Bewertungsgesetz
bez.	– bezüglich
BFH	– Bundesfinanzhof
BGB	– Bürgerliches Gesetzbuch
BGBl	– Bundesgesetzblatt (I = Teil I, II = Teil II, III = Teil III)
BGH	– Bundesgerichtshof
BHO	– Bundeshaushaltsordnung
BImSchG	– Bundes-Immissionsschutzgesetz
Bin(n)SchG	– Binnenschifffahrtsgesetz
BiRiLiG	– Bilanzrichtlinien-Gesetz
BM	– Bundesminister(ium)
BNatSchG	– Bundesnaturschutzgesetz
BOKraft	– Verordnung über den Betrieb von Kraftfahrtunternehmen im Personenverkehr
BörsG	– Börsengesetz
BörsZulV	– Börsenzulassungsverordnung
BPatG	– Bundespatentgericht
BPersVG	– Bundespersonalvertretungsgesetz
BpO	– Betriebsprüfungsverordnung
BRAGO	– Bundesgebührenordnung für Rechtsanwälte
BranntwMonG	– Branntweinmonopolgesetz
BRRG	– Beamtenrechtsrahmengesetz
BSG	– Bundessozialgericht
BSHG	– Bundessozialhilfegesetz
bspw.	– beispielsweise
BStBl	– Bundessteuerblatt
BtMG	– Bundesbetäubungsmittelgesetz
BUrlG	– Bundesurlaubsgesetz
BVerfG	– Bundesverfassungsgericht
BVerfGE	– Amtliche Sammlungen von Entscheidungen des Bundesverfassungsgerichts
BVerfGG	– Gesetz über das Bundesverfassungsgericht
BVerfSchG	– Bundesverfassungsschutzgesetz
BVerwG	– Bundesverwaltungsgericht
BVG	– Bundesversorgungsgesetz
BZRG	– Bundeszentralregistergesetz
bzw.	– beziehungsweise
ca.	– circa
DepotG	– Depotgesetz
d.h.	– das heißt
DPMA	– Deutsches Patent- und Markenamt
DRiG	– Deutsches Richtergesetz
DVO	– Durchführungsverordnung
EAG	– Europäische Atomgemeinschaft
EAGV	– Vertrag über die Europäische Atomgemeinschaft
EEG	– Erneuerbare-Energien-Gesetz
EGBGB	– Einführungsgesetz zum Bürgerlichen Gesetzbuch
EGGVG	– Einführungsgesetz zum Gerichtsverfassungsgesetz
EGHGB	– Einführungsgesetz zum Handelsgesetzbuch
EGKS	– Europäische Gemeinschaft für Kohle und Stahl
EGKSV	– Vertrag über die Europäische Gemeinschaft für Kohle und Stahl

EGStGB	– Einführungsgesetz zum Strafgesetzbuch
EGV	– Vertrag zur Gründung der Europäischen Gemeinschaft
EGVVG	– Einführungsgesetz zum Versicherungsvertragsgesetz
EJG	– Eurojust-Gesetz
engl.	– englisch
EnWG	– Energiewirtschaftsgesetz
ErbStDV	– Erbschaftssteuer-Durchführungsverordnung
ErbStG	– Erbschaftssteuer- und Schenkungsgesetz
EStDV	– Einkommensteuer-Durchführungsverordnung
EStG	– Einkommensteuer-Gesetz
EStH	– Einkommensteuer-Hinweise
EStR	– Einkommensteuer-Richtlinien
etc.	– et cetera
EU	– Europäische Union
EuGH	– Europäischer Gerichtshof
EuGVÜ	– Europäisches Gerichtsstands- und Vollstreckungsabkommen
EUV	– Vertrag über die Europäische Union
e.V.	– eingetragener Verein
evtl.	– eventuell
EVO	– Eisenbahn-Verkehrsordnung
EWGV	– Vertrag über die Europäische Wirtschaftsgemeinschaft
f.	– folgende(-r/-s)
FAG	– Finanzausgleichsgesetz
ff.	– folgende
FG	– Finanzgericht
FMStG	– Finanzmarktstabilisierungsgesetz
FGG	– Gesetz über die Angelegenheiten der freiwilligen Gerichtsbarkeit
FGO	– Finanzgerichtsordnung
franz.	– französisch
FstrG	– Bundesfernstraßengesetz
FVG	– Finanzverwaltungsgesetz
GBO	– Grundbuchordnung
GbR	– Gesellschaft bürgerlichen Rechts
geb.	– geboren
GebrMG	– Gebrauchsmustergesetz
GenG	– Genossenschaftsgesetz
GeschmMG	– Geschmacksmustergesetz
GewO	– Gewerbeordnung
GewStDV	– Gewerbesteuer-Richtlinien
GKG	– Gerichtskostengesetz
ggf.	– gegebenenfalls
GmbH	– Gesellschaft mit beschränkter Haftung
GmbHG	– Gesetz betreffend die Gesellschaften mit beschränkter Haftung
GMBl	– Gemeinsames Ministerialblatt
GO-BT	– Geschäftsordnung des Bundestages
GrEStG	– Grunderwerbsteuergesetz
griech.	– griechisch
GVG	– Gerichtsverfassungsgesetz
GWB	– Gesetz gegen Wettbewerbsbeschränkungen (Kartellgesetz)
GwG	– Geldwäschegesetz
H.	– Heft
HAG	– Heimarbeitsgesetz
HandwO	– Handwerksordnung
HGB	– Handelsgesetzbuch
HGrG	– Haushaltsgrundsätzegesetz
hl.	– heilig(-e, -er)
h.M.	– herrschende Meinung

Hrsg.	– Herausgeber
HypBankG	– Hypothekenbankgesetz
i.Allg.	– im Allgemeinen
i.d.F.	– in der Fassung
i.d.R.	– in der Regel
i.e.S.	– im engeren Sinn
inkl.	– inklusive
InsO	– Insolvenzordnung
InvG	– Investmentgesetz
i.V.	– in Verbindung
i.w.S.	– im weiteren Sinn
JArbSchG	– Jugendarbeitsschutzgesetz
Jg.	– Jahrgang
JGG	– Jugendgerichtsgesetz
Jh.	– Jahrhundert
KapCoRiLiG	– Kapitalgesellschaften- und Co-Richtlinie-Gesetz
KG	– Kommanditgesellschaft
KGaA	– Kommanditgesellschaft auf Aktien
KMU	– klein- und mittelständische Unternehmen
KonTraG	– Gesetz zur Kontrolle und Transparenz im Unternehmensbereich
KostO	– Kostenordnung
KraftStG	– Kraftfahrzeugsteuergesetz
KrW-/AbfG	– Kreislaufwirtschafts- und Abfallgesetz
KschG	– Kündigungsschutzgesetz
KStDV	– Körperschaftsteuer-Durchführungsordnung
KStG	– Körperschaftsteuergesetz
KStR	– Körperschaftsteuer-Richtlinien
KUG	– Kunsturhebergesetz
KWG	– Gesetz über das Kreditwesen
lat.	– lateinisch
LHO	– Landeshaushaltsordnung
LMBG	– Lebensmittel- und Bedarfsgegenständegesetz
LPartG	– Lebenspartnerschaftsgesetz
LStDV	– Lohnsteuer-Durchführungsverordnung
LStR	– Lohnsteuer-Richtlinien
LZB	– Landeszentralbank
MarkenG	– Gesetz über den Schutz von Marken und sonstigen Kennzeichen
MEZ	– Mitteleuropäische Zeit
mind.	– mindestens
MinölStG	– Mineralölsteuergesetz
Mio.	– Millionen
MitBestG	– Gesetz über die Mitbestimmung der Arbeitnehmer
MOG	– Marktordnungsgesetz
MoMitbestG	– Montan-Mitbestimmungsgesetz
Mrd.	– Milliarden
MRRG	– Melderechtsrahmengesetz
m.spät.Änd.	– mit späteren Änderungen
MuSchG	– Mutterschutzgesetz
n.Chr.	– nach Christus
n.F.	– neue Fassung
Nr.	– Nummer
o.Ä.	– oder Ähnliches
OEG	– Opferentschädigungsgesetz

OHG	– offene Handelsgesellschaft
OLG	– Oberlandesgericht
ÖPNV	– öffentlicher Personennahverkehr
OVG	– Oberverwaltungsgericht
OWiG	– Gesetz über Ordnungswidrigkeiten
p.a.	– per anno (pro Jahr)
PartGG	– Partnerschaftsgesellschaftsgesetz
PatG	– Patentgesetz
PAuswG	– Personalausweisgesetz
PBefG	– Personenbeförderungsgesetz
PflVG	– Pflichtversicherungsgesetz
PostG	– Postgesetz
ProdHaftG	– Produkthaftungsgesetz
PublG	– Publizitätsgesetz
PVÜ	– Pariser Verbandsübereinkommen
RfStV	– Rundfunkstaatsvertrag
RGBl	– Reichsgesetzblatt
RKG	– Reichsknappschaftsgesetz
RPflG	– Reichspflegegesetz
RVO	– Reichsversicherungsordnung
s.	– siehe
S.	– Seite
SchG, ScheckG	– Scheckgesetz
SchiffsG	– Schiffsgesetz
SchRO	– Schiffsregisterordnung
SchwbG	– Schwerbehindertengesetz
SeemG	– Seemannsgesetz
SGB	– Sozialgesetzbuch
SGG	– Sozialgerichtsgesetz
SigG	– Signaturgesetz
sog.	– sogenannte(-r, -s)
Sp.	– Spalte(-n)
StabG	– Stabilitätsgesetz
StBErG	– Steuerberatungsgesetz
Std.	– Stunde(-n)
StGB	– Strafgesetzbuch
StPO	– Strafprozessordnung
TDG	– Teledienstgesetz
TEHG	– Treibhaus-Emissionshandelsgesetz
TierSG	– Tierseuchengesetz
TKG	– Telekommunikationsgesetz
TVG	– Tarifvertragsgesetz
TzBfG	– Teilzeit- und Befristungsgesetz
u.a.	– und andere; unter anderem
u.Ä	– und Ähnliche(-s)
UBGG	– Gesetz über Unternehmensbeteiligungsgesellschaften
UKlaG	– Unterlassungsklagengesetz
UmweltHG	– Umwelthaftungsgesetz
UmwG	– Umwandlungsgesetz
UmwStG	– Umwandlungssteuergesetz
UrhRG	– Urheberrechtsgesetz
UStDV	– Umsatzsteuer-Durchführungsverordnung
UStG	– Umsatzsteuergesetz
UStR	– Umsatzsteuer-Richtlinien
usw.	– und so weiter
u.U.	– unter Umständen

UVPG	– Gesetz über die Umweltverträglichkeitsprüfung
UWG	– Gesetz gegen den unlauteren Wettbewerb
v.a.	– vor allem
VAG	– Versicherungsaufsichtsgesetz
VBL	– Versorgungsanstalt des Bundes und der Länder
v.Chr.	– vor Christus
VerbKrG	– Verbraucherkreditgesetz
VerlG	– Verlagsgesetz
VG	– Verwaltungsgericht
VGH	– Verwaltungsgerichtshof
vgl.	– vergleiche
VO	– Verordnung
VOB	– Vergabe- und Vertragsordnung für Bauleistungen
VOF	– Verdingungsordnung für freiberufliche Leistungen
VOL	– Verdingungsordnung für Leistungen
vs.	– versus
VSF	– Vorschriftensammlung der Bundesfinanzverwaltung
VStG	– Vermögenssteuergesetz
VVG	– Versicherungsvertragsgesetz
VwGO	– Verwaltungsgerichtsordnung
VwVfG	– Verwaltungsverfahrensgesetz
WaffG	– Waffengesetz
WEG	– Wohneigentumsgesetz
WeinG	– Weingesetz
WG	– Wechselgesetz
WHG	– Wasserhaushaltsgesetz
WiStG	– Wirtschaftsstrafgesetz
WoBauG	– Wohnungsbaugesetz
WoGG	– Wohngeldgesetz
WpHG	– Wertpapierhandelsgesetz
WPO	– Wirtschaftsprüferordnung
WRV	– Weimarer Reichsverfassung

Hinweise für den Benutzer

Die zahlreichen Sachgebiete des Gabler Wirtschaftslexikons sind nach Art eines Konversationslexikons in mehr als 25.000 Stichwörter gegliedert. Unter einem Stichwort ist die Erklärung zu finden, die dem Benutzer sofort erforderliches Wissen ohne mehrmaliges Nachschlagen vermittelt. Die zahlreichen Verweiszeichen (→) zielen auf Begriffe, die dem Leser zusätzliche Informationen bieten und eine Einordnung in größere Zusammenhänge ermöglichen.

Die alphabetische Reihenfolge ist – auch bei zusammengesetzten Stichwörtern – strikt eingehalten. Dies gilt für Begriffe, die durch Bindestrich verbunden sind, als auch für Begriffe, die aus mehreren durch Leerzeichen oder Kommata getrennten Wörtern bestehen. In beiden Fällen erfolgt die Sortierung als sei der Bindestrich bzw. das Leerzeichen oder das Komma nicht vorhanden. So steht z.B. „Business-to-Business-Consumer-Market" vor „Business Tool". Die Umlaute ä, ö und ü wurden bei der Einordnung in das Alphabet wie die Grundlaute a, o und u behandelt, ß ist wie ss anzusehen.

Geläufige Synonyme und anglo-amerikanische Termini werden jeweils am Anfang eines Stichwortes aufgeführt.

Rechtsvorschriften sind, soweit notwendig, angegeben. Dabei ist z.B. „§ 3 I UWG" zu lesen als „Paragraph 3 Absatz 1 des Gesetzes gegen den unlauteren Wettbewerb". „BGBl I 1414" bedeutet „Bundesgesetzblatt Teil I, Seite 1414"; das Erscheinungsjahr ergibt sich aus dem im Text angegebenen Zeitpunkt der Bekanntmachung der Rechtsvorschrift.

T

T2S – Abk. für → TARGET2-Securities.

TA Abfall – *Technische Anleitung Abfall vom 12.3.1991;* Verwaltungsvorschrift gemäß § 4 V AbfG vom 27.8.19. – Aufgehoben durch die Allgemeine Verwaltungsvorschrift zur Aufhebung von Verwaltungsvorschriften zum Deponierecht vom 27.4.2009. Inhalte jetzt geregelt in der Deponieverordnung vom 27.4.2009.

Tabakerzeugnisse – nach § 3 I des Vorläufigen Tabakgesetzes i.d.F. vom 9.9.1997 (BGBl. I 2296) m.spät. Änd. sind Tabakerzeugnisse aus Rohtabak oder unter Verwendung von Rohtabak hergestellte Erzeugnisse, die zum Rauchen, Kauen oder anderweitigem oralen Gebrauch oder Schnupfen bestimmt sind.

Tabaksteuer – eine von der Zollverwaltung des Bundes erhobene und verwaltete → Verbrauchsteuer auf Tabakherstellung oder -einfuhr in Form der Banderolensteuer. Die Tabaksteuer fließt dem Bund zu. – 1. *Rechtsgrundlagen:* Tabaksteuergesetz (TabStG) vom 21.12.1992 (BGBl. I 2150) m.spät.Änd. und Durchführungsverordnung vom 14.10.1993 (BGBl. I 1738) m.spät.Änd. – 2. *Steuergegenstand:* Tabakwaren (Zigarren, Zigaretten, fein geschnittener Rauchtabak, Pfeifentabak, Strang). – 3. *Steuerbefreiungen:* u.a. für Warenproben und Arbeitnehmern gewährte Deputate. – 4. *Grundlagen der Steuerberechnung:* Menge und Kleinverkaufspreis; in diesem sind enthalten: Abgaben auf Tabakerzeugnisse, Kosten der vorgeschriebenen Packung, Kosten, die vom Verbraucher zu tragen sind, und Gewinnspanne. – 5. *Wichtigste Steuersätze und -beträge:* (1) Zigaretten: 8,27 Cent/St. und 24,66 Prozent des Kleinverkaufspreises, mind. aber 96 Prozent der Tabaksteuer für Zigaretten der gängigsten Preisklasse; für den Zeitraum vom 15.2.2007 bis 14.2.2008 jedoch 17,11 Cent/St. abzgl. der Umsatzsteuer des Kleinverkaufpreises der zu versteuernden Zigaretten, max. 14,07 Cent/St. (2) Zigarren und Zigarillos: 1,4 Cent/St. und 1,47 Prozent des Kleinverkaufspreises; (3) Rauchtabak: Feinschnitt 34,06 Euro je kg und 18,57 Prozent des Kleinverkaufspreises, mind. 53,28 Euro je kg; Pfeifentabak 15,66 Euro/kg und 13,13 Prozent des Kleinverkaufspreises. – 6. *Steuerschuldner:* Hersteller (Regelfall). *Entstehung* i.d.R. im Zeitpunkt der Entfernung der Tabakwaren und Zigarettenhüllen aus dem Herstellungsbetrieb oder des Verbrauchs innerhalb des Betriebes. – 7. *Verfahren:* a) Für Zigaretten, Zigarillos, Zigarren etc.: Verwendung von *Steuerzeichen* und *Verpackungszwang;* Verwendung umfasst das Entwerten und Anbringen der vorher vom Hersteller durch Steueranmeldung bestellten und bezogenen Steuerzeichen an den Kleinverkaufspackungen. Grundsätzliches Verbot für den Kleinhandel, Tabakerzeugnisse unter oder über dem im Steuerzeichen angegebenen Kleinverkaufspreis abzugeben oder Rabatt zu gewähren. – b) *Fälligkeit* der Tabaksteuer je nach Bezugszeitpunkt der Steuerzeichen und Tabakart spätestens am 10. Tag bzw. am 25. Tag des übernächsten Monats nach dem Monat des Bezugs. Kein Zahlungsaufschub. – 8. *Unversteuert:* u.a. Tabakwarenausfuhr unter Steueraufsicht. – 9. *Steuererstattung* bzw. *-erlass:* in bestimmten Fällen möglich. – 10. *Steueraufsicht* über Hersteller von Tabakwaren, Tabakwaren- und Rohtabakhändler, Inhaber von sog. → Steuerlagern, Tabak- und Tabakkleinpflanzer. – 11. *Finanzwissenschaftliche Begründung:* a) aus *fiskalischer Sicht:* Die Tabaksteuer ist nach der Energiesteuer die zweitergiebigste der Verbrauchsteuern (Aufkommen ca. 6 Prozent der Bundessteuern i.w.S.). – b) aus *meritorischer Sicht:* Tabaksteuer als Präventivmaßnahme der Gesundheitspolitik, da Erhöhung der Tabaksteuer zu Verbrauchseinschränkungen führt, obwohl Tabak ein eher unelastisches Gut ist (→ Preiselastizität). Das Ausmaß der Verbrauchseinschränkungen unterscheidet sich zwischen Ländern, in denen die Tabaksteuer erhöht wurde, teilweise erheblich. – 12. *Beurteilung:* Die Kombination von → Mengensteuer und → Wertsteuer wird als kompliziert und reformbedürftig empfunden; der Europäische Rat hat sich aber gegen eine reine Mengensteuer ausgesprochen. – 13. *Aufkommen:* 14.4 Mrd. Euro (2011), 14,3 Mrd. Euro (2007), 14,4 Mrd. Euro (2006), 14.093,9 Mio. Euro (2003), 13.778 Mio. Euro (2002), 12.071,9 Mio. Euro (2001), 11.442,9 Mio. Euro (2000), 10.529,9 Mio. Euro (1995), 8.897,4 Mio. Euro (1990), 7.389 Mio. Euro (1985), 5.771 Mio. Euro (1980), 4.543 Mio. Euro (1975), 3.342 Mio. Euro (1970), 2.402 Mio. Euro (1965), 1.808 Mio. Euro (1960), 1.309 Mio. Euro (1955), 1.104 Mio. Euro (1950).

Tabakwarensteuerrichtlinie – *Richtlinie 95/59/EG über die anderen Verbrauchsteuern auf Tabakwaren als die Umsatzsteuer;* definiert Zigaretten, Zigarillos, Rauchtabak, Feinschnitttabak und diesen gleichgestellte Waren als Steuergegenstand der → Tabaksteuer in der EU und schreibt den Mitgliedsstaaten die Erhebung einer Tabaksteuer vor. Vorschriften über die Höhe der Steuersätze legt nicht die Tabakwarensteuerrichtlinie fest, sondern entsprechende Maßnahmen sind getrennt kodifiziert in der Zigarettensteuersatzrichtlinie und der Tabakwarensteuersatzrichtlinie (R 92/80/EWG).

Tabelle → Relation.

Tabellenauszug – vollstreckbarer, aus der → Insolvenztabelle durch den Urkundsbeamten des Insolvenzgerichts erteilter Auszug. Am Insolvenzverfahren beteiligte Insolvenzgläubiger können den ungedeckt gebliebenen Teil ihrer Forderung aufgrund des

Tabellenauszugs nach Aufhebung des Insolvenzverfahrens unbeschränkt geltend machen (§ 201 InsO).

Tabellenbuchhaltung – Bezeichnung für das amerikanische → Journal, das die Hauptbuchkonten tabellenmäßig erfasst, also Übertragung der addierten Tagesspalten aus einzelnen → Grundbüchern ins → Sammelbuch überflüssig macht. – Vgl. auch → amerikanische Buchführung.

Tabellenkalkulationssystem – *Spreadsheet-System*. 1. *Begriff*: → Endbenutzerwerkzeug zur einfachen Bearbeitung beliebiger Probleme, die in Tabellenform dargestellt werden können, v.a. auf Personal → Computern verfügbar. – 2. *Grundprinzip:* Auf dem → Bildschirm wird ein → Arbeitsblatt (spreadsheet) mit Zeilen und Spalten dargestellt, in dem der → Benutzer Eintragungen und Rechenoperationen wie auf einem Blatt Papier durchführen kann. – 3. *Einsatzgebiete:* aufgrund der Analogie zum Arbeitsblatt äußerst weit gefasst, z.B. Kalkulation, Finanzplanung, Budgetkontrolle, Simulation („What-if"-Analysen), Investitionsrechnung. – 4. *Beispiel:* Microsoft-EXCEL.

Tabellenprogramm – vor Beginn einer statistischen → Erhebung zu entwickelndes Schema, aus dem ersichtlich wird, welche Kombinationen von → Ausprägungen der zu erhebenden → Merkmale in Tabellen mit einfachem oder mehrfachem Eingang erfasst werden sollen. Oft wird auf Tabellenprogramme aus früheren Erhebungen zurückgegriffen. – Bei *mündlichen Befragungen* ist das Tabellenprogramm eine der Grundlagen zur Gestaltung des → Fragebogens.

Tableau Économique – in einer Schrift F. Quesnays („Tableau économique avec son explication ou extrait des économies royales de M. de Sully"; 1758) entwickeltes erstes makroökonomisches Kreislaufmodell einer Volkswirtschaft auf der Basis der produktivitätstheoretischen Überlegungen der → Physiokratie. Darin wird dargestellt, wie die landwirtschaftlichen Überschüsse (Produit Net) durch Pachtzahlungen und Käufe von Nahrungsgütern bzw. handwerklichen und gewerblichen Produkten so zwischen den drei Klassen des physiokratischen Systems verteilt werden, dass für sie entsteht, die Einnahmen und Ausgaben innerhalb der drei Gesellschaftsgruppen jeweils übereinstimmen, die verbrauchten Produktionsmittel wieder ersetzt werden können und sich die einzelnen Gütermärkte im Gleichgewicht befinden.

Tabusuche → Metaheuristik

Tachistoskop – 1. *Begriff:* Gerät zur standardisierten Messung von Wahrnehmungssituationen. Mit dem Tachistoskop kann das Wahrnehmungsmaterial systematisch variiert und zeitlich begrenzt dargeboten werden. – 2. *Formen:* (1) *Projektions-Tachistoskop:* Bilder von Gegenständen werden mehr oder weniger lange auf eine Leinwand projiziert; (2) *Einblick-Tachistoskop:* Gegenstände selbst werden in einem Raum für begrenzte Zeit durch kurzzeitige Belichtung dargeboten – 3. *Zweck:* (1) Test der Wahrnehmung bei niedrigem → Involvement; (2) Analyse des Zustandekommens der Wahrnehmung; (3) Überprüfung des ersten flüchtigen Eindrucks (→ Anmutung) bis zum genauen Verständnis. – Vgl. auch → Werbeerfolgsprognose.

Tacit Knowledge – solches Wissen, das nur durch Erfahrung aufgebaut wurde und somit schwer weitergegeben werden kann. Im Rahmen des ressourcenbasierten Ansatzes des → strategischen Managements spielt Tacit Knowledge eine große Rolle. Grundsätzlich kann differenziert werden in materielle und immaterielle Aktiva. Aus der Sicht des ressourcenbasierten Ansatzes stehen bes. die schwer imitierbaren immateriellen Aktiva im Vordergrund der Betrachtung. Diese können unterschieden werden in personenunabhängige und personengebundene → Ressourcen. Personenabhängige Ressourcen im Sinn von nicht kodifizierbaren Fähigkeiten (Tacit Knowledge) begründen in ihrer Kombination mit materiellen Ressourcen die → Kernkompetenzen einer Unternehmung. – *Beispiele* für Tacit Knowledge sind u.a. dynamische Verhaltensstereotype, kreative Teamarbeit und Expertenwissen.

Tafelgeschäft – *Schaltergeschäft;* Geschäft im Bankbetrieb, bei dem Leistung und Gegenleistung Zug um Zug erfolgt, z.B. der Kunde am Schalter (d.h. anonym) Effekten gegen Barzahlung erwirbt oder an der Sortenkasse ausländisches Geld einwechselt. – Tafelgeschäfte (Auszahlung von Zinsen gegen Aushändigung von Zinsscheinen) unterliegen der → Abgeltungsteuer.

Tag – Bezeichnung für ein Markierungselement in einer Seitenbezeichnungssprache, z.B. in → SGML, → HTML, → XML. In HTML z.B. werden Tags durch das Zeichen < eingeleitet und durch das Zeichen > beendet. Dazwischen steht die Anweisung, z.B. < b> für „das Folgende fett darstellen". Ein → Browser interpretiert diese Tags und führt sie aus.

Tag Cloud → Web 2.0.

Tag der offenen Tür – Medium der externen → Public Relations (PR). Zählt zusammen mit der → Betriebsbesichtigung und Werksführung zu den Event- und Ausstellungsaktivitäten eines Unternehmens, mit dem Ziel allen Interessierten Informationen über den Betrieb zu verschaffen bzw. einen Kontaktanknüpfungspunkt zu liefern. Ablauf: Betriebsführung, Informationen zum Unternehmen, unterhaltsames Rahmenprogramm, Bewirtung.

Tagebuch – I. Buchführung: auch als *Grundbuch, Memorial, Journal* oder *„Prima Nota"* bezeichnet; Grundbuch der doppelten Buchführung, das die Betriebsvorfälle in chronologischer Reihenfolge und beschreibender Form aufnimmt und für die weitere Übertragung in das → Sammelbuch bzw. → Hauptbuch sammelt. – *Beispiel:*

2.6.2008 Ausgangsrechnung Nr. 57

Forderungen ... Euro an Umsatzerlöse ... Euro und Umsatzsteuer ... Euro

3.6.2008 Eingangsrechnung Nr. 105

Warenkonto ... Euro und Vorsteuer ... Euro an Lieferanten ... Euro

II. **Handelsrecht**: ein vom → Handelsmakler zu führendes Buch, in das alle abgeschlossenen Geschäfte täglich nach der Zeitfolge einzutragen und täglich zu unterzeichnen sind (§ 100 I HGB), es kann auch elektronisch geführt werden. Das Tagebuch ist kein Handelsbuch, jedoch gelten die Vorschriften über Einrichtung und Aufbewahrung der → Geschäftsbücher (§ 100 II HGB).

Tagegelder → Reisekosten.

Tagegeldversicherung → Krankenhaustagegeldversicherung, → Krankentagegeldversicherung.

Tagesbevölkerung – Größe im Rahmen der amtlichen Regionalstatistik, mit der die → Bevölkerung einer Gebietskörperschaft um den Pendlersaldo (→ Pendelwanderung) erhöht wird, um jene Personenzahl darzustellen, die am Erwerbsleben der Gemeinde teil hat und auf welche die Kapazität der kommunalen Einrichtungen abgestellt werden muss. – *Anders:* → Wirtschaftsbevölkerung.

Tagesgeld – 1. *Bankbetriebslehre:* übliche Kennzeichnung einer speziellen Form kurzfristiger Buchkredite, d.h. der verzinslichen Ausleihung von → Zentralbankgeld unter Banken. Das Tagesgeld wird dabei der geldnehmenden Bank bis zum nächsten Tag zur Verfügung gestellt und ist dann zur Rückzahlung fällig. Varianten der Handelsform des Tagesgeldes sind „Tagesgeld bis auf Weiteres" oder „tägliches Geld auf Abruf". Hier verlängert sich die Kreditlaufzeit automatisch um weitere 24 Stunden, wenn nicht eine Kündigung in den ersten Handelsstunden des Tages stattfindet. – 2. *Geldpolitik:* Mit Tagesgeld werden kurzfristige Bereitstellungen von Liquidität durch die Zentralbank an die Banken über deren Zentralbankguthaben charakterisiert. Über das Instrumentarium der Fazilitätenpolitik kann die Europäische Zentralbank (EZB) dabei die Obergrenze des Tagesgeldmarktsatzes (diese entspricht dem Satz der Spitzenfinanzierungsfazilität) und die Untergrenze (diese entspricht dem Satz der Einlagenfazilität) abstecken, und so die Verhältnisse am Geldmarkt beeinflussen. – Vgl. auch → Geldpolitik, → Leitzinsen, → Europäisches System der Zentralbanken (ESZB).

Tagesgeldmarkt – Teil des → Geldmarkts, auf dem → Tagesgeld gehandelt wird.

Tagesgeschäft – *Tageskauf;* zur Lieferung am gleichen Tag oder in einer sehr kurzen durch Börsenusancen bestimmten Frist abgeschlossenes Börsengeschäft (→ Kassageschäft).

Tageskauf → Tagesgeschäft.

Tageskurs – im Börsenhandel an einem bestimmten Handelstag festgelegter Preis für Wertpapiere, Devisen und Waren. Da es im Laufe des Handelstages mehrere Kurse geben kann, wird i.d.R. der Schlusskurs als für den Tag repräsentativer Kurs angesehen. – Vgl. auch → Kurs, → Kursfeststellung.

Tagespreis → Tageswert.

Tagessatz – Betrag zur Berechnung der → Geldstrafe. Höhe der Geldstrafe wird nach dem Tagessatz-System bestimmt: (1) Festsetzung der Zahl der Tagessätze entsprechend der Tatschuld des Täters; (2) Festsetzung der Tagessatzhöhe. Höhe des Tagessatzes bestimmt das Gericht unter Berücksichtigung der persönlichen und wirtschaftlichen Verhältnisse des Täters, wobei es i.d.R. von dem Nettoeinkommen auszugehen hat, das der Täter durchschnittlich an einem Tag hat oder haben könnte; ein Tagessatz wird auf mind. 1 Euro und höchstens 30.000 Euro festgesetzt (§ 40 StGB). Die Zahl der Tagessätze beträgt mind. fünf, höchstens 360; möglich aber bis 720 Euro (§ 54 II StGB).

Tageswert – *Tagespreis, Marktwert, Zeitwert;* Wert, der von Preisen abgeleitet wird, die sich aufgrund von Angebot und Nachfrage am Markt im weitesten Sinn bilden. Handelsrechtlich sind Tageswerte bei der Überprüfung der Werthaltigkeit von → Vermögensgegenständen (→ Niederstwertprinzip) relevant. Dabei werden sie z.B. durch den Börsenkurs oder → Marktpreis am Abschlussstichtag konkretisiert (§ 253 III/IV HGB).

Tageswertbilanz → organische Tageswertbilanz.

tägliches Geld – kurzfristiger Kredit von Banken untereinander zur Beschaffung von Liquidität, der täglich kündbar ist. – Im Handel am Euro-Geldmarkt wird Geld mit täglicher Kündigungsfrist als → Call Money bezeichnet. – Vgl. auch → Geldmarktkredit.

Tagwechsel → Wechsel, der an einem kalendermäßig bestimmten Tag (→ Verfalltag) fällig ist. An diesem Tag ist die Wechselsumme zu zahlen. Nach der Fälligkeit unterscheidet das Wechselgesetz vier Wechselarten: Tagwechsel, → Dato-Wechsel, → Sichtwechsel und → Nachsichtwechsel (Art. 33 I WG).

Take-and-Pay-Vertrag – Im Take-and-Pay-Vertrag bietet der Käufer dem Verkäufer eine „Kaufgarantie" durch die Verpflichtung zum Kauf und zur Kaufpreiszahlung für die vereinbarte Produktmenge bei Lieferung. Gerade bei der Projektfinanzierung dient der Abschluss von Take-and-Pay-Verträgen der Absatzrisiken-Absicherung. – Vgl. auch → Take-or-Pay-Vertrag.

Take-off → Rostowsche Stadientheorie.

Take-or-Pay-Vertrag – Als Take-or-Pay-Vertrag, kurz ToP-Vertrag, bezeichnet man die vertragliche Vereinbarung einer „Zahlungsgarantie" zwischen Produzenten bzw. Verkäufer und Abnehmer, die den Käufer, unabhängig davon, ob die Produkte hergestellt oder abgenommen werden, zur Zahlung eines festen Betrages verpflichtet. D.h. bei Nichtabnahme der vereinbarten Mindestmenge wird die Bezahlung der nicht abgenommenen Menge dennoch fällig. Der Anspruch auf Lieferung der so gezahlten, nicht abgenommenen Ware kann vertraglich ausgeschlossen werden. – Der Take-or-Pay-Vertrag dient dazu, neben den üblichen Absatzrisiken – deren Absicherung bzw. Minimierung schon Take-and-Pay-Vereinbarungen anvisieren – zusätzlich auch noch produktionsbedingte Lieferausfälle und damit normalerweise verbundene Erlösverluste abzusichern. In diesem Sinne lassen sich die Marktrisiken im Zusammenhang mit der Projektfinanzierung gerade von sehr finanzintensiven Projekten nochmals stärker reduzieren. Top-Klauseln finden sich häufig in Lieferverträgen mit Großkunden der Energiewirtschaft. – Vgl. auch → Take-and-Pay-Vertrag.

Takeover – Kauf eines Unternehmens bzw. dessen Teilerwerb, um in den Besitz seiner Leistungselemente zu kommen und um den Ressourceneinsatz des Unternehmens bestimmen und kontrollieren zu können (→ Mergers & Acquisitions). In der angloamerikanischen Management-Literatur impliziert der Begriff, dass das Management sich i. Allg. gegen einen Verkauf wendet (Unfriendly Takeover) und das Angebot des Kaufinteressenten sich an die Aktionäre richtet (Takeover Bid). – *Gegensatz:* → Akquisition.

taktische Planung → Unternehmensplanung.

Taktproduktion – Ausprägungsform der → Fließproduktion, bei der die Potenziale zeitlich, aber nicht räumlich gekoppelt sind. Bei Taktproduktion ist allen Arbeitsstationen einer Fließstrecke die gleiche Zeitdauer zur Durchführung eines Arbeitsganges (→ Taktzeit) vorgegeben. – Vgl. auch → zeitlich fein abgestimmte Produktion.

Taktzeit – I. Industriebetriebslehre: Zeit, die ein einzelner Arbeitsgang bei → Taktproduktion benötigt. Die Taktzeiten müssen aufeinander abgestimmt sein.

II. Informatik: stets gleich lange, zyklisch aufeinander folgende Zeitspanne zwischen den Impulsen des Taktgebers, durch die die internen Abläufe eines Computersystems synchronisiert werden. In einem System existieren i.d.R. Taktzeiten verschiedener Länge, abhängig von der Arbeitsgeschwindigkeit der an den Übertragungskanal angeschlossenen Geräte. Je weiter ein Gerät dabei physisch wie auch logisch von der CPU (Central Processing Unit, → Zentraleinheit) entfernt ist, desto größer muss i.d.R. die Taktzeit sein, mit der der Übertragungskanal arbeitet. Die kürzeste Taktzeit ist deshalb stets innerhalb der CPU anzutreffen.

TA Lärm – *Technische Anleitung Lärm;* vom 26.8.1998 (GMBl 503) – TA Lärm 1998. Sie zielt darauf ab, durch den heutigen Erkenntnissen entsprechenden bundeseinheitlichen Vorgaben die effektive und gleichmäßige Durchsetzung der gesetzlichen Lärmschutzanforderungen sicherzustellen und zugleich zur Rechts- und Investitionssicherheit sowie Verfahrensbeschleunigung bei der Anlagenbeurteilung beizutragen. Die TA Lärm bezieht grundsätzlich auch die nicht genehmigungspflichtigen Anlagen, die den Schwerpunkt der Gewerbelärmproblematik bilden, in ihren Anwendungsbereich ein. Sie übernimmt das an den Gebietskategorien der Baunutzungsverordnung ausgerichtete gestaffelte System von Immissionsrichtwerten, knüpft bei der Beurteilung schädlicher Umwelteinwirkungen im Sinn der § § 5 und 22 BImschG an die Gesamtimmision an, der der Akzeptor ausgesetzt ist, und sieht ein wesentlich verfeinertes, aktualisiertes Beurteilungsverfahren vor. – Vgl. auch → Lärm.

TA Luft – *Technische Anleitung zur Reinhaltung der Luft;* vom 24.7.2002 (GMBl 511). Verwaltungsvorschrift zum BImSchG, die zuständige Behörden bei Genehmigung von Errichtung und Betrieb genehmigungsbedürftiger Anlagen gemäß BImSchG beachten müssen. – *Inhalt:* Die TA Luft *enthält* Emissionsgrenzwerte für zahlreiche Stoffe und Stoffgruppen und einige Immissionsgrenzwerte, ferner Bestimmungen über Messverfahren für Emissions- und Immissionswerte. Für → Altanlagen besteht die Möglichkeit nachträglicher Anordnungen. – *Zweck:* Schutz der Allgemeinheit und der Nachbarschaft vor schädlichen Umwelteinwirkungen durch Luftverunreinigung sowie der Vorsorge dagegen (→ Vorsorgeprinzip).

TAN – Abk. für *Transaktionsnummer.* – Vgl. auch → PIN-TAN-Verfahren.

Tandemarbeitszeit – Zwei oder mehr Mitarbeiter bilden ein Arbeitsteam, das in einer bestimmten vorgegebenen Arbeitszeit präsenzpflichtig ist. Die Aufgabenerledigung der Mitarbeiter kann dabei in beliebiger Reihenfolge und Zeitverteilung geschehen. Grundsätzlich vertreten sich die Mitarbeiter gegenseitig, wobei die Bandbreite der Vertretungspflicht determiniert ist. Dieses Modell der → Arbeitszeitflexibilisierung ist hauptsächlich im Bereich des Dienstleistungsgewerbes im Einsatz und ist meist mit dem Gleitzeitmodell kombiniert. – Vgl. auch → Job Sharing.

Tangentenlösung → monopolistische Konkurrenz.

Tankstellen-Shop → Convenience Store.

Tante-Emma-Laden → Nachbarschaftsgeschäft.

Tantieme – I. Charakterisierung: Anteil am Jahresgewinn eines Unternehmens; Form der → Gewinnbeteiligung. – 1. *Tantieme an Vorstandsmitglieder einer AG:* Diese erhalten aufgrund der Satzung oder des Anstellungsvertrages Tantiemen. Hierzu ist das VorstandsvergütungsoffenlegungsG vom 3.8.2005 (BGBl. I 2267) zu beachten (s.u. Nr. 5); vgl. ferner das VorstAG, in Kraft getreten am 5.8.2009, das auch § 87 I AktG mit Bezug auf Tantiemen betroffen hat. – 2. *Tantieme an Aufsichtsratsmitglieder einer AG:* Diese erhalten Tantiemen aufgrund der Satzung oder auf Beschluss der Hauptversammlung. Die Tantieme wird nach dem Bilanzgewinn berechnet, außerdem sind noch 4 Prozent des eingezahlten Grundkapitals vorweg in Abzug zu bringen (§ 113 AktG). – 3. *Besteuerung:* Die Tantieme unterliegt bei beschränkt

Steuerpflichtigen der → Aufsichtsratsteuer. – 4. Der Aufsichtsrat hat dafür zu sorgen, dass die *Gesamtbezüge* des Vorstands angemessen sind (§ 87 I AktG). – 5. *Offenlegung*: Nach § 285 I Nr. 9 Buchstabe a HGB haben Vorstandsmitglieder, Aufsichtsratsmitglieder und Beiratsmitglieder die ihnen für ihre Tätigkeit im Geschäftsjahr gewährten Gesamtbezüge als sog. sonstige Pflichtangaben im Anhang zur Bilanz anzugeben. Dazu gehört auch die Tantieme.

II. Garantierte Tantieme: Diese ist dann auszuzahlen, wenn kein Reingewinn erzielt ist; sie ist ein zusätzliches Gehaltsversprechen. Endet das Arbeitsverhältnis, so fällt von diesem Zeitpunkt ab der Anspruch auf Tantiemen weg, jedoch bleibt der Anspruch für die noch nicht abgerechnete Zeit bestehen. Anspruch auf Fertigung einer Zwischenbilanz besteht i.d.R. nicht.

III. Auskunftserteilung: Zur Auskunftserteilung verpflichtet ist ein Arbeitgeber, der einem Arbeitnehmer eine prozentuale Gewinnbeteiligung zusagt. Dabei kann Vorlage der Handelsbilanz verlangt werden, Steuerbilanz genügt nicht. I.d.R. werden die Auskünfte nicht dem Arbeitnehmer persönlich, sondern einer von ihm zu beauftragenden neutralen Stelle, z.B. einem Wirtschaftsprüfer, zu geben sein.

Tantiemesteuer → Aufsichtsratsteuer.

Tara – Gewicht der → Verpackung bzw. → Ladeeinheit als Differenz zwischen dem Brutto- und dem Nettogewicht einer Ladung, Sendung oder anderen Gütereinheit im Verkehr.

TARGET – Abk. für *Trans-European Automated Real-Time Gross-Settlement Express Transfer System*. TARGET war bis November 2007 das Echtzeit-Bruttozahlungssystem der → Europäischen Zentralbank (EZB) – auf Englisch ausgedrückt: *Real-Time Gross-Settlement System* (RTGS-System). Es setzte sich als dezentral konzipiertes Zahlungssystem aus den Echtzeit-Bruttozahlungssystemen der nationalen Zentralbanken (NZB) fast aller EU-Mitgliedsstaaten und dem Zahlungsverkehrsmechanismus der Europäischen Zentralbank (EPM) zusammen. Mit der Schaffung von TARGET wurde zum 1.1.1999 eine wesentliche Voraussetzung für die Funktionsweise der supranationalen Euro-Geldpolitik geschaffen. Denn nur durch ein einheitliches Verfahren für die Verarbeitung grenzüberschreitender Zahlungen in Euro war es möglich, geldpolitische Impulse ohne Zeitverzögerung in die nationalen Zahlungskanäle zu schleusen. Neben der Dezentralität gilt mit der ebenfalls im EU-Vertrag verankerten Subsidiarität ein weiteres Prinzip, welches das Systemdesign von TARGET geprägt hatte. TARGET orientierte sich in seiner Struktur an einem dezentralen Korrespondenz-Zentralbankmodell; die nationalen RTGS-Systeme und der EPM waren über das Interlinking-System miteinander verknüpft. Das Interlinking-System bestand aus einem gemeinsamen, SWIFT-basierten Kommunikationsnetz (→ SWIFT) sowie weiterer, gemeinsam im ESZB vereinbarter Verfahren. – Nach der sukzessiven Inbetriebnahme einer neuen TARGET-Generation, → TARGET2, wurde das „alte" TARGET-Verfahren Mitte Mai 2008 endgültig eingestellt.

TARGET2 – 1. *Entstehung*: Im Oktober 2002 wurden die Arbeiten im → Eurosystem an einem neuen TARGET2-System aufgenommen. Obwohl sich das seit 1999 existierende → TARGET-System in hohem Maße bewährt hatte und zum umsatzstärksten → Zahlungssystem in Europa geworden war, hatten sich gewisse strukturelle Nachteile gezeigt. Insbesondere erschienen der dezentrale Aufbau und das Prinzip einer „Minimalharmonisierung" längerfristig unter Leistungs-, Kosten- und Stabilitätsgesichtspunkten wenig vorteilhaft. Zudem hatte die Europäische Kreditwirtschaft deutlich gemacht, dass sie eine einheitliche TARGET2-Plattform mit weitgehend harmonisierten Leistungsmerkmalen und technischen Schnittstellen präferiert die ein effizientes Liquiditätsmanagement ermöglicht. – 2. *Einführung*: Das neue TARGET-System hat am 17.11.2007 seinen Betrieb aufgenommen. In insgesamt drei Länderfenstern haben sich alle → Zentralbanken des Eurosystems – einschließlich der zum 1.1.2008 neu beigetretenen Länder Malta und Zypern – sowie die Zentralbanken von Dänemark, Polen, Estland, Litauen und Lettland an die Gemeinschaftsplattform angeschlossen. Die übrigen EU-Zentralbanken müssen sich TARGET2 spätestens dann anschließen, wenn in den jeweiligen Ländern der Euro als gemeinschaftliche Währung eingeführt wird. – 3. *Ausgestaltung*: TARGET2 basiert auf einer einzigen technischen Plattform, die von der → Deutschen Bundesbank, der Banca d'Italia und der → Banque de France betrieben wird. In rechtlicher Hinsicht besteht TARGET2 aber aus einer Vielzahl von Systemen, die von der jeweiligen Zentralbank betrieben werden. Allerdings wurden die rechtlichen Bedingungen der einzelnen Systeme soweit als möglich harmonisiert; Abweichungen sind nur zulässig, soweit zwingende Gründe der nationalen Rechtsordnung dies erfordern. – 4. *Zielsetzungen:* Mit TARGET2 bietet das Eurosystem (1) einen hohen Standardisierungsgrad und einheitlichen Leistungsumfang auf der Grundlage einer gemeinsamen technischen Plattform, womit gleiche Wettbewerbsbedingungen für die Finanzmarktakteure entstehen, (2) einheitliche Preise für inländische und grenzüberschreitende Zahlungen, (3) die Zuständigkeit der teilnehmenden Zentralbanken für die Geschäftsabwicklung mit ihren Kunden und (4) die Möglichkeit für ein europaweites Liquiditätsmanagement.

TARGET2-Saldo – 1. *Begriff*: Der TARGET2-Saldo sind die Forderungen bzw. Verbindlichkeiten einer nationalen Zentralbank gegenüber der Europäischen Zentralbank (EZB), die im Zuge der Abwicklung grenzüberschreitender Zahlungen über das Zahlungsverkehrssystem TARGET2 entstehen. – 2. *Merkmale*: TARGET2 ist ein Zahlungsverkehrssystem, über das nationale und grenzüberschreitende

Euro-Zahlungen in Zentralbankgeld schnell und mit sofortiger Endgültigkeit abgewickelt werden. Angeschlossen sind 23 nationale Zentralbanken sowie die EZB. Geschäftsbanken nehmen über ihre jeweilige nationale Zentralbank an TARGET2 teil. – Grenzüberschreitende Zahlungen spiegeln sich in den Bilanzen der nationalen Zentralbanken. Fließen bspw. einer über die Bundesbank an TARGET2 teilnehmenden Geschäftsbank Gelder aus dem Ausland zu, führt dies bei der Bundesbank zu Verbindlichkeiten gegenüber dieser Geschäftsbank. Im Gegenzug entstehen Forderungen der Bundesbank in gleicher Höhe gegenüber der sendenden nationalen Zentralbank. Diese hat entsprechende Verbindlichkeiten gegenüber der Bundesbank und reduziert durch die Kontobelastung ihre Verbindlichkeiten gegenüber der sendenden Geschäftsbank. – Die durch eine Vielzahl von Transaktionen bei den nationalen Zentralbanken entstehenden Forderungen und Verbindlichkeiten gleichen sich normalerweise über den Tag nicht vollständig aus. Am Ende des Geschäftstages tritt die EZB als Zentraler Kontrahent auf, und alle bilateralen Forderungen oder Verbindlichkeiten werden in eine einzige Forderung respektive Verbindlichkeit der jeweiligen Zentralbank gegenüber der EZB umgewandelt (Novation). Die so entstehenden TARGET2-(Netto)-Salden sind das Ergebnis der grenzüberschreitenden Übertragung von Zentralbankgeld innerhalb des Eurosystems sowie der anderen angeschlossenen Notenbanken, die nicht Mitglieder des Eurosystems sind. Letztere können an TARGET2 nur auf Guthabenbasis teilnehmen. Sie weisen also immer Forderungen gegenüber der EZB aus. – Den Transaktionen, die zum Entstehen von TARGET2-Salden führen, können ganz unterschiedliche Geschäfte zugrunde liegen. Denkbar sind u.a. die Zahlung einer Warenlieferung, der Kauf oder Verkauf eines Wertpapiers, die Gewährung oder Rückzahlung eines fälligen Darlehens, die Geldanlage bei einer Bank und vieles mehr. – Über TARGET2 kann keine Liquidität geschaffen werden. Zentralbankgeld wird den Banken von ihrer Zentralbank hauptsächlich über Refinanzierungsgeschäfte und zudem über den Aufbau von Wertpapierbeständen und über Geschäfte in eigener Verantwortung der nationalen Zentralbanken zur Verfügung gestellt. Über deren Ausgestaltung in der EWU entscheidet der EZB-Rat im Rahmen seines geldpolitischen Mandats. – Die TARGET2-Salden sind nur ein Teil der Intra-Eurosystem-Forderungen bzw. -Verbindlichkeiten. Auch aus der jeweiligen Bargeldausgabe der nationalen Notenbanken können Forderungen oder Verbindlichkeiten gegenüber der EZB resultieren. – 3. *Aktuelle Diskussion*: Bis 2007 glichen sich die grenzüberschreitenden Transaktionen in TARGET2 weitgehend aus, sodass es nicht zum Aufbau von TARGET2-Salden in größerem Umfang kam. Im Verlauf der Finanzkrise sind jedoch bedeutende positive und negative TARGET2-Salden bei einzelnen nationalen Zentralbanken entstanden. Über ihre Ursachen und Folgen sowie insbesondere über die damit verbundenen Risiken ist es zu einer breiten Diskussion gekommen. – Letztlich gehen die TARGET2-Salden auf Zahlungsbilanzungleichgewichte in mehreren EWU-Staaten zurück; dabei können sowohl Leistungsbilanzdefizite als auch Kapitalexporte des Privatsektors eine Rolle spielen. Zudem erfolgte seit 2007 der Liquiditätsausgleich zwischen Kreditinstituten am Geldmarkt nicht mehr in der gewohnten Weise. Manche Institute waren und sind weitgehend vom Markt abgeschnitten und nehmen Liquiditätshilfen durch die Notenbanken in Anspruch. Kurzfristig auftretende TARGET2-Salden bauten sich nicht mehr vollständig durch private Kapitalflüsse ab. – Im Hinblick auf die Risiken aus der Geschäftstätigkeit des Eurosystems droht die Debatte um die TARGET2-Salden von den eigentlichen Herausforderungen abzulenken. Ursächlich für etwaige Risiken aus hohen TARGET2-Salden ist v.a. die stark ausgeweitete Liquiditätsbereitstellung in Verbindung mit einer mehrmaligen Lockerung des Sicherheitenrahmens. – Solange das Eurosystem in unveränderter Zusammensetzung fortbesteht, werden die TARGET2-Salden fortgeschrieben. Sollte es jedoch zu einem Austritt eines Landes aus der Währungsunion kommen, würden etwaige TARGET2-Verbindlichkeiten der betreffenden Notenbank gegenüber der EZB fällig. Da ein Austritt eines Landes in den öffentlich diskutierten Szenarien üblicherweise mit einer Überschuldung des jeweiligen Landes einhergeht, könnten hieraus für die EZB direkte Risiken entstehen.

TARGET2-Securities (T2S) – 1. *Begriff*: Mehr als 10 Jahre nach der Euroeinführung existieren im Wertpapiernachhandelsbereich immer noch zersplitterte Strukturen, die im Ergebnis die grenzüberschreitende Wertpapierabwicklung in Europa unnötig erschweren und verteuern. Mit TARGET2-Securities (T2S) wird das Eurosystem künftig eine gemeinsame Abwicklungsplattform für Wertpapiergeschäfte für ganz Europa anbieten, die derzeitige Fragmentierung überwinden und damit wesentlich zur Vollendung des einheitlichen europäischen Marktes für Finanzdienstleistungen beitragen. T2S ist eine Mehrwährungsinfrastruktur. Neben dem Euro wird ab 2018 auch die Abwicklung von Wertpapiergeschäften in Dänischer Krone angeboten. T2S wird dabei auf der gleichen Plattform betrieben werden, auf der bereits erfolgreich seit mehreren Jahren das Individualzahlungssystem → TARGET2 läuft. – 2. *Konzept*: Im Kern ist T2S eine zentrale vom Eurosystem betriebene technische Plattform, die durch Integration der Zentralbankgeld- und Wertpapierkonten eine effiziente Wertpapierabwicklung (Belieferung von Wertpapiergeschäften und deren geldliche Verrechnung) für ganz Europa in sicherem Zentralbankgeld ermöglicht. Die grenzüberschreitende Wertpapierabwicklung in Europa wird mit T2S künftig genauso effizient und sicher wie dies bereits im derzeitigen nationalen Umfeld der Fall ist. T2S ist ein reiner

Abwicklungsservice des Eurosystems für Zentralverwahrer und kein neuer pan-europäischer Zentralverwahrer. Alle anderen Geschäftsbereiche, wie bspw. die Verwahrung von Wertpapieren oder die Verwaltung von Kapitalmaßnahmen, verbleiben bei den Zentralverwahrern. Im Ergebnis trägt das Eurosystem mit Bereitstellung von T2S entscheidend zur Integration, Effizienz und Stabilität der europäischen Finanzmärkte bei. – 3. *Auswirkungen/Implikationen:* Unter strukturellen Gesichtspunkten bricht das Eurosystem mit der Bereitstellung einer einzigen Infrastruktur für die Wertpapierabwicklung in Europa bisher national relativ abgeschottete Strukturen auf und fördert somit Innovation und Wettbewerb im gesamten europäischen Nachhandelsbereich. Ausschlaggebend für den Kunden wird künftig sein, wer das attraktivste Gesamtpaket an wertpapierbezogenen Dienstleistungen anbietet. Die technische Zentralisierung auf einer Plattform des Eurosystems ermöglicht zudem eine friktionslose integrierte Abwicklung aller Wertpapiertransaktionen in Europa in risikofreiem Zentralbankgeld, die Realisierung von Skalenerträgen und weiteren Einsparpotentialen aufgrund der möglichen Harmonisierung im Zuge von T2S. Die Ersparnisse bei den Abwicklungsgebühren dürften zwar zunächst eher im grenzüberschreitenden Bereich entstehen. Mittelfristig gibt es aber aufgrund des zunehmenden Wettbewerbs und der Skaleneffekte durchaus auch bei der nationalen Abwicklung Preisspielräume nach unten, sodass am Ende die Wertpapierabwicklung insgesamt wesentlich günstiger werden dürfte. Für die operativen Bereiche der Banken ergeben sich daneben weitere Einsparmöglichkeiten durch die Nutzung des einheitlichen europäischen Abwicklungsservice mit einheitlichen Schnittstellen, einheitlichen Nachrichtenformaten und einem einheitlichen Abwicklungsprozess. Von zentraler Bedeutung dürften auch die Möglichkeiten der Optimierung des Liquiditätseinsatzes bei den Banken sein, die sich aus der Integration von Geld- und Wertpapierkonten in T2S ergeben. Banken können ihre Wertpapierbestände stärker bündeln und auch die zur Abwicklung der Geschäfte benötigte Zentralbankliquidität auf einem einzigen Konto poolen. Heute noch erforderliche Liquiditäts- und Sicherheitenpuffer für die Abwicklung in verschiedenen nationalen Märkten werden mit T2S obsolet. Zudem werden intelligente Optimierungsalgorithmen im T2S-Abwicklungsprozess sowie das breite Angebot der Selbstbesicherung von Wertpapiergeschäften den Liquiditätsbedarf und damit den Bedarf an Sicherheiten weiter reduzieren. T2S führt somit zu merklichen Ersparnissen an Zentralbankliquidität und Sicherheiten, die gerade im Zuge der Finanzkrise erheblich an Bedeutung gewonnen haben. Ferner entfallen die bisherigen Zeitverzögerungen infolge unterschiedlicher zeitlicher Abfolgen in den Abwicklungsprozessen der einzelnen Zentralverwahrer, sodass T2S auch die grenzüberschreitende Mobilisierung von Sicherheiten erleichtert. Im Ergebnis stehen mehr freie Sicherheiten zur Abdeckung bislang unbesicherter Risiken im Bankgeschäft zur Verfügung und damit wird T2S – als risikofreie Infrastruktur, die in risikofreiem Zentralbankgeld abwickelt – neue Maßstäbe für den gesamten Nachhandelsbereich setzen. – 4. *Zeitplan:* Nach positivem Resultat verschiedenster Machbarkeitsstudien hat der EZB-Rat insbes. vor dem Hintergrund der von Anfang an großen Unterstützung des Marktes im Juli 2008 entschieden, das Projekt T2S zu realisieren. Mit der Entwicklung und dem späteren Betrieb der Plattform wurden die Deutsche Bundesbank, die Banca d'Italia, die Banque de France und der Banco de España betraut. Nach der Unterzeichnung einer Absichtserklärung im Juli 2009 haben sich im Sommer 2012 nahezu alle Zentralverwahrer der Eurozone verbindlich durch Vertragsunterzeichnung zur Teilnahme an T2S verpflichtet. Auch die Zentralverwahrer aus Dänemark, Ungarn, Rumänien, Litauen und der Schweiz haben den T2S-Rahmenvertrag unterzeichnet. Damit findet nahezu die gesamte Wertpapierabwicklung der Eurozone künftig über T2S statt. Auf Projektseite wurden bereits die Vorbereitungs- und Spezifikationsphase erfolgreich abgeschlossen. Auch die Entwicklungsarbeiten sind nahezu abgeschlossen, sodass nunmehr die Zusammenarbeit aller Beteiligten mit Blick auf die erfolgreiche Implementierung von T2S im Juni 2015 im Mittelpunkt aller Aktivitäten steht.

Target Costing → Zielkostenrechnung.

Targeted Stock → Tracking Stock.

Target Pricing – Methode der Preisfindung, bei der derjenige Preis gesucht wird, der bei einer geschätzten Absatzmenge und geschätzten Kosten zu einem Erlös führt, der gleich den Gesamtkosten plus dem gewünschten Gewinn ist.

TARIC – Abk. für *Tarif Intégré des Communautés Européennes, Integrierter Tarif der Europäischen Gemeinschaften;* für die Einfuhrabfertigung aus Drittländern verwendete Zoll-Verordnung der → EU.

Tarif – listenmäßig, nach einem bestimmten Prinzip (degressiv, progressiv u.a.) aufgestellte Preise, Abgaben etc. je Einheit. – 1. *Bahnverkehr:* → Eisenbahn-Tarif. – 2. *Luftverkehr:* → Luftverkehr. – 3. *Zollrecht:* → Zolltarif. – 4. *Arbeitsrecht:* die ausgerechneten → Ecklöhne laut → Tarifvertrag. – 5. die ausgerechneten *Steuertabellen:* → Einkommensteuertarif.

tarifäre Handelshemmnisse – Sammelbegriff für handelspolitische Maßnahmen durch vertraglich vereinbarte Zölle (→ Vertragszollsatz). Ein → Zoll ist das klassische Instrument des → Protektionismus, mit dem sich ein Land einen Vorteil zulasten eines anderen Landes verschafft; die Erhebung von Zöllen wird auch als „tarifäre Protektion" bezeichnet. Tarifäre Handelshemmnisse haben regulierende Wirkung beim Marktzugang. Diese → Steuern werden auf Grundlage des Wertes oder der Menge des eingeführten Gutes berechnet und an den Staat oder die → Zollunion abgeführt. Die grenzüberschreitenden

Gütertransaktionen werden einer indirekten Steuer unterworfen (Importsteuer, Exportsteuer). Eine Importsteuer nennt man → Einfuhrzoll. Sind die Steuern negativ, dann entstehen Subventionen, d.h. Importsubventionen oder Exportsubventionen. Die Steuern können auf Mengenbasis eingeführt werden (→ Mengenzoll, → spezifischer Zoll), oder auf Wertbasis (→ Wertzoll, *ad-valorem-Zoll*). Tarifäre Handelshemmnisse führen zu einer Verzerrung zwischen den Weltmarktpreisen (→ Terms of Trade) und den im Inland relevanten Güterpreisen. – Vgl. auch → Handelspolitik. – *Gegenteil:* → nicht tarifäre Handelshemmnisse.

Tarifausschlussklausel → Differenzierungsklausel in Tarifverträgen, die bezweckt, den anders oder nicht organisierten Arbeitnehmern bestimmte tarifvertragliche Vergünstigungen vorzuenthalten. Tarifausschlussklauseln sind nach der Rechtsprechung unzulässig. Allerdings wird dies neuerdings wieder kontrovers diskutiert.

Tarifausschuss – gemäß § 5 TVG vorgesehener Ausschuss, der bei der → Allgemeinverbindlichkeitserklärung von Tarifverträgen mitbestimmt. Gemäß VO zur Durchführung des Tarifvertragsgesetzes i.d.F. vom 16.1.1989 (BGBl. I 76) m.spät.Änd. bestellt das Bundesministerium für Arbeit und Soziales je drei Vertreter der Spitzenorganisationen der Arbeitgeber und der Arbeitnehmer als Mitglieder auf deren Vorschlag. Die Leitung des Tarifausschusses obliegt einem Beauftragten des Bundesministeriums. Die Verhandlungen sind öffentlich; Beratungen geheim. Beschlüsse werden bei Anwesenheit aller Mitglieder mit Mehrheit gefasst.

Tarifautonomie – *Tarifmacht.*

I. Arbeitsrecht: Recht der Koalitionen, unabhängig von staatlicher Einflussnahme, die Arbeits- und Wirtschaftsbedingungen zu regeln. – 1. *Grundsätzliches:* Die Tarifautonomie ist in ihrem *Kernbereich* durch die → Koalitionsfreiheit (Art. 9 III GG) verfassungsrechtlich mit geschützt. Gesetzlich konkretisiert ist die Tarifautonomie im → Tarifvertragsgesetz (TVG). Die Auffassungen über die Legitimation der Tarifvertragsparteien zur Rechtsetzung durch Tarifvertrag sind geteilt: Teilweise wird vertreten, die Autonomie sei vom Staat delegiert; nach anderer Ansicht handelt es sich um eine originäre Rechtsetzungsbefugnis. Die Rechtsetzungsbefugnis wird auch unmittelbar aus Art. 9 III GG abgeleitet. – 2. *Grenzen der Tarifautonomie:* a) Die Tarifmacht der Tarifvertragsparteien ist auf Verbandsangehörige beschränkt; keine Rechtsetzung gegenüber Außenseitern (§ 4 I TVG). – b) Unzulässig sind → Differenzierungsklauseln. – c) Die Regelungszuständigkeit ist auf die „Wahrung und Förderung der Arbeits- und Wirtschaftsbedingungen" beschränkt. Die Tarifvertragsparteien können z.B. nicht die zwingenden Bestimmungen über die Unternehmensverfassung (AktG, GmbHG, MitbestG) ändern. – d) Die Individualsphäre der Arbeitnehmer ist der tarifvertraglichen Rechtsetzung entzogen, z.B. sind Vorschriften über die Lohnverwendung unzulässig. – e) Unzulässig ist weiter ein Eingriff in bereits entstandene Lohnansprüche (Verstoß gegen Art. 14 GG). – f) Nach überwiegender Auffassung sind die Tarifparteien an das Gemeinwohl gebunden; z.B. können Tarifabschlüsse, die die Erfordernisse des gesamtwirtschaftlichen Gleichgewichts in grober Weise missachten, nichtig sein (§ 138 BGB).

II. Verkehrsrecht: Berechtigung eines Verkehrsträgers, über die Ausgestaltung der eigenen Tarife selbst zu bestimmen. Während im öffentlichen Personenverkehr die Tarifautonomie durch die Aufsichtsbehörden begrenzt wird, liegt sie im Güterverkehr nach der Tarifreform bei den Verkehrsunternehmen.

Tarifbelastung – 1. *Begriff* des → körperschaftsteuerlichen Anrechnungsverfahrens (1977 bis 2000). Die Tarifbelastung ergab sich bei Körperschaften durch Anwendung der Tarifvorschriften auf das zu versteuernde Einkommen. Zur Tarifbelastung zählte nur die ab dem 1.1.1977 angefallene inländische Körperschaftsteuer. Die Tarifbelastung unterschied sich von der letzlichen Körperschaftsteuerschuld dadurch, dass noch die Körperschaftsteueränderung zur Herstellung der Ausschüttungsbelastung zu berücksichtigen war. – 2. *Einkommensteuer:* → tarifliche Einkommensteuer.

Tarifbildung – Festsetzung von Tarifen gemäß bestimmter Kriterien, Grundsätze bzw. Prinzipien. – a) *Materielle Tarifbildung:* die Festlegung des inneren Tarifaufbaus, der Systematik. – b) *Formelle Tarifbildung:* die Festlegung der äußeren Darstellung der Tarife in Form verschiedener Abstufungen bzw. Differenzierungen (Tarifschema). – c) *Differenzielle Tarifbildung:* verschiedene Beförderungsentgelte für die gleiche Beförderungsmenge und -entfernung (eines Gutes). – Vgl. auch → Tarifsystem.

Tarifbindung – 1. *Arbeitsrecht:* → Tarifgebundenheit. – 2. *Verkehrsrecht:* → Tarifpflicht.

tarifdispositives Recht – Gesetzesrecht, das zwar durch → Tarifvertrag, aber nicht durch Einzelvertrag (→ Arbeitsvertrag) abänderbar ist, z.B. § 13 I BUrlG.

Tarifeinheit → Tarifvertrag, → Tarifzuständigkeit.

Tarifeskalation – liegt vor, wenn die → Nominalzölle (der jeweilige → Einfuhrzoll) auf vorgelagerten Fertigungsstufen (Rohstoffe, Vorprodukte, Halberzeugnisse etc.) niedriger sind als die auf nachgelagerten Fertigungsstufen, sodass mit zunehmendem Verarbeitungsgrad der nominale *Zollsatz* ansteigt: – *Beispiel:* Rohstoff = zollfrei, Halbfertigprodukt 5 Prozent, Fertigprodukt 10 Prozent. Daraus ergibt sich faktisch für die höheren Fertigungsstufen ein stärkerer Zollschutz, als sich aus dem Nominalzoll für diese Produktionsstufe ablesen lässt. – Vgl. auch → Zolltarif, → effektive Protektion.

Tariffähigkeit – Fähigkeit, einen → Tarifvertrag als Vertragspartei abzuschließen. – 1. Nach § 2 I TVG sind *Tarifvertragsparteien* die Gewerkschaften, einzelne Arbeitgeber sowie Vereinigungen von Arbeitgebern. Unter Gewerkschaften und Vereinigungen von Arbeitgebern im Sinn des § 2 I TVG sind nur → Koalitionen zu verstehen. Eine tariffähige Vereinigung muss alle Merkmale des Koalitionsbegriffs erfüllen. Umstritten ist, ob die Arbeitnehmervereinigung sich zum → Arbeitskampf bekennen muss, um tariffähig zu sein. Dies wird von Gewerkschaftsseite insbesondere den christlichen Gewerkschaften abgesprochen. Nach der Rechtsprechung gehört zur Tariffähigkeit, dass die Vereinigungen mächtig und leistungsfähig sind. Eine Arbeitnehmerkoalition ist jedenfalls dann tariffähig, wenn sie die Arbeitsbedingungen ihrer Mitglieder bereits durch Tarifverträge regeln konnte, die im Arbeitsleben beachtet werden und die → Arbeitsverhältnisse bestimmt haben. – 2. *Tariffähigkeit des einzelnen Arbeitgebers:* Diese geht nach § 2 I TVG nicht verloren, wenn er einem Arbeitgeberverband beitritt. – 3. *Spitzenorganisationen* der Arbeitgeberverbände und Gewerkschaften sind tariffähig, wenn das zu ihren satzungsgemäßen Aufgaben gehört (§ 2 III TVG) oder wenn sie von den Mitgliedsverbänden entsprechend bevollmächtigt sind (§ 2 II TVG). – 4. *Handwerksinnungen* sind durch § 54 III Nr. 1 HandwO mit Tariffähigkeit beliehen. – 5. Für die *Entscheidung über die Tariffähigkeit* einer Vereinigung sind die → Arbeitsgerichte ausschließlich zuständig, die in diesen Fällen im Beschlussverfahren entscheiden (§§ 2 a I Nr. 3, 97 ArbGG). – *Anders:* → Tarifzuständigkeit.

Tariffreibetrag → Pauschbetrag in Höhe von 600 DM jährlich (1.200 DM jährlich bei Ehegatten, von denen nur einer die Voraussetzungen des § 60 EStG i.V. mit § 32 VIII EStG erfüllen musste) wurde von 1991 bis 1993 Steuerpflichtigen gewährt, die innerhalb des Veranlagungszeitraums an mind. einem Tag ihren ausschließlichen Wohnsitz in den neuen Bundesländern hatten.

Tarifgebiet – räumlicher Geltungsbereich eines → Tarifs oder → Tarifvertrages.

Tarifgebundenheit – *Tarifbindung;* Bindung an die Normen eines Tarifvertrags (→ Tarifvertrag IV 1). Normen über Inhalt, Abschluss und Beendigung von Arbeitsverhältnissen gelten nur für die Tarifgebundenen. Tarifgebunden sind gemäß § 3 I TVG die Mitglieder der Tarifvertragsparteien (meist: Arbeitgeberverbände und Gewerkschaften) und der Arbeitgeber, der selbst Partei des Tarifvertrages (→ Firmentarifvertrag) ist. – *Austritt des Tarifgebundenen:* Tritt ein Tarifgebundener (Arbeitgeber, Arbeitnehmer) aus dem vertragschließenden Verband aus oder wechselt er in die → OT-Mitgliedschaft, so bleibt seine Tarifgebundenheit bestehen, bis der Tarifvertrag endet (§ 3 III TVG). Mit dieser Vorschrift soll verhindert werden, dass sich einzelne Verbandsmitglieder den Pflichten von Tarifverträgen durch Verbandsaustritte oder Wechsel in die OT-Mitgliedschaft entziehen. – Fortbestehen der Tarifgebundenheit nach § 3 III TVG ist von Nachwirkung *der Tarifvertragsnormen* nach § 4 V TVG zu unterscheiden (→ Tarifvertrag). Entwertung der Geltung der Normen eines Tarifvertrages auf Nicht-Tarif-Gebundene durch → Allgemeinverbindlichkeitserklärung von Tarifverträgen.

Tarifgemeinschaft – Zusammenschluss von Unternehmen des → öffentlichen Personennahverkehrs (öPNV) zu einer Kooperationsgemeinschaft mit dem Ziel, der Nachfrage in einem → Tarifgebiet (Nahverkehrsbereich) ein einheitliches → Tarifsystem anzubieten und durch diese Vereinfachung des Tarifwesens eine Nachfragesteigerung zu bewirken.

Tarifierung – 1. *Begriff:* Kalkulation der Nettorisikoprämie (→ Risikoprämie, → Prämienkalkulation) eines Versicherungsvertrags nicht auf individueller Basis, sondern zum Zweck der Verringerung des Einflusses von Zufallsschwankungen in den Beobachtungsdaten auf der Basis der Einbettung von Risiken in ein Tarifkollektiv. – 2. *Merkmale:* Im Rahmen einer Risikoklassifikation werden zunächst Risikogruppen (auch: Risikoklassen) gebildet, die möglichst homogen sind. Dies geschieht auf der Basis von der Tarifierung zugrunde gelegten Risikofaktoren, den Tariffaktoren. Zur Selektion der Tariffaktoren eignen sich bspw. Methoden der → multivariaten Statistik. Alle Risiken mit identischen Ausprägungen hinsichtlich der Tariffaktoren werden dann in die gleiche Risikogruppe eingruppiert. Allen Risiken in der gleichen Risikogruppe wird dann im Rahmen der Tarifierung die gleiche Nettorisikoprämie zugewiesen. Diese Nettorisikoprämien werden auf der Basis eines Tarifmodells kalkuliert.

Tarifkilometer – Einheit für die Berechnung der Beförderungsentgelte im → Bahnverkehr. Es wird nicht die effektive Beförderungsstrecke zugrunde gelegt, sondern die in Entfernungstafeln abzulesenden bahnamtlich ermittelten (1) *Ortsentfernungen* (für die Strecke zwischen zwei an der gleichen Strecke liegenden Bahnhöfen), (2) *Knotenentfernungen* (für Tarifkilometer zwischen zwei im Bahnnetz als „Knoten" gekennzeichneten Tarifbahnhöfen) sowie (3) ggf. zusätzlich die *Anstoßentfernung* (eine im Bahnhofsverzeichnis ausgewiesene Entfernung von einem nicht unter (1) und (2) aufgeführten Bahnhof bis zum nächstgelegenen Knotenpunkt).

Tarifklassen – Abstufung des Tarifs nach bestimmten Klassen. – 1. *Personenverkehr:* Beförderungsklassen (erste und zweite Klasse bei der Eisenbahn; First-, Business- und Economy-Class im Luftverkehr; i.d.R. keine Klasseneinteilung im → öffentlichen Personennahverkehr (öPNV)). – 2. *Güterverkehr:* Klassen nach der Art, dem Wert, dem Gewicht oder der Beförderungsentfernung der Güter (Güter-, Wert-, Gewichts-, Entfernungsklassen). – Vgl. auch → Güterklassifikation. → Binnenschifffahrt: Klassen für

Güter für die Nutzung der Wasserstraßen (außer Rhein, Donau, Elbe und Oder) und Häfen. → Seeschifffahrt: Tarife für die Linienfahrt (Container, Stückgut, Massengut), Trampschifffahrt und Tankerfahrt.

Tarifkonkurrenz → Tarifvertrag.

tarifliche Einkommensteuer – jene Steuer, die sich ergibt, wenn man auf das zu versteuernde Einkommen den Einkommensteuertarif anwendet. Weil vom Resultat z.B. noch Steuerermäßigungen abgezogen werden (etwa infolge der Anrechnungsmethode, der Gewerbesteueranrechnung oder aus ähnlichen Gründen) stellt die tarifliche Einkommensteuer nur eine Zwischensumme auf dem Weg zur Berechnung der endgültigen Steuerschuld (festzusetzende Einkommensteuer). Die Zusammenhänge sind in § 2 VI EStG normiert.

tarifliche Schlichtungsstelle – durch → Tarifvertrag zur Beilegung von Meinungsverschiedenheiten zwischen Arbeitgeber und Betriebsrat an die Stelle der Einigungsstelle (§ 76 VIII BetrVG) bestimmte Schlichtungsstelle.

Tariflohn – das nach → Tarifvertrag zu zahlende → Arbeitsentgelt. – 1. *Zeitlohn:* Lohn, bei dem die Vergütung nach Zeitabschnitten bemessen wird. Dieser wird vorwiegend in Tarifverträgen eingehend geregelt. – 2. *Lohn- und Gehaltsgruppen:* Soweit Lohn- und Gehaltsgruppen nach Art der ausgeübten Tätigkeit gebildet werden, werden in Tarifverträgen auch die Tätigkeitsmerkmale beschrieben, die für die → Eingruppierung des Arbeitnehmers maßgeblich sind. Die Höhe der Vergütung richtet sich nach der ausgeübten Tätigkeit. – 3. *Ecklohn:* In manchen Branchen ist es gebräuchlich, die Vergütung einer mittleren Tariflohngruppe als Ecklohn zu regeln, wobei die Vergütung der anderen Tarifgruppen sich dann in Prozentsätzen des Ecklohns errechnet. – 4. *Leistungslohn:* Vielfach stellt der Tarifvertrag auch die Möglichkeit einer Vergütung nach Leistung frei, ohne das System der Leistungsentlohnung im Einzelnen festzulegen. Z.B. kann sich der Tarifvertrag darauf beschränken, einen Akkordrichtsatz anzugeben, während die Zeitvorgaben für einen Arbeitsvorgang betrieblich (→ betriebliche Lohngestaltung, → leistungsbezogene Entgelte) festzulegen sind.

Tariflohnerhöhung – 1. *Begriff:* höhere Festsetzung des → Tariflohns aufgrund eines Tarifvertrages. – 2. *Anrechnung:* Solange der durch Tarifvertrag geregelte Lohn nicht unterschritten wird, kann die Tariflohnerhöhung auf eine → übertarifliche Bezahlung angerechnet werden. Besteht eine entgegenstehende vertragliche Abrede, ist eine Anrechnung unzulässig. Besteht der durch einzelvertragliche Abrede höhere Lohn aus → Zulagen mit *bes. Zweck* (z.B. Erschwerniszulagen, Leistungszulage), ist im Zweifel davon auszugehen, dass dem Arbeitnehmer die Zulage bei einer tariflichen Erhöhung des Grundlohns verbleibt. Soll eine Tariflohnerhöhung nicht vollständig und bei allen Arbeitnehmern angerechnet werden, ist die *Mitbestimmung des Betriebsrats* zu beachten. – 3. *Klauseln im Tarifvertrag über das Verhältnis der Tariflohnerhöhung zum Effektivlohn* (z.B. „Die Tariflohnerhöhung ist effektiv zu gewähren") sind nach der Rechtsprechung unzulässig (→ Effektivklausel).

Tarifmacht → Tarifautonomie.

Tarifmerkmale – 1. *Begriff:* Zur Differenzierung der Tarifprämie verwendete Risikomerkmale. – 2. *Merkmale:* Als Tarifmerkmale eignen sich nur diejenigen Risikomerkmale, die objektiv und eindeutig in jedem Einzelfall feststellbar sind. Tarifmerkmale werden durch eine bestimmte Anzahl von Tarifmerkmalsausprägungen beschrieben. Das vollständige Abbilden eines zu versichernden Risikos in der Tarifprämie durch geeignete Tarifmerkmale ist für den Versicherer von größter Bedeutung, um negative Risikoselektionen zu vermeiden. – 3. *Beispiele:* In seiner Regionalstatistik für die → Kfz-Versicherung verwendet der GDV u.a. folgende Tarifmerkmale: Typklasse, Regionalklasse, Schadenfreiheitsklasse, Fahrleistung, Garagenbesitz, Altersklasse des Fahrzeugs bei Erstzulassung auf den Versicherungsnehmer, Fahrerkreis, Alter der Fahrer, Wohneigentum.

Tarifnormen → Tarifvertrag.

Tariföffnungsklausel – *Öffnungsklausel,* Bestimmung in einem → Tarifvertrag, die abweichende Abmachungen gestattet (§ 4 III TVG). Abweichende Abmachungen können ein anderer, begrenzter Tarifvertrag, eine → Betriebsvereinbarung oder Einzelverträge sein. Ohne Tariföffnungsklausel ist ein Unterschreiten des Tarifvertrags zulasten des Arbeitnehmers unzulässig (→ Günstigkeitsprinzip). Oft wird für die abweichende Abmachung auf betrieblicher Ebene die Zustimmung der Tarifvertragsparteien verlangt. – Vgl. auch → betriebliches Bündnis für Arbeit.

Tarifordnung – Rechtsverordnungen, die in nationalsozialistischer Zeit vom „Treuhänder der Arbeit" erlassen wurden und an die Stelle von → Tarifverträgen traten. Solche Tarifordnungen galten z.T. auch nach 1945; Übergangsregelung in § 10 TVG getroffen.

Tarifparteien → Tarifvertrag.

Tarifpartner → Tarifvertrag.

Tarifpflicht – *Tarifzwang, Tarifbindung;* Verpflichtung von Verkehrsunternehmen (neben → Betriebspflicht und → Beförderungspflicht), → Tarife aufzustellen, zu veröffentlichen und allg. anzuwenden; grundsätzlich impliziert die Tarifpflicht auch das Prinzip der Tarifgleichheit im Raum. Eine Tarifpflicht bestimmt z.B. der § 12 II Allgemeines Eisenbahngesetz (AEG).

Tarifpolitik → Nominallohnpolitik, → Tarifvertrag.

Tarifregister – beim Bundesministerium für Wirtschaft und Arbeit geführtes Verzeichnis, in dem

→ Tarifverträge und → Allgemeinverbindlichkeitserklärung von Tarifverträgen eingetragen werden (§ 6 TVG). Jedermann kann in das Tarifregister Einsicht nehmen. Es werden gleichfalls Tarifregister bei den Bundesländern geführt. Die Tarifverträge werden im Tarifregister allerdings nur bezeichnet, ihr Inhalt wird nicht wiedergegeben.

Tarifsatz – der im Personenverkehr auf eine Entfernungseinheit (1 km) bezogene Beförderungspreis. – *Anders:* → Frachtsatz.

Tarifstatistik – Teil der → amtlichen Statistik, der Informationen über die Entwicklung der Tariflöhne und -gehälter sowie bes. wichtige tarifliche Regelungen wie Arbeitszeit, Leistungslohn, Einmalzahlungen, Sonderzahlungen oder Urlaubsdauer bereitstellt. Dabei werden die unterschiedlichen Lohn- und Gehaltsgruppen gesondert erfasst, damit die Entwicklung der verschiedenen - v.a. der oberen und der unteren – Gruppen verglichen und soziale Aspekte bewertet werden können. Die Tarifstatistik wird durch Auswertung von Tarifverträgen erstellt, die aus den Bereichen Produzierendes Gewerbe, Handel, Kredit- und Versicherungsgewerbe, Verkehr und Nachrichtenübermittlung sowie den Gebietskörperschaften stammen. Firmentarifverträge werden dabei nicht berücksichtigt. Die Auswertung basiert auf einer Auswahl der wichtigsten Tarifverträge je Wirtschaftszweig. Die Veröffentlichung der Ergebnisse erfolgt halbjährlich in Fachserie 16. Die Daten der Tarifstatistik sind zudem in der Tarifdatenbank des Statistischen Bundesamtes abrufbar.

Tarifsteuern → indirekte Steuern.

Tarifsystem – systematischer Aufbau von Fahrpreisabstufungen nach der Reiselänge. – 1. Im → *öffentlichen Personennahverkehr (öPNV)* werden Tarifsysteme i.d.R. gemäß folgender *Kriterien* konstruiert: Kilometer, Strecke zwischen zwei Haltestellen, Teilstrecken, Flächenzonen, Netz. – a) *Kilometertarif:* Fahrpreis richtet sich nach der Entfernung (in km) zwischen Quell- und Zielhaltestelle. – b) *Haltestellentarif:* Fahrpreis ermittelt sich nach der Anzahl der angefahrenen Haltestellen. Entfernung zwischen den einzelnen Haltestellen sollte in etwa gleich groß sein. – c) *Teilstreckentarif:* Fahrpreis errechnet sich aus der Anzahl der durchfahrenen Teilstrecken, die durch Aufteilung des Streckennetzes in gleich lange Teilstrecken festgelegt werden. Teilstrecken sind durch Teilstreckenpunkte (Zahlgrenzen) abgegrenzt. – d) *Flächenzonentarif:* Fahrpreis bestimmt sich nach der Anzahl der durchfahrenen Tarifzonen, in die das Streckennetz (→ Tarifgebiet) eingeteilt wird. Zonen weisen gleich große Flächen auf. – e) *Einheitstarif:* Für jede Fahrstrecke innerhalb des Tarifgebiets gilt der gleiche Fahrpreis, der allerdings für verschiedene Personengruppen unterschiedlich sein kann. – f) *Mischsysteme:* Für große Tarifgebiete häufig tarifliche Mischsysteme, die zwei oder mehrere der genannten Tarifsysteme kombinieren (z.B. Einheitstarif für Tagesfahrausweise und Flächenzonentarif für Einzelfahrausweise). – 2. *Kraftdroschkentarif:* Fahrpreis für Kraftdroschken (Taxis) setzt sich aus drei Elementen (Grundpreis, Arbeitspreis, Zuschläge) zusammen. Grundpreis ist – unabhängig von der Fahrleistung – ein fixer Betrag für die Inanspruchnahme eines Taxis; Arbeitspreis richtet sich nach der Länge und/oder der Dauer der Fahrt; Zuschläge werden für Wartezeiten, Beförderung von größerem Gepäck oder Tieren erhoben.

Tarifvertrag – I. Begriff: entsprechend → Tarifvertragsgesetz (TVG) ein bürgerlich-rechtlicher Vertrag zwischen Parteien mit Tariffähigkeit zur Regelung ihrer Rechte und Pflichten (schuldrechtlicher Teil) und zur Festsetzung von arbeitsrechtlichen Normen (normativer Teil). Tarifvertrag bedarf gemäß § 1 II TVG grundsätzlich der Schriftform. – Vgl. auch → Entgelt-Tarifvertrag, → Firmentarifvertrag, → Flächentarifvertrag, → Lohntarifvertrag, → Manteltarifvertrag, → Verbandstarifvertrag.

II. Tarifvertragspartner: *(Tarifvertragsparteien):* auf der Arbeitnehmerseite die → Gewerkschaften, auf der Arbeitgeberseite die → Arbeitgeberverbände (Verbandstarif) und einzelne Arbeitgeber (Haus-, Werk- oder Firmentarif). – Vgl. auch → Tariffähigkeit, → Allgemeinverbindlichkeitserklärung von Tarifverträgen.

III. Registrierung: Abschluss, Änderung und Aufhebung des Tarifvertrags werden in einem → Tarifregister eingetragen, das beim Bundesministerium für Wirtschaft und Arbeit geführt wird. In den Bundesländern werden gleichfalls Tarifregister geführt. Die Eintragung in das Tarifregister ist nicht Wirksamkeitserfordernis des Tarifvertrags.

IV. Inhalt: 1. *Normative Bestimmungen:* Rechtsnormen zur Regelung der Rechtsverhältnisse der Mitglieder der beteiligten Tarifvertragsparteien, v.a. der *Arbeitsverhältnisse* (Arbeitsbedingungen). Sie gelten unmittelbar und zwingend zwischen den beiderseits Tarifgebundenen (→ Tarifgebundenheit). Sie dürfen nicht gegen zwingendes staatliches Recht verstoßen (sonst Nichtigkeit gemäß § 134 BGB). Sie sind unabdingbar, können also nicht durch Vereinbarung der Arbeitsvertragsparteien zuungunsten des Arbeitnehmers abgeändert werden (→ Günstigkeitsprinzip). – *Wirkung der Normativbestimmungen* nach Geltungsbereichen unterschiedlich: a) *Zeitlicher Geltungsbereich:* Dieser deckt sich im Zweifel mit der Dauer des Tarifvertrags. Abweichende Regelung möglich in der Weise, dass die Geltung der Normen oder eines Teiles davon schon vor Beendigung des Tarifvertrags aufhören soll. Nach Ablauf des Tarifvertrags tritt die Nachwirkung gemäß § 4 V TVG ein. – b) *Räumlicher Geltungsbereich:* ist von den Tarifvertragsparteien beliebig abzugrenzen für das Gebiet, in dem sie satzungsmäßig zuständig sind. Im Zweifel gelten die Normen bei Verbandstarif (→ Flächentarifvertrag) für das ganze Gebiet der Tarifvertragsparteien und beim Werks-, Haus- oder

Firmentarif für sämtliche gleichartigen Betriebe des Arbeitgebers. Je nach Größe des Tarifgebietes unterscheidet man Orts-, Bezirks-, Landes- und Bundestarife. – c) *Sachlicher Geltungsbereich:* Dieser kann sich betrieblich oder fachlich bestimmen, grundsätzlich für einen ganzen Wirtschaftszweig (z.B. Großhandel, Einzelhandel, Metallindustrie). Bei gemischten Betrieben entscheidet der im Betrieb überwiegende Betriebszweck. – Problematisch ist, welcher Tarifvertrag anzuwenden ist, wenn ein Betrieb die fachlichen Geltungsvoraussetzungen mehrerer Tarifverträge erfüllt *(Tarifkonkurrenz).* Ebenso tritt das Problem der Tarifkonkurrenz auf, wenn ein Arbeitgeber aus einem Arbeitgeberverband in einen anderen übertritt. Der Arbeitgeber ist dann einerseits an die vom Verband, dem er zuvor angehörte, geschlossenen Tarifvertrag gebunden (§ 3 III TVG), andererseits tritt durch den Beitritt zu dem anderen Verband eine Tarifbindung an die von diesem geschlossenen Tarifvertrag ein (§ 3 I TVG). Es ist grundsätzlich davon auszugehen, dass für einen Betrieb immer nur ein Tarifvertrag gelten soll *(Prinzip der Tarifeinheit),* und zwar der aufgrund seiner betrieblichen, fachlichen und räumlichen Nähe speziellere Tarifverträge *(Spezialitätsprinzip).* Allerdings wird das Prinzip der Tarifeinheit durch das Auftreten von Spartengewerkschaften (Bahn, Luftfahrtbranche) mehr und mehr aufgeweicht. – d) *Persönlicher Geltungsbereich:* Abgrenzung eines Tarifvertrags nach Merkmalen persönlicher Art. Herkömmlicherweise werden für Angestellte und Arbeiter getrennte Tarifverträge abgeschlossen. Der persönliche Geltungsbereich von Tarifverträgen kann noch enger sein, z.B. eigene Tarifverträge für Auszubildende. – Der persönliche Geltungsbereich darf nicht mit der → Tarifgebundenheit verwechselt werden. – 2. *Schuldrechtliche Bestimmungen:* Abreden, die das Rechtsverhältnis der Parteien des Tarifvertrags untereinander regeln. – a) *Friedenspflicht:* gegenseitige Verpflichtung zur Wahrung des Arbeitsfriedens. Sie verbietet Kampfmaßnahmen, die sich gegen den Bestand des Tarifvertrags richten, wenn mit ihnen die vorzeitige Aufhebung oder Änderung eines Tarifvertrags oder einzelner Teile bezweckt wird. – b) *Einwirkungspflicht:* Verpflichtung der Tarifvertragsparteien, auf ihre Verbandsmitglieder im Sinn eines tarifgemäßen Verhaltens einzuwirken. Sie verpflichtet jedoch nicht zum Eingreifen gegen tarifwidriges Verhalten im Einzelfall, sondern nur bei der Verletzung kollektiver Interessen. – Bei *Verletzung der Friedens- und Einwirkungspflicht* Schadensersatzansprüche.

V. Beendigung/Nachwirkung: Ein Tarifvertrag endet mit Ablauf der vereinbarten Zeit. Er kann auch von den Parteien des Tarifvertrags aufgehoben oder durch einen neuen Tarifvertrag ersetzt werden. Viele Tarifverträge sehen die Möglichkeit einer befristeten Kündigung vor. Den Tarifgebundenen gegenüber entfällt mit dem Ende des Tarifvertrags noch nicht jede Wirkung. Gemäß § 4 V TVG gelten die Rechtsnormen – nicht dagegen die schuldrechtlichen Vereinbarungen – eines Tarifvertrags nach dessen Ablauf weiter, bis sie durch eine andere Abmachung ersetzt werden. Die nachwirkenden Normen sind aber dispositiv, weichen daher auch einzelvertraglichen Abreden.

VI. Unverbrüchlichkeit tariflicher Rechte: Ein Verzicht auf entstandene tarifliche Rechte ist nach § 4 IV 1 TVG nur in einem von den Tarifvertragsparteien gebilligten Vergleich zulässig. Nach § 4 IV 2 ist auch die → Verwirkung tariflicher Rechte ausgeschlossen. Tarifliche Rechte sind Rechte, die zwar im Arbeitsvertrag ihre Grundlage haben, aber durch den Tarifvertrag dem Umfang nach festgelegt sind, z.B. Ansprüche auf tarifliche Vergütung oder auf den tariflichen Urlaub.

tarifvertragliche Mitbestimmung – Variante zur → Mitbestimmung bzw. → Unternehmensverfassung in zweifacher Ausprägung. – 1. *Gegenstands- oder problembezogene Mitbestimmung* durch → Tarifvertrag bzw. Tarifverhandlungen zwischen Arbeitgebern und Gewerkschaft in unternehmensinternen Entscheidungsgremien (MoMitbestG, MitbestG, BetrVG, DrittelbeteiligungsG). Gegenstand können alle unternehmenspolitischen, administrativen und operativen Entscheidungen sein. Wird praktiziert v.a. in Italien, Großbritannien, Schweden und den USA. – 2. *Einführung und Ausgestaltung der Mitbestimmung* in Unternehmen und Betrieb *durch Tarifverhandlungen* zwischen Arbeitgebern und Gewerkschaften; Gegensatz zur dt. Tradition der gesetzlichen Mitbestimmung. Wird z.B. praktiziert in Schweden; mit dem Gesetz über Mitbestimmung im Arbeitsleben 1976 wurden „Spielregeln" für Verhandlungen zwischen den Tarifvertragsparteien über die organisatorische Ausgestaltung der Mitbestimmung festgelegt. Durch Mitbestimmungstarifverträge (1979–1982) wurde eine interessendualistische Unternehmensverfassung mit tendenziell gleichgewichtigem Einfluss von Kapital und Arbeit entwickelt. Die Parität ergibt sich durch die Möglichkeit der Gewerkschaften, alle unternehmenspolitischen und betrieblichen Entscheidungen im Konfliktfall aus den unternehmensinternen Mitbestimmungsgremien heraus in das streikbewehrte Tarifverhandlungssystem verlagern zu können.

tarifvertragliche Vergütungsregelungen → Tariflohn.

Tarifvertragsgesetz (TVG) – Gesetz i.d.F. vom 25.8.1969 (BGBl. I 1323) m.spät.Änd. Rechtsgrundlage des Tarifvertragsrechts (→ Tarifvertrag, → Allgemeinverbindlichkeitserklärung von Tarifverträgen, → Ausschlussfristen, → Berufsverbände, → Günstigkeitsprinzip, → Koalition, → Koalitionsfreiheit, → Tariffähigkeit, → Tarifgebundenheit, → Tariflohn, → Tarifordnungen, → Tarifzuständigkeit, → Verwirkung).

Tarifvertragsparteien → Tarifvertrag.

Tarifvertragspartner → Tarifvertrag.

Tarifvorrang → Betriebsvereinbarung.

Tarifwechsel – 1. *Begriff:* Wechsel in der privaten Krankenversicherung (PKV) aus einem bestehenden Versicherungstarif in einen anderen Tarif des gleichen Unternehmens. Das eigentliche Versicherungsverhältnis zwischen → Versicherungsnehmer und → Versicherer bleibt unberührt. Der neue Tarif kann gleichwertig, leistungsstärker oder leistungsschwächer sein. – 2. *Rechtsgrundlage:* Der Tarifwechsel in der PKV wird gesetzlich u.a. im → Versicherungsvertragsgesetz (VVG) und in den Musterbedingungen 2009 für die → Krankheitskosten und → Krankenhaustagegeldversicherung (MB/KK 2009) geregelt. Abweichungen von den Musterbedingungen können die einzelnen Tarifbedingungen der Versicherungsunternehmen bestimmen. – 3. *Wechsel in einen gleichwertigen Tarif des gleichen Unternehmens:* Bei einem bestehenden Versicherungsverhältnis hat der Versicherungsnehmer das Recht, dass ein Antrag auf Wechsel in einen gleichartigen Tarif unter Anrechnung der aus dem bisherigen Vertrag erworbenen Rechte und der Alterungsrückstellung vom Versicherer angenommen wird (§ 204 VVG, § 13 KalV). Welche Tarife als „gleichwertig" anzusehen sind, ist in § 12 KalV festgelegt. – 4. *Wechsel in einen leistungsstärkeren Tarif des gleichen Unternehmens:* Soweit die Leistungen in dem Tarif, in den der Versicherungsnehmer wechseln will, höher oder umfassender ausfallen als in dem bisherigen Tarif, kann der Versicherer einen Leistungsausschluss oder – gegebenenfalls nach erneuter Risikoprüfung – einen Risikozuschlag für die Mehrleistung verlangen. Ebenfalls gelten für die Mehrleistungen des neuen Tarifs wieder die allgemeinen und besonderen Wartezeiten (§ 3 MB/KK 2009). – 5. *Wechsel in einen leistungsschwächeren Tarif des gleichen Unternehmens:* Eine Wechselmöglichkeit in einen leistungsschwächeren Tarif stellt v.a. der Wechsel in den brancheneinheitlichen → Standardtarif und seit 2009 in den ebenfalls brancheneinheitlichen → Basistarif dar.

Tarifzuständigkeit – Zuständigkeit der Verbände für einen abzuschließenden → Tarifvertrag. Tarifzuständigkeit ist nach überwiegender Auffassung ein Erfordernis für die Gültigkeit eines abgeschlossenen Tarifvertrags (nicht zu verwechseln mit dem persönlichen Geltungsbereich eines Tarifvertrags). Maßgebend für Tarifzuständigkeit ist die Satzung der Verbände, z.B. der nach dem Industrieverbandsprinzip gegliederten Einzelgewerkschaften; so können die Verbände der Metallindustrie keine Tarifverträge für den öffentlichen Dienst abschließen. In Zweifelsfällen sind die Satzungen so auszulegen, dass keine Überschneidung auftritt. Grundsätzlich soll nach dem Industrieverbandsprinzip in einem Betrieb nur ein Tarifvertrag gelten (Prinzip der Tarifeinheit). Dieses Prinzip wird aber durch das Auftreten von Spartengewerkschaften mehr und mehr aufgeweicht. – Für die *Entscheidung über die Tarifzuständigkeit* sind die → Arbeitsgerichte ausschließlich zuständig, die in diesen Fällen im Beschlussverfahren entscheiden (§§ 2 a I Nr. 3, 97 ArbGG). – *Anders:* → Tariffähigkeit.

Tarifzwang → Tarifpflicht.

Taschenpfändung – die vom Gerichtsvollzieher nach § 808 ZPO vorgenommene → Pfändung von beweglichen Sachen, die der Schuldner in Taschen oder ähnlichen Behältnissen bei sich führt (z.B. Geld). – *Voraussetzungen* sind die allg. der → Zwangsvollstreckung (Titel, Klausel, Zustellung) und formloser Antrag an den Gerichtsvollzieher am Wohnsitz des Schuldners auf Durchführung der Taschenpfändung Kostbarkeiten und Wertpapiere nimmt der Gerichtsvollzieher dem Schuldner weg und verwahrt sie selbst; Geld liefert er an den Gläubiger ab (§ 815 ZPO).

Taskforce – für einen begrenzten Zeitraum eingerichtete → Arbeitsgruppe zur Lösung von vorher definierten → Aufgaben. Die Teilnehmer kommen i.d.R. aus verschiedenen Abteilungen eines Unternehmens und aus unterschiedlichen hierarchischen Ebenen. Nach Beendigung der Aufgabe kehren die Teilnehmer wieder in ihre Abteilungen zurück oder erhalten eine neue Aufgabe. – Vgl. auch → Projektmanagement (PM).

Tastatur → Eingabegerät für einen → Computer.

Täter-Opfer-Ausgleich – Bemühungen, die nach einer → Straftat zwischen Täter und Geschädigten bestehenden Probleme, Belastungen und Konflikte zu bereinigen. Täter-Opfer-Ausgleich wird zumeist von einem Vermittler begleitet, der Einzelgespräche mit den Betroffenen führt und sie zu einer persönlichen Begegnung anregt. Die Gespräche dienen der Aufarbeitung der Tat, ihrer Folgen und der Vereinbarung von Wiedergutmachungsleistungen des Täters an den Geschädigten. Nach § 155a StPO sollen Staatsanwaltschaft und Gericht in jedem Stadium des Verfahrens die Möglichkeiten eines Täter-Opfer-Ausgleichs prüfen. Sie können eine Person oder Einrichtung mit der Durchführung des Täter-Opfer-Ausgleichs beauftragen (§ 155b StPO). Ein Strafverfahren kann mit der Weisung an den Beschuldigten eingestellt werden, sich um einen Ausgleich mit dem Verletzten zu bemühen und den Schaden wieder gutzumachen (§ 153a StPO). Die Bemühungen, einen Täter-Opfer-Ausgleich zu erreichen, können zur Milderung der Strafe oder zum → Absehen von Strafe führen (§ 46a StGB).

tätige Reue – 1. *Strafrecht:* → Rücktritt. – 2. *Steuerrecht:* → Selbstanzeige.

Tätigkeitsfinanzamt – bei freiberuflicher Tätigkeit (→ freie Berufe) das → Finanzamt, von dessen Bezirk aus die Berufstätigkeit vorwiegend ausgeübt wird (§ 18 I Nr. 3 AO). Zuständig v.a. für die gesonderte Feststellung nach § 180 AO und die Umsatzsteuer bei freiberuflich Tätigen.

Tätigkeitsmerkmale → Tariflohn, → Eingruppierung.

Tâtonnement – *Ausgleichsfunktion des Preises, Preismechanismus, Invisible Hand;* Interpretation des Marktmechanismus als Auktionsverfahren nach Léon Walras. Dabei wird gedanklich unterstellt, es gäbe einen Auktionator (unsichtbare Hand), der noch vor dem Tausch Preise für Güter und Faktoren vorschlägt. Dem Auktionator werden die von den Haushalten und Unternehmungen dazu angebotenen und nachgefragten Mengen zunächst mitgeteilt. Stimmen Angebot und Nachfrage zu diesen Preisen nicht überein, erhöht er bei einer Überschussnachfrage den Preis bzw. senkt er diesen bei einem Überschussangebot. Durch Einholen neuer Mengenvorschläge und entsprechender Preiskorrektur tastet er sich so an die markträumenden Gleichgewichtspreise heran. Erst wenn dieses Tâtonnement zum → allgemeinen Gleichgewicht auf allen Märkten geführt hat, dürfen die Kontrakte geschlossen werden. – Vgl. auch → Totalanalyse.

tatsächliche Beschäftigung → Beschäftigungsanspruch.

tatsächliche Verständigung – Begriff der Abgabenordnung: Tatsächliche Verständigung ist ausschließlich im Rahmen der Sachverhaltsermittlung während des gesamten Festsetzungsverfahrens zulässig. Sie ist nicht möglich über die rechtliche Würdigung eines Sachverhalts. Bei einem unklaren, schwer zu ermittelnden Sachverhalt können sich die Parteien darüber verständigen, welche Tatsachen sie als gegeben ansehen wollen. Zweck einer tatsächlichen Verständigung ist es, Streitigkeiten zwischen Steuerzahler und Finanzverwaltung um einen schwierig oder gar nicht zuverlässig zu ermittelnden Sachverhalt zu vermeiden und somit den Ermittlungsaufwand im Rahmen des Besteuerungsverfahrens sinnvoll zu begrenzen. Die Maßnahme dient insbesondere dem Rechtsfrieden. Die tatsächliche Verständigung ist nur unter engen Voraussetzungen möglich, ist dann allerdings für beide Seiten im Verlauf des weiteren Besteuerungsverfahrens auch bindend. Sie bezieht sich ausschließlich auf bereits abgeschlossene Sachverhalte. – *Anders:* → verbindliche Auskunft. – Vgl. auch → Außenprüfung.

Tausch → Geld.

tauschähnlicher Umsatz – Begriff aus der Umsatzsteuer: ein Geschäft, bei dem die Lieferung oder sonstige Leistung der einen Seite von der anderen Seite auch mit einer Lieferung oder sonstigen Leistung (ggf. mit barer Zuzahlung) bezahlt wird. Wird grundsätzlich behandelt wie ein Tausch.

Tauschbörse – Computernetzwerk, das auf der Peer-to-Peer-Technologie basiert und den Austausch von Dateien zwischen den angemeldeten Arbeitsstationen ermöglicht. V.a. Musik- und Videodateien können auf Tauschbörsen wie z.B. Gnutella angeboten und heruntergeladen werden. – Vgl. auch → Peer-to-Peer (P2P).

Tauschgeschäft → Kompensationshandel.

Tauschgewinn → Handelsgewinn.

Tauschgleichgewicht – spezielle Form eines Marktgleichgewichts (→ Gleichgewicht) in einer Volkswirtschaft, in der keine Produktion stattfindet und Tausch von Gütern die einzige ökonomische Aktivität darstellt. Im Tauschgleichgewicht stimmen die Quotienten der → Grenzraten der Substitution für alle Individuen überein. In einer → Edgeworth-Box sind Tauschgleichgewichte durch diejenigen Teile der → Kontraktkurve gekennzeichnet, die von der Anfangsausstattung an Gütern aus erreichbar sind. – Tauschgleichgewicht *im Außenwirtschaftsverkehr:* → Außenhandelsgleichgewicht.

Tauschgutachten – eine frühere steuerliche Regelung, wonach der Tausch von Anteilen an einer Kapitalgesellschaft gegen andere unter bestimmten Umständen steuerlich ohne unmittelbare Auswirkungen blieb. Seit 1999 nicht mehr gültig; seitdem gilt, dass der Tausch von Anteilen, wie allg. der Tausch eines Wirtschaftsgutes gegen ein anderes, ein Veräußerungsvorgang ist, durch den Gewinne werden, also Steuern aufgedeckt werden. Einzige Möglichkeit zum steuerneutralen Austausch von Anteilen gegen andere ist heutzutage daher nur noch der sog. → Anteilstausch.

Tauschhandel → Kompensationshandel.

Tauschkurve – *Offer Curve;* geometrische Darstellung der Tauschwünsche (Exporte, Importe) eines Landes bei unterschiedlichen → Terms of Trade. Diese Tauschwünsche unterliegen der gesamtwirtschaftlichen Budgetbeschränkung (→ Bilanzgerade), Importe und Exporte sind also bei den jeweils betrachteten Terms of Trade immer wertgleich (→ ausgeglichener Handel). – Vgl. auch → Kontraktkurve.

Tauschmittel → Geld.

Tauschmittelfunktion des Geldes → Geld.

Täuschung → arglistige Täuschung, → Betrug.

Tauschwert – I. Klassik/Neoklassik: 1. *Objektiver Tauschwert:* eine nach den Klassikern (u.a. → Quesnay, → Smith) vollzogene Identifizierung des *Tauschwerts* mit dem Preis. Der objektive *Tauschwert* führt zu dem → klassischen Wertparadoxon. – *Zu unterscheiden sind:* (1) der spezifische Seltenheitswert (→ Monopolpreis); (2) der *Tauschwert* der (unter der Bedingung des Aufwands von Kosten und Zeit) beliebig vermehrbaren Güter; der objektive *Tauschwert* der beliebig vermehrbaren Güter macht eine Unterscheidung erforderlich zwischen (a) → Marktpreis und (b) → natürlichem Preis. – 2. *Subjektiver Tauschwert:* Die klassische Gleichsetzung von Tauschwert und Preis wird mit der Einführung der subjektiven Bewertung eines Gutes als Tauschobjekt für die bewertende Person durch die Grenznutzenschule (bes. → Böhm-Bawerk) in Frage gestellt. Nach den → Gossenschen Gesetzen ist der Tauschwert der Güter keine feststehende Größe, sondern je nach wirtschaftlicher Konstellation unterschiedlich groß. Der Wert wird objektiv bestimmt durch die anerkannte Brauchbarkeit eines Gutes zur Herbeiführung eines gewollten Erfolges (Heizwert der Kohle). Ein Tauschwert kommt jedoch nur zustande, wenn ein Wirtschaftssubjekt den Heizwert der Kohle für wertvoller hält als die Tauschgüter, die es dafür abgeben muss (Waren oder Geld). Demnach ergibt sich der Preis nicht durch die Kosten, die für den Anbieter mit der Herstellung der Güter verbunden waren, sondern durch die subjektive Bewertung des Nachfragers, also den subjektiven Tauschwert.

II. Wirtschaftstheorie des Marxismus: → Arbeitswertlehre.

Tausenderpreis – 1. *Begriff/Charakterisierung:* Kennzahl, die besagt, wie teuer es ist, 1.000 Personen mit einer Werbebotschaft anzusprechen. Tausenderpreis stellt die Relation zwischen Preis und Leistung eines Werbeträgers (→ Media) und somit keinen absoluten, sondern einen *relativen Preis* (pro 1.000 Werbeträgereinheiten) dar: Als *Preisbasis* werden u.a. eine Millimeter-Zeile (bei Zeitungen), 1/2 Seite schwarz/weiß (bei Zeitschriften), 30-Sekunden-Spot (bei Fernsehen und Funk, → Fernsehspot, → Funkspot) herangezogen; die *Leistung* ist meist definiert als → Auflage bei Printmedien (i.d.R. verkaufte Auflage) und die Zahl der Geräte bei elektronischen Medien (Radio, Fernsehen; i.d.R. Zahl der produzierten Geräte; Zahl der angemeldeten Geräte eher repräsentativ). Ferner wird z.T. die (Netto-) → Reichweite zum Preis einer Belegung in Bezug gesetzt. – 2. *Varianten:* a) *Einfacher Tausenderpreis (Tausender Auflagenpreis, TP):* Brutto-Insertionspreis im Verhältnis zur Auflage. – b) *Tausend-Leser-Preis (TLP):* Relation zwischen dem absoluten Preis einer → Anzeige und der Größe der Leserschaft; mit Möglichkeit, auf Leser einer bestimmten Zielgruppe (z.B. Frauen, Männer, Autobesitzer) im Sinn eines Tausendzielpersonenpreises zu beziehen oder den „Preis pro 1.000 Seher, Hörer, Kinobesucher" in Modifikation zu bilden. – c) *Tausendkontaktpreis (TKP):* Relation zwischen Brutto-Insertionspreis und dem Produkt aus der Zahl der erreichten Leser und Zahl der durchschnittlichen Kontakte pro erreichtem Leser, d.h. wie viel 1.000 Kontakte mit einem Werbeträger kosten. Bei einmaliger Belegung eines Werbeträgers besteht Identität mit dem TLP, bei Kombination eines Werbeträgers unterscheiden sich beide Messzahlen, da der TKP auch die Mehrfachkontakte berücksichtigt. – 3. *Bedeutung:* In der Werbepraxis werden die Tausenderpreise als ökonomische Kontaktzahl angewandt, die zur Mediaplanung im Rahmen des Rangreihenverfahrens (→ Mediaselektionsmodelle) eingesetzt wird. – Vgl. auch → Medien, → Mediaplanung, → Mediaselektion, → Mediaanalyse, → Streuung, → VIP-Modell.

Tausendfüßlerspiel – *Centipede Game;* dient v.a. dazu, die mögliche Ineffizienz der spieltheoretischen Lösung drastisch zu verdeutlichen. Zwei Spieler 1 und 2 können abwechselnd zwischen U(nten) und R(echts) wählen (vgl. Abbildung „Tausendfüßlerspiel"). Wegen $x > 2y > 0$ wird stets U gewählt, obwohl die daraus resultierenden Auszahlungen x für Spieler 1 und y für Spieler 2 im Vergleich zu den 4k-mal höheren Gewinnen bei genereller Wahl von R für $k \to \infty$ beliebig gering sind. – Vgl. auch → Spieltheorie.

Tautologie – fehlerhafte Begriffsbestimmung, bei der ein zu definierender Begriff im Definiens der → Definition enthalten ist. – Im Zusammenhang mit der Verwendung erfahrungswissenschaftlicher → Theorien gewinnen *tautologische Transformationen* in dem Sinn Bedeutung, dass theoretische Aussagen in ihre technologische Form überführt werden. Dabei ist es notwendig, auf Zielsetzungen Bezug zu nehmen: Soll das Ziel A erreicht werden, so sind dazu die Mittel B und C erforderlich.

Taxe – I. Allgemein: Nach Wertschätzung durch öffentlich bestellte → Sachverständige (Taxatoren) festgesetzter Preis oder festgesetzte Gebühr.

II. Versicherungswesen: Betrag, der zwischen dem → Versicherungsunternehmen und dem → Versicherungsnehmer fest vereinbart ist und für den Zeitpunkt des → Versicherungsfalls als → Versicherungswert gelten soll (§ 76 VVG). Die Taxe gilt als der Wert, den das versicherte Interesse bei Eintritt des Versicherungsfalls hat, es sei denn, sie übersteigt den wirklichen Versicherungswert zu diesem Zeitpunkt erheblich. Ist die Versicherungssumme niedriger als die Taxe, hat der Versicherer den Schaden nur nach dem Verhältnis der → Versicherungssumme zur Taxe zu ersetzen. Die Taxe kommt in der → Feuerversicherung, bei der Versicherung von Kunstgegenständen,

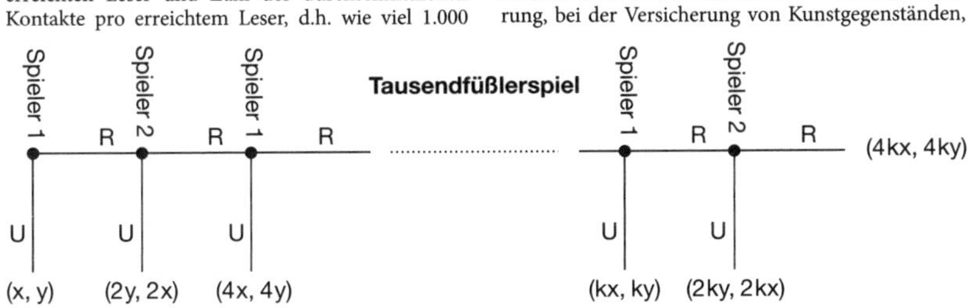

v.a. aber in der Seeversicherung vor. Im Schadenfall ist die Taxe auch der durch den Sachverständigen ermittelte Schadenbetrag (Schadentaxe).

Tax-Free Shopping – Verkauft ein im Inland gelegenes Geschäft eine Ware an einen → ausländischen Abnehmer, dann kann dieser Verkauf umsatzsteuerlich als steuerfreie Ausfuhrlieferung behandelt werden, wenn der Abnehmer die erworbenen Waren im Reisegepäck ins Drittland ausführt (§ 6 I Nr.2 UStG). Dies setzt jedoch voraus, dass der liefernde Unternehmer in den Besitz der Ausfuhrdokumente gelangt. Die Ware steuerfrei zu liefern und sich die Dokumente übersenden zu lassen, ist bei Geschäften mit Touristen zu unsicher; sie zunächst steuerpflichtig zu liefern und dann nach Übersendung der Dokumente die Rechnung zu berichtigen (auf steuerfrei) und den Differenzbetrag zu erstatten, erscheint bei dem Volumen der typischen Käufe von Touristen verwaltungstechnisch zu aufwendig. Daher gehen viele Unternehmen den Weg, zunächst unter Ausstellung einer normalen Rechnung steuerpflichtig zu liefern, in die Entgegennahme der Ausfuhrdokumente und Abwicklung der Erstattungszahlungen dann aber mit Zustimmung der Finanzbehörden eine zentrale Stelle einzuschalten, die für sämtliche angeschlossenen Unternehmen diese Schritte abwickelt und somit Verwaltungsaufwand spart. Diese Unternehmen signalisieren ihren Kunden aus dem Drittlandsgebiet, dass sie dieses Verfahren praktizieren, durch Türaufkleber bzw. Schilder mit der Aufschrift „Tax-Free Shopping". – *Anders:* → Duty-free-Shop.

Taxierung – Wertbestimmung einer Sache oder Leistung; z.B. im Handel auf oder vor → Auktionen, im Handelsschiedswesen etc. Taxierung erfolgt meist durch einen Taxator (→ Sachverständigen).

Taxkurs – geschätzter → Kurs eines Wertpapiers, da keine Kauf- und Verkaufsaufträge vorlagen (im amtlichen Kurszettel mit „T" bezeichnet). Auch oft für ein nicht im Börsenhandel befindliches oder längere Zeit nicht notiertes Papier verwendete Methode der Kursfestsetzung. – Vgl. auch → Kurszusätze und -Hinweise.

Taxonomie – Struktur (Hierarchie) über den Fachbegriffen eines Fachgebiets.

Taxwert – der von einem Sachverständigen zum Zwecke des Verkaufes, der Verpachtung, der Versicherung oder der Beleihung durch Schätzung (→ Schätzwert) ermittelte Wert eines Gegenstandes. Der Taxwert entspricht i.d.R. dem Verkehrswert (→ gemeiner Wert). – Vgl. auch → Taxe.

Taylor – Frederick Winslow, 1856–1915, amerik. Ingenieur und Betriebsberater; Begründer der wissenschaftlichen Betriebsführung (Scientific Management; nach ihm auch → Taylorismus genannt). Die Umsetzung der von Taylor formulierten Grundsätze führte zunächst zu beträchtlichen Rationalisierungserfolgen.

Taylorismus – *wissenschaftliche Betriebsführung, Scientific Management;* benannt nach → Taylor. – 1. *Charakterisierung:* Ziel ist die Steigerung der Produktivität menschlicher → Arbeit. Dies geschieht durch die *Teilung der Arbeit* in kleinste Einheiten, zu deren Bewältigung keine oder nur geringe Denkvorgänge zu leisten und die aufgrund des geringen Umfangs bzw. Arbeitsinhalts schnell und repetitiv zu wiederholen sind. Grundlage der Aufteilung der Arbeit in diese kleinsten Einheiten sind Zeit- und Bewegungsstudien. Funktionsmeister übernehmen die disponierende Einteilung und Koordination der Arbeiten. Der Mensch wird lediglich als Produktionsfaktor gesehen, den es optimal zu nutzen gilt. – Taylor ging davon aus, dass eine geregelte Tätigkeit den Menschen zufrieden stellt. Zur Arbeitsmotivation dienen zusätzlich v.a. *monetäre Anreize:* Ein spezielles Lohnsystem (→ Leistungslohn) soll zur Steigerung der subjektiven Arbeitsleistung führen. – 2. *Kritik:* Taylorismus wird in der Diskussion um die → Humanisierung der Arbeit als der Inbegriff inhumaner Gestaltung der Arbeit betrachtet, da die Kennzeichen des Taylorismus einseitige Belastungen durch immer wiederkehrende gleiche Bewegungsformen (Monotonie), Fremdbestimmtheit, minimaler Arbeitsinhalt und dadurch die Unterforderung der physischen und psychischen Möglichkeiten des Menschen sind. Häufige Folge sind → Fehlzeiten. – 3. *Historisch* wurde der Taylorismus durch die *Human-Relations-Bewegung* (Human Relations) abgelöst.

TCP/IP – Abk. für *Transmission Control Protocol/Internet Protocol.* Protokoll, das die Basis des Datenaustausches im → Internet darstellt. Die wesentlichen Dienstleistungen, die TCP/IP für die Anwendungsprozesse bereitstellt, sind Verbindungsorientierung, Reihenfolgegarantie, Verlustsicherung und Zeitüberwachung einer Verbindung sowie transparenter Datentransport.

Teamarbeit → Gruppenarbeit.

Teamentwicklung – Versuch einer → Arbeitsgruppe, den Transfer des Gelernten (gruppendynamisches Training) durch die Ausarbeitung konkreter Verhaltenskonsequenzen auf die betriebliche Situation hin zu fördern. Die Ergiebigkeit kann durch eine vorausgehende Datenerhebung und Rückkopplung (→ Survey Feedback) zum Status quo der Interaktionsmuster gefördert werden. – *Theoretisch* stellt die Teamentwicklung eine Adaptierung der in der Wissenschaft nur allg. formulierbaren Verhaltensempfehlungen an die betrieblichen Besonderheiten dar und bewegt sich im Geist der → Situationstheorien der Führung. – *Ergebnisse:* Die Durchführung einer Teamentwicklung ist, gemessen an den induzierten Verhaltensänderungen, der alleinigen Durchführung eines gruppendynamischen Trainings deutlich überlegen.

Teamtheorie – auf J. Marschak zurückgehender mathematischer Ansatz zur optimalen Gestaltung arbeitsteiliger Entscheidungssysteme. Ausgangspunkt der teamtheoretischen Modelle ist ein komplexes Entscheidungsproblem, das auf mehrere Teammitglieder verteilt wird. Jedes Teammitglied kann aufgrund seiner speziellen Informationen über eigene potenzielle (Teil-)Handlungen entscheiden. Das Gesamtergebnis des Teams, das alle Teammitglieder optimal gestalten wollen (Annahme vollkommener Konsistenz der Interessen), entsteht durch die Kombination der Handlungen aller Teammitglieder. Ziel der Teamtheorie ist die simultane Optimierung der Informationsstruktur des Teams und der Handlungsregeln für die Teammitglieder. – Vgl. auch → Informationsökonomik.

Team-Theorie der Unternehmung – *Koalitionstheorie der Unternehmung, Measurement-Theorie der Unternehmung.* 1. *Gegenstand:* Die Team-Theorie der Unternehmung ist mit der → Governance-Structure-Theorie der Unternehmung sowie der → Prinzipal-Agent-Theorie der Unternehmung verwandt; sie ist der → neoklassischen Theorie der Unternehmung zuzuordnen. Ein Unterschied besteht darin, dass die Austausch- und Produktionsperspektive in stärkerem Maße vereint werden und die Existenz der Unternehmung nicht (allein) auf Transaktionskosten, sondern die Teamproduktion zurückgeführt wird. Im Kern definiert dieser Ansatz die Unternehmung (genauer: Firma als legales Konstrukt) als Vertragsnexus im Sinn einer Koalition von Mitgliedern. Die Koalition besitzt wechselseitig spezifische Ressourcen gemeinsam und entlohnt dabei einige Eigentümer unspezifischer oder allgemeiner Ressourcen, deren Grenzprodukte ökonomisch nicht ermittelbar sind, nach Hilfsmaßstäben. Langfristige Verträge sind das Kennzeichen von Koalitionen, in denen die Mitglieder einerseits kooperieren, andererseits aber untereinander innerhalb der Firma im Wettbewerb stehen. – 2. *Ansatzpunkt:* Koalitionenbildung verursacht Kosten (Such- und Experimentierkosten) und Erlöse. Letztere resultieren aus einer vorteilhaften Aufteilung der einzelnen Komponenten von → Verfügungsrechten auf mehrere Personen (z.B. Trennung von Eigentum und Kontrolle) sowie der Teamproduktion. Teamproduktion wird i.d.R. als → Subadditivität der Kostenfunktion interpretiert. Hieraus ergeben sich Probleme, die Grenzprodukte der einzelnen Ressourcen zu ermitteln. Teamarbeit findet statt, wenn Informationen kostspielig sind. – 3. *Abhängigkeit/Spezifität:* Koalitionsmitglieder nehmen i.d.R. auch Investitionen vor, deren Wert (Amortisierbarkeit) spezifisch von der Koalition abhängt. Investitionen können spezifisch hinsichtlich der Bereitstellung anderer Ressourcen sein (Specific to), sodass deren spezifische → Quasirente (Marshall) von diesen Ressourcen beeinflussbar bzw. aneigenbar ist (Dependent). Sie können einzigartig sein, wenn der Wert anderer Ressourcen von ihnen abhängt (Dependent upon). Ressourcen können ferner gegenseitig abhängig sein (Dependent und Dependent upon). Abhängigen Ressourcen droht die Enteignung ihrer Quasirente durch das Team (Hold-up), während einzigartige Ressourcen eine Hold-up-Bedrohung für abhängige Ressourcen darstellen. Voraussetzung für diese Strategie ist aber die Möglichkeit, die Leistungsabgabe der Ressource variieren bzw. das Team tatsächlich verlassen zu können. Abhängige Ressourcen sind unabhängig von der Variierbarkeit ihres Leistungsbeitrags bedroht. – 4. *Moral Hazard:* Wenn der Leistungsbeitrag einzelner Ressourcen oder Teammitglieder nicht oder nur sehr kostspielig feststellbar ist und deshalb die Entlohnung nicht anhand des tatsächlichen Grenzprodukts erfolgt, so lohnt es sich für diese, sich zu drücken (Shirking). Aus der Sicht eines Ressourcenbesitzers oder Teammitgliedes erhält dieser den vollständigen Vorteil des Sich-Drückens, während die Kosten von allen Mitgliedern getragen werden. Nicht alle Mitglieder können sich gleichermaßen drücken, weil ihre Leistung in geringerem Maße veränderlich oder leichter und billiger gemessen werden können. Ähnliches gilt auch für die Möglichkeit, unbeobachtet Ressourcen missbräuchlich zu verwenden (Plastizität). Diese Gefahr ist umso größer, je weiter der Bereich möglicher Verwendungsentscheidungen ist und je weniger diese Entscheidungen bzw. deren Folgen beobacht- und beurteilbar sind. Eine bes. plastische Ressource ist Geld. – 5. *Unternehmungsgrenze und Eigentum:* Um sich vor der Ausbeutung von Quasirenten zu schützen, werden abhängige und einzigartige Ressourcen von den Eigentümern gemeinsam besessen, wodurch auch Probleme mit plastischen Ressourcen gelöst werden. Eigentümer der Unternehmung sind diejenigen, deren Vermögensposition am stärksten von der Leistung des Teams abhängt. Sie bewerten Entscheidungs- und Kontrollrechte am höchsten, um das Verhalten anderer Teammitglieder beschränken zu können.

Teaser – Ankündigung einer Werbebotschaft, die beim Betrachter Neugier auf die eigentliche Botschaft machen soll (z.B. „Gleich"- oder „Jetzt"-Ankündigung von Werbespots im Fernsehen).

TecDAX – Auswahlindex mit 30 Mid-Cap-Werten des → Prime Standard aus Technologiebranchen. Hinsichtlich der Größenkriterien wie Marktkapitalisierung und Börsenumsatz liegen die Unternehmen des TecDAX direkt unterhalb des DAX.

Technical Bulletin – Verlautbarungsart des Research and Technical Activities Staff des US-amerikanischen → Financial Accounting Standards Board (FASB) zu Rechnungslegungsproblemen einzelner Unternehmen oder spezieller Branchen.

Technik – I. Charakterisierung: Nach Ropohl umfasst Technik (1) die Menge der nutzenorientierten, künstlichen, gegenständlichen Gebilde (Artefakte), (2) die Menge menschlicher Handlungen und Einrichtungen, in denen Artefakte entstehen und (3) die Menge menschlicher Handlungen, in denen Artefakte verwendet werden. Somit Beschreibung der Technik und ihrer naturalen Dimension (naturwissenschaftliche, ingenieurwissenschaftliche und ökologische

Erkenntnisperspektive), ihrer humanen Dimension (anthropologische, physiologische, psychologische und ästhetische Erkenntnisperspektive) und ihrer sozialen Dimensionen (ökonomische, soziologische, politologische, historische Erkenntnisperspektive). Ambivalenz von Technik: Jeder technische Eingriff in künstliche und/oder natürliche Systeme kann Nutzen, aber auch Schaden bringen.

II. Betriebswirtschaftslehre: → Produktionstechnik.

Technikbewertung – 1. *Charakterisierung:* Instrument zur Analyse und Bewertung von → Technik, genormt durch VDI-Richtlinie 3780. Danach bedeutet Technikbewertung das „ ... planmäßige, systematische, organisierte Vorgehen, das den Stand einer Technik und ihre Entwicklungsmöglichkeiten analysiert, unmittelbare und mittelbare technische, wirtschaftliche, gesundheitliche, ökologische, humane, soziale und andere Folgen dieser Technik und möglicher Alternativen abschätzt, aufgrund definierter Ziele und Werte diese Folgen beurteilt oder auch weitere wünschenswerte Entwicklungen fordert, Handlungs- und Gestaltungsmöglichkeiten daraus herleitet und ausarbeitet." – 2. *Phasen:* (1) Problemdefinition und -strukturierung, (2) Folgenabschätzung (→ Technologiefolgenabschätzung), (3) Bewertung, (4) Entscheidung. – 3. *Arten:* a) *Informelle Technikbewertung* als private und unkoordinierte Technikbewertung auf der Grundlage eingeschränkter Informationen. – b) *Formelle Technikbewertung:* (1) Klassifikation nach ihrem Anlass: Ermittlung von technischen Lösungen für gesellschaftlich vorgegebene Aufgaben (probleminduzierte Technikbewertung) oder Bewertung einer existenten Technik (technikinduzierte Technikbewertung). (2) Klassifikation nach der zeitlichen Perspektive: Einsatz der Technikbewertung nach vollzogener → Innovation (reaktive Technikbewertung) oder Einsatz in einem so frühen Stadium, dass → Forschung und Entwicklung (F&E) noch modifiziert werden können (innovative Technikbewertung). Die innovative Technikbewertung gestaltet den → Innovationsprozess mit, durch kontinuierliche Technikfolgenanalyse und Techniksteuerungen im Prozess der technischen Entwicklung (→ technische Ontogenese). Technikbewertung kann als verzögernde Kraft, Innovationspolitik als beschleunigende Kraft der technischen Entwicklung angesehen werden. – Vgl. auch → Technikwirkungsanalyse, → Technologiefolgenabschätzung.

Technikfolgenabschätzung → Technologiefolgenabschätzung.

Technikwirkungsanalyse – 1. *Allgemeines:* Technikwirkungsanalyse bedeutet Abschätzen und Analysieren der Auswirkungen existierender und neuer Technologien und Produkte unter ökonomischen und außerökonomischen Gesichtspunkten. Die Technikwirkungsanalyse versteht sich als → Technologiefolgenabschätzung im Unternehmen und ist ein Konzept der → Wirkungsforschung. – 2. *Leitideen:* a) Ganzheitliche Erfassung der Untersuchungsobjekte auf der Grundlage des ganzheitlichen Produktlebenszyklus (→ Lebenszyklus). – b) Ganzheitliche Erfassung von möglichen Bewertungsaspekten (Unterscheidung der Bewertungsaspekte Technik, Wirtschaft (Einzelwirtschaft und Gesamtwirtschaft), Mensch (Individuum und Gesellschaft) und Ökologie. – c) Berücksichtigung ökonomischer und außerökonomischer Gesichtspunkte. – 3. *Konzeption:* Durch Kombination der Leitideen a) und b) entstehen Bewertungsfelder, z.B. das Bewertungsfeld Produktion unter ökologischen Aspekten. Die Durchführung der Wirkungsanalyse für die einzelnen Bewertungsfelder erfordert die Anwendung geeigneter Instrumente und Methoden, z.B. der → Wertanalyse oder von Checklisten/Kriterienrastern. Im Gegensatz zu üblichen Problemlösungen muss sich die Technikwirkungsanalyse mit möglichen, zu einem späteren Zeitpunkt auftretenden Problemen beschäftigen, sodass sie auch geeignet ist zur Problemstrukturierung. – 4. *Phasen:* (1) Auswahl der Objekte (Produkt/Technologie), (2) Festlegen der relevanten Bewertungsfelder (Produktlebenszyklusphasen/Bewertungsaspekte), (3) Festlegen des zeitlichen und räumlichen Horizonts der Analyse, (4) Festlegen von Bewertungskriterien je Bewertungsfeld und Auswahl geeigneter Instrumente und Methoden, abhängig vom Bewertungsaspekt naturwissenschaftlich-technische oder aber wirtschaftlich-gesellschaftliche Forschung. – 5. *Grenzen:* Konzeptionelle Grenzen liegen in Ungewissheiten begründet, die jeder Planung und Prognose anhaften, bes. in zufallsbestimmten unvorhersehbaren Folgen („Unknown Unknowns"). Anwenderspezifische Grenzen liegen in der beschränkten personellen Kapazität des Unternehmens, in Barrieren gegenüber systematischer Vorgehensweise und entsprechendem Einsatz von Methoden und in mangelnder Bereitschaft, Ergebnisse von technik-, technologie- und produktspezifischen Analysen zu akzeptieren. – Vgl. auch → Technologiemanagement.

technische Abschreibung → Mengenabschreibung.

technische Aktienanalyse – *Chart-Analyse.* Im Gegensatz zur → fundamentalen Aktienanalyse stützt sich die technische Aktienanalyse auf die Beobachtung der Kurs- und Umsatzbewegungen der → Aktien und nicht auf Daten aus dem gesamtwirtschaftlichen oder unternehmerischen Umfeld. Die traditionelle technische Aktienanalyse arbeitet mit → Charts, deren Kursverläufe zu Schlüssen auf das weitere Verhalten der Marktteilnehmer genutzt werden. Darüber hinaus wurde die moderne technische Analyse weiterentwickelt, deren Anfänge in die 1970er-Jahre zurückgehen. Sie verwendet technische Indikatoren der Trendanalyse und der Zyklusanalyse, die neben den Kursen auch auf Aktienindizes, dem Umsatzvolumen, den Marktbreitedaten, dem Marktsentiment und dem Nachfragepotenzial basieren.

Technische Anleitung Abfall → TA Abfall.

Technische Anleitung Lärm → TA Lärm.

Technische Anleitung zur Reinhaltung der Luft → TA Luft.

technische Arbeitsmittel – Begriff des abgelösten Geräte- und Produktsicherheitsgesetzes (GPSG). Wird im jetzt geltenden Gesetz über die Bereitstellung von Produkten auf dem Markt (→ Produktsicherheitsgesetz (ProdSG)) nicht mehr benutzt. Das Gesetz kennt jetzt nur noch *Produkte* (§ 2 Nr. 22 ProdSG).

technische Dienstleistungen – in institutioneller Abgrenzung Teil des → Dienstleistungssektors, der Tätigkeiten umfasst wie Forschung und Entwicklung, Datenverarbeitung, technische Planung und Beratung, Entsorgungsleistungen sowie Wartungs- und Inspektionsleistungen.

technische Fortschrittsfunktion (TFF) – *Technical Progress Function.* 1. *Begriff*: Von Kaldor entwickelte funktionale Beziehung zwischen der Wachstumsrate der → Kapitalintensität und der Wachstumsrate des Nationaleinkommens pro Kopf, mit der er die in der neoklassischen Produktionsfunktion notwendige Trennung der Wirkung des → technischen Fortschritts von der Wirkung der gleichzeitig erfolgenden Kapitalakkumulation, also die Unterscheidung zwischen Bewegungen auf der Produktionsfunktion (durch die Kapitalakkumulation) bei gegebenem Stand des technischen Wissens und Verschiebungen der Produktionsfunktion aufgrund technischen Fortschritts überwindet; denn die Durchsetzung technischen Wissens ist meistens nur durch gleichzeitige Kapitalakkumulation möglich, und letztere führt zu weiterem neuen technischen Wissen. – 2. Die technische Fortschrittsfunktion (TFF) weist aufgrund von nicht an Kapitalakkumulation gebundenem technischen Fortschritt bei einer Wachstumsrate des Kapitalbestandes von Null einen *positiven Wert* auf und steigt dann mit abnehmender Rate an: Je höher die Wachstumsrate der Kapitalakkumulation, desto mehr muss auf Neuerungen zurückgegriffen werden, deren Verwendung die Produktivität des zusätzlich eingesetzten Kapitals nur noch wenig erhöht.

technische Hilfe → technische Zusammenarbeit.

Technische Hochschulen (TH) → Technische Universitäten (TU).

Technische Informatik → Informatik.

technische Nutzungsdauer – Zeitraum, in dem ein abnutzbarer Vermögensgegenstand (v.a. Maschinen, maschinelle Einrichtungen und Gebäude) technisch in der Lage ist, seinen Verwendungszweck zu erfüllen. Auch durch die Möglichkeit, das technische Nutzungspotenzial einer Anlage durch → vorbeugende Instandhaltung (fast) unbegrenzt ständig wieder aufzufüllen, übersteigt die technische Nutzungsdauer die → wirtschaftliche Nutzungsdauer i.d.R. erheblich.

technische Ontogenese – Prozess der auf eine spezifische Technologie bezogenen Entwicklung. Folgende Einzelprozesse werden nach Ropohl (idealtypisch) unterschieden: (1) Kognition bezieht sich auf eine aus naturwissenschaftlicher Forschung resultierende Entdeckung eines naturalen Effektes oder Gesetzes. (2) Erfindungs-/Inventionsprozess als fundamentale Phase der Entstehungsgeschichte einer Technik – sie wird erstmals ihrer Funktion und Struktur nach konzipiert. Die Umsetzung existierender und/oder neuer Technologien erfolgt im (3) → Innovationsprozess mit dem Ziel der Erarbeitung neuer Problemlösungen und der technisch-wirtschaftlichen Realisierung der Invention, z.B. in Form von Produkten, Herstellungs- oder Arbeitsverfahren. (4) Diffusionsprozess mit dem Ziel des Erreichens von Akzeptanz bei Zielgruppen (Marktdurchdringung/ → Penetration).

technischer Angestellter – arbeitsrechtliche Stellung; → Angestellter.

technischer Fortschritt – 1. *Begriff*: Herstellung neuartiger oder wesentlich verbesserter Produkte und Materialien sowie Anwendung neuer Verfahren, die eine rationellere Produktion der bekannten Produkte und Materialien erlaubt, d.h. es möglich macht, eine gegebene Produktmenge mit niedrigeren Kosten bzw. eine größere Menge des Produktes mit gleichbleibenden Kosten zu erstellen. – Der Begriff technischer Fortschritt ist wertend, weil von Fortschritt nur in Hinblick auf eine ganz bestimmte Zielsetzung gesprochen werden kann; die mit dem technischen Fortschritt einhergehenden Begleiterscheinungen (Substitutionen, Rationalisierungen und damit eventuelle Qualifikationsverluste durch die Einführung neuer Techniken, neue Belastungsverschiebungen am Arbeitsplatz, Arbeitsplatzverluste von Betroffenen) werden nicht einbezogen. – 2. *Entstehung*: Technischer Fortschritt entsteht durch Innovationen, bei denen drei Phasen unterschieden werden: (1) Phase der *Invention* (Erfindung): Erarbeitung naturwissenschaftlich-technischen Wissens, von Forschungs- und Entwicklungsergebnissen und Erfindungen. (2) Phase der → Innovation: Die erstmalige kommerzielle Anwendung führt zur Erweiterung des technischen Könnens und zur Entstehung von Produkt-, Material- und/oder Verfahrensinnovationen; Hauptaktivitäten sind u.a. Konstruieren, Experimentieren mit Prototypen, montagegerechte Anwendung und Verwertung in der Produktion und erste Marketingbestrebungen. (3) Phase der *Diffusion:* Die Innovationen werden mittels Marketingaktivitäten und Technologietransfer in Form von Materialien, Produkten, Verfahren (Investitionsgütern), Patenten und Lizenzen wirtschaftlich verwertet; ihre Anwendung breitet sich dadurch aus (diffundiert). – 3. *Arten:* a) *Potenzieller technischer Fortschritt:* technischer Fortschritt, der aufgrund des Standes der naturwissenschaftlich-technischen Forschung und Entwicklung augenblicklich oder in unmittelbarer Zukunft durchführbar ist (Forschung und Entwicklung (F&E)). – b) *Realisierter technischer Fortschritt:* Es wird nur ein Teil dessen, was technisch, betrieblich und gesellschaftlich möglich ist (→ Technologiefolgenabschätzung) tatsächlich realisiert, politische und v.a. wirtschaftliche Kriterien sind entscheidend (→ Technologiemanagement). – c) *Ungebundener technischer Fortschritt (unverkörperter technischer Fortschritt)* liegt vor, wenn er nicht an den Einsatz neuer Maschinen (bzw. Arbeitskräfte) gebunden ist *(Disembodied Technical Progress)*. – d) *Gebundener technischer Fortschritt* dagegen kann nur verwirklicht werden, wenn neue Maschinen oder neu geschulte Arbeitskräfte eingesetzt werden *(Embodied Technical Progress)*. – *e)* In den Anfängen der Wachstumstheorie betrachtete man nur den *autonomen technischen Fortschritt*, der wie „Manna vom Himmel" fällt. Technischer Fortschritt, der auf bestimmte Ursachen zurückgeführt wird, heißt dagegen *induzierter technischer Fortschritt*. – 4. *Wirkungen:* Der technische Fortschritt wird als *neutral* bezeichnet, wenn er die Einkommensverteilung nicht verändert, genauer: die Aufteilung des Faktoreinkommens auf Löhne (einschließlich Gehälter) und Zinsen, wenn die Produktionsfaktoren Arbeit und Kapital gemäß ihrem Grenzprodukt entlohnt werden (→ Grenzproduktivitätstheorie). – 5. *Aktuelle Diskussion:* In den Arbeiten der → neuen Wachstumstheorie steht die Erklärung des technischen Fortschritts und damit die Erklärung der entscheidenden Determinante des Wirtschaftswachstums im Mittelpunkt. Dabei wird in diesen Ansätzen davon ausgegangen, dass technischer Fortschritt durch Forschung und Entwicklung (F&E) von rational handelnden Akteuren produziert wird. Nicht der vom Staat, oder von staatlichen Organisationen, durchgeführten Grundlagenforschung, sondern der von profitorientierten Unternehmen durchgeführten F&E kommt damit hinsichtlich der Wachstumsimpulse die wichtigere Rolle zu. Die Ansätze knüpfen damit an Schumpeters Theorie der profitorientierten Innovationsanstrengungen von dynamischen Unternehmern an. – Vgl. auch → evolutorische Wachstumstheorie, → Wachstumstheorie.

technischer Verbesserungsvorschlag → Arbeitnehmererfindung.

technische Substitutionsrate → Grenzrate der Substitution gibt bei zwei → Produktionsfaktoren an, in welchem Umfang die Einsatzmenge des einen Faktors erhöht werden muss, wenn die Einsatzmenge des anderen Faktors gesenkt wird und die Ausbringungsmenge konstant bleiben soll.

technische Überwachungseinrichtung – technische Einrichtung, die dazu *bestimmt* ist, das Verhalten oder die Leistung der Arbeitnehmer zu überwachen. – *Mitbestimmung:* Hinsichtlich der Einführung und Anwendung von technischen Überwachungseinrichtungen hat der Betriebsrat ein erzwingbares Mitbestimmungsrecht in → sozialen Angelegenheiten nach § 87 I Nr. 6 BetrVG. Nach der überwiegenden Auffassung muss die Einrichtung zur Überwachung von Leistung und Verhalten der Arbeitnehmer aber nur *geeignet* sein; es ist also nicht erforderlich, dass sie dazu auch *bestimmt* ist. – Technische Überwachungseinrichtungen sind z.B. Filmkameras, automatische Zeiterfassungsgeräte, EDV-Anlagen, in denen Arbeitnehmerdaten gesammelt oder verwertet werden (→ Personalinformationssystem), automatische Erfassungen von Daten über die von Arbeitnehmern geführten Telefongespräche etc.

Technische Überwachungs-Vereine (TÜV) – früher: *Dampfkessel-Überwachungs-Vereine;* in Deutschland organisiert im TÜV Nord, TÜV Süd, TÜV Rheinland, TÜV Thüringen und TÜV Saarland in unterschiedlichen Gesellschaftsformen. Den Gesellschaften obliegen u.a. die Überprüfung von Kraftfahrzeugführern und Kraftfahrzeugen gemäß StVZO sowie die Erbringung von Dienstleistungen in den Bereichen der übrigen Sicherheitstechnik, des Umweltschutzes, der Energietechnik und der Wirtschaftlichkeit. Überwiegend sind die Gesellschaften vertreten im *Verband der Technischen Überwachungs-Vereine e. V. (VdTÜV)*, Essen.

Technische Universitäten (TU) – früher Technische Hochschulen (TH); Hochschulen zur Vermittlung von speziell technischen und sonstigen naturwissenschaftlichen Kenntnissen; anders als die → Universität nicht auf die Gesamtheit der Wissenschaften ausgerichtet. Verbindung von Forschung und Lehre durch Institute und die Professoren. – *Fakultäten/Fachbereiche:* Bauwesen, Maschinenbau, Elektrotechnik, Mathematik, Architektur, Bergbau, Chemie u.a. – *Aufnahmevoraussetzung:* Reifeprüfung, meist auch praktische Tätigkeit. – *Abschluss* des Studiums je nach Ausbildungszweig durch Master- oder Diplomprüfung; anschließend Möglichkeit zur Promotion zum Dr.-Ing.

technische Versicherung – Untergruppe der → Sachversicherung, unter der Versicherungen zur Deckung technischer Risiken im wörtlichen Sinn eingeordnet werden. Im Gegensatz zur allg. Sachversicherung zeichnen sich technische Versicherungen mehrheitlich durch Versicherung spezifisch benannter Sachen gegen alle unvorhergesehenen Sachsubstanzschäden aus, soweit kein expliziter Ausschluss vorliegt (Prinzip der unbenannten Gefahren, Allgefahrenversicherung). Dazu zählen die Versicherung betriebsbereiter technischer Anlagen gegen Sachschäden und/oder gegen → Vermögensschäden, die Versicherung von Bauwerken oder sonstiger technischer Anlagen während der Errichtungsphase gegen Sachschäden, die Versicherung technischer Anlagen gegen Sachschäden aus Herstellungs- oder Ausführungsfehlern während der Garantiezeit und die Versicherung technischer Geräte im Haushalt.

technische Zusammenarbeit – *technische Hilfe;* Know-how-Transfer im Rahmen der → Entwicklungshilfe, der i.d.R. im Wege der unentgeltlichen Entsendung von Fachkräften und der für bestimmte Projekte und Programme benötigten Materialien erfolgt.

technisch organisatorischer Bereich (TOB) – Teilbereich eines Unternehmens, der Personalkosten, Sachanlagen, Materialkosten, Umsätze, Gebühren und Provisionen umfasst.

Technisierung – ständig wachsender Einsatz von technischen Hilfsmitteln, auch in Arbeitsprozessen, die bisher ausschließlich der geistigen oder handwerklichen Tätigkeit des Menschen vorbehalten waren. – Zur Technisierung gehören im Einzelnen → Mechanisierung, → Maschinisierung und → Automatisierung.

Technologie – I. Allgemein: übergreifende, Wirtschaft, Gesellschaft und Technik verklammernde Wissenschaft von der Technik.

II. Mikroökonomik: formale Beschreibung aller für den Ökonomen relevanten Informationen über die Produktion; verkörpert zu jedem Zeitpunkt die Gesamtheit an technischem Wissen in einer Volkswirtschaft. – *Formen der Darstellung:* (1) → Produktionsfunktionen; (2) Aktivitätsmengen.

III. Soziologie: systematische Zusammenfassung und Integration einzelner Techniken zu einer auf spezifische Ziele und Zwecke gerichteten Verfahrensweise, einschließlich sozialer Technologien, z.B. einem Verfahren der Konfliktregelung. Moderne Technologien bestimmen und gestalten die sozialen Beziehungen und den sozialen Wandel in hohem Maße; sie können daher nicht isoliert von der Gesellschaft betrachtet werden und müssen auf ihre Sozialverträglichkeit hin bewertet werden.

IV. Unternehmensführung: Technologie im Sinn von „Managementtechnologie“ umfasst die Instrumente der Unternehmensführung und Organisation, und somit Ansätze, Denkweisen, Modelle, Methoden und Hilfsmittel für die Innovations- und Technologieplanung wie z.B. Technologie-Portfolio, Methoden der Bedarfserfassung, Bewertung von Ideen etc. Erfolgreiche technische Innovation ist an die Kombination von Produkt- und/oder Produktionstechnologie mit Management-Technologie gebunden.

Technologieallianz – vertraglich geregelte, meist strategisch orientierte, → Kooperation auf dem Gebiet der Entwicklung und oder Nutzung von → Technologien zwischen zwei rechtlich selbstständigen und oftmals in horizontaler Beziehung zueinander stehenden Organisationen mit dem Ziel, notwendige Potenziale für die Gestaltung strategischer Erfolgspositionen auszutauschen, bzw. gemeinsam zu entwickeln.

Technologiebeschaffung – Durch Technologiebeschaffung werden für das Unternehmen → Technologien zur Nutzung bereitgestellt. Technologiebeschaffung kann intern und extern erfolgen. *Interne* Technologiebeschaffung wird durch → Forschung und Entwicklung (F&E) realisiert. *Externe* Technologiebeschaffung erfolgt durch Zugriff auf unternehmensexterne Technologiequellen. Formen der externen Technologiebeschaffung sind u.a. → Vertragsforschung, Technologiekauf, Lizenznahme, Erwerb von oder Kooperation mit technologieorientierten Unternehmen (→ Technologieallianz) sowie Abwerben von Know-how-Trägern anderer Unternehmen und → Reverse Engineering. – Die Entscheidung für eine Form der Technologiebeschaffung wird durch Risiko-, Aufwands- und Zeitaspekte beeinflusst. Die unternehmensinterne Technologiebeschaffung ist mit technischen und wirtschaftlichen Risiken verbunden. Unternehmensinterne Forschung und Entwicklung kommt bes. bei hoher wettbewerbsstrategischer Bedeutung der Technologie sowie großer unternehmensinterner Kompetenz bez. des Technologiefeldes zur Anwendung. Bei mangelnder unternehmensinterner Kompetenz in diesem bzw. verwandten Technologiebereichen, fehlenden freien F&E-Kapazitäten und geringerer Wettbewerbsrelevanz werden oftmals externe Technologiequellen genutzt.

Technologiebewertung – Ziel der Technologiebewertung ist es, die an einem definierten Bewertungsmaßstab gemessene Bedeutung einer Technologie oder Ergebnisse einer Technologieentscheidung zu ermitteln und zu beurteilen. In Abhängigkeit von dem jeweiligen Bewertungsverfahren und der Zielstellung kann die Bewertung qualitativ oder quantitativ erfolgen. Bewertungsmaßstäbe werden durch die Unternehmensziele (z.B. Umsatz, Gewinn), die strategische Orientierung des Unternehmens (z.B. Marktanteil, Zeit- und Kostenvorteil) sowie durch Anforderungen und Normen gesetzt. Die Bewertung von Technologien ist ein wesentliches Instrument im Rahmen des → Technologiemanagements und unterstützt bes. die → Technologieplanung sowie das → Technologiecontrolling. Sie dient zur Kontrolle der Umsetzung von Technologieentscheiden im Rahmen der Implementierung der Technologiestrategie und bereitet sowohl Auswahl- als auch Veränderungsentscheidungen vor. In Abhängigkeit vom Bewertungsziel finden im Rahmen der Technologiebewertung verschiedene Analyse- und Bewertungsverfahren Anwendung. Neben → Stärken-/Schwächen-Analysen, Chancen-Risiken- und → Portfolio-Analysen werden Technologielebenszyklus- oder → S-Kurven-Konzepte sowie Roadmaps eingesetzt. Die Bewertung technologiebezogener Investitionsentscheidungen wird durch Net-Present-Value-Methoden oder Realoptionsansätze unterstützt.

Technologiecontrolling – ein eng mit der → Technologieplanung verbundenes Teilgebiet des → Technologiemanagements. Zum einen wird durch das Technologiecontrolling die Informationsversorgung dieses Managements sichergestellt und zum anderen die Effektivität und Effizienz der Planung und Realisierung von Technologieentscheiden überwacht und kontrolliert. Da bei identifizierten Soll-/Ist-Abweichungen die Ursachen ermittelt und die notwendigen Informationen und Entscheidungsvorlagen zur

Anpassung der Strategie an die Technologieplanung weitergegeben werden müssen, besitzt das Technologiecontrolling eine Schnittstelle zu den Steuerungsfunktionen. Controlling-Objekte sind Vorgaben bez. eingesetzter Produkt- und Prozesstechnologien sowie Entscheidungen im Hinblick auf die Technologiebeschaffung und -verwertung. Unterstützt wird das Technologiecontrolling sowohl durch Verfahren und Methoden aus dem → Controlling als auch dem Technologiemanagement, welche die erforderlichen qualitativen und quantitativen Informationen ermitteln und bewerten und komplexe Sachverhalte verarbeiten. – *Beispiele:* Technologie-Roadmapping, welches bes. zur Kontrolle der Strategieumsetzung geeignet ist, quantitative Bewertungsverfahren wie Net-Present-Value-Methoden oder Realoptionsansätze sowie die auf der Analyse und Bewertung von Technologien basierenden Portfoliomodelle.

Technologiefolgenabschätzung – *Technologiewirkungsanalyse, Technology Assessment;* keine einheitliche Verwendung des Begriffes, zumeist synonym verwendet mit: *Technikfolgenabschätzung, Technology Assessment.* – 1. *Zweck:* Systematische und von der Zielsetzung her vollständige Analyse und Bewertung der Wirkungen und Folgen einer Technologie/Technik in allen ersichtlich betroffenen Teilbereichen der natürlichen und sozialen Umwelt. – 2. *Ablaufstruktur:* (1) Definition der Assessment-Aufgabe; (2) Beschreibung des zu beurteilenden Technologie-/Technik-Komplexes; (3) Charakterisierung der gesellschaftlichen Situation; (4) Identifizierung von Bereichen der physikalischen und sozialen Umwelt, in denen Auswirkungen zu erwarten sind; (5) Ermittlung von möglichen Entwicklungsverläufen und Abschätzung der Auswirkungen; (6) Ermittlung von Handlungsempfehlungen und -optionen für politische Entscheidungsträger. – 3. *Problematik:* Aufgrund begrenzter finanzieller und personeller Ressourcen müssen Prioritäten in einer Technologiefolgenabschätzungs-Studie gesetzt werden. – Gefahr der politischen Einflussnahme. Die Grenze einer Technologiefolgenabschätzungs-Studie liegt bei nicht vorhersehbaren Wirkungen („Unknown Unknowns"). – 4. *Institutionalisierung:* in den USA „Office of Technology Assessment" (OTA), Washington D.C.; in Deutschland „Büro für Technikfolgenabschätzung des Deutschen Bundestages" (TAB), Bonn. – Vgl. auch → Technikbewertung, → Technikwirkungsanalyse.

Technologieförderungspolitik → Innovationsförderung, → Technologiepolitik.

Technologiefrühaufklärung – Versuch, technologische Entwicklungen schneller als konkurrierende Unternehmen zu erkennen. Da sich technologische Veränderungen oftmals ankündigen, müssen „schwache Signale" erfasst und bez. ihrer strategischen Bedeutung beurteilt werden. → Technologien sollen hinsichtlich potenzieller Steigerungen und Grenzen ihrer Leistungsfähigkeit, Verfügbarkeitszeitpunkten, Akzeptanz sowie positiven und negativen Folgewirkungen bewertet werden. Ziel der Technologiefrühaufklärung ist es, das Unternehmen vor Überraschungen und Risiken durch technologische Diskontinuitäten und Substitutionstechnologien zu bewahren sowie Chancen zum Aufbau von technologischen Wettbewerbsvorteilen frühzeitig aufzuzeigen. Als Informationsquellen dienen u.a. Patentschriften und Publikationen, Ausstellungen und Messen, Experten von Forschungseinrichtungen und Partner innerhalb der Wertschöpfungskette. Die Technologiefrühaufklärung wird durch spezielle Verfahren unterstützt, die bei der Erfassung, Bewertung und Darstellung von Informationen eingesetzt werden. Bewährte Methoden der Technologiefrühaufklärung sind Trendextrapolation, Delphistudien, Schutzrechtsanalysen, → Szenario-Technik und → Roadmapping.

technologiegestützter Bankvertrieb – Mobiler Bankvertrieb ist im Rahmen des sog. Multi-Channel-Vertriebs ein Distributionsweg, über welchen Kreditinstitute ihre Produkte und Dienstleistungen offerieren. Bankkunden können unabhängig von Standort und Öffnungszeiten des stationären Bankvertriebs (→ Stationärer Bankvertrieb) Bankgeschäfte tätigen. Hierzu zählen im Rahmen des → Electronic Banking unterschiedliche Methoden wie bspw. das Onlinebanking, das Telefonbanking, Electronic-Cash oder das Datenträgeraustauschverfahren.–Vgl. → E-Commerce, → Homebanking, → Fernabsatzvertrag.

Technologiemanagement

von Prof. Dr. Christian Mieke und Prof. Dr. Dieter Specht

I. Ziel und Aufgaben

Ziel des Technologiemanagements ist es, die Wettbewerbsfähigkeit von Unternehmen durch den Aufbau und die Weiterentwicklung technologiebasierter Erfolgspotentiale langfristig zu sichern. Technologiemanagement umfasst die Planung, Organisation, Führung und Kontrolle der Unternehmensprozesse, welche die Beschaffung, die Speicherung und die Verwertung von Technologien zum Inhalt haben. Das Technologiemanagement weist erhebliche Überschneidungen mit dem Innovationsmanagement und dem F&E-Management auf.

II. Prozess des Technologiemanagements

Der Prozess des Technologiemanagements umfasst vier Phasen (vgl. Abbildung).

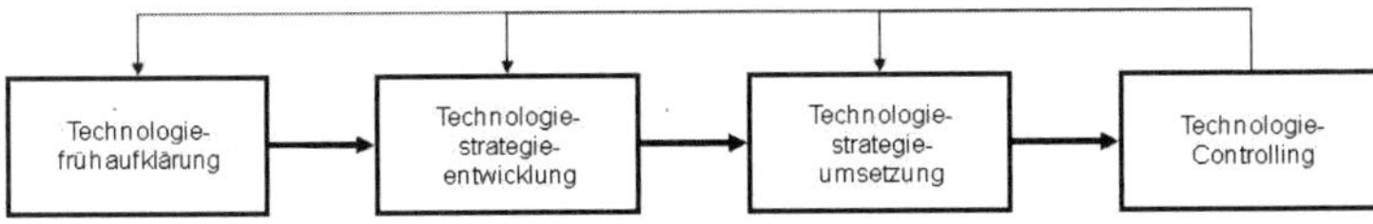

1. Technologiefrühaufklärung

Technologiefrühaufklärung (häufig auch: Technologie-Vorausschau) soll v.a. für das Unternehmen relevante, zukünftig bedeutende Technologien erfassen und beurteilen. Es werden die Entwicklung der Leistungsfähigkeit, die zeitliche Verfügbarkeit, die Akzeptanz sowie die positiven und negativen Folgewirkungen der Technologien eingeschätzt. Als Informationsquellen dienen u.a. öffentlich zugängliche schriftliche Dokumentationen, wie Patentschriften, Experten von Forschungseinrichtungen sowie Partner innerhalb der Wertschöpfungskette, wie Lieferanten und Kunden. Als unterstützende Methoden kommen Trendextrapolation, Expertenbefragungen und -workshops, Publikations- und Patentanalysen, Delphi-Studien, Technologielebenszykluskonzepte, Szenario-Technik und Technologie-Roadmapping zum Einsatz. Zukunftsbezogene Analyse muss mit Unsicherheit umgehen und diese abbilden. Die Methodenentwicklung der letzten Jahre hat insbesondere in Richtung Ausdifferenzierung und Präzisierung von Technologiefrühaufklärungs-Instrumenten gewirkt. Es wurden zahlreiche Methodenverknüpfungen (z.B. TRIZ und Roadmapping; Szenariotechnik und Roadmapping; Portfoliotechnik und Roadmapping) entworfen. Anderseits wurde neben diesen Detaillierungen auch die Schaffung einfach handhabbarer, robuster, mittelstandskonformer Methodenvarianten vorangetrieben.

2. Entwicklung von Technologiestrategien

Ausgehend von der technologischen Situation des Unternehmens und den identifizierten technologischen Entwicklungen können unter Einsatz von Portfoliotechnik, → Roadmapping, Technologiekalender und Investitionsrechnungen mehrdimensionale Technologiestrategien entwickelt werden.

Technologiearten und Technologieleistungsfähigkeit: Aus der Wettbewerbsstrategie sowie der Technologiefrühaufklärung werden die künftigen Technologiefelder des Unternehmens bestimmt und der angestrebte Grad der technologischen Leistungsfähigkeit festgelegt. Dabei wird in technologische Führerschaft und technologische Präsenz unterschieden. Die Strategie der technologischen Führerschaft ist bei hoher strategischer Bedeutung der Technologie und vorhandener unternehmensinterner Kompetenz empfehlenswert.

Beschaffungsquellen von Technologien: Hinsichtlich der Bezugsquellen von Technologien kann grundsätzlich zwischen unternehmensinterner Forschung und Entwicklung und unternehmensexterner Beschaffung von Technologien unterschieden werden. Eine unternehmensexterne Technologiebeschaffung, wie Auftragsforschung, Technologiekauf oder Lizenznahme ist bei begrenzter eigener F&E-Kapazität oder unzureichender Kompetenz sinnvoll.

Verwertung von Technologien: Bei der Technologieverwertung ist eine bezüglich Anwendungsbreite und -dauer optimale Nutzung der Technologie anzustreben. Die wirtschaftliche Verwertung der Technologie kann durch das Einfließen in Produkte und Prozesse des Unternehmens oder durch die Weitergabe der Technologie an andere Unternehmen erfolgen. Die Formen der externen Technologieverwertung sind denen der externen Technologiebeschaffung spiegelbildlich analog.

Zeitliche Aspekte: Die zeitlichen Aspekte der Technologiestrategie beziehen sich sowohl auf die Entwicklung neuer Technologien, die Inventionen, als auch auf die marktliche Verwertung der neuen Technologien, die Innovationen. Eine Führerrolle bietet dem Unternehmen die Option, Vorteile eines Pioniers, wie eine zeitlich begrenzte Monopolstellung, das Etablieren von Standards, die rasche Realisierung von Erfahrungskurveneffekten, zu nutzen. Durch den Einsatz eines qualitativ hochwertigen Projektmanagements und die Parallelisierung von Teilprozessen kann die Technologieentwicklungszeit auf das dafür erforderliche Maß verkürzt werden. Eine Folgerrolle ist sinnvoll, wenn es gelingt, am aufgebauten Know-how des Führers zu partizipieren ohne vergleichbar hohe Kosten und Risiken zu tragen.

3. Umsetzung der Technologiestrategien

Werden durch die Entwicklung von Technologiestrategien Handlungskorridore vorgegeben, so müssen zur Strategieumsetzung konkrete Maßnahmen zur Realisierung der technologischen Ziele erarbeitet werden. Vor allem sind die Aktivitäten zur Beschaffung und Verwertung von Technologien zu steuern. Da ein großer Anteil der Maßnahmen nicht den Charakter von Routinetätigkeiten aufweist, wird vom operativen Technologiemanagement erwartet, flexibel auf Veränderungen zu reagieren und optimale Wege innerhalb der

Handlungskorridore ohne gesonderte Planungsvorgaben zu identifizieren. Hierbei finden Instrumente des Projektmanagements wie Netzpläne und Meilensteintrendanalysen Anwendung.

4. Technologiecontrolling

Die Aufgabe des Technologiecontrolling ist es, das Technologiemanagement rechtzeitig mit Informationen über Fehlentwicklungen zu versorgen sowie Anpassungen im Planungsprozess vorzunehmen. Dazu müssen Planungs- und Kontrollinstrumente entwickelt und implementiert werden, die neue Entwicklungen im Unternehmensumfeld erkennen, die Umsetzung der Technologiestrategien überwachen sowie die Entstehung und Nutzung von technologischem Wissen im Unternehmen fördern. Geeignete Verfahren sind Projektdeckungsrechnung, Plan-Ist-Vergleiche und Profitabilitätsrechnungen. In Bereichen radikaler technologischer Innovationen, die möglicherweise noch nicht über hinreichende Akzeptanz in der Gesellschaft verfügen und hinsichtlich ihrer naturwissenschaftlichen Zusammenhänge unvollständig erforscht sind, werden Instrumente der Risikoabschätzung und -überwachung eingesetzt.

III. Organisation des Technologiemanagements

Die Organisation des Technologiemanagements beinhaltet die Gestaltung von Unternehmensstruktur, -prozessen und -kultur zur Realisierung von Rahmenbedingungen, die ein effektives und effizientes Technologiemanagement unterstützen. Neben der Primärorganisation, die dauerhaft anfallende Aufgaben wahrnimmt, existieren zeitlich oftmals befristete sekundärorganisationale Struktureinheiten zur hierarchie-, funktions- und projektübergreifenden Abstimmung. Zur Intensivierung der technologiebezogenen Innovationstätigkeit schaffen Unternehmen bspw. Projekthäuser, in denen die zusammenarbeitenden Akteure für eine gewisse Zeit auch räumlich zusammengeführt werden. Somit kann konzentriertes, auf fachlichen Austausch fokussierendes, vom Tagesgeschäft abgeschirmtes Erarbeiten neuartiger technologischer Lösungen gefördert werden. Es werden Anreiz- und Incentivierungssysteme eingeführt, mit dem Ziel, das Ersinnen und Einbringen technologischer Neuerungen auch bei Mitgliedern von Abteilungen außerhalb der F&E zu befördern.

Zunehmend gewinnen unternehmensübergreifende Organisationsformen des Technologiemanagements an Bedeutung. So schließen sich Unternehmen bspw. in Technologienetzwerken zusammen, um gemeinsam Technologiefrühaufklärungsaktivitäten und Technologieentwicklungen voranzutreiben. Der Zusammenschluss verschiedener Akteure führt zur Aufteilung von Kosten, zur Nutzung unterschiedlicher Informationsquellen und Deutungsschemata, zur Vernetzung von Kompetenzen und Ressourcen sowie zur Stärkung der Stellung im Hinblick auf das Setzen von Trends und Standards. Verstärkt werden für derartige Kooperationen auch bestehende Strukturen wie Branchenverbände genutzt. Somit entfallen Suchkosten für etwaige Partner und es kann auf bestehendes Vertrauen aufgebaut werden. Open-Source-Ansätze aus der Software-Entwicklung haben Unternehmen stimuliert, unter Nutzung des Weltnetzes interessierte, potenzielle Entwickler anzusprechen, für bestehende Probleme und Herausforderungen technologische Lösungen zu erarbeiten.

Technologiemarketing – Ausrichtung der marktrelevanten Aktivitäten der Unternehmung an technologischen Entwicklungen einerseits sowie an ausgewählten Problemfeldern gegenwärtiger und zukünftiger Kundenpotenziale andererseits unter Einsatz planender, steuernder, koordinierender und kontrollierender (formale Seite) sowie marketingpolitischer Instrumente (materielle Seite). Zum einen sind neue Technologien daraufhin zu untersuchen, ob bestehende Problemlösungen mit neuen Technologien billiger, qualitativ besser, umfassender oder sonstig attraktiver gelöst werden können. Zum anderen besteht die Möglichkeit, dass bisher mangels am Markt angebotener Problemlösungen noch keine Bedürfnisse bestehen, wohl aber Kundenprobleme, die mithilfe einer neuen Technologie gelöst werden können.

Technologiemenge – Menge der in einem Unternehmen aufgrund der verfügbaren Produktionsverfahren technisch möglichen → Aktivitäten.

technologieorientierte Unternehmensgründungen – Unternehmensgründungen, deren Produkte oder Dienstleistungen auf einer neuen technologischen Idee oder neuen Forschungsergebnissen basieren. Produkt- und Prozessinnovationen als Ergebnis der zentralen Unternehmensfunktion → Forschung und Entwicklung (F&E) stellen somit das wesentliche Unterscheidungsmerkmal dar. Typischerweise gehen dem Markteintritt umfangreiche technische Entwicklungsarbeiten voraus. – Vgl. → Innovationsförderung; → Technologietransfer.

Technologiepark – Einrichtung zur Ansiedlung technologie- und forschungsintensiver Unternehmen. I.d.R. ist der Technologiepark eine hochschulnahe Standortgemeinschaft und verfügt häufig über eine gemeinsam nutzbare Infrastruktur (z.B. zentrale Dienste wie Poststelle, Besprechungsräume, EDV-Anlagen, Management-Beratung). Die Trägerschaft kann öffentlich-rechtlicher oder privater Natur sein. Durch Kontakte zu Hochschulen erhalten auch kleinere Unternehmen Zugang zu forschungsgestützter Beratung und wissenschaftsorientierter Kooperation.

Technologieplanung – beschäftigt sich mit der Ideengenerierung zum Einsatz neuer Technologien sowie mit der Analyse und anschließenden Auswahl von Technologien. Die Technologieplanung enthält innerhalb der Ideengenerierung intuitive und kreative Anteile, die sich auf Erkenntnisse aus der Technologieerkennung und → Technologiefrühaufklärung stützen. Die Analyse und Auswahl von Technologien für den Einsatz im Unternehmen oder für Fremdvergabe, z.B. durch Lizensierung oder Patentverkauf, wird spezifiziert mit den Fragen der → Technologiebewertung, Technologieverwertung und des Schutzrechtsmanagements. Die Vielfalt der Aufgaben der Technologieplanung spiegelt sich in der Menge und Unterschiedlichkeit der eingesetzten Methoden innerhalb der Technologieplanung wider. Expertengespräche, Portfoliotechniken, Patentanalysen, Szenariotechnik etc. unterscheiden sich nicht nur in der Vorgehensweise, sondern auch in der Zielstellung und den erzielbaren Ergebnissen erheblich. Die Technologieplanung im Unternehmen kann sich i.d.R. nicht von vornherein auf eine bestimmte Methode festlegen, sondern muss je nach konkreter Aufgaben- und Fragestellung die geeignete Methode bzw. einen passenden Methodenmix auswählen und verfolgen. Technologieplanungen im Unternehmen finden i.d.R. parallel zum laufenden Tagesgeschäft in Projektgruppen mit Beteiligten aus unterschiedlichen Unternehmensbereichen und mit verschiedenen Kompetenzen statt. Der Anstoß erfolgt vielfach aus der Forschungs- und Entwicklungsabteilung oder von der Geschäftsleitung. Der zunehmenden Bedeutung der Technologieplanung Rechnung tragend, gehen bes. Konzerne dazu über, Stabsabteilungen zu installieren, die den Prozess der Technologieplanung steuern, durchführen und kontrollieren und je nach Bedarf durch interne und externe Experten verstärkt werden können.

Technologieplattformen → Technologiepolitik.

Technologiepolitik – 1. *Begriff*: Technologiepolitik ist die Gesamtheit der Maßnahmen, mit denen der Staat auf die Erhöhung des technischen Fortschritts in der Wirtschaft abzielt. Dazu zählen Subventionen und Steuervergünstigungen zur Förderung privater Forschungs- und Entwicklungsaktivitäten; die Bereitstellung wirtschaftlich verwertbaren technischen Wissens durch staatliche Forschungseinrichtungen; die Förderung des Absatzes und der Verwendung technologieintensiver Produkte; der gewerbliche Rechtsschutz, v.a. der Patentschutz; die Festsetzung von Normen und Standards, soweit damit eine raschere Verbreitung moderner Technologien bezweckt wird; die Bereitstellung einer innovationsfördernden Infrastruktur; die staatliche Beschaffungspolitik, soweit sie gezielt technologieintensive Güter nachfragt, um die Entwicklung und Verbreitung neuer Technologien zu fördern. Ausschlaggebend für die Zuordnung ist – wie bei anderen Politikdefinitionen auch – nicht die Wahl der Instrumente, sondern die Zielsetzung staatlichen Handelns. – Die Technologiepolitik steht in enger Beziehung zur Wissenschaftspolitik, da Wissenschaft und Technologie in enger Wechselwirkung zueinander stehen. Enge Verbindungen bestehen auch zur → Industriepolitik, da industrie- und technologiepolitische Ziele zumindest insoweit koinzidieren, wie es um die Förderung technologieintensiver Wirtschaftszweige geht. – 2. *Instrumente und Institutionen*: Der gesamte Bereich der Technologiepolitik umfasst eine Vielzahl von Maßnahmen, bei denen recht unterschiedliche Instrumente eingesetzt werden und zahlreiche Institutionen beteiligt sind. Das Schwergewicht liegt jedoch bei der finanziellen Förderung von Forschung und Entwicklung in privaten Unternehmen sowie in staatlichen Forschungseinrichtungen: a) Forschungsförderung in der Bundesrepublik Deutschland: Diese Ausgaben wurden zu einem Drittel vom Staat und zu zwei Dritteln von der Privatwirtschaft finanziert. (1) Die staatlichen Ausgaben werden zu rund zwei Dritteln vom Bund und rund einem Drittel von den Ländern finanziert. Die Ländermittel sind in starkem Maße auf die Hochschulforschung konzentriert, sodass ein Großteil dieser Ausgaben eher der Wissenschaftspolitik als der Technologiepolitik zuzuordnen sein dürfte. Bei den Bundesausgaben liegt der Schwerpunkt beim Bundesministerium für Bildung und Forschung (BMBF). Mit deutlichem Abstand folgen das Bundesministerium für Verteidigung (BMVg) sowie das Bundesministerium für Wirtschaft und Technologie (BMWi). Von den gesamten Forschungs- und Entwicklungsausgaben des Bundes fließt rund ein Viertel an die gewerbliche Wirtschaft und ist damit der Technologiepolitik i.e.S. zuzuordnen. Der weitaus größte Anteil entfällt auf die Organisationen ohne Erwerbszweck, zu denen u.a. die Deutsche Forschungsgemeinschaft sowie die staatlichen Großforschungseinrichtungen zählen. Die Zahlungen an das Ausland werden in erster Linie für internationale Organisationen geleistet, v.a. für die Europäische Union (EU) sowie die Europäische Weltraumorganisation (ESA). Die technologiepolitische Bedeutung dieser Institutionen hängt wesentlich davon ab, inwieweit die Ergebnisse ihrer Arbeiten wirtschaftlich nutzbar sind. (2) Die Förderung der Forschungs- und Entwicklungsarbeiten in staatlichen und halbstaatlichen Institutionen erfolgt überwiegend im Rahmen der institutionellen Grundfinanzierung, wobei v.a. die Großforschungseinrichtungen als Projektträger maßgeblich die BMBF-Projektförderung umsetzen. Dazu zählen u.a. das Deutsche Elektronen-Synchroton (DESY) in Hamburg, das Deutsche Zentrum für Luft- und Raumfahrt (DLR) in Köln, das Forschungszentrum Jülich (FZJ) sowie das Kernforschungszentrum Karlsruhe (KfK). (3) Eine ähnliche Größenordnung wie die institutionelle Förderung erreicht die Projektförderung, die zu rund zwei Dritteln an die gewerbliche Wirtschaft fließt. Dabei dominiert die direkte Projektförderung im Rahmen spezifischer Forschungsprogramme, deren Inhalte weitgehend vom Staat festgelegt werden.

Diejenigen Unternehmen, deren Förderungsanträge zu diesen Programmen genehmigt werden, erhalten i.d.R. einen Kostenzuschuss von 50 Prozent. Bei marktfernen Projekten kann dieser Fördersatz überschritten werden. Daneben gibt es Programme zur indirekt-spezifischen Förderung, bei denen der Staat zwar den Technologiebereich, aber nicht die Inhalte der einzelnen Projekte beeinflusst. Sie hat allerdings ein deutlich geringeres Gewicht als die direkte Projektförderung. Schließlich werden privatwirtschaftliche Forschungs- und Entwicklungsarbeiten indirekt gefördert, etwa durch Personalkostenzuschüsse, Bürgschaften oder Kapitalbeteiligungen. Diese indirekten Maßnahmen richten sich in erster Linie an mittelständische Unternehmen. Die in anderen Ländern weit verbreitete indirekte Forschungsförderung über Steuererleichterungen und Sonderabschreibungen wird derzeit in Deutschland nicht praktiziert. – b) Forschungsförderung in der EU: (1) Gemeinschaftliche EU-Forschungs- und Technologiepolitik: Ziel ist es, die Forschungsarbeit in den einzelnen Mitgliedsstaaten zu organisieren und die jeweiligen einzelstaatlichen Strategien zu koordinieren. Mit der Erklärung von Lissabon wurde das Ziel verkündet, Europa zum „dynamischsten und wettbewerbsfähigsten wissensbasierten Wirtschaftsraum der Welt" zu machen. Europaweit sollen die Ausgaben auf 3 Prozent des Bruttoinlandsprodukts (BIP) gesteigert werden. – *Hauptinstrument* ist das (i.d.R. vierjährige) *Forschungsrahmenprogramm*, das Prioritäten, die wissenschaftlichen und technologischen Ziele sowie Grundzüge der Fördermaßnahmen festlegt. Es ist für alle öffentlichen und privaten Einrichtungen offen. Das 6. Forschungsrahmenprogramm (2002–2006) hatte ein Gesamtvolumen von 17,5 Mrd. Euro. Das 7. Forschungsrahmenprogramm (2007-2013) weist ein Gesamtvolumen von 53,3 Mrd. Euro auf. – *Weitere Instrumente:* integrierte Projekte (Förderung von Forschungstätigkeiten zur Erzeugung von neuem Wissen in bestimmten Forschungsbereichen) und spezifische gezielte Projekte (Erzielung konkreter Forschungsergebnisse oder Erfüllung bestimmter Bedürfnisse auf europäischer Ebene); Exzellenznetze (langfristige Verflechtung wichtiger Forschungseinrichtungen und -institute); EU-Beteiligung an gemeinsamen Forschungsprogrammen mehrerer Mitgliedsstaaten; Koordinierungsmaßnahmen; programmunterstützende Begleitmaßnahmen. – Für die Zukunft sind sog. Technologieplattformen für bestimmte Bereiche (z.B. nachhaltige Energiegewinnung aus erneuerbaren Energien) geplant, die eine langfristige Vision (bis 2020/2030) für die EU-Forschung erstellen sollen. Des Weiteren ist auch die Errichtung eines Europäischen Forschungsrates im Gespräch; dieser soll die Grundlagenforschung koordinieren und besser mit der angewandten Forschung abstimmen. (2) Seit dem Jahre 1985 wird die gemeinschaftliche Forschungs- und Technologiepolitik der EU ergänzt durch die Forschungsinitiative EUREKA (EURECA, European Research Coordinating Agency), an der Unternehmen und Forschungseinrichtungen aus 33 Mitgliedsstaaten (eine Beteiligung aus EU-Nicht-Mitgliedsstaaten ist möglich) sowie die Kommission der EU beteiligt sind. Im Rahmen von EUREKA werden marktnahe Projekte der Hochtechnologie durchgeführt, an denen Unternehmen oder Forschungsinstitute aus mind. zwei europäischen Ländern beteiligt sind. Eventuelle Fördermittel müssen bei den jeweiligen nationalen Regierungen beantragt werden; übergreifende Themenvorgaben oder Förderrichtlinien gibt es nicht. Die Koordinierung erfolgt durch jährlich stattfindende EUREKA-Ministerkonferenzen sowie durch das EUREKA-Sekretariat in Brüssel. – 3. *Bedeutung:* Die Technologiepolitik rückt zunehmend in den Brennpunkt wirtschaftspolitischer Diskussionen. Die Regierungen vieler Länder stehen unter dem Eindruck, dass sich der globale Wettbewerb auf den Weltmärkten verschärft und dass die Wachstums- und Einkommenschancen von Ländern immer stärker von ihrer technologischen Leistungsfähigkeit im internationalen Vergleich abhängen. Der Technologiepolitik wird eine Schlüsselrolle zugerechnet bei der Schaffung der Grundlagen, die zur Behauptung im internationalen Wettbewerb nötig sind. Auf welche Art und Weise dies geschehen soll, ist allerdings stark umstritten.

Technologie-Portfolio → Portfolio-Analyse.

Technologie-Portfolio-Analyse – Instrument des strategischen Managements. Während die „normale" Portfolio-Analyse auf Produkte und Produktsegmente gerichtet und der Bestimmung von → Geschäftsfeldstrategien zuzuordnen ist, zielt die Technologie-Portfolio-Analyse auf die strategische Beurteilung technologischer Prozesse und Verfahren und ist Teil der Bestimmung von Funktionalstrategien. Als Bewertungsdimensionen verwendet sie die Technologie-Attraktivität und die Fähigkeit, die Technologie zu beherrschen. Ähnlich wie die Produkt-/Marktbezogene Portfolioanalyse schlägt die Technologie-Portfolio-Analyse Normstrategien vor.

Technologiestrategie – Die langfristige Technologiestrategie dient der Planung und Festlegung der Maßnahmen und Aktivitäten zur Erreichung der technologischen Ziele von Unternehmen, die i.d.R. auf die Stärkung der Wettbewerbsfähigkeit abstellen. Die Technologiestrategie eines Unternehmens bezieht sich auf die Dimensionen Auswahl von Technologiearten, Leistungsfähigkeit der Technologien, Beschaffungsquellen und Verwertungsoptionen von Technologien sowie zeitliche Aspekte. Technologiestrategien können für einzelne Geschäftsfelder, ganze Unternehmen oder Unternehmensnetzwerke definiert werden. Ebene und Umfang der Technologiestrategie richten sich u.a. nach der Diversifikationshöhe des Unternehmens, der Verschiedenartigkeit der betrachteten Technologien, den Synergiepotenzialen und etwaigen Ressourcenbeschränkungen. Zur Entwicklung von Technologiestrategien bedarf es klar definierter Technologieziele sowie qualitativ und quantitativ hinreichender Informationen aus der → Technologiefrühaufklärung und dem → Technologiecontrolling. Zur methodischen Unterstützung der Entwicklung von Technologiestrategien eignen sich v.a. Technologie-Portfolios und Technologie-Roadmaps.

Technologietransfer – 1. *Charakterisierung:* Weitergabe von technischem Wissen von der Entstehung hin zur Verwendung im → Produktionsprozess. Technologietransfer bedeutet institutionell den planvollen, zeitlich limitierten, privatwirtschaftlichen oder staatlich unterstützten Prozess der Diffusion oder Verbreitung von Technologie zur wirtschaftlichen Nutzbarmachung für Dritte. Die Übertragung erfolgt i.Allg. durch Rechtsakt (z.B. Lizenzvertrag). Der Technologietransfer kann zwischen Hochschulen, Forschungseinrichtungen, Erfindern und Unternehmen, innerhalb eines internationalen Unternehmens, zwischen verschiedenen Unternehmen oder zwischen Industrie- und Entwicklungsländern stattfinden. – 2. *Mögliche Bestandteile/Inhalte:* (1) freie Technologien (Patente, Lizenzen, Know-how); (2) gütergebundene Technologien (in Form von Spezialmaschinen, Ausrüstungen und sonstigen Gütern bis zur „schlüsselfertigen Fabrik"); – 3. *Bedeutung:* Technologietransfer reduziert die Diskrepanz von potenziellem und aktuellem Nutzungsgrad einer Technologie. Entwicklungsländer sind aufgrund technologischer Rückständigkeit in starkem Maße auf Technologietransfer angewiesen. – Vgl. auch → Forschung und Entwicklung (F&E), → Innovation, → technologieorientierte Unternehmensgründung, → Technologietransferförderung.

Technologietransferförderung – 1. *Begriff:* Maßnahmen zur Förderung des → Technologietransfers. Adressaten der Technologietransferförderung sind v.a. kleine und mittlere Unternehmen, denen auf diese Weise der Zugang zu neuem technischen Wissen erleichtert werden soll. – 2. *Instrumente* der Technologietransferförderung sind u.a. finanzielle Unterstützung bei der Inanspruchnahme von Innovations- und Technologieberatungen oder bei der Vergabe von Forschungs- und Entwicklungsaufträgen an externe Einrichtungen. Auch die öffentliche Unterstützung von → Technologiezentren ist als eine Form der Technologietransferförderung anzusehen.

Technologiewirkungsanalyse → Technologiefolgenabschätzung.

Technologiezentren – *Technologie- und Innovationszentren;* als Standortgemeinschaft meist junger, technologieorientierter Unternehmen oder Betriebe verstanden. Das Ziel besteht darin, Unternehmen (auch Einzelpersonen), die sich auf verschiedenen, mehr oder weniger benachbarten, Gebieten der Forschung und Entwicklung betätigen, in räumlicher Nähe zueinander Produktionsstandorte zur Verfügung zu stellen, auch Zugang zu externen Forschungseinrichtungen (z.B. Universitäten) zu verschaffen, um nach Möglichkeit Synergieeffekte auszulösen. Vorbild der Technologiezentren war Silicon Valley. Technologiezentren dienen u.a. auch der regionalen Strukturpolitik, mit denen regionale Entwicklungsschwerpunkte in technologisch anspruchsvollen und zukunftsweisenden Produktionsbereichen entstehen sollen. Träger von Technologiezentren sind überwiegend Gesellschaften, an denen die öffentliche Hand (Kommunen), Industrie- und Handelskammern, Banken und Sparkassen beteiligt sind. Diese Gesellschaften verfolgen i.d.R. keinen Erwerbszweck.

technologische Gatekeeper – Personen im Unternehmen, die über eine ausgeprägte Fach- oder Methodenkompetenz in einem Technologiefeld verfügen und als Kommunikatoren innerhalb des Unternehmens und nach außen wirken. Die hierarchische Eingliederung im Unternehmen spielt hierbei keine entscheidende Rolle, wichtig ist aber, dass sie über Abteilungs- und Bereichsgrenzen als kompetente Ansprechpartner wahrgenommen werden.

technologische Konjunkturtheorien – 1. *Charakterisierung:* → Konjunkturtheorien, bei denen die Einführung technischer Neuerungen als Hauptursachen konjunktureller Schwankungen gedeutet wird. Ein oder wenige Unternehmerpioniere bewirken Aufschwung durch Einführung neuer Produktionsverfahren oder neuer Güter; sobald sich deren Rentabilität abzeichnet, folgt die Masse der branchengleichen Unternehmer nach. Der Aufschwung geht in depressive Anpassung über, nachdem die Prozess- bzw. Produktinnovation durch die gesamte Wirtschaft diffundiert ist und ein Übermaß an Fertigerzeugnissen auf dem Markt erscheint. – *Hauptvertreter:* Schumpeter. – 2. *Kritik:* Es wird nicht erklärt, wie Erfindungen bzw. Innovationen zustande kommen. Einige Autoren lassen die technologische Konjunkturerklärung nur für wirklich große Erfindungen wie z.B. Dampfmaschine, Eisenbahn, Elektrizität, Automobil gelten; damit wird dann der Kondratieff-Zyklus (→ Konjunkturzyklus) erklärt.

technologische Konkurrenzanalyse – Teil der → Technologiefrühaufklärung; Beobachtung und Bewertung von bestehenden und potenziellen Konkurrenzunternehmen aus technologischer Perspektive. Der Beobachtungsfokus liegt dabei bes. auf Unternehmen, denen der Besitz oder die Entwicklung von Substitutionstechnologien zugetraut wird. Durch die gezielte Analyse sollen Chancen und Risiken frühzeitig erkannt werden.

technologische Lücke – *Technological Gap;* viel diskutierter Begriff für die Lücke im technologischen und organisatorischen Wissen und Können innerhalb der hoch entwickelten Industrieländer (z.B. Elektronik). Dabei handelt es sich nicht so sehr um eine technologische Kluft als um eine Lücke im Management.

technologischer Umweltschutz → Umwelttechnologie.

technologische Voraussage – 1. *Begriff:* Voraussage der technologischen Entwicklung sowie deren weiteren Auswirkungen auf Gesellschaft und/ oder Unternehmen (→ Technologiefolgenabschätzung), d.h. die Exploration möglicher technologischer Entwicklungen. – 2. *Abgrenzung zu* → Prognose: Der logischen Struktur nach unterscheiden sich Erklärung und Prognose nicht. Ein Vorgang (Explanandum) kann aus allg. raum- und zeitunabhängigen Theorien, Gesetzen und Hypothesen und mind. einer singulären Rand- oder Antezedenzbedingung (Explanans) deduktiv abgeleitet werden: Bei der Erklärung ist in der Gegenwart das Explanandum gegeben, das Explanans wird gesucht; bei der Prognose ist das Explanans in der Gegenwart gegeben, das Explanandum wird gesucht. Prognose in diesem Sinn beinhaltet somit nicht Voraussagen, die keine rationale, intersubjektiv überprüfbare Begründung enthalten, damit auch keine technologische Voraussage, da der → technische Fortschritt als rational nicht erklärbar, sondern als durch wissenschaftliche Durchbrüche zufallsbedingt galt. Technologische Voraussagen werden jedoch als deduktiv-statistische und induktiv-statistische Voraussagen wegen des Fehlens allgemeingültiger Theorien abgegeben, die Möglichkeit einer experimentellen Überprüfung von Erklärungen wird durch den Diskurs ersetzt; aufgrund von „Quasi-Gesetzen" und „empirischen Regelmäßigkeiten" sind rationale technologische Voraussagen mit einer gewissen Wahrscheinlichkeit möglich. – 3. *Methoden:* U.a. Trendextrapolation (→ Extrapolation), → Expertenbefragung, → Delphi-Technik, Morphologischer Kasten. – Vgl. auch → Kreativitätstechniken.

technologisch unverbundene Produktion – Elementartyp der Produktion (→ Produktionstypen), der sich aus dem Merkmal des Grades der Verbundenheit der Produkte bei der Produktion ergibt. Bei technologischer unverbundener Produktion werden Güter ohne Kopplung mit der Entstehung anderer Güter technologisch in einem Prozess hergestellt. – *Beispiel:* Herstellung von Kleidungsstücken in einer Näherei. – *Gegensatz:* → technologisch verbundene Produktion.

technologisch verbundene Produktion – *Kuppelproduktion;* Elementartyp der Produktion (→ Produktionstypen), der sich aus dem Merkmal des Grades der Verbundenheit der Produkte bei der Produktion ergibt. Bei technisch verbundener Produktion entstehen simultan mehrere gleichartige oder verschiedenartige Güter (→ Kuppelprodukte). – Je nachdem, ob das Mengenverhältnis der Kuppelprodukte bei einem bestimmten Leistungsverhältnis eines Prozesses veränderlich ist oder nicht, wird *unterschieden:* (1) *Starre Kuppelproduktion;* (2) *elastische Kuppelproduktion.* Bei der starren Kuppelproduktion treten bes. Planungsprobleme auf, wenn die Absatzmöglichkeiten der Unternehmung für die Kuppelprodukte in Relation zu den realisierbaren Prozessniveaus nicht harmonisieren. Sofern über absatzpolitische Maßnahmen oder eine → Veredelung durch Weiterverarbeitung kein Ausgleich geschaffen werden kann, entsteht bei einzelnen Kuppelprodukten entweder eine Überschussproduktion oder bei anderen sind bestehende Absatzchancen nicht voll nutzbar. – *Beispiel:* Gewinnung von Ölderivaten in einer Raffinerie. – Vgl. auch → technologisch unverbundene Produktion.

Technology Assessment → Technologiefolgenabschätzung.

Technology Push – *Knowledge Push, Technologieschub, Technologiedruck;* technologische Entwicklung, die, unabhängig von am Markt identifizierten Kundenbedürfnissen, auf Basis des unternehmensinternen Technologie- und Leistungspotenzials realisiert und am Markt eingeführt wird. Das Ergebnis einer Technology-Push-Strategie sind häufig radikale Innovationen mit hohem Ertragspotenzial, deren Realisierung sowohl mit hohem Zeitaufwand als auch erheblichen Risiken verbunden ist. So steht bes. bei radikalen Innovationen der Gefahr, keinen Markt zu finden, die Chance gegenüber, durch neue Technologien neue Märkte zu schaffen.

Teesteuer → Verbrauchsteuer, die neben Einfuhrzoll und Einfuhrumsatzsteuer erhoben wurde; zum 1.1.1993 abgeschafft. – *Aufkommen 1992:* 30,3 Mio. Euro.

Teil – in der Terminologie der → PPS-Systeme Oberbegriff für alle Fertigungsobjekte: Endprodukte, Zwischenprodukte, → Baugruppen, Einzelteile, Ersatzteile, Materialen, Roh-, Hilfs- und Betriebsstoffe.

Teilabweichung → Abweichungen.

Teilakzept – Form eines Akzeptes auf einem → Wechsel, bei dem der → Bezogene nicht die volle Forderung anerkennt (z.B. bei Lieferung von Waren mit Mängeln). – Vgl. → Akzept.

Teilanrechnungssystem – ein Körperschaftsteuersystem, bei dem dem Anteilseigner nach Empfang der Dividende ein Teil der von der Gesellschaft bezahlten Körperschaft auf seine persönliche Einkommensteuer angerechnet bzw. evtl. sogar erstattet wird. – Vgl. → Körperschaftsteuersysteme.

Teilarbeitslosengeld → Arbeitslosengeld.

teilautomatisierte Produktion – Elementartyp der Produktion (→ Produktionstypen), der sich aus dem Merkmal des Mechanisierungsgrades ergibt. Die teilautomatisierte Produktion ist dadurch gekennzeichnet, dass die Steuerung der einzelnen Maschinen mechanisiert ist und auch ein entsprechender Grad der Selbsttätigkeit der Transportvorgänge vorliegt. Die Arbeitskräfte beschränken sich auf Ingangsetzung, Rohstoffzufuhr und Produktentnahme sowie allg. Überwachungstätigkeiten einschließlich Instandhaltungsmaßnahmen. – *Beispiel:* Gewinnung von Kohle mit dem Schrämmhobel. – Vgl. auch → manuelle Produktion, → maschinelle Produktion, → vollautomatisierte Produktion.

Teilautomatisierung → Automatisierung.

teilautonome Arbeitsgruppe – *selbststeuernde Arbeitsgruppe;* durch das Tavistock-Institut entwickelte, im Zuge der Einführung in den Volvo-Werken in Kalmar bekannt gewordenes Verfahren der → Arbeitsgestaltung, nach der eine Kleingruppe eine komplexe Aufgabe übernimmt, deren Regelung von der Gruppe teilautonom vorgenommen wird. Dabei sind auch klassische Führungsfunktionen wie Arbeitsvorbereitung, Arbeitsorganisation und Arbeitsergebniskontrolle an die Gruppe delegiert, sodass sie über Entscheidungs- und Kontrollkompetenzen verfügt. Je nach den Sachverhalten, die der Arbeitsgruppe zur eigenverantwortlichen Wahrnehmung übertragen werden, kann man verschiedene Grade der Selbststeuerung unterscheiden.– Diese weitest reichende Methode der Verselbstständigung der Arbeitnehmer kann im Extremfall sogar auf einen Vorgesetzten verzichten, da möglichst alle Arbeiten von jedem Mitglied der Arbeitsgruppe beherrscht werden sollten, womit Hierarchien überflüssig werden können. – Als *Ergebnis* dieser Maßnahme sind Erhöhungen der → Arbeitszufriedenheit, eine hohe intrinsische Motivation sowie dadurch Senkungen der → Fehlzeiten beobachtet worden.

Teilbereich → organisatorischer Teilbereich.

Teilbereichsorganisation – 1. *Begriff:* Kompetenzabgrenzung innerhalb → organisatorischer Teilbereiche, etwa dem Beschaffungsbereich (→ Beschaffungsorganisation), dem Fertigungsbereich (→ Fertigungsorganisation), dem Vertriebs- bzw. Absatzbereich (→ Vertriebsorganisation), dem Personalbereich (→ Personalorganisation), dem Forschungsbereich (→ Forschungsorganisation) und dem Entwicklungsbereich (→ Entwicklungsorganisation). – *Gegensatz:* → Organisationsmodell (für die Gesamtunternehmung). – 2. *Ausgestaltung:* in vertikaler Sicht mehr zentral (→ Zentralisation) oder mehr dezentral (→ Dezentralisation) und in horizontaler Sicht eindimensional oder mehrdimensional mit unterschiedlichen Formen von → Zentralbereichen.

Teilbeschäftigter → Mehrfachbeschäftigter.

Teilbetrieb – 1. *Begriff:* Teil eines Unternehmens, der in organisatorischer Hinsicht einen selbstständigen Betrieb bildet, d.h. eine aus eigenen Mitteln funktionsfähige Einheit darstellt (ausdrückliche Defintion in Art. 2i der → Fusionsrichtlinie; Definition in dt. steuerlichen Vorschriften im Wesentlichen durch Rechtsprechung). – 2. *Einkommensteuerrecht:* Die Veräußerung eines Teilbetriebs durch eine Personengesellschaft oder natürliche Person führt zu → außerordentlichen Einkünften und wird in bestimmten Grenzen auf Antrag mit einem ermäßigten Steuersatz besteuert (§ 34 III EStG; maximal bis zu einem Gewinnbetrag von 5 Mio. Euro, Antrag setzt aber voraus, dass der Steuerpflichtige bestimmte zusätzliche Voraussetzungen erfüllt), ansonsten kommt es aber i.d.R. wenigstens durch eine bes. Regelung zur Berechnung des Steuersatzes zu einer Glättung von Progressionssprüngen, die sich aus der eventuellen massiven Aufdeckung stiller Reserven in einem einzigen Jahr ergeben (§ § 16, 34 I EStG). – 3. *Einkommen- und Körperschaftsteuer:* Unter bestimmten Voraussetzungen ist die Einbringung eines Teilbetriebs in eine Kapital- oder Personengesellschaft gegen Gewährung von Anteilen an dieser Gesellschaft steuerfrei möglich, wenn die neue Gesellschaft die Buchwerte des Teilbetriebes fortführt (→ Buchwertfortführung; → Einbringung in eine Personengesellschaft; → Einbringung in eine Kapitalgesellschaft). – 4. *Körperschaftsteuer:* Die Spaltung von Kapitalgesellschaften in ihre Teilbetriebe ist ebenfalls steuerbegünstigt möglich.

teilbewegliche Kosten – mit dem → Beschäftigungsgrad nicht direkt proportional veränderliche Kosten, von denen ein Teil unabhängig vom Beschäftigungsgrad in fester Höhe anfällt. – *Ermittlung* der → Sollkosten von teilbeweglichen Kostenarten (bes. für die Plankostenrechnung): (1) mithilfe von → Variatoren, (2) durch Festlegung des Festanteils in der → Kostenplanung mit einem Prozentsatz der Kostenhöhe der → Basisbeschäftigung.

Teilcharter – 1. *Begriff:* Veranstalter mietet nur ein bestimmtes Kontingent eines Schiffes, Flugzeuges o. eines anderen Transportmittels (auch Split- oder Blockcharter). – Vgl. → Vollcharter, → Reisecharter. – 2. *Merkmale:* a) Die Kapazität eines Flugzeuges (oder anderen Transportmittels) wird von mehreren Reiseveranstaltern geteilt. – b) Ein einzelner Reiseveranstalter chartert eine bestimmte Anzahl von Plätzen im Rahmen eines gewerblichen Gelegenheitsverkehrs (z.B. Ferienflug oder Linienflug), die restliche Kapazität wird über Einzelplatzbuchungen vermarktet. Die Verträge, Abwicklung und Zahlung laufen direkt zwischen der Fluggesellschaft und den Teilchartern.

Teilebedarfsrechnung – Ermittlung des für eine Planungsperiode erforderlichen Gesamtbedarfs an Baugruppen und Einzelteilen für die Produktion mehrteiliger Produkte. Teilebedarfsrechnung erfolgt mithilfe von → Gozinto-Graphen oder → Matrizenrechnung.

Teilefertigung – Vorstufe der Produktion bei → mehrstufiger Produktion vor der → Montage (Zusammensetzung fertiger Teile). Teileserien sind oft größer als Montageserien, weil (1) Teile in verschiedenen Produkten verwendet werden, (2) die Belieferung von Reparaturwerkstätten, Einzelhandel u.a. auch mit Teilen erfolgt. Teilefertigung ist daher oft Serien-, Großserien- und Massenproduktion.

Teileigentum → Wohnungseigentum.

Teileinkünfteverfahren – Seit dem Veranlagungszeitraum 2009 wird das sog. → Halbeinkünfteverfahren durch das Teileinkünfteverfahren abgelöst. Demnach sind Einnahmen aus Dividenden und aus der Veräußerung von Kapitalgesellschaftsanteilen, die im Betriebsvermögen gehalten werden, nicht mehr mir

50 Prozent (Halbeinkünfteverfahren) sondern mit 60 Prozent der Einkommensteuer zu unterwerfen (§ 3 Nr. 40 EStG). Darüber hinaus kommt das Teileinkünfteverfahren zur Anwendung, wenn die Beteiligung innerhalb der letzten fünf Jahre die 1-Prozent-Grenze überschritten hat (gewerbliche Einkünfte nach 17 EStG, → wesentliche Beteiligung). Die mit diesen Einnahmen im Zusammenhang stehenden Ausgaben können in analoger Anwendung nur mit 60 Prozent steuermindernd berücksichtigt werden (§ 3c II EStG). Ab dem Veranlagungszeitraum 2011 gilt das Teilabzugsverbot bereits bei Einkünfteerzielungsabsicht – unabhängig davon, ob tatsächlich ein Einnahmezufluss vorliegt (§ 3c II Satz 2).

Teilerhebung – Begriff der Statistik für eine → Erhebung, bei der nur *ein Teil* der → Grundgesamtheit untersucht wird (→ Teilgesamtheit); damit ergibt sich eine → Stichprobe i.w.S. Teilerhebungen sind kostengünstiger als → Vollerhebungen; bei unendlichen Grundgesamtheiten oder bspw. einer zerstörenden Prüfung sind nur Teilerhebungen möglich. Je nachdem, nach welchem → Auswahlverfahren die Teilerhebung erfolgt, ist die Übertragung von Ergebnissen der Teilerhebung auf die Grundgesamtheit (→ Hochrechnung) mehr oder minder problematisch. Ist diese Übertragung möglich, so ist die Stichprobe repräsentativ (→ Repräsentativität). – *Gegensatz:* → Vollerhebung.

Teileverwendungsnachweis – 1. *Begriff:* in der → Produktionsplanung und -steuerung eine Aufstellung, in der angegeben ist, in welche anderen → Teile ein Teil eingeht; Aufbau und Inhalt analog zur → Stückliste, aber in umgekehrter Betrachtungsrichtung. – 2. *Arten:* Baukasten-Teileverwendungsnachweis (einstufiger Teileverwendungsnachweis), Struktur-Teileverwendungsnachweis (mehrstufiger Teileverwendungsnachweis) und Mengenübersichts-Teileverwendungsnachweis.

Teilgesamtheit – Teilmenge jeder Art einer → Grundgesamtheit, z.B. Stichprobe i.w.S. (→ Teilerhebung), → Schicht, → Klumpen.

Teilgewinnabführungsvertrag → Unternehmensvertrag, durch den sich eine AG verpflichtet, einen Teil ihres Gewinns oder den Gewinn einzelner Betriebe ganz oder z.T. an einen anderen abzuführen (§ 92 I Nr. 2 AktG).

Teilgewinnrealisation → Gewinnrealisation.

Teilhaber – Mitinhaber einer → Personengesellschaft, der mit einem Geschäftsanteil, ausgewiesen auf → Kapitalkonto, am Gesellschaftsvermögen und Erfolg (Gewinn oder Verlust) beteiligt ist. – *Steuerliche Behandlung:* → Mitunternehmer.

Teilhaberbetrieb – mögliche Form des → Dialogbetriebs bei einem → Mehrplatzrechner. Mehrere → Benutzer arbeiten gleichzeitig über Terminals gemeinsam mit einem in der Zentraleinheit befindlichen → Anwendungsprogramm. Dieses muss für die gleichzeitige Nutzung durch mehrere Benutzer geeignet (d.h. parallel nutzbar) sein. Das → Betriebssystem (BS) bzw. der → TP-Monitor des Rechners muss dafür sorgen, dass Benutzer, die gleichzeitig auf dieselben → Daten zugreifen wollen, sich nicht gegenseitig blockieren. – *Alternative zum Teilhaberbetrieb:* → Teilnehmerbetrieb.

Teilhaberpapiere → Wertpapiere, die neben dem Kapitalanteil ein Mitgliedschaftsrecht verbriefen, z.B. Aktien.

Teilhabersteuer → Unternehmensbesteuerung.

Teilindossament → Indossament, das auf einen Teil der Wechsel- oder Schecksumme beschränkt ist. Ein Teilindossament ist in Deutschland nichtig (Art. 12 II WG, Art. 15 II ScheckG).

Teilkaskoversicherung – 1. *Begriff:* → Sachversicherung als Teil der → Kfz-Kaskoversicherung mit begrenztem Deckungsumfang. Die → Teilkaskoversicherung soll den Versicherungsnehmer vor Vermögensschäden bewahren, die aus Beschädigung, Zerstörung oder Verlust seines Kraftfahrzeugs und seiner unter Verschluss verwahrten oder an ihm befestigten Teile sowie bestimmter Zubehörteile entstehen. – 2. *Versicherte Gefahren:* In der Teilkaskoversicherung sind → versicherte Gefahren und → Schäden: Brand oder Explosion, Entwendung, Sturm, Hagel, Blitzschlag, Überschwemmung, Zusammenstoß mit Haarwild, Glasbruch, Brand- oder Schmorschäden an der Verkabelung durch Kurzschluss. In der Praxis bes. bedeutsam sind Entwendungfälle, Wildschäden sowie Glasbruch. – Vgl. auch → Kfz-Kaskoversicherung.

Teilkonnossement – Sonderform des → Konnossements, bei der nur ein Teil einer Gesamtlieferung als empfangen bescheinigt wird, weil z.B. bes. Transportbedingungen eine andere Verschiffung notwendig machten. – Teilkonnossemente stellen beim *Importhandel* eine Aufteilung des Original- bzw. Gesamtkonnossements dar, die im Rahmen der repräsentierten Teilmenge die gleichen Rechtsansprüche verbriefen. Auf diese Weise kann der Importeur die gekaufte Ware in kleineren Teilmengen an (kleinere) Nachfrager weiterverkaufen. Teilkonnossement ist in der Praxis weniger üblich als der → Konnossement-Teilschein.

Teilkonzernabschluss – In einem mehrstufigen Konzern hat grundsätzlich jedes inländische Tochterunternehmen (→ Konzernabschluss), das gegenüber nachgeordneten Tochterunternehmen Mutterunternehmen im Sinn von § 290 HGB ist, in seiner Funktion als Mutterunternehmen einen Teilkonzernabschluss (einschließlich Teilkonzernbericht; vgl. → Konzernlagebericht) aufzustellen („Tannenbaumprinzip“). Dies ist unbestritten, wenn für den Konzernabschluss das sog. Control-Konzept gilt (Möglichkeit zur Ausübung von beherrschendem Einfluss durch das Mutterunternehmen gemäß § 290 HGB). Ein Mutterunternehmen, welches auch

Tochterunternehmen eines Mutterunternehmens mit Sitz in der Europäischen Union oder in einem anderen Vertragsstaat des Abkommens über den Europäischen Wirtschaftsraum ist, muss dagegen keinen Konzernabschluss aufstellen, wenn spezielle Kriterien gemäß § 291 HGB erfüllt sind. Bei → Rechnungslegung nach dem Publizitätsgesetz für Konzerne mit ausländischer Konzernmutter geht allerdings die Verpflichtung zur Aufstellung eines Teilkonzernabschlusses auf die inländische Konzerntochter über, die der Konzernleitung am nächsten steht (§ 11 III PublG). Nach IFRS besteht nach IAS 27.10 unter bestimmten Voraussetzungen für ein Mutterunternehmen, das seinerseits Tochterunternehmen ist, eine Ausnahme von der grundsätzlichen Aufstellungspflicht für Konzernabschlüsse.

Teilkonzernspitze → Mitbestimmung im Konzern.

Teilkosten – Begriff der → Kostenrechnung, v.a.der → Kalkulation.Teilkosten sind die im Rahmen einer → Teilkostenrechnung den Bezugsgrößen, bes. den Kostenträgern, zugerechneten → variablen Kosten bzw. → Einzelkosten. Sie sind nur ein Teil der in der → Vollkostenrechnung zugerechneten → Vollkosten.

Teilkostenkalkulation – Sammelbegriff für Formen der → Kalkulation, die nur Teile der Kosten (die → variablen Kosten und/oder die → Einzelkosten) auf die Kostenträger verrechnen. – *Zweck:* → Kostenkontrolle; Ermittlung der kurzfristigen → Preisuntergrenze. – *Gegensatz:* → Vollkostenkalkulation. – Vgl. auch → Teilkosten, → Teilkostenrechnung.

Teilkostenrechnung – Kostenrechnungssysteme, die nur einen Teil der Kosten (die → variablen Kosten und/oder die → Einzelkosten) auf die → Kostenträger verrechnen. Durch den Verzicht auf die Schlüsselung von fixen Kosten bzw. → Gemeinkosten (→ Gemeinkostenschlüsselung) lassen sich Teilkostenrechnungssysteme besser zur Fundierung und Kontrolle von Entscheidungen heranziehen als die → Vollkostenrechnung. – *Formen:* u.a. → Blockkostenrechnung, → Differenzkostenrechnung, → Direct Costing (Proportionalkostenrechnung), → Einzelkostenrechnung, → Fixkostendeckungsrechnung, → Grenzplankostenrechnung.

Teilkündigung → Kündigung, die unter Aufrechterhaltung des Arbeitsverhältnisses nur einzelne Abreden (z.B. die Vergütungsregelung) beseitigen soll. Eine Teilkündigung ist grundsätzlich ausgeschlossen wegen Umgehung des Kündigungsschutzes von → Änderungskündigungen. Etwas anderes gilt nur, wenn die Parteien des Arbeitsvertrages klar und AGB-fest (Allgemeine Geschäftsbedingungen im Arbeitsrecht) vereinbart haben, dass bestimmte Arbeitsbedingungen unter einem Widerrufsvorbehalt stehen. Der Widerruf muss aber einer Billigkeitskontrolle nach § 315 BGB genügen.

Teilleistung – I. Bürgerliches Recht: teilweise Erfüllung einer Verbindlichkeit. Gemäß § 266 BGB ist Teilleistung grundsätzlich unzulässig; der Gläubiger kann daher Teilleistung zurückweisen, ohne in → Annahmeverzug zu geraten. – *Ausnahmen:* → Unzulässige Rechtsausübung. Teilleistungen können auch aufgrund einer Verkehrssitte oder eines Handelsbrauchs zulässig sein. – Der Inhaber eines Wechsels oder Schecks darf Teilzahlungen nicht zurückweisen (Art. 39 II WG, Art. 34 II ScheckG). – *Anrechnung von Teilleistungen auf mehrere Schulden:* → Erfüllung.

II. Umsatzsteuerrecht: Eine Teilleistung liegt nur dann vor, wenn für bestimmte Teile einer wirtschaftlich teilbaren Leistung das Entgelt gesondert vereinbart wird (§ 13 UStG). In diesen Fällen entsteht die Umsatzsteuer mit Ablauf des Voranmeldungszeitraums, in dem die Teilleistung ausgeführt wurde (→ Sollversteuerung). Es ist dann über die jeweilige Teilleistung eine → Rechnung zu erteilen, weil die Teilleistungen umsatzsteuerlich eigenständig sind (anders als beim Fall der → Anzahlungen).

Teilmenge – Begriff der → Mengenlehre. Eine Menge M_2 heißt Teilmenge einer Menge M_1, wenn jedes Element von M_2 auch zu M_1 gehört. Zeichen: $M_2 \subset M_1$.

Teilmengenstaffelung → Kurventarif.

Teilnahme – Strafrechtlicher Begriff für die Beteiligung an der von einem anderen, dem Haupttäter, begonnenen (→ Versuch) oder vollendeten vorsätzlichen rechtswidrigen Handlung. – *Formen:* → Anstiftung, → Beihilfe (§ § 26, 27 StGB).

Teilnehmerbetrieb – mögliche Form des → Dialogbetriebs bei einem → Mehrplatzrechner. Von den → Benutzern an den angeschlossenen Terminals werden gleichzeitig voneinander völlig unabhängige → Anwendungsprogramme und/oder → Daten eingegeben. Realisiert wird der Teilnehmerbetrieb i.Allg. durch das Timesharing-Verfahren (→ Timesharing). – *Alternative zum Teilnehmerbetrieb:* → Teilhaberbetrieb.

Teilnehmerverzeichnis – Verzeichnis über die in der → Hauptversammlung anwesenden Aktionäre mit → Stimmrechten (eigene und fremde). Das Teilnehmerverzeichnis muss vor der Abstimmung zur Einsicht der Anwesenden ausliegen (§ 129 IV 1 AktG).

Teilnichtigkeit → Nichtigkeit eines Teils von einem Rechtsgeschäft. Teilnichtigkeit hat i.d.R. Nichtigkeit des ganzen Geschäfts zur Folge. – *Anders:* (1) Wenn anzunehmen ist, dass die Parteien das Rechtsgeschäft auch ohne den nichtigen Teil abgeschlossen hätten (§ 139 BGB); (2) bei den → Allgemeinen Geschäftsbedingungen (AGB) (§ 306 I BGB).

Teilplanung – isolierte Planung der einzelnen funktionalen Bereiche wie Beschaffung, Lagerhaltung, Produktion, Absatz, Forschung und Entwicklung etc. Die einzelnen Teilpläne müssen jedoch aufeinander abgestimmt werden, um der gesamtbetrieblichen Zielsetzung gerecht zu werden. – *Gegensatz:* → Gesamtplanung. – Vgl. auch → operative Planung.

Teilrente – 1. *Unfallversicherung:* Rente nach § 56 III SGB VII bei Minderung der Erwerbsfähigkeit durch → Arbeitsunfall oder → Berufskrankheit. Sie wird in Höhe des Prozentsatzes der → Vollrente festgesetzt, der dem Grad der Minderung der Erwerbsfähigkeit entspricht. – 2. *Gesetzliche Rentenversicherung:* gesetzliche Möglichkeit, Rente wegen Alters nicht in voller Höhe, sondern z.T. in Anspruch zu nehmen (§ 42 SGB VI). Die Teilrente beträgt ein Drittel, die Hälfte oder zwei Drittel der erreichten Vollrente, je nach Höhe des Hinzuverdienstes. Der Hinzuverdienst unterliegt den Grenzen, die in § 34 III Nr. 2 SGB VI bezeichnet werden. Der Anspruch auf Teilrente ist abhängig von der Bereitschaft der Arbeitgeber, entsprechende Teilzeitarbeitsplätze zur Verfügung zu stellen.

Teilreproduktionswert – Bezeichnung nach Schmalenbach für → Reproduktionswert. Letzterer ist nach Schmalenbach ungenau, weil ein durch Addition der einzelnen Vermögensteile ermittelter Substanzwert nicht den Wert der äußeren und inneren Organisation (→ Firmenwert) enthält.

Teilschuldner → Schuldner, der neben anderen für eine einheitliche Schuld haftet, und zwar nur zu einem nach der Zahl der Haftenden berechneten Anteil (Kopfteil). – *Anders:* → Gesamtschuldner.

Teilschuldverschreibung – der Teilbetrag einer großen Anleihe, die bei der Emission in viele Teilschuldverschreibungen gestückelt wird, um den Verkauf zu erleichtern.

Teilspielperfektheit – Die Situation nach einigen Zügen im Verlauf eines extensiven Spiels (→ extensive Form) kann als eigenständiges Spiel aufgefasst werden, falls jeder Spieler vollständig über die vorangegangenen Züge informiert wurde. Derartige Substrukturen werden *Teilspiele* genannt. Generell beginnt in jedem Entscheidungsknoten eines Spielbaums ein Teilbaum, der alle von dort aus weiterführenden Äste und Knoten umfasst. Enthält jeder Informationsbezirk, der einen Knoten des Teilbaums umfasst, nur Knoten dieses Teilbaumes, so entspricht dem Teilbaum ein Teilspiel. D.h. Teilspiele sind informationsmäßig abgeschlossene Teilbäume. – Das → Ultimatumspiel der Abbildung „Teilspielperfektheit – Ultimatumspiel" verfügt über zwei echte Teilspiele, die nach dem Zug H bzw. L von Spieler 1 beginnen. Von den Gleichgewichten s_1 = (H, (J, j)), s_2 = (H, (J, n)) und s_3 = (L, (N, j)) schreibt lediglich s^1 Entscheidungen für beide Teilspiele vor, die Gleichgewichte der Teilspiele sind. Deshalb wird häufig gefordert, nur solche Gleichgewichte s als Lösung des Gesamtspiels zu akzeptieren, deren Anweisungen für jedes Teilspiel ein Gleichgewicht des Teilspiels darstellen. Man nennt derartige Gleichgewichte teilspielperfekt. Sie erfüllen die Gleichgewichtseigenschaft nicht nur für das Gesamtspiel, sondern für alle seine Teilspiele. In der Abbildung „Teilspielperfektheit – Ultimatumspiel" ist nur die Anweisung J im

Teilspielperfektheit – Ultimatumspiel

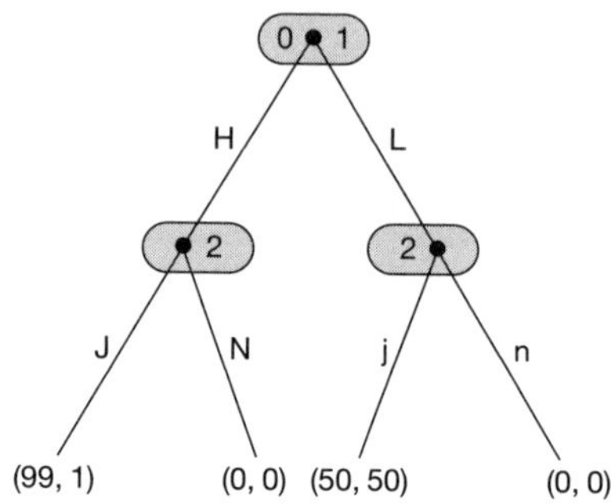

Teilspiel nach H sowie j im Teilspiel nach L gleichgewichtig. Von den drei Gleichgewichten s_1, s_2 und s_3 ist also nur s_1 teilspielperfekt. – Vgl. auch → Spieltheorie.

Teilsteuerrechnung – von Rose entwickeltes Verfahren der betriebswirtschaftlichen Steuerlehre zur Quantifizierung von Steuerbelastungsunterschieden. Die Methode der Teilsteuerrechnung besteht darin, wirtschaftlich abgegrenzten Bemessungsgrundlagenteilen ihre Gesamtsteuerbelastung zuzuordnen, die sich aus mehreren Steuerarten zusammensetzen kann. Dadurch wird es möglich, die Gesamtsteuerbelastung auf ihre verursachenden Komponenten zurückzuführen. Kernelement sind die sog. Teilsteuersätze, Prozentsätze der steuerlichen Be- und Entlastungswirkungen bezogen auf den jeweiligen Bemessungsgrundlagenteil. – *Bedeutung:* Wichtig ist die Erklärungsfunktion der Teilsteuerrechnung, die bes. bei der Herleitung der Teilsteuersätze das Zusammenwirken verschiedener Steuerarten in Bezug auf einzelne wirtschaftlich abgegrenzte Größen transparent macht. In der Praxis setzt sich mit dem vermehrten EDV-Einsatz allerdings die EDV-gestützte Steuerplanung durch.

Teilstreik → Schwerpunktstreik.

Teilungsabkommen – 1. *Begriff:* Rahmenvertrag zwischen zwei oder mehreren privaten Versicherungsunternehmen oder Sozialversicherungsträgern, durch den sie sich gegenseitig selbstständig und formlos verpflichten, Aufwendungen in bestimmten, künftig eintretenden Schadenfällen in der vereinbarten Weise zu teilen. – 2. *Ziele:* Vereinfachung der Abwicklung von gegenseitigen Ausgleichs- und Regressansprüchen zwischen Haftpflicht-, Kasko- und privaten Krankenversicherern sowie Sozialversicherungsträgern. – 3. *Merkmale:* Das Versicherungsunternehmen oder der Sozialversicherungsträger, gegen deren Versicherungsnehmer bzw. Mitglieder Ausgleichs- oder Regressansprüche geltend gemacht werden, verzichtet gemäß dem Teilungsabkommen auf die Prüfung der Haftungsfrage, d.h. der Sach- und Rechtslage, bis zur Höhe der vereinbarten Höchstgrenze („Spitzenklausel“) und erstattet den geltend gemachten Betrag oder eine zuvor festgesetzte Quote. Auf diese Weise kann eine umfangreiche und aufwändige Verschuldensprüfung vermieden werden. Voraussetzung für die Erstattung ist jedoch, dass ein ursächlicher Beitrag der haftpflichtigen Person (des „Schädigers“) zum Schadensereignis vorliegt. Das begünstigte Versicherungsunternehmen oder der begünstigte Sozialversicherungsträger erhält aus dem Teilungsabkommen einen eigenen vertraglichen Anspruch gegen den Versicherer des Schädigers. – 4. *Variante:* Alternativ kann auch die Geltendmachung von Ausgleichs- oder Regressansprüchen ausgeschlossen werden (sog. Regressverzichtsabkommen).

Teilungsmasse – Betrag, der im → Zwangsversteigerungsverfahren nach durchgeführter Versteigerung im Verteilungstermin vom Gericht festzustellen ist (§ 107 ZVG) und zur Verteilung an Berechtigte zur Verfügung steht. – Die Teilungsmasse *besteht* i.d.R. aus → Bargebot, und zwar → Meistgebot, zzgl. Zinsen. Teilungsmasse ist als Versteigerungserlös *Grundstücksersatz;* sie *steht* dem bisherigen Grundstückseigentümer *zu,* belastet mit den Rechten, mit denen das Grundstück belastet war und die an diesem nicht bestehen geblieben sind (→ bestehen bleibende Rechte).

Teilungsplan – im → Zwangsversteigerungsverfahren vom Gericht aufgestellter Plan über die Verteilung des Versteigerungserlöses unter Vorwegnahme der Verfahrenskosten (§ § 106 ff. ZVG). Über den Teilungsplan wird im Verteilungstermin verhandelt; er kann dabei abgeändert werden. Gegen den Teilungsplan ist *Widerspruch* und → sofortige Beschwerde möglich. – Der Teilungsplan *enthält* → Teilungsmasse, → bestehen bleibende Rechte, die durch Barzahlung zu befriedigenden Ansprüche und Zuteilung der Teilungsmasse an diese Ansprüche. – *Ausführung* des Teilungsplans i.d.R. durch Zahlung aus Versteigerungserlös an Berechtigte.

Teilungsversteigerung → Zwangsversteigerung zur Aufhebung einer Gemeinschaft.

Teilwert – I. Begriff: Betrag, den ein Erwerber des ganzen Betriebs (Unternehmens) im Rahmen des Gesamtkaufpreises für das einzelne → Wirtschaftsgut ansetzen würde; dabei ist davon auszugehen, dass der Erwerber den Betrieb (das Unternehmen) fortführt (§ 6 I Nr. 1 EStG, § 10 BewG).

II. Charakterisierung: 1. *Zweck:* Der Teilwert stellt ab auf die Verhältnisse des Betriebs, dem das zu bewertende Wirtschaftsgut dient. Dessen Wert hängt von dem Nutzen ab, den es gerade für diesen Betrieb hat. Der Teilwert bildet im Wesentlichen eine Bewertungsschranke gegen Unterbewertungen; er soll eine Bewertung der einzelnen Wirtschaftsgüter nach objektiven und nachprüfbaren Gesichtspunkten sicherstellen und die Bildung (handelsrechtlich zwar u.U. zulässiger, bilanzsteuerrechtlich aber unzulässiger) ungerechtfertigter stiller Reserven verhindern. – 2. *Bedeutung:* Der Teilwert gilt sowohl bei der Ermittlung des → Einheitswertes des → Betriebsvermögens als auch in der Steuerbilanz. Wertunterschiede dürften sich grundsätzlich bei diesen verschiedenen Zwecken dienenden Bewertungen nicht ergeben: Sind Wirtschaftsgüter bereits in der Steuerbilanz mit dem zutreffenden Teilwert angesetzt, so können diese Werte i.d.R. auch für die Einheitsbewertung, soweit für die einzelnen Wirtschaftsgüter der Teilwert maßgebend ist, übernommen werden.

III. Ermittlung: 1. *Allgemeines:* Der Teilwert der einzelnen Wirtschaftsgüter findet seine obere Grenze in den Wiederbeschaffungs- oder Wiederherstellungskosten für ein entsprechendes Wirtschaftsgut gleicher Art und Güte, seine untere Grenze in dem Einzelveräußerungspreis. In diesem Rahmen hat der Steuerpflichtige nach eigenem nicht willkürlichem Ermessen unter Berücksichtigung objektiver Maßstäbe den Teilwert zu bilden. Da das Gesetz nur von einer fingierten Betriebsveräußerung ausgeht, wird es sich bei dem Wertansatz regelmäßig um eine Schätzung, einen Annäherungswert handeln. Die Ermittlung des Teilwerts gestaltet sich äußerst schwierig. Daher hat die Rechtsprechung die folgenden Teilwertvermutungen erarbeitet. – 2. *Teilwertvermutungen:* a) Die Praxis geht zur Ermittlung des Teilwerts i.Allg. von den Wiederbeschaffungskosten aus, d.h. der Teilwert ist mit dem Preis identisch, den der Erwerber des Betriebs zahlen müsste, wenn gerade dieses Wirtschaftsgut bei der (fingierten) Veräußerung nicht mit übertragen würde oder im Bestand überhaupt nicht vorhanden wäre. Dabei können erhöhte Wiederbeschaffungskosten nicht berücksichtigt werden. – b) Nach kaufmännischen Grundsätzen kann vermutet werden, dass der Teilwert im Zeitpunkt der Anschaffung (Herstellung) den Anschaffungs- oder Herstellungskosten entspricht. Zu späteren Bewertungsstichtagen gilt dies auch für nicht abnutzbare Wirtschaftsgüter des Anlagevermögens. Der Teilwert abnutzbarer Wirtschaftsgüter des Anlagevermögens entspricht dann den Anschaffungs- oder Herstellungskosten, vermindert um die für den Nutzungszeitraum zu berücksichtigenden Absetzungen für Abnutzung. Diese Vermutung wird widerlegt, wenn sich die Anschaffung (Herstellung) als eine offensichtliche Fehlmaßnahme erweist oder die Absetzungen (z.B. wegen übermäßigen Wertverzehrs infolge technischer Neuerungen) zu niedrig bemessen waren und der Teilwert sich nicht aus anderen Gründen mit den Anschaffungs- oder Herstellungskosten deckt. – c) Allg. Geschäfts- und Konjunkturrisiken, bes. die dem Betrieb eigentümlichen Verlustgefahren, stellen keine Tatsachen dar, die den Ansatz des Teilwerts begründen können. – d) Für Wirtschaftsgüter des Umlaufvermögens wird vermutet, dass der Teilwert den Wiederbeschaffungskosten entspricht, sofern nicht die Verkaufserlöse für Erzeugnisse und Waren die Kosten einschließlich eines Unternehmensgewinns nicht decken. Dann ist Teilwert der Wert, der dem für die Erzeuger- oder Handelsstufe bestehenden niedrigeren Börsen- oder Marktpreis entspricht. – e) Negative Wirtschaftsgüter sind wie die Gegenstände des Umlaufvermögens zu bewerten. Dem niedrigeren Teilwert entspricht bei Verbindlichkeiten der über dem Nennwert der Schuld liegende Wert. – f) Teilwert bei → Pensionsrückstellungen.

Teilwertabschreibung – gleichbedeutend mit Ansatz des niedrigeren → Teilwertes in der Steuerbilanz (§ 6 I Nr. 1, 2 EStG). Die Teilwertabschreibung entspricht dann der Differenz zwischen → Buchwert und Teilwert des Wirtschaftsgutes. Sie darf nur noch vorgenommen werden, wenn der Teilwert voraussichtlich dauerhaft gesunken ist; ist dennoch der Wert später wieder gestiegen, ist eine Zuschreibung vorzunehmen.

Teilzahlung – *Ratenzahlung, Abschlagszahlung;* Zahlung des Teilbetrags einer Schuld. – 1. *Grundsätzliches:* Die Teilzahlung wird rechtlich, sofern sie nicht vertraglich vorgesehen oder gestattet ist (insbes. bei → Teilzahlungsgeschäften – § 507 BGB), wie jede andere → Teilleistung behandelt. Sie braucht vom Gläubiger nicht entgegengenommen zu werden. Er kommt nicht in → Annahmeverzug, da der Schuldner zu Teilleistungen nicht berechtigt ist (§ 266 BGB). – 2. *Ausnahme:* a) bei → *Werkverträgen* kann der Unternehmer von dem Besteller für in sich abgeschlossene Teile des Werkes Abschlagszahlungen für die erbrachten vertragsmäßigen Leistungen verlangen. Näheres in § 632 a BGB. – b) Beim → Wechsel und → Scheck: Der Inhaber darf eine Teilzahlung nicht zurückweisen; der Bezogene kann verlangen, dass sie auf dem Wechsel vermerkt und ihm Quittung erteilt wird. – c) *Geldstrafen:* gemäß Verfügung des Gerichts möglich (§ 42 StGB).

Teilzahlungsgeschäft – Vertrag zwischen einem → Verbraucher und einem → Unternehmer, der die Lieferung einer bestimmten Sache oder die Erbringung einer bestimmten anderen Leistung gegen → Teilzahlungen zum Gegenstand hat (§ 507 BGB). Bei einem Teilzahlungsgeschäft finden die Vorschriften über → verbundene Geschäfte (insbes. § 358 BGB) und die Formvorschriften für das → Verbraucherdarlehen (→ finanzierter Abzahlungskauf) entsprechende Anwendung (§ 492 Abs. 1 BGB). Daneben gelten bes. Schutznormen (§ § 501-504 BGB), z.B. zur vorzeitigen Abzahlung.

Teilzahlungskauf → Abzahlungsgeschäft.

Teilzahlungspreis – Begriff der → Abzahlungsgeschäfte. Teilzahlungspreis besteht aus dem Gesamtbetrag von Anzahlung und allen vom Käufer zu entrichtenden Raten einschließlich Zinsen und sonstiger Kosten. Der Teilzahlungspreis ist bei einem Abzahlungsgeschäft vom Verkäufer in der Vertragsurkunde anzugeben (§ 502 I 1 Nr. 2 BGB). Fehlt diese Angabe, ist der Teilzahlungsvertrag nichtig; der Vertrag wird gültig, wenn dem Verbraucher die Sache übergeben oder die Leistung erbracht ist. Allerdings ist der → Barzahlungspreis dann höchstens mit dem gesetzlichen Zinssatz zu verzinsen (§ 502 III BGB).

Teilzeitarbeit → Teilzeitarbeitsverhältnis, → Teilzeitbeschäftigte.

Teilzeitarbeitsverhältnis → Arbeitsverhältnis mit gegenüber der tariflichen oder betriebsüblichen verkürzter → Arbeitszeit. – 1. *Allgemeine arbeitsrechtliche Vorschriften:* Sie gelten grundsätzlich auch für das Teilzeitarbeitsverhältnis, v.a. die Pflichten des Arbeitgebers zur Entgeltfortzahlung im Krankheitsfall, Fürsorgepflicht des Arbeitgebers, Gewährung des gesetzlichen Mindesturlaubs. Zu zahlen ist das Entgelt, das auch sonst während der Urlaubszeit zu leisten wäre. – 2. *Gesetzliche Regelung im Gesetz über Teilzeitarbeit und befristete Arbeitsverträge (TzBfG)* vom 21.12.2000 (BGBl. I 1966) m.spät.Änd.: a) Der Arbeitgeber darf einen teilzeitbeschäftigten Arbeitnehmer nicht wegen der Teilzeitarbeit unterschiedlich behandeln (Verstoß gegen den Grundsatz der → Gleichbehandlung); es sei denn, dass sachliche Gründe eine unterschiedliche Behandlung rechtfertigen (§ 3 TzBfG). Der Arbeitgeber darf Teilzeitbeschäftigte nicht ohne weiteres von freiwilligen Leistungen (z.B. einer betrieblichen Altersversorgung) ausschließen. Gratifikationen kann der Arbeitgeber entsprechend dem Maß der Arbeitsleistung abstufen. – b) Arbeitgeber haben Arbeitnehmern, auch in leitenden Positionen, Teilzeitarbeit nach dem TzBfG zu ermöglichen. Ein Arbeitnehmer kann verlangen, dass seine vertraglich vereinbarte Arbeitszeit *verringert* wird, wenn das Arbeitsverhältnis länger als sechs Monate bestanden hat und der Arbeitgeber i.d.R. mehr als 15 Arbeitnehmer beschäftigt. Der Arbeitgeber hat der Verringerung und der verlangten Verteilung zuzustimmen, soweit betriebliche Gründe nicht entgegenstehen. Ein betrieblicher Grund liegt v.a. vor, wenn die Verringerung die Organisation, den Arbeitsablauf oder die Sicherheit im Betrieb wesentlich beeinträchtigt oder unverhältnismäßige Kosten verursacht (zu Einzelheiten und zum Verfahren § 4 TzBfG). Auf eine *Verlängerung* hat ein teilzeitbeschäftigter Arbeitnehmer keinen Anspruch, allerdings kann er bevorzugte Berücksichtigung verlangen (§ 9 TzBfG). – 3. *Bes. Formen des Teilzeitarbeitsverhältnisses:* → Job Sharing, → Arbeit auf Abruf.

Teilzeitbeschäftigte – I. Lohnsteuer: → Pauschalierung der Lohnsteuer.

II. Sozialversicherung: 1. Entgelte von Teilzeitbeschäftigten unterliegen grundsätzlich der *Beitragspflicht.* – 2. *Versicherungsfreiheit* für geringfügig entlohnte und kurzfristige Beschäftigung. – Vgl. auch → geringfügige Beschäftigung.

Teilzeitbeschäftigung – I. Allgemein: → Teilzeitarbeitsverhältnis.

II. Beamtenrecht: Nach § 43 Beamtenstatusgesetz ist Teilzeitbeschäftigung zu ermöglichen. Näheres bestimmen die Beamtengesetze des Bundes und der Länder.

Teilzeitgründung → Nebenerwerbsgründung.

Teilzeit-Wohnrecht – dinglich oder obligatorisch ausgestaltetes, mind. dreijähriges Recht, ein Wohngebäude jeweils für einen bestimmten Zeitraum eines Jahres zu Erholungs- oder Wohnzwecken zu nutzen. Der Erwerber des Teilzeit-Wohnrechts wird durch die § § 481, 482–486, 487 BGB geschützt. Über die Angaben nach § 482 Abs. 1 BGB hinaus weitere Angabepflichten nach § 2 der BGB-Informationspflichten-Verordnung i.d.F. vom 5.8.2002 (BGBl. I 3002). Durch das Gesetz zur Modernisierung der Regelungen über Teilzeit-Wohnrechteverträge, Verträge über langfristige Urlaubsprodukte sowie Vermittlungsverträge und Tauschsystemverträge vom 17.1.2011 (BGBl. I 34) wurden die § § 481-486 BGB durch die neuen § § 481-486a BGB ersetzt. Gemäß dem neuen § 482 Abs. 2 S. 2 BGB hat der Unternehmer bei der Einladung zu Werbe- oder Verkaufsveranstaltungen deutlich auf den gewerblichen Charakter der Veranstaltung hinzuweisen. Gemäß der neuen Vorschrift des § 482 Abs. 2 S. 3 BGB sind dem Verbraucher auf solchen Veranstaltungen die vorvertraglichen Informationen jederzeit zugänglich zu machen.

Telearbeit – dezentralisierte Bürotätigkeiten mithilfe von Informations- und Kommunikationstechniken. – 1. *Formen:* Tele-Heimarbeit, mobile Telearbeit, Telearbeit im Satellitenbüro, Telearbeit in einem Nachbarschaftsbüro (Zweigstelle oder selbstständiges Servicebüro). – 2. *Voraussetzungen an die Technik:* → Computer, → Modem, Telekommunikationssoftware. – 3. *Voraussetzungen an die Tätigkeit:* informationsverarbeitende Tätigkeit, Tätigkeit relativ unabhängig von persönlichen Kontakten und sonstigem betrieblichen Geschehen, Aufgabe eindeutig definierbar, Ergebnis bewertbar. – 4. *Arbeitsrechtliche Beurteilung:* Die Einführung von Telearbeit ist sozialpolitisch umstritten. Der Telearbeiter kann entsprechend der Ausgestaltung des Vertragsverhältnisses → Selbstständiger, → Arbeitnehmer, → Heimarbeiter oder → arbeitnehmerähnliche Person sein. Arbeitnehmereigenschaft kommt v.a. in Betracht, wenn der ausgelagerte Arbeitsplatz mit dem Zentralrechner im Onlinebetrieb (direkte Verbindung zur Zentrale) verbunden ist. Vielfach werden Telearbeiter → Arbeit auf Abruf leisten. In Bezug auf Arbeitnehmer und Heimarbeiter stehen dem Betriebsrat dieselben Rechte zu wie in Bezug auf die übrigen Arbeitnehmer (vgl. § 5 I BetrVG); der ausgelagerte Arbeitsplatz gehört zum Betrieb. Viele arbeitsrechtliche Fragen sind im Einzelnen noch umstritten.

Tele-Banking – Bezeichnung für die Anfänge des → Electronic Banking in Form der Nutzung von BTX; zeitweilig auch als Synonym für das Electronic Banking verwendet, wobei dieses inzwischen viel mehr Nutzungsformen enthält.

Telecontrol XL – in der Fernsehforschung (→ Zuschauerforschung) eingesetztes Messgerät, mit dem die Fernsehnutzung der einzelnen Haushaltsteilnehmer gemessen wird. Dabei wird der eingeschaltete Kanal automatisch erfasst; die zuschauenden Personen melden sich über personalisierte Tasten auf einer Fernbedienung an. Die Übertragung der gespeicherten Informationen erfolgt täglich über ein Modem.

Teledienste – Begriff des 2007 außer Kraft getretenen → Teledienstegesetzes (TDG), v.a. Angebote (1) im Bereich der Individualkommunikation (Telebanking, Datenaustausch); (2) zur Information oder Kommunikation, soweit nicht die redaktionelle Gestaltung zur Meinungsbildung im Vordergrund steht (Datendienste z.B. Verkehrs-, Wetter- oder Börsendaten); (3) zur Nutzung des Internets oder weiterer Netze; (4) zur Nutzung von Telespielen und (5) von Waren und Dienstleistungen in elektronisch abrufbaren Datenbanken mit interaktivem Zugriff und unmittelbarer Bestellmöglichkeiten (§ 2 TDG).

Teledienstedatenschutzgesetz – Teil des Informations- und Kommunikationsdienste-Gesetzes. Abgelöst durch das Telemediengesetz vom 26.2.2007 (BGBl. I 179 m.Änd.). Es galt für den Schutz personenbezogener Daten bei → Telediensten im Sinn des → Teledienstegesetzes (TDG) und enthielt Grundsätze für die Verarbeitung solcher Daten, datenschutzrechtliche Pflichten des Diensteanbieters, Regelungen über die Zulässigkeit der Erhebung, Verarbeitung und Nutzung von Bestands-, Nutzungs- und Abrechnungsdaten sowie ein Auskunftsrecht des Nutzers.

Teledienstegesetz (TDG) – Teil des Informations- und Kommunikationsdienste-Gesetz. Abgelöst durch das am 1.3.2007 in Kraft getretene Telemediengesetz vom 26.2.2007 (BGBl. I 179 m.Änd.). Zweck des Teledienstegesetzes war es, einheitliche Rahmenbedingungen für die verschiedenen Nutzungsmöglichkeiten der elektronischen Informations- und Kommunikationsdienste zu schaffen. Es galt für alle derartigen Dienste, die für eine individuelle Nutzung von kombinierbaren Daten wie Zeichen, Bilder oder Töne bestimmt waren und denen eine Übermittlung mittels Telekommunikation zugrunde lag (→ Teledienste). – Vgl. auch → Mediendienste-Staatsvertrag (MD-StV).

Telefaxwerbung → Kundenfang.

Telefonbanking → Callcenter, → Bankautomation.

Telefonbefragung – Methode der mündlichen → Befragung mithilfe des Telefons. Bes. geeignet für schnell durchzuführende Untersuchungen mit kurzem Frageprogramm (Blitzumfragen).

Telefongebühren – In der Buchführung sind Telefongebühren als → Kosten auf einem bes. Kostenarten-Konto zu erfassen und bei der → Betriebsabrechnung auf die → Kostenstelle „Allgemeine Verwaltung“ zu übertragen. In kleinen Betrieben meist direkt auf das Sammelkonto „Allgemeine Verwaltungskosten“ übernommen.

Telefonhandel → Telefonverkauf.

Telefonkonferenz → Telekonferenzsystem.

Telefonkosten – setzen sich aus Grundgebühren und v.a. Nutzungsentgelten zusammen und werden i.d.R. den Kostenstellen anhand der Aufzeichnungen über geführte Gespräche bzw. Netznutzung belastet.

Telefonmarketing – systematische, z.T. regelmäßige Kontaktaufnahme bzw. Kontaktpflege zwischen Unternehmen und Kunden mittels Telefon. Telefonmarketing wird eingesetzt als Ergänzung des Außendienstes. Von Bedeutung im Rahmen des → Direct Marketing.

Telefonverkauf – *Telefonhandel;* Verkaufsmethode mittels Einsatz des Telefons als Hilfsmittel, z.B. zur Kundengewinnung (Akquisition), Kundenbetreuung (Ankündigung von Sonderangeboten, Auskunftsdienst, Reklamationsbearbeitung), Auftragsabwicklung (Bestellannahme) und Kündigung (Beendigung eines Vertragsverhältnisses). Telefonverkauf ist Teilgebiet des → persönlichen Verkaufs. Die Aktivität kann vom Verkäufer oder Käufer ausgehen. Die Werbung mit einem Telefonanruf gegenüber einem Verbraucher ist stets wettbewerbsrechtlich unzulässig (unlauterer Wettbewerb), wenn der Verbraucher nicht zuvor ausdrücklich in den Anruf eingewilligt hat. Gegenüber einem Gewerbetreibenden ist Telefonwerbung zulässig, wenn zumindest dessen mutmaßliche Einwilligung vorliegt, d.h., wenn aufgrund konkreter Umstände ein sachliches Interesse des Anzurufenden am Anruf vermutet werden kann. – *Vorteil:* Kaufabschlüsse auch außerhalb der Ladenschlusszeiten. – Heute vielfach abgewickelt über → Callcenter.

Telefonverkehr – frühere Bezeichnung für den ungeregelten → Freiverkehr; Teil des → OTC Market, der damit nicht den strengen Bedingungen des Börsenhandels unterliegt, dient dem individuellen Geschäftsabschluss zwischen zwei Partnern.

Telefonwerbung → Kundenfang, Telefonverkauf.

Telekom → Deutsche Telekom AG.

Telekommunikation → Kommunikation zwischen Kommunikationspartnern, die → Informationen außerhalb ihrer Hör- bzw. Sichtweite übermitteln bzw. austauschen. Wird v.a. als Bezeichnung für alle Formen der Kommunikation mithilfe technischer Übertragungsverfahren verwandt und umfasst die verschiedenen Varianten der → Individualkommunikation und → Massenkommunikation (Überschneidungen und Mischformen). Die generelle Unterscheidung in Individual- und Massenkommunikation ist problematisch geworden, da die Entwicklung dahin geht, einerseits Individualkommunikation zu technisieren und damit teilweise auch Rückkopplungsmöglichkeiten zu reduzieren, andererseits bei der Massenkommunikation die Publika zu diversifizieren und einzugrenzen, und damit die Möglichkeit der Rückkopplung und einer individualisierten Nutzung zu schaffen. – Telekommunikation unterstützende Techniken gibt es bereits seit Menschengedenken (z.B. Rauchzeichen, Kuriere). Mit der Entwicklung des Transportwesens und noch viel gravierender durch die der Nachrichtentechnik wurde die Geschwindigkeit und Vielfalt der Übertragungsmöglichkeiten in enormem Ausmaß gesteigert (→ Massenmedien), was sich gerade im Bereich der geschäftlichen Kommunikation erheblich auswirkte. – Zu *unterscheiden* sind: a) *Telekommunikationsnetze:* Infrastruktur, die die raumüberbrückende Kommunikation ermöglicht. – b) *Telekommunikationsdienste* (einschließlich der Endeinrichtungen, über die Nachrichten jeweils versendet und empfangen werden können), z.B. Telefax, Telekonferenzsysteme etc. – Vgl. auch → Telematik.

Telekommunikationsdienste → Telekommunikation.

Telekommunikationsgesetz (TKG) – Gesetz vom 22.6.2004 (BGBl. I 1190) m.spät.Änd.; legt die ordnungspolitischen Rahmenbedingungen für den liberalisierten Telekommunikationsmarkt fest. Zweck des Gesetzes ist es, durch technologieneutrale Regulierung den Wettbewerb im Bereich der Telekommunikation und leistungsfähige Telekommunikationsinfrastrukturen zu fördern und flächendeckend angemessene und ausreichende Dienstleistungen zu gewährleisten (§ 1 TKG). Die Ziele der Regulierung definiert § 2 TKG, u.a. Wahrung der Nutzerinteressen, Sicherstellung einer flächendeckenden Grundversorgung, effiziente Nutzung von Nummerierungsressourcen. Wer gewerbliche öffentliche Telekommunikationsnetze betreibt oder Telekommunikationsdienstleistungen für die Öffentlichkeit erbringt, hat die Aufnahme, Änderung und Beendigung der → Bundesnetzagentur zu melden.

Telekommunikationsnetze → Telekommunikation.

Telekonferenzsystem – 1. *Begriff:* Form der Geschäftskonferenz, bei der durch elektronische → Medien ein Ersatz für die physische Anwesenheit aller Konferenzteilnehmer an einem Ort geschaffen wird. – 2. *Formen:* a) *Audiokonferenzen* umfassen in einfacherer Form die Zusammenschaltung der Telefone der Teilnehmer im Fernsprechnetz *(Telefonkonferenz).* Auf höherer Ebene werden zusätzlich Text- und Festbildkommunikation realisiert. – b) *Videokonferenzen (Fernsehkonferenzen)* ermöglichen zusätzlich die Übertragung von Bewegtbildern. – c) Bei *Computerkonferenzen* werden die über die → Tastatur eingegebenen Beiträge eines Teilnehmers den übrigen Teilnehmern per → Bildschirm zur Verfügung gestellt. Als Sonderform können unter Einschaltung einer Konferenzdatei (→ Datei) auch Konferenzen mit zeitlich versetzten Beiträgen abgehalten werden. – Vgl. auch → Groupware.

Telelearning – *Telelernen;* 1. *Begriff:* Bezeichnung für eine Lernsituation, in der sich der bzw. die Lehrende(n) und der bzw. die Lernende(n) an voneinander getrennten Orten befinden. – 2. *Erklärung:* Im Gegensatz zum → Teleteaching verläuft das Telelearning asynchron, d.h. Lehren und Lernen findet nicht zeitgleich statt. Es kann differenziert werden zwischen offenem und kooperativem E-Learning. Beim offenen E-Learning fungiert das Internet in erster Linie als Informations- und Verteilungsplattform. Beim kooperativen E-Learning findet zudem auch ein wechselseitiger Austausch von Informationen, i.d.R in Form von Kommunikation statt. – Weitere, ähnliche Formen des virtuellen Lernens: Fernlernen, Open Distance Learning.

Telelernen → Telelearning.

Telemarketing – Telemarketing oder auch Telefonmarketing ist eine besondere Form des Direktvertriebs. Es bezeichnet das Angebot von Waren und Dienstleistungen per Telefon. Einsatz möglich, wenn keine Beratung erforderlich ist.

Telematik – Mischbegriff, der für die Integration von → Telekommunikation und → Informatik steht. Technische Einrichtungen zur Ermittlung, Speicherung und/oder Verarbeitung von → Daten und → Informationen arbeiten heute nicht mehr isoliert, sondern sind mithilfe von Telekommunikationssystemen miteinander vernetzt. Der Begriff Telematik hat in den letzten Jahren schwerpunktmäßig Verwendung im Verkehrsbereich gefunden. Die dort eingesetzten Telematik-Systeme lassen sich wie folgt unterteilen: (1) nach den Verkehrsträgern, wie Wasser, Schiene, Luft und Straße; (2) nach der Differenzierung zwischen individuellen und kollektiven Systemen; (3) nach der Zielgruppe: Verkehrsanbieter, Nachfrager und der Verknüpfung beider unter Einbeziehung von Verkehrsmittlern; (4) nach dem Ziel einer Kapazitätserhöhung der vorhandenen Verkehrsinfrastruktur, einer Produktivitätsverbesserung im Transport oder einer Rationalisierung der administrativen Prozesse in Verkehrsbetrieben. – Vgl. auch → Maut, → Tracking, → Bordcomputer.

Telemedien – Telemedien werden negativ definiert als elektronische Informations- und Kommunikationsdienste, die weder Telekommunikationsdienste i.S des Telekommunikationsgesetzes (Übertragung von Signalen in Telekommunikationsanlagen oder -netzen, § 3 Nrn. 23 und 24 TKG) noch Rundfunk i.S.d. § 2 des Rundfunkstaatsvertrages sind (vgl. § 1 des Telemediengesetzes [TMG] vom 26.2.2007 [BGBl. I 179]). Es handelt sich dabei insbesondere um im → Internet angebotene Dienstleistungen etc. Telemedien sind zulassungs- und anmeldefrei (§ 4 TMG). Diensteanbieter haben bei geschäftsmäßigen, i.d.R. gegen Entgelt angebotene Telemedien umfangreiche Informationspflichten, nämlich „leicht erkennbare, unmittelbar erreichbare und ständig verfügbare Informationen" über Identität, schnelle Kontaktaufnahme etc. zur Verfügung zu halten (§ § 5, 6 TMG). Regelungen über die Verantwortung für Links finden sich in § 8 TMG, den Datenschutz in den § § 11ff. TMG.

teleologische Auslegung – Methode der Auslegung von Rechtsvorschriften, die nach dem Sinn und Zweck einer Regelung fragt. Wird hilfsweise dann angewendet, wenn die Auslegung nach Wortlaut, Genese der Vorschrift oder systematischem Zusammenhang, in dem die Vorschrift steht, kein deutliches Ergebnis bringt.

teleologische Ethik → Ethik.

Tele-Selling → Teleshopping, → Fernsehwerbung, → Dauerwerbesendungen.

Teleshopping – *Homeshopping;* Verkaufsform des → Einzelhandels unter Nutzung des Mediums Fernsehen um Einkäufe von zu Hause aus zu tätigen; Form des → Distanzhandels. Der Konsument wählt das Produkt seiner Wahl im Fernsehen aus und kann dieses per Telefon, Fax, Onlineshop oder → E-Mail bei einem Händler bestellen. Dieser stellt die Waren zusammen, hält sie zur Abholung bereit oder übernimmt die Zustellung (→ Lieferservice). Zahlung erfolgt bar, mit Rechnung und Überweisung, per Bankeinzug oder mittels Kreditkarte (→ Point of Sale Banking). Teleshopping hat für die Anbieter den Nachteil hoher → Retouren und eines schlechten Vertriebsimages. – Nach § 2 Nr. 8 RfStV ist Teleshopping die Sendung direkter Angebote an die Öffentlichkeit für den Absatz von Waren oder die Erbringung von Dienstleistungen, einschließlich unbeweglicher Sachen, Rechte und Verpflichtungen gegen Entgelt. Die Regelungen über Fernsehwerbung gelten für Teleshopping, Teleshopping-Spots und Teleshopping-Fenster entsprechend (vgl. § § 7, 15, 45 RfStV).

Teleskopie → Zuschauerforschung.

Teleteaching – 1. *Begriff:* Bezeichnung für eine Lernsituation, in der sich der, bzw. die Lehrende(n) und der, bzw. die Lernende(n) an voneinander getrennten Orten befinden. – 2. *Erklärung:* Im Gegensatz zum → Telelearning erfolgt das Teleteaching synchron, d.h. Lehren und Lernen findet zur selben Zeit statt. Verwendet werden hierfür z.B. moderne, mediale Kommunikationsformen wie Videokonferenzen mit integrierten Shared Workspaces. – Weitere, ähnliche Formen des virtuellen Lernens: Fernlernen und Open Distance Learning.

Telle-quelle-Marke → Marke, die nach der PVÜ aufgrund der Ursprungseintragung in anderen Verbandsstaaten eingetragen wird; sie sind grundsätzlich voneinander unabhängig (Art. 6 III PVÜ), ausgenommen → IR-Marken, für die eine Abhängigkeit für die Dauer von fünf Jahren besteht – Art. 6 II, → Madrider Markenabkommen (MMA). Eine Ausnahme machen Telle-quelle-Marken nach Art. 6 quinquies PVÜ, die Auslandsschutz so genießen, wie sie im Heimatstaat eingetragen sind, gleichgültig, ob sie im Schutzland eintragungsfähig sind. Für das alte Warenzeichenrecht hatte der Telle-quelle-Schutz bes. für dreidimensionale Zeichen Bedeutung, die in Deutschland nicht eintragungsfähig waren, nach dem nunmehr geltenden Markenrecht aber eintragungsfähig sind. Eine Schutzverweigerung für Telle-quelle-Marken kommt ausschließlich unter den Voraussetzungen des Art. 6 quinquies B PVÜ in Betracht, im Gegenzug sind Telle-quelle-Marken unselbstständig und in ihrem Bestand von der Eintragung im Urspungsland absolut abhängig.

Tel Quel – internationale → Handelsklausel (Qualitätsklausel), v.a. im Überseeverkehr. Der Käufer hat die Ware so zu nehmen, wie sie ausfällt. Der Verkäufer schließt eine Gewähr für die qualitative Beschaffenheit der gelieferten Ware in gewissem Umfang aus, ist also nicht mehr verpflichtet, eine Ware mittlerer Art und Güte zu liefern; es genügt Ware der schlechtesten Sorte, sofern sie als → Handelsgut anzusehen, unbeschädigt, unverdorben bzw. gesund ist. Die Lieferung von Ausschuss ist nicht zulässig. Im Zweifel entscheidet der → Handelsbrauch. Eine Haftung wegen Zusicherung von Eigenschaften oder arglistigen Verschweigens bleibt bestehen.

temporäres Gleichgewicht → Gleichgewicht.

Tendenzbefragung – in Interviewform geführte Umfrage zur qualitativen zukünftigen konjunkturellen Entwicklung (→ Konjunkturprognose). In der Bundesrepublik Deutschland werden Tendenzbefragungen vom ifo-Institut durchgeführt (ifo-Konjunkturtest). – Vgl. auch → ifo Institut für Wirtschaftsforschung.

Tendenzbetrieb – Betriebe mit unmittelbar und überwiegend ideeller Zielsetzung (§ 118 I BetrVG, § 1 IV MitbestG): (1) Politische, koalitionspolitische, konfessionelle, karitative, erzieherische, wissenschaftliche oder künstlerische Bestimmungen oder (2) Zwecke der Berichterstattung oder Meinungsäußerung (Art. 5 I 2 GG). Auf Tendenzbetriebe finden die Vorschriften des BetrVG keine Anwendung, soweit die Eigenart des Unternehmens oder des Betriebs dem entgegensteht. Zu den geschützten Betrieben rechnen z.B. Bildungseinrichtungen der Gewerkschaften oder der Arbeitgeberverbände, Betriebe des Roten Kreuzes, Privatschulen, Theater, Presseunternehmen. Es ist in jedem Einzelfall zu prüfen, ob und inwieweit die Eigenart des Unternehmens oder des Betriebs wirklich der Beteiligung des Betriebsrats entgegensteht; ggf. sind die Beteiligungsrechte des Betriebsrats einzuschränken, u.U. bleiben Unterrichtungs- und Anhörungsrechte des Betriebsrats bestehen. Der Betriebsrat hat aber z.B. kein Zustimmungsverweigerungsrecht nach § 99 II BetrVG bei der Einstellung eines Redakteurs in einem Zeitungsunternehmen, da Redakteure „Tendenzträger" sind und für die Tendenzbedingtheit der Einstellung eine tatsächliche Vermutung besteht. – Die Vorschriften über den → Wirtschaftsausschuss sind nicht, diejenigen über → Betriebsänderungen nur beschränkt anwendbar (§ 118 I 2 BetrVG).

tendenzieller Fall der Profitrate – 1. *Charakterisierung:* → Ricardo und → Marx zufolge verschlechtern sich die Gewinnerzielungsmöglichkeiten und damit die → Profitrate (Kapitalrentabilität) in einer privatwirtschaftlichen Marktwirtschaft im Zeitverlauf zwangsläufig. – 2. *Ursachen:* a) Für *Ricardo* ist Ursache der *Bevölkerungszuwachs* und der dadurch steigende Nahrungsgüterbedarf. Zu dessen Deckung müssen immer mehr und damit vermehrt Böden mit geringerem Ertrag bearbeitet werden. Hierdurch sinken die landwirtschaftlichen Durchschnittserträge und steigen die Lebensmittelpreise. Deswegen müssen die Arbeitslöhne, die dem → Existenzminimum entsprechen, angehoben werden. Unter der Annahme, dass die Löhne schneller steigen als die Arbeitsproduktivität, bewirkt dies eine Schmälerung der Unternehmergewinne und damit ein Sinken der Profitrate. – b) *Marx* sieht als Ursache den seiner Meinung nach ausschließlich Arbeitskräfte sparenden *technischen Fortschritt* an, der zu einer steigenden Kapitalintensität (bzw. Zunahme der → organischen Zusammensetzung des Kapitals) führt. Da der Marxschen → Arbeitswertlehre zufolge nur die menschliche Arbeit wertschöpfend ist (→ Mehrwerttheorie), sinkt bei zunehmender Kapitalintensität und (unterstellter) konstanter Mehrwertrate die Profitrate (definiert als das Verhältnis von Mehrwert (Profit) zu insgesamt eingesetztem → konstantem Kapital und → variablem Kapital). Der Profitratenfall zwingt die Unternehmer zu einer Erhöhung der → Ausbeutung (Anstieg der Mehrwertrate), zu verstärktem Kapitaleinsatz, um die geringere Kapitalrentabilität durch eine größere Gewinnsumme zu kompensieren sowie zur Anwendung der fortschrittlichsten (Arbeitskräfte sparenden) Technologie. Dadurch lässt sich der tendenzielle Fall der Profitrate jedoch nicht aufhalten, sondern verstärkt sich nur noch weiter. – 3. *Bedeutung:* Die Marxsche Theorie des tendenziellen Falls der Profitrate als tragendes Fundament seiner *These vom zwangsläufigen Zusammenbruch des* → Kapitalismus (→ Krisentheorie) steht im Widerspruch zu seiner Arbeitswertlehre als Basis der Ausbeutungstheorie: Ihr zufolge müssten die Unternehmer nur möglichst arbeitsintensiv produzieren, da sie dann entsprechend viel Mehrwert erzielen könnten. Darüber hinaus nennt Marx eine Reihe von *gegenläufigen Tendenzen,* die den Profitratenfall möglicherweise über- und damit verdecken (neben der erhöhten Ausbeutung u.a. Verbilligung der Kapitalgüter im Zuge des technischen Fortschritts, Sinken der Importpreise oder beschleunigter Kapitalumschlag). Derartige Gegentendenzen zeigen, dass Marx zum Nachweis der Gültigkeit des „Gesetzes" nur eine von vielen denkbaren Möglichkeiten herausgegriffen hat. Empirisch lässt sich das längerfristige Sinken der Kapitalrentabilität nicht nachweisen, vielmehr schwankt sie im Konjunkturverlauf.

Tender-Panel-Verfahren → Tenderverfahren.

Tenderverfahren – *Tender-Panel-Verfahren, Auktionsverfahren;* Verfahren zur Unterbringung einer Wertpapieremission im Rahmen einer Auktion. Nach Aufforderung des Emittenten bzw. der Führungsbank (Facility Agent) an die Mitglieder des Bankenkonsortiums (Tender Panel) werden Gebote, die über einem häufig vorgegebenen Mindestpreis liegen, von diesen abgegeben. Das Emissionsvolumen wird dann an die Meistbietenden, teilweise unter Bevorzugung großer institutioneller Bieter, nach Höhe des Gebots verteilt. Die von den Banken erworbenen Papiere werden meist am Markt weiter platziert. – In den USA und am Euromarkt zur Emission kurzfristiger Geldmarktpapiere gebräuchlich, in der Bundesrepublik Deutschland werden Kassenobligationen des Bundes und U-Schätze nach dem Tenderverfahren zugeteilt, wobei im Ausschreibungsverfahren der Nominalzins festgelegt ist und Kursgebote abgegeben werden. Bei Aktienemissionen in Deutschland nicht gebräuchlich und auch sonst selten. Der → IPO von Google im Jahre 2004 fand im Auktionsverfahren statt. – Vgl. auch → Zinstender, → Mengentender, → amerikanisches Verfahren, → holländisches Verfahren, → Standardtender.

Tensororganisation → mehrdimensionale Organisationsstruktur, bei der die Kompetenzabgrenzung zwischen den organisatorischen Teilbereichen auf einer Hierarchieebene nach mind. drei verschiedenen Kriterien erfolgt.

Term – Rechenausdruck, meist mit Variablen, z.B. $2x^3 + 5x - 10$.

Termin – 1. *Allgemein:* Zeitpunkt mit der Bedeutung, dass bis dahin spätestens bzw. von da an frühestens ein Ereignis eintreten soll. – 2. *Bürgerliches Recht:* → Frist. – 3. *Prozessordnung:* der zur Verhandlung der Streitsache bestimmte Zeitpunkt.

Terminabschlag → Deport, negativer → Swapsatz, wenn der Terminkurs geringer als der → Kassakurs ist.

Terminal – *Endstation;* im Verkehr Bezeichnung für Bahnhöfe (End- oder Kopfbahnhof), Teile von Flughäfen (Passagier-Terminal, Luftfracht-Terminal) und für Umschlagsbetriebe und -anlagen (Container-Terminal) in Häfen und auf Bahnhöfen.

Terminalemulation → Emulation.

Terminaufschlag → Report, positiver → Swapsatz, wenn der Terminkurs höher als der Kassakurs ist.

Terminbörse – Teil des → Terminmarktes, der den börslichen Handel mit → Termingeschäften umfasst. – Vgl. auch → EUREX.

Termindevisen – per Termin fällige Auslandsguthaben; die häufigsten Fristen sind 30 und 90 Tage. Geschäfte mit Termindevisen können der → Kurssicherung, der → Arbitrage, der internationalen → Devisenspekulation sowie Swap-Transaktionen (→ Swap) dienen.

Termineinlage – *befristete Einlage.* 1. *Begriff:* → Einlage bei Banken und Sparkassen mit vereinbartem oder gesetzlich festgelegtem Fälligkeitstag. Nicht dazu gehören → Spareinlagen sowie sehr kurzfristige Termineinlagen (unter 30 Tage); letztere gehören zu den → Sichteinlagen. – 2. *Arten:* a) → Festgelder: Die an festgelegten Terminen fälligen, also für einen bestimmten Zeitraum festgelegten, nicht kündbaren Einlagen (Dreimonatsgeld, Monatsgeld). – b) → Kündigungsgelder: jederzeit mit einer bestimmten Kündigungsfrist rückzahlbar.

Termingeld → Zentralbankgeld, das unter Banken für einen bestimmten Zeitraum (i.d.R. ein bis drei Monate) verliehen wird. Der Zinssatz für Termingeld liegt höher als bei → Tagesgeld und → täglichem Geld.

Termingeschäfte – *Terminhandel.* 1. *Begriff:* Geschäfte an der → Börse oder im OTC-Handel, bei denen die Erfüllung des Vertrags, d.h. die Abnahme und Lieferung der Ware, der Devisen oder des Wertpapiers, erst zu einem späteren Termin, aber zu einem am Abschlusstag festgelegten Kurs erfolgt. – Termingeschäfte in Wertpapieren wurden in Deutschland 1931 verboten und erst am 1.7.1970 in Form des → Optionsgeschäfts auf Aktien an Börsen wieder erlaubt. Seit dem 26.1.1990 gibt es in Deutschland eine Terminbörse (→ EUREX), an der verschiedene Finanztermingeschäfte abgeschlossen werden können. Weitere inländische Terminbörsen sind die European Energy Exchange (EEX) in Leipzig (vgl. → Strombörse) und die Risk Management Exchange AG (RMX) in Hannover. – 2. *Formen:* Termingeschäfte können als unbedingte (→ feste) oder → bedingte Termingeschäfte gestaltet sein. Ein unbedingtes Termingeschäft sieht für beide Seiten die Pflicht zur Erfüllung am vereinbarten Termin vor. Hierzu gehören die börsenmäßig gehandelten Futures und die OTC gehandelten → Forwardgeschäfte. Dagegen hat bei einem bedingten Termingeschäft ein Partner das Recht, das Geschäft verfallen zu lassen. Typisch hierfür sind → Optionen. – 3. *Handelsplätze:* Terminmarkt. – 4. *Rechtsgrundlage:* Rechtliche Regelungen über Börsenterminhandel finden sich in den § § 37e und g → Wertpapierhandelsgesetz (WpHG) sowie in den Sonderbedingungen für Termingeschäfte. – 5. *Bedeutung:* Das Termingeschäft mit Wertpapieren dient der → Spekulation, dem → Hedging oder der → Arbitrage. – Vgl. auch → Derivate.

Termingeschäftsfähigkeit – ist die Eigenschaft von Geschäftspartnern, ein → Termingeschäft auf verbindlicher Basis abschließen zu können. Während sie für Kaufleute im Sinn des HGB uneingeschränkt gegeben ist, musste sie bis 2007 für Nicht-Kaufleute durch ausführliche Informationen über die Risiken mittels einer Unterrichtungsschrift hergestellt werden (Termingeschäftsfähigkeit durch Informationen). Das → Wertpapierhandelsgesetz (WpHG) verpflichtete Wertpapierdienstleistungsunternehmen, dem Verbraucher eine informative Unterrichtungsschrift zur Unterschrift vorzulegen, bei Nichteinhaltung waren sie zu Schadenersatz verpflichtet (§ § 37d WpHG). Die Norm ist im Zuge der Umsetzung der EU-Richtlinie über Märkte für Finanzinstrumente (MiFID) durch das Finanzmarktrichtlinieumsetzungsgesetz (FRUG, BGBl. I 2007, 1330 vom 19.7.2007) gestrichen worden.

Terminkonto → Bankkonto, → Termineinlage.

Terminkontrolle – Überwachung der Einhaltung vorgeschriebener oder selbst gesetzter Termine. – *Zu unterscheiden:* (1) regelmäßig wiederkehrende oder für den Einzelfall festgelegte Termine; (2) Terminbeachtung im Verkehr mit außerbetrieblichen Stellen und im Innenverkehr; (3) Termine, die nur eine oder mehrere Stellen angehen. – *Zuständigkeit* für Terminkontrolle: (1) die Abteilungen, (2) die einzelnen Sachbearbeiter, (3) die Geschäftsleitung. – Einrichtung einer *zentralen Terminkontroll-Stelle* je nach Größe und Organisation des Unternehmens, nach Art und Anzahl der Terminkontroll-Fälle.

Terminkurs → Kurs, → Wechselkurs, → Devisenterminmarkt.

Terminmarkt – Ort des Abschlusses von → Termingeschäften. Diese können an der Terminbörse oder außerbörslich im OTC Market gehandelt werden. An Börsen ist die Standardisierung von Laufzeiten, Mengen und Basispreisen für bestimmte Basisobjekte üblich. Börsen-Termingeschäfte sind Futures und → Optionen. Die wichtigsten Terminbörsen sind in Chicago, London und Frankfurt a.M. – Der größte Teil der Termingeschäfte findet außerbörslich (OTC) statt. Bedeutend sind hier → Optionsscheine, → Devisentermingeschäfte, → Forward Rate Agreements (FRA).

Terminpapiere – zum Börsenterminhandel zugelassene Effekten. – Die *Zulassung* erfolgt durch den jeweiligen Börsenvorstand auf Antrag einer an der Börse vertretenen Bank. – *Voraussetzung* ist ein für das Termingeschäft verfügbares Wertpapiervolumen in einer festgelegten Höhe. – Vgl. auch → Termingeschäft.

Terminplanung – I. Produktionsplanung: Teilbereich der → Produktionsprozessplanung. Die Terminplanung erfolgt auftragsorientiert. – Zu *unterscheiden:* (1) *autonome Terminplanung:* Der Terminaufbau eines Auftrages wird ohne Berücksichtigung vorhandener Kapazitäten bestimmt; (2) *gebundene Terminplanung:* Diese wird simultan mit der → Kapazitätsbelegungsplanung durchgeführt.

II. Unternehmensplanung: → Unternehmensplanung.

Terminprämie – Art des → Prämienlohns. EineTerminprämie wird für die Einhaltung oder das Unterschreiten bestimmter Termine gewährt. Beschränkte Anwendbarkeit, da die Termineinhaltung i.d.R. nicht nur von einzelnen Arbeitskräften abhängt.

Terminrisiko → Liquiditätsrisiko, Gefahr einer ungeplanten Verlängerung der Kapitalbindungsdauer von Forderungen, sodass Kapitaldienstleistungen verspätet erfolgen.

Terminüberschreitungsminimierung – Zeitziel der → Produktionsprozessplanung, → Produktionsprozesssteuerung und → Produktionsprozesskontrolle. Durch die Minimierung der Terminüberschreitungen wird insbesondere eine Minimierung der terminabhängigen Konventionalstrafen angestrebt.

Terminvollmacht → Prozessvollmacht.

Terminwaren – meist Rohstoffe, die in annähernd gleicher Beschaffenheit immer auf den Weltmärkten verfügbar sind, sodass sie Gegenstand von (Waren-) → Termingeschäften sind, z.B. Baumwolle, Weizen und Kupfer.

Terminwirtschaft → Zeitwirtschaft.

Terms of Delivery → Lieferungsbedingungen.

Terms of Payment – 1. Bezeichnung für die *zeitlichen Zahlungsgewohnheiten im Außenhandel.* Verbesserung der Terms of Payment (ausländische Importeure dt. Güter zahlen rascher, die dt. Importeure ausländischer Waren zahlen langsamer als bisher) begründet Devisenzuflüsse in das Inland, bei Verschlechterung der Terms of Payment (die dt. Importeure zahlen schneller, die ausländischen Importeure zahlen säumiger) folgt Rückgang der Währungsreserven. Verschiebungen der Terms of Payment sind im internationalen Handel stets dann zu beobachten, wenn Änderungen im Wechselkurs oder Zinsgefälle tatsächlich stattfinden oder erwartet werden. – 2. Begriff wird auch betriebswirtschaftlich für → Zahlungsbedingungen verwendet.

Terms of Trade – Tauschbedingungen im internationalen Handel, gegeben durch die relativen Preise der → handelbaren Güter. Die Terms of Trade werden *im zweidimensionalen Fall* meist als das Verhältnis zwischen dem Preis des exportierten und dem → Preis des importierten Gutes angegeben. Diese Größe gibt an, wie viele Mengeneinheiten des Importgutes die heimische Ökonomik für eine Einheit des Exportgutes tauschen kann *(reales Austauschverhältnis).* Eine Verbesserung der Terms of Trade bedeutet, dass das Inland mehr Importgüter pro Einheit des Exportgutes erhält als vorher. Es führt zu einer Verbesserung des → Außenbeitrags bzw. des Saldos der → Leistungsbilanz. – Im *mehrdimensionalen Fall* werden Export- und Importpreisindizes einander gegenübergestellt. Die Terms of Trade werden durch Angebot und Nachfrage auf den Weltmärkten bestimmt. Maßnahmen, die die Importnachfrage oder das Exportangebot eines Landes verringern, führen zu einer Verbesserung der Terms of Trade, wenn Angebot und Nachfrage dieses Landes gemessen am Volumen des Weltmarktes von Bedeutung sind. – Vgl. auch → Handelspolitik, → großes Land, → kleines Land, → Optimalzoll.

TERN → Trans European Road Network.

Territorialitätsgrundsatz – für → gewerbliche Schutzrechte fehlt bislang eine international einheitliche, in allen Staaten geltende Rechtsgrundlage, sie sind in den nationalen Rechtsordnungen geregelt und entfalten ihre Wirkung grundsätzlich nur im Inland, d.h. in dem Staat, in dem sie beantragt (registriert, erteilt) sind, maßgebend ist das staatsrechtliche

Hoheitsgebiet der jeweiligen Staaten. Grundsätzlich erfordert ihr Schutz daher in jedem Staat ein entsprechendes Rechtsschutzgesuch oder einen sonstigen rechtsbegründenden Akt. Der Schutz endet an den jeweiligen Staatsgrenzen, die Verbringung geschützter Gegenstände aus dem Hoheitsgebiet eines Staates in das Hoheitsgebiet eines anderen Staates ist daher grundsätzlich eine Schutzrechtsverletzung. Über den Territorialitätsgrundsatz hinausgehende Wirkungen können gewerblichen Schutzrechten und Urheberrechten darüber hinaus nur durch völkerrechtliche Verträge zugelegt werden, das ist in vielfacher Weise geschehen: Aufgrund des Grundsatzes des freien Waren- und Dienstleistungsverkehrs kommt dem Inverkehrbringen geschützter Gegenstände durch den Rechtsinhaber oder einen mit seiner Zustimmung handelnden Dritten Rechtswirkungen im Binnenmarkt zu (→ Erschöpfung); für die Vertragsstaaten des → Europäischen Patentübereinkommens (EPÜ) ist das Erteilungsverfahren für Patente vereinheitlicht und dem → Europäischen Patentamt (EPA) übertragen worden; auf der Grundlage der → Pariser Verbandsübereinkunft zum Schutz des gewerblichen Eigentums (PVÜ), des Europäischen Patentübereinkommens, des → Patent Cooperation Treaty (PCT) und anderer internationaler Abkommen besteht die Möglichkeit, Schutzrechte mit gleichem Prioritätstag auf der Grundlage einer nationalen oder dieser gleichgestellten internationalen Hinterlegung in anderen Vertragsstaaten anzumelden oder derartige Schutzrechte oder Schutzrechtsanmeldungen auf andere Staatsgebiete zu erstrecken (→ Prioritätsrecht).

Territorialitätsprinzip – I. Staatsrecht: Begrenzung der hoheitlichen Wirkungsmöglichkeit auf das Staatsgebiet.

II. Sozialversicherungsrecht: Grundsatz, wonach die Vorschriften über die Versicherungspflicht und die Versicherungsberechtigung nur für Personen gelten, die im Bundesgebiet beschäftigt oder selbstständig tätig sind oder, soweit eine Beschäftigung oder selbstständige Tätigkeit nicht vorausgesetzt wird, ihren Wohnsitz oder gewöhnlichen Aufenthalt im Bundesgebiet haben. – Vgl. auch → Ausstrahlung, → Einstrahlung.

III. Internationales Steuerrecht: Prinzip, nach dem nur auf die im eigenen Land erwirtschafteten Einkünfte (bzw. auf das im eigenen Land liegende Vermögen) Steuern zu erheben sind. Das Territorialitätsprinzip wird bei den Ertragsteuern im Wesentlichen nur im Rahmen der beschränkten Steuerpflicht, also gegenüber Steuerausländern, verfolgt; gegenüber ihren eigenen Bürgern folgen die meisten Staaten statt dessen dem Welteinkommensprinzip. – *Gegensatz:* Welteinkommensprinzip. – Vgl. auch → Außensteuerrecht (AStR), → Internationales Steuerrecht (IStR).

Tertiärbedarf – Bedarf an Hilfs- und Betriebsstoffen, die zur Erzeugung des → Primärbedarfs benötigt werden.

tertiärer Sektor → Dienstleistungssektor, → Sektoren der Volkswirtschaft.

Tertiärgenossenschaften – die Spitzeninstitute des genossenschaftlichen Verbundes, die im Rahmen des zwei- bzw. dreistufigen Aufbaus der Genossenschaftsorganisation auf Bundesebene tätig sind. Tertiärgenossenschaften haben im Gegensatz zu erwerbswirtschaftlichen Konzernzentralen gegenüber den → Sekundärgenossenschaften bzw. Primärgenossenschaften (→ Primärbedarf) keine Weisungsbefugnis. Eine Meinungs- und Entscheidungsbildung sowie die Kontrolle findet grundsätzlich von unten nach oben statt. Es hat sich im Bankenbereich ergeben, dass die DZ Bank AG in verstärktem Umfang Aufgaben der Primärebene übernommen hat, sodass sich eine Zweistufigkeit im genossenschaftlichen Bankwesen herausgebildet hat. Bei den landwirtschaftlichen Genossenschaften haben die Sekundärgenossenschaften (→ Hauptgenossenschaften) eine starke Position am Markt, sodass sie bis zu einem gewissen Umfang Funktionen der Primärgenossenschaft gegenüber einzelnen Mitgliedern sowie im Nichtmitgliedergeschäft mit Landwirten und einer allg. Kundschaft erfüllen.

Terzo – Geschäft a terzo (zu dritt), ein → Gelegenheitsgeschäft (v.a. bei Wertpapieren), für dessen Durchführung sich drei Rechtspersonen zu einer → Gelegenheitsgesellschaft zusammenschließen. Gewinn und Verlust werden wie beim → Metageschäft gleichmäßig verteilt oder wie beim → Konsortialgeschäft nach Beteiligungsquoten umgelegt.

Test → Testen, → statistische Testverfahren, → Testverfahren.

Testament – I. Begriff: Letztwillige Verfügung, durch die der → Erblasser u.a. den → Erben bestimmt, einen Verwandten oder Ehegatten von der gesetzlichen → Erbfolge ausschließt, → Vermächtnisse oder → Auflagen anordnet (§ § 1937–1940 BGB), → Testamentsvollstrecker einsetzt (§ 2197 BGB) etc.

II. Formen: 1. *Eigenhändiges (privates) Testament:* Das eigenhändige Testament (§ 2247 BGB) muss zur Vermeidung der → Nichtigkeit vollständig eigenhändig geschrieben und unterschrieben sein. Verwendung eines Stempels oder Vordrucks unzulässig. Der Erblasser soll im Testament angeben, zu welcher Zeit (Tag, Monat und Jahr) und an welchem Ort er es niedergeschrieben hat. Die Unterschrift soll den Vor- und Familiennamen des Erblassers enthalten. – 2. *Öffentliches Testament (notarielles Testament):* Dieses wird in der Form errichtet, dass der Erblasser seinen Letzten Willen in einer Verhandlung vor einem → Notar mündlich erklärt oder eine offene oder verschlossene Schrift, die vom Erblasser weder ge- noch unterschrieben zu sein braucht, mit der Erklärung, dass sie seinen Letzten Willen enthalte, übergibt (§ § 2231 ff. BGB). – 3. *Gemeinschaftliches Testament* (§ § 2265–2273 BGB): Dieses können nur Eheleute errichten. – Vgl. auch → Berliner Testament.

III. Widerruf: Der Erblasser kann das Testament jederzeit durch neues Testament oder durch Vernichtung des alten widerrufen (§ § 2254 ff. BGB). Das öffentliche Testament gilt als unwiderlegbar widerrufen, wenn es dem Erblasser aus der amtlichen Verwahrung zurückgegeben wird (§ 2256 BGB). – *Anfechtungsberechtigt* sind dagegen nach dem Tod des Erblassers diejenigen, denen die → Anfechtung des Testaments unmittelbar zustatten kommen würde; Sondervorschriften: § § 2078 ff. BGB.

Testamentseröffnung – gesetzlich vorgeschriebene Eröffnung der → Verfügung von Todes wegen nach dem Tode des → Erblassers in einem gerichtlichen Termin durch das → Nachlassgericht (§ 2259 ff. BGB).

Testamentsregister → Zentrales Testamentsregister.

Testamentsvollstrecker – durch den → Erblasser oder nach seiner Bestimmung durch einen Dritten oder das → Nachlassgericht zur Durchführung der → Testamentsvollstreckung ernannte Person (§ § 2197–2200 BGB). – 1. *Rechtsstellung:* Ähnlich der des → Insolvenzverwalters; er übt aber ein privates Amt aus. Er ist von den Erben unabhängig, die durch seine Verwaltung und Verfügung gebunden werden. – 2. *Aufgaben und Rechte:* Der Testamentsvollstrecker hat die Anordnungen des Erblassers auszuführen, den → Nachlass zu verwalten und die → Erbauseinandersetzung zu bewirken. Gehört zum Nachlass ein Handelsgeschäft, so kann er nicht in das Handelsregister eingetragen werden, er kann jedoch das Handelsgeschäft als → Treuhänder und für Rechnung der Erben im eigenen Namen führen und sich selbst als Inhaber eintragen lassen; in diesem Fall haftet er auch unbeschränkt für die bestehenden Geschäftsschulden. Der Testamentsvollstrecker besitzt i.d.R. → Aktivlegitimation und → Passivlegitimation für die den Nachlass betreffenden Prozesse. – *Steuerliche Pflichten:* → Nachlasspflegschaft. – 3. Der Testamentsvollstrecker hat Anspruch auf Ersatz seiner Aufwendungen wie ein Beauftragter und erhält eine angemessene *Vergütung.* – 4. Sein Amt *erlischt* durch: (1) Erledigung der ihm obliegenden Aufgaben; (2) Tod; (3) Entlassung durch das Nachlassgericht auf Antrag eines Beteiligten bei → wichtigem Grund, bes. grober Pflichtverletzung oder Unfähigkeit zur ordnungsmäßigen Geschäftsführung; (4) jederzeit zulässige Kündigung des Testamentsvollstreckers gegenüber dem Nachlassgericht (§ § 2225–2227 BGB).

Testamentsvollstreckung – vom → Erblasser durch → Verfügung von Todes wegen getroffene Anordnung über die Verwaltung und Verteilung des → Nachlasses durch einen oder mehrere → Testamentsvollstrecker (§ § 2197–2228 BGB).

Testat → Bestätigungsvermerk.

Testdaten → Daten aus dem Definitionsbereich eines Moduls, → Programms oder Softwaresystems, die zum → Testen herangezogen werden. – Die Auswahl geeigneter Testdaten ist die schwierigste Aufgabe beim → Testen.

Testen – I. Marketing: → Markttest, → Produkttest, → Preistest, → Testverfahren.

II. Software Engineering: 1. *Begriff:* Überprüfung eines → Programms oder eines → Softwaresystems auf Funktionsfähigkeit. – 2. *Zweck:* Aufspüren und Beseitigen von Fehlern, nicht aber der Nachweis der Korrektheit. Letzteres ist durch Testen nicht möglich (→ Programmverifikation). – Vgl. auch → Testdaten, → Testhilfe. – 3. *Stufen:* Im → Softwarelebenszyklus steht das Testen für eine Phase, in der verschiedene Stufen durchlaufen werden: a) *Modultest:* Überprüfung des Verhaltens eines einzelnen → Moduls; der Modultest erfolgt in engstem Zusammenhang mit der → Implementierung des Moduls, wird z.T. auch der Implementierungsphase zugerechnet. – b) *Integrationstest:* i.Allg. schrittweises Zusammenführen und Überprüfen mehrerer Module, bis alle Module eines → Softwaresystems integriert sind. – c) *Systemtest:* Überprüfung eines Softwaresystems auf Vollständigkeit und Funktionstüchtigkeit auf der Grundlage des → Pflichtenhefts bzw. der → Anforderungsdefinition durch den/die Entwickler. – d) *Abnahmetest (Akzeptanztest):* Überprüfung des Softwareprodukts durch den Auftraggeber, i.Allg. auf Basis des Pflichtenheftes. – 4. *Formen:* a) *Black-Box-Test:* Beim Modultest angewendet; Modul wird als „Black Box" betrachtet. Testen erfolgt gegen die → Spezifikation: Überprüfung, ob die Implementierung mit der Spezifikation übereinstimmt, d.h. ob das Modul das leistet, was als Aufgabe spezifiziert wurde (Liefert das Modul bei bestimmten Eingangswerten die erwarteten Ergebniswerte?). – b) *White-Box-Test:* Ausgangspunkt ist die interne Struktur eines Programms bzw. Programmsystems; überprüft wird die Programmlogik, v.a. die Steuerung des Programmablaufs.

Testgütekriterien – Kriterien, anhand derer beurteilt werden kann, wie gut ein psychologischer Test ist. Allgemein wird zwischen den Kriterien Objektivität, Reliabilität und Validität unterschieden. – 1. Die → Objektivität eines Tests ist dann gegeben, wenn verschiedene Testleiter mit dem Test auf den Ebenen der Datengewinnung, -auswertung und -interpretation bei denselben Personen zu gleichen Ergebnissen kommen. Die Unterschiede der Testergebnisse sollen also von Unterschieden zwischen den getesteten Personen und nicht von Unterschieden zwischen den Testleitern abhängen. – 2. Die → Reliabilität ist gegeben, wenn der Test das, was er misst, auch zuverlässig misst. Dies ist etwa dann gegeben, wenn die einzelnen Aufgaben eines Tests eine hohe Interkorrelation zeigen, wenn parallele Formen des Tests bei denselben Personen zu gleichen Ergebnissen führen oder wenn eine Testwiederholung bei denselben Personen zu gleichen Ergebnissen führt. – 3. Die → Validität ist dann gegeben, wenn der Test das, was er zu messen vorgibt, auch tatsächlich misst. Die Validität kann auf unterschiedliche Weise gemessen werden. Bes.

wichtig ist die Korrelation der Testdaten mit anderen Indikatoren des Geltungsbereichs (z.B. Vorgesetztenurteil) oder mit Ereignissen, die man prognostizieren möchte, wie etwa Ausbildungserfolg, Berufserfolg etc. Sind Objektivität und Reliabilität unzureichend, so kann auch die Validität nicht hoch sein. Es ist allerdings theoretisch denkbar und in der Praxis auch häufig der Fall, dass Verfahren mit hoher Objektivität und Reliabilität nicht valide sind.

Testhilfe → Softwarewerkzeug zur Unterstützung des → Testen eines → Programms bzw. Programmsystems, dies kann z.B. ein → Generator für → Testdaten oder ein → Debugger sein.

Testierfähigkeit – Fähigkeit, ein → Testament rechtswirksam zu errichten. Minderjährige über 16 Jahre können ein öffentliches Testament durch Erklärung zur Niederschrift oder Übergabe einer offenen Schrift errichten (§ 2229 BGB).

Testierfreiheit – Grundsatz des Erbrechts: Der → Erblasser kann selbst durch → Verfügung von Todes wegen bestimmen, an wen sein Vermögen nach seinem Tode fallen soll. – Einschränkung nur durch Recht auf → Pflichtteil.

Testimonial – Auftreten von bekannten Persönlichkeiten in den Medien zum Zweck der Werbung für ein Produkt. Die Personen geben vor, das Produkt zu benutzen und damit zufrieden zu sein. Entscheidend für einen positiven Imagetransfer sind die Übereinstimmung des Produktimages mit den gegebenen oder auch vermeintlichen Eigenschaften des Prominenten und die Glaubwürdigkeit der Werbebotschaft.

Testkauf – i.d.R. kein unlauterer Wettbewerb, sondern zulässig. – Vgl. auch → Behinderungswettbewerb.

Testmarkt – Teil-Absatzmarkt, auf dem neuentwickelte Produkte probeweise eingeführt werden, um durch begleitende Befragungen und/oder Marktbeobachtungen das Einführungsrisiko auf dem Gesamtmarkt kalkulierbar zu machen. Anforderungen sind Repräsentativität (Bevölkerungs-, Wirtschafts-, Wettbewerbs- und Handelsstruktur), räumliche Abgegrenztheit und Unabhängigkeit (Überschneidungen von Einzugsgebieten) sowie Vergleichbarkeit der Mediastrukturen. Es besteht die Gefahr, dass die Konkurrenz vorzeitig eigene Marketingaktivitäten erfährt und u.U. rechtzeitig mit Gegenmaßnahmen reagiert. – *Beliebte Testmärkte:* (1) für Bundesrepublik Deutschland Bremen, Berlin, Rhein-Neckar-Raum, Hessen; (2) für die EU Saarland und Luxemburg; (3) für Europa Schweiz. – Vgl. auch → experimenteller Markt, → Testmarktersatzverfahren.

Testmarktersatzverfahren – *Mini-Testmarkt-Panel;* Verfahren, das die Nachteile eines großen → Testmarkts zu vermeiden sucht. Elemente eines → Store-Tests werden mit solchen eines → Haushaltspanels verknüpft. – Vgl. auch → Testmarktsimulation.

Testmarktsimulation – Simulation von → Markttests im Labor (→ Laborforschung). 1. *Bekannte Verfahren:* ASSESSOR, TESI, Schaefer-Labortest sowie SENSOR. – 2. *Vorgehensweise des TESI-Verfahren:* Es werden ca. 300 Warengruppenverwender in ein Studio eingeladen. Diese erhalten zunächst einen Geldbetrag, der den Preis des teuersten Produkts in der Warengruppe leicht übersteigt. Dann werden Sie nach ihrem Einkaufsverhalten in der Warengruppe befragt (u.a. gekaufte Menge, bevorzugte Marke, relevant Set). Anschließend erhalten Sie Werbung mehrerer Produkte, u.a. auch des Testprodukts. Dadurch wird 100 Prozent Awareness geschaffen. Dann werden sie an ein Regal geführt, in dem die Produkte mit Preisen sind. Sie werden aufgefordert, ein Produkt zu kaufen und mit dem eingangs erhaltenen Geldbetrag zu bezahlen. Anschließend werden sie gefragt, welches Produkt sie wählen würden, wenn die zuvor ausgewählten Produkte nicht verfügbar wären. Wichtig ist, ob das Testprodukt ausgewählt wurde und an welcher Stelle. Damit erhält man eine Schätzung der → Penetration für das Testprodukt. Anschließend erhalten die Testpersonen das Testprodukt zum Probieren mit nach Hause. Nach ca. 3 Wochen werden sie wieder eingeladen. Über ein Chip Game wird bestimmt, wie stark die Verbraucher das Produkt bei Wiederkäufen berücksichtigen wollen. Zusammen mit der Penetration sowie der extern vorgegebenen Entwicklung von Distribution und Awareness lässt sich dann die Entwicklung des Marktanteils im ersten Jahr nach der Markteinführung abschätzen. – 3. *Beurteilung:* Vorteile der Testmarktsimulation sind der hohe Grad der Geheimhaltung und die Schnelligkeit der Ergebnislieferung. Nachteilig sind die eingeschränkten Testmöglichkeiten sowie die fehlende Realitätsnähe.

Teststärke – *Trennschärfe, Güte eines Tests, Macht eines Tests;* Wert der → Gütefunktion eines → statistischen Testverfahrens an einer Stelle (einem zulässigen Parameterwert). Die Teststärke gibt insbesondere die Fähigkeit eines Tests an, eine falsche → Nullhypothese als solche kenntlich zu machen.

Teststichprobe → Stichprobenprüfung.

Testverfahren – *Prüfungsverfahren.*

I. Statistik: → statistische Testverfahren.

II. Psychologie: → psychologische Testverfahren.

III. Marktforschung: Neben den → statistischen Testverfahren und → psychologischen Testverfahren werden bes. nach dem Erkenntnisobjekt → Anzeigentest, → Markttest, → Store-Test, → Namenstest, → Preistest, → Verpackungstest, → Konzepttest, → Produkttest und Markentest (→ Recalltest) unterschieden.

IV. Informatik: → Testen (Testen der → Software), → Benchmark-Test (Testen der Leistungsfähigkeit der → Hardware).

TEU – Abk. für → Twenty Foot Equivalent Unit.

Teufelskreise der Armut → Entwicklungshilfe.

Texteditor → Editor.

Textform – Ist durch Gesetz Textform vorgeschrieben, muss die Erklärung in einer Urkunde oder in anderer zur dauerhaften Wiedergabe von Schriftzeichen geeigneter Weise (§ 126b BGB) abgegeben, die Person des Erklärenden genannt und der Abschluss der Erklärung durch Nachbildung der Namensunterschrift oder anders erkennbar gemacht werden. – *Beispiel:* → E-Mail. – *Anders:* → Schriftform, die eigenhändige Namensunterschrift voraussetzt; → elektronische Form, die mit einer qualifizierten elektronischen Signatur versehen ist.

Textilkennzeichnung – 1. Durch Textilkennzeichnungsgesetz i.d.F. vom 14.8.1986 (BGBl. I 1285) m.spät.Änd. begründete *Pflicht,* alle Textilerzeugnisse (Waren, Bezugsstoffe auf Möbeln, Möbelteilen und Schirmen, Teile von Matratzen und Campingartikeln, der Wärmehaltung dienende Futterstoffe von Schuhen und Handschuhen und mehrschichtige Fußbodenbeläge, die mindestens zu 80 Prozent ihres Gewichtes aus textilen Rohstoffen bestehen), die gewerbsmäßig in den Verkehr gebracht oder zur Abgabe an Verbraucher feilgehalten oder eingeführt werden, mit einer Angabe über Art und Gewichtsanteil der verwendeten textilen Rohstoffe zu versehen. Die Angaben können bei einigen Textilerzeugnissen auch in Mustern, Proben, Abbildungen oder Beschreibungen von Textilerzeugnissen sowie Katalogen und Prospekten enthalten sein. – 2. Bei der Rohstoffgehaltsangabe sind die in der Anlage 1 aufgeführten *Bezeichnungen* zu verwenden – 3. *Zuwiderhandlungen* werden als Ordnungswidrigkeit mit Geldbuße geahndet.

Textilstatistik – seit 1985 aufgrund der Statistikbereinigungsverordnung vom 14.9.1984 (BGBl. I 1247) nicht mehr geführte → Fachstatistik für den Zweig der Chemiefasererzeugung, Spinnstoffaufbereitung und -verarbeitung, Gespinstverarbeitung und Textilveredelung.

Textverarbeitung – Softwareprogramm zur Erstellung von Textdokumenten. Viele Textverarbeitungsprogramme bieten neben der komfortablen Erstellung und Korrektur von Texten noch Zusatzfunktionen wie Rechtschreibhilfe, Silbentrennung, Einbeziehung von Tabellenkalkulation (→ Tabellenkalkulationssystem), Layout etc.

Textverarbeitungssysteme → Textverarbeitung.

Thatcherismus → Angebotsökonomik.

Theils Ungleichheitskoeffizient – Abk. *TUK*; der TUK ist definiert als Quadratwurzel des Quotienten aus mittlerem quadratischen Fehler der prognostizierten Veränderung und dem Durchschnitt der quadratischen tatsächlichen Veränderungen. Für perfekte Prognosen nimmt der TUK den Wert null an. TUK = 1 bedeutet, dass die Prognosen nicht besser sind als eine sog. naive Prognose, d.h. eine solche, die davon ausgeht, dass sich die betrachtete Variable nicht verändert. – Vgl. auch → ökonometrisches Prognosemodell.

thematischer Apperzeptionstest – *Thematic Apperception Test;* projektiver Test (→ projektive Verfahren). Der Auskunftsperson werden 20 Bildtafeln vorgelegt. Zu jeder Abbildung soll sie eine selbsterfundene Geschichte erzählen. Da die Testperson in ihre Schilderung eigene Impulse, Wünsche, Schuldgefühle etc. hineinprojiziert, können wertvolle Anhaltspunkte über ihre Persönlichkeit gewonnen werden oder die Messung impliziter Motive (z.B. Macht-, Leistungs- oder Anschlussmotiv).

Theorem – Satz, der aus einer allgemeineren Aussage (→ Axiom) abgeleitet ist. Logisch-deduktive Operation der Informationsübertragung von → Prämissen auf Konklusionen. Im Rahmen eines theoretischen Systems (→ Theorie) ist häufig zwischen Theoremen mittleren und niederen Niveaus zu unterscheiden, entsprechend der unterschiedlichen Nähe zu Erfahrungstatbeständen und damit dem unterschiedlichen → Informationsgehalt.

theoretische Informatik → Informatik.

theoretisches Konstrukt – im Marketing werden darunter komplexe Variable mit vielen Aspekten verstanden wie z.B. soziale Schicht, Einkaufsatmosphäre oder Qualitätswahrnehmung. Diese müssen vor einer Anwendung operationalisiert werden. Hierzu werden zunächst Items gesammelt, wobei ein Item eine Behauptung ist, der zugestimmt oder die abgelehnt werden kann. Diese Items müssen getestet werden, z.B. mithilfe der klassischen Testtheorie. Dabei werden die Items ausgewählt, welche den Sachverhalt beschreiben.

Theorie – 1. Mithilfe eines einheitlichen Begriffsapparates formuliertes *sprachliches System,* dessen Mittelpunkt Gesetzesaussagen bilden. Theorien gelten als Hauptinformationsträger wissenschaftlicher Erkenntnis. – 2. *Verwendungsmöglichkeiten (erfahrungswissenschaftlich):* (1) Erklärung von Tatbeständen, (2) Prognose von künftigen Ereignissen, (3) Gestaltung der Realität, (4) Sozial- und Ideologiekritik, (5) Prüfung ihrer eigenen Richtigkeit und (6) Hervorbringung neuer Theorien. – Die unter (2), (3) und (4) genannten Sachverhalte betreffen den praktischen Nutzen der Theoriebildung *(Gestaltungsinteresse),* die übrigen wissenschaftsinternen Tatbestände das *Erkenntnisinteresse.* – 3. *Formalisierung* von Theorien führt zu axiomatisch-deduktiven Systemen mit → Axiomen als Gesetzesaussagen und → Theoremen als daraus abgeleiteten Sätzen.

Theorie der arbeitergeleiteten Unternehmung – 1. *Mikroökonomische Theorie:* Die Übertragung der → mikroökonomischen Theorie der Unternehmung führt zu dem Ergebnis, dass die arbeitergeleiteten Betriebe nicht wie die kapitalistischen Unternehmungen den Gewinn, sondern den Gewinn pro Mitglied maximieren. Demzufolge werden nicht die Grenzkosten mit dem Grenzerlös ausgeglichen, sondern die Durchschnittskosten minimiert bzw. das Pro-Kopf-Einkommen maximiert. Deshalb ist die Allokation der Ressourcen suboptimal, die Beschäftigung und Ausbringungsmenge geringer als bei Gewinnmaximierung. – 2. *Property-Rights-Ansatz:* Gemäß der Theorie der → Verfügungsrechte weisen arbeitergeleitete Unternehmungen in kollektivem Eigentum mit unveräußerlichen Anteilen ein suboptimales Investitionsverhalten und eine Tendenz zum Kapitalverzehr auf. Denn sind die Anteile unveräußerbar, kommen die zukünftigen Erträge aus Investitionen nur denjenigen zugute, die während der Amortisationszeit in der Unternehmung Mitglied sind, während vorzeitig ausscheidende Mitglieder die Kosten der Investition tragen müssen, ohne aber an den Erlösen partizipieren zu können. Den Wertezuwachs oder die zukünftigen Erlöse aus Investitionen können nur dann mitgenommen werden, wenn sich die Zukunftserlöse im Kurswert handelbarer Eigentumsanteile kapitalisieren würden. Dies setzt allerdings einen leistungsfähigen Markt für diese Titel voraus. – 3. *Neuere Ansätze:* Entsprechend der → Team-Theorie der Unternehmung sollen die Arbeitnehmer nur dann Eigentümer der Unternehmung sein, wenn sie selbst vom Team abhängige, spezifische Ressourcen darstellen. Dabei besteht das Problem, am Humanvermögen kein gemeinsames Eigentum analog zum spezifischen Kapital bilden zu können. Dies habe den Anreiz verstärkt, in spezifisches Kapital zu investieren und Arbeitskräfte als allg., unspezifische Faktoren einzustellen. Während die Team-Theorie der Unternehmung erklärt, weshalb Kapital Arbeit anheuert und nicht Umgekehrtes gilt, wird die Frage aufgeworfen, ob nicht dennoch eine Wirtschaft mit arbeitergeleiteten Unternehmungen einem System kapitalistischer Firmen wohlfahrtsökonomisch überlegen sein könnte (Pagano). Dabei wird auf die Möglichkeit zurückgegriffen, dass die Evolution Irrtümer begehen kann. Die Team-Theorie erklärt, dass das Kapital Arbeitskräfte aus Effizienzgründen anheuert und nicht andersherum, wie das bei der arbeitergeleiteten Unternehmung der Fall wäre. Die in der Realität anzutreffendere kleine Anzahl letzterer wird daher mit ihrer geringen Effizienz erklärt. Eine geringe Verbreitung impliziert jedoch nicht notwendig Effizienznachteile, sondern kann auch auf einem reinen Zufall bei der Evolution beruhen. So kann die historische Ausgangsverteilung von kapitalistischen und arbeitergeleiteten Unternehmungen entscheidend bestimmen, welcher Typ sich irreversibel durchsetzt, wenn der Wettbewerbsvorteil mit steigender Zahl eines Typs zunimmt. Es ist daher denkbar, dass ein System arbeitergeleiteter Unternehmungen wohlfahrtsökonomisch überlegen sein kann, ohne deshalb zustande kommen zu müssen (Pagano). – Welche Eigenschaften könnten für eine Überlegenheit eines Systems arbeitergeleiteten Unternehmungen sprechen? Ein bes. *Vorteil* der arbeitergeleiteten Unternehmungen bestehe in der höheren Motivation der Mitglieder, einem größeren Humanvermögen und einer stärkeren Nutzung des Wissens der Arbeitskräfte. Diese Eigenschaften kämen aber deshalb nicht zum Tragen, weil das System der vertikalen Arbeitsteilung zu einer Verringerung der Fähigkeiten von Arbeitskräften beitrage und zu Arbeitsmärkten geführt habe, die unspezifisches Wissen und die Entwicklung von Techniken förderten, die bes. auf das kapitalistische System zugeschnitten seien. Es müsste sich daher das gesamte institutionelle System (simultan) wandeln, damit die vermuteten Vorteile wirksam werden könnten (Pagano). Neben diesen Argumenten gibt es zahlreiche weitere, mit denen versucht wird, die tatsächlich geringe Verbreitung dieser Organisationsform — trotz hypothetischer Überlegenheit — zu erklären. Gegen die denkbare Überlegenheit eines Systems arbeitergeleiteter Unternehmungen lassen sich jedoch gerade aus der evolutorischen Perspektive heraus Einwände erheben (Schreiter).

Theorie der direkten Demokratie → direkte Demokratie.

Theorie der Eigentumsrechte → Verfügungsrechte.

Theorie der faktischen Präferenz – *Revealed Preference;* Teilgebiet der → Haushaltstheorie (→ Nachfragetheorie des Haushalts), in dem die Präferenzen eines Haushalts aus seinen beobachtbaren Handlungen *(offenbarte Präferenz)* abgeleitet werden.

Theorie der Geldnachfrage → Geldtheorie.

Theorie der Gleichgewichtsauswahl → Spieltheorie.

Theorie der indirekten Demokratie → indirekte Demokratie.

Theorie der Internalisierung → internationale Unternehmung.

Theorie der kapitalistischen Unternehmung → moralisches Wagnis in Teams.

Theorie der Kollektiventscheidungen – Zweig der → Neuen Politischen Ökonomie, bei dem die logische Möglichkeit der Gewinnung von widerspruchsfreien Gruppenpräferenzen aus den individuellen Präferenzen der Gruppenmitglieder im Vordergrund steht. – Vgl. auch → Arrow-Paradoxon, → Condorcet-Paradox.

Theorie der komparativen Vorteile – Von *David* → Ricardo entwickelte Theorie des → Freihandels, nach der sich jedes Land auf die Güter konzentrieren sollte, bei denen es über → komparative Vorteile verfügt. – Vgl. → Ricardianisches Modell.

Theorie der Mehrproduktunternehmung – 1. *Charakterisierung:* Gegenstand sind Unternehmungen, die mehrere Endprodukte am Markt anbieten (→ Mehrproduktunternehmung). Sind die Produkte verwandt, spricht man von einer diversifizierten, andernfalls von einer konglomeraten Unternehmung. Die mikroökonomische Theorie der Mehrproduktunternehmung (Preisbildung) untersucht, wie eine

Unternehmung ihren Produktionsplan aufstellt, *wenn* sie mehrere Güter herstellt. Die institutionelle Theorie der Mehrproduktunternehmung fragt dagegen zunächst einmal danach, *weshalb* Unternehmungen überhaupt mehrere Güter produzieren sollten bzw. weshalb diese nicht von jeweils spezialisierten Anbietern hergestellt werden. – 2. *Begründungslinien:* a) Die *produktionstheoretische Erklärung* mit der → Subadditivität begründet die Vorteilhaftigkeit der Mehrproduktunternehmung mit geringeren Kosten der gemeinsamen Produktion. Die Subadditivität der Kostenfunktion ist aber weder eine notwendige noch hinreichende Bedingung für das Auftreten einer Mehrproduktunternehmung (Teece). – (1) *Coase* geht davon aus, dass die Unternehmung entsprechend den *Transaktionskosten* sowohl vertikal als auch horizontal integriert ist. Dies hängt von den relativen Transaktionskosten ab. – (2) *Teece* führt für die Erklärung der Mehrproduktunternehmung die → Wachstumstheorie der Unternehmung von Penrose und die → Governance-Structure-Theorie der Unternehmung von Williamson zusammen. Penrose betont die akkumulierten, teils impliziten Unternehmungsfähigkeiten sowie das permanente Entstehen physischer Überschussressourcen und freiwerdender Managementkapazitäten *(Penrose-Prozess).* Auf verschiedene Aktivitäten übertragbares Wissen und unteilbare (Mehrzweck-)Aktiva verursachen → Economies of Scope. Für das Auftreten einer Mehrproduktunternehmung ist es notwendig, dass eine Einproduktunternehmung ihre Überschussressourcen nicht dem bisherigen Verwendungszweck zuführt oder gar verkauft, sondern in anderer Weise selbst nutzt. Dies setzt relativ höhere Gewinne der Ressourcen in der neuen Anwendung voraus. Da Überschussressourcen bei Null-Transaktionskosten per Vertrag auf andere spezialisierte Einproduktunternehmungen übertragbar sind, kann die Diversifizierung einer Unternehmung nur auf positiven Marktbenutzungskosten beruhen. Marktversagen bes. auf dem Markt für Wissen, aber auch auf dem für spezialisierte Aktiva, macht den Markttransfer bes. neuen Wissens sehr teuer. Gewinnmaximierung verlangt die Wahl der geeignetesten Koordinationsform, wobei dies nicht notwendig die diversifizierende Integration sein muss, sondern eine der vielen Koordinationsformen zwischen Markt und Hierarchie (→ Governance-Structure-Theorie der Unternehmung) sein kann. Eine Mehrproduktunternehmung entsteht demzufolge dann, wenn keine (gewinn-)bessere Alternative zur Hand ist. Dabei hat die multidivisionale Organisationsstruktur die Möglichkeit der Diversifizierung verbessert. Teece berücksichtigt auch Informationsprobleme des Kapitalmarktes und schließt sich hier Williamson an. – (3) *Williamson* sieht neben den Transaktionskosten (→ Governance-Structure-Theorie der Unternehmung) den wesentlichen Grund für die Existenz der Mehrproduktunternehmung (und bes. des Konglomerats) in der Möglichkeit, einen unternehmensinternen Kapitalmarkt zu bilden, dessen Vorteile sich aus dem Marktversagen des externen Kapitalmarktes ableiten. – b) Konglomerate sind ferner mit dem Hinweis auf die dadurch mögliche *Risikodiversifizierung* begründet worden. Ein Problem dieses Ansatzes besteht darin, dass die Anleger oder Aktionäre die Risikodiversifizierung effizienter vornehmen können. – c) Neben diesen Erklärungen bieten die → dynamisch-evolutorischen Theorien der Unternehmung weitere Erklärungsbausteine an (*Dosi* u.a.).

Theorie der multinationalen Unternehmung – Theorie, die sich u.a. mit der Frage befasst, weshalb Unternehmungen im Ausland eigene Betriebe unterhalten, anstatt Lizenzen, Franchise-Verträge, Subunternehmer oder Joint-Ventures zu verwenden, bzw. von welchen Bedingungen die Wahl dieser Arrangements abhängt. Es existieren *verschiedene Erklärungsansätze,* in denen strategisches Verhalten (unvollkommener Wettbewerb), bes. im Zusammenhang mit der Ausnutzung aneigenbaren Wissens und von Transaktionskosten, eine grundlegende Bedeutung besitzen: (1) *Marktstrukturansatz:* Multinationale Unternehmungen stellen bei unvollkommenem Wettbewerb eine Möglichkeit dar, die Renten aus ihrem spezifischen Wissen zu maximieren, wenn Verträge oder Kartellösungen mit Lizenznehmern etc. Probleme aufwerfen (Stabilitätsproblem von → Kartellen). – (2) *Transaktionskosten zwischen Mutter und Auslandsstochter:* Das Ziel, die Rente aus dem Wissen zu maximieren, kann zu Direktinvestitionen führen, wenn zwischen Mutter und Lizenznehmer unsicherheitsbedingte Transaktionskosten am Markt für Wissen bestehen, die den Lizenznehmer veranlassen, geringere Lizenzgebühren zu zahlen, als mit einer multinationalen Unternehmung erwirtschaftbar sind (Käuferunsicherheit bei Wissen). Franchising und Lizenzen können zu Wettbewerb zwischen den Unternehmungen führen (Bedingungen z.B.: Wissen nicht patentierbar, Weltmarkt nicht segmentierbar, fehlende Exportrestriktionen), wodurch die Erlöse der Wissensnutzung stark sinken könnten (Casson). – (3) *Transaktionskosten im Absatzmarkt:* Ein zentrales Problem ist die Ermittlung der Qualität von Produkten seitens der Nachfrager. Marketingfunktion und Qualitätssicherung können für die Erzielung von Renten von bes. Bedeutung sein und sich auf die Vorwärts- und Rückwärtsintegration von Unternehmungen auswirken. Die multinationale Unternehmung kann z.B. ihren Goodwill oder ihre Reputation gewinnerhöhend nutzen. – (4) *Andere Ursachen:* Transaktionskosten zwischen Mutter und Tochter sind nicht erforderlich, um die multinationale Unternehmung zu erklären. Neben Transaktionskosten im Absatzmarkt als ein Erklärungsgrund kann die multinationale Unternehmung vorteilhaft sein, wenn sie billiger produzieren oder höhere Preise realisieren kann als alternative Arrangements (Erlösdifferenzen). Multinationale Unternehmungen werden ferner als Ersatz für Netzwerke betrachtet, weil der internationale Transfer von Wissen schwieriger sei als der nationale.

Theorie der öffentlichen Verschuldung → Finanztheorie.

Theorie der Sozialpolitik – 1. *Begriff:* a) Eine allg. Theorie im Sinn eines konsistenten Systems bewährter Gesetzesaussagen existiert für den Gegenstandsbereich der → Sozialpolitik nicht und ist wohl auch nicht erreichbar. Der sozialwissenschaftliche Theoriebegriff bezieht systematisch aufbereitete historische Erfahrung und daraus begründbare Vermutungen, raum-zeitlich gebundene Quasigesetze und reine Modellanalysen ein. – b) Gegenstand der Theorie der Sozialpolitik sind zum einen „soziale Probleme" als mögliche Anlässe sozialpolitischen Handelns, zum anderen Maßnahmen und Instrumente der praktischen Sozialpolitik, einschließlich der darauf bezogenen politischen Willensbildung. – 2. *Entwicklung:* a) Die Wissenschaft von der Sozialpolitik entstand in Deutschland als „*Tochter der Nationalökonomie*" (v. Wiese). So führte die sozialpolitische Fragestellung nach Möglichkeiten der Überwindung der „Arbeiterfrage" zur Gründung des → *Vereins für Socialpolitik* (1873), der bis in die Gegenwart – heute unter dem Namen „Verein für Socialpolitik-Gesellschaft für Wirtschafts- und Sozialwissenschaften" – die wichtigste Vereinigung von Wirtschaftswissenschaftlern im dt. Sprachraum geblieben ist. – b) Die ökonomische Theorie der Sozialpolitik bildet innerhalb der angewandten Volkswirtschaftslehre („Wirtschaftspolitik") eine Querschnittsdisziplin, mit Berührungen zu zahlreichen Einzelfeldern der Theorie der Wirtschaftspolitik. Entsprechend der Entwicklung des ökonomischen Denkens wurden die jeweils gängigen wirtschaftswissenschaftlichen Konzepte und Analysemethoden auch zur Erfassung sozialer Probleme und zur Beantwortung sozialpolitikwissenschaftlicher Fragestellungen herangezogen. Im Mittelpunkt standen dabei zunächst Fragen der Verteilung von Gütern, Einkommen und Vermögen und Probleme der Umverteilung. Später analysierte die ökonomische Sozialpolitiklehre die Sozialausgaben im volkswirtschaftlichen Kreislaufzusammenhang und die Belastungen und Begünstigungen durch → Beiträge und → Transfers (→ Inzidenz) auf einzelwirtschaftlicher Ebene. Gegenwärtig dominieren in der Theorie der Sozialpolitik mikroökonomische Analysen, bei denen das Modell des → Homo oeconomicus auch auf die Lösung sozialpolitischer Probleme und darauf gerichteter politischer Entscheidungen angewandt wird. – 3. *Einzelfragen:* a) Für eine sozialwissenschaftliche Theorie der Sozialpolitik ist die *Werturteilsproblematik*, u.a. wegen der historischen Vermischung von wissenschaftlichen Aussagen und politischen Forderungen („ → Kathedersozialisten"), bis in die Gegenwart von bes. Bedeutung. Berücksichtigt man die prinzipielle Wertgebundenheit von Basisentscheidungen des Wissenschaftlers über Gegenstand und Methode seiner Forschung, ist eine werturteilsfreie Sozialpolitikwissenschaft, die die Ziele praktischer Sozialpolitik analysiert oder technologische (teleologische) Aussagen bezüglich der Erreichung dieser Ziele trifft, gleichwohl möglich. Die Unterscheidung deskriptiver vs. technologischer Fragestellungen der Wirtschaftswissenschaften wird, anknüpfend an angelsächsischen Sprachgebrauch, zusehends durch die leicht missverständliche Unterscheidung von „Positive and Normative Economics" abgelöst. – b) *Deskriptive („positive") Theorie der Sozialpolitik:* (1) Historische, raum-zeitlich gebundene Analysen der praktischen Sozialpolitik können strukturbildende Merkmale der jeweiligen Ausgestaltung der Sozialpolitik pointierend hervorheben (→ historische Schule), Entwicklungstendenzen aufzeigen und zur Formulierung abstrahierender und generalisierender Hypothesen anregen. – Als Grundmodelle konkreter Sozialpolitik-Systeme werden der (kontinentaleuropäische) → Sozialstaat und der (angelsächsische vs. skandinavische) → Wohlfahrtsstaat angesehen (→ Sozialpolitik in der Marktwirtschaft). In Verbindung damit werden Systeme der → sozialen Sicherung auch anhand der Orientierung an der → Bismarckschen Sozialversicherungspolitik oder am → Beveridge-Plan charakterisiert.Aus der historischen Entwicklung der praktischen Sozialpolitik, von der staatlichen Reaktion auf die Arbeiterfrage des 19. Jh. bis zur Gegenwart, ergibt sich die Vermutung, dass diese Entwicklung von der des wirtschaftlichen Wohlstandes abhängt bzw. aus der Wechselwirkung von sozialem Problembewusstsein und wachsender Problemlösungsfähigkeit erklärt werden kann. Für Deutschland lassen sich diese Tendenzen als Wandel der Sozialpolitik von einer „Lazarettstation des Kapitalismus" zur „Schutzpolitik" und schließlich zur „Ausgleichs- und Gesellschaftspolitik" (Achinger) charakterisieren. (2) Eine rein deskriptive Theorie der Sozialpolitik kann sich mit der Erklärung des Zustandekommens sozialer Probleme (Diagnose) und der Voraussage zukünftiger Entwicklungen (Prognose) befassen, außerdem kann sie den Einsatz und die Wirkungen sozialpolitischer Maßnahmen (Mittel, Instrumente) untersuchen. Wachsende Bedeutung kommt in allen diesen Feldern der (Weiter-)Entwicklung von Methoden für empirische Analysen zu. – Die Identifikation sozialer Probleme, die Bestimmung eines etwaigen Handlungsbedarfs sowie Aussagen über geeignete Handlungsmöglichkeiten (Therapie) setzen dagegen mind. einen Bezug zu vorgegebenen oder unterstellten Zielsetzungen voraus und überschreiten somit die Grenze zur technologischen Theorie. – Für Analysen sozialpolitischer Maßnahmen und Ziele sind auch Erkenntnisse über Gesetzmäßigkeiten politischer Willensbildungs- und Entscheidungsprozesse sowie über Handlungsbedingungen von Politik und öffentlicher Verwaltung relevant (→ Neue Politische Ökonomie, → ökonomische Theorie der Bürokratie). Beeinflusst werden diese auch durch die Funktionsbedingungen der Bildung öffentlichen Problembewusstseins über

Massenmedien und unter Beteiligung von → Interessengruppen. – c) *Technologische („normative") Theorie der Sozialpolitik:* (1) Die Abgrenzung sozialer Probleme zur *Begründung sozialpolitischen Handelns* basiert in der dt. Sozialpolitiklehre traditionell auf dem Bezug zu einer → gesellschaftlichen Schwäche der Lebenslagen (Weisser) von Individuen und Personenmehrheiten (Gruppen, „Klassen" etc.) angesichts der gegebenen grundlegenden Ordnungsregeln und bestimmter gesellschaftlicher Ziele. – In der zeitgenössischen Theorie der Sozialpolitik werden Probleme und Handlungsbedarfe, analog zur generellen Begründung von Staatseingriffen in einer → Marktwirtschaft in der Theorie der Wirtschaftspolitik, aufgrund bestimmter Fälle von Marktversagen, v.a. im Zusammenhang mit der Bildung und Verwertung von → Humankapital oder → Humanvermögen, bestimmt (→ Sozialpolitik in der Marktwirtschaft). – Im Prozess der politischen Willensbildung und bei der Umsetzung sozialpolitischer Maßnahmen kann die Problemlösungskapazität der praktischen Sozialpolitik jedoch auch überfordert werden (verfehlte Prioritäten, Verschärfung von Verteilungskonflikten, Bestrebungen zur Besitzstandswahrung, „Reformstau"), sodass ebenfalls die Gefahr eines Sozialstaatsversagens berücksichtigt werden muss. (2) Bei Aussagen über sozialpolitische Handlungsmöglichkeiten ist grundlegend zu unterscheiden zwischen Maßnahmen auf der Ebene einer Sozialordnungspolitik und auf der Ebene einer sozialpolitischen Prozesspolitik.Die *Sozialordnungspolitik* richtet sich auf die Schaffung sozialpolitischer Rahmenregelungen, die die grundlegenden Regeln der Gesellschafts- und Wirtschaftsordnung ergänzen, sowie auf die Schaffung, Aus- oder Umgestaltung sozialer und sozialpolitischer Institutionen. Sie kann sich auch auf die Beeinflussung gesellschaftlich verbreiteter Verhaltensnormen und -gewohnheiten (Sitten und Gebräuche) richten, wie z.B. der Solidarität in Familien oder unter Arbeitnehmern.Die *soziale Prozesspolitik* zielt auf die Beeinflussung der sozialen Lage von Individuen und Personengruppen bei gegebenen Ordnungsregeln, die für die Bewältigung konkreter sozialer Probleme, abgesehen vom utopischen Fall einer alle sozialen Probleme lösenden Sozialordnung, noch nicht ausreicht. Soziale Prozesspolitik kann aber auch Formen eines (konzeptionslosen, ad-hoc) Interventionismus annehmen, der den Vorrang ordnungspolitischer Maßnahmen zur Lösung sozialer Probleme und das Postulat der Konstanz der Politik in einer Marktwirtschaft (Eucken) nicht berücksichtigt. (3) Anwendungsorientierte, technologische Fragestellungen i.e.S., d.h. wissenschaftliche Aussagen über allg. Handlungsmöglichkeiten und konkrete Mittel zum Erreichen sozialpolitischer Ziele, nehmen den Großteil der Literatur zur Sozialpolitik ein. Neben allg. Aussagen über das Instrumentarium der Sozialpolitik können dabei Empfehlungen über den Einsatz konkreter Instrumente(-nbündel) entwickelt sowie Wirkungsanalysen und Erfolgskontrollen für bestimmte Instrumente mit dem Ziel eines verbesserten Mitteleinsatzes vorgenommen werden. Bei Erfolgskontrollen (Evaluationen) sozialpolitischer Maßnahmen wird zunächst ihre konkrete Umsetzung (Implementation), dann ihre Effektivität im Sinne der davon (kausal) ausgehenden Belastungen (Kosten) und Vorteile (Nutzen) für bestimmte Individuen und Personengruppen, möglichst auch unter Berücksichtigung nicht-intendierter (Neben-)Wirkungen und des Zusammenwirkens verschiedener Instrumente, und schließlich ihre Effizienz, mind. im Sinn eines angemessenen Verhältnisses von Mitteleinsatz und Zielerreichung, untersucht. – 4. *Herausforderungen:* Aus der gesellschaftlichen und wirtschaftlichen Entwicklung und ständigen Änderungen der praktischen Sozialpolitik ergibt sich laufend neuer Forschungsbedarf. Bes. Bedeutung haben dabei gegenwärtig die Anpassung der Sozialpolitik an die → demografische Alterung der Bevölkerung und an die veränderten weltwirtschaftlichen Rahmenbedingungen (→ Globalisierung) und deren Folgen für die Wettbewerbsfähigkeit der Nationen, die jeweils zu grundlegenden Fragen nach Möglichkeiten zum Umbau des Sozialstaates führen. Qualitativ neue soziale Probleme könnten sich aus Versuchen ergeben, (1) in Anpassung an die Globalisierung der Wirtschaft auch für die Lösung sozialer Probleme in globalen Dimensionen zu denken und (2) Rahmenbedingungen für die Beziehungen aufeinander folgender Generationen zu schaffen, die im Sinn einer langfristig ausgerichteten Sozialpolitik auch die soziale Lage junger und zukünftiger Generationen sichern.

Theorie der Staatsschulden → Staatsschulden.

Theorie der Umweltpolitik – soll die Ursachen-Wirkungszusammenhänge ökonomisch-ökologischer Prozesse erklären und Ansatzpunkte für eine Ursachen- und (im Zweifel) symptomorientierte Therapie liefern. Dazu müssen v.a. die typischen und wesentlichen Merkmale von Umweltproblemen und deren Ursachen erkundet werden. Die Theorie der Umweltpolitik versucht, umweltpolitische Aktivitäten und die von ihnen induzierten Wirkungsgefüge mithilfe von Theoriebausteinen unterschiedlicher Disziplinen (Ökonomie, Ökologie, Politikwissenschaft, Systemtheorie etc.) begrifflich zu fassen und damit die Grundlage für rationales umweltpolitisches Handeln zu legen. Je umfassender die Theorie der Umweltpolitik die Umweltprobleme erfasst, desto mehr kann sie als wissenschaftliche Grundlage für eine staatliche → Umweltpolitik dienen. – Vgl. auch → Systemmanagement.

Theorie der Unternehmung – *Unternehmenstheorie*; 1. *Allgemein:* Die Theorie der Unternehmung befasst sich mit der speziellen Wirtschaftseinheit → Betrieb im System der → Marktwirtschaft, der als Unternehmung bezeichnet wird (Gutenberg). Betriebe und Unternehmungen produzieren durch den Einsatz von (originären und derivativen) → Produktionsfaktoren Leistungen für Dritte

(Fremdbedarfsdeckung). Das Prinzip der Wirtschaftlichkeit und das des finanziellen Gleichgewichts stellen systemindifferente Funktionsvoraussetzungen dar. Für das System der Marktwirtschaft sind das Autonomieprinzip, das → erwerbswirtschaftliche Prinzip sowie das Prinzip des → Privateigentums spezifisch. Die Unternehmung trifft zielgerichtete Entscheidungen über knappe Güter unter Berücksichtigung der obigen Prinzipien. Unternehmungen können entsprechend der Gestaltung der Eigentums- und Verfügungsrechte → kapitalistische Unternehmung oder → arbeitergeleitete Unternehmung sein. Entsprechend der in Deutschland üblichen Aufteilung der Wirtschaftswissenschaften in BWL und VWL ist die BWL als Theorie der Unternehmung von volkswirtschaftlichen Theorien der Unternehmung zu unterscheiden. V.a. die angelsächsische Unternehmenstheorien (Theories of the Firm) werden i.d.R. in der VWL behandelt, weil sie mit volkswirtschaftlichen Ansätzen (→ Gleichgewicht) und Fragestellungen verknüpft sind (→ Allokation, → Wettbewerb). – 2. *Betriebswirtschaftslehre als Theorie der Unternehmung:* Gegenstand sind alle in der Unternehmung ablaufenden Prozesse, die mit dem betrieblichen Umsatzprozess i.w.S. zu tun haben. Er erstreckt sich auf die Funktionsbereiche Beschaffung, Produktion (Umsatzprozess i.e.S.), Absatz, Management und Finanzierung. Die BWL verwendet verschiedene theoretische Ansätze bzw. Perspektiven, aus denen die Unternehmung betrachtet wird (z.B. faktor-, entscheidungs-, verhaltens-, systemtheoretischer Ansatz). Die Unternehmung wird als Aktionszentrum (Kosiol) und Entscheidungseinheit mit ihren vielfältigen Umweltbeziehungen als sozio-ökonomisches System gefasst. Von bes. Bedeutung sind der unternehmensinterne Prozess der Ziel- und Entscheidungsbildung sowie wirksame Anreizmechanismen, die kooperative Verhaltensweisen erzeugen (→ Verhaltenstheorie der Unternehmung). In der BWL werden die verschiedenen Teilbereiche der Unternehmung i.d.R. gesondert behandelt, sodass nicht von einer geschlossenen Theorie der Unternehmung gesprochen werden kann. Neben der funktionalen Differenzierung wird zudem eine branchenspezifische Aufspaltung des Untersuchungsgegenstandes Unternehmung vorgenommen (z.B. BWL der Kooperative, Bankbetriebslehre, Industriebetriebslehre, Handel und Absatz etc.), um den verschiedenen rechtlichen, institutionellen und ökonomischen Besonderheiten Rechnung zu tragen. – 3. *Volkswirtschaftliche Theorie der Unternehmung:* Das Forschungsprogramm der VWL richtet sich nicht unmittelbar auf das Verhalten einzelner Wirtschaftssubjekte, sondern auf das Gesamtergebnis einer Vielzahl an individuellen Zielen orientierter, autonomer Handlungen. Der in der VWL traditionell dominierende Koordinationsmechanismus ist der Preismechanismus, sodass die Unternehmung zunächst im Rahmen der Preistheorie behandelt (→ mikroökonomische Theorie der Unternehmung) worden ist. Die Frage, weshalb es Unternehmungen geben sollte und was ihre Grenzen bestimmt, wenn es bereits einen leistungsfähigen Koordinationsmechanismus gibt (Coase), hat das → Marktversagen bzw. das Versagen des Preismechanismus zum zentralen Erklärungsansatz werden lassen (→ neoklassische Theorie der Unternehmung). Das Marktversagen beruht auf Kosten der Marktbenutzung, die als Informations- und Vertragskosten zu verstehen sind (→ Transaktionskostentheorie der Unternehmung). Die Verträge und ihre Eigenschaften spielen deshalb eine zentrale Rolle für die Erklärung ökonomischer Beziehungen von Vertragspartnern innerhalb und mit der Unternehmung. Die Unternehmung wird als Nexus von Verträgen aufgefasst. Verträge können als vollständig oder unvollständig angenommen werden. Im ersten Fall handelt es sich um die Vorgehensweise der → Prinzipal-Agent-Theorie der Unternehmung, im zweiten um die Herangehensweise der → Governance-Structure-Theorie der Unternehmung. Die Unternehmung wird explizit als Koordinationsmechanismus mit einer Organisationsstruktur aufgefasst. – Während diese Entwicklung zunächst vor dem Hintergrund der allg. Gleichgewichtstheorie stattgefunden hat, wird zunehmend die Rolle der Unternehmung im Entwicklungs- und Innovationsprozess behandelt (→ dynamisch-evolutorische Theorie der Unternehmung). Die Vertrags(kosten)perspektive spielt im evolutorischen Kontext eine geringere Rolle.

Theorie der Verfügungsrechte → Verfügungsrechte.

Theorie der Wirtschaftspolitik → Allgemeine Wirtschaftspolitik.

Theorie des Geldangebots → Geldtheorie.

Theorie des internationalen Produktzyklus → internationale Unternehmung.

Theorie des oligopolistischen Parallelverhaltens → internationale Unternehmung.

Theorie des Reifegrades – führungstheoretischer Ansatz von P. Hersey und K.H. Blanchard, der davon ausgeht, dass das effektive Verhalten eines Vorgesetzten vom Reifegrad des Mitarbeiters bestimmt wird. Der Reifegrad des Mitarbeiters bestimmt sich als Ergebnis von Fähigkeiten und Motivation. Dabei werden 4 verschiedene Stufen des Reifegrades unterschieden: M1: geringe Reife (Motivation, Wissen und Fähigkeiten fehlen), M2: geringere bis mäßige Reife (Motivation, aber fehlende Fähigkeiten), M3: mäßige bis hohe Reife (Fähigkeiten, aber fehlende Motivation), M4: hohe Reife (Motivation, Wissen und Fähigkeiten vorhanden). Zusätzlich wird zwischen 4 Führungsstilen unterschieden: – a) Unterweisung (telling): Der Vorgesetzte sieht seine Mitarbeiter als Untergebene. Er sagt ihnen, was, wie, wann und wo zu tun ist. – b) Verkaufen (selling): Der Vorgesetzte argumentiert rational oder emotional, um die Mitarbeiter zur Akzeptanz der Aufgabenstellung zu bewegen. – c) Partizipation (participating): Der Führer und die Geführten entscheiden gemeinsam. – d) Delegation (delegating): Der Vorgesetzte beschränkt sich auf gelegentliche Kontrollen und überläßt die Aufgabenerfüllung seinen Mitarbeitern. Abhängig vom Reifegrad der Mitarbeiter wendet der Vorgesetzte die verschiedenen Führungsstile an. Mit zunehmender Reife nimmt die Aufgabeorientierung ab und die Beziehungsorientierung zu.

Theorie des Zweitbesten – I. Begriff: Die Theorie des Zweitbesten wird im Rahmen der → Wohlfahrtsökonomik relevant, wenn das „Erstbeste" in Form des → Pareto-Optimums nicht erreichbar ist. Das Optimierungsproblem des Zweitbesten bezieht sich auf eine gesellschaftliche Situation, in der von n Bedingungen für das gesamtwirtschaftliche → Wohlfahrtsoptimum mind. eine nicht erfüllt ist. Tritt diese Situation ein, ist es möglich, dass es bei Erfüllung von n-1 Optimalbedingungen nicht zu einer Annäherung an die optimale Situation, sondern zu einer weiteren Verschlechterung der Marktergebnisse kommt. Um dies zu verhindern wird die Theorie des Zweitbesten angewendet.

II. Wettbewerb: In Chamberlins Modell der → monopolistischen Konkurrenz führt die Heterogenität der Güter bei gleichzeitiger Offenheit der Märkte zu → Wohlfahrtsverlusten in Form von zunehmenden Überkapazitäten und einer Produktion zu höheren Stückkosten als beim homogenen → Polypol. Entsprechend der Theorie des Zweitbesten müssen in diesem Fall Marktschranken errichtet werden, damit wenigstens eine „zweitbeste" Situation erreicht wird. Einschränkend ist hierbei allerdings zu beachten, dass durch Marktschranken neue Probleme in dynamischer Hinsicht entstehen können. – Im Fall des → natürlichen Monopols wird anstelle des → Pareto-Optimums der → vollkommenen Konkurrenz auf das Optimalitätskriterium des Ramsey-Preises abgestellt.

III. Außenhandel: im Zusammenhang mit der → Handelspolitik insofern relevant, als → tarifäre Handelshemmnisse im Prinzip durchaus zur Korrektur von verschiedenen Verzerrungen geeignet sind. Sie sind aber immer nur zweitbeste Maßnahmen, es sei denn, die Verzerrung selbst hat mit dem Handel zu tun. – *Beispiel:* Wenn die Verzerrung darin besteht, dass die gesamtwirtschaftlichen, sozialen → Grenzkosten unter dem → Preis liegen (etwa wegen positiver → externer Effekte), dann kann zwar ein → Zoll zu der gewünschten Ausdehnung der heimischen → Produktion führen, er führt aber zugleich auf der Nachfrageseite in Form einer Preiserhöhung über den → Weltmarktpreis eine neue Verzerrung ein. Eine weitere wichtige Erkenntnis der Theorie des Zweitbesten ist, dass eine partielle Beseitigung von Verzerrungen nicht notwendigerweise eine Wohlfahrtsverbesserung bringt. Das im Bereich der Handelspolitik wichtigste Beispiel dafür ist die Errichtung einer → Zollunion oder → Freihandelszone. Dort werden die Handelshemmnisse nur partiell, nämlich zwischen den Partnerländern, abgebaut, während sie gegenüber Drittländern aufrecht bleiben. Es entsteht neben dem Handelsschaffungseffekt (→ Handelsschaffung) auch ein Handelsumlenkungseffekt (→ Handelsablenkung), deren Gesamtwirkung durchaus negativ sein kann.

Theorie X → Menschenbilder.

Theorie Y → Menschenbilder.

Theorie Z → Organisation, → Führungsmodelle.

Therbligs – Therbligs sind die vom Begründer der → Bewegungsstudie, Gilbreth, in Umkehrung seines Namens gefundenen 17 Bewegungsgrundelemente: Hinlangen, Transportieren, Greifen, Vorrichten, Fügen, Ausführen, Auseinandernehmen, Loslassen, Prüfen, Suchen, Auswählen, Finden, in eine andere Lage bringen, unvermeidbare und vermeidbare Verzögerung, Planen, Ausruhen und Halten. Die Therbligs sollen es dem Analytiker erlauben, die Vorgabezeiten manueller Tätigkeiten synthetisch wie ein Baukastensystem zusammenzufügen. Durch Addition der für die Bewegungsgrundelemente zuständigen Zeitwerte soll die manuelle Arbeitszeit sich aus Einzelzeiten zur Gesamtzeit zusammensetzen lassen. Therbligs sind somit Grundlage der → Systeme vorbestimmter Zeiten (SvZ). Motivation für Gilbreths Forschung war die Optimierung der Arbeitsgestaltung. Seine Theorie gilt als Teil des Scientific Managements oder → Taylorismus.

Thesaurierungsfonds – *Wachstumsfonds;* → Investmentfonds, bei denen die Erträge nicht ausgeschüttet, sondern sofort zur Wiederanlage im Fonds verwendet werden. – *Gegensatz:* → Einkommensfonds.

Thesaurierungsrücklage – 1. *Begriff:* Mit der Unternehmensteuerreform wurde ab dem Veranlagungszeitraum 2008 die Thesaurierungsrücklage eingeführt. Nach der Neuregelung können Personenunternehmen auf Antrag eine Thesaurierungsrücklage aus einbehaltenen (= nicht entnommenen) Gewinnen bilden. Die Besteuerung dieser nicht entnommenen Gewinne erfolgt mit 28,25 Prozent zzgl. Solidaritätszuschlag (Gesamtbelastung 29,8 Prozent). Werden die begünstigt besteuerten Gewinne später entnommen, erfolgt eine Nachversteuerung in Höhe von 25 Prozent zzgl. Solidaritätszuschlag und ggf. Kirchensteuer. – 2. *Voraussetzungen:* Die Rücklage kann für nicht entnommene laufende Gewinne aus Land- und Forstwirtschaft, Gewerbetrieb und selbständiger Arbeit beantragt werden, wenn es sich um ein Einzelunternehmen handelt oder wenn der Mitunternehmer einen Gewinnanteil über 10 Prozent oder über 10.000 Euro hat je Betrieb oder Mitunternehmeranteil hat. Eine Rücklage kann jedoch nicht für Gewinne gebildet werden, für die der Freibetrag bei Betriebsveräußerung nach § 16 IV EStG oder die Steuerermäßigung nach § 34 EStG bei außerordentlichen Einkünften gewährt wird bzw. bei denen es sich um eine erfolgsabhängige Vergütung einer vermögensverwaltenden Gesellschaft handelt

(§ 18 I Nr. 4 EStG). Es kann eine gesonderte Feststellung des Antrags je Betrieb und Mitunternehmeranteil (unter Bestimmten Voraussetzungen) für jeden Veranlagungszeitraum erfolgen. – 3. *Antrag*: Der Antrag zur begünstigten Besteuerung nicht entnommener Gewinne ist für jeden Betrieb oder Mitunternehmeranteil einzeln bis zur Unanfechtbarkeit des Einkommensteuerbescheids für das Veranlagungsjahr beim Wohnsitzfinanzamt zu stellen. Der Antrag kann teilweise bis zur Unanfechtbarkeit des Einkommensteuerbescheids für das Folgejahr zurückgenommen werden oder für jeden Betrieb bzw. auf einen Teil des nicht entnommenen Gewinns beschränkt werden. – 4. *Nachversteuerung*: Der Betrag, der nachzuversteuern ist, ergibt sich aus dem Begünstigungsbetrag vermindert um die darauf erhobene Steuer von 28,25 Prozent zzgl. Solidaritätszuschlag und ggf. Kirchensteuer. Der Betrag, der der Nachversteuerung unterliegt, ist jährlich für jeden Betrieb und Mitunternehmeranteil zum Ende des Veranlagungszeitraums gesondert festzustellen. Eine Fortschreibung hat zu erfolgen (§ 34a III EStG). Die Nachversteuerung wird mit dem Steuersatz von 25 Prozent zzgl. Solidaritätszuschlag vorgenommen, wenn der positive Saldo der Entnahmen und Einlagen des Wirtschaftsjahres den Nachversteuerungsbetrag übersteigt. Dies gilt nur, soweit zum Ende des vorangegangenen Veranlagungszeitraums ein nachversteuerungspflichtiger Betrag festgestellt wurde. Bei der Ermittlung des Nachversteuerungsbetrages ist dieser um die Beträge, die für Erbschaft- und Schenkungsteuer entnommen wurden, zu mindern. Eine Nachversteuerung außerdem auf Antrag des Steuerpflichtigen, bei Betriebsveräußerung oder -aufgabe, bei Wechsel der Gewinnermittlungsart oder bei Formwechsel in eine Kapitalgesellschaft sowie bei Einbringung vorzunehmen. Unschädlich sind unentgeltliche Betriebsübertragungen und Einbringungen in eine Personengesellschaft zu Buchwerten. Die Nachsteuer kann auf Antrag zinslos unter Berücksichtigung gewisser Voraussetzungen gestundet werden (§ 34a VI S. 2 EStG).

Thiebout-Theorem – Ansatz der → ökonomischen Theorie des Föderalismus, v.a. der fiskalischen Standorttheorie, sowie Versuch einer marktanalogen Allokation öffentlicher Leistungen (Thiebout). – *Annahmen:* vollständige Information der Bürger über die öffentlichen Angebote der verschiedenen Kommunen und die jeweils dafür zu zahlenden Beiträge, sowie vollkommene Mobilität (keine Restriktionen durch begrenzte Beschäftigungsmöglichkeiten und somit weit gehende Vernachlässigung von Wanderungskosten). Unter diesen Voraussetzungen wählen Bürger jeweils die Kommune als Wohnort, die ihren Präferenzen bez. des öffentlichen Güterangebots und seiner Finanzierung am besten entspricht (Voting by Feet). Die Kommunen werden versuchen, zusätzliche Bürger anzuziehen, bis die optimale Gemeindegröße erreicht ist; für jede öffentliche Leistung existiert eine optimale Gemeindegröße, die erreicht ist, wenn die Leistung mit den geringst möglichen Durchschnittskosten erstellt wird.

Thin Capitalization Rules – 1. *Bezeichnung* für Regeln zur Bekämpfung der „unzureichenden" Kapitalausstattung von Kapitalgesellschaften, d.h. v.a. zur Abwehr der → Gesellschafterfremdfinanzierung. – 2. Die *Problematik* ergibt sich daraus, dass die Erträge von Eigenkapital und Fremdkapital nach den Gepflogenheiten im internationalen Steuerrecht üblicherweise anders behandelt werden: (1) Die Erträge aus Eigenkapital, das man einer Tochterkapitalgesellschaft in einem Land zur Verfügung stellt, sind „Gewinn" und dürfen daher in dem betreffenden Land der Steuer unterworfen werden, (2) die Erträge aus Fremdkapital, das jemand einer Gesellschaft zur Verfügung stellt, stehen steuerlich nach den Doppelbesteuerungsabkommen (DBA) jedoch üblicherweise dem Land des Kapitalgebers zu (Art. 11 OECD-Musterabkommen). Das führt zu der Konsequenz, dass insbesondere Gesellschafter durch die Wahl der Kapitalart, die sie einer Gesellschaft zur Verfügung stellen, indirekt auch wählen dürfen, in welchem Staat der Großteil der erwirtschafteten Gewinne der Steuer unterworfen sein wird. Entscheidet der Investor sich für Eigenkapital, fällt die Steuer im Land der Gesellschaft an, entscheidet er sich für Fremdkapital, fällt sie in seinem eigenen Land an; kombiniert er beides geschickt – z.B. durch Eigenkapitalvergabe an eine Gesellschaft in einem weiteren Land, die das Geld dann als Kredit weiterleitet -, kann er die Steuer sogar in einem dritten, am Geschehen wirtschaftlich völlig unbeteiligten Land anfallen lassen. – 3. Diese Zusammenhänge haben die *Konsequenz*, dass die Konzerne oft versuchen, ihre Tochtergesellschaften vor Ort nur minimal mit Eigenkapital auszustatten und den Rest des Ertragspotenzials über Fremdfinanzierung und Abschöpfung im Wege von Zinszahlungen in Länder umzuleiten, in denen die Steuerbelastung geringer ist. Diese „dünne" Ausstattung mit Kapital wird als *thin capitalization* bezeichnet. – 4. *Abwehrmaßnahmen* gegen diese Gestaltungsmöglichkeit entwickeln, da fast alle Staaten von diesem Modell betroffen sind, nahezu alle Staaten der Erde, jedoch mit unterschiedlichen Ansätzen. Gemeinsam ist diesen Maßnahmen jedoch der grundsätzliche gedankliche Ansatz, dass die Zahlung von Zinsen statt der Erzielung von Gewinnen steuerlich unattraktiv gemacht werden soll; dies geschieht i.d.R. dadurch, dass der Betriebsausgabenabzug für zumindest diejenigen Zinsen verneint wird, die auf Fremdkapital entfallen, das aus der Sicht des betreffenden Staates nicht hätte aufgenommen werden sollen. – 5. *Deutschland* hat das Phänomen zunächst mit den Regelungen gegen die Gesellschafter-Fremdfinanzierung (§ 8a KStG a.F., bis 2007) bekämpft, anschließend durch die Einführung einer allg. prozentualen Obergrenze für den Abzug von Zinszahlungen vom steuerpflichtigen Ertrag (→ Regelungen zur Zinsschranke, § 4h EStG und § 8a KStG n.F.). – 6. Eine *internationale Vereinheitlichung* der

Regelungen zur Bekämpfung der thin capitalization fehlt bisher; die nationalen Abwehrmaßnahmen unterscheiden sich daher insbesondere hinsichtlich der angewandten Technik, des Umfangs der unbeanstandet geduldeten Kredite und der Frage, ob nur Kredite von Gesellschaftern oder aber sämtliche Kredite von den Abwehrmaßnahmen erfasst werden sollen.

Third Party Access – Berechtigung eines Dritten (Nichteigentümer) zur Nutzung eines Leitungsweges/-netzes zum Zwecke des Transports (Übertragung oder Verteilung) leitungsgebundener Energieträger (Gas oder Strom) gegen ein Entgelt. Third Party Access entkoppelt den Handel mit Strom und Gas von der Verfügung über ein eigenes Netz und ermöglicht Wettbewerb in Erzeugung und Handel/Verkauf trotz bestehendem Netzmonopol.

Third Party Logistics – Abk. *3PL*; die Vergabe von Logistikleistungen an einen Logistik(dienst)leister. Dieser ist die „dritte Partei" zwischen dem Hersteller oder dem Handelsunternehmen und dem Endkunden. 3 PL Leistungen sind insbesondere auch denkbar im Rahmen von § 454 II HGB als sog. „beförderungsbezogene Zusatzleistungen" des Spediteurs. Noch weitergehend als Third Party Logistics ist die Fourth Party Logistics. Der 4PL übernimmt als Netzwerkintegrator die übergreifende Steuerung der im logistischen Netzwerk verteilten technologischen und personellen Ressourcen.

Third Person Technique → Dritte-Person-Technik.

Third Sector → Dritter Sektor.

Third Sector Organization → Nonprofit-Organisation (NPO).

Thomas von Aquin – 1225–1274, bedeutendster Vertreter der Scholastik, die auf den Gedanken des Aristoteles aufgebaut ist. Thomas von Aquin entwickelte die Lehre vom gerechten Preis (→ Justum Pretium), bei dem jeder Tauschpartner seine aufgrund des „standesgemäßen Unterhalts" errechneten Aufwendungen ersetzt bekommen muss. Alle Güter besitzen einen immanenten, inneren Wert (Valor Intrinsecus), mit Ausnahme des Geldes, das nur einen „aufgepfropften" Wert (Valor Impositus) besitzt. Geld ist nur Tauschmittel, deshalb wird Geldzins als Wucher verworfen. Das Werk von Thomas von Aquin ist v.a. theologischer und philosophischer Natur, sodass die Suche nach den spärlichen ökonomischen Äußerungen in seinem umfangreichen Gesamtwerk mühselig ist; hilfreich: E. Schreiber, „Die volkswirtschaftlichen Anschauungen der Scholastik seit Thomas" (1913).

Thünen – Johann Heinrich von, 1783–1850, deutscher Nationalökonom und Landwirt. Thünen gehört zu den großen Ökonomen des Faches. Sein *Hauptwerk* „Der isolierte Staat in Beziehung auf Landwirtschaft und Nationalökonomie" (1. Band: 1826, 2. Band: 1842, 3. Band: 1863) enthält bes. eine Standortlehre, eine Theorie des verkehrswirtschaftlichen Standortes landwirtschaftlicher Betriebe sowie der Abhängigkeit der landwirtschaftlichen Betriebssysteme (Anbauweise, Viehhaltung und deren Auswirkung auf die Arbeitsverfassung) von der räumlichen Entfernung der Produktionsstätte zum Markt. Dazu entwickelte er die sog. „Thünensche Kreise", Ringe abnehmender Intensität der landwirtschaftlichen Produktion mit zunehmender Entfernung vom Markt, unter der Voraussetzung einer um den Markt sich geometrisch ausbreitenden ebenen Fläche „auf einem durchaus gleichen Boden, der überall kulturfähig ist". In großer Entfernung von einer Stadt gehe die Ebene in eine unkultivierte Wildnis über, wodurch diese Region von der übrigen Welt gänzlich getrennt werde. Aus dieser Standorttheorie folgt eine Analyse der Lagerente und die Grundlegung der → Grenzproduktivitätstheorie. Seine Lohntheorie ficht das → eherne Lohngesetz → Ricardos an und bietet eine Formel für den naturgemäßen und zugleich gerechten Arbeitslohn. Naturgemäß könne ein Lohn nur sein, bei dem die Lohnarbeit, die Gebrauchsgüter herstellt, ebenso hoch bezahlt werde wie jene, die Kapitalgüter produziere. Der Arbeitslohn müsste wertgleich sein mit dem Erzeugnis des letzten noch eingesetzten Arbeiters.

Thünen-Modell – 1. *Begriff*: Von → J. H. v. Thünen 1826 begründete Theorie zur Erklärung der räumlichen Differenzierung der Art und Intensität landwirtschaftlicher Nutzungen; ältester Ansatz der Standortstrukturtheorie (→ Standorttheorie). Die Herleitung landwirtschaftlicher Nutzungen erfolgt nicht wie in der geografischen Tradition nur aus den natürlichen, sondern primär aus den ökonomischen Faktoren. – 2. *Modellbeschreibung*: Zentraler Bestandteil des Thünen-Modells ist die → Lagerente, d.h. der von der räumlichen Distanz zum Marktort abhängige Ertragsanteil. Unter Berücksichtigung bestimmter Rahmenbedingungen (homogene Fläche, Gewinnmaximierung, sich zur Distanz zwischen agrarwirtschaftlichem Produktions- und Marktort linear entwickelnde Transportkosten) ergibt sich bei der Betrachtung nur eines Gutes, dass – weil sie die Transportkosten selbst tragen – diejenigen Bauern den größten Gewinn erzielen, die in der Nähe der → Stadt angesiedelt sind. Wenn alle Landwirte das Bestreben haben, in der Nähe der Stadt zu produzieren, wird dieser Boden wegen der gestiegenen Nachfrage teurer und entsprechend steigen dort die Produktionskosten. Bei nur einem Produkt würde diese Konstellation konsequenterweise dazu führen, dass in Stadtnähe die intensivste Bodenbearbeitung anzutreffen ist. Da von Thünen aber die räumliche Differenzierung von unterschiedlichen Nutzungen erklären will, gibt es kein zwingendes Intensitätsgefälle von der Stadt bis zum Rand des Raumes. Eine Differenzierung der Nutzungsart und der Intensität dieser Nutzungen kommt durch die Transportrate und -anfälligkeit der verschiedenen Produkte zustande, die sich aus dem Verhältnis von Preis und Gewicht und aus der Haltbarkeit der Produkte ergibt. Von Thünen kommt so zur Ableitung verschiedener Nutzungsringe *(Thünensche Ringe)*, die sich um die Stadt legen: (1) *Freie Wirtschaft:* In diesem Ring werden sowohl leicht verderbliche Güter (Milch, Gemüse und andere Gartenbauerzeugnisse) als auch transportkostenempfindliche Produkte (Heu, Stroh, Speisekartoffeln und Rüben) produziert. Die in diesem Ring betriebene Landwirtschaft ist i.d.R. sehr intensiv. (2) *Forstwirtschaft:* Begründet durch die hohen Transportkosten und die relativ niedrigen Holzpreise ist im Ring 2 die Forstwirtschaft angesiedelt, gekennzeichnet durch extensive Bewirtschaftung. (3) *Fruchtwechselwirtschaft* mit Fruchtwechsel zwischen Blatt- und Halmfrucht. (4) *Koppelwirtschaft* mit Wechsel von Acker- und Weidenutzung. (5) *Dreifelderwirtschaft* mit Brachezeiten. Die Bewirtschaftungsintensität nimmt von Ring 3 zu Ring 5 ab. (6) *Viehzucht:* Die Produkte der Viehzucht (Fleisch, Häute, Butter) zeichnen sich durch relativ geringe Transportkosten aus und stellen eine relativ extensive Nutzungsform dar. Daneben hat von Thünen in diesem Ring noch andere überaus intensive Nutzungen lokalisiert, wie z.B. den Flachs- und Tabakanbau und die Produktion von Sämereien, deren Vorkommen ebenfalls auf niedrige Transportkosten zurückzuführen ist. Der letzte Ring ist kein Ring im eigentlichen Sinn mehr, sondern beschreibt die „kultivierbare Wildnis", die kultiviert werden kann, wenn die Marktsituation es erlaubt. – 3. *Kritik und Würdigung:* Die Kritik an von Thünen richtet sich in erster Linie gegen die restriktiven Prämissen des Modells, das die komplexe Wirklichkeit landwirtschaftlicher Bodennutzung nicht vollends zu erklären vermag (z.B. homogene Fläche mit denselben Klimaverhältnissen und Transportbedingungen überall sowie der gleichen Bodenart, Streben der Landwirte nach Gewinnmaximierung, sich linear entwickelnde Transportkosten). Fraglich ist, ob von Thünens empirisch ermittelte Zonierung der Bodennutzung Allgemeingültigkeit besitzt. Überprüfungen von Art und Intensität der Landnutzung im Europa des 19. und frühen 20. Jh. ergaben tatsächlich landwirtschaftliche Nutzungssysteme, die sich aus der räumlichen Lage zu den urban-industriellen Nachfragezentren ergaben. Für die Agrarräume der heutigen Industriegesellschaften hat die Erklärungskraft des Thünen-Modells jedoch stark nachgelassen. Sinkende Transportkosten, moderne Konservierungsmöglichkeiten und staatliche Agrarsubventionen haben zu Veränderungen der Lagerentenkurven und damit der räumlichen Struktur der Bodennutzung geführt und so zur Verzerrung der Thünenschen Ringe beigetragen. Dennoch lassen sich in der Intensität landwirtschaftlicher Bodennutzung auch heute noch gewisse Unterschiede zwischen zentrumsnahen und -fernen Flächen beobachten. So weist z.B. das zentrumsnahe Umfeld großer Siedlungs- und → Verdichtungsräume noch nennenswerte Flächenanteile mit Intensiv- und Sonderkulturen (v.a. Gemüse- und Gartenbaukulturen) auf. Von Thünens Grundthese, die Lagerente bedinge eine räumliche Differenzierung in der Form und Intensität der agrarwirtschaftlichen Bodennutzung, bleibt bis heute unangetastet.

Thünensche Ringe → Thünen-Modell, → Thünen.

Thurstone-Skalierung → Skalierungsverfahren zur Messung von → Einstellungen. – 1. *Konstruktion* der Skala in vier Stufen: (1) Generierung einer großen Menge von Statements, die möglichst umfassend sein und alle Eigenschaften des Untersuchungsobjektes widerspiegeln sollen. (2) Sämtliche Statements werden durch unabhängige Sachverständige nach ihrem Grad der Günstigkeit für ein Objekt in 11 Kategorien eingestuft. (3) Für jedes Statement wird ein Skalenwert (Median) und ein Maß für die Streuung berechnet (Differenz zwischen 3. und 1. Quartil). (4) Auswahl von 20 bis 22 Statements aus der Gesamtmenge auf der Basis gleicher Abstände der Skalenwerte und geringer Streuung. – 2. *Anwendung:* Die Testpersonen wählen die Statements aus, denen sie zustimmen. Deren arithmetisches Mittel ergibt dann den Einstellungswert der jeweiligen Testperson. – 3. *Vorteil:* Geringer fragebogentechnischer Aufwand; *Nachteil:* Schwierigkeiten der Skalenkonstruktion.

Ticker – vormals elektronische Börsenkursanzeige, die die Kursveränderungen und Umsätze auf einem großen Tableau im Vergleich zu den Vortagsnotierungen in Leuchtschrift wiedergibt: Anfangskurs, fortlaufende Notierungen, Schlusskurs. Die von den Maklern an eine zentrale Meldestelle gegebenen Kurse werden elektronisch auf die Anzeigetafel im Börsensaal eingetastet und können über Spezialleitungen auch in die Bankgebäude übertragen werden. Das Informationsverteilungssystem der Deutsche Börse AG (Ticker Plant Frankfurt, TPF) stellt die Kurs- und Preisinformationen vom Handelssystem → Xetra, der Terminbörse → EUREX und den anderen dt. Wertpapierbörsen heute in Echtzeit zur Verfügung.

Tied Aid → Lieferbindung.

Tiefeninterview – *Intensivinterview;* Form der nicht standardisierten bzw. teilstrukturierten mündlichen → Befragung, mit relativ großer Freiheit des Interviewers bez. Inhalt und Gestaltung, wodurch die Auskunftsbereitschaft und die Spontaneität der Befragten erhöht werden kann. Instrument der → qualitativen Marktforschung.

Tiefensuche → Depth-First-Suche.

Tiefseebergbau – Aufsuchen und Gewinnen mineralischer Rohstoffe vom Tiefseeboden. Im Meeresbodenbergbaugesetz vom 6.6.1995 (BGBl. I 782) m.spät.Änd. wird dieser Bereich im Einzelnen geregelt. – Vgl. auch → Seerechtsübereinkommen 1982/1994.

Tiefstand → Konjunkturphasen.

Tierarten – Erfindungen von Tierarten und im Wesentlichen biologische Verfahren zur Züchtung von Tieren sind ohne Einschränkungen vom Patentschutz ausgeschlossen [§ 2 II PatG, Art. 53 lit. b

→ Europäisches Patentübereinkommen (EPÜ)]. Andere Verfahren sind dem Patentschutz zugänglich. Wie weit der Ausschluss der Patentierbarkeit reicht, ist umstritten und in der Rechtsprechung bislang nicht abschließend entschieden. – Vgl. auch → EG-Richtlinien.

Tiere – sind nach § 90a BGB keine → Sachen. Allerdings sind die für Sachen geltenden Vorschriften (z.B. Eigentum, Besitz) entsprechend anzuwenden, soweit nicht etwas anderes bestimmt ist. Maßgeblich ist der Gedanke, dass das Tier als „Mitgeschöpf" nicht der Sache gleichgestellt werden dürfe. Rechtstechnisch werden Tiere aber wie Sachen behandelt.

Tierhalter → Gefährdungshaftung.

Tierhalterhaftpflichtversicherung – 1. *Begriff:* Versicherung gegen Risiken aus der Eigenschaft des Versicherungsnehmers als Halter von → Tieren. Versicherungsart in der → Haftpflichtversicherung. – 2. *Varianten:* Wird i.d.R. in den Varianten Hundehalter- und Pferdehalter-Haftpflichtversicherung angeboten. Die Haftung des nicht gewerbsmäßigen Tierhüters ist meistens mitversichert. – 3. *Abgrenzungen:* Risiken aus der Haltung zahmer Haustiere sind in der → Privathaftpflichtversicherung gedeckt. Das Risiko für landwirtschaftliche Tiere wird über die → Betriebshaftpflichtversicherung abgesichert.

Tierhaltung – steuerliche Behandlung: Im Sinn des Bewertungsgesetzes hängt die Abgrenzung der landwirtschaftlichen Tierhaltung (→ land- und forstwirtschaftliches Vermögen) von der gewerblichen Tierhaltung (→ Betriebsvermögen) vom Verhältnis des Tierbestandes zur landwirtschaftlich genutzten Fläche ab (§ § 51 f. BewG). Diese Abgrenzung hat auch Bedeutung für die Einkommensteuer (§ 13 I Nr. 1 EStG) und die Umsatzsteuer (§ 24 II UStG). – Der Tierbestand wird mithilfe von *Vieheinheiten* berechnet, die auf dem Futtermittelbedarf der verschiedenen Tierarten basieren. – Bes. Regeln für *gemeinschaftliche* Tierhaltung von Landwirten, z.B. im Rahmen von Genossenschaften.

Tierkörperbeseitigung – geregelt im Tierische Nebenprodukte-Beseitigungsgesetz vom 25.1.2004 (BGBl. I 82) m.spät.Änd. – *Beseitigungspflichtig* sind die nach Landesrecht zuständigen → Körperschaften des öffentlichen Rechts, sie haben nach den Kategorien 1 und 2 im Sinne der VO (EG) Nr. 1774/2202 vom 3.10.2002 nicht für den Verzehr bestimmte tierische Nebenprodukte abzuholen, zu sammeln, zu befördern, zu lagern, zu behandeln, zu verarbeiten oder zu beseitigen. Dabei können sie sich Dritter bedienen oder die Aufgabe auch privaten Dritten übertragen. Kategorie 1 betrifft → Tiere mit dem Verdacht einer Tierseuche, Kategorie 2 solche, die nicht geschlachtet worden sind.

Tierschutz – Staatszielbestimmung in Art. 20a des → Grundgesetzes; sie verpflichtet die staatlichen Organe über den Artenschutz hinaus auch zu ethischem Tierschutz, zum Schutz individueller → Tiere vor Schmerzen, Leiden und Schäden.

Tierschutzgesetz – Gesetz i.d.F. vom 18.5.2006 (BGBl. I 1206, 1313) m.spät.Änd., dient dem Schutz des Lebens und des Wohlbefindens des Tieres. Der Halter oder Betreuer eines Tieres hat es angemessen und artgemäß zu nähren, zu pflegen und verhaltensgerecht unterzubringen; ihm ist es verboten, dem Tier vermeidbare Schäden, Schmerzen oder Qualen zuzufügen. Für das Töten von Tieren, Eingriffen an ihnen, Tierversuchen und den Tierhandel sind bes. Regelungen getroffen. – *Zuwiderhandlungen* sind → Straftaten oder → Ordnungswidrigkeiten.

Tierseuchengesetz – Gesetz i.d.F. vom 22.6.2004 (BGBl. I 1260,3588) m.spät.Änd., regelt die Bekämpfung von Seuchen, die bei Haustieren oder Süßwasserfischen auftreten oder bei anderen → Tieren auftreten und auf Haustiere oder Süßwasserfische übertragen werden können (Tierseuchen). Verboten ist u.a. die Ein- und Durchfuhr seuchenkranker Tiere. Bei Ausbruch von Seuchen besteht → Anzeigepflicht. Dazu sind eine Reihe von Verordnungen zum Schutz gegen verschiedene Tierkrankheiten und -seuchen erlassen worden. Zum Schutz gegen die ständige Gefährdung der Viehbestände durch Viehseuchen können einzelne Maßregeln angeordnet werden (§ § 17 ff. TierSG). Bei Tierverlusten wird Entschädigung geleistet (§ § 66 ff. TierSG). – *Zuwiderhandlungen* sind → Straftat oder → Ordnungswidrigkeit.

Tierzuchtgesetz – Gesetz i.d.F. vom 21.12.2006 (BGBl. I 3294) m.spät.Änd. Es gilt für die Zucht von Rindern, Schweinen, Schafen, Ziegen und Pferden. Weitere landwirtschaftlich genutzte → Tiere können durch Rechtsverordnung in den Anwendungsbereich des Tierzuchtgesetzes einbezogen werden. Das Tierzuchtgesetz bezweckt im züchterischen Bereich die Erzeugung der vorgenannten Tiere – auch durch Bereitstellung öffentlicher Mittel – so zu fördern, dass (1) die Leistungsfähigkeit der Tiere unter Berücksichtigung der Vitalität erhalten und verbessert wird, (2) die Wirtschaftlichkeit bes. Wettbewerbsfähigkeit der tierischen Erzeugung verbessert wird, (3) die von den Tieren gewonnenen Erzeugnisse den an sie gestellten qualitativen Anforderungen entsprechen und (4) eine genetische Vielfalt erhalten wird. Das Tierzuchtgesetz enthält Vorschriften über das Anbieten und Abgeben von Zuchttieren, die Anerkennung von Zuchtorganisationen, über das Besamungswesen (Betrieb einer Besamungsstation, Besamungserlaubnis) sowie über den Betrieb einer Embryotransfereinrichtung. Streitigkeiten über eine von der zuständigen Behörde getroffene Maßnahme können im Rahmen eines Schiedsverfahrens einer Schlichtung zugeführt werden.

Tietmeyer Report – Bericht des ehemaligen Präsidenten der Deutschen Bundesbank, H. Tietmeyer, zur Stabilität der internationalen Finanzmärkte. Der Bericht erschien im Februar 1999 und enthielt als zentrale Empfehlung die Schaffung des → Forums für Finanzmarktstabilität (FSF).

Tigerstaaten – *Drachenstaaten;* die asiatischen ehemaligen → Schwellenländer und jetzigen → Industrieländer Südkorea, Taiwan und Singapur bzw. das Sonderwirtschaftsgebiet Hongkong. Die gemeinsamen Merkmale dieser Länder sind ein hohes Wirtschaftswachstum, ein dynamischer Industrialisierungsprozess aufgrund der staatlich geförderten Strategie der Exportorientierung (exportorientierte Industrialisierung) sowie ein rasch zunehmendes Pro-Kopf-Einkommen. Dabei wird die Integration in die Weltwirtschaft durch Nutzung → komparativer Vorteile angestrebt. – Die Tigerstaaten wurden auch *Newly Industrialized Countries (NIC)* genannt, da sie an der Schwelle vom Entwicklungsland zum Industrieland standen. – Länder, welche dem Entwicklungskonzept der Tigerstaaten bzw. NIC erfolgreich nacheifern, aber noch nicht deren wirtschaftliches Niveau erreicht haben, wie z.B. die Jaguar-Staaten in Lateinamerika (v.a. Mexiko und Chile), werden als *Newly Industrializing Economies (NIE)* bezeichnet.

TIGRs – Abk. für *Treasury Investment Growth Receipts;* finanzinnovative Wertpapierform in den USA, bei der → Treasury Bonds in zwei getrennte Wertpapiere aufgeteilt werden: (1) Das *erste Papier* verbrieft ein Recht auf den Rückzahlungsbetrag und wird entsprechend mit Disagio gehandelt (→ Zerobond); (2) das *zweite Papier* ein Anrecht auf die regelmäßigen Zinszahlungen. – Vgl. auch → Stripped Bond.

Tilgung – I. Allgemein: Regelmäßige Ab- bzw. Rückzahlung einer langfristigen Schuld (z.B. Tilgungshypothek) in Form von Teilbeträgen, die nach verschiedenen Gesichtspunkten berechnet und i.d.R. aus den Abschreibungsgegenwerten oder aus dem Reingewinn aufgebracht werden. Höhe und Fälligkeit der → Tilgungsraten sind bei der Finanzplanung durch Aufstellung eines → Tilgungsplanes zu berücksichtigen.

II. Tilgung von Schuldverschreibungen: (→ Anleihen, Obligationen u.Ä.): Diese erfolgt aufgrund der Emissionsbedingungen entweder durch Rückzahlung zum Nennwert (oder, wenn vereinbart, über pari) oder durch Rückkauf. Die Anleihe kann in einem Betrag oder nach einem festgesetzten Plan in mehreren Teilbeträgen zurückgezahlt werden. – 1. *Rückzahlung:* a) *Rückzahlung der gesamten Anleihe:* Regelfall bei den Schatzanweisungen; sie findet häufig statt bei Staatsanleihen und Industrieobligationen, bei denen der Schuldner sich die Kündigung jederzeit oder von einem bestimmten Termin ab vorbehalten hat, wenn die Lage auf dem Geldmarkt günstig ist und eine Konversion durchführbar erscheint. – b) *Planmäßige Rückzahlung:* Entweder Tilgung durch bestimmte gleich bleibende oder nach Wahl des Schuldners steigende Anzahl von Stücken oder aber Tilgung durch Annuitäten. Da hierbei die Summe aus Verzinsung und Tilgung konstant bleibt, sinkt der Zinsanteil mit fortschreitender Tilgung, weswegen der Tilgungsanteil entsprechend steigt. Bei beiden Verfahren erfolgt die Feststellung der zu tilgenden Stücke durch Auslosung oder Verlosung entweder für ganze Serien oder für einzelne Nummern. Die ausgelosten Serien oder Nummern werden bekannt gemacht und zu dem festgesetzten Termin eingelöst. Vom Einlösungstermin ab findet keine Verzinsung mehr statt, sodass ein Versäumnis der Einlösungstermine mit Zinsverlust verbunden ist. Die Ansprüche aus den ausgelosten Papieren verjähren mangels anderer Vereinbarung in 30 Jahren, falls sie während dieser Zeit nicht vorgelegt werden, sonst zwei Jahre nach Vorlegung, § 801 BGB. – 2. *Rückkauf:* Kann freihändig an der Börse erfolgen oder auf dem Submissionswege, indem der Schuldner Angebote der Gläubiger einfordert. Häufig hat sich der Schuldner nach seiner Wahl Tilgung durch Rückkauf oder Auslosung vorbehalten; er wird jeweils den Rückkauf vorziehen, wenn das Papier an der Börse unter pari zu haben ist. Bei Prämien- oder Losanleihen findet die Tilgung durch *planmäßige Verlosung mit Gewinnen* (Prämien) statt.

Tilgungsanleihe – *Amortisationsanleihe;* → Anleihe, die im Gegensatz zur → ewigen Anleihe getilgt wird. Die → Tilgung kann am Ende der Laufzeit in einer Summe erfolgen (gesamtfällige Anleihe). Werden jährlich gleich hohe Beträge getilgt, so bezeichnet man die Anleihe als → Ratenanleihe. Bleibt die jährliche Gesamtbelastung gleich (die Tilgung steigt um die ersparten Zinsen), so liegt eine → Annuitätenanleihe vor. Häufig beginnt bei Raten- und Annuitätenanleihen die Rückzahlung nach einer tilgungsfreien Zeit (Tilgungsfreijahre). Anleihen ohne festen Tilgungsplan werden während ihrer Laufzeit nach den vertraglichen Möglichkeiten des Ausstellers zurückgezahlt. Die technische Durchführung der Rückzahlung kann planmäßig über die Auslosung von Serien, Reihen, Gruppen oder Endziffern bzw. durch freihändigen Rückkauf zulasten eines planmäßig dotierten Tilgungsfonds erfolgen. Außerplanmäßige Tilgungen sind zusätzliche Tilgungen, die ggf. gemäß Anleihebedingungen auf die planmäßigen Tilgungen späterer Jahre angerechnet werden. Außerplanmäßige Tilgungen können durch vorzeitige Kündigung der gesamten Anleihe (frühestens nach Ablauf einer in den Anleihebedingungen vorgesehenen kündigungsfreien Zeit), durch Auslosung zusätzlicher Serien, Reihen, Gruppen oder Endziffern und durch Rückkauf an der Börse erfolgen. Eine Kündigung festverzinslicher Wertpapiere durch den Anleihegläubiger ist in den Anleihebedingungen meistens ausgeschlossen. Bietet der Emittent mit Kündigung einer Anleihe gleichzeitig den Wertpapiergläubigern eine neue Anleihe zu geänderten Bedingungen (Zinssatz, Laufzeit, Tilgungsmodalitäten) an, so handelt es sich um eine Umwandlung der Schuldbedingungen (Konversionsanleihe).

Tilgungsfreijahre → Tilgungsanleihe.

Tilgungshypothek – *Annuitätenhypothek, Amortisationshypothek;* → Hypothek, bei der ein Schuldner gleichbleibende, aus Zinsen und Tilgungsbeträgen sich zusammensetzende (Jahres-) Leistungen (→ Annuitäten) in einem bestimmten Prozentsatz des ursprünglichen Kapitals bis zur vollständigen Tilgung zu entrichten hat. Da das Kapital (Restschuld) und damit auch die jährliche Zinsschuld immer kleiner wird, die Annuität jedoch konstant bleibt, wächst der Anteil der Tilgung an der Annuität ständig. – Vgl. auch → Abzahlungshypothek.

Tilgungsplan – zahlenmäßige Darstellung des Rückzahlungsvorganges einer Schuld (z.B. Anleihe, Darlehen), die in Teilbeträgen (→ Tilgungsraten) zurückgezahlt wird. – *Beispiel:* Eine Anleihe von 1 Mio. Euro soll zu 4 Prozent verzinst und im Verlauf der nächsten fünf Jahre durch gleich große Ratenzahlungen getilgt werden. – Darstellung vgl. Tabelle „Tilgungsplan (Beispiel)".

Tilgungsrate – Betrag, der zur → Tilgung einer Schuld, die nicht auf einmal im Gesamtbetrag zurückgezahlt wird, fortlaufend innerhalb bestimmter Zeitabschnitte (jährlich, vierteljährlich, monatlich) an den Kreditgeber zu zahlen ist. – Tilgungsrate und Zinsbetrag ergeben zusammen die → Annuität. – *Finanzplanung:* Bei Aufstellung des Finanzplanes einer Unternehmung sind die im Planabschnitt fälligen Tilgungsraten zu berücksichtigen.

Tilgungsrechnung – Teilgebiet der → Finanzmathematik. Durch die Tilgungsrechnung werden die Tilgungsdauer, die Restschuld am Ende jedes Jahres, die Zinsen, die Tilgungsrate und die → Annuität ermittelt. Diese Posten ergeben den → Tilgungsplan.

Tilgungsstreckung – Verlängerung der Laufzeit eines Kredits durch Reduzierung der → Tilgung (→ Tilgungsrate) oder durch Gewährung eines zusätzlichen Darlehens (sog. Streckungsdarlehen).

Time and Distance Cover – 1. *Begriff:* Historische retrospektive Deckungsform der → Finanzrückversicherung, die zukünftige Zahlungsverpflichtungen aus bereits abgeschlossenem Geschäft auf den → Rückversicherer transferiert. Dieses Konzept wurde in den 1980er-Jahren hauptsächlich von den Syndikaten von → Lloyd's of London nachgefragt, um damit eine Abrechnung zwischen eintretenden und ausscheidenden Names zu ermöglichen. Hierbei wurden ausstehende Verbindlichkeiten zum Geschäftsabschluss gegen Zahlung einer → Prämie transferiert. – 2. *Methodik:* Auf Basis einer geschätzten Schadenreserveabwicklung wird ein Auszahlungsplan vereinbart, der mögliche Schadenzahlungen des Rückversicherers sowohl nach dem Zeitpunkt als auch nach der Höhe determiniert. Der Preis bestimmt sich durch die Diskontierung der zu Vertragsbeginn festgelegten Zahlungen des Rückversicherers zzgl. Gewinn und Kosten. – 3. *Ziele:* Die indirekte Diskontierung der Schadenreserven führt zu einer (kurzfristigen) Eigenkapitalerhöhung und damit zu einer Veränderung der Bilanzkennzahlen. In dieser Reinform sind Time and Distance Cover in der Praxis nur noch von historischem Interesse, da seitens des Rückversicherers weder ein → Underwriting Risk noch ein Timing Risk übernommen wird und somit keine Anerkennung als → Rückversicherung gegeben ist.

Time Based Management – Managementkonzept, das die Geschwindigkeit der Reaktion auf Kundenwünsche (v.a. in der → Produktentwicklung) als wesentlichen Wettbewerbsvorteil herausstellt.

Time Lag → Lag.

Timeliness – *Aktualität;* qualitative Anforderung an Rechnungslegungsinformationen nach den → US-GAAP sowie nach den → International Financial Reporting Standards (IFRS). – Vgl. auch → Conceptual Framework und → Framework.

Time Pacing – im Unterschied zum → Event Pacing, also dem fallweisen Anpassen der Unternehmensstrategie an veränderte Umweltbedingungen, werden beim Time Pacing die Unternehmensaktivitäten in vorher festgelegten Rhythmen neu festgelegt. Nach einem genau festgelegten Zeitplan werden neue Produkte und Dienstleistungen geschaffen, neue Märkte betreten und neue Geschäfte aufgebaut. So kann ein Unternehmen außerordentlich schnell am Markt agieren.

Tilgungsplan (Beispiel)

Jahr	Restschuld am Anfang	Zinsen 4%	Tilgungsrate 20%	Annuität
1	1.000.000	40.000	200.000	240.000
2	800.000	32.000	200.000	232.000
3	600.000	24.000	200.000	224.000
4	400.000	16.000	200.000	216.000
5	200.000	8.000	200.000	208.000
		120.000	1.000.000	1.120.000

Time Preference → Zeitpräferenz.

Timesharing – I. Immobilien: Kauf von Immobilien, meist Ferienwohnungen (→ Ferienhaus), zusammen mit anderen Käufern in der Form, dass sich der Besitz nur auf eine zeitanteilige Nutzung bezieht. Somit kann jede Einheit viele Einzeleigentümer haben, die sich darüber einigen, wann die Immobilie vom einzelnen Eigentümer genutzt werden kann. – *Rechtsgrundlage:* § § 481–487 BGB zu → Teilzeit-Wohnrechten.

II. Informatik: Meistgenutztes Verfahren zur Realisierung des → Mehrprogrammbetriebs. Das → Betriebssystem (BS) des → Rechners zerlegt die Laufzeit der → Zentraleinheit in gleich große Zeitscheiben (Größenordnung: Millisekunden) und teilt diese den → Benutzern in regelmäßigem Zyklus zu. In einem solchen Zeitintervall bearbeitet das System jeweils Befehle aus dem → Programm des Benutzers, dem dieses Intervall zugeordnet ist. Wegen der hohen Verarbeitungsgeschwindigkeit des Rechners und weil häufig die Zeitintervalle, in denen die Abarbeitung seines Programms von der Zentraleinheit unterbrochen ist, von Ein- und Ausgabeoperationen überlagert werden, hat ein Benutzer oft den Eindruck, ihm stünde die gesamte Anlage allein zur Verfügung.

Tinbergen – Jan, 1903–1994, niederländischer Nationalökonom, war 1945–1955 Direktor des zentralen Planungsbüros in Den Haag, lehrte von 1933–1973 in Rotterdam und von 1973–1975 in Leiden; → Nobelpreis für Wirtschaftswissenschaften 1969 – den ersten überhaupt – (zusammen mit → Frisch). Tinbergen gehört zu den Begründern der → Ökonometrie. Seine wichtigsten Arbeiten waren die Entwicklung ökonometrischer Modelle für die Niederlande, die USA und Großbritannien sowie Verbesserungen der Schätzung von → Produktionsfunktionen. Ein typisches Werk dieses Zuschnitts ist: „Business Cycles in the United Kingdom, 1870–1914“ (1951). Im Auftrag des Völkerbundes legte er den empirischen Teil einer zweiteiligen Konjunkturanalyse vor („Statistical Testing of Business Cycles Theories“, 2 Bde. (1939)), deren theoretische Grundlegung → Haberler übernommen hatte. In die Theorie der Wirtschaftspolitik führte er quantitative Methoden ein („Economic Policy: Principles and Design“ (1956)). In den letzten Jahrzehnten wandte sich Tinbergen bes. Problemen der Entwicklungsländer zu, so etwa in seinem Buch „The Design of Development“ (1956).

Tintenstrahldrucker – nicht mechanischer Zeichendrucker (→ Drucker), bei dem die Zeichen durch eine Matrix von Tintentröpfchen gebildet werden; diese werden aus parallelen Düsenkanälen ausgestoßen. – Verschiedene Geräte ermöglichen die Darstellung farbiger Grafik in hoher → Auflösung.

Titel – 1. *Markenrecht:* → Werktitel. – 2. Vollstreckbare gerichtliche Entscheidung. – 3. Staatlich verliehene personenbezogene Bezeichnung oder Auszeichnung.

Titelschutzanzeige → Werktitel.

tkm – Abk. für → Tonnenkilometer.

TKP – Abk. für *Tausend-Kontakt-Preis* (→ Tausenderpreis).

TLP – Abk. für *Tausend-Leser-Preis* (→ Tausenderpreis).

TOB – Abk. für → technisch organisatorischer Bereich.

Tobin – James, 1918–2002, amerik. Nationalökonom, lehrte seit 1947 an der Yale University; → Nobelpreis für Wirtschaftswissenschaften 1981. Tobin veröffentlichte wichtige Arbeiten zur → Makroökonomik, bes. zur monetären Theorie und Politik. Auf dem Gebiet der Geldnachfragetheorie begründete Tobin, ausgehend von der Keynesschen Liquiditätspräferenztheorie, den Einfluss des Zinses auf die Nachfrage nach Transaktionskasse. Die Nachfrage nach Spekulationskasse wird von ihm zu einem allg. Konzept der Vermögensnachfrage, der → Portfolio Selection, weiterentwickelt. Auf dem Gebiet der Geldangebotstheorie begründete er den verhaltenstheoretischen Ansatz der Geldschöpfung. Das Geldangebot wird von ihm als Portfolio-Entscheidung interpretiert. Monetäre Impulse störten das Vermögensgleichgewicht, wobei diese Impulse nicht nur von der → Zentralbank, sondern auch vom Staat (→ Debt Management) ausgehen könnten. Tobin war ein strikter Anhänger der Lehre von → Keynes. Mit → Samuelson und → Rostow gehörte er zu den wirtschaftspolitischen Beratern von Präsident Kennedy. 1972 forderte er die Einführung einer weltweit einheitlichen Sondersteuer auf spekulative internationale Devisentransaktionen, die Tobin-Steuer. – *Hauptwerke:* „The Interest Elasticity of Transaction Demand for Cash“ (1956), „Liquidity Preference as Behavior towards Risk“ (1958), „An Essay on the Principles of Debt Management“ (1963), „The Theory of Portfolio Selection“ (1966) und „Inflation and Unemployment“ (1972).

Tobin's q – von → Tobin (1963) eingeführte Relation zwischen Veränderung des Wertes einer Unternehmung (PV) und dem hierfür zugrunde liegenden Wert der Investition (I), also:

$$q = \frac{PV}{I}.$$

Fälle: Für q > 1 werden Investitionen durchgeführt, für q < 1 unterbleiben Nettoinvestitionen, und im Gleichgewicht ist q = 1. – *Bedeutung:* Wichtige Rolle im Transmissionsmechanismus monetärer Impulse. So führt z.B. eine expansive → Offenmarktpolitik zu höherer Liquidität, die u.a. zum Kauf von Aktien eingesetzt wird. Mit den steigenden Kursen erhöht sich der Unternehmenswert und damit steigt q. Daraufhin nehmen die Investitionen zu.

Tobit-Modell – Verfahren zur ökonometrischen Erklärung von zensierten Variablen, d.h. Variablen, bei denen die Daten nur einen Teil der möglichen Variablenwerte annehmen. Die exogenen Variablen sind jeweils für alle Beobachtungen (für die zensierten und nicht zensierten) vorhanden. Beim gestutzten → Regressionsmodell sind die exogenen Variablen dagegen nur bekannt, wenn die endogene Variable beobachtet werden kann. – Die Zensierung kann sich aufgrund der Codierung der endogenen Variablen bei der Datenerfassung (alle Einkommen größer 100.000 Euro werden auf diesen Wert gesetzt, Stadionkapazität) oder aufgrund von Eckpunkt-Lösungen (Corner-Solution-Modell) beim Optimierungsprozess der Wirtschaftssubjekte ergeben (die jährlichen Ausgaben für neue Möbel nehmen bei vielen Haushalten den Wert null an). Die Schätzung erfolgt gewöhnlich mit der → Maximum-Likelihood-Methode unter der Annahme der Normalverteilung. → Heteroskedastizität und die Verletzung der Normalverteilung führen im Gegensatz zum linearen Regressionsmodell häufig zu verzerrten Schätzern. Das Tobit-Modell unterstellt für die zensierten und die nicht zensierten Bobachtungen die gleichen Einflussfaktoren mit dazugehörigem Parametervektor. Deshalb ist das Tobit-Modell für das Corner-Solution-Modell weniger geeignet.

Tochtergesellschaft – Legaldefinition in § 290 I 1 HGB. Von einer → Muttergesellschaft abhängige Kapitalgesellschaft, überwiegend GmbH oder AG, deren Kapital zum großen Teil, meist 100 Prozent, im Besitz der herrschenden Gesellschaft ist. – *Steuerliche Behandlung:* → Organgesellschaft. – Vgl. auch → Auslandstochtergesellschaft, → Mutter-Tochter-Richtlinie.

Todaro-Modell – *Harris-Todaro-Modell.* 1. *Modell:* H. Todaro will die andauernde Landflucht (→ Migration) trotz fortwährend hoher urbaner Arbeitslosigkeit erklären. Potenzielle Migranten vergleichen die Erträge, die sie im urbanen Bereich, unter Beachtung der Migrationskosten, und im ruralen Bereich zu erwarten haben. – Das Lohndifferenzial zwischen Stadt und Land gibt den *Anreiz zur Migration* (→ struktureller Wandel). Daneben muss die Arbeitslosenquote als entscheidender migrationshemmender Faktor angesehen werden, welcher Auskunft über die subjektive Wahrscheinlichkeit gibt, im modernen Sektor keinen Arbeitsplatz zu finden. Dynamische Migranten mit hoher Leistungsbereitschaft und hohem → Humankapital erhoffen sich, mittelfristig im urbanen Sektor einen Arbeitsplatz erobern zu können. Daher ist die Landflucht weitestgehend auf junge Menschen konzentriert, die noch ein längeres Erwerbsleben vor sich haben und eine überdurchschnittliche Bildung aufweisen. – 2. *Wirtschaftspolitische Schlussfolgerungen:* a) Die *Diskrepanz* urbaner-ruraler Beschäftigungsmöglichkeiten muss reduziert werden. Angleichung der Lohnsätze entschärft das Migrationsproblem. – b) *Schaffung* urbaner Arbeitsplätze im Rahmen keynesianischer Beschäftigungspolitik verschärft das urbane Arbeitslosenproblem. Es ergibt sich die paradoxe Situation, dass eine Verbesserung der urbanen Beschäftigungslage höhere Löhne ermöglicht, die kurzfristig positive Beschäftigungswirkungen durch Attrahierung von Migranten aus ruralen Bereichen mit höherer Arbeitslosigkeit konterkarieren. Jeder neue urbane Arbeitsplatz zieht zwei bis drei Migranten an. – c) *Verbesserung der Bildungsmöglichkeiten* erhöht die Arbeitslosigkeit Unausgebildeter, da der Bildungsstand als Auslesekriterium für die Einstellung von Arbeitskräften herangezogen wird, wodurch Personen mit höherer Schulausbildung eine höhere Beschäftigungschance erhalten. – d) *Lohnsubventionen* im städtischen formellen Sektor wirken kontraproduktiv, da die Attraktivität der Stadt erhöht wird. – e) *Programme* einer → integrierten ländlichen Entwicklung können das Problem der Landflucht lösen, wenn die ökonomische Basis des ländlichen Raumes nachhaltig verbessert wird. Dazu gehört auch eine Verbesserung der ländlichen Infrastruktur (Gesundheitsversorgung, Bildungschancen, Ausbau des Wegenetzes und der Elektrizitäts- und Wasserversorgung sowie kultureller Einrichtungen). – f) *Arbeitsintensive Kleinindustrien* sollen in ruralen Gebieten gefördert werden. – g) Wenn *Mindestlöhne* den Gleichgewichtslohn überschreiten, führt die Faktorpreisverzerrung zu einer unteroptimalen Nutzung knapper Ressourcen. – h) *Arbeitsintensive Technologien* im ländlichen Raum können der Landflucht ebenfalls ursachenadäquat begegnen, sofern auch das Lohndifferenzial zwischen Stadt und Land reduziert wird.

Todeserklärung – förmliche Erklärung eines Verschollenen für tot in einem bes. gerichtlichen Verfahren. Für die Besteuerung gilt bei Verschollenen, soweit es sich um Entstehung, Umfang und Beendigung der Steuerschuld handelt, der Tag, mit dessen Ablauf der die Todeserklärung aussprechende Beschluss rechtskräftig wird, als Todestag (§ 49 AO).

Todesfallversicherung → Risikolebensversicherung.

Todesursache – Spezifikation der → Bevölkerungsstatistik bei der Erfassung der einzelnen Sterbefälle. – Als *Maß der Sterblichkeit* einer bestimmten Todesursache (z.B. Herz- und Kreislaufversagen) werden die Sterbefälle dieser Todesursache auf je 100.000 Lebende gleichen Alters sowie Geschlechts bezogen. Die Zuordnung eines Sterbefalles zu einer (einzigen) Todesursache ist oft nicht zweifelsfrei möglich. Die Erfassung erfolgt in der → Todesursachenstatistik.

Todesursachenstatistik – jährliche Vollerhebung zur Erfassung der Sterbefälle. Rechtsgrundlage ist das Gesetz über die Statistik der Bevölkerungsbewegung und die Fortschreibung des Bevölkerungsstandes vom 14.3.1980 (BGBl. I S. 308), zuletzt geändert durch Art. 2 XIII des Gesetzes vom 19.2.2007 (BGBl. I S. 122). Die Daten werden entsprechend der „Internationalen statistischen Klassifikation der Krankheiten und verwandter Gesundheitsprobleme" (ICD) aufbereitet. Basis der Statistik sind die Todesbescheinigungen der Ärzte, die ggf. durch die zuständigen Standesämter ergänzt werden, es handelt sich somit um eine

→ Sekundärstatistik. Erhoben werden die Todesursachen, die als primäre Ursache für den Tod angesehen werden. Die Darstellung der Daten erfolgt absolut und standardisiert. Zweck der Todesursachenstatistik ist die Bereitstellung von Daten für wichtige Indikatoren im Bereich der Gesundheit, bspw. Sterbeziffern. Sie ermöglicht die Durchführung intertemporaler und interregionaler Vergleiche der Sterblichkeit und stellt somit wichtige Informationen für bspw. die Weltgesundheitsorganisation, die → Europäische Kommission, die → OECD sowie Gesundheits- und Sozialministerien oder auch medizinische Einrichtungen bereit.

Token → Token Passing.

Token Passing – *Tokenverfahren;* für Ringe (→ Netzwerktopologie) konzipiertes Verfahren zur Datenübertragung, aber auch bei Busnetzen verwendet. – Eine bestimmte Kontrollinformation *(Token)* wird von Netzknoten zu Netzknoten weitergereicht. Das Token beinhaltet eine Art „schriftliche Sendeerlaubnis", d.h. ein Knoten kann nur dann senden, wenn ihn das Token erreicht hat. Nachdem die Übertragung seiner Daten beendet ist (bzw. nach einer festgelegten Zeitspanne) reicht er das Token wieder weiter. – Vgl. auch → Token Ring.

Token Ring – von IBM verwendete und im Projekt → IEEE-802 entsprechend genormte Netzwerkstruktur (→ Netz) mit einer Ringtopologie (→ Netzwerktopologie) und → Token Passing als → Zugangsverfahren.

Tokenverfahren → Token Passing.

tonische Aktivierung → Aktivierungsforschung.

Tonnagesteuer – eine seit 1999 eingeführte bes. Form der einkommensteuerlichen Gewinnermittlung für Handelsschiffe im internationalen Verkehr (§ 5a EStG). – 1. *Ermittlung des Gewinns:* Pro Tag, an dem das begünstigte Schiff betrieben worden ist, wird der erzielte Gewinn pauschal festgelegt mit: (1) 0,92 Euro pro je 100 Nettotonnen für die ersten 1.000 Nettotonnen der Tonnage; (2) 0,69 Euro pro je 100 Nettotonnen für den Tonnageanteil zwischen 1.000 und 10.000 Nettotonnen; (3) 0,46 Euro für je 100 Nettotonnen für den Tonnageanteil zwischen 10.000 und 25.000 Nettotonnen; (4) 0,23 Euro/100 Nettotonnen für den über 25.000 Nettotonnen hinausgehenden Anteil der Tonnage. Mit diesen Beträgen sind im Wesentlichen alle Gewinne, auch die aus einer Veräußerung des Schiffes, abgegolten. – 2. *Begünstigte Schiffe:* Die Schiffe müssen in der überwiegenden Zeit des Wirtschaftsjahrs in einem inländischen Seeschifffahrtsregister eingetragen gewesen sein. Bei Handelsschiffen müssen diese überwiegend zur Beförderung von Personen oder Gütern im Verkehr mit ausländischen Häfen oder zwischen solchen Häfen eingesetzt worden sein; unter bestimmten Voraussetzungen ist auch die Vercharterung begünstigt. Andere Arten von Seeschiffen außer Handelsschiffen müssen im Wirtschaftsjahr überwiegend außerhalb der dt. Hoheitsgewässer zum Schleppen, Bergen oder Aufsuchen von Bodenschätzen oder der Vermessung von Energielagerstätten unter dem Meeresboden eingesetzt worden sein. – 3. *Begünstigte Steuerpflichtige:* Die Tonnagesteuer ist nur für Steuerpflichtige möglich, die den Gewinn durch Bilanzierung ermitteln, und tritt nur auf Antrag an die Stelle der normalen Besteuerungsregelungen. Es ist jeweils für einen Zeitraum von zehn Jahren einheitlich und unwiderruflich zu entscheiden, ob die normale Gewinnermittlung oder die Anwendung der Tonnagesteuer gewünscht werden; der erste Zehnjahreszeitraum beginnt in dem Jahr, in dem das Schiff in Dienst gestellt wird (Anschaffungsjahr). – 4. *Wechsel von der normalen Gewinnermittlung hin zur Tonnagesteuer oder umgekehrt:* Beim Eintritt in die Tonnagesteuer sind die stillen Reserven in den betroffenen Schiffen festzustellen und über die nächsten fünf Jahre mit mind. einem Fünftel zu versteuern. Scheidet das Schiff vorher aus dem Betriebsvermögen aus oder erfüllt es nicht mehr die Voraussetzungen für die Tonnagesteuer, so sind die stillen Reserven ggf. früher aufzudecken, sofern kein Ersatzwirtschaftsgut beschafft wird. Beim Wechsel zurück zu den normalen Gewinnermittlungsregeln sind die betroffenen Schiffe mit ihrem Teilwert anzusetzen, sodass die in der Zeit der Tonnagesteuer gebildeten stillen Reserven unversteuert (bzw. durch die Pauschalsätze abgegolten) bleiben. – 5. *Beurteilung:* Die Einführung der Tonnagesteuer diente dem Ziel, die entsprechenden dt. Unternehmen international wettbewerbsfähiger zu machen. Die Regelung wird in der Literatur unter verfassungsmäßigen Gesichtspunkten und als versteckte Subvention kritisiert. Europarechtlich soll die Tonnagesteuer trotz ihres Subventionscharakters wegen der Genehmigung durch die EU-Kommission unproblematisch sein. – 6. *Andere Länder* kennen teilweise ebenfalls eine Tonnagesteuer.

Tonnenkilometer (tkm) – Statistische Kennzahl für die Messung der Beförderungsleistung im Güterverkehr zu Lande, zu Wasser und in der Luft (Verkehrsleistung), errechnet als Produkt aus dem Gewicht der beförderten Güter und der Versandentfernung. 1 Tonnenkilometer (tkm) = Beförderung von Gütern im Gewicht von 1 t über 1 km.

Tonträger – 1. *Allgemein:* Tonträger. – 2. Im *Zivilprozess* können → Protokolle auf Ton- oder Datenträgern vorläufig aufgezeichnet werden (§ 160a ZPO).

Tool → Softwarewerkzeug.

Top-Down-Entwurf – Entwurfsreihenfolge bei der → Systemanalyse und dem → Software Engineering nach dem → Top-Down-Prinzip.

Top-down-Planung → Top-down-Prinzip.

Top-Down-Prinzip – *Top-down-Approach, Gegenstromverfahren.* 1. *Allgemeines:* Prinzip zur Vorgehensweise bei der Problemlösung. – *Grundidee:* Ausgehend von einem hohen Abstraktionsgrad bzw. einer globalen Betrachtung zunehmende Konkretisierung von „oben" nach „unten"; ein Gesamtproblem wird in Teilprobleme aufgeteilt, diese evtl. in weitere Teilprobleme etc. – 2. Im → Software Engineering vielfach verwendet, z.B. bei → Modularisierung, Abstraktionsebenen, → Programmentwicklung durch → schrittweise Verfeinerung. – 3. Top-Down-Prinzip als *Planungsprinzip:* → Unternehmensplanung.

Top Management – 1. *Begriff:* Bezeichnung für den Tätigkeitsbereich der obersten Ebene in der hierarchischen Organisationsstruktur der Unternehmung. – 2. *Funktionen:* In Unternehmen zählen i.d.R. der Vorstand bzw. die geschäftsführenden Direktoren zum Top Management. In ihrer Kompetenz liegt bes. die Festlegung der langfristigen Unternehmenspolitik bzw. der strategischen Ziele und die Durchsetzung einer entsprechenden Planung und Strukturierung des Unternehmens. – Das *Top Management vertritt* das Unternehmen nach außen und stellt die Kontakte zu Institutionen außerhalb des Unternehmens her, wie Behörden, Fachverbänden, Gewerkschaften etc. Das Top Management ist Träger der Verantwortung für alle Aktivitäten seines Unternehmens, z.B. gegenüber den Eigentümern oder der Gerichtsbarkeit. – Vgl. auch → Management.

Top of Mind – Umstand, der die Marke innerhalb des → Awareness Sets beschreibt, die vom Konsumenten beim Kauf präferiert wird. Alternativen würde der Konsument nur im Notfall wählen. Dies ist im Unterschied zum → Evoked Set zu sehen, bei dem ein Konsument über mehrere Marken in seinem Awareness Set verfügt, die er bei einem Kauf wählen würde. Voraussetzung für die Top of Mind-Situation sind eine klare Positionierung am Markt, um von der Konkurrenz am Markt unterscheidbar zu sein oder die Werbedominanz in der relevanten Produktkategorie.

Topographie → Halbleiterschutzrecht.

Torkontrolle – Untersuchung der von Arbeitnehmern mitgeführten Gegenstände zur Vermeidung von Werksdiebstählen. Eine arbeitsvertragliche Pflicht zur Duldung von Torkontrollen wird überwiegend bejaht, wenn die Untersuchung im Zuge einer systematischen Präventivkontrolle erfolgt, die alle Arbeitnehmer gleichmäßig erfasst. Voraussetzung der Zuverlässigkeit einer Torkontrolle ist die gleichmäßige Kontrolle aller Arbeitnehmer (→ Gleichbehandlung). – Der Betriebsrat hat bei der allg. Regelung ein erzwingbares *Mitbestimmungsrecht* in → sozialen Angelegenheiten nach § 87 I Nr. 1 BetrVG (→ Ordnung des Betriebs). Werden bei der Torkontrolle technische Hilfsmittel benutzt, kommt auch eine Mitbestimmung nach § 87 I Nr. 6 BetrVG in Betracht.

Totalanalyse – Teil der → Makroökonomik, der sich mit der Gesamtheit der über Märkte vermittelten Interaktionen zwischen konsumierenden und produzierenden Einheiten (Unternehmungen, Haushalte) beschäftigt. Allg. geht es um Totalanalyse immer dann, wenn die Interdependenz der Handlungen aller Wirtschaftssubjekte zur Debatte steht. I.d.R. wird die Betrachtung jedoch vereinfacht, da man nicht auf den anhaltenden Interaktionsprozess – also einen Wettbewerbsprozess in der Zeit – abstellt, in den die Wirtschaftssubjekte in kreativer Weise grundsätzlich immer auch Neuerungen einspeisen können und in dem daher nicht nur auf Gegebenheiten reagiert wird. Vielmehr geht man von bestimmten *Daten* (gegebene Vermögensbestände, Faktoren, Präferenzen, Produktionsfunktionen) und fixierten Verhaltensweisen aus, d.h. man reduziert das Problem auf eine preistheoretische Analyse, und zwar in dem Sinn, als man die Bewegung auf Gleichgewichtszustände hin thematisiert. Deshalb wird Totalanalyse oft auch mit der Theorie des → allgemeinen Gleichgewichts identifiziert. In jedem Fall geht es um die Analyse des horizontalen und vertikalen Preiszusammenhanges über die Vielzahl der Partialmärkte und die verschiedenen Stufen des Produktionsprozesses hinweg. Im Rahmen traditioneller keynesianischer und neukeynesianischer Totalmodelle (→ Keynesianismus, → Neuer Keynesianismus) wird die makroökonomische Interdependenz, die zwischen gesamtwirtschaftlichen Märkten (insbesondere Güter-, Arbeits-, Geld- und Wertpapiermarkt) besteht, analysiert. Makroökonomische Totalmodelle existieren sowohl für geschlossene als auch offene Volkswirtschaften. Da sie in der Tradition der neoklassischen Gleichgewichtstheorie stehen und keynesianische Elemente wie Lohnstarrheiten berücksichtigen, spricht man auch von Totalmodellen der neoklassisch-keynesianischen Synthese oder verkürzt von Totalmodellen der → Neoklassischen Synthese und → Neuen Neoklassischen Synthese. – Vgl. auch → Totalanalyse offener Volkswirtschaften, → makroökonomische Totalmodelle geschlossener Volkswirtschaften.

Totalanalyse offener Volkswirtschaften – Übertragung keynesianischer Totalmodelle für geschlossene Volkswirtschaften, die den gesamtwirtschaftlichen Gütermarkt, den Geldmarkt, den Wertpapiermarkt und den Arbeitsmarkt im Zusammenhang betrachten, auf offene Volkswirtschaften durch Berücksichtigung internationaler Güter-, Dienstleistungs- und Kapitalströme sowie des Devisenmarktes als weiteren makroökonomischen Markt. Dabei kann zwischen kleinen (keine internationalen Rückwirkungen bei exogenen inländischen Störungen) und großen (Berücksichtigung internationaler Rückwirkungen) offenen Volkswirtschaften unterschieden werden (→ Totalmodelle offener Volkswirtschaften, → Totalmodelle großer offener Volkswirtschaften). Primäres Ziel der Totalanalyse offener Volkswirtschaften ist die Analyse der Wirkungen isolierter und kombinierter stabilisierungspolitischer Maßnahmen auf zentrale Makrovariablen des In- und Auslands (→ Stabilisierungspolitik in einer kleinen offenen Volkswirtschaft, → Stabilisierungspolitik in einer großen offenen Volkswirtschaft, → Stabilisierungspolitik in einer Währungsunion, → Totalmodelle offener Volkswirtschaften). Neben traditionellen keynesianischen gibt es auch neukeynesianische Totalmodelle offener Volkswirtschaften, zu denen insbesondere das → Redux-Modell zählt.

Total Cost of Ownership – Summe aller für die Anschaffung eines → Vermögensgegenstandes (z.B. eines Computersystems), seine Nutzung und ggf. für die Entsorgung anfallenden Kosten. Total Costs of Ownership sind ein Gestaltungsaspekt während der Phase der → Produktentwicklung; mit ihnen wird versucht, die Bestimmungsgründe der → Kaufentscheidung des Kunden nachzuvollziehen und zu beeinflussen.

totale Bilanz – Darstellung des → Jahresabschlusses in der → Bilanz nach der totalen oder dualistischen → Bilanztheorie, entwickelt von *W. le Coutre.* Ausgehend von der Grundidee der statischen Bilanz stellt die totale Bilanz ein in sich geschlossenes System dar. Sie verlangt Aufstellung und Erklärung der Bilanz derart, dass ihrem natürlichen Inhalt und ihren praktischen Zwecksetzungen im Betrieb in jeder Beziehung Rechnung getragen wird. Danach hat die Bilanz als Mittel der Betriebserkenntnis, -führung und -kontrolle vier Aufgaben: Wirtschaftsübersicht, Ergebnisfeststellung, Wirtschaftsüberwachung und Rechenschaftslegung.

totale Faktorvariation – Begriff aus der → Produktionstheorie; Betrachtungsebene der ertragsgesetzlichen → Produktionsfunktion. – *Merkmale:* Bei der totalen Faktorvariation wird untersucht, wie die Ausbringungsmenge auf eine gleichmäßige Variation sämtlicher Faktoreinsatzmengen reagiert. Dieser Zusammenhang wird mit dem Begriff → Skalenerträge bezeichnet. Wenn sich die Ausbringungsmenge proportional zum Faktoreinsatzniveau ändert, liegen → konstante Skalenerträge vor; → abnehmende bzw. → zunehmende Skalenerträge treten bei einer unterproportionalen bzw. überproportionalen Änderung der Ausbringungsmenge auf.

Totaleinkommen – in der → institutionellen Theorie der Haushaltung eine monetäre Restriktion für die Nutzenmaximierung durch den → Haushalt, die als weitere Nebenbedingung die → Konsumzeit als zeitliche Restriktion berücksichtigt. Es handelt sich um jenes → Einkommen, das der Haushalt erwerben könnte, wenn er die ihm zur Verfügung stehende Gesamtzeit ausschließlich als Arbeitszeit verwenden würde.

totale Konkurrenz – weiter Konkurrenzbegriff (geprägt von Vershofen), der zum Ausdruck bringen soll, dass selbst Güter ganz verschiedener Bedarfsarten (über die Marktgrenzen hinweg) miteinander um die Ausgaben der Haushalte konkurrieren (Kaufkraftkonkurrenz), so der Absatz von Kühlschränken, Fernsehgeräten und ähnlichen Konsumgütern des gehobenen Bedarfs mit dem Absatz von z.B. Kraftfahrzeugen und Motorrädern. Das Vorliegen totaler Konkurrenz bedingt (wie bei der → Surrogatkonkurrenz), dass die Möglichkeiten der Verbrauchs- und Ausgabenverlagerung in die Absatzerwartungen einbezogen werden müssen. – Die totale Konkurrenz ist insoweit marktübergreifend und nicht mit dem klassischen Konkurrenzmarktbegriff der → vollkommenen Konkurrenz zu verwechseln.

Totalerfolg – Differenz aus den gesamten Ein- und Auszahlungen während der Gesamtlebenszeit eines Unternehmens. – *Gegensatz:* → Periodenerfolg. – Vgl. auch → Totalrechnung.

Totalerhebung → Vollerhebung.

totales Differenzial – Ist $f(x_1, x_2, ..., x_n)$ eine in Richtung von allen unabhängigen Variablen $x_1, x_2, ..., x_n$ differenzierbare Funktion an der Stelle $\bar{x}_1, \bar{x}_2, ..., \bar{x}_n$, dann ist das totale Differenzial die Summe der partiellen Differenziale: $df = f'x_1(\bar{x}_1, \bar{x}_2, ..., \bar{x}_n) \cdot dx_1 + fx_2(\bar{x}_1, \bar{x}_2, ..., \bar{x}_n) \cdot dx_2 + ... + f'x_n(\bar{x}_1, \bar{x}_2, ..., \bar{x}_n) \cdot dx_n$ mit $dx_i = x_i - \bar{x}_i$. Das totale Differenzial gibt näherungsweise an, wie sich die abhängige Variable verändert, wenn sich die $\bar{x}_i$ um dx_i ändern. – Vgl. auch → Differenzial (dy), → partielle Ableitung.

Totalitätsprinzip → Außensteuerrecht (AStR), → Internationales Steuerrecht (IStR).

Totalkontrolle – Verfahren der Qualitätskontrolle (→ Qualitätssicherung). Das Wesen der Totalkontrolle liegt in der Überprüfung eines jeden Produktes einer zu kontrollierenden Grundgesamtheit hinsichtlich einer oder mehrerer Eigenschaften. Ziel ist die Aufdeckung aller fehlerhaften Produkte, wobei Kontrollfehler dies verhindern können. Die Totalkontrolle ist bei Sicherheitsteilen zu fordern, bei denen Fehler Leben und Gesundheit von Menschen gefährden können. Die Totalkontrolle ist nur bei nichtzerstörender Prüfung durchführbar. Bei zerstörender Prüfung können nur Partialkontrollen durchgeführt werden. – *Gegensatz:* → Partialkontrolle.

Totalmodelle geschlossener Volkswirtschaften → makroökonomische Totalmodelle geschlossener Volkswirtschaften.

Totalmodelle großer offener Volkswirtschaften – Makroökonomische Totalmodelle großer offener Volkswirtschaften sind typischerweise traditionelle keynesianische Zwei-Länder-Modelle, in denen jedes Land durch ein eigenes Gleichungssystem dargestellt wird. Die Nachfrageseite jedes Landes wird dabei durch das IS-LM-Z-System (s. → IS-LM-Z-Modell) beschrieben (→ Totalmodelle offener Volkswirtschaften, Nachfrageseite), während die Angebotsseite aus den Gleichungen des Arbeitsmarktes und einer makroökonomischen Produktionsfunktion besteht (→ Totalmodelle offener Volkswirtschaften, Angebotsseite). Dabei kann zwischen dem Keynesschen Unterbeschäftigungs- und dem neoklassischen Vollbeschäftigungsfall unterschieden werden. Solche keynesianischen Zwei-Länder-Modelle weisen entweder eine symmetrische Angebotsstruktur auf (d.h. in beiden Ländern gilt z.B. der Keynessche

Unterbeschäftigungsfall) oder sind durch eine asymmetrische Angebotsstruktur gekennzeichnet (d.h. in einem Land gilt der Keynessche Unterbeschäftigungsfall, im anderen der neoklassische Vollbeschäftigungsfall). Auf der Basis solcher Totalmodelle können die Wirkungen, die von isolierten oder kombinierten stabilisierungspolitischen Maßnahmen auf das In- und Ausland ausgehen, analysiert werden (→ Stabilisierungspolitik in einer großen offenen Volkswirtschaft). – In der → Neuen Makroökonomik offener Volkswirtschaften (NOEM) stellt das → Redux-Modell ebenfalls ein makroökonomisches Totalmodell großer offener Volkswirtschaften dar. – Traditionelle Totalmodelle offener Volkswirtschaften werden der → Neoklassischen Synthese (neoklassisch-keynesianischen Synthese), neukeynesianische Totalmodelle offener Volkswirtschaften der → Neuen Neoklassischen Synthese zugerechnet.

Totalmodelle offener Volkswirtschaften – Makroökonomische Totalmodelle offener Volkswirtschaften sind typischerweise keynesianische Flexpreismodelle, die im Unterschied zu → makroökonomischen Totalmodellen geschlossener Volkswirtschaften auch die Wirtschaftsbeziehungen zwischen den inländischen Sektoren (Haushalte, Unternehmen, Staat) zum Sektor Ausland mit berücksichtigen. Im Wesentlichen handelt es sich hierbei um die Integration des internationalen Güter- und Kapitalverkehrs, der statistisch gesehen in der → Zahlungsbilanz erfasst wird. Solche Modelle bestehen auf der Nachfrageseite aus dem → IS-LM-Z-Modell (→ Mundell-Fleming-Modell, → Totalmodelle offener Volkswirtschaften, Nachfrageseite) und auf der Angebotsseite aus einer Güterangebotsfunktion, die sich aus den Gleichungen des gesamtwirtschaftlichen Arbeitsmarktes und einer neoklassischen Produktionsfunktion ergibt. Dabei wird zwischen dem Keynesschen Unterbeschäftigungsfall, der mit einem rigiden Geldlohnsatz verbunden ist, und dem neoklassischen Vollbeschäftigungsfall, der durch vollkommene Preis- und Lohnflexibilität gekennzeichnet ist, unterschieden (→ Totalmodelle offener Volkswirtschaften, Angebotsseite). In offenen Volkswirtschaften weist die gesamtwirtschaftliche Angebotsfunktion – im Gegensatz zum Fall einer geschlossenen Volkswirtschaft – auch im neoklassischen Vollbeschäftigungsfall einen preiselastischen Verlauf auf. Dies liegt daran, dass in offenen Volkswirtschaften der für das Arbeitsangebot maßgebliche Reallohn (der sog. Konsumenten-Reallohnsatz) vom relevanten Reallohn für die Arbeitsnachfrage (Produzenten-Reallohnsatz) abweicht, sodass das Gleichgewicht am Arbeitsmarkt und der Vollbeschäftigungsoutput in positiver Weise vom internationalen Preisverhältnis (Terms of Trade) abhängig sind. Dies hat die Konsequenz, dass von fiskalpolitischen Maßnahmen bei Vorliegen flexibler Löhne und Preise reale Wirkungen ausgehen (→ Stabilisierungspolitik in einer kleinen offenen Volkswirtschaft, → Stabilisierungspolitik in einer großen offenen Volkswirtschaft) – Neben traditionellen keynesianischen Totalmodellen gibt es auch neukeynesianische Totalmodelle offener Volkswirtschaften (wie z.B. das → Redux-Modell), die sich durch eine vollständige Mikrofundierung ihrer Gleichungen auszeichnen. Da beide Modellklassen in der Tradition der neoklassischen Gleichgewichtstheorie stehen, stellen sie eine Kombination aus keynesianischen und neoklassischen Ansätzen dar. Man spricht daher auch von Modellen der Neoklassischen bzw. Neuen Neoklassischen Synthese. – Vgl. auch → Totalmodelle großer offener Volkswirtschaften.

Totalmodelle offener Volkswirtschaften, Angebotsseite – 1. *Charakterisierung:* In traditionellen makroökonomischen Totalmodellen offener Volkswirtschaften wird die Angebotsseite durch die Gleichungen des Arbeitsmarktes und eine gesamtwirtschaftliche Produktionsfunktion beschrieben. Sie lässt sich auf eine gesamtwirtschaftliche Güterangebotsfunktion reduzieren. Dabei ist zwischen dem neoklassischen Vollbeschäftigungsfall, der mit Lohn- und Preisflexibilität einhergeht, und dem Keynesschen Unterbeschäftigungsfall, der mit rigiden Geldlohnsätzen verbunden ist, zu unterscheiden. – 2. *Arbeitsmarkt:* Die Arbeitsnachfrage hängt – ebenso wie in einer geschlossenen Volkswirtschaft – gemäß der neoklassischen → Grenzproduktivitätstheorie in negativer Weise vom Produzentenreallohnsatz W/P ab:

$$N^d = N^d\,(W / P),$$

mit $d\,N^d/d(W/P) < 0$, wobei: W = Geldlohn- oder Nominallohnsatz, P = inländisches Preisniveau. Für das Arbeitsangebot N^s ist der relevante Reallohnsatz der Konsumentenreallohnsatz W/P_I. Dieser ergibt sich durch Deflationierung des Geldlohnsatzes W mit einem Preisindex P_I, welcher eine Kombination aus dem inländischen Preisniveau P und dem ausländischen Preisniveau P* in Inlandswährung (d.h. multipliziert mit dem Wechselkurs in Preisnotierung e) ist:

$$N^s = N^s\,(W / P_I)$$

mit $dN^s/d\,(W/P_I) > 0$, wobei: $P_I = \gamma \cdot P + (1 - \gamma)P^* \cdot e$, $0 < \gamma < 1$. In einer offenen Volkswirtschaft messen die Arbeitsanbieter die Kaufkraft ihrer Geldlöhne daran, wie viele in- und ausländische Güterbündel sie mit dem herrschenden Lohnsatz erwerben können. Demzufolge ist der Nominallohnsatz mit dem Konsumentenpreisindex P_I, welcher neben dem Preis des Inlandsgutes auch den Preis des importierten Gutes beinhaltet, zu deflationieren. Die Konstante γ bzw. 1 – γ ist dabei ein Maß für die Geschlossenheit bzw. Offenheit der betrachteten Volkswirtschaft; sie gibt denjenigen Anteil an den gesamten Konsumgüterkäufen der inländischen privaten Haushalte an, der auf den Kauf des Inlandsgutes (bzw. Auslandsgutes) entfällt. Gleichzeitig ist γ ein Präferenzmaß für heimische Güter. Konsumenten- und Produzentenreallohnsatz fallen auseinander, sofern keine → Kaufkraftparität gegeben ist, d.h. das international handelbare Inlands- und Auslandsgut unvollkommene Substitute darstellen (→ Totalmodelle offener Volkswirtschaften, Nachfrageseite). Dies zeigt die folgende Umrechnung des Reallohnsatzes W/P_I, in welcher dieser mithilfe des Produzentenreallohns und der → Terms of Trade τ ausgedrückt wird:

$$\frac{W}{P_I} = \frac{W}{P} \cdot \frac{1}{\gamma + (1-\gamma)/\tau}.$$

Unterscheidet sich das Inlandspreisniveau P vom ausländischen Preisniveau P* e in Inlandswährung , sind die Terms of Trade τ ungleich eins, sodass der Konsumenten- vom Produzentenreallohn abweicht. Da eine Steigerung von τ isoliert gesehen den relevanten Reallohnsatz der Haushalte W/P_I und damit die Kaufkraft ihres Geldlohnsatzes erhöht, nimmt das Arbeitsangebot bei einer realen Aufwertung der Inlandswährung zu; im Arbeitsmarktdiagramm (Abbildung „Totalmodelle offener Volkswirtschaften, Angebotsseite (1)") kommt es dann zu einer Steigerung der gleichgewichtigen Beschäftigungsmenge N.

Totalmodelle offener Volkswirtschaften, Angebotsseite (1)

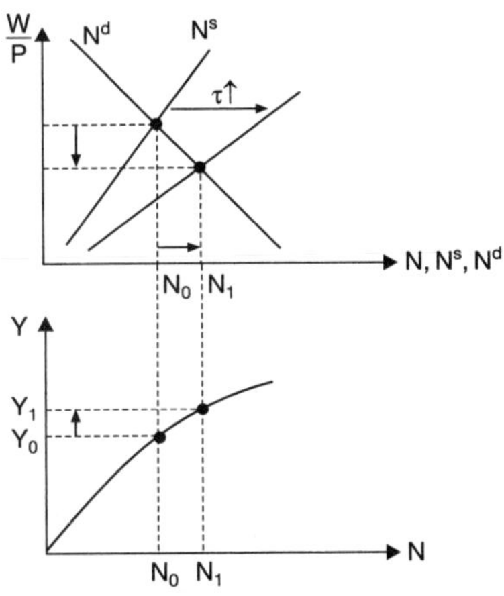

Die gleichzeitige Erhöhung der Arbeitsnachfrage ist dabei auf einen Rückgang des Produzentenreallohns zurückzuführen. – 3. *Gesamtwirtschaftliche Produktionsfunktion, Güterangebotsfunktion:* Herrscht auf dem Arbeitsmarkt aufgrund einer vollkommen flexiblen Lohnanpassung ein dauerhafter Zustand der Vollbeschäftigung, erhöht sich mit der Steigerung von τ gleichzeitig das Beschäftigungsvolumen, sodass es bei Zugrundelegung einer → neoklassischen Produktionsfunktion der Art $Y = Y(N, \overline{S}\ \overline{K})$ mit $\partial Y/\partial N > 0$, $\partial^2 Y/\partial N^2 < 0$ und gegebenem Sachkapitalbestand ($SK = \overline{S}\ \overline{K}$) auch zu einer Ausweitung des Güterangebots kommt. Bei Vorliegen vollkommen flexibler Löhne und Preise ergibt sich also eine gesamtwirtschaftliche Güterangebotsfunktion Y^s, die positiv von den Terms of Trade τ abhängig ist und im Unterschied zum Fall der geschlossenen Volkswirtschaft preiselastisch verläuft (vgl. Abbildung „Totalmodelle offener Volkswirtschaften, Angebotsseite (2)"): $Y^s = Y(\tau)$ mit $dY/d\tau > 0$. – Wird der Keynessche Unterbeschäftigungsfall betrachtet, der mit einem starren Geldlohnsatz verbunden ist ($W = \overline{W}$), bestimmt die Arbeitsnachfrage als kurze Marktseite die effektive Beschäftigung; man erhält dann – ebenso wie im Fall der geschlossenen Volkswirtschaft – eine in positiver Weise vom inländischen Preisniveau *P* abhängige Güterangebotsfunktion (vgl. Abbildung „Totalmodelle offener Volkswirtschaften, Angebotsseite (3)"):

$$Y^s = Y(N^d(\overline{W}/P), \overline{S}\ \overline{K}) = Y(P) \text{ mit } dY/dP > 0$$

Totalmodelle offener Volkswirtschaften, Angebotsseite (2)

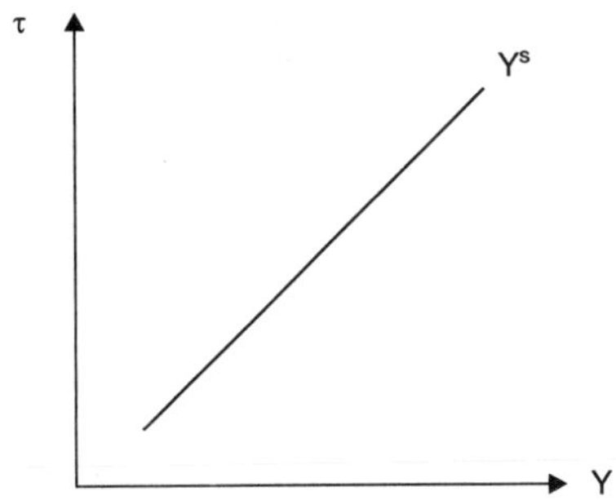

Totalmodelle offener Volkswirtschaften, Angebotsseite (3)

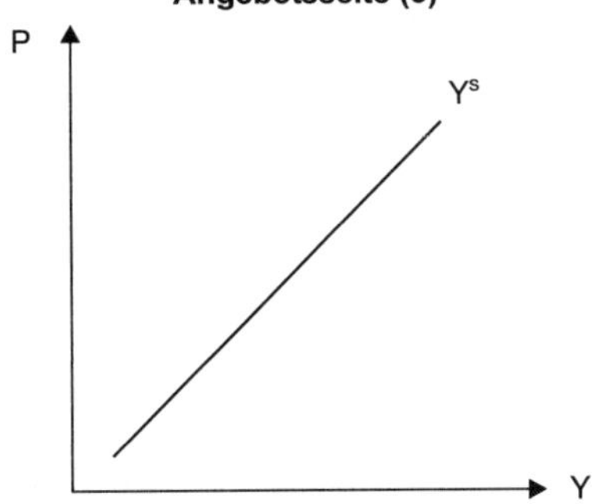

Totalmodelle offener Volkswirtschaften, Nachfrageseite – 1. *Charakterisierung:* In traditionellen makroökonomischen Totalmodellen offener Volkswirtschaften wird die Nachfrageseite durch drei Gleichgewichtskurven beschrieben: Die → IS-Kurve als Gleichgewichtskurve des gesamtwirtschaftlichen Gütermarktes, die → LM-Kurve als Gleichgewichtskurve des Geldmarktes und die → Z-Kurve als Gleichgewichtskurve des gesamtwirtschaftlichen Devisenmarktes. Dabei wird das Ausland oder der Rest der Welt wie eine einheitliche große offene Volkswirtschaft aufgefasst, in der ein homogenes, universell verwendbares Gut bzw. Güterbündel produziert wird, welches auch vom Inland nachgefragt wird und mit dem im Inland produzierten Endprodukt konkurriert. Ebenso wird das im Inland hergestellte Gut nicht nur dort abgesetzt, sondern auch ins Ausland exportiert. Bez. der Nachfrage wird unterstellt, dass es sich beim Inlands- und Auslandsgut um unvollkommene Substitute handelt, sodass sie sich in ihren Preisen unterscheiden können. Hinsichtlich des Verhaltens der Wirtschaftssubjekte bei der Aufstellung ihrer Wirtschaftspläne wird von → Realplanung (bzw. Freiheit von Geldillusion) ausgegangen. – 2. *Gleichgewichtskurven:* a) *Gütermarkt:* In einer offenen Volkswirtschaft ist in der Gleichgewichtsbedingung des Gütermarktes, die sich durch die IS-Gleichung beschreiben lässt, neben der einkommensabhängigen Konsumnachfrage C(Y), der zinsabhängigen Investitionsnachfrage I(i), den Staatsausgaben für Güter und Dienstleistungen *G* auch der → Außenbeitrag A zum Inlandsprodukt zu berücksichtigen. Der Außenbeitrag oder Handelsbilanzsaldo ist als Differenz zwischen Güterexport und -import positiv vom Auslandseinkommen Y* und negativ vom Inlandseinkommen Y abhängig, da eine Zunahme von Y* bzw. Y den Export bzw. Import erhöht. Außerdem hängt der Außenbeitrag von den → Terms of Trade τ, d.h. vom Verhältnis zwischen inländischem (P) und ausländischem (P*) Preisniveau ab, wobei Letzteres durch Multiplikation mit dem → Wechselkurs in Preisnotierung *e* in Einheiten der Inlandswährung ausgedrückt wird. Da durch eine Steigerung von $\tau = P/(P^* \cdot e)$ das Inlandsgut relativ zum Auslandsgut teurer wird, führt dies zu einem Rückgang des mengenmäßigen Güterexports X und einer Steigerung des mengenmäßigen Imports Im; im Normalfall ist hiermit eine Verschlechterung des inländischen realen Außenbeitrages verbunden.

$$A = X(Y^*, \tau) - 1/\tau \cdot Im(Y, \tau) = A(Y^*, Y, \tau)$$

(sog. Normalreaktion des Außenbeitrages auf Terms-of-Trade-Änderungen). Insgesamt wird das Güternachfragegleichgewicht in einer offenen Volkswirtschaft durch die IS-Gleichung

$$Y = C(Y) + I(i) + G + A(Y^*, Y, \tau)$$

beschrieben. Genau genommen ist in der Konsumfunktion C das Volkseinkommen Y durch das verfügbare Einkommen $Y^v = Y - T$ zu ersetzen, da Steuerzahlungen (T) an den Staat zu leisten sind; dieser Aspekt bleibt in makroökonomischen Totalmodellen offener Volkswirtschaften i.d.R. unberücksichtigt. Die IS-Kurve stellt nur dann eine Gleichgewichtskurve des Gütermarktes dar, wenn in Höhe der Güternachfrage ein Güterangebot seitens der Produzenten bereitgestellt wird und eine vollkommen elastische Mengenanpassung der Unternehmen an erwartete Nachfrageänderungen unterstellt wird. – b) *Geldmarkt:* Die Gleichgewichtsbedingung des Geldmarktes, die durch die LM-Gleichung beschrieben wird, lässt sich ebenso wie in einer geschlossenen Volkswirtschaft darstellen:

$$M / P = L(Y, i),$$

wobei: $\partial L/\partial Y > 0$ und $\partial L/\partial i < 0$. Hierbei wird unterstellt, dass die heimische Währung ausschließlich von Inländern nachgefragt wird und dass die Geldhaltung (L) gemäß der Keynesschen Liquiditätspräferenztheorie erfolgt. Die Geldmenge M kann im System flexibler Wechselkurse als exogene Größe angesehen werden, die unter Kontrolle der Zentralbank steht; bei Vorliegen eines Systems fester Wechselkurse ist sie aufgrund von Devisenmarktinterventionen (zur Aufrechterhaltung des festen Austauschverhältnisses zwischen in- und ausländischer Währung) und daraus resultierenden Änderungen ihres Bestandes an Währungsreserven endogen. – c) *Devisenmarkt:* Weiterhin ist die → Z-Kurve als Gleichgewichtskurve des Devisenmarktes zu berücksichtigen. Dabei steht der Buchstabe *Z* für den Zahlungsbilanzsaldo im Sinn des Devisenbilanzsaldos. Diese Bezeichnungsweise kommt daher, dass internationale Güter- und Kapitaltransaktionen statistisch in der → Zahlungsbilanz eines Landes erfasst werden. Auf dem makroökonomischen Devisenmarkt treten neben Exporteuren und Importeuren v.a. in- und ausländische Kapitalanleger in Erscheinung. In der traditionellen stromgrößenorientierten Betrachtung des Devisenmarktes ist Devisenmarktgleichgewicht dann gegeben, wenn das aus dem nominalen Güterexport und internationalen Kapitalzuflüssen resultierende Devisenangebot genau der aus dem nominalen Güterimport und Kapitalabflüssen resultierenden Devisennachfrage entspricht. Hierbei wird von möglichen Devisenmarktinterventionen seitens der Zentralbank abgesehen. Da jeder positive oder negative Angebotsüberschuss auf dem Devisenmarkt gemäß der Zahlungsbilanzgliederung mit dem nominalen Überschuss der Devisenbilanz, d.h. dem Devisenbilanzsaldo, übereinstimmt, nimmt bei einem Gleichgewicht auf dem Devisenmarkt der Devisenbilanzsaldo Z als Summe von nominalem Außenbeitrag P · A (Leistungsbilanzsaldo) und Nettokapitalimport K (Kapitalbilanzsaldo) den Wert Null an. Unterstellt man, dass die internationalen Kapitalströme vom in- und ausländischen Zinssatz i bzw. i* abhängen, lautet die Gleichgewichtsbedingung des Devisenmarktes:

$$Z = P \cdot A(Y^*, Y, \tau) + K(i, i^*) = 0.$$

Hierbei wird angenommen, dass eine Zunahme des inländischen (ausländischen) Zinssatzes den Nettokapitalimport erhöht (verringert). Das IS-LM-Z-System (→ Mundell-Fleming-Modell; Abbildung „Totalmodelle offener Volkswirtschaften, Nachfrageseite

Totalmodelle offener Volkswirtschaften, Nachfrageseite (1)

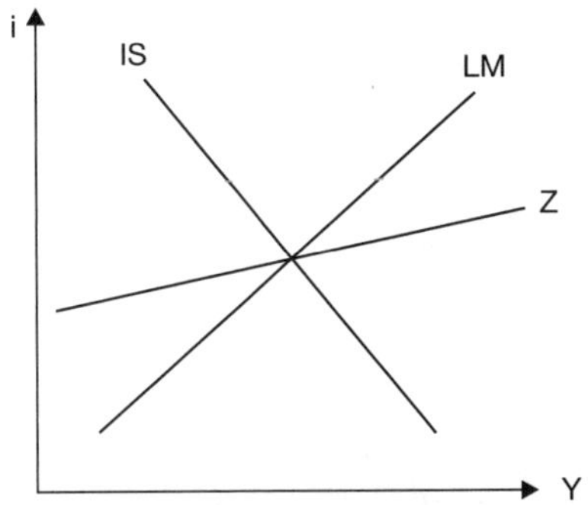

Totalmodelle offener Volkswirtschaften, Nachfrageseite (2)

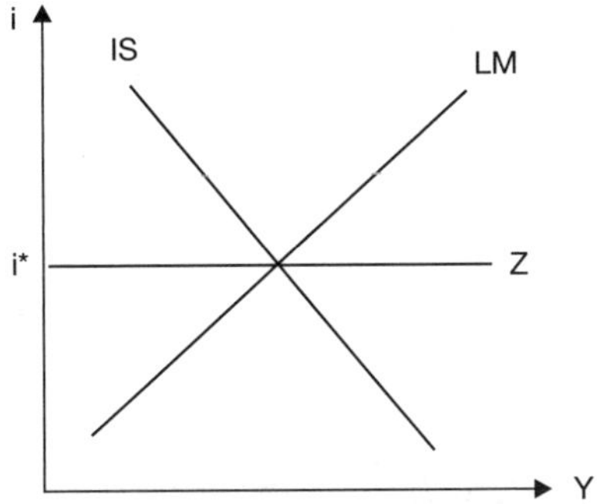

(1)") überträgt das von Hicks entwickelte → IS-LM-Modell für geschlossene auf offene Volkswirtschaften: Die gegenüber dem traditionellen IS-LM-Modell neu hinzugetretene Z-Kurve gibt alle Kombinationen von inländischem Zinssatz und Inlandseinkommen an, die mit einem Gleichgewicht auf dem Devisenmarkt vereinbar sind. Sie verläuft im i-Y-Diagramm - ebenso wie die → LM-Kurve - mit positiver Steigung, da eine Steigerung des Inlandseinkommens die Güterimporte und damit die Devisennachfrage erhöht; zur Wiederherstellung eines Devisenmarktgleichgewichts ist dann eine entsprechende Zunahme des Devisenangebots erforderlich, was über eine inländische Zinssteigerung und eine daraus resultierende Erhöhung der Nettokapitalimporte erreicht werden kann. Die Z-Kurve verläuft umso flacher, je zinsreagibler die internationalen Kapitalströme sind. Im Grenzfall vollkommen zinselastischer Nettokapitalimporte ($\partial K/\partial i = +\infty$) weist sie einen horizontalen Verlauf auf (Abbildung „Totalmodelle offener Volkswirtschaften, Nachfrageseite (2)"). Einem solchen Kurvenverlauf liegt ein vollkommener internationaler Kapitalmarkt zugrunde, auf dem in- und ausländische Vermögenstitel aus Sicht der (risikoneutralen) Anleger perfekte Substitute sind und bei uneingeschränkter Kapitalmobilität (d.h. einer sehr hohen Anpassungsgeschwindigkeit auf diesem Markt) stets die gleichen Ertragsraten aufweisen. Sieht man von Wechselkursänderungserwartungen als weitere Renditekomponente für ausländische Vermögensanlagen ab, kann es keine Zinsdifferenz zwischen dem in- und ausländischen Zinssatz geben; die Gleichgewichtsbedingung des Devisenmarktes geht dann in die Bedingung für die ungedeckte → Zinsparität i = i* über. Perfekte Substituierbarkeit in- und ausländischer Vermögenstitel in Kombination mit uneingeschränkter Kapitalmobilität wird auch als vollkommene Kapitalmobilität bezeichnet. In keynesianischen Totalmodellen wird dieser Fall typischerweise zugrunde gelegt. Dies hat den Vorteil, dass sich die Nachfrageseite grafisch in einem P-Y-Diagramm darstellen lässt (vgl. Abbildung „Totalmodelle offener Volkswirtschaften, Nachfrageseite (3)"). Werden Wechselkursänderungserwartungen der Form $(e^{erw.} - e)/e$ (mit $e^{erw.}$ = zukünftig erwarteter Wechselkurs) als weitere Renditekomponente ausländischer Bonds in der Bedingung für die Zinsparität mitberücksichtigt, weicht der Inlandszins auch bei Vorliegen von vollkommener Kapitalmobilität vom Auslandszins ab, da dann eine Aufwertung der Inlandswährung bei gegebener Wechselkurserwartung ein positives internationales Zinsdifferential induziert. In diesem Fall würde die Wechselkurssenkung auch eine Verschiebung der LM-Kurve nach oben zur Folge haben.

Totalmodelle offener Volkswirtschaften, Nachfrageseite (3)

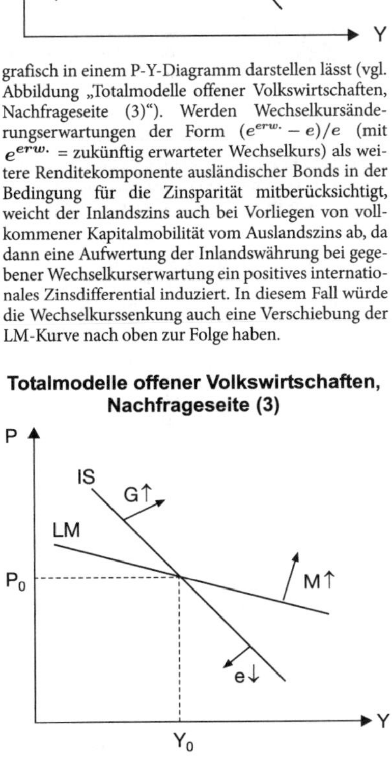

Total Quality Management (TQM) - Optimierung der → Qualität von Produkten und Dienstleistungen eines Unternehmens in allen Funktionsbereichen und auf allen Ebenen durch Mitwirkung aller Mitarbeiter. Total Quality Management strebt die Erhöhung der

→ Kundenzufriedenheit an. – Der Begriff *Qualitätsmanagement* ist dagegen enger gefasst: Planung, Steuerung und Überwachung der Qualität eines Prozesses bzw. Prozessergebnisses; umfasst Qualitätsplanung, -lenkung, -prüfung, -verbesserung und -sicherung.

Totalrechnung – für die gesamte Lebensdauer eines Unternehmens erstellte → Erfolgsrechnung. Totalrechnungen stellen die gesamten → Einzahlungen und → Auszahlungen von der Gründung bis zur Liquidation (→ Totalerfolg) gegenüber. Praktisch kommt der Totalrechnung keine Bedeutung zu. – *Gegensatz:* → Periodenerfolgsrechnung.

toter Punkt → Break-Even-Point.

totes Papier – Börsenpapier, in dem keine oder nur sehr wenige Umsätze stattfinden.

Totlast – Eigengewicht eines Transportmittels. – *Gegensatz:* → Nutzlast.

Touch Screen – *berührungssensitiver Bildschirm;* → Bildschirm eines → Personal Computers (PC), der die Auswahl von Kommandos aus einem Menü (→ Menütechnik) oder anderen angezeigten → Daten durch Berührung der entsprechenden Bildschirmposition mit dem Finger oder einem spitzen Gegenstand erlaubt.

Tourismus

von Prof. Dr. Ursula Fritzsche

I. Begriff

Tourismus (Fremdenverkehr, touristischer Reiseverkehr) umfasst die Gesamtheit aller Erscheinungen und Beziehungen, die mit dem Verlassen des üblichen Lebensmittelpunktes und dem Aufenthalt an einer anderen Destination bzw. dem Bereisen einer anderen Region verbunden sind. Das Kriterium der Bewegung außerhalb des üblichen Arbeits- und Wohnumfeldes ist allein begriffsbestimmend.

II. Arten

Die konkreten Erscheinungsformen touristischen Verhaltens führen zu Typologien von Reisearten. Aus nationalen tourismuspolitischen und statistischen Gründen werden die Reiseströme in Inlandstourismus, Incomingtourismus und Outgoingtourismus gegliedert.

III. Abgrenzung

Im Gegensatz zu Tourismus handelt es sich bei Touristik um den institutionellen Branchenbegriff. D.h. unter Touristik wird die Gesamtheit von erwerbswirtschaftlichen sowie auch → Non-Profit-Organisation (NPO) verstanden, die touristische Dienstleistungen produzieren. – *Beispiele:* Reiseveranstalter, Reisemittler, Tourist Offices, → Hotellerie und → Parahotellerie, Transportbetriebe (Luftverkehrsgesellschaften, Bahn- und Busunternehmen, Reedereien etc.).

IV. Tourismuswirtschaftliche und tourismuspolitische Ziele

Für in der Touristik tätige Unternehmen bildet üblicherweise deren auf Erwerb gerichtete Zielsetzung das entscheidende Motiv ihres Handelns. Im Gegensatz hierzu liegen tourismuspolitische Ziele von supranationalen Organisationen, Staaten, Ländern, Regionen und Kommunen in der Förderung von Einkommen, dem Verfolgen von Struktur- und Arbeitsmarkt sowie regionalpolitischen Anliegen und insgesamt dem Erhöhen des Lebensstandards der Bevölkerung.

V. Entwicklung des Begriffs

Prinzipiell ist Tourismus so alt wie die Geschichte der Menschheit. Bekanntlich wurden bereits in der Frühzeit der Geschichte Reisen u.a. aus spirituellen bzw. religiösen Motiven sowie auch zum Zwecke der Erkundung entfernterer Regionen und/ oder des Recherchierens attraktiverer Umweltbedingungen unternommen. Die ersten dokumentierten Pauschalreisen im heutigen Sinn wurden ab 1841 durch den Briten Thomas Cook veranstaltet. Entscheidende Bestimmungsfaktoren für die Entwicklung des weltweiten Tourismus sind v.a. die durch den technischen Fortschritt erzielte Erhöhung der Arbeitsproduktivität sowie die damit verbundene Steigerung der individuellen Einkommen wie auch die vermehrte Freizeit. Weiterhin sind die gestiegene Lebenserwartung, der gestiegene Lebensstandard sowie damit einhergehend das erhöhte Bildungsniveau weiter Teile der Weltbevölkerung, die sich zunehmend in urbanen Agglomerationen konzentriert, besonders hervorzuheben. Darüber hinaus liefert die Entwicklung des Transportwesens auf dem Lande, zu Wasser und in der Luft, die Entwicklung der Informationstechnologie sowie der Wegfall bzw. die Durchlässigkeit vormals vorhandener politischer Grenzen entscheidende Impulse für die ständig steigende wirtschaftliche Bedeutung des Tourismus.

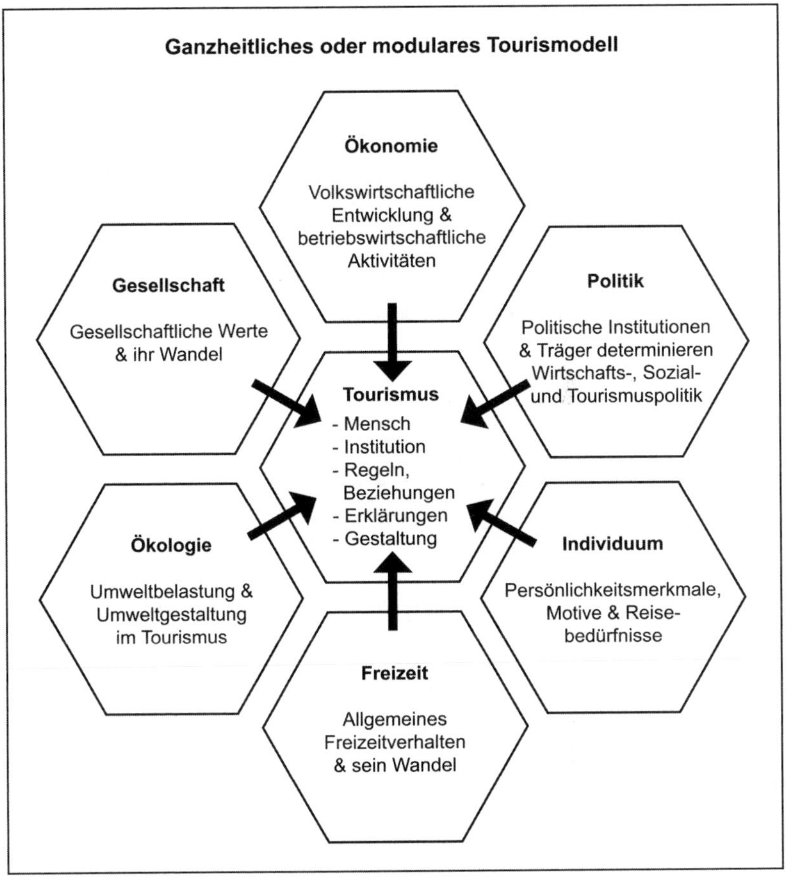

Quelle: In Anlehnung an Freyer, W., Tourismus: Einführung in die Fremdenverkehrsökonomie, 9. Auflage, 2009, S. 47

VI. Darstellung des zugrunde liegenden Modells Tourismus

Als beispielhaft für ein ganzheitliches oder modulares Tourismusmodell sei hier die von W. Freyer entwickelte schematische Darstellung vorgestellt.

VII. Probleme

Probleme in touristischen Zielgebieten: Gründe für die Auflösung traditioneller sozialer wie auch kultureller Strukturen sind bspw. das durch die Touristen zur Schautragen eines vergleichsweise hohen materiellen Reichtums und die Rücksichtslosigkeit gegenüber traditionellen kulturellen Prägungen der Bevölkerung in den bereisten Destinationen. Darüber hinaus führt die vielfach aus rein sprachlichen Gründen mangelnde Möglichkeit der Auseinandersetzung mit den Gedanken und Gefühlen der ortsansässigen Einwohner zu zusätzlichen Problemen. Der weithin fehlende Respekt vor andersartigen Wertvorstellungen und Lebensentwürfen der Menschen aufgesuchter Destinationen trägt zu einer Verschärfung der hier in Rede stehenden Erscheinung bei. Als konkrete Auswirkungen seien die Förderung der (Kinder-)Prostitution in → Entwicklungsländern,

Verelendung der einheimischen Bevölkerung, teils massive Umweltprobleme, der ungehemmte Verbrauch natürlicher Ressourcen (Landschaft, Gewässer, Fauna, Flora) sowie generell die Destabilisierung historisch gewachsener ökonomischer und gesellschaftlicher Strukturen zu nennen.

Mobiltätsbedingte Probleme: Das im Zuge der touristischen Entwicklung drastisch gestiegene Verkehrsaufkommen mittels Land-, Wasser- und Luftfahrzeugen führt zum Entstehen gravierender Umweltprobleme. Zu nennen sind hier v.a. die Luftverschmutzung sowie der Landverbrauch für die Verkehrsinfrastruktur, für Hotelanlagen, für Freizeit- und Sportanlagen sowie die touristischen Zulieferbetriebe. Wie die Erfahrungen der jüngsten Zeit zeigen, führt die dem Tourismus immanente hohe Mobilität erheblicher Teile der Weltbevölkerung zur raschen und schwer beherrschbaren Ausbreitung von Seuchen und anderen Krankheiten (AIDS, SARS, BSE etc.).

VIII. Folgerungen

Aus dem hier Aufgeführten ergibt sich zwingend das Erfordernis ordnungspolitische Rahmenbedingungen mit dem Ziel der Steuerung von Planungsprozessen der Tourismuswirtschaft zu schaffen. Derartige Vorhaben sollten sämtliche Ebenen tourismuswirtschaftlicher Investitionsvorhaben erfassen, d.h. zur Entwicklung kommunaler, überregionaler, nationaler bis hin zu global wirksamen Steuerungsmechanismen führen.

IX. Aktuelle Diskussion

Das sich vor dem Hintergrund der hier aufgezeigten Erscheinungen darstellende Konfliktpotential resultiert primär aus den überaus unterschiedlichen Interessenlagen der Anbieter touristischer Dienstleistungen gegenüber der um die Wahrung und Erhaltung von Umwelt, Landschaft, Fauna, Flora und Kulturen besorgten Kreise. Anschaulich lässt sich diese Feststellung am Verlauf und den i.d.R. unzulänglichen Ergebnissen einer Vielzahl internationaler Kongresse und Tagungen verfolgen (z.B. Nachhaltigkeit im Tourismus als Forderung der Konferenz von Rio de Janeiro, 1992 sowie Initiative zur Armutsbekämpfung durch Tourismus -*Sustainable Tourism for Eliminating Poverty*- im Rahmen des Weltgipfels für Nachhaltige Entwicklung in Johannesburg, 2002 und im Rahmen der Millennium-Gipfel 2000 + 2005 in New York). Des Weiteren sind Forderungen nach offenen Grenzen und Lufträumen sowie grüne Innovationen im Tourismus hervorzuheben.

X. Aktuelle Entwicklungen

In einem gewissen Gegensatz zu den bis heute weithin ineffizienten internationalen bzw. globalen Bemühungen um die Eindämmung negativer Auswirkungen des Tourismus lässt sich in vielen Teilen der Welt in jüngster Zeit ein Umdenken auf nationaler und regionaler Ebene beobachten. Als beispielhaft für diese Beobachtung seien hier lediglich die Beschlüsse der mallorquinischen Regionalregierung genannt. Diese zielen darauf, einen erheblichen Teil der in den letzten Jahrzehnten entstandenen überaus negativen touristischen Bauwerke zurückzubauen, respektive zu beseitigen. Für die Tourismuswirtschaft, hier v.a. die touristischen Leistungsträger, zeichnet sich in jüngster Zeit eine gewisse Abflachung der bisherigen jährlichen Zuwachsraten ab. Gründe hierfür sind die Verunsicherung potenzieller Reisender durch Terroranschläge, Kriminalität, Klimakatastrophen und ähnliche Erscheinungen sowie beispielsweise auch die Furcht vor Infektionskrankheiten. Dies und die weltweite Wirtschafts- und Finanzkrise 2009 haben zu einem starken Rückgang der → Auslastungsgrade und zu entsprechenden Ertragseinbrüchen bei einer Vielzahl touristischer Leistungsträger geführt, was in den folgenden Jahren durch anhaltendes Wachstum in vielen Tourismusregionen weltweit z.T. wieder ausgeglichen werden konnte. Zusammenfassend lassen sich vier Herausforderungen für den globalen Tourismus feststellen: Verlangsamung des touristischen Wachstums in den traditionellen Reiseländern, Verdrängungswettbewerb national und international, Diversifizierung des Tourismus mit neuen Reisezielen und -formen, insbesondere in den Schwellenländern, Unsicherheit und Strukturbrüche.

XI. Beurteilung des Tourismus

Ungeachtet aller hier angesprochenen Probleme ist zu konstatieren, dass der Tourismus das weltweit mit Abstand größte Arbeitsplatzpotenzial kreiert. Nach Angaben des World Travel & Tourism Council waren im Jahre 2010 weltweit ca. 235 Mio. Menschen und damit 8 Prozent aller Arbeitnehmer in der Touristik beschäftigt; bis 2019 werden bis zu 296 Mio. Jobs prognostiziert (ilo-news, 19.11.2010). Die Tourismuswirtschaft zählt aufgrund ihrer positiven Wertschöpfungs-, Arbeitsplatz- und Deviseneffekte in vielen Regionen und Ländern zu den wichtigsten → Wirtschaftszweigen.

XII. Ausblick

Die derzeitige Bedeutung und das prognostizierte weitere Wachstum des weltweiten Tourismus sind nach Expertenansicht unumkehrbar, sofern nicht globale negative Einflüsse politischer oder ökonomischer Art bzw. durch die Natur bedingter Katastrophen auftreten. Der globale Tourismus entwickelt sich voraussichtlich destinationsabhängig in Expansion oder Stagnation.

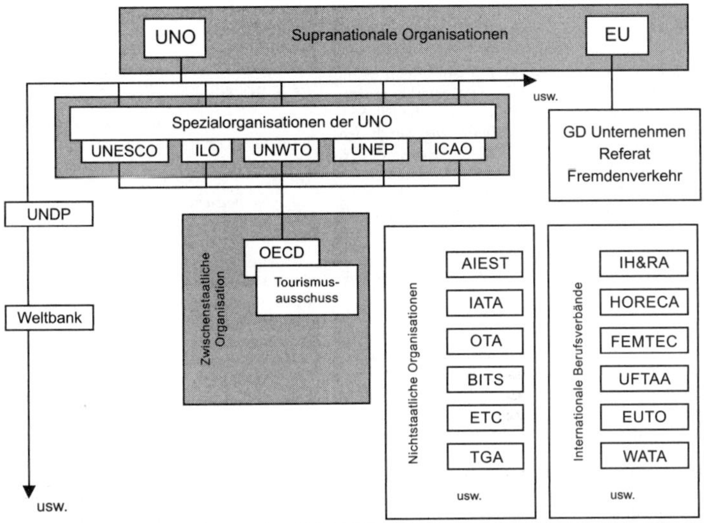

Legende:
AIEST: International Association of Scientific Experts in Tourism, BITS: Bureau International du Tourisme Social, ETC: European Travel Commision, EUTO: European Union of Tourist Offices, FEMTEC: Federazion Mondiale del Termalismo e Climatoterapia, GD: Generaldirektion, HORECA: Hotel Restauration Catering, IATA: International Air Transport Association, ILO: International Labour Organization, ICAO: International Civil Aviation Organization, IH&RA: International Hotel & Restaurant Association, OECD: Organization for Economic Co-operation and Development, OTA: Organisation Mondiale du Tourisme et de l'Automobile, TGA: Travel goods association, UFTAA: United Federation of Travel Agent's Associations, UNEP: United Nations Enviroment Programme, UNDP: United Nations Development Programme, UNESCO: United Nations Educational, Scientific and Cultural Organization, WATA: World Association of Travel Agencies, UNWTO: World Tourism Organization

Tourismusgeografie – Zweig der → Wirtschaftsgeografie, der sich mit der Raumwirksamkeit des Fremdenverkehrs (→ Tourismus) beschäftigt. Untersuchungsgegenstände sind v.a. die Prozess- und Strukturanalyse von Räumen (Destinationen, Durchreise- und Quellgebiete des Tourismus), welche unter Einfluss verschiedener Formen des Fremdenverkehrs stehen, sowie die sozialgruppenspezifische Ausprägung des Fremdenverkehrs in regionaler Differenzierung mit unterschiedlichen Arten der Raumprägung. Als Datengrundlage wird die amtliche Reiseverkehrsstatistik herangezogen. Unter Ausklammerung des berufsbedingten Fremdenverkehrs wird die Tourismusgeografie aufgrund von Überschneidungen zwischen freizeitorientiertem Fremdenverkehr und anderen Ausprägungen des Freizeitverhaltens (→ Freizeit) der umfassenderen → Freizeitgeografie zugeordnet.

Tourismusmarketing – alle ziel- und wettbewerbsorientierten Maßnahmen von Tourismusunternehmen und Tourismusorganisationen, um gegenwärtige und zukünftige Kundenpotenziale unter Einsatz planender, steuernder, koordinierender und kontrollierender (formale Seite) sowie → marketingpolitischer Instrumente (materielle Seite) auszuschöpfen. Besonderheiten des touristischen Marketing sind angebotsseitig das Werben mit immateriellen und i.d.R. hochemotionalen Dienstleistungsprodukten sowie nachfrageseitig zunehmend 'hybride' Kaufverhalten mit einer Vielzahl differenter → Reisearten.

Tourismusorganisation – 1. *Begriff:* i.w.S. Zusammenschluss touristischer Institutionen mit dem Ziel der generellen Förderung und Entwicklung des → Tourismus in den jeweiligen Marktsegmenten. – 2. *Aufgaben:* Je nach Größe und ökonomisch wie politischer Relevanz der Tourismusorganisation werden Lobby-, Leitbild-, Planungs- wie Strategiefunktionen, Angebotskoordinationsfunktion, Marktforschungs- und Marketingfunktion sowie Informations- und Kontrollfunktion wahrgenommen. Sie können sowohl öffentlich-rechtlich (z.B. als Tourismus-Büro der Gemeindebehörde, der regionale oder nationale

Tourismus-Verband) wie auch privatrechtlich (z.B. als Verein oder Aktiengesellschaft) organisiert werden. – 3. *Auswahl:* International ist die Welttourismusorganisation – → World Tourism Organisation (UNWTO) – und national die → Deutsche Zentrale für Tourismus e. V. (DZT) als touristische Dachorganisation zu sehen. Die Hotellerie wird durch den → Deutsche Hotel- und Gaststättenverband e. V. (DEHOGA) und die → Reiseveranstalter und -mittler durch den → Deutscher ReiseVerband e. V. (DRV) repräsentiert bzw. vertreten. Darüber hinaus beschäftigen sich eine Vielzahl weiterer Organisationen mit tourismusrelevanten Fragestellungen, wie das Netz der internationalen Organisationen des Tourismus zeigt:

Tourismuspolitik – 1. *Begriff:* Unter Tourismuspolitik versteht man die Summe aller Maßnahmen öffentlicher Institutionen auf allen Ebenen politischen Handelns, die einen Einfluss auf die Gestaltung und Entwicklung des → Tourismus haben. Grundsätzlich kann nicht von „der Tourismuspolitik" gesprochen werden, da sie nahezu alle Bereiche im politischen System tangiert bzw. von den verschiedenen Politikbereichen tangiert wird. Es kann zwischen direkter und indirekter Tourismuspolitik unterschieden werden:Direkte Tourismuspolitik beinhaltet alle (politischen) Maßnahmen die unmittelbar aus dem Tourismus heraus begründet werden, d.h., die einen direkten Einfluss auf die Tourismuswirtschaft haben (z.B. Senkung des Mehrwertsteuersatzes für die Hotelübernachtung).Indirekte Tourismuspolitik umfasst alle (politischen) Maßnahmen, die nicht unmittelbar den Tourismus zum Gegenstand haben, diesen aber wesentlich beeinflussen (z.B. Ferienregelung in den Bundesländern). – In der Bundesrepublik Deutschland ist die Tourismuspolitik nicht auf der Bundesebene/zentral, sondern auf der kommunalen Ebene als freiwillige Aufgabe der Kommunen verankert. Auf der Bundesebene ist im Bundestag ein Ausschuss für Tourismus installiert, im Bundesministerium für Wirtschaft und Technologie (BMWi) ist mit Ernst Burgbacher der Beauftragte der Bundesregierung für Mittelstand und Tourismus verortet. – 2. *Europäische Tourismuspolitik:* Die wirtschaftliche Bedeutung des Tourismus für die Mitgliedsstaaten der → EU ist unterschiedlich, somit auch der jeweilige Stellenwert in der politischen Diskussion bei den Mitgliedern. Aufgrund der hohen Bedeutung des Tourismus sind in einigen Ländern Ministerien für Tourismus eingerichtet (z.B. Österreich, Spanien). – Mit dem Lissabon-Vertrag (→ Vertrag von Lissabon) erhält die EU eine im Primärrecht verankerte Kompetenz für den Tourismus (Art. 195 AEUV). Die EU ergänzt demnach die Maßnahmen der Mitgliedsstaaten im Tourismussektor, insbesondere durch die Förderung der Wettbewerbsfähigkeit der Unternehmen der Union. Es soll ein günstiges Umfeld für die Entwicklung der Unternehmen im Tourismussektor geschaffen sowie die Zusammenarbeit zwischen den Mitgliedsstaaten insbesondere durch den Austausch bewährter Praktiken unterstützt werden.

Touristik – institutioneller Branchenbegriff des → Tourismus.

Tourist Office – *Tourismusinformation, Tourist-Information; Tourismusbüro, (Fremden-)Verkehrsbüro, touristische Informationsstellen* mit Sitz in den → Destinationen/den Städten, oft von den jeweiligen Gemeinden betrieben. I.d.R. werden nur Informationen über mögliche Aktivitäten und Unterkünfte aus der jeweiligen Destination oder Stadt kommuniziert. Der → Deutsche Tourismusverband e. V. (DTV) hat mit der i-Marke ein Qualitätssiegel für Tourismusinformationsstellen entwickelt, das von den Betreibern beantragt werden kann, es soll das Vertrauen der Gäste sowie der Wiedererkennungswert gesteigert werden.

Tournamententlohnung – 1. *Begriff:* Variante der Anreizentlohnung als Alternative zur Zahlung von Effizienzlöhnen; dient sowohl der Auswahl von Bewerbern als auch der Anreizgenerierung. Sie konzipiert das Erwerbsleben als Abfolge von Turnieren (im Sinn eines Wettkampfs oder Betriebsturniers) um die jeweils höheren Positionen in der Hierarchie. Die weiteren Aufstiegschancen hängen auf jeder Hierarchieebene von den bisher erzielten Turniererfolgen ab (Pfadabhängigkeitsthese). Die Beschäftigten konkurrieren miteinander und der Gewinner erhält den ersten Preis in Form einer Beförderung bzw. eines Aufstiegs, die mit einer höheren Entlohnung korrelieren. Dabei wird nicht die absolute, sondern die relative Leistung im Vergleich zu den Mitbewerbern bewertet (Rank-Order Tournaments). Die Arbeitsleistung ist ex post kontrollierbar. Insgesamt bietet das Unternehmen eine Lohnskala an, die im Durchschnitt dem Markträumungslohn entspricht. – 2. *Wirkung:* Das Unternehmen löst mithilfe dieses Verfahrens das Problem, dass die individuelle Leistung oft gar nicht oder nur zu prohibitiv hohen Kosten gemessen werden kann, was vor allem bei höheren Positionen der Fall ist (→ Prinzipal-Agent-Theorie). Außerdem stellt es sicher, dass alle Arbeitnehmer den maximalen Arbeitseinsatz erbringen. Das bei Arbeitsgruppen möglicherweise auftretende Moral-Hazard-Problem (→ Moral Hazard) (etwa in Form von Shirking) wird durch Selbstdisziplinierung innerhalb des Teams reduziert. Andererseits entsteht durch innerbetriebliche Rivalitäten der Nachteil, dass die Verlierer bzw. weniger Leistungsfähigen oder -willigen demotiviert werden und über Intrigen, Mobbing und Sabotage der Arbeitsleistung (auch der Mitbewerber) die Effizienz derartiger Verträge einschränken können. Ein möglicher Ausweg besteht in einer Kombination von Tournament- und → Senioritätsentlohnung: Wer im Turniermodell nicht zum Zuge kommt, kann zumindest an einer Karriere zweiter Ordnung teilhaben. Damit fungiert die Senioritätsentlohnung lediglich als Auffangnetz für die im Turnier Unterlegenen. – Vgl. auch → Arbeitsmarkttheorien.

TP – Abk. für *Tausender Auflagenpreis* (→ Tausenderpreis).

TP-Monitor – *Teleprocessing Monitor.* 1. → Systemprogramm, das von mehreren → Benutzern gleichzeitig verwendete → Programme (Transaktionsprogramme) oder Teile von diesen steuert und koordiniert. – Vgl. auch → Transaktion. – 2. Ein gesamtes, im → Teilhaberbetrieb ablaufendes → Betriebssystem (BS).

TQM – Abk. für → Total Quality Management.

Trabantensteuern – von A. Lampe geprägte Bezeichnung für → Steuern, die eine vollkommene Erfassung des Einkommens bezwecken und deshalb neben der Einkommensteuer bestehen. – *Anders:* → Satellitensteuern.

Tracing → Sendungsverfolgung.

Trackback – Funktion im → Internet, die es erlaubt zu überwachen, wer Beiträge bzw. Kommentare eines → Blogs verlinkt.

Tracking – regelmäßig wiederkehrende Untersuchung desselben Sachverhalts. Ein Tracking kann im Rahmen eines Panels oder bei wechselnden Stichproben durchgeführt werden.

Tracking → Sendungsverfolgung.

Tracking-Forschung – systematische Kontrolle der psychologischen → Werbewirkung durch in regelmäßigen Abständen durchgeführte Befragungen verschiedener Personen mit gleichen Fragen zu den gleichen Objekten. Mittels Zeitreihenanalyse und Konkurrenzbetrachtung können Aussagen über Effektivität von → Werbekampagnen und → Medien getroffen werden. – Bei der *Interpretation der Ergebnisse* sind neben den eigenen Aktivitäten auch die der Konkurrenz zu berücksichtigen. – Vgl. auch → Werbewirkungsfunktion.

Tracking Stocks – *Alphabet Stock, Mirror Stock, Targeted Stock;* US-amerikanische Finanzinnovation im Eigenkapitalbereich. Tracking Stocks geben einem Investor die Möglichkeit, sich an einem oder mehreren Geschäftsbereichen (Tracked Units) eines Unternehmens zu beteiligen. Hauptgründe für Einführung: (1) Steigerung des Shareholder Value; (2) Mittel der Eigenkapitalaufnahme; (3) Nutzung als Akquisitionszahlungsmittel; (4) Abwehrmaßnahme gegen feindliche Übernahme. Anwendung des Konzepts von dt. Unternehmen aus rechtlicher Sicht noch unklar, da die Trennung der Geschäftsbereiche eine getrennte Rechnungslegung und Kontrolle erfordern.

Trademark – angloamerikanische Bezeichnung für geschütztes Markenzeichen (→ Marke).

Trader – Händler am Finanzmarkt, i.e.S. die Händler, die spekulative Positionen aufbauen.

Trade Terms – Zusammenstellung der international „handelsüblichen Vertragsformeln" durch die Internationale Handelskammer Paris (→ ICC). – *Andere Regeln für die Auslegung der gebräuchlichsten Vertragsformeln:* → Incoterms. – *Anders:* → Terms of Trade.

Trading – Handel am → Kapitalmarkt.

Trading-down – Gegenbegriff zu → Trading-up.

Trading Period – bestimmte Handelsphase an der → EUREX.

Trading-up – Verbesserung des Leistungsangebots einer Handelsunternehmung (Veränderung „nach oben") als unternehmenspolitische Strategie im Handel zum Ansprechen neuer Zielgruppen, sei es, dass die Bedürfnisse der bisherigen Kunden sich grundlegend geändert haben, neue Zielgruppen erreicht werden sollen oder eine stärkere Profilierung gegenüber neuer Konkurrenz angestrebt wird. – Der letzte Grund kann auch maßgebend sein für eine Anpassung etablierter → Betriebsformen des Handels „nach unten": Die einfacheren, kostengünstigeren Vertriebsmethoden der Pionierunternehmen werden, um die Abwanderung weiterer Kunden zu stoppen, übernommen *(Trading-down).* – *Folgen:* Trading-up ist eine Beobachtung im Verlauf der → Dynamik der Betriebsformen im Handel. Die steigenden → Distributionskosten führen zu Preisniveauanhebungen. Verfolgt die Masse der Unternehmungen einer Betriebsform diese Strategie, so verändert sich ihr ursprünglicher Charakter. – *Typische Maßnahmen:* Sortimentsausdehnung (v.a. um höherwertige Produkte bei den → Discountern), umfangreichere Dienstleistungen, Verbesserungen der Ladengestaltung und Warenpräsentation, Akzeptanz von Kartenzahlung, Ausweitung des Kreditangebots, Verstärkung der Werbung.

Traditionalismus – Geisteshaltung, die wirtschaftlich und gesellschaftlich auf Erhaltung des Bestehenden und auf Überlieferung erworbener Güter und Kenntnisse innerhalb bestimmter eng umgrenzter Gruppen, Stände oder Sippen bedacht ist, dem technischen Fortschritt also ablehnend gegenübersteht. Kennzeichnend für wirtschaftlichen Traditionalismus sind Stabilitätsstreben, der Ausschließlichkeitsgrundsatz (der z.B. eine gewerbliche Betätigung nur Nachkommen von Zunftmitgliedern gestattet), familiäre oder sippenhafte ständische Gebundenheit, Nahrungssicherungs- und Rentnerprinzip.

Traditionspapiere – Warenwertpapiere, die einen Herausgabeanspruch auf eine Sache verbriefen und bei denen die Übergabe des indossierten Papiers zugleich die Übergabe der Ware ersetzt. – *Arten:* (1) → Konnossement (§ 650 HGB), (2) → Ladeschein (§ 444 HGB) und (3) Orderlagerschein (§ 475c i.V. mit § 363 HGB). Traditionspapiere können als → kaufmännische Orderpapiere per Indossament übertragen werden.

Traffic – Intensität, mit der die User eine Webseite nutzen; Traffic wird mithilfe der transferierten Datenmenge oder der Anzahl der → Page Impressions (PI) gemessen.

Traffic-Manager → Werbeberufe.

Tragfähigkeitsprinzip – *Deckungsprinzip, Kostendeckungsprinzip, Kostentragbarkeitsprinzip, Kostentragfähigkeitsprinzip;* → Kostenverteilungsprinzip, nach dem die Gemeinkosten entsprechend dem → Bruttoerfolg, Rohgewinn (→ Warenrohgewinn) oder → Deckungsbeitrag auf die Kostenträger verteilt werden.

Tragik der Allmende – *Tragedy of the Commons;* → Allmenderessource.

Tragsteuern → direkte Steuern.

Traineeprogramm – speziell von Großunternehmen angebotene Möglichkeit des Berufseinstiegs von (Fach-)Hochschulabgängern. Während der Laufzeit erfolgt eine systematische, mit dem Einsteiger (Trainee) abgestimmte Rotation durch verschiedene Abteilungen und Funktionsbereiche des Unternehmens. – *Dauer:* mind. sechs bis höchstens 24 Monate. Der Trainee soll lernen, abteilungsübergreifend zu denken und zu handeln, sodass er in seinem späteren Werdegang innerhalb der Firma nicht nur seinen eigenen Fachbereich sieht, sondern die Auswirkungen auf andere Unternehmensbereiche in seine Überlegungen und sein Handeln mit einbezieht. Somit dient das Traineeprogramm dazu, vielseitig einsetzbaren Nachwuchs aufzubauen.

Training – bezeichnet Off-the-Job-Verfahren der → Personalentwicklung, bei denen Mitarbeiter Fertigkeiten erwerben oder verfeinern sollen. Die Implementierung von Trainingsmaßnahmen in Organisationen erfolgt in fünf Schritten: a) *Festlegung der Trainingsziele:* Der Ist- und Sollzustand werden ermittelt. Bei der Festlegung des Sollzustands müssen die Interessen der Organisation mit denen der Individuen abgestimmt werden. Dabei sollte nicht nur der gegenwärtige, sondern auch der zukünftige Bedarf ermittelt werden. Die Grundlage für die Formulierung des Sollzustands sind z.B. Organisations- und → Arbeitsanalysen oder Expertenbefragungen (→ Delphi-Technik). Die Grundlage für die Ist-Analyse besteht in der Erhebung der vorhandenen Kompetenzen der Mitarbeiter, z.B. auf der Grundlage der Mitarbeitergespräche, von vorausgegangenen Leistungsbeurteilungen, psychologischen Testverfahren u.Ä. – b) *Ableitung von Kriterien zur Überprüfung des Lernerfolgs:* Soweit möglich, muss der Sollzustand präzise bestimmt werden, damit eine Evaluation der Maßnahmen möglich wird. – c) *Entwicklung der Trainingsmaßnahme:* Die Trainingsmaßnahme wird zeitlich, inhaltlich und methodisch auf die Trainingsziele abgestimmt. Bei der Gestaltung der Trainingsmaßnahme sollte darüber hinaus bes. die Förderung des Lerntransfers beachtet werden. – d) *Durchführung der Maßnahme.* – e) *Überprüfung des Lernerfolgs:* Abgestimmt auf die Trainingsziele wird der Trainingserfolg überprüft (Evaluation).

Training Group – zusammenfassender Ausdruck für eine systematisch zusammengestellte Schulungsgruppe, die ein bestimmtes Schulungsprogramm absolviert. – Vgl. auch Laboratoriumstraining.

Trajektorie – Begriff aus der Theorie der → Differenzialgleichungen. Eine Trajektorie gibt die zeitliche Entwicklung (Entwicklungspfad) der Variablen eines → Differenzialgleichungssystems in einem → Phasendiagramm an. – *Anwendung:* Trajektorien werden v.a. in der → Konjunkturtheorie und in der → Wachstumstheorie verwendet.

Trampschifffahrt → Seeschifffahrt.

Trampverkehr → Gelegenheitsverkehr.

Tranche – Teilbetrag einer *Wertpapieremission.* Anleihen werden oft in mehreren Tranchen in gewissen Zeitabständen aufgelegt. Auch die in verschiedenen Ländern gleichzeitig aufgelegten Teilabschnitte einer Anleihe werden Tranchen genannt sowie die in Teilbeträgen ausgegebenen *Staatskredite,* z.B. Arbeitsbeschaffungskredit (Flüchtlingseingliederung, Schwerpunktprogramm) oder auch die Ziehungsrechte beim Internationalen Währungsfonds (→ IWF).

Transaction Cost Economies – *Transaktionskostenersparnisse.* 1. *Begriff:* Transaction Cost Economies können entstehen, wenn bisher über Märkte abgewickelte → Transaktionen, d.h. gegenseitige Übertragungen von Verfügungsrechten, in ein Unternehmen verlagert werden. Dabei wird davon ausgegangen, dass der Institution Unternehmung als Produktionsstätte Faktormärkte *vor-* und Absatzmärkte *nach*gelagert sind, wobei *drei Arten der Koordination* unterschieden werden können: Koordination, die über den Markt abläuft; Koordination innerhalb eines Unternehmens und Koordination durch Kooperation. Alle drei Arten der Koordination von Faktoren bzw. Gütern sind für die Unternehmen mit Kosten verbunden. Diese Kosten können i.w.S. als → Transaktionskosten verstanden werden. Ist nun eine „hierarchische" Koordination innerhalb einer Unternehmung (transaktions-)kostengünstiger durchzuführen als über den Markt, wird das eine Verlagerung ökonomischer Aktivitäten in das Unternehmen zur Folge haben. Die Einsparmöglichkeit von (Transaktions-) Kosten wird zu einem wesentlichen Motiv für die vertikale Integration bzw. für → Unternehmenskonzentration, die damit organisationstheoretisch und nicht produktionstechnisch oder marktstrategisch erklärt wird. – 2. *Wettbewerb und Transaction Cost Economies:* Der Integrationsprozess führt jedoch wegen der zunehmenden unternehmensinternen *Organisationskosten* nicht zu einer völligen Vermachtung der Märkte. Zunehmende Organisationskosten entstehen in einem wachsenden Unternehmen z.B. infolge von Drückebergerei, zunehmender Fehlallokation von Faktoren innerhalb der Unternehmung und kostenverursachenden Kompetenzstreitigkeiten. Schließlich werden sich mit der Zahl der übernommenen Markttransaktionen die Organisationskosten überproportional erhöhen. → Coase spricht hierbei

Transaction Cost Economies – Schema von Williamson

		Investitionsspezifität		
		unspezifisch	gemischt spezifisch	spezifisch
Transaktionshäufigkeit	gelegentlich	marktliche Koordination	Koordination zwischen den Vertragsbeteiligten unter Hinzuziehen einer Schiedsstelle zur Konfliktlösung (trilaterale Koordination)	
	regelmäßig		bilaterale Koordination	vertikale Integration (unternehmensinterne Koordination)

von „Decreasing Returns to the Entrepreneur Function". – 3. Die *Grenzen einer Verlagerung von Transaktionen* und damit der vertikalen Integration können durch ein *Optimierungskalkül* abgesteckt werden. Danach werden Transaktionen über Märkte so lange durch Transaktionen innerhalb von Unternehmen substituiert, bis die Grenzkosten der Organisation innerhalb eines Unternehmens gleich den Grenzkosten der Transaktion über Märkte sind. – Ein solches Optimierungskalkül setzt allerdings voraus, dass die vertikale Integration nur zwecks Effizienzsteigerung erfolgt – und nicht, um z.B. tatsächlichen oder potenziellen Konkurrenten den Zugang zu vor- oder nachgelagerten Märkten zu erschweren. Angesichts der Tatsache, dass die vertikale Integration aufgrund verschiedener Motive erfolgt (z.B. Marktmacht, Effizienzsteigerung, Steuervermeidung oder Ausstieg aus der Mitbestimmung), kann sie nicht generell durch den Hinweis auf Transaktionskostenersparnisse gerechtfertigt werden; vielmehr muss im Zweifel eine Abwägung zwischen Effizienzvorteilen und Wettbewerbsnachteilen vorgenommen werden. – 4. *Bedeutung:* Der Transaktionskostenansatz ermöglicht eine komparative Gegenüberstellung alternativer institutioneller Arrangements (vgl. → Alte Institutionenökonomik; → Neue Institutionenökonomik). Dabei wird zunehmend versucht, Faktoren zu isolieren, die organisationsspezifische Bedeutung bei der Auswahl des Koordinationsmechanismus haben und damit eine Entscheidungshilfe für die Wahl des effizienteren Mechanismus geben. Williamson als Vertreter der sog. *Governance-Richtung* unterscheidet drei wesentliche Dimensionen von Transaktionen: Den Grad der Spezifität der transaktionsbedingten Investition, die Unsicherheit der Transaktion und die Häufigkeit einer bestimmten Transaktion. Aus der Kombination verschiedener Ausprägungen dieser Dimensionen von Transaktionen ergibt sich für ihn – einen gewissen Grad an Unsicherheit unterstellt – eine Überlegenheit der marktlichen Koordinationsform im Fall regelmäßiger oder auch nur gelegentlicher unspezifischer transaktionsbedingter Investitionen. Dagegen sieht er die vertikale Integration als überlegene Koordinationsform bei regelmäßig wiederkehrenden, vollkommen transaktionsbedingten → spezifischen Investitionen an. Das „Schema von Williamson" verdeutlicht die Zusammenhänge von *Investitionsspezifität, Transaktionshäufigkeit und Koordinationsstruktur.* Die vertikale Integration wird häufig mit der Existenz von Transaction Cost Economies gerechtfertigt. Die dt. Automobilindustrie hat allerdings in den 1990er-Jahren – unter dem Eindruck japanischer Erfahrungen – Zulieferbetriebe in erheblichem Umfang ausgegliedert und damit den Anteil der Eigenfertigung reduziert, um überhöhte Kosten abzubauen (sog. → Outsourcing). Diese Erfahrungen relativieren die Bedeutung von Transaktionskostenersparnissen. – Vgl. auch → Transaktionskostenökonomik.

Transaction Exposure → Exposure.

Transaction Services – *Deal Services;* Beratungstätigkeit im Transaktionsgeschäft. Das Kontinuum reicht von einer Evaluierung des Transaktionsobjekts vor dem Deal bis zur Vollendung der Transaktion mit anschließender Integration oder Separation des Transaktionsobjekts. Transaction Services werden in den folgenden Bereichen angeboten: → Mergers & Acquisitions (M & A), Bewertung und Strategie, Freisetzung/Verkauf von Unternehmensteilen (Disposals), → Joint Ventures, fremdfinanzierte Unternehmenskäufe (→ Leveraged Buyout), Börsengänge, → Due Diligence, Gründungsvorhaben, Squeeze-out-Vorhaben (Verdrängung von Aktionärsgruppen), → Umwandlungen.

Transaktion – I. Theorie der Unternehmung: Eine Transaktion findet dann statt, wenn ein Gut oder eine Dienstleistung über eine technologisch separierbare Schnittstelle transferiert wird. Transaktionen laufen in der Realität nicht ohne Reibungsverluste ab, die als Transaktionskosten bezeichnet werden. Im Rahmen der → Transaktionskostenökonomik wird die effiziente institutionelle Einbettung von Transaktionen unter Berücksichtigung der jeweiligen Transaktionskosten analysiert. Eine andere Definition versteht unter einer Transaktion den vertraglich vereinbarten Austausch von → Verfügungsrechten. Diese Definition ist jedoch sehr eng, da Transaktionen auch unfreiwillig erfolgen können (z.B. in Form von Diebstahl).

II. Wirtschaftsinformatik: 1. *Begriff* im Rahmen der *Datenbankorganisation* (→ Datenorganisation): Ein Auftrag des Benutzers (d.h. eines → Programms oder eines → Endbenutzers), der als Ganzes auf Daten eines → Datenbanksystems ausgeführt wird, aber aus einer Folge von Teilschritten bestehen kann. Die Transaktion ist ein abgeschlossener Vorgang, der die → Datenbank von einem konsistenten Zustand in einen neuen konsistenten Zustand überführt (→ Datenintegrität). – *Beispiel:* In einem datenbankgestützten Finanzbuchhaltungssystem Umbuchung von einem Konto auf ein anderes. – 2. *Steuerung einer Transaktion* erfolgt durch einen speziellen → TP-Monitor oder einen entsprechenden Mechanismus des Datenbankmanagementsystems. Der Transaktions-Steuerungsmechanismus veranlasst, dass die Transaktion nur dann als Ganzes abgeschlossen wird, wenn alle Einzelschritte erfolgreich durchgeführt wurden, andernfalls wird die Transaktion vollständig zurückgenommen, auch wenn einzelne Schritte bereits durchgeführt wurden. Dies gewährleistet im → Teilhaberbetrieb die → Datenintegrität.

Transaktionsanalyse – Analyse des kommunikativen Wechselspiels zwischen zwei und mehr Personen, das sowohl verbal als auch nonverbal abläuft. Begründer: Eric Berne (1910 – 1970). Die Transaktionsanalyse wird in Management-, Verkaufs- und Verhandlungstrainings eingesetzt und verbessert das bewusste soziale Handeln des Einzelnen (→ Personalentwicklung).

Transaktionsbank – 1. *Begriff:* Finanzinstitut, das bankbetriebliche Geschäftsvorfälle für Dritte, i.d.R. die Abwicklung von Zahlungsverkehrs-, Kreditkarten-, Wertpapier- oder Kredit-/ Darlehenstransaktionen verarbeitet (sog. „white labeling“). In der engen Begriffsfassung unterstützen Transaktionsbanken den Geschäftsprozess vollständig mit Ausnahme von Beratung und Vertrieb für den Endkunden sowie von Aktivitäten, die das Eingehen eigener Handelspositionen notwendig machen würden. Damit erbringt eine Transaktionsbank die Leistungen des Wertschöpfungsprozesses, die auf die Vertriebsleistungen folgen, wiederholt anfallen und als industrieller Fertigungsprozess organisierbar sind. In der erweiterten Begriffsfassung umfassen die angebotenen Abwicklungsleistungen über reine Back-Office-Funktionen hinaus auch Front-Office-Funktionalitäten oder Clearing-Funktionen (→ Clearing). – 2. *Entstehung:* Die Entstehung von Transaktionsbanken ist mit den Marktcharakteristika im Transaktionsbanking-Umfeld eng verbunden. Dieses Umfeld ist durch fünf Charakteristika geprägt: (1) Kapitalintensität aufgrund hoher Investitionen und Kapitalbindung in IT-Systeme und deren Weiterentwicklung, (2) Arbeitsintensität aufgrund einer nach wie vor verbesserungsfähigen Prozessintegration in den Arbeitsabläufen, (3) Wissensintensität aufgrund fachlicher und technischer Anforderungen an die Mitarbeiterschaft, (4) Risikokomplexität aufgrund z.T. hoher inhärenter operativer Risiken sowie (5) Druck zur Erzielung von Skalenerträgen und Stückkostendegression. Das Management und die Beherrschbarkeit der Branchencharakteristika sind die wesentlichen Motive für Auslagerungsüberlegungen der Finanzindustrie. → Konsolidierung, Risikoteilung und → Kostenmanagement werden als die wesentlichen Treiber für die Entstehung von Transaktionsbanken genannt. – 3. *Entwicklung:* Der Zahlungsverkehrsmarkt als Markt mit dem höchsten Produkt- und Standardisierungsgrad ist im Sinne eines Transaktionsbanken-Marktes am weitesten entwickelt, gefolgt vom Wertpapierabwicklungsmarkt mit einem weiteren Abstand auch vom Kreditabwicklungsmarkt. Doch die Veränderungsgeschwindigkeit ist i.d.R. überschaubar: Vorbehalte bei den Entscheidern in den auslagernden Finanzinstituten hemmen die weitere Entwicklung. Die einzelwirtschaftlichen Vorbehalte beziehen sich auf den Verlust von Prozessbeherrschbarkeit und strategischer Kompetenz, die Bewältigung hoher Migrationskomplexitäten, aber auch auf vermutete Qualitätsdefizite bei den Transaktionsbanking-Anbietern sowie unterschätzte Produkt- bzw. Länderspezifika.

Transaktionsepisode → Episodenkonzept.

Transaktionsfunktion des Marktes → Markttransaktionsfunktion.

Transaktionskosten – I. Wirtschaftstheorie: → Transaktion, → Transaktionskostenökonomik, → Verfügungsrechte, → Ordnungsökonomik, → Agency-Kosten.

II. Wertpapiergeschäft: → Gebühren, die der Investor bei Kauf und Verkauf von → Wertpapieren an seine depotführende Bank abführen muss. Sie sind nicht zu verwechseln mit den Ausgabeaufschlägen der → Investmentfonds.

Transaktionskostenersparnisse → Transaction Cost Economies.

Transaktionskostenökonomik – 1. *Charakterisierung:* In der Transaktionskostenökonomik wird die Effizienz unterschiedlicher institutioneller Arrangements verglichen, in deren Rahmen wirtschaftliche → Transaktionen abzuwickeln sind. Dabei sind bestimmte Eigenschaften der betrachteten Transaktionen von Bedeutung (für → Williamson, einem Begründer des Ansatzes, etwa ihre Häufigkeit und → Unsicherheit sowie die Spezifität der erforderlichen Investitionen). Vor Vertragsabschluss fallen Transaktionskosten bes. in Form von Verhandlungs- und Informationskosten an (Informationen etwa über potenzielle Vertragspartner, den Preis oder die Qualität von Gütern). Nach erfolgtem Vertragsabschluss entstehen Kosten für die Kontrolle der Vertragsbeziehung (z.B. für Qualitätskontrollen) und für die Anpassung an geänderte Konstellationen (z.B. bei einer Veränderung der Preise von Produktionsfaktoren). – *Ziel* der Transaktionskostenökonomik ist es, alternative Formen der institutionellen Einbettung von Transaktionen zu untersuchen und auf ihre relative Effizienz zu prüfen. – *Annahmen:* Es wird unterstellt, dass Individuen sich nur begrenzt rational verhalten, ihre intelletuelle Kapazität ist begrenzt, die erforderlichen Informationen sind nicht ohne weiteres verfügbar. Weil die Welt zu komplex ist, um vom menschlichen Verstand vollständig erfasst zu werden, und wegen der Existenz der Informationskosten kommt es zu unvollständiger Information und zu Unsicherheit. Es ist deshalb z.B. nicht möglich, bei Vertragsverhandlungen alle Eventualitäten bzw. Kontingenzen im Voraus zu berücksichtigen. Ferner wird opportunistisches Verhalten unterstellt, d.h. das Verfolgen des Eigeninteresses unter Ausschluss von Arglist sowie illegitimer und illegaler Methoden. – 2. *Praktisch* bedeuten diese Überlegungen z.B. Folgendes: Wenn für die Ausführung von Transaktionen spezifisches Kapital nicht oder nur in geringem Maße benötigt wird, so spricht das für die marktmäßige Abwicklung. → Economies of Scale machen es dann sinnvoll, dass spezialisierte externe Anbieter durch Bündelung der Nachfrage die Kosten senken (Market Aggregation Economics, Williamson); weiterhin lassen sich mithilfe von Marktbeziehungen → Hierarchienachteile vermeiden, wie sie bei unternehmensinterner Koordination anfallen (Konzept der → effizienten Firmengrenze). – Fallen demgegenüber die spezifischen Investitionen ins Gewicht, so empfiehlt sich eine institutionelle Einbindung der Transaktionsbeziehung. Dies kann etwa durch langfristige → Verträge geschehen (z.B. durch Kooperationsverträge), die Schlichtungsvereinbarungen oder → glaubhafte Zusicherungen enthalten. Im Fall sehr hoher transaktionsspezifischer Investitionen reicht das jedoch nicht aus. Eine vertikale Integration der sensitiven Transaktionen in die Unternehmenshierarchie ist folglich angezeigt. Welche Form der institutionellen Einbettung von Transaktionen gewählt wird, hängt allerdings nicht alleine von der *Spezifität der Investitionen* ab, sondern auch vom *Ausmaß der Unsicherheit* und der Häufigkeit der entsprechenden Transaktionen (Williamson). Je ausgeprägter die Unsicherheit und je größer die Häufigkeit, desto eher spricht das für eine institutionelle Absicherung. Neben den Polen der marktlichen und der hierarchischen Koordination stehen die → hybriden Organisationsformen, die Elemente beider Koordinationstypen in sich vereinigen. In alternativer Betrachtung kann man → plastische Produktionsfaktoren, die mit ausgeprägtem Ermessensspielraum auszustatten und deshalb vertraglich schwer festzulegen sind, als im Verhältnis zum Transaktionspartner zentral oder peripher positioniert interpretieren. Zentral positionierte Faktoren müssen vertikal integriert werden, während solche in peripherer Position selbstständig bleiben sollten (Bonus). Die Qualität des eigenen Outputs kann von der eines zentral positionierten Faktorinputs nicht getrennt werden. Ein Beispiel ist die Tageszeitung, die ihre Funktion nur erfüllt, wenn sie zum Frühstück bereitliegt. Die Druckerei ist deshalb im Verhältnis zum Zeitungsverlag zentral positioniert und i.d.R. im Eigentum des Verlages. Demgegenüber ist die Qualität des eigenen Outputs von der eines peripher positionierten Inputs separabel. So kann ein Buchverlag mit verschiedenen Druckereien verhandeln und ein schlecht geratenes Ergebnis zurückweisen. Deshalb haben Buchverlage i.d.R. keine eigenen Druckereien, sondern kontrahieren über den Markt.

Transaktionskostentheorie der Unternehmung – Coase begründet die Existenz und → Grenzen der Unternehmung mit dem Vorhandensein von Marktaustauschkosten bzw. Kosten der Benutzung des Preismechanismus sowie der → Unsicherheit. Diese Kosten können mit dem Koordinationsmechanismus Hierarchie vermieden oder eingespart werden, wobei im Gegenzug Organisationskosten entstehen. – Der *Vorteil der Unternehmung* resultiert aus einer Verringerung der Zahl der → Verträge, und zwar zu einem bestimmten Zeitpunkt und/oder über einen bestimmten Zeitraum. Im *Zeitpunkt-Fall* wird die Zahl der Verträge dadurch reduziert, dass der → Unternehmer die Verträge mit den Faktoren abschließt und die Faktoren durch Weisung koordiniert. Es entfallen damit die Verträge zwischen den Faktoren, die bei einer Marktkoordination erforderlich wären. Im *Zeitraum-Fall* lässt sich die Zahl der Verträge durch Wahl einer längeren Laufzeit verringern. Langfristige Verträge, wie z.B. Arbeitsverträge, erfordern aber eine höhere Voraussicht und sind nicht so flexibel an sich verändernde Umstände anpassbar, wenn ihr Inhalt hochgradig spezifiziert ist. Aufgrund der Unsicherheit legen langfristige Verträge nur den Bereich der durch Weisung gesteuerten oder konkretisierten Leistungen fest. – Die Unternehmung spart zwar Marktbenutzungskosten ein, verursacht aber uno actu *Organisationskosten,* die mit steigender Zahl von → Transaktionen zunehmen. Die *abnehmenden Erträge des Managements* begründet Coase erstens mit Effizienzverlusten. Mit zunehmender Unternehmensgröße werden Fehlentscheidungen des Managements wahrscheinlicher auftreten. Zweitens könnten mit steigender Unternehmensgröße und zunehmender Faktornachfrage die Faktorpreise steigen. Die Größe der Unternehmung ist dann optimal, wenn die Organisationskosten der letzten Transaktion gleich den Marktbenutzungskosten oder den Organisationskosten einer anderen Unternehmung sind (Prinzip der marginalen Substitution). Diese zunächst auf die Einproduktunternehmung angewendete Formel überträgt Coase auch auf die → Mehrproduktunternehmung, um die Unternehmensgröße zu erklären. Die Arbeit von Coase bildet einen zentralen Bestandteil der → Governance-Structure-Theorie und der → Team-Theorie der Unternehmung. – *Kritik* gegen den Ansatz von Coase richtet sich bes. auf die Dichotomisierung von Markt und Unternehmung, die Vernachlässigung der Produktionsfunktion, die unzureichende Begründung der steigenden Organisationskosten sowie die Gleichgewichtsorientierung (gegebene Produktionsfunktionen bzw. gegebenes technisches Wissen).

transaktionsspezifische Investitionen → spezifische Investitionen.

Transaktionswert (einer Ware) – 1. *Begriff*: gem. Art. 29 Zollkodex (ZK) der vom Käufer bei Ausfuhr ins → Zollgebiet der EU gezahlte oder zu zahlende → Kaufpreis, ggfs. nach Berichtigungen gem. Art. 32 und 33 ZK. – 2. *Merkmale*: Der Zollkodex kennt in Übernahme des GATT-Zollwertrechts sechs Methoden zur Bestimmung des → Zollwerts einer Ware. Die häufigste ist die Transaktionswertmethode. Ausgangspunkt für die Zollwertbestimmung ist der Kaufpreis. Dieser ist zu berichtigen, wenn wichtige Elemente fehlen. – 3. *Andere Methoden:* Fehlt bei einer Ware ein Transaktionswert kommen gem. Art. 30, 31 ZK 5 andere Methoden in strenger Reihenfolge zur Anwendung. Praktisch bedeutsam ist davon allein die Schlussmethode bei der vereinfacht gesagt in flexibler Anwendung der Vormethoden der Wert geschätzt wird. Orientierungsmaßstab kann dabei eine Pro-Forma-Rechnung sein. – 4. *Ziele:* Bei der Bestimmung des Zollwertes geht es nicht um letzte Gerechtigkeit, sondern um Handhabbarkeit. Wie im Umsatzsteuerrecht orientiert man sich deshalb an der Preisabsprache der Parteien. Skonti werden im Rahmen des Handelsüblichen anerkannt. Bezugspunkt für die Bestimmung des Transaktionswertes ist der Ort des Verbringens der Ware ins → Zollgebiet der EU gem. Art. 163 ZK-DVO. Deshalb sind u.a. entsprechend der → Incoterms Beförderungskosten hinzu- oder herauszurechnen.

Trans European Road Network – von der EU festgelegtes transeuropäisches Straßen-(Verkehrs-)netz, dessen Ausbau mit Priorität gefördert wird.

Transfer → internationale Transfers, → Lerntransfer.

Transferabkommen – zwischenstaatliche Vereinbarung über die Abwicklung des internationalen Zahlungsverkehrs, und zwar über den Umfang von Zahlungen an das Ausland außerhalb des Warenverkehrs. → Transferabkommen können getroffen werden: (1) zwischen zwei Ländern; (2) zwischen einer Mehrzahl von Ländern, die sich zu einer → Zahlungsunion zusammenschließen.

Transferable Loan Certificate (TLC) – Ausgestaltungsform der → Transferable Loan Facility, bei der die Übertragbarkeit von Kreditteilen durch entsprechende Vertragsgestaltung sichergestellt wird. Das Recht des Gläubigers wird aus dem Vertrag abgeleitet; der Gläubigerwechsel vollzieht sich durch → Schuldumwandlung, was letztendlich einer Modifikation des ursprünglichen Darlehensvertrages entspricht.

Transferable Loan Facility (TLF) – *übertragbare Kreditfazilität;* Innovation im Bereich des Eurokonsortialkredits, bei der Kredite in Unterbeteiligungen übertragen werden, welche an Beteiligte außerhalb des Konsortiums verkauft werden sollen. Somit werden die Kreditanteile handelbar gemacht. – Nach der Rechtsnatur werden unterschieden: → Transferable Loan Certificate (TLC) und → Transferable Loan Instrument (TLI).

Transferable Loan Instruments (TLI) – Ausgestaltungsform der → Transferable Loan Facility. TLI besitzen Wertpapiercharakter und verbriefen einen durch Abtretung übertragbaren Kreditanspruch des Gläubigers, der sein Recht somit unmittelbar aus dem Papier ableiten kann.

Transferansatz – Ansatz zur Erklärung der personalen intratemporalen Verteilungswirkung der öffentlichen → Schuldenpolitik. Die Hypothese lautet: Vorwiegend Reiche zeichnen öffentliche Anleihen (→ Staatsanleihen) und erhalten damit die Zinserträge; die Aufbringung der Tilgung über die Besteuerung hat wegen des großen Anteils indirekter Steuern kaum progressive, eher proportionale oder regressive Verteilungswirkungen. Die Last der Verschuldung wird folglich von den Einkommensstärkeren auf die Einkommensschwächeren abgewälzt. – *Beurteilung:* Der Transferansatz ist umstritten, da sowohl die Steuerlastverteilung sich im Zeitablauf ändert als auch eine eindeutige Zuordnung der öffentlichen Anleihen auf höhere Einkommensschichten (institutionelle, ausländische Anleger) schwierig ist. Zudem ist die Staatsverschuldung nicht die Ursache für die Zinseinkommen der Vermögenden (mangelnde Kausalität) – Vgl. auch → öffentliche Kreditaufnahme.

Transferausgaben → Transfers.

Transfereinkommen – *Übertragungseinkommen.* 1. *Begriff:* Einkommen, das ohne ökonomische Gegenleistung empfangen oder gezahlt wird. Transfereinkommen beziehen private Haushalte etwa durch soziale Leistungen (Renten und Pensionen, Kindergeld, Sozialhilfe etc.) oder Unternehmen durch → Subventionen. – 2. Die Zahlung von Transfereinkommen ist *Bestandteil der staatlichen Umverteilungspolitik* (Sekundärverteilung), durch die die Ergebnisse der primären Einkommensverteilung (Einkommen aus der Teilnahme am Produktionsprozess) modifiziert werden sollen (→ Einkommensverteilung, → Verteilungspolitik).

Transfergarantie – Form der → Garantie, die bei Auslandsgeschäften den Zahlungs- und Devisentransfer sicherstellen soll. Transfergarantie und → Zahlungsgarantie werden gemeinsam abgegeben, wenn die Garantiebank und die für Devisentransfers zuständige Institution identisch sind (z.B. im Fall von Zentral- und Staatsbanken). Sind beide Stellen nicht identisch, ist die Bankgarantie durch eine Transfergenehmigung der zuständigen Devisenbehörde zu ergänzen. – Vgl. auch → politisches Risiko, → Ausfuhr-Pauschal-Gewährleistungen (APG).

Transferklausel – in internationalen Schuldenabkommen die Vereinbarung, dass das Schuldnerland Zinsen- und Tilgungsdienst unterbrechen kann, wenn der Transfer der fälligen Beträge seine → Zahlungsbilanz ungewöhnlich belastet oder aus anderen Gründen nicht möglich ist.

Transferkurzarbeitergeld – Leistung der Arbeitsförderung nach § 111 SGB III. Wird → Arbeitnehmern im Falle eines dauerhaften unvermeidbaren Arbeitsausfalls aufgrund von Betriebsänderungen gemäß § 111 BetrVG (unabhängig von der Unternehmensgröße) gewährt. Zu den betrieblichen Voraussetzungen gehört, dass die von Arbeitsausfall betroffenen Arbeitnehmer zur Vermeidung von Entlassungen und zur Verbesserung ihrer Eingliederungschancen in einer betriebsorganisatorisch eigenständigen Einheit zusammengefasst werden. Während des Bezugs von Transferkurzarbeitergeld hat der → Arbeitgeber den Arbeitnehmern Vermittlungsvorschläge zu unterbreiten und ggf. geeignete Qualifizierungsmaßnahmen anzubieten. Die Bezugsfrist für Transferkurzarbeitergeld beträgt längstens zwölf Monate.

Transfermaßnahmen – Maßnahmen der Arbeitsförderung nach § 111 SGB III zur Eingliederung von Arbeitnehmern in den Arbeitsmarkt, an deren Finanzierung sich Arbeitgeber angemessen beteiligen. Förderung durch die → Bundesagentur für Arbeit im Falle einer drohenden → Arbeitslosigkeit aufgrund von Betriebsänderungen, sofern die Maßnahme von einem Dritten durchgeführt wird, sie der Eingliederung in den Arbeitsmarkt dient und die Qualität gesichert ist. Der Förderungszuschuss für den Arbeitgeber beträgt 50 Prozent der Maßnahmekosten, jedoch höchstens 2.500 Euro je gefördertem Arbeitnehmer (§ 110 II SGB III).

Transfermechanismus – I. Begriff: Der Transfermechanismus beschreibt, wie und in welchem Umfang ein Kapitaltransfer (→ internationale Kapitalbewegungen) bei → festen Wechselkursenzu einem realen Transfer (→ Realtransfer) führt, d.h. entsprechende Waren- und Dienstleistungsbewegungen nach sich zieht. Gewährt z.B. das Inland einem anderen Land einen → Kredit, lautet also die Frage, inwieweit es daraufhin zu einem entsprechenden Leistungstransfer aus dem Inland ins Ausland kommt. Diese Frage wird einerseits unter klassischen und andererseits unter keynesianischen Annahmen diskutiert.

II. Klassischer Transfermechanismus: Ihm liegen v.a. folgende wichtige *Prämissen* zugrunde: → Vollbeschäftigung aller → Produktionsfaktoren, keine realen Multiplikatorwirkungen, Übereinstimmung von geplantem Sparen und geplanter Investition, Änderungen der Geldmenge durch geldpolitische Maßnahmen finden nicht statt. In diesem Fall bedingt die Bereitstellung von Mitteln für den monetären Transfer eine Einschränkung der Gesamtausgaben im Inland; da diese sowohl für Inlands- als auch – nach Maßgabe der → marginalen Importquote– für Auslandsgüter getätigt werden, sinken die Importe des Inlands. Analog steigen die Gesamtausgaben im Ausland; da diese ebenfalls z.T. für Importgüter getätigt werden, steigen die Importe des Auslands, die Exporte des Inlands darstellen. Im Inland ist also eine Importminderung und eine Exportzunahme eingetreten, beides zusammen ergibt den *Realtransfer.* Dessen Höhe hängt von den marginalen Importquoten des In- und Auslands ab; beträgt deren Summe 1, entsprechen Exportzuwachs und Importminderung im Inland genau dem Kapitalexport, d.h. der reale Transfer ist *vollkommen.*Ist die Summe kleiner oder größer als 1, entspricht der Realtransfer zunächst nicht dem Kapitalexport, es verschieben sich jedoch die Preisrelationen zwischen In- und Ausland, sodass es letztlich doch zu einem Ausgleich kommen kann: Ist die genannte Summe z.B. kleiner als 1, d.h. der Realtransfer kleiner als der Kapitalexport, werden im Inland Gesamtausgaben und Geldmenge kleiner sein (im kreditnehmenden Ausland größer) als im Ausgangszustand, d.h. im Inland ergibt sich eine Preisniveausenkung, im Ausland eine -zunahme. Dies wirkt im Inland exportfördernd und importhemmend, sodass sich der Leistungsbilanzsaldo des Inlands solange verbessern dürfte, bis der reale dem monetären Transfer entspricht. Ist die genannte Summe größer als 1, tritt analog die umgekehrte Wirkungskette ein.

III. Keynesianischer Transfermechanismus: Er unterscheidet sich im Wesentlichen durch die *Annahmen,*dass Multiplikatorprozesse im In- und Ausland wirksam sind sowie dass der Kapitalexport im Inland (z.T. oder sogar vollständig) aus Enthortung oder Geldschöpfung finanziert und im kreditnehmenden Ausland (z.T. sogar vollständig) zur Hortung verwendet werden kann. Je nach unterstellter Konstellation ergeben sich dementsprechend vom klassischen Transfermechanismus mehr oder weniger stark *abweichende Ergebnisse.* Dass sich Kapitalexport und Realtransfer genau entsprechen, ist hier nur unter sehr restriktiven Prämissen zu erwarten. *Kritisch* wird zum keynesianischen Transfermechanismus u.a. angeführt, dass in der Realität die Möglichkeit besteht, den Kreditbetrag im Inland auch durch Reduzierung der Importe aufzubringen sowie ihn im Ausland unmittelbar zur Erhöhung der dortigen Importe zu verwenden; in derartigen Fällen dürfte die Wahrscheinlichkeit, dass der *Realtransfer dem Kapitalexport exakt entspricht,* steigen.

Transfermoratorium – einseitige Einstellung des → Transfers durch das Schuldnerland. Die Verpflichtungen gegenüber ausländischen Gläubigern werden durch Transfermoratorien nicht annulliert, sondern bestimmten Regelungen über den Zeitpunkt des Wiedereinsetzens der (voll oder zeitweise) zu entrichtenden Transferleistungen unterworfen.

Transfermultiplikator – genauer: *Transfermultiplikator in Bezug auf das Einkommen;* gibt an, um wie viel sich das Inlandsprodukt (Y) verändert, wenn die Transferleistungen (Tr) des Staatssektors an die Haushalte variiert werden. Zugrunde liegt das Multiplikatormodell (→ Einkommen-Ausgaben-Modell) mit der Nachfrage Y = C + G, wobei G die Staatsausgaben sind. Die Konsumfunktion ist: C = b Yv, wobei b die marginale Konsumquote und Yv das verfügbare Einkommen sind. Für das verfügbare Einkommen gilt: $Yv = (1 - t)\ Y - T_0 + Tr$, wobei t den proportionalen Einkommenssteuersatz, T_0 die autonome Kopfsteuer und Tr die Transferzahlungen des Staates darstellen. Differenziert man das Gleichgewichtseinkommen nach den Transferausgaben, dann erhält man den Multiplikator: - dY / dTr = b / (1-b (1-t)). – Der Transfermultiplikator ist bei exogen gegebenem Steueraufkommen (t=0) größengleich dem (negativen) → Steuermultiplikator und deutlich kleiner als der → Staatsausgabenmultiplikator für Güter und Dienstleistungen, da Transferzahlungen nicht unmittelbar in voller Höhe nachfragewirksam werden, sondern erst mittelbar über eine Erhöhung der privaten Konsumausgaben. – Vgl. auch → Multiplikator.

Transferpreis – 1. *Begriff:* Preis, der der Bewertung von grenzüberschreitenden Lieferungen und Leistungen zwischen Konzerngesellschaften dient. Ihrem Wesen nach sind Transferpreise *Verrechnungspreise,* da Konzerngesellschaften im Verhältnis zueinander keine selbstständigen Marktparteien sind; sie werden i.d.R. jedoch in Höhe der *Marktpreise* angesetzt, entsprechend wichtigen unternehmensinternen Zielen im Hinblick auf die als → Profitcenter agierenden Konzerngesellschaften (Ressourcenlenkung, Erfolgsermittlung) sowie unternehmensexternen, bes. fiskalischen Interessen. – 2. *Steuerliche Reglementierung:* Gemäß § 1 AStG sind Entgelte für grenzüberschreitende Leistungen zwischen verbundenen Gesellschaften so zu bemessen wie zwischen unabhängigen Marktparteien (Fremdvergleichsgrundsatz). – *Zur Überprüfung der Angemessenheit von Transferpreisen angewandte Verfahren* seitens der Finanzverwaltung: a) *Preisvergleichsmethode* (Comparable Uncontrolled Price Method): (1) Äußerer Preisvergleich (allg. Marktpreise). (2) Innerer Preisvergleich (betriebsindividuelle Preisstellung gegenüber Dritten). – b) *Wiederverkaufspreismethode* (Resale Price Method): Vom Wiederverkaufspreis an einen unabhängigen Dritten wird auf den Preis vorhergehender konzerninterner Lieferungen zurückgerechnet. – c) *Kostenaufschlagsmethode* (Cost Plus Method): Kosten der liefernden Einheit werden betriebs- oder branchenübliche Gewinnzuschläge hinzugerechnet. Entspricht der Transferpreis nicht dem so ermittelten Preis, berichtigt die Finanzverwaltung die Einkünfte des Steuerpflichtigen. Dabei wird zunächst eine Korrektur nach den Grundsätzen über verdeckte Gewinnausschüttungen und verdeckte Einlagen vorgenommen; bleibt der Gewinn auch danach unangemessen niedrig, greift die Korrektur nach § 1 AStG ein.– 3. *Bedeutung:* Trotz steuerlicher Reglementierung verbleibt ein gewisser Spielraum, um finanziell Not leidende Tochtergesellschaften zu subventionieren oder Gewinntransferbeschränkungen zu umgehen; dies gilt bes. für die Bewertung immaterieller Güter wie Lizenzen, Managementleistungen u.Ä. – 4. *In den letzten Jahren* wurden insbesondere auch die Vorschriften zum Berichtigungsbetrag bei unangemessenen Preisen im grenzüberschreitenden Geschäftsverkehr mit nahe stehenden Personen verschärft. Insbesondere § 1 III AStG (Bewertungstechniken) wurde vollständig überarbeitet. – Vgl. auch → Verrechnungspreis.

Transferpreisforum – *Verrechnungspreisforum;* Ein Gremium von Steuerrechtsexperten, das die Kommission der Europäischen Union berät in Fragen der Steuerpolitik bei den Verrechnungspreisen. Das Forum wurde 2002 von der Kommission offiziell eingerichtet, sein Mandat wurde 2006/07 um weitere fünf Jahre verlängert; es arbeitet konsensorientiert Empfehlungen aus zu einzelnen Fragen im Zusammenhang mit der Festlegung von Transferpreisen bei Geschäftsbeziehungen zwischen verbundenen Unternehmen. Das Gremium setzt sich aus je einem Sachverständigen aus der Steuerverwaltung eines jeden Mitgliedsstaats sowie 15 Sachverständigen aus der Privatwirtschaft zusammen, Vertreter der Bewerberländer und des OECD-Sekretariats können als Beobachter teilnehmen. Die Beschlüsse des Forums sind für die Mitgliedsstaaten nicht rechtsverbindlich, sondern haben Empfehlungscharakter. Bisher hat das Forum Leitlinien erarbeitet für die Anwendung des europäischen Schiedsverfahrens, die Dokumentation von Transferpreisen und die Vorabauskunft zur Angemessenheit beabsichtigter Transferpreisen.

Transferpreisgestaltung → Transferpreis.

Transferproblem – behandelt die Frage, ob die Zahlung monetärer → internationaler Transfers (z.B. Reparationszahlungen nach einem Friedensvertrag) auch im selben Maße einen *realen* Transfer involvieren. – *Erläuterung:* Im Ausmaß einer Transferzahlung von Land A nach Land B verringern sich auf die eine oder andere Weise das Einkommen oder die Vermögenswerte (allgemeiner: die Kaufkraft) der Wirtschaftssubjekte in Land A zugunsten jener des Landes B. Dies ist dann in vollem Umfang mit einem realen Transfer verbunden, wenn sich die Handelsbilanz des zahlenden Landes (empfangenden Landes) genau im Ausmaß der Transferzahlung verbessert (verschlechtert). – *Determinanten:* Bei gegebenem Einkommen hängt die Auswirkung des Transfers auf die Handelsbilanz davon ab, wie sich die Veränderung der *Kaufkraft* in den beiden Ländern in der Absorption von Gütern niederschlägt. Wenn der Realtransfer geringer als die Transferzahlung ist, so bedeutet dies natürlich lediglich eine *Verschiebung der realen Last des Transfers in die Zukunft,* denn dem gebenden Land erwächst im Ausmaß der Differenz zwischen Transferzahlung und Realtransfer eine Verpflichtung gegenüber dem Ausland (→ Kapitalimport).

Transferrisiko → Währungsrisiko, das darin besteht, dass wegen behördlicher oder gesetzgeberischer Maßnahmen der Transfer bzw. die → Konvertibilität *(Konvertierungsrisiko)* der vom Schuldner geleisteten Beträge infolge von Zahlungsstockungen unterbleibt oder hinausgeschoben wird. Im Warenverkehr mit dem Ausland ist das Transferrisiko abzusichern durch → Transfergarantie.

Transfers – *Übertragungen, Transferausgaben, Transferzahlungen;* tatsächliche und bestimmte unterstellte Zahlungen bzw. Einnahmen der Sektoren

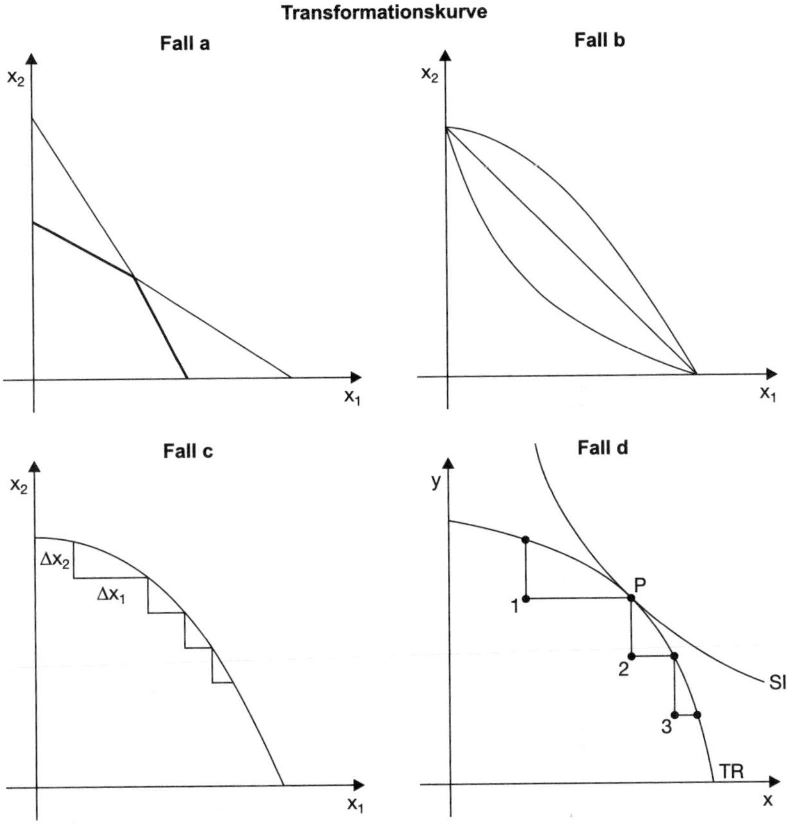

(→ Sektoren der Volkswirtschaft), die ohne spezielle Gegenleistung an andere Sektoren geleistet oder von diesen empfangen werden. Soweit Transfers Zahlungen der öffentlichen Hand an private Haushalte darstellen, erhöhen sie deren → verfügbares Einkommen. In der Volkswirtschaftlichen Gesamtrechnung wird zwischen laufenden Transfers und → Vermögenstransfers unterschieden (→ Zahlungsbilanz). – Vgl. auch → internationale Transfers.

Transferzahlungen → Transfers.

Transformationsausgaben – *Leistungsentgelte, Realausgaben;* staatliche Zahlungen für Güter und Faktorleistungen, zu unterteilen in Personal- und Sachausgaben; Teil der → öffentlichen Ausgaben.

Transformationskurve – *Produktionsmöglichkeitskurve;* Ausdruck für die produktionstechnisch möglichen Güterkombinationen, die bei einem gegebenen Bestand von → Produktionsfaktoren hergestellt werden können. Ihr entspricht einzelwirtschaftlich die *Kapazitätslinie* (Fall a der Abbildung „Transformationskurve" zeigt diese für den Fall zweier, für die Produktion notwendiger Anlagen, Mehrproduktunternehmung, Alternativproduktion). In der → Volkswirtschaftslehre wird die Transformationskurve auch als *Produktionsmöglichkeitskurve* bezeichnet und gibt an, welche unterschiedlichen Ausstoßmengen bei einem gegebenen Faktorbestand maximal möglich sind (Fall b). – *Verlauf:* Ob die Transformationskurve linear oder konkav verläuft, hängt von der Art der zugrunde liegenden → Produktionsfunktionen und deren Zusammenwirken ab. Die Transformationskurve zeigt, dass man die Produktion x_1 nur auf Kosten der Produktion x_2 steigern kann. Das „Austauschverhältnis" $\Delta x_2/\Delta x_1$ bezeichnet man als *Grenzrate der Transformation (Fall c),* die deshalb auch als Grundlage für die → Opportunitätskosten verwendet werden kann. Sie ist je nach Verlauf der Transformationskurve konstant oder zunehmend, was die unterschiedlichen Produktionsbedingungen für die betroffenen Güter widerspiegelt. – Eine Bewegung von einer Güterkombination der Punkte 1, 2 oder 3 unterhalb der Transformationskurve zu einer auf der Transformationskurve wird im Rahmen der → Wohlfahrtsökonomik als Wohlfahrtssteigerung bezeichnet. Das → Wohlfahrtsoptimum wird in dem Tangentialpunkt P der Transformationskurve mit der → Scitovsky-Indifferenzkurve erreicht.

Transformationsländer – Staaten, in deren → Volkswirtschaften ein Systemwechsel vollzogen wird. Die ehemaligen Warschauer-Pakt-Staaten (Ostblock) und China sind von einer zuteilungsorientierten (→ Zentralverwaltungswirtschaft) zu einer → Wirtschaftsordnung der → Marktwirtschaft übergegangen.

Transformationsmanagement → Business Transformation.

Transfusionsgesetz (TFG) – Das Gesetz zur Regelung des Transfusionswesens (Transfusionsgesetz (TFG)) i.d.F. vom 28.8.2007 (BGBl. I 2169) m.spät. Änd. zielt darauf ab, eine größtmögliche Sicherheit für die Versorgung der Bevölkerung mit Blutprodukten zu erreichen. Sowohl bei den Blutspenden als auch bei der Verwendung von Blutprodukten soll das Risiko der Übertragung von Infektionskrankheiten vermieden werden. Hierzu regelt das Transfusionsgesetz die wesentlichen Anforderungen an ein ordnungsgemäßes Blutspende- und Transfusionswesen (wie Anforderungen an die Spendeeinrichtungen und die Auswahl der spendenden Personen, an die Entnahme der Spende und Spenderdokumentation, Qualitätssicherung der Transfusion, Unterrichtungspflichten der Ärzte bei schwerwiegenden Komplikationen, das Verfahren der Rückverfolgung).

Transiteur → Transithändler.

Transitgroßhandel → Außengroßhandel.

Transithandel – 1. *Begriff:* a) *I.e.S.:* Warenhandel, der durch ein Land hindurchgeleitet wird, ohne dass die Waren darin gelagert, verändert oder be- oder verarbeitet werden. – b) *I.w.S.:* Alle geschäftlichen Transaktionen, bei denen Waren aus einem → Ursprungsland durch einen → Transithändler in einem dritten Land veräußert werden, auch ohne dabei über das Land, in dem der Transithändler seinen Wohnsitz hat, zu gehen. Nach § 40 AWV (Außenwirtschaftsverordnung) bedarf die Veräußerung der in Teil I der → Ausfuhrliste genannten Waren im Rahmen eines Transithandelsgeschäft der Genehmigung. – 2. Für den Transithandel gelten *bes. Bestimmungen* (→ Transithandelsgeschäfte).

Transithandelsgeschäfte – 1. *Begriff* des → Außenwirtschaftsrechts: Geschäfte, bei denen außerhalb des → Wirtschaftsgebietes befindliche Waren oder in das Wirtschaftsgebiet abgefertigte Waren durch → Gebietsansässige von → Gebietsfremden erworben und an Gebietsfremde veräußert werden (Legaldefinition in § 4c Nr. 8 → Außenwirtschaftsverordnung (AWV)); ihnen stehen Rechtsgeschäfte gleich, bei denen diese Waren vor der Veräußerung an Gebietsfremde an andere Gebietsansässige veräußert werden. – 2. *Beschränkungen:* Die Veräußerung der in Teil I der → Ausfuhrliste genannten Waren im Rahmen eines Transithandelsgeschäft bedarf der Genehmigung, gemäß § 40 I AWV. – 3. Für *Zahlungen* im Zusammenhang mit Transithandelsgeschäften gelten i.Allg. die Vorschriften des internationalen Zahlungsverkehrs (§ 66 AWV).

Transithändler – *Transiteur;* → Transithandel betreibende Person; Transithandelsgeschäfte sind legal definiert in § 4c Nr. 8 → Außenwirtschaftsverordnung (AWV). Zahlungen im Transithandel sind meldepflichtig nach § 66 AWV.

Transitivität (der Präferenzordnung) – Bedingung bei der Formulierung von Nutzensystemen (→ Nutzenfunktion) bzw. → Präferenzordnungen: Wenn einem Ereignis e_1 ein höherer Nutzen $U(e_1)$ als einem Ereignis $e_2(U(e_2))$ zugeordnet wird und $U(e_2) > U(e_3)$ ist, dann muss auch gelten: $U(e_1) > U(e_3)$. – Vgl. auch → Ordnungsaxiome.

Transitlager → Zolllager oder Lager in einer → Freizone (z.B. Freihafen), in dem Waren lagern, die später in ein drittes Land wiederausgeführt werden sollen (→ Transithandel).

transitorische Posten der Rechnungsabgrenzung – *Durchgangsposten;* Beträge, die im Voraus geleistet (Ausgabe) oder empfangen (Einnahme) wurden, jedoch erst für eine bestimmte Zeit nach dem Bilanzstichtag als Aufwendungen bzw. → Erträge zuzurechnen sind (→ Rechnungsabgrenzung). Transitorische Posten der Rechnungsabgrenzung sind zur periodengerechten → Abgrenzung von Ausgaben und Einnahmen in der Bilanz entweder zu aktivieren (aktive Rechnungsabgrenzungsposten, § 250 I 1 HGB) oder zu passivieren (passive Rechnungsabgrenzungsposten, § 250 II HGB). – Vgl. auch → Abgrenzung.

transitorisches Einkommen → permanentes Einkommen.

Transitverkehr – Durchfuhr von Gütern (→ Transithandel) oder Durchreise von Personen durch ein Land.

Translation Exposure → Exposure.

Transmission Control Protocol/Internet Protocol → TCP/IP.

Transmissionsmechanismus → Geldtheorie.

Transnational Corporation (TNC) – Von den Vereinten Nationen eingeführter Begriff für Unternehmen, die gleichzeitig mit Direktinvestitionen in mind. zwei Ländermärkten agieren. Mit der Einführung sollte eine Alternative zu dem im allg. Sprachgebrauch negativ konotierten Begriff des multinationalen Unternehmens („Multis", „ugly multinationals") geschaffen werden (s. auch → internationale Unternehmung). – Der Begriff der Transnational Corporation (TNC) ist zu unterscheiden von dem im → Internationalen Management behandelten Führungskonzept der → transnationalen Unternehmung.

transnationale Unternehmung – Form der → internationalen Unternehmung, welche darauf abzielt, im Unternehmen Fähigkeiten zu entwickeln, die eine erfolgreiche Auseinandersetzung mit allen denkbaren Umweltcharakteristika ermöglichen. Die jeweiligen Vorteile einer globalen, multinationalen und → internationalen Strategie sollen hierbei vereinigt werden. Um dies zu realisieren, werden spezifische konfigurative Merkmale und Managementaufgaben gefordert. Zur Gewährleistung globaler Effizienz soll die Unternehmensstruktur einem integrierten Netzwerk verstreuter und verwobener Ressourcen entsprechen, während das Management die daraus resultierenden unterschiedlichen Perspektiven und Fähigkeiten legitimiert. Um multinationale Flexibilität und Marktnähe zu erreichen, sollen die Auslandstochtergesellschaften differenzierte und spezialisierte Rollen einnehmen, wobei die Managementaufgabe darin besteht, multiple und flexible Koordinationsprozesse zu entwickeln. Schließlich soll internationale Innovationskraft dadurch erreicht werden, dass eine weltweit gemeinsame Entwicklung und Nutzung von Wissen erfolgt, während das Management eine gemeinsame Vision und individuelle Motivation schaffen soll. – Vgl. auch → Führungskonzepte im internationalen Management.

Transparenzprinzip – *Mitunternehmerprinzip;* Prinzip, eine → Personengesellschaft nicht als eigenständiges Gebilde zu behandeln, sondern als Zusammenschluss gemeinsam handelnder Gesellschafter. Das gesamte Vermögen und Einkommen der Personengesellschaft wird steuerlich jedem Gesellschafter anteilig entsprechend seiner Beteiligungsquote zugerechnet. – Vgl. auch → Europäische Wirtschaftliche Interessenvereinigung (EWIV), → Mitunternehmer.

Transplant – ausländisches Tochterunternehmen, das im Vergleich zum Mutterland unterschiedliche wirtschaftliche, politische und soziale Verhältnisse vorfindet und somit vor die Herausforderung gestellt ist, die wesentlichen Erfolgsmerkmale eines Konzepts im Mutterland auf das Ausland zu übertragen.

Transport – I. Außerbetrieblicher Transport: Raumüberbrückung von Gütern mithilfe von Transportmitteln. Zentrale Funktionen des Transportes sind die Beförderung und der dazu erforderliche Umschlag. – Bei Vorliegen eines Transportbedarfs wird die Wahl des günstigsten Transportmittels (See-/Binnenschiff, Eisenbahn, Lastkraftwagen, Flugzeug) bes. von transportgutabhängigen (Produktbeschaffenheit, Verpackungsart, Bestellmenge), transportmittelabhängigen (Ladekapazität, Zuverlässigkeit, Schnelligkeit, Sicherheit, Kosten), geschäftspartnerorientierten (Entfernung zwischen Liefer- und Empfangspunkt, Zugänglichkeit zum Transportnetz, Transportzeiten) sowie gesetzlichen Einflussfaktoren bestimmt. Die dadurch bedingte Problemkomplexität erfordert eine situationsbezogene Transportmittelwahl.

II. Innerbetrieblicher Transport: Planung, Steuerung und Durchführung von Aktivitäten der Ortsveränderung innerhalb von Betrieben und Betriebsteilen. In DIN 30 781, Teil 1 wird der innerbetriebliche Transport mit „Fördern" bezeichnet und als die Ortsveränderung von Personen und/oder Gütern mit manuellen oder mit technischen Mitteln definiert. Beide Teilfunktionen des Transports beeinflussen sich gegenseitig und sollten im Sinne der Logistikkonzeption (→ Logistik) sowohl auf der Realisierungsebene als auch auf der Planungs- und Steuerungsebene verknüpft sein. – Die Durchführung von innerbetrieblichen Transportvorgängen erfolgt mithilfe fördertechnischer Einrichtungen. Diese erstrecken sich sowohl auf den Fertigungsbereich als auch auf Lager im Bereich der Beschaffung und Distribution (→ Lager). – Die Planung des innerbetrieblichen Transports lässt sich in die Planung der innerbetrieblichen Transportstruktur und der Transportprozesse gliedern. Beide sind Teilbereiche der Planung des innerbetrieblichen Materialflusses.

Transportbetrieb → Verkehrsbetrieb.

Transportbörse → Dienstleistungsbörse.

Transportgefährdung – Es geht um die vorsätzliche Gefährdung des Transportverkehrs, bes. von Eisenbahn, Schifffahrt oder Luftfahrt; daraus muss eine Gefahr für Leib und Leben eines anderen oder fremder Sachen von bedeutendem Wert, die durch Beschädigung, Beseitigung von Anlagen, Bereiten von Hindernissen, falsche Zeichen oder Signale u.Ä. herbeigeführt wird, konkret resultieren (sog. konkrete Gefährdungsdelikte). – *Strafen:* Freiheitsstrafe von drei Monaten bis fünf Jahren. Bei Fahrlässigkeit Freiheitsstrafe bis zu zwei Jahren oder Geldstrafe (die einschlägigen Straftatbestände sind in § § 315, 315a StGB geregelt).

Transportkette – *Verkehrskette, Reisekette;* nach DIN 30 780 eine „Folge von technisch und organisatorisch miteinander verknüpften Vorgängen, bei denen Personen oder Güter von einer Quelle zu einem Ziel bewegt werden". – 1. *Funktionale Transportkette:* Abfolge von Transporten, Zwischenlagerungen und Umsteige- oder Umlagevorgängen. Eingliedrig, wenn außer dem ersten Einsteige- bzw. -ladevorgang und dem letzten Aussteige- bzw. -ladevorgang kein Umsteigen bzw. Umladen erforderlich ist; andernfalls mehrgliedrig (→ gebrochener Verkehr). Beim Umladen ohne die Auflösung von → Ladeeinheiten liegt → kombinierter Verkehr vor. – 2. *Institutionale Transportkette:* Zusammenfassung der an einer funktionalen *Transportkette* beteiligten Betriebe, die im → Werkverkehr oder als Dienstleister einen Vorgang oder mehrere der *Transportkette* ausführen. – 3. *Dokumentationskette:* Datenkommunikation zur Steuerung und Registrierung der Vorgänge in einer *Transportkette* mittels Papierbelegen, elektronischer Informationsträger oder Netztechnologien. – 4. *Transportphasen:* Phasen der Beförderung von Personen und Gütern: a) *Vorlauf* (Zubringerverkehr) von den verschiedenen Quellen zu einer Sammelstation (z.B. Bahnhof, Hafen, Flughafen); b) *Hauptlauf* zu einer Verteilstation; c) *Nachlauf* zum Erreichen der einzelnen Ziele. Die gemeinsame Beförderung einer möglichst großen Personenzahl bzw. Gütermenge in einem möglichst langen Hauptlauf zwischen Quellen und Zielen dient der Senkung der Beförderungskosten je Person bzw. Gütereinheit wegen der dadurch erzielbaren Economies of Scale.

Transportkosten – wichtiger Teil der → Logistikkosten. – 1. *Begriff:* Die für die Raumüberbrückung von Transportgütern (Einsatzstoffe, Halb- und Fertigprodukte, Ersatzteile etc.) und Personen anfallenden → Kosten der Bereitstellung und Bereithaltung von Transportkapazität und -betriebsbereitschaft, der Durchführung von Transportvorgängen und des Fremdbezugs von Transportleistungen. – 2. *Bestandteile:* a) Fremdtransportkosten, z.B. für Straßen-, Schiffs-, Luft- und Bahntransport sowie transportbedingte Verpackungs- und Abwicklungskosten; b) Kosten der Transportkapazität, z.B. Kosten der Fördermittelsysteme und des Transportpersonals; c) Kosten der Transportbereitschaft und -durchführung, z.B. Instandhaltungs- und Energiekosten und Kosten für Transportschäden. – 3. *Verrechnung:* Im Beschaffungsbereich werden Transportkosten als → Anschaffungsnebenkosten zumeist den beschafften Gütern direkt zugerechnet. Im Vertriebsbereich erfolgt (bei Verkauf ab Werk) häufig eine Kalkulation als → Sondereinzelkosten des Vertriebs. Kosten des innerbetrieblichen Transports werden häufig nur ungenau erfasst und nur selten den Transportgütern direkt zugerechnet.

Transportkostenansatz – *Reisekostenmethode, Clawson-Knetsch-Methode;* auf Clawson und Knetsch (1966) zurückgehende Methode der ökonomischen Bewertung von Umweltressourcen. Der Transportkostenansatz findet bes. bei der Quantifizierung des Freizeit- und Erholungsnutzens von → öffentlichen Gütern Anwendung. Dabei werden die von den Nutzern eines Erholungsgebiets aufgewendeten Transportkosten als → Zahlungsbereitschaften für den Erholungsnutzen interpretiert. Probleme des Transportkostenansatzes bestehen u.a. in der zweifelhaften Ausschließlichkeit, mit der die Transportkosten für die Nutzung einer bestimmten Ressource aufgewendet werden sowie in der Berücksichtigung von Erholungsmöglichkeiten, die alternativ zu dem bewerteten Gut zur Verfügung stehen.

Transportphase → Transportkette.

Transportproblem – *Distributionsproblem, Verteilungsproblem;* Fragestellung über ein reales System, bei dem Güter zur Befriedigung eines Bedarfs von definierten Orten (Vorratsorte) zu definierten anderen Orten (Bedarfsorte) unter Beachtung bestimmter Nebenbedingungen (z.B. Kapazitätsbeschränkungen der Transportmittel, Liefertermine) auf definierten Transportstrecken so zu bewegen sind, dass vorgegebene Ziele (z.B. Transportkostenminimierung, Maximierung der Kapazitätsauslastung) erfüllt werden. Zur Lösung dieses Problems werden mathematische Optimierungsverfahren benutzt.

Transportrisiko – Risiko, das bei der Verbringung von Waren (v.a. im Außenhandel) durch Beschädigung oder Verlust der Ware durch Havarie, Unfall, Krieg oder andere Ereignisse entsteht. Das Transportrisiko wird üblicherweise durch eine Transportversicherung abgedeckt. – Vgl. auch → Incoterms.

Transportunternehmen → Logistikunternehmen, die im Leistungsschwerpunkt Transportleistungen und im geringeren Maße auch Umschlag-, Kommissionier- und weitere Logistikleistung anbieten. Sie können nach Art der Transportobjekte in Personen- und Güterverkehrsbetriebe unterteilt werden, wobei letztere nach Massen-, Stück- und Spezialgütern differenziert werden. In Abhängigkeit vom benutzten Verkehrsweg können Straßenverkehr, Schienenverkehr, Binnen- und Seeschifffahrt, Luftverkehr und Rohrleitungsverkehr unterschieden werden. – *Formen:* Nach der Organisation der Transporte sind Linien- und Gelegenheitsverkehre voneinander zu unterscheiden. Im Linienverkehr wird die regelmäßige Bedienung festgelegter Routen unter Erwartung einer bestimmten Nachfrage angeboten, während im Gelegenheitsverkehr der Transport erst nach Vorliegen eines Kundenauftrags durchgeführt wird.

Transsubjektivität → Konstruktivismus.

Trassant – Aussteller eines gezogenen → Wechsels, der von dem → Bezogenen (→ Trassat) noch nicht akzeptiert wurde. Dieser Wechsel wird als → Tratte bezeichnet.

Trassat → Bezogener eines gezogenen → Wechsels, der den Wechsel noch nicht akzeptiert hat. Dieser Wechsel wird als → Tratte bezeichnet. Erst mit dem → Akzept erkennt der Bezogene die Zahlungsaufforderung verbindlich an.

Trassenpreise – Preissystem der Deutschen Bahn AG für die Benutzung sog. Fahrplantrassen, d.h. räumlich und zeitlich begrenzter Durchfahrtsrechte auf bestimmten Schienenstrecken.

trassiert-eigener Wechsel → Wechsel, bei dem sich der → Wechselaussteller selbst als → Bezogener benennt (möglich gemäß Art. 3 II WG). Solche Wechsel werden z.B. von Unternehmen ausgestellt, die Wechsel auf ihre Zweigniederlassungen (Filialen) ziehen (→ Kommanditwechsel).

Trassierungskredit – Rembourskredit (→ Remboursgeschäft), bei dem der Exporteur auf die Bank des Importeurs einen Wechsel zieht.

Tratte → gezogener Wechsel, der vom → Bezogenen (noch) nicht akzeptiert wurde. Der Aussteller eines Wechsels (Trassant) zieht einen Wechsel auf den Namen einer Person, die bezahlen soll (Trassat). Solange der Trassat (Bezogener) noch nicht unterschrieben hat, wird dieser Wechsel als Tratte bezeichnet. Mit der Unterschrift (→ Akzept) erkennt der Trassat die Zahlungsaufforderung verbindlich an. Der Wechsel wird dann auch kurz als Akzept bezeichnet.

Trattenbuch – ein Nebenbuch der Buchführung (ähnlich dem → Wechselkopierbuch), in das zur Kontrolle alle Schuldwechsel (auch Solawechsel, → Wechsel) mit den wichtigsten Merkmalen eingetragen werden.

Travellerscheck → Reisescheck.

Treasury – 1. *Begriff:* Unter *Treasury* versteht man die Erfassung und Steuerung zahlungsstromorientierter Finanzmittel zur Innen- und Außenfinanzierung. Ziel dieser dynamischen Wirtschaftlichkeitsbetrachtung ist die unternehmensweite Liquiditätssteuerung „um das gegenwärtige und das erwartete oder geplante Geschäftsvolumen mit den Finanzierungsfähigkeiten des Unternehmens in einem ausgeglichenen Verhältnis zu halten" (vgl. dazu *Gutenberg*, 1987, S. 3 f.). – 2. *Kernaufgaben/-prozesse:* Die *Kernaufgaben der Liquiditätssteuerung* können generell in vier Kategorien unterteilt werden: a) Finanzierung der betrieblichen Einheiten (Produktion, Absatz, Forschung, etc.); b) Aufnahme und Anlage am Geld- und Kapitalmarkt; c) Steuerung der Kundeneinzahlungen (in Zusammenarbeit mit dem Controlling); d) Steuerung der Auszahlungen (Lieferanten, Steuern, Dividenden). – 3. *Finanzwirtschaftliches Risikomanagement:* Mit der unternehmensweiten Liquiditätssteuerung ist das Treasury-Risikomanagement verbunden. Finanzwirtschaftliche Risiken umfassen i.d.R. vier Sachverhalte: a) Zins- und Währungsrisiken; b) Vertragsrisiken (z.B. Einhaltung von Covenants); c) Liquiditätsrisiken (z.B. Risiko aus nicht erhaltenen Kundeneinzahlungen und Risiko für Auszahlungen an insolvente Lieferanten); d) finanzielle Marktrisiken (z.B. aus Rohstoffen, sofern diese mit Finanzinstrumenten gesteuert werden). Zur Steuerung der finanziellen Risiken dient i.d.R. die schriftliche Festlegung der Risikostrategie, die u.a. Kreditoren- und Debitorenlimits festlegt, sowie die Währungssicherungsstrategie definiert und entsprechende Analysen verlangt (vgl. dazu *Rapp/Wullenkord*, 2011, S. 79 ff.). – 4. *Reporting: Ziel des Treasury-Berichtswesen* ist die Sicherstellung eines integrierten (d.h. alle wesentliche Unternehmen betreffend), transparenten, aktuellen (z.B. täglicher Bankenstatus) und vollständigen (alle wesentliche Geschäftsvorfälle) Finanzinformationswesens auf Konzernebene. Nur dadurch können taggenaue Entscheidungen (z.B. Geldanlagen) getroffen werden und zukünftige Liquiditätsentwicklungen (z.B. Inanspruchnahme der Barkreditlinie) und finanzielle Risikopositionen (z.B. ausreichende Avallinien) rechtzeitig erkannt werden. Das Ergebnis des Reportings ist, neben den Tagesmeldungen, ein monatlicher Treasury-Bericht. Die wichtigsten Seiten dieses Berichts sind Bestandteil des monatlichen Controllingberichts. Wie so eine Seite aussehen kann, zeigt das Praxisbeispiel in der Abbildung: 5. *Qualitätssicherung*: Um die Qualität der Treasury-Abteilung zu beurteilen, ist es angebracht, jährliche Bewertungen anhand nachstehender Kriterien durchzuführen: a) Zielerreichung in den Kernaufgaben und die damit verbundenen internen und externen Kosten; b) Güte der Planungen (Soll-Ist-Vergleiche); c) Qualität der eingesetzten Werkzeuge (Fehleranfälligkeit, Wettbewerbsvergleiche). – 6. *Geschichte:* Ursprünglich war das Treasury Bestandteil des Finanzwesens (zur Definition von Zentralabteilungen vgl. *Kreisel*, 1995, S. 59 und dem Einfluss der Unternehmensgröße auf die Organisation z.B. *Horvath*, 1996, S. 44 f.). Nach Schmalenbach war das Finanzwesen eine „zentrale Dienststelle" (vgl. *Schmalenbach*, 1959, S. 22 f.). Heutzutage ist das Treasury

Mai 08			Positionen	rollierende Vorschau			
Vorschau	Ist	Abs.	in Mio. EUR	Jun	Jul	Aug	Sep
191,4	192,0[2)]	0,6	Barkreditlinien inkl. WSV	192,0	192,0	192,0	192,0
-61,4	-61,4	0,0	Wandelschuldverschreibung (WSV)	-61,8	-62,2	-62,6	-63,1
-48,6	-41,7	7	Inanspruchnahme Bankkreditlinien	-69,5	-74,5	69,5	-59,9
81,3	**-88,9**	**7,6**	**Freie Barkreditlinie**	**60,7**	**55,2**	**59,8**	**69,0**
249,3	249,3	0,0	Avalkreditlinien	249,3	249,3	249,3	249,3
-121,8	-116,4	5,2	Inanspruchnahme	-125,9	129,3	132,9	130,9
127,7	**133,0**	**5,2**	**Freie Avalkreditlinien**	**123,4**	**120,0**	**116,4**	**118,4**
440,7	441,3	0,6	Gesamte Kreditlinien	441,3	441,3	441,3	441,3
-231,5	**219,4**	**12,2**	**Gesamte Inanspuchnahme**	**-257,2**	**-266,1**	**-265,1**	**-253,9**
209,1	**221,9**	**12,8**	**Freie Kreditlinien - Total**	**184,1**	**175,2**	**176,2**	**187,4**

Abb. : Praxisbeispiel Kreditlinien Konzern

und die -funktion in größeren Unternehmen eine selbstständige Zentralabteilung, die den gleichen Stellenwert hat, wie das Controlling, die Finanzbuchhaltung/das Rechnungswesen oder die Steuerabteilung.

Treasury Bill – dreimonatige → Schatzwechsel der britischen Regierung, die jeden Freitag im Submissionswege zugeteilt werden, und zwar nur an Bankiers oder Wechselmakler sowie an Regierungsstellen, Behörden, auch Kolonialregierungen.

Treasury Bond – marktfähige Staatsschuldverschreibung (→ Anleihe) in den USA. – Vgl. auch → Treasury Bill, → Treasury Note, → TIGRs.

Treasury Investment Growth Receipts → TIGRs.

Treasury Note → Schatzanweisung in den USA. – Vgl. auch → Treasury Bond, → Treasury Bill.

Treaty Override – 1. *Begriff*: Im internationalen Steuerrecht die gängige Bezeichnung für eine Regelung, mit der ein Steuergesetzgeber sich über die bestehenden völkerrechtlichen Verpflichtungen aus einem → Doppelbesteuerungsabkommen (DBA) oder einem anderweitigen internationalen Vertrag völkerrechtswidrig hinwegsetzt. – 2. *Funktionsweise*: Nach deutscher Rechtslehre ist ein Treaty Override rechtstechnisch möglich, weil völkerrechtliche Verträge der Bundesrepublik innerstaatlich nur dadurch zu verbindlichem Recht werden, weil der Bundestag durch ein Zustimmungsgesetz befiehlt, dem jeweiligen Vertrag zu folgen. Da dieses Zustimmungsgesetz verfassungsrechtlich ein ganz normales Gesetz ist, können die in ihm enthaltenen Regelungen ebenso wie bei die Regelungen eines jeden anderen Gesetzes durch spätere entgegenstehende Anweisungen des Bundesgesetzgebers wieder ganz oder teilweise aufgehoben werden (späteres Gesetz bricht früheres Gesetz, Sonderregelung verdrängt Grundregelung). Da Behörden und Gerichte innerstaatlich an die gültigen dt. Gesetze gebunden sind, ist der Treaty Override also zwar ein Bruch der völkerrechtlichen Verpflichtungen, innerstaatlich aber zwingendes Recht. – 3. *Häufigkeit*: ein Treaty Override stellt auch in der Praxis eine Seltenheit dar. § 2 AO stellt klar, dass völkerrechtliche Verträge, die der Bundestag durch Zustimmungsgesetz für innerstaatlich gültig erklärt hat, im Regelfall als Spezialregelung den Vorrang vor den Steuergesetzen haben sollen. An dieser Anweisung des Gesetzgebers kommt man nur dort vorbei, wo der Gesetzgeber selbst beim Erlass einer Regelung eindeutig kenntlich gemacht hat, dass er sich über die Bestimmungen der Doppelbesteuerungsabkommen hinwegsetzen möchte. – 4. *Beispiele*: die Regelung im → Außensteuergesetz (AStG), wonach gegenüber Betriebsstätten deutscher Steuerpflichtiger in → Niedrigsteuerländern statt der → Freistellungsmethode vertragswidrig die → Anrechnungsmethode angewandt werden soll, soweit die Betriebsstätte passive Einkünfte erzielt (§ 20 II AStG); die Bestimmung, dass die Freistellung für im Ausland erzielte Lohneinkünfte eines Arbeitnehmers verweigert werden soll, wenn dieser nicht die ordnungsgemäße Versteuerung im anderen Vertragsstaat nachweisen kann (§ 50d VIII EStG) und einige andere spezielle Fallkonstellationen, in den Vorteile aus einem Doppelbesteuerungsabkommen vertragswidrig verweigert werden sollen (§ 50d III EStG, § 50d IX EStG). – 5. *Verhältnis zum EG-Recht*: Gegenüber den Verpflichtungen, die sich aus dem EG-Vertrag und allen abgeleiteten Rechtsakten ergeben (→ EG-Richtlinien, EG-Verordnungen), ist ein rechtlich wirksamer Treaty Override unmöglich, da sich alle Mitgliedsstaaten der EU verpflichtet haben, den Anwendungsvorrang des EG-Rechts vor jeder nationalen Vorschrift, selbst vor nationalem Verfassungsrecht, anzuerkennen.

treibende Kraft – Konzept zur Ermittlung des zentralen Erfolgsfaktors eines Unternehmens, an dem die gesamte unternehmenspolitische Rahmenplanung (Unternehmenspolitik, → strategisches Management) auszurichten ist. – Die treibende Kraft ist definiert als die Bestimmungsgröße für die Spannweite zukünftiger Produkte und Märkte. Sie ist generierende Basis zur Ausgestaltung der anderen, die treibende Kraft verifizierenden Entscheidungsbereiche. Es sollte also immer nur eine einzige treibende Kraft wirken, die aus einem der heuristisch ermittelten neun strategischen Bereiche stammt: Produkte, Markterfordernisse, Technologie, Produktionsmöglichkeiten, Verkaufsmethode, Vertriebsmethode, Rohstoffe, Größe/Wachstum oder Ertrag/Gewinn.

Treibhauseffekt – Treibhausgase absorbieren einen Teil der Sonnenstrahlen und geben selbst Wärmestrahlung ab. Die Abgabe von Wärme der Treibhausgase überkompensiert die Reduktion der solaren Strahlung in Richtung Erdboden und verursacht dadurch eine erhöhte Energieeinstrahlung am Erdboden und damit auch eine Erwärmung des Bodens und der unteren Atmosphäre. Nach bisherigem Forschungsstand liegt eine Erwärmung des Erdbodens durch diesen natürlichen Treibhauseffekt von 33°C vor, was zu einer lebenserhaltenden Temperatur führt. Die mittlere Temperatur in Bodennähe läge ohne den natürlichen Treibhauseffekt bei rund -19°C. Den Hauptanteil der Treibhausgase an dem natürlichen Treibhauseffekt hat mit rund zwei Dritteln Wasserdampf. Der Teil des Treibhauseffektes, der auf menschlichem Einfluss beruht, wird als antropogener Treibhauseffekt bezeichnet. Seit Beginn der Industrialisierung steigt das Vorkommen langlebiger Treibhausgase drastisch. Das Ausmaß des Treibhauseffektes hängt sowohl von der Konzentration der Treibhausgase als auch positiv oder negativ von der Reaktion des Wasserkreislaufes (Wasserdampf, Bewölkung, Niederschlag, Verdunstung, Schneebedeckung, Meeresausdehnung) ab. Eine erhöhte Erwärmung der Oberflächentemperatur kann nicht nur zu Veränderungen des Wasserkreislaufs und Wetterextrema führen, sondern auch eine globale Klimaveränderung zur Folge haben.

Treibhausgas-Emissionshandelsgesetz (TEHG) – 1. *Begriff:* → Das Treibhausgas-Emissionshandelsgesetz (TEHG) trat am 15.7.2004 in Kraft. Es stellt in Deutschland den rechtlichen Rahmen für den Handel mit Berechtigungen zur → Emission von Treibhausgasen in einem gemeinschaftsweiten Emissionshandelssystem sicher. – 2. *Ziel:* Es wurde mit dem Ziel erlassen, eine kosteneffiziente Verringerung der Treibhausgasemissionen zu bewirken und damit einen Beitrag zum weltweiten Klimaschutz zu leisten (vgl. § 1 TEHG). – 3. *Inhalt:* Das Gesetz regelt den Geltungsbereich des Emissionshandels und den Zuteilungsplan der Emissionsrechte. Des Weiteren werden u.a. der Handel mit Berechtigungen, ggf. notwendige Sanktionen sowie die Fragen der Zuständigkeiten und der Überwachung geregelt. – Vgl. auch → Emissionshandel, → Umweltlizenzen, → Umweltgesetzgebung.

Treibhausgas-Emissionszertifikate → Emissionshandel.

Treibstoffsteuer – Form der → Energiesteuer (bis 2006: → Mineralölsteuer). – Bei der Diskussion um gerechte Besteuerung des Straßenverkehrs im Sinn erfolgreicher staatlicher Verkehrspolitik zur Koordinierung von Schiene und Straße wird vorgeschlagen, die → Kraftfahrzeugsteuer als von der Straßenbenutzung unabhängige, fixe Belastung durch eine weitere Erhöhung der Treibstoffsteuer zu ersetzen, um damit den Kraftverkehr proportional zu seiner Straßenbenutzung zu belasten.

Trend – 1. *Deterministische Trends:* a) *Typen deterministischer Trends* (nach Funktionsform des Trendbestandteils): (1) *Konstanter Trend:* Sonderfall eines konstant bleibenden Grundwertes einer Zeitreihe; (2) *linearer Trend:* Trend, bei dem die Grundrichtung der Zeitreihe durch eine Gerade ausgedrückt wird; (3) *parabolischer Trend:* Trend, bei dem eine Parabel zweiten oder höheren Grades zugrunde liegt; (4) *Exponential-Trend:* Trend, bei dem von einer Exponentialfunktion ausgegangen wird. – b) *Verfahren der Identifikation deterministischer Trends:* Verfahren zur Schätzung der → Parameter der unterstellten Trendfunktion. Sind keine zyklischen Komponenten (→ Zeitreihenkomponenten) enthalten, so sind nur gewisse Annahmen über die zufällige Komponente zu treffen und es kann dann z.B. im Falle eines vermuteten linearen Trends ein Modell $Y_t = \beta_0 + \beta_1 t + \varepsilon_t$ mit OLS (→ Kleinstquadratemethode, gewöhnliche) geschätzt werden. t ist hier eine Variable, die nur ganze Zahlen von 1 bis T annehmen kann, wobei T die Anzahl der Zeitreihenbeobachtungen darstellt. Sind z.B. Saisonbestandteile enthalten, muss die Zeitreihe zunächst saisonbereinigt, d.h. ihr Saisonbestandteil muss aus den Originalwerten geeignet herausgerechnet werden. Erst danach kann dann die Schätzung der Trendkomponente erfolgen. Eine andere Möglichkeit besteht in der Modellierung der Saison (→ Saisonbereinigung und -modellierung). – c) *Deterministischer Trend und Stationarität:* Weist eine Zeitreihe einen deterministischen Trend auf, so ist sie nicht stationär (→ Stationarität). Regressionen mit derartigen Zeitreihen sind typische → Scheinregressionen. – 2. *Stochastische Trends:* Derartige Trends treten typischerweise auf, wenn Zeitreihen Realisationen eines → Random Walk (mit → Drift) sind. Zeitreihen mit stochastischem Trend sind also ebenfalls nicht stationär und ihre Verwendung in Regressionen führt zu → Scheinregressionen. Viele ökonomische Variablen weisen eher stochastische als deterministische Trends auf. – Vgl. auch → Trendbereinigung und Stationarisierung.

Trendbereinigung und Stationarisierung – 1. *Deterministische Trends:* Bei der Trendbereinigung sind zunächst die Trendparameter mit OLS (→ Kleinstquadratemethode, gewöhnliche) zu schätzen. Im Falle eines linearen Trends sind dies die Parameter des Modells $Y_t = \beta_0 + \beta_1 t + \varepsilon_t$. Mit den Parameterschätzungen können dann die Werte der trendbereinigten und damit stationären Zeitreihe über

$$\tilde{Y}_t = Y_t - \hat{\beta}_0 - \hat{\beta}_1 X_t$$

bestimmt werden. Diese sind nichts anderes als die → Residuen aus der Schätzung der Trendparameter. – Unterliegen die Variablen eines → Regressionsmodells ähnlichen deterministischen Trends, so kann entweder jede Variable in der oben beschriebenen Art trendbereinigt und dann das Modell ohne das Risiko einer → Scheinregression geschätzt werden. Alternativ kann im Falle eines linearen Trends auch einfach eine Variable t mit den ganzzahligen Realisationen 1,…,T in das zu schätzende Modell aufgenommen werden. Diese beseitigt die Verzerrung, der Parameterschätzer, die bei vorliegendem deterministischen Trend entstünde. – Die Bildung erster oder höherer → Differenzen von Zeitreihen mit deterministischen Trends führt zu schwerwiegenden Komplikationen. Der differenzierte Störterm stellt i.Allg. einen nicht invertierbaren MA(1)-Prozess dar, da der MA-Prozess eine Einheitswurzel (→ Einheitswurzeltest) aufweist. – 2. *Stochastische Trends:* Folgt eine Zeitreihe einem stochastischen Trend, müssen im Gegensatz zu deterministischen Trends Differenzen gebildet werden, um stationäre Reihen zu erhalten. Bei einem Random Walk mit Drift sind z.B. die ersten Differenzen stationär. Bei anderen Prozessen sind es ggf. erst höhere Differenzen. Werden derart gebildete stationäre Differenzen in Regressionsmodellen eingesetzt, ist die Gefahr einer Scheinregression gebannt. – Eine lineare Trendbereinigung, wie sie beim deterministischen Trend beschrieben wurde, würde bei stochastischen Trends nicht stationäre Reihen liefern, warum von einer derartigen Vorgehensweise bei stochastischen Trends strikt abzuraten ist.

Trendextrapolation → Extrapolation.

Trend-Impact-Analyse – Analyse der Auswirkungen von einem oder mehreren möglichen Ereignissen auf die „überraschungsfreie" Projektion eines → Trends in die Zukunft. Für jedes Ereignis werden Beurteilungen angestellt bez. (1) der Wahrscheinlichkeit von jedem Ereignis als Funktion der Zeit und (2) der Auswirkungen des Ereignisses auf den Trend. Auf diese Art und Weise wird die ursprüngliche Trendprojektion modifiziert, um die Ergebnisse von Einflüssen zu reflektieren, die vorher keine Beachtung fanden.

Trennbanken → Liikanen-Report.

Trennen → Produktionstechnik.

Trennschärfe → Teststärke.

Trennsystem – Regelungsform der → Steuerertragshoheit zwischen öffentlichen Aufgabenträgern im aktiven Finanzausgleich. Beim Trennsystem sind die jedem Aufgabenträger zustehenden Einnahmequellen vorgegeben, sodass ein unkoordinierter (Mehrfach-) Zugriff auf Einnahmequellen vermieden wird. – *Anders:* → Konkurrenzsystem. Bei der Konkretisierung von Bemessungsgrundlage, Abgabepflicht, Tarifverlauf und -niveau kann den Aufgabenträgern ein unterschiedlicher Gestaltungsspielraum belassen werden, je nachdem, ob ein hohes Maß an Einnahmeautonomie oder eine Koordination der Einnahmewirkungen der gesamten öffentlichen Hand beabsichtigt sind. – *Gegensatz:* → Mischsystem.

Trennung der Entgelte – Vereinfachungsregelung hinsichtlich der → Aufzeichnungspflicht bei der Umsatzsteuer. Bei Inanspruchnahme verschiedener Umsatzsteuersätze bzw. steuerfreier Umsätze müssen die → Entgelte nach Steuersätzen getrennt aufgezeichnet und in den Umsatzsteuer-Voranmeldungen und Steuererklärungen getrennt aufgeführt werden. Grundsätzlich müssen bei den steuerpflichtigen Umsätzen Entgelt und Steuer getrennt aufgezeichnet werden. Eine Aufzeichnung von Bruttoentgelten, getrennt nach Steuersätzen, ist gemäß § 63 UStDV möglich. Die Steuer ist dann am Ende des jeweiligen Voranmeldungszeitraums herauszurechnen.

Trennungsentschädigung – 1. *Begriff:* Bezüge von Personen (v.a. Bediensteten des öffentlichen Dienstes, → Trennungsgeld), die aus dienstlichen Gründen nicht am Wohnort ihrer Familie wohnen können, zum Ausgleich der ihnen daraus für ihren Lebensunterhalt entstehenden Mehrkosten. – 2. *Steuerliche Behandlung:* a) *Entschädigungen aus öffentlichen Kassen* sind als Reisekostenvergütungen voll oder als Vergütungen für den Mehraufwand für Verpflegung unter Beachtung von Höchstgrenzen (§ 4 V Nr. 5 EStG) steuerfrei (§ 3 Nr. 13 EStG). – b) *Entschädigungen privater Arbeitgeber* sind → Mehraufwand bei auswärtiger Tätigkeit.

Trennungsgebot – Gebot der Trennung von Berichterstattung und Werbung, das wegen des Vertrauens des Verkehrs in ihre Objektivität eine unbeeinflusste Berichterstattung sichern soll (Wettbewerbsrichtlinien des Zentralverbands der dt. Werbewirtschaft; Rundfunkstaatsverträge). Verstöße gegen das Trennungsgebot sind → sittenwidrige Werbung (→ Kundenfang, → Schleichwerbung). Darunter fallen regelmäßig Zahlungen (auch in Form von Anzeigenaufträgen) des in einem Bericht durch namentliche Nennung oder bildliche Darstellung herausgehobenen Unternehmens, die Absicht, durch den Bericht in Zukunft derartige Zuwendungen zu erhalten, der inhaltliche oder räumliche Zusammenhang eines Berichts mit einer Werbeanzeige des im Bericht benannten Unternehmens, reklamehafte Anpreisungen in der Berichterstattung, Kooperationsvereinbarungen zwischen Medienunternehmen und Werbungtreibenden etc. Nach § 7 III RfStV müssen Werbung und → Teleshopping im Fernsehen durch optische Mittel, im Hörfunk durch akustische Mittel eindeutig von anderen Programmteilen getrennt sein. Es dürfen keine „unterschwelligen Techniken" eingesetzt werden. Im Bereich des Rundfunks dient die Pflicht, auf einen Sponsor hinzuweisen, der „Enttarnung" möglicher Einflüsse durch Information der Konsumenten der Sendung (→ Sponsoring). Zur Haftung des begünstigten Unternehmens vgl. → Haftung.

Trennungsgeld – Erstattung von Auslagen aus Anlass der Abordnung eines Beamten und Richters ohne Zusage der → Umzugskosten (§ 15 des Bundesreisekostengesetzes vom 26.5.2005 [BGBl. I 1418] m.spät. Änd). – Vgl. auch → Trennungsentschädigung.

Treppenverfahren → innerbetriebliche Leistungsverrechnung.

Treuepflicht des Arbeitnehmers – 1. *Allgemeines:* Neben der Arbeitspflicht (→ Arbeitsvertrag, → Arbeitnehmer) bestehende Nebenpflicht des Arbeitnehmers, aus dem Arbeitsvertrag zur Wahrung schutzwürdiger Interessen des Arbeitgebers. – *Gesetzliche Grundlage:* § 241 II BGB. Es sind einzelne Unterlassungspflichten, aber auch Pflichten zum positiven Tun. – 2. *Einzelpflichten* sind u.a.: a) Der Arbeitnehmer darf Dritten keine → Betriebs- und Geschäftsgeheimnisse mitteilen. – b) Aus der Verschwiegenheitspflicht folgt auch, dass der Arbeitnehmer ruf- und kreditschädigende Mitteilungen zu unterlassen hat. – c) Der Arbeitnehmer darf keine → Schmiergelder annehmen, d.h. Zuwendungen von geldwerten Geschenken oder anderen Vorteilen, durch die der Arbeitnehmer zu einem pflichtwidrigen Tun veranlasst werden soll. – d) Arbeitnehmer dürfen im Geschäftszweig des Arbeitgebers diesem keine Konkurrenz machen (→ Wettbewerbsverbot). – e) Den Arbeitnehmer treffen u.U. Mitteilungs- und Anzeigepflichten: Er hat z.B. die Pflicht zur Anzeige drohender Schäden (z.B. bei Störungen an Maschinen). – f) Gehorsamspflicht. – 3. Bei *schuldhafter Verletzung von Nebenpflichten* kann ein Schadensersatzanspruch gegeben sein, falls ein Schaden entstanden ist. Auch eine → verhaltensbedingte Kündigung ist in Betracht zu ziehen. Die Einhaltung von Unterlassungspflichten kann durch Klage durchgesetzt werden.

Treuerabatt → Bonus, → Mengenrabatt, → Rabatt.

Treuevergütungen → Rabatte.

Treugeber – natürliche oder juristische Person, die dem → Treuhänder im Hinblick auf die → Treuhandschaft Sachen oder Rechte überträgt.

Treugiroverkehr → Treuhandgiroverkehr.

Treugut – bewegliche und unbewegliche Sachen, Forderungen und sonstige Rechte, soweit übertragbar (z.B. Rechnungslegungsrechte, Kontrollrechte, Auskunftsrechte), die dem → Treuhänder im Rahmen einer → Treuhandschaft übertragen werden. Das Treugut ist vom Treuhänder gesondert (getrennt von seinem eigenen Gut) zu verwalten.

Treuhand → Treuhandschaft.

Treuhandanstalt – durch Beschluss des Ministerrats der DDR am 1.3.1990 errichtet. Ihre Tätigkeit endete zum 31.12.1994. Die Treuhandanstalt hatte die Aufgabe, das volkseigene Vermögen nach den Grundsätzen der → sozialen Marktwirtschaft zu reorganisieren und zu privatisieren. Nach Auflösung der Treuhandanstalt gingen deren Aufgaben zum 1.1.1995 auf Nachfolger über: (1) Die *Bundesanstalt für vereinigungsbedingte Sonderaufgaben (BVS)* hat Ende 2003 ihre Arbeit eingestellt. Besteht noch als Rechtsträger für langlaufende Privatisierungsaufträge (BvS Abwicklungsgesetz vom 28.10.2003 (BGBl. I 2081). (2) Die *Beteiligungs-Management-Gesellschaft Berlin mbH (BMGB)* wurde Anfang 2000 mit der *Lausitzer und Mitteldeutschen Bergbau-Verwaltungsgesellschaft mbH (LMBV)* verschmolzen. Diese ist zuständig für die Sanierung der stillgelegten ostdeutschen Braunkohletagebaue. Die LMBV als bergrechtlich Verpflichtete nimmt die Aufgaben als Projektträger wahr und beauftragt Dritte mit der Durchführung der Sanierungsmaßnahmen, Finanzierung 75 Prozent Bund, 25 Prozent berechtigte Länder. (3) Die *Liegenschaftsgesellschaft der Treuhandanstalt mbH (TLG)*, mittlerweile umbenannt in *TLG Immobilien*, die Immobilienbestände in den neuen Bundesländern verwertet. Einziger Gesellschafter der TLG und LMBV ist die Bundesregierung (Bundesfinanzministerium). (4) *Gesellschaft zur Verwahrung und Verwertung von stillgelegten Bergwerksbetrieben mbh (GVV)* im Bereich des Kali-, Erz- und Spatbergbaus in den neuen Bundesländern; gehört zu 100 Prozent der LMBV. (5) *Energiewerke Nord GmbH (EWN)* hat die Aufgabe der Stilllegung und des Rückbaus der Kernkraftwerke in Rheinsberg und Greifswald; 100-prozentiges Eigentum des Bundes.

Treuhänder – I. Allgemeines: 1. *Begriff:* Natürliche oder juristische Person, der aufgrund von privatrechtlichen Verträgen oder gesetzlichen Bestimmungen Sachen oder Rechte mit der Maßgabe übertragen wurden, hierüber im Rahmen der → Treuhandschaft zu verfügen. – 2. *Persönliche Voraussetzungen:* Der Treuhänder muss vertrauenswürdig und sachkundiger Experte sein und die Gewähr bieten, die ihm anvertrauten Interessen uneigennützig wahrzunehmen. Er muss sein Amt treu und gewissenhaft führen und seine Aufgaben sorgfältig und ordnungsgemäß durchführen. Betriebs- und Geschäftsgeheimnisse darf er nicht für sich oder andere auswerten. Der Treuhänder muss keiner bestimmten Berufsgruppe angehören. Seine Kompetenz kann durch die Zugehörigkeit zu einer bestimmten Berufsgruppe mit sehr hoher fachlicher Qualifikation zum Ausdruck kommen. Die Tätigkeit als Treuhänder gehört z.B. zum Berufsbild des → Wirtschaftsprüfers (WP).

II. Rechte und Pflichten: 1. Bei *rechtsgeschäftlich gestalteter Treuhandschaft:* Rechte und Pflichten ergeben sich aus dem → Treuhandvertrag, evtl. in Verbindung mit rechtlichen Rahmenbedingungen. Der Treuhänder hat Anspruch auf ein angemessenes Honorar und auf Auslagenersatz (§ § 669 f. BGB). Der Treuhänder ist zur Anfertigung von ordnungsmäßigen Aufzeichnungen über das Treugut und zur Rechnungslegung verpflichtet (§ 259 BGB). Die gesonderte Verwaltung des Treuguts ist sicherzustellen; die Trennung eigener von fremden Geldmitteln kann z.B. durch die Zahlungsabwicklung über → Anderkonten erleichtert werden. Der Treuhänder haftet gegenüber dem → Treugeber für Vorsatz und Fahrlässigkeit (§ 276 BGB), auch bei Verschulden seiner Erfüllungsgehilfen (§ 278 BGB). – 2. Bei *gesetzlicher Treuhandschaft:* Rechte und Pflichten ergeben sich aus der Bestallungsurkunde, aus allg. gesetzlichen Vorschriften zur gesetzlichen Treuhandschaft und evtl. aus einschlägigen speziellen Gesetzesvorschriften und Weisungen der Aufsicht führenden Behörde. Der Aufgabenbereich des Treuhänders besteht bes. aus der Sicherung und dem Schutz von Vermögenswerten Abwesender oder nicht geschäftsfähiger Personen. Der Treuhänder kann alle Geschäfte eingehen, die im Normalfall bei einer ordentlichen Verwaltung anfallen. Maßnahmen und Entscheidungen, die die wirtschaftliche Zwecksetzung der Treuhandschaft verändern würden, sind untersagt, können jedoch im Einzelfall ausdrücklich genehmigt werden. Rechtsgrundlagen für Aufgaben und Handlungsbefugnisse der Treuhänder sind die Bestimmungen zur Vermögenspflegschaft (§ § 1909–1921 BGB). Die Vergütung wird von der Aufsichtsbehörde festgesetzt. Der gesetzliche Treuhänder haftet dem Eigentümer für Vorsatz und Fahrlässigkeit (§ 276 BGB). Die gesetzlichen Grundlagen zur Haftung ergeben sich aus den Bestimmungen zum Auftrag (§ § 662–674 BGB), zur Geschäftsführung ohne Auftrag (§ § 677–687 BGB) und aus den Vorschriften zur unerlaubten Handlung (§ § 823, 826, 831 und 839 BGB).

III. Steuerliche Behandlung: Treuhänder haben, soweit ihre Verwaltung reicht, die gleichen Pflichten wie der → Steuerpflichtige (§ 34 III AO). Sie haften, soweit durch vorsätzliche oder grob fahrlässige Verletzung ihrer Pflichten Steuern verkürzt werden (§ 69 AO). – *Gewerbesteuerrecht:* a) Der Treuhänder eines Betriebes ist i.d.R. in selbstständiger Arbeit tätig, also gewerbesteuerfrei. Auch wenn die treuhänderische Verwaltung im Rahmen einer gewerblichen Tätigkeit ausgeübt wird, pflegt die Treuhändervergütung bei der Ermittlung des → Gewerbeertrags außer Betracht zu bleiben. – b) Eine Treuhänderschaft über mehrere Betriebe kann einen solchen Umfang annehmen, dass zur Bewältigung der Aufgaben ein kaufmännisch eingerichteter Geschäftsbetrieb mit Angestellten notwendig wird. Dann wird die Treuhändertätigkeit zum → Gewerbebetrieb, der der → Gewerbesteuer unterliegt.

Treuhänderdepot → Depots von Effekten, die nicht den Hinterlegern, sondern dritten Personen gehören. – Vgl. auch → Anderdepot.

Treuhandgeschäfte – alle Rechtsgeschäfte, die ein Treuhandverhältnis begründen, z.B. → Sicherungsübereignung, → Inkassoabtretung. – Vgl. auch → Treuhandschaft.

Treuhandgesellschaften – Gesellschaften, die im Wesentlichen Buch- und Bilanzprüfungen durchführen und Beratungsaufgaben übernehmen. Die Übernahme von → Treuhandschaften ist heute gegenüber Prüfungs- und Beratungstätigkeit zurückgetreten.

Treuhandgiroverkehr – *Treugiroverkehr;* bes. Art im → Effektengiroverkehr (i.w.S.), deren Gegenstand nicht Wertpapiere (Sachen), sondern Forderungen sind. Die Einführung des Treuhandgiroverkehrs wurde dadurch ermöglicht, dass durch Reichsgerichts-Entscheidung anerkannt wurde, dass dem Treugeber ein Recht zur → Aussonderung unter dem Gesichtspunkt der „materiellen Gerechtigkeit" zustehe. Zum Treuhandgiroverkehr gehören: a) *Schuldbuchgiroverkehr:* Giroverkehr bez. Schuldbuchforderungen; b) *Jungscheinverkehr:* Giroverkehr in noch nicht effektiv ausgegebenen → jungen Aktien.

Treuhandkonto → Anderkonto.

Treuhandkredit → durchlaufender Kredit, → Treuhänder.

Treuhandschaft – I. Begriff: Rechtsverhältnis, bei dem eine natürliche oder juristische Person (→ Treugeber) einer zweiten Person (→ Treuhänder) ein Recht unter der Bedingung überträgt, von diesem Recht nicht zum eigenen Vorteil Gebrauch zu machen. Treuhandschaften sind der Gegenstandsbereich des → Treuhandwesens. Die Erscheinungsformen sind vielfältig; einen einheitlichen Typus von Treuhandschaft gibt es nicht. Gemeinsames Charakteristikum ist die Uneigennützigkeit und Vertrauenswürdigkeit bei der Wahrnehmung fremder Interessen bzw. die uneigennützige Ausübung von amtlichen Befugnissen.

II. Entstehung: 1. *Rechtsgeschäftliche Begründung:* privat- oder öffentlich-rechtlicher → Treuhandvertrag zwischen Treugeber und Treuhänder, bei gesetzlich gestalteter Treuhandschaft unter Beachtung zwingender oder dispositiver gesetzlicher Vorschriften. – 2. *Begründung durch staatlichen Hoheitsakt:* zwangsweise aufgrund gesetzlicher Bestimmungen, durch Verwaltungsakte oder gerichtliche Anordnung.

III. Formen: 1. *Nach der Rechtszuständigkeit des Treuhänders:* a) Treuhandschaft i.e.S.: (1) *Vollberechtigungs-Treuhandschaft (fiduziarische Treuhandschaft, echte Treuhandschaft):* Der Treuhänder erwirbt Sachen bzw. Rechte zu eigenem Vollrecht. Er soll das → Treugut im eigenen Namen, aber nicht im eigenen Interesse innehaben. Gegenüber Dritten kann er über sämtliche Rechte aus dem Treugut verfügen; dem Treugeber ist er schuldrechtlich verpflichtet, von diesen Rechten nur auftragsgemäß Gebrauch zu machen. Nach außen ist die Treuhandschaft nicht erkennbar. (2) *Ermächtigungs-Treuhandschaft:* Eigentumsübertragung an den Treuhänder findet nicht statt; der Treugeber bleibt juristischer Eigentümer. Der Treuhänder wird ermächtigt, über die Sache bzw. das Recht im eigenen Namen zu verfügen (§ 185 BGB). Der Treugeber bleibt grundsätzlich konkurrierend mit dem Treuhänder verfügungsberechtigt, was vertraglich abbedungen werden kann. Für Dritte wird die Treuhandschaft nicht erkennbar. – b) Treuhandschaft im wirtschaftlichen Sinn *(Vollmachts-Treuhandschaft):* Gegenüber Dritten kann der Treuhänder kein Vollrecht ausüben. Er tritt nach außen erkennbar in fremdem Namen auf. Es handelt sich um eine Treuhandschaft, die auf einer erteilten Vollmacht beruht. – 2. *Nach Aufgabenstellung und Zweck der Treuhandschaft:* a) *Verwaltungs-Treuhandschaft (uneigennützige Treuhandschaft):* Der Treuhänder nimmt ausschließlich die Treugeberinteressen wahr; die uneigennützige Verwaltung des Treugutes ist charakteristisch. Entgeltlichkeit steht der Uneigennützigkeit nicht entgegen. – b) *Sicherungs-Treuhandschaft (eigennützige Treuhandschaft):* Dem Treuhänder wird eine dingliche pfandrechtsähnliche Stellung zur Sicherung seiner Ansprüche gegen den Treugeber eingeräumt. Ein bedingtes Zugriffsrecht auf das Treugut wird vereinbart. Die Sicherungs-Treuhandschaft wird im Interesse des Treuhänders begründet; sie ist deshalb eigennützig. Bes. bedeutungsvoll ist sie bei Kreditsicherungen (z.B. Sicherungsübereignung). – c) *Doppelseitige Treuhandschaft:* Der Treuhänder nimmt gleichzeitig die Interessen von Gläubiger und Schuldner wahr und wird als unparteiische Vertrauensperson eingeschaltet. Im Verhältnis zum Gläubiger ergibt sich Verwaltungs-Treuhandschaft, im Verhältnis zum Schuldner Sicherungs-Treuhandschaft. Rechtliche Begründung durch einen Dreiecksvertrag bzw. durch einen Vertrag zugunsten Dritter. Wichtige Rolle z.B. bei außergerichtlichen Liquidationsvergleichen, Konsortialkrediten mit Sicherheiten-Pool und für die Wahrnehmung von Interessen Beteiligter an Bauherrengemeinschaften.

IV. Bilanzierung: Bei der Treuhandschaft kann → wirtschaftliches Eigentum und zivilrechtliches Eigentum auseinander fallen (→ Vermögensgegenstand). – 1. Folge in diesen Fällen für die Bilanzierung in der *Handelsbilanz:* Das Treugut ist grundsätzlich *beim Treugeber* zu aktivieren, wenn dieser wirtschaftlicher Eigentümer ist; hat es der Treuhänder von einem Dritten für den Treugeber erworben, kann letzterer anstelle des Trenngutes auch den gegenüber dem Treuhänder bestehenden Herausgabeanspruch aktivieren (strittig). Behandlung des Treuguts *beim Treuhänder* (überwiegende Auffassung): Ausweis des Treuguts auf der Aktivseite unter dem Strich oder Aufnahme in die Vorspalte des entsprechenden Aktivpostens. Es wird jedoch auch die Aktivierung bei gleichzeitiger Passivierung der Herausgabeverpflichtung gegenüber dem Treugeber für zulässig angesehen. Zumindest für Kredit- und Finanzdienstleistungsinstitute hat der Verordnungsgeber die zuletzt genannte Bilanzierung in der Verordnung über die Rechnungslegung der Kredit- und Finanzdienstleistungsinstitute vorgeschrieben (§ 6). – 2. Die Behandlung in der *Steuerbilanz* entspricht der handelsrechtlichen mit der Einschränkung, dass das Treugut auch bei Erwerb von Dritten durch den Treugeber zu aktivieren ist.

Treuhandverhältnis → Treuhandschaft.

Treuhandvertrag – 1. *Begriff:* Vereinbarung zur Begründung einer rechtsgeschäftlich gestalteten → Treuhandschaft. Der Treuhandvertrag regelt Rechte und Pflichten von → Treugeber und → Treuhänder. – 2. *Rechtliche Einordnung:* I.d.R. Auftrag (§ 662 BGB) oder Geschäftsbesorgungsvertrag (§ 675 I BGB). Zu beachten sind die BGB-Bestimmungen des Auftragsrechts (§ § 662–674 BGB) und des allg. Vertragsrechts, bes. § 242 BGB (Treu und Glauben), die regelmäßig aber dispositiv sind. – 3. *Form:* Grundsätzlich keine bestimmte Form vorgeschrieben; anders nur in Ausnahmefällen (z.B. notarielle Beurkundung beim Erwerb von Grundstücken durch den Treuhänder). Schriftform aber auch bei Fehlen spezieller Vorschriften empfehlenswert. – 4. *Inhalt:* Wirtschaftlicher Zweck, Beginn und Ende der Treuhandschaft, Abgrenzung und Verwahrung des → Treuguts, Aufgaben und Pflichten des Treuhänders, Rechtsstellung des Treuhänders im Innen- und Außenverhältnis, Weisungsrechte des Treugebers, Vergütung und Aufwendungsersatz, Art und Umfang der Rechenschaftslegung, Haftung.

Treuhandwesen – im Überschneidungsbereich von Wirtschafts- und Rechtswissenschaften angesiedeltes Gebiet, das sich mit → Treuhandschaften beschäftigt. Treuhandwesen fußt nicht auf einer geschlossenen Rechtsgrundlage, sondern wurde vielmehr durch die Wirtschaftspraxis, die Rechtslehre und die Rechtsprechung begründet und fortentwickelt. Gegenstandsbereich ist nicht scharf abgegrenzt. – *Wichtigste Inhalte:* Verwaltung von Fremdvermögen, Liquidation, Insolvenzverwaltung, Zwangsverwaltung, Notgeschäftsführung, Schiedsrichter- und Schiedsgutachtertätigkeit, Vormundschaft, Pflegschaft, Pfandhalterschaft, Sicherungsübereignung, Sicherungsabtretung, Grundstückserwerb für Rechnung Dritter.

Treupflicht – 1. *Allgemein:* Pflicht zur Vertragstreue (→ Treu und Glauben). – 2. V.a. im *Arbeits- und Gesellschaftsrecht* die neben der eigentlichen vertraglichen Verpflichtung hier bes. bestehende Pflicht, Schaden von dem Arbeitgeber (→ Treuepflicht des Arbeitnehmers), Mitgesellschafter etc. fernzuhalten. Die Treupflicht des Handlungsgehilfen äußert sich in der Pflicht, Weisungen zu befolgen, dem Verbot der Annahme von → Schmiergeldern oder des Verrats von → Betriebs- und Geschäftsgeheimnissen und v.a. in dem → Wettbewerbsverbot. – 3. *Verletzung der Treupflicht* kann ein → wichtiger Grund zur → Kündigung sein und ggf. auch zu Schadensersatzansprüchen (→ Schadensersatz) führen.

Treu und Glauben – Begriff des BGB. Der Schuldner hat die Leistung so zu bewirken, wie Treu und Glauben mit Rücksicht auf die → Verkehrssitte es erfordern (§ 242 BGB). Diese Vorschrift gilt heute als allgemeiner Rechtsgrundsatz auf allen Rechtsgebieten des Privatrechts, bisweilen sogar im öffentlichen Recht. Der Gesichtspunkt von Treu und Glauben kann zur Begründung, Abänderung oder Wegfall von Rechten und Pflichten führen.

Triade – gebräuchliche Bezeichnung für die drei zur Zeit der Einführung des Begriffes Anfang der 1990er-Jahre stärksten Wirtschaftsregionen der Welt (→ NAFTA, → EU), sowie Japan, Taiwan, Südkorea, Hong Kong und Singapur). → Internationale Unternehmungen richten ihre → internationalen Strategien häufig auf die Regionen der Triade aus (Schwerpunktländer; → internationale Marktsegmentierung). – Historische Vorläufer der Idee des Triadenbegriffs können im (Atlantischen) Dreieckshandel („triangular trade", „triangle trade") des 17. bis 19. Jahrhunderts zwischen Afrika, Amerika und Europa gesehen werden.

Trickle-down-Effekte – *Durchsickereffekte;* über Kapitaltransfers ausgelöste Wachstumsprozesse sickern auch auf die Lebensverhältnisse der Masse der armen Bevölkerung durch. Ihr Ausbleiben hat zur Entwicklung von Strategien zur Armutsbekämpfung beigetragen.

Trieblehre – Bezeichnung für die Auffassung, dass Lebewesen von angeborenen, jedoch durch Einflüsse der Umwelt in bestimmter Weise sublimierbaren Trieben „angetrieben" werden. Eine genaue Abgrenzung zu den Instinkten ist nicht möglich. Heute weitestgehend durch Theorien über → Motivation und → Bedürfnishierarchien abgelöst.

Triffinsche Marktsituationen – auf der Grundlage des → Triffinschen Substitutionskoeffizienten τ, welcher der → Kreuzpreiselastizität der Nachfrage entspricht, entwickelte Grade der Konkurrenzgebundenheit eines → Marktes. R. Triffin unterscheidet drei Formen: Homogene Konkurrenz für $\tau = \infty$, Monopolsituation für $\tau = 0$ und heterogene Konkurrenz für $0 < \tau < \infty$. – Nicht beruchsichtigt wird dabei, dass bei heterogener Konkurrenz der Substitutionskoeffizient in bestimmten Preisbereichen auch partiell den Wert Null annehmen kann, was aufgrund fehlender

Konkurrenzpreisabhängigkeit zu entsprechenden *autonomen Preisbereichen* führt (partielle Preisautonomie).

Triffinscher Substitutionskoeffizient – analytisches Hilfsmittel zur Einteilung von → Marktformen mithilfe der → Preistheorie nach einem Kriterium, das nicht auf der Anzahl der Marktteilnehmer (wie bei Stackelberg) beruht, sondern abgestellt ist auf den *Wirkungsgrad,* der von Preisänderungen eines Anbieters auf die Absatzmenge eines anderen Anbieters ausgeht. Bei der Errechnung dieses Wirkungsgrades verwendet R. Triffin die *relative* (nicht absolute) *Preis- und Mengenänderung.* Ändert z.B. das Unternehmen A den Verkaufspreis seines Produkte p_A absolut um den Betrag Δp_A und relativ um $\Delta p_A/p_A$, so wird das bisherige Absatzvolumen x_B eines Konkurrenten B dahingehend beeinflusst, dass sich die Absatzmenge absolut um Δx_B und relativ um $\Delta x_B/x_B$ ändert. Triffin hat nun die relative Mengenänderung bei B zu der sie verursachenden relativen Preisänderung von A in Beziehung gesetzt und damit einen *Maßstab für die Stärke der Konkurrenzbeziehung* zwischen A und B (als Beispiel aus der Vielzahl der Unternehmungen herausgegriffen) gefunden, der allgemein als der Triffinsche Substitutionskoeffizient (= τ) bezeichnet wird.

$$\tau = \frac{\Delta x_B}{x_B} : \frac{\Delta p_A}{p_A} = \frac{p_A \cdot \Delta x_B}{x_B \cdot \Delta p_A}.$$

Mithilfe dieses Koeffizienten (auch als → Kreuzpreiselastizität behannt) hat Triffin insgesamt *drei Formen der Konkurrenzgebundenheit* (→ Triffinsche Marktsituationen) entwickelt. Der Triffinsche Substitutionskoeffizient selbst zeigt dabei an, „ob ein konkreter Einzelfall mehr zu der einen oder der anderen Form der Konkurrenzgebundenheit tendiert" (Gutenberg).

Trigger – *Schadentrigger.* 1. *Begriff:* Definiertes Schadenereignis (Art und ggf. Höhe des → Schadens), das als Auslöser für die Leistungspflicht des → Rückversicherers bzw. eines sonstigen Schutzgebers gilt (sog. Deckungsauslöser). – 2. *Anwendungsbereiche:* Schadentrigger finden sowohl in der traditionellen Rückversicherung als auch in Konzepten der Finanzrückversicherung bzw. des → Alternativen Risikotransfers Anwendung. Siehe auch → Cat Bonds. – 3. *Arten:* Unterschieden werden Indemnity Trigger und Non Indemnity Trigger. Während der Indemnity Trigger auf den tatsächlichen Verlusten des Schutzberechtigten (in der Rückversicherung: des → Zedenten) basiert und die gesamte Schadenhöhe nachgewiesen werden muss, hängt bei Non Indemnity Triggern die Deckung ausschließlich davon ab, ob ein definiertes Ereignis eingetreten ist oder nicht – unabhängig davon, ob der Schutzberechtigte tatsächlich Verluste zu verzeichnen hatte oder nicht. Die Ausprägungen des Non Indemnity Trigger sind parametrischer Trigger, Marktschaden Trigger und Modelled Loss Trigger.

Triggerkonzept – 1. *Begriff:* in der → betrieblichen Datenverarbeitung, v.a. beim Betrieb von Dialogsystemen benutztes Konzept zur Steuerung der Verarbeitung im → Computer. – 2. *Prinzip:* Eine durch Eingabe des → Endbenutzers veranlasste Aktion wird grundsätzlich sofort ausgeführt *(Primärverarbeitung).* Stellt das verarbeitende → Programm fest, dass aufgrund der Aktion noch Folgeaktionen veranlasst werden müssen, stellt es eine Nachricht in einen Pufferspeicher ein. Durch ein spezielles Programm (Triggereinrichtung) wird zu einem späteren Zeitpunkt die Ausführung der Folgeaktionen *(Sekundärverarbeitung)* initiiert. – 3. *Verwendung des Triggerkonzepts:* (1) Auslagerung rechenzeitintensiver Verarbeitungsschritte zur Vermeidung extremer → Antwortzeiten; (2) Integration der Verarbeitung durch Programme aus unterschiedlichen Anwendungsgebieten (z.B. PPS-System, Finanzbuchhaltung).

Trinkgeld – freiwillige Bezahlung an Bedienungspersonal in Hotels, Gasthäusern, Friseurbetrieben etc. – *Steuerliche Behandlung:* Arbeitnehmern gewährte Trinkgelder gelten grundsätzlich als steuerpflichtiger → Arbeitslohn. – (1) Hat der Arbeitnehmer einen *Rechtsanspruch* auf Trinkgeld (z.B. Bedienungszuschlag im Gaststättengewerbe, Metergelder im Möbeltransportgewerbe), dann sind sie vom Arbeitgeber unter Zugrundelegung der selbst vereinnahmten Beträge zu errechnen und der → Lohnsteuer zu unterwerfen. – (2) Freiwillige Trinkgelder, die von einem Dritten einem Arbeitnehmer anlässlich einer Arbeitsleistung zusätzlich gewährt werden, bleiben nach Sondervorschrift (§ 3 Nr. 51 EStG) steuerfrei.

TRIPS-Abkommen – *Agreement on Trade-Related Aspects of Intellectual Property Rights;* – Abk. für das im Rahmen der → Uruguay-Runde des GATT am 15.4.1994 geschlossene Übereinkommen über handelsbezogene Aspekte der Rechte des geistigen Eigentums (BGBl. II 1730), dem nicht nur die Mitgliedsstaaten der EU, sondern auch die EU selbst angehört. Seit 1.1.1995 in Kraft. Es ist Bestandteil des WTO-Abkommens und für alle WTO-Mitglieder verbindlich. Seine Bedeutung liegt v.a. darin, dass es das materielle Recht der → Pariser Verbandsübereinkunft zum Schutz des gewerblichen Eigentums (PVÜ) auf WTO-Mitglieder erstreckt, die (noch) nicht Mitglieder der PVÜ sind (Art. 2 TRIPS). Für das GATT-Abkommen ist durch den Europäischen Gerichtshof entschieden, dass es im Rahmen der EU keine subjektiven Rechte der Gemeinschaftsbürger begründet, die Gemeinschaftsorgane aber beim Erlass sekundären Gemeinschaftsrechts bindet. Demgegenüber erkennt TRIPS die → Immaterialgüterrechte ausdrücklich als private Rechte an und begründet für die Mitgliedsstaaten die Pflicht, im Bereich der → gewerblichen Schutzrechte und Urheberrechte Mindeststandards in ihr Recht aufzunehmen und die in dem Abkommen festgelegte Behandlung den Angehörigen der anderen Mitgliedsstaaten zu gewähren (Art. 1); bestehende internationale Abkommen wie die PVÜ und die im Rahmen der → WIPO geschlossenen Abkommen werden nicht außer Kraft gesetzt und von den Verpflichtungen aus dem TRIPS-Abkommen nicht berührt. Das Abkommen schafft damit kein einheitliches internationales materielles Recht, sondern folgt dem → Territorialitätsprinzip und dem Prinzip der Harmonisierung der nationalen Rechtsordnungen nach festgelegten Standards. Es enthält dazu Vorschriften über Urheberrechte und verwandte Schutzrechte (Art. 9 f.), Marken und geografische Angaben (Art. 15 f., 22 f.), gewerbliche Muster und Modelle (Art. 25 f.), Patente (Art. 27 f.), Topografien von integrierten Schaltkreisen (Art. 35 f.), über den Schutz des Know-how (Art. 39) und zur Kontrolle wettbewerbswidriger Praktiken in Lizenzverträgen (Art. 40). Daneben befinden sich Vorschriften zum Rechtsschutz (Art. 41 f.).

Triptyk – Dokumente über die Berechtigung zum einmaligen Grenzübertritt für Kraftfahrzeuge. Die Triptiks werden durch die nationalen Kraftfahrer-Verbände ausgestellt. In der EU und im EWR nicht mehr erforderlich.

Trittbrettfahrerverhalten → Free-Rider-Verhalten.

TRIZ – Das Akronym TRIZ bildet sich aus der russischen Bezeichnung der Theorie des erfinderischen Problemlösens. Die Theorie umfasst zahlreiche Instrumente, die auf der Inhaltsanalyse von in Patenten dokumentierten Erfindungen beruhen. Zu den Instrumenten zählen u.a. die Funktionsanalyse, die Stoff-Feldanalyse, die Widerspruchsmatrix, die Entwicklungsgesetze technischer Systeme und die Erfindungsverfahren.

trockener Wechsel → Solawechsel.

Trockengewicht – Gewicht der Ware in absoluter Trockenheit, errechnet aus dem Gewicht der aus einer Warenpartie gezogenen Muster nach dem Trocknungsprozess. Wichtig v.a. bei Waren, welche die Eigenschaft haben, Feuchtigkeit aus der Umgebung zu binden (hygroskopische Waren). Dient meist als Bezugsgröße für Inhaltsstoffe (z.B. Fettanteil pro Trockengewicht bei Käse). – *Anders:* → Handelsgewicht.

Trödelhandel – Einzelhandel mit gebrauchten, meist minderwertigen Gütern, z.B. getragenen Kleidungsstücken, gebrauchten Haushaltsartikeln, Spielwaren, Taschenbüchern, aber auch mit Schrott, Altpapier, Lumpen (→ Altwarenhandel). Einkauf bei Haushalten oder auf Nachlass- und Altwarenauktionen; Verkauf der teils gereinigten, aufgefrischten Ware in Läden, auf Trödel- und Flohmärkten oder → Auktionen. – Vgl. auch → Secondhandshop.

Trommsdorff-Modell – Modell zur Messung der → Einstellung (→ Skalierungsverfahren). Die kognitive Komponente der Einstellung wird direkt (Einschätzungen auf Rating-Skalen), die affektive Komponente indirekt durch Fragen nach der idealen Merkmalsausprägung eines Untersuchungsobjekts und einem anschließenden Soll-Ist-Vergleich erfasst.

Trucking – Englischsprachiger Begriff für den Transport in LKWs bzw. für die gesamte Straßenverkehrswirtschaft (Trucking Industry). In einem engeren Sinne bezeichnet Trucking die Road-Feeder-Services (RFS) oder den Luftersatzverkehr (LEV): ein Zubringerdienst für die Beförderung von Luftfracht durch LKWs (meist Sattelauflieger) vor Beginn oder nach Abschluss des eigentlichen Luftfracht-Transportauftrags, z.B. von einem Abgangsflughafen zu einem Empfänger. Die Luftfrachtrate enthält i.d.R. diesen Zubringerdienst. – *Auch:* die Beförderung von durch den Kunden fertig vordisponierten Ladungen (meist Sattelauflieger) durch Schleppfahrzeuge eines Transportdienstleisters. Dieser hat dann keinen Einfluss mehr auf Zusammensetzung und Art der beförderten Ware. Seine Dispositionstätigkeit beschränkt sich auf den zeitgerechten und möglichst kontinuierliche Umläufe erzeugenden Einsatz der Zugfahrzeuge und deren Fahrer.

Trucksystem – Im Zeitalter des Frühkapitalismus (→ Kapitalismus) gebräuchliche Form des → Arbeitsentgelts, in Deutschland seit 1855 verboten (→ Truckverbot). Beim Trucksystem ist der Lohnberechtigte verpflichtet, in voller oder anteiliger Höhe seines Lohnanspruchs Ware aus dem Erzeugungsprogramm des Betriebs zu übernehmen. Da der Arbeiter zum Lebensunterhalt den Großteil dieser Güter wieder veräußern muss, übernehmen die Arbeiter für den Unternehmer z.T. Absatzfunktion und -risiko. Die Folgewirkung ist die → Ausbeutung, da Arbeiter aufgrund ihrer schwachen Stellung an einem lokal begrenzten Markt i.Allg. nur einen geringen Preis erzielen.

Truckverbot – Verbot des → Trucksystems unter gleichzeitigem Gebot, nach dem der Arbeitnehmer in Euro durch Zahlung (in barem Geld oder durch Überweisung) zu entlohnen ist (§ 107 I GewO). Sachbezüge können als Teil des Arbeitsentgelts vereinbart werden, wenn dies dem Interesse des Arbeitnehmers oder der Eigenart des Arbeitsverhältnisses entspricht (§ 107 II 1 GewO). Der Arbeitgeber darf dem Arbeitnehmer auch keine Waren auf Kredit liefern (§ 107 II 2 GewO). Der Verkauf von Waren an den Arbeitnehmer ist also nur dann erlaubt, wenn der Kaufpreis sofort beglichen wird.

True and Fair View – Anforderung an Rechnungslegungsdaten, ein den tatsächlichen Verhältnissen entsprechendes Bild von der Vermögens-, Finanz- und Ertragslage des Unternehmens zu vermitteln. – Vgl. auch → Framework.

Trunkenheit am Arbeitsplatz – alkoholisierter Zustand eines Arbeitnehmers, der es dem Arbeitgeber verbietet, ihn weiter zu beschäftigen. Gibt der Arbeitnehmer durch sein Verhalten (Körperkontrolle, Sprechweise etc.) Anlass zu der Vermutung, dass er unter Alkoholeinfluss steht, so muss der Arbeitgeber oder der unmittelbare Fach- und/oder Disziplinarvorgesetzte darüber entscheiden, ob der Mitarbeiter ohne Gefahr für sich und andere seiner Tätigkeit weiter nachgehen kann. – 1. *Kündigung:* Ist Genuss von Alkohol im Dienst verboten (z.B. aufgrund einer → Arbeitsordnung), kann Trunkenheit am Arbeitsplatz bei vorheriger → Abmahnung nach den Umständen des Falles die → verhaltensbedingte Kündigung rechtfertigen. Hat der Alkoholmissbrauch krankhaften Umfang, können die Grundsätze über die Kündigung wegen Krankheit (→ Krankheit) zur Anwendung kommen (→ personenbedingte Kündigung). – 2. *Haftung des Arbeitnehmers* für Schäden, die er bei Ausführung seiner Dienstleistung verursacht, jedenfalls dann, wenn ihm grobe Fahrlässigkeit vorzuwerfen ist (→ Haftung). – 3. *Entgeltfortzahlung:* Nach neuerer Auffassung gibt es keinen Erfahrungssatz, wonach Arbeitnehmer eine krankhafte Alkoholabhängigkeit verschuldet hat. Maßgebend ist die Beurteilung im Einzelfall (→ Entgeltfortzahlung). – 4. Alkoholgenuss im Betrieb kann der Annahme eines *Unfalls* (§ 8SBG VII, → Arbeitsunfall) entgegenstehen, wenn infolge des Genusses von Alkohol der Zusammenhang mit der versicherten Tätigkeit und dem Unfallereignis fehlt oder wenn der Arbeitnehmer derartig betrunken ist, dass er keine wirtschaftliche Arbeit mehr leisten kann.

Trunkenheit im Verkehr → Vergehen nach § 316 StGB (Trunkenheit kann auch bei § 315 c StGB von Bedeutung sein) und → Ordnungswidrigkeit (§ 24 a StVG). – 1. Eine → Straftat nach § 316 StGB begeht, wer im Straßenverkehr ein Fahrzeug führt, obwohl er infolge des Genusses alkoholischer Getränke (*absolute Fahruntüchtigkeit* ab einem Blutalkoholgehalt von 1,1 Promille – ein durch die höchstrichterliche Rechtsprechung festgelegter Wert) oder *relative Fahruntüchtigkeit*bei einem geringeren Blutalkoholgehalt (schon ab 0,2 bis 0,3 Promille, wenn sich die Fahruntüchtigkeit aus der Fahrweise ergibt) oder anderer berauschender Mittel (Drogenkonsum) nicht in der Lage ist, das Fahrzeug sicher zu führen; es handelt sich um ein sog. abstraktes Gefährdungsdelikt, d.h., es muss nicht unbedingt zu einem „konkreten Gefährdungsvorfall" bei der Trunkenheitsfahrt gekommen sein. – *Strafe:* → Freiheitsstrafe bis zu einem Jahr oder → Geldstrafe, daneben fast regelmäßig → Entziehung der Fahrerlaubnis. Wer durch Trunkenheitsfahrt Leib oder Leben eines anderen oder fremde Sachen von bedeutendem Wert gefährdet, ist strafbar nach § 315 c StGB (Freiheitsstrafe bis zu fünf Jahren oder Geldstrafe). – 2. Eine *Ordnungswidrigkeit begeht,*wer im Straßenverkehr ein Kraftfahrzeug führt mit 0,5 Promille oder mehr Blutalkoholkonzentration, ohne relativ fahruntüchtig zu sein. – *Sanktion:* Geldbuße bis 1.500 Euro und Fahrverbot. – 3. Im *Ausland* gelten andere Grenzwerte. – Vgl. auch → Blutalkoholkonzentration (BAK).

Trust → Unternehmenszusammenschluss, bei dem die Aktionäre ihre Anteile an das Board of Trustees übertrugen, das so eine vollkommene Kontrolle über alle angeschlossenen Unternehmen besaß. Trusts wurden in den USA als Symbol unkontrollierter Macht angesehen. Der allg. Protest gegen Trusts führte 1890 zum Erlass des → Sherman Act. – Vgl. auch → Antitrust-Bewegung, → Antitrust-Gesetzgebung.

Trustcenter – behördlich autorisierte und überwachte Einrichtungen, die die Sicherheit beim → Electronic Business gewährleisten soll. Aufgrund des → Signaturgesetzes (SigG) können rechtsverbindliche Geschäfte mittels verschlüsselter Signaturen über Datenleitungen abgeschlossen werden, ohne dass eine reale Unterschrift notwendig ist. Trustcenter stellen Zertifikate („digitale Personalausweise") aus, die im elektronischen Geschäftsverkehr die eindeutige Identifikation der Geschäftspartner ermöglichen.

t-Test – gewöhnlicher Test bei linearen → ökonometrischen Modellen zur Überprüfung der Nullhypothese, dass ein Regressionskoeffizient gleich null ist. Voraussetzung der Anwendung des t-Tests sind unkorrelierte und identisch verteilte → Störterme. Bei endlichen Stichproben müssen die Störterme zudem normalverteilt sein. – Als Teststatistik wird der Quotient aus geschätztem Regressionsparameter und dem zugehörigen geschätzten Standardfehler (→ Kleinstquadratemethode, gewöhnliche) gebraucht. Der daraus resultierende Wert wird mit dem sich für ein gewähltes Signifikanzniveau ergebenden kritischen Wert einer Student-Verteilung mit n – K Freiheitsgraden verglichen, wobei n der Anzahl der Beobachtungen und K der Anzahl der erklärenden Variablen entspricht. Ist der Abolutbetrag der Teststatistik größer als der kritische Wert, wird die Nullhypothese abgelehnt.

TUK – Abk. für → Theil's Ungleichheitskoeffizient.

Turbo-Optionsschein → Hebelzertifikat.

Turbo-Zertifikat → Hebelzertifikat.

Turgot – Anne Robert Jacques, 1727–1781, franz. Generalkontrolleur der Finanzen unter Ludwig XVI. Turgot ist ein den Physiokraten nahe stehender Nationalökonom. Sein Plan einer umfassenden Finanz- und Justizreform scheiterte am Widerstand der privilegierten Stände, ebenso die von ihm beabsichtigte Befreiung des Getreideverkehrs aus den Fesseln merkantilistischer Handelspolitik. Er vertrat die Fruktifikationstheorie des Zinses und gab dem Gesetz vom abnehmenden Ertragszuwachs die erste ausdrückliche Formulierung (Bodenertragsgesetz). – *Hauptwerk:* „Réflexions sur la formation et la distribution des richesses" (1766).

Turnaround – Wende eines in einer wirtschaftlichen Krise befindlichen Unternehmens von der (existenzgefährdenden) Verlustzone in eine langfristige (überlebenssichernde) Gewinnsituation. Auch allg. verwandt im Sinn eines Herausbringens aus einer Verlustsituation oder auch im Sinn von Trendwende. – Vgl. auch → Sanierung.

Turnier – *Rank Order Tournament;* spezielle Form → relativer Leistungsbeurteilung. In einem Turnier hängt die Entlohnung eines Turnierteilnehmers (Agenten) lediglich von der Rangordnung seiner gemessenen Leistung im Vergleich zur Leistungsmessung anderer Turnierteilnehmer ab. Der Turnierveranstalter ist als Prinzipal interpretierbar. Ein System der Entlohnung durch Beförderung (mit festen Gehältern auf jeder Stufe) ist ein Beispiel für ein Turnier. Unter dem Aspekt der Informationsnutzung sind Turniere nur unter speziellen Bedingungen eine optimale Form relativer Leistungsbeurteilung. Im Vergleich zu einer kardinalen relativen Leistungsbeurteilung bieten Turniere jedoch zumeist den Vorteil geringerer Informationserfordernisse; im Übrigen sind Turniere weniger anfällig für moralisches Risiko (→ Moral Hazard) auf Seiten des Prinzipals. Die optimale Ausgestaltung von Turnieren, Vergleiche von Turnierergebnissen mit den Ergebnissen individueller Leistungsbeurteilung sowie die Anwendung von Turnieren auf offene Fragen in der Organisations- und Arbeitsmartkttheorie sind Gegenstand einer umfangreichen Literatur.

Turn-Key-Projekte – schlüsselfertige, einsatzbereite Gesamtanlagen, z.B. Errichtung eines Stahlwerks oder eines Flugplatzes. Werden häufig über → Generalunternehmer oder Anbieterkoalition erstellt.

Turn-Key-System → Computersystem, das dem Anwender vom Verkäufer betriebsbereit („schlüsselfertig") mit allen Komponenten (→ Hardware, Systemsoftware, Anwendungssoftware) übergeben wird. Dabei werden alle Schritte der Systementwicklung (→ Systemanalyse) von Betriebsexternen durchgeführt.

Turnpike-Modelle → lineare Wachstumsmodelle.

Tutorial → Dokumentation für → Endbenutzer eines → Softwaresystems, in der im Sinn einer Einführung die wichtigsten Systemfunktionen erläutert werden.

TÜV – Abk. für → Technischer Überwachungsverein.

TVA – Abk. für *Tax sur la Valeur Ajoutée*, also die franz. Form der → Umsatzsteuer.

t-Verteilung – *Student-Verteilung;* stetige Wahrscheinlichkeitsverteilung, die durch W.S. Gosset (1908; Pseudonym: „Student") entwickelt wurde. Besitzen die → Zufallsvariablen X_1bzw. X_2 eine → Standardnormalverteilung bzw. eine → Chi-Quadrat-Verteilung mit k Freiheitsgraden und sind sie stochastisch unabhängig (→ stochastische Unabhängigkeit), dann ist die aus ihnen abgeleitete Zufallsvariable

$$X_1/\sqrt{X_2/k}$$

t-verteilt mit k Freiheitsgraden. Die t-Verteilung ist symmetrisch zur Ordinatenachse. Für Quantile der t-Verteilung existieren Tabellenwerke. Mit zunehmendem k nähert sich die t-Verteilung der Standardnormalverteilung (Approximation). – *Anwendung* u.a. bei der → Konfidenzschätzung von → Erwartungswerten normalverteilter Variablen mit unbekannter Varianz sowie bei verschiedenen → statistischen Testverfahren (Prüfung eines Erwartungswertes im Ein-Stichproben-Fall; Vergleich von Erwartungswerten im Zwei-Stichproben-Fall).

TV-L – Tarifvertrag für den öffentlichen Dienst der Länder vom 12.10.2006, in Kraft seit 1.11.2006. Gilt für Angestellte und Arbeiter in allen Ländern, die zur Tarifgemeinschaft der dt. Länder gehören (alle bis auf Hessen und Berlin, dort gelten eigene Tarifverträge). Der TV-L ist im Wesentlichen dem → TVöD nachgebildet. Die frühere Tarifgemeinschaft von Bund, Ländern und Gemeinden wurden von den Ländern aufgekündigt, um längere Arbeitszeiten durchzusetzen.

TVöD – 1. *Begriff:* Tarifvertrag für den öffentlichen Dienst (TVöD) vom 13.9.2005, in Kraft seit 1.10.2005. Regelt als Nachfolge des → Bundes-Angestellten-Tarifvertrags (BAT) und der Tarifverträge für Arbeiter das Rechtsverhältnis der Angestellten und Arbeiter des Bundes und der Kommunen. Das Rechtsverhältnis der Angestellten und Arbeiter der Länder wird im Tarifvertrag-Länder geregelt, soweit die Länder Mitglied der Tarifgemeinschaft deutscher Länder sind. – 2. *Inhalte:* Der TVöD besteht aus einem allgemeinen Teil und einem besonderen Teil, der Spezialregelungen enthält für Verwaltung, Krankenhäuser, Entsorgung, Flughäfen und Sparkassen. Geregelt wird die Arbeitszeit, der Urlaub, die Entgeltfortzahlung im Krankheitsfall, das Entgelt und Kündigung. – 3. *Wesentliches Reformziel* bei der Ablösung des BAT war der Einstieg in das Leistungsentgelt. Zielgröße ist, dass zusätzlich zum Tabellenentgelt ein Leistungsentgelt bis zu 8 Prozent erreicht werden kann.

TV-Spot → Fernsehspot.

Twenty Foot Equivalent Unit (TEU) – *20-Fuß-Einheit*; Maßeinheit im Containerverkehr. Zur Vereinheitlichung der Kapazitäts- und Durchsatzmessung werden → Container verschiedener Länge auf diese Längeneinheit umgerechnet.

Twin-Win-Zertifikat – *Schmetterlings- oder Butterfly-Zertifikat.* Mit diesem Finanzinstrument soll für den Anleger bis zu einem gewissen Grad ein Gewinn unabhängig davon zu erzielen sein, ob die Kurse an der Börse steigen oder fallen. Bei Kurssteigerungen weist das → Zertifikat zudem eine Hebelwirkung auf. Beispiel: Ausgabepreis ist 100 Euro, der Hebel liegt bei 1,5. Notiert der Basiswert (Aktie oder Index) am Bewertungsstichtag z.B. bei 130 Euro, so beträgt Rückzahlung 145 Euro. Ist der Kurs des Basiswerts am Ende der Laufzeit um 15 Prozent gefallen, steigt das Zertifikat um 15 Prozent. Die Gewinnmöglichkeiten sind allerdings begrenzt. Unterschreitet der Basiswert während der Laufzeit die sog. Teilschutzgrenze (z.B. 50 Prozent des Ausgabewertes) und erreicht den Ausgangskurs nicht wieder, wird am Laufzeitende nur der Wert des Basiswerts ausbezahlt. Erholt sich der Basiswert nach dem Berühren oder Unterschreiten der Barriere wieder, kann aber wieder an den Gewinnen partizipiert werden, u.U. setzt der Hebel wieder ein. Twin-Win-Zertifikate verlieren also bei langfristig stark fallenden Kursen und bieten wie beim Direkterwerb des Basiswerts keinen Schutz vor dem Verlust des eingesetzten Kapitals.

Two-Gap-Modell – auf kreislauftheoretischen Überlegungen aufbauendes Kapitalbedarfsmodell, das aufzeigt, in welchem Umfang einzelne Entwicklungsländer auf Auslandshilfe angewiesen sind, um bestimmte entwicklungspolitische Ziele zu realisieren. Zur → Ersparnislücke kommt eine handelsbilanzinduzierte Devisenlücke, die nur mithilfe von → Kapitalhilfe geschlossen werden kann.

Typ → Typologie.

Typ-A – in der Stressforschung beschriebenes Verhaltensmuster einer Person, gekennzeichnet durch erheblichen subjektiven Zeitdruck, explosiv-aggressives Verhalten sowie sehr hohe Kontrollambitionen (Versuch der Erhaltung und Ausweitung der → Situationskontrolle). Personen mit extrem ausgeprägter Typ-A-Orientierung haben laut empirischer Forschung eine erhöhte Infarktwahrscheinlichkeit.

Typenlehre → Typologie.

Typenmuster → Standard.

typische Betrachtungsweise → typisierende Betrachtungsweise.

typisierende Betrachtungsweise – umstrittene Auslegungsregel des → Steuerrechts. Typisierende Betrachtungsweise liegt vor, wenn das „Übliche" und „Regelmäßige" über die in Einzelheiten abweichende Regelung des konkreten Falles gestellt wird. Problematisch ist bes., dass hierdurch anstelle des tatsächlichen ein fiktiver Sachverhalt besteuert wird. Die typisierende Betrachtungsweise lässt sich sachlich allenfalls dann steuerlich rechtfertigen, wenn „Lebensverhältnisse in nahezu gleichwertiger Ausgestaltung" (Spitaler) häufig vorkommen. – Vgl. auch → wirtschaftliche Betrachtungsweise, → Entwicklung der Verhältnisse.

Typologie – *Typenlehre;* methodisches Hilfsmittel, mit dem reale Erscheinungen geordnet und überschaubar gemacht werden, indem das als wesentlich Erachtete zum Ausdruck gebracht wird. Der einzelne *Typus (Typ)* repräsentiert eine Vielzahl von Erscheinungen, die ein gemeinsames Merkmal (bzw. gemeinsame Merkmale) aufweisen. Im Marketing dient die Typologie z.B. der Einteilung einer Grundgesamtheit in homogene Gruppen nach psychografischen Gesichtspunkten. Typologien werden hier zur Definition von → Zielgruppen herangezogen und ergänzen klassische Zielgruppendefinitionen, die lediglich auf soziodemografischen Kriterien basieren (→ Käufertypologie). – Innerhalb der *Wirtschaftswissenschaften* allg. ist die Typologie u.a. in der Marktformenlehre, der Klassifikation von Unternehmen oder Betrieben oder allg. von Menschen (Typenpsychologie) von Bedeutung. – *Anders:* → Typung.

typologische Methode → Typologie.

Typschein – amtlicher Nachweis darüber, dass dem Hersteller reihenweise gefertigter Fahrzeuge die allg. → Betriebserlaubnis erteilt ist (§ § 20 ff. StVZO).

Typung – Vereinheitlichung der Produktvarianten zwecks Verkleinerung des Sortiments. Typung bezieht sich im Gegensatz zur → Normung nicht auf Einzelteile, sondern auf das gesamte Fertigprodukt. Durch die Typung soll die Produktpalette übersichtlich gestaltet werden. Die Vereinheitlichung zielt auf die Ausschöpfung von Rationalisierungsmöglichkeiten ab.

Typus → Typologie.

U

U – lohnsteuerlicher Kennbuchstabe für eine zusammenhängende Periode von mind. fünf Arbeitstagen, für die der Arbeitnehmer seinen Lohnanspruch verloren hatte. Für jeden betreffenden Zeitraum während des Dienstverhältnisses ist vom Arbeitgeber der Großbuchstabe „U" einmal in der → Lohnsteuerbescheinigung einzutragen bzw. in der → elektronischen Lohnsteuerbescheinigung zu übermitteln.

u.A. – Abk. für → unter Aufgabe.

UBA – Abk. für → Umweltbundesamt.

Über-, Unter- und Fehlversorgung – 1. *Begriff:* Der Begriff der Unter-, Über- und Fehlversorgung ist vom Sachverständigenrat zur Begutachtung der Entwicklung im → Gesundheitswesen geprägt worden. Der Begriff basiert auf dem gesetzlichen Auftrag des Sachverständigenrats. In § 142 SGB V wird dem Sachverständigenrat u.a. die Aufgabe zugewiesen, Prioritäten für den Abbau von Unter- und Überversorgung zu entwickeln. In der Definition des Sachverständigenrats gilt: 1. Unterversorgung liegt vor, wenn bei individuell, professionell und wissenschaftlich anerkanntem Bedarf Gesundheitsleistungen vorenthalten werden, obwohl der (Zusatz-)Nutzen hinreichend belegt ist und eine akzeptable Kosten-Nutzen-Relation realisiert wird. – 2. Überversorgung liegt vor, wenn Leistungen keinen hinreichend gesicherten (Zusatz-) Nutzen aufweisen und über den individuellen Bedarf hinaus erbracht werden (z.B. aus Einkommensinteressen, Marketinggründen oder Unwissenheit). Überversorgung kann auch einhergehen mit Schädigungen des Patienten (z.B. psychische Belastung, nicht erforderliche Folgebehandlungen und vermeidbare Komplikationen bei falsch positiven Diagnosen). Überversorgung liegt aus ökonomischer Perspektive auch dann vor, wenn bei alternativen Leistungen mit faktisch gleichem Nutzen nicht die Leistung mit der besten → Kosten-Nutzen-Relation ausgewählt wird. – 3. Fehlversorgung ist die Versorgung mit Leistungen, bei denen ein vermeidbarer Schaden entsteht bzw. deren Schadenspotential das Nutzenpotential übersteigt. Fehlversorgung kann mit Unter- und Überversorgung einhergehen.

Überabschreibung – 1. *bilanzmäßige Abschreibung,* die über das rechtlich zulässige Maß hinausgeht. Wird dadurch die Vermögens- und Ertragslage einer Kapitalgesellschaft vorsätzlich unrichtig wiedergegeben oder verschleiert, so ist der Jahresabschluss nichtig (§ 256 V AktG, für GmbH analoge Anwendung); vgl. die Strafvorschriften gemäß § 331 HGB. – 2. *kalkulatorische Abschreibung* auf bilanziell voll abgeschriebene, dem Betrieb aber noch dienende Anlagen. Die Überabschreibung wird in diesem Sinn auch als *Über-Null-Abschreibung* bezeichnet.

Überalterung – in der → Bevölkerungsstatistik Bezeichnung für einen Prozess der Erhöhung des Durchschnittsalters einer Bevölkerung. *Grafisch:* Umkehrung der sog. Alterspyramide (→ Altersaufbau). Das Phänom der Überalterung tritt erst seit den 1960er-Jahren in den Industrieländern auf. Sie ist bedingt durch eine Erhöhung der → Lebenserwartung bei gleichzeitigem Geburtenrückgang. Hauptursachen für den Geburtenrückgang sind die Anti-Baby-Pille und die Emanzipation der Frau. – In den meisten Industrieländern wird die Überalterung durch → Zuwanderung (noch) verzögert. Die langfristige Entwicklung kann dadurch jedoch nicht umgekehrt werden. Als Folge hiervon wurde bspw. das Renteneintrittsalter angehoben. – *Kenngröße:* Altersquotient.

Überbau – Gebäude, das z.T. auf dem Nachbargrundstück steht. – *Rechtliche Regelung:* → Nachbarrecht.

Überbeschäftigung – 1. *Begriff:* die → Vollbeschäftigung bzw. einen normalen Beschäftigungsgrad übersteigende Beschäftigungslage mit Tendenz zur reinen Preiskonjunktur (→ Inflation). – 2. *Gegensatz:* → Unterbeschäftigung.

Überbesetzung – im Handel Bezeichnung für ein Missverhältnis zwischen der Zahl der Handelsbetriebe in einem Gebiet und der Bevölkerungszahl, besser: der regional getätigten Kaufkraft. – Vgl. auch → Overstoring. – *Gegensatz:* → Unterversorgung.

Überbetrieblichkeit → Koalition.

Überbewertung – im Sinn von § 256 AktG bilanzieller Wertansatz a) von Aktivposten mit einem höheren als dem rechtlich zulässigen Wert (im allg. Sprachgebrauch häufig nur dieser Fall als Überbewertung bezeichnet) oder b) von Passivposten mit einem niedrigeren als dem rechtlich geforderten Wert (meistens als → Unterbewertung). – *Beispiel:* Ansatz von Anlagevermögen über den Anschaffungs- oder Herstellungskosten oder von Darlehen unter dem Rückzahlungsbetrag. – *Folge:* Bei Überbewertung ist der Jahresabschluss einer Kapitalgesellschaft nichtig (§ 256 V AktG, analoge Anwendung für GmbH).

Überbringerklausel – *oder Überbringer;* Vermerk auf einem → Scheck hinter dem Namen des Zahlungsempfängers (Nehmers), gleichbedeutend mit → Inhaberklausel. Die Überbringerklausel macht den Scheck zum → Inhaberscheck.

Überbrückungsfinanzierung – Aufnahme von kurzfristigen Mitteln (v.a. → Überbrückungskredit) zur Überbrückung von (kurzfristigen) Liquiditätsengpässen, z.B. wenn erwartete Zahlungen nicht termingemäß eingehen. – *Anders:* → Zwischenfinanzierung.

Überbrückungsgeld → Gründungszuschuss.

Überbrückungskredit → Kredit, der zur Deckung vorübergehend auftretenden Geldbedarfs (→ Überbrückungsfinanzierung) in Anspruch genommen wird. – *Anders:* → Zwischenkredit.

Überbuchung → Yield Management.

Überdeckung der Kosten → Kostenüberdeckung.

Überdividende → Superdividende.

Übereignung – rechtsgeschäftliche Übertragung des → Eigentums an einer Sache.

I. Übereignung beweglicher Sachen: Es ist erforderlich, dass der Eigentümer dem Erwerber die Sache übergibt und dass beide darüber einig sind, dass das Eigentum übergehen soll (§ 929 Satz 1 BGB). – 1. *Einigung:* Die → Einigung muss ausdrücklich erklärt sein oder aus den Umständen hervorgehen. – 2. *Übergabe:* Die → Übergabe kann durch die Vereinbarung eines → Besitzkonstituts ersetzt werden, so regelmäßig bei der → Sicherungsübereignung, bei der die Sachen im Besitz des Veräußerers bleiben (§ 930 BGB). Befindet sich ein Dritter im Besitz der Sache, tritt anstelle der Übergabe die Abtretung des Herausgabeanspruchs (§ 931 BGB). Ist der Erwerber bereits im Besitz der Sache, genügt die Einigung über Übertragung des Eigentums (Übereignung kurzer Hand, § 929 Satz 2 BGB). – Wenn der *Veräußerer nicht Eigentümer* der veräußerten Sache ist, kann der Erwerber durch → Genehmigung des Eigentümers oder → gutgläubigen Erwerb Eigentümer werden. – 3. *Wirksamkeit:* Die Wirksamkeit der Übereignung ist von der Gültigkeit des zugrunde liegenden Rechtsgeschäfts (Kauf, Tausch, Schenkung etc.) unabhängig (→ Abstraktionsprinzip). Der frühere Eigentümer kann jedoch ggf. nach den Vorschriften über die → ungerechtfertigte Bereicherung i.d.R. Rückübereignung verlangen.

II. Übereignung von Grundstücken: Es gelten Sondervorschriften. – Vgl. auch → Grundstücksverkehr.

Übereignung kurzer Hand – *brevi manu traditio;* Art der → Übereignung beweglicher Sachen. Wenn sich die zu übereignende Sache bereits im Besitz des Erwerbers befindet, genügt zur Übertragung des Eigentums die bloße → Einigung zwischen dem bisherigen Eigentümer und dem Erwerber über den Eigentumsübergang (§ 929 Satz 2 BGB).

Übereinkommen der Vereinten Nationen über Verträge über den internationalen Warenkauf – *United Nations Convention on Contracts for the International Sale of Goods (CISG), UN-Kaufrecht, Wiener Kaufrechtsübereinkommen;* eines der wichtigsten internationalen Abkommen auf dem Gebiet des internationalen Warenverkehrs. Es gehört zu den von den Vereinten Nationen (UN) ins Leben gerufenen Vereinbarungen. Bisher sind weltweit 74 Staaten diesem Übereinkommen beigetreten; seit 1991 gilt es unmittelbar in der Bundesrepublik Deutschland (Bekanntmachung vom 23.10.1990 (BGBl. II 1477)). Bei Kaufverträgen zwischen Angehörigen dieser Staaten gilt grundsätzlich das UN-Kaufrecht. Das Übereinkommen lässt aber den beigetretenen Staaten die Möglichkeit, einzelne seiner Vorschriften zu modifizieren. Auch ist es den Vertragsparteien gestattet, seine Anwendung auszuschließen. Es deckt nicht alle relevanten Gebiete des internationalen Kaufs ab; nicht geregelt sind z.B. die wichtigen Rechtsfragen der Gültigkeit des Vertrages und einzelner Vertragsklauseln, des Eigentumsübergangs und Eigentumsvorbehalts sowie der Produkthaftung des Verkäufers.

Übereinkommen über den internationalen Eisenbahnverkehr – *Convention Relative aux Transports Internationaux Ferroviaires (COTIF);* Abkommen vom 9.5.1980 zur Gründung einer Organisation für den internationalen Eisenbahnverkehr (OTIF), Sitz in Bern, und der Anpassung der beförderungsrechtlichen Bestimmungen an die wirtschaftlichen und technischen Bedürfnisse. – *Inhalt:* (1) Anhang A: einheitliche Rechtsvorschriften für den Vertrag über die *internationale Eisenbahnbeförderung von Personen und Gepäck* (Règles Uniformes Concernant le Contrat de Transport International Ferroviaire des Voyageurs et des Bagages (CIV)); (2) Anhang B: einheitliche Rechtsvorschriften für den Vertrag über die *internationale Eisenbahnbeförderung von Gütern* (Règles Uniformes Concernant le Contrat de Transport Internationale Ferroviaire des Marchandises (CIM)). Änderung des Übereinkommens am 3.5.1999; weitere Règlements bez. des Transports gefährlicher Güter (Anhang C), der Verwendung von Wagen (Anhang D), der Nutzung der Infrastruktur (Anhang E), technischer Normen und Vorschriften (Anhang F) sowie technischer Zulassung von Eisenbahnmaterial (Anhang G) im internationalen Eisenbahnverkehr.

Übereinkunft von Montevideo – völkerrechtlicher Vertrag zwischen verschiedenen Staaten Südamerikas, dem Deutschland beigetreten ist (RGBl. 1927 II 95) und der den Urhebern für ihre Werke Schutz nach Maßgabe des Rechts des Ursprungslandes gewährt (Art. 2). Das Abkommen ist in Kraft für Argentinien, Bolivien und Paraguay, hat aber durch Beitritt dieser Länder zur → Revidierten Berner Übereinkunft (RBÜ) seine praktische Bedeutung verloren.

Überentnahme – liegt vor, wenn ein Unternehmer im Wirtschaftsjahr per Saldo mehr entnimmt, als der Betrieb erwirtschaften kann. Überentnahmen haben zur Folge, dass ein Teil der für betriebliche Kredite als Betriebsausgaben abziehbaren Zinsen in nicht abziehbare Schuldzinsen umqualifiziert und dem Gewinn wieder hinzugerechnet wird (§ 4 IVa EStG; → Schuldzinsen). § 4 IVa EStG definiert Überentnahmen als den Betrag, um den die Entnahmen die Summe des Gewinns und der Einlagen des Wirtschaftsjahres übersteigen. – *Anders:* → Unterentnahme.

Überforderungsklausel → Vorruhestand.

Überführungsfahrt – Fahrt zur Verbringung eines Kraftfahrzeuges an einen anderen Ort, v.a. von der Herstellungs- zur Verkaufsstätte, bei Eigentumswechsel oder der Veränderung des Einstellortes sowie Fahrt zum Zwecke des Abschleppens eines Kfz (vgl. § 16 Fahrzeug-Zulassungsverordnung). Die Überführungsfahrt ist entsprechend → Probefahrt oder → Prüfungsfahrt ohne Betriebserlaubnis und mit rotem Kennzeichen oder Kurzzeitkennzeichen zulässig.

Übergabe – im Sinn des BGB die Übertragung des → Besitzes an einer Sache auf den Erwerber, sodass dieser oder sein → Besitzmittler → unmittelbarer Besitzer wird.

Übergabebilanz – Vorbilanz, die bei → Verschmelzung von Unternehmungen zur Vereinbarung der Fusionsbedingungen aufgestellt werden kann.

Übergangsarbeitsmärkte – 1. *Begriff:* spezifische institutionelle Arrangements, die sämtliche unvermeidlichen Übergänge auf dem Arbeitsmarkt bzw. deren Risiken im Erwerbsverlauf absichern sollen, nicht nur die zwischen Beschäftigung und Nicht-Beschäftigung schaffen. – 2. *Charakteristika:* Sie verfolgen das Ziel flexibler Beschäftigungssicherheit und sind durch folgende Merkmale charakterisiert: Brücken zwischen Erwerbstätigkeit und anderen produktiven Tätigkeiten, Absicherung durch Tarifverträge und Recht oder Gesetz, Kombination niedriger und unstetiger Lohneinkommen mit Transfer- oder Vermögenseinkommen, Finanzierung von Arbeit statt → Arbeitslosigkeit. Sog. Beschäftigungsbrücken schaffen Übergänge zwischen Bildung und Beruf, Teilzeit- und Vollzeit- bzw. selbstständiger und abhängiger Beschäftigung, Arbeitslosigkeit und Beschäftigung, Bildungs- und Beschäftigungssystem, privater Haushalts- und Erwerbstätigkeit, Erwerbstätigkeit und Rente. Bedeutsam ist das Konzept u. a. für → atypische Beschäftigung. – Vgl. auch → Arbeitsmarktpolitik.

Übergangsgeld – I. Sozialversicherung: ergänzende Leistung der Sozialversicherungsträger und der Träger der Kriegsopferversorgung im Zusammenhang mit Leistungen zur Rehabilitation und zur Teilhabe am Arbeitsleben (§§ 44 I Nr. 1, 45 SGB IX). Die Berechnung des Übergangsgeldes ist in den §§ 46 ff. SGB IX geregelt. Grundsätzlich werden bei der Berechnung des Übergangsgeldes 80 Prozent des regelmäßig erzielten Arbeitsentgeltes oder Arbeitseinkommens zugrunde gelegt, soweit es der Beitragsberechnung unterliegt. Das gilt jedoch dann nicht, wenn das Nettoarbeitsentgelt weniger als 80 Prozent des nach § 47 SGB IX berechneten Entgeltes beträgt. Dann ist von dem niedrigeren Entgelt auszugehen. Die Höhe des Übergangsgeldes richtet sich nach den persönlichen Verhältnissen des Berechtigten; hierzu sind jeweils unterschiedliche Prozentsätze maßgeblich.

II. Beamtenrecht: Versorgungsbezüge für Beamte und andere Beschäftigte im öffentlichen Dienst, die nicht auf eigenen Antrag entlassen werden (zeitlich begrenzt), vgl. § 47 BeamtVG.

Übergangskonten – *reziproke Konten, Spiegelbildkonten;* Verrechnungskonten zwischen → Finanzbuchhaltung und → Betriebsbuchhaltung bei Vorliegen eines → Zweisystems, die den buchungsmäßigen Zusammenhang zwischen den beiden Buchungsbereichen (äußerer und innerer Kreis) herstellen. – Übergangskonten enthalten spiegelbildlich den gleichen *Buchungsinhalt:* Das Konto „Betrieb" der Finanzbuchhaltung weist den Gesamtsaldo der ausgegliederten Konten der Betriebsbuchhaltung aus, das Konto „Geschäft" der Betriebsbuchhaltung ist Spiegelbild des Kontos „Betrieb". – Vgl. auch Abbildung „Übergangskontenschema".

Übergangskontenschema

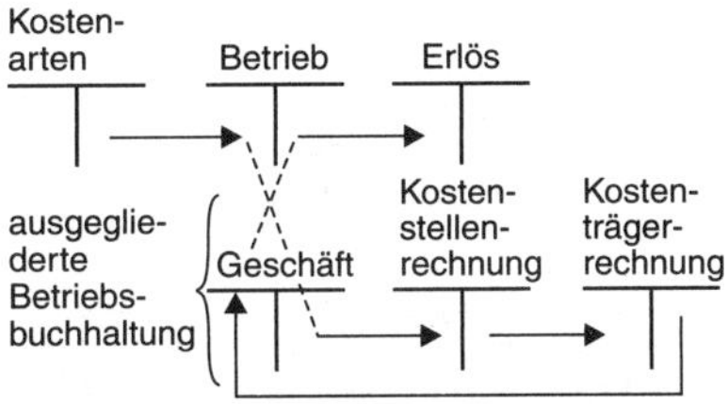

Übergangszeitenreduktion – in der Produktionsplanung und -steuerung eine Methode, um Terminüberschreitungen aus der Durchlaufterminierung zu beseitigen. Dabei werden die Übergangszeiten zwischen den Arbeitsgängen eines Fertigungsauftrags (z.B. Liege-, Transport-, Kontrollzeit), die bei der Planung i.d.R. pauschal, unter Einschluss von Zeitpuffern angesetzt wurden, verkürzt.

Übergebot – im Zwangsversteigerungsverfahren → Gebot, das höher liegt als das vorausgegangene, das durch Zulassung des Übergebots erlischt (§ 72 ZVG).

Übergewinnsteuer – Steuer auf den Mehrbetrag gegenüber dem Gewinn einer vorangegangenen Basisperiode, z.B. die Excess Profits Tax während des Ersten und Zweiten Weltkriegs in Großbritannien und USA.

Überidentifizierende-Restriktionen-Test → Sargan-Test.

Überinvestitionstheorien – 1. *Begriff:* Auf hoch industrialisierte Wirtschaften bezogene Erklärungen des → Konjunkturzyklus. Kapitalgüterindustrien (ähnlich die Industrien dauerhafter Konsumgüter, wie Automobile und Häuser) werden kräftiger von den Konjunkturschwankungen betroffen als die Industrien kurzlebiger Konsumgüter (→ Konjunkturtheorie). Das *vertikale Ungleichgewicht der Produktionsstruktur* entsteht während des Aufschwungs: Kapitalgüterproduktion wird hier weiter ausgedehnt, als dem späteren Dauerbedarf entspricht. Der Aufschwung bricht nicht infolge Geldknappheit, sondern wegen Überentwicklung der Kapitalgüterindustrien zusammen. Monetäre Maßnahmen können den Abschwung nur hinauszögern. – 2. *Erklärung:* Eine Überinvestition lässt sich durch das → Akzelerationsprinzip erklären. Hier können geringe Änderungen in der Konsumgüterproduktion über den → Akzelerator zu großen Änderungen in der Investitionsgüterproduktion führen.

überjährige Kosten – Begriff der Einzelkostenrechnung für Kosten, die sich nicht einem einzelnen Jahr, sondern nur mehreren Jahren gemeinsam als → Einzelkosten zurechnen lassen, z.B. die Anschaffungskosten einer mehrjährig nutzbaren Anlage. – Mit dem → wertmäßigen Kostenbegriff der *Vollkostenrechnung* sind überjährige Kosten nicht vereinbar; sie werden dort periodisiert.

Überkapazität → Ausstattung eines Unternehmens oder eines Wirtschaftszweiges mit Produktionsmitteln, v.a. → Anlagen, für die nicht genügend Beschäftigungsmöglichkeiten bestehen.

Überkapitalisierung – zu hohe Bemessung des Nominalkapitals einer Unternehmung (→ Grundkapital, → Stammkapital) im Verhältnis zu ihrer Ertragskraft oder ihrem realen Vermögenswert. – *Folge:* Die → Rentabilität wird durch Überkapitalisierung stark herabgesetzt, denn der erzielte Gewinn muss auf ein zu hohes Grundkapital bzw. Stammkapital bezogen werden. – *Gegensatz:* → Unterkapitalisierung.

Überkreuzkompensation – Möglichkeit für Kreditinstitute gemäß § 340 f III HGB in ihrer GuV-Rechnung bestimmte Erfolgsgrößen aus unterschiedlichen Geschäftsfeldern zu saldieren. Dem externen Bilanzleser wird der Einblick in die tatsächliche Risikolage des Kreditinstituts erschwert.

Überkreuzverflechtung – personelle Verflechtung von Unternehmungen, bes. bei der AG. – *Beispiel:* Mitglieder des Vorstands einer Bank-AG werden in den Aufsichtsrat einer Industrie-AG berufen und umgekehrt (nach § 100 II S. 1 Nr. 3 AktG kann nicht mehr Mitglied des Aufsichtsrats einer AG sein, wer → gesetzlicher Vertreter einer anderen Kapitalgesellschaft ist, falls deren Aufsichtsrat bereits ein Vorstandsmitglied der AG angehört).

überlange Gerichtsverfahren – Durch das Gesetz über den Rechtsschutz bei überlangen Gerichtsverfahren und strafrechtlichen Ermittlungsverfahren vom 24.11.2011 (BGBl. I S. 2302) ist ein Entschädigungsanspruch in allen Verfahrensarten für Verfahrensbeteiligte geschaffen worden, die infolge unangemessener Dauer eines Gerichtsverfahrens einen Nachteil erleiden. Ein Nachteil, der nicht ein vermögensnachteil ist, wird vermutet, wenn ein Gerichtsverfahren unangemessen gedauert hat. Die Entschädigung beträgt grundsätzlich 1200 Euro pro Jahr der Verzögerung, sofern nicht Wiedergutmachung auf andere Art erlangt werden kann. Das Entschädigungsgericht kann bei Unbilligkeit den Betrag erhöhen oder senken. Voraussetzung ist die Erhebung der → Verzögerungsrüge. Die Klage zur Durchsetzung des Entschädigungsanspruchs darf frühestens sechs Monate nach Erhebung der Verzögerungsrüge erhoben werden (vgl. § 198 GVG). Im Strafverfahren und strafrechtlichen Ermittlungsverfahren gilt Entsprechendes (§ 199 GVG). In Zivilverfahren gegen das Land ist zuständig das Oberlandesgericht, in dessen Bezirk die Regierung ihren Sitz hat, bei Verfahren gegen den Bund der BGH. In den übrigen Verfahrenszweigen sind jeweils die Obergerichte zuständig, Näheres vgl. § 9 ArbGG, § 202 SGG, § 173 VwGO, § 155 FGG. Vor dem Bundesverfassungsgericht wird die *Verzögerungsbeschwerde* erhoben (§§ 97a-e BVerfGG).

überlappende Gruppen – von R. Likert entworfenes Führungskonzept. – 1. *Merkmale:* a) Vorgesetzter und die ihm unterstellten Mitarbeiter bilden eine Kleingruppe. – b) Vorgesetzte sind gleichzeitig Gruppenmitglieder der nächsthöheren Hierarchieebene; sie fungieren daher als Verbindungsglieder (Linking Pins). – c) Entscheidungen werden in der Gruppe gefällt; dadurch verbesserter Informationsfluss. – 2. *Vorteile:* höhere → Arbeitszufriedenheit und verbesserte Koordination durch Betonung der prosozialen Beziehungen. – 3. *Nachteile:* gelegentliche Überlastung des Vorgesetzten durch seine Doppelfunktion. – Vgl. auch Abbildung „Überlappende Gruppen".

Überlappende Gruppen

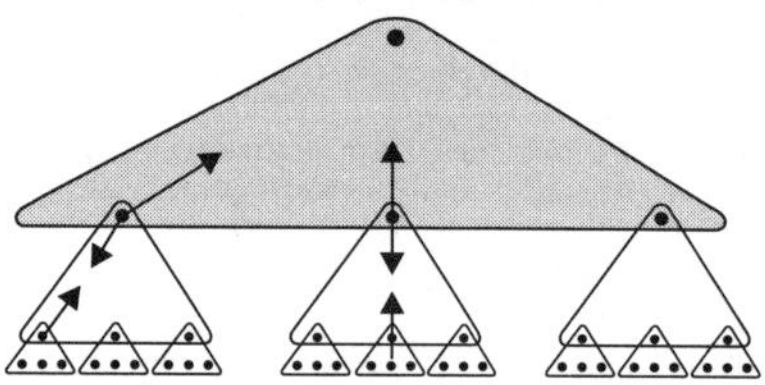

überlappte Produktion → Überlappung.

Überlappung – I. Produktionsplanung und -steuerung: Methode, um Terminüberschreitungen aus der Durchlaufterminierung zu beseitigen. Ein → Fertigungsauftrag wird dabei nicht als Ganzes auf einer Fertigungsanlage abgearbeitet, bevor er zur nächsten Anlage transportiert wird; vielmehr werden bereits fertig gestellte Teile des Auftrags früher weitergegeben und auf dem nächsten Aggregat bearbeitet *(überlappte Produktion, auch Abkehr vom Prinzip der geschlossenen Produktion).*

II. Organisation: Prinzip des Führungskonzepts der → überlappenden Gruppen.

Überlassung – der Ware durch die Zollstelle ist ein Begriff des EU-Zollrechts (Art. 73 ff. ZK). Mit der Überlassung endet die vorübergehende Verwahrung, das → Zollverfahren beginnt. Damit steht die Ware noch nicht automatisch zur freien Verfügung des Anmelders. Das setzt die Überlassung in den freien Verkehr voraus. Die Zollstelle überlässt Waren, wenn sie festgestellt hat, dass ein Zoll oder andere Abgaben nicht zu erheben sind, oder wenn Abgaben zu erheben sind, der geschuldete Abgabenbetrag gezahlt, aufgeschoben oder gestundet ist. Zusätzlich dürfen → Verbote und Beschränkungen nicht entgegenstehen.

Überlebenswahrscheinlichkeit → Lebenserwartung, → Sterbetafel.

Überliquidität – im Rahmen der unternehmerischen → Liquiditätspolitik zu vermeidende überhöhte Zahlungsbereitschaft im Verhältnis zu den bereits fälligen und in kurzer Frist fällig werdenden Verpflichtungen. Folge sind Zinsverluste. – *Maßnahmen zur Beseitigung von* Überliquidität: (1) → Investition innerhalb oder außerhalb des eigenen Unternehmens; (2) Schuldenrückzahlung oder → Kapitalherabsetzung.

Übermittlungsfehler – Sinnentstellung bei der Übermittlung einer → Willenserklärung z.B. wenn ein Bote benutzt oder die Erklärung per Fax oder E-Mail abgegeben wird. – *Maßgeblich* ist die dem Empfänger zugegangene Fassung; der Erklärende kann aber wegen Irrtums gemäß § 120 BGB anfechten (→ Anfechtung).

Übernacht-Fazilitäten → Geldpolitik.

Übernahme fremder Leistung → Ausbeutung.

Übernahmegewinn (-verlust) – 1. *Begriff*: positiver (negativer) Unterschiedsbetrag zwischen dem Buchwert der (untergehenden) Anteile an einer umgewandelten Körperschaft und dem Wert der übernommenen Wirtschaftsgüter nach der → Umwandlungsbilanz. – 2. *Steuerliche Behandlung:* → Umwandlung, → Verschmelzung. – *Anders:* → Übertragungsgewinn: der begriffliche Unterschied liegt darin, dass der Übertragungsgewinn der Gewinn ist, der bei derjenigen Körperschaft eintritt, die das Vermögen abgibt (überträgt), der Übernahmegewinn dagegen derjenige buchhalterische Gewinn, der sich bei der Person/Gesellschaft ergibt, die das Vermögen erhält (übernimmt).

Übernahmegrundsatz – Begriff bei der Zwangsversteigerung eines Grundstücks, der besagt, dass Rechte, die dem des → betreibenden Gläubigers vorgehen, bei der Versteigerung nicht untergehen, sondern vom → Ersteher übernommen werden müssen. – Vgl. auch → Deckungsgrundsatz.

Übernahmegründung → Einheitsgründung, → Simultangründung.

Übernahmekonnossement → Konnossement, das ausgestellt wird, wenn die Güter vom Verfrachter lediglich zur Beförderung übernommen, aber noch nicht verladen worden sind *(Received for Shipment)*. – *Anders:* → Bordkonnossement.

Übernahmekonsortium → Konsortium.

Übernahmekurs – *Übernahmepreis;* → Kurs, zu dem eine Bank (Bankgruppe) Wertpapiere vom Aussteller fest oder in Kommission übernimmt. – *Buchung eines etwaigen Aufgelds:* → Agio.

Übernahmepreis → Übernahmekurs.

Übernahmesatz – durch Vereinbarung zwischen → Spediteur und → Versender (gemäß § 459 HGB) festgelegte Beförderungskosten: (1) für den gesamten Transport; (2) für Transportabschnitte (Teilübernahmen, „Spedition zu festen Spesen"). Gesonderte Berechnung einer Speditionsprovision entfällt, sofern nichts Gegenteiliges vereinbart ist. Bei vorherigem generellen Hinweis können die üblichen Sondergebühren erhoben werden. – *Geltungsbereich/-voraussetzungen:* Übernahmesätze gelten für die bezeichneten bzw. abgegrenzten Leistungen und nur unter der Voraussetzung, dass die zugrunde liegenden Verkehrs- und Tarifverhältnisse unverändert weiter in Kraft sind. – *Haftung:* Soweit die Übernahmesätze reichen, haftet der Spediteur gemäß HGB wie ein → Frachtführer. Diese Frachtführerhaftung wird indessen durch die Allgemeinen Deutschen Spediteurbedingungen (ADSp) wieder auf die Spediteurhaftung beschränkt, bes. keine Haftung für → Zwischenspediteure und Frachtführer.

Übernahmeverlust → Übernahmegewinn (-verlust).

Über-Null-Abschreibung → Überabschreibung.

Überorganisation – 1. *Begriff*: ein meist überaus formular- und vorschriftenreicher Zustand der → Organisation des Betriebes als Folge einer Gestaltung der Betriebsstruktur (z.B. Leitung, Instanzenbau, Aufgabengliederung, Befugnis- und Verantwortungsregelung) und des Betriebsprozesses (Arbeits-, Verkehrsabläufe etc.), die über das fallweise Notwendige und Zweckmäßige weit hinausgeht und daher mehr Arbeitskräfte und Hilfsmittel bindet als ökonomisch optimal ist. – Vgl. auch → Organisationsgrad. – 2. *Wirkung*: schwerfällige, unelastische Betriebsführung, d.h. Dispositionserschwerungen, Lähmung der Verantwortungsfreude und der Arbeitslust, Verteuerung der hervorgebrachten Leistungen u.a. – 3. *Vorkommen:* Überorganisation ist nicht nur eine betriebliche Erscheinung, auch Verwaltungs- und Kulturleistungen können durch sie unnötig verteuert werden. – *Gegensatz:* → Unterorganisation.

Über-Pari-Emission → Emission von Wertpapieren zu einem Kurs, der über 100 Prozent des → Nennwerts liegt. – In der *Bundesrepublik Deutschland* gestattet. – *Gegensatz:* → Unter-Pari-Emission.

Überproduktionstheorie – marxistische → Konjunkturtheorie; ausgehend von der fortlaufenden Technisierung der kapitalistischen Wirtschaft, sodass fortlaufend menschliche Arbeitskraft freigesetzt wird. Die wachsende Produktion könne angesichts der schrumpfenden Zahl ausbeuterisch entlohnter Arbeitskräfte nicht abgesetzt werden. – *Kritik:* Arbeitskräfte werden nicht dauerhaft freigesetzt, sondern im Zuge des → strukturellen Wandels umgesetzt. Der mit der irreführenden Bezeichnung *Überproduktion* gemeinte Sachverhalt ist *Unterkonsumtion* (→ Unterkonsumtionstheorien).

überproportionale Kosten → progressive Kosten.

überragende Marktstellung → Marktbeherrschung.

Überschießen des nominellen Wechselkurses – Der → Wechselkurs reagiert kurzfristig auf einen *exogenen Schock* (z.B. → Geldpolitik) stärker als langfristig. Dies kommt typischerweise dann zustande, wenn die Wirtschaft auf einzelnen Märkten durch *Trägheiten* gekennzeichnet ist, und wenn ein hohes Ausmaß an → internationaler Kapitalmobilität vorliegt. Typisches Beispiel ist eine kurzfristige *Preisstarrheit* auf den Gütermärkten, bei perfekt flexiblen Zinssätzen und Wechselkursen (→ Dornbusch-Modell). Überschießen des nominellen Wechselkurses kann aber auch auftreten, wenn die Produktion bei konstanten Güterpreisen nur träge auf Nachfrageveränderungen reagiert. Überschießende Wechselkurse sind allerdings auch bei solchen Asymmetrien in den Anpassungsgeschwindigkeiten nicht für jede exogene Veränderung zwingend. Sie sind typisch für *monetäre Veränderungen*, weit weniger charakteristisch für realwirtschaftliche Schocks (Technologie-, Nachfrage-Änderung). Überschießen des nominellen Wechselkurses ist auch ohne Preis- oder Mengenträgheiten möglich, und zwar im Zuge von *Bestandsanpassungsprozessen*. – Vgl. auch → Wechselkurstheorie, → Zahlungsbilanzausgleich, → Overshooting.

Überschuldung – Sachverhalt, in dem das Vermögen die Schulden nicht mehr deckt (§ 19 InsO). Überschuldung verpflichtet juristische Personen (bes. AG und GmbH), aber auch eine OHG oder KG (wenn kein persönlich haftender Gesellschafter eine natürliche Person ist) zum → Insolvenzantrag. – Zur Feststellung der Überschuldung sind nach überwiegender Auffassung Aktiva und Passiva der Bilanz mit den Zeitwerten anzusetzen (→ Überschuldungsbilanz). – *Anders:* → Zahlungsunfähigkeit. – Vgl. auch → Unterbilanz.

Überschuldungsbilanz – *Überschuldungsstatus;* Vermögensübersicht, die die → Überschuldung einer Unternehmung ausweist. – Für die *Bilanzierung dem Grunde nach* können die Vorschriften für die Jahresbilanz (→ Aktivierungspflicht, → Aktivierungswahlrecht) nur unter Beachtung des Zwecks der Überschuldungsbilanz sinngemäß angewendet werden. – *Bewertung* erfolgt nach überwiegender Auffassung zu Zeitwerten am Stichtag der Überschuldungsbilanz (bei Annahme der Fortführung der Unternehmung: Zeitwerte = sog. Betriebsbestehenswerte, i.d.R. die Wiederbeschaffungskosten; bei Zerschlagung: Zeitwerte = Realisationswerte durch Einzelliquidation). – Für die *Gliederung* der Überschuldungsbilanz gelten sinngemäß die Grundsätze der Jahresbilanz (§ 266 HGB).

Überschuldungsstatistik – Zur Darstellung und Bewertung der Überschuldung privater Personen wird aufgrund des Überschuldungsstatistikgesetzes vom 22.12.2011 (BGBl. I S. 3083) eine Bundesstatistik durchgeführt. Sie wird jährlich, erstmals für 2011, für das vorangegangene Jahr vom Statistischen Bundesamt erhoben und aufbereitet. Erstmals 2014 wird die Bundesregierung dem Bundestag einen Bericht geben.

Überschuss → Genossenschaftsgewinn.

Überschussbeteiligung – 1. *Begriff:* Der Begriff ist semantisch mehrfach belegt, und auch in der Literatur, Gesetzgebung und Rechtsprechung sind die Bedeutungsinhalte nicht immer klar erkennbar. Grundsätzlich handelt es sich um die Beteiligung der → Versicherungsnehmer an den Überschüssen der → Versicherungsunternehmen. Konkretere Erklärungen müssen nach den → Versicherungszweigen, bei denen es eine Überschussbeteiligung gibt, und nach sonstigen → Bezugsgrößen differenziert werden. Eine Überschussbeteiligung erfolgt v.a. in der → Lebensversicherung und in der privaten Krankenversicherung (PKV), daneben z.B. auch in der → Berufsunfähigkeitsversicherung. Was Überschuss ist, ergibt sich aus dem → Jahresabschluss nach den allgemeinen Vorschriften des HGB. – 2. *Überschussbeteiligung in der Lebensversicherung:* In der Lebensversicherung wird unter der Überschussbeteiligung zum ersten im Rahmen der Überschussverwendung die Summe aus der Direktgutschrift (heute eher selten) und der Zuweisung zur Rückstellung für Beitragsrückerstattungen (RfB) verstanden. Damit sind zwei Verwendungskomponenten aus dem entstandenen Rohüberschuss bezeichnet, die den Versicherungsnehmern sofort oder später über die vertraglich der Höhe nach garantierten Leistungen gutgeschrieben werden. Zum zweiten gilt als Überschussbeteiligung die Summe aller im Lauf eines Jahres den Versicherungsnehmern zugeteilten Mittel. Das ist wiederum die Summe aus der Direktgutschrift und den aus der RfB entnommenen Mitteln für die vertragsindividuelle Überschussverteilung. Zum dritten wird unter der Überschussbeteiligung auch die auf den einzelnen Lebensversicherungsvertrag bezogene Zuweisung der Überschüsse im Rahmen der Überschussverteilung verstanden. Der Rohüberschuss, an dem die Versicherungsnehmer durch die Direktgutschrift und die RfB-Zuweisung zu beteiligen sind, setzt sich v.a. aus dem Kapitalanlageerfolg, dem Sterblichkeitsgewinn (Risikogewinn) und dem Kostengewinn zusammen. Der → verantwortliche Aktuar unterbreitet dem → Vorstand Vorschläge für eine angemessene Beteiligung der Versicherten am Überschuss (§ 11a III Nr. 4 VAG). Die Mindestzuweisung ist gesetzlich geregelt (mindestens 90 Prozent vom Kapitalanlageerfolg (nach Abzug des Rechnungszinses, der unmittelbar in die Deckungsrückstellung fließt), 75 Prozent vom Risikogewinn und 50 Prozent vom Kostengewinn, vgl. dazu § 81c VAG i.V.m. der

Mindestzuführungsverordnung v. 4.4.2008). Ein Verstoß gegen die Vorschriften über die Mindestzuweisung ist ein Missstand i.S.d. § 81c VAG. Alljährlich wird zudem im Rahmen der sog. Überschussdeklaration festgelegt, in welchem Umfang im Folgejahr Überschussanteile zur Ausschüttung an Kunden oder zur Erhöhung der versicherten Leistungen verwendet werden sollen. Mit der Überschussdeklaration sind die Überschussanteile des Folgejahres rechtsverbindlich zugesagt. Der → Barwert der hierfür benötigten Mittel ist daher in einer gesonderten Abteilung der RfB festzulegen. Die Überschussdeklaration setzt sich aus dem Rechnungszins, dem überrechnungsmäßigen Zins sowie den Überschussanteilen aus dem Risiko- und Kostenergebnis zusammen. Die Höhe der Überschussanteilssätze wird vom Vorstand, beratend durch den verantwortlichen Aktuar, festgelegt und bedarf der Zustimmung durch den → Aufsichtsrat. Die Veröffentlichung der Überschussanteilssätze erfolgt jährlich im Geschäftsbericht des Versicherungsunternehmens getrennt nach Alt- bzw. Neubestand sowie nach Gewinnverbänden bzw. Bestandsgruppen. Die Bezugsgrößen (z.B. → Versicherungssumme, → Risikoprämie, oder → Deckungskapital) der einzelnen Überschussanteilssätze für den Neubestand werden unternehmensindividuell festgelegt. Die Regelungen für den Altbestand sind durch den Gesamtgeschäftsplan vorgeschrieben. Die Überschussbeteiligung der Versicherungsnehmer entsteht aus laufenden Überschüssen, Schlussüberschussanteilen und der Beteiligung an den Bewertungsreserven. Die laufenden Überschüsse werden den Versicherungsnehmern mit einer zeitlichen Verzögerung von einem Jahr zugewiesen. Die Versicherungsnehmer sollen jedoch mit Vertragsbeendigung alle ihnen zustehenden Überschüsse erhalten. Deshalb werden die eigentlich erst später zuzuweisenden laufenden Überschüsse in den Schlussüberschussanteil gebucht und den Versicherungsnehmern bereits mit Vertragsende zugewiesen. Die Beteiligung an den Bewertungsreserven wurde im Rahmen der VVG-Reform als zusätzliche Komponente der Überschussbeteiligung aufgenommen. Die Versicherungsunternehmen finanzieren mit den Prämienzahlungen der Versicherungsnehmer unterschiedliche Vermögensgegenstände (v.a. Kapitalanlagen), an deren Wertzuwachs die Versicherungsnehmer zur Hälfte zu beteiligen sind. Das Lebensversicherungsunternehmen kann im Voraus eine Mindestbeteiligung an den Bewertungsreserven (sog. Sockelbeteiligung) deklarieren. Der Anspruch des Versicherungsnehmers auf die Beteiligung an den Bewertungsreserven entsteht jedoch erst mit Vertragsbeendigung. Am Ende eines jeden Geschäftsjahrs ermittelt das Versicherungsunternehmen außerbilanziell die Höhe der Bewertungsreserven auf einzelvertraglicher Basis. Jedem Versicherungsnehmer ist der aktuelle Stand seines Anteils an den Bewertungsreserven schriftlich mitzuteilen. Zugewiesen werden nur die Anteile der Bewertungsreserven der ausscheidenden Versicherungsverträge. Die Rückstellung für Beitragsrückerstattung lässt sich in drei Schichten untergliedern. Die Festlegungsschicht enthält die laufenden Überschüsse aus der Vorperiode und der aktuellen Periode, sowie zugesagte Schlussüberschussanteile und Beteiligungen an Bewertungsreserven ausscheidender Versicherungsverträge. Der Schlussüberschussanteilsfonds setzt sich aus Teilrückstellungen für Schlussüberschussanteile, Schlusszahlungen, Gewinnrenten und Sockelbeiträgen an Bewertungsreserven auf Grundlage der jeweils aktuellen Vorausdeklaration zusammen. Die freie Rückstellung für Beitragsrückerstattung enthält alle anderen erwirtschafteten Überschüsse, die noch nicht festgelegt bzw. zugeordnet sind. Der festgelegte Teil der RfB kann dem individuellen Kunden unter der Voraussetzung des Fortbestands des Vertrags nicht mehr entzogen werden und hat daher – anders als die übrigen Teile der RfB – nicht mehr den Charakter von Eigenmitteln. Siehe auch gebundene Rückstellung für Beitragsrückerstattungen, freie Rückstellung für Beitragsrückerstattungen. – 3. *Überschussbeteiligung in der Krankenversicherung nach Art der Lebensversicherung:* Die Regelung der Überschussbeteiligung stellt im Interesse der Versicherten strenge Anforderungen an die Versicherer (vgl. §§ 12a, 81d VAG i.V.m. der Kalkulationsverordnung v. 18.11.1996, zuletzt geändert durch Gesetz v. 23.11.2007 und durch Verordnung v. 22.10.2009, Überschussverordnung v. 8.11.1996, geändert durch Verordnung v. 12.10.2005). Der Überschuss ergibt sich in der Krankenversicherung v.a. aus der Quelle „Kapitalanlageerfolg". In der PKV sind u.a. in der sog. Kalkulationsverordnung (KalV) die Prinzipien der → Prämienkalkulation festgelegt. Daraus resultieren Vorgaben, mit welchen Zinssätzen (Rechnungszinsen, § 3 KalV) die Rückstellungen, namentlich die Altersrückstellungen, bei der Prämienkalkulation anzusetzen sind. Der Rechnungszins zur Berechnung der Alterungsrückstellungen liegt gemäß der gesetzlichen Vorgaben bei höchstens 3,5 Prozent. Diese Grenze dient v.a. dem Schutz der Versicherten vor unzureichend kalkulierten Versicherungsprämien. Liegt der Marktzins über dem Rechnungszins, entstehen Zinserträge, die als Überzinsen bezeichnet werden. Die Beteiligung der Versicherten an diesen Überzinsen ist Gegenstand der Regelung in § 12a VAG. Die hier geschilderte Überschussbeteiligung zielt in erster Linie auf eine Begrenzung des Prämienanstiegs im Alter ab. Die Regelung betrifft nur die nach Art der Lebensversicherung betriebene Krankheitskostenversicherung und die freiwillige Pflegekrankenversicherung (Pflegekostenversicherung und Pflegetagegeldversicherung). Der Überschuss ist wie folgt zu verteilen: Mindestens 90 Prozent des Überzinses (§ 12a I VAG) sind den Versicherten jährlich zuzuschreiben. Dabei ist zunächst den Versicherten, die einen Beitragszuschlag nach § 12 IVa VAG gezahlt haben, bis zum Ende des Jahres, in dem sie das 65. Lebensjahr vollenden, der Anteil gutzuschreiben, der auf den Teil der Alterungsrückstellung entfällt, der aus diesem

Zuschlag entstanden ist. Der Alterungsrückstellung aller Versicherten sind von dem verbleibenden Betrag jährlich 50 Prozent direkt zuzuschreiben, wobei sich dieser Prozentsatz seit dem Geschäftsjahr 2000 jährlich um 2 Prozent erhöht, bis er 100 Prozent erreicht hat. Die Verteilung im Einzelnen ist in § 12a IIa-III VAG sowie in der Überschussverordnung (ÜbschV) geregelt. Insgesamt sind nach § 4 I S. 3 ÜbschV der Rückstellung für erfolgsabhängige Beitragsrückerstattungen mindestens 80 Prozent des Überschusses (Berechnung siehe Satz 2 der Vorschrift) zuzuführen. Die Mindestzuführung ist um die nach § 12a I VAG gutgeschriebenen Überzinsen zu vermindern. Die Mindestzuführung kann unterschritten werden, wenn ein Versicherer nicht mehr über Eigenmittel in Höhe der Solvabilitätsspanne verfügt (Einzelheiten vgl. § 4 III ÜbschV). Ist eine angemessene Zuführung zur Rückstellung für erfolgsabhängige Beitragsrückerstattungen nicht erfolgt, liegt ein Missstand i.S.d. § 81d VAG vor. Das ist insbesondere dann anzunehmen, wenn die Zuführung nicht dem durch die Überschussverordnung festgelegten Zuführungssatz entspricht. Darüber hinaus ist in der PKV häufig eine erfolgsabhängige Beitragsrückerstattung für Versicherte vertraglich zugesagt, die keine Leistungen in Anspruch genommen haben – 4. *Überschussbeteiligung in der Berufsunfähigkeitsversicherung:* In der Berufsunfähigkeitsversicherung wird zwischen Überschüssen, die vor dem Eintritt der Berufsunfähigkeit erzielt werden, und Überschüssen, die während der Berufsunfähigkeit anfallen, unterschieden. Im ersten Fall handelt es sich fast ausschließlich um Risikogewinne, im zweiten Fall um Kapitalanlagegewinne. Für die Überschussbeteiligung der Kunden vor Beginn einer Berufsunfähigkeit gibt es verschiedene Formen. – a) *Beitragsverrechnung:* Die Beitragsverrechnung reduziert den Beitrag ab Versicherungsbeginn. Im Angebot und in der Police werden der eigentliche Beitrag (Bruttobeitrag) und der nach Verrechnung der Überschüsse tatsächlich zu zahlende Beitrag (Nettobeitrag) genannt. Sinken die Überschüsse, kann der Nettobeitrag angepasst werden. – b) *Bonusrente:* Zusätzlich zur garantierten Rente wird eine Gewinnrente gewährt. Sinken die Überschüsse, reduziert sich die Bonusrente. I.d.R. wird die Versicherung im Zuge der Bonusrente ohne erneute → Gesundheitsprüfung erhöht. – c) *Kombination aus Beitragsverrechnung und Bonusrente:* Hier werden beide Überschusssysteme miteinander kombiniert. Bei sinkenden Überschüssen können sowohl die Beiträge steigen als auch die versicherte Rente sinken. – d) *Anlage der Überschüsse in Investmentfonds:* Die Überschüsse werden in Investmentfonds investiert. Das Fondsguthaben wird im Leistungsfall, bei Ablauf des Vertrags oder bei Tod fällig. – e) *Verzinsliche Ansammlung:* Die Überschüsse werden wie in einer klassischen Kapitallebensversicherung oder privaten Rentenversicherung verzinst. Dabei gibt es einen Garantiezins, der derzeit (2012) bei 1,75 Prozent liegt. Die für 2012 den Kunden zugesagte laufende Gesamtverzinsung beträgt im Mittel aller deutschen Versicherer 3,90 Prozent. Die angesammelten und verzinsten Überschüsse werden bei Ablauf des Vertrags als Schlusszahlung ausgewiesen. Tritt der Leistungsfall ein, dient das angesammelte Kapital zur Erhöhung der laufenden Berufsunfähigkeitsrente. – 5. *Sonstige Überschussbeteiligung:* Sofern überhaupt Überschüsse anfallen, kommt eine Überschussbeteiligung auch in der Schaden-/Unfallversicherung in Betracht, sofern der Versicherer ein → Versicherungsverein auf Gegenseitigkeit (VVaG) ist (§ 38 VAG). Dabei handelt es sich um Beteiligung der Versicherungsnehmer an den Überschüssen in ihrer personenidentischen Eigenschaft als Mitglieder des Vereins. Betriebswirtschaftlich ist dieser Sachverhalt als die Gewinnbeteiligung der Vereinsmitglieder zu interpretieren, die in der → Gewinn- und Verlustrechnung (GuV) allerdings über die „Aufwendungen für erfolgsabhängige Beitragsrückerstattungen" abgewickelt wird.

Überschusseinkommen – Bezeichnung der Wirtschaftstheorie für → Einkommen, die als Differenz zwischen Erlös und Aufwendungen anfallen, z.B. Einkommen der selbstständigen Landwirte und Gewerbetreibenden. – *Gegensatz:* → Kontrakteinkommen. Vgl. auch Residualeinkommen (→ Residualtheorie).

Überschusseinkünfte – Überschusseinkünfte sind → Einkünfte, die sich aus dem Überschuss der → Einnahmen über die → Werbungskosten ergeben (§ 2 II Nr. 2 EStG). Dazu zählen die Einkünfte aus nichtselbständiger Arbeit (§ 19 EStG), aus Kapitalvermögen (§ 20 EStG), aus Vermietung und Verpachtung (§ 21 EStG) und die sonstigen Einkünfte im Sinne der §§ 22 f. EStG. – *Anders:* → Gewinneinkünfte.

Überschussfinanzierung – Ersatzbezeichnung für den üblicheren Terminus → Selbstfinanzierung.

Überschussnachfrage → allgemeines Gleichgewicht.

Überschusspolitik – Maßnahme der antizyklischen Fiscal Policy (→ Fiskalpolitik) zur Bekämpfung von → Inflation und Überbeschäftigung. Durch bewusste Überschussbildung im Staatshaushalt und Stilllegung der Überschüsse bei der Notenbank wird dem Wirtschaftskreislauf Geld und damit kaufkräftige Nachfrage entzogen (→ Konjunkturausgleichsrücklage). Überschusspolitik ist nur möglich, wenn die Einnahmen steigen und stillgelegt werden oder die Staatsausgaben verringert werden können. – *Gegensatz:* → Deficit Spending.

Überschussrechnung – steuerrechtlicher Begriff als Gewinnermittlungsmethode – 1. Synonym für → Einnahmen-Überschuss-Rechnung (§ 4 III EStG) zur Ermittlung betrieblicher Gewinne. – 2. Ermittlung des Überschusses der Einnahmen über die → Werbungskosten. – Vgl. auch → Einkünfteermittlung.

Überschussreserve – frei verfügbares → Zentralbankgeld in Händen von Geschäftsbanken, das über die → Mindestreserve hinaus gehalten wird.

Überseecontainer → Container.

überseeische Länder und Gebiete – Abk. *ÜLG;* 1. *Beschreibung:* außerhalb des europäischen Kontinents gelegene europäische Länder oder Hoheitsgebiete, die zum Staatsgebiet eines der Mitgliedsstaaten der → EU gehören oder einen ähnlichen Status haben und damit zur EU „besondere Beziehungen" unterhalten (d.h. ehemalige Kolonien, Treuhandgebiete oder Übersee-Departements). Die Überseeischen Länder und Gebiete sind gemäß Art. 198 AEUV und Anhang II AEUV der EU assoziiert (→ Assoziierungsabkommen); deren strukturbedingte soziale und wirtschaftliche Entwicklung ist durch die Herstellung enger Wirtschaftsbeziehungen untereinander sowie mit der gesamten EU zu fördern. Wirtschaftliche Nachteile ergeben sich insbesondere aus deren Abgelegenheit, Insellage, geringe Größe, schwierige Klimabedingungen und wirtschaftliche Abhängigkeit von einigen wenigen Erzeugnissen. Es handelt sich um ÜLG der EU-Mitgliedsstaaten *Dänemark, Frankreich, Niederlande und Großbritannien.* Darüber hinaus gilt der AEUV direkt für bestimmte ÜLG nach Art. 349 AEUV. – 2. *Assoziierte ÜLG* (Art. 198 AEUV, Anhang II): Grönland (Dänemark, Art. 204 AEUV); Neukaledonien und Nebengebiete, Französisch-Polynesien, Französiche Süd- und Antarktis-Gebiete, Wallis und Futuna (Überseeische Gebiete der Republik Frankreich); Mayotte, Saint-Pierre-et-Miquelon (Collictivtiés terretoriales der Republik Frankreich), Saint-Barthélemy; Aruba, Niederländische Antillen – Bonaire, Curaçao, Saba, Sint Eustatius, Sint Maarten (Niederlande); Anguilla, Kaimaninseln, Falklandinseln, Südgeorgien und südliche Sandwich-Inseln, Montserrat; Pitcairn, St. Helena und Nebengebiete, Britisches-Antarktis-Territorium, Birtische Territorien im Indischen Ozean, Turks- und Caicos-Inseln (Britische Jungferninseln, Bermuda (Großbritannien). – 3. *ÜLG, in denen der AEUV direkt gilt (Art. 349 AEUV):* Åland Inseln (Finnland), Azoren (Portugal), Madeira (Portugal), Kanarische Inseln (Spanien), Französische überseeische Departements: Guadeloupe, Französisch-Guayana, Martinique, Réunion und Saint-Martin (Frankreich). – 4. *Keine ÜLG sind nach Art. 355 V AEUV:* Färöer (ehem. Dänemark), Kanalinseln Alderney, Guernsey, Insel Man (Großbritannien). – 5. *Zollabfertigung:* Für die ÜLG gelten bes. Bedingungen. I.d.R. gilt die 6. MWSt-RL nicht für die ÜLG, in denen der EUV und AEUV nach Art. 52 EUV direkt gilt. Alle anderen ÜLG, die nach Art. 198 AEUV assoziiert sind, gelten als *Drittländer.* Im letzteren Fall ist eine → Ausfuhranmeldung abzugen, → Einfuhrzoll bei der → Einfuhr in die EU ist zu zahlen.

Überseetratte – ein auf einen überseeischen Importeur → gezogener Wechsel (Tratte), meist in mehrfacher Ausfertigung, mit den üblichen Dokumenten versehen. Die Aushändigung der Dokumente erfolgt: (1) Bei Sichtwechseln gegen Bezahlung der Überseetratte; (2) bei Nachsichtwechseln gegen Akzeptierung.

Übersetzer → Systemprogramm, das ein Quellprogramm i.d.R. in ein Maschinenprogramm übersetzt. – *Formen:* → Compiler, → Interpreter und → Assembler.

Überstunden – *Überarbeit.* 1. *Begriff:* Überschreiten der Arbeitszeit, die durch Arbeitsvertrag, Betriebsvereinbarung oder Tarifvertrag festgelegt ist. Da die betriebliche Arbeitszeit fast überall unterhalb der gesetzlichen Normalarbeitszeit (→ Arbeitszeit) liegt, ist oft Überarbeit gegeben, ohne dass gleichzeitig → Mehrarbeit vorliegt. – 2. *Überstunden und Arbeitspflicht:* Der Arbeitnehmer hat dem Arbeitgeber seine Arbeitskraft für die vorgesehene Stundenzahl zur Verfügung zu stellen. Überstunden braucht er grundsätzlich nicht zu leisten, es sei denn, dass etwas anderes durch → Tarifvertrag, → Betriebsvereinbarung oder Einzelvertrag (→ Arbeitsvertrag) bestimmt ist. Als Nebenpflicht aus dem Arbeitsvertrag (→ Treuepflicht des Arbeitnehmers) kann sich u.U. eine Pflicht zur Leistung von Überstunden ergeben, z.B. in dringenden Fällen, um drohende Schäden vom Betrieb fernzuhalten. – 3. *Vergütung:* Überstunden müssen i.d.R. vergütet werden. Bei leitenden Angestellten ist vielfach der Arbeitsvertrag dahin auszulegen, dass Überstunden durch das normale Gehalt abgegolten sein sollen. Ob für Überstunden, die nicht gleichzeitig Mehrarbeit sind, eine höhere Vergütung als die Normalvergütung zu bezahlen ist, richtet sich nach den getroffenen Vereinbarungen, auch nach der → betrieblichen Übung. In Tarifverträgen ist i.d.R. ein Überstundenzuschlag vereinbart. – 4. *Mitbestimmung:* Die Anordnung von Überstunden unterliegt der zwingenden Mitbestimmung des Betriebsrats in → sozialen Angelegenheiten nach § 87 I Nr. 3 BetrVG. Dieses Mitbestimmungsrecht greift auch dann ein, wenn der Arbeitgeber nur für einen Arbeitnehmer Überstunden anordnen will. Es entfällt, wenn die Maßnahme durch nur den einzelnen Arbeitnehmer betreffende Umstände veranlasst wird. – 5. *Pfändung:* Überstundenlohn ist zur Hälfte unpfändbar (§ 850a Nr. 1 ZPO). – Vgl. auch → Lohnpfändung.

Überstundenvergütung → Überstunden, → Mehrarbeitsvergütung, → Mehrarbeitszuschlag.

Überstundenzuschlag → Überstunden.

übertarifliche Bezahlung – in einem → Arbeitsvertrag zwischen Arbeitgeber und Arbeitnehmer vereinbartes übertarifliches → Arbeitsentgelt. Tarifverträge stehen der übertrariflichen Bezahlung nicht entgegen (→ Günstigkeitsprinzip). – Vgl. auch → Tariflohnerhöhung.

Übertrag – Begriff der Buchführung: (1) Übertragung der Addition einer Seite auf die nächste; (2) Übertragung einer Zahl oder einer Addition eines Kontos auf ein anderes Konto, z.B. Eintragungen in das Hauptbuch aus den Grundbüchern.

übertragbare Krankheiten – durch Krankheitserreger verursachte Krankheiten, die unmittelbar oder mittelbar auf den Menschen übertragen werden können. Die Verhütung und Bekämpfung ist eingehend geregelt im Gesetz zur Verhütung und Bekämpfung von Infektionskrankheiten beim Menschen (Infektionsschutzgesetz (IfSG)) vom 20.7.2000 (BGBl. I 1045) m.spät.Änd.

übertragbare Kreditfazilität → Transferable Loan Facility (TLF).

übertragbares Akkreditiv – 1. *Begriff:* Beim übertragbaren Akkreditiv ist der Akkreditivbegünstigte (der sog. Erstbegünstigte) berechtigt, die – je nach Akkreditivart – zur Zahlung, zur Übernahme einer Verpflichtung zur hinausgeschobenen Zahlung, zur Akzeptleistung oder zur Negoziierung ermächtigte Bank zu beauftragen, das Akkreditiv im Ganzen oder z.T. einem oder mehreren anderen Begünstigten (Zweitbegünstigten) zu übertragen. Ein Akkreditiv kann nur übertragen werden, wenn es von der eröffnenden Bank ausdrücklich als übertragbar (transferable) bezeichnet worden ist. – 2. *Einsatzbereiche:* Export- bzw. Transithändler (die Erstbegünstigten) finanzieren den Einkauf der zu exportierenden Güter durch Übertragung derjenigen Akkreditive auf ihre Vorlieferanten (auf die Zweitbegünstigten), die ihnen ihre eigenen Abnehmer (die Akkreditivauftraggeber) zur Verfügung gestellt haben. Analog übertragen Generalunternehmer die zu ihren Gunsten eröffneten Akkreditive auf ihre Subunternehmer (Zulieferer). Die Übertragung eines Akkreditivs kann in Teilbeträgen auch an verschiedene Subunternehmer (Zulieferer) erfolgen, sofern die Akkreditivbedingungen Teilverladungen/Teilinanspruchnahmen nicht untersagen. – 3. *Merkmale bzw. Richtlinien:* Ein übertragbares Akkreditiv kann – sofern im Akkreditiv nichts anderes angegeben ist – nur einmal übertragen werden. Grundsätzlich gilt, dass ein Akkreditiv nur zu den im Originalakkreditiv angegebenen Bedingungen übertragen werden kann. Von diesem Grundsatz lassen die Einheitlichen Richtlinien und Gebräuche für Dokumenten-Akkreditive jedoch Ausnahmen zu: Gegenüber dem Originalakkreditiv können bes. der Akkreditivbetrag, die im Akkreditiv etwa genannten Preise pro Einheit, das Verfalldatum, das letzte Datum für die Vorlage der Dokumente sowie die Verladefrist insgesamt oder einzeln ermäßigt oder verkürzt werden. – Vgl. auch → Akkreditiv.

Übertragbarkeit von Ausgaben – Ausnahme von dem Haushaltsgrundsatz der zeitlichen Spezialität (→ Haushaltsgrundsätze). Die Übertragbarkeit von Ausgaben muss zugelassen sein: (1) kraft Gesetzes als *„geborene Übertragbarkeit von Ausgaben"* für Investitionen und für Ausgaben aus zweckgebundenen Einnahmen; (2) kraft Erklärung im Haushaltsplan als *„gekorene Übertragbarkeit von Ausgaben"*, wenn sie für Ausgaben bestimmt ist, die sich auf eine mehrere Jahre umfassende Maßnahme beziehen und die sparsame Mittelverwendung fördern.

Übertragung → internationale Transfers.

Übertragungen → Transfers.

Übertragungsbilanz – I. Internationale Wirtschaftsbeziehungen: → Zahlungsbilanz, → Bilanz der laufenden Übertragungen, → Vermögensübertragungen.

II. Handels-/Steuerrecht: Sonderbilanz, die bei der Umwandlung zweier oder mehrerer Rechtsträger aufzustellen ist. – Vgl. auch → Umwandlungsbilanz.

Übertragungsbuchführung – veraltetes Buchführungsverfahren, überwiegend mit gebundenen Büchern. – *Buchungsvorgänge:* (1) Buchung im Grundbuch; (2) Übertragung in die Hauptbücher. – *Formen:* → Buchführung. – *Gegensatz:* → Durchschreibebuchführung.

Übertragungsgewinn – 1. *Begriff:* Unterschiedsbetrag, der sich ergibt aus der Gegenüberstellung der Buchwerte der übertragenen → Wirtschaftsgüter mit deren → Teilwerten bzw. → gemeinen Werten. – 2. *Steuerliche Behandlung:* → Umwandlung, → Verschmelzung. – Anders: Übernahmegewinn.

Übertragungsvermerk → Indossament.

Übertragungsvertrag → Geschäftsbesorgungsvertrag, der die Weiterleitung von → Wertpapieren oder Ansprüchen auf Herausgabe von Wertpapieren im Wege der Verbuchung oder in anderer Weise zum Gegenstand hat. Ein Übertragungsvertrag ist nur wirksam, wenn sie dem depotführenden Unternehmen des Begünstigten so rechtzeitig mitgeteilt wird, dass die → Kündigung unter Wahrung der gebotenen Sorgfalt noch vor Verbuchung auf dem Depot des Begünstigten berücksichtigt werden kann (§ 676 BGB).

übertriebenes Anlocken → Kundenfang.

Überwachung – 1. *Begriff:* Vorgehen, bei dem eventuelle Abweichungen zwischen beobachtbaren Istzuständen und vorzugebenden bzw. zu ermittelnden Sollzuständen festgestellt und beurteilt werden sollen. – 2. *Zweck:* Fehlerentdeckung und Fehlervermeidung sowie Erlangung von Informationen, die der Entscheidungsverbesserung all derjenigen dienen können, die über das Ergebnis der Überwachung unterrichtet werden. – 3. *Teilfunktionen:* Unterbegriffe der Überwachung sind → Prüfung (→ Revision) und → Kontrolle. Die Differenzierung erfolgt i.d.R. nach der Beziehung des Überwachenden zum Überwachungsobjekt (→ Prozessabhängigkeit).

Überwachungskosten → Agency-Kosten.

Überwachungsrecht – 1. *Gesetzliches Überwachungsrecht:* Dem → Kommanditisten eingeräumte beschränkte Kontrollbefugnis (§ 166 HGB). Der Kommanditist darf eine Abschrift der jährlichen Bilanz verlangen und ihre Richtigkeit unter Einsicht in die Geschäftsbücher und Geschäftspapiere prüfen. – 2. Ein *außerordentliches Überwachungsrecht* (§ 166 III HGB) gibt ihm bei einem → wichtigem Grund weiter das Recht zum

Antrag auf eine gerichtliche Entscheidung zur Vorlage der Bücher, über die Mitteilung der Bilanz und sonstigerAufklärungen.

Überweisung – Zahlungsinstrument, mit dem ein Kontoinhaber über seine Bank zulasten seines Kontoguthabens bzw. seiner vereinbarten Kreditlinie dem Begünstigten einen bestimmten Betrag auf dessen Konto zur Verfügung stellt – Vgl. auch → Überweisungsgesetz, → Überweisungsverkehr, → Überweisungsvertrag.

Überweisungsauftrag – Bezeichnung für den → Überweisungsvertrag vor Inkrafttreten des Überweisungsgesetzes 1999. Wird auch heute noch vielfach in der Bankpraxis verwandt.

Überweisungsbeschluss → Pfändungs- und Überweisungsbeschluss.

Überweisungsgesetz – Die → Überweisung beruhte bis 1999 auf allg. Auftragsrecht bzw. Allgemeinen Geschäftsbedingungen der Banken für ihre Kunden bzw. Zahlungsverkehrsabkommen im Interbankenverhältnis. – Als Folge der EU-Transparenzrichtlinie von 1997 mussten die rechtlichen Verhältnisse im Zusammenhang mit der Überweisung angepasst werden. Seit 1999 wurden nach dem Überweisungsgesetz die rechtlichen Beziehungen der Beteiligten im → Überweisungsverkehr speziell, d.h. als eigenständige Unterfälle des Geschäftsbesorgungsvertrages (§ 675 BGB) im → Bürgerlichen Gesetzbuch geregelt. – Das Überweisungsgesetz wurde vom Gesetz zur Umsetzung der Verbraucherkreditrichtlinie, des zivilrechtlichen Teils der Zahlungsdiensterichtlinie sowie zur Neuordnung der Vorschriften über das Widerrufs- und Rückgaberecht v. 29.7.2009 (BGBl. I S. 2355) abgelöst (→ Zahlungsdienstegesetz).

Überweisungsverkehr – *Giroverkehr;* bargeldloser Zahlungsverkehr mittels → Überweisung. – *Arten:* (1) Überweisungsverkehr innerhalb einer Kontostelle (Hausüberweisung): Zahlungspflichtiger und Zahlungsempfänger unterhalten bei demselben Kreditinstitut Konten. (2) Überweisungsverkehr zwischen zwei Kontenstellen bei gegenseitiger Kontoführung (unmittelbare Überweisung): Zahlungspflichtiger und Zahlungsempfänger unterhalten ihre Konten bei zwei verschiedenen Kreditinstituten, die gegenseitig Konten führen und die Verrechnung über diese Konten vornehmen (→ Korrespondenzbanken). (3) Überweisungsverkehr unter Einschaltung zentraler Kontostellen (mittelbare Überweisung): Der Zahlungspflichtige und der Zahlungsempfänger unterhalten ihre Konten bei zwei verschiedenen Kreditinstituten ohne gegenseitige Kontoverbindungen. Zum → Clearing muss eine den Kontostellen gemeinsame Verrechnungsbank (z.B. Girozentralen der Sparkassen oder ein Clearing-System (bilaterales Interbanken-Clearing bzw. Bundesbank)) eingeschaltet werden. – Vgl. auch → Gironetz.

Überweisungsvertrag – Der Überweisungsvertrag in §§ 676a–c BGB a.F. wurde mit dem → Zahlungsdienstegesetz durch den → Zahlungsauftrag abgelöst.

Überzeichnung – bei der → Emission von Wertpapieren das Übersteigen der Summe der gezeichneten Beträge über den angebotenen Gesamtbetrag. Je nach den bes. Umständen bzw. den von dem Emittenten mit dem Emissions-Institut oder -Konsortium getroffenen Vereinbarungen wird bei Überzeichnung eine Erhöhung des Emissionsbetrags entsprechend den eingegangenen Zeichnungen vorgenommen, oder es findet eine beschränkte Zuteilung statt. Bei dieser können kleinere Zeichnungsbeträge bevorzugt berücksichtigt werden, eine gleichmäßige Zuteilung vorgenommen oder eine Verlosung unter den Zeichnern durchgeführt werden. Bei einer Überzeichnung wird die Zeichnungsfrist häufig verkürzt. – Vgl. auch → Bookbuilding.

Überziehungskredit – Form des → Kontokorrentkredits, bei dem der Kontoinhaber entweder eine vertraglich eingeräumte Überziehungsmöglichkeit in Anspruch nimmt (§ 504 BGB) oder ohne bes. schriftliche Absprache mit dem Kreditinstitut, aber mit Duldung desselben, sein laufendes Konto oder sein → Kreditlimit überzieht (§ 505 BGB). Bei Überziehungskrediten an Verbrauchern gelten gemäß § 493 BGB die sonst notwendigen Sondervorschriften für Verbraucher nicht (hier entfällt die bei Verbaucherdarlehen sonst vorgeschriebene Schriftform und die Informationspflichten sind weniger umfangreich). – Vgl. auch → Kontoüberziehung.

Überziehungsprovision – Provision für die Inanspruchnahme eines → Überziehungskredits auf dem laufenden Konto (→ Kontokorrentkredit). Die Überziehungsprovision wird zusätzlich zu den Sollzinsen von dem über dem → Kreditlimit liegenden (überzogenen) Betrag erhoben. Nicht zulässig bei vereinbartem Überziehungskredit im → Verbraucherdarlehen (§ 493 I BGB).

Ubiquitous Computing – die Allgegenwärtigkeit von → Smart Devices, kleinster, drahtlos miteinander vernetzter → Computer, die in beliebige Alltagsgegenstände eingebaut werden können. Mit dem Begriff des Ubiquitous Computing geht ein Paradigmenwechsel, weg vom Computer als Werkzeug hin zu einer impliziten Informationsverarbeitung, einher.

UBIT – Als Interessenvertretung der österreichischen Unternehmensberater- und IKT-Branche ist der Fachverband Unternehmensberatung und Informationstechnologie (UBIT) der Wirtschaftskammer Österreich zuständig für die Berufe Unternehmensberatung, Informationstechnologie, Gewerbliche Buchhaltung und Telekommunikationsdienstleistung. Der UBIT ist eine Körperschaft öffentlichen Rechts. – 1. *Aufgaben:* Ziel des UBIT ist die Wahrung der Interessen der Mitglieder u.a. durch: Schaffung geeigneter rechtlicher Rahmenbedingungen, Mitwirkung bei der branchenrelevanten Gesetzgebung, Öffentlichkeitsarbeit, Rechtsberatung,

Mitgliederinformation zu berufsgruppenrelevanten Themen im → Consulting, Förderung der Ausbildung und Weiterbildung. – 2. *Struktur:* Neben dem landesweit tätigen Fachverband gibt es in allen Landeskammern Fachgruppen Unternehmensberatung und Informationstechnologie, die für die direkte Mitgliederbetreuung zuständig sind. Darüber hinaus sind sog. Experts Groups zu speziellen Dienstleistungsgebieten auf der Verbandsebene angesiedelt. 2001 wurde das institute for management consultants and information technology experts (incite) vom UBIT als Ausbildungsinstitut der Unternehmensberatung und Informationstechnologie gegründet.

üble Nachrede – I. Strafrecht: Behauptung oder Verbreitung einer nicht erweislich wahren Tatsache in Beziehung auf eine andere Person, die geeignet ist, diese verächtlich zu machen oder in der öffentlichen Meinung herabzuwürdigen (§ 186 StGB). – *Strafe:* → Geldstrafe oder → Freiheitsstrafe bis zu einem Jahr.

II. Wettbewerbsrecht: Üble Nachrede zum Zwecke des Wettbewerbs in Beziehung auf einen Mitbewerber, sog. *Anschwärzung;* gemäß § 4 Nr. 7 UWG unzulässig (→ unlauterer Wettbewerb).

übrige Welt – Der Sektor „übrige Welt" im Kontensystem der → Volkswirtschaftlichen Gesamtrechnung (VGR) erfasst die Gesamtheit der Wirtschaftseinheiten mit (ständigem) Sitz (Wohnsitz) außerhalb des Wirtschaftsgebietes. Stellt das Wirtschaftsgebiet die gesamte Volkswirtschaft (z.B. Bundesrepublik Deutschland) dar, entspricht der Begriff dem des Auslands. Für eine Region ist die übrige Welt die wirtschaftliche Betätigung außerhalb des Wirtschaftsgebiets.

Übungsfirma – 1. *Begriff/Charakterisierung:* → Lernort im Bereich der kaufmännischen Berufsbildung, der als Ergänzung oder Alternative zum Betrieb handlungsbezogene Lernprozesse im Rahmen simulierter und damit überschaubarer betrieblicher und gesamtwirtschaftlicher Funktionsmodelle ermöglichen soll. Übungsfirma ist ein Modell eines Wirtschaftsbetriebes, in dem der administrativ-verwaltende Bereich konkret-gegenständlich als Handlungsfeld des Lernenden ausgebaut ist, während die technisch-exekutiven Stellen und Prozesse (Produktion, Waren- und Geldverkehr) simuliert werden. – Durch die Zusammenarbeit der Übungsfirma im *Deutschen Übungsfirmenring* besteht ein volkswirtschaftliches Gesamtmodell, in dem die einzelnen Übungsfirmen ökonomisch sinnvoll und den geltenden Rechtsnormen und Verkehrsformen entsprechend agieren können. – 2. *Ziel:* entsprechend ihrer konkreten Ausprägung Training funktionaler Handlungsvollzüge im Praxisfeld, Verdeutlichung struktureller und funktionaler Zusammenhänge der Unternehmensorganisation und/oder Erwerb theoretischer Kompetenzen aus praktischen Problem- und Handlungsvollzügen heraus.

Übungsleiter-Freibetrag → Nebeneinkünfte.

Übungsleiterpauschale – 1. *Steuerbefreiung* nach § 3 Nr. 26 EStG: Einnahmen aus nebenberuflichen Tätigkeiten als Übungsleiter, Ausbilder, Erzieher, Betreuer, aus nebenberuflichen künstlerischen Tätigkeiten und aus nebenberuflichen Pflegediensten im Auftrag einer inländischen gemeinnützigen Einrichtung sind bis zu 2.100 Euro steuerfrei (ab. 1.1.2007) gemäß § 3 Nr. 26 EStG. Sofern die Einnahmen den steuerfreien Betrag übersteigen, dürfen die mit der nebenberuflichen Tätigkeit in unmittelbarem wirtschaftlichen Zusammenhang stehenden Ausgaben nur insoweit steuermindernd (als Betriebausgaben oder Werbungskosten) abgezogen werden, als sie den Betrag der steuerfreien Einnahmen übersteigen. – 2. *Betriebsausgaben-Pauschbetrag nach § 3 Nr. 26a EStG:* Rückwirkend seit dem 1.1.2007 wird eine steuerfreie Pauschale von 500 Euro für Einnahmen aus nebenberuflichen Tätigkeiten, die im Dienst oder im Auftrag einer inländischen juristischen Person des öffentlichen Rechts bzw. einer Einrichtung zur Förderung gemeinnütziger, mildtätiger und kirchlicher Zwecke (§ 5 I Nr. 9 KStG) erfolgen, im Jahr gewährt. Eine Begünstigung durch die Pauschale ist nicht zulässig, wenn für die Tätigkeit eine Steuerbefreiung nach § 3 Nr. 12 oder 26 EStG gewährt wird. Mit Wirkung zum 1.1.2009 wurde die Begünstigung nach § 3 Nr. 26 und 26a EStG auf Dienste oder Aufträge einer Körperschaft des öffentlichen Rechts eines anderen EU-Mitgliedstaats oder EWR-Staats erweitert. – Vgl. auch → Nebeneinkünfte.

UCP – Abk. für *Uniform Customs and Practices for Letters of Credit.* Von der International Chamber of Commerce (→ ICC) betreute standardisierte Abwicklungsregeln für die Handhabung von Dokumenten-Akkreditiven (Letters of Credit, L/C); vgl. → Akkreditiv. Aktuelle Version ist UCP 600.

UCPTE – *Union for the Coordination of the Production and Transport of Electric Power, Union für die Koordinierung der Erzeugung und des Transports elektrischer Energie;* gegründet am 23.5.1951 in Paris auf Empfehlung des Ministerrats der → OEEC. Seit 1.7.1999 abgelöst durch die Nachfolgeorganisation → UCTE.

UCTE – *Union for the Coordination of the Transmission of Electricity, Union für die Koordinierung des Transportes elektrischer Energie;* Nachfolgeorganisation der → UCPTE (seit 1.7.1999). Koordiniert die Interessen der Übertragungsnetzbetreiber in verschiedenen europäischen Ländern. Gemeinsames Ziel ist die Gewährleistung des sicheren Betriebes des europäischen Verbundnetzes. Im Unterschied zu ihrer Vorgängerorganisation konzentriert sich die UCTE auf die Interessen der Übertragungsnetzbetreiber. Sie trägt außerdem den Erfordernissen der Binnenmarktrichtlinie zu den Elektrizitätsmärkten in der EU Rechnung. Die UCTE ist eines der Gründungsmitglieder von → ETSO.

UDEAC – Abk. für *Union Douanière et Economique de l'Afrique Central, Zentralafrikanische Zoll- und Wirtschaftsunion;* → CACEU.

UEAPME – *Union Européenne de l'Artisanat et des Petites et des Moyennes Entreprises, European Association of Craft, Small and Medium-sized Enterprises, Europäische Union des Handwerks und der Klein- und Mittelbetriebe;* wichtigster europäischer Verband zur Interessenvertretung des Handwerks sowie der kleinen und mittleren Unternehmen. Entstand 1979 als Zusammenschluss verschiedener europäischer Interessenverbände vornehmlich aus Mitgliedsländern der EU. Ziele sind Information der Mitglieder über europäische Politik, Koordinierung nationaler Aktivitäten, Lobbyarbeit bei der EU für die Interessen der Mitgliedsverbände. Aus Deutschland ist u.a. der Zentralverband des deutschen Handwerks (ZDH) Mitglied in der UEAPME.

UEC – Abk. für → Union Européenne des Experts Comptables Economiques et Financiers.

UFI – Abk. für → Union des Foires Internationales.

UGR – Abk. für → umweltökonomische Gesamtrechnung.

UID – Abk. für → *Umsatzsteuer-Identifikationsnummer*, verbreitet v.a. in Österreich.

UITP – *Union Internationale des Transports Publics, International Association of Public Transport, Internationaler Verband für öffentliches Verkehrswesen; internationale Organisation für öffentliches Verkehrswesen;* 1885 gegründet; Sitz in Brüssel. Ca. 3.100 Mitglieder aus 90 Ländern.

UK-Stellung → Unabkömmlichstellung.

ULA – Abk. für → Union der Leitenden Angestellten.

ÜLG-Staaten → Überseeische Länder und Gebiete.

Ultima-Ratio-Prinzip → Streik, → Aussperrung.

Ultimatum – Bezeichnung für eine letzte Mahnung, oft mit Friststellung, auf einen Verhandlungsvorschlag zur Vermeidung streitiger Auseinandersetzungen einzugehen.

Ultimatumspiel – 1. *Begriff:* Bezeichnung für ein Spiel aus der → experimentellen Wirtschaftsforschung. – 2. Das Ultimatumspiel stellt einen *Spezialfall einer bilateralen Verhandlung* dar. Ein Akteur, Spieler 1, macht zunächst ein Angebot über die Aufteilung eines vorgegebenen Geldbetrags, das Spieler 2 anschließend annehmen oder ablehnen kann. Akzeptiert er den Vorschlag von Spieler 1, so wird dieser umgesetzt und an die Spieler ausgezahlt. Lehnt er jedoch ab, so erhalten beide Spieler nichts. – 3. *Bedeutung:* Die ökonomische Standardtheorie sagt aus, dass Spieler 2 jeden Betrag annehmen wird, der strikt größer als Null ist. Spieler 1 antizipiert dies und bietet Spieler 2 folglich die kleinstmögliche zulässige Geldmenge (ein Cent) an und beansprucht den Rest für sich. In Laborexperimenten wird regelmäßig ein völlig anderes Verhalten festgestellt: Individuen lehnen als Teilnehmer mit der Rolle des Spielers 2 häufig Beträge ab, die eine zu einseitige Auszahlungsverteilung beinhalten. Spieler vom Typ 1 antizipieren dies richtig und bieten deshalb i.Allg. Beträge zwischen 35 – 50 Prozent an. Zur Erklärung des Verhaltens der Teilnehmer werden häufig → soziale Präferenzen verwendet. – Vgl. auch → extensive Form, → Teilspielperfektheit.

Ultimo – der letzte Tag (im Geld- und Börsenverkehr: der letzte Börsentag) des Monats. – Vgl. auch → Medio.

Ultimogeld – Leihgeld, das am Geldmarkt zur festen Rückzahlung am → Ultimo ohne vorherige Kündigung ausgeliehen wird.

Ultimogeschäft – das per ultimo, zur Erfüllung → Ultimo, abgeschlossene → Termingeschäft an der Börse.

Ultra-Vires-Theorie – Im englisch-amerikanischen Recht: die Bindung der Handelsgesellschaften an den in ihren Statuten festgelegten Geschäftszweck. Um die Geschäftsführung nicht übermäßig in ihrer Handlungsfreiheit zu beschränken, wird der Geschäftszweck bei der Gründung so weit wie möglich gefasst.

Umbrella-Deckung – I. Erstversicherung: Konditionsdifferenzenversicherung.

II. Rückversicherung: Nichtproportionales Rückversicherungskonzept zur Absicherung mehrerer → Versicherungssparten bzw. → Versicherungszweige eines → Erstversicherers gegen ein → Kumulrisiko. Wird i.d.R. als Ergänzung zu den unterliegenden Deckungen für einzelne Sparten oder Zweige eingesetzt. Siehe auch → Multi-Line-Deckung.

Umbrella-Effekt – i.d.R. positiver → Spillover-Effekt. Das gute → Image bereits eingeführter Marken wird genutzt, um anderen (meist neuen) Produkten die Marktdurchdringung zu erleichtern, in dem alle Marken zu Markenfamilien zusammengefügt werden. – Vgl. auch → Kannibalismus-Effekt.

Umbrella-Marke → Dachmarke.

Umbuchungen – Buchungen schon einmal gebuchter Beträge auf andere Konten. Umbuchungen entstehen v.a. durch die vorbereitenden Abschlussbuchungen, durch die einzelne Konten erst abschlussreif gemacht werden. – *Beispiele:* Übertrag der Entnahmen vom Privatkonto auf das Kapitalkonto; Buchung von Rechnungsabgrenzungen etc.; ferner Wechsel des Bilanzpostens durch Umbuchungen wegen Zweckänderung (z.B. Wertpapiere des Anlagevermögens in Wertpapiere des Umlaufvermögens) und durch Korrektur, → Stornobuchung. – In der → Hauptabschlussübersicht (HAÜ) ist eine bes. Spalte für Berichtigungen und Umbuchungen vorgesehen. – Vgl. auch → Anlagengitter.

Umformen → Produktionstechnik.

Umfrage – 1. *Begriff:* → Repräsentativerhebung für die Markt- und Meinungsforschung mittels Fragebogen (→ Befragung). – 2. *Voraussetzungen:* a) *Auswahl der Befragten:* Zahl der auszugebenden → Fragebögen und Bestimmung etwaiger Ersatzbefragten für „Not-at-Homes", d.h. bei mehrfacher Rückfrage nicht Antwortende (→ Non-Response-Problem), gemäß → Genauigkeitstafeln und → Zufallstafeln. – b) *Scharf umrissenes Fragenprogramm:* Mit Ausnahme von → Eisbrechern und → Kontrollfragen keine Frage, die nicht eindeutig in Beziehung zum Untersuchungsziel steht. Beantwortung vereinheitlicht durch Vorgaben, d.h. Angabe einer Auswahl möglicher Antworten, kann zu einer Beeinflussung führen; Antworten auf offene Fragen sind dagegen schwerer auszuwerten. – 3. *Auswertung:* erfolgt durch Anwendung statistischer Methoden (→ univariate Analyseverfahren, → bivariate Analyseverfahren, → multivariate Analysemethoden).

Umgebungseinflüsse → Anforderungsarten bez. der Arbeitsschwierigkeit im Rahmen der Arbeitsbewertung, z.B.: (1) Temperaturbeeinflussung: Einwirkung ungewöhnlicher Temperaturschwankungen auf den Arbeiter während der Arbeit; (2) Öl-, Fett-, Schmutz-, Staub-, Säure- und Wasserbelästigungen, soweit sie arbeitshindernd oder gesundheitsschädlich sind; (3) Gase u.Ä., wenn Beeinträchtigung durch die Anordnung des Arbeitsplatzes bedingt oder Tragen von Schutzmasken erforderlich ist; (4) Unfallgefährdung, wenn keine Schutzmaßnahmen möglich sind; (5) Lärm, Lichtmangel, Blendung u.Ä.

umgedrehter Wechsel → Umkehrwechsel.

Umgehung – Vermeidung einer zwingenden rechtlichen Folge oder einer im Gesetz angedrohten Strafe oder einer Leistungsverpflichtung durch Inanspruchnahme missbräuchlicher rechtlicher Gestaltungsmöglichkeiten. – *Beispiel:* → Steuerumgehung.

umgekehrte Maßgeblichkeit → Maßgeblichkeitsprinzip.

Umgruppierung – Begriff des Arbeitsrechts. Umgruppierung ist die Änderung der Zuordnung des Arbeitnehmers zu der für ihn maßgeblichen Lohn- bzw. Gehaltsgruppe. Änderung kann erfolgen aufgrund einer Versetzung durch den Arbeitgeber oder aufgrund einer neuen Lohn- bzw. Gehaltsgruppeneinteilung. Umgruppierung kann Höher- oder Rückgruppierung sein. – In Betrieben mit mehr als 20 Arbeitnehmern besteht bei Umgruppierung ein *Mitbestimmungsrecht* des Betriebsrats nach den §§ 99–101 BetrVG wie bei → Eingruppierungen.

Umkehrfunktion – *Inverse.* Da bei einer eineindeutigen Funktion jedem x genau ein y und jedem y genau ein x zugeordnet wird, ist eine Umkehrung möglich. Wenn man eine Funktionsgleichung nach der unabhängigen Variablen auflöst, erhält man die Umkehrfunktion $f^{-1}(y)$. Grafisch erhält man eine Umkehrfunktion durch Spiegelung der Funktion an der Winkelhalbierenden.

Umkehrhypothek – auch *Immobilienrente, umgekehrte* → Hypothek, *Reverse Mortgage* genannt, Form eines Darlehens, bei dem ein Eigentümer einer selbst bewohnten Immobilie eine monatliche Rente oder Einmalzahlung bekommt und dafür sein Wohneigentum als Sicherheit verwendet. Diese in Deutschland nicht so verbreitete Finanzierungsform zur Aufbesserung der persönlichen finanziellen Situation wird in den USA und Großbritannien schon länger praktiziert. Zielgruppe sind v.a. Senioren, die in einer eigenen Immobilie wohnen, jedoch über kein hohes Renteneinkommen und/oder Vermögen verfügen. Sie erhalten dann eine zusätzliche monatliche Zahlung oder einen einmaligen Betrag, um z.B. Modernisierungs- oder Erhaltungsarbeiten an dem Wohnprojekt durchführen zu können.

Umkehrwechsel – *umgedrehter Wechsel;* → Wechsel, der bei der Lieferung von Waren ausgestellt und dem → Bezogenen ausgehändigt wird. – Dabei wird wie folgt vorgegangen: Der Käufer bezahlt eine Warenlieferung in der Skontofrist mit Skontoabzug (früher häufig per Scheck, deshalb auch → Scheck-Wechsel-Verfahren genannt). Damit wird die Warenlieferung schnell bezahlt. Gleichzeitig akzeptiert der Käufer einen vom Lieferanten ausgestellten Wechsel. Der Käufer reicht diesen Wechsel seiner Bank zum Diskont ein und verschafft sich so die notwendige Liquidität zur Bezahlung der Waren. Der → Diskontkredit ist im Vergleich zum → Lieferantenkredit günstiger. Bei Fälligkeit löst der Käufer den Wechsel ein und zahlt damit gleichzeitig den aufgenommenen Wechseldiskontkredit zurück. Bei diesem Verfahren wird das übliche Vorgehen umgedreht: nicht der Aussteller ist Einreicher des Wechsels und Kreditnehmer des Diskontkredits, sondern der Bezogene, deshalb Umkehrwechsel. Der Umkehrwechsel setzt eine erstklassige → Bonität des Käufers voraus, da der Lieferant mit der Ausstellung dieses Umkehrwechsels bei Nichteinlösung durch den Bezogenen haftbar gemacht werden kann.

UML – Abk. für *Unified Modeling Language;* von der Firma Rational entwickelte Entwurfsmethodik für die objektorientierte Programmierung, deren Werkzeuge den Entwickler in der Analyse und dem Design objektorientierter Anwendungen unterstützen soll. – Vgl. auch → Objektorientierung.

Umlagen – früher: → Matrikularbeiträge; spezielle Form der → Zuweisungen, die zwischen öffentlichen Aufgabenträgern geleistet werden. Z.T. handelt es sich bei den Umlagen um → Lenkungszuweisungen, zum größeren Teil aber um → Ausgleichszuweisungen. Umlagen zwischen den Gebietskörperschaften in der Bundesrepublik Deutschland: (1) zwischen Gemeinden (Zwecksverbands-Umlagen, Umlagen für zentralörtliche Einrichtungen), (2) zwischen Gemeinden und Gemeindeverbänden (Kreis-Umlagen, Verbands-Umlagen) und (3) zwischen Gemeinden bzw. Gemeindeverbänden und Ländern (unterschiedlich in den einzelnen Ländern, z.B. Finanzierungsausgleichs-Umlagen). Umlagen an den Bund sind die Ausnahme. Neben der Gewerbesteuerumlage sind hier Zahlungen im Rahmen des → Fonds Deutsche Einheit zu nennen. - Vgl. auch → Finanzausgleich, → Finanzverfassung.

Umlageschlüssel → Gemeinkostenschlüsselung.

Umlageverfahren - Verfahren zur Aufbringung von Mitteln durch einen jeweils materiell interessierten Personenkreis.

I. Sozialversicherung → Nach dem Umlageverfahren werden die Einnahmen (Beiträge) so bemessen, dass sie die innerhalb des betreffenden Zeitraums anfallenden Ausgaben decken. Insofern können sich die Beiträge bzw. Beitragssätze von Periode zu Periode ändern. - Von einigen Trägern der Unfallversicherung durch Einbeziehung der kapitalisierten Renten in *qualifizierte Umlageverfahren* verwandelt. - Vgl. auch → Beiträge, → Generationenvertrag, Finanzierungsverfahren, → Anwartschaftsdeckungsverfahren.

II. Individualversicherung → Finanzierungsverfahren.

III. Kostenrechnung → Innerbetriebliche Leistungsverrechnung.

Umlage von Gemeinkosten → innerbetriebliche Leistungsverrechnung, → Gemeinkostenschlüsselung.

Umlaufgeschwindigkeit des Geldes → Geldumlaufgeschwindigkeit.

Umlaufmarkt → Sekundärmarkt.

Umlaufrendite - Rendite festverzinslicher, im Umlauf befindlicher Wertpapiere. Die Umlaufrendite liegt meist geringfügig über der Rendite neu emittierter festverzinslicher Wertpapiere (→ Emissionsrendite).

Umlaufvermögen - 1. *Begriff:* Sammelbezeichnung für Vermögensgegenstände, die nicht dazu bestimmt sind, dauernd dem Geschäftsbetrieb zu dienen und nicht Posten der → Rechnungsabgrenzung sind. - *Gegensatz:* → Anlagevermögen. - 2. *Zum Umlaufvermögen gehören:* Vorräte, Forderungen und sonstige Vermögensgegenstände, Wertpapiere, Schecks, Kassenbestände, Bundesbankguthaben, Guthaben bei Kreditinstituten. Wertpapiere gehören nur zum Umlaufvermögen, wenn sie zur Veräußerung oder als kurzfristige Liquiditätsreserve bestimmt sind; andernfalls sind sie im Anlagevermögen auszuweisen. - *Bewertung der Posten des Umlaufvermögens:* → Niederstwertprinzip (Ausnahme für den Handelsbestand von Banken nach § 340e III HGB).

Umleerverfahren → Sammel- und Trennverfahren.

Umlegung → Flurbereinigung.

UMPLIS - *Umweltplanungs- und Informationssystem;* Informations- und Dokumentationssystem, dessen Aufbau und Führung durch Errichtungsgesetz von 1974 dem → Umweltbundesamt (UBA) übertragen worden ist. - *Zweck:* Bereitstellung von Informationsdiensten und Planungshilfen im Umweltbereich; Erstellen von Informationshilfen für Koordinierung, Kooperation und Transparenz im Bereich umweltbezogener Forschung und Entwicklung; Anbieten benutzerfreundlicher, instrumenteller Hilfsmittel für Planung und Verwaltung. - Vgl. auch → Umweltinformationssystem.

Umrechnungskurs → Umrechnungssatz.

Umrechnungssatz - *Umrechnungskurs;* meist am Kopf des amtlichen → Kurszettels angegebene Devisenkurse zur Umrechnung der ausländischen in die eigene Währung, um den Kurswert von an dt. Börsen notierten Auslandspapieren festzustellen.

Umsatz - 1. *Betriebswirtschaftlehre:* Summe der in einer Periode verkauften, mit ihren jeweiligen Verkaufspreisen bewerteten Leistungen; auch als → Erlös (v.a. im → Rechnungswesen) bezeichnet. - Vgl. auch → Absatz. - 2. *Umsatzsteuerrecht:* Oberbegriff für → Lieferungen und → sonstige Leistungen, einschließlich → unentgeltlicher Wertabgaben und → Verbringungen. Nicht mit Umsatz dürfen verwechselt werden: → Einfuhren, Erwerbe.

Umsatzanalyse - Teilgebiet des → Betriebsvergleichs, bei dem durch Bildung von Umsatzkennziffern und deren Vergleich mit früheren (innerbetrieblichen oder außerbetrieblichen) Zahlen Stand und Entwicklung der → Wirtschaftlichkeit und → Rentabilität des Umsatzes und der mit ihm zusammenhängenden Faktoren aufgezeigt werden. - *Wichtigste Umsatzkennziffern* sind: (1) Bruttogewinn zum Umsatz = Bruttogewinnsatz; (2) Reingewinn zum Umsatz = Umsatzrentabilität; (3) Gesamtaufwand zum Umsatz = Umsatzbelastung; (4) Umsatz zu durchschnittlichem Warenbestand = → Umschlagshäufigkeit des Lagerbestandes; (5) Umsatz zu durchschnittlichem Debitorenbestand = Umschlagshäufigkeit der Forderungen; (6) Umsatz zu Umlaufvermögen = Umschlagsgeschwindigkeit des Umlaufvermögens; (7) Umsatz zu Eigenkapital = Umschlagshäufigkeit des Eigenkapitals; (8) Umsatz zu Gesamtkapital = Umschlagshäufigkeit des Gesamtkapitals, (→ Kapitalumschlag).

Umsatzbeitrag → Deckungsbeitrag. Entsprechend den jeweiligen sachlichen Abgrenzungen kann zwischen Artikel-, Artikelgruppen-, Kunden-, Gebiets- etc. Umsatzbeiträgen unterschieden werden. Die betrachtete Periode ist zusätzlich anzugeben.

Umsatzbesteuerung - I. Charakteristik/Steuersystematik: grundlegende Besteuerungsweise, die auf der Einkommensverwendungsseite des Leistungskreislaufs einer Wirtschaft neben der → Verbrauchsbesteuerung durchgeführt wird. Je nach der Breite in der Ausgestaltung erfasst die Umsatzbesteuerung alle Einkommensverwendungsakte, die Verbrauchsbesteuerung nur einige (partieller Dualismus). Die Umsatzbesteuerung erfasst den „Markteintritt" von

Gütern und Leistungen, die Verbrauchsbesteuerung die „Marktentnahme" (Stobbe). Beide Besteuerungsweisen sollen den „Verbrauch" belasten, indem ihnen unterstellt wird, dass sie vollständig überwälzt werden können. Sie stehen zueinander im Verhältnis einer allg. zu den Sonderverbrauchsteuern; für die fiskalische und die belastungspolitische Zielsetzung und Wirkung von Bedeutung. – *Derzeitige Umsatzbesteuerung in der Bundesrepublik Deutschland:* → Umsatzsteuer.

II. Steuertatbestände des Markteintritts: 1. *Binnenländischer Markteintritt:* wird von der Umsatzsteuer i.e.S. erfasst. – 2. *Importe:* Soll die Steuerbelastung der importierten Güter und Leistungen der inländischen exakt angepasst werden, müssen Ausgleichssteuern als → Ergänzungsteuern erhoben werden *(Umsatzausgleichsteuer).* Sind aus fiskalischen oder handels- und produktionswirtschaftlichen Gründen unterschiedliche Belastungen geplant, besteht die Möglichkeit, einen → Zoll (z.B. Finanz- oder Schutzzoll) zu erheben; wird zumeist auf ausgewählte Güter erhoben und hat somit den Charakter einer Verbrauchsteuer.

III. Erhebungsformen: 1. *Erhebungsstufen:* Umsatzsteuern können auf allen *(Allphasenumsatzsteuer),* wenigen *(Mehrphasenumsatzsteuer)* oder einer *(Einphasenumsatzsteuer)* Tausch- oder Handelstufe(n) erhoben werden. Eine Allphasenumsatzsteuer ist einfach zu erheben, niedriger Steuersatz möglich; Einphasenumsatzsteuern erfordern für dasselbe Aufkommen einen entsprechend höheren Steuersatz. – 2. *Erfassungsbreite: Bruttoumsatzsteuer:* Bemessungsgrundlage ist das auf jeder Tauschstufe gezahlte volle Entgelt, d.h. der kumulierte Umsatzwert (eigener Umsatz + Umsatz der Vorstufen); *Nettoumsatzsteuer (Mehrwertsteuer):* Bemessungsgrundlage ist der um die Vorumsätze verminderte Umsatz, d.h. die jeweilige Wertschöpfung der Handelsstufe. – Die Nettoumsatzsteuer bzw. Allphasen-Nettoumsatzsteuer wird seit 1968 in der Bundesrepublik Deutschland und in vielen Ländern der EU erhoben; sie geht davon aus, dass sich die Leistungsfähigkeit einer Volkswirtschaft nicht durch ständige Tauschakte, sondern v.a. durch die Wertschöpfung darstellt. Eine solche Steuer ließe sich auch einstufig (z.B. als Einzelhandelsteuer) erheben, brächte dann aber die Nachteile einer liquiditären Belastung nur der besteuerten Handelsstufe und die alleinige Belastung dieser Stufe mit dem Risiko der Nichtüberwälzung mit sich. – 3. *Erhebungs- oder Umsatzsteuertypen* (nach Breite der Bemessungsgrundlage): a) Mehrwertsteuer vom *Bruttonationaleinkommenstyp:* Es werden die gesamten Unternehmensbruttoeinnahmen abzüglich der Ausgaben für den Kauf von Produkten aus den Vorstufen erfasst, liegt auf allen Konsum- und Investitionsgütern; umfassendster Typ. – b) Mehrwertsteuer vom *Nettonationaleinkommenstyp:* Die Bemessungsgrundlage wird um die Abschreibungen gekürzt. – c) Mehrwertsteuer vom *Konsumtyp:* Neben Abschreibungen werden Investitionsausgaben abgezogen, d.h. es verbleibt als Bemessungsgrundlage der Wert der produzierten Konsumgüter; erfordert gegenüber den anderen Typen einen höheren Steuersatz. Typ der seit 1968 in der Bundesrepublik Deutschland erhobenen Mehrwertsteuer.

IV. Berechnungsmodus: Die Steuer lässt sich durch Besteuerung des um die Vorumsätze verminderten Umsatzes einer Unternehmung *(Mehrwertsteuer mit Vorumsatzabzug)* oder durch Kürzung der auf den Gesamtumsatz erhobenen Steuer um die an den Vorlieferanten gezahlte Umsatzsteuer *(Mehrwertsteuer mit Vorsteuerabzug)* berechnen. Letztere liegt der in der Bundesrepublik Deutschland erhobenen Mehrwertsteuer zugrunde. Beide Modalitäten sind subtraktive Verfahren; sie sind praktikabler als die Berechnung des Mehrwerts nach dem additiven Verfahren.

V. Ziele/Wirkungen: 1. *Fiskalische Sicht:* Der steuerliche Dualismus einer zweimaligen Erfassung des Einkommensverwendungsstromes sowie einer Erfassung der Einkommensverwendung neben der Einkommensentstehung hat Vorteile, da ein mehrmaliger Steuerzugriff an verschiedenen Steuerquellen mit niedrigeren Steuersätzen auskommt; in Anbetracht von → Steuerwiderständen bei unverkürztem Aufkommen steuerpsychologisch geschickt. Durch die Umsatzbesteuerung werden auch jene leistungsfähigen Bürger zur Steuer herangezogen, die der Einkommensbesteuerung entgehen konnten. – 2. *Verteilungspolitische Sicht:* Die Umsatzbesteuerung ist eine objektive Besteuerungsweise, persönliche Verhältnisse werden nicht bedacht; entsprechend können sich Konflikte mit dem Verteilungsziel ergeben, v.a. wenn zusätzlich Einzelverbrauchsteuern erhoben werden. Der Konflikt lässt sich durch verminderte Steuersätze für solche Güter, die im Budget der einkommensschwachen Gruppen einen hohen Anteil einnehmen (etwa für Nahrungsmittel), entschärfen; widerspricht jedoch dem objektiven Charakter der Umsatzbesteuerung. – Eine *Allphasenumsatzsteuer* beteiligt jeden Unternehmer an der Steuerzahllast, bei Nichtüberwälzung aber auch an der Traglast; sie beteiligt alle an der Liquiditätsbelastung durch Steuern. *Einphasenumsatzsteuern* lasten dies nur den Unternehmern dieser einen Besteuerungsstufe an, bürden nur ihnen das Risiko einer Nichtüberwälzung auf; Steuerwiderstände sind wahrscheinlich, da Steuersatz höher als bei Allphasenumsatzsteuern. – 3. *Bruttoumsatzsteuern,* v.a. Allphasen-Bruttoumsatzsteuern führen zur → Kumulativwirkung und zur → Kaskadenwirkung (beide Wirkungen treten zusammen auf), mit ihren allokativen Nachteilen der Unternehmenskonzentration und Wettbewerbsbeeinträchtigung. – 4. Die Umsatzsteuer vom *„Konsumtyp"* kann, weil sie gegenüber den anderen Typen eine relativ schmale Bemessungsgrundlage aufweist und demzufolge bei Aufkommensneutralität einen höheren Steuersatz erfordert, verteilungspolitischen Zielen zuwiderlaufen oder nachteilige (regressive) Verteilungswirkungen haben. Der allokative Vorteil jedoch liegt in der steuerlichen Schonung der Investitionsgüter mit ihren Produktions- und Wachstumseffekten.

Umsatzbilanz → Rohbilanz.

Umsatzerlös – erster Ertragsposten der → Gewinn- und Verlustrechnung (GuV) nach § 275 HGB (für Kapitalgesellschaften). Erlöse aus Verkauf, Vermietung oder Verpachtung von *typischen* Produkten, Waren und Dienstleistungen im Rahmen des *gewöhnlichen Geschäftsverkehrs* nach Abzug von → Erlösschmälerungen und → Umsatzsteuer. – *Beispiel:* Bei einem Handelsunternehmen sind Umsatzerlöse die Erlöse aus Verkauf der Waren des Sortiments; Erlöse aus der Vermietung eines Lagerraums sind „sonstige betriebliche Erträge". – Vgl. auch → Erlös.

Umsatzgeschäfte → Anschaffung *und* Weiterveräußerung von beweglichen Sachen (Waren) und Wertpapieren. Nach dem Handelsrechtsreformgesetz für die Bestimmung der Kaufmannseigenschaft bedeutungslos.

Umsatzgeschwindigkeit → Umschlagshäufigkeit, → Umschlagsdauer.

Umsatzgrößenklassen → Unternehmensgrößenstruktur.

Umsatzhäufigkeit → Umschlagshäufigkeit.

Umsatzindex → Umsatzindex im Verarbeitenden Gewerbe.

Umsatzindex im verarbeitenden Gewerbe → Indexzahl, die über die Entwicklung der → Umsätze, definiert als Summe der Rechnungsendbeträge ohne Umsatzsteuer über die mit Dritten abgerechneten Lieferungen und Leistungen, Auskunft gibt. Die monatlichen Indizes des Umsatzes für das Verarbeitende Gewerbe zählen neben den Auftragseingangs- und Produktionsindizes zu den wichtigsten Indikatoren für die Beobachtung und Analyse der Konjunkturentwicklung in Deutschland. Die Berechnung erfolgt über die Aggregation der → Messzahlen des Umsatzes in verschiedenen Wirtschaftszweigen des Verarbeitenden Gewerbes. Als Gewichte fungieren die Wertanteile des Umsatzes der einzelnen Wirtschaftszweige. Aus dem so ermittelten Wertindex wird durch Deflationierung mit Erzeugerpreis- bzw. Ausfuhrpreisindizes ein Volumenindex (→ Mengenindex) gebildet. Die Erhebung der Umsätze erfolgt derzeit bei Betrieben mit mind. 50 Beschäftigten in 245 Wirtschaftszweigen des Verarbeitenden Gewerbes nach der → Klassifikation der Wirtschaftszweige, getrennt nach dem Umsatz aus dem Inland und den Umsätzen mit Empfängern aus dem Ausland (weiter unterteilt nach Eurozone und Nicht-Eurozone). Für internationale Zwecke werden die Umsatzindizes für das Verarbeitende Gewerbe zusätzlich nach der internationalen Wirtschaftszweigklassifikation → ISIC berechnet. Im Gegensatz zum Auftragseingangsindex ist der Umsatzindex ein der Konjunktur nachlaufender Index. Vorläufige Ergebnisse werden rund fünf Wochen nach Ende des Berichtsmonats veröffentlicht, u.a. in Fachserie 4, Reihe 2. 2.

Umsatzkennziffern → Umsatzanalyse.

Umsatzkostenverfahren – **I. Begriff:** Gestaltungsform der → Erfolgsrechnung, bei der die Kosten bzw. Aufwendungen der zur Erzielung der Umsatzerlöse erbrachten Leistungen (Umsatzkosten) den Umsatzerlösen gegenübergestellt werden. Bei den einzelnen Kosten- bzw. Aufwandsarten müssen die Beträge, die für die Herstellung der Bestandsmehrungen an Halb- und Fertigfabrikaten und selbsterstellten Anlagen verwendet worden sind, ausgegrenzt werden (Nettoverfahren). – *Gegensatz:* → Gesamtkostenverfahren (Bruttoverfahren).

II. Kostenrechnung: Zweck ist die Ermittlung des „umgesetzten" Betriebsergebnisses (Umsatzergebnis) unter Ausschaltung derjenigen Faktoren, die Bestimmungsgrößen eines evtl. betriebsfremden oder neutralen Ergebnisses werden könnten. – *Verfahrensschema:*

	Bruttoumsatz
–	Erlösschmälerungen
=	Nettoerlöse
–	Selbstkosten der abgesetzten Erzeugnisse
=	Betriebsergebnis

III. Jahresabschluss: 1. *Anwendung:* Im Jahresabschluss von Kapitalgesellschaften ist das Umsatzkostenverfahren im Rahmen der nach der Staffelform aufzustellenden → Gewinn- und Verlustrechnung (GuV) (§ 275 I HGB) ebenso zulässig wie das Gesamtkostenverfahren. Bei Anwendung des Umsatzkostenverfahrens ergibt sich nach Abzug der → Herstellungskosten der zur Erzielung der Umsatzerlöse erbrachten Leistungen von den Umsatzerlösen das Bruttoergebnis vom Umsatz, aus dem sich nach Abzug der → Vertriebskosten und der allg. → Verwaltungskosten unter Berücksichtigung des Saldos der sonstigen betrieblichen Aufwendungen und Erträge ein „betriebliches Ergebnis" (*anders:* → Betriebsergebnis in der Kostenrechnung) entwickeln lässt. Zusammen mit dem Finanzergebnis (Saldo aus den Finanzaufwendungen und Finanzerträgen) ergibt sich das „Ergebnis aus der gewöhnlichen Geschäftstätigkeit". Unter Berücksichtigung des außerordentlichen Ergebnisses (Saldo aus → außerordentlichen Aufwendungen und → außerordentlichen Erträgen) sowie nach Abzug der nicht zurechenbaren Ertragsteuern und der nicht zugerechneten sonstigen Steuern wird der Jahresüberschuss/Jahresfehlbetrag als Unternehmensergebnis ausgewiesen. – 2. *Beurteilung:* Eine klare Erfolgsspaltung im betriebswirtschaftlichen Sinn bietet das Umsatzkostenverfahren nicht, da weder eine Trennung nach betrieblichen und betriebsfremden, einmaligen und regelmäßigen, periodeneigenen und periodenfremden Aufwendungen und Erträgen noch nach Produktarten möglich ist. Dennoch gewinnt das Umsatzkostenverfahren im Zuge der Internationalisierung des Rechnungswesens zunehmend an Bedeutung. Zur Aussagefähigkeit vgl. → Bilanzanalyse.

Umsatzkredit → Betriebsmittelkredit.

Umsatzmessung – Aufgabe der Finanzbuchhaltung (Verkaufsabrechnung). – *Arten:* (1) mengen- und wertmäßige Ermittlung des Umsatzes anhand von Versandanzeigen, Rechnungen, Quittungen bei Barverkäufen, Kassenstreifen etc.; (2) indirekte Umsatzmessung z.B. im Handelsbetrieb (Warenanfangsbestand + Zugang – Endbestand = Abgang; Abgang · Verkaufspreis = Umsatz). Fehler wegen Schwund, Diebstahl etc.

Umsatzprovision – Entgelt für die mit der Kontoführung verbundenen Grundleistungen sowie für die Nutzung der Bankeinrichtungen, die aus dem tatsächlichen Umsatz auf dem laufenden Konto (→ Kontokorrent, → Kontokorrentkredit) berechnet wird. Früher gebräuchlich; heute wird statt der Umsatzprovision üblicherweise eine Grundgebühr sowie eine Stückgebühr je Buchungsposten (Postengebühr) erhoben (→ Bearbeitungsprovision).

Umsatzprozess – Zeitspanne zwischen der Beschaffung der produktiven Faktoren und dem Eingang der Erlöse für die Erzeugnisse, die aus diesen produktiven Faktoren hergestellt werden. Der Umsatzprozess umfasst die Produktions- und Lagerdauer sowie das Zahlungsziel. – Vgl. auch → Kapitalbildung.

Umsatzrabatt → Rabatt, → Mengenrabatt.

Umsatzrechnung → Gewinn- und Verlustrechnung (GuV).

Umsatzrendite → Rentabilität.

Umsatzrentabilität – Umsatzrentabilität (Umsatzrendite). Sie ist im Rahmen jeder Unternehmensanalyse von Bedeutung und gibt das prozentuale Verhältnis des Jahresüberschusses zum erzielten Umsatz an. Sie lässt somit erkennen, wie viel Cent Gewinn mit jedem Euro Umsatz erwirtschaftet wurde. – Die Kennzahl wird in der Literatur unterschiedlich abgegrenzt. Die Grundversion, die

$$Brutto - Umsatzrentabilitaet = \frac{Jahresueberschuss\ vor\ Steuern\ und\ Zinsen\ x\ 100}{Umsatz}$$

ist eine aussagekräftige Kennzahl im zwischenbetrieblichen Vergleich.

Die

$$Netto - Umsatzrentabilitaet = \frac{Jahresueberschuss\ nach\ Steuern\ und\ Zinsen\ x\ 100}{Umsatz}$$

bei der die auf den Gewinn entfallenden Steuern bereits berücksichtigt wurden, wird häufig im Vergleich zwischen verschiedenen Unternehmen herangezogen. – Vgl. auch → Rentabilität.

Umsatzschwellen – §§ 35, 36 GWB; Begrenzung des Anwendungsbereichs der dt. Fusionskontrolle auf Zusammenschlüsse von Unternehmen mit hinreichender wirtschaftlicher Bedeutung. Die ersten drei unternehmensbezogenen Umsatzschwellen (weltweite Umsatzerlöse aller beteiligten Unternehmen von mehr als 500 Mio. Euro, Inlandsumsätze je eines beteiligten Unternehmens von mehr als 25 bzw. 5 Mio. Euro; § 35 I GWB) dienen dazu, insgesamt oder zumindest in Deutschland wirtschaftlich unbedeutendere Zusammenschlüsse zur Entlastung der Unternehmen sowie auch des Bundeskartellamts fusionskontrollfrei zu stellen. Die vierte Umsatzschwelle ist ebenfalls unternehmensbezogen und zielt auf den Umsatz des Zielunternehmens einschließlich des Umsatz der mit diesem Unternehmen verbundenen Unternehmen (d.h. insbesondere des Veräußerers) ab, der mind. 10 Mio. Euro betragen muss („de minimis", § 35 II GWB). Hintergrund sind Bemühungen des Gesetzgebers, den „Generationswechsel" in kleinen, mittelständisch geprägten Unternehmen zu erleichtern und den Verkaufsprozess nicht durch bürokratische Erfordernisse zu behindern. Die fünfte Umsatzschwelle ist hingegen marktbezogen und schließt eine Untersagung für solche Zusammenschlüsse aus, bei denen die Untersagungsvoraussetzungen für einen Markt vorliegen, auf dem seit mind. fünf Jahren Waren und gewerbliche Leistungen angeboten werden und auf dem im letzten Kalenderjahr weniger als 15 Mio. Euro umgesetzt wurden („Bagatellmarkt", § 36 I Nr. 2 GWB). Grundgedanke ist wiederum eine Beschränkung der Anwendung der Fusionskontrolle auf Zusammenschlüsse mit hinreichender wirtschaftlicher Bedeutung.

Umsatzstatistik – I. Betriebswirtschaftliche Statistik: Erscheinungsform der → Absatzstatistik.

II. Amtliche Statistik: Erfassung und Aufbereitung der Umsätze in Form von → Vollerhebungen wirtschaftlicher Einheiten (Unternehmen, Betriebe, Arbeitsstätten) für einen bestimmten Zeitabschnitt (i.d.R. Monat oder Jahr) als Merkmal zur Kennzeichnung der Struktur des Gewerbes durch Gliederung der Einheiten nach Umsatz-Größenklassen oder als → Repräsentativerhebungen nach monatlichen oder jährlichen Meldungen, z.B. des Produzierenden Gewerbes, des Gastgewerbes oder des Groß- und Einzelhandels. – Vgl. auch → Gastgewerbestatistik, → Einzelhandelsstatistik, Großhandelsstatistik.

Umsatzsteuer – *Mehrwertsteuer (MWSt), Value Added Tax (VAT), Tax sur la Valeur Ajoutée (TVA).* 1. *Begriff:* Steuer auf den Umsatz eines Unternehmens, ist vom Unternehmer zu entrichten, wird aber über die Preisbildung auf den Kunden überwälzt (→ indirekte Steuer). Dies entspricht auch der gesetzlichen Zielsetzung, denn getroffen werden soll der Konsum als einer der Indikatoren für die Fähigkeit, Steuern zu zahlen. – 2. *Konzeption:* Eine Umsatzsteuer kann theoretisch auf allen oder nur auf ausgewählten Handelsstufen erhoben werden (→ Allphasenumsatzsteuer, → Mehrphasenumsatzsteuer, → Einphasenumsatzsteuer). Bei einer Erhebung auf allen Produktions- und Handelsstufen hintereinander wird im Laufe des Produktions- und Vertriebsprozesses mehrmals Umsatzsteuer auf den Warenwert erhoben, dadurch kann es zu einer Anhäufung (Kumulation) von Umsatzsteuerbelastungen im Laufe der Unternehmerkette kommen. Wirtschaftspolitisch ist eine solche Kumulation von Umsatzsteuer unerwünscht, da sie nur dann minimiert wird, wenn sämtliche Tätigkeiten in einer einzigen Hand konzentriert werden, Arbeitsteilung also nicht stattfindet; kumulative Systeme sind also höchstens bei extrem niedrigen Steuersätzen tolerierbar. Eine Kumulation der Umsatzsteuer im Verlauf der Produktions- bzw. Handelskette kann jedoch durch entsprechende Ausgestaltung der Besteuerung vermieden werden (z.B. durch Vorsteuerabzug, Vorumsatzabzug); dies ist heutzutage internationaler Standard. International vorherrschend und auch in Deutschland praktiziert ist die nichtkumulative Allphasenumsatzsteuer mit → Vorsteuerabzug; bei diesem System wird innerhalb der Unternehmerkette jedem Unternehmer die Umsatzsteuer, die auf den von ihm eingekauften Leistungen liegt, wieder erstattet. Dadurch wird dann zwar auf jeder Stufe Umsatzsteuer erhoben, sie bleibt aber nur beim Umsatz mit dem Letztverbraucher wirklich endgültig bestehen, eine Kumulation wird vermieden. Die dt. Umsatzsteuer ist wirtschaftlich eine allg. → Verbrauchsteuer, technisch aber als → Verkehrsteuer ausgestaltet. – 3. *Gesetzgebungshoheit, Rechtsgrundlagen:* Die Gesetzgebungsbefugnis für die Umsatzsteuer liegt in Deutschland formal beim Bund (Art. 105 II GG), der auf die Zustimmung des Bundesrates angewiesen ist (Art. 105 III GG). In der Rechtswirklichkeit sind jedoch diese beiden Institutionen verpflichtet, bei ihrer Gesetzgebungstätigkeit den Vorgaben der Europäischen Union zu folgen, soweit diese entsprechende Vorgaben (durch → EG-Richtlinien) gemacht hat. Die Befugnis hierzu ist der EU durch Art. 93 EG-Vertrag übertragen; sie hat von ihr in sehr weitreichendem Umfang Gebrauch gemacht, sodass der Bund faktisch somit nur noch in Restbereichen eine eigene Entscheidungsbefugnis für die Umsatzsteuer besitzt (z.B. in gewissen Grenzen bei der Festlegung der Steuersätze). Die Umsatzsteuer ist dadurch zugleich innerhalb der EU weitgehend angeglichen: Die Umsatzsteuersysteme aller Mitgliedsstaaten müssen sich im Rahmen der Vorgaben der Mehrwertsteuersystemrichtlinie (neu gefasst 2006, zuvor bekannt als „Sechste Richtlinie über die Harmonisierung der Umsatzsteuern", 1977) bewegen, soweit nationale Sonderlösungen nicht ausdrücklich gestattet sind. Demzufolge gelten die folgenden Ausführungen zum dt. Recht sinngemäß auch für das Recht anderer EU-Staaten. Rechtsgrundlagen in Deutschland sind das Umsatzsteuergesetz (UStG) und die dazu ergangene Umsatzsteuerdurchführungsverordnung (UStDV); wichtige Verwaltungsanweisungen sind in den Umsatzsteuerrichtlinien (UStR) des Bundesfinanzministeriums zusammengestellt. – 4. *Grundprinzipien:* Die Umsatzsteuer achtet weitestgehend auf Wettbewerbsneutralität, d.h. die Besteuerung wird weitgehend so konzipiert, dass die Wettbewerbschancen der Unternehmer untereinander durch die Besteuerung nicht verändert werden. Im internationalen Kontext folgt aus diesem Grundsatz zwangsläufig, dass das Recht, Umsätze zu besteuern, letztendlich dem Land zugesprochen wird, in dem letztendlich der Konsum stattfindet (Bestimmungslandprinzip); würde nämlich das Recht zur Besteuerung dem Land zugesprochen, in dem die Leistung produziert wird bzw. der einzelne Unternehmer seinen Sitz hat (Ursprungslandprinzip), könnten Anbieter aus verschiedenen Ländern demselben Kunden Angebote unterbreiten, in denen unterschiedliche Umsatzsteuersätze einkalkuliert sind: z.B. könnte ein Luxemburger eine Leistung mit einem Aufschlag von nur 15 Prozent anbieten (Steuersatz in Luxemburg), ein Däne aber zu 25 Prozent (Steuersatz in Dänemark); das aber würde den Wettbewerb so stark verfälschen, dass einzelne Anbieter alleine wegen der Besteuerung vom Markt verschwinden müssten. Aus dem Bestimmungslandprinzip folgt zwangsläufig, dass dt. Unternehmer nicht nur dem dt. Umsatzsteuergesetz unterliegen, sondern möglicherweise, wenn sie Leistungen auch im Ausland anbieten, für diese Leistungen statt in Deutschland im Ausland die (dortige) Umsatzsteuer zu entrichten haben. Obwohl Wettbewerbsneutralität und Bestimmungslandprinzip unverzichtbare Grundpfeiler des Umsatzsteuersystems darstellen, lassen sie sich freilich im Einzelfall nicht immer lückenlos verwirklichen; entscheidend bleiben daher für die Beurteilung einzelner Vorgänge immer die konkreten Regelungen im UStG. – 5. *Steuerbare Vorgänge:* a) Erfasst werden von der Umsatzsteuer v.a. → Umsätze (§ 1 I Nr. 1 UStG), die ein → Unternehmer im Rahmen seines → Unternehmens gegen → Entgelt erbringt, wenn diese Umsätze als im (umsatzsteuerlichen) → Inland bewirkt gelten. Als Umsätze gelten alle → Lieferungen und → sonstigen Leistungen, die die Unternehmenstätigkeit mit sich bringt, auch gelegentliche → Hilfsgeschäfte. Ob Umsätze als im Inland bewirkt gelten, entscheidet sich nicht nach geografischen Kriterien, sondern nach spezifisch umsatzsteuerlichen Regeln über den „Ort der Lieferung" bzw. „Ort der sonstigen Leistung"; es geht dabei primär nicht um die Frage, wo sich ein Umsatz ereignet hat, sondern ob der Vorgang nach der im Rahmen der EU erreichten Zuständigkeitsverteilung in Deutschland oder in einem anderen Staat Steuerfolgen auslösen soll. – b) Betroffen sind auch Einfuhren von Gegenständen aus dem → Drittlandsgebiet in einen EU-Staat [für ausführliche Angaben: → Einfuhrumsatzsteuer (EUSt)]. – c) Der Erwerb von Gegenständen unterliegt der Umsatzsteuer, wenn diese von einem Mitgliedsstaat der

EU in einen anderen gelangen und der Käufer zu einer bestimmten Personengruppe gehört (die meisten Unternehmer und sog. → Halbunternehmer; für ausführliche Angaben: → Erwerbsteuer). – 6. *Steuerbefreiungen* dürfen die EU-Staaten nur nach Maßgabe eines Ausnahmekatalogs in der Mehrwertsteuersystemrichtlinie vorsehen. Befreiungen von der dt. Umsatzsteuer können unterteilt werden in: a) Solche zur Vermeidung einer Doppelbelastung mit Umsatzsteuer (→ Ausfuhrlieferungen, → Lohnveredelungen), b) zur Vermeidung einer Doppelbelastung mit Umsatzsteuer und einer spezielleren Verkehrsteuer (z.B. → Grunderwerbsteuer) oder c) Befreiungen aus sozialen Motiven (z.B. Umsätze der Theater, Museen, → Blindenumsätze). Außer der ersten Gruppe schließen alle anderen Befreiungen im Gegenzug den Vorsteuerabzug aus; eine Befreiung kann daher je nach Sachverhalt auch nachteilig sein. Daher ist für bestimmte Umsatzarten die → Option zur Steuerpflicht gestattet. – 7. *Bemessungsgrundlage* der Umsatzsteuer ist das → Entgelt, in bes. Fällen mind. aber der Betrag der Wiederbeschaffungs-/Herstellungskosten (→ Mindestbemessungsgrundlage). – 8. *Steuersatz:* in allen EU-Staaten verschieden; grundsätzlich darf für alle Umsatzarten nur ein einziger einheitlicher Satz (Normalsatz, gegenwärtig mind. 15 Prozent) festgelegt werden. Für bestimmte meist lebenswichtige Waren und Dienstleistungen ist aber die Anwendung eines ermäßigten Steuersatzes gestattet (muss gegenwärtig mind. 5 Prozent betragen); für wiederum andere Umsatzarten dürfen teilweise in einigen Staaten Sondersteuersätze im Rahmen von Ausnahmeregelungen beibehalten werden. In Deutschland beträgt der Normalsatz für Leistungsausführungen ab 2007 19 Prozent, der ermäßigte Satz ist unverändert 7 Prozent. Die Liste der ermäßigt besteuerten Waren und Dienstleistungen ergibt sich aus § 12 II UStG und Anlage 2 zum Umsatzsteuergesetz (hauptsächlich bestimmte Lebensmittel, aber auch Bücher u.Ä.). – 9. *Vorsteuerabzug:* Jeder Unternehmer kann die Umsatzsteuer, die in den von ihm bezogenen Vorprodukten und Vorleistungen enthalten ist, von seiner eigenen Umsatzsteuerschuld als sog. Vorsteuer abziehen, wenn der → Vorsteuerabzug im Einzelfall nicht ausnahmsweise ausgeschlossen ist; dadurch wird erreicht, dass jeder Umsatz letztlich nur einmal mit der Umsatzsteuer belastet ist und die Umsatzsteuer nur gegenüber dem Endverbraucher endgültig ist. Voraussetzung für den Vorsteuerabzug ist eine → Rechnung, die allen Formvorschriften der §§ 14–14c UStG genügt. – 10. *Besteuerungsverfahren:* a) *Allgemein:* Die Umsatzsteuer ist eine Jahressteuer, es sind aber während des Jahres mehrmals (monatlich oder quartalsweise) → Umsatzsteuervoranmeldungen abzugeben und Vorauszahlungen zu leisten. Außerdem sind → Aufzeichnungspflichten zu beachten. – b) *Steuerentstehung:* Die Steuerschuld entsteht im Normalfall mit Ablauf des → Voranmeldungszeitraums, in dem die Leistung ausgeführt worden ist (Besteuerung nach vereinbarten Entgelten, → Sollversteuerung), bei kleineren Unternehmen ist jedoch auf Antrag die Versteuerung bei Erhalt der Zahlung (Besteuerung nach vereinnahmten Entgelten; → Istversteuerung) möglich. Anzahlungen sind jedoch generell bereits im Zeitpunkt der Zahlung zu versteuern (sog. → Mindest-Ist-Besteuerung). Weicht bei Sollversteuerung das wirklich erhaltene Entgelt später von dem vereinbarten Entgelt ab, kann die Steuerschuld entsprechend berichtigt werden (§ 17 UStG). – c) *Steuerschuldner* ist im Regelfall der leistende Unternehmer, die Steuer kann jedoch in bestimmten Fällen vom Abnehmer einzubehalten und abzuführen sein (so bei bestimmten grenzüberschreitenden sonstigen Leistungen EU-einheitlich vorgeschrieben, vgl. im dt. Recht § 3a III, IV UStG und das → Reverse-Charge-Verfahren). – d) *Rechnungserstellung:* Über die anfallende Steuer ist vom Unternehmer eine → Rechnung mit gesonderten Umsatzsteuerausweis zu erstellen, um dem Empfänger einen Nachweis darüber an die Hand zu geben, wie viel Vorsteuer auf den von ihm bezogenen Leistungen ruht. Da der Besitz einer Rechnung mit Umsatzsteuerausweis für den Empfänger somit einen finanziellen Anspruch (auf Vorsteuer) gegen die Finanzverwaltung dokumentiert, besteht das Gesetz zur besseren Kontrolle dieser Vorgänge darauf, dass die Rechnung strikten umsatzsteuerlichen Formerfordernissen genügen muss. Diese finden sich in §§ 14,14a UStG normiert; bereits leichte formale Fehler können den Vorsteuerabzug für den Rechnungsempfänger scheitern lassen (§ 15 I Nr. 1 Satz 2 UStG). Daher erklärt sich die (seit der Verschärfung der Vorschriften 2004) in der Praxis verbreitete Sitte, mit Formfehlern behaftete Rechnungen dem Aussteller mit der Bitte um Berichtigung zurückzusenden. – 11. *Bes. Besteuerungsformen:* Durchschnittsbesteuerung, Margenbesteuerung, → Differenzbesteuerung, → Reihengeschäft, → Dreiecksgeschäft, → Abzugsverfahren. – 12. *Aufkommen:* 169,6 Mrd. Euro (2007), 139,7 Mrd. Euro (2005), 103.161,7 Mio. Euro (2003), 105.462,8 Mio. Euro (2002), 104.463 Mio. Euro (2001), 107.139,5 Mio. Euro (2000), 101.489,5 Mio. Euro (1995), 43.275,2 Mio. Euro (1990), 26.295 Mio. Euro (1985), 27.022 Mio. Euro (1980), 18.264 Mio. Euro (1975), 13.698 Mio. Euro (1970), 12.236 Mio. Euro (1965), 8.222 Mio. Euro (1960), 5.684 Mio. Euro (1955), 2.427 Mio. Euro (1950).

Umsatzsteuerbetrug – 1. *Begriff:* Maßnahmen, mit denen der Fiskus geschädigt werden soll durch betrügerische Manipulationen bei der → Umsatzsteuer. – 2. Im *Unterschied zur Steuerhinterziehung* richtet sich der Umsatzsteuerbetrug typischerweise nicht (nur) darauf, dem Fiskus Steuerzahlungen vorzuenthalten, die diesem zustehen, sondern der Umsatzsteuerbetrug zielt meist darauf ab, den Fiskus sogar zur Auszahlung von Geldmitteln – durch Vorsteuer-Erstattungen – zu veranlassen. Insoweit hat Umsatzsteuerbetrug im Vergleich zur Steuerhinterziehung einen weit gravierenderen Schaden zur Folge. – 3.

Gesetzgeberische Maßnahmen: Da der Umsatzsteuerbetrug in allen Staaten Europas ein erhebliches Problem darstellt, hat es in den letzten Jahren zahlreiche Versuche gegeben, den Umsatzteuerbetrug durch eine Verschärfung der Rechtsprechung, durch Einführung von Haftungsvorschriften, Erstattung von Vorsteuern nur gegen Sicherheitsleistung. Der Umsatzsteuerbetrug basiert häufig darauf, dass ein Beteiligter einen Vorsteuererstattungsanspruch gegen die Finanzbehörden erwirbt, den diese erfüllen muss, während der Steuerschuldner seinerseits aber die geschuldete Umsatzsteuer einfach nicht bezahlt. Es besteht daher eine bes. effektive Maßnahme zu seiner Bekämpfung darin, die Pflicht zur Zahlung der Steuer derselben Person zu übertragen, die auch den Vorsteuerabzug geltend machen darf (→ Reverse-Charge-Verfahren): In diesem Fall gleichen sich nämlich Vorsteuerabzug und Umsatzsteuerschuld im besten Fall aus, und ein Erstattungsanspruch an den Kunden erscheint ausgeschlossen; zugleich wird ein Untertauchen des leistenden Unternehmers irrelevant, da dieser in die Steuerzahlung nicht mehr involviert ist. – 4. *Langfristige Perspektiven:* Aus diesem Grund ist es aus der Sicht mehrerer europäischer Mitgliedsstaaten wünschenswert, langfristig für alle Umsätze zwischen Unternehmern generell auf das Reverse-Charge-Verfahren überzugehen; hierfür müsste allerdings die grundlegende Systematik der Mehrwertsteuersystemrichtlinie geändert werden, und dies geht nur nach entsprechendem Vorschlag der EU-Kommission und einstimmigen Beschluss im Rat der Finanzminister – eine entsprechende Änderung der Umsatzsteuerregelungen der EG ist aber bislang noch nicht erkennbar.

Umsatzsteuerharmonisierung – 1. *Begriff*: die Angleichung der Umsatzsteuergesetze in der EU. – 2. *Rechtsgrundlage*: Art. 93 EG-Vertrag räumt der EU ausdrücklich die Befugnis ein, die Umsatzsteuergesetze und die Gesetze über andere indirekte Steuern zu harmonisieren, soweit dies für das Funktionieren des Binnenmarktes notwendig erscheint. Entsprechende Richtlinien zur Umsatzsteuerharmonisierung werden demnach vom Ministerrat der EU beschlossen; der Rat darf jedoch nur über Vorschläge beschließen, die die Europäische Kommission (EU-Kommission) ihm offiziell zur Beschlussfassung vorgelegt hat, kann also nicht aus eigener Initiative heraus handeln. Die Zustimmung im Rat (zuständig: die Wirtschafts- und Finanzminister, der sog. „ECOFIN"-Rat) muss einstimmig erfolgen, also mit den Stimmen aller gegenwärtig 27 Mitgliedsstaaten der EU. Das Europäische Parlament hat im Vorfeld der Entscheidungen bislang lediglich ein Anhörungsrecht. – 3. *Notwendigkeit*: Eine vollständige Harmonisierung der gesamten umsatzsteuerlichen Bestimmungen (Vollharmonisierung) ist vom EG-Vertrag nicht zugelassen; der Vertrag erlaubt eine Harmonisierung nur dort, wo eine Angleichung geboten erscheint. Da jedoch aufgrund des Bestimmungslandprinzips Umsätze eines dt. Unternehmers auch in einem anderen Land als Deutschland der Besteuerung unterliegen können (und umgekehrt bestimmte Umsätze eines ausländischen Unternehmers evtl. nicht in seinem Heimatland, sondern in Deutschland zu versteuern sind), müssen Unternehmer nicht nur die Regelungen des heimatlichen Umsatzsteuerrechts, sondern auch die Umsatzsteuerregelungen anderer Staaten kennen. Dies ist nicht zu schaffen, wenn nicht die wesentlichen Strukturen der Gesetze in allen betroffenen Ländern angeglichen sind. – 4. *Historische Entwicklung*: Die Umsatzsteuerharmonisierung in der EU begann mit der Entscheidung (1. umsatzsteuerliche Richtlinie, 1967), in allen Staaten der EU ein Mehrwertsteuersystem mit Vorsteuerabzug einzuführen und somit die bis dahin üblichen pauschalierten Umsatzsteuererstattungen bei der Ausfuhr entbehrlich zu machen. Im weiteren Verlauf der Entwicklung zeigte sich dann aber rasch, dass mit zunehmendem Abbau von Handelshindernissen immer weitere Teilaspekte der Umsatzsteuergesetzgebung als „Bremse" für die weitere wirtschaftliche Integration zu wirken begannen. So wurde, gefördert auch durch die Entscheidung der EU, das Mehrwertsteueraufkommen der Mitgliedsstaaten zu einer der Grundlagen der Beitragszahlung der EU-Mitgliedsländer zu machen, sehr rasch der Schritt getan hin zu einer fast vollständigen Angleichung der Regeln über den Steuertatbestand, die Steuerbefreiungen, die Bemessungsgrundlage und die Steuersätze und viele sonstige Modalitäten der Umsatzsteuer (6. Richtlinie, 1977, mit ständigen späteren Änderungen). Nachdem somit die Inhalte der Steuer bis auf wenige politisch sensible Fragenbereiche weitgehend angeglichen waren (z.B. sind die Steuersätze auch heute noch weitgehend frei wählbar), entpuppten sich im weiteren Verlauf der wirtschaftlichen Integration schließlich dann auch die Komplexität der umsatzsteuerlichen Regelungen und die vielen Unterschiede in den Verwaltungsformalitäten in den einzelnen Ländern zunehmend als Problem für die Praxis. Aus diesem Grund konzentrierten sich die weiteren Bemühungen zur Umsatzsteuerharmonisierung in den letzten Jahren auf die Erstellung einfacher lesbarer Rechtstexte im Gemeinschaftsrecht (v.a.: Zusammenfassung aller wesentlichen bisherigen Umsatzsteuerrichtlinien der EU in einer übersichtlichen, gut lesbaren Neufassung im Jahr 2006, „Mehrwertsteuersystemrichtlinie") und auf Bemühungen, die Schwierigkeiten durch den Kontakt mit für den Unternehmer fremden Steuerbehörden bei ausländischen Umsätzen weiter zu reduzieren. Auf letzterem Gebiet ist auch in Zukunft der Schwerpunkt der weiteren Arbeiten zur Harmonisierung zu vermuten; eine weitere Angleichung in materieller Hinsicht, z.B. in Hinblick auf die weitere Angleichung der Umsatzsteuersätze oder die Vereinheitlichung der letzten noch verbliebenen Steuerbefreiungen, ist dagegen eher unwahrscheinlich. Auch die EU-weite Einführung der neuen Kategorie der „innergemeinschaftlichen Dienstleistungen" ins Umsatzsteuerrecht aller Mitgliedsstaaten ab 2010 stellt sich nicht als Neugestaltung in der Sache, sondern hauptsächlich als Verbesserung und Vereinfachung der verwaltungstechnischen Abläufe bei bislang schon existierenden Regelungen dar; dasselbe gilt auch für die ebenfalls ab 2010 einzuführenden Reformen beim Vorsteuervergütungsverfahren und den Abgabemodalitäten für die zusammenfassende Meldung. – 5. *Konsequenzen für die Anwendung und Auslegung dt. Umsatzsteuerrechts:* Die Verpflichtung, bei der Ausgestaltung der Umsatzsteuergesetze den Vorgaben der EU zu folgen, verpflichtet dazu, auch bei der Anwendung der gesetzlichen Regelungen anschließend den von der EU vorgegebenen Rahmen nicht zu verlassen. Denn es wäre sinnlos, wenn die Gesetzestext zwar vereinheitlicht, anschließend aber trotzdem von jedem Mitgliedsstaat weiterhin unterschiedlich ausgelegt und angewandt werden könnten. Aus diesem Grund muss bei der Frage danach, was der Gesetzgeber mit bestimmten Formulierungen im Gesetz anordnen wollte (Auslegung des Gesetzes), auch danach gefragt werden, was der Gesetzesgeber zu dieser Sachfrage nach den Vorgaben der EU denn anzuordnen verpflichtet war. Es ist also in Zweifelsfällen davon auszugehen, dass der Gesetzgeber genau das anordnen wollte, was er nach den europäischen Vorgaben auch anordnen musste (richtlinienkonforme Auslegung des Umsatzsteuergesetzes). Ist im Einzelfall auch unklar, was die europäischen Vorgaben zu einem bestimmten Problem anordnen, muss deshalb vorab durch Anfrage am Europäischen Gerichtshof geklärt werden, wie die europarechtlichen Vorgaben in Hinblick auf den Fall richtig zu verstehen sind (Vorabentscheidungsersuchen). – 6. *Beurteilung des erreichten Zustands*: Aufgrund der bislang erreichten, sehr hohen Regelungsdichte ist die Umsatzsteuerharmonisierung bislang unter den wirtschaftlich wichtigen Steuerarten diejenige Steuerart, bei der die Zentralisierung der Gesetzgebung in der EU am weitesten fortgeschritten ist; eine autonome nationale Gesetzgebung ist hier den Mitgliedsstaaten kaum noch möglich und höchstens noch auf isolierte Detailfragen beschränkt. Dennoch bleibt zu konstatieren, dass in der Praxis die Unternehmen durch die verbleibenden Unterschiede in der nationalen Gesetzgebung oft genug vor entweder unüberwindliche oder aber sehr kostspielige Hindernisse gestellt werden (einfache Anfragen nach der richtigen Versteuerung eines Umsatzes in einem anderen Land können z.B. ohne Weiteres Beratungskosten in Höhe von mehreren 100 Euro verursachen, wenn es denn überhaupt gelingt, im anderen Land einen Berater zu finden, mit dem der ratsuchende Unternehmer sich sprachlich überhaupt in einer gemeinsamen Sprache verständigen kann). Die bisher schon erreichte Intensität der Harmonisierung im Bereich der Umsatzsteuer ist also offenbar keineswegs zu weit gehend, sondern scheint von den Sachzwängen her geboten. – Vgl. auch → Umsatzsteuer.

Umsatzsteuer-Identifikationsnummer – *USt-Id-Nr., UID;* 1. *Begriff:* Nummer, die von jedem EU-Staat zur eindeutigen Identifizierung einer umsatzsteuerpflichtigen Person im innergemeinschaftlichen Warenverkehr auf Antrag an Unternehmer und steuerpflichtige Halbunternehmer (→ Erwerbsteuer) vergeben wird. Ab 2010 wird die Umsatzsteuer-Identifikationsnummer außerdem auch an Unternehmer vergeben, die an der grenzüberschreitenden Erbringung von Dienstleistungen innerhalb der EU als Anbieter oder Nachfrager beteiligt sind (→ innergemeinschaftliche Dienstleistungen). Der Steuerpflichtige oder sonstige beteiligte Unternehmer muss bei der Abwicklung eines umsatzsteuerbaren Vorgangs im innergemeinschaftlichen Waren-Verkehr jeweils eine Umsatzsteuer-Identifikationsnummer desjenigen Staates verwenden, in dem er mit dem betreffenden Vorgang steuerbar ist. Daher können Steuerpflichtige im Extremfall in jedem EU-Staat eine eigene Umsatzsteuer-Identifikationsnummer erhalten; eine Niederlassung in dem jeweiligen Staat ist nicht Voraussetzung. – 2. *Bedeutung:* a) Die Umsatzsteuer-Identifikationsnummer dient zur *Kontrolle* der korrekten Behandlung von innergemeinschaftlichen Umsätzen durch die beteiligten Personen (korrekte Erwerbsbesteuerung, Steuerbefreiung für die → innergemeinschaftliche Lieferung). Für den innergemeinschaftlichen Handel wird empfohlen, die Umsatzsteuer-Identifikationsnummer von Geschäftspartnern auf ihre Korrektheit überprüfen zu lassen (→ Bestätigungsverfahren), da die Steuerfreiheit für eine innergemeinschaftliche Lieferung entfällt, wenn nicht nachgewiesen werden kann, dass der Abnehmer erwerbsteuerpflichtig ist und der leistende Unternehmer den Irrtum hätte erkennen können. Ab 2010 wird die Umsatzsteuer-Identifikationsnummer auch bei Erbringung und Einkauf von → innergemeinschaftlichen Dienstleistungen verwendet werden müssen. – b) In diesem Zusammenhang besteht auch die *Pflicht zur Angabe* der Umsatzsteuer-Identifikationsnummer der Geschäftspartner und der an diese getätigten Lieferungen in der Zusammenfassenden Meldung und in Rechnungen über innergemeinschaftliche Lieferungen (bzw. demnächst auch auf Rechnungen über innergemeinschaftliche Dienstleistungen). – 3. *Die Vergabe der Umsatzsteuer-Identifikationsnummer* erfolgt in Deutschland durch das Bundeszentralamt für Steuern. Anspruch auf Erteilung einer Umsatzsteuer-Identifikationsnummer haben (1) alle Unternehmer, die zumindest teilweise zum → Vorsteuerabzug berechtigt sind, ferner (2) die sog. → Halbunternehmer dann, wenn sie eine Umsatzsteuer-Identifikationsnummer für innergemeinschaftliche Geschäfte benötigen (§ 27a UStG).

Umsatzsteuerkartei – *USt-Kartei;* Veröffentlichung der Umsatzsteuer-Richtlinien (UStR) sowie aller auf dem Gebiet der → Umsatzsteuer ergehenden Erlasse und Schreiben von allgemeiner Bedeutung, in denen laufend wichtige Zweifelsfragen geklärt werden.

Umsatzsteuerlager – Institution, in der bestimmte Gegenstände (vgl. Anlage 1 zum UStG) unter Aufsicht eines amtlich zugelassenen Lagerhalters umsatzsteuerlich unversteuert gelagert werden können. Die Verwahrung in einem Umsatzsteuerlager hat zum Zweck, den Handel mit diesen Gegenständen zu vereinfachen: Sie bleiben beim Weiterverkauf umsatzsteuerlich unversteuert, wenn sie nicht aus dem Umsatzsteuerlager entnommen werden. Erst die Auslagerung führt dazu, dass die Umsatzsteuer für den Kauf der betreffenden Gegenstände wieder entrichtet werden muss (vgl. § 4 Nr. 4a UStG). Da die Vorschriften über die Auslagerung davon ausgehen, dass die im Umsatzsteuerlager gelagerten Waren sämtlich unversteuert sein sollen, sind auch der Verkauf und die Einfuhr mit anschließender Einlagerung in ein Umsatzsteuerlager steuerfrei (§ 4 Nr. 4a UStG, § 5 I Nr. 4 UStG). Bei Entnahme von Waren aus einem Umsatzsteuerlager werden die regulären Verhältnisse dadurch wiederhergestellt, dass auf den letzten Kaufpreis vor der Auslagerung rückwirkend die Umsatzsteuer erhoben wird; Steuerschuldner ist derjenige, der die Auslagerung vornimmt. Der Lagerhalter haftet dafür, dass die Umsatzsteuerschuld entrichtet wird, wenn er bei der Auslagerung die dt. Umsatzsteuer-Identifikationsnummer des Auslagerers nicht oder nicht korrekt aufzeichnet und dadurch der Finanzverwaltung die Vereinnahmung des Steuerbetrages erschwert.

Umsatzsteuer-Nachschau → Nachschau.

Umsatzsteuerprüfung – Teil der allg. → Außenprüfung. Grundsätzlich für die Jahre, für die die übrigen Steuerarten geprüft werden. – *Umsatzsteuer-Sonderprüfung* auf Anordnung der zuständigen Finanzbehörde möglich. §§ 5–12 Betriebsprüfungsordnung sind sinngemäß anzuwenden. Ebenso ist als Instrument auch die Umsatzsteuer-Nachschau nutzbar.

Umsatzsteuer-Richtlinien (UStR) – identische Kurzbezeichnung für zwei völlig verschiedene Regelungswerke aus dem Gebiet der Umsatzsteuer: (1) *Umsatzsteuerrichtlinien des Bundesministers der Finanzen (Allgemeine Verwaltungsvorschrift zur Ausführung des Umsatzsteuergesetzes);* Verwaltungsanweisung, mit der sichergestellt werden soll, dass die Angehörigen der Finanzverwaltung bei der Anwendung des Umsatzsteuergesetzes (UStG) in gleichen Situationen möglichst auch gleiche Rechtsansichten vertreten und durchsetzen (Gleichheitsgrundsatz). Die Umsatzsteuer-Richtlinien sind nach Art eines juristischen Kommentars entsprechend der Paragrapheneinteilung des Gesetzes geordnet, aber in fortlaufenden Abschnitten durchnummeriert. Sie sind für Angehörige der Finanzverwaltung bindend, nicht aber für Gerichte und Steuerpflichtige. (2) *EG-Umsatzsteuerrichtlinien:* Richtlinien des Rates der EG bzw. der EU zur Harmonisierung der Umsatzsteuer in den Mitgliedsstaaten. Die Umsatzsteuer-Richtlinien der EG bzw. EU werden vom Rat der EG bzw. EU erlassen und stellen bindende Anweisungen an die Mitgliedsstaaten (Gesetzgeber, Justiz, Verwaltung) dar; diese müssen ihre Umsatzsteuergesetze an die Vorgaben der Umsatzsteuer-Richtlinien anpassen und die dazu ergangene Rechtsprechung des Europäischen Gerichtshofes bei der Besteuerung beachten. Bes. Bedeutung hatte zunächst die Sechste EG-Richtlinie über die Harmonisierung der Umsatzsteuer von 1977 (mit ständigen späteren Änderungen), da sie die Bemessungsgrundlage der Umsatzsteuer fast vollständig harmonisiert hat; sie ist im Jahre 2006 im Rahmen des SLIM-Projekts der EU in wesentlich übersichtlicherer Form neu gefasst worden und trägt seitdem die Bezeichnung → Mehrwertsteuersystemrichtlinie. Die EG-Umsatzsteuer-Richtlinien haben keine Gesetzeskraft gegenüber dem Bürger, missachtet der Gesetzgeber eines EU-Staates aber pflichtwidrig zulasten betroffener Bürger Vorgaben der Umsatzsteuer-Richtlinien, so kann der Betroffene sich gegenüber Gerichten und Verwaltung auf die günstigere Rechtslage nach den EG-Umsatzsteuer-Richtlinien berufen.

Umsatzsteuer-Sonderprüfung → Umsatzsteuerprüfung.

Umsatzsteuerstatistik – Teil des Systems der → Steuerstatistiken; die jährlich für die Bundesländer erhobene Umsatzsteuerstatistik liefert einen Überblick über die Umsätze von Unternehmen aus nahezu allen Wirtschaftzweigen. Sie erfasst alle Unternehmen, die im Statistikjahr Umsatzsteuer-Voranmeldungen abgegeben haben, die einen bestimmten Betrag überschreiten. Erhoben werden steuerbare Umsätze und Strukturinformationen zum Unternehmen. Die Umsatzsteuerstatistik dient der Beurteilung der Wirkungsweise der Umsatzsteuer. Sie liefert Informationen für die Haushaltsplanungen und Steuerschätzungen des Bundes und der Länder und dient darüber hinaus der allg. Wirtschaftsbeobachtung, als Grundlage für die → Volkswirtschaftlichen Gesamtrechnungen (VGR) und zur Berechnung der an die → EU abzuführenden Mittel.

Umsatzsteuersysteme – 1. *Begriff*: die Gesamtheit der Grundsätze und Prinzipien, denen ein Umsatzsteuergesetz folgt. – 2. Die *Bezeichnungen für die verschiedenen denkbaren Spielarten von Umsatzsteuersystemen* unterscheidet man begrifflich danach, welche Entscheidungen der Gesetzgeber zu bestimmten prägenden Grundfragen gefällt hat: a) Danach, ob die Umsatzsteuer während des Produktions- und Handelsprozesses in allen Phasen (also bei jedem Unternehmer innerhalb der Unternehmerkette) erhoben wird oder nicht, trennt man zwischen → Allphasenumsatzsteuer, → Mehrphasenumsatzsteuer, → Einphasenumsatzsteuer, – b) je nachdem, ob eine Kumulation von Umsatzsteuer innerhalb von All- oder Mehrphasenumsatzsteuersystemen vermieden wird oder nicht, wird von kumulativen oder nicht-kumulativen Umsatzsteuersystemen gesprochen, und – c) nach der Art und Weise, wie ggf. eine Kumulation vermieden wird – ob durch Vorsteuerabzug, Vorumsatzabzug oder mit einer anderen Technik – spricht man z.B. von Systemen mit Vorsteuerabzug oder Systemen mit Vorumsatzabzug. – 3. *Das in Deutschland gegenwärtig angewandte System* ist ein nicht-kumulatives Allphasennettoumsatzsteuersystem mit Vorsteuerabzug.

Umsatzsteuerverteilung – Aufteilung des Aufkommens aus der → Umsatzsteuer zwischen Bund und Ländern. Die Umsatzsteuerverteilung ist Steuerungsparameter des vertikalen → Finanzausgleichs zwischen Bund und Ländern zur Korrektur erheblicher und nachteiliger Veränderungen der → Deckungsrelationen von Bund und Ländern. – Nach Art. 106 IV GG sind die Anteile neu festzusetzen, wenn sich das Verhältnis zwischen den Einnahmen und Ausgaben des Bundes und der Länder wesentlich anders entwickelt.

Umsatzsteuervoranmeldung → Steuererklärung des umsatzsteuerpflichtigen Unternehmers nach amtlichem Muster über die der → Umsatzsteuer unterliegenden Tatbestände im → Voranmeldungszeitraum (grundsätzlich Kalendervierteljahr bzw. regelmäßig Kalendermonat, § 18 UStG). – 1. *Frist:* Spätestens zehn Tage nach Ablauf des Voranmeldungszeitraums ist die Umsatzsteuervoranmeldung dem zuständigen Finanzamt einzureichen und die → Umsatzsteuerzahllast zu entrichten, ggf. → Dauerfristverlängerung. – 2. *Inhalt v.a.:* (1) steuerpflichtige Umsätze (einschließlich → unentgeltliche Wertabgaben), getrennt nach Steuersätzen und die jeweils darauf entfallende Umsatzsteuer; (2) steuerfreie Umsätze mit und ohne Recht auf → Vorsteuerabzug; (3) abziehbare Vorsteuerbeträge (einschließlich → Einfuhrumsatzsteuer (EUSt) und → Erwerbsteuer). Aus diesen Angaben hat der Unternehmer die Umsatzsteuerzahllast bzw. -erstattung selbst zu berechnen. – 3. *Besonderheiten:* Werden Land- und Forstwirte nach Durchschnittsätzen (→ Vorsteuerabzug) besteuert, entfällt i.d.R. die Umsatzsteuervoranmeldung. Zur Umrechnung ausländischer Währungen vgl. → ausländische Werte. – 4. *Umsatzsteuerveranlagung nach Ablauf eines Kalenderjahres:* → Umsatzsteuer. – 5. *Verfahren:* Die Umsatzsteuervoranmeldung ist heutzutage im Regelfall auf elektronischem Wege abzugeben („durch Datenfernübertragung", § 18 I UStG), die Abgabe in Papierform kann nur auf Antrag in Härtefällen erlaubt werden.

Umsatzsteuerzahllast – Differenz zwischen der in einem → Voranmeldungszeitraum bzw. Besteuerungszeitraum entstandenen → Umsatzsteuer (→ Sollversteuerung) und abziehbaren Vorsteuer (→ Vorsteuerabzug). Ist die Umsatzsteuerlast negativ, kommt es zu einer Umsatzsteuererstattung.

Umsatzzahlen – innerbetriebliche und zwischenbetriebliche Werte (→ Richtzahlen) zur Kontrolle von wertmäßigem Absatz (in der Praxis meist nur diese als Umsatzzahlen bezeichnet), Beschaffung (Einkauf) und Lagerhaltung. Als grundsätzliche Maßstabszahl für zahlreiche Beziehungs- oder Gliederungszahlen verwendbar (→ Umschlagskennzahlen), Gliederung nach Erzeugnissen, Bezirken, Umsatzgröße, Umsatz je Kopf eines Beschäftigten (→ Produktivität) u.Ä.

Umschichtungsfinanzierung – finanzpolitische Maßnahme (→ Finanzierung, → Finanzpolitik) innerhalb einer Unternehmung, bei der kurzfristiges → Fremdkapital in langfristiges umgewandelt wird (selten umgekehrt), z.B. Rückzahlung eines Bankkredits mit dem Verkaufserlös emittierter Anleihen.

Umschlag – Wechseln von Gütern von einem Arbeitsmittel zu einem anderen innerhalb einer Transportkette. Der Umschlagsprozess wird entweder mithilfe eines dritten Arbeitsmittels, z.B. eines Krans, eines Gabelstaplers oder Roboters durchgeführt oder ein Arbeitsmittel führt den Umschlagsprozess selbst durch (z.B. Lkw mit Lastaufnahmemittel).

umschlagende Faktorintensitäten – Veränderung der Faktorkombination bzw. Rangfolge der Faktorintensitäten bei der Produktion eines Gutes. Umschlagende Faktorintensitäten liegen z.B. vor, wenn bei steigendem Preis des Faktors → Arbeit (relativ zum Faktor → Kapital) ein Gut A, das zunächst mit relativ mehr Arbeit als ein Gut B erzeugt wurde, nach Überschreitung eines bestimmten Preisverhältnisses mit relativ mehr Kapital als Gut B produziert wird. Umschlagende Faktorintensitäten können die Richtung des Handels beeinflussen. – Vgl. auch → Leontief-Paradoxon.

Umschlagsbetrieb → Verkehrsbetrieb.

Umschlagsdauer – Kennzahl über die Zeitspanne, die von der Verfügbarkeit eines Produktes bis zur Umsatzerzielung benötigt wird

$$U. = \frac{\text{Tage des Berechnungszeitraums}}{\text{Umschlagshäufigkeit}}.$$

Beispiel: Bei einem Jahr als Berechnungszeitraum und einer Umschlagshäufigkeit von 3 ergibt sich eine Umschlagsdauer von 365:3 = 121,67 Tage. – *Umschlagsdauer eines Lagers:* → Lagerdauer.

Umschlagsgeschwindigkeit → Umschlagshäufigkeit.

Umschlagshäufigkeit – *Umschlagsgeschwindigkeit, Lagerumschlag;* zentrale → Kennzahl für die Steuerung der Warenwirtschaft in Handelsunternehmen. Die Umschlagshäufigkeit sagt aus, wie oft ein Artikel bzw. das gesamte Warenlager in einer Periode umgesetzt wird bzw. reziprok, wie lange die Ware(n) durchschnittlich lagert(en):

$$U. = \frac{\frac{\text{Wareneinsatz}}{\text{(auch Ums. zu Einstandspr.)}}}{\frac{\text{durchschnittl. Lagerbest.}}{\text{(zu Einstandspr.)}}}.$$

Ermittlung: → Wareneinsatz, → Lagerbestand (durchschnittlicher). – *Anwendung:* Die gemäß der Umschlagshäufigkeit gefertigten Renner- und Penner-Listen dienen zur Ausmerzung von → Ladenhütern und zum Erkennen aller sich schnell umsetzenden Produkte. Daraus werden, je nach Zielsetzungen der Unternehmenspolitik, unterschiedliche Konsequenzen für die Sortimentspolitik (listen oder

Umschlagskennzahlen – Beispiele

Erneuerungsmasse	Zugangsmasse	Abgangsmasse
1. Kassenbestand	Einzahlungen	Auszahlungen
2. Debitorenbestand	Verkäufe	Zahlungen d. Debitoren
3. Kreditorenbestand	Käufe	Zahlungen an Kreditoren
4. Auftragsbestand	erhaltene Aufträge	ausgeführte Aufträge
5. Lagerbestand	Lagerzugänge	Lagerabgänge
6. Belegschaftsbestand	Neueingestellte	Ausgeschiedene

streichen), die Preispolitik (hohe oder niedrige Aufschläge) und die Kommunikationspolitik (werbliche Herausstellung in Medien oder im Regal) abgeleitet.

Umschlagskennzahlen → Kennzahlen für viele Vorgänge des betrieblichen Arbeitsprozesses. Zum Umschlag gehören eine Abgangs- (Bewegungs-) bzw. Verbrauchszahl und eine Bestandszahl. Das gilt für Lagerumschlagszahlen (für alle Arten betrieblicher Lager, wie Rohlager, Werkzeuglager, Hilfsstofflager, Zwischenlager, Halb- und Fertigerzeugnislager, aber auch für das Abfall- und Schrottlager) wie für den → Kapitalumschlag. Es handelt sich immer um sog. Erneuerungsmassen, bei denen eine fortlaufende Erneuerung des Bestandes eintritt. – *Beispiele:* Vgl. Tabelle „Umschlagskennzahlen".

Umschlagskosten → Kosten für den Güterumschlag (→ Umschlagen) entweder in Höhe der Preise umschlagender → Verkehrsbetriebe und/oder Kosten des Einrichtens, Unterhaltens und Verwaltens betriebseigener Umschlagsanlagen. – Vgl. auch → Logistikkosten.

Umschlagslager → Lagerarten.

Umschlagsnachlass – *Count and Recount Allowance;* Maßnahme der → Verkaufsförderung. Zeitlich befristetes Angebot eines Herstellers, dem Großhandel für jede Verkaufseinheit, die innerhalb eines bestimmten Zeitraums sein Lager verlässt (die Ware „umschlägt"), einen Rückerstattungsbetrag (Nachlass) zu gewähren. – *Ziel:* Förderung des Abverkaufs für ein neues Folgeprodukt.

Umschuldung – Durch Umschuldung werden bei → Zahlungsunfähigkeit des Schuldners eigentlich fällige → Verbindlichkeiten umstrukturiert, indem zwischen → Gläubiger und → Schuldner z.B. längere Fälligkeiten, niedrigere → Zinsen oder tilgungsfreie Zeiten vereinbart werden. Umschuldungen können auf privatwirtschaftlicher Ebene ebenso stattfinden wie zwischenstaatlich. Bei privaten Kreditnehmern wird die Umschuldung häufig genutzt, um mehrere Kreditverpflichtungen zusammenzufassen und so die gesamte Finanzierung neu zu ordnen. Abgesehen von der unmittelbaren finanzwirtschaftlichen Entlastung machen Umschuldungen nur Sinn, wenn eine Lageverbesserung für den Schuldner abzusehen ist. Andernfalls ist die Notwendigkeit einer weiteren Umschuldung absehbar. Bei Umschuldungen mit Staaten als Schuldnern (meist → Entwicklungsländer) verhandeln die staatlichen Gläubiger meist im → Pariser Club, private Gläubiger (meist Banken) im → Londoner Club. – Vgl. auch → Auslandsverschuldung, → Schuldenerlass.

Umschulung → berufliche Fortbildung, → Personalentwicklung.

Umschwung – der höchste (niedrigste) Punkt eines → Konjunkturzyklus, der den Wechsel von Auf- und Abschwung kennzeichnet. – Vgl. auch → Konjunkturphasen.

Umstellungsinvestition → Investition zur Anpassung des Betriebs an ein geändertes Absatzprogramm, innerhalb dessen die Erzeugnisarten beibehalten, aber die Mengenrelationen der Produkte geändert werden. – Vgl. auch → Erweiterungsinvestition.

Umtausch → Aktienumtausch, → Wandelschuldverschreibung.

Umtauschmüllerei – ein umsatzsteuerlicher Spezialfall im Zusammenhang mit Werkleistung und → Werklieferung.

Umtauschverhältnis → Verschmelzung.

Umverteilung → Redistribution, → Verteilungstheorie, → Verteilungspolitik.

Umwandlung – I. Handelsrecht: 1. *Begriff:* Umwandlung ist die Veränderung der Rechtsform eines Unternehmens ohne Liquidation mit Herbeiführung einer → Gesamtrechtsnachfolge. – *Mögliche Gründe:* Änderungen der Steuergesetze, Einführung von Publizitäts- und Prüfungspflichten, Mitbestimmungsregelungen, Erbfälle, Kapitalbeschaffungsprobleme, Interesse an einer Änderung der bestehenden Geschäftsführungs- und Haftungsregelungen. – 2. Die Umwandlung ist im Umwandlungsgesetz vom 28.10.1994 (BGBl. I 3210), m.spät. Änd., geregelt. – 3. *Arten:* a) *Verschmelzende Umwandlung (Verschmelzung):* Übertragung der Vermögensgegenstände und Schulden eines oder mehrerer bestehender Rechtsträger ohne Liquidation im

Wege der Gesamtrechtsnachfolge auf einen bereits bestehenden bzw. auf einen zu diesem Zweck neu gegründeten Rechtsträger gegen Gewährung von Anteilen oder Mitgliedschaftsrechten des übernehmenden oder neuen Rechtsträgers an die Anteilsinhaber der übertragenden Rechtsträger als Gegenleistung, vgl. § 2 UmwG (→ Verschmelzung). – b) *Spaltung:* Ein übertragender Rechtsträger kann unter eigener Auflösung bzw. unter Weiterbestehen sein Vermögen aufspalten durch die drei näher in § 123 UmwG geregelten und beschriebenen Unterarten der Spaltung, der → Aufspaltung, der → Abspaltung und der → Ausgliederung. Als Gegenleistung erfolgt auch hier die Gewährung von Anteilen oder Mitgliedschaftsrechten des übernehmenden oder neuen Rechtsträgers an die Anteilsinhaber des übertragenden Rechtsträgers. – c) → Vermögensübertragung: Ein übertragender Rechtsträger kann unter eigener Auflösung bzw. – in Abhängigkeit von der gewählten Unterform – unter Weiterbestehen sein Vermögen ganz (sog. *Vollübertragung*) oder teilweise (sog. *Teilübertragung*) auf einen anderen Rechtsträger übertragen, wobei die Gegenleistung an die Anteilsinhaber des übertragenden Rechtsrägers nicht – wie bei der Verschmelzung oder Spaltung – in Anteilen oder Mitgliedschaftsrechten besteht, sondern in sonstigen Vermögenswerten, i.d.R. Geld (vgl. näher §§ 174 ff. UmwG). – d) → Formwechselnde Umwandlung (Formwechsel): Hier wird lediglich ein bestehender Rechtsträger einer Gesellschaft in einen anderen umgewandelt, d.h. die Gesellschaft dieses Rechtsträgers erhält dadurch eine andere Rechtsform. Als formwechselnde Rechtsträger sind vom Gesetz nur bestimmte Arten zugelassen (§§ 190 ff. UmwG). – 4. *Gesetzliche Vorgaben:* Nicht zuletzt aus Gründen des Gläubigerschutzes sieht das UmwG für die Durchführung aller Umwandlungsarten bestimmte Gebote vor. Dazu gehört u.a. die Miteinbeziehung von Prüfern (vgl. z.B. § 9 I UmwG, Verschmelzungsprüfer) und die Mitwirkung von Betriebsräten (vgl. näher § 5 III UmwG). Dem Gläubigerschutz dienen darüber hinaus weitere materiell-rechtlich wirkende Mechanismen, wie insbes. Sicherungsrechte (z.B. § 22 UmwG) oder Schadensersatzansprüche (§ 25 UmwG).

II. Steuerrecht: 1. *Allgemein:* Bes. steuerliche Bestimmungen bez. der Umwandlung existieren v.a. im Bereich der Ertragsteuern. Ziel dieser Sonderregelungen ist es i.d.R., die Umwandlung durchführen zu können, ohne dass stille Reserven in den Wirtschaftsgütern der betroffenen Gesellschaft(-en) oder in den Anteilsrechten der beteiligten Anteilseigner realisiert und versteuert werden müssen; zugleich soll aber der Fiskus keine latenten Steueransprüche verlieren können (Ideal der Steuerneutralität der Umwandlung). Bei der Umsatzsteuer existieren vergleichbare Probleme nicht, daher sind hier außer der Sondervorschrift zur Geschäftsveräußerung keine weiteren Besonderheiten zu beachten (§ 1 Ia UStG). Für die übrigen Verkehrsteuern sind keine Sonderregelungen vorhanden, d.h. kommt es zivilrechtlich durch die Umwandlung zum Übergang von Vermögen auf eine andere Person, so liegt im Sinn der Verkehrsteuern eine Vermögensübertragung vor, auf die i.d.R. die Steuer im üblichen Umfang zu zahlen ist. – 2. *Buchwertfortführung:* tragendes Grundprinzip zur Herstellung der Steuerneutralität von Umwandlungen im Umwandlungssteuergesetz (UmwStG). Ein Wirtschaftsgut, das vor der Umwandlung zum Unternehmen gehört hat, wird im Zuge der Umwandlung sowohl in der Schlussbilanz des bisherigen Unternehmens(-teils) als auch in der Eröffnungsbilanz des neu organisierten Unternehmens(-teils) nur mit seinem bisherigen steuerlichen Buchwert angesetzt. Hierdurch kommt es in der Schlussbilanz des alten Unternehmens nicht zu einer Gewinnrealisierung. Zugleich aber wird gesichert, dass dieses Wirtschaftsgut auch in dem neu organisierten Unternehmen stille Reserven in genau demselben Umfang wie vorher enthält. – Analoge Vorgehensweise bei Anteilseignern, bei denen aufgrund einer Umwandlung Anteile an einer Kapitalgesellschaft X durch Anteile an einer neuen Kapitalgesellschaft Y ersetzt werden: Der Buchwert (steuerliche Anschaffungskosten) der neu erhaltenen Anteile entspricht den bisherigen Buchwerten (steuerlichen Anschaffungskosten) der Anteile an der alten Gesellschaft (Steuerneutralität), da nach den gesellschaftsrechtlichen Regelungen über die Umwandlung i.d.R. gesichert ist, dass der gemeine Wert der neuen Anteile des Anteilseigners genau so hoch ist wie derjenige der Anteile an der alten Gesellschaft. – 3. *Wegfall oder Einfügen einer zusätzlichen Ebene und ihre ertragsteuerlichen Konsequenzen (Beispiele):* a) Die Ausgliederung eines Teilbetriebs führt dazu, dass dessen Vermögenswerte sich in Zukunft auf der Ebene der neuen Untergesellschaft (Wirtschaftsgüter selbst) und auf der Ebene des neuen Gesellschafters (Anteile an der neuen Kapitalgesellschaft) widerspiegeln bzw. die stillen Reserven auf beiden Ebenen existieren. – b) Im umgekehrten Fall (Auflösung einer Kapitalgesellschaft und Übertragung ihrer Vermögenswerte nach oben auf deren Gesellschafter bzw. auf eine von diesen gebildete Personengesellschaft) sind die stillen Reserven zweimal erfasst (in Anteilen und Wirtschaftsgütern), nach der Auflösung nur noch einmal (nur noch in den Wirtschaftsgütern selbst). – 4. *Einzelfallregelungen des Umwandlungssteuergesetzes* zur Vermeidung der genannten ertragsteuerlichen Konsequenzen einer Buchwertfortführung: a) *Umwandlung einer Kapitalgesellschaft in eine andere Kapitalgesellschaft (Fallgruppe 1):* (1) Bei bloßem Formwechsel (z.B. Änderung einer GmbH in eine AG oder einer dt. AG in eine Europäische Aktiengesellschaft) kommt es zu keinen steuerlichen Konsequenzen; da zivilrechtlich die alte und die neue Gesellschaft identisch sind, hat in diesem Sinn kein Eigentumstransfer stattgefunden (2) Wird durch Fusion (Verschmelzung) das Vermögen der Kapitalgesellschaft auf eine andere Kapitalgesellschaft übertragen, findet zivilrechtlich ein

Umwandlung

formwechselnder Rechtsträger	Träger neuer Rechtsform						
	GbR	Personenhandelsgesellschaft	Partnerschaftsgesellschaft	GmbH	AG	KGaA	e. G.
Personenhandelsgesellschaft	§ 190 II	§ 190 II	–	§§ 214–225	§§ 214–225	§§ 214–225	§§ 214–225
Partnerschaftsgesellschaft	–	–	§§ 226, 228–237	§§ 225a–225c	§§ 225a–225c	§§ 225a–225c	§§ 225a–225c
GmbH	§§ 226, 228–237	§§ 226, 228–237	§§ 226, 228–237	–	§§ 226, 238–250	§§ 226, 238–250	§§ 228, 251–257
AG	§§ 226, 228–237	§§ 226, 228–237	§§ 226, 228–237	§§ 226, 238–250	–	§§ 226, 238–250	§§ 226, 251–257
KGaA	§§ 226–237	§§ 226–237	§§ 226, 228–237	§§ 226, 227 238–250	§§ 226, 227 238–250	–	§§ 226, 227 251–257
e. G.	–	–	–	§§ 258–271	§§ 258–271	§§ 258–271	–
e. V./ wirtschafts. Verein	–	–	–	§§ 272–282	§§ 272–282	§§ 272–282	§§ 272, §§ 283–290
VVaG	–	–	–	–	(nur größere VVaG) §§ 291–300	–	–
Körpersch./ Anstalten des öff. Rechts	–	–	–	§§ 301–304	§§ 301–304	§§ 301–304	–

§§ sind solche des Umwandlungsgesetzes

Eigentumstransfer der Wirtschaftsgüter auf die neue Gesellschaft statt; der Anteilseigner erhält für seine bisherigen Anteile im Tausch die Anteile an der aufnehmenden Gesellschaft als Entgelt. Die übertragende Kapitalgesellschaft kann durch eine adäquate Wahl der Werte in ihrer Schlussbilanz die Aufdeckung der stillen Reserven unter bestimmten Voraussetzungen vermeiden (Buchwertfortführung; § 11 UmwStG); die Anteilseigner müssen ihre Buchwerte fortführen (§ 13 II UmwStG). Da sich durch eine Fusion die Beteiligungsquoten der Anteilseigner ändern (vor allem reduzieren) können, ist vorgeschrieben, dass Beteiligungen, die vor der Fusion wesentlich (→ wesentliche Beteiligung) waren, dies auch nach dem Vorgang bleiben (§ 13 UmwStG). Die übernehmende Gesellschaft hat Abschreibungen etc. weiterhin nach dem Abschreibungsplan der übertragenden Gesellschaft zu berechnen (§ 12 III UmwStG). Ein bestehender Verlustvortrag geht jedoch, anders als früher, nicht auf die übernehmende Gesellschaft über, sondern verfällt. (3) Wird eine Kapitalgesellschaft nicht fusioniert, sondern in zwei (oder mehrere) Kapitalgesellschaften aufgespalten (Spaltung von Kapitalgesellschaften), können unter bestimmten Voraussetzungen die bisherigen Wirtschaftsgüter bei den beiden (bzw. ggf. mehreren) Nachfolgegesellschaften mit den bisherigen Buchwerten angesetzt werden und auf der Ebene der Gesellschafter die bisherigen steuerlichen Buchwerte von deren bisherigen Anteilen auf die jeweils erhaltenen Anteile an den Nachfolgegesellschaften übertragen werden (Buchwertfortführung; § 15 UmwStG). Ein evtl. vorhandener Verlustvortrag der Altgesellschaft geht unter, soweit er denjenigen Einheiten zuzuordnen ist, die ihren Rechtsträger gewechselt haben; bei einer Abspaltung bleibt der Verlustvortrag also nur insoweit erhalten, wie er der weiterbestehenden ursprünglichen Gesellschaft zuzurechnen ist. Zur Verhinderung von Missbräuchen der gesetzlichen Regelungen existieren bes. Klauseln, wonach eine Steuerneutralität der Umwandlung nicht möglich bzw. annulliert ist, wenn z.B. die neuen Einheiten nicht selbstständige Teilbetriebe oder Mitunternehmeranteile sind. Weitere Einschränkungen sind in § 15 II UmwStG n.F. geregelt. Die Aufteilung des vorhandenen Eigenkapitals auf die Nachfolgegesellschaften regelt § 29 III KStG. – b) *Umwandlung einer Personengesellschaft in eine andere Personengesellschaft (Fallgruppe 2):* Bei Vereinigung zweier Personenunternehmen zu einer neuen Personengesellschaft lassen sich die stillen Reserven im Prinzip fortführen; die subjektive Zuordnung der einzelnen stillen Reserven zu den einzelnen Gesellschaftern kann sich jedoch verschieben. Diese Fälle regeln Sonderbestimmungen (gemäß § 24 UmwStG: Einbringung eines Betriebs, Teilbetriebs oder Mitunternehmeranteils in eine Personengesellschaft) und Rechtsprechung. – c) *Einbringung in eine Kapitalgesellschaft (Fallgruppe 3):* Bei diesem Vorgang gehen die bisherigen Wirtschaftsgüter auf die neue Kapitalgesellschaft über; der bisherige Eigentümer erhält statt dessen Anteilsrechte an der neuen Kapitalgesellschaft. Entscheidungsalternativen für die Kapitalgesellschaft: (1) Sie setzt für die Wirtschaftsgüter die bisherigen Buchwerte des Alteigentümers an (Steuerneutralität unter bestimmten Voraussetzungen). (2) Sie setzt höhere Werte (bis hin zum Teilwert) an. Der von ihr angesetzte Wert gilt beim Einbringenden als Veräußerungspreis der Wirtschaftsgüter (bei Buchwertfortführung ergibt sich daraus ein Veräußerungsgewinn von Null, bei höheren Werten erzielt der Einbringende einen Gewinn) und zugleich als Anschaffungskosten der ihm zugeteilten Anteile an der Kapitalgesellschaft (§ 20 UmwStG). Die Frage der Steuerverhaftung der erlangten Anteile an der Übernehmerin im Inland führt beim Bewertungswahlrecht zu keiner Einschränkung. Werden die durch Einbringung erlangten Anteile innerhalb von sieben Jahren veräußert, kommt es zu einem nachträglichen Einbringungsgewinn; dieser muss dann nachträglich versteuert werden, allerdings wird für jedes volle Jahr, das seit der Einbringung vergangen ist, auf die Besteuerung von 1/7 des Gewinns verzichtet (§ 22 I UmwStG). (3) Es sind jedoch bei Einbringung eines Betriebs, Teilbetriebs oder Mitunternehmeranteils in eine Kapitalgesellschaft zu Buchwerten oder zu Zwischenwerten gesonderte Nachweispflichten zu erbringen. Der Einbringende muss seinem Wohnsitzfinanzamt sieben Jahre lang jeweils bis zum 31. Mai in schriftlicher Form nachweisen, dass er noch Inhaber der Anteile an der Kapitalgesellschaft ist (§ 22 III UmwStG n.F). Wird der Nachweis nicht erbracht, gelten die Anteile als veräußert. Der fiktive Veräußerungsgewinn unterliegt dem Teileinkünfteverfahren. – d) *Übertragung von Vermögen von einer Kapitalgesellschaft auf deren Anteilseigner durch Umwandlung (Fallgruppe 4):* z.B. durch Umwandlung einer Kapitalgesellschaft in eine Personengesellschaft: Im rechtlichen Sinn gilt beim Anteilseigner der Untergang der Anteile gegen Übernahme der Wirtschaftsgüter als gewinnrealisierender Tausch, bei dem der Wert der übernommenen Wirtschaftsgüter als Einnahme, die Buchwerte der untergehenden Anteile als zugehörige Betriebsausgabe angesehen werden. Bez. des Gewinns aus der Übernahme der Wirtschaftsgüter der Gesellschaft durch den Gesellschafter (Übernahmegewinn) gilt grundsätzlich, dass dieser ähnlich wie eine Dividende zu besteuern ist, d.h. ein Übernahmegewinn bleibt zu 95 Prozent außer Ansatz, wenn der Übernehmer eine Kapitalgesellschaft, dagegen nur zu 40 Prozent, wenn das Vermögen auf eine natürliche Person übergeht (analog zum → Teileinkünfteverfahren) (§ 4 VII UmwStG); ein Übernahmeverlust bleibt außer Ansatz, und für bestimmte Konstellationen existieren Sonderregelungen. Um den Übernahmegewinn jedoch möglichst klein zu halten, ist es zulässig, für die Wirtschaftsgüter die Buchwerte fortzuführen, die bei der Gesellschaft angesetzt waren. Zusätzlich zu diesem Übertragungsgewinn muss auch evtl. die noch aus der Zeit des körperschaftsteuerlichen Anrechnungsverfahrens resultierende Körperschaftsteuererhöhung für EK02-Rücklagen der Gesellschaft, die nunmehr auf den Anteilseigner übergehen, berücksichtigt werden (§ 10 UmwStG n.F.). – Gewerbesteuerlich folgt man den selben Regeln, ein Übernahmegewinn bleibt jedoch gewerbesteuerlich unbelastet (§ 18 II UmwStG), wenn kein Missbrauchsfall vorliegt (§ 18 III UmwStG n.F.).

III. Zollrecht: Das Umwandlungsverfahren ist ein Zollverfahren zur Be- oder Verarbeitung von drittländischen → Nichtgemeinschaftswaren, bestimmt zum Verbleib im Zollgebiet der EU, zur Erlangung einer günstigeren Zollbehandlung oder um Einfuhrverbote und -beschränkungen zu beseitigen (Art. 145–153 ZK). – *Beispiel:* Umwandlung von Gewebe als Meterware in zollfreie Musterabschnitte. – *Verfahren:* analog → aktiver Veredelung. Mit Geltung des → Unionszollkodex (wohl ab 2015) wird die Umwandlung in der aktiven Veredelung aufgehen und ein Unterfall des bes. Verfahrens Veredelung.

Umwandlungsbilanz – *Sonderbilanz;* die anlässlich einer → Umwandlung im Sinn des Umwandlungsgesetzes (UmwG) aufzustellen ist. – 1. *Bilanzen des übertragenden Rechtsträgers (RT):* a) *Schlussbilanz:* Ein bilanzierungspflichtiger RT, der bei der Umwandlung untergeht, hat eine Schlussbilanz im Sinn von § 17 II UmwG zu erstellen; das ist z.B. bei der Verschmelzung, der Aufspaltung und der Vermögensübertragung (Vollübertragung) der Fall. Der Stichtag der Schlussbilanz darf höchstens acht Monate zurückliegen, bezogen auf den Tag der Umwandlungsanmeldung beim → Handelsregister des übertragenden RT. Für die Aufstellung der Schlussbilanz gelten die Vorschriften des HGB für die → Jahresbilanz. Daher kann als Schlussbilanz ein die zeitlichen Voraussetzungen erfüllender Jahresabschluss verwendet werden. Auch in den Fällen, in denen der übertragende RT bestehen bleibt (z.B. bei der Abspaltung oder Ausgliederung), verlangt das UmwG durch Verweis auf § 17 II eine Schlussbilanz. Diese wird als Teilbilanz interpretiert, in der nur die abzuspaltenden Vermögensgegenstände und Schulden ausgewiesen werden (durch Inkrafttreten des 2. Gesetzes zu Änderung des Umwandlungsgesetzes am 24.04.2007 ist u.a. die spezielle Vorschrift der Aufstellung einer Vermögenaufstellung bei Formwechsel (§ 192 II UmwG a.F.) weggefallen). Das UmwG fordert für die formwechselnde Umwandlung keine Schlussbilanz. – b) *Zwischenbilanz:* Bei der Verschmelzung, Spaltung, Vermögensübertragung unter Beteiligung von AG oder KGaA müssen Zwischenbilanzen gemäß § 63 UmwG aufgestellt werden, wenn die letzte Jahresbilanz eines beteiligten RT sich auf ein Geschäftsjahr bezieht, das mehr als sechs Monate vor dem Abschluss des Umwandlungsvertrages oder der Aufstellung des Vertragsentwurfs abgelaufen ist. Auf die Zwischenbilanz sind grundsätzlich die Vorschriften anzuwenden, nach denen die letzte Jahresbilanz des RT erstellt wurde, für den zwischenbilanziert wird. Nach § 63 II UmwG gelten für die Zwischenbilanz einige Vereinfachungen, wie z.B. der Verzicht auf eine körperliche Bestandsaufnahme (→ effektive Inventur). Zwischenbilanz und Schlussbilanz gemäß § 17 II UmwG können unter Beachtung der Fristen für denselben Stichtag erstellt werden. – 2. *Bilanzen des übernehmenden Rechtsträgers:* Bei der Verschmelzung zur Neugründung, der Auf- und Abspaltung zur Neugründung sowie der Ausgliederung zur Neugründung hat der übernehmende RT gemäß § 242 HGB eine → Eröffnungsbilanz, in die die Aktiva und Passiva aller umgewandelten Unternehmen eingehen, aufzustellen. § 24 UmwG eröffnet als Wahlrecht die Möglichkeit, dass der übernehmende RT in seiner Eröffnungsbilanz die Werte der Schlussbilanz (§ 17 II UmwG) des übertragenden RT als → Anschaffungskosten im Sinn von § 253 HGB ansetzt (Buchwertverknüpfung). Wird auf die Buchwertverknüpfung verzichtet, ist der Zeitwert die Bewertungsobergrenze. Bei Umwandlungen durch Aufnahme braucht der übertragende RT keine Eröffnungsbilanz zu erstellen. Der Umwandlungsprozess vollzieht sich auf Basis der Schlussbilanz (§ 17 II UmwG) als laufender Geschäftsvorfall. Es gilt ebenfalls das Wahlrecht gemäß § 24 UmwG. Die Umwandlungsvorgänge zeigen sich daher i.d.R. erst in der ersten Jahresbilanz des übernehmenden RT nach Durchführung der Umwandlung. Übersteigt der Wertansatz des übergehenden Vermögens (Zeitwert, Buchwert oder Zwischenwert) den Nennwert der gewährten Anteile, ist die Differenz als → Kapitalrücklage zu buchen. Übersteigt dagegen der Nennwert der gewährten Anteile den Wertansatz des übergehenden Vermögens, ist die Differenz erfolgswirksam zu behandeln, im Fall der Umwandlung auf eine bestehende Kapitalgesellschaft als Minderung des → Jahresüberschusses bzw. Erhöhung des Jahresfehlbetrages. Eine Aktivierung der Differenz z.B. als Verschmelzungsmehrwert ist zulässig. – Bei Formwechsel ist der RT der neuen Rechtsform handelsrechtlich nicht zur Erstellung einer Eröffnungsbilanz verpflichtet (umstritten).

Umwandlungsgesetz (UmwG) – Gesetz vom 28.10.1994 (BGBl. I 2310) m.spät.Änd., das umfassend die → Verschmelzung, Spaltung, → Umwandlung und → Vermögensübertragung von Unternehmen regelt.

Umwandlungsprüfung → Wirtschaftsprüfung.

Umwandlungsverfahren – Be- oder Verarbeitung von drittländischen Einfuhrwaren, bestimmt zum Verbleib im Inland, zur Erlangung einer günstigeren Zollbehandlung (Art. 130 ff. ZK, Art. 4 ZK). – *Beispiel:* Umwandlungsverfahren von Gewebe als Meterware in zollfreie Musterabschnitte. – *Verfahren:* analog → aktiver Veredelung.

Umwelt – Umgebung eines → Systems oder einer Lebenseinheit, welche(s) mit dieser in wechselseitigen Beziehungen steht. Grundsätzliche Unterscheidung der Umwelt des Menschen in → natürliche Umwelt (Ökosphäre) und „künstliche" Umwelt (Sozio- und Technosphäre). Umwelt z.B. für das System Unternehmung: wirtschaftliche, technische, gesellschaftliche, politische und natürliche Umwelt.

Umweltabgabe – *Umweltsteuer, Ökosteuer;* für die Nutzung der natürlichen Umwelt und Ressourcen an den Staat zu entrichtender Geldbetrag (Steuer, Gebühr oder Zoll). Umweltabgaben geben gemäß dem → Verursacherprinzip Anreize für umweltgerechtes Verhalten. – Vgl. auch → Emissionsabgabe, → ökologische Steuerreform, → Umweltbeitrag.

Umweltabgaben → Umweltabgabe.

Umweltaspekte – 1. *Begriff:* „Aspekt der Tätigkeiten, Produkte oder → Dienstleistungen einer Organisation, der Auswirkungen auf die → Umwelt haben kann. Ein wesentlicher Umweltaspekt ist ein Umweltaspekt, der wesentliche → Umweltauswirkungen hat bzw. haben kann" (Art. 2f → EMAS-VO II). – 2. *Abgrenzung:* Der Begriff Umweltaspekt ist vom Begriff Umweltauswirkung zu unterscheiden. Der Umweltaspekt beschreibt die Ursachen und die Umweltauswirkung die dadurch eintretende Veränderung der Umwelt. Da Entstehung und Veränderung der Umwelt sowohl räumlich als auch zeitlich weit voneinander entfernt seien können, ist der Zusammenhang zwischen Umweltaspekt und Umweltauswirkung äußerst komplex.

Umweltaudit → Öko-Audit.

Umweltauflage – 1. *Begriff:* Gebot oder Verbot in Form einer direkten umweltbezogenen Verhaltensvorschrift. – 2. *Arten* (nach Anknüpfungspunkt): a) *Emissionsauflage:* als Emissionsnorm (Grenzwert des Schadstoffausstoßes), Reduzierungsverpflichtung oder Produktnorm (Grenzwert hinsichtlich der Menge an Schadstoffen im Produkt) festgelegte Auflage. – b) *Auflage für Produktionsprozesse:* Produktionsfaktoren (Gebote zur Verwendung bestimmter Rohstoffe, z.B. schwefelarmes Heizöl) oder Prozessnormen bez. der anzuwendenden Technologie betreffende Auflage. Prozessnormen orientieren sich i.d.R. am → Stand von Wissenschaft und Forschung oder am → Stand der Technik. – c) *Produktionsauflage:* Mengenlimitierung (z.B. Produktionsdrosselung bei Smog), Produktionseinstellung in Notfällen (z.B. bei Gewässerverseuchung) oder Ansiedlungsverbot. – 3. *Beurteilung:* Bei der Festlegung von Auflagen sind die Grenzkosten der Emissionsvermeidung bei den einzelnen emittierenden Anlagen nicht bekannt. Es ist daher kaum möglich, eine Verteilung der insgesamt beabsichtigten Emissionsvermeidungsmenge auf die einzelnen reduzierten Anlagen vorzunehmen, die einen Ausgleich der Grenzvermeidungskosten erreicht. – Die Auflagenpolitik ist nur in unzureichendem Maße in der Lage, → umwelttechnischen Fortschritt zu induzieren. Eine Innovation, die auf eine Übererfüllung der staatlichen Emissionsnormen abzielt, bringt dem innovierenden Unternehmen nur Kosten, aber keine Erträge; es ist für das Unternehmen unattraktiv, knappe Ressourcen in diese Verwendung zu lenken. – Der ökologische Erfolg der Auflagenpolitik ist durch eine mangelnde Verknüpfung zwischen umweltpolitischen Zielvariablen und umweltpolitischen Eingriffsobjekten gefährdet, da die Auflagen meist in Form von Beladungsgrößen (z.B. mg Schadstoff pro m^3 Abluft) formuliert sind. Die ökologische Treffsicherheit der Auflagenpolitik würde verbessert, wenn sie anstelle von Emissionskonzentrationen Emissionsfrachten regeln würde.

Umweltauflagen → Umweltauflage.

Umweltauswirkungen – „jede positive oder negative Veränderung der Umwelt, die ganz oder teilweise aufgrund der Tätigkeiten, Produkten oder Dienstleistungen einer Organisation eintritt" (Art. 2g → EMAS II).

Umweltbarometer – Das Umweltbarometer ist auch als DUX (Deutscher Umwelt-Index) bekannt. Erstellt vom Umweltbundesamt (UBA). – *Ziel:* Die Beschreibung des Umweltzustandes der Bundesrepublik Deutschland.

Umweltbeitrag – Form der → Umweltabgabe, durch die die Aufwendungen der öffentlichen Hand für Versorgungs- und Entsorgungsleistungen an die Benutzer weitergegeben werden.

Umweltbelastung – Umweltbelastungen sollen auf Grundlage des → Vorsorgeprinzips durch die → Internalisierung externer Effekte möglichst vermieden werden. Instrumente dafür sind insbes. → Auflagen, → Zertifikate und → Abgaben. – *Formen:* → Umweltverschmutzung. – Umweltbelastung kann zur *Umweltschädigung* führen: Raubbau an der biologischen Produktivität (Wald-, Fischbestände); ersatzlose Entnahmen (Abbau von Bodenschätzen); Störung und Zerstörung von Ökozyklen; Gefährdung menschlicher Gesundheit. Sie wiegen um so schwerer, je stärker sie irreversibel sind. – *Messung* durch → Umweltindikatoren, die Teilaspekte der Umweltbelastung erfassen.

Umweltbelastungspunkte – 1. *Begriff:* Das Verfahren der Umweltbelastungspunkte ist ein Verfahren zur Ökobilanzierung (→ Ökobilanz). – 2. *Entstehung:* Das Verfahren baut auf der ökologischen Buchhaltung von Müller-Wenk (1978) auf. Es ist auch unter dem Namen „Ökologische Knappheit" bekannt. Entwickelt wurde es von Ahbe, Braunschweig und Müller-Wenk in den 1980er-Jahren. – 3. *Geltungsbereich und Systemgrenze:* Die Methode, die mit der Systemgrenze „Gate-to-Gate" (→ Cradle-to-Cradle) arbeitet, ist grundsätzlich auf die Schweiz begrenzt, da die Ökofaktoren nur für die Schweiz bestimmt werden. Infolge einer Ausweitung der Faktorenbestimmung wäre die Methode auch in anderen Ländern einsetzbar. – 4. *Bewertungsobjekt und Bewertungsgröße:* Bewertet werden können Produkte, Prozesse sowie Organisationen hinsichtlich ihrer Stoff- und Energieflüsse. Diese werden differenziert nach Input- und Output-Bestandteilen betrachtet. – 5. *Ziel und Annahmen:* Die Methode bewertet Umwelteinflüsse, die die → Umweltpolitik als wesentlich erachtet. Die Ziele der ökologischen Knappheit sind es zur Entscheidungsfindung bei verschiedenen Handlungsalternativen beizutragen, die Steuerung zu verbessern sowie die interne und externe Kommunikation zu stärken. Der Methode liegt die Annahme zugrunde, dass Umweltauswirkungen durch die Beanspruchung knapper Ressourcen entstehen. – 6. *Vorgehensweise:* Auf Grundlage der Sachbilanzdaten (→ Sachbilanz) werden für die einzelnen Stoff- und Energieflüsse Ökofaktoren bestimmt und multipliziert. Die resultierenden Umweltbelastungspunkte werden addiert und ergeben eine eindimensionale Kennzahl. – 7. *Kritische Würdigung:* Die kritischen Flüsse können hinsichtlich der nationalen umweltpolitischen Ziele angepasst werden. Es werden jedoch nur die als wesentlich eingestuften → Umweltaspekte betrachtet. Außerdem erlaubt die Aggregation der Ergebnisse zu einer eindimensionalen Kennzahl keine umfassenden Aussagen.

Umweltbericht → Umweltprogramm.

Umweltberichterstattung – 1. *Verpflichtende Umweltberichterstattung:* Das → Umweltstatistikgesetz (vgl. → Umweltgesetzgebung) verpflichtet Unternehmen, bestimmte Informationen bereitzustellen. Es umfasst die Bereiche → Abfallwirtschaft, Gewässerschutz, Lärmbekämpfung, Luftreinhaltung, Klimaschutz, → Naturschutz, Landschaftspflege und Bodensanierung. Das 2005 eingeführte → Umweltinformationsgesetz (Umsetzung der Umweltinformationsrichtline der EU von 2003) verpflichtet die öffentliche Verwaltung und private Einrichtungen, sofern sie öffentliche Aufgaben wahrnehmen, Umweltinformationen nach Antragstellung zur Verfügung zu stellen. Als Umweltinformationen werden Daten bezüglich des Zustands der → Umweltmedien, → Input, → Kondukte, Maßnahmen, die Umsetzung des Umweltrechts, Kosten-Nutzen-Analysen sowie die menschliche Gesundheit gezählt. – 2. *Freiwillige Umweltberichterstattung:* Unternehmen können sich ebenfalls zu einer freiwilligen Umweltberichterstattung verpflichten. Die Umweltberichterstattung ist fester Bestandteil von standardisierten → Umweltmanagementsystemen (vgl. → DIN EN ISO 14001 und → EMAS-VO).

Umweltbetriebsprüfung → Ökoaudit.

umweltbewusstes Verhalten – Ausrichtung des wirtschaftlichen Verhaltens bzw. der Lebenseinstellung an den Kriterien → ökologische Kompatibilität und → Umweltschutz.

Umweltbewusstsein – Zum Umweltbewusstsein gehören: Kenntnis von Konfliktmöglichkeiten zwischen eigenem Handeln und → Umweltschutz; Einsicht in die Gefährdung durch Informationen an Produzenten und Verbraucher und die damit u.U. verbundene Bereitschaft zur Abhilfe, evtl. über den Marktmechanismus (Entwicklung, Gebrauch, Kauf umweltfreundlicher Erzeugnisse und Verfahren); Ausgleich von Bequemlichkeits- und Zeitverlusten sowie ökonomischen Nachteilen gegenüber umweltschädlichem Tun (z.B. Ausbau des öffentlichen Nahverkehrs, Steuerbegünstigung schadstoffarmer Kraftfahrzeuge und Treibstoffe).

Umweltbilanz → Ökobilanz.

Umweltbundesamt (UBA) – Sitz des Umweltbundesamtes (UBA) ist Dessau. Errichtet wurde das UBA durch Gesetz vom 22.7.1974 (BGBl. I 1505) m.spät. Änd. – Zu den Aufgaben des UBA gehören u.a. die wissenschaftliche Unterstützung und Beratung des BMU und der Bundesregierung in Fragen des → Immissionsschutzes (z.B. im Bereich Luft), der Wasser- und der → Abfallwirtschaft. Dabei werden die umweltschädigenden Prozesse und ihre Folgen untersucht, Stoffe werden hinsichtlich ihrer ökologischen Schädlichkeit beurteilt und die Entwicklung neuer (umweltschonender) Technologien wird initiiert und unterstützt. Weitere Aufgaben des UBA sind der Vollzug von Umweltgesetzen (z.B. → Emissionshandel, Zulassung von Chemikalien, Arznei- und Pflanzenschutzmitteln) sowie die Sammlung und Speicherung von Umweltdaten, der Aufbau und die Pflege von Umweltplanungs- und Informationssystemen und die Aufklärung der Öffentlichkeit in Umweltfragen etc. – Zuständig für den Emissionshandel (ab 1.1.2005) ist in Deutschland die im UBA errichtete *Deutsche Emissionshandelsstelle (DEHSt)* gemäß Treibhausgas-Emissionshandelsgesetz (TEHG).

Umweltchemikalien – natürlich vorkommende oder synthetische (anthropogene) Stoffe, die durch menschliches Zutun in die → natürliche Umwelt gelangen und durch ihre Eigenschaften Menschen oder andere Lebewesen gefährden. – *Gesetzliche Regelung*: Gesetz zum Schutz vor gefährlichen Stoffen, → Chemikaliengesetz (ChemG).

Umweltcontrolling → Ökocontrolling.

Umweltdatenbanken – in Deutschland über 200, weltweit über 500 Datenbanken. – *Überblick:* Umweltbundesamt mit dem Informations- und Dokumentationssystem Umwelt (→ UMPLIS): Literaturdatenbank mit über 100.000 Dokumenten zu Veröffentlichungen (ULIT), Forschungsdatenbank mit über 25.000 Dokumenten zu umweltbezogenen Forschungsprojekten (UFOR), Luftimmissionsdatenbank (LIMBA), Meeresumweltdatenbank (MUDAB) u.a. Auch viele Banken stellen elektronische Informationsquellen zur Verfügung.

Umwelt-Due-Diligence – Umwelt-Due-Diligence ist ein Begriff für die Prüfung und den sorgfältigen Umgang mit der ökologischen Umwelt bei Akquisitionsentscheidungen (→ Akquisition). Ziel ist, die Ermittlung und Vermeidung von Risiken bei einem Unternehmenserwerb im Hinblick auf → Umweltaspekte zu ermöglichen bzw. zu erhöhen. – Vgl. auch → Due Diligence.

Umweltdumping – Tatsache, dass Güter deshalb billig auf dem → Weltmarkt angeboten werden, weil im Produktionsland niedrigere *Umweltstandards* gelten als anderswo, was zu entsprechenden Kostenvorteilen (aber auch Umweltzerstörung) führt. – Vgl. auch → Dumping.

Umwelteffekte der Landwirtschaft → Agrarumweltpolitik, → Multifunktionalität der Landwirtschaft.

Umweltengel – Kennzeichen auf Produkten, die über vergleichsweise günstige Umwelteigenschaften verfügen. – *Ziele:* (1) Bessere Transparenz der Umweltwirkung des Produktes, Orientierungshilfe für Konsumenten. (2) Motivation für Hersteller weniger umweltbelastende Produkte zu entwickeln. – *Formen:* (1) Amtliches Zeichen: „Blaue Umweltengel". Verliehen vom Deutschen Institut für Gütesicherung und Kennzeichnung (RAL). Zz. rund 4.000 Waren und Geräte (davon 10 Prozent ausländischer Herkunft) von ca. 630 Herstellern in 75 Produktgruppen ausgezeichnet. Zur Erlangung des Zeichens, das für drei Jahre gewährt wird, muss der Hersteller in einem Prüfungsverfahren nachweisen, dass das Produkt im Vergleich zu anderen Produkten mit demselben Gebrauchswert umweltfreundlicher ist (z.B. bes. lärmarm). (2) Firmenindividuelle Zeichen.

Umwelterklärung – 1. *Begriff:* In der EMAS-Umwelterklärung münden alle Schritte des Aufbaus eines Umweltmanagements nach EG-Öko-Audit-Verordnung. Die Erklärung wird der Öffentlichkeit zugänglich gemacht und kann von einem externen Gutachter validiert werden. – 2. *Inhalt:* Die Umwelterklärung muss Informationen zu folgenden Themen enthalten (EMAS II, Anhang 3, 3.2. Umwelterklärung): (1) klare und eindeutige Beschreibung der Organisation und Zusammenfassung ihrer Tätigkeiten, Produkte und → Dienstleistungen sowie ggf. der Beziehung zur → Muttergesellschaft; (2) die → Umweltpolitik der Organisation und Beschreibung des → Umweltmanagementsystems der Organisation; (3) Beschreibung aller wesentlichen direkten und indirekten → Umweltaspekte, die zu wesentlichen → Umweltauswirkungen der Organisation führen, und eine Erklärung der Art der diese Umweltaspekte bezogenen Auswirkungen; (4) Beschreibung der Umweltzielsetzung; (5) Zusammenfassung der verfügbaren Daten über die → Umweltleistung (z.B. → Emissionen, Abfallaufkommen, Verbrauch von Rohstoffen, Energie und Wasser); (6) sonstige Faktoren der Umweltleistung; (7) Name und Zulassungsnummer. – Vgl. auch → Umweltberichterstattung, → Nachhaltigkeitsbericht.

Umweltforschung – Forschung zur Erkenntnis ökologischer Zusammenhänge (→ Ökologie) und zum Schutz der → natürlichen Umwelt. – Umweltforschung *umfasst* (nach der Systematik des Bundesministeriums für Bildung und Forschung [BMBF]): Ökologische Forschungen (Forschungsgebiete: Boden- und Wasserhaushalt, Waldschäden und Luftverunreinigungen, atmosphärische Schadstoffkreisläufe, Umweltchemikalien, Umwelt und Gesundheit, Ökosystemforschung, ökologische Demonstrationsvorhaben, Natur und Landschaft); umweltschonende und Umweltschutztechnologien (Forschungsgebiete: Luftreinhaltung, Lärmbekämpfung, → Abfallwirtschaft, emissionsarme Technologien und Produkte, Küstengewässer und Hohe See); Wasserforschung (Forschungsgebiete: Wasserversorgung, Abwasserentsorgung einschließlich Schlammbehandlung).

umweltfreundliche Produkte – Produkte, die die → natürliche Umwelt in ihrer Eigenschaft als Lieferant natürlicher Ressourcen und als Aufnahmemedium für → Abfälle aus Produktion und Konsum möglichst wenig belasten. Quantifizierung der Belastung durch ein Produkt mithilfe der → ökologischen Buchhaltung. – *Kennzeichnung* durch → Umweltzeichen.

Umweltfunktionen – Zu den Umweltfunktionen zählen: Vorsorgungsfunktion, Trägerfunktion und Regelfunktion. – Vgl. auch → ökologische Knappheit.

umweltgerechtes Handeln → umweltbewusstes Verhalten.

Umweltgesetzgebung – Die Entwicklung der Umweltgesetzgebung kann in vier Phasen unterteilt werden: – *1970-1980:* erste legislative Phase, z.B. Benzinbleigesetz (1971), Abfallgesetz (1972), Gründung des → Rates von Sachverständigen für Umweltfragen (1972), Bundesimmissionsschutzgesetz (1974), Einrichtung des Umweltbundesamtes (1974), Wasserhaushaltsgesetz (1976), Bundesnaturschutzgesetz (1976), Energieeinspargesetz (1976) und Düngemittelgesetz (1977). – *1980-1990:* In den Jahren 1980 bis 1990 wurden hauptsächlich bestehende Gesetze und Verordnungen umgesetzt. Zu den wenigen neuen Gesetzten zählte z.B. das Strahlenschutzvorsorgegesetz (1986). – *1990-heute:* Die zweite legislative Phase ist durch drei verschiedene Ansätze geprägt: managementorientierte Ansätze, fiskalische Ansätze und informationspolitische Ansätze. Zu den managementorientierten Ansätze zählen u.a. das Umweltrahmengesetz (1990), das Gesetz über die Umweltverträglichkeitsprüfung (UVPG) (1990), die Verpackungsordnung (1992), das Umweltauditgesetz (1994) zur Umsetzung der EG-Öko-Audit-Verordnung (EMAS) (→ EMAS-VO), das → Kreislaufwirtschafts- und Abfallgesetz (Krw/AbfG) (1996), die → EU-Wasserrahmenrichtlinie (2000), das Altfahrzeuggesetz (2002), das Elektro- und Elektronikgerätegesetz (2005) und das Umweltschadensgesetz (2007). Fiskalische Ansätze erbrachten u.a. die → Ökologische Steuerreform (1999), das Erneuerbare-Energien Gesetz (EEG) (2000) und das → Treibhausgas-Emissionshandelsgesetz (TEHG) (2004). – Mit Beginn der Entwicklung eines einheitlichen Umweltgesetzbuchs (UGB) im Jahre 1992 startete ebenfalls parallel eine sog. konsolidierende Phase. Diese konnte bisher nicht abgeschlossen werden.

Umweltgutachter → Umweltmanagementsysteme können durch einen unabhängigen, externen und amtlich zugelassenen Umweltgutachter überprüft werden. Überprüft wird nach EMAS II, Anhang V, 5.4. die Übereinstimmung der von der Organisation gewählten Vorgehensweise mit den Vorschriften der Verordnung. Zu den Prüfungsbereichen zählen u.a. das Umweltmanagementsystem, die Umweltbetriebsprüfung und die → Umwelterklärung. – Vgl. auch → EMAS-VO.

Umwelthaftpflichtversicherung – 1. *Begriff:* Sonderform der → Betriebshaftpflichtversicherung für das Risiko, das insbesondere von bestimmten umweltgefährdenden Anlagen (Anlagenrisiko), aber auch vom Betrieb allg. (Basisrisiko) ausgeht. Auch das Produktrisiko für die Lieferung oder Planung umweltgefährdender Anlagen(-teile) kann versichert werden (Regressrisiko). – 2. *Merkmale:* Die Anlagen werden nach Typ und gesetzlich eingestufter Gefährlichkeit sog. Risikobausteinen zugeordnet. Der Vertrag folgt dem Manifestationsprinzip: Versicherungsfall ist die erste nachprüfbare Feststellung des Schadens. – 3. *Geschichte:* Nach dem Vorläufer der Gewässerschadenhaftpflichtversicherung für Gewässer gefährdende Anlagen und Einleitungen in Gewässer wurde das Bedingungswerk im Gefolge des Umwelthaftpflichtgesetzes 1992 im dt. Markt eingeführt.

Umwelthaftung – 1. *Begriff:* Die Umwelthaftung ist ein nicht fiskalisches Instrument zur Umsetzung umweltpolitischer Ziele. Als Grundlage des Instruments dient das Umwelthaftungsgesetz (vgl. → Umweltgesetzgebung). Weitere Regelungen existieren im Umweltschadensgesetz. Die Umwelthaftung verpflichtet den Betreiber einer Anlage, den Schaden, der durch eine von der Anlage ausgehende → Umweltauswirkung entstanden ist, zu ersetzen (Umsetzung des → Verursacherprinzips). Der Betreiber muss nachweisen, dass die Anlage bestimmungsgemäß betrieben wurde (Kausalitätsprüfung). – 2. *Kritische Würdigung:* Das Instrument weist eine relativ hohe Wirkungssicherheit auf und setzt strikt das Verursacherprinzip um. Durch die Haftung und des damit verbundenen Risikos erhält die Nutzung der Umwelt einen Preis. Das Prinzip setzt daher Anreize zur Entwicklung risikoloser Produkte. Problematisch sind jedoch die Notwendigkeiten für umfassende Gesetzesänderungen sowie die lückenhafte Gesetzeslage. Außerdem ergeben sich Probleme bei der lückenhaften Dokumentation und der Frage nach wirtschaftlicher Unzumutbarkeit und Verhältnismäßigkeit. Das Instrument tendiert zur Schonung der Umwelt und ist u.U. nicht wohlfahrtsoptimierend.

Umwelthaftungsgesetz (UmweltHG) – Gesetz vom 10.12.1990 (BGBl. I 2634) m.spät.Änd., regelt → Gefährdungshaftung für Umweltschäden. – 1. *Voraussetzungen:* Nach § 1 Umwelthaftungsgesetz ist ein Schadensersatzanspruch gegeben, wenn durch eine Umwelteinwirkung, die von einer im Anhang 1 des Umwelthaftungsgesetz genannten Anlage ausgeht, jemand getötet, sein Körper oder seine Gesundheit verletzt oder eine Sache beschädigt wird und daraus ein Schaden entsteht. → Rechtswidrigkeit und → Verschulden sind nicht erforderlich. Zu den erfassten Anlagetypen gehören z.B. Kraftwerke, Abfallentsorgungsanlagen, Gießereien, Lackierereien, Geflügelzuchtbetriebe etc. Ein Schaden entsteht nach § 3 I durch eine Umwelteinwirkung, wenn er durch Stoffe, Erschütterung, Geräusche, Druck, Strahlen, Gase, Dämpfe, Wärme oder sonstige Erscheinungen verursacht wird, die sich in Boden, Luft oder Wasser ausgebreitet haben (z.B. Lackschäden an Kfz durch schädliche Emissionen). Eine Ersatzpflicht besteht nicht, soweit der Schaden durch → höhere Gewalt verursacht wurde (§ 4). Tritt ein Schaden im Rahmen des Normalbetriebs ein, so ist die Ersatzpflicht für Sachschäden ausgeschlossen, wenn die Sache nur unwesentlich oder in einem Maße beeinträchtigt wird, das nach den örtlichen Verhältnissen zumutbar ist (§ 5). Der Kausalitätsnachweis zwischen Umwelteinwirkung, Rechtsgutverletzung und Schaden wird durch die Ursachenvermutung des § 6 erleichtert: Ist eine Anlage nach den Gegebenheiten des Einzelfalles geeignet, den entstandenen Schaden zu verursachen, so wird vermutet, dass der Schaden durch diese Anlage verursacht ist. Diese Ursachenvermutung gilt jedoch nicht für den Normalbetrieb. Normalbetrieb liegt vor, wenn die bes. Betriebspflichten eingehalten worden sind und auch keine Störung des Betriebs stattfindet (§ 6 II). Ferner gilt die Vermutung der Verursachung dann nicht, wenn ein anderer Umstand nach den Gegebenheiten des Einzelfalles geeignet ist, den Schaden zu verursachen (§ 7 II). Da die Vermutung des § 6 erst dann gilt, wenn der Geschädigte nachgewiesen hat, dass die Anlage nach den Gegebenheiten des Einzelfalles geeignet war, den entstandenen Schaden zu verursachen, kann er nach §§ 8–9 Auskunft vom Inhaber der Anlage und von Behörden verlangen, soweit dies zur Feststellung, dass ein Schadensersatzanspruch nach dem Umwelthaftungsgesetz besteht, erforderlich ist. Ebenso kann der Geschädigte nach § 9 Auskunft von bestimmten Behörden verlangen. Denselben Auskunftsanspruch hat der Inhaber einer Anlage, der von dem Geschädigten in Anspruch genommen wird (§ 10). Der Ersatzpflichtige haftet insgesamt bis zu einem Höchstbetrag von 85 Mio. Euro (§ 15). In § 16 wird in engen Grenzen ein Ausgleich sog. Öko-Schäden normiert. Stellt die Beschädigung einer Sache auch eine Beeinträchtigung der Natur oder der Landschaft dar, so kann der Geschädigte, sofern er den früheren Zustand wieder herstellt, die Herstellungskosten verlangen. Der Geschädigte kann auch einen Schmerzensgeldanspruch geltend machen (§ 8). Es gilt die dreijährige Verjährungsfrist. Die als bes. gefährlich eingestuften Anlagentypen, die im Anhang 2 des Gesetzes aufgeführt sind, unterliegen der Pflicht zur Deckungsvorsorge, wozu bes. der Abschluss einer Haftpflichtversicherung (→ Umwelthaftpflichtversicherung) in Frage kommt (§ 19). Die Nichterfüllung der Deckungsvorsorge ist strafbewehrt (§ 21). – 2. *Ziel* des Gesetzes ist es, die durch Umweltschäden betroffenen Personen und Einrichtungen in ihrer Rechtsstellung zu schützen bzw. zu stärken. Außerdem werden vom Umwelthaftungsgesetz Anreize zur Schadensprävention erwartet.

Umweltindikatoren – 1. *Begriff:* An die Stelle einer Vielzahl von Einzelinformationen sollen Parameter oder Wertgrößen treten, die als leicht überschaubare Angaben dem Zustand der Umwelt bzw. ihre spezifischen Belastungen darstellen und Entwicklungstrends aufzeigen können. Eine derartige Beschreibung ist Voraussetzung für eine umweltbezogene Beurteilung der menschlichen Aktivitäten. Eine treffsichere Beurteilung aufgrund verdichteter Informationen ist Voraussetzung auch für die Wahl umweltpolitischer Strategien (→ Umweltpolitik). – 2. *Internationale Ansätze:* a) Die Entwicklung von Umweltindikatoren begann durch die → OECD. Sie entwickelte einen methodischen Ansatz, in dem drei Hauptkategorien von Umweltindikatoren unterschieden wurden: Belastungen der Umwelt (Pressures), Beschreibung von Umweltzustand und -qualität (State) und gesellschaftliche Reaktionen (Responses; sog. *PSR-Ansatz*). Der OECD-Ansatz stellt bis heute die Grundlage der internationalen Entwicklungen auf dem Gebiet der Indikatorensysteme dar. Die OECD hat mehrere Indikatorensätze für verschiedene Zwecke entwickelt: das Core Set mit zehn Schlüsselindikatoren für die Umwelt sowie spezielle sektorale Indikatoren (z.B. Transport, Energie, Landwirtschaft). – b) Die → Commission on Sustainable Development (CSD) erweiterte den methodischen Ansatz der OECD und dehnte den Betrachtungsrahmen auch auf soziale, wirtschaftliche und institutionelle Bereiche aus (→ Nachhaltigkeitsindikatoren). Das Indikatorensystem der CDS umfasst nach der dritten Modifizierung im Jahr 2006 96 Einzelindikatoren (davon 50 Schlüsselindikatoren). – c) Die → Europäische Umweltagentur (EEA) ergänzte den PSR-Ansatz der OECD um die Kategorien verursachende Faktoren (Driving Forces) und Auswirkungen (Impact; sog. DPSIR-Ansatz). – d) Vom *Rat der Europäischen Union* werden seit 2001 umweltbezogene Strukturindikatoren in Kooperation mit der Europaeischen Kommission in einem kontinuierlichen Verbesserungsprozess erarbeitet. – 3. *Nationale Umsetzungen:* Basierend auf den CSD-Indikatoren präsentierte der Staatssekretärsausschuss für Nachhaltige Entwicklung („Green Cabinet“) der Bundesregierung im Dezember 2001 einen Entwurf zur nationalen Nachhaltigkeitsstrategie, der 21 Indikatoren beinhaltet. 2004 erfolgte eine Bearbeitung durch das → Umweltbundesamt (UBA) als Grundlage für weitere Diskussionen im Kontext der nationalen Nachhaltigkeitsstrategie. Daneben liefert das Umweltbundesamt im Rahmen eines sog. Deutschen Umweltindex (DUX) Kennwerte zu den Themen Klima, Luft, Boden, Wasser, Energie und Rohstoffe. – Im Jahr 2001 wurde die Länderinitiative „Kernindikatoren" (LIKI) der Umweltämter und -anstalten der Bundesländer gegründet. Ziel war es, einen gemeinsamen geprüften Satz von Umweltindikatoren auszuweisen. Auf der Grundlage der Arbeiten des LIKI hat sich im Jahr 2004 die Umweltministerkonferenz auf einen Satz von 24 umweltbezogene Nachhaltigkeitsindikatoren verständigt. Aktualisierungen der Nachhaltigkeitsindikatoren erfolgt durch das 2008 gegründete Arbeitsgremium der Umweltministerkonferenz „Bund/Länder Arbeitsgemeinschaft Klima, Energie, Mobilität – Nachhaltigkeit (BLAG KliNa)".

Umweltinformationsgesetz – Gesetz i.d.F. vom 22.12.2004 (BGBl. I 3704), das die Vorgaben der Richtlinie 90/313/EWG des Rates vom 7.6.1990 über den freien Zugang zu Informationen über die Umwelt (ABl EG Nr. L 158, S. 56) in bundesdeutsches Recht umgesetzt hat. – 1. *Zweck:* Gewährleistung des freien Zugangs zu und der Verbreitung der bei den Behörden vorhandenen Informationen über die Umwelt sowie Festlegung der Voraussetzungen, unter denen derartige Informationen zugänglich gemacht werden sollen (§ 1). – 2. *Inhalt:* Nach dem Umweltinformationsgesetz hat jeder Anspruch auf freien Zugang zu Informationen über die Umwelt, die bei den in den Anwendungsbereich des Umweltinformationsgesetzes fallenden Behörden und Personen des Privatrechts (§ 2) vorhanden sind (§ 4). Es bedarf eines hinreichend bestimmten Antrages, der bes. erkennen lässt, auf welche Informationen er gerichtet ist (§ 4). Der Anspruch auf Informationen über die Umwelt ist unter bestimmten Voraussetzungen zum Schutz öffentlicher oder privater Belange ausgeschlossen oder beschränkt. Als anspruchsausschließende *öffentliche* Belange sieht das Umweltinformationsgesetz etwa die Berührung der Landesverteidigung oder internationaler Beziehungen, die mögliche Verursachung einer erheblichen Gefahr für die öffentliche Sicherheit oder eine erhebliche oder nachhaltige Beeinträchtigung von Umweltgütern an (§ 8), als anspruchsausschließende *private* Belange gelten die Beeinträchtigung schutzwürdiger Interessen Betroffener durch die Offenbarung personenbezogener Daten, der Schutz geistigen Eigentums sowie Betriebs- und Geschäftsgeheimnisse (§ 9). – 3. *Kosten:* Für Amtshandlungen nach dem Umweltinformationsgesetz werden Gebühren und Auslagen erhoben (§ 12), Näheres ist in der Umweltinformationskostenverordnung (UIGKostV) vom 23.8.2001 (BGBl. I 247) m.spät.Änd. geregelt. – Vgl. auch → umweltbewusstes Verhalten.

Umweltinformationssystem – 1. *Begriff:* Betriebliches oder überbetriebliches → Informationssystem mit Angabe von Daten über Umweltzustand und -entwicklung für umweltpolitische Maßnahmen. Umweltinformationssystem ist die Grundlage für umweltorientiertes Management und Voraussetzung für → Ökocontrolling; eine Erweiterung des traditionellen Rechnungslegungssystems durch die Einbeziehung von ökologischen Komponenten. – 2. *Inhalt:* Erfassen und Beschreiben der ökologischen Problemfelder, Zusammenhänge dieser Problemfelder mit den Aktivitäten der Unternehmung zeigen und Umsetzungsmechanismen innerhalb der gegebenen Restriktionen/ Rahmenbedingungen aufzeigen. – 3. *Stufen:* a) Der Erhebung der Mengenströme werden die Betriebsinputs an Rohstoffen und Energie dem Betriebsoutput an Produkten, Abfällen und Emissionen gegenübergestellt. – b) Bewertung nach der Umweltrelevanz. Ein effizientes Informationssystem wird aufgrund der Vielzahl der Daten und der Notwendigkeit zur weit gehenden Automatisierung der Datenerhebung auf eine EDV-Unterstützung angewiesen sein. – 4. *Elemente:* (1) Umwelt-Monitoringsystem; (2) Stoff- und Energiebilanzierungssystem; (3) Berichts-, Kontroll- und Dokumentationssystem; (4) Planungs- und Entscheidungsunterstützungssystem.

Umweltinnovationen – 1. *Begriff:* Als Umweltinnovationen gelten alle → Innovationen, die der Verbesserung der → Umwelt dienen, gleichgültig, ob diese Innovationen auch u.a. (ökonomischen) Gesichtspunkten vorteilhaft wären (vgl. Klemmer/ Lehr/ Löbbe 1999, S. 29). – 2. *Ausprägungen:* Umweltinnovationen können in technologisch-ökonomische Innovationen, organisationale Innovationen und institutionelle Innovationen unterschieden werden: Zu den technologisch-ökonomische Innovation zählen die Entwicklung und → Vermarktung neuer → Produkte, die Erschließung neuer → Ressourcen und Inputbestände sowie die Entwicklung und Anwendung neuer Produktionsverfahren. Darüber hinaus beschreiben organisationale Innovationen die Veränderungen der betrieblichen → Organisationsstruktur, der Unternehmensstrategie und der → Unternehmenskultur. Zu den institutionelle Innovationen werden alle Neugestaltung der gesamtgesellschaftlichen Rahmenbedingungen und der Ordnungsprinzipien gezählt. – Vgl. auch → End-of-the-pipe-Technologien, → integrierte Technologien.

Umweltkarte – Fahrkarte mit günstigem Tarif im → öffentlichen Personennahverkehr (ÖPNV) mit dem Ziel, Autofahrer zur Nichtbenutzung ihres Pkws zu bewegen, um so die Abgasemission zu mindern und damit einen Beitrag zum Umweltschutz zu leisten.

Umweltkennzahlen → Information über einen betrieblichen Umwelttatbestand in konzentrierter, stark verdichteter Form (z.B. Messgrößen zu Ressourcenverbrauch und Abfall-/Energie-/Recyclingmanagement). – *Formen:* (1) Absolute Zahlen, (2) Verhältniszahlen (Quotienten): Gliederungszahl oder Beziehungszahl (verschiedene Größen mit sachlicher und sinnvoller Beziehung). – *Ableitung:* (1) Aus mengen- und wertmäßigen Input-/ Output-Analyse; (2) je nach Betriebsstruktur und Produktionspalette weitere Detaillierungen (Bereiche: Energie, Abluft, Wasser und Abwasser, Material, → Abfall, Produkt, Störfälle, Rechtsverstöße, personal- und standortbezogene Kennzahlen etc.).

Umweltkennzeichen – 1. *Begriff:* Unter Umweltkennzeichnung wird die Kennzeichnung durch einen unabhängigen Dritten verstanden. – 2. *Beispiele:* Die Normenfamilie DIN EN ISO 14020 ff. umfasst Typologisierung zu Umweltkennzeichnungen. Bekannte Beispiel für Umweltkennzeichen sind u. a. der „Blaue Engel" und das EMAS-Logo (→ EMAS-VO).

Umweltkonferenz – 1. *Begriff:* Form internationaler Zusammenkünfte auf politischer Ebene zur Erörterung grenzüberschreitender, bes. globaler Umweltprobleme. – 2. *UN-Umweltkonferenzen:* a) *Stockholm 1972:* Auf der Stockholm-Konferenz wurde von den 113 teilnehmenden Nationen das Prinzip der *„Only One Earth"* angenommen und ein Aktionsplan verabschiedet, der 109 Empfehlungen zur Konkretisierung dieses Prinzips beinhaltete. Im Rahmen der Stockholm-Konferenz wurde das Umwelt-Programm der Vereinten Nationen geschaffen; vielerorts als zu kompromissorientiert und damit als in seiner Wirksamkeit begrenzt. – b) *Rio de Janeiro* (1992) *und Folgekonferenzen:* In der Deklaration von Rio und einem Aktionsplan (→ Agenda 21) wurden der Grundsatz der nachhaltigen Entwicklung und der Vorsorgegrundsatz als maßgebliche Konzepte künftigen Umweltschutzes in der ganzen Welt formuliert und Maßnahmen zu deren Implementation benannt. Die Grundsatzerklärung zur Bewirtschaftung, Erhaltung und dauerhaften Entwicklung der Wälder, die Rahmenkonvention zur globalen Klimaänderung und die Konvention zum Schutz der Artenvielfalt stellen Ansätze zu Konkretisierungen dieser Grundsätze dar, sind jedoch aufgrund auslegungsvariabler Formulierungen hinsichtlich ihrer Relevanz und Operationalität umstritten. Zur Beseitigung dieser Schwierigkeiten und zur Sicherung der langfristigen Umsetzung der Beschlüsse von Rio einigten sich die Teilnehmerstaaten deshalb auch auf regelmäßige Folgekonferenzen. So fand im März/April 1995 die *erste Vertragsstaatenkonferenz der UN-Klimarahmenkonvention (Berliner Klimagipfel)* statt, auf der sich die 117 teilnehmenden Staaten u.a. auf das „Berliner Mandat" zur Erarbeitung eines Reduktionsprotokolls einigten, das für die Treibhausgasemissionen der Industrieländer quantifizierte Begrenzungs- und Reduktionsziele innerhalb bestimmter Zeitrahmen festlegen soll. Im Anschluss an die Berliner Konferenz wurde ein Pilotprogramm zur → Joint Implementation gestartet, das Anreize zur technischen und wirtschaftlichen Zusammenarbeit und zur kostengünstigeren Verminderung des Treibhauseffektes liefert. Als weitere Vertragskonferenzen folgten Genf (1996), Kyoto (1997), Buenos Aires (1998), Bonn (1999), Den Haag (2000), Marrakesch (2001), Neu Delhi (2002), Mailand (2003), Buenos Aires (2004), Montreal (2005), Nairobi (2006), Bali (2007) und Posen (2008). In Kyoto verpflichteten sich Industriestaaten (Annex I-Parteien) dazu, die Emissionen von sechs Treibhausgasen bis zum Zeitraum zwischen 2008 und 2012 auf ein Niveau von 5,2 Prozent unterhalb des Niveaus von 1990 zu reduzieren. Auf der *Bonner Konferenz* wurde die Frage kontrovers diskutiert, wie viel Prozent der Verpflichtung eines Landes durch Verminderungen in anderen Ländern erbracht werden können (→ Joint Implementation, → Clean Development Mechanism, → Umweltzertifikat). Die USA erklärten 2001 den Ausstieg aus dem Kyoto-Protokoll. 2005 wurde der europäische Emissionshandels implementiert. Über die 2. Verpflichtungsperiode ab 2013 wurde in der 15. Vertragsstaatenkonferenz der Klimarahmenkonvention im Dezember 2009 in Kopenhagen verhandelt.

Umweltleistung – Der Begriff Umweltleistung wird in der DIN EN ISO 14001 als „messbare Ergebnisse des Managements der → Umweltaspekte in einer Organisation" (→ DIN EN ISO 14001:2005, S. 11) und in der EMAS-Verordnung als „Ergebnis des Managements der Organisation hinsichtlich ihrer → Umweltaspekte" (Art. 2c → EMAS-VO II) definiert. Zur Steuerung der Umweltleistung muss diese gemessen werden. Hierzu können Methoden der Ökobilanzierung (→ Ökobilanz) angewendet werden. Außerdem kann mithilfe einer ökologischen Erfolgsspaltung die Ursache des ökologischen Erfolgs nachvollzogen werden. Für diese Steuerung sind neben einer grundsätzlichen Bereitschaft auch Schulungen und Kompetenzen im Unternehmen notwendig.

Umweltlizenz → Umweltzertifikat.

Umweltlizenzen – 1. *Begriff:* Der Begriff Umweltlizenz beschreibt ein fiskalisches Instrument zur Umsetzung umweltpolitischer Ziele. – 2. *Umsetzung:* Gesteuert wird dies über staatliche Einnahmen mit dem Ziel, die maximale Emissionsmenge (→ Emission) durch die Vergabe von → Lizenzen festzulegen. – 3. *Kritische Würdigung:* Das Instrument ist grundsätzlich marktkonform und genießt große wissenschaftliche und wirtschaftliche Akzeptanz. Sowohl die einzelwirtschaftlichen Umstellkosten als auch die administrativen Verwaltungsprozesse sind gering und lassen sich einfach handhaben. Die Sicherstellung einer optimalen Umweltbelastung ist gegeben. Außerdem besteht für den Staat die Möglichkeit durch Ankauf von Zertifikaten Umweltstandards zu erhöhen. Das Instrument bietet jedoch auch eine Reihe von Nachteilen. So können u.U. Markteintrittsbarrieren entstehen und hohe Überwachungskosten anfallen. Auch die regionale Differenzierung gestaltet sich schwierig. Die vorübergehende kostenlose Erstausgabe verstößt gegen den Grundsatz der Verteilungsgerechtigkeit. – Vgl. auch → Emissionshandel, → Umweltzertifikat, → Umweltpolitik.

Umweltmanagement

von Prof. Dr. Edeltraud Günther

Energiekrise, saurer Regen, Entsorgungsnotstand, Wasserknappheit, Klimawandel, Regenwaldzerstörung, Biodiversität, Überflutungen – unabhängig davon, welches Umweltthema gerade in Medien präsent ist, sind immer auch Unternehmen betroffen. Seien es Kostenerhöhungen durch steigende Energie- oder Rohstoffpreise, Umsatzeinbußen durch verändertes Konsumentenverhalten, seien es rechtliche Regelungen oder Anforderungen verschiedener Anspruchsgruppen, die Unternehmen sind zunehmend gefragt, sich mit der Umwelt auseinanderzusetzen. Als Antwort auf diese Entwicklung wurde die Umweltökonomie zu einem eigenen Lehr- und Forschungsgebiet in den Wirtschaftswissenschaften, aber auch Verbände und berufsständige Organisationen nehmen sich des Themas an.

Dieser Schwerpunktbeitrag gibt einen Überblick über das Gebiet des Umweltmanagements im engeren und der nachhaltigen Unternehmensführung im weiteren Sinne.

I. Warum spielt die Situation der Umwelt eine Rolle für die Unternehmensführung?

Unternehmen sind in zweierlei Hinsicht von der Entwicklung unserer Umwelt abhängig: Einerseits sind sie direkt, subjektiv immer dann betroffen, wenn die Umweltsituation die Menge oder Qualität ihrer Produktionsfaktoren berührt. So führen bspw. die zunehmende → ökologische Knappheit von Rohstoffen und die damit verbundenen relativ kurzen Rohstoffreichweiten (z.B. 29 Jahre für Tantal, das in der Handyherstellung eingesetzt wird) zu einem Innovationsdruck auf die Unternehmen. Andererseits sind Unternehmen indirekt, objektiv betroffen: So führen rechtliche Regelungen wie der EU-Treibhausgasemissionshandel (→ Treibhausgas-Emissionshandelsgesetz (TEHG)) dazu, dass Restriktionen oder auch Anreize für die Unternehmensproduktion geschaffen werden. Aber auch Anspruchsgruppen wie die Kunden können durch ihr Kaufverhalten die Produktgestaltung des Unternehmens beeinflussen. Systematisch können Unternehmen ihre Betroffenheit dadurch bestimmen, dass sie alle Unternehmensprozesse und die damit verbundenen Kosten und Erlöse im Hinblick auf ihre Abhängigkeit von der Umweltsituation überprüfen.

II. Welche Umweltaspekte sind für das einzelne Unternehmen relevant?

Nun mag die Vielzahl möglicher Einflussquellen, direkter und indirekter Art für die Unternehmen unübersichtlich erscheinen. Deshalb nutzen viele Unternehmen heute zwei Wege der Systematisierung. Für die Betrachtung der internen Prozesse und die Ausrichtung der unternehmerischen Leistungserstellung führen sie ein → Umweltmanagementsystem ein. Hilfestellung erhalten sie hierfür von der EU, die die EG-Öko-Audit-Verordnung (→ EMAS-VO) verabschiedet hat und die den Aufbau und die Pflege eines Umweltmanagementsystems regelt oder der ISO, die mit der ISO 14001 in einer Managementsystemnorm regelt, welche Aspekte berücksichtigt werden sollen. Auch für KMU und auch einzelne Branchen existieren hier mittlerweile Handreichungen. Für die Analyse des externen Umfeldes pflegen viele, insbesondere größere Unternehmen einen sogenannten Stakeholderdialog. Zunächst werden alle Komponenten des → Makroumfeldes (z.B. rechtliche oder gesellschaftliche Rahmenbedingungen) betrachtet, dann werden die Forderungen konkreter Anspruchsgruppen des → Aufgabenumfeldes, wie Kunden, Lieferanten oder Wettbewerber, aber auch Anteilseigner und Kreditgeber analysiert und bewertet. Ein Stakeholderdialog geht darüber hinaus und bedeutet, dass Unternehmen und Anspruchsgruppen sich über ihre Interessen aktiv austauschen.

III. Welche Unternehmensbereiche sollten vor dem Hintergrund der Entwicklung unserer Umwelt näher analysiert werden?

Prinzipiell können zwei Kategorien von Unternehmensbereichen des → Wertschöpfungskreises unterschieden werden: primäre Bereiche beziehen sich auf den eigentlichen Leistungserstellungsprozess – d.h. sie umfassen die physische Herstellung des Produktes, seinen Verkauf bzw. Übermittlung an den Kunden sowie den Kundendienst – wohingegen die sekundären Bereiche unterstützend und übergreifend wirken, die primären Bereiche somit aufrecht erhalten. Konkret ist somit zu untersuchen, welche Bedeutung Umweltaspekte für die primären Bereiche Beschaffung, Produktion, Absatz und Entsorgung und die sekundären Bereiche Forschung und Entwicklung, Logistik, Personal/ Organisation, Marketing und Controlling haben. Anschließend ist für jeden der Bereiche zu überlegen, ob und wie er umweltorientierter gestaltet werden kann. Im Bereich Forschung und Entwicklung führen Unternehmen bspw. Regeln ein, die ein sogenanntes → Design for Environment bereits in den frühen Phasen der Produktentwicklung fördern, im Bereich der Beschaffung gibt es Leitfäden, die den Einkäufern Hilfestellungen geben und so den Einkauf umweltgerechter Materialien unterstützen. Die Betrachtung aller Unternehmensbereiche bedeutet auch, dass alle Mitarbeiter in den Prozess eingebunden sein müssen, egal welche Spezialisierung sie vertreten.

IV. Wie sind Umweltaspekte in betriebliche Informations- und Entscheidungssysteme zu integrieren?

Nach der Integration der Umweltaspekte in das → Umweltmanagementsystem, der Stakeholderanalyse sowie der Analyse der Unternehmensbereiche folgt die Entscheidungsfindung, die sich informations- und entscheidungsorientierter Planungs- und Steuerungsinstrumente bedient. Hierfür gilt es einerseits die bereits → internalisierten Effekte (z.B. Abwassergebühren) zu berücksichtigen, andererseits sind zusätzliche Informationen über → externe Effekte einzuholen, die mit der Leistungserstellung verbunden sind, aber Wirkungen außerhalb des Unternehmens verursachen. Diese Effekte können in die traditionelle Kostenrechnung mit ihren Teilen Kostenarten-, -stellen- und -trägerrechnung sowie in Investitions- und Akquisitionsentscheidungen Eingang finden. Dabei erfolgt eine Differenzierung bereits internalisierter Kosten und Erlöse bzw. die Erweiterung um die Berücksichtigung externer Effekte. Bei einer klassischen betriebswirtschaftlichen Betrachtungsweise erfolgen Bewertungen monetär. Hierfür erfolgt eine Verknüpfung mit der strategischen Ausrichtung des Unternehmens. Ist eine monetäre Bewertung nicht oder nicht direkt möglich, so sind quantitative, nicht monetäre Kriterien, z.B. physikalisch-technische Größen heranzuziehen. Diese Aufgabe erfüllen Instrumente der Ökobilanzierung (→ Ökobilanz, Life Cycle Assessment), die die Umweltwirkungen (z.B. Treibhauseffekt oder Eutrophierung) betrachten.

V. Welche Probleme können im Umweltmanagement auftreten?

Tatsächlich ist jeder Geschäftsprozess, so auch das Umweltmanagement von → Hemmnissen begleitet. Doch ein proaktiver Umgang mit Hemmnissen kann die Lücke zwischen dem Ziel eines Umweltmanagements und seiner Umsetzung in allen Unternehmensbereichen schließen und die Hemmnisse abbauen helfen. Unter Hemmnissen werden dabei Störfaktoren verstanden, die einen Entscheidungsprozess verlangsamen, behindern oder gänzlich blockieren können. Die Bedeutung der Analyse und des Abbaus von Hemmnissen ergibt sich dabei vordergründig daraus, die erfolgreiche Umsetzung von Zielen und Maßnahmen in allen Unternehmensbereichen zu ermöglichen. Doch der weitreichendere Beitrag besteht in der Erkenntnis, dass neue Ideen oftmals nur deshalb scheitern, weil die Hemmnisse in der Umsetzung nicht überwunden wurden. So hilft ein begleitendes Denken an die möglichen Probleme bei der Umsetzung.

VI. Wie sollen Unternehmen ihre Umweltberichterstattung gestalten?

Die → Umweltberichterstattung zielt darauf, zu messen, offen zu legen und gegenüber internen und externen Anspruchsgruppen darüber Rechenschaft abzugeben, inwieweit das Unternehmen die Funktionen der Umwelt nutzt und Maßnahmen zur Verbesserung der → Umweltleistung ergreift. So hat die Kommunikation eines Unternehmens zwei Zielrichtungen: für interne Anspruchsgruppen wird Umweltleistung gemessen, um Entscheidungen der Unternehmenssteuerung vorzubereiten, für externe Anspruchsgruppen stehen die Berichterstattung über das Umweltmanagementsystem, die Umweltleistung, die Ökologieorientierung der Unternehmensbereiche, der Umgang mit Stakeholdern und Prozess- und Produktinnovationen, sowie → Umweltzielen im Vordergrund. Heute ist die Umweltberichterstattung zunehmend Teil der → Nachhaltigkeitsberichterstattung.

Umweltmanagementsystem – 1. *Begriff:* Ein Umweltmanagementsystem ist der Teil des gesamten übergreifenden Managementsystems, der die Organisationsstruktur, Zuständigkeiten, Verhaltensweisen, förmlichen Verfahren, Abläufe und Mittel für die Festlegung und Durchführung der → Umweltpolitik einschließt. – 2. *Inhalt:* Ein Umweltmanagementsystem beinhaltet grundsätzlich: Umweltpolitik, -ziele und - → programme, Organisation und Personal, Auswirkungen auf die Umwelt, Aufbau- und Ablaufkontrolle, Umweltmanagement-Dokumentation, Umweltbetriebsprüfungen. Standardisierte Umweltmanagementsysteme sind durch die ISO 14001 und EMAS gegeben. – Vgl. auch → Umweltmanagement.

Umweltmedien – Elemente (Subsysteme) der → natürlichen Umwelt, die Lebensraum für Organismen abgeben (→ Ökosystem): Atmosphäre (Luft), Hydrosphäre (Gewässer) und Lithosphäre (Boden). Umweltmedien sind Objekt der → Umweltbelastung; → Umweltschutz ist daher weitgehend Schutz der Umweltmedien vor → Umweltbelastung.

Umweltministerien – 1. Auf *Bundesebene:* 1986 (Tschernobyl) errichtete oberste Bundesbehörde *(Bundesministerium für Umwelt, Naturschutz und Reaktorsicherheit (BMU)).* – 2. Auf *Länderebene:* bereits länger existierende Landesbehörden. Zuständigkeit der Durchführung umweltpolitischer Gesetze liegt bei den Ländern.

Umweltökonomik – Unter *ökonomischen Gesichtspunkten* handelt es sich beim Umweltproblem primär um ein Problem → externer Effekte, das zu einem → Marktversagen führt. Da sich für Umweltschadstoffe wegen fehlender privater Eigentumsrechte keine Marktpreise bilden, verursachen die Emittenten von Schadstoffen bei Dritten (Opportunitäts-)Kosten, ohne diese in ihrem Optimierungskalkül über das Ausmaß und die Qualität ihrer wirtschaftlichen Aktivitäten zu berücksichtigen. Dadurch kommt es zu einer → Fehlallokation der Ressourcen. Das Problem externer Effekte lässt sich ökonomisch gut als ein Problem ineffizienter → Nash-Gleichgewichte interpretieren, weil es trotz Rationalverhalten aller Beteiligten zu Ergebnissen kommt, die gemessen an den Präferenzen der Beteiligten suboptimal sind. Eine pareto-effiziente Internalisierung externer Effekte setzt voraus, dass die mit Umweltschäden verbundenen → Opportunitätskosten richtig erfasst werden können. Obwohl dies in der Praxis niemals vollständig möglich ist, ist die möglichst genaue *Bewertung* eine wichtige Aufgabe, da auch im Umweltschutz knappe Ressourcen auf unterschiedliche Verwendungsmöglichkeiten aufgeteilt werden (→ Kosten-Nutzen-Analyse). Dabei stellt sich erstens das Problem der naturwissenschaftlichen Beurteilung der Konsequenzen von Emissionen (z.B. Treibhauseffekt) und zweitens die Aufgabe der *Monetarisierung*, um verschiedene Schäden vergleichbar zu machen. Zur Monetarisierung müssen die Präferenzen der Betroffenen erfasst werden, wobei sich praktische und theoretische Schwierigkeiten stellen. Praktisch bestehen die Probleme in der Unkenntnis der Beteiligten über ökologische Zusammenhänge und der Berücksichtigung der Präferenzen zukünftiger Generationen. Theoretisch besteht eine Schwierigkeit darin, dass die Beteiligten keinen Anreiz haben, ihre Zahlungsbereitschaften wahrheitsgemäß zu offenbaren. In der → Spieltheorie wurden Mechanismen entwickelt, nach denen das wahrheitsgemäße Offenbaren der eigenen Präferenzen eine schwach dominante Strategie ist (→ Groves-Mechanismus). – Ein zunehmend wichtiges Teilgebiet der Umweltökonomik ist die *Untersuchung internationaler Aspekte* der Umweltproblematik. Dabei kann zwischen dem Problem grenzüberschreitender und globaler Schadstoffe einerseits und dem Problem der → strategischen Umweltpolitik andererseits unterschieden werden. Bei grenzüberschreitenden und globalen Schadstoffen kommt es ohne internationale Koordination zu überhöhten Umweltschäden, weil jedes Land im Nash-Gleichgewicht nur die im Inland anfallenden Schäden berücksichtigt. Unter strategischer Umweltpolitik versteht man, dass auf international unvollständigen Märkten durch → Ökodumping versucht wird, Renten ins Inland umzulenken. Allerdings zeigt die genauere spieltheoretische Analyse, dass es bei unvollständiger Konkurrenz auf internationalen Märkten im Gleichgewicht auch zu überhöhten Umweltstandards kommen kann. – Ein zentrales Teilgebiet der Umweltökonomik ist die Analyse umweltpolitischer Instrumente (→ Umweltpolitik).

umweltökonomische Gesamtrechnung (UGR) – Ziel der UGR als zentraler Bestandteil der vom → Statistischen Bundesamt (StBA) angestrebten umweltökonomischen Berichterstattung in der Bundesrepublik Deutschland ist ein umfassendes Rechenwerk mit der wesentlichen Aufgabe einer statistischen Darstellung der Wechselbeziehungen zwischen Wirtschaft und Umwelt sowie des Umweltzustandes selbst. Die Konzeption steht in engem Zusammenhang mit dem weiteren Ausbau der Umweltstatistik, der Ergänzung der → Volkswirtschaftlichen Gesamtrechnung (VGR) sowie der Entwicklung eines Systems einer Integrierten Umwelt- und ökonomischen Gesamtrechnung (System of Integrated Environmental and Economic Accounting (→ SEEA). Im Vordergrund stehen die Ressourcenentnahmen, die Emissionen und deren Entsorgung und Verbleib, die Immissionsverhältnisse sowie Nutzungen der Umwelt als Standort; daneben werden die Ausgaben des Staates und der Wirtschaft für den Umweltschutz in entsprechender Untergliederung erfasst (→ Umweltsatellitensysteme). Das SEEA soll als wesentliches Element in die UGR integriert werden. Auf verschiedenen Ebenen einer statistischen Datenbank werden die verfügbaren Daten in unterschiedlicher Verarbeitung abgebildet: Als Basis die Ausgangsdaten des Primärmaterials, davon ableitbar die Auswertung und Verknüpfung der beobachtbaren statistischen Daten sowie schließlich zusätzlich monetäre Bewertungen oder die zweckentsprechende Gewichtung von physischen Indikatoren.

umweltökonomische Theorie – *ökonomische Theorie der Umwelt.* 1. *Diagnose des Umweltproblems:* Kernstück der überwiegend neoklassisch-wohlfahrtsökonomisch orientierten umweltökonomische Theorie ist die These, dass in einer Marktwirtschaft ohne umweltpolitisches Regulativ eine Fehlallokation von Ressourcen auftritt. – *Grund dieses Marktversagens:* Umweltmedien als frei nutzbare → Allmenderessourcen können von allen Emittenten als Aufnahmemedium für Emissionen kostenlos genutzt werden; sind die emittierten Abfälle keine → Schadstoffe, ist ein Emittieren zum Nullpreis individuell und gesellschaftlich rational; beim Emittieren von Schadstoffen, d.h. von „Ungütern“ mit negativem Effizienzpreis (Schattenpreis) zum Nullpreis verursacht der Emittent negative → externe Effekte. In seinem Eigeninteresse liegt die Emittierung, bis seine Grenzkosten der Entsorgung oder Emissionsvermeidung gleich seiner Nutzeneinbußung aufgrund der durch ihn verursachten zusätzlichen Umweltbelastung sind. Ein unbeschränktes Nutzungsrecht der Umwelt als Aufnahmebecken für Emissionen hat zur Folge, dass individuell rationales Verhalten soziale Kosten verursacht. Nicht regulierte Allmenderessourcen machen nichtkooperatives Trittbrettfahrerverhalten individuell vorteilhaft. Das Auftreten ineffizienter Allokationen lässt sich spieltheoretisch mithilfe von → Nash-Gleichgewichten erklären. Dies verdeutlicht, dass alle Beteiligten sich durch eine → Koordination verbessern können. – 2. *Intertemporale Allokationsproblematik:* Welche und wie viele Schadstoffemissionen langfristig möglich sind, ohne dass das ökologische System zusammenbricht, hängt von dessen Regenerierungsfähigkeit (Assimilationskapazität) ab, die von der Schadstoffart und den bereits in der Umwelt akkumulierten Schadstoffen bestimmt wird. Je kleiner diese Regenerierungsfähigkeit, umso größer die Gefahr irreversibler Umweltschäden bei fortgesetzter Emission.

Umweltoptimum – Das Umweltoptimum ist durch die Maximierung der Differenz zwischen dem Nutzen und den Kosten umweltqualitätsverbessernder Maßnahmen charakterisiert. Bei Wohlverhalten der Nutzen- und Kostenfunktionen ist das Umweltoptimum auch durch den Ausgleich von Grenznutzen und Grenzkosten gekennzeichnet. Die Bestimmung des Umweltoptimums setzt voraus, dass es möglich ist, alle relevanten Größen in ein und derselben Dimension zu erfassen. In der Umwelt- und Ressourcenökonomik wird dies durch den Einsatz von ökonomischen Bewertungsverfahren (Monetarisierung) angestrebt. Das Umweltoptimum ist ein Spezialfall des → Pareto-Optimums.

umweltplanerische Instrumente – 1. *Begriff:* Umweltplanerische Instrumente sind nicht fiskalisches Instrument zur Umsetzung umweltpolitischer Ziele. Ziel des Instruments ist die Vermeidung von → Umweltbelastungen durch eine gezielte, ökologieorientiert ausgerichtete Planung. Das Instrument stellt eine Umsetzung des → Vorsorgeprinzips dar. – 2. *Kritische Würdigung:* Umweltplanerische Instrumente haben eine präventive und nachhaltige Wirkung. Außerdem kann ihre Durchführung flexibel gestaltet werden. So eignen sich z.B. die Kombination mit Auflagen umweltpolitischer Instrumente. Die Transparenz umweltplanerischer Instrumente ist jedoch nicht immer gegeben. Außerdem besteht die Gefahr von Lobbyismus und Bürokratie. Die Handhabung ist grundsätzlich schwierig und Fehler können langfristige, schwer reparable Folgen haben.

Umweltplanung – Umweltplanung versucht, den Einsatz einzelner Instrumente zu koordinieren sowie umweltpolitische Aspekte in Planungen anderer Politikbereiche zu integrieren. Dieses kann erfolgen durch: (1) Raumplanung, (2) Einzelplanungen (z.B. Raumordnungs-, Landesentwicklungs-, Luftreinhalte-, Verkehrs-, Abfallbeseitigungs- oder Landschaftspläne) und (3) → Umweltverträglichkeitsprüfungen.

Umweltplanungs- und Informationssystem → UMPLIS.

Umweltpolitik – 1. *Begriff:* Aus ökonomischer Sicht dient Umweltpolitik primär der → Internalisierung externer Effekte zur Verbesserung der Allokation der Ressourcen. – 2. Dazu stehen verschiedene Instrumente zur Verfügung, die nach *Kriterien* wie → Pareto-Effizienz, → Kosteneffizienz, → ökologischer Treffsicherheit, → dynamischer Anreizwirkung und → politischer Durchsetzbarkeit verglichen werden. – 3. Die *Vor- und Nachteile* hängen dabei von der Art der Schadstoffe, der Anzahl der Beteiligten und dem Ausmaß der asymmetrischen Informationsverteilung zwischen der Umweltbehörde und den Verursachern ab. Das Ausmaß der bei einem Instrument erforderlichen Informationen zur Erreichung bestimmter Ziele (z.B. Kosteneffizienz) ist dabei entscheidend, weil sich bei vollständiger Information mit jedem Instrument eine pareto-effiziente Internalisierung externer Effekte herbeiführen lässt. – 4. *Instrumente:* Innerhalb der Instrumentenanalyse wird zwischen Auflagen (Geboten und Verboten; → Umweltauflage) und marktorientierten Instrumenten unterschieden. Marktorientierte Instrumente umfassen → Umweltabgaben und Ökosteuern (→ ökologische Steuerreform) sowie → Umweltzertifikate und Haftungsregeln. – 5. Ferner wird untersucht, unter welchen Umständen auf das Eingreifen öffentlicher Entscheidungsträger verzichtet werden kann, weil *freiwillige Verhandlungen* der Beteiligten bereits zu einem Optimum führen (→ Coase-Theorem). – Vgl. auch → europäische Umweltpolitik.

umweltpolitische Instrumente → Umweltpolitik.

umweltpolitische Leitbilder – oberste Ebene umweltpolitischer Zielvorstellungen und damit Rahmen für → Umweltziele. – *Beispiele:* → nachhaltige Entwicklung, Risikominimierung, Wohlstandsmaximierung.

Umweltprämie → Abwrackprämie.

Umweltprinzipien – 1. *Begriff:* Zu den Umweltprinzipien, im Sinne der Prinzipientrias, zählen → Vorsorgeprinzip, → Verursacherprinzip und → Kooperationsprinzip. Diese Prinzipien werden durch die Prinzipien → Schwerpunktprinzip, → Gemeinlastprinzip und Nutznießerprinzip erweitert.

Umweltproblem – Als Formen von Umweltbelastungen lassen sich folgende unterscheiden: (1) Regionale Umweltprobleme (z.B. Grundwasserbelastung durch Gülle), (2) nationale Umweltprobleme, (3) grenzüberschreitende uni-, bi- oder multilaterale Umweltprobleme (z.B. Schadstoffbelastung grenzüberschreitender Wassersysteme, saurer Regen) und (4) globale Umweltprobleme (z.B. Fluorchlorkohlenwasserstoffe in der Ozonschicht der Atmosphäre, Treibhauseffekt, Bedrohung der Artenvielfalt). – Vgl. auch → Umweltökonomik.

Umweltprogramm – Beschreibung der konkreten Ziele und Tätigkeiten des Unternehmens, die einen größeren Schutz der Umwelt an einem bestimmten Standort gewährleisten sollen, einschließlich einer Beschreibung der zur Erreichung dieser Ziele getroffenen oder in Betracht gezogenen Maßnahmen und der ggf. festgelegten Fristen für die Durchführung dieser Maßnahmen.

Umweltprogramm der Vereinten Nationen → UNEP.

Umweltprüfung – erste umfassende Untersuchung der umweltbezogenen Fragestellungen, Auswirkungen und des betrieblichen Umweltschutzes im Zusammenhang mit der Tätigkeit an einem Standort.

Umweltqualität – Die Erfassung der Umweltqualität erfolgt auf unterschiedlichen Aggregationsstufen. Auf unterer Ebene werden z.B. einzelne Wasserschadstoffe erfasst. Auf der nächst höheren Aggregationsebene wird versucht, die gesamte Wasserqualität zu beurteilen. Auf der höchsten Ebene wird versucht, Umweltqualitäten über verschiedene Umweltmedien hinweg zu vergleichen und (monetär) zu bewerten. – Kriterien für die Bewertung der Umweltqualität lassen sich auf unterschiedliche Weise gewinnen: Sie können aus umweltpolitischen Leitbildern, rechtlichen Normen (z.B. → Grenzwert) und politischen Willenserklärungen (z.B. → Umweltziele) abgeleitet werden. Daneben sollen u.a. → Umweltindikatoren (z.B. Bioindikatoren) oder das Ökosozialprodukt (→ Ökoinlandsprodukt) über die Umweltqualität Auskunft geben.

Umweltrechnungslegung – Bestandteil des betrieblichen → Rechnungswesens zum rechnerischen Nachweis gesellschaftlicher und darunter auch ökologischer Wirkungen der eigenen Tätigkeit. Nach dt. Recht auf freiwilliger Basis. Umweltrechnungslegung wird innerhalb der → Sozialbilanz teilweise veröffentlicht.

Umweltrisiken – wirtschaftliche Risiken, die für Wirtschaftssubjekte und deren Kreditgeber dadurch entstehen, dass durch Umweltschäden (z.B. Bodenkontaminierung, Verseuchung von Gebäuden mit Asbest) Wirtschaftsgüter ganz oder teilweise wertlos werden, teuer entsorgt werden müssen oder nur mit hohen Kosten in gebrauchsfähigen Zustand zurückgeführt werden können. – Vgl. auch → Klimarisiken.

Umweltrisikomanagement – 1. *Begriff:* Das Umweltrisikomanagement beschäftigt sich mit Steuerung und Kontrolle von → Umweltrisiken. – 2. *Organisatorische Verankerung:* Das Umweltrisikomanagement wird in vielen Unternehmen häufig mit dem → Risikomanagement gleichgesetzt, wobei die Reduktion potenzieller Kosten durch Betriebsunfälle, Konsumentenboykotte oder Umweltklagen angestrebt wird (vgl. → Umweltrisiken). – 3. *Probleme:* Zur Quantifizierung eines Risikos wird zumeist der potenzielle Schaden mit seiner Eintrittswahrscheinlichkeit multipliziert. Das Zuverlässigkeitsniveau dieser Daten ist jedoch stark vom Einzelfall abhängig. Da Umwelteinwirkungen zumeist lange und schwer abschätzbaren Folgen haben und diese sowohl zeitlich als auch räumlich von der tatsächlichen Schadensquelle entfernt auftreten können, kommt der Zuverlässigkeit der Daten im Rahmen des Umweltrisikomanagements eine bes. Bedeutung zu. Daraus folgt auch, dass der tatsächliche Nutzen eines Umweltrisikomanagements schwer zu quantifizieren ist und klare Zielvorgaben nötig sind.

Umweltsatellitensysteme – 1. *Begriff:* → Satellitensysteme zu den Wechselbeziehungen zwischen Wirtschaft und natürlicher Umwelt. Anders als bei dem in der Bundesrepublik Deutschland übergeordneten System der → umweltökonomischen Gesamtrechnung (UGR) liegt der Akzent und der analytische Ausgangspunkt jedoch bei den wirtschaftlichen Aktivitäten, die mit ihren Konsequenzen für die verschiedenen Formen der Umweltnutzung zu verzeichnen sind. Damit ist allerdings eine vollständigere Darstellung auch der natürlichen Umwelt im Sinn etwa einer umweltökonomischen Berichterstattung nicht möglich und auch nicht beabsichtigt. – 2. *Spezielle Systeme:* Schwerpunktmäßig können sich Umweltsatellitensysteme auf folgende Teilaspekte des ökonomisch-ökologischen Wirkungszusammenhanges beziehen: a) Ausweisung und entsprechende Aggregierung der *staatlichen und privaten Ausgaben* zur Verhinderung von Umweltbelastung aufgrund wirtschaftlicher Aktivitäten. – b) Darstellung der Umweltbelastungen infolge tatsächlich eintretender *unerwünschter Begleitwirkungen* der wirtschaftlichen Aktivitäten (z.B. Ressourcenentnahme und Emissionen). – c) Erfassung der *Beeinträchtigungen des Umweltkapitalstocks* infolge einer Verschlechterung des Zustandes der Umwelt in den unterschiedlichen Bereichen. – d) Bewertung der Umweltverschlechterung über den Schadenskostenansatz oder den Schadensvermeidungskostenansatz. Vielfach wird gefordert, mithilfe derartiger Informationen eine Nationaleinkommensgröße zu berechnen, bei der spezifische Umweltwirkungen, etwa der nicht ersetzte Verschleiß des Naturkapitals, berücksichtigt werden (→ Ökoinlandsprodukt).

Umweltschutz – Sammelbegriff für alle Bestrebungen und Maßnahmen, die natürlichen Lebensgrundlagen des Menschen zu erhalten. – Vgl. auch → Umweltpolitik.

Umweltschutzindustrie – Industriezweig, der Produkte (Lösungen) für fremde Rückstandsvermeidungs- und Entsorgungsprobleme erstellt und anbietet. Unternehmen der Umweltschutzindustrie gehören traditionellen Gewerbezweigen der → amtlichen Statistik an. Schwerpunkt des größten Teils der Umweltschutzindustrie: Wasser/Abwasser; des zweitgrößten: Luft; das Interesse an Lärmproblemen ist relativ gering.

Umweltschutzinvestitionen → End-of-the-pipe-Technologien, → integrierte Technologien.

Umweltschutz-Marketing → Ökomarketing.

Umweltschutzmärkte – Branchenübergreifende Märkte für Waren und Dienstleistungen der → Umwelttechnologie.

Umweltschutzstrafrecht – Umweltstrafnormen des Strafgesetzbuches (§§ 324 ff.) und des Nebenstrafrechts, zuletzt umfangreich ergänzt durch das 45. Strafrechtsänderungsgesetz zur Umsetzung der Richtlinie des Europäischen Parlaments und des Rates über den strafrechtlichen Schutz der Umwelt vom 6.12.2011 (BGBl.I S. 2557). Das Umweltschutzstrafrecht steht in engem Zusammenhang mit den verwaltungsrechtlichen Regelungen, z.B. des Wasserhaushaltsgesetzes, des Abfallgesetzes, des Bundesimmissionsschutzgesetzes und des Atomgesetzes, die Vorrang besitzen (sog. Verwaltungsakzessorität des Umweltstrafrechts). Geschützt wird die → Umwelt als Ganzes, jedoch nicht umfassend, sondern mit Bezug auf ihre konkreten Medien Boden (§ 324a StGB), Luft (§ 325 StGB) und Wasser (§ 324 StGB) oder mit Bezug auf schädliche Immissionen (Lärm, 325a StGB) oder Stoffe (Abfall, § 326 StGB; radioaktive Stoffe, § 328 StGB) und mit Bezug auf die Gefährdung von schutzbedürftigen Gebieten (§ 329 StGB) oder die Pflanzen- und Tierwelt (§§71,71a BNatSchG). Die → Strafe kann im bes. → schweren Fall (§ 330 StGB) und bei der schweren Gefährdung durch Freisetzen von Giften (§ 330a StGB) bis zu zehn Jahre → Freiheitsstrafe betragen.

Umweltstatistik – Bundesstatistik für Zwecke der → Umweltpolitik. Es erfolgen v.a. im Abfallbereich detaillierte Erhebungen bei den Betreibern von zulassungsbedürftigen Abfallentsorgungsanlagen sowie bei den zuständigen Entsorgungsträgern. Darüber hinaus erfolgt im Bereich der öffentlichen Wasserversorgung und der öffentlichen Abwasserbeseitigung ein umfassender Überblick über Qualität und Menge des gewonnenen Wassers und des zu entsorgenden Abwassers sowie über die vorhandenen Abwasserbeseitigungsanlagen, im Luftbereich die Aufnahme einer Statistik über Emissionen von ortsfesten luftverunreinigenden Anlagen im gewerblichen Bereich. Außerdem werden Erhebungen über bestimmte ozonschichtschädigende und klimawirksame Stoffe vorgenommen. Schließlich wird für den umweltökonomischen Bereich neben der Erfassung der Investitionen, die überwiegend dem Schutz der Umwelt dienen, eine Erhebung der laufenden Aufwendungen für den Umweltschutz aufgenommen, sodass jährlich ein Gesamtbild der Aufwendungen des produzierenden Gewerbes für Umweltschutzmaßnahmen erstellt werden kann. Die erzeugten Umweltschutzgüter und -dienstleistungen werden statistisch erhoben. Für die Erhebungen besteht Auskunftspflicht. – *Rechtliche Regelung:* Gesetz über Umweltstatistiken (Umweltstatistikgesetz (UStatG)) vom 16.8.2005 (BGBl. I 2446) m.spät.Änd.

Umweltstatistikgesetz – Das Umweltstatistikgesetz (UStatG) wurde 2005 erlassen und dient als rechtliche Grundlage zur Erhebung von Bundesstatistiken, die zum Zweck der → Umweltpolitik und zur Erfüllung europa- und völkerrechtlicher Berichtspflichten eingesetzt werden (vgl. § 1 UStatG).

Umweltsteuer → Umweltabgabe.

Umweltstrategien – 1. *Begriff:* Umweltstrategien können nach Meffert/ Kirchgeorg in fünf Basisstrategien untergliedert werden, die die Einstellung und Aktionen von Unternehmen im Bezug auf ihre → Ökologieorientierung repräsentieren (vgl. Meffert/ Kirchgeorg 1998, S. 202 ff.). – 2. *Basisstrategien: Widerstandsstrategien:* Widerstandsstrategien zeichnen sich durch einen Konfrontationskurs und das explizite Ausschließen einer Integration von ökologiebezogenen Forderungen aus. – 3. *Passivität:* Das Ignorieren der Existenz von → Umweltproblemen ist Kernbestandteil dieser Strategie. Dabei wird die Legitimität der Unternehmung weniger beeinträchtigt als bei der Widerstandsstrategie. – 4. *Verlagerungs- bzw. Rückzugsstrategien:* Von Verlagerungs- bzw. Rückzugsstrategie wird gesprochen, wenn Unternehmen sich restriktiver → Umweltpolitik entziehen, z.B. durch die Verlagerung der Produktion ins Ausland oder Rückzug aus einem Geschäftsfeld. – 5. *Anpassungsstrategie:* Anpassungsstrategien beinhalten eine reaktive Anpassung an Umweltschutzanforderungen, aber keine darüber hinaus gehenden Maßnahmen. – 6. *Antizipations- bzw. Innovationsstrategie:* Antizipations- bzw. Innovationsstrategien sind durch die Identifikation von ökologischen Problemfeldern und Entwicklung integrierter und innovativer Strategien charakterisiert. Chancen und ökologiebedingte Wettbewerbsvorteile können so genutzt werden.

umwelttechnischer Fortschritt – Entwicklung und Einführung von umwelt- und ressourcenschonenderen Produktionsverfahren.

Umwelttechnologie – Auf der Basis mittelbar entlastender Informationstechnologien setzen direkte Problemlösungen präventiv (→ präventiver Umweltschutz), additiv (→ additiver Umweltschutz) oder integriert (→ integrierter Umweltschutz) unmittelbar an Emissionsquellen i.w.S. an. Zunehmend werden auch produktbedingte Belastungen in die Betrachtung einbezogen. Produkte der Umwelttechnologie bilden die Grundlage der → Umweltschutzmärkte. Empirische Untersuchungen zeigen, dass die herausragende Stellung der dt. Umwelttechnologie-Industrie auf dem Weltmarkt (auch) durch die strenge dt. Umweltpolitik begründet ist. Ob sich eine Vorreiterrolle in der Umwelttechnologie unter Wohlfahrtsgesichtspunkten lohnt ist theoretisch und empirisch umstritten.

Umwelt- und Entwicklungskonferenz der Vereinten Nationen → UNCED.

Umweltverhalten – Das persönliche Umweltverhalten aller Mitarbeiter, unabhängig von ihren persönlichen Verantwortlichkeiten für den → Umweltschutz, bestimmt die → Ökologieorientierung des gesamten → Unternehmens (vgl. Fishbein/Ajzen 1981, S. 253 ff.).

Umweltverschmutzung → Umweltbelastung durch bestimmte stoffliche (feste, flüssige, gasförmige) → Rückstände, i.Allg. nicht durch energetische Rückstände (Strahlen, Lärm, Erschütterungen). Das regionale Ausmaß der Umweltverschmutzung kann anhand bestimmter → Umweltindikatoren gemessen werden.

Umweltverträglichkeit → ökologische Kompatibilität, → Umweltverträglichkeitsprüfung.

Umweltverträglichkeitsprüfung – 1. *Allgemein:* Planungsprozess zur systematischen und vollständigen Ermittlung der ökologischen Folgen einer Maßnahme mit umweltbeeinflussenden Folgen (z.B. Bau und Betrieb einer Produktionsstätte). Für private

Maßnahmen besteht keine Pflicht zur Umweltverträglichkeitsprüfung; Umweltwirkungen genehmigungsbedürftiger Vorhaben werden jedoch im Rahmen von Genehmigungsverfahren geprüft. Bestimmte Spezialgesetze (z.B. Bundesbau-, Bundesfernstraßen-, Flurbereinigungs-, Bundeswaldgesetz) enthalten die Pflicht zur Beachtung von Umweltwirkungen; für öffentliche Maßnahmen gibt es zahlreiche Rechts- und Verwaltungsvorschriften zur Umweltverträglichkeitsprüfung. – 2. *Gesetzliche Regelungen:* Gemäß Gesetz über die Umweltverträglichkeitsprüfung i.d.F. vom 24.2.2010 (BGBl. I 94) m.spät. Änd. umfasst die Umweltverträglichkeitsprüfung die Ermittlung, Beschreibung und Bewertung der Folgen eines Vorhabens, bei dem mit erheblichen Auswirkungen auf die Umwelt zu rechnen ist, auf Menschen, → Tiere und Pflanzen, Boden, Wasser, Luft, Klima und Landschaft, einschließlich der jeweiligen Wechselwirkungen und auf Kultur- und sonstige Sachgüter. Der Umweltverträglichkeitsprüfung unterliegen nur solche Vorhaben, die in der Anlage zu dem Gesetz über die Umweltverträglichkeitsprüfung aufgeführt sind. Dazu gehören u.a. Errichtung und Betrieb von Anlagen, die der Genehmigung nach § 4 BImSchG bedürfen, Errichtung, Betrieb, Stilllegung und der sichere Einschluss oder der Abbau einer ortsfesten kerntechnischen Anlage, Errichtung und Betrieb einer Abfallentsorgungsanlage, einer zulassungsbedürftigen Abwasserbehandlungsanlage, Bau und Änderung einer Bundesfernstraße oder Bundesbahnlinie, einer Bundeswasserstraße, eines Flugplatzes, Errichtung von Feriendörfern, Hotelkomplexen oder sonstigen großen Einrichtungen für die Ferien- und Fremdenbeherbergung, Errichtung und Betrieb einer Rohrleitungsanlage für den Ferntransport von Öl oder Gas. Auf der Grundlage der eingeholten Unterlagen, Stellungnahmen und Informationen hat die zuständige Behörde eine zusammenfassende Darstellung der → Umweltauswirkungen zu erarbeiten (§ 11 UVPG). Die ermittelten Umweltauswirkungen sind von der Behörde zu bewerten und bei der Entscheidung zu berücksichtigen (§ 12 UVPG). Vorbescheid und erste Teilgenehmigung oder entsprechende erste Teilzulassungen dürfen nur nach Durchführung einer Umweltverträglichkeitsprüfung erteilt werden (§ 13 UVPG). – 2005 wurde die Strategische Umweltprüfung eingeführt, §§ 3 Ia, 14a ff. Danach sind auch die einer konkreten Genehmigung vorgelagerten Planungen (→ Raumordnung, Wasserwirtschaft usw.) auf ihre Umweltauswirkungen zu überprüfen. – Gemäß § 24 UVPG hat die Bundesregierung die Allgemeine Verwaltungsvorschrift zur Ausführung des Gesetzes zur Umweltverträglichkeitsprüfung (UVPVwV) vom 18.9.1995 (GMBl 671) erlassen.

Umweltwerbung → Kundenfang, → irreführende Werbung.

Umweltwirkungen der Produktion – 1. *Begriff:* Sämtliche Einwirkungen auf die natürliche Umwelt, die durch die → Produktion ausgelöst werden. – 2. *Merkmale:* Umweltwirkungen der Produktion treten sowohl auf der Input- als auch auf der Outputseite der Produktion auf. In herkömmlichen Ansätzen der → Produktionstheorie werden sie nicht berücksichtigt. – 3. *Arten von Umweltwirkungen der Produktion:* a) Auf der Outputseite der Produktion sind zusätzlich zu den Zielprodukten die Emission von Schadstoffen und die Entstehung von Abfällen als unerwünschte → Kuppelprodukte zu berücksichtigen. Soweit eine Sanktionierung durch die staatliche → Umweltpolitik erfolgt (z.B. durch Verbote und Abgaben), besteht für das Unternehmen ein wirtschaftlicher Anreiz, ihre Entstehung zu reduzieren. – b) Auf der Inputseite der Produktion kommen neben den herkömmlichen → Produktionsfaktoren umweltrelevante Güter in folgenden Formen zum Einsatz: unentgeltlicher Einsatz von Umweltgütern wie Luftsauerstoff in Oxidationsprozessen, Wasser zu Kühlzwecken, sowie der zu Erlösen bzw. ersparten Kosten führende Einsatz von andernorts entstandenen Abfällen oder Schadstoffen, z.B. beim Recycling, in Entsorgungsprozessen oder bei der Sanierung von Umweltschäden. – 4. *Probleme:* Bei zahlreichen Umweltwirkungen der Produktion existieren keine Preise, häufig ist nicht einmal das Mengengerüst bekannt. Sie werden in betriebswirtschaftlichen Entscheidungen i.d.R. nur insoweit berücksichtigt, als sie kostenwirksam sind. Ihre explizite Einbeziehung in produktionstheoretische Modelle dient als Basis für weitere Bereiche, z.B. für → Ökobilanzen, für die Umweltkostenrechnung oder für das → Ökocontrolling.

Umweltzeichen – seit 1977 bestehende Auszeichnung für → umweltfreundliche Produkte auf Initiative des Bundesministers des Innern und der Umweltminister der Länder. Das Umweltzeichen dient der Förderung von → Umweltbewusstsein und soll die Nachfrage nach umweltfreundlichen Produkten begünstigen. – *Darstellung:* Umweltemblem der Vereinten Nationen *(Blauer Umweltengel)* mit Begründung der Umweltfreundlichkeit des Erzeugnisses.

Umweltzertifikat – Bei Umweltzertifikaten wird eine umweltpolitisch gewünschte Emissionshöchstgrenze bzw. Emissionsnorm festgelegt. Entsprechend dieser Obergrenze werden Umweltzertifikate durch Versteigerung *(Auktionsverfahren)* oder Vergabe an jedes Unternehmen im Ausmaß der bisherigen Emissionen *(Grandfathering bzw. Senioritätsprinzip)* zugeteilt. Schadstoffe dürfen nur Besitzer von Umweltzertifikaten emittieren, d.h. sind weniger Zertifikate vorhanden als nachgefragt, bildet sich ein Preis und somit eine wirksame Verteilung des Umweltschutzes auf die am Markt beteiligten Unternehmen: Für Unternehmen ist es bei vorhandenen Umweltschutztechnologien günstiger, diese zu nutzen, sobald deren Preis unter dem der Umweltzertifikate liegt; überflüssige Umweltzertifikate können verkauft werden. Sind eigene Umweltschutzmaßnahmen teurer, müssen Umweltzertifikate gekauft werden. Bei rationalem (kostenminimierendem) Verhalten der Emittenten wird so der vorgegebene Umweltstandard zu minimalen volkswirtschaftlichen Kosten erreicht. – *Bedeutung:* Die praktisch wichtigsten Anwendungsfälle sind die 1990 eingeführte Schwefeldioxid (SO_2) Zertifikatlösung im Rahmen des US-amerikanischen → Clean Air Act und der 2005 eingeführte europäische Emissionshandel zur internationalen Verminderung von Treibhausgasen, dessen Umsetzung durch Nationale Allokationspläne der Mitgliedsstaaten erfolgt. – Vgl. auch → Emissionshandel, → Umweltpolitik, nationaler Allokationsplan

Umweltziele – Umweltziele stellen die Basis für die Begründung notwendiger gesetzlicher Aktivitäten dar. Sie sind Kompromisse zwischen Umweltqualitätszielen und sozioökonomischen Zielen. Ihre Festlegung geschieht unter Beteiligung gesellschaftlicher Gruppen. Verbindliche und klare Umweltziele sind für die Wirtschaft wichtige Orientierungsdaten. Umweltziele können auf sehr unterschiedlichen Ebenen festgelegt werden und z.B. einzelne Schadstoffe oder die Luftqualtität in Regionen betreffen. – Vgl. auch → ökologische Knappheit, → ökologische Kompatibilität.

Umweltzustand – denkbare Konstellation relevanter Umweltfaktoren (äußerer Gegebenheiten) in einer Entscheidungssituation (→ Entscheidungsfeld), die das Ergebnis einer → Aktion beeinflussen, ohne selbst von den Handlungen des → Entscheidungsträgers abhängig zu sein. Das Auffinden des in einer Entscheidungssituation relevanten Umweltzustands ist Gegenstand der Informationsbeschaffung (→ Suchphase). – In Abhängigkeit vom Sicherheitsgrad dieser gewonnenen Informationen lassen sich *unterschiedliche Entscheidungsprobleme* definieren: Entscheidungen unter Sicherheit, Risiko und Unsicherheit. – Vgl. auch → Zustandsraum, → Zustandsbaum.

Umzugskosten – 1. *Begriff:* Wird ein Arbeitnehmer aus dienstlichen Gründen an einen weit entfernten Ort versetzt (→ Versetzung), hat er Anspruch auf Erstattung der ihm durch einen Umzug entstandenen Kosten. Entstehen Umzugskosten dagegen bei Dienstantritt, brauchen diese vom Arbeitgeber nicht ersetzt zu werden, wenn sich dieser dazu nicht ausdrücklich verpflichtet hat. – 2. *Steuerliche Behandlung:* Die aus öffentlichen Kassen gezahlten Umzugskostenvergütungen sowie die Beträge, die den im privaten Bereich angestellten Personen für dienstlich veranlasste Umzugskosten gezahlt werden, sind einkommensteuerfrei (§ 3 Nr. 13 und Nr. 16 EStG). Dies gilt jedoch nur, soweit die Erstattungen die durch den Umzug entstandenen Mehraufwendungen nicht übersteigen. Umzugskosten im Rahmen von beruflich veranlasstem Wohnungswechsel können als → Werbungskosten steuerlich abgezogen werden, wenn sich durch den Umzug die Entfernung zwischen Wohnung und Arbeitsstätte erheblich verkürzt, d.h. wenn hierdurch eine Wegzeitersparnis von mind. einer Stunde täglich für Hin- und Rückfahrt resultiert, oder bei betrieblichem Interesse des Arbeitgebers. Umzugskosten können in der Höhe geltend gemacht werden, die ein vergleichbarer Bundesbeamter nach dem Bundesumzugskostengesetz (BUKG) bzw. nach der Auslandsumzugsverordnung (AUV) bei Versetzung erhalten würde. Der Pauschbetrag für sonstige Umzugsauslagen beläuft sich für Ledige ab dem 1.8.2011 auf 641 Euro (für Verheiratete 1.238 Euro). Können höhere Umzugskosten nachgewiesen werden, wird je nach Einzelfall geprüft, ob ein Abzug als Werbungskosten erfolgen kann. Zu den abzugsfähigen Umzugskosten zählen: Beförderungskosten des Umzugsgutes, Reisekosten, Mietentschädigungen sowie weitere Auslagen für Beschaffung vom Kochherd, Ofen usw. Im Gegensatz hierzu sind Maklergebühren im Rahmen von Grundstückskäufen sowie Kosten für Anschaffung von klimabedingter Kleidung und Wohnungsausstattung nicht abzugsfähig.

Umzugsvertrag → Frachtvertrag zum Ab- und Aufbau, Be- und Entladen und zur Beförderung von Möbeln ohne Verpflichtung zur Ausstellung eines → Frachtbriefes (§§ 451–451b HGB). Zugunsten des → Frachtführers greifen bestimmte Haftausschlussgründe (u.a. für Wertsachen und ungenügend verpackte Waren) sowie ein Haftungshöchstbetrag (620 Euro je Kubikmeter Laderaum, vgl. § 451e HGB) ein; dies gilt nicht, wenn der Absender ein → Verbraucher ist (§§ 451d–451g HGB).

UN – *United Nations, Vereinte Nationen.* 1. *Entstehung:* Die UN trat die Nachfolge des 1919 mit Sitz in Genf gegründeten Völkerbundes an, der 1946 formell aufgelöst wurde. – *Hauptsitz:* New York. Die Charta der UN wurde auf der Gründungskonferenz in San Francisco (25.4.– 26.6.1945) ausgearbeitet, am letzten Tag von 50 teilnehmenden Staaten unterzeichnet und trat mit der Ratifizierung durch die Mehrheit der Unterzeichnerstaaten am 24.10.1945 in Kraft. – 2. *Ziele:* Gemäß Art. 1 der Charta verfolgen die UN folgende Hauptziele: Wahrung des Weltfriedens und der internationalen Sicherheit, Entwicklung freundschaftlicher Beziehungen zwischen den Staaten, Zusammenarbeit bei der Lösung internationaler wirtschaftlicher, sozialer, kultureller und humanitärer Aufgaben und Probleme sowie Durchsetzung der Menschenrechte. Seit den 1970er-Jahren bemüht sie sich um einen Interessenausgleich zwischen Nord und Süd (Forderung auf Verwirklichung einer → Neuen Weltwirtschaftsordnung). – 3. *Struktur:* Die UN besteht aus sechs Hauptorganen sowie mehreren organisatorisch unabhängigen Sonderorganen. – a) *Vollversammlung, General Assembly of the United Nations (UNGA):* In ihr sind alle Mitglieder gleichberechtigt vertreten. UNGA tritt regelmäßig im September zu ordentlichen Jahrestagungen zusammen. Auf Antrag des Sicherheitsrates oder der Mehrheit der Mitglieder können Sondertagungen einberufen werden. – Während der UNGA wird die Arbeit in sieben *Hauptausschüssen* geleistet, in denen jeder

Mitgliedsstaat Vertretungs- und Stimmrecht hat. (1) Hauptausschuss für politische und Sicherheitsfragen; (2) Politischer Sonderausschuss; (3) Hauptausschuss für Wirtschafts- und Finanzfragen; (4) Hauptausschuss für soziale, humanitäre und kulturelle Fragen; (5) Hauptausschuss für Verwaltungs- und Haushaltsfragen; (6) Hauptausschuss für Rechtsfragen. Dazu kommen noch zahlreiche *Sonderausschüsse.* – b) *Sicherheitsrat, Security Council of the United Nations (UNSC):* Dieser besteht aus den fünf ständigen Mitgliedern (Volksrepublik China, Frankreich, Großbritannien, Russland, USA) und weiteren zehn Mitgliedern, wovon jährlich jeweils fünf für zwei Jahre von der Vollversammlung mit Zwei-Drittel-Mehrheit gewählt werden. Zur Annahme eines Antrags sind neun Ja-Stimmen notwendig, wobei die ständigen Mitglieder ein Vetorecht haben. Zu seinen *Hauptaufgaben* gehören die Bemühungen zur Aufrechterhaltung des Weltfriedens und der internationalen Sicherheit, Untersuchungen von Konflikten und Empfehlungen über Beilegung von Streitfällen sowie Beschlüsse von Sanktionen und die Empfehlungen für die Aufnahme neuer Mitglieder. Er hat das Vorschlagsrecht für die Wahl des Generalsekretärs. – c) *Wirtschafts- und Sozialrat, Economic and Social Council (ECOSOC):* ECOSOC ist für die wirtschaftlichen und sozialen Tätigkeiten der UN verantwortlich. Die Mitglieder werden von der Generalversammlung jährlich zu je einem Drittel für drei Jahre gewählt. ECOSOC befasst sich mit internationalen Fragen auf dem Gebiet der Wirtschaft, der Sozialpolitik, der Kultur, des Erziehungs- und Gesundheitswesens, der Achtung und Wahrung der Menschenrechte. Er ist Koordinator und Verbindungsstelle zu den Sonderorganisationen der UN sowie internationalen nicht-staatlichen Organisationen. Seit 1998 werden auch humanitäre Fragen in die Diskussion einbezogen. Seine Tätigkeit übt er durch *Fachkommissionen* aus, z.B. Kommission für Menschenrechte, für soziale Entwicklung, für Bevölkerungsfragen, für die Rechtstellung der Frau, u.a. ECOSOC ist das Führungsorgan der fünf regionalen halbautonomen Wirtschaftskommissionen bzw. Wirtschafts- und Sozialkommissionen: für Europa (ECE), für Westasien (ESCWA), für Lateinamerika und die Karibik (ECLAC), für Afrika (ECA) und für Asien und den Pazifik (ESCAP). Weitere Hilfsorgane sind die *ständigen Ausschüsse* (z.B. Kommission für transnationale Unternehmen) und *Sachverständigengruppen.* Ebenfalls unterhält er enge Verbindungen zu den Organen mit speziellen Aufgaben und den Sonderorganisationen. – ECOSOC tagt jährlich, abwechselnd in New York und Genf, wobei Abstimmungen mit einfacher Mehrheit der anwesenden Mitglieder erfolgen. – d) *Treuhandrat, Trusteeship Council of the United Nations (UNIC):* Ihm obliegt gemeinsam mit der Vollversammlung die Aufsicht über die der UN unterstellten Treuhandgebiete (zz. nur noch pazifische Inseln). Mit der Unabhängigkeit von Palau am 1.10.1994 kann diese Aufgabe als erledigt betrachtet werden. – e) *Internationaler Gerichtshof, International Court of Justice (ICJ):* Hauptorgan der Rechtsprechung der UN mit Sitz in Den Haag. Ihm gehören 15 von der Vollversammlung und dem Sicherheitsrat auf neun Jahre gewählte Richter an. Ca. ein Drittel der UN-Mitglieder haben sich seinem Urteil unterworfen, was seine Möglichkeiten einschränkt. Er erstellt ebenso Rechtsgutachten. – f) *Generalsekretariat, Sekretariat:* Verwaltungsorgan der UN. An seiner Spitze steht der auf Vorschlag des Sicherheitsrats von der Generalversammlung ernannte Generalsekretär als oberster Verwaltungsbeamter der UN. – *Bisherige Generalsekretäre waren:* Lie (Norwegen) 1946–52, Hammarskjöld (Schweden) 1953–61, Thant (Birma) 1961–71, Waldheim (Österreich) 1972–81, Pérez de Cuéllar (Peru) 1982–91, Boutros-Ghali (Ägypten) 1992–96, 1997–2006 Annan (Ghana), seit 2007 Ban Ki-moon (Südkorea). Neben Verwaltungs- und Vermittlungsaufgaben übt der Generalsekretär auch zahlreiche politische Funktionen aus. Im Jahr 2000 bspw. hat Annan die Initiative → Global Compact gegründet. Diese soll als Plattform für den Dialog von supranationalen Unternehmen und der internationalen Civil Society – Nichtregierungsorganisationen, → Non-Governmental Organization (NGO) etc. – verstanden werden. – g) *Spezielle Organe und Sonderkörperschaften:* Als autonome Organisationen der UN gelten die Internationale Atomenergieagentur → IAEA und die → World Trade Organization (WTO). Zusätzlich gehören rechtlich selbstständige Organisationen zu den *Sonderorganisationen* der UN, z.B. Internationale Arbeitsorganisation (→ ILO), Ernährungs- und Landwirtschaftsorganisation (→ FAO), Organisation für Erziehung, Wissenschaft und Kultur (UNESCO), Weltgesundheitsorganisation (→ WHO), Internationale Bank für Wiederaufbau und Entwicklung (→ IBRD), Internationale Finanzkooperation (→ IFC), Internationale Entwicklungsorganisation (→ IDA), Internationaler Währungsfonds (→ IWF), Weltorganisation für geistiges Eigentum (→ WIPO), Internationaler Fonds für landwirtschaftliche Entwicklung (→ IFAD), Organisation der Vereinten Nationen für industrielle Entwicklung (→ UNIDO), sowie der Weltpostverein (→ UPU), die Internationale Fernmeldeorganisation (→ ITU), die Weltorganisation für Meteorologie (→ WMO), die Internationale Schifffahrtsorganisation (IMCO) und Internationale Zivil- und Luftfahrtorganisation (→ ICAO). – Neben diesen Sonderorganisationen unterhält die UN halbautonome *Spezialorgane.* Die bekanntesten und bedeutendsten sind: Welthandelskonferenz (→ UNCTAD), Entwicklungsprogramm (→ UNDP), Weltkinderhilfswerk (→ UNICEF), Hoher Kommissar der Vereinten Nationen für Flüchtlinge (→ UNHCR) und das Umweltprogramm (→ UNEP). – 4. *Arbeitsergebnisse:* Die Tätigkeiten der UN erstrecken sich praktisch auf alle Gebiete des politischen, wirtschaftlichen, sozialen, kulturellen, wissenschaftlichen Lebens und sonstige Bereiche politischer Relevanz. – Die Ergebnisse dieser Aktivitäten sind in einem umfassenden System internationaler *Publikationen und Dokumente der UN* niedergelegt. Ein geschlossener Überblick über die Aktivitäten und Arbeitsergebnisse wird im Yearbook of the United Nations gegeben. Hilfreich sind statistische Daten wie Monthly Bulletin of Statistics oder das UN Statistical Yearbook.

Unabdingbarkeit – unmittelbare und zwingende Wahrung von Gesetzen und Tarifnormen (→ Tarifvertrag, → Günstigkeitsprinzip). – *Gegensatz:* → Abdingbarkeit.

Unabhängige Kommission für Internationale Entwicklungsfragen → Brandt-Kommission.

Unabhängigkeit der Zentralbank – 1. *Begriff:* Eine unabhängige Zentralbank betreibt ihre Geldpolitik unabhängig von Weisungen der Politik (Regierungen, Parlamente), wobei sie regelmäßig vorrangig auf das Ziel der Preisniveaustabilität verpflichtet ist. Dies wird häufig als notwendige institutionelle Voraussetzung für Geldwertstabilität betrachtet, da Politiker insbesondere aus drei Gründen in Versuchung geraten könnten, Inflation zuzulassen oder gezielt zu betreiben: – a) Eine Regierung kann eine abhängige Zentralbank zu einer erhöhten Geldemission veranlassen, um Staatsausgaben bzw. Staatsverschuldung zu finanzieren. Dies ist immer wieder zur Finanzierung von Kriegen oder Kriegslasten und -schulden (u.a. die Hyperinflation in der Weimarer Republik 1922-23) sowie zur vermeintlichen Überwindung von Krisen (bspw. in vielen Staaten Lateinamerikas in den 1970er-/80er-Jahren oder jüngst in verschiedenen Staaten im Rahmen der Finanzkrise) betrieben worden und hatte oftmals verheerende Inflationskrisen bis zur Vernichtung der jeweiligen Währung zur Folge. – b) Der Staat kann sich zulasten seiner Bürger gezielt entschulden, wenn die Staatsverschuldung vorrangig auf langläufigen und festverzinslichen Wertpapieren (Staatsanleihen, Schatzbriefe u.Ä.) beruht, welche durch die Inflation real entwertet werden. – c) Der temporär belebende Effekt einer Inflation („Strohfeuereffekt") kann genutzt werden, um bspw. in Wahlkampfzeiten einen vorübergehenden Wirtschaftsaufschwung herbeizuführen (vgl. → Philipps-Kurve). Dagegen wird kritisiert, dass regierungsunabhängige Zentralbanken keiner genügenden demokratischen Kontrolle unterliegen. Die ausschließliche Fixierung auf das Ziel der Preisniveaustabilität vernachlässigt u.U. andere wirtschaftspolitische Ziele und erschwert deren Verfolgung. – 2. *Dimensionen der Unabhängigkeit einer Zentralbank:* Neben der institutionellen Unabhängigkeit (Verbot einer politischen Einflussnahme) sind die personelle Unabhängigkeit der leitenden Zentralbankfunktionäre, die haushalterische Unabhängigkeit (Höhe, Gestaltung und Verwendung des Zentralbankbudgets), die instrumentelle Unabhängigkeit (Einsatz und Ausgestaltung geldpolitischer Instrumente) sowie die wechselkursbezogene Unabhängigkeit (Entscheidung über und Ausgestaltung von Wechselkurssystemen insbesondere eventuelle Festkursbindungen und Interventionspflichten) zu erwähnen. – 3. *Nationale Zentralbanken:* In verschiedenen Staaten sind derzeit die nationalen Zentralbanken in unterschiedlichem Ausmaß unabhängig. Während sowohl die Europäische Zentralbank als auch die nationalen Zentralbank der Mitgliedsstaaten der → Europäischen Währungsunion (EWU) gemäß EU-Vertrag über eine vergleichsweise umfassende Unabhängigkeit verfügen (→ Europäisches System der Zentralbanken (ESZB)), gilt dies bspw. für das US-amerikanische Notenbanksystem in deutlich geringerer Weise. Viele Zentralbanken in Schwellen- und Entwicklungsländern können überhaupt nicht als unabhängig betrachtet werden.

Unabhängigkeit von irrelevanten Alternativen – Anforderung an Abstimmungsregeln (→ Abstimmungsverfahren), die sicherstellt, dass die kollektive Präferenz bez. zweier Alternativen nur von den individuellen Präferenzen bez. dieses Alternativenpaars abhängt. – Vgl. auch → Arrow-Paradoxon, → Condorcet-Paradoxon.

Unabkömmlichstellung – *1. UK-Stellung;* Stellung eines zum → Wehrdienst einberufenen Arbeitnehmers, die es erlaubt, dass der Arbeitgeber die Möglichkeit erhält, diesen für begrenzte oder ausnahmsweise unbegrenzte Zeit weiterbeschäftigen zu dürfen. Voraussetzung ist es, dass an der Weiterbeschäftigung ein Interesse der Allgemeinheit besteht und dieses bei Güterabwägung größer ist als dasjenige der Wehrpflicht. Auch anerkannte Kriegsdienstverweigerer (→ Zivildienst) können unabkömmlich gestellt werden. – 2. Mit der Aussetzung der Wehrpflicht seit 2011 gegenwärtig ohne Bedeutung.

unabwendbares Ereignis – Haftungsmaßstab des → Haftpflichtgesetzes und der → Kraftfahrzeughaftung (vgl. z.B. § 17 III StVG), der mit der → Schadensrechtsreform teilweise durch die strengere Haftung aus → höherer Gewalt (§ 7 II StVG) ersetzt wurde.

unausgewogenes Wachstum – *Unbalanced Growth;* Entwicklungsstrategie zur Förderung der wirtschaftlichen Entwicklung der Dritten Welt. Unternehmerische Sachzwänge sind vom Staat durch die Schaffung von Ungleichgewichtssituationen (z.B. heftige Preisausschläge) künstlich herbeizuführen. Durch den Abbau dieser Ungleichgewichte kann es zu Investitionssequenzen kommen, sodass schließlich alle Sektoren des Entwicklungslandes erreicht werden. Zur Wirksamkeit dürfen jedoch keine inversen Angebotsreaktionen vorliegen, ebenfalls sind hohe Vorwärts- bzw. Rückwärtsverknüpfungen entscheidend (→ Verkettungseffekte). → Perroux hat dieses Konzept zur *Theorie der Entwicklungspole* erweitert. Dualistische Wirtschaftsstrukturen sind gefährliche Folgewirkungen. – Vgl. auch → Entwicklungspolitik.

Unbalanced Growth → unausgewogenes Wachstum.

unbarer Zahlungsverkehr → bargeldloser Zahlungsverkehr.

unbebaute Grundstücke – 1. *Begriff:* Grundbesitz, der nicht mit Gebäuden besetzt ist; Baulichkeiten von untergeordneter Bedeutung (z.B. Baubuden) wandeln unbebaute Grundstücke nicht in bebaute Grundstücke (§ 72 BewG). – 2. *Steuerliche Bewertung bis 31.12.2008:* a) *Einheitswert:* → Bodenwert. – b) *Bedarfswert:* mit den um 20 Prozent verminderten Bodenrichtwerten (§ 145 BewG). *Steuerliche Bewertung ab 1.1.2009:* Im Rahmen der → Erbschaftsteuerreform wurden die Vorschriften zur Bewertung von Grundbesitz für Erbschaft- bzw. Schenkungsteuer neu geregelt. Der Wert unbebauter Grundstücke ergibt sich gemäß § 170 ErbStG aus der Fläche und den Bodenrichtwerten.

Unbedenklichkeitsbescheinigung – 1. Von dem Finanzamt aufgrund von Ministerialerlassen zur *Vergebung öffentlicher Aufträge* ausgestellte Bescheinigung. Sie besagt, dass der Steuerpflichtige seinen Steuererklärungs- und Zahlungspflichten nachgekommen ist. Unbedenklichkeitsbescheinigung darf nur dem Steuerpflichtigen selbst oder mit seiner Zustimmung ausgestellt werden (→ Steuergeheimnis). – 2. Im *Grundstücksverkehr* gebräuchliche Bezeichnung für Bescheinigung des Finanzamtes, dass bei Grundstückserwerb der Eintragung des neuen Eigentümers in das → Grundbuch steuerliche Bedenken nicht entgegenstehen (§ 22 GrEStG); mangels Vorlage der Unbedenklichkeitsbescheinigung darf das Grundbuchamt nicht eintragen. – Dem Erfordernis der Unbedenklichkeitsbescheinigung entspricht die → Anzeigepflicht der Gerichte und Notare an das Finanzamt über die Beurkundung steuerpflichtiger Vorgänge, bes. wegen der zu zahlenden Grunderwerbsteuer.

Unbefangenheit → Berufsgrundsätze der Wirtschaftsprüfer.

unbefugter Firmengebrauch – ein nach Handelsrecht (§§ 18–24, 30 HGB, §§ 4, 279 AktG, § 4 GmbHG) oder Markenrecht (→ Marke, → geschäftliche Bezeichnung) nicht erlaubter Gebrauch einer Firma (z.B. auch einer → irreführenden Firma oder einer solchen, die Verwechslungsgefahr begründet). Dem in seinen materiellen Rechten Verletzten steht ein → Abwehranspruch, bei Verschulden des Verletzers i.Allg. auch ein Schadensersatzanspruch zu; das Registergericht kann auch mit Ordnungsgeldern einschreiten (§ 37 HGB). Unbefugter Firmengebrauch verstößt i.d.R. auch gegen § 12 BGB (→ Namensrecht).

unbeschränkte Steuerpflicht – die sich auf das gesamte Einkommen und Vermögen, also auch auf Vermögen im Ausland und Einkommen aus dem Ausland erstreckende → Steuerpflicht (Welteinkommen-/Vermögensprinzip). Einschränkung durch entsprechende → Doppelbesteuerungsabkommen (DBA). Regelung im Einzelnen im EStG, KStG und ErbStG.

unbeschränkt Steuerpflichtiger – Bezeichnung des Steuerrechts für natürliche und juristische Personen (→ Steuerpflichtiger), die im Geltungsbereich des Grundgesetzes ihren Wohnsitz oder ihren gewöhnlichen Aufenthalt, Geschäftsleitung oder Sitz haben (§§ 8–11 AO) und nach den dt. Steuergesetzen grundsätzlich mit ihrem Welteinkommen und ihrem Gesamtvermögen der Besteuerung unterliegen (→ unbeschränkte Steuerpflicht).

unbestätigtes Akkreditiv → Akkreditiv.

unbestellte Ware → Kundenfang.

Unbestimmtheitsmaß – in der → Regressionsanalyse die Differenz zwischen 1 und dem → Bestimmtheitsmaß. Das Unbestimmtheitsmaß liegt zwischen 0 und 1. Ein relativ hoher Wert des Unbestimmtheitsmaßes, also ein niedriger Wert des Bestimmtheitsmaßes, bringt zum Ausdruck, dass ein erheblicher Teil der → Streuung der endogenen Variablen (→ Variable, endogene) nicht durch die exogenen Variablen (→ Variable, exogene) erklärt wird, sondern auf sonstige Einflüsse zurückzuführen ist.

UN-Bevölkerungsfonds → UNFPA.

unbewegliche Sachen – Eine Sache bezeichnet im rechtlichen Sinn ein abgrenzbares körperliches Objekt, über das eine einzelne Person oder eine Personenmehrheit die Beherrschung erlangen und das deshalb Gegenstand von Rechten sein kann. Als unbewegliche Sache oder → Immobilien werden Grundstücke mit ihren wesentlichen Bestandteilen, speziell Gebäude, bezeichnet. Alle anderen Sachen zählen zu den → beweglichen Sachen bzw. Mobilien. Das → Sachenrecht als Teil des Zivilrechts baut auf der Unterscheidung zwischen beweglichen und unbeweglichen Sachen auf. Auch im Versicherungsbereich ist die Unterscheidung mit Blick auf die → versicherten Sachen von Bedeutung.

unbewegliches Vermögen – Grundstücke, Gebäude, technische Anlagen (z.B. Umspannwerke, Hochöfen, fest eingebaute Transportanlagen) und andere Anlagen (also nicht unmittelbar der Produktion dienende Anlagen wie Fernsprech- und Rohrpostanlagen). Unbewegliches Vermögen ist Teil des → Anlagevermögens.

unbezahlter Urlaub → Urlaub.

unbillige Behinderung – Tatbestandsmerkmal des → Diskriminierungsverbots (§§ 19 II Nr. 1, 20 I GWB). Unbillige Behinderung ist jedes Verhalten eines marktbeherrschenden oder marktstarken Unternehmens, das die wettbewerbliche Betätigungsfreiheit eines anderen Unternehmens nachteilig beeinflusst, ohne dass dies bei umfassender Interessenabwägung unter Berücksichtigung der auf die Freiheit des Wettbewerbs gerichteten Zielsetzung des GWB gerechtfertigt erscheint. Beispiele für unbillige Behinderung sind der Einsatz der Finanzkraft unter Missachtung kaufmännischer Grundsätze (gezielte Preisunterbietung, Gewährung zusätzlicher Leistungen) zur Verdrängung der Wettbewerber sowie die Nichtbelieferung von Wettbewerbern oder Nicht-Wettbewerbern. Das Bundeskartellamt kann die unbillige Behinderung untersagen bzw. ein Bußgeld verhängen.

Unbilligkeit – Rechtsbegriff, von Bedeutung u.a. beim → Steuererlass, bei der → Stundung und bei der → Aussetzung der Vollziehung. – Hinter dem Begriff der Billigkeit steckt der Gerechtigkeitsgedanke, der für jeden Einzelfall individuell geprüft werden soll. Ziel der Billigkeit ist es nicht, fehlerhafte Steuerfestsetzungen zu korrigieren. – Die Unbilligkeit kann in der Sache liegen (sachliche Billigkeitsgründe) oder in der Person des Steuerpflichtigen (persönliche Billigkeitsgründe). Persönliche Gründe sind insbesondere wirtschaftliche Gründe. Wird die Billigkeit im Rahmen des Erlassens (§ 227 AO) von Steuern geprüft, wird neben der Bedürftigkeit in Form einer Existenzgefährdung auch die Erlasswürdigkeit des Steuerpflichtigen geprüft.

Unbundling – Trennung von Stufen der Wertschöpfungskette in vertikal integrierten Unternehmen. In der Energiewirtschaft: Trennung von Erzeugung, Übertragung, Verteilung und Verkauf innerhalb von Strom- und Gasversorgungsunternehmen, insb. Unterscheidung zw. Aktivitäten im wettbewerblichen und regulierten Bereich, d.h. Aufteilung der Organisation in getrennte, unabhängige Gesellschaften bzw. Geschäftseinheiten (Verantwortungsbereichen) mit Abrechnung über getrennte Konten und ggf. getrennte Rechnungslegung. Unbundling ist Teil der wettbewerblichen Öffnung in der Strom- und Gasversorgung. Es dient der Erleichterung der Kontrolle der verbleibenden (regulierten) Monopolbereiche (Übertragungs- und Verteilungsnetze) und der Verhinderung von Diskriminierung Dritter bei der Netznutzung (→ Third Party Access).

UNCED – *United Nations Conference on Environment and Development, Umwelt- und Entwicklungskonferenz der Vereinten Nationen;* 1972 in Stockholm abgehaltene Konferenz über das Verhältnis von Umwelt und Entwicklung, wobei bereits die Definition von Umwelt umstritten war; Entwicklungsländer bestanden auf einer Einbeziehung des Hungers und Elends in den Entwicklungsländern. Verabschiedet wurde eine Deklaration zur menschlichen Umwelt, gegründet wurde zur kontinuierlichen Befassung mit Umweltfragen das → UNEP. Nach einigen Vorkonferenzen fand 1992, 20 Jahre nach Stockholm, in Rio de Janeiro die *Zweite Umweltkonferenz* statt (auch als *Erdgipfel* bezeichnet), die bes. durch den → Brundtland-Bericht angeregt wurde. Betont wurde auf diesen Gipfel, der neue Maßstäbe im Hinblick auf die Beteiligung zivil-gesellschaftlicher Organisationen – → Non-Governmental Organization (NGO) – setzte, die Notwendigkeit einer → nachhaltigen Entwicklung. Verabschiedet wurden die Rio-Deklaration, mehrere Konventionen (Klimakonvention, Artenschutzvielfaltkonvention) sowie ein internationaler Aktionsplan für das nächste Jahrtausend (→ Agenda 21), der jedoch nur eine Absichtserklärung beinhaltet. Als Nachfolgekonferenzen fanden 1997 Rio+5 in New York und 2002 der Weltgipfel für nachhaltige Entwicklung in Johannesburg statt.

UNCITRAL – *United Nations Commission on International Trade Law, Kommission der Vereinten Nationen für internationales Handelsrecht;* am 17.12.1966 mit Sitz in Wien gegründete Unterorganisation der → UN. Ziel ist die Vereinheitlichung des internationalen Handelsrechts.

Unclean Hands – Einwand eines wegen → unlauteren Wettbewerbs in Anspruch Genommenen, der Anspruchsteller habe sich selbst wettbewerbswidrig verhalten (Unterfall der → Verwirkung). Der Einwand ist gegenüber Unterlassungsansprüchen i.d.R. unzulässig, wenn der Wettbewerbsverstoß des Einwendenden zugleich Interessen Dritter oder der Allgemeinheit berührt. Ist das nicht der Fall, kann er nach der Rechtsprechung nur erhoben werden, wenn die beiderseitigen Verstöße im Wesentlichen gleichartig und gleichzeitig sind. Gegenüber Schadensersatzansprüchen aus im Wesentlichen gleichartigen und gleichzeitigen Wettbewerbsverstößen ist der Einwand zulässig, ein „überschießender" Schaden entfällt nicht, sondern ist dem überschießend Verletzten zu ersetzen.

UNCTAD – *United Nations Conference on Trade and Development, Welthandels- und Entwicklungskonferenz der Vereinten Nationen;* durch Beschluss der UN-Vollversammlung vom 30.12.1964 als ständiges Organ der → UN institutionalisierte Weltwirtschaftskonferenz. – *Sitz:* Genf. – *Mitglieder* (2008): 193. – *Ziele:* Förderung der Umstrukturierung des Welthandels zugunsten der Entwicklungsländer und des Handels zwischen den Entwicklungsländern (→ Collective Self-Reliance). Wegen Überschneidung mit Aufgaben des GATT erfolgt Zusammenarbeit, bes. durch das → ITC. UNCTAD hat sich auf den Handel mit Rohstoffen spezialisiert. – *Organe:* Alle vier Jahre findet eine Konferenz aller Mitgliedsländer statt. Ständiges Organ zwischen den Konferenzen ist der *Rat für Handel und Entwicklung.* Dazu kommen *Hauptausschüsse* für verschiedene Fragestellungen (z.B. Rohstoffe, Schifffahrt, Technologietransfer u.a.). Das für die Verhandlungen bisher übliche Gruppensystem (A: Entwicklungsländer, B: Westliche Industrieländer, C: Volksrepublik China; D: Sozialistische Länder Osteuropas) existiert seit UNCTAD VIII nur noch fragmentarisch. UNCTAD-Resolutionen haben nur empfehlenden Charakter; Entwicklungsländer verfügen über die Stimmenmehrheit. – *Bisherige Aktivitäten: UNCTAD I* (Genf 1964) forderte Sonderbehandlung der Entwicklungsländer im → GATT. *UNCTAD II* (Neu-Delhi 1968) schlug ein allg. System der Abschaffung von Zollpräferenzen vor. *UNCTAD III* (Santiago de Chile 1972) forderte

Sonderbehandlungen für Entwicklungsländer mit Strukturproblemen und eine bessere Vertretung im → IWF. *UNCTAD IV* (Nairobi 1976) verabschiedete das integrierte Rohstoffprogramm. *UNCTAD V* (Manila 1979) forderte einen Abbau nicht-tariflicher Handelshemmnisse. *UNCTAD VI* (Belgrad 1983) behandelte die Probleme der Entwicklungsländer während der weltwirtschaftlichen Rezession. *UNCTAD VII* (Genf 1987) betonte die Eigenanstrengungen der Entwicklungsländer und forderte die Unterstützung der Industrieländer und der multilateralen Organisationen. *UNCTAD VIII* (Cartagena/Kolumbien 1992) brachte wegen des Endes des Ost-West-Konfliktes eine offenere Diskussion mit zunehmender Konvergenz in Grundauffassungen zwischen Industrieländern und Entwicklungsländern im Hinblick auf eine stärkere marktwirtschaftliche Orientierung. *UNCTAD IX* fand 1996 in Midrand/Südafrika statt. Dort wurde eine Umstrukturierung beschlossen: Fünf der neun Abteilungen in Genf wurden aufgelöst; die Zahl der Ausschüsse von sieben auf drei verkleinert. Pragmatische Ansätze standen im Vordergrund. *UNCTAD X* wurde im Februar 2000 in Bangkok abgehalten; zentrales Thema waren Entwicklungsstrategien in einer interdependenten Welt. *UNCTAD XI* fand im Juni 2004 in Sao Paulo/Brasilien zum Thema Steigerung des Wirtschaftswachstums und wirtschaftlicher Entwicklung durch Zusammenwirken von nationaler Entwicklungsstrategie und Globalisierung statt. Während *UNCTAD XII* im April 2008 in Ghana wurden die Möglichkeiten und Herausforderungen der Globalisierung im Hinblick auf Enwicklungsfragen diskutiert.

Underreporting – bes. Form des → Paneleffekts, bei dem Produktkäufe nicht genannt werden, die stattgefunden haben, weil sie vergessen oder als zu mühsam erachtet wurden oder als sozial nicht wünschenswert angesehen werden (z.B. Alkoholika, Tabakwaren). Underreporting tritt bes. bei Warengruppen auf, die unterwegs gekauft werden (z.B. Coladosen).

Underspending → Share of Advertising.

Underwriter – I. Börsenwesen: Finanzinstitute, Makler etc., die sich beim Börsengang (IPO) einer AG oder auch bei der Auflegung von Schuldverschreibungen (Industrieobligationen) verpflichten, einen bestimmten Teil der → Emission selbst zu übernehmen, falls die volle Unterbringung durch Zeichnung des Publikums nicht gelingt, vgl. auch → Emissionsgeschäft. Underwriter müssen nicht identisch sein mit der *Selling Group*, die den Verkauf der Papiere übernimmt, sind aber häufig auch darin Mitglieder. Bei großen internationalen Emissionen, z.B. am Euromarkt, agieren unter einem Konsortialführer *Underwriting Groups* (Übernahmekonsortien) mit z.T. mehr als 100 Mitgliedern. Jeder Underwriter übernimmt die Platzierungsgarantie für eine im Konsortialvertrag *(Underwriting Agreement)* festgelegte Quote.

II. Versicherungswesen: zur Zeichnung von Risiken, d.h. zur verbindlichen Zusage von Versicherungsschutz Bevollmächtigter eines Versicherers. Die Vollmacht ist meist auf einzelne → Versicherungszweige oder Versicherungsarten beschränkt.

Underwriting – 1. *Begriff*: Zeichnungsentscheidung im Erst- und Rückversicherungsgeschäft. Dazu gehören auch die Prüfung und Einschätzung von (Rück-) Versicherungsrisiken einschl. der Festsetzung einer angemessenen → Prämie. – 2. *Zielsetzung*: Der Zweck des Underwriting besteht darin, das Versicherungsgeschäft so zu steuern, dass es einerseits für den (Rück-) Versicherten recht und billig, andererseits für den (Rück-)Versicherer profitabel und risikotragfähig ist.

Underwriting Risk – Unsicherheit über den tatsächlichen Gesamtschadenaufwand am Ende eines Versicherungsvertrags sowie hinsichtlich der Möglichkeit, dass dieser den erwarteten bzw. kalkulierten Schadenaufwand übersteigt und sich daraus ein Verlust für den Erst- bzw. Rückversicherer ergibt. Neben dem Timing Risk Teilkomponente des → versicherungstechnischen Risikos.

Undkonto – Gemeinschaftskonto, bei dem die Verfügungsberechtigten nur gemeinsam über das Konto verfügen können. Die Mitgläubiger eines Undkontos können u.U. Gesamtgläubiger sein (beim Gesellschaftsvermögen, §§ 718 ff. BGB; beim ungeteilten Nachlass, §§ 2032 ff. BGB; beim Gesamtgut der ehelichen Gütergemeinschaft). Die Beteiligten der Undkonten haften grundsätzlich nicht für Verbindlichkeiten des einen oder anderen Kontoinhabers (ausgenommen gemeinschaftliche Verbindlichkeiten). – *Gegensatz:* → Oderkonto.

UNDP – *United Nations Development Programme, Entwicklungsprogramm der Vereinten Nationen;* Zentralorgan für technische Hilfeleistung, hervorgegangen 1965 aus einer Fusion des erweiterten Programms der UN für technische Hilfeleistung und des UN-Sonderfonds für technische Hilfe. Sonderorgan der UN mit Sitz in New York. – *Länderbüros* in 166 Staaten. – *Ziele:* Seit 1970 generelle Zuständigkeit für die → technische Zusammenarbeit des UN-Systems, wobei es in erster Linie als Finanzierungs- und Koordinierungsstelle fungiert. Projekte werden durch andere Organisationen durchgeführt, z.B. → FAO, → ILO, → UNIDO, → UNESCO. – *Organe:* Der Verwaltungsrat wurde 1994 von 48 auf 36 Mitglieder reduziert. Jährlich wird ein Drittel von ECOSOC (→ UN) nach einem regionalen Schlüssel für drei Jahre neu gewählt. Geschäftsführung obliegt einem *Administrator,* der vom UN-Generalsekretär ernannt und von der UN-Vollversammlung bestätigt wird. Dem UNDP unterstehen verschiedene *Sonderfonds,* z.B. UN-Entwicklungsfonds für Frauen. – *Aktivitäten:* UNDP wird nur auf Ersuchen von Regierungen tätig und ist vornehmlich Finanzierungs- und Koordinierungsstelle. Seit 1970 werden vom Exekutivrat 5-Jahres-Länderprogramme genehmigt. Entsendung von

Fachleuten, Ausbildung einheimischer Arbeitskräfte, Durchführung von Fallstudien sowie wissenschaftlichen Untersuchungen; Beratung von Entwicklungsländern bei Entwicklungsprojekten und Strukturanpassungsprogrammen.

UNECE – 1. *Begriff und Merkmale:* – Abk. für *United Nations Economic Commission for Europe;* Wirtschaftskommission der → UN für Europa, im März 1947 vom ECOSOC (→ UN) als erste regionale Wirtschaftskommission gegründet. – 2. *Ziele:* zunächst Erleichterung des wirtschaftlichen Wiederaufbaus Europas, später Festigung der wirtschaftlichen Beziehungen der europäischen Länder untereinander und mit der übrigen Welt. – 3. *Struktur:* ECE-Kommission, Hauptorgane (Principal Subsidiary Bodies (PSB)): Fachausschüsse für Landwirtschaft, Holz, Kohle, elektrische Energie, Gas, Wohnungswesen, Bauwirtschaft und Stadtplanung, Wasserprobleme und Chemische Industrie; ferner Konferenz Europäischer Statistiker sowie ECE-Beratergruppen für Wirtschaftsfragen, Umweltfragen und Fragen der Wissenschaft, technischen Forschung und Energieprobleme; Hilfsorgane (Arbeitsgruppen); Sekretariat unter Leitung eines Executive Sekretärs.

unechte Einzelkosten → Schein-Einzelkosten.

unechte Fusion – *Anteilstausch;* in den Niederlanden und Großbritannien gebräuchlichste Form der Übernahme eines Unternehmens durch ein anderes. Erwerb der Mehrheit der Anteile an dem zu übernehmenden Unternehmen durch das übernehmende Unternehmen, das dadurch zur Konzernspitze wird und die Leitungsmacht erhält. Die Gesellschafter des übernommenen Unternehmens werden mit Anteilen am übernehmenden Unternehmen abgefunden, sind also dessen Gesellschaftern nach dem Vorgang gleichgestellt. Wirtschaftlich kommt das Verfahren einer Fusion gleich, allerdings bleibt die Rechtsfähigkeit der übernommenen Gesellschaft erhalten. – *Steuerliche Behandlung:* → Anteilstausch.

unechte Gemeinkosten → Gemeinkosten, die theoretisch zwar direkt als → Einzelkosten auf die Kostenträger oder -stellen zugerechnet werden könnten, aber aus Wirtschaftlichkeitsgründen mithilfe von Schlüsseln (→ Gemeinkostenschlüsselung) verrechnet werden, z.B. Stromkosten, Schmiermittelkosten. Unechte Gemeinkosten sind wegen ihres variablen Charakters grundsätzlich bei der Berechnung der → Deckungsbeiträge zu berücksichtigen. – *Gegensatz:* echte → Gemeinkosten.

unechter Domizilwechsel → Zahlstellenwechsel.

unechtes Factoring – liegt vor, wenn ein Factor beim Ankauf von Forderungen die Delkrederefunktion nicht übernimmt. Die Finanzierungsfunktion trägt beim unechten Factoring lediglich Bevorschussungs-(Kredit-)Charakter, weil das Risiko der Uneinbringlichkeit der angekauften Forderungen beim Forderungsverkäufer verbleibt. – *Gegensatz:* → echtes Factoring. – Vgl. auch → Factoring.

uneigennützige Treuhandverhältnisse – Treuhandverhältnisse, die im Interesse des → Treugebers begründet sind, z.B. Verwaltungstreuhand, Inkassozession. Wird von Gläubigern des → Treuhänders in das Treugut vollstreckt, kann der Treugeber → Drittwiderspruchsklage gemäß § 771 ZPO erheben; fällt der Treuhänder in Insolvenz, steht dem Treugeber ein Recht auf → Aussonderung gemäß § 47 InsO zu. Ist das Treugut noch im unmittelbaren Besitz des Treugebers, kann der Treuhänder einen Zugriff durch Gläubiger des Treugebers weder bei der Einzelvollstreckung noch bei Insolvenz des Treugebers verhindern.

uneigentlicher Systemvergleich → vergleichende Werbung.

uneinbringliche Forderungen – Forderungen, die endgültig als verloren anzusehen sind. Uneinbringliche Forderungen sind voll bzw. auf den → Erinnerungswert abzuschreiben, die Umsatzsteuer ist zu korrigieren. – *Buchungssatz:* → sonstige betriebliche Aufwendungen oder → außerordentliche Aufwendungen und Umsatzsteuer an Forderungen. – *Anders:* → zweifelhafte (dubiose) Forderungen.

uneingeschränktes Zufallsstichprobenverfahren – Verfahren der → Teilerhebung mit zufälliger Auswahl der → Untersuchungseinheiten (→ Auswahlverfahren) gemäß einem der beiden einfachen → Urnenmodelle. Alle Elemente der → Grundgesamtheit haben die gleiche → Wahrscheinlichkeit, in die Stichprobe zu gelangen, und alle möglichen Stichproben die gleiche Wahrscheinlichkeit, realisiert zu werden. – *Gegensatz:* → höhere Zufallsstichprobenverfahren.

Unempfindlichkeit → Robustheit.

unendliche Abschreibung → Restwertabschreibung.

unentgeltliche Übertragung → einseitige Übertragung, → Bilanz der laufenden Übertragungen.

unentgeltliche Wertabgaben – 1. *Begriff:* neuer Terminus (seit 1999) für die früheren Begriffe Eigenverbrauch und Gesellschafterverbrauch. Unentgeltliche Wertabgaben umfassen bestimmte Vorgänge, bei denen → Lieferungen oder → sonstige Leistungen gegen Entgelt zwar nicht vorliegen, aber dennoch eine Umsatzsteuer erhoben werden soll, um Manipulationen zulasten des Steueraufkommens auszuschließen; daher werden unentgeltliche Wertabgaben fiktiv einer Lieferung/Leistung gegen Entgelt gleichgestellt (§ 3 Ib UStG, § 3 IXa UStG), als Ersatz für das Entgelt dient bei der Steuerberechnung die → Mindestbemessungsgrundlage. – 2. *Konzeption der Besteuerung von unentgeltlichen Wertabgaben:* Da die Besteuerung von unentgeltlichen Wertabgaben in den meisten Fällen daran gebunden ist, dass für die betreffenden Gegenstände oder Vorleistungen zuvor ein → Vorsteuerabzug beansprucht wurde, bezweckt die Besteuerung der unentgeltlichen Wertabgaben materiell v.a. die wirtschaftliche Stornierung des Vorsteuerabzugs für solche Bezüge des Unternehmens, die später nicht für unternehmerische Zwecke verwendet werden. – 3. *Arten von unentgeltlichen Wertabgaben im Einzelnen:* a) Gleichgestellt mit entgeltlichen Lieferungen sind: (1) die Entnahme eines Gegenstands aus dem Unternehmensvermögen für unternehmensfremde Zwecke durch den Unternehmer; (2) die unentgeltliche Zuwendung eines Gegenstands durch einen Unternehmer an sein Personal für dessen privaten Bedarf, sofern keine bloße → Aufmerksamkeit vorliegt; (3) jede andere unentgeltliche Zuwendung eines Gegenstands, außer im Fall von Geschenken mit geringem Wert oder Warenmuster, die aus unternehmerischen Gründen abgegeben werden. Voraussetzung ist in allen diesen Fällen, dass der Gegenstand oder seine Bestandteile vorher zum vollen oder teilweisen Vorsteuerabzug berechtigt haben. – b) Gleichgestellt mit entgeltlichen sonstigen Leitungen sind: (1) die Verwendung eines Gegenstandes aus dem Unternehmensvermögen durch den Unternehmer für unternehmensfremde Zwecke; (2) die Verwendung solcher Gegenstände für den privaten Bedarf des Personals, wenn keine bloße Aufmerksamkeit vorliegt; (3) die unentgeltliche Erbringung anderer sonstiger Leistungen durch den Unternehmer für Zwecke außerhalb des Unternehmens oder für den privaten Bedarf des Personals, sofern es sich nicht um bloße Aufmerksamkeiten handelt. Ein früherer Vorsteuerabzug ist hier nur in den Fällen (1) und (2) Voraussetzung für die Steuerbarkeit der unentgeltlichen Wertabgaben. – 4. *Ort der unentgeltlichen Wertabgaben* (§ 3f UStG): Die Tätigung unentgeltlicher Wertabgaben ist stets in dem Land zu versteuern, in dem sich das Unternehmen oder die Betriebsstätte befindet, die die unentgeltliche Wertabgaben geleistet hat. – 5. *Sonderfall:* Die unentgeltliche Nutzung eines Unternehmens-Kfz durch den Unternehmer ist wichtigster Anwendungsfall der unentgeltlichen Wertabgaben und weist einige Besonderheiten auf. – Vgl. → Kraftfahrzeugbesteuerung.

UN-Entwicklungsprogramm → UNDP.

UNEP – *United Nations Environment Programme, Umweltprogramm der Vereinten Nationen;* am 15.12.1972 gegründet. – *Sitz:* Nairobi, mit Regionalbüros in Bangkok, Mexiko, Manama, Genf, Athen, New York und Washington; veranlasst durch die Welt- und Entwicklungskonferenz von Stockholm 1972. – *Aufgaben:* Koordinierung umweltrelevanter Tätigkeiten verschiedener UN-Organisationen (z.B. → FAO, → WHO, → ILO, → UNESCO, → UNDP). Bestimmt wird ihre Arbeit durch die Umsetzung der Forderungen des → Brundtland-Berichts.

UNEP Fi – *UNEP Finance;* 1. *Begriff:* Die UNEP Fi ist eine globale Kooperation zwischen dem privaten Finanzsektor und dem Umweltprogramm der Vereinten Nationen (→ UNEP). Sie umfasst bereits über 170 Institutionen. Diese arbeiten zusammen mit der UNEP Fi, um Einflüsse von → Umwelt- und Sozialaspekten auf Finanzentscheidungen zu diskutieren. Ziel der Zusammenarbeit ist eine Integration dieser Aspekte.

unerlaubte Handlung – *Delikt.*

I. Begriff: im Sinn des BGB enger als der im Sprachgebrauch mit ihm verbundene Sinn. Unerlaubte Handlung ist eine rechtswidrige und schuldhafte Rechtsverletzung (→ Verschulden im Gegensatz zur → Gefährdungshaftung), die von einer vertraglichen Pflichtverletzung (→ positive Vertragsverletzung) unabhängig und mit dieser nicht deckungsgleich ist. Beispiele: Diebstahl, Unterschlagung, fahrlässige Verletzung der Wegeunterhaltungs- und Streupflicht, schuldhaft verursachte Kraftfahrzeugunfälle, Amtspflichtverletzungen. – *Verantwortlichkeit für unerlaubte Handlung:* → Deliktsfähigkeit.

II. Hauptfälle: 1. *Grundsatz:* Anders als z.B. das franz. Recht sieht das deutsche Bürgerliche Recht keine große Generalklausel vor, sondern arbeitet mit drei kleinen Generalklauseln (sonstiges Recht nach § 823 I BGB, Schutzgesetz nach § 823 II BGB und sittenwidrige Schädigung nach § 826 BGB) sowie mit zahlreichen weiteren, speziellen Haftungstatbeständen. – 2. *Einzelfälle:* a) Vorsätzliche oder fahrlässige Verletzung des Lebens, des Körpers, der Gesundheit, der Freiheit, des Eigentums oder eines sonstigen Rechts eines anderen (wie z.B. der berechtigte Besitz; nicht die bloße Forderung) (§ 823 I BGB). – b) Verletzung eines → Schutzgesetzes (§ 823 II BGB). – c) → Kreditgefährdung (§ 824 BGB). – d) Bestimmung zu sexuellen Handlungen (§ 825 BGB). – e) Sittenwidrige Schädigung (§ 826 BGB, → Sittenwidrigkeit). – f) Verletzung einer Amtspflicht durch einen Beamten (§ 839 BGB; → Amtshaftung). – g) Vorsätzlich oder grob fahrlässig unrichtiges Gutachten des gerichtlichen Sachverständigen (§ 839a BGB). – h) Verletzung der Gebäudeunterhaltungspflicht durch den Besitzer des Gebäudes (§§ 836–838 BGB).

III. Haftung: Unerlaubte Handlung verpflichtet den Täter zum → Schadenersatz ggf. als → Gesamtschuldner (§§ 830, 840). Der Geschäftsherr muss ggf. für unerlaubte Handlung seiner → Verrichtungsgehilfen einstehen; die juristische Person haftet für unerlaubte Handlungen ihrer Organe (→ Organhaftung). Entsprechend haftet die → offene Handelsgesellschaft (OHG) gemäß § 31 BGB für unerlaubte Handlung eines vertretungsberechtigten Gesellschafters im Rahmen der ihm zustehenden Verrichtungen ohne Möglichkeit des Entlastungsbeweises. Gleiches gilt für die KG mit der Maßgabe, dass der Kommanditist nicht über die Kommanditeinlage hinaus haftet.

unerlaubtes Entfernen vom Unfallort – In der Umgangssprache: *Fahrerflucht;* → Vergehen (§ 142 StGB). Wer sich als Unfallbeteiligter nach einem Verkehrsunfall (Sachschaden genügt) vom Unfallort entfernt, bevor er (1) zugunsten der anderen Unfallbeteiligten und der Geschädigten die Feststellung seiner Person, seines Fahrzeuges und der Art seiner

Beteiligung durch seine Anwesenheit und durch die Angabe, dass er an dem Unfall beteiligt ist, ermöglicht hat oder (2) eine nach den Umständen angemessene Zeit gewartet hat („Wartepflicht"), ohne dass jemand bereit war, die Feststellungen zu treffen, wird mit Freiheitsstrafe bis zu drei Jahren oder mit Geldstrafe bestraft. Gilt für jeden Verkehrsteilnehmer (auch Fußgänger). Die Verhängung der Strafe ist regelmäßig auch mit Entziehung der Fahrerlaubnis verbunden, wenn bei einem Unfall ein Mensch verletzt oder Sachen von bedeutendem Wert beschädigt wurden (§ 69 II Nr. 3 StGB). – Seiner Verpflichtung, die Feststellung *nachträglich* zu ermöglichen, genügt der Unfallbeteiligte, wenn er dem Berechtigten oder einer nahe gelegenen Polizeidienststelle unverzüglich mitteilt, dass er an dem Unfall beteiligt gewesen ist, und wenn er seine Anschrift, seinen Aufenthalt sowie das Kennzeichen und den Standort seines Fahrzeuges angibt und dieses zu unverzüglichen Feststellungen für eine ihm zumutbare Zeit zur Verfügung hält. Das Gericht kann die Strafe mildern oder von Strafe absehen, wenn der Unfallbeteiligte innerhalb von 24 Stunden nach einem Unfall außerhalb des fließenden Verkehrs mit geringem Sachschaden freiwillig die Feststellungen nachträglich ermöglicht (§ 142 IV StGB).

UN-Erziehungs-, Wissenschafts- und Kulturorganisation → UNESCO.

UNESCO – *United Nations Educational, Scientific and Cultural Organization, Erziehungs-, Wissenschafts- und Kulturorganisation der Vereinten Nationen;* 16.11.1945 gegründet. – *Sitz:* Paris. – *Mitglieder* (2007): 193, sechs assoziierte. Im Dezember 1984 sind die USA u.a. aus Protest gegen das im Oktober 1980 von der Generalkonferenz angenommene Programm einer neuen Weltinformations- und Kommunikationsordnung ausgetreten; im Dezember 1985 folgten Großbritannien und Singapur im Protest gegen die Politisierung der UNESCO. Großbritannien ist seit 1997 wieder Mitglied. – *Organe: Generalkonferenz:* tagt alle zwei Jahre; *Exekutivrat:* 58 Mitglieder; Sekretariat mit dem von der Generalkonferenz gewählten *Generaldirektor, nationale Kommissionen* zur Durchführung des Programms in den einzelnen Mitgliedsstaaten (z.B. dt. UNESCO-Kommission, Bonn). – *Ziele:* Als universale Stätte der Kultur soll sie einen wesentlichen Beitrag zur Erhaltung des Friedens leisten, indem sie den freien Gedankenaustausch und ein besseres gegenseitiges Verständnis der Völker anregt, den Sinn für Gerechtigkeit und Respektierung der Menschenrechte und der Grundrechte im weltweiten Rahmen ungeachtet von Rasse, Geschlecht, Sprache oder Religion weckt und fördert, die soziologischen und naturwissenschaftlichen Forschungen durch Zusammenarbeit auf allen Gebieten der Kultur anregt, die Voraussetzungen für eine Verbreitung allgemeiner und wissenschaftlicher Informationen verbessert und Fragen der Erziehung sowie der Ausweitung und Verbesserung der Schul- und Erwachsenenbildung ihre bes. Aufmerksamkeit schenkt.

UNESCO-Coupons – Gutscheine, die auf US-Dollar ausgestellt sind und in allen Mitgliedsstaaten der → UNESCO beim Kauf von Publikationen, Filmen u.a. Materialien mit erzieherischem, wissenschaftlichem oder kulturellem Charakter als Zahlungsmittel verwendet werden können. Bevorzugt in Ländern verwendet, in denen der Transfer von Devisen schwer oder gar nicht möglich ist. Coupons in Werten von 1.000, 100, 30, 10, 3 und 1 US-Dollar, daneben Blanko-Coupons, die von der Verteilerstelle (für die Bundesrepublik Deutschland: UNESCO in Paris), zum Wert von 1 bis 99 US-Cents ausgestellt werden. Lieferfirmen und Institutionen, die UNESCO-C. als Zahlungsmittel akzeptieren, senden sie zum Rückkauf an die UNESCO, Coupon Office, Paris.

Unfähigkeit – 1. *Dauernde Unfähigkeit eines Arbeitnehmers zur Fortsetzung seiner Dienste:* → personenbedingte Kündigung. – 2. *Unfähigkeit zur ordnungsmäßigen Geschäftsführung des Gesellschafters einer offenen Handelsgesellschaft:* → Wichtiger Grund für die Entziehung der Befugnis zur Geschäftsführung (→ Abberufung) und der Vertretungsmacht (Vertretung; §§ 117, 127 HGB). – Entsprechendes gilt für die → Abberufung von Vorstandsmitgliedern einer Aktiengesellschaft (§ 84 III 2 AktG) und den Widerruf einer Bestellung eines GmbH-Geschäftsführers (§ 38 II GmbHG).

Unfall – 1. *Begriff:* Ein Unfall liegt vor, wenn die versicherte Person durch ein plötzlich von außen auf ihren Körper wirkendes Ereignis (Unfallereignis) unfreiwillig eine Gesundheitsschädigung erleidet. – 2. *Merkmale*: In der privaten Unfallversicherung bezieht sich der Unfallbegriff nur auf die Gesundheitsschädigung der versicherten Person. Der Unfallbegriff beinhaltet vier Merkmale: plötzlich, von außen, unfreiwillig, gesundheitsschädigend. Fehlt auch nur eine dieser Voraussetzungen, so liegt kein Unfall im Sinne der Unfallversicherungs-Bedingungen vor.

Unfallanzeige – Mitteilung eines → Arbeitsunfalls an die zuständigen Stellen durch Betriebsinhaber oder von einem Beauftragten binnen drei Tagen, nachdem er von dem Unfall erfahren hat.

Unfallflucht → unerlaubtes Entfernen vom Unfallort.

Unfallfluchtschäden – Personen- und Sachschäden bei unerlaubtem Entfernen vom Unfallort. Unfallfluchtschäden können auch gegen den → Entschädigungsfonds für Schäden aus Kraftfahrzeugunfällen geltend gemacht werden. – *Weitere Voraussetzungen:* §§ 12 ff. → Pflichtversicherungsgesetz (PflVG).

Unfallrente → Verletztenrente, → Unfallversicherung.

Unfallstatistik – Teilgebiet der → amtlichen Statistik. Die Erfassung von Unfällen dient der Ursachenforschung und der Gewinnung von Anhaltspunkten über soziale, ökonomische und ökologische Folgen von Unfällen. Einheitliche Unfallstatistiken gibt es nicht; Angaben über Unfälle werden jedoch in einer Vielzahl von Statistiken – meist auf sekundärstatistischem Weg – ermittelt. – *Beispiele:* Straßenverkehrsunfallstatistik, Statistik der gesetzlichen Unfallversicherung (Arbeitsunfälle) oder Befragung über Krankheiten und Unfälle im Rahmen des → Mikrozensus.

Unfalltod-Zusatzversicherung → Zusatzversicherung zu einer Kapitallebensversicherung, die gegen Prämienzuschlag eine höhere (häufig verdoppelte) Versicherungsleistung im Fall des Unfalltods gewährleistet. – Vgl. auch → Unfall.

Unfallverhütung – Aufgabe von Unfallversicherungsträger, → Arbeitnehmer und → Arbeitgeber im Rahmen der von den Berufsgenossenschaften herausgegebenen → Unfallverhütungsvorschriften. Die Versicherungsträger sind verpflichtet, durch fachlich vorgebildete und erfahrene technische Aufsichtsbeamte die Durchführung der Vorschriften zur Unfallverhütung zu überwachen (§§ 14 ff. SGB VII).

Unfallverhütungsvorschriften – 1. *Begriff:* rechtsverbindliche Vorschriften der → Berufsgenossenschaften (§§ 15–17 SGB VII) als Träger der gesetzlichen → Unfallversicherung über geeignete vorbeugende Maßnahmen, die den Eintritt von Schäden durch Unfälle oder Berufskrankheiten vermeiden oder einschränken sollen. – 2. *Inhalt:* Die Unfallverhütungsvorschriften enthalten Bestimmungen über Einrichtungen und Anordnungen, die die Betriebe zu treffen haben, und Bestimmungen über das Verhalten der Versicherten. – 3. Die *Durchführung* der Unfallverhütungsvorschriften in den Betrieben überwachen von den Berufsgenossenschaften eingesetzte technische Aufsichtsbeamte. Sie unterrichten und beraten die Betriebe und die Versicherten und sorgen bei Beanstandungen für Abhilfe. – 4. Bei *Nichteinhaltung* von Unfallverhütungsvorschriften: Ordnungsstrafen für Mitglieder und Versicherte bis zu 10.000 Euro, festgesetzt vom Vorstand der Berufsgenossenschaft. Kann durch eine Klage vor den → Sozialgerichten angefochten werden.

Unfallversicherung – I. Gesetzliche Unfallversicherung: bes. Zweig der → Sozialversicherung. 1. *Gesetzliche Grundlage:* SGB VII vom 7.8.1996 (BGBl. I 1254) m.spät.Änd. – 2. *Aufgaben:* mit allen geeigneten Mitteln Arbeitsunfälle und Berufskrankheiten sowie arbeitsbedingte Gesundheitsgefahren verhüten, außerdem nach Eintritt von Arbeitsunfällen oder Berufskrankheiten die Gesundheit und Leistungsfähigkeit der Versicherten mit allen geeigneten Mitteln wiederherstellen und sie oder ihre Hinterbliebenen durch Geldleistungen entschädigen (§ 1 SGB VII). – 3. *Kreis der Versicherten:* a) *Personen, die kraft Gesetzes versichert sind* (vgl. § 2 SGB VII). – b) *Versicherung kraft Satzung:* Der Träger der Unfallversicherung kann kraft seines Satzungsrechts bestimmte Sachverhalte dem Versicherungsschutz unterstellen, und zwar zugunsten von Unternehmern und im Unternehmen mitarbeitenden Ehegatten oder Lebenspartner von Personen, die sich auf der Unternehmensstätte aufhalten. Der Versicherungsschutz entspricht dem der kraft Gesetz Versicherten (§ 3 SGB VII). – c) *Freiwillige Versicherung (§ 6 SGB VII):* Unternehmer und ihre im Unternehmen mitarbeitenden Ehegatten oder Lebenspartner, Personen, die in Kapital- oder Personenhandelsgesellschaften regelmäßig wie Unternehmer selbstständig tätig sind (vgl. § 6 SGB VII). – d) *Versicherungsfreiheit* (§ 4 SGB VII): In der gesetzlichen Unfallversicherung versicherungsfrei sind u.a. Beamte und gleichgestellte Personen, soweit für sie beamtenrechtliche Unfallfürsorgevorschriften bestehen, Versorgungsberechtigte nach dem BVG, Mitglieder von gemeinnützigen Gemeinschaften, Ärzte, Heilpraktiker und Apotheker, soweit sie selbstständig tätig sind, außerdem grundsätzlich Personen, die in einem Haushalt als Verwandter oder Verschwägerter bis zum zweiten Grad oder als Pflegekind der Haushaltsführenden oder der Ehegatten unentgeltlich tätig sind. – 4. *Leistungen:* Heilbehandlung (§§ 26 ff. SGB VII) einschließlich medizinischer, berufsfördernder, sozialer und ergänzender Leistungen wie z.B. Kraftfahrzeughilfe, Wohnungshilfe, Haushaltshilfe; Leistungen bei Pflegebedürftigkeit (§ 44 SGB VII); Geldleistungen während der Heilbehandlung und der beruflichen Rehabilitation (§§ 45 ff. SGB VII); Renten an Versicherte (§§ 56 ff. SGB VII) und bei Tod Leistungen an Hinterbliebene (§§ 63 ff. SGB VII), ferner Abfindungen (§§ 75 ff. SGB VII). – 5. *Träger der gesetzlichen Unfallversicherungen* (§§ 114 ff. SGB VII): gewerbliche und landwirtschaftliche Berufgenossenschaften, Unfallkassen des Bundes u.a. – 6. *Aufbringung der Mittel* (§§ 150 ff. SGB VII): Die gesetzliche Unfallversicherung wird durch allein vom Arbeitgeber zu tragende Beiträge und durch eine nachträgliche Umlage des tatsächlichen Bedarfs des Kalenderjahres finanziert. Staatliche Zuschüsse erhält die gesetzliche Unfallversicherung nicht. – 7. *Beschränkung der Haftung der Unternehmer* (§§ 104 ff. SGB VII): Hat ein Unternehmer durch betriebliches oder privates Verhalten einem Arbeitnehmer oder einem wie ein Versicherter Tätigem einen Arbeitsunfall oder eine Berufskrankheit zugefügt, ist er von der zivilrechtlichen Haftung befreit. Stattdessen tritt die Unfallversicherung ein. Dies gilt allerdings nicht, wenn der Unternehmer vorsätzlich gehandelt oder den Arbeitsunfall bzw. die Berufskrankheit auf einem nach § 8 II Nr.1-4 SGB VII versicherten Weg herbeigeführt hat.

II. Private Unfallversicherung: 1. *Begriff:* Versicherung zum Ausgleich wirtschaftlicher Nachteile bei Unfällen. Die Leistungen sollen v.a. dazu dienen, entgehendes Einkommen im Zusammenhang mit dem Verlust der Arbeitsfähigkeit auszugleichen und im Todesfall Renten- oder Kapitalzahlungen an Hinterbliebene zu gewährleisten. I.d.R. Versicherung für berufliche und außerberufliche Unfälle (24-Stunden-Deckung) mit Weltgeltung. – 2. *Rechtsgrundlage:*

§§ 178–191 VVG sowie i.d.R. allgemeine Unfallversicherungsbedingungen (AUB 2010). – 3. *Leistungsarten:* Leistungen im Todes- oder Invaliditätsfall (dauernde Beeinträchtigung der Arbeitsfähigkeit, Invalidität und Berufsunfähigkeit); Tagegeld; Krankenhaustagegeld, ambulante Operationen; Genesungsgeld; Übergangsleistungen (bei mind. sechs Monaten anhaltender dauernder Beeinträchtigung der Arbeitsfähigkeit). – 4. *Formen:* a) *Einzel-Unfallversicherung:* Versicherungsschutz für eine einzelne Person, i.d.R. mit einer Staffelung der Prämien nach der Berufstätigkeit. – b) *Familien-Unfallversicherung:* Versicherung von mind. zwei Personen einer Familie, oft mit günstigeren Prämien als bei einer Einzel-Unfallversicherung. – c) *Kinder-Unfallversicherung:* kann i.d.R. für Kinder bis 14 Jahre neu abgeschlossen werden. Für Kinder gelten günstigere Prämien als für Erwachsene. Mitversicherung von Vergiftungen infolge versehentlicher Einnahme von schädlichen Stoffen (außer Nahrungsmittel) bis zum zehnten Lebensjahr. – d) *Gruppen-Unfallversicherung:* Verträge, in denen durch einen Versicherungsnehmer und einen Versicherungsschein eine Mehrheit von Personen versichert wird. Der Abschluss erfolgt i.d.R. von Arbeitgebern zugunsten ihrer Mitarbeiter oder von Vereinen zugunsten ihrer Mitglieder. Evtl. Einschränkung des Versicherungsschutzes auf Berufs- oder Vereinstätigkeit. – e) *Sport-Unfallversicherung:* Beschränkung des Versicherungsschutzes auf die i.w.S. mit der Sportausübung zusammenhängenden Unfallgefahren. Wird i.d.R. als Gruppen-Unfallversicherung von Sportvereinen für die Vereinsmitglieder abgeschlossen. – f) *Luftfahrtunfallversicherung.* – *g) Insassen-Unfallversicherung:* Kraftfahrtversicherung. – h) *Strahlen-Unfallversicherung:* Versicherung für Personen, die beruflich mit strahlenerzeugenden Stoffen oder Geräten in Berührung kommen. – i) *Unfallversicherung mit garantierter Beitragsrückzahlung (früher Unfallversicherung mit Prämienrückgewähr):* Sonderform, bei der die eingezahlten Prämien nach einer vereinbarten Frist an den Versicherungsnehmer zurückgewährt werden, gleichgültig, ob und welche Schäden während des Bestehens der Versicherung vergütet werden mussten. Der Versicherer deckt hier zusätzlich ein Zinsrisiko. Die Prämie beträgt ein Vielfaches der Normalprämie. Der Versicherungsnehmer kann seinen Anspruch auf Beitragsrückzahlung beleihen oder zurückkaufen, i.d.R. frühestens nach Zahlung der Prämie für mind. drei Jahre. – 5. *Versicherungsfall:* a) *Im Sinne der Unfallversicherung gelten als Unfälle:* plötzlich (unerwartet) von außen auf den Körper des Versicherten wirkende Ereignisse, die eine unfreiwillige Gesundheitsschädigung zur Folge haben (§ 178 VVG), auch (1) durch plötzliche Kraftanstrengungen hervorgerufene Verrenkungen, Zerrungen und Zerreißungen sowie (2) Tollwut und Wundinfektionen (Blutvergiftungen), bei denen der Krankheitserreger durch eine Unfallverletzung in den Körper gelangt ist (bei Angehörigen ärztlicher Berufe, Chemikern, Desinfektoren und dergleichen Erweiterung durch „Infektionsklausel"); Unfälle (1) infolge von Schlag-, Krampf-, Ohnmachts- und Schwindelanfällen, von Geistes- oder Bewusstseinsstörungen (soweit nicht durch einen Versicherungsfall hervorgerufen); (2) bei Ausführung oder beim Versuch von Verbrechen oder Vergehen; (3) durch Kriegs- oder Bürgerkriegsereignisse; (4) bei Beteiligung der versicherten Personen als Fahrer, Beifahrer oder Insasse eines Kraftfahrzeugs an Fahrtveranstaltungen, bei denen es auf die Erzielung von Höchstgeschwindigkeiten ankommt; (5) sowie Unfälle, die unmittelbar oder mittelbar durch Kernenergie verursacht sind, sind ausgeschlossen. – b) *Ausgeschlossen sind außerdem folgende Beeinträchtigungen:* (1) Schäden an Bandscheiben sowie aus inneren Organen und Gehirnblutungen; (2) Gesundheitsschäden durch Strahlen; (3) Gesundheitsschäden durch Heilmaßnahmen oder Eingriffen am Körper des Versicherten (soweit nicht durch einen Versicherungsfall bedingt); (4) Infektionen;(5) Vergiftungen infolge Einnahme fester oder flüssiger Stoffe durch den Schlund; (6) Erkrankungen infolge psychischer Einwirkung; (7) Bauch- und Unterleibsbrüche (soweit nicht durch einen Versicherungsfall hervorgerufen).

UN-Familie → Sonderorganisationen der UN.

unfertige Erzeugnisse – *Halberzeugnisse, Zwischenerzeugnisse.* 1. *Begriff:* be- oder verarbeitete Stoffe, deren Produktionsprozess noch nicht beendet ist. – 2. *Aufnahme und Bewertung von* unfertigen Erzeugnissen bei der → Inventur können für die in Arbeit befindlichen unfertigen Erzeugnisse schwierig sein: a) Der bestmöglichen Bewertung in der → Betriebsabrechnung zu → Herstellkosten dient die Führung reiner → Bestandskonten (Kontenklasse 7), die beim Abschluss mit den Salden der (in den Klassen 6 oder 7 geführten) Herstellkonten zu belasten sind und mit den Kosten der während des Abrechnungszeitraums fertig gestellten Erzeugnisse zulasten der ebenfalls in der Klasse 7 geführten Konten der → Fertigerzeugnisse zu erkennen sind. – b) In kleineren Betrieben werden mitunter keine Bestandskonten für unfertige Erzeugnisse geführt, sondern gemischte Konten, die gleichzeitig als Herstellkonten dienen (Klasse 7). Diese Konten nehmen die gesamten Herstellkosten auf; ihr Saldo zeigt den jeweiligen Bestand an unfertigen Erzeugnissen, u.U. einschließlich des Bruttogewinns.

Unfolding-Technik → Coombs-Skalierung.

UN-Fonds für bevölkerungspolitische Aktivitäten → UNFPA.

UNFPA – *Bevölkerungsfonds der Vereinten Nationen, United Nations Population Fund;* 1967 gegründet, 1969 dem → UNDP unterstellt, 1972 umgewandelt in einen Fonds der UN-Vollversammlung, der für alle bevölkerungspolitischen Bemühungen der UN zuständig ist. Seit Dezember 1979 Hilfsorgan der UN-Vollversammlung. – *Sitz:* New York. Gemeinsamer Exekutivrat von UNDP und UNFPA. – *Ziele:* Unterstützung der Entwicklungsländer bei der

Formulierung ihrer Bevölkerungspolitiken und Förderung von bevölkerungspolitischen Programmen; weltweite Bewusstseinsbildung für Bevölkerungsprobleme und Familienplanung; Analyse bevölkerungspolitischer Probleme. – *Bedeutung:* UNFPA ist in der → multilateralen Zusammenarbeit im Bereich der Bevölkerungspolitik und Familienplanung führend. Sie ist maßgeblich an der Erarbeitung des Aktionsprogrammes der Weltbevölkerungskonferenzen beteiligt, deren letzte 1994 in Kairo stattfand. – *Wichtige Veröffentlichung:* jährlicher Weltbevölkerungsbericht.

unfundierte Schulden → schwebende Schulden.

unfundiertes Einkommen – Begriff der → Steuertheorie. Das nicht auf Vermögen beruhende, sondern aus Arbeit und Dienstleistungen stammende → Einkommen. – *Gegensatz:* → fundiertes Einkommen.

UNGA – Abk. für *United Nations General Assembly;* → UN.

ungedeckter Kredit → Blankokredit; → Personalkredit.

ungelernter Arbeiter → Arbeiter, der keine Berufsausbildung (gelernter Arbeiter) sowie kein Anlernverhältnis (→ angelernter Arbeiter) beendet hat.

UN-Generalsekretariat → UN.

ungerechtfertigte Bereicherung – 1. *Begriff:* Eine unmittelbare Vermögensverschiebung zwischen zwei Personen, deren Rechtsgrund von Anfang an gefehlt hat oder später weggefallen ist (§§ 812–822 BGB). – 2. *Fälle:* Das Bürgerliche Recht stellt für den Ausgleich einer solchen rechtsgrundlosen Bereicherung mit § 812 I 1 BGB eine Generalklausel bereit, die zwischen → *Leistung* (z.B. die irrtümliche Zahlung auf eine in Wahrheit inexistente Schuld) und *Nichtleistung* (z.B. Eingriff in fremdes Eigentum, → Verwendung) unterscheidet. Ein Spezialtatbestand richtet sich beim gutgläubigen Erwerb gegen den nicht berechtigten Veräußerer (§ 816 I 1 BGB). – 3. *Rechtsfolgen:* Der Bereicherte ist zur *Herausgabe der Bereicherung*verpflichtet (§§ 812–818 BGB), und zwar grundsätzlich in Natur oder, soweit dies nicht möglich ist, durch Geldersatz. Fällt die Bereicherung nachträglich weg, so erlischt auch der Anspruch auf Herausgabe der ungerechtfertigten Bereicherung; ein Wegfall wird i.Allg. auch dann angenommen, wenn der Bereicherte das durch die ungerechtfertigte Vermögensverschiebung Erlangte zum erhöhten Lebensunterhalt verwendet. – 4. *Ausschluss:* z.B. bei wissentlicher Zahlung auf eine Nichtschuld (§ 814 BGB) oder bei einem Verstoß sowohl des Empfängers als auch des Leistenden gegen ein gesetzliches Verbot oder gegen die guten Sitten (§ 817 S. 2 BGB).

ungewisse Schulden – Schulden, die dem Bestehen und/oder der Höhe nach noch nicht feststehen, bei denen der Kaufmann aber mit einer Inanspruchnahme rechnet. Ungewisse Schulden, die im abgelaufenen Geschäftsjahr begründet sind, sind durch eine → Rückstellung in der Bilanz zu berücksichtigen.

Ungewissheit – Ungewissheitsgrad, bei dem für das Eintreten zukünftiger Ereignisse zwar keine objektiven Wahrscheinlichkeiten vorliegen (→ Risiko), aber subjektive Wahrscheinlichkeiten gebildet werden können. – Vgl. auch → Unsicherheit, → Sicherheit.

Ungleichgewichtsgleichgewicht → Neokeynesianische Theorie.

Ungleichgewichtstheorien – seit der Kritik von Keynes an der allgemeinen Gleichgewichtstheorie (→ allgemeines Gleichgewicht) in der Wirtschaftstheorie entstandene Ansätze zur Erklärung von Entstehen und Beharrungstendenz von Ungleichgewichten (insbesondere auf Arbeitsmärkten). Unterschieden werden mind. drei verschiedene Ausprägungen von Ungleichgewichtstheorien: (1) Keynesianische (→ Keynesianismus); (2) neokeynesianische (Mengenrationierungsansatz); (3) postkeynesianische (→ Keynesianismus). Daneben werden noch unorthodoxe Ansätze (→ Antigleichgewichtstheorie, → Chaos-Theorie) diskutiert. – Der traditionelle → Keynesianismus kann als Ungleichgewichtstheorie aufgefasst werden, weil er das Auftreten dauerhafter Zustände unfreiwilliger Arbeitslosigkeit bei gleichzeitiger Markträumung des Gütermarktes analysiert (→ Unterbeschäftigungsgleichgewicht). In der → neokeynesianischen Theorie führt unfreiwillige Arbeitslosigkeit zu einem negativen Spillover (Rückgang der Nachfrage) für den Gütermarkt, sodass auch dort Ungleichgewicht i.S. eines Angebotsüberschusses mit der Folge einer wechselseitigen Rationierung von Haushalten und Unternehmen auftreten kann. Passen sich die rationierten Marktteilnehmer den Rationierungsschranken an, entstehen auf beiden Märkten Gleichgewichtszustände, die durch die Übereinstimmung der effektiven Pläne gekennzeichnet sind (während die eigentlich geplanten [unbeschränkten oder notionalen] Angebots- und Nachfragepläne weiterhin auseinanderfallen).

UN Global Compact – 1. *Begriff:* Der United Nations Global Compact (dt.: Globaler Pakt der Vereinten Nationen) ist eine Kooperation von Unternehmen mit den Vereinten Nationen (→ UN). Zweck der Kooperation ist es, die → Globalisierung ökologischer und sozialer zu gestalteten. Unternehmen müssen zur Teilnahme die zehn Prinzipien des United Nations Global Compacts unterschreiben. Zu den inhaltlichen Schwerpunkten zählen u.a. Menschenrechte, Arbeitsbedingungen, → Umweltschutz und der Kampf gegen → Korruption.

UN-Handels- und Entwicklungskonferenz → UNCTAD.

UNHCR – *United Nations High Commissioner for Refugees, Hoher Flüchtlingskommissar der Vereinten Nationen, Hochkommissar der Vereinten Nationen für Flüchtlinge;* Büro 1951 als Nachfolger der UNRRA (UN Relief and Rehabilitation Administration 1944–47) und der IRO (International Refugee Organisation, 1947–51) gegründet. – *Sitz:* Genf. – *Aufgabe:*

Betreuung und sinnvolle Ansiedlung politischer Flüchtlinge (Displaced Persons) und Ausgewiesener.

UN-Hochkommissar für Flüchtlinge → UNHCR.

UNICEF – *United Nations Children's Fund, Kinderhilfswerk der Vereinten Nationen, UN-Kinderhilfswerk, Weltkinderhilfswerk;* → Sonderorganisation der UN. – *Sitz:* New York und Genf. Gegründet 1946 durch die Vollversammlung der UN. – *Organe:* Exekutivrat aus 36 vom ECOSOC für drei Jahr gewählten Mitgliedern mit der Aufgabe der Aufstellung von Hilfsprogrammen und der Verwaltung der Hilfsfonds. Ausführendes Sekretariat in New York; unterhält ca. 190 Hilfsbüros (Field Offices) in den Ländern der Welt. – *Ziele:* ursprünglich Betreuung Not leidender Kinder im Nachkriegseuropa und in China; heute Verbesserung der Situation der Kinder in der Welt, v.a. in den Entwicklungsländern. – *Aktivitäten:* UNICEF fördert Hilfsprogramme in ca. 160 Entwicklungsländern durch Lieferung von technischen Einrichtungen für den Aufbau von Kinderhilfsdiensten und von Finanzierungsmitteln für die Ausbildung von Fachpersonal; Grundprinzip ist der sog. Basic Services Approach, Sicherstellung der Befriedigung der Grundbedürfnisse der Kinder in enger Zusammenarbeit mit öffentlich geförderten Hilfsdiensten in den betroffenen Ländern. Bereitstellung von Nothilfeprogrammen. Verbesserung der sanitären Verhältnisse. Das UNICEF-Budget wird aus freiwilligen Beiträgen von Regierungen, Organisationen und Personen finanziert.

UNIDO – *United Nations Industrial Development Organization, Organisation der Vereinten Nationen für industrielle Entwicklung;* rechtlich selbstständige Sonderorganisation der → UN; Sitz in Wien. Durch UN-Resolutionen vom 20.12.1965 und 17.11.1966 als unselbstständiges Sonderorgan der Vollversammlung der UN gegründet; am 31.12.1985 wurde die Tätigkeit eingestellt; durch Vertrag vom 17.12.1985 zwischen der (neuen) UNIDO (gegründet 21.6.1985) und den UN eine selbstständige UN-Sonderorganisation. – *Mitglieder* (2013): 174. – *Organe:* alle zwei Jahre tagende *Generalkonferenz* als oberstes Organ, legt die Leitlinien der Politik fest. *Rat für industrielle Entwicklung* (53 Mitgliedsländer, davon 33 aus Entwicklungsländern) fungiert als Leitungsgremium. *Programm- und Haushaltskomitee* mit 27 Mitgliedsländern, davon 15 Entwicklungsländer. Beide Organe tagen jährlich. Sekretariat unter Leitung eines Generaldirektors, der vom Rat vorgeschlagen und von der Generalkonferenz auf die Dauer von vier Jahren ernannt wird. – *Aufgaben:* Förderung und Beschleunigung des industriellen Wachstums in Entwicklungsländern und Koordinierung der UN-Organisationen auf diesem Gebiet. UNIDO dient als internationales Forum für den industriepolitischen Dialog zwischen Entwicklungsländern und Industrieländern. – *Aktivitäten:* Beratung der Entwicklungsländer in industriepolitischen Fragen, Durchführung von Projekten der technischen Hilfe, → Technologietransfer, Veranstaltung von Expertentagungen. Die Siebte UNIDO-Konferenz (1997) nahm einen neuen Geschäftsplan für die künftige Rolle und Funkion der UNIDO an. Schwerpunkte sind u.a. Politikberatungsdienste, Förderung der Entwicklung kleiner und mittlerer Unternehmen, Einbeziehung von Transformationsländern.

Unified Messaging – Dienst, der den Abgleich von Nachrichten mehrerer Kanäle (z.B. E-Mail, Fax oder Telefon) ermöglicht, und somit eine übergeordnete und konsolidierte Informationsschnittstelle für den Nutzer bietet. So können Fax-oder Voicemail-Nachrichten über ein zentrales (→ E-Mail-)Account empfangen werden.

Unifizierung → Konsolidierung.

Uniform Rules for Collections → URC.

unilaterale Liberalisierung – *Bedeutung:* → einseitige Handelsliberalisierung; vgl. → Handelsliberalisierung, → Liberalisierung, → Bilateralismus, → Multilaterale Liberalisierung.

Union der Leitenden Angestellten (ULA) – Spitzenverband der Führungskräfte (→ leitende Angestellte) in der dt. Wirtschaft; gegründet 1951; Sitz in Berlin. – *Aufgaben:* Vertretung der gemeinsamen gesellschaftspolitischen, rechtlichen, wirtschaftlichen und sozialen Interessen der in den Mitgliedsverbänden zusammengeschlossenen leitenden Angestellten.

Union des Foires Internationales (UFI) – *Union of International Fairs, Internationale Messe-Union;* Sitz in Paris. – *Aufgaben:* gegenseitige Terminabstimmung, Information der internationalen Messen bzw. Messestädte untereinander. – *In der Bundesrepublik Deutschland:* Komitee für nationale Beteiligung an internationalen Messen, München.

Union Douanière et Economique de l'Afrique Centrale → CACEU.

Union Européenne de l'Artisanat et des Petites et des Moyennes Entreprises → UEAPME.

Union Européenne des Experts Comptables Economiques et Financiers (UEC) – älteste der internationalen Berufsorganisationen der → Wirtschaftsprüfer (WP); Sitz in Paris. – *Aufgaben:* Meinungsaustausch über alle Fragen, die den Berufsstand interessieren, über die Weiterentwicklung des betriebswirtschaftlichen Gedankenguts und über den Vergleich national unterschiedlicher Gegebenheiten; außerdem Empfehlungen in fachlichen und berufsrechtlichen Bereichen. – Seit 1987 mit der Groupe d'Etudes des Experts Comptables de la C.E.E. unter dem Dach der → Fédération des Experts Comptables Européens (FEE) mit Sitz in Brüssel vereint.

Union for the Coordination of the Transmission of Electricity → UCTE.

Union für die Koordinierung des Transportes elektrischer Energie → UCTE.

Union Internationale des Transports Public → UITP.

Unionsbürgerschaft – Nach Art. 20 Abs. 1 AEUV ist Unionsbürger, wer Staatsangehörigkeit eines Mitgliedsstaates der EU besitzt. Jeder Unionsbürger kann sich im gesamten Gebiet der Union frei bewegen und sich am Ort seiner Wahl niederlassen. Er hat das Recht, bei den Kommunalwahlen in dem Mitgliedsstaat, in dem er seinen Wohnsitz hat, das aktive und passive Wahlrecht auszuüben. Er hat das Petitionsrecht gegenüber dem Europäischen Parlament und er genießt im Hoheitsgebiet eines Drittstaates diplomatischen und konsularischen Schutz durch alle dort vertretenen Mitgliedstaaten. Die Unionsbürgerschaft ergänzt die nationale Staatsbürgerschaft, ersetzt sie aber nicht.

Union Shop – in den USA verbreitete Vereinbarung zwischen Unternehmen und Gewerkschaften, nach der Arbeitnehmer innerhalb eines bestimmten Zeitraums nach ihrem Betriebseintritt der jeweils zuständigen Gewerkschaft beitreten müssen. – Vgl. auch → Closed Shop.

Unionspriorität → Prioritätsrecht.

Unionszollkodex – *1. Begriff:* Der Unionszollkodex (UZK, genauer Zollkodex der Europäischen Union, ist inhaltlich eine Neufassung des → Modernisierten Zollkodex. Noch vor dessen vollständiger Anwendung hat die EU-Kommison am 20.2.2012 einen Vorschlag zur Neufassung vorgelegt, COM (2012) 64. *2. Hintergrund:* 3 Gründe waren dafür entscheidend. a) Einmal hat sich gezeigt, dass bis zum Juni 2013, dem letzmöglichen Datum der Umsetzung des MZK nur wenige oder teilweise gar keine neuen IT-Systeme eingeführt werden können. b) Zum Zweiten ist die → Europäische Kommission mit Inkrafttreten des → Vertrages von Lissabon die Verpflichtung eingegangen, noch vor Ende der Legislaturperiode des → Europäischen Parlaments Änderungen vorzuschlagen, um Basisrechtsakte in Bezug auf die Befugnisübertragung und die Übertragung von Durchführungsbefugnissen in Einklang damit zu bringen. Gemäß Art. 290 und 291 → AEUV werden die Durchführungsvorschriften des MZK in delegierte Rechtsakte und Durchführungsrechtsakte unterteilt. Zudem wird der Zollkodex der Gemeinschaft in Zollkodex der EU umbenannt. c) Schließlich wurden geringfügige Rechtsanpassungen vorgenommen. *3.Zeitplan:* Der UZK soll Mitte 2013 in Kraft treten und den MZK vollständig ersetzten. Bis 2015 sollen dann die Durchführungsregelungen fertig sein. Alsdann wird der aktuelle Zollkodex ersetzt werden. Für die IT-Umsetzung sind längere Übergangszeiten bis 2020 vorgesehen.

Unique Selling Proposition (USP) – *Unique Value Proposition;* einzigartiges Verkaufsversprechen bei der Positionierung einer Leistung. Der USP soll durch Herausstellen eines einzigartigen Nutzens das eigene Produkt von den Konkurrenzprodukten abheben und den Konsumenten zum Kauf anregen. Durch Marktsättigung und objektiver Austauschbarkeit der Produkte erlangt der USP zunehmend an Bedeutung.

Unique User – Anzahl unterschiedlicher Besucher einer → Website innerhalb einer bestimmten Periode. Mehrere Besuche desselben Nutzers werden dabei nur einmalig berücksichtigt.

Unique Value Proposition → Unique Selling Proposition.

United Nations → UN.

United Nations Children's Fund → UNICEF.

United Nations Commission on International Trade Law → UNCITRAL.

United Nations Conference on Environment and Development → UNCED.

United Nations Conference on Trade and Development → UNCTAD.

United Nations Convention on Contracts for the International Sale of Goods (CISG) → Übereinkommen der Vereinten Nationen über Verträge über den internationalen Warenkauf.

United Nations Development Programme → UNDP.

United Nations Educational, Scientific and Cultural Organization → UNESCO.

United Nations Environment Programme → UNEP.

United Nations Fund for Population Activities → UNFPA.

United Nations General Assembly (UNGA) → UN.

United Nations High Commissioner for Refugees → UNHCR.

United Nations Industrial Development Organization → UNIDO.

United Nations Population Fund → UNFPA.

United Nations Security Council (UNSC) → UN.

United Nations Trusteeship Council (UNTC) → UN.

Unit-Root → Einheitswurzeltest.

univariate Analysemethoden – Methoden der statistischen Datenanalyse, die nur eine Variable zum Gegenstand haben. Bezieht sich diese eine Variable nur auf einen *Zeitpunkt*, werden Häufigkeitsanalysen (absolute Häufigkeit, relative Häufigkeit, → Häufigkeitsverteilung) verwandt. Darüber hinaus können Maßzahlen für die Lage wie der Median (Wert, für den 50 Prozent der Merkmalsträger und 50 Prozent darüber liegen) oder das arithmetische Mittel, und Maßzahlen für die Streuung wie der Interquartilsabstand (Abstand zwischen den Werten bei dem 25 Prozent bzw. 75 Prozent kleiner sind) und die Standardabweichung, ermittelt werden. – Erstreckt sich die Variable über einen *Zeitraum,* spricht man von → Zeitreihenanalyse. – *Anders:* → bivariate Analysemethoden, → multivariate Analysemethoden.

Universalbanken → Banken, die mit jedermann Zahlungsverkehrs-, Platzierungs-, Finanzierungs- sowie Geld- und Kapitalanlagegeschäfte tätigen können. – *Gegensatz:* → Spezialbanken.

Universalgenossenschaft – *Allfunktionsgenossenschaft,* deckt im Extremfall alle Bedürfnisse der Mitgliedsunternehmen bzw. der Mitgliedshaushalte ab. Die Idee dieser Allzweckgenossenschaft geht vor allem auf → Raiffeisen zurück, der die Vorstellung hatte, dass alle wirtschaftlichen Aktivitäten der Mitglieder in den ländlichen Gemeinden durch eine einzige Genossenschaft abgedeckt werden sollte. Aufgrund der starken Spezialisierung der Unternehmen in der Volkswirtschaft bzw. der Mitgliederwirtschaften in der Landwirtschaft hat sich eine Abkehr von der Idee der Universalgenossenschaft ergeben; sie tritt in gewissem Umfang noch in Raiffeisen-Genossenschaften in dem Sinne auf, dass Geld- und Warengeschäfte innerhalb einer Raiffeisenbank gemeinsam abgewickelt werden.

Universalismus – 1. *Charakterisierung:* Der Universalismus ist eine von dem österreichischen Nationalökonomen Spann (1878–1950) in starker Anlehnung an den romantischen Staats- und Gesellschaftstheoretiker Müller (1779–1829) vertretene soziologische und nationalökonomische Richtung. – 2. Der Universalismus setzt der *atomistischen* (nach Spann: Individualistischen) *Betrachtungsweise* die *ganzheitliche* (nach Spann: Universalistische, organische, organizistische) entgegen („die Wirtschaft ist ein Gefüge, das aus Ganzheiten besteht, die sich ihrerseits wieder in Unterganzheiten, Gliedern und Organen aufgliedern"). Er erklärt das Individuum lediglich als Glied der Gesellschaft als sinnvoll existent. Der Universalismus fand in der Volkswirtschaftslehre v.a. in der katholischen sozialökonomischen Literatur Eingang. Wirtschaftspolitisch kam er den ständestaatlichen Vorstellungen des Faschismus entgegen. Von der früheren Popularität des Universalismus ist nach dem Zweiten Weltkrieg nur wenig übrig geblieben.

Universalität – *Allgemeinheit;* Merkmal der → Softwarequalität. – *Inhalt:* Der Einsatzbereich eines Softwareprodukts sollte von vornherein nicht auf eine einzige, ganz spezielle Aufgabe beschränkt werden, sondern auch ähnliche Aufgaben umfassen *(Mehrfachverwendbarkeit).*

Universalitätsprinzip → Außensteuerrecht (AStR), → Internationales Steuerrecht (IStR), → Welteinkommensprinzip.

Universalrechenmaschine → von Neumann-Architektur.

Universal Serial Bus → USB.

Universalsukzession – Begriff des → Erbrechts. Universalsukzession bedeutet, dass jeder Verstorbene einen (oder mehrere) Gesamtnachfolger, den → Erben, haben muss. Auf diesen gehen mit dem → Erbfall (§ 1922 BGB) sein Vermögen und seine Verpflichtungen als Ganzes über. – Vgl. auch → Rechtsnachfolge.

Universalversammlung → Hauptversammlung, an der alle → Aktionäre der AG teilnehmen.

universeller Median – Bei mehrdimensionalen Alternativenmengen (d.h. alle Alternativen unterscheiden sich in höchstens n messbaren Kriterien voneinander und sind daher als Punkte in einem n-dimensionalen Raum darstellbar) ein Punkt, der ein politisches Gleichgewicht im Zwei-Parteien-System darstellt (→ Parteienwettbewerb). Seine Existenz ist nur gesichert, wenn er selbst Optimalpunkt eines Wählers ist, und eine gerade Anzahl (auch null) von Optimalpunkten anderer Wähler auf jeder Geraden durch diesen Punkt liegt, davon je die Hälfte in jeder Richtung. – Vgl. auch → Hotelling-Regel, → Medianwähler-Konzept.

universeller Satz → Allaussage.

Universität – älteste Form der Hochschule, auf der die Gesamtheit der Wissenschaften, „universitas literarum", gelehrt wird. Verbindung von Forschung und Lehre in der Person der Professoren und durch Universitäts-Institute, -Kliniken, -Laboratorien etc. – *Älteste Universität* im (damals) deutschsprachigen Gebiet: Prag (1348), Wien (1365), Heidelberg (1386).

Unix – verbreitetes → Betriebssystem (BS) für → Mehrplatzrechner im Mini- und Mikrocomputerbereich; wird oft als → Industriestandard für diese Rechnergruppen bezeichnet. Unix ist in der → Programmiersprache C geschrieben und aufgrund seiner Schichtenstruktur weitgehend hardwareunabhängig, sodass für Unix geschriebene Programme zwischen den verschiedenen existierenden Unix-Varianten sehr leicht portiert werden können.

UN-Kaufrecht → Übereinkommen der Vereinten Nationen über Verträge über den internationalen Warenkauf.

UN-Kinderhilfswerk → UNICEF.

Unklarheitenregel – die im BGB enthaltene Regelung, wonach Zweifel bei der → Auslegung zulasten des Verwenders gehen (§ 305c II).

UN-Kommission für Internationales Handelsrecht → UNCITRAL.

Unkorreliertheit – Begriff der → Korrelationsanalyse. Unkorreliertheit zweier Variablen liegt vor, wenn ihre → Kovarianz und damit ihr (Maß-) → Korrelationskoeffizient Null ist. Unkorreliertheit kann auch anhand des Spearman-Pearsonschen Rangkorrelationskoeffizienten (→ Rangkorrelation) definitorisch festgelegt werden.

Unkosten – *Handlungsunkosten.* 1. Früher gebräuchliche Bezeichnung für die nicht einzeln je Auftrag erfassbaren → Kosten. – 2. Umgangssprachlich häufig synonym für → Kosten verwendet. – In Kostenrechnung und -theorie als Begriff unüblich und abgelehnt.

Unland – Begriff des Bewertungsgesetzes: land- und forstwirtschaftliche Betriebsflächen, die auch bei geordneter Bewirtschaftung keinen Ertrag abwerfen. Ein Wertansatz für Unland entfällt (§ 45 BewG). – Vgl. auch → land- und forstwirtschaftliches Vermögen.

unlauterer Wettbewerb – Mit dem Gesetz gegen den unlauteren Wettbewerb vom 3.7.2004 (BGBl. I 1414) – nunmehr in der Fassung der Beklantmachung vom 3.3.2010 (BGBl. I S. 254)- , ist das Lauterkeitsrecht einer grundlegenden Modernisierung unterzogen worden. – *Schwerpunkte:* Der → Verbraucher wird als Schutzsubjekt ausdrücklich im Gesetz genannt. Die Generalklausel als Kernstück des geltenden UWG (Verbot des unlauteren Wettbewerbs gemäß § 3 UWG) bleibt zwar erhalten, sie wird aber durch einen nicht abschließenden Katalog von Beispielsfällen ergänzt, der sowohl die bisher durch die Rechtsprechung bestimmten Fallgruppen als auch aktuelle Probleme aufgreift. Die Vorschriften über → Sonderveranstaltungen werden ersatzlos aufgehoben. Bestimmungen über Schluss-, Jubiläums- und Räumungsverkäufe fallen weg. Diese Sonderveranstaltungen unterliegen jedoch weiterhin dem Verbot der → irreführenden Werbung. Unter bestimmten Voraussetzungen wird den Verbänden ein Gewinnabschöpfungsanspruch zugestanden. Dadurch soll sichergestellt werden, dass sich unlautere Werbung, die den Verbraucher übervorteilt, nicht lohnt. Mit der UWG-Novelle 2008 vom 22.12.2008 (BGBl. I 2949), mit der die Richtlinie über unlautere Geschäftspraktiken in deutsches Recht umgesetzt worden ist, hat das Lauterkeitsrecht eine weitere Veränderung erfahren, die sich v.a. in der Änderung der Generalklausel des § 3 UWG niederschlägt. Darin wurde der Begriff der Wettbewerbshandlung durch den der geschäftlichen Handlung ersetzt und damit klargestellt, dass der Anwendungsbereich des UWG nunmehr auch das unternehmerische Verhalten während und nach Vertragsschluss umfasst. Mit § 3 III UWG wurde eine sog. „Schwarze Liste" in das Gesetz aufgenommen, die 30 Tatbestände geschäftlicher Handlungen gegenüber Verbrauchern umfasst, welche stets unzulässig sind, ohne dass die Umstände des Einzelfalls Berücksichtigung finden könnten.

unlautere Werbung – gemäß UWG unzulässige Werbung (→ unlauterer Wettbewerb). Zur Sicherung des Wettbewerbs sowie zum Schutze der Mitbewerber und Verbraucher werden Werbeaktivitäten Beschränkungen des UWG unterworfen. V.a. die Generalklausel des § 3 UWG (→ sittenwidrige Werbung) sowie die §§ 5, 6 UWG (→ irreführende Werbung und → vergleichende Werbung) sind für die Werbung relevant.

unmittelbarer Besitzer – im Sinn des BGB derjenige, der die tatsächliche Gewalt über eine Sache selbst oder durch einen → Besitzdiener ausübt. – *Gegensatz:* → mittelbarer Besitzer.

unmittelbare Wirkung – Eigenschaft einer gemeinschaftsrechtlichen Rechtsnorm, ohne weitere gesetzgeberische Maßnahmen der Mitgliedsstaaten in diesen Rechtskraft zu besitzen und entsprechende nationale Vorschriften unanwendbar zu machen. Die unmittelbare Wirkung eines Rechtsakts ist gegeben, wenn sie vom EU-Gesetzgeber von keiner noch nicht erfüllten Bedingung abhängig gemacht ist und es zu ihrer Anwendung keiner weiteren gesetzgeberischen Maßnahmen mehr bedarf. Nach Ablauf der Umsetzungsfrist einer Richtlinie oder bei nicht korrekter Umsetzung kann sich der Einzelne gegenüber innerstaatlicher Stellen unmittelbar auf Richtlinienbestimmungen berufen, die bez. seiner Rechte unbedingt und hinreichend genau sind. Dies kann zu einem Schadensersatzanspruch gegenüber dem säumigen Staat führen. Die unmittelbare Wirkung einer Vorschrift wird ggf. vom Europäischen Gerichtshof festgestellt und ist von allen staatlichen Organen, v.a. Gerichten und Verwaltung, bei der Rechtsanwendung zu beachten.

unmittelbar kundenorientierte Produktion – *Auftragsproduktion, Bestellproduktion, Kontraktproduktion, Kundenproduktion, Vertragsproduktion;* Elementartyp der Produktion (→ Produktionstypen), der sich aus dem Merkmal der Intensität der Beeinflussung der Produktgestaltung durch den Käufer ergibt. Bei unmittelbar kundenorientierter Produktion werden Ausgestaltung bzw. Qualität und Lieferzeit der Produkte in erheblichem Maße von den Kunden unmittelbar beeinflusst. Die → Produktionsprogrammplanung und → Produktionsprozessplanung wird hier i.d.R. erst nach dem Eingang der Kundenaufträge (→ Kundenauftrag) durchgeführt, wenn man von standardisierten Vor- und Zwischenprodukten absieht. – *Beispiele:* Herstellung einer Stahlbrücke oder die Herstellung von Spezialrohren für den Primärkreislauf eines Kernkraftwerkes. – Vgl. auch mittelbar kundenorientierte Produktion.

Unmöglichkeit – 1. *Begriff:* Bezeichnung des Bürgerlichen Rechts für ein Ereignis, das den → Schuldner hindert, eine geschuldete → Leistung zu erbringen. Die durch den Schuldner einer Leistung herbeigeführte Unmöglichkeit ist ein Fall der → Leistungsstörungen durch → Nichtleistung. Es wird vermutet, dass der Schuldner die Unmöglichkeit verschuldet hat (§ 280 I 2 BGB). – 2. *Formen:* a) → objektive Unmöglichkeit und → Unvermögen. Nach der Schuldrechtsreform hat diese Unterscheidung keine praktische Bedeutung mehr. Ebenso ist es unerheblich, ob die Unmöglichkeit vor oder nach Vertragsschluss eintritt, da die Unmöglichkeit vor Vertragsschluss die Wirksamkeit eines Vertrags nicht beeinflusst (§ 311a I BGB). – b) Der Unmöglichkeit i.e.S. (§ 275 I BGB) sind folgende Fälle gleichgestellt: (1) *Praktische Unmöglichkeit:* Die Leistung durch den Schuldner erfordert einen Aufwand, der unter Beachtung des Inhalts des → Schuldverhältnisses und nach → Treu und Glauben in einem groben Missverhältnis zu dem Leistungsinteresse des Gläubigers steht (§ 275 II BGB), z.B. Hebung einer Münzsammlung unter einem Hochhaus. (2) *Persönliche Leistungserschwerung:* Der persönlich zu erbringenden Leistung des Schuldners steht ein unzumutbares Hindernis entgegen, welches das Leistungsinteresses des Gläubigers überwiegt (§ 275 III BGB), z.B. beim Tod eines nahen Angehörigen des Schuldners. – 3. *Rechtsfolgen:* a) Der Schuldner ist von seiner Verpflichtung zur Leistung befreit (§ 275 I BGB). – b) Bei Verschulden ist der Schuldner zu Schadenersatz statt der Leistung (§§ 283, 311a II BGB) oder c) nach der Wahl des Gläubigers zu → Aufwendungsersatz (§§ 284, 311a II BGB) verpflichtet. – d) Herausgabe des Ersatzes oder Ersatzanspruchs für den geschuldeten Gegenstand, z.B. eine Forderung aus → Rückgriff (§§ 285, 311a II BGB). Dieser Anspruch wird aber um den Betrag gemindert, für den der Gläubiger gleichzeitig Schadenersatz statt der Leistung verlangt. – Sonderregeln für → Gattungsschuld, → gegenseitige Verträge. – *Anders: Wirtschaftliche Unmöglichkeit* (z.B. Geldentwertung durch Hyperinflation): Sie ist ein Fall der → Störung der Geschäftsgrundlage.

Unmöglichkeitstheorem – I. Ordnungsökonomik: 1. *Charakterisierung:* Erstmalig 1920 von → Mises aufgestellte Behauptung, dass in einer sozialistischen Wirtschaftsordnung mit Staatseigentum an den Produktionsmitteln eine rationale, knappheitsbezogene Güter*allokation* wegen fehlenden Marktverkehrs und daher fehlender Marktpreise logisch zwingend unmöglich sei. – 2. In der Folgezeit wurde als Reaktion auf dieses logische Unmöglichkeitstheorem eine Reihe von *Modellen* konzipiert, in denen bei Erfüllung der jeweils gesetzten Prämissen auch in einer sozialistischen (kollektivistischen) Wirtschaftsordnung eine rationale/optimale Güterallokation entweder durch staatlich-administrative Simulation der wettbewerblichen Preisfindung (Konkurrenzsozialismus) oder auf Basis eines naturalen, alle Güterarten und -verwendungen umfassenden Bilanzierungsmodells (Bilanzierungsmethode; Hensel) möglich ist. – Die genannten Modelle lassen sich infolge unlösbar hoher Anforderungen an die Informationsgewinnungs- und -verarbeitungsmöglichkeiten der wirtschaftsleitenden Zentralinstanz und unrealistischer Verhaltensannahmen in Bezug auf die in dem jeweiligen Wirtschaftssystem arbeitenden Menschen nicht verwirklichen, sodass das Unmöglichkeitstheorem bis dato als nicht widerlegt anzusehen ist (Hayek, Eucken).

II. Finanzwissenschaft: → Arrow-Paradoxon, auch: → Condorcet-Paradoxon. Die Unmöglichkeit, individuelle Nutzenfunktionen bzw. Präferenzrelationen zu einer gesellschaftlichen Wohlfahrtsfunktion zu aggregieren, die bestimmten Konsistenzanforderungen genügt.

unnotierte Anteile → nicht börsennotierte Wertpapiere.

UN-Organisation für industrielle Entwicklung → UNIDO.

Unpfändbarkeit – I. Begriff: Unpfändbarkeit bedeutet, dass bestimmte Gegenstände des Schuldners zur Vermeidung der → Kahlpfändung dem Zugriff der Gläubiger entzogen sind.

II. Unpfändbare Sachen: 1. Dazu gehören v.a.: (1) Die dem persönlichen Gebrauch oder dem Haushalt dienenden Sachen, soweit der Schuldner ihrer zu einer seiner Berufstätigkeit und seiner Verschuldung angemessenen, bescheidenen Lebens- und Haushaltsführung bedarf, z.B. Kleider, Hausrat; (2) Nahrungs- und Feuerungsvorräte für die nächsten vier Wochen oder der zur Beschaffung solcher Vorräte erforderliche Geldbetrag; (3) bei Personen, die aus körperlicher oder geistiger Arbeit oder sonstigen persönlichen Leistungen ihren Erwerb ziehen, die zur Fortsetzung der Erwerbstätigkeit notwendigen Sachen, z.B. Handwerkszeug, Schreibmaschine, Bibliothek, Dienstkleidung; (4) in Gebrauch genommene Geschäftsbücher, Trauringe etc.; (5) Hausvieh, das zur Ernährung des Schuldners erforderlich ist; nicht aber bestimmte, geringwertige, nicht zu Erwerbszwecken gehaltene Haustiere (§ 811 Nr. 3, § 811c ZPO). – 2. Der Schuldner kann bei der → Pfändung *auf die Geltendmachung der Unpfändbarkeit verzichten;* ein früherer Verzicht ist nichtig. – 3. *Gültigkeit der Unpfändbarkeit:* Die Unpfändbarkeit gilt nur für die → Zwangsvollstreckung wegen einer Geldforderung, nicht wenn der Titel auf Herausgabe lautet. Gerichtsvollzieher muss Unpfändbarkeit von Amts wegen beachten; bei Verstößen → Erinnerung (§ 766 ZPO). – 4. Der *Unpfändbarkeit wertvollerer Sachen* kann der Gläubiger mittels → Austauschpfändung entgegentreten.

III. Beschränkungen bei Pfändung von Forderungen: 1. Bei der *Lohnpfändung* sind bestimmte Beträge unpfändbar; einen ähnlichen Schutz genießen andere für persönlich geleistete Dienste oder Arbeiten zu zahlende Vergütungen (→ Lohnpfändung). – 2. Forderungen aus dem Verkauf *landwirtschaftlicher Erzeugnisse* sind unpfändbar, soweit die Einkünfte zur Aufrechterhaltung einer geordneten Wirtschaftsführung unentbehrlich sind (§ 851a ZPO). – 3. *Miet- und Pachtzinsen* werden insoweit geschützt, als die Einkünfte für den Schuldner zur laufenden Unterhaltung des Grundstücks, zur Vornahme notwendiger Instandsetzungsarbeiten unentbehrlich sind, und als sie zur Befriedigung von Ansprüchen dienen, die bei einer Zwangsvollstreckung in das Grundstück dem Anspruch des Gläubigers nach § 10 ZVG vorgehen würden (z.B. regelmäßig Hypothekenzinsen, Tilgungsraten etc.).

IV. Gerichtsbarkeit: Entscheidung über die Unpfändbarkeit obliegt auf → Erinnerung dem → Vollstreckungsgericht.

unproduktiver Lohn – irreführende, falsche Bezeichnung für → Hilfslöhne, d.h. für die nicht unmittelbar zur Produkterstellung anfallenden Löhne. – *Gegensatz:* → Produktiver Lohn.

unrealisierte Gewinne → nicht realisierte Gewinne.

unrealisierte Verluste → nicht realisierte Verluste.

unregelmäßiger Verwahrungsvertrag → Verwahrungsvertrag über bewegliche vertretbare Sachen, bei dem das Eigentum an den Sachen auf den Verwahrer übergehen und dieser verpflichtet sein soll, Sachen von gleicher Art, Güte und Menge zurückzugewähren. Auf den unregelmäßigen Verwahrungsvertrag finden die Vorschriften über das → Darlehen Anwendung (§ 700 BGB). – *Bedeutung*: Dem Depositengeschäft (→ Einlagengeschäft) liegt der unregelmäßige Verwahrungsvertrag zugrunde.

unrichtige Angaben – Aufstellung unwahrer Behauptungen. – 1. Vielfach *strafbar* und/oder zu *Schadensersatz* verpflichtend, je nach den Umständen als → Anschwärzung, → Betrug, → Kreditgefährdung, → Verleumdung, → Urkundenfälschung u.a. – 2. *Werbung* unter Verwendung unrichtiger Angaben ist → unlauterer Wettbewerb, → irreführende Werbung. Wer in öffentlichen Bekanntmachungen oder anderen für einen größeren Personenkreis bestimmten Mitteilungen unrichtige Angaben über *geschäftliche Verhältnisse* macht, die geeignet sind, den Anschein eines bes. günstigen Angebotes hervorzurufen, macht sich schadensersatzpflichtig, u.U. strafbar, und kann auf Unterlassung in Anspruch genommen werden. Angaben über geschäftliche Verhältnisse sind bes. solche über Beschaffenheit, Ursprung, Herstellungsart oder Preisbemessung von Waren oder gewerblichen Leistungen, über die Art des Bezugs oder die Bezugsquellen von Waren, über den Besitz von Auszeichnungen, über Anlass oder Zweck des Verkaufs oder über die Menge der Vorräte. *Falsche Namensangabe* durch den Betroffenen gegenüber einer Behörde kann auch zur Ahndung wegen einer Ordnungswidrigkeit, § 111 OWiG, führen.

UNSC – Abk. für *United Nations Security Council;* → UN.

unscharfe Logik → Fuzzy Logic.

unscharfe Menge → Fuzzy Set.

unscharfe Produktionsfunktion – 1. *Begriff*: Ansatz der → Produktionstheorie, der Ungewissheit in Daten und Abläufen explizit berücksichtigt. – 2. *Merkmale:* Ungewissheit in der → Produktion kann sich sowohl auf die zu produzierenden Gütermengen als auch auf die Güterarten (Zugehörigkeit) beziehen, sie wird mithilfe der Theorie des → Fuzzy Set (unscharfe Mengenlehre) abgebildet. – 3. *Vorgehensweise:* Die unscharfe → Produktionsfunktion baut auf der betriebswirtschaftlichen → Input-Output-Analyse (Produktionsfunktion vom Typ D) auf. Unscharfe Leistungsbeziehungen zwischen Produktionsstellen lassen sich als unscharfe Mengen darstellen. Durch Auswertung der Leistungsbeziehungen entsprechend der Produktionsstruktur lassen sich die für unscharfe Ausbringungsmengen benötigten Faktoreinsatzmengen bestimmen. – 4. *Erweiterungen:* Auch bei anderen Ansätzen der Produktionstheorie, z.B. der → linearen Aktivitätsanalyse, ist eine unscharfe Abbildung mithilfe von Zugehörigkeitsgraden möglich. Hierbei beziehen sich die unscharfen Betrachtungen auf die verwendeten und hergestellten Gütermengen unter Zuhilfenahme von Verfahren der Fuzzy Optimierung.

UN-Schiedsabkommen – wichtiges internationales Abkommen von 1958, das sich mit dem Recht der Schiedsgerichtsbarkeit (→ Schiedsgericht, → Schiedsgerichtsverfahren) und der Rechtsdurchsetzung beschäftigt. Bisher sind dem UN-Schiedsabkommen 144 Staaten weltweit beigetreten. Unter ihnen sind so wichtige Industrie- und Handelsnationen wie Japan, die USA sowie fast alle europäischen Staaten zu finden. Die Mitgliedsstaaten verpflichten sich, ordnungsgemäße Entscheidungen von Schiedsgerichten in internationalen Rechtsstreitigkeiten anzuerkennen und in ihrem Hoheitsgebiet zu vollstrecken. Nicht zuletzt wegen dieses Schiedsabkommens werden → Schiedsklauseln in internationalen Verträgen häufig genutzt. Die Vollstreckung schiedsrichterlicher Entscheidungen ist damit oft besser gewährleistet als bei Entscheidungen nationaler Gerichte.

Unschuldsvermutung – Nach Art. 6 II Menschenrechtskonvention (MRK) wird bis zur gesetzlich geforderten Nachweiserbringung der Schuld vermutet, dass der wegen einer strafbaren Handlung Angeklagte unschuldig ist. Folgt auch aus dem Rechtsstaatsprinzip der Art. 20 II, 28 I S. 1 GG.

UN-Seerechtsübereinkommen → Seerechtsübereinkommen 1982/1994.

unselbstständig Beschäftigte → unselbstständige Erwerbspersonen.

unselbstständige Arbeit – 1. *Begriff*: der im Rahmen der → Doppelbesteuerungsabkommen (DBA) üblicherweise verwendete Ausdruck für nichtselbstständige Arbeit. Die unterschiedliche Bezeichnung spiegelt wider, dass die Abgrenzung des Begriffs in einem Doppelbesteuerungsabkommen nicht notwendigerweise in allen Punkten dieselbe ist wie im nationalen Einkommensteuergesetz; denn im völkerrechtlichen Vertrag richtet sich die Auslegung des Begriffes danach, was beide Vertragspartner gemeinsam ausdrücken wollten, während das EStG allein vom dt. Gesetzgeber stammt und daher für das richtige Verständnis des Begriffes nichtselbstständige Arbeit im EStG allein entscheidend ist, was der Bundesgesetzgeber ausdrücken wollte. – 2. *Grundregeln*: a) *Tätigkeitsortprinzip*: Üblicherweise wird für unselbstständige Arbeit als Grundregel vereinbart, dass die dafür bezogenen Einkünfte jeweils dort versteuert werden müssen, wo der Arbeitnehmer tätig geworden ist (Beispiel: Ein deutscher Arbeitnehmer arbeitet 8 Monate im Ausland und 4 Monate im Inland; der Lohn für die 8 Monate ist im Ausland zu versteuern, der für die 4 Monate im Inland). – b) *Bagatellregelung für geringfügige Auslandsaufenthalte*: Nach dem Tätigkeitsortprinzip würden prinzipiell auch schon geringfügige Zeiten der Auslandstätigkeiten, z.B. der Aufenthalt eines Piloten im ausländischen Luftraum für 2 Stunden, zu einer Steuerpflicht im betreffenden Ausland führen. Eine solche Steuerpflicht im fremden Land ist für Arbeitnehmer jedoch mit hohen administrativen Belastungen verbunden; dies wäre bei nur kurzfristigen Aufenthalten nicht zumutbar. Daher enthalten die meisten Doppelbesteuerungsabkommen für unselbstständige Arbeit eine Bagatellklausel, wonach Auslandsaufenthalte dann nicht zur Steuerpflicht im anderen Land führen, wenn sie in einem festgelegten Zeitraum von meist 12 Monaten 183 Tage insgesamt nicht überschreiten (sog. 183-Tage-Klausel). Die Klausel gilt jedoch dann nicht, wenn jemand für einen Arbeitgeber oder eine Betriebsstätte des anderen Landes arbeitet; dem liegt, auch wenn die Regelung ihrem Wortlaut nach auch andere Fälle treffen kann, die Einschätzung zugrunde, dass man jemandem, der eine Arbeitsstelle im fremden Land angetreten hat, auch zumuten kann, das dortige Steuerrecht einzuhalten. – c) *Fundstelle*: Art. 15 OECD-Musterabkommen und die ihm nachgebildeten Klauseln der jeweiligen Doppelbesteuerungsabkommen. – 3. *Besonderheiten*: a) Die Regelung über unselbstständige Arbeit in den Doppelbesteuerungsabkommen regelt nur, ob ein fremder Staat Steuern erheben darf oder nicht; wie hoch diese Steuern jeweils sind, entscheidet dann das nationale Steuerrecht des jeweiligen Landes. – b) Sieht ein Doppelbesteuerungsabkommen vor, dass ein in Deutschland unbeschränkt steuerpflichtiger Arbeitnehmer aufgrund des Tätigkeitsortprinzips Teile seiner Arbeitseinkünfte nur im Ausland versteuern muss, behandelt Deutschland diese Lohnbestandteile dennoch nur dann als steuerfrei, wenn der Arbeitnehmer nachweist, dass er die betreffenden Arbeitseinkünfte im anderen Land ordnungsgemäß der Versteuerung zugeführt hat (vgl. § 50d VIII EStG). – c) Bleiben Arbeitseinkünfte nach einem Doppelbesteuerungsabkommen in Deutschland steuerfrei, wird ihre Existenz bei der Entscheidung über die Frage, wie hoch der Steuersatz für die übrigen, hier noch steuerpflichtigen Einkünfte ausfallen soll, dennoch berücksichtigt (→ Progressionsvorbehalt).

unselbstständige Erwerbspersonen – Begriff der → Arbeitsmarktstatistik für die in abhängiger Stellung in der Wirtschaft oder in Behörden und Instituten beschäftigten → Erwerbspersonen. – Zu den unselbstständigen Erwerbspersonen gehören: (1) *Beschäftigte:* Arbeiter, Angestellte und Beamte; (2) *Arbeitslose,* sofern sie arbeitsrechtlich zu den registrierten Arbeitsuchenden gehören (→ Arbeitslosigkeit).

unsichere Forderung → zweifelhafte (dubiose) Forderung.

Unsicherheit – Oberbegriff für → Risiko und → Ungewissheit. Risiken lassen sich im Gegensatz zu Situationen, in denen Ungewissheit vorliegt, mit Eintrittswahrscheinlichkeiten belegen. – Williamson unterscheidet im Rahmen der → Transaktionskostenökonomik zwei Quellen von Unsicherheit: (1) *Statistische Unsicherheit* liegt vor, wenn man die objektiven Zustände der Welt nicht genau kennt. Durch empirische Untersuchungen lässt sich diese Form von Unsicherheit einschränken. (2) *Strategische Unsicherheit* entspringt aus der Möglichkeit des opportunistischen Verhaltens von Transaktionspartnern (→ Opportunismus). Diese Form von Unsicherheit lässt sich durch die Gestaltung effizienter Institutionen wirkungsvoll einschränken (→ Neue Institutionenökonomik). – Vgl. auch → Erwartung; → Wirtschaftssoziologie.

UN-Sicherheitsrat → UN.

unsichtbarer Handel – Teil des grenzüberschreitenden Leistungsverkehrs, der weder → Warenhandel noch → einseitige Übertragungen umfasst, sondern → Dienstleistungen (z.B. Zahlungen für Schiffsfracht, Hafen- und Kanalabgaben in ausländischen Häfen, Zahlungen im Reiseverkehr). Unsichtbarer Handel wird in der → Dienstleistungsbilanz (→ Zahlungsbilanz) erfasst.

unständig Beschäftigte – Personen, die nicht in einem auf Dauer gerichteten Arbeitsverhältnis stehen. – 1. *Arbeitsrecht:* → Befristeter Arbeitsvertrag. – 2. *Sozialrecht* (§ 163 I Satz 2 SGB VI): Personen, deren Beschäftigung der Natur der Sache nach bzw. durch Arbeitsvertrag beschränkt weniger als eine Woche dauert. Unständig Beschäftigte können zu den Pflichtversicherten der gesetzlichen Kranken-, Pflege- und Rentenversicherung gehören. Zu der Arbeitslosenversicherung besteht Beitragsfreiheit (§ 27 III Nr. 1 SGB III). – 3. *Lohnsteuerrecht:* → Teilzeitbeschäftigte.

Untätigkeitsklage – Klage bei der Untätigkeit der → Behörden nach § 75 VwGO.

UNTC – Abk. für *United Nations Trusteeship Council;* → UN.

Unteragent → Untervertreter.

Unteranspruch → Patentanspruch.

unter Aufgabe (u.A.) – Vermerk in → Geschäftsbriefen, mit dem um Mitteilung an den Geschäftspartner gebeten wird. „Für die entstandenen Kosten bitten wir Sie, uns u.A. zu belasten" besagt, dass von der erfolgten Belastung des Kontos Mitteilung (= „Aufgabe") gegeben werden soll.

Unterbeschäftigung – 1. *Begriff:* durch konjunkturelle oder klassische → Arbeitslosigkeit gekennzeichnetes Unterschreiten der → Vollbeschäftigung, dem durch → Beschäftigungspolitik entgegengewirkt werden soll. – 2. Um das *tatsächliche Ausmaß* der Unterbeschäftigung zu ermitteln, muss zur registrierten Arbeitslosigkeit (→ Arbeitslosenquote) die verdeckte bzw. versteckte addiert werden (→ stille Reserve). – *Gegensatz:* → Überbeschäftigung.

Unterbeschäftigungsgleichgewicht → Arbeitsmarkt, → Arbeitsmarkttheorie, → Keynesianismus, → Wachstumstheorie.

Unterbeteiligung – Beteiligung eines Dritten an einem Gesellschaftsanteil. – *Rechtlich* i.d.R. eine → Gesellschaft bürgerlichen Rechts (GbR) als bloße → Innengesellschaft. – *Steuerliche Behandlung:* Es wird danach unterschieden, ob dem Unterbeteiligten bei wirtschaftlicher Betrachtung lediglich eine Gläubigerstellung zusteht oder ob er im Verhältnis zur Hauptgesellschaft als Mitunternehmer anzusehen ist. Die erste Form der Unterbeteiligung wird „typisch" genannt, die letztere „atypisch". (1) *Atypische Unterbeteiligung:* Bei der Unterbeteiligung am Anteil an einer Personenhandelsgesellschaft erzielt der Unterbeteiligte Einkünfte aus Gewerbebetrieb. Bei der Unterbeteiligung an einem Kapitalgesellschaftsanteil wird die Einkunftsquelle des Anteilseigners gesplittet. Die Qualifikation der Einkommensart beim Anteilseigner schlägt deshalb auch auf den Unterbeteiligten durch, der damit i.d.R. Einkünfte aus Kapitalvermögen bezieht. (2) *Typische Unterbeteiligung:* Der Unterbeteiligte erzielt Einkünfte aus Kapitalvermögen.

Unterbewertung – im Sinn von § 256 AktG bilanzieller Wertansatz (1) von *Aktivposten* mit einem niedrigeren (im allg. Sprachgebrauch häufig nur dieser Fall als Unterbewertung bezeichnet) oder (2) von *Passivposten* mit einem höheren als dem rechtlich zulässigen Wert (meistens als → Überbewertung bezeichnet). Konsequenz der Unterbewertung sind → stille Rücklagen. – Wird durch Unterbewertung die Vermögens- und Ertragslage einer Aktiengesellschaft vorsätzlich unrichtig wiedergegeben oder verschleiert, so ist der Jahresabschluss nichtig (§ 256 V AktG, analoge Anwendung dieser Vorschrift auf die GmbH). Besteht der Verdacht einer unzulässigen Unterbewertung, so kann bereits eine Minderheit der Aktionäre, deren Anteile zusammen 1 Prozent des Grundkapitals oder den Nennbetrag von 100.000 Euro erreichen, beim zuständigen Gericht eine Sonderprüfung gemäß § 258 II AktG beantragen. – Vorsätzliche unzulässige Unterbewertung bei Kapitalgesellschaften wird als Ordnungswidrigkeit gemäß § 334 HGB behandelt.

Unterbilanz – mit verschiedenen Inhalten verwendeter Begriff. – 1. Bei Kapitalgesellschaften ist eine Unterbilanz gegeben, wenn nach Verrechnung mit den → offenen Rücklagen in der → Jahresbilanz oder in einer Zwischenbilanz (mind.) ein Verlust in Höhe des halben → gezeichneten Kapitals vorliegt (vgl. § 92 I AktG, § 49 III GmbHG). Die Bewertung zur Ermittlung der Unterbilanz erfolgt nach den Grundsätzen für die Jahresbilanz. Bei Unterbilanz besteht die Verpflichtung des Vorstands bzw. der Geschäftsführer zur Verlustanzeige gegenüber der Gesellschafterversammlung (ähnlich bei Genossenschaften). – 2. Bei Kapitalgesellschaften wird bei Unterbilanz in der Jahresbilanz auf der Aktivseite ein Fehlbetrag gemäß § 268 III HGB (buchmäßige → Überschuldung) ausgewiesen, soweit die Verluste das gezeichnete Kapital übersteigen. Bei Einzelfirmen und Personengesellschaften entspricht dem Fehlbetrag das → negative Kapital bzw. der negative Saldo aller Kapitalkonten. – 3. Unterbilanz im Fall einer → Überschuldungsbilanz wegen mangelnder Deckung der Schulden durch das Vermögen.

Unterbrechungsschaden – *Ertragsausfallschaden.* 1. *Begriff:* → versicherter Schaden in der → Betriebsunterbrechungsversicherung. Bezeichnet den in Form von Ertragsausfällen entstandenen Schaden, der sich aus dem entgangenen Gewinn (entgangener Betriebsgewinn) und den fortlaufenden Kosten zusammensetzt, die infolge der Betriebsunterbrechung nicht erwirtschaftet werden konnten. – 2. *Merkmale:* a) *Umfang:* Der unterbrechungsbedingte Ertragsausfall ist nicht in Gänze mit dem versicherten Unterbrechungsschaden gleichzusetzen, da mit der Betriebsunterbrechung gleichzeitig eine Reduzierung der proportionalen bzw. nicht versicherten Kosten verbunden ist. Der versicherte Schaden besteht aus den Teilen betrieblicher Erträge, die als Deckungsbeitrag für den entgangenen Betriebsgewinn und den fortlaufenden Kosten infolge der Betriebsunterbrechung nicht mehr zur Verfügung stehen. – b) *Dauer:* Der Unterbrechungsschaden erstreckt sich über einen mehr oder weniger langen Zeitraum (gedehnter Versicherungsfall). Der Beginn der Haftzeit und der des Unterbrechungsschadens müssen nicht identisch sein, da der Unterbrechungsschaden erst entsteht, wenn durch die Betriebsunterbrechung Ertragsausfälle entstehen. Er endet üblicherweise erst zu dem Zeitpunkt, an dem neben der technischen auch die kaufmännische Betriebsbereitschaft wieder vollständig erreicht worden ist. – c) *Schadenberechnung:* a) *Methodik:* Die Ermittlung des Unterbrechungsschadens ist neben der versicherungstechnischen insbesondere eine betriebswirtschaftliche Disziplin. Sofern die entsprechenden Allgemeinen Versicherungsbedingungen (AVB) der Betriebsunterbrechungsversicherung keine Sonderregelungen vorsehen, wird der Unterbrechungsschaden wie folgt ermittelt: Zunächst wird der Ausfall der Betriebsleistung mithilfe eines Soll-/Ist-Vergleichs bestimmt. Nach Eliminierung der nicht versicherten Kosten sind die versicherten bzw. fortlaufenden Kosten im Schadenfall dahingehend zu prüfen, ob sie rechtlich notwendig bzw. wirtschaftlich begründet sind. Wirtschaftliche Vorteile, die sich nach Ablauf des Bewertungszeitraums innerhalb der Haftzeit ergeben, sind mithin zu beachten. – b) *Problematik:* Im Rahmen der Ermittlung der Sollleistung sind zusätzlich hypothetische Ursachen (überholende Kausalität) zu berücksichtigen, die die Betriebsleistung auch ohne die Betriebsunterbrechung beeinflusst hätten. Die Sollleistung ist stets eine fiktive Größe, bei deren Berechnung über betriebsinterne Daten hinaus auch die Situation bzw. Entwicklung des jeweiligen Wirtschaftszweigs vielschichtig zu berücksichtigen sein kann.

Unterdeckung der Kosten → Kostenunterdeckung.

unter dem Strich – Angaben im Zusammenhang mit der Aufstellung einer → Bilanz, aber außerhalb von ihr, nämlich unterhalb der Bilanzsumme (ähnlich: Angaben in der Vorspalte). Angaben unter dem Strich haben einen die Bilanz ergänzenden Charakter und sind in bestimmten Fällen gesetzlich vorgeschrieben (§ 251 HGB). – Vgl. auch → Eventualforderungen und -verbindlichkeiten, → Haftungsverhältnisse.

Untereinstandsverkäufe – Marktstarke Unternehmen dürfen gemäß § 20 III S. 2 Nr. 1 und 2 GWB Lebensmittel nicht und andere Waren oder gewerbliche Leistungen jedenfalls nicht auf Dauer, sondern nur gelegentlich unter Einstandspreis verkaufen. Andernfalls liegt aufgrund der davon ausgehenden Verdrängungswirkung eine unbillige Behinderung der kleinen und mittleren Wettbewerber vor. Vom Verbot des Verkaufs unter Einstandspreis von Lebensmitteln sind lediglich „Notverkäufe" wegen drohenden Verderbs oder drohender Unverkäuflichkeit der Waren. Die Möglichkeit zu einer anderslautenden sachlichen Rechtfertigung ist im Gesetz vorgesehen. Keine unbillige Behinderung liegt vor, wenn Lebensmittel an gemeinnützige Einrichtungen zur Verwendung im Rahmen ihrer Aufgaben abgegeben werden (§ 20 III S. 4 GWB). In Bezug auf Lebensmittel gelten die vorgenannten Regelungen zu Untereinstandsverkäufen bis zum 31.12.2017.

Unterentnahme – Betrag, um den die Entnahmen eines Betriebsinhabers im Wirtschaftsjahr unter der Summe der in diesem Jahr erzielten Gewinne und der in diesem Wirtschaftsjahr getätigten Einlagen bleiben (§ 4 IVa EStG). – *Anders:* → Überentnahme.

unterentwickelte Länder → Entwicklungsländer.

Untererfassung – in der Statistik der Fall, dass bei einer → Erhebung die Untersuchungsgesamtheit nur eine mehr oder minder große Teilmenge der → Grundgesamtheit ist, auf die die Untersuchung abzielt.

Untergesellschaft → Organgesellschaft.

Untergruppe → Gruppe.

Unterhalt – Natural- oder Geldzuwendungen, die den Lebensbedarf des Berechtigten decken sollen. – 1. *Familienrechtliche* Verpflichtung: → Unterhaltspflicht. – Zuwendungen unter Lebenden zum angemessenen Unterhalt unterliegen nicht der → Erbschaftsteuer (§ 13 I Nr. 12 ErbStG). – *Einkommensteuerlich* können Unterhaltsaufwendungen beim Geber unter gewissen Voraussetzungen als → außergewöhnliche Belastung oder → Sonderausgaben berücksichtigt werden (→ Unterhaltsleistungen). – 2. Bestandteil des → Arbeitslohns: → Sachbezüge.

Unterhaltsanspruch → Unterhaltspflicht.

Unterhaltsbilanz – notwendige Grundlage zur Berechnung des unterhaltsrechtlich relevanten Einkommens unterhaltspflichtiger Selbstständiger i.w.S. (Land- und Forstwirte, Gewerbetreibende, Freiberufler und Gesellschafter von Personengesellschaften und GmbHs mit überschaubarem Personenkreis). Sie wird – je nach Art der vom Unterhaltspflichtigen gewählten Rechnungslegung – aus der Handels- und/ oder Steuerbilanz (evtl. auch aus der → Einheitsbilanz) unter Berücksichtigung unterhaltsrechtlich gebotener Korrekturen an den verschiedenen Positionen mit entsprechender Gewinnauswirkung entwickelt. Notwendigerweise muss auch die Gewinn- und Verlustrechnung unterhaltsrechtlichen Erfordernissen angepasst werden, was sich wiederum auf die Höhe des Bilanzgewinnes auswirkt. Die Anpassung hat zum Ziel, durch Aufdeckung der → stillen Rücklagen in der zu korrigierenden Bilanz Anhaltspunkte für die Abschätzung der potenziellen Leistungsfähigkeit des Unterhaltsverpflichteten im Sinn des Unterhaltsrechts zu gewinnen.

Unterhaltskonzept → Erwerbstätigkeitsstatistiken.

Unterhaltsleistungen – 1. *Unterhaltsleistungen an bedürftige Angehörige:* Aufwendungen für den → Unterhalt sowie eine etwaige Berufsausbildung einer Person, für die kein → Kinderfreibetrag gewährt wird, können bei der Einkommensteuer als → außergewöhnliche Belastungen berücksichtigt werden (§ 33a I EStG). – 2. *Unterhaltsleistungen an den geschiedenen oder dauernd getrennt lebenden Ehegatten* (→ Unterhaltspflicht): können beim Geber mit Zustimmung des Empfängers auf Antrag (bis zu 13.805 Euro im Kalenderjahr) als → Sonderausgaben vom → Gesamtbetrag der Einkünfte abgezogen werden (§ 10 I Nr. 1 EStG). Insoweit als die Unterhaltsleistungen beim Geber als Sonderausgaben abgezogen werden können, sind sie beim Empfänger als → sonstige Einkünfte zu versteuern (§ 22 Nr. 1a EStG; → Realsplitting). Ist der geschiedene Ehegatte nicht unbeschränkt einkommensteuerpflichtig oder wird ein Antrag nicht gestellt, kommt ein Abzug als → außergewöhnliche Belastung gemäß § 33a I EStG in Betracht. – 3. Unterhaltsleistungen in Form von *Unterhaltsrenten:* Zur steuerlichen Behandlung vgl. → Rentenbesteuerung. – 4. Unterhaltsleistungen an *beschränkt Steuerpflichtige:* Bis zum Jahr 2007 konnten Unterhaltsleistungen an beschränkt Steuerpflichtige unter Berücksichtigung von gewissen Voraussetzungen und gewissen Einkunftsgrenzen abgezogen werden (§ 10 I Nr. 1 a EStG a.F.), die ab 2008 entfallen sind (§ 10 I Nr. 1 a EStG).

Unterhaltspflegschaft – eine zur Wahrnehmung von Unterhaltsansprüchen (→ Unterhaltspflicht), v.a. von minderjährigen Kindern gegen Eltern, angeordnete → Pflegschaft.

Unterhaltspflicht – im Familienrecht die Verpflichtung, für die Lebensbedürfnisse einer anderen Person sorgen zu müssen. – 1. *Berechtigter:* Unterhaltsanspruch besteht namentlich zwischen Ehegatten (§ 1360 BGB), zwischen Verwandten in gerader Linie (§§ 1601 ff. BGB), bes. also zwischen Eltern und

Kindern, und zwischen geschiedenen Ehegatten bei entsprechenden Bedürfnissen (§§ 1569 ff. BGB). – Dagegen besteht keine Unterhaltspflicht zwischen Geschwistern und Verschwägerten (→ Verwandtschaft). – 2. *Voraussetzungen:* Bedürftigkeit des Unterhaltsberechtigten und Leistungsfähigkeit des Unterhaltspflichtigen. – a) Bedürftig ist, wer sich weder aus seinem Einkommen noch aus seinem Vermögen unterhalten kann. – b) Leistungsfähig ist für die Gewährung von Unterhalt nur, wer dazu bei Berücksichtigung seiner sonstigen Verpflichtungen und ohne Gefährdung des eigenen angemessenen Unterhalts im Stande ist (§ 1603 BGB). – 3. *Höhe:* a) Der Umfang der Unterhaltspflicht zwischen Verwandten bestimmt sich nach der Lebensstellung des Unterhaltsberechtigten (angemessener Unterhalt). Zum Unterhalt gehören auch die Kosten der Erziehung und Berufsausbildung (§ 1610 II BGB). – b) In bestimmten Fällen kann nur der notdürftige Unterhalt (also nicht der angemessene) verlangt werden, bes., wenn jemand durch sittliches Verschulden bedürftig geworden ist oder sich einer die Entziehung des → Pflichtteils rechtfertigenden Verfehlung schuldig gemacht hat (§ 1611 BGB). – 4. *Form* des Unterhalts ist i.d.R. eine monatlich im Voraus zu zahlende Geldrente (§§ 1612, 1615a BGB). – 5. *Verjährung des Anspruchs auf rückständige Unterhaltsbeiträge:* Die Verjährungsfrist beträgt drei Jahre (§ 197 II i. V. m. § 195 BGB). – Vgl. auch → Regelbetrag.

Unterhaltssicherung – Leistungen an die Familienangehörigen eines zum → Wehrdienst einberufenen Wehrpflichtigen, die es der Familie ermöglichen sollen, während dieser Zeit einen angemessenen Lebensstandard beizubehalten; geregelt im Unterhaltssicherungsgesetz i.d.F. vom 26.8.2008 (BGBl. I 1774).

Unterhaltsvorschuss – Anspruch eines Kindes bis zur Vollendung des zwölften Lebensjahres im Rahmen der → Sozialhilfe nach dem Unterhaltsvorschussgesetz i.d.F. vom 17.7.2007 (BGBl. I 1446) m.spät.Änd. in Höhe des Regelbedarfes bei nicht ehelichen Kindern für längstens 72 Monate, wenn es bei einem ledigen, verwitweten, geschiedenen oder getrennt lebenden Elternteil ist und nicht oder nicht regelmäßig vom anderen Elternteil Unterhalt erhält oder die Waisenbezüge unter dem Regelbedarf liegen.

Unterkapitalisierung – Missverhältnis zwischen Betriebsgröße und Kapitalhöhe infolge ungenügender Ausstattung bei Gründung oder bei Anwachsen der Kapitalbedürfnisse oder bei starken Kapitalverlusten. I.d.R. ist das Anlagevermögen im Vergleich zu eigen- bzw. langfristigem Fremdkapital zu groß. Es droht → Illiquidität. – *Gegensatz:* → Überkapitalisierung.

Unterkonsumtionstheorien – 1. *Begriff:* Sammelbezeichnung für diejenigen Theorien, die die Entstehung des Abschwungs eines → Konjunkturzyklus mit einer unzureichenden Nachfrage nach Konsumgütern erklären (→ Konjunkturtheorie). Unterkonsumtion kann auch als *Übersparen* verstanden werden. Dadurch, dass ein zu großer Teil des laufenden → Einkommens gespart und ein zu kleiner Teil für Konsumgüter ausgegeben wird, entsteht Ungleichgewicht zwischen Produktion und Absatz. – 2. *Wichtigste Vertreter der Unterkonsumtionstheorien:* Malthus, Sismondi, Hobson, Foster, Lederer, Preiser, Hayek. – 3. *Inhalt der Unterkonsumtionstheorien:* Die Unterkonsumtion wird in *zwei Versionen* erklärt: a) Der Abschwung entsteht nicht durch plötzliches Steigen der Sparquote, d.h. durch Sinken der Nachfrage nach Konsumgütern, sondern durch ein schnelles Steigen des Angebots an Konsumgütern, das durch den Investitionsprozess im Aufschwung ermöglicht wird. – b) Der Angebotsüberschuss wird durch den Lohn-Lag erklärt. Im Aufschwung steigen die Löhne langsamer als die Preise, sodass die Gewinne der Unternehmen zunehmen. Durch erhöhte Selbstfinanzierung und übersteigerte Gewinnerwartungen werden zusätzliche Investitionen durchgeführt mit der Folge eines Ungleichgewichts zwischen Angebot und Nachfrage. – 4. *Folgerungen:* Wenn Version a) Gültigkeit besitzt, kann der Abschwung durch geeignete → Geldpolitik und → Fiskalpolitik vermieden werden, indem das geplante Sparen und die geplante Investition in der Ausgangslage einander angepasst werden. Bei Geltung der Version b) kann der Abschwung mit Maßnahmen der → Verteilungspolitik, d.h. rechtzeitige Anpassung der Löhne an das Preisniveau und der damit verbundenen Umverteilung der Gewinne, gemildert oder verhindert werden. – 5. *Kritik:* Es fehlt eine Erklärung des Aufschwungs; da nur eine Erklärung des Abschwungs gegeben wird, bieten die Unterkonsumtionstheorien keine vollständige Konjunkturerklärung. – Vgl. auch → Überproduktionstheorie.

Unterkundengeschäft → Kaufscheinhandel.

Unterlassung → Unterlassungserklärung.

Unterlassungsanspruch – bei rechtswidrigen Eingriffen ohne → Verschulden des Verletzers gegebener Anspruch, und zwar in Form der → vorbeugenden Unterlassungsklage oder → wiederherstellenden Unterlassungsklage zur Verhinderung künftiger bzw. Beseitigung noch fortdauernder Beeinträchtigungen (z.B. Schutz des Namensrechts, § 12 BGB; vertragswidriger Gebrauch der Mietsache, § 541 BGB; Eigentumsstörungen, § 1004 BGB; rechtswidrige, unerlaubte Handlungen, analoge Anwendung des § 1004 BGB). – *Erzwingung der Unterlassung* nach vorausgegangener Strafandrohung durch Verurteilung des Schuldners zu Ordnungsgeld oder Ordnungshaft auf entsprechenden Antrag des Gläubigers beim Prozessgericht des ersten Rechtszuges (§ 890 ZPO).

Unterlassungsanspruch (Kartellrecht) – Anspruch von Mitbewerbern oder sonstigen Marktbeteiligten auf zukünftige Unterlassung eines sie schädigenden Verstoßes eines Dritten gegen deutsches oder europäisches Kartellrecht oder eine Verfügung der Kartellbehörde (§ 33 I GWB). Voraussetzung ist eine tatsächliche Begehungsgefahr (Erstbegehungs- oder Wiederholungsgefahr). Ist die Beeinträchtigung bereits geschehen, jedoch noch gegenwärtig, besteht zugleich ein Beseitigungsanspruch.

Unterlassungsdelikt – Es geht um Straftatbestände, die dadurch verwirklicht werden, dass eine rechtlich gebotene Handlung unterlassen wird. Man unterscheidet: (1) *Das echte Unterlassungsdelikt* betrifft vom Gesetzgeber typisierte Lebenssituationen, in denen er eine Pflicht zum Handeln quasi als selbstverständlich unterstellt, so z.B. bei der unterlassenen Hilfeleistung (§ 323c StGB) oder bei der Nichtanzeige geplanter Straftaten (§ 138 StGB). (2) *Das unechte Unterlassungsdelikt:* Der Täter wird hier dafür bestraft, dass er einen Erfolg (Schaden) nicht abgewendet hat, obwohl er zur Schadensvermeidung aufgrund einer bes. → Garantenstellung verpflichtet war (§ 13 StGB). – *Beispiel:* Eltern retten vorsätzlich ihr ertrinkendes Kind nicht, obwohl es ihnen möglich wäre.

Unterlassungserklärung – *Unterwerfung;* dient der außergerichtlichen Streitbeilegung in Sachen des → gewerblichen Rechtsschutzes und Wettbewerbsrechts (→ unlauterer Wettbewerb), wird i.d.R. auf eine → Abmahnung abgegeben, beseitigt die → Begehungsgefahr als materielle Voraussetzung des Unterlassungsanspruchs gegenüber dem Abmahnenden und sonstigen Gläubigern (Mitbewerbern, Verbänden, → Drittunterwerfung), wenn in ihr ernstlicher Unterlassungswille zum Ausdruck kommt. Das erfordert bei → Wiederholungsgefahr die Übernahme einer hinreichenden Vertragsstrafe, bei → Erstbegehungsgefahr genügt Unterlassungserklärung ohne Vertragsstrafe. Bei Annahme wird der gesetzliche durch einen vertraglichen Unterlassungsanspruch ersetzt (i.d.R. abstraktes Schuldversprechen, Auslegung nach §§ 133, 157 BGB). Schuldhafter Verstoß gegen eine Unterlassungserklärung löst vertraglichen Unterlassungs-, Schadensersatzanspruch sowie Vertragsstrafe aus. Der Schuldner kann den Unterlassungsvertrag anfechten (§§ 119 II, 123 BGB), z.B. bei arglistiger Täuschung über → Klagebefugnis des Gläubigers. Gehen beide Parteien gutgläubig von (in Wahrheit zweifelhaftem) Verstoß aus, greifen weder Irrtumsanfechtung noch Wegfall der Geschäftsgrundlage. Wird durch Änderung der Gesetzgebung oder höchstrichterliche Klärung zweifelsfrei, dass das Verhalten zulässig war, kann sich der Schuldner auf Wegfall der Geschäftsgrundlage berufen; die Unterlassungserklärung kann entsprechend auflösend bedingt abgegeben werden.

Unterlassungsklage – 1. Klage auf Unterlassung bestimmter Handlungen. – Vgl. auch → Unterlassungsanspruch, → vorbeugende Unterlassungsklage, → wiederherstellende Unterlassungsklage. – 2. Klage nach dem Unterlassungsklagengesetz (UKlaG) i.d.F. vom 27.8.2002 m.spät.Änd.a) Das Unterlassungsklagengesetz eröffnet bestimmten Verbänden und Einrichtungen einen materiell-rechtlichen Anspruch auf Unterlassung gegen denjenigen, der → Allgemeine Geschäftsbedingungen (AGB), die nach den §§ 307–309 BGB unwirksam sind, verwendet oder empfiehlt. Im Fall des Empfehlens auch Widerruf. – b) Dasselbe gilt bei verbraucherschutzgesetzwidrigen Praktiken gegenüber denjenigen, die in anderer Weise den u.a. in §§ 2, 2a und 4a Abs. 1 UKlaG genannten Verbraucherschutzvorschriften zuwiderhandeln. Das sind insbes. die verbraucherschützenden Vorschriften des Bürgerlichen Rechts, nämlich Haustürgeschäfte, Fernabsatzverträge, Verbrauchsgüterkäufe, Teilzeit-Wohnrechtsverträge, Verträge über langfristige Urlaubsprodukte sowie Vermittlungsverträge und Tauschsystemverträge, Verbraucherdarlehensverträge, Finanzierungshilfen und Ratenlieferungsverträge, Reiseverträge, Darlehensvermittlungsverträge und Zahlungsdiensteverträge. Dazu gehören auch die Vorschriften zur Umsetzung der Art. 5, 10 und 11 der Richtlinie über den elektronischen Geschäftsverkehr (ABl. EWG Nr. L 178 S 1), das Fernunterrichtsgesetz, die Vorschriften des Bundes- und Landesrechts zur Umsetzung der Art. 10 bis 21 der Fernsehrichtlinie 89/552/EWG, die entsprechenden Vorschriften des Arzeimittelgesetzes sowie des Gesetzes über die Werbung auf dem Gebiet des Heilwesens, des § 126 des Investmentgesetzes, des Abschnitts 6 des Wertpapierhandelsgesetzes, des Rechtsdienstleistungegesetzes, der entsprechenden Vorschriften des Erneuerbare-Energie-Gesetzes sowie des Wohn- und Betreuungsvertragsgesetzes und des § 95b Abs. 1 des Urheberrechtsgesetzes. – c) Wer zu den anspruchsberechtigten Stellen gehört, regeln die §§ 3 bis 4a Abs. 2 UKlaG. – d) Auf das Verfahren finden mit wenigen Ausnahmen die Vorschriften der ZPO und der § 12 Abs. 1, 2 und 4 UWG Anwendung, sofern sich aus dem UKlaG nichts anderes ergibt (siehe § 5 UKlaG). Ausschließlich zuständig ist i.d.R. das Landgericht, in dessen Bezirk der Beklagte seine gewerbliche Niederlassung oder in Ermangelung dessen seinen Wohnsitz hat. Die Landesregierungen können die Zuständigkeit konzentrieren (§ 6 UKlaG).

Unterlassungsklagengesetz → Unterlassungsklage.

Untermakler – *Zwischenmakler;* Beauftragter des → Handelsmaklers, der nicht persönlich tätig sein muss. Das Vertragsverhältnis zwischen Handelsmakler und Untermakler ist kein → Dienstvertrag, sondern ein Vertrag eigener Art. Ein Anspruch des Untermaklers auf Vergütung, die er von dem Handelsmakler erhält, entsteht nur, wenn seine Tätigkeit für den Geschäftsabschluss mit ursächlich war.

Untermieter – **I. Mietrecht:** Mieter eines Teiles oder der ganzen Mietsache, die er vom Mieter (Hauptmieter) gemietet hat (§ 540 BGB). Ein Untermieter steht zum Vermieter des Hauptmieters nicht im Vertragsverhältnis. Dafür haftet der Hauptmieter für ein Verschulden des Untermieters bei berechtigter Untervermietung, bei unberechtigter Untervermietung sogar ohne Verschulden des Untermieters.

II. Amtliche Statistik: Haushalte oder Einzelpersonen, denen Teile einer → Wohnung vom Wohnungsinhaber (Gebäudeeigentümer, Wohnungseigentümer, Hauptmieter) überlassen wurden, unabhängig von der Anzahl der Räume oder davon, ob Miete gezahlt wird oder nicht. Wird die Wohnung vom Inhaber an mehrere Haushalte vermietet, ohne dass er sie selbst bewohnt, so gilt sie als total untervermietet.

Unternehmen – 1. *Allgemein:* v.a. in Gesetzestexten und in der Wirtschaftszweigsystematik verwendete Bezeichnung für → Unternehmung. – Vgl. auch → internationale Unternehmung. – 2. *Umsatzsteuerrecht:* Das Unternehmen umfasst umsatzsteuerlich die gesamte berufliche und gewerbliche Tätigkeit, sodass ein → Unternehmer zwar verschiedene Tätigkeiten und Betriebe haben kann, diese aber immer nur ein einziges Unternehmen bilden (Grundsatz der Unternehmenseinheit). – *Konsequenz:* umsatzsteuerliche Irrelevanz der → Innenumsätze.

Unternehmensanleihe – 1. *Begriff:* → Anleihe, mit der Industrieunternehmen Fremdkapital über den Kapitalmarkt aufnehmen können, ohne dass sie hierfür eine Bankerlaubnis benötigen. Dazu bedienen sich die Unternehmen z.B. → Medium Term Notes (MTN) oder EMTN-Programmen. Der Großteil der Anleihen dt. Emittenten wird derzeit z.B. in den Niederlanden oder London über Finanzierungstöchter unter der Garantie der dt. Mutter emittiert. Dies hat steuerliche Gründe, liegt aber auch daran, dass der inländische Rechtsrahmen den Anforderungen der Praxis nicht genügt. Neben den wertpapierrechtlichen Regelungen in den §§ 793 ff. BGB dient das Gesetz betreffend die gemeinsamen Rechte der Besitzer von Schuldverschreibungen (SchVG) als Sonderrecht für die nachträgliche Änderung der Vertragsbedingungen durch Mehrheitsbeschlüsse mit verbindlicher Wirkung für alle Investoren bei Krisen des Unternehmens. Das Gesetz besteht seit 1899 im Wesentlichen unverändert. Kritikpunkt der Emittenten sind im Vergleich zu anderen Rechtsordnungen zum einen die engen Voraussetzungen für die Änderung der Anleihebedingungen. Zur nachhaltigen Überwindung einer Krise des Schuldners können oftmals eine oder mehrere der vom Gesetz ausgeschlossenen Maßnahmen erforderlich werden, wie die Herabsetzung der Verbindlichkeiten, die Umwandlung von Fremd- in Eigenkapital und der Rangrücktritt zur Überwindung der Überschuldung. – 2. *Reform des Rechts der Schuldverschreibungen:* Die Bundesregierung hat im Februar 2009 den Entwurf eines Gesetzes zur Neuregelung der Rechtsverhältnisse bei Schuldverschreibungen aus Gesamtemissionen und zur verbesserten Durchsetzbarkeit von Ansprüchen von Anlegern aus Falschberatung vorgelegt. Das Gesetz soll die Rechte der Gläubiger stärken, indem ihre Befugnisse, mit Mehrheit über die Anleihebedingungen zu entscheiden, inhaltlich erweitert werden. Das Verfahren der Gläubigerabstimmung wird grundlegend neu geregelt und an das bewährte Recht der Hauptversammlung bei der Aktiengesellschaft angelehnt Collective Action Clauses sind zukünftig auch nach dt. Recht eindeutig zulässig. Die bisherige Anwendungsbeschränkung des Gesetzes auf Emittenten mit Sitz im Inland entfällt.

Unternehmensaufspaltung → Betriebsaufspaltung.

Unternehmensberatung → Consulting, → Managementberatung.

Unternehmensbesteuerung – 1. *Begriff:* Besteuerung bestimmter, im wirtschaftlichen Organisationsgebilde Unternehmung festzustellender Tatbestände. Unternehmensbesteuerung erstreckt sich auf Unternehmungen jeglicher Rechtsform; sie erfasst die Tätigkeit der Kombination von Produktionsfaktoren in Einzelunternehmungen, Personengesellschaften, Kapitalgesellschaften, in ihrer weitesten Ausdehnung auch in den „Unternehmen" der freiberuflichen Tätigkeit. – *Gegensatz:* → Haushaltsbesteuerung. – 2. *Theoretische Ansätze:* a) *Integrationstheorie:* Dieser Ansatz postuliert die Überflüssigkeit einer eigenen Unternehmensbesteuerung, da letztlich alle Unternehmenserträge durch Entnahme oder Ausschüttung zu persönlichen Einkommen der Anteilseigner würden. Zur Verwirklichung ist die → Comprehensive Tax Base erforderlich. Auch die nicht entnommenen bzw. nicht ausgeschütteten Gewinne müssten persönliches Einkommen sein, wie von der Teilhabersteuer gefordert. Soweit aber Gewinne von den Körperschaften einbehalten werden, würde die Integrationstheorie eine → Körperschaftsteuer als zweitbeste Lösung akzeptieren, um diese Gewinne nicht der Besteuerung endgültig vorzuenthalten. – b) *Separationstheorie:* Dieser Ansatz fordert eine eigene Körperschaftsteuer, weil sie in den Körperschaften eigenständige Wirtschaftseinheiten, Macht- und Einflussfaktoren und Institutionen mit bes. „Leistungsfähigkeit" sieht, die einer Sondersteuer bedürfen. – Vgl. auch → Körperschaftsteuer, → Körperschaftsteuersystem. – 3. *Konzepte* (nach den steuerlichen Tatbeständen): a) Auf die *Steuerzahllast* abstellendes Konzept: Unternehmensbesteuerung umfasst alle von einer Unternehmung abzuführenden Steuern, d.h. Steuern aufgrund eigener wertschöpfender Tätigkeit, Steuern, die in den Preisen überwälzt werden sollen (Kostensteuern, z.B. Steuern auf Erwerb, Einsatz, Herstellung und Absatz) und Steuern, die im Quellenabzug für andere Steuerpflichtige einbehalten und abgeführt werden. – b) Auf die *Steuertraglast* abstellendes Konzept: Die → Quellensteuern (z.B. Lohnsteuer, körperschaftliche Anrechnungsteuer) werden ausgegrenzt; alle jene Steuern, die die Steuertraglast für eine Unternehmung bestimmen können, werden in Anbetracht nicht gelungener Überwälzung eingeschlossen, u.a. auch Umsatz- und Verbrauchsteuern auf Güter. – c) Auf die *Wertschöpfung* abstellendes Konzept: Geht man davon aus, dass der Steuerdestinatar der Umsatz- und Verbrauchsteuern der Erwerber der Güter und Dienste des Unternehmens ist, gelangt man zum Konzept der Unternehmensbesteuerung, das an die eigene wertschöpfende Tätigkeit der Unternehmung anknüpft, d.h. die Besteuerung des Ertrags, des Gewinns und des Kapitalbestands. – 4. *Realisierung*: Unterschiedlich je nach Breite der Bemessungsgrundlage, nach der Rechtsformneutralität oder -aneutralität, und nach der Nichtanrechung bzw. Anrechnung gezahlter Gewinnsteuern auf die persönliche Einkommensteuer des Anteilseigners: (1) *Mehrwertsteuer*: Lediglich als Reformvorschlag gilt das völlige Ersetzen der Unternehmensbesteuerung in Form der Körperschaftsteuer durch die Mehrwertsteuer (aufgeführt, weil die teilweise Nichtüberwälzung dieser hohen Steuer nicht auszuschließen ist); Bemessungsgrundlage wäre die Wertschöpfung des Unternehmens. – (2) *Unternehmensteuer* (nach W. Flume): Sie ist rechtsformneutral, soll alle Unternehmen (außer den kleinsten) erfassen; Bemessungsgrundlage ist der Ertrag. Eine Betriebsvermögensteuer wird daneben erhoben; die Gewerbesteuer entfällt. Die Unternehmensbesteuerung stellt eine „objektivierte Realbesteuerung" dar. Da keine Steuer auf das Privatvermögen erhoben werden soll und auch die Gewinnausschüttungen der Einkommensteuer nicht unterliegen sollen, handelt es sich um eine „verabsolutierte" Unternehmensbesteuerung. – (3) *Betriebsteuer* (nach Vorschlägen des Betriebsteuerausschusses von 1948–1952): Sie gilt rechtsformneutral alle Betriebe umfassend; Bemessungsgrundlage allein der Gewinn (einbehaltener und ausgeschütteter Gewinn). Eine Variante war mit der Möglichkeit der Anrechnung der Steuern auf den ausgeschütteten Gewinn auf die Einkommensteuer des Anteilseigners ausgestattet und wies damit einen Personalisierungsgrad auf. – (4) *Körperschaftsteuer*: Körperschaftsteuer in der Form vor 1977 war rechtsformaneutral; belastete den gesamten Unternehmensgewinn, die Ausschüttungen mit einem geringeren Satz und war demnach ausgestattet mit der Zweifachbelastung der Ausschüttungen bei der juristischen Person und beim Anteilseigner. Die Körperschaftsteuer in der Form seit 1977 ist rechtsformaneutral; belastet den thesaurierten Gewinn (die Ausschüttungsteuer ist vorweggezahlte Einkommensteuer des Anteilseigners), damit engste Gewinnsteuerbasis. Mit dem → körperschaftsteuerlichen Anrechnungsverfahren wurde die Zweifachbelastung der Ausschüttungen beseitigt; sie hat einen höheren Personalisierungsgrad erhalten. – (5) *Einkommensteuer auf nicht entnommene Gewinne* der Personengesellschaften und Einzelunternehmer: realisiert von der hoch personalisierten → Einkommensteuer im dt. Steuersystem, damit eine Mischsteuer für Unternehmensbesteuerung und Haushaltsbesteuerung. – (6) *Teilhabersteuer* (Engels und Stützel): eine Einkommensbesteuerung des gesamten, auch des einbehaltenen Gewinns für alle Unternehmungen, unabhängig von der Rechtsform, d.h. keine Unternehmensgewinnbesteuerung im eigentlichen Sinn. Entgegen der wirtschaftswissenschaftlichen Grundanschauung wird auch der dem Anteilseigner nicht zur Verfügung stehende thesaurierte Gewinn als Einkommen definiert und besteuert. – 5. *Steuersystem der Bundesrepublik Deutschland*: Es besteht mit der gleichzeitig erhobenen Einkommensteuer für die Einzel- und Personengesellschaftsunternehmen und der Körperschaftsteuer für Kapitalgesellschaften und andere juristische Personen eine „dualistische" Unternehmensbesteuerung (Tipke). Dadurch ist die Unternehmensbesteuerung rechtsformaneutral, aber in bestimmten Fällen wegen der Steuersatzunterschiede von Einkommen- und Körperschaftsteuer zwischen Unternehmen gleichen Ertrags oder Gewinns, jedoch unterschiedlicher Gesellschafterzahl, nicht wettbewerbsneutral.

Unternehmensbeteiligungsgesellschaft – 1. *Begriff*: Gemäß *Gesetz über Unternehmensbeteiligungsgesellschaften (UBGG)* i.d.F. vom 9.9.1998 (BGBl. I 2765) m.spät.Änd. wurde die „Unternehmensbeteiligungsgesellschaft" geschaffen. Geschäftszweck einer solchen Gesellschaft ist, anderen Unternehmen Kapital zur Verfügung zu stellen durch Erwerb und Halten von Beteiligungen; hiermit soll die Eigenkapitalausstattung der Wirtschaft gefördert werden. – 2. *Voraussetzungen*: Eine Unternehmensbeteiligungsgesellschaft darf unter dieser Bezeichnung nur als Aktiengesellschaft, GmbH, KG und KGaA mit einem Mindest-Grundkapital von 1 Mio. Euro betrieben werden. Unternehmensgegenstand muss vorbehaltlich etwaiger Sonderregelungen des zweiten Abschnitts des UBGG ausschließlich Erwerb, das Halten, Verwaltung und Veräußerung von Wagniskapitalbeteiligungen sein. Wagniskapitalbeteiligungen sind Aktien, Geschäftsanteile an einer GmbH, Kommanditanteile, Beteiligungen als Komplementär, als stiller Gesellschafter im Sinn des § 230 HGB und Genussrechte (§ 1a II UBGG). Das Gesetz entscheidet zwischen offenen und integrierten Unternehmensbeteiligungsgesellschaften (§ 1a I UBGG). Eine Unternehmensbeteiligungsgesellschaft bedarf der Anerkennung. – 3. *Steuerliche Behandlung*: Die Dividendenerträge der Gesellschaft sind nach den Grundsätzen des KStG ohnehin steuerfrei (→ Schachtelprivileg), die Gesellschaft ist darüber hinaus aber auch gewerbesteuerbefreit, solange sie anerkannt ist (§ 3 Nr. 23 GewStG): dadurch sind, anders als bei anderen Holdingunternehmen, auch Zinserträge und auch Dividenden aus Minderheitsbeteiligungen (Beteiligungsquote unter 15 Prozent) gewerbesteuerfrei.

Unternehmens-Beteiligungsgesellschaft → Holdinggesellschaft.

Unternehmensbewertung → Unternehmungsbewertung.

Unternehmensbezeichnung – Bezeichnung, die auf das Unternehmen, nicht – wie die → Firma – auf den Träger des Unternehmens hinweist. Unternehmensbezeichnung genießt als solche keinen → Firmenschutz. Schutz nach anderen Vorschriften, z.B. nach § 15 MarkenG, ist möglich (→ geschäftliche Bezeichnung).

unternehmensbezogene Abgrenzungen – Teil der Abgrenzungsrechnung der Betriebsbuchführung (→ Abgrenzung) nach dem Industriekontenrahmen, in dem z.B. betriebsfremde Aufwendungen und Erträge der Gewinn- und Verlustrechnung der Geschäftsbuchführung aus der Kostenrechnung ausgegrenzt werden.

Unternehmenseinheit – *Grundsatz der Unternehmenseinheit:* Ein → Unternehmer kann umsatzsteuerlich stets nur ein einziges → Unternehmen haben, d.h. alle seine Tätigkeitsbereiche werden als Einheit angesehen (§ 2 UStG). Das gilt selbst dann, wenn einem Unternehmer zwei völlig verschiedene Betriebe (z.B. Brötchenfabrik und Schuhfabrik) gehören. – *Folgen:* Für das gesamte Unternehmen muss eine einheitliche Umsatzsteuererklärung abgegeben werden; Umsätze zwischen den einzelnen Teilen des Unternehmens sind nicht steuerbare Innenumsätze.

Unternehmensentstehung → Theorie der Unternehmung.

Unternehmensergebnis – *Unternehmensergebnis;* Differenz zwischen → Aufwendungen und → Erträgen einer Unternehmung. – 1. Das *Unternehmensergebnis umfasst:* a) in der *Gewinn- und Verlustrechnung (GuV):* § 275 HGB, das Ergebnis der gewöhnlichen Geschäftstätigkeit und das außergewöhnliche Ergebnis (→ außerordentliche Aufwendungen, → außerordentliche Erträge) minus Steuern. – b) In der *Kostenrechung:* Das → Betriebsergebnis korrigiert um nicht pagatorische Erlöse und Kosten und das → neutrale Ergebnis. – 2. *Zu unterscheiden:* a) *positives Unternehmensergebnis (Unternehmungsgewinn):* Es liegt ein → Gewinn (HGB: Jahresüberschuss) vor. *Negatives Unternehmensergebnis (Unternehmensverlust):* Es ist ein → Verlust (HGB: Jahresfehlbetrag) eingetreten. – b) *Totalergebnis:* Unternehmensergebnis bezogen auf die gesamte Lebenszeit einer Unternehmung. – c) *Periodenergebnis:* Unternehmensergebnis bezogen auf einen Teilabschnitt, es kann ein Jahresergebnis (zu ermitteln durch jährliche → Gewinn- und Verlustrechnung) oder kurzfristiges Ergebnis (zu ermitteln durch → kurzfristige Erfolgsrechnung) sein.

Unternehmensethik – *Business Ethics;* Zweig der angewandten → Ethik, der sich v.a. mit Fragen der → Verantwortung von Unternehmen und seiner Mitarbeiter befasst (→ Corporate Social Responsibility). Systematischer Ausgangspunkt der Unternehmensethik ist der Konflikt zwischen → Gewinn, hier i.w.S. verstanden als Unternehmenserfolg unter Wettbewerbsbedingungen, und → Moral, verstanden als adäquate Berücksichtigung der *berechtigten* Interessen betroffener → Anspruchsgruppen des Unternehmens. Unternehmensethik hat hierbei die Aufgabe, zur Bewältigung der verschiedenen Formen dieses Konflikts, z.B. Korruption, Kinderarbeit, Umweltverschmutzung, Bilanzverschleierung etc. in einer ethisch begründbaren sowie ökonomisch implementierbaren Form beizutragen. Sie kann dies vernünftigerweise nicht leisten durch Entwicklung konkreter Anweisungen, sondern vielmehr durch das Aufzeigen und Begründen von (Wert-)Gesichtspunkten, die relevant sind, jedoch leicht aus dem Auge verloren werden, wie z.B. die → Unternehmensintegrität. Zudem kann sie Hinweise geben, wie solche Werte – auch und gerade unter Wettbewerbsbedingungen – besser zur Geltung gebracht werden können.

Unternehmensfixkosten – Fixkostenschicht der → stufenweisen Fixkostendeckungsrechnung. Unternehmensfixkosten umfassen als Restgröße alle → fixen Kosten, die sich nicht Produkten, Produktsparten, einzelnen Kostenstellen oder Unternehmensbereichen zuordnen lassen, z.B. Kosten von Imagewerbung.

Unternehmensfortführung → Bewertung.

Unternehmensführung → Management, → strategisches Management, → internationales Management.

Unternehmensgegenstand – Der Unternehmensgegenstand lässt den Rechtsverkehr erkennen, womit sich ein Unternehmen befasst. Ist notwendiger Bestandteil der → Satzung bzw. des → Gesellschaftsvertrages eines Unternehmens. Nach OLG Düsseldorf (Beschluss v. 3.11.2010, I-3 Wx 231/10) ist bei der Eintragung des Unternehmensgegenstandes in das Handelsregister dieser regelmäßig über allg. Angaben hinaus zu individualisieren. Im entschiedenen Fall wurde „Handel und Vertrieb von Verbrauchs- und Konsumgütern, soweit der Handel nicht einer besonderen Erlaubnis bedarf" als zu vage angesehen. Vgl. auch → Ultra-Vires-Theorie.

Unternehmensgeheimnis → Betriebs- und Geschäftsgeheimnis.

Unternehmensgeschichte → Unternehmungsgeschichte.

Unternehmensgleichgewicht → Gleichgewicht.

Unternehmensgliederung → Organisationsstruktur.

Unternehmensgröße → Transaktionskostentheorie der Unternehmung, → Grenzen der Unternehmung, → Wachstumstheorie der Unternehmung von Penrose.

unternehmensgrößenbezogene Strukturpolitik – wirtschaftspolitische Einflussnahme auf die → Unternehmensgrößenstruktur einer Volkswirtschaft. Eine optimale Unternehmensgrößenstruktur lässt sich nicht normativ bestimmen. Auch aus betriebswirtschaftlicher Sicht ist die Frage der optimalen Unternehmens- oder Betriebsgröße nicht hinreichend allgemeingültig zu beantworten. In Deutschland wird das Ziel der unternehmensgrößenbezogenen Strukturpolitik überwiegend darin gesehen, eine ausgewogene Mischung aus klein-, mittel- und großbetrieblichen Strukturen herzustellen bzw. zu erhalten, wobei die Unterstützung kleiner und mittlerer Unternehmen im Vordergrund steht (→ Mittelstandspolitik, → Mittelstandsförderung).

Unternehmensgrößenstruktur – Gliederung der Unternehmen einer Volkswirtschaft in Größenklassen. Gliederungsmerkmale sind überwiegend der Umsatz oder die Beschäftigten. Folglich wird die Unternehmensgrößenstruktur anhand von *Umsatz-* oder *Beschäftigtengrößenklassen* abgebildet. Eine häufig verwendete Klassifizierung zieht die Obergrenze für *kleine Unternehmen* bei 9 Beschäftigten oder einem Jahresumsatz unter 1 Mio. Euro, für *mittlere Unternehmen* bei 10 bis 499 Beschäftigten oder weniger als 50 Mio. Euro und für *große Unternehmen* bei mehr als 500 Beschäftigten oder mehr als 50 Mio. Euro. – Vgl. Abbildung „Unternehmensgrößenstruktur – Beschäftigungsgrößenklassen der deutschen Volkswirtschaft (alle Unternehmen)".

Unternehmensgrößenstruktur – Beschäftigungsgrößenklassen der deutschen Volkswirtschaft (alle Unternehmen)

Unternehmen mit ... bis ... Beschäftigten	Anteil Unternehmen in %	Anteil Beschäftigte in %
1– 9	87,2	24,8
10– 19	7,4	9,4
20–499	5,2	31,4
500 und mehr	0,2	34,3
Insgesamt	100	100

Nur früheres Bundesgebiet.
Quelle: Statistisches Jahrbuch für die Bundesrepublik Deutschland 1999, S. 130.

Unternehmensgründung → Gründung.

Unternehmenshaftung → Haftung, → globale Unternehmenshaftung.

Unternehmensidentität → Corporate Identity.

Unternehmensintegrität – Merkmal eines Unternehmens, das die Verlässlichkeit und Vertrauenswürdigkeit des Unternehmens im Umgang mit den verschiedenen → Anspruchsgruppen, z.B. Kunden, Mitarbeiter, Kapitalgeber, Zulieferer usw., ausdrückt. Unternehmensintegrität stellt einen immateriellen Vermögenswert dar, der auf entsprechende Investitionen angewiesen ist. – Vgl. auch → Integrität.

Unternehmenskauf → Akquisition, → Takeover.

Unternehmenskennzeichen → geschäftliche Bezeichnungen.

Unternehmenskommunikation – 1. *Begriff:* Als Unternehmenskommunikation (corporate communications) wird der Teil der Unternehmensführung bezeichnet, der mithilfe des Wahrnehmungsmanagements die Reputation (Ruf) prägt. – 2. *Ziel:* Wenn Reputation das Oberziel von Unternehmenskommunikation ist, sind die individuellen Wahrnehmungsgrößen relevanter Stakeholder (Mitarbeiter, Kunden, Umweltgruppen ...) wie Vertrauen (erwartbares Verhalten) und Glaubwürdigkeit (Ausmaß der wahrgenommenen Erwartbarkeit) zentrale Teilziele. Davon abgeleitet werden v.a. wahrnehmungs- (informative, edukative, emotionale), handlungs- (z.B. Weiteremfehlungsbereitschaft, Kaufneigung, Mitarbeitermotivation) und zielgruppenbezogene (z.B. Führungskräftezustimmung, Kundenzufriedenheit) Teilziele. Da der Ruf nicht nur von geplanter Kommunikation abhängt, sondern auch von ungeplant wahrgenommener Handlung, deren Folge etwa erfolgsrelevante → Skandale sein können, gehört das Verhaltensmanagement zentral zur Unternehmenskommunikation. – 3. *Aspekte:* Die Unternehmenskommunikation wird z.T. auf die geplante Kommunikation oder planmäßig zu gestaltende Beziehungen reduziert und spiegelt so ihre Tradition als Teil der operativen Marketingplanung im Kommunikations-Mix wider. Unterschiedlichen Entwicklungen seit spätestens Anfang der 1980er-Jahre wie die Abweichung von Börsen- und Buchwerten von Unternehmen, die Stakeholder-Debatte, oder die Erkenntnis, dass Unternehmensführung auch Kommunikation ist, betonen jeweils die Bedeutung weicher Faktoren für den Unternehmenserfolg. Da der Stakeholder-Begriff sowohl Einzelne (die Bank, der Großkunde ...), wie auch Gruppen (die Markencommunity, die Bürgerbewegung ...) umfasst, sind gruppendynamische Prozesse (Widerstände, Begeisterung ...) als weiche Faktoren ein zentrales Handlungsfeld, sodass sich der ursprünglich instrumentelle Fokus (z.B. Medienarbeit, Eventkommunikation) der Unternehmenskommunikation um strategische Verhaltensaspekte (Markenführung) erweitert und damit zur ursprünglich handlungsorientierten Public Relations-Debatte (PR) der Nachkriegszeit zurückführt (Klassische PR-Formel: 90 Prozent handeln, 10 Prozent reden). – 4. *Abgrenzung und Instrumente:* Die Unternehmenskommunikation umfasst zielgruppenorientiert die → interne Kommunikation und externe Kommunikation und steht konzeptionell neben den → Public Relations (PR) (→ Öffentlichkeitsarbeit), die z.T. synonym, z.T. auch als gesellschaftliches Phänomen interpretiert werden. Zu unterscheiden sind davon im engeren Sinne Public Relations als instrumentelle Kommunikation (Pressearbeit, Eventkommunikation ...). Die → Kommunikationspolitik steht z.T. ebenfalls neben der strategischen Unternehmenskommunikation, enthält z.T. eine verhaltensgerichtete Komponente, wird aber z.T. auch in der Tradition der operativen Marketing-Mix-Debatte dargestellt. Die Debatte um die → Unternehmenskultur (ungeschriebene Werte und Normen) gilt mit der Einflussnahme auf die Unternehmensidentität (Corporate Identity) normativ als Verhaltensrahmen (Corporate Behaviour) und damit als Fundament der Unternehmenskommunikation. In diesem Sinne wird auch das interne → Markenmanagement verstanden (internal Branding). Auf dieser Basis sollen nachhaltige Soll-Images (Fremdbild) erreicht werden. Im Idealfall stimmt es mit dem Ist-Image als Reputation überein. Zielgruppenbezogen lassen sich → Börsenkommunikation, Investor Relations, Kundenkommunikation, Händlerkommunikation, Mitarbeiterkommunikation und weitere unterscheiden. Entlang von Nutznießern kann die Produkt- oder Branchen-Kommunikation herausgehoben werden. Als Ansätze der Unternehmenskommunikation finden das Stakeholder-Management (Anspruchsgruppenkommunikation), die integrierte Kommunikation (sachlich, zeitlich, räumlich und instrumentell abgestimmte Kommunikation), die → Corporate Identity (Kommunikation vom Selbstverständnis ausgehend), das Markenmanagement (ursprünglich hoch verdichteten symbolische Nutzenkommunikation) und die Marketing-Kommunikation (ursprünglich die marktorientierte Kommunikation im Marketing-Mix) verbreitet Anwendung. Anlassbezogen lassen sich etwa Krisenkommunikation oder → Change Communications unterscheiden. Mit Krisenkommunikation und Investor Relations findet die verhaltensorientierte Unternehmenskommunikation nach und nach auch Eingang in die → Corporate Governance.

Unternehmenskonzentration – I. Formen der Unternehmenskonzentration: 1. Nach der *Art des Wachstums* von Betrieben oder Unternehmen ist zwischen internem und externem Wachstum zu unterscheiden. Das *interne Wachstum* ist dadurch gekennzeichnet, dass ein Betrieb oder Unternehmen überproportional, d.h. schneller wächst als seine Mitbewerber. Das *externe Wachstum* erfolgt z.B. durch Beteiligungen (Konzernbildung) oder Fusionen (vgl. die Zusammenschlusstatbestände in § 37 GWB, entsprechend auch die → Fusionskontrollverordnung der Europäischen Kommission). Während Betriebe nur intern wachsen können, kann das Wachstum von Unternehmen sowohl intern als auch extern vor sich gehen. – 2. Nach der *Richtung* bzw. der *Produktionsstufe* können drei Formen der Unternehmenskonzentration unterschieden werden: a) *horizontale Unternehmenskonzentration* als Vereinigung von Betrieben oder Unternehmen, die auf der gleichen Produktionsstufe und demselben sachlich → relevanten Markt tätig sind (z.B. zu marktbeherrschenden Unternehmen (→ Marktbeherrschung) oder Horizontalkonzernen). – b) *vertikale Unternehmenskonzentration* als Vereinigung von Betrieben oder Unternehmen, die auf aufeinander folgenden Produktionsstufen tätig sind und in einem Käufer-/ Verkäuferverhältnis stehen (z.B. die Vereinigung der Rohstoffgewinnung mit der Erzeugung von Halbfabrikaten oder der Produktion mit dem Handel in einem Unternehmen oder Vertikalkonzern). Vertikale Unternehmenskonzentration wird auch als *Integration* bezeichnet. – c) *diagonale Unternehmenskonzentration* als Vereinigung von Betrieben oder Unternehmen, deren Erzeugnisse sowohl produktions- als auch absatzmäßig nichts oder fast nichts miteinander zu tun haben. – 3. Nach dem *Wirtschaftsraum* wird zwischen drei Formen der Unternehmenskonzentration unterschieden: a) *regionale Unternehmenskonzentration*, wenn die Unternehmenskonzentration in einem bestimmten Teil eines Staates gemeint ist (z.B. Kohle, Stahl oder Werften); – b) *nationale Unternehmenskonzentration*, wenn die Unternehmenskonzentration innerhalb eines Landes gemeint ist; – c) *internationale Unternehmenskonzentration*, wenn auf die Ausdehnung von Unternehmensverflechtungen über mehrere Volkswirtschaften Bezug genommen wird (z.B. multinationale Unternehmen, strategische Allianzen, Globalisierung).

II. Ursachen/Motive der Unternehmenskonzentration: Die Ursachen und Motive für Zusammenschlüsse sind vielfältig und z.T. abhängig von der Konzentrationsrichtung (horizontal, vertikal oder diagonal). Zum einen sind staatliche Rahmenbedingungen zu nennen, wie die Gestaltung des Gesellschafts-, Steuer-, Kartell- oder Patentrechts, die → Incentives oder → Disincentives für Fusionen enthalten können. Über die staatlichen Rahmenbedingungen hinaus können folgende wichtige Ursachen systematisch unterschieden werden: 1. Bei der horizontalen Unternehmenskonzentration können *Kostenersparnisse durch Größenvorteile* (→ Economies of Scale) eine Rolle spielen. Die Bedeutung derartiger Größenkostenersparnisse wird jedoch gemindert durch das Auftreten von → X-Ineffizienzen im Sinn von Leibenstein, die durch fehlenden Wettbewerbsdruck und mangelnde Motivation des Managements entstehen und zu überhöhten Kosten führen. – Im Fall vertikaler Fusionen können *Transaktionskostenersparnisse* (→ Transaction Cost Economies) eine Rolle spielen. Wenn die Koordination wirtschaftlicher Aktivitäten innerhalb eines Unternehmens (transaktions-)kostengünstiger ist als über den Markt, so wird der Markt als Koordinationsmechanismus zurückgedrängt. Der zunehmenden vertikalen Integration werden jedoch durch steigende Organisationskosten innerhalb eines Unternehmens Grenzen gesetzt. – Bei konglomeraten Fusionen (Konglomerate) können *Verbundvorteile* (→ Economies of Scope) auftreten. Verbundvorteile liegen vor, wenn es kostengünstiger ist, zwei Güter a und b in einem statt in mehreren Unternehmen herzustellen:

$$K(a, b) < K(a) + K(b).$$

Ab einer bestimmten Unternehmensgröße können jedoch infolge der Bürokratie von Großunternehmen und der damit verbundenen mangelnden Motivation *Diseconomies of Scope* auftreten. – 2. *Risikostreuung:* Das Risiko unternehmerischer Entscheidungen kann durch Unternehmenskonzentration gemindert werden. Im Fall des vertikalen Wachstums können z.B. Unsicherheiten beim Bezug vorgelagerter Produkte und beim Absatz eigener Produkte vermindert werden. Diversifizierende Unternehmenszusammen-

Unternehmenskonzentration – Synopsis der Zusammenschlussformen und Motive der Unternehmen sowie der Auswirkungen auf Wettbewerb und Kosten

Zusammenschlussform	horizontal	vertikal	konglomerat
Begriff	– Unternehmen sind auf dem gleichen relevanten Markt tätig;	– Unternehmen sind auf vor- bzw. nachgelagerten Produktionsstufen tätig und stehen in einer Käufer-Verkäufer-Beziehung zueinander;	– negativ definiert als Zusammenschluss, der weder horizontaler noch vertikaler Natur ist;
Zusammenschlussmotive	– Economies of Scale;	– Transaktionskostenersparnisse;	– Economies of Scope – Risikostreuung durch Diversifikation;
	– Eliminierung eines ineffizienten Unternehmensmanagements; – marktstrategische Zielsetzungen – Empire Building;		
Auswirkungen auf den Wettbewerb	– Erlangung einer dominierenden Marktposition bzw. Erleichterung kollektiver Marktkontrolle und damit Beschränkung des Preiswettbewerbs (überhöhte Preise und Gewinne sowie Kosten);	– Behinderung von nichtintegrierten Konkurrenten durch Monopolisierung der Bezugs- oder Absatzwege und damit Errichtung von Marktzutrittsschranken;	– Überwälzung von Marktrisiken und Kosten; – Kopplungsgeschäfte; – steigende Finanzkraft; – Mischkalkulation; – Konzentration von Verfügungsbefugnissen;
Auswirkungen auf die Kosten	– Economies of Scale vs. Diseconomies of Scale;	– Transaction-Cost economies vs. steigende Organisationskosten; – X-Inefficiencies;	– Economies of Scope vs. Diseconomies of Scope;

schlüsse (Diversifizierung) bezwecken, Schwankungen im Unternehmensergebnis – sei es aus saisonalen, strukturellen oder konjunkturellen Gründe – auszugleichen. – 3. *Marktstrategische Zielsetzungen: Horizontale Fusionen* können über steigende Marktanteile die Erringung einer marktbeherrschenden Stellung (Marktbeherrschung) und damit die Realisierung höherer Preise und Gewinne ermöglichen. Das *vertikale Wachstum* kann über die Beherrschung wichtiger Bezugsquellen und/oder Absatzmöglichkeiten potenziellen Konkurrenten den Marktzutritt erschweren und damit die Wettbewerbschancen der Konkurrenten beeinträchtigen, wodurch die eigene Marktposition zusätzlich abgesichert wird. Im Fall *konglomerater Fusionen* sind Möglichkeiten der *Mischkalkulation* gegeben, die es einem Unternehmen ermöglichen, sich den Marktzwängen aufgrund des Wettbewerbsdruckes weitgehend zu entziehen (z.B. die ständige „Subventionierung" einer verlustreichen Nutzfahrzeugproduktion durch die Überschüsse aus dem Pkw-Geschäft). – 4. *Empire Building*: Die mangelnde Kontrolle der Entscheidungsträger eines Unternehmens (Vorstand) durch die Aktionäre bzw. den Aufsichtsrat (Prinzipal-Agent-Problem) kann dazu führen, dass sich die Unternehmensleitung nicht mehr an denselben Zielen wie die Aktionäre orientiert, sondern eigene Ziele verfolgt (→ Manager-Theorie der Unternehmung). So kann das horizontale, vertikale oder diagonale Wachstum eines Unternehmens für das Management aus mehreren Gründen nutzenmaximierend sein: (1) weil die Bezüge des Managements i.d.R. unmittelbar an Größenkennziffern gekoppelt sind; (2) weil ein größeres Unternehmen die Übernahmewahrscheinlichkeit senkt und damit die Arbeitsplatzsicherheit erhöht; (3) weil Akquisitionen regelmäßig zu einer weiteren Streuung der Aktien beitragen und damit der Einfluss von Großaktionären gemindert wird; (4) weil es neue

Aufstiegsmöglichkeiten oder das Streben nach Prestige eröffnet. – Das Motiv des Empire Building stellt die Interessen des Managements an dem externen Wachstum eines Unternehmens in den Vordergrund der Erklärung. – Die Abbildung „Synopsis der Zusammenschlussformen und Motive der Unternehmenskonzentration sowie der Auswirkungen auf Wettbewerb und Kosten" gibt einen Überblick.

III. Unternehmenskonzentration und Wettbewerb: Unternehmenskonzentration kann positive und/oder negative Auswirkungen in gesamtwirtschaftlicher Sicht haben. – 1. Die *positiven Auswirkungen der Unternehmenskonzentration* können in folgenden Punkten gesehen werden: Effizienzsteigerung i.w.S. durch die Realisierung von Economies of Scale, Transaction Cost Economies oder Economies of Scope; Verbesserung der → internationalen Wettbewerbsfähigkeit. – 2. Diesen möglichen positiven Effekten der Unternehmenskonzentration – die auftreten können, aber nicht auftreten müssen – stehen *negative Auswirkungen* auf die Intensität des Wettbewerbs gegenüber: Zunehmende horizontale Unternehmenskonzentration führt ceteris paribus zu monopolistisch überhöhten Preisen und Gewinnen und damit einer Verschlechterung der Marktversorgung; zudem besteht eine Tendenz zur Kostenüberhöhung, da die Kostenkontrollfunktion des Wettbewerbs eingeschränkt wird (X-Ineffizienzen im Sinn von Leibenstein); zunehmende vertikale Integration führt zu Marktschließungseffekten gegenüber potenziellen Konkurrenten (potenzielle Konkurrenz) und erschwert die Wettbewerbsbedingungen der tatsächlichen Konkurrenten; konglomerate Zusammenschlüsse (Konglomerate) eröffnen Möglichkeiten zur Mischkalkulation, die den Marktausleseprozess beeinträchtigen und Tochtergesellschaften den Marktzwängen entziehen; zunehmende Unternehmenskonzentration von Verfügungsmacht kann zudem zu einem politischen Problem werden. – Diesen wettbewerbspolitischen Gefahren versucht die Wettbewerbspolitik durch Einführung einer Fusionskontrolle Rechnung zu tragen, die im Hinblick auf eventuelle negative Effizienzeffekte seit der Achten GWB-Novelle vom 1.1.2013 mit dem neuen Untersagungskriterium der „erheblichen Behinderung wirksamen Wettbewerbs" (vgl. § 36 I GWB) bereits unterhalb der Marktbeherrschungsschwelle einsetzt.

Unternehmenskonzentration, Messung – 1. *Ziel der* → Konzentrationsmessung → ist es, konzentrationsrelevante Tatbestände quantifizierend zu erfassen und in einem numerischen Ausdruck zu vereinigen *(Konzentrationsgrad).* Die Messung der Unternehmenskonzentration ist dabei die Umkehrung des eigentlichen Zieles der (quantitativ nicht möglichen) Messung des → Wettbewerbs. – Die statistische Konzentrationsmessung beruht auf zwei grundlegenden *Annahmen:* (1) Der Wettbewerb wird um so schwächer, je geringer die Anzahl der Marktteilnehmer wird (absolute Unternehmenskonzentration). (2) Der Wettbewerb wird um so schwächer, je ungleichmäßiger die Verteilung des Gesamtmerkmalsbetrages auf die Marktteilnehmer wird (relative Konzentration oder Disparität). – 2. Im Einklang mit diesen beiden grundlegenden Annahmen wird zwischen relativen und absoluten *Konzentrationsmaßen* unterschieden. – Vgl. auch → Gini-Koeffizient zur Messung.

Unternehmenskrise → Unternehmungskrise.

Unternehmenskultur – *Corporate Culture;* 1. *Begriff:* Grundgesamtheit gemeinsamer Werte, Normen und Einstellungen, welche die Entscheidungen, die Handlungen und das Verhalten der Organisationsmitglieder prägen. – 2. *Ziel:* Wenn → Reputation (Ruf) das Oberziel von → Unternehmenskommunikation ist, dann bildet die Unternehmenskultur den handlungsprägenden Rahmen. Die Handlungen einer Organisation bilden zugleich die Beobachtungsfläche für Mitglieder der eigenen Organisation (Führungskräfte und Mitarbeiter) sowie Dritte (Kunden, Banken, Politik) und tragen maßgeblich zur Wahrnehmung, zum Fremdbild (→ Image) und damit zur Reputation bei. – 3. *Instrumente:* Leitbildprozesse gelten als ein zentrales Instrument des Kulturmanagements. Diese Arbeitsprozesse unterstützen Organisationen, z.T. implizit gelebte Kulturmerkmale der Tiefenstruktur wie Selbstverständnis und Vision zu explizieren. Diese gilt es dann ggf. zu beeinflussen indem sie vertieft oder variiert werden, um die Soll-Wahrnehmung zu prägen. – 4. *Aspekte*: Unterschieden werden zentral zwei Ebenen der Unternehmenskultur: die Tiefenstruktur als handlungsprägende Ebene (Werte, Normen, Einstellungen) sowie die Oberflächenstruktur, die von Dritten beobachtbar ist. Wenn die Tiefenstruktur als handlungsprägender Rahmen der Oberflächenstruktur arbeitet, dann muss Unternehmenskommunikation als Verhaltensmanagement dort ansetzen, um Image und Reputation nachhaltig beeinflussen zu können. Es gilt als umstritten, ob und inwieweit sich die Tiefenstruktur durch Kommunikation, Anreize und/oder Sanktionen nachhaltig verändern lässt.

Unternehmensleitbild – *Mission; Mission Statement;* 1. *Begriff:* Element des normativen Rahmens eines Unternehmens in dem es den Zweck seines Daseins in Form von Nutzenversprechen gegenüber seinen Anspruchsgruppen darlegt (→ strategisches Management). – 2. *Merkmale:* a) *Orientierungsfunktion:* In expliziter Form wird die Soll-Identität des Unternehmens zum Ausdruck gebracht. – b) *Motivationsfunktion:* Die Identifikation der Mitarbeiter mit dem Unternehmen wird verstärkt; eine anspruchsvolle, zugleich aber konsensfähige (und realistische) Zielvorstellung wird formuliert. – c) *Legitimationsfunktion:* Die verschiedenen Interessenten werden über die handlungsleitenden Grundsätze aufgeklärt und diese zugleich begründet. Inwieweit diese Funktionen tatsächlich erfüllt werden können, ist davon abhängig, auf welche Weise die Mitarbeiter in den Prozess der Leitbilderstellung integriert sind und in welchem Umfang das Leitbild im Unternehmen diffundiert und gelebt wird.

Unternehmenslogistik → Logistik.

unternehmensorientierte Dienstleistungen → Dienstleistungen.

Unternehmensphilosophie → Unternehmensleitbild, → Corporate Identity.

Unternehmensplanspiel – eine modellhafte Simulation von Unternehmensprozessen. In den USA entstandene Ausbildungsmethode mit Ursprung in militärischen Planspielen (→ Personalentwicklung). – *Durchführung:* Die Teilnehmer eines Unternehmensplanspiels vertreten (meist gruppenweise) zwei bis zehn und mehr konkurrierende Unternehmen, die mit gleichen Startbedingungen (gleiche Betriebsgröße, Betriebs- und Finanzstruktur) vor mehr oder weniger komplizierte, sich wandelnde Umweltsituationen gestellt werden, die sich in Modellen nachbilden lassen. Zur Vorbereitung der Entscheidungen sind sorgfältige dynamische Betriebsplanungen oder bei funktionellen Unternehmensplanspielen Teilplanungen aufzustellen. In jeder Spielperiode, die ein bis zwölf Monate repräsentiert, muss eine größere Auswahl von Entscheidungen getroffen werden, deren Auswirkungen auf die Unternehmensentwicklung und auf die Umweltsituation per EDV ermittelt werden. Aufgrund dessen sind die Entscheidungen der nächsten Periode vorzubereiten und zu treffen. Eine Spielperiode dauert bis zu mehreren Stunden, das ganze Unternehmensplanspiel bis zu mehreren Tagen. – *Vorteil:* größere Wirklichkeitsnähe als die → Fall-Methode durch die ständige dynamische Anpassung des Unternehmens an die sich wandelnde Umweltsituation. – *Anwendung:* Unternehmensplanspiel in den USA sehr verbreitet; in der Bundesrepublik Deutschland v.a. von Großfirmen, an Universitäten sowie in der Weiterbildung von Führungskräften angewandt.

Unternehmensplanung

von Prof. Dr. Günter Müller-Stewens

I. Begriff

Man kann folgende Begriffsauffassungen unterscheiden:

Ergebnisorientierter Planungsbegriff: Planung ist die Produktion von Plänen, d.h. vereinfachter, symbolischer Modelle zukünftiger realer Systeme. Mit diesen Plänen soll ein Commitment geschaffen werden, innerhalb einer angegebenen Zeit bestimmte Systemzustände zu erreichen.

Prozessorientierter Planungsbegriff: Planung ist eine Phase im „Ongoing Process" der Problemhandhabung von Unternehmen, die v.a. mit Entwurf, Bewertung und Auswahl von Zielprojektionen und Maßnahmen in Zusammenhang steht. Dabei wird auch die Planungsphase selbst als ein komplexer Entscheidungsprozess, bestehend aus Exploration, Analyse, Planung und Steuerung, interpretiert.

Institutioneller Planungsbegriff: Planung stellt ein organisatorisches Subsystem (Managementsystem) dar, das bestimmte Funktionen für die Unternehmung erfüllt.

II. Merkmale und Funktionen

Die Ausübung einer Planungstätigkeit kann über folgende *Merkmale* charakterisiert werden: Wahrnehmung einer Führungsaufgabe; Versuch zur Rationalisierung und Formalisierung dieser Führungsaufgabe über den mit dem Managementsystem verbundenen Prozess; weist eine enge Beziehung zur Zukunftsforschung auf, da Pläne immer auf Annahmen zu möglichen zukünftigen Entwicklungen aufbauen. Mit der Ausübung einer Unternehmensplanung sind verschiedene *Funktionen* verbunden: Absorption von Unsicherheit und Komplexitätsreduktion, Vermittlung von Orientierung und Ausrichtung, Aufsetzpunkt für Lernprozesse über Planabweichungen bzw. veränderte Annahmen, Leistungsmotivation, Kreativitätsförderung, Koordination, Umweltanpassung etc. Als komplementär zum Planungsbegriff wird der Kontrollbegriff betrachtet (→ Kontrolle, → Controlling), was auch in den das Management unterstützenden *Planungs- und Kontrollsystemen* der Führungsorganisation zum Ausdruck kommt. – Vgl. hierzu auch → internationale Unternehmensplanung.

III. Planungsebenen

Als Planungsebenen lassen sich unternehmenspolitische Rahmenplanung, strategische und operative Planung differenzieren; häufig wird als vierte Ebene die taktische Planung ergänzend angeführt.

Unternehmenspolitische Rahmenplanung: Es geht hier primär um die Definition des Zwecks des Unternehmens und seiner grundsätzlich als Ganzes gegenüber den Anspruchsgruppen (Kunden, Investoren, Mitarbeiter etc.) verfolgten Ziele und Vision, die allgemeinen Grundsätze der Unternehmenspolitik, die Grundsätze der

Unternehmensplanung – Instrumente

Teilschritte	Methoden/Instrumente
Zielbildung	
– Suche, Analyse und Ordnung von Zielen – Operationalisierung und Prüfung auf Realisierbarkeit – Prüfung auf Konsistenz bzw. Konflikte – Setzung von Prioritäten – Festlegung von Nebenbedingungen – Operationalisierung der Ziele nach Erreichungsgrad, Zeitraum, Zuständigkeiten – Zielauswahl und -revision	– Relevanz- oder Entscheidungsbäume – Kennzahlensysteme – Kompatibilitäts- und Konfliktanalyse – Pattern
Problemanalyse	
– Erkenntnis und Analyse des Problems nach Ursachen und Ausmaß durch Diagnose/ Prognose und Vergleich mit den Zielen – Beschreibung und Auflösung des Gesamtproblems in einzelne Elemente und Feststellung ihrer Abhängigkeitsbeziehungen – Abgrenzung des Problems und Ordnung (Strukturierung) nach Gegenständen, Zeitbezug, Schwierigkeitsgrad und Zielrelevanz – Detailanalyse der Ursachen und systematische Gliederung nach Ansatzpunkten zur Problemlösung bzw. Ursachenbehebung	– Lagediagnose und -prognose – Scenario-writing – Strukturanalyse – Systemanalyse – Kausalanalyse – SOFT-Analyse – Life-Cycle-Analyse – Produkt-Status-Analyse – Gap-Projektion – Checklisten – Wertanalyse – Kepner-Tregoe-Technik
Alternativensuche	
– Auffinden und Gliedern möglicher Ansatzpunkte für die Problemlösung – Suche nach Handlungsmöglichkeiten (Lösungsideen) – Gliederung und Ordnung der Einzelvorschläge – Konkretisierung und Strukturierung der Alternativen – Vollständigkeits- und Zulässigkeitsprüfung (Negativauswahl nicht realisierbarer Alternativen)	– Kreativitätstechniken • Brainstorming • Brainstorming Methode 635 • Brainstorming Synektik • Brainstorming morphologische Methode • Brainstorming Funktionsanalyse • Brainstorming progressive Abstraktion • Brainstorming Bionik – Zustandsbäume – Entscheidungsbäume – Systemanalyse – Checklisten – Produkt-Status-Analyse

Mitarbeiterführung, die gemeinsam geteilten Werte etc. Diese normativen Festlegungen werden häufig in einem → Unternehmensleitbild (oder einem „Mission Statement“) explizit gemacht.

→ *Strategische Planung* (als Teilaufgabe eines → strategischen Managements) bezieht sich auf den Aufbau, die Pflege, die Kombination und den Rückzug von Erfolgspotenzialen, die das langfristige Überleben bzw. den Fortschritt der Unternehmung sichern sollen. Ziel ist die Realisierung *nachhaltiger Wettbewerbsvorteile* im Einklang mit Umwelt und Gesellschaft auf Ebene der Geschäfte und des Gesamtunternehmens.

Operative Planung basiert auf den Vorgaben aus der strategischen Planung, bricht diese nun aber in zeitliche Perioden (z.B. Jahresplanung) und ausführende Einheiten auf. Auf ihr basiert eine → Budgetierung und → Finanzplanung.

Unternehmensplanung – Instrumente (Fortsetzung)

Prognose	
Teilschritte	Methoden/Instrumente
– Abgrenzung des Prognoseproblems – Bestimmung der erforderlichen Prognosen nach Inhalt, Präzision und zeitlicher Reichweite usw. – Analyse des Wirkungszusammenhangs zwischen zu prognostizierender Größe und Bestimmungsursachen bzw. Indikatoren – Aufstellung des Prognosemodells bzw. Aufwendung des Auswahlverfahrens – Gewinnung der Prognose(n) – Angabe der Bedingungen, unter denen sie gilt – Abschätzung der Prognosesicherheit (wenn möglich: Wahrscheinlichkeit) und Beurteilung nach weiteren Gütekriterien – Auswahl einer Prognose – Konsistenzprüfung	– mathematisch-statistische Prognosemodelle • Trendmodelle • Exponential Smoothing • Wachstums- und Sättigungsfunktionen • Regressionsmodelle • ökonometrische Modelle • Simulationsmodelle • Netzplantechnik – intuitive Prognoseverfahren • Relevanzbäume • Scenario-writing • morphologische Analyse • Kausalanalyse • Systemanalyse – argumentatives Auswahlverfahren – Bewertungsmethoden
Bewertung	
Teilschritte	Methoden/Instrumente
– Bestimmung der Bewertungsobjekte und der Ziele, an denen sie beurteilt werden sollten – Festlegung der Bewertungskriterien und ihrer (Kriterien)Gewichte – Festlegung der Maßstäbe und Skalen (-niveaus) – Bestimmung der Kriterienwerte bzw. Aufstellung von Teil-Werturteilen – Wertsynthese zwecks Ermittlung der Gesamtbewertung durch Zusammenfassung der Teilurteile – Prüfung der Konsistenz der Werturteile	– Kosten-Nutzen-Analyse – Kosten-Wirksamkeits-Analyse – Nutzwert-Analyse – Investitionsrechnung – F/E-Bewertungsverfahren – Produktbewertungsprofile – Break-even-Analyse – Kennzahlensysteme – Relevanzbäume – Bewertungsregeln – Bewertungsprofile
Entscheidung	
Teilschritte	Methoden/Instrumente
– Entscheidungsziel u. -kriterien festlegen – evtl. Entscheidungsmodell aufstellen – Vorauswahl zulässiger Entscheidungsalternativen bzw. Festlegung von Restriktionen – Auswahl der optimalen Alternative bzw. Bestimmung mehrstufiger E-folgen – Prüfung auf Konsistenz mit anderen Entscheidungen – evtl. Ressourcenzuordnung und Zuständigkeitsfestlegung (Durchführungsträger)	– mathematische Entscheidungsmodelle – Entscheidungsbäume – Entscheidungstabellen – Entscheidungskriterien bzw. -regeln – Entscheidungsfunktionen

Quelle: Wild, J., Grundlagen der Unternehmensplanung, Reinbek b. Hamburg 1981

Abgrenzungskriterien können sein:

- (1) *Umfang des geplanten Wandels:* Bei der Rahmenplanung geht es um die geplante Evolution der gesamten Unternehmung, also auch um die Exploration neuer Geschäfte. Die operative Planung ist mehr auf den inkrementalen Wandel einzelner Planungsfelder und die Exploitation bestehender Potenziale gerichtet. Die strategische Planung erfüllt unter diesem Aspekt eine Art „Brückenfunktion".

- (2) *Zeithorizonte:* Die Bezugszeit eines Planes gibt an, inwieweit sich die Beschreibungen des angestrebten realen Systems in die Zukunft erstrecken (→ Planungshorizont). Rahmen- und strategische Planung haben – je nach Branche – tendenziell langfristigen (5 bis 30 Jahre), operative Planung kurz- bis mittelfristigen Charakter. Die zeitliche Geltungsdauer (→ Planungsperiode) unterscheidet sich ebenso: Bei der operativen Planung sind die Abstände von Planungsrunde zu Planungsrunde geringer als bei den anderen Planungen. Es besteht allerdings eine starke Abhängigkeit vom Grad der Institutionalisierung der verschiedenen Planungssysteme.
- (3) *Umfeldorientierung:* Bei Rahmen- und strategischer Planung haben externe, umfeldorientierte Informationen ein wesentlich höheres Gewicht als bei operativer Planung, bei der unternehmensinterne Informationen überwiegen.
- (4) *Kontexte und Denkhaltungen:* Bes. zwischen strategischer und operativer Planung bestehen weit reichende Unterschiede in den von den beteiligten Führungskräften verwendeten Kategoriensystemen. Die strategische Planung beinhaltet ein Denken in Erfolgspotenzialen; eine abstrakt-analytische, aber auch ganzheitlich-intuitive Sichtweise überwiegt. Die operative Planung ist dagegen durch ein Denken in den klassischen Erfolgsgrößen (Gewinn, Ertrag, Liquidität etc.) geprägt, das die kurzfristige Effizienz in den Mittelpunkt stellt; eine analytisch-praktische Sichtweise mit hohem Detailwissen überwiegt.

Die Unterschiedlichkeit der Kontexte und Denkhaltungen in den verschiedenen Planungssystemen stellt eines der zentralen *Probleme der Planungspraxis* dar: Die operativen Pläne lassen sich nicht einfach aus den strategischen Plänen ableiten, eine „Übersetzung" ist erforderlich. Gerade daran aber scheitert die Praxis oftmals: Das Resultat sind strategische Pläne, die mit viel Aufwand erstellt, aber niemals in das operative Tagesgeschäft umgesetzt werden.

IV. Planungsprozess, -phasen und –instrumente

Unter dem zeitlichen Aspekt kann zwischen dem *Planungsprozess* (Willensbildung) und *Entscheidungsprozess* (Willensdurchsetzung) unterschieden werden. Beide können in mehrere (iterierende) Phasen aufgeteilt werden. Mögliche Planungsphasen sind Zielbildung, Umfeldanalyse und -prognose, Optionensuche und -bewertung sowie Optionenselektion und Entscheidung; in einer erweiterten Fassung kann auch noch eine Durchsetzungs-, Realisations- und Abweichungsanalysephase hinzugerechnet werden. Die Planung kann in jeder Phase durch eine Vielzahl von *Planungsinstrumenten* unterstützt werden. Sie reichen von einfachen Methoden der Visualisierung [z.B. Metaplan-Technik, → Metaplanung (MP)] über relativ unstrukturierte → Kreativitätstechniken (Brainstorming, Synektik, morphologische Methoden etc.) bis zu systematischen Analyse- und Bewertungsmethoden (Branchenanalysen, Stärken-Schwächen-Analysen, Szenario-Analysen, Investitionsrechnungsverfahren, → Nutzwertanalyse, → Portfolio-Analysen etc.). Auch eine → computergestützte Unternehmensplanung ist möglich, wobei dies i.A. nur im Bereich der operativen Planung der Fall ist. Dazu gehören die quantitativen und qualitativen Verfahren der Unsicherheitshandhabung (z.B. → Sensitivitätsanalyse). – Vgl. Abbildung „Unternehmensplanung – Instrumente".

unternehmenspolitische Rahmenplanung → Unternehmensplanung, → strategisches Management.

Unternehmensregister – Mit Wirkung seit 1.1.2007 wurde auf Grundlage von § 8b HGB i.d.F. des → Gesetzes → über elektronische Handelsregister und Genossenschaftsregister sowie das Unternehmensregister (EHUG), ein *Unternehmensregister* geschaffen. Nach ihrer Einstellung und Bekanntmachung im elektronischen Bundesanzeiger, der seit 1.4.2012 nur noch → Bundesanzeiger heisst, werden alle wesentlichen Unternehmensdaten (z.B. Handelsregistereintragungen, Jahresabschlüsse, gesellschaftsrechtliche Bekanntmachungen) ans Unternehmensregister überstellt und dort zentral zum Onlineabruf bereit gestellt. Ziel des Unternehmensregisters ist es, die vorher bestehende Vielfalt von Datenbanken mit Unternehmensinformationen durch eine amtlich überwachte Zusammenführung der Informationen an einer zentralen Stelle transparenter zu gestalten. Die Führung wurde dem Betreiber des elektronischen Bundesanzeigers, der Bundesanzeiger Verlagsgesellschaft mbH Köln, übertragen. Die Verlagsgesellschaft handelt als Beliehene. Rechtsgrundlage hierfür ist § 9a HGB.

Unternehmensspaltung → Betriebsspaltung, Spaltung von Kapitalgesellschaften, → Spaltung von Rechtsträgern.

Unternehmenstarifvertrag → Firmentarifvertrag.

Unternehmensteuer – Oberbergriff für sämtliche Steuern, denen die Unternehmen unterliegen. Im dt. Steuersystem werden im wesentlichen drei verschiedene Steuerarten unterschieden: (1) *Ertragsbesteuerung:* Einkommen-, Körperschaft-, Gewerbesteuer. Die Gesellschafter von Einzelunternehmen und Personengesellschaften zahlen auf erzielte Gewinne Einkommensteuer. Kapitalgesellschaften zahlen Körperschaftsteuer. An Anteilseigner ausgeschüttete Dividenden unterliegen der jeweiligen persönlichen Einkommensteuer. Erzielt das Unternehmen Einkünfte aus einem Gewerbebetrieb, ist die kommunale Gewerbesteuer zu zahlen. Zur Einkommen- und Körperschaftsteuer wird zusätzlich der Solidaritätszuschlag erhoben. (2) *Verbrauchsbesteuerung:*

Umsatz-, Grunderwerbsteuer. Die Umsatzsteuer wird beim Unternehmen erhoben, wird aber durch den Endverbraucher getragen. Die Grunderwerbsteuer wird beim Erwerb eines Grundstücks erhoben. (3) *Substanzbesteuerung:* Grundsteuer, Erbschaft- und Schenkungsteuer. Die Grundsteuer wird (als Gemeindesteuer) auf das Eigentum an Grundstücken erhoben. Die Erbschaft- und Schenkungsteuer fällt an, wenn Unternehmen (oder Unternehmensteile) vererbt oder verschenkt werden. – Vgl. auch → Unternehmensbesteuerung.

Unternehmenstheorie → Theorie der Unternehmung.

Unternehmenstypen → Unternehmungstypen.

Unternehmens- und Vermögenseinkommen – Bildet zusammen mit dem Arbeitnehmerentgelt das → Volkseinkommen. Es besteht aus den Unternehmensgewinnen (inklusive eines kalkulatorischen Unternehmerlohns) und den per Saldo von privaten Haushalten empfangenen und vom Staat geleisteten → Vermögenseinkommen.

Unternehmensverantwortung → Corporate Social Responsibility.

Unternehmensverfassung – Um ihre Aktivitäten auf die Unternehmensziele ausrichten zu können, benötigen die Unternehmen eine festgelegte innere Ordnung. In ihr kommt zum Ausdruck, wodurch das Handeln der Unternehmung bestimmt wird und welche Regelungen existieren, um die Aktivitäten auf die Ziele auszurichten.

I. Begriff: Unter Unternehmensverfassung kann die Gesamtheit der konstitutiven und langfristig angelegten Regelungen für Unternehmen verstanden werden. Der Begriff ist seit Ende der 1960er-Jahre bes. im Zusammenhang mit der Diskussion um die Mitbestimmung und um die Weiterentwicklung des geltenden Gesellschaftsrechts zu einem Unternehmensrecht aktuell geworden. Die Unternehmensverfassung ergibt sich aus *gesetzlichen Regelungen*, bes. dem Wettbewerbs-, Kapitalmarkt-, Verbraucherschutz-, Gesellschafts-, Arbeits- und Mitbestimmungsrecht, aus *kollektivvertraglichen Vereinbarungen* wie Firmentarifverträgen und Betriebsvereinbarungen sowie *privatautonomen Rechtssetzungen* wie dem Gesellschaftsvertrag, der Satzung, den Geschäftsordnungen oder Unternehmensverträgen. Konkretisierend können *höchstrichterliche Entscheidungen* hinzutreten. Unternehmensverfassung umfasst also die *interne* formale Machtverteilung zwischen den involvierten Interessengruppen und die sie ergänzenden *extern* ansetzenden Regelungen zum Schutz von verfassungsrelevanten Interessen. Scharf davon zu trennen ist die *faktische Einflussverteilung* in Unternehmensverfassungen (Modell und Wirklichkeit), wenngleich dieses bes. für die Entwicklung und Reform der Unternehmensverfassung von höchster Bedeutung ist. – Vgl. auch → internationale Unternehmensverfassung.

II. Grundfragen: Bei Analyse, Vergleich oder Gestaltung von Unternehmensverfassungen stehen immer zwei grundlegende Fragen zur Diskussion: 1. Welche *Interessen* sollen die Zielsetzung und Politik der Unternehmung bestimmen bzw. bestimmen sie? Bei der Beantwortung dieser Frage geht es darum, welche Interessen aus dem Kreis der prinzipiell verfassungs*relevanten* Interessengruppen der Konsumenten, der Arbeitnehmer, der Kapitaleigner und dem öffentlichen Interesse die Unternehmensverfassung konstituieren bzw. konstituieren sollen (verfassungs*konstituierende* Interessen). Rein formal kann man dann zwischen interessenmonistischen, interessendualistischen und interessenpluralistischen Unternehmensverfassungen unterscheiden. Interessenmonistische Varianten bilden die → kapitalistische Unternehmensverfassung, wie sie in den handelsrechtlichen Kodifikationen des 19. Jh. ihren Niederschlag gefunden hat und noch heute die ökonomische Realität der westlichen Industrienationen prägt, und die (frühere) → laboristische Unternehmensverfassung Jugoslawiens, die als Modell der Arbeiterselbstverwaltung allein auf den Arbeitnehmerinteressen gründete. Als interessendualistisch darf die Mitbestimmte Unternehmung gelten. Interessenpluralistische Verfassungen ergeben sich, wenn zusätzlich das öffentliche Interesse und/oder (partiell) Interessen der Konsumenten Verfassungsrang erhalten. – 2. Welche *institutionellen Vorkehrungen* sind geeignet bzw. getroffen, die Unternehmensaktivitäten auf die verfassungskonstituierenden Interessen auszurichten? Bei der institutionellen Ausgestaltung (→ Organisationsverfassung) müssen Regelungen über Entscheidungsgremien (Art, Zusammensetzung, Wahl, Kompetenzen), über den Ablauf der Entscheidungsprozesse in den Gremien (Vorsitz, Ausschüsse, Teilnahme und Beschlussmodalitäten) und über ihre Information im Rahmen der Entscheidungsvorbereitung (Planungsinformationen) und zur Kontrolle der Resultate der getroffenen Entscheidungen (Kontrollinformation) getroffen werden. Zur Debatte stehen hier (für Großunternehmen) i.d.R. die dreigliedrige Verfassungsstruktur mit Hauptversammlung, Aufsichtsrat und Vorstand oder die zweistufige Lösung mit Hauptversammlung und Verwaltungsrat bzw. Board.

III. Wirtschaftsordnung und Unternehmensverfassung: Sowohl für das Verständnis von existierenden Verfassungen als auch für ihre Reform ist von zentraler Bedeutung, wie das Verhältnis von → Wirtschaftsordnung und Unternehmensverfassung interpretiert wird. – 1. In der Sicht der klassischen *liberalen Wirtschaftstheorie determiniert* die Wirtschaftsordnung bzw. der Markt die Unternehmensverfassung (→ kapitalistische Unternehmensverfassung). Nach diesem Modell vollzieht sich der Interessenausgleich grundsätzlich im Markt. Das Unternehmen reduziert sich auf ein System von Vertragsbeziehungen zwischen den Produktionsmitteleigentümern und Abnehmern, Lieferanten, Arbeitnehmern und

Fremdkapitalgebern. Übrig bleibt die Gesellschaft als Vertragsverbund der Kapitaleigner, die dann folgerichtig interessenmonistisch sein muss. Die Auszeichnung der Kapitaleignerinteressen ist insofern nicht willkürlich, sondern funktional für die Wohlfahrt aller. Die theoretische Begründung für diesen Zweck-Mittel-Zusammenhang lieferte die mikroökonomische allg. Gleichgewichtstheorie mit dem Marktmodell der vollkommenen Konkurrenz. – 2. Im Lichte der neueren → Industrieökonomik erscheint diese Interpretation des Verhältnisses von Markt und Unternehmensverfassung jedoch fragwürdig. V.a. Großunternehmen verfügen über (nichttriviale) Handlungsspielräume im Wettbewerbsprozess und vermögen durch unternehmensstrategisches Handeln die Marktstruktur selbst erfolgreich zu beeinflussen. Daraus folgt, dass die Unternehmung neben dem Markt ein eigenständiges Entscheidungs- und Interessenkoordinationszentrum darstellt und in ihrer verfassungsmäßigen Ausgestaltung nicht dem blanken Marktdiktat unterliegt. Die Dependenz zwischen Wirtschaftsordnung und Unternehmensverfassung hat sich so zu einer *Interdependenz* gewandelt. Genau an diesen Handlungsspielraum und Sachverhalt knüpft die Diskussion um die Weiterentwicklung der Unternehmensverfassung an. – 3. → Arbeiterselbstverwaltung.

IV. Sonderfall: Verfassung internationaler Unternehmungen: 1. *Problematik* (Spannungsfeld): Für internationale Unternehmungen ist die Entfaltung von Geschäftsaktivitäten in mehreren Ländern, unter globalen Gesichtspunkten und über nationale Grenzen und alle Unternehmensteile hinweg *(keine ökonomische Einheit)* problematisch. Rechtlich existieren nur nationale Gesellschaften. Wegen der *Vielfalt der nationalen Rechtskreise* existiert eine Unternehmensverfassung typischerweise *nicht.* Internationale Gesellschaften bzw. Unternehmen mit Internationaler Unternehmensverfassung sind eine atypische Rarität; sie kommen durch Staatsverträge zustande und stehen auf internationaler Rechtsgrundlage. – 2. *Rechtliche Voraussetzungen* von internationalen Unternehmungen: Zum Aufbau und zur Lenkung von internationalen Unternehmungen müssen gewährleistet sein: a) *Niederlassungsfreiheit* und *wechselseitige Anerkennung* juristischer Personen (innerhalb der EU: Art. 52, 58, 220 EG-Vertrag). – b) *Rechtliche Möglichkeiten zentraler Leitung:* (1) Leitungsbefugnis aus *Eigentum,* wenn die Zentrale der internationalen Unternehmungen selbst Eigentümer eines Unternehmensteils im Ausland ist (Niederlassungen): Im Rahmen des Gastlandrechts kann die Zentrale von ihrer Weisungsbefugnis Gebrauch machen. (2) Leitungsbefugnis durch direkte oder indirekte (mehrheitliche) *Beteiligung* (faktischer Konzern) an einer ausländischen Gesellschaft. Instrumente zur Durchsetzung der einheitlichen Leitung: Beschlüsse der Gesellschaftermehrheit in zentralen wirtschaftlichen Belangen mit Bindungswirkung für das Management; Recht zur Auswahl und Abberufung der Mitglieder der Geschäftsführung (Personalhoheit); Entsendung von Stammhausdelegierten; entsprechende Gestaltung der Unternehmensstatuten (Geschäftsordnung, Geschäftsverteilungsplan, Bestellung des Vorsitzenden der Geschäftsführung). (3) Leitungsbefugnis aus *Vertrag:* → Unternehmensverträge (§§ 291, 292 AktG) zwischen Mutter- und Tochtergesellschaften: (a) Beherrschungsvertrag: Die Konzernmutter kann dem Vorstand der Tochter direkt Weisungen erteilen, auch gegen Widerstand durchsetzen (§ 308 AktG). (b) Konsortialverträge: Vertragliche Abmachungen zwischen den Gesellschaftern eines Unternehmens, um den Einfluss auf Unternehmenspolitik, Geschäftsführung und personelle Zusammensetzung zu sichern. – Vgl. auch → Joint Venture. (4) *Schranken der Leitungsmacht:* Durch nationale Rechte zum Schutz von Tochtergesellschaften, aus divergenten nationalen Rechnungslegungsvorschriften und aus der Vielfalt der nationalen Steuersysteme. – 3. *Entwicklungstendenzen:* Konflikte mit den Interessen der Arbeitnehmer, Gläubiger, Aktionäre, Verbraucher oder sonstigen öffentlichen Interessen in Herkunfts- und Gastländern bestimmen die Diskussion über die Unternehmensverfassung von internationaler Unternehmungen Ansätze zur Überbrückung der Diskrepanz zwischen internationaler Wirtschaftstätigkeit von internationalen Unternehmungen und nationaler Interessenkoordination und Konfliktregelung: (1) → Internationale Unternehmensverfassung; (2) Angleichung der nationalen verfassungsrelevanten Rechtsgebiete (→ Europäisches Gesellschaftsrecht); (3) Vereinbarung internationaler → Verhaltenskodizes für internationale Unternehmungen.

V. Entwicklungsperspektiven: 1. Als grundsätzliche *Strategiealternativen* zur Weiterentwicklung der Unternehmensverfassung werden sowohl der gesetzliche als auch der vertragliche Weg verfolgt. Neben der *Gesetzesstrategie,* wie sie v.a. in der Bundesrepublik Deutschland mit der Mitbestimmungsgesetzgebung verfolgt wurde und in EG-Richtlinien zur Vereinheitlichung des Gesellschaftsrechts ihren Ausdruck findet (→ Europäisches Gesellschaftsrecht), gewinnt die *Vertragsstrategie,* nicht nur im europäischen Ausland, zunehmend an Bedeutung. – *Beispiele:* Tarifvertragliche Vereinbarung von Mitbestimmungsregelungen in Schweden, Dänemark, Belgien und der Schweiz sowie entsprechende rechtspolitische Vorschläge im Entwurf der Fünften EG-Richtlinie zur Struktur der Aktiengesellschaft und im DGB-Entwurf eines Mitbestimmungsgesetzes von 1982. Vertragliche Entwürfe zur Unternehmensverfassung bilden weiter die Partnerschaftsmodelle. Als weiteres für die Zukunft prägendes Entwicklungsmuster darf die *„Internationalisierung“* der Unternehmensverfassung durch Rechtsangleichung gelten, wie sie bes. im Rahmen der Europäischen Gemeinschaft durch Schaffung von Gesellschaftsformen wie der → Societas Europaea (SE), der → Societas Cooperativa Europaea

(SCE) und der Europäische Wirtschaftliche Interessenvereinigung (EWIV) betrieben wird. – Vgl. auch → Europäisches Gesellschaftsrecht und → internationale Unternehmensverfassung. – 2. Hinsichtlich der *Interessenbezüge* der Unternehmensverfassung lässt sich ein klarer Trend hin zu *pluralistischen Strukturen* erkennen. Zahlreiche europäische Unternehmensverfassungen erfuhren eine interessendualistische Öffnung durch die Einführung der Mitbestimmung der Arbeitnehmer in Großunternehmen, die jedoch nach Intensität, Rechtsquelle und organisatorischer Ausformung eine erhebliche Bandbreite aufweist. Außer den Interessen von Kapitaleignern und Arbeitnehmern ist in einzelnen nationalen Unternehmensverfassungen (Schweden, Montan-Mitbestimmung) und Richtlinien (Europäische Aktiengesellschaft) das öffentliche Interesse als eigenständiger Einflussfaktor vertreten. Auf faktischer Ebene hat sich seit Ende der 1960er-Jahre auch in den USA durch die selektive Repräsentanz von ethnischen Minoritäten, Konsumenten, Frauen und vereinzelt von Arbeitnehmern als Outside-Directors im Board eine interessenpluralistische Unternehmensverfassung in Ansätzen herausgebildet. – 3. Einen zentralen Diskussionspunkt zur *Organisationsverfassung* bildet die Frage, ob sie wie bisher nach Rechtsformen ausdifferenziert werden soll, oder ob nicht eine einheitliche, für alle Großunternehmen *rechtsformunabhängige* Lösung wünschenswert ist. Die dt. Mitbestimmungsgesetzgebung hat an der Rechtsformabhängigkeit festgehalten, obwohl Bedenken bestehen, ob so ein produktives Interessen-Clearing zustande kommt und eine effiziente Führungsorganisation für Großunternehmen zur Verfügung steht. Bei *Rechnungslegung und Publizität* hingegen hat der dt. Gesetzgeber bei Umsetzung einschlägigen EU-Rechts eine rechtsformunabhängige Lösung gewählt (Bilanzrichtlinien-Gesetz). Für die klassische Frage der *Organisation von Geschäftsführung und Kontrolle* werden weiterhin das → Board System und das → Aufsichtsratssystem als Alternative diskutiert. Für das Board System wird eine binnenorganisatorische Aufspaltung in einen „Management Board" und einen „Supervisory Board" empfohlen. Die Vorschläge zum Aufsichtsratssystem hingegen favorisieren Ansätze (Pflichtkatalog zustimmungspflichtiger Geschäfte), die auf eine verstärkte interessen- und sachbezogene Interaktion zwischen Vorstand und Aufsichtsrat hinauslaufen. Schließlich gewinnen Fragen des *Konzerns* durch die immer weiter fortschreitende kapitalmäßige Verflechtung der Unternehmen und der zunehmenden Zahl und Bedeutung von international tätigen Firmen an Bedeutung. Der Trend – zumindest in Europa – geht dahin, nach dt. Vorbild die nationalen Aktienrechte durch konzernrechtliche Regelungen zu erweitern, wobei zusätzlich der Schutz der abhängigen Gesellschaft deutlich verstärkt werden soll. – 4. Neben den strategischen, interessenmäßigen und organisatorischen Überlegungen zur Weiterentwicklung der Unternehmensverfassung wurde in letzter Zeit die Forderung nach einer Ergänzung der Unternehmensverfassung durch eine → Unternehmensethik (Corporate-Governance-Kodex) erhoben. Der Sinn dieser Forderung ergibt sich aus der → gesellschaftlichen Verantwortung der Unternehmensführung sowie aus der Einsicht, dass nicht alle interessenrelevanten Problemfälle verfassungsmäßig vorregelbar sind und insofern → Verhaltenskodizes für Manager und Unternehmen entwickelt werden müssen, die zu einer Selbstbindung des Handelns führen. Bes. Bedeutung haben in diesem Zusammenhang die Verhaltenskodizes für multinationale Unternehmen erhalten.

Unternehmensverkauf → Akquisition, → Takeover.

Unternehmensvernetzung – technische Integration des elektronischen Austauschs von → Daten, Sprache und Bildern zwischen rechtlich und wirtschaftlich selbstständigen Unternehmen. *Technische Integration* als Element der Unternehmensvernetzung zielt auf die Kompatibilität der → Hardware, die Datenstandardisierung und auf die Verständigungsmöglichkeit zwischen der zu integrierenden → Software. Hiervon ist immer dann die *organisatorische Integration* zu unterscheiden, wenn die technische Integration sich nicht auf Abläufe in einem homogenen Organisationsumfeld beschränkt.

Unternehmensverträge – 1. *Begriff:* Zusammenfassende Bezeichnung des Konzernrechts für → Beherrschungsverträge, → Gewinnabführungsverträge, → Gewinngemeinschaften, → Teilgewinnabführungsverträge, → Betriebspachtverträge und → Betriebsüberlassungsverträge (§§ 291, 292 AktG). – 2. *Abschluss* und *Änderung* von Unternehmensverträgen bedürfen der Zustimmung der → Hauptversammlung mit mind. Drei-Viertel-Mehrheit des vertretenen Grundkapitals und der → Handelsregistereintragung (§§ 293–299 AktG). Der Unternehmensvertrag ist für jede vertragsschließende Aktiengesellschaft durch einen oder mehrere sachverständigen Prüfer, sog. Vertragsprüfer, zu prüfen, sofern sich nicht alle Aktien der abhängigen Gesellschaft in der Hand des herrschenden Unternehmens befinden (§ 293b AktG). Der Vorstand hat einen Bericht zu erstatten, in dem der Abschluss des Unternehmensvertrages, der Vertrag im Einzelnen und Art und Höhe des Ausgleichs und der Abfindung nach § 305 AktG erläutert werden. Hierauf können sämtliche Anteilsinhaber verzichten. – 3. Die aktienrechtlichen Vorschriften gelten sinngemäß auch für die *Gesellschaft mit beschränkter Haftung (GmbH).*

Unternehmenswert → Unternehmungswert.

Unternehmensziele → Unternehmungsziele.

Unternehmenszusammenschluss – I. Allgemein: 1. *Begriff:* Eine freiwillige Vereinigung von Unternehmungen im Vertragswege durch Verschmelzung (Vollfusion) oder Konzernierung; Letzteres kann zu einem Gleichordnungs- oder Unterordnungskonzern führen. – Beim Konzern bleibt in allen Fällen die rechtliche Selbstständigkeit der als AG oder GmbH gegründeten Unternehmungen erhalten. – 2. Unternehmenszusammenschluss für *bes. Zwecke:* a) → Interessengemeinschaft: Zwischen mehreren selbstständig bleibenden Unternehmungen werden Arbeitsaufgaben, v.a. z.B. Entwicklungsaufgaben, aufgeteilt; aus Interessengemeinschaften entstehen häufig Konzerne. Im Unterschied zu diesen steht bei der Interessengemeinschaft die Gewinnverteilung im Vordergrund. – b) → Konsortium: v.a. beim Effektengeschäft. – c) *Ringe:* Spezialabreden zur Ausschließung der Konkurrenz, wie z.B. als Vorläufer des Kartells, mit Ausschließungsverträgen gegen Außenseiter. – 3. Unternehmenszusammenschlüsse stellen innerhalb einer *Volkswirtschaft* gewichtige Machtfaktoren dar und werden in ihrer Machtausübung beschränkt (präventiv im Rahmen der → Zusammenschlusskontrolle sowie kurativ im Rahmen der → Missbrauchsaufsicht).

II. Wettbewerbsrecht: Unternehmenszusammenschlüsse unterliegen nach dem Kartellrecht unter bestimmten Voraussetzungen einer Anmeldepflicht und einer Kontrolle (s. auch → Zusammenschlusskontrolle). – 1. *Als Zusammenschluss gelten gemäß § 37 GWB:* a) Erwerb des Vermögens eines anderen Unternehmens ganz oder zu einem wesentlichen Teil (Vermögenserwerb), b) Erwerb der unmittelbaren oder mittelbaren Kontrolle durch ein oder mehrere Unternehmen über die Gesamtheit oder Teile eines oder mehrerer anderer Unternehmen (Kontrollerwerb), c) Erwerb von Anteilen an einem anderen Unternehmen, wenn die Anteile 50 oder 25 Prozent des Kapitals oder der Stimmrechte des anderen Unternehmens erreichen (Anteilserwerb), d) jede sonstige Verbindung von Unternehmen, aufgrund derer ein wettbewerblich erheblicher Einfluss auf ein anderes Unternehmen ausgeübt werden kann. – 2. Anmeldepflicht nach § 39 I GWB für die am Zusammenschluss beteiligten Unternehmen sowie im Fall des Vermögenserwerbs oder des Anteilserwerbs auch für den Veräußerer. – 3. *Inhalt der Anmeldung gemäß § 39 III GWB:* Die Anmeldung muss Angaben enthalten über (1) Firma und Ort der Niederlassung, (2) Art des Geschäftsbetriebes, (3) Umsatzerlöse im Inland, in der EU und weltweit, (4) Marktanteile einschließlich ihrer Berechnungsgrundlagen, wenn diese im Inland mind. 20 Prozent erreichen, (5) im Fall des Anteilserwerbs die Höhe der erworbenen und insgesamt erhaltenen Beteiligung, (6) eine für Zustellung bevollmächtigte Person im Inland, sofern sich der Unternehmenssitz nicht in Deutschland befindet. – 4. Die *Anmeldung von Zusammenschlussvorhaben* muss gemäß § 39 I GWB vor Vollzug beim Bundeskartellamt erfolgen (präventive oder Ex-ante-Kontrolle). – Kontrolle von Unternehmenszusammenschlüssen nach EU-Recht vgl. auch → Europäisches Kartellrecht.

Unternehmer – I. Theorie der Unternehmung: 1. *Begriff:* Es wird zwischen dem Pionier-Unternehmer und Nichtpionier-Unternehmer unterschieden. Letzterer wird auch als *Wirt* (Schumpeter) bezeichnet. Die Figur des Pionier-Unternehmers stellt eine Black Box für Kreativität, Intuition, Findigkeit, Animal Spirits (Keynes) etc. dar, d.h. für Verhaltensweisen, die zum Aufgreifen und Durchsetzen von Innovationen im ökonomischen System führen. Die Motive des Unternehmers für das Ergreifen neuer Gelegenheiten sind vielfältig. Das Gewinnmotiv muss dabei nicht vordringlich sein (Macht, Erfolg, Freude). Die Figur des Unternehmers ist ein zentraler Bestandteil von volkswirtschaftlichen Entwicklungstheorien. Sie ist Quelle endogenen Wandels und verhält sich nicht wie der Homo oeconomicus oder der Robbinssche Ökonomisierer, der sich passiv an Restriktionen mit seinem gegebenen Ziel-Mittel-Raster anpasst. Der *Pionier*-Unternehmer richtet seine Aktivitäten nicht auf die Allokation seiner Mittel in einem gegebenen Ziel-Mittel-Rahmen aus, sondern verändert ihn. Er findet neue Ziele und/oder neue Mittel. Dies wiederum erfordert Lernprozesse und die Wahrnehmung solcher Gelegenheiten. Die Existenz dieser Gelegenheiten und damit das Betätigungsfeld des Unternehmers setzt *unvollkommenes Wissen* voraus. Nur wenn das Wissen unvollkommen ist, gibt es etwas zu entdecken. Vorteile können nur aus dem Wissen gezogen werden, das nicht von allen Marktteilnehmern besessen bzw. genutzt wird. Mit diesem Wissen hofft der Unternehmer, *Vorsprungs- oder Pioniergewinne*zu erzielen. Die Nutzung des Unternehmerwissens erfolgt unter → Unsicherheit. Unternehmer experimentieren und stellen wie Forscher Hypothesen über Marktgelegenheiten auf, die sie im Markt testen (→ Wettbewerb). I.Allg. wird das unternehmerische Element nur auf der Angebotsseite des Marktes betrachtet. Auf Seiten der Nachfrager lassen sich als Pendant zum Unternehmer jedoch Pioniernachfrager identifizieren, welche die neuen Produkte testen. – 2. *Unternehmertypen:* a) Der Schumpetersche *Pionier*-Unternehmer ist ein Gleichgewichtszerstörer, der Neuerungen, seien es technische oder organisatorische Innovationen, neue Ressourcenkombinationen oder neue Ressourcennutzungen, durchsetzt. Er muss selbst kein Inventor sein. Seine durch die Neuerungen bedingte, allerdings nur temporäre, Monopolstellung mitsamt ihren Vorsprungsgewinnen wird durch das Auftreten von *Imitatoren* erodiert. In der Theorie Schumpeters bringen die Imitatoren das ökonomische System wieder in ein (neues) Gleichgewicht. – b) Der *Kirznersche* Unternehmer ist stark am Misesschen Homo agens orientiert. Er ist ein Arbitrageur (Arbitrage) im Ungleichgewicht, der bestehende Koordinationslücken mit seiner Findigkeit für sich ausnutzt, d.h., auf diese Lücken oder Gelegenheiten absichtsvoll reagiert. Da das ökonomische System durch exogene Veränderungen der Daten permanent im Ungleichgewicht ist, übt die vom Kirznerschen Unternehmer durchgeführte Arbitrage eine Kraft in Richtung → Gleichgewicht aus. Im Gegensatz zu a) zerstört er nicht ein bestehendes Gleichgewicht, sondern ist vielmehr eine gleichgewichtsbildende Kraft.

Das Schließen von Koordinationslücken kann allerdings auch neue Lücken aufreißen oder neue Gewinngelegenheiten schaffen. Kirzner verwendet einen sehr weit gefassten Arbitragebegriff, der z.B. auch die Produktion miteinschließt. Umstritten ist, ob der Kirznersche Unternehmer auch Gelegenheiten im Sinn Schumpeters durch die Durchsetzung neuen technischen Wissens schafft, weil Kirzner selbst die bereits vorhandenen Gelegenheiten in seiner Theorie herausstreicht, die der Unternehmer „lediglich" finden muss. – c) Während sowohl Schumpeter als auch Kirzner die gesamtwirtschaftliche Wirkung des Unternehmers untersuchen, analysiert *Heuß* die Entwicklung einzelner Branchen und Märkte, wobei sich diese in vier Phasen vollzieht: Experimentier-, Expansions-, Ausreifungs- und Rückbildungs- bzw. Stagnationsphase. In diesen Phasen dominieren jeweils verschiedene Unternehmer-Typen. Heuß unterscheidet dabei die initiativen Unternehmer in Pionier- und spontan imitierende Unternehmer sowie die konservativen Unternehmer in diejenigen, die unter Druck reagieren und solche, die immobil sind. – d) Nach *Knight* ist derjenige Unternehmer, der die Leitung der Unternehmung innehat und dem der Gewinn als Restgröße zufällt. Dieser reine Gewinn ergibt sich aus der Differenz zwischen dem erwarteten und tatsächlichen Wert der Faktorleistungen. Er entsteht zwar durch Unsicherheit, ist jedoch kein Entgelt für die Übernahme von Risiko. Der Unternehmergewinn im Sinn Knights kann ex ante nicht optimiert werden. I. Kirzner kritisiert, dass das intentionale Streben des Unternehmers nach Unternehmergewinn – durch die Knightsche Betonung seines Zufallscharakters – nicht deutlich werde.

II. Handelsrecht: Unternehmer (in älteren, noch geltenden Vorschriften als „Prinzipal" bezeichnet, z.B. § 60 HGB) im handelsrechtlichen Sinne kann eine → natürliche Person, eine → Personengesellschaft oder eine → juristische Person des privaten oder öffentlichen Rechts, die einen Gewerbebetrieb unterhält, sein. – Zum Begriff des Unternehmers gehört nicht notwendig die *Kaufmannseigenschaft.* Betreibt der Unternehmer ein → Handelsgewerbe, so ist er stets → Kaufmann. Nur ein solcher Unternehmer kann → Handlungsgehilfen haben; → Handelsvertreter können auch für nichtkaufmännische Unternehmer tätig sein.

III. Bürgerliches Recht: 1. *Allgemein:* Natürliche oder juristische Person bzw. rechtsfähige Personengesellschaft, die bei Abschluss eines Rechtsgeschäfts ihrer gewerblichen oder selbstständigen beruflichen Tätigkeit nachgeht (§ 14 BGB). – 2. *Werkvertrag:* Unternehmer ist beim Werkvertrag derjenige, der sich zur Herstellung des Werkes gegen Vergütung verpflichtet.

IV. Umsatzsteuerrecht: 1. *Begriff:* Derjenige, der eine gewerbliche oder berufliche Tätigkeit selbstständig ausübt. Gewerbliche oder berufliche Tätigkeit in diesem Sinn ist jede nachhaltige Tätigkeit zur Erzielung von Einnahmen. – 2. *Unternehmerfähigkeit:* Als Unternehmer kommen nicht nur natürliche oder juristische Personen, sondern auch nicht rechtsfähige Personenvereinigungen jeder Art wie z.B. Gesellschaften oder Gemeinschaften; einzige Bedingung ist, dass es sich um Gebilde handelt, die nach außen hin auftreten (keine bloßen Innengesellschaften ohne Kundenkontakt). Unternehmer kann auch sein, wer nur gegenüber Mitgliedern oder Gesellschaftern tätig wird (Gesellschafterbeiträge, → Mitgliederbeiträge). – 3. *Nachhaltigkeit* der Tätigkeit verlangt zwingend wiederholtes Tätigwerden oder zumindest Wiederholungsabsicht; dies reicht jedoch nicht aus, vielmehr muss eine „ → wirtschaftliche Tätigkeit" vorliegen, d.h. ein Vergleich mit der Stellung eines Produzenten, Händlers oder Dienstleisters (z.B. schon eines Vermieters von Grundstücken) möglich sein, um Nachhaltigkeit der Tätigkeit als Unternehmer bejahen zu können. – 4. *Einnahmenerzielungsabsicht* reicht für die Unternehmereigenschaft aus, es ist nicht erforderlich, dass Gewinne erzielt werden soll; auch die Einstellung einer aussichtslosen Tätigkeit vor der ersten Erzielung von Einnahmen gefährdet nicht die Unternehmereigenschaft, wenn die Erzielung von Einnahmen ursprünglich nur ernsthaft gewollt war. – 5. *Selbstständigkeit* ist gegeben, wenn die Tätigkeit auf eigene Rechnung und Verantwortung ausgeführt wird, d.h. wenn der Betroffene nicht als Arbeitnehmer handelt und keine unselbstständige, in ganz bestimmter Weise einem Konzernverbund eingegliederte juristische Person ist (→ Organschaft, → Organgesellschaft). – 6. *Allgemeine Bedeutung:* Nur ein Unternehmer kann den Haupttatbestand der Umsatzsteuer realisieren (Umsatzsteuer auf → Umsätze) und einen → Vorsteuerabzug geltend machen oder → Rechnungen mit gesondertem Umsatzsteuerausweis ausstellen; auch → Erwerbsteuer kann i.d.R. nicht ausgelöst werden, wenn an dem Vorgang kein Unternehmer als Lieferer beteiligt ist. Lediglich → Einfuhrumsatzsteuer (EuSt) kann auch ohne Mitwirkung eines Unternehmers ausgelöst werden. – 7. *Andere EU-Staaten*: Wer als Unternehmer angesehen kann und wer nicht, ist durch die Mehrwertsteuersystem-Richtlinie der EG vereinheitlicht. – Vgl. auch → Kleinunternehmer.

Unternehmereinheit – nach Rechtsprechung des Bundesfinanzhofs nicht mehr gebrauchter Begriff des Umsatzsteuerrechts für eine Zusammenfassung einander nebengeordneter Unternehmen zu einem Unternehmen. – *Gegensatz:* Unterordnung bei der → Organschaft. – *Anders:* → Unternehmenseinheit.

Unternehmereinkommen – Differenz zwischen dem am Markt erzielten Gesamterlös und den Vorleistungen sowie der Entlohnung der fremden Produktionsfaktoren. Durch Abzug des → Unternehmerlohnes und der → Eigenkapitalverzinsung vom Unternehmereinkommen erhält man den → Unternehmergewinn. – Im → neoklassischen Grundmodell mit vollkommener Konkurrenz und bei Annahme einer linear-homogenen

→ Produktionsfunktionexistiert kein Unternehmereinkommen, da das gesamte Einkommen vollständig auf die beteiligten Produktionsfaktoren (Arbeit, Kapital und Boden) aufgeteilt wird und der Unternehmer nicht als Produktionsfaktor gilt.

Unternehmerfähigkeit – Fähigkeit eines Gebildes oder einer Person, umsatzsteuerlich die Unternehmereigenschaft (→ Unternehmer) besitzen zu können. Unternehmerfähig sein kann jedes selbstständig tätige Gebilde, das nachhaltig Leistungen gegen Entgelt ausführt (Abschn. 16 I UStR). Damit können nicht nur natürliche und juristische Personen Unternehmer sein, sondern auch Personengesellschaften und jegliche andere Gebilde, als Vertragspartner nach außen hin in Erscheinung treten kann.

Unternehmergemeinschaft → Arbeitsgemeinschaft.

Unternehmergesellschaft → Gesetz zur Modernisierung des GmbH-Rechts und zur Bekämpfung von Missbräuchen (MoMiG).

Unternehmergewinn – *Profit;* 1. *Begriff:* Der Unternehmergewinn ist ein Residualeinkommen, das sich aus der Differenz zwischen Gesamterlösen und Kosten errechnet. Zu den Kosten zählen dabei die Einkommen aller → Produktionsfaktoren, einschließlich des → Unternehmerlohns (d.h. Einkommen aus dispositiver Arbeit) und der → Eigenkapitalverzinsung. – 2. *Unternehmergewinn in der Neoklassik:* Im neoklassischen Paradigma werden unter den üblichen vereinfachenden Annahmen (bspw. die Annahme der vollkommenen Konkurrenz) im langfristigen Gleichgewicht die Einkommen vollständig auf die am Produktionsprozess beteiligten Produktionsfaktoren (Arbeit, Boden, Kapital) verteilt. Es existiert kein Residualeinkommen und damit auch kein Unternehmergewinn. – 3. *Unternehmergewinn bei Preiser:* Nach Preiser ist der Unternehmergewinn eine Form des → dynamischen Einkommens. Neben dem Marktlagengewinn gehört dazu auch der Gewinn des Schumpeterschen Unternehmers aus Innovationen (Pioniergewinn).

unternehmerisches Zielsystem → Unternehmungsziele.

Unternehmerkapital – langfristiger Investitionskredit (Nachrangdarlehen) der → KfW Mittelstandsbank für Existenzgründer und junge Unternehmen bis zwei Jahre nach Geschäftsaufnahme, für junge Wachstumsunternehmen (Geschäftsaufnahme von mehr als zwei Jahren und höchstens fünf Jahren) oder für etablierte Mittelständler (Geschäftsaufnahme vor mehr als fünf Jahren). Bei Wachstumsunternehmen und etablierten Unternehmen gelten je nach Risikolage des geförderten Unternehmens unterschiedliche Zinssätze. Die Beantragung erfolgt bei Banken und Sparkassen. Das Kreditausfallrisiko trägt der Bund bzw. die KfW. Die Zinsen für Gründer und Wachstumsunternehmen sind durch Mittel aus dem → ERP-Sondervermögen vergünstigt.

Unternehmerkredit – langfristiger Investitionskredit der → KfW Mittelstandsbank für Existenzgründer (der gewerblichen Wirtschaft), Freiberuflern sowie in- und ausländischen gewerblichen Unternehmen. Möglich ist eine 100-Prozent-Finanzierung von Investitionen und Betriebsmitteln, sofern der beantragte Kreditbetrag unter 1 Mio. Euro liegt. – *Varianten:* (1) *Unternehmerkredit-Betriebsmittel:* Finanzierung von Betriebsmitteln und Ausgleich vorübergehender Liquiditätsengpässe. – (2) *Unternehmerkredit-Leasing:* Finanzierung von Immobilieninvestitionen. – (3) *Unternehmerkredit-Ausland:* Finanzierung von Investitionen und Gründungen im Ausland. – Die Beantragung erfolgt bei Banken und Sparkassen.

Unternehmerlohn – statisches Einkommen des Unternehmers, das sich ein (Mit-)Inhaber von Anteilen am Eigenkapital der Unternehmung (soweit dieser zugleich Unternehmer ist) für seine Tätigkeit anrechnet. Dieser Unternehmerlohn steht demnach dem Einzelkaufmann, Gesellschafter-Geschäftsführer und solchen Angehörigen des Unternehmers zu, die ohne festes Arbeitsentgelt (bzw. volkswirtschaftlich gesehen Arbeitseinkommen) mitarbeiten.

Unternehmerpfandrecht – Beim → Werkvertrag dem Unternehmer zustehendes → gesetzliches Pfandrecht wegen aller Forderungen aus dem Werkvertrag an den vom Unternehmer hergestellten oder ausgebesserten beweglichen Sachen des Bestellers (§ 647 BGB). – Das Unternehmerpfandrecht erlischt, wenn der Unternehmer die Sache dem Besteller zurückgibt (§§ 1253, 1257 BGB).

Unternehmerprivileg – Beschränkung der Haftung von Unternehmen für Personenschäden aus Arbeitsunfällen. – Vgl. auch → Haftung.

Unternehmerverband – durch Zusammenschluss von Unternehmen gebildete Vereinigungen mit unterschiedlicher Zielsetzung (anders: → Unternehmenszusammenschluss, → Interessengemeinschaft). – *Arten:* (1) *Berufsverbände* zur Pflege beruflicher Interessen und Weiterbildung der Mitglieder. – (2) *Fach- und Unternehmungsverbände* zur Förderung der Zusammenarbeit zwischen Unternehmungen eines Wirtschaftszweiges nach innen und der geschlossenen Vertretung seiner fachlichen und wirtschaftspolitischen Ziele nach außen, z.B.: Wirtschaftsvereinigung der Eisen- und Stahlindustrie, Unternehmerverband Ruhrbergbau, Verband der Chemischen Industrie e. V. – (3) *Arbeitgeberverbände* als Gegenspieler der → Gewerkschaften; diese Unternehmerverbände verfolgen wirtschafts- und gesellschaftspolitische Ziele; z.B. → Bundesverband der deutschen Industrie (BDI), Bundesvereinigung der deutschen Arbeitgeber-Verbände e. V. – Vgl. auch → Verband.

Unternehmerwagnis – 1. *Begriff:* Allg., unvorhersehbares und nicht berechenbares persönliches Risiko oder Kapitalrisiko, das der → Unternehmer zu tragen hat. – 2. *Ursachen:* a) die allg. wirtschaftliche Entwicklung, z.B. grundlegende Bedarfsumschichtungen, langanhaltende Depressionen, neue Gesetzgebungen (Sozialisierung), Revolutionen, Kriege, unversicherte Katastrophenfälle wie Explosionen, Überflutungen etc. – b) Besonderheiten der Branche z.B. starke Modeschwankungen (Textilindustrie, Möbelindustrie), Hinzutreten neuer Konkurrenzbetriebe. – c) Falsche Dispositionen der angestellten Unternehmensleiter (Risiko der Entlassung). – 3. *Kostenrechnung:* Das Unternehmerwagnis ist nicht einzubeziehen; es wird durch den → Unternehmergewinn abgegolten. – *Gegensatz:* Kalkulatorisches Wagnis. – Vgl. auch → Wagnis.

Unternehmerwechsel → Veräußerung.

Unternehmung – *Unternehmen.*

I. Begriff: Wirtschaftlich-rechtlich organisiertes Gebilde, in dem auf nachhaltig ertragbringende Leistung gezielt wird, je nach der Art der Unternehmung nach dem Prinzip der → Gewinnmaximierung oder dem Angemessenheitsprinzip der Gewinnerzielung. Das Gewinnstreben richtet sich zumindest auf angemessene Verzinsung des → betriebsnotwendigen Kapitals. – In diesem Sinn kann eine Unternehmung aus mehreren bzw. keinem → Betrieb (im technischen Sinn) bestehen (z.B. → Holdinggesellschaft). – Vgl. auch Abbildung „Unternehmung“ und → internationale Unternehmung, → Theorie der Unternehmung.

II. Abgrenzung 1. Unternehmung *als untergeordneter Begriff:* Zunehmend wird „Betrieb“ als übergeordneter Begriff verwendet, um auch die Dienststellen der Behörden-Verwaltungen (im eigentlichen Sinn keine Unternehmung) einordnen zu können sowie zur besseren Rechtfertigung des Begriffs Betriebswirtschaftslehre. – 2. Unternehmung *als Synonym für Betrieb* (häufig verwendet). – 3. Unternehmung *als Synonym für Unternehmen:* Inhaltlich gleich sind die Begriffe Unternehmung und Unternehmen; letzterer wird z.T. in Gesetzestexten und in der → Wirtschaftszweigsystematik verwendet.

III. Charakterisierung: Die Unternehmung ist eine selbstständige, vom Haushalt des oder der Unternehmer losgelöste Einzelwirtschaft, die sich vom Betrieb dadurch unterscheidet, dass sie eine örtlich nicht gebundene, wirtschaftlich-finanzielle und rechtliche Einheit darstellt. – 1. *Örtlich nicht gebundene Einheit:* Standort und räumliche Ausdehnung der Unternehmung werden sich zwar in vielen Fällen mit denen des Betriebes decken (z.B. bei der Ein-Betriebs-Unternehmung): die Unternehmung kann aber auch aus mehreren Betrieben bestehen, die sich an verschiedenen, voneinander entfernten Orten befinden. – 2. *Wirtschaftlich-finanzielle Einheit:* Wesensnotwendig ist die Tätigkeit eines → Unternehmers(bzw. Unternehmensleiters), der aufgrund erwerbswirtschaftlicher Erwartungen die Geschäftspolitik der Unternehmung einheitlich nach dem Prinzip der Gewinnmaximierung bzw. größtmöglicher Rentabilität ausrichtet und entweder sein privates Eigentum an Produktionsmitteln oder das ihm anvertraute Kapital der Unternehmung etwaigem → Unternehmerwagnis aussetzt. – Für ihr Fortbestehen muss die Unternehmung im finanziellen Gleichgewicht bleiben: Die Unternehmung muss langfristig Gewinne machen, da sonst das → Eigenkapital aufgezehrt würde; es muss gewährleistet sein, dass die Einnahmen und Auszahlungen so koordiniert werden, dass die Unternehmung zu jedem Zeitpunkt liquide ist (→ Liquidität). – Die finanzielle Einheit wird durch eine kaufmännische Unternehmungsrechnung hergestellt, die im Gegensatz zur Betriebsrechnung (Kosten- und Leistungsrechnung) eine Aufwands- und Ertragsrechnung ist. So kann die Unternehmung auch aus betriebsfremden Vermögensteilen (z.B. Beteiligungen, Wertpapieren) und betriebsfremden Tätigkeiten (z.B. Spekulationen) und Marktveränderungen (z.B. Preissteigerungen infolge politischer Ereignisse) Wertzugänge haben. Der hierdurch bewirkte ständige Wertefluss wird chronologisch und systematisch in der → Buchführung erfasst. – 3. *Rechtliche Einheit:* Sie wird durch den Handelsnamen des Kaufmanns (→ Firma) und die Rechtsform charakterisiert.

IV. Arten: 1. *Nach dem Träger des Eigentums:* a) Private Unternehmung, b) gemischt-wirtschaftliche Unternehmung, d.h. Unternehmung, die der Staat oder eine öffentlich-rechtliche Körperschaft unter Beteiligung privaten Kapitals betreibt und c) öffentliche Unternehmung (→ öffentliche Unternehmen). – 2. *Nach der Rechtsform:* a) → Einzelkaufmann, b) → Personengesellschaft, nämlich → offene Handelsgesellschaft (OHG), → Kommanditgesellschaft (KG), → Partnerschaftsgesellschaft (PartG), → Europäische Wirtschaftliche Interessenvereinigung (EWIV), c) → Kapitalgesellschaft, nämlich → Aktiengesellschaft (AG), → Kommanditgesellschaft auf Aktien (KGaA), → Gesellschaft mit beschränkter Haftung (GmbH), d) → Genossenschaft mit beschränkter Haftpflicht und mit unbeschränkter Haftpflicht, e) → Stiftung, f) → Versicherungsverein auf Gegenseitigkeit (VVaG) und g) → Partenreederei.

V. Wirtschaftsrecht: 1. Zu den *Vermögenswerten* einer Unternehmung gehören nicht nur die → beweglichen Sachen und → Grundstücke, sondern auch die Rechte, z.B. Firmenrechte, gewerbliche Schutzrechte, Forderungsrechte, etc., aber auch die immateriellen Rechte, z.B. Kundenstamm, der gute Ruf des Geschäftes (zusammenfassend als *Goodwill* bezeichnet; → Firmenwert). – 2. Die *Rechtsnatur* der Unternehmung ist streitig: Der Unternehmer hat, unabhängig von den ggf. vorhandenen Rechten an den einzelnen Gegenständen, ein bes. Recht an der Unternehmung. Dieses Recht kann nach allgemeiner Meinung mit dem → Abwehranspruch aus § 1004 BGB gegen fremde Eingriffe und durch das Wettbewerbsrecht geschützt werden. Die Unternehmung als solche wird nicht als „sonstiges Recht“ im Sinn des § 823 I BGB angesehen, wohl aber wird in gewissen Grenzen ein

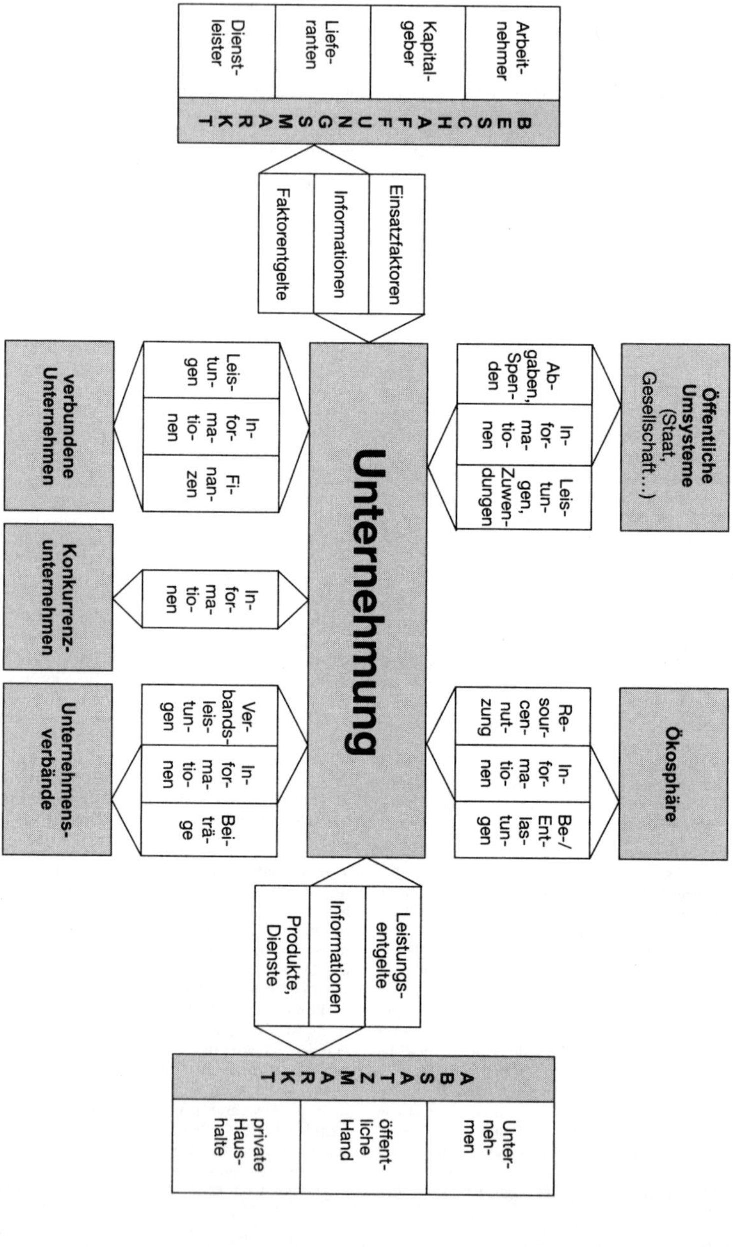
BESCHAFFUNGSMARKT
Arbeit- nehmer
Kapital- geber
Liefe- ranten
Dienst- leister
Einsatzfaktoren
Informationen
Faktorentgelte
Öffentliche Umsysteme (Staat, Gesellschaft…)
Ab- gaben, Spen- den
In- for- ma- tio- nen
Leis- tun- gen, Zuwen- dungen
Ökosphäre
Re- sour- cen- nut- zung
In- for- ma- tio- nen
Be-/ Ent- las- tun- gen
Unternehmung
verbundene Unternehmen
Leis- tun- gen
In- for- ma- tio- nen
Fi- nan- zen
Konkurrenz- unternehmen
In- for- ma- tio- nen
Unternehmens- verbände
Ver- bands- leis- tun- gen
In- for- ma- tio- nen
Bei- trä- ge
Leistungs- entgelte
Informationen
Produkte, Dienste
ABSATZMARKT
Unter- neh- men
öffent- liche Hand
private Haus- halte

Lizenz zum Wissen.

Sichern Sie sich umfassendes Wirtschaftswissen mit Sofortzugriff auf tausende Fachbücher und Fachzeitschriften aus den Bereichen: Management, Finance & Controlling, Business IT, Marketing, Public Relations, Vertrieb und Banking.

Exklusiv für Leser von Springer-Fachbüchern: Testen Sie Springer für Professionals 30 Tage unverbindlich. Nutzen Sie dazu im Bestellverlauf Ihren persönlichen Aktionscode C0005407 auf *www.springerprofessional.de/buchkunden/*

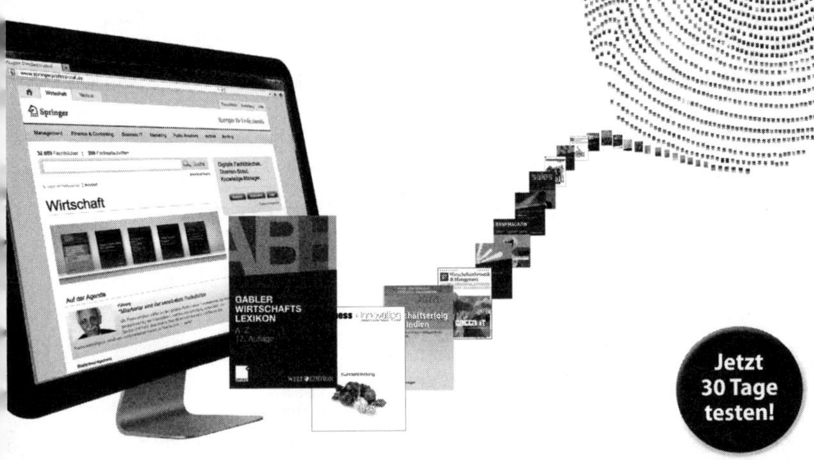

Jetzt 30 Tage testen!

Springer für Professionals.
Digitale Fachbibliothek. Themen-Scout. Knowledge-Manager.

- Zugriff auf tausende von Fachbüchern und Fachzeitschriften
- Selektion, Komprimierung und Verknüpfung relevanter Themen durch Fachredaktionen
- Tools zur persönlichen Wissensorganisation und Vernetzung

www.entschieden-intelligenter.de

Springer für Professionals

Springer

Recht am „eingerichteten und ausgeübten → Gewerbebetrieb“ anerkannt und gegen unmittelbare Eingriffe gemäß § 823 I BGB geschützt. – 3. Das Vorhandensein einer Unternehmung lässt erst die → Firma entstehen; mit Wegfall der Unternehmung erlischt die Firma. – 4. Die Unternehmung *erlischt,* wenn die dauernd auf Gewinn gerichtete Tätigkeit nicht fortgesetzt werden soll oder kann. Entscheidend ist die Fortdauer der „Beziehungen“. Ein vorübergehendes Nicht-Fortsetzen-Wollen führt nicht zum Erlöschen, andererseits kann das Vorhandenbleiben der Einrichtung auf längere Zeit allein nicht genügen. Tod beendet die Unternehmung, wenn nicht in angemessener Zeit ein Rechtsnachfolger den Betrieb wieder aufnimmt. – 5. Die Unternehmung als Ganzes kann Gegenstand eines schuldrechtlichen Grundgeschäftes sein, z.B. Kauf, Tausch, Pacht etc., kann aber nur durch *Übertragung* der einzelnen Gegenstände veräußert werden. – Vgl. auch → Veräußerung.

VI. Arbeitsrecht: Das Arbeitsrecht (z.B. BetrVG oder KSchG) kennt keinen eigenen Unternehmungsbegriff, sondern setzt ihn voraus. Er wird weitgehend durch die in den Gesetzen für die Unternehmung vorgesehenen Rechts- und Organisationsformen bestimmt, die durchweg zwingend sind. Die Unternehmung lässt sich durch die organisatorische Einheit des dahinter stehenden wirtschaftlichen oder ideellen Zwecks kennzeichnen. – *Anders:* → Betrieb. – Eine Unternehmung kann aus mehreren Betrieben bestehen, wenn der mit der Unternehmung verfolgte Zweck durch mehrere organisatorisch verselbstständigte Zweckeinheiten erstrebt wird. In diesem Fall hat der Begriff der Unternehmung neben dem des Betriebs eine eigenständige betriebsverfassungsrechtliche Bedeutung, da er Anknüpfungspunkt für die Bildung des → Gesamtbetriebsrats ist. Andererseits ist es möglich, dass arbeitsrechtlich mehrere Unternehmen einen (gemeinsamen) Betrieb bilden.

Unternehmungsaufspaltung → Betriebsaufspaltung.

Unternehmungsbewertung

von Prof. Dr. Klaus Henselmann

I. Begriff und Anlässe

Mit Unternehmungsbewertung bezeichnet man die Verfahren zur Wertermittlung von Unternehmen als Ganzes (→ Wert).

Bei den unregelmäßig vorkommenden Anlässen lassen sich Situationen ohne Einigungszwang (z.B. Kauf und Verkauf von Unternehmen(steilen), Eintritt von Gesellschaftern, Verschmelzungen) und mit Einigungszwang (z.B. Berechnung des Zugewinnausgleichs, zwangsweiser Ausschluss von Gesellschaftern) unterscheiden.

Unternehmensbewertungen als periodisches Rechenwerk werden sowohl bei der wertorientierten Unternehmensführung (z.B. Entscheidungen zur Geschäftsfeldstrategie, Leistungsbeurteilung von Führungskräften) als auch bei der externen Rechnungslegung nach HGB und IFRS (Beteiligungsbuchwerte, Impairment-Test beim Goodwill) verwendet.

II. Wertkonzepte

1. Eine „objektive“, d.h. allgemeingültige und eindeutige Ermittlung des Unternehmenswerts ist nicht möglich.

2. Dasselbe Unternehmen weist aus der individuellen Sicht von bspw. Käufer und Verkäufer Wertunterschiede auf. Ursachen sind verschiedene Zukunftserwartungen (z.B. hinsichtlich Nachfrage, Kosten, Konkurrenz), Gestaltungsmöglichkeiten (z.B. Synergiepotenziale, alters- oder krankheitsbedingte Einschränkungen) und Zielsysteme (z.B. Risikoeinstellung, soziale Ziele). Der auf eine bestimmte Person (das sog. Bewertungssubjekt) bezogene und insoweit „subjektive“ Unternehmenswert wird auch individueller Gebrauchswert, Nutzwert oder Ertragswert genannt. Für einen potenziellen Verkäufer legt sein Ertragswert des Unternehmens die Preisuntergrenze, für einen potenziellen Käufer dessen Ertragswert die Preisobergrenze in den Preisverhandlungen fest. Daher die verbreitete Bezeichnung als „Grenzpreis“ (besser wäre: Preisgrenze) oder Entscheidungswert.

Allerdings werden der Berechnung von Entscheidungswerten in der Praxis Grenzen gesetzt: Erstens sind dem Bewerter die individuellen Verhältnisse manchmal nicht bekannt (z.B. persönliche Risikoeinstellung und Steuersatz) und/oder es müssen Werte für Personenmehrheiten (z.B. zahlreiche Aktionäre) bestimmt werden. Hier legt man der Bewertung keine individuellen, sondern für eine größere Zahl von Personen typische, durchschnittliche Verhältnisse zugrunde (sog. Typisierung). Zweitens kann es sehr unterschiedliche Auffassungen über die Zukunftsentwicklung geben. Jedoch erfordern Gerichtsverfahren und andere Anlässe die Verwendung intersubjektiv nachprüfbarer Daten. Diese sog. Objektivierung erfolgt z.B. durch Prognosen auf Basis der historischen Unternehmensentwicklung oder durch Nutzung von Kapitalmarktdaten.

3. Ein weiteres Ziel von Unternehmensbewertungen besteht darin, den bei einer Transaktion voraussichtlich realisierbaren Preis (Tauschwert) des Unternehmens zu bestimmen. Von besonders großer praktischer Bedeutung ist dabei derjenige Preis, der sich für ein Unternehmen am Markt „im gewöhnlichen Geschäftsverkehr", d.h. unter normalen Umständen, unabhängig von bestimmten Käufern und Verkäufern, bei gegebener Kauf- bzw. Verkaufsbereitschaft, bilden würde. Man spricht hier vom sog. Verkehrswert, Marktpreis oder gemeinen Wert. Diese Wertkategorie ist insbesondere bei verschiedenen rechtlichen Anlässen (z.B. im Rahmen des Zugewinnausgleichs oder bei Pflichtteilsansprüchen) vorgesehen. Sie stellt bei heterogenen Gütern, wie es die meisten Unternehmen darstellen, letztlich eine Fiktion dar.

4. Im Laufe von Kauf- oder Gerichtsverhandlungen versucht man jeweils die Bewertungsgrundlagen der Gegenseite zu erschüttern und so Zugeständnisse zu erreichen. Die tatsächlichen Grenzpreise werden dabei nicht genannt. Zur Unterstützung der Verhandlungen werden scheinbare Unternehmenswerte, sog. Argumentationswerte oder → Arbitriumwerte, vorgebracht.

Folgerungen: Nach der sog. Funktionenlehre ist für die konkrete Durchführung von Unternehmensbewertungen auf die Funktion des Wertes (d.h. seinen Zweck) und den entsprechenden Auftrag an den Bewerter zu achten (Beratungsfunktion = Entscheidungswert, Argumentationsfunktion = Argumentationswert, Schiedsfunktion = i.d.R. Verkehrswert bzw. der nach IDW objektivierte und typisierte Wert). Jedoch vernachlässigt die Funktionenlehre mit ihrer einseitigen Ausrichtung auf den Bewertungszweck weitere situative Einflussfaktoren.

III. Ertragswert- und DCF-Verfahren

Der Unternehmenswert hängt davon ab, inwieweit ein Eigentümer damit künftig seine Ziele verwirklichen kann. Dabei konzentriert man sich i.d.R. auf die monetären Nutzenströme, die sich aus dem Unternehmen „herausholen" lassen. Entgegen dem Begriff „Ertragswert" handelt sich dabei nicht um die erzielten Gewinne. Nur ausgeschüttete Zahlungsüberschüsse (nicht Gewinne) können beim Eigentümer zu einem Nutzen, etwa durch Befriedigung von Konsumwünschen, führen. Entsprechend sind zur Bewertung diskontierte Zahlungen heranzuziehen.

1. Überschüsse:

Den bewertungsrelevanten Zahlungsstrom bezeichnet man in der Sprache der Unternehmensbewertung als „Freier Cash Flow" oder „Free Cash Flow" (FCF). Er wird für die einzelnen Jahre des Bewertungszeitraums mithilfe einer integrierten Planungsrechnung ermittelt. Dazu müssen Annahmen über die künftige Entwicklung des Unternehmens getroffen werden. Um die Treffsicherheit der Prognosen zu erhöhen, nimmt man die Planungen auf Grundlage einer Vergangenheitsanalyse und → Due Diligence vor. Dabei werden neben den Rechnungswesendaten auch allgemeine Informationen über das Unternehmen und seine Stellung innerhalb der Umwelt (insbesondere der Branche) beschafft. Auf dieser Grundlage schließen sich Bereinigungen der Rechnungslegung sowie die Berechnung von Kennzahlen, den sog. Werttreibern, an. Sie erfassen mögliche Einflussgrößen für Wachstum, Rentabilität und Kapitalbindung und hängen in einer baumartigen Struktur zusammen. Eine bloße statistische Fortschreibung der Werttreiber ist jedoch nicht empfehlenswert, da sich sowohl externe Einflüsse (Umweltbedingungen) als auch interne Gegebenheiten (Unternehmenspolitik) im Vergleich zur Vergangenheit ändern können. Aus den Annahmen über die künftigen Werttreiber lassen sich für einen Prognosezeitraum von typischerweise drei bis fünf Jahren die Plan-GuV, die Plan-Bilanz sowie die Plan-Kapitalflussrechnung berechnen. Der letztlich benötigte Free Cash Flow kann dann aus der Kapitalflussrechnung abgelesen werden. Jenseits des Planungshorizonts muss noch eine Prognose für die restlichen Jahre abgegeben werden. Die Überschüsse nach dem expliziten Planungshorizont ergeben in ihrer Gesamtheit den sog. „Restwert".

2. Diskontierung:

Als zweites Teilproblem sind die prognostizierten Zahlungsüberschüsse mit einem Kalkulationszinssatz abzuzinsen (Discounted Cash Flow-Methoden, DCF). Durch die Diskontierung wird ein Vergleich zur Geldanlagealternative „Kapitalmarkt" hergestellt. Geldanlage und Unternehmensinvestition müssen deshalb hinsichtlich des Grades an Unsicherheit vergleichbar sein. In der Praxis wird der Zins für sichere Geldanlagen um einen unternehmensspezifischen Risikozuschlag erhöht. Die konkrete Höhe des Risikozuschlags ist allerdings schwierig zu bestimmen. Zur Festlegung der risikoadäquaten Kapitalkosten wird heute meist das Capital Asset Pricing Model (CAPM) verwendet. Die vom Unternehmen erwartete Rendite (gleich den Eigenkapitalkosten bzw. dem Diskontierungszins bei der Equity-Methode) ergibt sich aus dem risikofreien Zins (Basisverzinsung), erhöht um die Marktrisikoprämie multipliziert mit dem relativen Risikograd des Unternehmens (Betafaktor).

Die Wahl der Zahlungsüberschuss-Größe und des Diskontierungszinssatzes hängen bei den DCF-Methoden zusammen. Wegen der risikoerhöhenden Hebelwirkung der Fremdfinanzierung müssen je nach Methode unterschiedliche Diskontierungszinssätze eingesetzt werden:

- Geht man vom Zahlungsüberschuss nach Zins und Nettotilgung aus, so spricht man von der *Netto-Methode* (Equity-Ansatz, *Flow to Equity*/FTE). Die Diskontierung erfolgt mit einem Eigenkapitalkostensatz.

- Rechnet man (zunächst) mit Zahlungsüberschüssen vor Zins und Nettotilgung, so bezeichnet man dies mit der *Brutto-Methode* (Entity-Ansatz; mit den steuerlichen Varianten *Weighted Average Cost of Capital*/WACC, *Adjusted Present Value*/APV und *Total Cash Flow*/TCF). Die Abzinsung wird mit einem durchschnittlichen Gesamtkapitalkostensatz vorgenommen. Vom errechneten Barwert müssen dann noch die Schulden abgezogen werden.

IV. Marktwertverfahren

Die marktorientierten Bewertungsverfahren (Multiplikatormethoden) versuchen den Verkehrswert aus am Markt tatsächlich bezahlten Preisen abzuleiten. Dabei greift man auf Fälle ähnlicher Unternehmenskäufe zurück (sog. Recent Acquisition-Ansatz) oder zieht den Kurswert vergleichbarer börsennotierter Unternehmen als Bewertungsgrundlage heran (sog. Similar Public Company-Ansatz). Man spricht deshalb auch von einer relativen Bewertung.

Verkehrswerte verschiedener Unternehmen können i.d.R. nicht direkt miteinander verglichen werden. Um der unterschiedlichen Unternehmensgröße (gemessen durch Gewinn, Umsatz, Mitarbeiter usw.) Rechnung zu tragen, macht man sie durch eine gemeinsame Bezugsbasis vergleichbar. Es wird dabei unterstellt, dass sich die Preise proportional zu den jeweiligen Ausprägungen dieser Bezugsgröße verhalten.

In der Praxis finden sich sowohl ertragsorientierte Bezugsgrößen (z.B. JÜ, → EBT, → EBIT, → EBITDA, → Cashflow, Umsatz, Produktionsleistung) als auch, wenngleich wesentlich seltener, kapitaleinsatzorientierte Größen (bilanzielle Buchwerte oder Zeitwerte). Die Art des herangezogenen Multiplikators hat für verschiedene Varianten auch namensgebend gewirkt, z.B. KGV-Verfahren (Kurs-Gewinn-Verhältnis) bzw. PER-Verfahren (Price-Earnings-Ratio), Umsatzverfahren, Leistungswertvergleich, Marktwert-Buchwert-Verhältnis.

Wegen der relativen Bewertung hängt die Güte des Ergebnisses davon ab, inwieweit Vergleichsunternehmen gefunden werden können, die tatsächlich den zu bewertenden Unternehmen sehr ähnlich sind, zu denen die notwendigen Daten vorliegen, und bei denen die Preise unter realistischen Umständen zustande gekommen sind.

Marktwertverfahren liefern nur Prognosen für allgemeine Verkehrswerte. Zur Bestimmung von subjektiven Entscheidungswerten sind sie nicht geeignet.

V. Liquidationswertverfahren

Unter dem Liquidationswert versteht man den Betrag, den der bisherige Eigentümer bei einem Verkauf aller einzelnen Vermögenswerte (nach Begleichung der Schulden) erzielen könnte. Hierbei sind Kosten des Liquidationsverfahrens, liquidationsbedingt entstehende Ansprüche (z.B. Sozialpläne für Arbeitnehmer) und steuerliche Folgen zu berücksichtigen.

Der Liquidationswert stellt eine besondere Form des Ertragswerts dar, da er eine Antwort auf die Frage gibt, was man aus dem Unternehmen „herausholen" könnte. Man geht lediglich hinsichtlich der Unternehmenspolitik nicht von einer Fortführung, sondern der Zerschlagung des Unternehmens aus. Er bildet damit die Wertuntergrenze. Dabei hängt der Liquidationswert sowohl von der Liquidationsgeschwindigkeit als auch der Zerschlagungsintensität ab.

VI. Substanzwertverfahren

1. Unter dem Substanzwert versteht man meist die Kosten einer Wiederbeschaffung aller vorhandenen einzelnen Vermögensgegenstände im vorliegenden Zustand (d.h. für gebrauchte Wirtschaftsgüter mit entsprechenden Preisen), den sog. Teilreproduktionswert oder Teilrekonstruktionswert (→ Reproduktionswert). Stille Reserven in den Buchwerten wurden mithin aufgedeckt. Dem liegt die Grundidee zugrunde, dass ein möglicher Erwerber nicht bereit sein wird, für ein Altunternehmen mehr zu zahlen, als er selbst für einen Nachbau des Unternehmens ausgeben müsste. Der Substanzwert soll angeblich eine Wertobergrenze bilden. Diese Überlegung ist aber falsch, denn sie ignoriert Kosten der Schaffung einer lebenden Organisation, der Gewinnung von Kunden und die häufig fehlende Nachbaumöglichkeit.

2. Umfassendere Vollrekonstruktionswerte inklusive aller immateriellen Faktoren sind praktisch kaum zu bestimmen. Darüber hinaus lassen sie auch theoretisch keine sinnvollen Aussagen zu. Substanzwerte besitzen daher keinerlei Aussagekraft.

VII. Vergleich und Verfahrenswahl

In Deutschland herrscht die vom → Institut der Wirtschaftsprüfer in Deutschland e. V. (IDW) geprägte Auffassung vor, nach der verlässliche Unternehmensbewertungen ausschließlich mithilfe von Ertragswertverfahren möglich sind. Den Multipikatorverfahren wird allenfalls eine Eignung zur Plausibilisierung zugestanden. Hierbei darf man jedoch nicht vergessen, dass auch das Konzept des Ertragswerts insbesondere mit

(1) der Prognose der künftigen Zahlungsüberschüsse sowie

(2) dem adäquaten Risikozuschlag zum Zins offenkundige Probleme aufweist.

Die oftmals an den Multiplikatormethoden vorgebrachte Kritik ist nur teilweise berechtigt. So werden marktorientierte Verfahren manchmal bei Bewertungsaufgaben eingesetzt, für die sie nicht gedacht sind (Ermittlung von Grenzpreisen). Dies mindert jedoch nicht ihre potenzielle Eignung bei der Abschätzung von Verkehrswerten. Die Hauptprobleme bestehen hier in
(1) der unterstellten „richtigen“ Preisbildung bei den Vergleichstransaktionen sowie
(2) der Suche nach vergleichbaren Unternehmen.

In anderen Ländern und bei anderen Berufsgruppen schätzt man marktorientierte Verfahren nicht selten höher als die Ertragswertverfahren. Empirische Erhebungen belegen, dass neben dem (von der Funktionenlehre betonten) Bewertungszweck auch die Randbedingungen im Bewertungsumfeld wie verfügbare Daten, Zeitdruck, Ausbildung und Kenntnisse der beteiligten Personen sowie Branchengepflogenheiten für die Verfahrenswahl bedeutsam sind.

In der Praxis lässt sich auch in Deutschland regelmäßig beobachten, dass Unternehmenswerte parallel mit mehreren Verfahren bestimmt werden, soweit es die Datenlage erlaubt. Wie die Übertragung von Erkenntnissen der Portfoliotheorie zeigt, lässt sich hierdurch in bestimmten Fällen eine Verbesserung des Gesamtergebnisses erzielen. Dabei sind allerdings bei jeder Bewertung stets die → Grundsätze ordnungsmäßiger Unternehmensbewertung zu beachten.

Unternehmungsergebnis → Unternehmensergebnis.

Unternehmungsgeschichte – *Firmengeschichte, Unternehmensgeschichte;* ein v.a. seit etwa 1890 zuerst in Deutschland, dann auch in den USA, Frankreich und Großbritannien gepflegter, aus der → Wirtschaftsgeschichte erwachsener *Zweig der Geschichtswissenschaft,* von Wissenschaftlern wie Ehrenberg, Kuske, Daebritz, Redlich, Treue, Milkereit, Seidenzahl, Zorn, Lindenlaub scharf abgegrenzt von dem umfangreichen Propagandaschriftgut der Wirtschaft, aus dem i.Allg. wissenschaftliche Erkenntnisse nicht zu gewinnen sind. – Der *Wert* der Unternehmungsgeschichte liegt darin, dass sie, aus dem Archivmaterial der Firmen geschrieben, die Geschichte gewissermaßen „von unten her“, vom Einzelunternehmen aus, betrachtet und damit die vorwiegend „von oben her“, aus den Archiven der Staaten und Kommunen geschriebene allgemeine Wirtschaftsgeschichte ergänzt. So stellt die Unternehmungsgeschichte wichtiges Material nicht allein zur Wirtschaftsgeschichte, sondern auch zur Gesellschaftsgeschichte im weitesten Sinn zur Verfügung. Mit der Geschichte von Politik und Kultur ist die Unternehmungsgeschichte vielfach verknüpft. – Eine wichtige *Voraussetzung* für die wissenschaftliche Firmengeschichte ist die Existenz gut geordneter und möglichst von wissenschaftlich gebildeten Archivaren geleiteter Firmen-, Werks-, Haus- oder Betriebsarchive (Vereinigung deutscher Werks- und Wirtschaftsarchivare). Dabei spielen neben geschriebenen und gedruckten Quellen auch Bilder, Pläne, Diagramme eine wichtige Rolle. Staats- und regionale Wirtschaftsarchive enthalten gleichfalls häufig wertvolles Material für die Unternehmungsgeschichte. Auch die Technik-Geschichte beginnt neuerdings im Rahmen der Unternehmungsgeschichte eine stärkere Rolle zu spielen. Auch im Bereich des Marxismus-Leninismus gibt es zahlreiche Unternehmungsgeschichten, stets ideologisch festgelegt, nicht selten ohne erheblichen Informationsgehalt.

Unternehmungsgliederung → Organisationsstruktur.

Unternehmungsgründung → Gründung.

Unternehmungskonzentration → Konzentration.

Unternehmungskrise – *Unternehmenskrise.*

I. Begriff: Unterschiedlichste Phänomene im Leben einer Unternehmung, von der bloßen Störung im Betriebsablauf über Konflikte bis hin zur Vernichtung der Unternehmung, die zumindest aus Sicht der betroffenen Unternehmung als Katastrophe zu bezeichnen sind. In der neueren Literatur werden Unternehmungskrisen übereinstimmend als ungeplante und ungewollte, zeitlich begrenzte Prozesse verstanden, die in der Lage sind, den Fortbestand der Unternehmung substanziell zu gefährden oder sogar unmöglich zu machen. Dies geschieht durch Beeinträchtigung bestimmter Ziele, deren Gefährdung oder gar Nichterreichung gleichbedeutend ist mit einer Existenzgefährdung oder -vernichtung der Unternehmung. Die in dem Begriff der Unternehmungskrise enthaltene *Chance zur positiven Wende* – u.U. auch noch im Fall der Insolvenz – ist wesensbestimmend für den Begriff und macht die Ambivalenz der Entwicklungsmöglichkeiten (Untergang oder Sanierung) deutlich.

II. Verlauf: Unternehmungskrisen stellen extern und/oder intern generierte Prozesse dar, die in begrenzten Zeiträumen ablaufen. Ihr Verlauf ist in charakteristische Phasen unterteilbar, die unterschiedliche Ansätze für ein umfassendes → Krisenmanagement im Hinblick auf eine Krisenvermeidung oder -bewältigung bieten. – 1. *Phase: Potenzielle Unternehmungskrise.* Der generelle Krisenprozess findet bei umfassender Betrachtungsweise seinen Anfang in der Phase der potenziellen, d.h. lediglich möglichen und noch nicht realen Unternehmungskrisen. Diese wegen der Abwesenheit von wahrnehmbaren Krisensymptomen als Quasi-Normalzustand der Unternehmung zu bezeichnende Phase, in der sich die

Unternehmung praktisch ständig befindet, markiert den (zumindest gedanklichen) Entstehungszeitraum von Unternehmungskrisen. Unter dem Merkmal der Steuerbarkeit kommt dieser Phase bes. Bedeutung zu. Hier kann durch gedankliche Vorwegnahme möglicher Unternehmungskrisen und eine darauf aufbauende Ableitung von Strategien und/oder Maßnahmen für den Fall ihres Eintritts ein wesentlicher Beitrag zur Reduktion der Krisenbewältigungsanforderungen in zeitlicher und sachlicher Hinsicht geleistet werden. Schwierigkeiten bereitet jedoch v.a. die Identifikation unternehmungsindividuell relevanter, potenzieller Unternehmungskrisen. – 2. *Phase: Latente Unternehmungskrise.* Diese Phase des Krisenprozesses ist geprägt durch die verdeckt bereits vorhandene oder mit hoher Wahrscheinlichkeit bald eintretende Unternehmungskrise, die in ihren Wirkungen für die betroffene Unternehmung mit dem ihr zur Verfügung stehenden, herkömmlichen Instrumentarium noch nicht wahrnehmbar ist. Bei Anwendung geeigneter Methoden der Früherkennung (→ operative Frühwarnung, → strategische Frühaufklärung) erlaubt diese Phase jedoch eine aktive Beeinflussung latent vorhandener Krisenprozesse durch präventive Strategien/Maßnahmen. Solche Aktionen werden begünstigt durch eine in dieser Phase noch in relativ großem Umfang bestehende Bandbreite von Handlungsmöglichkeiten und das Nichtvorhandensein akuter Entscheidungs- und Handlungszwänge. – 3. *Phase: Akut/beherrschbare Unternehmungskrise.* Diese Phase des Krisenprozesses beginnt mit der unmittelbaren Wahrnehmung der von der Krise ausgehenden destruktiven Wirkungen durch die Unternehmung, womit die in den vorangegangenen Phasen relevante Identifikations-/Früherkennungsproblematik weitgehend entfällt. Dabei verstärkt sich laufend die Intensität der realen (destruktiven) Wirkungen, was erhöhten Zeitdruck und Entscheidungszwang induziert und die (qualitativen) Anforderungen an das Auffinden wirksamer Problemlösungen (Krisenbewältigungsanforderungen) drastisch erhöht. Das Krisenbewältigungspotenzial bindet in dieser Phase immer mehr Kräfte der Unternehmung und schöpft alle für die Krisenbewältigung mobilisierbaren Reserven aus. Die Kumulation der zur Krisenbewältigung herangezogenen Potenziale/Aktionen kann in einer solchen Situation Signalwirkungen haben, wodurch die Intensität der gegen die Unternehmung gerichteten Wirkungen zusätzlich verstärkt und der Krisenprozess weiter beschleunigt wird. Dennoch ist in dieser Phase eine Bewältigung (Beherrschung) der akuten Unternehmungskrise anzunehmen, da das zur Verfügung stehende Krisenbewältigungspotenzial noch ausreichend für die Zurückschlagung der eingetretenen Krise ist. – 4. *Phase: Akut/nicht beherrschbare Unternehmungskrise.* Gelingt es nicht, die akute Unternehmungskrise zu beherrschen, tritt der Krisenprozess in seine letzte Phase. Aus der Sicht der betroffenen Unternehmung wird damit die akute Unternehmungskrise zur *Katastrophe,* die sich in der manifesten Nichterreichung überlebensrelevanter Ziele dokumentiert. In dieser Phase übersteigen die Krisenbewältigungsanforderungen das verfügbare Krisenbewältigungspotenzial. Die Steuerung des Krisenprozesses mit dem Ziel seiner Beherrschung wird bes. wegen des fortlaufenden Wegfalls von Handlungsmöglichkeiten, des extremen Zeitdrucks und der zunehmenden Intensität der (destruktiven) Wirkungen unmöglich. An die Stelle der Steuerung des Krisenprozesses tritt der Versuch seiner (oft improvisierten) Beeinflussung, womit die spezifisch destruktiven Wirkungen der unausweichlich gewordenen Katastrophe gemildert werden sollen.

III. Ursachen: 1. *Quantitative Krisenursachenforschung:* Übereinstimmend wurde eine hohe statistische Häufigkeit folgender Merkmalsausprägungen insolventer Unternehmungen festgestellt, die als Ursachen für Unternehmungszusammenbrüche interpretiert werden: (1) *Branchenzugehörigkeit:* Die Insolvenzanfälligkeit einzelner Branchen ist erheblich unterschiedlich, wobei der Branchenverbund Baugewerbe mit mehr als einem Drittel aller Insolvenzen eine bes. starke Insolvenzgefährdung aufweist. (2) *Rechtsform:* Mit zunehmender, rechtsformbedingter Haftungsbeschränkung wächst die Insolvenzanfälligkeit von Unternehmungen und weist für die GmbH und die GmbH & Co. KG die höchsten Insolvenzgefährdungen auf. AGs sind dagegen dem Anschein nach wesentlich weniger insolvenzgefährdet. (3) *Unternehmungsgröße:* Gemessen an der Mitarbeiterzahl steigt die unternehmungsgrößenbedingte Insolvenzgefährdung bis zu etwa 500 Beschäftigten pro Unternehmung stetig an, sinkt allerdings bei darüber hinausgehenden Mitarbeiterzahlen wieder stark ab. (4) Im Zeitablauf ihres *Bestehens* nimmt die Insolvenzanfälligkeit von Unternehmungen zunächst tendenziell ab; als bes. insolvenzgefährdet gelten junge Unternehmungen. Allerdings ist bei „alten" Unternehmungen mit einer Bestehenszeit von mehr als 70 Jahren wieder ein Anstieg der Insolvenzgefährdung zu verzeichnen. – 2. *Qualitative Krisenursachenforschung:* Überwiegend wird eine Trennung zwischen endogenen, der Einflusssphäre der Unternehmung unterliegenden, und exogenen, von ihr nicht beeinflussbaren Krisenursachen, vorgenommen. (a) *Häufigste endogene Krisenursachen:* (1) *Führungsfehler* (Missmanagement, Fehler der Betriebsleitung): Führungsfehler als krisenverursachende Faktoren meinen Fehler der Führung als Institution und Prozess. Insgesamt können Führungsfehler als die zentrale insolvenzverursachenden Faktoren nach den Erkenntnissen der bisher vorliegenden Untersuchungen dahingehend interpretiert werden, dass die Führung die ihrer Entscheidungsgewalt bzw. Einflussnahme unterliegenden Abläufe und Strukturen in der Unternehmung nicht den Handlungserfordernissen entsprechend plant, steuert und kontrolliert. Deutlich wird dabei neben Mängeln in der kurzfristigen Planung und Kontrolle auch das Fehlen oder die mangelnde Effizienz strategischer Planungen und deren Realisation. (2) *Unzureichende Eigenkapitalausstattung:* Die Eigenkapitalausstattung von Unternehmungen in der Bundesrepublik Deutschland hat sich seit Jahren beständig verschlechtert, wobei zwischen den einzelnen Wirtschaftszweigen und Rechtsformen erhebliche Unterschiede bestehen. Eine zu geringe Eigenkapitalausstattung bedeutet dabei den Verzicht auf ein wesentliches „Krisenpolster" und setzt unterkapitalisierte Unternehmungen einem erhöhten *Verschuldungsdruck* aus. Indes ist eine zu geringe Eigenkapitalausstattung als Insolvenzursache trotz der zunächst plausibel erscheinenden Verknüpfung zwischen Insolvenz und Finanzierungsproblematik kritisch zu beurteilen, da nachweisbar selbst eine gute Eigenkapitalausstattung keineswegs vor Unternehmungskrisen schützen muss. (b) *Häufigste exogene Krisenursachen:* (1) *Konjunkturelle Fehl-Entwicklungen:* Zweifellos wirken konjunkturell bedingte Rezessionen krisenauslösend, wie statistisch belegt werden kann. Dennoch bleibt die Frage offen, ob konjunkturelle Fehlentwicklungen nicht lediglich als Symptome von Unternehmungskrisen zu werten sind. Schließlich sind Krisen auch in Phasen günstiger konjunktureller Entwicklungen anzutreffen, und ebenso überstehen ansonsten „gesunde" Unternehmungen i.Allg. auch konjunkturelle Rezessionen. (2) *Strukturelle Veränderungen* im gesamtwirtschaftlichen Umfeld der Unternehmung erscheinen bedeutsamer, die allerdings als solche weniger in den jeweiligen Untersuchungen genannt werden, dennoch aber inhaltlich große Bedeutung haben. Strukturelle Veränderungen meinen dabei hauptsächlich (diskontinuierliche) technologische Entwicklungen, die strukturverändernd wirken, wie z.B. der Übergang von der Mechanik auf die Elektronik im Bereich der Uhrenindustrie, der diesen Industriezweig im europäischen Raum in krisenhafte Entwicklungen führte. Im Bereich der neuen Bundesländer sowie Osteuropa wird durch die vollzogenen politischen Veränderungen zugleich eine neue Dimension struktureller Veränderungen deutlich, die Krisenerscheinungen bisher nicht bekannten Ausmaßes erkennen lässt. (c) *Zusammenwirkung endogener und exogener Faktoren der Krisenverursachung:* Endogene und exogene Faktoren der Krisenverursachung sind – anders als dies in vielen Untersuchungen den Anschein erweckt – nur schwer voneinander zu trennen. Sie bilden vermutlich gemeinsam die zwei Elemente individueller Krisenverursachung, die mit jeweils unterschiedlichen Anteilen zu überlebenskritischen Prozessen der Unternehmung beitragen.

Unternehmungsleitung – *Unternehmensleitung;* → organisatorische Einheit an der Spitze der → Hierarchie einer Unternehmung.

Unternehmungsmehrwert → Firmenwert.

Unternehmungsplanung → Unternehmensplanung.

Unternehmungsteuer – Besteuerungsform, bei der die Unternehmung als solche einer einheitlichen Abgabe unterliegt. Nicht gegeben in der Bundesrepublik Deutschland und allen anderen marktwirtschaftlichen Industriestaaten. – Vgl. auch → Unternehmensbesteuerung.

Unternehmungstypen – *Unternehmenstypen, Betriebstypen, Einzelwirtschaftstypen, Organisationstypen;* Ordnungs- und Klassenbegriffe, die in der → Betriebswirtschaftslehre (BWL) zur detaillierten Erforschung der → Unternehmung sowie zur näheren Analyse von Funktionen in Unternehmen entwickelt werden.

Unternehmungswert – *Unternehmenswert;* Wert einer Unternehmung als Ganzes, ermittelt durch → Unternehmungsbewertung.

Unternehmungsziele – *Unternehmensziele, unternehmerisches Zielsystem.* 1. *Begriff:* Die der unternehmerischen Betätigung zugrunde liegenden Zielsetzungen, Grundlage der Analyse und Erklärung unternehmerischer Verhaltensweisen (→ Ziel). – 2. *Arten:* a) Bei der Untersuchung der konkreten Inhalte von Unternehmungszielen soll von der Unternehmung als einer in Privateigentum befindlichen, nach dem → erwerbswirtschaftlichen Prinzip handelnden Betriebswirtschaft ausgegangen werden. Dieses Handeln findet seinen Ausdruck im Gewinn- oder Rentabilitätsstreben, das nach der neueren → Theorie der Unternehmung zwar nicht als die einzige, aber als die bedeutendste Zielsetzung anzusehen ist. (1) Der *Gewinnbegriff* ist durch die Differenz der sowohl nach Begriffsinhalt wie -umfang unterschiedlichen Komponenten Einnahmen, Ertrag oder Leistung und Ausgaben, Aufwand oder Kosten definiert. (2) Die absolut zu messende Gewinngröße wird durch die → Rentabilität als relativer Gewinn ergänzt. Als Bezugsgröße kann dabei das gesamte eingesetzte Kapital oder nur das eingesetzte Eigenkapital dienen. (3) Die positiven und negativen Gewinnkomponenten lassen sich zur Formulierung geeigneter Unterziele verwenden. Solche Unterziele sind das *Umsatz- und Wirtschaftlichkeitsstreben.* – b) Den mit beträchtlichen Unsicherheiten belasteten Unternehmerentscheidungen tragen verschiedene *Sicherungsziele* Rechnung. Sie drücken sich v.a. in den Zielen „Sicherung des Unternehmungspotenzials" und „Sicherung der Liquidität" aus. (1) Dem Streben nach *Sicherung des Unternehmungspotenzials* liegt der Gedanke zugrunde, die Leistungskraft der Unternehmung, ausgedrückt durch das investierte Kapital, für die Zukunft zu erhalten. Bei *geldlicher Interpretation* wird dieses Ziel als Kapitalerhaltung bezeichnet. Bei *güterwirtschaftlicher Interpretation* als Substanzerhaltung. (2) Inhalt des *Liquiditätssicherungszieles* ist die Aufrechterhaltung des finanziellen Gleichgewichts, d.h. die Fähigkeit, in jedem Zeitpunkt den fälligen Zahlungsverpflichtungen uneingeschränkt nachkommen zu können (dispositive Liquidität). – c) Eine wirklichkeitsnahe Auffassung unternehmerischer Zielsysteme darf neben den genannten eine Reihe weiterer Ziele nicht vernachlässigen, z.B. das Unabhängigkeits- bzw. Vereinigungsstreben, das Streben nach Ansehen und Macht sowie sittliche und soziale Ziele.

Unternehmungszusammenschluss → Unternehmenszusammenschluss.

Unterorganisation – eine Unterschreitung des wirtschaftlich Notwendigen und Zweckmäßigen in der Vorordnung und laufenden Gestaltung der Betriebsstruktur und des Betriebsprozesses, mit der Folge, dass kostspieligen → Improvisationen ein unökonomisch weiter Spielraum gegeben wird. – Vgl. auch → Organisationsgrad. – *Gegensatz:* → Überorganisation.

Unter-Pari-Emission → Emission von Wertpapieren zu einem unter dem → Nennwert liegenden Kurs. Bei *Anleihen* ist die Unter-Pari-Emission die Regel außer bei einem sehr aufnahmefähigen Kapitalmarkt; bei *Aktien* ist die Unter-Pari-Emission durch § 9 AktG verboten. – *Gegensatz:* → Über-Pari-Emission.

Unterprogramm – *Subroutine.* 1. *Begriff:* → Programm, das einen Teil einer größeren Gesamtaufgabe löst. Ein Unterprogramm wird durch einen → Befehl in einem anderen Programm aufgerufen, wenn es ausgeführt werden soll. – 2. *Auftreten:* Unterprogrammme werden bei der → Codierung gebildet aufgrund a) der → Modularisierung eines → Softwaresystems oder b) der → schrittweisen Verfeinerung eines → Algorithmus. – 3. *Arten:* a) Funktionsunterprogramm (→ Funktion); b) → Prozedur.

unterproportionale Kosten → degressive Kosten.

Untersagung des Gewerbebetriebs → Gewerbeuntersagung, → Betriebsschließung.

Unterscheidungskraft – Begriff des Kennzeichenrechts. Nach der Unterscheidungskraft eines Kennzeichens richtet sich, ob es von Hause aus schutzfähig ist oder erst kraft Erlangung von → Verkehrsgeltung schutzfähig wird. Das Maß der ggf. durch starke Benutzung gestärkten Kennzeichnungskraft wirkt sich auf den Schutzumfang des Kennzeichnungsrechts aus, ebenso eine Schwächung der Kennzeichnungskraft durch das Ausmaß der tatsächlichen Benutzung dem Kennzeichen nahe kommender Drittzeichen (→ geschäftliche Bezeichnungen, → Marke).

Unterschiedsbetrag – 1. *Begriff:* Wenn der Rückzahlungsbetrag einer Verbindlichkeit höher ist als ihr Ausgabebetrag, besteht ein Unterschiedsbetrag, der sich aus einem Zahlungsagio (→ Agio) und/oder einem Auszahlungsdisagio (→ Disagio) zusammensetzen kann. Der Unterschiedsbetrag darf (steuerlich Pflicht) gemäß § 250 III HGB als aktiver Rechnungsabgrenzungsposten (→ Rechnungsabgrenzung) aktiviert werden. Er ist durch planmäßige jährliche Abschreibungen aufzulösen, die auf die Laufzeit der Verbindlichkeit verteilt werden können. Der Unterschiedsbetrag muss gemäß § 268 VI HGB gesondert ausgewiesen oder im → Anhang angegeben werden. Wirtschaftlich betrachtet ist der Unterschiedsbetrag ein neben dem Zins zusätzlich geleistetes Entgelt für die Kapitalüberlassung. – 2. Gemäß § 284 II Nr. 4 HGB sind im Anhang Bewertungsreserven, die durch die Anwendung von Bewertungsvereinfachungsverfahren gemäß §§ 240 IV, 256 Satz 1 HGB (→ Gruppenbewertung, → Lifo, → Fifo) entstehen können, anzugeben. Die Angabepflicht besteht nur, wenn sich ein erheblicher Unterschiedsbetrag im Vergleich zu dem letzten vor dem Abschlussstichtag bekannten Börsen- oder Marktpreis ergibt. Der Unterschiedsbetrag ist jeweils gesondert für die zu einer Gruppe zusammengefassten Vermögensgegenstände aufzuführen. – 3. Unterschiedsbeträge können auch bei der → Konsolidierung von Einzeljahresabschlüssen zu einem → Konzernabschluss entstehen. – Vgl. auch → Kapitalkonsolidierung, → Equity-Methode.

Unterschiedsbetrag aus der Kapitalkonsolidierung – positiver oder negativer → Firmenwert.

Unterschiedsreaktion → Reaktionszeit.

Unterschlagung – *Defraudation.*

I. Begriff: Die vorsätzliche, rechtswidrige Zueignung einer fremden (d.h. nicht im Alleineigentum des Täters stehenden) beweglichen Sache (Abgrenzung zum → Diebstahl sowie zu → Untreue und → Betrug mitunter schwierig). Die Unterschlagung wird gemäß § 246 StGB mit Freiheitsstrafe bis zu drei Jahren oder mit Geldstrafe, wenn die Sache dem Täter anvertraut ist (sog. veruntreuende Unterschlagung), mit → Freiheitsstrafe bis zu fünf Jahren oder mit → Geldstrafe bestraft. Auch der → Versuch ist strafbar. – *Sonderfälle:* Z.B. Depotunterschlagung, → Haus- und Familiendiebstahl. – Als Unterschlagung sind ggf. auch zu ahnden die Zueignung von Waren, die unter → Eigentumsvorbehalt geliefert wurden, und die Zueignung von Sachen, an denen das Eigentum im Wege der → Sicherungsübereignung auf einen anderen übertragen ist. – *Keine* Unterschlagung, wenn die Weiterveräußerung der Vorbehaltsware ausdrücklich oder stillschweigend gestattet ist, weil bei gegebener Einwilligung durch den Eigentümer die Rechtswidrigkeit des Handelns entfällt.

II. Unterschlagung im Unternehmen: Kommt in den verschiedensten Formen vor und wird meist durch Mängel in der Betriebsorganisation begünstigt. In der Praxis überwiegt v.a. die sog. *verdeckte Unterschlagung,* bei der der Täter durch eine oder mehrere Verdeckungshandlungen die Entdeckung der Unterschlagung zu verhindern sucht. – Zu *unterscheiden* sind zwei große Gruppen von Unterschlagungsarten: (a) Bei der einen Gruppe lassen sich die Veruntreuungen auf die fahrlässige oder vorsätzliche *Verletzung der Grundsätze ordnungsmäßiger Buchführung,* Inventarisierung und Bilanzierung, sowie auf die Ausnutzung von *Mängeln des Kontrollsystems* zurückführen: (1) Vorwegunterschlagung, (2) Ausnutzung von Unordnung oder Arbeitsrückständen, (3) Ausnutzung von Organisationsmängeln bei der Verwaltung von Beständen, (4) Nichtverbuchung oder nicht rechtzeitige Verbuchung von Belegen. (b) Bei der anderen Gruppe liegen *Fälschungen* unterschiedlicher Arten vor: (1) Belegfälschungen, (2) Buchfälschungen, (3) Falschbuchungen auf Bestandskonten, (4) Falschbuchungen auf Aufwandskonten, (5) Fälschungen von Abschlussunterlagen. (c) Schließlich ist als selbstständige Methode das *Einschalten von Mithelfern* zu erwähnen.

Unterschlagungsrevision – bes. Form der → Revision, bei der nicht nur die ordnungsmäßige Buchung bestimmter Vorgänge zu prüfen ist, sondern auch die rechtmäßige oder unrechtmäßige Verwendung entnommener Gelder, Wertpapiere oder sonstiger anvertrauter Gegenstände. Unterschlagungsrevision ist Sammelbegriff für → Prüfungen bei Verfehlungen verschiedener Art, wie Betrug, Diebstahl, Unterschlagung, sowie allg. bei unsolider und unkorrekter Geschäftsführung zum Vorteil des Handelnden, also Arten von Verfehlungen, mit denen häufig auch eine Straftat verbunden ist.

Unterschrift – handschriftliche → Zeichnung mit Namen, Firma etc. Unterschriftsleistung ist i.d.R. zur Gültigkeit von → Rechtsgeschäften, die der → Schriftform bedürfen, erforderlich. Sie muss den Urkundentext räumlich abschließen. Sie darf nicht „Überschrift" sein. → Faksimilestempel steht nicht gleich. – Die Unterschrift muss bei Unleserlichkeit wenigstens einen individuellen Charakter aufweisen. – Unterschrift des wirksam → Bevollmächtigten mit dem Namen des Vollmachtgebers zulässig. – Unterschrift mit → Pseudonym reicht i.Allg. aus, bes. wenn es in weiteren Kreisen bekannt ist.

unterschwellige Werbung – Werbung, die dadurch gekennzeichnet ist, dass Werbetexte, Slogans u.Ä. so kurzzeitig (z.B. 1/3.000 Sekunde) dargeboten werden, dass sie die Wahrnehmungsschwelle nicht übersteigen (→ Wahrnehmung). Man geht davon aus, dass Sprach- und Bildelemente, die ohne Bewusstsein (unterschwellig) aufgenommen werden, erhebliche Beeinflussungswirkungen erzielen können. Die Wirkungsweise unterschwelliger Werbung ist weitestgehend unbekannt, deshalb ist es vorteilhafter überschwellige Beinflussungstechniken (→ Sozialtechniken) wie Bildkommunikation zu verwenden. – *Rechtliche Beurteilung:* → Kundenfang. Nach § 7 RfStV darf in der Werbung und im → Teleshopping bei Fernsehen und Hörfunk keine unterschwellige Werbung eingesetzt werden.

Unterstützungsbeihilfe – *Notstandsbeihilfe.* 1. *Begriff:* dem Arbeitnehmer in Notfällen gewährte Beihilfen. – 2. *Steuerliche Behandlung:* Steuerfrei sind: a) Unterstützungsbeihilfe aus öffentlichen Kassen; b) Unterstützungsbeihilfe von einem privaten Arbeitgeber i.d.R. bis 600 Euro (R 3.11 LStR 2008) unter den folgenden Voraussetzungen, die jedoch bei einem Betrieb mit weniger als fünf Arbeitnehmern nicht vorzuliegen brauchen: (1) aus einer mit seinen Mitteln geschaffenen, von ihm aber unabhängigen Unterstützungs- oder Hilfskasse, (2) von Kassen, auf deren Verwaltung er keinen maßgeblichen Einfluss hat, (3) aus Beträgen, die der Arbeitgeber dem Betriebsrat oder Vertretern der Arbeiternehmer zu dem Zweck überweist, daraus nach eigenem Ermessen Unterstützungen zu zahlen, und (4) nach Anhörung des Betriebsrats oder sonstiger Vertreter der Arbeitnehmer. – Der 600 Euro übersteigende Betrag gehört nur dann nicht zum steuerpflichtigen Arbeitslohn, wenn er aus Anlass eines *bes.* Notfalls gewährt wird. Bei der Beurteilung, ob ein solcher Notfall vorliegt, sind auch die Einkommensverhältnisse und der Familienstand des Arbeitnehmers zu berücksichtigen. – Andere Beihilfen, z.B. Erholungsbeihilfen und Überbrückungsgelder, sind steuerpflichtig.

Unterstützungskasse – 1. *Begriff:* Einrichtung, die aus Gründen der Solidarität und ohne einen Rechtsanspruch zu gewähren Unterstützungsleistungen erbringt. Zu solchen Einrichtungen zählen v.a. Unterstützungsvereine der Berufsverbände. Zugleich Durchführungsweg der → betrieblichen Altersversorgung (bAV). Charakteristisch ist auch für die bAV über eine Unterstützungskasse der fehlende Rechtsanspruch auf die in Aussicht gestellten Versorgungsleistungen, vgl. § 1b IV BetrAVG. – 2. *Finanzierungsverfahren und steuerliche Behandlung:* Die steuerliche Dotierung regelt § 4d EStG. Unterstützungskassen können alternativ als „regeldotierte" oder als „rückgedeckte" finanziert werden. – a) Die rückgedeckte Unterstützungskasse finanziert die von Ihr zugesagten Leistungen über den Abschluss von Rückdeckungsversicherungen, an die bestimmte Voraussetzungen geknüpft sind. Die Versicherungsprämien werden der Unterstützungskasse vom Arbeitgeber zur Verfügung gestellt und stellen bei diesem Betriebsausgaben dar, vgl. § 4d I 1 c EStG. – b) Ohne eine solche Rückdeckung ist die Unterstützungskasse regeldotiert. Sie kann dann vom Arbeitgeber steuerlich begünstigt während der Anwartschaftsphase nur innerhalb viel engerer Grenzen dotiert werden, mit der Folge einer Nachfinanzierung bei Eintritt des Versorgungsfalls. – 3. *Aufsicht:* Da kein Rechtsanspruch gewährt wird, handelt es sich nicht um Versicherung im rechtlichen Sinn. Unterstützungskassen sind daher auch nicht aufsichtspflichtig; dessen ungeachtet hat der Gesetzgeber noch einmal ausdrücklich die Aufsichtsfreiheit betont (§ 1 III Nr. 1 VAG).

Untersuchungsausschuss – parlamentarisches Gremium zur Aufklärung von Vorgängen, die für das Parlament von Bedeutung sind; Untersuchungsausschüsse sind befugt, die erforderlichen → Beweise zu erheben. Bildung nach Art. 44 GG auf Antrag eines Viertels der Mitglieder des Bundestags oder nach entsprechenden Bestimmungen der Landesverfassungen. Einzelheiten für den Bereich des Bundestages geregelt im Untersuchungsausschussgesetz (PVAG) vom 19.6.2001 (BGBl. I 1142). Wichtig dabei sind die Regelung über die Beweiserhebung,

Zeugenvernehmung, Sachverständige, Herausgabe von Gegenständen.

Untersuchungseinheit – in der Statistik ein Element der → Grundgesamtheit, das für die → Erhebung ausgewählt wurde und an dem die → Ausprägungen aller interessierenden → Merkmale festgehalten werden. – Vgl. auch → Erhebungseinheit.

Untersuchungsgrundsatz – 1. *Allgemein:* Die Finanzbehörde ermittelt den Sachverhalt bzw. die für die Besteuerungsgrundlagen relevanten tatsächlichen und rechtlichen Verhältnisse von Amts wegen. Sie bestimmt nach pflichtgemäßem Ermessen Art und Umfang der Ermittlungen und ist an das Vorbringen und die Beweisanträge der Beteiligten nicht gebunden. Sie hat alle bedeutsamen Umstände – sowohl zu deren Gunsten als auch zu ihren Ungunsten – zu berücksichtigen (§ 88 AO). Ermittlungen „ins Blaue hinein" sind nicht zulässig. – 2. *Grenzen:* Die Ermittlungspflicht findet ihre Grenze in den Grundsätzen der Verhältnismäßigkeit der Mittel und der Zumutbarkeit sowie in der → Mitwirkungspflicht der Beteiligten. – 3. *Fürsorgepflicht:* Ausfluss des Untersuchungsgrundsatzes ist eine gewisse Fürsorgepflicht. Danach hat die Finanzbehörde unter bestimmten Voraussetzungen die Abgabe von Erklärungen und die Stellung von Anträgen anzuregen (§ 89 AO). Zugunsten der Beteiligten hat sie eine evtl. Verjährung von Amts wegen zu prüfen (vgl. AEAO zu § 88 Nr. 3, zu § 89 Nr. 1).

Untersuchungshaft – Die im strafrechtlichen Ermittlungsverfahren gegen eine der Tat dringend verdächtige Person richterlich angeordnete Freiheitsentziehung. Sie soll die Anwesenheit des Beschuldigten im Strafverfahren, die ordnungsgemäße Tatsachenermittlung und die Strafvollstreckung sicherstellen. → Verhaftung erfolgt aufgrund eines schriftlichen Haftbefehls des Richters, der nur bei Flucht-, Verdunklungs- oder Wiederholungsgefahr ergehen darf. Einzelheiten: §§ 112 ff StPO.

Untersuchungsmaxime → Offizialmaxime.

Untersuchungsmerkmal → Merkmal.

Untersuchungsvariable → Merkmal.

Unterunternehmer → Generalunternehmer.

Unterversicherung – liegt vor, wenn die → Versicherungssumme niedriger als der → Versicherungswert ist. Die Entschädigungsleistung wird entsprechend gekürzt. Das aktuelle → Versicherungsvertragsgesetz (VVG) sieht eine Kürzung der Entschädigungsleistung nur dann vor, wenn die Unterversicherung erheblich ist.

Unterversicherungsverzicht – Unter bestimmten Voraussetzungen verzichtet der Versicherer im Fall einer → Unterversicherung auf die Anwendung der Kürzung der Entschädigung. Dies ist meistens der Fall, wenn die → Versicherungssumme nach vom Versicherer definierten Verfahren ermittelt und eine → gleitende Neuwertversicherung vereinbart wurde.

Unterversorgung – *regionale Unterversorgung;* im Handel Bezeichnung für ein unzureichendes Angebot von Produkten des kurzfristigen, lebensnotwendigen Bedarfs an einem bestimmten Ort, z.B. in einem Dorf, einer Vorstadtsiedlung. Unterversorgung kann auftreten, wenn die regionale Kaufkraft für die Existenz eines Einzelhandelsgeschäfts nicht ausreicht (z.B. wegen zu geringer Einwohnerzahl oder zu großer Abwanderung der Kaufkraft). – *Messung* von Unterversorgung mittels objektiver (z.B. Vorhandensein von Läden, Entfernung zum nächstliegenden Geschäft, alternative Versorgungsmöglichkeiten; → Fahrverkauf) und subjektiver Kriterien (Anspruchsniveau hinsichtlich des Warenangebots und der Wegezeiten). – *Gegensatz:* → Überbesetzung, → Overstoring.

Untervertreter – Vertreter, dessen „Unternehmer" ein → Handelsvertreter ist (§ 84 III HGB). Soweit der Untervertreter selbstständiger Gewerbetreibender ist, hat er die Stellung eines Handelsvertreters, sonst ist er → Handlungsgehilfe. Ein Vertragsverhältnis besteht nur zwischen → Generalvertreter und Untervertreter. Im Verhältnis Unternehmer-Generalvertreter ist er → Erfüllungsgehilfe des letzteren.

Untreue – 1. *Allgemein:* strafrechtliches → Vergehen (§ 266 StGB). Untreue begeht, wer vorsätzlich die ihm durch Gesetz, behördlichen Auftrag oder Rechtsgeschäft eingeräumte Befugnis, über fremdes Vermögen zu verfügen oder einen anderen zu verpflichten, missbraucht (→ Missbrauch) oder die ihm kraft Gesetzes, behördlichen Auftrags, Rechtsgeschäfts oder eines Treueverhältnisses obliegende Pflicht, fremde Vermögensinteressen wahrzunehmen, verletzt *(Treuebruch)* und dadurch dem, dessen Vermögensinteressen er zu betreuen hat, Nachteile zufügt. Untreue können danach begehen kraft Gesetzes, z.B. der Vater bei Verfügung über das Vermögen des Kindes, kraft behördlichen Auftrags, z.B. der Vormund, der Betreuer, der Insolvenzverwalter oder kraft Rechtsgeschäfts, z.B. der Bevollmächtigte, die Gesellschafter einer bürgerlich-rechtlichen Gesellschaft, einer OHG, Vorstandsmitglieder von juristischen Personen des privaten und öffentlichen Rechts. – *Strafe:* Freiheitsstrafe bis zu fünf Jahren und Geldstrafe; in bes. → schweren Fällen Freiheitsstrafe von ein bis zehn Jahren. – 2. *Sonderfälle* der Untreue regeln § 34 DepG (Depotunterschlagung), ferner § 266a StGB für das Vorenthalten und Veruntreuen von Arbeitsentgelt durch den Arbeitgeber und § 266b StGB für den Missbrauch von Scheck- und Kreditkarten.

UN-Treuhandrat → UN.

UN-Umweltkonferenz → Umweltkonferenz.

UN-Umweltprogramm → UNEP.

unverbindliche Preisempfehlung – kann von einem Unternehmen für die Weiterveräußerung seiner Markenware ausgesprochen werden. Andere Terminologie in der Werbung sowie Abkürzungen, die überlesen oder in ihrer Bedeutung verkannt werden können (z.B. „empf. Preis") können → irreführende Werbung (§ 3 UWG) sein.

unverfallbare Anwartschaft – Bedeutet im Rahmen der → betrieblichen Altersversorgung (bAV), dass die → Anwartschaft dem Berechtigten unter gewissen Voraussetzungen erhalten bleibt, auch wenn das Arbeitsverhältnis vor Eintritt des Versorgungsfalls endet (vgl. § 1b BetrAVG). Die gesetzliche Unverfallbarkeit einer Versorgungsanwartschaft eines Arbeitnehmers tritt bei einer Direktzusage ein, wenn das Arbeitsverhältnis vor Eintritt des Versorgungsfalls, jedoch nach Vollendung des 30. Lebensjahrs endet und die Versorgungszusage zu diesem Zeitpunkt mind. fünf Jahre bestanden hat (§ 1b I S. 1 BetrAVG). § 1b II-IV BetrAVG enthält ähnliche Regelungen für die anderen Durchführungswege. Das Mindestalter wurde für Zusagen, die seit dem 1.1.2009 erteilt werden, auf 25 Jahre gesenkt (vgl. die Übergangsregelung in § 30f BetrAVG). Durch Entgeltumwandlung finanzierte Anwartschaften sind sofort unverfallbar (§ 1b V BetrAVG). Die Höhe der unverfallbaren Anwartschaft richtet sich nach § 2 BetrAVG. Bei Leistungszusagen gilt gemäß § 2 I BetrAVG das ratierliche Berechnungsverfahren. § 2 II-Vb BetrAVG enthalten andere Regelungen für die weiteren Durchführungswege und Zusagearten.

Unvermögen – Begriff des Bürgerlichen Rechts: Unvermögen besteht, wenn eine Leistung zwar i.Allg. oder von einem anderen erbracht werden kann, der Schuldner subjektiv aber hierzu nicht in der Lage ist (z.B. weil er nicht Eigentümer der zu übereignenden Sache ist).

unvertretbare Handlung – Handlung, die durch einen Dritten nicht vorgenommen werden kann (Aufstellung einer Bilanz, Ausstellung eines Zeugnisses oder eines Wechsels u.Ä.). – *Erfüllt der Schuldner* nach Verurteilung zur Vornahme einer unvertretbaren Handlung *nicht*, so wird er auf Antrag des Gläubigers vom Prozessgericht des ersten Rechtszuges durch Zwangsgeld (bis 25.000 Euro) oder Zwangshaft (bis zu sechs Monaten) dazu angehalten (§ 888 I ZPO). – *Ausnahmen*: Verurteilung zur Eingehung einer → Ehe, zur Herstellung des ehelichen Lebens, zur Leistung von Diensten aus einem → Dienstvertrag (§ 888 III ZPO). – *Anders:* → vertretbare Handlung.

Unverzerrtheit → Erwartungstreue.

unverzinsliche Anleihe → Zerobond.

unverzinsliche Obligation → Zerobond.

unverzinsliche Schatzanweisung – *U-Schätze;* → Geldmarktpapiere, die vom Bund, den Sondervermögen des Bundes und den Bundesländern regelmäßig emittiert werden. Unverzinsliche Schatzanweisungen haben eine Laufzeit von drei Monaten bis zu zwei Jahren. Mit der etwas irreführenden Kennzeichnung „unverzinslich" soll angedeutet werden, dass es sich bei unverzinslichen Schatzanweisungen um Diskontpapiere handelt, bei denen der Zinsbetrag vorweg abgezogen (und nicht während der Laufzeit ausgezahlt) wird. – Vgl. auch → Zerobond, → Schatzanweisung.

unverzinsliches Darlehen → Arbeitgeberdarlehen.

unverzinsliche Wertpapiere → Abzinsungspapiere.

unverzüglich – im Sinn des Zivilrechts nicht „sofort", sondern „ohne schuldhaftes Zögern" (§ 121 BGB); belässt gewisse Überlegungsfrist.

unvollkommene Information – tatsächlicher Informationsgrad eines Wirtschaftssubjekts, der durch den Mangel an der Gesamtheit aller für eine Entscheidung notwendigen Informationen gekennzeichnet und durch Unvorhersehbarkeit zukünftiger Ereignisse bedingt ist. – *Komponenten der Unvollkommenheit:* Unvollständigkeit, Unbestimmtheit und Unsicherheit (Ungewissheit). – *Ursachen:* Informationen können nicht kostenlos erworben werden (→ Informationskosten); Individuen haben nur eine begrenzte Informationsverarbeitungskapazität. – *Gegensatz:* → Vollkommene Information.

unvollkommene Konkurrenz → monopolistische Konkurrenz.

unvollkommener Markt – im Gegensatz zum vollkommenen Markt (→ vollkommene Konkurrenz) dadurch gekennzeichnet, dass die Güter nicht homogen sind und/oder die → Markttransparenz unvollkommen ist.

unvollständige Information → Haushaltstheorie, → Neue Klassische Makroökonomik, → Spieltheorie.

unvollständige Konkurrenz → monopolistische Konkurrenz.

unvollständige Zollanmeldung (UZA) – 1. *Begriff:* Nach Art. 76 ZK lassen Zollbehörden unter den in Art. 253 ff. ZK-DVO festgelegten Voraussetzungen zu, dass die Zollanmeldung nach Art. 62 ZK einige der Angaben nach Absatz 1 des genannten Artikels nicht enthält oder einige der Unterlagen nach Absatz 2 des genannten Artikels nicht beigefügt sind, um das Verfahren weitgehend zu vereinfachen, ohne dass die Ordnungsmäßigkeit der Vorgänge dadurch beeinträchtigt wird. – 2. *Merkmale:* Es gibt unvollständige Zollanmeldungen im Einzelfall (UZA), vereinfachte Anmeldeverfahren (VAV) und Anschreibeverfahren (ASV) bei denen zu Beginn des Folgemonats ergänzende Anmeldungen in zusammenfassender Form (früher Sammelzollanmeldungen) nachzureichen sind. Unvollständige Zollanmeldungen sind bei fast allen Zollverfahren möglich, also sowohl als unvollständige „Einfuhranmeldung" als auch als unvollständige Ausfuhranmeldung.

UN-Vollversammlung → UN.

unwiderrufliches Akkreditiv → Akkreditiv.

UN-Wirtschafts- und Sozialrat → UN.

unzulässige Rechtsausübung – Ausübung eines formell bestehenden Rechts, die dem Grundsatz von

→ Treu und Glauben zuwiderläuft. Bloße Unbilligkeit genügt nicht.

Unzuständigkeit → Zuständigkeit.

Update – 1. erweiterte und/oder verbesserte *Version eines Softwareprodukts*. – 2. *Anpassung des Inhalts von gespeicherten* → Daten (z.B. eines → Datenbanksystems) an stattgefundene Veränderungen.

Upgrade – 1. *Informatik:* Aufrüstung von → Hardware oder → Software zu höherer Leistungsfähigkeit, ohne dass ein neues Modell erworben werden muss. – 2. *Marketing:* Ausweitung des Leistungsangebots durch den Verkäufer im persönlichen Verkauf, nachdem sich der Kunde bereits für den Kauf entschieden hat. Dies geschieht etwa durch das Angebot komplementärer Leistungen (→ Cross Selling) oder durch Aufwertung.

Upload – engl. für *heraufladen*. 1. *Datenverarbeitung:* Übertragung von Daten (→ Datenübertragung) oder → Programmen von einem → Rechner zu einem übergeordneten, z.B. von einem Mikrorechner zu einem → Mainframe. – 2. *Bürokommunikation:* Übertragung von Informationen von einer Datenstation zu einer → Mailbox (→ Schwarzes Brett) und die Übernahme dieser Informationen in die von der Mailbox abrufbaren Meldungen. – *Gegensatz:* → Download.

Up Selling – Angebot höherwertiger Produkte zu höheren Preisen im schon vorhandenen Kundenbestand. – Vgl. auch → Cross Selling.

UPU – *Universal Postal Union, Weltpostverein;* gegründet 1874 in Bern aufgrund eines allg. internationalen Abkommens „Allgemeiner Postvereinsvertrag", später *Weltpostvertrag* genannt. Seit 1948 → Sonderorganisation der UN mit Sitz in Bern. – *Mitglieder* (2008): 191 (Bundesrepublik Deutschland seit 1952). – *Gesetzliche Grundlage* ist der Weltpostvertrag, der die Verfassung und die Aufgaben der UPU sowie die Verpflichtungen der Mitglieder verbindlich festlegt und periodisch revidiert wird. Die Verträge der UPU sind Rechtsgrundlage des weltweiten Postverkehrs. – *Grundsätze:* Schaffung eines einheitlichen internationalen Postgebiets, Regelung der Freiheit des Durchgangs von Postsendungen und der Gebührenfrage, bes. des Briefverkehrs. Förderung der Zusammenarbeit auf kulturellem, sozialem und wirtschaftlichem Gebiet. – *Aufgaben und Arbeitsergebnisse:* Durchführung und Vervollkommnung der internationalen Postdienste. Bei Unstimmigkeiten zwischen den Mitgliedsländern Schiedsgericht. Spezieller Ausschuss für die Vereinfachung der Zollformalitäten. Beitrag zur internationalen Entwicklungshilfe im Rahmen des → UNDP, bes. durch Entsendung von Expertenteams in Entwicklungsländer. – *Organe:* Weltpostkongress, tritt alle fünf Jahre zusammen, als oberste, legislative Behörde. Hauptaufgabe: Revision des Weltpostvertrages und seiner Einzelbestimmungen (Detailed Regulations); Exekutivrat, bestehend aus 40 Mitgliedern, tagt jährlich; Konsultativrat für Poststudien (CCPS) erarbeitet Empfehlungen zu technischen, organisatorischen und wirtschaftlichen Fragen im Zusammenhang mit dem Postdienst; Internationales Büro. – *Sitz:* Bern, erledigt die laufenden Verwaltungsarbeiten und dient als zentrale Auskunfts- und Beratungsstelle der nationalen Postverwaltungen.

Urabstimmung – geheime Abstimmung derjenigen Mitglieder einer → Gewerkschaft, die für eine Teilnahme am → Streik in Betracht kommen. Ob es Voraussetzung eines rechtmäßigen Streiks ist, dass die Gewerkschaft das satzungsmäßig vorgesehene Verfahren eingehalten, bes. eine Urabstimmung durchgeführt und die erforderliche Mehrheit erzielt haben muss, ist umstritten. – *Begründung:* Die satzungsmäßige Verpflichtung zur Urabstimmung gehört zum Selbstverwaltungsrecht der Gewerkschaft und entfaltet keine Rechtswirkung für Dritte.

Urban Economics → Stadtökonomik.

Urbanisierung – Prozess der Ausbreitung und → Diffusion städtischer Lebens- und Verhaltensweisen (→ Stadt), wie z.B. Haushaltsstrukturen, Konsummuster, berufliche Differenzierung, Wertvorstellungen der Stadtbewohner, und die daraus resultierenden Raumstrukturen. Im Vergleich zum Begriff der Verstädterung, der nur auf demografische und siedlungsstrukturelle Aspekte abstellt, beinhaltet die Urbanisierung zusätzlich sozialpsychologische und sozioökonomische Komponenten. Durch ausgeprägte Land-Stadt-Wanderungen, natürliches Bevölkerungswachstum und Eingemeindungen kommt es zur raschen Einwohnerzunahme im → Verdichtungsraum. Von der Entwicklung der baulichen → Infrastruktur aus betrachtet drückt sich Urbanisierung als Landschaftsverbrauch aus und limitiert in den überbauten Gebieten das Leistungsvermögen des Landschaftshaushaltes erheblich. Belastungen und Gefährdungen der Umwelt können die Folge sein. – Vgl. auch → Suburbanisierung.

Urbanisierungsvorteile – *Urbanization Economics;* Teil der externen Ersparnisse (→ Agglomerationseffekte), der sich aus der räumlichen Konzentration von (nicht branchengleichen) Betriebs-, Haushalts- und Infrastrukturstandorten aufgrund der Größe des Absatz- und Arbeitsmarktes, der Informations- und Kontaktdichte und der Größe und Vielfalt der teils unentgeltlich genutzten → Infrastruktur (Verstädterungsvorteile) ergibt. Die positiven Ersparnisse können verringert oder durch negative Ersparnisse in Form von wachsendem Transport(zeit)aufwand und höheren Bodenpreisen, Abgaben und Steuern oder Umweltbelastungen aufgehoben werden. – Vgl. auch → Standort, → Standortfaktoren.

Urbanization Economics → Urbanisierungsvorteile.

URC – Abk. für *Uniform Rules for Collections*, dt. ERI = Einheitliche Richtlinien für Inkassi. Enthalten bankübliche Abwicklungsregeln für → Dokumenteninkasso, vgl. dort d/p und d/a. Herausgegeben und fachlich koordiniert von der International

Chamber of Commerce (→ ICC) in Paris. Aktuelle Versionen sind ERI 522/ URC 522.

Urformen → Produktionstechnik.

Urheber – Bezeichnung für den Schöpfer eines urheberrechtsfähigen Werks (→ Urheberrecht, Bearbeitung, → Miturheber), der je nach dem Maß seiner schöpferischen Leistung (→ Eigentümlichkeit) mit seinem Werk unter persönlichkeitsrechtlichen Gesichtspunkten verbunden bleibt (→ Urheberpersönlichkeitsrecht) und Inhaber der urheberrechtlichen Verwertungsrechte und Vergütungsansprüche ist (→ Urheberrecht). Wer auf den Vervielfältigungsstücken eines erschienenen Werks oder auf dem Original eines Werks der bildenden Kunst in üblicher Weise als Urheber bezeichnet ist, wird bis zum Beweis des Gegenteils als Urheber angesehen, bei fehlender Urheberbezeichnung gilt der → Herausgeber, hilfsweise der Verleger als ermächtigt, die Rechte des Urhebers geltend zu machen (§ 10 UrhG).

Urheberbezeichnung – als Ausfluss des → Urheberpersönlichkeitsrechts unabdingbares, durch Vertrag regelbares Recht des Urhebers, darüber zu entscheiden, ob und mit welcher Bezeichnung das Werk zu versehen ist (§ 13 UrhG). Der Entwerfer eines Geschmacksmusters hat gemäß § 10 GeschMG in der ab 1.6.2004 geltenden Fassung gegenüber dem Anmelder oder dem Rechtsnachfolger das Recht, im Verfahren vor dem → Deutschen Patent- und Markenamt (DMPA) und im Register als Entwerfer benannt zu werden.

Urheberpersönlichkeitsrecht – neben den → Verwertungsrechten wichtigster Teil des → Urheberrechts. – *Inhalt:* (1) Der → Urheber hat das *Recht zu bestimmen,* ob und wie sein Werk zu veröffentlichen ist; ihm ist es vorbehalten, vor Veröffentlichung des Werkes, seiner Beschreibung oder seines wesentlichen Inhalts den Inhalt öffentlich mitzuteilen (§ 12 UrhG). – (2) Recht auf *Anerkennung* der Urheberschaft am Werk (§ 13 UrhG). – (3) Bestimmung, ob und mit welcher → Urheberbezeichnung das Werk zu versehen ist (§ 13 UrhG). – (4) Recht, *Entstellung* oder andere Beeinträchtigung des Werkes zu verbieten, die geeignet ist, seine berechtigten geistigen oder persönlichen Interessen am Werk zu gefährden (§ 14 UrhG). – (5) *Zugang zu Werkstücken* zur Herstellung von Vervielfältigungsstücken oder Bearbeitung des Werkes (§ 25 UrhG). – Vgl. auch → Folgerecht.

Urheberrecht – ist im Gesetz über Urheberrechte und verwandte Schutzrechte (Urheberrechtsgesetz (UrhG)) vom 9.9.1965 (BGBl. I 1273) m.spät. Änd. (vgl. z.B. das Fünfte Änderungsgesetz vom 10.11.2006, BGBl. I, 2587) niedergelegt und wird ergänzt durch das → Verlagsrecht. – 1. *Grundzüge:* Das Urheberrecht schützt den → Urheber durch das → Urheberpersönlichkeitsrecht und durch die Zuordnung von vermögensrechtlichen Verwertungsrechten in seinen geistigen, persönlichen und vermögensrechtlichen Beziehungen zu seinem Werk, dessen Rechtsschutz mit seiner Entstehung beginnt und im Unterschied zu den → gewerblichen Schutzrechten keiner Hinterlegung oder Registrierung bedarf. Als dem Urheberrecht zugängliche Werkarten nennt das UrhG Sprachwerke (Reden, Schriftwerke und Computerprogramme), Werke der Musik, pantomimische Werke und Werke der Tanzkunst, Werke der bildenden und angewandten Kunst, Bauwerke, Lichtbildwerke, Filmwerke sowie Darstellungen wissenschaftlicher und technischer Art (Zeichnungen, Pläne, Karten, Skizzen, Tabellen, plastische Darstellungen, § 2 II); Bearbeitungen und → Sammelwerke (§ 3), die den Schutz des Urheberrechts genießen, wenn sie eine persönliche geistige Leistung darstellen, d.h. → Eigentümlichkeit eines hinreichenden Grades an Gestaltungshöhe aufweisen (§ 2 II). → Neuheit des Werks ist nicht erforderlich, die Gestaltungshöhe des Werks, für das Schutz begehrt wird, ist aber auf der Grundlage eines Vergleichs mit vorbekannten Gestaltungen festzustellen. Keinen Urheberrechtsschutz genießen → amtliche Werke (§ 5 UrhG). Für Computerprogramme (§§ 69a ff.) und Filmwerke (§§ 88 ff.) sind bes. Bestimmungen getroffen, die die allg. Bestimmungen des UrhG ergänzen. Neben diesen Werken stehen als verwandte Schutzrechte die sog. → Leistungsschutzrechte, die den urheberrechtsschutzfähigen Werken nahe stehen, weil sie wie wissenschaftlichen Ausgaben (§ 70), Lichtbilder (§ 72) und Darbietungen → ausübender Künstler (§§ 73 ff.) persönlichkeitsgeprägte Leistungen mit einem zumindest teilweisen Schutz des Persönlichkeitsrechts darstellen oder wie die Ausgabe nachgelassener Werke (§ 71), die Veranstaltung von Darbietungen ausübender Künstler (§ 81), die Herstellung von Tonträgern (§ 85), die Erbringung von Sendungen (§ 87) und die Herstellung von → Datenbanken (§ 87a) im Zusammenhang mit schöpferischen Leistungen erbrachte bes. technische, organisatorische oder unternehmerische Leistungen sind. Entsprechend unterschiedlich sind die Schutzfristen. Das Urheberrecht endet 70 Jahre nach dem Tod des Urhebers (§ 64 UrhG), Leistungsschutzrechte sind regelmäßig auf 50 Jahre nach ihrer Erbringung (Erscheinen oder erster öffentlicher Aufführung, sonst Herstellung ihrer Festlegungen) befristet (§§ 72, 82, 85, 87, 94), der Veranstalterschutz ist wie das Verwertungsrecht an nachgelassenen Werken auf 25 Jahre begrenzt (§§ 82, 71). Soweit diese Schutzfristen aufgrund des Vollzugs der Richtlinie EG 92/100 verlängert sind, erfasst die Verlängerung auch vorher geschaffene Werke und verwandte Schutzrechte, die am 30.5.1995 noch geschützt waren, Einzelheiten sind in den Übergangsvorschriften §§ 137e und f geregelt. – 2. *Verwertungsrechte:* Das Urheberrecht ist als quasi-dingliches Recht ausgebildet, das in seinen vermögensrechtlichen Ausprägungen der Eigentumsgarantie (Art. 14 GG) unterfällt und dem Urheber positive Nutzungsrechte (Verwertungsrechte), Vergütungsansprüche (→ Folgerecht § 26, Bibliothekstantieme § 27, → Geräteherstellerabgabe §§ 54 ff.) und

Dritte von der Nutzung ausschließende Verbotsrechte zuordnet. Regelungen über die angemessene Vergütung des Urhebers für den sich in den §§ 32, 32a–b, 36, 36a UrhG). Die Verwertungsrechte gruppieren sich in Rechte zur körperlichen Wiedergabe (Vervielfältigungsrecht, Verbreitungsrecht, Ausstellungsrecht, § 15 I, §§ 16, 17, 18) und zur unkörperlichen Wiedergabe (Vortrags-, Aufführungs- und Vorführungsrecht, Recht der öffentlichen Zugänglichmachung, Senderecht, Recht der Wiedergabe durch Bild- und Tonträger, Recht der Wiedergabe von Funksendungen, § 15 II, §§ 19, 19a, 20, 21, 22), die übertragbar sind (→ Nutzungsrechte) und durch Ausübung seitens des Urhebers oder eines mit seiner Zustimmung handelnden Dritten erschöpft werden (→ Erschöpfung). Die Rechte können bei → Verwertungsgesellschaften liegen, wenn der Urheber ihnen beigetreten ist (→ Musikurheberrecht, Gesellschaft für musikalische Aufführungs- und mechanische Vervielfältigungsrechte e. V. (→ GEMA)), oder sind, wie der Anspruch auf → Geräteherstellerabgabe, nur durch derartige Gesellschaften wahrnehmbar. Das Urheberrecht selbst ist im Unterschied zu den Verwertungsrechten zwar vererblich, im Übrigen aber nicht übertragbar (§§ 28 ff.). – 3. *Rechtsschutz:* Für den Urheberrechtsschutz gelten unter dem Gesichtspunkt der Sozialpflichtigkeit des Eigentums allg. Schranken (§§ 45 ff.), bes. Schranken gelten für Werke von Urhebern in Arbeits- oder Dienstverhältnissen (§ 43); vgl. → Arbeitnehmer. Im Übrigen ergreift der Schutz des Urhebers jede unerlaubte Verwertung des geschützten Werks. Dabei bestimmen sich Inhalt und Umfang des Schutzes nach dem in der konkreten Formgestaltung zum Ausdruck gelangten Gesamteindruck des Werks in seiner schöpferischen Eigenart, wobei dem zu schützenden Werk ein mit dem Maß schöpferischer → Eigentümlichkeit wachsender Schutzumfang zukommt, bei den verwandten Schutzrechten ist der Rechtsschutz unterschiedlich ausgebildet. Verletzungen des Urheberrechts lösen Unterlassungs- und bei Verschulden Schadensersatzansprüche, bei fehlendem Verschulden Ansprüche aus ungerechtfertigter Bereicherung (§ 812 BGB) aus, die durch Auskunftsansprüche (→ Auskunftspflicht) und → Vernichtungsansprüche sowie bei offensichtlichen Verletzungen durch die Möglichkeit der → Grenzbeschlagnahme ergänzt werden (§§ 97 ff.). Eine bes. sachliche Zuständigkeit der Landgerichte wie für Patent-, Gebrauchsmuster- und Geschmacksmustersachen gibt es in Urheberstreitsachen nicht, Eingangsgerichte sind daher Amts- und Landgerichte je nach ihrer Zuständigkeit, es besteht aber die Möglichkeit der Konzentration durch Landesrecht (§ 105), von der die Bundesländer überwiegend Gebrauch gemacht haben. Strafvorschriften: §§ 106 ff. – 4. *Rechtslage in den neuen Bundesländern:* Seit der Einigung gilt das Urhebergesetz auch für die vor dem Beitritt geschaffenen Werke und verwandten Schutzrechte, auch wenn deren Schutzfrist nach DDR-Recht abgelaufen war. Nach DDR-Recht zulässige Nutzungen dürfen gegen Zahlung angemessener Vergütung fortgesetzt werden, auch wenn sie nach dem UrhG unzulässig sind, ausgenommen unübliche Nutzungen. Nutzungsrechtsübertragungen bleiben gegen Zahlung angemessener Vergütung erhalten (EV Anlage I, Kap. III, Sachgebiet E, Abschn. II). – 5. *Internationales Urheberrecht:* → Revidierte Berner Übereinkunft (RBÜ), → Rom-Abkommen, → Welt-Urheberrechts-Abkommen, → TRIPS-Abkommen.

Urheberrolle – beim → Deutschen Patent- und Markenamt (DMPA) nach § 138 UrhG geführtes Register. Eingetragen wird die Anmeldung des wahren Namens des Urhebers eines → Werkes, bei dessen → öffentlicher Wiedergabe (oder auf dessen Vervielfältigungsstücken oder bei einem Werk der bildenden Künste auf dem Original) weder der wahre Name noch das bekannte → Pseudonym des Urhebers angegeben ist. Durch diese Anmeldung erlischt das Urheberrecht nicht schon 70 Jahre nach Erscheinen des Werkes, sondern erst 70 Jahre nach dem Tod des Urhebers. Die Eintragungen werden im → Bundesanzeiger öffentlich bekannt gemacht. Die Einsicht in die Urheberrolle ist jedem gestattet. Wird die Eintragung abgelehnt, so kann der Antragsteller gerichtliche Entscheidung bei dem für den Sitz des Patentamts zuständigen Oberlandesgericht beantragen. Ergänzend VO über das Register anonymer und pseudonymer Werke vom 18.12.1965 (BGBl. I 1965, 2105).

Urkunden – I. Zivilprozessrecht: alle schriftlichen Gedankenäußerungen, gleich zu welchem Zweck, in welcher Sprache und vermittels welcher Schriftzeichen sie verfasst sind und ohne Rücksicht darauf, ob sie unterschrieben sind. – Der *Beweiswert* der Urkunde wird durch Letzteres aber u.U. maßgeblich beeinflusst. Regeln über die Beweiskraft der öffentlichen und der Privat-Urkunde (d.h. von einem privaten Aussteller herrührenden Urkunde) enthalten §§ 415 ff. ZPO. – Vgl. auch → öffentliche Urkunden, → Privaturkunden.

II. Strafrecht: Verkörperte Gedankenerklärung, die allg. oder für Eingeweihte verständlich ist, einen Aussteller erkennen lässt und die zum Beweis einer rechtlich erheblichen Tatsache geeignet und bestimmt ist, gleich ob ihr die Bestimmung schon bei der Ausstellung oder erst später gegeben wird. Der Begriff ist v.a. bei Urkundsdelikten (§§ 267 ff. StGB) von Bedeutung.

Urkundenfälschung – Strafrechtliches Delikt nach § 267 StGB. – 1. *Formen:* Urkundenfälschung kann begangen werden durch: a) *Fälschung:* Herstellung einer unechten → Urkunde, d.h. Erwecken des Anscheins, als stamme diese von einem anderen als von dem, der sie tatsächlich ausgestellt hat. – b) *Verfälschung:* nachträgliche Änderung des gedanklichen Inhalts einer an sich echten Urkunde. – c) *Gebrauchmachen von einer ge- oder verfälschten Urkunde:* Die Urkunde kann eine → öffentliche Urkunde oder → Privaturkunde (z.B. Scheck) sein, muss aber zum Beweis von Rechten oder Rechtsverhältnissen von Erheblichkeit sein; der Täter muss zur Täuschung im Rechtsverkehr handeln, d.h. den zu Täuschenden zu einem rechtlich erheblichen Verhalten bestimmen wollen. – d) *Blankettfälschung:* liegt vor, wenn jemand einem mit der Unterschrift eines anderen versehenen Papier gegen dessen Willen einen urkundlichen Inhalt gibt (z.B. Eintragung eines höheren Betrages als vereinbart im Blanko-Akzept). – 2. Die Urkundenfälschung steht vielfach in *Konkurrenz* mit → Betrug, → Unterschlagung u.a., d.h. z.B., ein und dieselbe Handlung der Urkundenfälschung kann zugleich den Betrugstatbestand verletzen (sog. Tateinheit oder Idealkonkurrenz). – 3. Die gleichen Tathandlungen der Urkundenfälschung sind strafbar in Bezug auf *beweiserhebliche Daten* (§ 269 StGB). Der Täuschung im Rechtsverkehr steht die fälschliche Beeinflussung einer Datenverarbeitung im Rechtsverkehr gleich (§ 270 StGB). – *Strafe:* Freiheitsstrafe bis zu fünf Jahren, in → schweren Fällen nicht unter einem Jahr. Der → Versuch ist strafbar. Das Gleiche gilt für die Fälschung von beweiserheblichen Daten.

Urkundengeschäft – Wiederverkäufer nutzen für ihre Kunden das Lager des Herstellers oder eines von diesem eingeschalteten → Absatzmittler (Großhandelshaus, Importhaus). Kombinationsmöglichkeit mit → Streckengeschäft gegeben.

Urkundenmahnbescheid – *Mahnbescheid;* bei dem der Widerspruch des Schuldners das → Mahnverfahren nicht in das ordentliche Verfahren, sondern in den → Urkundenprozess überleitet (§ 703a ZPO). Der Gläubiger muss den Mahnbescheid als Urkundenmahnbescheid bezeichnen und soll dem Gesuch um Erlass des Urkundenmahnbescheids die Urkunden in Urschrift oder Abschrift beifügen. – Der *Widerspruch* des Schuldners kann sich darauf beschränken, ihm die Ausführung seiner Rechte im → Nachverfahren vorzubehalten; es wird dann → Vollstreckungsbescheid mit entsprechendem Vorbehalt erlassen; das weitere Verfahren entspricht dem Nachverfahren des Urkundenprozesses.

Urkundenprozess – bes. Zivilprozessverfahren, das einer Partei, die ihre Rechte durch → Urkunden (→ Beweismittel) nachweisen kann, nach beschränkter Sachprüfung einen vorläufigen gerichtlichen Schutz gibt, während die endgültige Klärung einem → Nachverfahren vorbehalten bleibt (§§ 592–605a ZPO). – 1. *Zulässig* nur, wenn die → Klage auf Zahlung einer bestimmten Geldsumme oder Leistung einer bestimmten Menge vertretbarer Sachen oder Wertpapiere gerichtet ist und alle zur Begründung des Anspruchs erforderlichen Tatsachen durch Urkunden bewiesen werden können, die der Klageschrift in Urschrift oder Abschrift beigefügt sein müssen; zum Beweis anderer als klagebegründender Tatsachen können die Parteien außer der Vorlage von Urkunden nur Antrag auf Parteivernehmung stellen; → Widerklage ist nicht statthaft. – 2. *Entscheidungen:* a) Kann der Kläger den Urkundenbeweis nicht führen, wird die Klage „als in der gewählten Prozessart unzulässig" abgewiesen (neue Klage im ordentlichen Verfahren möglich). – b) Ergibt sich bereits im Urkundenprozess, dass dem Kläger kein Anspruch zusteht, erfolgt Abweisung ohne die Möglichkeit einer neuen Klage. – c) Widerspricht der Beklagte dem Klageantrag, wird er zwar verurteilt, doch wird ihm die Geltendmachung seiner Rechte im Nachverfahren, in dem alle Beweismittel zulässig sind, vorbehalten (→ Vorbehaltsurteil). Wird das Vorbehaltsurteil aufgehoben, muss der Kläger aus etwaiger Vollstreckung entstandenen Schaden ersetzen. – Vgl. auch → Scheckprozess, → Wechselprozess.

Urkundensteuer – bis 1940 erhobene → Stempelsteuer auf Rechtsgeschäfte im Werte von über 150 RM, über die eine Urkunde ausgestellt war; ausgenommen anderer Besteuerung (u.a. Kapitalverkehr- und Wechselsteuer) unterlegene Rechtsgeschäfte.

Urkundenvorlegung → Vorlegung von Urkunden.

URL – *Uniform Resource Locator;* eindeutige Identifikation bzw. Adresse eines → HTML-Dokuments im → Internet. Die URL setzt sich aus der Domäne und der Angabe des Ortes des Dokuments auf dem → Server zusammen.

Urlaub – I. Erholungsurlaub: 1. *Begriff:* Bezahlte Freizeit, die der Wiederherstellung und Erhaltung der Arbeitskraft des Arbeitnehmers dienen soll. Während des Urlaubs darf der Arbeitnehmer deshalb keine dem Urlaubszweck widersprechende Erwerbstätigkeit leisten. – 2. *Rechtsgrundlage:* Bundesurlaubsgesetz (BUrlG) vom 8.1.1963 (BGBl. I 2) m.spät.Änd. – a) *Geltungsbereich:* Das Gesetz gilt für → Arbeitnehmer, d.h. → Arbeiter, → Angestellte, zu ihrer Berufsausbildung Beschäftigte und für → arbeitnehmerähnliche Personen. – b) *Sonderregelungen:* (1) → Heimarbeiter (§ 12 BUrlG); (2) nach dem Arbeitsplatzschutzgesetz (→ Arbeitsplatzschutz); (3) Seemannsgesetz; (4) für schwerbehinderte Menschen (→ Schwerbehindertenrecht); (5) → Beamte; (6) → Jugendliche. – c) *Abweichungen* vom Bundesurlaubsgesetz mit Ausnahme des Grundsatzes des Urlaubsanspruchs und der Mindestdauer durch → Tarifvertrag zugunsten des Arbeitnehmers zulässig. Für das Baugewerbe und sonstige Wirtschaftszweige mit häufig kurzfristigen Arbeitsverhältnissen sind weitergehende tarifvertragliche Änderungen zulässig. – 3. *Urlaubsdauer:* jährlich mind. 24 Werktage. Als Werktage gelten alle Kalendertage, die nicht Sonntage oder → gesetzliche Feiertage sind, also auch der Samstag bei 6-Tage-Woche. Durch Tarifverträge ist jedoch meist auf die 5-Tage-Woche umgestellt worden. Im öffentlichen Dienst durch Tarifvertrag für die Arbeiter und Angestellten; für die Beamten gelten die Urlaubsverordnungen des Bundes und der Länder. – 4. *Wartezeit:* a) *Voller Urlaubsanspruch* erst nach sechsmonatigem Bestehen des Arbeitsverhältnisses (§ 4 BUrlG). – b) Anspruch auf 1/12 *des Jahresurlaubs* für jeden vollen Monat des Bestehens des

Arbeitsverhältnisses hat jeder Arbeitnehmer (1) für Zeiten eines Kalenderjahres, für die er wegen Nichterfüllung der Wartezeit in diesem Kalenderjahr keinen vollen Urlaubsanspruch erwirbt; (2) wenn er vor erfüllter Wartezeit aus dem Arbeitsverhältnis ausscheidet; (3) wenn er nach erfüllter Wartezeit in der ersten Hälfte eines Kalenderjahres aus dem Arbeitsverhältnis ausscheidet. – Bruchteile von Urlaubstagen, die mind. einen halben Tag ergeben, sind auf volle Urlaubstage aufzurunden. – 5. *Gewährung des Urlaubs:* a) *zeitliche Festlegung des Urlaubs:* Dabei sind die Urlaubswünsche der Arbeitnehmer zu berücksichtigen, wenn nicht dringende betriebliche Belange oder aus sozialen Gesichtspunkten vorrangige Urlaubswünsche anderer Arbeitnehmer entgegenstehen (→ Betriebsferien). – b) Der Urlaub ist *zusammenhängend zu gewähren,* wenn nicht betriebliche oder in der Person des Arbeitnehmers liegende Gründe eine *Urlaubsteilung* erfordern. – c) Der Urlaub muss *im laufenden Kalenderjahr* gewährt und genommen werden. Nur aus dringenden betrieblichen oder in der Person des Arbeitnehmers liegenden Gründen ist eine Übertragung des Urlaubs auf das nächste Kalenderjahr statthaft; in diesem Fall muss der Urlaub in den ersten drei Monaten des folgenden Kalenderjahrs gewährt und genommen werden. Hat der Arbeitnehmer im laufenden Urlaubsjahr nur einen Teilanspruch wegen nicht erfüllter Wartezeit, so ist dieser Urlaub auf Verlangen des Arbeitnehmers auf das ganze nächste Urlaubsjahr zu übertragen und mit dem Urlaub des folgenden Jahres zu gewähren. – Mit Ablauf des Übertragungszeitraums wird der Arbeitgeber von der Verpflichtung zur Urlaubsgewährung frei, soweit er nicht die Unmöglichkeit der Urlaubsgewährung zu vertreten hat. – d) Kann der Urlaub wegen *Beendigung des Arbeitsverhältnisses* ganz oder teilweise nicht mehr gewährt werden, so ist er abzugelten. Während des Bestehens des Arbeitsverhältnisses gilt ein Abgeltungsverbot. – e) *Erkrankt* ein Arbeitnehmer während des Urlaubs, so werden die durch ärztliches Zeugnis nachgewiesenen Tage der Arbeitsunfähigkeit auf den Jahresurlaub nicht angerechnet. – f) *Kuren und Schonzeiten* dürfen nicht auf den Urlaub angerechnet werden, soweit ein Anspruch auf Entgeltfortzahlung im Krankheitsfall (→ Entgeltfortzahlung) besteht. – g) Vereinbarungen über *Urlaub im Vorgriff* (Vorholen aus dem nächsten Jahr) sind unwirksam. – 6. *Vergütung:* Urlaubsentgelt, → Urlaubsgeld. – 7. *Mitbestimmung des Betriebsrats:* Nach § 87 I Nr. 5 BetrVG besitzt der Betriebsrat Mitbestimmungsrecht bei der Aufstellung allg. Urlaubsgrundsätze (z.B. allg. Richtlinien über → Betriebsferien unter Schließung des Betriebs) und des → Urlaubsplans sowie der Festsetzung der zeitlichen Lage des Urlaubs für einzelne Arbeitnehmer, wenn zwischen dem Arbeitgeber und den beteiligten Arbeitnehmern kein Einverständnis erzielt wird. Im Fall der Nichteinigung wird die Einigungsstelle angerufen. – 8. *Sonderregelungen:* a) Bei *Jugendlichen,* die zu Beginn des Kalenderjahrs noch nicht 18 Jahre alt sind (§ 19 JArbSchG), beträgt die Urlaubsdauer mind. 30 (bis 16 Jahre), 27 (bis 17 Jahre) und 25 (bis 18 Jahre) Werktage. – b) *Schwerbehinderte Menschen* haben Anspruch auf bezahlten Zusatzurlaub von fünf Arbeitstagen (§ 125 SGB IX; → Schwerbehindertenrecht).

II. Sonderformen: → Bildungsurlaub, → Elternzeit.

III. Sonstige Freistellungen: Kurzfristige gesetzliche Freistellungsansprüche bestehen nach §§ 37, 65 BetrVG, § 96 II SGB IX (→ Betriebsrat, Vertrauensperson der schwerbehinderten Menschen), §§ 9, 43 JArbSchG (Berufsschulpflicht, ärztliche Untersuchungen), § 16 MuSchG (ärztliche Untersuchung), § 14 ArbPlSchG (Erfassung Wehrpflichtiger), § 629 BGB (Stellensuche), § 45III SGB V (Betreuung erkrankter Kinder), § 2, 3 → Pflegezeitgesetz (Betreuung pflegebedürftiger naher Angehörige) und § 26 ArbGG, § 20 SGG (ehrenamtliche Richtertätigkeit).

IV. Unbezahlter Urlaub: Der gesetzliche, tarifliche oder einzelvertragliche Urlaub kann um unbezahlten Urlaub aufgestockt werden. – Dient der unbezahlte Sonderurlaub der Erholung, gilt § 9 BUrlG, d.h. im Fall der Erkrankung werden die durch ärztliches Zeugnis nachgewiesenen Tage der Arbeitsunfähigkeit auf den Jahresurlaub nicht angerechnet. Im Fall krankheitsbedingter Arbeitsunfähigkeit verliert der Arbeitnehmer nicht den gesetzlichen Anspruch auf Krankenvergütung (§ 3 EntgeltfortzG). – Gewährt der Arbeitgeber *auf Wunsch des Arbeitnehmers* Sonderurlaub und wird zugleich vereinbart, dass das Arbeitsverhältnis in der Zeit des Sonderurlaubs ruht, so ist § 9 BUrlG abgedungen. Der Arbeitnehmer hat dann im Fall der Erkrankung keinen Anspruch auf Entgeltfortzahlung.

Urlaubsarbeit – dem Urlaubszweck widersprechende Erwerbsarbeit während des gesetzlichen (Mindest-) → Urlaubs. Urlaubsarbeit ist nach § 8 BUrlG verboten. Bei Zuwiderhandlung kann der Arbeitgeber Unterlassung verlangen und ggf. kündigen. Dagegen kann er nicht das Urlaubsentgelt zurückfordern.

Urlaubsbescheinigung – Bescheinigung des Arbeitgebers über den im laufenden Kalenderjahr gewährten oder abgegoltenen → Urlaub des Arbeitnehmers. Die Urlaubsbescheinigung ist bei Beendigung des Arbeitsverhältnisses dem Arbeitnehmer auszuhändigen (§ 6 II BUrlG). – Vgl. auch → Arbeitspapiere.

Urlaubsgeld – 1. *Begriff:* a) An den Arbeitnehmer während des Urlaubs weitergezahltes Arbeitsentgelt; auch *Urlaubslohn* (Urlaubsentgelt). – b) Zusätzlich zum Urlaubsentgelt gewährtes Urlaubsgeld oder eine Urlaubsgratifikation (→ Gratifikation), z.T. tarifvertraglich festgelegt (z.B. die Hälfte eines „13. Gehalts"). – c) Bei Verzicht auf Urlaub dem Arbeitnehmer gewährte Entschädigung. – 2. *Lohnsteuerrecht:* Als Urlaubsgeld im Sinn des EStG werden alle unter 1 a) bis c) genannten Begriffe angesehen. Urlaubsgeld gemäß a) ist als → laufender Arbeitslohn, Urlaubsgeld gemäß b) und c) als → sonstige Bezüge zu versteuern.

Urlaubslohn → Urlaubsgeld.

Urlaubsplan – systematische Übersicht für die zeitliche Ordnung, in der den einzelnen Arbeitnehmern der → Urlaub im Laufe des Kalenderjahrs gewährt werden soll. Zum Urlaubsplan gehört auch der Plan der Vertretung der im Urlaub befindlichen Arbeitnehmer. Der Urlaubsplan ist abzugrenzen von der Urlaubsliste, in welcher die Arbeitnehmer ihre Urlaubswünsche eintragen. – *Mitbestimmung:* Die Aufstellung des Urlaubsplans unterliegt der zwingenden Mitbestimmung des Betriebsrats in → sozialen Angelegenheiten (§ 87 I Nr. 5 BetrVG). Im Fall der Nichteinigung wird die Einigungsstelle angerufen. – Vgl. auch → Betriebsferien.

Urlaubs- und Lohnausgleichkasse → Sozialkasse des Baugewerbes, die im Umlageverfahren die Ansprüche der gewerblichen Arbeitnehmer auf Urlaub sowie auf Lohnausgleich für den Zeitraum vom 24. Dezember bis 26. Dezember und 31. Dezember sowie 1. Januar eines Jahres erfüllt. Der Arbeitgeber zahlt bei Urlaubsantritt unter Verwendung einer Lohnnachweiskarte Urlaubsentgelt bzw. Lohnausgleich und erhält es von der Urlaubs- und Lohnausgleichkasse erstattet. Dadurch sollen auch Bauarbeiter, die erfahrungsgemäß häufig den Arbeitsplatz wechseln, zusammenhängenden Urlaub nehmen können, ohne dass der letzte (innerhalb eines Jahres) Arbeitgeber bes. belastet wird.

Urliste – in der Statistik Bezeichnung für die Auflistung von Werten → qualitativer Merkmale und → quantitativer Merkmale gemäß → Erhebung. Bes. bei quantitativen Merkmalen wird mit Urliste die Menge der originalen Beobachtungswerte vor Übergang zu einer → Häufigkeitsverteilung bezeichnet.

Urmaterial – die bei einer statistischen Untersuchung durch → Vollerhebung oder → Teilerhebung gewonnenen Originalunterlagen wie → Fragebogen, Interviewer-Berichte, Zählkarten, → Urlisten u.Ä.

Urnenmodell – in der Statistik Hilfsmittel zur Veranschaulichung eines elementaren → Zufallsvorganges. – 1. Entnahme einer uneingeschränkten Zufallsstichprobe aus einer → Grundgesamtheit *(einfaches Urnenmodell).* – a) Beim einfachen Urnenmodell *mit Zurücklegen* werden aus einer Urne, die die Grundgesamtheit darstellt, n Elemente zufällig derart entnommen, dass jedes Element nach Feststellung seiner Merkmalsausprägung in die Urne zurückgelegt wird. Ein und dasselbe Element kann dann ggf. mehrfach in die Stichprobe gelangen. – b) Beim einfachen Urnenmodell *ohne Zurücklegen* unterbleibt die Rückgabe der Elemente in die Urne, sodass jedes Element der Grundgesamtheit höchstens einmal resultieren kann. – 2. Für den Spezialfall eines → dichotomen Merkmals ist die Anzahl der Elemente der einen Sorte in der Stichprobe beim einfachen Urnenmodell *mit Zurücklegen* binomialverteilt (→ Binomialverteilung) und *ohne Zurücklegen* hypergeometrisch verteilt (→ hypergeometrische Verteilung).

Urproduktenhandel – Handel mit Grundstoffen, die Rohwaren sind, bes. Handel mit Erzeugnissen der Land- und Forstwirtschaft, der Fischerei und des Bergbaus. – Vgl. auch → Rohstoffhandel, → Produktionsverbindungshandel.

Urproduktion – 1. *Begriff und Merkmale*: Volkswirtschaftliche Bezeichnung für die Nutzung des Bodens (1) durch die Nutzung der Erdoberfläche als organisch mitwirkendem Produktionsfaktor (Landwirtschaft, Forstwirtschaft, Gartenbau, Fischerei) und (2) durch den Abbau von Bodensubstanz (Bergbau, Erdölförderung). – 2. *Strukturpolitik*: Im Rahmen der → sektoralen Strukturpolitik wird differenziert zwischen dem primären Sektor der Urproduktion; dem sekundären Sektor der Industrie, des Handwerks und des Baugewerbes sowie dem tertiären Sektor der Dienstleistungen und des Staates. – Vgl. auch → primärer Sektor.

Ursprung – I. Zollrecht: 1. *Begriff:* Die Ursprungsregeln des Zollkodex legen fest, wo im- und exportierte Waren ihren Ursprung haben. Es geht stets darum, das Herkunftsland zu bestimmen. – 2. *Merkmale:* Schwerpunkt dabei ist die Regelung des allgemeinen Ursprungs in den Art. 22-26 → Zollkodex (ZK). Daneben gibt es über Art. 27 ZK den sog. Präferenzursprung, der für zolltarfliche Vorzugsbehandlung von Bedeutung ist. – 3. *Unterscheidung von anderen Begriffen*: Der allgemeine Ursprung wird in Abgrenzung zum Präferenzursprung im Zollrecht vereinfacht oft auch nicht präferenzieller Ursprung genannt. Wegen der Bedeutung für andere Rechtsgebiete spricht man auch von *handelspolitischem Ursprung*, wegen des Austellers der Ursprungszeugnisse auch von *IHK-Ursprung oder Kammer-Ursprung.* – 4. *Inhalte:* Die Ursprungsregelungen bestimmen, welches Land als → Ursprungsland einer Ware in Betracht kommt. Oft ist diese Feststellung schwierig, weil mehrere Unternehmen in verschiedenen Ländern an der Herstellung oder Bearbeitung einer solchen Ware beteiligt sind. Für solche Fälle bestimmen Art. 22 ff. ZK Folgendes: „Eine Ware, an deren Herstellung zwei oder mehrere Länder beteiligt waren, ist Ursprungsware des Landes, in dem sie der letzten wesentlichen und wirtschaftlich gerechtfertigten Be- und Verarbeitung unterzogen worden ist, die in einem dazu eingerichteten Unternehmen vorgekommen worden ist und zur Herstellung eines neuen Erzeugnisses geführt hat oder eine bedeutende Herstellungsstufe darstellt." – a) *Nicht präferenzieller Ursprung:* Ob eine Be- oder Verarbeitung einer Ware als wesentlich und wirtschaftlich gerechtfertigt anzusehen ist, ergibt sich i.d.R. aus den Umständen des Einzelfalles. In Zweifelsfällen entscheidet nach Anhören des Ursprungsausschusses die → Europäische Kommission. Nach Art. 22-26 ZK besitzen Waren, die vollständig in einem Land gewonnen oder hergestellt worden sind, die Ursprungseigenschaft dieses Landes. Welche Waren oder Warengruppen im Einzelnen hierunter fallen, ergibt sich aus der Auflistung in Art. 23 ZK.

Ungeachtet der Vorlage eines Dokuments zum Nachweis des Ursprungs können die Zollbehörden im Fall ernsthafter Zweifel weitere Beweismittel verlangen, um die Angaben über den Ursprung der Waren zu klären. – b) *Präferenzieller Ursprung:* Er ist nach völlig anderen Regeln und mit anderen Dokumenten nachzuweisen, um beim Import von Waren Zollvergünstigungen (Zollpräferenzen) in Anspruch nehmen zu können. Die präferenziellen Ursprungskriterien ergeben sich bei einseitiger Gewährung aus den Regeln der ZK-DVO, im Übrigen aus den vielfältigen Präferenzabkommen. Der Präferenzursprung beurteilt sich nach dem Positionswechsel der Waren, bestimmten Produktionsstufen oder Wertklauseln. – 5. *Welthandelsrecht:* nach dem WTO-Agreement on Rules of Origin sollen die nichtpräferenziellen Ursprungsregeln weltweit harmonisiert werden, sie sind es derzeit jedoch nicht. Es gibt daher Unterscheidungen zwischen EU-Ursprungsregeln und US-Ursprungsregeln (nicht-präferenzieller Ursprung).

II. Außenwirtschaftsrecht: Der Ursprung der Ware ist im Rahmen der außenwirtschaftsrechtlichen Einfuhrabwicklung nach den §§ 27 ff. → Außenwirtschaftsverordnung (AWV) in der → Zollanmeldung nach Art. 61 ZK anzugeben und ggf. mit bes. Dokumenten (Ursprungserklärung, → Ursprungszeugnis) nachzuweisen. Der Ursprung einer Ware ist für die Anwendung des → Zolltarifs und die Bestimmung des Zollsatzes sowie der ggf. erforderlichen Einfuhrmaßnahmen nach der → Einfuhrliste – Anlage zum → Außenwirtschaftsgesetz (AWG), die ebenfalls im → Elektronischen Zolltarif (EZT) abgebildet ist – erforderlich. Für bestimmte Ursprungsländer kann das Erfordernis für eine → Einfuhrgenehmigung oder eine → Einfuhrlizenz bestehen. Der → Drittlandszollsatz (→ MFN-Zollsatz, auch → Vertragszollsatz der WTO/ des → GATT) wird nur für wenige westliche Industriestaaten (USA, Kanada, Japan, etc.) angewendet, für viele andere Staaten (u.A. → Entwicklungsländer) gelten aufgrund von → Präferenzabkommen der EU ermäßigte Zollsätze bei Vorlage der Präferenznachweise (bilaterale Präferenzabkommen, Präferenznachweis EUR.1 oder Allgemeines Präferenzsystem [→ APS] mit dem Präferenzachweis Form A).

ursprüngliche Kostenarten → primäre Kostenarten.

Ursprungsbezeichnung – Begriff des Kennzeichenrechts für → geografische Herkunftsangaben, mit denen der Verkehr bez. der gekennzeichneten Ware bes. Preis- oder Gütevorstellungen verbindet. Sie können auf Antrag in ein europäisches Register eingetragen werden; mit ihrer Eintragung endet ihr Schutz nach nationalem Recht und bestimmt sich ausschließlich nach den Vorschriften des EU-Rechts.

Ursprungskumulierung → Kumulation.

Ursprungsland – Land, in dem eine Ware gewonnen oder hergestellt worden ist. – 1. Nach dem in der Europäischen Gemeinschaft und damit auch in der Bundesrepublik Deutschland geltenden → *Zollkodex (ZK)*; vgl. VO EWG 2913/92 vom 12.10.1992, und der Durchführungsverordnung zum ZK (VO EWG 2454/93 vom 2.7.1993) ist der Ursprungsbegriff auf das Land abgestellt, dessen Boden- oder Gewerbeerzeugnis eine Ware ist. Waren, an deren Herstellung mehrere Länder beteiligt sind, haben ihren Ursprung in demjenigen Land, in dem die letzte wesentliche und wirtschaftlich gerechtfertigte Be- oder Verarbeitung stattgefunden hat, die in einem dazu eingerichteten Unternehmen vorgenommen worden ist und zur Herstellung eines neuen Erzeugnisses geführt hat oder eine bedeutende Herstellungsstufe darstellt. – 2. Für den *Warenverkehr* zwischen der → EU und denjenigen Ländern, mit denen sie durch Assoziierungs-, Freihandels- oder Präferenzabkommen verbunden ist, sowie für Erzeugnisse bestimmter Entwicklungsländer, für die eine Präferenzbehandlung vorgesehen ist, gilt ein von Punkt 1 abweichender Ursprungsbegriff. Dieser ist von der EU mit den betroffenen Ländern bzw. im Rahmen der Entwicklungsländerpräferenz einseitig gesondert festgelegt und aufgeteilt nach Zolltarif-Nummern in Listen zusammengefasst. Danach haben die Waren regelmäßig dann Präferenzursprung und damit Präferenzberechtigung, wenn die Be- oder Verarbeitung von aus Drittländern eingeführten Waren einen sog. „Positionswechsel", d.h. einen Wechsel der ersten vier Ziffern des Zolltarifs erfahren haben. Von dieser Grundregel gibt es allerdings zahlreiche Ausnahmen. – 3. *Zollrechtliche, außenwirtschaftsrechtliche und statistische Bedeutung:* Bei der → Einfuhr kann das Ursprungsland Einfluss auf die Zollhöhe (z.B. bei → Zollkontingenten) haben, es kann von ihm die Befreiung von der Einfuhrgenehmigungspflicht abhängen. Bei der → Ausfuhr ist das Ursprungsland u.U. für die Zulassung zur Einfuhr oder die Möglichkeit zur Inanspruchnahme von Zollvorteilen im Bestimmungsland sowie bei Marktordnungswaren für die Inanspruchnahme von Erstattungen im Ausfuhrland entscheidend. → Ursprungsnachweis durch → Ursprungszeugnis oder Warenverkehrsbescheinigung.

Ursprungslandprinzip – eines der beiden Prinzipien für die Besteuerung grenzüberschreitender Geschäfte bei der → Umsatzsteuer (→ Internationales Steuerrecht (IStR)). Das Ursprungslandprinzip sieht vor, dass die erbrachten grenzüberschreitenden Umsätze mit der Steuer des Landes belastet werden bzw. bleiben, in dem der leistende Unternehmer seinen → Sitz hat bzw. die leistende → Niederlassung sich befindet. Das Ursprungslandprinzip ist für die Unternehmen verwaltungstechnisch einfach zu handhaben, aber allg. wenig verbreitet, da es bei Unterschieden in den Umsatzsteuergesetzen der betroffenen Länder international zu Wettbewerbsverzerrungen führt. In der EU wird nach der Harmonisierung der Umsatzsteuer und der Schaffung des Europäischen Binnenmarktes das Ursprungslandprinzip trotz nicht angeglichener

Steuersätze im Bereich einiger Umsätze an Privatpersonen praktiziert (v.a. bei → Abhollieferungen, nicht aber bei: → Erwerbsteuer, → Versandhandelsregelung). Auf sehr lange Sicht ist in der EU die Verwirklichung des Ursprungslandprinzips denkbar und als Fernziel bereits beschlossen, die zuvor notwendige nahezu vollständige Angleichung der Steuersätze erscheint jedoch zumindest mittelfristig nicht erreichbar. – *Gegensatz:* → Bestimmungslandprinzip; vgl. auch → Gemeinsamer-Markt-Prinzip.

Ursprungslandregeln – Zur Erlangung der präferenziellen Ursprungseigenschaft einer Ware nach Art. 27 ZK setzen viele → Präferenzabkommen einen bestimmten Anteil an inländischer Wertschöpfung voraus, um das Produkt als im → Ursprungsland gefertigt ansehen zu können. Damit soll verhindert werden, dass Warenbestandteile in ein Land geliefert und dort in „Schraubenzieherfabriken" lediglich zusammengesetzt werden, nur um dort die Ursprungseigenschaft zu erlangen. Die Ursprungslandregeln sind je nach Präferenzabkommen in verschiedenen Listen zusammengefasst, welche für jede Ware die *Listenbedingungen* oder *Listenregeln* festlegen. – Vgl. auch → Ursprung, → Ursprungsland, → Freihandelszone, → Zollunion.

Ursprungsnachweis – 1. Bei der → *Einfuhr* in das Zollgebiet der → EU: a) für verschiedene Waren aufgrund zolltarifrechtlicher oder außenwirtschaftlicher Vorschriften durch ein → Ursprungszeugnis; b) für Waren aus Ländern, die mit der EU durch Assoziierungs-, Freihandels- oder Präferenzabkommen verbunden sind, sowie aus bestimmten Entwicklungsländern – sofern in einem EU-Mitgliedsstaat Zollpräferenzen in Anspruch genommen werden – durch Warenverkehrsbescheinigungen EUR. 1, EUR. MED oder Formblatt A, für Kleinsendungen durch Ursprungserklärungen. – 2. Bei der → *Ausfuhr* von Waren in Drittländer werden als Ursprungsnachweis Ursprungserzeugnisse i.Allg. durch die Industrie- und Handelskammer ausgestellt. Soll die Ausfuhrware in bestimmten Drittländern vereinbarungsgemäß einer Zollpräferenz unterliegen, so dienen Warenverkehrsbescheinigungen bzw. Formblätter als Ursprungsnachweis. – 3. Um eine einheitliche Rechtsanwendung innerhalb der Europäischen Gemeinschaft sicherzustellen, hat die Europäische Kommission hierzu Leitlinien über die Geltungsdauer von Ursprungsnachweisen herausgegeben.

Ursprungsprinzip – I. Finanzwissenschaften: finanzwissenschaftliches Prinzip, um eine regionale → Doppelbesteuerung zu vermeiden, wobei die Steuererträge demjenigen Land zufließen, in dem das Steuerobjekt seinen Ursprung (Betriebsstätten, Arbeitgeber) hat (→ Quellenstaatprinzip). – *Gegensatz:* → Wohnsitzprinzip. – *Anders:* → Ursprungslandprinzip, Herkunftsprinzip. – Vgl. auch → Internationales Steuerrecht (IStR).

II. Umwelt- und Ressourcenökonomik: Grundsatz der Ressourcen- und Umweltökonomik, nach der Umweltbeeinträchtigungen an der Stelle zu bekämpfen sind, an der sie auftreten. Das Ursprungsprinzip ist eines der Grundprinzipien der → europäischen Umweltpolitik. – Vgl. auch → Umweltpolitik; → Verursacherprinzip; → Vorsorgeprinzip; → Gemeinlastprinzip.

Ursprungsregeln – klären die Frage, ob und unter welchen Voraussetzungen einer Ware der → Ursprung in einem bestimmten Land zuzuerkennen ist. Ursprungsregeln (→ Ursprungslandregeln) bestehen aus *Listenkriterien* und *Listenbedingen* – sie sind entscheidend für die zollrechtliche Behandlung (Inanspruchnahme des → Präferenzzoll-Satzes bis hin zur → Zollfreiheit bei Vorlage des *Präferenznachweises,* z.B. in der EU einer EUR.1 oder eines Form A; *präferenzielle Ursprungsregeln*, sog. *Präferenzursprung*) und die zoll- und außenwirtschaftsrechtliche Behandlung zur Feststellung des tatsächlichen Ursprungslandes nach Art. 22 bis 26 → Zollkodex (ZK) (z.B. im Hinblick auf eine Genehmigungsbedürftigkeit; *sog. nicht präferenzielle Ursprungsregeln*).

Ursprungsstaat → Quellenstaat.

Ursprungszeugnis – 1. bei der → *Ausfuhr* eine von einer berechtigten Stelle des Ausstellungslandes (in der Bundesrepublik Deutschland Industrie- und Handelskammer bzw. Handwerkskammer, in Ausnahmefällen Zollamt bzw. Zollstelle) schriftlich abgegebene Bescheinigung über den Ursprung einer Ware mit allen zur Feststellung der Identität der betreffenden Ware erforderlichen Angaben (Bezeichnung der Packstücke, Art und Gewicht) sowie Namen des Absenders und eindeutige Angabe des → Ursprungslandes. Ursprungszeugnisse dienen als → Ursprungsnachweis. – 2. Die bei der → *Einfuhr* aufgrund zolltariflicher oder außenwirtschaftsrechtlicher Vorschriften geforderten Ursprungszeugnisse müssen von einer zuständigen Stelle des Ursprungslandes ausgestellt sein. – 3. Eine Liste der ausländischen Stellen, die zur Ausstellung von nicht präferenziellen Ursprungszeugnissen für die Wareneinfuhr in das Wirtschaftsgebiet berechtigt sind, ist auf der Homepage der deutschen Zollverwaltung veröffentlicht. Ist das Versendungsland nicht das Ursprungsland, so genügt i.d.R. die Vorlage eines Ursprungszeugnisses einer berechtigten Stelle des Versendungslandes; Ausnahmen hiervon bestehen z.T. bei der genehmigungspflichtigen Einfuhr von Textil- und Bekleidungserzeugnissen. Die zur Ausstellung berechtigten Stellen der Ursprungs- oder Versendungsländer sind meist halbstaatliche Stellen, vergleichbar mit den Industrie- und Handelskammern in Deutschland. – 4. *Die Form* des Ursprungszeugnisses ist dabei grundsätzlich international nicht vorgeschrieben. Das Ursprungszeugnis muss aber im Original der Zollstelle vorgelegt werden. Für Textil- und Bekleidungserzeugnisse des Abschnitts XI der Kombinierten Nomenklatur gelten bes. Ursprungsbestimmungen. Bei diesen Waren ist die Form des Ursprungszeugnisses auch vorgeschrieben und streng reglementiert.

Urteil – gerichtliche Entscheidung, die in bestimmter Form i.d.R. aufgrund (notwendiger) mündlicher Verhandlung ergeht (§§ 300–328 ZPO). – 1. *Arten im Zivilprozess:* a) *Sachurteil,* entscheidet in der Sache selbst und ist entsprechend der gewählten Klageart (→ Klage) Leistungs-, Feststellungs- oder Gestaltungs-Urteil. – b) *Prozessurteil,* entscheidet nur über prozessuale Fragen. – c) Nach der äußeren Bedeutung *Endurteil,* erledigt den Rechtsstreit für eine Instanz endgültig ganz oder teilweise (dann Teilurteil); *Zwischenurteil,* entscheidet über einzelne, v.a. prozessuale Fragen vorab; → Vorbehaltsurteil, sein Bestand hängt von einer Entscheidung im → Nachverfahren ab. – 2. Das Urteil *ergeht* „Im Namen des Volkes" und wird von den Richtern erlassen, die an der letzten mündlichen Verhandlung teilgenommen haben. – 3. *Wirksam* wird es i.d.R. mit Verkündung. – 4. Die → Zustellung erfolgt von Amts wegen (wichtig für den Beginn der Rechtsmittelfrist und die Vollstreckungsmöglichkeit). – 5. Das Urteil *klärt* die strittige Frage endgültig zwischen den Parteien; *Abänderung* ist auch dem Gericht versagt (→ Rechtskraft); Ergänzung oder Änderung nur möglich im Fall → offenbarer Unrichtigkeiten (§§ 319–321 ZPO). – 6. In dem Rechtsstreit eines Kaufmanns lautet das Urteil bei entsprechendem Klageantrag stets gegen die → Firma. Es hat dann Rechtskraft für und gegen den, der bei Eintritt der Rechtshängigkeit Inhaber des Unternehmens war, und seinen Rechtsnachfolger. Ein Urteil gegen eine Firma kann auch in das Privatvermögen des Kaufmanns vollstreckt werden, nicht nur in Geschäftsvermögen (anders aber wegen der Parteifähigkeit bei der OHG und KG). – 7. *Ausländische Urteile* werden im Inland nur anerkannt, wenn sie nicht gegen die guten Sitten oder den Zweck eines dt. Gesetzes verstoßen, ferner muss die Gegenseitigkeit verbürgt sein (§ 328 ZPO); zur Vollstreckung bedarf es eines bes. inländischen Vollstreckungsurteils.

Uruguay-Runde – 1. *Begriff:* Achte Verhandlungsrunde im Rahmen des → GATT. Die weit verbreitete Unzufriedenheit mit den Ergebnissen der 1979 abgeschlossenen Tokyo-Runde, die keine Lösungen für aufkommende neuartige nicht tarifäre und diskriminierende Formen des → Protektionismus brachte, führten zu den Forderungen einer neuen GATT-Verhandlungsrunde. Im September 1986 wurde sie durch die Erklärung von Punta del Este (Uruguay) eröffnet und nach langjährigen Verhandlungen am 15.4.1994 in Marrakesch (Marokko) zum Abschluss gebracht. 117 Staaten verständigten sich auf eine 550-seitige Schlussakte (zusätzlich ca. 10.000 Seiten Anhänge), die gemeinsam mit dem GATT-Vertrag des Jahres 1947 die Grundlage einer neuen Welthandelsordnung bildet. – 2. *Inhalt:* a) *Globale Verhandlungsziele:* (1) Verbesserung des Marktzutritts; (2) Verbesserung der Spielregeln des Welthandels (Stärkung der Funktionsfähigkeit des GATT). – b) *Zentrale Elemente der Uruguay-Runde:* (1) Abkommen über die Errichtung einer Welthandelsorganisation [→ World Trade Organization (WTO)]; (2) Abkommen über den internationalen Dienstleistungshandel (→ GATS); (3) Abkommen über handelsrelevante Aspekte geistigen Eigentums (→ TRIPS-Abkommen); (4) Abkommen zur weiteren Liberalisierung und Regelbindung des internationalen Güterhandels. Im Rahmen der Uruguay-Runde wurde ein entscheidender Durchbruch in Richtung Liberalisierung des Welthandels erreicht: So wurden erstmals die Sektoren Landwirtschaft und Textilien in das Güterabkommen des GATT einbezogen; die Nichtdiskriminierung (Meistbegünstigung und Inländerprinzip) wurde bestätigt; das WTO erhält wirksame Durchsetzungsmechanismen bei Regelverletzungen gegen GATT-Abkommen; es gilt eine einheitliche Mitgliedschaft in der WTO *(Single-Package-Ansatz).* – c) *Einzelheiten:* Neben Zollsenkungen wurde u.a. ein Antidumping-Abkommen, ein Subventionsabkommen, ein Abkommen über technische Handelshemmnisse und über Schutzmaßnahmen sowie eines über Investitionsmaßnahmen getroffen. Auch ein Abkommen über das öffentliche Beschaffungswesen wurde vereinbart. Das Abkommen über Textilien und Bekleidung sah z.B. einen Stufenplan zur Abschaffung der Restriktionen des → Multifaserabkommens (MFA) vor. Das Agrarabkommen sieht Verbesserungen des Marktzugangs der Mitgliedsländer vor sowie einen Abbau von produktgebundenen Stützungsmaßnahmen und von Exportsubventionen. Entwicklungsländer erfahren eine Sonderbehandlung. So brauchen sie z.B. produktgebundene interne Beihilfen nicht abzubauen, sofern sie 10 Prozent des Produktwertes der betreffenden landwirtschaftlichen Erzeugnisse nicht übersteigen (für Industriestaaten gelten 5 Prozent).

Urwerte – in der Statistik Bezeichnung für die einzelnen → Ausprägungen der interessierenden, meist → metrischen Merkmale bei den Elementen der interessierenden → Gesamtheit (→ Urliste). Oft werden die Urwerte in eine → Häufigkeitsverteilung überführt.

Usability → Benutzerfreundlichkeit.

Usage & Attitude-Studie – Verbraucherbefragung (→ Abnehmerbefragung) zur Einstellung und zur Verwendung von Produkten eines oder mehrerer Produktbereiche. Usage & Attitude-Studien ergänzen die reinen Kaufdaten aus einem Verbraucherpanel, indem sie sich auf die Nutzung der Produkte beziehen. Sie dienen der → Marktanalyse, der → Marktsegmentierung und der Ermittlung sog. „White Spots", das sind bisher noch wenig bediente Marktbereiche.

Usance → Handelsbrauch.

Usancegeschäft – zwei fremde Währungen gegeneinander, z.B. Japanische Yen-Schweizer Franken. – Vgl. auch → Devisenhandel.

USB – Abk. für *Universal Serial Bus*, serielles Bussystem, das den Anschluss externer Geräte an → Computer im laufenden Betrieb ermöglicht.

U-Schätze → unverzinsliche Schatzanweisungen.

User Costs → Nutzungskosten.

US-GAAP – Abk. für *United States Generally Accepted Accounting Principles*. 1. *Kennzeichnung:* US-GAAP sind US-amerikanischen Bilanzierungsvorschriften; sie werden für börsennotierte Gesellschaften durch weitere Anforderungen (v.a. zusätzliche → Offenlegungspflichten) der Wertpapier- und Börsenaufsichtsbehörde → SEC (Securities and Exchange Commission) ergänzt. Die US-GAAP bestehen aus einer Vielzahl nicht kodifizierter Einzelfallregelungen (Case Law) und werden überwiegend vom FASB – → Financial Accounting Standards Board (FASB) – verfasst. Maßgebenden Einfluss auf die inhaltliche Entwicklung der US-GAAP haben die amerik. Berufsorganisationen der wirtschaftsprüfenden Berufe. – 2. *Rechnungslegung nach den US-GAAP:* Bestandteile sind: Bilanz (Balance Sheet), Gewinn- und Verlustrechnung (Statement of Income), Kapitalflussrechnung (Statement of Cashflows), Eigenkapitalverwendungsrechnung (Statement of Changes in Stockholders Equity), Angabepflichten zur Bilanzierungspolitik (Notes to Financial Statements). Inhaltlich ähneln die US-GAAP den IAS/IFRS. Die für die IAS/IFRS anzuführenden Unterschiede zur handelsrechtlichen Rechnungslegung gelten daher grundsätzlich auch für die US-GAAP (vgl. IAS/IFRS).

USP – Abk. für → Unique Selling Proposition.

USt – Abk. für → Umsatzsteuer.

UStAE – 1. *Begriff:* Der Umsatzsteuer-Anwendungs-Erlass (UStAE) ist seit 2008 an die Stelle der früheren Umsatzsteuer-Richtlinien (UStR) des Bundesfinanzministeriums getreten; er wird ebenfalls vom BMF herausgegeben. Der Erlass muss aber, anders als die früheren Richtlinien, nicht mehr vom Bundesrat genehmigt werden; dadurch sind Änderungen wesentlich schneller möglich. – 2. *Inhalt und Aufbau*: Der UStAE gibt zu allen Paragrafen des UStG amtliche Erläuterungen der Finanzverwaltung zur Bedeutung der gesetzlichen Formulierungen und zu Zweifelsfällen wieder, folgt man der dort vertretenen Ansicht, ist ein Streit mit dem Finanzamt also unwahrscheinlich. Aufgebaut ist der Erlass entsprechend dem Gesetz, Abschnitt 2.9 ist bspw. der 9. Abschnitt, der zu den Problemen des § 2 UStG Stellung nimmt, Abschnitt 4.8.2 ist der zweite Abschnitt, der § 4 Nr. 8 UStG kommentiert, usw. – 3. *Aktualität:* Die Finanzverwaltung passt den UStAE relativ häufig an neuere Entwicklungen an, die Änderungen werden auf der Homepage des Ministeriums bekannt gegeben; vollständig aktuelle Versionen sind daher kaum noch in gedruckter Form, sondern fast nur noch im Internet zu finden.

UStG – die allg. übliche – Abk. für Umsatzsteuergesetz.

USt-ID-Nr. – die in Deutschland gebräuchliche Abk. für → Umsatzsteuer-Identifikationsnummer.

USt-Kartei – Abk. für → Umsatzsteuerkartei.

UStR – amtliche Abk. für *Umsatzsteuer-Richtlinien* des Bundesministers der Finanzen.

US-Trade Terms – *Revised American Foreign Trade Definition 1941, revidierte amerikanische Außenhandelsdefinition 1941;* Handelsklauseln mit gleicher oder ähnlicher Bezeichnung wie die → Incoterms, beinhalten jedoch Unterschiede hinsichtlich Gefahrübergang und/oder der Versicherungsfrage.

Utilitarismus – 1. *Begriff:* Konzeption, die ethische Urteile über Handlungen und/oder Regeln auf den Nutzen stützt, den sie stiften: Erwünschte nicht-moralische Güter (z.B. Glück, Reichtum) qualifizieren jene Handlungen bzw. Regeln, die diese Güter maximieren, als „moralisch gut". Es handelt sich beim Utilitarismus daher um eine teleologische Ethikauffassung (→ Ethik). – 2. *Bestimmungen des „Nutzens":* Utilitaristische Konzeptionen unterscheiden sich u.a. darin, was sie als „Nutzen" ansehen. Das Spektrum reicht von pleasure, Glück bzw. Glückseligkeit (Bentham) über Lust, ferner Erkenntnis bzw. Liebe (Mill, Moore) bis zum offenen Nutzenbegriff der modernen Ökonomik. – 3. *Theoretische Probleme des Utilitarismus:* Die theoretischen Probleme des Utilitarismus liegen in der axiomatischen Grundlegung (v.a. Konsistenz- und Vollständigkeitspostulate) sowie in der Messbarkeit, den interpersonellen Nutzenvergleichen und der Verteilung. – 4. *Ökonomische Bedeutung:* Der Utilitarismus hat aufgrund der grundlegenden Kategorie „Nutzen" auf breiter Front Eingang in die moderne Ökonomik gefunden (→ Kosten-Nutzen-Analyse). Selbst Autoren wie Hare oder Mackie, die dem Utilitarismus durchaus kritisch gegenüberstehen, und sogar ausgesprochene Utilitarismus-Kritiker wie Sen und Williams heben hervor, dass zumindest in Teilbereichen auf Rationalisierungen nach utilitaristischem Argumentationsmuster nicht verzichtet werden kann. – 5. *Ethische Kritik am Utilitarismus:* Es bleibt aus der Sicht der Ethik ein grundlegender, konzeptionell bedingter Kritikpunkt bestehen: Dem Utilitarismus ist es bis heute nicht gelungen, die intuitiven Moralvorstellungen der meisten Menschen in Bezug auf die „Autonomie" der „Person" – auf ihre grundlegenden Rechte, auf die Verbindlichkeit moralischer Regeln – theoretisch zu rekonstruieren. Selbst → Harsanyi, der mit der Tradition des Utilitarismus den Nutzen aller Individuen ein gleiches Gewicht beilegt und dies mit dem demokratischen Prinzip begründet, kommt nicht darum herum, die individuellen Nutzen zu aggregieren, bevor die Maximierung des Durchschnittsnutzens vorgenommen werden kann. Damit können Individuen bzw. ihre Nutzen mit den Nutzen anderer verrechnet werden – mit der Folge, dass Nutzeneinbußen einzelner von größeren Nutzengewinnen anderer aufgewogen werden können. Die Autonomie der Person und die Menschenrechte stehen damit prinzipiell zur Disposition. In der Sprache von Rawls, der seine „Theorie der Gerechtigkeit" als Gegenentwurf gegen den Utilitarismus versteht, bedeutet dies: „Der Utilitarismus nimmt die Verschiedenheit der einzelnen Menschen nicht ernst." – Innerhalb des Utilitarismus gibt es *Versuche, diesen Bedenken Rechnung zu tragen:* Die bes. starke Gewichtung von individueller Freiheit und Menschenrechten im Vergleich zu anderen Gütern, aber auch die Behauptung, dass langfristig Systeme mit individueller Freiheit und Menschenrechten immer erfolgreicher seien als Systeme ohne diese Rechte, gehen in diese Richtung. – 6. *Weiterentwicklung des Utilitarismus:* Solche Überlegungen haben bei einer Reihe von Autoren, die die theoretischen Leistungen des Utilitarismus anerkannt und erhalten wissen möchten, dazu geführt, den Utilitarismus zu ergänzen, v.a. durch das Prinzip der → Gerechtigkeit: So Lyons, Trapp. Andere wie Brandt entwickeln den Regel-Utilitarismus in einer Weise weiter, dass er für Kritiker, z.B. für Rawls oder Williams, seinen utilitaristischen Charakter verliert. Wieder andere wie Mackie oder Hare schränken den Bereich der sinnvollen Verwendung utilitaristischer Argumentationen auf Teilbereiche oder bes. Fälle der Ethik ein. – Vgl. auch → Verteilungspolitik, → Verteilungsgerechtigkeit.

utilitaristische Ethik – propagiert die Bewertung gesellschaftlicher Zustände nach dem individuellen → Nutzen der Gesellschaftsmitglieder. Die von Bentham u.a. entwickelte utilitaristische Ethik bildet die sozialphilosophische Basis der → Wohlfahrtsökonomik. Hiernach ist die Wohlfahrt einer Gesellschaft gleich der Summe der in Nutzeneinheiten ausgedrückten Wohlfahrten ihrer einzelnen Mitglieder. – *Voraussetzung:* Dies setzt die Annahme der Möglichkeit → interpersoneller Nutzenvergleiche sowie addierbarer Nutzengrößen voraus. – Die utilitaristische Wohlfahrtsökonomik basiert somit einerseits auf der normativen Festlegung, dass die Wertungen der einzelnen Gesellschaftsmitglieder letztlich für wirtschaftliche Entscheidungen ausschlaggebend sein sollen. Andererseits soll das gesellschaftliche Vermögen zur Maximierung der gesellschaftlichen Wohlfahrt zur Disposition stehen. Umverteilungsmaßnahmen sind erwünscht und durchzuführen, wenn die gesellschaftliche Wohlfahrt dadurch erhöht werden kann. Ergebnis ist ein Spannungsverhältnis zwischen individuellen → Präferenzen und der gesellschaftlichen Wohlfahrt, das in der Wohlfahrtsökonomik mithilfe von → Wohlfahrtskriterien und → Wohlfahrtsfunktionen formal gelöst wird.

utilitaristische Wohlfahrtsfunktion – Aggregation individueller → Nutzenfunktionen zu einer gesellschaftlichen → Wohlfahrtsfunktion. Die in der → Wohlfahrtsökonomik u.a. verwendete einfache utilitaristische Wohlfahrtsfunktion *(Benthamsche Nutzenfunktion)* lautet: $U = u_1 + u_2 + ... + u_n$. Die Addition der individuellen, kardinalen Nutzen setzt die Möglichkeit des → interpersonellen Nutzenvergleichs voraus. – Die allg. utilitaristische Wohlfahrtsfunktion ergibt sich aus der (je nach gesellschaftspolitischem Ziel) gewichteten Summe der n individuellen → Nutzen, d.h. $U = g_1 \cdot u_1 + g_2 \cdot u_2 + ... + g_n \cdot u_n$. Nehmen alle Gewichte g_n den Wert 1 an, handelt es sich um die einfache utilitaristische Wohlfahrtsfunktion.

utopischer Sozialismus → Sozialismus.

UVP – Abk. für *Unique Value Proposition;* → Unique Selling Proposition (USP).

V

V.24-Schnittstelle – von der CCITT innerhalb der V-Serie (Datenübertragung über das Fernsprechnetz) genormte, weit verbreitete serielle → Schnittstelle. Seriell heißt in diesem Zusammenhang, dass die → Daten → Bit für Bit nacheinander übertragen werden. – Entspricht der Schnittstellendefinition RS232C der Electronic Industries Association (EIA).

Vakatstrich → Buchhalternase.

Valenz – Bezeichnung für den Wert eines Ziels oder einer Alternative im Rahmen von Erwartungstheorien × Werttheorien (Prozesstheorien der Motivation). Die Stärke der Handlungsintention ergibt sich aus der multiplikativen Verknüpfung der Valenz des Ziels mit der Instrumentalität der Handlung für das Erreichen dieses Ziels und der subjektiven Wahrscheinlichkeit, die Handlung auch ausführen zu können.

Validierung – 1. *Begriff:* Der Begriff Validierung beschreibt im Zusammenhang mit dem → Umweltmanagement einen Prozessabschnitt eines → Umweltmanagementsystems nach → EMAS-VO. – 2. *Durchführung:* Die Validierungsphase umfasst die Zeichnung der → Umwelterklärung durch den prüfenden → Umweltgutachter, die Eintragung in das öffentliche Register und die Ausstellung der Registrierungsurkunde. Die Registrierung nach EMAS bescheinigt auch die Erfüllung der Anforderungen der → DIN EN → ISO 14001:2004 Kap. 4.

Validität – *Gültigkeit.* 1. *Begriff:* eines der → Gütekriterien: Ausmaß, in dem eine Messmethode tatsächlich das Konstrukt misst, das gemessen werden soll (misst z.B. die durch → Befragung gemessene Kaufabsicht das tatsächliche Kaufverhalten?). Bes. Relevanz bei der Messung von nicht direkt beobachtbaren theoretischen Konstruktionen (Motivation, Einstellung, Preisbereitschaft etc.; vgl. → intervenierende Variable). – 2. *Arten:* a) *Inhalts-Validität (Content Validity):* bezieht sich auf die Gültigkeit des Inferenz-/Induktionsschlusses und gibt an, inwieweit die beobachtete Wirkung auch für die relevante → Grundgesamtheit gilt. – b) *Kriterien-Validität (Criterion Validity):* Die Validität wird durch einen Vergleich mit einem beobachtbaren Kriterium (z.B. Kaufverhalten) überprüft. Korreliert man beobachtetes Verhalten mit dem Verhalten, das aus der Messung von → Einstellung prognostiziert wurde, spricht man von *Vorhersage-Validität (Predictive Validity).* Werden Einstellung und Verhalten gleichzeitig gemessen, handelt es sich um *Übereinstimmungs-Validität (Concurrent Validity).* – c) *Konstrukt-Validität (Construct Validity):* liegt vor, wenn man die Ergebnisse aus mehreren Messungen eines theoretischen Konstrukts bei Verwendung verschiedener Methoden korreliert *(Convergent Validity)* oder die Ergebnisse aus mehreren Messungen verschiedener Konstrukte korreliert *(Discriminant Validity).* – d) *Interne Validität:* Maß für die Sicherheit, mit der die beobachtete Wirkung tatsächlich der experimentell veränderten → Variablen zugeschrieben werden kann. – e) *Externe Validität:* Die Zusammenfassung der Inhalts- und Vorhersage-Validität. – f) Im Unterschied zu der bisher behandelten wissenschaftlichen Validität versteht man unter *Anschauungs-Validität (Face Validity)* die Übereinstimmung der Ergebnisse mit den subjektiven Einschätzungen von Experten (→ Expertenbefragung). – Vgl. auch → Testgütekriterien.

Valoren – 1. *Allgemein:* Wertsachen, Schmucksachen. – 2. *Bankwesen:* Alle → Wertpapiere i.w.S. einschließlich Banknoten, Gold, Silber etc.

Valorisation – staatliche Maßnahmen zur Beeinflussung des → Preises einer Ware zugunsten der Erzeuger: Aufkäufe und Einlagerung größerer Mengen der betreffenden Ware mit dem Ziel, die Preise, z.B. für landwirtschaftliche Erzeugnisse, deren Ernten stark schwanken, durch die Angebotsverknappung stabil zu halten. – *Bekannteste Beispiele:* brasilianische Kaffee-Valorisation, griech. Korinthen-Valorisation; auch die Preisstützungsmaßnahmen in den USA und in der EU (z.B. des Milchpreises durch Aufkauf und Einlagerung von Butter und Milchpulver) sind zu den Valorisationen zu rechnen sowie andere gesetzliche Eingriffe zum Zwecke der Preisbeeinflussung, z.B. durch die zwangsweise Einschränkung des Anbaus oder durch die Vernichtung eines Teils der Ernte.

Value Added – engl. für → Wertschöpfung.

Value Added Marketing – Schaffen eines für den Kunden nachvollziehbaren und akzeptierten Mehrwerts, der über die originären Produkteigenschaften hinausgeht, um bei homogenen Konkurrenzangeboten einen Wettbewerbsvorteil zu erreichen. Als wichtigstes Instrument dazu dient der → Value Added Service.

Value Added Service – Dienstleistungen, die im Rahmen eines → Value Added Marketing die Kernleistung eines Angebots wertsteigernd anreichern.

Value Administration → Gemeinkostenwertanalyse.

Value Analysis → Wertanalyse.

Value at Risk (VaR) – 1. *Begriff:* Spezifisches Risikomaß mit Anwendungen im Bereich der Finanzrisiken (→ Risiko), insbesondere der versicherungswirtschaftlichen Risiken. Ausgehend von einem fixierten Zeitintervall und einer vorgegeben Ausfallwahrscheinlichkeit (→ Konfidenzniveau) ist der VaR einer Finanzposition diejenige Ausprägung der Verlusthöhe, die mit der vorgegebenen Wahrscheinlichkeit nicht überschritten wird (→ Probable Maximum Loss). – 2. *Merkmale:* Bspw. kann der 1%-VaR als 99%-Maximalverlust interpretiert werden, d.h. in durchschnittlich 99 von 100 Perioden wird der realisierte Verlust den berechneten 99%-Maximalverlust nicht überschreiten. Der 99%-Maximalverlust wird verkürzt auch als „100-Jahres-Schaden" bezeichnet, d.h. im Durchschnitt tritt nur einmal in 100 Jahren ein Verlust (mindestens) in Höhe des 99%-Maximalverlusts auf. Wird der VaR als die Höhe des Kapitals interpretiert, mit dem die eingegangenen Risiken zu unterlegen sind, dann entspricht die vorgegebene Ausfallwahrscheinlichkeit der Wahrscheinlichkeit der Aufzehrung dieses Kapitals durch einen Periodenverlust. Formal ergibt sich eine identische Höhe des Risikokapitals, wenn die Verlustwahrscheinlichkeit auf die Höhe der vorgegebenen Ausfallwahrscheinlichkeit begrenzt wird. Die vorzugebende Ausfallwahrscheinlichkeit kann dabei etwa aus Ratinganforderungen abgeleitet werden. – 3. *Probleme:* Kritische Punkte des VaR-Risikomaßes sind die Tatsache, dass nur die Ausfall- bzw. Verlustwahrscheinlichkeit in die Risikomessung eingeht und nicht die Ausfall- bzw. Verlusthöhe. Ferner ist die Eigenschaft der → Subadditivität nicht gewährleistet, d.h. dass sich das Gesamt-Risikokapital auf Basis des VaR bei einem Zusammenlegen von Risikokollektiven notwendigerweise verringert und damit Effekte des → Risikoa → usgleichs im Kollektiv bzw. der → Diversifikation erfasst werden können. Diese Schwachpunkte des VaR führten zur Weiterentwicklung des Conditional Value at Risk.

Value Based Management – wertorientierte Unternehmensführung.

Value Chain → Wettbewerbsstrategie.

Value Delivery – Wert, den der Kunde durch die Unternehmensleistung erhält.

Value Engineering – Bezeichnung für die → Wertanalyse im Hinblick auf ein in der Entwicklung befindliches Produkt mit dem Ziel der Kostenvermeidung.

Value Extraction – *Value Capture, Value Appropriation;* Ansatz, wie ein Unternehmen den Wert realisiert, der einem Kunden geliefert wurde (→ Value Delivery). Die Value Extraction ist damit eine zentrale Fragestellung für das → Preismanagement.

Value Measurement – Ermittlung des Nutzens, den ein Produkt oder eine Dienstleistung für einen Kunden darstellt. Value Measurement ist die Grundlage für eine nutzenorientierte Preissetzung. Methoden des Value Measurement sind → Conjoint Measurement, Discrete Choice Analysis etc.

Value Reporting – auf die Interessen der Eigentümer (Shareholder) gerichtetes → Berichtswesen.

Value Spread-Formel – wertorientierte Unternehmensführung; → Unternehmungsbewertung.

Value-to-Customer – Wert, der dem Kunden als Gegenwert für den gezahlten Preis geboten wird. Der Value-to-Customer wird durch Angebots-, Kommunikations- und/oder Distributionspolitik geschaffen. – Vgl. auch → Value Measurement.

Valuta – 1. Bezeichnung für *ausländische Währung.* – 2. Ausdruck für *Valutierung* und bezeichnet im Bankwesen die Festsetzung des Datums, an dem eine Gutschrift oder Belastung auf einem Konto wirksam wird (→ Wertstellung). – 3. Wert, Gegenwert.

Valuta-Akzept – der auf ausländische Währung lautende → Wechsel, in der Außenhandelsfinanzierung gebräuchlich.

Valutacoupon – ein in ausländischer Währung zahlbarer → Coupon.

Valutadumping – Erlangung von Absatzvorteilen auf Exportmärkten durch gezielte → Abwertung der eigenen Währung (→ Beggar-my-Neighbour-Politik). Valutadumping stellt kein → Dumping im Sinn des → GATT dar, da der Tatbestand der Preisdiskriminierung nicht erfüllt ist. – Vgl. auch → Sozial-Dumping, → Umweltdumping.

Valutaforderungen → Fremdwährungsforderungen.

Valutageschäft – *Geldwechselgeschäft;* Umtausch von inländischem Geld in ausländisches und umgekehrt. Valutageschäft erstreckt sich auf Münzen und Noten.

Valutakonto → Währungskonto.

Valutakredit – in Auslandswährung gegebener bzw. aufgenommener Kredit; in der Außenhandelsfinanzierung häufig. I.d.R. erhält dabei der Kreditnehmer durch Vermittlung einer inländischen Bank einen → Akzeptkredit bei einer ausländischen Bank, indem er selbst auf die ausländische Bank zieht (Valutatrassierungskredit) oder sein ausländischer Lieferant die Ziehung vornimmt (echter Rembours, nur für den Import). Belastung des Kreditnehmers durch die einheimische Bank auf Währungs-Sonderkonto.

Valutapapiere – *Valuten;* ausländische bzw. auf ausländische Währung lautende → Wertpapiere, deren Zinsen- und Tilgungsdienst oder deren Dividendenzahlung in ausländischer Währung erfolgt. – Als *Valuten* werden → Zinsscheine der Valutapapiere bezeichnet, aber auch ausländische Währung.

Valutaschuld – *Fremdwährungsschuld.* 1. *Begriff:* in fremder Währung ausgedrückte Geldschuld. I.d.R. darf der Schuldner in Euro zahlen, solange nicht eine → Effektivklausel bedungen ist. – 2. *Bilanzierung:* § 256a HGB schreibt vor, dass die auf fremde Währung lautenden Vermögensgegenstände und Verbindlichkeiten mit dem Devisenkassamittelkurs am Abschlussstichtag umzurechnen sind. Bes. Berücksichtigung bei der Beurteilung von aus der Währungsumrechnung resultierenden Wertänderungen erhält das Realisations- und Imparitätsprinzip (§252

I Nr. 4 HGB) sowie das Anschaffungskostenprinzip (§ 253 I HGB). Aus Praktikabilitätsgründen erlaubt § 256a HGB eine Umrechnung von Vermögensgegenständen und Verbindlichkeiten mit einer Laufzeit von weniger als einem Jahr mit dem Devisenkassamittelkurs am Abschlussstichtag ohne Beachtung der Restriktionen der §§ 252 I Nr. 4 HGB, 253 I Satz 1 HGB. Für zu Handelszwecken erworbene Finanzinstrumente von Kreditinstituten gemäß § 340e III Satz 1 HGB gelten ebenfalls Ausnahmen.

Valutazoll → Abwehrzoll, → Antidumpingzoll, → Ausgleichszoll, → Vergeltungszoll.

Valuten → Valutapapiere.

Valutenkonto – Konto in der Hauptbuchhaltung, auf dem die auf fremde Währung lautenden Buchungen festgehalten werden.

Valutierung → Wertstellung.

Vampireffekt – Ablenkung von der eigentlichen Werbebotschaft eines Werbemittels durch eine bes. auffällige Gestaltung oder durch die Vermittlung von Schlüsselreizen, die zu stark in den optischen Mittelpunkt gerückt werden. – Vgl. auch → Ablenkungseffekt.

Vandalismus – Vorsätzliche Zerstörung oder Beschädigung von Sachen und Gebäudeteilen. Schäden durch Vandalismus werden zunehmend im Rahmen der → verbundenen Wohngebäudeversicherung mitversichert. Der Eintritt des → Versicherungsfalls setzt allein voraus, dass der Täter widerrechtlich (meist in den Bedingungen genauer definiert) in den Versicherungsort eingedrungen ist oder einzudringen versucht hat und in der Folge Vandalismusschäden entstanden sind.

Van-Westendorp-Methode – Verfahren zur direkten Messung der Preisbereitschaft und der Preissensibilität eines Kunden, das auf Peter H. van Westendorp (1976) zurückgeht. Dabei bekommen Probanden vier Fragen über ein Produkt gestellt: (1) Zu welchem Preis wäre das Produkt zu teuer, sodass Sie es nicht kaufen würden? (zu teuer) (2) Zu welchem Preis würden Sie das Produkt als teuer bezeichnen, aber dennoch geneigt sein, es zu kaufen? (teuer) (3) Zu welchem Preis würden Sie es als akzeptabel bezeichnen, sodass Ihnen ein guter Gegenwert für Ihr Geld geboten wird? (akzeptabel) (4) Welcher Preis wäre zu niedrig, sodass Sie eine mangelnde Qualität erwarten und das Produkt nicht kaufen würden? (zu günstig) – Diese Methode zur Preisfindung kann in der Praxis im Sinne einer Multimethodenstrategie zur Erhöhung der Validität parallel zu anderen Methoden eingesetzt werden.

Variabilität → Streuung.

Variable – Größe, die unterschiedliche Werte annehmen kann. – *Gegensatz:* → Konstante.

I. Statistik: Variable wird synonym für → Merkmal verwendet. Die Werte der Variable heißen → Ausprägungen oder bei Zufallsvariablen → Realisationen.

II. Informatik: In der Programmentwicklung ein → Datenelement oder eine → Datenstruktur, die bei der Ausführung des → Programms verschiedene Werte annehmen kann (analog zum mathematischen Begriff der Variable). Eine Variable besitzt einen → Datentyp.

Variable, abhängige → Variable, endogene.

Variable, endogene – *abhängige Variable, erklärte Variable, Regressand;* diejenige Variable eines → ökonometrischen Modells oder theoretischen Modells, deren Wert innerhalb des Modells erklärt wird. Endogene Variablen können in → Mehrgleichungsmodellen auch zur Erklärung der Werte anderer endogener Variablen herangezogen werden. Generell werden auch erklärende Variablen, die mit dem Störterm einer Regressionsbeziehung korreliert sind, als endogene Variablen bezeichnet.

Variable, erklärende → Variable, exogene.

Variable, erklärte → Variable, endogene.

Variable, exogene – *erklärende Variable, Regressor, unabhängige Variable;* diejenige Variable eines → ökonometrischen Modells oder theoretischen Modells, die nur eine erklärende Rolle hat, selbst aber nicht erklärt wird. Ihre Werte werden als außerhalb des Modellzusammenhangs bestimmt angenommen. Generell werden auch erklärende Variablen, die nicht mit dem Störterm einer Regressionsbeziehung korreliert sind, als exogene Variablen bezeichnet. – Vgl. auch → Variable, vorherbestimmte.

Variable, gemeinsam abhängige – von einem → Mehrgleichungsmodell zu beschreibende abhängige Variable (→ Variable, endogene).

Variable, unabhängige → Variable, exogene.

Variable, vorherbestimmte – unabhängige Variable (→ Variable, exogene) oder verzögerte gemeinsam abhängige Variable (→ Variable, gemeinsam abhängige) in einem → Mehrgleichungsmodell.

variable Abschreibung → Leistungsabschreibung.

variable Arbeitszeit → Arbeitszeitmodelle.

Variable Costing → Direct Costing.

variable Gemeinkosten – Form der → Gemeinkosten, die z.B. bei Prozessen der Kuppelproduktion (→ Kuppelprodukte) auftritt. Die Kosten des Spaltprozesses (z.B. des Rohöls und des Raffinierungsvorgangs) lassen sich zwar – mit Ausnahme von Schlüsselung (→ Gemeinkostenschlüsselung) – nicht auf die einzelnen Spaltprodukte aufteilen, verändern sich aber mit Dauer und Intensität des Produktionsvorgangs.

Variable Gross Margin → Deckungsbeitrag.

variable Kosten – *veränderliche Kosten, Direct Costs;* Bezeichnung für den Teil der → Gesamtkosten, dessen Höhe vom → Beschäftigungsgrad abhängig ist, z.B. Einzelmaterialkosten, Fertigungslöhne etc. – *Zu unterscheiden* sind: (1) → proportionale Kosten; (2) → degressive Kosten (unterproportionale Kosten); (3) → progressive Kosten (überproportionale Kosten); (4) → regressive Kosten. – *Gegensatz:* → fixe Kosten. – *Anders:* → Einzelkosten, → Leistungskosten.

Variablenkontrolle – *messende Prüfung;* Verfahren der Qualitätskontrolle (→ Qualitätssicherung). Form der → Partialkontrolle; von der Attributenkontrolle unterscheidet sich die Variablenkontrolle nach der Art der Erfassung des Qualitätsmerkmales. Bei der Variablenkontrolle erfolgt die Beurteilung der Ausführungsqualität aufgrund von Messergebnissen selbst oder anhand von aus ihnen ermittelten Kennzahlen.

Variablentransformation – *Transformation, Merkmalstransformation;* in der Statistik Übergang von einem → metrischen Merkmal zu einer bestimmten Funktion desselben, wodurch eine neue → Variable entsteht; die einzelnen → Ausprägungen werden nach Maßgabe dieser Funktion in Ausprägungen der neuen Variablen übergeführt. Z.B. ergibt die *lineare* Variablentransformation $y_i = 1.000\ (x_i-5)$ der Werte x_i des Füllgewichts (in kg) von Waschmittelpaketen die Ausprägungen der Variablen: Abweichung des Füllgewichts vom Sollgewicht 5 kg in g. – In der → Ökonometrie werden *nicht lineare Variablentransformationen,* z.B. die logarithmische Variablentransformation, eingesetzt, um einen Modellansatz zu linearisieren.

variabler Kurs – fortlaufende Notierung; Form des → Kassakurses für umsatzstarke Werte. – Vgl. auch → variabler Markt.

variabler Markt – *variabler Handel;* Markt derjenigen Papiere, für die fortlaufende bzw. variable → Kurse der jeweils getätigten Abschlüsse notiert werden. Für die variable Kursfestsetzung ist eine hohe Liquidität derWertpapiere erforderlich, weil es ansonsten zu Preisverzerrungen kommen kann. Der Skontroführer oder das elektronische Handelssystem stellen kontinuierlich die vorliegenden Angebote der jeweils besten Nachfrage gegenüber (Matching). Die Kursbewegungen im variablen Markt spiegeln die Veränderungen der Marksituation im Ablauf der Börsenzeit wieder. – Vgl. auch → Kursfeststellung. – *Gegensatz:* → Einheitsmarkt.

variables Kapital – Bezeichnung der Wirtschaftstheorie des → Marxismus für die Lohnkosten der Produktion. Im Gegensatz zum → konstanten Kapital erbringe es eine zusätzliche Wertschöpfung (→ Mehrwerttheorie, → Ausbeutung). – Vgl. auch → organische Zusammensetzung des Kapitals.

Varianten – 1. *Begriff:* → Teile, v.a. Endprodukte, die sich zwar in untergeordneten Merkmalen, aber nicht oder nur wenig in ihrer Grundstruktur unterscheiden. Aufgrund der Kombinationsvielfalt der Unterscheidungsmerkmale können extrem viele Varianten eines Teils existieren. – 2. *Beispiel* (Unterscheidungsmerkmale bei einem bestimmten Pkw-Typ): Farbe, Polsterung, Motorleistung, Art der Verglasung, Schiebedach, Anzahl der Außenspiegel, der Gänge, der Haltegriffe u.a. – 3. *Anwendung:* In der Produktionsplanung und -steuerung werden die Erzeugnisstrukturen aller möglichen Varianten eines Teils zur Beschränkung der Datenbestände und Vermeidung von → Datenredundanz i.d.R. nicht einzeln geführt, sondern zusammengefasst in *Variantenstücklisten* (→ Stückliste) dargestellt. – 4. *Grundformen:* (1) → Mengenvarianten; (2) → Strukturvarianten.

Varianz – gebräuchlichste Maßzahl zur Charakterisierung der → Streuung einer theoretischen oder empirischen → Verteilung. Die Varianz ist ein nicht relativiertes → Streuungsmaß.

1. Ist X eine → Zufallsvariable, so bezeichnet

$$(\mathrm{Var}(X) =)\ \mathrm{Var}\,X = E((X - EX)^{2)}) = EX^2 - (EX)^2$$

deren Varianz. Bei einer diskreten Zufallsvariablen mit den Ausprägungen $x_1, x_2, \ldots$, der → Wahrscheinlichkeitsfunktion f und dem → Erwartungswert EX ist die Varianz gemäß

$$VarX = \sum (x_i - EX)^2 f(x_i) = \sum x_i^2 f(x_i) - (EX)^2$$

zu ermitteln; analog ist bei stetigen Zufallsvariablen mit Dichtefunktion f mittels → Integration zu verfahren:

$$VarX = \int (x - EX)^2 f(x)dx = \int x^2 f(x)dx - (EX)^2$$

2. Liegen n Ausprägungen $x_1, \ldots, x_n$ eines → metrischen Merkmals vor, so ist deren empirische Varianz s_x^2, berechnet aus den → Urwerten,

$$s_x^2 = \frac{1}{n}\sum\nolimits_{i=1}^{n}(x_i - \bar{x})^2 = \frac{1}{n}\sum\nolimits_{i=1}^{n} x_i^2 - \bar{x}^2$$

wobei $\bar{x}$ den Durchschnitt bezeichnet (→ arithmetisches Mittel).

3. Ist eine → klassierte Verteilung gegeben, dann ist die Varianz exakt als Summe der → internen Varianz (Binnenklassenvarianz) und der → externen Varianz (Zwischenklassenvarianz) zu bestimmen (→ Varianzzerlegung). Stehen die interne und externe Varianz nicht zur Verfügung, so wird die Varianz oft unter Verwendung der Klassenmitten x'_j und der → relativen Häufigkeiten p_j, j=1, ... ,m , gemäß

$$\sum\nolimits_{j=1}^{m}(x'_j - \bar{x}_{klass})^2 p_j$$

approximativ bestimmt, wobei $Bar\{x\}_{\{klass\}}$ das klassierte Mittel, i.e. der analoge Näherungswert für das arithmetische Mittel ist. Diese Näherung tendiert zu einem zu niedrigen Ausweis der Varianz, da die interne Varianz mit 0 unterstellt wird.

4. Liegt ein Befund aus einem → uneingeschränkten Zufallsstichprobenverfahren vor, dann wird die *Stichproben-Varianz*

$$s_{St}^2 = \frac{1}{n-1}\sum(x_i - \bar{x})^2 = \frac{n}{n-1}s_x^2$$

als → Schätzwert für die Varianz der → Grundgesamtheit verwendet, weil sie im Gegensatz zu s_x^2 erwartungstreu ist (bes. → Erwartungstreue). Zur einfacheren Berechnung der Varianz wird der → Verschiebungssatz angewendet, der oben jeweils die zweite Formel ergibt.

Varianzanalyse – Verfahren der → multivariaten Statistik und Testverfahren zum Mehr-Stichproben-Fall, das im Marketing und in der experimentellen naturwissenschaftlichen Forschung auf der Grundlage verschiedener Versuchspläne eingesetzt wird. Wie bei der → Regressionsanalyse, die eine analoge Fragestellung betrifft, unterscheidet man bei der Varianzanalyse drei Gruppen von Variablen: Eine oder mehrere abhängige Variablen, eine oder mehrere unabhängige Variablen (→ Faktoren) und Störvariablen (→ Störgröße). Während die abhängigen Variablen metrische skaliert sind, sind bei der Varianzanalyse die Faktoren kategorial (→ Skalenniveau); ggf. werden die Kategorien durch → Klassenbildung gewonnen. Ziel der Varianzanalyse ist es, zu testen, ob die Faktoren einzeln oder in Kombination die abhängige(n) Variable(n) beeinflussen. Grundprinzip der Varianzanalyse ist die → Varianzzerlegung. – Zur Umgehung der Normalverteilungsvoraussetzung (→ Normalverteilung) für die abhängige(n) Variable(n) wurden verteilungsungebundene Verfahren der Varianzanalyse entwickelt, etwa die Rang-Varianzanalyse.

Varianzzerlegung – Aufteilung der gesamten → Varianz s^2 einer in Teilgesamtheiten zerlegten Gesamtheit in die → interne Varianz s^2_w und die → externe Varianz s^2_b gemäß der Identität $s^2 = s^2_w + s^2_b$. Die interne Varianz ist, falls die Zerlegung durch → Klassenbildung erfolgte, klein gegenüber der externen Varianz. Deshalb wird in solchen Fällen s^2_w gelegentlich approximativ mit Null angesetzt.

Variation → Kombination mit Berücksichtigung der Anordnung ohne Wiederholung.

Variation Margin → Margin.

Variationskoeffizient – relatives → Streuungsmaß, das als Quotient aus empirischer → Standardabweichung und → arithmetischem Mittel definiert ist.

Variator – in der Plankostenrechnung auf Vollkostenbasis (→ Verbrauchsplanung) eine Zahl, die angibt, um wie viel Prozent sich bei sonst gleichen Umständen der Betrag einer → Kostenart in den → Sollkosten ändert, wenn sich die Beschäftigung um 10 Prozent ändert (ab- oder zunimmt):

$$V. = \frac{\text{Variabler Kostenanteil in DM} \cdot 10}{\text{Gesamtkosten}}.$$

Verwendet werden die Variatoren von 0 bis 10. Der Variator 0 bezeichnet vollständig → fixe Kosten, der Variator 10 bezeichnet vollständig → variable Kosten. Der Variator 8 besagt z.B., dass eine Kostenart sich um 8 Prozent ändert, wenn die Beschäftigung um 10 Prozent ab- oder zunimmt. Der Variator entfällt bei → Grenzplankostenrechnung.

VAT – Abk. für *Value Added Tax,* also die engl. Form der → Umsatzsteuer.

VBL – Abk. für → Versorgungsanstalt des Bundes und der Länder.

VDAX – *DAX-Volatilitätsindex;* VDAX drückt die vom Terminmarkt erwartete Schwankungsbreite (oder implizite Volatilität) des Deutschen Aktienindex DAX aus. Er wurde an 5.12.1994 eingerichtet und seit dem 14.7.1997 minütlich mithilfe der Black und Scholes-Formel berechnet. Er berechnet sich auf Grundlage von DAX-Optionskontrakten an der → EUREX mit bis zu 24-monatiger Laufzeit durch Interpolation von zwei Subindizies. Ausgewählt nach ihrer Fälligkeit soll sich möglichst eine Restlaufzeit von 45 Tagen ergeben. – Am 20.4.2005 wurde der dem VDAX ähnliche VDAX-New eingeführt, bei dem die Berechnung an den internationalen VSTOXX-Index angepasst ist. Der Horizont beträgt 30 Tage. In die Berechnung einbezogen sind nicht nur die DAX-Optionskontrakte, die „am Geld" notieren, sondern im Gegensatz zum VDAX auch diejenigen, die „aus dem Geld" sind, damit eine breitere Volatilitätsoberfläche erfasst ist. Der VDAX-NEW soll zur Diversifizierung eines Portfolios dienen: da die Volatilität eines Marktes negativ zu seiner Wertentwicklung steht, steigt bei einem Kurseinbruch im DAX der Kurs von VDAX-NEW. VDAX-NEW soll mittelfristig den VDAX ablösen.

VDI – Abk. für → Verein Deutscher Ingenieure.

VDI 3800 – 1. *Begriff:* Die VDI-Richtlinie 3800 mit dem Titel „Ermittlung der Aufwendungen für Maßnahmen zum betrieblichen Umweltschutz" (2001) enthält sowohl rechtliche Verpflichtungen als auch freiwillige Maßnahmen. – 2. *Inhalt:* Die freiwilligen Maßnahmen umfassen im Sinne der Richtlinie vornehmlich Selbstverpflichtungserklärungen einer Branche. Die Richtlinie empfiehlt eine Gliederung der Maßnahmen in produktionsbezogene, produktbezogene und andere Maßnahmen, in → End-of-the-Pipe-Technologien und anlagen- bzw. prozessintegrierte Maßnahmen (→ integrierte Technologien) sowie nach den Bereichen → Abfallwirtschaft, Gewässerschutz, Lärmbekämpfung, Luftreinhaltung, → Naturschutz und Landschaftspflege.

VDI-Richtlinie 3800 → VDI 3800.

Veblen – Thorstein Bunde, 1857–1929, amerik. Nationalökonom norwegischer Herkunft, lehrte an der University of Chicago (1892–1906), der Stanford University (1906–1909), der University of Missouri (1911–1918) und an der New School for Social Research in New York (1918–1926). Veblen, ein Vertreter der amerik. institutionellen Schule (→ Institutionalismus), wurde v.a. durch sein Werk „The Theory of the Leisure Class" (1899) bekannt. Darin kritisierte er – in sarkastischem Ton – die amerikanische Gesellschaft von einem evolutionären, kosmopolitischen Standpunkt. Ausdrücke wie „demonstrativer Konsum" oder „finanzielle Nachahmung" haben durch ihn Eingang in die ökonomische Sprache gefunden. Veblen ist ein Kritiker des amerik. Kapitalismus, aber kein Reformer gewesen. Er warnte vielmehr vor dem Glauben, die Wirtschaft könne wie eine Maschine gesteuert werden. Veblen hat eine Reihe von Erklärungen und Aphorismen geliefert, die er Theorie nannte, aber kein geschlossenes Gebäude hinterlassen. Die Empirie diente ihm als Beleg, wird aber nicht systematisch untersucht. Diese Aufgabe übernahm → Mitchell, sein bedeutendster Schüler. – *Weitere Hauptwerke:* „The Theory of Business Enterprise" (1904) und „The Place of Science in Modern Civilization" (1919).

Vebleneffekt – *Demonstrativkonsum, Prestigeeffekt;* in der → Haushaltstheorie eine → Nachfrageinterdependenz, die aufgrund eines Bestrebens nach auffälligem und zugleich aufwendigem Konsum zu einer steigenden Nachfrage nach einem → Gut führt, wenn dessen Preis zunimmt. – Vgl. auch → Snob-Effekt.

Veiling – *Versteigerung auf* → Abschlag, Versteigerung auf Abstrich, *holländische Auktion;* Methode der → Versteigerung von Fischen, Blumen, Obst, Gemüse u.a. rasch verderblichen Erzeugnissen: Auf einer Versteigerungsuhr läuft ein Zeiger langsam über eine fallende Preisskala, bis er durch das erste (somit höchste) Käuferangebot angehalten wird.

Vektor – 1. *Physik:* Gerichtete Größe. – 2. *Mathematik:* → Matrix mit einer Spalte (Spaltenvektor) oder einer Zeile (Zeilenvektor).

Vektorautoregressionsmodell – Die grundlegende Idee lässt sich an einem VAR-Modell mit zwei Variablen und zwei → Lags (bivariates VAR(2)-Modell) erkennen:

Der Wert einer Variablen zum Zeitpunkt t ist also von den Vergangenheitswerten dieser Variablen abhängig (→ AR(p)-Prozess) und zudem von den Vergangenheitswerten aller weiteren endogenen Variablen des Modells. Die insgesamt acht Koeffizienten können mittels OLS (→ Kleinstquadratemethode, gewöhnliche) in separaten Regressionen beider Gleichungen geschätzt werden. – Zu den Störgrößen des Modells werden die Annahmen eines Erwartungswerts von null und nicht vorhandener Autokorrelation getroffen. Eine kontemporäre Korrelation der Störterme der einzelnen Variablen ist jedoch möglich. Die Variablen des Modells müssen stationär sein. – In VAR-Modellen geht man meistens davon aus, dass alle Variablen endogen sind und lediglich von ihren Vergangenheitswerten abhängen. Deshalb unterliegen die Vektorautoregressionsmodelle keinen so massiven a priori Restriktionen wie die Struktur ökonometrischer Modelle. – Vorteile von VAR-Modellen sind, dass durch sie simultane Prognosen für ein System aus K Variablen und Analysen der Zusammenhänge der Variablen eines solchen Systems möglich sind. Zudem sind Vektorautoregressionsmodelle sehr einfach mit OLS zu schätzen. Da VAR-Modelle Aussagen über den dynamischen Zusammenhang von Variablen ermöglichen, können mit ihnen auch Kausalitätstests einfach durchgeführt werden. – Als Nachteil der Vektorautoregression sei die Tatsache erwähnt, dass man schon bei wenigen endogenen Variablen und betrachteten Lags eine große Anzahl an Variablen in den Gleichungen enthält. Die Anzahl der Freiheitsgrade wird dementsprechend gering und man benötigt lange Zeitreihen. Die Vektorautoregression beschränkt sich deshalb meistens auf eher kleine Modelle. – Beiden Kritiken tragen die strukturellen Vektorautoregressionsmodelle Rechnung. In diesen Modellen werden Restriktionen bez. verschiedener gelagter endogener Variablen und/oder der Varianz-Kovarianz-Matrix der → Störterme getroffen, was sie den klassischen → Mehrgleichungsmodellen annähert. – Vgl. auch → Impuls-Antwort-Funktion.

Vektorfehlerkorrekturmodell → Mehrgleichungsmodell, in dem mind. eine Gleichung eine Fehlerkorrekturdarstellung hat (→ Fehlerkorrekturmodell). Die wichtigste Form eines Vektorfehlerkorrekturmodells ist das → Kointegrationsmodell.

Vektorrechner – *Arrayrechner;* Rechner, der auf der Basis von → Daten in Form von Vektoren operiert. Er besitzt mehrere → Rechenwerke, sodass gleichzeitig eine größere Zahl von Operationen parallel (→ Parallelverarbeitung) ausgeführt werden kann. – *Einsatzgebiete* liegen v.a. im technisch-naturwissenschaftlichen Bereich, da dort häufig große Vektoren verarbeitet werden müssen.

VENRO – Abk. für *Verband Entwicklungspolitik deutscher Nichtregierungsorganisationen e. V.;* im Dezember 1995 gegründete Verband. VENRO ist ein freiwilliger Zusammenschluss von über 100 dt. Nichtregierungsorganisationen, → Non-Governmental Organization (NGO). Die Mitglieder sind private und kirchliche Träger der Entwicklungszusammenarbeit, der Nothilfe sowie der entwicklungspolitischen Bildungs-, Öffentlichkeits- und Lobbyarbeit.

Vent-for-Surplus-Theorie – Erklärung für das Zustandekommen von → Außenhandel, wonach im Inland nicht benötigte bzw. absetzbare Waren *(Überproduktion/Überfluss,* engl. *Surplus)* sich ein „Ventil" *(engl. Vent)* im → Außenhandel suchen. – Vgl. auch → Außenhandelstheorie.

$$(1)\ Y_{1t} = \alpha^1_{1,1} Y^1_{1,t-1} + \alpha^1_{1,2} Y_{2,t-1} + \alpha^2_{1,1} Y_{1,t-2} + \alpha^2_{1,2} Y^2_{2,t-2} + \epsilon 1, t.$$

$$(2)\ Y_{2t} = \alpha^1_{2,1} Y1, t-1 + \alpha^1_{2,2} Y_{2,t-1} + \alpha^2_{2,1} Y_{1,t-2} + \alpha^2_{2,2} Y_{2,t-2} + \epsilon 2, t.$$

Venture-Capital

von Prof. Dr. Wolfgang Breuer

I. Begriff

Beim Venture-Capital *(Risikokapital,* → Wagniskapital) handelt es sich um zeitlich begrenzte Kapitalbeteiligungen an jungen, innovativen, nicht börsennotierten Unternehmen, die sich trotz z.T. unzureichender laufender Ertragskraft durch ein überdurchschnittliches Wachstumspotenzial auszeichnen. Das Venture-Capital-Geschäft stellt einen Teilbereich des Private-Equity-Geschäfts dar, worunter man den Handel mit Eigenkapitalanteilen an nicht börsennotierten Unternehmen versteht. Das Engagement von Venture-Capital-Gesellschaften ist i.Allg. auf bestimmte Entwicklungsphasen (→ Seed Stage, → Early Stage, → Expansion Stage) des Zielunternehmens begrenzt und währenddessen auf die Erzielung eines maximalen Wertzuwachses ausgerichtet, der zum Zeitpunkt des Ausstiegs maßgeblich den Investitionsertrag bestimmt. Die Wagnisfinanciers stellen jungen Wachstumsunternehmen nicht nur Kapital zur Verfügung, sondern unterstützen sie durch diverse Beratungsleistungen. Dies ist oft von entscheidender Bedeutung für eine erfolgreiche Unternehmensentwicklung, weil den meist technisch oder naturwissenschaftlich geprägten Unternehmensgründern typischerweise Managementerfahrung und betriebswirtschaftliche Kenntnisse fehlen.

II. Ertragspotenziale und Risiken von Venture-Capital-Finanzierungen

Positive Rückflüsse aus einer Beteiligung sind häufig erst nach mehreren Jahren zu erwarten. Die wesentliche Ertragskomponente von → Venture-Capital-Gesellschaften bilden daher nicht laufende Dividendenzahlungen, sondern die erzielbaren Erlöse aus der abschließenden Beteiligungsveräußerung. Beim Scheitern einer Geschäftsidee kommt es i.d.R. zum Totalverlust. Denn solange eine Innovation nicht erfolgreich umgesetzt ist, bestehen die Werte junger Wachstumsunternehmen nicht in physischen Aktiva, die als Sicherheiten herangezogen werden können, sondern verbergen sich im für Außenstehende unzugänglichen → Humankapital der Unternehmensgründer bzw. den immateriellen Vermögensgegenständen des Wachstumsunternehmens. Ferner sind naturgemäß Prognosen hinsichtlich der Erfolgsaussichten von Innovationsprojekten mit hohen Unsicherheiten belastet. Probleme bereitet Außenstehenden schließlich die verlässliche Beurteilung der Fähigkeiten sowie der Vertrauenswürdigkeit der Unternehmensgründer. Aufgrund des risikobehafteten Umfelds in Kombination mit den Informationsvorsprüngen der Unternehmensgründer sind Wagnisfinanzierungen durch ausgeprägte Anreizkonflikte gekennzeichnet. Daher kommt der Beratungstätigkeit externer Kapitalgeber gleichzeitig eine Kontrollfunktion zu.

III. Ausgestaltung von Venture-Capital-Finanzierungen

Infolge der obigen Problemkonstellation stellen Venture-Capital-Gesellschaften den Zielunternehmen vorwiegend Beteiligungskapital zur Verfügung. Herkömmliche Kreditfinanzierungen erweisen sich als ungeeignet, da feste Zins- und Tilgungszahlungen die Liquiditätssituation der Wachstumsunternehmung belasten und gerade in einem risikobehafteten Umfeld mit negativen Verhaltensanreizen einhergehen. Ein im Vorhinein fixierter Zahlungsanspruch würde zudem eine Partizipation an hohen Gewinnen im Erfolgsfall verhindern, die den umfangreichen Beratungs- und Kontrollaufwand erst rechtfertigen. Zur Sicherung einer hinreichenden Erfolgsbeteiligung sowie entsprechender Einflussrechte gehen Venture-Capital-Gesellschaften größere Beteiligungen ein. Um adäquate Erfolgsanreize für die Unternehmensgründer zu gewährleisten, bleiben Letztere jedoch zumeist Mehrheitsgesellschafter. Die Beziehung zwischen der Venture-Capital-Gesellschaft und den Unternehmensgründern wird überdies durch eine Reihe spezieller Vertragselemente gesteuert. Durch diese wird der Handlungsspielraum bes. des Unternehmensgründers, aber auch der Venture-Capital-Gesellschaft (etwa im Hinblick auf den Schutz des geistigen Eigentums des Unternehmensgründers) an bes. kritischen Stellen begrenzt. Der Gesellschaft werden in diesem Zusammenhang normalerweise Einflussrechte eingeräumt, die über das Niveau hinausgehen, das ihr entsprechend ihrem Kapitalanteil zustünde. Vorgesehen ist meist auch eine so genannte Stufen- oder Phasenfinanzierung. Danach werden der Wachstumsunternehmung immer nur dann zusätzliche Finanzmittel zugeführt, wenn bestimmte, im Vorfeld vereinbarte Entwicklungsschritte erreicht worden sind. Oft treten bei Innovationsfinanzierungen weitere externe Financiers wie zusätzliche → Kapitalbeteiligungsgesellschaften und Industrieunternehmen im Rahmen so genannter Co-Investments hinzu; dies wird als Syndizierung bezeichnet. Industrieunternehmen z.B. können ihre Kompetenzen im technischen Bereich einbringen. Zu beachten ist allerdings auch, dass durch Co-Investments auch zusätzliche Interessenkonflikte entstehen können.

IV. Financiers des Venture-Capital-Geschäfts

Venture-Capital-Anlagen werden zumeist in überschaubar kleiner Zahl in Fonds gebündelt. Der größte Anteil der Fondsmittel stammt nicht von der Venture-Capital-Gesellschaft selbst, sondern von institutionellen Investoren wie Versicherern oder Pensionsfonds mit entsprechender Risikotragfähigkeit und hinreichend langem

Anlagehorizont. In Deutschland ist auch eine recht hohe Zahl von Kreditinstituten über Tochtergesellschaften sowie (halb-)staatliche Finanzinstitutionen im Venture-Capital-Geschäft engagiert.

V. Formen der Beendigung der Venture-Capital-Finanzierungsbeziehung

Eine geeignete Gestaltung des Beteiligungsausstiegs ist von großer Bedeutung, weil die beim Ausstieg (→ Exit) erzielbaren Veräußerungserlöse die wichtigste Ertragskomponente des Venture Capital darstellen. Als attraktivste Option aus Sicht der Financiers gilt der → IPO (Initial Public Offering), also der Gang an die Börse. Weitere sogenannte Exit-Kanäle sind der Verkauf der Beteiligung an ein anderes Unternehmen mit strategischen Interessen (Trade Sale), der Verkauf an eine oder mehrere andere Venture-Capital-Gesellschaften (Secondary Purchase) und der Rückkauf durch die Unternehmensgründer (Company Buy Back).

Venture-Capital-Gesellschaft – stellt sog. → Wagnis- oder Risikokapital in Form von Eigenkapital zur Verfügung. Diese Form der Finanzierung unterscheidet sich von der üblichen Bankfinanzierung dadurch, dass die Venture-Capital-Gesellschaft dem Empfänger (Zielunternehmen), zumeist ohne Stellung von Sicherheiten, langfristig → Eigenkapital zusichert. Dabei ist der Empfänger nicht zur Rückzahlung verpflichtet. Somit trägt die Venture-Capital-Gesellschaft als haftender Partner sowohl das → Risiko eines → Verlusts, als auch die Chance am wirtschaftlichen Erfolg zu partizipieren. Um das Risiko eines Verlusts zu verringern, sichert sich die Venture-Capital-Gesellschaft Kontroll- und Mitsprachrechte, über die sie auf die Gestaltung des wachsenden Unternehmens, in welches investiert wurde, zumeist wesentlichen Einfluss nimmt. Neben privat gegründeten Venture-Capital-Gesellschaften, die Gelder von → Investoren anlegen, wozu bspw. Versicherungen oder Großkonzerne zählen, wird → Venture-Capital in Deutschland zunehmend auch von Unternehmen und der öffentlichen Hand zur Verfügung gestellt.

Venture Team – interdisziplinäre Arbeitsgruppe, die innovative Projekte bearbeitet, da diese in der bestehenden Unternehmensorganisation nicht aufgegriffen werden können. In dieser Arbeitsgruppe kommen Experten aus verschiedenen Bereichen der Wertschöpfungskette zusammen, insbesondere aus den Gebieten → Forschung & Entwicklung (F&E), → Produktion, → Marketing sowie → Finanzierung. Das Team wird dabei von einem Gründungsmanager geleitet. Normalerweise geht mit der Zusammenstellung eines Venture Teams eine Neu- oder Ausgründung einher. Nach Abschluss der Projekte wird das Team aufgelöst. – Vgl. auch → Taskforce.

ver.di – Abk. für → Vereinte Dienstleistungsgewerkschaft.

Veränderungssperre – amtliche Bezeichnung für → Bausperren nach dem Baugesetzbuch. Eine Veränderungssperre kann von der Gemeinde zur Sicherung der Bauplanung für längstens vier Jahre beschlossen werden mit folgendem Inhalt: (1) Verbot erheblicher oder wesentlich wertsteigernder Veränderungen der Grundstücke und baulichen Anlagen, deren Veränderung nicht genehmigungs-, zustimmungs- oder anzeigepflichtig ist; (2) Verbot der Errichtung, Änderungen oder Nutzungsänderung baulicher Anlagen, die genehmigungs- oder zustimmungspflichtig sind (§§ 14 ff. BauGB).

Veranlagung → Steuerfestsetzung mittels eines gesetzlich festgelegten, förmlichen Verfahrens. Veranlagung ist dort vorzunehmen, wo es nach Art der Steuer einer eingehenden Erforschung des Sachverhalts bedarf, z.B. bei den Steuern vom Einkommen und Vermögen. Die Veranlagung erfolgt jeweils für den → Veranlagungszeitraum (VZ).

I. Einkommensteuer: 1. *Begriff:* Veranlagung nach Ablauf des Veranlagungszeitraums (Kalenderjahr) mit dem Einkommen, das der Steuerpflichtige in diesem Zeitraum bezogen hat, soweit nicht eine Veranlagung nach § 46 EStG unterbleibt (§ 25 I EStG). Eine Veranlagung unterbleibt auch dann, wenn ein beschränkt Steuerpflichtiger lediglich dem → Steuerabzug unterliegende Einkünfte außerhalb einer im Inland gelegenen → Betriebsstätte bezieht (§ 50 II EStG 2009). Der Steuerpflichtige ist verpflichtet, an einer Veranlagung mitzuwirken (§ 90 AO) durch Abgabe einer → Steuererklärung (§ 25 III EStG, ausführlich §§ 56 und 60 EStDV). Das Finanzamt ist verpflichtet, die Steuererklärung zu überprüfen und über die durchgeführte Veranlagung einen → Steuerbescheid zu erteilen (§§ 155, 157 AO). – 2. *Formen:* Einzelveranlagung und Veranlagung von Ehegatten. Alle Personen, die nicht die Voraussetzungen der Ehegattenveranlagung erfüllen, werden einzeln veranlagt, d.h. die Einkommensteuer wird für jede einzelne Person aufgrund ihrer individuellen Verhältnisse und ihres → zu versteuernden Einkommens festgesetzt. – 3. *Veranlagung in bestimmten Fällen:* Bei *Lohnsteuerpflichtigen* erfolgt gemäß § 46 EStG Veranlagung nur in bestimmten Fällen (vgl. § 46 II EStG), v.a. bei Antrag auf sog. Lohnsteuer-Jahresausgleich (→ Antragsveranlagung). – 4. *Veranlagung von Ehegatten:* Ehegatten, die beide unbeschränkt einkommensteuerpflichtig sind und nicht dauernd getrennt leben, können wählen zwischen → Zusammenveranlagung und → getrennter Veranlagung; Seit dem VAZ 2011 wird die getrennte Veranlagung in Einzelveranlagung umbenannt. Früher wurde für den Veranlagungszeitraum der Eheschließung → besondere Veranlagung gewährt. Seit 2011 ist diese nicht mehr zulässig, § 26c EStG. – a) Bei der *Zusammenveranlagung* (§ 26b EStG) werden die Einkünfte der Ehegatten getrennt ermittelt, dann addiert und – mit Einschränkungen hinsichtlich der Verrechnung von Verlusten (§ 2 III EStG) – das gemeinsame zu versteuernde Einkommen errechnet (→ Einkünfteermittlung). Besteuerung unter Anwendung des → Splitting-Verfahrens. – b) Bei *getrennter Veranlagung* (§ 26a EStG) getrennte Ermittlung der Einkünfte und gesonderte Berücksichtigung der → Sonderausgaben; → außergewöhnliche Belastungen in Höhe des bei einer Zusammenveranlagung in Betracht kommenden Betrags werden bei beiden Veranlagungen jeweils zur Hälfte abgezogen, wenn die Ehegatten nicht gemeinsam eine andere Aufteilung beantragen. Durch das Steuervereinfachungsgesetz 2011 wird die getrennte Veranlagung in Einzelveranlagung umbenannt. Jedem Ehegatten werden wie bisher die von ihm bezogenen Einkünftge zugerechnet. – c) Bei der *bes. Veranlagung* für den Veranlagungszeitraum der Eheschließung werden die Ehegatten so behandelt, als ob sie unverheiratet wären (§ 26c I EStG). – 5. *Veranlagungsantrag:* Dieser ist grundsätzlich bis zum Ablauf des auf den Veranlagungszeitraum folgenden zweiten Kalenderjahres durch Abgabe einer Einkommensteuererklärung zu stellen. Die Möglichkeit einer Lohnsteuer-Nachforderung bleibt bestehen. – d) *Ab dem Veranlagungszeitraum 2013* ist die Wahl der Veranlagungsart mit der Abgabe der Steuererklärung für den entsprechenden Veranlagungszeitraum zu treffen.

II. Körperschaftsteuerrecht: Veranlagung erfolgt gemäß § 31 KStG nach den Vorschriften für die Einkommensteuer. Nicht anwendbar sind die Vorschriften des Einkommensteuergesetzes, die ihrer Natur nach nicht für die Körperschaftsteuer infrage kommen, wie z.B. der Steuerabzug vom Arbeitslohn.

III. Umsatzsteuerrecht: → Umsatzsteuervoranmeldung, → Umsatzsteuer.

IV. Gewerbesteuerrecht: Erhebung aufgrund der → Gewerbesteuererklärung. – Vgl. auch → Gewerbesteuer.

Veranlagungsteuern – *veranlagte Steuern;* Steuern, bei denen die Steuerfestsetzung durch → Veranlagung vorgenommen wird, z.B. → Einkommensteuer, → Körperschaftsteuer. – *Anders:* → Fälligkeitsteuern.

Veranlagungsverfahren – Verfahren zur → Steuerfestsetzung bei periodischen Steuern.

Veranlagungszeitraum (VZ) – Kalenderzeitraum, für den eine steuerliche → Veranlagung vorgenommen wird. – *Beispiel:* Bei der Einkommen-, der Körperschaft- und der Umsatzsteuer wird grundsätzlich ein Kalenderjahr zugrunde gelegt.

Veranlassungsverbot – *Boykottverbot*; bes. Ausprägung des → Diskriminierungsverbots. Gemäß § 21 I GWB dürfen Unternehmen oder Unternehmensvereinigungen ein anderes Unternehmen oder eine andere Unternehmensvereinigung nicht in der Absicht, bestimmte Unternehmen unbillig zu beeinträchtigen, zu Liefer- oder Bezugssperren (→ Boykott) auffordern.

Veranstaltungsmarketing → Event Marketing.

verantwortlicher Aktuar – 1. *Begriff:* Versicherungsmathematiker (Aktuar) nach §§ 5 V Nr. 7, 11, 11a, 11d, 11e, 12, 12c und 139 VAG mit bes. Aufgaben und Verantwortlichkeiten. Mit der Deregulierung durch das Dritte Durchführungsgesetz/EWG zum VAG wurde 1996 die Institution des verantwortlichen Aktuars in das dt. Aufsichtsrecht eingeführt. Der verantwortliche Aktuar sollte die durch den Wegfall der präventiven aufsichtsbehördlichen Genehmigung der Tarife und Grundlagen für die Berechnung der versicherungstechnischen Rückstellungen entstandene Aufsichtslücke füllen. Er muss bei Lebens-, Kranken-, Haftpflicht- und Unfallversicherern bestellt werden. – 2. *Aufgaben:* Der verantwortliche Aktuar hat in der → Lebensversicherung sicherzustellen, dass bei der Berechnung der → Prämien und Deckungsrückstellungen den aufsichtsrechtlichen Anforderungen Rechnung getragen wird. Er muss insbesondere laufend überprüfen, dass die dauernde Erfüllbarkeit der vom Versicherungsunternehmen eingegangenen Verpflichtungen aus den Versicherungsverträgen jederzeit gewährleistet ist und das Versicherungsunternehmen über die notwendigen finanziellen Mittel zur Erfüllung der → Solvabilitätsspanne verfügt. Der verantwortliche Aktuar hat in einer versicherungsmathematischen Bestätigung unter der Bilanz zu bekunden, dass die Deckungsrückstellung den gesetzlichen Vorgaben gemäß gebildet worden ist. Erkennt er, dass er die Bestätigung nicht oder nur mit Einschränkungen abgeben kann, hat er den Vorstand, und wenn dieser der Beanstandung nicht unverzüglich abhilft, die Aufsichtsbehörde zu unterrichten (whistle-blowing). Vorstand und Aufsichtsbehörde sind ferner unverzüglich zu unterrichten, wenn er Tatsachen feststellt, die den Bestand des Versicherungsunternehmens oder seine Entwicklung wesentlich beeinträchtigen können. Der verantwortliche Aktuar hat dem Vorstand ferner Vorschläge für eine angemessene Überschussbeteiligung der Versicherten zu unterbreiten, soweit diese Ansprüche auf Überschussbeteiligung haben. Für die → Unfallversicherung mit Prämienrückgewähr und die substitutive Krankenversicherung gilt das oben für die Lebensversicherung Gesagte entsprechend (an die Stelle der Deckungsrückstellung tritt in der Krankenversicherung die Alterungsrückstellung). Für die Haftpflicht- und sonstige Unfallversicherung gilt die Regelung in Ansehung der Rentendeckungsrückstellung. – 3. *Voraussetzungen und Verfahren:* Der verantwortliche Aktuar muss zuverlässig und fachlich geeignet sein. Für die fachliche Eignung sind ausreichende Kenntnisse der → Versicherungsmathematik und Berufserfahrung notwendig. Der verantwortliche Aktuar kann auch Mitglied des Vorstands oder freiberuflich tätig sein. Er wird vom Aufsichtsrat bestellt oder entlassen. Vor der Bestellung ist die → Aufsichtsbehörde zu informieren. Sie kann verlangen, dass ein anderer Aktuar bestellt wird, wenn der in Aussicht genommene oder bereits Bestellte die Anforderungen nicht erfüllt. Zur Not kann die Aufsichtsbehörde den verantwortlichen Aktuar selbst bestellen.

Verantwortlichkeit → Verantwortung.

Verantwortung – I. Organisation: 1. *Begriff:* Verpflichtung und Berechtigung, zum Zwecke der Erfüllung einer Aufgabe oder in einem eingegrenzten Funktionsbereich selbstständig zu handeln. Mit der Chance zum selbstständigen Handeln verknüpft sich das Einstehenmüssen für Erfolg und Misserfolg gegenüber derjenigen → Instanz, von der die → Kompetenz für Aufgabe oder Funktionsbereich erteilt wurde. – Häufig Synonym für *Verantwortlichkeit,* dem Einstehen für ein Tun und Lassen. – Vgl. auch → Eigenverantwortlichkeit. – 2. *Arten:* a) *Eigen-Verantwortung:* Einstehenmüssen für eigenes Handeln. – b) *Fremd-Verantwortung:* Einstehenmüssen für das Handeln hierarchisch nachgeordneter Handlungsträger.

II. Arbeitsbewertung: Häufig verwendete → Anforderungsart, meist untergliedert nach Verantwortung für Betriebsmittel und Erzeugnisse, Verantwortung für die Arbeit anderer und Verantwortung für die Gesundheit anderer. Die Komplexität des betrieblichen Leistungsprozesses, die hohe Anlagenintensität und die Abhängigkeit des Betriebserfolges von einer friktionsfreien Kooperation verlangen sowohl von Führungskräften als auch von nachgeordneten Mitarbeitern die Bereitschaft zur Verantwortung. Notwendig sind eindeutige Aufgabenzuordnungen und entsprechende Zuweisung von Kompetenzen, auf die sich die Verantwortung bezieht.

III. Wirtschaftsethik: Mit Verantwortung wird der Umstand bezeichnet, dass jemand gegenüber einer → Instanz für sein Handeln Rechenschaft abzulegen hat. Der Begriff Verantwortung entstammt ursprünglich dem Rechtsbereich und wurde dann im christlichen Sprachgebrauch auch als Rechenschaftspflicht des Menschen gegenüber Gott oder dem eigenen Gewissen ausgelegt. Heute wird Verantwortung i.d.R. entweder i.e.S. als pflichtgemäße Erfüllung übertragener Aufgaben verstanden oder im weiteren (ethischen) Sinn als Berücksichtigung der von der eigenen Handlung Betroffenen, was u.U. auch eine Abweichung von den vorgeschriebenen Tätigkeiten bedeuten kann. Verantwortung setzt Handlungsfreiheit und die Fähigkeit, die Folgen des eigenen Tuns vorherzusehen voraus; der ethische Begriff von Verantwortung beinhaltet auch die Absichtlichkeit bzw. Willensfreiheit in Bezug auf die eigenen Handlungsziele unter Berücksichtigung der Interessen anderer (→ Ethik, → Freiheit). – Verantwortung ist stets auch eine *Frage der sozialen Zurechnung.* Jedes Ereignis geht auf eine große Menge unterschiedlicher Bedingungsfaktoren zurück, von denen das Handeln eines einzelnen immer nur eine Teilmenge sein kann. Damit erfordert ein sinnvoller Gebrauch des Konzepts der Verantwortung die Bestimmung der Kompetenzen des Handelnden und der Grenzen seiner Verantwortung. Diese ergeben sich aus der Möglichkeit bzw. der Zumutbarkeit, bestimmte Handlungen auszuführen bzw. ausführen zu können. Hier zeigen sich die Schwierigkeiten der Verantwortung. Die heutige Zeit ist gegenüber früher einerseits durch ein größeres Maß an *Berechenbarkeit* (Weber) und *Gestaltbarkeit* – und damit langfristigerer Folgenkalkulationen – gekennzeichnet, was die Forderungen nach Verantwortung, bis hin zur Verantwortung für künftige Generationen, laut werden lässt. Andererseits führt die im Zuge der Arbeitsteilung und Spezialisierung und der damit wachsenden Handlungsinterdependenzen gestiegene *Komplexität* sozialer und ökologischer Zusammenhänge zu einer Diffusion von Verantwortung. Der Einzelne kann (1) die relevanten Handlungsfolgen schlechter abschätzen und ist verstärkt auf die Informationen bzw. Einschätzungen Dritter angewiesen; (2) die Kontrolle der relevanten Einflussfaktoren für die zu verantwortenden Gegenstände oder Ereignisse wird schwieriger, v.a. durch die Handlungsinterdependenzen, wie sie sich im → Wettbewerb oder bei → öffentlichen Gütern zeigen; (3) zudem ergeben sich für den Einzelnen (Rollen-)Konflikte und Probleme der Abwägung oder auch nur des Erkennens möglicher verantwortlicher Handlungsweisen, sodass ein Rückzug aus der Verantwortung stattfinden kann. Als Folge ergibt sich die Notwendigkeit der institutionellen Zuschreibung von Verantwortung durch gesetzliche oder vertragliche Bestimmungen, z.B. im Haftungsrecht, und/oder die Zuschreibung der Verantwortung auf kollektive Akteure, z.B. Unternehmen, Verbände etc.; insofern hat Verantwortung *konstitutionelle Voraussetzungen.* Die kollektiven Akteure sind dann gehalten, ihrerseits intern für eine klare Kompetenzzuweisung an einzelne Personen zu sorgen, da Verantwortung letztlich immer an Individuen als moralische Subjekte gebunden bleibt.

Verantwortungsethik → Ethik; → Verantwortung.

Verantwortungskostenstelle – im verantwortungsorientierten Rechnungswesen → Kostenstelle, in der Entscheidungen getroffen werden und zu verantworten sind. – *Gegensatz:* Erfassungskostenstelle.

verantwortungsorientiertes Rechnungswesen – *Responsibility Accounting;* als Ergänzung zum → entscheidungsorientierten Rechnungswesen ein Ansatz zur Kontrolle der im Rechnungswesen abgebildeten Tatbestände bei den primär verantwortlichen Entscheidungsträgern. Der Ansatz basiert darauf, dass die Orte der Entscheidungsverantwortung und die des Auftretens der Wirkungen oder ihrer Erfassbarkeit oft auseinander fallen. → Verantwortungskostenstellen und Erfassungskostenstellen sind folglich in diesen Fällen nicht identisch. Die im Rahmen der bisherigen Abrechnung an einer Stelle, bei einem Auftrag etc. erfassten Wirkungen sind nach Trägern und Zeitpunkten der Entscheidung, auf die sie zurückgehen, zu kennzeichnen und entsprechend den Verantwortungsträgern zuzuordnen.

Verantwortungsträger – Person, die die → Verantwortung für die zielgerechte Erfüllung einer Aufgabe hat. – Grundsätzlich kann jede Person, unabhängig von ihrer hierarchischen Einordnung, Verantwortungsträger sein. – Vgl. auch → Handlungsträger.

Verarbeitung – I. Volkswirtschaftslehre: Umgestaltung von Zwischenprodukten zum Endprodukt.

II. Bürgerliches Recht: Herstellung einer neuen → Sache aus einem anderen Stoff. Eine stoffliche Veränderung ist nicht notwendig, es genügt Einwirkung auf die Gebrauchsfähigkeit. – 1. Wer durch Verarbeitung oder Umbildung von Stoffen eine neue → bewegliche Sache (z.B. Brot aus Mehl) herstellt, erwirbt daran *Eigentum,* sofern nicht der Wert der Verarbeitung oder Umbildung erheblich geringer ist als der Wert des Stoffes (§ 950 BGB). – 2. Wer *für einen anderen* eine Sache verarbeitet (z.B. als Fabrikarbeiter), erwirbt das Eigentum nicht für sich selbst, sondern für seinen Arbeitgeber. Durch Verarbeitung kann bes. auch das Eigentum an der unter → Eigentumsvorbehalt gelieferten Sache untergehen; Schutz dagegen: Vereinbarung des → verlängerten Eigentumsvorbehalts. – 3. Wer durch die Verarbeitung eines Stoffes einen *Rechtsverlust* erleidet, kann von dem neuen Eigentümer nach Maßgabe der Vorschriften über die → ungerechtfertigte Bereicherung Entschädigung in Geld, i.d.R. aber nicht Wiederherstellung des früheren Zustandes, verlangen (§ 951 BGB).

Verarbeitungsbetrieb – ein auf die Verarbeitung oder Verwertung der Erzeugnisse eines land- oder forstwirtschaftlichen Betriebs gerichteter → Nebenbetrieb. – *Gegensatz:* → Substanzbetrieb.

Veräußerung – I. Allgemein: Unmittelbar rechtsändernde rechtsgeschäftliche Übertragung (als dinglich wirkende *Verfügung*) von Gegenständen, im Gegensatz zu dem nur eine Verpflichtung zur Veräußerung begründenden schuldrechtlichen Geschäft, z.B. dem Kaufvertrag (→ Abstraktionsprinzip): (1) *Sachen* werden durch → Übereignung; (2) *Forderungen* durch → Forderungsabtretung veräußert. – *Sondervorschriften* gelten für die Übertragung von Grundpfandrechten (Hypotheken etc.) und von in Wertpapieren verbrieften Forderungen sowie für die Veräußerung im Wege der Zwangsvollstreckung.

II. Veräußerung eines Unternehmens: Diese erfolgt nach den allg. Vorschriften durch Übertragung der einzelnen zu dem Unternehmen gehörenden Gegenstände. – 1. *Allgemein:* a) Das Unternehmen als Ganzes kann Gegenstand eines einheitlichen *schuldrechtlichen Grundgeschäftes* (→ Verpflichtungsgeschäft) sein, z.B. Kauf, Tausch etc. Es genügt, ein „Geschäft zum Preise von 30.000 Euro zu verkaufen". Bes. Form ist nicht vorgeschrieben, soweit nicht das Verpflichtungsgeschäft aus anderen Gründen bes. Form erfordert, z.B., weil Grundstücke veräußert werden sollen (§ 311b I BGB). Für die → Gewährleistung beim → Kaufvertrag gelten die Vorschriften für Sach- und Rechtskauf entsprechend. Der Veräußerer haftet für die Betriebsfähigkeit des Unternehmens und ggf. für Zusicherungen über Ertrag, Betriebsvermögen etc. Da auch die Kundschaft auf den Erwerber mit Veräußerung des Unternehmens übergeht, wird eine Unterlassungspflicht des Veräußerers, nicht selbst in unmittelbarer Nähe ein gleichartiges Geschäft zu eröffnen, anzunehmen sein; Schutz jedenfalls bei entsprechender → Wettbewerbsklausel. – b) Ein einheitliches *Verfügungsgeschäft* (die eigentliche Veräußerung) über das Unternehmen gibt es nicht. Übertragung der einzelnen Bestandteile ist nur nach den für jeden einzelnen Gegenstand geltenden Vorschriften möglich. Grundstücke bedürfen der → Auflassung und Eintragung im → Grundbuch (§§ 873, 925 BGB), bewegliche Sachen der → Einigung und → Übergabe (§ 929 BGB) oder der Übergabesurrogate (§§ 930, 931 BGB), Forderungen der → Forderungsabtretung (§ 398 BGB) etc. Ein Unternehmen als Ganzes unterliegt nicht der → Zwangsvollstreckung. → Pfändung einzelner Gegenstände ist dagegen, soweit nicht Bestimmungen über → Unpfändbarkeit entgegenstehen, unbeschränkt möglich. – Vgl. auch → Betriebsnachfolge. – 2. *Veräußerung eines Unternehmens eines Kaufmanns i.S.d. § 6 II HGB:* a) *Bes. Rechtsfolgen:* Für die *Schulden* des veräußerten Unternehmens haftet grundsätzlich der Veräußerer weiter, möglich aber wie auch sonst private Schuldübernahme durch den Erwerber, der aber der Gläubiger zustimmen muss (§ 415 BGB). (1) Bei → Firmenfortführung, gleichgültig ob mit oder ohne Einwilligung des Veräußerers, haftet der Erwerber neben dem Veräußerer als → Gesamtschuldner. Höchstdauer der → Verjährung gegenüber dem Veräußerer in diesem Fall fünf Jahre (§ 26 HGB). Der Erwerber kann aber die Mithaftung ausschließen, wenn eine dahingehende Vereinbarung mit dem Veräußerer im → Handelsregister eingetragen *und* bekannt gemacht dem Dritten mitgeteilt worden ist (§ 25 II HGB).(2) Führt der Erwerber die frühere Firma nicht weiter, kann er trotzdem haften, (a) wenn er sich zur Übernahme bes. verpflichtet hat, (b) wenn die Übernahme der Verbindlichkeiten in handelsüblicher Weise bekannt gemacht worden ist (§ 25 III HGB). – b) Die im Betrieb begründeten *Forderungen,* die durch → Forderungsabtretung übertragen werden können, gelten gegenüber Dritten als übergegangen, wenn der Erwerber die Firma *mit* Einwilligung des Veräußerers oder seiner Erben fortführt (§ 25 I 2 HGB). Zahlt der Schuldner an den Veräußerer, gelten für ihn die Schutzbestimmungen der §§ 406 ff. BGB (→ Forderungsabtretung), ausgenommen § 410 BGB, *nach* Eintragung und Bekanntmachung der Geschäftsübernahme aber nur bei nachweislich schuldloser Unkenntnis (§ 15 II HGB). Ausschluss des Forderungsübergangs durch Eintragung im Handelsregister *und* Bekanntmachung oder bes. Mitteilung an Schuldner möglich. – 3. Die handelsrechtlichen Vorschriften gelten entsprechend bei der Überlassung des Unternehmens an einen *Pächter,*

Nießbraucher etc. – 4. *Steuerliche Behandlung:* Veräußerung eines Unternehmens führt zur Haftung des Erwerbers neben dem früheren Unternehmer für die Betriebsteuern und Steuerabzugsbeträge aus der Zeit seit Beginn des letzten vor der Veräußerung liegenden Steuerabschnitts (§ 75 AO; → Haftung). – *Gewerbesteuerrecht:* Veräußerung bedeutet regelmäßig Neugründung des Unternehmens (§ 5 II GewStG). Ein → Gewerbebetrieb, der im Ganzen auf einen anderen Unternehmer übergeht, gilt nämlich als durch den bisherigen Unternehmer eingestellt und durch den anderen Unternehmer neu gegründet. Maßgebend ist der Zeitpunkt des Unternehmerwechsels. Von diesem Zeitpunkt ab ist Steuerschuldner der neue Unternehmer. – Unternehmerwechsel liegt auch dann vor, wenn eine Personengesellschaft in Form eines Einzelunternehmens fortgesetzt wird oder wenn umgekehrt ein Einzelunternehmer einen Teilhaber als → Mitunternehmer aufnimmt. Steuergegenstand ist bei der Gewerbesteuer der Gewerbebetrieb als solcher. Unternehmerwechsel liegt deshalb nicht vor, wenn eine KG in eine OHG umgewandelt wird, oder bei Wechsel im Gesellschafterbestand einer als dann weiter bestehenden Personengesellschaft (Eintritt, Austritt, Veräußerung eines Kapitalanteils an einen Dritten). Durch einen solchen Wechsel ändert sich weder das Unternehmen noch der Unternehmer.

III. Veräußerung von versicherten Gegenständen: Bei versicherten Gegenständen tritt der Erwerber einer versicherten Sache in die Rechte und Pflichten aus dem Versicherungsvertrag ein. Schuldner der Versicherungsprämie sind der Veräußerer und der Erwerber. Für beide besteht die → Obliegenheit der unverzüglichen Anzeige der Veräußerung an den Versicherer. Erwerber und Versicherer können den Versicherungsvertrag innerhalb eines Monats kündigen (§§ 95 ff. VVG).

Veräußerungsgewinn – I. Begriff: Der Betrag, um den der Veräußerungspreis nach Abzug der Veräußerungskosten die Anschaffungs-/Herstellungskosten bzw. den Buchwert eines Wirtschaftsguts oder einer Sachgesamtheit übersteigt.

II. Steuerliche Behandlung: 1. *Einkommensteuer:* a) Der aus der Veräußerung einzelner Wirtschaftsgüter des *Betriebsvermögens* erzielte Gewinn ist grundsätzlich steuerpflichtig, u.U. aber nach § 6b EStG begünstigt (→ Reinvestitionsrücklage). Ist Veräußerungsgegenstand ein land- und forstwirtschaftlicher, gewerblicher oder freiberuflicher Betrieb, Teilbetrieb oder Mitunternehmeranteil, so wird der Veräußerungsgewinn, wenn der Steuerpflichtige das 55. Lebensjahr vollendet hat oder dauernd berufsunfähig ist, nur herangezogen, soweit er 45.000 Euro übersteigt. Der Freibetrag ist dem Steuerpflichtigen nur einmal zu gewähren. Dieser ermäßigt sich um den Betrag, um den der Veräußerungsgewinn 136.000 Euro übersteigt (§§ 14, 14a I, 16 IV, 18 III EStG). – Veräußerungsgewinn im Sinn der genannten Vorschriften stellen → außerordentliche Einkünfte dar. Für evtl. Anstieg der Progression sind, weil sich durch den Veräußerungsgewinn ungewöhnlich hohe Einkünfte in einem einzigen Jahr zusammenballen können, Maßnahmen zur → Progressionsglättung vorgesehen; außerdem darf der Steuerpflichtige einmal im Leben für einen Teilbetrag des Veräußerungsgewinns bis zu 5 Mio. Euro einen ermäßigten Steuersatz (56 Prozent des Durchschnittssteuersatzes) nach § 34 III EStG beantragen. – Zum Wahlrecht bei Veräußerung gegen Rente vgl. → Rentenbesteuerung. – b) Gewinne aus der Veräußerung von Wirtschaftsgütern des *Privatvermögens* unterliegen grundsätzlich nicht der Einkommensteuer, aber dieser Grundsatz wird durch weitgehende Ausnahmen zunehmend eingeschränkt. – *Ausnahmen:* (1) → private Veräußerungsgeschäfte; (2) 60 Prozent (vor 2009: die Hälfte) der Gewinne aus der Veräußerung einer → wesentlichen Beteiligung, soweit sie den Teil von 9.060 Euro übersteigen, der dem veräußerten Anteil an der Kapitalgesellschaft entspricht; der Freibetrag ermäßigt sich um den Betrag, um den der Veräußerungsgewinn den Teil von 36.100 Euro übersteigt, der dem veräußerten Anteil an der Kapitalgesellschaft entspricht (§ 17 III EStG). Eine Begünstigung nach § 34 EStG (außerordentliche Einkünfte) wird nicht gewährt; (3) Veräußerungsgewinne aus der Veräußerung von Kapitalanlagen werden seit 2009 generell im Rahmen der Einkunftsart „Einkünfte aus Kapitalvermögen“ steuerpflichtig, wenn sie nicht schon im Rahmen einer anderen Einkunftsart steuerpflichtig sind (§ 20 II EStG 2009, § 20 VIII EStG 2009). – 2. *Körperschaftsteuer:* Veräußerungsgewinne sind grundsätzlich nach denselben Regeln zu behandeln wie im Rahmen der Einkommensteuer, allerdings gelten bei zahlreichen Rechtsformen ohnehin alle vorhandenen Einkünfte als Einkünfte aus Gewerbebetrieb; wenn das so ist (z.B. bei AG, GmbH), sind alle Veräußerungsgewinne auch automatisch körperschaftsteuerpflichtig, ggf. begünstigt nach § 6 b EStG. – *Ausnahmen:* Gewinne aus der Veräußerung eines Anteils an einer anderen Kapitalgesellschaft oder bei deren Auflösung oder Herabsetzung von deren Nennkapital (§ 8b II KStG) sind zu 95 Prozent steuerfrei (→ Halbeinkünfteverfahren). Bei vorangegangener Teilwertabschreibung ist Veräußerungsgewinn allerdings in Höhe des früher steuerwirksam abgeschriebenen Teilbetrags steuerpflichtig. – 3. *Gewerbesteuer:* Veräußerungsgewinne nach § 16 IV EStG unterliegen nicht der → Gewerbesteuer, weil sie nicht mehr im Rahmen eines stehenden Gewerbebetriebes anfallen, eine natürliche Person der Gewerbesteuer aber nur mit einem solchen stehenden, d.h. noch aktiven, Gewerbebetrieb unterliegt.; die gewerbesteuerliche Nichterfasssung der Veräußerungsgewinne bei Veräußerung des ganzen Betriebes gilt dagegen nicht für Kapitalgesellschaften, weil diese nicht aufgrund ihrer Tätigkeit, sondern aufgrund ihrer Rechtsform der Gewerbesteuer unterliegen und die Rechtsform „Kapitalgesellschaft“ natürlich auch noch besteht, wenn die aktive betriebliche Tätigkeit schon eingestellt, aber der

Rechtsträger noch nicht vollständig abgewickelt ist. Veräußerungsgewinne beim land- und forstwirtschaftlichen, freiberuflichen oder privaten Vermögen sind gewerbesteuerpflichtig irrelevant, da diese Einkunftsarten nicht der Gewerbesteuer unterliegen.

Veräußerungsverbote – gesetzliche oder behördliche, bes. gerichtliche Anordnungen, die die → Veräußerung bestimmter Gegenstände verbieten. – 1. *Absolute Veräußerungsverbote:* Aus Gründen des öffentlichen Interesses verhängte Veräußerungsverbote. Sie haben zur Folge, dass verbotswidrig abgeschlossene Rechtsgeschäfte nichtig sind (§ 134 BGB). – 2. *Relative Veräußerungsverbote:* Verbote, die den Schutz bestimmter Personen oder eines bestimmten Personenkreises bezwecken, z.B. Verfügungsbeschränkungen des Gemeinschuldners, Veräußerungsverbote durch → einstweilige Verfügung, das im → Pfändungs- und Überweisungsbeschluss ausgesprochene Verbot, an den Schuldner zu zahlen. – *Folge:* Das verbotswidrig abgeschlossene → Rechtsgeschäft ist gültig, wird aber den geschützten Personen gegenüber i.d.R. als unwirksam behandelt (§§ 135, 136 BGB). – 3. *Vertragliche Veräußerungsverbote* können wirksam vereinbart werden, aber bei Verstößen nur zu Schadensersatzansprüchen führen; die verbotswidrige Veräußerung ist wirksam (§ 137 BGB).

Veräußerungswert – *Realisationswert;* Preis, zu dem ein Gut verkauft wird. Ansatz von Gütern zum Veräußerungswert bes. in der → Abwicklungsbilanz, bei Kapitalgesellschaften mit den Einschränkungen gemäß § 270 II AktG, § 71 II GmbHG. – Vgl. auch → Abwicklungsbilanz.

verbale Spezifikation → informale Spezifikation.

Verband – I. Begriff und Charakterisierung: „Eine nach außen regulierend beschränkte oder geschlossene soziale Beziehung, wenn die Innehaltung ihrer Ordnung garantiert wird durch das eigens auf deren Durchführung eingestellte Verhalten bestimmter Menschen" (Weber). Die Einstellung der Mitglieder zum Verband kann traditionell, emotional oder zweckrational bestimmt sein. Im sozialen Prozess der Verbandbildung erblickt H. Spencer einen durch vorwiegend objektiv-sachliche oder durch vorwiegend subjektiv-persönliche Momente bestimmten Fall der → Integration.

II. Geschichtliche Entwicklung: Gekennzeichnet durch die wechselnde Auffassung zur Frage der zwischen Individuum und Staat liegenden Verbandssphäre: Das auf individualistischer Grundlage basierende *Naturrecht des 18. Jh.* bekämpfte die Auswüchse und den Zwangscharakter der Zünfte und Gilden. Rousseau hatte die These aufgestellt, dass der überindividuelle Gesamtwille des Volkes (la Volonté Générale) am besten zum Ausdruck komme, wenn der Bürger dem Staate unmittelbar – also ohne Zwischenschaltung der Verbände (Associations Partielles) – gegenübertrete. In diesem Sinn erging während der *Französischen Revolution* (1791) ein Koalitionsverbot. Obgleich in der Folgezeit Vertreter der organischen Staatslehre und Verfechter des berufsständischen Gedankens die Notwendigkeit von Zusammenschlüssen weiterhin betonten, kam es erst um die *Mitte des 19. Jh.* wieder zur Verbandsbildung. Die Folgeerscheinungen des → Kapitalismus führten zur Gründung von Genossenschaften, Gewerkschaften, Arbeitgeberverbänden und berufsständischen Vertretungen. Im *Hoch- und Spätkapitalismus* ist das Verbandswesen vornehmlich zweckrationalistisch und erwerbswirtschaftlich orientiert. Dem suchen die Vertreter der *universalistischen und solidaristischen Sozialphilosophie und Weltanschauung* entgegenzuwirken. Nach ihrer Forderung sollen die Zielsetzungen der Verbände an denen des sozialen Ganzen ausgerichtet werden, sodass sie – ideal gesehen – als Bindeglied zwischen den Interessen des Einzelnen und den politischen, sozialen und wirtschaftlichen Belangen der Gemeinschaft dienen können.

III. Rechtsform: 1. *Formen:*(1) Rechtsfähige oder nicht rechtsfähige auf freiwilliger Mitgliedschaft beruhende privatrechtliche → Vereine (§§ 21 ff., 54, 705 ff. BGB); Regelfall. Für sie gilt der Grundsatz der Vereinigungsfreiheit (Art. 9 I GG).(2) → Körperschaften des öffentlichen Rechts, auf der Grundlage einer gesetzlich statuierten Pflichtzugehörigkeit errichtet.(3) *Öffentlich anerkannte (Wirtschafts-)Verbände*, die kraft Gesetzes mit bestimmten Aufgaben und Befugnissen ausgestattet sind. – 2. Außerhalb des Gesetzesrechts und des Rechts über Vereine und Verbände hat sich im Laufe der Zeit ein umfangreiches *Verbandsrecht* (in Form von Satzungen, Ordnungen, Allgemeinen Geschäftsbedingungen etc.) entwickelt. Dieses erfasst nicht allein Tatbestände, die der Gesetzgeber nicht geregelt hat, sondern es rückt nicht selten verbandsrechtliche Vorschriften anstelle (abdingbaren) Rechts.

IV. Aufbau/Organisation: Unterschiedlich. Bisweilen *umfasst* ein großer Verband natürliche und juristische Personen (selbst solche öffentlichen Rechts). Zwischen Zweigvereinen und Zentralverband können als Zwischenglieder Unterverbände mit geografischer (Orts-, Kreis-, Landesverband) oder sachlicher Gliederung geschaltet sein. Spitzenverbände (lose Zusammenfassung mehrerer großer Verbände) werden gebildet, um in wichtigen Fragen schnell und ohne großen Apparat Stellung nehmen zu können. – Große Verbände verfügen gewöhnlich über *Präsidium, Vorstand und (Haupt-)Geschäftsführung.* Bei manchen Verbänden wechselt die Verbandsleitung zwischen den einzelnen Verbandsvereinen; die Leitung führt dann der jeweils bestimmte (gewählte) „vor Ort".

V. Gliederung der Verbände: 1. *Politische Verbände:* a) *Politische Parteien.* – b) *Vereinigungen* mit allg. politischen oder bestimmten sonderpolitischen Zielen, die u.U. auch Einfluss auf das staatspolitische Geschehen anstreben. – 2. *Kultur-Verbände:* Die Verbände für Volksbildung, Kunst und Wissenschaft, Weltanschauung und Idealismus, darunter nach Aufbau, Organisation und Auswirkung bedeutend die religiös-kirchlichen Verbände, wissenschaftliche Verbände (z.B. Verein für Sozialpolitik, Deutsche Statistische Gesellschaft), Verband der Volksbildung und Organisationen des Sports. – 3. *Berufs-Verbände:* → Berufsverbände. – 4. *Wirtschafts-Verbände:* Vereinigungen von Unternehmern (und Unternehmen) des gleichen fachlichen Wirtschaftszweiges, die die gemeinsamen wirtschaftlichen Interessen ihrer Mitglieder fördern und bes. gegenüber der Öffentlichkeit, gegenüber den staatlichen Regierungs-, Verwaltungs- und Gesetzgebungsorganen und gegenüber anderen Wirtschaftszweigen vertreten. – I.d.R. sind Wirtschafts-Verbände *fachlich und regional stark differenziert.* Bei privatrechtlicher Organisation können konkurrierende Verbände für das gleiche fachliche oder regionale Gebiet entstehen (so gibt es vielfach für Klein-, Mittel- und Großbetriebe des gleichen Wirtschaftszweiges und -bezirkes getrennte Verbände). Regional- oder fachlich getrennte Verbände können sich zu *Dachverbänden* (loserer Zusammenschluss als beim Spitzenverband) zusammenschließen. Für Hauptzweige der Wirtschaft entstehen *Spitzenverbände* (z.B. auf dem Gebiet der Industrie, des Verkehrsgewerbes, der Energiewirtschaft etc.). Es gibt internationale Verbände und Arbeitsgemeinschaften fachlicher Art. – Privatrechtliche Wirtschafts-Verbände sind i.d.R. *Vereine.* – Die Wirtschafts-Verbände *unterscheiden sich* von den (1) öffentlichen Markt-Verbänden: Sie üben keine marktregelnden Funktionen aus (öffentlich-rechtliche Markt-Verbände sind körperschaftlich organisierte Verbände, denen zur Erfüllung ihrer Funktionen hoheitliche Funktionen anvertraut sind; öffentlich anerkannte Markt-Verbände nehmen bestimmte nichthoheitliche Funktionen wahr); (2) berufsständischen Vereinigungen bzw. Kammern [→ Industrie- und Handelskammern (IHK), Handwerkskammern, → Landwirtschaftskammern], die innerhalb des Kammerbereiches die regionalen Interessen des von ihnen repräsentierten Hauptzweiges der Wirtschaft wahrnehmen; (3) Arbeitgeber-Verbände, die mit der Wahrnehmung der sozialen Interessen ihrer Mitglieder gegenüber den Arbeitnehmer-Verbänden betraut sind (kombinierte Verbände, die auch spezifische Unternehmerinteressen – als Wirtschaftsverband – vertreten, sind möglich); (4) wissenschaftlichen, technischen und sozialen Wirtschaftsvereinigungen, die vornehmlich der Forschung, der Unterrichtung und verwandten Aufgaben dienen (auch hier sind kombinierte Verbände denkbar). – Vgl. auch → Non-Profit-Organisation (NPO), → Interessengruppen.

Verband der privaten Krankenversicherung e.V. (PKV-Verband) – 1. *Begriff:* Verband der Versicherer, die die private Krankenversicherung betreiben. Sitz in Köln, gegründet 1946. – 2. *Aufgaben:* Vertretung und Förderung der Interessen seiner Mitglieder, Stellungnahmen bei Gesetzgebungsverfahren und sozialpolitischen Diskussionen, Beratung der Mitglieder in fachlichen Fragen.

Verband Entwicklungspolitik deutscher Nichtregierungsorganisationen e.V. → VENRO.

Verbändevereinbarung – Regelungswerk zur Gestaltung von Vergütungen, Zugangsbedingungen zu Netzen o.Ä. zwischen den Verbänden der Energieunternehmen und den Verbänden der Industrie. Damit sollte eine staatliche Regulierung durch eine Konsensregelung der bes. betroffenen Gruppen vermieden werden. Bes. aktuell sind die Verbändevereinbarungen zur Ausgestaltung der Netzzugangsbedingungen für Strom und Erdgas. Durch EU-Vorgaben wurden diese ab 2004 durch eine staatliche Regulierung ersetzt. 07/2005 erließ der Gesetzgeber das „Zweite Gesetz zur Neuregelung des Energiewirtschaftsrechts“ und schuf die „Bundesnetzagentur für Elektrizität, Gas, Telekommunikation, Post und Eisenbahnen“ (BNA), die weit reichende Kompetenzen bei der Netzaufsicht hat.

Verbandsaustritt – Austritt des Mitglieds aus dem Verband, also des Arbeitnehmers aus der Gewerkschaft, des Arbeitgeber aus dem Arbeitgeberverband. – Tritt der Arbeitgeber während eines laufenden Tarifvertrags aus dem Arbeitgeberverband aus, bleibt er an den Tarifvertrag gebunden (Nachbindung, § 3 III TVG). Nach überwiegender, aber nicht unbestrittener Auffassung endet mit Austritt aber die Friedenspflicht der Gewerkschaft. Dies soll die *Flucht aus dem Verbandstarifvertrag* erschweren. – Vgl. auch → Tarifgebundenheit, → OT-Mitgliedschaft.

Verbandsmarketing → Nonprofit Marketing.

Verbandsprüfung → Genossenschaftsverbände, → Prüfungsverband.

Verbandsstatistik – die von den Handwerkskammern, Industrie- und Handelskammern, berufsständischen, fachlichen oder regionalen Verbänden durchgeführten statistischen Arbeiten: Betriebsvergleiche zur Information der Mitgliedsfirmen über innerbetriebliche Strukturdaten und über Richtzahlen für die Marktleistung des eigenen Werks im Verhältnis zum Branchendurchschnitt; Auswertung deutscher und ausländischer Statistiken im Dienste der Marktinformation der Verbandsmitglieder.

Verbandstarifvertrag → Tarifvertrag, bei dem als Vertragspartei auf Arbeitgeberseite ein Verband (→ Berufsverband, → Tariffähigkeit) auftritt (§ 2 I TVG). Die Verbände bestimmen, für welche Branchen der Verbandstarifvertrag gilt. Der Verbandstarifvertrag gilt i.d.R. als → Flächentarifvertrag für bestimmte Gebiete (Tarifbezirke, Länder, Bundesgebiet), meist entsprechend dem Gebiet der jeweiligen Verbände oder ihrer Untergliederungen. – *Anders:* → Firmentarifvertrag.

Verbandszeichen – Begriff des außer Kraft getretenen → Warenzeichengesetzes für → Kollektivmarke.

Verbesserungsvorschlag → Arbeitnehmererfindung, → betriebliches Vorschlagswesen.

verbindliche Auskunft – 1. *Begriff:* Die Finanzämter und das → Bundeszentralamt für Steuern können auf Antrag verbindliche Auskünfte über die steuerliche Beurteilung von genau bestimmten, noch nicht verwirklichten Sachverhalten erteilen, wenn daran im Hinblick auf die erheblichen steuerlichen Auswirkungen ein bes. Interesse besteht (§ 89 II AO). – 2. *Zuständigkeit:* Zuständig ist grundsätzlich die Finanzbehörde, die bei Verwirklichung des dem Antrag zugrunde liegenden Sachverhalts örtlich zuständig sein würde (§ 89 II S. 2 AO); in Ausnahmefällen das Bundeszentralamt für Steuern. – 3. *Gebühren:* Nach § 89 III AO ist die verbindliche Auskunft gebührenpflichtig. Die Gebühren werden dabei nach dem Wert berechnet, den die verbindliche Auskunft für den Antragsteller hat (Gegenstandswert). Ist der Gegenstandswert auch nicht durch Schätzung bestimmbar, ist eine Zeitgebühr zu berechnen. Sie beträgt 50 Euro je angefangene halbe Stunde und mind. 100 Euro. Wenn sich die Gebühren nach dem Gegenstandswert richten, bestimmt sich die Gebühr nach dem Gerichtskostengesetz und ist eine Mindestgebühr von 5.000 Euro zu berücksichtigen (§ 89 IV und V AO). Die Gebühr ist innerhalb von einem Monat nach Bekanntgabe der Festsetzung zu entrichten. Die Finanzbehörde kann jedoch die Entscheidung über den Antrag bis zur Entrichtung der Gebühr zurückstellen. Wird der Antrag vor Bekanntgabe der Entscheidung der Finanzbehörde zurückgenommen, kann die Gebühr ermäßigt werden (§ 89 III AO). – 4. *Verbindliche Zusage:* Über die Fälle der verbindlichen Zusage anlässlich einer → Außenprüfung (§§ 204 ff. AO) und der sog. → Anrufungsauskunft bei der Lohnsteuer (§ 42e EStG) hinaus kann die Finanzbehörde eine verbindliche Auskunft über die steuerliche Beurteilung eines konkreten Sachverhaltes mit erheblicher steuerlicher Auswirkung erteilen. Voraussetzung ist, dass der → Steuerpflichtige im Hinblick auf die erhebliche steuerliche Auswirkung ein berechtigtes Interesse hat, den Sachverhalt zutreffend und erschöpfend dargelegt und konkrete Rechtsfragen formuliert hat. Zu Einzelheiten vgl. BMF-Schreiben vom 29.12.2003 (BStBl. I 742). – 5. *Bindungswirkung:* Eine Bindung der Finanzbehörde und des Steuerpflichtigen nach Treu und Glauben entfaltet die Zusage u.a. nur dann, wenn der Sachverhalt umfassend und zweifelsfrei dargelegt ist, die Finanzbehörde ihren Bindungswillen klar dokumentiert und die Zusage schriftlich sowie vom Vorsteher der Behörde bzw. des zuständigen Bediensteten erteilt wird. – 6. *Rechtsbehelfsmöglichkeit:* Gegen die erteilte verbindliche Auskunft ist der → Einspruch statthaft (§ 347 AO). Entsprechendes gilt, wenn die Erteilung einer verbindlichen Auskunft abgelehnt wird. – *Anders:* → tatsächliche Verständigung.

verbindliche Ursprungsauskunft – Zu den aufgrund der Uruguay-Runde eingetretenen Neuerungen im Zollkodex (ZK) gehört die verbindliche Ursprungsauskunft gemäß Art. 12 ZK. Ähnlich der → verbindlichen Zolltarifauskunft erteilen die Zollbehörden verbindliche Auskünfte zum präferenziellen und zum nicht-präferenziellen Ursprung.

verbindliche Zolltarifauskunft – 1. *Begriff:* Die verbindliche Zolltarifauskunft (Art. 12 ZK) wird von bestimmten Zollbehörden der einzelnen Mitgliedsstaaten mit dem Ziel erteilt, dem Antragsteller verbindlich die Einreihung einer Ware in den Zolltarif zuzusichern. – 2. *Merkmale:* Anspruch auf Erteilung einer verbindlichen Zolltarifauskunft hat jede natürliche und juristische Person. Dem Antrag, der sich nur auf die Ware beziehen darf, sind in aller Regel Muster- oder Warenproben beizufügen. Wenn dies nach den Umständen nicht möglich ist (z.B. wegen Größe oder Verderblichkeit einer Ware), so müssen dem Antrag drei Abbildungen oder genaue Beschreibungen beigefügt werden, die die Erteilung einer verbindlichen Zolltarifauskunft ermöglichen. Der nach der verbindlichen Zolltarifauskunft Berechtigte kann bei der Erledigung der Zollformalitäten von der → Zollbehörde verlangen, dass sie die Ware der Auskunft entsprechend behandelt. – 3. *Abgrenzung:* Eine Auskunft tritt außer Kraft, wenn die in ihr angewandten Rechtsvorschriften geändert oder aufgehoben werden, spätestens jedoch sechs Jahre nach ihrer Ausstellung (Art. 12 IV ZK). Ungültig wird eine Auskunft, wenn: (1) die Nomenklatur geändert wird, (2) eine Einreihungs-Verordnung erlassen wird, (3) Erläuterungen oder sonstige nicht rechtsverbindliche Entscheidungen im internationalen oder im Gemeinschaftsbereich erlassen werden, (4) eine Entscheidung des Europäischen Gerichtshofes ergeht oder die Zollbehörde eine Auskunft aus anderen als den stehenden aufgeführten Gründen ändert (Art. 12 IV ZK). Eine Auskunft ist nichtig, wenn sie aufgrund unrichtiger oder unvollständiger Angaben des Berechtigten erteilt wird (Art. 12 III ZK). Bei Widerruf oder Änderung der Auskunft kann sich der Berechtigte noch sechs Monate auf diese berufen, wenn er hierüber feste und endgültige Verträge über die in der Auskunft behandelten Waren abgeschlossen hat (Art. 12 VI ZK).

Verbindlichkeiten – Begriff des Bilanz- und Steuerrechts: Verbindlichkeiten zählen zu den → Schulden und sind – im Gegensatz zu → Rückstellungen – prinzipiell dem Grunde und der Höhe nach gewiss. Zu den Verbindlichkeiten gehören Anleihen, Verbindlichkeiten gegenüber Kreditinstituten, Anzahlungen von Kunden, Verbindlichkeiten aus Lieferungen und Leistungen (→ Warenschulden), Schuldwechsel, Verbindlichkeiten gegenüber verbundenen Unternehmen und gegenüber Unternehmen, mit denen ein Beteiligungsverhältnis besteht, sonstige Verbindlichkeiten bes. aus Steuern und im Rahmen der sozialen Sicherheit. – 1. *Handelsbilanz:* Nach §§ 242 und 246 HGB ist eine Passivierung erforderlich. Verrechnung zwischen Warenforderungen und Verbindlichkeiten ist (von Ausnahmen abgesehen) unstatthaft (§ 246 II HGB). Verbindlichkeiten sind im

Schema der Bilanzgliederung von Kapitalgesellschaften (→ Bilanzgliederung) im § 266 III HGB unter C der Passivseite aufgeführt. Sie sind zu ihrem Erfüllungsbetrag anzusetzen (bei Anleihen dürfen Agio und Disagio, d.h. der → Unterschiedsbetrag zwischen Ausgabe und Rückzahlungsbetrag, als Rechnungsabgrenzungsposten aktiviert werden). – *Eventualverbindlichkeiten* (wie → Haftungsverhältnisse aus Wechselobligo, Bürgschaften, Gewährleistungen) sind nicht bilanzierungsfähig; sie sind aber „→ unter dem Strich" (§ 251 HGB) zu vermerken (→ Eventualforderungen und -verbindlichkeiten). – 2. *Steuerbilanz:* Über das → Maßgeblichkeitsprinzip Behandlung wie in der Handelsbilanz; an die Stelle des beizulegenden Werts tritt der → Teilwert. Eine unverzinsliche Verbindlichkeit ist mit einem Zinssatz von 5,5 Prozent abzuzinsen, sofern sie mehr als zwölf Monate Restlaufzeit hat. – *Ausnahme:* Anzahlungen, Vorauszahlungen.

Verbindlichkeiten aus Bürgschaften, Wechsel- und Scheckbürgschaften sowie aus Gewährleistungsverträgen – Position unter dem Strich der Bilanz (Eventualverbindlichkeiten). Die Verbindlichkeiten sind nur dann in voller Höhe „unter dem Strich" anzusetzen, wenn eine Inanspruchnahme aus der Eventualverpflichtung nicht wahrscheinlich ist. Ist mit einer Inanspruchnahme zu rechnen, so muss der Betrag unter die → Rückstellungen der Bilanz aufgenommen werden. – Vgl. auch → Eventualforderungen und -verbindlichkeiten, → Haftungsverhältnisse.

Verbindlichkeiten Gebietsansässiger bei Gebietsfremden → Forderungen Gebietsansässiger an Gebietsfremde.

Verbindlichkeitenspiegel – von Kapitalgesellschaften häufig im Anhang ausgewiesene Übersicht über die gesamten Verbindlichkeiten nach Art, Höhe, Restlaufzeiten sowie Art und Umfang der Sicherheiten zur Erfüllung ihrer Ausweispflichten gemäß § 268 V HGB (Vermerk der Restlaufzeiten bis ein Jahr in der Bilanz) und § 285 Nr.1 HGB (Angabepflicht von Verbindlichkeiten mit einer Restlaufzeit über fünf Jahre sowie Umfang, Art und Form der Sicherheiten im Anhang). – *Beispiel:* Vgl. Tabelle „Verbindlichkeitenspiegel".

Verbindung – I. Bürgerliches Recht: 1. Die Verbindung mehrerer Sachen miteinander bewirkt grundsätzlich noch keinen Untergang des → Eigentums an den bisher getrennten Sachen, es sei denn, die bisher getrennten Sachen werden → wesentliche Bestandteile einer einheitlichen Sache. – 2. Werden → bewegliche Sachen zu einer einheitlichen Sache miteinander verbunden, erwerben die bisherigen Eigentümer das Miteigentum an der neuen Sache; die Anteile bestimmen sich nach dem Verhältnis des Wertes der verbundenen Sachen im Zeitpunkt der Verbindung. Ist jedoch eine der Sachen als Hauptsache anzusehen, erwirbt ihr Eigentümer Alleineigentum (§ 947 BGB). – 3. Ebenso, wenn bewegliche Sachen durch die Verbindung wesentliche Bestandteile eines → Grundstücks werden (§ 946 BGB). – 4. *Ausgleich* für den Rechtsverlust wie bei der → Verarbeitung (§ 951 BGB).

II. Urheberrecht: 1. Haben mehrere Urheber ihre Werke zu gemeinsamer Verwertung miteinander verbunden, kann jeder vom anderen die Einwilligung zur Veröffentlichung, Verwertung und Änderung des verbundenen Werks verlangen, soweit zumutbar (§ 9 UrhG). – 2. Haben mehrere ein Werk gemeinsam geschaffen, ohne dass sich ihre Anteile gesondert verwerten lassen, so sind sie → Miturheber des Werks (§ 8 UrhG).

Verbindlichkeitenspiegel

Art der Verbindlichkeiten	Gesamtbetrag	davon mit einer Restlaufzeit			gesicherte Beträge	Art der Sicherheit
		von 1 Jahr	von 1 Jahr bis 5 Jahre	mehr als 5 Jahre		
	Euro	Euro	Euro	Euro	Euro	
1. Verbindlichkeiten gegenüber Kreditinstituten	5.427.001,93	4.422.001,93	990.000,–	15.000,–	2.065.000,–	Grundpfandrechte
2. Verbindlichkeiten aus Lieferungen und Leistungen	572.922,61	572.922,61	–	–	–	
3. Verbindlichkeiten gegenüber verbundenen Unternehmen	71.281,31	71.281,31	–	–	–	
4. Sonstige Verbindlichkeiten	1.191.198,39	933.394,31	257.804,08	–	–	
	7.262.404,24	5.999.600,16	1.247.804,08	15.000,–	2.065.000,–	

Verböserung – Begriff des Steuerrechts. Verböserung bedeutet, dass ein → Verwaltungsakt auch zum Nachteil dessen geändert werden kann, der den → Einspruch eingelegt hat (→ reformatio in peius). Die Verböserung ist nur im Verfahren über den Einspruch zulässig (§ 367 II AO; sog. Gesamtaufrollung), nicht jedoch im Verfahren vor den Finanzgerichten (§ 96 I FGO). Kann ein Einspruchsverfahren im Endeffekt zu einer Verböserung führen, ist der Einspruchsführer im Rahmen → rechtlichen Gehörs auf die Möglichkeit einer verbösernden Entscheidung unter Angabe der Gründe hinzuweisen und ihm Gelegenheit zur Gegenäußerung zu geben. Der Verböserung kann der Einspruchsführer grundsätzlich durch Rücknahme seines Einspruchs entgehen (§ 362 AO). – Wirkungslos ist die Rücknahme seines Einspruchs jedoch dann, wenn das Finanzamt zu einer höheren Steuerfestsetzung aus anderen Gründen berechtigt ist (bei Erfüllung des Tatbestands einer Änderungsnorm). – Der fehlende Hinweis auf die Möglichkeit einer Verböserung führt nicht zur → Nichtigkeit der Einspruchsentscheidung. Diese ist auf die Klage des Steuerpflichtigen hin aufzuheben und vom Finanzgericht an das Finanzamt zur erneuten Entscheidung zurückzuverweisen. – Steht die → Steuerfestsetzung indes (noch) unter dem Vorbehalt der Nachprüfung, kann sie auch nach Rücknahme des Einspruchs zum Nachteil des Steuerpflichtigen geändert werden. Eine höhere Steuerfestsetzung ist nach Rückname des Einspruchs auch dann möglich, wenn der Tatbestand einer Berichtigungs- bzw. Änderungsvorschrift (§§ 129, 172 ff. AO) erfüllt ist.

Verbot – Eine ein Unterlassen fordernde Anordnung (Gebot) des Gesetzgebers oder einer Behörde, die sich allg. an jedermann oder an einen Einzelnen richten kann. Bei Zuwiderhandlungen können ggf. → Strafen oder → Zwangsmittel festgesetzt werden.

Verbot der Mischverwaltung → Mischverwaltung.

verbotene Eigenmacht – zivilrechtlicher Begriff; bes. Form der widerrechtlichen Besitzentziehung. Verbotene Eigenmacht begeht, wer dem unmittelbaren Besitzer einer → Sache ohne dessen Willen den → Besitz entzieht. Wer verbotene Eigenmacht verübt, handelt auch dann widerrechtlich, wenn er an sich zum Besitz berechtigt ist (z.B. weil er Eigentümer ist und der unmittelbare Besitzer die Sache an ihn herauszugeben verpflichtet ist, § 858 BGB). Der durch verbotene Eigenmacht erlangte Besitz ist → fehlerhafter Besitz. – Vgl. auch → Besitzschutz.

Verbote und Beschränkungen – Der Erhalt jeder zollrechtlichen Bestimmung steht gemäß Art. 58 II ZK unter dem Vorbehalt entgegenstehender absoluter oder relativer Verbote und Beschränkungen für den grenzüberschreitenden Warenverkehr.

Verbotsirrtum – Strafrechtlicher Begriff: → Irrtum über die → Rechtswidrigkeit eines Tuns oder eines Unterlassens. Dem Täter fehlt bei der Begehung seiner Tat die Einsicht, dass er damit Unrecht begeht. Ist der Verbotsirrtum für ihn unvermeidbar, entfällt eine Strafbarkeit. Bei Vermeidbarkeit des Verbotsirrtums kann die Strafe gemildert werden (§ 17 StGB).

Verbrauch – I. Wirtschaftstheorie: Verzehr von Gütern und Dienstleistungen zur unmittelbaren oder mittelbaren Befriedigung menschlicher Bedürfnisse. – 1. Verbrauch für *private Bedürfnisbefriedigung:* → Konsum, → privater Konsum. – 2. Verbrauch für öffentliche Güter; Staatsverbrauch. – 3. Verbrauch als Verwendung von Gütern und Dienstleistungen für *Produktionszwecke,* z.B. der Einsatz von Rohmaterial zur Herstellung eines Endproduktes: Produktionsgüter, → Investition.

II. Wirtschaftspraxis: 1. Der *private* Verbrauch des Unternehmers einer Einzelunternehmung oder des persönlich haftenden Gesellschafters einer Personengesellschaft. Verbrauch wird auf → Privatkonto als → Entnahme verbucht. – 2. In der *Industriebuchführung* die in die Produktion gegebenen Roh-, Hilfs- und Betriebstoffe.

III. Finanzwissenschaft: Einsatz von Gütern und Diensten sowie die Nutzung von Gebrauchsgütern in (privaten und öffentlichen) Haushalten und Unternehmungen. – Als *Bemessungsgrundlage der Besteuerung:* → Verbrauchsbesteuerung, → Verbrauchsteuern.

verbrauchbare Sachen → bewegliche Sachen, deren bestimmungsmäßiger Gebrauch im Verbrauch oder in der Veräußerung besteht (§ 92 BGB), z.B. Lebensmittel, Geld, aber auch Bücher beim Buchhändler.

Verbraucher – I. Wirtschaftswissenschaften: → Konsument (Endverbraucher), → Verbrauch, → Verbrauchsgüter, → Verbrauchsforschung.

II. Lebensmittel- und Futtermittelgesetzbuch: derjenige, an den Lebensmittel, Tabakerzeugnisse, kosmetische Mittel oder Bedarfsgegenstände zur persönlichen Verwendung oder zur Verwendung im eigenen Haushalt abgegeben werden. Dem Verbraucher stehen gleich Gaststätten, Einrichtungen zur Gemeinschaftsverpflegung und Gewerbetreibende, soweit sie die genannten Erzeugnisse zum Verbrauch innerhalb ihrer Betriebsstätte beziehen (§ 3 Nr. 4 LFGB).

III. Bürgerliches Recht: natürliche Person, die ein → Rechtsgeschäft zu einem Zweck abschließt, der weder ihrer gewerblichen noch ihrer selbstständigen beruflichen Tätigkeit zugerechnet werden kann (§ 13 BGB). Die Bestimmung des Begriffs des Verbrauchers ist wichtig für eine Reihe von Verbraucherschutzvorschriften bes. im Bereich der Allgemeinen Geschäftsbedingungen (vgl. § 310 III BGB), beim → Verbrauchsgüterkauf (§ 474 BGB) oder beim → Darlehensvermittlungsvertrag (§ 655a BGB).

Verbraucherbefragung → Abnehmerbefragung.

Verbraucherdarlehen – 1. *Anwendungsbereich:* a) *Ausnahmen:* (1) Kredit bis 200 Euro Nettokreditbetrag, (2) der Arbeitgeberkredit mit Zinsen unter marktüblichen Sätzen, (3) ein Kredit im Rahmen der

Förderung des Wohnungswesens und Städtebaus aufgrund öffentlich-rechtlicher Bewilligungsbescheide etc., der unmittelbar zwischen öffentlich-rechtlicher Anstalt und Kreditnehmer zu Zinssätzen abgeschlossen wird, die unter den marktüblichen Sätzen liegen. – b) *Gleichbehandlung:* Dem Verbraucherdarlehen weitgehend gleichgestellt sind (1) Verträge, durch die ein → Unternehmer einem → Verbraucher einen entgeltlichen Zahlungsaufschub von mehr als zwei Monaten oder sonstige Finanzierungshilfen gewährt (§ 499 I BGB), (2) Finanzierungsleasing (→ Leasing), (3) → Teilzahlungsgeschäft, (4) → Ratenlieferungsvertrag (hier hat der Verbraucher nur ein → Widerrufsrecht). – 2. *Wichtige Rechtsfolgen:* Die Regelung des Verbraucherdarlehens weicht in vielen Punkten zugunsten des Verbrauchers vom allg. Kreditvertrag ab. – a) *Form:* → Schriftform, ferner muss Vertragserklärung des Kreditnehmers typischerweise den Nettokreditbetrag, ggf. die Höchstgrenze des Kredits, den Gesamtbetrag aller Teilzahlungen, die Art und Weise der Rückzahlung, Zinssatz und alle sonstigen Kreditkosten, den effektiven Jahreszins, die Kosten einer Restschuld und sonstiger Versicherungen sowie die zu bestellenden Sicherheiten angeben (§ 492 BGB). Für den → Überziehungskredit gelten erleichterte Voraussetzungen (§ 493 BGB). Werden diese Erfordernisse nicht eingehalten, ist der Verbraucherdarlehen nichtig, wenn dem Kreditnehmer nicht der Kredit ausbezahlt wird. U.U. verringert sich jedoch der Zinssatz (§ 494 BGB). – b) *Widerruf:* Der Verbraucher hat ein Widerrufsrecht (§ 495 BGB). – c) *Wechsel- und Scheckverbot:* Der Verbraucher darf nicht verpflichtet werden, für Ansprüche des Kreditgebers eine Verbindlichkeit aus → Wechsel oder → Scheck einzugehen. – d) *Kündigung:* Der Kreditgeber kann bei → Verzug mit der Zahlung bei Teilzahlungen nur unter qualifizierten Bedingungen kündigen, die von Laufzeit, Anzahl und Höhe der ausgefallenen Zahlungen abhängt. – Vgl. auch → Erfüllung, → Verzugszinsen.

Verbrauchergeldparität – Die Verbrauchergeldparität dient dem Preisvergleich für Waren und Dienstleistungen der Lebenshaltung zwischen ausländischen Staaten und Gebieten und der Bundesrepublik Deutschland. Sie gibt an, wie viele ausländische Geldeinheiten benötigt werden, um in einem anderen Land die gleiche Menge Güter (in vergleichbarer Qualität) zu kaufen, die in Deutschland für einen Euro erhältlich sind. Durch einen Vergleich der Verbrauchergeldparität mit dem Wechselkurs kann festgestellt werden, ob Deutschland teurer oder billiger ist als ein anderes Land. Die Lebenshaltung im Ausland ist teurer (billiger) als in Deutschland, wenn die Verbrauchergeldparität höher (niedriger) ist als der Wechselkurs. Sie ist v.a. für Preisvergleiche von Deutschen geeignet, die längere Zeit im Ausland leben. Reisende hingegen weisen i.d.R. andere Ausgabenstrukturen auf. Den Berechnungen werden eine repräsentative Güterauswahl von etwa 200 Waren und Dienstleistungen (ohne Wohnungsmiete) und (bei der Parität nach dt. Schema) die Struktur der Verbrauchsausgaben der privaten Haushalte in Deutschland zugrunde gelegt. Die verwendeten inländischen Verbraucherpreise werden in Berlin und die ausländischen Preise meist in der jeweiligen Hauptstadt erhoben. Daten zur Verbrauchergeldparität können in der Datenbank Genesis Online des Statistischen Bundesamtes abgerufen werden.

Verbraucherinsolvenz – gesondertes → Insolvenzverfahren für natürliche Personen, die keine selbstständige wirtschaftliche Tätigkeit ausüben oder ausgeübt haben. Hat der Schuldner aber eine selbstständige wirtschaftliche Tätigkeit ausgeübt, gilt grundsätzlich das Verbraucherinsolvenzverfahren, wenn seine Vermögensverhältnisse überschaubar sind und gegen ihn keine Forderungen aus Arbeitsverhältnissen bestehen. Überschaubar sind die Vermögensverhältnisse nur, wenn der Schuldner zz. des Insolvenzantrags weniger als 20 Gläubiger hat (§§ 304–314 InsO).

I. Regelungsgrund: Das allg. → Insolvenzverfahren ist auf Unternehmensinsolvenz zugeschnitten und trägt den bes. Bedürfnissen von Verbraucher- und sonstigen Kleininsolvenzen nur unzureichend Rechnung. Einvernehmliche Schuldenbereinigungsverfahren sollen gefördert werden.

II. Voraussetzungen: Der Schuldner hat mit dem Antrag auf Eröffnung des → Insolvenzverfahrens folgende Unterlagen vorzulegen: (1) Eine von einer geeigneten Stelle oder Person (z.B. Schuldnerberatung oder Rechtsanwalt) ausgestellte Bescheinigung, aus der sich ergibt, dass eine außergerichtliche Einigung mit den Gläubigern über die Schuldenbereinigung auf Grundlage eines Planes innerhalb der letzten sechs Monate erfolglos versucht wurde; (2) eine Erklärung, ob → Restschuldbefreiung beantragt wird; (3) ein Verzeichnis über vorhandenes Vermögen und Einkommen, Gläubiger und bestehende Forderungen, sowie die Erklärung, dass die Angaben vollständig und richtig sind; (4) ein Schuldenbereinigungsplan (§ 305 InsO).

III. Verfahren: Das → Insolvenzgericht stellt die Verzeichnisse und den Schuldenbereinigungsplan den Gläubigern zu (§ 307 InsO), die binnen einer → Notfrist von einem Monat Stellung nehmen können (§ 307 InsO). Werden Einwendungen nicht erhoben, gilt der Schuldenbereinigungsplan als angenommen (§ 308 I InsO). Wenn mehr als die Hälfte der Gläubiger nach Anzahl und Forderungshöhe dem Plan zugestimmt haben, ersetzt das → Insolvenzgericht auf Antrag eines Gläubigers oder des Schuldners unter bestimmten Voraussetzungen die Einwendung durch eine Zustimmung (§ 309 InsO). Andernfalls ist ein vereinfachtes Insolvenzverfahren (§§ 311–314 InsO, z.B. kein Insolvenzplan, vereinfachte → Verteilung) durchzuführen.

Verbraucherkredit → Konsumentenkredit.

Verbraucherkreditgesetz (VerbrKrG) – Durch die → Schuldrechtsreform aufgehoben und in die Vorschriften des → Verbraucherdarlehens und anderer Finanzierungshilfen des → Bürgerlichen Gesetzbuchs (BGB) integriert. – Vgl. auch → Abzahlungsgeschäft, → finanziertes Abzahlungsgeschäft.

Verbrauchermarkt – *SB-Center;* → Betriebsformen des Handels (Einzelhandels); Angebot eines breiten Sortiments an Nahrungs- und Genussmitteln sowie weiteren Non-Food-Artikeln des Haushalts- und Freizeitbedarfs auf einer Verkaufsfläche von 1.000 bis 5.000 m² in → Selbstbedienung (SB). – *Kennzeichen:* Verbrauchermärkte verzichten auf aufwendige Ladenausstattung und Warenpräsentation, beschränken Beratung und sonstige Serviceleistungen auf ein Mindestmaß, bevorzugen kostengünstige Stadtrandlagen, sodass eine niedrige Kalkulation der Preise möglich ist. Wöchentliche → Sonderangebote mit herausragend niedrigen Preisen bestimmen die Medienwerbung. – *Hauptkonkurrenten* sind → Selbstbedienungswarenhäuser sowie → Discountgeschäfte und → Supermärkte.

Verbraucherpanel → Panel zur Untersuchtung der Kaufgewohnheiten von Einzelpersonen (Individual-Panel) oder Haushalten (→ Haushaltspanel).

Verbraucherpolitik – I. Begriff: Alle Maßnahmen und Entscheidungen, die darauf abzielen, dem Verbraucherinteresse gegenüber den Anbietern zu einer angemessenen Durchsetzung zu verhelfen.

II. Konzeptionen: 1. *Wettbewerbsmodell:* Verbraucherpolitische Probleme treten im marktwirtschaftlichen Modell lediglich als Randerscheinung auf, weil klassischer Theorie zufolge der alleinige Zweck von Produktionsakten der Konsum darstellt (→ Smith). Mit ihren rationalen Kaufentscheidungen steuern die Verbraucher entsprechend ihrer individuellen Präferenzordnung die Produktions- und Anbieterentscheidungen (prinzipielle Konsumentensouveränität): Informationsdefizite bei Verbrauchern und Wettbewerbsbeschränkungen durch Anbieter (Marktkonzentration; Marktmacht) sollen systemkonform durch eine aktive staatliche Wettbewerbspolitik beseitigt werden; dazu zählt auch eine Verbesserung der Markttransparenz durch verbrauchergerichtete Informationspolitik. – 2. *Schutz- und Gegenmachtmodell:* Eine prinzipielle asymmetrische Machtverteilung zwischen Anbietern des privaten und öffentlichen Gütersektors wird unterstellt; diese strukturelle Dominanz der Anbieterinteressen kann durch Wettbewerbspolitik allein nicht neutralisiert werden. Aufgabe der Verbraucherpolitik ist es, zwischen Verbraucher- und Anbieterinteressen zu vermitteln. Einerseits sollen Verbraucher durch Einsatz des Instrumentes *Verbrauchererziehung* dazu gebracht werden, ihre Rolle im Markt aktiver, bewusster wahrzunehmen; dazu gehört auch die kritische Reflexion der individuellen Bedürfnisstruktur. Andererseits werden, wegen der prinzipiellen Machtvorteile der Anbieter, *Rechtsnormen* benötigt, die auf den Schutz der Verbraucher gerichtet sind, um Handlungsmöglichkeiten der Anbieter einzuschränken (Schutz vor → irreführender Werbung; Schutz vor gefährlichen Produkten etc.). Marktungleichgewichten soll weiterhin durch eine kollektive Vertretung von Verbraucherinteressen, also durch organisatorische *Gegenmachtbildung*, begegnet werden. – 3. *Partizipationsmodell:* Der auf das Marktparadigma bezogene Bedürfnisbegriff wird wegen seines rein ökonomischen Gehaltes als verkürzt kritisiert. Gefordert wird die Berücksichtigung der Entstehung und des Wandels von Verbraucherbedürfnissen sowie die Antizipation deren Folgen (ausdrückliche Beachtung externer Effekte). Dazu ist eine institutionelle Absicherung partizipativer Einflussnahmen von Verbrauchern auf die Entscheidungsprozesse öffentlicher und privater Anbieter notwendig. Die traditionelle, rein reaktive Verbraucherpolitik soll durch eine „Ex-Ante"-Verbraucherpolitik abgelöst werden, die eine frühzeitige, direkte Einflussnahme von Verbrauchern bzw. legitimierten Verbrauchervertretern auf das Güterangebot erlaubt.

III. Handlungsbereiche der Verbraucherpolitik: Die am Wettbewerbsmodell ausgerichtete Verbraucherpolitik in der Bundesrepublik Deutschland weist in ihren prinzipiellen Handlungsbereichen kaum Abweichungen zu anderen marktwirtschaftlich verfassten Ländern auf: Im Vordergrund stehen Maßnahmen der Verbraucherinformation, des Verbraucherschutzes und der Verbrauchererziehung. – 1. *Verbraucherinformation:* Der Verbraucher soll möglichst aktuelle Informationen über das Güterangebot (Konsummöglichkeiten) über möglichst verschiedene Kommunikationskanäle erhalten. Dadurch sollen einseitige, verzerrte Anbieterinformationen ergänzt und richtig gestellt werden. Herstellung eines höheren Grades von Markttransparenz ist das Ziel. Wichtige Informationskanäle sind: Produktbegleitende Informationen (Gebrauchsanleitung; Dosierung; Zusammensetzung), Verbraucherberatung, Einsatz von Massenmedien (Zeitschrift „test" der Stiftung Warentest, Berlin). Von der staatlichen Verbraucherpolitik werden v.a. die Verbraucherberatung und die Arbeit der Stiftung Warentest finanziell unterstützt. – 2. *Verbraucherschutz:* Eine Fülle von Ge- und Verboten, fixiert in zivil- und öffentlich-rechtlichen Regelungen, sollen die Stellung des Verbrauchers gegenüber den Marketing-Praktiken von Anbietern stärken. Ihrem Regelungsbereich nach lassen sie sich wie folgt untergliedern: a) Reglementierung des Anbieterhandelns auf Konsumgütermärkten (z.B. LMBG-Gesetz; UWG; GWB; AbzG; AGB-Gesetz, Mietrecht); b) Reglementierung des Handelns öffentlicher Anbieter (z.B. Informationsrechte bei der Planung öffentlicher Güter); c) Schutz individueller Rechtsgüter vor Verletzungen durch Anbieter (z.B. Produkthaftung; Haftung für Planungsfehler; Entschädigungsrecht). – 3. *Verbrauchererziehung:* Bereits in der Schule sollen Menschen auch auf die Rolle des Konsumenten vorbereitet werden. Inhalte einer jeweils lebenszyklus-spezifischen Verbrauchererziehung könnten sein: Sozioökonomische Zusammenhänge eines Wirtschaftssystems; Struktur von Haushaltbudgetentscheidungen; Genese von Bedürfnissen; materielle und immaterielle Konsummöglichkeiten; Möglichkeiten zur Artikulation und Durchsetzung von Verbraucherinteressen.

IV. Organisationen: In der Verbraucherpolitik der Bundesrepublik Deutschland dominiert die Fremdorganisation (sog. Verbraucherverbände); d.h., Verbraucherinteressen werden repräsentativ wahrgenommen, eine direkte, unmittelbare Einflussmöglichkeit durch einzelne Verbraucher besteht nur ansatzweise. Ergänzend kommen Dienststellen des Bundes und der Länder, die sich speziell der Verbraucherpolitik widmen, hinzu: Verbraucherreferate bei den Wirtschaftsministerien, Verbraucherbeirat beim Bundesminister für Wirtschaft und Technologie (BMWi), Verbraucherausschuss beim Bundesminister für Verbraucherschutz, Ernährung und Landwirtschaft (BMVEL) etc.

Verbraucherpreisempfehlung → Preisempfehlung.

Verbraucherpreisindex für den Europäischen Wirtschaftsraum → Harmonisierter Verbraucherpreisindex (HVPI).

Verbraucherpreisindex für Deutschland (VPI) – 1. *Begriff:* → Preisindex und wichtiger Indikator im Rahmen der Konjunkturanalyse, der nachweist, wie sich die Lebenshaltung der privaten Haushalte infolge von Preisänderungen, aber unbeeinflusst von Änderungen im Konsumverhalten, verteuert oder verbilligt. Er dient der wirtschaftspolitischen Orientierung der Unternehmen, der Gewerkschaften, des Staates und der privaten Haushalte. Im Gegensatz zum von ihm abgelösten Preisindex der Lebenshaltung aller privaten Haushalte berücksichtigt er alle Haushaltstypen und alle Regionen von Deutschland. – Die *Veröffentlichung* erfolgt in Kapitel 15 des Statistischen Jahrbuchs und in Fachserie 17 des → Statistischen Bundesamts (StBA). – 2. *Berechnung:* Der Verbraucherpreisindex für Deutschland wird monatlich auf der Basis konstanter Verbrauchsstrukturen als → Laspeyres-Index auf Stichprobenbasis berechnet. Zur Berechnung des Verbraucherpreisindex wird ein in regelmäßigen Abständen aktualisierter → Warenkorb herangezogen, der die Waren und Dienstleistungen enthält, die in Deutschland in den Konsum eingehen. Um auf Basis des Warenkorbs eine mittlere Teuerungsrate zu bestimmen, werden für die insgesamt rund 700 Güterarten die durchschnittlichen Preisentwicklungen mit dem jeweiligen Ausgabenanteil gewichtet, den die privaten Haushalte durchschnittlich dafür aufwenden. Diese Ausgabenanteile werden dem → Wägungsschema entnommen, das in etwa alle fünf Jahre aktualisiert wird. Aktuell ist 2005 Basisjahr, also das Jahr, in welchem der Warenkorb ermittelt wurde. Die Reihen des Preisindex werden vom Statistischen Bundesamt stets ab der jeweiligen Basisperiode zur Verfügung gestellt. Bei Umstellung auf eine neue Basisperiode werden die Werte des Preisindex bis zum Beginn dieser Basisperiode rückwirkend umgerechnet. – *Verwendung:* Der Verbraucherpreisindex für Deutschland dient als Indikator für die Beurteilung der Geldwertstabilität, seine Veränderungsrate wird daher gelegentlich als „Inflationsrate" bezeichnet. Daneben ist er Grundlage für die Deflationierung von Wertgrößen bspw. in der → Volkswirtschaftlichen Gesamtrechnung (VGR) (etwa zur Berechnung des realen Wirtschaftswachstums) und für Wertsicherungsklauseln in längerfristigen Vertragsbeziehungen. – Für die Europäische Union (→ EU) wird der → Harmonisierte Verbraucherpreisindex (HVPI) berechnet.

Verbraucherpreisindex für die Europäische Währungsunion → Harmonisierter Verbraucherpreisindex (HVPI).

Verbraucherschutz → Verbraucherpolitik.

Verbraucherverbände → Verbraucherpolitik, → Klagebefugnis.

Verbrauchervertrag – Vertrag zwischen einem → Unternehmer und einem → Verbraucher (§ 310 III BGB). Für den Verbrauchervertrag gelten zahlreiche, den Verbraucher schützende Sonderschriften bei → Allgemeinen Geschäftsbedingungen (AGB), → Haustürgeschäft, → Fernabsatzvertrag, beim → Widerrufsrecht, → Verbrauchsgüterkauf, → Teilzeit-Wohnrecht, → Verbraucherdarlehen, Finanzierungsleasing (→ Leasing), → Teilzahlungsgeschäft, → Ratenlieferungsvertrag und Darlehensvermittlung, ferner nach der BGB-Informationspflichten-Verordnung (BGB-InfV) i.d.F. vom 5.8.2002 (BGBl. I 3002) m.spät.Änd.

Verbraucherzentrale – 1. *Allgemein:* Verbraucherzentralen bieten Beratung und Informationen zu Fragen des Verbraucherschutzes, helfen bei rechtlichen Problemen und vertreten die Interessen der Kunden und Konsumenten. Sie sind nach eigener Aussage unabhängig, überwiegend öffentlich finanziert und gemeinnützig. – 2. *Verbreitung:* In jedem Bundesland existiert eine Verbraucherzentrale, die im Interesse der Verbraucher agiert. Diese wenden sich an eine der bundesweit rund 200 Beratungsstellen, i.d.R. in dem Bundesland, in dem sie wohnen. Die Dachorganisation „Verbraucherzentrale Bundesverband" vertritt die Interessen der Verbraucher gegenüber Politik, Wirtschaft und Gesellschaft auf Bundesebene. In Österreich und in der Schweiz existieren Einrichtungen, die sich für die Konsumenteninformation bzw. den Konsumentenschutz engagieren. – 3. *Ziele und Aufgaben:* Die Verbraucherzentralen wollen hinsichtlich des Konsums der Verbraucher informieren, beraten und unterstützen, einen Überblick über das unübersichtliche Angebot geben und Einsicht in komplexe Marktbedingungen vermitteln. Im Fokus stehen Gesundheits- oder Umweltaspekte und allgemein, wenn auch eher implizit, Fragen der → Wirtschaftsethik; so sind falsche Versprechen aus Gewinnspielen ebenso im Visier wie die neuesten Wunderdiäten. Eine Rolle spielt dabei nicht nur die Produzentenethik im weitesten Sinne, sondern auch die → Konsumentenethik, insofern der Konsument gegenüber sich selbst, der Umwelt und in Bezug auf Unternehmen eine Verantwortung tragen soll, die Aufklärung und Mündigkeit entspringt.

Verbrauchsabweichung → Abweichungen.

verbrauchsbedingte Abschreibung → Mengenabschreibung.

Verbrauchsbesteuerung – I. Charakterisierung: 1. *Begriff:* Grundlegende Besteuerungsweise, die neben der → Einkommensbesteuerung und der → Ertragsbesteuerung durchgeführt wird; sie belastet die Einkommensverwendung. Historisch älteste Form der Besteuerung. – 2. Die Verbrauchsbesteuerung kann – außer bei der Mehrwertsteuer (die lebensnotwendige Güter wenig belastet) – *die persönliche Leistungsfähigkeit* des Steuerpflichtigen *nicht* erfassen, da die Sätze der jeweiligen Verbrauchsteuern einheitlich für alle Einkommensschichten gelten und für bes. hohe Mengen an Verbrauchsgütern, z.B. in kinderreichen Familien, Entlastungen nicht eingerichtet werden können. Eine Veranlagung findet in der Verbrauchsbesteuerung nicht statt. – 3. Eine *„aufwendige Lebensweise"* kann bes. steuerlich belastet werden, z.B. durch Schaumwein-, Getränke-, Vergnügungs- und Glücksspielbesteuerung; tendieren zur Luxusbesteuerung. Es existieren aber auch Steuern auf Massengenussmittel (Bier, Kaffee etc.), die mitunter regressiv wirken (bes. Salz- und Zuckersteuer; beide wurden zum 1.1.1993 abgeschafft).

II. Abgrenzung: Die Verbrauchsbesteuerung muss gegenüber den Begriffen *„allgemeine Verkehrsteuer"* und *„allgemeine Verbrauchsteuer"*, die der Steuerrechtswissenschaft zur Kennzeichnung der Umsatzsteuer dienen, abgegrenzt werden. – a) Nach ökonomischem Verständnis wird *Umsatzsteuer* anlässlich des *„Markteintritts"* von Gütern, also beim Verlassen der Produktionssphäre bzw. beim Einspeisen in den Kreislauf, erhoben. Soweit Güter dort zirkulieren, kommt es zum Eigentümerwechsel; letzterer ist für das ökonomische Verständnis von Verkehrsteuern wesentlich. Die steuerrechtliche Kennzeichnung der Umsatzsteuer als allg. Verkehrsteuer macht diesen Unterschied zwischen Einspeisung und Zirkulation nicht deutlich. – b) Nach ökonomischer Auffassung werden *Verbrauchsteuern* anlässlich der *„Marktentnahme"* von Gütern erhoben; Güter gehen in den Produktionsprozess der Unternehmung bzw. den Rekreationsprozess des Haushaltes körperlich ein, Gebrauchsgüter werden mit ihrem zeitverteilten Nutzungsanteil zu Verbrauch, Dienstleistungen gehen mit ihrem unwiederbringlichen Zeitaufwand unter. Aus ökonomischer Sicht ist demnach eine Verbrauchsteuer etwas grundlegend anderes als eine Umsatz- und → Verkehrsteuer. – Aufgrund des unpräzisen Verkehrsteuerbegriffs der Steuerrechtswissenschaft sowie der zuvor dargestellten Abgrenzung nach ökonomischer Auffassung werden neuerdings in *finanzwissenschaftlicher* Sicht als *Verkehrsteuern* Steuern auf den Kapital- und Zahlungsverkehr aufgefasst; dazu zählen: Gesellschaft-, Börsenumsatz- und Wechselsteuer (alle durch das Finanzmarktförderungsgesetz vom 22.2.1990 abgeschafft), die Grunderwerbsteuer; die (von der Steuerrechtswissenschaft zu den Verkehrsteuern gezählten) Feuerschutzsteuer und Versicherungsteuer werden den *Verbrauchsteuern* zugeordnet. In beiden letzteren Fällen wird das Gut „Versicherungsschutz" gegen Prämienzahlung erworben; als Kapitalverkehrsteuer ließe sich die Versicherungsteuer dann verstehen, wenn Lebensversicherungen (Kapitalansammlungscharakter) gerade nicht von der Besteuerung ausgenommen wären, bei der Feuerschutzsteuer wird das Gut „Versicherungsschutz" jenseits aller Kapitalansammlungen und Verkehrsakte bes. deutlich. – Von Hansmeyer wird aufgrund der Begriffsverwirrungen und der unterschiedlichen Steuertatbestände für den Begriff Verbrauchsteuern *„Steuern auf spezielle Güter"* vorgeschlagen.

III. Steuertatbestände: 1. *Verbrauchsbestände im privaten Haushalt:* z.B. Genuss und Verzehr von Tabak, Kaffee, Bier, Branntwein, Schaumwein. Bestimmte *Einsatzgüter in Haushalt und Produktion:* z.B. Mineralöl, elektrischer Strom. – Diese Güter gehen beim Verbrauch „unter". – 2. *Nutzung von Gebrauchsgütern,* z.B. bei Kraftfahrzeugen, Hunden, Umwelt (Abwasserabgaben). – 3. *Dienstleistungen und Rechtsausübungen,* z.B. in Form der Versicherung-, Feuerschutz-, Vergnügung-, Rennwett- und Lotterie-, Schankerlaubnis- sowie Jagd- und Fischereisteuer. – 4. *Zwischenstaatlicher Warenverkehr:* belastet durch Zölle und Abschöpfungsabgaben. – 5. Steuerpolitische Motivation und steuerliche Klassifikation sind so vielfältig, der Katalog der Steuertatbestände so heterogen und lückenhaft, dass in der neuesten Terminologie nur eklektisch von *„Steuern auf spezielle Güter"* gesprochen wird (Hansmeyer).

IV. Ziele/Wirkungen: 1. Die *Ziele* der Verbrauchsbesteuerung sind trotz wiederholter Bekenntnisse zur Gesundheitspolitik (Branntwein-, Tabak) oder anderen Zielen (Heizölsteuer aufgrund der Wettbewerbsstützung der Kohle) überwiegend fiskalische. – Aufgrund entwicklungspolitischer Ziele müsste die Kaffeesteuer entfallen. Dem fiskalischen Ziel kommt zugute, dass viele Verbrauchsteuern an Güter anknüpfen, deren Einkommenselastizität der Nachfrage mittlerweile unter eins gesunken ist. – 2. In den Abschöpfungen der EU lässt sich dagegen ein *einkommenspolitisches* Ziel für die Landwirtschaft ausmachen. – 3. Daneben diente die Stromabgabe „Kohlepfennig" der Förderung der Kohleverstromung und damit der Energiepolitik. – 4. In der Zweckbindung mancher Verbrauchsteuern liegt die Möglichkeit zu einer direkten Zielorientierung (Kraftfahrzeug-, Mineralöl-, Feuerschutz-, Rennwett- und Lotteriesteuer). – Vgl. auch → Verwendungszwecksteuern. – 5. Soweit die Verbrauchsteuern in den Preisen *überwälzt* werden, womit überwiegend zu rechnen ist, trägt der Verbraucher die Last der Wirtschaftspolitik. Isoliert betrachtet, ist die Verbrauchsbesteuerung weithin mit einem *Verzicht beim Verteilungsziel* verbunden. Die Effektivität der Verbrauchsbesteuerung muss daher im Zusammenwirken mit der Einkommensbesteuerung beurteilt werden.

V. Erhebungsformen/Tarifgestaltung: Die Verbrauchsteuern werden zumeist nicht am Ort des Verbrauchs, sondern aus Gründen der besseren Erhebungstechnik, der leichteren Kontrolle und der höheren Nettoergiebigkeit am Ort der Produktion, der Einfuhr, seltener der Nutzung oder des Erwerbs eines Gebrauchsgutes erhoben. Dadurch ist die Verbrauchsbesteuerung i.d.R. eine unmerkliche, verbrauchsferne Besteuerung, außer bei der Kraftfahrzeug-, Hunde- sowie Jagd- und Fischereisteuer. – 1. *Ansatzpunkte:* a) *Ort* der Herstellung, der Einfuhr, der Nutzung oder des Erwerbs. – b) Im Bereich der Herstellung werden Verbrauchsteuern nach dem jeweils erreichten Stadium oder Ort des *Prozesses* erhoben: (1) *Material- oder Rohstoffsteuer:* alte Form der Erhebung; z.B. Zuckerrübensteuer bis 1887; (2) *Fabrikations- oder Produktionssteuer:* z.B. die alte „Gerätesteuer" als Maischbottichsteuer; (3) *Fabrikatesteuer oder Gütersteuer:* heute gebräuchliche Besteuerung. – 2. *Bemessungsgrundlage:* Die Bemessungsgrundlage ist zumeist die Menge (Mengensteuer) ausgedrückt als Geldbetrag pro Mengeneinheit (Liter, Kilo, Stück, ccm; Mengensteuer), daneben der Wert (Wertsteuer), ausgedrückt im Prozentsatz des Verkaufspreises eines Gutes, schließlich äußerst selten eine Kombination von Menge und Wert. Mit Wertsteuern erreicht man bei steigenden Preisen eine Aufkommenssteigerung. – 3. Das → Finanzmonopol als Erhebungsform von Verbrauchsteuern hat trotz seiner vorteilhaften Möglichkeiten bei der Versorgungspolitik und Steuerkontrolle heute in den westlichen Industrieländern kaum noch die Bedeutung wie früher (→ Branntweinmonopol).

VI. Steuersystematik: 1. *Einzelverbrauchsteuern:* Für das Steuersystem der Bundesrepublik Deutschland vgl. → Verbrauchsteuern. Es gibt weniger als 20 Einzelverbrauchsteuern, daneben zahlreiche Zölle. Nicht alle denkbaren Verbrauchstatbestände werden steuerlich belastet, sodass ein „System" in der Verbrauchsbesteuerung nicht zu erkennen ist. – 2. → Kaskadenwirkung: Da die Verbrauchsteuern bei der Berechnung der Wertschöpfung je Tauschstufe in die Bemessungsgrundlage der Mehrwertsteuer eingehen, wird „Mehrwertsteuer von der Verbrauchsteuer" erhoben. – 3. *Steuerlicher Dualismus:* Die Verbrauchsbesteuerung belastet das persönliche Einkommen des → Steuerpflichtigen neben der Einkommensteuer auch noch anlässlich seiner Verwendung. Das erlaubt einerseits, das durch den Einkommensteuertarif hergestellte Belastungsniveau niedriger zu halten, als es ohne die „ergänzende" Verbrauchsbesteuerung möglich wäre; steuerpsychisch ein Vorteil, da stark progressive Einkommensteuersätze leistungslähmend und steuervermeidend wirken können. Andererseits gelingt es mithilfe der Verbrauchsbesteuerung, solche Personen zu besteuern, die trotz vorhandener Leistungsfähigkeit von der Einkommensteuer legal nicht erfasst werden oder sich ihr illegal entziehen konnten. – 4. *Ausgabensteuer:* a) Eine völlige Abkehr vom Dualismus wäre die Erhebung einer → Ausgabensteuer. Ausgestaltung und Wirkungsweise werden in der → Finanzwissenschaft unter dem Aspekt diskutiert, ob Ausgaben nicht der bessere Indikator der Leistungsfähigkeit eines Menschen sind als sein Einkommen. Dann aber müsste die Ausgabensteuer als *„allgemeine persönliche"* eingerichtet werden mit Freibeträgen (und evtl. vergleichbarer Progression) wie bei der Einkommensteuer. Mehrwert- und Verbrauchsteuern könnten entfallen, was eine Vereinfachung des Steuersystems wäre. – b) Einen anderen Sinn erhält der Begriff Ausgabensteuer unter dem Aspekt der *Steuerklassifikation* nach der Richtung von *Zahlungsströmen* aus dem bzw. in das Budget eines Steuerpflichtigen (Ausgabensteuer): Ausgabensteuern sind Verbrauchsteuer, Mehrwertsteuer, Grunderwerbsteuer etc., Einnahmensteuern sind Einkommensteuer, Kirchensteuer, die Ertragsteuern etc. – 5. Die Verbrauchsbesteuerung erfüllt zugleich die Funktion einer *„Alternativbesteuerung"*, die anstelle der „Normalbesteuerung" für den Fall erhoben wird, dass die → Einkommensbesteuerung nicht angewendet wird, weil ein offensichtliches Missverhältnis zwischen dem Verbrauch und dem Einkommen besteht. Anhand der Höhe des Verbrauchs werden eine steuerliche Leistungsfähigkeit und das entsprechende Einkommen unterstellt. Die Höhe des tatsächlichen Einkommens wird indirekt erfasst. Es handelt sich um eine Verbrauchsbesteuerung des Einkommens, die bis 1981 nach § 48 EStG als *„Besteuerung nach dem Verbrauch"* durchgeführt wurde.

VII. Steuerharmonisierung in der EU: Art. 9 EGV sieht die Harmonisierung der Verbrauchsteuern vor. Steuerverursachte Wettbewerbsverzerrungen sollen verhindert werden. Gegenwärtig gilt die Anwendung des → Bestimmungslandprinzips beim grenzüberschreitenden Warenverkehr für die Verbrauchsbesteuerung als die systemgerechte Regel. Die nationalen Steuersätze differieren so stark, dass eine weitergehende Harmonisierung, die den völligen Abbau der Steuergrenzen wie bei den Zöllen bedeuten würde, nicht machbar erscheint.

Verbrauchsbesteuerung des Einkommens – Besteuerung, d.h. Erhebung der Einkommensteuer nach dem Verbrauch. In der Bundesrepublik Deutschland bis 1980 gemäß § 48 EStG unter bestimmten Voraussetzungen vorgesehen; wurde aufgrund fehlender praktischer Bedeutung aufgehoben.

Verbrauchsermittlung → Erfassungstechnik der Kostenrechnung.

Verbrauchsfaktoren → Produktionsfaktoren, die während einer Periode restlos in die → Produktion eingehen (z.B. Werkstoffe). – *Gegensatz:* → Potenzialfaktoren.

Verbrauchsfolgeverfahren → Bewertungsvereinfachungsverfahren.

Verbrauchsforschung – 1. *Begriff:* wissenschaftliche Disziplin, die das Verhalten der Haushalte am Markt (als Verbraucher) zum Gegenstand hat (im Sinn einer engen Definition des → Konsumentenverhaltens). – 2. *Arten:* a) Theoretische Verbrauchsforschung, die als Teildisziplin der Wirtschaftstheorie zu generellen Aussagen über die Verhaltensweisen und Einstellungen der Verbraucher gelangen möchte. – b) *Praktische* Verbrauchsforschung, von Bedeutung u.a. im Hinblick auf ihre Nutzanwendung. Sie kann sowohl gesamtwirtschaftlichen als auch einzelwirtschaftlichen Zwecken dienen; in letzterem Fall ist die Verbrauchsforschung ein Bereich der → Marktforschung, nämlich die systematische Untersuchung des Verbrauchs bzw. absatzrelevanter Daten über die Verbraucher. Verbrauchsforschung in diesem Sinn umfasst: die Untersuchung der → Bedürfnisse der Konsumenten und deren Neigung zur Bedürfnisbefriedigung sowie die → Motive zur Aufnahme oder Ablehnung eines bestimmten Angebots, Feststellung der Kauf- und → Verbrauchsgewohnheiten; Untersuchungen über Marktgerechtigkeit der Fabrikate, Angemessenheit der Preise, Aufnahmefähigkeit des Marktes für ein bestimmtes Produkt; Erforschung der Reaktion der Konsumenten auf bestimmte Werbemittel und auf verschiedene Verkaufsmethoden (Bedienung, Selbstbedienung etc.) und sonstige Marketingmaßnahmen.

Verbrauchsfunktion – Kernstück der von → E. Gutenberg (1897-1984) entwickelten → Produktionstheorie (→ Gutenberg-Produktionsfunktion). Sie gibt die funktionalen, technisch bedingten Beziehungen wieder, die zwischen den Leistungsgraden (→ Intensität) einer Maschine j und dem Verbrauch an → Produktionsfaktoren i je Leistungseinheit bei sonst konstanten technischen Daten bestehen. – *Allgemeine Grundgleichung:*

$$f_{ij}(d_j) = \frac{r_{ij}}{x_j}$$

wobei: r_{ij} = Faktorverbrauch i am Aggregat j, x_j = Ausbringungseinheit am Aggregat j, $d_j = x_j/t$ = Intensität = Ausbringung/Zeiteinheit, f = Funktionssymbol. – Für jedes Aggregat entspricht die Zahl der Verbrauchsfunktionen der Zahl der eingesetzten Faktorarten. – *Grundformen* (vgl. Abbildung „Verbrauchsfunktion – Typen"): *Typ a):* Faktorverbrauch ist für unterschiedliche Intensitäten konstant. – *Typ b):* Faktorverbrauch für unterschiedliche Intensitäten zunächst konstant; bei überhöhten Intensitäten bei überhöhten Intensitätenprogressiv ansteigend. progressiv ansteigend. – *Typ c):* Faktorverbrauch fällt zunächst mit zunehmender Intensität bis zu einem Optimum (Optimalintensität), um dann mit zunehmender Intensität progressiv anzusteigen. – *Typ d):* Faktorverbrauch fällt degressiv. – *Weitere Typen* sind denkbar.

Verbrauchsfunktion – Typen

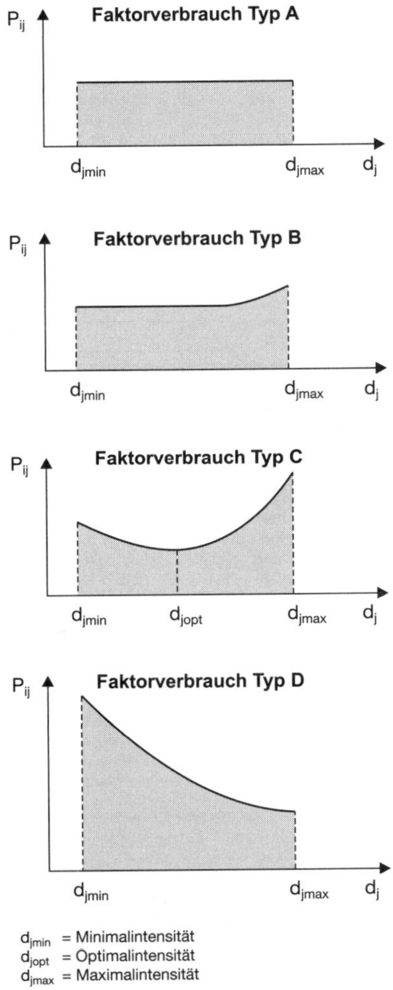

verbrauchsgesteuerte Disposition → PPS-System.

Verbrauchsgewohnheiten – *Konsumgewohnheiten;* Verhalten des Verbrauchers (→ Konsumenten) in Bezug auf ein am Markt angebotenes Erzeugnis, Gegenstand der → Marktanalyse. – Die *eigentlichen* bzw. *ursprünglichen* Verbrauchsgewohnheiten sind: der bes. Verwendungszweck, die Eigenart der Handhabung bei Ge- und Verbrauch. Daraus leiten sich die *mittelbaren* Verbrauchsgewohnheiten ab: Häufigkeit und Menge des Verbrauchs sowie die Vorliebe für bestimmte Qualitäten; diese bestimmen zusammen mit anderen Faktoren die am Markt wirksam werdenden, empirisch beobachteten Kaufgewohnheiten. Entsprechend können unterschieden werden: → Convenience Goods, → Shopping Goods und → Speciality Goods.

Verbrauchsgüter – 1. Bei *produktionsorientierter Betrachtung:* Güter, die (abgesehen von Rest- und Abfallstoffen) in andere Güter eingehen bzw. in qualitativ andere Substanzen übergehen (z.B. bei chemischen Umwandlungsprozessen) oder zum Prozessablauf beitragen (z.B. Antriebsenergie). – 2. Bei *konsumorientierter Betrachtung:* Güter, die durch den Konsumarkt vernichtet werden (z.B. Nahrungsmittel). – *Gegensatz:* → Gebrauchsgüter.

Verbrauchsgüterindex → Produktionsindex.

Verbrauchsgüterkauf – 1. *Begriff:* → Verbrauchervertrag in der Form des → Kaufvertrags, bei dem ein Unternehmer eine bewegliche Sache an einen Verbraucher verkauft (§§ 474-479 BGB). Ausgenommen ist die öffentliche Versteigerung gebrauchter Sachen (§ 474 I 2 BGB). – 2. *Rechtsfolgen:* Im Vergleich zum normalen Kaufvertrag wird der Verbraucher bes. geschützt. – a) Beim → Versendungskauf wird der → Gefahrübergang nicht vorgezogen (§ 474 II BGB). – b) Der vollständige oder teilweise vertragliche Ausschluss der → Mängelhaftung ist mit Ausnahme des Schadensersatzes unzulässig (§ 475 I, III BGB). – c) Es darf bei neuen Sachen für die → Verjährung von Rechten aus Mängelhaftung keine kürzere Frist als zwei Jahre und bei gebrauchten Sachen keine kürzere Frist als ein Jahr vereinbart werden (§ 475 II BGB). – d) Tritt ein Sachmangel innerhalb von sechs Monaten nach Gefahrübergang auf, wird vermutet, dass dieser Mangel bereits zum für die → Sachmängelhaftung entscheidenden Zeitpunkt des Gefahrübergangs vorlag (§ 476 BGB). – e) Eine → Garantie muss bestimmte Angaben enthalten sowie einfach und verständlich abgefasst sein (§ 477 BGB). – f) Zum Ausgleich hat der Unternehmer eine verbesserte Rückgriffsmöglichkeit gegen seinen Lieferanten (§§ 478 f. BGB).

Verbrauchs-Lag → Robertson-Lag.

Verbrauchsland – Begriff der → Außenhandelsstatistik und des → Außenwirtschaftsrechts für Länder, in denen die Waren ge- oder verbraucht oder be- oder verarbeitet werden sollen. Ist dieses Land nicht bekannt, so gilt als Verbrauchsland das letzte bekannte Land, in das die Waren verbracht werden sollen. Das Verbrauchsland braucht nicht identisch mit dem Absatzgebiet zu sein; sehr häufig muss wegen fehlender → Konvertibilität der Währungen an ausländische Importeure geliefert werden, die die Ware nicht im eigenen Land verwerten. Die Auswertung der Außenhandelsstatistik erfolgt deshalb (1) nach Herstellungs- und Verbrauchsland sowie (2) nach Einkaufs- und Käuferland.

Verbrauchsplanung – Teil der → Plankostenrechnung: Ermittlung der Kosten für die Erstellung von in der → Kapazitätsplanung festgelegten Leistungsmengen in der geplanten Arbeitszeit (→ Sollzeit). – Die Verbrauchsplanung vollzieht sich durch Ermittlung von Mengenstandards (1) der für die Leistungserstellung erforderlichen Mengen (Stunden, kg, m, hl etc.); (2) der verschiedenen → Kostenarten (Löhne, Rohstoffe, Dampf, Kraft etc.); (3) der diesen zuzuordnenden Werte (→ fester Verrechnungspreis oder → Planpreis). – Aus abrechnungstechnischen Gründen können die je Erzeugnis eingesetzten Rohstoffe, die i.d.R. mehrere → Kostenstellen bis zur Erreichung der absatzfähigen Produktreife durchlaufen, in einer sog. Stoffkostenplanung behandelt werden, getrennt von den → Plankosten für die Rohstoffbearbeitung in den einzelnen Kostenstellen.

Verbrauchsstichprobe → Einkommens- und Verbrauchsstichprobe (EVS).

verbrauchssynchrone Beschaffung → Just in Time (JIT).

Verbrauchsteuergefährdung → Steuerordnungswidrigkeit nach § 381 AO. Verbrauchsteuergefährdung begeht, wer vorsätzlich oder leichtfertig Vorschriften der Verbrauchsteuergesetze oder der dazu erlassenen Rechtsverordnungen zuwiderhandelt, soweit die Verbrauchsteuergesetze oder die dazu erlassenen Rechtsverordnungen für einen bestimmten Tatbestand auf § 381 AO verweisen, und zwar: (1) die zur Vorbereitung, Sicherung oder Nachprüfung der Besteuerung auferlegten Erklärungs- oder Anzeigepflichten; (2) Verpackung und Kennzeichnung verbrauchsteuerpflichtiger Erzeugnisse oder Waren, die solche Erzeugnisse enthalten, oder Verkehrs- oder Verwendungsbeschränkungen für solche Erzeugnisse oder Waren unterliegen; (3) den Verbrauch unversteuerter Waren in den Freihäfen. – *Strafe:* Geldbuße wegen Ordnungswidrigkeit bis zu 5.000 Euro; ggf. liegt leichtfertige → Steuerverkürzung vor.

Verbrauchsteuern – **I. Begriff:** Steuern, die an die Einkommensverwendung durch → Verbrauch anknüpfen.

II. Arten: 1. → Mengensteuern: Alkopop-, Bier-, Branntwein-, Kaffee-, Energiesteuer (vorher: Mineralölsteuer), Schaumwein-, Strom-, Zwischenerzeugnissteuer. – 2. → Wertsteuern: Vergnügung-, Rennwett- und Lotterie-, Getränke-, Versicherung-, Feuerschutz-, Jagd- und Fischereisteuer. – 3. *Kombinierte Mengen- und Wertsteuer:* Tabaksteuer. – 4.

Eine *bes. Bemessungsgrundlage* mit eigenen Steuermaßen haben die Hundesteuer (nach Zahl der Hunde, progressiv mit zunehmender Zahl) die Schankerlaubnissteuer (je nach örtlicher Steuerordnung Betriebsvermögen, Jahresertrag oder Umsatz) und die Spielbankenabgabe (Bruttospielertrag = Saldo aus Einsätzen der Spieler – Gewinnauszahlungen der Bank).

III. Ertragshoheit: (Art. 106 GG): 1. *Gemeindesteuern* i.w.S.: Getränke-, Hunde-, Schankerlaubnis-, Jagd- und Fischerei-, Vergnügungsteuer als „örtliche Verbrauch- und Aufwandsteuern". – 2. *Landessteuern* i.w.S.: Bier-, Kraftfahrzeug- und Feuerschutzsteuern (die größtenteils den Gemeinden zufließt). – 3. *Bundessteuern* i.w.S. sind alle übrigen Verbrauchsteuern. – 4. *EU-Steuern*: Zölle, Abschöpfungen (für Getreide, Reis, Milcherzeugnisse, Zucker, Oliven, Eier, Geflügel, Schweine-, Rind- und Kalbfleisch) und Marktordnungsabgaben (für Milch, Zucker, Wein, Mühlenstruktur).

IV. Grundzüge: 1. *Steuerobjekt* der bundesgesetzlich geregelten bes. Verbrauchsteuern ist grundsätzlich die Überführung der belasteten Güter aus dem Herstellungsbetrieb in den Verkehr, ihr Verbrauch im Herstellungsbetrieb oder ihre Einfuhr und die Überführung in andere Herstellungsbetriebe zum Zwecke der Weiterverarbeitung. – 2. Mit Ausnahme der Branntweinsteuer und der Biersteuer ist *Steuerschuldner* der Inhaber des Herstellungsbetriebes. – 3. Die *Fälligkeit* für die einzelnen Verbrauchsteuern wurde aus kassentechnischen Gründen für verschiedene Zahltage festgesetzt. Zahlungsaufschub wird i.d.R. nicht gewährt. – 4. Um eine *Mehrfachbelastung* zu vermeiden, kann die Steuer unter bestimmten Voraussetzungen erlassen oder erstattet werden, wenn die Waren in den Herstellungsbetrieb zurückgeführt werden. – 5. Die Herstellerbetriebe unterliegen der *Steueraufsicht*. Sie müssen ihren Betrieb der zuständigen Zollstelle anmelden, haben bes. Aufzeichnungspflichten und i.d.R. monatlich eine Steueranmeldung bei der zuständigen Zollstelle abzugeben. – 6. Verbrauchsteuerpflichtige Waren dienen ohne Rücksicht auf die Rechte Dritter als *Sicherheit* für die darauf ruhenden Steuern (Sachhaftung nach § 76 AO).

V. Harmonisierung in der EU: Art. 93 EG-Vertrag ist ein Erlass, um die Verbrauchsteuergesetze der Mitgliedsstaaten der EU einander anzunähern. Für die wichtigsten und aufkommensstärksten Steuerarten existieren darüber hinaus Rahmenrichtlinien auf europäischer Ebene. Nach der Umgestaltung des dt. Verbrauchsteuerrechts und Anpassung an das EU-Recht durch das Verbrauchsteuer- Binnenmarktgesetz vom 21.12.1992 (BGBl. Teil I S. 2150) enthalten alle Verbrauchsteuergesetze gemeinsame Grundsätze.

Verbrauchsteuersatzrichtlinien – Sammelbezeichnung für die Alkoholsteuersatzrichtlinie, Mineralölsteuersatzrichtlinie (→ Mineralölsteuerrichtlinien), Tabaksteuersatzrichtlinie der EU aus dem Jahre 1992 (jeweils m.spät.Änd. und ggf. Neufassungen), die durch die Vorgabe von Mindeststeuersätzen die Gefahr eines ruinösen Steuersenkungswettbewerbs zwischen den Mitgliedsstaaten im Rahmen der Verbrauchsbesteuerung vermeiden helfen.

Verbrauchsteuersystemrichtlinie – *Richtlinie 2008/118/EG des Rates vom 16.12.2008 über das allgemeine Verbrauchsteuersystem und zur Aufhebung der Richtlinie 92/12/EWG*, eine Neufassung der 1992 erlassenen EG-Richtlinie über das allg. System, den Besitz, die Beförderung und die Kontrolle verbrauchsteuerpflichtiger Waren. – 1. *Grundsatz*: Die Verbrauchsteuersystemrichtlinie macht Vorgaben darüber, wie die Steuergesetze über bestimmte Verbrauchsteuern im Binnenmarkt auszugestalten sind; Vorgaben darüber, auf welche Waren Steuern zu erheben sind und wie hoch diese mind. festgelegt werden müssen, erfolgen in speziellen Richtlinien für die einzelnen Steuerarten. – 2. *Verbrauchsteuerpflichtige Waren*, für die die Richtlinie gilt, sind nur: Tabakwaren, Energieerzeugnisse und elektrischer Strom, Alkohol und alkoholhaltige Erzeugnisse. Die Mitgliedsstaaten wenden die grundlegende Systematik der Richtlinie jedoch gerne auch freiwillig auf weitere, andere Verbrauchsteuern an, Deutschland z.B. folgt ihrem System weitgehend auch für die Kaffeesteuer. – 3. *Entstehung der Steuer*: Nach der Richtlinie werden die Waren mit Abschluss ihrer Herstellung oder mit ihrer Einfuhr verbrauchsteuerpflichtig; die Pflicht zur Zahlung der Steuer kann jedoch durch ein Verfahren der Steueraussetzung hinausgeschoben werden, bis die Waren in den freien Verkehr überführt werden. – 4. *Warenverkehr mit dem Ausland: unterschiedliche Behandlung* für Gewerbetreibende und Privatleute vorgesehen: (1) *Gewerbetreibende* müssen bei Einfuhr verbrauchsteuerpflichtiger Waren diese in ein anerkanntes Steuerlager im Importstaat verbringen, von wo sie dann nach Belastung mit der Verbrauchsteuer des Importstaates in den freien Verkehr gebracht werden dürfen; der Exportstaat gewährt dagegen Steuerbefreiung (→ Bestimmungslandprinzip). – (2) *Privatleute:* Die Verbringung verbrauchsteuerpflichtiger Waren in einen anderen Mitgliedsstaat durch Private löst keinerlei Anpassung der Steuerbelastung dieser Waren mehr aus (→ Ursprungslandprinzip). – 5. *Vorgabe für Verbrauchsteuern auf andere Waren:* Andere Verbrauchsteuern als auf Mineralöle, Alkohol und Tabakwaren dürfen erhoben werden, solange sie nicht mit Formalitäten beim Grenzübertritt verbunden sind. – 6. *Ziel der Richtlinie:* Durch die Verbrauchsteuersystemrichtlinie werden steuerliche Hindernisse für einen Europäischen Binnenmarkt ohne Grenzkontrollen beseitigt. – 7. *Wirtschaftliche Wirkung:* Durch den Einstieg ins Ursprungslandprinzip bei Privatkäufen und die dadurch bes. in Grenzregionen entstehenden Wettbewerbsvorteile für Anbieter aus Niedrigsteuerländern wird ein weiterer Druck zur Angleichung der Steuersätze erwartet. Der Gefahr eines ruinösen Steuersenkungswettbewerbs zwischen den Mitgliedsstaaten wird durch die → Verbrauchsteuersatzrichtlinien begegnet, in denen Mindeststeuersätze festgelegt sind.

Verbrauchsverlust – Begriff der Plankostenrechnung für einen Mehrverbrauch gegenüber den → Sollkosten. – Vgl. auch → Abweichungen.

Verbrechen – Eine mit → Freiheitsstrafe im Mindestmaß von einem Jahr oder darüber bedrohte → Straftat (§ 12 I StGB). Die Strafe ist eine lebenslange oder eine zeitige zwischen einem und 15 Jahren (§ 38 StGB). – Vgl. auch → Vergehen.

Verbreitungsrecht – Verwertungsrecht des Urhebers eines urheberrechtsschutzfähigen Werks, das Werk selbst oder Vervielfältigungsstücke der Öffentlichkeit anzubieten oder in Verkehr zu bringen. Es umfasst das Vermietungsrecht (§ 26 UrhG). Für die Vermietung durch Bild- und Tonträgerhersteller sowie durch der Öffentlichkeit zugängliche Einrichtungen (sog. Bibliothekstantieme) hat der Urheber die Vergütungsansprüche nach § 27 UrhG, die allerdings nur durch eine → Verwertungsgesellschaft geltend gemacht werden können.

Verbriefung von Kreditportfolios

von Dr. Cordula Heldt

Zahlungsansprüche von Unternehmen gegen ihre Kunden stellen illiquide Buchforderungen dar. Die Verbriefung solcher Forderungsbestände bietet eine Möglichkeit zur Refinanzierung, da sie die Forderungsbestände in handelsfähige Wertpapiere umwandelt, die am Kapitalmarkt platziert werden können. Unternehmen können mit dem frischen Kapital Investitionen tätigen oder Fremdkapital zurückgewähren. Für Unternehmen kann diese Art der Kapitalaufnahme eine Alternative zu klassischen Bankkrediten darstellen. Es wurde teilweise schon von einer Substitution der herkömmlichen (Hausbank-)Kredite durch dieses Finanzierungsinstrument gesprochen.

Für Finanzinstitute hat die Weiterveräußerung verbriefter Kredite den Vorteil, dass weniger Reserven zur Ausfallsicherung vorgehalten werden müssen. Das frei werdende regulatorische Eigenkapital ermöglicht es ihnen, neue Kredite zu vergeben. Erste Bündelungen solcher Verbriefungen gab es in den USA Ende der 1980er-Jahre, erst Ende der 1990er-Jahre wurde „originate and distribute" bzw. später „originate to distribute" jedoch zu einem attraktiven Geschäftsfeld v.a. der Investmentbanken und etablierte sich auch in Deutschland. Dies lag auch an der Weiterentwicklung der verschiedenen Strukturierungen, Risikotransferinstrumente und – techniken, denn nicht zuletzt bedeuten Verbriefungen die Auslagerung und Verteilung von Risiken auf viele Parteien. Die Einschaltung von Zweckgesellschaften (Special Purpose Vehicle, SPV) als außerbilanziellen Vehikeln bot zudem einen attraktiven → Leverage-Effekt.

I. Grundsätze

1. Vermögensgegenstände:

Zu einer Verbriefung eignen sich insbesondere Forderungen mittelfristiger Art aus Lieferungen und Leistungen, Forderungen aus Leasing-Finanzierungen, aus Franchise- und sonstigen Lizenzvereinbarungen, aus Konsumentenkrediten wie z.B. Autokrediten, aus Unternehmensdarlehen, aus Hypotheken- und Wohnungsbaukrediten, aber auch aus Mietforderungen. Die Forderungen sichern dabei die Wertpapiere ab. Die aus einer solchen Verbriefung (Asset Securitisation) hervorgehenden Wertpapiere bezeichnet man als → Asset Backed Securities (ABS). Bei Immobilienkrediten bzw. Hypothekendarlehen auf Immobilien nennt man sie Mortgage Backed Securities (MBS). Bei Residential Mortgage Backed Securities (RMBS) handelt es sich um durch private Wohnimmobilien besicherte Wertpapiere, Commercial MBS liegen Finanzierungsforderungen aus gewerblich genutzten Immobilien zugrunde. Handelt es sich bei den Assets nicht um Forderungen aus Darlehensverträgen, sondern z.B. aus Leasingverträgen, spricht man auch von ABS im engeren Sinne.

2. Grundstrukturen:

Es haben sich zwei Arten von Grundstrukturen der Verbriefung herausgebildet: die True-Sale-Transaktion, bei der das Unternehmen, der „Originator", die Forderungen verkauft und die synthetische Transaktion, bei der nur die sich aus den Forderungen ergebenden Risiken am Kapitalmarkt platziert werden.

Bei der True-Sale-Verbriefung handelt es sich rechtlich um einen regresslosen Forderungsverkauf an eine Zweckgesellschaft, die eigens für diese Transaktion gegründet wurde (SPV, auch → Asset Backed Securities Corporation). Gewünscht ist bei dieser Konstruktion, dass der Eigentumsübergang bilanzbefreiende Wirkung hat. Dazu darf die SPV nicht zum Konsolidierungskreis des Originators gehören, was entsprechende Gestaltungen erfordert. Um den Kauf der Forderungen zu finanzieren, emittiert die SPV → Geldmarktpapiere bzw.

ABCPs (Asset Backed → Commercial Paper). Die → Anleihen werden aus den Tilgungen der zugrundeliegenden Kredite aufgebracht. Die Investoren tragen das Risiko des Forderungsausfalls. Oftmals wird das Risiko durch Garantien aufgefangen, die vom sog. Sponsor (dem Originator oder Dritten) gegeben werden, um die Papiere für Investoren attraktiver zu machen.

Im Rahmen einer synthetischen Verbriefung verbleiben die Vermögensgegenstände beim Originator, also auch in seiner Bilanz. Übernommen werden von der SPV nur die Risiken, v.a. die Ausfallrisiken, bei deren Eintreten ein Ausgleich an den Originator zu zahlen ist. Für diese Kreditversicherung (Credit Default Swaps, CDS, → Kreditderivate) erhält die SPV vom Originator eine Gebühr. Auch bei dieser Konstruktion platziert die SPV eine Anleihe, mit deren Erlöse sie dann sichere Anlagen, wie z.B. Staatsanleihen erwirbt, oder eine Rückversicherung, z. B. durch einen weiteren CDS, erzielt. Die Gebühr und die Geldströme aus den Anlagen dienen zur Bedienung der Anleihe.

Beiden Grundstrukturen ist gemein, dass sie meist in verschiedene Tranchen aufgeteilt werden, um unterschiedliche Risikoklassen zu schaffen. Sie sind so strukturiert, dass ein möglicher Kreditausfall zunächst die „unteren" Tranchen trifft (First Loss), die dafür höher verzinst werden als eine weniger risikoreiche Tranche.

3. Weiterentwicklungen:

a) Collateralized Debt Obligations (CDOs), die zur Gruppe der ABS gehören, sind strukturierte Produkte. Sie bilden einen Korb von Collateralized Loan Obligations (CLOs) mit Krediten als unterlegten Vermögenswerten (Underlying), Collateralized Bond Obligations (CBOs) mit Anleihen als Basis, Collateralized Synthetic Obligations (CSOs) mit Derivaten als Vermögenswerten. Es handelt sich dabei um hochkomplexe Finanzinstrumente, deren Risiken entsprechend schwer einzuschätzen sind.

b) ABCP-Programme und Conduits: Standardisierte Asset-Backed-Commercial-Paper-Programme (ABCP-Programme) ermöglichen es einem oder mehreren Unternehmen, laufend Forderungen an eine SPV zu verkaufen, die zur Refinanzierung revolvierend Commercial Papers ausgibt. Eine solche SPV, die nicht nur für eine Anleihe gegründet wird, sondern einem ABCP-Programm dient, wird Conduit genannt.

II. Finanzkrise und Regulierung

Als Auslöser der Finanzkrise gelten die Subprime-RMBS aus den USA. Dabei bedeutet die Bezeichnung „Subprime" Hypothekendarlehen an Kreditnehmer geringer Bonität, von geringen oder unsicheren Einkommen. Sie wurden in aggressivem Vertrieb mit niedrigen Anfangsraten und hoher Beleihungsquote vergeben. Als steigende Zinsen mit fallenden Immobilienpreisen zusammenfielen, stiegen die Zahlungsausfälle deutlich an. Globale Auswirkungen ergaben sich durch die Refinanzierung der Subprime-Kredite über die beschriebenen strukturierten Finanzinstrumente im Kapitalmarkt. Die teilweise langfristigen Engagements in den Papieren finanzierten Investoren nicht selten kurzfristig über Fremdkapital, nach dessen Fälligkeit sie illiquide wurden. Es stellte sich auch für die übrigen Beteiligten ein Refinanzierungsproblem. Die Zweckgesellschaften konnten keine neuen Käufer für die von ihnen notwendig zur Fristentransformation ausgegebenen Wertpapiere finden, und die Institute wiederum mussten mit den Liquiditäts- oder Kreditlinien einspringen. Diese hatten sie den Zweckgesellschaften zugesagt, um die Attraktivität der von diesen emittierten Wertpapiere für Investoren zu steigern. Erst hierdurch wurde nach und nach das Ausmaß der Beteiligung der Institute im Verbriefungsbereich aufgedeckt, was neben den aufkommenden Zweifeln an der Bonität der Verbriefungsprodukte zu einem weiteren Vertrauensverlust bei allen Marktteilnehmern führte. So wurde eine Kettenreaktion ausgelöst.

Um solche Szenarien künftig zu verhindern, wurden infolge der Finanzkrise Regulierungen des Verbriefungsumfelds vorgenommen. Die Regulierung, die angesichts der Wirtschaftskrise immer auch die Sicherstellung der ausreichenden Unternehmensfinanzierung unter nicht prohibitiven Finanzierungskonditionen (Gefährdung der Kreditvergabefähigkeit, bzw. → Kreditklemme) im Auge haben muss, ist im Gange und noch lange nicht abgeschlossen. Im folgenden wird ein Überblick über die wesentlichen Maßnahmen auf europäischer Ebene gegeben, die im Zusammenhang mit Verbriefungen stehen.

1. Bankenregulierung: Anforderungen an Eigenkapital und Risikobewertung

2009 wurde die überarbeitete und von den Beschlüssen des Basler Ausschusses für Bankenaufsicht (→ Basel II) beeinflusste EU-Eigenkapitalrichtlinie für Banken (2009/111/EG) verabschiedet, die zusammen mit den Richtlinien 2009/27/EG und 2009/83/EG das sog. „CRD II"-Gesetzgebungspaket (Capital Requirements Directive II) bildet. Die Richtlinie sieht vor, dass die Interessen der Firmen, die Kredite in handelbare Wertpapiere und andere Finanzinstrumente „umverpacken" (Originatoren oder Sponsoren), und Firmen, die darin investieren (Anleger), stärker in Gleichklang gebracht werden. Die Regulierung setzt beim Anleger an: Ein Kredit- oder Finanzdienstleistungsinstitut (z.B. Kapitalanlagegesellschaft) darf nunmehr grundsätzlich nur dann als Anleger Verbriefungsrisiken übernehmen, wenn der Originator oder Sponsor zusichert, einen Selbstbehalt des Risikos von mindestens 5 Prozent (ab 2015 in 10 Prozent – deutscher Sonderweg im Rahmen des Gesetzes zur Umsetzung der geänderten Bankenrichtlinie und der geänderten Kapitaladäquanzrichtlinie, v. 19.11.2010 BGBl. I

S. 1592, Nr. 58) zu übernehmen, seine Risiken also nicht gänzlich weitergegeben hat. Der Selbstbehalt soll nicht zuletzt die Qualität der nach dem Modell „originate to distribute" verbrieften Kreditportfolios fördern. Zudem werden bei der Risikoanalyse geeignete → Stresstests auch in Bezug auf Verbriefungspositionen erforderlich (umgesetzt in §§ 18a und 18b KWG, MaRisk). Schließlich sind nun die Anforderungen an die Eigenkapitalunterlegung im Handelsbuch, in dem Kreditinstitute Positionen und damit verbundene Absicherungsgeschäfte nur kurzfristig zum Wiederverkauf halten, denjenigen des Anlage- bzw. → Bankbuchs (vgl. auch → Bankbuchhaltung) angepasst. Während zuvor für Verbriefungspositionen genauso wie für klassische Anleihen das allgemeine und besondere Kursrisiko (Marktrisiko) zugrunde zu legen waren, galten im Bankbuch höhere Eigenkapitalanforderungen, da die Ausfallwahrscheinlichkeit der Kreditnehmer ausschlaggebend war (Kreditrisiko). Dies gab den Instituten – indem die Verbriefungspositionen im Handelsbuch und nicht im Bankbuch gehalten wurden – die Möglichkeit zur Bucharbitrage, die mit der Neuregelung verringert wurde.

Mit der Richtlinie 2010/76/EU (CRD III), die am 24.11.2010 verabschiedet wurde, wurde eine gesonderte Kategorie der Wiederverbriefung als Verbriefung, bei der das mit einem zugrunde liegenden Pool von Forderungen verbundene Risiko in Tranchen unterteilt wird und mindestens eine der zugrunde liegenden Forderungen eine Verbriefungsposition ist, geschaffen. Diese Kategorie, der z.B. CDO auf ABS angehören, wird gesonderten, und gegenüber „einfachen" Verbriefungen höheren → Risikogewichten unterstellt, da solche Positionen wegen ihrer Komplexität schwer zu analysieren sind. Zudem wurde für Verbriefungspositionen im Handelsbuch eine neue Standardmethode für das besondere Kursrisiko eingeführt. Für die Beurteilung des Risikos wurde für Institute, die eigene Marktrisikomodelle anwenden dürfen, zusätzlich zum Value-at-Risk (VaR), der nur auf „normale" Marktbedingungen abstellt, ein sog. Stressed-Value-at-Risk eingeführt, der auch die Wertänderung des Portfolios in gestresster Marktsituation berücksichtigt. Zudem ist über die Incremental Risk Charge (IRC) das Ausfall- und Migrationsrisiko erfasst. Dies führt zu höheren Eigenkapitalanforderungen für diese Positionen. Weitreichende Offenlegungspflichten von Verbriefungspositionen (wie z.B. darüber, ob Liquiditätsfazilitäten an einen Conduit bereitgestellt werden, und welche Liquiditätsrisiken damit verbunden sind) sollen zudem zu mehr Markttransparenz führen. Marktteilnehmer wie Investoren, Rating Agenturen etc., sollen sich ein umfängliches Bild von dem Risiko, dem die Bank im Verbriefungsbereich ausgesetzt ist, machen können. Dies soll marktdisziplinierende Wirkung haben. Weiter sind die zuständigen Behörden der Mitgliedstaaten nach der zweiten Baseler Säule (aufsichtliche Überprüfung, s. → Basel II) verpflichtet, bei der Risikobewertung für einzelne Banken die aus Verbriefungsstrukturen oder -produkten erwachsenden Reputationsrisiken zu beachten. Dieser Teil der CRD III wurde durch die Zweite Verordnung zur weiteren Umsetzung der geänderten Bankenrichtlinie und der geänderten Kapitaladäquanzrichtlinie (BGBl. 2011 I S. 2103 Nr. 54 v. 28.10.2011) in deutsches Recht umgesetzt.

Am 20.7.2011 hat die EU-Kommission einen Vorschlag für die weitere Überarbeitung der Eigenkapitalrichtlinie vorgelegt, der sich an die neuen Eigenkapitalregeln für Banken „Basel III" anlehnt, und aus einer Richtlinie („CRD IV", KOM(2011) 453) und einer in den Mitgliedstaaten direkt anwendbaren Verordnung („CRR", KOM(2011) 453) besteht. Die EU-Kommission möchte darin an die von den Banken vorzuhaltenden Eigenmittel quantitativ und v.a. qualitativ noch höhere Anforderungen stellen. Sie will z.B. Regeln darüber aufstellen, welche Eigenkapitalinstrumente noch zum harten Kernkapital gezählt werden können (vgl. Risikodeckungsmassen, → Basel III). Es soll auch geregelt werden, unter welchen Vorrausetzungen von einer Zweckgesellschaft begebene Instrumente als zusätzliches Kernkapital oder Ergänzungskapital berücksichtigungsfähig sind. Zudem sollen für Banken verbindliche Liquiditätsanforderungen eingeführt werden, die dafür sorgen sollen, ihre Zahlungsfähigkeit auch in einer Krisensituation sicher zu stellen. Mit den Liquiditätspuffern soll ein Ungleichgewicht zwischen Liquiditätszuflüssen und –abflüssen über einen kurzen Zeitraum überbrückt werden können. In dem Zusammenhang dürften künftig von Zweckgesellschaften begebene Vermögenswerte nur unter ganz engen Voraussetzungen als liquide Aktiva gelten. Die Konsultation des Entwurfs ist noch nicht beendet. Die Bundesregierung hat am 15.10.2012 jedoch bereits den Entwurf eines Gesetzes zur Umsetzung der Richtlinie über den Zugang zur Tätigkeit von Kreditinstituten und die Beaufsichtigung von Kreditinstituten und Wertpapierfirmen und zur Anpassung des Aufsichtsrechts an die Verordnung über die Aufsichtsanforderungen an Kreditinstitute und Wertpapierfirmen (CRD IV-Umsetzungsgesetz) vorgelegt.

2. Bilanzierungsstandards: Konsolidierung

Auch die bilanzielle Behandlung wurde verändert, da bei den Banken durch die oftmals fehlende Abbildung der Zweckgesellschaften in der Konzernbilanz letztlich nicht die tatsächlichen Vermögens-, Finanz- und Ertragslage dargestellt wurde. Die Angabepflichten bei der Übertragung finanzieller Vermögenswerte in IFRS 7 der → International Financial Reporting Standards wurden geändert und Ende 2011 von der EU-Kommission anerkannt (Verordnung (EU) Nr. 1205/2011). Die neuen Standards zur Konsolidierung von Verbriefungsgesellschaften auf Konzernebene und die Angabepflichten in Bezug auf nichtkonsolidierte Beteiligungen an „strukturierten Einheiten" wie Verbriefungsvehikeln oder mit Vermögenswerten unterlegten Finanzierungen (IFRS 10, 11 und 12) werden noch von der Kommission geprüft.

3. Ratings: Regulierung von Ratingagenturen und Reduzierung der Bedeutung von externen Ratings

Auch den Ratingagenturen wird Versagen im Zusammenhang mit der Finanzkrise vorgeworfen. Insbes. die Ratings von strukturierten Finanzprodukten stellten sich im Nachhinein als nicht risikoadäquat heraus. Strukturierte Verbriefungsprodukte bzw. deren Tranchen, die auch Subprimekredite enthielten, erhielten die Bewertung AAA (siehe. → Credit Rating), also die gleiche Bewertung wie z.B. einfache „plain vanilla" → Unternehmensanleihen von Unternehmen höchster Bonität. Erst mit einem solchen Rating waren die Produkte Investoren zugänglich, die hinsichtlich ihrer Anlagepolitik Einschränkungen unterliegen, und etwa nur in erstklassige Wertpapiere investieren. Die Anleger verließen sich darauf, ohne eine eigene Analyse der Risiken durchzuführen. Dabei war die Gefahr eines Interessenkonflikts bei den Agenturen gegeben, da sie den Originator oftmals im Vorfeld über eine Strukturierung beraten hatten, die das Erschließen eben eines großen potentiellen Investorenkreises ermöglichte. Retrospektiv wurden als Schwächen des Ratingmarkts u.a. das Risiko identifiziert, dass sich Marktteilnehmer übermäßig auf Ratings stützen, die Konzentration des Ratingmarkts auf wenige Agenturen, die fehlende zivilrechtliche Haftung der Ratingagenturen gegenüber Anlegern oder Emittenten von Wertpapieren sowie Interessenkonflikte, die sich aus dem Modell des die Ratingagentur für ihr Rating zahlenden Emittenten („issuer pays model") ergeben.

Obwohl es bereits 2002 erste Initiativen zur Untersuchung und Regulierung von Ratingagenturen gab, wurde die EU-Rating-Verordnung erst 2009 (Verordnung (EG) Nr. 1060/2009) beschlossen. Ratingagenturen wurden einer Aufsicht unterworfen. Sie müssen sich seit 1.7.2011 bei der europäischen Wertpapieraufsichtsbehörde (ESMA) registrieren und hierfür ein umfangreiches Genehmigungsverfahren durchlaufen. Um potentiellen Interessenkonflikten vorzubeugen und eine möglichst hohe Qualität der Ratings sicherzustellen, stellt die Verordnung umfangreiche Anforderungen and die inneren Organisation einer Ratingagentur auf. Darstellungs- und Transparenzvorschriften ergänzen den Regelungsrahmen, damit die Marktteilnehmer die Grundlagen und Aussagekraft der Ratings besser einschätzen können. Für die Ratingmethoden selbst verlangt die Verordnung Strenge, Systematik und Beständigkeit, sowie eine auf historischen Erfahrungswerten und Rückvergleichen basierenden Validierung. Die Ratings für strukturierte Produkte müssen nunmehr gesondert durch zusätzliche Symbole gekennzeichnet werden. Seit In-Kraft-Treten der geänderten EU-Rating-Verordnung (Verordnung (EU) Nr. 513/20112) im Juni 2011, hat die ESMA, die auch im Rahmen einer Reihe von sog. delegierten Verordnungen technische Standards setzt, die alleinige Aufsicht über die registrierten Ratingagenturen. Die dritte Novellierung der EU-Rating-Verordnung steht nach längeren Kompromissverhandlungen nun kurz vor dem Abschluss und könnte bis Mitte 2013 in Kraft treten: Das Europäischen Parlament hat am 16.1.2013 Änderungen der von der EU-Kommission vorgeschlagenen Änderungsverordnung (KOM(2011) 747, vom 15.11.2011) verabschiedet. Darin wird u.a. die Haftung der Rating-Agenturen adressiert. Ein Anleger, der sich auf ein Rating stützt, kann von der ausgebenden Agentur unabhängig von einer Vertragsbeziehung Schadenersatz verlangen, wenn diese vorsätzlich oder grob fahrlässig eine der Regeln der Verordnung verletzt hat, wenn das Rating also etwa durch einen Interessenkonflikt belastet ist. Bei strukturierten Finanzinstrumenten müssen Emittenten, wenn sie sich eines Ratings bedienen wollen, künftig mindestens zwei Ratingagenturen beauftragen. Für Wiederverbriefungen wird zudem der zwingende Wechsel der Agentur nach vier Jahren vorgesehen. Die EU-Kommission wird zudem beauftragt, bis 2020 alle Bezugnahmen auf Ratings im Unionsrecht zu streichen, sofern geeignete Alternativen für die Bewertung des Kreditrisikos gefunden und umgesetzt worden sind. Damit sich Kreditinstitute und andere der Aufsicht unterliegende Marktteilnehmer wie Investmentgesellschaften nicht ausschließlich oder automatisch auf Ratings stützen, werden sie verpflichtet, ihre eigenen Kreditrisikobewertungen vorzunehmen. Der oben bereits angesprochene Entwurf des CRD IV-Gesetzgebungspakets von Juli 2011 sieht ebenso Maßnahmen zur Reduzierung der Bedeutung externer Ratings für Institute vor. Diese werden dort verpflichtet, zur Berechnung der Eigenmittelanforderungen interne Ansätze für die Berechnung ihres Eigenkapitalbedarfs sowie zur Bewertung von Bonitäts- und Adressrisiken zu entwickeln. Darüber hinaus sollen sie zwar angemessene Risikobewertungskapazitäten entwickeln; diese Kapazitäten sollten allerdings der Art, dem Umfang und der Komplexität ihrer Aktivitäten angemessen sein. Möglicherweise werden diese Vorschläge vor Verabschiedung beider Legislativvorhaben noch aufeinander angepasst.

4. Weiterentwicklung: Diskussion um „Schattenbanken"

Die Diskussion um Maßnahmen zur Erhöhung der Widerstandsfähigkeit des Finanzsystems wird darüber hinaus aktuell unter dem Begriff „Schattenbanksystem" geführt. Der Rat für Finanzstabilität (Financial Stability Board, FSB), dessen Mitglieder Notenbanken, Finanzministerien und Aufsichtsbehörden aus den G20-Ländern sind, definiert das Schattenbanksystem als ein „System der Kreditvermittlung, an dem Unternehmen und Tätigkeiten außerhalb des regulären Bankensystems beteiligt sind." Mittlerweile sollen 25 bis 30 Prozent der Geschäfte des weltweiten Finanzsystems über Schattenbanken abgewickelt werden. Zu den Schattenbanken sollen nach dem Grünbuch der EU-Kommission „Schattenbankenwesen" vom März 2012 (KOM(2012)102) neben → Hedge Funds, → Private Equity-Gesellschaften und → Geldmarktfonds, ausdrücklich auch Zweckgesellschaften gehören, die Liquiditäts- und/oder Fristentransformationen durchführen. Genannt werden bspw.

Conduits. Die Analyse weiterer möglicher Maßnahmen wird nun weiter auch aus Sicht der Tätigkeiten, die für Nichtbanken bedeutende Finanzierungsquellen darstellen könnten, wie Verbriefungen, Wertpapierleih- und Pensionsgeschäfte, diskutiert. Ähnlich verpflichtet Art. 5 der Richtlinie 2011/89/EU (vom 16.11.2011 zur Änderung der Richtlinien 98/78/EG, 2002/87/EG, 2006/48/EG und 2009/138/EG hinsichtlich der zusätzlichen Beaufsichtigung der Finanzunternehmen eines Finanzkonglomerats, 8.12.2011; EU-Finanzkonglomeraterichtlinie) die EU-Kommission abzuwägen, ob der Anwendungsbereich der Richtlinie auf nicht beaufsichtigte Unternehmen, insbesondere Zweckgesellschaften, ausgedehnt werden soll. Im Rahmen einer Konsultation dieser Frage haben dies die EU-Aufsichtsbehörden empfohlen, da die Zweckgesellschaften nicht lückenlos von sektorspezifischer Regulierung oder Rechnungslegungsvorschriften erfasst seien (JC/2012/88, v. 2.10.2012). Dies lässt weitere Regulierung erwarten.

Verbringer – 1. *Begriff*: Zollrechtlich ist Verbringer derjenige, der Waren ins → Zollgebiet der EU verbringt. Entscheidend ist das tatsächliche Tun, der Realakt. – 2. *Pflichten*: Der Verbringer hat regelmäßig auch die vorherige summarische Eingangsanmeldung und die summarische Anmeldung zur vorübergehenden Verwahrung abzugeben sowie die Ware gemäß Art. 40 → Zollkodex (ZK) am Amtsplatz zu gestellen. – Vgl. auch → Einführer. – 3. *Verbringerwechsel*: An Flug- und Seehäfen kommt es oftmals zu einem Verbringerwechsel gem. Art. 38 II ZK, wenn Waren aus Flugzeugen und Schiffen entladen werden und die Entladegesellschaft die weitere Beförderung zur Zollstelle oder statt derer zugelassenen Orten übernimmt.

Verbringung – I. Außenwirtschaftsrecht: Die Verbringung von Waren und Elektrizität aus dem → Wirtschaftsgebiet nach fremden Wirtschaftsgebieten wird von § 4 II Nr. 3 → Außenwirtschaftsgesetz (AWG) als → Ausfuhr bezeichnet. Die Verbringung in umgekehrte Richtung als → Einfuhr (§ 4 II Nr. 6 AWG). Während es sich bei der Ausfuhr um Exporte aus Deutschland in Drittländer außerhalb der EU handelt (Extra-EU-Handel), ist die Verbringung der Export in andere Mitgliedsstaaten der EU (Intra-EU-Handel). Die Verbringung ist legal definiert in § 4 II Nr. 5 AWG.

II. Umsatzsteuerrecht: 1. *Begriff*: Sonderfall im Rahmen der → Erwerbsteuer; bezeichnet das Überführen eines Gegenstandes, der zu einem Unternehmensvermögen gehört, aus dem Gebiet eines Mitgliedsstaates der EU in einen anderen, wenn der Gegenstand dort auf Dauer oder jedenfalls nicht nur kurzfristig bleiben soll (genauere Erläuterungen auf aktuellem Rechtsstand jeweils in den Umsatzsteuerrichtlinien). Verbringung kann also durch sämtliche Unternehmer bewirkt werden, auch wenn sie nur sog. → Halbunternehmer sind, nicht aber durch nicht-unternehmerische juristische Personen. – 2. *Regelung*: Die Verbringung wird behandelt, als ob der Unternehmer den Gegenstand von dem einen Staat aus an sich selbst in den anderen Staat entgeltlich geliefert hätte (Fiktion); mit dieser Maßgabe Anwendung der normalen Regelungen über die Erwerbsteuer. Als Ersatz für das Entgelt dient die Mindest-Besteuerungsgrundlage. In dem Staat, in dem sich der Gegenstand vor der Verbringung befand, muss der Vorgang als innergemeinschaftliche Lieferung gemeldet werden; er ist dort steuerfrei, wenn die korrekte Versteuerung durch Erwerbsteuer im Zielland nachgewiesen werden kann.

III. Ertragsteuern: 1. *Begriff*: der Transport eines Wirtschaftsgutes in ein ausländisches Land. Steuerlich wird der Begriff meist nur mit Bezug auf solche Fälle angewandet, bei denen mit dem ausländischen Staat ein → Doppelbesteuerungsabkommen (DBA) besteht, sodass die in ihm enthaltenen stillen Reserven ganz oder teilweise aus der dt. Steuerhoheit ausscheiden. – 2. *Konsequenzen*: Die Verbringung eines Wirtschaftsgutes in einen Bereich, in dem es der dt. Steuerhoheit nicht oder jedenfalls nicht mehr uneingeschränkt unterliegt, wird fiktiv als → Entnahme eingeordnet; die vorhandenen stillen Reserven werden aus diesem Grunde aufgedeckt (§ 4 I Satz 3 EStG, § 6 I Nr. 4 EStG). Eine Sofortversteuerung der betreffenden Beträge kann (nur) unterbleiben, wenn das Wirtschaftsgut in eine → Betriebsstätte in einem anderen Mitgliedsstaat der EU verbracht worden ist und der Steuerpflichtige die Bildung eines Ausgleichspostens beantragt, durch den sich die Versteuerung der aufgedeckten stillen Reserven über maximal 5 Jahre verteilen lässt (§ 4g EStG, sog. „ → Merkpostenmethode").

Verbringungsverbot – Verbot, Gegenstände unter Verstoß gegen ein Strafgesetz, das ihre Einfuhr oder Verbreitung aus Gründen des Staatsschutzes verbietet (§ 86 StGB), in den Bereich der Bundesrepublik Deutschland zu verbringen, z.B. staatsgefährdende Schriften. Einzelheiten regelt das Gesetz zur Überwachung strafrechtlicher und anderer Verbringungsverbote vom 24.5.1961 (BGBl. I 607) m.spät.Änd.

Verbuchung → Buchung.

verbundene Hausratversicherung – Versicherung des Hausrats in der versicherten Wohnung. Umfasst alle Sachen, die dem Haushalt des Versicherungsnehmers zur privaten Nutzung dienen. Hausrat ist als Sachinbegriff versichert. Es kommt nicht darauf an, wer Eigentümer der Sachen ist oder diese nutzt. → Versicherte Gefahren sind im Wesentlichen Brand, Blitzschlag, Explosion, Einbruchdiebstahl, Raub, Vandalismus, Leitungswasser, Sturm und Hagel. Die Hinzunahme einer erweiterten → Elementarschadenversicherung ist möglich. Der

Versicherungsschutz erstreckt sich auf die Zerstörung, die Beschädigung und das Abhandenkommen der versicherten Sachen sowie auf verschiedene Kostenpositionen. Es handelt sich grundsätzlich um eine → Vollwertversicherung zum → Neuwert, sodass die → Versicherungssumme dem Wiederbeschaffungspreis gleichartiger neuer Sachen entsprechen muss, damit ausreichender Versicherungsschutz und keine → Unterversicherung vorliegt.

verbundene Kosten → Gemeinkosten.

verbundene Leistung → Kuppelprodukt.

verbundene Produktion → technologisch verbundene Produktion.

verbundener Vertrag – §§ 358-359a BGB, Begriff in § 358 Abs. 3 BGB; gemäß § 358 Abs. 3 S. 1 BGB sind ein Vertrag über die Lieferung einer Ware oder die Erbringung einer anderen Leistung und ein Verbraucherdarlehensvertrag verbunden, wenn das Darlehen ganz oder teilweise der Finanzierung des anderen Vertrags dient und beide Verträge eine wirtschaftliche Einheit bilden; nach § 358 Abs. 3 S. 2 BGB ist eine wirtschaftliche Einheit insbesondere anzunehmen, wenn der Unternehmer selbst die Gegenleistung des Verbrauchers finanziert, oder im Falle der Finanzierung durch einen Dritten, wenn sich der Darlehensgeber bei der Vorbereitung oder dem Abschluss des Verbraucherdarlehensvertrags der Mitwirkung des Unternehmers bedient; gemäß § 358 Abs. 3 S. 3 BGB ist bei einem finanzierten Erwerb eines → Grundstücks oder eines → grundstücksgleichen Rechts eine → wirtschaftliche Einheit nur anzunehmen, wenn der Darlehensgeber selbst das Grundstück oder das grundstücksgleiche Recht verschafft oder wenn er über die Zurverfügungstellung von Darlehen hinaus den Erwerb des Grundstücks oder grundstücksgleichen Rechts durch Zusammenwirken mit dem Unternehmer fördert, indem er sich dessen Veräußerungsinteressen ganz oder teilweise zu eigen macht, bei der Planung, Werbung oder Durchführung des Projekts Funktionen des Veräußerers übernimmt oder den Veräußerer einseitig begünstigt.

verbundenes Geschäft – Geschäft, bei dem gleichzeitig ein Kauf (oder ein sonstiger Vertrag) und ein Darlehensvertrag abgeschlossen werden, wobei mit der Darlehenssumme die Gegenleistung aus dem ersten Vertrag finanziert wird. Beide Verträge gelten dann als wirtschaftliche Einheit (s. § 358 BGB, insbes. § 358 III BGB). – Vgl. → finanzierter Abzahlungskauf, → finanziertes Abzahlungsgeschäft.

verbundene Unternehmen – 1. *Begriff:* Rechtlich selbstständige Unternehmen, die im Verhältnis zueinander sind: (1) In Mehrheitsbesitz stehende und Unternehmen mit → Mehrheitsbeteiligung (§ 16 AktG); (2) → abhängige Unternehmen und → herrschende Unternehmen (§ 17 AktG); (3) → Konzernunternehmen (§ 18 AktG); (4) → wechselseitig beteiligte Unternehmen (§ 19 AktG); (5) Vertragsteile eines → Unternehmensvertrags (§§ 291 f. AktG). – 2. *Sondervorschriften des Aktiengesetzes:* Bes. über die Sicherung der Gesellschaft und der Gläubiger, Sicherung der außen stehenden Aktionäre, Leitungsmacht und Verantwortlichkeit bei Abhängigkeit von Unternehmen, Eingliederung sowie Sondervorschriften über die Rechnungslegung im Konzern (§§ 291–337 AktG).

verbundene Wohngebäudeversicherung – 1. *Begriff:* Die verbundene Wohngebäudeversicherung ist die heute übliche Deckung zur Versicherung eines Wohngebäudes. Sie verbindet die einzelnen Gefahren Feuer, Leitungswasser und Sturm in einer Police. Erweiterungen um Gefahren wie Anprall von unbemannten Flugkörpern, Hagel oder Kosten wie Aufräumungskosten sind marktüblich. Die Erweiterungen werden in die Bedingungen integriert oder als Bausteine bzw. Klauseln gegen Beitragszuschlag versichert. Die erweiterte → Elementarschadenversicherung wird angebündelt und häufig als eigenständiger Vertrag geführt. – 2. *Merkmale:* Das Wohngebäude wird mit seinen Nebengebäuden über die → Versicherungssumme beschrieben. Die verbundene Wohngebäudeversicherung kann als eine → gleitende Neuwertversicherung, in Einzelfällen als → Neuwertversicherung oder → Zeitwertversicherung mit fester Versicherungssumme in Euro ausgelegt sein. I.d.R. liegt eine gleitende Neuwertversicherung vor, um die Wiederherstellung des beschädigten oder zerstörten Gebäudes abzusichern, ohne → Unterversicherungsverzicht zu gewähren. Die Versicherungssumme multipliziert mit dem Beitragssatz ergibt den Beitrag. Die Beitragssätze variieren nach Lage, Bauart, Alter, Nutzung und ggf. weiteren Merkmalen des Wohngebäudes. Der Beitrag wird i.d.R. an die Preissteigerungen im Baugewerbe angepasst. Beim sog. Wohnflächenmodell wird über die Quadratmeter-Methode eine Äquivalenz zur Versicherungssumme erzeugt. Die Versicherungssumme wird oft nicht mehr ausgewiesen. – 3. *Abgrenzung:* In der DDR war die Wohngebäudeversicherung mit einem umfangreichen Versicherungsschutz inkl. von Elementargefahren in die sog. Haushaltsversicherung integriert. Dieser Versicherungsschutz ist noch in erheblichem Umfang in den neuen Bundesländern vertreten. In den Regionen der alten Bundesländer, in denen bis 1994 eine → Monopolversicherung bestand, sind Wohngebäude vielfach noch durch separate Deckungen für Feuer, Leitungswasser und Sturm abgesichert. – 4. *Probleme:* a) Die Erfolgslage in der verbundenen Wohngebäudeversicherung ist marktweit von Schadenkostenquoten deutlich über 100 Prozent gekennzeichnet. Dazu trägt einerseits ein harter Preiswettbewerb bei, andererseits steigt insbesondere in der Gefahr Leitungswasser der Schadenaufwand. – b) Die Gefahr Sturm ist von Kumulen geprägt und erfordert einen Ausgleich über die Zeit. Die verbundene Wohngebäudeversicherung hängt damit stark vom Rückversicherungsmarkt ab. Steigende Rückversicherungskosten können das Ergebnis zusätzlich belasten. – c)

Außerdem unterliegt die verbundene Wohngebäudeversicherung aufgrund von Klimawandel und Alterung der Wohngebäudebestände einem hohen → Änderungsrisiko. Z.T. zu kurze → Zeitreihen und sogar fehlende Daten insbesondere über Elementarschäden erhöhen die Unsicherheit bei der Kalkulation. In den Beständen ist zum Großteil nur eine Anpassung an die Preissteigerungen vorgesehen. Es ist meist keine Beitragsanpassungsklausel vereinbart, die eine Reaktion auf das Änderungsrisiko zulassen würde. – d) Weiteres Risikopotenzial liegt in Deckungserweiterungen wie z.B. auf Ableitungsrohre außerhalb des Gebäudes oder Aufräumungskosten. – 5. *Aktuelle Entwicklungen:* a) Die kritische Erfolgslage in der verbundenen Wohngebäudeversicherung führt zunehmend zu einer Verfeinerung der Tarifstrukturen und Annahmerichtlinien. So wird z.B. der Bauzustand über das Alter bzw. das Baujahr des Gebäudes fast marktweit berücksichtigt. In die aktuellen Produkte für das Neugeschäft werden Beitragsanpassungsklauseln integriert. Sanierungen von schadenbelasteten Verträgen sind gebräuchliche Praxis. – b) Im Rahmen des Schadenmanagements werden Handwerkernetze erprobt, und das Kernprodukt wird mit Assistanceleistungen als Servicekomponente angereichert. – 6. *Ausblick:* Unter → Solvency II wird die hohe Risikokapitalbindung der verbundenen Wohngebäudeversicherung transparent. Der Druck auf die verbundene Wohngebäudeversicherung wird zunehmen, da eine adäquate Verzinsung des Risikokapitals eine signifikante Preisanhebung über den heutigen Marktpreis erfordert. Zur Reduzierung der Risikokapitalbindung werden verstärkt versicherungstechnische Instrumente wie → Selbstbehalte und Entschädigungsgrenzen in Betracht kommen.

Verbundkosten → Gemeinkosten.

Verbundleistungen – Begriff der amtlichen Statistik (→ Sozialstatistik) für verschiedene, an einen Leistungsempfänger (Mehrfachbezieher) gezahlte → Sozialleistungen.

Verbundmessung → Conjoint Measurement.

Verbundquote → Steuerverbundquote.

Verbundsystem – I. Finanzwissenschaft: Regelungsform der → Steuerertragshoheit zwischen öffentlichen Aufgabenträgern im aktiven Finanzausgleich; Form des → Mischsystems. Beim Verbundsystem werden die Gesamteinnahmen einer Einnahmequelle *(Einzelverbund)* oder mehrerer Einnahmequellen *(Gesamtverbund)* als Anteilsätze (Quoten) zwischen mehreren Aufgabenträgern aufgeteilt. – In der *Bundesrepublik Deutschland* werden nach diesem Prinzip die → Gemeinschaftsteuern wie folgt verteilt: Einkommenssteuer und Lohnsteuer jeweils 42,5 Prozent für Bund und Länder und 15 Prozent für die Gemeinden; Körperschaftssteuer jeweils 50 Prozent für Bund und Länder; Umsatzsteuer mit 51,4 Prozent für den Bund, 46,5 Prozent für die Länder sowie 2,1 Prozent für die Gemeinden; Zinsabschlag jeweils 44 Prozent für den Bund und die Länder sowie 12 Prozent für die Gemeinden. – Vgl. auch → Steuerverbund.

II. Wirtschaftsinformatik: Gesamtheit von jeweils autonom funktionsfähigen Datenverarbeitungssystemen zur permanenten oder fallweisen Übertragung gemeinsam zu bearbeitender Aufgaben (→ Computerverbund(-system)).

Verbundunternehmen → genossenschaftlicher Finanzverbund.

Verbundverträge – Verträge zwischen Unternehmen der Energieversorgung, wonach Lieferungen von Energie über feste Versorgungswege ausschließlich einem oder mehreren Vertragspartnern zur Verfügung gestellt werden.

Verbundvorteile → Economies of Scope, → Unternehmenskonzentration.

Verbundwerbung → kooperative Werbung.

Verdachtskündigung → außerordentliche Kündigung aus wichtigem Grund wegen des *Verdachts* einer strafbaren Handlung oder einer sonstigen schwerwiegenden Verfehlung des Arbeitnehmers. Der Verdacht kann ein wichtiger Grund zur außerordentlichen Kündigung sein, wenn er das zur Fortsetzung des Arbeitsverhältnisses notwendige Vertrauen in die Rechtschaffenheit des Arbeitnehmers zerstört oder in anderer Hinsicht eine unerträgliche Belastung des Arbeitsverhältnisses darstellt. Für die Zulässigkeit ist erforderlich, dass der Verdacht dringend, durch Tatsachen objektiv begründet und alles Zumutbare zur Aufklärung des Sachverhalts geschehen ist. Der Arbeitnehmer muss vor Ausspruch der Verdachtskündigung gehört worden sein. Stellt sich nachträglich die Unschuld des verdächtigten Arbeitnehmers heraus, so ist dies während des Kündigungsrechtsstreits zu seinen Gunsten zu berücksichtigen. Nach dessen Beendigung kann ein Wiedereinstellungsanspruch bestehen. Auch Entlastungsvorbringen, das der Arbeitgeber nicht kannte, ist vom Gericht zu berücksichtigen. Die Kündigungserklärungsfrist des § 626 II BGB (→ außerordentliche Kündigung) beginnt, sobald die Verdachtsmomente überprüft sind. Ist diese Frist verpasst, kommt auch eine ordentliche Verdachtskündigigung in Betracht. – Statt oder vor einer Kündigung kommt auch die *Suspendierung des Arbeitsverhältnisses* in Betracht (→ Beschäftigungsanspruch). – Die vom Bundesarbeitsgericht seit langem anerkannte Rechtsfigur der Verdachtskündigung wird bisweilen kritisiert, weil sie gegen die Unschuldvermutung verstoße. Allerdings gilt die Unschuldsvermutung ausschließlich im Strafrecht, nicht aber zwischen den Parteien des Arbeitsvertrags.

Verdachtsnachschau → Nachschau.

verdeckte Einlage – 1. *Begriff des Körperschaftsteuerrechts:* Zuwendung eines einlagefähigen Vermögensvorteils an eine → Kapitalgesellschaft durch einen Gesellschafter oder eine ihm nahe stehende Person, wenn diese Zuwendung ihre Ursache im

Gesellschaftsverhältnis hat. Der Vermögensanteil kann in einer Vermehrung von Aktiven oder einer Verminderung von Schulden bestehen. Gegenstand einer verdeckten Einlage kann auch ein nichtentgeltlich erworbener Firmenwert sein. Ursächlichkeit ist gegeben, wenn ein Nichtgesellschafter bei Anwendung der Sorgfalt eines ordentlichen Kaufmanns der Gesellschaft diesen Vermögensvorteil nicht eingeräumt hätte (Abschn. 36a I KStR). – 2. *Rechtsfolgen:* Die verdeckte Einlage erhöht wie alle → Einlagen das → Einkommen der Gesellschaft nicht. Gleichzeitig stellt ihre Hingabe für den Gesellschafter auch keinen Aufwand dar, denn das Tätigen einer Einlage ist stets ein erfolgsneutraler Vorgang. – Überlässt der Gesellschafter der Gesellschaft ein → Wirtschaftsgut zur *Nutzung* oder zum *Gebrauch,* so kann dies *nicht* Gegenstand einer Einlage sein, weil der Gesellschaft dann gerade nicht das Wirtschaftsgut überlassen, sondern nur seine Benutzung gestattet wird, und dies keinen Vorteil darstellt, der eine Einlage sein könnte (als verdeckte Einlage kann aber angesehen werden: Der Gesellschafter verzichtet gegenüber der Kapitalgesellschaft auf Zinsen, die in einer auf den Zeitpunkt des Verzichts zu erstellenden Bilanz der Kapitalgesellschaft als Verbindlichkeiten eingestellt werden müssten, weil der Gesellschafter dann bereits rechtswirksam über eine Forderung verfügt, und die Übertragung auf die Gesellschaft bzw. der Verzicht darauf das bilanzierte Vermögen der Gesellschaft zu erhöhen geeignet ist, also eine Einlage darstellen kann). – 3. *Sonderfälle*: Ist eine verdeckte Einlage bei demjenigen, der sie geleistet hat, irrtümlich nicht als solche erkannt worden oder aus anderen Gründen definitiv nicht – wie es richtig wäre – erfolgsneutral, sondern als gewinnmindernder Aufwand behandelt worden, dann wird, um nicht zu gänzlich unsinnigen Gesamtergebnissen zu gelangen, der Vermögensteil, den die Gesellschaft erhalten hat, korrespondierend trotz ihres Charakters als verdeckte Einlage ausnahmsweise wie ein Ertrag behandelt und deswegen besteuert (Korrespondenzprinzip).

verdeckte Gewinnausschüttung – 1. *Begriff des Körperschaftsteuerrechts:* a) Vermögensminderung oder verhinderte Vermögensmehrung, die durch das Gesellschaftsverhältnis veranlasst ist, sich auf die Höhe des Einkommens auswirkt und keine offene Gewinnausschüttung (beruht nicht auf einem den gesellschaftsrechtlichen Vorschriften entsprechenden Gewinnverteilungsbeschluss) ist. Veranlassung durch das Gesellschaftsverhältnis ist gegeben, wenn ein ordentlicher oder gewissenhafter Geschäftsleiter die Zuwendung einem Nichtgesellschafter nicht gewährt hätte (Abschn. 31 III KStGR). Als verdeckte Gewinnausschüttung können angesehen werden z.B. Hingabe von un- oder unterverzinslichen Darlehen an Gesellschafter (→ Gesellschafterdarlehen), Unterpreislieferung an Gesellschafter. – b) Eine verdeckte Gewinnausschüttung liegt auch vor, wenn im Verhältnis zwischen Gesellschaft und beherrschendem Gesellschafter nicht von vornherein zivilrechtlich wirksame klare und eindeutige Vereinbarungen getroffen wurden (Abschn. 36 KStR). – 2. *Rechtsfolgen:* Verdeckte Gewinnausschüttungen werden im Grundsatz wie offene Gewinnausschüttungen behandelt, da das Verdecken des Vorgangs steuerlich ja gerade keinerlei Vorteile mit sich bringen soll. Daraus folgt: a) Verdeckte Gewinnausschüttungen dürfen das → Einkommen der Gesellschaft nicht mindern und sind diesem daher ggf. hinzuzurechnen (§ 8 III KStG), denn auch offene Gewinnausschüttungen dürfte man nicht als Betriebsausgaben verbuchen. – b) Beim begünstigten Anteilseigner unterliegt die verdeckte Gewinnausschüttung als Einnahme aus Kapitalvermögen (→ Einkünfte) der → Einkommensteuer. – c) Bei der Zahlung der verdeckten Gewinnausschüttung muss → Kapitalertragsteuer einbehalten werden (§ 43 I EStG), ebenso Solidaritätszuschlag, denn auch die Auszahlung einer Dividende unterläge dieser Steuervorauszahlungsverpflichtung. – d) *Ab 2009* kommt für → natürliche Personen die „Abgeltungsteuer" (25 Prozent) zur Anwendung, wenn die Anteile im Privatvermögen gehalten werden. Bei Anteilen im Betriebsvermögen gilt das → Teileinkünfteverfahren, d.h. Besteuerung mit 60 Prozent der Erträge. Da diese Vergünstigung bei der Besteuerung des Anteilseigners v.a. deswegen gewährt wird, weil zuvor schon die Versteuerung der Gewinne bei der Körperschaftsteuer stattgefunden hat, wäre es sinnwidrig, die günstige Versteuerung für den Anteilseigner auch dann zu gewähren, wenn die verdeckte Gewinnausschüttung auf der Ebene der Gesellschaft nicht als solche erkannt und deswegen der gezahlte Betrag z.B. als Betriebsausgabe anerkennt und unversteuert geblieben ist; daher gilt seit 2007 ein → Korrespondenzprinzip, wonach die Vergünstigungen bei der Besteuerung des Anteilseigners nur greifen, wenn die verdeckte Gewinnausschüttung bei der Gesellschaft als solche erkannt und richtig gewürdigt worden war.

verdeckter Ermittler – Beamter des Polizeidienstes, der unter einer ihm verliehenen, auf Dauer angelegten, veränderten Identität (Legende) ermittelt. Er darf unter der Legende am Rechtsverkehr teilnehmen. Gesetzlich geregelt in §§ 110a–e StPO.

verdecktes Abzahlungsgeschäft – geschäftliches Vorgehen, bei dem – um das Verbraucherschutzrecht des BGB zu umgehen – → Kreditgeschäft und Teilzahlungskauf (→ Abzahlungsgeschäft) nicht aufeinander bezogen sind, d.h., die Selbstständigkeit des bei der Finanzierungsgesellschaft durch den Abzahlungskäufer beanspruchten Kredits wird betont. Der Charakter der Finanzierungs-Teilzahlungen als verschleierte Ratenzahlungen wird geleugnet, um dem Abzahlungskäufer den durch §§ 358 f. BGB (verbundenes Geschäft) gegebenen Schutz zu entziehen; z.B. Rücknahme des betreffenden Gutes durch das Handelsunternehmen bei Nichtzahlung von Raten durch den Käufer, aber Bestehen auf der uneingeschränkten Rückzahlung des als selbstständig fingierten Kredits, den der Abzahlungskäufer bei der Finanzierungsgesellschaft in Anspruch genommen hat. – Soweit Unternehmer (Verkäufer) und Darlehensgeber faktisch zusammenwirken, liegt ein verbundenes Geschäft im Sinn des § 358 BGB mit den sich daraus für den Verbraucher ergebenden Rechten vor.

verdeckte Sacheinlage – 1. *Allgemein*: Eine verdeckte → Sacheinlage liegt vor, wenn der wirtschaftlich einheitliche Vorgang der Sacheinlage (als Beitrag eines Gesellschafters zum → Stammkapital der GmbH) in rechtlich getrennte Geschäfte aufgespalten wird. Eines davon scheint eine Bareinlage zu sein, während das andere, danach stattfindende Rechtsgeschäft wieder dem Abfluss dieser ihr zuvor zugeführten Geldmittel bei der Gesellschaft dient, wobei ihr zugleich andere Vermögensgegenstände als Leistung auf die Einlagenschuld angedient werden. Es handelt sich also um einen (nur) scheinbar erzielten Wertzuwachs aufgrund Bareinlagenleistung, weil die vom Gesellschafter geleistete Bareinlage der Gesellschaft nicht nachhaltig erhalten bleibt, indem die GmbH es ihm später wieder zurückgibt. Diese Rückzahlung kann z.B. in Form einer Kaufpreiszahlung erfolgen, weil dieser Gesellschafter der GmbH einen Sachwert überträgt (z.B. eine Maschine). Dieses Verfahren kann eine Umgehung der Wertprüfungs- und Offenlegungsverfahren bei Sacheinlagen (§ 5 IV GmbHG) in sich bergen. Zudem leistet es unredlichen Gesellschaftern Vorschub, weil „das Geld wieder weg ist" und der Gesellschaft dafür u.U. unterwertige Sachwerte untergeschoben werden. Das ist dem generellen Gläubigerschutzgedanken, wie er dem GmbH-Gedanken inhärent ist, abträglich. – 2. *Rechtslage seit MoMiG*: Nach bisheriger Rechtslage bestand hier bei der GmbH nach § 27 III 3 AktG analog die Verpflichtung zur Leistung der Bareinlage uneingeschränkt fort, die Rechtsprechung hat die Verträge über die Einbringung der Sacheinlage (im oben genannten Beispiel also den Kauf und die Übereignung der Maschine) als unwirksam angesehen. Das GmbHG i.d.F. des → Gesetz zur Modernisierung des GmbH-Rechts und zur Bekämpfung von Missbräuchen (MoMiG) befasst sich mit der Thematik *verdeckte Sacheinlage* grundlegend in § 19 IV GmbHG (gemäß § 56 II GmbHG ebenfalls für Kapitalerhöhungen anwendbar). Das neue Recht hält zwar an der Verpflichtung zur Bareinlagenleistung fest (vgl. § 19 IV 1, 3 GmbHG). Jedoch sind die Verträge über die Einbringung der Sacheinlage (im o.g. Beispiel die Maschine) nicht unwirksam, indem § 19 IV 2 GmbHG jetzt die analoge Anwendung von § 27 III 3 AktG unterbindet. Außerdem wird der Wert der verdeckten Sacheinlage auf die Bareinlagenpflicht des Gesellschafters angerechnet (§ 19 IV 3 GmbHG), aber erst nach Eintragung der Gesellschaft ins Handelsregister (§ 19 IV 4 GmbHG). Das hat Auswirkungen u.a. auf die Erklärungspflichten des beim Handelsregister anmeldenden Geschäftsführers, wobei das Registergericht die Eintragung ablehnen kann (§ 9c I GmbHG). Ähnlich wie die Fälle der verdeckten Sacheinlage regelt § 19 V GmbHG die potenziell gläubigergefährdenden Fälle des *Hin- und Herzahlens von Bareinlagen*. Das Gesetz stellt hierzu jetzt den Grundsatz auf, dass das Hin- und Herzahlen der ordnungsgemäßen Einlagenleistung dann nicht entgegensteht, wenn die Auszahlung an den Gesellschafter durch einen vollwertigen Rückgewähranspruch gedeckt ist, der jederzeit fällig oder durch die Gesellschaft fällig gestellt werden kann. Anders demgegenüber die Rechtsprechung zur früheren Rechtslage, sie verneinte eine Erfüllung der Einlagenschuld, weil es an einer Leistung zur freien Verfügung der Gesellschaft fehle (angenommen z.B. anhand § 7 III GmbHG). BGHZ 180, 38 (=NJW 2009, 2375, „Qivive"): Auf Dienstleistungen, die ein GmbH-Gesellschafter nach Leistung einer Bareinlage entgeltlich erbringen soll, finden die Grundsätze der verdeckten Einlage keine Anwendung. Es liege dann auch kein der Erfüllung der Einlagenschuld entgegen stehendes HinundHerzahlen nach § 19 V GmbHG vor, so lange der Einleger die zur Vergütung seiner Dienstleistung bestimmten Mittel nicht „reserviere" (BGH aaO). BGH, Urteil vom 22.3.2010, II ZR 12/08: „Die Anrechnung des Wertes der verdeckt eingelegten Sache auf die fortbestehende Bareinlagenverpflichtung nach § 19 IV 3 GmbHG darf im Falle der verdeckt gemischten Sacheinlage nicht zulasten des übrigen Gesellschaftsvermögens gehen. Daher ist vor einer Anrechnung von dem tatsächlichen Wert der eingelegten Sache der Wert abzuziehen, der von der Gesellschaft aus dem Gesellschaftsvermögen über den Nominalbetrag der Bareinlage hinaus als Gegenleistung (hier: Kaufpreis für Lizenzen) aufgewendet worden ist." (LS 2) Zur Abgrenzung zwischen verdeckter Sacheinlage und Hin-und-Her-Zahlen im Zusammenhang mit → Cash-Pooling vgl. BGHZ 182, 103 (=NJW 2009, 3091).

verdecktes Nennkapital – 1. *Begriff* aus dem (früheren) Körperschaftsteuerrecht, ebenso aus dem (früheren) Gesellschaftsteuerrecht: Kapital, das ein Gesellschafter seiner Kapitalgesellschaft in Form von Fremdkapital zur Verfügung gestellt hat, obwohl es eigentlich wirtschaftlich angemessen gewesen wäre, wenn er ihr stattdessen Eigenkapital zur Verfügung gestellt hätte. – 2. *Steuerliche Hintergründe*: Der Ersatz von wirtschaftlich gebotenen Eigenkapitalinvestments durch Gesellschafter-Fremdkapital macht überall dort Sinn, wo Eigenkapital (oder die damit erzielten Gewinne) steuerlich höher besteuert werden als Fremdkapital (oder die darauf gezahlten Zinsen). Deshalb gab es Tendenzen zur Gewährung von Fremd- statt Eigenkapital bei der früheren Gesellschaftsteuer (die Einlagen in eine Kapitalgesellschaft besteuerte, nicht aber die Aufnahme von Fremdkapital durch eine solche) ebenso wie bei der Einkommen- und Körperschaftsteuer (wo Eigenkapitalerträge, d.h. Gewinne, in Deutschland der Steuer unterliegen, Zinszahlungen dagegen grundsätzlich

Betriebsausgaben sind und im Staat des Empfängers der Steuer unterliegen). Es leuchtet unmittelbar ein, dass der Fiskus in allen Fällen versucht hat, eine übermäßige Fremdfinanzierung durch Gesellschafter als missbräuchlich einzustufen und deshalb die Steuern so hoch zu erheben, wie sie bei Eigenkapitalvergabe angefallen wären. – 3. Die *bes. Problematik* des verdeckten Nennkapitals lag jedoch darin, dass es keinerlei rationale Maßstäbe dafür gibt, in welchem Maßstab die Gewährung von Eigenkapital „nötig" und die Gewährung von Fremdkapital „unangemessen" wäre. Daher musste der Gesetzgeber in solchen Fällen stets zu – notgedrungen willkürlichen – Grenzziehungen durch gesetzliche Sonderregelungen greifen. – 4. *Momentane Bedeutung des Begriffs*: Bei der Gesellschaftsteuer hat sich die Problematik erledigt durch die Abschaffung dieser Steuer, bei der Einkommen- und Körperschaftsteuer durch die Einführung einer allg. Regelung zur Begrenzung des Abzugs von Zinsen als Betriebsausgabe, der sog. → Zinsschranke.

verdecktes Stammkapital → verdecktes Nennkapital.

verdeckte Stellvertretung → Stellvertretung, bei der der Vertreter ein Geschäft zwar für fremde Rechnung, aber in *eigenem Namen* abschließt. Nur der Vertreter wird aus dem Geschäft berechtigt oder verpflichtet (§ 164 II BGB). U.U. kann er als → Schadenersatz aber den dem Vertretenen erwachsenen Schaden (→ Drittschaden) fordern.

Verdichtungsraum – *Ballungsraum, Conurbation;* nicht einheitlich definierter städtischer Agglomerationsraum von überdurchschnittlicher Größe (500.000, z.T. auch 1 Mio. Einwohner als Mindestgröße) und Dichte der Bevölkerung, der Wirtschaftsaktivitäten und der → Infrastruktur, bestehend aus mehreren politisch-administrativen Einheiten. Zur Definition wie zur inneren Gliederung (z.B. Kernstadt – Umland) werden sowohl städtebaulich-morphologische wie auch demografische, ökonomische, ökologische und Verflechtungsmerkmale verwandt. In der Bundesrepublik Deutschland hat die Ministerkonferenz für Raumordnung (1993) Verdichtungsräume über eine Einwohner-Arbeitsplatzdichte (mehr als 330 je km^2) und Mindestwerte abgegrenzt: 150.000 Einwohner, 100 km^2 Fläche und eine Einwohnerdichte von 1.250 je km^2.

Verdienst → Arbeitsentgelt.

Verdienstbescheinigung – vom Arbeitgeber zusätzlich zur → Lohnsteuerbescheinigung zu erteilende Bescheinigung in Form einer Eintragung in die → Versicherungskarte des Arbeitnehmers nach Beendigung des Beschäftigungsverhältnisses, spätestens aber nach Ablauf jedes Kalenderjahres. Die Eintragung erstreckt sich auf Beschäftigungszeit und Arbeitsverdienst, sie enthält sämtliche sozialversicherungspflichtigen Einkünfte des entsprechenden Zeitraumes.

Verdiensterhebung – Die vierteljährliche Verdiensterhebung liefert Informationen über die konjunkturelle Entwicklung der → Bruttoverdienste und wird u.a. in Tarifverhandlungen und zur Berechnung des → Arbeitskostenindex verwendet. Die nach Geschlecht und Leistungsgruppen differenzierte Darstellungsweise ermöglicht zudem (sozio-)ökonomische Analysen. Die vierteljährliche Verdiensterhebung hat zu Beginn des Jahres 2007 die laufenden Verdiensterhebungen abgelöst. Sie erfasst die Anzahl der vollzeit-, teilzeit- und geringfügig beschäftigten Arbeitnehmer/innen, die Bruttoverdienstsummen und die bezahlten Arbeitsstunden für voll- und teilzeitbeschäftigte Arbeitnehmer in nahezu allen Wirtschaftbereichen jeweils für volle Quartale. Detaillierte Ergebnisse der Verdiensterhebung werden vom → Statistischen Bundesamt (StBA) angeboten.

Verdienststatistik → Verdiensterhebung.

Verdienststrukturerhebung – Die Verdienststrukturerhebung (früher Gehalts- und Lohnstrukturerhebung) stellt Daten zu Verdiensten, Anzahl der Arbeitnehmer und Arbeitszeiten untergliedert u.a. nach Wirtschaftszweigen und Unternehmensgröße bereit. Daneben gibt sie Auskunft über persönliche → Merkmale des Arbeitnehmers (z.B. Geschlecht und Geburtsjahr sowie Beruf oder Dauer der Betriebszugehörigkeit) sowie Merkmale des Beschäftigungsverhältnisses (z.B. Angaben zum Tarifvertrag, Art der Beschäftigung oder Höhe des Urlaubs). Damit werden Aussagen über → Verteilung und → Streuung der Arbeitnehmerverdienste möglich. Die Verdienststrukturerhebung ist eine repräsentative zweistufige Stichprobenerhebung, bei der über 30.000 Betriebe und knapp 2 Mio. Arbeitnehmer erfasst werden. Detaillierte Angaben der Verdienststrukturerhebung werden in Form einer Fachserie vom → Statistischen Bundesamt (StBA) veröffentlicht.

verdiente Beiträge – *verdiente Prämien.* Eingenommene → Beiträge eines Versicherungsunternehmens in einem Geschäftsjahr (Prämieneinnahmen, vgl. auch Beiträge, Einnahmen), die infolge der → Rechnungsabgrenzung um den Beitragsübertrag an das Folgejahr gekürzt und um den → Beitragsübertrag aus dem Vorjahr vermehrt wird.

Verdingung → Ausschreibung.

Verdingungsordnungen – Zusammenfassungen der Grundsätze für die Vergabe öffentlicher Aufträge, und zwar das Verfahren für die Vergabe der öffentlichen Aufträge (Teil A) – → öffentliche Auftragsvergabe – und die allg. Vertragsbedingungen für die Ausführung der Leistungen (Teil B). Ihre Beachtung durch die Behörden ist durch Verwaltungsvorschriften sichergestellt und wird im Anwendungsbereich der Vergabeverordnung i.d.F. vom 11.2.2003 m.spät. Änd. – also oberhalb der sog. Schwellenwerte für EU-weite Vergaben (§ 2 VgV) - durch die §§ 4 bis 6 VgV geregelt. – *Es gelten:* (1) die „Vergabe- und Vertragsordnung für Leistungen (VOL)" i.d.F. vom 11.6.2010

(BAnz v. 29.12.2009, Nr. 196a), (2) die „Vergabe- und Vertragsordnung für Bauleistungen (VOB) Teil A" vom 24.10.2011 (BAnz. 2.12.2011, Nr. 182a) m.spät. Änd. und VOB Teil B vom 31.7.2009 (BAnz. vom 15.10.2009, Nr. 155) m.spät.Änd., aufgestellt vom Deutschen Vergabe- und Vertragsausschuss für Bauleistungen (3) die „Vergabeordnung für freiberufliche Leistungen (VOF)" i.d.F. vom 11.6.2010 (BAnz vom 8.12.2009, Nr. 185a). Die VOB/Teil B werden außerhalb des öffentlichen Vergabewesens sehr häufig Bauverträgen zugrunde gelegt. Sie stellen insoweit → Allgemeine Geschäftsbedingungen (AGB) dar.

Verdoppelung stiller Reserven – ein Effekt, der in Zusammenhang mit dem gleichzeitigen Zusammentreffen von → Buchwertfortführung und → Buchwertverknüpfung auftreten kann.

Verdrängungseffekt → Crowding-out.

Verdrängungsprozess – Phänomen, dass Arbeitskräfte unterschiedlicher Qualifikation einander im Beschäftigungssystem verdrängen. Der Verdrängungsprozess verläuft *vertikal*, wenn Personen mit höherem Bildungsniveau die Arbeitsplätze von Personen mit niedrigerem Bildungsniveau einnehmen. *Horizontale* Verdrängung findet statt, wenn sich Personen desselben Bildungsniveaus aber mit unterschiedlichem Beruf oder Studium gegenseitig die Arbeitsplätze streitig machen.

Veredeler – 1. *Begriff:* Veredeler sind die Personen, die die → Veredelungsvorgänge im Rahmen der → aktiven Veredelung oder der → passiven Veredelung ganz oder teilweise durchführen. Sie sind zu unterscheiden vom Bewilligungsinhaber, Art. 4 Nr. 22 ZK, also der Person, der die Bewilligung der aktiven bzw. passiven Veredelung erteilt worden ist, und dem Inhaber des → Zollverfahrens, für dessen Rechnung die Anmeldung zur aktiven bzw. passiven Veredelung abgegeben worden ist, Art. 4 Nr. 21 ZK.

Veredelung – I. Begriff: Produktveredelung, bewirkt durch eine substanziell meist unerhebliche technische Veränderung, Form- und (oder) Qualitätsverbesserungen, die nicht zu einer eigentlichen Stoffumwandlung führen, die aber für eine zweckmäßigere Weiterverarbeitung oder, bei Fertigerzeugnissen, für einen individuell verfeinerten Geschmack wirtschaftlich bedeutungsvoll sind.

II. Umsatzsteuerrecht: Jede Bearbeitung oder Verarbeitung, die die Wesensart des Gegenstandes ändert.

III. Außenwirtschaftsrecht: → Lohnveredelung.

IV. Zollrecht: aktive und passive Veredelung. – Vgl. auch → Veredelungsverkehr.

Veredelungserzeugnisse – 1. *Begriff:* Gemäß Art. 114 IIId und Art. 145 IIIc → Zollkodex (ZK) sind Veredelungserzeugnisse alle Waren, die aus bewilligten → Veredelungsvorgängen entstanden sind. Dabei ist zu unterscheiden zwischen den Hauptveredelungserzeugnissen, derentwegen die Veredelung bewilligt worden ist, Art. 496k ZK-DVO, und den Nebenveredelungserzeugnissen, die zwangsläufig bei einem → Veredelungsvorgang anfallen, Art. 496i ZK-DVO.

Veredelungskalkulation – Form einer → Divisionskalkulation, in der ein Teil der Kosten (bes. → Materialkosten) den einzelnen Produkten direkt belastet und nur der verbleibende Teil nach den Prinzipien der Divisionskalkulation aufgeteilt wird.

Veredelungskosten – 1. Kosten *auswärtiger Bearbeitung bzw.* → Veredelung: Veredelungskosten werden i.d.R. als Materialkosten (Material-Einzelkosten) verrechnet, da mit der Bearbeitung eine Werterhöhung des Einsatzstoffes verbunden ist. – *Beispiel:* Textilien werden imprägniert; als Fertigungsmaterial wird der Wert des imprägnierten Stoffes verrechnet. – 2. Kosten der *innerbetrieblichen Bearbeitung:* Veredelungskosten werden auf einer bes. → Kostenstelle gesammelt und als Veredelungszuschlag den veredelten Stoffen zugeschlagen.

Veredelungsverkehr – 1. *Begriff:* i.S.d. Zollrechts die zollbegünstigte Be- oder Verarbeitung bzw. Ausbesserung von Waren. – 2. *Arten:* a) *Aktive Veredelung:* dient der Veredelung von aus einem → Drittland in das → Zollgebiet der EU eingeführten Waren, die in veredeltem Zustand in ein Drittland wiederausgeführt werden sollen. Sie wird bewilligt, wenn der Veredelungsvorgang dazu beiträgt, die günstigsten Voraussetzungen für die Ausfuhr der veredelten Waren zu schaffen, ohne dass wesentliche Interessen der durch den Zoll geschützten Hersteller beeinträchtigt werden. Das ist bei Waren des gewerblichen Sektors regelmäßig der Fall. Die aktive Veredelung in Form des → Nichterhebungsverfahrens ist in der Bundesrepublik Deutschland vorherrschend. In die aktive Veredelung übergeführte Nichtgemeinschaftswaren werden dem Veredeler zollfrei überlassen. Wird der Veredelungsverkehr ordnungsgemäß innerhalb der gesetzten Frist abgewickelt, d.h. werden die gesamten Einfuhrwaren als solche oder in Form von Veredelungserzeugnissen wieder ausgeführt, so entsteht keine → Zollschuld. Verbleiben → Veredelungserzeugnisse, bes. Nebenerzeugnisse und Abfälle, die bei der Veredelung entstehen im Zollgebiet, so entsteht für den in der EU verbliebenen Teil eine Zollschuld, die sich grundsätzlich nach Beschaffenheit und Wert der unveredelten Ware bemisst. Nach der Art des Veredelungsgeschäftes unterscheidet man zwischen Lohnveredelung (Veredelungsarbeiten werden für eine außerhalb des Zollgebiets ansässige Person auf deren Rechnung oder unentgeltlich ausgeführt) oder Eigenveredelung (Durchführung der Arbeiten auf eigene Rechnung). Bei aktivem Veredelungsverkehr werden die Zollvorschriften sinngemäß auf die → Einfuhrumsatzsteuer (EUSt) angewendet. Beim Verfahren der → Zollrückvergütung werden die Einfuhrwaren zunächst verzollt. Bei späterem Export dieser Waren oder der Veredelungserzeugnisse erfolgt eine Rückvergütung der gezahlten Zölle. – Vgl. auch → aktive Veredelung. – b) *Passive Veredelung:* dient der

Veredelung von Waren, die ohne Erlass, Erstattung oder Vergütung von Zoll aus dem freien Verkehr des Zollgebiets der EU in das Drittland ausgeführt und veredelt wieder eingeführt werden. Es bedarf der Bewilligung des Verfahrens. Die unveredelten Waren sind beim Export nicht zum Ausfuhrverfahren, sondern zur passiven Veredelung anzumelden. Dabei wird die → Nämlichkeit der Waren festgehalten. Den Waren dürfen im Drittland bei der Veredelung Zutaten zugefügt werden. Für die Einfuhr der Veredelungserzeugnisse werden den Bedürfnissen entsprechende Fristen gesetzt. Bei der Einfuhr und Überführung in den zollrechtlich freien Verkehr wird der für die veredelten Waren normalerweise zu entrichtende Zollbetrag um den Betrag gemindert, der als Zollbetrag für die unveredelten Waren zu erheben wäre, wenn sie unter den gleichen Umständen zum zollrechtlich freien Verkehr abgefertigt würden (Differenzveredelung). Der Bewilligungsinhaber kann auch die Mehrwertmethode wählen. Dann wird der Zollbetrag basierend auf der Wertsteigerung der unveredelten Waren ermittelt. Die Wiedereinfuhr kann auch in ein anderes Mitgliedsland der EU erfolgen. Vorsteuerabzugsberechtigte Veredeler müssen für die wieder eingeführten Waren die volle Einfuhrumsatzsteuer entrichten, sodass sich passiver Veredelungsverkehr für diesen Personenkreis erübrigt, sofern es sich um Waren handelt, die nur der Einfuhrumsatzsteuer unterliegen. – Vgl. auch → passive Veredelung; → Ausbesserungsverkehr.

Veredelungsvorgang – Im Rahmen der → aktiven Veredelung und → passiven Veredelung, Art. 114-129 ZK und Art. 536-550 ZK-DVO, sind verschiedene Veredelungsvorgänge zu unterscheiden: *Bearbeitung, Ausbesserung und Verarbeitung.* Bei der Bearbeitung bleibt die Einfuhrware gegenständlich individuell mit ihren wesentlichen Merkmalen erhalten, z.B. beim Färben von Geweben. Bei der Verarbeitung findet eine weit gehende Umgestaltung der Einfuhrware statt. Sie bleibt nur der Substanz nach erhalten, z.B. beim Herstellen von Bier aus Hopfen und Malz. Ausbesserung einschließlich Instandsetzung und Regulierung als dritter Veredelungsvorgang ist etwa die Reparatur einer Uhr, der Wartungsdienst bei Fahrzeugen, die Reinigung von Geweben. Zusätzlich gibt es als vierten Veredelungsvorgang bei der aktiven Veredelung die *Verwendung von Produktionshilfsmitteln.* Das sind → Nichtgemeinschaftswaren, die nicht in die → Veredelungserzeugnisse eingehen, sondern lediglich deren Herstellung ermöglichen oder erleichtern, selbst wenn sie dabei vollständig verbraucht werden wie etwa Gussformen oder Abdeckfolien.

vereidigter Buchprüfer – 1. *Begriff:* Vereidigter Buchprüfer ist, wer nach den Vorschriften der Wirtschaftsprüferordnung (WPO) als solcher anerkannt oder bestellt ist (§ 128 I 1 WPO). Vereidigter Buchprüfer ist ein freier Beruf. Im beruflichen Verkehr ist die Bezeichnung „vereidigter Buchprüfer" zu führen (§ 128 II 1 WPO). Der *Berufszugang* wurde mit der Verabschiedung der WPO im Jahre 1961 geschlossen, 1986 mit dem Bilanzrichtlinien-Gesetz (BiRiLiG) jedoch neu geöffnet und zuletzt mit der Verabschiedung der Fünften WPO-Novelle (Inkraftgetreten am 1.1.2004) erneut geschlossen. Letztere sieht die Wiederherstellung der Einheitlichkeit des Prüferberufes unter Schließung des Berufszugangs zum vereidigten Buchprüfer vor. – 2. *Aufgaben und Tätigkeiten:* Vereidigte Buchprüfer haben gemäß § 129 I WPO die Aufgabe, → Prüfungen auf dem Gebiet des betrieblichen Rechnungswesens, bes. Buch- und Bilanzprüfungen, durchzuführen. Über das Ergebnis ihrer Prüfungen können sie → Prüfungsvermerke erteilen; dazu gehören auch Bestätigungen und Feststellungen, die sie aufgrund gesetzlicher Vorschriften vornehmen. Bes. können vereidigte Buchprüfer Pflichtprüfungen von Jahresabschlüssen von mittelgroßen GmbHs mit den in § 267 II HGB festgelegten Kriterien und → Personenhandelsgesellschaften, bei denen kein persönlich haftender Gesellschafter eine natürliche Person ist (§ 264a HGB) nach § 316 I 1 HGB durchführen (→ Jahresabschlussprüfung). Vereidigte Buchprüfer sind außerdem nach § 129 II WPO befugt, ihre Auftraggeber in steuerlichen Angelegenheiten nach Maßgabe der bestehenden Vorschriften zu beraten und zu vertreten. Sie können unter Berufung auf ihren Berufseid auf den Gebieten des betrieblichen Rechnungswesens als Sachverständige auftreten, in wirtschaftlichen Angelegenheiten beraten und fremde Interessen wahren sowie als Treuhänder tätig werden (§ 129 III WPO). – 3. *Zulassungsvoraussetzungen/Prüfung/Bestellung:* Die §§ 131, 131a–d WPO a.F. wurden mit Verabschiedung der Fünften WPO-Novelle aufgehoben, d.h. grundsätzlich können keine neuen vereidigten Buchprüfer mehr bestellt werden. – 4. Vereidigte Buchprüfer sind *Mitglieder in der* → Wirtschaftsprüferkammer (WPK) (§ 128 III 1 WPO) und werden im → Berufsregister geführt. – 5. Auf vereidigte Buchprüfer finden die *Vorschriften* über die freie Berufsausübung, die berufliche Niederlassung, die Eintragung und Löschung im Berufsregister, die Rechte und Pflichten und die Berufsgerichtsbarkeit für Wirtschaftsprüfer sowie die allg. Vorschriften für das Verwaltungsverfahren entsprechende Anwendung (§ 130 I WPO).

Verein – 1. *Charakterisierung:* Im Sinn des BGB ist ein Verein eine auf gewisse Dauer berechnete Personenvereinigung mit körperschaftlicher Verfassung, die als einheitliches Ganzes gedacht wird, daher einen Gesamtnamen führt und im Bestand vom Wechsel der Mitglieder unabhängig ist. Vereine werden von Mitgliedern getragen, von denen „alle Macht ausgeht". Sie bestimmen in Versammlungen über Satzungen und Grundsatzfragen, wählen die nachgeordneten Organe (Vorstand, Präsidium) und kontrollieren deren Aufgabenerfüllung. – 2. Die *Bildung* eines Vereins unterliegt, soweit er keinen verbotenen Zweck verfolgt, keinen Beschränkungen. – 3. → Rechtsfähigkeit kann ein Verein erlangen: (1) Wenn sein

Zweck auf einen wirtschaftlichen Geschäftsbetrieb gerichtet ist, durch staatliche Verleihung (§ 22 BGB, → wirtschaftlicher Verein); (2) im Übrigen durch Eintragung im Vereinsregister (§ 21 BGB; → eingetragener Verein (e. V.)). – 3. Auf einen Verein *ohne Rechtsfähigkeit* findet das Recht der → Gesellschaft bürgerlichen Rechts (GbR) entsprechende Anwendung (§ 54 BGB). – 4. *Besteuerung*: Vereine unterliegen ohne Rücksicht auf ihre Rechtsform der → Körperschaftsteuer, wirtschaftliche Vereine auch der → Gewerbesteuer. Vereine unterliegen mit ihrem unternehmerischen Bereich der → Umsatzsteuer; auch die → Mitgliederbeiträge sind dann der Umsatzsteuer zu unterwerfen, wenn sie für ein Leistungsangebot gezahlt werden, dass der Verein seinen Mitgliedern zur Verfügung stellt (z.B. der Fall bei Sportvereinen); allerdings sind dann ggf. auch Steuerbefreiungen zu beachten. Unabhängig davon kann der Erwerb von Gegenständen aus anderen Mitgliedsstaaten der EU für den Verein Umsatzsteuer auslösen (→ Erwerbsteuer, → Halbunternehmer). – Vgl. auch → Non-Profit-Organisation (NPO).

vereinbarte Entgelte – Begriff aus dem Umsatzsteuerrecht für die für → Lieferungen und → sonstige Leistungen vertraglich festgelegten Gegenleistungen (→ Entgelte) ohne Rücksicht auf deren Vereinnahmung. Ist Besteuerung nach vereinbarten Entgelten vorgesehen (Regelfall), so bedeutet dies, dass die USt schon nach Ausführung der Leistung zu zahlen ist, nicht erst bei Erhalt des Geldes. – *Gegensatz:* → vereinnahmte Entgelte. – Vgl. auch → Sollversteuerung.

vereinbarte Form – durch → Rechtsgeschäft bestimmte Form (§ 127 BGB). Zur Wahrung dieser Form genügt die telekommunikative Übermittlung und bei einem Vertrag Briefwechsel.

Vereinbarungen im Besteuerungsverfahren – Abreden des Steuerpflichtigen mit der Finanzbehörde über die Höhe der zu entrichtenden Steuer. Vereinbarungen im Besteuerungsverfahren sind grundsätzlich unzulässig. Zulässig und bindend jedoch, sofern sie den Charakter von Zusagen über zukünftige Sachverhalte haben oder Schätzungsgrundlagen betreffen.

Vereinbarung im Strafprozess → Absprachen im Strafprozess.

Verein Bremer Seeversicherer – Traditionsreicher, an den Versicherungsplatz Bremen gebundener Zusammenschluss örtlich tätiger Versicherer zur Förderung der Transportversicherung. Hält Mitsprache bei der Risikoprüfung und Prämienfestlegung. Unterhält mit dem → Verein Hamburger Assecuradeure ein weltweites Netz von → Havariekommissaren.

Verein Deutscher Ingenieure (VDI) – gegründet 1856; Sitz in Düsseldorf. – *Aufgaben:* Pflege der Beziehungen zu den maßgeblichen Einflussbereichen der Technik mit dem Ziel, ein positives Zusammenwirken aller geistigen Kräfte zu erreichen; Förderung der technischen Forschung und Entwicklung; Beratung zuständiger Ministerien und der Öffentlichen Hand; Förderung des fachlichen Erfahrungsaustausches und des allg. technischen Fortschritts (Tagungen, Arbeitskreis- und Vortragsveranstaltungen); Mitwirkung am Bildungswesen, bes. bei der Ausbildung und Fortbildung der Ingenieure (VDI-Bildungswerk GmbH); Hebung des Ansehens des Ingenieurstandes in Wirtschaft, Staat und Gesellschaft; Erarbeitung von überbetrieblichen Regeln und Arbeitsblättern durch Ausschüsse der verschiedenen Gliederungen des VDI, die mit Fachleuten aus Wissenschaft, Industrie und Wirtschaft und Staat besetzt sind: VDI-Richtlinien, VDI-Handbücher. – *Struktur:* Regional: 45 VDI-Bezirksvereine (in Regionen zusammengefasst); technisch-wissenschaftlich: 17 VDI-Fachgliederungen und vier Kompetenzenfelder; VDI Beruf und Gesellschaft; dazu: VDI-Verlag GmbH, VDI-Bildungswerk GmbH, VDI-Dienstleistungen GmbH, VDI-Versicherungsdienst GmbH, VDI/VDE-Technologiezentrum Informationstechnik in Berlin, VDI-Technologiezentrum Physikalische Technologien in Düsseldorf; VDI-Ingenieurhilfe e. V. – *Veröffentlichungen:* VDI-Nachrichten (wöchentlich), VDI-Z (Zeitschrift für Entwicklung, Konstruktion, Produktion), Zeitschriften Meerestechnik und Umwelt sowie eine Reihe von Fachzeitschriften, Fachberichten, Forschungsberichten und Fachbüchern.

vereinfachte Kapitalherabsetzung → Kapitalherabsetzung.

vereinfachter Scheck- und Lastschrifteinzug der Deutschen Bundesbank – In den → Allgemeinen Geschäftsbedingungen (AGB) der Deutschen Bundesbank geregeltes Verfahren, mit dem die Deutsche Bundesbank für Kreditinstitute i.S.d. Art. 4 Nr. 1 der Richtlinie 2006/48/EG mit Bankleitzahl, die bei ihr ein Girokonto unterhalten, auf Euro lautende Zahlungsvorgänge aus dem beleglosen Scheckeinzug und dem imagegestützten Scheckeinzug sowie Einzugsermächtigungs- und Abbuchungsauftragslastschriften auf alle Orte des Bundesgebietes und zudem SEPA-Basislastschriften und SEPA-Firmenlastschriften auf alle Orte des SEPA-Raums einzieht. – Die Bundesbank nimmt auch Rückrechnungen von Zahlungsvorgängen aus dem beleglosen und dem imagegestützten Scheckeinzug sowie von Lastschriften zum Einzug herein, soweit sie nach den Zahlungsverkehrsabkommen oder den SEPA-Verfahrensregeln des → EPC vorgesehen sind. – Vom Einzug ausgeschlossen sind Zahlungsvorgänge aus dem beleglosen oder dem imagegestützten Scheckeinzug, denen Schecks zugrunde liegen, die den Vermerk „Nur zur Verrechnung mit (folgt Firma)" tragen, deren Übertragung vom Aussteller durch die Worte „Nicht an Order" oder durch einen gleichbedeutenden Zusatz untersagt ist sowie die in der Codierzeile mit „BSE" bzw. „ISE" gekennzeichnet sind. – Vgl. auch → belegloser Scheckeinzug (BSE), → imagebasierter Scheckeinzug (ISE).

vereinfachtes Anmeldeverfahren (VAV) – Zu den Möglichkeiten einer vereinfachten Zollanmeldung gehört das vereinfachte Anmeldeverfahren gemäß Art. 253 II ZK-DVO. Dabei werden nach entsprechender vorheriger Bewilligung bei der Zollstelle nur die notwendigsten Angaben in der Zollanmeldung gemacht und Unterlagen vorgelegt. Am Monatsende werden die notwendigen Ergänzungen in einer früher sog. Sammelzollanmeldung dem Hauptzollamt vorgelegt. – Vgl. auch → vereinfachte Verfahren.

vereinfachte Verfahren – 1. *Definition:* Der Zollkodex (ZK) kennt neben dem normalen Verfahren der → Zollanmeldung vereinfachte Verfahren nach Art. 76 ZK. Für den Importeur bedeutet sie eine spürbare Entlastung bei den Zollformalitäten und eine schnellere Verfügbarkeit über die eingeführten oder auszuführenden Waren. Nicht nur die Wirtschaft, sondern auch die Zollverwaltung profitieren wegen des geringen Arbeits- und Kräfteaufwands von den Verwaltungsvereinfachungen. – 2. *Merkmale:* Die drei einheitlich in der gesamten EU möglichen vereinfachten Verfahren sind: (1) → unvollständige Zollanmeldung (UZA) gemäß Art. 253 I ZK-DVO; (2) → vereinfachtes Anmeldeverfahren (VAV) gemäß Art. 253 II ZK-DVO; (3) Anschreibeverfahren (ASV) gemäß Art. 253 III, ZK-DVO. Bei den genannten Verfahren besteht die Vereinfachung darin, dass die eingeführten Waren in einem bestimmten Zeitraum entweder nur vereinfacht zur Zollabfertigung angemeldet oder nur buchmäßig aufgezeichnet bzw. angeschrieben werden. In gleicher Weise können auch Unterlagen zunächst noch fehlen. Anschließend wird bei der UZA eine einzelne ergänzende Zollanmeldung nachgereicht bzw. die fehlenden Unterlagen. Beim VAV und ASV werden die Waren monatsweise in einer zusammengefassten vollständigen ergänzenden Zollanmeldung erfasst und von der zuständigen Zollstelle abgerechnet. – Die UZA bedarf keiner bes. Zulassung. Das Zollamt entscheidet im Einzelfall, ob die unvollständigen Angaben für die Abfertigung ausreichend sind. Demgegenüber bedürfen das VAV und das ASV der vorherigen Zulassung durch das örtliche zuständige Hauptzollamt, in dessen Bezirk der Antragsteller seine kaufmännischen Bücher oder Aufzeichnungen führt. Wichtige Voraussetzungen hierfür sind, dass: (1) die Waren nicht nur gelegentlich angemeldet werden; (2) der Antragsteller zuverlässig ist, also keine schweren oder wiederholten Zuwiderhandlungen gegen die Zollvorschriften begangen hat; (3) Zollbelange nicht beeinträchtigt werden; (4) gewährleistet ist, dass Ein- und Ausfuhrverbote und -beschränkungen sowie sonstige Vorschriften beachtet werden. Die vereinfachten Verfahren in Form des VAV und ASV können auch solchen Personen bewilligt werden, die regelmäßig als indirekte Vertreter Dritter Zollanmeldungen abgeben (z.B. Spediteure). Als Abrechnungszeitraum wird in der Zulassung i.d.R. der Kalendermonat bestimmt. Bis zum dritten Werktag des Folgemonats (bei Selbstberechnung der Abgaben bis zum zehnten Werktag) ist die ergänzende Anmeldung der Abrechnungszollstelle vorzulegen. – 3. *Unterscheidung:* Das VAV kommt für Zollanmeldungen beim Zollamt in Betracht. Die ASV finden im Unternehmen statt. – *Wichtigster Fall:* Im Anschluss an ein Versandverfahren kann von einem → zugelassenen Empfänger die Zollanmeldung durch Anschreibung abgegeben werden.

Verein für Socialpolitik – Zusammenschluss von Wirtschaftswissenschaftlern und Praktikern zur wissenschaftlichen Erörterung wirtschaftlicher und sozialer Fragen; 1872 in Eisenach gegründet. Zu den Gründern gehörten → Schmoller, → Brentano und → Wagner. Ursprünglich war der Verein an der → historischen Schule orientiert und um eine Reform der Sozialpolitik bemüht. Deshalb wurden die Mitglieder des Vereins als → Kathedersozialisten bezeichnet. Nach der Jahrhundertwende befasste sich der Verein – wie wirtschaftswissenschaftliche Gesellschaften im Ausland – zunehmend mit Fragen der Wirtschaftstheorie und Wirtschaftspolitik. Der Gleichschaltung durch den Nationalsozialismus entzog er sich 1936 durch Selbstauflösung. 1948 wurde er als „Verein für Sozialpolitik. Gesellschaft für Wirtschafts- und Sozialwissenschaften" in Marburg neu gegründet, 1956 in „Gesellschaft für Wirtschafts- und Sozialwissenschaften. Verein für Socialpolitik" umbenannt. Der Verein für Socialpolitik ist heute die maßgebliche wirtschaftswissenschaftliche Vereinigung von Hochschullehrern im deutschsprachigen Raum, wie etwa die „American Economic Association" in den Vereinigten Staaten oder die „Royal Economic Society" in Großbritannien. Der Sitz des Vereins für Socialpolitik wechselt mit dem Vorsitzenden. Die im Rahmen des Vereins für Socialpolitik durchgeführten Untersuchungen sind in der Reihe „Schriften des Vereins für Socialpolitik" erschienen (188 Bde. zwischen 1873–1939), die seit 1949 als „Neue Folge" fortgesetzt wird.

Verein Hamburger Assecuradeure – Traditionsreicher, an den Versicherungsplatz Hamburg gebundener Zusammenschluss örtlich tätiger Versicherer zur Förderung der Transportversicherung, besonders zur Abwicklung von Schadenfällen, an denen die Mitglieder beteiligt sind. Unterhält mit dem → Verein Bremer Seeversicherer ein weltweites Netz von → Havariekommissaren.

Vereinheitlichung → Standardisierung.

Vereinigung deutscher Elektrizitätswerke e.V. (VDEW) – Spitzenverband der dt. Elektrizitätswirtschaft mit Sitz in Berlin. – *Aufgaben:* Interessenvertretung der Mitglieder, Beraterfunktion in Energiefragen und Herausgabe von Informationsmaterial. – *Fachverbände beim VDEW:* Arbeitsgemeinschaft für Wärme- und Heizkraftwirtschaft e. V. (AGFW); Fachverband für Energie-Marketing und -Anwendung e. V. (HEA); Verband der Netzbetreiber e. V. (VDN); VGB PowerTech e. V.

Vereinigung Deutscher Schutzgemeinschaften für allgemeine Kreditsicherung e.V.

(Bundes-SCHUFA) – Schutzgemeinschaft für allgemeine Kreditsicherung (→ SCHUFA).

Vereinigung mittelständischer Unternehmer e.V. (VMU) – Zusammenschluss des industriellen Mittelstandes; gegründet 1973; Sitz in München. – *Aufgaben:* Interessenvertretung und -wahrnehmung bez. ideeller und standespolitischer Belange in der Öffentlichkeit sowie gegenüber Regierung und Behörden.

Vereinigungsfreiheit – das durch Art. 9 I GG verfassungsmäßig garantierte Grundrecht, → Vereine und → Gesellschaften zu bilden. Vereinigungen, deren Zweck oder deren Tätigkeit den Strafgesetzen zuwiderlaufen oder sich gegen die verfassungsmäßige Ordnung oder gegen den Gedanken der Völkerverständigung richten, sind verboten (Art. 9 II GG). Gegen Vereine, die die Vereinsfreiheit missbrauchen, kann nach dem Vereinsgesetz vom 5.8.1964 (BGBl. I 593) m.spät.Änd. zur Wahrung der öffentlichen Sicherheit und Ordnung eingeschritten werden. Zuständig für das Verbot eines Vereins ist die oberste Landesbehörde bzw. der Bundesminister des Innern (§ 3 II VereinsG). – *Sonderform:* → Koalitionsfreiheit.

Vereinigungsmenge – Begriff der → Mengenlehre. Zu zwei vorgegebenen Mengen M_1 und M_2 die Menge derjenigen Elemente, die zu M_1 oder zu M_2 gehören. Zeichen: $M_1 \cup M_2$.

vereinnahmte Entgelte – umsatzsteuerlicher Begriff: die dem Unternehmer tatsächlich zugeflossenen → Entgelte. Bei der Besteuerung nach vereinnahmten Entgelten muss der Unternehmer die Umsatzsteuer nicht schon bezahlen, wenn er die Leistung ausgeführt hat, sondern erst dann, wenn er die Entgelte vereinnahmt; diese Vergünstigung wird überwiegend nur für Unternehmer mit geringeren Umsätzen gewährt. – *Gegensatz:* → vereinbarte Entgelte. – Vgl. auch → Istversteuerung.

Vereinsregister – beim → Amtsgericht geführtes Register, in das alle nicht einen wirtschaftlichen Geschäftsbetrieb bezweckenden → Vereine mit mind. sieben Mitgliedern eingetragen werden können. Vor der Eintragung muss die Satzung vorgelegt werden, die bestimmten Mindesterfordernissen (§§ 57, 58 BGB) genügen muss. Durch die Eintragung erlangt der Verein → Rechtsfähigkeit. Das Amtsgericht hat die Eintragung des Vereins in das Vereinsregister durch Veröffentlichung in dem von der Landesjustizverwaltung bestimmten elektronischen Informations- und Kommunikationssystem bekannt zu machen (§ 66 BGB). Nach § 55a BGB kann durch Landes-Rechtsverordnung bestimmt werden, dass und in welchem Umfang Vereinsregister in maschineller Form als automatisierte Datei geführt werden. Die Vereinsregisterverordnung legt die Einzelheiten über die Führung und das Verfahren des Vereinregisters fest.

Vereinte Dienstleistungsgewerkschaft (ver.di) – seit dem 2.7.2001 neugegründete Gewerkschaft, die die rechtliche Nachfolge der fünf Gründungsorganisationen – der Deutschen Angestellten-Gewerkschaft (DAG), der Deutschen Postgewerkschaft (DPG), der Gewerkschaft Handel, Banken und Versicherungen (HBV), der Industriegewerkschaft Medien (IG Medien) und der Gewerkschaft Öffentliche Dienste, Transport und Verkehrt (OTV) – angetreten hat mit Sitz in Berlin. – *Ziele:* Interessenvertretung der Mitglieder in wirtschaftlichen, ökologischen, sozialen, beruflichen und kulturellen Fragen. – *Organisatorische Gliederung:* Landesbezirke sowie Bezirke und Ortsgruppen. – *Organe:*(1) Bundeskongress; das höchste Organ von ver.di, legt die Grundsätze der Gewerkschaftspolitik fest und tritt alle vier Jahre zusammen.(2) Bundesvorstand mit 16 Mitgliedern; hat die Geschäftsführung inne und nimmt die wirtschaftlichen, sozialen und beruflichen Interessen der Mitglieder bei der Gestaltung der Gehalts- und übrigen Arbeitsbedingungen wahr, z.B. durch den Abschluss der Tarifverträge.(3) Gewerkschaftsrat, bildet zwischen den Bundeskongressen das höchste Organ.

Vereinte Nationen → UN.

Verelendung – 1. *Begriff* der Wirtschaftstheorie des → Marxismus. Der Grundwiderspruch des → Kapitalismus (→ historischer Materialismus) manifestiert sich u.a. in einer fortgesetzten Verelendung der Arbeiterklasse, durch die sich die Klassenauseinandersetzungen stetig verschärfen (→ Klassentheorie). – 2. Diese These wurde von *Marx und Engels* unter dem Eindruck der Verarmung der Arbeiterfamilien während der Industriellen Revolution folgendermaßen begründet: Der → technische Fortschritt führe zum → tendenziellen Fall der Profitrate. Um dem entgegenzuwirken, investierten die Unternehmer in größtmöglichem Umfang unter Einsatz der augenblicklich modernsten Technologie (→ Akkumulation). Dies bewirke einen Produktivitätsfortschritt bei der Herstellung der Güter, die zur Existenzsicherung der Arbeiter notwendig sind. Hierdurch könne der Arbeitslohn entsprechend gesenkt werden, um die → Ausbeutung zu verstärken. Da der technische Fortschritt gleichzeitig Arbeitskräfte spare, bewirke dies ein stetiges Anwachsen der → industriellen Reservearmee, was zu einem zusätzlichen Druck auf die Löhne führe. – 3. *Bedeutung:* Marx und Engels haben sich widersprüchlich dazu geäußert, ob es sich bei der Verelendung um eine absolute (permanentes Sinken des Lebensstandards) oder eine relative (langsameres Wachstum der Löhne als das der Gewinneinkommen) handele. In den westlichen Industriestaaten ließ sich weder eine absolute noch eine relative Verelendung im Zeitverlauf empirisch belegen.

Verelendungswachstum → Außenhandelstheorie, → Entwicklungstheorie.

Vererbung – im objektorientierten → Paradigma gibt es Hierarchien von Objekten, deren → Daten und Methoden auf die Objekte niedrigerer Hierarchiestufen übertragen werden. So lassen sich auf einfache und elegante Weise neue Klassen bilden, indem sie aus bereits existierenden Klassen abgeleitet werden. Die Unterklasse kann geerbte Methoden neu definieren oder neue hinzufügen, um so spezielles Verhalten zu erzeugen. Man unterscheidet grundsätzlich einfache (hierarchische) und mehrfache Vererbung. Die einfache Vererbung ermöglicht den Aufbau einer streng hierarchischen Ordnung von Klassen. Die Mehrfachvererbung erlaubt komplexere Strukturen; hier kann eine Unterklasse von mehreren Oberklassen erben. – Vgl. auch → Objektorientierung.

Verfahren → Produktionstechnik, → Produktionstypen.

Verfahrensablauf einer Zwangsversteigerung

von Helmut Keller

Einem Zwangsversteigerungsantrag sind meist langwierige Bemühungen seitens des Gläubigers und eventuell auch des Schuldners vorangegangen, diese Zwangsmaßnahme zu verhindern. Der Grund hierfür liegt im komplizierten und für Außenstehende und Betroffene nur bedingt kalkulierbaren Verlauf sowie der langwierigen Dauer eines Zwangsversteigerungsverfahrens. Grundsätzlich gilt, dass eine → Immobil → ie nach den Regeln der Zwangsvollstreckung in das → unbewegliche Vermögen versteigert werden kann (§§ 864 ff. ZPO, § 39 WEG und → Dauerwohnrecht). Ziel des Zwangsversteigerungsverfahrens aus Sicht des Gläubigers ist es, ein Grundstück oder grundstücksgleiches Recht (z.B. → Erbbaurecht) oder ein Wohnungs-(Teil)Eigentum im Wege der Immobiliarzwangsvollstreckung zu veräußern, um die eigene Forderung und gegebenenfalls auch die der anderen Gläubiger aus dem Versteigerungserlös ganz oder zumindest teilweise zu befriedigen. Der Verfahrensablauf ist im Zwangsversteigerungsgesetz (ZVG) geregelt.

I. Zwangsversteigerungsantrag (§ 16 ZVG)

Der Antrag ist an das zuständige Amtsgericht zu richten. Er soll das Grundstück, den Eigentümer, den Anspruch und den vollstreckbaren Titel bezeichnen (§ 16 I ZVG). Alle für den Beginn der → Zwangsvollstreckung erforderlichen Urkunden sind dem Antrag beizufügen. Bei einem Antrag auf Zwangsversteigerung ist die geschuldete Summe seit dem 1.1.2002 in Euro anzugeben. Die Umstellung eines DM-Grundpfandrechts kann, muss aber nicht zuvor beantragt werden. Wenn der Berechtigte keine Umstellung beantragt, obliegt es allein der Beurteilung des → Grundbuchamtes, wann es diese vornimmt.

II. Zwangsversteigerungskosten (§ 109 ZVG)

Grundlage für die Berechnung der Kosten sind die §§ 28 ff. des Gerichtskostengesetzes. Für die Entscheidung des Gerichts über einen Antrag auf Anordnung der Zwangsversteigerung wird eine Gerichtsgebühr erhoben. Weitere Kosten entstehen dann durch das Tätigwerden des Gerichtes. Hierauf sind auf Aufforderung Vorauszahlungen zu leisten. Der größte Kostenfaktor ist zunächst das Sachverständigengutachten. Der → Gläubiger hat allerdings die Möglichkeit, ihm vorliegende Gutachten zu präsentieren. Falls dieses Gutachten vom Gericht und den Beteiligten akzeptiert wird, können Kosten eingespart werden. Bei Bedarf werden weitere Spezialgutachten (z.B. bei Altenlastenverdacht) in Auftrag gegeben.

III. Zwangsversteigerungsvermerk (§§ 15 – 34 ZVG, § 146 ZVG)

Wird die Zwangsversteigerung vom Gericht angeordnet, so hat es zugleich das Grundbuchamt um Eintragung dieser Anordnung in das → Grundbuch zu ersuchen. Dieser Vermerk soll verhindern, dass der Schuldner nach Anordnung der Zwangsversteigrung noch Verfügungen über das → Grundstück trifft, die die Versteigerungsinteressen oder den Erwerber benachteiligen könnten. Durch den Vermerk tritt keine Grundbuchsperre ein, Belastungen sind also weiterhin möglich. Dennoch dürften Beleihungen in diesem Stadium kaum denkbar sein. Dies gilt analog auch für Grundstücke mit Zwangsverwaltungsvermerk. Bei Finanzierungsanträgen ist durch Einsichtnahme in Grundbuchblattkopien zu prüfen, ob eventuell früher entsprechende Vermerke, die wieder gelöscht sein können, eingetragen waren. Dies lässt gegebenenfalls Rückschlüsse auf den Kreditnehmer zu (wenn sich die Eigentumsverhältnisse nicht geändert haben).

IV. Zwangsversteigerungsverfahren

Die Zwangsversteigerung wird auf Antrag eines Berechtigten eingeleitet (§ 15 ZVG). Danach erfolgt die Anordnung der Zwangsversteigerung. Damit verbunden ist die Anweisung an das Grundbuchamt, den Zwangsversteigerungsvermerk einzutragen. Alle Gläubiger und Verfahrensbeteiligten werden hiervon unterrichtet. Nach Ablauf diverser verfahrenstechnischer Arbeiten wird dann die Festsetzung des Grundstückswertes (nach § 74a V ZVG) betrieben. Über das Ergebnis werden die Beteiligten gehört, es besteht eine Einspruchsmöglichkeit. Beendet wird dies durch die Verkehrswertfestsetzung durch das Gericht. Erst jetzt erfolgt die Terminbestimmung durch das → Vollstreckungsgericht. Der Termin wird veröffentlicht. Zwischen Anberaumung des Termins und dem Termin sollten nicht mehr als sechs Monate liegen. Der Termin wird im Amtsgericht abgehalten. Den Gläubigern wird die Terminbestimmung zugestellt, wobei dies mindestens vier Wochen vor dem Termin erfolgt. Diese Terminladung (§§ 41, 43 ZVG) ist zwingend vorgeschrieben. Aus dieser Mitteilung ist ersichtlich, aus welchen Ansprüchen die Zwangsversteigerung betrieben wird, wer die Gläubiger sind und wie ihre Grundbuchrangfolge ist. Hierauf wird der Gläubiger auch seine Taktik in dem anstehenden Termin abstellen. Gleichzeitig wird er jetzt seine Forderung anmelden (§§ 9, 10, 37 u.a. ZVG). Die Forderungsanmeldung erfolgt meist schriftlich und enthält Hauptforderung zuzüglich aller Zinsen, Nebenleistungen, Kostenvorschüsse und Terminwahrnehmungskosten. Eine nachträgliche Anmeldung innerhalb des Termins ist ebenfalls noch möglich. Verspätete oder unterlassene Forderungsanmeldungen erleiden einen Rangverlust. Der Gläubiger wird auch festlegen, wer den Termin wahrnimmt und Vertretungsvollmacht und/ oder Bietungsvollmacht vorbereiten. Unabhängig davon wird der Gläubiger bemüht sein Bietinteressenten zu gewinnen. Hier werden ggf. Absprachen getroffen, Ausbietungsgarantien beurkundet, Liegenbelassung von Grundschulden angeboten etc.

V. Zwangsversteigerungstermin (§ 66 ZVG, Terminbestimmung §§ 37 bis 41 ZVG)

Die Verhandlung über die Zwangsversteigerung eines Grundstücks ist öffentlich. Der Termin besteht aus drei Teilen:

a) *Bekanntmachungsteil:* Information über anwesende Beteiligte, Grundbuchinhalt, Grundstücksnachweisungen, Tag der 1. Beschlagnahme, Besonderheiten, Anmeldungen, Feststellung des geringsten Gebots, Feststellung der Versteigerungsbedingungen, Hinweis auf den bevorstehenden Ausschluss weiterer Anmeldungen.

b) *Bietzeit:* Mindestdauer von 30 Minuten ist unbedingt einzuhalten; geboten wird, indem der Bietinteressent oder die Bietinteressenten unter Vorlage ihrer/s Ausweis(e) ihr Gebot mündlich bekannt geben, der → Rechtspfleger gibt das Gebot bekannt, berechtigte Gläubiger können jetzt → Sicherheitsleistung verlangen, die dann sofort erbracht werden muss, der Rechtspfleger bestätigt das Gebot, unwirksame Gebote hat er sofort zurückzuweisen, der Bieter ist an sein Gebot gebunden und kann es nicht mehr zurücknehmen, weitere Interessenten können jederzeit das Gebot durch Abgabe eines eigenen Gebotes überbieten. Der Verfahrensablauf ist gleich, anschließend können erhöhende Gebote meist durch Zuruf erfolgen, nach Ende der Bietzeit wird das Meistgebot durch dreimaligen Aufruf verkündet. Erst wenn kein Interessent mehr weiterbietet und der Rechtspfleger darauf hingewiesen hat, dass er auch noch weiterhin Gebote annehmen kann, wird die Bietzeit abgeschlossen. Wenn niemand mehr ein Gebot abgibt oder ankündigt, stellt der Rechtspfleger dann das → Meistgebot und den → Meistbietenden fest. Sowohl für Bietinteressenten als auch für die Bankenvertreter ist es gut, die Gewohnheiten der Verfahrensführung des Rechtspflegers zu kennen, da gegebenenfalls hier Nachteile entstehen können, wenn ein eigentlich immer gleichartiger Verfahrensablauf in der Bietzeit unterstellt wird, sich aber in der Praxis etwas andere Handhabungen ergeben.

c) *Verhandlung über den* → Zuschlag: Nach Schluss der Bietzeit und Feststellung des Meistbietenden sind die anwesenden Beteiligten über den Zuschlag zu hören. Es erfolgt dann nach Anhörung der Verfahrensbeteiligten entweder

- eine sofortige Zuschlagsentscheidung,
- eine Zuschlagsversagung wegen Nichterreichung der 5/10-Grenze,
- Zuschlagsversagung wegen Nichterreichung der 7/10-Grenze,
- Nichterteilung des Zuschlags,
- Bestimmung eines separaten Verkündungstermins über den Zuschlag.

Dieser separate Verkündungstermin wird mittlerweile häufig beansprucht, um den Institutsvertretern Gelegenheit zur Abstimmung des Zwangsversteigerungsergebnisses zu geben und eventuell Verhandlungsmöglichkeiten mit dem Meistbietenden nochmals zu nutzen. Außerdem wird der Rechtspfleger immer dann, wenn während oder kurz vor dem Termin Anträge (z.B. Zwangsvollstreckungsschutz nach § 765a ZPO) gestellt werden, möglicherweise darüber nicht sofort entscheiden wollen und deshalb darauf hinweisen, dass er einen separaten Verkündungstermin bestimmen wird.

VI. Abschluss der Zwangsversteigerung

Nach dem Zuschlag bestimmt der Rechtspfleger einen → Verteilungstermin. Die Gläubiger melden dann für diesen Termin ihre Forderungen an, das Gericht verteilt den Erlös und veranlasst Löschung aller früheren Eintragungen im Grundbuch. Der Meistbietende ist als Eigentümer zu diesem Zeitpunkt bereits im Grundbuch eingetragen.

Besonderheiten:

Zwangsversteigerung auf Antrag des Erben (§§ 175 bis 179 ZVG):

Hat ein Nachlassgläubiger für seine Forderung ein Recht auf Befriedigung aus einem zum → Nachlass gehörenden Grundstück, so kann der Erbe nach der Annahme der → Erbschaft die Zwangsversteigerung des Grundstücks beantragen.

Zwangsversteigerung auf Antrag des Insolvenzverwalters (§§ 172 – 174a ZVG):

Wird die Zwangsversteigerung oder die Zwangsverwaltung von dem Insolvenzverwalter beantragt, so finden die Vorschriften der normalen Zwangsversteigerung beziehungsweise des Zwangsverwaltungsverfahrens entsprechende Anwendung.

Zwangsversteigerung im Rang der Zwangshypothek (§ 177 ZVG):

Neben dem Zahlungstitel ist bei einer Zwangsversteigerung aus einer Zwangshypothek ein dinglicher Vollstreckungstitel vonnöten. Dieser Titel muss auf Duldung der Zwangsvollstreckung in das Grundstück gelten.

Zwangsversteigerung von Eigentumsanteilen:

Die Zwangsversteigerung von Eigentumswohnungen unterliegt keinen besonderen Verfahrensbestimmungen. Der Verfahrensablauf ist völlig identisch mit dem Normalverfahren. Lediglich sind üblicherweise die Verwalter als Verfahrensbeteiligte eingeschaltet. Diese Zwangsversteigerungen stellen mittlerweile den Hauptteil der laufenden Verfahren.

Zwangsversteigerung zur Aufhebung der Gemeinschaft (§§ 180 bis 184 ZVG, § 753 BGB):

Diese Versteigerungsform wird auch als → Teilungsversteigerung bezeichnet und dient zur Aufhebung der Gemeinschaft. Zustande kommt die Teilungsversteigerung, wenn die Gemeinschaftsmitglieder so zerstritten sind, dass eine einvernehmliche Einigung über die Auseinandersetzung der Gemeinschaft nicht erzielt werden kann. Ein vollstreckbarer Titel ist für diese Zwangsversteigerung nicht erforderlich. Die Zwangsversteigerung darf nur angeordnet werden, wenn der Antragsteller als Eigentümer im Grundbuch eingetragen oder Erbe eines eingetragenen Eigentümers ist oder wenn er das Recht des Eigentümers oder des Erben auf Aufhebung der Gemeinschaft ausübt. Ein Vormund kann dieses Verfahren nur mit Zustimmung des Vormundschaftsgerichtes betreiben. Verfahrenstechnisch bestehen kaum Unterschiede zum normalen Zwangsversteigerungsverfahren. Es dürfen nur Gebote zugelassen werden, durch welche die dem Aufhebungsanspruch des Antragstellers vorgehenden Rechte, sowie die Kosten des Verfahrens gedeckt werden. Demzufolge sind die dinglichen Gläubiger meist weitgehend geschützt, werden aber dennoch ein derartiges Verfahren aufmerksam verfolgen, da daraus möglicherweise dennoch Konsequenzen erforderlich werden. Von Amts wegen gilt die 5/10-Grenze, der Antragsteller kann die 7/10-Grenze allerdings nicht reklamieren, hat aber durchaus die Möglichkeit, zu jedem Zeitpunkt des Verfahrens, also auch während des Zwangsversteigerungstermins die Einstellung des Verfahrens zu beantragen. Sind allerdings die übrigen Beteiligten dem Verfahren beigetreten, so kann dieser Antrag auch nur noch gemeinschaftlich gestellt werden. Für Bietinteressenten wichtig ist, dass im Falle der Vermietung oder Verpachtung das normalerweise mögliche Sonderkündigungsrecht nach den §§ 57a und b nicht genutzt werden kann. Die Finanzierung derartiger Grundstückserwerbe, auch für Bruchteilseigentümer, ist recht schwierig und nur von Spezialisten durchführbar. Dies insbesondere, da gegebenenfalls Probleme in der Besicherung und der Mittelbeschaffung auftreten können. Schließlich sind im Verteilungstermin Zahlungen fällig, ohne dass der Eigenanteil entsprechend abgezogen werden kann. Eine Teilungsversteigerung verlagert eventuell die Streitigkeiten nur von einer → Immobilie hin zu der bei Gericht hinterlegten Bargeldsumme.

Verfahrensabweichung → Abweichungen.

Verfahrensauswahl → Verfahrensplanung.

Verfahrensgerechtigkeit → Gerechtigkeit.

Verfahrensinnovation – Einführung neuer oder deutlich verbesserter Produktionsverfahren. Diese Verfahren können Änderungen in den Produktionsausrüstungen oder der Organisation der Produktionsprozesse oder beides umfassen. Die Verfahren können dazu dienen, neue oder verbesserte Produkte zu produzieren, die nicht mit herkömmlichen Produktionsanlagen oder -verfahren hergestellt werden können, oder dazu, die Produktionseffizienz wesentlich zu verbessern.

Verfahrenslizenz → Produktionslizenz.

Verfahrenspatent → Patentkategorien.

Verfahrensplanung – Planung des kostengünstigsten Produktionsverfahrens (→ Produktionstechnik, → Produktionstypen). Eine Verfahrensplanung ist bei Änderungen in der Produktionsplanung, z.B. bei Einführung eines neuen Produktes und bei Änderungen der Verfahrensparameter durchzuführen, ferner auch bei der Bestimmung optimaler Produktionsverfahren. Die Verfahrensplanung bildet die Grundlage für die Produktionsprogrammplanung und die Produktionsprozessplanung.

Verfahrensrevision → Revision.

Verfahrenstechnik → Produktionstechnik.

Verfahrensvergleich – eine → Auswertungsrechnung der Kostenrechnung, in der für zur Auswahl stehende Verfahren der Leistungserstellung (neben Produktions- auch Beschaffungs- und

Vertriebsverfahren) die relevanten, d.h. von den einzelnen Verfahrensalternativen jeweils zusätzlich ausgelösten Kosten (→ relevante Kosten), ermittelt und einander gegenübergestellt werden.

Verfall – Termin, an dem eine Berechtigung endet (z.B. im Optionshandel), eine Verpflichtung zu erfüllen oder eine Schuld zu bezahlen ist (z.B. bei Schecks und Wechseln). – Vgl. auch → Verfalltag.

Verfallerklärung – Anordnung durch ein Gericht im Strafverfahren zulasten des Täters, wenn der Täter oder Teilnehmer an der rechtswidrigen Tat für diese oder aus ihr einen Vermögensvorteil erlangt hat (§§ 73 ff. StGB), zwecks Abschöpfung dieses Vermögensvorteils. Die vorläufige Sicherstellung von Verfalls- und Einziehungsgegenständen ist in §§ 111b ff. StPO geregelt.

Verfallfrist → Ausschlussfrist.

Verfallklausel – Klausel in Verträgen, die die ratenweise Tilgung einer Geldschuld zum Gegenstand hat. Die Verfallklausel besagt, dass bei nicht rechtzeitiger Zahlung der Raten die gesamte Restschuld fällig wird. Üblich v.a. bei → Abzahlungsgeschäften und in → Prozessvergleichen. – Bei Teilzahlungskrediten, die dem → Verbraucherdarlehen unterfallen, kann der Kreditgeber wegen Zahlungsverzugs kündigen, wenn der Verbraucher mit zumindest zwei aufeinander folgenden Teilzahlungen ganz oder teilweise und mind. 10 Prozent, bei Vertragslaufzeiten über drei Jahre mit fünf Prozent des Gesamtbestands der Schuld in Verzug ist und der Kreditgeber erfolglos eine zweiwöchige Zahlungsfrist mit der Erklärung gesetzt hat, dass bei Nichtbezahlen die gesamte Restschuld verlangt werde. Bei einem → Realkredit gelten bes. Bedingungen (§ 498 BGB).

Verfalltag – 1. *Allgemein:* Tag, an dem eine vertraglich vereinbarte Frist abläuft. – 2. *Im Wechselrecht:* der Tag, an dem ein → Wechsel fällig ist. Ist der Verfalltag des Wechsels ein Sonnabend, ein Sonntag oder gesetzlicher Feiertag, so kann die Einlösung des Wechsels erst am nächsten Werktag verlangt werden. Gemäß Wechselgesetz (Art. 33 I WG) muss im Wechsel nicht ein bestimmter Tag als Verfalltag angegeben werden (→ Tagwechsel), sondern er kann auch auf Sicht ausgestellt sein (→ Sichtwechsel, fällig bei Vorlage), auf eine bestimmte Zeit nach Sicht (→ Nachsichtwechsel) oder auf eine bestimmte Zeit nach der Ausstellung (→ Dato-Wechsel). – 3. *Im Scheckrecht:* der Tag, an dem die Einlösungspflicht abläuft. → Schecks sind grundsätzlich bei Sicht zahlbar. Gemäß Scheckgesetz (Art. 29 ScheckG) muss ein Scheck binnen 8 Tage zur Zahlung vorgelegt werden, wenn er im Land der Ausstellung zahlbar ist. Ist der Scheck in einem anderen Land als dem der Ausstellung zahlbar, das sich jedoch in demselben Erdteil befindet, verlängert sich die Vorlegungszeit auf 20 Tage, bei unterschiedlichen Erdteilen auf 70 Tage. – 4. *Im* → Optionsgeschäft: der letzte Tag, an dem eine Optionsausübung möglich ist.

Verfallzeit – Zeit, nach der eine Schuld fällig wird. Bei mehreren, zu verschiedenen Terminen ausgeliehenen Beträgen kann als Verfallzeit die Zeitspanne vom Tag der Ausleihung bis zum mittleren Zinstermin genommen werden. Der mittlere Zinstermin gibt an, in welcher Zeit die Gesamtsumme der einzelnen Beträge zum gleichen Zinsertrag führt wie die einzelnen Beträge mit ihren verschiedenen Laufzeiten.

Verfasser → Urheber.

Verfassung – 1. Rechtliche Grundordnung eines Staates, Gesamtheit der geschriebenen und ungeschriebenen Rechtssätze über die Bildung, den Aufgabenkreis und die Organisation der obersten Staatsorgane, das Verhältnis der einzelnen Staatsorgane zueinander, die staatlichen Aufgaben, den staatsrechtlichen Aufbau des Staates und die Rechte des Bürgers gegen den Staat (→ Grundrechte). Die Verfassung der Bundesrepublik Deutschland ist im → Grundgesetz (GG) geregelt. – 2. → Unternehmensverfassung.

Verfassung für Europa – *Europäische Verfassung, Europäischer Verfassungsvertrag.* 1. *Begriff/Bedeutung:* Vom → Europäischen Konvent war der Entwurf eines Vertrages über eine Verfassung für Europa ausgearbeitet worden, der am 24.10.2004 vom Europäischen Rat unterzeichnet worden war. Dieser Verfassungsentwurf war seit Oktober 2003 von einer Regierungskonferenz der Mitgliedsstaaten diskutiert und sollte die Grundlage für die erste europäische Verfassung und eine demokratischere, transparentere und effizientere EU bilden. Die Ratifikation scheiterte jedoch, weil Frankreich und die Niederlande in Volksabstimmungen gegen die Annahme der Verfassung stimmten. Nach dem Scheitern wurde vom Europäischen Rat im Juni 2005 eine „Reflexionsphase" eingeleitet, die im Juni 2007 zu dem Beschluss des Rates über den EU-Reformvertrag (→ Vertrag von Lissabon) führte, der am 1.12.2009 in Kraft getreten ist (BGBl. II 2009 S. 1223). – 2. *Merkmale der Verfassung für Europa:* Bei dem Verfassungsentwurf handelt es sich um einen einzigen Text, der in vier Teile gegliedert ist: Grundlegende Verfassungsbestimmungen (Ziele, Zuständigkeiten, Entscheidungsverfahren und Organe), Grundrechte-Charta, Politikbereiche sowie Schlussbestimmungen. Durch die Verfassung würden die bisherigen drei Säulen der Union integriert und die Union erhielte eine eigene Rechtspersönlichkeit. Die Zahl der Rechtsakte würde von heute ca. 15 auf sechs drastisch verringert werden (Gesetz und Rahmengesetz als rechtsverbindliche Gesetzgebungsakte, Verordnung und Beschluss als rechtsverbindliche Akte ohne Gesetzescharakter sowie unverbindliche Empfehlungen und Stellungnahmen). Der Verfassungsentwurf schlägt auch eine bessere Abgrenzung der Zuständigkeiten vor: Es wird unterschieden zwischen drei Arten von Zuständigkeiten, denen dann jeweils bestimmte Politikbereiche zugeordnet werden: Ausschließliche Zuständigkeiten, in denen nur die EU gesetzgeberisch tätig wird (Wettbewerb, Zollunion, Gemeinsame

Handelspolitik, Währungspolitik in Währungsunion, Erhaltung der biologischen Meeresschätze); geteilte Zuständigkeiten, in denen EU oder Mitgliedsstaaten gesetzgeberisch tätig werden (Binnenmarkt, Asyl- und Einwanderungspolitik, justizielle und polizeiliche Zusammenarbeit, Landwirtschaft/Fischerei, Transport und transeuropäische Netze, Energie, Sozialpolitik, wirtschaftlicher, sozialer und territorialer Zusammenhalt, Umwelt, Verbraucherschutz, Gesundheitswesen, Forschung, technologische Entwicklung und Raumfahrt, Entwicklungszusammenarbeit und humanitäre Hilfe); Unterstützungs-, Koordinierungs- oder Ergänzungsmaßnahmen, in denen die EU keinerlei Harmonisierungsbefugnisse hat (Industrie, Schutz und Verbesserung der menschlichen Gesundheit, allg. und berufliche Bildung, Jugend, Sport, Kultur, Zivilschutz). Hinzu kommen die Koordinierung der Wirtschafts- und Beschäftigungspolitik sowie die → GASP. Einige der genannten Bereiche erhielten mit der Verfassung erstmals eine Rechtsgrundlage: Öffentliche Gesundheit, Energie, Zivilschutz und Sport. Die → Charta der Grundrechte sollte in die Verfassung integriert werden und damit Rechtsverbindlichkeit erlangen. Die Rolle der nationalen Parlamente bei der EU-Gesetzgebung sollte insofern verstärkt werden, dass alle Vorschläge der Kommission an die nationalen Parlamente geleitet werden und diese innerhalb von sechs Wochen Stellung nehmen können. Sollte ein Drittel der Parlamente der Meinung sein, dass das Subsidiaritätsprinzip (→ Subsidiarität) nicht gewahrt ist, hätte die Kommission den Gesetzesvorschlag überarbeiten müssen. Die Rolle der Sozialpartner und der Kirchen wurde betont und die Möglichkeit eröffnet, dass die Bürger mit einer Million Unterschriften die Kommission zur Vorlage eines Gesetzesvorschlags auffordern. Bei der Beschlussfassung sollte das Initiativmonopol der Europäischen Kommission systematisch auf die meisten Bereiche im Rahmen des Raums der Freiheit, der Sicherheit und des Rechts ausgedehnt werden. Auch sollte die qualifizierte Mehrheit auf weitere Bereiche ausgedehnt und das Veto-Recht einzelner Mitgliedsstaaten eingeschränkt werden. Der Europäische Rat könnte auf der Basis einer sog. „Anpassungsklausel" einstimmig beschließen, die qualifizierte Mehrheit auf solche Bereiche auszudehnen, die bisher noch der Einstimmigkeit unterworfen waren. Die sog. „doppelte Mehrheit" (Mehrheit der Mitgliedsstaaten und 60 Prozent der EU-Bevölkerung) sollte ab dem Jahre 2009 Voraussetzung für das Zustandekommen einer qualifizierten Mehrheit sein. → Wirtschafts- und Sozialausschuss der EU (WSA) und → Ausschuss der Regionen (AdR) waren zur Stellungnahme vorgesehen. Für die Mitgliedsstaaten war eine Klageerhebung beim → EuGH vorgesehen. Mit der Schaffung eines EU-Außenministers sowie über die Möglichkeit der verstärkten Zusammenarbeit einiger Mitgliedsstaaten sollte die EU ihre Rolle auf der internationalen Bühne stärken. Der EU-Außenminister sollte nach dem „Zwei-Hüte-Prinzip" gleichzeitig Vize-Präsident der Europäischen Kommission und Beauftragter des Rates für die GASP sein und sollte vom Europäischen Rat mit qualifizierter Mehrheit nach Zustimmung des Kommissionspräsidenten ernannt werden. Die verstärkte Zusammenarbeit sollte auch auf den Bereich Verteidigung ausgedehnt werden. Hier wurde auch die Schaffung eines Rüstungsamtes vorgeschlagen. Dem Europäischen Rat sollte ein Präsident der EU für zweieinhalb Jahre vorsitzen (einmalige Verlängerung möglich). Das Rotationsprinzip der Ratspräsidentschaft sollte dahingehend reformiert werden, dass die Präsidentschaft ein Jahr lang (anstelle der heutigen sechs Monate) dauert. Die Kommission sollte ab ihrem Mandat im Jahre 2009 aus einem Präsidenten, einem Vize-Präsidenten und 13 Europäischen Kommissaren bestehen. Daneben sollte der Kommissionspräsident weitere Kommissare aus den übrigen Mitgliedsstaaten ernennen können, die jedoch kein Stimmrecht hätten.

Verfassungsänderung – Änderung der geschriebenen → Verfassung. Die Verfassungsänderung ist grundsätzlich an strenge Voraussetzungen geknüpft. So ist eine Änderung des → Grundgesetzes (GG) nur mit der Zustimmung von zwei Dritteln der Mitglieder des → Bundestags und zwei Dritteln der Stimmen des → Bundesrats möglich (Art. 79 II GG). Einer Verfassungsänderung entzogen ist die Gliederung des Bundes in Länder, deren Mitwirkung an der Gesetzgebung sowie die in Art. 1 und 20 GG niedergelegten Grundsätze (Art. 79 III GG, „Ewigkeitsklausel").

Verfassungsbeschwerde – bes. verfassungsrechtliche, beim → Bundesverfassungsgericht (BVerfG) anzubringende Beschwerde (Art. 93 I Nr. 4a GG, § 13 Nr. 8a, §§ 90 ff. BVerfGG). Verfassungsbeschwerde kann jedermann (natürliche und juristische Personen) mit der Behauptung erheben, er sei durch die öffentliche Gewalt in einem seiner → Grundrechte oder in einem seiner in Art. 20 IV, 33, 38, 101, 103 und 104 GG enthaltenen Rechte verletzt. – 1. Die Verfassungsbeschwerde ist i.d.R. erst nach *Erschöpfung des Rechtswegs* zulässig, d.h., dass zunächst die zur Beurteilung der Rechtmäßigkeit des in Frage stehenden staatlichen Eingriffs zuständigen Gerichte angerufen werden müssen. Ferner sind alle sonstigen Abhilfemöglichkeiten in Anspruch zu nehmen (Subsidiarität der Verfassungsbeschwerde). – 2. In *Ausnahmefällen* kann das BVerfG aber auch ohne vorherige Erschöpfung des Rechtsmittelzuges entscheiden. – 3. Die Verfassungsbeschwerde bedarf der *Annahme zur Entscheidung,* über die eine aus drei Richtern bestehende Kammer vorentscheidet (§§ 15a, 93 a–d BVerfGG). – 4. Bei missbräuchlicher Erhebung einer Verfassungsbeschwerde kann eine Missbrauchsgebühr bis 2.600 Euro auferlegt werden.

Verfassungsgericht → Gericht, dessen wesentliche Aufgabe die Entscheidung von Rechtsstreitigkeiten aus dem Bereich des Verfassungsrechts ist. Auf Bundesebene nimmt diese Aufgabe das *Bundesverfassungsgericht* wahr, in den Ländern ein

Verfassungsgericht des Landes (*Staats- oder Verfassungsgerichtshof*).

Verfassungskonsens – *Constitutional Consent.* Wenn keine Einigung hinsichtlich der Ergebnisse möglich ist, kann ein Konsens gefunden werden, wenn sich die Personen auf ein Verfahren (→ Abstimmungsverfahren) einigen, auch wenn durch dieses letztlich individuelle Ziele verletzt werden können. – Vgl. auch → Konstitutionenökonomik.

Verfassungsrecht → Verfassung.

Verfeinerungskonstrukt → schrittweise Verfeinerung.

Verfilmung – filmische Wiedergabe eines → Werkes (z.B. Roman, Theaterstück). Das Recht zur Verfilmung ist in der ausschließlichen Verfügungsbefugnis des → Urhebers über sein Werk enthalten. Gestattet der Urheber die Verfilmung, so liegt darin die Einräumung einer Reihe von → Nutzungsrechten, v.a. das Werk unverändert oder unter Bearbeitung oder Umgestaltung zur Herstellung eines Filmwerks zu benutzen und das Recht der → Vervielfältigung und Verbreitung des Filmwerks, der öffentlichen Vorführung und der Funksendung. Auch die Mitwirkenden bei der Filmherstellung räumen im Zweifel dem Hersteller ihr etwa bestehendes → Urheberrecht am Film ein. – Für das durch Verfilmung entstandene Filmwerk genießt der Hersteller ein → Leistungsschutzrecht: Er hat u.a. das ausschließliche Recht, den Bild- oder Tonträger, auf dem das Filmwerk aufgenommen ist, zu vervielfältigen, zu vertreiben und zur öffentlichen Vorführung der Funksendung zu benutzen. Der Urheber ist im Zweifel berechtigt, zehn Jahre nach Vertragsabschluss sein Werk anderweitig filmisch zu verwerten (§§ 88 ff. UrhG).

Verflechtung → Unternehmenszusammenschluss; → Überkreuzverflechtung. →

Verfolgungsermessen → Opportunitätsprinzip.

Verfrachter → Frachtführer.

verfügbares Einkommen – Einkommensbetrag, der Wirtschaftseinheiten nach der Verteilung der → Arbeitnehmerentgelte, → Unternehmens- und Vermögenseinkommen und nach der Umverteilung über empfangene und geleistete → Transfers für den → Konsum und das → Sparen (abzüglich der Zunahme der betrieblichen Versorgungsleistungen) zur Verfügung steht. Das neue → Europäische System Volkswirtschaftlicher Gesamtrechnungen (ESVG) schreibt die Berechnung des verfügbaren Einkommens nach dem Ausgabenkonzept und nach dem Verbrauchskonzept vor. Im letzteren Fall ist das verfügbare Einkommen um die „sozialen Sachtransfers“, d.h. v.a. die individualisierbaren Teile der Konsumausgaben des Staates, höher. Entsprechend erhöht sich der private Konsum. – Bedeutung hat das verfügbare Einkommen bes. im Sektor der privaten Haushalte, da in diesem der größte Teil der Einkommensverwendung entschieden und vorgenommen wird.

Verfügbarkeit – Voraussetzung für den Anspruch auf → Arbeitslosengeld nach dem SGB III. Verfügbarkeit ist Teil der dem → Arbeitslosen obliegenden Beschäftigungssuche. Zu dieser gehört, dass der Arbeitslose durch Eigenbemühungen versuchen muss, zur Beendigung seiner Arbeitslosigkeit beizutragen, als auch der → Arbeitsvermittlung durch die → Agentur für Arbeit (Arbeitsamt) zur Verfügung stehen muss. Verfügbarkeit ist dann gegeben, wenn der Arbeitslose bereit ist, von der Agentur für Arbeit jegliche ihm angebotene Arbeit, die er ausüben kann und darf, anzunehmen. Einschränkungen der Arbeitsbereitschaft sind nur im Rahmen der §§ 138, 139 SGB III zulässig. Der Arbeitslose muss in zeitlicher Hinsicht eine versicherungspflichtige Beschäftigung von mind. 15 Wochenstunden annehmen können, jederzeit in der Lage sein, einen potenziellen neuen Arbeitgeber aufzusuchen, einen Vorstellungs- oder Beratungstermin wahrzunehmen, an einer Maßnahme zur Eingliederung in das Erwerbsleben teilzunehmen oder einem sonstigen Vorschlag der Arbeitsagentur zur beruflichen Eingliederung zeit- und ortsnah Folge zu leisten.

Verfügbarkeitsindikatoren – Indikatoren der Verfügbarkeit → erschöpflicher Ressourcen. Die wichtigsten Indikatoren sind geologische Inventur, → Reichweite, → Abbaukosten, Preis des Extraktions-Outputs und → Nutzungskosten.

Verfügung – I. Öffentliches Recht: → Verwaltungsakt, der sich als Gebot, Verbot oder Erlaubnis an eine oder mehrere bestimmte oder individuell bestimmbare Einzelpersonen richtet. – *Gegensatz:* Verordnung (→ Rechtsverordnung).

II. Bürgerliches Recht: → Rechtsgeschäft, durch das ein Recht unmittelbar aufgehoben, übertragen, seinem Inhalt nach verändert oder belastet wird, z.B. Übereignung, Verpfändung einer Sache, Abtretung einer Forderung. – *Keine Verfügung* sind die → Verpflichtungsgeschäfte, die aber oft zu einer Verfügung verpflichten (→ Abstraktionsprinzip). – *Verfügung durch Nichtberechtigte,* z.B. Veräußerung einer Sache durch einen Nichteigentümer ist grundsätzlich unwirksam. – *Ausnahme:* → gutgläubiger Erwerb. Die von einem Nichtberechtigten vorgenommene Verfügung wird wirksam durch formfreie und rückwirkende nachträgliche → Genehmigung des Berechtigten (§ 185 BGB). Der Nichtberechtigte muss das aus der Verfügung Erlangte als → ungerechtfertigte Bereicherung an den Berechtigten herausgeben (§ 816 BGB).

Verfügungsermächtigung – spezielle Ermächtigungsklausel im Depotgeschäft. – Vgl. auch → Wertpapierverwahrung.

Verfügungsrechte

von Prof. Dr. Rupert Windisch und Peter Burgold

I. Begriff

1. Allgemein

Property Rights. Aus ökonomischer Sicht bezeichnen Verfügungsrechte die Fähigkeit (Property Right) des damit ausgestatteten Wirtschafters, eine bestimmte Entscheidung – im Besonderen ein bestimmtes Handeln oder Unterlassen bezüglich eines bestimmten knappen Gutes – im Rahmen einer anerkannten sozialen Beziehung durchzusetzen. *Beispiele:* Der Eigentümer E, der gegenüber Dritten eine bestimmte Verfügung X über den Eigentumsgegenstand durchsetzen kann; der Arbeitnehmer A, der im Rahmen des mit B abgeschlossenen Arbeitsvertrages von jenem die Verrichtung V verlangen kann; der auf Märkten abgewickelte Gütertausch, bei dem eigentlich Verfügungsrechte über Güter getauscht werden. Der Begriff Gut umfasst sowohl materielle Güter (Personen- und Sachleistungen) als auch immaterielle Güter, nämlich Rechte (z.B. Forderungen, Urheber- und Patentrechte) und Verhältnisse (z.B. den Kundenstamm eines Unternehmens).

Je höher die Wahrscheinlichkeit der Durchsetzung, desto stärker ist das entsprechende individuelle Verfügungsrecht und desto strenger folglich die korrespondierende *Beschränkung*, die seine anerkannte Geltung den Handlungsmöglichkeiten anderer Wirtschafter auferlegt. „Anerkannt" verweist darauf, dass die für die betreffende soziale Interaktion gültigen Normen erlaubten Verhaltens die Entscheidung des Verfügungsinhabers legitimieren. Man denkt zunächst an die staatlich autorisierten (Rechts-)Normen und die auf ihrer Grundlage privatautonom gestalteten Rechtsbeziehungen, v.a. Verträge. Verletzungen dieser Art von Normen können letztendlich mittels hoheitlich-legitimer Anwendung physischen Zwangs sanktioniert werden. Aber ebenso wie der ökonomische Begriff eines Verfügungsrechtes die juristische Begriffsbildung transzendiert, beinhaltet der hier verwendete Normbegriff gleichermaßen informelle Normen sozialer Kontrolle, namentlich gruppenspezifische Konventionen, die in der Erwartung befolgt werden, dass die anderen Gruppenmitglieder ihr Verhalten gleichermaßen an ihnen ausrichten (Reziprozität). Viele Autoren sprechen im Übrigen dann nicht von Verfügungs*rechten*, sondern von bloßer Verfügungs*macht*, wenn Handlungsmöglichkeiten unerlaubt wahrgenommen werden. Namentlich sei auf das Problem hingewiesen, exklusive Verfügungsrechte an dem immateriellen Gut → Information durchzusetzen, dessen unbefugte Nutzung durch geringe Übertragungskosten und hohe Mobilität qualifizierter Arbeitskräfte begünstigt wird.

2. Exklusive Verfügungsrechte

Ein Wirtschafter besitzt ein *exklusives* Verfügungsrecht, wenn er die betreffende Handlungsmöglichkeit praktisch sicher durchsetzen kann. Als Prototyp eines umfangreichen Bündels exklusiver ökonomischer Verfügungsrechte kann das dingliche Vollrecht des Eigentümers einer Sache gelten, der „mit der Sache nach Belieben verfahren und andere von jeder Einwirkung ausschließen" kann (§ 903 BGB; Privateigentum).

II. Verfügungsrechte und Haftung

Die einem Wirtschafter zuerkannten exklusiven Verfügungsrechte gewähren ihm einerseits Freiheitsspielräume im Sinn der Autonomie, frei zwischen Alternativen wählen und sich derart als (sittliche) Person entfalten zu können, und bürden ihm andererseits moralisch die Verantwortung für jede von ihm getroffene Entscheidung auf. Dieser Verantwortung entspricht ökonomisch-instrumental das Prinzip unbeschränkter individueller Haftung: „Wer den Nutzen hat, muss auch den Schaden tragen" (Eucken). Doch kann auch vorab beschränkte Haftung sinnvoll sein, namentlich bei der Einstandspflicht für Gesellschaftsschulden, wenn sich die unternehmerische Funktion in der Aufbringung von Eigenkapital – dem vom Privatvermögen streng getrennten unternehmerischen Sondervermögen (Haftungskapital) – beschränkt. Der Haftungsanspruch, den eine *Schadenhaftungsregel* dem Geschädigten zubilligt, findet abgesehen von allen Schwierigkeiten konsensfähiger Schadensermittlung seine Grenze jedenfalls in der Zahlungsfähigkeit des Schädigers bzw. der für ihn haftbar zu machenden Personen oder Organisationen. Nach dem innovationsfreundlichen *Prinzip der erlaubten Gefährdung* bei (i.d.R.) umfangmäßig begrenzter Haftung („Liability Rule") dürfen legale Aktivitäten Verfügungsrechte Dritter mit der Maßgabe verletzen, dass der Verursacher den Geschädigten den zurechenbar verursachten Schaden in Geld ausgleichen muss. Dagegen kann nach dem *Prinzip des strikten Erlaubnisvorbehalts* eine fremde Verfügungsrechte potenziell beeinträchtigende Aktivität legal erst aufgenommen werden, nachdem die potenziell Gefährdeten zugestimmt haben. Bei Ausgestaltung dieses Erlaubnisvorbehalts als streng privates Verfügungsrecht („Property Rule") werden die Inhaber eine dem Vermögenseffekt ihres Rechtstitels und dem Grad ihrer Risikoaversion entsprechend hohe Kompensation verlangen, was tendenziell innovationshemmend wirkt. Im Gegensatz zu einer Zunftordnung ist es für eine Wettbewerbsordnung kennzeichnend, dass keine Haftung für Vermögenseinbußen Dritter besteht, die auf eine nach der „Kampfordnung" (Böhm) des Wettbewerbs zulässige Konkurrentenhandlung zurückzuführen sind. In einer wettbewerblichen Marktwirtschaft schützen exklusive Verfügungsrechte individuelle Entscheidungsbefugnisse, nicht jedoch die (monetäre) Größenordnung der dadurch erreichten Einkommens-, Gewinn- und Vermögenspositionen. Denn es liegt im Wesen dynamischen Wettbewerbs, dass sowohl die innovatorische Erschließung neuer marktverwertbarer Handlungsmöglichkeiten als auch nachstoßend imitierendes Konkurrentenhandeln die den bestehenden Handlungsmöglichkeiten bereits gewidmeten Ressourcen entwertet, soweit die dabei versenkten Kosten auf den jeweiligen Produktmärkten nicht mehr zurückgewonnen werden können. Diese Wertvernichtung wird jedoch mehr als aufgewogen durch die zusätzlichen Gewinne des (der) erfolgreichen Konkurrenten und die Vorteile, welche die Abnehmer aus billigeren bzw. besseren Produkten zusätzlich ziehen. In diesem Sinn verteilt Wettbewerb Verfügungsrechte dorthin um, wo von ihnen der jeweils „wertvollste" Gebrauch gemacht wird: Ein Vorgang, den Hayek als wissenschaffenden Such- und Entdeckungsprozess und Schumpeter als „schöpferische Zerstörung" bezeichnet hat.

III. Staatliche Beschränkung privater Verfügungsrechte

Dass über den Erlaubnisvorbehalt privat verfügt werden kann, ist freilich die Ausnahme gegenüber der säkular im Vordringen begriffenen Praxis staatlicher Genehmigungsvorbehalte, welche private durch politische Verfügungsrechte verdrängt, die in Repräsentativorganen und v.a. in bürokratischen Gremien ausgeübt werden. Auf diesem Wege hat man – angeleitet durch den Verfassungsgrundsatz, dass „Eigentum verpflichtet" und sein Gebrauch „zugleich dem Wohle der Allgemeinheit dienen" soll (Art. 14 II GG) – das private Vollrecht des Eigentümers (Eigentumsrecht) je nach seinem Gegenstand mehr oder weniger zahlreichen, regelmäßig mit einem bestimmten „öffentlichen Interesse" begründeten Beschränkungen und Eingriffen, also hoheitlicher Regulierung und der ihr zu Gebote stehenden Zwangsgewalt, unterworfen. Wenn aber mit einem Verbot bzw. Gebot in die Verfügungsrechte eines Eigentümers von Produktionsmitteln eingegriffen wird, dann sieht der durch den zwangsbewehrten Eingriffsakt Belastete bestimmte Verfügungsrechte jedenfalls als teilentwertet („verdünnt") an, mag auch der Regulierer zu dem – niemals zweifelsfrei begründbaren – Ergebnis gekommen sein, der staatliche Eingriff habe einen negativen → externen Effekt wohlfahrtssteigernd korrigiert. Abgesehen von den enormen Schwierigkeiten, den behaupteten Effizienzgewinn durch eine empirisch verlässliche Kosten-Nutzen-Analyse zu belegen, sollte die Redeweise vom „öffentlichen Interesse" oder dem „Wohl der Allgemeinheit" nicht den Blick auf den stets gegenwärtigen Verteilungsaspekt verstellen, dass ex post Interessen und Wohlstand bestimmter Individuen in spezifischer Weise positiv oder negativ betroffen worden sind und dadurch wenigstens implizit politisch eine bestimmte Gewichtung erfahren haben.

IV. Verfügungsrechte als Institutionen

Ein Arrangement individueller Verfügungsrechte, dem die auf Dauer angelegte Funktion zugeschrieben wird, in regelhafter Weise bestimmte Probleme der Koordination und Motivation individueller Handlungen zu lösen, wird → Institution genannt (→ Neue Institutionenökonomik). Die sanktionsbewehrten Regeln, mit denen eine Institution individuelles Handeln anleitet, erzeugen nachhaltige Erwartungen verlässlichen Verhaltens bei denjenigen, deren individuelle Handlungsmuster vom Vertrauen in diese Institution geprägt sind.

V. Verfügungsrechte und Transaktionskosten

Institutionen konstituieren eine „Handelnsordnung" (Hayek) der Marktteilnehmer, indem sie Handlungsmöglichkeiten und Interessen der Beteiligten ex ante abgrenzen und ex post verteilen. Sie entlasten ferner von andernfalls aufzuwendenden Transaktionskosten. Würden etwa potenzielle Marktteilnehmer „alles" über marktverwertbare Güter, über Qualitäts- und Preisvorstellungen potenzieller Produzenten und Abnehmer, über einsetzbare Verfahrens-, Organisations- und Führungstechniken und über die Verlässlichkeit der Kontrahenten wissen, dann gäbe es weder Koordinations- noch Kontrollprobleme. Infolge von Informations- und Transaktionskosten sind Verträge, die komplexere Verhältnisse regeln, typischerweise unvollständig: Regelungslücken treten auf, weil die Vertragsparteien nicht sämtliche Eventualitäten vorausdenken können, Unklarheiten über das wirklich Vereinbarte sowie die eingegangenen Verpflichtungen bestehen bleiben und im Streitfall ein Dritter, etwa ein (Schieds-)Richter, nicht berechenbar zu entscheiden vermag, wozu die Parteien sich vertragsgemäß verpflichtet haben. Bei Unvollständigkeit eines Vertrages kommt es sowohl für die Vertragsplanung (ex ante) als auch die Vorteilsteilung aus dem Vertrag (ex post) entscheidend darauf an, welcher Vertragspartei vom Vertrag nicht erfasste und deshalb residuale Kontrollbefugnisse über vertragserhebliche Vermögensgüter („Nonhuman Wealth" wie z.B. Anlagen, Lagerbestände, Kundenlisten, Patente etc.) zustehen.

VI. Theorie der Verfügungsrechte

1. Charakterisierung

Im walrasianischen Modell des allgemeinen ökonomischen Konkurrenzgleichgewichts (→ allgemeines Gleichgewicht) bei flexiblen Preisen treffen automatenhaft-rational entscheidende Produktions- und Konsumakteure ihre Entscheidungen selbstständig aufgrund vollständiger Information über die Preisverhältnisse und in Kenntnis sowohl aller werthaltigen Attribute und Tauschbedingungen für Ressourcen und Güter auf heutigen wie auf Zukunftsmärkten als auch sämtlicher verfügbarer Produktionsverfahren. Konstante Skalenerträge vorausgesetzt, sind die relativen Marktpreise dann ein hinreichendes Instrument, um eine (pareto-)effiziente → Allokation bei vollständiger Dezentralisierung sämtlicher ökonomischer Entscheidungen zu gewährleisten. Die überwältigende Vielfalt der in der Wirklichkeit anzutreffenden ökonomischen Institutionen und Organisationen, namentlich die Existenz von Unternehmen (→ Theorie der Unternehmung), ist in dieser Modellwelt weder von Belang noch in ihr erklärbar. In ihr genügt es, wenn die individuellen Verfügungsrechte klar definiert, exklusiv zugeordnet und ohne Transaktionskosten übertragbar sind. Die Ausgangsverteilung von Rechtstiteln ist dann nach der Aussage des → Coase-Theorems für die Allokationseffizienz, von allfälligen Vermögenseffekten abgesehen, folgenlos. Im Bes. werden externe Effekte, sobald sie von nutzen- bzw. vermögensmaximierenden Wirtschaftern wahrgenommen werden, sofort dadurch „internalisiert", dass die Verfügungsrechte denjenigen marktmäßig übertragen werden, die von ihnen „den wertvollsten Gebrauch" machen. Der Staat ist auf die Definition und Durchsetzung von Rechtstiteln beschränkt; eine darüber hinausgehende staatliche Regulierung erscheint weder notwendig noch hilfreich.

2. Beurteilung

Bei allen Vorzügen dieses Modells für die theoretische Grundlegung neoklassischer ökonomischer Analyse hat eine jahrzehntelange Diskussion v.a. die folgenden Aspekte als notwendig für eine der Realität angemessene Betrachtung ökonomischen Individualverhaltens herausgearbeitet: Ökonomische Akteure kennzeichnet *beschränkte Rationalität*, sie stoßen an kognitive Grenzen ihrer Kapazität zur Informationsbeschaffung und -verarbeitung. Transaktionskosten treten auf, weil Informationen nicht kostenlos zur Verfügung stehen; es kann niemals vollständige Information, also auch keine allen Eventualitäten Rechnung tragende Vertragsgestaltung geben, und nicht selten sind Informationen zwischen Marktparteien asymmetrisch verteilt (→ Informationsasymmetrie). Ungeachtet „moralischer Präferenzen" ist im Allgemeinen mit einer Neigung zu rechnen, Informationsvorsprünge und darauf gründende Handlungsmöglichkeiten opportunistisch im Sinn von eigennützig gepaart mit einem „Schuss" Arglist zu nutzen. Entscheidungsspezifische → Unsicherheit ist häufig nicht vernachlässigbar, kann aber möglicherweise durch geeignete institutionelle Arrangements vermindert werden.

3. Entwicklung/Bedeutung

Die als *Theorie der Verfügungsrechte* bekannte Betrachtungsweise wurde von angelsächsischen Ökonomen wie Alchian, Coase, Demsetz, North und Williamson im Bemühen entwickelt, wenigstens einige der angeführten Aspekte ernsthaft in die neoklassische Modellanalytik des unter Restriktionen nutzen- bzw. vermögensmaximierenden → Homo oeconomicus und der postulierten Tendenz zu Gleichgewichtsallokationen einzubeziehen. Befruchtend hat sich diese Betrachtungsweise v.a. für die ökonomische Theorie der Unternehmung, die Theorie staatlicher Regulierung und die Theorie wirtschaftlicher Entwicklung ausgewirkt. Die Ökonomie hat auf diese Weise zur klassischen Einsicht Adam Smiths in die zentrale Bedeutung der Gestaltung von Institutionen für den Wohlstand einer großen Gesellschaft, in der sich Menschen dominant selbstsüchtig verhalten, zurückgefunden.

Verfügungssumme → Dispositionsfonds.

Verfügung von Todes wegen → Willenserklärung einer natürlichen Person, durch die sie über das Schicksal ihres Vermögens nach ihrem Tode bestimmt. Die Verfügung von Todes wegen kann einseitige (→ letztwillige Verfügung oder → Testament) oder vertragsmäßige Erklärung (→ Erbvertrag) sein.

Vergabekammern → öffentliche Auftragsvergabe.

Vergaberecht → öffentliche Auftragsvergabe .

Vergabeverfahren → öffentliche Auftragsvergabe.

Vergabeverordnung (VgV) – i.d.F. vom 11.2.2003 (BGBl. I 169) m.spät.Änd. Die Verordnung enthält Regelungen über die Vergabe öffentlicher Aufträge. Durch die Vergabeverordnung erhalten die Regelungen der Verdingungsordnung für Leistungen (VOL/A) und für Bauleistungen (VOB/A), die früher Verwaltungsvorschriften darstellten, Rechtsnormqualität. – Vgl. auch → Verdingungsordnungen, → öffentliche Auftragsvergabe.

Vergehen → Straftat, die als Strafdrohung eine Freiheitsstrafe mit einem Mindestmaß von unter einem Jahr oder Geldstrafe vorsieht, ansonsten handelt es sich um ein Verbrechen (vgl. § 12 StGB). Strafschärfungen oder -milderungen, die nach dem Allgemeinen Teil des Strafgesetzbuchs oder für bes. schwere oder minder schwere Fälle vorgesehen sind, ändern nichts an der Einordnung als Vergehen bzw. Verbrechen. – *Beispiel:* Raub (§ 249 StGB) wird mit einer Mindeststrafe von einem Jahr bedroht, in minder schweren Fällen Freiheitsstrafe von sechs Monaten bis fünf Jahren. Auch im minder schweren Fall bleibt die Straftat ein → Verbrechen.

Vergeltungszoll – *Kampfzoll, Retorsionszoll;* → Zoll, der in Erwiderung auf die → Handelspolitik eines anderen Landes eingeführt wird. Dieser Zoll wirkt für sich genommen (d.h. bei gegebenem Zollsatz des anderen Landes) *wohlfahrtsverbessernd* zulasten des anderen Landes, welches darauf seinerseits mitunter wieder mit einer Vergeltung in Form einer weiteren Zollerhöhung reagieren wird *(Zollkrieg).* Das Endergebnis einer solchen Entwicklung ist im Vergleich zum → Freihandel zumindest für ein Land, möglicherweise aber auch für beide Länder, eine

Wohlfahrtsverschlechterung. Deshalb wurde nach dem Zweiten Weltkrieg in Form des → GATT ein rechtlicher Rahmen für → multilaterale Liberalisierung geschaffen. – Vgl. auch → Handelspolitik, → World Trade Organization (WTO).

Vergleich – 1. *Begriff:* Vertrag, durch den der Streit über ein Rechtsverhältnis im Wege gegenseitigen Nachgebens beseitigt wird (§ 779 BGB). Vergleich kann sowohl *außergerichtlich* (→ außergerichtlicher Vergleich) als auch vor Gericht *(gerichtlich)* geschlossen werden (→ Prozessvergleich, → Schiedsvergleich). – Der Vergleich ist *unwirksam,* wenn der von den Parteien angenommene Sachverhalt der Wirklichkeit nicht entspricht und der Streit oder die Ungewissheit bei Kenntnis der Sachlage nicht entstanden wäre. – 2. *Formen:* a) *Erlassvergleich:* Gläubiger erlassen Teil der Schulden. – b) *Stundungsvergleich* (Moratorium): Gläubiger stunden die Schulden für bestimmte Zeit, damit Schuldner Vermögensteile verflüssigen oder Bestände und Debitoren abbauen kann. – c) Der → außergerichtliche Vergleich durch Vereinbarung zwischen Schuldner und Gläubigern kommt meist nur bei wenigen Gläubigern zustande. Vorteilhaft ist für den Schuldner, dass die Öffentlichkeit über den Vergleich nicht informiert wird.

vergleichendes Verfahren → land- und forstwirtschaftliches Vermögen.

vergleichende Werbung – 1. *Grundsätzlich:* Die Zulässigkeit vergleichender Werbung wurde nach früherem Recht durch Beurteilungsgrundsätze bestimmt, die die Rechtsprechung aus § 1 UWG a.F. entwickelt hat. Aufgrund der konstitutiven Neufassung des UWG durch Gesetz vom 3.7.2004 (BGBl. I 1414) wird vergleichende Werbung in § 6 UWG definiert als Werbung, die unmittelbar oder mittelbar einen Mitbewerber oder die von einem Mitbewerber angebotenen Waren oder Dienstleistungen erkennbar macht. Vergleichende Werbung in diesem Sinn ist grundsätzlich zulässig, es sei denn, es liegt einer der in § 6 II UWG aufgeführten Fälle vor. – 2. *Formen unzulässiger vergleichender Werbung:* Verboten ist ein Vergleich, der sich nicht auf Waren oder Dienstleistungen für den gleichen Bedarf oder dieselbe Zweckbestimmung bezieht, also auf nicht substituierbare Produkte. Ebenso unzulässig ist ein Vergleich, der nicht objektiv auf eine oder mehrere wesentliche, relevante, nachprüfbare und typische Eigenschaften oder den Preis dieser Waren oder Dienstleistungen bezogen ist. Dem Werbetreibenden ist es nicht schlechthin untersagt, unwesentliche Eigenschaften seines Produkts zu bewerben, er darf sie aber nicht in einen Vergleich einbeziehen, da durch das Herausgreifen unmaßgeblicher Eigenschaften ein verzerrter Gesamteindruck entstehen kann. Verboten ist auch ein Vergleich, der im geschäftlichen Verkehr zu Verwechslungen zwischen dem Werbenden und einem Mitbewerber oder zwischen den von diesen angebotenen Waren oder Dienstleistungen oder den von ihnen verwendeten Kennzeichen führt. Die bloße Gefahr von Verwechselungen genügt hier nicht; es muss tatsächlich zu einer Täuschung zumindest einzelner Werbeadressaten gekommen sein. Der Vergleich darf auch nicht die Wertschätzung des von einem Mitbewerber verwendeten Kennzeichens in unlauterer Weise ausnutzen oder beeinträchtigen. Er darf also nicht auf einen Imagetransfer angelegt sein. Ebenso wenig darf vergleichende Werbung die Waren, Dienstleistungen, Tätigkeiten oder persönlichen oder geschäftlichen Verhältnisse eines Mitbewerbers herabsetzen oder verunglimpfen. Diese Regelung ergänzt die Tatbestände der → Anschwärzung und Verunglimpfung und geht insofern weiter, als es im Rahmen eines Vergleichs nicht darauf ankommt, ob die herabsetzenden Äußerungen wahr sind oder nicht. Schließlich ist ein Vergleich unzulässig, der eine Ware oder Dienstleistung als Imitation oder Nachahmung einer unter einem geschützten Kennzeichen vertriebenen Ware oder Dienstleistung darstellt. Gemeint ist damit, dass das eigene Produkt des Werbenden als Imitation bspw. eines Medikaments dargestellt wird, für das der Patentschutz ausgelaufen ist.

Vergleich im Strafprozess → Absprachen im Strafprozess.

Vergleichsbetriebe → Bewertungsstützpunkte.

Vergleichsgebühr → Rechtsanwaltsgebührenordnung.

Vergleichsmarktkonzept – 1. *Begriff:* Methode zum Nachweis missbräuchlich hoher Preise eines marktbeherrschenden Anbieters bzw. missbräuchlich niedriger Preise eines marktbeherrschenden Nachfragers (vgl. allg. § 19 II Nr. 2 2. Halbsatz GWB sowie in Bezug auf Strom- und Gaspreise § 29 Satz 1 Nr. 1 GWB). – 2. *Arten:* a) *räumliches Vergleichsmarktkonzept:* Vergleich mit dem Preis auf einem anderen räumlichen Markt für dieselbe Ware oder Dienstleistung im In- oder Ausland. – b) *zeitliches Vergleichsmarktkonzept:* Vergleich mit dem Preis auf demselben sachlichen und räumlichen Markt, wie er sich früher bei noch wirksamem Wettbewerb herausgebildet hatte. – c) *sachliches Vergleichsmarktkonzept:* Vergleich mit dem Preis für andere, sehr ähnliche Waren oder Dienstleistungen (regelmäßig auf dem Inlandsmarkt). – 3. *Korrekturzuschläge/-abschläge:* Je nach den konkreten Marktverhältnissen und strukturellen Rahmenbedingungen des Vergleichsmarkts können Korrekturzuschläge (bei Angebotsmacht) oder Korrekturabschläge (bei Nachfragemacht) notwendig sein, z.B. wenn der Anbieter auf dem beherrschten Markt höheren Kosten ausgesetzt ist, die unternehmensindividuell nicht beeinflussbar sind. – 4. *Erheblichkeitszuschlag:* Nach der Rechtsprechung sollen nur erhebliche Abweichungen vom Wettbewerbspreis zu einer Missbrauchsverfügung führen. Die Höhe des anzusetzenden Erheblichkeitszuschlags kann nur einzelfallbezogen bemessen werden.

Vergleichsordnung (VerglO) – war Grundlage des Vergleichsrechts, das mit dem → Vergleichsverfahren dem vertrauenswürdigen Schuldner die Möglichkeit gab, die Abwendung des Konkurses zu versuchen. – Am 1.1.1999 wurde die Vergleichsordnung (VerglO) durch die → Insolvenzordnung (InsO) abgelöst.

Vergleichsverfahren – früheres gerichtliches Verfahren zur Abwendung eines Konkurses (sog. Vergleich) unverschuldet in Not geratener würdiger Schuldner, wenn die wirtschaftlichen Verhältnisse die Erfüllung einer Mindestquote und die Erhaltung des Unternehmens erwarten ließen. Möglich als Stundungs-, Erlass- oder Liquidationsvergleich. – Durch das einheitliche → Insolvenzverfahren nach der → Insolvenzordnung (InsO) abgelöst. – *Anders:* → außergerichtlicher Vergleich.

Vergleichsvertrag – Begriff des Verwaltungsverfahrens: ein → öffentlich-rechtlicher Vertrag, durch den eine bei verständiger Würdigung des Sachverhalts oder der Rechtslage bestehende Ungewissheit durch gegenseitiges Nachgeben beseitigt wird (§ 55 VwVfG).

Vergleichswert – Begriff des Bewertungsgesetzes: der für landwirtschaftliche, weinbauliche und gärtnerische Nutzungen oder Nutzungsteile in den einzelnen Betrieben mithilfe der → Vergleichszahlen abgeleitete → Ertragswert, der sich unter Berücksichtigung des 100 Vergleichszahlen entsprechenden Ertragswerts ergibt (→ land- und forstwirtschaftliches Vermögen). Letztere werden zu jeder → Hauptfeststellung durch bes. Gesetz festgestellt. – Bei forstwirtschaftlicher Nutzung gelten Besonderheiten (§ 55 BewG), vgl. → Forstwirtschaft.

Vergleichswertverfahren – 1. *Begriff:* Das Vergleichswertverfahren wird u.a. bei der Bewertung von Wohnungseigentum, Teileigentum sowie Ein- und Zweifamilienhäuser in Erbfällen nach der Erbschaftsteuerreform herangezogen. Nach der gesetzlichen Regelung gemäß Wertverordnung können hierfür zwei Verfahrenswege herangezogen werden (a) auf der einen Seite die Heranziehung von vergleichbaren Kaufpreisen und (b) auf der anderen Seite die Anwendung von Vergleichsfaktoren der Gutachterausschüsse (§§ 182 II f. BewG). – 2. *Vergleichsgrundstücke:* Bei der Anwendung des Vergleichswertverfahrens wird der Kaufpreis von vergleichbaren Grundstücken zugrunde gelegt (§ 183 I Satz 1 BewG). Hierzu werden Grundstücke herangezogen, die hinsichtlich der ihren Wert beeinflussenden Merkmale mit dem zu bewertenden Grundstück hinreichend übereinstimmen, d.h. vergleichbar sind. Vorrangig sind dabei die von den Gutachterausschüssen mitgeteilten Vergleichspreise anzuwenden; nachrangig können auch Unterlagen zu vergleichbaren Käufen zugrunde gelegt werden, die der Finanzverwaltung vorliegen. – 3. *Vergleichsfaktoren:* Alternativ zu den Preisen für Vergleichsgrundstücke können sog. Vergleichsfaktoren herangezogen werden (§ 183 II Satz 1 BewG). Die Ermittlung und die Mitteilung dieser Vergleichsfaktoren für die geeignete Bezugseinheiten wie beispielsweise Raum- oder Flächeneinheiten des Gebäudes erfolgt durch Gutachterausschüsse. Werden Vergleichsfaktoren verwendet, die sich nur auf das Gebäude und nicht auf den Boden beziehen, ist der Bodenwert nach § 179 BewG gesondert zu berücksichtigen (§ 183 II Satz 2 BewG).

Vergleichszahlen – 1. *Begriff des Bewertungsgesetzes:* Zahlen, die bei der Bewertung des → land- und forstwirtschaftlichen Vermögens die Unterschiede der Ertragsfähigkeit gleicher Nutzungen ausdrücken, beurteilt in den verschiedenen Betrieben durch Vergleich der natürlichen und wirtschaftlichen Ertragsbedingungen (§ 38 BewG). – 2. Zur Sicherung einer gleichmäßigen Bewertung des land- und forstwirtschaftlichen Vermögens werden Vergleichszahlen für typische Betriebe mit gegendüblichen Ertragsbedingungen (Vergleichsbetriebe) als *Haupt-Bewertungsstützpunkte* ermittelt, vom → Bewertungsbeirat vorgeschlagen und durch Rechtsverordnung festgesetzt. – 3. *Ausnahmen:* Für forstwirtschaftliche sowie sonstige land- und forstwirtschaftliche Nutzungen werden keine Vergleichszahlen, sondern unmittelbar → Vergleichswerte ermittelt.

Vergnügungsteuer – 1. *Einordnung in das Steuersystem:* indirekte Steuer; Klassifizierung als örtliche → Verbrauchsteuer – Aufwands- oder → Verkehrsteuer. – 2. *Rechtfertigung:* einerseits fiskalischer Zweck der Einnahmenbeschaffung, andererseits ordnungspolitisches Lenkungsinstrument zur Eindämmung von bestimmten Vergnügungen (z.B. Spielhallen wegen der städtebaulichen Verschandelung der Innenstädte und der Suchtgefahr bei den Spielern); Einfachheitsprinzip: Besteuerung der Veranstalter und nicht der Teilnehmer. – 3. *Geschichte:* Entstehung im 18. Jh. aus Abgaben, die bereits im Mittelalter auf den Besuch öffentlicher Lustbarkeiten, Schaustellungen und auf die Teilnahme an Glücksspielen erhoben wurden und zur Finanzierung des Armenwesens dienten; im 19. und Anfang des 20. Jh. Besteuerung von Lustbarkeiten aller Art; seit Ende der dreißiger Jahre Schwerpunkt bei der Besteuerung von Filmvorführungen; Ende der siebziger Jahre vielerorts Abschaffung bzw. erhebliche Reduzierung der Erhebung der Vergnügungsteuer (Aufkommen 1980 nur noch 77 Mio. DM); seit Mitte der 1980er-Jahre Wiederaufleben der Vergnügungsteuer in Form der Spielautomatensteuer; ansonsten jedoch Nichtberücksichtigung moderner „Vergnügungen" (Reisen, Fernsehen etc.; Aufkommen 2006: 203,6 Mio. Euro). – 4. *Rechtsquellen:* Vergnügungsteuer-Gesetze der Länder (Berlin, Brandenburg, Bremen, Hamburg, Nordrhein-Westfalen, Rheinland-Pfalz, Saarland); Kommunalabgabengesetze der Länder (Baden-Württemberg, Hessen, Mecklenburg-Vorpommern, Niedersachsen, Sachsen-Anhalt, Schleswig-Holstein, Thüringen); Vergnügungsteuer-Satzungen der Gemeinden; generelles Verbot der Erhebung in Bayern;

in Schleswig-Holstein nur als Spielautomatensteuer zulässig. – 5. *Tatbestand:* räumlicher Anwendungstatbestand: Gemeindegebiet; Steuersubjekt: Jedermann; Steuergegenstand: Veranstalten von Vergnügungen (z.B. Tanzveranstaltungen gewerblicher Art, Filmveranstaltungen) bzw. Besitz von Spielautomaten; Steuermaßstab: Entgelt, bes. der Preis der Eintrittskarte (Kartensteuer), oder Räume, Zahl der Mitwirkenden etc., wenn kein Eintrittsgeld erhoben wird bzw. die Ermittlung zu aufwendig ist (Pauschsteuer); bei Spielautomaten Anzahl oder Erstanschaffungspreis. – Steuersatz: Kartensteuer: zwischen 15 und 30 Prozent; Pausch- und Automatensteuer: fester Betrag; bei der Automatensteuer z.T. Differenzierung nach Aufstellungsort und Gerätetyp. – 6. *Verfassungsrechtliche Bedenken:* Die Vergnügungsteuer nach Anzahl der Spielgeräte (auch sog. Automatensteuer oder Pauschsteuer) ist sehr umstritten. Im Jahr 2005 hat das Hamburgische Oberverwaltungsgericht die Frage der Verfassungsmäßigkeit der Pauschsteuer dem Bundesverfassungsgericht zur Entscheidung vorgelegt. Aktuell wird allerdings die Umsatzsteuer für Automatenaufsteller vom Gerichtshof der Europäischen Gemeinschaft für nicht vereinbar mit EU-Recht gehalten. – Vgl. auch → Bagatellsteuer.

Vergütung – 1. Synonym für → Arbeitsentgelt. – 2. *Rückgewährung einer gezahlten Steuer* an den Exporteur. – 3. Unternehmer, die ausländische Vorsteuerbeträge gezahlt haben, können sich diese Beträge im Rahmen eines Vorsteuer-Vergütungsverfahrens von der zuständigen Behörde in dem Land erstatten lassen, in dem die Beträge entrichtet wurden. Ein solches Vorsteuer-Vergütungsverfahren haben alle EU-Mitgliedstaaten sowie einige Länder außerhalb der EU, z.B. die Schweiz und Kanada, §§ 18 Absatz 9 UStG, 59 ff UStDV. Seit dem 01.01.2010 gibt es einige Änderungen hinsichtlich des Ablaufs des Vorsteuer-Vergütungsverfahrens innerhalb der EU. Das Verfahren wurde auf die elektronische Antragstellung umgestellt, die im Ansässigkeitsstaat des Antragstellers zu erfolgen hat. In Deutschland nimmt das Bundeszentralamt für Steuern die Anträge entgegen.

Vergütungsgruppe → Eingruppierung, → Tariflohn.

Vergütungsordnung → Eingruppierung, → Tariflohn.

Vergütungssystem – 1. *Ziele bzw. Funktionen:* Durch die Festlegung auf ein Vergütungssystem sind grundsätzlich mehrere für die Versorgungssituation bedeutende Ziele zu verfolgen bzw. soll das Vergütungssystem verschiedene Funktionen erfüllen: a) *Verteilungsfunktion:* grundsätzlich soll durch ein Vergütungssystem ein leistungsgerechtes Einkommen der Leistungserbringer bei gleichzeitig minimaler Belastung des Leistungsfinanziers gewährleistet sein. – b) *Steuerungs- und Anreizfunktion:* Gleichsam sollen Leistungen bedarfsgerecht und wirtschaftlich erbracht werden. Die Ausgestaltung des Vergütungssystems hat eine erhebliche Anreizwirkung auf die Art und den Umfang der Leistungserstellung. Diese Annahme geht auf die sog. Zieleinkommenshypothese zurück. In diesem Zusammenhang wird behauptet, dass ärztliches Handeln nicht ausschließlich durch das Berufsethos bestimmt ist, sondern auch eigene Interessen (finanzieller Art) des Leistungserbringers für den Behandlungsprozess ausschlaggebend sind. – c) *Innovationsfunktion:* ein Vergütungssystem soll zudem die Versorgungsqualität und → Wirtschaftlichkeit fördernde Verfahren und Produkte fördern oder zumindest nicht behindern. – d) *Weitere Ziele:* für geringe Verwaltungs- und Kontrollkosten ist ein Vergütungssystem praktikabel und transparent auszugestalten. Gegenüber Veränderungen im → Gesundheitswesen sollte es anpassungsfähig sein. Eng mit der Anreizfunktion verbunden, sollte ein Vergütungssystem auf eine breite Akzeptanz unter den Leistungserbringern treffen. Demzufolge ist die Konzeption eines Vergütungssystems ein wesentliches Steuerungsinstrument in der Gesundheitsversorgung. Jedoch ist dessen Ausgestaltung äußerst komplex. Ein Vergütungssystem lässt sich nach verschiedenen Kriterien (Verfahren und Formen) differenzieren. Es sind verschiedene Idealtypen von Verfahren und Formen zu unterscheiden, die in der Praxis oft in Kombination eingesetzt werden. – 2. *Vergütungsverfahren:* Durch das Vergütungsverfahren wird die Form und Höhe der → Vergütung festgelegt. Grundsätzlich kann zwischen drei verschiedenen Idealtypen an Verfahren unterschieden werden: a) *wettbewerbliche Marktprozesse:* Das Vergütungsverfahren erfolgt im Rahmen von Selektivverträgen zwischen einzelnen Leistungserbringern und -finanzierern. Bspw. in Deutschland wird im Rahmen der → integrierten Versorgung gemäß § 140a-d SGB V die Form und Höhe der Vergütung direkt und individuell zwischen den einzelnen Vertragsparteien festgelegt. Wettbewerbliche Vergütungsfestlegungen ermöglichen tendenziell günstigere Preise. Hierbei ist darauf zu achten, dass eine günstigere Preisstruktur nicht zulasten der Versorgungsqualität geht. – b) *Regulierung:* Das Vergütungsverfahren kann ebenfalls durch staatliche Eingriffe erfolgen. Beispiele hierfür sind in Deutschland → Gebührenordnungen (z.B. EBM gemäß § 87 SGB V) oder Budgetbegrenzungen (z.B. gesetzlich festgelegte Veränderungsraten der GKV-Mitgliedereinnahmen gemäß § 71 SGB V). Im Gegensatz zum ersten Verfahren sind hier keine marktnahen Preise sondern administrative Preise für die Versorgung angesetzt. – c) *Kollektivverhandlungen:* Auch dieses Verfahren wird in Deutschland praktiziert. Im Rahmen der sog. Regelversorgung erfolgen bilaterale Verhandlungen durch die Selbstverwaltungsorgane der Leistungserbringer [→ Kassenärztliche Vereinigungen (KV), Krankenhäuser] und -finanziers (→ Krankenkassen). Auch hier erfolgt eher eine administrative Preisfestlegung. – d) *Abrechnungsform:* grundsätzlich ist zwischen dem ein- und dem zweistufigen

Vergütungsverfahren zu unterscheiden. Klassisch für die PKV (→ Krankenversicherung) stellt der Leistungserbringer die Rechnung an den Patienten. Der Patient kann dann in einem weiteren Schritt sich die Kosten von seiner Versicherung in Abhängigkeit der Vertragsmodalitäten zurückholen (Kostenerstattungsprinzip). In der GKV erfolgt die Versorgung regelmäßig nach dem Sachleistungsprinzip, wobei die Abrechnung der Leistungen direkt durch den Finanzier erfolgt (einstufiges Verfahren, z.B. in der → integrierten Versorgung gemäß §140a-d SGB V). Hiervon unterscheidet sich das zweistufige Verfahren. So wird in der ambulanten Versorgung in einem ersten Schritt die sog. Gesamtvergütung zwischen den Selbstverwaltungsorganisationen vereinbart. Erst im weiteren Verfahren wird diese auf die einzelnen Leistungserbringer verteilt. – 3. *Vergütungsformen:* Durch die Vergütungsform wird die Bemessungsgrundlage für die Vergütung festgelegt. Auch hier gibt es eine Reihe diverser Idealtypen, die in der Praxis zumeist in Kombination eingesetzt werden. Alle Formen sind mit Vor- und Nachteilen behaftet, die in Tab. 1 aufgelistet sind. Prinzipiell gilt nach herrschender Meinung, dass je pauschaler und prospektiver die Vergütung ausgestaltet ist, desto größer die Gefahr der Leistungsvorenthaltung, und je mehr die Tendenz zur reinen retrospektiven Kostenerstattung geht, desto höher die Gefahr zu fragwürdiger Leistungsausweitung. An dieser Stelle soll insbesondere auf folgende Vergütungsformen näher eingegangen werden, die auch die Wesenszüge anderer Formen gut verdeutlichen: a) *Einzelleistungsvergütung, Fee For Service:* Die Einzelleistungsvergütung nach vorab festgelegten Gebührenordnungen (Vergütung pro Leistung) stößt auf eine breite Akzeptanz unter den Leistungserbringern. Die Einzelleistungsvergütung der ambulanten Versorgung ist das Pendant zur Kostenerstattung im stationären Sektor. Sämtliche vom Leistungserbringer erbrachten Leistungen werden honoriert. Zweckmäßiger ist allerdings mittels Budgetbegrenzung der generellen Gefahr unerwünschter Leistungsausweitung entgegenzuwirken. Bei der Verwendung einer Gebührenordnung wird hier der relative Ressourcenverbrauch in Punkten ausgedrückt. Die Punktzahlen der verschiedenen Einzelleistungen sind in der GKV in der bundesweit geltenden Gebührenordnung für die vertragsärztliche Abrechnung festgelegt - dem EBM (Einheitlicher Bewertungsmaßstab). Durch die Multiplikation der Punktwerte mit einem festgelegten Umrechnungsfaktor ergibt sich der Geldbetrag für eine Leistung. Im Zuge des Gesundheitsstrukturgesetzes von 1993 wurde eine Budgetbegrenzung eingeführt. Die jährliche Veränderungsrate der GKV-Mitgliedseinnahmen wird gemäß § 71 SGB V durch das BMG (Bundesministerium für Gesundheit) jährlich festgesetzt und bestimmt somit die Gesamtvergütung, die dem ambulanten Sektor zur Verfügung steht. Dadurch ergibt sich ein „floatender" Punktwert. Je nachdem, wie viele Leistungen und somit Punkte am Ende einer Abrechnungsperiode erbracht wurden, verändert sich der Punktwert. Dies führte in Deutschlang zum sog. Hamsterradeffekt; d.h. Leistungserbringer versuchten durch Leistungsausweitungen ihren insgesamten Abrechnungswert zu steigern. Die Folge war bei festem Gesamtbudget eine stetige Abwertung des Punktwerts. Das bereits im GKV-Modernisierungsgesetz von 2004 diskutierte Reformvorhaben soll nun durch das GKV-Wettbewerbsstärkungsgesetz von 2007 endgültig auf den Weg gebracht werden. Die Budgetierung wird wieder aufgehoben und für die Ärzte werden kalkulierbare Abrechnungswerte festgesetzt (regionale Punktwerte in Europreisen). Dennoch sind Plausibilitätsprüfungen durch regional festgelegte Regelleistungsvolumina möglich. Zudem ist durch die zunehmende Ablösung der Einzelleistungsvergütung durch Komplexpauschalen die Fortführung des schon im stationären Bereich feststellbaren Trends zu mehr Pauschalisierung bei der Honorierung festzustellen. – b) *Fallpauschalen, Diagnosis Related Groups:* Im Gegensatz zur Einzelleistungsvergütung liegt der Anreiz in der pauschal vergüteten Leistungserbringung tendenziell in der schnellstmöglichen Gesundung der Patienten, um dadurch eine optimale Kostenstruktur zu erzielen. Bei dieser Vergütungsform erhält der Leistungserbringer eine Pauschale je behandelten Fall. Mit dem GKV-Gesundheitsreformgesetz von 2000 hat sich auch die dt. Bundesregierung entschlossen, den stationären Sektor schrittweise auf ein Fallpauschalensystem umzustellen (DRG-Sytem). Für eine leistungsgerechte Vergütung sind die Fälle nach bestimmten Kriterien zu differenzieren und in einem weiteren Schritt in Gruppen zusammenzufassen. Wie der Name des DRG-Systems bereits darauf hindeutet, werden medizinisch ähnliche Fälle (Diagnosen) unter Berücksichtigung des Ressourcenverbrauchs zu Gruppen zusammengefasst (Diagnosis Related Groups). Dabei sieht das Krankenhausfinanzierungsgesetz gemäß § 17 KHG vor, sich auf einen praktikablen Differenzierungsgrad der Gruppen zu beschränken. Im Extremfall wären sämtliche Fälle durch eine Kopfpauschale zu vergüten. Weniger praktikabel, dafür leistungsgerechter wäre, sämtliche Kriterien zur Differenzierung mit einzubeziehen, wodurch die Vergütung tendenziell in Richtung Einzelleistungsvergütung gehen würde. Für eine ausgewogene Balance des Differenzierungsgrads ist das InEK (Institut für das Entgeltsystem im Krankenhaus) seit 2001 beauftragt, den sog. Fallpauschalenkatalog jährlich weiterzuentwickeln. Die letztendliche Bestimmung einer Fallpauschale ist höchst komplex. In Deutschland werden zur Gruppierung der Fälle folgende Kriterien herangezogen: Patientendaten (Alter, Geschlecht, Aufnahmegewicht) und medizinische Daten (Haupt-, Nebendiagnose gemäß ICD-Klassifikation, Prozeduren gemäß OPS-Schlüssel, Verweildauer, Entlassungsdiagnose etc.). In der Startphase wurde der sog. Basisfallwert krankenhausindividuell zwischen Krankenhaus und den Landesverbänden der Krankenkassen vereinbart. Ab 2009 – mit Ende der Konvergenzphase - sollen fortan Basisfallwerte auf Landesebene gelten. Jedem Fall wird vom InEK ein Relativgewicht zugewiesen, wodurch die durchschnittliche Kostenintensität eines Falls, bezogen auf einen Referenzwert (in Deutschland 1,0), dargestellt werden soll. Der Ressourcenverbrauch wird hierbei aus den Durchschnittskosten aller Behandlungsfälle der sog. Kalkulationskrankenhäuser ermittelt. Die Verweildauer spielt hierbei eine bes. Rolle, da der durchschnittliche Ressourcenverbrauch sich auf Fälle (Patienten) mit einer durchschnittlichen Verweildauer (Grenzverweildauer) bezieht. Zwar werden Zu- und Abschläge für Fälle gewährt, die über (bzw. unter) der oberen (bzw. unteren) Grenzverweildauer liegen (effektives Relativgewicht), die optimale Kostenstruktur ergibt sich aber dadurch, dass Patienten möglichst in der vorgegeben Verweildauer behandelt werden. Die Multiplikation aller Relativgewichte mit dem Basisfallwert ergibt den sog. Case Mix, geteilt durch alle Fälle ergibt sich der sog. Case Mix Index, der die durchschnittlich ökonomische Fallschwere einer Abteilung oder eines Krankenhauses darstellt. Prinzipiell bieten Fallpauschalen den Anreiz einer wirtschaftlichen Mittelverwendung bei gleichzeitig leistungsorientierter Honorierung. Faire Gewinner und Verlierer kann es hierbei aber nur geben, wenn die Fallpauschalen hinreichend die Morbidität der Patienten berücksichtigen – ohne dabei den praktikablen Differenzierungsgrad aus den Augen zu verlieren. Hierin besteht eine große Herausforderung. Die Verweildauer ist seit Einführung des DRG-Systems drastisch gesunken (Gefahr der zu frühen Entlassung), die Fallzahl hingegen erheblich gestiegen. Zudem besteht die Gefahr des Upcodings (unsachgemäße Aufwertung der Leistungen) und der Risikoselektion von Patienten (Ab- und Überweisung kostenintensiver Fälle, deren Kosten voraussichtlich nicht durch die Fallpauschale gedeckt werden). – c) *Erfolgsorientierte Vergütung, Pay for Performance:* Die erfolgsorientierte Vergütung gewinnt insbesondere im Rahmen von → Managed Care und → integrierter Versorgung an Bedeutung. Die Bemessungsgrundlage für die Vergütung ist der Erfolg einer Behandlung. Im Extremfall würde dies bedeuten, dass der Leistungserbringer keine Vergütung erhält. Bei stringenter Umsetzung des Konzepts hat ein Leistungserbringer daher ein bes. hohes Interesse an der Genesung seines Patienten. Zur fairen Ausgestaltung dieser Vergütungsform ist der Erfolg für das gesamte Angebotsspektrums eines Leistungserbringers und treffende Indikatoren zu definieren. Der Erfolg muss letztendlich in monetären Einheiten dargestellt werden. Verschiedene Indikatoren sind zur Messung des Behandlungserfolgs vorstellbar und finden bereits in der Praxis Anwendung. Formale Anforderungen an Indikatoren sind Transparenz, Vollständigkeit und Widerspruchsfreiheit. Zudem sollten Indikatoren in enger Beziehung zum Gesundheitsergebnis stehen (Validität). Zur Messung des Behandlungserfolgs kann z.B. die Qualität der ärztlichen Behandlung herangezogen werden. Hierfür kann ein Qualitätsindex erstellt werden. In den USA setzt sich der Qualitätsindex oftmals aus verschiedenen Indikatoren der Prozessqualität zusammen, die sich am HEDIS-Indikatorensystem der NCQA-Organisation orientieren.

Allgemeine Gestaltung von Vergütungssystemen		
Vergütungsform	**erwünschter Effekt**	**unerwünschter Effekt**
Gehalt	- Anreiz zur Gesunderhaltung des Patienten	- keine Wirtschaftlichkeitsanreize - Warteschlangen
Kopfpauschale	- Anreiz zur Gesunderhaltung des Patienten - Wirtschaftlichkeitsanreize - geringe Verwaltungskosten	- Risikoselektion - Kostenverlagerung - Qualitätsgefährdung
Fallpauschale	- ohne Anreiz zur Leistungsausweitung - Wirtschaftlichkeitsanreize	- Unterlassen erwünschter Leistungen - upgrading - Kostenverlagerung
Tagespauschale	- Minimierung der Kosten pro Tag	- Ausdehnung der Verweildauer
Leistungskomplex	- kein Anreiz zur Ausweitung von Einzelleistungen	- Inhalte der Leistungen nur durch Zusatzmaßnahmen gesichert
Einzelleistung	- leistungsorientierte Vergütung - produktivitäts- und leistungssteigernd	- unerwünschte Leistungsausweitung - Rosinenpicken, z. B. Bevorzugung von Geräteleistungen
Erstattung der Faktorkosten	- Planungssicherheit für Leistungserbringer - innovationsfördernd	- keine Wirtschaftlichkeitsanreize, Leistungsausweitung
erfolgsorientierte Vergütungsformen	- Qualitätsverbesserung - Arztinteresse und Patienteninteresse sind deckungsgleich	- Messprobleme - hohe Kontrollkosten

Weitere Indikatoren können bspw. zur näheren Bestimmung der Patientenzufriedenheit oder der Effektivität einer Behandlung aufgestellt werden. I.d.R. ist die Bestimmung des Erfolgs aber mit Messproblemen behaftet, weshalb in der Praxis häufig Struktur- und Prozesskomponenten zur Messung herangezogen werden. Nach dem renommierten Modell von Avedis Donabedian wird hierbei angenommen, dass Struktur-, Prozess- und Ergebnisqualität einander bedingen. Sind Verbesserungen in der Struktur (wie qualifiziertes Personal, leistungssteigernde Medizintechnik) erzielt, wird eine positive Zielbeziehung zur Prozessqualität angenommen, welche wiederum in einer gesteigerten Ergebnisqualität mündet. Gleichfalls ist der Erfolg einer Behandlung stets auch von der Therapietreue des Patienten (Compliance) abhängig. Daher ist der Behandlungserfolg nicht alleinig auf das ärztliche Handeln zurückzuführen. Der Zusammenhang ist eher schwach ausgeprägt. Insbesondere im ambulanten Sektor können Leistungserbringer nur schwer die Medikamenteneinnahme oder Einhaltung von Therapieempfehlungen seitens Patienten kontrollieren. Daher wird die erfolgsorientierte Vergütung in der Praxis oft in Kombination mit anderen Vergütungsformen verwendet. So erhält ein Leistungserbringer bspw. ein bestimmtes Grundgehalt. Zusätzlich wird er bis zu einem bestimmten Prozentsatz erfolgsorientiert vergütet.

Vergütungsverfahren → Vorsteuervergütungsverfahren.

Verhaftung – Grundsätzlich nur aufgrund einer richterlichen Anordnung (Haftbefehl, vgl. § 114 StPO) zulässige Maßnahme zur Verbringung einer Person in → Haft. – 1. *Zivilprozess:* (1) Ordnungshaft bei Zuwiderhandlungen gegen titulierte Unterlassungsansprüche (§ 890 ZPO); (2) Zwangsmittel zur Herbeiführung einer Handlung, z.B. Leistung einer eidesstattlichen Versicherung. – 2. *Strafrecht:* (1) Strafe; (2) → Untersuchungshaft.

Verhalten im Betrieb → Ordnung des Betriebs.

verhaltensbedingte Kündigung → ordentliche Kündigung des Arbeitsverhältnisses, die aus Gründen, die in dem Verhalten des Arbeitnehmers liegen, sozial gerechtfertigt sein kann (§ 1 II KSchG). Gründe im Verhalten des Arbeitnehmers sind v.a. Pflichtverletzungen des Arbeitsvertrags (→ Vertragsbruch) wie z.B. Unpünktlichkeit, mangelhafte Arbeitsleistung, Nichtbeachtung erteilter Anweisungen. Einmalige und geringfügige Vertragsverstöße können eine verhaltensbedingte Kündigung nicht rechtfertigen. Bei der verhaltensbedingten Kündigung ist i.d.R. eine vorherige → Abmahnung erforderlich, es sei denn, es handelt sich um ein krasses Fehlverhalten (Beispiel für letzteres: Diebstahl, Veruntreuung im Arbeitsverhältnis).

Verhaltensforschung – interdisziplinäre Forschungsrichtung; der Methodik nach Naturwissenschaft, inhaltlich aber Symbiose aus Natur- und Geisteswissenschaften. Die Verhaltensforschung befasst sich mit der Erforschung des menschlichen Verhaltens; Forschungsgrundlage ist das beobachtbare Verhalten, das bis auf physiologische, bes. neurophysiologische, Basiselemente analysiert wird. – *Teildisziplinen:* Psychologie, Soziologie, vergleichende Verhaltensforschung/Verhaltensbiologie, physiologische Verhaltensforschung, Anthropologie, Arbeitswissenschaft u.a. – *Strömungen:* (1) *Biologische Ansätze:* Erfassung biologischer und physiologischer Gesetzmäßigkeiten des menschlichen Verhaltens mit objektiven Messmethoden (z.B. → Blickregistrierung, Beobachtung nonverbalen Verhaltens). – (2) *Kognitive Ansätze:* Messung menschlicher Intelligenz, Lerntheorien. – (3) *Motivationale/emotionale Ansätze:* Einbeziehung kaum bewusster und kognitiv wenig kontrollierter Verhaltensweisen.

Verhaltensgitter → Managerial Grid.

Verhaltenskodex – Begriff aus dem internationalen Steuerrecht: Zur Bekämpfung des unfairen Steuerwettbewerbs haben sich die EU-Staaten im Dezember 1997 auf einen Verhaltenskodex verständigt, nach dem in Zukunft beurteilt werden soll, ob eine steuerliche Maßnahme eines EU-Staates im internationalen Steuerwettbewerb als unfaire Maßnahme angesehen werden kann oder nicht. Ferner wurde im Sinn eines unverbindlichen Gentlemen's Agreement die Selbstverpflichtung übernommen, für die weitere Zukunft von nach dem Verhaltenskodex als unfair eingestuften Steuermaßnahmen abzusehen und bestehende gegen den Verhaltenskodex verstoßende Regelungen allmählich abzubauen. Infolge des Verhaltenskodex sind zahlreiche steuerliche Vergünstigungen in den Mitgliedsstaaten eingeschränkt oder befristet worden (oft bis 2005 oder 2010). – Neben dem Verhaltenskodex hat die EU-Kommission zunehmend auch auf das Beihilfeverbot des EG-Vertrages zurückgegriffen, um die Einführung neuer steuerlicher Vergünstigungen für Unternehmen zu unterbinden.

Verhaltenskodizes – (internationale) Verhaltenskodizes – 1. *Begriff:* Zusammenstellung von Normen, welche Regeln für ein erwünschtes Verhalten insbesondere internationaler Unternehmen festlegen. Diese Regeln sind kein Bestandteil internationalen Rechts, sondern eher als Empfehlungen zu verstehen. Sie werden meist auf freiwilliger Basis in Form einer Deklaration oder Charta mit stark programmatischem Charakter verabschiedet. – 2. *Gründe:* Verhaltenskodizes dienen der Beseitigung von Widersprüchen und der Schließung von Lücken zwischen den jeweiligen nationalstaatlichen Ausformungen insbesondere von Gesellschafts-, Gewerbe- und → Arbeitsrecht. Dies soll die Kontrollpotenziale über → internationale Unternehmungen stärken. Den Verhaltenskodizes ist eine Brücken- und Harmonisationsfunktion zuzuschreiben. – 3. *Systematik:* Verhaltenskodizes lassen sich nach ihrem Anwendungsbereich, ihrem Regelungsinhalt, ihrem Sanktionsgehalt und nach dem Charakter der normstiftenden Institution kategorisieren. – 4. *Beispiele:* So haben die Vereinten Nationen 1976 „Guidelines for Multinational Enterprises" verabschiedet, die einen Verhaltenskodex über grundlegende Prinzipien für die Investitionsbeziehungen in den Mitgliedsstaaten darstellen. Zudem existiert seit 1999 der „Global Compact" der Vereinten Nationen, dessen Ziel die Förderung von „Corporate Social Responsibility" und „Good Corporate Citizenship" zur Erzielung einer nachhaltigen ökologischen und sozialen Entwicklung weltweit ist.

verhaltensorientiertes Rechnungswesen – *Behavioral Accounting;* interdisziplinärer Gestaltungsansatz des → Rechnungswesens, der über die Gewinnung, Bereitstellung und Bereithaltung unternehmenszielbezogener Informationen hinaus auch die Wirkung bzw. Verwendung der Informationen auf den bzw. von dem Informationsempfänger einbezieht. Die Verhaltensorientierung hat durch das → Controlling stark an Bedeutung gewonnen. Dennoch wird bis heute auf verhaltenswissenschaftliche Aspekte bei der Gestaltung der Kostenrechnung wenig Wert gelegt.

verhaltensorientierte Wirtschaftsgeografie – Forschungsansatz in der → Wirtschaftsgeografie, der sich v.a. mit den einer Entscheidung vorausgehenden Prozessen der Wahrnehmung und Bewertung von Informationen über die räumliche Umwelt durch Individuen oder Gruppen beschäftigt. Dabei handelt es sich um das Spatial Behavior, d.h. das aktivitätsneutrale Verhalten gegenüber dem Raum. Diesem folgt das Behavior in Space, d.h. das unmittelbar raumwirksame und beobachtbare Verhalten im Raum.

verhaltenstheoretische Betriebswirtschaftslehre – 1. Bezeichnung für ein Wissenschaftsprogramm, das die *systematische Anwendung verhaltenstheoretischer Erkenntnisse* auf betriebswirtschaftlich relevante Probleme vorsieht (Leistungsmotivation, Führung, Arbeitszufriedenheit, Konsumentenverhalten etc.). Angestrebt wird ferner ein Beitrag zur Integration des Fachs in die Sozialwissenschaft. – 2. Als *methodisches Leitprinzip* fungiert der → methodologische Individualismus. – *Inhaltlichen Ausgangspunkt* bildet das Streben nach Bedürfnisbefriedigung; in Abkehr vom Menschenbild des → Homo oeconomicus wird von einer in sich differenzierten Motivstruktur und von der verhaltenslenkenden Wirkung individueller Erwartungen ausgegangen. – 3. *Praktische Bedeutung:* Konkrete Hinweise für die Gestaltung von Anreizsystemen, des Führungsstils, von organisatorischen Regelungen, von Planungs- und Kontrollsystemen etc. Gestaltungsanregungen ergeben sich ferner aus der Analyse des → Konsumentenverhaltens (Einflüsse von Bezugspersonen bzw. Bezugsgruppen, Meinungsführern, der Zugehörigkeit zu sozialen Schichten etc.). – Vgl. auch → Betriebswirtschaftslehre (BWL).

Verhaltenstheorie der Unternehmung – Versuch, das Verhalten realer Unternehmungen und bes. deren Entscheidungsprozesse zu erfassen und zu erklären. Ihr liegt die induktive Methode zugrunde (im Gegensatz zu der deduktiven des marginalistischen Ansatzes (Machlup)). Cyert und March erfassen die Ziele, Erwartungen, die Entscheidungswahl und die Kontrolle der Organisation. – Die *mehrdimensionale Zielfunktion* setzt sich aus qualitativen Zielen, dem Produkt-, Lagerhaltungs-, Umsatz-, Marktanteils- und Gewinnziel zusammen. Jedem Ziel ist ein bestimmtes Anspruchsniveau zugeordnet. Ist dieses Anspruchsniveau erreicht, hat die Organisation keinen Anlass zu Verhaltensänderungen. Es wird kein optimales Verhalten unterstellt, sondern → Satisficing-Verhalten (Simon). Die Organisation bildet ihr Zielsystem durch Verhandlungen zwischen den Koalitionen. *Koalitionen* von Eigentümern, Managern, Arbeitnehmern, Gläubigern, Kunden und Lieferanten sind Interessengruppen, die unterschiedliche Ziele verfolgen, sodass Konflikte gelöst werden müssen. Ein Weg der *Konfliktlösung* ist es, bestimmte Gruppen zum Verzicht an der Zielbildung durch Seitenzahlungen zu bewegen. Ist eine Lösung des Zielkonflikts erreicht und eine Erfüllung der Anspruchsniveaus sichergestellt, so wird versucht, die Lösung kurz- und mittelfristig zu stabilisieren, auch wenn das Anspruchsniveau künftig verfehlt wird. Dies geschieht durch Bildung oder Auflösung von Reserven (Organizational Slacks). Das Anspruchsniveau wird erst bei dauerhafter Verfehlung korrigiert.

Verhaltensüberwachung → technische Überwachungseinrichtung.

Verhaltensweise → Markttransparenz, → Aktions-Reaktions-Verbundenheit, → Marktform.

verhältnisgleich → proportional.

Verhältnismäßigkeitsgrundsatz – aus dem in Art. 20, 28 I GG normierten Rechtsstaatsprinzip abgeleiteter Grundsatz (Übermaßverbot). Der Verhältnismäßigkeitsgrundsatz besagt, dass ein Eingriff erforderlich, geeignet und verhältnismäßig im engeren Sinne (d.h. nicht übermäßig belastend, nicht unzumutbar) sein muss. Er gilt für alle Eingriffe der öffentlichen Hand in verfassungsmäßig geschützte Rechte des Betroffenen.

Verhältnisschätzung – Verfahren der gebundenen → Hochrechnung, bei welchem neben der Untersuchungsvariablen (→ Merkmal) Y ein Hilfsmerkmal X ausgewertet wird. Bei bekanntem Durchschnittswert (→ arithmetisches Mittel) des Hilfsmerkmals in der → Grundgesamtheit $\bar{x}$ und unter Verwendung der Durchschnittswerte in der Stichprobe $\bar{x}$ und $\bar{y}$ ergibt sich für den Durchschnittswert Y der Untersuchungsvariablen in der Grundgesamtheit der Schätzwert $\bar{y} = \bar{y} / \bar{x} \cdot \bar{x}$. Bei der Verhältnisschätzung geht man davon aus, dass das Verhältnis der Durchschnittswerte von Untersuchungs- und Hilfsvariablen in der Grundgesamtheit und der Stichprobe (ungefähr) gleich ist.

Verhältnisskala – *Ratioskala;* → Skala, auf der alternative → Ausprägungen bezüglich Verschiedenheit, Rangordnung und Abstand bewertbar sind und auch ein Verhältnis von Ausprägungen sinnvoll interpretiert werden kann. – *Beispiele:* Länge, Einkommen, Einwohnerzahl. – Vgl. auch → Skalenniveau.

Verhältnisverfahren – 1. *Verteilung nach Köpfen:* Das zur Verteilung anstehende → Kontingent wird durch die Zahl der Antragsteller geteilt. Jeder Antragsteller erhält somit einen gleichen Anteil. – 2. *Verteilung im Verhältnis zur beantragten Menge:* Berechnung der individuellen → Quote nach

$$GK \cdot \frac{E_b}{E_g},$$

wobei: GK = Gesamtkontingent, E_b = beantragte Einzelmenge, E_g = beantragte Gesamtmenge. Dies Verfahren wird häufig bei Handelsgeschäften mit Staatshandelsländern angewandt. – Vgl. auch → Verteilungsverfahren.

Verhältniswahl – Wahlverfahren, bei dem die Sitzverteilung nach dem Verhältnis der auf die einzelnen Parteien (Listen) entfallenen Stimmen berechnet wird, nicht aber danach, wer die meisten Stimmen erhält (→ Mehrheitswahl, auch Persönlichkeitswahl). Nach diesem Verfahren werden in Deutschland seit dem Zweiten Weltkrieg die Landtage z.T. gewählt, für den → Bundestag gilt die sog. personalisierte Verhältniswahl, die Elemente der Verhältniswahl und der Persönlichkeitswahl enthält.

Verhältniszahl – Quotient zweier statistischer Größen (→ Gesamtmerkmalsbeträge, Umfänge von → Gesamtheiten, Merkmalswerte). – *Arten:* → Messzahlen, → Beziehungszahlen und → Gliederungszahlen.

Verhandlungsanspruch tariffähiger Verbände – Anspruch jeder → Koalition (Gewerkschaft) auf Beteiligung am Tarifabschluss oder Anspruch darauf, dass auch mit ihm verhandelt wird, im Fall mehrerer konkurrierender Gewerkschaften. Nach dt. Tarif- und Arbeitskampfrecht besteht nach der Rechtsprechung des BAG ein solcher Anspruch nicht; der Abschluss von Tarifverträgen ist dem freien Spiel der Kräfte überlassen.

Verhandlungsgebühr → Rechtsanwaltsvergütungsgesetz.

Verhandlungskurve → Kontraktkurve.

Verhandlungsmaxime – ein i.Allg. den Zivilprozess beherrschender prozessualer Grundsatz, der besagt, dass es Sache der Prozessparteien ist, die Tatsachen und die Beweise, die die Grundlage für die Entscheidung des Gerichts werden sollen, in den Prozess einzuführen. – *Gegensatz:* → Offizialmaxime.

Verhandlungstermin → Termin.

Verhulst-Dynamik – von Verhulst (1845) anhand einer Populationsdynamik aufgezeigtes Phänomen des komplexen Verhaltens einer einfachen nicht linearen Beziehung $f(x_t) = x_{t+1} \cdot x_t$ steht für die Größe einer Population zum Zeitpunkt t. Die Schreibweise der Verhulst-Dynamik lautet: $x_{t+1} = ax_t (1 - x_t)$.

Das → System zeigt folgendes Verhalten: Für kleine Werte des Kontrollparameters a ($0 < a < 1$) konvergiert die Populationsgröße unabhängig vom Startwert gegen Null: Die Population stirbt aus. Wenn gilt: $1 \leq a \leq 3$ steuert das System unabhängig vom Startwert einen stabilen → Attraktor). Wenn $a > 3$ ändert sich das Systemverhalten (→ Bifurkation): Für $3 \leq a \leq a_c \approx 3,57$ ist die Systemdynamik durch stabile periodische Schwingungen gekennzeichnet, d.h. alle Phasenbahnen konvergieren gegen einen stabilen Grenzzyklus. Wenn gilt: $a_c < a \leq 4$ tritt das System in das *chaotische Regime* ein, in dem sowohl stabile Schwingungen mit unterschiedlicher Zyklenzahl als auch völlig aperiodische Schwankungen der Populationsgröße auftreten. In diesem Bereich ist das Systemverhalten extrem sensibel von den Anfangs- und Randbedingungen abhängig. Die Verhulst-Dynamik gilt als einfachster Zugang zum Phänomen des sog. deterministischen → Chaos. Es zeigt, dass chaotisches Verhalten nichts mit Zufall oder externen Störquellen zu tun haben muss.

Verifiability – *Nachprüfbarkeit;* qualitative Anforderung an Rechnungslegungsinformationen nach den → US-GAAP sowie nach den → International Financial Reporting Standards (IFRS). – Vgl. auch → Conceptual Framework und → Framework.

Verifikation – Eine Verifikation liegt vor, wenn zu einer wissenschaftlichen Aussage (→ Hypothese) ein bestätigender Befund festgestellt wird, z.B. durch eine hypothesenkonforme Beobachtung (→ Empirismus). – *Gegensatz:* → Falsifikation. – Vgl. auch → Popper-Kriterium; → Kritischer Rationalismus.

Verjährung – I. Allgemeines: Der Verjährung unterliegen alle Ansprüche. Ausgenommen sind v.a. bestimmte familienrechtliche Ansprüche (§ 194 II BGB), Ansprüche auf Aufhebung von → Gemeinschaften (§§ 758, 2042 II BGB), auf → Grundbuchberichtigung oder solche aus eingetragenen oder durch → Widerspruch gesicherten Rechten (§§ 898, 902 BGB) und nachbarrechtliche Ansprüche (§ 924 BGB). Mit der → Schuldrechtsreform wurde das Recht der Verjährung grundlegend umgestaltet. Mit dem Gesetz zur Änderung des Erb- und Verjährungsrechts vom 24.9.2009 (BGBl. I 3142) wurden im Recht der Verjährung nochmals die Vorschriften der §§ 197, 199, 207 BGB geändert.

II. Fristen und Beginn: 1. *Regelmäßige Verjährungsfrist:* Drei Jahre ab Ende des Jahres (Ultimo-, Silvesterverjährung), a) in dem der Anspruch fällig wird und b) der Gläubiger von den anspruchsbegründenden Umständen und der Person des Schuldners Kenntnis erlangt oder ohne grobe Fahrlässigkeit hätte erlangen müssen (§§ 195, 199 I BGB). Da wegen des Erfordernisses der Kenntniserlangung die Frist von drei Jahren ganz erheblich überschritten werden kann, gelten zusätzliche *Höchstfristen* (§ 199 BGB) von 30 bzw. zehn Jahren. – *Beispiele:*(1) → Mängelhaftung bei einem → Werkvertrag, der sich nicht auf ein Bauwerk oder die Herstellung, Veränderung einer beweglichen Sache bzw. die dafür erforderlichen Planungs- und Überwachungsleistungen (z.B. Architekt) bezieht (§ 634a I Nr. 3 BGB), z.B. Konzert, Autorenvertrag, Softwareentwicklung.(2) Schadenersatz bei Pflichtverletzung beim Dienst- und Arbeitsvertrag.(3) Schadenersatz aus → unerlaubter Handlung, Schadenersatz nach zahlreichen Nebengesetzen wie Straßenverkehrsgesetz (§ 14 StVG), → Haftpflichtgesetz (§ 11 HaftPflG), → Umwelthaftungsgesetz (UmweltHG), § 17. – 2. *Wichtige bes. Verjährungsfristen:* a) *Drei Monate:* Ab Kenntniserlangung vom Geschäftsabschluss bei Verletzung des Wettbewerbsverbot durch Handlungsgehilfen oder Gesellschafter. Die *Höchstfrist* beträgt fünf Jahre seit Geschäftsabschluss (§§ 61 II HGB, 113 III HGB). – b) *Sechs Monate:* (1) Ersatzansprüche des Vermieters und Verpächters wegen Veränderung oder Verschlechterung der Mietsache (§§ 548 I, 581 II BGB). (2) Ab Einlösung oder klageweiser Geltendmachung des → Wechsels die Ansprüche des Indossanten gegen andere Indossanten und den Aussteller (Art. 70 III WG). (3) Mit Ablauf der Vorlesungsfrist beim Scheck Rückgriffsansprüche (Art. 52 ScheckG). (4) Ab Kenntnis des Anspruchsberechtigten von der wettbewerbswidriger Handlung und von Person des Verpflichteten im unlauteren Wettbewerb die Ansprüche auf Unterlassung und Schadensersatz (§ 11 UWG). – c) *Ein Jahr:* Ab rechtzeitig erhobenem Protest bzw. ab Verfalltag im Fall des Vermerks „ohne Kosten" bei Wechseln die Ansprüche des Inhabers gegen die Indossanten und den Aussteller (Art. 70 II WG). – d) *Zwei Jahre:* (1) Ab Übergabe bzw. Ablieferung beim → Kaufvertrag für bewegliche Sachen die → Mängelhaftung (§ 438 I Nr. 3 BGB). (2) Dasselbe gilt ab → Abnahme beim Werkvertrag für bewegliche Sachen sowie die dafür erforderlichen Planungs- und Überwachungsleistungen (§ 634a I Nr. 1 BGB). – e) *Drei Jahre:* Ab Verfalltag bei Wechseln Ansprüche gegen den Akzeptanten (Art. 70 I WG). – f) *Fünf Jahre:* (1) Ab Übergabe bzw. Ablieferung beim Kaufvertrag über Bauwerke und dort eingebaute bewegliche Sachen die Mängelhaftung (§ 438 I Nr. 2 BGB). (2) Dasselbe gilt ab Abnahme beim Werkvertrag für ein Bauwerk sowie die dafür erforderlichen Planungs- und Überwachungsleistungen (§ 634a I Nr. 2 BGB). (3) Ansprüche gegen einen Gesellschafter aus Verbindlichkeiten einer OHG (§ 159 HGB). (4) Schuldenhaftung des Veräußerers bei Veräußerung eines Unternehmens (§§ 25 f. HGB). – h) *30 Jahre:* (1) Herausgabeansprüche aus Eigentum und anderen dinglichen Rechten. (2) Familien- und erbrechtliche Ansprüche. (3) Rechtskräftig festgestellte Ansprüche. (4) Ansprüche aus vollstreckbaren Vergleichen oder Urkunden. (5) Ansprüche, die durch die im Insolvenzverfahren erfolgte Feststellung vollstreckbar geworden sind (§ 197 BGB). (6) → Rechtsmängelhaftung beim Kaufvertrag, wenn einem Dritten ein dingliches Recht an der Kaufsache zusteht (§ 438 I Nr. 1 BGB).

III. Neubeginn/Hemmung der Verjährung: 1. *Neubeginn:* Verjährungsfrist beginnt von Anfang an neu (§ 212 BGB). – *Wichtigste Gründe:* → Anerkenntnis des Schuldners, Vollstreckungshandlung. – 2. *Fortlaufshemmung:* Innerhalb einer bestimmten Frist läuft die Verjährung nicht weiter (§ 203-209 BGB), z.B. bei einer schwebenden Verhandlungen über den Anspruch, bei einer gerichtlichen Geltendmachung, → höherer Gewalt. – 3. *Ablaufhemmung:* Verjährungsfrist läuft an sich weiter, doch endet sie nicht vor einem bestimmten Zeitpunkt (§§ 210, 211 BGB), z.B. sechs Monate nach Eintritt der unbeschränkten → Geschäftsfähigkeit.

IV. Vereinbarung über die Verjährung: Vereinbarungen sind grundsätzlich wirksam. Ausnahmen (§ 202 BGB) sind (1) die → Haftung wegen → Vorsatzes, (2) die Verlängerung auf mehr als 30 Jahre. Besonderheiten gelten beim → Verbrauchsgüterkauf und in → Allgemeinen Geschäftsbedingungen (AGB).

V. Rechtsfolgen: Verjährung bewirkt keinen Untergang des Anspruchs. Der Schuldner kann nur die Erfüllung verweigern (Einrede der Verjährung). Eine Leistung auf einen verjährten Anspruch kann nicht zurückgefordert werden. Ist für die Forderung ein → Pfandrecht oder eine → Hypothek bestellt, kann sich der Gläubiger nach Eintritt der Verjährung aus dem Pfandobjekt befriedigen. Auch kann er Herausgabe seines Eigentums bei → Eigentumsvorbehalt und → Sicherungsübereignung nach Verjährung der gesicherten Forderung verlangen (§ 216 BGB).

VI. Strafrechtliche Verjährung: Diese vernichtet den Strafanspruch des Staates und bildet Verfahrenshindernis. Entsprechendes gilt für die Ahndung der Ordnungswidrigkeiten, → Ordnungswidrigkeitengesetz (OWiG). – 1. *Verfolgungsverjährung* (§§ 78 ff. StGB, § 31 OWiG): Die Strafverfolgung mit Ausnahme von Völkermord (§ 220a StGB) und Mord (§ 211 StGB) verjährt mit Ablauf einer bestimmten Zeit nach Begehung der Straftat. Die Verjährungsfristen sind verschieden je nach der Höhe der angedrohten Strafe. Je schwerer die Straftat ist, umso länger ist die Verjährungsfrist (z.B. 30 Jahre bei Taten, die mit lebenslanger Freiheitsstrafe bedroht sind). Ordnungswidrigkeiten verjähren in sechs Monaten. Beträgt die angedrohte Geldbuße mehr als 1.000 Euro, beträgt die Verjährungsfrist ein Jahr, bei mehr als 2.500 Euro zwei Jahre, bei mehr als 15.000 Euro drei Jahre. Durch bestimmte richterliche und nichtrichterliche Handlungen (bei Ordnungswidrigkeiten durch die Handlung eines zur Unterzeichnung des Bußgeldbescheides Befugten) gegen den Täter wird die Verjährungsfrist mit der Wirkung unterbrochen, dass sie neu zu laufen beginnt. Die Verjährung ruht, solange ein Gesetz die Verfolgung der Tat ausschließt (z.B. Immunität). – 2. *Vollstreckungsverjährung* (§§ 79 ff. StGB, § 34 OWiG): Die Vollstreckung bereits erkannter Strafen oder Geldbußen verjährt, mit Ausnahme bei Völkermord und bei lebenslangen Freiheitsstrafen, z.B. wegen Mord, innerhalb von drei bis 25 Jahren je nach Art und Höhe der erkannten Strafe. Jede auf Vollstreckung gerichtete Handlung der Vollstreckungsbehörde unterbricht die Verjährung.

VII. Steuerrechtliche Verjährung: Im Steuerrecht wird in Bezug auf den Steueranspruch zwischen → Festsetzungsverjährung und → Zahlungsverjährung unterschieden. Für die Verfolgung von → Steuerstraftaten und → Steuerordnungswidrigkeiten gilt eine Verjährungsfrist von fünf Jahren (§ 78 StGB, § 384 AO).

Verkauf → Vertrieb, → Marketingpolitik, → Marketing, → Kaufvertrag.

Verkäufermarkt – Marktsituation steigender Preise. Ursache eines Verkäufermarkts ist ein Angebotsdefizit, das sich bei sinkendem Angebot und konstanter Nachfrage ergibt, bzw. ein Nachfrageüberschuss, der sich bei steigender Nachfrage und konstantem Angebot ergibt. – *Gegensatz:* → Käufermarkt.

Verkäuferschulung → Verkaufsgespräch.

Verkaufsabteilung → Vertriebsabteilung.

Verkaufsagent → Handelsvertreter, dessen Tätigkeit in der Vermittlung oder im Abschließen von Verkäufen besteht. – Vgl. auch → Kommissionsagent.

Verkaufsanalyse → Marketingforschung, → Absatzstatistik.

Verkaufsbedingungen → Lieferungsbedingungen.

Verkaufsbezirke – nach der Absatzmöglichkeit angemessen abgegrenzte Bereiche, denen ein bestimmtes Umsatzziel (Absatzsoll) zugewiesen wird. Dadurch wird u.a. die Leistungskontrolle von Verkaufskräften ermöglicht.

Verkaufsbüro – räumlich ausgegliederte → Vertriebsabteilung.

Verkaufsdemonstration – Einsatz von Demonstrationsmaterial im persönlichen Verkauf, um den Kaufentscheidungsprozess gezielt in Richtung des Leistungsangebots zu lenken. Mithilfe der Verkaufsdemonstration ist es möglich, Kundeneinwände auszuräumen.

Verkaufsfahrten → Kundenfang.

Verkaufsfläche – zum Warenverkauf genutzte Fläche eines Handelsbetriebs einschließlich Gängen, Treppen, Standflächen für Einrichtungsgegenstände, Schaufenster sowie Freiflächen. Verkaufsfläche ist ein Teil der → Geschäftsfläche. – Verkaufsflächen werden oft als Basis für die Bildung von → Kennzahlen im Handel genutzt.

Verkaufsförderung – *Sales Promotion, Absatzförderung.* 1. *Begriff:* Instrument der → Kommunikationspolitik; zeitlich begrenzte Aktionen, die zum Ziel haben, bei nachgelagerten Vertriebsstufen und Letztabnehmern von Produkten und Dienstleistungen durch zusätzliche Anreize Absatzsteigerungen zu bewirken. Je nach Markttyp und Zielgruppe(n) bzw. Marktsegmenten (→ Marktsegmentierung) lassen sich unterscheiden: Handels-/Absatzmittlerorientierung, Verkaufspersonalorientierung (eigenes Verkaufspersonal oder/und das der Absatzmittler) und Endnachfrageorientierung (Konsumenten etc.). – 2. *Handels-/Absatzmittlerorientierte Verkaufsförderung-Maßnahmen:* a) Konferenzen mit Absatzmittlern (Händlerkonferenzen), b) Messen, Verkaufsausstellungen, Musterschau-Veranstaltungen u.Ä., c) Beratungsangebot in geschäftlichen Problemen an Wiederverkäufer, d) Laden- und Dekorationshilfen, e) Gemeinschaftswerbung (→ kooperative Werbung), f) Entwicklung und Umsetzung von Merchandising-Systemen (→ Merchandising), g) Erweiterung/Verbesserung der Bestell- und Beschaffungsmöglichkeiten für Absatzmittler, h) Aktionsangebote mit Werbe- und Verpackungsmaterial, i) kostenlose Produkte (Naturalrabatte), j) zeitlich begrenzte Kaufnachlässe etc. – 3. *Verkaufspersonalorientierte Verkaufsförderung-Maßnahmen:* a) Schulung des Verkaufspersonal der Hersteller oder Absatzmittler, b) Verkaufswettbewerbe, c) Bonus- Prämiensystem für bes. Verkaufsleistungen, d) permanente Information über wesentliche Vorgänge in relevanten Märkten. – 4. *Endnachfragerorientierte Verkaufsförderung-Maßnahmen:* a) *konsumentenorientierte Verkaufsförderung.Maßnahmen:* (1) kostenlose Proben, (2) Gutscheine, (3) Rückerstattungsangebot, (4) Sonderpreisangebot etc. – b) *Auf gewerbliche Verbraucher gerichtete Verkaufsförderung-Maßnahmen:* (1) Produktdemonstration bei Interessenten „vor Ort" (2) Erweiterung/Verbesserung der Bestell- und Beschaffungsmöglichkeiten für gewerbliche Ge- und Verbraucher etc.

Verkaufsgespräch – vom Verkäufer mit Kunden geführtes Gespräch, in dem der Verkäufer versucht, den Interessenten zum Kauf zu bewegen. Das Verkaufsgespräch unterscheidet sich vom reinen Beratungsgespräch durch seine Orientierung am Abschluss. – Verkäuferschulungen sollen dem Verkaufsgespräch durch psychologische und soziologische Unterrichtung der Verkäufer zu bes. Wirksamkeit verhelfen. – Vgl. auch → persönlicher Verkauf.

Verkaufskommission → Kommissionsgeschäft, bei dem der Kommissionär mit dem Verkauf von Waren oder Wertpapieren beauftragt ist.

Verkaufskonto → Warenverkaufskonto.

Verkaufskontor – 1. Rechtlich *selbstständige Vertriebsabteilung* zur Durchführung des → direkten Vertriebes für Industriebetriebe (→ Werkshandelsunternehmen). – 2. Vertriebsorgan von → Syndikaten, das im Eigentum aller Syndikatsmitglieder steht und deren Vertriebsabteilung ersetzt, wobei es zugleich die Mengenkontingentierung durchführt. – *Vorstufe* des Verkaufskontors: „Abhängiger Handel", eine Vertriebsform, bei der gegen die Verpflichtung, ausschließlich oder in bestimmten Gebieten nur Kartellware zu verkaufen, günstige Bezugs- und Preisbedingungen eingeräumt werden.

Verkaufskosten → Vertriebskosten.

Verkaufslokal → Laden.

Verkaufsmethode – der Absatzmethode industrieller Hersteller entsprechendes Marketinginstrument der Handelsbetriebe. – Vgl. auch → Bedienungsformen.

Verkaufsmusterlager → Musterlager, → Exportmusterlager.

Verkaufsniederlassungen – regionale oder nationale Zweigbetriebe von Hersteller- oder Handelsbetrieben im In- oder Ausland, geführt in Form von dezentralen → Vertriebsabteilungen oder → Tochtergesellschaften. Verkaufsniederlassungen dienen der Verbesserung der Kundennähe (Beratung und Betreuung), der Marktbearbeitung und des → Lieferservice.

Verkaufsorganisation → Vertriebsorganisation.

Verkaufspreis – *Verkaufsrechnungspreis;* der dem Abnehmer in Rechnung gestellte Preis. Preisstellungsklauseln (z.B. „ab Lager des Lieferanten", „frei Lager des Abnehmers" und „frei Haus") werden ausdrücklich oder stillschweigend einbezogen.

Verkaufsprogramm → Absatzprogramm.

Verkaufsprospekt → Prospekt.

Verkaufspsychologie – Teilgebiet der Marktpsychologie. Die Verkaufspsychologie untersucht, welche Verhaltensweisen und Kommunikationsformen von Verkäufern dafür geeignet sind, potenzielle Käufer gezielt zu beeinflussen. Es werden psychologische Voraussetzungen wirksamer Verkaufstätigkeit, Eigenarten verschiedener Käufergruppen sowie Merkmale eines den Verkauf fördernden Kontextes gesucht und die Ergebnisse bes. in Verkäuferschulungen sowie in Maßnahmen der Verkaufsförderung übersetzt.

Verkaufsrechnungspreis → Verkaufspreis.

Verkaufsrundfahrt – Form des → Fahrverkaufs. Die potenziellen Kunden (meist ältere Personen) werden zu Ausflugsfahrten eingeladen, auf denen im Bus oder in Ausflugslokalen ausgewählte Produkte angeboten werden. – *Spezielle Formen:* 1. → Butterfahrten, bei denen den Kunden auf hoher See Waren (Spirituosen, Kosmetika, Lebensmittel) zollfrei angeboten wurden, sind nicht mehr erlaubt. – *Ausnahme:* Fahrten nach Helgoland (allerdings mit detaillierten Mengenbegrenzungen). – 2. *Gruppenreisen in Feriengebiete* (Italien, Spanien) mit (oft kostenloser) Unterbringung in Ferienwohnungen (→ Ferienhaus), die gleichzeitig zum Kauf angeboten werden.

Verkaufssonderveranstaltung → Sonderveranstaltung.

Verkaufsveranstaltungen – organisierte, zeitlich und inhaltlich abgegrenzte, auf eine große Zahl von Nachfragern ausgerichtete Absatzveranstaltungen, z.B. → Wochenmärkte, → Jahrmärkte, → Marktveranstaltungen, → Sonderveranstaltungen des Verkaufs.

Verkaufswagen – Beim → Fahrverkauf eingesetzte Fahrzeuge *(rollende Läden).*

Verkaufswert → Veräußerungswert eines Gutes.

Verkaufswettbewerb – *Sales-Force Contest;* Maßnahmen zur → Verkaufsförderung; sie stellen einen Anreiz für Einzelhändler und deren Verkäufer dar. Durch entsprechende Gewinnchancen wird eine große Teilnahme erreicht, was zu einer Umsatzsteigerung führt. Diese deckt die Kosten für den Wettbewerb und erbringt u.U. Gewinn.

Verkaufszeit – *Ladenöffnungszeit;* Zeitspanne, in der die Ladengeschäfte v.a. des → Einzelhandels dem Konsumenten zum Einkauf offen stehen. – In der *Bundesrepublik Deutschland* zum Teil gesetzlich noch geregelt durch das → Ladenschlussgesetz (LadSchlG) des Bundes, nach der → Föderalismusreform I in die Gesetzgebungskompetenz der Länder übergegangen; Übergangsregelung Art. 125a GG.

Verkaufszentrale – gemeinsame Verkaufsstelle (Verkaufssyndikat) von Kartellunternehmungen.

Verkehr – I. Soziologie: alle Formen und Arten sozialer Kontakte (daher z.B. Verkehrsformen, verkehrsüblich, Geschäftsverkehr).

II. Wirtschaftstheorie: Austausch ökonomischer Sach- und Dienstleistungen zwischen Marktteilnehmern (daher z.B. Handelsverkehr, Verkehrsteuern).

III. Verkehrswissenschaft: Verkehr umfasst die technischen, organisatorischen, informatorischen und ökonomischen Maßnahmen, um Personen, Güter und Nachrichten zu befördern. – Vgl. auch → Verkehrsmittel, → Verkehrsbetriebslehre, → Logistik.

Verkehr mit Taxen – Beförderung von Personen mit Personenkraftwagen, die der Unternehmer an behördlich zugelassenen Stellen bereithält und mit denen er Fahrten zu einem vom Fahrgast bestimmten Ziel ausführt. – *Einzelheiten:* §§ 25 ff. der Verordnung über den Betrieb von Kraftfahrunternehmen im Personenverkehr (BOKraft) vom 21.6.1975 (BGBl. I1573) m.spät.Änd.

Verkehrsaffinität – 1. *Begriff:* Anforderungsprofil der zu transportierenden Güter, Personen und Nachrichten im Hinblick auf die technisch-ökonomische Qualität des Verkehrsangebots. – 2. *Kriterien:* Die Anforderungsmerkmale der Verkehrsnachfrage korrespondieren mit den Kriterien der → Verkehrswertigkeit.

Verkehrsanschauung → Verkehrsauffassung.

Verkehrsauffassung – *Verkehrsanschauung;* Auffassung und Anschauung bestimmter beteiligter Kreise, die von einer bestimmten Werbemaßnahme betroffen sind oder angesprochen werden sollen (z.B. der Großhändler, der Endverbraucher etc.). Nach der Verkehrsauffassung richtet sich der Inhalt, der Werbeaussagen im Wettbewerb zukommt. – Vgl. auch → irreführende Werbung. Oft entspricht die Verkehrsauffassung auch einer → Verkehrssitte bzw. einem → Handelsbrauch. – Auf die Verkehrsauffassung greifen die *Zollstellen* und in Streitverfahren die *Finanzgerichte* zurück, wenn z.B. bei der Einordnung einer Ware in den Zolltarif ein Warenbegriff durch zollamtliche Vorschriften nicht bestimmt werden kann.

Verkehrsaufkommen – Verkehrsmenge, ausgedrückt als Zahl der beförderten Personen bzw. der beförderten Gütertonnen (→ Verkehrsleistung).

Verkehrsbetrieb – *logistischer Betrieb.* 1. *Begriff:* Organisierte Wirtschaftseinheit, deren ökonomische Leistungen überwiegend Verkehrsleistungen sind. – 2. *Arten* (je nach vorherrschender Funktion): a) *Transportbetriebe* bilden die zahlenmäßig größte Gruppe mit dem Tätigkeitsschwerpunkt der unmittelbaren physischen Ortsveränderung von Personen und Gütern im Straßen-, Schienen-, Leitungs-, Schiffs- und Luftverkehr. – b) *Weg- und Stationsbetriebe* bieten die häufig zugehörigen Dienstleistungen, indem sie Straßen, Wasserstraßen und Luftstraßen sowie Autohöfe, Omnibusbahnhöfe, Bahnhöfe, Häfen und Flughäfen unterhalten und/oder den Verkehr sichern. – c) *Lager- und Umschlagsbetriebe* betreiben die Lagerei und/oder das Umschlagen und häufig auch das Verpacken und Stauen von Gütern. – d) *Verkehrsmittlerbetriebe,* z.B. als Spediteure oder Reiseveranstalter, wählen Dienstleistungen anderer Verkehrsbetriebe für ihre Kunden aus und koordinieren sie. – 3. *Zuordnung* eines bestimmten Verkehrsbetriebes zu einer der genannten Gruppen ist jedoch nur bei kleineren Betrieben möglich, da die Integration verschiedener Tätigkeitsbereiche eine typische Begleiterscheinung des Wachstums von Verkehrsbetrieben ist. – 4. Verkehrsbetriebe *des öffentlichen Personennahverkehrs (öPNV): Zusammenschlüsse:* a) → Querverbund: Zusammenschluss mit → Versorgungsbetrieben. – b) → Verkehrsverbund: Zusammenschluss von verschiedenen Trägern (z.B. Deutsche Bahn AG und kommunale Verkehrsbetriebe), um die jeweiligen Räume wirtschaftlicher erschließen und bedienen zu können. – *Pflichten:* Für Verkehrsbetriebe des öPNV gilt die → Tarifpflicht, → Beförderungspflicht, → Betriebspflicht und Fahrplanpflicht. – *Interessenvertretung der* Verkehrsbetriebe *des öPNV und des Eisenbahngüterverkehrs:* Verband Deutscher Verkehrsunternehmen (VDV).

Verkehrsbetriebslehre – *Verkehrsbetriebswirtschaftslehre.* 1. *Begriff:* Teildisziplin der → Betriebswirtschaftslehre (BWL), in der auf der Grundlage allgemeiner betriebswirtschaftlicher Theorien wissenschaftliche Erkenntnisse über ökonomisch relevante Sachverhalte, Probleme und Gestaltungsmöglichkeiten der Betriebe des Verkehrssektors der Wirtschaft (→ Verkehr) gewonnen und vermittelt werden. – 2. *Ziele:* Die Verkehrsbetriebslehre dient der Steigerung von Effizienz und Effektivität durch die Verbesserung des Wissens über (1) die Erscheinungsformen und Existenzbedingungen von → Verkehrsbetrieben in ihrer Umwelt *(Morphologie),* (2) die Ziele und Rahmenbedingungen bei der Gestaltung von Strukturen und Prozessen zur langfristigen Existenzsicherung der Betriebe *(Strategie)* und (3) Verfahren der Planung, Information, Entscheidung, Realisation und Kontrolle des verkehrsbetrieblichen Managements *(Methodik).*

Verkehrsbetriebswirtschaftslehre → Verkehrsbetriebslehre.

Verkehrsdurchsetzung – gesteigerte Form der → Verkehrsgeltung.

Verkehrsleistungen im Personen- und Güterverkehr

Verkehrsleistung im Personenverkehr							
Verkehrsleistung in Mrd. Pkm	**1994**	**1997**	**1999**	**2001**	**2003**	**2005**	**2006**
Eisenbahnen	65,2	72,4	73,8	75,8	71,3	76,8	79,0
Öffentlicher Straßenpersonenverkehr	77,5	76,2	76,2	77,0	75,8	82,5	81,8
Luftverkehr	30,0	35,8	39,9	41,9	43,3	52,6	55,6
Motorisierter Individualverkehr	821,4	833,4	866,7	872,0	875,6	875,7	882,6
Personenverkehrsleistung gesamt	*994,0*	*1017,9*	*1056,5*	*1066,7*	*1066,1*	*1087,6*	*1099,0*
Verkehrsleistung im Güterverkehr							
Verkehrsleistung in Mrd. tkm	**1994**	**1997**	**1999**	**2001**	**2003**	**2005**	**2006**
Eisenbahnen	70,7	73,9	76,8	81,0	85,1	95,4	107,0
Binnenschifffahrt	61,8	62,2	62,7	64,8	58,2	64,1	64,0
Luftverkehr	0,5	0,6	0,7	0,7	0,8	1,0	1,2
Straßengüterverkehr	272,5	301,8	341,7	353,0	381,9	402,7	439,1
Rohrfernleitungen	16,8	13,2	15,0	15,8	15,4	16,7	15,8
Binnenländischer Verkehr	*422,3*	*451,6*	*496,9*	*515,3*	*541,4*	*580,0*	*627,1*

Verkehrsgefährdung → Straßenverkehrsgefährdung, → Transportgefährdung.

Verkehrsgeltung – begründet den Schutz eines Kennzeichens als Marke, die nicht eingetragen ist. Auch von Haus aus nicht unterscheidungskräftige (etwa weil glatt beschreibende) Kennzeichen erwerben den Schutz als → geschäftliche Bezeichnung oder als → Marke, wenn sie Verkehrsgeltung erlangt haben. Ein Kennzeichen besitzt Verkehrsgeltung, wenn es innerhalb eines beachtlichen Teils der beteiligten Verkehrskreise – unter Umständen auch nur regional – als Kennzeichen des Unternehmens (der Ware bzw. Dienstleistung) gilt. In der Literatur sind verschiedentlich Prozentzahlen erörtert worden (Verkehrsgeltung ab 25 Prozent, beginnende Verkehrsdurchsetzung ab 50 Prozent, berühmte Bezeichnung ab ca. 65 Prozent), die aber allenfalls einen Anhaltspunkt geben können, da je nach Art des Kennzeichens das → Freihalteinteresse des Verkehrs zu berücksichtigen ist. – *Beispiel:* Für den Begriff „Bank" wäre eine 100-prozentige Verkehrsdurchsetzung für ein Unternehmen erforderlich, um den Begriff für andere Banken zu sperren. Verkehrsgeltung erfordert keine lange Benutzung, sie kann u.U. auch in kurzer Zeit erreicht sein. Beteiligt sind alle Verkehrskreise, die an dem von dem Kennzeichen betroffenen Geschäftsverkehr teilnehmen oder an ihm interessiert sind. Ist ein Kennzeichen, das erst kraft Verkehrsdurchsetzung eintragungsfähig wird, vorzeitig als Marke angemeldet worden, wird die nach der Anmeldung und vor der Entscheidung über die Eintragung erworbene Verkehrsdurchsetzung noch berücksichtigt, hat aber eine Prioritätsverschiebung zur Folge (§ 8 III, § 37 II MarkenG).

Verkehrsgemeinschaft – Zusammenschluss von Unternehmen des öffentlichen Personennahverkehrs, der über die → Tarifgemeinschaft hinausgeht und eine weitergehende verkehrliche Kooperation bez. Netz- und Fahrplangestaltung beinhaltet, jedoch ohne eine übergeordnete Organisation zu gründen wie beim → Verkehrsverbund.

Verkehrsgeografie – Zweig der → Wirtschaftsgeografie, der die Rolle des Transports im → Wirtschaftsraum untersucht, die Verkehrsarten, die räumlichen Muster der Verkehrswege und der Bewegungen von Gütern, Personen und Nachrichten sowie die Bedeutung des → Verkehrs für die wirtschaftsräumliche Entwicklung beschreibt und erklärt. Zu den zentralen Tätigkeiten der Verkehrsgeografie gehört die Analyse des Verkehrswegenetzes und der Verkehrsströme sowie die Analyse der Funktion der gebietlichen Versorgung mit Transporteinrichtungen für die wirtschaftsräumliche Entwicklung.

Verkehrsgleichung → Quantitätsgleichung.

Verkehrshypothek – übliche, mangels bes. Vereinbarung gesetzlich vorgesehene Form der → Hypothek. – *Gegensatz:* → Sicherungshypothek.

Verkehrsinfrastruktur – umfasst das Anlagevermögen im Bereich der Verkehrswege, Verkehrsstationen (z.B. Umschlagplätze) und der Verkehrsanlagen (Anlagen zur Sicherung und Lenkung des Verkehrs) (→ Verkehrspolitik).

Verkehrsinfrastrukturpolitik – 1. *Begriff:* Maßnahmen zur Gestaltung der → Verkehrsinfrastruktur. Ihre Bedeutung für eine Volkswirtschaft erlangt die Verkehrsinfrastrukturpolitik aus dem Umstand, dass die Leistungen der Verkehrsinfrastruktur überwiegend als Vorleistungen in die Investitions- und Konsumgüterproduktion und -verteilung einfließen. Sie bestimmt damit das Transaktionsniveau einer Volkswirtschaft wesentlich. – 2. *Gegenstand:* Die Verkehrsinfrastrukturpolitik umfasst Planung, Realisierung, Betrieb, Bereitstellung und Finanzierung der Infrastruktur. Während in der Vergangenheit alle Bereiche vielfach durch staatliches Handeln gekennzeichnet waren, zwingen Begrenzungen der öffentlichen Haushalte sowie die damit einhergehende Notwendigkeit von Effizienzsteigerungen, aber auch Kapazitätsengpässe der öffentlichen Verwaltung zu *alternativen Lösungsansätzen.* So können mit der Planung der Verkehrswege inzwischen auch private Planungsbüros beauftragt werden; Bau und Ausbau der Verkehrswege erfolgen weitgehend durch private Unternehmen. Selbst zur Finanzierung der Infrastruktur wird privates Kapital herangezogen, mit Betrieb und Bereitstellung sind private Unternehmen betraut. Diskutiert wird auch die Möglichkeit, vorhandene Infrastruktur an Private zu verkaufen und zurück zu leasen oder diesen die Bereitstellung überhaupt zu überlassen. Damit der Staat sich seiner hoheitlichen Aufgabe, die Mobilität von Personen und Gütern zu sichern, nicht entzieht, kommt es hier auf die Ausgestaltung der Verträge mit den privaten Betreibern an; damit sich die Investition für die Privaten rechnet, gilt es, adäquate Modelle der Einnahmenerzielung zu entwickeln. Unter dem Begriff des Road Pricing sind verschiedene derartige Modelle entwickelt worden und bereits im Einsatz. Das System der → Trassenpreise der Deutschen Bahn AG ist ein Ansatz, auch für die Benutzung der Schiene marktgerechte, nicht -diskriminierende Entgelte zu entwickeln. – 3. *Zuständigkeiten in der Bundesrepublik Deutschland:* Für die Verkehrsinfrastruktur sind – entsprechend dem föderalistischen Staatsaufbau der Bundesrepublik Deutschland – die → Gebietskörperschaften in unterschiedlichem Maße verantwortlich. Soweit es sich um die *Schieneninfrastruktur der Deutschen Bahn AG* handelt, fällt sie in den Zuständigkeitsbereich des Bundes, wobei sich das zuständige Eisenbahn-Bundesamt bei einer Verringerung der Kapazitäten allerdings mit den Ländern ins Benehmen zu setzen hat. Soweit es sich um nichtbundeseigene Eisenbahngesellschaften handelt, fällt die Zuständigkeit für die Schieneninfrastruktur auf die Länder. – Für Bau, Erhalt und Regelung der Nutzung der *Wasserstraßen* ist ebenfalls der Bund zuständig, soweit es sich um

Bundeswasserstraßen handelt. Hierunter fallen die Seeschifffahrtsstraßen und die Binnenwasserstraßen, soweit sie dem allg. Verkehr dienen. „Bei der Verwaltung, dem Ausbau und dem Neubau von Bundeswasserstraßen sind die Bedürfnisse der Landeskultur und der Wasserwirtschaft im Einvernehmen mit den Ländern zu wahren" (§ 4 WaStrG). Hafenanlagen können sich im Eigentum von Bund, Ländern oder Kommunen befinden, wobei sowohl bei den See- als auch bei den Binnenhäfen der Einfluss der Länder und Kommunen dominiert; sie können an Private verpachtet oder im Besitz privater Akteure sein. Investitionsvorhaben in Bundeswasserstraßen werden regelmäßig vom Bund und den betroffenen Ländern anteilmäßig finanziert. – Im Bereich der *Straßen* ist der Bund für die Bundesfernstraßen zuständig. Hierunter fallen die Bundesautobahnen und die Bundesstraßen. Sie dienen dem internationalen, dem nationalen und dem überregionalen Verkehr. Auch wenn der Bund Eigentümer der Bundesfernstraßen ist, so wirken die Länder doch bei Planung, Bau, Verwaltung und Finanzierung dieser Straßen mit. In den vergangenen Jahren gibt es zudem zunehmende Tendenzen, auch private Aktuere in die Bereitstellung von Bundesfernstraßen einzubeziehen. Entsprechend ihrer räumlich abgestuften Bedeutung fallen die Landstraßen in die Kompetenz der Länder, die Kreisstraßen in die der Kreise und die Gemeindestraßen in die der Kommunen. – Die Bereitstellung von *Flughafeninfrastruktur* ist in Deutschland nicht in einem zentralen Verantwortungsbereich erfasst. Die Luftverkehrsverwaltung, d.h. auch die Genehmigungskompetenz für den Ausbau und Betrieb deutscher Flughäfen, ist vielmehr in Form von Auftragsverwaltung durch das Luftverkehrsgesetz (LuftVG) an die Länder übetragen worden. So sind Flughäfen beispielweise nicht Teil der Bundesverkehrswegeplanung. Im Jahr 2009 wurde in Deutschland dennoch ein Flughafenkonzept mit dem Ziel der Identifikation vordringlicher Investitionsprojekte erarbeitet. Zumindest formell sind die dt. Verkehrsflughäfen privatisiert. Für den größten Teil der dt. Flughäfen sind Kommunen und Länder sowie in einigen wenigen Fällen der Bund Anteilseigener, wobei eine Zunahme privater Anteilseigner zu verzeichnen ist. – 4. *Europäische Union:* Der Vertrag von Maastricht hat die Zuständigkeiten der EU für die Verkehrsinfrastruktur ausgeweitet. V.a. bei der Definition, Planung und Finanzierung der Transeuropäischen Netze wird sie zukünftig ein stärkeres Mitspracherecht einfordern. – Vgl. auch → Verkehrspolitik.

Verkehrsleistung – für die Inanspruchnahme von Ressourcen wichtige Kennzahl des → Verkehrs. Es werden die beförderten Personen oder Güter mit der zurückgelegten Entfernung multipliziert. – Zur *Entwicklung* vgl. Tabelle „Verkehrsleistungen im Personen- und Güterverkehr".

Verkehrsleitsystem – beeinflusst in Abhängigkeit von dynamischen Verkehrsflussinformationen den Verkehr durch kollektive (z.B. Wechselverkehrszeichen und Wechselwegweiser) sowie durch individuelle Systemkomponenten (z.B. RDS/TMS und leitsystemgesteuerte Navigationssysteme). – Vgl. auch → Telematik.

Verkehrsmarkt – 1. *Begriff:* Der Verkehrsmarkt ist der ökonomische Ort, an dem sich das Angebot von und die Nachfrage nach → Verkehrsleistungen treffen. Problematisch – wie in der Wettbewerbspolitik auch – ist dic Abgrenzung des die Wettbewerbsintensität bestimmenden relevanten Marktes in sachlicher, räumlicher und zeitlicher Sicht. Aus der Sicht der Nachfrage stehen jene Anbieter von Verkehrsleistungen miteinander in Konkurrenz, die die gewünschte Relation bedienen, das betreffende Gut in der gewünschten Menge, in den gewünschten Partien und unter den notwendigen technischen Bedingungen befördern können, deren Leistungsbündel zu einem Preis angeboten wird, den der Verlader zu zahlen bereit ist, und die dieses Leistungsbündel zu einem bestimmten Zeitpunkt oder über eine gewünschte Zeitspanne bzw. innerhalb eines vorgegebenen Zeitraumes erbringen können. – 2. *Elastizitäten:* Die Angebotselastizität wird u.a. wegen der relativ hohen Fixkosten der Verkehrsleistungserstellung und der langen Lebensdauer der Verkehrsmittel als gering angesehen, sodass sich das Angebot den Preisänderungen nur langsam anpasst, teilweise liegt sogar inverses Anpassungsverhalten vor. Allerdings ist die Mobilität des Angebots vergleichsweise groß, weil die Verkehrsmittel zwischen sachlich und räumlich abgegrenzten Märkten wandern können. Die Preiselastizität der Nachfrage gilt als ebenfalls gering, weil sie abgeleitet ist und die reinen Transportkosten nur einen geringen Teil der Gesamtkosten der Verlader ausmachen. Saisonale und konjunkturelle Nachfrageschwankungen können die Verkehrsunternehmen deshalb kaum über Preisvariationen abfangen, zumal die Verkehrsleistungen selbst nicht stapelbar sind und Beförderungen kaum durch die Errichtung von Lägern für das Transportgut vorgezogen werden können. Diese Einschränkungen zwingen die Verkehrsunternehmen, durch Ausweitung ihres Leistungsangebots (Logistik) ihre Stellung gegenüber den Konkurrenten und den Verladern zu stärken.

Verkehrsmittel – Fahrzeuge mit oder ohne eigenen Antrieb, die der Beförderung von Personen oder Gütern dienen. Je nach Verkehrsweg unterscheidet man Schienen-, Wasser-, Straßen- und Luftfahrzeuge. Weitere Differenzierungen ergeben sich durch die Art des Transportgefäßes, die Art des Antriebes u.a.

Verkehrsmittelwerbung → Außenwerbung.

Verkehrsmittlerbetrieb → Verkehrsbetrieb.

Verkehrsmodelle – 1. *Begriff:* Abbildung des Verhaltens der Verkehrsnachfrager, indem Wirtschafts-, Siedlungs-, Haushalts- und Verkehrsstrukturdaten einerseits und Informationen zum Verkehrsgeschehen andererseits mithilfe formalisierter Verhaltenshypothesen mathematisch miteinander verknüpft werden. Verkehrsmodelle sind Kern und Basis jeder Verkehrsplanung. Sie dienen der Analyse und Prognose des Verkehrsgeschehens. – 2. *Einteilung*: a) *Nach dem Entscheidungsablauf*: (1) *sequenzielle Modelle* mit einer Kette von Submodellen, mit deren Hilfe schrittweise die Verkehrserzeugung, Verkehrsverteilung, Verkehrsmittelwahl und Verkehrswegewahl analysiert und prognostiziert werden. (2) *Simultane Modelle* fassen mehrere dieser Submodelle zusammen. – b) *Nach der Aggregationsstufe der Datenbasis*: (1) *Aggregierte Modelle* gehen von verkehrsbestimmenden Strukturdaten der Verkehrszellen (statistische Raumeinheit) als verkehrsverhaltensbestimmenden Einflussgrößen aus; i.Allg. wird eine Differenzierung der Modelle nach Fahrtzwecken (z.B. Berufs-, Ausbildungs-, Einkaufs-, Freizeit- und Erholungsverkehr) oder nach Wirtschaftsbereichen/Gütergruppen vorgenommen. (2) *Disaggregierte Modelle* gehen von relativ homogenen Verkehrsteilnehmergruppen (z.B. Haushalte) als Datenbasiseinheiten aus; sie weisen demnach eine Differenzierung nach sozioökonomischen Gruppen innerhalb der Verkehrszellen auf. Die Gruppenbildung ist gegenwärtig noch durch theoretische, methodische und datenmäßige Probleme gekennzeichnet.

Verkehrsopferhilfe – 1. *Begriff*: Verein (gegr. 1963) zur Übernahme der Aufgaben des → Entschädigungsfonds für Schäden aus Kraftfahrzeugunfällen nach dem Pflichtversicherungsgesetz (§§ 12 – 14 PflVersG). Sitz Hamburg. Mitglieder können ausschließlich Versicherungsunternehmen sein, die die → Kfz-Haftpflichtversicherung in Deutschland als → Erstversicherer betreiben. Der Verein ist Nachfolger des vom damaligen HUK-Verband 1955 gegründeten „Fahrerfluchtfonds." Im Zusammenhang mit der Umsetzung der 4. Kfz-Haftpflicht-Richtlinie in nationales Gesetz wurde der Verkehrsopferhilfe die Funktion der „nationalen Entschädigungsstelle" zugewiesen. – 2. *Eintrittspflichten*: Die Verkehrsopferhilfe tritt bei → Schäden durch nicht zu ermittelnde Kraftfahrzeuge (Kfz), bei Schäden durch pflichtwidrig nicht versicherte oder unterversicherte Kfz, bei Schäden durch Kfz, die der Fahrer vorsätzlich und widerrechtlich herbeigeführt hat (in diesem Fall ist der Kfz-Haftpflichtversicherer leistungsfrei), und im Fall eines bereits eröffneten Insolvenzverfahrens über das Vermögen des leistungspflichtigen Versicherers ein. Der Geschädigte hat einen Rechtsanspruch gegen die Verkehrsopferhilfe. Eine Regulierungskommission entscheidet bei Streitigkeiten über Grund und Höhe des Anspruchs des Geschädigten. Gegen diese Entscheidung kann eine Schiedsstelle bzw. im Nachgang hierzu auch ein ordentliches Gericht angerufen werden. Ausländische Staatsangehörige ohne festen Wohnsitz im Inland erhalten entsprechende Versicherungsleistungen nur bei bestehender Gegenseitigkeit. – 3. *Leistungsumfang*: Die Leistungsverpflichtung der Verkehrsopferhilfe beschränkt sich auf die Mindestversicherungssummen in der Kfz-Haftpflichtversicherung. In sog. Fahrerfluchtfällen werden, um eine übermäßige oder gar missbräuchliche Inanspruchnahme des Fonds zu verhüten, Sachschäden an Kraftfahrzeugen nicht erstattet. Sonstige Sachschäden (z.B. an Kleidung, Ladung, Gepäck) werden ersetzt, wenn sie über 500 Euro liegen. Ein Schmerzensgeldanspruch besteht nur, wenn die Leistung wegen der besonderen Schwere der Verletzung zur Vermeidung einer groben Unbilligkeit erforderlich ist. Die Schadenaufwendungen der Verkehrsopferhilfe werden in Deutschland entsprechend den Marktanteilen, gemessen an den Bruttoprämieneinnahmen, von den Mitgliedern des → Gesamtverbands der Deutschen Versicherungswirtschaft e. V. (GDV) getragen.

Verkehrsordnungswidrigkeit – Vorsätzliche oder fahrlässige Zuwiderhandlung gegen Bestimmungen des Straßenverkehrsrechts, die mit Geldbuße bedroht ist (§ 24 StVG). Unter gewissen Voraussetzungen ist → Verwarnung möglich. Bei schwereren Verstößen ist daneben Verhängen von → Fahrverbot bis zu drei Monaten möglich (§ 25 StVG).

Verkehrsplanung → Verkehrsinfrastrukturpolitik, → Verkehrspolitik.

Verkehrspolitik

von Dr. Robert Malina

I. Begriff

Verkehrspolitik ist eine spezielle Wirtschaftspolitik (→ sektorale Strukturpolitik), die sich mit dem Transport von Personen, Gütern und Nachrichten und den damit verbundenen Dienstleistungen (Logistik) befasst. Sie umfasst materialwirtschaftlich-technische, juristische und ökonomische Fragestellungen. In jüngerer Zeit hat sich der Transport von Nachrichten als eigenständige Disziplin immer stärker verselbstständigt, er bleibt deshalb ausgeklammert. Die folgenden Ausführungen beschränken sich weiterhin auf die landseitigen Verkehrsträger Eisenbahn, Binnenschifffahrt und Kraftverkehr, weil ihnen vom Aufkommen sowohl im nationalen als auch im internationalen Verkehr die größte Bedeutung zukommt. Seeschifffahrt und Luftfahrt gewinnen durch die internationale Arbeitsteilung sowie räumliche und zeitliche Nachfragestrukturveränderungen zwar stetig an Gewicht, stellen aber wegen ihrer Internationalität spezielle Anforderungen an die Verkehrspolitik, während der Rohrleitungsverkehr nur geringe ordnungspolitische Fragen aufwirft, weshalb diese drei Verkehrsträger hier nicht weiter berücksichtigt werden.

II. Begründung für staatliche Einflussnahme

Die Bedeutung des Verkehrs für die Durchsetzung staatlicher Machtansprüche, für die Entwicklung der Volkswirtschaften, den internationalen Handel, die militärische Expansion und Absicherung, die gesellschaftliche Entwicklung und den kulturellen Austausch haben ihn schon immer zu einem Gegenstand besonderen Interesses staatlicher Institutionen gemacht. Die großen Reiche der Vergangenheit konnten sich nur herausbilden und halten, soweit sie auch über ein leistungsfähiges Verkehrssystem verfügten. Ausfluss des Eigeninteresses des Staates war seine starke Einflussnahme auf alles, was mit der Schaffung und Aufrechterhaltung der Leistungsfähigkeit des Verkehrssystems in Zusammenhang stand. V.a. war dies die verkehrliche Infrastruktur. Doch auch in die Verkehrsabläufe griff er direkt oder indirekt ein. Unterstützung fand dieser hoheitliche Anspruch auf die Gestaltung des Verkehrs durch die „Besonderheitentheorie", wie sie in vielfältigen Formen für eine Reihe von Sektoren (Energieversorgung, Banken, Gesundheits- und Versicherungswesen, viele der Freien Berufe etc.) zur Rechtfertigung staatlicher Beschränkungen des Wettbewerbs durch regulierende Maßnahmen entwickelt wurden.

Systematisch gesehen hält der mit der Besonderheitentheorie unternommene Versuch, für den Verkehr einen Ausnahmebereich von den Regeln der Marktkoordination zu reklamieren, den Erkenntnissen der modernen Markttheorie nicht stand. Danach kann der Verkehrssektor nur dann als regulierungsbedürftiger Ausnahmebereich gelten, wenn im gesamten Sektor oder in wichtigen Teilen Marktversagen vorliegt. Marktversagen ist dann gegeben, wenn auf einem sich selbst überlassenen Markt die „Funktionen des Wettbewerbs" nicht erfüllt sind. Gründe für fehlende Funktionsfähigkeit von Verkehrsmärkten können v.a. das Vorliegen eines natürlichen Monopols und externer Effekte sein. Unteilbarkeiten als Ursache von natürlichen Monopolen sind v.a. im Infrastrukturbereich möglich und erfordern hier unter Umständen einen Wettbewerb um den Markt. Externe Effekte sind nicht auf den Verkehrssektor beschränkt, sondern praktisch an jede wirtschaftliche Betätigung geknüpft, ohne dass die marktwirtschaftliche Ordnung in den meisten Fällen in Frage gestellt wird.

III. Ziele

Die Ziele, die die verkehrspolitischen Entscheidungsträger (Gebietskörperschaften, Verbände) verfolgen, lassen sich grundsätzlich in zwei Gruppen unterteilen: ordnungs- und strukturpolitische Ziele. Erstere suchen die Prozesse auf den Verkehrsmärkten zu optimieren, letztere setzen den Verkehr als Instrument gesamtwirtschaftlicher (global wachstumsorientierte Verkehrspolitik) oder anderer sektoraler Ziele (regional wachstumsorientierte, stabilisierungsorientierte, distributionsorientierte und umweltschutzorientierte Verkehrspolitik) ein. Zwischen ordnungs- und strukturpolitischen Zielen der Verkehrspolitik besteht grundsätzlich insofern ein Zielkonflikt, als die Verfolgung der strukturpolitischen Ziele mithilfe des Verkehrs im Verkehrssektor selbst i.d.R. zu suboptimalen Ergebnissen führt.

Das ordnungspolitische Grundziel der deutschen Verkehrspolitik für den Güterverkehr entstammt der Kleinen Verkehrsreform aus dem Jahre 1961, gilt aber im Wesentlichen auch heute noch. § 1 II Allgemeines Eisenbahngesetz (AEG) formulierte es folgendermaßen: „Mit dem Ziel bester Verkehrsbedienung haben Bundesregierung und Landesregierungen darauf hinzuwirken, dass die Wettbewerbsbedingungen der Verkehrsträger angeglichen werden, und dass durch einen lauteren Wettbewerb der Verkehrsträger eine volkswirtschaftlich sinnvolle Arbeitsteilung ermöglicht wird." Daneben soll der Verkehr Wirtschaftswachstum, Mobilität und die Integration Europas ermöglichen und fördern, ohne den Menschen oder die Umwelt übermäßig zu belasten. Die augenblickliche Wirtschaftskrise lässt zudem Investitionen in die Infrastruktur als geeignetes Instrument zur Belebung der gesamtwirtschaftlichen Nachfrage erscheinen (Keynes).

IV. Instrumente

Das hohe Eigeninteresse des Staates am Verkehrssektor in Verbindung mit der v.a. von Vertretern des Gewerbes selbst betonten Besonderheitentheorie hat diesen Sektor zu einem der am stärksten regulierten werden lassen. Das System der Regulierung umfasst direkte und indirekte Maßnahmen, die auf die Gestaltung der Verkehrsinfrastruktur, die Struktur der Verkehrsunternehmen und den Koordinationsprozess auf den Verkehrsmärkten Einfluss nehmen. Direkt greift die staatliche Verkehrsinfrastrukturpolitik ein. Indirekte Maßnahmen umfassen die Regulierung des Markteintritts und des Marktaustritts sowie die Preisregulierung.

Für die Verkehrsinfrastruktur sind – entsprechend dem föderalistischen Staatsaufbau der Bundesrepublik Deutschland – die Gebietskörperschaften in unterschiedlichem Maße verantwortlich (Verkehrsinfrastrukturpolitik).

Zwar bedarf eine Person, die gewerblichen Verkehr durchzuführen beabsichtigt, i.d.R. einer Erlaubnis. Die staatliche Regulierung des Marktzugangs beschränkt sich im Wesentlichen aber auf die Prüfung der subjektiven

Zulassungsvoraussetzungen (persönliche Zuverlässigkeit, finanzielle Leistungsfähigkeit und fachliche Eignung). Lediglich im öffentlichen Personenverkehr gelten noch objektive Zulassungsvoraussetzungen, indem ein öffentliches Verkehrsinteresse geprüft (z.B. § 13 II PBefG) und die Zahl der Genehmigungen beschränkt wird (Kontingentierung).

Die Preisregulierung für den gewerblichen Güterverkehr und die Binnenschifffahrt ist mit dem Inkrafttreten des Tarifaufhebungsgesetzes zum 1.1.1994 entfallen. Die Verkehrsunternehmen können mit den Verladern individuelle Beförderungspreise und Beförderungskonditionen aushandeln. Das gilt aber nicht für den öffentlichen Personenverkehr: Hier besteht nach wie vor eine Tarifpflicht mit teilweiser Genehmigung durch die zuständigen Behörden. So ist z.B. der Bund für die Fernverkehrstarife der Deutschen Bahn AG zuständig, die Länder für die Nahverkehrstarife.

V. Ausblick

Die nationale Verkehrspolitik verliert immer mehr Gestaltungsmöglichkeiten zugunsten supranationaler Regelungen durch die EU. Trotzdem bleiben ihr auch künftig wichtige Aufgaben. Nachdem die Liberalisierung – bereits unter dem Druck der EU – weit vorangeschritten ist, kann sich die nationale Verkehrspolitik verstärkt der Privatisierungsaufgabe widmen. Das gilt sowohl für die Deutsche Bahn AG als auch für die Infrastrukturen der einzelnen Verkehrsträger. Die finanziellen Engpässe der öffentlichen Haushalte einerseits, die auch künftighin steigende Mobilität andererseits erfordern einen stärkeren Einsatz privater Mittel im Infrastrukturbereich. Anfänge sind z.B. mit der Warnow-Unterführung gemacht.

Ein immer schon wichtiges, aber durch die rasante Entwicklung der letzten Jahre immer brennender werdendes Problem stellen die negativen externen Effekte des Verkehrs dar. Bei manchen Schadstoffen ist der Verkehr der bedeutendste Emittent und sein Anteil an ihnen steigt zumeist weiter. Die Verkehrspolitik hat hier durch ein System von Ge- und Verboten, v.a. aber durch pretiale Instrumente (z.B. Ökosteuer, Road Pricing, Zertifikate) die Verkehrsentwicklung so zu lenken, dass der Verkehr den Forderungen nach einer auf Dauer verträglichen Entwicklung gerecht wird.

Verkehrs-Rechtsschutzversicherung – 1. *Begriff:* Risikobereich und Leistungsart der → Rechtsschutzversicherung. – 2. *Formen*: a) *Personenbezogene Verkehrs-Rechtsschutzversicherung:* Versicherungsschutz besteht für den Versicherungsnehmer als Eigentümer oder Halter aller auf ihn zugelassenen oder auf seinen Namen mit einem Versicherungskennzeichen versehenen Motorfahrzeuge zu Lande – je nach Versicherer auch zu Wasser und in der Luft. Der Versicherungsschutz kann auf gleichartige Fahrzeuge (z.B. Pkws) beschränkt werden. Die personenbezogene Verkehrs-Rechtsschutzversicherung hat Vorsorgecharakter und schließt während der Vertragslaufzeit neu hinzukommende (gleichartige) Fahrzeuge automatisch in den Versicherungsschutz mit ein. Für den Versicherungsnehmer besteht Rechtsschutz auch als Mieter von zum vorübergehenden Gebrauch gemieteten Selbstfahrer-Vermietfahrzeugen. Berechtigte Fahrer und Insassen der o.g. versicherten/gemieteten Fahrzeuge sind mitversichert. Die Beitragsberechnung bemisst sich nach Art und Anzahl der versicherten Fahrzeuge. Daraus folgt die Verpflichtung des Versicherungsnehmers, den Versicherer über Neuzulassungen und Fahrzeugabmeldungen zu informieren. – b) *Objektbezogener Verkehrs-Rechtsschutz (Fahrzeug-Rechtsschutz):* Rechtsschutz bezieht sich auf ein im → Versicherungsschein bezeichnetes Fahrzeug (i.d.R. auch Wasser- oder Luftfahrzeug). Folglich ist neben dem Versicherungsnehmer (meist Eigentümer oder Halter des versicherten Fahrzeugs) jeder Mieter, Entleiher, Leasingnehmer, berechtigte Fahrer und berechtigte Insasse des versicherten Fahrzeugs mitversichert. Der Rechtsschutz erstreckt sich auch auf gleichartige Folgefahrzeuge. – c) *Verkehrs-Rechtsschutzversicherung für Nichtselbstständige:* Form der personenbezogenen Verkehrs-Rechtsschutzversicherung, bei der der Ehe-/Lebenspartner des Versicherungsnehmers und die minderjährigen Kinder den gleichen Versicherungsschutz wie der Versicherungsnehmer selbst genießen. Teilweise werden auch volljährige Kinder in Ausbildung in den Versicherungsschutz mit einbezogen. Voraussetzung für diese Vertragsart ist meist, dass die versicherten Personen keine nach Umsatz bedeutende selbstständige Tätigkeit ausüben. – 3. *Versicherungsumfang:* Die Verkehrs-Rechtsschutzversicherung umfasst regelmäßig folgende Leistungsarten: Rechtsschutz im Vertrags- und Sachenrecht, Schadenersatz-, Steuer-, Straf-, Ordnungswidrigkeiten-Rechtsschutz und Verwaltungs-Rechtsschutz in Verkehrssachen. Der Versicherungsschutz erstreckt sich für den Versicherungsnehmer – bzw. bei der Verkehrs-Rechtsschutzversicherung für Nichtselbstständige für alle Versicherten – auf die Teilnahme am öffentlichen Verkehr als Fahrer, Fahrgast, Fußgänger und Radfahrer.

Verkehrssicherungspflicht – 1. *Begriff:* Pflicht zur Sicherung von Gefahrenquellen. – 2. *Merkmale:* Bei Nichtbeachtung der → Versicherungspflichten kann es zu Schadenersatzansprüchen kommen. Die Verpflichtung zum Tätigwerden ergibt sich aus dem allg. Rechtsgrundsatz, dass derjenige, der eine Gefahrenquelle schafft oder andauern lässt, grundsätzlich verpflichtet ist, die notwendigen und zumutbaren Vorkehrungen zu treffen, um eine Schädigung Dritter möglichst zu verhindern. Manche Verpflichtungen ergeben sich auch aus dem Gesetz oder aus vertraglichen Regelungen (z.B. Übernahme der Räum- und Streupflicht im Mietvertrag). Generelle Anspruchsgrundlage ist § 823 BGB. Eine spezielle Regelung gibt es z.B. für die Haftung des Grundstückbesitzers (§ 836 BGB).

Verkehrssitte – Eine im Verkehr der beteiligten Kreise herrschende tatsächliche Übung. Die Verkehrssitte hat nicht die Kraft eines → Gewohnheitsrechts; sie ist daher v.a. dann unbeachtlich, wenn sie gegen → zwingendes Recht verstößt. – *Bedeutung:* Von großer Bedeutung für die → Auslegung von Verträgen (§ 157 BGB). – Vgl. auch → Treu und Glauben, → Handelsbrauch, → Verkehrsauffassung.

Verkehrsstatistik – Gesamtheit der statistischen Nachweisungen über Leistungen und Leistungsfähigkeit der Verkehrsträger, die vom → Statistischen Bundesamt (StBA) erhoben werden.

Verkehrsteilungsmodelle – *Modal Split Modelle;* → Verkehrsmodelle, die im Rahmen der Verkehrsplanung den → Modal Split bestimmen. – *Arten:* Vier-Stufen-Algorithmus, Trip-End-Modelle, Trip-Interchange-Modelle, Kreuzklassifikationsmodelle, Diversionskurvenverfahren, → Entropie-Modelle, → Nutzenmaximierungsmodelle.

Verkehrsteuern – I. Steuerrecht: Zusammenfassende Bezeichnung für die Steuern, die an *Vorgänge des Rechts- und Wirtschaftsverkehrs* anknüpfen. Steuergegenstand ist ein Verkehrsakt, also ein Vorgang im Rahmen einer Tauschbeziehung. Im Gegensatz zu den Besitzsteuern ist für ihre Entstehung die Erfolgserzielung aus dem volkswirtschaftlichen Güter- und Leistungsverkehr ohne Bedeutung. – *Im Einzelnen* rechnet man zu Verkehrsteuern: die → Umsatzsteuer *(„allgemeine Verkehrsteuern")* sowie die große Gruppe der *„speziellen Verkehrsteuern"*, z.B. Kapitalverkehrsteuern (Gesellschaftsteuer und Börsenumsatzsteuer), Wechselsteuer, Grunderwerbsteuer, Kraftfahrzeugbesteuerung, Beförderungsteuer (am 1.1.1968 aufgehoben), Rennwett- und Lotteriesteuer, Versicherungs- und Feuerschutzsteuer. Durch das Finanzmarktförderungsgesetz vom 22.2.1990 (BGBl. I 266) wurden die Gesellschaft-, Börsenumsatz- und Wechselsteuer abgeschafft. – *Anders:* → Ertragsteuern, → Besitzsteuern und → Verbrauchsteuern.

II. Finanzwissenschaft: 1. Benutzt einen anderen *Verkehrsteuerbegriff.* Der → Finanzwissenschaft erscheint der Verkehrsbegriff der Steuerrechtswissenschaft unpräzise, da (1) wenn nach steuerrechtlicher Auffassung „Rechtsverkehrs- und Tauschakte" die Steuergegenstände der Verkehrsteuern sind, das Halten und Nutzen eines Gebrauchs- und Vermögensgegenstandes (z.B. des Kraftfahrzeugs) nicht zu den Verkehrsteuern gerechnet werden darf; (2) die Bezeichnung der seinerzeitigen Beförderungsteuer als Verkehrsteuer irreführend ist, es liegt kein Rechtsverkehrsakt, sondern ein ökonomischer Produktionsakt (Beförderungsleistung) zugrunde; (3) die Akte der Ertrags- und Einkommenserzielung, die von eigenen Steuern erfasst werden, zugleich immer „Rechtsverkehrsakte" und somit alle Steuerarten als Verkehrsteuern aus der rechtlichen Sicht zu verstehen sind. Grunderwerbsteuer fließt Ländern und Gemeinden zu; alle übrigen Verkehrsteuern sind Bundessteuern. – 2. *Steuersystematisch* ist die gleichzeitige Existenz von Umsatzsteuer und Verkehrsteuern von Interesse; das Problem ist dadurch gelöst, dass sämtliche Verkehrsteuern von der Umsatzsteuer (Mehrwertsteuer) befreit sind. – 3. *Beurteilung:* Die speziellen Verkehrsteuern werden negativ beurteilt, da sie in bes. historischen Situationen aus fiskalischen Gründen eingeführt wurden, heute den ihnen damals beigelegten Nebenzweck verloren haben und außerdem den Kapital- und Güteraustausch behindern. Der Verkehrsteuerbegriff wird in finanzwissenschaftlicher Sicht daher neuerdings allenfalls für „Steuern auf den Kapital- und Zahlungsverkehr" verwendet, die eine eigene Gruppe in der → Steuerklassifikation außerhalb der Verkehrsteuern darstellen. In allen Fällen des Kapital- und Zahlungsverkehrs handelt es sich entweder um einen Eigentümerwechsel (Erwerb von Grundstücken oder Anteilen an Kapitalgesellschaften) oder um Zahlungsweisen bzw. Kreditaufnahme (Wechselfinanzierung). Demnach zählt die Finanzwissenschaft zu den Verkehrsteuern nur Grunderwerb-, Gesellschaft-, Börsenumsatz- und Wechselsteuer, nicht Feuerschutz- und Versicherungsteuer. Die nach ökonomischem und finanzwissenschaftlichem Verständnis als Verkehrsteuern zu bezeichnenden Steuerarten kennzeichnet gleichermaßen eine „Gliedsteuerbeziehung" zur Umsatzsteuer (→ mehrgliedrige Steuern); die ihnen zugrunde liegenden Tatbestände sind von der Umsatzsteuer befreit. – Vgl. auch → Verbrauchsbesteuerung.

Verkehrsträger → Verkehrspolitik.

Verkehrsunfallflucht → unerlaubtes Entfernen vom Unfallort.

Verkehrsverbund – Zusammenschluss von Unternehmen des → öffentlichen Personennahverkehrs (öPNV); → Verkehrsbetriebe, die durch gemeinsame Verkehrsforschung, Netzgestaltung und Linienführung, Fahrplan- und Tarifgestaltung, Einnahmeaufteilung sowie Verkehrswerbung die Attraktivität des öPNV steigern und die Kosten pro Leistungseinheit senken sollen.

Verkehrswegeplanungsbeschleunigungsgesetz – Durch das Gesetz zur Beschleunigung der Planungen für Verkehrswege in den neuen Ländern sowie im Land Berlin vom 16.12.1991 (BGBl. I 2174) m.spät. Änd. sollen die Planungszeiten für Verkehrswege in den neuen Bundesländern erheblich verkürzt werden. Das Gesetz konzentriert die Zuständigkeit für die Linienbestimmung für alle Bundesverkehrswege beim Bundesministeriums für Verkehr, Bau- und Wohnungswesen (BMVBS). Die Konzentrationswirkung ermöglicht eine beschleunigte Voruntersuchung und Linienbestimmung; es stellt den an Planungen beteiligten Ländern frei, ob sie ein Raumordnungsverfahren durchführen. Durch die Einführung bzw. Verkürzung von Fristen für die Auslegung der Pläne und Stellungnahmen von Behörden wird das Planfeststellungsverfahren beschleunigt. Unter bestimmten Voraussetzungen können Planfeststellungsbeschlüsse durch Plangenehmigungen als Grundlage von Baumaßnahmen ersetzt werden. Das Bundesverwaltungsgericht entscheidet im ersten und letzten Rechtszug über sämtliche Streitigkeiten, die Planfeststellungsverfahren und Plangenehmigungsverfahren für Vorhaben nach diesem Gesetz betreffen.

Verkehrswert → gemeiner Wert.

Verkehrswertigkeit – 1. *Begriff*: technisch-ökonomische Qualität des Verkehrsangebots im Sinn der potenziellen Leistungsfähigkeit eines Verkehrssystems; bestimmt durch Merkmale der Verkehrswege, Verkehrsmittel sowie Organisation der Verkehrsleistungsproduktion. – 2. *Kriterien:* Qualitätsmerkmale eines Verkehrssystems sind Transportkosten, Schnelligkeit, Massenleistungsfähigkeit, → Netzbildungsfähigkeit, Berechenbarkeit, Häufigkeit, → Sicherheit und Bequemlichkeit. Zwischen diesen Teilverkehrswertigkeiten bestehen bei vorgegebenem Stand der Technik komplementäre, aber auch substitutive Beziehungen.

Verkehrswirtschaft – auf → Eucken zurückgehende Bezeichnung für eine idealtypische → Wirtschaftsordnung mit dezentraler Planung und Koordination der einzelwirtschaftlichen Aktivitäten gleichberechtigter Planträger mittels des Markt-Preis-Mechanismus („pluralistisches Planen"; → Preismechanismus) für eine → Marktwirtschaft. Dem verkehrswirtschaftlichen Idealtypus wird von Eucken derjenige der zentralgeleiteten Wirtschaft bzw. der → Zentralverwaltungswirtschaft gegenübergestellt.

Verkehrszeichen – amtliche Zeichen der Straßenverkehrsordnung, deren Nichtbeachtung als → Ordnungswidrigkeit nach § 24 StVG geahndet (§ 49 StVO) wird. – Einzelheiten in der StVO.

Verkehrszentralregister – 1. *Begriff*: beim → Kraftfahrt-Bundesamt (KBA) eingerichtete Zentralkartei über Versagung und Entziehung der → Fahrerlaubnis, über Verbot des Führens von Kraftfahrzeugen, über Verurteilungen wegen Verkehrsstraftaten und über → Verkehrsordnungswidrigkeiten, die mit → Geldbuße von mehr als 40 Euro geahndet wurden. Die im Verkehrszentralregister eingetragenen Entscheidungen werden nach Art und Schwere gewichtet, mit Punkten versehen und nach bestimmten Fristen gelöscht. Ab bestimmten Punktzahlen erfolgen bestimmte Maßnahmen der Straßenverkehrsbehörden (Aufbauseminar, verkehrspsychologische Beratung, 18 Punkte und mehr: → Entziehung der Fahrerlaubnis, s. auch → Bußgeldkatalog. – 2. *Tilgung* der Eintragung in zwei bis zehn Jahren. Bei → Ordnungswidrigkeiten beträgt die Frist zwei Jahre. Einzelheiten geregelt in den §§ 28 ff. StVG. – 3. *Auskunft* nur an Behörden für Zwecke der Strafverfolgung oder der Verfolgung von Ordnungswidrigkeiten, für Verwaltungsmaßnahmen und die Vorbereitung von Rechts- und Verwaltungsvorschriften. – 4. Am 12.12.2012 hat das Bundeskabinett einen Gesetz- und Verordnungsentwurf zur grundlegenden Neuregelung des Punktsystems beschlossen. Danach soll das Punktsystem zukünftig bei 8 Punkten enden.

verkettete Indizes – Mit der Revision der → Volkswirtschaftlichen Gesamtrechnung (VGR) 2005 wurde die Preisbereinigung auf die → Vorjahresmethode umgestellt, mit deren Hilfe langfristigere Betrachtungsmöglichkeiten der realen Bruttoinlandsprodukt-Entwicklung geboten werden können, indem die aus der jährlich fortlaufend durchgeführten Deflationierung resultierenden Preisindizes „verkettet" werden. – *Beispiel*: Der Preisindex für 2005 soll einen Preisanstieg von 17 Prozent, für 2006 von 13 Prozent und für 2007 von 8 Prozent aufweisen. So wird hieraus der verkettete Preisindex für den gesamten Zeitraum 2005 – 2007 erstellt: 1,17 x 1,13 x 1,08 x 100 = 142,8. Also wären die Preise in den drei Jahren um 42,8 Prozent gestiegen.

Verkettungseffekte – geben an, inwieweit sich wirtschaftliche Aktivitäten eines Sektors auf andere Sektoren auswirken. Generell wird unterschieden zwischen *Vorwärtsverknüpfungen* (Forward Linkages), die die Effekte der Output-Verwendung aufzeigen und *Rückwärtsverknüpfungen* (Backward Linkages), die die Effekte der Input-Beschaffung bezeichnen.

Verkettungseffekte in Richtung vorwärts → Verkettungseffekte.

Verklemmung → Deadlock.

Verkündung – 1. Förmliche *Bekanntgabe* von → Gesetzen und → Rechtsverordnungen in den dafür bes. bestimmten Amtsblättern (→ Publikationsorgane). Erst mit der Verkündung werden Rechtsvorschriften wirksam; mit ihrem Inkrafttreten werden sie verbindlich. Für das Bundesrecht geregelt in Art. 82 GG. – 2. Die im gerichtlichen Verfahren (z.B. im Zivil- und Strafprozess) regelmäßig vorgesehene Form der *Bekanntgabe gerichtlicher Entscheidungen,* bes. der Urteile; Verlesung der Entscheidungsformel in der öffentlichen Sitzung.

verkürzte Bilanz → Bilanzpolitik.

Verlader – 1. *Belader:* derjenige, für den Güter verfrachtet werden *(Befrachter)*. – 2. *Ablader:* derjenige, der das Gut einem Frachtunternehmer zur Beförderung übergibt und ggf. das → Konnossement erhält.

Verlag – Produktionsorganisation, in der die Herstellung bestimmter Güter durch (formal) selbstständige Gewerbetreibende durch einen Dritten (Verleger) mehr oder weniger umfassend organisiert ist; dezentrale, überwiegend handwerkliche Produktion wird mit zentraler Organisation des Absatzes verbunden.

Heute sind im Verlag(-sbuchhandel), der die Erzeugnisse unabhängiger Autoren vermarktet, die Grundzüge einer derartigen Organisation noch erkennbar. Zwar büßen die verlegten Produzenten teilweise ihre Unabhängigkeit ein, jedoch werden sie durch den Verleger vom lokalen Markt unabhängig und können dadurch eine Ausweitung und Verstetigung ihrer Produktion erreichen.

Verlagsrecht – historisch das ältere Rechtgebiet, aus dem sich das → Urheberrecht entwickelt hat, geregelt im Verlagsgesetz vom 19.6.1901 (RGBl. 217) m.spät. Änd. Zentraler Gegenstand ist der Verlagsvertrag, der ein Vertrag auf der Grundlage des urheberrechtlichen → Vervielfältigungsrechts ist. Vervielfältigung im Sinn des Verlagsvertrags ist die Vervielfältigung in jedem Druckverfahren, nicht dagegen Schallplatten- und andere Tonaufnahmen, Verfilmung und Bühnenaufführung, Rundfunk- und Fernsehsendung; derartige Verträge sind keine Verlagsverträge, v.a. der Musikverlagsvertrag erstreckt sich regelmäßig nicht auf diese Verwertungsrechte, sondern betrifft das „Papiergeschäft" genannte Recht zur grafischen Vervielfältigung (§ 2 VerlG). Der Verlagsvertrag verpflichtet den → Urheber, ein Werk der Literatur oder der Tonkunst dem Verleger zur Vervielfältigung und Verbreitung auf eigene Rechnung zu überlassen, er verpflichtet den Verleger zur Vervielfältigung und Verbreitung, also zur Ausübung der ihm überlassenen Verwertungsrechte. Erfasst der Vertrag künftige Werke oder enthält er Beschränkungen nach § 18 I Nr. 1–4 GWB, bedarf der Vertrag der Schriftform (§ 40 I UrhG). Für die Auslegung des Verlagsvertrages gilt der → Zweckübertragungsgrundsatz. Den Verfasser treffen als Hauptpflichten die Pflicht zur Ablieferung und Erhaltung des Werks, bei Verträgen über künftige Werke die Pflicht zur Herstellung des Werks (§§ 10 f. VerlG) und zur Einräumung des ausschließlichen Vervielfältigungsrecht (§ 8 VerlG). Als Nebenpflichten treffen ihn entgegen § 20 VerlG aufgrund abweichender Verkehrssitte regelmäßig die Korrekturpflicht und je nach Vertragsgestaltung häufig Optionspflichten. Sofern (zulässige) Wettbewerbsverbote vereinbart werden, sind diese restriktiv auszulegen. Den Verleger treffen als Hauptpflichten die Vervielfältigungs- und Verbreitungspflicht (§§ 14 f. VerlG, bis zur Beendigung der Vervielfältigung darf der Verfasser Änderungen am Werk vornehmen, § 12 VerlG) sowie die Vergütungspflicht für die Werknutzung (§§ 22–24 VerlG); als Nebenpflichten die Überlassung von Frei- und Vorzugsexemplaren (§§ 25 f. VerlG), soweit der Verfasser einen entsprechenden Vorbehalt gemacht hat, die Pflicht zur Rückgabe des Manuskripts (§ 27 VerlG). Im Übrigen enthält das Verlagsgesetz bes. Vorschriften zu Verwertungspflichten bez. sog. Nebenrechte, zur näheren Ausgestaltung des Vertragsverhältnisses, seine Beendigung und v.a. nähere Vorschriften zum Rücktrittsrecht (§§ 30–32, 35 VerlG).

Verlagsvertrag – formfreier Vertrag im Sinn des Verlagsgesetzes vom 19.6.1901 (RGBl. 217) m.spät. Änd., der den Verfasser verpflichtet, sein Werk der Literatur oder der Tonkunst einem Verleger zur Vervielfältigung und Verbreitung auf eigene Rechnung zu überlassen und den Verleger verpflichtet, das Werk zu vervielfältigen und zu verbreiten (§ 1 VerlG). Das dem Verleger vom Verfasser eingeräumte ausschließliche Recht zur Vervielfältigung und Verbreitung ist das → Verlagsrecht (§ 8 VerlG). – 1. Der Verlagsvertrag kann auch Abmachungen über weitere *Werknutzungen* wie Aufführungs- und Senderecht enthalten. Das Verlagsgesetz findet weitgehend nur dann Anwendung, wenn Parteien nichts anderes vereinbart haben, etwa zu Sonderausgaben (§ 4), → Auflagen (§ 5), Freiexemplaren (§§ 6, 25), Frist und Ablieferung des Werkes (§ 10), Änderungsrecht des Verfassers (§ 12), Neuauflagen (§ 17), Kündigungsrecht des Verlegers (§ 18), Sammelwerken (§§ 19, 43, 45), Korrektur (§ 20), Ladenpreis (§ 21), Honorar (§§ 22–24), Manuskriptrückgabe (§ 27), gemeinfreien Werken (§§ 39, 40) und vorzeitigem Tod des Verfassers (§ 34). – 2. Es ist auf Seiten des Verlegers ein → Handelsgeschäft gemäß § 343 HGB. – 3. Ein *Verfasserhonorar* gilt, falls im Verlagsvertrag nicht ausdrücklich erwähnt, als stillschweigend vereinbart (§ 22 I 2 VerlG); es kann auch in einer Absatz- oder Gewinnbeteiligung bestehen. – 4. *Beendigung* des Verlagsvertrags durch Ablauf der Vertragszeit, Vergriffensein der Auflage, Ablauf der urheberrechtlichen Schutzfrist, Kündigung u.a. – 5. Vom Verlagsgesetz *nicht erfasst* werden Verträge über den Verlag einer Zeitung oder Zeitschrift.

verlängerte Maßgeblichkeit – *indirekte Maßgeblichkeit.* Durch das Steueränderungsgesetz 1992 (StÄndG 1992) hat der Gesetzgeber die nahezu vollständige Übernahme der Steuerbilanzwerte in die Vermögensaufstellung in das dt. Bewertungsrecht eingeführt und somit die Maßgeblichkeit der Handelsbilanz über die → Steuerbilanz hinaus bis in die Vermögensaufstellung verlängert. Dadurch wird die der Gesamtkonzeption des Bewertungsrechts entsprechende Eigenständigkeit der Bewertung für den Bereich des Betriebsvermögens weitgehend aufgegeben; die Substanzbesteuerung des Betriebsvermögens erfolgt vielmehr großenteils nach handels- und ertragsteuerlichen Grundsätzen, womit eine deutliche Steuervereinfachung erreicht wird. Eigenständige bewertungsrechtliche Wertermittlungsregeln verbleiben lediglich für Betriebsgrundstücke, Beteiligungen an Personen- und Kapitalgesellschaften, notierte Wertpapiere, Erbbauzinsansprüche und -verpflichtungen; Ausgleichsposten im Fall der Organschaft, steuerfreie Rücklagen und ausländisches Betriebsvermögen. Durch die Einführung der verlängerten Maßgeblichkeit besteht eine zunehmende Notwendigkeit einer integrierten Rechnungslegungspolitik, welche die Handels- und Steuerbilanz sowie die Vermögensaufstellung umfasst.

verlängerter Eigentumsvorbehalt – 1. *Begriff:* bes. Abrede beim → Kaufvertrag. Der einfache → Eigentumsvorbehalt bietet dem Verkäufer keine hinreichende Sicherheit, wenn die Ware zur Weiterveräußerung oder Verarbeitung geliefert wird, weil das Eigentum des Verkäufers durch → gutgläubigen Erwerb eines Dritten oder Verarbeitung untergeht. Dagegen Schutz durch die Vereinbarung des verlängerten Eigentumsvorbehalt – 2. *Formen:* a) Vorweggenommene → Übereignung der durch die Verarbeitung entstandenen neuen Sache; b) Abtretung (→ Forderungsabtretung) der durch die Weiterveräußerung erlangten Forderungen. – 3. *Begründung* des verlängerten Eigentumsvorbehalts nur durch → Vertrag (z.B. durch Allgemeine Geschäftsbedingungen). – 4. Zur *Gültigkeit* bedarf die vorweggenommene Übereignung der Vereinbarung eines → Besitzkonstituts; abgetretene Forderungen müssen hinreichend bestimmbar sein. – Gegen die Vereinbarung des verlängerten Eigentumsvorbehalts, die dem Käufer oft die Verfügungsberechtigung hinsichtlich seines Warenlagers entzieht, wenden sich bes. die Kreditinstitute. – *Anders:* → Erweiterter Eigentumsvorbehalt.

verlängertes Abladegeschäft – *kombiniertes Geschäft;* Kombination von → Abladegeschäft und → Locogeschäft. Der Importeur bietet Ware an oder verkauft diese mit dem Zusatz „ab Kai" oder „ab Lager" und dem Zeitpunkt der Warenankunft, ohne dass die Ware bereits eingetroffen ist.

Verlaufsanalyse – Methode der Wirtschaftstheorie zur Untersuchung eines wirtschaftlichen Prozesses im Zeitablauf. Modelltheoretisch wird dazu der Wirtschaftsprozess durch dynamische Systeme in Form von Differenzen- oder Differenzialgleichungen beschrieben. – Vgl. auch → Sequenzanalyse, → dynamische Makroökonomik.

Verlaufsstatistik – Zweig der beschreibenden → Statistik, der die Untersuchung der Entwicklung und Veränderung von → Gesamtheiten (Bestandsmassen) im Zeitablauf durch Zu- und Abgänge zum Gegenstand hat. Hauptinstrumente der Verlaufsstatistik sind die zeitlich kumulierte → Zugangsfunktion und → Abgangsfunktion sowie die → Bestandsfunktion. Jedes Element der Gesamtheit ist durch eine Verweildauer gekennzeichnet, die sich aus der Differenz von Austritts- und Eintrittszeit des Elements aus der bzw. in die Gesamtheit bestimmt. Wesentlicher Teilbereich ist die Analyse von → Verweildauern. – *Bedeutung:* Verlaufsstatistik ist die methodische Grundlage der → Bevölkerungsstatistik und wesentlicher Teilbereiche der betrieblichen Statistik (Lagerstatistik, Personalstatistik, Anlagenstatistik, Finanzstatistik).

Verleger → Verlagsvertrag.

Verletztengeld – Leistung der gesetzlichen → Unfallversicherung (§§ 45 ff. SGB VII). – 1. *Anspruch* auf Verletztengeld haben Versicherte, die infolge eines Versicherungsfalls arbeitsunfähig sind oder wegen einer Maßnahme der Heilbehandlung eine ganztägige Erwerbstätigkeit nicht ausüben können und unmittelbar vor Beginn der Arbeitsunfähigkeit oder der Heilbehandlung Anspruch auf Arbeitsentgelt oder Arbeitseinkommen oder Ersatzleistungen wie Arbeitslosengeld, Krankengeld u.a. (§ 45 I SGB VII) hatten. Auch soweit Leistungen zur Teilhabe am Arbeitsleben erforderlich werden, wird unter den Voraussetzungen des § 45 II SGB VII Verletztengeld gezahlt. – 2. *Höhe:* Wie das → Krankengeld; i.d.R. 80 Prozent des entgangenen regelmäßigen Entgelts, darf aber das entgangene Nettoarbeitsentgelt nicht übersteigen (§ 47 SGB VII). – 3. *Beginn:* Das Verletztengeld wird von dem Tag an gezahlt, an dem die Arbeitsunfähigkeit ärztlich festgestellt wird bzw. mit Beginn der Heilbehandlung, die den Versicherten an der Ausübung einer ganztägigen Erwerbstätigkeit hindert. – 4. *Wegfall:* Das Verletztengeld endet entsprechend mit dem letzten Tag der Arbeitsunfähigkeit oder des Heilverfahrens, ggf. mit Entstehen eines Übergangsgeldanspruchs (§ 46 III SGB VII), → Übergangsgeld. – 5. *Anrechnung:* Einkommen wird nach Maßgabe von § 52 SGB VII auf das Verletztengeld angerechnet.

Verletztenrente – wichtigste Geldleistung der gesetzlichen → Unfallversicherung (§§ 56 ff. SGB VII). Die Verletztenrente soll den Unterhalt des Verletzten und seiner Angehörigen in dem Umfang sichern, in dem die Erwerbsfähigkeit durch Folgen eines → Arbeitsunfalls, → Wegeunfalls oder einer → Berufskrankheit verloren gegangen ist. – 1. *Voraussetzung* ist, dass die Erwerbsfähigkeit i.d.R. um mind. 20 Prozent über die 26. Woche nach dem Versicherungsfall hinaus gemindert ist. Ist die Erwerbsfähigkeit infolge mehrerer Versicherungsfälle gemindert und erreichen die Prozentsätze zusammen wenigstens 20 Prozent, so ist für jeden, auch den früheren Versicherungsfall, eine Verletztenrente zu gewähren. Bei Wiedererkrankung an den Folgen eines Versicherungsfalls ist die Verletztenrente in voller Höhe weiterzuzahlen, daneben erhält der Berechtigte, wenn er arbeitsunfähig ist, → Verletztengeld oder → Übergangsgeld. – 2. *Höhe:* a) Bei völliger Erwerbsunfähigkeit beträgt die Verletztenrente (→ Vollrente) 2/3 des → Jahresarbeitsverdienstes (§ 56 III SGB VII); b) bei einer Minderung der Erwerbsfähigkeit um wenigstens 1/5 wird der Teil der Vollrente (→ Teilrente) gewährt, der dem Grad der Erwerbsminderung entspricht (§ 56 II SGB VII); c) für Schwerverletzte, die infolge des Versicherungsfalls einer Erwerbstätigkeit nicht mehr nachgehen können, erhöht sich die Verletztenrente um 10 Prozent, wenn keine Rente von einem Träger der Rentenversicherung gezahlt wird (§ 57 SGB VII). Nach § 58 SGB VII hat der Unfallversicherungsträger, solange der Verletzte infolge des Versicherungsfalls ohne Arbeitseinkommen ist, bis zu zwei Jahren die Rente. – 3. *Dauer:* Die Verletztenrente kann für die Dauer von drei Jahren als *vorläufige Entschädigung* gewährt werden, wenn die Rente der Höhe nach noch nicht auf Dauer festgestellt werden kann. Spätestens mit Ablauf von drei Jahren nach dem Unfall ist die Rente als *Dauerrente* grundsätzlich zeitlich unbegrenzt festzustellen. Sie kann von der vorläufigen Rente auch ohne Änderung der Verhältnisse zuungunsten des Versicherten abweichen (§ 62 SGB VII); der Versicherte ist jedoch vorher zu hören. Eine festgesetzte Dauerrente kann nur herabgesetzt oder entzogen werden, wenn im Vergleich zu den zur Rentengewährung maßgebenden Verhältnissen eine wesentliche Änderung (Besserung) eingetreten ist (§ 48 SGB X).

Verletzter – Begriff des Haftpflichtrechts für denjenigen, der durch ein Unfallereignis körperlich geschädigt ist; auch die unterhaltsberechtigten Angehörigen eines Getöteten. – Der Verletzte hat neben zivilrechtlichen *Ansprüchen* auf → Schadenersatz das Recht zur strafrechtlichen → Privatklage oder → Nebenklage; ggf. rechtzeitige Stellung eines → Strafantrages erforderlich.

Verletzungsartenverfahren – von den Versicherungsträgern der gesetzlichen → Unfallversicherung vorgeschriebenes Verfahren zur Behandlung von Versicherten mit bestimmten schweren Verletzungen in ausgewählten und berufsgenossenschaftlich zugelassenen Krankenhäusern.

Verleumdung – I. Strafrecht: → Vergehen gemäß § 187 StGB; die vom Täter wider besseres Wissen aufgestellte oder verbreitete, zur Herabsetzung oder Verächtlichmachung oder → Kreditgefährdung eines anderen geeignete unrichtige Tatsachenbehauptung. – *Strafe:* Freiheitsstrafe bis zu zwei Jahren oder Geldstrafe.

II. Wettbewerbsrecht: Zur Geschäftsschädigung geeignete Verleumdung des Erwerbsgeschäftes eines anderen, seiner Person, Waren oder gewerblichen Leistungen, vgl. § 4 Nr. 8 UWG.

verlorene Verpackung → Einwegverpackung.

Verlosung → Auslosung.

Verlust – Begriff des kaufmännischen Rechnungswesen. – 1. In der *Gewinn- und Verlustrechnung* der Betrag, der sich als Unterschied zwischen → Aufwendungen und → Erträgen als Jahresfehlbetrag am Ende (Saldo auf der Habenseite) ergibt. – 2. In der *Bilanz* der Überschuss des → Eigenkapitals am Anfang einer Periode über den Eigenkapitalbestand am Ende der Periode nach Abzug von Einlagen und zzgl. Entnahmen. – a) Bei *Einzelunternehmen* und *Personengesellschaften* mindert der Verlust das Eigenkapital unmittelbar, er ist deshalb auf das Kapitalkonto bzw. die Kapitalkonten zu übertragen: Kapitalkonto an Gewinn- und Verlustkonto, oder: Privatkonto an Gewinn- und Verlustkonto, Kapitalkonto an Privatkonto. – b) Bei *Kapitalgesellschaften* ist der Verlust gesondert auszuweisen, getrennt vom vorjährigen → Gewinnvortrag bzw. → Verlustvortrag; es sei denn, die Bilanz wird unter Berücksichtigung der Verwendung des Jahresergebnisses aufgestellt. – Vgl. auch → Bilanzgewinn (-verlust) → Gewinnausschüttung, → Rücklagen.

Verlustabzug – 1. *Begriff:* Verlustabzug ist der Oberbegriff für alle Möglichkeiten, negative Einkünfte (Verluste) bei der Ermittlung des steuerpflichtigen Einkommens (→ Einkommensteuer) abziehen zu können. – 2. *Wirtschaftliche Bedeutung:* a) *Positiver Effekt:* Durch den Verlustabzug wird erreicht, dass Einkommensteuer nur auf das wirkliche Nettoeinkommen gezahlt werden muss. Dadurch wird verhindert, dass die Steuerpflichtigen Einkommensteuer auf ihre Gewinne aus einer ihrer Tätigkeiten zahlen müssen, wenn sie die entsprechenden Beträge in Wahrheit längst durch eine andere Betätigung verloren haben und deshalb über gar keine wirtschaftliche Leistungsfähigkeit mehr verfügen, die sie zur Steuerzahlung befähigen können. – b) *(Fiskalisch) negativer Effekt:* Die Tatsache, dass anfallende Verluste mit übrigen, positiven Einkünften verrechnet werden können, kann wirtschaftlich zugleich aber auch einen Finanzierungseffekt beinhalten, z.B. bei vorhersehbaren Anlaufverlusten einer Neuinvestition: Wegen des Verlustabzugs sinkt durch die Anlaufverluste das zu versteuernde Einkommen und es müssen weniger Steuern gezahlt werden, als dies ohne Tätigung der Investition der Fall wäre. Dadurch wird faktisch ein Teil der Investitionsausgabe durch eine Steuerersparnis finanziert; dies dauert an, bis die Neuinvestition Gewinne abwirft. Darin kann ein Anreiz liegen, Investitionen vorzunehmen, die ansonsten gar nicht rentabel wären; aus diesem Grund wird der Verlustabzug oftmals Einschränkungen unterworfen. – 3. *Arten des Verlustabzugs:* Im dt. Einkommensteuerrecht sind Verluste aus einer Einkunftsart zunächst vorrangig mit Gewinnen aus derselben Einkunftsart zu saldieren (sog. *horizontaler Verlustausgleich*). Soweit hiernach noch Verluste nicht berücksichtigt worden sind, sind sie mit den Einkünften aus den anderen Einkunftsarten zu verrechnen *(vertikaler Verlustausgleich).*Bleibt auch nach diesem Verrechnungsschritt noch ein Verlustüberhang übrig, findet ein Ausgleich mit dem Einkommen des vorigen Veranlagungszeitraums statt (→ Verlustrücktrag) und, wenn auch dann noch Verluste noch nicht ausgeglichen werden konnten, kommt es zur Verrechnung mit dem Einkommen folgender Jahre (→ Verlustvortrag). – 4. *Gegenwärtige Einschränkungen des horizontalen Verlustabzugs:* a) *Verluste aus ausländischen Quellen* (§ 2a EStG) dürfen nicht mit inländischen Einkünften verrechnet werden, sondern nur im selben Veranlagungszeitraum oder später mit Einkünften derselben Art und aus demselben Staat verrechnet werden. Dies gilt nach dem Jahresteuergesetz 2009 nur noch für Staaten außerhalb der EU und außerdem nicht für die EWR-Staaten Island und Norwegen (= sog. Drittstaaten). Bestimmte negative Einkünfte aus Drittstaaten können nur mit positiven Einkünften derselben Art und aus demselben Drittstaat verrechnet werden, unbeachtet davon, ob ein Doppelbesteuerungsabkommen besteht oder nicht. Unter diese Einkünfte fallen bspw. Verluste aus einer nicht produktiven gewerblichen Betriebsstätte im Drittstaat, Verluste aus Vermietung und Verpachtung von Grundvermögen im Drittstaat, Verluste aus einer stillen Beteiligung oder aus einem partiarischen Darlehen gegenüber Schuldnern aus dem Drittstaaten etc. Darüber hinaus dürfen Verluste aus Einkunftsquellen, die nach einem Doppelbesteuerungsabkommen steuerfrei sind, dürfen ebenfalls nicht ausgeglichen werden (auch nicht, wenn sie aus EU oder EWR stammen). Diese werden aber im Rahmen des → Progressionsvorbehaltsberücksichtigt, soweit sie nicht aufgrund des § 2a EStG ohnehin nicht zum Einkommen gerechnet werden würden. – b) *Verluste aus Gesellschaften* (→ Verlustzuweisungsgesellschaften) oder Anlagemodellen, die ihr Kapital hauptsächlich mit der Aussicht auf Steuervorteile durch Verlustabzug eingeworben haben oder bei denen die Rendite mehr als zur Hälfte auf Steuervorteilen beruht, dürfen nur mit gegenwärtigen oder zukünftigen Gewinnen des Steuerpflichtigen aus anderen Gesellschaften oder Modellen dieser Art ausgeglichen werden (§ 2b EStG, weiterhin anzuwenden auf Einkunftsquellen in diesem Sinne, die der Steuerpflichtige nach dem 4.3.1999 und vor dem 11.11.2005 rechtwirksam erworben und begründet hat). Die Regelung ist seitdem durch die auf ähnlichen Überlegungen basierende Neuregelung des § 15b EStG ersetzt worden: Verluste aus Steuerstundungsmodellen dürfen nicht mit anderen Einkünften ausgeglichen, sondern lediglich auf zukünftige Einkünfte aus dem Steuerstundungsmodell vorgetragen werden. – c) *Verluste eines Kommanditisten aus Kommanditgesellschaften*oder ähnlichen Gesellschaften dürfen nur soweit ausgeglichen werden, wie der Kommanditist eine Einlage geleistet hat oder für den Verlust haftet; seine übrigen Verluste dürfen nur mit zukünftigen Gewinnen aus derselben KG ausgeglichen werden (sog. „verrechenbare Verluste"). Ab dem Veranlagungszeitraum 2009 können durch Einlagen nur Verluste des laufenden Jahres, nicht jedoch Altverluste genutzt werden. – d) *Verluste aus bestimmten Tätigkeitsarten,* nämlich aus gewerblicher Tierhaltung (§ 15 IV EStG), aus sog. private Veräußerungsgeschäften (§ 23 EStG) und aus stillen Beteiligungen einer Kapitalgesellschaft an einer anderen (§ 15 IV EStG) dürfen nur mit Gewinnen derselben Art (im gleichen Veranlagungszeitraum, im Vorjahr oder in späteren Jahren) ausgeglichen werden. – e) Der am Schluss des Veranlagungszeitraums verbleibende Verlustabzug ist gesondert festzustellen. Der verbleibende Verlustvortrag ergibt sich aus dem noch verbleibenden Verlust (nach Verlustverrechnung) vermehrt um den im vorangegangenen Veranlagungszeitraum festgestellten Verlustvortrag. Hierbei sind die Besteuerungsgrundlagen grundsätzlich so zu berücksichtigen, wie sie im Veranlagungszeitraum des Verlustvortrags und des Verlustrücktrags zugrunde gelegt worden sind. – 5. *Einschränkungen des vertikalen Verlustausgleichs:* Von 1999-2003 war der vertikale Verlustausgleich durch die sog. → Mindestbesteuerung eingeschränkt; die Regelung ist 2004 aufgehoben und durch Einschränkungen des Volumens des Verlustvortrags ersetzt worden. – 6. *Einschränkungen des Verlustrücktrags:* Der Verlustrücktrag ins Vorjahr ist bis zu einem Betrag von 511.500 Euro (bei Ehegatten 1.023.000 Euro) vorgesehen; der Steuerpflichtige kann ganz oder teilweise auf den Verlustrücktrag verzichten zugunsten des Verlustvortrags. – 7. *Einschränkungen des Verlustvortrags:* Noch nicht ausgeglichene Verluste können bis zu 1 Mio. Euro bei Einzelveranlagung (bis zu 2 Mio. Euro bei Zusammenveranlagung) unbeschränkt vorgetragen werden; der dann verbleibende Rest des Gesamtbetrags der Einkünfte darf dann durch den Verlustabzug um 60 Prozent vermindert werden. Ein noch nicht verbrauchter restlicher Verlust wird über den Verlustvortrag ins nächste Jahr übertragen. – 8. Bei der → Gewerbesteuergelten die Regeln gemäß § 10a GewStG. Ein Verlustrücktrag ist gewerbesteuerlich nicht möglich.

Verlustantizipation – Wertansatz nach HGB. Nach dem → Imparitätsprinzip müssen Verluste und Risiken, die am Bilanzstichtag zwar noch nicht realisiert sind, aber aufgrund veränderter Wertverhältnisse als entstanden gelten, durch → Abschreibungen oder Bildung von → Rückstellungen für drohende Verluste aus schwebenden Geschäften vorweggenommen werden (§ 252 I Nr. 4 HGB). Wegen des → Stichtagsprinzips sind nach dem Bilanzstichtag entstehende Verluste nicht zu berücksichtigen. Vermögensgegenstände des Umlaufvermögens müssen hingegen auf den aktuellen Börsen- oder Marktpreis (als Antizipationswert der zukünftigen Entwicklung) am Abschlussstichtag abgeschrieben werden. Falls kein Börsen- oder Marktpreis festzustellen ist, jedoch der anzunehmende Wert unter den Anschaffungs- oder Herstellkosten am Abschlussstichtag liegt, ist auf jenen beizulegenden Wert abzuschreiben (§ 253 IV HGB).

Verlustausgleich – einkommensteuerlicher Begriff für die Verrechnung von Verlusten und Gewinnen innerhalb desselben Veranlagungszeitraums. – Vgl. auch → Verlustabzug.

Verlustberechnung – Feststellung der auf die einzelnen Gesellschafter (bes. bei einer Personengesellschaft) entfallenden Beteiligung an Verlusten. – 1. Die Verlustbeteiligung des Gesellschafters bei einer *Gesellschaft bürgerlichen Rechts* richtet sich in erster Linie nach dem Gesellschaftsvertrag. Mangels bes. Vereinbarung hat jeder Gesellschafter den gleichen Anteil am Verlust zu tragen (§ 722 BGB). – 2. Bei der *offenen Handelsgesellschaft* und *Kommanditgesellschaft* gilt Entsprechendes (§§ 105, 121, 168 HGB). Der auf den Gesellschafter entfallende Verlustanteil wird seinem → Kapitalanteil abgeschrieben; der Kommanditist nimmt am Verlust aber nur bis zum Betrag seines Kapitalanteils und seiner etwa noch rückständigen → Einlage teil, d.h., er hat keine Zuzahlungen zu leisten; ein passives Kapitalkonto ist aber ggf. bei später erzielten Gewinnen wieder aufzufüllen, bevor der Kommanditist deren Auszahlung verlangen kann (§§ 167, 169 HGB). – 3. Zur Beteiligung des *stillen Gesellschafters:* → stille Gesellschaft. – Vgl. auch → Gewinn- und Verlustrechnung (GuV).

Verlustrücktrag – I. Einkommen- und Körperschaftsteuerrecht: Verluste, die bei der Ermittlung des Gesamtbetrags der Einkünfte nicht ausgeglichen werden (→ Verlustausgleich), sind bis zu einem Betrag von insgesamt 511.500 Euro (bei Zusammenveranlagung 1.023.000 Euro) vorrangig vor → Sonderausgaben vom → Gesamtbetrag der Einkünfte des dem Veranlagungszeitraum vorangegangenen Veranlagungszeitraums abzuziehen; auf den Verlustrücktrag kann der Steuerpflichtige auf Antrag ganz oder teilweise verzichten, z.B. wenn für ihn ein → Verlustvortrag günstiger ist (§ 10d I EStG). Nicht rücktragsfähige Verluste können im Rahmen des Verlustvortrags berücksichtigt werden. – *Sonderregelung:* bei Mantelkauf (→ Mantel; § 8 IV KStG). – Vgl. auch → Verlustabzug.

II. Gewerbesteuerrecht: Das Gewerbesteuerrecht kennt keinen Verlustrücktrag. – Vgl. auch → Verlustvortrag.

Verlust- und Gewinnkonto – *Gewinn- und Verlustkonto;* Sammelkonto der doppelten Buchführung, auf dem die Aufwendungen und Erträge der → Erfolgskonten gebucht werden. Wie das Privatkonto ein Unterkonto des Kapitalkontos des/der Unternehmer(s). Der sich ergebende Gesamterfolg wird entweder an das Kapitalkonto abgegeben oder direkt an das Schlussbilanzkonto, um den Erfolg in der Bilanz gesondert auszuweisen. – Verlust- und Gewinnkonto im Gegensatz zu „Gewinn- und Verlustkonto" oft deshalb genannt, weil Verluste (Aufwendungen) auf der linken Seite und Gewinne (Erträge) auf der rechten Seite des Kontos entstehen. – Die Posten des Verlust- und Gewinnkontos sind inhaltsgleich mit der → Gewinn- und Verlustrechnung (GuV).

Verlustvortrag – I. Einkommen- und Körperschaftsteuerrecht: Nicht durch → Verlustrücktrag berücksichtigte oder auf Antrag nicht durch Verlustrücktrag berücksichtigte Verluste sind in den dem Verlustentstehungsjahr folgenden Veranlagungszeiträumen vorrangig vor → Sonderausgaben vom → Gesamtbetrag der Einkünfte abzuziehen. Der Abzug ist nur insoweit zulässig, als die Verluste in den vorangegangenen Veranlagungszeiträumen nicht abgezogen wurden (§ 10d II EStG). Außerdem ist der Verlustvortrag unbeschränkt seit 2004 mit 1 Mio. Euro (bei Zusammenveranlagung 2 Mio. Euro) möglich; der dann verbleibende Rest des Gesamtbetrags der Einkünfte darf durch den restlichen Verlustvortrag um 60 Prozent gemindert werden (ein Rest von 40 Prozent des Gesamtbetrags der Einkünfte, soweit er über 1 Mio. Euro – bei Zusammenveranlagung 2 Mio. Euro – reicht, bleibt steuerpflichtig). Ein unverbrauchter Rest des Verlustvortrags wird als Verlustvortrag ins nächste Jahr übertragen. – *Verlustfeststellung:* Der am Schluss des Veranlagungszeitraums verbleibende Verlustvortrag ist gesondert festzustellen. – Vgl. auch → Verlustabzug.

II. Gewerbesteuerrecht: Ein negativer → Gewerbeertrag kann in den nächstfolgenden Erhebungszeitraum vorgetragen werden und im aktuellen Jahr mit einem positivem Gewerbeertrag verrechnet werden. Eine Verrechnung ist jedoch nur möglich, wenn und insoweit der positive und negative Gewerbeertrag vom gleichen Unternehmen und vom gleichen Unternehmer erwirtschaftet wurde. Es gelten dieselben Einschränkungen wie bei der Einkommensteuer. Einen → Verlustrücktrag kennt das Gewerbesteuerrecht nicht (§ 10a GewStG).

Verlustwahrscheinlichkeit – 1. *Begriff:* spezifisches Risikomaß zur Quantifizierung des Verlustrisikos eines Versicherungsunternehmens, insbesondere des → Zufallsrisikos. Die Verlustwahrscheinlichkeit erfasst die Wahrscheinlichkeit des technischen Ruins eines Versicherungsunternehmens über eine Periode, d.h. des Eintritts des Ereignisses, dass der periodische Gesamtschaden des versicherten Kollektivs die vorhandenen Finanzmittel in Form der Summe aus der vereinnahmten kollektiven Prämie für die Risikodeckung (→ Risikoprämie) und dem vorhandenen Sicherheitskapital übersteigt. Wird hierbei der Ansatz des vorhandenen Sicherheitskapitals außer Acht gelassen, erklärt sich die Verlustwahrscheinlichkeit i.e.S. – 2. *Merkmale:* Die Verlustwahrscheinlichkeit ist ihrer Natur nach primär eine kalkulatorische Größe, die zum Zweck der Risikosteuerung (bspw. zur Kapitalunterlegung) von Versicherungsunternehmen eingesetzt wird. Hierzu wird die Verlustwahrscheinlichkeit der Höhe nach limitiert (eine Verlustwahrscheinlichkeit von einem Prozent bedeutet bspw., dass das betreffende (Ruin-)Ereignis im Durchschnitt nur in einem von einhundert Jahren eintritt). Die tolerierte Höhe der Verlustwahrscheinlichkeit kann dabei etwa aus Ratinganforderungen abgeleitet werden.

Verlustzuweisung → Verlustzuweisungsgesellschaft.

Verlustzuweisungsgesellschaft – 1. *Begriff:* Personenvereinigung, deren Gesellschafter primär beabsichtigen, Vermögensvorteile durch Steuerersparnisse zu erreichen, v.a. ihre Kapitaleinlage ganz oder z.T. aus ersparter → Einkommensteuer zu finanzieren. Verlustzuweisungsgesellschaften wurden seit 1999 steuerlich durch § 2b EStG bekämpft. Dadurch war es u.a. schwierig, für Verlustzuweisungsgesellschaften durch Hinweis auf die möglichen Steuerersparnisse zu werben. – 2. *Konstruktion:* Verlustzuweisungsgesellschaften unterhalten entweder einen Gewerbebetrieb (vornehmlich Beteiligung an gewerblichen Kommanditgesellschaften oder an einer GmbH & Co. KG) oder betreiben private

Vermögensverwaltung (Wohnungseigentümergemeinschaft, Wohnungseigentum, Bruchteilsgemeinschaft oder Gesamthandsgemeinschaft in Form einer BGB-Gesellschaft oder der vermögensverwaltenden Kommanditgesellschaft, geschlossene Immobilienfonds). – 3. *Wirkung:* Ziel der Verlustzuweisungsgesellschaft ist es, in die ersten Jahre des Beteiligungsengagements möglichst viele → Betriebsausgaben bzw. → Werbungskosten zu verlagern, die die Einkommensteuer des Anlegers mindern und so zu einer temporären Steuerersparnis führen. Der Umfang der Steuerminderung ist abhängig von der Höhe des persönlichen Spitzensteuersatzes und der Verlustzuweisungsquote. Letztere wird i.d.R. in Prozent des eingezahlten Eigenkapitals ausgedrückt. Verluste entstehen bei gewerblichen Beteiligungen bes. durch die Inanspruchnahme von erhöhten Abschreibungen, → Sonderabschreibungen und → Bewertungsabschlägen, Bildung steuerfreier Rücklagen (→ Rücklagen), Erwerb sofort abschreibungsfähiger → geringwertiger Wirtschaftsgüter, bei privaten Vermögensanlagen durch vorweggenommene und laufende Werbungskosten, z.B. Abschreibungsvergünstigungen und Finanzierungskosten. – 4. *Steuerliche Behandlung:* a) Bei *gewerblichen Beteiligungen* ist der Anleger → Mitunternehmer; er erzielt → Einkünfte aus Gewerbebetrieb. Gewinne und Verluste werden den Gesellschaften nach §§ 179, 180 AO anteilig zur Besteuerung zugewiesen. Verluste unterliegen ggf. der Abzugsbeschränkung des § 15a EStG (→ negatives Kapitalkonto). – b) Bei *Vermögensverwaltung der* Verlustzuweisungsgesellschaft erzielt der Anleger → Einkünfte aus Vermietung und Verpachtung. Verluste unterliegen auch hier u.U. der Ausgleichsbeschränkung des § 15a EStG. – c) Für beide genannten Formen gilt, dass ein erzielter Verlust nicht mit anderen Einkünften der Beteiligten, sondern nur mit späteren Einkünften oder mit gleichzeitigen Einkünften des Steuerpflichtigen aus Verlustzuweisungsgesellschaften ausgeglichen werden darf (§ 2b EStG). Verlustzuweisungsgesellschaften in diesem Sinn liegen immer vor, wenn beim Erwerb der Beteiligung der Steuervorteil im Vordergrund steht, z.B. wenn mit Verlustzuweisungen geworben wird oder die Rendite aufgrund steuerlicher Effekte mehr als verdoppelt wird. § 2b EStG wurde durch das Gesetz vom 22.12.2005 aufgehoben. § 2b EStG ist jedoch weiterhin für Einkünfte aus einer Einkunftsquelle in diesem Sinne anzuwenden, die der Steuerpflichtige nach dem 4.3.1999 und vor dem 11.11.2005 rechtswirksam erworben und begründet hat.

Vermächtnis – Begriff des Erbrechts; Zuwendung einzelner Vermögensgegenstände (§§ 2147–2191 BGB). Sie begründet im Gegensatz zur → Erbeinsetzung nur ein Forderungsrecht gegen den Erben oder anderen Vermächtnisnehmer, das Vermächtnis durch Zuwendung des vermachten Vermögensvorteils zu vollziehen. – Das Vermächtnis gehört, wenn der Beschwerte Erbe ist, zu den → Nachlassverbindlichkeiten. Es unterliegt als Erwerb von Todes wegen ggf. der → Erbschaftsteuer.

Vermarktung – häufig verwendeter Begriff für die Verwertung von Erzeugnissen am Markt.

Vermeidungskosten – Kosten, die der Verursacher eines negativen → externen Effekts zur Schadenssenkung aufwendet.

Vermeidungskostenansatz – Umweltqualitätsverschlechterungen lösen bei den betroffenen Individuen Anpassungsreaktionen aus. Mit diesen versuchen sie, den Schaden zu senken oder zu vermeiden. Die hierfür aufgewendeten Kosten liefern Anhaltspunkte für den (negativen) Wert, den die Umweltqualitätsverschlechterung aus der Sicht der Betroffenen hat. Der Vermeidungskostenansatz ist irreführend, wenn Vermeidungskostenbeträge ohne Rücksicht darauf, ob die Betroffenen bereit wären, diese zu zahlen, angesetzt werden. Die Verwendung derartiger hypothetischer Beträge steht im Widerspruch zum Prinzip des → methodologischen Individualismus und entbehrt daher der wirtschaftstheoretischen Grundlage. – Vgl. auch → Verursacherprinzip.

Vermessungswesen → Kataster.

Vermieterpfandrecht – dem Vermieter von Grundstücken wegen seiner Forderungen aus dem Mietverhältnis zustehendes → gesetzliches Pfandrecht an den Sachen des Mieters (§§ 562 ff. BGB). – Das Vermieterpfandrecht erlischt mit der Entfernung der Sachen, wenn sie nicht ohne Wissen oder gegen Widerspruch des Vermieters erfolgt. Kein Widerspruchsrecht des Vermieters gegen die Entfernung, wenn die Entfernung im regelmäßigen Geschäftsbetrieb vorgenommen wird oder hinreichende Sicherung zurückbleibt.

Vermietungsgenossenschaften → Wohnungsgenossenschaften.

Vermietungsrecht → Verbreitungsrecht.

Vermietung und Verpachtung – I. Allgemeines: → Miete, → Pacht.

II. Steuerrecht: 1. *Einkommensteuer:* → Einkünfte. – 2. *Umsatzsteuer:* a) Vermietung und Verpachtung von *Grundstücken* und ihrer Teile, z.B. von Wohnungen und einzelnen Räumen, ist umsatzsteuerfrei. – b) Nach der Rechtsprechung umsatzsteuerpflichtig ist jedoch die Eigennutzung von Wohnungen, die zu einem Unternehmensvermögen gehören (EuGH-Urteil, 2003), dies soll mittelfristig durch eine Änderung der Mehrwertsteuersystemrichtlinie wieder geändert werden. – c) Umsatzsteuerpflichtig ist auch die Vermietung und Verpachtung von *Maschinen* und Vorrichtungen aller Art, die zu einer Betriebsanlage gehören, auch wenn sie wesentliche Bestandteile eines Grundstücks sind, sodass z.B. das Entgelt für einen einschließlich Bestuhlung und Vorführeinrichtung vermieteten Saal in einen steuerfreien und einen steuerpflichtigen Teil zerlegt wird. – d) Wird *gleichzeitig* mit der Vermietung eines *Grundstücks ein Recht* eingeräumt, z.B. einer Straßenbahn zur Benutzung von

Straßen und Plätzen unter Einräumung einer entsprechenden Konzession, so muss das Entgelt ebenfalls zerlegt werden. – e) Räumt der Vertrag *lediglich ein Recht* ein, z.B. Unterstellen eines Wagens in einer Großgarage, dann ist das hierfür gezahlte Entgelt voll umsatzsteuerpflichtig. – f) Die Vermietung und Verpachtung von Wohn- und Schlafräumen zur kurzfristigen *Beherbergung* (z.B. Gaststätten, Hotels) ist umsatzsteuerpflichtig. – g) Entgelte für die Vermietung und Verpachtung von *beweglichen Gegenständen* unterliegen stets der Steuerpflicht. – h) Die kurzfristige (weniger als sechs Monate) Vermietung von *Campingplätzen* ist stets steuerpflichtig sowie seit dem 1.1.1992 generell auch die Vermietung und Verpachtung von Plätzen für das Abstellen von Fahrzeugen (z.B. Parkplätze, Garagen). – i) Umsatzsteuerlich *schließt* die steuerfreie Vermietung und Verpachtung den → Vorsteuerabzug aus. Deshalb kann der Vermieter oder Verpächter gemäß § 9 UStG bei Vermietung und Verpachtung an Unternehmer auf die Steuerfreiheit verzichten und die Regelbesteuerung wählen. Zusätzliche Voraussetzung hierfür ist, dass das vermietete Grundstück ausschließlich für Umsätze verwendet wird oder werden soll, die den Vorsteuerabzug nicht ausschließen (§ 9 II UStG, vgl. die Übergangsregelungen für Altgebäude nach § 27 II UStG). – 3. *Andere Staaten der EU*: die Rechtslage bez. der Steuerbefreiung ist dort im Grundsatz dieselbe, allerdings dürfen die Einzelheiten für die Option zur Steuerpflicht in jedem Land individuell festgelegt werden.

Vermischung – Begriff des Bürgerlichen Rechts. Vermischung liegt vor, wenn → bewegliche Sachen, die verschiedenen Eigentümern gehören, derart miteinander vermischt oder vermengt werden, dass sie voneinander nicht mehr oder nur mit unverhältnismäßigen Kosten getrennt werden können, z.B. zwei Flüssigkeiten werden zusammengegossen. Vermischung wird rechtlich wie → Verbindung behandelt (§ 948 BGB).

Vermittlerqualifikation – 1. *Begriff*: Im Rahmen des Gewerbeerlaubnisverfahrens bei den Industrie- und Handelskammern wird von den → Versicherungsvermittlern grundsätzlich ein Sachkundenachweis gefordert. Dieser wird durch Bestehen der → Sachkundeprüfung „Geprüfter Versicherungsfachmann/-frau (IHK)" erbracht. – 2. *Anerkennungen:* Darüber hinaus werden folgende Abschlüsse bzw. Berufsqualifikationen als Nachweis der erforderlichen Sachkunde anerkannt: 1. Abschlusszeugnis a) eines Studiums der Rechtswissenschaft, b) eines betriebswirtschaftlichen Studiengangs der Fachrichtung Versicherungen (Hochschulabschluss oder gleichwertiger Abschluss) – darunter sind ein betriebswirtschaftlicher Universitäts- oder Fachhochschulabschluss jeweils mit Fachrichtung Versicherungen oder das abgeschlossene Studium an einer Berufsakademie mit Fachrichtung Versicherungen zu verstehen, c) als Versicherungskaufmann oder -frau oder Kaufmann oder -frau für Versicherungen und Finanzen, d) als Versicherungsfachwirt oder -wirtin oder e) als Fachwirt oder -wirtin für Finanzberatung (IHK); 2. Abschlusszeugnis a) als Fachberater oder -beraterin für Finanzdienstleistungen (IHK), wenn eine abgeschlossene Ausbildung als Bank- oder Sparkassenkaufmann oder -frau vorliegt, b) als Fachberater oder -beraterin für Finanzdienstleistungen (IHK), wenn eine abgeschlossene allg. kaufmännische Ausbildung vorliegt, oder c) als Finanzfachwirt (FH), wenn ein abgeschlossenes weiterbildendes Zertifikatsstudium an einer dt. Hochschule und eine mind. einjährige Berufserfahrung im Bereich Versicherungsvermittlung oder -beratung vorliegt; 3. Abschlusszeugnis a) als Bankkaufmann oder -frau, b) als Investmentfondskaufmann oder -frau oder c) als Fachberater oder -beraterin für Finanzdienstleistungen (IHK), jeweils wenn zusätzlich eine mind. zweijährige Berufserfahrung im Bereich Versicherungsvermittlung oder -beratung vorliegt. Darüber hinaus kann auch ein erfolgreich abgeschlossenes Studium an einer Hochschule oder Berufsakademie, das nicht versicherungsspezifisch ist, als Nachweis anerkannt werden, wenn die erforderliche Sachkunde beim Antragsteller vorliegt. Dies setzt i.d.R. voraus, dass zusätzlich zur Abschlussprüfung eine mind. dreijährige Berufserfahrung im Bereich Versicherungsvermittlung oder -beratung nachgewiesen wird. – 3. *Sonderregelungen:* → Gebundene Vermittler, die nicht erlaubnispflichtig sind, wenn der Versicherer die uneingeschränkte Haftung übernimmt, werden ohne Sachkundenachweis von der IHK als Versicherungsvermittler registriert. Der Versicherer muss allerdings für eine angemessene Qualifizierung sorgen. Die dem Gesamtverband der Deutschen Versicherungswirtschaft e.V. angeschlossenen Versicherungsunternehmen haben sich freiwillig verpflichtet, ihre gebundenen Vermittler ohne Sachkundenachweis zum/zur geprüften Versicherungsfachmann/-frau (IHK) zu qualifizieren.

Vermittlerregister – 1. *Begriff:* Zentrales, vernetztes Auskunftsregister über → Versicherungsvermittler, das von den Industrie- und Handelskammern geführt wird. – 2. *Merkmale:* Die Versicherungsvermittler sind verpflichtet, sich in das Vermittlerregister eintragen zu lassen. Eingetragen werden ungebundene Versicherungsvermittler (mit Erlaubnis), gebundene Versicherungsvermittler (ohne Erlaubnis bei Haftungsübernahme durch ein Versicherungsunternehmen) und sog. Produktakzessorische Vermittler, die nach § 34d III GewO auf Antrag von der Erlaubnispflicht befreit wurden. – 3. *Inhalte:* Dem Vermittlerregister können folgende Informationen entnommen werden: Familienname, Vorname sowie die Firma des Vermittlers, dessen Status (Versicherungsmakler, Versicherungsvertreter), Bezeichnung der zuständigen Registerbehörde, Geschäftsanschrift und Registernummer sowie ggf. haftendes Unternehmen. – 4. *Ziele:* Das Vermittlerregister ist für jedermann über das Internet frei einsehbar.

Es ermöglicht allen interessierten Personen, Versicherungsunternehmen und in Fällen der Niederlassungsfreiheit auch ausländischen Behörden die Überprüfung, ob ein Versicherungsvermittler zugelassen ist. Insbesondere die Einordnung als → Makler, Vertreter mit Erlaubnis nach § 34d I GewO oder als von der Erlaubnispflicht befreiter Vertreter wird hierdurch transparent.

Vermittlung – Vorbereitung eines Vertragsverhältnisses bis auf den Abschluss des → Vertrages. Es genügt aber nicht allein der Nachweis für die Möglichkeit eines zukünftigen Abschlusses. – Wer die Vermittlung *gewerbsmäßig* und in Bezug auf Verträge des Handelsverkehrs übernimmt, ist → Handelsmakler, wenn er zu seinem Auftraggeber in keinem ständigen Vertragsverhältnis steht, oder → Handelsvertreter bei ständigem Vertragsverhältnis. – Vermittlung *anderer Geschäfte* oder gelegentliche Vermittlung wird durch die Vorschriften der §§ 652 ff. BGB für den → Zivilmakler erfasst.

Vermittlungsagent → Vermittlungsvertreter.

Vermittlungsausschuss – aus Mitgliedern des → Bundestages und des → Bundesrates für gemeinsame Beratungen von Gesetzesvorlagen, über die zwischen Bundestag und Bundesrat kein Einvernehmen besteht, gebildeter Ausschuss. Der Vermittlungsausschuss ist auf Verlangen des Bundesrates bei Gesetzen, die der Zustimmung des Bundesrates bedürfen – auch auf Verlangen des Bundestags oder der Bundesregierung – einzuberufen. Schlägt der Vermittlungsausschuss eine Änderung des Gesetzesbeschlusses vor, hat der Bundestag erneut zu beschließen (Art. 77 II GG). Zur Zusammensetzung und zum Verfahren dieses Ausschusses vgl. dessen Geschäftsordnung vom 19.4.1951 (BGBl. II 103) m.spät.Änd.

Vermittlungsfähigkeit → Arbeitsvermittlungsfähigkeit.

Vermittlungsgehilfe → Handlungsgehilfe, der damit betraut ist, außerhalb des Betriebs des Unternehmers Geschäfte zu vermitteln. Vermittlungsgehilfen gelten als ermächtigt, Mängelanzeigen, Erklärung, dass Ware zur Verfügung gestellt werde, u.Ä. Erklärungen entgegenzunehmen (§ 75g HGB).

Vermittlungsgeschäft → Empfehlungsgeschäft.

Vermittlungsleistungen – 1. *Begriff:* → Sonstige Leistungen, jemandem (einem Kunden oder einem Unternehmer) einen Geschäftspartner zu vermitteln. – 2. *Behandlung:* Das Entgelt (z.B. Provision) des eine Vermittlungsleistung ausführenden Unternehmers ist als sonstige Leistung der Umsatzsteuer unterworfen; in welchem Staat die Besteuerung geschieht, bestimmt sich nach den Bestimmungen über den Ort der Vermittlungsleistung. – a) Demnach gilt *bis Ende 2009* folgendes: (1) Die Vermittlung von in § 3a III, IV UStG genannten Leistungen gilt (→ Katalogleistungen) als am Wohnsitz, Sitz, Unternehmenssitz bzw. an der Betriebsstätte des *Auftraggebers* der Vermittlungsleistungen ausgeführt (§ 3a IV Nr. 10 UStG). (2) Die Vermittlung einer innergemeinschaftlichen Warenbeförderungsleistung gilt als am Anfangsort der Beförderung, das Beladen, Entladen, Umschlagen der beförderten Waren, wenn es sich nicht nur um unselbstständige Nebenleistungen zur Beförderung handelt, am jeweiligen Tätigkeitsort als ausgeführt; abweichend davon kann der Leistungsempfänger seine Umsatzsteuer-Identifikationsnummer angeben, um den Ort der Leistung in den Staat zu verlagern, in dem er diese Umsatzsteuer-Identifikationsnummer erhalten hat. (3) Die Vermittlung anderer Leistungen gilt als dort erbracht, wo der vermittelte Umsatz ausgeführt wird. – b) Ab 2010 gilt, dass eine Vermittlungsleistung, deren Auftraggeber ebenfalls ein Unternehmer ist, dort erbracht wird, wo dieser Auftraggeber sein Unternehmen betreibt (§ 3a II UStG 2010), während eine Vermittlungsleistung im Auftrag einer Privatperson dort ihren Ort der sonstigen Leistung hat, wo der vermittelte Umsatz stattfindet; eine Vermittlungsleistung im Zusammenhang mit einem Grundstück ist dagegen generell dort zu versteuern, wo sich das Grundstück befindet (wichtig z.B. für Immobilienmakler). – 3. *Besonderheiten:* In Fällen, in denen ein deutscher Unternehmer für einen ausländischen Auftraggeber tätig wird, der Unternehmer ist, wird innerhalb der EU meist das → Reverse-Charge-Verfahren anzuwenden sein, d.h. der Vorgang der Vermittlung muss zwar im Land des Auftraggebers versteuert werden, dies übernimmt aber der Auftraggeber selbst, und der inländische Unternehmer kann (und muss) über seine Provision eine Nettorechnung ausstellen. Umgekehrt gilt dasselbe auch für Vermittlungsleistungen eines ausländischen Vermittlers an einen dt. Unternehmer (§ 13b I Nr. 1 UStG).

Vermittlungsmakler – Makler, der, anders als der → Nachweismakler, den Abschluss von Geschäften vermittelt (→ Vermittlung). Er ist, soweit das vermittelte Geschäft einen Gegenstand des Handelsverkehrs betrifft, → Handelsmakler, sonst → Zivilmakler.

Vermittlungsnetz → Netz, das den gezielten Verbindungsaufbau zwischen zwei oder mehr Teilnehmern unter Ausschluss aller anderen potenziellen Teilnehmer ermöglicht. Vermittlungsnetze werden eingesetzt für die → Individualkommunikation. – *Beispiele:* Fernsprechnetz. – *Gegensatz:* → Verteilnetz.

Vermittlungsstelle – war früher im BetrVG 1952 vorgesehen gewesen, im BetrVG 1972 entfallen. Kommt bei Betriebsänderungen ein Interessenausgleich oder eine Einigung über den Sozialplan nicht zustande, so können der Arbeitgeber oder der Betriebsrat den Vorstand der → Bundesagentur für Arbeit (Landsarbeitsamt) um Vermittlung ersuchen (§ 112 II BetrVG).

Vermittlungsverfahren → Schlichtung.

Vermittlungsvertreter – *Vermittlungsagent:* Derjenige, der als → Handelsvertreter den Abschluss eines

Geschäftes durch Einwirkung auf Dritte fördert. Er ist bevollmächtigt, vom Dritten Anträge und Anzeigen für den Unternehmer entgegenzunehmen. Bindende Erklärungen für den Unternehmer darf der Vermittlungsvertreter nicht abgeben. – Schließt der Vermittlungsvertreter trotz fehlender Abschlussvollmacht mit einem gutgläubigen Dritten Verträge ab, so gilt das Geschäft als vom Unternehmer genehmigt, wenn dieser nicht unverzüglich nach Kenntniserlangung ablehnt (§ 91a HGB). – Vgl. auch → Versicherungsvertreter.

Vermittlungswucher – Form des → Wuchers (§ 291 I Nr. 4 StGB).

Vermögen – I. Bürgerliches Recht: Summe der einer Person zustehenden geldwerten Güter, Rechte und Forderungen ohne Abzug der Schulden und Verpflichtungen.

II. Rechnungswesen: Hauptteil der Aktivseite der → Bilanz (→ Vermögensgegenstand, → Anlagevermögen, → Umlaufvermögen). – *Anders:* → Reinvermögen (Eigenkapital).

III. Mikroökonomik: → Gegenwartswert aller Dinge, die ein → Konsument besitzt einschließlich seiner Forderungen und abzüglich seiner Schulden.

IV. Volkswirtschaftliche Gesamtrechnung: Die Summe der bewerteten Vermögensbestände wird als Gesamtvermögen bezeichnet, eingeteilt in Vermögensgüter (bes. Sachanlagen und immaterielle Anlagen) und Forderungen. Die Differenz aus Gesamtvermögen und Verbindlichkeiten bzw. die Summe aus Vermögensgütern und Nettogeldvermögen (Saldo aus Forderungen und Verbindlichkeiten) wird als *Reinvermögen* bezeichnet.

Vermögen der öffentlichen Hand → Finanzvermögen, → Verwaltungsvermögen.

Vermögens-, Ertrags- und Finanzlage – Bei Kapitalgesellschaften hat der → Jahresabschluss unter Beachtung der → Grundsätze ordnungsmäßiger Buchführung (GoB) ein den tatsächlichen Verhältnissen entsprechendes Bild der Vermögens-, Ertrags- und Finanzlage zu vermitteln, andernfalls sind im → Anhang zusätzliche Angaben zu machen (§ 264 II; vgl. → Lagebericht). Soweit durch Anwendung von Aktivierungsvorschriften sowie der Bilanzierungsgrundsätze die Vermögens-, Ertrags- und Finanzlage unzureichend dargestellt wird, besteht keine Erläuterungspflicht, da der kundige Bilanzleser damit rechnen muss. Konnten jedoch z.B. wesentliche Teile des Umsatzes nicht realisiert werden, weil infolge eines Streiks die versandfertigen, verkauften Erzeugnisse die Empfänger noch nicht erreicht haben, sind die Auswirkungen auf die Vermögens-, Ertrags- und Finanzlage (zu hoher Lagerbestand, zu geringe Forderungen, Ergebniswirkung) darzustellen.

Vermögensabgabe – einmaliger staatlicher Zugriff auf die Substanz aller Vermögensbesitzer; häufig zur Beseitigung staatlicher Überschuldung (Reichsnotopfer) und sonstigen nationalen Notstands eingesetzt. Verwirklichung problematisch, da Verflüssigung festen Vermögens in Frage steht. Hinzu tritt die Gefahr des volkswirtschaftlichen Substanzverlustes, falls die Leistungen für Vermögensabgaben aus den für Abschreibungen reservierten Mitteln aufgebracht werden müssen. Deshalb meistens Wandlung der Vermögensabgaben in laufende → Vermögensbesteuerung.

Vermögensamt – Kurzbezeichnung für die Ämter zur Regelung offener Vermögensfragen; mit der Durchführung nach dem → Vermögensgesetz beauftragt. Ausgenommen ist die Rückübertragung von Unternehmen, die den übergeordneten Landesämtern für offene Vermögensfragen obliegt.

Vermögensänderungsgesetz → Vermögensgesetz.

Vermögensarten – Begriff des Bewertungsgesetzes. Zu unterscheiden sind: (1) → Land- und forstwirtschaftliches Vermögen (§§ 33–67, § 31 BewG), (2) → Grundvermögen (§§ 68–94, § 31 BewG) und (3) → Betriebsvermögen (§§ 95–105, §§ 138 ff., § 31 BewG). – Die Abgrenzung hat *Bedeutung*: (1) für die Frage, ob eine gesonderte Wertfeststellung, d.h. Einheitsbewertung (→ Einheitswert), erforderlich ist oder ob der Wert im Zuge des Steuerveranlagungsverfahrens ermittelt wird; (2) für den Umfang einer → wirtschaftlichen Einheit, wobei Zusammenfassungen nur möglich sind, wenn die zugehörigen Wirtschaftsgüter zu derselben Vermögensart gehören; (3) für die Anwendung der → Bewertungsmaßstäbe, die für die einzelnen Vermögensarten unterschiedlich sind; (4) für den Abzug von Schulden, die mit der Vermögensart im Zusammenhang stehen (→ Betriebsschulden, → Schulden). – Beim → Grundbesitz kommt die Einordnung zur Land- und Forstwirtschaft, zum Grundvermögen oder zum Betriebsvermögen in Betracht; im letzten Fall wird das Grundstück → Betriebsgrundstück und Bewertungsgegenstand im Rahmen der Erfassung des → Betriebsvermögens.

Vermögensaufstellung – Aufstellung über die innerhalb eines Gewerbebetriebs am Stichtag vorhandenen Besitz- und Schuldposten unter Berücksichtigung der Vorschriften des Bewertungsgesetzes. Die Erfassung und Bewertung der Besitz- und Schuldposten erfolgt nach dem Bewertungsgesetz, dabei wird weitgehend auf die ertragsteuerliche Behandlung zurückgegriffen (→ verlängerte Maßgeblichkeit). – Vgl. auch → Umwandlungsbilanz.

Vermögensauskunft – 1. *Begriff*: Zum Zwecke der Vollstreckung einer Geldforderung ist der Schuldner verpflichtet, auf Verlangen des → Gerichtsvollziehers Auskunft über sein Vermögen zu erteilen sowie Geburtsnamen, Geburtsdatum und Geburtsort anzuzeigen (§ 802c Abs. 1 ZPO). Der Schuldner hat vor dem Gerichtsvollzieher zu Protokoll an Eides statt zu versichern (→ eidesstattliche Versicherung), dass er die Angaben nach bestem Wissen und Gewissen richtig und vollständig gemacht habe (§ 802c Abs. 3 ZPO). Hat der Schuldner die Vermögensauskunft innerhalb der letzten zwei Jahre gemacht, ist er zur erneuten Vermögensauskunft nur verpflichtet, wenn ein Gläubiger Tatsachen → glaubhaft macht, die auf eine wesentliche Veränderung der Vermögensverhältnisse beim Schuldner schließen lassen (§ 802d ZPO). – 2. *Verfahren*: Der Gerichtsvollzieher setzt dem Schuldner eine Frist von zwei Wochen zur Begleichung der Forderung. Zugleich bestimmt er für den Fall, dass keine vollständige Befriedigung erfolgt, einen Termin zur Abgabe der Vermögensauskunft. Dazu lädt er in seine Geschäftsräume oder in die Wohnung des Schuldners (§ 802fAbs. 1 und 2 ZPO). Im Termin der Vermögensauskunft errichtet der Gerichtsvollzieher eine Aufstellung der nach § 802c ZPO erforderlichen Angaben als elektronisches Dokument (→ Vermögensverzeichnis). Das Vermögensverzeichnis wird vom Gerichtsvollzieher beim zentralen → Vollstreckungsgericht hinterlegt. Der Gläubiger erhält einen Ausdruck § 802f Abs. 6 ZPO). – 3. *Auskunftsrechte des Gerichtsvollziehers*: Gibt der Schuldner nicht Auskunft über sein Vermögen oder führt die Vollstreckung nicht zur vollständigen Befriedigung des Gläubigers, darf der Gerichtsvollzieher Auskünfte einholen a) bei der gesetzlichen Rentenversicherung (Arbeitgeber, Beschäftigungsverhältnis), b) beim → Bundeszentralamt für Steuern (Kreditinstitute) und c) beim Kraftfahrt-Bundesamt (Fahrzeughalter). Mindestwert der Ansprüche für die Anfrage 500 Euro (§ 802l ZPO). – 4. *Folgen unentschuldigten Ausbleibens oder Verweigerung der Auskunft*: a) Der Gerichtsvollzieher ordnet von Amts wegen die Eintragung in das → Schuldnerverzeichnis an, wenn der Schuldner seiner Pflicht zur Abgabe der Vermögensauskunft nicht nachgekommen ist (§ 882c Abs. 1 Nr. 1 ZPO). – b) Auf Gläubigerantrag Erlass eines Haftbefehls durch das Gericht zur Erzwingung der Vermögensauskunft (Erzwingungshaft).

Vermögensbeschränkung – Ungleichung, die besagt, dass der → Gegenwartswert aller Nettoausgaben eines → Konsumenten sein → Vermögen nicht übersteigen darf.

Vermögensbesteuerung – 1. *Charakterisierung:* Frühere Hauptsteuer, die in modernen Steuersystemen durchweg als → Ergänzungsteuer neben der → Einkommensbesteuerung beibehalten ist. – *Konsequenterweise:* relativ niedrige Sätze und Verzicht auf Progression. Vermögensbesteuerung ist eine → direkte Steuer auf die Gesamtheit der im Eigentum einer natürlichen oder juristischen Person stehenden Sachgüter und wirtschaftlich bewertbaren Rechte, nämlich: a) Erwerbsvermögen (gewerbliche Anlagen, Mietshäuser, Wertpapiere), b) Gebrauchsvermögen (Wohnhaus, Park, Schmucksachen, Sammlung), c) Spekulationsvermögen (unbebaute Grundstücke), d) Schatzvermögen (gehortetes Bargeld, Edelmetalle) und e) Verbrauchsvermögen (Wäsche, Möbel, Hausrat etc.). – 2. *Formen:* a) *Echte Vermögensbesteuerung, reelle Vermögensbesteuerung, Vermögenssubstanzsteuer* (→ Substanzsteuer): Greift der Absicht nach oder faktisch die Substanz, d.h. den Vermögens*bestand*, an. Allokations- und wachstumspolitisch unerwünscht, da Lähmung von Sparwillen, Kapitalbildung und wirtschaftlicher Leistungsfähigkeit; daher nur als einmalige Notsteuer (Vermögensabgabe) diskutabel. – b) *Nominelle Vermögensbesteuerung (Vermögensertragsteuer):* Will in Wirklichkeit nur die *Erträge* treffen, die der Pflichtige aus dem Vermögen bezieht (Mehrbelastung → fundierten Einkommens); bei Ertragslosigkeit wird jedoch den Pflichtigen in der Mehrzahl der Fälle zugemutet, die Steuer aus dem Arbeitseinkommen zu entrichten, wobei die persönlichen Verhältnisse des Schuldners zu berücksichtigen sind. Problematisch ist die Bewertungsfrage. In Betracht kommen: gemeiner Wert, Ertragswert und Teilwert; für Wertpapiere wird oft Durchschnittskurs über mehrere Jahre zugrunde gelegt, um Wertschwankungen auszugleichen. – 3. *Rechtfertigung:* Die Erhebung einer → Vermögensteuer als zusätzliche Besteuerung des Vermögens neben der Erfassung der Erträge durch die Einkommensteuer wird durch folgende Argumente begründet: (1) laufende Vermögenserträge (die der → Kapitalertragsteuer unterliegen); (2) Wertsteigerungen (z.B. bei Kunstgegenständen und Grundstücken (→ Wertzuwachssteuer)); (3) Förderung der Möglichkeiten wirtschaftlicher Betätigung. – 4. *Bes. Probleme:* a) In der Vermögensbesteuerung wird diskutiert, inwieweit auch die *Wertzuwachsbesteuerung* einzuschließen ist; es ist zu entscheiden, ob nur der realisierte oder auch der nicht realisierte Wertzuwachs der Vermögensbesteuerung unterliegen soll. – b) *Allokative und distributive Probleme* werden aufgeworfen, wenn die Vermögensbesteuerung inflationsbedingte Aufblähung der Vermögenswerte mit erfasst. – c) Sofern die Vermögensbesteuerung als reine Besteuerung der Bestände an Vermögen ausgestaltet ist, kann es beim Ausbleiben von Erträgen zur *Substanzbesteuerung* (→ Substanzsteuern) kommen. – d) Im Rahmen der Vermögensbesteuerung ist ferner zu entscheiden, ob auch der Vermögensverkehr zu erfassen ist; z.B. kommt es im Jahr des Vermögenserwerbs zu einer mehrfachen Belastung desselben Vermögensgegenstandes dann, wenn eine Grunderwerbsteuer und eine Erbschaft- und Schenkungsteuer neben der Vermögensteuer erhoben werden. – Vgl. auch → Reinvermögenszugangstheorie, → Einkommensbesteuerung, → Schanz-Haig-Simons-Ansatz.

Vermögensbilanz – die Vermögenslage einer Unternehmung darstellende → Bilanz, die auf der Passivseite die Ansprüche an das Vermögen (Eigen- und Fremdkapital), auf der Aktivseite die Vermögensverwendung (Anlage- und Umlaufvermögen) zeigt. Die → statische Bilanz ist eine Vermögensbilanz. Die handelsrechtliche Jahresbilanz ist im Grundsatz eine Vermögensbilanz. – *Nicht zu verwechseln* (1) mit der von Sagoroff u.a. vorgeschlagenen Errechnung des

→ Volksvermögens in der äußeren Form einer Bilanz; (2) mit der steuerrechtlichen → Vermögensaufstellung für die Zwecke der Vermögensbesteuerung. – *Anders:* → Vermögensstatus.

Vermögensbildung der Arbeitnehmer – I. Begriff: Vereinbarte vermögenswirksame Leistungen, die der Arbeitgeber für den Arbeitnehmer anlegt, gefördert bis 31.12.1970 durch das Zweite Vermögensbildungsgesetz (VermBG) vom 1.7.1965 (BGBl. I 585), bis 31.12.1983 durch das Dritte VermBG vom 27.6.1970 (BGBl. I 930), bis 31.12.1986 durch das Vierte VermBG vom 6.2.1984 (BGBl. I 201), geändert durch das Steuersenkungsgesetz 1986/1988 vom 26.6.1985 (BGBl. I 1153), und seit 1.1.1990 durch das Fünfte VermBG. Die Gesetze gelten für Arbeiter, Angestellte, zu ihrer Berufsausbildung Beschäftigte, in Heimarbeit Beschäftigte sowie für Beamte, Richter, Soldaten.

II. Arten: Als vermögenswirksame Leistungen sind gesetzlich anerkannt: (1) Sparbeiträge von Arbeitnehmern aufgrund eines Sparvertrages über Wertpapiere oder andere Vermögensbeteiligungen, wenn die gewählten Anlagen in einer Liste in § 2 I Nr. 1 a–l genannt werden. (2) Aufwendungen des Arbeitnehmers aufgrund eines Wertpapier-Sparvertrages. (3) Aufwendungen des Arbeitnehmers aufgrund eines Beteiligungs-Vertrags oder eines Beteiligungs-Kaufvertrags. (4) Aufwendungen nach den Vorschriften des Wohnungsbau-Prämiengesetzes. (5) Aufwendungen des Arbeitnehmers zum Erwerb von Wohneigentum unter bestimmten Bedingungen. (6) Sparbeiträge aufgrund eines Sparvertrages. (7) Beiträge des Arbeitnehmers aufgrund eines Kapitallebensversicherungsvertrages. Zur Anerkennung als vermögenswirksame Leistungen werden für jede dieser Anlageformen gesetzlich weitere Auflagen gemacht. Bes. ist für eine Förderung Voraussetzung, dass über die mit den Aufwendungen erworbenen Rechte oder Wertpapiere während einer Sperrfrist nicht durch Rückzahlung, Abtretung, Beleihung oder in anderer Weise verfügt wird; es soll hierdurch erreicht werden, dass die vermögenswirksamen Leistungen nicht laufend verbraucht, sondern tatsächlich zum Aufbau einer Vermögensposition genutzt werden.

III. Vereinbarungsmöglichkeiten: Rechtsgrundlage: §§ 10 f. VermBG. – 1. *Einzelverträge* zwischen Arbeitgeber und Arbeitnehmer; der Arbeitgeber hat auf schriftliches Verlangen des Arbeitnehmers einen Vertrag über die vermögenswirksame Anlage von Teilen des Arbeitslohnes abzuschließen, wenn monatlich mind. 13 Euro oder bei jährlicher Zahlungsweise mind. 39 Euro angelegt werden sollen. – 2. *Betriebsvereinbarung* zwischen Arbeitgeber und Betriebsrat. – 3. *Tarifverträge* zwischen Arbeitgeberverband und Gewerkschaft, die nicht die Möglichkeit vorsehen dürfen, dass eine Ablösung durch Barleistung erbracht wird; nimmt der Arbeitnehmer eine andere Leistung, bes. eine Barleistung, an, so erlischt sein Anspruch gegen den Arbeitgeber nicht. Betriebliche Sozialleistungen, die dem Arbeitnehmer bisher schon im Kalenderjahr als vermögenswirksame Leistungen erbracht worden sind, können angerechnet werden, es sei denn, der Arbeitnehmer hatte ein Wahlrecht zwischen vermögenswirksamer und Barleistung. – Sofern die vermögenswirksamen Leistungen aufgrund einer → Ergebnisbeteiligung erbracht werden sollen, müssen die entsprechenden Verträge schriftlich abgefasst sein und Bestimmungen hinsichtlich der Art der Ergebnisbeteiligung, der Bemessungsgrundlage, der Grundsätze der Berechnung und der Berechnungszeit enthalten.

IV. Voraussetzung: Voraussetzung der Förderung ist, dass der Arbeitnehmer die Art der vermögenswirksamen Anlage und das Unternehmen oder Institut, bei dem sie erfolgen soll, frei wählen kann.

V. Inhalt: 1. Für die meisten vermögenswirksamen Leistungen ist eine staatliche Förderung durch eine Prämie vorgesehen. Diese Förderung, die → Arbeitnehmer-Sparzulage, wird nur gewährt, wenn das Einkommen des Arbeitnehmers im Sinn des EStG den Betrag von 20.000 Euro (teilweise aber, je nach Anlageform, nur bis 17.900, bei Zusammenveranlagung 40.000 Euro bzw. 35.800 Euro) nicht übersteigt. Die Höhe der Prämie ist je nach Anlageform unterschiedlich. Sie beträgt für die Aufwendungen für Wertpapier-Sparen, Wertpapier-Kaufverträge oder Beteiligungsverträge und Beteiligungskaufverträge (§ 2 I Nr.1–3 VermBG) 20 Prozent der Beiträge (bis zu einer Beitragshöhe von 400 Euro) und für Aufwendungen nach dem Wohnungsbau-Prämiengesetz oder Aufwendungen zum Erwerb von Wohneigentum (§ 2 I Nr. 4–5 VermBG) 9 Prozent (dort bis zu einer Beitragshöhe von 470 Euro). Sparverträge und Kapitallebensversicherungen (§ 2 I Nr. 6, 7 VermBG) werden nicht mehr durch eine Prämie gefördert, gelten aber weiterhin als vermögenswirksame Leistungen im Sinn des Fünften Vermögensbildungsgesetzes (VermBG) und berechtigen somit zu den in *Tarifverträgen* vorgesehenen zusätzlichen Vergünstigungen. – 2. Die vermögenswirksame Leistung selbst ist *steuerpflichtiges Einkommen* und Arbeitsentgelt im Sinn der Sozialversicherung; sie ist Bestandteil des Lohnes oder Gehalts. – 3. Die Einkommensteuerermäßigung für Arbeitgeber nach § 15 VermBG a.F. ist *seit 1990 entfallen.*

Vermögenseffekt des Geldes – Begriff der Geldtheorie und der Makroökonomik. Der Vermögenseffekt des Geldes beschreibt die Auswirkungen von Mengen- und/oder Wertveränderungen der Geldbestände der Wirtschaftssubjekte des privaten Sektors auf die gesamtwirtschaftlichen Größen Produktion, Beschäftigung, Zins und Preisniveau. – *Grundlage* der theoretischen Ansätze über den Vermögenseffekt des Geldes ist die Annahme, die Wirtschaftssubjekte ließen sich bei ihren Ausgabeentscheidungen vom Realwert ihrer Vermögensbestände leiten und damit auch vom Realwert ihrer Kassenbestände (→ Realplanung). Bei Preisniveausenkungen wird der Realwert einzelner Vermögensbestandteile, in jedem Fall aber der Realwert der Kassenhaltung steigen. Um wieder ein Gleichgewicht zwischen den Vermögenskomponenten herzustellen, werden die Wirtschaftssubjekte versuchen, ihre Kassenhaltung zugunsten der Nachfrage nach anderen Anlageformen und nach Gütern und Dienstleistungen zu vermindern (→ Portfolio Selection). Die Folge ist eine erhöhte Gesamtnachfrage am Gütermarkt und damit tendenziell erhöhte Produktion und/oder erhöhtes Preisniveau. – Am *bekanntesten:* → Pigou-Effekt, → Keynes-Effekt (→ aggregierte Nachfragekurve) und → Realkassenhaltungseffekt. – Vgl. auch → Konsumfunktion.

Vermögenseinkommen – Begriff aus der → Volkswirtschaftlichen Gesamtrechnung, der die Einkommen aus der zeitweisen Überlassung finanzieller Vermögensteile beschreibt. Zu nennen sind etwa empfangene Zinsen, Dividenden und ähnliche Ausschüttungen der Unternehmen, Einkommen aus Patenten, Lizenzen und anderen Vermögensobjekten sowie Nettoeinnahmen aus Verpachtung von Grundstücken u.Ä. – Vgl. auch → Unternehmens- und Vermögenseinkommen.

Vermögensendwertmethode – Verfahren der → Investitionsrechnung, bei dem sämtliche Einzahlungsüberschüsse auf den Endzeitpunkt der betrachteten Investition aufgezinst werden. – Vgl. auch → Endwert. – *Gegensatz:* → Kapitalwertmethode, → Barwert.

Vermögensertragsteuer → Vermögensbesteuerung.

Vermögensgegenstand – I. Charakterisierung: 1. *Begriff:* Auf der Aktivseite der → Jahresbilanz sind neben noch → ausstehenden Einlagen (Einzahlungen), → Bilanzierungshilfen, aktiven Posten der → Rechnungsabgrenzung und dem → Fehlbetrag gemäß § 268 III HGB v.a. die Vermögensgegenstände auszuweisen. Der Begriff Vermögensgegenstand ist im HGB nicht definiert, eine einheitliche Auffassung hat sich bis heute nicht herausgebildet. – 2. Als *wesentliche Merkmale,* über die weitgehend Einigkeit besteht, können gelten: a) Vermögensgegenstände sind *Güter,* die Nutzungspotenziale (wirtschaftliche Werte) des Kaufmanns darstellen. Zu den Vermögensgegenständen gehören nicht nur Gegenstände im Sinn des BGB (Sachen und Rechte), sondern auch Güter, die keine Sachen und Rechte sind (z.B. rechtlich ungeschützte Erfindungen). – b) Ein weiteres Merkmal von Vermögensgegenständen ist ihre selbstständige Bewertbarkeit. Vermögensgegenstände sind dann einer selbstständigen Bewertung zugänglich, wenn sie sich vom (originären) Geschäfts- oder Firmenwert abgrenzen lassen. Die Einzelveräußerbarkeit ist nach BFH-Rechtsprechung nicht erforderlich; eine Übertragung mit dem ganzen Betrieb reicht aus, um das Prinzip der selbstständigen Bewertbarkeit zu erfüllen und insofern als Vermögensgegenstand zu gelten. Daher sind Güter, die durch Gesamt- oder Teilbetriebsveräußerung zu Geld zu machen sind (z.B. (derivativer) → Firmenwert), Vermögensgegenstände. Bei selbsterstellten immateriellen Vermögensgegenständen des Anlagevermögens ist das Kriterium der selbstständigen Bewertbarkeit ebenfalls erfüllt; sie gelten als Vermögensgegenstände und sind grundsätzlich bilanzierungsfähig. Selbst geschaffene immaterielle Vermögensgegenstände des Anlagevermögens können somit als Aktivposten in die Bilanz aufgenommen werden. Ausgenommen hiervon sind selbstgeschaffene Marken, Drucktitel, Verlagsrechte, Kundenlisten oder Vergleichbares (§ 248 II HGB). Für die Ansatzhöhe sind die Vorschriften des § 255 IIa HGB maßgeblich. Wegen der größeren Marktnähe von immateriellen Vermögensgegenständen des Umlaufvermögens wird für sie diese strenge Anforderung des entgeltlichen Erwerbs nicht gefordert; sie sind daher bilanzierungspflichtige Vermögensgegenstände (z.B. selbst entwickeltes Know-how, das als fertiges Erzeugnis für den Verkauf bestimmt ist). – c)Vermögensgegenstände des Kaufmanns (bilanzierungsfähige Vermögensgegenstände) sind nur solche Güter, die er seinem → Betriebsvermögen zugeordnet hat, die also nicht seinem Privatvermögen angehören (§§ 242 I, 246 I HGB). – d) Vermögensgegenstände des Kaufmanns sind ferner nur solche Güter, über die er die tatsächliche Verfügungsmacht ausübt (→ wirtschaftliches Eigentum: Möglichkeit, Dritte auf Dauer von der Nutzung des Vermögensgegenstandes ausschließen zu können). Wirtschaftliches und rechtliches Eigentum können auseinander fallen. – *Wesentliche Beispiele:* → Leasing, sicherungsübereignete (→ Sicherungsübereignung) und unter → Eigentumsvorbehalt gelieferte Vermögensgegenstände – Vgl. auch → Treuhandschaft. – 3. Bei der Abgrenzung des Begriffes Vermögensgegenstand sind v.a. *umstritten:* die Abgrenzung vom Vermögensgegenstand und unselbstständigem (nicht bilanzierungsfähigem) Teil eines Vermögensgegenstandes, die Charakterisierung des Firmenwertes als Bilanzierungshilfe, das Verhältnis der Vermögensgegenstände zu den aktiven Rechnungsabgrenzungsposten, im Handelsrecht für den → Einzelkaufmann die Einbeziehung des Privatvermögens in die Jahresbilanz. – Vgl. auch → schwebende Geschäfte, → Schulden.

II. Bilanzierung: 1. *Bilanzierbarkeit:* Vermögensgegenstände müssen grundsätzlich aktiviert werden, sofern sie die Merkmale eines Vermögensgegenstandes erfüllen und somit bilanzierungsfähig sind. Greifen explizit gesetzliche Bilanzierungsverbote, dürfen an sich bilanzierungsfähige Vermögensgegenstände nicht aktiviert werden. – Vgl. auch → Aktivierungspflicht, → Aktivierungswahlrecht. – 2. *Bewertung:* → Bewertung. – 3. *Bilanzausweis:* → Bilanzgliederung, → Anlagevermögen, → Umlaufvermögen.

III. Steuerrecht: Anstelle des Begriffs Vermögensgegenstand wird häufig der (steuerliche) Begriff → Wirtschaftsgut verwendet. Nach neuer BFH-Rechtsprechung sind beide Begriffe deckungsgleich.

Vermögensgesetz – Gesetz zur Regelung offener Vermögensfragen i.d.F. vom 9.2.2005 (BGBl. I 205) m.spät.Änd. – 1. *Allgemeines:* Mit dem Vermögensgesetz vom 23.9.1990 wurde die Gemeinsame Erklärung zur Regelung offener Vermögensfragen vom 15.6.1990 in weiten Teilen umgesetzt. In dieser Gemeinsamen Erklärung wurde u.a. bestimmt, dass (1) Enteignungen auf besatzungsrechtlicher bzw. besatzungshoheitlicher Grundlage (1945–1949) nicht mehr rückgängig zu machen sind; (2) Treuhandverwaltungen und ähnliche Maßnahmen mit Verfügungsbeschränkungen über Grundeigentum, Gewerbebetriebe und sonstige Vermögen aufzuheben sind; (3) enteignetes Grundvermögen unter Berücksichtigung von (1) und (2) oben grundsätzlich den ehemaligen Eigentümern oder ihren Erben zurückzugeben ist. Der Grundsatz des Vorrangs der Rückgabe vor der Entschädigung hat in Art. 41 II des Einigungsvertrages eine Umkehrung bei investiven Vorhaben erfahren. Danach findet eine Rückübertragung von Eigentumsrechten an Grundstücken oder Gebäuden nicht statt, wenn das betroffene Grundstück oder Gebäude für dringende, näher festzulegende Investitionszwecke benötigt wird, v.a. der Errichtung einer gewerblichen Betriebsstätte dient und die Verwirklichung dieser Investitionsentscheidung volkswirtschaftlich förderungswürdig ist, v.a., wenn sie Arbeitsplätze schafft oder sichert. – 2. *Wesentlicher Inhalt des Vermögensgesetzes:* Enteignungen in der ehemaligen DDR aufgrund teilungsbedingter Vorschriften werden auf Antrag des früheren Eigentümers oder seines Rechtsnachfolgers grundsätzlich rückgängig gemacht (§ 3 VermG). Gleiches gilt für solche Fälle, in denen bebaute Grundstücke durch Enteignungen, Eigentumsverzicht, Schenkung oder Erbausschlagung in Volkseigentum übernommen wurden, weil die Ertragslage zu einer Überschuldung des Grundstücks geführt hatte (§ 1 II VermG). Die Rückübereignung ist u.a. ausgeschlossen, wenn sie nicht mehr möglich ist oder wenn Dritte in redlicher Weise Eigentum oder dingliche Nutzungsrechte an dem Vermögenswert erworben haben (§ 4 VermG). In diesen Fällen erhält der frühere Eigentümer grundsätzlich eine Entschädigung, und zwar entweder durch Übereignung von Grundstücken mit möglichst vergleichbarem Wert oder, wenn dies nicht möglich ist, nach Maßgabe des → Entschädigungsgesetzes. Dem früheren Eigentümer steht es nach näherer Maßgabe von § 8 VermG frei zu wählen, ob er statt des Anspruchs auf Rückgabe Entschädigung verlangt. – Der Grundsatz des Vorrangs der Rückgabe vor der Entschädigung wird durch die Regelungen des *Investitionsvorranggesetzes* i.d.F.v. 4.8.1997 m.spät.Änd.– InVorG, BGBl. I 1996, durchbrochen, das die Durchführung wichtiger investiver Vorhaben in Fällen ermöglichen soll, in denen die Frage der Eigentumsrückgabe nicht geklärt ist. Grundstücke, Gebäude und Unternehmen, die Gegenstand von Rückübertragungsansprüchen nach dem Vermögensgesetz sind oder sein können, können nach den bes. Regelungen des Investitionsvorranggesetzes für bes. Investitionszwecke verwendet werden. Der Berechtigte (Alteigentümer) erhält in diesen Fällen einen Wertausgleich. Die Vorfahrtsregelungen räumen dem gegenwärtig Verfügungsberechtigten das Recht ein, eine Immobilie oder ein Unternehmen zu investiven Zwecken zu veräußern, zu vermieten, zu verpachten oder darüber in anderer Weise zu verfügen, wenn durch einen sog. *Investitionsvorrangbescheid* festgestellt ist, dass die geplante Maßnahme einem der hierfür bestimmten bes. Investitionszwecke dient. Ein bes. Investitionszweck liegt bei Grundstücken und Gebäuden vor, wenn sie verwendet werden zur Sicherung oder Schaffung von Arbeitsplätzen, zur Schaffung neuen Wohnraums oder Wiederherstellung nicht bewohnten und nicht bewohnbaren Wohnraums und zur Schaffung der für Investitionen erforderlichen oder hiervon veranlassten Infrastrukturmaßnahmen. Bei Unternehmen und einem für dieses benötigten Grundstück des Unternehmens liegt ein bes. Investitionszweck vor, wenn es verwendet wird, um Arbeitsplätze zu schaffen oder zu sichern oder weil der Berechtigte keine Gewähr dafür bietet, dass er das Unternehmen fortführen oder sanieren wird, oder um die Liquidation oder Insolvenz eines Unternehmens zu verhindern. Der Investitionsvorrangbescheid ersetzt die Grundstücksverkehrsgenehmigung und andere Genehmigungen oder Zustimmungen. Die Rückübertragung des Vermögenswertes (z.B. Grundstücke) entfällt im Umfang der Veräußerung aufgrund des Investitionsvorrangbescheids. – 3. *Organisation und Verfahren:* Auf Kreis-, Landes- und Bundesebene existieren Ämter zur Regelung offener Vermögensfragen, bei denen die Ansprüche nach dem Vermögensgesetz geltend zu machen sind (§§ 22–29 VermG). Der Sachverhalt wird von Amts wegen ermittelt, wobei der Antragsteller mitzuwirken hat. Gegen die Entscheidung der Behörden kann der Antrag auf Nachprüfung durch Gerichte der Verwaltungsgerichtsbarkeit gestellt werden. – 4. *Ausschlussfrist:* Seit dem 30.6.1993 können Ansprüche nach dem Vermögensgesetz nur noch eingeschränkt geltend gemacht werden.

Vermögenshaushalt – Teil des → Haushaltsplans kommunaler → Gebietskörperschaften, der alle das Vermögen oder die Schulden verändernden Ausgaben und Einnahmen enthält; auf der Ausgabenseite bes. Investitionen, Rücklagenzuführungen, Kredittilgungen sowie etwaige Zuführungen zum → Verwaltungshaushalt, auf der Einnahmeseite bes. Kreditaufnahmen, Rücklagenentnahmen, Zuschüsse und Zuweisungen Dritter für Investitionen, Erlöse aus Vermögensveräußerungen sowie etwaige Zuführung vom Verwaltungshaushalt. Vermögenshaushalt und Verwaltungshaushalt bilden den Haushaltsplan von Gemeinden und Gemeindeverbänden.

Vermögenspolitik – 1. *Begriff:* Gesamtheit der Maßnahmen des Staates, die darauf gerichtet sind, die Höhe und die Verteilung des → Vermögens einer Volkswirtschaft langfristig zu beeinflussen oder die Vermögensbildung zu fördern. – 2. *Ansatzpunkte:* Schwerpunktmäßig werden dabei diskutiert: a) Sparförderungskonzepte: z.B. Arbeitnehmersparzulagen nach dem Vermögensbildungsgesetz, Wohnungsbauprämien, Steuervergünstigungen nach dem Einkommensteuergesetz. b) Investivlohnkonzepte: Dem Lohnempfänger wird ein bestimmter Prozentsatz seines Lohnes vom Unternehmen zusätzlich vermögenswirksam gutgeschrieben und für eine gewisse Zeit (meist fünf Jahre) gesperrt. Der gutzuschreibende Anteil ist dabei unabhängig vom Unternehmensgewinn. c) Gewinnbeteiligungskonzepte: Die Vermögensbildungsanteile bei den Beteiligungssystemen errechnen sich dagegen nach der Gewinnhöhe des Beschäftigungsbetriebs, des Branchengewinns oder des gesamtwirtschaftlichen Gewinns (Gewinnbeteiligung). d) Staatliche Förderung der privaten Vermögensbildung zur Altersvorsorge (z.B. Riester-Rente, Rürup-Rente). – Vgl. auch → Vermögensumverteilungspolitik, → Verteilungspolitik.

Vermögenspreisansatz zur Wechselkursbestimmung – allgemeiner Ausdruck für all jene Wechselkursmodelle, in denen der momentane Kassakurs durch zwei Größen bestimmt wird: Die *Fundamentaldaten*, und die *Erwartungen* über den künftigen Kassakurs. – *Eine bes. Form des Vermögenspreisansatz zur Wechselkursbestimmung* ist das → monetaristische Wechselkursmodell, in dem die Fundamentaldaten v.a. die Geldmengen und die Realeinkommen enthalten. Die Realeinkommen können ihrerseits durch eine ganze Reihe von angebots- oder nachfrageorientierten Fundamentaldaten bestimmt sein, wie etwa technologische Entwicklungen, Arbeitsmarktentwicklungen, Konsumverhalten etc., denen je nach Modelltyp für die Bestimmung des Realeinkommen eine wichtige Rolle zukommt. – Postuliert man *rationale Erwartungen,* so ergibt sich der erwartete künftige Kassakurs aus den Erwartungen bez. der künftigen Fundamentaldaten und dem für die weitere Zukunft erwarteten Kassakurs. Wiederholt man diese Überlegung immer wieder aufs Neue, dann ergibt sich der momentane Kassakurs als Funktion der momentanen Fundamentaldaten und aller für die Zukunft erwarteter Fundamentaldaten. – Erhalten die Wirtschaftssubjekte neue Informationen *(News)*, die sie zu veränderten Erwartungen für künftige Fundamentaldaten veranlassen, dann führt dies zu sofortigen Wechselkursveränderungen. Nur solche Neuigkeiten können überhaupt zu unerwarteten Wechselkursveränderungen führen. Interpretieren die Wirtschaftssubjekte eine Geldmengenerhöhung als Indiz für weitere Erhöhungen in der Zukunft, dann steigt der Wechselkurs stärker, als es die momentanen Fundamentaldaten eigentlich rechtfertigen würden. – Vgl. auch → Wechselkurstheorie, → Devisenmarkteffizienz.

Vermögensrechnung – Teil der → Volkswirtschaftlichen Gesamtrechnung (VGR), der die Bestände an Vermögensgütern sowie von Forderungen und Verbindlichkeiten zu einem bestimmten Zeitpunkt darstellt.

Vermögensrückfall – erbschaftsteuerlicher Begriff dafür, dass Vermögen, das Eltern, Großeltern oder entfernte Voreltern ihren Abkömmlingen durch Schenkung oder Übergabevertrag zugewandt hatten, durch Tod dieser Abkömmlinge wieder an diese zurückfällt. Kommt es zu einem solchen Rückfall des Vermögens an diese Personen, ist dieser Rückfall erbschaftsteuerfrei (§ 13 Nr. 10 ErbStG). Die ausdrückliche Befreiungsvorschrift ist nötig, weil der Tod der beschenkten Person die ursprüngliche Schenkung ja nicht annulliert, sondern vielmehr die ursprüngliche Schenkung und der anschließende Rückfall des Vermögens durch Erbfall an den Schenker rechtlich zwei getrennte, unabhängige Vorgänge sind, für die bei normaler Betrachtung zweimal Erbschaftsteuer zu erheben wäre; diese Konsequenz zu ziehen, erscheint dem Gesetzgeber aber zu Recht unangemessen.

Vermögensschaden – Vermögensnachteile, die nicht unmittelbar auf einen → Personen- oder Sachschaden zurückzuführen sind. Im Versicherungsrecht auch „reine" oder „echte" Vermögensschäden genannt. Anders z.B. Güterfolgeschäden. Zu unterscheiden ist zwischen echten und unechten Vermögensschäden. – a) Unechte Vermögensschäden werden auch als Vermögensfolgeschäden bezeichnet, da sie Folge eines Personen- oder Sachschadens sind. Im Rahmen der Allgemeinen Versicherungsbedingungen für die Haftpflichtversicherung (AHB) sind unechte Vermögensschäden vom Versicherungsschutz in der → Haftpflichtversicherung umfasst. – b) Für echte Vermögensschäden sind dagegen i.d.R. gesonderte Vereinbarungen in Form der Besonderen Bedingungen für die Mitversicherung von Vermögensschäden in der Haftpflichtversicherung abzuschließen.

Vermögensschadenhaftpflichtversicherung – 1. *Begriff:* spezielle Form der Berufshaftpflichtversicherung, die Schutz gegen sog. „echte" → Vermögensschäden bietet, d.h. gegen solche Schäden, die nicht als Folge eines Personen- oder Sachschadens eintreten. – 2. *Merkmale:* Der Abschluss einer Vermögensschadenhaftpflichtversicherung ist insbesondere für solche Berufsgruppen unverzichtbar, deren Tätigkeit vorwiegend in einer vermögensbezogenen Beratung und Betreuung besteht. Es gilt das sog. Verstoßprinzip, d.h. Versicherungsfall ist das berufliche Fehlverhalten, das zu späteren Haftpflichtansprüchen führen kann.

Vermögenssorge → Vermögensverwaltung.

Vermögensstatus – die Gegenüberstellung von Vermögen und Schulden auf einen bestimmten Stichtag. Bewertung zu → Tageswerten, je nach dem Grund der Aufstellung entweder unter dem Gesichtspunkt der Fortführung des Betriebes oder dem der Liquidierung. – Vgl. auch → Status, → Abwicklungsbilanz.

Vermögensstrafe – Es handelt sich um den gesetzgeberischen Versuch, im Zusammenhang mit der Bekämpfung der → Organisierten Kriminalität eine weitere Art der → Geldstrafe, die nicht nach dem Tagessatz-System (§ 40 StGB; → Tagessatz) bemessen wird, einzuführen (§ 43a StGB). Mit der Vermögensstrafe sollte der bei der Organisierten Kriminalität typischen Schwierigkeit entgegengewirkt werden, dass bei den Tatbeteiligten Vermögenswerte angetroffen werden, deren kriminelle Herkunft zwar nahe liegt, die sich jedoch nicht konkret faßbaren, im Einzelnen abgeurteilten Straftaten zuordnen lassen. Die Vermögensstrafe ist in der Ausgestaltung nach § 43a StGB vom Bundesverfassungsgericht aufgrund der Unvereinbarkeit mit dem Gebot der Gesetzes- und Rechtsfolgenbestimmtheit (Art. 103 II GG) für verfassungswidrig erklärt worden (BGBl. I 2002 1340).

Vermögenssubstanzsteuer → Vermögensbesteuerung.

Vermögensteuer – 1. *Begriff:* Eine Steuer auf das an einem bestimmten Stichtag vorhandene Vermögen des Steuerpflichtigen. – 2. *Rechtsgrundlage und Rechtslage:* Das Vermögensteuergesetz (VStG; vom 14.11.1990, zuletzt geändert am 24.3.1998) ist in der Bundesrepublik Deutschland zwar formal noch in Kraft, die Vermögensteuer darf aufgrund einer Entscheidung des Bundesverfassungsgerichts für Zeiträume nach Ende 1996 aber nicht mehr erhoben werden, weil die Ermittlung der Bemessungsgrundlage im Vermögensteuergesetz krasse, mit dem verfassungsmäßigen Gleichheitsgrundsatz nicht vereinbare Ungleichbehandlungen unterschiedlicher Vermögensarten enthält (→ Einheitswert). Aus diesem Grund hat die Vermögensteuer (Erfassung aller Vermögen über 120.000 DM pro natürliche Person, über 20.000 DM bei Körperschaften, Steuersatz: 1 Prozent für natürliche Personen, ermäßigt auf 0,5 Prozent für Betriebsvermögen und land- und forstwirtschaftliches Vermögen, 0,6 Prozent für Körperschaften und Vermögensmassen) praktisch keine Bedeutung mehr. – 3. *Hintergründe:* Die Nichtaufhebung des Vermögensteuergesetzes stellte einen Kompromiss dar zwischen der damaligen Regierung, die die Vermögensteuer für die Zukunft abschaffen wollte, und dem politisch seinerzeit anders dominierten Bundesrat, der einer Abschaffung der Vermögensteuer nicht offiziell zustimmen wollte und sich die Option für ihre Wiedereinführung vorbehalten wollte. Das formale Fortbestehen der Vermögensteuer hindert die Länder jedoch daran, auf diesem Gebiet (→ konkurrierende Gesetzgebung) eigenständige Regelungen zu schaffen. – 4. *Aufkommen:* 4.619,7 Mio. Euro (1996), 4.016,4 Mio. Euro (1995), 3.238,1 Mio. Euro (1990), 2.192 Mio. Euro (1985), 2.385 Mio. Euro (1980), 1.707 Mio. Euro (1975), 1.471 Mio. Euro (1970), 961 Mio Euro (1965), 562 Mio. Euro (1960), 273 Mio. Euro (1955), 66 Mio. Euro (1950).

Vermögensteuer-Richtlinien (VStR) – Verwaltungsanordnung für die Verwaltung der jetzt nicht mehr erhobenen Vermögensteuer, die in der Hauptsache Entscheidungen der Finanzgerichte sowie Erörterungen von Zweifelsfragen zur Auslegung (im Wesentlichen) des → Bewertungsgesetzes (BewG) enthielt. Die Finanzverwaltung war im Gegensatz zu den Finanzgerichten an die Auslegung in den Vermögensteuer-Richtlinien gebunden. – *Letzte Fassung:* Vermögensteuer-Richtlinie 1995 vom 17.1.1995 (BStBl. I SonderNr. 2). – Die noch relevanten Teile der Vermögensteuer-Richtlinien wurden nach dem Auslaufen der → Vermögensteuer in die neu geschaffene → Erbschaftsteuer-Richtlinien (ErbStR) überführt.

Vermögenstransfers – Teil der → Transfers, der für mind. einen der Transaktionspartner den Zugang oder den Abgang eines oder mehrerer Vermögenswerte darstellt. Vermögenstransfers können Sachvermögens- oder Geldvermögenstransfers sein.

Vermögensübergang – auf eine Personengesellschaft oder eine natürliche Person.

I. Begriff: Bezeichnung für die Verschmelzung, Spaltung oder den Formwechsel von einer Kapitalgesellschaft in eine Personengesellschaft oder natürliche Person.

II. Besteuerung: 1. *Gesetzliche Grundlage:* §§ 3 ff. UmwStG. – 2. *Steuerliche Problematik:* Durch den Übergang von Vermögen (stillen Reserven) von der körperschaftsteuerpflichtigen Sphäre (bisher: Vermögen einer Kapitalgesellschaft!) in die einkommensteuerpflichtige Sphäre (nachher: Vermögen einer natürlichen Person oder Personengesellschaft!) ändern sich die steuerlichen Rahmenbedingungen für die vorhandenen stillen Reserven so grundlegend, dass der Vorgang nicht einfach ohne steuerliche Folgen bleiben darf. Andererseits wäre es verfehlt, den Vorgang ganz generell einer Veräußerung des Vermögens von einer Kapitalgesellschaft an eine natürliche Person gleichzustellen, weil dann so viel Steuern zu zahlen wären (ohne dass Liquidität zu ihrer Zahlung zufließt!), dass der Vorgang in der Praxis nicht mehr durchgeführt werden könnte. Also sieht der Gesetzgeber im UmwStG Sonderregelungen vor, deren Ziel es ist, einen angemessenen Kompromiss zu finden zwischen der Sicherung der eigenen fiskalischen Interessen vor einem endgültigen Steuerausfall und einer zu hohen steuerlichen Belastung des Umwandlungsvorgangs. – 3. *Tatbestandsvoraussetzungen:* Das Vermögen der übertragenden Körperschaft muss bei der Übernehmerin weiterhin Betriebsvermögen bilden. – 4. *Rechtsfolgen:* Die übertragende Körperschaft kann das übergehende Vermögen mit Buchwert, Zwischenwert oder Teilwert ansetzen. Die übernehmende Personengesellschaft hat die auf sie übergehenden Wirtschaftsgüter mit dem Wert, den die Kapitalgesellschaft in ihrer steuerlichen Schlussbilanz gewählt hat, zu übernehmen. Sie tritt bez. Absetzung für Abnutzung etc. in die Rechtsstellung der übertragenden Körperschaft ein (§ 4 II UmwStG). Da die Personengesellschaft (bzw. die einzelne natürliche Person) nunmehr Vermögen unmittelbar besitzt, das ihr früher nicht gehörte (sondern der Kapitalgesellschaft, die untergeht), hat sie insoweit einen Vermögenszugang, also einen Gewinn. Zugleich aber gehen ihre bisherigen Anteile an der Kapitalgesellschaft unter, weil diese aufhört zu existieren; daher tritt zugleich auch ein Vermögensverlust ein. Per Saldo ergibt sich hieraus ein Gewinn oder Verlust aus der Übernahme des Vermögens der untergehenden Kapitalgesellschaft; dieser „Übernahmegewinn" ist im Einzelnen wie folgt zu zu ermitteln:

Wert der übergehenden Wirtschaftsgüter

(Aktiva-Passiva = Rein-Betriebsvermögen)

- Kosten für den Vermögensübergang (Umwandlungskosten)

- Wert der Anteile an der übertragenden Kapitalgesellschaft

+ Sperrbetrag nach § 50c EStG 1999

- Kapitalerträge i.S.d § 7 UmwStG (d.h. die auf den Gesellschafter anteilig entfallenden offenen Rücklagen der übertragenden Kapitalgesellschaft)

= Übernahmegewinn/-verlust

Ein Übernahmegewinn ist nach den Regeln des Halbeinkünfteverfahrens zu behandeln, also zu 95 Prozent steuerfrei, wenn er der Anteilseigner = die übernehmende Person eine Körperschaft ist bzw. zu 40 Prozent steuerfrei nach den Regeln des Teileinkünfteverfahrens, wenn der Anteilseigner = die übernehmende Person eine natürliche Person ist (§ 4 VII UmwStG). Ein Übernahmeverlust ist bei Körperschaften grundsätzlich nicht abzugsfähig (§ 4 VI UmwStG).

Vermögensübernahme – vertragliche Übernahme des gesamten gegenwärtigen Vermögens eines anderen. Vermögensübernahme bedarf der → öffentlichen Beurkundung (§ 311b III BGB). – Ein Vertrag, durch den sich eine Person verpflichtet, ihr *künftiges Vermögen* oder einen Bruchteil desselben zu übertragen, ist nichtig.

Vermögensübersicht → Vermögensbilanz, → Vermögensstatus, → Vermögensaufstellung.

Vermögensübertragung – I. Gesellschaftsrecht: Es handelt sich um eine Form der → Umwandlung (§ 1 I Nr. 3 UmwG). 1. *Vollübertragung*: Übergang des gesamten Vermögens eines Rechtsträgers im Wege der Gesamtrechtsnachfolge unter Auflösung ohne Abwicklung auf einen anderen Rechtsträger (§ 174 I UmwG). Den Anteilsinhabern des übertragenden Rechtsträgers wird keine Beteiligung an dem übernehmenden Rechtsträger, sondern eine Gegenleistung in anderer Form gewährt (z.B. Entschädigung). – 2. *Teilübertragung*: Übertragung eines Teils des Vermögens oder mehrerer bzw. sämtlicher Vermögensteile als Gesamtheit auf einen bestehenden Rechtsträger (§ 174 II UmwG) unter vorheriger Spaltung des Vermögens. Die Spaltungsvorschriften sind entsprechend anzuwenden (→ Rechtsträger, Spaltung von). – 3. *Gesetzlich geregelte Arten nach dem Umwandlungsgesetz:* Vgl. Tabelle „Vermögensübertragung".

II. Ertragsteuern: Wiederkehrende Leistungen im Zusammenhang mit einer Vermögensübertragung können sein: a) *Versorgungsleistungen:* Unter den Voraussetzungen von § 10 I Nr. 1a EStG können die Versorgungsleistungen beim Verpflichteten als → Sonderausgaben geltend gemacht werden. Beim Leistungsempfänger sind diese als „ → Sonstige Einkünfte" nach § 22 Nr. 1b EStG steuerpflichtig. – b) → Unterhaltsleistungen: Diese gelten als Zuwendungen und sind nach § 12 Nr. 2 EStG steuerlich nicht abzugsfähig. – c) *entgeltliche Vermögensübertragung im Austausch mit einer Gegenleistung*: Diese Leistungen beinhalten eine nicht steuerbare oder steuerbare Vermögensumschichtung sowie einen Zinsanteil. – *Versorgungsleistungen*: Voraussetzung hierfür ist die Übertragung von Vermögen kraft einzelvertraglicher Regelung unter Lebenden i.d.R. im Rahmen der → vorweggenommenen Erbfolge. Der Rechtsgrund kann auch in einer Verfügung von Todes wegen sein, wenn die Vermögensübertragung im Wege der vorweggenommenen Erbfolge zu Lebzeiten des Erblassers ebenfalls begünstigt wäre (BFH vom 11.10.2007, BStBl. 2008 II Seite 123). Der Übergeber behält sich die Erträge des Vermögens typischerweise durch Versorgungsleistungen vor. Die Übertragung ist grundsätzlich unter Angehörigen, aber auch unter Fremden möglich. Als Empfänger gelten grundsätzlich Abkömmlinge und auch gesetzlich erbberechtigte entfernte Verwandte des Übergebers. Im Rahmen der Vermögensübertragung soll der Übernehmer (wenigstens teilweise) eine unentgeltliche Zuwendung erhalten. Bei einer Übertragung auf Angehörige gilt die Vermutung, dass die wiederkehrende Leistung unabhängig vom Wert des übertragenden Vermögens nach dem Versorgungsbedürfnis des Berechtigten und nach der wirtschaftlichen Leistungsfähigkeit des Verpflichteten bemessen wird. Diese Vermutung kann widerlegt werden, wenn die Beteiligten Leistung und Gegenleistung nach kaufmännischen Gesichtspunkten gegeneinander abgewogen haben und subjektiv von der Gleichwertigkeit der Leistung ausgehen dürfen, selbst wenn Leistung und Gegenleistung nach objektiven Gesichtspunkten nicht gleichwertig sind. Gegenstand der Vermögensübertragung sind nur Mitunternehmeranteile an einer Personengesellschaft, die eine Tätigkeit i.S.d. § 13, 15 I S. 1 Nr. 1 oder nach § 18 I EStG ausüben, eines Betriebs oder Teilbetriebs und eines Anteils an einer GmbH von mindestens 50 Prozent, wenn der Übergeber als Geschäftsführer tätig war und der Übernehmer diese Tätigkeit nach der Übertragung übernimmt. Wird begünstigtes Vermögen unter Vorbehalt eines → Nießbrauchs übertragen, gelten die vorgenannten Ausführungen, wenn der Nießbrauch lediglich Sicherungszwecken dient und der Vermögensübergeber gleichzeitig mit der Bestellung des Nießbrauchs dessen

Ausübung nach § 1059 BGB dem Vermögensübernehmer überlässt. Weiterhin ist Voraussetzung für die Versorgung, dass das Vermögen ausreichend Ertrag bringt, um die Versorgung des Übergebers aus dem übernommenen Vermögens zumindest zu einem Teil sichert. Dies wird grundsätzlich angenommen, wenn nach überschlägiger Berechnung die wiederkehrenden Leistungen nicht höher sind als der langfristig erzielbare Ertrag des übertragenden Vermögens. Keine Begünstigung liegt vor, wenn sich der Übernehmer im Übertragungsvertrag der Verpflichtung nachkommt, das übertragene Vermögen umzuschichten. Darüber hinaus gelten Besonderheiten bei Betriebsaufgabe, Übertragung, Umwandlung und nachträgliche Umschichtungen. – *Entgeltliche Vermögensübertragungen*: Bis zur Grenze der Angemessenheit enthalten wiederkehrende Leistungen im Austausch mit einer Gegenleistung eine nicht steuerbare oder steuerbare Vermögensumschichtung in Höhe des Barwerts und einen Zinsanteil. Ist der Barwert (= Tilgungsanteil) der wiederkehrenden Leistungen jedoch höher als der Wert des übertragenden Vermögens, wird grundsätzlich eine Entgeltlichkeit in Höhe des angemessenen Kaufpreise angenommen. Der darüber hinausgehende Betrag gilt steuerlich als Zuwendung i.S.d. § 12 Nr. 2 EStG. Ist die Höhe des Barwerts doppelt so hoch wie der Wert des übertragenen Vermögens, liegt somit insgesamt eine Zuwendung des § 12 Nr. 2 EStG vor. Eine Teilentgeltlichkeit wird angenommen, wenn der Wert des übertragenen Vermögens höher ist als der Barwert der wiederkehrenden Leistungen. – a) *Übertragung von Betriebsvermögen*: Betreffend der ertragsteuerlichen Behandlung bei Veräußerung von Wirtschaftsgütern des

Vermögensübertragung

Rechtsträger übertragender		übernehmender: Öffentliche Hand	VVaG	öffentl.-rechtl. Versicherungs-unternehmen	Versiche-rungs-AG
GmbH	Voll-übertr.	§§ 175 Nr. 1, 176	–	–	–
	Teil-übertr.	§§ 175 Nr. 1, 177	–	–	–
AG/KGaA	Voll-übertr.	§§ 175 Nr. 1, 176	–	–	–
	Teil-übertr.	§§ 175 Nr. 1, 177	–	–	–
Versiche-rungs-AG	Voll-übertr.	–	§§ 175 Nr. 2 Buchst. a, 178	§§ 175 Nr. 2 Buchst. a, 178	–
	Teil-übertr.	–	§§ 175 Nr. 2, Buchst. a, 179	§§ 175 Nr. 2, Buchst. a, 179	–
VVaG	Voll-übertr.	–	–	§§ 175 Nr. 2 Buchst. b, 180–183, 185–187	§§ 175 Nr. 2 Buchst. b, 180–183 185–187
	Teil-übertr.	–	–	§§ 175 Nr. 2 Buchst. b, 184–187	§§ 175 Nr. 2 Buchst. b, 184–187
öff.-rechtl. Versicherungs-unternehmen	Voll-übertr.	–	§§ 175 Nr. 2 Buchst. c, 188	–	§§ 175 Nr. 2 Buchst. c, 188
	Teil-übertr.	–	§§ 175 Nr. 2 Buchst. c, 189	–	§§ 175 Nr. 2 Buchst. c, 189

§§ sind solche des Umwandlungsgesetzes

Betriebsvermögens gegen Leibrenten, Veräußerungsrenten oder Kaufpreisraten verweisen wir auf die dort gemachten Ausführungen. – b) *Übertragung von Privatvermögen* gegen wiederkehrende Leistungen auf Lebenszeit: Beim Verpflichteten bemessen sich die Anschaffungskosten nach dem Barwert der wiederkehrenden Leistungen. Dieser wird bei lebenslänglichen Leistungen nach § 14 I BewG oder nach versicherungsmathematischen Grundsätzen ermittelt. Bei einer dauernden Leistung (ungleichmäßig wiederkehrende Leistungen) berechnet sich der Barwert nach dem Jahreswert, der in künftig im Durchschnitt der Jahre voraussichtlich erzielt wird. Bei einem Erwerb eines Wirtschaftsguts, welches zur Einkünfteerzielung dient, ist der errechnete Barwert Grundlage für die Absetzung für Abnutzung, für Sonderabschreibungen oder für höhere Absetzung. Zu beachten ist, dass der in den wiederkehrenden Leistungen enthaltene Tilgungsanteil im Zeitpunkt der Zahlung nicht gesondert im Rahmen von Werbungkosten berücksichtigt werden kann. Der Zinsanteil von Renten und dauernden Lasten ist grundsätzlich nicht abzugsfähig. Wenn hingegen das erworbene Wirtschaftsgut der Einkünfteerzielungsabsicht dient, ist der in den Zahlungen enthaltene Zinsanteil grundsätzlich als → Werbungskosten abzugsfähig. Beim Berechtigten ermittelt sich der Veräußerungspreis in Höhe des Barwerts für die wiederkehrenden Leistungen. Bei privaten Veräußerungsgeschäften ist der Veräußerungspreis bis zur Höhe des Barwerts die Differenz zwischen der Summe der jährlichen Zahlungen und der ermittelte Zinsanteil. In dem Jahr, in dem der in der Summe der jährlichen Zahlungen enthaltene Veräußerungspreis die um die Abschreibung gekürzten Anschaffungskosten und weitere Werbungkosten übersteigt, entsteht erstmals ein Gewinn. Bei Veräußerungsgewinnen von wesentlichen Anteilen i.S.d. § 17 EStG entsteht der Gewinn grundsätzlich im Zeitpunkt der Veräußerung. Bei Veräußerungen gegen → Leibrente und gegen Ratenzahlungen, gelten wiederum Besonderheiten. Bei Veräußerungen von Kapitalvermögen, kann der Gewinn ggf. auch nach § 20 EStG besteuert werden: Hier greift die → Abgeltungsteuer. Der Zinsanteil, der in den wiederkehrenden Leistungen enthalten ist, ist Entgelt für die Stundung des Veräußerungspreises. Dieses ist auf die Laufzeit der wiederkehrenden Leistungen zu verteilen. Bei dauernden Leistungen gilt der Zinsanteil als Einkünfte aus Kapitalvermögen i.S.d. § 20 EStG. Der Ertragsanteil, welcher in Veräußerungsleibrenten enthalten ist, ist nach § 22 EStG zu versteuern. – c) *Übertragung von Privatvermögen* gegen wiederkehrende Leistungen auf bestimmte Zeit: Die Anschaffungskosten und der Veräußerungspreis ermittelt sich nach § 13 I BewG mit dem Barwert. Dies gilt auch bei wiederkehrenden Leistungen für eine Mindestlaufzeit. Der Barwert kann auch auf Basis eines versicherungsmathematischen Gutachtens ermittelt werden. Bei der Ermittlung des Zinsanteils der Rente bei Mindestlaufzeit kommt es darauf an, ob die laufenden Zahlungen eher einer Leibrente oder der Kaufpreisrate zuzuordnen ist. Werden Kaufpreisraten angenommen, ermittelt sich der Zinsanteil grundsätzlich aus der Differenz zwischen der Summe der jährlichen Zahlungen und der jährlichen Minderung des Barwerts der wiederkehrenden Leistungen. Ansonsten ist der Ertragsanteil mittel Ertragswerttabelle des § 22 Nr. 1 S. 3 Buchst. a Doppelbuchst. bb S. 4 EStG zu ermitteln. Betreffen die Besteuerung verweisen wir auf die obigen Ausführungen unter b).

III. Außenhandel → Zahlungsbilanz.

Vermögensumverteilungspolitik – 1. *Begriff:* Maßnahmen zur Umverteilung von Vermögen, in der Praxis insbes. zur Umverteilung von Vermögenszuwächsen. – 2. *Ansätze:* a) Staatliche Umverteilung von Vermögen durch Vermögens- und Erbschaftsteuern, b) Reprivatisierung von öffentlichen Vermögenswerten (z.B. durch Volksaktien), c) Überführung von Teilen des Privatvermögens in öffentliches Vermögen, d) Umverteilung von Vermögenszuwächsen im privaten Bereich. – 3. *Vermögenspolitische Diskussion*: Bes. umstritten ist in Deutschland die (Wiedereinführung einer) Vermögenssteuer bzw. -abgabe, da sie, wie ihre Kritiker betonen, eine sog. Substanzsteuer ist. – Vgl. auch → Vermögenspolitik, → Verteilungspolitik.

Vermögensvergleich – Gegenstand des → Betriebsvergleichs, durchführbar als einbetrieblicher (Zeit-) Vergleich oder als zwischenbetrieblicher Vergleich sowie entsprechend kritische Betrachtung entweder (1) der Änderungen der Vermögensstruktur, (2) des Vermögensaufbaus des eigenen im Verhältnis zu vergleichbaren anderen Unternehmen.

Vermögensverteilung – anteilige Zurechnung des Vermögens auf Personen, Haushalte oder Bevölkerungsgruppen einer Volkswirtschaft. Der Grad der Ungleichverteilung von Vermögen ist größer als der Grad der Ungleichverteilung der Einkommen. Zur theoretischen Analyse der Vermögensverteilung liegen nur wenige eigenständige Ansätze vor; i.d.R. steht die Analyse der Vermögensverteilung in direkter Verbindung mit einer Theorie der Einkommensverteilung. Einige Theorien der Erklärung der ungleichen Vermögensverteilung basieren auf Lebenszyklus-Hypothesen des Sparens, andere auf dem Vererbungssystem. Da zukünftig die Bedeutung von ererbten Vermögen stark zunehmen wird, ist die Analyse der Vermögensverteilung auch für die Untersuchung der Einkommensverteilung von wachsender Bedeutung – Vgl. auch → Verteilungstheorie.

Vermögensverteilungstheorien → Verteilungstheorie.

Vermögensverwaltung – I. Kreditwesen: Die Vermögensverwaltung erfolgt durch bes. Abteilungen der *Kreditinstitute* oder *Vermögensverwaltungsgesellschaften,* die i.d.R. wiederum Tochtergesellschaften von Banken sind. Die Vermögensverwaltung beinhaltet die laufende Überwachung, Anlage und Verwaltung des Vermögens des Kunden (vorwiegend

Wertpapiere und Geldvermögen, seltener Beteiligungen, Grundvermögen oder Testamentsvollstreckung). – Auf der Basis eines Vollmachtsvertrages trifft das Kreditinstitut oder die Vermögensverwaltungsgesellschaft selbstständige Anlageentscheidungen. Die Gebühren richten sich je nach Vereinbarung nach dem Anlageerfolg und der Höhe und Art des verwalteten Vermögens. Kunden sind vermögende Privatpersonen und institutionelle Anleger wie Versicherungsunternehmen, berufsständische Organisationen, Kirchen oder Stiftungen. Bei diesen erfolgt die Vermögensverwaltung häufig in Form von → Spezialfonds. – Die Vermögensverwaltung ist für die Banken ein zunehmend attraktives Geschäftsfeld. Traditionell ist die Schweiz hier der Marktführer.

II. Familienrecht: 1. *Vermögensverwaltung für das Kind (Vermögenssorge):* a) Sie *obliegt* den Eltern, die aufgrund der → elterlichen Sorge das Recht und die Pflicht haben, für das Vermögen des Kindes zu sorgen; auch die Befugnis, das Kind in vermögensrechtlichen Angelegenheiten zu vertreten, steht beiden Elternteilen gemeinsam zu. – b) Für einige Rechtsgeschäfte bedürfen die Eltern der *Genehmigung des Familiengerichts,* z.B. für Grundstücksgeschäfte (§ 1643 BGB). – c) Das dem Kind gehörende Geld haben die Eltern nach den *Grundsätzen einer wirtschaftlichen Vermögensverwaltung* anzulegen, soweit es nicht für Ausgaben bereitzuhalten ist (§ 1642 BGB). – d) Die Vermögensverwaltung *endet* i.d.R. mit der Volljährigkeit des Kindes. – 2. *Vermögensverwaltung bei den ehelichen Güterständen:* → eheliches Güterrecht.

III. Steuerrecht: 1. *Einkommen- und Körperschaftsteuer:* Verwalter eines Vermögens unterliegen mit den ihnen zuzurechnenden Einkünften der Einkommen- bzw. Körperschaftsteuer. – 2. *Gewerbesteuer:* Die Vermögensverwaltung unterliegt der → Gewerbesteuer nur, wenn sie im Rahmen eines → Gewerbebetriebs erfolgt. – a) Die *Verwaltung eigenen Vermögens* ist i.d.R. keine steuerpflichtige gewerbliche Tätigkeit. Die Nutzung des Vermögens kann aber als gewerbliche Tätigkeit angesehen werden, wenn mit Gewinnabsicht eine selbstständige, nachhaltige und nach außen hin hervortretende Tätigkeit entfaltet wird, die über das übliche Ausmaß an Tätigkeiten bei einer Vermögensverwaltung hinausgeht. Die Abgrenzung zwischen einer noch nicht als gewerblich einzustufenden Vermögensverwaltung und einem Gewerbebetrieb kann im Einzelfall schwierig sein. Vermögensverwaltung liegt i.d.R. nicht mehr vor, wenn die Nutzung des Vermögens gegenüber der Umschichtung des Vermögens zur Ausnutzung von Wertsteigerungen in den Hintergrund tritt. – b) Die *Vermietung und Verpachtung von Grundbesitz* stellt auch dann noch eine gewerbesteuerfreie Vermögensnutzung dar, wenn der vermietete Grundbesitz sehr umfangreich ist, der Verkehr mit vielen Mietparteien eine erhebliche Verwaltungsarbeit erforderlich macht oder die vermieteten Räume für gewerbliche Zwecke verwendet werden. Um der Tätigkeit des Grundstücksbesitzers gewerblichen Charakter zu geben, müssen noch bes. Umstände hinzutreten, z.B. dass die Verwaltung des Grundbesitzes wegen des ständigen und schnellen Wechsels der Mieter eine *fortgesetzte Tätigkeit* erfordert, die über das Maß der üblichen Vermietertätigkeit hinausgeht, oder dass der Grundstücksbesitzer den Mietern gegenüber bes. Verpflichtungen übernimmt, wie Herrichtung des Gebäudes für die bes. Art der Verwendung und Übernahme der Reinigung der vermieteten Räume. – c) *Ab dem Erhebungszeitraum 2008* erfolgt die Hinzurechnung der → Mieten, Pachten etc. unabhängig von der Gewerbesteuerpflicht des Vermieters. Hinzugerechnet werden 25 Prozent aus der Summe von 20 Prozent der Miet- und Pachtzinsen für die Benutzung von beweglichen Wirtschaftsgütern des Anlagevermögens, die im Eigentum von fremden Dritten stehen sowie von 65 Prozent der Miet- und Pachtzinsen für die Benutzung von unbeweglichen Wirtschaftsgütern des Anlagevermögens, die ebenso im Eigentum von fremden Dritten stehen, und nur, soweit die Summe unter Berücksichtigung von weiteren Finanzierungsentgelten den Betrag von 100.000 Euro übersteigen. Die Kürzungsvorschrift ist nur noch für solche Grundstücke vorgesehen, die nicht von der Grundsteuer befreit sind. Die Vorschrift nach § 9 Nr. 4 GewStG a.F., die die Kürzung der beim Mieter hinzugerechneten Pachteinnahmen auf Ebene des Verpächters regelt, ist ab 2008 entfallen. Eine Kürzung ist insoweit nicht mehr zulässig.

Vermögensverzeichnis – ein elektronisches Dokument, das die erforderlichen Angaben einer → Vermögensauskunft → nach § 802c Abs. 2 ZPO enthält (§ 802f Abs. 5 ZPO). Der → Gerichtsvollzieher hinterlegt das Vermögensverzeichnis beim zentralen → Vollstreckungsgericht und leitet dem Gläubiger einen Ausdruck zu (§ 802f Abs. 6 ZPO). Das Vermögensverzeichnis nach der ZPO und nach § 284 der Abgabenordnung werden landesweit von diesem zentralen Vollstreckungsgericht in elektronischer Form verwaltet. Gleiches gilt für Vermögensverzeichnisse, die aufgrund bundes- oder landesgesetzlicher Regelung errichtet worden sind und bei denen die Hinterlegung angeordnet ist. Ein Vermögensverzeichnis, auf dieser Grundlage gespeichert, ist nach Ablauf von zwei Jahren seit Abgabe der Auskunft zu löschen (§ 802k ZPO). Gerichtsvollzieher und dazu befugte Vollstreckungsbehörden können die vom zentralen Vollstreckungsgericht verwalteten Vermögensverzeichnisse zu Vollstreckungszwecken abrufen. Das gilt auch für Vollstreckungsgerichte, → Insolvenzgerichte, → Registergerichte und Strafverfolgungsbehörden, soweit dies zur Erfüllung ihrer Aufgaben erforderlich ist (§ 802k Abs. 2 ZPO). – Das Nähere über die Form, Aufnahme, Übermittlung, Verwaltung und Löschung der Vermögensverzeichnisse nach der ZPO und nach § 284 Abs. 7 der Abgabenordnung oder gleichwertige Regelungen sowie der Einsichtnahme, insbes. durch ein elektronisches Abrufverfahren, ist geregelt in der Vermögensverzeichnisverordnung vom 1.8.2012 (BGBl. I S. 1663).

Vermögenswertzuwächse → Wertzuwachssteuer.

vermögenswirksame Leistungen – Geldleistungen im Sinn des § 2 VermBG, die der Arbeitgeber für den Arbeitnehmer anlegt. Diese Geldleistungen können auch für den Ehegatten, die Kinder oder die Eltern des Abeitnehmers angelegt werden (§ 3 VermBG). – Vgl. auch → Vermögensbildung der Arbeitnehmer.

Vermögenszuordnungsgesetz – Gesetz über die Feststellung der Zuordnung von ehemals volkseigenem Vermögen (VZOG) i.d.F. vom 29.3.1994 (BGBl. I 709) m.spät.Änd., führt bei der Regelung offener Vermögensfragen ein Verfahren ein, das die Feststellung der Eigentumszuordnung ehemals volkseigenen Vermögens zu Trägern öffentlicher Verwaltung ermöglicht.

Vermögenszuwachsrechnung → Verprobungsmethoden.

Vermögenszuwachssteuer – Steuer auf die Zunahme einer Bestandsgröße des Vermögens. In Deutschland in der Zeit des Ersten Weltkriegs erhoben. – Vgl. auch → Vermögensbesteuerung.

vermuteter Kaufmann – Ein zu Unrecht im Handelsregister eingetragener Kaufmann. Wenn überhaupt ein Gewerbe betrieben wird und eine Firma im Handelsregister eingetragen ist, wird zugunsten eines jeden, der sich auf die Eintragung beruft, bis zur → Löschung unwiderleglich vermutet, dass das Gewerbe ein Handelsgewerbe und der Unternehmer → Kaufmann ist. – Vgl. auch → Scheinkaufmann.

Vernetzung – Begriff zur Beschreibung der Verknüpfungen zwischen einzelnen Elementen und Variablen in komplexen → Systemen. – Vgl. auch → Systemmanagement.

Vernichtung – 1. *Begriff*: Nach Art. 182 ZK können → Nichtgemeinschaftswaren unter zollamtlicher Überwachung vernichtet oder zerstört werden. Bei der Vernichtung richtet sich die Handlung auf eine substanzielle Beseitigung des Stoffes, dagegen wird bei der Zerstörung einer Ware nur ihre Beschaffenheit verändert. – 2. *Folgen*: Die bei der Zerstörung angefallenen Abfälle und Überreste müssen einem für Nichtgemeinschaftswaren vorgesehenen zollrechtlichen Verfahren zugeführt werden (i.d.R. in den zollrechtlichen freien Verkehr). Die Durchführung der genannten Verfahren darf der Staatskasse keine Kosten verursachen. – 3. → Unionszollkodex: Der UZK kennt nur noch die → Zerstörung als Unterfall der → aktiven Veredelung.

Vernichtungsanspruch – verschuldensunabhängiger Anspruch des Inhabers eines → gewerblichen Schutzrechts auf Vernichtung schutzrechtsverletzender Gegenstände sowie der ausschließlich oder nahezu ausschließlich zur Herstellung solcher Gegenstände gebrauchten oder bestimmten Vorrichtungen (§ 18 MarkenG, § 140a PatG, § 24a GebrMG, § 37a SSchG, § 98 UrhG; § 43 GeschmMG, § 9 II HalbleiterSchG). Vernichtung kann nicht verlangt werden, wenn sie im Einzelfall unverhältnismäßig ist und die Rechtsverletzung auf andere Weise beseitigt werden kann. Im Bereich der technischen Schutzrechte (→ Patent, → Gebrauchsmuster) wird der Vernichtungsanspruch bei unverschuldeten Rechtsverletzungen nur mit Zurückhaltung gewährt und dem Verhältnismäßigkeitsgrundsatz eine bes. Bedeutung zugemessen.

Veröffentlichung – im Urheberrecht der Zeitpunkt, zu dem ein Werk mit Zustimmung des Urhebers der Öffentlichkeit zugänglich gemacht worden ist (§ 6 I UrhG). – Vgl. auch → Erscheinen.

Veröffentlichungsbefugnis → öffentliche Bekanntmachung.

Veröffentlichungspflicht → Publikationspflicht.

Verordnung → Rechtsverordnung.

Verordnung der EU über die gerichtliche Zuständigkeit und die Anerkennung und Vollstreckung von Entscheidungen in Zivil- und Handelssachen → EU-GVV.

Verordnungsblattgebühr – *Arzneikostengebühr, Rezeptgebühr;* Festbetragsregelungen für Arznei- und Verbandmittel, verbunden mit Zuzahlungen durch den Versicherten. Die Zuzahlung für Krankenversicherte, die das 18. Lebensjahr vollendet haben, beträgt zu jedem verordneten Arznei- und Verbandmittel 10 Prozent, mind. jedoch 5 Euro und höchstens 10 Euro je Packung, jedoch nicht mehr als die Kosten des Mittels (§ 61 SGB V).

Verordnung über Informationspflichten nach bürgerlichem Recht (BGBInfVO) – Verordnung über Informationspflichten nach bürgerlichem Recht (BGB-Informationspflichten-Verordnung – BGB-InfoV) vom 23.10.2008, am 1.11.2008 in Kraft getreten ist (BGBl. I vom 28.10.2008, 2069) – neben anderen Branchen ist die → Pauschalreise in den §§ 4 ff BGBInfoV betroffen. Die Informationspflichten beziehen sich auf die Mindestinhalte von Prospekt, Reisebestätigung, Informationspflichten bei Buchung und vor Reisebeginn sowie Gastschulaufenthalte und den → Sicherungsschein.

Verpächterpfandrecht → gesetzliches Pfandrecht des Verpächters entsprechend dem → Vermieterpfandrecht (§§ 581, 592 BGB).

Verpachtung → Landpacht, → Pacht.

Verpackung – I. Allgemein: 1. *Begriff*: Unter Verpackung wird die ein- oder mehrfach vorgenommene Umhüllung eines Packgutes zum Zweck des Schutzes (der Umgebung, des Packgutes), der Portionierung (bei Produktion, Verwendung) sowie der Lagerung, des Transports, der physischen Manipulation sowie der Vermarktung verstanden. Die Verpackung bildet eine Einheit aus den Komponenten Packmittel, Packstoff und Packhilfsmittel. Aus dem Packstoff, d.h. dem Werkstoff der Verpackung, wird das Packmittel hergestellt, das dazu bestimmt ist, das Packgut zu umschließen oder zusammenzuhalten. Die Packhilfsmittel ermöglichen zusammen mit dem Packmittel das Verpacken, Verschließen und die Versandvorbereitung eines Packgutes. – 2. *Arten:* Die Wahl der → Verpackungsart innerhalb des Verpackungssystems hängt von den wahrzunehmenden → Verpackungsfunktionen ab. Es kann zwischen Transport- und Verkaufsverpackung unterschieden. Wegen der Wiedererkennungsform der Verkaufsverpackung ergeben sich direkte Zusammenhänge zur Markengestaltung (z.B. Toblerone). Die Lösung des Verpackungsproblems obliegt einem Verpackungsteam, das zunächst die Anforderungen analysiert, die an die Verpackung gestellt werden. Die Konkurrenz verschiedener Anforderungen erfordert eine Prioritätensetzung bei der → Verpackungsgestaltung. Die Dominanz bestimmter Anforderungen aufgrund einer solchen Prioritätensetzung kann als Kriterium für die Zurechnung der Verpackungskosten zu den einzelnen Funktionsbereichen herangezogen werden. – *Rechtliche Regelung der* Verpackungs-*Rücknahme:* → Verpackungsverordnung (VerpackV).

II. Versicherungswesen: Vom Standpunkt des Versicherers aus soll die Verpackung den gewöhnlichen Ereignissen des Transportes, die vorauszusehen sind, widerstehen können, weshalb Schäden als Folge mangelhafter Verpackung i.Allg. ausgeschlossen werden, es sei denn, die mangelhafte Verpackung ist handelsüblich. Erstklassige (z.B. „seemäßige" oder „beanspruchungsgerechte") Verpackung führt zu Prämiennachlässen. Für Wertsendungen (Valorenversicherung), Kunstgegenstände, Umzugsgut und Maschinentransporte gelten Sonderbedingungen mit verschärften Anforderungen an die Verpackung

Verpackungsarten – Arten von → Verpackungen die sich gemäß den Kriterien „Verpackungsinhalt" und „Aufgabenbereich", unterteilen lassen. – 1. Nach dem *Verpackungsinhalt* können Einzel-, Sammel- und Versandpackungen unterschieden werden. Während eine *Einzelpackung* direkt das Packgut umschließt und somit die kleinste Verpackungseinheit darstellt, umfasst die *Sammelpackung* diejenigen Mengen eines Packgutes, in denen dieses gelagert wird. Die *Versandpackung* bezieht sich auf einen Kundenauftrag und kann somit verschiedene Packgüter sowohl in Einzel- als auch in Sammelverpackungen enthalten. – 2. Nach Maßgabe der *Aufgabenerfüllung* und in Anlehnung an die Verordnung über die Vermeidung und Verwertung von Verpackungsabfällen vom 7.8.1998 (BGBl. I 2379 mit allen nachfolgenden Änderungen; Verpackungsverordnung) werden Transport-, Verkaufs- und Umverpackungen differenziert: a) *Transportverpackungen* dienen dem Schutz der Packgüter auf dem Weg vom Hersteller zum Vertreiber und sollen einen rationellen Transport der Packgüter ermöglichen. – b) *Verkaufsverpackungen* umhüllen unmittelbar die Packgüter und erfüllen damit ihre Funktion bis zum Verbrauch derselben durch den Endabnehmer. – c) Als *Umverpackungen* werden zusätzliche Verpackungen um Verkaufsverpackungen bezeichnet. Sie erfüllen ihre Hauptaufgabe am Verkaufsort, indem sie die Abgabe von Packgütern im Zuge der Selbstbedienung erlauben, die Diebstahlgefahr reduzieren und als Werbungsträger fungieren. – 3. Nach Verwendungshäufigkeit wird zwischen Mehrweg- und Einwegverpackung unterschieden. – Die verschiedenen Verpackungsarten können unterschiedliche *Anforderungen* an die Eigenschaften von Packmitteln und -stoffen stellen. Die Definition dieser Anforderungen gehört zum Aufgabenbereich der → Verpackungsgestaltung.

Verpackungsfunktionen → Verpackungen üben eine Vielzahl von Funktionen für die zu verpackenden Produkte (die Packgüter) aus. Verpackungen stellen aus der Sicht der verpackenden Unternehmen keinen Selbstzweck dar, sondern erfüllen im Hinblick auf die Packgüter einen derivativen Zweck. Zu den Funktionsbereichen von Verpackungen zählen die Produktions-, Marketing-, Verwendungs- und die Logistikfunktion. a) Im Rahmen der *Produktionsfunktion* ermöglicht die Wahl einer geeigneten Verpackung z.B. die Produktion direkt aus der oder in die Verpackung ohne Zwischenschaltung von Umschlagvorgängen. – b) Verpackungen dienen der *Marketingfunktion*, wenn sie z.B. als Imageträger eingesetzt werden. – c) Die *Verwendungsfunktion* bezieht sich auf eine mehrmalige Wiederverwendung der Verpackung für denselben Zweck, was den Aufbau von Rückführungssystemen für solche Mehrwegverpackungen in Zusammenarbeit mit den Lieferanten oder Kunden voraussetzt. Weiterhin umfasst die Verwendungsfunktion eine möglichst umweltschonende Beseitigung der Verpackungen. – d) Im Zuge der *Logistikfunktion* nehmen Verpackungen eine Schutz-, Lager-, Transport-, Manipulations- und Informationsfunktion wahr. – 1. Die *Schutzfunktion* erstreckt sich in qualitativer Hinsicht auf den Schutz des Packgutes gegen mechanische (Druck, Stoß) und klimatische Belastungen (Feuchtigkeit, Temperatur). Aus quantitativer Sicht sollen Verpackungen Verluste und Diebstahl der Packgüter verhindern. – 2. Die *Lagerfunktion* zielt auf die Erleichterung der Lagerung von Packgütern ab, indem Verpackungen eine Stapelung erlauben und damit zu einer besseren Lagerraumausnutzung beitragen. Weiterhin gehört zur Lagerfunktion die Abstimmung der Abmessungen der Verpackungen mit denen der Lagerbehälter. – 3. Im Rahmen der *Transportfunktion* übernehmen Verpackungen die Aufgabe, die Packgüter transportfähig zu machen und mittels standardisierter Abmessungen den Transportraum optimal zu nutzen. – 4. Die *Manipulationsfunktion* dient der Zusammenfassung der Packgüter zu Einheiten, die deren Handhabung bei der Auslieferung erleichtern. Da Manipulationsvorgänge stets zwischen Lager- und Transportprozesse geschaltet sind, erfordert die Bildung von Verpackungseinheiten auch die Berücksichtigung der Lager- und Transportfunktion der Verpackung. – 5. Die *Informationsfunktion* betrifft die Kennzeichnung von Verpackungen im Hinblick auf die Auftragszusammenstellung im Lager sowie die Identifikation zerbrechlicher, verderblicher oder gefährlicher Packgüter. Bei einer Automatisierung von Transport- und Umschlagprozessen ermöglichen geeignete Informationen (z.B. Barcodes) auf den Verpackungen ein automatisches Erkennen der Packgüter.

Verpackungsgestaltung – Gesamtheit der zum Verpacken eines Packgutes notwendigen Arbeitsschritte im Zuge des Verpackungsprozesses sowie die Wahl von Packmitteln und -stoffen. Im Rahmen einer Prozessanalyse werden alle beim Verpacken anfallenden Teilprozesse identifiziert. Durch eine zielgerichtete Synthese dieser Teilprozesse zu Gesamtprozessen lassen sich bei der Verpackungsgestaltung große Rationalisierungspotenziale erschließen. Neben der Festlegung des Verpackungsprozesses müssen bei der Verpackungsgestaltung in Abhängigkeit von der → Verpackungsart die Packmittel und -stoffe ausgewählt werden. Dazu gilt es zunächst, Anforderungen im Hinblick auf Form und Abmessung, Festigkeit und Formbarkeit, Dichtigkeit bzw. Durchlässigkeit sowie Oberflächen- und Stoffbeschaffenheit zu definieren, um darauf aufbauend den Beitrag einzelner Packmittel und -stoffe zur Erfüllung der → Verpackungsfunktionen zu beurteilen. Eine einheitliche Form und standardisierte Abmessungen der Packmittel erleichtern sowohl den Verpackungsprozess als auch den gesamten Logistikprozess.

Verpackungskosten → Kosten der Güterverpackung in Höhe der Zahlungen an verpackende Verkehrs- oder andere Betriebe und/oder Kosten des → Verpackungsmaterials sowie des Einrichtens, Unterhaltens und Verwaltens betriebseigener Verpackungsstellen. – Vgl. auch → Logistikkosten.

Verpackungsmaterial – *Verpackungsmittel.*

I. Begriff: die für → Verpackung erforderlichen Materialien.

II. Kostenrechnung: 1. Bei Verbrauch größerer Mengen ist Verpackungsmaterial einem bes. → Material(bestands)konto zu belasten und entsprechend dem jeweiligen Verbrauch während einer Periode in die Kostenrechnung zu übernehmen. – 2. Bei mengenmäßig geringem oder zeitlich gleichmäßigem Verbrauch kann Verpackungsmaterial sofort bei Eingang als Verbrauch gebucht werden. – 3. Innenverpackung (Verpackungsmaterial, durch das die Produkte erst verkaufsfähig werden): Etwa bei Markenartikeln mit Standardverpackung (z.B. Packung für Nährmittel, Schokolade, Waschpulver) gehört Verpackungsmaterial als Materialeinzelkosten zu den → Herstellkosten des Erzeugnisses. – 4. Außenverpackung (z.B. Kisten, Kartons): Verrechnung erfolgt als Sondereinzelkosten des Vertriebs oder als Gemeinkosten auf ein Konto der Kostenstelle des Vertriebs.

III. Bilanzierung: 1. Bestände an Verpackungsmaterial am Bilanzstichtag sind in der Bilanz als → Hilfsstoffe (Innenverpackung) oder → Betriebsstoffe (Außenverpackung) auszuweisen. – 2. Bei der Ermittlung der → Herstellungskosten für unfertige und fertige Erzeugnisse sind nur die Aufwendungen für Innenverpackung Bestandteil derselben. – 3. In der Gewinn- und Verlustrechnung (→ Gesamtkostenverfahren) gehören die Aufwendungen für Innenverpackung zum Materialverbrauch (§ 275 II Nr. 5 HGB), Aufwendungen für Außenverpackung i.d.R. zu den → sonstigen betrieblichen Aufwendungen (§ 275 II Nr. 8). Bei Anwendung des → Umsatzkostenverfahrens sind die Aufwendungen für Innenverpackung der verkauften Erzeugnisse Bestandteil der Herstellungskosten der zur Erzielung der Umsatzerlöse erbrachten Leistungen (§ 275 III Nr. 2). Buchung von *Erträgen aus Wiederverwendung* von zurückgesandtem Verpackungsmaterial sowie aus der Verwertung von Verpackungsmaterial als Altmaterial als sonstige betriebliche Erträge.

Verpackungsmittel → Verpackungsmaterial.

Verpackungsmodul → Verpackung.

Verpackungstest – *Packungstest;* Test der Anmutung der Verpackung (Packung) einer Ware. Bes. Form des → Produkttests. Auch Messung des assoziierten Preis-/Leistungsverhältnisses. – *Hilfsmittel zur Messung:* → Schnellgreifbühne, → Tachistoskop.

Verpackungsteuer – Steuer auf Einwegverpackungen, Einweggeschirr etc. Gegenstände, deren Einführung als Lenkungssteuer im Zuge der Umweltdiskussion (Müllvermeidung) von zahlreichen Gemeinden erwogen wurde; allerdings hat das Bundesverfassungsgericht 1998 entschieden, dass die Einführung einer solchen Steuer als Lenkungssteuer durch die Gemeinden die Wirksamkeit der gesetzgeberischen Konzeption, mit der der Bundesgesetzgeber die Abfallproblematik bewältigen will, beeinträchtigen bzw. unterlaufen könnte und eine solche Steuer daher, soweit sie als Lenkungssteuer erhoben werden soll, untersagt.

Verpackungsverordnung (VerpackV) – auf der Grundlage des Kreislaufwirtschafts- und Abfallgesetzes (Krw/AbfG) – jetzt → Kreislaufwirtschaftsgesetz (KrWG) – erlassene Verordnung vom 21.8.1998 (BGBl. I 2379) m.spät.Änd., die folgende abfallwirtschaftliche Ziele verfolgt: (1) Vermeidung oder Verringerung der Auswirkungen von Abfällen aus Verpackungen auf die Umwelt, wobei Verpackungsabfälle primär zu vermeiden sind; (2) Vorrang der Wiederverwendung, stofflichen Verwertung und anderen Verwertungsformen vor der Beseitigung; (3) Festlegung einer Verwertungsquote von 65 Masseprozent und einer Quote der stofflichen Verwertung von 55 Masseprozent bis zum 31.12.2008 (§ 1 VerpackV). Zur Umsetzung dieser Ziele werden in Abschn. II der Verpackungsverordnung *Rücknahmepflichten* für *Transportverpackungen* (Fässer, Kanister, Kisten etc.), *Umverpackungen* (Blister, Folien, Kartonagen u.Ä.), *Verkaufsverpackungen* (geschlossene oder offene Behältnisse oder Umhüllungen von Waren wie Becher, Beutel, Blister etc.) und Verkaufsverpackungen schadstoffhaltiger Füllgüter (§§ 4–7 VerpackV) sowie die Pfanderhebungs- und Verwertungspflichten normiert (§§ 9–11 VerpackV). Die Vertreiber von *Getränkeverpackungen* (geschlossene und überwiegend geschlossene Behältnisse wie Beutel, Dosen, Flaschen, Kartons etc.), die keine Mehrwegverpackungen sind, sind verpflichtet, von ihrem Abnehmer ein Pfand in Höhe von mind. 0,25 Euro zu erheben. Das Pfand ist von jedem weiteren Vertreiber auf allen Handelsstufen bis zur Abgabe an den Endverbraucher zu erheben. Das Pfand ist jeweils bei Rücknahme der Verpackungen zu erstatten.

Verpfändung – die rechtsgeschäftliche Bestellung eines Pfandrechts im Gegensatz zum Entstehen der → gesetzlichen Pfandrechte. – Vgl. auch → Pfandrecht.

Verpfändungsermächtigung – spezielle Ermächtigungsklausel im Depotgeschäft. – Vgl. auch → Wertpapierverwahrung.

Verpfändung von Erstattungsansprüchen – Ansprüche auf Erstattung von Steuern und steuerlichen Nebenleistungen, Steuervergütungen und Haftungsbeträgen können verpfändet werden (§ 46 I AO). Es sind die für die Abtretung dieser Ansprüche geltenden Bestimmungen sinngemäß anzuwenden.

Verpflichtungsermächtigung – Ausnahmeregelung für den Grundsatz der „zeitlichen Spezialität" (→ Haushaltsgrundsätze) im Rahmen des Haushaltsplans, in der → Haushaltsreform von 1969 neu geregelt. Verpflichtungsermächtigungen sind die quantifizierte „Vorbelastung" einzelner Titel in künftigen Jahren. Begründet in der Bundeshaushaltsordnung. Verpflichtungsermächtigungen dürfen nur bei Verträgen über Bauten und größere Rüstungsaufträge erteilt werden, die im Laufe mehrerer Haushaltsjahre erfüllt werden müssen. Der jeweils gesonderte Ausweis in den Ausgabeansätzen des Plans erleichtert die Kontrolle über die Vorausbelastung künftiger Haushaltsjahre. – *Vorteil:* zeitlich durchgehende Baudurchführung und Finanzierung. – *Nachteil:* Einengung der finanziellen Bewegungsfreiheit der Haushaltsführung.

Verpflichtungsgeschäft → Rechtsgeschäft, das eine Verbindlichkeit (Schuld) begründet und oft zu einer → Verfügung (z.B. der Kaufvertrag zur Übereignung der Kaufsache) verpflichtet (→ Abstraktionsprinzip).

Verpflichtungsklage – *Untätigkeitsklage, Vornahmeklage.* 1. *Verwaltungsgerichtsbarkeit:* → Klage auf Verurteilung zum Erlass eines abgelehnten oder unterlassenen → Verwaltungsaktes (§ 42 I VwGO). Soweit gesetzlich nicht anderes bestimmt ist, ist die Klage nur zulässig, wenn der Kläger geltend macht, durch die Ablehnung oder Unterlassung des Verwaltungsaktes in seinen Rechten verletzt zu sein. Das ist der Fall, wenn seine subjektiven privaten oder öffentlichen Rechte beeinträchtigt werden. Soweit die Verwaltungsbehörde nach ihrem → Ermessen handeln kann, kann die Klage auch darauf gestützt werden, dass die gesetzlichen Grenzen des Ermessens überschritten sind (→ Ermessensüberschreitung) oder von dem Ermessen in einer dem Zweck der Ermächtigung nicht entsprechenden Weise Gebrauch gemacht ist (→ Ermessensmissbrauch). Die Klage hat im Ermessensfall nur Erfolg bei einer *Ermessensreduzierung auf Null.* – 2. *Sozialgerichtsbarkeit:* Analog zur Verwaltungsgerichtsbarkeit. – 3. *Finanzgerichtsbarkeit:* Die Verpflichtungsklage richtet sich auf die Verurteilung zum Erlass eines abgelehnten oder unterlassenen Verwaltungsaktes (§ 40 FGO); es gelten die gleichen Einschränkungen wie für die → Anfechtungsklage.

Verpflichtungsschein → kaufmännischer Verpflichtungsschein.

Verpflichtungszusage – von der Kartellbehörde in einer Entscheidung nach § 32b GWB für verbindlich erklärte verhaltensorientierte oder strukturelle Zusage eines Unternehmens, die im Rahmen eines bereits anhängigen Verfahrens nach § 32 GWB eine gütliche Einigung zwischen der Kartellbehörde und dem Unternehmen ermöglicht und die Verfahrenseinstellung nach sich zieht. Die Zusage muss geeignet sein, die dem Unternehmen bereits mitgeteilten vorläufigen wettbewerblichen Bedenken der Kartellbehörde auszuräumen. Die Verfügung der Kartellbehörde kann unter den folgenden alternativen Bedingungen aufgehoben und das Verfahren wieder aufgenommen werden: (1) nachträgliche Änderung der tatsächlichen Verhältnisse in einem für die Verfügung wesentlichen Punkt (Vorbehalt der clausula rebus sic stantibus); (2) Nichteinhaltung der Zusage durch das Unternehmen; (3) nachträgliche Feststellung, dass das Unternehmen unvollständige, unrichtige oder irreführende Angaben gemacht hat.

Verprobung – I. Buchführung: Überprüfung der Richtigkeit der Buchführungsergebnisse mithilfe von prüfungstechnischen Formeln (→ Verprobungsmethoden), bes. im Verlauf der handelsrechtlichen → Jahresabschlussprüfung und der steuerlichen → Außenprüfung.

II. Revision: Verprobung kennzeichnet einen Soll-Ist-Vergleich, bei dem einem zu prüfenden Istwert ein aufgrund von Plausibilitätsüberlegungen gewonnener Sollwert gegenübergestellt wird, in der Hoffnung, im Prüfungsstoff vorhandene Auffälligkeiten, ggf. auch potenzielle Fehler, zu entdecken. Die Verprobung dient als Ausgangspunkt für weitere Prüfungsplanungen/-handlungen zur Fehlersuche. Die Sollwerte können sowohl unternehmensinternen (Kennziffern aus anderen Zeiträumen) als auch unternehmensexternen Ursprungs sein (Kennziffern eines anderen Unternehmens; auch (Branchen-)

Durchschnittswerte möglich). Methode der indirekten → Prüfung.

Verprobungsmethoden – Im Rahmen der → Jahresabschlussprüfung können Verprobungsmethoden in allen Phasen des Prüfungsprozesses eingesetzt werden (bei der anfänglichen Ausgangsplanung, der Prüfprogrammentwicklung, der Prüfungsdurchführung, der abschließenden Durchsicht). Gemeinsam ist den Verprobungsmethoden, dass nicht einzelne Geschäftsvorfälle als solche betrachtet werden, sondern die Plausibilität aggregierter Größen durch Gegenüberstellung von adäquaten Vergleichswerten hinterfragt wird (→ Verprobung). – *Gebräuchliche Verprobungsmethoden sind u.a.:* (1) Einfache quantitative Verfahren, etwa (a) Zuschreibeformel (Anfangsbestand + Zugänge – Abgänge = Endbestand), anwendbar z.B. bei der Plausibilisierung des für ein Geschäftsjahr ausgewiesenen Wareneinsatzes, (b) Kalkulationsschemen, (c) Kennzahlenrechnungen. – *Beispiele:*

a)		Warenanfangsbestand
	+	Warenzugänge
	–	Warenendbestand
	=	Soll-Warenabgang (Soll-Wareneingang)
b)		Wareneinsatz
	+	Rohaufschlag
	=	Soll-Umsatzerlös

(2) Einfache grafische Verfahren, z.B. Zeitreihenvergleiche. Bei Zeitreihenvergleichen wird die zeitliche Entwicklung konkreter Unternehmensdaten, die über feste Input-Output-Relationen inhaltlich miteinander verbunden sind (z.B. Umsatz, Wareneinsatz) betrachtet. Durch die grafische Aufbereitung von Zeitreihenvergleichen unter Verwendung eines Koordinatensystems mit halblogarithmischer Skalierung lassen sich unerwartete Verlaufsentwicklungen einzelner Daten leichter aufdecken. – *Beispiel:* Bei unveränderten Absatzpreisen ist der Umsatzverlauf eines Produktes weniger stark angestiegen als die zugehörige Wareneinsatzmenge; Ursache könnte eine Umsatzverkürzung sein. (3) Höhere (oft multivariate) quantitative Verfahren, z.B. Regressions-, Faktoren-, Korrelationsanalysen, multivariate Diskriminanzanalysen, mathematische Zeitreihenanalysen, einschließlich multivariater Darstellungen von Verprobungsdaten.

Verrat von Geheimnissen → Betriebs- und Geschäftsgeheimnis.

Verrechnungsabweichung → Abweichungen.

Verrechnungsdollar – bei → Handelsabkommen und → Zahlungsabkommen zwischen zwei Ländern häufig gewählte → Verrechnungseinheit (VE), wenn die Vertragspartner ihrer zwischenstaatlichen Verrechnung eine dritte Währung zugrunde legen wollen.

Verrechnungseinheit (VE) – I. Internationale Wirtschaftsbeziehungen: In → Zahlungsabkommen vereinbarte *Währungseinheit,* zu der unabhängig von ihren Kursschwankungen zwischen den an dem Zahlungsabkommen beteiligten Ländern abgerechnet wird (→ Verrechnungsverkehr). – *Beispiel:* → Verrechnungsdollar.

II. Amtliche Statistik: Recheneinheit als Generalnenner für den statistischen Vergleich qualitativ unterschiedlicher, wenn auch gattungsgleicher Güter, z.B. → Großvieh-Einheit und Arbeitskräfte-Einheit.

Verrechnungsgeschäft → Zentralregulierungsgeschäft.

Verrechnungsklausel – *Anrechnungsklausel;* Klausel im → Tarifvertrag, dass die neuen tariflichen Leistungen mit den bisher (freiwillig) vom Arbeitgeber bezahlten Leistungen verrechnet werden. Hat sich aber der Arbeitgeber bereits verpflichtet – etwa im Arbeitsvertrag -, bestimmte Leistungen zusätzlich zu dem jeweiligen Tariflohn zu gewähren (→ Zulagen), kann eine solche Verpflichtung nicht durch eine Verrechnungsklausel beseitigt werden. Ansonsten geben sie nur die allg. Rechtslage wieder (→ Tariflohnerhöhung).

Verrechnungskonten – I. Finanzbuchhaltung: Konten, die keine eigentliche Abrechnungsstelle eines Bilanzpostens sind, die aber auch nicht als Unterkonten des Kapitalkontos zu den Erfolgskonten gerechnet werden können. Verrechnungskonten sind Hilfskonten aus buchungstechnischen Gründen, die sich immer wieder ausgleichen.

II. Kostenrechnung: Die Konten der Klasse 5 des → Gemeinschafts-Kontenrahmens industrieller Verbände (GKR), die mit tatsächlich angefallenen → Gemeinkosten belastet und mit verrechneten Gemeinkosten erkannt werden. Verrechnungsunterschiede sollen sich über größere Zeitabstände (Jahr) möglichst ausgleichen, andernfalls ist Korrektur der → Normalzuschläge erforderlich. Differenzen werden über ein → Abgrenzungssammelkonto gebucht.

III. Internationale Wirtschaftsbeziehungen: Konten bei Zentralbanken und/oder Geschäftsbanken, die aufgrund eines zwischen zwei oder mehreren Ländern abgeschlossenen → Zahlungsabkommens geführt werden und auf denen der → Verrechnungsverkehr abgewickelt wird. Verrechnungskonten können mit einem → Swing versehen sein, es kann Abwicklung der Salden in harter Währung vereinbart sein etc. – Zu unterscheiden: (1) *Ein-Konten-System,* bei dem alle Verrechnungen über ein Konto des einen Vertragspartners bei der Zentralbank des anderen Vertragspartners laufen; (2) *Zwei-Konten-System,* bei dem jeder der Vertragspartner ein Verrechnungskonto bei der Zentralbank des anderen Vertragspartners unterhält.

Verrechnungskostenstelle → Knotenkostenstelle.

Verrechnungsländer – Länder, mit denen ein Land ein → Zahlungsabkommen abgeschlossen hat und mit denen der Zahlungsverkehr über → Verrechnungskonten vorgenommen wird. – *Gegensatz:* Länder, mit denen freier Zahlungsverkehr besteht.

Verrechnungspreis – I. Wirtschaftstheorie: → Preis, der nicht durch Gütertausch auf Märkten entsteht, sondern in einem Optimierungsansatz berechnet wird. Auch als *Schattenpreis* bezeichnet. – Im Marktgleichgewicht (→ Gleichgewicht) stimmen die Verrechnungspreise mit den → Marktpreisen überein.

II. Plankostenrechnung: Synonym für → Planpreise.

III. Internationales Management: → Transferpreis.

IV. Steuerrecht: 1. *Begriff:* Der zwischen rechtlich selbständigen, aber miteinander durch Beteiligungsbeziehungen direkt oder indirekt verbundenen Unternehmen vereinbarte Preis für Lieferungen und Leistungen jeder Art. Keine Verrechnungspreise sind folglich innerhalb einer rechtlichen Einheit, d.h. zwischen einem Stammhaus und seiner Betriebsstätte, möglich. – 2. *Grundsatz:* Die verbundenen Unternehmen müssen ihre Leistungen untereinander so abrechnen, wie dies auch einander fremde Dritte täten (Drittvergleichsgrundsatz; → Fremdvergleichsgrundsatz). Dieser Grundsatz gilt sowohl im nationalen Recht (wo eine Verletzung durch Vereinbarung unangemessener Verrechnungspreise entweder zu einer verdeckten Gewinnausschüttung oder einer verdeckten Einlage führen kann) als auch im grenzüberschreitenden Rahmen (Art. 9 des OECD-Musterabkommens für Doppelbesteuerungsabkommen erlaubt es den Vertragsstaaten, unangemessene Verrechnungspreise auf Konditionen, die dem Fremdvergleichsgrundsatz entsprechen, zu berichtigen). – 3. *Steuerrechtliche Folgen:* Die Finanzverwaltung korrigiert die Gewinnermittlung des betroffenen Unternehmens und berechnet den Gewinn so, als ob die Verrechnungspreise in angemessener Höhe vereinbart worden wären. Die über die angemessene Höhe hinaus gehende Teile der Zahlungen an einen Gesellschafter gelten i.d.R. als verdeckte Gewinnausschüttungen und solche Zahlungen von einem Gesellschafter, wenn auch die übrigen Voraussetzungen dafür gegeben sind, als Einlagen (verdeckte Einlagen). Hilfsweise erlaubt aber § 1 AStG, die Verrechnungspreise auch in allen anderen Fällen zu korrigieren, um den Gewinn so auszuweisen, wie es bei Beziehungen unter fremden Dritten der Fall gewesen wäre. – 4. *Rechtsgrundlagen:* §§ 90, 162 AO; Gewinnaufzeichnungs-Dokumentationsverordnung; Funktionsverlagerungsverordnung, Art. 9 OECD-Musterabkommen; BMF-Schreiben über Verwaltungsgrundsätze zur Kontrolle der Verrechnungspreise („Verwaltungsgrundsätze"). – 5. *Dokumentationspflicht:* In Deutschland werden die Dokumentationspflichten der Unternehmen in § 90 III Abgabenordnung (Mitwirkungspflichten bei Auslandssachverhalten) festgelegt, deren Umfang und Ausgestaltung im Interesse einer einheitlichen Rechtsanwendung durch die „Verordnung zu Art, Inhalt und Umfang von Aufzeichnungen i.S.d. § 90 III der Abgabenordnung (Gewinnabgrenzungsaufzeichnungsverordnung) näher ausgeführt werden. Darüber hinaus hat das Bundesfinanzministerium einige Verwaltungsgrundsätze veröffentlicht, die die Arbeit der Finanzverwaltung binden. Hierbei sind insbesondere die sog. Verfahrensgrundsätze-Verfahren zu nennen (12.4.2005): die Verwaltungsgrundsätze-Kostenumlagen (30.12.1999) und die Verwaltungsgrundsätze-Arbeitnehmerentsendung (9.11.2001). Darüber hinaus hat das Bundesfinanzministerium Merkblätter zu Verständigungs- und Schiedsverfahren (13.7.2006) sowie zu Vorabverständigungsverfahren (Advanced Pricing Agreements) (5.10.2006) veröffentlicht.

Verrechnungspreisforum → Transferpreisforum.

Verrechnungsscheck – 1. *Begriff:* → Scheck, bei dem durch den quer über die Vorderseite gesetzten Vermerk „nur zur Verrechnung" oder durch einen gleichbedeutenden Vermerk (z.B. „nur zur Gutschrift") untersagt ist, dass der Scheck in bar bezahlt wird (Art. 9 ScheckG). Der Vermerk kann von dem Aussteller und jedem Inhaber des Schecks handschriftlich, mittels Stempel oder Druck angebracht werden. – 2. *Gutschrift:* Die bezogene Bank darf den Scheck nur im Wege der Gutschrift auf ein Konto des Inhabers, Überweisung des Betrages auf das Konto eines anderen Bankkunden, Ausgleichung im Abrechnungsverkehr oder Aufrechnung einlösen. – 3. Da das Verbot der Barauszahlung nur gegen den Bezogenen wirkt, kann ein *Zwischenerwerber* den Scheck auch in bar bezahlen. Er ist aber zu eingehender Prüfung der Persönlichkeit und der Berechtigung des Inhabers verpflichtet. – 4. *Wirkung/Bedeutung:* Durch dieses Verfahren wird der Missbrauch von Verrechnungsschecks durch Nichtberechtigte erschwert, da jederzeit feststellbar ist, wem der Scheck gutgeschrieben wurde. In der Praxis wird der weitaus größte Teil der Schecks als Verrechnungsscheck ausgestellt. Mit zwei quer über den → Barscheck angebrachten parallelen Linien, wird dieser nicht zum Verrechnungsscheck, sondern zum → gekreuzten Scheck. – *Bankbestätigter Verrechnungsscheck:* Seit 1998 sind bankbestätigte Verrechnungsschecks als → Sicherheitsleistung bei der Abgabe von Geboten in der Bietzeit eines → Zwangsversteigerungsverfahrens zulässig. Der Scheckaussteller muss ein zum Betreiben von Bankgeschäften berechtigtes Kreditinstitut sein. Der Scheck muss darüber hinaus im Inland zahlbar und die Vorlegungsfrist (4 Tage) darf nicht abgelaufen sein. Dabei wird ein Samstag mitgezählt. – Vgl. auch → Inkassogeschäft.

Verrechnungsverbot – *Saldierungsverbot;* Grundsatz, nach dem in der → Bilanz Posten der Aktivseite nicht mit Posten der Passivseite (namentlich Grundstücksrechte nicht mit Grundstückslasten) und → Aufwendungen nicht mit → Erträgen verrechnet werden sollen (§ 246 II HGB). Ausnahmen sind zulässig, wenn Forderungen und Verbindlichkeiten gegeneinander aufgerechnet werden könnten (s. weitergehend auch die Ausnahmen von § 246 II HGB). In der → Gewinn- und Verlustrechnung (GuV) dürfen Bestandserhöhungen mit Bestandsminderungen an fertigen und unfertigen Erzeugnissen, Erlösschmälerungen mit den Umsatzerlösen und bestimmte Steuererstattungen mit Steuernachzahlungen verrechnet werden.

Verrechnungsverkehr – zwischenstaatlicher Ausgleich von → Forderungen und Verpflichtungen auf dem Verrechnungsweg. Zahlungen erfolgen nicht in → Devisen, sondern über → Verrechnungskonten durch Einzahlung seitens der Importeure in der Landeswährung bei der als Verrechnungsstelle fungierenden → Zentralbank bzw. einer dazu geschaffenen bes. Stelle *(Verrechnungskasse)*. Häufig ist ein → Swing vereinbart. Aus den Einzahlungen der Importeure werden die Exporteure befriedigt. – Auch die sonstigen *außerhalb des Außenhandels* entstehenden Zahlungsverbindlichkeiten werden im Verrechnungsverkehr reguliert. Überschüsse werden bisweilen zum Ausgleich von Zinsverpflichtungen oder zur → Tilgung früherer Schulden verwendet. – *Bedeutung* im → Außenhandel im Rahmen der internationalen Verrechnungsabkommen (→ Zahlungsabkommen).

Verrichtungsgehilfe – im Sinn des BGB derjenige, der von einem Geschäftsherrn zu einer Verrichtung bestellt ist. Der Geschäftsherr haftet für den Schaden, den der Verrichtungsgehilfe in Ausführung (nicht gelegentlich) der Verrichtung einem anderen außerhalb eines Vertragsverhältnisses widerrechtlich zufügt, und zwar aus dem Gesichtspunkt der → unerlaubten Handlung wegen vermuteten eigenen → Verschuldens und ohne Rücksicht darauf, ob den Verrichtungsgehilfen ein Verschulden trifft oder nicht. Der Geschäftsherr kann sich jedoch durch den Nachweis der nötigen Sorgfalt bei der Auswahl und Überwachung des Verrichtungsgehilfen entlasten (Entlastungsbeweis; § 831 BGB). – Vgl. auch → Erfüllungsgehilfe.

Verrichtungsgliederung → Verrichtungsprinzip.

Verrichtungsorganisation → Funktionalorganisation.

Verrichtungsprinzip – *Funktionsprinzip*. 1. *Begriff*: Organisationsprinzip der Bereichsbildung, bei dem die → Aufgabenanalyse und → Aufgabensynthese nach dem Verrichtungsmerkmal einer → Aufgabe erfolgt. – 2. *Charakterisierung*: Bei Anwendung des Verrichtungsprinzips werden Aufgabenkomplexe in sich voneinander unterscheidende Tätigkeitsarten für gleiche Aufgabenobjekte zerlegt und gleichartige Tätigkeiten (für ggf. unterschiedliche Objekte) organisatorischen Einheiten übertragen (Verrichtungsgliederung). Das Verrichtungsprinzip führt je nach der betroffenen Hierarchieebene und je nach dem Aggregationsgrad der betrachteten Aufgabe zu unterschiedlichen Ausprägungen der Teilaufgaben. Bei einer Ausformung des Organisationsmodells nach dem Verrichtungsprinzip kann sich z.B. eine → Funktionalorganisation mit den Bereichen Beschaffung, Produktion, Absatz und Finanzen ergeben; bei → Segmentierung etwa des Absatzbereichs nach dem Verrichtungsprinzip z.B. eine Untergliederung in Vertrieb, Marktforschung und Werbung; bei der organisatorischen Gestaltung des Produktionsbereichs die → Werkstattproduktion. – *Gegensatz:* → Objektprinzip.

Versagung – am häufigsten vorkommende Form der Weigerung einer Verwaltungsbehörde, einen beantragten → Verwaltungsakt zu erlassen. – *Beispiele:* Versagung der Bauerlaubnis, der Erteilung einer Reisegewerbekarte. – *Rechtsmittel:* Verpflichtungsklage.

Versammlungsfreiheit – ein durch Art. 8 GG gewährleistetes → Grundrecht, nach dem sich alle Deutschen ohne Anmeldung und ohne Erlaubnis friedlich und ohne Waffen versammeln dürfen; das Recht, sich unter freiem Himmel zu versammeln, kann durch Gesetz oder aufgrund eines Gesetzes beschränkt werden, z.B. durch Bannmeilengesetze, die Versammlungen unter freiem Himmel in einem gewissen Umkreis der Parlamentsgebäude verbieten oder beschränken, sowie bei Gefahr für die öffentliche Sicherheit. – *Rechtliche Grundlage:* Versammlungsgesetz i.d.F. vom 15.11.1978 (BGBl. I 1789) m.spät.Änd.

Versandanmeldung → Zollanmeldung, mittels derer der Zollbeteiligte (Hauptverpflichtete) bei der Abgangs(zoll)stelle die Überführung von Waren in ein → Versandverfahren anmeldet. Das daraufhin erstellte Versandbegleitdokument begleitet die Ware und ist bei der erneuten Gestellung der Bestimmungs(zoll)stelle am Empfangsort vorzulegen. Seit dem 1.7.2005 sind in der → EU die gemeinsamen/ → gemeinschaftlichen Versandverfahren ausschließlich mit dem NCTS („New Computerized Transit System") als Regelverfahren durchzuführen. Damit ersetzt die elektronische Abwicklung über NCTS das vorher hauptsächlich papiergebundene System der Abwicklung der Versandverfahren.

Versanddokumente → Dokumente, → Exportdokumente.

Versandhandel – 1. *Begriff*: Betriebsform des Einzelhandels: Angebot von Waren nach dem Distanzprinzip (auch Versandprinzip). – 2. *Funktionsweise:* Kontakt zwischen Verkäufer und Käufer über unpersönliche Kommunikationsmittel wie Anzeigen, Werbebriefe, Preislisten, Telefonanrufe, Kataloge, Websiten oder Fernsehsendungen. Der Käufer kann in häuslicher Umgebung, ungestört und ohne zeitliche Begrenzung durch Ladenschlusszeiten seine Warenauswahlentscheidungen treffen mit dem Nachteil, dass körperliche Inspektion und Prüfung der Waren nicht möglich ist. Es fehlen die Attraktionswirkung des Warenangebots im Laden und die damit verbundenen Anreize zu → Impulskäufen. Dem Kunden steht bei Versandgeschäften ein Widerrufsrecht (§ 355 BGB) oder ein Rückgaberecht (§ 356 BGB) zu. Die → Warenpräsentation wird durch Fotos, Bilder, Filme und ausführliche Beschreibungen ersetzt. Manche Versandhändler haben deswegen Vertreter im Nebenberuf (Sammelbesteller), die das Katalogangebot erläutern und Bestellungen entgegennehmen. Die Ware wird nach Bestellung möglichst kurzfristig angeliefert *(Bringprinzip)*. Übergänge zum → Fahrverkauf sind fließend. – 3. *Formen:* Großversandhäuser mit einem breiten Sortiment (Universalversender); Spezialversender mit schmalem Sortiment (Kaffee, Wein, Fisch, Textilien, Lederwaren, Jagdbedarf und -mode, Briefmarken, Kunstgegenstände etc.). Auch Kombinationen sind üblich: Universalversender haben zur genaueren Zielgruppenansprache und zur Reduzierung der Katalogkosten Fachversandabteilungen, z.B. für Fotoartikel, Fertighäuser oder preiswerte Sonderangebote. Weiter gibt es Versender mit stationären Servicestationen (eigenen Filialen, → Katalogschauräumen). – 4. *Steuerliche Behandlung* (Umsatzsteuer, Verbrauchsteuer): Für Versandhandel innerhalb eines Staates gelten die normalen steuerlichen Regelungen. Bei Versandhandel von einem Mitgliedsstaat der EU in einen anderen wird der Verkäufer im Bestimmungsland steuerpflichtig, wenn der Käufer eine Privatperson ist (sog. Lieferschwelle und Erwerbsschwelle).

Versandhandelsregelung – I. Umsatzsteuer: 1. *Begriff:* umsatzsteuerliche Sonderregelung für die Besteuerung von Lieferungen von einem EU-Staat in einen anderen (in Deutschland: § 3c UStG). – 2. *Voraussetzungen:* Die Versandhandelsregelung ist zur → Erwerbsteuer subsidiär und kann daher überhaupt nur dann greifen, wenn der Empfänger der Ware nicht mit dem Vorgang der Erwerbsteuer unterliegt. Sie ist dann einschlägig, wenn der Lieferant die Ware an den Abnehmer versendet oder befördert. – *Gegensatz:* → Abhollieferung. – 3. *Konsequenzen:* Der Lieferant wird mit dem betreffenden Umsatz nicht mehr im eigenen Staat, sondern im Bestimmungsland der Ware steuerbar, die dort gültigen Umsatzsteuergesetze finden daher Anwendung, ggf. ist ein → Fiskalvertreter zu bestellen. – 4. *Bagatellgrenzen:* Wegen der administrativen Belastungen findet die Versandhandelsregelung für die Lieferungen in ein Land nur dann Anwendung, wenn die Lieferungen dorthin eine bestimmte Größenordnung pro Jahr überschreiten. Für die Prüfung zählt die von dem jeweiligen Bestimmungsland der Ware festgesetzte Bagatellgrenze; diese sog. → Lieferschwelle liegt i.Allg. bei 100.000 Euro, mind. aber bei ca. 35.000 Euro (aktuelle Liste der genauen Werte aller EU-Staaten jeweils in Abschn. 42j UStR). Es ist dem Lieferanten jedoch möglich, auf die Anwendung der Lieferschwelle zu verzichten; in diesem Fall greift die Versandhandelsregelung bereits auch bei geringfügigeren Jahresumsätzen mit dem betreffenden Land. Auf Abhollieferungen wird die Versandhandelsregelung allerdings niemals angewandt. – 5. *Besonderheiten:* Die Lieferung von verbrauchsteuerpflichtigen Waren unterliegt ohne jede Bagatellgrenze auch bei der Umsatzsteuer stets der Versandhandelsregelung; für die Lieferung → neuer Fahrzeuge kann es dagegen nie zur Anwendung der Versandhandelsregelung kommen (da stets Erwerbsteuerpflicht besteht). – 6. *Verbrauchsteuerrecht:* Im Bereich der Verbrauchsteuern gilt die geschilderte umsatzsteuerliche Regelung analog für die Lieferung von verbrauchsteuerpflichtigen Waren durch Versendung oder Beförderung an den Kunden in einem anderen EU-Staat; allerdings gibt es für verbrauchsteuerliche Zwecke keinerlei Bagatellgrenze (keine Lieferschwelle, Steuerbarkeit im Bestimmungsland schon bei geringfügigsten Umsätzen).

II. Verbrauchsteuern: Bei den Verbrauchsteuern existiert EU-weit (vorgegeben durch die → Verbrauchsteuersystemrichtlinie) eine Versandhandelsregelung ähnlich zu der umsatzsteuerlichen Regelung, allerdings ohne Bagatellgrenzen. Wer als Gewerbetreibender verbrauchsteuerpflichtige Waren an private Kunden in anderen Mitgliedsstaaten versendet, wird mit dieser Lieferung dort sofort steuerpflichtig; eine → Lieferschwelle, bis zu der solche Umsätze nicht zur Steuerpflicht im Bestimmungsland der Waren führen, gibt es nicht.

Versandkosten → Transportkosten.

Versandschein → Versandanmeldung.

Versandspediteur → Sammelladungsverkehr.

Versandverfahren – 1. *Begriff:* regelt unter Berücksichtigung der wirtschaftlichen Interessen der am → Außenhandel beteiligten Personen die Beförderung von Waren zwischen zwei innerhalb des Zollgebiets der Gemeinschaft gelegenen Orten. – 2. *Arten:* Das im gesamten → Zollgebiet geltende gemeinschaftliche Versandverfahren (gVV) unterscheidet zwischen dem externen T1-Verfahren für unverzollte → Nichtgemeinschaftswaren und bes. zu überwachende Waren und dem internen T2-Verfahren für verzollte → Gemeinschaftswaren. Letzteres findet grundsätzlich nur Anwendung, wenn zwischenzeitlich das Zollgebiet der Gemeinschaft verlassen wird, etwa beim Warenverkehr nach Italien über die Schweiz. Nach Art. 91 ZK können im externen Versandverfahren Nichtgemeinschaftswaren befördert werden, ohne dass diese Waren Einfuhrabgaben oder handelspolitischen Maßnahmen unterliegen; ferner Gemeinschaftswaren, die bei der Ausfuhr in ein Drittland bestimmten Gemeinschaftsmaßnahmen (z.B. Marktordnung) unterzogen werden und ggf. Ausfuhrförmlichkeiten (nach Außenwirtschaftsrecht) zu erfüllen haben. Daneben treten weitere Versandverfahren. Weitere Versandverfahren sind das nach den gleichen Verfahrensregeln abzuwickelnde gemeinsame Versandverfahren (gemVV) mit den EFTA-Staaten. Ferner ist das → Carnet TIR möglich, sofern nachstehende Voraussetzungen erfüllt sind: (1) eine solche Beförderung außerhalb der Gemeinschaft beginnen oder enden soll oder (2) eine solche Beförderung sowohl Warensendungen betrifft, die im Zollgebiet der Gemeinschaft abgeladen werden sollen, als auch Warensendungen, die in einem Drittland abgeladen werden sollen, oder (3) eine solche Beförderung zwischen zwei innerhalb der Gemeinschaft liegenden Orten über das Gebiet des Drittlandes vorgenommen wird. Schließlich ist eine Beförderung mit → Carnet ATA als Versandschein zugelassen, ebenso aufgrund des Rheinmanifestes, nach dem NATO-Abkommen mit Vordruck 302 und durch die Post. – 3. *Pflichtige:* Die Person, die selbst oder durch einen Vertreter die Anmeldung zum gVV abgibt, ist der Hauptverpflichtete, der für die ordnungsgemäße Durchführung des Verfahrens haftet. Er hat: (1) die Waren innerhalb der vorgeschriebenen Frist unter Beachtung der von den Zollbehörden zur Nämlichkeitssicherung getroffenen Maßnahmen unverändert der Bestimmungszollstelle zu gestellen und die Versandbegleitdokumente vorzulegen; (2) die Vorschriften über das gVV einzuhalten. Warenführer und Warenempfänger haben in Kenntnis der Versandguteigenschaft und unter Wahrung der Nämlichkeitssicherung für eine fristgerechte Gestellung der Waren bei der Bestimmungszollstelle zu sorgen. Im gVV wird i.d.R. die → Nämlichkeit der Ware durch amtlichen Verschluss gesichert. – Der Hauptverpflichtete hat im gVV eine Sicherheit zu leisten, damit die Erfüllung der → Zollschuld und die Zahlung der übrigen Eingangsabgaben gewährleistet ist (Art. 94 ZK).

Versäumnisurteil – bes. Art eines → Urteils im Zivilprozess. Ein Versäumnisurteil ergeht auf Antrag einer Partei, wenn der Gegner zum Termin trotz ordnungsmäßiger Ladung ausbleibt oder nicht verhandelt (bei Säumnis des Klägers Klageabweisung, bei der des Beklagten Verurteilung nach dem Klageantrag, wenn das Vorbringen des Klägers den Antrag rechtfertigt). Zudem kann im → schriftlichen Vorverfahren ohne mündliche Verhandlung ein Versäumnisurteil gegen den Beklagten ergehen, wenn dieser nicht rechtzeitig anzeigt, dass er sich gegen die Klage verteidigen will. – Versäumnisurteil ist vorläufig *vollstreckbar* und ermöglicht *Zwangsvollstreckung.* – *Rechtsmittel:* → Einspruch, der binnen zwei Wochen nach Zustellung des Urteils beim Gericht eingegangen sein muss; er versetzt den Rechtsstreit in die Lage, in der er sich vor Erlass des Versäumnisurteils befand; aus dem Versäumnisurteil kann aber weiter vollstreckt werden, wenn nicht das Gericht auf Antrag des Säumigen einstweilige Einstellung anordnet. – Die durch die Säumnis entstandenen *Kosten* hat stets der Säumige zu tragen. – Bleibt die säumige Partei im nächsten Termin *wiederum* aus, so ergeht auf Antrag ein zweites Versäumnisurteil, gegen das nur → Berufung mit der Begründung, es habe keine Säumnis vorgelegen, zulässig ist. – Vgl. auch → Versäumnisverfahren.

Versäumnisverfahren – bes. Verfahren im Zivilprozess, wenn eine Partei (oder im Anwaltsprozess der Rechtsanwalt) trotz ordnungsmäßiger Ladung in einem zur mündlichen Verhandlung bestimmten Termin ausbleibt oder wenn im → schriftlichen Vorverfahren der Beklagte nicht rechtzeitig anzeigt, dass er sich gegen die Klage verteidigen will (§§ 330–347 ZPO). Verfahrensalternativen bei Nichterscheinen:(1) *Vertagung* bei Vorliegen eines bes. Grundes.(2) *Entscheidung nach der Lage der Akten,* wenn der Prozess entscheidungsreif ist und bereits eine mündliche Verhandlung stattgefunden hat, entsprechend dem beiderseits bisher Vorgetragenen.(3) Erlass eines *Versäumnisurteils;* das Gericht hat den Antrag zurückzuweisen, wenn keine Säumnis vorliegt, eine → Prozessvoraussetzung fehlt oder der säumigen Partei ein tatsächliches Vorbringen oder ein Antrag nicht rechtzeitig mitgeteilt war oder im schriftlichen Vorverfahren der Beklagte nicht belehrt oder ihm keine Frist gesetzt worden ist (§§ 335–337 ZPO).

Verschachtelung – alter Sprachgebrauch für die Verflechtung mehrerer Unternehmen (meist: Kapitalgesellschaften) miteinander durch Beteiligungen, die einen unternehmerischen Einfluss ermöglichen. – *Beispiel:* Mutterunternehmen mit 25-prozentiger oder 50-prozentiger Beteiligung an verschiedenen Tochterunternehmen. – Vgl. auch → Schachtelgesellschaft, → Schachtelprivileg.

Verschenken – (von Waren/Leistungen), → Kundenfang.

Verschiebungssatz – Identität, die als Hilfe bei der Berechnung der → Varianz verwendet wird. Es gilt für die empirische Varianz s^2 im metrischen Datensatz $x_1, \ldots ,x_n$ und für ein beliegiges reelles a:

$$s^2 = (\frac{1}{n}\sum\nolimits_{i=1}^{n}(x_i - a)^2) - (\bar{x} - a)^2$$

Der Verschiebungssatz besagt insbesondere, dass

$$\frac{1}{n}\sum\nolimits_{i=1}^{n}(x_i - \bar{x})^2 = \frac{1}{n}\sum\nolimits_{i=1}^{n} x_i^2 - \bar{x}^2$$

gilt. Analog gilt für eine → Zufallsvariable X

$$E(X - EX)^2 = EX^2 - (EX)^2.$$

verschiedene Gemeinkosten → Gemeinkosten, die im → Gemeinschafts-Kontenrahmen industrieller Verbände (GKR) in den Kontengruppen 46 und 47 zusammengefasst werden, z.B. Kostensteuern, Beiträge, Gebühren und Abgaben, Post-, Reise- und Bewirtungs-, Werbe-, Versicherungskosten, Mieten.

verschleiertes Arbeitsverhältnis → Lohnschiebung.

Verschleierung der Bilanz – 1. *Begriff:* jede Form der Bilanzaufstellung mit wirtschaftlicher Täuschungsabsicht. Tatsachen werden undeutlich oder unkenntlich gemacht, mit der Absicht, die Lage der Unternehmung anders (besser oder schlechter) erscheinen zu lassen, als es der Wirklichkeit entspricht. Verschleierungen der Bilanz sind durch den Abschlussprüfer aufzudecken und zu beanstanden. Bilanzverschleierung grenzt häufig an Bilanzfälschung und gilt bei wesentlichen Verstößen als → Bilanzdelikt. – 2. *Mittel* der Verschleierung der Bilanz a) Verwendung irreführender Konten (Interimskonto, Interventionskonto); b) Verwendung verschiedener Ausdrücke für dieselbe Sache (wie Abschreibungskonto, Herabsetzungskonto; Erneuerungskonto; Erneuerungsfonds; Delkrederekonto, Delkrederefonds; Akzeptekonto, Tratten); c) Zusammenfassen verschiedenartiger Vermögenswerte unter einheitlichem Namen (unter Forderungen werden Buchforderungen und Hypothekenforderungen vereinigt); d) Zusammenfassen verschiedener Vermögenswerte zu einheitlichen Summen (Immobilien und Mobilien; Kasse, Effekten und Wechsel; Debitoren und Beteiligungen etc.); e) Zusammenfassen von Vermögenswerten verschiedener Qualität (Debitoren mit zweifelhaften Forderungen; Warenwechsel mit Gefälligkeitswechseln); f) Zerlegen von Posten, um den einzelnen nicht zu hoch erscheinen zu lassen (Effektenkonto und Konsortialeffekten); g) Aufrechnung von Aktiven und Passiven (Debitoren mit Kreditoren, Besitzwechsel mit Akzepten, Immobilienkonto mit Hypothekenkonto) etc.

Verschleiß – 1. *Begriff:* Reduzierung des Nutzungspotenzials von → Gebrauchsgütern aufgrund folgender *Ursachen:* a) *Verschleiß durch Abnutzung im Gebrauch:* der durch die fortlaufende Nutzung betrieblicher Anlagen eintretende Werteverzehr, der deren Leistungsfähigkeit mindert. Der Verschleiß wird durch die planmäßige bilanzielle oder kalkulatorische → Abschreibung erfasst. – b) *Verschleiß durch Substanzverlust:* Wertminderung durch Abbau bei Bergwerken, Steinbrüchen, Zementfabriken, Ziegeleien. Die Höhe der erforderlichen Abschreibung richtet sich nach der Substanzverringerung (vgl. § 7 VI EStG). – c) *Verschleiß durch Katastrophen* (z.B. Brand, Hagel, Wasser, Deichbruch, Zusammenstoß): Dieser Verschleiß wird nach Eintritt der Wertvernichtung erfasst. Abschreibung der betroffenen Anlagen auf den niedrigeren → beizulegenden Wert (§ 253 III HGB) und steuerlich auf den niedrigeren → Teilwert (→ Sonderabschreibungen). – Vgl. auch → Rücklagen. – In der Kostenrechnung wird derartiger außerordentlicher Verschleiß zumeist als → Wagnis erfasst. – d) *Verschleiß durch Stillliegen von Anlagen:* Substanzverlust durch Verrosten, Verfaulen, Schwund, Verdunsten. Bisweilen ist der Verschleiß beim Ruhen der Anlagen größer als bei ihrer Nutzung (z.B. bei Eisenbahnschienen, Kranbahnen). Erfassung wie bei a). – 2. *Formen:* → Gebrauchsverschleiß; → Zeitverschleiß.

Verschlüsselung – Anwendung kryptographischer Verfahren zur Gewährleistung der Vertraulichkeit und der Integrität der Daten und i.w.S. der Authentifizierung des Absenders von Daten, damit kein Unberechtigter die Daten einsehen oder manipulieren kann. – Vgl. auch → digitale Signatur, → Kryptographie.

Verschmelzung – *Fusion.* I. Begriff: Übertragung des gesamten Vermögens eines Rechtsträgers auf einen anderen schon bestehenden oder neu gegründeten Rechtsträger im Wege der Gesamtrechtsnachfolge unter Auflösung ohne Abwicklung. Dem Anteilseigner des übertragenden und erlöschenden Rechtsträgers wird eine Beteiligung an dem neuen bzw. übernehmenden Rechtsträger gewährt. Es handelt sich um eine bes. Form der → Umwandlung nach dem UmwG (vgl. §§ 2 ff. UmwG).

II. Zwecke: 1. *Realisierung beschaffungs- oder absatzpolitischer Vorteile:* z.B. Marktbeeinflussung oder -beherrschung durch Ausschaltung des Wettbewerbs, Preisvorteile, Sicherung der Beschaffungsmöglichkeiten, Abbau von Lagerbeständen. Im Zeitalter der Globalisierung besteht nach dem UmwG auch die Möglichkeit der grenzüberschreitenden Verschmelzung (vgl. §§ 122 a ff. UmwG). Daran teilnehmen können Rechtsträger, die dem Recht eines anderen Mitgliedstaats der EU oder eines anderen Vertragsstaats des Abkommens über den Europäischen Wirtschaftsraum unterliegen. – 2. *Realisierung produktions- und personalwirtschaftlicher Vorteile:* z.B. Nutzung der Vorteile einer Verbundwirtschaft durch Arbeitsteilung und → Rationalisierung ebenso wie die Zusammenarbeit auf den Gebieten Forschung und Entwicklung sowie der innerbetrieblichen Aus- und Weiterbildung. – 3. *Realisierung finanzwirtschaftlicher Vorteile:* z.B. Erhöhung der Kreditwürdigkeit, Erschließung neuer Kapitalbeschaffungsmöglichkeiten, Sanierung, Erhöhung der Rentabilität durch Ausgleich der Unterschiede in der Kapitalbindung und die Nutzung von Steuervorteilen.

III. Arten: 1. *Fusion durch Aufnahme:* Eines der sich vereinigenden Unternehmen bleibt bestehen. Die übrigen Unternehmen übertragen ihre Vermögen auf dieses eine fortzuführende Unternehmen (§ 2 Nr. 1 UmwG). – 2. *Fusion durch Neubildung:* Die fusionierenden Unternehmen übertragen ihre Vermögen auf ein dazu neu gegründetes Unternehmen (§ 2 Nr. 2 UmwG).

IV. Formen: 1. *Horizontale Verschmelzung:* Vereinigung von Unternehmen mit Leistungserstellung der gleichen Stufe. – 2. *Vertikale Verschmelzung:* Vereinigung von Unternehmen, die auf unterschiedlichen (meist hintereinander geschalteten) Stufen der Leistungserstellung tätig sind (z.B. Zulieferer und Hersteller des Hauptprodukts). – 3. *Mischformen* der horizontalen und der vertikalen Verschmelzung.

V. Wege der Rechtsnachfolge: 1. *Gesamtrechtsnachfolge:* Das übertragende Unternehmen tritt nicht in → Liquidation. Die zu übertragenden Vermögensgegenstände und Schulden werden im Ganzen unter Ausschluss der → Abwicklung übertragen. – 2. *Einzelrechtsnachfolge:* Das übertragende Unternehmen tritt in Liquidation. Die Vermögensgegenstände und Schulden werden nach den jeweils in Betracht kommenden Vorschriften des Bürgerlichen Rechts einzeln auf das übernehmende Unternehmen übertragen.

VI. Gesetzlich geregelte Arten nach dem Umwandlungsgesetz: Im Wege der Gesamtrechtsnachfolge vgl. Tabelle „Verschmelzung – Gesetzlich geregelte Arten".

VII. Verfahren: 1. *Gesetzliche Regelung:* §§ 2 ff. UmwG vom 28.10.1994 (BGBl. I 3210) m.spät.Änd. – 2. *Verschmelzungsfähige Rechtsträger:* Personenhandelsgesellschaften, Partnerschaftsgesellschaften, Kapitalgesellschaften, eingetragene Genossenschaften, eingetragene Vereine, genossenschaftliche Prüfungsverbände, Versicherungsvereine auf Gegenseitigkeit, lediglich als übertragender Rechtsträger wirtschaftliche Vereine (§ 22 BGB), lediglich als übernehmender Rechtsträger natürliche Personen, die als Alleingesellschafter einer Kapitalgesellschaft deren Vermögen übernehmen. – 3. *Allg. Voraussetzungen:* a) *Abschluss eines notariell beurkundeten Verschmelzungsvertrages* (§§ 4 ff. UmwG). – b) *Mindestinhalt des Verschmelzungvertrages* (§ 5 UmwG): Name oder Firma und Sitz der beteiligten Rechtsträger; Vereinbarung über die Vermögensübertragung jedes übertragenden Rechtsträgers auf den übernehmenden Rechtsträger; Umtauschverhältnis der Anteile bzw. Angaben über die Mitgliedschaft bei dem übernehmenden Rechtsträger; Zeitpunkt, von dem an diese Anteile oder Mitgliedschaften einen Anspruch auf einen Anteil am Bilanzgewinn gewähren; Zeitpunkt, von dem an die Handlungen des übertragenden Rechtsträgers als für die Rechnung des übernehmenden Rechtsträgers vorgenommen gelten (Verschmelzungs-Stichtag); Rechte, die der übernehmende Rechtsträger einzelnen Anteilsinhabern sowie Inhabern von bes. Rechten des übertragenden Rechtsträgers gewährt; jeden bes. Vorteil, der einem Mitglied des Vertretungsorgans oder einem Aufsichtsratsorgan der beteiligten Rechtsträger gewährt wird; Angaben über die Folgen der Verschmelzung für die Arbeitnehmer und ihre Vertretung. Die Angaben über den Umtausch von Anteilen können entfallen, wenn sich alle Anteile des übertragenden Rechtsträgers in der Hand des übernehmenden Rechtsträgers befinden. Einem Betriebsrat ist spätestens einen Monat vor der Verschmelzung der *Verschmelzungsvertrag* zuzuleiten. – c) *Erstattung eines Verschmelzungsberichts* durch die Vertretungsorgane der beteiligten Rechtsträger (§ 8 I UmwG) ist nicht erforderlich, wenn alle Anteilsinhaber aller beteiligten Rechtsträger hierauf notariell beurkundet verzichten oder sich alle Anteile des übertragenden Rechtsträgers in der Hand des übernehmenden Rechtsträgers befinden. – d) *Prüfung der Verschmelzung durch einen Sachverständigen (Verschmelzungsprüfung):* Der Verschmelzungprüfer wird durch das Vertretungsorgan des beteiligten Rechtsträgers oder auf dessen Antrag durch das Gericht bestellt; Verzichtbarkeit wie beim Verschmelzungsbericht. – e) *Zustimmung zum Verschmelzungsvertrag* durch die Anteilsinhaber der beteiligten Rechtsträger durch Beschluss in einer Versammlung der Anteilsinhaber (§ 13 UmwG). – f) Das Grundkapital der übernehmenden Gesellschaft kann zur Gewährung von Anteilen oder Mitgliedsrechten an die Aktionäre bzw. Gesellschafter der übertragenden Gesellschaft zu erhöhen sein. Eine *Erhöhung des Grundkapitals* ist unzulässig, soweit die übernehmende Gesellschaft Anteile eines übertragenden Rechtsträgers innehat, ein übertragender Rechtsträger eigene Anteile innehat oder ein übertragender Rechtsträger noch nicht voll eingezahlte Geschäftsanteile bzw. Aktien dieser Gesellschaft innehat (§§ 54, 68 UmwG). Von einer Erhöhung des Grundkapitals darf abgesehen werden, wenn die übernehmende Gesellschaft eigene Geschäftsanteile innehat bzw. eigene Aktien besitzt oder ein übertragender Rechtsträger voll eingezahlte Geschäftsanteile bzw. Aktien der übernehmenden Gesellschaft innehat. Die Erhöhung des Grundkapitals richtet sich nach den Vorschriften der jeweiligen Rechtsform des übernehmenden Rechtsträgers (§ 55 UmwG i.V. mit §§ 55 ff. GmbHG, § 69 UmwG i.V. mit §§ 182 ff. AktG). Mit dem Dritten Gesetz zur Änderung des Umwandlungsgesetzes (3. UmwGÄndG) vom 14.7.2011 (BGBl I 1338) wurde für „Konzernverschmelzungen" eine bes. Form eines verschmelzungsrechtlichen Squeeze-Out geschaffen, vgl. § 62 UmwG n.F. und bei → Squeeze-Out. –g) *Registeranmeldung:* Die Verschmelzung ist zum Register jedes der beteiligten Rechtsträger binnen einer Frist von acht Monaten seit dem Stichtag der der Verschmelzung zugrunde gelegten Bilanz anzumelden (§§ 16–17 UmwG). – 4. *Verschmelzung unter Beteiligung von Aktiengesellschaften:* a) Der Verschmelzungsvertrag ist vor der Einberufung der Hauptversammlung zum Register einzureichen, das die Einreichung bekannt zu machen hat (§ 61 UmwG). – b) Einen Monat vor der Einberufung zur Hauptversammlung sind der Verschmelzungsvertrag und die Jahresabschlüsse und Lageberichte der an der Verschmelzung beteiligten Rechtsträger der letzten drei Geschäftsjahre in den Geschäftsräumen der Gesellschaft auszulegen (§ 63 UmwG). – c) Der Verschmelzungsbeschluss bedarf einer Mehrheit von mind. drei Viertel des bei der Hauptversammlung vertretenen Grundkapitals (§ 65 I UmwG). – 5. *Verschmelzung unter Beteiligung von Gesellschaften mit beschränkter Haftung:* a) Der Verschmelzungsvertrag hat zusätzlich für jeden Anteilsinhaber eines übertragenden Rechtsträgers den *Nennbetrag des Geschäftsanteils* zu bestimmen, den die übertragende GmbH ihm zu gewähren hat (§ 46 UmwG). – b) Der Verschmelzungsvertrag ist den Gesellschaftern spätestens mit der Einberufung zur Gesellschafterversammlung *zu übersenden.* Die Verschmelzung ist als Gegenstand der Beschlussfassung anzukündigen. – c) Von der Einberufung an sind die Jahresabschlüsse der an der Verschmelzung beteiligten Rechtsträger für die letzten drei Geschäftsjahre in den Geschäftsräumen der Gesellschaft *zur Einsicht auszulegen* (§ 49 UmwG). – d) Der

Verschmelzung – Gesetzlich geregelte Arten

Rechtsträger	übernehmender oder neuer									
übertragender	Personenhandelsgesellschaft	Partnerschaftsgesellschaft	GmbH	AG	KGaA	e.G.	e.V.	Gen. Prüfungsverbände	VVaG	nat. Personen
Personenhandelsgesellschaft	§§ 39–45	§§ 45a–45e, 39–45	§§ 39–45, 46–59	§§ 39–45, 60–77	§§ 39–45, 78	§§ 39–45, 79–98	–	–	–	–
Partnerschaftsgesellschaft	§§ 45a–45d, 39–45	§§ 45a–45e	§§ 45a–45d, 46–59	§§ 45a–45d, 60–77	§§ 45a–45d, 78	§§ 45a–45d, 79–98	–	–	–	–
GmbH	§§ 39–45, 46–59	§§ 45a–45e, 46–59	§§ 46–59	§§ 46–59, 60–77	§§ 46–59, 78	§§ 46–59, 79–98	–	–	–	§§ 120–22 i.V.m. §§ 46–59
AG	§§ 39–45, 60–77	§§ 45a–45e, 60–77	§§ 46–59, 60–77	§§ 60–77	§§ 60–77, 78	§§ 60–77, 79–98	–	–	–	§§ 120–122 i. V. m. §§ 60–77
KGaA	§§ 39–45, 78	§§ 45a–45e, 78	§§ 46–59, 78	§§ 60–77, 78	§ 78	§§ 78, 79–98	–	–	–	§§ 120–122, i. V. m. §78
e.G.	§§ 39–45, 79–98	§§ 45a–45e, 79–98	§§ 46–59, 79–98	§§ 60–77, 79–98	§§ 78, 79–98	§§ 79–98	–	–	–	–
e.V./wirtschaftl. Vereine	§§ 39–45, 99–104 a	§§ 45a– 45e, 99–104 a	§§ 46–59, 99–104 a	§§ 60–77, 99–104 a	§§ 78, 99–104 a	§§ 79–98, 99–104 a	§§ 99–104 a	–	–	–
Gen. Prüfungsverbände	–	–	–	–	–	–	–	§§ 105–108	–	–
VVaG	–	–	–	(nur Versicherungs AG) §§ 60– 77, 109–119	–	–	–	–	§§ 109–119	–
natürliche Personen	–	–	–	–	–	–	–	–	–	–

§§ sind solche des Umwandlungsgesetzes

Verschmelzungsbeschluss der Gesellschafterversammlung bedarf einer Mehrheit von mind. drei Viertel der abgegebenen Stimmen (§§ 50, 51 UmwG). – 6. *Besonderheiten bei der Verschmelzung unter Beteiligung von Personengesellschaften:* a) Im Verschmelzungsvertrag ist für jeden Anteilsinhaber einer übertragenden Gesellschaft zu bestimmen, ob ihm in der übernehmenden oder neuen Personenhandelsgesellschaft die *Stellung eines persönlich haftenden Gesellschafters oder eines Kommanditisten* zukommt (§ 40 UmwG). – b) Der *Verschmelzungsbeschluss der Gesellschafterversammlung* bedarf der Zustimmung aller Gesellschafter, wenn der Gesellschaftsvertrag nichts anderes bestimmt (§ 43 UmwG). – 7. *Besonderheiten bei der Verschmelzung unter Beteiligung von Partnerschaftsgesellschaften:* a) Im Zeitpunkt des Wirksamwerdens müssen alle Anteilsinhaber übertragene Rechtsträger natürliche Personen sein, die einen freien Beruf ausüben (§ 45a UmwG). – b) Der Verschmelzungsbeschluss der Gesellschafterversammlung bedarf der Zustimmung aller anwesenden und die Zustimmung der nicht erschienenen Partner (§ 45d UmwG). – 8. *Besonderheiten bei der Verschmelzung unter Beteiligung anderer Rechtsformen:* a) Ein *rechtsfähiger Verein* kann im Wege der Verschmelzung nur andere eingetragene Vereine aufnehmen oder mit ihnen einen eingetragenen Verein oder einen Rechtsträger anderer Rechtsformen neu gründen (§§ 99 ff. UmwG). – b) *Genossenschaftliche Prüfungsverbände* können nur im Wege der Aufnahme eines Verbandes durch einen anderen Verband verschmolzen werden (§§ 105 ff. UmwG). – c) *Versicherungsvereine auf Gegenseitigkeit* können nur miteinander verschmolzen werden (§§ 109 ff. UmwG). – d) Kapitalgesellschaften können auch mit dem Vermögen eines Alleingesellschafters verschmolzen werden (§§ 120 ff. UmwG). Der Alleingesellschafter ist in das Handelsregister einzutragen (§ 122 UmwG). – e) Für *Kommanditgesellschaften auf Aktien* gelten die für Aktiengesellschaften geltenden Vorschriften entsprechend (§ 78 UmwG).

VIII. Allgemeine Wirkung: 1. Das *Vermögen der übertragenden Gesellschaft(en)* geht als Ganzes auf die übernehmende Gesellschaft über. Rechtlich wirksam wird die Verschmelzung mit Eintragung im Register der übernehmenden Gesellschaft. – 2. Die übertragenden Gesellschaften *erlöschen.* – 3. Die *Gesellschafter bzw. Aktionäre* der übertragenden Gesellschaft werden Gesellschafter der übernehmenden Gesellschaft. Legt ein Anteilsinhaber der übertragenden Gesellschaft Widerspruch gegen den Verschmelzungsbeschluss ein, hat der übernehmende Rechtsträger diesem eine angemessene Barabfindung anzubieten (§§ 29 ff. UmwG). – 4. Überträgt eine Personenhandelsgesellschaft ihr Vermögen durch Verschmelzung auf einen Rechtsträger mit beschränkter Haftung, so haftet ein Gesellschafter der Personenhandelsgesellschaft für ihre Verbindlichkeiten, wenn innerhalb von fünf Jahren daraus Ansprüche gegen ihn gerichtlich geltend gemacht sind (§ 45 UmwG).

IX. Sonderfragen der aktienrechtlichen Verschmelzung: 1. *Ermittlung des Umtauschverhältnisses:* Vgl. auch Tabelle „Verschmelzung – Ermittlung des Umtauschverhältnisses". – a) Das *Umtauschverhältnis* drückt aus, in welchem Verhältnis die Anteile an einer übertragenden Gesellschaft gegen Aktien der übernehmenden umzutauschen sind. Das Umtauschverhältnis wird von den Unternehmenswerten bestimmt. Diese orientieren sich am Börsenkurs oder an einem meist auf Ertragswertbasis erstellten Bewertungsgutachten. – b) Die Verschmelzungs-Prüfer haben anzugeben, nach welchen *Methoden* das Umtauschverhältnis ermittelt wurde, aus welchen Gründen diese Methoden angemessen sind und welches Umtauschverhältnis sich bei verschiedenen Methoden jeweils ergeben würde. Zugleich ist darzulegen, welches Gewicht den verschiedenen Methoden bei der Bestimmung des Umtauschverhältnisses beigemessen worden ist. Der Gesetzgeber hat auf eine Festlegung zulässiger Methoden verzichtet. – c) *Vorschläge zur Ermittlung des Umtauschverhältnisses:* (1) *Börsenkurse:* Begründungen: Börsenkurse entsprechen dem Objektivierungserfordernis. Der Börsenkurs ist geeigneter Maßstab für die Untergrenze des subjektiven → Entscheidungswertes und zur Bewertung des Nutzenentgangs durch die Aufgabe des Dividendenrechts. – *Gegenargumente:* Die Kursentwicklung kann im Hinblick auf die Verschmelzung manipuliert sein. Spekulative und andere Markteinflüsse beeinträchtigen die Funktion des Börsenkurses, die Untergrenze des subjektiven Entscheidungswertes zu markieren. Zur Abfindung einer Vielzahl von Aktionären mit unbekannten Entscheidungswerten bedarf es der Typisierung, der der Börsenkurs nicht zweifelsfrei gerecht werden kann. (2) *Bilanzkurse:* Auch nach Auflösung → stiller Rücklagen bieten Bilanzkurse nicht die Gewähr für die Bestimmung eines dem Abfindungsgedanken angemessenen Umtauschverhältnisses; denn der Wert eines Unternehmens (→ Unternehmungswert, → Unternehmungsbewertung) wird nicht durch eine auf Einzelbewertungsgrößen (ggf.

Verschmelzung – Ermittlung des Umtauschverhältnisses (Beispiel)

Zugrunde gelegter Wert für die übernehmende Gesellschaft	Zugrunde gelegter Wert für die übertragende Gesellschaft	Kursrelation	Umtausch-verhältnis
200	100	2:1	1:2
200	400	1:2	2:1

zum Wiederbeschaffungswert) basierende Gegenüberstellung von Vermögensgegenständen, Schulden und bilanziellem Eigenkapital, sondern von den künftigen Ertragsaussichten (Konzept der zukunftsorientierten Gesamtbewertung) bestimmt. (3) *Ertragswertkurse:* Dieser Vorschlag beruht auf der Annahme, dass der Wert eines Unternehmens sich nach dem finanziellen Nutzen bemisst, der künftig aus diesem Unternehmen zu erwarten ist. Der Ansatz entspricht den Erkenntnissen der modernen Unternehmensbewertungslehre zur Ermittlung einer angemessenen Abfindung. Die neue Rechtsprechung verlangt neben dem Ertragswert auch eine am Börsenkurs orientierte „Mindestabfindung". Methodisch kann der Zukunftserfolg entweder durch Schätzung der zukünftigen Erfolge (prognoseorientiert) oder durch Ableitung eines nachhaltigen Reinertrags aus den Ergebnissen der zurückliegenden Geschäftsjahre (vergangenheitsorientiert) ermittelt werden. (4) Die *älteren Verfahren* der Unternehmensbewertung wie das Mittelwertverfahren, das Verfahren der Geschäftsabschreibung, die Methode der Übergewinnkapitalisierung und die der Übergewinnabgeltung sind nach den Erkenntnissen der Unternehmensbewertungslehre nicht geeignet, den Wert eines Unternehmens methodisch einwandfrei zu ermitteln. – 2. *Übertragungsbilanz/Fusionsbilanz:* → Umwandlungsbilanz.

X. Steuerliche Behandlung

1. *Grundprinzip:* Bei einer Verschmelzung überträgt die untergehende Kapitalgesellschaft ihr Vermögen auf eine andere Gesellschaft (formal: eine Veräußerung des gesamten Vermögens, da der Eigentümer des Vermögens wechselt). Der Anteilseigner der untergehenden Gesellschaft erhält für die Aufgabe seiner bisherigen Anteile im Gegenzug Anteile an der neuen Gesellschaft (formal also: Tausch, durch den die stillen Reserven in den bisherigen Anteilen gewinnrealisierend aufgedeckt werden). Zur Vermeidung der Steuerlasten auf Gesellschafts- und Gesellschafterebene bei Besteuerung gemäß formaler Vorgangsbetrachtung legt das Umwandlungssteuergesetz fest, dass unter Einhaltung bestimmter Bedingungen die Verschmelzung für alle Beteiligten steuerneutral abgewickelt werden kann. Hier ist zu unterscheiden zwischen den Maßnahmen auf der Ebene der beteiligten Gesellschaften und der Anteilseignerebene. – 2. *Bei der übertragenden Körperschaft:* a) Für die *Besteuerung* der übertragenden Körperschaft maßgeblich ist die Schlussbilanz dieser Gesellschaft. Durch Buchwertfortführung kann die Aufdeckung der stillen Reserven verhindert werden: Die übertragende Körperschaft darf in der Schlussbilanz die bisherigen Buchwerte ansetzen; die übernehmende Gesellschaft muss das Vermögen wiederum mit diesen Werten ansetzen. Nur zulässig, soweit die stillen Reserven bei der übernehmenden Körperschaft später weiter der dt. Körperschaftsteuer unterliegen und soweit eine Gegenleistung für die Vermögensübertragung entweder gar nicht gewährt wird oder nur in Form von Gesellschaftsrechten erfolgt (§ 11 I UmwStG). – b) Hat die übertragende Gesellschaft in ihrer Schlussbilanz nicht Buchwerte angesetzt, sondern Teilwerte, so entsteht ein Gewinn (Übertragungsgewinn = Wert des Vermögens in der Schlussbilanz abzüglich bisherige Buchwerte). Dieser Übertragungsgewinn unterliegt der Körperschaftsteuer und Gewerbesteuer. – 3. *Bei der übernehmenden Körperschaft:* a) *Bilanzierung:* Liegt eine Verschmelzung durch Neugründung vor, hat die neu entstehende Körperschaft auf den steuerlichen Übertragungsstichtag eine Eröffnungsbilanz aufzustellen, während bei Verschmelzung zur Aufnahme die Übernahme des Vermögens der untergehenden Körperschaft für die Übernehmerin ein laufender Geschäftsvorfall ist. – b) *Gewinnauswirkungen bei der übernehmenden Gesellschaft:* Die übernehmende Gesellschaft hat die auf sie übergehenden Wirtschaftsgüter mit den selben Werten anzusetzen, mit denen diese in der Schlussbilanz der untergehenden Gesellschaft angesetzt worden sind (§ 12 I UmwStG). Entsprechend ist ihr Eigenkapital zu erhöhen. Soweit die übernehmende Gesellschaft selbst Anteile an der übertragenden Gesellschaft hält, kommt es bei ihr auch zu einer Gewinnauswirkung: Ausbuchung der untergehenden Anteile, Zufluss der (anteiligen, auf diese Anteile entfallenden) Wirtschaftsgüter als zugehöriger Erlös (§ 12 II UmwStG, § 4 IV UmwStG). Dieser Gewinn (Übernahmegewinn = Gewinn der übernehmenden Gesellschaft aus Differenz Gegenleistung für untergehende Anteile – Buchwert untergehender Anteile) ist zu 95 Prozent steuerfrei (§ 12 II UmwStG 2007), wird also genauso behandelt, als ob die übernehmende Gesellschaft von der untergehenden Gesellschaft Vermögenswerte im Wege der Dividendenausschüttung oder Liquidation erhalten hätte. Ein Verschmelzungsverlust ist steuerlich nicht abzugsfähig. Übersteigen die tatsächlichen früheren Anschaffungskosten der Anteile den aktuellen Buchwert der Anteile (z.B. weil früher eine Teilwertabschreibung vorgenommen worden war), so ist dieser Unterschiedsbetrag zu versteuern (§ 12 II UmwStG i.V. m. § 8b KStG). – 4. *Folgen auf Gesellschafterebene:* Erhalten die Gesellschafter der übertragenden Gesellschaft für ihre untergehenden Anteile an der alten Gesellschaften Anteile an der übernehmenden Gesellschaft, so sollen deren Status und deren steuerlich relevante Bewertung möglichst unverändert bleiben. Daraus folgt: a) Gehörten die Anteile zu einem Betriebsvermögen, so gelten sie als zum Buchwert veräußert (ohne Gewinnrealisierung) und die neuen Anteile werden mit dem Buchwert der alten (fiktive Anschaffungskosten) bewertet. – b) Waren die Anteile Privatvermögen und gehörten sie zu einer wesentlichen Beteiligung (§ 17 EStG, ab 1 Prozent), so werden die neuen Anteile mit den Anschaffungskosten der bisherigen Anteile bewertet. – c) Wird infolge der Verschmelzung aus einer unwesentlichen Beteiligung an der übertragenden Gesellschaft eine wesentliche

Beteiligung an der übernehmenden, dann bleiben die in den Anteilen vorhandenen steuerfreien stillen Reserven unversteuert; nur die nach der Verschmelzung entstehenden Wertsteigerungen sind nach § 17 EStG dzu versteuern. Aus diesem Grund werden solche Anteile daher am Tag der Verschmelzung mit ihrem gemeinen Wert angesetzt. – 5. *Weitere Einzelheiten* sind im Umwandlungssteuergesetz geregelt. Da es regelmäßig um erhebliche Summen geht und dann, wenn die Voraussetzungen der Sonderregelungen des UmwStG nicht eingehalten werden, Vorgänge auch entsprechend den üblichen Grundregeln (s.oben) als Veräußerung des gesamten Vermögens begriffen werden könnten, besteht regelmäßig Bedarf nach erfahrener Beratung, um das Risiko steuerlicher Fehler gering zu halten.

Verschmelzungsbilanz → Fusionsbilanz.

Verschmutzungsrechte – 1. *Begriff:* Verschmutzungsrechte (→ Lizenzen bzw. Zertifikate) ermöglichen eine legale, entgeltliche Inanspruchnahme von → Ressourcen. Unternehmen werden sich für den Erwerb von Verschmutzungsrechten entscheiden, wenn sie kostengünstiger sind als die Kosten für Maßnahmen der Schonung der ökologischen Umwelt. – 2. *Kritische Würdigung:* Besteht die Handelbarkeit der Verschmutzungsrecht (vgl. → Emissionshandel), dann kann ebenfalls ein Anreiz zur Vermeidung entstehen. Grundsätzlich problematisch ist jedoch die Legalisierung von Emissionen anzusehen. Für Unternehmen können Verschmutzungsrechte die Bewertung von Emissionen erleichtern, da sie als Sanktionskosten dienen (vgl. auch → ökonomisch-ökologischer Nettoeffekt). Neben den gesetzlichen Verschmutzungsrechten sind auch interne Verschmutzungsrechte denkbar. – Vgl. auch → Umweltlizenz, → Umweltauflage.

Verschneiden – Begriff des Weingesetzes: Vermischen von Ausgangsstoffen und Erzeugnissen miteinander und untereinander (§ 2 Nr. 14 des Weingesetzes). Das Weingesetz enthält Einschränkungen der Verschnittfreiheit.

Verschonungsabschlag – 1. *Begriff:* Begünstigung von Betriebsvermögen, land- und forstwirtschaftlichen Betrieben und Anteilen an Kapitalgesellschaften, welche im Rahmen der Erbschaftsteuerreform, wirksam ab dem 1.1.2009, eingeführt wurden. Auf Antrag wird der Verschonungsabschlag in Erbfällen bereits ab dem 1.1.2007 anstelle der früheren Begünstigungen gewährt. Die neue Begünstigungsvorschrift ersetzt die bisherigen Begünstigungsvorschriften für Betriebsvermögen (§§ 13a und 19a ErbStG) und sieht eine Begünstigung von Betriebsvermögen im Umfang von 85 Prozent bzw. 100 Prozent vor. Zur Gewährung muss grundsätzlich eine bestimmte Mindestlohnsumme und eine Mindestbehaltefrist eingehalten werden. – 2. *Begünstigungsvoraussetzungen:* Der Verschonungsabschlag beträgt 85 Prozent, wenn die maßgeblichen jährlichen Lohnsummen innerhalb von sieben Jahren nach dem Erwerb 650 Prozent der Ausgangslohnsummen nicht unterschreitet (= Mindestlohnsumme). Das Verwaltungsvermögen darf im Zeitpunkt des Betriebsübergangs nicht mehr als 50 Prozent betragen. Alternativ kann auf Antrag ein Abschlag von 100 Prozent gewährt werden, wenn die maßgeblichen jährlichen Lohnsummen innerhalb von zehn Jahren nach dem Erwerb 1.000 Prozent der Ausgangslohnsummen nicht unterschreitet. In diesem Falle darf das Verwaltungsvermögen im Zeitpunkt des Betriebsübergangs nicht mehr als 10 Prozent betragen. Die Ausgangslohnsumme ermittelt sich im Durchschnitt der Lohnsummen innerhalb der letzten fünf Jahre. Verallgemeinernd gilt also, dass die Gewährung des Verschonungsabschlags an zwei Bedingungen geknüpft ist: – (a) an die Einhaltung der Lohnsumme und (b) an die Einhaltung der Behaltensfrist, die bei der Regelverschonung fünf Jahre und bei der Verschonungsoption sieben Jahre beträgt. Hierzu ist ein entsprechender Nachweis zu erbringen. Andernfalls kommt es zu einer Nachversteuerung. – 3. *Abzugsbetrag:* Soweit der steuerpflichtige Vermögensteil die Freigrenze von 150.000 Euro nicht übersteigt, bleibt er für die Berechnung der Erbschaftsteuer außer Ansatz (Abzugsbetrag). Dieser Abzugsbetrag verringert sich, wenn der Wert dieses Vermögens insgesamt 150.000 Euro übersteigt. Er vermindert sich dann um 50 Prozent des 150.000 Euro übersteigenden Betrages, sodass sich der Abzugsbetrag bei 450.000 Euro auf null Euro beläuft. – 4. *Entlastungsbetrag:* Der bisherige Entlastungsbetrag für Steuerpflichtige der Steuerklassen II und III bleibt weiterhin erhalten. Der Entlastungsbetrag führt dazu, dass für den Teil des begünstigten Betriebsvermögens, welcher der Erbschaftsteuer unterliegt, der günstigere Erbschaftsteuersatz der Steuerklasse I zur Anwendung kommt. Der Entlastungsbetrag ist dabei ebenfalls an gewisse Behaltensvoraussetzungen geknüpft, d.h. er fällt bspw. weg, wenn der Betrieb innerhalb von fünf bzw. sieben Jahren veräußert wird (§ 19a ErbStG).

verschreibungspflichtige Arzneimittel → Rezeptpflicht.

Verschulden – im Rechtssinn ein pflichtwidriges und zurechenbares Tun oder Unterlassen. Verschulden erscheint in den Schuldformen → Vorsatz und → Fahrlässigkeit. – Ein geschütztes Rechtsgut ist auch ohne Verschulden des Verletzers gegen widerrechtliche Eingriffe durch den → Unterlassungsanspruch, auch gegen Eingriffe auf dem Gebiet des → unlauteren Wettbewerbs, geschützt.

Verschulden beim Vertragsschluss – 1. *Begriff:* Verletzung einer → Schutzpflicht (§ 241 II BGB) bei Aufnahme von Vertragsverhandlungen, Anbahnung eines Vertrags oder bei anderen geschäftlichen Kontakten (rechtsgeschäftsähnliches → Schuldverhältnis nach § 311 II BGB). Begründet einen Anspruch auf Schadenersatz (§ 280 I BGB). – 2. *Beispiele:* a) Abbruch von Vertragsverhandlungen ohne triftigen

Grund, nachdem zuvor in zurechenbarer Weise auf der anderen Seite Vertrauen in das Zustandekommen eines Vertrags erweckt wurde. – b) Personalberater verschweigt bei Abschluss eines Beratungsvertrags Mitgliedschaft in einer Sekte.

Verschuldenshaftung – Schadensersatzpflicht, bei der Wirtschaftsubjekte aufgrund eines rechtswidrigen, *schuldhaften* Verhaltens haftbar gemacht werden. Verschulden existiert in den Formen Vorsatz und Fahrlässigkeit. – *Gegensatz:* → Gefährdungshaftung.

Verschuldung im Ausland → Auslandsverschuldung, → Auslandsverschuldung der Entwicklungsländer.

Verschuldungsbilanz – Bilanz, die den Grad der Verschuldung einer Unternehmung zwecks Einleitung von Sanierungsmaßnahmen oder zur Genehmigung des gerichtlichen Vergleichs erkennen lässt. Vorsichtige Bewertung der Aktiven, ungeschminkter Schuldennachweis. – Vgl. auch → Sanierungsbilanz, → Unterbilanz.

Verschuldungsgrad – Bilanzkennzahl zur Analyse der Kapitalstruktur von Unternehmungen. Quotient aus Fremdkapital und Eigenkapital *(statischer Verschuldungsgrad).* Da diese Kennzahl keine Aussage über die zeitliche Entwicklung geben kann, wird in der Praxis der *dynamische* Verschuldungsgrad ermittelt. Dieser ergibt sich aus der Division der Effektivverschuldung durch den → Cashflow.

Verschuldungsgrenzen – Grenzen der Staatsverschuldung. – 1. *Ökonomische Grenzen:* Exakt definierbare Verschuldungsgrenzen ex ante nicht begründbar. I.d.R. zeigen sich die Grenzen erst in den Folgewirkungen der staatlichen Schuldenaufnahme auf den Geld- und Kapitalmärkten (→ Quellentheorie) sowie an makroökonomischen Zielverletzungen; eine zu weit gehende Verschuldung kann das Konjunkturstabilisierungsziel (→ Crowding-out) und/oder das Preisniveaustabilisierungsziel (→ Deficit Spending) gefährden. – Zur besseren Beschreibung und Beurteilung der Verschuldungssituation dienen verschiedene *Indikatoren:* (1) *Schuldenstandsquote:* Relation Schuldenstand/Bruttoinlandsprodukt, gibt eine Vorstellung vom Gewicht der Schuldenhöhe; (2) *Zins-Steuer-Quote:* Ausmaß der Zinszahlungen im Verhältnis zum Steueraufkommen, weist die freie Verfügbarkeit des Steueraufkommens über die Zinszahlungen hinaus aus; (3) *Zinsausgabenquote:* Belastung der Ausgabenseite des öffentlichen Haushalts durch den Zinsendienst, zeigt das Ausmaß der Begrenzung der Ausgabemöglichkeiten durch den Zinsendienst an. – 2. *Juristische Grenzen:* a) *Kreditaufnahme des Bundes:* Die → Finanzverfassung (bes. Art. 115 GG) beschränkt die Netto-Einnahmen aus Krediten im Normalfall auf die Summe der im Haushaltsplan veranschlagten Ausgaben für Investitionen. Ausnahmen sind nur zur Abwehr einer Störung des gesamtwirtschaftlichen Gleichgewichts zulässig. Die Anknüpfung an die Investitionen wird hinsichtlich der Unbestimmtheit des Investitionsbegriffs und mit Verweis auf die neueren, an der antizyklischen Finanzpolitik ausgerichteten Verschuldungsregeln (Deckungsgrundsätze, → Deficit Spending) kritisiert. – *Einfachgesetzliche Vorschriften:* (1) § 20 BBankG: Eine Direktverschuldung von Bund, Ländern und Sondervermögen bei der Bundesbank (Kassenkredite) war auf einen relativ niedrigen Kreditplafonds begrenzt; seit dem 1.1.1995 durch den Vertrag von Maastricht verboten. (2) § 6 III StabG: Der Bundesminister der Finanzen ist ermächtigt, über die im Haushaltsplan erteilten Kreditermächtigungen hinaus Kredite bis zur Höhe von 5 Mrd. DM aufzunehmen, wenn dies stabilisierungspolitisch notwendig ist (bisher nicht in Anspruch genommen, wohl auch quantitativ überholt); in den §§ 19–25 StabG sind Begrenzungen der Schuldenaufnahme zur Dämpfung von Hochkonjunkturen geregelt (Schuldendeckel). Der Vertrag von Maastricht setzt zwar keine Verschuldungsgrenzen fest, er postuliert jedoch maximal 3 Prozent jährlichen Zuwachs der Nettokreditaufnahme und maximal 60 Prozent des Schuldenstandes bezogen auf das Bruttoinlandsprodukt als Maßstäbe für eine geordnete Haushaltsführung bzw. als Eintrittskriterien für die Europäische Währungsunion (Art. 104c und 109j; → Konvergenzkriterien von Maastricht sowie der → Stabilitäts- und Wachstumspakt). – b) *Kreditaufnahme der Kommunen:* Nach den Gemeindehaushaltsverordnungen der Länder durch die Höhe der Zuführungen aus dem → Verwaltungshaushalt in den → Vermögenshaushalt begrenzt; übersteigen diese Zuführungen den Schuldendienst für bereits aufgenommene Kredite, besteht Spielraum für eine Neuverschuldung. Verschuldung der Gemeinden erfolgt nur im Rahmen des Vermögenshaushalts und nur für Investitionen und Umschuldungen (→ Kommunalverschuldung).

Verschuldungsquote – *Schuldenstandsquote;* Größe, die den Anteil des Schuldenstandes an den Gesamtausgaben des Staatshaushaltes bzw. am → Bruttoinlandsprodukt (BIP) misst. – Vgl. auch → öffentliche Kreditaufnahme.

Verschuldungsregel → Last der Staatsverschuldung.

Verschweigen eines Mangels → Sachmängelhaftung.

Verschwiegenheit des Arbeitnehmers → Schweigepflicht.

Versender – I. Handelsrecht: Der Versender ist der Auftraggeber des → Spediteurs: Für dessen Rechnung besorgt der Spediteur die Versendung (§ 453 HGB). Der Spediteur ist im Verhältnis zum Frachtführer Absender, im Verhältnis zum Verfrachter Befrachter.

II. Außenwirtschaftsrecht: Versender ist, wer auf Veranlassung eines → Ausführers (vgl. Definition in § 4c AWV), dem er zur Lieferung verpflichtet ist, die Ware zur Erfüllung eines Liefervertrages des Ausführers an dessen gebietsfremden Abnehmer liefert.

Versenderland → Versendungsland.

Versendungskauf – 1. *Begriff:* Kauf, bei dem der Verkäufer die Sache auf Verlangen des Käufers nach einem anderen Ort als dem → Erfüllungsort versendet (§ 447 BGB). – 2. → Gefahrübergang tritt mit Ausnahme des → Verbrauchsgüterkaufs bereits ein, wenn Verkäufer die Ware der zur Versendung bestimmten Person oder Anstalt ordnungsgemäß übergibt. – 3. Die *Versendungskosten* gehen i.Allg. zulasten des Käufers (§ 448 BGB). – 4. Ist der Versendungskauf ein *beiderseitiges Handelsgeschäft,* besteht bei Beanstandungen einstweilige Aufbewahrungspflicht des Käufers; ist die Ware dem Verderb ausgesetzt oder Gefahr im Verzug, ist → Selbsthilfeverkauf zulässig (§§ 373, 379 HGB).

Versendungskosten → Transportkosten.

Versendungsland – Begriff des Außenwirtschaftsrechts: → fremdes Wirtschaftsgebiet, aus dem die Ware in das deutsche → Wirtschaftsgebiet versendet wird, ohne dass diese in Durchfuhrländern Rechtsgeschäften oder Aufenthalten unterworfen ist, die über die normale Beförderung hinausgehen. Eine Legaldefinition fehlt in der → Außenwirtschaftsverordnung (AWV), der Begriff ist dort mehrfach in Gebrauch (z.B. in § 21b II AWV, § 23 II AWV, § 27 II AWV, § 29 II AWV); zu unterscheiden sind → Einkaufsland (§ 21b II AWV), → Ursprungsland (Anlage → Einfuhrliste zum AWG, Nr. 8).

Versetzung – I. Arbeitsvertragsrecht: 1. *Begriff:* Jede nicht nur vorübergehende Änderung des Tätigkeitsbereichs des Arbeitnehmers nach Art, Ort und Umfang seiner Tätigkeit. Es hängt vom Inhalt des Arbeitsvertrags ab, ob der Arbeitgeber die Versetzung einseitig kraft → Direktionsrechts anordnen kann, oder ob der Aufgabenbereich des Arbeitnehmers vertraglich so genau abgegrenzt ist, dass die Versetzung nur mit Zustimmung des Arbeitnehmers (Änderungsvertrag) oder im Weg der → Änderungskündigung erfolgen kann. Vorformulierte vertragliche Versetzungsbefugnisse unterliegen allerdings einer AGB-rechtlichen Überprüfung (→ Allgemeine Geschäftsbedingungen im Arbeitsrecht). – 2. *Zulässigkeit:* a) Ist der Arbeitnehmer *für eine bestimmte Tätigkeit eingestellt,* so kann ihm nicht einseitig eine andere Beschäftigung zugewiesen werden. – b) Ist der Arbeitnehmer für *jede Tätigkeit* eingestellt worden, die bei Abschluss des Arbeitsvertrags voraussehbar war, ist eine Versetzung möglich. – c) Grundsätzlich besteht ohne bes. Vereinbarung kein Recht zur Versetzung auf einen *geringer entlohnten Arbeitsplatz.* – 3. *Unwirksamkeit wegen fehlender Beteiligung des Betriebsrats:* Wurde der Betriebsrat nicht beteiligt, ist die Versetzung auch individualrechtlich unwirksam.

II. Betriebsverfassungsrecht: 1. *Begriff:* Zuweisung eines anderen Arbeitsbereichs, die voraussichtlich die Dauer von einem Monat überschreitet oder die mit einer erheblichen Änderung der Umstände verbunden ist, unter denen die Arbeit zu leisten ist (§ 95 III 1 BetrVG). Die Zuweisung eines anderen Arbeitsbereichs liegt dann vor, wenn dem Arbeitnehmer ein neuer Tätigkeitsbereich zugewiesen wird, sodass der Gegenstand der geschuldeten Arbeitsleistung, der Inhalt der Arbeitsaufgabe ein anderer wird und sich das Gesamtbild der Tätigkeit des Arbeitnehmers ändert. Keine Versetzung ist die Umsetzung nicht ständig an einem Arbeitsplatz beschäftigter Arbeitnehmer (§ 95 III 2 BetrVG); dies ist etwa der Fall bei Montagearbeitern oder bei Arbeitnehmern im Baugewerbe. – 2. *Mitbestimmungsrecht des Betriebsrats* (§§ 99–101 BetrVG): In Unternehmen mit mehr als 20 wahlberechtigten Arbeitnehmern hat der Betriebsrat ein Mitbestimmungsrecht bei Versetzungen. Eine ohne Zustimmung des Betriebsrats erfolgte Versetzung ist unwirksam. Umgekehrt ersetzt die Zustimmung des Betriebsrats nicht eine individualrechtlich erforderliche Zustimmung des Arbeitnehmers. Widerspricht der Betriebsrat der Versetzung aus den im Gesetz (§ 99 II BetrVG) im Einzelnen aufgezählten Gründen, so kann der Arbeitgeber dessen Zustimmung im → Beschlussverfahren durch das → Arbeitsgericht ersetzen lassen (§ 99 IV BetrVG). – 3. *Beamtenrecht:* Dauernde Übertragung eines neuen Amts bei einer anderen Behörde desselben oder eines anderen Dienstherren. Versetzung ist zulässig bei Bestehen eines dienstlichen Bedürfnisses auch gegen den Willen des Beamten, auch in den Bereich eines anderen Dienstherren (§ 18 BRRG). Anders die Umsetzung (Wechsel des Dienstpostens innerhalb der Behörde) und die Abordnung (zeitweise Übertragung eines anderen Dienstpostens in einer andern Dienststelle; § 17 BRRS).

versicherte Gefahren – 1. *Begriff:* Reale Ursachensysteme für Schäden, oder anders ausgedrückt die Ereignisse, deren Eintreten vertragsgemäß einen wichtigen Bestandteil des → Versicherungsfalls – i.S.d. deckungsauslösenden Moments in der Versicherung – darstellen. – 2. *Merkmale:* Aus juristischer Perspektive verpflichtet der Versicherungsvertrag den → Versicherer nach der sogenannten Gefahrtragungstheorie zum Tragen der versicherten Gefahr gegen Entgelt. Risikotheoretisch ist die Gefahr durch die Wesensmerkmale der Ungewissheit und – im Fall des Eintritts – des wirtschaftlichen Nachteils für den Gefährdeten oder den Bezugsberechtigten geprägt, die dem Versicherungsgedanken zugrunde liegen. Letzteres grenzt die Versicherung auch eindeutig von der Wette ab. – Beispiele für versicherte Gefahren: → Brand, Überschwemmung, Vandalismus, Haftung gegenüber Dritten, → Krankheit, Tod. – 3. *Einordnung:* Zusammen mit den versicherten Personen, → versicherten Sachen und Interessen, → versicherten Schäden und versicherten Leistungen bestimmen die versicherten Gefahren den Versicherungsschutz und sind daher Gegenstand der Versicherungsschutzgestaltung.

Versichertenälteste – bei den Rentenversicherungsträgern (z.T. auch bei Krankenkassen) Mittler zwischen den Versicherten und dem Sozialversicherungsträger. – *Rechtsgrundlage:* § 39 SGB IV und Satzungsrecht der Versicherungsträger. – *Aufgabe:* Versichertenälteste haben die Versicherten und die Leistungsberechtigten zu beraten und zu betreuen. – *Charakterisierung:* Sie werden gewählt, üben ein Ehrenamt aus, erhalten für ihre Tätigkeit eine Entschädigung und haften für Verschulden.

Versicherter – Bezeichnung des Trägers, der hinter dem wirtschaftlichen Risiko der → versicherten Gefahr steht (z.B. Träger der versicherten Gefahr „Krankheit"). – 1. Bei *Versicherung für eigene Rechnung* ist der Versicherte zugleich der Versicherungsnehmer und deckt sein eigenes Interesse. – 2. Bei *Versicherung für fremde Rechnung* deckt der Versicherungsnehmer in eigenem Namen das Interesse eines anderen (§ 43 VVG). – 3. In der → *Lebensversicherung* ist der Versicherte die Person, auf deren Leben die Versicherung genommen wird (Träger der versicherten Gefahr „Tod" [Todesfallversicherung] oder „überlanges Leben" [→ Rentenversicherung]). – 4. In der → *Sozialversicherung* sind Versicherte die Partner des öffentlich-rechtlichen Versicherungsverhältnisses.

versicherte Sachen – Art der Sachen (z.B. Hausrat, Kraftfahrzeug, Maschine), die durch den Versicherungsschutz gedeckt sind. Begriff aus den Bedingungswerken der → Sachversicherung. – Vgl. auch → versicherte Schäden, → versicherte Gefahren.

versicherte Schäden – 1. *Begriff:* Schadenarten (z.B. Beschädigung, Zerstörung, Abhandenkommen), die als Folge eines → Versicherungsfalls durch den Versicherungsschutz gedeckt sind. – 2. *Bestimmungsmerkmale:* Wie der Versicherungsfall und die versicherten Leistungen lassen sich die versicherten Schäden anhand verschiedener Dimensionen bestimmen: a) qualitativ: Bestimmung von Zustandsveränderungen von versicherten Personen, Sachen oder Sachverhalten (z.B. Haftpflichtansprüche). – b) quantitativ: Bestimmung des Maßstabs für die Schadenbewertung, z.B. → Neuwert, → Zeitwert, Mindestwert oder Höchstwert (siehe auch → Versicherungswert); Bestimmung der Währung des Schadens. – c) räumlich: Bestimmung des versicherten Schadenorts (→ Versicherungsort) und des anzuwendenden Rechtssystems. – d) zeitlich: Bestimmung des Realisationszeitpunkts des Schadens, z.B. bei Rentenschäden in der Personenversicherung und in der → Haftpflichtversicherung. – 3. *Einordnung:* Zusammen mit den → versicherten Gefahren, den versicherten Personen, den → versicherten Sachen und Interessen sowie den versicherten Leistungen bestimmen die versicherten Schäden den Versicherungsschutz und sind daher Gegenstand der Versicherungsschutzgestaltung.

Versicherung – 1. *Wirtschaftliche Definition:* Deckung eines im Einzelnen ungewissen, insgesamt geschätzten Mittelbedarfs auf der Grundlage des → Risikoausgleichs im Kollektiv und in der Zeit. – 2. *Rechtliche Definition:* Weder im Zivilrecht noch im Aufsichtsrecht ist Versicherung gesetzlich definiert. Auch eine Koordinierung in den europäischen Richtlinien ist unterlassen worden. Offenbar sollte die Entwicklung nicht durch gesetzliche Festschreibung des Versicherungsbegriffs eingeengt werden. Andererseits braucht die → Aufsichtsbehörde aus Gründen der Rechtssicherheit und Transparenz ihrer Tätigkeit eine Definition, die sie ihrer Arbeit zugrunde legen kann. Schließlich hängt vom Versicherungsbegriff ab, ob ein Unternehmen der → Versicherungsaufsicht (VA) unterliegt oder nicht, ob es sich strafbar macht, wenn es keine Erlaubnis zum Geschäftsbetrieb hat etc. Die Behörde hat diese Definition in der mittlerweile ständigen Rechtsprechung des Bundesverwaltungsgerichts (vgl. z.B. BVerwG v. 29.9.1992, VersR 1993 S. 1217) gefunden, die sie ihrer Praxis zugrunde legt. – 3. *Definition der Rechtsprechung:* Nach der Definition des Bundesverwaltungsgerichts liegt ein Versicherungsgeschäft vor, wenn gegen Entgelt für den Fall eines ungewissen Ereignisses bestimmte Leistungen versprochen werden, wobei das übernommene Risiko auf eine Vielzahl durch die gleiche Gefahr bedrohter Personen verteilt wird und der Risikoübernahme eine auf dem Gesetz der großen Zahl beruhende Kalkulation zugrunde liegt. Diese Definition wird vom Gericht dahingehend ergänzt, dass Vereinbarungen kein Versicherungsgeschäft sind, die in einem inneren Zusammenhang mit einem Rechtsgeschäft anderer Art stehen und von dort ihr eigentliches rechtliches Gepräge erhalten (z.B. ist ein Vertrag über eine Garantieverlängerung beim Kauf einer Waschmaschine als Nebenabrede zum Kaufvertrag zu werten und daher kein eigenständiger Versicherungsvertrag).

Versicherung an Eides statt → eidesstattliche Versicherung.

Versicherungsanstalt – *öffentlich-rechtliche Versicherungsanstalt*; 1. *Begriff:* → Versicherungsgesellschaft, die durch einen Hoheitsakt (Landesgesetz oder landesrechtliche VO) oder mit Genehmigung des Hoheitsträgers von einer → Körperschaft des öffentlichen Rechts selbst oder unter ihrer maßgeblichen Mitwirkung oder von Zweckverbänden öffentlich-rechtlicher Körperschaften errichtet worden ist. Das Arbeitsgebiet der Versicherungsanstalt erstreckt sich i.d.R. nur auf einzelne Städte oder Länder. – 2. *Arten:* a) *Zwangsanstalten:* Zwang zur Versicherung, und zwar nur bei der Versicherungsanstalt kraft Zwangsrechts (z.B. Gebäude-Feuerversicherung in einzelnen Gebieten der Bundesrepublik Deutschland; bei einigen Versicherungsanstalten bestehen nur für bestimmte Versicherungszweige oder Versicherungsnehmergruppen Zwangsrechte. – b) *Monopolanstalten:* kein Versicherungszwang, aber wenn, dann nur bei der öffentlich-rechtlichen Versicherungsanstalt; verfassungsrechtliche Zulässigkeit des

Versicherungsmonopols umstritten. – c) *Wettbewerbsanstalten:* stehen im freien Wettbewerb mit den privaten Versicherungsunternehmen; bilden heute z.T. mit privaten Versicherern konzernähnliche Zusammenschlüsse. – 3. *Steuerliche Behandlung:* → Versicherungsgesellschaft.

Versicherungsaufsicht (VA) – 1. *Begriff:* Versicherungsaufsicht ist Staatsaufsicht (vgl. Aufsichtssystem). Sie ist umfassend ausgestaltet. Der Gesetzgeber spricht von einer Überwachung des ganzen Geschäftsbetriebs des Versicherers. Damit soll die Erfüllung der Aufsichtsziele gewährleistet werden. – 2. *Elemente und Funktionen:* Die Überwachung des Geschäftsbetriebs erfolgt durch ein Erlaubnisverfahren (Erlaubnis zum Geschäftsbetrieb) und durch laufende Aufsicht. Wie es bei allen Arten der Staatsaufsicht üblich ist, hat die Versicherungsaufsicht zwei Funktionen: die Beobachtungs- und die Berichtigungsfunktion. Die Beobachtungsfunktion zielt auf das rechtzeitige Erkennen von Funktionsstörungen, die Berichtigungsfunktion auf die Abstellung der im Wege der Beobachtung bereits festgestellten Mängel. Der Beobachtungsfunktion entsprechen die Informationsmittel, der Berichtigungsfunktion die Eingriffsmittel (vgl. Aufsichtsmittel). – 3. *Rechtsgrundlagen:* Die Versicherungsaufsicht beruht auf dem → Versicherungsaufsichtsgesetz (VAG) in der Fassung der Bekanntmachung v. 17.10.1992 (BGBl. I 1993 S. 2) m.spät.Änd. Das VAG geht weitgehend auf das Gesetz über die privaten Versicherungsunternehmen v. 12.5.1901 (RGBl. 139) zurück. Dieses Gesetz hat insbesondere durch die diversen europäischen Koordinierungsrichtlinien in den letzten 30 Jahren Veränderungen erfahren, ohne dass es jedoch in seinem Kern berührt worden ist. Neben dem VAG sind die zahlreichen auf ihm fußende Verordnungen Rechtsquellen der Versicherungsaufsicht.

Versicherungsaufsichtsgesetz (VAG) – Gesetz über die Beaufsichtigung der Versicherungsunternehmen i.d.F. der Bekanntmachung vom 17.12.1992 (BGBl. 1993 I S. 2), zuletzt geändert durch Art. 16 des Gesetzes vom 5.12.2012 (BGBl. I S. 2418). Die Beaufsichtigung der Versicherungsunternehmen erfolgt durch die → Bundesanstalt für Finanzdienstleistungsaufsicht (BaFin), ausgenommen die → öffentlich-rechtlichen Versicherungsunternehmen mit einer auf ein Bundesland begrenzten Geschäftstätigkeit, für die die Landesaufsichtsbehörden zuständig sind.

Versicherungsausweis – *Sozialversicherungsausweis;* Ausweis (ohne Lichtbild), der Name und Rentenversicherungsnummer eines Arbeitnehmers enthält; eingeführt zum 1.7.1991. Bei Beschäftigungsaufnahme vorzulegen. Von Beschäftigten im Baugewerbe, Schaustellergewerbe, Gaststätten- und Beherbergungsgewerbe, im Gebäudereinigungsgewerbe, im Personen- und Güterbeförderungsgewerbe sowie in Wirtschaftsbereichen bzw. -zweigen, die das der Bundesministerium für Wirtschaft und Arbeit bestimmt, ständig mitzuführen. In diesen Fällen wird der Versicherungsausweis mit Lichtbild ausgestellt. Dient der besseren Überprüfung der Beschäftigungsverhältnisse. Gesetzliche Regelung in § 18h SGB IV.

Versicherungsbedingungen → Allgemeine Versicherungsbedingungen (AVB), → Besondere Versicherungsbedingungen (BVB)

Versicherungsbeginn – 1. *Begriff:* Anfangszeitpunkt der Laufzeit eines Versicherungsvertrags (siehe auch → Versicherungsdauer). – 2. *Abgrenzungen:* Im Rahmen des Versicherungsbeginns werden drei Zeitpunkte unterschieden. a) Formeller Versicherungsbeginn: Zeitpunkt des Vertragsabschlusses, i.d.R. zugleich der Zeitpunkt der Annahme des Versicherungsantrags durch den Versicherer. – b) Materieller Versicherungsbeginn: Zeitpunkt der Risikoübernahme durch den Versicherer. – c) Technischer Versicherungsbeginn: Zeitpunkt, von dem an eine Versicherungsprämie berechnet wird. Bei rückwirkend abgeschlossenen Versicherungsverträgen unterscheidet sich der technische Versicherungsbeginn von den anderen Zeitpunkten für den Versicherungsbeginn. Alle drei Zeitpunkte für den Versicherungsbeginn fallen zusammen, wenn die Versicherungsdeckung sofort mit dem Vertragsabschluss beginnt und die Versicherungsprämien ab dem gleichen Zeitpunkt berechnet werden.

Versicherungsbehörden – untechnischer Sammelbegriff für die Verwaltungs- und Aufsichtsbehörden der Sozialversicherung. Versicherungsbehörden sind die Versicherungsämter (§ 92 SGB IV) und das Bundesversicherungsamt (§ 94 SGB IV), außerdem die zuständigen Sozialleistungsträger.

Versicherungsberater – 1. *Begriff:* Nach der Legaldefinition in § 59 III VVG ist Versicherungsberater, wer gewerbsmäßig Dritte bei der Vereinbarung, Änderung oder Prüfung von Versicherungsverträgen oder bei der Wahrnehmung von Ansprüchen aus Versicherungsverträgen im → Versicherungsfall berät oder gegenüber dem Versicherer außergerichtlich vertritt, ohne von einem Versicherer einen wirtschaftlichen Vorteil zu erhalten oder in anderer Weise von ihm abhängig zu sein. Der Versicherungsberater wird üblicherweise aufgrund eines Auftrags seitens eines Versicherungsnehmers bzw. einer versicherten Person gemäß §§ 662 ff. BGB tätig. – 2. *Abgrenzung:* Der Versicherungsberater grenzt sich vom Versicherungsvertreter und vom Versicherungsmakler dadurch ab, dass er vom Versicherer gänzlich unabhängig ist und von diesem – anders als der → Versicherungsmakler, der vom Versicherer → Courtagen erhält – keinerlei wirtschaftliche Vorteile bezieht. § 68 VVG erklärt für den Versicherungsberater allerdings bestimmte, für den Versicherungsmakler geltende Vorschriften, z.B. über die Beratungsgrundlage (ohne Einschränkungsmöglichkeit wie beim Versicherungsmakler) und die Beratungs- und Dokumentationspflicht für anwendbar. Trotz dieses Verweises auf Maklerpflichten dürften die Pflichten des Versicherungsberaters noch weiter als die des Maklers reichen. So wird der Versicherungsberater den Versicherungsnehmer stets nach seinen Wünschen und Bedürfnissen zu befragen haben, unabhängig vom Verhältnis von Beratungsaufwand zur Prämienhöhe. – 3. *Berufsrecht:* Die Versicherungsberatung ist nach § 34e I GewO ein erlaubnispflichtiges Gewerbe, für das nach § 34e II GewO u.a. die Erlaubnisvoraussetzungen des § 34d II GewO (Zuverlässigkeit, geordnete Vermögensverhältnisse, Berufshaftpflichtversicherung, Sachkundeprüfung) entsprechend gelten. § 34e GewO normiert ein Provisionsannahmeverbot und enthält eine Ermächtigung zum Erlass von bestimmten berufsrechtlichen Regelungen in einer Rechtsverordnung (vgl. hierzu §§ 11 I, 14 III, 15 II Versicherungsvermittlerordnung).

Versicherungsberechtigung → freiwillige Versicherung, → Selbstversicherung.

Versicherungsbestätigung – 1. *Begriff:* Die Versicherungsbestätigung dient dem Nachweis einer abgeschlossenen → Kfz-Haftpflichtversicherung vor der → Zulassungsstelle und ist dieser zwingend vorzulegen. – 2. *Merkmale:* Nach § 5 VI PflVG hat der Versicherer dem Versicherungsnehmer bei formellem Beginn des Versicherungsvertrags eine Versicherungsbestätigung auszuhändigen. Die Aushändigung der Versicherungsbestätigung kann seitens des Versicherers von der Zahlung der ersten Prämie abhängig gemacht werden. Nach § 9 KfzPflVV kann der Versicherer durch Aushändigung der Versicherungsbestätigung vorläufigen Deckungsschutz zusagen, der dann vom Zeitpunkt der behördlichen Zulassung des Kraftfahrzeugs oder bei einem zugelassenen Fahrzeug vom Zeitpunkt der Einreichung der Versicherungsbestätigung bei der Zulassungsstelle bis zur Einlösung des Versicherungsscheins zu gewähren ist. Seit März 2008 ist flächendeckend die elektronische Versicherungsbestätigung im Einsatz.

Versicherungsbetrug – 1. *Begriff:* Betrug zum Nachteil von → Versicherungsunternehmen durch → Versicherungsnehmer oder Dritte mit dem Ziel, einen nicht gegebenen Versicherungsschutz zu erlangen, eine dem Grunde und/ oder der Höhe nach unberechtigte Schadenersatzforderung geltend zu machen oder eine niedrigere Versicherungsprämie zu zahlen. Das betrügerische Verhalten beginnt mit bewusst unrichtigen Angaben bei der Antragstellung und reicht bis zu Manipulationen im Zusammenhang mit Schäden. – 2. *Folgen:* a) für die → Versicherungswirtschaft: Es wird angenommen, dass der deutschen Versicherungswirtschaft durch Versicherungsbetrug jährlich ein Schaden von rund 4 Mrd. Euro entsteht. Im Bereich der → Kfz-Versicherung sind nach Schätzungen 10 % aller Schadenmeldungen als betrügerisch einzustufen. – b) für den Betrüger: (1) strafrechtliche Konsequenzen: Geld- oder Freiheitsstrafen; (2) privatrechtliche Konsequenzen: Verlust des Versicherungsschutzes, Regress- und Schadenersatzansprüche. – 3. *Gegenmaßnahmen:* a) Auf Verbandsebene: Am 1.12.2002 hat die vom GDV gegründete Abteilung „Kriminalitätsbekämpfung/Geldwäsche" ihre Tätigkeit aufgenommen. Aufgaben: Koordination der spartenübergreifenden Aktivitäten zur Betrugsbekämpfung, Zusammenarbeit mit der Polizei und den Ermittlungsbehörden. – b) Auf Versichererseite: Intensivierung der Schulung der Mitarbeiter zur Betrugserkennung, Beauftragung externer Fachleute (Sachverständige, Ermittler), Einsatz spezieller Technik zur Erkennung betrugsverdächtiger Vorgänge. Siehe auch Hinweis- und Informationssystem (HIS).

Versicherungsbetrug, Versicherungsmißbrauch – 1. *Allgemein:* Der immer noch oft benutzte Begriff *Versicherungsbetrug* ist die frühere offizielle, vom Gesetzgeber benutzte Bezeichnung für den Tatbestand des § 265 StGB; dieses Delikt heißt jetzt *Versicherungsmißbrauch.* Beim Versicherungsbetrug handelt sich um eine Form des → Betrugs, bei dem ein Versicherer getäuscht wird, um die Versicherungssumme bzw. die (höhere) Entschädigungsleistung zu erlangen (vgl. insbesondere § 263 III S. 2 Nr. 5 StGB). Das Delikt wird daher als gewöhnlicher Betrug bestraft. – 2. *Bes. Tatbestand* des § 265 StGB (Versicherungsmißbrauch): Strafbar ist, wer in betrügerischer Absicht eine gegen Feuergefahr versicherte Sache in Brand setzt oder ein Schiff, das als solches oder in seiner Ladung oder in seinem Frachtlohn versichert ist, zum Sinken oder Stranden bringt. – 3. *Strafe:* Freiheitsstrafe von einem bis zu zehn Jahren; in minder schweren Fällen Freiheitsstrafen von sechs Monaten bis zu fünf Jahren.

Versicherungsbörse → Dienstleistungsbörse.

Versicherungsdauer – 1. *Begriff:* Zeitraum, in dem das Versicherungsunternehmen und der → Versicherungsnehmer zu den gegenseitigen Rechten und Pflichten aus einem Versicherungsvertrag verpflichtet sind. – 2. *Merkmale:* Die Versicherungsdauer bezeichnet einen Zeitraum zwischen → Versicherungsbeginn und Versicherungsablauf, Letzterer als der letztmalige Geltungszeitpunkt für die gegenseitigen Rechte und Pflichten aus dem Vertragsverhältnis zwischen Versicherer und Versicherungsnehmer. Rechtlich ist die Versicherungsdauer in den §§ 10, 11 VVG sowie speziell für die private Krankenversicherung in § 195 VVG geregelt.

Versicherungsfall – *Leistungsfall, Schadenfall;* – 1. *Begriff:* Ereignis, das die Leistungspflicht des Versicherers auslöst. Wie dieses Ereignis beschaffen sein muss, ergibt sich aus dem Versicherungsvertrag, insbesondere aus den ihm zugrundeliegenden Allgemeinen Versicherungsbedingungen (AVB). Ab Eintritt des Versicherungsfalls treffen den Versicherungsnehmer verschiedene → Obliegenheiten, wie die Rettungs-, Anzeige-, Auskunfts- und Belegpflicht. – 2. *Bes. Merkmale in der* → Haftpflichtversicherung: Im Rahmen der Haftpflichtversicherung ist ein Versicherungsfall ein Ereignis, das Ansprüche gegen den Versicherungsnehmer zur Folge haben könnte. Es ist ausreichend, wenn lediglich die Möglichkeit der

Inanspruchnahme des Versicherungsnehmers durch einen Dritten gegeben ist.

versicherungsfrei → Versicherungsfreiheit.

Versicherungsfreiheit – Nichtzugehörigkeit zum Kreis der Pflichtversicherung in der gesetzlichen → Sozialversicherung (§§ 6, 7 SGB V, § 5 SGB VI). – 1. In der *gesetzlichen Rentenversicherung* sind versicherungsfrei u.a. Beamte, sonstige Beschäftigte von Körperschaften, Anstalten oder Stiftungen des öffentlichen Rechts mit Anspruch auf Versorgung nach beamtenrechtlichen Vorschriften oder kirchenrechtlichen Regelungen. Versicherungsfrei sind daneben grundsätzlich Studenten und Praktikanten, außerdem Personen, die eine Vollrente wegen Alters beziehen. Personen, die eine → geringfügige Beschäftigung nach § 8 SGB IV oder eine geringfügige selbstständige Tätigkeit oder eine geringfügige nicht erwerbsmäßige Pflegetätigkeit ausüben, sind nach Maßgabe von § 7 SGB IV u.U. ebenfalls versicherungsfrei. Zur Feststellung der Versicherungsfreiheit erfolgt keine Zusammenrechnung der geringfügigen Beschäftigung mit einer anderen Tätigkeit bei Personen, die nicht versicherungspflichtig, versicherungsfrei oder von der Versicherungspflicht befreit sind. Eine geringfügig entlohnte Tätigkeit bleibt hier versicherungsfrei (§ 5 II SGB VI). Auf die Versicherungsfreiheit der geringfügigen Beschäftigung kann durch schriftliche Erklärung gegenüber dem Arbeitgeber verzichtet werden (§ 5 II 2 SGB VI). – 2. Die Versicherungsfreiheit in der *gesetzlichen Krankenversicherung* ist der Versicherungsfreiheit in der gesetzlichen Rentenversicherung angeglichen. Darüber hinaus sind in der gesetzlichen Krankenversicherung versicherungsfrei Arbeiter und Angestellte, deren regelmäßiges Jahresarbeitsentgelt die Jahresarbeitsentgeltsgrenze (1.1.2012: 50.850 Euro) übersteigt (§ 6 I Nr. 1 SGB V). – 3. Zur Versicherungsfreiheit in der *gesetzlichen Unfallversicherung* s. → Unfallversicherung.

Versicherungsgenossenschaften – Bereits in der zweiten Hälfte des 19. Jh. v.a. von → Raiffeisen begründete Einrichtungen, die eine wirtschaftliche Existenzsicherung des Einzelnen durch Selbsthilfe als Ziel hatten. Es ergab sich somit von Anfang an eine Übereinstimmung zwischen versicherungswirtschaftlichen Grundsätzen und der genossenschaftlichen Idee einer individuellen auf der Grundlage von Selbsthilfe, Selbstverantwortung und Selbstverwaltung beruhenden Organisation. Die Gründung der R+V Versicherung geht auf genossenschaftliche Impulse zurück (→ genossenschaftlicher Finanzverbund), wobei zu Beginn der 1920er-Jahre nach dem Prinzip des → Versicherungsvereins auf Gegenseitigkeit (VVaG) innerhalb der Raiffeisen-Genossenschaften Versicherungseinrichtungen gegründet wurden. Zwischen der R+V Versicherungsgruppe, die sich aus mehreren Gesellschaften zusammensetzt, und der Genossenschaftsorganisation gibt es enge Geschäftsbeziehungen, nicht nur mit den Genossenschaftsbanken, sondern auch den landwirtschaftlichen und gewerblichen Warenhandelsgenossenschaften.

Versicherungsgesellschaft – I. Versicherungswesen: Unternehmen, die Versicherungsgeschäfte betreiben und nicht Träger der → Sozialversicherung sind (§ 341 I HGB bzw. § 1 I VAG). Nach dt. Aufsichtsrecht dürfen Erstversicherungsgeschäfte nur von Unternehmen in den Rechtsformen der AG, der Europäischen Gesellschaft (SE), des VVaG und der öffentlich-rechtlichen Körperschaft oder Anstalt betrieben werden (§ 7 I VAG); die nicht zulässigen Rechtsformen gelten als ungeeignet, da sie keine hinreichenden Möglichkeiten für einen wirksamen Schutz der Versicherungsnehmer bieten. Das Prinzip der → Spartentrennung gestattet es rechtlich selbstständigen Erstversicherungsunternehmen nicht, neben dem Geschäftsfeld → Lebensversicherung oder → Krankenversicherung Produkte aus anderen → Versicherungszweigen anzubieten (vgl. § 8 Ia VAG).

II. Steuerliche Behandlung: 1. *Besteuerung des Einkommens*: Versicherungsunternehmen unterliegen, da in der Rechtsform der juristischen Person zu betreiben, der Körperschaftsteuer. Aufgrund der gewählten Rechtsformen gelten bei ihnen, sofern Sitz und/oder Geschäftsleitung im Inland liegen, außerdem sämtliche Einkünfte als Einkünfte aus Gewerbebetrieb (§ 8 II KStG). Die Gewinnermittlung geschieht durch Bilanzierung, dabei sind für bestimmte versicherungsspezifische Sonderprobleme Sonderregelungen zu beachten (z.B. für Schadensrückstellungen, Beitragsrückgewähr). Aufgrund ihrer Rechtsform unterliegen die Versicherungsunternehmen außerdem mit ihrem gesamten Gewinn der Gewerbesteuer (§ 2 GewStG); hierbei sind die Hinzurechnungen und Kürzungen von bes. Interesse. – 2. *Besteuerung der Umsätze*: Versicherungsunternehmen sind Unternehmer im umsatzsteuerlichen Sinne und erbringen dadurch, dass sie jemandem Versicherungsschutz verschaffen, typischerweise sonstige Leistungen, die steuerbar sind, wenn – Regelfall! – der → Ort der sonstigen Leistung im Inland liegt. Jedoch ist die Erbringung von Versicherungsschutz europaweit von der Umsatzsteuer befreit (§ 4 Nr. 11 UStG; aufgrund zwingender EU-rechtlicher Vorgabe in der → Mehrwertsteuersystemrichtlinie), weil die Einnahmen der Versicherungsunternehmen traditionell bereits einer spezielleren Verbrauchsteuer, der sog. → Versicherungsteuer, unterliegen. Wegen dieser Umsatzsteuerbefreiung haben Versicherungsunternehmen konsequenterweise kein Recht auf Vorsteuerabzug (§ 15 II UStG). – 3. *Grenzüberschreitende Aktivitäten*: Wie andere Unternehmen auch, müssen Versicherungen Steuern auf ihr Einkommen dann, wenn Doppelbesteuerungsabkommen vorhanden sind, nur dort bezahlen, wo sie eine Betriebsstätte unterhalten (und zwar dann auch nur auf den Teil des Gewinns, der dieser Betriebsstätte zuzurechnen ist;

→ Betriebsstättenprinzip); Tochtergesellschaften versteuern ihren Gewinn im jeweiligen Sitzland.

Versicherungsgrenze → Versicherungsfreiheit, → Versicherungspflichtgrenze.

Versicherungskarte – I. Sozialversicherung: Die Beitragszahlung zur gesetzlichen Rentenversicherung erfolgte bis 1942 durch Einkleben und Entwerten von Beitragsmarken in die Versicherungskarte. Ab Einführung des Lohnabzugsverfahrens im Jahre 1942 wurde das in einem bestimmten Beschäftigungszeitraum erzielte Arbeitsentgelt in die Versicherungskarte eingetragen. Die Versicherungskarte diente damit als Nachweis des Entgeltes aus einer rentenversicherungspflichtigen Tätigkeit sowie der Beitragsabführung (bis 31.12.1972). Anschließend wurden Versicherungskarten noch zum Einkleben von Beitragsmarken für die freiwillige Rentenversicherung genutzt. Soweit Versicherungskarten noch im Umlauf und bis 31.12.1991 nicht aufgerechnet sind, d.h. bei der Ausgabestelle eingereicht worden sind, dem Rentenversicherungsträger vorgelegt werden, findet eine Klärung des Versicherungskontos statt (§ 286 I SGB VI). Für die rechtzeitig vor dem 1.1.1992 umgetauschten Versicherungskarten gelten die bes. Vorschriften des § 286 II–V SGB VI, die Beweiserleichterungen, Beanstandungsschutz und den Ersatz von verlorenen, unbrauchbaren oder zerstörten Versicherungskarten regeln.

II. Kraftfahrzeug-Haftpflichtversicherung: Vom Versicherer in der Kraftfahrzeug-Haftpflichtversicherung kostenfrei ausgestellte Bescheinigung zum Nachweis des bestehenden Versicherungsschutzes durch das dt. Versicherungsunternehmen im Ausland. Auch als *Internationale Versicherungskarte für den Kraftverkehr* oder *Grüne Karte* bezeichnet. Zz. ist die Versicherungskarte in den meisten europäischen Ländern gültig. Bei Schäden im Ausland stehen örtliche Vertragsbüros zur Regulierung bereit. – Die Versicherungskarte hat eine *Höchstgeltungsdauer* (drei Jahre). – Die *Ersatzleistung* ist in der Höhe zu gewähren, die in dem jeweiligen Land gesetzlich vorgeschrieben ist, mind. jedoch in der in Deutschland vorgeschriebenen Höhe.

Versicherungskosten – 1. Auszahlungen einer Unternehmung für *Prämien bei Fremdversicherung:* Erfassung als gesonderte → Kostenart in der Kostenartenrechnung. – 2. Bei *Eigenversicherung* werden anstelle von Versicherungsprämien entsprechende kalkulatorische Kosten (→ Wagnisse) verrechnet, deren Höhe nach versicherungsmathematischen Grundsätzen zu ermitteln ist. – 3. *Verrechnung:* Nach der Art der Versicherung (Feuer, Diebstahl, Transport) sind mit Versicherungskosten die Material-, Gebäude-, Fertigungs- oder Vertriebskostenstellen zu belasten.

Versicherungsleistung – 1. *Begriff:* Die gemäß dem Versicherungsvertrag vereinbarte Leistung des Versicherers im → Versicherungsfall. – 2. *Merkmale:* Die Versicherungsleistung kann als Geld- oder Sachleistung erfolgen (z.B. Ersatz einer geschädigten Sache, vgl. auch Naturalersatz). Sie wird erst nach einer formellen und materiellen Prüfung der Leistungspflicht durch den Versicherer fällig.

Versicherungsmakler – 1. *Begriff:* Typus des gewerblichen Versicherungsvermittlers, der auf der Grundlage eines mit einem Versicherungsinteressenten/-nehmer geschlossenen Maklerauftrags diesem den benötigten Versicherungsschutz durch die Vermittlung bzw. den Abschluss von Versicherungsverträgen verschafft. Üblicherweise übernimmt der Versicherungsmakler zudem die Betreuung der Versicherungsverträge der Kunden und deren Anpassung bei neuem/geändertem Versicherungsbedarf. – 2. *Merkmale:* Der Versicherungsmakler ist im Gegensatz zum → Versicherungsvertreter von Versicherern unabhängig und steht als Sachwalter des Versicherungsnehmers in dessen Lager. Nur diesem schuldet der Versicherungsmakler aus dem Maklerauftrag die Besorgung und Auswahl eines bedarfsgerechten Versicherungsschutzes sowie die Betreuung von dessen Versicherungsinteressen. Seine Vergütung bezieht der Versicherungsmakler allerdings nach den althergebrachten Gepflogenheiten in der Versicherungsbranche in aller Regel von den Versicherern und nicht vom → Versicherungsnehmer (Ausnahme: Honorarberatung). Insofern bestehen neben dem Maklerauftrag noch diverse Courtagevereinbarungen mit verschiedenen Versicherungsunternehmen. In diesen sind allerdings lediglich die Vergütungssätze für die Vermittlung von Verträgen und ggf. für deren Betreuung geregelt. – 3. *Rechtsgrundlagen:* Nach § 93 HGB gelten für die Rechtsbeziehungen des gewerblichen Versicherungsmaklers zum Versicherungsnehmer und zum Versicherer grundsätzlich die Vorschriften des HGB über den → Handelsmakler. Da der Versicherungsmakler aber aufgrund des Maklerauftrags ausschließlich im Kundeninteresse tätig wird und sich in der Praxis für Versicherungsmakler bes. Gebräuche entwickelt haben, passen die §§ 93 ff. HGB, die von einer Mittlerposition des Versicherungsmaklers ausgehen, für den Versicherungsmakler regelmäßig nicht. Da der Versicherungsmakler als Sachwalter des Versicherungsnehmers in dessen Lager steht, muss sich der Versicherungsnehmer die Erklärungen, das Wissen und das Verhalten „seines" Maklers beim Abschluss und bei der Durchführung des vermittelten Versicherungsvertrags zurechnen lassen. Ordnungsrechtlich stellt die gewerbsmäßige Maklertätigkeit ein erlaubnis- und registrierungspflichtiges Gewerbe nach § 34d I GewO dar. Befreiungen von der Erlaubnispflicht sieht das Gesetz für Versicherungsmakler nicht vor. Die Tätigkeit als Versicherungsmakler ist daher nur bei Vorliegen der nach § 34d II GewO für die Gewerbeerlaubnis erforderlichen Voraussetzungen, also insbesondere bei Nachweis der erforderlichen Sachkunde und einer ausreichenden Berufshaftpflichtversicherung möglich.

Versicherungsmathematik – spezielles Gebiet der angewandten Mathematik mit Problemstellungen aus dem Versicherungsbereich als Untersuchungsgegenstand. Methoden der Versicherungsmathematik vorwiegend aus der Wahrscheinlichkeitstheorie (→ Wahrscheinlichkeitsrechnung) und → Finanzmathematik. – Vgl. auch → Versicherungswissenschaft.

Versicherungsmedizin – 1. *Begriff:* fachübergreifende Spezialdisziplin der Medizin, die sich bes. im Bereich der Lebens-, Invaliditäts-, Kranken- und Unfallversicherung mit der Beurteilung und Begutachtung sowie der Erstellung und der Aktualisierung der jeweiligen medizinischen Kriterien befasst. – 2. *Unterscheidung von anderen Begriffen:* Im Gegensatz zum klinischen Arzt, der jeden Patienten als einen individuellen Fall betrachtet und bei dem die Prognose kurzfristig durch neue klinische Daten und Situationen (z.B. Komplikationen) revidiert werden kann, erstellt der Gesellschaftsarzt auf der Basis der bei Antragstellung vorliegenden medizinischen Informationen und statistischen Auswertungen eine Langzeitprognose, die meist die Grundlage für die Höhe der Versicherungsprämie darstellt. Weitere Tätigkeitsfelder umfassen u.a. die Mortalitäts- und Morbiditätsforschung, die Analyse von epidemiologischen Trends, die Produktberatung sowie die Kosten-Nutzen-Analyse von medizinischen Untersuchungsmethoden.

Versicherungsnehmer – 1. *Begriff:* Neben dem Versicherungsunternehmen die zweite Vertragspartei in einem Versicherungsvertrag. Der Versicherungsnehmer ist der Käufer von Versicherungsschutz. – 2. *Rechtspositionen:* Der Versicherungsnehmer wird durch den Versicherungsvertrag mit dem Versicherungsschutz durch das Versicherungsunternehmen versehen. Der Versicherungsnehmer übernimmt die Pflicht zur Prämienzahlung und er erhält das Recht auf die → Versicherungsleistung im → Versicherungsfall, es sei denn, er begünstigt einen Dritten damit (Bezugsberechtigter). Der Versicherungsnehmer kann die vertraglichen Gestaltungsrechte nutzen und einfordern, wie z.B. Kündigungen, und er ist verpflichtet, gesetzlich oder vertraglich geregelte → Obliegenheiten einzuhalten. – 3. *Typen:* Versicherungsnehmer kann eine juristische Person oder eine natürliche Person sein. – 4. *Abgrenzung:* → Versicherter.

Versicherungsnummer – Kennzeichen jedes Versicherten der gesetzlichen Rentenversicherung. Die Versicherungsnummer hat zwölf Stellen und setzt sich zusammen aus: Bereichsnummer des Rentenversicherungsträgers (zwei Stellen), Geburtsdatum des Versicherten (sechs Stellen), Anfangsbuchstaben des Familiennamens oder des Geburtsnamens (eine Stelle), Seriennummer und Prüfziffer (drei Stellen).

Versicherungsombudsmann e.V. – 1. *Begriff:* Der → Ombudsmann ist eine ursprünglich in Skandinavien entstandene Institution, die sich Bürger- und Verbraucherinteressen widmet. In Deutschland ist der Versicherungsombudsmann e. V. eine von der Versicherungswirtschaft eingerichtete, für Verbraucher kostenfrei arbeitende Beschwerde- und Schlichtungsstelle zur außergerichtlichen Beilegung von Streitigkeiten zwischen Versicherungsnehmern und Versicherern bzw. zwischen Bürgern und → Versicherungsvermittlern. – 2. *Ziele:* Mit der Einrichtung des Ombudsmanns verfolgt die Versicherungswirtschaft zwei Ziele: Zum einen den Verbraucherschutz und zum anderen das Bemühen, Meinungsverschiedenheiten mit ihren Kunden möglichst außergerichtlich beizulegen. – 3. *Aufgaben und Wirkungen:* Der Versicherungsombudsmann e.V. überprüft neutral, schnell und unbürokratisch die Entscheidungen der Versicherer. Er ist in seiner Amtsausübung unabhängig und unterliegt keinen Weisungen. Die Entscheidung des Versicherungsombudsmann e.V. ist für den Versicherer bindend, wenn der Beschwerdewert 5.000 Euro nicht übersteigt. Für den Versicherungsnehmer besteht keine Verpflichtung, den Rat des Versicherungsombudsmanns e.V. anzunehmen. Die Möglichkeit, eventuelle Ansprüche ggf. später auf dem Klageweg zu verfolgen, ist von einer Tätigkeit des Versicherungsombudsmanns e.V. nicht betroffen. – 4. *Voraussetzungen für die Inanspruchnahme:* Jeder Versicherungsnehmer bzw. Bürger, der eine Meinungsverschiedenheit mit seinem Versicherer oder mit einem Versicherungsvermittler hat, kann sich an den Versicherungsombudsmann e.V. wenden. Dafür müssen aber grundsätzlich zwei Voraussetzungen erfüllt sein a) Die → Bundesanstalt für Finanzdienstleistungsaufsicht (BaFin) ist noch nicht im Wege eines Beschwerdeverfahrens eingeschaltet undb) es ist noch kein Gerichtsverfahren anhängig. – 5. *Typen:* Im Versicherungsbereich sind zwei Schlichtungsstellen eingerichtet und vom Bundesministerium für Justiz als solche anerkannt worden, die beide ihren Sitz in Berlin haben. Bei Beschwerden im Zusammenhang mit einer privaten Kranken- und Pflegeversicherung können sich Kunden an den Ombudsmann Private Kranken- und Pflegeversicherung wenden. Für alle übrigen privaten Versicherungen außer der Kreditversicherung ist der „Versicherungsombudsmann e.V." zuständig.

Versicherungsort – räumlicher Geltungsbereich des Versicherungsschutzes in der → Sachversicherung. Eine Ausweitung kann durch Vereinbarung einer Außenversicherung erzielt werden. Sind versicherte Sachen an mehreren Versicherungsorten gedeckt, kann Freizügigkeit zwischen den Versicherungsorten vereinbart werden. Die dauernde Entfernung einer versicherten Sache vom → Versicherungsort führt zum Wegfall des Versicherungsschutzes.

Versicherungspflicht – I. Gesetzliche Krankenversicherung: 1. *Begriff:* Verpflichtung von Personen, sich in der gesetzlichen Krankenversicherung (GKV) zu versichern. Der Versicherungspflicht entspricht grundsätzlich auch die Verpflichtung, Beiträge nach der wirtschaftlichen Leistungsfähigkeit zu entrichten. – 2. *Ausgestaltung*: Die Versicherungspflicht auslösenden Tatbestände sind in § 5 SGB V enumerativ genannt. Wichtigste Kriterien sind die Arbeitnehmereigenschaft sowie der Bezug bestimmter Sozialleistungen (z.B. → Rente, → Arbeitslosengeld). Unter eng umschriebenen Voraussetzungen (z.B. bei Aufnahme einer Teilzeittätigkeit und vorheriger Versicherung in der privaten Krankenversicherung, kurz: PKV) besteht die Möglichkeit der Befreiung von der Versicherungspflicht, wenn ein privater Krankenversicherungsschutz nachgewiesen wird. – 3. *Wirkungen:* Die Versicherungspflicht in der GKV grenzt auch den Personenkreis ab, der in der PKV eine Vollversicherung nachfragen kann. Einschließlich der beitragsfrei versicherten Familienangehörigen werden rund drei Viertel der Bevölkerung von der Versicherungspflicht in der GKV erfasst. – 4. *Abgrenzungen:* Neben der Mitgliedschaft aufgrund von Versicherungspflicht besteht in der dt. GKV auch die Möglichkeit einer → freiwilligen Versicherung. Familienangehörige von versicherungspflichtigen oder freiwilligen Mitgliedern werden unter bestimmten Umständen von der Familienversicherung erfasst. Mit dem Gesetz zur Stärkung des Wettbewerbs in der gesetzlichen Krankenversicherung (GKV-WSG) vom 26.3.2007 (BGBl. I S. 378) hat der Gesetzgeber auch eine (gegenüber der Versicherung in der GKV nachrangige) Pflicht zur Versicherung in der PKV geschaffen.

II. Gesetzliche Rentenversicherung: Es besteht Versicherungspflicht für alle Auszubildenden und Arbeitnehmer, die nicht nur einer geringfügigen Beschäftigung nachgehen. Auch bestimmte Gruppen von Selbstständigen sind per Gesetz versicherungspflichtig (z.B. Handwerker, Hausgewerbetreibende, Künstler, Lehrer).

III. Sozialversicherung: 1. Pflicht, der dt. Sozialversicherung anzugehören; besteht für *alle* in abhängiger Beschäftigung stehenden Arbeitnehmer, für eine Gruppe von Selbstständigen sowie Rentner, außerdem unter bestimmten Voraussetzungen für Wehr- oder Ersatzdienstleistende. – *Ausnahmen:* → Versicherungsfreiheit. Versicherungspflicht ist unabhängig von dem Willen der Beteiligten, von Meldungen und der Zahlung von Beiträgen. – 2. Die Mitgliedschaft versicherungspflichtig Beschäftigterin der gesetzlichen Krankenversicherung *entsteht* mit Beginn des Tages des Eintritts in die Beschäftigung (§ 186 SGB V); sie *endet* mit der Aufgabe der Tätigkeit (§ 190 II SGB V) oder mit dem Tod des Mitglieds (§ 190 I SGB V). In bestimmten Fällen bleibt der Versicherungsschutz über das Ende der Versicherungspflicht hinaus erhalten (§§ 190, 192, 193 SGB V). – 3. Familienstand, Geschlecht und Staatsangehörigkeit sind ohne Einfluss auf die Versicherungspflicht, i.Allg. auch Alter und Höhe des → Arbeitsentgelts. – *Ausnahmen:* z.T. auf Antrag, z.T. kraft Gesetzes.

IV. Privatversicherung: → Pflichtversicherung.

Versicherungspflichtgrenze – *Jahresarbeitsentgeltgrenze.* 1. *Begriff:* Die Versicherungspflichtgrenze beziffert ausschließlich für Arbeitnehmer die Einkommenshöchstgrenze, bis zu der in der gesetzlichen Krankenversicherung (GKV) → Versicherungspflicht besteht (§ 6 I Nr. 1 SGB V). Für Selbstständige, Freiberufler und Beamte gilt die Versicherungspflichtgrenze nicht (→ Versicherungsfreiheit). – 2. *Höhe:* Die Versicherungspflichtgrenze liegt im Jahr 2013 bei 52.000. Für Arbeitnehmer, deren Jahresarbeitsentgelt am 31.12.2002 über der Versicherungspflichtgrenze des Jahres 2002 lag und die an diesem Tag privat krankenversichert waren, gilt seit dem Jahr 2003 eine bes. Versicherungspflichtgrenze. Diese beträgt für das Jahr 2013 47.250 Euro. Ursächlich für die Trennung ist das zum 1.1.2003 in Kraft getretene Beitragssatzsicherungsgesetz, durch das die Versicherungspflichtgrenze formal von der Beitragsbemessungsgrenze in der gesetzlichen Rentenversicherung (GRV) abgekoppelt worden ist. Beide Grenzen gelten bundeseinheitlich und werden jährlich entsprechend der Grundlohnentwicklung angepasst. – 3. *Details:* Bis zum Inkrafttreten des GKV-Wettbewerbsstärkungsgesetzes (GKV-WSG) konnten Arbeitnehmer ihren Krankenversicherungsschutz zwischen GKV und privater Krankenversicherung (PKV) frei wählen, wenn sie mit ihrem regelmäßigen Jahresarbeitsentgelt die Versicherungspflichtgrenze des laufenden und des kommenden Jahres überschritten. Das GKV-WSG hat zusätzlich eine 3-jährige Wartezeit eingeführt. Arbeitnehmer sind danach erst dann versicherungspflichtfrei, wenn ihr regelmäßiges Jahresarbeitsentgelt die Versicherungsgrenze übersteigt und diese in den letzten drei aufeinanderfolgenden Jahren überstiegen hat (rückwirkend zum 2.2.2007 eingeführt). Erst dann können Arbeitnehmer ihren Krankenversicherungsschutz frei wählen. Sie können entweder als freiwilliges Mitglied in der GKV bleiben oder sich bei einem privaten Krankenversicherungsunternehmen versichern. – Vgl. auch → Krankenversicherung, → Rentenversicherung, → Jahresarbeitsentgeltgrenze.

Versicherungspolice → Versicherungsschein.

Versicherungspool – 1. *Begriff:* Risikogemeinschaft in Form einer Gesellschaft bürgerlichen Rechts, zu der sich rechtlich und wirtschaftlich selbstständige Erst- und Rückversicherer zusammenschließen, um für bes. große oder unausgeglichene Risiken eine breitere versicherungstechnische Grundlage zu schaffen. – 2. *Merkmale:* Die Mitglieder verpflichten sich, bestimmte Risiken nur im Rahmen des Versicherungspools zu zeichnen. Sie bringen diese Risiken unter Aufrechterhaltung ihrer geschäftlichen Selbstständigkeit gegen Provision in den Versicherungspool ein. An dem Gewinn oder Verlust des Versicherungspools ist jeder Versicherer gemäß seiner Quote beteiligt. Zur weiteren Risikoverteilung werden häufig → Rückversicherungen abgegeben oder genommen. – 3. *Arten:* Poolarten sind a)

Mitversicherungspools, bei denen alle Mitglieder mit ihren Anteilen als Erstversicherer auftreten, und – b) Rückversicherungspools, bei denen → Erstversicherer die Risiken zeichnen und diese dann in Form der Rückversicherung an die beteiligten Poolversicherer verteilen.

Versicherungsprämie → Prämie.

Versicherungsprinzip – Konzept der Privat- und Sozialversicherung. Versicherung bedeutet immer Risikoausgleich, bei bestimmten Arten der Versicherung verbunden mit einer Kapitalansammlung. Risikoausgleich durch Versicherung erfolgt durch Bildung von Gefahrengemeinschaften im Sinn eines Zusammenschlusses von Personen, die von gleichartigen Gefahren bedroht sind. Durch laufende Prämienzahlung seitens der Gesamtheit der Versicherten soll gewährleistet sein, dass bei Eintritt eines Schadens der für den Schadensausgleich notwendige Betrag bereitgestellt ist. Daraus folgt, dass die Höhe der von Einzelnen zu leistenden Prämienzahlung grundsätzlich von der Höhe des Risikos abhängt, mit dem sie die Versichertengemeinschaft belasten. Es dominiert somit hier die Idee der *gemeinsamen Selbsthilfe* nach Maßgabe des → Äquivalenzprinzips im Sinn eines Gegenseitigkeitsverhältnisses. – Das *System der sozialen Sicherung in der Bundesrepublik Deutschland* ist durch eine starke Verkopplung von Versicherungsprinzip, Versorgungsprinzip und Fürsorgeprinzip gekennzeichnet. – Vgl. auch → Sozialpolitik, Gestaltungsprinzipien.

Versicherungsrecht – I. Rechtsbereich, der sich auf Versicherungen bezieht: 1. *Begriff:* a) I.w.S.: Rechtsvorschriften für die → Sozialversicherung und die → Privatversicherung (Privatversicherungsrecht). – b) I.e.S.: Rechtsordnung der Privatversicherung. – 2. *Spezielle Grundlagen:* a) Für die Sozialversicherung insbesondere das → Sozialgesetzbuch (SGB), in wenigen Fällen auch noch die → Reichsversicherungsordnung (RVO). – b) Für die Individualversicherung: Neben den allgemeinen Rechtsnormen des BGB, HGB, AGBG etc. v.a. das → Versicherungsaufsichtsgesetz (VAG), das → Versicherungsvertragsgesetz (VVG) und die Allgemeinen Versicherungsbedingungen (AVB).

II. Disziplin innerhalb der → Versicherungswissenschaft.

Versicherungsschein – *Versicherungspolice, Police.* – 1. *Begriff:* Urkunde über den Versicherungsvertrag (Vertragsdokument), der zwischen dem → Versicherungsunternehmen und dem → Versicherungsnehmer zustande gekommen ist. – 2. *Rechtliche Merkmale:* a) Der Versicherungsvertrag ist nicht an die Schriftform gebunden, aber der Versicherer ist zur Ausfertigung eines Versicherungsschein verpflichtet (§ 3 VVG). Der Versicherungsnehmer hat ein Zurückbehaltungsrecht bezüglich der Erstprämie bis zur Aushändigung des Versicherungsscheins (§ 33 VVG). Allerdings hat der Versicherungsnehmer bis zur Zahlung keinen Versicherungsschutz (Einlösungsklausel, § 37 VVG). – b) Der Versicherungsschein ist eine Beweisurkunde. Er muss den gesamten Vertragsinhalt dokumentieren, z.B. die versicherten Risiken, wobei auf Allgemeine Versicherungsbedingungen (AVB) verwiesen werden kann. – c) Zudem ist der Versicherungsschein regelmäßig ein einfacher Schuldschein, den der Versicherer vor der Leistung einsehen und bei Vertragsbeendigung zurückverlangen kann; bei gesonderter Vereinbarung (z.B. in der → Lebensversicherung) ist der Versicherungsschein ein qualifizierter Schuldschein, dessen Rückgabe der Versicherer verlangen muss. – d) Auf den Inhaber ausgestellt, ist der Versicherungsschein darüber hinaus nach § 4 VVG ein Legitimationspapier i.S.d. § 808 BGB, sodass der Versicherer an den Inhaber des Versicherungsscheins mit befreiender Wirkung leisten kann. – e) Schließlich hat der Versicherungsschein eine Bedeutung für das Zustandekommen des Versicherungsvertrags, sei es als konkludente Antragsannahme durch den Versicherer, als neuer Antrag an den Versicherungsnehmer nach Ablauf der Bindefrist oder bei Abweichungen zwischen Antrag und Versicherungsschein (Billigungsklausel).

Versicherungsschutzverbände – auf freiwilliger Mitgliedschaft beruhende wirtschaftliche Interessenverbände von → Versicherungsnehmern. – Der *Deutsche Versicherungsschutzverband (DVS)* in Bonn vertritt satzungsgemäß die Interessen der versicherungsnehmenden Wirtschaft (alle Wirtschaftsformen, vom Einzelunternehmen bis hin zum international operierenden Konzern) gegenüber Regierungs- und gesetzgebenden Stellen und Behörden sowie gegenüber den Versicherungsverbänden und -unternehmen, v.a. in Bezug auf die Gestaltung der Versicherungsbedingungen und -verträge, Festsetzung der Prämien und Entschädigungen sowie Förderung des Brandschutzes, des Feuerlöschwesens und der Schaden- und Unfallverhütung. – *Weitere Versicherungsverbände* sind meist für bestimmte Interessengruppen tätig, z.B. gewerbliche Versicherungsnehmer. Zusätzlich befassen sich auch die allg. Wirtschafts- und Verbraucherverbände mit Versicherungsfragen.

Versicherungssparte – Begriff für den/die Versicherungszweig(e), der/die jeweils in einer gesonderten Rechtseinheit betrieben werden muss/müssen. In Deutschland werden die Sparten → Lebensversicherung, → Krankenversicherung (private Krankenversicherung) und Schaden-/ → Unfallversicherung (Synonym: Kompositversicherung) unterschieden. – Vgl. auch → Spartentrennung. Üblicherweise wird die → Rückversicherung ebenfalls als eine Versicherungssparte bezeichnet, obwohl sie als „indirektes Geschäft“ auch im Erstversicherungsunternehmen mit betrieben werden kann, was auch häufig vorkommt.

Versicherungssumme – I. Summenversicherung: Versicherungsleistung im → Versicherungsfall. In der

Summenversicherung ist die Versicherungssumme der nach Eintritt eines Versicherungsfalls vom Versicherer zu leistende Betrag, der ggf. gestaffelt werden kann (siehe z.B. die Gliedertaxe in der privaten Unfallversicherung). Auf die tatsächliche Schadenhöhe kommt es in der Summenversicherung nicht an; es gilt das Prinzip der sog. „abstrakten Bedarfsdeckung".

II. Schadenversicherung: Obergrenze der Versicherungsleistung. In der → Schadenversicherung ist die Versicherungsleistung (Entschädigung) an die Höhe des → Schadens geknüpft. Die Versicherungssumme gehört hier neben dem Versicherungswert und der Höhe des Schadens zu den leistungsbegrenzenden Faktoren. Damit ist die Versicherungssumme in der Schadenversicherung der im Versicherungsvertrag vereinbarte Höchstbetrag der Leistung des Versicherers. Ist die Versicherungssumme niedriger als der Versicherungswert, droht → Unterversicherung. – Vgl. auch → Erstrisikoversicherung, → Vollwertversicherung, Bruchteilversicherung.

III. Summen- und Schadenversicherung: Prämienmaßstab. Sowohl in der Summen- als auch in der Schadenversicherung ist die Versicherungssumme i.d.R. ein Maßstab für die Höhe der → Versicherungsprämie.

versicherungstechnische Rückstellungen – 1. *Begriff:* Sammelbezeichnung für verschiedene versicherungstechnische Passivposten in der → Bilanz von → Versicherungsunternehmen. – 2. *Elemente:* Gem. Formblatt 1 RechVersV werden unter den versicherungstechnischen Rückstellungen die Beitragsüberträge, die Deckungsrückstellung, die Rückstellung für noch nicht abgewickelte Versicherungsfälle, die Rückstellung für Beitragsrückerstattungen (RFB), die → Schwankungsrückstellung und ähnliche Rückstellungen sowie sonstige versicherungstechnische Rückstellungen ausgewiesen (siehe auch Rückstellung für drohende Verluste aus schwebenden Geschäften). Der Begriff „ → Rückstellungen" ist damit ungenau, da unter den versicherungstechnischen Rückstellungen auch Passivposten mit dem Charakter von Rechnungsabgrenzungsposten (z.B. die Beitragsüberträge) und Verbindlichkeiten (z.B. feststehende, aber noch nicht ausgezahlte Leistungen aus der Überschussbeteiligung der Versicherungsnehmer) erfasst sind. – 3. *Merkmale:* Die versicherungstechnischen Rückstellungen stellen zusammengefasst den größten Passivposten von Versicherungsunternehmen dar. Sie stehen in einem unmittelbaren Zusammenhang mit dem Versicherungsgeschäft, bilden die Versicherungstechnik ab und sichern die dauernde Erfüllbarkeit der Verpflichtungen aus den Versicherungsverträgen. – 4. *Behandlung in der Rechnungslegung:* a) Der Ansatz der versicherungstechnischen Rückstellungen erfolgt gem. §§ 249, 341e I S. 1 HBG, soweit dies nach vernünftiger kaufmännischer Beurteilung notwendig ist, um die dauernde Erfüllbarkeit der Verpflichtungen aus den Versicherungsverträgen sicherzustellen. – b) Für die Bewertung gelten die Vorschriften der §§ 253 I S. 2, 341e I HGB sowie Vorschriften für die jeweilige Rückstellungsart.– c) Soweit die Versicherungsgeschäfte rückversichert sind (→ Rückversicherung), erfolgt der Ausweis der versicherungstechnischen Rückstellungen für eigene Rechnung (netto). Der Abzug der Anteile der Rückversicherer ist in der Vorspalte auszuweisen. Ausnahmen gelten in der → Lebensversicherung für die Deckungsrückstellung und für die RfB. Diese werden brutto ausgewiesen. – 5. *Internationale Rechnungslegung:* Für die Bewertung von versicherungstechnischen Rückstellungen gibt es im IFRS 4 keine explizite Regelung, weshalb insoweit z.B. auf die US-GAAP oder auf das HGB zurückgegriffen wird.

versicherungstechnisches Risiko – 1. *Begriff:* arteigenes Risiko (Risiko sui generis) von Versicherungsunternehmen. Beinhaltet die Gefahr des technischen Ruins eines Versicherungsunternehmens innerhalb einer Periode, d.h. des Eintritts des Ereignisses, dass der periodische Gesamtschaden des versicherten Kollektivs die vorhandenen Finanzmittel in Form der Summe aus der vereinnahmten kollektiven Prämie für die Risikodeckung und dem vorhandenen Sicherheitskapital übersteigt. – 2. *Merkmale:* Das versicherungstechnische Risiko resultiert aus der den Versicherungsleistungen inhärenten Zufallsbestimmtheit i.V. mit der Vorauszahlung der Prämien zu Beginn der Versicherungsperiode. Die Gefahr des technischen Ruins besteht aufgrund der Zufallsabhängigkeit der Versicherungsleistungen selbst bei vollständig bekannter Zufallsgesetzmäßigkeit der Versicherungsleistungen. Insofern ist die Auffassung von einem Risiko sui generis gerechtfertigt. In Varianten der Basisdefinition wird auf die Berücksichtigung des Sicherheitskapitals verzichtet, auf das Risiko einzelner Versicherungszweige abgestellt oder es findet eine Fokussierung auf die Risikokomponente „Abweichung des effektiven Schadens vom kalkulierten Erwartungsschaden" statt. Die Basisgröße zur Quantifizierung des versicherungstechnischen Risikos ist die Verlustwahrscheinlichkeit bzw. im Rahmen einer mehrperiodigen Betrachtung die Ruinwahrscheinlichkeit. Die Steuerung und Kontrolle des versicherungstechnischen Risikos ist die Kernaufgabe der versicherungsbetrieblichen Risikopolitik. Das versicherungstechnische Risiko wird durch die Zufallsgesetzmäßigkeit des kollektiven Gesamtschadens, die Höhe der Risikoprämie sowie die Höhe des Sicherheitskapitals beeinflusst. Insofern umfasst das versicherungstechnische Risiko Kalkulationsrisiken (Prämien, Reserven, Sicherheitskapital) sowie das Rückversicherungsausfallrisiko. – 3. *Komponenten:* Zufallsrisiko (teilweise weiter unterteilt in Kumulrisiko, Ansteckungsrisiko und Großschadenrisiko bzw. Katastrophenrisiko) und Irrtumsrisiko (teilweise weiter unterteilt in Diagnoserisiko und Änderungsrisiko bzw. Prognoserisiko). Andere Einteilungen (unter Verwendung unterschiedlicher Abgrenzungen) differenzieren nach dem Zufallsrisiko, Änderungsrisiko und Irrtumsrisiko oder nach dem Diagnoserisiko und Prognoserisiko. Keine dieser Komponenten des versicherungstechnischen Risikos ist vollständig eliminierbar.

Versicherungsteuer – 1. *Charakterisierung:* Aufwand- bzw. → Verbrauchsteuer (finanzwissenschaftliche Sicht) bzw. → Verkehrsteuer (steuerrechtswissenschaftliche Sicht) auf die entgeltliche Einräumung von Versicherungsschutz. Die Versicherungsteuer wird zusammen mit der Prämie im Wesentlichen in allen Zweigen der Sachversicherung von den Versicherungsgesellschaften im Abrechnungsverfahren erhoben und an die Bundeszollverwaltung, die sie verwaltet, abgeführt. – 2. *Rechtsgrundlagen:* Versicherungsteuergesetz i.d.F. vom 10.10.1996 (BGBl. I 22) m.spät.Änd. und Versicherungsteuerdurchführungsverordnung i.d.F. vom 10.10.1996 (BGBl. I 28) m.spät.Änd. – 3. *Steuergegenstand:* Die Entgegennahme von Versicherungsentgelten (bes. Prämien), wenn der Versicherungsnehmer Wohnsitz (Sitz) oder gewöhnlichen Aufenthalt im Inland hat oder ein Gegenstand im Inland versichert wird. – 4. *Steuerbefreiungen:* v.a. Rückversicherungen, Kranken-, Renten- und Arbeitslosenversicherungen sowie Unfallversicherungen nach RVO. Haftpflicht- und sonstige Sachversicherungen sowie (freiwillige) private Unfallversicherungen sind *steuerpflichtig*. – 5. *Steuerberechnung:* a) *Bemessungsgrundlage* ist i.d.R. das Versicherungsentgelt. – b) *Steuersatz:* (1) Regelsatz: 19 Prozent (bis 2006: 16 Prozent) (§ 6 VersStG); (2) bei Feuerversicherung: 14 Prozent (bis 2006: 11 Prozent); (3) auf den Feueranteil der Gebäude- bzw. Hausratversicherung unter bestimmten Voraussetzungen: 17,75 Prozent (bis 2006: 14,75 Prozent) bzw. 18 Prozent (bis 2006: 15 Prozent); (4) weitere Sätze für Hagelversicherungen, Seekaskoversicherungen und Unfallversicherungen mit Prämienrückgewähr. – 6. *Steuerschuldner:* Versicherungsnehmer. Der Versicherer haftet und hat die Steuer für Rechnung des Versicherungsnehmers zu entrichten. – 7. *Verfahren:* Der Versicherer hat i.d.R. am 15. eines Monats dem Finanzamt die auf Basis der im Vormonat eingenommenen Entgelte (Isteinnahmen; auf Antrag Solleinnahmen) berechnete Steuer *anzumelden* und zu *entrichten*; Überwälzung der Versicherungsteuer auf den Versicherungsnehmer. – 8. *Finanzwissenschaftliche Beurteilung:* Die Beibehaltung der Versicherungsteuer hat fiskalische Gründe, da sie mit ihrem Aufkommen einen erheblichen Anteil an den → Bundessteuern i.w.S. hat. Die ursprüngliche Begründung und die Kritik daran sind im Ganzen wenig erheblich; die Begründung lag in der Vermutung einer bes. Leistungs- oder Ertragsfähigkeit derer, die ihre Kapital- und Vermögenswerte sicherten durch die Risikoabwälzung auf Versicherungsträger. Soweit dies das Vermögen der einkommensschwachen Gruppen betrifft (bes. Hausrat), kann die Begründung nicht überzeugen; jedoch wird die Belastung gemildert durch zahlreiche sozial- und wirtschaftspolitisch motivierte Befreiungen und dadurch, dass Umsätze aus Versicherungen von der Umsatzsteuer befreit sind. – 9. *Aufkommen:* 10.755 Mio. Euro (2011), 8.8 Mrd Euro (2006), 8.787,5 Mio. Euro (2005), 8.869,6 Mio. Euro (2003), 8.326,5 Mio. Euro (2002), 7.427,4 Mio. Euro (2001), 7.243,2 Mio. Euro (2000), 7.211,2 Mio. Euro (1995), 2.266,3 Mio. Euro (1990), 1.266 (1985), 908 Mio. Euro (1980), 586 Mio. Euro (1975), 315 Mio. Euro (1970), 197 Mio. Euro (1965), 111 Mio. Euro (1960), 72 Mio. Euro (1955), 33 Mio. Euro (1950).

Versicherungsträger → Körperschaften des öffentlichen Rechts und Anstalten des öffentlichen Rechts (→ Anstalt), die die Aufgaben der gesetzlichen → Sozialversicherung durchführen. Geleitet von Selbstverwaltungsorganen: Vorstand, der den Versicherungsträger gerichtlich und außergerichtlich vertritt, und Vertreterversammlung. Die laufenden Geschäfte werden von einem Geschäftsführer bzw. einer mehrköpfigen Geschäftsführung verantwortlich erledigt.

Versicherungsunternehmen – *Versicherer.* 1. *Begriff:* neben dem → Versicherungsnehmer die zweite Vertragspartei in einem Versicherungsvertrag. Das Versicherungsunternehmen ist der Verkäufer von Versicherungsschutz. – 2. *Rechtspositionen:* Das Versicherungsunternehmen übernimmt gegen eine kalkulierte Prämie das versicherte Risiko von einem Versicherungsnehmer und ist bei Eintritt des Versicherungsfalls verpflichtet, die vereinbarte Versicherungsleistung zu erbringen. – 3. *Rechtsformen:* Versicherungsunternehmen können als Aktiengesellschaft, als → Versicherungsverein auf Gegenseitigkeit (VVaG) oder als öffentlich-rechtliches Versicherungsunternehmen tätig sein.

Versicherungsverein auf Gegenseitigkeit (VVaG) – 1. *Charakterisierung:* Mit eigener Rechtspersönlichkeit ausgestattete private → Versicherungsgesellschaft zum Zweck der Befriedigung von Versicherungsbedürfnissen unter den Mitgliedern, die zugleich → Versicherungsnehmer sind (bei großen VVaG nur z.T.). Basiert auf dem Genossenschaftsgedanken. – *Rechtliche Grundlage:* Das → Versicherungsaufsichtsgesetz (VAG), §§ 15–53b VAG, dort Unterscheidung von großen und kleinen VVaG. In der Geschäftspraxis unterscheiden sich die großen VVaG nur unwesentlich von den Versicherungs-AG und den öffentlich-rechtlichen Versicherungsunternehmen. – 2. *Steuerliche Behandlung:* a) *Körperschaftsteuer:* Ein inländischer VVaG ist unbeschränkt körperschaftsteuerpflichtig (§ 1 I Nr. 3 KStG). Für kleinere VVaG Steuerbefreiung, wenn die Betragseinnahmen im Durchschnitt der letzten drei Wirtschaftsjahre bestimmte Höchstgrenzen (§ 4 KStDV) nicht überschritten haben oder sich der Geschäftsbetrieb auf die Sterbegeldversicherung beschränkt und die VVaG soziale Einrichtungen sind (§ 5 I Nr. 4 KStG). Ist der VVaG körperschaftsteuerpflichtig, so gelten alle seine Einkünfte automatisch als Einkünfte aus Gewerbebetrieb. – b) VVaG unterliegen ebenfalls der *Gewerbesteuer.*

Versicherungsverlauf – in der gesetzlichen Rentenversicherung vom zuständigen Versicherungsträger dem Versicherten zu erstellender Nachweis über die gespeicherten rentenrechtlichen Daten, die für die Feststellung der Rentenanwartschaft von Bedeutung sind (§ 149 III SGB VI). – Vgl. auch → Rentenauskunft.

Versicherungsvermittler – 1. *Begriff:* Natürliche oder juristische Person, deren Geschäftsgegenstand die Vermittlung von Versicherungsschutz zwischen dem → Versicherungsunternehmen und dem → Versicherungsnehmer ist. – 2. *Weitere Funktionen und Vergütung:* Im Nachgang zur Erstberatung und zum Verkauf von Versicherungsprodukten übernimmt der Versicherungsvermittler regelmäßig auch die Betreuung der versicherten Kunden und vielfach weitere betriebswirtschaftliche Funktionen für das Versicherungsunternehmen, z.B. im Zusammenhang mit der Erst-, Folge-, Schaden- und Schlussbearbeitung von Versicherungsverträgen, teilweise auch Schadenregulierungsfunktionen (Schadenregulierungsvollmacht). Als Vergütung für seine Leistungen erhält der Versicherungsvermittler insbesondere → Provisionen in Form von Abschlussprovisionen und Bestandsprovisionen oder → Courtagen. – 3. *Einteilung der Versicherungsvermittler:* Gewerberechtlich wird zwischen ungebundenen und damit erlaubnispflichtigen Versicherungsvermittlern (Gewerbeerlaubnis) und → gebundenen Versicherungsvermittlern mit Freistellung von der Erlaubnispflicht unterschieden. Nach ihrem arbeits- und sozialversicherungsrechtlichen Status lassen sich die Versicherungsvermittler in selbstständige und → angestellte Vermittler einteilen. Bei den selbstständigen Versicherungsvermittlern wird wiederum (auch nach der EU-Vermittlerrichtlinie) zwischen → Versicherungsmaklern und Versicherungsvertretern (siehe auch Agentur) differenziert, letztere mit weiteren Abgrenzungsmöglichkeiten z.B. in → Einfirmenvertreter und → Mehrfirmenvertreter oder in hauptberufliche Vertreter und Vertreter im Nebenberuf. → Vertriebsgesellschaften (einschl. der → Strukturvertriebe) sind rechtlich keine besonderen Vermittlertypen, sondern jeweils einem der vorgenannten selbstständigen Vermittlertypen zuzuordnen. Daneben gibt es noch Versicherungsberater, die dem Versicherungskunden jedoch nicht vermittelnd, sondern lediglich für Beratungszwecke zur Verfügung stehen. Auch z.B. Autohäuser, Banken, Kreditkartengesellschaften oder Versandhändler treten dem Kunden gegenüber als Versicherungsvermittler auf (siehe → Annexvertrieb); in rechtlicher Sicht sind sie dabei entweder Vertreter oder Makler. Über den betreffenden Status hat der Versicherungsvermittler seinen Versicherungskunden im Rahmen einer Erstinformation aufzuklären (§ 11 VersVermV). – 4. *Voraussetzungen:* Der kaufmännische Beruf des ungebundenen Versicherungsvermittlers bedarf einer → Erlaubnis durch die zuständige IHK. Voraussetzungen für die Erlangung der Erlaubnis sind ein Sachkundenachweis gegenüber der IHK oder ein gleichgestellter Sachkundenachweis (Vermittlerqualifikation, Sachkundeprüfung), Straffreiheit in den vergangenen fünf Jahren, geordnete finanzielle Verhältnisse, eine Versicherungsdeckung durch eine Vermögensschadenhaftpflichtversicherung (Berufshaftpflichtversicherung des Versicherungsvermittlers) sowie die Eintragung in das Vermittlerregister der Deutschen Industrie- und Handelskammer (DIHK).

Versicherungsvertragsgesetz (VVG) – 1. *Begriff:* Gesetz über den Versicherungsvertrag vom 23.11.2007 (BGBl I S. 2631), zuletzt geändert durch Art. 2 Absatz 79 des Gesetzes vom 22.12.2011 (BGBl. I S. 3044). – 2. *Gegenstand/Geltungsbereich:* Das Versicherungsvertragsgesetz regelt die Beziehungen der Vertragspartner in der Privatversicherung; es *gilt nicht* für die Rückversicherung und die Seeversicherung (§ 209 VVG). Das Versicherungsvertragsgesetz ist gegenüber den allgemeinen Regelungen des Bürgerlichen Rechts und des Handelsrechts das speziellle Gesetz und weicht teils erheblich von den sonstigen schuldrechtlichen Bestimmungen ab. Es regelt die Rechte und Pflichten der Vertragspartner aus einem Versicherungsvertrag. Einzelne Regelungen bezwecken den Schutz des Versicherungsnehmers. – 3. *Gliederung:* a) Nach den *Regelungsbereichen* enthält das Versicherungsvertragsgesetz zunächst Vorschriften für alle Versicherungszweige und -verträge (§§ 1-73 VVG) sowie anschließend Bestimmungen für die Schadenversicherung, die Haftpflichtversicherung, die Pflichtversicherung, die Rechtsschutzversicherung, die Transportversicherung, die Gebäudefeuerversicherung, die Lebensversicherung, die Berufsunfähigkeitsversicherung, die Unfallversicherung, die Krankenversicherung sowie Schlussvorschriften. – b) In *rechtlicher Hinsicht* lassen sich die Vorschriften einteilen in (1) Zwingende Vorschriften, (2) halbzwingende Vorschriften, von denen nur zugunsten des Versicherungsnehmers abgewichen werden darf, sowie (3) abdingbare Vorschriften, von denen auch zuungunsten des Versicherungsnehmers durch Allgemeine Versicherungsbedingungen (AVB) und Tarifbestimmungen Ausnahmen gemacht werden dürfen. Die Beschränkungen der Vertragsfreiheit gelten nicht für Großrisiken (§ 210 VVG). – 4. Das Versicherungsvertragsgesetz wird durch Bestimmungen des *Europäischen Versicherungsvertragsrechts* ergänzt, das in Art. 7 ff. des Einführungsgesetzes zum Versicherungsvertragsgesetz niedergelegt ist. Im Massengeschäft ist dasjenige Recht des Landes anzuwenden, in dem das versicherte Risiko belegen ist, sodass für deutsche Versicherungsnehmer in den meisten Fällen der Schutz des Versicherungsvertragsgesetzes erhalten bleibt, auch wenn er einen Vertrag mit einem ausländischen Versicherer abschließt. Für Großrisiken besteht dagegen Freiheit der Rechtswahl.

Versicherungsvertreter – 1. *Begriff:* Nach §§ 84, 92 HGB ist der Versicherungsvertreter ein

→ Handelsvertreter, der von einem oder mehreren Versicherungsunternehmen damit betraut ist, Versicherungsverträge zu vermitteln oder abzuschließen. Für das durch den Vertretervertrag begründete Rechtsverhältnis zum Versicherer gelten die §§ 84 ff. HGB (auch dann, wenn der Vertreter kein Kaufmann ist). – 2. *Abgrenzung:* Der selbstständige Versicherungsvertreter grenzt sich vom angestellten Versicherungsvermittler dadurch ab, dass er in der Tätigkeitsgestaltung und Bestimmung seiner Arbeitszeit im Wesentlichen frei ist und insoweit keinem → Direktionsrecht des Versicherers unterliegt. Im Gegensatz zum Versicherungsmakler, der vom Versicherungsnehmer in einem Maklerauftrag mit der Beschaffung von Versicherungsschutz betraut wird und Sachwalter des Versicherungsnehmers ist, wird der Versicherungsvertreter im Auftrag eines oder mehrerer Versicherungsunternehmen tätig. Er fungiert bei der Vermittlung und bei sonstigen Verrichtungen im Rahmen des Versicherungsverhältnisses als „Auge und Ohr" des Versicherers und wird bei der Beratung der Kunden als → Erfüllungsgehilfe des Versicherers (§ 278 BGB) tätig. Der Versicherer muss sich daher dienstlich erlangtes Wissen und schuldhaft begangene Pflichtverletzungen des Versicherungsvertreters zurechnen lassen und ggf. hierfür einstehen. Den Versicherungsvertreter trifft gegenüber dem Interessenten bzw. → Versicherungsnehmer allerdings auch eine eigene → Beratungs- und Dokumentationspflicht, deren Verletzung eine persönliche Haftung auf Schadenersatz auslösen kann. – 3. *Typen:* Versicherungsvertreter kommen in verschiedenen Ausprägungen vor: a) nach dem Umfang der Tätigkeit und den hieraus bezogenen Einkünften: Vertreter im Hauptberuf und Vertreter im Nebenberuf,b) nach der Anzahl von vertretenen Versicherern: → Einfirmenvertreter und → Mehrfirmenvertreter,c) nach der rechtlichen Stellung des Versicherungsvertreters zum Versicherer einerseits und zu einem anderen Versicherungsvertreter andererseits: Hauptvertreter des Versicherers und (echte) Untervertreter. Letztere unterhalten im Gegensatz zum Hauptvertreter keinen unmittelbaren Vertretervertrag zum Versicherer, sondern (nur) einen Vertretervertrag zu einem anderen (Haupt-)Vertreter. Gewerberechtlich handelt es sich bei der selbstständigen Vertretertätigkeit grundsätzlich um ein erlaubnis- und registrierungspflichtiges Gewerbe (§ 34d GewO). Allerdings ist die ausschließliche Vermittlungstätigkeit für einen Versicherer bzw. Versicherungskonzern, der/die uneingeschränkte Haftung übernimmt, erlaubnisfrei. Gleiches gilt nach § 34d IX GewO für bestimmte Vertreter im Nebenberuf sowie für sog. produktakzessorische Vertreter, die nach § 34d III GewO von der Erlaubnis befreit werden können.

Versicherungswert – Wert des versicherten Interesses. Bemessungsgrundlagen sind z.B. der → Neuwert, der → Zeitwert oder der → gemeine Wert.

Versicherungswirtschaft – *Assekuranz.* – 1. *Begriff:* Wirtschaftszweig von erheblicher volkswirtschaftlicher Bedeutung, dessen Gegenstand die Versicherung von Risiken ihrer Kunden ist. Üblicherweise umfasst der Begriff nur die → Privatversicherung. – 2. *Funktionen und Wirkungen:* Die wichtigste Funktion der Versicherungswirtschaft ist die Risikotragung. Daneben übernimmt die Versicherungswirtschaft die → Schadenregulierung sowie Aufgaben der → Schadenverhütung und der Kapitalsammlung. Sie ermöglicht risikoreiche Produktionen, einen risikoreichen Handel (Gewerbe und Industrie) und sichert gegen private Lebensrisiken. Ferner hat die Versicherungswirtschaft eine wichtige Funktion bei der → Kreditsicherung. – 3. *Wichtigste Versicherungszweige:* Gemessen am Prämienvolumen sind die drei wichtigsten Versicherungszweige (in gegebener Reihenfolge) die → Lebensversicherung, die → private Krankenversicherung und die → Kfz-Versicherung; sie erwirtschaften zusammen über 143 Mrd. Euro von den insgesamt ca. 183 Mrd. Euro Versicherungsprämien in der deutschen Erstversicherung (Jahr 2011).

Versicherungswirtschaft – Die Versicherungswirtschaft ist zum einen ein Wirtschaftszweig von großer volkswirtschaftlicher Bedeutung und zum anderen eine spezielle Betriebwirtschaftslehre – auch Versicherungsbetriebslehre genannt. Als Wirtschaftszweig mit Dienstleistungscharakter ist die Versicherungswirtschaft mit Aufgaben der Schadensverhütung und -regulierung und der Sammlung von Kapital betraut. Ferner werden risikoreiche Produktionen und Ausfuhrhandel von der Versicherungswirtschaft ermöglicht.

Versicherungswissenschaft – interdisziplinäre Wissenschaft, die sich in Forschung und Lehre mit den unterschiedlichen Aspekten und Teilbereichen des Versicherns bzw. der Versicherung als ihrem Erkenntnisobjekt auseinandersetzt. Dabei beschäftigt sie sich bes. mit dem Wirtschaftsgut Versicherungsschutz und den Institutionen und Organisationen der → Privatversicherung und der → Sozialversicherung, den privaten Versicherungsunternehmen und den Sozialversicherungsträgern. *Teilgebiete:* Versicherungsbetriebslehre, → Versicherungsrecht, → Versicherungsmathematik, → Versicherungsmedizin und → Versicherungsrecht.

Versicherungszweige – 1. *Begriff:* Sammelbezeichnung für Versicherungen weitgehend gleichartiger Risiken. Eine einheitliche Terminologie ist dem → Versicherungsaufsichtsgesetz (VAG) fremd. – 2. *Bedeutung im Aufsichtsrecht:* Die Erlaubnis zum Geschäftsbetrieb wird nach Zweigen ausgesprochen, es sei denn, der Versicherer möchte nur einen Teil der Risiken eines Versicherungszweiges decken (§ 6 II i.V. mit Anlage A VAG). Die Zulassung kann aber auch für mehrere Versicherungszweige gemeinsam unter einheitlicher Bezeichnung (z.B. Kraftfahrzeug-Versicherung) gemäß Anlage B VAG erteilt werden. In § 9 VAG ist dagegen davon die Rede, dass die Satzung die

Versicherungszweige festsetzen soll, die der Versicherer betreiben will. Hier reicht es aus, den Zweig oder die Zweige nach Anlage A/B VAG zu nennen. Sehr viel detaillierter ist die Aufteilung in Versicherungszweige und Versicherungsarten in der internen Rechnungslegung.

Versicherung und Steuer – I. Prämien: 1. *Feuerversicherung* (analog auch die *sonstigen Sachversicherungen):* a) Beim Betrieb als → Betriebsausgaben absetzbar, soweit Wirtschaftsgüter des → Betriebsvermögens versichert sind. – b) Als → Werbungskosten absetzbar, soweit sie mit einer bestimmten Einkunftsart im Zusammenhang stehen (z.B. die Prämien für die Gebäudeversicherung beim Hausbesitzer). – c) Abgesehen von den Fällen a) und b) sind Versicherungsprämien → Kosten der → Lebensführung; entsprechend nicht absetzbar. – 2. *Haftpflichtversicherung:* Als → Betriebsausgaben bzw. → Werbungskosten absetzbar, falls betriebliche bzw. berufliche Risiken abgedeckt werden, ansonsten als → Sonderausgaben im Rahmen der Höchstbeträge. – 3. *Unfallversicherung:* a) *Betriebsausgaben:* (1) Betriebliche Unfallversicherung der Geschäftsinhaber, der Teilhaber bei → Personengesellschaften, der freiberuflich Tätigen etc. können als Betriebsausgaben behandelt werden, falls für sie erhöhte Berufsgefahren bestehen (z.B. bei Bauunternehmern). (2) Unfallversicherung der Arbeitnehmer: die vom Arbeitgeber gezahlten Prämien sind als Betriebsausgaben abzugsfähig und vom Arbeitnehmer als Einkünfte aus nichtselbstständiger Arbeit zu versteuern; die Beiträge können vom Arbeitgeber jedoch auch mit einem Pauschsteuersatz ab 1.1.1996 von 20 Prozent versteuert werden, wenn die anteilige Prämie pro Arbeitnehmer 62 Euro nicht übersteigt (§ 40b III EStG). – b) *Werbungskosten:* Wenn der Beruf des Steuerpflichtigen mit erheblichen Unfallgefahren verbunden ist, können die Prämien als Werbungskosten behandelt werden. – c) *Sonderausgaben:* Beiträge zu Unfallversicherungen sind als → Vorsorgeaufwendungen im Rahmen der Höchstbeträge abziehbar. – 4. *Lebensversicherung* und *Rentenversicherung:* Alters- und Hinterbliebenenversorgung sowie Alterseinkünftegesetz, nachgelagerte Besteuerung. – 5. *Höhe des Abzugs:* Jeweils die Gesamtzahlung ist absetzbar, also die → Prämie zzgl. Nebengebühren und → Versicherungsteuer.

II. Versicherungsleistungen: 1. *Feuerversicherung* (analog auch die sonstigen *Sachversicherungen):* a) Wenn der beschädigte Gegenstand dem → Betriebsvermögen zuzurechnen ist: Die Versicherungsleistungen sind → Betriebseinnahmen, der Buchwert des beschädigten (vernichteten) Gegenstandes ist Betriebsausgabe. Dabei brauchen die stillen Reserven nicht realisiert zu werden, soweit Ersatz beschafft wird. – Vgl. auch → Ersatzbeschaffungsrücklage. Der Empfang der Versicherungsleistung ist in keinem Fall umsatzsteuerpflichtig. – b) Wenn der beschädigte Gegenstand dem Privatvermögen zuzurechnen ist, keine Einkommensteuerpflicht. – 2. *Unfallversicherung:* a) Wenn Prämien als Betriebsausgaben behandelt werden, sind Versicherungsleistungen Betriebseinnahmen. Soweit die Versicherungsleistungen unmittelbar oder mittelbar an den versicherten Arbeitnehmer oder dessen Hinterbliebenen fließen, wird das Betriebsvermögen des Unternehmens nicht berührt. – b) Wenn Prämien als Werbungskosten behandelt werden, sind Versicherungsleistungen steuerpflichtige Einnahmen. – c) Wenn Prämien als Sonderausgaben behandelt werden, sind Kapitalzahlungen im Todes- oder Invaliditätsfall, Tagegelder und Heilkostenersatz einkommen- bzw. lohnsteuerfrei. – 3. → Lebensversicherung.

III. Steuerbilanzrecht: Aufgrund der Tatsache, dass die Schadenhäufigkeit und -summe über die Wirtschaftsjahre schwankt, müssen in der Steuerbilanz Schwankungsrückstellungen zum Ausgleich des schwankenden Jahresbedarfs gebildet werden. Welche Voraussetzungen hierfür gegeben sein müssen, regelt § 20 I KStG.

IV. Andere Steuern: Bei der Umsatzsteuer stellt das Erbringen von Versicherungsschutz gegen Prämie zwar eine sonstige Leistung dar, sie ist jedoch steuerbefreit (§ 4 Nr. 11 UStG). Diese Befreiung ist allen EU-Mitgliedsstaaten vorgeschrieben (Steuerharmonisierung). Allerdings erhebt die Bundesrepublik Deutschland auf die Versicherungsprämien eine Sondersteuer.

Versilberung → Abwicklung.

Versilberungswert → Liquidationswert.

Versioning – Sonderform der → Preisdifferenzierung. Verschiedene Versionen eines Produkts werden zu unterschiedlichen Preisen verkauft. Einfachste Form des Versioning ist es, eine Basis-, Standard- und eine Premium-Version des Produktes anzubieten.

Versorgungsanstalt der Deutschen Bundespost – Anstalt des öffentlichen Rechts; Sitz in Stuttgart. – *Aufgabe:* Alters- und Hinterbliebenenversorgung durch privatrechtliche Versicherung.

Versorgungsanstalt des Bundes und der Länder (VBL) – rechtsfähige Anstalt des öffentlichen Rechts, Sitz in Karlsruhe. – *Träger:* Bundesrepublik Deutschland und die teilnehmenden Länder. – *Aufsichtsbehörde:* Bundesminister der Finanzen (BMF). – *Aufgabe:* Durchführung einer zusätzlichen Alters- und Hinterbliebenenversorgung für Arbeitnehmer der an der Anstalt beteiligten Arbeitgeber (außer den genannten Trägern kommunale Gebietskörperschaften, Sozialversicherungsträger sowie zahlreiche andere Einrichtungen und Unternehmen, an denen die öffentliche Hand maßgeblich beteiligt ist).

Versorgungsausgleich – Begriff des Scheidungsrechts. Der Versorgungsausgleich regelt, dass die → Rentenanwartschaften für die → Alterssicherung, die während der geschiedenen Ehe erworben wurden, hälftig auf die beiden geschiedenen Personen übertragen werden *(Splitting)*.

I. Charakterisierung: 1. *Begriff*: Nach § 1587 BGB zwischen geschiedenen → Ehegatten wegen künftiger Ausgleichsansprüche zu zahlende Abfindung. Der Versorgungsausgleich umfasst Anwartschaften aus Sozialversicherung, privater Kapital- oder Rentenversicherung und betrieblicher Altersversorgung. – 2. *Inhalt:* Dem Ehegatten mit den wertniedrigeren Anwartschaften oder Aussichten auf eine auszugleichende Versorgung steht als Ausgleich die Hälfte des Wertunterschiedes zu. Der Ausgleich vollzieht sich primär öffentlich-rechtlich als *Wertausgleich* (§§ 1587a –1587e BGB und der BarwertVO vom 24.6.1977 (BGBl. I 1014) m.spät.Änd.), sodass die Ehegatten im Zeitpunkt der Scheidung auch sozialrechtlich voneinander getrennt sind. Für den Berechtigten wird eine eigenständige Alters- und Invaliditätsversicherung begründet. – 3. *Vereinbarungen:* a) Durch → Ehevertrag kann der Versorgungsausgleich *ausgeschlossen werden.* – b) Mit Genehmigung des → Familiengerichts können die Ehegatten bei → notarieller Beurkundung im Zusammenhang mit der Scheidung den Versorgungsausgleich *abändern* oder *ausschließen.* Ein abgeänderter Versorgungsausgleich hat nur schuldrechtliche Wirkung und begründet einen unterhaltsähnlichen Anspruch auf eine Geldrente (Ausgleichsrente) in Höhe der Hälfte des Wertunterschiedes der von beiden Ehegatten in der Ehezeit jeweils erworbenen Versorgungsanwartschaften (§ 1587g BGB). Die Rente kann erst dann verlangt werden, wenn entweder beide Ehegatten eine Versorgung erlangt haben oder wenn der ausgleichspflichtige Ehegatte sie erlangt hat und der andere eine zumutbare Erwerbstätigkeit nicht ausüben kann oder das 65. Lebensjahr vollendet hat. – Vgl. Gesetz zur Regelung von Härten im Versorgungsausgleich vom 21.2.1983 (BGBl. I 105) m.spät.Änd.

II. Steuerliche Behandlung: Die steuerliche Behandlung ist abhängig von der Art des Versorgungsausgleichs – 1. Werden Rentenansprüche geteilt *(Rentensplitting)*, ergeben sich zunächst keine einkommensteuerlichen Auswirkungen. Bei Zufluss stellen die Rentenzahlungen bei beiden Ehegatten → sonstige Einkünfte (§ 22 Nr. 1 EStG) dar. Freiwillige Zahlungen des Verpflichteten zur Abwendung der Rentenkürzung sind als → Sonderausgaben (§ 10 I Nr. 2a EStG) abzugsfähig. – 2. Erfolgt eine *fiktive Nachversicherung* des Ausgleichsberechtigten zulasten des Ausgleichsverpflichteten, so ergeben sich beim Berechtigten die gleichen steuerlichen Folgen wie im Fall 1. Bezieht der Verpflichtete allerdings → Einkünfte aus nichtselbstständiger Arbeit (§ 19 I Nr. 2 EStG), sind die Zahlungen nach herrschender Meinung als → Werbungskosten anzusehen. – 3. *Einzahlungen* des Verpflichteten an die gesetzliche Rentenversicherung bleiben steuerlich unberücksichtigt. – 4. Versorgungsausgleich in Form einer *Ausgleichsrente* ist beim Verpflichteten als dauernde Last in voller Höhe als → Sonderausgaben (§ 10 I Nr. 1a EStG) abzugsfähig. Der Empfänger versteuert die Ausgleichsrente in voller Höhe als → sonstige Einkünfte (§ 22 Nr. 1 EStG).

Versorgungsbetriebe – *Versorgungsunternehmen.* 1. *Charakterisierung*: Betriebe, die die Infrastruktur zur öffentlichen Daseinsvorsorge und zur Aufrechterhaltung des Lebens in modernen Gesellschaften vorhalten und die damit verbundenen Dienstleistungen erbringen wie z.B. Betriebe der Wasser-, Elektrizitäts-, Fernwärme- und Gasversorgung. Häufig werden auch Einrichtungen der Gesundheitsversorgung wie Krankenhäuser in Versorgungsbetriebe einbezogen. Grundsätzlich können sich Versorgungsbetriebe in Privatbesitz oder in öffentlichem Besitz befinden. In Deutschland befindet sich die überwiegende Mehrzahl in öffentlicher, v.a. kommunaler Trägerschaft. – Es besteht Anschluss- und Versorgungspflicht. – Die kommunalen Versorgungsbetriebe werden als Eigenbetrieb oder Eigengesellschaft geführt. Häufig bilden sie mit den kommunalen Verkehrsbetrieben einen Querverbund und tragen die Bezeichnung „Stadtwerke". – 2. *Steuerliche Behandlung*: Versorgungsbetriebe unterliegen als Betriebe gewerblicher Art der Körperschaftsteuer und mit ihren Umsätzen der Umsatzsteuer; der Gewerbesteuer nur, sofern Gewinnerzielungsabsicht vorliegt. – 3. *Interessenvertretung der Versorgungsbetriebe*: Verband kommunaler Unternehmen e. V. (VKU) sowie Bundesverband der Energie- und Wasserwirtschaft (BDEW). – Es gibt in Deutschland vier überregionale Versorgungsunternehmen.

Versorgungsbezüge – Begriff des Einkommensteuerrechts für Bezüge und Vorteile aus früheren Dienstleistungen, die als Ruhegehalt, Witwen- oder Waisengeld, Unterhaltsbeitrag oder als gleichartiger Bezug aufgrund beamtenrechtlicher oder entsprechender gesetzlicher Vorschriften oder in anderen Fällen wegen Erreichens einer Altersgrenze, voller oder teilweiser Erwerbsminderung oder als Hinterbliebenenbezüge gewährt werden (§ 19 II EStG). Versorgungsbezüge sind grundsätzlich steuerpflichtiger → Arbeitslohn (§ 2 LStDV). Steuerfrei in Höhe des → Versorgungsfreibetrags, welcher bis einschließlich 2004 40 Prozent der Versorgungsbezüge und maximal 3.072 Euro beträgt. Ab dem 1.1.2005 beträgt der Versorgungsfreibetrag maximal 3.000 Euro. Darüber hinaus wird zzgl. ein Zuschlag zum Versorgungsfreibetrag bis maximal 900 Euro (§ 19 II EStG) gewährt. Im Rahmen der Umsetzung der → nachgelagerten Besteuerung erhöht sich ab dem Veranlagungszeitraum 2005 die Besteuerung der Versorgungsbezüge bis zum Jahr 2040. Der Versorgungsfreibetrag nimmt daher stufenweise hinsichtlich der Prozentzahl und des Höchstbetrages ab; ebenso sinkt der Zuschlag zum Versorgungsfreibetrag stufenweise. Bestimmte Versorgungsbezüge sind vollständig steuerfrei (s. etwa § 3 Nr. 1, 2, 2a, 3, 6 EStG). Soweit es sich um bestimmte Hinterbliebenenbezüge handelt, wird auf

Antrag ein → Pauschbetrag von 370 Euro als → außergewöhnliche Belastung berücksichtigt (§ 33b IV EStG).

Versorgungsbilanz – Begriff für die behelfsmäßige Berechnung der Versorgung des Bundesgebietes mit industriellen oder landwirtschaftlichen Gütern. Aus Produktion + Einfuhr – Ausfuhr berechnet sich die im Inland verfügbare Menge, die mit dem tatsächlichen Inlandsverbrauch nicht gleichzusetzen ist. Dieser ergibt sich erst bei Berücksichtigung der Vorratsveränderungen, für die keine Zahlen vorliegen.

Versorgungsfreibetrag – 1. *Erbschaftsteuer:* Im Fall des Todes eines Ehegatten steht dem überlebenden Ehegatten und den Kindern im Sinn der Steuerklasse I Nr. 2 ein bes. Versorgungsfreibetrag zu (§ 17 ErbStG). – Vgl. auch → Erbschaftsteuer. – 2. *Einkommensteuer:* → Versorgungsbezüge bleiben in Höhe des Versorgungsfreibetrags steuerfrei. Der Versorgungsfreibetrag betrug bis zum 31.12.2004 40 Prozent der Bezüge, höchstens jedoch 3.072 Euro im Kalenderjahr (§ 19 II EStG). Seit dem 1.1.2005 verringern sich der Versorgungsfreibetrag sowie ein Zuschlag hierzu jährlich stufenweise bis 2040. Bei Versorgungsbeginn in 2011 beträgt der Freibetrag beispielsweise 30,4 Prozent der Bemessungsgrundlage, höchstens 2.280 Euro plus Zuschlag von 684 Euro. Bei Versorgungsbeginn im Jahr 2040 werden weder ein Versorgungsfreibetrag noch ein Zuschlag hierauf mehr gewährt.

Versorgungshandel – Angebotskonzept des Handels, das die reine Versorgung der Kunden in den Mittelpunkt stellt und auf die emotionale Anreicherung des gesamten Erscheinungsbildes mittels Erlebniswerten bewusst verzichtet. – *Merkmale:* Standardisierte Produkte des Grundbedarfs, hoher Lagerumschlag, Kosteneinsparungen durch Reduzierung von zusätzlichen Handelsleistungen, Rationalisierung bei Beschaffung, Warenanlieferung, Lagerung, Kassieren, niedrige Miet- und Personalkosten, Niedrigpreisstrategien, leichte Erreichbarkeit. – *Gegensatz:* → Erlebnishandel.

Versorgungskrankengeld – Leistung im → sozialen Entschädigungsrecht. – 1. *Bezugsberechtigte:* Versorgungskrankengeld erhalten Beschädigte, wenn sie wegen einer als Schädigungsfolge anerkannten oder durch sie verursachten Gesundheitsstörung arbeitsunfähig im Sinn der gesetzlichen → Krankenversicherung oder wegen anderer Gesundheitsstörungen arbeitsunfähig werden, sofern ihnen dafür Heil- oder Krankenbehandlung zu gewähren ist. Witwen/Witwer, frühere Ehegatten mit Anspruch auf Hinterbliebenenrente, Waisen und versorgungsberechtigte Eltern erhalten ebenfalls Versorgungskrankengeld bei → Arbeitsunfähigkeit, sofern ihnen Krankenbehandlung zu gewähren ist (§ 16 BVG). – 2. *Höhe:* Das Versorgungskrankengeld beträgt 80 Prozent des entgangenen, regelmäßigen Entgeltes (Regellohn) und darf das entgangene Nettoarbeitsentgelt nicht überschreiten (§ 16a BVG). – Die *Berechnung* folgt im Wesentlichen den Bestimmungen über das → Krankengeld in der gesetzlichen Krankenversicherung. Das Versorgungskrankengeld wird um etwa erzieltes Arbeitsentgelt, bestimmte Renten und andere Geldleistungen öffentlich-rechtlicher Träger gekürzt.

Versorgungspolitik → finanzpolitische Distributionsfunktion.

Versorgungsprinzip → Sozialpolitik, Gestaltungsprinzipien.

Versorgungsrente – *Seit 2008:* Versorgungsrenten, die ein in Deutschland unbeschränkt steuerpflichtiger Staatsangehöriger eines EU- oder EWR-Staates einzahlt, können auch dann als → Sonderausgabe abgezogen werden, wenn der Empfänger seinen Wohnsitz in einem EU- oder EWR-Staat hat (§ 1a I Nr. 1a EStG). – Vgl. auch Alters- und Hinterbliebenenversorgung.

Versorgungsservice → Lieferservice.

Versorgungssicherheit → Energiesicherung.

Versorgungsunternehmen → Versorgungsbetriebe.

Versorgungswerke → berufsständische Versorgungswerke.

Verspätungszuschlag – Druckmittel zur Sicherung des rechtzeitigen Eingangs der → Steuererklärung (§ 152 AO). – 1. *Tatbestand:* Gegen denjenigen, der seiner Verpflichtung zur Abgabe einer Steuererklärung nicht oder nicht fristgemäß nachkommt, kann ein Verspätungszuschlag festgesetzt werden. Verspätungszuschlag ist eine → steuerliche Nebenleistung. – 2. *Höhe:* Die Verspätungszuschläge dürfen 10 Prozent der festgesetzten Steuer oder des festgesetzten Messbetrages nicht übersteigen und höchstens 25.000 Euro betragen. – 3. *Festsetzung:* Verspätungszuschläge entstehen durch die bekannt gegebene Ermessensentscheidung der Finanzbehörde; die Festsetzung schließt → Zwangsmittel und (spätere) → Schätzung der Besteuerungsgrundlagen nicht aus. – 4. *Fälligkeit:* Verspätungszuschlag wird mit Ablauf der vom Finanzamt gesetzten Frist fällig (§ 220 II). I.d.R. ist dies die Zahlungsfrist für die Steuer.

Verstaatlichung – 1. *Begriff:* Formen der Vergesellschaftung von Unternehmungen, bei denen (1) das Eigentum (ganz oder teilweise) und (2) mit einem Teil des Eigentums die Dispositionsgewalt über Produktion und Vertrieb auf den Staat bzw. auf die öffentliche Hand übergeht. Unter Verstaatlichung wird sowohl die Sozialisierung von Privateigentum als auch eine Nationalisierung von Verkehrs- und Versorgungsbetrieben in allen denkbaren Rechtsformen (z.B. Eisenbahnen, Bergbau in England) verstanden. Gegensatz zu → Privatisierung. Forderungen nach Verstaatlichung werden bes. bez. der Grundstoffindustrie erhoben, aber auch aus staatspolitischen Gründen, z.B. um ausländischen Einfluss zu verdrängen.

→ Gemischtwirtschaftliche Unternehmungen gelten als Zwischenlösung (z.B. Schweiz, Schweden). – 2. *Formen:* a) *Beteiligung des Staates an Betrieben in privatrechtlicher Form:* Einflussnahme auf die Geschäftsführung erfolgt über die Gesellschafterversammlung, u.U. auch mittels Delegierung von Behördenvertretern in den Aufsichtsrat, Vorstand etc. – b) *Eigene Organisationsformen des öffentlichen Rechts,* z.B. Körperschaften, Anstalten, Stiftungen, die durch bes. Gesetz entstehen bzw. durch Genehmigung ihrer Satzung. Einflussnahme der öffentlichen Hand als Eigentümerin: (1) Durch Einwirkung auf die Gründung, (2) durch Mitbestimmung bei der Besetzung der Geschäftsführung. – c) *Regiebetriebe:* Rechtlich und verwaltungsmäßig ausgesonderte und verselbständigte öffentliche Unternehmen; seit Erlass der Eigenbetriebsverordnung (Eigenbetrieb) 1938 sind diese Betriebe aus der Verwaltung des Gemeindeverbands oder der Gemeinde auszugliedern, bleiben rechtlich unselbstständig, sind jedoch wirtschaftlich und organisatorisch selbstständiger als früher. Ein Teil der kommunalen Betriebe, wie Krankenhäuser, Institute des Unterrichts und Bildungswesens u.Ä., unterliegen der Eigenbetriebsverordnung nicht, bleiben also rechtlich und verwaltungsmäßig der behördlichen Apparatur eingegliedert.

Verständigungsverfahren – 1. *Begriff:* ein Verfahren, mit dem Streitigkeiten hinsichtlich der korrekten Anwendung von → Doppelbesteuerungsabkommen (DBA) auf einen oder mehrere Einzelfälle beigelegt werden können. – 2. *Problematik:* Die Doppelbesteuerungsabkommen (DBA) sehen zwar Regeln darüber vor, welchem Staat welche Einkünfte zur Besteuerung zustehen, sie schließen aber nicht aus, dass sie diese Regeln im Einzelfall unterschiedlich verstehen oder – viel wichtiger – beide betroffenen Staaten bei der Besteuerung des Geschehens möglicherweise von unterschiedlichen Annahmen über den Sachverhalt ausgehen. Da jeder der beiden Staaten souverän ist, also nicht gezwungen ist, fremden Vorgaben zu folgen, kann eine einheitliche Sichtweise in diesen Fällen nicht zwangsweise durchgesetzt werden – auch auf dem Rechtsweg kann eine einheitliche Sicht der Dinge nicht durchgesetzt werden, da es kein Gericht gibt, an dessen Entscheidung die Behörden beider Staaten gleichzeitig gebunden wären. – 3. *Verständigungsverfahren als Lösungsansatz für diese Problematik:* Um es möglich zu machen, dass die Würdigung des steuerlichen Falles dennoch nicht widersprüchlich (und/ oder: nicht im Widerspruch zu dem, was das DBA anstrebt) erfolgt, erlauben die Doppelbesteuerungsabkommen normalerweise den betroffenen Behörden, miteinander direkte Gespräche zu führen mit dem Ziel, zu einer einheitlichen Sichtweise des Geschehens zu finden bzw. unterschiedliche Auffassungen so aufeinander abzustimmen, dass die Behandlung der Einzelfälle schlussendlich den Zielen, die das Abkommen anstrebt (v.a.: Beseitigung einer doppelten Besteuerung) auch tatsächlich entspricht. – 4. *Antrag, Vorgehensweise, Einigungsnotwendigkeit, Fristen:* Die Steuerpflichtigen, die glauben, dass das DBA im konkreten Einzelfall insgesamt nicht korrekt angewandt worden ist, können ein Verständigungsverfahren anregen, haben aber kein unbedingtes Recht darauf, dass es auch durchgeführt wird. Es gibt außerdem für das Verständigungsverfahren weder einen Einigungszwang noch eine Einigungsfrist, d.h. in der Praxis ist das Verständigungsverfahren ein Verfahren, mit dem die Finanzbehörden einem Steuerpflichtigen helfen können, aber nicht helfen müssen; sie werden von diesem Instrument vor allen Dingen dann Gebrauch machen wollen, wenn sie der Überzeugung sind, dass der Steuerpflichtige guten Glaubens vorgegangen ist, seine steuerlichen Verpflichtungen in beiden Staaten nach bestem Wissen erfüllt hat und nun quasi ohne Verschulden Opfer der nicht abgestimmten Ansichten beider Staaten zu werden droht. – 5. *Schiedsklauseln:* Das Manko des Verständigungsverfahrens, dass eine Einigung nicht erzwungen werden kann, wird neuerdings in einigen wenigen Doppelbesteuerungsabkommen durch zusätzliche Vereinbarungen abgemildert, die es ermöglichen, einen Schiedsrichter anzurufen, wenn die Finanzbehörden sich nicht auf eine abgestimmte Behandlung des Geschehens einigen können. Solche Klauseln sind jedoch selten und gehören bislang nicht einmal zu dem Standard an Regelungen, den die OECD für ein Doppelbesteuerungsabkommen vorschlägt (→ OECD-Musterabkommen zur Vermeidung der Doppelbesteuerung). Im Rahmen der EU findet sich eine zwingende Regelung für eine Detailfrage in Gestalt des → Schiedsabkommens. – 6. *Fundstelle:* Im OECD-Musterabkommen finden sich die Bestimmungen über das Verständigungsverfahren in Art. 25; in den meisten Abkommenstexten Deutschlands mit anderen Ländern stehen die Bestimmungen über ein Verständigungsverfahren daher ebenfalls in Art. 25.

Verständlichkeit – 1. *Begriff:* Merkmal der → Softwarequalität, das sich auf die strukturellen Zusammenhänge eines → Softwaresystems und auf die Lesbarkeit der Programmtexte (Quellprogramm) bezieht. – 2. *Aspekte:* konzeptionell klare Kriterien für die Systemstrukturierung und → Modularisierung, beschränkte Größe der → Module, selbstdokumentierende, gut lesbare Programmtexte (→ Programmierstil). – 3. *Bedeutung:* sehr wichtiges Merkmal, da Voraussetzung für viele andere Softwarequalitätsmerkmale.

Verstärkereffekte → konjunkturelle Verstärkereffekte.

versteckte Eigenschaft → Prinzipal-Agent-Theorie, → Informationsasymmetrie.

versteckte Handlung → Prinzipal-Agent-Theorie, → Informationsasymmetrie.

versteckte Information → Prinzipal-Agent-Theorie, → Informationsasymmetrie.

versteckte Progression – *kalte Progression.* Die versteckte Progression tritt bei progressivem Tarifverlauf (→ Steuerprogression) einer Steuer dann ein, wenn die steuerliche → Bemessungsgrundlage aufgrund inflationärer Tendenzen im Zeitablauf ansteigt, ohne dass der Steuertarif entsprechend angepasst wird. Trotz gleichbleibenden realen Wertes der steuerlichen Bemessungsgrundlage steigt die Steuerlast überproportional an.

versteckter öffentlicher Bedarf – die von den privaten Stellen aufgrund gesetzlicher Bestimmungen und Verwaltungsverordnungen unentgeltlich zu erbringenden Leistungen, die zur Erfüllung öffentlicher Aufgaben benötigt werden. – *Beispiele:* Wehr- und Ersatzdienst, Schöffentätigkeit, Mitwirkung bei der Steuer- und Sozialabgabenermittlung und -entrichtung.

verstehende Methoden – Vorstellung, dass in geistes- bzw. kulturwissenschaftlichen Bereichen (→ Kulturwissenschaft) eine Methode erforderlich ist, die den Sinn der Phänomene durch einfühlsames Verstehen erfasst. Die verstehende Methode wird von ihren Anhängern (→ Hermeneutik) als Alternative zum Ziel der → Erklärung mithilfe von allg. → Gesetzesaussagen betrachtet. Keine nähere Charakterisierung der verstehende Methode; v.a. fehlen Hinweise, wie die erzielten Erkenntnisse überprüft werden können.

Versteigerung – 1. *Begriff:* Form der → Marktveranstaltung, die im Weg des öffentlichen Aufrufs durch den Versteigerer an bestimmten Orten und zu bestimmten Zeiten stattfindet und bei der nicht fungible (nicht vertretbare) Waren an den Meistbietenden verkauft werden. Zwecks Information der Teilnehmer muss die Versteigerungsware meist am Versteigerungsort oder zumindest in dessen Nähe präsent sein. – 2. *Formen*: Bei der verdeckten Auktion geben die Teilnehmer ihre Gebote ohne Wissen der Gebote der anderen Teilnehmer ab. Bei der offenen Auktion, die als klassische Form der Versteigerung gilt, sind die teilnehmenden Bieter hingegen über sämtliche abgegebenen Gebote informiert. Im Falle der klassischen Versteigerung versuchen die am Erwerb/Angebot des Produkts Interessierten, sich gegenseitig zu über-/unterbieten. Das höchste/niedrigste Gebot erhält den Zuschlag. Hinsichtlich der Entwicklung des Preises herrscht bei Anbieter und Nachfragern völlige Transparenz. Beim → Veiling entwickelt sich der Preis in entgegengesetzter Richtung, d.h. von oben nach unten. Derjenige Teilnehmer, der zuerst bietet, erhält den Zuschlag. Im Gegensatz zur Versteigerung herrscht hier bei den Nachfragern höchste Unsicherheit, da niemand weiß, zu welchem Preis die anderen ein Gebot abgeben. – 3. *Freiwillige* Versteigerung (→ Auktion): a) Das Gebot ist ein Vertragsangebot, das durch Abgabe eines Übergebots oder Beendigung der Versteigerung ohne Erteilung des → Zuschlags erlischt. Vertragsabschluss kommt durch Zuschlag zustande (§ 156 BGB). – b) Dient die Versteigerung der Aufgabe des Geschäftsbetriebs, ist sie meist als Ausverkauf (→ Räumungsverkauf) anzusehen. – 4. Die *Versteigerung aufgrund gesetzlicher Vorschriften* zur Befriedigung Berechtigter: a) *öffentliche* Versteigerung nach privatrechtlichen Grundsätzen), z.B. beim → Pfandverkauf, → Selbsthilfeverkauf. – b) *Behördliche Versteigerung:* → Zwangsvollstreckung; → Zwangsversteigerung. – 5. *Versteigerungsgewerbe:* Die gewerbsmäßige Versteigerung fremder Gegenstände bedarf der Erlaubnis, die bei Unzuverlässigkeit oder bei ungeordneten Vermögensverhältnissen des Versteigerers zu versagen ist. Bei der Versteigerung sind die Beschränkungen des § 34b GewO (Versteigerungsgewerbe) zu beachten; Einzelheiten über das bei den Versteigerungen einzuhaltende Verfahren und die Versteigerungsbedingungen regeln die Versteigerungsvorschriften. – Vgl. → eBay-Auktion.

Versteigerungsbedingungen – im → Zwangsversteigerungsverfahren von Grundstücken durch das Gericht festgesetzte Bedingungen (§ 66 ZVG). – Vgl. auch → Deckungsgrundsatz, → geringstes Gebot.

Versteigerungsbeschluss – Anordnungsbeschluss des Amtsgerichts über die → Zwangsversteigerung eines Grundstücks.

Versteigerungstermin – im → Zwangsversteigerungsverfahren öffentliche Verhandlung des → Vollstreckungsgerichts, in der Grundstück oder Schiff zur Versteigerung gelangt. – 1. *Bestimmung* des Versteigerungstermins durch das Gericht, wobei der Inhalt der Terminbestimmung z.T. zwingend vorgeschrieben ist (§ 37 ZVG). – 2. *Ablauf:* a) *Vorverhandlung:* Aufruf der Sache, Bekanntmachung von Grundstück, Gläubigern, Ansprüchen etc., Feststellung des → geringsten Gebots und der → Versteigerungsbedingungen. – b) *Versteigerungsgeschäft:* Bestehend aus dem Ausbieten der zur Versteigerung gelangenden Objekte und der Abgabe von Geboten; Mindestdauer: eine halbe Stunde (§ 73 ZVG). – c) *Verhandlung über den Zuschlag an den Meistbietenden.*

Versteigerungsvermerk – von Amts wegen im Hinblick auf den öffentlichen Glauben des Grundbuchs einzutragender Vermerk, der ersichtlich macht, dass das betreffende Grundstück sich in der → Zwangsversteigerung befindet.

Verstrickung – Die durch staatliche Beschlagnahme (z.B. Pfändung) eines Gegenstandes eintretende Bindung des Eigentümers, Besitzers etc. – *Strafrechtlicher Schutz:* → Pfandentstrickung.

Verstrickungsbruch → Pfandentstrickung.

Versuch – Es handelt sich um einen strafrechtlichen Rechtsbegriff für eine begonnene, aber noch nicht zur Vollendung gelangte Verwirklichung eines strafrechtlichen Tatbestandes. – 1. *Zu ahnden* ist der Versuch immer bei → Verbrechen; bei → Vergehen und → Ordnungswidrigkeiten nur in den Fällen, in denen das Gesetz es ausdrücklich bestimmt (§ 23 I StGB, § 13 OWiG). – 2. *Strafe* kann bei Versuch niedriger als bei vollendetem Delikt bemessen werden (§ 23

II StGB). → Rücktritt kann u.U. Straffreiheit bewirken. – 3. Die *Rechtsdogmatik* kennt verschiedene Begriffe und Denkfiguren und knüpft daran ihre rechtlichen Wertungen: tauglicher/untauglicher/fehlgeschlagener Versuch; Abgrenzung der straflosen Vorbereitungshandlung zum Versuch.

Versuchs- und Entwicklungskosten → Entwicklungskosten, → Forschungskosten, → Konstruktionskosten, → Patentkosten.

versunkene Kosten → Sunk Costs.

Vertagung – im Zivilprozess die Bestimmung eines neuen Termins nach Beginn der Verhandlung. Möglich durch unanfechtbaren → Beschluss aus erheblichen Gründen (§ 227 ZPO).

Verteidiger – Verteidiger im strafrechtlichen Rechtssinn sind Personen, die die Verteidigung eines Angeklagten bzw. Beschuldigten im Strafverfahren oder Bußgeldverfahren wahrnehmen. Zum Verteidiger können gewählt werden: Bei einem dt. Gericht zugelassene → Rechtsanwälte sowie Rechtslehrer an dt. Hochschulen, andere Personen nur mit Zustimmung des Gerichts. Der Beschuldigte darf sich in jeder Lage des Verfahrens bis zu drei Verteidigern bedienen. Ein Verteidiger ist in bestimmten Fällen (z.B. bei dringendem Verdacht einer Tatbeteiligung, einer Begünstigung oder eines Missbrauchs des Verkehrs mit dem inhaftierten Beschuldigten) von der Mitwirkung in einem Verfahren auszuschließen. – Hat der → Angeschuldigte noch keinen Verteidiger beauftragt, ist ihm in Fällen der notwendigen Verteidigung (§ 140 StPO) ein Pflichtverteidiger zu bestellen. – *Einzelheiten:* §§ 137–149 StPO.

Verteillager → Lagerarten.

Verteilnetz → Netz, das als Grundlage für die Massenkommunikation dient. Bei einem Verteilnetz werden die Signale nur in eine Richtung, von einer Zentrale ausgehend, an viele Endpunkte verteilt. – *Beispiele:* Rundfunknetz, Fernsehenetz. – *Gegensatz:* → Vermittlungsnetz.

verteilte Datenbank → Datenbanksystem, dessen zugehörige Datenbasis koordiniert auf mehrere → Computersysteme (Netzknoten) aufteilbar ist. Bei verteilten Datenbanken werden Ausschnitte des zugrunde liegenden Datenschemas auf verschiedene Rechnerknoten verteilt, die mit den anderen Rechnerknoten kommunizieren. Der Vorteil von verteilten Datenbanken liegt in einer höheren Verfügbarkeit des Gesamtsystems, einer höheren Aktualität, geringeren Kosten und einer erhöhten Flexibilität.

verteilte Datenverarbeitung → Distributed Data Processing (DDP).

verteiltes Datenbanksystem – 1. *Begriff:* → Datenbanksystem, bei dem die zugehörige → Datenbank koordiniert auf mind. zwei über ein → Netz verbundene → Rechner verteilt ist. – 2. *Vorteile:* → Daten, die auf verschiedenen Netzknoten gespeichert sind, können in anwendungsunabhängigen einheitlichen Formaten in der Form „transparent“ gespeichert werden, dass die physische Lokalität der Daten vor dem → Benutzer verborgen bleibt; große Datenmengen können auch mit mehreren verhältnismäßig kleinen Rechnern durch Parallelarbeit verwaltet werden; Datensicherheit kann durch replizierte Datenbestände erhöht werden. – 3. *Probleme:* die Ermittlung einer optimalen → Datenverarbeitung, die Handhabung verteilter → Transaktionen und die Sicherstellung der Widerspruchsfreiheit (→ Konsistenz) zwischen verteilten Datenbeständen.

Verteilung – I. Statistik: Bezeichnung für eine empirische → Häufigkeitsverteilung oder für die Wahrscheinlichkeitsverteilung einer → Zufallsvariablen, die etwa durch eine → Verteilungsfunktion, eine → Dichtefunktion oder eine → Wahrscheinlichkeitsfunktion angegeben wird.

II. Volkswirtschaftslehre: → Distribution, → Verteilungstheorie.

Verteilung der Arbeitszeit → Arbeitszeit.

Verteilung des Restvermögens – Aufgabe der → Abwickler bei einer Personengesellschaft nach Versilberung des Gesellschaftsvermögens und Befriedigung der Gläubiger (§ 155 HGB). – Das verbleibende Vermögen wird auf die Gesellschafter nach dem Verhältnis der Kapitalanteile, das sich aus der Schlussbilanz ergibt, aufgeteilt. – Vgl. auch → Abwicklung.

Verteilungsebenen – Ebenen, auf denen die Auseinandersetzung sozialer Gruppen um ihre relativen Anteile am Nationaleinkommen geführt wird. In privatkapitalistischen, dezentralisiert organisierten Volkswirtschaften sind v.a. zu nennen: (1) Gütermärkte, (2) Arbeitsmärkte, (kollektive) Tarifverhandlungen, (3) Festlegung der Höhe von Staatseinnahmen und deren Struktur (insbes. Steuer- und Sozialversicherungssystem), (4) Festlegung der Höhe von Staatsausgaben und deren Struktur (insbes. Sozialsystem, Transferausgaben). – Vgl. auch → Verteilungstheorie, → Verteilungspolitik.

verteilungsfreie Testverfahren – nicht parametrische (verteilungsfreie) Testverfahren.

Verteilungsfunktion – Funktion F, die jeder reellen Zahl x die → Wahrscheinlichkeit $F(x) = P(X \leq x)$ dafür zuordnet, dass die → Zufallsvariable X einen Wert von höchstens x annimmt. Die Verteilungsfunktion ist eine nichtfallende Funktion, die nur Werte von 0 bis 1 annehmen kann. Bei einer diskreten Zufallsvariablen mit den Ausprägungen $x_1, x_2, \ldots$ kann die Verteilungsfunktion aus der → Wahrscheinlichkeitsfunktion f durch → Kumulierung, also gemäß

$$F(x) = \sum_{x_i \leq x} f(x_i),$$

ermittelt werden. Bei einer stetigen Zufallsvariablen wird die Verteilungsfunktion an einer Stelle x durch Integration über die → Dichtefunktion ermittelt:

$$F(x) = \int_{-\infty}^{x} f(z)dz$$

– Bei empirischen → Verteilungen wird die relative → Summenfunktion als *empirische* Verteilungsfunktion bezeichnet.

Verteilungsfunktion des Preises – Begriff der → Preistheorie, der besagt, dass Änderungen von Güter- und Faktorpreisen über die Änderung der → Allokation auf die Einkommens- und Vermögensverteilung wirken können. Güterpreiserhöhungen ohne Erhöhung der Faktorpreise verschlechtern bei gegebener Beschäftigung z.B. die funktionale → Einkommensverteilung für die Arbeitnehmer.

Verteilungsgerechtigkeit – 1. *Begriff:* Das normative Ziel der Verteilungsgerechtigkeit ist höchst umstritten und deshalb auch nicht in den Katalog wirtschaftspolitischer Oberziele des → Stabilitäts- und Wachstumsgesetzes (StWG) aufgenommen worden. Die kontroversen Leitbilder reichen von der Forderung nach dem unkorrigierten Leistungsprinzip bis zur Empfehlung der absoluten Gleichverteilung. – 2. *Konflikte:* a) Das *Ziel* Verteilungsgerechtigkeit ist in mehrfacher Hinsicht umstritten. Nach Meinung vieler Liberaler ist es aus dem Katalog der gesamtwirtschaftlichen Ziele zu streichen. Dagegen sehen viele Postkeynesianer gerade die Verletzung des Ziels Verteilungsgerechtigkeit als eine der Hauptursachen für anhaltende Instabilitäten an. Die ökonomische Analyse selbst liefert keine Verteilungsnorm. Wirtschafts- und Verteilungspolitik müssen sich demnach auf anderweitig gewonnene Leitbilder bzw. Normen berufen. Die Leitbilder der Wirtschaftspolitik, → Liberalismus (Leistungsgesellschaft) und Egalitarismus (Gleichheitsauffassung, → Gleichheitsprinzip), beinhalten gemeinsam die Grundwerte Freiheit, Gerechtigkeit und Solidarität. Unter diesen allg. anerkannten Grundwerten nimmt Freiheit den zentralen Platz ein, denn in diesem Wert sind – bei angemessenem Verständnis des Menschen in seiner Gesellschaftlichkeit – die beiden anderen Grundwerte mitenthalten. Freiheit kann nicht einfach (und nur) Verzicht der staatlichen und gesellschaftlichen Organe auf Eingriffe ins wirtschaftliche Geschehen bedeuten, denn dann profitieren die einzelnen Wirtschaftssubjekte aufgrund unterschiedlicher ökonomischer und sozialer Ausgangsbedingungen höchst unterschiedlich von den so geschaffenen Verhältnissen. Diese Ungleichheit ist zugleich Ungerechtigkeit und eine Beeinträchtigung der konkreten materiellen Freiheit vieler. – b) *Aufgabe der Gesellschaft* (des Staates) ist es, solche sozialen, ökonomischen und politischen Verhältnisse zu schaffen, dass jeder Mensch seine persönlichen (unterschiedlichen) Anlagen frei entfalten kann. Ohne Gerechtigkeit im Sinn gleicher Freiheitschancen und Entfaltungsmöglichkeiten für alle und ohne Solidarität in Form zusätzlicher Hilfe für Benachteiligte ist die Freiheitsforderung fragwürdig: Die Freiheit der ungerechterweise Ungleichen könnte auf Kosten der Freiheit der anderen gehen. Die Gerechtigkeit der freien Entfaltung setzt (mind.) voraus: (1) Angemessene Bildungs- und Erziehungsmöglichkeiten für alle; (2) Abbau persönlicher Abhängigkeiten aufgrund unterschiedlicher ökonomischer und/oder politischer Macht oder zumindest deren demokratische Kontrolle. – Die Menschen sind aufgrund ihrer unterschiedlichen natürlichen Anlagen verschieden. Mit Ausnahmen geht die neuzeitliche politische Philosophie (etwa seit Hobbes, Locke, Smith, Rousseau, Kant) davon aus, dass aus diesen individuellen Unterschieden keine Legitimierung von politischer Macht der einen über die anderen abgeleitet werden kann. Diese Legitimierung erfolgt durch einen Vertrag (demokratische Verfassung), nach dem jeder Bürger die gleiche Chance und das gleiche Recht hat, auf jeden Platz innerhalb der politischen Ordnung zu gelangen. – Der Begriff der Gleichheit bleibt in der Praxis solange formal, solange die Chancengleichheit durch unzulängliche Bildung und Armut der einen nicht gewährleistet ist. Die Gleichheitsforderung hat nicht eine Nivellierung der Individuen zum Ziel, sondern will Chancengleichheit für alle, damit die unterschiedlichen Anlagen frei zur Entfaltung kommen. Die heute sichtbaren Unterschiede der Menschen an Intelligenz, Sensibilität, Kreativität etc. sind z.T. Folge der Umweltbedingungen und arbeitsteiligen Produktionsweise. Um die weitgehende Beseitigung dieser „erzeugten", nicht der „natürlichen" Unterschiede, geht es bei der Forderung nach „Gleichheit". – Vgl. auch → gerechte Einkommensverteilung, → Sozialpolitik in der Marktwirtschaft.

Verteilungsgleichgewicht → Verteilungstheorie.

Verteilungsinflation – Inflation, die durch Auseinandersetzungen über die Verteilung der Einkommen entsteht. Inflationstreibend können dabei sowohl Nominallohnsteigerungen wirken, die über das Wachstum der Arbeitsproduktivität hinausgehen, als auch Preiserhöhungen der Unternehmen, die über die Erhöhung der Lohnstückkosten hinausgegen. Eine derartige Verteilungsauseinandersetzung kann in einer → Lohn-Preis-Spirale münden. Empirisch ist es schwer zu klären, wie viel Prozentpunkte der Inflation auf den Verteilungskonflikt zurückgehen, welche Seite (die Gewerkschaften und ihre Lohnpolitik oder die Unternehmen und ihre Preispolitik) dies hauptsächlich verursacht hat. Umstritten ist auch, wie der Zielkonflikt zwischen Preisstabilität und → Verteilungsgerechtigkeit (→ Verteilungspolitik) zu bewerten bzw. zu lösen ist. – Vgl. auch → Phillips-Kurve, → Inflation.

Verteilungskonzepte → Verteilungstheorie.

Verteilungsnormen → Verteilungspolitik.

Verteilungspolitik – 1. *Begriff:* Gesamtheit der Maßnahmen des Staates, die darauf gerichtet sind, die Verteilung von Einkommen und Vermögen im Sinn bestimmter Verteilungsprinzipien systematisch zu korrigieren. Zielsetzungen, Prinzipien und

Stellenwert einer solchen Verteilungspolitik sind in den meisten Ländern höchst umstritten, zumal verteilungspolitische Erfolge zulasten der Erreichung anderer wirtschaftspolitischer Ziele gehen können. – 2. *Instrumente:* Die Reduzierung bestehender sozialer und ökonomischer Ungleichheiten kann an sehr verschiedenen Punkten ansetzen, die in die verschiedensten Bereiche der Wirtschaftspolitik fallen und sich gegenseitig nicht ausschließen.a) *Finanzpolitik:* Viele finanzpolitische Maßnahmen setzen an der ungleichen → Primärverteilung an und versuchen, diese in eine gleichmäßigere → Sekundärverteilung zu überführen, v.a. durch Steuern, Sozialversicherungsbeiträge, Sozialtransfers und Subventionen. Die Verteilungswirkungen der genannten Maßnahmen werden durch Überwälzungsprozesse stark modifiziert und sind insofern empirisch nur schwer messbar. – b) *Ordnungs- und Wettbewerbspolitik:* Direkte Einflüsse auf die Primärverteilung übt der Staat durch die Ausgestaltung der ordnungspolitischen Rahmenbedingungen (→ Ordnungspolitik) und durch eine konsequente Politik gegen Wettbewerbsbeschränkungen aus. Hier sind die Verteilungswirkungen fast völlig unbekannt. Schließlich bietet auch die Bereitstellung → öffentlicher Güter einen wichtigen Ansatzpunkt für verteilungspolitische Maßnahmen. Völlig ungelöste Zurechnungs- und Bewertungsprobleme ermöglichen allenfalls (sehr umstrittene) Tendenzaussagen bez. der Verteilungswirkungen. – c) *Sozialpolitik:* Unbestritten zur Verteilungspolitik gehören die umfangreichen Maßnahmen der → Sozialpolitik. Im Mittelpunkt der Bemühungen um soziale Sicherheit stehen die in der Bundesrepublik Deutschland umfassend ausgebauten Sozialversicherungssysteme und zahlreiche weitere Maßnahmen der Sozialgesetzgebung (→ soziale Sicherung). – d) *Bildungspolitik:* Unverkennbar ist auch die verteilungspolitische Relevanz von bildungspolitischen Maßnahmen (→ Bildungspolitik), bes. dann, wenn sie gezielt auf einzelne Bevölkerungsgruppen ausgerichtet sind. Dahinter steckt der Gedanke, dass eine gleichmäßigere Verteilung der Bildungschancen zu gleichmäßigeren Einkommensansprüchen unter den Arbeitnehmern führt. Erwähnt sei der ebenfalls verteilungsrelevante Aspekt der Beseitigung von diskriminierenden Einkommensnachteilen – für Deutschland bedeutsam ist v.a. die Forderung nach gleicher Entlohnung für Frauen und Männer. – e) → Vermögenspolitik, → Vermögensumverteilungspolitik. – f) → Nominallohnpolitik. – g) → Einkommenspolitik. – h) *Umverteilungspolitik.*

Verteilungsprinzipien – I. Kostenrechnung: → Kostenverteilungsprinzipien.

II. Verteilungstheorie und -politik: Leitbilder einer gerechten Einkommensverteilung (→ Verteilungspolitik). Zu nennen sind hier v.a. Egalität (→ Gleichheitsprinzip), Leistungsprinzip, → Bedarfsprinzip, Nicht-Diskriminierung.

Verteilungsquoten – Maßzahlen zur Beurteilung der → funktionalen Einkommensverteilung bzw. deren zeitlicher Entwicklung. Zu den Verteilungsquoten gehören bspw. die → Lohnquote bzw. die → Arbeitseinkommensquote und die → Gewinnquote. – Vgl. auch → Verteilungstheorie.

Verteilungsrechnung – im Rahmen der Darstellung des → Volkseinkommens die Ermittlung des → Arbeitnehmerentgelts und der → Unternehmens- und Vermögenseinkommen. Neben der Verteilungsrechnung bilden die → Entstehungsrechnung und die → Verwendungsrechnung den Kernbereich der laufenden Inlandsproduktsberechnung. – Vgl. auch Bruttoinlandsprodukt (BIP).

Verteilungsschlüssel → Gemeinkostenschlüsselung.

Verteilungstermin – im → Zwangsversteigerungsverfahren gerichtlicher Termin, in dem der Ersteher nach Zuschlag das → Bargebot zu zahlen hat. Dieser Betrag (Versteigerungserlös) tritt für die Anspruchsberechtigung anstelle des Grundstücks. Maßgebend für die Verteilung ist → Rang der Rechte nach §§ 10 ff. ZVG; dazu Aufstellung des → Teilungsplans.

Verteilungstheorie

von Prof. Dr. Hagen Krämer

Die Verteilungstheorie hat zum Ziel, die Verteilung des laufenden Einkommens bzw. des Vermögens systematisch zu analysieren. Die Analyse kann auf verschiedene Einkommens- bzw. Vermögensarten oder auf verschiedene Gruppen von Einkommensbeziehern bzw. Vermögensbesitzern ausgerichtet sein. Zur theoretischen Analyse der → Vermögensverteilung liegen nur wenige eigenständige Ansätze vor; i.d.R. steht die Analyse der Vermögensverteilung in direkter Verbindung mit einer Theorie der → Einkommensverteilung, da zwischen der Stromgröße Einkommen und der Bestandsgröße Vermögen eine enge Beziehung besteht. Daneben spielt für die Vermögensverteilung die Vererbung von Vermögen und deren Besteuerung eine größere Rolle. Im Unterschied zur Vermögensverteilung existieren für die Erklärung der Einkommensverteilung zahlreiche analytische Erklärungsansätze, die sich teilweise stark voneinander unterscheiden. Eine einheitliche Verteilungstheorie gibt es in den Wirtschaftswissenschaften daher nicht. Theorien der Einkommensverteilung – und diese stehen im Folgenden im Mittelpunkt – müssen jeweils im Zusammenhang mit ihrem übergeordneten → Paradigma betrachtet werden.

Bei den Theorien der Einkommensverteilung wird zwischen der → personellen Einkommensverteilung und der → funktionalen Einkommensverteilung unterschieden. Die personelle Einkommensverteilung betrachtet die Verteilung der im Wirtschaftsprozess entstandenen Einkommen auf Personen (Individuen oder Haushalte). Unter der funktionalen Einkommensverteilung wird die Aufteilung der gesamtwirtschaftlichen Einkommen auf funktionale Einkommensarten (Lohn, Profit, Zins und Rente) oder auf die Produktionsfaktoren verstanden, die zur Erwirtschaftung des Sozialprodukts beigetragen haben oder an seiner Verteilung partizipieren (wie reine Besitzeinkommen). Beide Betrachtungsweisen sind eng miteinander verwoben. Aus der Verteilung der Einkommen auf die Produktionsfaktoren lässt sich bei Kenntnis der Verteilung der Produktionsfaktoren auf die Individuen bzw. die Haushalte die personelle Einkommensverteilung ableiten. Trotz der in modernen Ökonomien vorzufindenden → Querverteilung (Einkommensbezug einer Person aus verschiedenen Einkommensarten) hat die funktionale Einkommensverteilung daher nach wie vor eine hohe Relevanz für die Frage der Einkommensungleichheit.

I. Funktionale Einkommensverteilung

Traditionellerweise steht die funktionale Einkommensverteilung im Zentrum der ökonomischen Verteilungstheorien. Dies hängt vor allem mit ihrer engen Wechselwirkung mit Fragen der Bestimmung von Produktion und Wirtschaftswachstum zusammen. Da sich Fragestellungen, Methoden und die Struktur der Analyse der verschiedenen ökonomischen Paradigmen unterscheiden, sind sowohl die Bestimmungsgründe der funktionalen Verteilung als auch die Aussagen über die langfristigen Entwicklungsprozesse der Verteilung unterschiedlich.

1. Verteilung bei den ökonomischen Klassikern

a) Einkommen der sozialen Klassen

Während es in der Verteilungstheorie des heute dominierenden neoklassischen Paradigmas um die Einkommen der Produktionsfaktoren Arbeit, Kapital und Boden geht, die gemäß ihrer Funktionen im Produktionsprozess als solche definiert werden, behandelten die Klassiker der politischen Ökonomie (Adam Smith, David Ricardo, John Stuart Mill, Karl Marx u.a.) die Frage nach den Bestimmungsgründen der Einkommen der sozialen Klassen. Dabei existierte eine eindeutige Zuordnung von Einkommensarten zu den sozialen Klassen. Die einzige Quelle, aus der die Arbeiter Einkommen beziehen, ist der Lohn; die Landbesitzer erhalten ausschließlich eine Grundrente und das einzige Einkommen der Kapitaleigner (Kapitalisten) ist der Profit. Dagegen existiert in der ab Ende des 19. Jahrhunderts aufkommenden neoklassischen Verteilungstheorie keine klare Beziehung mehr zwischen Faktoreinkommen und sozialen Klassen. Aus der Höhe der Kapitaleinkommen kann bspw. nicht abgeleitet werden, ob diese nur einer bestimmten sozialen Klasse zufließen oder ob sie mehr oder weniger gleichmäßig allen Mitgliedern der Gesellschaft zukommen.

b) Einkommensverteilung und das Surpluskonzept

Die Verteilungstheorie der ökonomischen Klassik wird auch als surplustheoretischer Ansatz der Einkommensverteilung bezeichnet. Unter einem Surplus (Mehrprodukt) – einem zentralen Konzept der klassischen Analyse – versteht man einen Überschuss des Sozialprodukts im Verhältnis zu den im Produktionsprozess verbrauchten Gütern. Hierzu gehören neben den abgenutzten Produktionsmitteln und den eingesetzten Rohstoffen vor allem die Güter, die die Arbeiter zum Leben brauchen (Reproduktionsmittel). Der verbleibende Überschuss kann an die anderen sozialen Klassen verteilt werden. Bedeutsam ist die Annahme, dass aus dem Profit der Kapitaleigner die Mittel für die Akkumulation (Investition) entstehen, durch die die Wirtschaft erst wachsen kann. Hieran zeigt sich der zentrale Zusammenhang von Verteilung und Wachstum in der ökonomischen Klassik. Charakteristisch für die klassische Verteilungstheorie ist darüber hinaus die grundsätzliche Sichtweise von Produktion, Verteilung und Verbrauch des Einkommens als Kreislaufprozess.

c) Lohn, Grundrente, Profit

Die Lohnhöhe wird durch ein historisch und sozial veränderliches Subsistenzniveau bestimmt. Dieses ist nicht in einem biologischen Sinne zu verstehen, sondern wird aus den jeweiligen sozialen Bedingungen heraus bestimmt. Die Eigenschaft der Lohnhöhe, in Richtung des Subsistenzniveaus zu tendieren, wurde entweder über ein starkes Bevölkerungswachstum (→ Thomas Malthus) oder über die Tendenz des technischen Fortschritts, Arbeitskräfte freizusetzen (→ Karl Marx), begründet.

Den entscheidenden Beitrag zur Erklärung der Grundrente lieferte → David Ricardo. Gemäß seinem Konzept der Differentialrente wird eine Grundrente nur auf den fruchtbareren Böden bezahlt. Die höchste Rente erzielt der Grundbesitzer, der den fruchtbarsten Boden besitzt. Der am wenigsten fruchtbare Boden von allen Böden, die kultiviert werden (der Grenzboden), wirft keine Rente mehr ab.

Das Einkommen der Kapitaleigner (der Profit) ist eine Residualgröße, die sich ergibt, wenn vom Produktionsergebnis die Löhne und die Grundrenten abgezogen werden. Auch wenn sich die Begründungen im Einzelnen unterscheiden, so ist ein weiteres gemeinsames Element der klassischen Verteilungstheorien, dass langfristig von einem tendenziellen Fall der → Profitrate ausgegangen wird. Hieraus leitet sich die bei den Klassikern verbreitete Auffassung ab, demnach die ökonomische Entwicklung in der langen Frist in eine Stagnation münde.

d) Lohn-, Renten- und Profitquote

Zu den Einkommensquoten und ihren langfristigen Entwicklungen lassen sich bei den Klassikern nur wenige explizite Aussagen finden, da diese sich vorwiegend mit den Verteilungsgrößen Lohn, Grundrente, Profit bzw. der Lohn-, Profit-, Rentensumme befassten. Wie zuvor schon Adam Smith äußerte David Ricardo die Erwartung, dass die Rentenquote langfristig steigen werde. Spätere Interpretationen von Ricardos Schriften kommen zu unterschiedlichen Einschätzungen, ob dies aus seinen anderen Überlegungen zwangsläufig folgen muss. Offensichtlich ist jedoch, dass in der Klassik nicht von einer langfristigen Konstanz der quotalen Einkommensverteilung ausgegangen wird. Die → Verteilungsquoten können sich, je nach der Entwicklung ihrer Einflussfaktoren, im Laufe der Zeit ändern.

2. Verteilung in der neoklassischen Theorie (Marginalismus)

a) Mikroökonomische Grenzproduktivitätstheorie der Verteilung

Der mikroökonomischen → Grenzproduktivitätstheorie der Verteilung geht es im Wesentlichen um eine Bestimmung der Nachfrage nach den einzelnen Produktionsfaktoren auf den jeweiligen Faktormärkten; sie kann im eigentlichen Sinne daher nicht als eine originäre Verteilungstheorie bezeichnet werden. Gleichzeitig mit der Bestimmung der Faktornachfrage werden auch die einzelnen → Faktorpreise (Lohn, Kapitalzins, Grundrente) ermittelt. Anders als in der ökonomischen Klassik ist das Grundprinzip der Faktorpreisbestimmung für alle Produktionsfaktoren identisch. Unter der Verwendung diverser Annahmen, darunter insbesondere derjenigen vollkommener Konkurrenz, wird jeder Produktionsfaktor im Marktgleichgewicht gemäß dem → Wertgrenzprodukt der letzten Einheit entlohnt, die noch beschäftigt wird. Das Wertgrenzprodukt der Arbeit entspricht dem nominalen Lohnsatz und das Wertgrenzprodukt des Kapitals dem nominalen Kapitalzins. Da sich das Einkommen eines Produktionsfaktors aus dem Produkt von Faktorpreis und -menge ergibt, ist die Theorie der Preisbildung auf einem Faktormarkt in diesem Modellrahmen gleichzeitig eine Theorie der Einkommensverteilung. Damit die Summe der Einkommen aller Produktionsfaktoren das Produktionsergebnis vollständig ausschöpft, muss außer der Annahme vollkommener Konkurrenz auch noch die Existenz konstanter Skalenerträge unterstellt werden.

b) Die makroökonomische Version der Grenzproduktivitätstheorie der Verteilung

Die makroökonomische Version der Grenzproduktivitätstheorie der Verteilung beabsichtigt, die auf der mikroökonomischen Ebene gewonnenen Gesetzmäßigkeiten auf die Gesamtwirtschaft zu übertragen. Die Einkommen der Produktionsfaktoren entsprechen auch auf gesamtwirtschaftlicher Ebene ihren jeweiligen Faktorpreisen. Wird wie allgemein üblich eine → Cobb-Douglas-Produktionsfunktion angenommen, verteilt sich das produzierte Einkommen komplett auf die beteiligten Produktionsfaktoren. Die gesamtwirtschaftliche Lohnquote (Profitquote) wird mit der Produktionselastizität der Arbeit (des Kapitals) gleichgesetzt. Änderungen von Lohnsatz oder Profitrate haben keinen Einfluss auf die quotale Einkommensverteilung, da diese eine entsprechend kompensierende Faktorsubstitution auslöst. Die Einkommensquoten ändern sich allenfalls, wenn sich die Produktionselastizitäten durch (nicht-neutralen) technischen Fortschritt ändern. Wird eine → CES-Produktionsfunktion mit einer Produktionselastizität ungleich eins verwendet, kann auch eine Änderung der Kapitalintensität einen Einfluss auf die Höhe der Einkommensquoten ausüben. Prinzipiell gilt damit, dass die neoklassische Verteilungstheorie die funktionale Verteilung aus den „technischen Bedingungen“ bzw. aus rein ökonomischen Gesetzmäßigkeiten ableitet. Im Standardansatz der Grenzproduktivitätstheorie der Verteilung gibt es demzufolge keinen Platz für Marktmacht, für soziale Einflussfaktoren oder die Berücksichtigung von Verteilungskonflikten, wie sie in der Realität beständig auftreten.

Wie im Rahmen der bedeutsamen → kapitaltheoretischen Kontroverse deutlich geworden ist, erweist sich allerdings die Annahme der Existenz einer gesamtwirtschaftlichen Produktionsfunktion und die Vorgabe einer definierten „Menge an Kapital“ unabhängig von den Preisen der verschiedenen Kapitalgüter und damit der Profitrate als unhaltbar. Hierbei tritt nämlich das Problem auf, dass zur Bestimmung des Wertes des aggregierten Kapitalstocks die Preise der einzelnen, heterogenen Kapitalgüter bekannt sein müssen, um diese zu einem gesamtwirtschaftlichen Kapitalstock aufaddieren zu können. Die Preise der einzelnen Kapitalgüter sind jedoch ohne Kenntnis des Kapitalzinses (der Profitrate) nicht bestimmbar. Wie Piero Sraffa gezeigt hat, müssen beide – die Preise der Kapitalgüter und die Profitrate – simultan bestimmt werden. Obwohl hier offenkundig wird, dass die makroökonomische Version der Grenzproduktivitätstheorie auf einem Zirkelschluss basiert, der ihr theoretisches Fundament infrage stellt, ist sie heute immer noch weit verbreitet. Auf Basis dieser Theorie werden häufig auch weitreichende verteilungs- und beschäftigungspolitische Empfehlungen gegeben.

3. Postkeynesianische Verteilungstheorie

a) Gemeinsamkeiten der postkeynesianischen Verteilungstheorien

Im Rahmen der postkeynesianischen Wirtschaftstheorie sind verschiedenartige Beiträge zur Verteilungstheorie entstanden, die häufig im Zusammenhang mit anderen ökonomischen Fragestellungen entwickelt wurden. Trotz ihrer Unterschiede im Einzelnen greifen sie zentrale Elemente der Theorie von → John Maynard Keynes auf. Dazu gehören vor allem die Mechanismen, die in der von Keynes aufgeführten Metapher vom „Krug der Witwe" beschrieben wurden. Dies ist zum einen die Auffassung, dass die Ausgaben, die die Unternehmen als Investitionen tätigen, ihnen wieder als Einnahmen zurückfließen. Dies bedeutet, dass die Unternehmerschaft als Ganzes es selbst in der Hand hat, durch Festlegung ihrer Ausgaben über ihre Einkommen zu entscheiden; oder in den Worten von → Nicholas Kaldor (1955-56): „Capitalists earn what they spend, and workers spend what they earn". Zum anderen verbindet sie der Bezug auf den zentralen Kern der keynesianischen Theorie, nämlich die Feststellung, dass die Investitionen unabhängig von der geplanten Ersparnis sind und sich letztere über den Multiplikatorprozess an erstere anpassen.

b) Nicholas Kaldors Kreislauftheorie der Verteilung

Als Prototyp der postkeynesianischen Verteilungstheorie gilt das Verteilungsmodell von Nicholas Kaldor aus den 1950er-Jahren, das als → Kreislauftheorie der Verteilung bezeichnet wird. Kaldor behandelt die Einkommensverteilung im Zusammenhang mit seiner Wachstumstheorie. Zentraler Baustein ist dabei die Annahme von unterschiedlich hohen einkommensspezifischen Sparquoten, wobei die Sparquote aus Profit- größer ist als die aus Lohneinkommen. Unter dieser und weiteren Voraussetzungen wird die quotale Einkommensverteilung gemäß der bekannt gewordenen Kaldor-Formel der Einkommensverteilung neben den Sparquoten wesentlich durch die exogen bestimmte Investitionsquote bestimmt. Kritisiert werden an Kaldors Theorie u.a. die Annahmen der Vollbeschäftigung und der Konstanz der Nominallöhne. Unklar bleibt vor allem, warum die Arbeiter in einer Vollbeschäftigungssituation eine Änderung der Reallöhne zu ihren Ungunsten hinnehmen sollten. Unbefriedigend ist im Kaldor-Modell letztlich insbesondere die Tatsache, dass die Einkommensverteilung eine passive Rolle spielt, da sie vor allem die Aufgabe hat, das Vollbeschäftigungsgleichgewicht herzustellen.

c) Erweiterungen

Andere Verteilungstheorien des Postkeynesianismus, wie z.B. die von → Joan Robinson, kommen ohne die Vollbeschäftigungsannahme aus. In den Ansätzen von Michal Kalecki und Josef Steindl wird darüber hinaus auch explizit die Möglichkeit einer dauerhaften Unterauslastung der Produktionskapazitäten zugelassen. Luigi Pasinetti berücksichtigte die Tatsache, dass bei einer positiven Sparquote der Arbeiter Vermögen gebildet werden und Arbeiterhaushalten damit auch Kapitaleinkommen zufließen. Der Ansatz Pasinettis bietet die Möglichkeit einer Verbindung der postkeynesianischen Verteilungstheorie mit einer Analyse der Vermögensverteilung. Von besonderer Relevanz ist jedoch die Feststellung, dass der Modellrahmen der postkeynesianischen Analyse für die Entwicklung einer Verteilungstheorie, die über den engen Marktrahmen hinausgeht und die Einflüsse von institutionellen, soziologischen und politischen Aspekten mitberücksichtigt, besser geeignet erscheint als das in dieser Hinsicht geschlossene neoklassische Paradigma. Denn die postkeynesianischen makroökonomischen Modelle besitzen prinzipiell einen Freiheitsgrad, der wie bei den Klassikern durch die Verteilung geschlossen werden kann. Dies eröffnet grundsätzlich die Möglichkeit, spezifische Verteilungstheorien zu entwickeln, die nicht ausschließlich durch produktionstechnische Gesetzmäßigkeiten geprägt sind.

4. Monopolgradtheorien der Verteilung und machttheoretische Ansätze

a) Monopolgradtheorien der Verteilung

Wird berücksichtigt, dass es in Wirtschaft und Gesellschaft Auseinandersetzungen zwischen verschiedenen am Produktionsprozess beteiligten Gruppierungen um die Verteilung des Einkommens gibt, müssen Elemente eines Verteilungskampfes in die Analyse integriert werden. Die Einkommensverteilung wird dann wie schon bei Adam Smith wesentlich durch die relativen Kräfteverhältnisse der Konfliktparteien bestimmt. Verteilungstheorien, die versuchen, Verteilungskonflikte zu berücksichtigen, stehen häufig in der Tradition von Michal Kalecki. Dieser verwarf die Annahmen der vollkommenen Konkurrenz auf den Märkten für Industriegüter, der Vollbeschäftigung und der Vollauslastung der Kapazitäten. Kalecki ging davon aus, dass die Unternehmen ihre Preise durch Zuschlagskalkulation auf die Stückkosten festlegen (Mark-up-Preissetzung). Die Kräfteverhältnisse der Konfliktparteien finden bei Kalecki Ausdruck im sogenannten → Monopolgrad, ein Begriff, der bereits von Abba Lerner verwendet wurde. Der deutsche Ökonom Erich Preiser, der ebenfalls wichtige Beiträge zu einer Monopolgradtheorie der Verteilung geleistet hat, bezeichnete den (strukturellen) Monopolgrad treffend als „die Übersetzung historischer Machtverhältnisse in ökonomische Kategorien" (Preiser 1970). In diesen Ansätzen wird die funktionale Einkommensverteilung daher zu einem wesentlichen Teil auch von Verteilungsauseinandersetzungen mit beeinflusst. Die Lohnquote, die bei Kalecki als Lohnanteil am Nettoproduktionswert der Industrie definiert ist, wird bei ihm von zwei Faktoren determiniert: zum einen durch den Monopolgrad, in dem außer den Kräfteverhältnissen von Unternehmen und Gewerkschaften noch der Grad der Unternehmenskonzentration eingeht, zum anderen durch das Verhältnis der Kosten der (importierten) Rohstoffe zu den Lohnkosten. Während der Anteil der Löhne (bzw. Profite) am gesamten Einkommen aus diesen mikroökonomischen Überlegungen heraus bestimmt wird, werden Lohn- und Profitsumme bei Kalecki unter Bezugnahme auf die Kreislauftheorie ermittelt. Wie im Kaldor-Modell sind hierbei die autonomen Ausgabenentscheidungen der Kapitaleigner entscheidend. Da beide Ebenen für die Einkommensverteilung eine Rolle spielen, wird von einem Dualismus in der Verteilungstheorie Kaleckis gesprochen.

b) Weiterentwicklungen der Verteilungstheorie Kaleckis

Moderne Ansätze auf Basis der Theorie von Michal Kalecki nehmen den Gedanken auf, dass die Verteilung einen bedeutsamen Einfluss auf die Akkumulation und damit das langfristige Wirtschaftswachstum hat. Im Modell von Rowthorn/Dutt/Amadeo wird der Zusammenhang von Auslastungsgrad der Produktionskapazitäten und den Profiterwartungen betont, die wiederum die Akkumulationsentscheidungen bestimmen. Bei Bhaduri/Marglin wird zusätzlich noch die Bedeutung der Lohnstückkosten für die Investitionsentscheidungen der Unternehmer hervorgehoben und gezeigt, dass eine Verteilungsänderung, bspw. zugunsten der Löhne, je nach Situation entweder zu einer ökonomischen Expansion oder Kontraktion führen kann. Die Konzeption von verschiedenartig ausgeprägten Akkumulationsregimes hat in jüngerer Zeit die Entwicklung einer ganzen Reihe von darauf aufbauenden Modellen angestoßen, die das Bhaduri/Marglin-Modell um wichtige und bislang in der Verteilungsanalyse weitgehend vernachlässigte monetäre und außenwirtschaftliche Aspekte erweitern.

c) Partialanalytische Machtmodelle

Während Kaleckis Verteilungstheorie sich in ein ökonomisches Gesamtmodell einordnet, stellen partialanalytische Theorien, die Machtelemente berücksichtigen, vornehmlich auf die Verhältnisse auf dem Arbeitsmarkt ab. Zu diesen gehören z.B. auch die Collective-Bargaining-Modelle, die wie vergleichbare Ansätze vorwiegend im Rahmen der Arbeitsmarktökonomik behandelt werden.

5. Ausblick

Während die Klassiker der Politischen Ökonomie noch davon ausgingen, dass die Einkommensanteile der jeweiligen sozialen Klassen langfristig variabel sein können, ergibt sich im Lehrbuchmodell der neoklassischen Verteilungstheorie, in dem üblicherweise eine Cobb-Douglas-Produktionsfunktion verwendet wird, genau wie in den meisten postkeynesianischen Ansätzen eine langfristige Konstanz der Lohnquote. Untersuchungen über die Entstehungsgeschichte der Verteilungstheorien haben ergeben, dass deren maßgebliche Modelle unter dem Einfluss der vermuteten Konstanz der quotalen Einkommensverteilung entstanden sind und mit dem Ziel konstruiert wurden, im Einklang mit diesem scheinbaren empirischen Phänomen zu stehen. Die in zahllosen Modellen von Wachstum und Verteilung als stilisiertes Faktum unterstellte Konstanz der Lohnquote – auch als → Bowley's Law bezeichnet – hält jedoch einer genaueren empirischen und methodischen Überprüfung nicht stand. Die Verteilungstheorie von Kalecki bietet von ihrer Anlage her die prinzipielle Möglichkeit, auch länger anhaltende Phasen mit einer steigenden oder fallenden Lohn- bzw. Profitquote zu modellieren. Modelle der funktionalen Einkommensverteilung, in denen Verteilungskonflikte zu Änderungen der quotalen Einkommensverteilung führen können, finden daher eher innerhalb des klassischen oder des kaleckianischen Theorierahmens brauchbare Anknüpfungspunkte.

II. Personelle Einkommensverteilung

1. Primär- und Sekundärverteilung

Die personelle Einkommensverteilung bezeichnet die Verteilung des Einkommens auf Individuen oder auf Gruppen von Einkommensbeziehern, die nach verschiedenen Merkmalen gegliedert sein können. Theorien der personellen Einkommensverteilung beziehen sich i.d.R. auf die Verteilung von Einkommen, die im Marktprozess entstehen (→ Primärverteilung). → Sekundäreinkommen ergeben sich durch → Umverteilungen im Steuer- und Transfersystem, das in der Finanzwissenschaft ausführlich behandelt wird. Erklärungsansätze, die ökonomisch-politische Prozesse in den Mittelpunkt stellen, werden vor allem im Rahmen der Neuen Politischen Ökonomie entwickelt.

2. Theorien der personellen Einkommensverteilung

Ziel der meisten Theorien, die sich mit der personellen Einkommensverteilung befassen, ist der Versuch, die (zunehmende) Ungleichheit der primären Einkommensverteilung zu erklären. Es existiert eine Reihe von personellen Verteilungstheorien, die teilweise sehr unterschiedliche Erklärungsansätze dafür liefern. Theorien auf Basis der mikroökonomischen Grenzproduktivitätstheorie der Verteilung, wie bspw. der Kompensationsansatz, erklären Einkommensunterschiede durch Unterschiede in der Gefährlichkeit bzw. Attraktivität zwischen verschiedenen Jobs oder sie behandeln die Bedeutung von → Marktmacht, die bspw. auf dem Arbeitsmarkt durch Arbeitgeberverbände und Gewerkschaften ausgeübt wird. Ebenfalls im Rahmen der Grenzproduktivitätstheorie bewegen sich Erklärungen für Einkommensdifferenzen, die auf Diskriminierung abstellen oder die Existenz von Effizienzlöhnen hervorheben. Andere Ansätze erklären Einkommensunterschiede durch persönliche

Merkmale und Eigenschaften der Einkommensbezieher, die deren Beschäftigungs- und Einkommenschancen bestimmen. Diese Eigenschaften können entweder zufallsbedingt verteilt sein (stochastische Theorien), durch Ausbildung und/oder Berufserfahrung erworben werden (Humankapitaltheorien), durch Vererbung von Talenten oder durch die familiäre Herkunft beeinflusst sein. Einen anderen Ansatz verfolgen Theorien, die die unterschiedliche Höhe von Ausgaben und Ersparnissen im Lebenszyklus in den Mittelpunkt stellen. Weitere Gruppen von Theorien untersuchen, welchen Einfluss auf die Verteilung der Zusammenschluss von Personen zu Klubs hat bzw. wie es Individuen oder Gruppen gelingt, Privilegien zu erlangen und zu verteidigen, die ihnen die Erzielung eines Einkommens oder Vermögens ermöglicht, das nicht mit ihrer ökonomischen Leistung korrespondiert (→ Rent Seeking). Andere Ansätze berücksichtigen die Existenz von Hierarchien in Organisationen. Wieder andere Theorien behandeln die Tatsache, dass aus (vererbten) Vermögen Einkommen entstehen und vice versa. Da zukünftig die Bedeutung von ererbten Vermögen zumindest in der entwickelten Welt stark zunehmen wird, ist die Analyse der Vermögensverteilung daher für die Untersuchung der Einkommensverteilung von wachsender Bedeutung.

3. Perspektiven personeller Verteilungstheorien

Kritisch wird die Tatsache gesehen, dass die meisten Theorien der personellen Einkommensverteilung im Wesentlichen partialanalytisch ausgerichtet sind und daher Wechselwirkungen mit anderen ökonomischen Größen und Prozessen nicht systematisch berücksichtigen können. Jüngere Entwicklungen wie Multi-Agenten-Modelle bieten neue Ansatzmöglichkeiten, um Entstehung und Auswirkungen von Einkommensunterschieden in Systemzusammenhängen zu studieren. Weiterentwicklungen von Theorien der personellen Einkommensverteilung erscheinen auch im Hinblick auf die Erklärung einiger zentraler gesellschaftlicher und ökonomischer Phänomene angebracht. So fehlt es bislang z.B. an einer schlüssigen Theorie über das in jüngerer Zeit festzustellende starke Wachstum der Höchsteinkommen ebenso wie an einer wissenschaftlichen Erklärung über die beachtliche Dynamik bei der Entwicklung der Vergütungen von Topmanagern.

Verteilungsverfahren – **I. Zwangsversteigerungsgesetz:** Teil des → Zwangsversteigerungsverfahrens, der sich an → Versteigerungstermin mit → Zuschlag anschließt und die Aufgabe hat, den erzielten Versteigerungserlös nach Abzug der Verfahrenskosten gemäß dem → Teilungsplan zu verteilen (§§ 105 ff. ZVG).

II. Außenwirtschaftsrecht: Verfahren zur Festlegung der Einfuhrquoten im Fall kontingentierter → Einfuhr seitens der zuständigen Genehmigungsbehörden nach § 12 → Außenwirtschaftsgesetz (AWG): a) → Referenzverfahren (reines Referenzverfahren und Quotenreferenzverfahren); b) → Verhältnisverfahren; c) → Windhund-Verfahren (nur in Ausnahmefällen angewandt); d) Quotenversteigerungsverfahren (nicht üblich).

Verteilungswirkungen der Inflation – 1. *Charakterisierung:* Neben den nicht unbestrittenen negativen Inflationsfolgen für Wachstum und/oder optimale Faktorallokation werden bes. die Wirkungen der Inflation auf die Einkommens- und Vermögensverteilung analysiert. Nach gängiger Argumentation bewirkt die Inflation eine willkürliche Änderung der Einkommens- und Vermögensverteilung und zwar bes. wegen des (allerdings bestrittenen) Lohnlags zuungunsten der Lohn- und Gehaltsempfänger *(Lohn-Lag-Hypothese),* zuungunsten der Bezieher von staatlichenTransfereinkommen *(Rentner-Hypothese)* und zuungunsten der Gläubiger bzw. zugunsten der Schuldner, wenn die Preissteigerungen nicht bereits in den Zinsen berücksichtigt sind *(Gläubiger/Schuldner-Hypothese).* Diese Umverteilung trifft bes. Besitzer niedrig verzinslicher Wertpapiere und Sparkontenbesitzer. – 2. *Empirie:* Empirisch und theoretisch abgesicherte Ergebnisse zu den Verteilungswirkungen von Inflationen liegen nicht vor. Einerseits fehlt es an vollständigen statistischen Daten und andererseits an theoretisch-plausiblen Erklärungsansätzen. Zudem müssten für ein endgültiges Urteil den inflationsinduzierten Verteilungswirkungen die Kosten einer wirtschaftspolitischen Inflationsbekämpfung in Form von Arbeitslosigkeit und Produktionsausfällen gegenübergestellt werden. – Vgl. auch → Inflation.

Verteilungsziele → Verteilungspolitik.

vertikale Bindungen – Zu den vertikalen Bindungen zählen → Ausschließlichkeitsbindungen, → Kopplungsgeschäfte, → Vertriebsbindungen sowie → Verwendungsbeschränkungen.

vertikale Finanzierungsregel → Finanzierungsregel.

vertikale Gerechtigkeit → Leistungsfähigkeitsprinzip.

vertikale Integration → Unternehmenskonzentration.

vertikale Preisbindung → Preisbindung zweiter Hand.

vertikaler Finanzausgleich → Finanzausgleich. – *Gegenteil:* horizontaler Finanzausgleich.

vertikaler Unternehmungszusammenschluss → Vertikalkonzern, → Trust.

vertikaler Verlustausgleich → Verlustabzug.

vertikales Marketing – 1. *Begriff:* Mehrstufige → Marketingpolitik mit dem Ziel, über alle Stufen

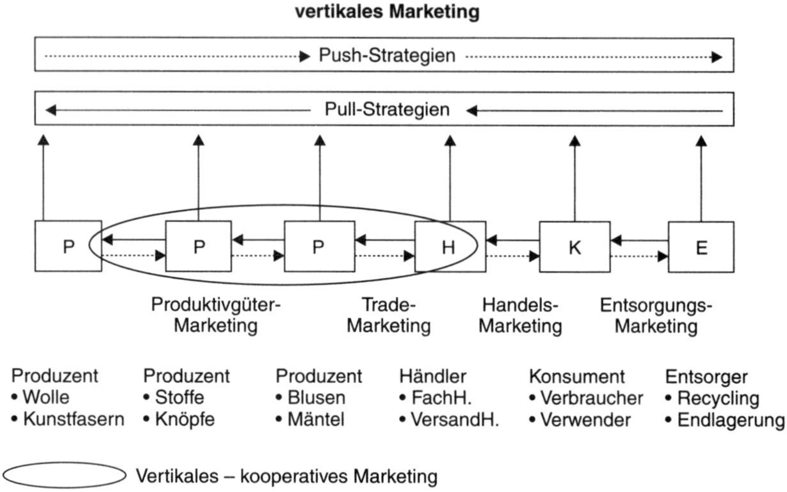

der → Absatzkette hinweg ein durchgängiges Konzept zu realisieren. Letztlich der Versuch, die unterschiedlichen Formen des Marketings im → Absatzkanal aufeinander abzustimmen (→ Efficient Consumer Response (ECR)). – 2. *Pull-Strategien:* Die jeweiligen Glieder der Absatzkette sollen durch Marketingmaßnahmen bewegt werden, bei der jeweils vorgelagerten Stufe die Waren nachzufragen. Anders: → Push-Strategien. – 3. *Kooperatives vertikales Marketing:* Ein Glied der Absatzkette verpflichtet durch Kooperationsabsprachen nachfolgende Glieder zu einheitlichem Marktauftritt. – Vgl. auch → Absatzbindung. – 4. *Elemente des vertikalen Marketings:* vgl. Abbildung „vertikales Marketing".

vertikale Unternehmenskonzentration → Unternehmenskonzentration.

vertikale Werbung → kooperative Werbung.

vertikale Wettbewerbsbeschränkung → Wettbewerbsbeschränkung zwischen Produktionsstufen (vor- und/oder nachgelagert), die in einem Käufer-Verkäufer-Verhältnis stehen. – *Gegensatz:* → horizontale Wettbewerbsbeschränkung.

Vertikal-GVO – *Abk. für* Verordnung (EU) Nr. 330/2010 der Kommission vom 20.4.2010 über die Anwendung von Art. 101 III des Vertrages über die Arbeitsweise der Europäischen Union auf Gruppen von vertikalen Vereinbarungen und aufeinander abgestimmten Verhaltensweisen (ABl. Nr. L 102, S. 1). → Gruppenfreistellungsverordnung der Europäischen Kommission, die unabhängig vom jeweiligen Vertragstyp Regelungen für vertikale Bindungen enthält und grundsätzlich für Waren und Dienstleistungen aller Wirtschaftsbereiche und -stufen gilt. Demnach sind mit Ausnahme einiger verbotener Klauseln (Kernbeschränkungen) alle Arten vertikaler Bindungen gruppenweise freigestellt, wenn der Marktanteil der beteiligten Unternehmen jeweils unter 30 Prozent liegt und etwaige Wettbewerbsverbote als Teil der Vereinbarung zeitlich befristet sind. Zur näheren Erläuterung der Anwendungsvoraussetzungen der Vertikal-GVO hat die Europäische Kommission ergänzende „Leitlinien für vertikale Beschränkungen" vom 19.5.2010 veröffentlicht (ABl. C 130, S. 1). Diese Leitlinien geben darüber hinaus Hinweise darauf, wie wettbewerbsbeschränkende Vertikalvereinbarungen bei Marktanteilen der Beteiligten von mehr als 30 Prozent zu beurteilen sind, d.h. ob für diese ggf. eine Einzelfreistellung nach Art. 101 III AEUV infrage kommt.

Vertikalkonzern → Unternehmenszusammenschluss, dessen Organisationsprinzip darin besteht, Werke verschiedener Produktionsstufen zu integrieren, z.B. Erzgruben und Kohlegruben, Hochofen, Stahlwerk, Walzwerk und stahlverarbeitende Betriebe wie Maschinenfabriken, Werften, Waggonbauanstalten etc. – Die *Vorteile* der vertikalen Konzentration bestehen in der Sicherung des Absatzes für die Vorstufen und gleicher Rohstoffqualität für die verarbeitenden Stufen, ferner in den Möglichkeiten der Verbundwirtschaft (z.B. Walzen in einer Hitze, wenn der Block noch warm aus dem Stahlwerk in die Tieföfen des Walzwerkes kommt). – *Nachteile* können in überhöhten Organisationskosten bei vertikaler Integration bestehen, was zu Outsourcing führt. – *Gegensatz:* → Horizontalkonzern.

Vertrag – I. Handels- und Gesellschaftsrecht: 1. *Begriff:* Mittel zur rechtlichen Gestaltung der persönlichen, wirtschaftlichen Verhältnisse durch übereinstimmende → Willenserklärung zweier oder mehrerer Parteien. Die meisten kaufmännischen Geschäftsvorfälle stellen entweder selbst Verträge dar (Kauf, Stundung, Bürgschaft, Forderungsabtretung, Sicherungsübereignung) oder beruhen auf Verträgen. – *Sonderform:* → öffentlich-rechtlicher Vertrag. – Vgl. auch → internationaler Vertrag. – 2. *Gesetzliche Bestimmungen:* Die §§ 116–157 BGB enthalten allg. Vorschriften, für alle Verträge, bes. über Vertragsschluss, → Nichtigkeit, → Anfechtung, → Willensmängel, → Irrtum, → arglistige Täuschung, → Bedingung. Bes. Vorschriften über schuldrechtliche Verträge, bes. auch → gegenseitige Verträge, in den §§ 305–359 BGB. Weitere Vorschriften in anderen Teilen des BGB und Sondervorschriften für handelsrechtliche Verträge im HGB. – 3. *Rechtliche Bedeutung:* Ein Vertrag ist erforderlich zur Begründung, Änderung oder Aufhebung eines → Schuldverhältnisses (§ 311 BGB). V.a. stellen auch die → Stundung, der → Erlass, die → Forderungsabtretung und die → Schuldübernahme einen Vertrag dar. Eines Vertrages bedarf es auch zur → Auflassung und → Übereignung, zur Begründung einer → Hypothek, einer → Grundschuld sowie anderer → dinglicher Rechte (→ Konsensprinzip). – 4. *Vertragsabschluss:* Ein Vertrag kommt durch Angebot und Annahme zustande. – a) *Angebot* (→ Offerte): An eine andere Person gerichtete empfangsbedürftige → Willenserklärung. Von dem Angebot ist die Aufforderung zur Abgabe von Angeboten (z.B. Versendung von Katalogen und Preislisten, Inserate, i.Allg. auch Ausstellung im Schaufenster) zu unterscheiden. Wer ein Angebot macht, ist daran gebunden (§ 145 BGB); die Bindung erlischt, wenn es von dem anderen Teil abgelehnt oder nicht rechtzeitig angenommen wird (§ 146 BGB): (1) Ein mündliches oder fernmündliches Angebot kann nur sofort angenommen werden; (2) Bindung an ein schriftliches oder telegrafisches Angebot bis zu dem Zeitpunkt, in dem unter regelmäßigen Umständen mit dem Eingang der Antwort gerechnet werden kann (§ 147 II BGB), es sei denn, die Bindung ist durch entsprechenden Zusatz (freibleibend, ohne Obligo) ausgeschlossen worden (§ 145 BGB). – b) *Annahme:* Das Angebot kann nur unverändert angenommen werden (§ 150 BGB). Ist eine Annahmeerklärung nach der → Verkehrssitte nicht zu erwarten oder hat derjenige, der das Angebot gemacht hat, auf sie verzichtet, so kommt der Vertrag auch ohne die Erklärung der Annahme zustande, wenn der Annahmewille irgendwie erkennbar zum Ausdruck kam (§ 151 BGB; → konkludente Handlungen). Soll der beabsichtigte Vertrag beurkundet werden, wird er, soweit kein anderer Parteiwille ersichtlich ist, mit der Beurkundung geschlossen (§ 154 II BGB). – c) *Formen:* Eine bes. Form (→ Formvorschriften) ist im Gesetz nur ausnahmsweise vorgeschrieben; i.d.R. kann ein Vertrag formfrei (schriftlich, mündlich, sogar stillschweigend) geschlossen werden. (1) Mündlich oder fernmündlich abgeschlossene Verträge pflegen meist schriftlich bestätigt zu werden (→ Bestätigungsschreiben). (2) Im Wirtschaftsleben bes. häufig ist Vertragsschluss durch Briefwechsel; soweit durch das Gesetz Schriftform vorgeschrieben ist, genügt Briefwechsel zur Wahrung der Form nicht (§ 126 BGB). Haben die Parteien Schriftform vereinbart, so kann der Vertrag auch durch Briefwechsel zustande kommen, wenn kein anderer Wille der Parteien ersichtlich ist (§ 127 BGB). – Vgl. auch → Dissens.

II. Transaktionskostenökonomik: 1. *Begriff/Formen:* Zentrales Untersuchungsobjekt der → Transaktionskostenökonomik. Zu unterscheiden sind: a) *Klassischer Vertrag (Standardvertrag):* Dieser ist punktuell, d.h. er dient als Grundlage für den einmaligen Kauf. Der klassische Vertrag ist vollständig formuliert und deckt alle Eventualitäten ab. Wird er nicht eingehalten, so werden die Gerichte rasch und kostenlos einschreiten. Die Identität des Partners ist belanglos. – b) *Neoklassischer Vertrag:* Grundlage einer längerfristigen Transaktionsbeziehung. Insofern können sich Probleme aufgrund veränderter Rahmenbedingungen oder transaktionsspezifischer Abhängigkeiten ergeben, die im Rahmen des klassischen Standardvertrages nicht abzudecken sind. Charakteristisches Merkmal des neoklassischen Vertrags ist, dass im Fall von Streitigkeiten eine unabhängige dritte Partei als Schlichter auftritt und den ursprünglichen Vertragstext unter Berücksichtigung der veränderten Rahmenbedingungen interpretiert. – c) *Relationaler Vertrag:* Dieser ist häufig von vorneherein unvollständig formuliert, da die später angemessenen Entscheidungen aufgrund unvorhersehbarer Konstellationen bei Vertragsschluss nicht festzuschreiben sind. Viele Vertragsnormen bleiben implizit. Prominentes Beispiel eines relationalen Vertrags ist der → Arbeitsvertrag. Im Gegensatz zum neoklassischen Vertrag kann sich im Laufe der Zeit auch der Geist eines relationalen Vertrags ändern. Anknüpfungspunkt bei Streitigkeiten ist folglich nicht unbedingt der ursprüngliche Vertragstext. Vielmehr müssen sämtliche formellen wie informellen Regeln der entstandenen Beziehung herangezogen werden, unabhängig davon, ob sie anfangs vertraglich fixiert wurden oder nicht. Die Gerichte werden ungern bemüht, da ein Gerichtsverfahren das Klima und damit die Möglichkeit zur vertrauensvollen Zusammenarbeit zerstören würde. – 2. *Bedeutung:* Die Transaktionskostenökonomik untersucht in diesem Zusammenhang, welche der drei genannten Vertragsformen angesichts bestimmter Eigenschaften von Transaktionen (nach O.E. Williamson sind dies Häufigkeit, Unsicherheit und Spezifität der erforderlichen Investitionen) gewählt werden sollten. Im engl. Sprachraum haben sich noch weitere Begriffe für bestimmte Kontrakttypen durchgesetzt. So enthalten manche Verträge Sicherungsmechanismen wie z.B. → glaubhafte Zusicherungen, die automatisch zu einer Stabilisierung der Vertragsbeziehung beitragen. Man spricht dann von Self-Enforcing Contracts; z.T. wird auch der Ausdruck Market Mechanisms of Contract Enforcement verwendet.

vertragliche Einheitsregelung – Begriff des Arbeitsrechts für gleiche einzelvertragliche Regelungen, die der Arbeitgeber mit allen oder mit einer Vielzahl seiner Arbeitnehmer vereinbart. – Weitgehend identisch mit: → Gesamtzusage. Vielfach werden freiwillige Sozialleistungen mit vertragliche Einheitsregelungen vereinbart: Z.B. Gratifikationen, Deputate, betriebliche Versorgungsleistungen, Zulagen, Darlehen, Jubiläumszuwendungen. – Bei veränderten wirtschaftlichen Rahmenbedingungen stellt sich die Frage, ob solche vertraglichen Einheitsregelungen durch *ablösende Betriebsvereinbarungen* gekürzt werden können. Nach der Entscheidung des Großen Senats des BAG vom 16.9.1986 (GS 1/82) ist es grundsätzlich nicht zulässig, die vertragliche Einheitsregelungen durch Betriebsvereinbarung insgesamt zu verschlechtern, da sonst das → Günstigkeitsprinzip verletzt wird. Zulässig sind aber *umstrukturierende Betriebsvereinbarungen,* die im Vergleich zu der vorangehenden vertraglichen Einheitsregelungen. bei kollektiver Betrachtungsweise insgesamt für die Belegschaft nicht ungünstiger sind, z.B. nur andere Verteilungsgrundsätze verwirklichen. Eine Verschlechterung durch ablösende Betriebsvereinbarung ist aber dann möglich, wenn der Arbeitsvertrag oder die Gesamtzusage betriebsvereinbarungsoffen gestaltet sind, d.h. einen entsprechenden Verschlechterungsvorbehalt enthalten.

Vertragsanbahnung beim Arbeitsverhältnis → Offenbarungspflicht, → Personalfragebogen, → Vorstellungsgespräch.

Vertragsänderung EU – Der Vertrag über die Europäische Union (→ EUV) und der Vertrag über die Arbeitsweise der Europäischen Union (→ AEUV) können nach Art. 48 EUV im ordentlichen und im vereinfachten Änderungsverfahren geändert werden. Auch von der vertraglich vorgesehenen Einstimmigkeit bei Rechtsakten für bestimmte Bereiche oder Fälle kann über sog. Brückenklauseln abgewichen werden. – 1. *Ordentliches* Änderungsverfahren: Vertragsänderungsvorschläge können dem Rat (früher: Ministerrat) von der Regierung jedes Mitgliedstaates, dem → Europäischen Parlament oder der → Kommission vorgelegt werden. Sie werden dem → Europäischen Rat und den nationalen Parlamenten übermittelt. Beschließt der Europäische Rat mit einfacher Mehrheit die Änderungen, beruft der Präsident des Europäischen Rates einen Konvent ein. Der Europäische Rat kann mit einfacher Mehrheit nach Zustimmung des Europäischen Parlaments auch beschließen, dass ein Konvent nicht einberufen wird, wenn die Einberufung wegen des Änderungsumfangs nicht gerechtfertigt ist. In einem solchen Fall legt der Europäische Rat das Mandat für eine Regierungskonferenz der Mitgliedstaaten fest. Vereinbart die Regierungskonferenz die Vertragsänderungen, treten sie in Kraft, wenn sie von allen Mitgliedstaaten ratifiziert werden. Ist der Änderungsvertrag nach zwei Jahren erst von 4/5 der Mitgliedstaaten ratifiziert und gibt es bei den übrigen Staaten Schwierigkeiten, befasst sich der Europäische Rat mit der Frage (Vgl. Art. 48 Abs. 2 bis 5 EUV. – 2. Im *vereinfachten* Änderungsverfahren kann jede Regierung eines Mitgliedstaates Änderungsverschläge zum Dritten Teil des AEUV über die internen Politikbereiche der UnionArt. 26 bis 197 AEUV, z.B. → Binnenmarkt, Warenverkehr, Landwirtschaft, Dienstleistungs- und Kapitalverkehr, Wettbewerb etc.) vorlegen. Der Europäische Rat fasst einstimmig einen Änderungsbeschluss nach Anhörung des Europäischen Parlaments und der Kommission, der von den Mitgliedstaaten ratifiziert werden muss, damit er Vertragsänderungswirkung entfalten kann. – 3. Auch für Gesetzgebungsakte unterhalb der Änderung der Verträge, also im Rahmen der → Rechtsakte, sind Regelungen im EUV vorgesehen, die eine vereinfachte Beschlussfassung erlauben, indem eine vertraglich vorgesehene Einstimmigkeit in eine qualifizierte Mehrheit oder dasvertraglich vorgesehene besondere Gesetzgebungsverfahren in das ordentliche Gesetzgebungsverfahren überführt wird. In Fällen, in denen der Rat (früher: Ministerrat) nach Maßgabe des AEUV oder dem Fünften Titel des EUV (Auswärtiges Handeln der Union, → GASP und GSVP; Art. 21 bis 46 EUV) in einem Bereich oder in einem bestimmten Fall einstimmig beschließt, kann der Europäische Rat einen Beschluss erlassen, wonach der Rat (früher: Ministerrat) in diesem Bereich oder in diesem bestimmten Fall nunmehr mit qualifizierterMehrheit beschließen kann (sog. Brückenklausel oder Passerelle-Regelung, vgl. Art. 48 Abs. 7 EUV). Voraussetzung für die Anwendbarkeit dieser Brückenklausel ist die Zustimmung aller nationalen Parlamente. Wird der Vorschlag innerhalb von sechs Monaten nach der Übermittlung von einem nationalen Parlament abgelehnt, wird der „Brücken"-Beschluss nicht erlassen. Diese Regelung ermöglicht eine vereinfachte Beschlussfassung, indem die einstimmige Beschlussfassung in eine Beschlussfassung mit qualifizierter Mehrheit überführt wird, wenn es um die Verabschiedung eines Rechtsakts in einem bestimmten Bereich oder Fall geht. – 4. Eine weitere Brückenklausel ermöglicht es, dass in Fällen, in denen nach dem AEUV Gesetzgebungsakte im besonderen Gesetzgebungsverfahren erlassen werden müssen, der Europäische Rat einen Beschluss erlassen kann, dass die Gesetzgebungsakte im ordentlichen Gesetzgebungsverfahren erlassen werden können (Art. 48 Abs. 7 Unterabsatz 2 EUV). Auch hier gilt das oben unter 3. zur Beteiligung der nationalen Parlamente Ausgeführte (vgl. Art. 48 Abs. 7 Unterabsatz 3 EUV). – 5. Dieoben in 3. und 4. skizzierten Brückenklauseln bedürfen der Zustimmung der Mehrheit der Mitglieder des Europäischen Parlaments. Sodann erlässt der Europäische Rat die Beschlüsse einstimmig (Art. 48 Abs. 7 Unterabsatz 4 EUV).

Vertragsangebot → Vertrag.

Vertragsarzt → Kassenarzt.

Vertragsbruch – I. Allgemein: → Vertragsverletzung, → Pflichtverletzung.

II. Arbeitsrecht: 1. *Nichtleistung der Arbeit* (z.B. vorzeitige Aufgabe der Stellung durch den Arbeitnehmer ohne vorherige ordentliche oder außerordentliche Kündigung): Verweigert der Arbeitnehmer schuldhaft die Arbeit, kann der Arbeitgeber den Lohn für die nicht geleistete Arbeit einbehalten (§ 320 BGB) und den vertragsbrüchigen Arbeitnehmer nach → Abmahnung ordentlich (→ verhaltensbedingte Kündigung), bei Vorliegen eines wichtigen Grundes auch außerordentlich (außerordentliche Kündigung) kündigen. Außerdem kann er bei Vorliegen eines Schadens Schadensersatzansprüche gegen den Arbeitnehmer geltend machen (z.B. Ersatz der Kosten der Stellenanzeigen, wenn diese Kosten bei ordnungsgemäßer Einhaltung der Kündigungsfristen durch den Arbeitnehmer vermeidbar gewesen wären). – Zur Sicherung der Arbeitspflicht kann der Arbeitgeber auch eine → Vertragsstrafe mit dem Arbeitnehmer vereinbaren. Im Berufsausbildungsverhältnis sind Vertragsstrafen nicht erlaubt (§ 12 II Nr. 2 BBiG). – 2. *Schlechterfüllung der Arbeitspflicht (Schlechtleistung)* hat i.Allg. keine Minderung des Arbeitsentgelts zur Folge, da es Gewährleistungsrechte wie beim Kauf- oder Werkvertrag im Dienst- und Arbeitsvertragsrecht nicht gibt. Allenfalls eine Aufrechnung mit Schadensersatzansprüchen außerhalb der Pfändungsgrenzen kommt in Betracht. – Bei Leistungsentlohnung (z.B. Akkord) kann jedoch vereinbart sein, dass Leistungslohn nur für einwandfreie Arbeitsergebnisse gezahlt wird. – *Wiederholte Schlechtleistung* kann den Arbeitgeber u.U. zur Kündigung berechtigen (→ personenbedingte Kündigung, → verhaltensbedingte Kündigung). – 3. Fügt der Arbeitnehmer bei Ausüben der ihm übertragenen Tätigkeiten dem Arbeitgeber einen *Sachschaden* zu, gelten die Besonderheiten über die Haftung im Arbeitsverhältnis (→ Haftung).

III. Wettbewerbsrecht: Verleiten zum Vertragsbruch ist eine unlautere Handlungsweise (z.B. Händler verleitet Kunden, unter Bruch des Vertrages mit einem Konkurrenten, bei ihm zu bestellen), die als unlauterer Behinderungswettbewerb (§ 4 Nr. 10 UWG) Anspruch auf Unterlassung und Schadenersatz auslöst.

Vertragserfüllungsgarantie – *Erfüllungsgarantie;* Form der → Garantie. Die Vertragserfüllungsgarantie sichert den Besteller/Käufer für den Fall ab, dass der Verkäufer den vertraglich vereinbarten Pflichten nicht oder nur teilweise nachkommt. Im Unterschied zur → Liefergarantie und zur Leistungs-Garantie sowie zur → Gewährleistungsgarantie, durch die die Erfüllung einzelner spezieller Pflichten abgesichert wird, hat die Vertragserfüllungsgarantie die Gesamterfüllung eines Vertrages zum Gegenstand.

Vertragsforschung – *Auftragsforschung,* Form der externen → Technologiebeschaffung. Es wird durch eine Organisation eine andere Institution mit der Entwicklung einer Technologie beauftragt, die zum Zeitpunkt des Vertragsschlusses noch nicht existiert. Der den Auftrag erteilende Vertragspartner erwirbt die Rechte an den Forschungsergebnissen. Die Vertragsforschung ermöglicht dem beauftragenden Unternehmen auch bei geringer Kompetenz in speziellen Technologiefeldern oder unzureichender Forschungs- und Entwicklungskapazität relativ schnell auf benötigte Technologien zuzugreifen. Jedoch ist eine exakte Spezifikation der Forschungs- und Entwicklungsergebnisse bei Vertragsschluss meist nicht möglich. Daraus resultiert eine → Unsicherheit für den Auftraggeber bez. der Art und des Verfügbarkeitszeitpunktes der Forschungsergebnisse.

Vertragsfreiheit → Recht der Schuldverhältnisse beherrschender Aspekt der Privatautonomie, der besagt: (1) Dass jedermann frei darüber entscheiden kann, ob er einen Vertrag abschließen will oder nicht, und (2) dass die Parteien den Inhalt der Verträge frei bestimmen können, ohne an die gesetzlichen Vertragstypen gebunden zu sein (→ Vertrag sui generis). – *Ausnahmen:* (1) → Kontrahierungszwang; (2) der Inhalt der Verträge darf nicht gegen gesetzliche Verbote bzw. → zwingendes Recht verstoßen; (3) im → Sachenrecht steht den Parteien nur eine beschränkte Anzahl von → dinglichen Rechten zur Verfügung, andere können sie nicht begründen.

Vertragsgestaltung → internationaler Vertrag, → Vertrag.

Vertragshändler – selbstständiger Gewerbetreibender, der aufgrund eines Vertrages ständig damit betraut ist, im eigenen Namen und auf eigene Rechnung (→ Eigengeschäft) Waren zu vertreiben, und der verpflichtet ist, sich für deren Absatz nach der Konzeption des Herstellers einzusetzen. Vertragshändler sind meist wirtschaftlich stark abhängig vom Hersteller. Üblich sind → Absatzbindungen, wie z.B. die Abnahme von Mindestmengen, die Unterhaltung eines (Ersatzteil-)Lagers, die Bereitstellung von Servicemaßnahmen (Wartung, Reparatur), die Durchführung bestimmter Werbemaßnahmen sowie die Verpflichtung, keine Konkurrenzgüter zu führen bzw. ausschließlich für den Kontraktgeber tätig zu sein (→ Ausschließlichkeitsbindung, Exklusivvertrieb). Der Vertragshändler benutzt den Namen und die Marke(n) des Kontraktgebers; ihm wird i.d.R. → Gebietsschutz eingeräumt (Alleinvertriebsrecht). Ausnahmsweise kann sich der Kontraktgeber das Recht vorbehalten, bestimmte Abnehmer im Verkaufsgebiet des Vertragshändlers direkt zu beliefern, z.B. Behörden oder überregional tätige Großabnehmer. Vertragshandelssysteme können den Wettbewerb einschränken und stehen daher unter bes. Beobachtung durch die Wettbewerbsbehörden. – *Beispiele:* Automobilvertrieb, Benzinabsatz. – Vgl. auch → Kontraktmarketing.

Vertragshoheit → Kassenärztliche Vereinigung (KV).

Vertragskonzern → Konzern, bei dem die Konzernierung überwiegend oder ausschließlich auf vertraglicher Grundlage beruht, z.B. ist die finanzielle, wirtschaftliche und organisatorische Eingliederung durch Organschafts-, Interessengemeinschafts-, Betriebsüberlassungs- und Betriebsführungs-, Ergebnisübernahme-, Miet- und Pacht- oder andere Unternehmens- bzw. Konzernverträge teilweise oder vollkommen gesichert. – *Gegensatz:* → Beteiligungskonzern.

vertragsmäßiges Güterrecht → eheliches Güterrecht.

Vertragspfandrecht – das durch vertragliche Vereinbarung begründete → Pfandrecht (§§ 1204-1296 BGB). Vertragspfandrecht verlangt i.d.R. Übergabe der Sache an den Pfandgläubiger (→ Pfandbestellung); deshalb in der Wirtschaft wenig gebräuchlich und weitgehend durch die → Sicherungsübereignung verdrängt, bei der eine Übergabe der Sache nicht erforderlich ist. – *Praktische Verwendung* des Vertragspfandrechts bes. beim Lombardgeschäft der Banken. – *Gegensatz:* → Gesetzliches Pfandrecht.

Vertragsproduktion → unmittelbar kundenorientierte Produktion.

Vertragsrückversicherung → obligatorische Rückversicherung.

Vertragsschluss → Vertrag.

Vertragsstrafe – *Konventionalstrafe.*

I. Bürgerliches Recht/Handelsrecht: 1. *Begriff:* Geldsumme, deren Zahlung der Schuldner für den Fall, dass er seine vertraglichen Verbindlichkeiten nicht oder nicht in gehöriger Weise erfüllt, dem Gläubiger verspricht (§§ 339 ff. BGB). – 2. Die Strafe ist *verwirkt* (d.h. der Strafanspruch ist entstanden), wenn der Schuldner in → Schuldnerverzug kommt. Besteht die geschuldete Leistung in einem Unterlassen, tritt die Verwirkung mit der Zuwiderhandlung ein. – 3. Ist die verwirkte Strafe *unverhältnismäßig hoch,* so kann sie auf Antrag des Schuldners vom Richter auf ein angemessenes Maß herabgesetzt werden; nicht jedoch, wenn der Schuldner → Kaufmann und die Strafe im Betrieb seines Handelsgewerbes versprochen ist (§ 343 BGB, § 348 HGB). – 4. Hat der Schuldner die Vertragsstrafe für den Fall versprochen, dass er seine Verbindlichkeit *nicht erfüllt,* kann der Gläubiger die verwirkte Vertragsstrafe nur *statt* der Erfüllung verlangen (§ 340 I BGB). Hat der Schuldner die Vertragsstrafe für den Fall versprochen, dass er seine Verbindlichkeit *nicht in gehöriger Weise erfüllt,* kann der Gläubiger die Vertragsstrafe *neben* der Erfüllung verlangen; nimmt der Gläubiger die Erfüllung an, kann er die Vertragsstrafe nur noch verlangen, wenn er sich das Recht dazu bei der Annahme vorbehält (§ 341 BGB). – 5. Steht dem Gläubiger ein Anspruch auf *Schadensersatz wegen Nichterfüllung* zu, kann er die verwirkte Vertragsstrafe als Mindestbetrag des Schadens verlangen; die Geltendmachung eines weiteren Schadens ist dann zulässig (§§ 340 II, 341 II BGB). – 6. → Allgemeine Geschäftsbedingungen (AGB) sind unwirksam, wenn dem Verwender für den Fall der Nichtabnahme oder verspäteten Abnahme der Leistung, des Zahlungsverzugs oder für den Fall, dass der andere Vertragsteil sich vom Vertrag löst, Zahlung einer Vertragsstrafe versprochen wird (§ 309 Nr. 6 BGB). – 7. Im *Außenhandel* dürfen nach den Bestimmungen des Ausfuhr- und Einfuhrverfahrens Vertragsstrafen im Rahmen der Richtlinien für den aktiven und passiven Dienstleistungsverkehr mit dem Ausland vereinbart, gezahlt und Zahlungen hierfür entgegengenommen werden.

II. Arbeitsrecht: Vertragsstrafe wird i.d.R. zur Sicherung eines → Wettbewerbsverbots des Arbeitnehmers (§ 75c HGB) oder zur Absicherung des Arbeitgebers gegen *Arbeitsvertragsbruch* (→ Vertragsbruch) abgeschlossen, um als Druckmittel zur Erfüllung der Hauptverbindlichkeit zu dienen oder im Fall ihrer Verwirkung dem Arbeitgeber den Nachweis des Schadens zu erleichtern. Derartige Vertragsstrafen sind wirksam. Unzulässig ist die Vertragsstrafe für den Fall einer fristgemäßen → Kündigung des Arbeitnehmers. – Nichtig ist die Vereinbarung über Vertragsstrafen im *Berufsausbildungsvertrag* (§ 12 II Nr. 2 BBiG).

Vertragstheorien der Unternehmung → Transaktionskostentheorie der Unternehmung, → Governance-Structure-Theorie der Unternehmung, → Team-Theorie der Unternehmung, → Prinzipal-Agent-Theorie der Unternehmung.

Vertrag sui generis – im → Recht der Schuldverhältnisse ein → Vertrag, der nicht den gesetzlich geregelten Vertragstypen entspricht. – Vgl. auch → Vertragsfreiheit.

Vertragsverhältnis – aufgrund eines → Vertrages begründetes → Rechtsverhältnis. – *Gegensatz:* Die unmittelbar aufgrund gesetzlicher Vorschrift entstehenden Rechtsverhältnisse, z.B. aus → ungerechtfertigter Bereicherung, → unerlaubter Handlung, → Kraftfahrzeughaftung etc.

Vertragsverletzung – Verletzung vertraglicher Pflichten als Unterfall der → Pflichtverletzung, die auch das geschäftsähnliche und gesetzliche → Schuldverhältnis umfasst.

Vertragsverletzungsverfahren – nach Art. 258 und 259 AEUV; jeder EU-Mitgliedsstaat kann den → EuGH anrufen, wenn er der Auffassung ist, dass ein anderer Mitgliedsstaat gegen eine Verpflichtung aus dem EUV und EAUV verstoßen hat. Ebenso kann die → Europäische Kommission den EuGH anrufen, wenn sie der Auffassung ist, dass ein Mitgliedsstaat gegen eine Verpflichtung aus dem Unionsrecht verstoßen hat.

Vertragszollsatz – *Vertragstarif*, → Drittlandszollsatz; aufgrund zwischenstaatlicher Vereinbarungen im Rahmen des → GATT für bestimmte Waren zu erhebender Zollsatz. Vertragszollsätze werden gegenüber Ländern (sog. Drittländer) angewendet, denen die → Meistbegünstigung zusteht. Vertragszollsätze beruhen auf Art. 207 AEUV. – *Gegensätze dazu:* → Präferenzzoll und *autonomer Zollsatz* (Art. 31 AEUV).

Vertrag von Lissabon – 1. *Begriff:* auch „EU-Reformvertrag" genannt; genaue Bezeichnung: Vertrag von Lissabon zur Änderung des Vertrags über die Europäische Union und des Vertrags zur Gründung der → Europäischen Gemeinschaft, unterzeichnet in Lissabon am 13.12.2007 (Amtsblatt N. C vom 17.12.2007). Beinhaltet eine grundlegende Reform der Vertragsgrundlagen der → EU nach den Verträgen von Maastricht (1992), Amsterdam (1997) und Nizza (2001). Der Ratifizierungsprozess durch die Mitgliedsstaaten ist im September 2009 noch nicht abgeschlossen. Deutsches Zustimmungsgesetz vom 8.10.2008 (BGBl. II S. 1038). Die Vereinbarkeit des Zustimmungsgesetzes mit dem Grundgesetz und damit die Vereinbarkeit des Vertrages von Lissabon mit den Vorgaben des Grundgesetzes hat das Bundesverfassungsgericht durch Urt. v. 30.6.2009 (2 BvE 2/08; 2 BvE 5/08; 2 BvR 1010/08) festgestellt. Der Vertrag von Lissabon übernimmt in wesentlichen Teilen Elemente des 2005 an Referenden in Frankreich und den Niederlanden gescheiterten Vertrags über eine → Verfassung für Europa, ohne jedoch der EU staatlichen Charakter zu verleihen. – 2. *Wesentlicher Inhalt:* (1) Wichtige Neuerungen wie die erstmalige Auflistung der EU-Kompetenzen, die Ausdehnung der Befugnisse des Europäischen Parlaments und von Mehrheitsentscheidungen, die verstärkte Kontrolle des Subsidiaritätsprinzips durch die nationalen Parlamente sowie die erstmalige Möglichkeit von Bürgerinitiativen, die Schaffung eines permanenten Präsidenten des Europäischen Rates und eines Hohen Vertreters für die Außen- und Sicherheitspolitik stärken die Handlungsfähigkeit und demokratische Legitimität der EU sowie ihre Rolle in der Welt. (2)Der Vertrag löst die Säulenstruktur der Europäischen Union auf. Europäische Union und Europäische Gemeinschaft werden zu einer einzigen Rechtspersönlichkeit verschmolzen, die Europäische Union heißt. Der Vertrag zur Gründung der Europäischen Union wird in Vertrag über die Arbeitsweise der Europäischen Union (AEUV) umbenannt. (3) Die Charta der Grundrechte wird nicht als Text in den Vertrag übernommen, wohl aber wird sie durch den Vertrag anerkennt und damit auch verbindlich. (4) Das Europäische Parlament wird gleichberechtigter Mitgesetzgeber neben dem Rat. Das Mitentscheidungsverfahren wird zum ordentlichen Gesetzgebungsverfahren, d.h. Regelverfahren bei der Rechtsetzung. Der Haushaltsplan wird zusammen mit dem Rat festgelegt. Das Parlament wählt den Präsidenten der Europäischen Kommission. Je Mitgliedsstaat gibt es sechs bis 96 Abgeordnete je nach Bevölkerungszahl. (5) Der Europäische Rat besteht aus den Staats- und Regierungschefs der Mitgliedsstaaten, dem Präsidenten des Europäischen Rats und dem Präsidenten der Kommission. Der Präsident des Europäischen Rats wird für zweieinhalb Jahre mit qualifizierter Mehrheit vom Europäischen Rat gewählt. Er darf kein anderes politisches Amt in einem Mitgliedsstaat oder der EU haben. (6) Der → Rat der Europäischen Union besteht aus je einem Vertreter des Mitgliedsstaates auf Ministerebene. Er entscheidet in nunmehr 23 Politikbereichen mit qualifizierter Mehrheit. Es gilt das Prinzip der „doppelten Mehrheit" ab dem 1.11.2014: es müssen zustimmen 55 Prozent der Mitglieder des Rates, gebildet aus mind. 15 Mitgliedern, die zumindest 65 Prozent der Bevölkerung der Union repräsentieren. Eine Sperrminorität muss mind. vier Mitglieder im Rat umfassen. Bestimmte Übergangsregelungen können bis 2017 zur Anwendung kommen. (7) Der Präsident der Europäischen Kommission wird unmittelbar durch das Europäische Parlament gewählt. Ab dem 1.11.2014 soll die Zahl der Mitglieder der Kommission nur noch aus der Zahl von zwei Dritteln der Zahl der Mitgliedsstaaten einschließlich des Kommissionspräsidenten und des Hohen Vertreters der Union für Außen- und Sicherheitspolitik bestehen. Diese Regel wurde jedoch, auf Basis des geltenden Vertragsrechts, von den Staats- und Regierungschefs beim Europäischen Rat im Dezember 2008 b.a.w. aufgehoben und durch die bisherige Regel „ein Kommissar pro Mitgliedsstaat" ersetzt, um Irland den Ratifizierungsprozess nach einem negativen Referendum zu erleichtern. (8) Der Hohe Vertreter leitet die → GASP und hat den Vorsitz im Rat für „Auswärtige Angelegenheiten".

Vertrag von Nizza – 1. *Begriff:* Mit dem Vertrag von Nizza, den eine Regierungskonferenz der Mitgliedsstaaten ausarbeitete und am 11.12.2000 beschloss, wurde versucht, die → EU auf die Erweiterung (→ EU-Erweiterung) vorzubereiten. Er war der letzte große Reformvertrag vor der Erweiterung im Jahre 2004 (nach → EEA, → Maastrichter Vertrag und → Amsterdamer Vertrag und → Vertrag von Lissabon) und trat am 1.2.2003 in Kraft. – 2. *Merkmale:* Der Vertrag von Nizza enthält v.a. Regelungen zur Reform der Institutionen, Beschlussfassung und verstärkten Zusammenarbeit der EU. – 3. *Reform der Institutionen:* Um die Funktionsfähigkeit einer EU mit 27 Mitgliedsstaaten zu sichern, wurden die Sitzverteilung im → Europäischen Parlament und die Stimmgewichtung im → Rat der Europäischen Union (Ministerrat) modifiziert und die Anzahl der Mandate und Stimmen der Beitrittsländer festgelegt. Die Zahl der Mandate im Europäischen Parlament wurde auf maximal 732 begrenzt, wobei Deutschland mit unverändert 99 Sitzen das größte Gewicht erhielt. Die Stimmverteilung im Ministerrat sah eine größere Spreizung der Stimmen und eine relativ stärkeres

Stimmgewicht für die bevölkerungsreichsten Mitgliedstaaten vor: Währen die größten Mitgliedstaaten vorher jeweils zehn Stimmen bei der qualifizierten Mehrheit hatten, erhielten sie nun jeweils 29 Stimmen. Dies betrifft Deutschland, Frankreich, Italien und das Vereinigte Königreich. Für Spanien und Polen wurden jeweils 27 Stimmen vorgesehen. Luxemburg erhielt vier, Malta drei Stimmen. Der neuen → Europäischen Kommission seit 1.11.2004 gehört ein Kommissionsmitglied pro Mitgliedsstaat an (vorher je zwei für die fünf großen Mitgliedstaaten). Dem → Europäischen Gericht Erster Instanz (EuG) und dem → EuGH gehört jeweils ein Richter pro Mitgliedsstaat. Gleiches gilt für die Mitglieder des → EuRH. Die Zusammensetzung der → Europäischen Zentralbank (EZB), des → Wirtschafts- und Sozialausschusses der EU (WSA) und des → Ausschusses der Regionen (AdR) bleibt unverändert. Es wurde auch beschlossen, dass ab 2004 alle Tagungen des → Europäischen Rates in Brüssel stattfinden. Weiterhin wurde mit Eurojust eine Einrichtung geschaffen, die die Zusammenarbeit im Bereich Justiz und Inneres verbessern soll. – 4. *Reform der Beschlussfassung:* Die Beschlussfassung mit qualifizierter Mehrheit wurde auf ca. 30 neue Bereiche ausgedehnt, z.B. die Freizügigkeit, die Zusammenarbeit in Zivilsachen, Abschluss internationaler Übereinkommen, wirtschaftliche Zusammenarbeit mit Drittländern etc. Die Schwelle für die Erreichung der qualifizierten Mehrheit wurde gemäß Erklärung Nr. 21 des Vertrags von Nizza auf 232 der 321 Stimmen, d.h. auf 72,3 Prozent, angehoben. Folglich gilt ein Beschluss des Rats als angenommen, wenn mind. 232 von 321 Stimmen darauf entfallen. Sie galt seit dem 1.11.2004 für eine Union mit 25 Mitgliedstaaten nach einer Übergangsperiode von Mai bis Oktober 2004. Für die in 2004 noch nicht beigetretenen Staaten Rumänien und Bulgarien wurden 14 bzw. zehn Stimmen festgelegt. Die Gesamtzahl der Stimmen stieg somit auf 345, die Schwelle für eine qualifizierte Mehrheit auf 255 von 345 Stimmen (73,91 Prozent) in einer Union mit 27 Mitgliedern inkl. Rumänien und Bulgarien. – 5. *Verstärkte Zusammenarbeit:* Die mit dem → Amsterdamer Vertrag institutionalisierte Möglichkeit der verstärkten Zusammenarbeit in Gebieten, in denen der Vertrag keine gemeinschaftliche Politik vorsieht, wurde ebenfalls reformiert: Die Mindestzahl von Mitgliedstaaten wurde auf acht festgelegt und die Veto-Möglichkeit der anderen wurde gestrichen. Die Möglichkeit der verstärkten Zusammenarbeit wurde auf den Bereich der → GASP ausgedehnt. Zur jüngsten Reform der EU vgl. → Vertrag von Lissabon.

Vertrauen – ist die Erwartung, nicht durch das Handeln anderer benachteiligt zu werden; als solches stellt es die unverzichtbare Grundlage jeder Kooperation dar. Man kann zwischen Vertrauen in Personen und Vertrauen in Systeme unterscheiden. In Interaktionssituationen steht Vertrauen stets im Zusammenhang mit → Verantwortung; Akteure, denen Vertrauen geschenkt wird, haben die Verantwortung, dieses zu honorieren.

Vertrauensarzt – frühere Bezeichnung für innerhalb der → Sozialversicherung ernannten Arzt; jetzt Medizinischer Dienst der Krankenversicherung, der im Wesentlichen für den Bereich der Krankenversicherung und seit 1995 auch für den Bereich der sozialen Pflegeversicherung die Aufgaben des früheren Vertrauensarztes übernommen hat (§§ 275 ff. SGB V, 18 SGB XI).

Vertrauensbereich → Konfidenzintervall.

Vertrauensfrage – Der Bundeskanzler kann durch Antrag überprüfen lassen, ob er noch die Zustimmung der Mehrheit der Bundestagsabgeordneten hat. Erreicht er nicht die erforderliche Zustimmung, kann der Bundespräsident auf Vorschlag des Bundeskanzlers innerhalb von 21 Tagen den Bundestag auflösen (Art. 68 GG). Das Recht zur Auflösung des Parlaments erlischt, sobald der Bundestag mit der Mehrheit seiner Mitglieder einen anderen Bundeskanzler wählt. Zwischen dem Antrag und der Abstimmung müssen 48 Stunden liegen.

Vertrauensgut – in der → Haushaltstheorie ein → Gut, dessen Qualität selbst nach dem Kauf durch den Haushalt nicht sicher festgestellt werden kann (z.B. Medikamente, Therapien). – Vgl. auch Informationseigenschaften von Gütern, → Erfahrungsgut, → Suchgut.

Vertrauensinteresse → negatives Interesse.

Vertrauensleute der Gewerkschaft – der jeweiligen → Gewerkschaft angehörende Arbeitnehmer, die Aufgaben der Gewerkschaft im Betrieb wahrzunehmen haben, die sich aus der Satzung und den Richtlinien der jeweiligen Einzelgewerkschaften ergeben. Sie sind keine Vertretungsorgane der Arbeitnehmer gegenüber dem Arbeitgeber im Sinn des BetrVG. Vertrauensleute der Gewerkschaft sind durch Art. 9 III GG (→ Koalitionsfreiheit) geschützt; überwiegend wird es aber für bedenklich gehalten, wenn (z.B. durch Tarifverträge) den Vertrauensleuten der Gewerkschaft ähnliche Funktionen und ein ähnlicher Schutz wie Betriebsratsmitgliedern (→ Betriebsrat) gesichert werden. Ein Anspruch gegen den Arbeitgeber auf Durchführung der Wahl der Vertrauensleute im Betrieb besteht nicht, und zwar nach bisheriger, allerdings umstrittener Auffassung auch dann nicht, wenn die betrieblichen Abläufe dadurch nicht gestört werden (BAG, 8.12.1978 – AZ 1 AZR 303/77, DB 1979, 1043).

Vertrauensperson → V-Mann.

Vertrauensperson der schwerbehinderten Menschen → Schwerbehindertenrecht.

Vertrauensschaden → negatives Interesse.

Vertrauensspiel – das einfachste sequenzielle Spiel, in dem eine Partei (Spieler 1) zunächst darüber befindet, ob sie überhaupt mit der anderen Partei zusammenarbeiten will oder nicht. Nur im ersteren Fall kann dann die andere Partei (Spieler 2) die Kooperationsbereitschaft der ersten Partei ausbeuten, statt in fairer Weise die Kooperationsgewinne aufzuteilen. Während Spieler 2 die Ausbeutung der fairen Aufteilung und letztere der Nichtkooperation vorzieht, ist für Spieler 1 die Ausbeutung sogar noch schlechter als die Nichtkooperation. Gemäß der spieltheoretischen Lösung antizipiert Spieler 1 die Ausbeutung durch Spieler 2 und wählt die Nichtkooperation, obwohl vertrauensvolle Kooperationsbereitschaft und anschließende gerechte Aufteilung beide Spieler besserstellen würde. – Vgl. auch → extensive Form, → Gefangenendilemma.

vertrauensvolle Zusammenarbeit → Betriebsrat, → Betriebsfrieden.

Vertreibungsschäden → Lastenausgleich.

vertretbare Handlung – Handlung, deren Vornahme auch durch einen Dritten erfolgen kann (z.B. Niederreißen einer Mauer). Erfüllt der Schuldner nach Verurteilung zur Vornahme einer v.H. diese Verpflichtung nicht, wird der Gläubiger auf Antrag vom Prozessgericht erster Instanz ermächtigt, die v.H. auf Kosten des Schuldners vornehmen zu lassen, und der Schuldner zur Vorauszahlung der Kosten verurteilt (§ 887 ZPO). – *Gegensatz:* → unvertretbare Handlung.

vertretbare Sachen – *Fungibilien;* → Sachen, die im Verkehr nach Maß, Zahl oder Gewicht bestimmt zu werden pflegen (§ 91 BGB), z.B. Geld, Obst, Aktien, Schuldverschreibungen, u.U. auch Maschinen, die serienmäßig hergestellt werden. – Nur vertretbare Sachen können Gegenstand eines Sachdarlehens, einer Anweisung und eines unregelmäßigen Verwahrungsvertrages sein.

Vertretene – Personen, für die kraft Gesetzes oder Rechtsgeschäfts andere Personen mit verbindlicher Wirkung zu handeln befugt sind (z.B. gesetzliche Vertreter, Bevollmächtigte). – *Haftung:* Vertretene haften für → Steuerhinterziehungen oder → Steuerverkürzungen, die ihre Vertreter bei Ausübung ihrer Obliegenheiten begehen (70 AO); daneben haften i.d.R. die Vertreter.

Vertreter – 1. *Allgemein:* Personen, die befugt sind, für einen anderen rechtsverbindliche Erklärungen abzugeben oder entgegenzunehmen: a) Aufgrund gesetzlicher Vorschrift: → Gesetzliche Vertreter; b) zufolge rechtsgeschäftlich erteilter Vollmacht: → Stellvertretung, → Vertretung. – 2. *Berufsbezeichnung:* Personen, die ständig damit betraut sind, für einen anderen Geschäfte zu vermitteln und/oder in dessen Namen abzuschließen. Bei selbstständiger Tätigkeit sind sie → Handelsvertreter, sonst Angestellte (§ 84 HGB).

Vertreter des öffentlichen Interesses – zur Wahrnehmung der Belange der öffentlichen Hand im verwaltungsgerichtlichen Verfahren bestellte Person. – 1. Beim → *Bundesverwaltungsgericht (BVerwG)* ein Oberbundesanwalt, der sich zur Wahrung des öffentlichen Interesses an jedem Verfahren beteiligen kann; er ist an Weisungen der Bundesregierung gebunden (§ 35 VwGO). – 2. Bei den → Oberverwaltungsgerichten (OVG) und → Verwaltungsgerichten kann nach Maßgabe einer Rechtsverordnung der Landesregierung ein Vertreter des öffentlichen Interesses bestellt werden; ihm kann auch allg. oder für bestimmte Fälle die Vertretung des Landes oder von Landesbehörden übertragen werden (§ 36 VwGO).

Vertreter im Nebenberuf – Bezeichnung für einen → Versicherungsvertreter, der die Vertretertätigkeit nicht als Hauptberuf ausübt. Ob eine haupt- oder eine nebenberufliche Tätigkeit vorliegt, entscheidet sich nach der Verkehrsauffassung, wobei zur Abgrenzung Zeit, Umfang und die Einkünfte aus der einen oder anderen Verrichtung abgewogen werden können. In § 92b HGB sind für die Vertreter im Nebenberuf bes. Ausnahmen von den §§ 84 ff. HBG vorgesehen, z.B. kürzere Kündigungsfristen oder das Fehlen eines Ausgleichsanspruchs. Diese Regelungen finden nur Anwendung, wenn der Vertreter im Vertrag ausdrücklich als Vertreter im Nebenberuf beauftragt wurde. Allerdings kann ein Vertreter, dessen Tätigkeit mit dem Einverständnis des vertretenen Unternehmens den Umfang einer hauptberuflichen Vermittlung angenommen hat, nicht durch vertragliche Vereinbarungen auf einen nebenberuflichen Vertreter reduziert bleiben bzw. werden. Die nebenberuflichen Vertreter, welche die in § 34d III, IV oder IX GewO genannten Voraussetzungen erfüllen, bedürfen keiner → Gewerbeerlaubnis bzw. werden auf Antrag davon befreit.

Vertreterkosten – Sammelbezeichnung für die durch Beschäftigung von Vertretern entstehenden Kosten. – 1. *Einzelkosten des Vertriebs* (→ Sondereinzelkosten des Vertriebs): → Provisionen, die in Prozent vom Umsatz gezahlt werden, sowie bestimmte, mit einem Auftrag verbundene → Reisekosten. – 2. → Vertriebsgemeinkosten: Fixum, Gehälter sowie alle Vertreterkosten, die sich nicht einwandfrei bestimmten Kostenträgern zurechnen lassen. In vielen Fällen ist anhand statistischer Unterlagen (Bestellzettel) die Aufteilung nach Erzeugnisgruppen möglich.

Vertreterprovision → Provision.

Vertreterversammlung – I. Genossenschaftswesen: Bei Genossenschaften mit einem Mitgliederbestand von über 1.500 kann die → Satzung festlegen, dass die → Generalversammlung aus Vertretern der Mitglieder besteht. Diese Vertreterversammlung hat aus mind. 50 Personen zu bestehen, die von den Genossenschaftsmitgliedern in allgemeiner, unmittelbarer, gleicher und geheimer Wahl gewählt werden (§ 43 a GenG). Als fakultatives Organ besteht für sie kein faktischer Zwang zur Einführung. Nach der Gesetzesnovelle 2006 tritt die Vertreterversammlung nicht mehr völlig an die Stelle der Generalversammlung, sondern ist neben dieser das vierte Organ der eG, neben Vorstand und Aufsichtsrat. Als *Parlament der Mitglieder* nimmt die Vertreterversammlung jedoch fast völlig die Rechtstellung der Generalversammlung ein. – Vgl. auch → Genossenschaftsorgane.

II. Sozialversicherung: Selbstverwaltungsorgan der Sozialversicherungsträger (→ Versicherungsträger). – 1. *Zusammensetzung* grundsätzlich je zur Hälfte aus Vertretern der Versicherten und der Arbeitgeber, bei den landwirtschaftlichen Berufsgenossenschaften je zu einem Drittel aus Vertretern der Versicherten, der Selbstständigen und der Arbeitgeber, bei der Bundesknappschaft zu zwei Dritteln aus Vertretern der Versicherten, zu einem Drittel aus Vertretern der Arbeitgeber, bei den Ersatzkassen ganz aus Vertretern der Versicherten. Die Vertreter werden von den jeweiligen Gruppen aufgrund von Vorschlagslisten in den → Sozialversicherungswahlen gewählt. Bei der Mitgliedschaft in der Vertreterversammlung handelt es sich um eine ehrenamtliche Tätigkeit. – 2. *Aufgaben:* Die Vertreterversammlung beschließt die Satzung und sonstiges autonomes Recht des Versicherungsträgers sowie in den übrigen durch Gesetz oder sonstiges für den Versicherungsträger maßgebendes Recht vorgesehenen Fällen. Die Vertreterversammlung vertritt den Versicherungsträger gegenüber dem Vorstand und dessen Mitgliedern.

Vertretung – I. Recht: 1. *Bürgerliches Recht/Handelsrecht:* → Vertreter. – 2. *Verwaltungsgerichtsbarkeit:* → Vertreter des öffentlichen Interesses.

II. Offene Handelsgesellschaft: Befugnis zur Vertretung der Gesellschaft (wirkt nach außen) ist von der Befugnis zur → Geschäftsführung (internes Handeln) zu unterscheiden. – 1. *Umfang:* Sie umfasst alle gerichtlichen und außergerichtlichen Geschäfte und Rechtshandlungen der Gesellschaft und geht über den Umfang der → Prokura hinaus, da sie sich auch auf die Veräußerung von Grundstücken und die Erteilung der Prokura erstreckt (§ 126 I HGB). Ausgeschlossen sind jedoch solche Geschäfte, die in das Gesellschaftsverhältnis eingreifen, wie z.B. die Aufnahme neuer Gesellschafter. Eine Beschränkung der Vertretung ist Dritten gegenüber unwirksam (§ 126 II HGB). – 2. *Arten:* Für die OHG gilt der Grundsatz der Alleinvertretung (§ 125 HGB); der → Gesellschaftsvertrag kann → Gesamtvertretung anordnen. Wirkt wie Ausschluss der Vertretungsbefugnis einzelner Gesellschafter gegen Dritte nur bei entsprechender Eintragung im Handelsregister.

III. Kommanditgesellschaft: Die Befugnis des Komplementärs der KG ist analog zur Befugnis des Gesellschafters einer OHG geregelt.

IV. Partnerschaft: Es gelten die Vorschriften über die OHG entsprechend (§ 7 III PartGG).

Vertretung ohne Vertretungsmacht – Abschluss eines Vertrags erkennbar im Namen eines anderen, ohne von diesem bevollmächtigt (→ Vollmacht) oder sonst wie (z.B. als Geschäftsführer einer GmbH) zur → Vertretung befugt zu sein. Die Gültigkeit hängt von der → Genehmigung des Vertretenen ab. Genehmigt der Vertretene nicht, so kann der andere Teil von dem Vertreter ohne Vertretungsmacht Erfüllung oder Schadenersatz verlangen. Kannte der Vertreter den Mangel der Vertretungsmacht nicht, so ist er i.d.R. nur zum Ersatz des → negativen Interesses verpflichtet (§§ 177–179 BGB).

Vertretungsmacht – Befugnis zum rechtsgeschäftlichen Handeln im Namen eines anderen mit Wirkung für oder gegen diesen (→ Stellvertretung, → Vertretung). Vertretungsmacht beruht auf gesetzlicher Bestimmung (→ gesetzlicher Vertreter) oder → Vollmacht. – Vgl. auch → Vertretung ohne Vertretungsmacht.

Vertretungsordnung – *Vertretungsanordnung;* die Außenvertretung einer öffentlich-rechtlichen Körperschaft regelnde Vorschrift, v.a. die Vertretung vor den Gerichten. In den einzelnen Verwaltungszweigen entweder durch Verwaltungsanordnung oder durch Rechtsverordnung je nach Verfassungsrechtslage in Bund und Ländern.

Vertretungszwang → Anwaltszwang.

Vertrieb – häufig synonym mit dem Begriff → Absatz verwendet. Vertrieb beinhaltet v.a. den Verkauf von Waren; Warenverteilung (→ Logistik, → Marketinglogistik), Steuerung der Außendienstorganisation und Pflege der Beziehungen eines Herstellers zum Handel bzw. beim Direktvertrieb (→ direkter Vertrieb) zum Endkunden. Neuere Ansätze betonen die hohe Bedeutung des Kundenmanagements im Rahmen des Vertriebs.

Vertriebene → Bundesvertriebenengesetz.

Vertriebenenzuwendungsgesetz → Entschädigungs- und Ausgleichsleistungsgesetz (EALG).

Vertriebsabteilung – *Verkaufsabteilung;* die für den → Vertrieb zuständige Abteilung eines Industriebetriebes (Funktion des → Verkaufskontors von Syndikaten). – *Aufgaben:* Hereinnahme und Abwicklung von → Bestellungen, → Akquisition, → Kundendienst, Terminwesen, Versand und Verkaufsabrechnung etc.

Vertriebsbindung – 1. *Begriff:* vertragliche Begrenzung des Absatzes von Waren, die dem Bindenden (z.B. einem Hersteller) und dem Gebundenen (z.B. einem Großhändler) bestimmte Rechte und Pflichten auferlegt. – 2. *Formen:* a) *Vertriebsbindung räumlicher Art:* Den Abnehmern wird ein bestimmtes Gebiet zugewiesen, in dem sie die Ware vertreiben sollen (Gebietsbindungen oder Gebietsschutz-Klauseln; → Gebietsschutz). (1) Im *Inland:* starre oder flexible Gebietsklauseln (oft mit Kompensationszahlungen). (2) Im *Ausland:* Exportverbote für Inländer, Reimportverbote für inländische Exporteure, Reexportverbote für ausländische Abnehmer. – b) *Vertriebsbindung personeller Art:* Der Absatz wird auf bestimmte Abnehmer beschränkt (Kundenbeschränkungsklauseln).

Einschränkung des horizontalen Warenaustauschs durch Querlieferungsverbote. Einschränkung der vertikalen Warenbewegungen entweder auf bestimmte Absatzstufen (Direktlieferungs-, Rücklieferungsverbot, Vorbehaltsklauseln) oder auf bestimmte Abnehmer der nachfolgenden Stufe. Üblich sind hier Selektionsklauseln, nach denen nur Abnehmer beliefert werden, die den Anforderungen einer bestimmten Marketingkonzeption, z.B. hinsichtlich Größe und Ausstattung des Ladens, der Qualifikation des Personals, des Sortiments, des Kundendienstes entsprechen (→ Fachhandelsbindung, → Vertragshändler). – c) *Vertriebsbindung zeitlicher Art:* Der Warenabsatz wird zeitlich differenziert oder begrenzt, z.B. Klauseln über die Vertriebszeit neuer bzw. auslaufender Modelle, Beschränkungen über die maximale Lagerungsdauer verderblicher Waren (Arzneimittel, Lebensmittel). – 3. Vertriebsbindungen können als → Absatzbindung und/oder als → Bezugsbindung *abgeschlossen* werden. – 4. *Wettbewerbsrechtliche Beurteilung:* Vertriebsbindungen, die zu einer spürbaren Beeinträchtigung des Wettbewerbs führen, verstoßen potenziell gegen das Verbot des § 1 GWB und des Art. 101 I AEUV. Sie sind daher insbesondere nach § 2 GWB und Art. 101 III AEUV i.V. mit der → Vertikal-GVO zu beurteilen.

Vertriebscontrolling – 1. *Begriff:* Die Anforderungen an eine bankbetriebliche Vertriebssteuerung orientieren sich primär an ergebnisorientierten Kernzielgrößen. Vertriebscontrolling kann in *operatives* und *strategisches* Vertriebscontrolling unterschieden werden. – a) Das *strategische Vertriebscontrolling* unterstützt insbesondere das Erreichen mittel- und langfristiger qualitativer Faktoren. Die Ausrichtung der Steuerungsinstrumente richtet sich hier bspw. an die Zielerreichung von Vertriebskonzepten, → Marketingstrategien, Kundenverhalten und -einstellungen aus. – b) Das *operative Vertriebscontrolling* richtet sich im Wesentlichen an kurzfristig quantitativen Faktoren z.B. Deckungsbeitrags-, Kundengruppen-, Geschäftsarten- und Geschäftsstellenrechnung aus. – 2. *Merkmale*: Den einzelnen ertrags- und kostenverantwortlichen Geschäftseinheiten werden vor dem Hintergrund von Opportunitätsüberlegungen gemeinhin Eigenkapitalanteile zugerechnet, welche jeweils die unternehmerischen Renditeerwartungen als Zielvorgabe zu erreichen haben (z.B. die Geschäftssparte Privatkundengeschäft, mit den als → Profitcenter agierenden nachgelagerten Einheiten Regionen, Gebiete, Filialen). Darüber hinaus sind strategische Ziele zu erreichen, die keinen unmittelbaren Ertrag generieren, für den langfristigen Fortbestand des Kreditinstitutes indes von hoher Relevanz sind. Die Akzeptanz des Vertriebsmanagements an ein Vertriebssteuerungssystem wird dabei durch eine zeitnahe Datenbereitstellung, Nachvollziehbarkeit und einheitliche Durchgängigkeit der Berichtschreibung bestimmt.

Vertriebseinzelkosten → Sondereinzelkosten des Vertriebs, → Absatzeinzelkosten.

Vertriebsgemeinkosten – Kosten des Vertriebs, die sich nicht den Kostenträgern direkt zurechnen lassen (→ Gemeinkosten), z.B. Gehälter der im Vertrieb tätigen Angestellten, allg. Verpackungsmaterial, Porti, Raumkosten, Kosten für nicht produktspezifische Werbung. Vertriebsgemeinkosten werden auf speziellen → Vertriebskostenstellen gesammelt und in der Vollkostenrechnung den Produkten prozentual zu den → Herstellkosten zugerechnet (→ Kalkulation). – Vgl. auch → Sondereinzelkosten des Vertriebs, → Vertriebskosten.

Vertriebsgesellschaft – 1. *Begriff:* Gesellschaft, deren Gegenstand nur der Vertrieb von Waren oder Dienstleistungen ist, nicht aber deren Produktion. – 2. Eine Vertriebsgesellschaft wird häufig von Konzernen *gegründet*, um (1) die Haftung, soweit sie aus Verträgen mit der Kundschaft herrührt, auf das Vermögen der Vertriebsgesellschaft zu begrenzen, (2) den Vertrieb aller Produkte des Konzerns zentral zu koordinieren oder (3) durch eine Vertriebsgesellschaft in einem anderen Land (Auslands-Vertriebsgesellschaft) den Kunden im dortigen Markt eine Anlaufstelle im eigenen Land anbieten zu können. – 3. *Steuerliche Behandlung:* Die Vertriebsgesellschaft muss ihre Geschäfte mit den übrigen Gesellschaften des eigenen Konzerns zu Konditionen wie mit fremden Dritten abwickeln; ansonsten besteht innerstaatlich die Gefahr verdeckter Gewinnausschüttungen, grenzüberschreitend die Gefahr von Verrechnungspreiskorrekturen (Verrechnungspreis). – 4. *Spezialfall:* Für Unternehmensstrukturen, bei denen innerstaatlich eine Vertriebsgesellschaft und eine Produktionsgesellschaft voneinander getrennt sind. – Vgl. auch → Betriebsaufspaltung.

Vertriebsgesellschaften – 1. *Begriff:* Vermittlungsunternehmen, das entweder in der Form eines → Versicherungsvertreters oder eines Versicherungsmaklers tätig ist (vgl. auch → Strukturvertrieb). – 2. *Ziel:* Durch Anwerbung und Einsatz von Untervermittlern wird Vertriebskapazität vorgehalten. Die Versicherer dürfen nach den Vorgaben der → Bundesanstalt für Finanzdienstleistungsaufsicht (BaFin) nur mit solchen Vertriebsgesellschaften zusammenarbeiten, die am AVAD-Auskunftsverkehr teilnehmen und sich gegenüber dem Versicherungsunternehmen verpflichten, ihrerseits nur mit Untervermittlern zusammenzuarbeiten, die den Anforderungen des Vermittlergesetzes genügen, insbesondere zuverlässig sind, in geordneten Vermögensverhältnissen leben und über eine Berufshaftpflichtversicherung verfügen bzw. für die eine Haftungsübernahmeerklärung eines Versicherers vorliegt. Die Einhaltung dieser Verpflichtung ist von den Versicherern in regelmäßigen Abständen zu überprüfen.

Vertriebsinformationssystem → Marketing-Informationssystem (MAIS).

Vertriebskanal → Distribution, → Distributionspolitik.

Vertriebskooperation – freiwillige Vereinbarung mind. zweier Unternehmungen, in einzelnen oder mehreren Bereichen oder Teilbereichen ihrer Vertriebsaktivitäten zusammenzuarbeiten. – *Zweck:* Steigerung der Vertriebseffizienz und/oder Senkung der Vertriebskosten. – *Formen:* Z.B. Messegemeinschaften, Anschlussabsatz, Vertriebs- und Exportgemeinschaften.

Vertriebskosten – *Verkaufskosten.* 1. *I.e.S.:* Alle im Vertriebsbereich anfallenden → Kosten, z.B. Personalkosten, Provisionen, Frachten, Rollgeld, Werbeausgaben, Messe- und Reisekosten sowie Verpackungskosten. – Zu *unterscheiden* sind: → Sondereinzelkosten des Vertriebs und → Vertriebsgemeinkosten. – Vgl. auch → Absatzsegmentrechnung (Vertriebskostenrechnung). – Bei den → Herstellungskosten sind Vertriebskosten nicht einzubeziehen. – 2. *I.w.S.:* → Distributionskosten.

Vertriebskostenrechnung → Absatzsegmentrechnung.

Vertriebskostenstellen – alle Bereiche eines Produktionsbetriebes, die am Vertrieb der Erzeugnisse beteiligt sind. Vertriebskostenstellen können (je nach Art und Umfang der Vertriebsorganisation des Unternehmens) untergliedert werden. (Kostenstelleneinteilung: → Kostenstelle nach Funktionen (Packerei, Versand, Werbung etc.), Märkten (z.B. Verkaufsbüros in den einzelnen Vertriebsgebieten) oder Erzeugnisgruppen. – Vgl. auch → Betriebsabrechnung.

Vertriebslizenz – Art der → Lizenz. Vertriebslizenzen können (je nach Inhalt bzw. Gegenstand) eine unterschiedlich starke Bindung zwischen Hersteller und Lizenzpartner (Handel, Verarbeitendes Gewerbe) begründen. Erscheinungsformen sind v.a. Vertragsvertrieb und Vertriebshändler.

Vertriebsorganisation – *Absatzorganisation;* → Teilbereichsorganisation für den Teilbereich „Vertrieb" bzw. „Absatz". Die Hierarchieebene unterhalb der Vertriebs- bzw. Absatzleitung kann z. B. nach Absatzmärkten, -kanälen oder -produkten gegliedert werden. – Zu *unterscheiden:* (1) *Innenorganisation:* Zweckmäßige Gliederung und Zuordnung der Tätigkeiten im Unternehmen zur Steuerung und Unterstützung der Außenorganisation im Hinblick auf die Auftragserlangung. (2) *Außenorganisation:* Alle Absatzorgane einer Unternehmung, die im → direkten Vertrieb oder beim → indirekten Vertrieb der akquisitorischen und physischen → Distribution dienen. – Vgl. auch → Marketingorganisation.

Vertriebspolitik → Marketingpolitik.

Vertriebsprozess – Kunden durchlaufen im Rahmen eines Customer Buying Cycle idealtypischerweise eine Pre-Sales-Phase (z.B. Informationsbeschaffung, Bedarfserkennung), Sales-Phase (z.B. Bestellung, Kauf, Zahlung) und After-Sales-Phase (z.B. Nutzung, Fragen, Beschwerden). – Der Vertriebsprozess beschreibt aus Unternehmenssicht die notwendigen und kausal zusammenhängende Maßnahmen und Aktivitäten im → Vertrieb, mit dem primären Ziel vom Prozessbeginn bis zum Prozessende einen Wertzuwachs bzw. eine Wertschöpfung zu generieren. Die Auswahl der zahlreichen Maßnahmen zielt dabei im Wesentlichen auf die Möglichkeiten des Marketing-Mix ab. – Vgl. → Vertriebsstrategie, → Vertriebscontrolling, → Vertriebssteuerung.

Vertriebssonderkosten → Sondereinzelkosten des Vertriebs.

Vertriebssteuerung – Die Festlegung einer zukunftsorientierten Handlungsorientierung ist maßgeblich für die langfristige Entwicklung eines Unternehmens. Strategische Ziele des Unternehmens werden durch die Vertriebssteuerung in operative Ziele transformiert. Vertriebssteuerung ist der Unternehmensführung zurechenbar und weist als zentrale Aufgaben a) *Planung* (z.B. Ziel-/Budgetvorgaben auf Profitcenter-Ebene nach Kunden, Produkten, Regionen oder Vertriebswegen), b) *Steuerung* der Vertriebsaktivitäten im Markt sowie Optimierung des Einsatzes der Vertriebsressourcen und c) *Kontrolle* (Vertriebscontrolling), bspw. Analysen von Zielabweichungen und Entwicklung von Maßnahmen zur Zielerreichung aus. – Vgl. → Stationärer Bankvertrieb, → Vertriebscontrolling, → Vertriebsunterstützung.

Vertriebsstrategie – 1. *Begriff:* Eine Vertriebsstrategie ist die Festlegung einer zukunftsorientierten unternehmerischen Handlungsorientierung der Unternehmensführung für den Absatz von Produkten und/oder Dienstleistungen zur Erreichung der Unternehmensziele. – 2. *Merkmale:* Die Entwicklung der Unternehmen wird durch dynamisch und progressiv verlaufende Veränderungen, bspw. in der Gesellschaft, der Ökonomie sowie der Technologie, bestimmt. Die Wirkungen des Wandels sind komplex, da sie Kunden, Mitarbeiter sowie Institutionen gleichermaßen einbeziehen und wechselseitig deren Verhalten bestimmen. – Der Vertrieb eines Unternehmens hat dieses in seiner Ausgestaltung spezifisch zu berücksichtigen. Dabei bestimmen die auf die *Unternehmensziele* ausgerichteten absatzpolitischen Instrumente die Verhaltensweise des Unternehmens gegenüber seiner Umwelt. Eine Systematisierung dieser Instrumente erfolgt gemeinhin im Rahmen des → Marketing-Mix. – Vgl. → Stationärer Bankvertrieb, → Vertriebscontrolling, → Vertriebsprozess.

Vertriebsunterstützung – hilft den Mitarbeitern im Vertrieb bei Ihren Aktivitäten der Kundenbetreuung und -akquisition. Die Vertriebsunterstützung ist gemeinhin Bindeglied zwischen dem Bereich → Vertrieb und → Marketing. Zu ihren zentralen Aufgaben gehören die Bereitstellung und Aufbereitung vertriebs- und marketingrelevanter in- und externer Informationen z.B. (potentieller) Kunden, Wettbewerber, Produkte, mit dem Ziel, hieraus im Weiteren zielgerichtet Handlungsempfehlungen und -maßnahmen zu generieren. – Vgl. → Stationärer Bankvertrieb, → Vertriebsstrategie, → Vertriebssteuerung.

Vertriebsweg → Absatzweg.

Verunglimpfung → Anschwärzung.

Veruntreuung → Unterschlagung, → Untreue.

Verursacherprinzip – Das Verursacherprinzip fordert eine Internalisierung sozialer Kosten: Im Fall einer mit sozialen Kosten verbundenen Nutzung ist das Nutzungsrecht von der Zahlung für den Umweltschaden abhängig *(Polluter-Pays-Principle)*; die Zahlung muss nicht an den Geschädigten (Entschädigung) erfolgen. – 2. *Theoretische Begründung:* Aus allokations- und wohlfahrtstheoretischer Sicht ist eine → Internalisierung externer Effekte wirtschaftlicher Aktivitäten zur Realisierung des volkswirtschaftlichen Allokationsoptimums (Pareto-Effizienz) erforderlich. – 3. Das Verursacherprinzip ist nur *eingeschränkt realisierbar:* (1) Konzeptionelle und kontrolltechnische Schwierigkeiten, konkrete Umweltschäden einzelnen Verursachern zuzurechnen (synergetische und Schwelleneffekte); (2) Durchsetzungsprobleme des Anspruchs auf Nichtbeeinträchtigung Dritter gemäß Haftungsrecht; (3) Souveränität von Staaten (grenzüberschreitende Umweltbelastungen). – 4. Aufgrund der unter Punkt 3 angeführten Probleme erfolgte eine *pragmatische Umformulierung* des Verursacherprinzips, nach dem dem Verursacher von Umweltbeeinträchtigungen diejenigen Vermeidungs- und Beseitigungskosten angelastet werden, die bei der Realisierung eines staatlich fixierten Beeinträchtigungsniveaus anfallen (→ Vermeidungskostenansatz). – *Gegensatz:* → Gemeinlastprinzip.

Verursachungsprinzip – *Kostenverursachungsprinzip*, in mehreren Varianten auftretendes → Kostenverteilungsprinzip: (1) Kosten werden den Ausbringungsgütern bzw. Leistungen zugeordnet, welche sie als Zweckursache bewirkt haben (engere Fassung). – (2) Kosten sind den auf sie einwirkenden Einflussgrößen zuzurechnen. – Für Systeme *entscheidungsorientierter Kostenrechnung* gelten alle Zurechnungsregelvarianten des Verursachungsprinzips als zu unpräzise; dort wird auf das → Identitätsprinzip zurückgegriffen. – *Varianten:* (1) → Kosteneinwirkungsprinzip, (2) → Marginalprinzip, (3) → Finalprinzip, (4) → Kausalprinzip.

Vervielfältigungsrecht – I. Begriff: → Verwertungsrecht des Urhebers, Vervielfältigungsstücke des Werkes herzustellen ohne Rücksicht auf Zahl und Verfahren (körperliche Festlegung, die geeignet ist, das Werk den menschlichen Sinnen auf irgendeine Weise unmittelbar oder mittelbar wahrnehmbar zu machen, z.B. Bücher, Noten, Nachbilden eines Kunstwerks, Nachbauen eines Werkes der Baukunst, Ausführen von Plänen). Vervielfältigungsrecht ist auch die Übertragung des Werkes auf Vorrichtungen zur wiederholbaren Wiedergabe von Bild- oder Tonfolgen, z.B. Tonträger (§ 16 UrhG).

II. Einschränkungen des Vervielfältigungsrechts: Die Vervielfältigung ist ohne Einwilligung des Urhebers zulässig: 1. Wenn das vervielfältigte Werk neben dem eigentlichen Gegenstand der Vervielfältigung, Verbreitung oder öffentlichen Wiedergabe als *unwesentliches Beiwerk* anzusehen ist (§ 57 UrhG). – 2. Vervielfältigungsrecht zum *persönlichen Gebrauch* (§ 53 UrhG): a) Zulässig ist es, einzelne Vervielfältigungsstücke eines Werkes zum privaten Gebrauch auf beliebigen Trägern herzustellen, sofern sie weder unmittelbar und mittelbar Erwerbszwecken dienen. Dies gilt auch für die digitale Privatkopie. Die Vervielfältigungsstücke dürfen weder verbreitet noch zur öffentlichen Wiedergabe benutzt werden. Die Aufnahme öffentlicher Vorträge, Aufführungen oder Vorführungen auf Bild- oder Tonträger, die Ausführung von Plänen und Entwürfen zu Werken der bildenden Künste und der Nachbau eines Werkes der Baukunst sind aber stets nur mit Einwilligung des Berechtigten zulässig. – b) Der Urheber hat für die Vervielfältigungen zum persönlichen Gebrauch keinen Vergütungsanspruch gegen den privaten Benutzer. – c) Jedoch hat der Urheber eines Werkes, von dem zu erwarten ist, dass es durch Aufnahme von Funksendungen auf Bild- oder Tonträger etc. (z.B. Tonbandgeräte) zum persönlichen Gebrauch vervielfältigt wird, gegen den Hersteller (Importeur) von Geräten, die zur Vornahme solcher Vervielfältigungen geeignet sind, einen Anspruch auf Zahlung einer Vergütung. Dieser beruht auf der durch die Veräußerung des Gerätes geschaffenen Möglichkeit, solche Vervielfältigungen vorzunehmen. Der Anspruch kann nur durch eine → Verwertungsgesellschaft geltend gemacht werden (§ 54h UrhG). – 3. Zulässig ist die Herstellung einzelner Vervielfältigungsstücke auch zum *sonstigen eigenen*, bes. wissenschaftlichen *Gebrauch*, Aufnahme in ein eigenes Archiv oder zur eigenen Unterrichtung über Tagesfragen (§ 53 UrhG). – 4. Ferner sind zulässig: Vorübergehende Vervielfältigungshandlungen, die flüchtig oder begleitend sind, Teil eines technischen Verfahrens darstellen und allein den Zweck haben, eine Netzübertragung oder eine rechtmäßige Nutzung eines Werks zu ermöglichen (§ 44a UrhG). Einzelne Vervielfältigungsstücke können zur Verwendung im *Verfahren vor Gerichten*, Schiedsgerichten oder einer Behörde hergestellt werden; Behörden dürfen auch für Zwecke der Rechtspflege und der öffentlichen Sicherheit Bildnisse vervielfältigen lassen und ebenso verbreiten (§ 45 UrhG). – 5. Teile von Werken oder einzelne Werke der bildenden Künste oder Lichtbildwerke können nach Erscheinen in ein Sammelwerk für den *Kirchen-, Schul- oder Unterrichtsgebrauch* aufgenommen werden; dem Urheber ist die Absicht der Veröffentlichung vorher mitzuteilen (§ 46 UrhG). Die nicht Erwerbszwecken dienenden Vervielfältigungen eines Werks für Menschen mit Behinderungen, sofern dies den Zugang ermöglicht, ist zulässig. Dem Urheber ist eine angemessene Vergütung zu zahlen, die nur durch eine Verwertungsgesellschaft geltend gemacht werden kann (§ 45a

UrhG). – 6. Das ausschließliche Vervielfältigungsrecht des Urhebers ist *weiter eingeschränkt* bei Schulfunksendungen (§ 47 UrhG), öffentlichen Reden (§ 48 UrhG), Zeitungsartikeln, Nachrichten, → Zitaten, Katalogen, Zwangslizenz. – 7. Zur *Bild- und Tonberichterstattung* über Tagesereignisse dürfen Werke, die im Verlauf der Vorgänge, über die berichtet wird, wahrnehmbar werden, in einem durch den Zweck gebotenen Umfang vervielfältigt, verbreitet und öffentlich wiedergegeben werden (§ 50 UrhG). – 8. In *Geschäftsbetrieben*, die Bild- oder Tonträger etc. vertreiben oder instandsetzen, dürfen Werke auf Bild- oder Tonträger übertragen oder wiedergegeben werden, soweit dies notwendig ist, um Kunden die Geräte vorzuführen oder die Geräte instandzusetzen (§ 56 UrhG). – 9. Werke, die sich bleibend an *öffentlichen Wegen* etc. befinden, dürfen mit Mitteln der Malerei oder Grafik, durch Lichtbild oder Film vervielfältigt werden (§ 59 UrhG). – In den genannten Fällen der zulässigen Vervielfältigung ohne Einwilligung des Urhebers sind *Änderungen* am Werk grundsätzlich *nicht erlaubt* (§ 62 UrhG). – Vgl. auch → Quellenangabe.

Verwahrung – Aufbewahrung → beweglicher Sachen für andere, z.B. Wertpapierverwahrung. – Vgl. auch → Verwahrungsvertrag.

Verwahrungsbuch → Depotbuch.

Verwahrungsvertrag → Vertrag, der den Verwahrer verpflichtet, eine ihm vom Hinterleger übergebene bewegliche Sache aufzubewahren und sie jederzeit auf Verlangen des Hinterlegers zurückzugeben (§§ 688–700 BGB). Der Verwahrungsvertrag kann entgeltlich oder unentgeltlich sein. Bei einem unentgeltlichen Verwahrungsvertrag haftet der Verwahrer nur für → Sorgfalt in eigenen Angelegenheiten, sonst für jedes Verschulden. – *Bes. Vorschriften* gelten v.a. für die Verwahrung von Wertpapieren (→ Wertpapierverwahrung). – *Sonderform:* → unregelmäßiger Verwahrungsvertrag.

Verwaltung – I. Betriebliche Verwaltung: (häufig: *kaufmännische Verwaltung*): 1. *i.e.S.:* Grundfunktion im betrieblichen Geschehen, die nur mittelbar den eigentlichen Zweckaufgaben des Betriebs (Beschaffung, Produktion, Absatz) dient, indem sie den reibungslosen Betriebsablauf durch Betreuung des ganzen Betriebs gewährleistet. – *Aufgabenbereiche* (Regelfall): a) → Organisation, b) → Rechnungswesen, c) Finanzwirtschaft, d) Personalverwaltung und e) Sachverwaltung (Anlagenverwaltung und Materialverwaltung). – 2. *i.w.S.:* alle Tätigkeitsbereiche innerhalb der Unternehmung, die nicht unmittelbar zum Produktionsbereich, also dem technischen Bereich, gehören.

II. Öffentliche Verwaltung: 1. *Begriff:* die im Rahmen der → Gewaltenteilung ausgeübte behördliche Tätigkeit, die weder → Gesetzgebung noch → Rechtsprechung ist. – 2. *Einteilung:* a) nach ihrer *Auswirkung:* (1) *Eingriffsverwaltung (Ordnungsverwaltung):* Sie erfasst die verwaltende Tätigkeit, durch die in die Rechts- und Freiheitssphäre des Einzelnen eingegriffen wird (z.B. auf dem Gebiet der Polizei und des Steuerwesens); (2) *Leistungsverwaltung*, bei der die Verwaltung dem einzelnen Leistungen gewährt (Sozialhilfe, Subventionen). – b) nach ihrer *Abhängigkeit von der Rechtsordnung:* (1) *gebundene Verwaltung*, bei der die Rechtsordnung zwingend vorschreibt, was ein Verwaltungsorgan in einem bestimmten Fall tun oder unterlassen muss; (2) *freie Verwaltung*, bei der dagegen ein gesetzlich eingeräumter Spielraum besteht (→ Ermessen). – 3. *Aufgabenverteilung zwischen Bund und Ländern:* a) *landeseigene Verwaltung:* Die Länder vollziehen nach Art. 83 GG die Bundesgesetze grundsätzlich als eigene Angelegenheit. Das gilt nach Art. 30 GG auch für alle anderen Formen der Verwaltung, soweit das GG nichts anderes bestimmt. Dabei ist unerheblich, um welche Art der Verwaltung (I) es sich handelt. Der Bund hat beim landeseigenen Vollzug von Bundesgesetzen nur die → Rechtsaufsicht. – b) *Auftragsverwaltung:* Auf bestimmten im GG ausdrücklich genannten Gebieten (z.B. Verwaltung der Bundesstraßen und der Bundeswasserstraßen) führen die Länder Gesetze im Auftrag des Bundes aus. Hier hat der Bund neben der Rechtsaufsicht auch die → Fachaufsicht. – c) *bundeseigene Verwaltung:* durch Mittel- und Unterbehörden des Bundes nur in wenigen Zweigen der Verwaltung (z.B. Auswärtiger Dienst, Bundesfinanzverwaltung, Bundesgrenzschutz, Bundeswehr) vom GG zugelassen; dagegen ist in erheblich weiterem Umfang eine bundeseigene Verwaltung durch obere Bundesbehörden oder bundesunmittelbare Körperschaften zulässig. Von dieser Möglichkeit hat der Bund in vielen Fällen Gebrauch gemacht (z.B. Bundesagentur für Arbeit, Bundeskartellamt, Bundeskriminalamt, Bundesversicherungsamt, Kraftfahrt-Bundesamt, → Statistisches Bundesamt (StBA)). – 4. *Aufgabenverteilung innerhalb der Länder:* Die landeseigene Verwaltung vollzieht sich auf verschiedenen Ebenen: a) *örtliche Verwaltung* (durch Gemeinden und Landkreise): u.a. Polizei- und Ordnungsverwaltung, Gesundheitswesen (Krankenhäuser, Heilanstalten) einschließlich des Hygiene-Schutzes (Kanalisation, Müllabfuhr, Friedhofsverwaltung), Straßenbau und Straßenunterhaltung und Energieversorgung (Wasser, Gas, Elektrizität). – b) Verwaltung *auf Landesebene:* u.a. überörtliche Aufgaben der Polizei, Wirtschaftsförderung durch Kultur- und Siedlungsämter (u.a. Flurbereinigung), Aufgaben der Raumordnung und Landesplanung und Steuerverwaltung durch die Finanzämter sowie Bau und Unterhaltung von Straßen.

Verwaltungsabkommen – Vereinbarung zwischen verschiedenen Trägern hoheitlicher Gewalt über die Aufgabenteilung bei Ausübung bestimmter Verwaltungsaufgaben. Bedarf nicht der Zustimmung durch den Gesetzgeber. – *Anders:* → Staatsvertrag.

Verwaltungsakademie → Berufsakademie.

Verwaltungsakt – 1. *Begriff:* jede → Verfügung, → Entscheidung oder andere hoheitliche

Maßnahme, die eine Behörde zur Regelung eines Einzelfalles auf dem Gebiet des öffentlichen Rechts trifft und die auf unmittelbare Rechtswirkung nach außen gerichtet ist, sowie eine Allgemeinverfügung, die sich an einen nach allg. Merkmalen bestimmten oder bestimmbaren Personenkreis richtet oder die öffentlich-rechtliche Eigenschaft einer Sache oder ihre Benutzung durch die Allgemeinheit betrifft (§ 35 VwVfG, § 118 AO). Ein Verwaltungsakt kann mündlich, schriftlich oder elektronisch bekannt gegeben werden. – 2. Im Unterschied zu den Rechtsgeschäften des zivilen Rechts wird bei einem Verwaltungsakt *Rechtsgültigkeit* grundsätzlich vermutet. Nichtig ist ein Verwaltungsakt nur, soweit er an einem bes. schwerwiegenden Fehler leidet und dies bei verständiger Würdigung aller in Betracht kommenden Umstände offenkundig ist (§ 44 VwVfG, § 125 I AO). – Verwaltungsakte sind nur *anfechtbar;* sie gelten also als rechtswirksam, bis sie aufgrund eines → Widerspruchs, einer → Beschwerde oder eines → Einspruchs durch eine Verwaltungsbehörde oder aufgrund einer → Anfechtungsklage durch eine verwaltungsgerichtliche Entscheidung aufgehoben werden. Sonderregelung für die Anfechtung von → Justizverwaltungsakten. – 3. Für Verwaltungsakte im Bereich des *Steuerrechts* enthält die → Abgabenordnung (AO) spezielle Regelungen zur Wirksamkeit und Bestandskraft, v.a. zur Korrektur von → Steuerbescheiden (§§ 118 ff. AO), die den Vorschriften des Verwaltungsverfahrensgesetz (VwVfG) als lex specialis vorgehen, soweit sie ihnen nicht entsprechen.

Verwaltungsaktien → Aktien, die bei ihrer Emission von einem Dritten, meist einem Konsortium, übernommen und von diesem zur Verfügung der Verwaltung der Gesellschaft gehalten werden, die über ihre Verwendung entscheidet, z.B. zur Ausgabe von Belegschaftsaktien. – Vgl. auch → Vorratsaktien.

Verwaltungsautomation – Einsatz moderner Informations- und Kommunikationstechnologie zur Automatisierung bestimmter Verwaltungstätigkeiten. – *Ziele:* Produktivitätssteigerung, Kundenähe, Anhebung der Qualität des Arbeitslebens, Stärkung der Steuerbarkeit der Organisation.

Verwaltungsbehörde → Behörde.

Verwaltungsbeschwerde → Beschwerde, → Dienstaufsichtsbeschwerde.

Verwaltungsfinanzamt → Finanzamt, von dessen Bezirk aus die Verwaltung gemeinsamer Einkünfte ausgeht. Zuständig für die gesonderte Feststellung von Besteuerungsgrundlagen bei einer Beteiligung mehrerer Personen an anderen Einkünften als Einkünften aus Land- und Forstwirtschaft, aus Gewerbebetrieb oder aus freiberuflicher Tätigkeit, bes. also bei Einkünften aus Kapitalvermögen und Einkünften aus Vermietung und Verpachtung (§ 18 I 4 AO). Ist die Verwaltung dieser Einkünfte im Geltungsbereich der Abgabenordnung nicht feststellbar, ist das Verwaltungsfinanzamt das Finanzamt, in dessen Bezirk sich der wertvollste Teil des Vermögens, aus dem die gemeinsamen Einkünfte fließen, befindet.

Verwaltungsgebühr → Gebühr.

Verwaltungsgemeinkosten → Verwaltungskosten.

Verwaltungsgericht – untere Stufe der Gerichtsorganisation in der → Verwaltungsgerichtsbarkeit. – 1. Die Verwaltungsgerichte *entscheiden* durch Kammern, die mit drei Berufsrichtern und zwei ehrenamtlichen Verwaltungsrichtern besetzt sind; die letztgenannten wirken bei Beschlüssen außerhalb der mündlichen Verhandlung und bei → Gerichtsbescheiden nicht mit. I.d.R. soll bei Vorliegen bestimmter Voraussetzungen der Einzelrichter entscheiden (§ 6 VwGO). – 2. *Zuständigkeit:* erster Rechtszug für alle Streitigkeiten, für die der → Verwaltungsrechtsweg offen steht, soweit nicht ausnahmsweise das → Oberverwaltungsgericht (OVG) oder das → Bundesverwaltungsgericht (BVerwG) zuständig sind. – 3. *Rechtsmittel:* Gegen Entscheidungen der Verwaltungsgerichte gibt es den Antrag auf Zulassung der → Berufung oder → Beschwerde an das Oberverwaltungsgericht, u.U. auch die → Sprungrevision.

Verwaltungsgerichtsbarkeit – I. Allgemein: Zweig der Gerichtsbarkeit; bundeseinheitlich geregelt durch die Verwaltungsgerichtsordnung (VwGO) i.d.F. vom 19.3.1991 (BGBl. I 680) m.spät.Änd. Ergänzend sind GVG und ZPO anzuwenden.

II. Gerichtsverfassung: (§§ 1–12 VwGO): unabhängige, von den Verwaltungsbehörden getrennte → Gerichte. In den Ländern werden → Verwaltungsgerichte und → Oberverwaltungsgericht (OVG) – auch → Verwaltungsgerichtshöfe (VGH) genannt – errichtet, als oberster Gerichtshof des Bundes das → Bundesverwaltungsgericht (BVerwG) in Leipzig.

III. Verwaltungsrechtsweg: (§ 40 VwGO): in allen öffentlich-rechtlichen Streitigkeiten nicht verfassungsrechtlicher Art gegeben, soweit sie nicht durch Bundesgesetz einem anderen Gericht zugewiesen sind. Öffentlich-rechtliche Streitigkeiten auf dem Gebiet des Landesrechts können einem anderen Gericht auch durch Landesgesetz zugewiesen werden. Für → Aufopferungsansprüche und vermögensrechtliche Ansprüche aus öffentlich-rechtlicher → Verwahrung sowie für Ansprüche auf Schadenersatz wegen → Amtspflichtverletzung ist der → ordentliche Rechtsweg gegeben. – Die Gerichte der Verwaltungsgerichtsbarkeit entscheiden über die Zulässigkeit des zu ihnen beschrittenen Rechtsweges und verweisen bei Unzuständigkeit an das zuständige Gericht des zulässigen Rechtswegs (§ 17a GVG).

IV. Verfahren: 1. *Klagearten:* a) → Anfechtungsklage, gerichtet auf die Aufhebung eines Verwaltungsaktes. – b) → Verpflichtungsklage, gerichtet auf den Erlass eines abgelehnten oder unterlassenen Verwaltungsaktes. – c) → Feststellungsklage, gerichtet auf die Feststellung des Bestehens oder Nichtbestehens eines Rechtsverhältnisses, für das der

Verwaltungsrechtsweg zulässig ist, oder auf Nichtigkeit eines Verwaltungsaktes. – d) Normenkontrollverfahren über die Gültigkeit von Rechtsverordnungen und Satzungen nach § 47 VwGO. – e) Darüber hinaus kann schon vor Klageerhebung der Antrag auf Erlass einer → einstweiligen Anordnung gestellt werden. – 2. *Vorverfahren* (§§ 68 ff. VwGO): a) Vor Erhebung der *Anfechtungsklage* sind Rechtmäßigkeit und Zweckmäßigkeit des Verwaltungsaktes in einem Vorverfahren nachzuprüfen. – b) Entsprechendes gilt für die *Verpflichtungsklage* bei Ablehnung eines beantragten Verwaltungsaktes. – c) Das Vorverfahren wird durch den → Widerspruch eingeleitet, der binnen eines Monats nach Erlass des Verwaltungsaktes schriftlich bei der erlassenden Behörde einzulegen ist. Entweder hilft die Behörde dem Widerspruch ab oder es ergeht ein Widerspruchsbescheid. – 3. *Gerichtliches Verfahren:* a) Die *Anfechtungsklage* muss i.d.R. binnen eines Monats nach Zustellung des Widerspruchsbescheides erhoben werden. – *Ausnahme:* Untätigkeitsklage (§§ 74–75 VwGO). – b) Die Klage ist *schriftlich* oder zur Niederschrift des Urkundsbeamten der Geschäftsstelle zu erheben. Sie muss den Kläger, den Beklagten und den Streitgegenstand bezeichnen und soll einen bestimmten Antrag enthalten (§§ 81 ff. VwGO). – c) *Beteiligt* am Verfahren sind Kläger, Beklagter, Beigeladener und der Vertreter des öffentlichen Interesses. – d) *Beklagter* ist der Bund, das Land oder die Körperschaft, deren Behörde den angefochtenen Verwaltungsakt erlassen oder den beantragten Verwaltungsakt unterlassen hat; die Angabe der Behörde genügt als Bezeichnung des Beklagten (§ 78 VwGO). – e) *Gegenstand* der Anfechtungsklage ist der ursprüngliche Verwaltungsakt in der Form des Widerspruchsbescheides. – f) Die Klage hat *aufschiebende Wirkung* (§ 80 VwGO). – *Ausnahmen:* (1) Anforderung von öffentlichen Abgaben und Kosten; (2) unaufschiebbare Polizeimaßnahmen; (3) in anderen bundesgesetzlich vorgesehenen Fällen; (4) bes. Anordnung der Vollziehung im öffentlichen Interesse. Das Gericht kann die aufschiebende Wirkung anordnen, auch schon vor der Klageerhebung. – g) Vor dem Bundesverwaltungsgericht und dem Oberverwaltungsgericht muss sich jeder Beteiligte durch einen Rechtsanwalt oder Rechtslehrer an einer dt. Hochschule *vertreten* lassen (→ Anwaltszwang). Vor dem Verwaltungsgericht kann mit schriftlicher Vollmacht jede Person als Bevollmächtigter auftreten, die zum sachgemäßen Vortrag fähig ist (§ 67 VwGO). – h) Das Gericht erforscht den *Sachverhalt* von Amts wegen.i) *Entscheidung* durch → Urteil, u.U. → Beschluss oder → Gerichtsbescheid. – 4. *Zuständigkeit:* a) *sachliche Zuständigkeit:* Im ersten Rechtszug entscheidet das Verwaltungsgericht über alle Rechtsstreitigkeiten, für die der Verwaltungsrechtsweg offen steht. Ausnahmsweise ist im ersten Rechtszug das Oberverwaltungsgericht (§§ 47, 48 VwGO) oder das Bundesverwaltungsgericht (§ 50 VwGO) zuständig. – b) *örtliche Zuständigkeit* (§ 52 VwGO): Grundsätzlich ist das Verwaltungsgericht zuständig, in dessen Bezirk der Verwaltungsakt erlassen wurde. Erstreckt sich die Zuständigkeit der Behörde auf den Bezirk mehrerer Verwaltungsgerichte, dann ist dasjenige zuständig, in dessen Bezirk der Beschwerte seinen Sitz oder Wohnsitz hat. – *Ausnahmen:* (1) bei unbeweglichen Vermögen oder ortsgebundenen Rechten das Gericht, in dessen Bezirk das Vermögen oder der Ort liegt; (2) bei Verwaltungsakten einer Bundesbehörde, bundesunmittelbaren Körperschaft, Anstalt oder Stiftung das Gericht, in dessen Bezirk die Behörde etc. ihren Sitz hat; (3) bei Beamten, Soldaten etc. das Verwaltungsgericht des dienstlichen Wohnsitzes; (4) ersatzweise stets das für den Wohnsitz (Sitz) des Beklagten zuständige Verwaltungsgericht. – 5. *Rechtsmittel* (§§ 124 ff. VwGO): a) gegen Urteile der *Verwaltungsgerichte* → Berufung, wenn vom Oberverwaltungsgericht zugelassen, gegen Beschlüsse → Beschwerde (z.T. von Zulassung abhängig), jeweils an das Oberverwaltungsgericht; u.U. → Sprungrevision an das Bundesverwaltungsgericht. – b) gegen Urteile und Beschlüsse des *Oberverwaltungsgerichts* Revision, wenn vom Bundesverwaltungsgericht zugelassen, jeweils an das Bundesverwaltungsgericht. – c) → *Wiederaufnahme* des Verfahrens möglich. – 6. *Kosten:* Der unterliegende Teil trägt die Kosten, bei teilweisem Unterliegen und Obsiegen Kostenteilung (§§ 154 ff. VwGO). – 7. *Vollstreckung:* Die Vollstreckung der verwaltungsgerichtlichen Urteile richtet sich grundsätzlich nach der ZPO; Vollstreckungsgericht ist das Verwaltungsgericht des ersten Rechtszuges (§ 167 VwGO). Die Vollstreckung zugunsten des Bundes, eines Landes etc. richtet sich nach dem Verwaltungsvollstreckungsgesetz (§ 169 VwGO). Die Vollstreckung gegen den Bund etc. wegen einer Geldforderung verfügt auf Antrag des Gläubigers das Verwaltungsgericht (§ 170 VwGO).

Verwaltungsgerichtshof (VGH) – nach § 184 VwGO zugelassene landesrechtliche Bezeichnung für das → Oberverwaltungsgericht (OVG).

Verwaltungsgesellschaft → Investmentgesetz (InvG).

Verwaltungshaushalt – derjenige Teil des Haushaltsplans kommunaler Gebietskörperschaften, der die vermögensunwirksamen Posten enthält; auf der Einnahmenseite alle laufenden Einnahmen wie Steuern, Zuweisungen, Gebühren, Entgelte, auf der Ausgabenseite alle laufenden Ausgaben wie Personalausgaben, sachliche Verwaltungs- und Betriebskosten, Zinsen, Umlagen. Im Normalfall enthält der Verwaltungshaushalt einen Überschuss der Einnahmen über die Ausgaben, der an den → Vermögenshaushalt überführt wird. Verwaltungshaushalt und Vermögenshaushalt bilden den Haushaltsplan von Gemeinden und Gemeindeverbänden. – *Bedeutung:* → Verschuldungsgrenzen.

Verwaltungshoheit – Befugnis im Rahmen der → Finanzhoheit zur Durch-/Ausführung öffentlicher Aufgaben und zur Erhebung öffentlicher

Einnahmen. – 1. *Aufgabenerfüllung:* Die Verwaltungshoheit obliegt grundsätzlich den Ländern (Art. 83 GG), daneben existiert jedoch auch eine bundeseigene Verwaltung (Art. 86, 87 GG). – 2. *Erhebung öffentlicher Einnahmen:* Die Verwaltungshoheit liegt grundsätzlich bei den Ländern; ausgenommen sind Zölle und Finanzmonopole, die bundesgesetzlich geregelten Verbrauchsteuern einschließlich der Einfuhrumsatzsteuer und die Abgaben im Rahmen der EU (Verwaltungshoheit des Bundes gemäß Art. 108 I GG; → Bundessteuern) sowie die → Gemeindesteuern, soweit die Länder den Gemeinden die Verwaltung übertragen haben (Art. 108 IV 2 GG).

Verwaltungsinformatik – Wissenschaft der informationstechnikgestützten Gestaltung von Verwaltungshandeln. Die Verwaltungsinformatik befasst sich mit Lösungen zur → Verwaltungsautomation. Zur Wahrnehmung ihrer Gestaltungsaufgaben verwendet die Verwaltungsinformatik Informatikkonzepte, Organisationsverfahren sowie Verwaltungsprinzipien und -strukturen.

Verwaltungskosten – I. Begriff: *Kosten für Verwaltungsleistungen.* Dazu gehören u.a. Kosten des Verwaltungspersonals, Aufsichtsratsgehälter, Verbandsbeiträge, Prüfungskosten, Kosten der Verwaltungsgebäude (Beleuchtung, Miete, Pacht, Heizung), Büroeinrichtung, -bedarf, Postgebühren sowie Reisekosten (soweit sie nicht zu den Vertriebskosten gehören).

II. Kostenrechnung: 1. *Allg. Verwaltungskosten (Verwaltungsgemeinkosten)* betreffen die Kostenstellen des Verwaltungsbereichs (z.B. Unternehmensleitung, Rechnungswesen). Sie werden in der Kalkulation durch einen bes. Zuschlag auf die → Herstellkosten berücksichtigt (→ Zuschlagskalkulation). – 2. *Bes.* Verwaltungskosten entstehen durch die Verwaltung in den einzelnen Kostenbereichen, wie die der Materialverwaltung, der Verwaltung von Werkzeugen und von Zwischenlagern, Fertigungsstellen (diese können in die Herstellungskosten einbezogen werden) sowie die Verwaltungskosten des Vertriebs. – Bei Berücksichtigung einer solchen Unterteilung können die als Bestandteil der → Herstellungskosten aktivierungsfähigen Verwaltungskosten (Verwaltungskosten der Herstellung und allg. Verwaltungskosten; vgl. § 255 HGB) von den nicht aktivierungsfähigen (Verwaltungskosten des Vertriebs) getrennt werden. Andernfalls ist die Aufteilung in Verwaltungskosten der Herstellung und Verwaltungskosten des Vertriebs aufgrund sorgfältiger Schätzung nötig.

III. Gewinn- und Verlustrechnung: Bei Anwendung des → Gesamtkostenverfahrens gehören die Verwaltungskosten (abgesehen von den Personalaufwendungen und den Abschreibungen des Verwaltungsbereichs) zu den sonstigen betrieblichen Aufwendungen. Bei Anwendung des → Umsatzkostenverfahrens sind die umsatzbezogenen Verwaltungskosten, die nicht als Herstellungskosten aktiviert werden, als allg. Verwaltungskosten oder Vertriebskosten auszuweisen.

Verwaltungskostengesetz (VwKostG) – Gesetz vom 23.6.1970 (BGBl. I 821) m.spät.Änd., regelt die Erhebung von Gebühren und Auslagen für die öffentlich-rechtliche Verwaltungstätigkeit der Behörden des Bundes sowie der Länder, Gemeinden und Gemeindeverbände, wenn sie Bundesgesetze ausführen. Gebühren sind nach festen Sätzen, Rahmensätzen oder dem Wert des Gegenstandes zu bestimmen. Dabei folgt das dt. Gebührenrecht bislang zwei Gebührengrundsätzen. Nach dem Kostendeckungsprinzip dürfen die Gebühren den Verwaltungsaufwand nicht übersteigen; nach dem Äquivalenzprinzip hingegen ist eine Kostenüberdeckung zulässig, denn es wird der wirtschaftliche Wert der Behördenentscheidung zugrunde gelegt. Infolge der EG- → Dienstleistungsrichtlinie ist das Kostenrecht zu ändern. Für dienstleistungsrelevante Amtshandlungen ist nur noch das Kostendeckungsprinzip zulässig. – *Kostenermäßigung und -befreiung* ist möglich. Gebührenfreiheit besteht für mündliche und einfache schriftliche Auskünfte, Gnadensachen. Neben den Gebühren sind Auslagen zu ersetzen. – Die Kostenschuld entsteht mit der Antragstellung, sonst mit Beendigung der Amtshandlung. Verjährung in drei Jahren nach Fälligkeit.

Verwaltungskostenstellen – *Verwaltungsstellen.* 1. *Begriff:* organisatorische Einheiten innerhalb von Produktions- bzw. Handelsbetrieben. – 2. *Zweck:* a) Abgrenzung von → Zuständigkeiten; b) Sammlung aller durch die Verwaltung des Unternehmens entstehenden → Verwaltungskosten. – 3. *Gliederung:* Hauptverwaltung, Betriebsverwaltung, Lagerverwaltung; kann zweckmäßig sein, je nach Größe und Umfang des Betriebs. – Vgl. auch → Kostenstelle.

Verwaltungsmanagement – ist die Praxis und Lehre zur Steuerung und Führung in der öffentlichen Verwaltung oder in öffentlichen Organisation. Zur Bezeichnung des Fachbereich/Gebiets ist heutzutage die englische Bezeichnung Public Management gebräuchlicher. Verwaltungsmangement wird eher noch zur Bezeichnung von Tätigkeiten und Funktionen verwendet. Die Verwendung der Begrifflichkeit Management im öffentlichen Kontext hat insbesondere durch das → New Public Management (NPM) und das Neue Steuerungsmodell zugenommen.

Verwaltungsmarketing – bürgernahes und -orientiertes Verhalten der öffentlichen Verwaltung als eine Form des Non-Profit-Marketings (→ NPO-Management). Eine Besonderheit von Verwaltungsmarketing stellt eine Ausrichtung auf Kollektivbedürfnisse dar, die individuellen Bedürfnissen widersprechen können. Es geht in dieser Hinsicht beim Verwaltungsmarketing um eine wirkungsorientierte Verwaltungssteuerung auf Basis eines Policy-Marketings, in dem die gesellschaftsbezogene Problemlösungsfähigkeit durch Einstellungs- und Verhaltensänderungen erhöht wird. Damit besteht auch die Chance, die kollektiven und die individuellen Legitimationsgrundlagen öffentlichen Handelns zu stärken. – In diesem Zusammenhang erlangen folgende Prinzipien eine größere Bedeutung für öffentliche Verwaltungen: (1) Orientierung an der Nachfrage der Anspruchsgruppen (vgl. New Public Management) und Ausrichtung des Leistungsangebotes an den Bedürfnissen der jeweiligen Zielgruppe (Politik, Bürger, Mitarbeiter, externe Anspruchsgruppen), (2) Beeinflussung der Nachfrage im Hinblick auf einen effizienteren Ressourceneinsatz, (3) Marktsegmentierung bzgl. der Leistungserstellung und des Verwaltungsangebotes, (4) Suche nach Innovation und kreativen Produkten, (5) Ausbalancieren verschiedener Zielkategorien, (6) Leitbilderstellung, Verwaltungskultur und Verwaltungsphilosophie, (7) Image- und Vertrauenszugewinn unter den Bürgern und (8) Personalmarketing und Employer Branding zur Gewinnung und Einbindung von neuen Mitarbeitern.

Verwaltungsprotektionismus – *administrativer Protektionismus;* Schutz inländischer Produzenten durch Behinderung der → Einfuhr von Waren im Weg verwaltungsmäßiger Vorschriften, die auf eine Komplizierung des Verfahrens und Erhöhung der Kosten des Grenzübertritts der betreffenden Güter abstellen. *Beispiele* hierfür sind Öffnungszeiten von Zollstellen, zwingend zu benutzende Vordrucke oder IT-Verfahren, Abläufe bei der Zollabwicklung und sonstige Einfuhrabwicklung (z.B. Verfahren beim Grenzveterinär, Pflanzenschutzamt), Kosten und Gebühren, etc. Dieser Verwaltungsprotektionismus ist z.T. nicht gesteuert und geplant. Innerhalb der EU bestehen in mittlerweile 27 Mitgliedsstaaten nach 40 Jahren → Zollunion noch große Unterschiede in der täglichen Praxis der Zollabwicklung bei der Einfuhr aus Drittländern. – Vgl. auch → nicht tarifäre Handelshemmnisse.

Verwaltungsrat – in Deutschland zumeist Organe zur Überwachung und Beratung einer → Körperschaft des öffentlichen Rechts oder Anstalt des öffentlichen Rechts. Im Grundsatz bestehen Ähnlichkeiten zum → Aufsichtsrat bei Aktiengesellschaften oder Gesellschaften mit beschränkter Haftung mit eingerichtetem Aufsichtsrat. Zwischen einem Verwaltungsrat und einem Aufsichtsrat bestehen teils jedoch erhebliche Unterschiede, u.a. hinsichtlich Überwachtungspflichten, Überwachungsintstrumentarien und Haftung. – *Aufgabe:* Der Verwaltungsrat überwacht und berät das geschäftsführende Organ und ist in Entscheidungen von grundlegender Bedeutung eingebunden.

Verwaltungsratssystem → Board System, → Aufsichtsratssystem.

Verwaltungsrecht – Gesamtheit aller die staatliche → Verwaltung regelnden Rechtssätze. Das Verwaltungsrecht gehört zum → öffentlichen Recht. Es umfasst v.a. Polizeirecht, Gewerberecht, Beamtenrecht, Steuerrecht, Kommunalrecht, Schulrecht. Die Regelungen des Verwaltungsrechts finden sich in einer Vielzahl von Einzelgesetzen (z.B. Polizeigesetze, Gewerbeordnung, Beamtengesetze), eine → Kodifikation des gesamten Verwaltungsrechts gibt es nicht.

verwaltungsrechtlicher Vertrag → öffentlichrechtlicher Vertrag.

Verwaltungsrechtsweg – Begriff des Prozessrechts für die sachliche Zuständigkeit der → Verwaltungsgerichte zur Entscheidung über öffentlich-rechtliche Streitigkeiten im Gegensatz zur sachlichen Zuständigkeit der ordentlichen Gerichte (→ ordentlicher Rechtsweg). – Vgl. auch → Verwaltungsgerichtsbarkeit.

Verwaltungsreform – 1. *Allgemein:* Sammelbegriff für organisatorische, personelle, verfahrensmäßige und instrumentelle Reformen und Anpassungsmaßnahmen öffentlicher Verwaltungen mit der Zielsetzung der Schaffung von leistungsfähigen Verwaltungseinheiten, der Institutionalisierung klarer verwaltungsmäßiger Zuständigkeiten, der Verwaltungsvereinfachung, des Abbaus von Verwaltungsaufgaben, eines effizienten Verwaltungsmanagements (→ New Public Management (NPM), → Neues Steue rungsmodell (NSM)) und der Bürgernähe der Verwaltung. – 2. *Verwaltungsreform als Gebietsreform:* Bezieht sich auf den Abbau der Diskrepanz zwischen öffentlicher Aufgabe und leistungsfähiger Aufgabenwahrnehmung einerseits und dem Gebietszuschnitt andererseits, bes. bei den kommunalen Selbstverwaltungskörperschaften. In den alten Bundesländern wurde auf kommunaler Ebene die Gebietsreform Ende der 1960er-Jahre mit mehr oder minder großem Erfolg durchgeführt, in den neuen Bundesländern wird seit der Wiedervereinigung die Zahl der Gemeinden reduziert. – 3. *Verwaltungsreform als Funktionalreform:* Bezieht sich auf die Verteilung der Zuständigkeiten zwischen den einzelnen Verwaltungsebenen, v.a. Delegation von Aufgaben nach unten. Verwaltungsreform als Funktionalreform tangiert i.d.R. auch eine Umverteilung der Verfügbarkeit über Ressourcen. – 4. *Verwaltungsreform als Organisationsreform:* Bezieht sich auf die Organisationsstruktur der Bundesorgane/Landesorgane sowie ihre Verhältnisse zueinander. Auf der Ebene der Kommunen geht es in Verbindung mit Ansätzen für effiziente Organisationsstrukturen v.a. um die Reform der Kommunalverfassung. – 5. *Verwaltungsreform als Reform des öffentlichen Dienstrechts und Personalwesens:* Bezieht sich auf die Umgestaltung der Beziehungen zwischen den Beschäftigten und dem öffentlichen Dienstherrn, aber auch v.a. neuerdings auf die Schaffung der Voraussetzungen für die Anwendung personalwirtschaftlicher Maßnahmen (bes. → Personalentwicklung). Dies umfasst die Diskussion der Änderung des Laufbahnprinzips mit seinen festen Einstiegsämtern bis hin zur generellen Abschaffung des Beamtenstatus in einzelnen öffentlichen Aufgabenfeldern. Diese Diskussion wird durch die

EU-Entwicklung gefördert. – 6. *Verwaltungsreform als Reform des Steuerungs- und Kontrollinstrumentariums öffentlicher Verwaltungen, bes. als Reform des Rechnungswesens:* Das traditionelle Rechnungswesen öffentlicher Verwaltungen (→ Kameralistik), v.a. auf Bundes- und Landesebene weist erhebliche Informationsdefizite auf. Es liefert keine Informationen über die tatsächliche Finanz- und Vermögenslage der Gebietskörperschaft. Es liefert weiterhin keine oder nur unzulängliche Informationen über die intertemporale Verteilung von Ressourcenverbrauch und Ressourcenaufkommen, d.h. es besteht die Gefahr einer unangemessenen Verschiebung von finanziellen Lasten in die Zukunft. Außerdem fehlt es an Informationen über die Effektivität und Effizienz des Verwaltungshandelns. Zum Abbau dieser Informationsdefizite werden drei Hauptrechnungen gefordert: Eine Vermögensrechnung, eine Ergebnisrechnung und eine Finanzrechnung (Zahlungsrechnung). Alle drei Rechnungen sollen unter Verwendung der Technik der doppelten Buchführung im Verbund geführt werden, wobei in der Ergebnisrechnung Transaktionen erfasst werden, die die Nettoposition der Vermögensrechnung beeinflussen (ergebniswirksame Vorgänge), während die Finanzrechnung Zahlungsvorgänge aufnimmt. – 7. *Verwaltungsreform als Finanzreform:* Bezieht sich in Anlehnung an die 1969 durchgeführte Reform auf die Neuverteilung des Steueraufkommens zwischen Bund, Ländern und Gemeinden. Nach der Wiedervereinigung stand bis 1995 eine völlig neue Regelung des Finanzausgleichs zwischen den Gebietskörperschaften Bund, Ländern und Gemeinden an. – 8. *Verwaltungsreform als behördeninterne Änderung (Binnenmodernisierung):* Erfolgt in Form der Änderung von Organisationsstrukturen (z.B. Dezentralisierung, Ausgliederung, formale Privatisierung), Entscheidungskompetenzen (z.B. sachbezogene Regelung des Zeichnungsrechts, Delegation von Entscheidungen), Verfahren (Anwendung bestimmter Entscheidungstechniken wie → Nutzwertanalyse, → Kosten-Nutzen-Analyse) und Instrumente (Anwendung von → Kosten- und Leistungsrechnungen). Verwaltungsreform als behördeninterne Reform kann nur im Rahmen der konstitutiven Bedingungen stattfinden. – 9. *Verwaltungsreform als Wandel vom Verwalten zum Public Management* geht von Verwaltungen als Dienstleistungseinheiten aus, die unter Nutzung des aktuellen Managementwissens und unter Berücksichtigung von Marktbedingungen zu steuern sind.

Verwaltungsrichtlinien → Richtlinie (R).

Verwaltungsstellen → Verwaltungskostenstellen.

Verwaltungsstreitverfahren → Verwaltungsgerichtsbarkeit.

Verwaltungstreuhand – die treuhänderische Übertragung (→ Treuhandschaft) des Eigentums oder anderer Rechte auf einen Verwalter, lediglich zu dem Zweck, ihn zu den erforderlichen Verwaltungshandlungen zu legitimieren. – Vgl. auch → uneigennützige Treuhandverhältnisse.

Verwaltungsverfahren – 1. *Begriff:* die nach außen wirkende Tätigkeit der Behörden, die auf die Prüfung der Voraussetzungen, die Vorbereitung und den Erlass eines → Verwaltungsaktes oder auf den Abschluss eines → öffentlich-rechtlichen Vertrages gerichtet ist (§ 9 VwVfG). – 2. Geregelt im *Verwaltungsverfahrensgesetz* (VwVfG) i.d.F. vom 23.1.2003 (BGBl. I 102) m.spät.Änd., das allg. Vorschriften enthält sowohl über das Verwaltungsverfahren wie auch über den Verwaltungsakt und den verwaltungsrechtlichen Vertrag; ferner allg. Regelungen über das → förmliche Verwaltungsverfahren, das Verfahren bei einer → Planfeststellung, das Rechtsbehelfsverfahren, die ehrenamtliche Tätigkeit im Verwaltungsverfahren und über Ausschüsse im Verwaltungsverfahren. Das Gesetz gilt für die öffentlich-rechtliche Verwaltungstätigkeit der Bundesverwaltung und für die Landesverwaltung, soweit sie in Auftragsverwaltung handelt. Weitere Einzelheiten in § 1 VwVfG. Es gilt nicht für Finanzverwaltung, Sozialverwaltung, Lastenausgleich, Auslandsvertretungen des Bundes, Wiedergutmachung, Patentamt, Strafverfolgung, Verfolgung von Ordnungswidrigkeiten, Richterdienstrecht und teilweise die Justizverwaltung. – Die Länder haben mit dem VwVfG des Bundes weitgehend übereinstimmende Landesverwaltungsverfahrensgesetze erlassen.

Verwaltungsvermögen – 1. *Begriff:* Der Teil des Vermögens der öffentlichen Hand, der die Grundlage für den Dienstbetrieb der Verwaltung bildet, z.B. die Dienstgebäude, Schulen, Kasernen, Krankenhäuser, das Dienstmobiliar, die Akten. Das Verwaltungsvermögen unterscheidet sich vom → Finanzvermögen dadurch, dass es durch seinen unmittelbaren Gebrauchswert einem bestimmten öffentlichen Zweck dienen soll. – Das Verwaltungsvermögen untersteht grundsätzlich dem *Privatrecht,* jedoch mit gewissen, sich aus der öffentlichen Zweckbestimmung ergebenden Abweichungen (zur Reform vgl. → Vermögensteuer), z.B. ist es nicht pfändbar und nicht der Vermögensteuer unterworfen. – 2. *Neue Verwaltungssteuerung:* Die Budgetverantwortung selbstständiger Körperschaften und nachgeordneter Dienststellen umfasst (teilweise) auch das Recht, über das Verwaltungsvermögen zu verfügen. So kann ein Krankenhaus oder eine Hochschule ein Grundstück veräußern und den Ertrag für ein neues Labor verwenden. Damit nähert sich die Handlungsweise der öffentlichen Hand der Wirtschaft an. Teilweise gibt es bereits Bilanzen, die das Verwaltungsvermögen vollständig erfassen.

Verwaltungs-Vollstreckungsgesetz → Beitreibung.

Verwaltungsvorschriften – Vorschriften, die sich an die Verwaltung wenden und nur für die Verwaltung verbindlich sind, z.B. die von den Verwaltungsbehörden vorzunehmende Handhabung und Erläuterung gesetzlicher Vorschriften. In der Verwaltungspraxis werden sie z.T. auch als Verwaltungsanordnung, Rundverfügung, Erlass, Verwaltungsrichtlinien oder Durchführungsbestimmungen bezeichnet. Verwaltungsvorschriften können im Gegensatz zu den → Rechtsverordnungen vom einzelnen Staatsbürger i.Allg. nicht zum Gegenstand gerichtlicher Klagen gemacht werden. – Vgl. auch → Richtlinie (R).

Verwaltungszwangsverfahren – bes. Zwangsvollstreckungsverfahren (→ Zwangsvollstreckung) zur Beitreibung öffentlich-rechtlicher Geldforderungen etc. durch Verwaltungsbehörden in eigener Zuständigkeit, i.d.R. ohne Inanspruchnahme der ordentlichen Gerichte. – Vgl. auch → Beitreibung.

verwandte Schutzrechte → Datenbank, → Leistungsschutzrechte, → Urheberrecht.

Verwandtschaft – gemäß BGB die auf gemeinsamer Abstammung beruhende Blutsverwandtschaft (§ 1589 BGB). In *gerader* Linie sind verwandt diejenigen Personen, die voneinander abstammen (Vater-Sohn, Großmutter-Enkel), in der *Seitenlinie* diejenigen, die von einem gemeinsamen Dritten abstammen (Geschwister, Tante-Nichte). – Der *Grad* bestimmt sich nach der Zahl der sie vermittelnden Geburten (§ 1589 I 3 BGB). Vater und Sohn sind daher im ersten Grade, Großmutter und Enkel im zweiten Grade verwandt. In der Seitenlinie gibt es keine Verwandtschaft ersten Grades: Geschwister sind daher im zweiten, Tante und Nichte im dritten Grade in der Seitenlinie verwandt. – *Bedeutung* der Verwandtschaft im Erbrecht, bei der → Unterhaltspflicht etc. – Die Verwandten eines → Ehegatten sind mit dem anderen Ehegatten nicht verwandt, sondern *verschwägert* (§ 1590 BGB). Dasselbe gilt für die → Lebenspartnerschaft (§ 11 II LPartG).

Verwarnung – I. Verwaltungsrecht: 1. *Begriff:* bei Zuwiderhandlungen geringerer Bedeutung anstelle von → Geldbuße mögliche Maßnahme. – 2. *Zulässig* bei: a) allgemeinen → Ordnungswidrigkeiten (§§ 56 ff. OWiG); b) → Verkehrsordnungswidrigkeiten (§ 24a StVG) i.V. mit der Verordnung über die Erteilung einer Verwarnung (BKatV) vom 13.11.2001 (BGBl. I 3033) m.spät.Änd. – 3. Die Verwarnung ist *gebührenpflichtig* (5 bis 35 Euro). – 4. Der Betroffene muss nach *Belehrung* über sein Weigerungsrecht mit der Verwarnung einverstanden sein und das Verwarnungsgeld sofort oder innerhalb einer Woche zahlen. – 5. Eine *Bescheinigung* ist über die Verwarnung und die Zahlung zu erteilen. – 6. *Kosten* werden nicht erhoben. – 7. *Nach Zahlung* kann die Tat nicht mehr als Ordnungswidrigkeit verfolgt werden.

II. Arbeitsrecht: Die Verwarnung ist entweder ein Vorstufe zur individualrechtlichen → Abmahnung oder eine Maßnahme der → Betriebsbuße.

III. Gewerblicher Rechtsschutz: eine vom Inhaber eines → gewerblichen Schutzrechts gegenüber einem vermeintlichen Verletzer ausgesprochene → Abmahnung, mit der unter Androhung von Unterlassungs- und Schadensersatzansprüchen vor einer weiteren Verletzung des Schutzrechts gewarnt wird. Die unberechtigte Verwarnung stellt einen Eingriff in den eingerichteten und ausgeübten Gewerbebetrieb (§ 823 BGB), unter Vorliegen eines Wettbewerbsverhältnisses zwischen Verwarnendem und Verwarntem einen Wettbewerbsverstoß (§ 4 Nr. 10 UWG, → Behinderungswettbewerb) dar und löst daher ihrerseits Unterlassungs- und Schadensersatzansprüche aus. Bes. scharfe Form der Verwarnung ist die → Abnehmerverwarnung.

Verwarnung mit Strafvorbehalt – Mildeste Sanktion des Strafrechts, der „richterliche Schuss vor den Bug" des Angeklagten. Das Gericht stellt die Schuld des Täters fest und bestimmt die Strafe, die Verhängung der Strafe bleibt aber vorbehalten; sofern der Täter die Bewährungszeit besteht, bleibt er unbestraft (§§ 59 ff. StGB). – Vgl. auch → Strafaussetzung zur Bewährung.

Verwässerungsgefahr → geschäftliche Bezeichnung, → Marke, → Ausbeutung.

Verwechslungsgefahr → geschäftliche Bezeichnungen, → Marke.

Verweildauer – in der → Verlaufsstatistik die Länge der Zeitspanne, für die ein Element zur Beobachtungsgesamtheit (Bestandsmasse) gehört. – *Zu unterscheiden:* (1) *Bisherige* Verweildauer eines Elementes in einem Bestand zum Zeitpunkt t: Länge der Zeitspanne vom Eintritt in die Beobachtungsgesamtheit bis t. (2) *Restverweildauer:* Länge der Zeitspanne ab t bis zum Abgang aus der Beobachtungsgesamtheit. (3) *Abgeschlossene Verweildauer (Gesamtverweildauer):* Summe von bisheriger und Restverweildauer. – Vgl. auch → durchschnittliche (mittlere) Verweildauer, → Verweilfläche.

Verweilfläche – in der → Verlaufsstatistik die Fläche zwischen dem Graphen der zeitlich kumulierten → Zugangsfunktion Z (Z(t) ist der kumulierte Zugang bis zur Zeit t seit dem fest gewählten Beobachtungsbeginn t_0) vermehrt um den Anfangsbestand $B(t_0)$ und dem Graphen der zeitlich kumulierten → Abgangsfunktion A in einem Zeitintervall $(t_0,t]$ gemäß dem Diagramm in den Abbildung zur Verweilfläche. – In der Graphik kann an jeder Stelle t der Bestand B(t) abgelesen werden. Zudem kann die Verweildauer t_V eines Elements bestimmt

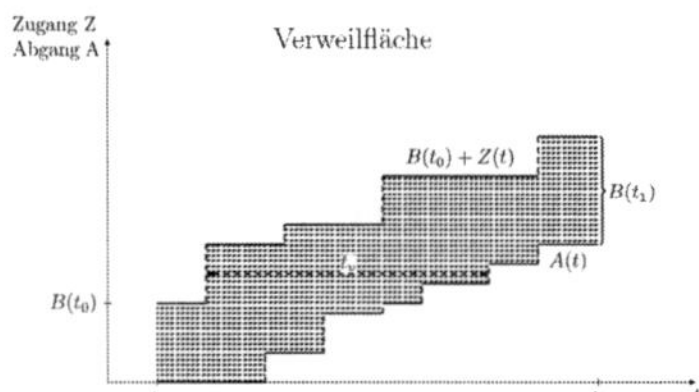

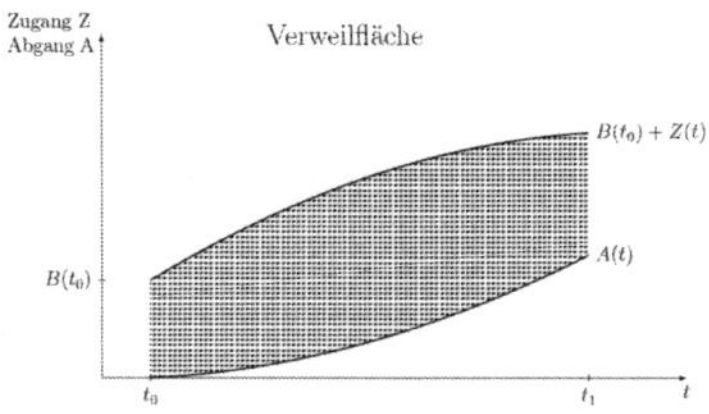

werden. Wichtige Maßzahlen in einer Verlaufsstatistik sind der → Durchschnittsbestand und die → durchschnittliche (mittlere) Verweildauer.

Verweilzeit – Zeitdauer, innerhalb derer ein Erzeugnis bei der Produktion den einwirkenden Produktionsfaktoren ausgesetzt wird. Bes. bei chemischen Produktionsprozessen und bei Kuppelproduktion hängt die Ausbeute vielfach von der Verweilzeit ab. Bei Ausbeuteprozessen ändert sich i.d.R. während der Verweilzeit die mengenmäßige Ausbringung pro Zeiteinheit.

Verweis → Betriebsbuße.

verwendbares Eigenkapital – Synonym zu *„für Ausschüttungen verwendbares Eigenkapital"*; Begriff aus des körperschaftsteuerlichen Anrechnungsverfahrens; angewendet von 1977–2000. In einem Anrechnungsverfahren musste genau festgestellt werden können, wie hoch die Beträge, aus denen eine Dividende ausgeschüttet wird, bereits mit Körperschaftsteuer belastet worden waren; so ließ sich der Anrechnungsanspruch des Anteilseigners für die gezahlte Körperschaftsteuer bestimmen bzw. die bisherige Belastung so verändern, dass eine standardisierte Ausschüttungsbelastung erreicht wurde. Zu diesem Zweck wurden im Anrechnungsverfahren die Rücklagen einer Gesellschaft nach Maßgabe ihrer körperschaftsteuerlichen Vorbelastung in Teilpositionen untergliedert (EK 40, EK 30, EK 02 etc.); die speziellen Rücklagenpositionen waren das „verwendbare Eigenkapital" . Durch den Übergang zum → Halbeinkünfteverfahren bzw. → Teileinkünfteverfahren ist das verwendbare Eigenkapital überflüssig geworden und wurde daher abgeschafft, die Abwicklung letzter Guthabenbestände wurde im Zuge der Systemumstellung über das → Körperschaftsteuerguthaben abgewickelt.

Verwender – bei einem → Vertrag diejenige Partei, die der anderen Vertragspartei → Allgemeine Geschäftsbedingungen (AGB) stellt.

Verwendungen – im Sinn des Bürgerlichen Rechts Aufwendungen zur Erhaltung oder Verbesserung einer Sache. Verwendungen, die ein Nichteigentümer auf eine Sache gemacht hat, sind gemäß BGB häufig vom Eigentümer zu ersetzen.

Verwendungsbeschränkung – *Verwendungsbindung;* 1. *Begriff:* Beschränkung der Freiheit einer Vertragspartei in der Verwendung der gelieferten Waren, anderer Waren oder gewerblicher Leistungen. Betrifft die Verwendung den Bezug oder Absatz der Ware, so liegt keine Verwendungsbindung, sondern eine → Ausschließlichkeitsbindung (Bezug) bzw. eine → Vertriebsbindung (Absatz) vor. – 2. *Beispiele:* Verknüpfung der Belieferung mit einer Ware mit der Verpflichtung des Abnehmers (Händlers), hierfür eine Fachberatung zu gewährleisten; Verpflichtung eines Abnehmers, bestimmte Ersatzteile nur durch herstellerautorisierte Werkstätten einbauen zu lassen. – 3. *Wettbewerbsrechtliche Beurteilung:* Verwendungsbindungen werden bei hinreichender Spürbarkeit vom Verbot des § 1 GWB und Art. 101 I AEUV erfasst. Soweit die Vertragspartner zueinander in einem Vertikalverhältnis stehen (also keine Wettbewerber sind) und sich die Verwendungsbindung im Einzelfall nicht wie eine Kernbeschränkung auswirkt, ist in der → Vertikal-GVO eine Freistellung bis zu einem Marktanteil des bindenden Lieferanten sowie des gebundenen Abnehmers (Händlers) von jeweils 30 Prozent vorgesehen.

Verwendungseigenverbrauch – bei korrekter Betrachtung veraltete Bezeichnung für die Verwendung eines Gegenstands, der dem umsatzsteuerlichen Unternehmensvermögen angehört, durch den Unternehmer zu unternehmensfremden Zwecken. Verwendungseigenverbrauch ist eine Form der → unentgeltlichen Wertabgaben.

Verwendungsklausel – In der → Kfz-Versicherung darf das Kraftfahrzeug nur zu dem im Versicherungsvertrag angegebenen Zweck benutzt werden. – *Beispiel:* private Fahrten des → Versicherungsnehmers. Zu weiteren Pflichten beim Gebrauch des Fahrzeugs und zu den Folgen einer → Pflichtverletzung vgl. → Obliegenheiten.

Verwendungspatent → Patentkategorien.

Verwendungsrechnung – Berechnung und Darstellung des → Inlandsprodukts nach Art der Verwendung der erzeugten Waren und Dienstleistungen. Bestandteile dieser Verwendung sind der → Konsum, die → Bruttoinvestitionen sowie der Export (→ Ausfuhr) von Waren und Dienstleistungen abzüglich der → Importe. Neben der Verwendungsrechnung bilden die → Entstehungsrechnung und die → Verteilungsrechnung den Kernbereich der laufenden Inlandsproduktsberechnung. – Vgl. auch Bruttoinlandsprodukt (BIP).

Verwendungszwecksteuer – Steuer, die nicht in das allg. Steueraufkommen eingeht, sondern bestimmten Verwendungen zugeführt werden soll, um allokativen oder distributiven Zielen zu dienen. Durchbrechung des → Nonaffektationsprinzips.

Verwerfung der Buchführung – Versagen der Anerkennung einer → Buchführung seitens der Finanzverwaltung wegen formeller oder sachlicher Mängel, die so wesentlich sind, dass von ordnungsmäßiger Buchführung nicht mehr gesprochen werden kann. – *Folgen:* → Schätzung der Besteuerungsgrundlagen, Entzug derjenigen steuerlichen Vergünstigungen, die an das Vorliegen einer ordnungsmäßigen Buchführung geknüpft sind.

Verwertung – (in der → Zwangsvollstreckung). 1. *Gepfändete Sachen:* Verwertung geschieht regelmäßig durch den Gerichtsvollzieher im Wege der → Zwangsversteigerung (§§ 814–825 ZPO). – 2. *Gepfändete Geldforderungen und andere Vermögensrechte:* a) Geldforderungen sind dem Gläubiger auf seinen Antrag durch → Beschluss des Vollstreckungsgerichts zur Einziehung (Befriedigung erst nach Eingang des Geldes vom Drittschuldner) oder an Zahlungs Statt (gilt als Befriedigung) zu überweisen (§§ 829 ff. ZPO). Der Beschluss wird mit Zustellung an den Drittschuldner wirksam (→ Pfändungs- und Überweisungsbeschluss). – b) Dies gilt i.d.R. auch für die Verwertung eines gepfändeten Wechsels oder eines anderen Papiers, das durch → Indossament übertragen werden kann. Zur Überweisung einer gepfändeten → Hypothek, → Grundschuld oder → Rentenschuld genügt i.d.R. Aushändigung des Überweisungsbeschlusses an den Gläubiger (§ 837 ZPO). Das Gericht kann auf Antrag eine andere Art der Verwertung zulassen (§ 825 ZPO). – 3. Dem Gläubiger kann ein von ihm gepfändeter *Anspruch* des Schuldners *gegen einen Dritten* auf Herausgabe oder Leistung einer Sache zur Einziehung überwiesen werden; eine herausgegebene *bewegliche Sache* wird vom Gerichtsvollzieher versteigert; bei einem *Grundstück* ist Herausgabe an einen → Sequester anzuordnen; es kann dann Zwangsversteigerung oder Zwangsverwaltung betrieben werden (§§ 846–849 ZPO). Bez. anderer Vermögensrechte gilt Entsprechendes (§ 857 ZPO).

Verwertungsgenossenschaft → Produktionsgenossenschaften.

Verwertungsgesellschaft → juristische Person oder Personengemeinschaft, die Nutzungsrechte, Einwilligungsrechte oder Vergütungsansprüche, die einem → Urheber zustehen, für Rechnung mehrerer Urheber oder Inhaber verwandter Schutzrechte (→ Leistungsschutzrechte) zur gemeinsamen Auswertung wahrnimmt. – *Rechtsgrundlage:* Urheberrechtswahrnehmungsgesetz vom 9.9.1965 (BGBl. I 1294) m.spät. Änd. Für Einzelpersonen gelten die Bestimmungen entsprechend. – Die Tätigkeit *bedarf der Erlaubnis,* die nur bei Vorliegen gesetzlich normierter Tatbestände (§ 3) versagt werden darf.

Verwertungsgesellschaft Bild-Kunst → Verwertungsgesellschaft zur Wahrnehmung der Rechte, vornehmlich der Reproduktionsrechte nach §§ 16, 17 UrhG und des → Folgerechts (§ 26 UrhG). Sitz in Bonn.

Verwertungsgesellschaft der Wortautoren (VG Wort) → Verwertungsgesellschaft zur Wahrnehmung der Rechte u.a. der Autoren, Übersetzer, Journalisten und Verleger in den Bereichen schöngeistiger und dramatischer Literatur, Sachliteratur, wissenschaftlicher und Fachliteratur. Sitz in München und Berlin. In der VG Wort ist die frühere Verwertungsgesellschaft Wissenschaft (VG Wissenschaft) aufgegangen.

Verwertungsgesellschaft Musikedition → Verwertungsgesellschaft zur Wahrnehmung von Nutzungsrechten an Editionen von Musikwerken; Sitz in Kassel.

Verwertungsgesellschaft Wissenschaft → Verwertungsgesellschaft der Wortautoren (VG Wort).

Verwertungsrechte – dem → Urheber zustehende Rechte zur wirtschaftlichen Verwertung seines Werks (→ Urheberrecht), die er durch Einräumung von → Nutzungsrechten der wirtschaftlichen Verwertung durch Dritte zuführen kann.

Verwirkung – gesetzlich nicht geregelter Begriff für einen Sonderfall der → unzulässigen Rechtsausübung. – 1. *Allgemein:* Ein Anspruch auf Gestaltungsrecht (z.B. Rücktritts-, Kündigungsrecht) ist verwirkt, d.h. kann nicht geltend gemacht (ausgeübt) werden, wenn seit der Möglichkeit der Geltendmachung längere Zeit verstrichen ist und bes. Umstände hinzutreten, aufgrund derer die verspätete Geltendmachung als Verstoß gegen → Treu und Glauben empfunden wird. – a) Verwirkung liegt v.a. dann vor, wenn der Schuldner aus dem Verhalten des Gläubigers entnehmen konnte und sich darauf eingerichtet hat, dass dieser sein Recht nicht mehr geltend machen werde. – b) Bloße Untätigkeit des Gläubigers während eines längeren Zeitraums genügt nicht. – c) Verwirkung kann bereits vor Ablauf der Verjährungsfrist (→ Verjährung) eintreten. – d) Die Geltendmachung eines verwirkten Rechts ist unzulässige Rechtsausübung. – 2. *Bes. Bedeutung:* a) *Arbeitsrecht:* Nach § 4 IV 2 TVG ist die Verwirkung tariflicher Rechte (→ Tarifvertrag) ausgeschlossen. Auch die Verwirkung von Rechten aus einer → Betriebsvereinbarung ist nicht möglich (§ 77 IV 2 BetrVG). Der Einwand des Rechtsmissbrauchs und der unzulässigen Rechtsausübung ist dem Arbeitgeber nicht abgeschnitten; es sind jedoch insoweit strenge Anforderungen zu erheben. – b) *Wettbewerbsrecht, gewerblicher Rechtsschutz:* Unterlassungsansprüche können verwirkt werden, wenn in Kenntnis der Verletzung oder bei gebotener Wahrung der eigenen Interessen untätig zugewartet wird, bis der Verletzer mit der Duldung seines Verhaltens rechnen kann und sich darauf einen wertvollen und schutzwürdigen Besitzstand geschaffen hat. Die Zulässigkeit des Einwands wird im Wettbewerbsrecht durch das Allgemeininteresse begrenzt. Bei Schadensersatzansprüchen ist der Einwand in weiterem Umfang möglich und führt zur Schadensverrechnung. Eine Sonderregelung hat die Verwirkung im MarkenG erfahren (§ 21 MarkenG mit Übergangsregelung in § 153 II MarkenG). – Vgl. auch → Unclean Hands.

Verzeichnis der Berufsausbildungsverhältnisse – von der zuständigen Stelle (→ Industrie- und

Handelskammer (IHK), Handwerkskammer u.Ä.) für → anerkannte Ausbildungsberufe einzurichtendes und zu führendes Verzeichnis, in das alle → Berufsausbildungsverträge einzutragen sind (§§ 34 ff. BBiG, §§ 28 ff. HandwO). Unverzüglich nach Abschluss des Berufsausbildungsvertrags ist die Eintragung vom → Ausbildenden unter Beifügung einer Vertragsniederschrift zu beantragen. Entsprechendes gilt bei Änderungen wesentlicher Vertragsinhalte. Die Eintragung ist für den Auszubildenden gebührenfrei. Die Eintragung in das Verzeichnis der Berufsausbildungsverhältnisse ist Voraussetzung für die Zulassung zur → Ausbildungsabschlussprüfung. – Im *Handwerk:* Lehrlingsrolle.

Verzerrung → Bias.

Verzicht – einseitige → Verfügung, v.a. → Willenserklärung, durch die Rechte oder eine Rechtsstellung aufgegeben werden, ohne sie auf eine andere Person zu übertragen; führt zum Erlöschen des betroffenen Rechts.

I. Arbeitsrecht: 1. *Arbeits-, Tarifvertrag und Betriebsvereinbarung:* Ein vertraglicher Verzicht des Arbeitnehmers auf Ansprüche aus dem Arbeitsverhältnis ist in vielen arbeitsrechtlichen Gesetzen ausgeschlossen (z.B. § 13 BUrlG, § 12 EntgeltfortzG). Ebenso sind Ansprüche aus → Tarifverträgen und → Betriebsvereinbarungen unverzichtbar (§ 4 IV TVG, § 77 IV BetrVG). – 2. *Gerichtliche Vergleiche:* In gerichtlichen Vergleichen behelfen sich die Arbeitsvertragsparteien häufig damit, dass sie keinen Verzicht regeln, sondern nur den Streit über das tatsächliche Vorliegen von gesetzlichen, tariflichen, betriebsverfassungsrechtlichen Ansprüchen beilegen (z.B. Zahl der Arbeitsstunden; Bestehen oder Nichtbestehen offener Urlaubsansprüche etc.). Es handelt sich dann um einen zulässigen sog. Tatsachenvergleich. – 3. Auf solche Ansprüche kann auch nicht ohne weiteres durch → Ausgleichsquittungen verzichtet werden. Zudem unterliegen solche Ausgleichsquittungen einer AGB-rechtlichen Prüfung (Allgemeine Geschäftsbedingungen im Arbeitsrecht).

II. Bürgerliches Recht: Dingliche Rechte können regelmäßig durch Verzicht aufgegeben werden; bei Verzicht auf die → Hypothek wird sie → Eigentümergrundschuld (§§ 1168, 1175 BGB), bei Verzicht auf das → Eigentum einer Sache (→ Dereliktion) entsteht eine → herrenlose Sache, die der → Aneignung unterliegt.

III. Zivilprozess: Verzicht als prozessuale Erklärung ist vielfach möglich, so z.B. im Zivilprozess auf den geltend gemachten Anspruch (→ Verzichturteil), auf die durch → Pfändungs- und Überweisungsbeschluss erlangten Rechte (Erklärung gegenüber dem Schuldner, Zustellung an ihn und Drittschuldner, § 843 ZPO), oder als Rechtsmittelverzicht.

Verzicht auf Steuerbefreiungen – Begriff des Umsatzsteuerrechts. Die in § 4 Nr. 8 ff. UStG aufgeführten umsatzsteuerbaren Umsätze sind steuerfrei; sie schließen jedoch den → Vorsteuerabzug aus. Die somit zum Kostenbestandteil gewordene Vorsteuer wird i.d.R. im Nettopreis auf den Abnehmer überwälzt. Ist dieser ein Unternehmer, wird die Steuerfreiheit des Vorunternehmers zu einem Nachteil für beide. – 1. *§ 9 I UStG:* Deshalb sieht § 9 I UStG die Möglichkeit vor, auf die Steuerfreiheit zu verzichten, um dadurch Vorsteuern abziehen zu können. Der Verzicht ist nur möglich für folgende Umsätze, die an andere Unternehmer für deren Unternehmen getätigt werden: die meisten → Bankumsätze (§ 4 Nr. 8a–g UStG), die Umsätze, die unter das Grundsteuergesetz fallen (§ 4 Nr. 9a UStG), die → Vermietung und Verpachtung von Grundstücken (§ 4 Nr. 12 UStG), die Leistungen der Wohnungseigentümergemeinschaften (§ 4 Nr. 13 UStG) und die → Blindenumsätze (§ 4 Nr. 19 UStG). – 2. *§ 9 II UStG:* Ausschluss der Option zur Steuerpflicht nach § 9 II UStG bes. bei der Vermietung und Verpachtung von Grundstücken, soweit der Leistungsempfänger das Grundstück nicht ausschließlich für Umsätze verwendet oder zu verwenden beabsichtigt, die den Vorsteuerabzug nicht ausschließen (Nachweis durch den Vermieter erforderlich). Keine bzw. weniger starke Einschränkungen des Optionsrechts für die Vermietung und Verpachtung von Grundstücken mit aufstehenden Altgebäuden (Beginn der Baumaßnahme vor 11.11.1993 und Fertigstellung vor 1.1.1998) gemäß Übergangsvorschrift des § 27 II UStG.

Verzichturteil → Urteil, das auf Antrag des Beklagten ergeht, wenn der Kläger in der mündlichen Verhandlung auf den geltend gemachten Anspruch verzichtet. Die Klage wird auf Kosten des Klägers abgewiesen (§ 306 ZPO). Im Gegensatz zur → Klagerücknahme ist die Geltendmachung desselben Anspruchs nicht wieder zulässig.

Verzinsung – Zahlung von Teilbeträgen auf den Nennwert einer ausgeliehenen Summe von Geldkapital als Preis für dessen Bereitstellung (→ Zins).

Verzögerungsbeschwerde – Anspruch auf Entschädigung wegen überlanger Dauer eines Verfahrens vor dem Bundesverfassungsgericht, §§ 97a-e BVerfGG. Siehe → überlange Gerichtsverfahren.

Verzögerungsrüge – Dauert ein Gerichtsverfahren unangemessen lang, hat ein Verfahrensbeteiligter, der einen Nachteil erleidet, einen Anspruch auf angemessene Entschädigung. Voraussetzung für die Geltendmachung des Anspruchs ist, dass der Verfahrensbeteiligte die Dauer des Verfahrens bei dem Gericht gerügt hat. Die *Verzögerungsrüge* kann erst erhoben werden, wenn Anlass zu der Besorgnis besteht, dass das Verfahren nicht in angemessener Zeit abgeschlossen werden kann (vgl. § 198 GVG). Bei überlangen Verfahren vor dem Bundesverfassungsgericht hat sie den Namen Verzögerungsbeschwerde (§ 97a BVerfGG). Eingeführt durch das Gesetz über den Rechtsschutz bei *überlangen Gerichtsverfahren* und strafrechtlichen Ermittlungsverfahren vom 24.11.2011 (BGBl I S. 2302).

Verzollung – Erhebung des Zollbetrages durch elektronischen oder schriftlichen bzw. mündlichen Zollbescheid. Die Zollzahlung kann auf Antrag des Zollschuldners bei Sicherheitsleistung bis zum 16. des auf die Entstehung der → Zollschuld folgenden Monats aufgeschoben werden (→ Zahlungsaufschub). Verzollung kommt in Betracht bei der Abfertigung von Nichtgemeinschaftswaren zum zoll- und steuerrechtlich freien Verkehr, bei der Abfertigung zur vorübergehenden Verwendung mit ermäßigtem Zollbetrag oder bei der Zollerhebung nach Unregelmäßigkeiten, etwa wegen Schmuggels von Waren oder sonstiger Nichtbeachtung von Zollvorschriften.

Verzollungsmaßstäbe – *Bemessungsgrundlagen;* die verschiedenen Größen, auf die sich ein Zollsatz (→ Zoll) bezieht. Bei → Wertzöllen ist der Verzollungsmaßstab der Zollwert (*ad valorem*), bei → spezifischen Zöllen bestimmte Warenmengen z.B. 1.000 kg Eigengewicht (Salz), 1 hl (Wein), 100 m (Filme), ein Stück (Flasche mit Quecksilber). – Grundsätzlich wird der Abgabensatz (t = tariff) berechnet mithilfe der drei Variablen Zollwert (v = value), Zollsatz (d = duty), Menge (q = quantity):

$$t = v * d * q$$

Bei spezifischen Zollsätzen wird v=1, bei Wertzöllen q=1 gesetzt. Der Zollsatz d wird bestimmt durch die zolltarifliche → Einreihung in den Zolltarif (c = customs classification) und ist abhängig vom → Ursprungsland (o = origin) und vom Zeitpunkt der Zollanmeldung (ti = time).

$$d = co, ti$$

Verzug – bei Nichtannahme einer Leistung durch den Gläubiger (→ Annahmeverzug) oder nicht rechtzeitiger Leistung des Schuldners (→ Schuldnerverzug) eintretender, bestimmte Rechtsfolgen auslösender Rechtszustand. – Für → Allgemeine Geschäftsbedingungen (AGB) *gilt, dass Bestimmungen unwirksam sind,* durch die für den Fall des Verzugs des Verwenders das Recht des anderen Vertragsteils, sich vom Vertrag zu lösen oder Schadenersatz zu verlangen, ausgeschlossen oder eingeschränkt wird. Ähnliches gilt bei Teilverzug (§ 309 Nr. 8 BGB).

Verzugsschaden – 1. Schaden, den ein Gläubiger aufgrund des → Schuldnerverzugs erleidet. Der Verzugsschaden ist vom Schuldner zu ersetzen (§§ 280 II, 286 BGB); z.B. auch über die Verzugszinsen etwa hinausgehende Zinsen, die der Gläubiger wegen Inanspruchnahme von Bankkredit entrichten muss, Kosten für Mahnschreiben, Inanspruchnahme eines Rechtsanwalts etc. – 2. Mehraufwendungen eines Schuldners bei → Annahmeverzug des Gläubigers für das erfolglose Angebot sowie für Aufbewahrung und Erhaltung des geschuldeten Gegenstandes. Erforderliche Mehraufwendungen sind vom Gläubiger zu ersetzen (§ 304 BGB).

Verzugszinsen – 1. *Begriff:* Die von einem im Schuldnerverzug befindlichen Schuldner für eine (an für sich unverzinsliche) Geldschuld zu entrichtenden Zinsen; → Zins. – 2. *Höhe:* a) Bei einem → Rechtsgeschäft, an dem ein → Verbraucher beteiligt ist, fünf Prozentpunkte über dem → Basiszinssatz (§ 288 I BGB). – b) Bei einem → Rechtsgeschäft, an dem kein Verbraucher beteiligt ist, acht Prozentpunkte über dem Basiszinssatz (§ 288 II BGB). – c) Ein höherer Zinssatz folgt aus (1) vertraglichen Vereinbarungen, z. B. → Vertragsstrafe (§ 288 III BGB), aus → Verzugsschaden (§ 288 IV BGB), z.B. weil der Gläubiger infolge des Verzugs Kreditzinsen zahlen musste oder Verlust von Anlagezinsen erlitt. – 3. Den Verzugszinsen ähnlich sind die nach Klageerhebung ggf. von den Beklagten eines Zivilprozesses zu entrichtenden → Prozesszinsen (§ 291 BGB). – 4. Für *Steuern:* → Säumniszuschläge.

Veto-Abstimmungsregel – Von D.C. Mueller (1978) für kleine Gruppen entwickeltes → Abstimmungsverfahren in zwei Runden: In der ersten Runde darf jeder der n Teilnehmer eine Alternative formulieren; in der zweiten darf jeder gegen eine der n + 1 Alternativen (einschließlich des Status quo) sein Veto einlegen. Die am Schluss nicht gestrichene Alternative ist gewählt. Das Verfahren hat günstige Effizienz- und Gerechtigkeitseigenschaften.

Vetomacht – die mit der Anwendung der → Einstimmigkeitsregel verbundene Macht jedes einzelnen Abstimmungsteilnehmers, mit seiner Gegenstimme eine Entscheidung zu verhindern. Ein geschickter Teilnehmer kann in Verhandlungen die Übrigen durch Androhung des Vetos zu bes. Zugeständnissen zwingen.

VG Bild-Kunst – Abk. für → Verwertungsgesellschaft Bild-Kunst.

VGH – Abk. für → Verwaltungsgerichtshof.

VGR – Abk. für → Volkswirtschaftliche Gesamtrechnung.

VG Wort – Abk. für → Verwertungsgesellschaft der Wortautoren.

Viabilität – *Gangbarkeit;* Gültigkeit von → Wirklichkeitskonstruktionen bzw. der ausgewählten Alternative (→ Kontingenz), solange sich diese im praktischen Handeln bewähren bzw. nützlich sind. Sie ist ein wichtiges Relevanzkriterium für Wirklichkeitskonstruktionen neben der → Anschlussfähigkeit und der → Zieldienlichkeit.

vice versa – im kaufmännischen Sprachgebrauch „auf dem umgekehrten Wege", z.B. „die Frachten gelten von Hamburg nach Antwerpen und vice versa".

Vickrey – William, 1914–1996, amerik. Nationalökonom kanadischer Herkunft, der an der Columbia University lehrte; → Nobelpreis für

Wirtschaftswissenschaften 1996 (zusammen mit → Mirrlees). Vickrey setzte sich in seiner ersten Publikation „Agenda for Progressive Taxation" (1947) für das Konzept einer Einkommensteuer ein, die am langfristigen statt am jährlichen Einkommen orientiert ist. Für Märkte mit unvollständiger Information – wie der für Ausschreibungen von Bauaufträgen – entwickelte er ein Auktionsverfahren, bei dem der Bieter mit dem höchsten Angebot den Zuschlag zum zweitbesten Preis erhält.

Videokonferenz → Telekonferenzsystem.

Video on Demand – Programm-Konzept, bei dem der Kunde Zeitpunkt und Inhalt seiner TV-Nutzung frei bestimmen kann, sofern der Inhalt vom Sender überhaupt angeboten wird. – Vgl. auch → Near Video on Demand, → Pay per View und → digitales Fernsehen.

Vieheinheit → Tierhaltung.

Viehkauf – Kaufvertrag über Vieh. Nach der → Schuldrechtsreform wie ein → Kaufvertrag für bewegliche Sachen zu behandeln.

Viehseuchengesetz – jetzt: → Tierseuchengesetz.

Vieh- und Fleischwirtschaft, genossenschaftliche – besteht bereits seit Beginn des 20. Jahrhunderts in Deutschland und tritt in unterschiedlichen Geschäftsbereichen auf regionalen, dem nationalen und internationalen Märkten auf. – 1. *Bedeutung*: Es bestanden nach einem starken Konzentrationsprozess (2011) 99 genossenschaftliche Unternehmen der Vieh- und Fleischwirtschaft in Deutschland, mit 148.000 Mitgliedern, 2.896 Mitarbeitern und einem Umsatz von 4,9 Mrd. Euro. Ihre gesamtwirtschaftliche Bedeutung ist beachtlich; sie umfasst bei den einzelnen Fleischarten zwischen 25 Prozent bis über 30 Prozent des Gesamtmarktvolumens. – 2. *Funktion:* Erfassung von Schlachttieren, insbes. Schweinen, Ferkeln und Rindern sowie deren Schlachtung und Zerlegung, Erfüllung der Funktionen im Fleischgroßhandel, der Fleischwarenherstellung und der Nebenproduktverwertung, die Durchführung des Nutzviehhandels, von Zuchtprogrammen sowie des fleischwirtschaftlichen Außenhandels. Die grundsätzliche Funktion der Unternehmen der genossenschaftlichen Vieh- und Fleischwirtschaft besteht letztlich drin, die zersplitterten Marktkräfte der vielen Landwirtschaftsbetriebe zu einem effizienten Marktangebot zusammenzufassen und somit eine gegengewichtige Marktmacht gegenüber der i.d.R. oligopolistischen Nachfragerseite zu bilden.

Viehzählung – Teilgebiet der → Landwirtschaftsstatistik. Die Viehzählung ist eine Quelle für Informationen über Produktionsstrukturen und -kapazitäten der landwirtschaftlichen Betriebe. Zusammen mit der Bodennutzungshaupterhebung bildet sie das Grundprogramm der Agrarstrukturerhebung. Sie ermittelt zweimal jährlich den Bestand an Rindern, Schweinen, Schafen, Pferden und Geflügel nach der Nutzungskategorie bzw. nach Bestandsgrößenklassen.

Vierphasenschema

	Gesamtertrag x	Durchschnittsertrag $= \frac{x}{r}$	Grenzertrag $= \frac{dx}{dr}$	Steigerungsmaß der Grenzertragskurve	Endpunkte
Phase I	positiv steigend	positiv steigend	positiv steigend	positiv fallend	x = Wendepunkt $\frac{dx}{dr} = max$ $\frac{d^2x}{dr^2} = 0$
Phase II	positiv steigend	positiv steigend	positiv fallend $\frac{dx}{dr} > \frac{x}{r}$	negativ fallend	$\frac{x}{r} = max$ $\frac{dx}{dr} = \frac{x}{r}$
Phase III	positiv steigend	positiv fallend	positiv fallend $\frac{dx}{dr} < \frac{x}{r}$	negativ fallend	x = max $\frac{dx}{dr} = 0$
Phase IV	positiv fallend	positiv fallend	negativ fallend	negativ fallend	

Die Erhebung über die Viehbestände dient u.a. als Grundlage der Bewertung agrarpolitischer Maßnahmen.

Vielsteuer-System → pluralistisches Steuersystem.

Vierphasenschema – Darstellung des → Ertragsgesetzes (vgl. Abbildung „Vierphasenschema").

Vierte EG-Richtlinie – *Bilanzrichtlinie, gesellschaftsrechtliche Richtlinie.* 1. *Rechtslage:* Verabschiedet am 25.7.1978. Umgesetzt in deutsches Recht durch → Bilanzrichtlinien-Gesetz (BiRiLiG) vom 19.12.1985 (BGBl. I 2355) und eingefügt in das HGB als Drittes Buch (§§ 238–339). – 2. *Bedeutung:* Versuch der Harmonisierung der Vorschriften über den Jahresabschluss der Kapitalgesellschaften (AG, KGaA, GmbH) einschließlich Abschlussprüfung und Offenlegung in den Mitgliedsstaaten der EU. Das Ziel der Harmonisierung wird dadurch eingeschränkt, dass die EU-Mitgliedsstaaten durch in der Richtlinie vorgesehene sog. *nationale Wahlrechte* einen Gestaltungsspielraum bei der gesetzlichen Umsetzung haben. – 3. *Inhalt:* Mindestvorschriften für Inhalt, Gliederung und Bewertung des *Jahresabschlusses,* der nicht nur Bilanz und Gewinn- und Verlustrechnung, sondern auch einen Anhang mit zahlreichen Erläuterungspflichten umfasst. – *Offenlegung und Prüfung* der Abschlüsse sind größenabhängig differenziert. – Vgl. auch → EG-Richtlinien.

Vierte Welt – Bezeichnung für Rohstoff-, Kapital- und exportschwache Entwicklungsländer; meist mit → Least Developed Countries (LDC) identisch.

View → Datensicht.

Viewtime – Dauer, während der das jeweilige Werbeelement einer → Website (z.B. → Banner) wahrgenommen wird. – *Anders:* → Session Length.

Vigilanztätigkeit – Tätigkeit, die eine konstant bleibende Aufmerksamkeit (z.B. gegenüber Anzeigegeräten) abverlangt. Aufgrund geringer äußerer Reize und geringer innerer Stimulierung von Denkprozessen kann die Vigilanztätigkeit zur → Belastung werden.

Vignette – Autobahngebühr.

Vinkulationsgeschäft – 1. *Begriff:* bes. Form der Bevorschussung von Waren, die sich noch auf dem Eisenbahntransport (aber grundsätzlich auch auf dem Lkw- oder Schiffstransport) befinden. Es dient hauptsächlich zur Finanzierung des Warenexports, aber auch des Imports. Das Vinkulationsgeschäft war v.a. im Verkehr mit den ost- und südosteuropäischen Ländern stark entwickelt. – 2. *Arten:* a) Dem *Exporteur* wird die verkaufte Ware von seiner Bank gegen Sicherungsübereignung der Ware bevorschusst, die sich den → Frachtbrief aushändigen lässt oder ihrerseits die Ware an den ausländischen Käufer übersendet und diesen durch den Vinkulationsbrief benachrichtigt, dass er den vinkulierten Betrag (d.h. den Betrag, mit dem die Ware bevorschusst ist) an sie zu zahlen habe; häufig unter Mitwirkung einer Bank oder eines Lagerhauses am Sitze des Käufers. – b) Der *Importeur* erhält für den Wareneinkauf einen Vorschuss von seiner Bank. Der ausländische Verkäufer der Ware liefert diese nun nicht an den Importeur, sondern an die Bank, die sie an denjenigen weiterleitet, dem sie der Importeur weiterverkauft hat, und von diesem auch den Kaufpreis einzieht.

vinkulieren – ein Wertpapier dadurch binden, dass es ohne Genehmigung des Emittenten nicht auf einen Dritten übertragen werden kann. – Vgl. auch → vinkulierte Aktie.

vinkulierte Aktie → Aktie, deren Übertragung bei entsprechender Bestimmung der Satzung von der Zustimmung der Gesellschaft abhängig ist. Vinkulierte Aktien müssen immer → Namensaktien sein (§ 68 AktG); sie werden deshalb auch als *vinkulierte Namensaktien* bezeichnet. Nicht vollständig einbezahlte Aktien müssen vinkuliert sein.Vinkulierte Aktien sind seit der Einführung elektronischer Girosammelverwahrungssysteme nicht schwieriger handelbar als → Inhaberaktien. Durch vinkulierte Aktien besitzt die Gesellschaft die Möglichkeit, unerwünschte Aktionäre fernzuhalten.

vinkulierte Namensaktie → vinkulierte Aktie.

Vintage-Modelle – *Jahrgangsmodelle;* Begriff der → Wachstumstheorie für Modelle mit investitionsgebundenem → technischen Fortschritt, der sich immer nur im jeweils jüngsten Kapitaljahrgang niederschlagen kann, sodass die Produktivität von Kapitalgütern bei gleich hohem Arbeitseinsatz umso geringer ist, je älter sie sind. Da der technische Fortschritt immer an die zuletzt getätigten Investitionen gebunden ist, ist er von der Höhe der Bruttoinvestitionen abhängig.

VIP-Modell – VIP ist die Abk. für *Vergleichsindex für Preiswürdigkeit,* ein im Rahmen der Rangreihenverfahren (→ Mediaselektionsmodelle) angesiedeltes Verfahren, entwickelt auf der Grundlage der Kosten pro 1.000 Kontakte. – Vgl. auch → Tausenderpreis.

virale Markenkommunikation – Virale Markenkommunikation beschreibt die kommunikative Seite des viralen Marketings und ist von Aspekten, wie z.B. viraler Produktgestaltung, abzugrenzen. Anders als bei reiner Mundpropaganda (→ Word-of-Mouth), werden die Inhalte der Botschaft vom Unternehmen zur Verfügung gestellt und von den Konsumenten zur Verbreitung übernommen. – Vgl. auch → Viral Marketing.

Viral Marketing – *Propagation, Aggregation Marketing, Organic Marketing, V-Marketing, Virus Marketing;* 1. *Begriff:* Konzept der Kommunikations- bzw. Vertriebspolitik im Marketing, das eine Vielzahl von Techniken und Methoden beinhaltet, die die Kunden animieren sollen, Werbekommunikation über Produkte und Dienstleistungen in elektronischer Form aus eigenen Stücken weiter zu verbreiten. – 2. *Merkmale:* Viral Marketing basiert auf dem Grundprinzip der Mundpropaganda (→ Word-of-Mouth), das sich primär auf die persönliche Weitergabe der Informationen von Konsumenten untereinander über Leistungen und Produkte eines Unternehmens bezieht. Die digitalen Botschaften sollen sich effizient und rasant wie ein „Virus" über moderne Kommunikationsnetze verbreiten. Eine große Bedeutung kommt dem Inhalt der Botschaft zu, welche sowohl für Sender und Empfänger emotional ansprechend oder nutzenstiftend sein muss. – 3. *Ziel*: ist eine exponentielle Verbreitung von Werbeinformationen zwischen den Kunden. – 4. *Übertragungskanäle*: → E-Mails, Webseiten, → Blogs, Foren, Chat-Rooms oder Short Message Service (SMS). – Vgl. auch → virale Markenkommunikation.

Virement – im öffentlichen Haushalt traditionelle Bezeichnung für zeitliche oder sachliche Übertragung eines Etatpostens. Nur erlaubt, falls „gegenseitige Deckungsfähigkeit" ausdrücklich vorgesehen ist. – Das *grundsätzliche Verbot* des Virement folgt aus dem Haushaltsbewilligungsrecht des Parlaments und will verhindern, dass die Exekutive Überschüsse oder bewilligte Mittel ins nächste Haushaltsjahr oder auf andere Titel überträgt, d.h. Eigenmächtigkeiten, die mit der ordnenden Funktion des → Haushaltsplans als Grundlage der Finanzwirtschaft nicht vereinbar wären.

Virtual Community – *virtuelle Gemeinschaft*. 1. *Begriff*: Virtual Communities verbinden Teilnehmer gemeinsamer Interessen (Zielgruppenorientierung), ohne dass ein räumliches Zusammentreffen stattfindet. – 2. *Merkmale*: Mithilfe von Kommunikationsplattformen, v.a. dem → Internet, ist eine von räumlichen und zeitlichen Beschränkungen getrennte Kooperation der Teilnehmer möglich. Der Initiator der Virtual Community stellt die notwendige informationstechnologische Plattform zur Verfügung, überwacht deren Betrieb sowie die Einhaltung von selbst auferlegten (Netiquette) und juristisch bedingten Regeln. Zum Leistungsangebot der Plattform gehören v.a. Dialog- und Kommunikations- (z.B. Mailinglisten, Diskussionsforen, Chat-Räume (→ Chat)) und Informationsfunktionen (z.B. → Newsletter, Archive). – Vgl. auch → E-Community.

Virtualisierung – allg. Abstraktion von → IT-Ressourcen mit dem Ziel, diese zu vereinheitlichen und zwischen mehreren Nutzern teilen zu können. – Vgl. → Hardware-Virtualisierung.

Virtual Private Cloud – Spezialform einer → Private Cloud, die als Teil einer → Public Cloud betrieben wird. Im Gegensatz zur Private Cloud werden benötigte hardwarenahe IT-Ressourcen oft mit anderen Nutzern der Public Cloud geteilt. Die Abgrenzung erfolgt durch Zugriffsbeschränkungen. – Vgl. auch → Cloud Computing.

Virtual Reality – computergenerierte, dreidimensionale Welt, die versucht, der Realität möglichst nahe zu kommen. Virtual Reality bildet die Grundlage eines → Cyberspace. – *Beispiele*: In Architekturbüros erstellte dreidimensionale Ansichten von geplanten Bauvorhaben, die Kunden am → Bildschirm oder über spezielle → Hardware virtuell betreten können.

Virtual Water – 1. *Begriff*: Virtual Water (auch Water Footprint genannt) ist ein Verfahren der Ökobilanzierung (→ Ökobilanz). Die virtuelle Frischwassermenge, die für die Herstellung eines Produktes bzw. einer Dienstleistung benötigt wird, kann mithilfe der Methode dargestellt werden. – 2. *Variante*: Auch Länder und Regionen können, durch die Betrachtung von Wasserimport und -export, bewertet werden. Diese Methode wird mit dem Begriff Virtual Water Trade bezeichnet. – 3. *Entstehung*: Die Methode Virtual Water wurde in den 1990er-Jahren von Allan (vgl. Allan, J.A. 1998) eingeführt. Sein Ziel war es, den Wasserverbrauch von Produkten über ihren gesamten → Lebenszyklus aufzuzeigen und Implikationen für die Wirtschaft zu generieren. – 4. *Geltungsbereich und Systemgrenze*: Die Methode Virtual Water kann weltweit mit den Systemgrenzen „Cradle-to-Gate" (→ Cradle-to-Cradle) angewendet werden. – 5. *Bewertungsobjekt und Bewertungsgröße*: Die Methode Virtual Water bezieht sich auf einzelne Produkte bzw. Dienstleistungen. Der Virtual Water Trade hingegen betrachtet die Auswirkungen des Handels mit diesen Produkten bzw. Dienstleistungen auf einzelne Regionen. Bei beiden Verfahren ist die Bewertungsgröße der virtuelle Wasseranteil. Dieser entspricht der während aller Herstellungsphasen verbrauchten Wassermenge. – 6. *Ziele und Annahmen*: Einerseits sollen durch die Methode die Wasserintensitäten von Produkten und Dienstleistungen verdeutlicht werden. Der tatsächliche Anteil ist gegenüber dem virtuellen Anteil zumeist verschwindend gering. Die Methode Virtual Water Trade zielt außerdem auf eine gleichmäßigere Verteilung der → Ressource Wasser auf der Erde ab. Die beiden Methoden abstrahieren alle anderen negativen Umweltauswirkungen. – 7. *Vorgehensweise*: a) Virtual Water: Zunächst werden die einzelnen Produktionsschritte und deren Wasserbedarf ermittelt. Danach wird eine Allokation des Wasserbedarfs auf die gesamte Produktion durchgeführt. Zuletzt wird der gesamten Wasserbedarfs für die einzelnen Produkte aggregiert. – b) Virtual Water Trade: In einem ersten Schritt muss die Virtual Water Balance einer Region berechnet werden. Diese ist als der Nettoimport an virtuellem Wasser definiert. Der Nettoimport setzt sich aus dem Bruttoimport minus des Bruttoexports zusammen. – 8. *Ergebnis*: Die Ergebnisse der Methoden stellen den gesamten Wasserbedarf, der für die Produktion eines Produkten bzw. einer Dienstleistung benötigt wurde, dar. Die Einheit der Ergebnisse lautet km^3/Jahr. – 9. *Kritische Würdigung*: Die Methoden verdeutlicht den Wasseraufwand bei der Produktion. Die Methode Virtual Water Trade stellt außerdem einen politisch-strategischen Ansatz dar. Problematisch ist jedoch, dass andere ökologische Auswirkungen nicht berücksichtigt werden. Hierzu zählen auch die nicht berücksichtigten Trade Offs zwischen Energie und Wasser. Die praktische

Anwendung des Virtual Water Trades wird außerdem z.B. durch Subventionen und Einfuhrbestimmungen gehemmt.

virtuelle Adresse → Adresse in einem → virtuellen Speicher.

virtuelle Community → E-Community.

virtuelle Marktplätze – *elektronische Marktplätze, E-Hubs.* Bündelung und Koordination von Angebot und Nachfrage mit informationstechnischen Systemen. Die vollständig elektronische Mediatisierung von Markttransaktionen, einschließlich der Preisbildung, ist bislang die Ausnahme. I.d.R. spricht man bereits von virtuellen Marktplätzen, wenn einzelne Phasen der Marktprozesse (Anbahnung, Aushandlung, Abwicklung) elektronisch unterstützt werden. – *Merkmale von idealtypischen virtuellen Marktplätzen:* Virtueller Begegnungsraum, in dem sich Anbieter und Nachfrager treffen und austauschen können; räumliche und zeitliche Unabhängigkeit durch Telekommunikationsmedien; Erhöhung der Markttransparenz; Senkung der Transaktionskosten. – *Beispiele:* Finanzmärkte, Agrarmärkte, Gebrauchtwarenbörsen, Onlineauktionen, Reservierungssysteme im Luftverkehr.

virtuelle Maschine – 1. *Begriff* aus dem → Software Engineering: Struktur eines → Softwaresystems nach Abstraktionsebenen ausgehend von dem Grundgedanken, dass die „reale" Maschine die → Hardware ist: Diese wird erst grundsätzlich funktionsfähig durch das → Betriebssystem (BS) *(erste virtuelle Maschine).* Zur Problemlösung ist eine nächsthöhere Abstraktionsebene erforderlich, die → Programmiersprache *(zweite virtuelle Maschine).* Mit dieser virtuellen Maschine können nun spezielle Anwendungsprobleme bearbeitet werden, wobei der Abstraktionsgedanke weitergeführt wird. Z.B. könnte die nächsthöhere virtuelle Maschine *(dritte virtuelle Maschine)* alle → Dateien des Softwaresystems verwalten. Die Module höherer Abstraktionsebenen, die ebenfalls zu virtuellen Maschinen gehören, benutzen dann die zweite und dritte virtuelle Maschine. – 2. *Begriff* aus dem *Betriebssystembereich:* Bei Mehrbenutzerbetrieb, v.a. bei Teilnehmerbetrieb, wird durch das Betriebssystem für jeden einzelnen Teilnehmer eine eigene Hardware-Umgebung simuliert, eine „virtuelle Maschine". Diese enthält z.B. einen eigenen → Arbeitsspeicher, → Magnetplattenspeicher und → Drucker, individuell für den Teilnehmer. Prinzipiell kann jede virtuelle Maschine mit einem anderen Betriebssystem betrieben werden. Die interne Realisierung der virtuellen Maschine durch das Betriebssystem erfolgt natürlich auf den realen Geräten; z.B. wird der virtuelle Drucker eines Teilnehmers auf einem realen Drucker der Datenverarbeitungsanlage abgebildet. – 3. *Abkürzung VM:* Name eines weit verbreiteten Betriebssystems für Universalrechner, das wie unter Punkt 2 arbeitet. – 4. *Anwendungsbereich für Java:* Software, die Befehle übergeordneter Programme interpretiert und in Maschinenbefehle der zugrunde liegenden Hardware übersetzt. Zum Ausführen von → Java-Programmen wird für jedes System, auf dem Java-Programme laufen sollen, eine virtuelle Maschine für die Interpretation des von Java erzeugten Bytecodes benötigt.

virtuelle Organisation – 1. *Begriff:* Der Ausdruck *virtuell* kennzeichnet Eigenschaften eines Objekts, die zwar nicht real, aber (durch den Einsatz von Zusatzspezifikationen, z.B. eine multimediale Kommunikationsstruktur) doch der Möglichkeit nach vorhanden sind (z.B. die räumliche Verbundenheit von Büroangestellten). Die virtuelle Organisation stellt eine Form der → Netzwerkorganisation dar, die sich aus mehreren, eher kleinen und überschaubaren Einheiten zusammensetzt (→ Modularisierung) und durch einen mehr oder weniger umfangreichen Einsatz gemeinsamer Informations- und Kommunikationstechnik auszeichnet, die für das Konzept und den Erfolg der virtuellen Organisation zentrale Bedeutung besitzt. Durch die Virtualisierung soll die gesamte Wertschöpfungskette optimiert und die Ausrichtung auf individuelle Kundenbedürfnisse verbessert werden. – 2. *Formen:* Es kann zwischen *intraorganisationalen* und *interorganisationalen* Formen der virtuellen Organisation unterschieden werden. Während im ersten Fall die Virtualisierung innerhalb eines einzelnen rechtlich selbstständigen Unternehmens vollzogen wird, setzt sich die (oft zeitlich begrenzt und projektbezogen gebildete) interorganisationale Form der virtuellen Organisation aus mehreren rechtlich selbstständigen Unternehmen zusammen.

virtueller Adressraum – Menge der → virtuellen Adressen eines (virtuellen) Speichers (→ virtueller Speicher).

virtueller Marktplatz → E-Marketplace.

virtueller Speicher – in der elektronischen → Datenverarbeitung Technik zur Vergrößerung des nutzbaren → Adressraums über die Größe des → Arbeitsspeichers (in diesem Fall auch Realspeicher genannt) hinaus, indem der vorhandene Arbeitsspeicher mit peripheren (Peripheriegeräte) Direktzugriffsspeichern (z.B. → Festplatten) zu einem homogenen → Speicher zusammengefasst wird. Aktuell zur Programmausführung benötigte → Daten werden vom → Betriebssystem (BS) in den schnellen → Hauptspeicher geladen, während bei Platzmangel nicht dringend benötigte Daten auf den peripheren Speicher ausgelagert werden. – *Vorteil des Konzepts:* weit gehende Beseitigung von Speicherbeschränkungen, wodurch wesentliche Einschränkungen bei der → Programmierung entfallen.

virtuelles Kaufhaus → Electronic Shop.

virtuelles Klassenzimmer → Telelearning.

virtuelles Rathaus – Bündelung von Dienstleistungen der Kommune in einem Teilbereich der Webpräsenz mittels Content-Management-Systemen. Im

Virtuellen Rathaus bietet die Verwaltung den Bürgern über elektronische Medien die Möglichkeit, jederzeit und überall ihre Informations-, Kommunikations- und Transaktionsdienstleistungen in Anspruch zu nehmen: (1) Unter *Informationsdienstleistungen* werden alle Vorgänge zusammengefasst, in denen sich Bürger, Unternehmen oder Verwaltungseinrichtungen bei einer öffentlichen Institution über bestimmte Sachverhalte informieren. Der Benutzer ist hier lediglich als Empfänger der von der Verwaltung bereitgestellten Informationen zu betrachten. (2) *Kommunikationsdienstleistungen* umfassen dagegen Lösungen wie E-Mail und webbasierte Diskussionsforen. Mithilfe dieser Technologien kann ein Benutzer mit der Verwaltung in direkten oder indirekten Kontakt treten. (3) Als *Transaktionen* definieren sich solche Anliegen, die ein Benutzer komplett online abwickeln kann (dazu gehören z.B. die elektronische Annahme von Anträgen und Aufträgen). – Die Einschränkung auf den Begriff Virtuelles Rathaus ist in Anlehnung an den allg. Sprachgebrauch getroffen worden. Dabei soll die Verwaltung im eigentlichen Sinne nicht etwa ersetzt werden. Neben dem persönlichen Besuch, dem Telefonanruf und weiteren Kommunikationsmitteln wie Fax, E-Mail und Briefverkehr wird vielmehr eine weitere Zugangsmöglichkeit geschaffen. Das Virtuelle Rathaus stellt im Gegensatz zu eGovernment, welches umfassende Dienstleistungsorientierung, Produktivität und Wirtschaftlichkeit im öffentlichen Sektor ermöglicht, lediglich den elektronischen Distributionskanal des Kunden (Bürger/Unternehmen) zur Verwaltung dar. – Das Virtuelle Rathaus lässt sich untergliedern in den für den Bürger sichtbaren Front-Office-Bereich und den verwaltungsinternen Back-Office-Bereich. Die über den Front-Office-Bereich angebotenen Dienstleistungen entsprechen denen, die auch im realen Rathaus oder der Verwaltung in Anspruch genommen werden können. Somit ergibt sich eine Abgrenzung des Bereichs des Virtuellen Rathauses mit den angebotenen Dienstleistungen vom übrigen Web-Auftritt. Im Back-Office-Bereich werden bestehende Fachverfahren und Datenbanken angebunden sowie Dienste für Verwaltungsmitarbeiter und Administratoren zur internen Nutzung und Pflege angeboten. – Anders: → Electronic Government.

Virus-Marketing → Viral Marketing.

Visa – ist ein Verbund von Banken und Sparkassen mit weltweit 1,2 Mrd. und europaweit 380 Mio. ausgegebener Karten (Stand: Juni 2009). Die Dachorganisation Visa gibt selbst keine Karten aus, die Kartenemission erfolgt ausschließlich durch Mitgliedsinstitute. Die Visa-Karte mit institutsindividueller Ausprägung dient zur bargeldlosen Bezahlung von Waren und Dienstleistungen, Bargeldbeschaffung oder Nutzung von automatisierten Kassen des Handels. Verfügt werden kann sowohl in klassischer Form durch Vorlage der Karte und Unterzeichnung des Leistungsbeleges, als auch an elektronischen Ladenkassen und Geldausgabeautomaten in Verbindung mit Eingabe der Identifikationsnummer (→ PIN) und nachfolgender positiver Autorisierung der Autorisierungszentrale. Visa bietet drei Abrechnungsformen an: (1) *Debitfunktion:* Belastung des verfügten Betrages innerhalb der nächsten Tage; (2) *Charge-Funktion:* Monatliche Belastung der verfügten Summe; (3) *Kreditfunktion:* Rückführung der verfügten Beträge in vereinbarter Form. – Vgl. auch → Kartenzahlungen, → Debitkarte, → Kreditkarte, → Chargekarte, → Zahlungskarte.

Visakodex – die Verordnung (EG) Nr. 810/2009 des Europäischen Parlaments und des Rates vom 13.7.2009 über einen Visakodex der Gemeinschaft (ABl. L 243 vom 15.9.2009, S. 1) regelt die Verfahren und Voraussetzungen für die Erteilung von Visa für die Durchreise durch das Hoheitsgebiet der Mitgliedstaaten der EU und für geplante Aufenthalte im EU-Gebiet von höchstens drei Monaten je Sechsmonatszeitraum. Die Verordnung legt zudem die Drittstaaten fest, deren Staatsangehörige zur Durchreise durch die internationalen Transitzonen der Flughäfen der Mitgliedstaaten ein Visum für den Flughafentransit benötigen, und regelt die Verfahren und Voraussetzungen für die Erteilung dieser Visa. Das deutsche Recht wurde durch das Gesetz zur Umsetzung aufenthaltsrechtlicher Richtlinien der Europäischen Union und zur Anpassung nationaler Rechtsvorschriften an den EU-Visakodex vom 22.11.2011 (BGBl. I 2258) an die Verordnung angepasst.

Visa-Warndateigesetz (VWDG) – tritt am 1.6.2013 in Kraft. Das Gesetz wurde eingefügt durch das Gesetz zur Errichtung einer Visa-Warndatei und zur Änderung des Aufenthaltsgesetzes vom 22.12.2011 (BGBl. I 3037) und dient zur Vermeidung des Mißbrauchs von Visa. Die Datei wird beim → Bundesverwaltungsamt geführt. Das Gesetz soll die für die Erteilung von Visa zuständigen öffentlichen Stellen bei Entscheidungen im Visumverfahren unterstützen, um Fehlentscheidungen im Zusammenhang mit Täuschungen oder Täuschungsversuchen zu vermeiden. Den Ausländerbehörden soll es bei der Prüfung von Verpflichtungserklärungen oder bei der Entscheidung über die Verlängerung eines Visums dienen und den mit der Kontrolle des grenzüberschreitenden Verkehrs beauftragten Behörden bei Entscheidungen über die Zurückweisung oder Zurückschiebung eines Visuminhabers zunutze sein (vgl. § 1 VWDG). Zur Übermittlung von Daten sind die Auslandsvertretungen, die Ausländerbehörden, die mit der polizeilichen Kontrolle des grenzüberschreitenden Verkehrs beauftragten Behörden und die Staatsanwaltschaften verpflichtet (Einzelheiten in § 4 VWDG). In § 3 VWDG ist der Inhalt der gespeicherten Daten geregelt.

Visit – zusammenhängender Nutzungsvorgang von mehreren einzelnen Seiten auf einer → Website. Ein Visit umfasst mehrere → Page Impressions (PI) und ist für Werbetreibende ein wichtiges Kriterium für die Reichweitenanalyse von Onlineangeboten.

Visual Basic (VB) – eine → Programmiersprache von Microsoft, basierend auf der Programmiersprache → BASIC, gekennzeichnet durch eine visuelle → Programmierumgebung.

Visual Merchandising – Form der → Warenpräsentation im → Einzelhandel, bei der die Ware dem Kunden so dargeboten wird, dass sie sich selbst ohne Unterstützung durch Verkäufer anbietet. Visuelle Stimuli (z.B. Bilder) haben die Aufgabe, den gesamten Nutzen, den das Angebot dem Käufer bietet, visuell darzustellen.

VM → virtuelle Maschine.

V-Mann – *Vertrauensmann, Informant;* Person, bes. des kriminellen Milieus, die v.a. im Bereich der → Organisierten Kriminalität und in Staatsschutzdelikten mit der Polizei bei der Vorbeugung und Aufklärung von Straftaten zusammenarbeitet. – Vgl. auch → verdeckte Ermittler.

VMU – Abk. für → Vereinigung Mittelständischer Unternehmer e. V.

VOB – Abk. für Vergabe- und Vertragsordnung für Bauleistungen (→ Verdingungsordnungen).

Voice Mail – System der → Mailbox, bei dem die → Benutzer ihre zu versendenden Nachrichten nicht in Form schriftlicher Texte eingeben müssen, sondern über ein Telefon oder ein am → Terminal installiertes Mikrofon dem → Kommunikationsdienst übergeben können. Die gesprochene Nachricht wird von einem → Rechner in eine → digitale Darstellung überführt und gespeichert. Wenn der Empfänger die Nachricht abrufen will, wird ihm diese über sein Telefon oder einen Lautsprecher in sprachlicher Form übermittelt, wobei die Nachricht wieder in eine → analoge Darstellung überführt werden muss.

Volatilität – 1. *Allgemein:* Ausmaß der kurzfristigen Fluktuation einer Zeitreihe um ihren Mittelwert oder Trend, gemessen durch die Standardabweichung bzw. den Variationskoeffizienten. – 2. *Wertpapiere:* Gradmesser für die Preisschwankung des Bezugswertes (z.B. Aktie) während einer bestimmten Zeitperiode. Sie wird formal als Standardabweichung der annualisierten Renditen berechnet (historische Volatilität). Je höher die Volatilität eines Bezugswertes, d.h. das Ausmaß und die Häufigkeit der Kursschwankungen, desto höher ist i.Allg. die Optionsprämie. Aus der Black-Scholes-Formel lässt sich dagegen die implizite Volatilität ableiten, wenn man die gehandelten Prämien als gegebene Werte für eine bestimmte Option einsetzt. – 3. *Außenwirtschaft:* Verwendet im Zusammenhang mit Schwankungen des → Wechselkurses.

VOLAX-Future – Future auf die implizite Drei-Monats-Volatilität der Optionen auf den DAX (VOLAX) am at-the-money-Punkt. Marktteilnehmer hatten mit diesem Finanzinstrument die Möglichkeit, Volatilitätsrisiken direkt und unmittelbar abzusichern, auf Volatilitätsänderungen zu spekulieren und Arbitragesituationen zwischen DAX-Optionen und VOLAX-Future auszunutzen. – Aufgrund mangelnder Nachfrage wurde der Handel mit VOLAX-Future an der → EUREX wieder eingestellt.

Volcker Rule – Die Volcker Rule – benannt nach dem ehemaligen US-Notenbankchef Paul Volcker – ist zentraler Bestandteil des 2010 verabschiedeten → Dodd-Frank Acts und zwingt die Banken in den USA dazu, ihren Eigenhandel weitestgehend aufzugeben. Riskante Finanzwetten – die eine Mitschuld an der Finanzkrise 2007-2009 hatten, sollen somit in Zukunft vermieden werden. Den Banken ist der Eigenhandel nur noch erlaubt, wenn dadurch eigene Risiken abgesichert werden sollen. Daneben werden Beteiligungen an Hedgefonds und Private Equity-Gesellschaften stark eingeschränkt. – Mit der Volcker Rule wird die Deregulierung des US-amerikanischen Bankensystems durch den Gramm-Leach-Bliley Act 1999 (Aufhebung des Systems der Trennbanken, das 1932 durch den Glass-Steagal Act eingeführt worden war) in Teilen wieder rückgängig gemacht.

Völkerrecht – die zwischen den souveränen Staaten kraft Gewohnheits- oder Vertragsrecht bestehenden Rechtssätze, durch die ihre gegenseitigen Rechte und Pflichten in Friedens- und Kriegszeiten geregelt werden. Nach Art. 25 GG sind die allg. Regeln des Völkerrechts Bestandteil des Bundesrechts. Sie gehen den Gesetzen vor und erzeugen Rechte und Pflichten unmittelbar für die Bewohner des Bundesgebietes; bestehen hierüber in einem Rechtsstreit Zweifel, so hat das Gericht die Entscheidung des BVerfG einzuholen (Art. 100 II GG).

Völkerstrafgesetzbuch (VStGB) – vom 26.6.2002 (BGBl. I 2002, 2254), dient der Anpassung des dt. materiellen Strafrechts an das Römische Statut für einen Ständigen Internationalen Gerichtshof (IStGH) und führt neben der Einführung des IStGH dazu, dass Völkerrechtsverbrechen mit ihrem bes. Unrechtsgehalt als solche grundsätzlich schon vom dt. Strafrecht adäquat erfasst werden. Es gilt für alle in ihm bezeichneten Straftaten gegen das Völkerrecht; dies auch dann, wenn sie im Ausland begangen worden sind und keinen Bezug zum Inland aufweisen (§ 1). Auf das Gesetz findet das allg. deutsche Strafrecht Anwendung, soweit das Gesetz nicht bes. Bestimmungen trifft. So verjähren die Verbrechen nach dem VSTGB und die Vollstreckung der wegen ihm verhängten Strafen nicht (§ 5). Zu den Straftaten nach dem VSTGB gehören Völkermord (§ 6), Verbrechen gegen die Menschlichkeit (§ 7) und Kriegverbrechen (§§ 8-12).

Volksabstimmung – Bei der Volksabstimmung (*Volksentscheid*) stimmen die wahlberechtigten Bürger über einen ihnen zur verbindlichen Entscheidung vorgelegten Gegenstand, üblicherweise in der Form eines Gesetzes, aber auch in der Form einer Frage, die dann je nach Ergebnis der Abstimmung vom parlamentarischen Gesetzgeber oder der Regierung umzusetzen ist, ab. Davon zu unterscheiden ist das → Volksbegehren, mit dem die Voraussetzungen für einen Volksentscheid geschaffen werden oder mit dem der Gesetzgeber aufgefordert wird, ein bestimmtes Vorhaben etwa ein Gesetz zu beschließen. Bei der → Volksbefragung (Referendum) wird die Meinung des Volkes zu einer bestimmten Sachfrage erbeten; rechtliche Verbindlichkeit kommt dem Ergebnis hier nicht zu. – Nach dem Grundgesetz ist eine Volksabstimmung lediglich im Rahmen der → Neugliederung des Bundesgebiets nach Art. 29 GG vorgesehen. Das Verfahren ist im Gesetz über das Verfahren bei Volksentscheid, Volksbegehren und Volksbefragung nach Art. 29 VI GG vom 30.7.1979 (BGBl. I 1317) und in der NeugliederungsdurchführungsVO vom 12.11.1984 (BGBl. I 1342) geregelt. Weitere Möglichkeiten unmittelbarer Demokratie durch Volksbegehren und Volksentscheid sind im Grundgesetz, neben den Wahlen zum Deutschen Bundestag, nicht vorgesehen. – Anders in den Bundesländern, die häufig Volksentscheid und Volksbegehren kennen. Unterschiedlich geregelt sind allerdings der Kreis der Gegenstände, über die das Volk durch Volksentscheid unmittelbar entscheiden kann und die Quoren, die erforderlich sind, damit ein Volksentscheid verbindlich werden kann; und zwar sowohl hinsichtlich der Beteiligung wie hinsichtlich der Entscheidung.

Volksbanken – städtische/ gewerbliche → Kreditgenossenschaften (Vorschussvereine). Einrichtungen solidarischer Selbsthilfe, deren Entstehung eng mit → Schulze-Delitzsch verbunden ist. Seit 1972 sind sie in der Bundesrepublik Deutschland mit den Raiffeisenbanken in einem gemeinsamen Spitzenverband, dem → Bundesverband der Deutschen Volksbanken und Raiffeisenbanken e. V. (BVR), organisiert. – Vgl. auch → genossenschaftlicher Finanzverbund.

Volksbefragung → Volksabstimmung.

Volksbegehren – aus der Mitte des Volkes kommender Antrag auf Durchführung eines Volksentscheids oder auf Befassung der Gesetzgebungsorgane mit einem bestimmten Gegenstand. Im Grundgesetz nur im Zusammenhang mit der Neugliederung des Bundesgebietes in Art. 29 IV GG geregelt. Weitergehende Regelungen in den Länderverfassungen (→ Volksabstimmung).

Volkseigentum – Vermögen des Staates wurde in der DDR als Volkseigentum bezeichnet; es unterlag bes. Bindungen. Mit der Herstellung der Einheit Deutschlands gibt es nur noch den Eigentumsbegriff des BGB. – Vgl. auch → Vermögensgesetz, → Sachenrechtsbereinigungsgesetz.

Volkseinkommen – 1. *Begriff:* In der → Volkswirtschaftlichen Gesamtrechnung Ausgangsgröße für die Darstellung der Einkommensverteilung. Das Volkseinkommen ist die Summe der → Arbeitnehmerentgelte sowie → Unternehmens- und Vermögenseinkommen, die Inländern (Institutionen und Personen, die ihren ständigen Sitz bzw. Wohnsitz im Inland haben) zugeflossen sind. – Unterschieden werden in funktionaler Gliederung Arbeitnehmerentgelt sowie Unternehmens- und Vermögenseinkommen, in sektoraler Gliederung die entsprechenden Einkommen nach den Sektoren (private Haushalte, Unternehmen und Staat). – 2. *Berechnung:* Das Volkseinkommen wird ermittelt durch Absetzen der → Abschreibungen sowie der → Produktions- und Importabgaben (vermindert um die → Subventionen) vom → Bruttonationaleinkommen (BNE). Die Unternehmens- und Vermögenseinkommen ergeben sich als Restgröße durch Abzug der Arbeitnehmerentgelte vom Volkseinkommen. Bei der sekundären Einkommensverteilung müssen insbes. die an den Staat geleisteten und von ihm empfangenen laufenden → Transfers berücksichtigt werden. Resultat ist nach weiteren Korrekturen bei den privaten Haushalten deren → verfügbares Einkommen, wobei zuvor die den anderen Sektoren zufließenden Teile des Volkseinkommens abgezogen wurden.

Volksentscheid → Volksabstimmung.

Volksvermögen – Summe der → Reinvermögen aller Wirtschaftseinheiten einer → Volkswirtschaft bzw. nach Konsolidierung der inländischen Forderungen und Verbindlichkeiten die Summe des Wertes der in einer Volkswirtschaft zu einem Zeitpunkt vorhandenen Vermögensgüter und dem → Nettogeldvermögen gegenüber der → übrigen Welt. Der Vermögensbegriff des → Europäischen Systems Volkswirtschaftlicher Gesamtrechnungen (ESVG) schließt u.a. das → Humankapital, das Gebrauchsvermögen sowie Grund und Boden aus. Einzelne Bestandteile des Volksvermögens werden regelmäßig im Rahmen der Vermögensrechnung der → Volkswirtschaftlichen Gesamtrechnung (VGR) vom → Statistischen Bundesamt (StBA) (produzierte Vermögensgüter, ohne → Gebrauchsvermögen und Vorratsbestände) und von der Deutschen Bundesbank (Forderungen und Verbindlichkeiten im Rahmen der → Finanzierungsrechnung) ermittelt.

VolkswagenStiftung – 1962 von der Bundesrepublik Deutschland und dem Land Niedersachsen gegründete Stiftung bürgerlichen Rechts zur Förderung von Wissenschaft und Technik in Forschung und Lehre; Sitz in Hannover. – *Förderungsmittel:* Es werden zweckgebundene Zuwendungen an förderungswürdige wissenschaftliche Einrichtungen vergeben; die Förderung ist zeitlich begrenzt.

Volkswirtschaft – I. Makroökonomik: Gesamtheit aller mittelbar oder unmittelbar auf die Wirtschaft einwirkenden Kräfte, sämtliche Beziehungen und Verflechtungen der Einzelwirtschaften innerhalb eines durch Grenzen deutlich von anderen Gebieten abgegrenzten Gebietes (meist durch Staatsgrenzen) mit einheitlicher Währung. – *Modelle:* → Makroökonomische Totalmodelle geschlossener Volkswirtschaften, → Totalmodelle offener Volkswirtschaften.

II. Volkswirtschaftliche Gesamtrechnung (VGR): Die wirtschaftliche Betätigung aller Wirtschaftseinheiten, die ihren ständigen Sitz bzw. Wohnsitz im Wirtschaftsgebiet haben. Relevanter Wirtschaftsraum der nationalen → Volkswirtschaftlichen Gesamtrechnung (VGR).

volkswirtschaftliche Erträge → externer Effekt.

Volkswirtschaftliche Gesamtrechnung (VGR)

von Prof. Dr. Robert K. Frhr. von Weizsäcker und Michael Horvath

I. Kurzübersicht

Die Volkswirtschaftliche Gesamtrechnung (VGR) erstellt ein quantitatives Gesamtbild des wirtschaftlichen Geschehens. Hierzu erarbeitet sie ein aus der Logik eines Kreislaufschemas hergeleitetes Rechenwerk, das – aus mehreren Teilrechnungen bestehend – eine umfassende und hinreichend gegliederte Darstellung aller geleisteten Wirtschaftstätigkeit anstrebt.

II. Zentrale Aspekte

1. Charakterisierung

Die Volkswirtschaftliche Gesamtrechnung besteht aus der Inlandsprodukts- und Nationaleinkommensberechnung sowie der Input-Output-Rechnung, der Vermögens-, Außenwirtschafts-, Erwerbstätigen-, Arbeitsvolumen- und Finanzierungsrechnung. Alle Teilrechnungen zusammen bilden das Wirtschaftsgeschehen eines Wirtschaftsgebietes für eine abgelaufene Periode in seiner quantitativen Gesamtheit ab und ergeben als systematisch erstellte, aufeinander abgestimmte und miteinander verflochtene Strom- und Bestandsrechnungen das Gesamtsystem der VGR. Die ermittelten Werte werden in Form eines Kontensystems erfasst und als Tabellen dargestellt.

Den Kern bilden dabei die Berechnung der Entstehung, Verteilung und Verwendung des → Bruttoinlandsprodukts (BIP) und des → Bruttonationaleinkommens (BNE) sowie die Darstellung der Umverteilungs- und Vermögensbildungsvorgänge. Das BIP (engl.: GDP, Gross Domestic Product) gilt als wichtigstes Produktionsmaß, das BNE (engl.: GNP, Gross National Product) als zentrales Einkommensmaß. Die Veränderung des Inlandsprodukts zum Vorjahr dient als Maß der Entwicklung einer Volkswirtschaft. Die Darstellung der Ströme wird ergänzt durch die → Finanzierungsrechnung und die → Input-Output-Tabellen. Darüber hinaus enthält die VGR Angaben über die Produktionsfaktoren in verschiedener Abgrenzung, wie etwa zu Erwerbstätigen, Arbeitnehmern, Erwerbslosen, Erwerbspersonen oder dem Kapitalstock. Die letztgenannte Größe ist der → Vermögensrechnung entnommen, die den Bestand an Vermögensgütern (Sach- und immaterielle Güter) sowie an Forderungen und Verbindlichkeiten innerhalb der Wirtschaftsbereiche und gegenüber dem Ausland nachweist. Wichtigste Komponente der Außenwirtschaftsrechnung ist die → Zahlungsbilanz, in der die Güter- und Kapitalströme zwischen Inländern und Ausländern aufgezeichnet werden. Über diesen Kern der VGR hinaus können wirtschaftspolitisch bedeutsame Fragestellungen in sogenannten Satellitensystemen zur VGR dargestellt werden. Hier sind die Datensysteme teilweise vorläufiger oder experimenteller Natur, werden nicht mit gleicher Regelmäßigkeit bereitgestellt, sind offen für Änderungen und teilweise dadurch gekennzeichnet, dass sie auch qualitative Aussagen, nicht aber die Bildung von Wertgrößen zulassen.

2. Aufgaben

Die VGR stellt die Datengrundlage für gesamtwirtschaftliche Analysen und Prognosen in verschiedenen Bereichen der makroökonomischen Theorie und Politik bereit, so etwa zur Analyse der gesamtwirtschaftlichen Nachfrage, des Wirtschaftswachstums, der Produktivität oder der Wirtschaftsstruktur. Ferner liegt sie regionalen oder sektoralen Analysen, internationalen Vergleichen oder Verteilungsforschungen zugrunde und dient bei gesamtwirtschaftlichen Fragestellungen als Entscheidungsgrundlage. Auch für die mittelfristige Finanzplanung (= → mehrjährige Finanzplanung) und die Steuerschätzung sind die Daten der VGR unentbehrlich. Eine neuere Aufgabe resultiert daraus, dass als vierte Eigenmittelquelle der Europäischen Union (EU) ein bestimmter Prozentsatz des nationalen BIP der Mitgliedsstaaten festgelegt wurde. Darüber hinaus werden die Daten der VGR auch herangezogen, um die Einhaltung der Ziele des Stabilitäts- und Wachstumspakts (→ EU-Stabilitätspakt) zu überprüfen. Dies führte zu einer stärkeren Harmonisierung der VGR-Angaben als gemeinschaftliche Aufgabe.

3. Aufstellung

(1) *Ausgangspunkt* der Aufstellung der VGR ist die Vorstellung eines → Wirtschaftskreislaufs als Versuch, alle

wirtschaftlichen Transaktionen und sonstigen Vorgänge einer Volkswirtschaft systematisch darzustellen. Von zentraler Bedeutung sind hierbei die Abgrenzung des Wirtschaftsgebiets, die Bestimmung der Darstellungseinheit als Grundlage für die Bildung von → Wirtschaftszweigen und Sektoren sowie die Auswahl und Erfassung der einzubeziehenden Transaktionen und sonstigen Vorgänge samt ihrer Definition, Abgrenzung, Bewertung und Periodisierung. In Ergänzung und Abstimmung hierzu wird die Vermögensrechnung erstellt.

(2) *Wirtschaftsraum und Sektoren*: Der relevante Wirtschaftsraum kann die nationale → Volkswirtschaft oder ein engeres Wirtschaftsgebiet (Region) sein. Für den jeweiligen Raum werden *Aggregate* gebildet, vor allem Wirtschaftszweige und Sektoren, die aus nach unterschiedlichen Gesichtspunkten abgegrenzten, rechtlich selbstständigen Wirtschaftseinheiten (sogenannten statistischen Einheiten) bestehen. So sind für die Sektorbildung institutionelle Einheiten maßgeblich, die wirtschaftliche Entscheidungsträger sind und ein vollständiges Rechnungswesen mit Informationen über die Verwendung/Verteilung des Betriebsüberschusses vorlegen. Auf dieser Grundlage werden Kapitalgesellschaften, Staat, private Haushalte und private Organisationen ohne Erwerbszweck unterschieden. Diese Sektoren bilden die gesamte Volkswirtschaft, der die → übrige Welt gegenübergestellt wird. Für die Entstehungsrechnung werden produktionsseitig die Wirtschaftszweige betrachtet.

4. Bruttoinlandsprodukt

Im Mittelpunkt der VGR steht die Ermittlung des BIP in der → Entstehungsrechnung sowie der → Verwendungsrechnung, ergänzt um die → Verteilungsrechnung. In der Entstehungsrechnung wird i.d.R. ausgehend vom → Produktionswert die → Bruttowertschöpfung der einzelnen Wirtschaftsbereiche dargestellt. Die Summe der Bruttowertschöpfungen ergibt (nach einigen Korrekturen) das BIP. Die Verwendungsrechnung gibt Auskunft über die Verwendung der produzierten Güter. Sie zeigt die Konsumausgaben der privaten Haushalte, der privaten Organisationen ohne Erwerbszweck und des Staates sowie die Bruttoanlageinvestitionen, Vorratsveränderungen, den Nettozugang an Wertsachen und den → Außenbeitrag. Die Verteilungsrechnung spaltet das Aggregat → Volkseinkommen in → Arbeitnehmerentgelt sowie → Unternehmens- und Vermögenseinkommen auf, das Inländern zugeflossen ist.

5. Konten und Tabellen

Über die Darstellung des BIP hinaus enthält die VGR eine Vielzahl von *Übersichts- und Standard-Tabellen*. Diese stellen die Umverteilungs-, Vermögensänderungs- und Finanzierungsvorgänge dar. Die Daten werden als Jahres-, Halbjahres- und (eingeschränkt) Vierteljahreswerte (letztere auch saisonbereinigt) nachgewiesen. Die Angaben der Entstehungs- und Verwendungsrechnung werden sowohl in jeweiligen Preisen wie in konstanten Preisen des Vorjahres berechnet (→ reales Inlandsprodukt). Im *Kontensystem* der VGR wird ersichtlich, wie die einzelnen Teile von der Güterproduktion bis zur Veränderung der Forderungen und Verbindlichkeiten zusammenhängen. Es gibt folgende Konten:

(a) Ein zusammengefasstes *Güterkonto*, das einen umfassenden Überblick über die Herkunft und Verwendung der Güter in der Volkswirtschaft gibt;

(b) *Sektorkonten*, die jeweils einen Ausschnitt des wirtschaftlichen Geschehens abbilden: Produktionskonten, Einkommensentstehungskonten, primäre und sekundäre Einkommensverteilungskonten, Einkommensverwendungskonten, Konten der Reinvermögensänderung;

(c) *Außenkonten*, die die Transaktionen zwischen gebietsansässigen und gebietsfremden Einheiten (übrige Welt) ausweisen.

Bezieht man die Produktion oder das Einkommen auf andere Größen, erhält man wichtige Indikatoren. So ist die Relation aus BIP bzw. Bruttowertschöpfung und Arbeitseinsatz ein Ausdruck für die → Arbeitsproduktivität, die Relation Volkseinkommen zu Bevölkerung beschreibt ein Maß für das Durchschnittseinkommen.

6. Input-Output-Rechnung

Die → Input-Output-Rechnung umfasst die Aufstellung und Auswertung von Input-Output-Tabellen. Ihr Ziel ist die detaillierte quantitative Darstellung und Analyse der güter- und produktionsmäßigen Verflechtungen zwischen den Sektoren einer Volkswirtschaft sowie deren Anteil an den Gesamtwerten der Produktion, Einkommensentstehung und Verwendung und ihrer Beziehungen zur übrigen Welt. Hierzu wird ein umfangreiches Tabellenwerk erstellt, das nach Wirtschaftsbereichen und Gütergruppen (→ Produktionsbereichen) gegliedert ist.

7. Vermögensrechnung

Die Vermögensrechnung stellt den Bestand verschiedener Vermögenswerte (Vermögensgüter und Forderungen) und Verbindlichkeiten zu einem bestimmten Zeitpunkt dar. Aus einem umfassenden Katalog möglicher Vermögenswerte findet sich in der Darstellung der amtlichen deutschen VGR nur eine eingeschränkte Zahl an nachgewiesenen Größen. Es handelt sich um bestimmte produzierte Vermögensgüter (darunter auch immaterielles → Vermögen) und um Forderungen. Forderungen und Verbindlichkeiten werden im Rahmen der Finanzierungsrechnung ermittelt.

8. Finanzierungsrechnung

Die Finanzierungsrechnung stellt als Stromrechnung systematisch die Veränderung der Forderungen und Verbindlichkeiten der einzelnen Sektoren dar. Sie wird von der → Deutschen Bundesbank zusammen mit einer Bestandsrechnung erstellt, die in gleicher Weise abgegrenzte Größen nachweist. Hierdurch wird einsichtig, in welche Sektoren die gesparten Mittel der privaten Haushalte während eines bestimmten Zeitraums geflossen sind oder in welcher Form die Finanzierungsmittel den anderen Sektoren bereitgestellt wurden.

9. Satellitensysteme

Ergänzend zum bisher beschriebenen Teil der VGR schlägt das → System of National Accounts 1993 die Entwicklung verschiedener Satellitensysteme vor, so etwa Haushalts-, Umwelt- oder Tourismussysteme. Das → Statistische Bundesamt (StBA) konzentriert sich insbes. auf eine weit entwickelte, auf die Umwelt bezogene Darstellung, die als → umweltökonomische Gesamtrechnung (UGR) bezeichnet wird. Ferner ist hier die sozioökonomische Berichterstattung zu nennen, insbes. die Berücksichtigung der unentgeltlich erbrachten Leistungen in privaten Haushalten (= Haushaltsproduktion).

10. Geschichte

Die Geschichte der VGR reicht weit zurück. Bereits Mitte des 17. Jahrhunderts wurden erste Volkseinkommens- und Vermögensrechnungen für England durchgeführt. Für die Weiterentwicklung von besonderer Bedeutung sind die Konzepte des Wirtschaftskreislaufs, als deren prominenteste Vertreter → Quesnay, → Marx und → Keynes zu nennen sind. Für Deutschland sind zudem die Einkommensschätzungen zu Beginn des 19. Jahrhunderts und die Sozialproduktsberechnungen nach dem Ersten Weltkrieg zu erwähnen. Nach Entwicklung verschiedener Rahmen für die Darstellung der VGR (etwa durch die → OECD und die → UN) und eines aus den Sechzigerjahren stammenden deutschen Systems ist für die gegenwärtige Darstellung weltweit das → System of National Accounts (SNA 1968, 1993, 2008) maßgeblich, das wiederum die Grundlage für das → Europäische System Volkswirtschaftlicher Gesamtrechnungen (ESVG 1970, 1984, 1995) bildet. Detaillierte Vorschriften der sogenannten ESVG-Verordnung schreiben das Lieferprogramm für die EU im Rahmen der deutschen VGR fest. Gesamtrechnungssysteme sind mithin keineswegs statische Gebilde oder abgeschlossene Forschungsfragen, vielmehr werden diese laufend weiterentwickelt, um sich ändernden Informationsbedürfnissen der Nutzer und internationalen Anforderungen Rechnung zu tragen.

III. „Beyond GDP"

Ausgehend von der Kritik der rein quantitativen Verfasstheit der VGR und der Diskussion des BIP als alleinigem Wohlstandsindikator rücken zunehmend alternative Konzeptionen in die öffentliche Debatte. Neben eindimensional angelegten Rechenwerken, die als Ergänzung zur VGR konzipiert, aber noch innerhalb des tradierten Systems darstellbar sind (etwa durch Berücksichtigung immaterieller Vermögenswerte wie → Humankapital, sozialer Kosten wie Umweltverschmutzung oder sozialer Erträge wie Bildung und Freizeit), werden vermehrt auch zusammengefasste Indikatoren entwickelt (Composite Indicators). Solche mehrdimensional angelegten Bewertungssysteme, die neben monetär fassbaren Größen auch nichtmonetäre Zusammenhänge abzubilden versuchen, verzichten auf die Geschlossenheit der VGR, gewinnen aber im Gegenzug größere Sensitivität für die verschiedenen Komponenten der Lebensqualität. Als Maß für die Lebensqualität werden so unterschiedliche Größen wie Gesundheit, Bildung, Umweltbedingungen, Sicherheit, Rechtsstaatlichkeit, familiäre Bindungen, gesellschaftliche Chancen oder Partizipationsmöglichkeiten mittels entsprechender Indikatoren erfasst.

Über die Frage, wie Wohlstand zu messen und auf welche Art wichtige qualitative Zusammenhänge statistisch zu beschreiben seien, wird in Wissenschaft und Politik eine intensive Debatte geführt. Sowohl die OECD („Better Life Index") als auch die Vereinten Nationen („Human Development Index"), die sog. Stiglitz-Sen-Fitoussi-Kommission, die Bundestags-Enquete-Kommission „Wachstum, Wohlstand, Lebensqualität" sowie der deutsche und französische Sachverständigenrat haben entsprechende Vorschläge zur Messung von wirtschaftlicher Leistung und sozialem Fortschritt erarbeitet.

Allerdings scheint es, als ob ein möglichst objektiver Vergleichsmaßstab für Wohlstand und Lebensqualität auch im Rahmen dieser Ansätze weiterhin ein Desiderat bliebe. Entstehen doch sowohl bei der Konzeption als auch der Umsetzung solcher alternativer Rechensysteme zahlreiche Schwierigkeiten – zu nennen sind etwa Bewertungs-, Abgrenzungs- und andere Detailprobleme –, die eine objektive Erfassung und Vergleichbarkeit in weite Ferne rücken lassen. Insgesamt überrascht es nicht, dass das Inlandsprodukt nach wie vor als allgemeines Maß für den materiellen Wohlstand einer Gesellschaft verwendet wird, obwohl es zentrale ökonomische, soziale und ökologische Sachverhalte nicht berücksichtigt. Aus heutiger Sicht erscheint die Verwendung des BIP als Indikator, welcher zwar keinesfalls hinreichend zur Messung des Wohlstands eines Landes ist, dessen analytische Kraft aber genau wie seine konzeptionelle Verengung allgemein bekannt ist, unverändert zweckdienlich. Bei aller Unzulänglichkeit und Fehlerbehaftetheit ist *quantitative* Eindeutigkeit gegenüber *qualitativer* Mehrdimensionalität vorzuziehen, sofern eine solche nur mit komplexen, im Detail umstrittenen, schwer nachvollziehbaren oder gar (politisch) manipulierbaren Indikatorensystemen zu erreichen ist.

volkswirtschaftliche Kosten → externer Effekt, → soziale Kosten.

volkswirtschaftliche Lenkungsfunktion – Teilfunktion der → Haushaltsfunktionen. Da über die Ausgabenseite die gesamtwirtschaftliche Nachfrage direkt und über die Einnahmeseite indirekt beeinflusst werden kann, wird im Haushalt ein Instrument zur Realisation bes. stabilisierungspolitischer Zielsetzungen (→ Fiskalpolitik) gesehen.

volkswirtschaftliche Steuerquote → Steuerquote.

Volkswirtschaftslehre → Volkswirtschaftstheorie.

Volkswirtschaftstheorie – *Allgemeine Volkswirtschaftslehre, Nationalökonomie.* 1. *Begriff:* Volkswirtschaftstheorie ist eine zusammenfassende Bezeichnung für einzelne Gebiete der Wirtschaftswissenschaften, deren Erkenntnisobjekt generell wirtschaftliche Vorgänge und Zusammenhänge sind. Die Ansichten über die Weite des Begriffs weichen voneinander ab. So ist im deutschsprachigen Raum (anders als im angelsächsischen Sprachgebrauch) die Volkswirtschaftstheorie neben der Betriebswirtschaftslehre Teilgebiet der → Wirtschaftswissenschaften. Die Volkswirtschaftstheorie ist, wie die Wirtschaftswissenschaften insgesamt, ein Teil der Sozialwissenschaften (Erkenntnisobjekt: Soziale Wirklichkeit), zu der man u.a. die Soziologie, Sozialpsychologie und Politikwissenschaft rechnet. – 2. *Gegenstand:* Die Aussage, Erkenntnisobjekt der Volkswirtschaftstheorie seien wirtschaftliche Vorgänge und Zusammenhänge, ist abstrakt und vage. Deshalb gibt es zahlreiche Versuche mit dem Ziel, konkreter zu fassen, womit sich die Volkswirtschaftstheorie beschäftigt. – a) *Definitionen des Objekts der*

Volkswirtschaftstheorie

Zentrale Fragen	Gebiete
1. Warum und in welcher Menge werden bestimmte Güter nachgefragt?	→ Haushaltstheorie
2. Nach welchen Kriterien werden Güter angeboten und wovon hängt die Wahl des Produktionsverfahrens ab?	→ Unternehmenstheorie
3. In welcher Menge werden Güter zu einem bestimmten Preis – oder zu welchem Preis bestimmte Mengen – verkauft und wovon hängt die Zusammensetzung der gesamtwirtschaftlichen Produktion ab?	→ Preistheorie
4. Was bestimmt die Verteilung des Produktionsergebnisses auf die Anbieter von Produktionsfaktoren (Arbeit, Boden, Kapital)?	→ Verteilungstheorie
5. Welche Aufgaben kann das Geld übernehmen und welche Wirkungen gehen von ihm aus?	→ Geldtheorie
6. Welche Einflüsse gehen von der Staatstätigkeit aus?	→ Finanztheorie
7. Wovon wird die Beschäftigungsmenge bzw. Arbeitslosigkeit bestimmt?	→ Beschäftigungstheorie
8. Welche Größen beeinflussen die gesamtwirtschaftlichen Aktivitäten wie z. B. Produktion und Beschäftigung?	→ Konjunkturtheorie
9. Welches sind die Gründe und Bedingungen für das gesamtwirtschaftliche Wachstum?	→ Wachstumstheorie
10. Zu welchen Besonderheiten führt die Existenz autonomer Wirtschaftsräume und Währungseinheiten?	→ Außenhandelstheorie

Volkswirtschaftstheorie: Die große Anzahl an Versuchen zeigt, dass dieser Weg nicht befriedigt. – b) *Systematische Beschreibungen des Objekts der Volkswirtschaftstheorie:* Am Beginn dieses Weges stehen Fragen zu Problemen des Faches. Der dt. Nationalökonom → Eucken hat alle Fragen (mit fünf „W-Wörtern") so zusammengefasst: Was wird wofür, wann, wie und wo produziert? Diese Kurzfassung verdeutlicht Fachunkundigen allerdings nicht hinreichend, womit sich die Volkswirtschaftstheorie befasst. Deshalb werden in der Übersicht die Gebiete der Volkswirtschaftstheorie durch jeweils zentrale Fragen erschlossen, wobei die *Gesamtheit der Gebiete* das Erkenntnisobjekt des Faches umschreibt. (1) *Fragestellung der Teilgebiete und Abgrenzung:* Man kann die Fragen auch anders stellen; die Formulierungen der Fragen in der Übersicht dienen allein dem Zweck, die zentralen Probleme jener Gebiete zu umreißen, die nach dem vorherrschenden Verständnis zur Volkswirtschaftstheorie gehören. Zudem ist es möglich, neue Gebiete oder solche kleineren Zuschnitts in gleicher Weise zu erschließen. (2) *Mikro- und Makroökonomik:* Im Schrifttum werden die Gebiete 1 bis 4 als → Mikroökonomik, die Gebiete 5 bis 10 als → Makroökonomik bezeichnet. In der Mikroökonomik werden einzelwirtschaftliche Fragen (der Haushalte und Unternehmen sowie ihre Abstimmung am Markt), in der Makroökonomik gesamtwirtschaftliche Sachverhalte analysiert. Wie häufig bei Oberbegriffen ist diese Zusammenfassung zwar vereinfachend, aber auch problematisch, weil es Gebiete gibt, die mikro- und makroökonomische Aspekte haben (z.B. Verteilungstheorie, Außenhandelstheorie). Aus diesem Grund hat das Begriffspaar mehr eine didaktische Bedeutung; in der Forschung spielt es eine untergeordnete Rolle. (3) *Zur Stellung der Betriebswirtschaftslehre:* Anhand der Übersicht wird auch deutlich, dass die → Betriebswirtschaftslehre (BWL) (Gebiete 2 und 3) wissenschaftssystematisch ein Teil der Volkswirtschaftstheorie ist, was für die Identität von „Economics" im angelsächsischen Verständnis und → Volkswirtschaftslehre im Deutschen spricht. Unbestritten gehört zu den wesentlichen Teilen der Volkswirtschaftstheorie auch die Theorie der → Unternehmen und des → Marktes, also das Erkenntnisobjekt der Betriebswirtschaftslehre. Wenn sich die Betriebswirtschaftslehre im deutschsprachigen Raum gleichwohl zu einer selbstständigen Disziplin entwickelt hat, so wegen einer Reihe historischer Gründe, denen nicht nachgegangen sei. Zwar gab und gibt es Versuche, die wissenschaftssystematische Einheit auch in der Ausbildungspraxis herzustellen, z.B. in der Ersetzung der Studienabschlüsse Diplom-Volkswirt und Diplom-Kaufmann durch Diplom-Ökonom. Ein durchschlagender Erfolg ist solchen Versuchen, die eine inhaltliche Integration im Lehrbetrieb voraussetzen, bisher versagt geblieben. – Vgl. auch → Volkswirtschaftstheorie, Dogmengeschichte.

Volkswirtschaftstheorie, Dogmengeschichte – Die Die Volkswirtschaftstheorie ist eine vergleichsweise junge Wissenschaft. Zwar lassen sich schon bei Philosophen des *Altertums* – wie → Aristoteles – wirtschaftswissenschaftliche Überlegungen finden, ebenso bei Theologen des Mittelalters, v.a. bei → Thomas von Aquin. – 2. Zu einer systematischen Behandlung wirtschaftswissenschaftlicher Fragen kommt es jedoch erst in der *Neuzeit*, mit dem Aufkommen der Nationalstaaten im 17. und 18. Jh. Die *erste gesamtwirtschaftliche Betrachtung* stammt von → Quesnay, der in seinem „Tableau Économique" den wirtschaftlichen Kreislauf schematisiert. Die *Grundlagen der heutigen Volkswirtschaftstheorie* legte → Smith in seinem Hauptwerk „Wealth of Nations". Alle späteren Autoren fußten auf Smith, haben sein System in einigen Details korrigiert oder um wichtige Aspekte erweitert, aber nicht revolutioniert, auch wenn dies immer wieder behauptet oder in Anspruch genommen worden ist. Die Volkswirtschaftstheorie von Smith ist im 19. Jh. zur *klassischen Theorie* ausgebaut und verfeinert worden, bes. von → Ricardo, → Malthus und → Mill (→ klassische Lehre). In dieser Tradition steht auch die Analyse von → Marx, der seine → Arbeitswertlehre von den Klassikern übernahm und dessen unhaltbare Prognosen von der Volkswirtschaftstheorie nicht gedeckt sind. – *Regionale Verbreitung:* Die Volkswirtschaftstheorie der engl. Klassiker griff auf den Kontinent über und fand in Frankreich ebenso Anhänger (z.B. → Say und → Bastiat) wie in deutschsprachigen Ländern (z.B. → Thünen, Rau und Hermann). In diesen gewann ab 1850 indessen die → historische Schule maßgeblichen Einfluss – mit Ausnahme von Österreich –, der etwa 100 Jahre andauerte. Die dt. Sonderentwicklung hat sich als Irrweg, in ihren wissenschaftlichen Ergebnissen als international bedeutungslos erwiesen. – Die *klassische Lehre* hatte einen ersten Schwerpunkt in der Angebotstheorie (→ Angebotsökonomik), einen zweiten in der → Mikroökonomik. Beide sind in der Folgezeit korrigiert worden. Um 1870 entwickelte sich – zeitgleich, aber unabhängig voneinander – in Wien (→ Menger), Cambridge (→ Jevons, → Marshall) und Lausanne (→ Walras) die subjektive Wertlehre der → Neoklassik, die eine theoretisch konsistente Angebots- und Nachfragetheorie ermöglichte. – 3. Zur makroökonomischen Abrundung der klassischen Volkswirtschaftstheorie haben v.a. *Ökonomen des 20. Jahrhunderts* beigetragen, zum geldtheoretischen Ausbau → Fisher und → Friedman, zur Analyse der gesamtwirtschaftlichen Nachfrage → Keynes *(Keynesianismus).* Neuere Entwicklungen haben die Methoden verbessert (→ Aktivitätsanalyse, → Ökonometrie) oder alternative Sichtweisen eingeführt (→ Spieltheorie), den traditionellen Bestand der Volkswirtschaftstheorie jedoch unverändert gelassen. Die auffälligste Änderung der letzten Jahrzehnte ist, dass in der Volkswirtschaftstheorie die mathematische Ausdrucksweise erheblich zugenommen hat.

Volkszählung – 1. *Begriff:* statistische Erfassung der → Bevölkerung (Umfang und Struktur) eines Staates im Wege der → Vollerhebung, gemäß Empfehlung der Vereinten Nationen etwa alle zehn Jahre durchzuführen, in Deutschland zuletzt 1987. – 2. *Geschichte:* Volkszählungen waren Grundlage zu ersten statistischen → Erhebungen über Wehrfähigkeit, Steuerkraft u.Ä.; überliefert sind Methoden und Teilergebnisse von Volkszählungen in Ägypten 3.000 v. Chr., Griechenland 850 v. Chr., Rom 566 v. Chr. Im dt. Mittelalter fanden keine Volkszählungen statt, von einzelnen Kirchen-, Städte- und Zunftzählungen abgesehen. Seit dem 19. Jh. werden in den meisten dt. Ländern regelmäßigen Zählungen durchgeführt, 1871 erstmalig für alle Länder des Deutschen Reiches. Im Bundesgebiet wurden 1950, 1961, 1970 und nach Verabschiedung des Volkszählungsgesetzes zuletzt 1987 Volkszählungen durchgeführt. – 3. *Bisheriges Vorgehen:* Die Zählung erfolgt mit → Stichtag um 0 Uhr (zur Ausschaltung bzw. Erfassung von Geburten und Sterbefällen) durch bes. geschulte Zähler für je einen Zählbezirk (ca. 50 Haushalte). Fehlerquellen durch bewusst oder unbewusst falsches Ausfüllen (z.B. Verschweigen unehelicher Kinder) werden weitgehend durch Kontrollfragen oder maschinelle Nachprüfung durch Plausibilitätskontrollen ausgeschaltet. Grundsätzlich gilt die Wohnbevölkerung als Grundlage statistischer Berechnungen. Diese weicht jedoch u.U. von der gleichzeitig erfassten ortsanwesenden Bevölkerung ab. Gelegentlich wurden Personen am Ort ihres vorübergehenden Wohnens erfasst (1946 wegen Evakuierung und Massenflucht). Die kommende Volkszählung wird sich deutlich von den bisherigen Zählungen unterscheiden. Der → Zensus 2011 wird als registergestützte Erhebung durchgeführt, die bereits vorhandene Registerdaten, bspw. → Melderegister oder Daten der → Bundesagentur für Arbeit, verwendet. – 4. *Erfassungsmerkmale:* Volkszählungen erfassen bevölkerungsstatistische und erwerbsstatistische Merkmale in tiefer fachlicher und regionaler Gliederung. Nachfolgende Stichprobenerhebungen, bes. der → Mikrozensus, und die laufende Fortschreibung des Bevölkerungsstandes sowie die Bevölkerungsvorausberechnungen basieren auf den Ergebnissen der Volkszählung. Als wichtigste demografische Grunddaten werden Geschlecht, Alter, Familienstand, Religionszugehörigkeit, Staatsangehörigkeit und die überwiegende Quelle des Lebensunterhalts erfasst. Zu den erhobenen erwerbsstatistischen Daten gehören die Beteiligung am Erwerbsleben, der überwiegende Lebensunterhalt, Wochenarbeitszeit und Pendelverhalten, sowie die Art und Dauer der Ausbildung.

Vollanrechnungssystem → Körperschaftsteuersystem.

vollautomatisierte Produktion – Elementartyp der Produktion (→ Produktionstypen), der sich aus dem Merkmal des Mechanisierungsgrades ergibt. Bei vollautomatisierter Produkion ist neben der Steuerung der einzelnen Maschinen auch die Kontrolle bzw. Korrektur nach dem Regelkreisprinzip mechanisiert. Es liegt ein entsprechender Grad der Selbsttätigkeit der Transportvorgänge vor. Die Arbeitskräfte beschränken sich auf Ingangsetzung, Rohstoffzufuhr und Produktentnahme sowie allg. Überwachungstätigkeiten einschließlich Instandhaltungsmaßnahmen. – *Beispiel:* Abfüllung von Bier in Flaschen mit einem Abfüllautomaten. – Vgl. auch → manuelle Produktion, → maschinelle Produktion, → teilautomatisierte Produktion.

Vollautomatisierung → Automatisierung.

Vollbeendigung einer Gesellschaft – Bezeichnung für die Beendigung der nach → Auflösung einer Handelsgesellschaft i.Allg. noch erforderlichen → Abwicklung. Mit der Vollbeendigung endet die bis dahin noch fortbestehende → Abwicklungsgesellschaft. Die Abwickler haben das Erlöschen der Firma zum Handelsregister anzumelden (z.B. § 157 I HGB).

Vollberechtigungs-Treuhandschaft → Treuhandschaft.

Vollbeschäftigung – I. Volkswirtschaftstheorie: Grundsätzlich sollte Vollbeschäftigung im Sinne einer optimalen Beschäftigung für *alle Produktionsfaktoren* definiert werden (Vollauslastung); in der praktischen Wirtschaftspolitik wird Vollbeschäftigung allerdings nur auf den *Faktor Arbeit* bezogen. Vollbeschäftigung liegt vor, wenn alle für eine Beschäftigung geeignete Personen, die Beschäftigung zum herrschenden Lohnsatz suchen, diese ohne längere Wartezeiten finden können. Die *quantitative Konkretisierung* der Vollbeschäftigung erfolgt traditionell durch die → Arbeitslosenquote, neuerdings auch durch die → Erwerbsquote, die → Potenzialerwerbsquote oder den Auslastungsgrad des Arbeitspotenzials (→ Erwerbspersonenpotenzial · potenzielle durchschnittliche Jahresarbeitszeit). – Nach Ansicht der *Klassiker* ist in einer → Marktwirtschaft die Tendenz zur Vollbeschäftigung durch Preis-, Lohn- und Zinsmechanismus vorgegeben (→ Saysches Theorem). – Nach *Keynes* dagegen ist Gleichgewicht auch bei Unterbeschäftigung, also bei Freisetzung von Arbeitskräften, möglich; Vollbeschäftigung sei in der modernen Wirtschaft vielmehr nur eine „seltene" und kurzlebige Erscheinung. Deshalb empfahl Keynes die Steuerung der gesamtwirtschaftlichen Nachfrage (→ Beschäftigungstheorie). – Seit der Weltwirtschaftskrise wurden von vielen Staaten *beschäftigungspolitische Maßnahmen* ergriffen, da der Glaube an die Selbsterhaltungskräfte der Volkswirtschaft durch die damalige Depression verloren gegangen ist (→ Beschäftigungspolitik).

II. Plankostenrechnung: Beschäftigungsstand (→ Beschäftigung), bei dem ungeachtet einzelner noch vorhandener Spitzenleerläufe die Gesamtausbringung (unter der Voraussetzung gleichbleibender Anlagendimensionierung) auf die Dauer nicht mehr gesteigert werden kann.

Vollbeschäftigungsarbeitslosigkeit → natürliche Arbeitslosigkeit.

Vollcharter – 1. *Begriff:* a) Veranstalter mietet das ganze Schiff für eine oder mehrere → Kreuzfahrten (Passagen) bzw. für eine ganze Saison. – b) Anmietung eines Flugzeuges für den Transport zwischen zwei oder mehreren Orten gegen Entgelt für einmaligen oder mehrfachen Transport, auch wöchentlich oder für die ganze Saison. – 2. *Merkmale:* Beim gewerblichen Gelegenheitsverkehr zur Durchführung von → Pauschalreisen handelt es sich um → Charterverkehr, bei der entgeltlichen Überlassung des Gebrauchs am Luftfahrtzeug (mit oder ohne Besatzung = „wet- oder dry-lease") um einen Miet- oder Leasingvertrag und bei der Anmietung eines Flugzeuges (oder anderer Transportmittel) durch eine Personengruppe um einen Sammelbeförderungsvertrag (s. auch → Teilcharter, → Reisecharter).

Vollduplex → Duplex.

Vollerhebung – *Totalerhebung, Zensus;* in der Statistik eine → Erhebung, in die sämtliche Elemente der → Grundgesamtheit einbezogen sind. Die Verfahren der Statistik beschränken sich in diesem Fall auf Deskription (→ deskriptive Statistik); die → Inferenzstatistik steht im Hintergrund. In vielen Fällen ist Vollerhebung nicht möglich oder zu aufwendig. Vollerhebungen sind bes. die → Volkszählungen. – *Gegensatz:* → Teilerhebung.

voller Satz → Full Set.

Vollerwerbsbetrieb → Haupterwerbsbetrieb.

Vollhafter – Bezeichnung für die → persönlich haftenden Gesellschafter einer → Personengesellschaft.

Voll-Indossament → Indossament.

Volljährigkeit – Voraussetzung für → Geschäftsfähigkeit, tritt mit Vollendung des 18. Lebensjahres ein (§ 2 BGB).

Vollkaskoversicherung – 1. *Begriff:* → Sachversicherung, die das Interesse des → Versicherungsnehmers am wirtschaftlichen Wert des unter Versicherungsschutz stehenden Kraftfahrzeugs schützt. – 2. *Umfang:* Die Vollkaskoversicherung umfasst die Leistungen der → Teilkaskoversicherung und darüber hinaus noch Schäden, die durch einen Unfall oder durch mutwillige oder böswillige Handlungen betriebsfremder Personen entstanden sind. Betriebsschäden eines Kraftfahrzeugs, die bspw. durch Bedienungsfehler entstehen können, sind vom Versicherungsschutz ausgeschlossen, da sie kein Unfallereignis darstellen. – Vgl. auch → Kfz-Kaskoversicherung, → Teilkaskoversicherung.

Vollkaufmann – Die frühere Unterscheidung zwischen Vollkaufmann und Minderkaufmann wurde durch das *Handelsrechtsreformgesetz 1998* aufgehoben.

vollkommene Information – vollständige Über- und Voraussicht eines Wirtschaftssubjekts über alle vergangenen, gegenwärtigen und zukünftigen Tatbestände und Ereignisse, die sein Handeln beeinflussen. Vollkommene Information ist eine Fiktion. – Findet in vielen Modellen der Wirtschaftstheorie *Anwendung als Axiom:* Vollkommene Information führt zum Gleichgewicht, dessen Analyse im Zentrum der neoklassischen Theorie (→ Neoklassik) steht. – *Gegensatz:* → Unvollkommene Information.

vollkommene Kapitalmobilität → Totalmodelle offener Volkswirtschaften, Nachfrageseite.

vollkommene Konkurrenz – *vollständige Konkurrenz.* Die vollkommene Konkurrenz fußt im Sinn des stationären Gleichgewichtsmodells, in welchem die behauptete Harmonie von Einzel- und Gesamtinteressen gewährleistet ist, auf zwei Gruppen von Annahmen: dem stationären Zustand der Wirtschaft und bestimmten *Marktstrukturmerkmalen:* – 1. *Stationärer Zustand der Wirtschaft* mit den Merkmalen: gegebene Technik und damit gegebene → Produktionsfunktion und Ertragsfunktion; gegebene Bevölkerung und Ausstattung mit → Produktionsfaktoren; gegebene Güterpalette, gegebene Bedürfnisstruktur und gegebenes Einkommen, d.h. gegebene Nachfrage. – 2. *Merkmale der vollkommenen Konkurrenz:* a) *Marktstruktur i.w.S.:* (1) Unternehmer und Verbraucher verhalten sich *rational* im Sinne der Nutzen- und → Gewinnmaximierung; der Preisbildungsprozess wird auch durch traditionelle Verhaltensweisen nicht gehemmt (Preisbildung). (2) Es bestehen keine sachlichen, persönlichen, räumlichen oder zeitlichen *Präferenzen* der Anbieter oder Nachfrager; die Güter sind daher homogen. (3) Es bestehen keine Friktionen auf dem Markt, d.h. völlige *Transparenz* des Marktes, völlige Voraussicht der Marktteilnehmer, volle Teilbarkeit und Beweglichkeit der Produktionsfaktoren und produzierten Güter. (4) Es fehlen rechtliche oder tatsächliche *Zutrittsbeschränkungen* für Anbieter und Nachfrager. (5) Die *Reaktionsgeschwindigkeit* der Verhaltensänderung von Anbietern und Nachfragern auf Änderung der Marktdaten ist unendlich groß. (6) Es erfolgen keine Eingriffe in den freien *Preisbildungsprozess* durch den Staat (z.B. Preiskontrollen) oder die Wirtschaftssubjekte (z.B. → Kartelle). (7) *Externe Effekte* (→ Pigou) sind ausgeklammert bzw. werden marktwirtschaftlich abgegolten. (8) Die Zahl der Anbieter und Nachfrager ist sehr groß, es besteht ein *atomistischer Markt.* – b) *Marktverhalten:* Anbieter und Nachfrager können aufgrund ihres geringen Marktanteils durch ihr Verhalten den Preis nicht beeinflussen; sie verhalten sich daher als *Mengenanpasser* (Preis = Datum, Menge = → Aktionsparameter). – c) *Marktergebnis:* Im Modell des *totalen Konkurrenzgleichgewichts* determiniert die Marktstruktur in obigem Sinn das Marktverhalten und zugleich das Marktergebnis, das durch eine marktleistungsgerechte → Einkommensverteilung, optimale Faktorallokation (Produktionseffizienz) und Angebotssteuerung gemäß den Käuferpräferenzen charakterisiert ist (Tauscheffizienz). Im totalen

Konkurrenzgleichgewicht ist es nicht möglich, dass durch eine Veränderung der Tausch- bzw. Produktionsverhältnisse wenigstens ein Wirtschaftssubjekt ein höheres Versorgungsniveau erreicht, ohne dass dadurch das Versorgungsniveau wenigstens einer anderen Person niedriger wird (sog. → Pareto-Optimum). – 3. *Beurteilung*: a) Das derart charakterisierte Pareto-Optimum bei vollkommenen Konkurrenzen stellt einen *Zustand maximaler wirtschaftlicher Effizienz* im Sinne der Allokation (unter Ausschluss des Distributionsaspektes) dar. In dieser Gleichsetzung liegt die Begründung dafür, dass die vollkommene Konkurrenz lange Zeit als Leitbild der Wettbewerbspolitik angesehen wurde (→ wettbewerbspolitische Leitbilder); dieser *Leitbildcharakter* ist jedoch bes. nach dem Zweiten Weltkrieg (in Deutschland seit Anfang der 1960er-Jahre) zunehmend angezweifelt worden. Die vollkommene Konkurrenz wird daher nur noch als *Referenzsituation* benutzt. – b) Die *Kritik* an der vollkommenen Konkurrenz als Leitbild der Wirtschaftspolitik beruht im Wesentlichen auf folgenden Punkten: (1) Zielkonflikte zwischen atomistischer Konkurrenz und → Economies of Scale. (2) Zielkonflikte zwischen Vollständigkeit der Konkurrenz im Sinne der Homogenitätsbedingung und Notwendigkeit einer gewissen Produktdifferenzierung im Interesse der Befriedigung differenzierter Verbraucherwünsche. (3) mangelnde Anreizwirkung (→ Incentives), da bei vollständigem Wettbewerb der Preis als Datum und die Qualität infolge der Homogenitätsbedingung als Aktionsparameter ausscheiden. Im Modell des vollständigen Wettbewerbs sind daher Marktverhalten und Marktergebnis determiniert, sodass keine Wettbewerbsfreiheit mehr herrscht. (4) Infolge des stationären Charakters der vollkommenen Konkurrenz, der durch eine gegebene Zahl von Betrieben und Produkten sowie gegebene Produktionsverfahren und Arten von Produktionsfaktoren gekennzeichnet ist, wird nur ein relatives, aber kein absolutes Optimum gewährleistet. Wegen Nichterfüllung der sog. Totalbedingungen sind daher sowohl die Angebotssteuerung als auch die Faktorallokation nur beschränkt optimal. Eine vollständige Optimierung würde sowohl die Einführung neuer und den Verzicht auf alte Produkte als auch die Gründung neuer und Schließung bestehender Unternehmen erfordern. Das Modell der vollkommenen Konkurrenz vermag daher angesichts seines restriktiven Charakters keine Erklärung der evolutorischen Entwicklung der Wirtschaft zu geben.

vollkommener Markt → Markt, → vollkommene Konkurrenz.

Vollkompensation → Kompensationshandel.

Vollkonsolidierung – Verfahren, das bei der Erstellung eines Konzernabschlusses zur Anwendung kommt. Das HGB schreibt als Konsolidierungsverfahren bei der Einbeziehung von Tochterunternehmen grundsätzlich die Vollkonsolidierung vor. Anders dagegen → Quotenkonsolidierung und → Equity-Methode. Bei der Vollkonsolidierung werden die Vermögensgegenstände, Schulden, Rechnungsabgrenzungsposten, Bilanzierungshilfen und Sonderposten aus der → Handelsbilanz II der einbezogenen Unternehmen sowie die Aufwendungen und Erträge aus den Einzelabschlüssen unabhängig von der Beteiligungsquote des Konzernunternehmens in voller Höhe in den Konzernabschluss aufgenommen. Für nicht dem Mutterunternehmen oder einem einbezogenen Tochterunternehmen gehörende Anteile ist in Höhe ihres Anteils am Eigenkapital ein Ausgleichsposten für Anteile anderer Gesellschafter (Fremdanteile, Minderheitenanteile) zu bilden und unter entsprechender Bezeichnung innerhalb des Eigenkapitals in der Konzernbilanz auszuweisen (§ 307 I HGB). Entsprechend ist in der Konzern-Gewinn- und Verlustrechnung der im Jahresergebnis enthaltene, anderen Gesellschaftern zustehende Ergebnisanteil nach dem Posten „Jahresüberschuss/Jahresfehlbetrag“ unter entsprechender Bezeichnung gesondert auszuweisen. Vollkonsolidierung erfordert → Zwischenergebniseliminierung, → Kapitalkonsolidierung, → Schuldenkonsolidierung, Aufwands- und Ertragskonsolidierung. Die Konsolidierungsregeln nach IFRS entsprechen im Wesentlichen denen des HGB und sind im Standard IAS 27 i.V.m. IFRS 3 zusammengefasst. – Vgl. auch → Konzernabschluss.

Vollkosten – Begriff der Kostenrechnung, v.a. der Kalkulation. Vollkosten sind die einer Einheit eines einzelnen → Kostenträgers zugerechneten → Einzelkosten und anteiligen → Gemeinkosten bzw. → variablen Kosten und anteiligen → fixen Kosten. Die Addition sämtlicher Vollkosten der Produkteinheiten ergibt als Summe die Gesamtkosten des Unternehmens. – Zur *Kritik der Bildung von Vollkosten:* → Vollkostenrechnung. – *Gegensatz:* → Teilkosten. – Vgl. auch → Vollplankostenrechnung.

Vollkostenkalkulation – Sammelbegriff für Formen der → Kalkulation, die die → Vollkosten auf die Kostenträger verrechnen. – *Wichtigste Form der Vollkostenkalkulation:* → Zuschlagskalkulation. – *Gegensatz:* → Teilkostenkalkulation. – Vgl. auch → Vollkostenrechnung.

Vollkostenrechnung – in der Praxis häufig angewandtes Kostenrechnungssystem (→ Kostenrechnung). – 1. *Grundprinzip/Zweck:* Die Vollkostenrechnung hat zum Ziel, sämtliche im Unternehmen anfallenden Kosten auf die → Kostenträger und deren Einheiten zu verteilen. Sie soll bes. der Preiskalkulation und -beurteilung, daran anknüpfend auch der Festlegung des Produktions- und Absatzprogramms (→ Produktionsprogrammplanung) dienen. Daneben erweitert sich der Ansatz von Vollkosten bei der Lösung spezieller Interessenkonflikte (z.B. bei dem internen Wettbewerb um knappe gemeinsame Kapazitäten oder in relationalen Kunden-Lieferanten-Beziehungen) als praktikable Lösungsgrundlage. – 2. *Vorgehensweise:* Zur Erfüllung des Rechnungsziels sammelt die Vollkostenrechnung im ersten Schritt die Kosten in der → Kostenartenrechnung, in der auch die Aufteilung in → Einzelkosten und → Gemeinkosten erfolgt. Im zweiten Schritt werden in der → Kostenstellenrechnung die Gemeinkosten den sie auslösenden → Kostenstellen zugeordnet und im Rahmen der → innerbetrieblichen Leistungsverrechnung sämtlich den → Endkostenstellen belastet. Im dritten Schritt erfolgt in der → Kostenträgerrechnung die → Kalkulation der Produkte, indem die aus der Kostenartenrechnung transferierten Einzelkosten mit anteiligen Gemeinkosten der Endkostenstellen zusammengefasst werden. – 3. *Mängel:* Die Vollkostenrechnung ist gekennzeichnet durch eine Reihe von Mängeln, die sie zur Fundierung und Kontrolle vieler kurzfristiger unternehmerischer Entscheidungen ungeeignet werden lassen. Neben dem Verzicht auf die Trennung von fixen und variablen Kosten (→ Kostenauflösung), der Vernachlässigung betrieblicher Engpässe, der Einbeziehung von → Zusatzkosten und der Beschränkung auf Kostenstellen und -träger als Bezugsgrößen (→ Einzelkostenrechnung) zählt hierzu bes. die vielstufige → Gemeinkostenschlüsselung. – Vgl. auch → Vollplankostenrechnung.

Vollmacht – durch → Rechtsgeschäft erteilte → Vertretungsmacht. – 1. *Erteilung:* Erfolgt durch Erklärung gegenüber dem zu Bevollmächtigenden oder gegenüber dem Geschäftspartner. Die Vollmacht ist einseitiges, empfangsbedürftiges → Rechtsgeschäft; daher ist Zugang, nicht aber → Annahme erforderlich. Die Vollmacht bedarf i.d.R. keiner Form (§ 167 BGB); bei Grundstücksgeschäften ist jedoch Nachweis der Bevollmächtigung in öffentlich beglaubigter Form gegenüber dem Grundbuchamt erforderlich. – 2. *Erlöschen:* Die Vollmacht erlischt durch Beendigung des zugrunde liegenden Rechtsverhältnisses (z.B. des Dienstvertrages), durch → Widerruf und Tod des Bevollmächtigten. Ob der Tod des Vollmachtgebers die Vollmacht beendet, hängt von dem Inhalt der Vollmacht, beim Fehlen bes. Bestimmungen von den Umständen ab; im Zweifel bleibt sie über den Tod des Vollmachtgebers hinaus wirksam. Widerruflichkeit der Vollmacht kann durch Vereinbarung zwischen Vollmachtgeber und Bevollmächtigtem ausgeschlossen werden. Ist die Vollmacht durch Erklärung gegenüber einem Dritten erteilt, so bleibt sie diesem gegenüber so lange in Kraft, bis ihm das Erlöschen vom Vollmachtgeber angezeigt wird (§ 170 BGB). Bei Vollmacht-Erteilung durch öffentliche Bekanntmachung bedarf Widerruf derselben Form (§ 171 BGB). Ist dem Bevollmächtigten eine bes. Urkunde ausgehändigt, so bleibt die Vollmacht gegenüber gutgläubigen Dritten so lange bestehen, bis die Urkunde zurückgegeben oder für kraftlos erklärt worden ist (§ 172 BGB). – Kraftloserklärung erfolgt auf Antrag durch das → Amtsgericht durch öffentliche Bekanntmachung. – *Bes. Arten der Vollmacht:* → Handlungsvollmacht, → Prokura.

Vollmachtsindossament → Indossament; → Prokuraindossament.

Vollmacht-Spediteur – durch eine vom Frachtbriefempfänger ausgestellte Einzel- oder Generalvollmacht wird der → Spediteur zum Empfang der Güter bei dem Eisenbahnunternehmen bevollmächtigt. Der Vollmacht-Spediteur leistet Zahlung (als Vertreter des Empfängers) für die auf den Sendungen ruhenden Frachten und evtl. Nachnahme. Zwischen Vollmacht-Spediteur und seinen Kunden gelten die Allgemeinen Deutschen Spediteurbedingungen (ADSp), die Geschäfte werden deshalb auch durch den Speditions- und Rollfuhrversicherungsschein (SVS/RVS) versichert.

Vollmachts-Treuhandschaft → Treuhandschaft.

Vollperson – Ausdruck der → Sozialstatistik für eine Bevölkerungseinheit, die aus gleichmäßig und normal verbrauchenden erwachsenen Personen gedacht ist. Kinder, evtl. auch Frauen, werden nach einer Umrechnungsskala niedriger bewertet als erwachsene, erwerbstätige Männer, je nach der Zusammensetzung des Verbrauchs.

Vollplankostenrechnung – Form der → Plankostenrechnung (starr oder flexibel) auf der Basis von → Vollkosten. Die Vollplankostenrechnung lässt in der Kostenträgerrechnung (→ Vollkostenkalkulation) die für unternehmerische Entscheidungen relevanten → Grenzkosten nicht erkennen, daher ist die → Grenzplankostenrechnung eine Systemalternative. – Vgl. auch → Vollkostenrechnung.

Vollrausch – Strafrechtlicher Tatbestand: Vollrausch ist gegeben, wenn sich der Täter vorsätzlich oder fahrlässig durch alkoholische Getränke oder andere berauschende Mittel in einen die Zurechnungsfähigkeit ausschließenden Rausch versetzt und in diesem Zustand eine → Straftat oder eine → Ordnungswidrigkeit begeht. Die Strafe oder Geldbuße darf nicht höher sein als diejenige, die für die im Rausch begangene Tat oder Ordnungswidrigkeit angedroht ist (§§ 323a StGB, 122 OWiG).

Vollrente – 1. → Rente der gesetzlichen Unfallversicherung in Höhe von zwei Drittel des → Jahresarbeitsverdienstes, die ein Versicherter bei Verlust der Erwerbsfähigkeit erhält (§ 56 III 1 SGB VII). – 2. *Begriff* in der gesetzlichen Rentenversicherung (§ 42 SGB VI). Danach kann die → Altersrente in voller Höhe (Vollrente) oder als → Teilrente in Anspruch genommen werden. Bei Bezug der Vollrente vor Vollendung des 67. Lebensjahres ist die Hinzuverdienstgrenze zu beachten. Sie beträgt allg. ein Siebtel der monatlichen → Bezugsgröße.

vollständige Enumeration – Verfahren des → Operations Research (OR) – → Entscheidungsbaumverfahren -, das zur Lösung eines Optimierungsproblems eingesetzt wird, wenn keine analytischen Lösungsalgorithmen existieren und der Lösungsraum endlich ist. Es werden alle zulässigen Lösungen ermittelt und durch Vergleich die optimale Lösung gefunden. Durch den hohen Rechenaufwand (bei n Variablen mit k möglichen Werten ergeben sich k^n Lösungen) ist dieses Verfahren nur bei sehr kleinen Problemen anwendbar. I.d.R. wird man zu → begrenzter Enumeration, → Branch-and-Bound-Verfahren oder → dynamischer Optimierung übergehen.

vollständige Konkurrenz → vollkommene Konkurrenz.

vollständiger Wettbewerb → vollkommene Konkurrenz.

vollständige Spezialisierung – Situation, in der ein Land einzelne handelbare Güter nicht mehr im → Inland erzeugt, sondern aus dem → Ausland importiert. Solche Situationen kommen v.a. bei *Ricardianischem Handel* zustande. – Vgl. auch → Ricardianisches Modell.

vollständige Voraussicht → Neue Klassische Makroökonomik.

Vollständigkeit – (der Präferenzordnung), → Ordnungsaxiome.

Vollständigkeitserklärung – vom → Abschlussprüfer i.d.R. gegen Ende der Prüfung eingeholte Versicherung der geprüften Unternehmung über die Vollständigkeit der erteilten Auskünfte und Nachweise; dient der Ergänzung der → Jahresabschlussprüfung, ist kein Ersatz für Prüfungshandlungen.

Vollständigkeitsgebot → Grundsätze ordnungsmäßiger Buchführung (GoB).

vollstreckbare Ausfertigung → vollstreckbare Urkunde.

vollstreckbarer Titel → Vollstreckungstitel.

vollstreckbare Urkunde – Urkunde, aus der der Gläubiger unmittelbar die → Zwangsvollstreckung betreiben kann (§ 794 Nr. 5 ZPO). Vollstreckbare Urkunde muss vor einem dt. Gericht oder Notar innerhalb deren Zuständigkeit in der vorgeschriebenen *Form* aufgenommen werden und eine bestimmte Leistung (Zahlung einer Geldsumme oder Leistung einer bestimmten Menge vertretbarer Sachen oder Wertpapiere) zum *Gegenstand* haben; auch muss sich der Schuldner in der Urkunde der sofortigen Zwangsvollstreckung unterworfen haben. – *Vollstreckbare Ausfertigung* der vollstreckbaren Urkunde wird von den Urkundsbeamten des Gerichts oder dem Notar erteilt (§ 797 ZPO); i.d.R. nur einmal. **Vollstreckung** – förmliche Art einer Erzwingung, bes. bei einer richterlichen Anordnung. – 1. *Strafvollstreckung:* zwangsweise Durchsetzung eines rechtskräftig erkannten Strafausspruchs. Vollstreckungsbehörde ist die → Staatsanwaltschaft. Die Vollstreckung von → Bußgeldbescheiden ist in den §§ 89 ff. OWiG bes. geregelt. – 2. *Vollstreckung von zivilrechtlichen* → Vollstreckungstiteln erfolgt im Wege der → Zwangsvollstreckung. – 3. Im → Verwaltungszwangsverfahren werden öffentliche Forderungen eingezogen. – Vgl. auch → Beitreibung.

Vollstreckungsabwehrklage → Vollstreckungsgegenklage.

Vollstreckungsaufschub – 1. *Tatbestand:* Die Vollstreckungsbehörde kann die Vollstreckung einstweilen einstellen oder beschränken oder eine Vollstreckungsmaßnahme (→ Vollstreckungsverfahren) aufheben, wenn die Vollstreckung im Einzelfall unbillig ist (§ 258 AO). Die Entscheidung trifft die Vollstreckungsbehörde nach pflichtgemäßem Ermessen. – 2. *Voraussetzungen:* a) *Unbilligkeit* ist anzunehmen, wenn die Vollstreckung oder eine einzelne Vollstreckungsmaßnahme dem → Vollstreckungsschuldner einen unangemessenen Nachteil bringen würde, der durch kurzfristiges Zuwarten vermieden werden könnte. Nachteile, die üblicherweise mit der Vollstreckung oder einer einzelnen Pfändungsmaßnahme verbunden sind und die Schuldner in vergleichbarer Lage ebenso treffen, begründen keine Unbilligkeit (vgl. Abschn. 7 VollstrA). Andernfalls würden sich Vollstreckungsmaßnahmen von selbst verbieten, weil ihnen stets gewisse Härten innewohnen. – b) Unter *Kurzfristigkeit* des Zuwartens ist nach der Rechtsprechung regelmäßig ein Zeitraum von bis zu sechs Monaten (in Ausnahmefällen bis zu 12 Monaten) zu verstehen. Die Gewährung eines Vollstreckungsaufschubs lässt die Verwirkung von → Säumniszuschlägen unberührt.

Vollstreckungsbehörden → Beitreibung.

Vollstreckungsbescheid – früher: *Vollstreckungsbefehl;* für vollstreckbar erklärter Mahnbescheid, Vollstreckungsbescheid wird im → Mahnverfahren auf Antrag des Antragstellers erteilt, wenn der Antragsgegner keinen → Widerspruch erhoben hat. Vollstreckungsbescheid steht einem → Versäumnisurteil gleich, deshalb kann der Antragsteller → Zwangsvollstreckung betreiben und der Antragsgegner binnen zwei Wochen seit Zustellung → Einspruch erheben. Wird kein Einspruch erhoben, erlangt Vollstreckungsbescheid Rechtskraft.

Vollstreckungsgegenklage – *Vollstreckungsabwehrklage;* → Klage zur Geltendmachung materiell-rechtlicher Einwendungen (z.B. Zahlung) gegen einen → Vollstreckungstitel. Sie ist auf Unzulässigerklärung der Zwangsvollstreckung aus dem Titel gerichtet (§ 767 ZPO). – Es können grundsätzlich nur solche *Einwendungen* erhoben werden, die nach Schluss der letzten mündlichen Verhandlungen entstanden sind und die nicht mehr durch Einlegung eines → Rechtsmittels oder → Einspruchs geltend gemacht werden konnten. – *Ausnahme:* Bei Prozessvergleichen und vollstreckbaren Urkunden (§§ 797, 797a ZPO). – *Zuständig* für die gegen den Gläubiger zu erhebende Klage ist i.d.R. das Gericht, bei dem der Prozess in erster Instanz anhängig war; auf Antrag des Schuldners kann das Gericht die → Einstellung der

Zwangsvollstreckung bis zur Entscheidung über die Vollstreckungsgegenklage anordnen (§ 769 ZPO).

Vollstreckungsgericht – 1. das → Amtsgericht, das zur Entscheidung in Zwangsvollstreckungssachen zuständig ist und selbst bestimmte Vollstreckungshandlungen vornehmen kann (§ 764 ZPO). Ausschließlich *zuständig* ist das Amtsgericht, in dessen Bezirk die Zwangsvollstreckung stattfindet, ausgenommen bei der → Pfändung von Geldforderungen und anderen Vermögensrechten, für die das Gericht des allg. → Gerichtsstandes des Schuldners zuständig ist, sowie im Verfahren wegen Abgabe der → eidesstattlichen Versicherung, für das sich die Zuständigkeit nach dem → Wohnsitz des Schuldners bestimmt. – *Rechtsmittel:* Gegen Entscheidungen des Vollstreckungsgerichts ist → sofortige Beschwerde, u.U. auch zunächst → Erinnerung zulässig. – Auch im Zwangsvollstreckungsverfahren können gewisse Einwendungen nur durch Klage bei dem Prozessgericht geltend gemacht werden: → Drittwiderspruchsklage, → Vollstreckungsgegenklage. – 2. Soweit die ZPO bei einer Vollstreckung im Rahmen der Verwaltungsgerichtsbarkeit Anwendung findet, ist Vollstreckungsgericht das → Verwaltungsgericht des ersten Rechtzuges (§ 167 I VwGO). – 3. Mit dem Gesetz zur Reform der Sachaufklärung in der Zwangsvollstreckung vom 29.7.2009 (BGBl.I S. 2258) ist mit Wirkung ab 1.1.2013 das zentrale Vollstreckungsgericht eingeführt worden, bei dem als elektronisches Dokument das → Vermögensverzeichnis (§ 802f Abs. 6 i.V. mit §802k Abs. 1) und das → Schuldnerverzeichnis (§ 882h ZPO) landesweit zentral verwaltet wird.

Vollstreckungsklausel – die der Ausfertigung eines → Urteils beizufügende Erklärung, dass „vorstehende Ausfertigung zum Zwecke der → Zwangsvollstreckung erteilt wird“ (§§ 724–749 ZPO). Ihre Erteilung ist i.d.R. Voraussetzung für die Durchführung der Zwangsvollstreckung. Die Vollstreckungsklausel soll die Organe der Zwangsvollstreckung einer Nachprüfung der Vollstreckbarkeit des Titels entheben. Sie wird auf Antrag des Gläubigers von dem Urkundsbeamten des Gerichts erteilt, bei dem der Prozess zuletzt anhängig war.

Vollstreckungsschuldner – im Steuerrecht derjenige, gegen den sich ein → Vollstreckungsverfahren richtet (§ 253 AO). Vollstreckt werden können Verwaltungsakte, mit denen die Finanzbehörde eine Geldleistung, eine sonstige Handlung, Duldung oder Unterlassung vom Vollstreckungsschuldner fordert (§ 249 I AO). Vollstreckungsschuldner ist somit regelmäßig der → Steuerschuldner, der → Haftungsschuldner oder der → Duldungsschuldner. Zur Vorbereitung der Vollstreckung kann die Finanzbehörde die Einkommens- und Vermögensverhältnisse des Vollstreckungsschuldners ermitteln.

Vollstreckungsschutz – 1. *Begriff:* Schutz des Schuldners gegen unbillig hartes Vorgehen eines die → Zwangsvollstreckung betreibenden Gläubigers mit dem Ziel, dem schutzwürdigen Schuldner i.Allg. durch zeitweilige Aussetzung der Vollstreckung die Erhaltung seiner Existenz zu sichern. I.w.S. gehören dazu auch die Bestimmungen über die → Unpfändbarkeit gewisser Gegenstände, bes. auch bei der → Lohnpfändung, und die Vorschriften über die richterliche Vertragshilfe. – Die die Gewährung oder Versagung des Vollstreckungsschutzes betreffenden Entscheidungen des Vollstreckungsgerichts sind regelmäßig mit der → sofortigen Beschwerde anfechtbar. – 2. *Generalklausel* (§ 765a ZPO): Das Vollstreckungsgericht kann auf Antrag des Schuldners eine Vollstreckungsmaßnahme ganz oder teilweise aufheben, untersagen oder einstweilen einstellen, wenn die Maßnahme unter voller Würdigung des Schutzbedürfnisses des Gläubigers wegen ganz bes. Umstände eine Härte bedeutet, die mit den guten Sitten nicht vereinbar ist. Betrifft die Maßnahme ein Tier, so hat das Vollstreckungsgericht bei der Abwägung die Verantwortung des Menschen für das Tier zu berücksichtigen. – 3. Die *Verwertung gepfändeter* → beweglicher Sachen kann auf Antrag des Schuldners (i.Allg. binnen zwei Wochen nach der → Pfändung anzubringen) unter Anordnung von Zahlungsfristen zeitweilig ausgesetzt werden, wenn dies nach der Persönlichkeit und den wirtschaftlichen Verhältnissen des Schuldners sowie nach der Art der Schuld angemessen erscheint und nicht überwiegende Belange des Gläubigers entgegenstehen. Die Verwertung darf unter derartigen Anordnungen nicht länger als ein Jahr nach der Pfändung hinausgeschoben werden. Dieser Vollstreckungsschutz kann bei Wechselsachen nicht gewährt werden. Die Entscheidungen des Vollstreckungsgerichts aufgrund des § 813a ZPO sind ausnahmsweise unanfechtbar. – 4. Die *Zwangsversteigerung von Grundstücken* ist auf Antrag des Schuldners einstweilen auf die Dauer von höchstens sechs Monaten einzustellen, wenn Aussicht besteht, dass durch die Einstellung die Versteigerung vermieden wird und die Einstellung nach den persönlichen und wirtschaftlichen Verhältnissen des Schuldners sowie nach der Art der Schuld der Billigkeit entspricht. Einstellung kommt nicht in Betracht, wenn sie dem Gläubiger unter Berücksichtigung seiner wirtschaftlichen Verhältnisse nicht zuzumuten ist. Die Einstellung darf höchstens zweimal erfolgen. Der betreibende Gläubiger muss binnen sechs Monaten nach Ablauf der Einstellung Antrag auf Fortsetzung des Verfahrens stellen, sonst von Amts wegen Aufhebung des Zwangsversteigerungsverfahrens (§§ 30a–32 ZVG). – 5. Sondervorschriften gelten für die *Zwangsvollstreckung zur Herausgabe von Wohnräumen:* → Räumungsfrist (§§ 721, 794a ZPO).

Vollstreckungstitel – *Schuldtitel;* die → Zwangsvollstreckung ermöglichende Urkunde. – *Wichtigste Vollstreckungstitel:* Rechtskräftiges oder für vorläufig vollstreckbar erklärtes → Urteil (→ vorläufige Vollstreckbarkeit), → Arrest, → einstweilige Verfügung, → Vollstreckungsbescheid, → Schiedsspruch,

→ Prozessvergleich, → Kostenfestsetzungsbeschluss, → vollstreckbare Urkunde, Zuschlagsbeschluss bei der Zwangsversteigerung von Grundstücken, Auszug aus der → Insolvenztabelle oder dem → Gläubigerverzeichnis (§ 794 ZPO).

Vollstreckungsvereitelung – Strafrechtlicher Tatbestand des § 288 StGB (*Vereiteln der Zwangsvollstreckung*): Wer bei einer ihm drohenden → Zwangsvollstreckung in der Absicht, die Befriedigung der Gläubiger zu vereiteln, Bestandteile seines Vermögens veräußert oder beiseite schafft, wird mit Freiheitsstrafe bis zu zwei Jahren oder Geldstrafe bestraft. Verfolgung nur auf Strafantrag des Gläubigers. – *Sondervorschriften* für Insolvenzdelikte.

Vollstreckungsverfahren – 1. *Begriff:* Staatliches Verfahren zur Durchsetzung eines Anspruchs des Gläubigers gegen einen Schuldner unter Inanspruchnahme staatlichen Zwanges. – 2. *Vollstreckungsbehörde:* Die Finanzbehörden vollstrecken Verwaltungsakte, mit denen eine Geldleistung, eine sonstige Handlung, eine Duldung oder Unterlassung gefordert wird, im Verwaltungsweg grundsätzlich selbst (§ 249 I AO). – 3. *Vollstreckung wegen Geldforderungen:* Sie erfolgt sowohl in das bewegliche Vermögen des Vollstreckungsschuldners – regelmäßig durch Sach- und Forderungspfändung (→ Pfändungsverfügung, → Einziehungsverfügung) – als auch in sein unbewegliches Vermögen – regelmäßig durch Eintragung von Sicherungs- bzw. Zwangshypotheken und Zwangsversteigerung bzw. -verwaltung. Daneben kann die → eidesstattliche Versicherung abgenommen werden. Als Sicherungsmaßnahme kommt die Anordnung eines → Arrestes in Betracht. Schließlich kann die Vollstreckungsbehörde sog. → rückstandsunterbindende Maßnahmen ergreifen. – 4. *Vollsteckung wegen anderer Leistungen* als Geldforderungen: → Zwangsmittel.

Vollverzinsung – 1. *Allgemeines:* Die Verzinsung von Steuernachforderungen und -erstattungen (§ 233a AO) soll im Interesse der Gleichmäßigkeit der Besteuerung und zur Vermeidung von Wettbewerbsverzerrungen einen Ausgleich dafür schaffen, dass Steuern – obwohl sie zum gleichen Zeitpunkt entstehen – zu unterschiedlichen Zeitpunkten festgesetzt und erhoben werden. Die Verzinsung ist gesetzlich vorgeschrieben; sie steht nicht im Ermessen der Finanzbehörde. Die Zinsen werden grundsätzlich im automatisierten Verfahren berechnet und festgesetzt. Die Festsetzung wird regelmäßig mit dem → Steuerbescheid oder der Abrechnungsmitteilung verbunden (vgl. AEAO zu § 233a AO Nr. 1). – 2. *Geltungsbereich:* Die Verzinsung erstreckt sich nur auf Nachforderungen und Erstattungen von Einkommen-, Körperschaft-, Vermögen- Umsatz- und Gewerbesteuer. Sie gilt erstmals für Steuern, die nach dem 31.12.1988 (bzw. in den neuen Bundesländern nach dem 31.12.1990) entstehen. – 3. *Zinsschuldner/-gläubiger:* Zinsschuldner ist der → Steuerschuldner. Zinsgläubiger ist der Gläubiger des Erstattungsanspruchs. – 4. *Zinslauf:* Die Verzinsung beginnt regelmäßig 15 Monate nach Ablauf des Kalenderjahrs, in dem die Steuer entstanden ist (sog. Karenzzeit). Sie endet mit Ablauf des Tages, an dem die Steuerfestsetzung wirksam wird, d.h. mit → Bekanntgabe des Steuerbescheides bzw. im Fall der → Steueranmeldung mit ihrem Eingang bei der Finanzbehörde bzw. mit deren Zustimmung. – 5. *Berechnungsgrundsätze:* Die Zinsberechnung erfolgt auf Grundlage der sog. Sollverzinsung. Berechnungsgrundlage ist der Unterschiedsbetrag zwischen dem festgesetzten Soll und dem vorher festgesetzten Soll (z.B: Vorauszahlungen). Die Zinsen betragen 0,5 Prozent für jeden vollen Monat des Zinslaufes; angefangene Monate bleiben außer Ansatz. Der zu verzinsende Betrag wird auf volle 50 Euro nach unten abgerundet (§ 238 AO). Eine Bagatellgrenze von 10 Euro ist zu beachten (§ 239 II AO). – 6. *Verhältnis zu anderen* → steuerlichen Nebenleistungen: Die Verwirkung von → Säumniszuschlägen bleibt durch die Vollverzinsung unberührt. Soweit sich im Einzelfall Überschneidungen der Steuerzinsen nach § 233a AO mit → Stundungszinsen, → Aussetzungszinsen, → Hinterziehungszinsen sowie → Prozesszinsen auf Erstattungsbeträge ergeben, werden die Steuerzinsen nach § 233a AO auf die jeweilige Zinsfestsetzung angerechnet.

Vollwertversicherung – 1. *Begriff:* Versicherungsform in der Erstversicherung. In → Versicherungszweigen, in denen die (Höchst-)Werte der Risiken einzeln bestimmt werden können und verschieden sind (z.B. bei Gebäuden und Hausrat), möchten die Versicherer den Leistungsumfang und die Prämien nach diesem (Höchst-)Wert, d.h. nach ihrem individuellen → Versicherungswert, abstufen. Sie lassen sich dazu den vollen Versicherungswert als sog. → Versicherungssumme deklarieren und berechnen die → Prämien nach dieser Versicherungssumme. Wenn Versicherungswerte in diesem Sinn deklariert werden sollen, wird von → Vollwertversicherung gesprochen. – 2. *Vollwert-Vollversicherung:* Im Idealfall stimmen Versicherungswert und Versicherungssumme überein; dieser Fall wird als Vollversicherung bezeichnet. Der Versicherer hat eine angemessene Prämienbemessungsgrundlage, und der Versicherungsnehmer erhält im Schadenfall vollen Schadenersatz. – 3. *Vollwert-Unterversicherung:* In der Praxis kommen auch oft Fälle vor, in denen die Versicherungssumme deutlich unter dem Versicherungswert liegt; der Fall der → Unterversicherung. Versicherungsvertragsgesetz und Versicherungsbedingungen sehen für diesen Fall vor, dass der Versicherer nur den Teil des Schadens ersetzt, der dem Verhältnis von Versicherungssumme und Versicherungswert entspricht. Diese Kürzung der Entschädigung kommt nicht nur für Schäden in Frage, die die Versicherungssumme übersteigen, sondern grundsätzlich auch für alle kleineren Schäden. Um die nachteiligen Folgen von Unterversicherungen zu vermeiden, empfiehlt es sich bei Vollwertversicherung, der ausreichenden Höhe der Versicherungssumme genügend Aufmerksamkeit zu widmen, und zwar sowohl bei Abschluss der Versicherungen als auch während der Versicherungszeit. Die Versicherer bieten einige Verfahren an, um der Gefahr der Unterversicherung entgegenzuwirken, z.B. Summenausgleich, → Vorsorgeversicherung, Wertzuschlagsversicherung, Stichtagsversicherung der Vorräte und → gleitende Neuwertversicherung. – 4. *Vollwert-Überversicherung*: Wenn die Versicherungssumme den Versicherungswert erheblich übersteigt, liegt Überversicherung vor. Trotzdem bleibt die Leistung des Versicherers auf den Betrag des Schadens beschränkt. Beide Parteien können in diesem Fall aber verlangen, dass die Überversicherung beseitigt wird.

Vollziehungsbeamter – mit der Durchführung von Vollstreckungsmaßnahmen in bewegliche Sachen im Verwaltungswege betrauter Beamter, entsprechend dem → Gerichtsvollzieher, z.B. der Vollziehungsbeamte des Finanzamts (§ 285 AO).

Vollzugsbudget – Gliederung des → Budgets nach den Wirkungen auf den marktwirtschaftlichen Ablauf in kurzer und langer Sicht. Gegensatz zur bisherigen Handhabung in der Bundesrepublik Deutschland, der Gliederung nach dem → Ministerialprinzip.

Vollzugsplanung → Produktionsprozessplanung, → Produktionsprozesssteuerung.

Vollzugsziffernbudget → Budget.

Volontär – 1. *Begriff*: a) Nach *bisherigem Verständnis*: Person, die, ohne als → Auszubildender (Lehrling) angenommen zu sein, zum Zweck der Ausbildung unentgeltlich in den Diensten eines anderen beschäftigt wird (§ 82a HGB). – b) Im *neueren Schrifttum:* Nach Inkrafttreten des Berufsbildungsgesetzes (BBiG) ist die rechtliche Stellung des Volontärs umstritten. Wohl überwiegend wird angenommen, dass ein Volontärverhältnis im arbeitsrechtlichen Sinn dann anzunehmen ist, wenn den Volontär eine Arbeitspflicht trifft. Ist das vereinbart, sind §§ 26, 17 BBiG anzuwenden. Soweit keine Arbeitspflicht besteht und die Eigenschaft als Arbeitnehmer zu verneinen ist, ist nach umstrittener Auffassung § 17 BBiG auch nicht entsprechend anzuwenden. – 2. *Abgrenzung von Volontär und Praktikant:* Die Ausbildung des Volontärs dient im Vergleich zum → Praktikanten mehr einer allg. Orientierung im Betrieb, während das Praktikum Vorstufe einer weiteren Ausbildung ist.

Volumenindex → Mengenindex.

Voluntarismus → Marxismus-Leninismus.

Voluntary Export Restriction (VER) → freiwillige Exportbeschränkung.

Voluntary Organization → Voluntary Sector, → Nonprofit-Organisation (NPO).

Voluntary Sector – *1. Begriff*: Teilbereich des → Nonprofit-Sektors, der eine Vielzahl meist kleinerer Organisationen, die vornehmlich durch Zuwendungen, Spenden und ehrenamtliche Arbeit getragen werden, umfasst. – 2. *Merkmale:* a) Der Einfluss → ehrenamtlicher Mitarbeiter in Leitung und Dienstleistungserstellung ist vergleichsweise hoch. – b) Die dem Voluntary Sektor zugehörigen Organisationen sind meist in der Rechtsform eines → Vereins konstituiert oder bilden informelle Zusammenschlüsse. Beispiele sind Selbsthilfegruppen (z.B. Nachbarschaftshilfen) oder Obdachloseninitiativen. – 3. *Begriffliche Abgrenzung:* „Voluntary Sector" wird im weiteren Sinne, gerade im amerikanischen Sprachraum, teilweise synonym zu „nonprofit-sector", „NPO-sector", „independent sector", „philanthropic sector", „social sector" oder „third sector" verwendet. – 4. *Ausblick:* Insbesondere die soziologisch ausgerichtete → Nonprofit-Forschung (inklusive der Arbeiten mit Verankerung in Sozialpolitik und/oder Sozialarbeit) beschäftigt sich vorwiegend mit Freiwilligenarbeit bzw. → ehrenamtlichen Mitarbeitern und deren Engagements, in der jüngeren Vergangenheit aber durchaus auch die betriebswirtschaftliche Forschung. Auch in der breiteren Öffentlichkeit nimmt die Wahrnehmung dieses Nonprofit-Teilsektors und damit auch die Verwendung des Begriffs zu.

Voluntas – 1. *Begriff*: Wissenschaftliche Fachzeitschrift des → Nonprofit-Sektors. – 2. *Hintergrund:* a) Voluntas ist das offizielle Publikationsorgan der → International Society for Third Sector Research (ISTR). – b) Voluntas versteht sich als internationales und interdisziplinäres Forum der wissenschaftlichen NPO-Community. – c) Häufig Publikation von Arbeiten mit starkem Policy-Bezug, wobei eine Vielzahl an Beiträgensowohl volks- oder betriebswirtschaftlicher, als auch soziologischer Provenienz sind. – Vgl. auch → Nonprofit-Forschung.

von Neumann-Architektur – seit Jahrzehnten dominierendes Konstruktionsprinzip für → Personal Computer (PC). – *Komponenten:* (1) *Rechenwerk:* Das Rechenwerk führt arithmetische und vergleichende Operationen aus und sorgt für den Transport von Operanden in den und aus dem Hauptspeicher. (2) *Steuerwerk:* Das Steuerwerk ermittelt zur Laufzeit die auszuführende Befehlsfolge und sorgt für deren Ausführung. (3) *Hauptspeicher:* Der → Hauptspeicher besteht aus einer Folge von Speicherzellen gleicher Größe, die sowohl Befehle als auch Operanden aufnehmen können. Der Hauptspeicher dient der Speicherung des aktuellen Programms, der Übernahme von Eingabedaten, der Übernahme von Daten aus einem externen Speicher und der vorübergehenden Speicherung von Zwischen- oder Endergebnissen.

von Neumann-Modell → lineare Wachstumsmodelle.

Vorabentscheidungsverfahren – nach Art. 267 EAUV. Jedes Gericht eines EU-Mitgliedsstaates kann den Europäischen Gerichtshof (→ EuGH) ersuchen, eine Norm der Verträge, also des sog. primären

Gemeinschaftsrecht, oder des abgeleiteten (sekundären) Gemeinschaftsrechts auszulegen, wenn es dies zur Entscheidung eines bei ihm anhängenden Rechtstreits für erforderlich hält. Gerichte, die letztinstanzliche Entscheidungen treffen, sind verpflichtet, dem EuGH solche Auslegungsfragen vorzulegen, es sei denn, es liegt bereits eine einschlägige Rechtsprechung vor oder die richtige Anwendung des Gemeinschaftsrechts ist offenkundig. – Der EuGH entscheidet über die Gültigkeit der Handlungen der Gemeinschaftsorgane. Jedes innerstaatliche Gericht muss den EuGH deshalb auch in Fällen anrufen, in denen es die Gültigkeit einer Gemeinschaftshandlung in Frage stellen will. – Für die Anwendung der Gemeinschaftsnorm in dem EuGH unterbreiteten konkreten Fall ist das vorlegende Gericht nach Maßgabe der Entscheidung des EuGH zuständig.

Voranmeldung → Umsatzsteuervoranmeldung.

Voranmeldungszeitraum – 1. *Begriff*: bei der → Umsatzsteuer der Zeitraum, für den ein Unternehmer seine neu entstandene Umsatzsteuerschuld jeweils dem Finanzamt hat durch Abgabe der → Umsatzsteuervoranmeldung anzumelden hat. Jede Umsatzsteuervoranmeldung bezieht sich auf einen Voranmeldungszeitraum; nach Abschluss des Kalenderjahres folgt dann eine Endabrechnung über die Umsatzsteuer für das gesamte Jahr durch Abgabe der USt-Jahreserklärung. – 2. *Relevanter Zeitraum*: Der Voranmeldungszeitraum ist wie folgt festgelegt: (1) grundsätzlich *Kalendervierteljahr* (§ 18 I UStG); (2) *Kalendermonat*, wenn die Steuer für das vorangegangene Kalenderjahr mehr als 7.500 Euro beträgt; außerdem ist auch im Erstjahr der unternehmerischen Betätigung, also bei neu eröffneten Unternehmen, der Voranmeldungszeitraum stets der Kalendermonat; (3) Befreiung von der Voranmeldungsabgabe und der damit verbundenen Vorauszahlungspflicht (§ 18 II UStG) ist möglich, wenn die Steuer im vorangegangenen Kalenderjahr nicht mehr als 1.000 Euro betragen hat; in diesem Fall müssen gar keine Umsatzsteuervoranmeldungen, sondern nur noch eine USt-Jahreserklärung abgegeben werden.

Voranschlag – I. Finanzplanung: Aufstellung über die in zukünftigen Zeitpunkten zu leistenden Zahlungen, getrennt nach Monaten, in aufgerundeten Zahlen je Konto des → Zahlungsplans. Der Voranschlag vermittelt einen groben Überblick über die Zahlungsverpflichtungen des kommenden Planabschnittes. Im Zahlungsplanabschluss werden → Sollzahlen eines Voranschlags mit → Istzahlen laut Buchführung verglichen und abgestimmt.

II. Rechnungswesen: Kurzbezeichnung für → Kostenvoranschlag.

Vorarbeiter – Vorgesetzter der untersten Stufe; Verbindungsperson zwischen Arbeiter und Meister. In kleinen Gruppen übernimmt der Vorarbeiter gelegentlich Meisterfunktion und ist direkt dem Betriebsleiter oder Bauingenieur unterstellt. – *Vergütung:* Vorarbeiter erhalten meist eine Funktionszulage zum Stundenlohn oder Wochenlohn.

Vorausabtretung → Globalabtretung.

Vorausklage → Einrede der Vorausklage.

Vorauszahlung – I. Versicherungswesen: 1. *Begriff:* Vorauszahlung ist die teilweise Leistung der Versicherungssumme vor Eintritt des Versicherungsfalls in der → Lebensversicherung. Eine Rückzahlung der Vorauszahlung an den Versicherer ist jederzeit möglich. Zu unterscheiden von der Gewährung eines zinspflichtigen Darlehens durch den Versicherer. Auch als *Policendarlehen* und *Beleihung eigener Versicherungsscheine* bezeichnet. – 2. *Voraussetzungen:* Rückkaufsfähige Lebensversicherung (Rückkauf von Versicherungen) oder Unfallversicherung. – 3. *Höhe: Der Betrag* der möglichen Vorauszahlung ist vom Deckungskapital abhängig und oft auf einen Prozentsatz, z.B. 95 Prozent, des Deckungskapitals (Rückkaufswert) begrenzt.

II. Steuerrecht: Zahlung, die der Steuerpflichtige vor der → Steuerfestsetzung auf die voraussichtliche Steuerschuld leistet. Die Festsetzung einer Vorauszahlung ist stets eine Steuerfestsetzung unter Vorbehalt der Nachprüfung (§ 164 I AO). – 1. *Einkommensteuer-Vorauszahlung:* Am 10. März, 10. Juni, 10. September und 10. Dezember eines Jahres in Höhe von jeweils einem Viertel der voraussichtlichen Jahressteuer, festgesetzt durch Vorauszahlungsbescheid. Sie bemessen sich grundsätzlich nach der → Einkommensteuer, die sich nach Abzug der Steuerabzugsbeträge bei der letzten → Veranlagung ergeben hat. Vorauszahlungen können an die Einkommensteuer angepasst werden, die sich für den Veranlagungszeitraum voraussichtlich ergeben wird (§ 37 EStG). – 2. *Körperschaftsteuer-Vorauszahlung:* Grundsätzlich nach gleicher Regelung. Bei vom Kalenderjahr abweichendem → Wirtschaftsjahr sind die Vorauszahlungen auf die Körperschaftsteuer während des Wirtschaftsjahres zu entrichten, das im Veranlagungszeitraum endet (§ 31 II KStG; i.V. mit § 37 EStG). – 3. *Gewerbesteuer-Vorauszahlung:* Am 15. Februar, 15. Mai, 15. August und 15. November nach dem letzten Steuerbescheid zu entrichten. Auch hier Anpassung bei Änderung des Gewerbeertrags möglich (§ 19 GewStG). – 4. *Umsatzsteuer-Vorauszahlung:* Aufgrund der → Umsatzsteuervoranmeldung i.d.R. am zehnten jeden Monats oder bei Vierteljahreszahlern am zehnten des auf das abgelaufene Quartal folgenden Monats zu entrichten (§ 18 UStG).

Vorauszahlungsfinanzierung – Finanzierungsmaßnahme, bei der der Kunde vor Lieferung von Ware oder Dienstleistung eine Vorauszahlung leistet. – *Zweck:* (1) Sicherheit für den Lieferanten bei Bestellung hochwertiger Spezialobjekte; (2) finanzielle Entlastung des Lieferanten; (3) bei Verkäufermarkt Sicherung des Warenbezugs durch Bindung des Lieferanten. Vorauszahlungsfinanzierung kann beim

Lieferanten den Bedarf an Eigen- und Fremdkapital mindern.

Vorauszahlungsgarantie – Form der → Anzahlungsgarantie. – Vgl. auch → Bankgarantie.

Vorbehalt des Gesetzes → Gesetzmäßigkeit der Verwaltung.

Vorbehaltsfestsetzung → Steuerfestsetzung unter dem Vorbehalt der Nachprüfung (§ 164 AO). Es handelt sich um eine Nebenbestimmung (§ 120 AO), die bis zur Aufhebung oder Wegfall (§ 164 IV AO) des Vorbehalts, bzw. bis zum Eintritt der Verjährung des Bescheides eine jederzeitige und vollumfängliche Korrektur des Steuer- oder Feststellungsbescheides ermöglicht. Daher stellt die nachträgliche Aufnahme des Vorbehalts eine Verböserung dar. Der Vorbehalt der Nachprüfung kann mit der Vorläufigkeit (§ 165 AO) verbunden werden. – Unter dem Vorbehalt der Nachprüfung stehen kraft Gesetz die Steueranmeldungen (Umsatz-, Lohnsteuer, § 168 AO) und die Vorauszahlungsbescheide (§ 164 I AO), sodass eine Korrektur ohne Probleme möglich ist. – Die Aufhebung des Vorbehalts steht einer Steuerfestsetzung gleich (§ 164 III 3 AO). Dies hat eine zweite vollumfängliche Einspruchs- und nachfolgende Klagemöglichkeit gegen diesen Bescheid zur Folge, während bei der Korrektur von bestandskräftigen Bescheiden eine Einspruchsmöglichkeit nur im Rahmen der Änderung (§ 351 AO) möglich ist. – Nach einer Außenprüfung ist der Vorbehalt stets aufzuheben (§ 164 III 2 AO). – Wird eine Steuerfestsetzung unter dem Vorbehalt der Nachprüfung geändert, so ist in dem neuen Steuerbescheid zu vermerken, ob dieser weiterhin unter Vorbehalt der Nachprüfung steht oder ob der Vorbehalt aufgehoben wird. Fehlt ein derartiger Vermerk, bleibt der Vorbehalt bestehen (AEAO zu § 164 Tz. 6). – Wird dagegen eine vorläufige Steuerfestsetzung (§ 165 AO) geändert, so ist in dem neuen Steuerbescheid zu vermerken, ob und inwieweit dieser weiterhin vorläufig ist oder für endgültig erklärt wird. Durch einen Vorläufigkeitsvermerk im Änderungsbescheid wird der Umfang der Vorläufigkeit neu bestimmt (AEAO zu § 165 Tz. 7). Wird dieser nicht erneut aufgenommen, ist automatisch die Vorläufigkeit entfallen.

Vorbehaltsgut → eheliches Güterrecht.

Vorbehaltsurteil → Urteil, das vorbehaltlich der Aufhebung im Nachverfahren ergeht. – 1. Vorbehaltsurteil ist *möglich:* a) Wenn der Beklagte gegenüber dem Klageanspruch mit einer Gegenforderung aufrechnet (§ 302 ZPO; → Aufrechnung), und zwar, wenn die Gegenforderung mit dem Klageanspruch nicht in rechtlichem Zusammenhang steht und nur letzterer zur Entscheidung reif ist und im Nachverfahren über das Bestehen der Gegenforderung entschieden wird. – b) Im Urkunden-, Wechsel- und Scheckprozess, wenn der Beklagte dem Klageanspruch widerspricht und ihm deshalb die Geltendmachung seiner Rechte im Nachverfahren vorbehalten bleibt (§ 599 ZPO). – 2. Das Vorbehaltsurteil kann mit den gewöhnlichen → Rechtsmitteln *angefochten* werden; der vollstreckende Kläger ist dem Beklagten *schadensersatzpflichtig,* wenn das Vorbehaltsurteil im → Nachverfahren aufgehoben wird.

Vorbenutzungsrecht – schränkt die Rechte der Inhaber von → Patentanmeldungen, → Patenten und → Gebrauchsmustern zugunsten Dritter ein, die die Erfindung im Prioritätszeitpunkt bereits in Benutzung genommen haben, sofern der Erfindungsbesitz nicht auf einer Mitteilung des Anmelders oder seines Rechtsvorgängers beruht und dieser sich seine Rechte vorbehalten hat (§§ 12 PatG, 13 III GebrMG). Erforderlich sind gegenüber dem Patentinhaber redlicher Erfindungsbesitz (Kenntnis des Erfindungsgedankens der später zum Patent angemeldeten → Erfindung) und dessen Benutzung im Inland. Benutzung bedeutet das Vorliegen von Veranstaltungen, die zur Ausführung der Erfindung bestimmt sind und den erstlichen Willen erkennen lassen, die Erfindung alsbald zu benutzen. Der Umfang des Vorbenutzungsrechts richtet sich nach dem im Besitzstand zum Ausdruck gekommenen Erfindungsbesitz, spätere Vervollkommnungen dieses Besitzes werden vom Vorbenutzungsrecht gedeckt, nicht aber die Erstreckung auf weitere Erfindungsgedanken oder Ausführungsformen des späteren Schutzrechts, die im Besitzstand der Vorbenutzung nicht enthalten waren. Das Vorbenutzungsrecht kann nur mit dem Betrieb, in dem es entstanden ist, übertragen oder vererbt werden.

Vorbescheid – Nach der Finanzgerichtsordnung kann das Gericht ohne mündliche Verhandlung durch Vorbescheid entscheiden. Jeder der Beteiligten kann innerhalb eines Monats nach Zustellung des Vorbescheids mündliche Verhandlung beantragen (§ 90 FGO).

Vorbesichtigung – Mit Zustimmung der Zollbehörden können → Nichtgemeinschaftswaren vom Zeitpunkt ihrer Gestellung an zum Zwecke der Vorbereitung der → Zollanmeldung geprüft werden. Die Vorprüfung kann jedermann gestattet werden. Muster und Proben dürfen dabei in dem erforderlichen Umfang entnommen werden.

vorbeugende Instandhaltung – grundsätzliche Vorgehensweise der Anlageninstandhaltung (→ Instandhaltungsplanung). Die vorbeugende Instandhaltung umfasst Planung und Abwicklung von Instandhaltungsmaßnahmen grundsätzlich vor Eintritt eines bestimmten schadensbedingten Anlagenzustandes bzw. eines ungesteuerten Anlagenausfalls. Zu den Maßnahmen der vorbeugenden Instandhaltung zählen bes. → Inspektion und → Wartung. Aber auch vorbeugende Reparatur und vorbeugender Austausch oder sonstige vorbeugende Maßnahmen, wie z.B. Schutzanstriche oder Installation von Warneinrichtungen zählen zur vorbeugenden Instandhaltung. – Vgl. auch → Instandsetzung.

vorbeugende Unterlassungsklage → Klage, zwecks Verhütung zukünftiger Rechtsverletzungen. Voraussetzung eine hinreichend konkretisierte Gefahr eines objektiv widerrechtlichen Eingriffs in ein geschütztes Recht. Liegt ein Eingriff bereits vor, so ist vorbeugende Unterlassungsklage zulässig, wenn die Besorgnis weiterer Eingriffe besteht. Häufig in Fällen des unlauteren Wettbewerbs. – In dringenden Fällen ist → einstweilige Verfügung möglich.

Vorbörse – Wertpapiergeschäfte oder Kursschätzungen vor der Eröffnung der offiziellen Börsensitzung. – *Gegensatz:* Nachbörse.

Vordatierung – Angabe eines mit dem Tag der Ausstellung nicht übereinstimmenden späteren Datums etc. – 1. *Vordatierung von Schecks:* Erfolgt i.d.R., weil der Aussteller z.Z. der Ausstellung nicht über ein ausreichendes Guthaben verfügt. Um der missbräuchlichen Vordatierung des Schecks als Kreditpapier entgegenzuwirken, ordnet Art. 28 II ScheckG an, dass der vordatierte Scheck auch dann am Tage der Vorlegung zahlbar ist, wenn dieser Tag noch vor dem Ausstellungsdatum liegt. – 2. *Vordatierung von Druckwerken:* → Impressum.

vordisponierte Ausgaben → irreversibel vordisponierte Ausgaben.

Vorerbe – erbrechtlicher Begriff für denjenigen, der vor dem → Nacherben → Erbe geworden ist. Der Vorerbe ist wahrer Erbe mit auflösend bedingtem oder zeitlich durch Endtermin beschränktem Erbrecht. – Durch die ihm im Interesse des Nacherben auferlegten *Beschränkungen* ähnelt seine Stellung vielfach der eines Nießbrauchers; Verfügungsbeschränkungen bestehen hinsichtlich der Grundstücke, grundstücksgleichen Rechte sowie der Wertpapiere. – Der Erblasser kann den Vorerben von den gesetzlichen Beschränkungen *befreien.* – *Gesetzlich geregelt* in §§ 2100–2146 BGB.

Vorfälligkeitsentgelt – *Vorfälligkeitsentschädigung, Vorfälligkeitsgebühr;* Betrag, der einem Kreditnehmer bei vorzeitiger Kündigung eines langfristigen Kredits in Rechnung gestellt wird, sofern die Möglichkeit, den Kredit vor Fälligkeit zurückzuzahlen, im → Kreditvertrag nicht vereinbart ist. – Laut Bundesgerichtshof hat der Kreditnehmer einen Anspruch auf vorzeitige Tilgung z.B. bei einem Verkauf des beliehenen Objekts. Das → Vorfälligkeitsentgelt kann dann über zwei *Berechnungsalternativen* ermittelt werden:a) *Aktiv-Aktiv-Methode:* unterstellt, dass vorzeitig zurückgeflossene Darlehensvaluta sofort wieder einem neuen Kreditgeschäft zugeführt werden können. Das Vorfälligkeitsentgelt ergibt sich bei der Aktiv-Aktiv-Methode aus einem Zinsmargen- und einem Zinsverschlechterungsschaden. Der Zinsmargenschaden resultiert daraus, dass dem Kreditgeber der für die Laufzeit des Vertrages erwartete Gewinn nicht zufließt. Der Margenschaden muss allerdings um die im Darlehenszins enthaltene Risikoprämie sowie um Verwaltungskostenanteile für die Darlehensrestlaufzeit zugunsten des Darlehensnehmers gekürzt werden. Die hieraus resultierende Nettomarge kann von der Bank bis zum Ende der Rückzahlungssperrfrist in Ansatz gebracht werden, ohne dass sie ihre interne Margenkalkulation offen zu legen hat. Nach Entscheidung des BGH ist es dem Darlehensgeber auch gestattet, den üblichen Durchschnittsgewinn von Banken gleichen Typs zu verwenden (sog. institutsübliche Durchschnittswerte), wobei ein Satz von 0,5 Prozent angewendet werden kann. Der Zinsverschlechterungsschaden stellt die Einbuße dar, wenn die vorzeitig zurückfließenden Mittel lediglich zu einem niedrigeren Zins erneut ausgeliehen werden können. Rechnerisch handelt es sich hierbei also um die Differenz zwischen dem Zinssatz des zurückgezahlten Darlehens und dem aktuellen Zinssatz für ein Darlehen mit einer Laufzeit, die der Restlaufzeit des Altdarlehens entspricht. Sowohl der Zinsmargenschaden als auch der Zinsverschlechterungsschaden sind auf den Zeitpunkt des vorzeitigen Darlehensrückzahlung abzuzinsen. – b) *Aktiv-Passiv-Methode:* Im Unterschied zur Aktiv-Aktiv-Methode unterstellt die Aktiv-Passiv-Methode, dass vorzeitig zurückgeflossene Darlehensvaluta in öffentlichen Kapitalmarkttiteln angelegt werden können. Die aus dieser Anlage resultierenden Zinserträge sind auf den Zinsausfall des Darlehens anzurechnen. Das Vorfälligkeitsentgelt errechnet sich folglich aus der Differenz zwischen den Zinserträgen des ursprünglichen Darlehens und den Zinserträgen von Kapitalmarkttiteln öffentlicher Schuldner, deren Laufzeit der Restlaufzeit des ursprünglichen Darlehens entspricht. Der sich ergebende Differenzwert muss ebenfalls um angemessene Beträge sowohl für ersparte Verwaltungsaufwendungen als auch für das entfallende Risiko gekürzt werden und ist mit dem für die Restlaufzeit geltenden aktuellen Zinssatz für öffentliche Kapitalmarkttitel auf den vorzeitigen Rückzahlungszeitpunkt abzuzinsen.

Vorfälligkeitsentschädigung – *Vorfälligkeitsgebühr, Vorfälligkeitsentgelt.* 1. *Begriff:* Betrag, der einem Kreditnehmer bei vorzeitiger Kündigung eines langfristigen → Kredits in Rechnung gestellt wird, sofern die Möglichkeit, den Kredit vor Fälligkeit zurückzuzahlen, nicht im Kreditvertrag vereinbart wird. – 2. *Berechnungsalternativen:* a) *Aktiv-Aktiv-Methode:* Unterstellt, dass vorzeitig zurückgeflossene Darlehensvaluta sofort wieder einem neuen Kreditgeschäft zugeführt werden können. Die Vorfälligkeitsentschädigung ergibt sich bei der Aktiv-Aktiv-Methode aus einem Zinsmargen- und einem Zinsverschlechterungsschaden. Der Zinsmargenschaden resultiert daraus, dass dem Kreditgeber der für die Laufzeit des Vertrages erwartete Gewinn nicht zufließt. Der Margenschaden muss allerdings um die im Darlehenszins enthaltene Risikoprämie sowie um Verwaltungskostenanteile für die Darlehensrestlaufzeit zugunsten des Darlehensnehmers gekürzt werden. Die hieraus resultierende Nettomarge kann von der Bank bis zum Ende der Rückzahlungssperrfrist in Ansatz gebracht werden, ohne dass sie ihre interne Margenkalkulation offen zu legen hat. Es ist dem Darlehensgeber auch gestattet, den üblichen Durchschnittsgewinn von Banken gleichen Typs zu verwenden (sog. institutsübliche Durchschnittswerte), wobei ein Satz von 0,5 Prozent angewendet werden kann. Der Zinsverschlechterungsschaden stellt die Einbuße dar, wenn die vorzeitig zurückfließenden Mittel lediglich zu einem niedrigeren Zins erneut ausgeliehen werden können. Rechnerisch handelt es sich hierbei also um die Differenz zwischen dem Zinssatz des zurückgezahlten Darlehens und dem aktuellen Zinssatz für ein Darlehen mit einer Laufzeit, die der Restlaufzeit des Altdarlehens entspricht. Sowohl der Zinsmargenschaden als auch der Zinsverschlechterungsschaden sind mit dem aktiven Wiederanlagezins auf den Zeitpunkt des vorzeitigen Darlehensrückzahlung abzuzinsen. – b) *Aktiv-Passiv-Methode:* Sie berücksichtigt lediglich den Zinsverschlechterungsschaden und unterstellt, dass vorzeitig zurückgeflossene Darlehensvaluta in öffentlichen Kapitalmarkttiteln angelegt werden können. Die aus dieser Anlage resultierenden Zinserträge sind auf den Zinsausfall des Darlehens anzurechnen. Die Vorfälligkeitsentschädigung errechnet sich folglich aus der Differenz zwischen den Zinserträgen des ursprünglichen Darlehens und den Zinserträgen von Kapitalmarkttiteln öffentlicher Schuldner, deren Laufzeit der Restlaufzeit des ursprünglichen Darlehens entspricht. Der sich ergebende Differenzwert muss ebenfalls um angemessene Beträge sowohl für ersparte Verwaltungsaufwendungen als auch für das entfallende Risiko gekürzt werden und ist mit dem für die Restlaufzeit geltenden aktuellen Zinssatz für öffentliche Kapitalmarkttitel auf den vorzeitigen Rückzahlungszeitpunkt abzuzinsen.

Vorfinanzierung → Zwischenfinanzierung.

Vorfrist – in der Arbeitslosenversicherung. – Vgl. auch → Anwartschaft.

Vorführungsrecht – Recht des Urhebers (→ Urheberrecht), ein Werk der bildenden Künste, ein Lichtbildwerk, ein Filmwerk oder Darstellungen wissenschaftlicher oder technischer Art durch technische Einrichtungen öffentlich wahrnehmbar zu machen – nicht jedoch Funksendungen solcher Werke (§ 19 UrhG). – Vgl. auch → Öffentliche Wiedergabe, → Aufführungsrecht.

Vorgabe – I. Organisation: teilweise Synonym für → Weisung.

II. Betriebsorganisation: Setzung eines Leistungszieles als integrierender Bestandteil der Planung, die in der Stufenfolge: Schätzung, Vorgabe, Kontrolle vorgeht. (1) Zeitvorgabe im Zeitakkord; (2) Ausbringungssätze, Energieverbrauchssätze etc.; (3) im

Vorgabekalkulation (Beispiel nach REFA)

Vorgabekalkulation für Auftrag Nr. . . .						
Zeitbegriff	Symbole	erwartete Ist-Zeit		Soll-Zeit je Einheit	Soll-Zeit je Auftrag	Vorgabezeit des Auftrags
		Auftrag	Einheit			
Rüstgrundzeit	trg	18			20	
Rüstverteilzeit (Verteilprozentsatz 5 %)	trv				+ 1	
Rüstzeit	tr				= 21	
Tätigkeitszeit (beeinflussbar) .	tbt		20	22		
Tätigkeitszeit (unbeeinflussbar)	ttu		21	+ 21		
Tätigkeitszeit	tt			= 43		
arbeitsablaufbedingte Wartezeit	tw		1	+ 1		
Grundzeit	tg			= 44		
Verteilzeit (Verteilprozentsatz 5 %)	tv			+ 2		
Zeit je Einheit	te			= 46		
Ausführungszeit (= m · te) ...	ta				+ 460	
Auftragszeit (= tr + ta)	T				= 481	= 481

Rahmen der Planung und Budgetierung; Ausgaben-, Einnahmen-, Kosten- und Erfolgswerte.

III. Markt- und Meinungsforschung: *Standardvorgabe, Check List;* bei einer → Umfrage wird eine Auswahl möglicher Antworten in → Fragebogen nummeriert aufgeführt. Die Vorgabe erübrigt die (bei der Auswertung der rücklaufenden Fragebogen sonst für die verschiedenen Antwortmerkmale notwendig werdende) → Klassenbildung. Andererseits entsteht die Gefahr der Beeinflussung des Befragten.

Vorgabeermittlung – erfolgt für Zwecke der → Plankostenrechnung. – 1. Für → Einzelkosten aufgrund von Stücklisten, Zeichnungen, Rezeptvorschriften, Arbeitsablaufplänen, Zeitstudien etc. – 2. Für → Gemeinkosten unterschiedlich je nach einzelnen Kostenarten (Hilfslöhne, -material, Energiekosten etc.) aufgrund von Erfahrungen und Zahlen der Vergangenheit (Normalkostenrechnung) und aufgrund von exakten Analysen und technischen Berechnungen (Plankostenrechnung), die nach sowohl technischen wie kaufmännischen Überlegungen so variiert werden, dass die → Vorgabekosten bei wirtschaftlicher Arbeitsweise unter Berücksichtigung unvermeidlicher Leerlaufzeiten und Verluste erreicht werden können.

Vorgabekalkulation – Errechnung der → Vorgabezeit für einen Auftrag, → Auftragszeit (T). Das Kalkulationsschema beruht auf Zeitwerten, die mittels Arbeitszeitstudien ermittelt werden. – *Beispiel nach* → REFA-Verband für Arbeitsstudien, Betriebsorganisation und Unternehmensentwicklung e. V.: Vgl. Tabelle „Vorgabekalkulation".

Vorgabekosten – *Budgetkosten;* die im Rahmen einer → Plankostenrechnung den einzelnen Kostenstellen bzw. Kostenträgern des Betriebs aufgrund von → Kostenplanungen für einen bestimmten Zeitraum vorher berechneten → Sollkosten, die, soweit keine Änderung in der Kostenbewertung (z.B. wegen erheblicher Änderung der Marktpreise und des Beschäftigungsgrades) eintreten, nicht überschritten werden sollen. Sie werden einem Kostenverantwortlichen vorgegeben. – Vgl. auch → Plankosten, → Sollkosten.

Vorgabezeit → Sollzeit für von Menschen und Betriebsmitteln auszuführende Arbeitsabläufe, also für die ordnungsgemäße Erfüllung eines Auftrages bei → Normalleistung in einem gegebenen Arbeitssystem und bei festgelegten Einflussgrößen. Vorgabezeiten gehören zum Fertigungsauftrag. Vorgabezeiten beziehen sich gewöhnlich nicht auf das Bearbeiten eines einzelnen Gegenstandes eines Auftrages, sondern auf die Zeit für die Abwicklung des Auftrags in einem Arbeitssystem. – Vgl. auch → Auftragszeit (T).

Vorgang – zeiterforderndes Geschehen mit definiertem Anfang und Ende. – Vgl. auch → kritischer Vorgang.

Vorgangskalkulation → Prozesskostenrechnung.

Vorgangskette – betrieblicher Ablauf als eine Folge von Einzelschritten zur Bearbeitung eines Vorgangs; bei einer arbeitsteiligen → Aufbauorganisation nach dem Verrichtungsprinzip sind an einer Vorgangskette oft viele Stellen beteiligt, daher hohe Durchlaufzeiten der Vorgänge (z.B. Liege-, Transportzeiten, mehrfache Datenerfassung, u.U. → Bridge-Programme). – *Beispiel:* Auftragsabwicklung in einem Fertigungsbetrieb. Bei Einführung der Datenbankorganisation (→ Datenorganisation) und durch → Datenintegration können Vorgangsketten identifiziert und reorganisiert werden, sodass sich die Durchlaufzeiten von Vorgängen stark reduzieren lassen.

Vorgangsknotennetzplan → Netzplan.

Vorgangspfeilnetzplan → Netzplan.

Vorgangspuffer – *Vorgangspufferzeit,* z.T. auch nur *Puffer, Pufferzeit.* 1. *Begriff:* In der → Netzplantechnik derjenige Zeitraum, in dem (bei gewissen Annahmen über die Anfangszeitpunkte seiner Vorgänger und seiner Nachfolger) die Ausführungsdauer eines → Vorgangs maximal ausgedehnt *(Dehnungspuffer)* bzw. (bei konstanter Ausführungsdauer) sein Beginn hinausgezögert werden kann, ohne den geplanten bzw. den frühestmöglichen Beendigungstermin des → Projekts zu gefährden. – 2. *Arten:* a) *Gesamter Puffer (gesamte Pufferzeit, Gesamtpuffer, Gesamtpufferzeit):* Zeitraum, der für dessen zeitliche Verschiebung oder Ausdehnung zur Verfügung steht, wenn seine sämtlichen Vorgänger zu ihren frühestmöglichen und seine sämtlichen Nachfolger zu ihren spätesterlaubten Anfangszeitpunkten begonnen werden. – b) *Freier Puffer (freie Pufferzeit):* Puffer, der sich ergibt, wenn sämtliche Vorgänger und Nachfolger zu ihren frühestmöglichen Anfangszeitpunkten begonnen werden. – c) *Unabhängiger Puffer (unabhängige Pufferzeit):* Puffer, der sich unter der Annahme ergibt, dass – sofern möglich – alle Vorgänger des betrachteten Vorgangs zu ihren spätesterlaubten und die Nachfolger zu ihren frühestmöglichen Anfangszeitpunkten begonnen werden. – d) *Freier Rückwärtspuffer (freie Rückwärtspufferzeit):* Zeitraum, der für dessen zeitliche Verschiebung bzw. Ausdehnung zur Verfügung steht, wenn seine sämtlichen Vorgänger und Nachfolger zu ihren spätesterlaubten Anfangszeitpunkten begonnen werden. – 3. *Bedeutung:* Vorgangspuffer geben bereits vor Projektbeginn Auskunft darüber, welche Tätigkeiten bes. sorgfältig zu überwachen sind (das sind v.a. Vorgänge ohne Pufferzeiten), damit sich keine Verzögerung des geplanten Beendigungstermins des Projekts ergibt. Während der Realisierung des Projekts zeigen Vorgangspuffer an, welche Auswirkungen bereits eingetretene Verzögerungen von Vorgängen auf den Beginn und das Ende anderer Vorgänge sowie auf den geplanten Projektendtermin haben. Verschiebungen von Vorgängen im Rahmen ihrer Pufferzeiten lassen sich darüber hinaus zur Erzielung einer gleichmäßigen Kapazitätsauslastung nutzen. Vorgänge ohne Pufferzeit bilden schließlich Ansatzpunkte für Maßnahmen zur Verkürzung der Projektdauer.

Vorgangspufferzeit → Vorgangspuffer.

vorgelagerte Besteuerung – Finanzierung von Spar- und Entspargeschäften (Spargeschäft, Entspargeschäft), die vorwiegend der → Altersvorsorge dienen, aus bereits versteuertem Einkommen in der Ansparphase. Die vorgelagerte Besteuerung korrespondiert regelmäßig mit steuerfreien Auszahlungen in der Leistungsphase. In der → betrieblichen Altersversorgung (bAV) bedeutet die vorgelagerte Besteuerung, dass die Aufwendungen des Arbeitgebers zum Aufbau einer Versorgung beim Arbeitnehmer für diesen steuerpflichtig sind, dafür sind später die Versorgungsleistungen steuerfrei. – *Gegensatz:* → nachgelagerte Besteuerung.

vorgeschobene Zollstellen – Abfertigungsplätze außerhalb des → Zollgebiets der EU (im Drittland auf fremdem Staatsgebiet), auf denen dazu befugte dt. oder ausländische Zollorgane Amtshandlungen nach EU-Zollrecht vornehmen. Die Abfertigungsplätze und ihre Verbindungswege mit dem Zollgebiet, soweit auf ihnen einzuführende oder auszuführende Waren befördert werden, gelten insoweit als Zollgebiet der EU. Bekanntes Beispiel ist das Zollamt Basel/badischer Bahnhof.

Vorgesellschaft – *Gründergesellschaft, Gründungsgesellschaft;* ein nach Abschluss des → Gesellschaftsvertrages entstandenes Rechtsgebilde, das bis zur handelsrechtlichen Errichtung einer Kapitalgesellschaft durch Eintragung in das Handelsregister besteht (§ 41 AktG, § 11 GmbHG). Sie tritt im Rechtsverkehr mit einem Zusatz zur Firmierung *i.Gr.* auf. – *Buchführungspflicht:* Die Vorgesellschaft ist buchführungspflichtig. – *Steuerrecht:* Die Vorgesellschaft bildet mit der später eingetragenen Kapitalgesellschaft dasselbe Rechtssubjekt, wird also mit Abschluss des Gesellschaftsvertrages zur Körperschafts-, Vermögens- und Gewerbesteuer herangezogen, sofern auch die übrigen Voraussetzungen (Entfaltung einer nach außen hin in Erscheinung tretenden Geschäftigkeit bzw. Erwerb von Vermögen) erfüllt sind. – Unterscheidet sich von der Vorgründungsgesellschaft dadurch, dass die Vorgründungsgesellschaft der Zusammenschluss der Gründer vor der Gründung der Gesellschaft, d.h. in der Zeitspanne, in der noch kein Gesellschaftsvertrag geschlossen ist, während die Vorgesellschaft in der Zeit besteht, in der bereits ein Gesellschaftsvertrag besteht, aber mangels Eintragung noch keine Rechtsfähigkeit vorliegt.

Vorgesetztenschulung → Personalentwicklung.

Vorgesetzter → Handlungsträger, der in der Führungshierarchie einer → Instanz zugeordnet ist und damit → Weisungsbefugnisse gegenüber seinen Mitarbeitern inne hat.

vorgezogene Altersgrenze → Altersrente.

Vorgriff – überholter Begriff für die → vorzeitige Ausfuhr der ersatzweise hergestellten → Veredelungserzeugnisse in einem aktiven → Veredelungsverkehr. Von zollamtlicher Seite zugelassen, um einem Bewilligungsinhaber die Erfüllung termingebundener Ausfuhrgeschäfte zu ermöglichen. Die erst nachträglich eingeführten drittländischen Vorerzeugnisse bleiben in dem Ausmaß zollfrei, in dem für sie bei einer normalen Durchführung des Veredelungsverkehrs kein Zoll erhoben würde. Sie werden mit Überführung in die aktive Veredelung zugleich Waren des freien Verkehrs.

Vorgründungsgesellschaft → Vorgesellschaft.

Vorhaben- und Erschließungsplan – gemäß § 12 BauGB immer dann zulässig, wenn ein bestimmtes Vorhaben ohne Änderung der bestehenden planungsrechtlichen Situation nicht zulässig wäre, also ein Planungsbedürfnis besteht. In diesem Fall kann der Vorhabenträger der Gemeinde einen Plan zur Durchführung des Vorhabens und der Erschließungsmaßnahmen (Vorhaben- und Erschließungsplan) verbunden mit dem Auftrag auf Einleitung eines Satzungsverfahrens vorlegen. Parallel hierzu ist zwischen dem Vorhabenträger und der Gemeinde vertraglich zu vereinbaren, dass ersterer das Vorhaben einschließlich der erforderlichen Erschließungsmaßnahmen innerhalb einer bestimmten Frist durchführt und die Planungs- und Erschließungskosten ganz oder teilweise selbst trägt (Durchführungsvertrag). Der Vorhaben- und Erschließungsplan wird Bestandteil der Satzung der Gemeinde, mit der sie die Zulässigkeit des Vorhabens bestimmen kann. Der Vorhaben- und Erschließungsplan sucht zum einen die Eigeninitiative von Investoren zu stärken und zum anderen durch eine eingeschränkte und verkürzte Bürgerbeteiligung Beschleunigungs- und Vollzugsvorteile zu erreichen.

Vorhandelstransparenz – *Pre-Trade.* Die durch die Umsetzung der → MiFID geschaffenen Veröffentlichungspflichten für → Börsen, → MTFs und → systematische Internalisierer. Im Gegensatz zur → Nachhandelstransparenz sind die Anforderungen zur Vorhandelstransparenz dem dt. Recht neu. – Für Börsen und MTFs umfassen sie die kontinuierliche Veröffentlichung der aktuellen Geld- und Briefkurse von Aktien und Aktien vertretenden Zertifikaten und der Tiefe der Handelspositionen zu diesen Kursen (§§ 30 BörsG, 31g WpHG). Die Vorhandelstransparenz verpflichtet die systematischen Internalisierer, regelmäßig und kontinuierlich während der üblichen Handelszeiten für die von ihm angebotenen Aktiengattungen verbindliche Kursofferten (Quotes) zu veröffentlichen, sofern es hierfür einen liquiden Markt gibt. Ist kein liquider Markt vorhanden, muss er dies nur auf Anfrage der Kunden tun (§ 32a WpHG). – Die Pflichten gelten bei Börsen nur, wenn die Aktien und Aktien vertretenden Zertifikate im regulierten Markt zugelassen oder in den regulierten Markt einbezogen sind, für die übrigen Verpflichteten nur dann, wenn sie zum Handel an einem → organisierten Markt zugelassen sind.

Vorhersagefehler – Abweichung des tatsächlichen Werts einer Variablen von der mit einem geschätzten → ökonometrischen Modell abgegebenen Prognose. – Vgl. auch → ökonometrisches Prognosemodell.

Vorjahresmethode – seit ihrer Revision 2005 verwendet die → Volkswirtschaftliche Gesamtrechnung (VGR) zur Preisbereinigung die Vorjahresmethode bzw. Vorjahrespreismethode, d.h. die Deflationierung wird auf der Grundlage der konstanten Preise des Vorjahres berechnet, um eine realitätsnähere Erfassung der Wirtschaftsentwicklung zu ermöglichen. Im Vergleich zu dem damit errechneten *realen* Bruttoinlandsprodukt (BIP) beruht die Berechnung des *nominalen* Bruttoinlandsprodukts (BIP) auf den jeweiligen Preisen des Berichtsjahres. – Vgl. auch → verkettete Indizes.

Vorkalkulation – 1. *Begriff:* Eine auf die Leistungseinheit bezogene → Kalkulation, die vor der Leistungserstellung erfolgt; v.a. in Betrieben mit Einzelfertigung Grundlage für die Preisstellung *(Angebotskalkulation)*. Bei der Vorkalkulation wird an technische Unterlagen wie Stücklisten, Bearbeitungsnormzeiten etc. angeknüpft; andere Einflüsse wie Ausschussquoten, Preisschwankungen etc. werden durch Erfahrungs- oder Schätzwerte berücksichtigt. – 2. Nach Erstellung der betreffenden Leistung ist ein *Vergleich mit der* → Nachkalkulation erforderlich, um Schätzungsfehler und andere Fehlerquellen der Vorkalkulation sowie Unwirtschaftlichkeiten aufzuspüren und in Zukunft zu vermeiden. – 3. *Verfahren:* → Kalkulation.

Vorkaufsrecht – gesetzliches oder vertragliches Recht, in einen zwischen dem Eigentümer einer Sache und einem Dritten geschlossenen → Kaufvertrag anstelle des Dritten einzutreten (§§ 463 ff. BGB). Übt der Vorkäufer sein Vorkaufsrecht aus, so erlangt er dadurch nur einen Anspruch gegen den Verkäufer auf → Übereignung der verkauften Sache; ist diese bereits an den Dritten übereignet, kann der Vorkäufer von dem Dritten nicht Herausgabe verlangen. – Bei *Grundstücken* kann das Vorkaufsrecht durch Eintragung im → Grundbuch als dingliches Vorkaufsrecht auch gegen Dritte wirken (§§ 1094 ff. BGB). – *Gesetzliche Vorkaufsrechte* dienen bes. staatlich gelenkter Boden- und Siedlungspolitik (z.B. das Vorkaufsrecht der Gemeinden nach dem Baugesetzbuch).

Vorkombination – Begriff aus der → Dienstleistungsproduktion. Die Vorkombination entspricht dem Leistungspotenzial des Dienstleistungsunternehmens, sie wird durch Kombination der internen → Produktionsfaktoren → Werkstoffe, → Betriebsmittel und → Arbeitskraft erzeugt. – *Merkmale:* Durch die Vorkombination wird die maximale → Kapazität des Dienstleistungsunternehmens festgelegt. Sie muss dem Absatz von Dienstleistungen bei der → Endkombination zeitlich vorangehen.

Vorkosten – 1. Kosten, die vor dem Beginn der Nutzung einer (eigenen) Wohnung zu eigenen Wohnzwecken, v.a. Erhaltungsaufwendungen, die vor Bezug der Wohnung oder – unter bestimmten Umständen – bis zum Ablauf des Jahres nach dem Anschaffungsjahr anfallen. – 2. Die Möglichkeit, für Vorkosten eine allg. Pauschale von 1.790 Euro und für Erhaltungsaufwendungen darüber hinaus nach Einzelnachweis zusätzlich bis zu 11.504 Euro als → Sonderausgaben einkommensteuerlich geltend zu machen (§ 10i EStG), steht für Objekte, die seit 1999 angeschafft oder hergestellt wurden, nicht mehr offen.

Vorkostenstelle → Hilfskostenstelle.

Vorlagen – Pläne, Techniken, Entwicklungen, Entwürfe, Zeichnungen, Skizzen, Modelle, Manuskripte u.Ä., die als Produktionsunterlage dienen. – *Zollrechtliche Behandlung:* Der in Vorlagen, nach denen im Drittland Waren angefertigt werden, verkörperte Wert geistiger Leistungen wird bei der → Verzollung der eingeführten Waren nur berücksichtigt, wenn sie außerhalb der Gemeinschaft erarbeitet worden sind (Art. 32 ZK).

Vorlagenfreibeuterei → Betriebs- und Geschäftsgeheimnis.

Vorlagezinsen → Vorschusszinsen.

Vorlauf → Transportkette.

vorläufige Deckungszusage – 1. *Begriff:* Selbstständiger Versicherungsvertrag, der vor dem endgültigen Vertragsabschluss zustande kommt. – 2. *Merkmale:* Für eine vorläufige Deckungszusage wird eine separate → Prämie verlangt, die i.d.R. mit der Prämie für den endgültigen Versicherungsvertrag verrechnet wird. Bei Nichtzustandekommen des endgültigen Vertrags erfolgt eine Rechnungsstellung für die vorläufige Deckungszusage. Häufigste Form der vorläufigen Deckungszusage ist der sofortige Versicherungsschutz in der → Kfz-Versicherung (z.B. bei Kauf eines PKW zur sofortigen Nutzung und Anmeldung). Die vorläufige Deckungszusage endet mit dem Ablauf der hierfür vereinbarten Dauer, mit dem Scheitern der Vertragsverhandlungen, mit der Ablehnung des endgültigen Hauptvertrags, bei einer neuen Deckungszusage, bei Kündigung oder Zahlungsverzug sowie mit dem Abschluss des endgültigen Vertrags. Während der Laufzeit der vorläufigen Deckungszusage ist der Versicherer leistungspflichtig, auch wenn er noch keine Prämie erhalten hat. Im Rahmen der Informationspflichten nach der VVG-Reform gelten seit dem 1.1.2008 für vorläufige Deckungszusagen reduzierte Anforderungen; so muss der Versicherer z.B. alle Versicherungsbedingungen erst mit dem endgültigen Hauptvertrag zur Verfügung stellen. – 3. *Ziel:* Durch die Bereitstellung vorläufigen Versicherungsschutzes ist es möglich, auch während der Zeit der teilweise langwierigen → Risikoprüfung bereits Versicherungsschutz zu erhalten.

vorläufiger Versicherungsschutz – 1. *Begriff:* Der vorläufige Versicherungsschutz, genauer die vorläufige Deckung, ist nach der VVG-Reform in §§ 49 ff. VVG erstmals gesetzlich geregelt. Bei der vorläufigen Deckung handelt es sich um einen selbstständigen Versicherungsvertrag (vgl. § 49 I S. 1 VVG), der dem anschließenden Hauptvertrag vorgeschaltet ist. – 2. *Merkmale:* Für die vorläufige Deckung gelten grundsätzlich die allg. Regeln. Als Ausnahmen wegen des nur vorläufigen Vertrags sind zu nennen: gemäß § 49 I S. 1 VVG – außer bei Fernabsatzverträgen – der formlose Verzicht auf Informationen nach § 7 VVG; die abgeschwächten → Beratungs- und Dokumentationspflichten (vgl. §§ 6 II S. 2, 61, 62 II S. 1 VVG); die erleichterte Einbeziehung von Versicherungsbedingungen (vgl. § 49 II S. 1 VVG); die anteilige Prämienzahlung bei Nichtzustandekommen des Hauptvertrags (vgl. § 50 VVG). Von den Regelungen zur Prämienzahlung sowie zur Beendigung des vorläufigen Versicherungsschutzes kann nicht zum Nachteil des → Versicherungsnehmers abgewichen werden. – 3. *Beendigung:* Der vorläufige Versicherungsschutz endet bei Beginn eines gleichartigen Versicherungsschutzes, bei Erstprämienverzug, bei Widerruf des Hauptvertrags bzw. Widerspruch gegen den Hauptvertrag (§§ 5, 8 VVG) oder bei fristloser Kündigung durch eine der Vertragsparteien. Verträge über eine vorläufige Deckung können nicht widerrufen werden (§ 8 III S. 2 VVG; Ausnahme: → Fernabsatzverträge). – 4. *Vorläufiger Versicherungsschutz in der Kraftfahrzeugversicherung:* In der Kraftfahrzeugversicherung beginnt der vorläufige Versicherungsschutz am Tag der Zulassung des Kraftfahrzeugs (§ 9 KfzPflVV). Dabei handelt es sich um eine Ausnahme zu § 1 II S. 2 KfzPflVV, wonach der Versicherungsschutz in der → Kfz-Haftpflichtversicherung immer um 0 Uhr des Tages, für den der Versicherungsanfang vereinbart ist, beginnen muss.

vorläufige Steuererklärung – Begriff der Praxis für eine → Steuererklärung, wenn die Besteuerungsgrundlagen bis zum Ablauf der Erklärungsfrist noch nicht vollständig ermittelt werden konnten. Falls die vorläufige Steuererklärung hinreichende Angaben enthält, wird sie als Anregung des Steuerpflichtigen aufgefasst, eine → vorläufige Steuerfestsetzung durchzuführen.

vorläufige Steuerfestsetzung – in Ausnahmefällen mögliche Maßnahme des Finanzamts. – *Zulässig,* wenn (1) Ungewissheit über die tatsächlichen Voraussetzungen der Entstehung eines Steueranspruchs besteht, d.h. es müssen Tatsachen oder Sachverhalt ungewiss sein. Ungewissheit über Rechtsfragen führt nicht zur vorläufigen Steuerfestsetzung. (2) Vorläufige Steuerfestsetzung ist möglich, wenn ungewiss ist, ob und wann Verträge mit anderen Staaten über die Besteuerung (§ 2 AO), die sich zugunsten des Steuerpflichtigen auswirken, für die Steuerfestsetzung wirksam werden; (3) das Bundesverfassungsgericht die Unvereinbarkeit eines Steuergesetzes mit dem Grundgesetz festgestellt hat und der Gesetzgeber zu einer Neuregelung verpflichtet ist; (4) die Vereinbarkeit eines Steuergesetzes mit höherrangigem Recht Gegenstand eines Verfahrens bei dem Gerichtshof der EU, dem Bundesverfassungsgericht oder einem obersten Bundesgericht ist (§ 165 AO). – *Umfang:* Die vorläufige Steuerfestsetzung erstreckt sich nur auf den ungewissen Punkt (insoweit vorläufig)., daher sind Art und Umfang anzugeben. – Bei *nicht nur vorübergehender Ungewissheit:* → Schätzung der Besteuerungsgrundlagen (§ 162 AO). – Folgen der vorläufigen Steuerfestsetzung: erleichterte Korrekturmöglichkeiten. Insoweit tritt die Verjährung unabhängig von der Dauer des Verfahrens nicht ein, bevor über diesen Punkt endgültig Klarheit herrscht. Ab diesem Zeitpunkt, bzw. ab Kenntnis der Finanzbehörde hat diese dann ein bis zwei Jahre in Abhängigkeit von der Art der Vorläufigkeit Zeit, die steuerlichen Folgen zu ziehen (§ 171 VIII).

vorläufige Vollstreckbarkeit – die in ein Zivilurteil aufzunehmende Erklärung des Gerichts, dass und unter welchen Bedingungen der obsiegende Gläubiger aus dem → Urteil bereits vor Rechtskraft vollstrecken kann (§§ 708 ff. ZPO). Die vorläufige Vollstreckbarkeit soll verhindern, dass Schuldner Rechtsmittel einlegen, nur um Zeit zu gewinnen. Der Gläubiger vollstreckt auf die Gefahr hin, bei späterer Änderung des Urteils schadensersatzpflichtig zu sein. – Grundsätzlich sind alle *Urteile von Amts wegen* für vorläufig vollstreckbar zu erklären, wobei die Vollstreckbarkeit von einer → Sicherheitsleistung abhängig gemacht werden kann oder muss. – Bei *Einlegung von Rechtsmitteln* (→ Berufung oder → Einspruch) kann das Gericht durch unanfechtbaren Beschluss → Einstellung der Vollstreckung, u.U. gegen Sicherheitsleistung, anordnen (§§ 707–719 ZPO).

Vorlauf-Studie → Pilot-Studie.

Vorlaufverschiebung – in der → Produktionsplanung und -steuerung verwendete Maßnahme, um der deterministischen → Bedarfsplanung, die primär eine Mengenplanung ist, ein grobes Mengen- und Zeitgerüst zu geben. Sekundärbedarfe werden um eine Zeitspanne, die der → Durchlaufzeit des übergeordneten → Teils abzüglich der → Vorlaufzeit des → Sekundärbedarfs entspricht, in Richtung Gegenwart vorverschoben, um sicherzustellen, dass sie rechtzeitig für die Produktion des übergeordneten Teils zur Verfügung stehen.

Vorlaufzeit – I. Produktion: Zeitspanne, die eine Baugruppe nach Beginn der Endmontage bereitstehen muss. – Vgl. auch → Vorlaufverschiebung.

II. Außenwirtschaft: → Forfaitierung.

Vorlegungsanspruch – Anspruch auf Vorlegung einer in fremdem Besitz befindlichen Urkunde zur Einsichtnahme. Anspruchsberechtigt ist nach §§ 810 BGB, 422, 429 ZPO derjenige, der ein rechtliches Interesse an der Vorlegung hat.

Vorlegungsfrist – *Präsentationsfrist;* 1. *Allgemein*: Zeitraum, in dem durch Vorlage eines bestimmten Dokuments Ansprüche geltend gemacht werden können. – 2. *Beim Wechsel*: Ein → Wechsel ist am → Verfalltag fällig und an diesem oder einem der beiden folgenden Werktage dem Bezogenen zur Zahlung vorzulegen (Art. 38 I WG). Ist der Verfalltag ein Samstag, Sonntag oder Feiertag, so ist die Zahlung erst am nächsten Werktag fällig. Falls der Wechselinhaber versäumt, den Wechsel rechtzeitig vorzulegen, verliert er alle wechselrechtlichen Ansprüche gegenüber den Indossanten und dem Wechselaussteller; die Ansprüche gegenüber dem Bezogenen bleiben allerdings bestehen (Art. 53 I WG). → Vorlegungsgebote und → Vorlegungsverbote sind zulässig. – 3. *Beim Scheck:* Jeder → Scheck ist bei Sicht zahlbar. Schecks sind innerhalb der gesetzlichen Vorlegungsfristen, die mit dem Tag der Ausstellung beginnen, zur Zahlung vorzulegen. Bei Inlandsschecks beträgt die Vorlegungsfrist zur Zahlung acht, bei Auslandsschecks aus Europa oder an das Mittelmeer angrenzenden Ländern 20 Tage und bei Schecks, die in einem anderen Erdteil ausgestellt sind, 70 Tage (Art. 29 I, II ScheckG). Ein Scheckwiderruf ist erst nach Ablauf der Vorlegungsfrist wirksam (Art. 32 I ScheckG). Versäumt der Scheckinhaber die rechtzeitige Vorlage des Schecks, verliert er seine Rückgriffsansprüche (Art. 40 ScheckG); seine Ansprüche kann er dann nur noch auf bürgerlich-rechtlichem Wege geltend machen. – 4. *Bei Zins-, Renten- und Gewinnanteilscheinen:* Hier beträgt die Vorlegungsfrist vier Jahre, sofern nichts anderes vereinbart wurde. Der Anspruch aus einer → Inhaberschuldverschreibung erlischt 30 Jahre nach Fälligkeit, wenn dem Aussteller das Wertpapier nicht zur Einlösung vorgelegt wurde. Wird dem Aussteller die Schuldverschreibung rechtzeitig vorgelegt, erlischt zwar nicht die Forderung, sie unterliegt jedoch der Verjährung (§ 801 BGB). – Vgl. auch → Wechselrückgriff.

Vorlegungsgebot – Anordnung eines Wechselausstellers, dass ein → Wechsel mit oder ohne Angabe einer Frist zur Annahme beim → Bezogenen vorgelegt werden muss (Art. 22 I WG). Dieses Recht steht auch einem Indossanten zu, sofern nicht der Aussteller die Vorlegung zur Annahme untersagt hat (Art. 22 IV WG). Ein gesetzliches Vorlegungsgebot gilt für → Nachsichtwechsel. Diese müssen innerhalb eines Jahres nach der Ausstellung zur Annahme vorgelegt werden (Art. 23 I WG). Das Vorlegungsgebot erfolgt durch den Zusatz „zur Annahme“ oder „vorzulegen bis“. Beachtet ein Wechselinhaber das Vorlegungsgebot nicht, so verliert er bei Nichteinlösung das Rückgriffsrecht. – Ein Wechsel kann schon vor Annahme in Umlauf gebracht werden. Erst mit dem Akzept verpflichtet sich der Bezogene zur Zahlung. Vorher haften Aussteller und Indossanten allein. Deshalb verlangen sie eine Vorlegung beim Bezogenen, um so den Bezogenen in die Haftung mit einzubeziehen. – *Gegensatz:* → Vorlegungsverbot.

Vorlegungsverbot – Anordnung eines Wechselausstellers, die Vorlage zur Annahme des → Wechsels beim → Bezogenen zu untersagen, allerdings ist dies nicht bei → Domizil-, → Zahlstellen- und → Nachsichtwechseln möglich (Art. 22 II WG). Das Vorlageverbot, das ausschließlich dem Aussteller vorbehalten ist, erfolgt durch den Zusatz „nicht zur Annahme“ und kann zusätzlich zeitlich befristet werden. Mit einem Vorlegungsverbot soll erreicht werden, dass kleinere Unternehmen vor Fälligkeit Finanzspielräume ausnutzen können, ohne sich wechselmäßig verpflichten zu müssen. Die Unternehmen sind dennoch bereit, bei Fälligkeit die Wechselsumme an den Wechselinhaber zu zahlen. – *Gegensatz:* → Vorlegungsgebot.

Vorlegungsvermerk – die schriftliche, datierte Erklärung des Bezogenen auf dem Scheck oder die datierte Erklärung einer Abrechnungsstelle (i.d.R. getrennt vom Original des → Schecks), die den Tag der Vorlegung angibt und vermerkt, dass der Scheck rechtzeitig, d.h. innerhalb der gesetzlichen Vorlegungsfrist, eingeliefert, aber nicht bezahlt worden ist. Der Vorlegungsvermerk stellt die Zahlungsverweigerung fest und hat gleiche Wirkung wie der Protest (→ Scheckprotest), der heute aufgrund der höheren Kosten kaum noch vorkommt. – Vgl. auch → Lastschriftverfahren.

Vorlegung von Urkunden – I. Zivilprozessordnung: 1. Der → Beweis muss durch Vorlage der Urkunde und, wenn sich die Urkunde in Händen des Gegners befindet, durch den Antrag, ihm die Vorlegung von Urkunden aufzugeben, angetreten werden. Der Gegner ist unter den Voraussetzungen der §§ 422, 432 ZPO zur Vorlegung von Urkunden verpflichtet (vgl. zum Ganzen §§ 420 ff. ZPO). – 2. *Weitergehende Vorlagepflicht* bei *Handelsbüchern* des → Vollkaufmanns: Das Gericht kann Vorlegung von Urkunden nach seinem Ermessen anordnen (§ 258 HGB). Bei Vorlegung von Urkunden ist nur in die von dem Gegner genau zu bezeichnenden Stellen, soweit sie den Streitpunkt betreffen, unter Zuziehung der Parteien (auch eines Sachverständigen) Einsicht zu nehmen und ggf. ein Auszug zu fertigen. Das Gericht (nicht der Gegner) darf auch in den übrigen Inhalt der Bücher Einsicht nehmen, soweit es zur Prüfung der ordnungsmäßigen Führung notwendig ist (§ 259 HGB). Bei Vermögensauseinandersetzungen kann u.U. Offenlegung des gesamten Inhalts angeordnet werden (§ 260 HGB).

II. Steuerrecht: Im steuerlichen Ermittlungsverfahren soll die Finanzbehörde vom Beteiligten und anderen Personen die Vorlage von Büchern, Aufzeichnungen, Geschäftspapieren und anderen Urkunden zur Einsicht und Prüfung regelmäßig (erst) dann verlangen, wenn die genannten Personen zuvor ihrer → Auskunftspflicht nicht oder nicht angemessen nachgekommen sind bzw. wenn Zweifel an der Richtigkeit der erteilten Auskünfte bestehen. Die Finanzbehörde kann die Vorlage der genannten Unterlagen unmittelbar verlangen, wenn der Steuerpflichtige eine steuerliche Vergünstigung geltend macht, eine → Außenprüfung nicht durchgeführt werden soll oder wenn wegen erheblicher steuerlicher Auswirkung des Sachverhalts eine kurzfristige Klärung angebracht erscheint (§ 97 AO).

III. Finanzgerichtsordnung: Die Behörden sind zur Vorlage von Urkunden und Akten und zu Auskünften verpflichtet, soweit nicht durch das → Steuergeheimnis geschützte Verhältnisse Dritter unbefugt offenbart werden (§ 86 FGO).

Vorleistung – I. Kaufmännischer Sprachgebrauch: Eine entgegen dem Handelsbrauch im Voraus erfolgende → Lieferung oder Bezahlung, die den Handelspartner zur Einhaltung der vertraglichen Vereinbarungen verpflichten soll.

II. Volkswirtschaftliche Gesamtrechnung: Wert der → Güter (Waren und Dienstleistungen), die inländische Wirtschaftseinheiten von anderen in- und ausländischen Wirtschaftseinheiten bezogen und im Berichtszeitraum im Zuge der Produktion verbraucht haben.

Vormerkung – 1. *Begriff:* Vorläufige Eintragung im → Grundbuch zur Sicherung einer künftigen Eintragung eines Rechtes (§§ 883-888 BGB). Voraussetzungen sind a) *materiell:* Ein Anspruch auf Änderung der Rechtslage eines Grundstücks, z.B. aufgrund eines → Kaufvertrags (Auflassungsvormerkung, Bestellung einer Hypothek, Löschung eines Rechts (→ Löschungsvormerkung); b) *formell:* → Eintragungsbewilligung des Betroffenen (meist des Grundstückseigentümers) oder → einstweilige Verfügung. – 2. *Rechtsfolgen:* a) Unwirksamkeit nachträglicher Verfügungen, soweit sie den gesicherten Anspruch beeinträchtigen (§ 883 I 2 BGB). – b) Der Rang des einzutragenden Rechts bestimmt sich nach dem Rang der Vormerkung (§ 883 III BGB). – c) Befriedigung aus der → Insolvenzmasse, Insolvenzfestigkeit (§ 106 InsO).

Vormundschaft – I. Begriff: Gesetzlich geregelte und staatlich beaufsichtigte Fürsorge für die Person und das Vermögen eines Menschen, der seine Angelegenheiten nicht selbst erledigen kann und daher schutzbedürftig ist *(Vormundschaft i.w.S.)*. – Zu *unterscheiden:* (1) *Vormundschaft i.e.S.:* Vormundschaft, die grundsätzlich die gesamte Sorge für die Person und das Vermögen des schutzbedürftigen Minderjährigen („Mündel") umfasst (§§ 1773 ff. BGB) und ausgeübt wird durch den Vormund. (2) → Pflegschaft, → Betreuung.

II. Vormundschaft über einen Minderjährigen: Ein Minderjähriger erhält einen Vormund, wenn er nicht unter elterlicher Sorge steht oder wenn die Eltern weder in den die Person noch in den das Vermögen betreffenden Angelegenheiten zur Vertretung des Minderjährigen berechtigt sind oder wenn es sich um ein Findelkind handelt (§ 1773 BGB).

III. Charakterisierung: 1. *Anordnung* von Amts wegen durch das → Vormundschaftsgericht, das den Vormund auswählt und ernennt. – 2. *Aufgaben des Vormunds:* Die Sorge für die Person (§ 1800 BGB) und das Vermögen (§§ 1802 ff. BGB) des Mündels sowie dessen gesetzliche Vertretung. Für bestimmte Rechtsgeschäfte bedarf der Vormund der Genehmigung des Vormundschaftsgerichts, z.B. zur Veräußerung eines Grundstücks des Mündels (§§ 1821, 1822 BGB). – 3. *Beendigung:* Beendigung der Vormundschaft mit dem Eintritt oder Wiedereintritt der elterlichen Sorge oder Erreichen der Volljährigkeit, dem Tod oder der Todeserklärung des Mündels (§§ 1882 ff. BGB). Nach der Beendigung seines Amtes hat der Vormund das verwaltete Vermögen herauszugeben und über die Verwaltung Rechenschaft abzulegen (§ 1890 BGB). – 4. *Vergütung:* Grundsätzlich übt der Vormund seine Tätigkeit unentgeltlich aus, bei berufsmäßiger Ausübung erfolgt eine Vergütung, bei mittellosen Mündeln aus der Staatskasse (§§ 1836 f. BGB).

IV. Sonderarten: 1. *Mitvormundschaft:* Grundsätzlich soll das Vormundschaftsgericht nur einen Vormund oder ein Ehepaar bestellen (§ 1775 BGB); nur bei Vorliegen bes. Gründe ist die Bestellung mehrerer Vormünder zulässig. – 2. *Gegenvormundschaft:* Bei einer umfangreichen Vermögensverwaltung kann das Vormundschaftsgericht neben dem Vormund noch einen Gegenvormund bestellen mit der Aufgabe, die Geschäftsführung des Vormundes zu überwachen und bei verschiedenen Geschäften des Vormundes mitzuwirken (§§ 1799, 1802, 1810, 1812 BGB). – 3. *Befreite Vormundschaft:* Der Vormund ist von gewissen Beschränkungen freigestellt (§§ 1852 ff. BGB). Die Anordnung der Freistellung erfolgt durch den Vater oder die Mutter bei der Benennung des Vormundes.

Vormundschaftsgericht – das für die → Vormundschaft und ähnliche Maßnahmen zuständige → Amtsgericht. – Vgl. auch → Familiengericht.

Vornahmehandlung – *Vorsatz;* Begriff der Psychologie. Willenserlebnis, in dem eine grundsätzliche Entscheidung für bestimmte zukünftige Situationen gefällt wird.

Vornahmeklage → Verpflichtungsklage.

Vorpfändung – Benachrichtigung über bevorstehende Forderungspfändung (→ Pfändung) mit vorläufiger Beschlagnahmewirkung. Die Vorpfändung soll verhindern, dass der Schuldner bei drohender → Zwangsvollstreckung über eine ausstehende Forderung gegen einen Drittschuldner verfügt, bevor der Gläubiger in der Lage ist, einen → Pfändungs- und Überweisungsbeschluss zu erwirken und zuzustellen (§ 845 ZPO). Die Vorpfändung ist zulässig, sobald der Gläubiger einen → Vollstreckungstitel in Händen hat, der dem Schuldner noch nicht zugestellt zu sein braucht. Sie geschieht durch Zustellung einer Benachrichtigung an Schuldner und Drittschuldner, dass die Pfändung einer bestimmten Forderung bevorstehe. – Die Vorpfändung hat die *Wirkung* einer Forderungspfändung, aber nur, sofern die Zustellung des Pfändungsbeschlusses innerhalb von einem Monat (nach Zustellung der Vorpfändung an den Drittschuldner) nachgeholt wird; wiederholt der Gläubiger die Vorpfändung, so läuft die Frist von Neuem.

Vorprämiengeschäft → Prämiengeschäft.

Vorproduktion – *Teilefertigung;* → Produktion auf einer vorgelagerten Produktionsstufe eines Erzeugnisses bzw. Produktion von bestimmten Zubehörteilen des Endproduktes durch einen Dritten (Zulieferer) oder einen Betrieb, der zum Unternehmen gehört, aber nicht die Endmontage durchführt. Aus Kostengründen werden Vorproduktionen ggf. in sog. Billiglohnländern durchgeführt.

Vorprüfung – amtliche Bezeichnung für die der turnusmäßigen → Außenprüfung der Finanzbehörde vorausgegangene Prüfung.

Vorrang des Gesetzes → Gesetzmäßigkeit der Verwaltung.

Vorratsaktien – *Verwertungsaktien.* → Verwaltungsaktien, die von einem Konsortium oder einem anderen Dritten zur Verwertung im Interesse der AG gehalten werden, z.B. um sie der Belegschaft zum Erwerb (→ Belegschaftsaktien) anzubieten.

Vorratsgrundstücke – bebaute oder unbebaute Grundstücke, die ein Unternehmen vorsorglich für spätere Erweiterungsbauten angekauft hat (im Anlagevermögen auszuweisen). V.a. bei Bauunternehmen sind Vorratsgrundstücke zum Absatz an die Käufer der Bauleistungen bestimmt (daher Ausweis unter Vorräte).

Vorratsgründung → Mantelgründung.

Vorratsinvestition – *Lagerinvestition;* → Investition im Bereich der kurzfristigen Betriebsmittel (z.B. Rohstoffe, Fertigerzeugnisse, Handelsware).

Vorratslager → Lagerarten.

Vorratsmarke → Marke, die angemeldet wird, um für den Fall der Einführung neuer Produkte oder Dienstleistungen ein geeignetes Kennzeichnungsmittel zur Hand zu haben. Ihr liegt zwar kein aktueller, wohl aber ein potenzieller Benutzungswille zugrunde, ihre volle Schutzfähigkeit ist in der Rechtsprechung daher anerkannt. Durch den → Benutzungszwang ist klargestellt, dass der Vorratsmarke zwar für die Dauer der fünfjährigen Schonfrist die Schutzfähigkeit nicht wegen der Nichtbenutzung abgesprochen werden kann, sofern nicht bes. Umstände vorliegen, dass aber die Dauer des anzuerkennenden Vorhalteinteresses zwingend auf fünf Jahre begrenzt ist, sofern der Markeninhaber nicht nachweist, dass ihm eine Benutzung in der Schonfrist nicht zumutbar war.

Vorratsproduktion – Produktion ohne unmittelbare Absatzmöglichkeit, angewandt (1) bei mittelbar kundenorientierter Produktion, um jederzeit lieferbereit zu bleiben und um trotz Absatzschwankung eine gleichmäßige Auslastung der Kapazität zu sichern (→ Ausgleichsprinzip); (2) bei → unmittelbar kundenorientierter Produktion, um hinsichtlich der Erzeugnisse bzw. einzelner Teile und Baugruppen die Vorteile der Auflagendegression wahrzunehmen.

Vorratsstellen → Einfuhr- und Vorratsstellen (EVSt).

Vorratsvermögen – Bezeichnung für die auf Lager befindlichen, für den Produktionsprozess oder für den Absatz bestimmten Erzeugnisse, Leistungen, Waren und Stoffe, die in der Bilanz unter den Positionen Roh-, Hilfs- und Betriebsstoffe, unfertige Erzeugnisse, unfertige Leistungen, fertige Erzeugnisse und Waren als Teil des → Umlaufvermögens ausgewiesen werden. Geleistete Anzahlungen auf Lieferungen von Vermögensgegenständen des Vorratsvermögens sind als gesonderter Posten zusammen mit diesen auszuweisen (§ 266 II HGB). – *Bewertung des Vorratsvermögens:* → Bewertung, → Niederstwertprinzip.

Vorratszeichen → Vorratsmarke.

Vorrechtsaktie → Vorzugsaktie.

Vorrichtungspatent → Patentkategorien.

Vorruhestand – vorzeitiges Ausscheiden älterer Arbeitnehmer aus dem Arbeitsleben. Der Vorruhestand ist ein Rechtsverhältnis eigener Art zwischen dem beendeten Arbeitsverhältnis und dem Eintritt in den Ruhestand. Versorgungsanwartschaften werden unverfallbar, wenn ein Arbeitnehmer aufgrund einer Vorruhestandsregelung ausscheidet und er ansonsten die Wartezeit und die sonstigen Voraussetzungen für den Bezug → betrieblicher Altersversorgung (bAV) hätte erfüllen können, → Betriebsrentengesetz (BetrAVG). Das den Vorruhestand regelnde Vorruhestandsgesetz ist ausgelaufen. Ähnliche Ziele mit anderen Mitteln verfolgt jetzt das → Altersteilzeitgesetz (ATG).

Vorruhestandsleistung – Leistung aus einer Vereinbarung über → Vorruhestand. Vorruhestandsleistungen unterliegen grundsätzlich dem → Lohnsteuerabzug durch den Arbeitgeber. Früher konnten Vorruhestandsleistungen, wenn sie als → Abfindungen anzusehen waren, in bestimmten Grenzen einkommensteuerfrei gezahlt werden. Heute sind Vorruheruhestandsleistungen in vollem Umfang als Entschädigungen als Ersatz für entstehende Einnahmen im Sinn des § 24 EStG steuerpflichtig als Einkünfte aus nichtselbständiger Arbeit.

Vorsatz – I. Zivilrecht: Bewusstes Herbeiführen oder Vereiteln eines Erfolges; sog. *bedingter Vorsatz:* Das Inkaufnehmen dieser Tatsache, d.h. Billigung für den Fall ihres (zwar unerwünschten) Eintretens (im Gegensatz zur bewussten → Fahrlässigkeit).

II. Strafrecht: Vorsatz ist Wissen und Wollen der Verwirklichung der Tatumstände, die zu einem Straftatbestand gehören. Wer bei Begehung der Tat einen Umstand nicht kennt, der zum gesetzlichen Tatbestand gehört, handelt nicht vorsätzlich

(Tatbestandsirrtum, § 16 StGB). Das geltende Recht rechnet das Bewusstsein der Rechtswidrigkeit nicht zum Vorsatz (§ 17 StGB). – Vgl. auch → Irrtum.

Vorschaltgesetz – Bezeichnung für ein Gesetz, in dem ein Teil eines größeren Gesetzgebungsvorhabens vorweg geregelt wird, z.B. bei bes. Dringlichkeit.

Vorschlagswesen → betriebliches Vorschlagswesen.

Vorschuss – Vorauszahlung i.d.R. auf noch nicht fällige Forderungen. – 1. *Allgemeines:* Ein *Rechtsanspruch* auf Vorschuss für künftige Auslagen besteht, soweit es sich um eine Geschäftsbesorgung (→ Geschäftsbesorgungsvertrag) und um gemäß §§ 675, 670 BGB zu ersetzende Auslagen (→ Aufwendungsersatz) handelt, so z.B. für Arbeitnehmer, geschäftsführende Gesellschafter, Kommissionäre etc., die mit einer Geschäftsbesorgung betraut sind (§ 669 BGB). Der Kaufmann kann für Vorschuss, Auslagen und andere Verwendungen vom Tage der Leistung an Zinsen verlangen (§ 354 II HGB). – 2. *Vorschuss für Arbeitnehmer:* Vorschüsse werden v.a. aus bes. Anlass als Vorauszahlungen auf den künftig fällig werdenden Arbeitslohn und, anders als bei vertraglich vorgesehenen Abschlagszahlungen (→ Teilzahlung), ohne rechtliche Verpflichtung gewährt. Derartige Vorschüsse können ohne die für die → Aufrechnung geltenden Beschränkungen bei der Lohnzahlung einbehalten werden. – 3. *Vorschuss im Zivilprozess:* Soweit nicht → Prozesskostenhilfe gewährt wird, ist i.d.R. vor Terminbestimmung ein Vorschuss für die → Gerichtskosten einzuzahlen, und zwar in Höhe von drei Gebühren, nach dem → Streitwert zu berechnen (→ Kostentabelle für Zivilprozesse). Weitere Vorschüsse sollen für die mit Auslagen verbundenen gerichtlichen Maßnahmen, v.a. Beweiserhebungen, entrichtet werden. Vielfach wird auch dem *Rechtsanwalt* ein Gebührenvorschuss (z.B. in Höhe von zwei Gebühren) gezahlt.

Vorschussakkreditiv – *Packing Credit;* Sonderform des → Akkreditivs v.a. im Rohstoffhandel, die mit bes. Klauseln versehen und mit der Gewährung von Vorschüssen an den Exporteur gekoppelt ist. – *Variante:* → Red Clause.

vorschüssige Rente → Rente.

vorschüssige Zinsrechnung – Rechnerische Berücksichtigung des Sachverhalts, dass Zinszahlungen zu Beginn einer Zinsperiode geleistet werden.

Vorschusszinsberechnung – Berechnung von Sollzinsen bei vorzeitiger → Rückzahlung von → Spareinlagen. – *Neuregelung der Vorschusszinsberechnung:* Mit Wegfall der Sparverkehrsvorschriften zum 1.7.1993 aufgrund der Vierten KWG-Novelle besteht keine gesetzliche Verpflichtung mehr, im Fall einer vorzeitigen Rückzahlung von Spareinlagen → Vorschusszinsen zu erheben. Die neuen Regeln über Spareinlagen in der → Rechnungslegungsverordnung enthalten keine Bestimmungen über die Vorschusszinsberechnung. Die Bedingungen für den Sparverkehr der → Kreditinstitute, z.B. der → Sparkassen, sehen aber vor, dass die Sparkasse bei kündigungsloser Rückzahlung von Spareinlagen Vorschusszinsen bzw. ein „Vorfälligkeitsentgelt" erheben kann. Dabei unterscheiden sich die traditionellen Vorschusszinsen von der Erhebung des Vorfälligkeitsentgelts darin, dass Erstere laufzeitabhängig, Letztere aber laufzeitunabhängig sind. Bei der Vorschusszinsberechnung bei vorzeitiger Rückzahlung von Spareinlagen mit dreimonatiger Kündigungsfrist ist der Freibetrag von 2.000 Euro gemäss § 21 RechKredV zu berücksichtigen. Die Ausnahmefälle, in denen bislang von einer Vorschusszinsberechnung abgesehen werden konnte, gelten im Grundsatz weiter. Es bestehen keine Gefahren für die Privilegierung der echten Spareinlagen (Besserstellung bei der Haltung von → Mindestreserven und den Liquiditätsgrundsätzen), wenn sich die Kreditinstitute auch fortan an dem vom Bundesaufsichtsamt für das Kreditwesen (BAK), jetzt → Bundesanstalt für Finanzdienstleistungsaufsicht (BaFin), aufgestellten Ausnahmekatalog ausrichten. Das folgt schon daraus, dass die → Deutsche Bundesbank die Vorschusszinsberechnung nach den bisherigen Modalitäten als Indiz dafür ansieht, ob vereinbarte Kündigungsfristen ernsthaft gewollt sind. Sehen Kreditinstitute allerdings im Rahmen der → Vertragsfreiheit künftig zusätzliche Verzichtsfälle hinsichtlich der Vorschusszinsberechnung vor, so könnte dies die echte Spareinlage letztlich zu Fall bringen.

Vorschusszinsen – seitens des Kreditinstituts bei zugelassener, vorzeitiger Verfügung eines Sparers über seine → Spareinlage auf den zurückgezahlten Betrag berechnete → Zinsen. Die gesetzliche Verpflichtung zur Berechnung von Vorschusszinsen ist in der Neuregelung des § 21 IV RechKredV nicht aufrechterhalten worden.

Vorsichtsprinzip – als *Prinzip kaufmännischer Vorsicht* allgemeiner Bilanzierungsgrundsatz des Handelsrechts (→ Grundsätze ordnungsmäßiger Buchführung (GoB)), der durch das → Bilanzrichtlinien-Gesetz (BiRiLiG) erstmals kodifiziert wurde (§ 252 I 4 HGB). Das Vorsichtsprinzip gilt über das → Maßgeblichkeitsprinzip (§ 5 I EStG) grundsätzlich auch für die Steuerbilanz. – *Inhalt:* Der Bilanzierende soll nur solche → Vermögensgegenstände aktivieren, die sich im Handelsverkehr konkretisiert und einen Wert haben. Bei der Bilanzierung der Höhe nach werden als Ausprägungen des Vorsichtsprinzips ausdrücklich genannt das → Realisationsprinzip (Gewinne sind erst bei Realisation durch Verkauf zu berücksichtigen) und das → Imparitätsprinzip (vorhersehbare Verluste und Risiken sind durch Bildung von → Rückstellungen bzw. Abwertungen bereits vor ihrer Realisation zu berücksichtigen). Der Bilanzierende soll sich nicht reicher rechnen als er ist, eher ärmer. Die Berücksichtigung individueller Grade der Vorsicht ist handelsrechtlich möglich durch die Einräumung von → Aktivierungswahlrechten,

→ Passivierungswahlrechten und Wahlrechten bei der → Bewertung.

Vorsitzender – *Im Aktienrecht:* 1. Vorsitzender des *Vorstands* (Generaldirektor) einer AG kann vom → Aufsichtsrat bestellt werden (§ 84 II AktG). Der Vorsitzende des Vorstands kann Meinungsverschiedenheiten im Vorstand nicht gegen die Mehrheit der Vorstandsmitglieder entscheiden, bei entsprechender Satzungsbestimmung kann bei Stimmengleichheit seine Stimme den Ausschlag geben (§ 77 I AktG). – 2. Vorsitzender des Aufsichtsrats und sein Stellvertreter sind aus seiner Mitte zu wählen (§ 107 AktG). Meinungsverschiedenheiten kann er nicht entscheiden; bei entsprechender Satzungsbestimmung kann aber seine Stimme bei Stimmengleichheit den Ausschlag geben.

Vorsorgeaufwendungen – 1. *Begriff* des Einkommensteuerrechts für diejenigen → Sonderausgaben, die sich als Versicherungsbeiträge oder Bausparbeiträge darstellen. – 2. Seit 2005 ist zwischen der Basisversorgung und den sonstigen Vorsorgeaufwendungen zu unterscheiden. a) *Die Basisversorgung* beinhaltet Beiträge an die gesetzliche Rentenversicherung, die landwirtschaftliche Alterskasse, das berufsständige Versorgungswerk und für kapitalgedeckte Leibrentenversicherung. – b) *Die sonstigen Vorsorgeaufwendungen* umfassen (§ 10 I Nr. 2a EStG) Beiträge zur Kranken-, Pflege-, Unfall- und Haftpflichtversicherung, Arbeitslosenversicherung, Erwerbsminderungs- und Berufsunfähigkeitsversicherung sowie Risikoversicherungen, die nur für den Todesfall eine Leistung vorsehen und Leibrentenversicherung und Kapitallebensversicherung mit Vertragsabschluss und 1. Beitragszahlung bis 31.12.2004. – 3. *Sonderausgabenabzug:* (1) Für die sonstigen Vorsorgeaufwendungen gilt der Höchstbetrag (§ 10 IV EStG) von 2.800 Euro bzw. 1.900 Euro. Bis 2019 wird von Amts wegen eine Günstigerprüfung vorgenommen, falls die Neuregelung ab 2005 niedriger ist als die Höchstbeträge von 2004. Ab 2011 wird der Vorwegabzug schrittweise gekürzt. (2) Für die Basisversorgung gilt folgende Regelung: 60 Prozent der Beiträge, höchstens 60 Prozent von 20 Prozent aus 20.000 Euro (bei Zusammenveranlagung 40.000 Euro) abzgl. des steuerfreien Arbeitgeberanteils zur Rentenversicherung sind abzugsfähig. Der abzugsfähige Prozentsatz steigt seit 2005 gleichmäßig an (62 Prozent in 2006, 64 Prozent in 2007 usw., 100 Prozent in 2025). Für nicht rentenversicherungspflichtige Arbeitnehmer gelten gesonderte Vorschriften. (3) Grundsätzlich nicht als Sonderausgaben abziehbar sind Beiträge zu Lebensversicherungen, wenn die Ansprüche aus Versicherungsverträgen während deren Dauer im Erlebensfall der Tilgung oder Sicherung eines Darlehens dienen, dessen Finanzierungskosten Betriebsausgaben oder Werbungskosten sind (sog. Policendarlehen). – 4. → Bausparkassenbeiträge sind seit 1996 nicht mehr als Vorsorgeaufwendungen eingestuft. – 5. *Altfälle:* a) Versicherungsbeiträge können im Rahmen eines bes. Höchstbetrages *(Vorwegabzug)* von 3.068 Euro (bei Zusammenveranlagung von Ehegatten 6.136 Euro) berücksichtigt werden. Diese Beträge vermindern sich im Regelfall um 16 Prozent der Einnahmen aus nichtselbständiger Tätigkeit nach § 19 EStG (ohne Versorgungsbezüge) und aus Mandatsausübung nach § 22 Nr. 4 EStG (§ 10 IV a EStG). – b) Bis zum Jahr 2019 wird von Amts wegen eine Günstigerprüfung vorgenommen und die günstigere Methode (alt bzw. neue Regelung) berücksichtigt. – 6. *Pauschbeträge:* Für Vorsorgeaufwendungen wird Arbeitnehmern eine → Vorsorgepauschale gewährt, wenn keine höheren Aufwendungen nachgewiesen werden (§ 10c II ff. EStG). Auch hier erfolgt von Amts wegen eine Günstigerprüfung. Demnach wird die Vorsorgepauschale nach der Altregelung (bis 2004 geltende Gesetzeslage) angesetzt, soweit sie für die Jahre von 2005 bis 2019 günstiger ist. Eine stufenweise Minderung der Höchstbeträge ab dem Jahr 2011 bis im Jahr 2020 auf null Euro ist dabei z.T. zu berücksichtigen. – 7. *Riester-Rente:* Die → Riester-Rente ist eine Form der privaten → Altersvorsorge mit staatlicher Förderung. Nach § 10a EStG sind der Eigenbeitrag sowie die Zulagen als Sonderausgaben abzugsfähig, wenn die Steuerersparnis höher ist als die Zulage. Eine Günstigerprüfung wird im Rahmen der Einkommensteuerfestsetzung auf Antrag vorgenommen. Der Sonderausgabenabzug ist in 2005 auf 1.050 Euro, in 2006 und 2007 auf 1.575 Euro und ab 2008 auf 2.100 Euro begrenzt. Der Abzug erfolgt zusätzlich zu den Vorsorgeaufwendungen. Der nicht ausgeschöpfte Höchstbetrag eines Ehegatten kann nicht auf den anderen Ehegatten übertragen werden.

Vorsorgepauschale – 1. *Begriff* des Einkommensteuerrechts für den festgesetzten Mindestbetrag, mit dem → Vorsorgeaufwendungen von Arbeitnehmern bei der → Einkommensermittlung abgezogen werden. Die Vorsorgepauschale kommt zur Anwendung, wenn keine höheren Aufwendungen nachgewiesen werden (§ 10c II EStG). Die Vorsorgepauschale ist in der → Lohnsteuertabelle bereits berücksichtigt, in der allg. Lohnsteuertabelle die allg. Pauschale, in der bes. die Sonderpauschale. – 2. *Höhe (ab 1.1.2005):* (1) Die Vorsorgepauschale für rentenversicherungspflichtige Arbeitnehmer beträgt 20 Prozent aus der Hälfte des Beitrags der allg. Rentenversicherung bezogen auf den Arbeitslohn zzgl. 11 Prozent des Arbeitslohns, maximal jedoch 1.500 Euro. Der 20 Prozent-Satz erhöht sich jährlich um 4 Prozent-Punkte ab 2006, bis der Prozentsatz im Jahr 2025 100 Prozent beträgt. (2) Für nicht rentenversicherungspflichtige Arbeitnehmer beträgt die Vorsorgepauschale 11 Prozent des Arbeitslohns, höchstens jedoch 1.500 Euro (§ 10c EStG). (3) Bemessungsgrundlage dabei ist der steuerpflichtige → Arbeitslohn abzüglich des Versorgungsfreibetrags sowie abzüglich des → Altersentlastungsbetrags. (4) Für Ehegatten ist eine bes. Berechnung vorzunehmen, wenn beide berufstätig sind. Grundsätzlich erhöht sich der maximale Abzugsbetrag auf 3.000 Euro. – 3. *Günstigerprüfung:* Die Günstigerprüfung erfolgt von Amts wegen. Demnach wird die Vorsorgepauschale nach der Altregelung gemäß der bis 2004 geltenden Gesetzeslage angesetzt, soweit sie für die Jahre von 2005 bis 2019 günstiger ist. Die Höchstbeträge belaufen sich nach der alten Regelung auf 3.068 Euro bzw. 1.334 Euro und 667 Euro. Der Höchstbetrag von 3.068 Euro vermindert sich ab dem Jahr 2011 stufenweise, bis er im Jahr 2020 null Euro betragen wird.

Vorsorgeprinzip – Maßnahmen zum präventiven Schutz vor Umweltschäden, um diese zu vermeiden bzw. gar nicht erst entstehen zu lassen (→ präventiver Umweltschutz).

Vorsorgeregister → Zentrales Vorsorgeregister.

Vorsorgeuntersuchungen – 1. *Leistungen zur Früherkennung* von Krankheiten der gesetzlichen *Krankenkassen* für Mitglieder und deren anspruchsberechtigte Familienangehörige: a) Kinder haben bis zur Vollendung des sechsten Lebensjahres Anspruch auf Früherkennungsuntersuchungen, insbesondere auf Zahn-, Mund- und Kieferkrankheiten, sowie nach Vollendung des zehnten Lebensjahres auf eine Untersuchung zur Früherkennung von Krankheiten, die ihre körperliche oder geistige Entwicklung in nicht geringfügigem Maße gefährden (§ 26 SGB V); – b) für Frauen vom Beginn des 20. Lebensjahres und für Männer vom Beginn des 45. Lebensjahres an einmal jährlich zur Früherkennung von Krebserkrankungen (§ 25 II SGB V). – c) Im Übrigen haben alle Versicherten, die das 35. Lebensjahr vollendet haben, jedes zweite Jahr Anspruch auf eine ärztliche Gesundheitsuntersuchung zur Früherkennung von Krankheiten, bes. zur Früherkennung von Herz-, Kreislauf- und Nierenerkrankungen sowie der Zuckerkrankheit (§ 25 I SGB V). – 2. In gleichem Umfang sind *Sozialhilfeberechtigten* Vorsorgeuntersuchungen zu gewähren (§ 47 SGB XII).

Vorsorgeversicherung – Versicherungsschutz für neu hinzugekommene → Risiken. Einschlusstatbestand z.B. in der → Haftpflichtversicherung, in der → verbundenen Hausratversicherung, in der → verbundenen Wohngebäudeversicherung und in der → Unfallversicherung (Unfallversicherung, private). Die Vorsorgeversicherung schließt die Deckungslücke für einen Übergangszeitraum – meist bis zum Schluss der laufenden Versicherungsperiode – manchmal eingeschränkt auf eine bestimmte Summe mit ein. Mit einer Vorsorgeversicherung soll eine → Unterversicherung vermieden oder abgemildert werden. Abzugrenzen von → Risikoerhöhung und → Risikoerweiterung.

Vorspannangebote → Kundenfang.

Vorstand – I. Vorstand des Vereins: Notwendiges Organ eines jeden → Vereins (auch des nicht rechtsfähigen) und dessen gesetzlicher Vertreter. Die *Berufung und Zusammensetzung* des Vorstands wird durch die Satzung bestimmt; mangels dieser Bestimmung wird der Vorstand durch Beschluss der Mitgliederversammlung berufen (§ 27 BGB).

II. Vorstand der Aktiengesellschaft: (§§ 76–94 AktG): 1. *Bestellung:* a) Der Vorstand wird vom → Aufsichtsrat bestellt. Die Amtszeit beträgt höchstens fünf Jahre, jedoch ist eine wiederholte Bestellung zulässig (§ 84 AktG). Bei mehrköpfigem Vorstand kann der Aufsichtsrat ein Mitglied des Vorstands zum → Vorsitzenden ernennen, der, wenn die → Satzung oder die Geschäftsordnung des Vorstands nichts anderes bestimmt, nur gleichberechtigtes Mitglied des Vorstands ist. – b) Bei den unter das → Mitbestimmungsgesetz (MitbestG) oder das → Montan-Mitbestimmungsgesetz (MontanMitbestG) fallenden AG (sowie GmbH; Erwerbs- u. Wirtschaftsgenossenschaften und teilweise KG) ist als gleichberechtigtes Mitglied neben den anderen Vorstandsmitgliedern ein → Arbeitsdirektor zu bestellen. – 2. *Pflichten:* a) Der Vorstand leitet die AG in eigener Verantwortung und vertritt sie gerichtlich und außergerichtlich. Vertretungs- und Zeichnungsbefugnis regelt sich nach der Satzung, andernfalls können nur sämtliche Vorstandsmitglieder gemeinsam handeln und zeichnen. Hat die AG keinen Vorstand (→ Führungslosigkeit), wird die AG durch den Aufsichtsrat passiv vertreten (§ 78 I 2 AktG), vgl. dazu auch unter → Gesetz zur Modernisierung des GmbH-Rechts und zur Bekämpfung von Missbräuchen (MoMiG). – b) Er hat z.B. mind. vierteljährlich dem Aufsichtsrat über den Gang der Geschäfte zu berichten (§ 90 II Nr. 3 AktG). Er hat für ordnungsmäßige Buchführung zu sorgen, bei Verlust des halben → Aktienkapitals die → Hauptversammlung einzuberufen (§ 92 AktG) und die → Sorgfaltspflicht eines ordentlichen und gewissenhaften Geschäftsleiters anzuwenden (§ 93 AktG). – c) Bei Verletzung ihrer Pflichten sind die Vorstandsmitglieder der Gesellschaft gegenüber zum Ersatz des daraus entstehenden Schadens als → Gesamtschuldner verpflichtet. – Die Vorschriften für die Vorstandsmitglieder gelten auch für ihre Stellvertreter. – 3. *Rechte:* Für die → Tantiemen, die Bezüge der Vorstandsmitglieder und deren Offenlegung vgl. insbesondere § 87 AktG, §§ 285, 314 HGB und die Gesetze über die Offenlegung der Vorstandsvergütungen (Vorstandsvergütungsoffenlegungsgesetz – VorstOG, vom 3.8.2005, BGBl. 2267) und zur Angemessenheit der Vorstandsvergütung (VorstAG, vom 31.7.2009, BGBl. 2509).

III. Vorstand der Genossenschaft: → Genossenschaftsorgane.

Vorstellungsgespräch – persönliches Gespräch zwischen einer Organisation und einem Bewerber. Wichtiger Bestandteil des Auswahlverfahrens, bei dem fachliche Qualifikationen und die soziale Kompetenz des Bewerbers überprüft werden. Es dient v.a. der Abrundung des aus den schriftlichen Unterlagen (→ Bewerbung) gewonnenen Gesamteindrucks. Das Vorstellungsgespräch ist Teil der Vorverhandlungen hinsichtlich der Einstellung eines neuen

Arbeitnehmers. – Vgl. auch → Vorstellungskosten, → Personalauswahl.

Vorstellungskosten – die dem zur persönlichen Vorstellung (→ Vorstellungsgespräch) aufgeforderten Bewerber entstehenden Kosten. Berechtigte, tatsächlich gemachte Aufwendungen, bes. Reisekosten und die für Übernachtung und Verpflegung entstandenen Auslagen in einer der vorgesehenen Position angemessenen Höhe sind dem Bewerber entsprechend § 670 BGB zu ersetzen, soweit die Übernahme nicht bei Aufforderung zur Vorstellung ausdrücklich abgelehnt wird.

Vorsteuer → Vorsteuerabzug.

Vorsteuerabzug – 1. *Begriff* des Umsatzsteuergesetzes (§§ 15, 15a UStG) für das Recht eines Unternehmers, von seiner Umsatzsteuerschuld die an Vorunternehmer oder Eingangszollstellen bzw. Finanzämter entrichtete Umsatzsteuer (sog. Vorsteuer) abzuziehen. Der Vorsteuerabzug bewirkt, dass Wirtschaftsgüter und Leistungen im Unternehmensbereich grundsätzlich von einem anderen Unternehmer frei von einer Umsatzsteuerbelastung erworben werden können und somit nur die Umsatzsteuer für die Leistungsabgabe an den Verbraucher endgültig bleibt. Alternativ kann man, da jeder Unternehmer für die von ihm erbrachten Leistungen → Umsatzsteuer zu entrichten hat, aber durch den Vorsteuerabzug die auf den Vorleistungen ruhende Umsatzsteuer von seiner Zahllast abziehen kann, den Vorsteuerabzug auch so interpretieren, dass im Ergebnis nur seine eigene, zusätzliche Wertschöpfung der Umsatzsteuer unterliegt. Auf diese Betrachtungsweise geht die Bezeichnung „Mehrwertsteuer" für die Umsatzsteuer zurück. – 2. *Voraussetzungen:* a) Zum Vorsteuerabzug sind nur → Unternehmer berechtigt. Bestimmte Körperschaften und juristische Personen des öffentlichen Rechts, die aus bes. Gründen steuerfrei Leistungen beziehen können sollen, aber keine Unternehmer sind, erhalten auf Antrag eine → Steuervergütung. Ohne eine Rechnung, die allen Anforderungen der §§ 14 ff. UStG genügt, ist ein Vorsteuerabzug nicht möglich (§15 I Nr. 1 UStG). – b) *Abzugsfähig:* (1) Die in → Rechnungen ausgewiesene Steuer für → Lieferungen und → sonstige Leistungen, die von einem anderen Unternehmer für das Unternehmen des vorsteuerabzugsberechtigten Unternehmers ausgeführt worden sind; (2) die entrichtete → Einfuhrumsatzsteuer (EUSt) für Gegenstände, die für das Unternehmen des Empfängers eingeführt worden sind; (3) die → Erwerbsteuer für den innergemeinschaftlichen Erwerb von Gegenständen für das Unternehmen des Erwerbs; (4) die Umsatzsteuer, die der Unternehmer als Leistungsempfänger aufgrund des → Reverse-Charge-Verfahrens selbst bezahlen musste (§13b UStG), und die Umsatzsteuer, die er bei Auslagerung einer Ware aus einem → Umsatzsteuerlager zu entrichten hatte. – c) *Zeitpunkt:* Der Vorsteuerabzug ist mit Ablauf des → Voranmeldungszeitraums vorzunehmen, in dem die vorstehenden Voraussetzungen

Vorsteuerabzug

Staat	Zentrale Erstattungsbehörde
Belgien	Bureau Central de T.V.A. pour assujettis etrangers Bankvard Bisschoffsheim 38, 38A B- 1000 Bruxelles
Dänemark	Told-og Skatteregion Sønderborg Hilmar Finsens Gade 18 DK- 6400 Sonderborg
Bundesrepublik Deutschland	Bundesamt für Finanzen Friedhofstraße 1 D- 53221 Bonn
Finnland	Uudenmaan lääninverovirasto Arvonlisäverotoimisto PL 5 00052 Verotus Finnland/Suomi
Frankreich	Direction Générale des Impôts Centre des Non-Résidents 9, rue d'Uzès F- 75084 Paris Cedex 02
Griechenland	Ministere des Finances Service de T.V.A. 14 th Directorate of VAT and Indirect Taxes rue Sina 2 – 4 GR- 10672 Athenes
Großbritannien und Nordirland	HM Customs and Excise VAT Overseas Repayment Unit Custom House PO Box 34 Londonderry BT487AE Northern Ireland
Irland	The Revenue Comissioners VAT Repayment Section Government Offices ENNIS County Clare Ireland
Italien	2° Ufficio IVA di Roma IV Reparto Rimborsi Via Canton 10 I- 00144 Roma
Luxemburg	Administration de l'Enregistrement et des Domaines Bureau d'imposition 11 Service de Remboursement TVA 1 – 3 Avenue Guillaume B.P. 31 L- 2010 Luxembourg
Niederlande	Belastingdienst/ Particulieren/Ondernemingen buitenland Schakelweg 5 Postbus 2865 NL- 6401 DJ Heerlen
Norwegen	Oestfold Sylkesskattekontor Postboks 430 N- 1502 Moss
Österreich	Finanzamt Graz-Stadt Referat für ausländische Unternehmer Conrad von Hötzendorfstraße 14 – 18 A- 8018 Graz

Vorsteuerabzug (Fortsetzung)

Staat	Zentrale Erstattungsbehörde
Portugal	Direcçâo - Geral das Contibuiçôes e Importos Serviço de Administraço do IVA Avinado Joâo XXi Apartado 8220 P- 1802 Lisboa Codex
Schweden	Särskilda Skattekontoret Carlavägen 21 S- 77183 Ludvika
Schweiz	Eidgenössische Steuerverwaltung Hauptabteilung Mehrwertsteuer Schwarztorstraße 50 CH- 3003 Bern
Spanien	Delegación Especial de Madrid Seccion de Regimenes Especiales c/ Guzman el Bueno 139 Planta 1 E- 28071 Madrid
Ungarn	Fövarosi Adolfelügycloseg Haamaan Katoo ut. 3 – 5 Postafióle 39 H- 1435 Budapest IX

erstmals erfüllt sind, d.h. (1) die Leistung ist erfolgt und eine Rechnung erteilt worden. – *Ausnahme:* Anzahlungen (hierfür Abzug in dem Zeitpunkt, in dem die Rechnung vorliegt und die Zahlung geleistet ist). (2) Die Einfuhrumsatzsteuer ist entrichtet worden; (3) der innergemeinschaftliche Erwerb ist für das Unternehmen des Erwerbes erfolgt. – 3. *Ausschluss:* a) *Vollständig* ausgeschlossen sind die nach 2. abziehbaren Vorsteuern, wenn die zugrunde liegenden Lieferungen, die Einfuhr und der innergemeinschaftliche Erwerb von Gegenständen sowie die sonstigen Leistungen zur Ausführung folgender Umsätze verwendet werden: (1) Bestimmter steuerfreier Umsätze; (2) (nicht steuerbarer) Umsätze im → Ausland, die steuerbar, aber steuerfrei wären, wenn sie im → Inland ausgeführt würden. – b) *Teilweise* ausgeschlossen ist der Vorsteuerabzug, wenn der Unternehmer einen für sein Unternehmen gelieferten oder eingeführten Gegenstand oder eine bezogene sonstige Leistung z.T. zu den unter a) genannten Umsätzen verwendet. Ausgeschlossen ist der Teil, der auf die vom Vorsteuerabzug ausgeschlossenen Umsätze entfällt. Dies bestimmt sich grundsätzlich nach der wirtschaftlichen Zurechnung zu diesen Umsätzen. – c) *Vorsteuerberichtigung:* Stimmt der bei Anschaffung eines Wirtschaftsguts bzw. Bezug einer sonstigen Leistung vorgenommene Vorsteuerabzug nicht mit den späteren Verhältnissen überein, z.B. weil eine bezogene Leistung in höherem/geringerem Ausmaß für steuerfreie Zwecke verwendet wird, als dies beim Bezug der Leistung und damit bei Vornahme des ursprünglichen Vorsteuerabzugs angenommen worden war, so ist der ursprüngliche Vorsteuerabzug während einer Periode von fünf Jahren (bei → Grundstücken, ihren → wesentlichen Bestandteilen etc. zehn Jahre) zu korrigieren. Diese Anpassung des ursprünglichen Vorsteuerabzugs an die tatsächlich zutreffenden Verhältnisse geschieht dann in der Art, dass die tatsächliche Verwendung für jedes Kalenderjahr mit den Verhältnissen zu vergleichen ist, die bei der ursprünglichen Geltendmachung der Vorsteuer prognostiziert worden waren. Da dies außerordentlich aufwendig werden kann, gilt die Verpflichtung zur Vorsteuerberichtigung nur dann, wenn bestimmte Mindestbeträge (§ 44 UStDV) überschritten werden. Hervorzuheben ist jedoch insbesondere, dass, anders als früher üblich, die Vorsteuerberichtigung seit 2005 nicht mehr nur für den Bezug langlebiger Wirtschaftsgüter, sondern umfassend vorgesehen ist. Sie ist also auch für Umlaufvermögen (Wirtschaftsgüter, die nur einmal verwendet werden), für nachträgliche Einbauten und sonstige Leistungen an Wirtschaftsgütern, z.B. Erhaltungsaufwand bei Gebäuden, sowie für andere sonstige Leistungen (z.B. Software oder Mietvorauszahlungen) zu beachten. Eine Vereinfachung der Vorsteuerberichtigung ist allerdings bei Erhaltungsaufwand vorgesehen: Demnach können mehrere Einbauten oder sonstige Leistungen an einem Wirtschaftsgut als ein Berichtigungsobjekt zusammengefasst werden, falls es sich um eine einheitliche Maßnahme handelt. – 4. *Besonderheiten:* a) *Pauschalierter Vorsteuerabzug nach Durchschnittsätzen:* (1) für Land- und Forstwirte (→ land- und forstwirtschaftliche Umsätze); (2) für bestimmte Gruppen nicht buchführungspflichtiger Unternehmer, deren Vorjahresumsatz nicht über 61.356 Euro betrug (bestimmte Handwerker, Einzelhändler, Freiberufler); Voll- oder Teilpauschalierung des Vorsteuerabzugs (§ 23 UStG, §§ 69, 70 UStDV); (3) für nicht buchführungspflichtige gemeinnützige Körperschaften, Personenvereinigungen und Vermögensmassen, deren Vorjahresumsatz 35.000 Euro nicht überstiegen hat (§ 23a UStG). – b) Bei *Fahrausweisen* und → Kleinbetragsrechnungen ist der Vorsteuerabzug unter erleichterten Anforderungen möglich (§ 35 UStDV). – c) Weitere *Besonderheiten:* Vgl. §§ 40 und 43 UStDV. – 5. *Verfahren:* → Umsatzsteuer. – 6. *Erstattung von Vorsteuerabzügen in EU-Staaten:* Aufgrund der Achten Richtlinie zur Harmonisierung der Umsatzsteuern vom 6.12.1979 (ab 2010 Inkrafttreten einer Neufassung unter dem Titel „Mehrwertsteuererstattungsrichtlinie") sind die EU-Mitgliedsstaaten verpflichtet, den in einem anderen Mitgliedsstaat ansässigen Unternehmern die Vorsteuerabzüge zu erstatten. – *Zentrale Erstattungsbehörden:* Vgl. Tabelle „Vorsteuerabzug". – Vgl. auch → Umsatzbesteuerung.

Vorsteuerberichtigung → Vorsteuerabzug.

Vorsteuererstattung → Vorsteuerabzug, → Vorsteuervergütungsverfahren.

Vorsteuervergütungsverfahren – *Vergütungsverfahren;* ein Verfahren aus dem Umsatzsteuerrecht. – 1. *Grundprinzip:* Da der → Vorsteuerabzug jedem Unternehmer zusteht, können auch ausländische Unternehmer die Erstattung von Vorsteuern beantragen. Das Vorsteuervergütungsverfahren ist subsidiär gegenüber dem → Veranlagungsverfahren, d.h. sobald ein Unternehmer steuerpflichtige Umsätze im Inland ausführt, für die die Steuer nicht bereits abgegolten ist (z.B. durch das → Reverse-Charge-Verfahren), scheidet ein Vorsteuervergütungsverfahren aus. – 2. *Voraussetzungen:* a) *Regelung bis Ende 2009:* Der einzelne Antrag auf Vergütung von Vorsteuern muss mind. einen Zeitraum von drei Monaten und darf höchstens ein Kalenderjahr betragen; ein Antrag für einen kürzeren Zeitraum ist zulässig, wenn es sich um den Rest des Kalenderjahres handelt (§ 60 UStDV). Der Antrag ist für Zeiträume, die sich nicht bis zum Ende des Kalenderjahrs erstrecken, nur zulässig für Ansprüche über mind. 200 Euro, ansonsten für mind. 25 Euro (Nicht-EU-Unternehmer: 500 Euro bzw. 250 Euro). Das Vorsteuervergütungsverfahren ist auf amtlichem Vordruck beim Bundesamt für Finanzen oder beim zuständigen Finanzamt zu beantragen. Der ausländische Unternehmer muss durch eine Bescheinigung seiner heimatlichen Finanzbehörde seine Unternehmereigenschaft (Unternehmer) nachweisen (§ 61 UStDV). – b) *Regelung ab 2010*: Ab 2010 muss der Unternehmer das Vorsteuererstattungsverfahren elektronisch durchführen. Der elektronische Vergütungsantrag ist vom Unternehmer in seinem Heimatstaat zu stellen; dieser muss ein Internetportal einrichten, wo er die Vergütungsanträge entgegennimmt, die Unternehmereigenschaft des Antragstellers prüft und anschließend die Antragsdaten zur Bearbeitung an den zuständigen Mitgliedsstaat (= den, der die Vorsteuer vereinnahmt hatte) weiterleitet. Im Internetantrag sind die zu seiner Bearbeitung erforderlichen Daten, z.B. die Umsatzsteuer-Identifikationsnummer des Rechnungsausstellers und die fortlaufende Rechnungsnummer, anzugeben, hierdurch wird eine ausreichende Kontrolle der angegebenen Informationen auch ohne Vorlage der schriftlichen Originalrechnungen möglich (diese soll daher nur noch im Ausnahmefall verlangt werden können). Auch in Zukunft bleiben bestimmte Bagatellgrenzen Voraussetzung für die Einreichung des Antrags. – 3. *Andere EU-Staaten:* Das Vorsteuervergütungsverfahren wird in den anderen EU-Staaten nach ähnlichen Grundsätzen durchgeführt (Vereinheitlichung durch Achte Richtlinie zur Harmonisierung der Umsatzsteuer, 1979; ab 2010: Mehrwertsteuererstattungsrichtlinie; bzw. für Nicht-EU-Unternehmer 13. Richtlinie, 1986). – *Anders:* → Steuervergütung nach § 4a UStG. – Vgl. auch → Vorsteuerabzug.

Vorstrafe – 1. *Begriff:* Die im → Bundeszentralregister eingetragene, noch nicht getilgte, gerichtliche Strafe einer Person. – 2. *Arbeitsrecht:* Die Offenbarungs- und Auskunftspflicht (→ Offenbarungspflicht) des Arbeitnehmers gegenüber seinem zukünftigen Arbeitgeber ist nicht unumstritten: a) *Unaufgefordert* braucht der Arbeitnehmer Vorstrafen nur ausnahmsweise anzugeben, wenn dies nach → Treu und Glauben erwartet werden muss, z.B. bei Bewerbung um bes. qualifizierte Vertrauensstellung. – b) *Auf Befragen* hat der Arbeitnehmer Vorstrafen anzugeben, die für seine Verwendung im Betrieb von Bedeutung sein können (z.B. Kraftfahrer hinsichtlich Vorstrafen wegen Verkehrsdelikten). Für die betriebliche Praxis empfiehlt es sich oft, die Befragung auf derartige Delikte zu beschränken. Wird nach Vorstrafen gefragt, die für die Verwendung im Betrieb bedeutungslos sind, braucht im Verschweigen solcher Vorstrafen keine → arglistige Täuschung zu liegen.

Vorteil – Strafrechtlicher Begriff für jegliche Besserstellung, die der Täter erreicht oder anstrebt; deshalb ist er nicht nur auf materiellen einen Vorteil beschränkt. Der Begriff findet sich sowohl im StGB (z.B. bei der Bestechung), als auch z.B. in der AO (bei der Steuerhinterziehung).

Vorteilsabschöpfung – *Mehrerlösabschöpfung*; Abschöpfung des wirtschaftlichen Vorteils, den ein Unternehmen durch einen schuldhaft (fahrlässig oder vorsätzlich) begangenen Verstoß gegen Bestimmungen des GWB, Verfügungen der Kartellbehörde oder die Art. 101, 102 AEUV erlangt, durch die Kartellbehörde oder Verbände. Hierdurch soll eine Bereicherung durch einen Kartellrechtsverstoß verhindert werden. – 1. *Vorteilsabschöpfung durch die Kartellbehörde (§ 34 GWB):* Der wirtschaftliche Vorteil ist der Saldo aus dem Vergleich zwischen der Vermögenssituation, die sich ohne den Kartellrechtsverstoß ergeben hätte, und der tatsächlich eingetretenen Vermögenssituation für einen Zeitraum von längstens fünf Jahren. Er kann von der Kartellbehörde hilfsweise geschätzt werden. Eine Vorteilsabschöpfung durch die Kartellbehörde scheidet aus, wenn das betroffene Unternehmen bereits Schadensersatz geleistet hat (§ 33 III GWB) oder ein Bußgeld verhängt wurde, das neben einer ahndenden auch eine abschöpfende Komponente enthielt (§ 81 V GWB). Die Vorteilsabschöpfung soll der Höhe nach beschränkt werden oder ganz unterbleiben, wenn sie für das Unternehmen eine unbillige Härte darstellt, d.h. insbesondere die Fortexistenz des Unternehmens gefährden würde. – 2. *Vorteilsabschöpfung durch Verbände (§ 34 a GWB):* Die Vorteilsabschöpfung durch Verbände erfolgt auf dem Zivilrechtsweg und kommt in erster Linie in Fällen in Betracht, in denen die Kartellbehörde keine Verfahren eingeleitet hat und keine Schadensersatzansprüche geltend gemacht wurden. Sie ist auf den wirtschaftlichen Vorteil aus vorsätzlichen Zuwiderhandlungen beschränkt, durch die auf der jeweiligen Marktgegenseite eine Vielzahl von Abnehmern oder Anbietern benachteiligt wurde. Anspruchsberechtigte Verbände sind nach § 33 II GWB rechtsfähige Verbände zur Förderung gewerblicher oder selbstständiger beruflicher Interessen; daneben, sofern die Achte GWB-Novelle im Laufe des Jahres 2013 in Kraft treten sollte, auch Verbraucherverbände. Anders als bei Schadensersatzansprüchen kommt die Vorteilsabschöpfung nicht etwa benachteiligten

Verbandsmitgliedern zugute, sondern wird wie im Falle der Abschöpfung durch die Kartellbehörde an die Staatskasse abgeführt.

Vorteilsannahme → Bestechung.

Vorteilsausgleichung – Berücksichtigung bei der Schadensberechnung, wenn eine zum → Schadenersatz verpflichtende Handlung dem Geschädigten nicht nur Nachteile, sondern auch Vorteile bringt: 1. Beim *Geldersatz* ist nur der Saldo zwischen Vor- und Nachteilen zu ersetzen. – 2. Bei der → Naturalherstellung ist der Vorteil bei der Ersatzleistung z.B. durch Zuzahlung des Geschädigten auszugleichen.

Vorteilsbegünstigung → Steuerstraftat (§ 369 I 4 AO). Wegen Vorteilsbegünstigung wird bestraft, wer einem anderen, der eine Steuerstraftat begangen hat, in der Absicht Hilfe leistet, ihm die Vorteile der Tat zu sichern. – *Strafe:* Freiheitsstrafe bis zu fünf Jahren oder Geldstrafe (§ 257 StGB). – Vgl. auch → Begünstigung.

Vorteilsgewährung → Bestechung.

Vortragsrecht – Recht des → Urhebers, ein Sprachwerk durch persönliche → Darbietung öffentlich zu Gehör zu bringen (§ 19 I UrhG). – Vgl. auch → Aufführungsrecht, → öffentliche Wiedergabe.

vorübergehende Verwahrung – 1. *Begriff*: Ins → Zollgebiet der EU verbrachte und alsdann gestellte → Nichtgemeinschaftswaren bleiben bis zur → Überlassung durch die Zollstellen in der sog. vorübergehenden Verwahrung, Art. 50 ZK. Dabei handelt es sich nicht um ein → Zollverfahren oder eine sonstige zollrechtliche Bestimmung, sondern um den vorgeschalteten Zeitraum. – 2. *Folgen*: Während der vorübergehenden Verwahrung unterliegen die Waren erheblichen Beschränkungen. Vereinfacht gesagt, dürfen nur notwendige Erhaltungsmaßnahmen durchgeführt werden, Art. 52 ZK. Die Verwahrung kann beim Zollamt, einem Dritten oder dem Empfänger durchgeführt werden. Dazu kann auch die Einlagerung in ein Verwahrungslager vorgeschrieben werden. – 3. → Unionszollkodex: Künftig wird die vorübergehende Verwahrung ein Unterfall der Lagerung.

vorübergehende Verwendung → Zollverfahren in dem die zollfreie Verwendung von eingeführten Waren im Zollgebiet der EU möglich ist, wenn sie wieder ausgeführt werden sollen. Sie erfolgt unter zollamtlicher → Überwachung. Sie kommt in Betracht, soweit sie wesentliche Vorteile für den Verwender erwarten lässt und Nachteile für andere durch den Zoll geschützte Wirtschaftskreise, auch nach Dauer der Verwendung, nicht zu befürchten sind, oder soweit die Vorteile gegenüber den Nachteilen erheblich überwiegen. Die speziellen Rechtsgrundlagen zur vorübergehenden Verwendung findet man in den Artikeln 137-144 ZK sowie in den Artikeln 553-584 ZK-DVO. – *Beispiele:* Beförderungsmittel, Ausstellungsgut, Berufsausrüstung, persönliche Habe. In einigen Fällen wird ein ermäßigter Zoll entsprechend der Verwendungsdauer von 3 Prozent pro Monat des normalen Zollbetrages erhoben.

Vorumsatzabzug → Umsatzbesteuerung.

Vorverfahren – Vor Erhebung einer Klage vor dem Verwaltungsgericht ist nach § 68 VwGO grundsätzlich ein Vorverfahren durchzuführen (Widerspruch, Widerspruchsbescheid). In vielen Bundesländern ist das Widerspruchsverfahren im Zuge des Bürokratieabbaus jedoch eingeschränkt oder ganz abgeschafft worden. – Vgl. auch → Verwaltungsgerichtsbarkeit, → Finanzgerichtsbarkeit.

Vorvertrag – zum späteren Abschluss eines Hauptvertrages verpflichtende Vereinbarung. Der Vorvertrag muss Einigung über alle wesentlichen Punkte enthalten und i.d.R. unter Beachtung der etwa für den Hauptvertrag bestehenden Formvorschriften abgeschlossen werden.

Vorwahl → Selbstauswahl.

Vorwärtsintegration – Übernahme einer oder mehrerer nachfolgender Fertigungsstufe(n). – *Gegensatz:* → Rückwärtsintegration. – Vgl. auch → Make or Buy.

Vorwärtsterminierung → PPS-System.

Vorwärtsverkettung – *Forward Chaining, datengesteuerte Inferenz;* Vorgehensweise, bei der man von einer Anfangssituation auf die Endsituation schließt. Vorwärtsverkettung ist eine mögliche Inferenzstrategie bei einem → regelbasierten System. – *Gegensatz:* → Rückwärtsverkettung.

Vorwärtsverknüpfung → Verkettungseffekte, Forward Linkage.

Vorwärtsversicherung – Vorherrschende Form von Versicherungsschutz, bei der vertragsgemäß der formelle → Versicherungsbeginn zeitlich vor dem materiellen Versicherungsbeginn liegt. – *Gegensatz:* → Rückwärtsversicherung.

Vorwegabzug → Vorsorgeaufwendungen.

vorweggenommene Erbfolge – die Übertragung von Vermögen auf die (mutmaßlichen) Erben schon zu Lebzeiten des Erblassers. Im Rahmen der *Erbschaftsteuer* wurde die vorweggenommene Erbfolge bisher dadurch gefördert, dass für die Übergabe von Betriebsvermögen und bestimmten Beteiligungen an Kapitalgesellschaften ein Betriebsvermögensfreibetrag sowie ein Bewertungsabschlag von 60 Prozent gewährt wurden; zudem dadurch, dass für eine solche Schenkung die Steuer nur nach Steuerklasse I erhoben wird. Im Rahmen der *Einkommensteuer* führt die unentgeltliche Übertragung eines Betriebes oder Teilbetriebs auf den Erben oder die unentgeltliche Aufnahme eines Erben als Mitgesellschafter in eine Einzelunternehmung oder eine Personengesellschaft nicht zu einer Gewinnrealisierung, obwohl es sich um eine Entnahme bzw. Veräußerung des Vermögens handelt. Jedoch muss der Erbe die Buchwerte aus der Bilanz seines Vorgängers fortführen (§ 6

III EStG), sodass die vorhandenen stillen Reserven zu einem späteren Zeitpunkt, nämlich zur Zeit ihrer Realisierung im regulären Geschäftsgang, weiterhin steuerlich erfasst werden. – Mit den *neuen erbschaftsteuerlichen Regelungen*, welche zum 1.1.2009 in Kraft getreten sind, wird insbesondere die Besteuerung von Unternehmensübertragungen geändert. Für Erbschaftsteuerzwecke können die neuen Regelungen auf Antrag bereits ab dem 1.1.2007 angewendet werden. Die Bewertung von Unternehmen wie Personenunternehmen und Kapitalgesellschaften wird künftig wie folgt vorgenommen: a) Vorrangig ist der Unternehmenswert aus Verkäufen unter fremden Dritten, die weniger als ein Jahr vor dem Besteuerungszeitpunkt zurückliegen, herzuleiten. – b) Liegen keine zeitnahen Verkäufe vor, hat eine Schätzung des gemeinen Wertes unter Berücksichtigung der Ertragsaussichten (→ Ertragswertverfahren) oder einer anderen anerkannten Methode zu erfolgen. – c) Als Mindestwert ist dabei die Summe der gemeinen Werte aller Einzelwirtschaftsgüter abzüglich der Schulden anzusetzen (Substanzwert). – d) → Verschonungsabschlag: Soweit die entsprechenden Voraussetzungen erfüllt sind, wird auf das „begünstigte Betriebsvermögen" ein sog. „Verschonungsabschlag" gewährt, welcher an folgende Bedingungen geknüpft ist: (1) Einhaltung der Lohnsummen und (2) an die Einhaltung der Behaltensfrist über einen Zeitraum von sieben („Regelverschonung") bzw. zehn Jahren („Verschonungsoption"). Soweit der steuerpflichtige Vermögensteil nicht mehr als die Freigrenze von 150.000 Euro beträgt, bleibt er für die Berechnung der Erbschaftsteuer außer Ansatz (= „Abzugsbetrag"). Wenn der Wert dieses Vermögens insgesamt 150.000 Euro übersteigt, vermindert sich der Abzugsbetrag. Für Steuerpflichtige der Steuerklassen II und III bleibt der Entlastungsbetrag erhalten. Hierbei gelten die o.g. Behaltensvoraussetzungen. – Die Gewährung des Verschonungsabschlags ist an zwei Bedingungen geknüpft: – (a) an die Einhaltung der Lohnsumme über einen Zeitraum von sieben (Regelverschonung) bzw. zehn Jahren (Verschonungsoption) und – (b) an die Einhaltung der Behaltensfrist die bei der Regelverschonung sieben Jahre und bei der Verschonungsoption zehn Jahre beträgt.

vorzeitige Ausfuhr – Art. 115 Ib ZK trägt dem Erfordernis moderner Produktions- und Dispositionsmethoden Rechnung und erlaubt bei der → aktiven Veredelung im → Nichterhebungsverfahren, die aus Ersatzwaren hergestellten → Veredelungserzeugnisse schon vor Einfuhr der Nichtgemeinschaftswaren und Überführung in die aktive Veredelung aus dem Zollgebiet der Gemeinschaft auszuführen. Dieses im früheren dt. Recht „Vorgriff" genannte Recht ermöglicht die abgabenfreie Wiederbeschaffung (Duty Free Replacement) der beim → Veredelungsvorgang eingesetzten Vorprodukte.

Vorzugsaktie – *Vorrechtsaktie, Prioritätsaktie, Stammpriorität, Preference Share, Preferred Stock.*

I. Begriff: → Aktien, die aufgrund der → Satzung gegenüber den → Stammaktien mit bes. Vorrechten ausgestattet sind (§ 11 AktG). Die Vorrechte können sich erstrecken auf Gewinnbeteiligung (Dividendenvorrecht), Beteiligung am Liquidationserlös der Gesellschaft und → Stimmrecht.

II. Arten der Bevorrechtigung: 1. *Vorrechte bez. Gewinnbeteiligung:* a) Die Vorzugsaktien erhalten vorweg eine nach oben begrenzte Ausschüttung; der Rest wird auf die Stammaktien verteilt *(limitierte Vorzugsdividende).* – Um die Inhaber von Vorzugsaktien zu schützen, ist es möglich, die Vorzugsaktien mit einem *Nachbezugsrecht* auszustatten: Ausfallende Dividenden aufgrund zu geringen Bilanzgewinns sind in den folgenden Jahren, in denen der Bilanzgewinn dies zulässt, nachzuholen *(kumulative Vorzugsdividende).* – b) Vorzugsaktien können auch mit einem *prioritätischen Dividendenanspruch* ausgestattet sein. Ist dieser verbunden mit einer Gleichverteilungsregel, so werden die Gewinne bis zu einem bestimmten Betrag nur an Vorzugsaktionäre ausgeschüttet. Ist dieser Betrag erreicht, so werden darüber hinaus Gewinne nur den Stammaktionären zugewiesen, bis diese die gleiche Dividende erhalten wie die Vorzugsaktionäre. Noch verbleibende Beträge des Bilanzgewinns werden auf alle Aktien verteilt. – c) Auch eine Verbindung des *prioritätischen Dividendenanspruchs mit genereller Überdividende* ist möglich. Hier wird, nachdem ein bestimmter Betrag nur an die Vorzugsaktionäre ausgeschüttet wurde, der darüber hinausgehende Bilanzgewinn sofort auf alle Aktien verteilt. – 2. *Vorrechte bez. Stimmrecht* (→ Mehrstimmrechtsaktien) sind durch § 12 AktG allg. verboten. – 3. Sonderform der Vorzugsaktie ist die immer mehr an Bedeutung gewinnende *stimmrechtslose Vorzugsaktie.* Als Ausgleich für den Stimmrechtsverlust erhält der Aktionär i.d.R. eine höhere Dividende oder ein Nachbezugsrecht. Stimmrechtslose Vorzugsaktien dürfen maximal bis zur Hälfte des Grundkapitals ausgegeben werden (§§ 139–141 AktG). Bei Nichtzahlung lebt unter bestimmten Umständen das Stimmrecht wieder auf, vgl. § 140 II AktG.

III. Bedeutung: 1. Vorzugsaktien werden als *Mittel der* → Eigenfinanzierung angewendet, wenn aufgrund des zu geringen Kurses der Aktie (kleiner als der Nennwert) eine → Kapitalerhöhung nicht möglich ist (Verbot der → Unter-Pari-Emission). Um dennoch an das benötigte Eigenkapital zu gelangen, werden die Vorzugsaktien mit den oben genannten Vorrechten als zusätzlichen Kaufanreiz ausgestattet. – 2. Auch für AG, deren Kapital sich in den Händen einer Familie befindet (→ Familienaktiengesellschaften), ist die Ausgabe von Vorzugsaktien ein bevorzugtes Mittel der Eigenfinanzierung: Durch die Ausgabe stimmrechtsloser Vorzugsaktien kann der Kapitalbedarf gedeckt und die Mitsprache der neuen Kapitalgeber ausgeschlossen werden. Die Geschäftsführung bleibt so unter dem ausschließlichen Einfluss der Familienaktionäre. Wird das Stimmrecht der Vorzugsaktien ausgeschlossen, so ist diese mit einem nachzuzahlenden Vorzug auszustatten.

IV. Vorzugsaktien ohne zwingenden Nachzahlungsanspruch: Nach dem Regierungentwurf zur Änderung des Aktiengesetzes (→ Aktienrechtsnovelle 2012) sollen künftig Unternehmen auch Vorzugsaktien ohne zwingenden Nachzahlungsanspruch auf ausgefallene Dividenden ausgeben können. Dies soll v.a. Kreditinstituten die Erfüllung aufsichtsrechtlicher Eigenkapitalvorgaben erleichtern, da stimmrechtslose Vorzugsaktien mit einem Nachzahlungsanspruch nach den internationalen Eigenkapitalanforderungen nicht auf das Kernkapital angerechnet werden können. Der Regierungsentwurf überlässt es der Praxis, ob und zu welchem Preis solche Vorzugsaktien vom Markt aufgenommen werden. Das Gesetz könnte 2013 verabschiedet werden.

Vorzugsbehandlung – Gemäß Art. 184 ZK gehören dazu die Befreiungen von Ein- und Ausfuhrabgaben nach der ZollbefreiungsVO sowie die Einfuhrabgabenfreiheit für → Rückwaren gemäß Art. 185 ff. ZK und Erzeugnisse der Seefischerei gemäß Art. 188 ZK.

Vorzugsdividende – der auf die Vorzugsaktie entfallende Anteil am Reingewinn einer AG (→ Dividende). – Vgl. auch → Vorzugsaktie.

Vorzugskurs – ein unter dem Börsenkurs liegender → Kurs. – Vgl. auch → Belegschaftsaktien.

Vorzugsobligation – *Prioritätsobligation, Preference Bond;* mit bestimmten Vorrechten ausgestattete → Anleihe, z.B. → Wandelschuldverschreibungen.

Vorzugszoll → Präferenzzoll. – *Gegenteil hierzu:* → Drittlandszollsatz (nach dem Meistbegünstigungsprinzip des → GATT).

Voting by Feet – *Abstimmung mit den Füßen.* Neben der Abstimmung mittels Stimmabgabe (Voice; → Abstimmungsverfahren) kann eine Abstimmung faktisch auch mit den Füßen, d.h. mittels Abwanderung (Exit), erfolgen. In Diktaturen wird üblicherweise versucht, „Voice and Exit" zu unterbinden. – Vgl. auch → ökonomische Theorie des Föderalismus.

VPI – Abk. für → Verbraucherpreisindex für Deutschland.

VPI-EWR → Harmonisierter Verbraucherpreisindex (HVPI).

VPI-EWU → Harmonisierter Verbraucherpreisindex (HVPI).

VPöA – Verordnung über die Preise bei öffentlichen Aufträgen.

VSAM → Dateiorganisation.

V-Steuern → Veranlagungsteuern.

VUBIC – Abk. für *Verband Unabhängig Beratender Ingenieure und Consultants e. V.*, Wirtschaftsverband, der die Interessen von rund 400 Unternehmen in Deutschland vertritt, darunter kleine, hochspezialisierte Ingenieurbüros, aber auch große Planungs- und Beratungsunternehmen; Sitz in Berlin. Die VUBIC-Unternehmen haben 2008 einen Umsatz von ca. 2,12 Mrd. Euro erwirtschaftet. 25.000 Beschäftigte arbeiten weltweit. Öffentliche Institutionen, (inter-) nationale Finanzierungsinstitutionen wie die KfW-Bankengruppe und private Investoren zählen zu den Auftraggebern der VUBIC-Unternehmen. Der VUBIC setzt sich für die Verbesserung und Weiterentwicklung von politischen, wirtschaftlichen und gesellschaftlichen Rahmenbedingungen für Ingenieure und Consultants ein.

VWL – übliche Abk. für *Volkswirtschaftslehre* (→ Volkswirtschaftstheorie).

VZ – im Steuerrecht gebräuchliche Abk. für → Veranlagungszeitraum oder → Vorauszahlung.

W

WA – Abk. für *Warenverzeichnis für die Außenhandelsstatistik;* auf der → kombinierten Nomenklatur (KN) aufbauende Klassifikation für den Außenhandel. Das WA entspricht im Wesentlichen dieser europäischen Nomenklatur, enthält aber noch Elemente, die spezifisch dt. Gesichtspunkte berücksichtigen. Es wird in der → Außenhandelsstatistik sowohl für die → Intrahandelsstatistik als auch für die → Extrahandelsstatistik, ferner in einigen Preisstatistiken verwendet. Eine Aktualisierung erfolgt i.d.R. gleichzeitig mit der KN. Seit 1.1.2012 ist das WA i.d.F. „Ausgabe 2012" in Kraft (WA 2012), das das WA 2011 ablöst. – Vgl. auch → Klassifikationen, → Warenklassifikationen des Außenhandels.

WACC – Abk. für *Weighted Average Cost of Capital;* der WACC ist ein gewichteter Gesamtkapitalkostensatz, der in der Unternehmensbewertung und im Zusammenhang mit wertorientierten Steuerungskennzahlen zur Anwendung kommt. Er setzt sich zusammen als gewichtetes arithmetisches Mittel der Eigen- und Fremdkapitalkostensätze eines Unternehmens, wobei die Gewichte in den jeweiligen Anteilen des Eigen- bzw. Fremdkapitals am Gesamtkapital bestehen.

Wachstum – 1. Zahlenmäßige Zunahme von *Populationen* von Lebewesen, z.B. Bevölkerungswachstum. – 2. *Wirtschaftswachstum:* a) *Begriff:* Wirtschaftliches Wachstum kann allg. als Zunahme der wirtschaftlichen Leistungsfähigkeit einer Volkswirtschaft bezeichnet werden. – b) *Indikatoren des Wirtschafts-Wachstum:* Die Leistungsfähigkeit wird dabei durch verschiedene Größen ausgedrückt, in den meisten Veröffentlichungen durch das → Bruttoinlandsprodukt (BIP). Wirtschaftliches Wachstum bedeutet somit eine Steigerung der inländischen Produktion, bzw. des im Inland erzielten Einkommens. Dabei sind grundsätzlich *zwei Möglichkeiten* zu unterscheiden: Eine Steigerung kann aufgrund einer verbesserten Auslastung der vorhandenen Produktionskapazitäten durch vermehrten Einsatz der Produktions*faktoren* erfolgen *(Auslastungseffekt)* oder durch eine Ausweitung der Produktions*kapazitäten (Kapazitätseffekt),* wobei oftmals nur bei Kapazitätseffekten von Wachstumseffekten gesprochen wird. Das Interesse gilt dabei häufig den *Pro-Kopf-Größen,* denn das Wachstum der Indikatoren der Leistungsfähigkeit und das Wachstum der Bevölkerung stehen in einem negativen Zusammenhang: Ist die Wachstumsrate der Bevölkerung höher als die Wachstumsrate etwa des BIP, dann sinkt das BIP pro Bevölkerungsmitglied. – c) Das *BIP als Wachstumsmaßstab* wird aus zwei Gründen kritisiert: (1) unzureichende Möglichkeit des Messens aller in einer Volkswirtschaft erbrachten Leistungen: Diese Kritik bezieht sich v.a. auf das Nichterfassen aller innerhalb von Haushalten erbrachten Leistungen sowie aller Leistungen, die nicht auf offiziellen Märkten getauscht werden, sondern der sog. → Schattenwirtschaft zugerechnet werden müssen. (2) Unzureichende Berücksichtigung von bestimmten *qualitativen* Eigenschaften der wirtschaftlichen Entwicklung: Diese Kritik wurde (und wird) unter der Diskussion *quantitatives vs. qualitatives* Wachstum geführt. Die Forderung nach einem qualitativen wirtschaftlichen Wachstum bezieht sich dabei auf verschiedene wünschenswerte Eigenschaften der Entwicklung. Im Vordergrund stehen eine Verringerung der Ungleichheit der *personellen* → Einkommensverteilung und eine *möglichst geringe Beeinträchtigung der Umwelt:* (a) *Verteilungsfragen* können nur mit expliziten Wertungen bez. der Gerechtigkeitsvorstellung beantwortet werden. Das BIP wird von den meisten Ökonomen als Zielgröße des Wachstums akzeptiert, da ein steigendes BIP zumindest für eine größere Verteilungsmasse sorgt, womit Verteilungsfragen dann leichter zu lösen sind. (b) Die Problematik einer *zunehmenden Beeinträchtigung der Lebensumwelt durch wirtschaftliches Wachstum* wurde in umfassender Weise erstmals im Bericht des Massachussetts Institute of Technologie unter Leitung von Meadows (1972) für den → Club of Rome (COR) analysiert. Der Bericht ist die Grundlage für Kontroversen, die in den folgenden Jahren unter dem Thema *Ökonomik vs. Ökologie* geführt werden. Unstrittig ist in dieser Diskussion das formulierte Ziel eines umweltschonenden Wirtschaftens, strittig bleibt allerdings die exakte Operationalisierung dieses Ziels. Festzustellen ist vorerst: Die Bürger haben gleichzeitig Präferenzen für produzierte Güter *und* für eine hohe Umweltqualität. Dabei werden in jeder Produktion Ressourcen (und oftmals nichtreproduzierbare Ressourcen) verbraucht und fast jede Produktion hinterlässt Schadstoffe in der Umwelt. Ökonomen stehen somit vor der Aufgabe, eine wirtschaftliche Entwicklung zu beeinflussen, die sowohl dem Ziel einer gewünschten Güterversorgung dient als auch einer gewünschten Umweltqualität. Dabei stehen quantitatives und qualitatives Wachstum nicht notwendigerweise im Widerspruch, denn ein zunehmender Anteil des BIP wird z.B. durch Umwelttechnik produzierende Industrien erzeugt. – d) Das *Wachstum als politisches Ziel* ist in der Bundesrepublik Deutschland seit 1967 mit dem Gesetz zur Förderung der Stabilität und des Wachstums der Wirtschaft rechtlich vorgegeben: → Stabilitäts- und Wachstumsgesetz (StWG). Darin wird von wirtschaftspolitischen Maßnahmen gefordert, „... dass sie im Rahmen der marktwirtschaftlichen Ordnung gleichzeitig zur Stabilität des Preisniveaus, zu einem hohen Beschäftigungsstand und außenwirtschaftlichem Gleichgewicht bei stetigem und angemessenem Wachstum beitragen" sollen. – Vgl. auch → Wachstumstheorie, → Wachstumspolitik.

Wachstumsdeterminanten – 1. *Begriff*: Faktoren, die in einer → Region das wirtschaftliche Wachstum (verstanden als die Erhöhung des realen Einkommens mittels der Erhöhung des potenziellen Outputs und der potenziellen Nachfrage) beeinflussen. Sie können zur Erklärung von ungleicher Entwicklung und → regionalen Disparitäten dienen. – 2. *Arten:* a) *Interne Wachstumsdeterminanten,* die auch in einer geschlossenen Region ohne Austauschbeziehungen mit anderen Regionen zur Geltung kommen würden. Als Faktoren für ein derartiges autochthones Wachstum werden angeführt: Technischer Fortschritt, Raumstruktur (v.a. der Grad der → Agglomeration), Sektoralstruktur (v.a. der Grad der → Industrialisierung), → Infrastruktur, politisches und soziales System. – b) *Externe Wachstumsdeterminanten,* die von außen auf eine mit anderen Regionen vernetzte Region wirken. Hierzu gehören die interregionalen Faktorwanderungen von Arbeit, Kapital und technischem Wissen, wobei eine Zuwanderung wachstumsfördernd, eine Abwanderung wachstumshemmend ist. Weiterhin gibt es interregionale Güter- und Dienstleistungsbewegungen, wobei nicht genau gesagt werden kann, ob sie eher fördernd oder hemmend wirken. Der Import von Gütern kann in einer arbeitsteiligen Wirtschaft auf eine starke Spezialisierung der Region deuten oder diese fördern, der Export von Gütern deutet auf eine starke externe Nachfrage. Ausprägung und Richtung externer Wachstumsdeterminanten werden maßgeblich von der Art und Menge der internen Wachstumsdeterminanten der jeweiligen Region beeinflusst. In offenen Regionen wird Wachstum somit aus dem Zusammenwirken interner und externer Faktoren erklärt.

Wachstumsfonds → Thesaurierungsfonds.

Wachstumsgrenze – Prominente Beispiele für (vermutete) Wachstumsgrenzen sind die Nahrungsmittelproduktion, die Verfügbarkeit erschöpflicher Ressourcen und die Aufnahmekapazität der Umwelt bez. der Abfallprodukte wirtschaftlicher Aktivität. Aktuell konzentriert sich die Diskussion um Wachstumsgrenzen auf die Folgen des Treibhauseffektes. Die wissenschaftliche und gesellschaftspolitische Diskussion über die „Grenzen des Wachstums" wurde stark durch die gleichnamige Veröffentlichung des → Club of Rome (COR) geprägt.

Wachstumsmodelle → Wachstumstheorie.

Wachstumspol – räumlich bestimmbare → motorische Einheit. Von einem Wachstumspol gehen → Ausbreitungseffekte auf sein Hinterland aus, die dessen Wirtschaftswachstum positiv beeinflussen. Als Wachstumspol werden häufig → Städte betrachtet, die die oberen Ränge in der zentralörtlichen Hierarchie (→ zentrale Orte) belegen.

Wachstumspolitik – I. Begriff: Als Wachstumpolitik werden wirtschaftspolitische Maßnahmen des Staates bezeichnet, die auf eine langfristige Erhöhung des Prof-Kopf-Bruttoinlandsprodukts (BIP) eines Landes (oder eines anders definierten Wirtschaftsraumes wie z.B. der Europäischen Union) ausgerichtet sind. Der Begriff Wachstumspolitik fasst damit ein breites Spektrum von staatlichen Maßnahmen zusammen.

II. Merkmale: Bezugspunkt der Wachstumspolitik sind die Determinanten des Wachstums, die in der → Wachstumstheorie und der Institutionentheorie ermittelt werden. In der Wachstumstheorie werden Faktoren, die auf lange Sicht das (gleichgewichtige) Niveau des BIP bestimmen (Niveaueffekte) von solchen unterschieden, die eine Anpassung an Niveaus bewirken (Wachstumsrateneffekte). Falls die Wachstumsrateneffekte nicht nur vorübergehend bis zur Erreichung eines Gleichgewichtes wirken, sondern das Wachstum dauerhaft erhöhen, kommt diesen Maßnahmen eine größere Bedeutung zu. In der Wachstumstheorie ist diese Differenzierung wichtig, weil sich darauf eine ganze Forschungsrichtung – die neue bzw. endogene Wachstumstheorie – gründet. Zentraler Erklärungsansatz dieser Ansätze ist, dass die Wachstumsraten des Pro-Kopf-Einkommens permanent steigen können, wenn bestimmte Voraussetzungen in einer Volkswirtschaft erfüllt sind, oder geschaffen werden. Welche Rolle hierbei der Staat spielt, ist das Thema der Wachstumspolitik. Dabei wird oft eingewendet, dass es für die praktische Wirtschaftspolitik unerheblich sei, ob durch sie (lediglich) Niveaueffekte, oder auch Wachstumsrateneffekte induziert würden. Bedenkt man, dass Anpassungsprozesse i.d.R. mehrere Jahre dauern, scheint der genannte Unterschied für die Politik in der Tat eher eine untergeordnete Rolle zu spielen. Aus ökonomischer Sicht ist eine solche Differenzierung durchaus von Bedeutung, weil es bei einer notwendigen Kosten-Nutzen-Analyse von staatlichen Maßnahmen wichtig ist, ob diese dauerhaft oder eher nur vorübergehend wirken.

III. Maßnahmen: 1. Wachstumspolitik, die das Niveau des Pro-Kopf-Bruttoinlandsprodukts positiv beeinflusst. – Empirische Studien zeigen, dass das BIP eines Landes sich nur dann auf hohem Niveau entwickelt, wenn in diesem Land die Rahmenbedingungen, unter denen die Bürger agieren, bestimmte Eigenschaften aufweisen. Zu diesen zählen stabile politische Systeme, die durch Rechtssysteme sowie durch Eigentums- und Wettbewerbsordnungen gekennzeichnet sind, eine leistungsfähige Verkehrs- und Kommunikationsinfrastruktur sowie ein entwickelter Finanzsektor. Entscheidend ist bei diesen Determinanten, dass sie für funktionsfähige Güter- und Kapitalmärkte sorgen. Ferner gibt es Belege dafür, dass eine solide makroökonomische Politik das Wachstumsniveau einer Volkswirtschaft positiv beeinflusst. Indikatoren für eine solche Politik sind eine → Geldpolitik, die Preisstabilität bewirkt, eine

→ Handelspolitik, die eine hohe Offenheit in Bezug auf den Handel des Landes mit Gütern, Dienstleistungen und Kapital bewirkt, sowie eine → Finanzpolitik, die durch eine solide Finanzierung der öffentlichen Haushalte gekennzeichnet ist. Ferner gelten hohe Investitionsquoten (Investitionen in physisches Kapital als Anteil am BIP) und hohe Bildungsstandards als Determinanten eines hohen Niveaus des BIP. Volkswirtschaften, die diese sog. Niveau-Determinanten in ähnlicher Weise erfüllen, haben sich offenbar im Verlauf der vorangegangenen Jahrzehnte beim Por-Kopf-BIP angenähert. Länder, die diese Merkmale nicht oder nur sehr eingeschränkt aufweisen, fielen hingegen beim Pro-Kopf-BIP zurück und haben vorhandene Lücken nicht geschlossen. In empirischen Studien wird deshalb von bedingter Konvergenz der wirtschaftlichen Entwicklung gesprochen. Dabei zeigen diese Studien, dass für das Aufholen neben den genannten Merkmalen auch die Bedingungen eine große Rolle spielen, die ein Land zu Beginn der Entwicklung charakterisieren. Z.B. konnten Länder mit geringem Bildungsstandard auch deshalb nicht aufholen, weil deren Bürger nur begrenzt in der Lage waren, den Fortschritt der anderen aufzunehmen und im eigenen Land zu verwerten. – 2. Wachstumspolitik, die die Wachstumsraten des Pro-Kopf-Bruttoinlandsprodukts positiv beeinflusst. – Nach dem neoklassischen Standardmodell sind es die → Akkumulation des physischen Kapitals, das Bevölkerungswachstum und der → technische Fortschritt, die bestimmen, mit welchem Tempo sich eine Volkswirtschaft bis zur Erreichung eines unter den gegebenen Bedingungen maximal erreichbaren, stabilen Wachstumspfad entwickelt. Zentrale Bedeutung haben die *privaten unternehmerischen Investitionen*. Für die Wachstumspolitik folgt daraus, dass staatliche Maßnahmen, die eine hohe Effizienz der privaten Investitionen ermöglichen und die insgesamt positiv auf die private Investitionstätigkeit wirken, von größter Bedeutung für positive Wachstumsraten sind. Wachstumspolitische Erfordernisse aus dem Bevölkerungswachstum ergeben sich in erster Linie für die → Arbeitsmarktpolitik, denn nur wenn es gelingt, auch eine hohe Erwerbsbeteiligung der Bürger im erwerbsfähigen Alter zu gewährleisten, hat das Bevölkerungswachstum positive Folgen. Anderenfalls konnten eher negative Effekte auf das Pro-Kopf-BIP festgestellt werden. In empirischen Studien gibt es deshalb Belege dafür, dass Länder mit inflexiblem Arbeitsmarkt (gemessen etwa anhand der strukturellen Arbeitslosigkeit) weniger schnell wachsen. Ein zentrales Anliegen der neuen Wachstumstheorie ist es, die Bedeutung des → Humankapitals genauer herauszuarbeiten. Es gibt einige Belege dafür. dass der Bestand an Humankapital in einem Land auch dessen Wachstumstempo mitbestimmt. Auch für einen allgemeiner definierten Wissensbestand einer Volkswirtschaft, der nicht nur das an Menschen gebundene Humankapital, sondern auch Wissensbestände in Form von Bibliotheken, Patenten, Forschungsstrukturen u.Ä. berücksichtigt, konnten positive Einflüsse auf das Wachstum nachgewiesen werden. Demzufolge sind gerade diese Bereiche für wachstumspolitische Maßnahmen relevant. – Unterschiedliche Einflüsse auf das Wirtschaftswachstum gehen von der *Finanzpolitik* aus. Sofern staatliche Investitionen einen positiven Einfluss auf die privaten Investitionen haben, wirken sie wachstumsfördernd. Berücksichtigt werden muss allerdings, dass staatliche Investitionen private verdrängen können. Kennzeichen einer „guten" Wachstumspolitik ist, dies zu berücksichtigen und nur dann aktiv zu werden, wenn dies von Privaten unterbleibt oder in zu geringem Umfang erfolgt. Signifikant wachstumshemmende Wirkungen entfalten offenbar auch die Summe der Gehälter und Besoldung der beim Staat beschäftigten Erwerbstätigen. Gleiches gilt für Ausgaben des Staates in Form von Transfers an private Haushalte und in Form von Subventionen an private Unternehmen. In Bezug auf die Ausgabenseite des Budgets lässt sich daraus ableiten, dass sich ein eher geringer Umfang der staatlichen Aktivitäten mit folglich kleinerer Bürokratie und geringerem Personalaufwand positiv auf das Wirtschaftswachstum auswirkt. Da staatliche Ausgaben finanziert werden müssen, ist zur Beurteilung der Ausgaben die Einnahmenseite des Staatsbudgets ebenfalls einzubeziehen. Signifikant positiv wirkt eine solide Finanzierung von öffentlichen Haushalten, welche die staatliche Verschuldung in engen Grenzen hält. Ein signifikant negativer Zusammenhang zeigt sich insbesondere zwischen den direkten Steuern und der privaten Investitionstätigkeit, woraus sich indirekt negative Auswirkungen auf das Wirtschaftswachstum ableiten lassen. Für die Abgabenlast insgesamt (also Steuern und Beiträge in die Sozialversicherungssysteme) konnten zwar keine signifikant negativen Einflüsse nachgewiesen werden, wohl aber für Steuerstrukturen, in denen direkte Steuern auf Arbeits- und Kapitaleinkommen eine dominierende Rolle spielen. Zu erwarten ist allerdings, dass bei zunehmendem Wettbewerb der Staaten um mobile Ressourcen auch die Höhe der Abgabenlast ein wichtiges Feld wachstumspolitischer Maßnahmen eines Staates sein wird. – 3. Wachstumspolitik, die die Wachstumsrate des Pro-Kopf-Bruttoinlandsprodukts dauerhaft erhöht. – Ein zentrales Ergebnis empirischer Wachstumsstudien ist die Bestätigung von Solows Aussage, dass die Grenzerträge der im Wirtschaftsprozess eingesetzten Faktoren im Zeitablauf sinken. Dauerhaft positive Effekte auf die Wachstumsraten lassen sich offensichtlich nur durch jene staatlichen Maßnahmen erzeugen, mit deren Hilfe dieser Prozess verhindert oder doch zumindest über längere Zeiträume aufgehalten werden kann. Dies ist nur möglich, wenn von staatlichen Maßnahmen dauerhaft positive externe Effekte ausgehen. Staatliche Maßnahmen mit dieser Zielsetzung bestehen z.B. daraus, bestimmte als bes. innovativ eingeordnete Investitionen in irgendeiner Form zu subventionieren, den Einsatz von Arbeitskräften in bestimmten

Forschungsbereichen zu fördern oder die Ansiedlung und Konzentration von Forschungsaktivitäten zu initiieren. Diese Formen staatlicher Interventionen müssen allerdings hohe Anforderungen erfüllen, denn es muss nachgewiesen werden, dass nicht lediglich vorübergehend wirksame Effekte induziert wurden, sondern dauerhafte. Bspw. erfüllen alleine höhere Zuwendungen an Schulen oder eine Ausweitung von Forschungskapazitäten nicht per se die genannten Anforderungen an eine erfolgreiche Wachstumspolitik. Dauerhafte Wachstumsimpulse werden auch nicht schon allein durch einmalig höhere Ausgaben für Schulen zur Verbesserung der Schüler-Lehrer-Relation erreicht. Notwendig ist es vielmehr, gleichzeitig Strukturveränderungen vorzunehmen, die über Anreize eine permanente Steigerung der Ausbildungsqualität ermöglichen. Gleiches gilt für den Bereich Forschung und Entwicklung (F&E). Es greift wahrscheinlich zu kurz, einmalig den Etat etwa der Grundlagenforschung zu erhöhen. Permanent positive Wirkungen können nur durch Anreizstrukturen erzeugt werden, die Forschungsqualitäten dauerhaft verbessern. Dazu müssen etwa Strukturen geschaffen werden, in denen international wettbewerbsfähige Forschungsergebnisse produziert werden können. Damit wachstumspolitische Maßnahmen solche positiven Effekte bewirken können, müssen zudem Formen einer effizienten Wissensverbreitung in andere Produktionsbereiche einer Volkswirtschaft entstehen. Empirische Untersuchungen des Zusammenhangs von Wissenskapital und Wirtschaftswachstum können zwar auf weniger lange Datenreihen zurückgreifen, erste Auswertungen zeigen aber, dass nicht mit allen F&E-Ausgaben des Staates das Ziel der Wachstumsförderung erreicht wird. Z.B. konnte für einen Teil der F&E-Ausgaben, die in Verteidigungsetats fließen, keine signifikant positiven Effekte nachgewiesen werden. Auch für andere Formen der Wachstumspolitik konnte (noch) keine starke Evidenz für positive Folgen gefunden werden. Dies gilt bspw. auch für die Grundlagenforschung. Hier liegt es allerdings in der Natur der Sache, dass sich die positiven Effekte erst auf längere Sicht in höheren Wachstumsraten auswirken.

IV. Beurteilung: Je spezifischer die wachstumspolitischen Maßnahmen des Staates sind, etwa wenn der Staat die Entwicklung und Herstellung bestimmter innovativer Produkte fördert, desto größer ist der Informationsbedarf des Staates. Ebenso stellen spezielle Fördermaßnahmen im Bildungs- und Forschungsbereich einen enormen Informationsbedarf an den Staat und der Nachweis von positiven Effekten ist schwierig zu führen. Dabei geht es v.a. auch um den Informationsvorsprung des Staates gegenüber privaten Marktakteuren, der nachzuweisen ist. Weil jegliche wachstumspolitische Maßnahmen Ressourcen beanspruchen, gilt es zu belegen, warum staatliche Institutionen eher als Private wissen, in welchen Technologien investiert werden sollte oder welche Bildungsmaßnahmen anderen vorzuziehen sind. Werden Private nicht aktiv, weil sie sich zu großen Risiken gegenüber sehen, ist immer noch zu prüfen, in welchem Umfang der Staat aktiv werden sollte um ein solches Marktversagen zu korrigieren. Ist ein zu fördernder Bereich festgestellt, ist immer noch die Frage nach dem effizientesten Vorgehen zu beantworten. Solange es um Rahmenbedingungen geht, die funktionsfähige Märkte erhalten oder schaffen, ist der Informationsbedarf dagegen noch vergleichsweise gering und für die positiven Auswirkungen gibt es gute empirische Belege. Allerdings kann selbst für diese Maßnahmen der Informationsbedarf schon hoch sein. Etwa wenn es gilt, die optimale Dauer des Patentschutzes für eine neue Produktionstechnik zu bestimmen. Einerseits muss dem innovativen Unternehmen eingeräumt werden, aufgrund seiner Leistung Gewinne erzielen zu können, andererseits sollten potenzielle Nachahmer und Nutzer der neuen Technik, diese möglichst rasch verwerten können, damit auch deren Produktion effizienter wird und Wettbewerbsmechanismen wirken können.

Wachstumspoltheorie – regionale Wachstumstheorie, welche die ungleiche Entwicklung von verschiedenen Räumen beschreibt und erklärt. Sie ist aus einer Kritik an den neoklassischen Gleichgewichtstheorien entstanden, bes. an deren wenig realitätsnaher Annahme der vollständigen Konkurrenz und deren mechanistischer Sichtweise.

Wachstumspotenzial – das mögliche, zukünftige → Wachstum einer Gesamtorganisation oder der einzelnen Funktionsbereiche, bspw. → Personal, Marktposition. Junge Unternehmen müssen das Wachstumspotenzial für den → Business Plan, aber auch für die interne Planung, bspw. beim → Kapitalbedarf, berücksichtigen.

Wachstumsrate – bei einer → Zeitreihe von Beobachtungswerten x_t, x_{t+1}, ... einer → Variablen, etwa des Bruttoinlandprodukts eines Staates, die auf den Wert der vorhergehenden Periode bezogene Änderung in der aktuellen Periode, also

$$r_t = \frac{x_t - x_{t-1}}{x_{t-1}};$$

$$r_{t+1} = \frac{x_{t+1} - x_t}{x_t}; \ldots$$

Wird eine differenzierbare Funktion f(t) der Zeit betrachtet, dann wird als Wachstumsrate im Zeitpunkt t

$$\frac{df(t)}{dt}/f(t)$$

bezeichnet, also die auf den momentanen Funktionswert bezogene Steigung der Zeitfunktion.

Wachstumsschwäche – allg. eine wirtschaftliche Situation eines Landes, deren Wachstum des Nationaleinkommens (bzw. bisher Sozialproduktes) zu gering ausfällt. Dabei existiert kein objektiver Maßstab für eine solche Beurteilung. Populär wurde der Begriff erstmals nach dem ersten Ölpreisschock 1973. Als Folge der innerhalb kurzer Zeit drastisch gestiegenen Ölpreise (und damit gestiegener Energiekosten) verlangsamte sich das Wirtschaftswachstum in fast allen Ländern beträchtlich. Ohne einen objektiven Maßstab bezeichnet Wachstumsschwäche also die Situation eines deutlich nachlassenden Wirtschaftswachstums.

Wachstumsstrategie → Marketingstrategie. Ausrichtung der → Marketingpolitik einer Unternehmung an einer bestimmten Produkt-/Marktkonstellation. Nach Kombination vorliegender gegenwärtiger und neuer (zu entwickelnder) Produkte und Märkte können vier *Grundrichtungen* einer Wachstumsstrategie unterschieden werden: (1) Strategie der *Marktdurchdringung*: verstärkter Absatz der vorliegenden Produkte auf gegenwärtigen Märkten durch Anreiz zum Mehrverbrauch, z.B. über → Push-Strategie und → Pull-Strategie. (2) Strategie der *Marktentwicklung*: Absatz der gegenwärtigen Produkte auf national oder international neuen Märkten oder in neuen Verwender-/Käufergruppen (→ Marktsegmente); Problematik der → Markteintrittsschranken. (3) Strategie der *Produktentwicklung*: Entwicklung neuer oder verbesserter Produkte für gleiche oder komplementäre Bedürfnisse auf den vorliegenden Märkten und Marktsegmenten (→ Produktinnovation, → Innovation, → Produktdifferenzierung). (4) Strategie der → Diversifikation: Aufnahme neuer Produkte, die in mehr oder weniger engem Bezug zum bisherigen Verkaufsprogramm stehen, um neue Märkte/Marktsegmente zu erschließen.

Wachstumstheorie – 1. *Begriff/Charakterisierung*: Unter Wachstumstheorie werden alle Arbeiten zusammengefasst, die untersuchen, welche Faktoren in welcher Weise und in welcher Intensität die wirtschaftliche Entwicklung eines Landes beeinflussen. Es gibt also nicht die Wachstumstheorie, sondern eine Reihe von unterschiedlichen Theorien. Gemeinsam ist diesen Ansätzen, dass als Indikator der wirtschaftlichen Entwicklung das → Bruttoinlandsprodukt (BIP) verwendet und i.d.R. eine Pro-Kopf-Betrachtung vorgenommen wird, weil die wirtschaftliche Lebenssituation eines repräsentativen (Durchschnitts-) Bürgers von Interesse ist. Als → Wachstum wird die Zunahme dieser Größe im Zeitablauf bezeichnet. Kennzeichen der Wachstumstheorie ist die langfristige Sichtweise, weshalb die Veränderung des in einer Volkswirtschaft vorhandenen → Produktionspotenzials im Vordergrund steht; die kurzfristige Sichtweise und damit die Frage der Auslastung des Produktionspotenzials ist Gegenstand der → Konjunkturtheorie. Zentrale methodische Vorgehensweisen der Wachstumstheorie sind, funktionale Zusammenhänge zwischen dem Einsatz verschiedener Faktoren (Arbeit, Kapital, Wissen u.a.) in Produktionsprozessen in einer Volkswirtschaft und dem damit erzielten Output aufzuzeigen, sowie zu formulieren, wie einzelne Faktoren entstehen und sich im Zeitablauf entwickeln. – 2. *Entwicklung*: Zwar beschäftigt schon Merkantilisten und Physiokraten im 18. Jh. die Frage, wie die wirtschaftliche Entwicklung eines Landes beeinflusst werden kann, der Beginn einer systematischen, ökonomischen Analyse dieser Frage wird aber erst auf → Smiths' „Wealth of Nations" datiert. Für Smith ist → Arbeitsteilung die zentrale Erklärung wirtschaftlicher Dynamik, denn sie erhöht die Effizienz des Arbeitseinsatzes und sorgt in Verbindung mit der Investitionstätigkeit der Unternehmen und der Ausdehnung von Märkten im In- und Ausland für Wachstum. In der als Klassik (→ klassische Lehre) bezeichneten Epoche sind in England → Ricardo und → Mill weitere wichtige Protagonisten. In Deutschland formulieren in dieser Zeit Kritiker dieser Position (→ List, Vertreter der Historischen Schule) die These, dass wirtschaftliche Entwicklung in erster Linie davon abhänge, wie weit das Land schon entwickelt sei. Aufbauend auf diesen Arbeiten formulierte → Marx seine Theorie der wirtschaftlichen Entwicklung, die vorhersagt, dass Wirtschaftsstrukturen sich in der Abfolge Urgesellschaft, Feudalismus, Kapitalismus, Sozialismus entwickeln und deren Gleichgewicht erreicht ist, wenn die beiden in einer Volkswirtschaft vorhandenen Produktionsfaktoren Arbeit und Kapital mit gleicher Rate wachsen. Die Wachstumstheorie des 20. Jh. wird zunächst von → Schumpeter geprägt, der sich mit seiner Theorie der wirtschaftlichen Entwicklung gegen die von den Klassikern vorgenommenen Gleichgewichtsanalysen wendet und stattdessen von einem ständigen Strukturwandel einer Volkswirtschaft ausgeht. Triebfeder dieses Wandels sind Innovationen, die von dynamischen Unternehmern immer wieder initiiert werden. Auf der Grundlage der von → Keynes entwickelten makroökonomischen Theorie, die sich auf Erklärungen wirtschaftlicher Entwicklungen in der kurzen und mittleren Zeitspanne konzentriert, analysieren → Harrod und → Domar, wie ständige Investitionen der Unternehmen das Produktionspotential und damit das Wachstum von Volkswirtschaften erhöhen (→ postkeynesianische Wachstumstheorie). Kernaussage ist die Hypothese, dass wirtschaftliche Entwicklungen mit der Zeit zur Instabilität (Harrod: „Gleichgewicht auf des Messers Schneide") oder zur Stagnation (Domar) neigen. Die Arbeiten von → Solow (und Swan) definieren den Beginn der → neoklassischen Wachstumstheorie; sie gehen von im Produktionsprozess gegenseitig unbegrenzt austauschbaren (substitutionalen) Produktionsfaktoren und von langfristig stets geräumten (ausgeglichenen) Märkten aus. Weil Produktionsfaktoren, wie Arbeit und Kapital, nur mit im Zeitablauf abnehmenden Erträgen eingesetzt werden können, lohnt sich ein zusätzlicher Einsatz dieser Faktoren irgendwann nicht mehr. Solow zeigt, dass → technischer Fortschritt diesen negativen Prozess aufhält kann und ein langfristig stabiles Wirtschaftswachstum möglicht. Allerdings bleibt der technische Fortschritt in Solows Beschreibung von Produktionsvorgängen lediglich eine nicht weiter erklärte „Residualgröße“. Die Schwächen der neoklassischen Wachstumstheorie bilden zugleich die Grundlagen für die weitere Entwicklung der Wachstumstheorie: Einerseits untersucht eine bis heute steigende Zahl von Autoren, die Determinanten und Entwicklung des technischen Fortschritts im Detail, andererseits widmen sich verschiedene Autoren der Erklärung von Konsum- und Sparentscheidungen der Bürger, die von Solow ebenfalls nicht analysiert, sondern lediglich als exogene Vorgaben berücksichtigt werden. Dabei argumentieren viele Autoren weiterhin im Rahmen der neoklassischen Analysemethodik, andere aber wenden bewusst anderen Methoden zu, weil sie gerade darin bessere Erklärungsmöglichkeiten sehen (→ evolutorische Wachstumstheorie).

Wachstumstheorie der Unternehmung von Penrose – Vorläufer → dynamisch-evolutorischer Theorien der Unternehmung, bes. der Theorie dynamischer Unternehmensfähigkeiten (→ Grenze der Unternehmung). Im Mittelpunkt steht die Entwicklung des Unternehmenswissens, wobei die Unternehmung als Bündel von Ressourcen aufgefasst wird. Das Wissen bestimmt, welche Leistungen von den Ressourcen entfaltet werden können. Eine Unternehmung produziert nicht nur, sondern lernt dabei in der Zeit, wobei das akkumulierte unternehmensinterne Wissen durch Teamwork von bes. Wert ist. Es entsteht ein gemeinsames, unternehmensspezifisches Wissen. Da dieses Teamwissen die Produktivität der Faktoren und die Allokation der Ressourcen bestimmt, impliziert dies, dass der Preismechanismus nicht alle für die effiziente Allokation erforderlichen Informationen übermitteln kann (Best). Unternehmungen machen Erfahrungen in Abhängigkeit ihres Vorwissens und bilden ein spezifisches Wissen aus, das ihre produktiven Handelsmöglichkeiten bestimmt. Deren Nutzung in der Zeit hängt vom Verfügbarsein des Faktors Management ab, der einerseits durch das Aufgreifen neuer Möglichkeiten absorbiert wird und damit das Wachstum begrenzt. Andererseits wird er nach erfolgter Routinierung teilweise wieder freigesetzt und ist mit der Zeit selbst vermehrbar. Zusammen mit immer wiederkehrenden Unteilbarkeiten der Ressourcen, die einen permanenten Anreiz für Wachstum stiften, vollzieht sich der Wachstumsprozess in historischer Zeit (Penrose-Prozess). Im Endeffekt bleiben Größe und Grenzen der Unternehmung unbestimmt, weil sie endogen bestimmt werden. Unternehmungen unterliegen Restriktionen bei der Zahl der ergreifbaren Gelegenheiten, sodass Nischen entstehen, in denen sich kleinere und mittlere Unternehmungen erfolgreich etablieren können. Große Unternehmungen können durch Economies of Expansion zwar Wachstumsvorteile besitzen, müssen aber keineswegs kleineren Unternehmungen überlegen sein, die ebenfalls → Economies of Scale realisieren können.

Waffenrecht – Regelung der gewerbsmäßigen Waffenherstellung, des Waffenhandels, der Prüfung und Zulassung von Handfeuerwaffen und Munition, der Einfuhr von Schusswaffen und Munition und das Erwerben und Überlassen sowie Führen von Waffen und Munition. Gesetzliche Grundlagen: Waffengesetz vom 11.10.2002 (BGBl. I 3970,4592; 2003 I 1957) m.spät.Änd., Allgemeine Waffengesetz-Verordnung vom 27.10.2003 (BGBl. I 2123) m.spät.Änd.; Gesetz über die Kontrolle von Kriegswaffen i.d.F. vom 22.11.1990 (BGBl. I 2506) m.spät.Änd. mit Durchführungsverordnungen. – Um eine bessere Zuordnung von Waffen, Waffenerlaubnissen etc. zu Personen zu ermöglichen, ist in Umsetzung der Richtlinie 91/477/EWG des Rates vom 18.6.1991 (ABl. L 256 vom 13.9.1991 S. 51) das Gesetz zur Errichtung des Nationalen Waffenregisters (Nationales-Waffenregister-Gesetz -NWRG-) vom 25.6.2012 (BGBl. I S. 1366) beschlossen worden. Danach führt das Bundesverwaltungsamt das Nationale Waffenregister (§1 Abs. 2). Näheres regelt die Verordnung zur Durchführung des Nationalen-Waffenregister-Gesetzes (NWRG-DVO) vom 30..7.2012 (BGBl. I S. 1765).

Wagner – Adolph Heinrich Gotthilf, 1835–1917, deutscher Nationalökonom, lehrte in Wien (1858–1863), Dorpat (1864–1868), Freiburg (1868–1870) und Berlin (ab 1870). Wagner, ein Mitbegründer des Vereins für Socialpolitik (1872) und → Kathedersozialist, hat sich v.a. mit finanzwissenschaftlichen Problemen beschäftigt. Von seinen Forschungsergebnissen sind heute noch bedeutsam das Prinzip der fiskalischen Kasseneinheit (die staatlichen Einnahmen und Ausgaben sollen zumindest ideell durch eine Kasse laufen), das Gesetz der wachsenden Staatstätigkeit (und damit der wachsenden Staatsausgaben, → Wagnersches Gesetz), die Unterscheidung von fiskalischem Hauptzweck (Einnahmengewinnung für den Staat) und wirtschaftspolitischem Nebenzweck der Besteuerung (z.B. im Gebiet der Sozialpolitik die Umformung der Einkommensverteilung) sowie der Begriff der freien Konkurrenz. – *Hauptwerke:* „Finanzwissenschaft“, 4 Bde. (1871/1872), sowie „Allgemeine oder theoretische Volkswirthschaftslehre. Erster Theil: Grundlegung“ (1876).

Wagnersches Gesetz – von → Wagner 1863 erstmals formuliertes *„Gesetz der wachsenden Staatsausgaben“*, nach dem sich absolut und relativ zum Nationaleinkommen (zuvor zum Sozialprodukt) eine deutliche Tendenz zur Ausdehnung der öffentlichen bzw. Staatstätigkeiten mit dem Fortschritt der Volkswirtschaft und Kultur zeige. – 1. *Gründe:* Superiorität staatlicher Aufgaben des „Rechts- und Machtzwecks“ und des „Kultur- und Wohlfahrtszwecks“; weitere Gründe: Eine wegen sozialer Krisen bewirkte Erhöhung des Staatsanteils infolge von Gewöhnungseffekten werde auch nach Ende der Krisenzeiten nicht auf die ursprüngliche Höhe zurückgeführt (Displacement Effect); verschiedene Verzögerungen (Lags), aufgrund derer bei einer Erhöhung des Wohlstands die staatlichen Ausgaben nur verzögert, aber überproportional anstiegen. – 2. *Beurteilung:* Ähnlich wie das Popitzsche Gesetz beruht das Wagnersche Gesetz auf Beobachtungen einer historischen Situation, aus der eine Allgemeingültigkeit im Sinn eines „Gesetzes“ nicht beansprucht werden kann; auch normative Aussagen fließen ein. Viele Gedanken des Wagnerschen Gesetzes und der aufbauenden Arbeiten sind plausibel und auch heute noch von praktischem Erklärungswert für den in vielen Staaten beobachtbaren Anstieg der Staatsquote. – Vgl. auch → Niveauverschiebungsansatz (Peacock und Wiseman) sowie die → ökonomische Theorie der Politik (A.Downs) sowie der Bürokratie (Niskanen; Buchanan).

Wagniskapital – bezeichnet → Eigenkapital, welches in neu gegründete Unternehmen eingelegt wird. Mit der → Finanzierung neu gegründeter Unternehmen geht oftmals ein erhöhtes Risiko einher, weshalb die klassische fremdkapitalbasierte Bankfinanzierung weniger häufig Anwendung findet. Der Begriff Wagniskapital wird im Gesetz zur Modernisierung der Rahmenbedingungen für Kapitalbeteiligungen (MoRaKG) aus dem Jahre 2008 geregelt. Das Gesetz umfasst die Neuschaffung des Wagniskapitalbeteiligungsgesetzes (WKBG) sowie eine Überarbeitung des Gesetzes über Unternehmensbeteiligungsgesellschaften (UBGG). Weitere Änderungen, die durch das Gesetz wirksam werden, betreffen das Einkommensteuergesetz, das Körperschaftsteuergesetz, das Gewerbesteuergesetz, das Kreditwesengesetz und das Finanzdienstleistungsaufsichtsgesetz. Grundsätzlich werden durch das MoRaKG Regelungen festgesetzt, die Wagniskapital gesetzlich und somit steuerlich einordnen. – Die Begriffe Wagniskapital und → Venture-Capital werden zwar überwiegend synonym verwendet, jedoch findet Venture-Capital auch eine umfassendere Verwendung, da der Begriff nicht nur auf Maßnahmen, die unter das MoRaKG fallen, beschränkt ist.

Wagniskapitalbeteiligungsgesellschaft – stellt sog. Wagnis- oder Risikokapital in Form von Eigenkapital zur Verfügung. Ersteres wird dezidiert im Gesetz zur Modernisierung der Rahmenbedingungen für Kapitalbeteiligungen (MoRaKG) aus dem Jahre 2008 beschrieben. Danach müssen Wagniskapitalbeteiligungsgesellschaften primär in Unternehmen (sog. Zielgesellschaften) investieren, die zum Zeitpunkt des Beteiligungserwerbs nicht älter als 10 Jahre sind und deren Eigenkapital nicht mehr als 20 Mio. Euro beträgt. Sie obliegen der → Bundesanstalt für Finanzdienstleistungsaufsicht (BaFin), werden jedoch unter gewissen Voraussetzungen als vermögensverwaltend eingestuft, was zur Folge hat, dass nur auf Seiten der Anleger eine Besteuerung stattfindet (sog. transparente Besteuerung). Eine Wagniskapitalbeteiligungsgesellschaft ist nicht zwangsläufig mit einer → Venture-Capital-Gesellschaft gleichzusetzen, da der Begriff → Venture-Capital unabhängig vom MoRaKG und somit umfassender verwendet wird.

Wagniskosten → Wagnisse.

Wagnisse – 1. *Begriff:* Verlustgefahren, die sich aus der Natur der Unternehmung ergeben, nämlich alle die wirtschaftlichen Handlungen der Unternehmung begleitenden Gefahren, Unsicherheits- und Zufälligkeitsfaktoren, häufig hervorgerufen durch allg. oder branchenbedingte Störungen des Marktes. – 2. *Arten:* a) *Allgemeines Unternehmerwagnis:* Wird als Gesamtrisiko durch den Unternehmergewinn abgegolten. – b) *Kalkulierbare Wagnisse:* die verschiedenen Einzelwagnisse, deren Ursachen, Umfang und Höhe durch Untersuchung feststellbar sind. Sie werden häufig durch die Verrechnung kalkulatorischer Wagnisse in der Kostenrechnung erfasst. – c) *Kalkulatorische Wagnisse (Einzelwagnisverluste):* v.a. (1) *Ausschusswagnis,* hervorgerufen durch z.B. Fehlarbeiten, fehlerhafte oder minderwertige Rohstofflieferungen; zu berechnen aufgrund von Erfahrungssätzen über die durchschnittlich anfallenden Verluste in Prozent vom Wareneinsatz; (2) *Beständewagnis* entstehend durch Schwund, Diebstahl, Verrosten, Veralten, Modeänderung, Güteminderung, Maßänderung, Inventur- und Kassendifferenzen u.Ä.; zu berechnen in Prozent des Warenumschlags; (3) *Debitoren- oder Vertriebswagnis,* ausgelöst durch Ausfälle an Forderungen aus Warenlieferungen und Leistungen; zu berechnen in Prozent des mittleren Forderungsbestandes; (4) *Entwicklungswagnis,* das sind Aufwendungen für fehlgeschlagene Entwicklungsarbeiten, soweit nicht bereits als Gemeinkosten verrechnet; zu berechnen in Prozent der → Herstellkosten; (5) *Gewährleistungswagnis,* Aufwendungen für Nacharbeiten an nicht vertragsgemäß gelieferten Erzeugnissen, Minderung der Forderungen durch Gutschrift etc.; zu berechnen in Prozent der Herstellkosten. – Der Ansatz kalkulatorischer Wagnisse bedeutet eine Periodisierung in unregelmäßiger Höhe und zu unregelmäßigen Zeitpunkten anfallender Kosten. – Vgl. auch → Risiko.

Wagnisverluste → Wagnisse.

Wägungsschema – quantifiziert die Anteile, mit denen die Preisentwicklungen einzelner Güter eines → Warenkorbs in die Berechnung eines → Preisindex, speziell des → Verbraucherpreisindex für Deutschland (VPI), eingehen. Es quantifiziert somit den Anteil, den bspw. Ausgaben für Lebensmittel oder Miete an den gesamten Verbrauchsausgaben der privaten Haushalte haben. Um Verschiebungen der Ausgabenanteile, bspw. den kontinuierlichen Rückgang von Ausgaben für Nahrungsmittel bei gleichzeitigem Anstieg der Ausgaben für Wohnen, zu erfassen, wird das Wägungsschema regelmäßig, i.d.R. alle fünf Jahre, aktualisiert. Hierfür werden vom → Statistischen Bundesamt (StBA) Höhe und Struktur der Ausgaben der privaten Haushalte aus den Ergebnissen der → Einkommens- und Verbrauchsstichprobe (EVS) und der Statistik der laufenden Wirtschaftsrechnungen abgeleitet. Zusätzlich werden weitere Quellen, wie bspw. die → Volkswirtschaftliche Gesamtrechnung (VGR), herangezogen.

Wägungsschema Verbraucherpreisindex
2005 = 100
Angaben in Promille

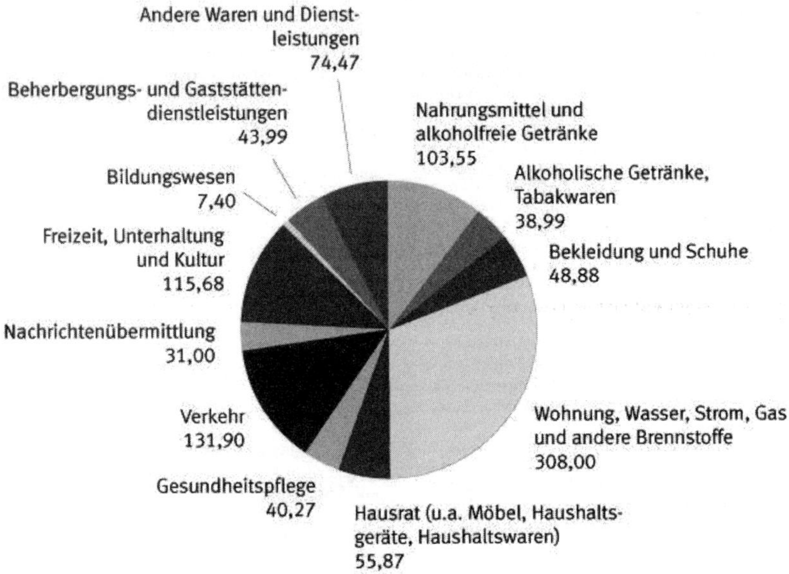

Wahlbeteiligung – Aus der Sicht der → Neuen Politischen Ökonomie ist die hohe Wahlbeteiligung in westlichen Demokratien schwer zu erklären, da für jeden einzelnen Wähler die Wahrscheinlichkeit, mit seiner Stimme den Ausschlag zu geben, verschwindend klein ist (→ Wahlparadoxon) und sowohl die Beschaffung von Informationen über die Wahlprogramme als auch der Akt des Wählens selbst Kosten verursachen. – Vgl. auch → Parteienwettbewerb. Neuere Arbeiten beschäftigen sich mit einem grundsätzlich bestehenden Vertrauen und dem Bestehen von Vertrauensbeziehungen zwischen den Bürgern und staatlichen Akteuren (Regierung, Parlament usw.) sowie der Bürger untereinander.

Wahlen – in der Bundesrepublik Deutschland Europa-, Bundestags-, Landtags- und Kommunalwahlen. – 1. Die *Wahl zum Europäischen Parlament* ist durch das Europawahlgesetz (EuWG) i.d.F. vom 8.3.1994 (BGBl. I 423, 555) m.spät.Änd. und die Europawahlordnung (EuWO) i.d.F. vom 2.5.1994 (BGBl. I 957) m.spät.Änd. geregelt. Danach entfallen auf die Bundesrepublik Deutschland 99 Abgeordnete, die in allgemeiner, unmittelbarer, freier, gleicher und geheimer Wahl von den wahlberechtigten Deutschen für fünf Jahre gewählt werden. Die Wahl erfolgt nach den Grundsätzen der Verhältniswahl mit Listenwahlvorschlägen. – 2. Die *Wahl zum Bundestag* ist durch das Bundeswahlgesetz i.d.F. vom 23.7.1993 (BGBl. I 1288, 1594) m.spät.Änd. und die Bundeswahlordnung i.d.F. vom 19.4.2002 (BGBl. I 1376) m.spät. Änd. und die Bundeswahlgeräteverordnung vom 3.9.1975 (BGBl. I 2459) m.spät.Änd. geregelt. Danach besteht der → Bundestag i.Allg. aus 598 Abgeordneten, die in allgemeiner, unmittelbarer, freier, gleicher und geheimer Wahl von den wahlberechtigten Deutschen nach den Grundsätzen einer mit der Personenwahl verbundenen Verhältniswahl gewählt werden. Jeder Wähler hat zwei Stimmen. Insgesamt 299 Abgeordnete werden in den Wahlkreisen mit der Mehrheit der abgegebenen *Erststimmen* gewählt (Wahlkreisabgeordnete), die *Zweitstimmen* entfallen nach den Grundsätzen des Verhältniswahlsystems auf die Landeslisten, aus denen die restlichen Abgeordneten nach einem bestimmten System entnommen werden. – 3. *Wahlen zu Landtagen und*

Kommunalvertretungen sind landesrechtlich geregelt. – Vgl. auch → Wahlrecht. – 4. *Wahlen zur Sozialversicherung:* → Sozialversicherungswahlen.

Wählerloyalität – Die (emotionale) Bindung zu einer bestimmten Partei erklärt, warum mancher Wähler einer anderen Partei seine Stimme gibt als der, deren Programm ihm den größten Nutzen verspricht. Je mehr loyale Wähler eine Partei besitzt, desto größer ist ihr Spielraum zur Verfolgung eigener ideologischer Ziele in ihrem Wahlprogramm und desto weniger ist sie (im Zwei-Parteien-Wettbewerb) an die Wünsche des Medianwählers gebunden (→ Medianwähler-Konzept).

Wählersouveränität – Begriff der → Neuen Politischen Ökonomie; bedeutet, dass wirtschaftliche Pläne über ein Wahlverfahren festgelegt werden. Jeder Haushalt eines Wirtschaftssystems verfügt über eine Stimme, Produktions- und Konsumpläne werden mit Mehrheit beschlossen. I.d.R. sind Systeme mit Wählersouveränität solchen mit Konsumentensouveränität unterlegen.

Wahlparadoxon – Widerspruch zwischen der Annahme rationalen Wählerverhaltens und der offenbaren Irrationalität der empirisch beobachteten hohen → Wahlbeteiligung, da deren erwarteter Nutzen (die Wahrscheinlichkeit, mit seiner Stimme die Wahl zu entscheiden, multipliziert mit dem Zusatznutzen aus einem günstigen Wahlausgang) i.Allg. kleiner ist als die mit ihr verbundenen Kosten (Informations-, Zeit- und Wegekosten). Die hohen Wahlbeteiligungen der Realität von meist über 50 Prozent (USA), vielfach sogar 80 Prozent (Deutschland) stehen dazu im Widerspruch. Zahlreiche Lösungsmöglichkeiten wurden in der Literatur diskutiert, darunter die Motivation über eine staatsbürgerliche Verpflichtung. – Vgl. auch → indirekte Demokratie.

Wahlpflicht – dem aktiven → Wahlrecht entsprechende, mit einer Sanktion versehene Verpflichtung jedes Staatsbürgers zur Beteiligung an → Wahlen. Im Unterschied zu den Regelungen in verschiedenen anderen Staaten gibt es in der Bundesrepublik Deutschland keine Wahlpfllicht.

Wahlrecht – I. Verfassungsrecht: 1. Gesamtheit der *Regeln,* nach denen eine Wahl (→ Wahlen) zu vollziehen ist, so z.B. das seit 1918 in Deutschland geltende allg., gleiche, geheime, freie und unmittelbare Wahlrecht im Gegensatz zum früheren preußischen Dreiklassenwahlrecht. – 2. Das *subjektive Recht des Einzelnen,* wählen zu dürfen (*aktives Wahlrecht;* steht nach Art. 38 II GG jedem Deutschen mit Vollendung des 18. Lebensjahres zu) oder gewählt zu werden (*passives Wahlrecht;* mit Eintritt der Volljährigkeit). – *Verlust* passiven Wahlrechts tritt bei Verurteilung wegen → Verbrechens zu Freiheitsstrafe von mind. einem Jahr ein. Einzelheiten bez. der Dauer §§ 45 ff. StGB.

II. Gesellschaftsrecht: Bes. Befugnis des → Erben *eines OHG-Gesellschafters:* Die Möglichkeit, anstelle der in dem Gesellschaftsvertrag für ihn vorgesehenen Stellung eines vollhaftenden Gesellschafters binnen drei Monaten die Einräumung der Stellung eines → Kommanditisten zu verlangen (§ 139 HGB). Bei *Ablehnung* kann der Erbe ohne Einhaltung einer Kündigungsfrist sein Ausscheiden aus der Gesellschaft erklären.

III. Steuerrecht: → Steuerpolitik.

Wahltarife – 1. *Begriff:* Wahltarife sind Versicherungstarife, die von den Standardtarifen der Regelversorgung abweichen. – 2. *Umsetzung:* Die Einführung der Wahltarife in die Gesetzliche Krankenversicherung ist ein wesentlicher Bestandteil des GKV–WSG. Seit dem 1.4.2007 besteht die Möglichkeit, Wahltarife durch eine Gesetzliche Krankenkasse anzubieten. Der § 53 im Sozialgesetzbuch V ist die Grundlage zur Regelung der Wahltarife in der GKV. Mit der Einführung dieser neuen Tarife ist ein ursprünglich den Privaten Krankenkassen vorbehaltenes Wettbewerbselement den Gesetzlichen Krankenkassen ebenfalls ermöglicht worden. Ein angestrebtes Ziel des Gesetzgebers ist die Stärkung des Wettbewerbs der Gesetzlichen Krankenkassen untereinander und des Wettbewerbs mit den Privaten Krankenkassen. In der langfristigen Umsetzung sollen dadurch die Versorgungsangebote und die Versorgungsqualität positiv beeinflusst werden. Es ist seit dem Inkrafttreten des GKV–WSG möglich, Elemente der Kostenerstattung durch die Gesetzlichen Krankenkassen anzubieten. Ein Beispiel für diese neuen Tarife ist die Möglichkeit, einem Selbstbehalttarif beizutreten. Es werden Sparanreize gesetzt. Der sparsame Umgang mit Leistungen kann durch Krankenkassen mit Prämien belohnt werden. Der gleiche Anreiz soll auch durch das Angebot einer Prämie bei Nichtinanspruchnahme von Leistungen gesetzt werden. Neben den Zielen des Gesetzgebers werden die Wahltarife auf der Seite der Gesetzlichen Krankenversicherungen zukünftig zu einem Instrument der → Kundenbindung und der Kostensenkung. – *Tarifvielfalt:* Es gibt Selbstbehalttarife, Tarife für die Nichtinanspruchnahme von Leistungen, Sondertarife für die Teilnahme an bes. Versorgungsformen, Tarife für Kostenerstattung, Krankengeldtarife und Tarife zur Arzneimittelerstattung. Aus dem Standardversicherungsangebot und den neuen Wahltarifen bietet sich ein breites Spektrum an Möglichkeiten zur Absicherung des Krankheitsrisikos. Es besteht zum einem die Möglichkeit, dass sich die Versicherten auf verschiedenen Niveaustufen absichern. Das Absicherungsniveau kann z.B. durch eine → Zusatzversicherung anwachsen oder z.B. durch Wahl eines Tarifs mit Selbstbehalt sinken. Neben den Tarifen, die sich auf eine Einflussnahme auf die Beitragssätze beschränken (z.B. Selbstbehalte, Beitragsrückzahlung, Kostenerstattung und Krankengeldtarife), gibt es auch Wahltarife, die neben der neuen Beitragsgestaltung, direkten Einfluss auf die Versorgung (z.B. Modellvorhaben, Hausarztmodelle, → integrierte Versorgung und Disease-Management-Programme) des Patienten nehmen. Die Tarife ohne Einflussnahme auf die Versorgung setzen eine vertragliche Bindung an die Krankenkasse für mind. drei Jahre voraus. Die Tarife mit Einflussnahme auf die Versorgung des Patienten unterliegen nur einer Bindungsfrist von einem Jahr. Für bes. Härtefälle sind Sonderregelungen geschaffen worden. Die Wahltarife bieten neben der Möglichkeit der Einflussnahme auf das individuelle Absicherungsniveau auch eine Chance, die Beziehung zwischen der Krankenkasse und dem Versicherten neu zu gestalten. Ein Ansatzpunkt ist die unterschiedliche Vertragsmindestlaufzeit der Wahltarifverträge. Ein weiterer Ansatzpunkt ist die individuelle Interessenlage der Versicherten und der Krankenkassen. So können beide Vertragsparteien ein Interesse haben, sich über die Mindestlaufzeit hinaus zu binden. Die Krankenkassen können die Versorgung besser gestalten und die Risiken besser kalkulieren. Der Versicherte ermöglicht sich eine optimierte Versorgung oder einen Einfluss auf sein Beitragsvolumen.

wahrgenommene Instrumentalität – in der Theorie des → Konsumentenverhaltens Bezeichnung für das Image eines Produkts (oder einer Unternehmung). Dies äußert sich in der Hypothese, dass ein Objekt ein umso besseres → Image habe, je mehr dieses Objekt dem Verbraucher geeignet erscheint, damit die persönlich gesteckten Ziele zu erreichen. – Vgl. auch → Einstellung.

Wahrnehmung – I. Begriffsvarianten: 1. *Behavioristisch-verhaltenspsychologischer Wahrnehmungsbegriff:* Prozess der → Informationsverarbeitung, durch den aufgenommene Umweltreize (→ Informationsaufnahme) entschlüsselt und gedeutet werden. In Kombination mit anderen Informationen erfolgt die Verarbeitung zu subjektiven, inneren Bildern. – Wesentliche Kriterien sind (1) Subjektivität, (2) Aktivität (aktiver Prozess der Informationsaufnahme und -verarbeitung) und (3) Selektivität (zur Vermeidung von Informationsüberlastung). – 2. *Dialektisch-bewusstseinspsychologischer Wahrnehmungsbegriff:* Prozess der aktiven Bewusstwerdung, wobei die Wahrnehmung als Abbildung der objektiven Realität im Bewusstsein dargestellt wird. – 3. *Kognitiver Wahrnehmungsbegriff:* in der kognitiven Psychologie kein eigenständiger Begriff, sondern Teilbegriff der kognitiven Informationsverarbeitung.

II. Marketing und Werbung: Entscheidend ist die bes. Bedeutung von subjektiver Aktivität und Selektivität, da nicht das objektive Angebot, sondern die subjektive Wahrnehmung des Angebots das Verhalten der Konsumenten bestimmt. Objektive Leistungen allein reichen daher nicht aus, sie müssen erst von den Konsumenten als solche wahrgenommen werden (→ Aktivierung). – Vgl. auch → evolutionäre Erkenntnistheorie, → Kognition, → Konstruktivismus.

Wahrnehmungsgesellschaft → Verwertungsgesellschaft.

Wahrnehmungspsychologie – psychologische Theorie, die die Selektion, Organisation und Beurteilung von physischen Reizen der Umwelt auf ein Individuum zu erklären versucht. Als Reiz wird jede Einheit einer bestimmten Energie bezeichnet, die auf die Sinnesorgane einwirkt; im Zusammenhang mit der Werbung handelt es sich v.a. um → Werbemittel. – *Wahrnehmungspsychologische Theorien:* → Gestaltpsychologie. – Vgl. auch → Wahrnehmung.

Wahrnehmungsraum – Raum, den soziale Gruppen wahrnehmen und in dem sie in aller Regel handeln. Der Wahrnehmungsraum kann mittels → Mental Maps ermittelt werden. Er ist häufig identisch mit dem → Aktionsraum.

Wahrscheinlichkeit – einem → Ereignis A (z.B. Eintreten eines Versicherungsfalles) zugeordnete Zahl zwischen 0 und 1, die mit P(A) bezeichnet wird und die Chance des Eintretens dieses Ereignisses quantifiziert. Das Rechnen mit Wahrscheinlichkeiten erfolgt im Rahmen der Axiome der → Wahrscheinlichkeitsrechnung (→ Additionssätze, → Multiplikationssätze der Wahrscheinlichkeit); die numerische Festlegung von Wahrscheinlichkeiten geschieht nach Maßgabe verschiedener → Wahrscheinlichkeitsauffassungen.

Wahrscheinlichkeitsauffassungen – verschiedene Erklärungen für Werte einer → Wahrscheinlichkeit, die in den verschiedenen Anwendungsfeldern der → Wahrscheinlichkeitsrechnung zur numerischen Konkretisierung von Wahrscheinlichkeiten herangezogen werden. – 1. Der *klassischen Wahrscheinlichkeitsauffassung* (*Laplaceschen Wahrscheinlichkeitsauffassung;* Symmetrieprinzip) liegt die Vorstellung zugrunde, dass bei einem → Zufallsvorgang Elementarereignisse unterschieden werden können, die alle dieselbe Eintrittswahrscheinlichkeit besitzen (→ Gleichmöglichkeit). Die Wahrscheinlichkeit für das Eintreten eines Ereignisses ergibt sich als der Quotient aus der Anzahl der für dieses Ereignis günstigen und der Anzahl der in gleicher Weise möglichen Elementarereignisse. Etwa ist bei einem symmetrischen Würfel die Wahrscheinlichkeit, eine Augenzahl von mind. fünf zu erhalten, $^2/_6$. – 2. Bei der *„statistischen"* Wahrscheinlichkeitsauffassung (Häufigkeitsinterpretation der Wahrscheinlichkeit) wird als Wahrscheinlichkeit eines Ereignisses der „Grenzwert" der → relativen Häufigkeit des Eintretens dieses Ereignisses bei zunehmender Anzahl der Wiederholungen des Zufallsvorganges verstanden. Diese liegt etwa den Sterbewahrscheinlichkeiten einer → Sterbetafel zugrunde (s. → Gesetze der großen Zahlen, Schwaches Gesetz großer Zahlen). – 3. Bei der *subjektivistischen* Wahrscheinlichkeitsauffassung wird als Wahrscheinlichkeit des Eintretens eines zufälligen Ereignisses der subjektive Überzeugtheitsgrad einer Person, etwa eines Experten, angesetzt (→ subjektive Wahrscheinlichkeit).

Wahrscheinlichkeitsauswahl → Zufallsauswahl.

Wahrscheinlichkeitsdichte → Dichtefunktion einer stetigen → Zufallsvariablen X mit der Interpretation: Ist f(x) die Wahrscheinlichkeitsdichte an einer bestimmten Stelle x, dann ist f(x) · Δx bei kleinem Δx eine Näherung für die Wahrscheinlichkeit, dass X einen Wert im Intervall (x; x + Δx) annimmt. Eine Dichtefunktion f hat stets nichtnegative Funktionswerte, und es gilt

$$\int_{-\infty}^{\infty} f(x)dx = 1$$

Wahrscheinlichkeitsfunktion – bei einer diskreten → Zufallsvariablen X mit den Ausprägungen x_i, i= 1,2, ... die Funktion f mit $f(x_i) = P(X=x_i)$, i= 1,2, ... , und Null sonst, die also jeder reellen Zahl die → Wahrscheinlichkeit dafür zuordnet, dass sie als Wert resultiert. Analog wird die Wahrscheinlichkeitsfunktion einer mehrdimensionalen diskreten Zufallsvariablen definiert.

Wahrscheinlichkeitsnetz – Hilfsmittel zur schnellen näherungsweisen Überprüfung der Behauptung, eine → Grundgesamtheit weise eine → Normalverteilung auf, sowie ggf. zur schnellen Ermittlung von → Schätzwerten $\hat{\mu}$ und $\hat{\sigma}$ für deren → Parameter μ und σ anhand eines Stichprobenbefundes. – 1. *Konstruktion* des Wahrscheinlichkeitsnetzes: Ein Wahrscheinlichkeitsnetz für die Normalverteilung ist so konstruiert, dass die dort eingezeichneten Punkte einer empirischen Verteilungsfunktion zu einer Stichprobe aus einer Normalverteilung auf einer Geraden liegen. – 2. *Prüfung einer Verteilungshypothese:* Werden über den Merkmalswerten (nicht klassierte Daten) oder Klassenobergrenzen (klassierte Daten, → Klassenbildung) die zugehörigen kumulierten → relativen Häufigkeiten aus einer Stichprobe (→ Teilerhebung) im Wahrscheinlichkeitsnetz abgetragen und ergibt sich eine ungefähr lineare Anordnung der resultierenden Punkte, so besteht Grund zu der Annahme, die Grundgesamtheit sei normalverteilt. – 3. *Parameterschätzung:* Gleicht man diese Punkte visuell durch eine Gerade aus, so kann man mit ihrer Hilfe Schätzwerte $\hat{\mu}$ und $\hat{\sigma}$ für die entsprechenden Parameter ermitteln. Hierzu geht man bei den Ordinaten 50 Prozent, 15,87 Prozent und 84,13 Prozent in das Wahrscheinlichkeitsnetz ein (vgl. Abbildung „Wahrscheinlichkeitsnetz – Beispiel"). Der zur Ordinate 50 Prozent gehörende Abszissenwert ist $\hat{\mu}$; subtrahiert man die Abszissenwerte, die zu den Ordinaten 84,13 bzw. 15,87 gehören, voneinander und halbiert die Differenz, so erhält man damit $\hat{\sigma}$.

Wahrscheinlichkeitsnetz – Beispiel

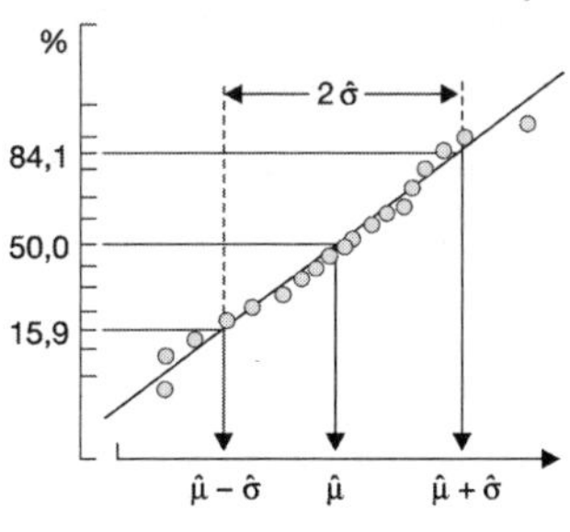

Wahrscheinlichkeitsrechnung – Teilgebiet der Mathematik mit hoher Anwendungsbedeutung für die Wirtschaftswissenschaften und Grundlage der → Inferenzstatistik. *Gegenstand* sind die Gesetzmäßigkeiten des Eintretens von → Ereignissen. *Grundbegriff* ist die → Wahrscheinlichkeit. – Die Wahrscheinlichkeitsrechnung ist auf *drei Axiome* gegründet:

(1) Jedem Ereignis A ist eine bestimmte Zahl P(A), also eine Wahrscheinlichkeit zugeordnet, die ≥ 0 ist.

(2) Die Wahrscheinlichkeit des sicheren Ereignisses ist 1.

(3) Die Wahrscheinlichkeit dafür, dass eines von endlich oder abzählbar unendlich vielen unvereinbaren Ereignissen eintritt, ist gleich der Summe der Wahrscheinlichkeiten dieser Ereignisse, also

$$P(A_1 \cup A_2 \cup ...) = P(A_1) + P(A_2) + ...$$

falls die Ereignisse (Mengen) A_1, A_2, ... paarweise disjunkt sind. Auf diese Axiome lassen sich alle *Sätze der Wahrscheinlichkeitsrechnung* zurückführen. – Die *konkrete Festlegung* von Wahrscheinlichkeiten erfolgt gemäß den verschiedenen → Wahrscheinlichkeitsauffassungen.

Wahrscheinlichkeitstabelle – tabellarische Darstellung der möglichen → Ausprägungen einer diskreten → Zufallsvariablen und der zugehörigen Werte der → Wahrscheinlichkeitsfunktion. Bei einer zweidimensionalen Zufallsvariablen ist die Wahrscheinlichkeitstabelle eine Tabelle mit zweifachem Eingang und enthält die Wahrscheinlichkeiten für die möglichen Paare von Ausprägungen der beiden Variablen. In der Randzeile bzw. Randspalte sind dann die Rand-Wahrscheinlichkeitsfunktionen der beiden Zufallsvariablen verzeichnet.

Wahrscheinlichkeitstheorie – Fortsetzung der → Wahrscheinlichkeitsrechnung im Sinne einer mathematischen Disziplin

Währung → Geld.

Währungs-, Wirtschafts- und Sozialunion – Vertrag über die Schaffung einer Währungs-, Wirtschafts- und Sozialunion zwischen der Bundesrepublik Deutschland und der Deutschen Demokratischen Republik vom 18.5.1990 (BGBl. II 537), dem mit Vertragsgesetz vom 25.6.1990 (BGBl. II 518) zugestimmt worden ist und der am 30.6.1990 in Kraft trat (BGBl. II 700). Grundlegendes Vertragswerk, mit dem der Prozess der Herstellung der Einheit Deutschlands eingeleitet wurde. Ist durch den → Einigungsvertrag weitgehend hinfällig geworden.

Währungsamt – Currency Board System.

Währungsausgleichsfonds → Ausgleichsfonds.

Währungsdumping – Unterbietung des Inlandspreises durch ausländische Konkurrenten, die durch einen niedrigen → Devisenkurs der ausländischen Währung ermöglicht wird. – Vgl. auch → Dumping.

Währungsgebiet – ein oder mehrere Länder mit einheitlicher Währung. – *Eurowährungsgebiet:* → Euro, → Europäische Währungsunion (EWU).

Währungsintegration – 1. *Begriff:* Maßnahmen zur Vereinheitlichung des Währungssystems zwischen zwei und mehreren Partnerländern. – 2. *Formen:* a) Bei einem *Wechselkursverbund* wie im damaligen → EWS und dem heutigen EWS II werden für die beteiligten Länder untereinander feste Wechselkurse vereinbart (im EWS II: → Leitkurse der Währungen der Länder mit Ausnahmegenehmigung, d.h. ohne Euro, gegenüber dem → Euro), von denen die aktuellen Marktkurse innerhalb einer bestimmten → Bandbreite von bis zu 15 Prozent nach oben wie unten abweichen dürfen. Die beteiligten Notenbanken müssen durch gezielte Interventionen am → Devisenmarkt (Stützungskäufe, -verkäufe) sicherstellen, dass die Marktkurse innerhalb der Bandbreiten bleiben. – b) Bei einer *Wechselkursunion* gibt es keine Bandbreiten mehr; die beteiligten Währungen sind durch fixe Wechselkurse miteinander verbunden. Neben formalen (z.B. CFA-Franc-Zone in Zentral- und Westafrika) gibt es faktische Wechselkursunionen, bei denen die Konstanz des Wechselkurses ohne formale Absprachen sichergestellt wird. – c) In einer *Währungsunion* gilt für alle beteiligten Länder eine gemeinsame Währung, z.B. → Europäische Währungsunion (EWU). – Vgl. auch → optimaler Währungsraum.

Währungskonto – *Fremdwährungskonto, Devisenkonto;* → Bankkonto, das in einer ausländischen Währung geführt wird. Gebietsansässige und Gebietsfremde dürfen im Rahmen der währungsrechtlichen Vorschriften bei Kreditinstituten in der Bundesrepublik Deutschland Währungskonten unterhalten. Verfügungen über Guthaben auf solchen Konten werden unter Einbeziehung von Banken im Heimatland der Währung abgewickelt, wenn sie die Bank nicht vollständig im eigenen Haus ausführt. Ihre Fremdwährungsverbindlichkeiten wird die Bank durch Gutschrift auf dem Konto des Kunden in dieser Währung erfüllen.

Währungsordnung → Währungssystem.

Währungsparität – der durch Entscheidung fixierte Wechselkurs (→ fester Wechselkurs), in Abgrenzung zum Wechselkurs, der sich am Markt bildet.

Währungspolitik → Geldpolitik.

Währungsreform – 1. *Begriff:* Gesetzliche Neuordnung des Geldwesens zur Überwindung offener oder verdeckter (zurückgestauter) → Inflation. Nach dem Zweiten Weltkrieg führten mehrere Länder eine Währungsreform durch. Die schärfsten Eingriffe in das Geldwesen brachte die dt. Währungsreform im Juni 1948. – 2. *Vorgeschichte:* Die Nationalsozialisten hatten das Geldvolumen zur Finanzierung der Rüstung und des Kriegs stark ausgeweitet. Bei Kriegsende waren allein in den Westzonen und Westberlin Geldmittel und geldähnliche Forderungen in Höhe von rund 210 Mrd. Reichsmark (RM) vorhanden. Der Geldüberhang wirkte sich nicht in offener Inflation aus, weil die Preise und Löhne eingefroren und die Güter seit Kriegsbeginn rationiert waren. Die öffentliche Bewirtschaftung wurde nach Kriegsende zunächst beibehalten. Es entstand ein Schwarzmarkt, es fehlten Produktionsanreize, und der Wiederaufbau war gehemmt. Für die Beseitigung des riesigen Geldüberhangs wurden rund 250 Pläne entwickelt. Eine gemeinsame Währungsreform der Alliierten war politisch unmöglich. – 3. *Währungsreform in den westlichen Besatzungszonen und Westberlin:* Die Währungsreform in den Westzonen wurde maßgeblich von den Amerikanern konzipiert, mit dt. Experten beraten und mit mehreren Gesetzen durchgeführt. Die gesetzliche Zahlungskraft der auf RM lautenden Zahlungsmittel erlosch am Sonntag, dem 20.6.1948. Ab dem 21.6.1948 galt die „Deutsche Mark" (DM). Die neuen Banknoten und Münzen wurden von der am 1.3.1948 gegründeten „Bank Deutscher Länder" ausgegeben. – a) *Rechnerischer Anschluss* an die Reichsmarkwährung: Alle *wiederkehrenden* Leistungen wie Löhne, Gehälter, Renten, Mieten wurden im Verhältnis 1:1 von RM auf DM umgestellt, alle *abgeschlossenen* Forderungen und Verpflichtungen hingegen grundsätzlich im Verhältnis 10:1. – b) *Umtausch:* Jeder Einwohner konnte 40 RM am 20.6.1948 und weitere 20 RM im Lauf von zwei Monaten im Verhältnis 1:1 in DM umtauschen („Kopfbetrag"). Die Arbeitgeber erhielten auf Antrag einen „Geschäftsbetrag" in Höhe von 60 DM je beschäftigten Arbeitnehmer. Die Länder und die übrigen Gebietskörperschaften erhielten von den Landeszentralbanken Zahlungsmittel in anteiliger Höhe ihrer vorherigen Einnahmen; ebenso stattete die Bank dt. Länder Bahn und Post aus. – c) *Abwicklung der Reichsmarkkonten:* Altgeldnoten und im Währungsgebiet gehaltene RM-Guthaben mussten bis zum 26.6.1948 bei einer Abwicklungsbank eingezahlt oder angemeldet werden. (1) Guthaben natürlicher oder juristischer Personen (mit Ausnahme öffentlicher Körperschaften) wurden grundsätzlich 10:1 umgestellt. Die Hälfte des Betrags war frei verfügbar. Die andere Hälfte wurde einem Festkonto gutgebracht; davon wurden 7/10 gestrichen, 2/10 freigegeben, 1/10 für die Anlage in mittel- und langfristigen Wertpapieren vorgesehen. Dadurch verschlechterte sich das Umstellungsverhältnis auf 100:6,50. Das Gesetz zur Milderung von Härten der Währungsreform verbesserte für Spar-, Bausparguthaben und andere Kapitaltitel, die schon am 1.1.1940 dem Gläubiger zugestanden hatten, das Umtauschverhältnis auf 100:20.(2) Altgeldguthaben von Geldinstituten erloschen. Deshalb erhielten die Kapitalsammelstellen für ihre im Rahmen der Kriegsfinanzierung übernommenen Schuldtitel des

Deutschen Reichs und anderer öffentlicher Schuldner langfristig zu tilgende → Ausgleichsforderungen gegenüber der öffentlichen Hand der Bundesrepublik Deutschland in Höhe von 17, später 22 Mrd. DM.(3) Es erloschen auch die Altgeldguthaben der Gebietskörperschaften, Bahn- und Postverwaltungen sowie aller von der Militärregierung aufgelösten Organisationen etc. – d) *Schuldverschreibungen, Hypotheken, andere Forderungen und Verpflichtungen* wurden im Verhältnis 10:1 umgestellt, bei Altbesitz an diesen Kapitaltiteln 10:2. – 4. *Die Währungsreform in der sowjetischen Besatzungszone (SBZ):* In der SBZ waren anfangs alle Bankkonten gesperrt worden. Die sowjetische Besatzungsmacht wurde durch die Währungsreform im Westen offenbar überrascht. Sie zog rasch nach und führte die Währungsreform am Mittwoch, dem 23.6.1948, durch. Der Geldumlauf sollte unter Beibehaltung der bisherigen Recheneinheit verringert werden. Als erste Stufe wurden vom 24. bis 28.6.1948 die vorhandenen Banknoten, da noch keine neuen verfügbar waren, mithilfe aufgeklebter Coupons umgestellt. Grundsätzlich wurde Bargeld gegen Bargeld getauscht; die Konten wurden in einem bes. Verfahren umgestellt. Von dem eingereichten Bargeld wurden 70 RM im Verhältnis 1:1, der übrige Betrag im Verhältnis 10:1 umgetauscht. Sparkonten wurden je nach Einlagenhöhe 1:1 bis 10:1 umgestellt. Die Westmächte verhinderten, dass die Währungsreform in der SBZ auf ganz Berlin ausgedehnt wurde. Daraufhin verhängte die Sowjetunion die Berlinblockade. Die zweite Stufe begann mit dem Umtausch der umlaufenden Reichsbanknoten mit den aufgeklebten Coupons in neue Noten der Deutschen Notenbank vom 25. bis 28.7.1948. An die Stelle der Reichsmarkrechnung trat nun die Rechnung in „Deutsche Mark der Deutschen Notenbank". Das Geld wurde im Verhältnis 1:1 umgetauscht, wobei 70 Mark sofort in bar ausgezahlt wurden. Der Rest wurde einem Konto gutgebracht. Am 13.10.1957 wurden die Noten erneut zum Umtausch aufgerufen. 1964 erhielt die Währung den Namen „Mark der Deutschen Notenbank", 1968 die Bezeichnung „Mark".

Währungsreserven – Die Währungsreserven bestehen aus den → Devisenreserven plus den Goldbeständen der → Zentralbank und Reservepositionen aus der Mitgliedschaft in internationalen Institutionen (z.B. IWF-Sonderziehungsrechte (→ IWF)). Die Verwaltung der Währungsreserven erfolgt in der → Europäischen Währungsunion (EWU) durch das → *Europäische System der Zentralbanken (ESZB).*

Währungsrisiko – Das Währungsrisiko ergibt sich aus den Fremdwährungspositionen eines Unternehmens und den möglichen Änderungen der entsprechenden Wechselkurse. Die Unsicherheit über deren künftige Entwicklung wird hierbei als Wechselkursrisiko bezeichnet. Ein Währungsrisiko besteht bei einzelnen Geschäften, von zentraler Bedeutung ist jedoch das Gesamtrisiko in einer bestimmten Währung, die „exposure" eines Unternehmens. – Das Währungsrisiko unterteilt man üblicherweise in folgende drei Teilrisiken: – (1) *Translationsrisiko* (translation exposure): bezieht sich auf mögliche Wertschwankungen des buchhalterischen Reinvermögens infolge von Wechselkursänderungen; – (2) *Transaktionsrisiko* (transaction exposure): bei momentan bestehenden Forderungen oder Verbindlichkeiten in einer Fremdwährung, deren Werte sich durch Wechselkursschwankungen verändern können; – (3) *Operationsrisiko* (operating exposure): umfasst alle zukünftigen in- und ausländischen Zahlungsströme, deren Höhe noch ungewiss und von der Wechselkursentwicklung abhängig sind, ohne dass bereits konkrete Positionen entstanden sind. – Transaktionsrisiko und operatives Risiko können zudem als *ökonomisches Risiko* (economic exposure) zusammengefasst werden. – Das Währungsrisiko kann z.B. durch eine Reduktion der offenen Währungsposition, durch Bildung entgegengesetzter Währungspositionen oder durch Kurssicherungsgeschäfte neutralisiert werden (→ Hedging). – Vgl. auch → Erfolgsrisiko, → Kurssicherung.

Währungsscheck → Scheck, der auf fremde Währung lautet. Der Währungsscheck wird dem Einreicher i.d.R. auf → Währungskonto gutgeschrieben oder in bar in Landes- oder Fremdwährung ausgezahlt.

Währungsschlange – *Währungsverbund;* Bezeichnung für das Wechselkurssystem in Ländern der EG von 1972 bis 1979. – 1. *Zu unterscheiden:* a) *Schlange im Tunnel:* Im → Washingtoner Währungsabkommen vom 18.12.1971 wurde beschlossen, zur Rettung des Bretton-Woods-Systems die Bandbreiten (→ Zielzonen-System) der Währungen der am → IWF beteiligten Länder gegenüber dem US-Dollar von ± 1 auf ± 2,25 Prozent zu erweitern. Da dies dem Ziel der EU einer stufenweisen Einengung der Bandbreiten widersprach, beschloss der Europäische Ministerrat 1972 eine Beschränkung der Bandbreiten innerhalb der EG auf ± 1,125 Prozent. Schwankungen dieses Kursbandes nach oben und unten waren durch die größere IWF-Bandbreite (Tunnel) begrenzt. – b) *Schlange ohne Tunnel:* Mit dem Übergang zu → flexiblem Wechselkurs der europäischen Währungen gegenüber dem Dollar 1973 verschwanden die *Tunnelränder,* zwischen EU-Währungen wurde das System → fester Wechselkurse mit Bandbreiten beibehalten *(Blockfloating).* – 2. *Entwicklung:* Einige Länder schieden zeitweise aus der Währungsschlange aus (Frankreich, Großbritannien, Italien). In dem Bemühen um eine stärkere Integration innerhalb der EG wurde die Währungsschlange 1979 durch das Europäische Währungssystem (→ EWS) abgelöst.

Währungsschuld → Valutaschuld.

Währungsstichtag – Tag der → Währungsreform von 1948.

Währungsswap – *Currency Swap;* → Swap zwischen zwei Partnern (A, B) mit unterschiedlichem Zugang zu Devisenmärkten im Rahmen eines Währungstauschs. – *Beispiel:* A benötigt einen Betrag in Dollar, B in Euro. A kann den Betrag im Dollarausland zu 11 Prozent (B zu 10 Prozent) oder im Euroinland zu 10 Prozent (B auch zu 10 Prozent) aufnehmen. A nimmt im Inland Euro auf und verpflichtet sich gegenüber B zur Zahlung der Tilgung in Dollar, da er von B Dollar erhält. Im Gegenzug verpflichtet sich B zur Zahlung der Tilgung in Euro und nimmt Dollar auf. Getauscht werden demzufolge nur die Kapitalbeträge, nicht die Zinszahlungen, welche ja in jeweiliger Heimatwährung zu erbringen sind. Den komparativen Kostenvorteil teilen sich A und B entsprechend ihrer Vereinbarung. Somit sind die Voraussetzungen ein annähernd gleiches Zinsniveau und ein besseres Standing der Partner auf dem jeweiligen heimischen Kapitalmarkt. – *Problem:* Ausfallrisiko bez. noch nicht getilgtem Betrag.

Währungssystem – *Geldordnung, Währungsordnung.* 1. *Begriff:* Grundlage für die Ordnung der Währung eines Landes. – 2. *Formen:* a) *Gebundene Währungen:* Die Recheneinheit ist dem Wert einer bestimmten Gewichtsmenge des Geldstoffes gleichgesetzt: (1) *Monometallistisches Währungssystem:* Ein Edelmetall ist Währungsmetall: (a) *Goldwährungen:* Nur Gold ist Währungsmetall. (b) *Silberwährungen:* Nur Silber ist Währungsmetall. (2) *Bimetallistisches Währungssystem:* Zwei Edelmetalle (Gold und Silber) sind Währungsmetalle: (a) *Parallelwährung* bzw. → Konkurrenzwährung: Beide Metalle sind frei ausprägbar und ihre Münzen gesetzliches Zahlungsmittel, ohne dass ein Wertverhältnis festgelegt ist. (b) *Doppelwährung:* Das Verhältnis wird festgelegt, doch bleiben beide Metalle noch frei ausprägbar. (c) *Hinkende Goldwährung:* Nur noch Gold ist frei ausprägbar; das Wertverhältnis wird durch Knapphaltung der umlaufenden Silbermünzen gesichert. – b) *Freie Währungen (manipulierte Währungen):* Diese versuchen die wirtschaftliche Bedeutung der Recheneinheit durch Knapphaltung des Zahlungsmittelumlaufs zu bestimmen: (1) *Währungen mit gesperrter Prägung:* Durch Sperrung der freien Ausprägbarkeit der Münzen, d.h. durch die Knappheit der Zahlungsmittel (Münzen) wird die Kaufkraft bestimmt. (2) → Papierwährungen: Zentral gelenkte Kreditschöpfung passt den Zahlungsmittelbedarf und -umlauf an die wirtschaftlichen Notwendigkeiten an (Gefahr des Missbrauchs). (3) → Indexwährungen: Standardisierung des Geldes wird durch Bindung an einen bestimmten Preisindex angestrebt. – 3. *Internationales Währungssystem:* Grundlage für die weltweite Ordnung der Währungen zum Zweck einer reibungslosen Abwicklung des internationalen Waren-, Dienstleistungs- und Kapitalverkehrs. – a) *Vor dem Ersten Weltkrieg* waren internationale Vereinbarungen unnötig, da alle wichtigen Handelsländer Goldumlauf- oder Goldkernwährungen (→ internationaler Goldstandard) hatten. – b) *Nach dem Ersten Weltkrieg* war dem System der Gold-Devisenwährung nur kurzer Erfolg beschieden. – c) *Nach dem Zweiten Weltkrieg* erfolgte Neuordnung durch das → Bretton-Woods-Abkommen, das bis 1972 bestand (→ Währungsschlange). – d) Die *Freigabe der* → Wechselkurse durch wichtige Welthandelsländer 1973 bedeutete faktisch die endgültige Auflösung dieses Systems; die Wahl des Wechselkurssystems ist heute den einzelnen Ländern grundsätzlich freigestellt. – Vgl. auch → EWS, → IWF.

Währungsumrechnung – 1. *Begriff:* Übersetzung von in ausländischen Währungen lautenden → Aktiva und → Passiva in die inländische Währung. Die Währungsumrechnung ist zentraler Bestandteil der Ermittlung des Wechselkursexposures, welches besagt, welcher Betrag und Bereich in welchem Ausmaß von Währungsschwankungen erfasst ist. – 2. *Arten:* a) *Transaktionskonzept:* Dem Umwechslungsrisiko unterliegen sämtliche aus unternehmerischen Transaktionen resultierende Zahlungsströme, die auf eine fremde Währung und zu einem bestimmten Fälligkeitsdatum mit einem konkreten Umwechslungsvorgang verbunden sind. Fasst man Zahlungsströme einerseits nach Währungen und andererseits nach Fälligkeitsterminen zusammen, so erhält man eine stichtagsbezogene Größe je Währung. – b) *Translationskonzept:* Dieses bezieht sich auf die Umrechnung von Abschlüssen von im Ausland tätigen Tochtergesellschaften. Neben der Verwendung eines einheitlichen, am Bilanzstichtag gültigen Wechselkurses besteht die Möglichkeit des Einsatzes differenzierter Kurse. Abschlussposten können demnach entsprechend ihrer Fristigkeit, ihrem Geldcharakter oder ihrem Zeitbezug mit Kassa- oder historischen Kursen umgerechnet werden. – c) *Economic Exposure:* Das Economic Exposure (ökonomische Wechselkursposition) berücksichtigt zukünftig erwartete und diskontierte Zahlungsströme.

Währungsumstellung – im Vertrag über die Schaffung einer → Währungs-, Wirtschafts- und Sozialunion vom 18.5.1990 geregelte Umstellung der auf Mark der DDR lautenden Forderungen und Verbindlichkeiten auf Deutsche Mark; es waren unterschiedliche Umstellungssätze vorgesehen.

Währungsunion – unwiderrufliche Fixierung des Wechselkurses zwischen zwei oder mehreren Währungen (z.B. durch die Übernahme einer (neuen) gemeinsamen Währung). In einer Wechselkursunion besitzen die Teilnehmerländer noch eigene Währungen und unabhängige Zentralbanken, in einer Währungsunion als Grenzfall einer Wechselkursunion gibt es innerhalb der Union nur noch eine gemeinsame Zentralbank und eine Einheitswährung. Analyse in der Theorie des → optimalen Währungsraumes oder in der makroökonomischen Theorie einer Zwei-Länder-Währungsunion. *Beispiel:* Europäische Währungsunion, Gemeinschaftswährung → Euro. – Vgl. auch → Europäische Währungsunion (EWU), → EU, → internationales Währungssystem, → Wechselkurspolitik,

→ Währungsintegration, → IS-LM-Z-Modell einer Währungsunion.

Währungsverbund → Währungsschlange.

Waisenbeihilfe – einmalige Leistung in Höhe von zwei Fünftel des → Jahresarbeitsverdienstes, sofern ein Schwerverletzter (Unfallverletzter mit einer Erwerbsminderung von wenigstens 50 Prozent) nicht an den Folgen eines → Arbeitsunfalls oder einer → Berufskrankheit gestorben ist (§ 71 SGB VII). Waisenbeihilfe wird nur Vollwaisen gewährt, die bei Tod des Versicherten infolge eines Versicherungsfalls Anspruch auf → Waisenrente hätten. Sind mehrere Waisen vorhanden, so ist die Waisenbeihilfe gleichmäßig zu verteilen.

Waisengeld – gemäß Beamtenversorgungsgesetz Bezüge der ehelichen Kinder sowie für ehelich erklärten oder an Kindes statt angenommenen Kinder eines verstorbenen → Beamten, der zum Zeitpunkt seines Todes → Ruhegeld erhalten hat oder hätte erhalten können. – Das Waisengeld *beträgt* für Halbwaisen 12 Prozent und für Vollwaisen 20 Prozent des Ruhegehalts (§§ 23, 24 BeamtVG). – Der Anspruch erlischt normalerweise mit der Vollendung des 18. Lebensjahrs; Ausnahmen für ledige Waisen: bei Schul- und Berufsausbildung oder Ableistung des freiwilligen sozialen Jahres (27. Lebensjahr), bei körperlichen oder geistigen Gebrechen auch über das 27. Lebensjahr hinaus. Bei Verzögerung der Schul- oder Berufsausbildung durch Erfüllung der Wehrpflicht soll Waisengeld entsprechend länger gewährt werden (§ 61 BeamtVG). – Vgl. auch → Besoldung.

Waisenrente – Leistung der gesetzlichen Renten- und Unfallversicherung und Kriegsopferversorgung, gewährt nach dem Tode der Versicherten bzw. Beschädigten an deren eheliche, für ehelich erklärte, an Kindes statt angenommene und nicht eheliche Kinder sowie Pflegekinder und Stiefkinder, i.d.R. bis zum vollendeten 18. Lebensjahr. Für Kinder, die in Berufsausbildung stehen, ein freiwilliges → soziales Jahr leisten oder sich wegen körperlicher oder geistiger Gebrechen nicht selbst erhalten können, wird Waisenrente ggf. bis zum vollendeten 27. Lebensjahr weitergewährt (in der Kriegsopferversorgung bei Gebrechen ohne zeitliche Begrenzung). Bei Verzögerung der Ausbildung durch Erfüllung der Wehrpflicht entsprechend länger (§§ 67, 68 SGB VII; § 48 SGB VI; § 45 BVG).

Walb – Ernst, 1880–1946, Dozent an der Handelshochschule Königsberg (1907–1910); Professor für Betriebswirtschaftslehre in Stockholm (1910), Köln (1911–1920), Freiburg i.Br. (1920–1926) und wieder in Köln (1926 bis zu seinem Tode). – *Bevorzugte Arbeitsgebiete:* Allgemeine Betriebswirtschaftslehre, Bankbetriebslehre (er war maßgebend an der Bankenquete 1933 beteiligt), Rechnungswesen, bes. Kameralistik. Walb hat v.a. die Lehre → Schmalenbachs weiterentwickelt. Seine Arbeiten zeichnen sich durch Systematik und durch breite (z.T. philosophische, ethische und geschichtliche) Fundierung seiner Gedanken aus. Infolgedessen haben die meisten seiner Arbeiten auch heute noch Gültigkeit. – *Werke:* „Der Streit um die Berechnung der Gewinnanteile bei der AG“ (1915); „Kaufmännische Betriebswirtschaftslehre“ (1922); „Erfolgsrechnung privater und öffentlicher Betriebe“ (1926); „Kameralwissenschaft und vergleichende Betriebswirtschaftslehre“, in: Kölner Universitätsreden (1917); „Der Diplomkaufmann“ (1929); „Abschreibung und Steuer“, in: Kölner Industriehefte, H. 12, 1930; „Kaufmännische Betriebswirtschaftslehre“ (1938); „Finanzwirtschaftliche Bilanz“ (1966).

Waldbrandversicherung – Versicherungsart der → Feuerversicherung, speziell bezogen auf Waldgebiete. Die → versicherten Gefahren orientieren sich an der Feuerversicherung, eine Ergänzung um diverse Deckungserweiterungen, wie z.B. Feuerlöschkosten und Abräumungskosten, ist möglich.

Wald-Regel → Minimax-Regel.

Wald-Test – asymptotische Testprozedur, die bei Richtigkeit der Nullhypothese Chi-Quadrat verteilt ist, wobei die Freiheitsgrade der Anzahl der Restriktionen entsprechen. Die auf diesem Prinzip beruhenden Tests erfordern nur die Schätzung des nicht restringierten Modells. Dies ist die am meisten genutzte Testprozedur, v.a. wenn die Schätzungen nicht auf der Maximum-Likelihood Methode beruhen. Der Wald Test kann als Verallgemeinerung des → t-Tests zur Überprüfung von Hypothesen bez. der Regressionsparameter aufgefasst werden. – *Andere* Testprinzipien sind der → Likelihood-Ratio-Test und → Lagrange-Multiplier-Test.

Walk-through – *Structured Walk-through;* Testmethoden im → Software Engineering zur regelmäßigen Überprüfung der geleisteten Arbeiten bei der → Softwareentwicklung; derjenige, der einen Arbeitsschritt durchgeführt hat, erläutert anderen Projektmitgliedern (oder Personen außerhalb des Projekts) seine Vorgehensweise und seine Ergebnisse.

Wallet – Hard- oder Software, die in der Lage ist, Geldbeträge eines Nutzers elektronisch zu speichern, anzurechnen oder zu transferieren. Ein Wallet kann sich auf der Festplatte eines PC befinden oder in Form einer Smartcard an Kunden ausgegeben werden. Ein Beispiel für ein Wallet ist der Chip auf einer → EC-Karte, der an Ladeterminals (meist bei Banken) zulasten des Kontos aufgeladen und dann als Bezahlung in Geschäften entladen werden kann. – Vgl. auch → E-Commerce, → Kartenzahlung.

Wall Street – Straße im Südteil von Manhattan (City of New York); berühmt als Hauptfinanzzentrum der USA. In übertragenem Sinn bezeichnet man mit der Wall Street auch die Banksphäre in den USA allg. (im Gegensatz zu mit *Main Street* bezeichneter Industrie- und Handelssphäre).

Walras – Marie Esprit Léon, 1834–1919, franz. Nationalökonom, lehrte – nach Tätigkeiten als Journalist, Eisenbahn- und Bankangestellter – an der Universität Lausanne (1870–1892). Walras, ein herausragender Vertreter der mathematischen Schule, entwickelte gleichzeitig mit, aber unabhängig von → Jevons und → Menger, den Begriff des → Grenznutzens. Sein größtes Verdienst ist die elegante mathematische Darstellung der allg. Interdependenz in einem simultanen statischen Gleichungssystem (→ Neoklassik), das von seinem Nachfolger in Lausanne, → Pareto, weiter ausgebaut wurde. – *Hauptwerke:* „Eléments d'économie politique pure ou théorie de la richesse sociale", 2 Bde. (1874/1877), „Théorie de la monnaie" (1886) und „Etudes d'économie politique appliquées" (1898).

Walras' Modell des allgemeinen Gleichgewichts → allgemeines Gleichgewicht.

Walter-Eucken-Institut e.V. → Wirtschaftsforschungsinstitut; Sitz in Freiburg i.Br. – *Aufgabe:* Wirtschaftswissenschaftliche, -rechtliche und soziologische Forschung v.a. auf dem Gebiet von Wettbewerbsordnung und -recht, Ordnungstheorie und -politik sowie Geld-, Währungs- und Konjunkturtheorie und -politik.

WAN – Abk. für *Wide Area Network;* → Netz, das über einen geografisch größeren Raum verteilte Datenstationen (v.a. → Rechner) verbindet.

Wandelanleihe → Wandelschuldverschreibung.

Wandelgeschäft – ein Börsentermingeschäft (→ Termingeschäft), bei dem sich der eine Vertragspartner das Recht ausbedingt, auf seinen Wunsch Lieferung bzw. Abnahme der Ware vor dem Termin zu fordern. Die Abschlussformeln für derartige Geschäfte lauten „per ultimo täglich„ oder „per ultimo auf Kündigung".

Wandelobligation → Wandelschuldverschreibung.

Wandelschuldverschreibung – *Wandelobligation, Wandelanleihe, Convertible Bond.*

I. **Begriff:** Schuldverschreibung (→ Anleihe) von Aktiengesellschaften, bei der neben dem Anspruch auf Rückzahlung des Nennwerts und der geringen Zinsen ein Wandlungsrecht in eine bestimmte Anzahl von → Stammaktien der emittierenden Gesellschaft besteht. Somit verkörpert die Wandelschuldverschreibung hybrides Kapital: Während am Anfang ein Gläubigerverhältnis besteht, wird bei Umtausch in Aktien der Investor zum Aktionär und die Wandelschuldverschreibung erlischt.

II. **Ausgabe:** erfordert einen Beschluss der → Hauptversammlung mit mind. $^{3}/_{4}$-Mehrheit (§ 221 I AktG). Den Aktionären steht ein → Bezugsrecht auf die Wandelschuldverschreibung zu, das jedoch durch Beschluss der Hauptversammlung mit mind. $^{3}/_{4}$-Mehrheit ausgeschlossen werden kann (→ bedingte Kapitalerhöhung). – Bei der Begebung von Wandelschuldverschreibungen sind anzugeben: Zinssatz, Laufzeit, Zinstermine, Besicherung, Wandlungsverhältnis, Zuzahlung bei Wandlung und Umtauschfrist.

III. **Vorteile:** 1. Für die *ausgebende Unternehmung:* Wandelschuldverschreibungen ermöglichen Unternehmen die Aufnahme von (zunächst) Fremdkapital zu *günstigeren Bedingungen* (z.B. niedrigerer Zinssatz als bei → Anleihen). Die Ausgabe von Wandelschuldverschreibungen ist zunächst *steuerlich günstiger:* Um den gleichen Betrag als Dividende ausschütten zu können, müsste das Unternehmen unter Berücksichtigung von Steuern mehr aufbringen als bei Zahlung von Zinsen auf die Anleihe. – 2. Für den *Anleger:* Die Wandelschuldverschreibung eröffnet die Chance, an Kursgewinnen der Aktie teilzuhaben; bei steigenden Kursen realisiert der Anleger durch Ausübung des Wandelrechts und Verkauf der Aktien zusätzliche Gewinne. In Zeiten stagnierender oder fallender Kurse wird das Wandelrecht nicht ausgeübt, der Anleger erhält weiterhin die vertraglich fixierten Zinszahlungen und hat Anspruch auf Rückzahlung des Nennwerts. Den Zeitpunkt der Ausübung des Wandlungsrechts, also des Übergangs vom Gläubiger zum Eigentümer, kann der Anleger innerhalb der Umtauschfrist selbst bestimmen.

IV. **Umgekehrte Wandelschuldverschreibung:** 1. Nach dem Regierungentwurf zur Änderung des Aktiengesetzes (→ Aktienrechtsnovelle 2012) soll die umgekehrte Wandelanleihe (intern. auch Contingent Convertible Bond, CoCo-Bond) in Deutschland gesetzlich eingeführt werden. Sie gibt dem Emittenten die Möglichkeit, ein Umtauschrecht in Aktien zugunsten der Gesellschaft zu vereinbaren. Zwar ist die Zulässigkeit einer solchen Anleihe allgemein anerkannt, aber es war z.B. umstritten, ob bedingtes Kapital für Pflichtwandelanleihen geschaffen werden kann, was nun gesetzlich klargestellt werden soll. Hintergrund ist die Überschuldung v.a. von in Not geratenen Kreditinstituten verhindern zu können, bzw. eine Sanierung zu erleichtern. Der Entwurf, der 2013 Gesetz werden könnte, überlässt es den Emittenten, eine Marktgängigkeit solcher Anleihen durch ausgewogene Vertragsgestaltungen zu schaffen.

Wandergewerbe – Form des → ambulanten Handels, die durch Umherziehen von Ort zu Ort und Haus zu Haus ausgeübt wird. – *Erscheinungsformen:* Schaustellung, Schießbuden, Karussellbetriebe, Achterbahn u.a.

Wandergewerbesteuer – jetzt: → Reisegewerbesteuer.

Wanderlager – vorübergehend errichtete, feste, offene Verkaufsstätte (→ Laden, Magazin etc.), meist zur Veräußerung einer größeren, oft aus Insolvenzen, Zwangsversteigerungen u.Ä. übernommenen Warenmenge. Die Veranstaltung eines Wanderlagers, auf die durch öffentliche Ankündigung hingewiesen werden soll, ist zwei Wochen vor Beginn der für den Ort der Veranstaltung zuständigen unteren Verwaltungsbehörde anzuzeigen. Mit der Anzeige sind Wortlaut und

Art der beabsichtigten öffentlichen Ankündigungen mitzuteilen. Bei nicht rechtzeitiger, nicht wahrheitsgemäßer oder nicht vollständiger Anzeige Untersagung (§ 56a GewO).

Wanderung – *Migration, räumliche Mobilität.* 1. *Begriff:* Wohnsitzveränderung natürlicher Personen, i.Allg. auf Dauer oder zumindest für längere Zeit (→ Mobilität). Die an den Wanderungen beteiligten Personen sind Zu- oder Abwanderer, Ein- oder Auswanderer oder Rückwanderer. – 2. *Unterteilungen:* a) → Binnenwanderung (nationale Wanderung): Wanderung innerhalb eines Staats- oder Verwaltungsgebiets; → Außenwanderung (internationale Wanderung): Wanderung über die Grenzen des Untersuchungsgebiets. b) *Netto-Wanderung, Wanderungssaldo:* Differenz der Zu- und Fortzüge. Ein Überwiegen der Fortzüge wird als *Wanderungsverlust, negative Wanderungsbilanz, Wanderungsdefizit, Nettoabwanderung* bezeichnet, im umgekehrten Fall spricht man von *Wanderungsgewinn.* c) Unter *Wanderungsstrom* versteht man die relativ dauerhafte und beträchtliche Wanderung zwischen bestimmten Herkunfts- und Zielgebieten. d) *Rückwanderung:* Rückkehr zum früheren Wohnort. – 3. *Wanderungsmotive:* Wanderungen kommen zustande, wenn ein Mensch oder eine Gruppe von Menschen außerhalb ihrer Region bessere Lebenschancen wahrnehmen und diese in einer Zielregion zu finden glaubt. Ausbildungs-, arbeitsplatz- und familienorientierte Motive stehen hierbei im Vordergrund. – 4. *Statistische Erfassung* in der → Wanderungsstatistik.

Wanderungsbilanz – der für einen Zeitraum (Monat, Quartal, Jahr) erfolgende statistische Vergleich der Zu- oder Abnahme der Bevölkerung durch → Wanderung, ermittelt als Differenz aus Zu- und Fortzügen. Ein positiver Wanderungssaldo wird auch als Wanderungsgewinn oder Zuwanderungsüberschuss bezeichnet, ein negativer als Wanderungsverlust oder Abwanderungsüberschuss.

Wanderungssaldo → Wanderungsbilanz.

Wanderungsstatistik – In der Wanderungsstatistik werden alle Zu- und Fortzüge der Bevölkerung in Deutschland registriert. Sie erstreckt sich einerseits auf die Wanderungen über die Grenzen Deutschlands mit dem Gebietsstand nach dem 3.10.1990 (→ Außenwanderung) andererseits auf die Wanderungen zwischen Gemeinden innerhalb Deutschlands (→ Binnenwanderung). Umzüge innerhalb einer Gemeinde bleiben unberücksichtigt. Die Wanderungsstatistik beruht auf einer Auswertung der Meldeformulare der Meldebehörden, es handelt sich somit um eine → Sekundärstatistik. Die Erhebung erfolgt durch die Statistischen Ämter der Länder, die Bundesergebnisse werden durch das → Statistische Bundesamt (StBA) aus den Länderergebnissen ermittelt und mit geringer zeitlicher Verzögerung bereitgestellt. Bez. der Merkmale besteht eine Differenzierungsmöglichkeit der Ergebnisse nach Staatsangehörigkeit, Geschlecht, Alter, Familienstand, Religion sowie nach Ziel- bzw. Herkunftsgebiet. Die Daten der Wanderungsstatistik geben Auskunft über die räumliche Mobilität der Bevölkerung und stellen somit eine wichtige Informationsquelle für bspw. Bundes- und Landesministerien und -behörden dar. Sie liefern Informationen über die demografische Entwicklung und das Migrationsgeschehen. Daneben gehen die Ergebnisse in die → Bevölkerungsfortschreibung ein.

Wanderungsvolumen – Summe aller Zu- bzw. Fortzüge zwischen zwei Messzeitpunkten.

Wanderungsziffer → Mobilitätsziffer.

Wanderversicherung – 1. In der Rentenversicherung übliche Bezeichnung für die Zusammenfassung der Leistungen für Versicherte, die im Laufe ihrer Versicherungszeit *bei verschiedenen Rentenversicherungsträgern* versichert waren (→ Arbeiterrentenversicherung, → Angestelltenversicherung, → Knappschaftsversicherung). Für die Erfüllung der → Wartezeit wurden die Versicherungszeiten zusammengerechnet. Die Leistung wurde nur aus den Rentenversicherungszweigen gewährt, bei denen die Leistungsvoraussetzungen erfüllt waren. Die Leistung wurde als *Gesamtleistung* von dem Rentenversicherungsträger berechnet und festgestellt, an den der letzte Beitrag entrichtet worden ist (§§ 126 I, 142 SGB VI a.F.). Die Seekasse und die Bundesknappschaft waren außerdem auch zuständig, wenn für mind. 60 Monate Beiträge entrichtet worden sind. – 2. Der Begriff Wanderversicherung wird inzwischen auf die Zurücklegung von *Versicherungszeiten in mehreren Ländern der EU* bezogen. Zur Erfüllung der Anspruchsvoraussetzungen werden die mitgliedstaatlichen Versicherungszeiten zusammengerechnet. Inwieweit Versicherungszeiten als anspruchsbegründend heranzuziehen sind, beurteilt sich nach den Rechtsvorschriften des jeweiligen Mitgliedstaates, in dem die Versicherungszeiten zurückgelegt sind (vgl. Art. 45 der EWG-VO 1408/71 und Art. 15 der EWG-VO 574/72).

WAP – Abk. für → Wireless Application Protocol.

Ware – I. Handelsrecht: → bewegliche Sache, die Gegenstand des Handelsverkehrs ist oder die nach der Anschauung des Verkehrs als Gegenstand des Warenumsatzes in Betracht kommen könnte (weite Auslegung; auch z.B. Elektrizität, nicht aber → Grundstücke). – *Irreführende Angaben* über Beschaffenheit, Ursprung, Herstellungsart oder Preisbemessung, Art des Bezugs oder der Bezugsquelle von Waren können als → unlauterer Wettbewerb (→ irreführende Werbung) Unterlassungs- und Schadensersatzansprüche auslösen (§ 5 UWG).

II. Zollrecht: alle → beweglichen Sachen sowie elektrische Energie. Keine Ware sind Menschen und mit dem Körper fest verbundene Sachen wie Herzschrittmacher oder Implantate. Das Zollrecht unterscheidet zwischen → Gemeinschaftsware und → Nichtgemeinschaftsware.

III. Außenwirtschaftsrecht: alle beweglichen Sachen, die Gegenstand des Handelsverkehrs sein können und Elektrizität; ausgenommen sind Wertpapiere und Zahlungsmittel (§ 4 AWG).

IV. Wirtschaftstheorie: 1. *Allgemein:* Gut, das auf dem → Markt angeboten und nachgefragt wird. – 2. *Wirtschaftstheorie des Marxismus:* Güter, die für den Verkauf über Märkte zur Fremdbedarfsdeckung erzeugt werden. Ihr Preis entspreche dem → Tauschwert.

Warehouse Club – Großflächen-Discount-Konzept, das Elemente des Groß- bzw. Einzelhandels mit exklusiver Clubmitgliedschaft verbindet. In lagerhallenartigen Märkten an Stadtrandlagen werden vornehmlich Non-Food-Artikel direkt aus Kartons oder von der Palette verkauft. Aggressive Dauerniedrigpreise, völliger Verzicht auf Service. Zutritt haben nur Mitglieder (Kleinbetriebe, Gewerbetreibende, Großabnehmer, auch Privatpersonen), die einen jährlichen Clubbeitrag (20 bis 30 US-Dollar pro Jahr) bezahlen. – Vgl. auch → Cash-and-Carry-Großhandel (CC), → Kundenclub.

Warenabschlusskonto – Konto der Klasse 9 (Abschlusskonten) im → Großhandelskontenrahmen, Vorkonto zur Gewinn- und Verlustrechnung, das im Soll den Warenverbrauch (Klasse 3) zu Einstandswerten (Anschaffungskosten) und im Haben die Nettoumsatzerlöse (Klasse 8) aufnimmt. Der Saldo ist der Warenrohgewinn bzw. Warenrohverlust (zur Zulässigkeit vgl. auch § 276 HGB).

Warenartenvergleich → vergleichende Werbung.

Warenausfuhr → Ausfuhr, → Wiederausfuhr, → passive Veredelung, → Exportkontrolle, → Ware.

Warenausgang – die Veräußerung von Waren oder deren Entnahme. Buchungssatz bei Barverkauf: Kasse an Warenverkaufskonto und Umsatzsteuerschuld; bei Entnahme: Privatkonto an Entnahme von Gegenständen u. so. Leistungen und Umsatzsteuerschuld. Kundenskonti werden i.d.R. zunächst auf dem Skontokonto (→ Erlösschmälerungen) gesammelt. Der Warenausgang ist im Rahmen der Buchführungspflicht (§ 238 HGB) aufzuzeichnen; die steuerlichen Aufzeichnungsanforderungen ergeben sich aus § 144 AO. – Vgl. auch → Warenausgangsbuch.

Warenausgangsbuch – durch § 144 AO für Hersteller, Großhändler und für buchführungspflichtige Land- und Forstwirte vorgeschriebenes Nebenbuch der Buchführung. – *Zweck:* Bessere Überprüfbarkeit der vollständigen Erfassung des Wareneingangs und damit des Umsatzes des Wiederverkäufers. – In einzelnen Fällen oder für bestimmte Gruppen kann von der Führung eines Warenausgangsbuches *abgesehen* werden (§ 148 AO), z.B. dann, wenn sich die geforderten Angaben bereits aus der Buchführung ergeben. – *Einzutragen* sind Waren, die die vorgenannten Personen an einen andern gewerblichen Unternehmer zur gewerblichen Weiterveräußerung liefern, wenn die Lieferung auf Rechnung (Ziel, Kredit, Abrechnung, Gegenrechnung), als Tauschware oder unentgeltlich oder gegen Barzahlung bei Gewährung eines Preisnachlasses erfolgt, sodass der Verkaufspreis niedriger ist als der Preis für Verbraucher, also fast alle Großhandelsverkäufe. – *Nicht einzutragen* sind Warenlieferungen, die erkennbar nicht zur gewerblichen Weiterverwendung bestimmt sind. – *Aufzuzeichnende Daten:* Tag der Lieferung oder Datum der Rechnung, Name (Firma) und Anschrift des Abnehmers, Art des Warenpostens, Preis und Hinweis auf den Beleg. – Warenausgangsbücher sind zehn Jahre *aufzubewahren* (§ 147 AO). – Vgl. auch → Wareneingangsbuch.

Warenautomat → automatisierter Absatz, → Automatenladen, → Automatenmissbrauch.

Warenbestandskonto – nach dem → Einzelhandelskontenrahmen und dem → Großhandelskontenrahmen gesondert geführtes Inventurbestandskonto, dessen Saldo (die Bestandsveränderungen laut Inventur) den Warenverbrauch, der auf bes. Wareneingangskonten erfasst wird, erhöht bzw. vermindert. Nach dem → Industrie-Kontenrahmen (IKR) werden im Soll des Warenbestandskontos der Handelswarenanfangsbestand und die Zugänge, im Haben die Abgänge (Warenverbrauch) und als Saldo der Endbestand laut Inventur erfasst.

Warenbörse → Börse, an denen Waren und Termingeschäfte in Bezug auf Waren gehandelt werden, § 2 III BörsG (Gegensatz: → Wertpapierbörse). – *Arten:* (1) *Produktenbörse:* Märkte mit beschränkter Fungibilität der Handelsobjekte (Waren). Sie haben nur eine eng begrenzte regionale Bedeutung, indem sie für die Versorgung einer Region mit Waren wie Getreide, Futtermittel, Torf sorgen. Wesentliches Merkmal dieser Börsenart ist das Effektivgeschäft, d.h. es werden Handelsabschlüsse über real vorhandene Waren auch tatsächlich und sofort erfüllt, wobei die Ware jedoch nicht unbedingt am Börsenort bzw. Börsenlokal körperlich vorhanden sein muss. (2) *Warenterminbörse:* Märkte mit voller Fungibilität der Handelsobjekte (Waren), charakterisiert durch eine bes. Art der Geschäftsabwicklung. Bei → Termingeschäften werden über mengen- und qualitätsmäßig standardisierte Einheiten (Kontrakte) von i.d.R. Naturprodukten, wie Getreide, Rohstoffe, Verträge abgeschlossen, die nicht sofort, sondern zu einem bestimmten, späteren Termin erfüllt werden müssen. Im Gegensatz zu den Produkten-Börsen kann sich der Vertragspartner durch ein zum gleichen Termin abgeschlossenes Gegengeschäft (d.h. der ursprüngliche Kontrakt wird per Termin wieder verkauft) der effektiven Erfüllung des Vertrages entziehen. Warenterminbörsen haben v.a. Bedeutung zur Abwicklung von Arbitragegeschäften (→ Arbitrage) oder zur Abwicklung von Hedgegeschäften (→ Hedging).

Warenbruttogewinn → Warenrohgewinn.

Warendurchfuhr → Transitverkehr durch das Zollgebiet der EU im → Versandverfahren.

Wareneinfuhr → Einfuhr, → Ware.

Wareneingang – I. Externes Rechnungswesen: der Einkauf von Waren ist buchhalterisch in der Finanzbuchhaltung auf dem → Wareneinkaufskonto festzuhalten, wenn wirtschaftliches Eigentum (Verfügungsmacht) erlangt ist, also bes. auch dann, wenn die Ware mit einfachem, verlängertem oder erweitertem → Eigentumsvorbehalt gekauft oder noch nicht bezahlt ist oder zur Verfügung des Käufers bei Dritten lagert.

II. Logistik: organisatorische Einheit mit den *Aufgaben:* (1) Annahme der von extern gelieferten Güter; (2) Feststellung, ob die gelieferten Güter mit Lieferschein und Bestellung übereinstimmen; (3) informatorische Erfassung; (4) Überprüfung der Quantität und Qualität.

Wareneingangsbestätigung → Bundesamt für Wirtschaft und Ausfuhrkontrolle (BAFA).

Wareneingangsbuch – für gewerbliche Unternehmer obligatorisch für steuerliche Zwecke durch § 143 AO vorgeschriebenes Nebenbuch der Buchführung. Bei buchführungspflichtigen Unternehmen ist die Führung eines Wareneingangsbuchs entbehrlich, wenn sich die geforderten Angaben bereits aus der Buchführung ergeben. Es gelten sinngemäß die Vorschriften für das → Warenausgangsbuch.

Wareneingangskontrolle – *Eingangskontrolle;* Verfahren der Qualitätskontrolle (→ Qualitätssicherung). Die Wareneingangskontrolle ist eine → Abnahmeprüfung, die das Ziel verfolgt, durch Materialfehler bedingte Störungen in den nachgeschalteten Produktionsprozessen zu vermeiden und die einsatzstoffbedingte Sollqualität der Produkte möglichst weitgehend zu gewährleisten. Die Prüfungen erfolgen außer bei kritischen Sicherheitsteilen (→ Totalkontrolle) nach → Stichprobenprüfplänen, die zwischen dem Abnehmer und dem Lieferanten zu vereinbaren sind (→ Partialkontrolle).

Wareneinkaufskonto – Konto der doppelten Buchführung, das im Soll den Warenanfangsbestand, die Zugänge (beide zu Einkaufspreisen) und (meist über bes. Unterkonto) die Bezugskosten, im Haben etwaige Rücksendungen an die Lieferer bzw. (meist über bes. Unterkonto) → Nachlässe aufnimmt. Im Haben wird ferner der Einkaufswert der verkauften Waren als Abgang gebucht, sodass der *Saldo* des Wareneinkaufskontos den *Warenendbestand* angibt. I.d.R. wird zunächst der Warenendbestand laut Inventur eingebucht, sodass sich als Saldo der Warenverkauf zu Einstandspreisen ergibt, der zum Warenverkaufskonto, zum Warenabschlusskonto oder direkt zur Gewinn- und Verlustrechnung abgeschlossen wird; vgl. §§ 275, 276 ff. HGB. Die Erlöse aus Warenverkäufe (Warenerlöse) sowie Warenentnahmen für private Zwecke erscheinen mit ihren Verkaufswerten auf dem → Warenverkaufskonto. Nach dem → Einzelhandelskontenrahmen und dem → Großhandelskontenrahmen werden die Wareneinkaufs- bzw. Wareneingangskonten als Warenverbrauchskonten geführt; sie enthalten die Wareneingänge, die zum Kontenabschluss um den Saldo des → Warenbestandskontos erhöht (Bestandsminderung) bzw. vermindert werden (Bestandserhöhung), um den Verbrauch zu berichtigen.

Wareneinsatz – zur Erzielung eines bestimmten Umsatzes erforderliche Menge an Waren, bewertet mit den Einstandspreisen (→ Anschaffungskosten). – Zur *Ermittlung der Warenmenge* vgl. Abbildung „Wareneinsatz".

Wareneinsatz

	Warenanfangsbestand
+	Warenzugänge
–	Warenendbestand
=	Wareneinsatzmenge
·	Einstandspreis(e)
=	Wareneinsatz

Wareneinstandspreis – 1. *Begriff:* Einstandspreis (→ Anschaffungskosten) in Unternehmungen des Warenhandels (vgl. Abbildung „Wareneinstandspreis").

Wareneinstandspreis

	Bezugspreis einer Ware (ohne Vorsteuer)
–	Preisnachlässe
=	Einkaufspreis
+	(direkt zurechenbare) Bezugs-Nebenkosten
=	Wareneinstandspreis

2. *Zurechnungs- und Bewertungsprobleme* bei der konkreten Umsetzung dieses Berechnungsmodells: a) Als *Bezugspreis* wird oft der Rechnungspreis angesehen, der vom Listenpreis um die eingeräumten Mengenrabatte gemindert ist. Werden gleiche Waren aufgrund unterschiedlicher Aufträge zu differierenden Preisen zu gleichen oder unterschiedlichen Zeitpunkten geliefert, sind einfache oder mit Mengen gewichtete Durchschnittspreise zu bilden. Werden Wareneinstandspreise nicht für einen Zeitpunkt, sondern für einen Zeitraum ermittelt, z.B. zur Errechnung der → Betriebshandelsspanne, sind Korrekturen um Wertminderungen und Schwund/Verderb vorzunehmen. – b) Unproblematisch ist die Zurechnung produkt- bzw. auftragsbezogener *Preisnachlässe* wie Skonti oder für einen Auftrag eingeräumter Gesamtumsatzrabatte bzw. die pro Auftrag aufgerechneten Warenrücknahmen. Wesentlich schwieriger ist die

Verteilung aller einmaligen Preisnachlässe wie Jahresrückvergütungen, Jahrestreueboni, Jahresgesamtumsatzrabatte, Steigerungsvergütungen und aller für einen Zeitraum gewährten Zuwendungen wie Verkaufsförderungsvergütungen (z.B. Werbe- und Aktionskostenzuschüsse). Diese umsatzbezogenen Vergütungen und zweckgebundenen Zahlungen müssen zur Ermittlung eines *„ständigen"* Wareneinstandspreises auf einen längeren Zeitraum verteilt werden. Unzulässig wäre danach eine Verteilung lediglich auf die Warenmengen, die in einer Aktion abgesetzt wurden. Dadurch würde der Wareneinstandspreis so stark gemindert, dass eine kartellrechtliche Prüfung wegen Verkaufs unter Einstandspreis nahezu unmöglich würde. – c) Ähnliche Zurechnungsprobleme können bei der Ermittlung und Verteilung von *Bezugs-Nebenkosten* auftreten. Unberücksichtigt bleiben alle einem Produkt oder einem Auftrag nicht direkt zurechenbaren Beschaffungskosten wie Löhne der Einkäufer. Direkt zurechenbar sind Frachten und Lagerkosten, Maklergebühren, öffentliche Prüf- und Überwachungsgebühren, Zölle.

Warenexport → Ausfuhr, → Exportkontrolle, → passive Veredelung, → Ware, → Wiederausfuhr.

Warenführer – im Sinn des Zollrechts derjenige, dem der Hauptverpflichtete zum → Versandverfahren abgefertigte Ware zur Beförderung übergeben hat, und jeder weitere, der diese Ware zur Beförderung übernimmt. Der Warenführer ist wie der Hauptverpflichtete verpflichtet, die Waren zur Bestimmungs(zoll)stelle zu befördern.

Warengattung – Gattungsangaben, → Gattungsschuld.

Warengeld – Zahlungsmittel in einer Währungsordnung, in der Waren Geldfunktion ausüben. Das können im Prinzip beliebige, lagerfähige Güter sein. Historisch waren verschiedene Edelmetalle, v.a. Gold beim Warengeld vorherrschend. – Vgl. auch → Geld, → Naturalgeld.

Warengruppenmanagement → Category Management.

Warengruppenspanne – Zusammenfassung von → Stückspannen für eine Warengruppe, meist eine → Durchschnittsspanne.

Warenhandel – Hauptzweig des → Handels. Warenhandelsbetriebe erzielen ihren Umsatz mit beweglichen Gütern (Waren) im *Gegensatz* zum Handel mit Grundstücken und Häusern (Immobilienhandel) und zum Handel mit Rechten und Dienstleistungen (z.B. Patentvermittler, Software-Büro).

Warenhandelsbetrieb – Betrieb des Binnen- oder Außenhandels, der sich mit dem → Warenhandel befasst.

Warenhandelsgenossenschaften – Genossenschaften, die für ihre Mitglieder (Einzelhändler, Großhändler, Handwerker u.a.) die Handelsfunktionen der Beschaffung, der Lagerung und des Absatzes wahrnehmen. Sie sind → Bezugs- und Absatzgenossenschaften, welche grundsätzlich die allg. Handelsfunktionen (Informations-, Beratungs-, Marketing-, Mengenaufteilungsfunktion u.a.) übernommen haben, jedoch nicht in der Produktion tätig sind.

Warenhaus – *Department Store;* → Betriebsform des Handels (Einzelhandel); Angebot eines branchenübergreifenden, breiten Sortiments (Hauptrichtung Bekleidung, Textilien, Hausrat, Wohnbedarf) einschließlich Lebensmitteln („Alles unter einem Dach"). – *Kennzeichen:* Überwiegend mehrgeschossiger Einzelhandelsgroßbetrieb in zentraler Lage, häufig eigenes Parkhaus angegliedert, offene Warenpräsentation, partielle Selbstbedienung (→ Selbstauswahl), Barzahlung. – *Entwicklung:* Langsames → Trading-up ließ aus manchen Warenhäusern Einkaufspaläste werden mit äußerst reichhaltigem, internationalem, aufwendig präsentiertem Sortiment. Warenhäuser sind starker Konkurrenz durch → Selbstbedienungswarenhäuser ausgesetzt: Neben gezielten Anpassungsmaßnahmen zur Erhöhung der standortspezifischen Attraktivität wurde auch die Schließung mancher Filiale erforderlich (→ Dynamik der Betriebsformen im Handel). – *Typische Vertreter:* Arcandor (Karstadt), Kaufhof, (ehemals) Hertie. – *Anders:* → Kaufhaus.

Warenhausbesteuerung – zum Schutz mittlerer und kleinerer Einzelhändler um 1900 eingeführte Sonderbelastung der Warenhäuser und sonstigen Großbetriebe des Einzelhandels. 1951 in der Bundesrepublik Deutschland abgeschafft.

Warenhilfe – nicht projekt- oder programmgebundene Hilfe im Rahmen der → finanziellen Zusammenarbeit, die zur laufenden Finanzierung von Importen ziviler Güter und Dienstleistungen für die Instandhaltung bestehender Produktionsanlagen verwendet wird.

Warenkalkulation – Ermittlung des Verkaufspreises einer Ware im Handel mittels der → Selbstkosten und Gewinn umfassenden → Handelsspanne auf den Einstandspreis (→ Anschaffungskosten) und unter Beachtung der Angebotspreise der Konkurrenzunternehmungen. – *Formen:* 1. *Progressive Warenkalkulation (Absatzkalkulation):* Ausgehend von einem vorgegebenen Einstandspreis wird der minimal zu erzielende Verkaufspreis bestimmt. – *Kalkulationsschema:*

Warenkalkulation – Kalkulationsschema

	Bruttoeinkaufspreis
–	Rechnungsabzüge
+	Bezugskosten
=	Einstandspreis
+	Selbstkosten
=	Selbstkostenpreis
+	Gewinn
=	Barverkaufspreis
+	Skonto
=	Zielverkaufspreis
+	Rabatt
=	Verkaufspreis

Vereinfachtes Kalkulationsschema bei Unkenntnis einer genauen Kostenbelastung:

Warenkalkulation – Vereinfachtes Kalkulationsschema

	Bruttoeinkaufspreis
–	Rechnungsabzüge
+	Bezugskosten
=	Bezugs-, Einstands- oder Nettoeinkaufspreis
+	Bruttogewinnzuschlag
=	effektiver oder Bruttoverkaufspreis

2. *Retrograde Warenkalkulation (Bezugskalkulation):* Ausgehend von einem vorgegebenen Verkaufspreis wird der maximal zu zahlende Bruttoeinkaufspreis bestimmt. Die oben angeführten Kalkulationsschemata können entsprechend verwandt werden. – Vgl. auch → Exportkalkulation, → Preiskalkulation, → Kalkulation.

Warenkennzeichnung – 1. Begriff: warenbegleitende Information über Eigenschaften von Produkten mit dem Ziel einer erhöhten Qualitätstransparenz. – 2. *Formen:* a) *Klassifizierende Warenkennzeichnung* mittels → Handelsklassen, DIN-Normen. – b) *Warenkennzeichnung mittels* → Gütezeichen bzw. Sicherheitszeichen: RAL-Gütezeichen oder RAL-Testat (RAL = Ausschuss für Lieferbedingungen und Gütesicherung), VDE-Sicherheitszeichen (VDE = Verband Deutscher Elektroniker), TÜV-geprüft-Zeichen (TÜV = Technischer Überwachungsverein), GS-geprüfte Sicherheit der Trägergemeinschaft Sicherheitszeichen e. V., CE-Kennzeichnung (Communauté Europέene; belegt, dass die Produkte die Bestimmungen aller EU-Richtlinien erfüllen), Gütezeichen der Stiftung Warentest, Wollsiegel, Weinsiegel. – c) *Warenkennzeichnung aufgrund gesetzlicher Normen:* Lebensmittelkennzeichnungs-VO (z.B. → Mindesthaltbarkeitsdatum); Textilkennzeichnungs-VO. – d) *Ökolabel:* Mit dem zunehmenden Umweltbewusstsein der Bevölkerung haben eine Vielzahl an Ökolabeln den Weg auf die Produkte bzw. deren Verpackungen gefunden. Darunter sind solche Produktkennzeichnungen zu verstehen, bei deren Vergabe zumindest auch ökologische Qualitätsmerkmale eine Rolle gespielt haben. Zu derartigen Zeichen zählen z.B. der Umweltengel, das Biosiegel des Verbraucherschutzministeriums, das Textilzeichen Öko-Tex-Standard 100 oder das Europäische Energielabel. Die Schwierigkeiten bei einer Orientierung an derartigen Gütezeichen bestehen darin, dass diese eine höchst unterschiedliche Aussagekraft und häufig einen nur geringen Verbreitungsgrad besitzen.

Warenklassifikationen des Außenhandels – Systematiken zur einheitlichen Einordnung des grenzüberschreitenden Warenverkehrs. Wichtige Vertreter sind das Harmonisierte System zur Bezeichnung und Codierung der Waren (→ HS) der Vereinten Nationen, die Kombinierte Nomenklatur (→ KN) der EU und das dt. Warenverzeichnis für die Außenhandelsstatistik (→ WA). – Vgl. auch → Klassifikationen, → Güterklassifikationen.

Warenkonto – ursprünglich → gemischtes Konto als wichtigstes Konto in Unternehmungen des → Handels. Durch die → Kontenrahmen aufgelöst in → Wareneinkaufskonto oder → Warenbestandskonto (als Bilanzkonto) und → Warenverkaufskonto (als Erfolgskonto).

Waren-Kontroll-Zertifikat → Inspektionszertifikat.

Warenkorb – Gesamtheit der in die Berechnung des → Verbraucherpreisindex für Deutschland (VPI) eingehenden Güter nach Qualität und Quantität, wie sie in einem (hypothetischen) Durchschnittshaushalt registriert werden. Hierzu zählen Güter des täglichen Bedarfs (z.B. Lebensmittel), langlebige Gebrauchsgüter (z.B. Kühlschränke), Mieten und Dienstleistungen (z.B. Versicherungen). Die Auswahl der Güter und deren Gewicht werden regelmäßig den aktuellen Verbrauchsgewohnheiten angepasst. Insgesamt werden von 600 Preiserhebern in repräsentativen Geschäften monatlich mehr als 300.000 Einzelpreise erfasst. Die Gewichte (→ Gewichtung), mit denen die einzelnen Güter in den Index eingehen, werden durch das → Wägungsschema festgelegt.

Warenkosten → Handlungskosten.

Warenkredit – im engeren Sinne: Form eines → Sachdarlehens, im weiteren Sinne: Kreditierung von Warenlieferungen; damit wäre eine Lieferung von Waren auf Rechnung bereits ein Kredit; üblich in Industrie und im Handel (→ Lieferantenkredit) sowie gegenüber Konsumenten (→ Konsumentenkredit, → Verbraucherdarlehen). – *Gegensatz:* Geldkredit (Gelddarlehen).

Warenkreditbrief – in der Kundenfinanzierung dem Käufer von dem Teilfinanzierungsinstitut ausgestellter und von ihm in den angeschlossenen Einzelhandelsgeschäften wie Bargeld in Zahlung zu gebender Warenscheck oder Kaufscheck.

Warenkreditversicherung – 1. *Begriff:* Versicherung gegen das → Ausfallrisiko von Forderungen aus Warenlieferungen sowie Werk- und Dienstleistungen mit kurzen oder mittleren Laufzeiten gegenüber gewerblichen Abnehmern. – 2. *Merkmale:* Die Warenkreditversicherung ist vertraglich als eine revolvierende Deckung mit Pauschaldeckung und benannter Versicherung ausgestaltet. In einem Rahmenvertrag werden die grundsätzlichen Vertragsinhalte geregelt, wie z.B. die Prämie, die Vertragslaufzeit und das Kündigungsrecht. Daneben kommen bei der benannten Versicherung Einzelverträge zustande, indem der Kreditversicherer auf Antrag des → Versicherungsnehmers in der Kreditmitteilung eine → Versicherungssumme für den jeweiligen Kunden festsetzt. Die Warenkreditversicherung ist eine laufende Versicherung i.S.d. §§ 53 ff. VVG.

Warenlager – Sachgesamtheit von Waren (→ Lager). – Ein Warenlager ist ein *offenes Warenlager* (§ 56 HGB), wenn es für den Verkehr mit dem Publikum bestimmt ist. – Vgl. auch → Wanderlager, → Sicherungsübereignung.

Warenlombard – Form eines Lombardkredits, bei dem Waren oder Warenwertpapiere (z.B. → Konnossemente) als Sicherheit verpfändet werden. Geeignet sind nur solche Waren, die wertbeständig und marktgängig sind. Da der Kreditgeber für die Lagerung der Waren zu sorgen hat, was in der Praxis sehr aufwändig ist, wird heute eher ein Kredit gegen → Sicherungsübereignung vergeben. – Vgl. auch → Lombardkredit.

Warenmuster – 1. *Begriff:* in Form, Art, Aussehen (also im Gesamtcharakter), selten aber in der Größe der angebotenen Ware entsprechende Gegenstände, die mögliche Käufer von der Beschaffenheit etc. der Ware überzeugen sollen. – Vgl. auch → Warenprobe. – 2. Warenmuster sind gewöhnlich so teuer, dass man sie als → Werbemittel nur in sorgfältiger → Streuung, also dort verwenden kann, wo starkes Kaufinteresse vermutet wird. Warenmuster von Stoffen, Papier, Leder und ähnlich folienartigen Stoffen lassen sich auch in Werbedrucke und Fachzeitschriften mit bestimmtem Leserkreis einkleben oder einheften. – 3. Der *grenzüberschreitende Verkehr* von Warenmustern und Warenproben wird in allen Ländern begünstigt: a) In der Bundesrepublik Deutschland entfallen bei der *Ausfuhr* von Warenmustern → Ausfuhrgenehmigung und → Ausfuhrabfertigung, wenn die Warenmuster auf ein → Carnet ATA abgefertigt worden sind (§ 19 I, 28 AWV). – b) Bei der *Einfuhr* sind Warenmuster von Waren der gewerblichen Wirtschaft im Wert bis zu 250 Euro und von Agrarerzeugnissen (ausgenommen Saatgut) bis zu 50 Euro genehmigungsfrei (§ 32 I 4 AWV). Zollfrei sind Warenmuster, die so beschaffen sind oder unter Zollaufsicht so hergerichtet werden, dass sie erkennbar nur zum Gebrauch als Muster oder Probe geeignet sind, und wenn sie nur in Mengen eingeführt werden, die für die Kennzeichnung oder Prüfung erforderlich sind. Die Zollfreiheit für Warenmuster von Rohkaffee, Tee und alkoholischen Getränken ist auf bestimmte Mengen begrenzt. Für gerösteten Kaffee, Auszüge oder Essenzen aus Kaffee oder Tee, Spirituosen, Tabakwaren und Zigarettenpapier ist Zollfreiheit ausgeschlossen. – 4. Wird ein → Kaufvertrag nach dem Warenmuster abgeschlossen (→ Kauf nach Probe), so gelten die Eigenschaften des Warenmusters als zugesichert (§ 494 BGB). Die → Beweislast für Probewidrigkeit trifft den Käufer, wenn er die Ware als → Erfüllung angenommen hat (→ Sachmängelhaftung). Zur Aufbewahrung des Warenmusters sind die Vertragsschließenden nicht verpflichtet, ggf. aber der → Handelsmakler (§ 96 HGB).

Warennebenkosten → Beschaffungskosten.

Warenpräsentation – Wichtiges Marketinginstrument im → Handel: Bezeichnung für die Art, wie der Kontakt zwischen Ware und potenziellem Käufer hergestellt wird. – 1. Bei der Warenpräsentation auf *materiellem* Weg kann der Konsument die Ware im Original oder anhand von Mustern oder Proben besichtigen. – 2. Bei der *immateriellen* Warenpräsentation werden die Waren mittels Abbildungen, Beschreibungen, → Anzeigen in → Katalogen, → Fernsehspots, Videos, Filmen oder mittels → CD-ROM bzw. → Internet dem Kunden nahe gebracht.

Warenpreisklausel – *Sachwertklausel;* → Wertsicherungsklausel, bei der die Höhe einer Geldforderung nicht ziffernmäßig, sondern durch Bezugnahme auf den Preis einer bestimmten Warenmenge ausgedrückt ist.

Warenprobe – 1. *Marketing:* kleine Menge einer Ware, die möglichen Käufern kostenlos zu bestimmungsgemäßem Gebrauch gegeben werden. Warenproben sind häufig eingesetzte Werbemittel beim Absatz z.B. von Wein, Sekt, Spirituosen, Parfümeriewaren sowie bei der Einführung neuer Produkte (Marken). – Vgl. auch → Warenmuster. – 2. *Wettbewerbsrecht:* vgl. → Kundenfang.

Warenproduktion – im marxistischen Sprachgebrauch ein Synonym für die Koordination der betrieblichen Einzelpläne über Märkte.

Warenrohgewinn – *Warenbruttogewinn, Rohgewinn;* im Handelsbetrieb durch Warenumsätze erzielter → Rohertrag → zur Deckung der → Handlungskosten und zur Erzielung eines Gewinns. Der Warenrohgewinn wird durch Gegenüberstellung von → Sollspanne und Istspanne kontrolliert.

Warenrücksendungen – Buchung von Warenrücksendungen – Vgl. auch → Abzüge.

Warenrückvergütung → Rückvergütung.

Warenschulden → Lieferantenkredit. 1. *Begriff:* → Verbindlichkeiten einer Unternehmung gegenüber ihren Lieferanten; in der Praxis weit verbreitete Form eines kurzfristigen Kredits (i.d.R. ein bis drei Monate); teuer, wenn → Skonto nicht wahrgenommen wird (Zahlungsbedingung: 2 Prozent Skonto bei Zahlung innerhalb von zehn Tagen, 30 Tage netto Kasse, bedeutet 36,73 Prozent Zinsen p.a.). – 2. *Bilanzierung:* nach dem für Kapitalgesellschaften nach Handelsrecht geltenden Gliederungsschema (§ 266 HGB; → Bilanzgliederung) auszuweisen als „Verbindlichkeiten aus Lieferungen und Leistungen". – 3. *Gewerbesteuer:* Laufende Warenschulden und Bankschulden, die zur Bezahlung von Warenschulden aufgenommen werden, sind regelmäßig laufende Schulden (→ laufende Verbindlichkeiten) und deshalb keine → Dauerschulden im Sinn der §§ 8 Nr. 1, 12 II Nr. 1 GewStG. *Mit der Unternehmensteuerreform 2008* wurde die Gewerbesteuer umfassend geändert. Ab dem Erhebungszeitraum 2008 werden Finanzierungsentgelte nun unabhängig von der Laufzeit der Verbindlichkeiten anteilig mit 25 Prozent und unter Berücksichtigung eines Freibetrags von 100.000 Euro hinzugerechnet, sodass nunmehr eine Unterscheidung in Dauerschulden und laufende Verbindlichkeiten entfällt.

Warensystematik → Warentypologisierung.

Warenterminbörse → Warenbörse.

Warentermingeschäft → Termingeschäft.

Warentests – Untersuchungen neutraler Institutionen (Verbraucherverbände, Zeitschriften, Stiftung Warentest) zur Verbraucheraufklärung, in denen Waren verschiedener Anbieter auf Eigenschaften und Preis vergleichend geprüft werden. Veröffentlichung erfolgt regelmäßig nicht zu Wettbewerbszwecken und ist daher nach Art. 5 GG zulässig, wenn Neutralität, Objektivität und Sachkunde gewährleistet sind. Es besteht Ermessensspielraum bei der Auswahl der Testobjekte, Prüfmethoden und Darstellung der Ergebnisse. Werbung mit Warentests ist zulässig, wenn der Test nicht zu beanstanden ist und der Bericht vollständig unter Angabe der Fundstelle mitgeteilt wird, sonst verstößt sie gegen § 6 UWG (→ vergleichende Werbung). Sie ist irreführend (§ 5 UWG), wenn sie auf einen anderen als den getesteten Gegenstand bezogen wird oder das herausgestellte Testergebnis unter dem Schnitt der Ergebnisse der mitgetesteten Waren geblieben ist und die übrigen Testergebnisse nicht mitgeteilt werden. Werbung mit älteren Testergebnissen ist irreführend (§ 3, 5 UWG), wenn der Veröffentlichungszeitpunkt nicht mitgeteilt wird, die beworbene Ware der seinerzeit getesteten nicht mehr gleich ist oder neue Prüfergebnisse vorliegen. Die Stiftung Warentest hat Empfehlungen zur Werbung mit ihren Testergebnissen herausgegeben.

Warentypologisierung – *Warensystematik;* Klassifikation von → Waren nach Merkmalen, die der Ware selbst anhaften und ihre stoffliche Beschaffenheit und physische Gestaltung betreffen *(Eigenmerkmale)* sowie nach Merkmalen, die aus dem Verhalten von Personen im Umgang mit den Waren resultieren *(Relationsmerkmale).* – *Beispiele:* Gasförmige, flüssige, feste Waren; verderbliche, nicht verderbliche Waren oder markierte, anonyme Ware; preisgebundene, frei kalkulierbare Ware; neue, alteingeführte, unmoderne Produkte; → problemlose, erklärungsbedürftige Produkte; Waren des täglichen, des aperiodischen Bedarfs etc. – Ein systematisch aufgestellter *Merkmalskatalog* ist Grundvoraussetzung für die *Anwendung* der Warentypologisierung als wichtigem methodischem Ansatz des → Handelsmarketing und der → Handelsbetriebslehre.

Warenumschließung – 1. umsatzsteuerlicher *Begriff* für → Verpackung. – 2. *Umsatzsteuerliche Behandlung:* a) *Grundsatz:* Dass mit dem Verkauf einer Ware auch die Verfügungsmacht über die Warenumschließung übergeht, ist keine zweite Lieferung, weil die Übergabe auch der Warenumschließung nur eine Nebenleistung ist, die die Ausführung der hauptsächlich gewollten Lieferung leichter durchführbar macht (keine Lieferung des Getränks ohne Lieferung der Flasche möglich!). Es wird, da umsatzsteuerlich Nebenleistungen ignoriert werden, der gesamte Kaufpreis nach den Regeln für die Hauptleistung behandelt (im Beispiel etwa: der gesamte Kaufpreis ist als Kaufpreis für das Getränk zu behandeln, ggf. also mit 7 Prozent; es ist demnach nicht etwa ein Teil der Zahlung als Kaufpreis für die Flasche mit 19 Prozent zu versteuern). – b) *Pfandproblematik:* Pfand für Flaschen oder andere Warenumschließungen sind daher zunächst ein steuerpflichtiger Teil des Entgelts für die gelieferte Ware; werden sie zurückerstattet, mindert sich insoweit aber der Kaufpreis rückwirkend, daher ist jener Teil des → Entgelts als Entgeltminderung (§ 17 UStG) abzugsfähig. – Vgl. auch → Flaschenpfand.

Waren- und Dienstleistungsgenossenschaften → Dienstleistungsgenossenschaften.

Warenursprung → Präferenzabkommen, → Ursprung, → Ursprungsland.

Warenverkaufskonto – Konto der doppelten Buchführung, das im Haben die Warenverkäufe (Umsätze zu Verkaufspreisen), im Soll (meist über Unterkonten) Warenrücksendungen und Nachlässe gegenüber Kunden ausweist. Das Warenverkaufskonto ist ein reines Erfolgskonto. Sofern der Einkaufswert der verkauften Waren (→ Wareneinkaufskonto) ebenfalls über die Sollseite des Warenverkaufskontos abgeschlossen wird, ergibt sich dort als Saldo das Rohergebnis (Rohgewinn, Rohverlust). Zur Zulässigkeit vgl. § 276 HGB. – Nach dem Einzelhandelskontenrahmen und dem → Großhandelskontenrahmen werden die Warenverkaufskonten als reine → Erlöskonten geführt, die (meist unter Vorschaltung von Unterkonten) nur die Nettoumsatzerlöse enthalten und zum Warenabschlusskonto (Großhandel) bzw. direkt zur

Gewinn- und Verlustrechnung abgeschlossen werden.

Warenverkehrsfreiheit – Der freie Warenverkehr ist eine wesentliche Grundlage der → EU (Art. 28ff AEUV) und zwingende Voraussetzung für eine Verschmelzung der mitgliedsstaatlichen Volkswirtschaften zu einem vollständigen Gemeinsamen Markt (Europäische Wirtschafts- und Währungsunion). Nationale Regelungen, die die Warenverkehrsfreiheit behindern, sind nur rechtmäßig, wenn sie für zwingende Belange des Allgemeinwohls und aus wenigen anderen anerkannten Rechtfertigungsgründen (z.B. Schutz der Gesundheit und des Lebens von Menschen, Schutz des nationalen Kulturguts oder des gewerblichen oder kommerziellen Eigentums) unverzichtbar sind (Art. 36 AEUV). Die Einhaltung dieser Vorgaben unterliegt der Überwachung durch die → Europäische Kommission und den Europäischen Gerichtshof (→ EuGH). Festgestellte Verstöße gegen die Warenverkehrsfreiheit lösen im Einzelfall die Unanwendbarkeit der nationalen Regelungen aus (→ unmittelbare Wirkung) und berechtigen unter bestimmten Voraussetzungen außerdem zum Schadenersatz der geschädigten Händler gegen den betreffenden Mitgliedsstaat (→ Staatshaftung). Der Abbau bestehender Hindernisse für die volle Verwirklichung der Warenverkehrsfreiheit wird darüber hinaus durch den Erlass von Richtlinien zur Angleichung der nationalen Rechtsvorschriften (z.B. technischer Normen) gefördert. Die Warenverkehrsfreiheit gilt seit 1994 auch gegenüber den Staaten des → EWR.

Warenverzeichnis für die Außenhandelsstatistik → WA.

Warenverzeichnis für die Statistik des Außenhandels der Gemeinschaft und des Handels zwischen Mitgliedstaaten → NIMEXE.

Warenvorschüsse – die dem Warenhandel, bes. im Auslandsgeschäft, gegebenen Kredite von Banken; kurzfristige Kredite gegen Verpfändung bestimmt bezeichneter, marktgängiger Waren.

Warenwechsel → *Handelswechsel*, → Wechsel, der im Rahmen eines → Lieferantenkredits zur Finanzierung von Warenlieferungen sowie Dienstleistungen eingesetzt wird. Dabei stellt der Warenlieferant zur Sicherung seiner Forderung einen Wechsel aus, den der Käufer (→ Bezogener) akzeptiert. Auf diese Weise wird die übliche Zahlungsfrist verlängert, da der Wechsel meist eine Laufzeit von 90 Tagen hat. Heute eher ungebräuchlich.

Warenwert – Begriff aus dem → Außenwirtschaftsrecht: das dem Empfänger in → Rechnung gestellte → Entgelt, in Ermangelung eines Empfängers oder eines feststellbaren Entgelts der statische Wert im Sinn der Vorschriften über die Station des grenzüberschreitenden Warenverkehrs (§ 4 I AWV).

Warenwirtschaftssystem (WWS) – 1. *Begriffe:* Warenwirtschaft ist die Summe aller Tätigkeiten in einem Handelsbetrieb, die zur Steuerung des Warendurchflusses dienen, d.h. aller physischen Warenbewegungen nach Menge und Wert sowie aller auf die Durchführung dieser Warenbewegungen ausgerichteten personalen und finanziellen Prozesse, inkl. der dazu erforderlichen Sachmittel. Ein Warenwirtschaftssystem (WWS) ist die informationstechnische Abbildung der Warenprozesse und die zielorientierte Verarbeitung aller warenbegleitenden Daten. – 2. *Elemente des WWS:* Vgl. Abbildung

Warenwirtschaftssystem

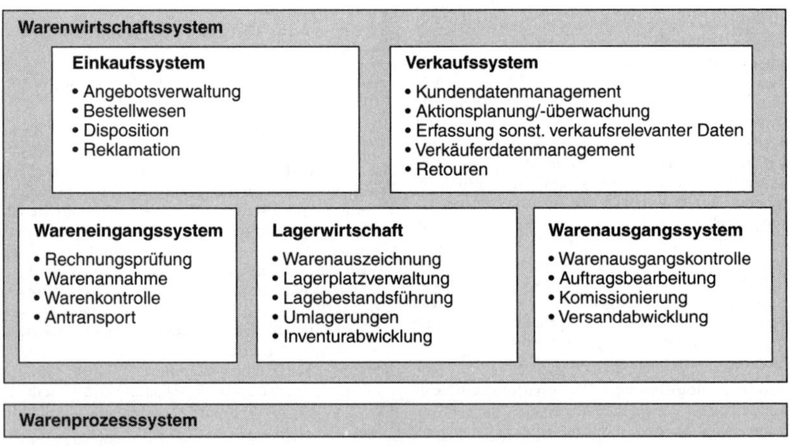

„Warenwirtschaftssystem". – 3. *Aufgaben:* Steuerung des Warenflusses, Bereitstellung waren- und kundenbezogener Daten zur Realisierung von Konzepten des → Handelsmarketing sowie zur Rechnungslegung, Inventur und Statistik. – 4. *Weiterentwicklungen:* a) Das → Kundendatenmanagement wird mit → Data Warehouse zu einem umfassenden Management-Informations-System verknüpft, b) durch → Electronic Data Interchange (EDI), Vendor Managed Inventory (= lieferantengeführte Bestände) sowie über die Wertschöpfungsstufen hinweg integrierte Warenwirtschaftssysteme werden eine rationelle Datenerhebung und -übertragung in der Wertschöpfungskette angestrebt, um auch die überbetrieblichen Prozesse im gemeinsamen Interesse zu rationalisieren (→ Efficient Consumer Response (ECR)).

Warenzeichen → Marke.

Warenzeichengesetz – regelte bis zu seiner Aufhebung die Rechte an Warenzeichen und Dienstleistungsmarken sowie Ausstattungen. An seine Stelle ist das Markengesetz getreten, das neben den Rechten an → Marken und → geschäftlichen Bezeichnungen Vorschriften über international registrierte Marken (→ IR-Marke) sowie → geografische Herkunftsangaben und Ursprungszeugnisse enthält.

Warenzeichenlizenz → Lizenzvertrag.

Warenzeichenrecht → Marke.

Warmstart – neuerlicher Systemstart eines → Computers während des Betriebs, z.B. nach einem Fehler, durch ein Betriebssystemkommando (→ Job Control Language (JCL)). – *Gegensatz:* → Kaltstart.

Warnstreik – kurzer und zeitlich befristeter Streik, zu dem die Gewerkschaft während laufender Tarifverhandlungen nach Ablauf der vertraglich vereinbarten → Friedenspflicht (→ Tarifvertrag) aufruft („Neue Beweglichkeit"). Ein solcher Aufruf bedeutet zugleich, dass die laufenden Tarifverhandlungen gescheitert sind. – Warnstreiks sind nach der Rechtsprechung des Bundesarbeitsgerichts zulässig. – Vgl. auch → Streik.

Warrant – amerik. Bezeichnung für → Optionsschein.

Warrants into Negotiable Government Securities (WINGS) – im Euromarkt emittierte → Optionsscheine auf Kauf bzw. Verkauf von US-Treasury Bonds (→ Domestic Bonds).

Warschauer Abkommen → Beförderungsvertrag; das Warschauer Abkommen (Fassungen 1929 – Den Haag 1955) betrifft als internationales Übereinkommen, das in den verschiedenen Fassungen von 1929/1955 von fast 150 Staaten ratifiziert worden ist, betrifft u.a. die Haftung bei internationalen Luftbeförderungen, v.a. die Verantwortlichkeit des Luftfrachtführers im Fall der Tötung, Körperverletzung und Verlust/Beschädigung von Fluggepäck bei Flugunfällen. Die ursprünglichen Haftungshöchstsummen (1929: umgerechnet 26.750 DM; 1955: 53.500 DM – jeweils für den Fall der Tötung; Körperverletzung – DM 53,50 DM pro kg verlorenes/beschädigtes Reisegepäck) waren Gegenstand der Kritik (im übrigen kein Eingreifen der Obergrenzen bei „besonderer Leichtfertigkeit" ~ „grobe Fahrlässigkeit" des Luftfrachtführers und seiner Leute – Ausschluss der Haftung bei höherer Gewalt). Zahlreiche Reformversuche scheiterten in den vergangenen Jahrzehnten. Am 4.11.2003 ist das → Montrealer Übereinkommen (MontÜbk) von 1999 mit einem neuen Haftungsregime für internationale Lufttransporte in Kraft getreten, dessen Regelungen freilich weitgehend bereits zuvor in der Verordnung (EU) Nr. 2027/97 sowie im IATA Intercarrier Agreement anzutreffen waren.

Wartekosten – bewertete → Wartezeiten von Transaktionen in einer Warteschlange. Werden normalerweise als → Opportunitätskosten behandelt.

Warteschlange – *Queue;* Beobachtungsgröße der → Warteschlangentheorie; eine Anhäufung (Stau) von → Transaktionen vor einer oder mehreren besetzten → Abfertigungseinheiten. – Vgl. auch → Wartekosten, → Wartesystem, → Wartezeit.

Warteschlangentheorie – 1. *Charakterisierung:* Eines der Hauptgebiete des → Operations Research (OR). Gegenstand sind Vorgänge, bei denen beliebige Einheiten (→ Transaktionen) in unregelmäßigen und oft unkontrollierbaren Abständen auf Engpässe (→ Abfertigungseinheit) zukommen, an denen sie abgefertigt werden wollen (→ Warteschlange). Zwischeneintrittszeiten und Bedienungszeiten sind zufälligen Schwankungen unterworfen. Als Folge können → Wartezeiten und Stauungen auftreten (→ Wartesystem). – *Ziel* sind Aussagen über die Länge der Wartezeit, die Anzahl Wartender, die Auslastung bzw. notwendige Anzahl der Bedienstationen. – 2. *Mathematisches Modell:* a) *Prämissen* über die Wahrscheinlichkeit für das zufällige Eintreffen von Transaktionen: (1) In jedem sehr kurzen Zeitintervall ist (unabhängig vom Zeitpunkt) die Wahrscheinlichkeit für das Eintreffen einer Transaktion proportional zur Länge des Zeitintervalls; (2) die Wahrscheinlichkeit für das Eintreffen von mehr als einer Transaktion in diesem Zeitintervall ist Null. – b) *Ergebnisse:* Aufgrund der genannten Prämissen kann bewiesen werden (Differenzialgleichungen), dass der so beschriebene Ankunftsprozess einer Poisson-Verteilung unterliegt. Gilt diese Aussage auch für den Bedienungsprozess, wobei in diesem Fall die Zwischeneintrittszeiten exponential verteilt (→ Exponentialverteilung) sind, kann mithilfe der Theorie der → Markov-Prozesse der stationäre Zustand des Wartesystems formelmäßig beschrieben werden. Sind die Verteilungsparameter a (Ankünfte), b (Abfertigung) und die Anzahl s der Bedienstationen bekannt, so können hieraus etwa die mittlere Warteschlangenlänge, Wartezeit, Aufenthaltszeit und Wahrscheinlichkeit der verschiedenen Schlangenlängen berechnet werden. Können aufgrund fehlender Verteilungsprämissen derartige analytische Lösungen nicht herbeigeführt werden, kommt die → Simulation zum Einsatz. – 3. Als *Optimierungsziel* wird i.d.R. die Minimierung der Gesamtkosten eines Wartesystems angenommen. Diese setzen sich aus Verweilkosten (Wartezeit und Bedienzeit), Verlustkosten (abgewiesene Transaktionen) und Kosten der Bedienstationen zusammen. – 4. *Schreibweise:* Als Charakteristiken von Wartesystemen dienen Ausprägungen bzw. Anzahl von Ankunftsprozess, Warteschlangen, Bedienstation, Bedienungsprozess sowie Kapazitätsbeschränkungen. International hat sich die Kurzschreibweise in 3-Tupeln bzw. 5-Tupeln durchgesetzt: x/y/s bzw. x/y/s/a/b (mit x = Ankunftsprozess, y = Bedienungsprozess, s = Anzahl paralleler Bedienstationen, a = Warteschlangenkapazität, b = Anzahl Transaktionen).

Warteschleife – ab dem 1.6.2013 erfahren Warteschleifen bei Telefondienstleistungen eine gesetzliche Regelung. Diese wurde eingefügt durch das Gesetz zur Änderung telekommunikationsrechtlicher Regelungen vom 3.5.2012 (BGBl. I 958). Nach § 66g Telekommunikationsgesetz sind Warteschleifen nur noch zulässig, wenn der Anruf zu einer entgeltfreien Rufnummer, zu einer ortsgebundenen oder dieser gleichgestellten Rufnummer oder zu einer Rufnummer für mobile Dienste (015, 016 und 017) erfolgt, für den Anruf ein Festpreis gilt oder der Anruf für die Dauer der Warteschleife kostenfrei ist. Im Fall des Festpreises und der Kostenfreiheit nur für die Dauer der Warteschleife ist zu Beginn des Anrufs auf diese Umstände und die voraussichtliche Dauer der Warteschleife hinzuweisen.

Wartesystem – *Bediensystem, Servicesystem;* Anordnung und Eigenschaften von → Transaktionen, → Abfertigungseinheiten und → Warteschlangen in der Warteschlangentheorie. Hierzu gehören auch die Verhaltensregeln im dynamischen Ablauf (Beachtung von → Prioritäten).

Wartetheorie – von → Cassel vertretene → Zinstheorie. Der Kapitalist ermöglicht durch sein „Warten" die Kapitaldisposition. Da dieses „Warten" knapp ist, wird ein Preis (→ Zins) erzielt. Von → Schumpeter kritisiert. – *Ähnlich:* → Abstinenztheorie.

Wartezeit – I. Arbeitszeit Teil der Grundzeit (t_g). Planmäßiges Warten der Menschen auf das Ende von Ablaufabschnitten, bei denen Betriebsmittel oder Arbeitsgegenstand zeitbestimmend sind. – *Kurzzeichen nach* → REFA-Verband für Arbeitsstudien, Betriebsorganisation und Unternehmensentwicklung e.V.: t_w. Ist der Anteil der Wartezeit (unbeeinflussbare Zeit) hoch, ist der → Akkordlohn als Lohnform nicht anwendbar.

II. Operations Research Zeit, die eine → Transaktion vor einer besetzten → Abfertigungseinheit in einer → Warteschlange zubringt oder Stillstandszeit einer Abfertigungseinheit, die auf zu bearbeitende Transaktionen wartet. Wichtiges Effektivitätsmaß bei → Wartesystemen. – *Bewertete Wartezeit:* → Wartekosten.

III. Arbeitsrecht 1. *Urlaub:* Der volle Urlaubsanspruch wird erstmalig nach sechsmonatigem Bestehen des Arbeitsverhältnisses erworben (§ 4 BUrlG). – 2. *Ruhegeldzusagen:* Diese werden oft nur unter der aufschiebenden Bedingung gewährt, dass eine bestimmte Wartezeit erfüllt ist, d.h. dass der Arbeitnehmer bei Eintritt des Versorgungsfalls eine bestimmte Mindestzeit im Arbeitsverhältnis zurückgelegt hat oder bis zu einem bestimmten Lebensalter im Betrieb tätig wird. – 3. *Anders:* Unverfallbarkeitsfristen (Begriff des Betriebsrentengesetzes). – Vgl. auch → Pensionsanwartschaft.

IV. Sozialversicherung Die für die Entstehung eines Leistungsanspruchs erforderliche Mindestversicherungszeit (Anwartschaft). – 1. *Gesetzliche Krankenversicherung:* Für Mutterschaftsgeld: zwölf Wochen Pflichtversicherung in der Zeit vom Beginn des zehnten bis zum Ende des vierten Monats vor der Entbindung (§ 200 RVO). – 2. *Gesetzliche Rentenversicherung:* Die sog. allgemeine Wartezeit beträgt fünf Jahre. Es werden auf die allgemeine Wartezeit → Beitragszeiten, → Ersatzzeiten, Zeiten aus Versorgungsausgleich, aus → Rentensplitting unter Ehegatten angerechnet. Die Erfüllung der allgemeinen Wartezeit ist erforderlich für den Anspruch auf → Altersrente, → Rente wegen Erwerbsminderung, Rente wegen Todes, → Erziehungsrente. Unter bestimmten Voraussetzungen kann die Wartezeit auch fingiert werden (z.B. §§ 50 I 2, 53, 245 SGB VI). Neben der allgemeinen Wartezeit sind nach § 50 II SGB VI je nach Rentenart Wartezeiten von 20, 25 und 35 Jahren für den Rentenanspruch zu erfüllen. Mit welchen → rentenrechtlichen Zeiten die verschiedenen Wartezeiten erreicht werden, regelt die Vorschrift des § 51 SGB VI. – 3. *Soziale Pflegeversicherung:* Seit 1.1.2000 gilt eine Wartezeit von fünf Jahren (Vorversicherungszeit). Vorversicherungszeiten in der sozialen Pflegeversicherung und privaten Pflege-Pflichtversicherung werden zusammengerechnet. – 4. *Unfallversicherung:* keine Wartezeiten. – 5. *Arbeitslosenversicherung:* kennt anstelle der Wartezeit den Begriff der Anwartschaftszeit. Diese hat der Versicherte im Regelfall erfüllt, wenn er in der Rahmenfrist (von drei Jahren) mindestens zwölf Monate, als Saisonarbeitnehmer mindestens sechs Monate, in einem Versicherungspflichtverhältnis gestanden hat (§ 142 SGB III). Von der Dauer des Versicherungsverhältnisses hängt u.a. die Dauer des Anspruchs auf Arbeitslosengeld ab (abhängig auch vom Alter des Arbeitslosen), vgl. § 147 SGB III.

V. Individualversicherung Zeitspanne zwischen Versicherungsbeginn und Beginn des Anspruchs auf Versicherungsleistungen, während der bei einem → Schaden keine oder nur gekürzte Leistungen gewährt werden. Wartezeit in der → Privatversicherung grundsätzlich *nicht üblich.* – Wesentliche *Ausnahmen:* (1) teilweise bei *Lebensversicherungen* ohne ärztliche Untersuchung oder von nicht ganz gesunden Personen sowie bei Selbstmord.(2) In der

Krankenversicherung allgemeine Wartezeit drei Monate, bes. Wartezeit für Entbindung, Psychotherapie, Zahnbehandlung, Zahnersatz und Kieferorthopädie acht Monate. Bei Unfällen, einzelnen akuten Infektionskrankheiten etc. entfällt die Wartezeit.

Wartezeitfiktion → Wartezeit.

Wartezeit für Kündigungsschutz – Begriff der Arbeitsrechts: Die Zeit, nach der das Kündigungsschutzgesetz anwendbar ist. Dies sind sechs Monate Betriebszugehörigkeit, § 1 I KSchG. Bei einer kürzeren Betriebszugehörigkeit kann das Arbeitsverhältnis grundsätzlich frei gekündigt werden. Die Parteien können aber auch vereinbaren, dass das Kündigungsschutzgesetz ab dem ersten Tag gilt. – Die Wartezeit ist abzugrenzen von der Probezeit. Letztere hat Auswirkungen auf die Kündigungsfrist. – Vgl. auch → Probezeit, → Probearbeitsverhältnis, → Kündigungsschutz.

Wartezeitminimierung → Durchlaufzeitminimierung.

Wartezeitprobleme – Problembereich des → Operations Research (OR), der darauf abzielt, Engpässe so zu dimensionieren, dass die → Wartezeiten an den Engpässen, wie z.B. die Stillstandszeiten beim Ausfall einer Maschine, bestimmte Grenzen nicht überschreiten.

Wartung – Maßnahme der → vorbeugenden Instandhaltung. Zur Wartung werden alle Pflegemaßnahmen von Produktionsanlagen gerechnet wie Reinigen, Abschmieren, Justieren, Nachfüllen von Betriebsstoffen und Katalysatoren sowie ähnliche Maßnahmen zur Verminderung bzw. Verhinderung von Verschleißerscheinungen.

Wartungsfreundlichkeit – Merkmal der → Softwarequalität. Ein Softwareprodukt soll so aufgebaut sein, dass die → Softwarewartung möglichst einfach ist. Angesichts der durchschnittlichen Höhe der → Wartungskosten bes. wichtiges Merkmal; wesentliche Vorbedingung: → Verständlichkeit, da der Wartungsprogrammierer als Voraussetzung für Korrekturen oder Änderungen zunächst in der Lage sein muss, das Softwareprodukt zu verstehen.

Wartungskosten – Kosten der Reinigung, Pflege und laufenden Instandhaltung (kleinere Reparaturen) von Geräten, Maschinen und maschinellen Anlagen aller Art sowie von Software (→ Softwarewartung); Teil der → Instandhaltungskosten.

Wasch- und Reinigungsmittelgesetz – Gesetz i.d.F. vom 29.4.2007 (BGBl. I 600) m.spät.Änd., nach dem Wasch- und Reinigungsmittel nur so in den Verkehr gebracht werden dürfen, dass infolge ihres Gebrauchs jede vermeidbare Beeinträchtigung der Beschaffenheit der Umwelt, insbesondere der Gewässer, v.a. im Hinblick auf den Naturhaushalt und die Trinkwasserversorgung, und eine Beeinträchtigung des Betriebs von Abwasseranlagen unterbleibt. – *Zuwiderhandlungen* werden als Ordnungswidrigkeit mit Geldbußen bis zu 50.000 Euro geahndet.

Washingtoner Währungsabkommen – Abkommen vom 18.12.1971 zwischen den wichtigsten → Industrieländern. Es beinhaltet eine Neufestsetzung der Paritäten (→ Kaufkraftparität, → Abwertung des US-Dollar, → Aufwertung von D-Mark, Schweizer Franken und japanischen Yen) sowie allg. Erweiterung der → Bandbreiten (→ Zielzonen-System) von ± 1 auf ± 2,25 Prozent. Mit diesem sog. → Realignment sollten die Spannungen im internationalen Wechselkursgefüge eliminiert und die Grundprinzipien des → Bretton-Woods-Systems (→ Bretton-Woods-Abkommen) aufrechterhalten werden. Die Turbulenzen an den Devisenmärkten hielten jedoch an; 1973 gingen die wichtigsten Industrieländer zu → flexiblen Wechselkursen gegenüber dem US-Dollar über. So besteht auch zwischen dem → Euro als Währung der Europäischen Wirtschafts- und Währungsunion (→ EWWU) und dem US-Dollar ein → Währungssystem mit flexiblem Wechselkurs.

Wassenaar Arrangement – genauer: *Wassenaar Arrangement on Export Controls für Conventional Arms and Dual-Use Goods and Technologies;* multilaterales Abkommen zur Exportkontrolle bei Rüstungsgütern und Gütern mit ziviler und militärischer Verwendung. Nachfolger des 1994 aufgelösten → COCOM. Der Name ergibt sich aus der Vorstadt von Den Haag, wo das Abkommen ausgehandelt wurde. Seit September 1996 aktiv; mit 33 Ländern als Gründungsmitgliedern – darunter USA, Japan, Kanada, die EU-Mitgliedsländer, die Mehrzahl der Länder Osteuropas sowie Russland und Ukraine. China ist nicht Mitglied. – Sitz der Verwaltung: Wien.

Wasser – lebensnotwendiges Gut. Wasser dient als Nahrungsmittel, als → Produktionsfaktor, als Transportmedium (Oberflächengewässer), zudem als Aufnahmemedium für Konsum- und Produktionsrückstände (der größte Teil der Luftverunreinigungen gelangt ins Wasser). Durch Aufbereitung und → Recycling von Abwasser in vielen Industriezweigen erhebliche Verringerung des Frischwasserverbrauchs und der → Wasserkosten sowie Verhinderung weiterer Belastung von Oberflächen- und Grundwasser (→ Umweltschutz).

Wasserfallstrategie – spezifische Form der Timingstrategie zur Erschließung ausländischer Absatzmärkte (→ Internationales Marketing). Nach einer intensiven Analyse der Auslandsmärkte erfolgt der Markteintritt nacheinander. Für die Festlegung der Bearbeitungsreihenfolge können Kriterien wie Marktpotenziale, Verbraucherverhalten, Wettbewerbsintensität, Marktrisiken u.a. herangezogen werden. Vielfach werden jene Ländermärkte zuerst erschlossen, die dem Heimatmarkt am ähnlichsten sind. – *Gegensatz:* → Sprinklerstrategie.

Wasserhaushaltsgesetz → Wasserrecht.

Wasserkosten – Kosten des industriell genutzten Wassers. Erfassung i.d.R. in der Gruppe der → Energiekosten. Verrechnung als → Kostenstelleneinzelkosten, sofern der Wasserverbrauch der Abteilungen (Kostenstellen) mittels Wasseruhren zu erfassen ist, ansonsten häufig als Teil der → Raumkosten.

Wassernutzungsrechte – die in einem förmlichen Verfahren erteilte Erlaubnis, stehende oder fließende Gewässer oder Grundwasser durch Wasserkraftnutzung (z.B. Ausnutzung von Gefälle durch Wasserkraftmaschinen), durch Wasserversorgung (z.B. Entnahme von Trink- oder Nutzwasser) oder durch sonstige Wassernutzung (z.B. Einleitung gebrauchten Wassers) zu nutzen. – Vgl. auch Wasserhaushaltsgesetz (→ Wasserrecht). – Das Wassernutzungsrecht ist nach *Bürgerlichem Recht* als subjektiv-dingliches Recht Bestandteil des Grundstücks. – *Steuerrechtliche Behandlung:* → immaterielle Wirtschaftsgüter.

Wasserrecht – Regelung der Rechtsverhältnisse der Gewässer und ihrer Benutzung im Gesetz des Bundes zur Ordnung des Wasserhaushalts (Wasserhaushaltsgesetz (WHG)) vom 31.7.2009 (BGBl. I 2585) m.spät. Änd., Abwasserabgabengesetz (AbwAG) i.d.F. vom 18.1.2005 (BGBl. I 114) m.spät.Änd. und den ausfüllenden und ergänzenden Landeswassergesetzen.Vgl. auch → Wassernutzungsrechte.

Wasserstraße – I. Begriff: Weg des → Schiffsverkehrs. Die durch Tonnen, Baken, Licht- oder Schallsignale gesicherten und durch Baggerung oder andere bauliche Maßnahmen schiffbar gehaltenen Flüsse, Seen, Meerengen, Hafenzufahrten sowie Binnen-, Küsten- und Hochseeschifffahrtskanäle (z.B. Nord-Ostsee-Kanal, Panama-Kanal, Suez-Kanal) sind überwiegend für jeden zur kostenpflichtigen Nutzung unter Beachtung geltender Vorschriften freigegeben.

II. Recht und Organisation: Das Bundeswasserstraßengesetz i.d.F. vom 23.5.2007 (BGBl. I 962) m.spät. Änd. unterscheidet Binnenwasserstraßen (etwa Rhein mit Neckar, Main, Mosel und Saar, Donau, Weser, Elbe und das Kanalsystem bis zur Oder) und Seewasserstraßen. Letztere sind die Flächen zwischen den Küstenlinien bei mittlerem Hochwasser oder der seewärtigen Begrenzung der Binnenwasserstraßen und der seewärtigen Begrenzung des Küstenmeeres. Eigentümer der Bundeswasserstraßen ist der Bund als Rechtsnachfolger der Reichswasserstraßen (vgl. Art 89 GG). Ihm obliegt auch die Verwaltung durch eine eigene Wasser- und Schifffahrtsverwaltung (vgl. Art. 87 I, 89 II GG).

Wasser- und Bodenverbände → Körperschaften des öffentlichen Rechts, die nach dem Wasserverbandsgesetz (WVG) vom 12.2.1991 (BGBl. I 405) m.spät.Änd. zum Zwecke der Unterhaltung und des Ausbaues von Wasserläufen, der Unterhaltung der Ufer, der Reinhaltung von Gewässern, der Entwässerung und Bewässerung von Grundstücken, der Anlegung, Unterhaltung und Ausnutzung von Stauanlagen (Talsperren) und von Wasserversorgungsanlagen und zu ähnlichen Zwecken gebildet werden können.

Wasser- und Schifffahrtsamt – untere Behörde des Bundes, die der zuständigen Wasser- und Schifffahrtsdirektion untersteht. – *Aufgaben:* Verwaltung, Unterhaltung und Sicherung des Fahrwassers und der Bauwerke der Wasserstraßen, Meldedienst bei Hochwasser und Eisgang, Wrackbeseitigung, Eisbrechdienst, Aufsicht über Strom- und Schifffahrt, Strom- und Wasserpolizeibehörde, Eichamt für Binnenschiffe, Betrieb und Unterhaltung der nötigen Fahrzeuge und Geräte.

Wasser- und Schifffahrtsdirektion – Mittelbehörde des Bundes, die dem Bundesverkehrsministerium untersteht. – *Aufgaben:* Planung, Bau, Unterhaltung der Bundeswasserstraßen sowie der bundeseigenen Häfen und Talsperren, Betrieb der zugehörigen Anlagen, Sicherung des Fahrwassers und der Vorflut der Bundeswasserstraßen, Betrieb und Unterhaltung der Seezeichen, Wahrung der Strom- und Schifffahrtshoheit (Strom- und Schifffahrtspolizei), Regelung des Verkehrs auf Bundeswasserstraßen und Seestraßen, Bearbeitung des nautischen Nachrichtenwesens, Rettungswesens, der internationalen Angelegenheiten der See- und Binnenschifffahrt sowie der See- und Binnenschifffahrtstatistik.

Wasserwirtschaftsverbände – häufig auf gemeinnütziger Basis (Wassergenossenschaften) errichtete → Verbände. – *Zweck:* Förderung der allg. Wasserversorgung und -regulierung (z.B. Be- und Entwässerung, Talsperrenbau, Kanalbau, Flusskorrekturen etc.). Zusätzliche Aufgaben erwachsen aus dem Anstieg des Wasserbedarfs infolge Entwicklung der Großstädte und aus zunehmendem Verbrauch an Nutzwasser in der Industrie bei gleichzeitigem Absinken des Grundwasserspiegels in weiten Bereichen sowie Minderung der mittleren Niederschlagsmenge. – Vgl. auch → Wasser- und Bodenverbände.

Waves → Hebelzertifikat.

WBGU – Abk. für → Wissenschaftlicher Beirat der Bundesregierung Globale Umweltveränderung.

Wear-out-Effekt → Abnutzungseffekt.

Web 2.0

von Prof. Dr. Richard Lackes und Dr. Markus Siepermann

I. Begriff und Einordnung

Unter dem Begriff Web 2.0 wird keine grundlegend neue Art von Technologien oder Anwendungen verstanden, sondern der Begriff beschreibt eine in sozio-technischer Hinsicht veränderte Nutzung des → Internets, bei der dessen Möglichkeiten konsequent genutzt und weiterentwickelt werden. Es stellt eine Evolutionsstufe hinsichtlich des Angebotes und der Nutzung des → World Wide Web dar, bei der nicht mehr die reine Verbreitung von Informationen bzw. der Produktverkauf durch Websitebetreiber, sondern die Beteiligung der Nutzer am Web und die Generierung weiteren Zusatznutzens im Vordergrund stehen.

II. Merkmale

Die Dienste und Inhalte des Internets werden nicht mehr als reines Informationsangebot angesehen, das Internet bedeutet somit eine von allen produktiv nutzbare Plattform. Grundlage dafür ist die immer einfacher gewordene Nutzung von Web-Benutzeroberflächen und die Unabhängigkeit der Webanwendungen von den hard- und softwaretechnischen Gegebenheiten. Statt Softwarepakete im klassischen Sinne existiert vielmehr eine große Zahl kleinerer Dienste, sog. Web-Services, die sich leicht weiternutzen, ausbauen und rekombinieren lassen (sog. → Mash-Ups). Gefördert wird dies durch die Tatsache, dass aufgrund der grundlegenden Eigenschaften des WWW der Sourcecode meist für alle verfügbar und sichtbar ist. Dadurch liegt der Fokus nicht mehr auf den Softwareanwendungen, sondern vielmehr auf den Datenbeständen, die von den einzelnen Diensten angeboten und genutzt werden. Diese stellen das eigentliche Potenzial dar und werden durch die Nutzbarmachung der sogenannten kollektiven Intelligenz, also des Wissens der gesamten Masse der Nutzer, ständig um Daten erweitert und mit zusätzlichen Informationen angereichert. Durch die Zusammenarbeit der Nutzer wird das Wissen in diesen Datenbeständen der Allgemeinheit erst zugänglich gemacht. Die Erstellung der Inhalte einer Website oder Teile davon geschieht somit nicht mehr allein durch den Betreiber, der den Nutzern ausgewählte Informationen für den reinen Konsum zur Verfügung stellt, sondern erfolgt dadurch, dass sich auch die Internetnutzer an der Erstellung der Inhalte beteiligen. Es ist eine geänderte Nutzung des WWW zu beobachten, bei der aus der ursprünglich eher passiven Nutzung des Internets zusätzlich eine aktive Beteiligung und Mitgestaltung der weltweit verfügbaren Informationsbestände wird. Aufgrund dieser unmittelbaren Partizipation der Nutzer wird vielfach auch von der „Demokratisierung" des Netzes gesprochen, da die Inhalte des WWW nicht mehr von den Betreibern der Websites allein, sondern von den Nutzern mitbestimmt werden. Die Rolle der Website-Betreiber hat sich im Web 2.0 also insoweit gewandelt, als dass sie in erster Linie für die Bereitstellung einer für die interaktive und kollaborative Nutzung geeigneten Plattform sowie die Administration zuständig sind. Die Aktualisierung des Inhalts erfolgt kontinuierlich durch die intensive Nutzerbeteiligung, sodass die Websites dynamischer und flexibler werden. Der Erfolg der vom Betreiber zur Verfügung gestellten Plattform zeigt sich dann an der Intensität seiner Nutzung, die im Allgemeinen mit der Qualität der Inhalte bzw. dem „Kundennutzen" korreliert.

III. Voraussetzungen

In technischer Hinsicht wurde die Mitgestalterrolle der Internetnutzer vor allem durch die Bereitstellung entsprechender Tools auf redaktionellem Gebiet ermöglicht, sodass nicht mehr zwingend spezifische Fachkenntnisse in Auszeichnungssprachen (z.B. → HTML, → XML), Skriptsprachen (z.B. PHP, JSP) und Datenbanksprachen erforderlich sind, um aktiv Inhalte für Webseiten zu produzieren. Daneben gehören zu einer erfolgreichen Web 2.0-Applikation auch das Bedürfnis und die Bereitschaft der Internetnutzer, eigene Erfahrungen und Kenntnisse in die Informationswelt des WWW einzubringen. Die Motivation hierfür fußt auf zwei Gründen: Zum einen ist das Internet zu einem sehr bedeutsamen und einflussreichen Medium für gesellschaftliche und wirtschaftliche Entwicklungen geworden, an dem die Nutzer partizipieren möchten. Zum anderen besteht die Möglichkeit, sich relativ leicht in einer virtuellen Gemeinschaft zu profilieren und damit Selbstbestätigung und soziale Anerkennung gewinnen zu können.

IV. Formen

Der Grundgedanke der Kollaboration kann im Web 2.0 auf verschiedene Arten realisiert werden. Für die reine Kollaboration hinsichtlich gemeinsamen Arbeitens an Inhalten, für Diskussionen zu strittigen Inhalten sowie für Kontrollfunktionen und Entscheidungen haben sich → Wikis etabliert, die jedem Benutzer ermöglichen, Beiträge zu verfassen, zu editieren oder zu löschen. Durch die kollektive Zusammenarbeit ergibt sich automatisch ein mächtiges Kontrollinstrument, das i.d.R. allein durch die große Anzahl an Nutzern falsche Informationen oder Missbrauch des Dienstes erschwert oder nahezu unmöglich macht. Eine solche gemeinsame Schaffung von Inhalten wird auch als Crowd Sourcing bezeichnet. Dabei wird die zu bewältigende Aufgabe auf die Arbeitskraft einer Masse freiwilliger und kostenlos arbeitender Anwender verlagert. In diesem Zusammenhang wird auch von der Nutzung der kollektiven Intelligenz (Wisdom of the Crowd) gesprochen. Beispiel hierfür ist die Onlineenzyklopädie Wikipedia als typische Web 2.0-Anwendung, die aus Beiträgen vieler, beliebiger, nicht zuvor geprüfter Internetnutzer entstanden ist, während Britannica Online als „Web 1.0"-Anwendung von wenigen, sorgfältig ausgewählten Fachexperten erstellt wurde.

Im Rahmen des Social Tagging werden Informationsobjekte (Texte, Bilder, Videos etc.) von einer Gruppe von Nutzern mit Schlagwörtern (Tags) versehen, ohne dass hierfür genaue Regeln oder ein feststehendes Vokabular spezifiziert werden müssen. Dadurch werden die Assoziationsfähigkeiten einer breiten Masse von Anwendern genutzt, ohne dass Hierarchien oder wertende Instanzen vorab Einfluss ausüben können. Durch das Social Tagging wird eine sinnvolle, intuitive und qualitativ hochwertige Verschlagwortung erreicht, die eine gute inhaltliche Erschließung der Informationsobjekte und eine Verbesserung von Suchergebnissen ermöglichen, selbst wenn einzelne Tags unpassend oder sogar als kritisch einzustufen sind. Darüber hinaus können Beziehungen zwischen einzelnen Informationsobjekten hergestellt werden, die vorher zwar vorhanden, aber nicht offensichtlich gewesen sind.

Das Ergebnis des Social Tagging ist eine Folksonomy, die aus den gesamten vergebenen Tags besteht und zumeist in einer Tag Cloud dargestellt wird, welche die Tags der Folksonomy gemäß ihrer Bedeutung in unterschiedlichen Schriftgrößen darstellt, sodass die relevantesten Begriffe im Vordergrund stehen.

Eine auf Hyperlinks beschränkte Form des Social Tagging ist das Social Bookmarking, bei dem Nutzer ihre Bookmarks (halb)öffentlich in einer gemeinschaftlichen Link-Sammlung archivieren. Diese können ohne Beschränkung mit Tags versehen, bewertet oder kommentiert werden, wodurch zu den einzelnen Lesezeichen Zusatzinformationen generiert werden, die wiederum bei einer Internetrecherche gezielt ausgewertet werden und zu besseren Suchergebnissen führen können. Bekannte Plattformen des Social Bookmarking sind z.B. del.icio.us, Furl oder Mr. Wong. Zu den weiteren Anwendungen des Web 2.0 zählen → Blogs und → Mash-Ups.

Weber – Alfred, 1868–1959, dt. Nationalökonom und Soziologe, Bruder von M. Weber, lehrte in Berlin (1900–1904), Prag (1904–1907) und Heidelberg (1907 bis zu seinem Tod, unterbrochen durch die Emeritierung unter dem Nationalsozialismus 1933–1945). Die Bedeutung von Weber liegt in der Kultursoziologie, wirtschaftswissenschaftlich in den grundlegenden Arbeiten zu einer „reinen Theorie des Standorts" (Standorttheorie). Auf diesem Gebiet, auf dem dt. Ökonomen im 19. Jh. weltweit eine Spitzenposition errungen hatten, ist er der wichtigste Theoretiker seit → Thünen, auch wenn sein Modell von Launhardt antizipiert worden ist. Zentrale Aussage dieses Modells ist, dass die Standortwahl durch das räumliche Kostenminimum bestimmt werde. Sind die Produktionskosten unabhängig vom Standort, bedeute dies die Minimierung der Transportkosten. Bei zwei Beschaffungsorten von Ressourcen (für den Input) und einem Markt (für den Output) liege der gewählte Standort in einem Dreieck, dessen Ecken durch diese drei Plätze bestimmt seien. Die Vorteile bestimmter Standorte, die sich aus dem Produktionsverbund ergäben, führten zu einer Agglomeration der Industrie in großen Zentren. – Das *Hauptwerk* von Weber ist auf wirtschaftswissenschaftlichem Gebiet die „Reine Theorie des Standorts" (1909), in der Soziologie die „Kulturgeschichte als Kultursoziologie" (1938).

Weber – Max, 1864–1920, deutscher Nationalökonom und Soziologe, Bruder von Alfred Weber, lehrte in Freiburg (1894–1897), Heidelberg (1897–1904), Wien (1918) und München (1919–1920). Von seinen zahlreichen *Werken*, die z.T. posthum erschienen sind, seien genannt: „Die protestantische Ethik und der Geist des Kapitalismus" (1904), „Wirtschaft und Gesellschaft" (1922) und „Wirtschaftsgeschichte" (1924). Die wirtschaftswissenschaftliche Bedeutung von Weber liegt in seinen methodologischen Untersuchungen (→ Methodenstreit) sowie in seinen religionssoziologischen Arbeiten. Weber wies Zusammenhänge zwischen der protestantischen (puritanischen, calvinistischen) Ethik und der Entstehung des → Kapitalismus nach.

Webpage – einzelne HTML-Seite (→ HTML), aus deren Gesamtheit eine → Website zusammengesetzt ist.

Website – *Site;* Gesamtheit aller HTML-Seiten (→ HTML), die eine Person oder ein Unternehmen im → Internet zur Verfügung stellt. Eine Website wird i.d.R. über die → Homepage des Betreibers erreicht. – Vgl. auch → World Wide Web.

Webvertising – Einsatz des → Internet als Kommunikationsmedium und als → Werbeträger, z.B. mittels Bannerwerbung (→ Banner).

Wechsel – 1. *Begriff und Bedeutung:* Wertpapier, das die unbedingte Anweisung des → Wechselausstellers an einen → Bezogenen enthält, eine bestimmte Geldsumme zu einem festgelegten Zeitpunkt an ihn oder eine im Wechsel genannte Person oder deren Order zu zahlen. Der Wechsel ist eine Urkunde, dessen Form durch das Wechselgesetz vorgeschrieben ist. Als geborenes Orderpapier wird der Wechsel durch → Indossament übertragen. Das verbriefte Recht kann nur bei Vorlage der Wechselurkunde geltend gemacht werden. – Die Wechselforderungen bzw. Verpflichtungen aus dem Wechsel sind abstrakt, d.h. sie bestehen unabhängig von dem zugrunde liegenden Rechtsgeschäft (abstraktes Forderungspapier). Jeder, der auf einem Wechsel unterschreibt, kann für die Annahme und Einlösung des Wechsels haftbar gemacht werden. – Der Wechsel gehörte früher zu den gängigen Instrumenten der Mittelstandsfinanzierung. Heute hat der Wechsel erheblich an Bedeutung verloren. Ein wichtiger Grund hierfür ist darin zu sehen, dass seit der Übertragung der geldpolitischen Befugnisse auf die Europäische Zentralbank (EZB) zum 1.1.1999 die Deutsche Bundesbank kein → Diskontgeschäft mehr betreibt und daher die früher günstigen Refinanzierungsmöglichkeiten nicht mehr bestehen. Hinzu kommt, dass der Wechsel als nicht maschinenlesbare Urkunde einen hohen Bearbeitungsaufwand mit sich bringt, sodass eine elektronische Abwicklung nicht möglich ist. – 2. *Funktionen des Wechsels:* Der Wechsel erfüllt im Wesentlichen drei Funktionen: (1) Zahlungsmittelfunktion: Die Weitergabe eines Wechsels kann anstelle einer Zahlung erfolgen. Dabei erfolgt die Zahlung „erfüllungshalber", denn die ursprüngliche Schuld erlischt erst mit der Einlösung des Wechsels (2) Kreditfunktion: Eine Kreditgewährung ergibt sich insbesondere daraus, dass durch das Akzept die effektive Zahlung des Bezogenen um die Laufzeit des Wechsels hinausgeschoben wird. (3) Sicherungsfunktion: Durch die im Wechselgesetz festgelegten strengen Vorschriften (→ Wechselstrenge) und durch die Loslösung vom Grundgeschäft können Wechselforderungen auch bei Nichteinlösung schneller als Buchforderungen durchgesetzt werden. – 3. *Formen des Wechsels:* Wechselrechtlich unterscheidet man zwei Arten von Wechseln: den → gezogenen Wechsel, auch Tratte genannt (Art. 1 ff. WG) und den → eigenen Wechsel, auch Solawechsel genannt (Art. 75 ff. WG). Der gezogene Wechsel ist eine Anweisung des Wechselausstellers (Gläubiger) an den Bezogenen (Schuldner), den im Wechsel festgelegten Betrag zu einem bestimmten Zeitpunkt an den Begünstigten zu zahlen („Gegen diesen Wechsel zahlen Sie ..."). Wenn der Bezogene diese Forderung durch Unterschrift akzeptiert hat, nennt man diesen Wechsel auch → Akzept. Der gezogene Wechsel kann an die eigene Order, d.h. des Ausstellers, lauten (üblich, wenn der erste → Wechselnehmer noch nicht feststeht) oder auch auf den Aussteller selbst gezogen werden (→ trassiert-eigener Wechsel). Gemäß Art. 1 WG muss der gezogene Wechsel acht Bestandteile aufweisen. Fehlt eine dieser Angaben (z.B. der Verfalltag), handelt es sich um einen Blankowechsel. Bei einem Solawechsel verspricht der Aussteller, an einem bestimmten Tag oder bei Sicht eine bestimmte Summe zu zahlen („Gegen diesen Wechsel zahle ich..."). Der Solawechsel hat nur sieben gesetzliche Bestandteile, da die Angabe des Bezogenen entfällt (Art. 75 WG). – Wechsel lassen sich nach verschiedenen Kriterien einteilen, bspw. nach der Art des Grundgeschäfts (→ Handelswechsel oder → Finanzwechsel), nach der Fälligkeit (Tagwechsel – an einem bestimmten Tag fällig, Datowechsel – eine bestimmte Zeit nach dem Tage der Ausstellung fällig, Sichtwechsel – fällig bei Vorlage oder ein Nachsichtwechsel – fällig eine bestimmte Zeit nach Sicht), nach dem Akzeptanten (Bankakzept oder Debitorenziehung) oder nach der Einlösungsstelle (Zahlstellen- oder Domizilwechsel). – 4. *Ablauf des Wechselgeschäfts:* Wechsel werden überwiegend im Rahmen von → Lieferantenkrediten eingesetzt. Dabei stellt der Lieferant den Wechsel aus und lässt diesen vom Käufer unterschreiben, d.h. der Lieferant zieht eine → Tratte auf den Bezogenen, der den Wechsel akzeptiert. Der Aussteller kann den Wechsel bis zum Einlösetag als Sicherheit aufbewahren und ihn dann dem Käufer zur Bezahlung vorlegen. Der Aussteller kann aber auch seine eigenen Verbindlichkeiten durch die Weitergabe des Wechsels bezahlen. Die Übertragung erfolgt durch Indossament, das auf der Rückseite des Wechsels angebracht wird und den Namen desjenigen enthält, an den der Wechsel weitergegeben wird. Bei Liquiditätsbedarf kann der Aussteller auch den Wechsel seiner Bank zur Diskontierung anbieten. Kauft die Bank den Wechsel an, erhält der Aussteller einen → Diskontkredit. Dabei wird ihm der Wechselbetrag abzüglich Zinsen und Spesen ausgezahlt. – Am Fälligkeitstag wird der Wechsel dem Hauptschuldner (Bezogener) zur Zahlung vorgelegt. Bei Zahlung erlischt die Wechselschuld. Wenn der Bezogene die Wechselsumme nicht oder nur teilweise leistet, wird der Wechsel notleidend. Der Inhaber des notleidenden Wechsels kann auf seine Vormänner Rückgriff nehmen (Art. 43 WG). Voraussetzung dafür ist ein → Wechselprotest. Alle, die einen Wechsel ausgestellt, angenommen, indossiert oder aber mit einer Bürgschaftserklärung versehen haben, haften gegenüber dem Wechselinhaber als Gesamtschuldner (Art. 47 WG). Dabei braucht sich der Wechselinhaber nicht an die Reihenfolge halten, sondern kann bei jedem beliebigen Indossanten oder dem Aussteller Rückgriff nehmen (→ Wechselrückgriff). Ggf. kann ein Ehreneintritt durch Ehrenzahlung eines Dritten zugunsten eines Wechselverpflichteten erfolgen (Art. 55 ff. WG). Im Fall eines erfolglosen Rückgriffs kann → Wechselklage gegenüber dem Bezogenen erhoben werden. Aufgrund der → Wechselstrenge lassen sich Wechselforderungen schnell durchsetzen. – 5. *Umsatzsteuerliche Besonderheiten:* Wird der Wechsel zur Diskontierung weitergegeben, ist im Rahmen dieses Diskontkredits neben Spesen Wechseldiskont zu zahlen. Der Wechseldiskont unterliegt grundsätzlich der → Umsatzsteuer. Da der Ankauf von Wechseln durch ein Kreditinstitut nicht umsatzsteuerpflichtig ist (gemäß § 4 Nr. 8a UStG sind Kreditgeschäfte umsatzsteuerbefreit), betrifft das nur einen Diskontkredit zwischen Unternehmen anderer Bereiche. Allerdings wirkt sich der Diskont für den Wechselaussteller umsatzmindernd aus, denn der Aussteller erhält nicht die gesamte Forderung aus seinem Warengeschäft gutgeschrieben. Deshalb kann der Wechselaussteller seine Umsatzsteuerschuld anteilig kürzen (im Sinne von § 17 I UStG). Der Bezogene ist davon zu benachrichtigen, da dieser wiederum seine Vorsteuer berichtigen muss. Wechselspesen dagegen zählen zu den umsatzpflichtigen Entgelten und reduzieren nicht die Umsatzsteuerhöhe.

Wechselabschrift – *Wechselkopie;* Abschrift eines → Wechsels, die jeder Wechselinhaber anfertigen kann, nicht aber der Aussteller. Wie das Original des Wechsels (Urschrift) kann die Abschrift mit einem → Indossament und mit einer Bürgschaftserklärung versehen werden. Auf der Abschrift ist zu vermerken, wo sich das Original befindet (→ Depositionsklausel). Eine Wechselabschrift kann im Gegensatz zur → Wechselausfertigung nicht zur Zahlung vorgelegt werden (Art. 67, 68 WG). Üblich sind Wechselabschriften im Überseehandel, um die Zeitspanne zwischen Ausstellung und Akzeptierung durch den → Bezogenen zu überbrücken. In der Zwischenzeit kann der Wechsel bereits weitergegeben werden.

Wechselaufbau → Wechselbehälter.

Wechselausfertigung – *Wechselduplikat;* zusätzliche gleiche Ausfertigung eines → gezogenen Wechsels (keine Wechselabschrift). Die Ausfertigungen müssen gleich lauten. Jede Ausfertigung muss mit einer laufenden Nummer versehen werden, da sonst jede Ausfertigung als eigenständiger Wechsel angesehen wird (Art. 64-66 WG). Üblich im Außenhandel: Während die erste Ausfertigung (Prima) zum Akzept an den → Bezogenen versandt wird, kann inzwischen die zweite (Sekunda) oder die dritte (Tertia) Ausfertigung bereits weitergegeben werden. Auf jeder Ausfertigung ist anzugeben, wo sich das Original befindet (→ Depositionsklausel). Jede Wechselausfertigung kann zur Zahlung vorgelegt werden; wird eine Ausfertigung bezahlt, erlöschen die Ansprüche aus den anderen Ausfertigungen (anders: → Wechselabschrift). Bei einem → Solawechsel sind mehrere Ausfertigungen nicht möglich, da Aussteller und Bezogener identisch sind. Hier ist nur eine Wechselabschrift möglich.

Wechselaussteller – derjenige, der die Wechselurkunde ausfertigt und weitergibt. Der Aussteller des Wechsels muss voll geschäftsfähig sein. – 1. Bei einem *gezogenen* → Wechsel weist der Aussteller (Gläubiger) den → Bezogenen (Schuldner) an, den Wechselbetrag zu einem bestimmten Zeitpunkt an einen Begünstigten (→ Wechselnehmer) zu zahlen. Der Aussteller haftet gegenüber dem Begünstigten für die Annahme und Zahlung des Wechsels (Art. 9 I WG). Allerdings muss der Aussteller nur dann zahlen, wenn der Bezogene die Zahlung verweigert. – 2. Bei einem *Solawechsel* (→ eigener Wechsel) gibt der Aussteller das unbedingte Zahlungsversprechen ab, den Wechselbetrag zum angegebenen Zeitpunkt an den Wechselnehmer (Inhaber des Wechsels) zu zahlen. Da hier Aussteller und Bezogener identisch sind, haftet der Aussteller allein.

Wechselbehälter – *Wechselpritsche, Wechselaufbau;* Güterbehälter als Laderaum von Lastkraftwagen, der mit Inhalt vom Fahrgestell getrennt, meist auf ausklappbaren Stützen abgestellt und als → Ladeeinheit auf andere Lastkraftwagen-Fahrgestelle oder Eisenbahnwagen analog einem → Container umgesetzt werden kann. Entsprechend ihrem Einsatz im Straßenverkehr betragen die Außenmaße der Wechselbehälter bei Höhe und Breite maximal 260 und 250 cm. Größte Verbreitung hat der nach DIN 70 013 genormte Aufbau mit Plane, 715 cm Länge, zulässigem Gesamtgewicht von 13.000 kg und Eckbeschlägen.

Wechselbezogener → Bezogener bei einem → Wechsel.

Wechselbuch → Wechselkopierbuch.

Wechselbürgschaft – *Wechselaval;* schriftliche Verpflichtungserklärung eines Dritten (auch einer anderen Person, deren Unterschrift sich schon auf dem → Wechsel befindet), für die Wechselverbindlichkeiten eines → Bezogenen (Avalakzept), → Wechselausstellers oder → Indossanten einzustehen (Art. 30 ff. WG). Die Bürgschaftserklärung muss auf den Wechsel oder einen Anhang gesetzt werden (Art. 31 WG). Ein Wechselbürge haftet in der gleichen Weise wie derjenige, für den er sich verbürgt hat, und zwar als Gesamtschuldner (Art. 32,1 und 47,1 WG). – Wechselbürgschaften sind immer → selbstschuldnerische Bürgschaften (§ 773, 1 Nr. 1 BGB), aus denen ein Wechselbürge sofort in Anspruch genommen werden kann, wenn der Schuldner seinen Zahlungsverpflichtungen nicht nachkommt. Mit der Bezahlung des Wechsels (Wechseleinlösung) erhält der Wechselbürge alle Rechte aus der Wechselurkunde gegenüber demjenigen, für den er sich verbürgt hat, und gegen alle, die diesem gegenüber wechselmäßig haften (Art. 32,3 WG). Wechselbürgschaften werden bei Außenhandelsfinanzierungen im Zusammenhang mit dem Verkauf von Wechselforderungen durch den Exporteur eingesetzt (→ Forfaitierung). Sie kommen allg. in Deutschland selten vor.

Wechseldiskont → Diskont; Zinsabschlag beim Ankauf von → Wechseln.

Wechseldiskontierung → Diskontgeschäft.

Wechseldiskontkredit → Diskontgeschäft.

Wechseldomizil – Ort, an dem ein → Wechsel zahlbar gestellt ist.

Wechselduplikat → Wechselausfertigung.

Wechselfähigkeit – Fähigkeit, Träger von Rechten und Pflichten aus einem → Wechsel zu sein (Wechselrechtsfähigkeit) und diese durch eigene Handlungen zu begründen (Wechselgeschäftsfähigkeit). – 1. *Wechselrechtsfähigkeit:* Diese Eigenschaft kommt allen → natürlichen Personen und → juristischen Personen zu. Personenhandelsgesellschaften (→ Personengesellschaften) stehen wegen ihrer Quasi-Rechtsfähigkeit (§§ 124 I, 161 II HGB) den juristischen Personen insoweit gleich. Nach höchstrichterlicher Rechtsprechung ist sogar die → Gesellschaft bürgerlichen Rechts (GbR) scheck- und damit auch wechselfähig. – 2. *Wechselgeschäftsfähigkeit:*

Natürliche Personen müssen geschäftsfähig sein (→ Geschäftsfähigkeit). Beschränkt Geschäftsfähige (Minderjährige) bedürfen zur Eingehung von Wechselverbindlichkeiten nicht nur der Zustimmung des → gesetzlichen Vertreters, sondern auch der Genehmigung durch das Familiengericht (§§ 1643 I, 1822 Nr. 9 BGB).

Wechselfälschung → Fälschung.

Wechselgeschäft – Geschäft, das Kreditinstitute im Rahmen des Wechselverkehrs übernehmen. Dazu gehört a) der Ankauf von → Wechseln für eigene Rechnung (→ Diskontgeschäft) oder auftragsweise für fremde Rechnung (Wechselkommission), b) der Einzug von Wechseln für Kunden (Wechselinkasso), c) die Einlösung von Wechseln (Funktion einer Zahlstelle), d) die Gewährung von → Akzeptkrediten und Wechsellombardkrediten und e) sonstige Aufgaben wie z.B. das Einholen von → Akzepten. Aufgrund der geänderten gesetzlichen und wirtschaftlichen Rahmenbedingungen, insbesondere durch den Wegfall der Refinanzierungsmöglichkeiten bei der → Deutschen Bundesbank, hat das Wechselgeschäft erheblich an Bedeutung verloren.

Wechselgesetz (WG) – vom 21.6.1933, trat am 1.4.1934 in Kraft (RGBl. I 399) anstelle der bis dahin in Deutschland geltenden Wechselordnung vom 3.6.1908. – Vgl. auch → Wechselrecht.

Wechselintervention – Eintritt des Notadressaten bei Nichtannahme oder Nichtzahlung des → Wechsels durch den Bezogenen. – Vgl. auch → Ehreneintritt.

Wechselklage – Klage, mit der ein Anspruch aus einem → Wechsel geltend gemacht wird. Wenn ein → Bezogener den Wechsel nicht einlöst und ein → Wechselrückgriff erfolglos geblieben ist, kann gegen den Bezogenen Wechselklage erhoben werden. Mit Erhebung der Klage wird ein Wechselprozess eingeleitet. Da der Wechselprozess eine bes. Form des Urkundenprozesses ist, erhält der Kläger rasch einen vollstreckbaren Titel (§§ 602-605 ZPO). – Ins. sind die Einlassungsfristen sehr kurz (Zeit zwischen Klagezustellung und Verhandlungstermin), als Beweismittel sind nur Urkunden zugelassen (Wechsel, Protesturkunde) und die Einwände des Beklagten können sich nur auf die Urkunden beziehen (z.B. Fälschung der Unterschrift oder Verjährung). Andere mögliche Einreden können nur in einem gesonderten Nachverfahren in Form eines Zivilprozesses durchgesetzt werden. Falls keine Einreden des Beklagten zu erwarten sind, kann alternativ ein kostengünstigerer Wechselmahnbescheid beantragt werden.

Wechselkommission – An- und Verkauf von → Wechseln für fremde Rechnung. Wechselkommissionen gehörten zum → Kommissionsgeschäft der Kreditinstitute.

Wechselkopierbuch – *Besitzwechselbuch, Wechselbuch;* Hilfsbuch der Buchführung, in das die wesentlichen Merkmale aller eingehenden → Besitzwechsel eingetragen werden, bes.: Verfalltag, Wechselsumme, Name und Anschrift des Ausstellers, Name und Anschrift des Vorgängers (und evtl. früherer Inhaber), Zahlungsort, Name und Anschrift des Bezogenen, Diskontierung, evtl. bes. Merkmale (Notadresse, Angstklausel etc.). In der Praxis oft nur Kopien, Additionsstreifen u.Ä. Das Wechselkopierbuch dient auch der Kontrolle des → Wechselobligos. – *Anders:* → Trattenbuch.

Wechselkredit – allg. ein Kredit, der durch einen → Wechsel gesichert ist. Eine Form dieses Kredits ist der → Akzeptkredit und als Sonderform des Akzeptkredits im internationalen Handel der Rembourskredit. I.wS. gehört auch der → Diskontkredit dazu. Da jedoch der Diskontkredit vom Wechselschuldner (Bezogenen) zurückgezahlt wird, liegt rechtlich gesehen keine Kreditvergabe, sondern ein Forderungsverkauf an das Kreditinstitut vor (außer bei → Solawechseln). Auch kann der Lieferantenkredit zu den Wechselkrediten gezählt werden, wenn der Lieferant zur Absicherung seiner Forderung einen Wechsel auf den Abnehmer seiner Waren oder Dienstleistungen zieht (→ gezogener Wechsel).

Wechselkurs – 1. *Nomineller Wechselkurs:* Wertverhältnis zweier Währungen. Üblicherweise angegeben als in heimischen Währungseinheiten ausgedrückter Preis einer bestimmten Menge ausländischer Währungseinheiten = Preisnotiz (z.B. US-Dollar, Japanischer Yen). Der Kehrwert ergibt die Mengennotiz (z.B. Euro, US-Dollar). – Eine Erhöhung des nominellen Wechselkurses in der Preisnotierung entspricht einer → Abwertung der heimischen Währung (→ Aufwertung). – Fallen Geschäftsabschluss und Durchführung eines Devisengeschäftes (Währungstausches) zusammen, so spricht man vom → Kassakurs, wird hingegen momentan ein Währungstausch für die Zukunft vereinbart, kommt der *Terminkurs* zur Anwendung. – Erklärung des Wechselkursverhaltens in der → Wechselkurstheorie (→ Zahlungsbilanzausgleich, → Wechselkurspolitik). – 2. *Realer Wechselkurs:* Preisverhältnis zweier Güter in unterschiedlichen Währungsräumen. Schreibt man w für den nominellen Wechselkurs, dann ist der reale Wechselkurs definiert als wP^*/P. Dabei können P^* und P z.B. die in ausländischer bzw. heimischer Währung angegebenen Preise eines → homogenen Gutes sein. Ohne Berücksichtigung von Transportkosten würde dieser reale Wechselkurs bei Freihandel gleich eins sein *(Law of One Price)*. Sind jedoch P^* und P die Preise zweier verschiedener Güter, etwa eines im Ausland erzeugten bzw. eines anderen im Inland erzeugten Gutes, dann entspricht der reale Wechselkurs den von der → realen Außenwirtschaftstheorie analysierten → Terms of Trade. Schließlich können P und P^* auch als *Preisindizes* definiert werden. So werden z.B. Lohnstückkosten, Konsumenten- sowie Produzentenpreisindizes zur Ermittlung realer Wechselkurse herangezogen (→ Kaufkraftparität). – 3. *Effektiver*

Wechselkurs: Im Gegensatz zum bilateralen Wechselkurs ist der effektive Wechselkurs *ein multilateraler Wechselkurs,*welcher aus dem gewichtetem Mittel verschiedener bilateraler Wechselkurse ermittelt wird. Als Gewichte dienen meist die Anteile des mit den betreffenden ausländischen Währungen abgewickelten Handels am Gesamthandel eines Landes. Man unterscheidet nominelle oder reale effektive Wechselkurse. Mithilfe des effektiven Wechselkurses können Veränderungen des gesamten *Außenwertes einer Währung* ermittelt werden. – Vgl. auch → Devisenkurs.

Wechselkursbildung – Ein → flexibler Wechselkurs drückt den Preis für eine ausländische Währung (→ Devisen) aus. Der Wechselkurs bildet sich am → Devisenmarkt aus Angebot von und Nachfrage nach der betreffenden Währung. Wichtige Einflussfaktoren sind die Spekulation, Zinsunterschiede zwischen In- und Ausland (z.B. steigt bei höherem Zinsniveau im Ausland die Nachfrage nach Devisen, um sie im Ausland anzulegen), die Handelsströme (z.B. werden im Export verdiente Devisen seitens der Exporteure im Inland verkauft, Importeure fragen Devisen nach), die Direktinvestitionen (bei Investitionen ist i.d.R. die Währung des Ziellandes erforderlich), unterschiedliche Inflationsniveaus (Kapitalflucht aus Inflationsländern bedeutet Nachfrage nach Devisen), psychologische Faktoren (politische Krisen, Kriege verändern Angebot und Nachfrage von Devisen, ebenso die Jahrtausendwende; Veröffentlichung von Wirtschaftsdaten oder Ankündigung von Maßnahmen z.B. der amerik. Notenbank wirken sich umgehend im Devisenmarkt aus). Die Vielzahl der Einflussfaktoren auf die Wechselkursbildung erschwert eine einigermaßen zuverlässige Wechselkursprognose jenseits der sehr kurzen Frist.

Wechselkursdeterminanten → Wechselkurstheorie.

Wechselkursdumping → Wechselkurs, → Dumping.

Wechselkurshysterese – Allg. versteht man unter *Hysterese* jede Art von *bleibender Wirkung* eines an sich vorübergehenden Phänomens. Wechselkurshysterese entsteht bei → flexiblem Wechselkurs dann, wenn die Firmen auf den Exportmärkten (Drittmärkten) hohe *Markteintritts- und Marktaustrittskosten* haben und deswegen bei Wechselkursveränderungen jeweils relativ lange warten, bis sie in einen Exportmarkt eintreten bzw. diesen Markt wieder verlassen. – Die Firmen sehen stets die Möglichkeit, dass der Wechselkurs sich im nächsten Augenblick genau so verändern wird, dass die Eintritts- oder Austrittsentscheidung sich als falsch erweist. Eine (häufige) Revision solcher Entscheidungen ist aber wegen der damit verbundenen Austritts- bzw. Eintrittskosten nicht wirtschaftlich. Wenn z.B. eine starke Aufwertung der heimischen Währung ausländische Firmen zum Markteintritt verleitet und wenn diese Firmen bei einer später vielleicht wieder stattfindenden Abwertung auf das Ausgangsniveau aus den eben skizzierten Gründen aber noch nicht wieder zum Marktaustritt veranlasst werden, dann entsteht Wechselkurshysterese. Die Aufwertung der Währung ist verschwunden, geblieben ist aber der Effekt höherer Importe.

Wechselkursmechanismus – Ansatz im Rahmen der Zahlungsbilanzausgleichsmechanismen, nach dem autonome Ungleichgewichte der → Zahlungsbilanz Wechselkursvariationen induzieren, die deren Abbau, d.h. die Wiedererlangung des Zahlungsbilanzausgleichs, gewährleisten. – *Ablauf:* Liegt z.B. ein *Zahlungsbilanzdefizit* vor, dann übersteigt die Devisennachfrage das -angebot, die Inlandswährung wertet ab. Durch diese Wechselkursveränderung werden die Auslandsgüter, ausgedrückt in Inlandswährung, teurer und die Inlandsgüter, ausgedrückt in Auslandswährung, billiger. Wenn die Voraussetzungen für eine *normale Reaktion* der → Leistungsbilanz erfüllt sind, bewirkt die → Abwertung der Inlandswährung eine Aktivierung der → Leistungsbilanz, sodass der Ausgleich der Zahlungsbilanz wieder erreicht wird. Nach der Entschließung des *Europäischen Rats* über die Errichtung eines Wechselkursmechanismus während der dritten Stufe der *Wirtschafts- und Währungsunion* (→ EWWU) hat der neue → Wechselkursmechanismus (WKM II) das Europäische Währungssystem (→ EWS) ab 1.1.1999 ersetzt.

Wechselkurspolitik – 1. *Begriff:* Unter Wechselkurspolitik versteht man die Festlegung eines anzustrebenden *Grades an Wechselkursflexibilität* für die Währung eines Landes und die zur Erreichung dieses Grades ergriffenen Maßnahmen. Wichtigste Frage im Zusammenhang mit der *Ausgestaltung des* → internationalen Währungssystems. – Die → monetäre Außenwirtschaftstheorie kommt nicht zu einer bedingungslosen Aussage zur Überlegenheit von → fixen oder → flexiblen Wechselkursen. Sie kann nur auf einzelne *Vor- und Nachteile der Wechselkursflexibilität* hinweisen, deren relative Gewichtung letztlich von den bes. Umständen des Einzelfalls abhängt, was in der Idee des → optimalen Währungsraumes zum Ausdruck kommt. – 2. *Feste vs. flexible Wechselkurse:* a) *Wechselkursrisiko:* Wechselkursflexibilität begründet ein Wechselkursrisiko der am Außenhandel beteiligten Akteure. Wechselkursrisiko entsteht, wenn die Kontraktierung und Effektuierung eines Geschäftes zeitlich auseinander fallen, oder wenn einer Transaktion intertemporale Überlegungen zugrunde liegen, wie z.B. im Fall von Investitionsvorhaben. Das Wechselkursrisiko ist mit einem *Ressourcenaufwand* verbunden, welcher sich in den Kosten einer *Risikoversicherung*oder im Fall einer Absicherung über Devisenoptions- oder Devisentermingeschäfte (→ Devisenterminmarkt) in den *Hedgingkosten*manifestiert. Unter dem Aspekt des Wechselkursrisikos und des damit verbundenen Ressourcenverzehrs ist demnach ein System fixer Wechselkurse einem flexiblem Wechselkurs überlegen, wenngleich es auch in Fixkurssystemen zu einer Anpassung der Paritäten kommen kann (→ Realignment). – b) *Reale und monetäre Schocks:* Ein weiterer Aspekt zur Beurteilung der Vorteilhaftigkeit von Wechselkursflexibilität betrifft die Implikationen alternativer Schocks im In- und Ausland bei festen und flexiblen Wechselkursen. In diesem Zusammenhang werden Schocks definiert als all jene realen oder monetären *Angebots- und Nachfragestörungen,* die eine relative Mengen- oder Preisanpassung zwischen dem In- und Ausland erfordern.*Beispiele* für diese Schocks sind technologische Erfindungen (realer Angebotsschock), Verlagerungen der Präferenzen der Wirtschaftssubjekte (realer Nachfrageschock), unerwartete Erhöhung der Geldmengenwachstumsrate (Geldangebotsschock), Finanzinnovationen (Geldnachfrageschock). In weiterer Folge sei der Fall der *perfekten Kapitalmobilität* unterstellt. Bei perfekter Mengen- oder Preisflexibilität auf Güter- und Faktormärkten im In- und Ausland kann die Last der Anpassung an diese Schocks durch Veränderungen der flexiblen Mengen oder Preise übernommen werden, sodass der Art des nominellen Wechselkurssystems für diese Anpassung keine Bedeutung zukommt (*Mundellsche Kriterium* in der Theorie → optimaler Währungsräume). Sind hingegen sowohl Mengen als auch Preise in der Anpassung *träge,*so wird die Neutralität des nominellen Wechselkurssystems bez. der Anpassungsfähigkeit der Ökonomik auf diese Schocks aufgehoben. *Reale Schocks*können trotz Vorliegen von Preis- und Mengenträgheiten durch den perfekt flexiblen nominellen Wechselkurs sofort absorbiert werden. Bei fixem Wechselkurs hingegen verursachen reale Schocks temporäre *Ungleichgewichte an Güter- und Faktormärkten,* die erst im Zeitablauf über allmähliche Anpassungen der trägen Mengen und Preise abgebaut werden. In einem System flexibler Wechselkurse mit Mengen- und Preisträgheiten induzieren *monetäre Schocks* überschießende Wechselkurse (→ Überschießen des nominellen Wechselkurses) zur permanenten Aufrechthaltung des Geldmarktgleichgewichts, die ihrerseits temporäre → Misalignments nomineller sowie realer Wechselkurse und damit einhergehende temporäre Ungleichgewichte an Güter- und Faktormärkten nach sich ziehen. Bei festen Wechselkursen hingegen ergibt sich als Folge eines monetären Schocks eine sofortige endogene *Anpassung des Geldangebots*seitens der Zentralbank, die den realen Wechselkurs und auch die Gleichgewichte auf Güter- und Faktormärkten unbeeinflusst lässt. Werden mit temporären realen Ungleichgewichten *volkswirtschaftliche Kosten*assoziiert, so legt die obige Analyse die Schlussfolgerung nahe, dass jene Ökonomien, die schwerpunktmäßig durch das Auftreten realer Schocks berührt werden, flexible Wechselkurse präferieren sollten, während sich solche Ökonomien zu einem Fixkurssystem zusammenschließen sollten, für die die realen Schocks relativ zu den monetären Schocks eine untergeordnete Rolle spielen. – c) *Geldpolitische Souveränität, Disziplin und Glaubwürdigkeit:* Die Fixierung des Wechselkurses zwischen zwei Ländern mit intensiven außenwirtschaftlichen Beziehungen bedeutet für eines dieser beiden Länder die *Beschränkung der geldpolitischen Souveränität.* Dies ergibt sich einerseits über den *internationalen Preiszusammenhang* (→ Kaufkraftparität), andererseits über die → internationale Kapitalmobilität (→ Zinsparität), → Zahlungsbilanzausgleich, → Sterilisierung. Der Verlust an geldpolitischer Souveränität muss jedoch nicht als Nachteil der Wechselkursfixierung betrachtet werden. Länder, die zugunsten des (erhofften) „Imports" von Preisniveaustabilität auf ihre geldpolitische Souveränität verzichten wollen, werden eine Fixierung des Wechselkurses anstreben wollen. Das Gegenteil gilt für Länder, die einen Inflationsimport befürchten. – Stabilitätsimport bedingt allerdings ein mitunter beträchtliches Ausmaß an monetärer *Disziplinierung*durch die Geldpolitik des Partnerlandes. Geht man davon aus, dass Vollbeschäftigung Flexibilität der relativen Güterpreise erfordert, so kann eine kompromisslos verfolgte Preisniveaustabilität des Wechselkurspartnerlandes je nach Lage der Dinge durchaus erfordern, dass die nominellen Preise im Inland sinken. Bei Vorliegen von *Nominallohnrigiditäten* kann es dann zu *unfreiwilliger Arbeitslosigkeit* kommen. Wenn man nun aus dem vorigen Absatz den Schluss ziehen wollte, dass alle Länder in der Tat dieselbe, möglichst geringe Inflationsrate anstreben *sollten,* dann erhebt sich die Frage, warum sie dazu offenbar nicht in gleichem Maße *in der Lage sind.* Hier ist das Problem mangelnder *Glaubwürdigkeit* zu erwähnen. Wird der Wirtschaftspolitik zur Verfolgung eines ambitionierten Preisniveaustabilitätsziels seitens der Wirtschaftssubjekte keine Glaubwürdigkeit beigemessen, dann kann sich die kompromisslose Durchsetzung dieser Ambitionen als sehr kostspielig (im Sinn von Unterbeschäftigung) herausstellen. Die Fixierung von Wechselkursen gegenüber jenen Währungen, hinter denen in dieser Hinsicht sehr glaubhafte wirtschaftspolitische Akteure stehen, wird auch manchmal als Möglichkeit des *Imports von Glaubwürdigkeit* gesehen. – 3. *Hybride Systeme:* Während die bisherigen Ausführungen sich auf den Fall perfekt fixer sowie perfekt flexibler Wechselkurse bezogen, sind real existierende Währungssysteme oftmals in dem Sinn hybrid, als sie sowohl Elemente eines Fixkurssystems als auch eines Systems flexibler Wechselkurse miteinander verbinden. Hybride Systeme existieren in den Formen des *Managed* → Floating oder auch eines → Zielzonen-Systemsund versuchen, die Vorzüge fixer sowie flexibler Wechselkurse miteinander zu verbinden. Hierzu zählen eine Reduktion des Wechselkursrisikos im Vergleich zu einem System perfekt flexibler Wechselkurse, Abfederung realer Schocks durch begrenzte nominelle Wechselkursvariabilität bei gleichzeitiger Reduktion von Geldmarktungleichgewichten und eine Erhöhung des Grades der monetären Unabhängigkeit relativ zu einem Fixkurssystem. Zudem entstehen in *glaubwürdigen*hybriden Systemen stabilisierende Effekte auf den Wechselkurs durch die Erwartung betreffend zukünftiger Zentralbankinterventionen. – Vgl. auch → optimaler Währungsraum, → Zielzonen-System, → internationales Währungssystem, → Bretton-Woods-System.

Wechselkursrisiko – 1. *Charakterisierung:* a) Aus der Sicht des Exporteurs umfasst das Wechselkursrisiko die Abwertung der Fremdwährung, in der er Zahlung erlangen soll, gegenüber seiner eigenen Landeswährung. – b) Aus der Sicht des Importeurs umfasst das Wechselkursrisiko die Aufwertung der Fremdwährung, in der er Zahlung zu leisten hat, gegenüber seiner eigenen Landeswährung. – 2. *Definitionsprobleme des Ausmaßes:* I.Allg. legen die Exporteure (bzw. analog die Importeure) zur Definition von Wechselkursrisiko und Wechselkurschance denjenigen → Wechselkurs zugrunde, mit dem sie ihr Angebot kalkuliert haben. Da jedoch ein Angebot auf Fremdwährungsbasis mit unterschiedlichen Wechselkursen kalkuliert werden kann (z.B. mit dem Devisenkassakurs am Tage der Kalkulation, mit dem Devisenterminkurs, mit dem vom Kalkulierenden für den Zeitpunkt des Zahlungseingangs erwarteten Devisenkassakurs etc.), führt dies zu unterschiedlichen Maßstäben für Wechselkursrisiken und Wechselkurschance. – 3. *Politisches Wechselkursrisiko:* Politisch verursacht ist z.B. das Wechselkursrisiko eines Exporteurs, wenn das Importland die Devisenzuteilung bzw. den Devisentransfer behindert und der vom Importeur zu zahlende Devisenbetrag ersatzweise in dessen Landeswährung bei der Zentralnotenbank hinterlegt wird, und sodann dieser hinterlegte Landeswährungsbetrag gegenüber der im Kaufvertrag vereinbarten Währung abgewertet wird. – 4. *Wechselkursrisiko als Angebotsrisiko:* Als Angebots- bzw. Wettbewerbsrisiko tritt das Wechselkursrisiko für einen Exporteur in Erscheinung, der in seiner Landeswährung (oder in einer Drittlandwährung) anbietet: Sofern der Importeur mit einer Aufwertung der im Angebot enthaltenen Fremdwährung gegenüber seiner eigenen Landeswährung rechnet, läuft der Exporteur Gefahr, deswegen den Zuschlag nicht zu erhalten. – 5. *Sicherungsinstrumente:* Den Außenhändlern stehen mehrere Absicherungsalternativen zur Verfügung, die von → Devisentermingeschäften, Devisenoptionsgeschäften, Diskontierung von Fremdwährungswechseln (→ Diskontgeschäft), Aufnahme von Fremdwährungskrediten (→ Geldmarktkredit) bis zur → Forfaitierung und weiteren Sicherungsinstrumenten reichen.

Wechselkurssicherung → Hedging.

Wechselkursspekulation → Devisenspekulation.

Wechselkurstheorie – 1. *Begriff:* Teilbereich der → monetären Außenwirtschaftstheorie. Sie versucht, das Verhalten von → Wechselkursen zu erklären. Aus verschiedenen Modellen der *monetären Außenwirtschaftstheorie* lassen sich durch Konzentration auf die Bestimmungsgründe des Wechselkurses verschiedene Ansätze zur Wechselkurstheorie ableiten. – 2. *Der monetäre Ansatz zur Wechselkursbestimmung:* a) *Perfekte Preisflexibilität:* Unterstellt wird die Gültigkeit der → Kaufkraftparität zu jedem Zeitpunkt, sodass der Wechselkurs durch das Verhältnis von In- und Auslandspreisniveau bestimmt wird. In logarithmierter Schreibweise erfordert Kaufkraftparität

$$(1) \qquad e_t = p_t - p_t^*,$$

wobei e_t den nominellen Wechselkurs und p_t sowie p_t^* das in- und ausländische Preisniveau zum Zeitpunkt t angeben. Gleichung (1) basiert auf der Annahme *identischer Präferenzen* für beide Länder, der Annahme, dass ein handelbares Gut letztlich überall denselben Preis haben wird (keine Handelshemmnisse oder Transportkosten), und dass es nur *handelbare Güter* gibt. Zur Darstellung des Modells in einer Zwei-Länder-Version wird sowohl das inländische als auch das ausländische *Geldmarktgleichgewicht* betrachtet:

$$(2) \qquad m_t - p_t = \kappa y_t - \lambda i_t,$$

$$(3) \qquad m_t^* - p_t^* = \kappa y_t^* - \lambda i_t^*.$$

In den Gleichungen (2) und (3) bezeichnet m_t das Geldangebot, y_t den Vollbeschäftigungsoutput, i_t den (unlogarithmierten) Nominalzinssatz und ein * kennzeichnet ausländische Variablen. Die Einkommens- und (Semi-)Zinselastizitäten k und l sind positiv definiert und der Einfachheit halber für das In- und Ausland identisch parametrisiert. Durch Substitution von (2) und (3) für das in- und ausländische Preisniveau in (1) folgt die *charakteristische Gleichung* des monetären Ansatzes zur Wechselkursbestimmung:

$$(4) \qquad e_t = m_t - m_t^* - \kappa(y_t - y_t^*) + \lambda(i_t - i_t^*).$$

Der Wechselkurs wird demnach bestimmt durch die Relation zwischen den Geldangeboten im In- und Ausland, durch die relativen realen Outputs, und durch die *Nominalzinsdifferenz*. Eine Erhöhung des nominellen Geldangebots im Inland bei gegebenem ausländischen Geldangebot impliziert einen Preisanstieg zur Räumung des heimischen Geldmarktes, der über die Kaufkraftparität eine Abwertung der heimischen Währung impliziert. Erhöht sich unter sonst gleichen Bedingungen das inländische Outputniveau, so erfordert dies eine Preissenkung zur Räumung des inländischen Geldmarktes, die über die Kaufkraftparität eine nominelle Aufwertung der heimischen Währung erzwingt. Betrachtet man schließlich eine Zinserhöhung im Inland, so wird eine Abwertung zur Räumung des Geldmarktes benötigt. – In einem letzten Schritt wird die Annahme der → internationalen Kapitalmobilität zur Interpretation der Zinsdifferenz berücksichtigt. Bei perfekter Kapitalmobilität wird die Zinsdifferenz durch Wechselkursänderungserwartungen kompensiert, es gilt die ungedeckte → Zinsparität, sodass sich die Wechselkursbestimmungsgleichung (4) wie folgt schreiben lässt:

$$(5) \quad e_t = m_t - m_t^* + \kappa(y_t - y_t^*) + \lambda \Delta e_{t+1}^{ex}.$$

Aus der Gleichung (5) folgt, dass Änderungserwartungen des Wechselkurses

$$(\Delta e_{t+1}^{ex} \neq 0)$$

sofort in seiner aktuellen Realisation eskomptiert werden. Berücksichtigt man ferner die Kaufkraftparität für die Erwartungsbildung, dann gilt näherungsweise

$$\Delta e_{t+1}^{ex} = \Delta p_{t+1}^{ex} - \Delta p_{t+1}^{*ex}$$

, sodass sich folgende Wechselkursbestimmungsgleichung ergibt:

$$(6) \quad e_t = m_t - m_t^* + \kappa(y_t - y_t^*) + \lambda(\Delta p_{t+1}^{ex} - \Delta p_{t+1}^{*ex}).$$

Nominalzinsvorsprünge des Inlandes reflektieren Abwertungserwartungen für die heimische Währung, deren Ursache in einer relativ zum Ausland höheren inländischen Inflationserwartung liegt. Bildet z.B. eine aktuelle Geldmengenerhöhung die Ursache für eine Korrektur der inländischen Inflationserwartungen nach oben, so wird anhand der Gleichung (6) ersichtlich, dass die Wechselkursänderung im Vergleich zur Veränderung des nominellen Geldangebots überproportional ausfällt (Magnification Effect). – Werden die fundamentalen Einflussfaktoren in der Wechselkursbestimmungsgleichung (5) definiert als

$$F_t \equiv m_t - m_t^* + \kappa(y_t - y_t^*)$$

, so zeigt sich, dass der Wechselkurs durch die gegenwärtigen *Fundamentaldaten* (Fundamentals) und die Wechselkursänderungserwartungen bestimmt wird. Um eine geschlossene Lösung für Gleichung (5) herleiten zu können, wird eine Annahme bez. der Erwartungsbildung der Wirtschaftssubjekte benötigt. Werden *rationale Erwartungen* unterstellt, d.h. verarbeiten die Wirtschaftssubjekte zum Zwecke der Erwartungsbildung die ihnen verfügbaren Informationen unter Zuhilfenahme der Differenzengleichung (5), so resultiert nach Vorwärtsintegration die folgende Lösung:

$$(7) \quad e_t = \frac{1}{1+\lambda} \sum_{i=0}^{\infty} \left(\frac{\lambda}{1+\lambda}\right)^i E_t(F_{t+i}),$$

vorausgesetzt der Ausdruck

$$[\lambda/(1+\lambda)]^{T+1} E_t(e_{t+T+1})$$

konvergiert mit zunehmendem T gegen null. Letztere Bedingung nennt man *Transversalitätsbedingung.* Sie ersetzt die „Anfangsbedingung", die üblicherweise für die Lösung von Differenzen- oder Differenzialgleichungen benötigt wird. Rationale Erwartungen implizieren, dass die Wirtschaftssubjekte die künftig erwarteten Fundamentaldaten als bestimmend für künftige Wechselkurse betrachten, und auf diese Weise wird der momentane Kassakurs letztlich bestimmt durch die momentanen Fundamentaldaten und die zum jetzigen Zeitpunkt für alle künftigen Zeitpunkte erwarteten Fundamentaldaten. Da

$$[\lambda/(1+\lambda)]$$

wertmäßig zwischen null und eins liegt, wird der Wechselkurs zum Barwert künftiger fundamentaler Faktoren. Für die Zukunft erwartete Veränderungen in den Fundamentaldaten haben sofortige Auswirkungen auf den Kassakurs, noch bevor die erwarteten Veränderungen Realität werden *(Antizipationseffekte).* Der Wechselkurs wird bis zum Zeitpunkt einer *korrekt antizipierten* Veränderung der Fundamentaldaten die *gesamte* Anpassung schon vorgenommen haben. Antizipierte Veränderungen haben also zum Zeitpunkt ihres Geschehens keinen Effekt mehr auf den Wechselkurs. Der Kassakurs inkorporiert zu jedem Zeitpunkt bereits alle verfügbaren Informationen betreffend der Fundamentaldaten (→ Devisenmarkteffizienz). Devisenmarkteffizienz bedeutet aber nicht, dass der Wechselkurs sich gar nicht verändert, solange die Wirtschaftssubjekte keine neue Information erhalten. Sie bedeutet lediglich, dass die stattfindenden Wechselkursveränderungen für die Wirtschaftssubjekte nicht überraschend kommen. Überraschende Wechselkursveränderungen können nur dann eintreten, wenn die Wirtschaftssubjekte neue Informationen erhalten. Dies ergibt sich aus der folgenden, trivialen Umformung für die Wechselkursänderung:

$$(8) \quad e_{t+1} - e_t = [E_t(e_{t+1}) - e_t] + [e_{t+1} - E_t(e_{t+1})].$$

Die Wechselkursveränderung setzt sich aus einem erwarteten Teil und einem überraschenden Teil zusammen. Wird die obige Wechselkursgleichung (7) berücksichtigt, so zeigt sich, dass die erwartete Veränderung des Wechselkurses gleich der erwarteten künftigen Veränderungen der Fundamentaldaten ist, während sich die unerwartete Veränderung aus der zwischen t und t+1 erfolgten Revision der Erwartungen bez. künftiger Fundamentaldaten ergibt. Letzteres wird auch als neue Information *(News)* bezeichnet. Solange keine Neuigkeiten an den Devisenmärkten eintreffen, werden die Wirtschaftssubjekte – vorausgesetzt, sie bilden ihre Erwartungen auf rationale Weise – durch Wechselkursveränderungen nicht überrascht. Die in Gleichung (7) gegebene Wechselkursbestimmungsgleichung wird auch als *Vermögenspreisansatz (Asset Pricing Model)* bezeichnet. Abweichungen des Wechselkurses von seinem fundamental bestimmten Wert ergeben sich bei Verletzung der Transversalitätsbedingung. Solche Abweichungen werden als rationale → spekulative Blasen (Speculative Bubbles) bezeichnet. Spekulative Blasen können aber auch bei Gültigkeit der Transversalitätsbedingung entstehen, wenn man *heterogene Erwartungen* der Wirtschaftssubjekte zulässt. Modelltheoretisch geschieht dies durch die separate Betrachtung von zwei Gruppen von Akteuren, Chartisten, die ihre Erwartungen aufgrund technischer Analysen (statistische Verfahren, Chartanalyse) bilden, und den restlichen Marktteilnehmern, die ihre Erwartungen auf der Basis der Fundamentalfaktoren bilden. – b) *Träge Preisanpassung:* Die bisherigen Ausführungen konzentrierten sich auf die Erklärung von Wechselkursbewegungen in einer Ökonomik ohne Rigiditäten, wobei die permanente Existenz der Kaufkraftparität zu jedem Zeitpunkt die Markträumung am Gütermarkt sicherte. Die in real existierenden Wechselkurssystemen, speziell bei flexiblen nominellen Wechselkursen, zu beobachtende hohe Variabilität realer Wechselkurse legt es jedoch nahe, Rigiditäten, z.B. in Form einer trägen Preis- oder Mengenanpassung am Gütermarkt, in die Modellanalyse zu integrieren. Dornbusch hat Mitte der 1970er-Jahre in einem Modell mit träger Preisanpassung aufgezeigt, dass Wechselkurse unter bestimmten Bedingungen zu *überschießenden* Reaktionen *(Overshooting)* auf exogene Störungen neigen. Damit ist gemeint, dass die kurzfristige Reaktion der Richtung nach der langfristigen Veränderung entspricht, aber ein höheres Ausmaß annimmt. Der entscheidende Punkt ist hier eine *Asymmetrie in den Anpassungsgeschwindigkeiten.* Diese kann z.B. so geartet sein, dass der Wechselkurs und der Zinssatz perfekt flexibel sind und ein sofortiges Portfoliogleichgewicht herstellen können, während die Anpassung auf dem Gütermarkt (→ Stromgleichgewicht) nur träge erfolgen kann. – *Annahmen:* Perfekte Zins -und Wechselkursflexibilität gewährleistet die Aufrechthaltung eines permanenten (nationalen sowie internationalen) Portfoliogleichgewichts, während Ungleichgewichte am Gütermarkt durch die träge Preisanpassung zugelassen werden. *Die Nachfrage nach heimischen Gütern* hängt von der gesamten Absorption des Inlandes, aber auch von dem Preisverhältnis zwischen den inländischen und den ausländischen Gütern (dem realen Wechselkurs) ab. Dies impliziert eine preisabhängige Exportnachfrage und damit ein großes Land. Ein weiterer wichtiger Punkt betrifft die *Erwartungsbildung.* Zwar ist für das Ergebnis des overshooting nicht zwingend eine strikt rationale Erwartungsbildung erforderlich, aber es müssen die Erwartungen auf irgendeine Weise mit künftigen Gleichgewichten verbunden sein. In weiterer Folge werden rationale Erwartungen unterstellt. Der *Auslandszins* wird als exogen gegeben und konstant betrachtet. – Als *exogene Störung* wird eine Erhöhung der Geldmenge analysiert. Bei rationalen Erwartungen muss im *langfristigen Gleichgewicht* gelten, dass die Wirtschaftssubjekte den dann realisierten Kurs auch für die weitere Zukunft erwarten. Mithin wird dann auch der Inlandszinssatz dem Auslandszinssatz entsprechen. Ferner muss langfristig die Leistungsbilanz ausgeglichen sein, vgl. → Zahlungsbilanzausgleich. – Lässt die monetäre Expansion die Güterproduktion unverändert, so muss das für die Exporte und Importe entscheidende Preisverhältnis zwischen den importierten und den heimischen Gütern (der reale → Wechselkurs) langfristig wieder dasselbe sein, wie vor der Datenänderung. Zugleich müssen langfristig die Güterpreise steigen, damit die erhöhte Geldmenge bei unverändertem Realeinkommen (Output) und unverändertem Zinssatz auch nachgefragt wird. Demnach bewegen sich sämtliche nominellen Größen proportional zueinander, die realen Größen werden jedoch nicht durch die monetäre Expansion beeinflusst *(klassische Dichotomie). – Kurzfristig* erfordert das Portfoliogleichgewicht bei höherer Geldmenge eine Senkung des Inlandszinssatzes, und dies wiederum ist nur in dem Maße möglich, wie die Anleger bez. der heimischen Währung eine Aufwertungserwartung haben. Aufwertungserwartungen können aber rational nur dann entstehen, wenn der nominelle Wechselkurs momentan über seinen langfristigen Gleichgewichtswert hinausschießt (Overshooting). Der nach dem Überschießen zustandekommende *Anpassungsprozess* ist nicht nur durch Aufwertungsschritte, sondern auch durch eine schrittweise Erhöhung des Inlandszinses und der heimischen Güterpreise charakterisiert. Letzteres kommt zustande, weil die anfangs stattfindende Abwertung die inländischen relativ zu den ausländischen Gütern verbilligt, und so eine Überschussnachfrage nach Gütern bewirkt. – *Modifikationen:* Werden Gütermarktungleichgewichte nicht über eine träge Preis-, sondern über eine träge Mengenanpassung abgebaut, so zeigt sich ein ähnliches Wechselkursverhalten. Ferner kommt das Overshooting nicht bei beliebigen Schocks zustande. Es tritt typischerweise bei monetären Veränderungen auf, ist der Schock jedoch auf der realen Seite der Ökonomik angesiedelt (z.B. Produktivitätsverbesserung), dann muss nicht zwingend ein Überschießen folgen. – 3. *Der portfoliotheoretische Ansatz zur Wechselkursbestimmung:* Im Unterschied zu den monetären Ansätzen der Wechselkursbestimmung löst sich der portfoliotheoretische Ansatz von der Annahme der perfekten Substitutionalität in- und ausländischer zinstragender Titel. Wird von der Existenz von Realkapitalanteilen und ausländischem Geld (Währungssubstitution) abstrahiert, so halten risikoaverse Wirtschaftssubjekte ein diversifiziertes Portfolio, bestehend aus inländischem Geld und in- sowie ausländischen zinstragenden Titeln (Bonds). Die Anleger werden nur bereit sein, eine Substitution in ihrem Portfolio zugunsten ausländischer Bonds vorzunehmen, wenn diese im Vergleich zu den inländischen Bonds eine höhere Rendite erwarten lassen. Bei exogen gegebenem ausländischen Zins sichert die perfekte Flexibilität von Wechselkursen und inländischem Zinsniveau die

Aufrechthaltung des Portfoliogleichgewichts im Anschluss an alternative Schocks. – *Annahmen:* Die drei Bestandsgleichgewichte für den Inlandsgeldmarkt sowie für die Inlands- und Auslandsbondmärkte sind von der Angebotsseite charakterisiert durch momentan gegebene Bestände, und von der Nachfrageseite her determiniert durch Nachfragefunktionen, welche ihrerseits abhängig sind vom Vermögen (nichtricardianische Wirtschaftssubjekte) sowie den Renditen der zinstragenden Assets. Während sich die Nachfrage nach allen drei Titeln mit steigendem Vermögen erhöht, induziert eine Erhöhung des heimischen (ausländischen) Zinssatzes unter sonst gleichen Bedingungen eine Reduktion der Nachfrage nach inländischem Geld *und* ausländischen (inländischen) zinstragenden Assets. Walrasianische Interdependenz ergibt sich aus der Definition des Vermögens als dem bewerteten Bestand der drei Vermögenstitel. – Als *exogener Schock* sei eine Geldschöpfung im Inland betrachtet, die im Zuge einer Offenmarktoperation zustande kommt. Die dadurch induzierten Störungen auf inländischem Geld- und Bondmarkt erfordern eine sofortige Zinssenkung und Abwertung der heimischen Währung zur Aufrechterhaltung des Bestandsgleichgewichts. Ein qualitativ gleiches Ergebnis ergibt sich, wenn die Geldschöpfung durch eine nichtsterilisierte Devisenmarktintervention erfolgt. Zur Aufrechthaltung der Bestandsgleichgewichte ist es allerdings erforderlich, dass im Zuge der Offenmarktoperation der heimische Zins, im Zuge der Devisenmarktintervention hingegen der Wechselkurs stärker reagieren muss. Die Heterogenität der in- und ausländischen zinstragenden Titel verschafft der inländischen Zentralbank damit diskretionären Spielraum zur Beeinflussung von Zinssätzen und Wechselkursen, welcher selbst bei einer sterilisierten Devisenmarktoperation (Swapgeschäfte in den Beständen der zinstragenden Titel bei Konstanz des Geldangebots) erhalten bleibt. – Die zur Räumung der Bestandsmärkte entstandenen Veränderungen im inländischen Zinssatz und im Wechselkurs wirken nun ihrerseits auf das Stromgleichgewicht des Gütermarktes und führen über induzierte Leistungsbilanzungleichgewichte zu Veränderungen des Bestands an Auslandsbonds. Stellt sich z.B. ein Stromgleichgewicht mit einem Leistungsbilanzüberschuss ein, so akkumuliert das Inland Nettoauslandsforderungen. Diese wiederum stören das Portfoliogleichgewicht und erfordern zur Neutralisierung des Vermögenseffekts ihrerseits eine kontinuierliche Aufwertung der heimischen Währung, die erst dann zum Stillstand kommt, wenn das Leistungsbilanzungleichgewicht abgebaut ist (→ außenwirtschaftliches Gleichgewicht, → Zahlungsbilanzausgleich). – Vgl. auch → Mundell-Fleming-Modell, → Stabilisierungspolitik, → Zielzonen-System, → internationales Währungssystem.

Wechselkursunion → Währungsunion.

Wechselkurszielzonen → Zielzonen-System.

Wechsellombard – Beleihung von → Wechseln durch ein Kreditinstitut. Die Vergabe von → Lombardkrediten spielt im Kreditgeschäft keine bes. Rolle.

Wechselmahnbescheid – Sonderform des → Urkundenmahnbescheids. Das Mahnverfahren wird bei Widerspruch oder Einspruch des Schuldners in den Wechselprozess übergeleitet (§ 703 a ZPO).

Wechselmakler – *Wechselagent;* mit der Vermittlung von → Diskontkrediten befasster Makler.

Wechselmoratorium – Zahlungsaufschub für fällige → Wechsel, der nur unter außergewöhnlichen Umständen wie Kriegsausbruch oder Naturkatastrophen von einem Staat angeordnet werden kann. – Vgl. auch → Moratorium.

Wechselnehmer – *Remittent;* derjenige, an den oder an dessen Order bei Fälligkeit eines → Wechsels die Wechselsumme gezahlt werden soll. Die Angabe des Wechselnehmers im Wechseltext ist zwingend erforderlich, damit der Wechsel rechtlich gültig ist. Wenn der Wechselnehmer mit dem → Wechselaussteller identisch ist, handelt es sich um einen Wechsel an eigene Order. Bei einem Wechsel an fremde Order ist ein Dritter Wechselnehmer, diesem ist der akzeptierte Wechsel auszuhändigen.

Wechselobligo – Gesamtbetrag aller Wechselverbindlichkeiten eines Kunden bei einem Kreditinstitut. Für die laufende Kontrolle aller möglichen Haftungsverpflichtungen eines Kunden aus Wechselgeschäften führt das Kreditinstitut ein Einreicher- und ein Bezogenenobligo. Die Diskontkreditlinie gibt den Betrag an, bis zu der ein Kreditinstitut bereit ist, → Wechsel zum → Diskont anzukaufen.

Wechselplatte – Magnetplatte (→ Magnetplattenspeicher), die nicht fest im Laufwerk eingebaut ist, sondern ausgewechselt werden kann. – *Gegensatz:* → Festplatte.

Wechselpritsche → Wechselbehälter.

Wechselproduktion – Elementartyp der Produktion (→ Produktionstypen), der sich aus dem Merkmal der zeitlichen Zuordnung der Produkte zu den Aktionsträgern ergibt. Werden in einer Betrachtungsperiode verschiedenartige Produktionsprozesse unter Einsatz im Wesentlichen derselben Produktionsanlagen und Arbeitskräfte hintereinander vollzogen, so spricht man von Wechselproduktion. Bei Prozesswechseln sind Umstellvorgänge an den Produktionsanlagen zu vollziehen. – *Beispiel:* Montage mehrerer Typen von Fernsehgeräten sukzessiv auf einem Fließband. – *Gegensatz:* → Parallelproduktion.

Wechselprolongation – Verlängerung der Zahlungsfrist eines → Wechsels. Eine Wechselprolongation kann erforderlich werden, wenn der → Bezogene bei Fälligkeit des Wechsels die Wechselsumme nicht oder nur teilweise zahlen kann. In diesem Fall vereinbaren der → Wechselaussteller und der Bezogene die Ausstellung und Akzeptierung eines neuen Wechsels (Prolongationswechsels). Das Schuldverhältnis aus dem ursprünglichen Wechsel bleibt weiterhin bestehen. Der Schuldner (Bezogene) erhält so die Möglichkeit, zu einem späteren Zeitpunkt als dem → Verfalltag zu zahlen. – Sofern der Aussteller den ursprünglichen Wechsels besitzt, gibt er diesen an den Bezogenen zurück (oder er vernichtet diesen) und stellt einen neuen Wechsel aus, der vom Bezogenen zu akzeptieren ist. Wenn der Aussteller den ursprünglichen Wechsel jedoch einer Bank zum Diskont eingereicht oder einem Lieferanten weitergegeben hat, ist die Wechselsumme am Verfalltag zu leisten, um einen → Wechselprotest zu vermeiden. Daher wird der Aussteller dem Bezogenen die Wechselsumme zur Einlösung des alten Wechsels vorstrecken. Bei der Festlegung des Wechselbetrags für den neuen Wechsel werden sowohl eine mögliche Teilleistung berücksichtigt als auch zusätzliche Kosten und Zinsen, die der Bezogene zu tragen hat. – Für Dritte ist der neue Wechsel nicht als Prolongationswechsel erkennbar. Auch wenn dem ursprünglichen Wechsel ein Handelsgeschäft zugrunde gelegen haben sollte, handelt es sich bei einem Prolongationswechsel immer um einen → Finanzwechsel.

Wechselprotest – amtliche Beurkundung eines Notars oder Gerichtsvollziehers, dass ein ordnungsgemäß vorgelegter → Wechsel am Fälligkeitstag vom → Bezogenen nicht angenommen oder bezahlt wurde (Art. 44, 79 WG). Die Protesterhebung ist eine notwendige Voraussetzung für den → Wechselrückgriff. Der Wechselprotest ist auf der Wechselrückseite oder auf einem zusätzlich angebrachten Blatt anzubringen (Art. 81 WG). Bei den Formen des Wechselprotests (Art. 44 WG) unterscheidet man den: a) Protest mangels Annahme: wird erhoben, wenn dem Bezogenen der Wechsel vorgelegt wird, dieser jedoch die Annahme verweigert. Diese Protestform kann während der gesamten Laufzeit des Wechsels erhoben werden, nach dem → Verfalltag ist dies nicht mehr möglich. – b) Protest mangels Zahlung bei Verfall: wird erhoben, wenn der Bezogene den rechtzeitig vorgelegten Wechsel nicht einlöst. Der Wechselprotest kann nur an einem der beiden auf den Fälligkeitstag folgenden Werktage erhoben werden, wobei Samstage nicht als Werktage gelten. – c) Protest mangels Sicherheit (Protest mangels Zahlung vor Verfall): wird erhoben bei Zahlungseinstellung oder erfolgloser Zwangsvollstreckung in das Vermögen des Bezogenen nach erfolgter Vorlegung der Wechselurkunde. Ein Wechselprotest ist nicht notwendig, wenn über das Vermögen des Zahlungspflichtigen ein Insolvenzverfahren eröffnet worden ist. Hier genügt die Vorlage des Gerichtsbeschlusses zur Ausübung des Rückgrifffsrechts. – Wird der Bezogene nicht angetroffen (Windprotest, Abwesenheitsprotest) oder sind die Geschäftsräume oder die Wohnung des Bezogenen nicht zu ermitteln (Wandprotest, Nachforschungsprotest), so kann trotzdem Protest erhoben werden (Art. 87 WG). Für die Durchführung des Wechselprotests sind bestimmte Formvorschriften einzuhalten (Art. 79 ff. WG). Setzt ein Wechselaussteller oder → Indossant eine Protesterlassklausel (z.B. „ohne Kosten" oder „ohne Protest") auf den Wechsel, so verpflichtet er sich, bei Rückgriff ohne vorangegangenen Protest zu zahlen (Art. 46 WG). Wird dennoch Protest erhoben, braucht er die Kosten des Protests nicht zu übernehmen. Ist die Protesterlassklausel vom Aussteller auf dem Wechsel vermerkt, so bezieht sie sich auf alle Wechselverpflichteten, ein Indossant kann den Wechselprotest nur für sich selbst ausschließen. – Nach der Protesterhebung hat die Benachrichtigung (→ Notifikation) der Wechselverpflichteten zu erfolgen (Art 45 WG): Der Wechselinhaber muss den Aussteller und seinen unmittelbaren Vorbesitzer innerhalb von vier Tagen und jeder Indossant seinen unmittelbaren Vorindossanten innerhalb von zwei Tagen benachrichtigen.

Wechselprozess – Art des → Urkundenprozesses mit einigen Besonderheiten (§§ 602–605 ZPO): Der Wechselprozess ist zulässig für alle Ansprüche aus einem → Wechsel; der Wechselverpflichtete kann in dem → Gerichtsstand des Zahlungsortes oder in seinem allg. Gerichtsstand verklagt werden. Werden mehrere Wechselverpflichtete gemeinschaftlich verklagt, ist neben dem Gerichtsstand des Zahlungsorts der allg. Gerichtsstand eines der Beklagten ausschlaggebend; die → Klage muss die Erklärung enthalten, dass „im Wechselprozess" geklagt wird, die Ladungsfrist ist bei Zustellung der Klage an dem Ort des Prozessgerichts auf 24 Stunden, im Anwaltsprozess sonst auf drei Tage (statt einer Woche) bei Ladung innerhalb des Landgerichtsbezirks abgekürzt; Nebenforderungen (Zinsen, Wechselprovision, -kosten) bedürfen keines → Beweises, sondern nur der → Glaubhaftmachung.

Wechselrechnung – *Diskontrechnung;* bei der Diskontierung von Wechseln die Berechnung des Gegenwertes oder Barwertes, da die Wechselsumme ein Zukunftswert ist, der bereits die Zinsen enthält. Der Zinsbetrag (→ Diskont) muss deshalb von der Wechselsumme abgezogen werden. Nach kaufmännischem Brauch erfolgt die Berechnung des Diskonts so, dass die Wechselsumme (Zukunftswert) als Grundwert behandelt wird (nicht, wie es mathematisch „richtig" wäre, durch → Prozentrechnung mit dem Zukunftswert als vermehrtem Grundwert).

$$\text{Tageszinssatz} = \frac{\text{Diskontsatz} \cdot \text{Tage}}{360}.$$

Wechselrecht – die Bestimmungen des → Wechselgesetzes (WG) sowie die einschlägigen ergänzenden Bestimmungen des BGB und die Vorschriften über den → Wechselprozess (§§ 602 ff. ZPO). Durch die auf der Genfer Wechselrechtskonferenz von 1930 getroffenen Vereinbarungen vom 7.6.1930 ist das Wechselrecht international vereinheitlicht worden. Die meisten beteiligten Staaten haben die drei Abkommen unterzeichnet und auch ratifiziert. Von den Ländern der EU gehören mit Ausnahme Großbritanniens alle Länder dem Genfer Wechselrechtsabkommen an. – Vgl. auch → Wechsel.

Wechselregress → Rückgriff.

Wechselreiterei – Austausch von Gefälligkeits-Akzepten, die Personen oder Unternehmen gegenseitig auf sich ziehen, um sich dadurch liquide Mittel zu verschaffen (z.B. durch einen → Diskontkredit). Da hier kein Waren- oder Dienstleistungsgeschäft zugrunde liegt, handelt es sich um reine → Finanzwechsel, die auch als → Reitwechsel bezeichnet werden. Werden bei Fälligkeit wieder neue Wechsel ausgestellt und zum Diskont gegeben, um mit diesen ausgezahlten Kreditmitteln die Wechselverbindlichkeiten aus den alten Wechseln zu erfüllen, kann es sich um einen Betrug handeln, wenn tatsächlich mangelnde Zahlungsfähigkeit vorliegt (§ 263 StGB).

Wechselrückgriff – *Wechselregress;* die Inanspruchnahme von Wechselverpflichteten im Falle eines notleidenden → Wechsels. Wird der Wechsel vom → Bezogenen nicht oder nur teilweise eingelöst und ist mit der Einlösung nicht mehr zu rechnen, wird der Wechsel als notleidend bezeichnet. In diesem Fall kann der Wechselinhaber gegenüber anderen Wechselverpflichteten (Wechselaussteller, Indossanten oder Wechselbürgen) Rückgriff nehmen (Art 43 WG). Voraussetzung für den Rückgriff ist ein → Wechselprotest und die Protesturkunde. Dementsprechend kann ein Wechselrückgriff mangels Annahme, mangels Zahlung oder mangels Sicherheit erfolgen. Alle, die auf einem Wechsel unterschrieben haben, haften gesamtschuldnerisch: der → Wechselaussteller, der Bezogene, die → Indossanten, soweit sie ihre Haftung nicht ausgeschlossen haben, und evtl. die Wechselbürgen, die eine → selbstschuldnerische Bürgschaft abgegeben haben. Daher kann der Wechselinhaber jeden einzelnen Wechselverpflichteten, allein oder gemeinsam mit anderen, in Anspruch nehmen, ohne an eine Reihenfolge gebunden zu sein: beim Reihenregress wendet sich der Wechselinhaber an seinen unmittelbar vorangehenden Indossanten, beim Sprungregress wählt der Wechselinhaber einen anderen Wechselschuldner aus. Der Wechselinhaber kann im Rahmen dieses Rückgriffs seine Ansprüche durch eine Rückrechnung geltend machen, die sich aus folgenden Positionen zusammensetzt (Art. 48 WG): a) die nicht eingelöste Wechselsumme;b) Zinsen in Höhe von 2 Prozent über dem Basiszinssatz, den die Deutsche Bundesbank regelmäßig gemäß § 247 BGB veröffentlicht, mind. jedoch 6 Prozent;c) die Protestkosten, Kosten der Benachrichtigung und sonstige Auslagen;d) eine Provision in Höhe von maximal 1/3 Prozent der Wechselsumme. – Jeder Wechselverpflichtete, der einen zurückgereichten Wechsel eingelöst hat, kann wiederum seine Rückgriffsansprüche gegenüber seinen Vorbesitzern geltend machen, indem er eine Rückrechnung aufstellt (Art. 49 WG). Da die Rückgriffsansprüche letztlich zurück bis zum Aussteller geltend gemacht werden können, ist es empfehlenswert, sich im Rahmen des sogen. Sprungregress direkt an den Aussteller zu wenden.

Wechsel-Scheck-Verfahren → Scheck-Wechsel-Verfahren; Umkehrwechsel; beschreibt eine bes. Vereinbarung zwischen einem Warenlieferanten und einem Käufer, wie die Bezahlung erfolgen soll.

Wechselschichtarbeit – Form der → Schichtarbeit, bei der entweder ein Zwei-Schicht-System oder ein Drei-Schicht-System praktiziert wird. Die einzelnen Schichten umfassen meist eine achtstündige Arbeitszeit, die sich im Zwei-Schicht-System auf eine Frühschicht (von 6 bis 14 Uhr) und eine Spätschicht (von 14 bis 22 Uhr) aufteilt. Beim Drei-Schicht-Betrieb kommt eine Nachtschicht (von 22 bis 6 Uhr) hinzu. Beim Drei-Schicht-System muss der Wechselschichtarbeiter meist in stetiger Folge auf die Nachtruhe verzichten. Wechselschichten sind wechselnde Arbeitsschichten, in denen ununterbrochen bei Tag und Nacht, werktags, sonntags und feiertags gearbeitet wird. Es treten negative Auswirkungen auf wie z.B. der Verlust sozialer Bindungen, Appetitstörungen. Auch auf betrieblicher Seite ist Wechselschichtarbeit nur bei kontinuierlicher Produktion oder Dienstleistung (z.B. Stahlwerk, Elektrizitätswerk) oder bei Bereitschaftsdiensten (Polizei, Feuerwehr, Krankenhaus) sinnvoll, da die Arbeitsleistung in den Nachtstunden erheblich unter der geringsten Leistung des Tages bleibt (→ Leistungskurve).

wechselseitig beteiligte Unternehmen – Begriff des Konzernrechts für inländische → Kapitalgesellschaften, die dadurch verbunden sind, indem jedem Unternehmen mehr als 25 Prozent der Anteile des jeweils anderen Unternehmens gehören. Bei Bestehen einer → Mehrheitsbeteiligung oder entsprechendem Einfluss gelten die Unternehmen als → herrschende Unternehmen oder/und → abhängige Unternehmen (§ 19 AktG). Den wechselseitig beteiligten Unternehmen obliegt eine → Mitteilungspflicht.

Wechselskontro → Skontro.

Wechselsteuer – eine von der Landesfinanzverwaltung verwaltete Steuer auf den Kapital- und Zahlungsverkehr (→ Verkehrsteuer), die dem Bund zufließt. Sie besteuerte gezogene und eigene → Wechsel und gewisse wechselähnliche Urkunden. Im Zuge der Einführung des Binnenmarktes in Deutschland zum 1.1.1992 abgeschafft. Das Aufkommen der Wechselsteuer betrug 1991 (umgerechnet) 167,6 Mio. Euro.

Wechselstrenge – 1. *Allgemein:* alle wechselrechtlichen Vorschriften, durch die der → Wechsel seine bes. Rechtssicherheit und Umlauffähigkeit erhält und durch die sich Wechselforderungen schnell durchsetzen lassen. – 2. *Formelle Wechselstrenge:* Für die Gültigkeit des Wechsels sind verschiedene Form- und Fristvorschriften einzuhalten (z.B. Schriftform, gesetzliche Bestandteile gemäß Art.1 und 75 WG, Vorlegungsfristen). Darüber hinaus lassen sich aufgrund der Vorschriften zum → Wechselprotest und → Wechselrückgriff (insbesondere Art. 43 ff. WG)

Ansprüche unter erleichterten Bedingungen durchsetzen. – 3. *Materielle Wechselstrenge:* Beim Wechsel handelt es sich um ein abstraktes Wertpapier, das losgelöst von dem zugrunde liegenden Rechtsgeschäft Ansprüche verbrieft. Einwände aus dem Grundgeschäft (z.B. mangelhafte oder unvollständige Ware, Gewährleistungs- oder Schadensersatzansprüche) können nach Ausstellung des Wechsels die Haftung der Wechselverpflichteten nicht mehr einschränken. Im Falle eines Wechselprozesses kann der Kläger schnell einen vollstreckbaren Titel erhalten, da es sich bei diesem Urkundenprozess um ein beschleunigtes Verfahren handelt (§§ 602-605 ZPO).

Wegbetrieb → Verkehrsbetrieb.

Wegeunfall – Unfall auf einem mit einer unfallversicherten Tätigkeit zusammenhängenden Weg. Der Wegeunfall gilt als → Arbeitsunfall. Versichert sind Hin- und Rückweg, wenn der Weg in einem rechtlich wesentlichen Zusammenhang mit der versicherten Tätigkeit steht. Nur der unmittelbare Weg zwischen der Wohnung und dem Ort der Tätigkeit ist versichert; allerdings ist die Versicherung nicht ausgeschlossen, wenn von dem unmittelbaren Weg abgewichen wird, weil wegen der eigenen oder der Berufstätigkeit des Ehegatten das im eigenen Haushalt lebende Kind fremder Obhut anvertraut ist oder der Versicherte mit anderen berufstätigen oder versicherten Personen gemeinsam ein Fahrzeug zur und von der Arbeit benutzt (§ 8 II Nr. 1–4 SGB VII). – Bei persönlich motivierten Umwegen oder längeren Unterbrechungen des Arbeitswegs entfällt der Versicherungsschutz. – Im Einzelnen existiert eine umfangreiche Kasuistik der Rechtsprechung zur Abgrenzung von versichertem und nicht versichertem Wegeunfall.

Wegfall der Geschäftsgrundlage → Störung der Geschäftsgrundlage.

Weg-Ziel-Ansatz der Führung – speziell auf die Führungssituation angewandte Formulierung der → Erwartungswert-Theorie. Dieser Ansatz der Führungslehre stellt einen Zusammenhang her zwischen der Persönlichkeit des Geführten, der Aufgabenstruktur und dem Führungsstil. Ausgehend von der motivationstheoretischen Hypothese, dass für die Geführten dasjenige Verhalten mit dem größten Anreiz verbunden ist, das den größten subjektiven Gesamtnutzen verspricht, wobei neben den individuellen Bedürfnissen auch die Situationseinschätzungen mit in die Bewertung eingehen, wählt der Vorgesetzte seinen Führungsstil unter Effizienzgesichtspunkten aus: – (1) *Direktiver Führungsstil* bei unstrukturierten Aufgaben und Mitarbeitern mit stark autoritärem Charakter. – (2) *Unterstützender Führungsstil* bei stark strukturierten und einfachsten Aufgaben, da lediglich aus der sozialen Situation Befriedigung gezogen werden kann. – (3) *Leistungsorientierter Führungsstil* bei unstrukturierten oder einmaligen Aufgaben und bei Mitarbeitern, die hoch leistungsmotiviert sind. – (4) *Partizipativer Führungsstil* vermittelt bei unstrukturierten Aufgaben Kenntnisse über Zusammenhänge. – Vgl. auch → Führungsstil.

Wegzugsbesteuerung – Verpflichtung eines Steuerpflichtigen, bei einem Wegzug aus der Bundesrepublik Deutschland die stillen Reserven einer von ihm gehaltenen wesentlichen Beteiligung an einer inländischen Kapitalgesellschaft aufzudecken und einer Schlussbesteuerung zu unterwerfen. Die Wegzugsbesteuerung greift nur dann, wenn der Steuerpflichtige zuvor mind. zehn Jahre lang in Deutschland steuerlich ansässig war und deutscher Staatsangehöriger ist. Die Wegzugsbesteuerung wirkt in vielen Fällen prohibitiv. Neuerdings als rechtlich fragwürdig angesehen wegen Beeinträchtigung des → Aufenthaltsrechts, der → Diskriminierungsverbote, der → Niederlassungsfreiheit und der → Kapitalverkehrsfreiheit.

Wehrbeauftragter – Beauftragter des → Bundestags, dessen Aufgabe der Schutz der → Grundrechte der Soldaten ist. Der Wehrbeauftragte wird vom Bundestag ohne Aussprache in geheimer Wahl gewählt. Seine Amtszeit beträgt fünf Jahre. Die Rechtsstellung des Wehrbeauftragten ist im Einzelnen in Art. 45b GG und im Gesetz über den Wehrbeauftragten des Deutschen Bundestags i.d.F. vom 16.6.1982 (BGBl. I 677) m.spät.Änd. geregelt.

Wehrdienst – 1. *Rechtsgrundlage:* Wehrpflichtgesetz i.d.F. vom 15.8.2011 (BGBl. I 1730) m.spät.Änd. – 2. *Allgemeine Wehrpflicht* ist gegenwärtig ausgesetzt, sie besteht aber im Spannungs- oder Verteidigungsfall für alle dt. Männer vom vollendeten 18. Lebensjahr an und endet mit Ablauf des Jahres, in dem der Wehrpflichtige das 45. (bei Offizieren und Unteroffizieren das 60.), im Verteidigungsfalle das 60. Lebensjahr vollendet hat. Die Allgemeine Wehrpflicht wird durch den Wehrdienst oder den → Zivildienst erfüllt. – 3. Außerhalb des Spannungs- oder Verteidigungsfalls können sich Frauen und Männer, die Deutsche i.S.d. Grundgesetzes sind, verpflichten, freiwilligen Wehrdienst zu leisten. Der Wehrdienst besteht dann aus sechs Monaten freiwilligem Wehrdienst als Probezeit und bis zu 17 Monaten anschließendem freiwilligem zusätzlichem Wehrdienst (§§ 54 ff. WPflG). – 4. *Arten* des Wehrdienstes: a) Grundwehrdienst von neun Monaten (§ 5 WPflG) bis zur Vollendung des 25. Lebensjahres, in Sonderfällen bis zur Vollendung des 28. oder 32. Lebensjahres. Vorzeitige Heranziehung möglich. – b) Wehrübungen bei Mannschaften von höchstens neun, bei Unteroffizieren 15 und bei Offizieren 18 Monaten, nach Vollendung des 35. Lebensjahres für Mannschaften insgesamt drei Monate und Unteroffiziere insgesamt sechs Monate. – c) Wehrdienst während der Verfügungsbereitschaft bis zu drei Monaten nach der Entlassung aus dem Grundwehrdienst. – d) Unbefristeter Wehrdienst im Verteidigungsfalle. – 5. Der Wehrpflichtige unterliegt von der Musterung ab der *Wehrüberwachung,* die bestimmte Mitteilungspflichten, z.B. Wohnsitzänderung, und andere Pflichten begründet. – 6. *Während des Wehrdienstes* erhält der

Soldat Wehrsold, Entlassungsgeld, Verpflegung, Unterkunft, Dienstbekleidung und Heilfürsorge, die Familienangehörigen erhalten → Unterhaltssicherung. Er genießt → Arbeitsplatzschutz und ist in der → Sozialversicherung weiterversichert. – 6. *Befreiungen*, Zurückstellungen, → Unabkömmlichstellung und Ausschluss vom Wehrdienst sind vorgesehen.

Wehrsteuer – in einer Reihe von Staaten mit allgemeiner Dienstpflicht erhobene → Abgabe der wehrpflichtigen Männer, die ihre Dienstpflicht nicht oder nicht voll ableisten. – a) In Deutschland gab es eine Wehrsteuer kurzzeitig ab September 1937. – b) In der *Schweiz* eine seit 1940 auf Bundesebene erhobene Steuer von Einkommen der natürlichen und juristischen Personen, die bei letzteren auch von der Rendite und von der Höhe des Kapitals abhängig ist, später umbenannt in „Direkte Bundessteuer". Daneben existiert in der Schweiz auch eine Wehrsteuer im eigentlichen Sinne, bezeichnet als Militärpflichtersatzabgabe.

Weibull-Verteilung – stetige Wahrscheinlichkeitsverteilung. Eine stetige → Zufallsvariable X besitzt eine Weibull-Verteilung mit den → Parametern α und β ($\alpha, \beta > 0$), falls ihre → Dichtefunktion durch

$$f_X(x) = \alpha\beta x^{\beta-1} e^{-\alpha x^\beta},$$

für $x > 0$ gegeben ist. Speziell für $\beta = 1$ ergibt sich die → Exponentialverteilung mit Parameter α. – *Bedeutung:* Die Weibull-Verteilung spielt in der Praxis eine Rolle bei der statistischen Analyse von → Verweildauern und Lebensdauern, bes. solchen, welche im Zusammenhang mit Materialermüdungserscheinungen stehen. Hat die Verweildauer eines Elementes in einer Gesamtheit eine Weibull-Verteilung mit Parametern α und β, dann beträgt seine Ausfallrate nach einer bisherigen Verweildauer von x Zeiteinheiten gerade $\alpha\ \beta\ x^{\beta-1}$. Die → Wahrscheinlichkeit dafür, dass dieses Element in dem kurzen Intervall $[x; x + \delta x]$ ausscheidet, ist also ungefähr $\alpha\ \beta\ x^{\beta-1} \cdot \delta\ x$.

weiche Wirklichkeit – Bereich der Wirklichkeit, der sehr sensibel auf die Art und Weise reagiert, wie ein Beobachter ihn beschreibt. Eine weiche Wirklichkeit ist z.B. der sozial-interaktive Bereich (wie die Vorgesetzten-Mitarbeiter-Beziehung). Das Konzept der weichen Wirklichkeit unterstellt die Annahmen des → Konstruktivismus, dass es keine objektive Wirklichkeit gibt und eine Beobachtung immer auch die Wirklichkeit selbst, d.h. die relevante Situation, beeinflusst. – *Gegensatz:* → harte Wirklichkeit.

Weighted Average Cost of Capital (WACC) → Cashflow Return on Investment (CFROI), → Unternehmungsbewertung.

Weihnachtsgratifikation → Weihnachtszuwendung.

Weihnachtszuwendung – *Weihnachtsgratifikation.* 1. *Allgemein:* → Gratifikation. – 2. *Lohnsteuer:* Steuerpflichtiger → Arbeitslohn; zu versteuern als → sonstige Bezüge. – 3. *Sozialversicherung:* Weihnachtszuwendungen gehören zum → Arbeitsentgelt und sind beitragspflichtig. Die darauf entfallenden Beiträge sind im Monat ihrer Auszahlung zu entrichten. Sie sind dem Lohnabrechnungszeitraum zuzuordnen, in dem sie ausgezahlt werden; d.h. die Weihnachtszuwendungen sind ggf. über die monatliche Beitragsbemessungsgrenze hinaus beitragspflichtig, da für die Beitragsberechnung nicht nur die Gesamteinnahme dieses einen Monats von Bedeutung ist, sondern alle bis zu diesem Monat beim gleichen Arbeitgeber erzielten Entgelte dieses Jahres. Beitragspflicht besteht, soweit die Beitragsbemessungsgrenze bei der Summe aller Einnahmen im Gesamtzeitraum nicht überschritten wird. Beitragspflicht besteht entsprechend auch bei Zahlung der Weihnachtszuwendung in an sich beitragsfreier Zeit oder bei Zahlung nach Beendigung des Beschäftigungsverhältnisses. Zuordnung erfolgt zu dem letzten Lohnabrechnungszeitraum im Kalenderjahr. – 4. Für *Beamte:* → Besoldung.

Weilsches Verfahren – Bewertungsverfahren zur Ermittlung der → Einheitswerte für Fabrik-, Hotel- und Warenhausgrundstücke gemäß RdF-Erlass vom 23.3.1935 (RStBl 350 ff.). Das sog. Weilsche Verfahren ist durch die Änderung und Neufassung des → Bewertungsgesetzes (BewG) durch das im Wesentlichen gleiche Sachwertverfahren (→ Sachwert) ersetzt und gesetzlich geregelt worden.

Weinbergsrolle – öffentliches Register, in das mit rechtsbegründender Wirkung Namen von Lagen und Bereichen des Weinbaus eingetragen werden, die nach der Eintragung zur Bezeichnung der Herkunft des Weins verwendet werden dürfen (§§ 22b ff. WeinG).

Weingesetz (WeinG) – i.d.F. vom 18.1.2011 (BGBl. I S. 66) m.spät.Änd. – 1. *Zweck:* Das Weingesetz (WeinG) regelt den Anbau, das Verarbeiten, das Inverkehrbringen und die Absatzförderung von Wein und sonstigen Erzeugnissen des Weinbaus, soweit das nicht für den Weinbau und die Weinwirtschaft unmittelbar durch Rechtsakte der Europäischen Gemeinschaft oder der Europäischen Union geregelt ist (§ 1). – 2. *Inhalt:* a) Zur *Herstellung* inländischen Weins dürfen nur Trauben verwendet werden, die auf Rebflächen im Inland erzeugt wurden, die zulässigerweise mit Reben bepflanzt sind (§ 4). Befinden sich diese Flächen in bestimmten Anbaugebieten, gelten sie als zur Erzeugung von *Qualitätswein bestimmter Anbaugebiete (b.A.)* geeignet (§§ 3, 5). Neuanpflanzungen und Wiederbepflanzungen bedürfen der behördlichen Genehmigung (§§ 6, 7). Die *Hektarhöchstertragsregelung* verpflichtet die Landesregierungen zur Festlegung von Hektarhöchsterträgen. Erfolgt dies für Qualitätsgruppen unterschiedlich, so darf der Hektarertrag für Tafelwein 150 Hektoliter nicht übersteigen (§ 9). Die übersteigende Erntemenge darf nur noch bis zu 20 Prozent überlagert werden, der Rest ist bis zum 15. Dezember des Folgejahres zu destillieren (§§ 10 f.). – b) Für die *Verarbeitung* gelten bes. Regelungen über die Behandlungsverfahren und -stoffe (§ 13), die Beschaffenheit von Behältnissen und Räumen (§ 14), die Erhöhung des Alkoholgehalts und der Süßung (§ 15) sowie für das Inverkehrbringen und Verarbeiten (§ 16). – c) Für die *Bezeichnung* des Weins gelten ebenfalls gesonderte Vorschriften. Inländische Weine können als Landwein, Qualitätswein, Qualitätswein b.A. oder Qualitätswein mit Prädikat bezeichnet werden. Prädikate sind Kabinett, Spätlese, Auslese, Beerenauslese, Trockenbeerenauslese, Eiswein; sie dürfen nur nach Zuerkennung und Erteilung einer amtlichen Prüfungsnummer verwendet werden. Bei Qualitätsweinen b.A. sind als geografische Herkunftsbezeichnungen zusätzlich zu dem aufgrund der Rechtsakte der EU vorgeschriebenen Namen des Anbaugebietes nur in die → Weinbergsrolle eingetragenen Namen von Lagen und Bereichen, Gemeinden und Ortsteilen zulässig; bei Landweinen das Landweingebiet und bei Tafelweinen die Namen von Weinbaugebieten und Untergebieten. – d) Mit *irreführenden Bezeichnungen*, Hinweisen, sonstigen Angaben oder Aufmachungen dürfen Erzeugnisse, die dem Weingesetz unterliegen, nicht in den Verkehr gebracht, eingeführt, ausgeführt oder zum Gegenstand der Werbung gemacht werden (§ 25). Gesundheitsbezogene Angaben bedürfen der Zulassung (§ 24). – e) Zur *Überwachung* enthält das WeinG Vorschriften über bes. Verkehrsverbote (§ 28), Weinbuchführung (§ 29), Begleitpapiere (§ 30), Meldepflichten (§ 33) sowie Befugnisse der für die Überwachung des Weingesetzes zuständigen Behörden und Weinkontrolleure (§ 31). – f) Die *Einfuhr* von Drittlandserzeugnissen ist nur unter bestimmten Voraussetzungen möglich, bedarf der Zulassung und unterliegt behördlicher Kontrolle (§§ 35, 36). – g) *Deutscher Weinfonds:* Anstalt des öffentlichen Rechts mit folgenden Aufgaben im Rahmen seiner Mittel: Förderung der Qualität und des Absatzes des Weines sowie Hinwirkung auf den Schutz seiner Bezeichnungen. Organe sind Vorstand, Aufsichtsrat und Verwaltungsrat (§ 37). Der Deutsche Weinfonds darf zur Beschaffung der erforderlichen Mittel eine jährliche Abgabe von 0,6647 Euro je Ar der Weinbergsfläche, sofern diese größer ist als 5 Ar, von Eigentümern oder Nutzungsberechtigten und von Käufern und Verwertern erstmals in den Handel gebrachten Mostes oder Weines inländischen Ursprungs 0,6647 Euro je 100 Liter erheben (§ 43); zum Verfahren der Erhebung der Abgabe vgl. Weinfonds-Verordnung 30.5.2008 (BGBl. I 962) m.spät.Änd. – h) *Verstöße* gegen das WeinG werden als Vergehen mit Geld- oder Freiheitsstrafen (§§ 48, 49) oder als Ordnungswidrigkeiten mit Geldbußen (§ 50) geahndet. Gegenstände, auf die sich derartige Verstöße beziehen, können eingezogen werden (§ 52). – 3. *Einzelheiten* in der Verordnung zur Durchsetzung des gemeinschaftlichen Weinrechts i.d.F. vom 7.8.2001 (BGBl. I 2159) m.spät.Änd.; der Weinverordnung i.d.F. vom 21.4.2009 (BGBl. I 827) m.spät.Änd.; der Wein-Überwachungsverordnung i.d.F. vom 14.5.2002 (BGBl. I 1624) m.spät.Änd.; der Weinfonds-Verordnung vom 30.5.2008 (BGBl. I 962) sowie der Alkoholhaltige Getränke-Verordnung i.d.F. vom 30.6.2003 (BGBl. I 1255) m.spät.Änd.

Weinstatistik – Teil der → Agrarstatistik.

Weinsteuer – 1. *Allgemeines:* Die EU-rechtlichen Vorschriften der → Verbrauchsteuersystemrichtlinie sehen die Einführung einer Weinsteuer in allen Mitgliedsstaaten vor, erlauben jedoch die Festsetzung eines Nullsatzes. – 2. *Rechtsgrundlage in der Bundesrepublik Deutschland:* Schaumweinsteuergesetz i.d.F. vom 21.12.1992 (§ 26 ff.). – 3. *Steuergegenstand:* Wein; definiert in Anlehnung an bestimmte Positionen der kombinierten Nomenklatur. – 4. *Steuersatz:* In Deutschland keine Steuererhebung (Nullsatz). – 5. *Verfahren:* Der gewerbliche Verkehr mit Wein unterliegt im Verhältnis zu anderen Mitgliedsstaaten einer Erlaubnispflicht und der Steueraufsicht; Ziel ist es, die korrekte Besteuerung von Wein in den andern Mitgliedsstaaten zu unterstützen.

weiße Produkte – No-Name-Produkte, vgl. → No Names.

weißer Ritter – *White Knight;* ein Unternehmen, das einem anderen Unternehmen, welches von einer → feindlichen Übernahme bedroht ist, als „Retter in der Not" zu Hilfe kommt, indem es ein Angebot zu einer → freundlichen Übernahme abgibt. – Vgl. auch → Mergers & Acquisitions.

weißes Rauschen – elementarer stochastischer Prozess, der allen → Zeitreihenmodellen und auch den → Störtermen in den → ökonometrischen Modellen zugrunde liegt. Realisationen von weißem Rauschen haben einen Erwartungswert von null, eine endliche und konstante Varianz und die Autokovarianzen sind gleich null. Die Annahme der Normalverteilung ist keine Voraussetzung für weißes Rauschen.

Weisung – *Anordnung.*

I. Organisation: fallweise Einschränkung des Handlungsspielraums einer hierarchisch untergeordneten organisatorischen Einheit durch eine übergeordnete → Instanz. Weisungen können die vorzunehmenden Handlungen mehr oder weniger detailliert vorschreiben und damit die Entscheidungsautonomie der weisungsempfangenden Einheit in unterschiedlichem Ausmaß begrenzen (→ Delegation). Die Erteilung von Weisungen ist mit der Übernahme von Fremdverantwortung (→ Verantwortung) durch den Weisungsgeber verbunden. – Vgl. auch → Weisungsbefugnis.

II. Arbeitsrecht: Anordnung des Arbeitgebers an den Arbeitnehmer im Rahmen des → Direktionsrechts (Weisungsrecht).

Weisungsbefugnis – *Anordnungsbefugnis, Leitungsbefugnis,* auch Befehlsgewalt; im Unterschied zum arbeitsvertraglich vermittelten → Direktionsrecht die im Rahmen der Organisation durch → Delegation festgelegte Kompetenz einer Instanz, hierarchisch untergeordneten organisatorischen Einheiten → Weisungen zu erteilen.

Weisungsrecht → Direktionsrecht.

Weisungsvertrag → Organschaftsvertrag, → Unternehmensvertrag.

Weiterbenutzungsrecht – schränkt die Rechte des Inhabers eines gewerblichen Schutzrechts zugunsten eines Dritten ein und kann entstehen, wenn eine → Patentanmeldung oder ein → Patent nach materiellrechtlichem Erlöschen (nicht bloße Löschung in der → Patentrolle) durch Wiedereinsetzung in den vorigen Stand erneut in Kraft tritt (§ 123 VI PatG, Art. 122 VI EPÜ), ferner wenn ein Wiederaufnahmeverfahren zur Wiederherstellung eines rechtskräftig für nichtig erklärten Patents geführt wird (Zwischenbenutzungsrecht). Voraussetzung des Weiterbenutzungsrechts ist neben der Gutgläubigkeit des Benutzers die inländische Inbenutzungnahme zwischen Erlöschen und Wiederinkrafttreten. Benutzung bedeutet, dass Veranstaltungen vorliegen, die zur Ausführung der Erfindung bestimmt sind und den ernsthaften Willen erkennen lassen, die Erfindung alsbald zu benutzen. Das Weiterbenutzungsrecht ist an den Betrieb gebunden und kann nur mit dem Betrieb, für den es entstanden ist, übertragen oder vererbt werden. Das Weiterbenutzungsrecht besteht in dem Umfang, in dem die Tragweite des benutzten Erfindungsgedankens erkannt worden ist, vgl. → Vorbenutzungsrecht. Von der Möglichkeit, in den Fällen des Art. 70 III EPÜ (engerer Schutzbereich eines Patents infolge seiner Übersetzung aus der Verfahrenssprache in die Amtssprache des Mitgliedstaates) ein Weiterbenutzungsrecht vorzusehen, hat der dt. Gesetzgeber keinen Gebrauch gemacht. Weiterbenutzungsrechte bestehen weiter zugunsten desjenigen, der ein erstrecktes → Patent, → Gebrauchsmuster, → Geschmacksmuster oder eine erstreckte → Marke in dem Gebiet in Benutzung genommen hat, in dem das Recht bis zur Erstreckung nicht galt (§§ 28, 32, 38 ErstrG).

Weiterbeschäftigungsanspruch → Beschäftigungsanspruch.

Weiterbildung → berufliche Fortbildung, → Personalentwicklung.

Weiterbildungskosten – Kosten für die Weiterbildung in einem nicht ausgeübten Beruf. Weiterbildungskosten sind wie → Berufsausbildungskosten in beschränktem Umfang als → Sonderausgaben abzugsfähig.

weitere Deckungswerte – 1. *Begriff aus dem* → Pfandbriefgesetz (PfandBG): § 4 des PfandBG verlangt die jederzeitige Deckung der umlaufenden → Pfandbriefe nach dem → Barwert, der die Zins- und Tilgungsverpflichtungen berücksichtigt (sog. Deckungskongruenz). Der Barwert der eingetragenen Deckungswerte muss den Barwert der zu deckenden Verbindlichkeiten um zwei Prozent übersteigen (sichernde Überdeckung). Die in § 4 PfandBG vorgeschriebene Deckung kann jedoch auch in volumenmäßig begrenztem Rahmen durch „Weitere Deckungswerte“ erfolgen (§ 19 PfandBG): durch Geldforderungen gegen die → Europäische Zentralbank (EZB), gegen → Zentralbanken der Mitgliedsstaaten der Europäischen Union oder gegen geeignete → Kreditinstitute i.S.d. § 4 I Satz 2 Nr. 3 PfandBG, sofern die Höhe der Forderungen der Pfandbriefbank bereits bei Erwerb bekannt ist; durch bestimmte Schuldverschreibungen nach § 20 I PfandBG; durch Ansprüche aus Derivategeschäften i.S.d. § 4 III Satz 2. – 2. *Ziel:* Im Gegensatz zum früheren Hypothekenbank-Recht, in dem die sog. „Ersatzdeckung“ v.a. einen überbrückenden Zweck verfolgte, dienen die „Weiteren Deckungswerte“ i.S.d. im Jahre 2005 erlassenen PfandBG der Förderung der → Liquidität in den Deckungswerten. Die Deckungsmassen bestehen aus einer Vielzahl von Vermögenswerten mit unterschiedlichen Laufzeiten, Zinsen und Währungen. Da die hiergegen ausstehenden Pfandbriefe hinsichtlich dieser Aspekte nicht völlig kongruent zu den Deckungsmassen sein können, ist es erforderlich, liquide und flexible Vermögenswerte wie Forderungen gegen Kreditinstitute in die Deckungsmassen aufnehmen zu können. Zur Gewährleistung des sicheren Grundcharakters der Deckungswerte dürfen diese jedoch nur maximal 10 Prozent des Gesamtbetrages der jeweiligen Pfandbriefart ausmachen. Weitere natürliche Inkongruenzen können Zins- und Währungsrisiken in den Deckungsmassen verursachen. Diese Risiken können durch gegenläufige Aktiva oder den Einsatz von → Derivaten ausgeglichen werden.

weitergeleiteter Eigentumsvorbehalt – Form des → Eigentumsvorbehalts bei der Weiterveräußerung von Eigentumsvorbehaltsware: Der Eigentumsvorbehaltskäufer, der die Eigentumsvorbehaltsware weiterveräußert, weist seinen Abnehmer auf den noch bestehenden Eigentumsvorbehalt des Erstlieferanten hin. – *Folge:* Der Eigentumsvorbehalt des Erstlieferanten bleibt bestehen, da die Kenntnis des Abnehmers einen → gutgläubigen Erwerb des Eigentums ausschließt.

Weiterleitungskredit → durchgeleiteter Kredit.

Weiterversicherung → freiwillige Versicherung.

Welfare Economics → Wohlfahrtsökonomik.

Welfare Function → Wohlfahrtsfunktion.

Welfare Theory → Wohlfahrtsökonomik.

Wellenbefragung – wechselnde Stichproben werden wiederholt zu den gleichen Themen mit der gleichen Methode und zu den gleichen Zeitpunkten angewendet. Dient zur Messung von Veränderungen, wenn → Panels nicht geeignet sind. – *Beispiel:* → Werbetracking.

Weltabschluss – *Weltbilanz;* → Konzernabschluss, in den nicht nur die inländischen Konzernunternehmen, sondern auch die Konzernunternehmen mit

Sitz im Ausland einbezogen sind. Mit Umsetzung der Siebten EG-Richtlinie in deutsches Recht wurde die Einbeziehung der ausländischen Konzerntochterunternehmen grundsätzlich zur Pflicht (§ 294 I HGB). Dies trägt zu einer wesentlichen Verbesserung des Einblicks in die Vermögens-, Finanz- und Ertragslage des Konzerns (§ 297 II HGB) bei.

Weltbank → IBRD.

Weltbankgruppe – Begriff für die Internationale Bank für Wiederaufbau und Entwicklung (→ IBRD) und ihre Schwesterorganisationen, der Internationalen Entwicklungsorganisation (→ IDA), der internationalen Finanz-Korporation (→ IFC), der multilateralen Investitions-Garantie-Agentur (→ MIGA) und des internationalen Zentrums für die Beilegung von Investitionsstreitigkeiten (→ ICSID). – Das gemeinsame *Ziel* dieser Organisationen mit knapp 11.000 Mitarbeitern ist die wirtschaftliche und soziale Entwicklung weniger entwickelter Mitgliedsländer durch die Vergabe von langfristigen Darlehen, Firmenbeteiligungen und Übernahme von Garantien privatwirtschaftlicher → Direktinvestitionen.

Weltbevölkerungskonferenz → Bevölkerungswachstum.

Weltbilanz → Weltabschluss.

Welteinkommensprinzip – *Universalitätsprinzip.* 1. *Begriff:* Prinzip, dass im Rahmen der unbeschränkten Steuerpflicht alle Einkünfte, unabhängig davon, ob sie aus dem Inland oder Ausland stammen, steuerlich erfasst werden. Das Welteinkommensprinzip ist notwendig, weil die Erfassung nur der inländischen Einkünfte (Territorialitätsprinzip) einen Anreiz darstellen würde, Kapital und wirtschaftliche Aktivitäten ins steuerlich günstigere Ausland zu verlagern. – 2. *Bedeutung:* Das Welteinkommensprinzip wird nicht uneingeschränkt verfolgt; im Rahmen der Maßnahmen zur Vermeidung der Doppelbesteuerung werden große Teile der aus dem Ausland stammenden Einkünfte im Inland steuerfrei gestellt (→ Freistellungsmethode). Der Gesetzgeber möchte diese Ausnahmen vom Welteinkommensprinzip jedoch auf die Fälle beschränken, in denen Kapitalflucht oder Standortverlagerung aus rein steuerlichen Gründen nicht anzunehmen ist. – Relevant bleibt das Welteinkommensprinzip jedoch, wenn für einen Steuerinländer der angemessene Einkommensteuersatz festgelegt werden soll. Selbst dann, wenn Teile des Welteinkommensprinzips nach einem Doppelbesteuerungsabkommen oder aus anderen Gründen steuerfrei sind, behält sich das EStG vor, den steuerpflichtigen Rest des Welteinkommens mit dem Steuersatz zu belegen, der für das gesamte Welteinkommen des Steuerpflichtigen in diesem Jahr der angemessene Steuersatz wäre (→ Progressionsvorbehalt). – *Gegensatz:* → Territorialitätsprinzip.

Weltentwicklungsbericht – seit 1978 von der → Weltbankgruppe jährlich herausgegebener Bericht, der sich mit wesentlichen wirtschaftlichen Problemen der Entwicklungsländer beschäftigt, wobei jeweils wechselnde, aktuelle inhaltliche Schwerpunkte behandelt werden. Ein umfangreicher Tabellenanhang mit sozialen und ökonomischen Indikatoren ergänzt die wirtschaftspolitischen Ausführungen.

Welternährungsorganisation → FAO.

Welternährungsprogramm der Vereinten Nationen → WFP.

Weltgesundheitsorganisation → WHO.

Welthandel – Gesamtheit des → Außenhandels aller Staaten der Erde. Statistisch sind alle Güter, die durch → Ausfuhr bzw. → Einfuhr Staatsgrenzen passieren, Bestandteil des Welthandels. Der Welthandel umfasst aber neben dem reinen Warenverkehr auch den Dienstleistungs- und Kapitalverkehr. Die Ergebnisse des Welthandels werden in der → Zahlungsbilanz eines Landes deutlich.

Welthandelsordnung → GATT.

Welthandelsorganisation → World Trade Organization (WTO).

Welthandels- und Entwicklungskonferenz der Vereinten Nationen → UNCTAD.

Weltkinderhilfswerk → UNICEF.

Weltkonferenzen – seit 1946 jährliche Zusammenkünfte (in Caux/Schweiz) der Bewegung für Moralische Aufrüstung (Moral Rearmament (MRA)), einer Bewegung zur sozialen und politischen Erneuerung der Welt im Geiste des Christentums, hervorgegangen aus der von Frank Buchmann gegründeten Oxford-Gruppen-Bewegung.

Weltmarke → Marke, die zentral und einheitlich auf den gesamten Weltmarkt ausgerichtet ist. Die regionalen bzw. örtlichen Marktgegebenheiten bleiben unberücksichtigt, da von einer zunehmenden Homogenisierung der Bedürfnisse bestimmter Zielgruppen ausgegangen wird. Die damit verbundene Standardisierung von Produktion und Marketinginstrumentarium führt zu Kostendegressionen.

Weltmarkt – gedachter, nicht zu lokalisierender Markt für Welthandelsgüter, auf dem sich in gegenseitiger Abhängigkeit (→ Interdependenz) der volkswirtschaftlichen Binnenmärkte deren Verflechtung zu einer → Weltwirtschaft ergibt.

Weltmarktpreis → Preis für Welthandelsgüter, der sich am → Weltmarkt bildet. Der Weltmarktpreis kann nach Ländern, Waren und Handelsstufen verschieden sein. – *Ermittlung* (1) durch Einsichtnahme in ausländische Konkurrenzofferten; (2) durch → Marktanalyse; (3) durch Schaffung von Preisspiegeln der Auslandsmärkte bzw. internationalen Warenbörsen.

Weltorganisation für geistiges Eigentum → WIPO.

Weltorganisation für Meteorologie → UN.

Weltpostvertrag – internationaler Vertrag vom 14.9.1994 (BGBl. 1998 II 2082) mit Nebenabkommen und Vollzugsordnung. Erster Vertrag von 1874. – Der Weltpostvertrag *enthält u.a.*: (1) allg. Grundsätze für den internationalen Postdienst, (2) Bestimmungen über die Briefpost : a) Leistungsangebot, b) Beziehungen zwischen den Postverwaltungen.

Weltspartag – zur Förderung des Spargedankens in der ganzen Welt auf den 31. Oktober, in der Bundesrepublik Deutschland auf den 30. Oktober festgesetzter Tag. Erster Weltspartag im Jahr 1925. Am Weltspartag wird von allen Bankengruppen auf Sinn und Zweck (Notwendigkeit und Vorteile) des Sparens hingewiesen.

Welttextilabkommen → Multifaserabkommen (MFA).

Welt-Urheberrechts-Abkommen – *Universal Copyright Convention.* Am 6.9.1952 unterzeichnetes, am 24.7.1971 revidiertes, aufgrund Vertragsgesetz vom 17.8.1973 (BGBl. II 1069) in der Bundesrepublik Deutschland am 10.7.1974 in Kraft getretenes (BGBl. II 1309) Abkommen, das den Werken fremder Autoren den gleichen Schutz gewähren soll wie denen der einheimischen. – *Inhalt:* Durch Welturheberbenutzungsrechte werden die Vertragsstaaten zur Schaffung eines ausreichenden und wirksamen → Urheberschutzes bei gleicher Behandlung von In- und Ausländern verpflichtet. Weiter werden Formalitäten für die Entstehung des Urheberrechts festgelegt. Mindestschutzdauer grundsätzlich 25 Jahre nach Tod des Urhebers, jedoch verschiedene Ausnahmen. Ausschließliches Übersetzungsrecht des Urhebers, Möglichkeit der Übersetzungslizenz an Dritte, wenn bis zum Ablauf von sieben Jahren nach Veröffentlichung keine Übersetzung in eine bestimmte Sprache veröffentlicht. Durch Revisionskonferenzen ist Erweiterung der Mindestschutzbestimmungen vorgesehen. Das Welturheberbenutzungsrecht enthält nicht den weit gehenden Schutz der Berner Übereinkunft, → Revidierte Berner Übereinkunft (RBÜ); es schützt jedoch den dt. Urheber auch in Staaten, die der Berner Übereinkunft nicht angehören und mit denen auch keine zweiseitigen Verträge bestehen. – Vgl. auch → Urheberrecht.

Weltwährungsfonds → IWF.

Weltwährungssystem – Gesamtheit aller institutionellen und praktischen Regelungen zur möglichst reibungslosen Durchführung zwischenstaatlicher wirtschaftlicher Transaktionen, bes. des Zahlungs- und Kreditverkehrs (→ Währungssystem). Hierzu zählen v.a. die in den Abkommen über den → IWF, die → OECD, die → BIZ sowie die → EU getroffenen Vereinbarungen über den intervalutarischen Zahlungsverkehr.

Weltwirtschaft – Bezeichnung für die durch den internationalen Handel sowie Bewegungen von → Kapital und → Arbeit zwischen den Volkswirtschaften entstehenden internationalen Wirtschaftsbeziehungen und Verflechtungen. – Vgl. auch → Weltwirtschaftsordnung, → Weltmarkt.

weltwirtschaftliche Konjunktur → Mondialreihen.

Weltwirtschaftsgeographie – Teil der → Wirtschaftsgeographie, der sich vornehmlich mit den weltweiten wechselseitigen Verflechtungen der → Weltwirtschaft und deren Rahmenbedingungen beschäftigt. Zentraler Forschungsgegenstand der Weltwirtschaftsgeographie ist die durch die → internationale Arbeitsteilung zunehmende räumliche Differenzierung der Güterproduktion und des → Welthandels mit ihren geographischen Auswirkungen.

Weltwirtschaftsgipfel – 1. *Begriff:* Ökonomische und politische Schocks in den 1970er-Jahren führten zur Einsicht der Notwendigkeit einer stärkeren wirtschaftspolitischen Kooperation und zum Informationsaustausch auf höchster Ebene. Der dt. Regierungschef und der franz. Präsident setzten sich für ein Gipfeltreffen der wichtigsten Industrieländer ein (→ G 7, Group of Seven). Der erste Weltwirtschaftsgipfel fand in Rambouillet 1975 statt. Seitdem treffen sich jährlich die Staats- und Regierungschefs Deutschlands, Frankreichs, Großbritanniens, Italiens, Japans, Kanadas und der USA sowie seit 1977 der Präsident der Kommission der Europäischen Gemeinschaft. Seit 1994 nahm Russland faktisch an den G 7-Treffen teil, seit 1998 ist diese Teilnahme formalisiert (→ G 8, Group of Eight). – 2. *Aktivitäten:* Die ersten Gipfel (1975 in Rambouillet, 1976 in Puerto Rico, London 1977) galten der Vertrauensbildung. Der Bonner Gipfel (1978) befasste sich mit ökonomischen Koordinierungsbemühungen, er war die umstrittenste Veranstaltung. Die Gipfel Tokio (1979), Venedig (1980), Ottawa (1981), Versailles (1982), Williamsburg (1983), London (1984), Bonn (1985) dienten der Konsolidierung. Die Gipfel von Tokio (1986), Venedig (1987), Toronto (1988), Paris (1989) und Houston (1990) dienten der währungspolitischen Zusammenarbeit. Der Weltwirtschaftsgipfel 1991 (London) behandelte die Hilfe für die UdSSR, um ihren Reformkurs zu unterstützen; der Weltwirtschaftsgipfel 1992 (München) hatte Zusammenarbeit für Wachstum und eine sichere Welt zum Thema; in Tokio (1993) ging es um Handelsprobleme, Bekämpfung der Arbeitslosigkeit und die Russlandhilfe; der Weltwirtschaftsgipfel 1994 (Neapel) diskutierte Verbesserungen des internationalen Wettbewerbs. 1995 standen in Halifax währungs- und handelspolitische Fragen im Vordergrund. Weitere Gipfel waren Moskau (1996) mit dem thematischen Schwerpunkt nukleare Sicherheit, Lyon (1996) mit dem Schwerpunkt Kampf gegen den Terrorismus, Denver (1997), Birmingham (1998) mit voller russischer Beteiligung, Köln (1999), Okinawa (2000), Genua (2001), Kananskis/Kanada (2002), Evian (2003) und Sea Island/Georgia (2004) mit den Schwerpunkten Armutsbekämpfung, Weltwirtschaftslage und Klimaschutz, Gleneagles (2005) mit den Themen Afrika und Klimaschutz. 2006 wurde der Weltwirtschaftsgipfel (St.

Petersburg) das erste Mal von Russland ausgerichtet, Schwerpunkte waren die Energiesicherheit und die Gesundheits- und Bildungspolitik, Heiligendamm (2007) mit den Themen Globalisierung und Klimaschutz. – 3. *Bewertung:* Oft werden die Weltwirtschaftsgipfel als ineffiziente Diskutierzirkel abqualifiziert, da aus ihnen kaum direkt umsetzbare Handlungsanweisungen hervorgehen. Sie dienen jedoch als Forum privaten Meinungsaustausches der Staats- und Regierungschefs der sieben führenden Industrienationen und helfen dem Verständnis wirtschaftspolitischer Zusammenarbeit. Gefahren drohen durch eine Politisierung der Weltwirtschaft, wenn unrealisierbare Vorhaben gegen marktwirtschaftliche Kräfte durchgesetzt werden sollen. Vermittelt wird der Öffentlichkeit eine „Machbarkeit" in währungs- und wirtschaftspolitischen Fragen. Gegen diskretionäre makropolitische Koordinationsabsprachen sind ordnungspolitische Bedenken zu erheben.

Weltwirtschaftskonferenzen → UNCTAD.

Weltwirtschaftskrise – 1. *Begriff:* Weitgehender Zusammenbruch der Produktion und des internationalen Handels in der Weltwirtschaft. – 2. *Weltwirtschaftskrise von 1929–1931/1932:* a) *Ausmaß:* Das → Volkseinkommen sank z.B. in Deutschland um ca. 40 Prozent, in den USA um über 50 Prozent. Die *Industrieproduktion* Deutschlands ging um ca. 43 Prozent und die der USA um über 45 Prozent zurück. Die *Exporte* der großen Industrieländer gingen auf ca. ein Drittel ihres vorherigen Wertes zurück, und die → Arbeitslosigkeit erreichte in Deutschland im Jahre 1932 einen Höchststand mit fast 5,6 Mio. Arbeitslosen. – b) *Ursachen:* Ein komplexes Ursachenbündel führte zur Weltwirtschaftskrise; die wichtigsten Ursachen waren: überzogene Börsenspekulationen (v.a. in den USA); hohe Ungleichheit der Einkommen, Behinderung des internationalen Handels durch nationalen Zollprotektionismus; Reparationsleistungen Deutschlands an die Siegermächte des Ersten Weltkriegs. Vor allem aber wurde auf den Zusammenbruch der Finanzmärkte wirtschaftspolitisch falsch reagiert. Statt mit einem wirtschaftpolitisch expansiven Kurs zu versuchen, die Wirtschaft in dieser kritischen Phase zu stimulieren wurde die Krise durch eine zunächst restriktive Geld-und Finanzpolitik verschärft und verlängert. Erst der wirtschaftspolitische Kurswechsel in den USA (New Deal) leitete eine allmähliche Wende ein.

Weltwirtschaftsordnung – System *völkervertraglicher Regelungen* der internationalen Wirtschaftsbeziehungen. – *Hauptelemente* der Weltwirtschaftsordnung sind die Welthandelsordnung (→ GATT bzw. WTO (→ World Trade Organization)) und das → Weltwährungssystem, die allerdings nicht uneingeschränkt weltweit gelten, da einige Länder nicht Mitglieder der Institutionen sind bzw. sich den Vereinbarungen nicht angeschlossen haben. – Von Entwicklungsländern und kritischen *Nicht-Regierungs-Organisationen* (engl. *Non-Governmental-Organization,* NGOs) sowie einigen Wissenschaftlern wird eine → Neue Weltwirtschaftsordnung gefordert.

Weltwirtschaftsraum – der globale → Wirtschaftsraum, in dem sich die Gesamtheit der volkswirtschaftlichen Aktivitäten unter Nutzung der internationalen Wirtschaftsbeziehungen raumdifferenziert darstellt. Durch die Zunahme der → Internationalisierung der Wirtschaft und der → Globalisierung der Märkte kommt dem Weltwirtschaftsraum immer größere Bedeutung zu.

Weltzentralbank → Neue Weltfinanzarchitektur.

Weltzollorganisation (WZO) – *World Customs Organization (WCO);* intergouvernementale Organisation mit Sitz in Brüssel, wurde 1994 durch Umbenennung des Rates zur Zusammenarbeit auf dem Gebiet des Zollwesens (RZZ) gegründet. Ziele sind die Vereinheitlichung und Vereinfachung des internationalen Zollrechts sowie die Erhöhung der Sicherheit der Lieferkette. Wichtigste völkervertragliche Instrumente der WZO sind die Kyoto-Konvention zur Vereinfachung und Vereinheitlichung des Zollrechts sowie das Harmonisierte System (Convention on the Harmonized Commodity Description and Coding System), mit welchem seit 1988 die Zolltarife weltweit harmonisiert und vereinheitlicht werden.

Wendepunkt – I. Mathematik: Punkt einer → Funktion, in dem eine Krümmungsänderung stattfindet. Da die zweite → Ableitung f'' die Krümmung einer Funktion angibt, lassen sich mit ihrer Hilfe Wendepunkte bestimmen. – Schema zur Bestimmung von Wendepunkten von f: (1) Bildung von f'';(2) Bestimmung der Nullstellen von f'': $f''(x) = 0$;(3) Bildung von f''';(4) Überprüfung aller Nullstellen von f'' durch Einsetzen in f''': $f'''(x_0) \neq 0$: an der Stelle x_0 liegt ein Wendepunkt vor und $f'''(x_0) = 0$: Untersuchung der höheren Ableitungen bis erstmals eine Ableitung ungleich Null wird;(5) $f^{(n)}(x_0) \neq 0$ n ungerade: An der Stelle x_0 liegt ein Wendepunkt vor.

II. Konjunktur: → Konjunkturphasen.

Werbeagentur – 1. *Begriff:* Dienstleistungsunternehmen, das im Auftrag eines Kunden a) Beratungsleistungen, b) Mittlungsleistungen sowie c) die Planung, Gestaltung oder Durchführung von Marketing-Mix-Maßnahmen übernimmt. Eine *Full-Service*-Werbeagentur übernimmt die Aufgaben in allen drei Bereichen und ist entweder nach Abteilungen gegliedert oder bearbeitet die Aufträge im Rahmen des Projektmanagement. – 2. *Leistungen:* a) *Beratungsleistungen:* Beratung in Marketing-, Media-, Marktforschungs- und Werbeforschungsfragen u.a. – b) *Mittlungsleistung:* Mediaeinkauf und -abwicklung u.a. – c) *Planung, Gestaltung und Durchführung:* Erstellung und Gestaltung von Werbe- und Verkaufsförderungsaktionen u.a. – 3. *Vergütung:* a) *Provisionssystem:* Die Werbeagentur erhält von dem Eigentümer des benutzten → Werbeträgers Provision für die Tätigkeit als Werbemittler, die sie einbehält. – b) *Service-Fee-System:* Die Werbeagentur tritt alle ihr zufließenden Rabatte und Provisionen an den Kunden ab. Stattdessen verrechnet sie eine Pauschalvergütung für die von ihr erbrachte Leistung. – c) Leistungs- und ergebnisorientierte Verrechnungssysteme sind zunehmend in der Diskussion. – 4. *Hauptabteilungen:* a) *Werbevorbereitung:* Sekundärstatistisches Material erhält die Werbeagentur von den Abteilungen Dokumentation, Archiv, Bibliothek und Information. Der Service-Abteilung ist die Markt- und Motivforschung zugeordnet, die hauptsächlich primärstatistische, qualitative und quantitative Untersuchungen durchführt (Marktforschung) sowie die Marketingberatung (Beratung von Kunden hinsichtlich der Marketing-Probleme in preis-, produkt- und absatzpolitischer Hinsicht) und die Personal-Marketingberatung (Aufgaben bez. des Personal-Beschaffungsmarkts der Auftraggeber). – b) *Kundenberatung:* Leitung durch mehrere Etatdirektoren (Account Supervisor); diesen sind mehrere Kontakter unterstellt, die Verbindung zum Auftraggeber haben. Nach Auftragserteilung werden die einzelnen Stufen der → Werbekampagne vom Kontakter und der Marketing-Abteilung des Werbetreibenden diskutiert bzw. modifiziert. Außerdem überwacht der Kontakter die termin- und sachgerechte Durchführung der Kundenaufträge. – c) *Gestaltung* (Kreativ-Abteilung, Kreativ-Service; Leitung dieser Abteilung durch Kreativ-Direktor): Hauptaufgaben sind die eigentlichen Gestaltungsfunktionen (Konzeption und Ausführung) sowie die Durchführung der Produktionsfunktionen (Herstellung bzw. Herstellungsüberwachung der konzipierten Werbemittel bis zu ihrer Einsetzbarkeit). – d) *Media:* Die Abteilung untersteht einem Media-Direktor. Wichtigste Unterabteilungen sind die Media-Forschung bzw. Streuplanung (→ Mediaplanung; Auswahl der Werbeträger, Erstellen der Media-Kosten- und → Streupläne), der Media-Einkauf und die Media-Abwicklung. – e) *Verwaltung:* Ihr obliegen alle üblichen administrativen Tätigkeiten (Buchhaltung, Registratur etc.). – 4. *Berufliche Spezifikation:* → Werbeberufe.

Werbeaufwand → Werbekosten.

Werbebanner → Banner.

Werbebartering – Form des Bartering, bei der werbungtreibende Unternehmen bzw. Werbeagenturen Unterhaltungsfilme produzieren, die sie (privaten) Fernsehanstalten gegen Überlassung von Werbezeit zur Verfügung stellen.

Werbebehinderung → Behinderungswettbewerb.

Werbeberufe – I. In der Werbeagentur: Entsprechend den Hauptfunktionen einer → Werbeagentur (Kundenberatung, Werbevorbereitung, Gestaltung und Media) ergeben sich vollkommen unterschiedliche Berufe mit unterschiedlichen Aufgaben, wobei die Berufsbilder einem ständigen Wechsel unterworfen sind: 1. *Kundenberatung (Account-, Kontakt-Service):* a) *Der Kundenberater (Kontakter, Account Manager)* nimmt als Vermittler zwischen Kunden und Agentur die Kundenwünsche und -aufträge entgegen (→ Briefing) und leitet diese in der Agentur an die zuständige Stelle weiter; er koordiniert das gesamte Projekt bis zur Präsentation der Ergebnisse beim Kunden. – b) Vorstufe zum Kontakter ist der *Junior-Kontakter (Kontakt-Assistent).* Dieser ist dem Kontaktgruppenleiter oder dem Etatdirektor (Account Supervisor) organisatorisch unterstellt. – 2. *Werbevorbereitung* (Dienstleistungen für die anderen Abteilungen innerhalb einer Werbeagentur): a) Der *Marketingberater* berät den Kontakter bei kundenseitig anfallenden Marketingfragen hinsichtlich Preis-, Produkt- und Vertriebspolitik; er unterstützt die Geschäftsleitung aufgrund seines Marketing-Know-how bei ihrer Neugeschäftsakquisition. – b) Der *Marktforscher* stellt seine speziellen Kenntnisse und Fähigkeiten (z.B. Datenerhebungs- und Datenauswertungskenntnisse) dem Kontakt- und dem Kreativbereich (Gestaltungsabteilung) zur Verfügung; er führt Untersuchungen (z.B. Packungstest, → Pretest) selbst durch, plant und überwacht von Marktforschungsinstituten durchgeführte Feldprojekte. – 3. *Gestaltung* (Creativ-Abteilung, -Service): a) Der Zuständigkeitsbereich des Art Directors umfasst die bildliche, textliche sowie typografische Umsetzung der Werbekonzeption, die er mit dem Kontakter und Texter zusammen erarbeitet hat, in einzelne → Werbemittel; er entwickelt Gestaltungsvorschläge für Verkaufsförderungsaktionen (→ Verkaufsförderung). – b) Der *Texter* erarbeitet den Werbetext von der → Headline über den → Fließtext bis zur → Baseline; seine Arbeit ergänzt den Gestaltungsteil des *Grafik-Designers*, der häufig auch freiberuflich (Free-Lancer) tätig ist. Gemeinsam erstellen sie das Layout, bei dem Text und Bild zum Endprodukt zusammengefügt werden *(Layouter).* – c) Der *Produktioner (Producer)* sorgt für die Realisation (Produktion) von Werbemitteln; er veranlasst über den Kontakt zu Reproanstalten und Druckereien die Herstellung von Druckvorlagen (Mater, Klischee, Lithographie) und nimmt Reinzeichnungen und Andrucke ab. – d) Der *Traffic-Manager* unterstützt den Produktioner bei der Terminplanung und -überwachung (Timing) und sorgt des Weiteren für die Rechnungslegung während bzw. nach Abschluss eines Auftrags. – 4. *Media: Der Medialeiter (Media-Director)* übernimmt den gesamten Mediaprozess von der → Mediaanalyse über die → Mediaplanung, die → Mediaselektion, den Einsatz bis zur Kontrolle der → Medien.

II. In Industrie- und Dienstleistungsunternehmen: 1. *Werbeabteilung:* Speziell im Investitionsgüter- und Dienstleistungssektor existiert der *Werbeleiter*, da in diesen Bereichen entweder kein Produktmanagement besteht bzw. typische Werbeagenturaufgaben → Freelancern (Freiberuflern) übertragen oder in Eigenregie durchgeführt werden. Unternehmungsbezogene (→ institutionelle Werbung, → Corporate Identity) wie produktbezogene Werbung fallen in sein

Ressort. – 2. *Produktmanagement:* V.a. in der Markenartikelindustrie wird der (klassische) Werbeleiter zunehmend aufgrund von Reorganisationsmaßnahmen durch den *Produktmanager* ersetzt. Seine Aufgabe ist dabei weiter gespannt als die des Werbeleiters, da er für die Planung, Koordination und Kontrolle all seiner Produkte bzw. -gruppe betreffenden Marketing-Maßnahmen zuständig ist. – Vgl. auch → Produktmanagementorganisation.

Werbebeschränkungen – ergeben sich aus dem Gesetz gegen den unlauteren Wettbewerb (UWG, → unlauterer Wettbewerb) sowie aus einer Reihe von Spezialgesetzen, v.a. aus Vorschriften des Gesundheitsschutzes wie dem Heilmittelwerbegesetz, dem Arzneimittelgesetz, dem Medizinproduktegesetz, dem Lebensmittel-, Bedarfsgegenstände- und Futtermittelgesetzbuch, dem Jugendschutzrecht, aus dem Berufsrecht der freien Berufe (→ Berufsordnung) sowie einer Reihe weiterer Spezialnormen. Die Werbebeschränkungen reichen von Vorschriften der Landesbauverordnung (z.B. bei → Außenwerbung) über Einschränkungen (z.B. Ausschluss bestimmter → Werbeträger) bis hin zu Verboten (z.B. Versprechen über die Beseitigung von Krankheiten). Bedeutsam ferner die gesetzlichen Vorschriften über → Fernsehwerbung.

Werbebriefe → Direct Mailing.

Werbebriefing → Briefing.

Werbebudget – *Werbeetat;* die Summe der für einen bestimmten Zeitraum (i.d.R. Geschäftsjahr) oder für eine bestimmte Aktion im Rahmen der → Finanzplanung für die → Werbung zur Verfügung stehenden Mittel. Das Werbebudget bestimmt oder begrenzt die Selektion der → Werbemittel und Werbeträger (→ Media) und damit deren → Streuung. Bestimmung und Aufteilung des Werbebudgets wird sukzessiv oder iterativ bestimmt (Belegungsmodus). Die Probleme der Festlegung des Werbebudgets, d.h. der zulässigen Werbekosten, entstehen primär durch die Schwierigkeiten in der Beurteilung von → Werbewirkungen und der Feststellung von Zielerreichungsgraden. – Vgl. auch → Werbebudgetierungsverfahren, → Mediaselektion, → Streuung, → Streuplan, → Tausenderpreis.

Werbebudgetierungsverfahren – 1. *Begriff:* Verfahren zur Festlegung des → Werbebudgets, das für die → Werbung während eines bestimmten Zeitraumes zur Verfügung steht. – 2. *Heuristische Verfahren:* a) *Umsatzbezogene Methoden:* Von der Marketingabteilung wird ein bestimmter Prozentsatz des Planumsatzes für Werbeaufwendungen zur Verfügung gestellt; in der Praxis die häufigste Methode. – b) *Prozent-vom-Gewinn-Methode:* Budgetbestimmung analog zur umsatzbezogenen Methode: als Bezugsbasis gilt jedoch der Gewinn. – c) *„Was-können-wir-uns-leisten"-Methode:* Budgetbestimmung auf der Basis des zur Verfügung stehenden finanziellen Leistungspotenzials. – d) *Wettbewerbs-Paritäts-Methode:* Die geplanten Werbeausgaben orientieren sich an den entsprechenden Aufwendungen der Konkurrenz. – e) *Werbeanteil-Marktanteils-Methode:* Festsetzung der Werbeausgaben in Beziehung zum Marktanteil. – f) *Methode der Werbekosten je Verkaufseinheit:* Festsetzung des erforderlichen Werbevolumens je Produkteinheit; das Budget ergibt sich durch Multiplikation mit der Zahl der zu erstellenden Einheiten. Anwendung hauptsächlich in Unternehmen mit homogener Produktionsstruktur und stabilem Nachfrageverlauf. – *Verfahrensbeurteilung:* Keine Methode entspricht den Anforderungen der instrumentellen Marketingtheorie, bei der mittels modellanalytischer Werbebudgetplanung optimal entschieden werden sollte. – 3. *Ansätze zu einer Theorie des optimalen Werbebudgets:* a) *Annahme:* Die Unternehmung verfügt über die drei Parameter Preis (p), Menge (x) und Werbekosten (S). – b) *Modellbeschreibung:* Bei den mithilfe der sog. Marginalanalysen durchgeführten mathematischen Ansätzen wird eine Aussage hinsichtlich der gewinnmaximalen Höhe des Werbebudgets gemacht. Dies geschieht durch die angenommene funktionale Beziehung der drei Parameter $x = k(p,S)$, wobei die Fixierung von zwei unabhängigen Variablen die dritte Größe automatisch festlegt. Wählt man z.B. die Absatzmenge und die Werbekosten als Aktionsparameter, den Preis als Erwartungsparameter, lautet die Nachfragefunktion: $p = f(x,S)$; unterstellt man außerdem eine Kostenfunktion von der Form $C = g(x)$ und geht davon aus, dass der Gewinn (G) als Differenz zwischen dem Gesamterlös und den gesamten Kosten determiniert ist, also: $G = p \cdot x - C - S$, so gilt unter Berücksichtigung aller obigen Funktionsbeziehungen: $G = f(x,S) \cdot x - g(x) - S$. Der Unternehmer wird nun Absatzmenge und → Werbekosten so bestimmen, dass sein Gewinn ein Maximum ergibt. Die Gewinnfunktion hat an der Stelle ihr Maximum, wo die beiden partiellen Ableitungen nach x und S gleich Null und die zweiten Ableitungen negativ sind. – c) *Interpretation:* Der Unternehmer wird seine Werbeanstrengungen solange forcieren, wie die aufgrund der Werbeintensivierung erreichbare Umsatzerhöhung die Steigerung der zusätzlichen Werbekosten (über-)kompensiert.

Werbeerfolg → Werbewirkung.

Werbeerfolgskontrolle – *Werbewirkungskontrolle;* Überprüfung der Effektivität und Effizienz der eingesetzten → Werbemittel und → Medien. Diese können vor oder nach ihrem Einsatz getestet werden (→ Pretest, → Posttest). Der Werbeerfolg kann im Hinblick auf psychische und ökonomische Wirkungen (→ Werbewirkung, → Werbeziele) kontrolliert werden. Zur Erfassung der psychischen Werbewirkung gehören die Kontrolle der Aktivierungswirkung (z.B. → Hautwiderstandsmessung), des Verständnisses (z.B. mittels Lückentext), der Akzeptanz (→ Befragung), der Erinnerung (Recall, Recognition) sowie der Einstellung und der inneren Bilder der Probanden. Zur Erfassung der ökonomischen Werbewirkung werden Verbraucherpanels und Handelspanels eingesetzt.

Werbeerfolgsprognose – *Werbewirkungsprognose;* Überprüfung der potenziellen Durchsetzungskraft der geplanten Werbemittel (→ Copy-Test). Werbeerfolgsprognose hat vorwiegend diagnostischen Charakter. Formale und inhaltliche Mängel von Werbemitteln sollen entdeckt und beseitigt werden. Evaluatives Ziel ist die Prüfung der Beeinflussungswirkung der Werbemittel. – *Methoden:* Die Werbeerfolgsprognose wird immer als → Pretest durchgeführt, entweder als Labor- oder als Feldtest. Vorwiegend werden Befragungsverfahren eingesetzt, zunehmend auch apparative Verfahren (→ Tachistoskop, → Blickregistrierung).

Werbeetat → Werbebudget.

Werbeforschung – Teilgebiet der → Marktforschung. Die Werbeforschung hat die Aufgabe den Einsatz der Werbung, Werbewirkung und Kommunikationsprozesse zu analysieren, um diese zu verbessern. – Vgl. auch → Mediaanalyse, → Werbewirkungsfunktion, → Werbeerfolgskontrolle, → Werbeerfolgsprognose.

Werbegeschenk – *Free Advertising Item;* unentgeltliche Zuwendung im geschäftlichen Bereich, Maßnahme der → Verkaufsförderung. Unterschied zur → Zugabe ist die Unentgeltlichkeit, zur → Warenprobe mangelnder Erprobungszweck. – *Rechtliche Zulässigkeit:* → Kundenfang, → Zugabe.

Werbehinweisrecht → Ankündigungsrecht.

Werbekampagne – Gesamtheit aller gestalteten → Werbemittel und deren Einsatz in ausgewählten Werbeträgern (→ Media), Werbegebieten und in einem bestimmten Werbezeitraum. – Die *inhaltlichen Ziele* einer Werbekampagne sollen mit einer zielgruppengerechten Ansprache vereinbar sein. Nach Erreichen der Werbeziele oder nach Ablauf des geplanten Werbezeitraums ist die Werbekampagne beendet. – *Mögliche Erscheinungsformen:* Plakate, Druckschriften, → Anzeigen, → Fernsehspots und → Funkspots, → Werbegeschenke etc.

Werbekodex – von der Internationalen Handelskammer (ICC) 1979 festgelegte Verhaltensregeln für die Werbepraxis. – *Hauptgrundsätze:* (1) Vereinbarkeit mit guten Sitten, (2) Redlichkeit und (3) Wahrheit. Werbeaussagen sollen von sozialer Verantwortung geprägt und mit Wettbewerbsgesetzen vereinbar sein (→ unlautere Werbung).

Werbekonkurrenz – Art der Konkurrenz, die sich auf die → Werbung für die Produkte bezieht. – Vgl. auch → Preiskonkurrenz.

Werbekosten – *Werbeaufwand.* 1. *Begriff:* Aufwendungen für Planung, Einsatz und Kontrolle der → Werbung einschließlich der Personalkosten; Aufwendungen einer Unternehmung für werbliche Zwecke. Abgrenzung zu anderen Vertriebskosten mitunter schwierig und nicht exakt durchführbar. In vielen Fällen werden nur die im → Werbebudget enthaltenen Aufwendungen als Werbekosten definiert. – Werbekosten sind nicht zu verwechseln mit → Werbungskosten im Sinn des Einkommensteuerrechts. – 2. *Behandlung in der Gewinn- und Verlustrechnung:* Werbekosten sind (abgesehen von den Personalaufwendungen und Abschreibungen des Vertriebsbereiches) als → sonstige betriebliche Aufwendungen (bei Anwendung des → Gesamtkostenverfahrens) oder als → Vertriebskosten (bei Anwendung des → Umsatzkostenverfahrens) auszuweisen. Werbekosten können als Vertriebskosten nicht Bestandteil der → Herstellungskosten sein. – 3. *Erfassung in der Kostenrechnung:* zumeist auf speziellen → Vertriebskostenstellen. Im Fall von Produktwerbung erfolgt eine direkte Kostenverrechnung auf das entsprechende Erzeugnis (→ Sondereinzelkosten des Vertriebs), ansonsten (in der Vollkostenrechnung) eine Verrechnung im Rahmen der → Vertriebsgemeinkosten. – 4. *Steuerliche Behandlung:* Werbekosten sind grundsätzlich → Betriebsausgaben. Aufwendungen für Geschenke mit einem Wert von mehr als 35 Euro stellen allerdings → nicht abzugsfähige Betriebsausgaben dar (§ 4 V EStG) und berechtigen daher nicht zum Vorsteuerabzug (§ 15 Ia UStG).

Werbekostenzuschuss – Geldbetrag, der Handelsunternehmungen vonseiten der Hersteller überlassen wird. Der Werbekostenzuschuss wird in der Handelskalkulation zu Preisreduzierungen genutzt oder dient zur Finanzierung von Werbe- und Verkaufsförderungsmaßnahmen, bei denen die Produkte und Leistungen der betreffenden Hersteller bes. Beachtung finden. Heute häufig als Sammelbegriff für die Zusammenfassung von unterschiedlichen → Rabatten und Konditionen genutzt. – Vgl. auch → Handelswerbung. – *Wettbewerbsrechtlich:* Werbekostenzuschuss gilt als den Leistungswettbewerb im Handel gefährdende Praktik.

Werbeleiter → Werbeberufe.

Werbemittel – Ausdrucksmittel der Werbung, in dem die aus den → Werbezielen abgeleitete Werbebotschaft gebündelt und dargestellt wird. – *Arten:* (1) *gedruckte Werbemittel:* → Printwerbung; (2) *elektronische Werbemittel:* → elektronische Werbung; (3) *sonstige Werbemittel:* → Werbegeschenke, → Sponsoring.

Werbemittelanalyse → Ad-Rem-Verfahren, → Folder-Test, → Copy-Test.

Werbemittler → Mediaagentur.

Werbenachlass → Händlernachlass.

werbendes Vermögen – derjenige Teil des betrieblichen Vermögens, der der eigentlichen Leistungserstellung dient, im Gegensatz zum Sicherungs-, Überschuss- und Verwaltungsvermögen.

Werbeplanung – Planung des Einsatzes von → Werbemitteln und Werbeträgern (→ Media), ausgerichtet an den in der Werbekonzeption niedergelegten

→ Werbezielen. – *Planungsschritte:* a) *Bestimmung des Werbeziels;* b) *Eigentliche Werbeplanung:* (1) Werbekonzeption, die die Werbestrategie (→ Copy-Strategie) enthält, sich mit den wesentlichen, werblichen Aussagen befasst und die kreative Umsetzung bestimmt; (2) Werbeträgerplanung (→ Mediaplanung), die sich mit Auswahl und Einsatz der Werbeträger, der Werbeintensität und Werbefrequenz, dem Einsatzgebiet und -zeitraum befasst; als Entscheidungshilfen dienen → Mediaanalysen (→ Streuplan); c) *Werbefinanzplanung:* Kalkulation der gesamten Kosten.

Werbepsychologie – Teilgebiet der Marktpsychologie (Konsum- und Marktpsychologie). – 1. *Begriff:* Disziplin, die die Bedingungen und Konsequenzen von Kommunikationsstrategien sowie die Informationen darüber bereitstellt. Vorwiegend experimentell bzw. empirisch ausgerichtet. – 2. *Fragestellungen:* Wesentliche Fragestellungen der Werbepsychologie reichen von der Identifizierung der relevanten Verhaltensebenen und Kategorien über inhaltliche und formale Gestaltung von Werbung bis hin zu Kommunikationsprozessen. – Vgl. auch → Werbeforschung.

Werbetest – Methoden zur Ermittlung der Wirkung von Werbung. Je nach Realisation als → Beobachtung oder → Befragung werden bes. Aufmerksamkeits- und Kommunikationsleistung, Einstellungsänderungen und Bevorzugung oder Kauf gemessen. – Vgl. auch → Recalltest, → Recognitiontest, → Persuasion-Test.

Werbetexter → Werbeberufe.

Werbetracking – Häufig eingesetzte Form des → Posttests von Werbung. Dabei werden in regelmäßigen Abständen (z.B. monatlich) wechselnde Stichproben von Verbrauchern der Zielgruppe (z.B. 400 Personen) befragt zur Werbeerinnerung (ungestützte Bekanntheit, gestützte Bekanntheit, erinnerte Werbeinhalte, Sloganzuordnung etc.) und Einstellung zum beworbenen Produkt (→ Image, Kauf bzw. Kaufabsicht etc.). Die dabei erzielten Werte (z.B. Anteil der Personen, die sich gestützt an die Werbung erinnern) werden im Zeitverlauf der Erhöhung bzw. Verminderung des Werbebudgets (als Ausdruck des Werbedrucks) gegenübergestellt. Eine funktionierende Kamapgne zeichnet sich dadurch aus, dass die Leistungswerte auf Erhöhungen des Werbedrucks reagieren, dass der Trend der Leistungswerte positiv und ihr Niveau nicht zu niedrig ist. Ist der Trend der Leistungswerte trotz gleich bleibender oder erhöhter Werbeausgaben negativ und/oder das Niveau niedrig, so sollte die Kampagne durch eine neue ersetzt werden.

Werbeträger → Medien, die geeignet sind, werbliche Informationen zu tragen. Werbeträger werden unterschieden in: Printmedien (Zeitungen, Zeitschriften, → Anzeigenblätter, → Supplements, Adressbücher). Elektronische Medien (Fernsehen, Hörfunk, Filmtheater, Onlinedienste). Medien der → Außenwerbung (Plakatanschlagstellen, Litfasssäulen, Lichtwerbung, Verkehrsmittel). Medien der → Direktwerbung (Werbebriefe, Kataloge, Telefon, Telefax, → E-Mail).

Werbeträgeranalyse → Mediaanalyse.

Werbeträgerplanung → Mediaplanung.

Werbe- und Abfertigungsvergütung – Leistungsvergütung, die dem bestellten Abfertigungsspediteur für seine Tätigkeit als eine Art „Ersatzgüterabfertigung" vom Unternehmer des gewerblichen Güterfernverkehrs zusteht; Festpreise.

Werbeverbot → Werbebeschränkungen.

Werbewirkung – *Werbeerfolg.* 1. *Ökonomische Werbewirkung:* Werbewirkung, die an Absatz- und Umsatzgrößen gemessen wird. Problematisch ist die Zurechenbarkeit einer Werbemaßnahme auf diese Größen, da auch noch andere Einflussfaktoren wirksam werden (z.B. Aktivitäten der Konkurrenz, saisonale und konjunkturelle Einflüsse). – 2. *Psychische Werbewirkung:* Die psychische Werbewirkung kann anhand verschiedener verhaltenswissenschaftlicher Größen gemessen werden, wie → Markenkenntnis (Markenbekanntheit), Erinnerung an Werbebotschaft, → Einstellung zu Marke/Unternehmen, → Image der Marke, Kaufabsicht etc. Aufgrund des deutlicheren Zusammenhangs mit den Werbemaßnahmen eignen sich diese Größen besser als Zielvorgaben und Kontrolle der Werbewirkung.

Werbewirkungsforschung – empirische Überprüfung, ob und wie die → Werbung das Erleben und Verhalten des Rezipienten beeinflusst und ob dieser Einfluss der Zielsetzung des Werbetreibenden entspricht. Unterschieden wird häufig zwischen einem psychologischen und einem ökonomischen Werbeerfolg. – a) Indikatoren des *psychologischen Werbeerfolgs* bestehen darin, ob (1) die Werbung überhaupt wahrgenommen wurde, (2) die Information im Gedächtnis haften blieb, (3) sie allg. oder spezifisch aktivierende Wirkungen hatte, (4) ob sie die Einstellungen dem Produkt oder der Dienstleistung gegenüber veränderte, (5) eine gedankliche Auseinandersetzung mit dem Angebot auslöste oder (6) zu einer Kaufabsicht führte. – b) Der *ökonomische Werbeerfolg* wird an ökonomischen Indikatoren wie z.B. der Anzahl der Verkäufe, dem Umsatz oder dem Marktanteil festgemacht. – Die Werbewirkungsforschung bedient sich nahezu aller Methoden, die in der empirischen Sozialforschung üblich sind. Sie kann im Feld oder im Labor durchgeführt werden; der Grad der Systematik streut weit und kann bis hin zum Experiment reichen.

Werbewirkungsfunktion – *Kontaktbewertungskurve, Response Function.* 1. *Begriff:* formaler Zusammenhang zwischen Werbewirkung und Kontaktdosis (→ Reichweite). Entspricht dem Verhältnis von Ziel- und Mitteleinsatz: Eine bestimmte Menge Geld (Mittel) soll bei der zu umwerbenden Zielgruppe so viel → Werbewirkung wie möglich (Ziel) erzeugen oder eine bestimmte Werbewirkung soll mit möglichst geringem Mitteleinsatz realisiert werden. – 2. *Probleme:* a) Werbewirkung ist auch von anderen Marketingaktivitäten abhängig; b) Werbeaktivitäten reagieren mit einer zeitlichen Verzögerung; c) Werbewirkungen sind nicht nur von monetären Mitteln abhängig, sondern auch von der Gestaltung der Werbemittel. – 3. *Darstellung:* Der Verlauf der Werbewirkungsfunktion lässt sich mithilfe von mathematischen Funktionen (linear, konvex oder s-förmig) darstellen. Er hängt von der Wahl der Variablen bzw. Ziele (→ Werbeziele) ab. – 4. *Bedeutung:* Werbewirkungsfunktionen werden bei Streuplänen verwendet, um eine wirtschaftliche Mediaplanung zu gewährleisten. – Vgl. auch → Media, → Mediaselektion, → Mediaselektionsmodelle, → Pretest, → Tausenderpreis, → VIP-Modell, → Werbeziele, → Tracking-Forschung.

Werbewirkungskontrolle → Werbeerfolgskontrolle.

Werbewirkungsprognose → Werbeerfolgsprognose.

Werbeziele – 1. *Begriff:* Werbeziele sind zukünftig angestrebte Zustände innerhalb des Marketingbereichs, die durch Kommunikationsmittel erreicht werden sollen. Die Werbeziele sind aus dem Zielsystem der Gesamtunternehmung (→ Unternehmungsziele) über die Marketingziele (Bereichsziele wie Absatzmengen- oder Marktanteilsmaximierung) abzuleiten. – 2. *Arten:* a) *Generelle* Werbeziele können sich entsprechend dem Produktlebenszyklus auf die Einführung neuer Produkte (→ Einführungswerbung), auf die Erweiterung von Umsatz, Absatz oder Marktanteilen (→ Expansionswerbung), Erhaltung und Sicherung des Absatzes (→ Erhaltungswerbung, → Erinnerungswerbung) sowie auf den gezielten Abbau von Umsatz beziehen (→ Reduktionswerbung). – b) *Ökonomische* Werbeziele sind solche Zielinhalte, die monetäre Größen (z.B. Gewinn, Umsatz) umfassen. Ökonomische Zielgrößen sind jedoch als Werbeziele ungeeignet, da diese Größen nicht nur von Werbung, sondern von vielen weiteren Faktoren abhängen. – c) *Kommunikative* Werbeziele sind Verhaltensziele, die hinter den ökonomischen Werbezielen stehen bzw. diese bedingen und sich aufgrund ihrer besseren Zurechenbarkeit zur Kommunikation besser als Werbeziele eignen. Sie können sich z.B. auf → Markenkenntnis, Einstellung oder Kaufabsicht beziehen. Zur *Operationalisierung der Werbeziele* sind die Beeinflussungstechniken anzugeben, mit denen die Ziele erreicht werden sollen. Daraus resultieren für die Werbung drei Beeinflussungsziele: (1) *Aktualität*, die zur Bekanntmachung des Angebots dient, (2) *Vermittlung von Emotionen*, die z.B. dazu verwendet werden können einem Angebot ein unverwechselbares Erlebnisprofil zuzuordnen und (3) *Vermittlung von Informationen* für z.B. bes. erklärungsbedürftige oder innovative Produkte. Diese Werbeziele können auch kombiniert zum Einsatz kommen. – d) *Strategische und taktische Ziele*: (1) Strategische Werbeziele sind die wesentlichen Ziele, die mittel- oder langfristig im Dienste des Markterfolges stehen. (2) Taktische Ziele sind untergeordnete Ziele und solche, die nur kurzfristig umgesetzt werden, i.Allg., um vorübergehende Engpässe und Schwächen auf dem Markt auszugleichen. Jedes der angegebenen Beeinflussungsziele kann strategischen oder taktischen Zwecken dienen. – 3. *Vorraussetzungen für kommunikative Werbeziele*: (1) Die Verhaltensdisposition (wie die Einstellung zur Marke) kann durch die Werbung beeinflusst werden. (2) Die Beeinflussung durch die Werbung ist mithilfe von Messungen nachweisbar. (3) Die beeinflusste Verhaltensdisposition zieht tatsächlich die angestrebte Verhaltensänderung nach sich.

Werbung

von Prof. Dr. Jürgen Schulz

I. Begriff

Werbung ist die Beeinflussung („Meinungsbeeinflussung" Kroeber-Riel 1988, 29) von verhaltensrelevanten Einstellungen mittels spezifischer Kommunikationsmittel, die über Kommunikationsmedien verbreitet werden. Werbung zählt zu den Instrumenten der → Kommunikationspolitik im → Marketing-Mix. Durch die kostenintensive Belegung von Werbeträgermedien ist es das auffälligste und bedeutendste Instrument der Marketingkommunikation.

II. Merkmale

Im engeren Sinne ist im Rahmen der Wirtschaftskommunikation mit Werbung die Adressierung von Absatzmärkten gemeint. Ebenso werben Unternehmen aber auch für Personal, Finanzmittel oder für wirtschaftliche und rechtliche Rahmenbedingungen, die Ihnen die Geschäftsausübung erleichtern. Im Rahmen der Gesellschaftskommunikation verfolgen politische, kulturelle und gesellschaftliche Organisationen primär nicht-kommerzielle Werbeziele. Politische Parteilen werben z.B. um Wähler, Kommunen für die Attraktivität ihrer Städte, Hilfsorganisationen für Spenden und Kultureinrichtungen werben für ihre Existenzberechtigung. Werbung ist damit ein basales Element gesellschaftlichen Zusammenlebens, das bereits in frühen Kulturen dokumentiert ist.

III. Unterscheidung von anderen, ähnlichen Begriffen

Folgende weitere Instrumente können unterschieden werden: → Verkaufsförderung, → Persönlicher Verkauf, Öffentlichkeitsarbeit (Public Relations), → Sponsoring, → Product Placement, → Event Marketing, → Werbebartering, Licensing. Hierbei unterscheidet man zwischen „Below-the-line" für persuasive Kommunikation in nicht-klassischen Medien und „Above-the-line" als Oberbezeichnung für persuasive Kommunikation in klassischen Medien. Zu den klassischen Medien der → Massenkommunikation zählen Printmedien (Zeitungen, Zeitschriften, Außenwerbung) und elektronische Medien (Radio, TV, Internet, Kino etc.).

Als → Ambient Medien werden innovative → Werbeträger in der unmittelbaren Lebenswelt der Rezipienten bezeichnet (z.B. Fußböden, Toiletten, Regal-Dispenser, U-Bahn-Züge, Zapfpistolen usw.).

Von den klassischen Medien sind Werbemedien zu unterscheiden, die darauf ausgerichtet sind, durch eine gezielte Einzelansprache einen direkten Kontakt zum Adressaten herzustellen und Anschlusskommunikation zu initiieren. Diese, als → Direktwerbung oder → Direct Marketing bezeichnete Art der Werbung erstreckt sich weitgehend auf Werbebriefe, Prospekte, Druckschriften etc. (→ Direct Mailing). Immer häufiger werden einzelne Maßnahmen systematisch zu mehrstufigen Direktwerbekampagnen kombiniert.

Der Erfolg der Direktwerbung ist vor allem auf die unmittelbare und gezielte Ansprache der Verbraucher zurückzuführen. Diese können im Gegensatz zur Medienwerbung auf das Kommunikationsangebot direkt reagieren. Der Erfolg der Direktwerbung ist über die Reaktion der Adressaten (Response) direkt messbar.

Neben die klassische Direktwerbung per Brief, Postwurfsendung etc. ist die elektronische Variante in Form von Newslettern und E-Mails oder SMS getreten. Sogenannten Spam-Mails, also E-Mails, die automatisch an jede erreichbare E-Mail-Adresse versendet werden, haben zu massivem Abwehrverhalten beim Rezipienten geführt. Überhaupt ist ein Problem der Direktwerbung die zunehmende Überschüttung der Verbraucher mit „Werbepost". Um den daraus resultierenden Ablehnungsreaktionen zu begegnen wird zunehmend nur noch an Adressaten versendet, die vorher ihr Einverständnis erklärt haben, was naturgemäß v.a. im elektronischen Bereich möglich ist. Im Rahmen des so genannten One-to-One-Marketing werden Instrumente zur Individualisierung der Direktwerbung entwickelt, durch deren Einsatz der Adressat sich direkt angesprochen fühlen, die Werbeinformation als für sich nutzvoll empfinden und deshalb akzeptieren soll.

VI. Werbeplanung

Ziel der → Werbeplanung ist die Erarbeitung einer Werbekampagne für ein Werbeobjekt. Werbeobjekte können Produkte, Dienstleistungen (Industriewerbung, Handelswerbung), Ideen, Appelle, Organisationen oder Personen etc. sein.

Die Werbeplanung beginnt mit der Recherche und Analyse der Ausgangssituation, die durch Unternehmensfaktoren (Unternehmenspolitik, Marketing-Mix etc.) und Umfeldfaktoren (Zielgruppen/Kunden, Konkurrenz, gesellschaftliche u. ökonomische Rahmenbedingungen etc.) gekennzeichnet ist. Auf die Analysephase folgen die Festlegung der Werbeziele wie Bekanntheit, Sympathie, Kaufabsicht etc. Ferner müssen die Adressaten der Werbung (Zielgruppen) und die Eigenschaften, die diese dem Werbeobjekt zuschreiben sollen (Positionierung), bestimmt werden. Diese Informationen sind die Grundlage der Aufgabenbeschreibung für die Kreativabteilung (Creative Brief), um im weiteren Verlauf Werbebotschaften und Gestaltungsideen zu entwickeln. Die Werbebotschaft wird dann durch die Gestaltung verschiedener Werbemittel umgesetzt. Im letzten Planungsschritt, der Mediaplanung, werden geeignete Werbeträger ausgewählt, ihr zeitlicher Einsatz und die Intensität ihrer Belegung bestimmt. Werbemittel und Werbeträger stehen naturgemäß in einem engen Zusammenhang. Die Entscheidung über den zu verwendenden Werbeträger (Mediaselektion) kann sich auf Mediaselektionsmodelle stützen. Informationen über Reichweite, Tausenderpreis etc. liefern Mediaanalysen. Anhand dieser Angaben lässt sich das optimale Medium bzw. die optimale Medienkombination für eine geplante Werbekampagne bestimmen.

Bei der Ausarbeitung einer Werbekampagne muss sich die Werbeplanung mit verschiedenen Entscheidungen hinsichtlich Werbebotschaft, Werbeetat, Werbemittel und Werbeträger (Media) befassen. Als Entscheidungshilfen stehen u.a. die verschiedenen Verfahren zur Werbeerfolgsprognose zur Verfügung. Über Erfolgsprognosen (Pretests) und Werbewirkungskontrollen versuchen die Entscheider in Agenturen und Unternehmen das Risiko mangelhafter Werbewirkung zu verringern. Zur Unterstützung der Entscheidung über die Auswahl der einzusetzenden Werbemittel (Anzeigen, Spots, etc.) kommen Tests zur Anwendung. Dazu werden verschiedene Gestaltungsalternativen im Labor/Studio bzw. im Feld getestet und das beste Konzept ausgewählt.

Werbeerfolgsprognose und Werbeerfolgskontrolle dienen der Vorausschau bzw. Kontrolle des Erfolges einzelner Werbemittel oder ganzer Werbekampagnen. Dazu stehen verschiedene Testformen zur Verfügung, die nach Testzeitpunk, -objekt und Methodik variieren (Pretest, Posttest). Diese Tests bedienen sich neben Probeläufen und der Methode zur Befragung auch apparativer Verfahren, z.B. Tachistoskop, Hauptwiderstandsmessung und Blickregistrierung.

Bei der Ermittlung des Werbebudgets stehen verschiedene Werbebudgetierungsverfahren und Werbewirkungsfunktionen zur Verfügung.

Von dieser präskriptiv normativen Beschreibung des Werbeplanungsprozesses weicht die faktische Realität der Werbeplanung i.d.R. ab, da Entscheidungen unter den Bedingungen begrenzter Rationalität getroffen werden müssen. Im Alltag der Agenturen läuft der Prozess dann streckenweise rückwärtsgewandt, indem die Strategen Strategien für bereits favorisierte Gestaltungsansätze entwickeln.

V. Internet und Werbung

In den Bereichen der elektronischen Werbung sind durch die Einführung und inzwischen weite Verbreitung des → Internets neue Möglichkeiten eröffnet worden. Gleichzeitig ist auch eine Konvergenz der Medien feststellbar: Techniken des Internets (Übertragungsprotokolle) werden zur Ausstrahlung von Fernsehsendungen benutzt. Über TV-Satelliten lässt sich der Internetanschluss herstellen. Das führt in verstärktem Maß auch dazu, dass auch die Werbeformen verschmelzen: TV-Spots werden via Internet gestestet bevor sie im TV on Air gehen.

Die bekannteste Werbeform des Internet ist das Banner. Ein in die Site eingeblendeter Bereich (Fenster), der Werbung und die Aufforderung beinhaltet, per Mausklick auf die Site des Werbenden zu wechseln. Die Homepage des Werbetreibenden ist mit dem Banner verlinkt und ermöglicht somit eine direkte Kommunikation mit dem Umworbenen. Banner lassen sich animieren, um erhöhte Aufmerksamkeitswirkung erzielen zu können (Animated Gif). Technisch ist es möglich, verschiedenen Nutzern auf der gleichen Internetseite verschiedene Banner zu präsentieren, je nachdem, für welche Inhalte sich der Nutzer interessieren könnte; hierzu prüft man z.B. auf welcher Seite er vorher war oder welche Suchbegriffe er in einer Suchmaschine eingibt. Dem Gestaltungsspielraum bei Bannern sind keine Grenzen gesetzt; es finden sich alle möglichen Spielarten im Netz: So genannte applikatorische Banner täuschen Anwendungen vor; narrative Banner erzählen Minigeschichten; Nanosite-Banner beinhalten echte, funktionsfähige Anwendungen. Banner sind derzeit noch immer das Hauptwerbemittel im Internet. Die AdClick Rate, also der Anteil der Rezipienten von Onlinewerbung, die auf die Werbung klickt, liegt i.d.R. deutlich unter einem Prozent.

Weitere Formen der Werbung im Internet sind z.B. die Key-Word-Werbung oder Interstitial. Bei der Key-Word-Werbung bucht der Werbende eine Kombination aus einem Banner und spezifischen Produktbegriffen, bei deren Eingabe in eine Suchmaschine das Angebot des Werbenden aufgelistet wird. Häufig sind diese Schlüsselwörter auch direkt in der Codierung einer Website versteckt, und zwar in den so genannten Metatags. Metatags sind Stichworte und Textbausteine, die in der Programmiersprache HTML in einer Internetsite für den Nutzer unsichtbar programmiert sind. Viele Suchmaschinen verwenden die Metatags zum Indexieren. Sie sind somit eine wichtige Möglichkeit, spezifische Informationswünsche auf konkrete Anbietersites zu lenken.

Interstitial: Ähnlich wie beim Fernsehen gibt es auch im Internet Unterbrecherwerbung. Unabhängig vom Verhalten des Nutzers wird plötzlich ein Interstitial auf einem Bildschirm präsentiert. Diese können im selben Fenster, in einem neuen Fenster oder auch gänzlich bildschirmfüllend sein. Es kann sich dabei um das Einblenden eines Banners, einer Videosequenz oder Werbespots handeln. Sie müssen vom Benutzer entweder manuell wieder geschlossen werden oder enden nach Ablauf einer gewissen Zeit von selbst. Als grundsätzlich wirksamer wird Internetwerbung angesehen, zu deren Einblendung der Nutzer explizit seine Zustimmung gegeben hat oder deren Einblendung aufgrund des Surfverhaltens aller Voraussicht nach akzeptiert wird.

VI. Institutionalisierung und Organisation

Werbung ist Auftragskommunikation, die im Auftrag von Unternehmen von Werbeagenturen entwickelt und umgesetzt wird. Auftragskommunikation fällt im Rahmen wirtschaftlicher, staatlicher, politischer oder sonstiger gesellschaftlicher Institutionen an. Sie erfüllt Funktionen, die diesen Institutionen dazu dienen, ihre Zwecke zu verwirklichen.

Werbeagenturen sind seit Mitte des 19. Jahrhunderts entstanden. Ihre Aufgabe bestand zunächst vor allem darin, durch Reklame Aufmerksamkeit zu schaffen für Waren und Dienstleistungen. Die Vermittlung und Nutzung von Anzeigenraum der Zeitungen war zu Beginn ein wesentliches Geschäftsmodell. Neben dieser Vermittlung und Publizierung von Werbung (Media) entwickelten sich die Kundenberatung (Kontakt) und die Umsetzung (Kreation) zu wesentlichen Geschäftsfeldern. Diese haben sich im Laufe der Zeit weiter ausdifferenziert. Während Kontakter heute überwiegend administrative Serviceaufgaben wahrnehmen, ist mit der strategischen Planung (Acccount Planning) ein neuer Aufgabenbereich im Organisationsgefüge und Arbeitsprozess der Werbeagentur entstanden. Gleichzeitig ist die Mediaplanung als Geschäftsfeld immer mehr aus dem Kerngeschäft der Agenturen auf spezialisierte Mediaagenturen verlagert worden.

VII. Entwicklung der Werbung in Deutschland

Im Jahre 2011 wurden knapp 30 Mrd Euro in Werbung investiert. Die Medien hatten an den Werbeausgaben einen Netto-Anteil von knapp 19 Mrd Euro, während etwa 11 Mrd Euro auf Produktionskosten der Werbemittel, Honorare und Gehälter entfielen.

Die Entwicklung ist verhalten. Allerdings gibt es Grund zur Sorge, dass die deutsche Werbewirtschaft erneut in die Rezession abgleitet. Mittelfristig müssen strukturelle, politische und konjunkturelle Probleme von werbenden Firmen, Medien und Agenturen bewältigt werden.

Die Einstellung der Konsumenten zur Werbung ist relativ konstant: über die Hälte der Bevölkerung ab 14 Jahren bestätigen die Nützlichkeit der Werbung durch Hinweise auf neue Produkte. Über 45 Prozent stufen Werbung als hilfreich für den Verbraucher ein. Allerdings gibt es immer wieder Diskussionen über die Werbemüdigkeit der Verbraucher, die aus dem immensen Werbeangebot resultieren soll. Für die Fernsehwerbung wird seit einiger Zeit das Problem des Zapping diskutiert. Psychologisch könnte man hier von Reaktanz der Verbraucher sprechen.

In der Vergangenheit wurden weitere Umbruchprozesse durch die wachsende Zahl der Sender und sinkende Technikkosten erwartet. Es hat sich aber gezeigt, dass sich nicht jedes Angebot seine Nachfrage verschafft, sodass sich die Zahl der Sender mehr oder weniger stabilisiert. Lokale und regionale TV-Sender haben es zunehmend schwer, die notwendigen Werbeeinnahmen zu generieren, was zu einer Marktbereinigung führt.

Das Problem der Werbemüdigkeit und besonders des Zapping (wahlloses Umschalten bei der Unterbrechung durch Fernsehwerbung) wird sowohl durch die Gestaltung von Spots, der Dauer der Werbeblöcke und deren Position innerhalb der Sendung als auch durch eine Vielzahl so genannter Werbesonderformen begegnet. Durch die Erhöhung des Unterhaltungswertes der Spots wird versucht, dem Zapping entgegenzuwirken, ebenso durch zeitweises Splitten des TV-Bildschirmes. Dabei wird in einem kleinen Fenster die eigentliche Sendung (z.B. eine Sportübertragung) fortgesetzt, während in dem anderen Bildschirmsegment Werbespots gezeigt werden.

VIII. Institutionelle und rechtliche Rahmenbedingungen

Werbung ist durch eine Reihe institutioneller Besonderheiten gekennzeichnet. So wird ein großer Teil des Werbemanagement nicht von den Werbetreibenden selbst, sondern von Werbeagenturen übernommen. Die einzelnen Berufsgruppen der Werbung (Werbeberufe) sind in verschiedenen Verbänden und Institutionen zusammengeschlossen: dem ADC (Art Directors Club für Deutschland e.V.) als Vereinigung von kreativen Werbeberufen, dem BDW (Deutscher Kommunikationsverband) als Verband der Kommunikationsberufe, der DWG (Deutsche Werbewissenschaftliche Gesellschaft e.V.) mit dem Ziel des Wissenstransfers zwischen Theorie und Praxis, dem DDV (Deutscher Direktmarketing Verband), dem GWA (Gesamtverband Kommunikationsagenturen e.V.), dem ZAW (Zentralverband der deutschen Werbewirtschaft). Eine wichtige Funktion im Hinblick auf Fehlentwicklungen in der Werbung übernimmt der Deutsche Werberat als freiwilliges Kontrollorgan der Werbewirtschaft.

Die Aktivitäten der Werbetreibenden sind einer Vielzahl gesetzlicher Regelungen, aber auch freiwilliger Selbstbeschränkung unterworfen (Werbebeschränkungen). Gegenstand dieser Regelungen sind u.a. unlautere Werbung, Schleichwerbung (Product Placement), irreführende Werbung, sittenwidrige Werbung oder auch Werbung für einzelne Produkte oder Branchen (Medikamente, Lebensmittel, Tabakwaren, Autoreifen) oder einzelne Zielgruppen (Werbung für Kinder).

Art und Umfang der Regelungen, die in zunehmendem Maße von der WHO kommen und von der EU konkretisiert werden, resultieren auch aus dem vorgestellten Bild des Verbrauchers: Während sogar in der Regierungserklärung der Bundesregierung die Mündigkeit und Selbstverantwortlichkeit des Verbrauchers betont wurde, scheint jetzt zunehmend von seiner Unmündigkeit und Schutzbedürftigkeit bei der Gesetzgebung ausgegangen zu werden. Dies führt zu einer zunehmenden Reglementierung und Restriktion der Werbung.

Daneben sind aber auch einzelne Liberalisierungen zu beobachten: So ist die früher in Deutschland verbotene vergleichende Werbung seit Mitte 1998 mit aus EG-Richtlinien resultierenden Einschränkungen erlaubt. Wichtige Regeln sind, dass der Vergleich nicht in die Irre führen darf oder dass weder Marken, die Handelsnamen oder andere Unterscheidungszeichen noch die Waren, Dienstleistungen, die Tätigkeiten oder die Verhältnisse eines Konkurrenten herabgesetzt oder verunglimpft werden dürfen. Vergleichende Werbung wird auch von den Werbetreibenden genutzt, allerdings in geringem Maß, was teils an fehlender Erfahrung liegen mag, v.a. aber aus Werbewirkungsgesetzmäßigkeiten zu resultieren scheint, denn der Vergleich beinhaltet immer auch Werbung für den Wettbewerber, mit dem man sich vergleicht.

IX. Vorbehalte gegenüber Werbung – Überzeugen versus Überreden

Für die nicht gewaltsame, durch Zeichen vermittelte Beeinflussung von Menschen durch Kommunikation verwendet man den Ausdruck Persuasion (von lat. persuadere = „überreden/überzeugen"). Der Ausdruck

Persuasion ersetzt die weltanschauliche Debatte über den Unterschied zwischen Überzeugen und Überreden. Was die Unterscheidung zwischen dem geschätzten Überzeugen und dem eher für verwerflich gehaltenen manipulativen Überreden betrifft, so lässt sich sehr leicht zeigen, dass es sich hierbei um eine Unterscheidung handelt, die sich erst im Rationalismus der Aufklärung herausgebildet hat, während in der antiken Rhetorik ethos (die Haltung/Glaubwürdigkeit des Sprechers), pathos (die Gemütsbewegung des Publikums) und logos (die rationalen Beweisführung) als gleichrangige Modi der Persuasion nebeneinander stehen (vgl. Aristoteles, Rhetorica I.2, 1355b/56a). Sehr früh verliert das Wort überzeugen seine ursprüngliche Bedeutung „jemanden durch Zeigen überführen“ und nimmt – wie bereits Beispiele seit dem 16. Jahrhundert erkennen lassen – die (heute übliche) Bedeutung „jemanden durch Zeugen oder andere Beweismittel zur Anerkennung einer Tatsache usw. bringen, ihn etwas glaubenmachen“ an.

Im Verlauf der Aufklärung und ihrer Verengung im Rationalismus gehen Ethos und Pathos verloren. Sie werden wesentlich für das diskreditierte Überreden der Werbung verantwortlich gemacht, während dem Beweis im Argument die noblere Rolle des Überzeugens zufällt.

Der Soziologe Niklas Luhmann betont die Paradoxie der Werbung: „Die Werbung sucht zu manipulieren, sie arbeitet unaufrichtig und setzt [aber] voraus, dass das vorausgesetzt wird“ (Luhmanns 1995, 85). Ähnlich beschreibt Gerhard Schulze die Bedingungen in einer mit Werbung konfroinierten Erlebnisgesellschaft: „Beide Akteure [Anbieter und Konsument] arbeiten zusammen; Suggestion gehört zum Service. Unbrauchbar sind die Begriffe von Lüge und Wahrheit, wo es im Einvernehmen aller Marktteilnehmer primär darum geht, dem Endverbraucher gewünschte psychophysische Prozesse zu verschaffen“ (Schulze 1993: 26 f.).

Werbung der Gewerkschaften → Koalitionsfreiheit.

Werbungskosten – 1. *Begriff des Einkommensteuerrechts* für Aufwendungen zur Erwerbung, Sicherung und Erhaltung der Einnahmen (§ 9 I EStG). Sie umfassen die Aufwendungen, die bei Ermittlung der sog. Überschusseinkünfte (Einkünfte aus nichtselbständiger Arbeit, aus Kapitalvermögen, aus Vermietung und Verpachtung und sonstige Einkünfte) unmittelbar von den Einnahmen abgezogen werden können (→ Einkünfteermittlung). Werbungskosten entsprechen somit den → Betriebsausgaben bei Gewinneinkünften (Einkünfte aus Land- und Forstwirtschaft, aus Gewerbebetrieb und aus selbständiger Arbeit). Aufwendungen zur Sicherung von steuerfreien Einnahmen können nicht Werbungskosten sein (§ 3c EStG). – 2. Als Werbungskosten werden u.a. anerkannt (§ 9 EStG): (1) → Schuldzinsen und → Renten (bei Leibrenten nur Ertragsanteil nach § 22 Nr. 1 S. 3a bb) EStG), (2) Beiträge zu Berufsständen und Berufsverbänden, (3) Mehraufwendungen für → doppelte Haushaltsführung, (4) Aufwendungen für Arbeitsmittel, (5) → Absetzung für Abnutzung (AfA), etwa für ein vermietetes Gebäude. – 3. Werbungskosten sind in tatsächlicher Höhe bei entsprechendem Nachweis *abzugsfähig* oder in Höhe der → Pauschbeträge für Werbungskosten, wenn keine höheren Werbungskosten nachgewiesen werden. – 4. *Lohnsteuer:* Im Lohnsteuertarif ist ein Werbungskosten-Pauschbetrag von 1.000 Euro eingearbeitet. Die diesen überschießenden Werbungskosten können, bei Vorliegen der übrigen Voraussetzungen, als lohnsteuerfreie Beträge auf der → Lohnsteuerkarte eingetragen (→ Lohnsteuer-Ermäßigungsverfahren) oder im Rahmen der Einkommensteuer-Veranlagung (→ Veranlagung) geltend gemacht werden. – 5. → Abgeltungsteuer: Mit der Einführung der Abgeltungsteuer ab dem Veranlagungszeitraum 2009 entfällt der Abzug der tatsächlichen Werbungskosten für Kapitalerträge. Es wird nunmehr bei der Ermittlung der Kapitaleinkünfte ein sog. → Sparer-Pauschbetrag in Höhe von 801 Euro bzw. von 1.602 Euro bei Zusammenveranlagung gewährt. Bis einschließlich 2008 wurden ein Werbungskostenpauschbetrag von 51 Euro bzw. 102 Euro sowie ein Sparerfreibetrag von 750 Euro bzw. 1.500 Euro gewährt.

Werbungskosten-Pauschbeträge → Pauschbeträge für → Werbungskosten, die für bestimmte Berufsgruppen neben dem ggf. anzuwendenden → Arbeitnehmer-Pauschbetrag zur Vereinfachung bei der Errechnung der Lohn- bzw. Einkommensteuer angesetzt werden konnten, sofern keine höheren Werbungskosten im Einzelnen nachgewiesen oder glaubhaft gemacht werden.

Werbungskosten-Pauschsätze – Pauschsätze für → Werbungskosten, die für bestimmte Berufsgruppen zur Vereinfachung bei der Errechnung der Lohn- bzw. Einkommensteuer angesetzt werden konnten, sofern keine höheren Werbungskosten im Einzelnen nachgewiesen oder glaubhaft gemacht werden.

werdende Mütter → Mutterschutz.

Werk – 1. *Produktionsstätte,* die als räumlich zusammenhängende Verwaltungseinheit innerhalb eines Unternehmens existiert. – 2. Durch das → Urheberrecht geschützte persönliche geistige Schöpfung – also Erzeugnis - die Inhalt oder Form oder deren Verbindung etwas Neues und Eigentümliches darstellt (§ 2 UrhG). – Vgl. auch → Sammelwerk. – 3. Bedeutung im Sinn des → Werkvertrages.

Werkarzt – ein in den Diensten eines Unternehmens stehender approbierter Arzt, der haupt- oder nebenberuflich die gesundheitliche Betreuung der Belegschaftsmitglieder übernimmt, bes. auf dem Gebiet der Werkshygiene, des Untersuchungs- und

Beratungsdienstes und der ersten Hilfe bei Unfällen und Berufserkrankungen. Zusammenarbeit mit staatlichen Gewerbeärzten, behandelndem Arzt, Durchgangs-, Vertrauens- und Amtsärzten, Krankenanstalten, Berufsgenossenschaften, Krankenkassen u.a., im Wesentlichen nur beratend. – *Anders:* → Betriebsarzt.

Werkbücherei – *Unternehmensbibliothek,* in Großbetrieben der Industrie für ihre Belegschaft eingerichtete Bücherei, die i.d.R. nur unternehmensinternen Zwecken dient und nicht öffentlich zugänglich ist.

Werkdienstwohnung – Wohnung, die im Rahmen eines Dienstverhältnisses (Arbeitsverhältnisses) häufig ohne gesonderten Mietvertrag überlassen ist (z.B. Hausmeister). Die gesetzliche Regelung findet sich in § 576 b BGB. Die Beendigung von Werkdienstvertrag und Dienstvertrag (Arbeitsvertrag) erfolgt einheitlich. Für die Beendigung des Mietverhältnisses gelten aber die mietvertraglichen Vorschriften, wenn der Arbeitnehmer – wie meistens – mit seiner Familie dort wohnt oder die Wohnung selbst ausgestattet hat (§ 576b BGB). In solchen Fällen kann auch im Rahmen des Dienstverhältnisses ein Mietvertrag geschlossen werden, der allerdings die Verknüpfung (Einheit) mit dem Dienstvertag klar regeln muss. – Der Betriebsrat hat kein Mitbestimmungsrecht bei Werkdienstwohnung, wohl aber bei Werkmietwohnung. – Bei Streitigkeiten sind die Arbeitsgerichte zuständig. – *Anders:* → Werkmietwohnung. – *Steuerliche Behandlung:* → Werkwohnung.

Werkerholungsheime – von Unternehmen, Unternehmensgemeinschaften oder Verbänden gekaufte oder gepachtete Heime in Luftkur- oder Badeorten, in die Belegschaftsmitglieder kurzfristig (je nach Dauer des Jahresurlaubs) zur Erholung verschickt werden können, meist unter Übernahme von Fahrtkosten und Teilen der Pensionskosten (auch gestaffelt nach Einkommenshöhe) seitens des verschickenden Unternehmens. Bei Vorlage von ärztlichen Attesten auch Verschickung mit Zusatzurlaub. – *Auswahl* der Erholungsbedürftigen meist unter Hinzuziehung des Werkarztes und in Fühlungsnahme mit dem Betriebsrat, dem nach Betriebsverfassungsgesetz das Recht der Mitbestimmung bei der Verwaltung des Werkerholungsheims zusteht (§ 87 I Nr. 8 BetrVG). – In Österreich bei größeren und verstaatlichten Unternehmen üblich als Bestandteil der sozialen Fürsorge. – Vgl. auch → Sozialeinrichtung.

Werkküche → Kantine.

Werkleistung – Abk. für einen Werkvertrag oder ähnlichen Vertrag, dessen Erfüllung umsatzsteuerlich als sonstige Leistung eingestuft wird. Alternative: → Werklieferung, weitere Einzelheiten und Abgrenzung vgl. dort.

Werklieferung – Begriff aus dem Bereich der Umsatzsteuer: Bei der Behandlung von → Werkverträgen stellt sich das Problem, ob die Erfüllung des Werkvertrags als → Lieferung (Werklieferung) oder als → sonstige Leistung (Werkleistung) zu behandeln ist. Die Frage ist von Bedeutung für die Bestimmung des Ortes der Leistung, die Anwendung von Befreiungen und den Steuersatz. – 1. *Werklieferung:* Nach der gesetzlichen Definition der Lieferung ist ein Vorgang immer dann als Lieferung einzuordnen, wenn bei ihm (auch) die Verfügungsmacht über einen Gegenstand auf den Abnehmer übertragen wird (§ 3 I UStG), eine Einstufung als sonstige Leistung ist nur möglich, wenn die Einordnung als Lieferung nicht möglich ist (§ 3 IX UStG). Entsprechend dieser allg. Regelung ist ein Werkvertrag immer dann als Lieferung einzustufen, wenn der Werkunternehmer eine Sache bearbeitet oder verarbeitet und im Endprodukt mind. ein Stoff enthalten ist, den der Werkunternehmer selbst beschafft hat und der nicht nur von untergeordneter Bedeutung für das Endprodukt ist (Hauptstoff); auf den gesamten Werkvertrag finden dann die Regeln über eine Lieferung Anwendung. – 2. *Werkleistung:* Liegt keine Werklieferung vor, ist die Erfüllung des Werkvertrags als Werkleistung zu behandeln, d.h. die Regelungen über die Behandlung sonstiger Leistungen finden Anwendung. Diese Definition für den Begriff der Werkleistung ist gesetzlich nicht näher festgelegt, sondern ergibt sich nur aus der allg. Definition der sonstigen Leistung; die Erwähnung des Begriffs in § 3 X UStG bezieht sich auf den nachfolgend beschriebenen, seltenen Sonderfall. – 3. *Sonderfall:* Ein gesetzlich geregelter Spezialfall der Werkleistung ist die sog. *Umtauschmüllerei* (§ 3 X UStG). Stellt ein Kunde einem Unternehmer einen Stoff zur Verfügung, damit dieser ihn bei der Ausführung des Werkvertrages verarbeitet, bearbeitet der Auftragnehmer aber stattdessen einen gleichartigen Stoff, oder gibt der Unternehmer dem Kunden von vornherein ein Fertigprodukt, das aus dem betreffenden Stoff hergestellt zu werden pflegt, dann liegt kein → tauschähnlicher Umsatz vor, sondern eine Werkleistung. Voraussetzung ist allerdings, dass die Zahlung des Kunden nicht als Differenz zwischen den Marktpreisen der beiden ausgetauschten Gegenstände, sondern nach Art eines Lohns für die Bearbeitung berechnet wird. Früher häufigstes Anwendungsbeispiel der Regelung war die Abgabe von Getreide bei einem Müller im sofortigen Austausch gegen fertiges Mehl aus gleichartigem Getreide.

Werklieferungsvertrag – 1. *Begriff:* Vertrag, der die Lieferung herzustellender oder zu erzeugender *beweglicher* Sachen zum Gegenstand hat (§ 651 I 1 BGB). – 2. *Rechtsfolgen:* Ein solcher Vertrag wird wie ein → Kaufvertrag behandelt. Soweit es sich um nicht → vertretbare Sachen handelt, kommen ergänzend Regelungen des Werkvertrags über die Mitwirkung des Bestellers, Gefahrtragung, Kündigung und Kostenanschlag zur Anwendung. – 3. *Anders:* Leistungen, die einem Grundstück oder Gebäude zugute kommen. Sie werden stets als → Werkvertrag eingeordnet. – *Beispiel:* Der Bauunternehmer errichtet auf einem fremden Grundstück ein Haus.

Werklohn – beim → Werkvertrag die Vergütung, die der Besteller dem Unternehmer für die Ausführung des Werks schuldet. – Die *Höhe* des Werklohns bestimmt sich in erster Linie nach der Vereinbarung der Parteien; fehlt sie, so wird beim Bestehen einer Taxe die taxmäßige Vergütung, andernfalls die übliche Vergütung geschuldet (§ 632 BGB). – Der Werklohn ist nach → Abnahme des Werks zu *entrichten* (§ 641 BGB). Eine Verpflichtung zur früheren Zahlung kann sich jedoch aus vertraglicher Abmachung oder aus Abschlagszahlung (§ 632a BGB) ergeben.

Werkmietwohnung – 1. *Begriff:* Wohnung, über die zwischen Arbeitgeber und Arbeitnehmer neben dem Arbeitsvertrag ein Mietvertrag abgeschlossen wird (§§ 576, 576a BGB). – *Anders:* → Werkdienstwohnung. – 2. Arbeitgeber kann nicht zur *Errichtung von Werkmietwohnungen* gezwungen werden; möglich ist der Abschluss einer freiwilligen → Betriebsvereinbarung (§ 88 Nr. 2 BetrVG). – 3. Die *Zuweisung und Kündigung von Werkmietwohnungen* sowie die *allg. Festlegung der Nutzungsbedingungen* unterliegen der erzwingbaren Mitbestimmung des Betriebsrats in → sozialen Angelegenheiten nach § 87 I Nr. 9 BetrVG. Die Mitbestimmung erstreckt sich auf jeden Einzelfall der Zuweisung und Kündigung einer Werkmietwohnung. Das Fehlen der Zustimmung des Betriebsrats kann der Arbeitnehmer in einem anhängigen Mietprozess einwenden. Umstritten ist, ob das Mitbestimmungsrecht auch noch nach eingetretener Auflösung des Arbeitsverhältnisses fortbesteht. – Zur *zivilrechtlichen Wirksamkeit* der Kündigung der Werkmietwohnung vgl. §§ 576, 576a BGB. – 4. Mitbestimmung bei der *allg. Festlegung der Nutzungsbedingungen* bedeutet z.B. Mitbestimmung bei dem Entwurf eines Mustermietvertrages, aber auch bei der allg. Festlegung der Grundsätze über die Mietzinsbildung im Rahmen der vom Arbeitgeber zur Verfügung gestellten Mittel (nicht: Festsetzung des Mietzinses für jede einzelne Werkmietwohnung). – 5. *Streitigkeiten*: Bei Streitigkeiten zwischen Arbeitgeber und Arbeitnehmer über die Werkmietwohnung sind die Zivilgerichte zuständig, nicht die Arbeitsgerichte. – 6. *Steuerliche Behandlung:* → Werkswohnung.

Werkschule – räumliche und organisatorische Zusammenfassung der oft vielfältigen Ausbildungseinrichtungen größerer Unternehmungen. Von staatlich geprüften Lehrkräften geleitete und staatlich anerkannte Werkschulen können der → Berufsschule gleichgestellt werden.

Werkschutz – vom Arbeitgeber beauftragte Arbeitnehmer oder Dritte, die das → Hausrecht für ihn ausüben, also v.a. Unbefugte vom Werksgelände fernhalten und strafbare Handlungen (z.B. Diebstähle) verhindern. Die mit dem Werkschutz beauftragten Personen sind berechtigt, auch Gewalt im Rahmen der allg. geltenden Gesetze anzuwenden (z.B. im Fall der Notwehr). Ob der Werkschutz Waffen tragen darf, richtet sich nach den allg. geltenden Vorschriften (Waffenschein). Gemäß § 127 StPO darf vom Werkschutz (wie von jedermann) eine vorläufige Festnahme auch ohne Vorliegen eines Haftbefehls vorgenommen werden, wenn jemand auf frischer Tat erfasst wird und Fluchtgefahr besteht.

Werkshandel – Verkauf von Produkten des eigenen Sortiments bzw. der eigenen Produktpalette an Betriebsangehörige; Form des → Belegschaftshandels.

Werkshandelsgesellschaft → Werkshandelsunternehmung.

Werkshandelsunternehmung – rechtlich selbstständige Handelsunternehmung, die ihre Waren überwiegend von einem oder mehreren Produzenten bezieht, die gemeinsam zu mehr als 50 Prozent am Kapital der Werkshandelsunternehmung beteiligt sind. Verbreitet im Handel mit Eisen und Stahl. – Vgl. auch → Verkaufskontor. – *Ähnlich:* → Vertragshändler.

Werksnormen → Normen, die von einzelnen Betrieben zur Vereinheitlichung ihres Betriebsablaufes geschaffen werden. Werksnormen sind Standardisierungen, die noch nicht der Normung auf überbetrieblicher Ebene im Rahmen des Deutschen Instituts für Normung (DIN) unterliegen (→ deutsche Normen); es kann sich allerdings um Werksfassungen von DIN-Normen handeln.

Werkspionage – 1. *Begriff:* Insgeheim durchgeführte Tätigkeit, die darauf zielt, → Betriebs- und Geschäftsgeheimnisse der Konkurrenz (Zahlen des industriellen Rechnungswesens, Daten der wirtschaftlichen und technischen Planung, Verfahrensweisen, Rezepte, und Entwicklungen etc.) aufzudecken oder Pläne eines Vertragspartners in Erfahrung zu bringen. – 2. Werksspionage ist vielfach *strafbar,* auch wenn sie nicht in Zusammenhang mit einer anderen strafbaren Handlung (z.B. Diebstahl, Einbruch etc.) durchgeführt wird (→ Geheimnisverrat). – 3. *Arbeitsrechtliche Folgen:* → Außerordentliche Kündigung von Arbeitnehmern bei Weitergabe von Betriebsgeheimnissen an andere wegen Verstoßes gegen die dem Arbeitgeber gegenüber bestehende → Treuepflicht. – Vgl. auch → Betriebs- und Geschäftsgeheimnis.

Werkstarifvertrag → Firmentarifvertrag.

Werkstatt für behinderte Menschen – Einrichtung zur Eingliederung behinderter Menschen in das Arbeitsleben. Die Werkstatt für behinderte Menschen soll Personen, die wegen Art oder Schwere der Behinderung nicht, noch nicht oder noch nicht wieder auf dem allg. Arbeitsmarkt tätig werden können, einen Arbeitsplatz oder Gelegenheit zur Ausübung einer geeigneten Tätigkeit bieten (§ 136 SGB IX). Die Entscheidung über Anerkennung trifft auf Antrag die → Bundesagentur für Arbeit im Einvernehmen mit dem überörtlichen Träger der Sozialhilfe (§ 142 SGB IX). – Das *Rechtsverhältnis der schwerbehinderten Menschen zur Werkstatt* ist umstritten. I.d.R. stehen die behinderten Menschen nicht in einem

Arbeitsverhältnis zu der Werkstatt für behinderte Menschen, sondern in einem arbeitnehmerähnlichen Rechtsverhältnis, bei dem die Betreuung des behinderten Menschen im Vordergrund steht. Die in einer Werkstatt für behinderte Menschen tätigen behinderten Menschen sind in der Kranken-, Renten- und Unfallversicherung versichert. – Arbeitgeber, die durch Aufträge an anerkannte Werkstätten für behinderte Menschen zur Beschäftigung beitragen, können 50 Prozent des Gesamtrechnungsbetrages abzüglich Materialkosten auf die Schwerbehinderten-Ausgleichsabgabe anrechnen (§ 140 SGB IX). – Vgl. auch → Schwerbehindertenrecht.

Werkstattproduktion – *Werkstattfertigung;* Elementartyp der Produktion (→ Produktionstypen), der sich aus dem Merkmal der Anordnung der Arbeitssysteme ergibt. Die Werkstattproduktion ist dadurch gekennzeichnet, dass in Teilbetrieben einer Produktionsstätte jeweils gleichartige Produktionseinrichtungen bzw. Arbeitssysteme als abgeschlossene Einheiten zusammengefasst sind. Bei Werkstattproduktionen gibt es unterschiedliche Durchlaufwege der zu bearbeitenden Produkte bzw. Aufträge. Teilbereiche bei Werkstattproduktionen sind z.B. Dreherei, Bohrerei, Fräserei, Schleiferei und Lackiererei. – Vgl. auch → Fließproduktion, → Zentrenproduktion. – Vgl. auch → Schwerbehindertenrecht.

Werkstattsteuerung – Planungs- und Steuerungsaktivitäten in einem → PPS-System für einen kurzfristigen Zeitraum, z.B. ein oder zwei Wochen.

Werkstattwochenbuch → Berichtsheft im Handwerk.

Werkstoffe → Material, zusammenfassende Bezeichnung für diejenigen → Rohstoffe, → Hilfs- und → Betriebsstoffe, Halbfertig- und Fertigfabrikate, die als Ausgangs- und Grundstoffe in die Erzeugnisse eines Betriebes einzugehen bestimmt sind. Werkstoffe zählen zu den elementaren Produktionsfaktoren (→ Elementarfaktoren). Sie werden nach der im Betrieb erfolgten Veränderung der Form oder Substanz oder durch den Einbau in andere Fertigerzeugnisse Bestandteil neuer Produkte. – Vgl. auch → Rohstoffwirtschaft.

Werkstoffplanung → Bereitstellungsplanung.

Werkstudent – Personen, die als ordentlich Studierende einer Fachschule oder Hochschule immatrikuliert sind und daneben einer mehr als geringfügigen Beschäftigung oder selbstständigen Tätigkeit nachgehen. Seit 1.10.1996 sind Werkstudenten u.U. versicherungspflichtig in der Rentenversicherung nach den allg. Regeln. In der gesetzlichen Krankenversicherung und in der Arbeitslosenversicherung sind Werkstudenten weiterhin versicherungsfrei (§ 6 I Nr. 3 SGB V, § 27 IV SGB III).

Werksurlaub – völliges Aussetzen der Arbeit infolge Auftragsmangels. Die gegenseitigen Pflichten ruhen. Im Gegensatz zu den → Betriebsferien kein Erholungsurlaub nach dem Bundesurlaubsgesetz (→ Urlaub). – *Anders:* → Kurzarbeit.

Werkswohnung – *Betriebswohnung, Dienstwohnung;* Wohnung in werkseigenem Gebäude. – Zu *unterscheiden:* → Werkdienstwohnung und → Werkmietwohnung. – *Steuerliche Behandlung:* Die Gewährung von freier oder verbilligter Wohnung ist steuerpflichtiger → Arbeitslohn, da es sich um einen geldwerten Vorteil handelt, der dem Arbeitnehmer zufällt, weil er einer Arbeitstätigkeit nachgeht. Die Möglichkeit, die Werkswohnung nutzen zu dürfen, ist mit der ortsüblichen Miete zu bewerten (§ 8 II EStG); muss der Arbeitnehmer eine Miete zahlen, ist nur die Verbilligung (Differenz übliche Miete zur gezahlten Miete) als Vorteil steuerpflichtig. Wie hoch die ortsübliche Miete in Zweifelsfällen anzusetzen ist, regelt die → Sachbezugsverordnung (SachBezV) (offizielle Bezeichnung heute: → Sozialversicherungsentgeltverordnung, SvEv, lohnsteuerlich relevant gemäß § 8 II Satz 6 EStG und R 8.1 V LStR 2008).

Werktitel → geschäftliche Bezeichnung (§ 5 MarkenG) einer Druckschrift, eines Film-, Ton-, Bühnen- oder sonstigen Werks. Liegen die Voraussetzungen einer persönlichen geistigen Schöpfung vor, genießt der Werktitel den Schutz des → Urheberrechts. I.d.R. dient der Werktitel aber nur der namensmäßigen Unterscheidung der Druckschrift etc. von anderen Druckschriften und sonstigen Werken, sodass er den Schutz der geschäftlichen Bezeichnung (§ 5 MarkenG) genießt. Dieser Schutz kann auch Untertiteln, Titeln von Rubriken und Werkreihen etc. zukommen. Voraussetzung ist weder bes. Originalität noch Unterscheidungskraft für das die Druckschrift oder das sonstige Werk herausgebende Unternehmen, es genügt die Eignung zur Unterscheidung der Werke. Dazu muss der Titel aussprechbar und aus sich verständlich sein, dann genießt er wie andere geschäftliche Bezeichnungen mit dem Akt der Ingebrauchnahme Schutz, andernfalls nur mit der Erlangung von → Verkehrsgeltung. Da bei Zeitungen und Zeitschriften die Auswahl an eigenartigen Bezeichnungen beschränkt ist, werden an den Titelschutz für diese Werke keine hohen Anforderungen gestellt, Kombinationen von Gattungsangaben (z.B. Zeitung) mit beschreibenden oder lokalisierenden Zusätzen (z.B. Deutsche Zeitung) können bereits unterscheidungskräftig sein, haben dann aber auch einen entsprechend geringen Schutzumfang. Für die Verwechslungsgefahr sind alle Umstände des Einzelfalls zu berücksichtigen, auch die Vertriebswege und der Inhalt des Werks. Nicht verwechslungsfähig, daher trotz identischer Titel z.B. „Transaktuell" für eine Fachzeitschrift für das Transportwesen einerseits und für ein Magazin für Transsexuelle andererseits, wenn sich die Vertriebswege nicht berühren. Da der Vertrieb eines Werks regelmäßig erst erhebliche Zeit nach seiner Schaffung aufgenommen werden kann, kommt der mit Ingebrauchnahme entstehende Titelschutz häufig zu spät, um dem Titel die erforderliche → Priorität zu sichern. Es hat sich daher die Übung herausgebildet, die Priorität durch Titelschutzanzeigen vorzuverlegen. Derartige Anzeigen werden als prioritätsbegründend anerkannt, wenn sich mit ihnen ein konkretes verlegerisches Vorhaben verbindet und das Werk in angemessener Zeit tatsächlich erscheint.

Werkverkehr – Güterverkehr mit eigenen Verkehrsmitteln, für eigene Zwecke und mit eigenem Personal; gesetzlich geregelt im Güterkraftverkehrsgesetz (GüKG). – *Gegensatz:* gewerblicher Verkehr. – Vgl. auch → öffentlicher Verkehr.

Werkvertrag – **I. Begriff:** Vertrag, durch den sich der eine Teil (Unternehmer) zur Herstellung eines Werks, der andere (Besteller) zur Zahlung einer Vergütung (→ Werklohn) verpflichtet (§§ 631 ff. BGB). – *Werk* im Sinn des BGB kann sowohl Herstellung (z.B. Anfertigung eines Maßanzugs) bzw. Veränderung einer Sache (z.B. Reparatur) als auch ein anderer, durch Arbeit oder Dienstleistung herbeizuführender Erfolg sein (z.B. Anfertigung eines Gutachtens, chemische Untersuchung eines Stoffes). – Wesentlich ist, dass der Unternehmer für den Erfolg seiner Tätigkeit einsteht; andernfalls liegt → Dienstvertrag vor. – *Abgrenzung* ist im Einzelfall oft schwierig, so kann z.B. die Berufstätigkeit eines Architekten je nach den Umständen im Rahmen eines Dienst- oder Werkvertrags erfolgen. Unerheblich ist die Art der Vergütungsbemessung (Zeit- oder Stücklohn).

II. Für bestimmte Arten von Werkverträgen: bestehen *Sondervorschriften,* bes. für die auf Beförderung von Sachen und Personen gerichteten Verträge (z.B. → Frachtvertrag). Im Baugewerbe Abänderung und Ergänzung des BGB durch die → Verdingungsordnungen, die aber nur dann gilt, wenn die Parteien sie ausdrücklich oder stillschweigend zum Vertragsinhalt gemacht haben (→ Bauforderung). – Seit der → Schuldrechtsreform findet auf einen → Werklieferungsvertrag grundsätzlich Kaufrecht Anwendung. – Weitere Bestimmungen des BGB betreffen → Kostenvoranschlag, → Abnahme, → Sachmängelhaftung (Werkvertrag), → Nachbesserungspflicht, → Unternehmerpfandrecht.

Werkzeitschrift – *Werkzeitung;* periodisch erscheinende Druckschrift eines Unternehmens, v.a. für dessen Mitarbeiter. Wesentliches Mittel der Information und Meinungsbildung der Belegschaft, der innerbetrieblichen Werbung und der Kontaktpflege zwischen Unternehmungsleitung und Belegschaft (Harmonisierung des → Betriebsklimas). Die meisten großen dt. Unternehmen geben heute Werkzeitschriften heraus. – *Inhalt:* Die Werkzeitschrift soll das Interesse der Betriebsmitglieder an ihrem Betrieb wecken und fördern, sie über Vorgänge im Betrieb unterrichten und den Kontakt zwischen Unternehmungsleitung und Belegschaft vertiefen. Sie muss in ihrem Inhalt auf innerbetriebliche Belange abgestellt werden und dem Betriebsangehörigen Gelegenheit geben, zu diesen Problemen auch kritisch Stellung zu nehmen. I.d.R. wird auch dem Betriebsrat Gelegenheit zur Information gegeben. – Die Funktion der Werkzeitschrift darf nicht dadurch gestört werden, dass sie inhaltlich und äußerlich als Repräsentationsorgan für die Öffentlichkeit gestaltet wird.

Werkzeug – 1. *Begriff:* Gegenstand, der in der menschlichen Hand oder in der Maschine unmittelbar auf ein mechanisch zu bearbeitendes Werkstück formend einwirkt. Wichtiges Hilfsmittel der Produktion, mit kürzerer Lebensdauer als → Maschinen und verhältnismäßig geringerem Wert. – *Anders:* → Werkzeugmaschine. – 2. *Handelsrecht:* → Betriebsausstattung. Werkzeuge können in der Bilanz häufig mit einem → Festwert angesetzt werden. – 3. *Steuerrecht:* Werkzeuge sind meist Anlagevermögen und fallen oft unter die Regelung für → geringwertige Wirtschaftsgüter. – Vgl. auch → Steuerbilanz, → Bewertung. – 4. *Kostenrechnung:* → Werkzeugkosten. – Vgl. auch → Softwarewerkzeug.

Werkzeugentnahmeschein – Produktionsunterlage, die im Rahmen der → Produktionsprozesssteuerung erstellt wird. Der Werkzeugentnahmeschein ist Grundlage für die Werkzeug-Lagerbuchführung und die auftragsbezogene Verrechnung der Werkzeugkosten.

Werkzeugkosten → Kosten für fremdbezogene und selbst hergestellte → Werkzeuge. Werkzeugkosten werden als bes. → Kostenart in der Kostenartenrechnung erfasst bzw. im Rahmen der → innerbetrieblichen Leistungsverrechnung kalkuliert. Werkzeuge, deren Gebrauchsdauer über ein Jahr hinausreicht, werden auf Anlagekonten erfasst (→ Anlagen) und sukzessiv abgeschrieben.

Werkzeugmaschine – spezielle Form von → Maschinen, deren Einsatz an dem zu bearbeitenden Werkstück durch das in die Maschine einzuspannende Werkzeug eine Formänderung bewirkt. – *Beispiele:* Drehbank, Fräsmaschine, Bohr-, Hobel- und Schleifmaschine.

Werner-Plan – nach dem damaligen luxemburgischen Ministerpräsident und Finanzminister Werner benannter EG-Bericht. Er enthält einen Plan zu einer stufenweisen Realisierung einer Wirtschafts- und Währungsunion in der EG bis Ende 1980. Auf Beschluss des Rates der EG vom 6.3.1970 wurde eine entsprechende Arbeitsgruppe unter Werners Vorsitz eingesetzt, welche am 8.10.1970 den sog. Werner-Plan vorlegte. Diese wurde leicht revidiert am 22.3.1971 vom Rat verabschiedet. – Die *erste Stufe* vom 1.1.1971 bis zum 31.12.1973 (mit der Möglichkeit einer zweijährigen Verlängerung) sollte bez. der allg. Wirtschaftspolitik eine freiwillige Harmonisierung und Koordinierung der Haushalts- und Steuerpolitiken der EG-Länder, u.a. eine Angleichung von Umsatz-, Verbrauchs- und Körperschaftssteuern, beinhalten. Zudem waren der Einstieg in eine vollständige Öffnung der Kapitalmärkte, eine Verringerung der Wechselkursbandbreiten sowie die Errichtung eines

Europäischen Fonds für währungspolitische Koordination vorgesehen. – In der *zweiten Stufe* sollten die Harmonisierungstendenzen beschleunigt und obligatorisch werden, womit eine zunehmende Verlagerung von Kompetenzen von der Ebene der Mitgliedsstaaten auf die EG-Ebene einhergehen sollte. – Die *dritte Stufe* sah die Einführung einer gemeinsamen Währung ab 1980 vor. Aufgrund der weltwirtschaftlichen Problemlagen (Auflösung des globalen Festkurssystems von Bretton Woods, Ölpreiskrise) konnte bereits der Übergang in die zweite Stufe nicht mehr fristgerecht vollzogen werden. – Mitte der 1970er-Jahre wurde der Werner-Plan endgültig *aufgegeben;* wesentliche Elemente wurden jedoch bei der Schaffung des Europäischen Währungssystems (→ EWS) (1979) und auch bei dem Konzept einer → Europäischen Währungsunion (EWU) des Vertrages von Maastricht (1991) übernommen.

Wert – **I. Mikroökonomik:** Ausdruck der Wichtigkeit eines → Gutes, die es für die Befriedigung der subjektiven Bedürfnisse besitzt, wie sie sich etwa in seinem → Nutzen und in der betreffenden → Präferenzordnung des Wirtschaftssubjektes widerspiegelt. Steht seine Bereitschaft im Vordergrund, im Zuge des Marktprozesses Ressourcen zur Erlangung bestimmter Güter hinzugeben, so wird im Gegensatz zum Gebrauchswert auch vom → Tauschwert gesprochen. Wirtschaftlichen Wert können nur Güter besitzen, die dem Sachverhalt der → Knappheit unterworfen sind. Der Wert von Kapitalgütern ist eine abgeleitete Größe aus dem Wert der mit ihrer Hilfe zu produzierenden Konsumgüter, die der direkten Bedürfnisbefriedigung zugeführt werden. – Vgl. auch → Wirtschaftssoziologie.

II. Betriebswirtschaftslehre: → Bewertung, → Unternehmungsbewertung, → Unternehmungswert.

Wertabgrenzung → Abgrenzung.

Wertanalyse – spezielle Methodik zur Ergebnisverbesserung in allen Bereichen einer Unternehmung. Ausgehend von den Funktionen eines Objektes wird durch systematische Analyse und Planung in einem Team unter Anwendung von → Kreativitätstechniken eine Verbesserung der Erlös-Kosten-Relation angestrebt. Eine Wertanalyse kann angewendet werden, um Produkte, Produktionsfaktoren und Produktionsorganisationen auf einen möglichst hohen Stand der Wirtschaftlichkeit hin zu entwickeln *(Value Engineering)* oder (soweit vorhanden) entsprechend umzugestalten *(Value Analysis).* – *Beispiel* für Produkte: Aufdeckung von Kosten der Produktgestaltung, die für den Funktionswert des Produktes von untergeordneter Bedeutung sind. – *Anders:* Gemeinwertkostenanalyse. Der Wertanalyseprozess (schematisches Vorgehen) bei der Wertanalyse läuft in folgenden Phasen ab: (1) Problemstellungsphase, (2) Suchphase, (3) Beurteilungsphase, (4) Entscheidungsphase, (5) Realisierungsphase, (6) Kontrollphase.

Wertansatz → Bewertung.

Wertaufbewahrungsfunktion des Geldes → Geld.

wertaufhellende Tatsachen → Stichtagsprinzip.

Wertaufholung → Zuschreibung.

Wertaufholungsgebot – *Zuschreibungsgebot, Zwangszuschreibung;* Gebot der Heraufsetzung von Bilanzwerten gegenüber dem vorjährigen Bilanzansatz bei Fortfall des Grundes für eine frühere Abschreibung gemäß § 253 V HGB. Dieses umfassende Wertaufholungsgebot ist rechtsformunabhängig und gilt somit für Einzelkaufleute, Personengesellschaften, Kapitalgesellschaften sowie Genossenschaften. Durch die Neufassung des § 253 V HGB und Wegfall des § 280 HGB durch das → Bilanzrechtsmodernisierungsgesetz (BilMoG) wurde das bereits für Kapitalgesellschaften bestehende Wertaufholungsgebot für alle Rechtsformen generalisiert und die Ungleichbehandlung zwischen den Rechtsformen aufgehoben. Von der Verpflichtung der Wertaufholung bleibt der Geschäfts- oder Firmenwert gemäß § 253 V Satz 2 HGB ausgenommen (Wertaufholungsverbot).

Wertaufholungsrücklage – Die Eigenkapitalanteile von Wertaufholungen dürfen bei Kapitalgesellschaften üblicherweise in eine gesonderte Rücklage (Wertaufholungsrücklage) eingestellt werden, ohne jedoch zwingend als solche in der Bilanz bezeichnet zu werden (§§ 29 IV GmbHG, 58 IIa AktG). – Vgl. auch → Wertaufholungsgebot.

Wertbasis → Wertfreiheitspostulat.

wertbeeinflussende Tatsachen → Stichtagsprinzip.

Wertberichtigungen – *Wertberichtigungsposten;* Wertkorrekturen als Posten auf der Passivseite einer Bilanz für zu hoch angesetzte Aktiva. Seit Inkrafttreten des HGB 1985 dürfen Wertberichtigungen zumindest bei Kapitalgesellschaften nicht mehr in der Bilanz ausgewiesen werden, sodass nur noch die direkte → Abschreibung (aktivische → Absetzung für Abnutzung (AfA)) relevant ist; im → Anlagengitter entsprechen die Wertberichtigungen den kumulierten Abschreibungen.

Werte – Strukturen normativer Erwartungen, die sich im Zuge reflektierter Erfahrung (Tradition, Sozialisation, Entwicklung einer Weltanschauung) herausbilden. Werte strukturieren das Erkennen, Erleben und Wollen, indem sie Orientierungsmaßstäbe für die Bevorzugung von Gegenständen oder Handlungen bilden. Zu unterscheiden sind Werte, die sich aus der Funktion des Bewerteten für einen übergeordneten Zweck ergeben, und Werte, die den Zweck selbst darstellen. Ökonomik betrachtet Werte üblicherweise aus der ersten, → Ethik aus der zweiten Perspektive. Gesellschaftliche Probleme werden häufig auf Verlust oder Verfall von (moralischen) Werte zurückgeführt, die Therapie entsprechend in Form moralischer Aufrüstung betrieben.

Werterneuerungsfonds – *Werterneuerungskonto, Maschinenerneuerungskonto;* eine zweckgebundene, steuerlich nicht anerkannte → Rücklage, die aus

Abschreibungen über den Anschaffungs- oder Herstellungswert einer Anlage hinaus gebildet wird, v.a. um voraussichtliche Preissteigerungen im Zeitpunkt der Ersatzbeschaffung bereits bei der Abschreibung der zu ersetzenden Anlage zu berücksichtigen und vermutliche → Scheingewinne im Unternehmen zurückzuhalten (nicht auszuschütten).

Wertersatz – *Einziehung des Wertersatzes,* Begriff des → Steuerstrafrechts, des Strafrechts (§ 74c StGB) und des Bußgeldverfahrens (§ 25 OWiG) für eine Maßnahme strafähnlichen Charakters, auf die subsidiär zu erkennen ist, falls die primär gebotene → Einziehung (z.B. steuer- oder zollpflichtiger Waren) nicht möglich ist, weil der Täter oder der Teilnehmer die Sachen vor der Entscheidung über die Einziehung verwertet, veräußert oder verbraucht hat oder die Einziehung sonst verhindert hat. Das Gericht kann die Einziehung eines Geldbetrages bis zu der Höhe anordnen, die dem Wert des Gegenstandes entspricht. Die Anordnung trägt Strafcharakter. Für die *Höhe* des Wertersatzes sind die Preise maßgebend, die für Waren gleicher Art und Güte im Inland bezahlt werden; der Wert kann geschätzt werden.

Wertesystem – Sammelbegriff für die Gesamtheit aller Normen, denen sich Individuen oder Gruppen von Personen verpflichtet fühlen. Das im Unternehmen verankerte Wertesystem wird nach außen durch das → Unternehmensleitbild und die → Unternehmenskultur abgebildet.

Wertfortschreibung – steuerliche → Fortschreibung bei Änderung des Wertes eines Gegenstands, für den ein → Einheitswert festgestellt ist (§ 22 I BewG). Wertfortschreibung ist an die Überschreitung bestimmter Wertabweichungen vom letzten festgestellten Einheitswert gebunden. Die Grenzen werden, da die Einheitswerte sich auf Verhältnisse früherer Jahre beziehen, immer noch in DM ausgedrückt. – Bei → Grundbesitz: Wertsteigerung um mehr als $^1/_{10}$ (aber mind. 5.000 DM) oder um mehr als 100.000 DM; Wertsenkung um mehr als $^1/_{10}$ (aber mind. 500 DM) oder um mehr als 5.000 DM. Wertfortschreibung kann auch im Rahmen einer → Berichtigungsfortschreibung vorgenommen werden.

Wertfreiheit – von → Weber geforderte Wissenschaftsethik, die sich auf den Verzicht von intersubjektiv nicht überprüfbaren Werturteilen verpflichten soll. Ursprünglich wurde in der → Wohlfahrtsökonomik versucht, die Forderung nach Wertfreiheit der ökonomischen Theorie dadurch sicherzustellen, dass die allg. akzeptierten Wertprämissen erkundet werden, um unter Berücksichtigung der für die Analyse dadurch exogen vorgegebenen gesellschaftlichen Zielsetzungen ein positives Theoriegebäude zu entwickeln. In der Erkundung allg. Wertprämissen liegt jedoch das Problem. Hier wird es in pluralistischen Gesellschaften immer Unstimmigkeiten geben. Deshalb umgeht die Wohlfahrtsökonomik dieses Problem mit der Beschränkung auf die Verwendung des → Nutzens als Ausdruck für die ökonomische Wohlfahrt. Das „wertfreie" Kriterium des Nutzenzuwachses als Ausdruck für die Wohlfahrtssteigerung verlagert das Problem jedoch auf die Definition des Nutzens sowie die Problematik → interpersoneller Nutzenvergleiche. – Vgl. auch → Methodenstreit, → Wissenschaftstheorie, → normative Betriebswirtschaftslehre, → Positivismus.

Wertfreiheitspostulat – 1. *Aussage* des Wertfreiheitspostulats: Erfahrungswissenschaftler sollen sich der Abgabe von → Werturteilen enthalten; pointierte Formulierung von → Weber („Eine empirische Wissenschaft vermag niemanden zu lehren, was er soll, sondern nur, was er kann und – u.U. – was er will"). Ablehnung einer → normativen Betriebswirtschaftslehre. – 2. Das Wertfreiheitspostulat bedeutet nicht, dass Wertungen in der Wissenschaft generell unterbleiben sollen. Es wird differenziert: a) *Wertungen im Objektbereich* können selbstverständlich Gegenstand einer wissenschaftlichen Analyse sein (z.B. Alternativenbewertung durch Führungskräfte im Unternehmen); – b) *Wertungen im Wertbasisbereich* sind prinzipiell nicht zu vermeiden (z.B. Auswahl spezifischer Problemstellungen durch den einzelnen Wissenschaftler oder die Wissenschaftlergemeinschaft insgesamt); – c) *Wertungen im Aussagebereich* einer Wissenschaft (z.B. „Die gegenwärtige Einkommensverteilung ist ungerecht") sind Bezugspunkt der Weberschen These bzw. Wertfreiheitspostulat. – 3. Die *Problematik* von Wertungen im Aussagenbereich liegt darin, dass sie wegen ihres Bekenntnischarakters intersubjektiv nicht überprüft werden können und insofern beliebig bleiben; die Aufgabe der Wissenschaft sollte sich deshalb auf *Information* über die Realität oder über prinzipielle Handlungsmöglichkeiten beschränken.

Wertgrenzprodukt – mit dem Marktpreis des produzierten Gutes im Fall der → Mengenanpassung (→ Polypol) oder dem Grenzerlös (im → Monopol, → Oligopol) bewertetes (multipliziertes) physisches → Grenzprodukt eines Produktionsfaktors (→ Grenzproduktivitätssätze).

Wertindex → Messzahl für den temporalen oder lokalen Vergleich des tatsächlichen Werts von Warenkörben. – *Beispiel:* Auftragseingangsindex.

Wertkarte → E-Geld.

Wertkonzept → kooperative Spieltheorie.

Wertlehre – 1. *Volkswirtschaftslehre:* → Wert. – 2. *Betriebswirtschaftslehre:* → Bewertung. – 3. → Wirtschaftsethik: → Werte.

wertmäßiger Kostenbegriff – auf die subjektive Wertlehre und die Grenznutzenschule zurückgehender Kostenbegriff. Kosten sind definiert als bewerteter sachzielbezogener Güterverbrauch. Grundlegend ist die *Annahme des* → Mengengerüsts der Kosten. – Charakteristikum ist die Zweckbezogenheit: Der wertmäßige Kostenbegriff ist durch die

Möglichkeit unterschiedlicher Bewertungsansätze (→ Anschaffungswert, → Tageswert, → Opportunitätskosten) grundsätzlich offen für unterschiedliche Zwecke der Kostenrechnung; sein Inhalt kann erst in Zusammenhang mit einem bestimmten Rechnungszweck festgelegt werden. Konsequenzen der Zweckbezogenheit: (1) Der wertmäßige Kostenbegriff ist wenig für eine Kostenerfassung geeignet, die Daten für unterschiedliche → Auswertungsrechnungen bereitstellen will (→ Einzelkostenrechnung, → Grundrechnung); von Ausnahmen (bes. in der Vollkostenrechnung) abgesehen (z.B. → kalkulatorischer Unternehmerlohn), verwenden deshalb die in der Praxis gebräuchlichen Kostenrechnungssysteme in der → Kostenartenrechnung einheitliche Wertansätze (Anschaffungswerte) für die verzehrten Güter. (2) Die „richtige" Höhe der Kosten lässt sich grundsätzlich nur mithilfe eines Kalküls bestimmen, der streng genommen simultan über alle Verwendungsmöglichkeiten der Einsatzgüter (im Sinn der Zielsetzung) entscheidet, d.h. die Wertansätze kennt man erst dann, wenn die Entscheidung gefallen ist, und die Werte eigentlich nicht mehr benötigt werden (Dilemma des wertmäßigen Kostenbegriffs). – Vgl. auch → Kosten, → pagatorischer Kostenbegriff, → entscheidungsorientierter Kostenbegriff.

Wertminderung – *Wertverzehr;* die durch verschiedene Ursachen bedingte Entwertung von → Vermögensgegenständen. In der Buchführung findet die Wertminderung ihren rechnerischen Ausdruck in → Abschreibungen (→ Wertberichtigungen). – *Ursachen* einer Wertminderung können sein: a) Abnutzung durch Gebrauch; b) zeitbedingter (ruhender) Verschleiß; c) technische Überholung (Veralten); d) wirtschaftliche Überholung (Folge von Strukturveränderungen der Nachfrage); e) Ablauf von Rechten (Patenten, Konzession etc.); f) Substanzverringerung; g) Sinken des Preisniveaus auf dem Beschaffungsmarkt; h) Fehlinvestition (kann zu Stilllegung der Anlagen führen); i) Katastrophenverschleiß u.a.

Wertorientierte Gesamtbanksteuerung

von Prof. Dr. Michael Pohl und Prof. Dr. Dres. h. c. Henner Schierenbeck

I. Grundlage der wertorientierten Gesamtbanksteuerung

Im Rahmen der wertorientierten Gesamtbanksteuerung ist jegliche bankbetriebliche Tätigkeit an einer konsequenten Wertorientierung im Sinne einer Optimierung des Shareholder Values auszurichten. Dabei gilt eine explizite Integration von Rentabilitäts- und Risikokriterien als Inbegriff einer modernen Gesamtbanksteuerung. Rentabilität und Risiko müssen hierbei als untrennbar verbunden gelten. Schlagend werdende Risiken beeinflussen die Bankrentabilität einerseits i.d.R. negativ, andererseits ist das gezielte Eingehen von Risiken Voraussetzung dafür, um eine angemessene Performance überhaupt zu ermöglichen. Die Vorschriften der Bankenaufsicht und der speziellen Bankgesetze sollen sicherstellen, dass Kreditinstitute ihre Risiken dabei hinreichend begrenzen und Sorge für eine den eingegangenen Risiken gegenüber adäquate Eigenmitteldeckung tragen. Dies kann nur auf Ebene der Gesamtbank erfolgen. So unterstreicht bspw. die zweite Säule in Basel II die Notwendigkeit des Aufbaus einer funktionstüchtigen Gesamtbanksteuerung explizit.

II. Ermittlung des Gesamtbankrisikos

Für die wertorientierte Gesamtbanksteuerung muss das Gesamtbankrisiko überschneidungsfrei in steuerungsrelevante Teilbereiche zerlegt werden. Dazu wird auf oberster Ebene die Unterscheidung von Finanzrisiken und operationellen Risiken erforderlich. Die Finanzrisiken werden in Liquiditäts-, Kredit- und Marktpreisrisiken unterteilt. Den Marktpreisrisiken werden schließlich Aktienkurs-, Zinsänderungs-, Währungs- und Rohstoffpreisrisiken zugerechnet. Mit dem Value at Risk (VaR) besteht ein Risikomaß, das auf alle genannten Risikokategorien grundsätzlich anwendbar ist. Er gibt die mit einer vorgegebenen Wahrscheinlichkeit innerhalb einer bestimmten Zeitspanne unter normalen Marktbedingungen maximal aus der Risikokategorie resultierende negative Ergebniswirkung wieder. Entscheidend ist hierbei jedoch das Problem der Zusammenführung der Einzelrisiken, da risikoreduzierende Effekte ermittelter Korrelationen in Belastungssituationen häufig nicht eintreten und das Korrelationskonzept bei nicht vorhandener Normalverteilung der Risikoparameter nur eingeschränkt eingesetzt werden kann. Als mögliche Lösung kann hier das Extremszenario der Additivität der Risiken Anwendung finden. Anderenfalls muss sich der Anwender des Risikogehalts der modellinhärenten Annahmen bewusst sein.

III. Risikokapitalallokation

Ziel der Risikokapitalallokation ist es, den Kapitaleinsatz im Sinne eines Risiko-Chancen-Kalküls – und damit vor dem Hintergrund eines optimalen Risiko-Chancen-Verhältnisses – zu optimieren. Die Höhe des maximal zu allokierenden Risikokapitals wird dabei durch die Risikotragfähigkeit sowie dem „Risikoappetit" der Bank vorgegeben. Darauf basierend kann der Mindest- oder Ziel-RORAC (return on risk adjusted capital) als Verhältnis von Mindest- oder Zielergebnis der Gesamtbank und Gesamtbankrisiko formuliert werden. Der Mindest-RORAC soll dabei auf jede eingesetzte Einheit Risikokapital innerhalb der Bank mindestens erwirtschaftet werden.

Um dieses Ziel zu erreichen, muss der Kapitaleinsatz für die Geschäftsbereiche geplant werden. In einer allgemeinen Vorgehensweise gilt zunächst, dass den Geschäftsbereichen nur Risikokapital zugewiesen werden soll, wenn es diesen voraussichtlich gelingen wird, den Ziel-RORAC mindestens zu erreichen oder gar zu übertreffen. Um im Planungsprozeß Aussagen hierüber machen zu können, müssen die Geschäftsbereiche definieren, welche Plan-RORAC-Werte sie für die kommenden Abrechnungsperioden erwarten. Beim anschließenden Vergleich des Plan-RORAC mit dem Ziel-RORAC wird entschieden, ob die Benchmark erreicht wird und eine Zuweisung von Risikokapital sinnvoll ist. Die folgenden zwei Aspekte sollen das Verhältnis von Ziel-RORAC, Plan-RORAC, Gesamtbank-VaR und Gesamtbank-Limit im Rahmen des Allokationsprozesses verdeutlichen:

- Der VaR der Gesamtbank darf das Gesamtbank-Risikolimit nicht übersteigen. Wird diese Bedingung nicht erfüllt, so sind die Risikopositionen in den Geschäftsbereichen, vorzugsweise die mit den niedrigsten Plan-RORAC-Werten, nach Möglichkeit abzubauen.
- Wird das Gesamtbank-Risikolimit nicht überschritten, ist die Abstimmung des Ziel-RORAC mit dem Plan-RORAC vorzunehmen. Ziel ist es dabei, den Plan-RORAC durch Umschichtungen in der Geschäftsstruktur zu verbessern.

Grundsätzlich können im Rahmen des Allokationsprozesses „top-down"- und „bottom-up"-Ansätze voneinander abgegrenzt werden.

Beim „top-down"-Allokationsprozess wird auf Ebene der Gesamtbank ein bestimmtes Risikokapital fixiert. Dieses bringt den durch den Vorstand definierten „Risikoappetit" der Gesamtbank zum Ausdruck. Die Zuweisung des Risikokapitals erfolgt auf der Grundlage der Plan-RORAC der Geschäftsbereiche und des Ziel-RORAC der Gesamtbank. Eine Zuweisung von Risikokapital in einen Geschäftbereich macht lediglich Sinn, wenn der Plan-RORAC mindestens dem Ziel-RORAC entspricht. Soll der geplante RORAC der Gesamtbank maximiert werden, wird zuerst derjenige Geschäftsbereich mit dem höchsten Plan-RORAC ausreichend mit Risikokapital ausgestattet. Dies wiederholt sich beim zweitbesten und sämtlichen nachfolgenden Geschäftsbereichen gemäß der Rangfolge der geplanten RORAC-Werte. Im Rahmen eines dynamischen Prozesses können Umschichtungen des Risikokapitals vorgenommen werden, mit dem Ziel, den Gesamtbank-Plan-RORAC zu verbessern.

Bei einem „bottom-up"-Allokationsprozess werden auf unteren Ebenen, wie bspw. den Geschäftsbereichen, die Risikovolumina und die zu erwartenden Nettoergebnisse geplant. Auf einer höher liegenden Ebene (z.B. Gesamtbank) lassen sich die Ergebnisbeiträge der Geschäftsbereiche unter Berücksichtigung von Diversifikationseffekten zum Plan-Ergebnisbeitrag der Gesamtbank zusammenfassen. Dabei können die risikomindernden Diversifikationseffekte aus dem Zusammenfügen von Geschäftsbereichen einer zentralen Risikomanagement-Einheit (z.B. Portfoliomanagement) zugerechnet werden. Alternativ besteht die Möglichkeit, die Diversifikationseffekte zurück an die Geschäftsbereiche zu verteilen, was zu einer budgetären Reduktion des Risikokapitals auf dieser Ebene führt. Auch bei dieser Vorgehensweise können nachgelagert geschäftsstrukturelle Umschichtungen bei gleich bleibendem oder verändertem Risikokapital vorgenommen werden, um die Risikoperformance auf Ebene der Gesamtbank zu verbessern.

IV. Gesamtbanksteuerung im Sinne des Portfolio- und Bilanzstrukturmanagements

Da die Gesamtbanksteuerung Geschäftsbereiche und Geschäftsfelder u.a. aufgrund von Cross-Selling-Aspekten nicht nur auf Basis risikoadjustierter Ergebniskennzahlen steuern kann, muss in einem weiteren Schritt eine Steuerung im Sinne eines Portfolio- und Bilanzstrukturmanagements erfolgen.

Portfolio-Management umschreibt allgemein das Bemühen einer Unternehmung, ihr Produktprogramm so zusammenzusetzen und durch entsprechende distributionspolitische Maßnahmen so zu unterstützen, dass zu jedem Zeitpunkt, insbesondere aber unter langfristigen Gesichtspunkten,

- ein insgesamt möglichst hohes Niveau bzw. Wachstum des Erfolgspotentials gewährleistet ist und dabei
- ein strategisches Gleichgewicht zwischen risikoreichen, aber zukünftig erfolgsträchtigen Geschäftsfeldern (mit i.d.R. gegenwärtig hohem Finanzbedarf) und gegenwärtig ertragsstarken, aber langfristig möglicherweise nicht mehr besonders erfolgversprechenden Geschäftsfeldern besteht.

Im Bank-Controlling hat das Portfolio-Management demnach vornehmlich die Aufgabe, die strategische Wettbewerbsposition des Finanzinstituts durch Entwicklung und Konkretisierung entsprechender Marktstrategien zu sichern und – wo unter risikopolitischen Gesichtspunkten vertretbar und marktlich durchsetzbar – auch auszubauen. Um dieses Ziel nachhaltig und auf Dauer zu erreichen, bedarf es einer bestimmten

Vorgehensweise, die in der Literatur als „strategischer Planungsprozess" bezeichnet wird. Grundphasen eines solchen strategischen Planungsprozesses sind die

(1) Definition und Abgrenzung strategischer Geschäftsfelder (im Sinne von Produkt-Markt-Kombinationen) für das Finanzinstitut;

(2) Ableitung strategischer Erfolgsfaktoren für die strategischen Geschäftseinheiten (wie z.B. Wachstumsdynamik, Rentabilitätspotential, Wettbewerbsbedingungen, eigene Stärken und Schwächen usw.);

(3) Bewertung der strategischen Geschäftsfelder anhand der abgeleiteten Erfolgsfaktoren mithilfe systematischer Betriebs-, Markt- und Konkurrenzanalysen;

(4) Analyse der strategischen Ausgangssituation durch Zusammenfassung der Einzelbewertungen zu einer Gesamtbewertung für jedes strategische Geschäftsfeld (i.d.R. dargestellt in einer sogenannten Portfolio-Matrix oder strategischen Geschäftsfeldkurve);

(5) Herausarbeitung strategischer Zielvorstellungen (im Sinne der Ableitung eines Soll-Portfolios) und Entwicklung hierauf ausgerichteter alternativer Marktstrategien;

(6) Formulierung der Gesamtstrategie.

Dem strategischen Planungsprozess nachgelagert ist die Konkretisierung der erarbeiteten Marktstrategien im Hinblick auf die Entscheidungsparameter des Portfolio-Managements. Unter Zuhilfenahme verschiedener Managementtechniken ist hier über die konkrete Produktpolitik, die Produktionsabläufe, die Vertriebssysteme sowie über die Preis- und Gebührenmodelle zu befinden.

Ebenso wie das Portfolio-Management ist auch das Bilanzstruktur-Management in erster Linie eine strategische Aufgabe im Rahmen des Bank-Controllings. Es hat allerdings seiner Natur nach, da es sich vermehrt am Zahlenwerk der Bankbuchhaltung orientiert, bereits einen stärkeren Konnex zum operativen Controlling, und der Zeithorizont ist – gemessen an üblichen strategischen Dimensionen – relativ kurz.

Zum Bilanzstruktur-Management zählen alle Maßnahmen, die mit der

- risikopolitischen „Optimierung" der Geschäftsstruktur im Allgemeinen sowie der
- Planung gesamtbankbezogener Rentabilitätsvorgaben

zusammenhängen.

Der erstgenannten Teilaufgabe liegt folgende Überlegung zugrunde: Fast alle bilanzwirksamen Geschäfte der Bank verursachen für sich genommen oder in ihrem strukturellen Zusammenwirken Risiken, die es zu identifizieren und im Sinne einer ertragsorientierten Geschäftspolitik unter Berücksichtigung ihrer Tragfähigkeit für die Bank zu begrenzen gilt. Eine solche Begrenzung ist aber i.d.R. von dem notwendigen Verzicht auf entsprechende Ertragschancen begleitet, sodass es erforderlich wird, eine gleichermaßen unter Risiko- und Rentabilitätsgesichtspunkten akzeptable optimale Geschäftsstruktur zu definieren und die Geschäfte danach auszurichten.

Die Struktursteuerung wird dabei von zwei Faktoren determiniert, nämlich zum einen von den Marktverhältnissen, die eine unter Risikogesichtspunkten erlaubte Bilanzstruktur begrenzen, und zum anderen von dem von der Bankleitung durch den bereits erwähnten „Risikoappetit" selbst festgelegten und nicht zu überschreitenden Risikoplafonds.

Das Bilanzstruktur-Management basiert somit auf dem Grundgedanken, dass zwar bestimmte Risikogrenzen nicht überschritten werden dürfen – hierin spiegelt sich die grundsätzlich eher defensive Denkhaltung des Controllings wider –, dass aber auf der anderen Seite diese Risikogrenze auch möglichst ausgeschöpft werden soll, um damit die marktmäßig möglichen Ertragschancen zu nutzen. Die Restriktionen müssen hierbei nicht immer bei den Risikoobergrenzen liegen, vielmehr ist es durchaus häufig denkbar, dass die marktlichen Grenzen vorher zum Engpass werden, obwohl innerhalb der Risikosteuerung noch Spielräume vorhanden sind. Eine ansatzweise optimale Geschäftsstruktur kann dann angenommen werden, wenn die Markt- und Sicherheitsspielräume weitestgehend ausgenutzt sind, auf der anderen Seite aber Sicherheitslücken auch vollständig geschlossen wurden.

Die zweite Teilaufgabe im Bilanzstruktur-Management besteht darin, die Verbindung von Struktur- und Rentabilitätssteuerung herzustellen und die Abstimmung der Zielrichtungen Rentabilität, Sicherheit und Wachstum herbeizuführen. Hierzu gehören neben Return on Investment(ROI)-Analysen, die der systematischen Analyse von rentabilitätswirksamen Stärken und Schwächen sowie ihrer Ursachen dienen, vor allem geschäftspolitisch ausgerichtete Gewinnbedarfs- und Mindestmargenanalysen. Hierbei legen einerseits bestimmte, vorher festgelegte Wachstums- und Strukturziele die zur langfristigen Existenzsicherung notwendige Mindestrentabilität einer Bank sowie daraus abgeleitete Teilergebnisgrößen fest. Andererseits sind in modernen, am Shareholder Value ausgerichteten Konzepten der Wertorientierten Unternehmensführung auch die Renditeforderungen der

Eigenkapitalgeber zu berücksichtigen, aus denen sich u.a. der für die Risikokapitalallokation wichtige Mindest-RORAC ableiten lässt.

wertorientierte Steuerung – *Value Based Management, Shareholder Value Management.* 1. *Begriff:* Unternehmensführung mit dem Ziel der Maximierung des Marktwerts des → Eigenkapitals (→ Shareholder Value). Managemententscheidungen werden an den finanziellen Interessen der Unternehmenseigentümer ausgerichtet. – 2. *Bedeutung:* Während traditionelle, buchhaltungsorientierte Ansätze den Erfolg auf Basis historischer Leistungen und Kosten und nach dem Prinzip der summativen → Einzelbewertung ermitteln, erfolgt gemäß der wertorientierten Steuerung eine zukunftsorientierte Gesamtbewertung von Projekten durch → Diskontierung zukünftiger Zahlungsströme an die Eigenkapitalgeber. – Vgl. auch Discounted Cashflow, Shareholder Value-Ansatz.

Wertpapier – in Form einer Urkunde verbrieftes Vermögensrecht, zu dessen Ausübung der Besitz der Urkunde nötig ist. Nur gegen Vorlage und Rückgabe des Wertpapiers ist, abgesehen von dem Fall der Kraftloserklärung bei abhanden gekommenen Wertpapieren, der aus der Urkunde Verpflichtete zur Leistung verpflichtet. Die Entwicklung an den Finanzmärkten hat allerdings zu einer Ausweitung dieser traditionellen Sichtweise geführt: So definiert das → Wertpapierhandelsgesetz (WpHG) die verschiedenen Wertpapierarten auch dann als Wertpapier, wenn für sie keine Urkunden ausgestellt sind und sie als → Wertrechte auftreten; vgl. auch → Aktionär, → Sammelurkunde. – *Verschiedene Einteilungen:* Vgl. Übersicht „Wertpapier-Arten".

I. Wirtschaftlich: 1. *Warenwert: Wertpapiere* verbriefen eine Warenforderung, z.B. Orderlagerschein, Ladeschein, Konnossement. – 2. *Geldpapiere* verbriefen eine Geldforderung. Sie gliedern sich rechtlich in sachenrechtliche Wertpapiere, schuldrechtliche Wertpapiere und Mitgliedschaftsrechte. – 3. Zur langfristigen Kapitalanlage geeignete fungible Kapitalwertpapiere sind *Effekten;* sie sind für den Börsenverkehr geeignet. Die Effekten sind a) entweder Papiere mit festem Zinsertrag, festverzinsliche Wertpapiere, z.B. Schuldverschreibungen wie Schatzanweisungen, → Pfandbriefe, Industrieobligationen; b) mit veränderlichem Ertrag, z.B. variabel verzinsliche Wertpapiere [→ Floating Rate Note (FRN) oder Dividendenpapiere, z.B. Aktien; c) unverzinsliche Effekten, z.B. Zero-Bonds, Lotterie- und Prämienanleihen; d) Kombinationen aus a) bis c), z.B. Wandelanleihen, Optionsanleihen, Investmentanteile.

II. Nach dem Inhalt des verbrieften Rechts: 1. *Sachenrechtliche Wertpapiere:* verbriefen ein Sachenrecht, z.B. → Hypothekenbrief, → Grundschuldbrief, Rentenschuldbrief. – 2. *Schuldrechtliche Wertpapiere* oder Wertpapiere über Forderungen: bes. häufig, z.B. → Wechsel, → Scheck, Schuldverschreibung (→ Anleihe) auf den Inhaber (Obligation), Staatsschuldverschreibung. – 3. *Mitgliedschaftspapiere:* verkörpern in erster Linie die Mitgliedschaft in einer Körperschaft, z.B. → Aktie, → Zwischenschein (Interimsschein). – 4. *Mischformen:* a) → Traditionspapiere (Konnossement, Ladeschein und Orderladeschein) sind Forderungspapiere, soweit in ihnen das Versprechen des Ausstellers, das eingelagerte Gut auszuliefern, enthalten ist, sind aber zugleich auch sachenrechtliche Papiere, soweit – bes. bei → Übereignung und Verpfändung des Gutes – die Papierübergabe die → Übergabe des Gutes selbst ersetzt. – b) → Wandelschuldverschreibung als Mischform zwischen Forderungspapier und Mitgliedschaftspapier.

III. Nach der Person des Berechtigten: (wichtigste Einteilung): 1. → Inhaberpapiere, z.B. → Inhaberscheck, Schuldverschreibung auf den Inhaber (§§ 793 ff. BGB), → Inhaberaktien (§ 10 I AktG). – 2. *Rektapapier* (→ Namenspapier), z.B. Rektakonnossement, Depotschein. – 3. *Orderpapiere:* auf eine bestimmte Person oder deren Order ausgestellt (→ Orderklausel).

IV. Nach der Bedeutung der Ausstellung des Wertpapiers: 1. *Konstitutive Wertpapiere:* Urkunden, die erst das in ihnen verbriefte Recht zur Entstehung bringen, z.B. Wechsel. – 2. *Deklaratorische Wertpapiere:* Urkunden, bei denen das verbriefte Recht unabhängig von der Urkunde entsteht, z.B. das Mitgliedschaftsrecht des Aktionärs.

V. Nach der Wirkung der Übertragung der Wertpapiere: 1. *Schriftgemäße* oder *skripturrechtliche Wertpapiere* auch Wertpapiere öffentlichen Glaubens genannt. Jeder gutgläubige Dritte kann sich auf den Inhalt der Urkunde verlassen, z.B. → Inhaberpapiere und technische Orderpapiere, bes. Wechsel. Der gute Glaube an das Recht des Veräußerers und auf die inhaltliche Richtigkeit des Wertpapiers werden geschützt. – 2. Anders bei der *Abtretung* der in einem Wertpapier verbrieften Forderung. – Vgl. auch → Forderungsabtretung.

Wertpapierarbitrage → Arbitrage.

Wertpapieraufsicht/Asset Management (WA) – eine der drei Aufsichtssäulen der → Bundesanstalt für Finanzdienstleistungen (BaFin). – *Rechtsgrundlagen:* → Wertpapierhandelsgesetz (WpHG), Wertpapiererwerbs- und Übernahmegesetz (WpÜG), Wertpapierprospektgesetz (WpPG) und das Wertpapier-Verkaufsprospektgesetz (VerkProspG). Im Bereich Asset-Management stellen das Kreditwesengesetz (KWG) und das Investmentgesetz (InvG) die Rechtsgrundlage dar. – *Aufgaben:* Gewährleistung der Transparenz und Integrität des Finanzmarktes sowie des Anlegerschutzes, Bekämpfung von Insidergeschäften, Überwachung der Ad-hoc-Publizität,

Wertpapier – Arten

Unterscheidung nach dem Ertrag

Ertraglose Papiere
- Scheck, ScheckG
- Wechsel, WG
- Kaufmännische Orderpapiere

Zinspapiere

- **Fester Zins**
  - klassische Inhaberschuldverschreibungen, §§ 793 ff. BGB
  - Wandelschuldverschreibungen, § 221 I AktG
- **Variabler Zins**
  - Bundesschatzbriefe u.a.
- **Wirtschaftlicher Zins**
  - Zero Bonds
  - Finanzinnovationen

Dividendenpapiere
- Aktie, § 10 AktG
- Genussschein, § 221 III AktG

Unterscheidung nach der wirtschaftlichen Funktion

Geldwertpapiere
- Scheck, ScheckG
- Wechsel, WG

Warenwertpapiere

- Ohne Orderklausel
  - Namenslagerschein ohne Orderklausel, § 363 II HGB
- Mit Orderklausel – Traditionspapiere
  - Lagerschein, §§ 363 II, 475c, 475g HGB
  - Ladeschein, §§ 363 II, 444, 448 HGB
  - Konnossement, §§ 363 II, 642, 650 HGB

Effekten
- Inhaberschuldverschreibung, §§ 793 ff. BGB
- Aktie, § 10 AktG
- Investmentanteile, § 18 KAGG
- Genussrechte, § 221 III AktG
- Wandelschuldverschreibung, § 221 I AktG

Unterscheidung nach der rechtlichen Übertragung

Inhaberpapiere (Numerus Clausus)
- Inhaberscheck, Art. 5 II, III ScheckG
- Inhaberschuldverschreibung, §§ 793 ff BGB
- Inhaberzeichen, § 807 BGB
- Inhaberaktie, § 10 I, II AktG
- Investmentanteil, § 18 KAGG
- Inhabergrundschuldbrief, § 1195 BGB

Ordnerpapiere (Numerus Clausus)

- Geborene
  - Wechsel, Art. 11 I WG
  - Scheck, Art. 14 I ScheckG
  - Namensaktie, §§ 10 I, 68 I AktG
  - Zwischenschein, §§ 8 VI, 68 V AktG
  - Namensinvestmentanteil, § 18 I KAGG
- Gekorene
  - Kaufmännische Anweisung,
  - § 363 I 1 HGB Kfm. Verpflichtungsschein, § 363 I 2 HGB Ladeschein, §§ 363 II, 444 ff. HGB Konnossement, §§ 363 II, 643 ff. HGB Lagerschein, §§ 363 II, 475g HGB Transportversicherungspolice, §§ 363 II HGB, § 125 ff VVG

Namens-/Rektapapiere
- Bürgerlichrechtliche Anweisung, §§ 783 ff. BGB
- Kfm. Papier ohne Orderklausel, § 363 HGB
- Hypotheken-, Grundschuld- und Rentenbrief
- Wechsel, Art. 11 II WG
- Scheck mit negativer Order, Art. 14 II ScheckG
- Qualifizierte Legitimationspapiere, § 808 BGB, z. B.:
  - Sparbuch
  - Depotschein

Unterscheidung nach der Art des verbrieften Rechts

Mitgliedschaftliche Wertpapiere
- Aktie, § 10 AktG
- Vorzugsaktie, §§ 139 ff. AktG
- Zwischenscheine, § 8 VI AktG

Sachenrechtliche Wertpapiere
- Hypothekenbrief, § 1116 I BGB
- Grundschuldbrief, § 1191 BGB
- Rentenschuldbrief, § 1199 BGB

Schuldrechtliche Wertpapiere
- Inhaberschuldverschreibung, §§ 793 ff. BGB
- Wechsel, WG
- Scheck, ScheckG
- Ladeschein, §§ 363 II, 444 HGB
- Konnossement, §§ 363 II, 642 HGB
- Lagerschein, §§ 363 II, 475g HGB
- Wandelschuldverschreibung, § 221 I, AktG

Billigung von Wertpapierprospekten, Kontrolle des Directors' Dealings (Kauf/ Verkauf eigener Aktien durch Vorstand und Aufsichtsräte), Verfolgung von Kurs- und Marktpreismanipulationen, Überwachung von Unternehmensübernahmen, Überwachung der Veränderung von bedeutenden Stimmrechtsanteilen und Kontrolle der Einhaltung der Verhaltensregeln und Organisationspflichten. – Zu den Aufgaben des Bereichs Asset-Management gehört die Aufsicht über Finanzdienstleistungsinstitute und Kapitalanlagegesellschaften.

Wertpapierbörse → Börse, an der → Wertpapiere und sich hierauf beziehende Derivate gehandelt werden, § 2 II BörsG (Gegensatz: → Warenbörse). Handelsobjekte an der Wertpapierbörse sind Wertpapiere des Kapitalmarktes (→ Aktien, → Renten). – a) *Rechtsgrundlage:* Rechtsgrundlage jeder Wertpapierbörse ist das → Börsengesetz (BörsG). Darüber hinaus hat jede Wertpapierbörse eine durch den Börsenrat zu erlassende und von der Börsenaufsichtsbehörde zu genehmigende → Börsenordnung. – b) *Börsenorganisation:* → Börsenorgane, → Börsenhandelsteilnehmer.

Wertpapierdarlehen – Das Wertpapierdarlehen ist ein Sachdarlehen im Sinne von § 607 BGB; es vermittelt dem Darlehensnehmer kein „Aktieneigentum zweiter Klasse", sondern Volleigentum an den „entliehenen" Aktien.

Wertpapiererwerbs- und Übernahmegesetz (WpÜG) – 1. *Begriff:* Gesetzliche Grundlage für ein faires und geordnetes Angebotsverfahren, das Unternehmensübernahmen weder fördert noch verhindert; bildet den Kern (Art. 1) des Gesetzes zur Regelung von öffentlichen Angeboten zum Erwerb von Wertpapieren und von Unternehmensübernahmen vom 20.12.2001 (BGBl. I 3822) m. spät. Änd., hervorzuheben ist das Gesetz zur Umsetzung der Richtlinie 2004/25/EG des Europäischen Parlaments und des Rates vom 21.4.2004 betreffend Übernahmeangebote (Übernahmerichtlinie-Umsetzungsgesetz v. 8.7.2006, BGBl. I S. 1426 Nr. 31). – 2. *Anwendungsbereich:* Das WpÜG regelt öffentliche Angebote, Übernahmeangebote und Pflichtangebote für den Erwerb von → Wertpapieren, die zum Handel an einem organisierten Markt zugelassen sind. – 3. *Inhalt:* Das öffentliche Angebot in einer bestimmten Qualität und innerhalb einer bestimmten Annahmefrist ist der Ausgangspunkt für ein transparentes Angebotsverfahren. Es beinhaltet auch die Sicherstellung der durch den Bieter zugesagten Gegenleistung. – Übernahmeangebote sind darüber hinaus gekennzeichnet durch den beabsichtigten Erwerb der Kontrollrechte des Zielunternehmens, die mit mind. 30 Prozent der Stimmrechte definiert sind. Dazu gibt es weitere Festlegungen bez. einer angemessenen Gegenleistung, die sich grundsätzlich nach dem durchschnittlichen Börsenkurs richten soll. Außerdem wird der Handlungsrahmen des Vorstandes in Abhängigkeit von einer vor Veröffentlichung des Übernahmeangebotes getroffenen Ermächtigung der → Hauptversammlung gesteckt. – Das Pflichtangebot beinhaltet, dass derjenige, der unmittelbar oder mittelbar die Kontrolle über ein Unternehmen erlangt hat, unverzüglich eine Angebotsunterlage für alle → Aktien der Zielgesellschaft unterbreitet. Damit soll auch allen anderen → Aktionären die Möglichkeit des Verkaufs wegen zu erwartender Änderungen in der Unternehmenspolitik gegeben werden. Bei einem vorangegangen Übernahmeangebot ist kein gesondertes Pflichtangebot erforderlich, sondern als Vollangebot an alle Aktionäre integriert.

Wertpapierhandelsgesetz (WpHG) – 1. *Allgemein:* Gesetz über den Wertpapierhandel i.d.F. vom 9.9.1998 (BGBl. I 2708) m.spät.Änd. Anzuwenden ist das WpHG auf die Erbringung von Wertpapierdienstleistungen und Wertpapiernebendienstleistungen, auf den börslichen und außerbörslichen Handel mit Finanzinstrumenten, auf den Abschluss von Finanztermingeschäften, auf Finanzanalysen sowie auf Veränderungen der Stimmrechtsanteile von Aktionären an börsennotierten Gesellschaften. Das WpHG ist insbesondere durch die Umsetzung der → MiFID aber auch der EU-Transparenzrichtlinie (2004/109/EG) im Jahre 2007 stark überarbeitet worden. Neu im dt. Recht sind insbesondere die Regelungen zur → Vorhandelstransparenz für den Aktienhandel (vgl. auch → Nachhandelstransparenz). Der Katalog zulassungspflichtiger Finanzdienstleistungen und die Wohlverhaltenspflichten für Wertpapierdienstleistungsunternehmen sind erweitert worden. Das WpHG enthält nunmehr auch Bestimmungen für die Zulassung und Tätigkeit von Handelsplattformen (→ MTFs und → systematische Internalisierer) und die außerbörsliche Ausführung von Wertpapiergeschäften. Sämtliche Regelungen über die Ausführung von Kundenaufträgen sind in § 33a WpHG sowie einer zugehörigen Verordnung geregelt. Danach gilt nunmehr grundsätzlich das Prinzip der bestmöglichen Ausführung von Kundenaufträgen (Best Execution). Bei Beratungsdienstleistungen sind die Anlageziele, finanziellen Verhältnissen und der Erfahrungsschatz der Kunden zu beachten. – 2. *Regelungsinhalt:* u.a. (1) Insiderüberwachung und Überwachung des Verbots der Marktmanipulation (z.B. Ad-hoc-Publizität der börsennotierten Unternehmen); (2) Regelungen zur Publizität von Stimmrechtsanteilen an börsennotierten Unternehmen; (3) Regelungen zu Informationen für die Wahrnehmung von Rechten aus Wertpapieren; (4) Regelungen zu Verhaltens-, Organisations- und Transparenzpflichten von Wertpapierdienstleistungsunternehmen, Betreibern von MTFs und systematischen Internalisierern; (5) Überwachung von Unternehmensabschlüssen und Veröffentlichung von Finanzberichten. – 3. Die *Aufsicht* nach den Vorschriften des Gesetzes übt die → Bundesanstalt für Finanzdienstleistungsaufsicht (BaFin) aus. – 4. *Insiderüberwachung* (§§ 12 ff.): → Insider,

→ Insiderpapiere, → Insiderinformation. – 5. *Mitteilungs- und Veröffentlichungspflichten bei Veränderungen des Stimmrechtsanteils an börsennotierten Gesellschaften* (§§ 21 ff.WpHG): Grundsätzlich gilt: wer durch Erwerb, Veräußerung oder auf sonstige Weise 3, 5, 10, 15, 20, 25, 30, 50 oder 75 Prozent der Stimmrechte eines Aktienemittenten mit der Bundesrepublik als Herkunftsstaat erreicht, überschreitet oder unterschreitet, hat der Gesellschaft wie auch dem BaFin dieses unverzüglich, spätestens innerhalb von vier Handelstagen mitzuteilen. Das börsennotierte Unternehmen hat dann dem Gesetz zufolge unverzüglich, spätestens drei Handelstage nach Zugang der Mitteilung, diese zu veröffentlichen und dem Unternehmensregister zur Speicherung zu übermitteln. Die Mitteilungspflichten gelten seit dem Anlegerschutz- und Funktionsverbesserungsgesetz v. 5.4.2011 (BGBl. I S. 538) für alle Finanzinstrumente und sonstigen Instrumente, die es ihrem Inhaber faktisch oder wirtschaftlich ermöglichen, mit Stimmrechten verbundene und bereits ausgegebene Aktien eines Emittenten zu erwerben. Dies kann z.B. auch den → Stillhalter einer Put-Option umfassen, allerdings erst ab 5 Prozent. Eine Zusammenrechnung der Stimmrechtsmitteilungen von Aktien und sonstigen Finanzinstrumenten findet nach einer weiteren Änderung des WpHG durch das Risikobegrenzungsgesetz vom 12.8.2008 (BGBl. I 1666) statt. – 6. *Bestimmung der Adressaten:* Mit der Umsetzung der Transparenzrichtlinie wurden komplexe Regelungen zur Bestimmung der vom Gesetz betroffenen Emittenten und Wertpapierdienstleistungsunternehmen eingeführt. Grundsätzlich gilt nun das Herkunftsstaatsprinzip, das an den Sitz im Inland anknüpft. Daneben gelten z.B. die Publizitätsvorschriften börsennotierter Unternehmen vorwiegend für Inlandsemittenten, also alle Emittenten, deren Herkunftsstaat die Bundesrepublik oder ein anderes EWR-Land ist und deren Wertpapiere ausschließlich zum Handel an einem → organisierten Markt in der Bundesrepublik zugelassen sind. Emittenten deutscher Herkunft, deren Wertpapiere ausschließlich in einem anderen EWR-Staat zum Handel an einem organisierten Markt zugelassen sind und dort den durch die Transparenzrichtlinie aufgestellten Anforderungen unterliegen, sind keine Inlandsemittenten. – 7. *Straf- und Bußgeldvorschriften* (§§ 38 ff.): Wer gegen die Bestimmungen des WpHG verstößt, kann mit Freiheitsstrafe von bis zu fünf Jahren oder mit einem Bußgeld von bis zu 1 Mio. Euro bestraft werden.–-8. *Ausblick:* Die Umsetzung der geänderten → MiFID und der Verordnungen MIFIR und → EMIR werden zu weiteren Änderungen des WpHG führen.

Wertpapierkennnummer (WKN) – *Valorennummer;* Nummer eines Wertpapiers, die es mit einer Ziffernfolge kennzeichnet und die auf diesem aufgebracht wird, um den Handel zu erleichtern.

Wertpapierleihe → Leerverkauf.

Wertpapiermarkt → Aktienmarkt, → Rentenmarkt.

Wertpapierpensionsgeschäfte – *Effektenpensionierung.* Laut § 340b HGB sind Pensionsgeschäfte Verträge, durch die ein Kreditinstitut oder der Kunde eines Kreditinstitutes (Pensionsgeber) ihm gehörende Vermögensgegenstände einem anderen Kreditinstitut oder einem seiner Kunden (Pensionsnehmer) gegen Zahlung eines Betrages überträgt und in denen gleichzeitig vereinbart wird, dass die Vermögensgegenstände per Termin zu einem höheren Rücknahmepreis vom Verkäufer zurückgekauft werden. Im Fall von Wertpapierpensionsgeschäften handelt es sich bei den Vermögensgegenständen um → Wertpapiere, die die Anforderungen an ein Pensionsgeschäft erfüllen. Wertpapierpensionsgeschäfte unter Banken dienen der Steuerung der Liquidität und lassen den Preis des Aktivums weitgehend unberührt. Wertpapierpensionsgeschäfte bilden gleichzeitig das Hauptinstrument der Europäischen Zentralbank – → Europäisches System der Zentralbanken (ESZB), → Geldpolitik – bei der Liquiditätsversorgung des Systems der → monetären Finanzinstitute (MFI).

Wertpapierprospekt → Prospekt.

Wertpapiersammelbanken – *Effektendepotbanken, Kassenvereine; Zentralverwahrer; Central Securities Depositary, CSD;* → Spezialbanken, die die → Sammelverwahrung von Effekten sowie den → Effektengiroverkehr betreiben und somit die stückelose Belieferung von börslichen und außerbörslichen Wertpapiergeschäften ermöglichen (Wertpapier-Settlement). Die Anerkennung als Wertpapiersammelbank erfolgt auf Grundlage § 1 III DepotG von der dafür zuständigen Stelle des jeweiligen Bundeslandes. In der Bundesrepublik Deutschland wurden die Wertpapiersammelbanken und Kassenvereine zu Deutscher Kassenverein AG, später Deutsche Börse Clearing AG fusioniert. Heute ist die Clearstream Banking AG, Tochtergesellschaft der → Clearstream International S.A., der einzige Zentralverwahrer im Sinne von § 1 III DepotG. Kontoinhaber bei einer Wertpapiersammelbank kann nur sein, wer der gesetzlichen Depotprüfung unterliegt. Von den Wertpapiersammelbanken als den unmittelbaren Verwahrern der Wertpapiere werden sämtliche Verwaltungsmaßnahmen durchgeführt, zu denen u.a. die Information der Kontoinhaber über anstehende Kapitalmaßnahmen sowie die Abtrennung und Einlösung der fälligen Zins- und Dividendenscheine gehören.

Wertpapier-Sondervermögen → Investmentfonds, dessen Vermögen nach dem aufgehobenen → KAGG im Einzelnen geregelt war und fast ausschließlich aus Wertpapieren bestand. Das → Investmentgesetz (InvG) schreibt den → Kapitalanlagegesellschaften nicht mehr vor, wie sie ihre Fonds strukturieren sollen. Hier wird lediglich reglementiert, welche Wertpapiere für ein Sondervermögen erworben werden dürfen (§ 47 InvG und § 52 InvG): Dabei spielt v.a. der Ort der Börsenzulassung eine Rolle.

Wertpapiersteuer – neben der Börsenumsatzsteuer und der Gesellschaftsteuer eine dritte → Kapitalverkehrsteuer, die bis Ende 1964 auf den Ersterwerb von Schuldverschreibungen (→ Anleihe) erhoben wurde. Ihre Aufhebung durch Gesetz vom 25.3.1965 erfolgte aus währungs- und kapitalmarktpolitischen Gründen.

Wertpapier-Terminhandel → Termingeschäfte.

Wertpapierverwahrung – I. Charakterisierung: gewerbsmäßige Aufbewahrung von Wertpapieren, Teil des → Depotgeschäfts; geregelt im Gesetz über die Verwahrung und Anschaffung von Wertpapieren, → Depotgesetz (DepotG). *Wertpapiere* im Sinn des DepotG sind: → Aktien, → Kuxe, → Zwischenscheine, → Zinsscheine, Gewinnanteil- und → Erneuerungsscheine, auf den Inhaber lautende oder durch Indossament übertragbare Schuldverschreibungen (→ Anleihe), sowie andere vertretbare Wertpapiere, mit Ausnahme von → Banknoten und → Papiergeld (§ 1 DepotG).

II. Verwahrungsarten: 1. → Sonderverwahrung: gesonderte Verwahrung für jeden Hinterleger. – 2. → Sammelverwahrung: ungetrennte Verwahrung, oftmals Girosammelverwahrung i.d.R. bei behördlich zugelassenen → Wertpapiersammelbanken (in Deutschland: Clearstream Banking AG, Tochter der → Clearstream International S.A.). – 3. *Tauschverwahrung:* Der Verwahrer ist zum „Austausch" von Wertpapieren derselben Art ermächtigt. – 4. → Drittverwahrung: Der Verwahrer vertraut die Papiere unter seinem Namen einem anderen an. – 5. Im Sinn des DepotG keine Verwahrung ist die *Summenverwahrung* (unregelmäßige Verwahrung); sie ist unregelmäßiger → Verwahrungsvertrag gemäß § 700 BGB.

III. Ermächtigungsklauseln: 1. *Verpfändungsermächtigung* gibt dem Verwahrer die Möglichkeit, sich für nötige Ausgaben in Bezug auf die Wertpapiere Geld zu beschaffen (Rückkredit). Sie ist an strenge Voraussetzungen gebunden (§ 12 DepotG). – *Arten:* (1) Beschränkte Verpfändungsermächtigung; (2) unbeschränkte Verpfändungsermächtigung. – 2. *Verfügungsermächtigung:* zur Veräußerung an einen Dritten oder zur eigenen Aneignung: a) *Strengste Form:* Ausdrücklich, schriftlich, in bes. Urkunde, Inhalt der Klausel genau vorgeschrieben (§ 13 DepotG). – b) Sobald Verwahrer von der Ermächtigung Gebrauch macht, richtet sich das Rechtsverhältnis nach den Regeln über die *Summenverwahrung* (§§ 13 II, 15 DepotG, § 700 BGB).

IV. Schutz des guten Glaubens bei Verpfändung: Werden einer Bank von einem nichtberechtigten Kunden Wertpapiere verpfändet, so gelten die allg. Bestimmungen über den → gutgläubigen Erwerb.

V. Pflichtverletzungen: Pflichtverletzungen des Verwahrers werden in §§ 34–37 DepotG mit Strafen bedroht, auch sind Sondertatbestände gebildet, z.B. Depotunterschlagung.

VI. Im Fall einer Einkaufskommission: bes. Schutz des Kommittenten durch Vorschriften über → Stückeverzeichnis (§§ 18 ff. DepotG).

Wertparadoxon → klassisches Wertparadoxon.

Wert per ... → Wertstellung.

Wertrecht-Anleihe – *Wertschriften-Anleihe;* stücklose → Anleihe des Bundes und seiner Sondervermögen; 1972 erstmalig emittiert. Der gesamte Anleihebetrag wird bei den Wertrecht-Anleihen auf den Namen einer → Wertpapiersammelbank im Bundesschuldbuch eingetragen; entsprechend auch als *Bucheffekten* bezeichnet. Die entstandene Sammelschuldbuchforderung bildet die Grundlage für den Wertpapiergiroverkehr. Durch Übertragung von Anteilen an der Sammelschuldbuchforderung werden Einzelrechte aus der Wertrecht-Anleihe gehandelt. Der Anleger erhält üblichen Depotauszug von seiner Bank, der seinen Miteigentumsanteil am Girosammelbestand ausweist. Für den Anleger entfällt die Möglichkeit des Erwerbs im Rahmen des → Tafelgeschäfts und die private Aufbewahrung, → Wertrechte. – *Notierung:* Sie sind in den Kursblättern bes. gekennzeichnet. – *Kosten:* Ihre Ausgabe ist für den Emittenten mit geringeren Kosten verbunden.

Wertrechte – *Bucheffekten;* von sammeldepotführendem Kreditinstitut nicht in Form von Einzelurkunden verwaltete Forderungen. Anstelle effektiver Stücke werden *Schuldbuchforderungen,* die die Namen der Gläubiger und die Höhe der Forderung enthalten, in ein Schuldbuch eingetragen (nur für Anleihen des Bundes und der Länder verfügbar). Wertrechte bilden die Grundlage für eine stückelose bankmäßige Verwahrung der sonst durch Wertpapiere verbrieften Rechte, die im Vergleich zu anderen Verwahrungsformen (→ Wertpapierverwahrung) deutliche Arbeitserleichterungen bringen.

Wertreklame → Kundenfang.

Wertschätzungsbedürfnis – *Anerkennungsbedürfnis;* Motivart, definiert durch den Wunsch nach Selbstwert- und Fremdwertschätzung. – Vgl. auch → Bedürfnishierarchie.

Wertschöpfung – I. Volkswirtschaftliche Gesamtrechnung: 1. *Begriff:* die in einzelnen Wirtschaftsbereichen erbrachte wirtschaftliche Leistung. Seit der Revision der Volkswirtschaftlichen Gesamtrechnung (VGR) in 2005 werden nicht mehr die Marktpreise, sondern die Herstellpreise zugrunde gelegt, da in den Marktpreisen oft Gütersteuern und Gütersubventionen einfließen. Um den Einfluss des Staates auf die Preise herauszurechnen, wird die Wertschöpfung zu Herstellpreisen ermittelt. – a) Die → Bruttowertschöpfung wird bei Marktproduzenten als Differenz zwischen dem → Produktionswert (zu Herstellpreisen) und den → Vorleistungen berechnet. Sie ist prinzipiell frei von Doppelzählungen. – b) Soweit der Staat und private Organisationen ohne Erwerbszweck sich als *Nichtmarktproduzenten* betätigen, wird die Bruttowertschöpfung durch Addition der Aufwandsposten (Arbeitnehmerentgelt, Abschreibungen) ermittelt. – c) Auch für Kreditinstitute und Versicherungsunternehmen gilt eine bes. Berechnungsmethode. So werden bei den Banken neben Verkäufen, Provisionen und Gebühren eine unterstellte Bankgebühr aus der Differenz zwischen Soll- und Habenzinsen berücksichtigt. – *Grund:* Zinsen und Versicherungsprämien werden nicht als Verkäufe von Dienstleistungen angesehen. – 2. *Inhaltlich* hat der Begriff der Wertschöpfung in seiner Geschichte zahlreiche Wandlungen durchgemacht. So ließen z.B. die Physiokraten nur die Leistung der landwirtschaftlichen Urproduktion und des Bergbaus als Wertschöpfung gelten. Auch das für Zentralplanungswirtschaften konzipierte, praktisch aber nicht mehr verwendete *„Material Product System“ (MPS)* stellt lediglich auf die Erzeugung materieller Güter ab und lässt die Dienstleistungen der nicht-materiellen Sphäre außer Acht. Demgegenüber geht das jetzt fast ausschließlich verwendete *„System of National Accounts“ (SNA)* der Vereinten Nationen von einem umfassenden Produktionsbegriff aus, der prinzipiell die Gesamtheit der erzeugten Waren und Dienstleistungen beinhaltet. Dazu rechnen also auch unentgeltlich abgegebene Dienstleistungen des Staates und der privaten Organisationen ohne Erwerbszweck, aber nicht z.B. Arbeit für den eigenen Haushalt oder ehrenamtliche Tätigkeit.

II. Betriebswirtschaftslehre: 1. *Begriff:* Beitrag eines Unternehmens zum Volkseinkommen. – 2. Die *Wertschöpfungssrechnung* kann aus der Brutto-Erfolgsrechnung (→ Erfolgsrechnung) entwickelt werden. Das vom Betrieb erzeugte *Gütereinkommen* ergibt sich aus den gesamten Erlösen (den nach außen abgegebenen Güterwerten), von denen die „Vorleistungskosten“ (die von außen hereingenommenen Güterwerte, d.h. Leistungen vorgelagerter Produktionsstufen) abgezogen werden. Das vom Betrieb erzeugte Gütereinkommen ist gleich dem vom Betrieb erzeugten Geldeinkommen, der Summe von Arbeitserträgen, Gemeinerträgen (Steuern und Abgaben) und Kapitalerträgen (Saldo).

Wertschöpfungskette – *Leistungskette, Value Chain.* Managementkonzept von Porter (amerik. Betriebswirt, geb. 1947). Die Wertschöpfungskette stellt die zusammenhängenden Unternehmensaktivitäten des betrieblichen Gütererstellungsprozesses grafisch dar. Nach Porter gibt es fünf Primäraktivitäten, die den eigentlichen Wertschöpfungsprozess beschreiben: interne Logistik, Produktion, externe Logistik, Marketing & Verkauf und Service. Außerdem gibt es vier Unterstützungsaktivitäten, die den Wertschöpfungsprozess ergänzen: Unternehmens-Infrastruktur, Human Resource Management, Technologie-Entwicklung und Beschaffung. Jede Unternehmensaktivität stellt einen Ansatz zur Differenzierung dar und leistet einen Beitrag zur relativen Kostenstellung des Unternehmens im Wettbewerb. – Vgl. auch → Wettbewerbsstrategie.

Wertschöpfungsketten-Analyse – auf Porter zurückgehendes Analyseinstrument im Rahmen der strategischen Planung. Mithilfe von Wertschöpfungsketten-Analysen werden in einem ersten Schritt die einzelnen Aktivitäten im Wertschöpfungsprozess beschrieben. In einem zweiten Schritt werden Interdependenzen, Überschneidungen und Doppelarbeiten herausgearbeitet sowie mögliche Synergien unternehmensin- und -externer Aktivitäten verdeutlicht. Diese Erkenntnisse sind die Basis für eine anschließende Verbesserung der Wertschöpfungsstruktur.

Wertschöpfungskreis – *Begriff:* Der Wertschöpfungskreis (→ Wertschöpfung) ist eine Weiterentwicklung der Wertkette von Porter. Zu den primären

Wettbewerbsstrategie – Wertschöpfungskette

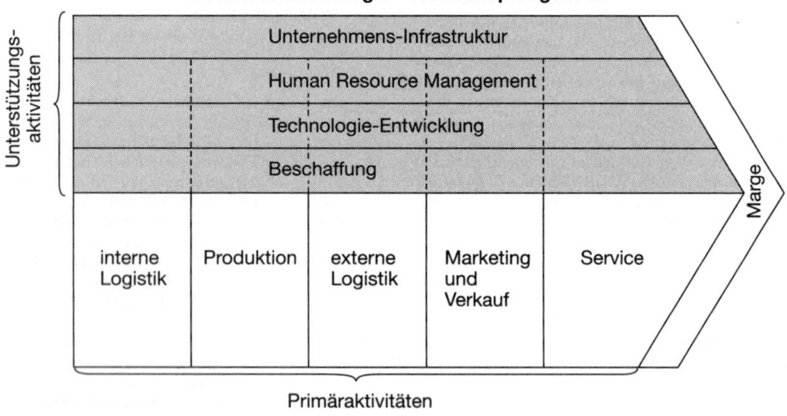

Funktionsbereichen zählen die → Beschaffung, die → Produktion, der → Absatz und die → Entsorgung. Die werden durch die sekundären Aktivitäten Forschung und Entwicklung, → Logistik, → Personal/Organisation, → Marketing und → Controlling ergänzt. Die einzelnen Wertschöpfungsstufen sind nun hinsichtlich ihrer Bedeutung für die Integration ökologischer Aspekte zu untersuchen.

Wertschöpfungsstrategien – 1. *Begriff:* → Strategien hinsichtlich Veränderungen in den Schwerpunkten der Wertschöpfung von Unternehmen. Vierte Stufe des → Strategienfächers. – 2. *Arten:* a) *Horizontale Wertschöpfungsstrategien:* Variationen in der → Produkt/Markt-Matrix. – b) *Vertikale Wertschöpfungsstrategien:* Variationen hinsichtlich der vertikalen Integration dem Unternehmen vor- und nachgelagerter Wertschöpfungsstufen. – c) *Diversifikation:* Variationen in der Wertschöpfungskette. – Vgl. auch → Wettbewerbsstrategie.

Wertschöpfungsteuer – in der Diskussion um die Reform des → Gemeindesteuersystems genannte Steuer, die die Gewerbe- und Grundsteuer ersetzen und im Hinblick hierauf aufkommensneutral erhoben werden soll; vom Wissenschaftlichen Beirat beim Bundesministerium der Finanzen (BMF) vorgeschlagen. – 1. *Bemessungsgrundlage:* Nettowertschöpfung sämtlicher Betriebe und freien Berufe in einer Gemeinde (Produktion-, Handels-, Dienstleistungs-, Land- und Forstwirtschafts-, Wohnungswirtschaftsbetriebe und die freien Berufe; in breitestem Verständnis auch der öffentliche Sektor, da auch er an der Wertschöpfung teil hat). Gegenüber der *subtraktiven Feststellungsmethode der Wertschöpfung* (die von den Umsätzen die Vorleistungen abzieht, ferner Lagerbestandsveränderungen und selbsterstellte Anlagen berücksichtigt) wird allg. der *„additiven" Methode* der Vorzug gegeben (die sämtliche bei den Steuerpflichtigen entstehenden Einkünfte wie Löhne, Gehälter, Zinsen, Mieten, Pachten und Gewinne zusammenfasst), weil sich durch sie die Wertschöpfung leichter ermitteln lässt. – 2. Wegen dieser äußerst breiten → Bemessungsgrundlage ist ein nur niedriger *Steuersatz* zwischen 2,5 und 3 Prozent erforderlich; die Gemeinden sollen ein Hebesatzrecht behalten. – 3. *Charakterisierung* der Wertschöpfungsteuer: In der gesamtwirtschaftlichen Betrachtung handelt es sich um die Besteuerung der *Netto-Wertschöpfung* einer Volkswirtschaft, die sich aus dem Einsatz aller Produktionsfaktoren ergibt und dem → Volkseinkommen entspricht. Ihre Bemessungsgrundlage ist derjenigen der Mehrwertsteuer ähnlich, nur breiter angelegt, da letztere als „Umsatzsteuer vom Konsumtyp" die Investitionen ausgrenzt (→ Umsatzbesteuerung). – Im Steuersystem wäre dadurch die volkswirtschaftliche Wertschöpfung auf dreifache Weise erfasst: (1) in aller Breite durch die Wertschöpfungsteuer, (2) in verminderter Breite durch die Mehrwertsteuer und (3) in der engsten Ausgestaltung durch die Einkommensteuer. – Gleichzeitig bleibt der steuerliche *Dualismus* erhalten; einmal dadurch, dass die Wertschöpfungsteuer als Rohertragssteuer auf der Einkommensentstehungsseite des Leistungskreislaufs zugreift, zum anderen durch die Existenz der Mehrwertsteuer. – 4. *Wirkungen:* Von einer Wertschöpfungsteuer verspricht man sich Wirkungen, die gerade für eine Gemeindesteuer als positiv angesehen werden und daher im Zusammenhang mit den Kriterien für ein optimales → Gemeindesteuersystem zu würdigen sind: a) Mit einer angenommenen Aufkommenselastizität von ca. 1 ist die erwartete *Konjunkturempfindlichkeit* der Wertschöpfungsteuer geringer als die der Gewerbeertragsteuer. – b) Die *Wachstumsreagibilität* ist höher und für die Finanzierung der Gemeindeinvestitionen besser geeignet. – c) Die Wertschöpfungsteuer *streut regional weniger* stark als die auf industrielle Ballungen stark reagierende Gewerbesteuer; daher wird ein gleichmäßiger verteiltes Steueraufkommen erwartet, was jedoch einige Gemeinden zu Gewinnern, andere aber zu Verlierern macht. – d) Wegen des bei weitem größeren Kreises der Steuerpflichtigen (die Gewerbesteuer gilt als „Großbetriebsteuer" und die Steuerzahler gewinnen Einfluss auf die Gemeinden; gleichzeitig werden diese den Zufälligkeiten der Branchenentwicklung ausgesetzt) lässt sich bei der Wertschöpfungsteuer das Prinzip des → Äquivalenzprinzips besser durchsetzen: Jede Gruppe von Bürgern ist an der Finanzierung der von ihr gewünschten Gemeindeleistungen beteiligt, keine kann auf Kosten der anderen Leistungen durchsetzen. – e) Gesamtwirtschaftlich nachteilig ist, dass auch *Investitionen* der Besteuerung unterliegen; einzelwirtschaftlich nachteilig ist, dass die Wertschöpfungsteuer ein ertragsunabhängiges Element enthält, weil sie nicht auf den Reingewinn, sondern auf den breiteren „Rohertrag" abstellt und *Fixkostencharakter* erhalten kann. Diese Bedenken lassen sich größtenteils mit dem Hinweis auf den sehr niedrigen Steuersatz entkräften. – f) Der Übergang auf die Wertschöpfungsteuer macht die technisch und politisch schwierige Reform der Grund- und Gewerbesteuer überflüssig. – 5. Die *politische Durchsetzbarkeit* der Wertschöpfungsteuer ist äußerst ungewiss, da sie von der Wirtschaft und von vielen Gemeinden abgelehnt wird. Die zunehmende Zahl der Steuerpflichtigen könnte große Steuerwiderstände hervorrufen. Neuregelungen im → Finanzausgleich würden erforderlich. – Vgl. auch → Gemeindesteuersystem.

Wertschriften-Anleihe → Wertrecht-Anleihe.

Wertsicherungsklausel – *Geldwertsicherungsklausel.* 1. *Begriff:* Klausel in Verträgen, die Sicherung gegen etwaigen Währungsverfall bezweckt (Währungsklausel). Genehmigung durch das → Bundesamt für Wirtschaft und Ausfuhrkontrolle (BAFA) grundsätzlich erforderlich. – 2. *Arten:* → Goldklausel, → Warenpreisklausel, → Indexklausel, → Festgehaltsklausel. – 3. Eine Art der Wertsicherung ist auch der sog. *Leistungsvorbehalt,* eine Klausel, nach der eine Änderung der Bezugsgröße sich nur *mittelbar* auf die

Geldschuld auswirkt, nämlich Anlass oder Voraussetzung für die Änderung der Leistung aufgrund von Verhandlungen neu festgesetzt werden.

Wertskalaverfahren → Profilverfahren.

Wertskontration – Form der → Skontration, bei der die Änderungen des Anfangsbestandes durch Zu- und Abgänge laufend zu einem einheitlichen Wert (Einstands- oder Verkaufspreis) buchmäßig festgehalten (fortgeschrieben) werden.

Wertstaffel – Staffelung der Beförderungsentgelte nach dem Wert der Güter. Nur noch indirekte Bedeutung.

Wertstellung – *Valuta*; der häufig vom Buchungstag abweichende für die Zinsberechnung maßgebliche Tag bei Kontobewegungen. Die Wertstellung bei Gutschriften hat grundsätzlich an dem Tag zu erfolgen, an dem die Bank die Deckung erhält und damit der Anspruch des Kunden bzw. Kontoinhabers auf Gutschrift entsteht.

Wertsteuer – eine → Verbrauchsteuer, deren Bemessungsgrundlage der Preis des besteuerten Gutes ist. Inflationäre Entwicklungen führen bei konstanten Steuersätzen zu einer Steigerung des Steueraufkommens. – *Gegensatz:* → Mengensteuer.

Wertstoff → Sekundärstoff.

Werttheorie → Wert.

Werttreiber – stellt allg. einen beeinflussbaren Faktor dar, der eine hohe Relevanz für das finanzielle Ergebnis eines Unternehmens bzw. einer Unternehmenseinheit besitzt. Werttreiber lassen sich in finanzielle und operative Werttreiber unterteilen. Finanzielle Werttreiber sind finanzielle Ergebnisgrößen wie Umsatzrentabilität, Investitionen oder Kapitalkosten. Operative Werttreiber sind die den finanziellen Größen vorgelagerten, auf den unterschiedlichen Unternehmensebenen beeinflussbaren Hebel für den Unternehmenserfolg. Hierzu könnte z.B. die Produktqualität zählen, wenn diese einen wesentlichen Einfluss auf die Umsätze nehmen würde.

Werttreiberhierarchie – stellt ein durchgängig logisch, teils mathematisch verknüpftes System von → Werttreibern dar, die den wesentlichen Teil der beeinflussbaren Hebel für den Erfolg des Unternehmens bzw. einer Unternehmenseinheit abbilden.

Werturteil – Aussage, die die persönliche Einstellung, eine Meinung, wiedergibt, z.B. „Das Wetter ist heute schön" oder „Diese Einkommensverteilung ist ungerecht". Im Gegensatz zu Werturteilen sind *wissenschaftliche Aussagen* (Ist-Aussagen) intersubjektiv überprüfbar, das heutige Wetter z. B. durch Temperatur, Luftfeuchte und Bewölkung oder eine bestimmte Einkommensverteilung durch Verteilungsmaße, wie die Lorenzkurve. Nach dem herrschenden, auf einer langen Tradition basierenden Wissenschaftsverständnis sollte die Wissenschaft Werturteile ausschließen (→ Methodenstreit, → Wertfreiheitspostulat) bzw. als solche kenntlich machen.

Werturteilsstreit → Methodenstreit.

Wertverzehr → Wertminderung, → Verschleiß.

Wertwerbung – Einsatz von Werten (Zugaben, Vergünstigungen) in Gestalt von Sachgütern, Dienstleistungen, Rechten oder Geld zum Zwecke der Werbung mit dem Ziel, ein Gefühl der Dankbarkeit oder des Verpflichtetseins zu bewirken. – *Wichtigste Erscheinungsformen:* → Werbegeschenk, -zugabe, -rabatt, -prämie, (unentgeltliche) -bewirtung, -proben, -preisausschreiben sowie → Lockvogelangebote. – *Zulässigkeit:* → Kundenfang.

Wertzahlsumme – Begriff der → Arbeitsbewertung. Das Ergebnis der Quantifizierung der Anforderungen sind Anforderungswerte für jede Anforderungsart. Die *Addition* der Anforderungswerte führt zur Wertzahlsumme.

Wertzoll – *Ad-Valorem-Zoll.* 1. *Begriff:* → Tarifäres Handelshemmnis, das auf Wertbasis, d.h. *ad valorem*, berechnet wird, d.h. in Prozent des Warenwertes. *Beispiel:* Der → Drittlandszollsatz 10 Prozent bedeutet, dass zehn Prozent des → Zollwertes als Zoll von den Zollbehörden der EU vereinnahmt werden. – 2. *Beurteilung:* a) *Vorteile:* Automatische Anpassung an die Preise und – im Gegensatz zu den → spezifischen Zöllen – gerechtere Belastung teurer und billiger Waren. – b) *Nachteile:* Wertzoll bietet einen schlechten Marktschutz, weil seine Wirkung in Zeiten von Absatzschwierigkeiten bei fallenden Preisen nachlässt, während sich bei Hochkonjunkturen der Zollschutz erhöht. Auch ist die Wertermittlung komplizierter als die Feststellung des Zollgewichts. – 3. *Geltung:* Der → Gemeinsame Zolltarif der Europäischen Gemeinschaften (GZT) enthält, wie die Tarife der meisten Staaten, überwiegend Wertzoll. Etwa 90 Prozent der in der EU bestehenden Zollsätze sind *Wertzollsätze* (*ad valorem*). – Vgl. auch → Mengenzoll, → spezifischer Zoll.

Wertzuschlagsversicherung – Versicherungsform in der Feuer-Sachversicherung und verwandter → Sachversicherungen für betriebliche Gebäude und für Betriebseinrichtungen, um der Gefahr einer Unterversicherung durch steigende Preise und durch quantitative bzw. qualitative Veränderung der versicherten Sachen zu begegnen. – Als *Versicherungssumme* wird eine Grundsumme deklariert, die dem Versicherungswert bei Preisen eines zurückliegenden Basisjahrs entsprechen soll (z.B. 1980) und ein Wertzuschlag, der die Preissteigerungen zwischen dem Basisjahr und dem Beginn des Versicherungsjahrs berücksichtigen soll. Der Wertzuschlag wird jährlich fortgeschrieben. → *Unterversicherung* wird unter weiteren Voraussetzungen nur angerechnet, wenn und soweit der → Versicherungswert im Schadenfall die → Versicherungssumme des Basisjahrs zzgl. des doppelten Wertzuschlags übersteigt. – *Bestandserhöhungen* können auf unterschiedliche Weise

– vereinfacht – in diese Versicherungsform einbezogen werden.

Wertzuwachsbesteuerung → Wertzuwachssteuer.

Wertzuwachssteuer – 1. *Begriff*: Steuer auf die gegenüber einem Vergangenheitsstichtag in Geld ausgedrückte, ermittelte positive Wertdifferenz bei Beständen an Kapital bzw. Vermögen. – *Anders:* Steuer auf Einkommenszuwächse, die als „Einkommensdifferenzsteuer" bezeichnet wird, die also nicht auf substanzieller Vermehrung beruht. – 2. *Technik:* Wertzuwachssteuern können das Gesamtkapital (-vermögen) oder deren Teile erfassen. Letztere werden als Wertzuwachssteuer i.e.S. verstanden, z.B. die → Bodenwertzuwachssteuer. Hinsichtlich der Erfassung ist zu unterscheiden, ob der realisierte oder nicht realisierte Wertzuwachs bzw. der reale oder der nominelle Wertzuwachs (Geldentwertung) erfasst wird. – 3. *Beurteilung*: Die Besteuerung der Wertzuwächse ist umstritten: a) Auch in *nicht realisiertem Wertzuwachs* zeigt sich ein Zuwachs an Verfügungsmacht, ökonomischer Leistungskraft und steuerlicher Leistungsfähigkeit; zur Realisierung bedarf es lediglich des Verkaufs. Ob der Zuwachs auf eigenen Leistungen beruht oder auf fremden, ist für die Besteuerung unerheblich. – b) Geldentwertungen sind zu berücksichtigen, um die Besteuerung von Scheingewinnen zu vermeiden. – c) Die Besteuerung nur der *realisierten Wertzuwächse* führt dazu, dass die Wirtschaftssubjekte die Veräußerung von im Wert gestiegenen Beständen (etwa von Grundstücken) vermeiden, um der Steuer (legal) zu entgehen. Das führt zu allokativ nachteiliger Lähmung der Faktormobilität (z.B. zur Bodenangebotsverknappung) und damit zu distributionspolitisch nachteiligen Preissteigerungen („Lock-in-Effekt"). Die Besteuerung auch der *nicht realisierten Wertzuwächse* führt zu einem Mehrangebot (z.B. an Boden) und damit zur Durchsetzung bestimmter wirtschaftspolitischer Ziele (evtl. in der Siedlungs- und Wohnungspolitik). Wertzuwachssteuern werden daher auch als *Lenkungssteuern* oder → Ordnungssteuern bezeichnet. – d) Als nahezu unlösbar gelten die Schwierigkeiten der *steuertechnischen* Erfassung der nicht realisierten Wertzuwächse. – e) Die Ablehnung einer Wertzuwachssteuer wird u.a. mit der *Eigentumsgarantie* in Art. 14 GG begründet und verlässt damit die finanzwissenschaftliche Argumentation. – 4. Im dt. *Steuersystem* wird fast ausschließlich der realisierte Wertzuwachs in der indirekten Weise erfasst, aber nicht vollständig. – a) *Allgemein:* Per indirekter Erfassung wird nicht die Wertdifferenz (Zuwachs), sondern der gestiegene Gesamtwert des Vermögensbestands ab einem Stichtag besteuert; dieser aber nur, soweit bestimmte Zeitgrenzen nicht überschritten werden (für Wertpapier- und Grundstücks-Spekulationsgewinne gelten Spekulationsfristen). – b) In der (seit 1997 nicht mehr erhobenen) → Vermögensteuer werden börsennotierte Wertpapiere, auch wenn sie nicht veräußert werden, mit dem evtl. gestiegenen Wert per Jahresultimo besteuert; bestimmte Vermögensarten, bei denen eine Neuveranlagung der im Wert gestiegenen Vermögensgegenstände erforderlich ist, werden mit dem neuen Gesamtwert erfasst. In der *Einkommensteuer* bleiben bestimmte → Veräußerungsgewinne steuerfrei.

wesentliche Bestandteile – 1. *Wesentliche Bestandteile einer* → Sache sind solche Bestandteile, die voneinander nicht getrennt werden können, ohne dass der eine oder andere zerstört oder in seinem Wesen verändert wird (§ 93 BGB). Sie können nicht Gegenstand bes. Rechte sein. – *Ausnahme:* → Wohnungseigentum. – 2. *Wesentliche Bestandteile eines Grundstücks:* → Grundstücksbestandteile.

wesentliche Beteiligung – 1. *Begriff*: Bezeichnung für eine Beteiligung an einer Kapitalgesellschaft, die die Voraussetzungen des § 17 EStG erfüllt. – 2. *Voraussetzungen*: ist gegeben, wenn der Steuerpflichtige an einer → Kapitalgesellschaft zu irgendeinem Zeitpunkt innerhalb der letzten fünf Jahre zu mind. einem Prozent unmittelbar oder mittelbar beteiligt war (§ 17 EStG). Der → Veräußerungsgewinn einer wesentlichen Beteiligung i.S.d. § 17 EStG unterlag bisher mit 50 Prozent der Besteuerung in Form des → Halbeinkünfteverfahrens. Seit 2009 erfolgt die Besteuerung durch das → Teileinkünfteverfahren. Damit sind nunmehr 60 Prozent des Gewinns steuerpflichtig. In analoger Anwendung sind mit der Veräußerung verbundene Aufwendungen ebenso nur mit 60 Prozent abzugsfähig. – 3. *Besteuerung beim Wegzug ins Ausland*: Bei Umzug des Steuerpflichtigen, der eine wesentliche Beteiligung i.S.d. § 17 EStG inne hat, ins Ausland, führt dies zur Auslösung der → Wegzugsbesteuerung. Hierdurch unterliegen die stillen Reserven in den Anteilen der Besteuerung, und zwar ungeachtet dessen, dass die Anteile gar nicht verkauft worden sind. Allerdings besteht unter bestimmten Umständen die Möglichkeit der Steuerstundung, bis später der tatsächliche Verkauf erfolgt; beim Umzug in einen anderen Staat der EU oder des EWR ist dies der Regelfall (vgl. § 6 AStG). Für einen Umzug mit Anteilen, deren Veräußerung lediglich unter § 20 II EStG fallen, ist eine solche Steuerpflicht beim Wegzug – selbst wenn es sich um z.B. 0,5 Prozent eines Weltkonzerns, also erhebliche Vermögenswerte, handeln würde – bislang dagegen nicht vorgesehen.

Wesentlichkeit – I. Rechnungswesen: → Materiality, → Grundsätze ordnungsmäßiger Buchführung (GoB).

II. Wirtschaftsprüfung: Nach der Terminologie des Prüfungsstandards Nr. 250 des Instituts der Wirtschaftsprüfer, „besagt der Grundsatz der Wesentlichkeit in der Abschlussprüfung, dass die Prüfung des Jahresabschlusses und des Lageberichtes…darauf auszurichten ist, mit hinreichender Sicherheit falsche Angaben aufzudecken, die auf Unrichtigkeiten oder Verstöße zurückzuführen sind und die wegen ihrer Größenordnung oder Bedeutung einen

Einfluss auf den Aussagewert der Rechnungslegung für die Abschlussadressaten haben. Durch die Berücksichtigung des Kriteriums der Wesentlichkeit in der Abschlussprüfung erfolgt die Konzentration auf entscheidungserhebliche Sachverhalte." – Um den Grundsatz richtig zu verstehen, muss man wissen, dass das Management, wenn es einen ungeprüften Jahresabschluss vorlegt, erklärt, dass *alle Positionen* erfasst wurden, dem Unternehmen unter rechtlichen oder wirtschaftlichen Gesichtspunkten gehören, tatsächlich existieren, den gesetzlichen Bestimmungen entsprechend richtig bewertet, korrekt ausgewiesen und genau ermittelt wurden. Den Erklärungen des Managements, die für den kritischen Wirtschaftsprüfer zunächst nur Behauptungen sind, stehen dessen (gleichnamige) Prüfungsziele gegenüber, denn er muss den *Nachweis* führen, dass die einzelnen Aussagen zur Vollständigkeit, zum Eigentum, zum Bestand, zur Bewertung, zum Ausweis und zur Genauigkeit stimmen. Wesentlichkeit bedeutet dann, dass die Prüfungsziele nach Lage des Unternehmens richtig *gewichtet* sind und mit sachgerechten Methoden (Vergleich, Augenscheinnahme, Befragung, Beobachtung, Bestätigung, Einsichtnahme und Nachrechnen) *verfolgt* werden (Prüfungstechnik). So werden z.B. bei einem unter Ertragsdruck stehenden Unternehmen Fragen nach dem *Bestand* der Forderungen eine größere Rolle spielen als Fragen nach der mathematisch korrekten Ermittlung von Abschreibungen auf den Fuhrpark.

Westafrikanische Wirtschaftsgemeinschaft → CEAO.

Western European Union → WEU.

Westeuropäische Union → WEU.

Wettbewerb – I. Allgemein: 1. *Allgemein:* Unter Wettbewerb ist das Streben von zwei oder mehr Personen bzw. Gruppen nach einem Ziel zu verstehen, wobei der höhere Zielerreichungsgrad des einen i.d.R. einen geringeren Zielerreichungsgrad des (der) anderen bedingt (z.B. sportlicher, kultureller oder wirtschaftlicher Wettkampf). – 2. *Wirtschaftlich:* Überträgt man diese sehr allg. gefasste Wettbewerbsvorstellung auf das Wirtschaftsleben, so ist Wettbewerb begrifflich durch folgende Merkmale charakterisiert: (1) Existenz von Märkten mit (2) mind. zwei Anbietern oder Nachfragern, (3) die sich antagonistisch (im Gegensatz zu kooperativ) verhalten, d.h. durch Einsatz eines oder mehrerer → Aktionsparameter ihren Zielerreichungsgrad zulasten anderer Wirtschaftssubjekte verbessern wollen; (4) damit ist eine Komplementarität von Anreiz- und Ordnungsfunktion gegeben, die im sog. sozialistischen Wettbewerb (sozialistische Marktwirtschaft) fehlt. – 3. Um den so skizzierten Wettbewerb inhaltlich auszufüllen, sind in der Literatur verschiedene → wettbewerbspolitische Leitbilder bzw. Konzeptionen entwickelt worden. – 4. Konzept eines → *wirksamen Wettbewerbs*. – Vgl. auch → Wirtschaftssoziologie.

II. Wirtschaftsethik: Der Wettbewerb bringt ein antagonistisches Element in die sozialen Beziehungen. Dies hat den Menschen und den Moralphilosophen seit Jahrhunderten theoretische und ethische Probleme bereitet. Wirtschaftsethik hat deutlich zu machen, dass der Wettbewerb, sofern er unter einer geeigneten Rahmenordnung stattfindet, eine ethische Begründung hat: Er hält alle Akteure zu Kreativität und Disziplin an und garantiert so, dass die Allgemeinheit sehr schnell in den Genuss der relativ besten Problemlösungen gelangt. Wettbewerb ist nach Böhm „das großartigste und genialste Entmachtungsinstrument der Geschichte". – Vgl. auch → Wirtschaftsethik.

wettbewerbliche Eigenart → Ausbeutung.

Wettbewerbsabrede – für die Zeit nach Beendigung des Arbeitsverhältnisses mit dem Arbeitnehmer getroffene, diesen in der freien Berufsausübung beschränkende Vereinbarung. Nach der Rechtsprechung des BAG gelten die §§ 74 ff. HGB analog für alle Arbeitnehmer. – Vgl. auch → Wettbewerbsverbot.

Wettbewerbsanalyse → Konkurrenzanalyse.

Wettbewerbsbehörden → Kartellbehörden.

wettbewerbsbeschränkende Absprachen bei Ausschreibungen – Nach § 298 StGB wird mit Freiheitsstrafe bis zu fünf Jahren oder Geldstrafe bestraft, wer bei einer Ausschreibung über Waren oder gewerbliche Leistungen ein Angebot abgibt, das auf einer rechtswidrigen Absprache beruht, die darauf abzielt, den Veranstalter zur Annahme eines bestimmten Angebots zu veranlassen. Der Ausschreibung steht die freihändige Vergabe eines Auftrags nach einem Teilnahmewettbewerb gleich. – Vgl. auch → Straftat.

wettbewerbsbeschränkende Strategien → Wettbewerbsbeschränkungen.

Wettbewerbsbeschränkungen – jede Form der Beeinträchtigung der Wettbewerbswirtschaft (der freien → Konkurrenz) durch Maßnahmen des Staates (z.B. Zwangswirtschaft), durch Bildung von → Unternehmenszusammenschlüssen (→ Kartellen, → Trusts etc.), durch → Preisbindung zweiter Hand u.Ä. – *Zu unterscheiden:* (1) → horizontale Wettbewerbsbeschränkung; (2) → vertikale Wettbewerbsbeschränkung. – *Verhinderung* von Wettbewerbsbeschränkungen ist Aufgabe der Wettbewerbspolitik.

Wettbewerbsfaktor – strukturelle Merkmale einer → Branche, die die Stärke der Wettbewerbsintensität und damit nachgelagert auch die → Rentabilität der Unternehmungen und der Branche generell bestimmen. Es werden fünf Wettbewerbskräfte unterschieden: (1) Bedrohung durch neue Anbieter; (2) Verhandlungsstärke der Abnehmer; (3) Verhandlungsstärke der Lieferanten; (4) Druck durch Substitutionsprodukte; (5) Grad der Rivalität unter den bestehenden Wettbewerbern. Diese fünf

Wettbewerbskräfte beeinflussen die Wettbewerbsintensität jedoch nicht in gleichem Maße. Ausschlaggebend ist der jeweils stärkste Faktor, dessen Bedeutung sich in Abhängigkeit von der jeweiligen Branche verändern kann.

Wettbewerbsfunktionen – Aufgaben bzw. Ziele, die der → Wettbewerb erfüllen soll. Die Funktionen bzw. Ziele des Wettbewerbs lassen sich wie folgt systematisieren: (1) *Verteilungsfunktion* im Sinne einer funktionellen Einkommensverteilung nach der Marktleistung (Prinzip der → Leistungsfähigkeit). – *Anders*: Prinzip der Bedarfsgerechtigkeit bzw. der Gleichheit); (2) → Konsumentensouveränität im Sinne einer Steuerung der Zusammensetzung des Warenangebots gemäß den Käuferpräferenzen (Anpassungsfunktion); (3) *optimale Faktorallokation* im Sinne einer Lenkung der Produktionsfaktoren in ihre produktivsten Einsatzmöglichkeiten, wodurch bei gegebener Technik die Gesamtkosten gegebener Produktionsvolumina gesenkt bzw. der Output bei gegebenen Faktoreinsatzmengen gesteigert werden (→ Allokationsfunktion); (4) *Anpassungsflexibilität* im Sinne einer laufenden flexiblen Anpassung von Produkten und Produktionskapazitäten an sich ständig ändernde Daten (z.B. Nachfragestruktur oder Produktionstechnik); (5) *Förderung des technischen Fortschritts* in Form neuer Produkte oder Produktionsmethoden (Fortschritts- und Entwicklungsfunktion); (6) Gewährleistung der wirtschaftlichen Handlungs- und Entschließungsfreiheit (*Kontrolle wirtschaftlicher Macht* als außerökonomische bzw. metaökonomische Wettbewerbsfunktion; Freiheitsfunktion); (7) Eliminierung Leistungsschwacher aus dem Markt im Sinne der Auslese- bzw. Selektionsfunktion (→ Sozialdarwinismus). – Vgl. auch → Wettbewerbstheorie.

Wettbewerbsklausel – *Konkurrenzklausel, nachvertragliches Wettbewerbsverbot.*

I. Begriff: Vereinbarung, i.d.R. zwischen dem Unternehmer und seinen Angestellten (aber auch mit Gesellschaftern, Handelsvertretern, Geschäftsführern einer GmbH etc.), die den Unternehmer vor Wettbewerb *nach* Beendigung des Dienstverhältnisses schützen soll (während des Dienstverhältnisses → Wettbewerbsverbot). Das bringt es mit sich, dass der Angestellte in seiner gewerblichen Tätigkeit behindert wird. Für → Auszubildende und → Volontäre ist eine Wettbewerbsklausel daher nichtig, um diese in ihren zukünftigen beruflichen Möglichkeiten nicht einzuengen. – *Ausnahme:* wenn in den letzten sechs Monaten der Berufsausbildung ein Arbeitsverhältnis vereinbart wird (§ 12 I 2 BBiG).

II. Beschränkungen: Die mit Angestellten vereinbarte Wettbewerbsklausel ist durch das Gesetz wesentlichen Beschränkungen unterworfen, um den wirtschaftlich schwächeren Teil zu schützen. – 1. Für → *Handlungsgehilfen,*einschließlich → Arbeitnehmer: → Wettbewerbsverbot. – 2. Für → Handelsvertreter u.a.: Schriftform und Aushändigung einer Urkunde ist erforderlich. Das Wettbewerbsverbot darf nicht länger als zwei Jahre andauern. Der Unternehmer ist verpflichtet, für die Dauer der Wettbewerbsbeschränkung eine angemessene Entschädigung zu zahlen (§ 90a HGB). Vgl. zu einer Klausel bei einem Handelsvertretervertrag und dessen Verstoß dagegen BGH, Urt. v. 10.11.2010, VIII ZR 327/09: Vertragsauslegung des Handelsvertretervertrages kann gegen die Zulässigkeit einer Kündigung aus wichtigem Grund sprechen, wenn das Vertrauensverhältnis nicht grundlegend beschädigt wurde, sodass – anstelle einer Kündigung – ggf. eine vorherige Abmahnung geboten war. – 3. Wird das Dienstverhältnis etc. wegen schuldhaften Verhaltens des Unternehmers *aufgelöst,* so kann sich der Verpflichtete von der Wettbewerbsklausel innerhalb eines Monats nach der Kündigung durch schriftliche Erklärung lossagen (§§ 75 I, 90a III HGB). – 4. Die gesetzlichen Vorschriften sind *unabdingbar* (§§ 75d, 90a IV HGB).

III. Vertragsstrafe: Zur Durchsetzung der Wettbewerbsklausel kann eine → Vertragsstrafe vereinbart werden (§ 75c HGB). Eine unverhältnismäßig hohe Strafe kann von dem Richter herabgesetzt werden (§§ 75c I 2 HGB, 343 BGB). Daneben besteht Anspruch auf Erfüllung der Wettbewerbsklausel oder auf Schadensersatz. – *Ausnahme:* wenn der Unternehmer nicht zur Zahlung einer Entschädigung verpflichtet ist, § 75c II HGB.

Wettbewerbskonzepte – Konzepte, die darauf ausgerichtet sind, die Potenziale vorhandener Geschäfte zu verbessern bzw. besser zu nutzen. W. gewannen neben → strategischen Suchfeldanalysen mit der Zunahme stagnativer Markttendenzen an Bedeutung, nachdem die Normstrategie „Rückzug“ für „Arme-Hunde-Geschäfte“ der → Portfolio-Analyse ca. zwei Drittel aller Geschäfte betraf. – *Gliederung der Wettbewerbsstrategie* entsprechend den Phasen, die zur Entwicklung einer Wettbewerbsstrategie führen: (1) *Abgrenzung der Branche* (z.B. nach der Standard Industrial Classification); (2) *Analyse der Branchensituation* und *Prognose der Branchenentwicklung,* z.B. Konzept der Wettbewerbskräfte (→ Wettbewerbsstrategie), Konzept der → strategischen Gruppe, → Wettbewerbsvorteils-Matrix und → Multifaktor-Matrix; (3) *Planung der Wettbewerbsstrategien,* z.B. gegnerische Wettbewerbsstrategien und → strategisches Spielbrett; (4) *vertiefende Suche nach Wettbewerbsvorteilen,* z.B. Wertschöpfungskette, → Wettbewerbsstrategien.

Wettbewerbskräfte → Wettbewerbsstrategie.

wettbewerbspolitische Leitbilder – 1. *Ordoliberalismus der Freiburger Schule, Leitbild der vollständigen Konkurrenz:* Der Ordoliberalismus der sog. Freiburger Schule (→ Eucken, Böhm, → Müller-Armack etc.) kann als eine Art dritter Weg zwischen einer vermachteten Laissez-faire-Wirtschaft und einer zentral geplanten Verwaltungswirtschaft verstanden werden. Wettbewerb wird dabei als ein

Entmachtungsinstrument verstanden, was die Marktform der → vollkommenen Konkurrenz voraussetzt. In dieser ist der Marktpreis ein gegebenes Datum für die Wirtschaftssubjekte, das von ihnen nicht beeinflusst werden kann (Mengenanpasser). Das Modell der vollkommenen Konkurrenz als Leitbild der Wettbewerbspolitik ist problematisch, da (a) viele kleine Anbieter und Nachfrager nicht das Potenzial zur Forschung und Entwicklung haben (Fortschritts- und Entwicklungsfunktion), (b) homogene Güter und die Abwesenheit der Präferenzen die Konsumentensouveränität einschränken und (c) vollkommene Information und Markttransparenz sowie unverzügliche Anpassung keinen Vorsprungsgewinn zulassen. – *Konstituierende und regulierende Prinzipien:* Der Ordoliberalismus fordert einen *starken Staat*, der die *Rahmenbedingungen im Sinne von Spielregeln einer Wettbewerbswirtschaft* setzen muss; denn die Wirtschaftspolitik des sog. Altliberalismus habe gezeigt, dass eine unbegrenzte Vertragsfreiheit der Wirtschaftssubjekte zu einer wachsenden Monopolisierung führe, d.h. zu einer Vergrößerung des Freiheitsspielraums für nur wenige Wirtschaftssubjekte. Zur Erhaltung der Funktionsfähigkeit der Wettbewerbsordnung postuliert Eucken sieben sog. konstituierende und drei regulierende Prinzipien. Die *sieben konstituierenden Prinzipien* sind: (1) Preissystem der vollständigen Konkurrenz; (2) Schaffung einer die Geldwertstabilität sichernden Währungsverfassung; (3) Privateigentum an den Produktionsmitteln; (4) Gewährleistung der Vertragsfreiheit; (5) volle Haftung der Marktteilnehmer; (6) freier Zugang zu den Märkten (Gewerbefreiheit) und (7) Konstanz der Wirtschaftspolitik. Diese sieben konstituierenden Prinzipien werden durch *drei regulierende Prinzipien* ergänzt: (1) aktive Monopol- und Oligopolpolitik; (2) Einkommens- und → Konjunkturpolitik, die bestimmte Funktionsschwächen der Marktwirtschaft korrigieren soll, und (3) Sozialpolitik. – Das Leitbild der vollständigen Konkurrenz soll gesichert werden durch ein striktes Kartellverbot, eine präventive Fusionskontrolle sowie eine staatliche → Strukturpolitik und die → Entflechtung von → Monopolen im Hinblick auf die Erhaltung bzw. Überführung von Märkten in die Marktform der vollständigen Konkurrenz. Unvermeidbare (natürliche) Monopole (→ natürliches Monopol) sollen nach Eucken nicht verstaatlicht, sondern einer *Missbrauchsaufsicht* durch ein staatliches Monopolamt unterstellt werden (sog. „*Als-ob-Konkurrenz*"), wodurch ein Marktergebnis wie bei vollständiger Konkurrenz realisiert werden soll. – 2. *Konzept des weiten Oligopols als spezifische Form des Konzepts des funktionsfähigen Wettbewerbs*: Das von *F.W. Kantzenbach* entwickelte Konzept eines funktionsfähigen Wettbewerbs geht von den *Aufgaben (Zielfunktionen) des Wettbewerbs* aus, die dieser zu erfüllen hat:(1) Auf den Faktormärkten soll der Wettbewerb die funktionelle → Einkommensverteilung nach der Marktleistung steuern *(leistungsgerechte Einkommensverteilung)*, wodurch eine Ausbeutung aufgrund von Marktmacht (→ Macht) verhindert wird. (2) Der Wettbewerb soll die Zusammensetzung des laufenden Angebots an Waren und Dienstleistungen gemäß den Käuferpräferenzen *(Konsumentensouveränität)* steuern, wodurch sich bei gegebener Einkommensverteilung und gegebenem Produktionsvolumen eine optimale Befriedigung der individuellen Bedürfnisse ergibt. (3) Der Wettbewerb soll die Produktionsfaktoren in ihre produktivsten Einsatzmöglichkeiten *(optimale Faktorallokation)* lenken. Dadurch werden bei gegebenem Stand der Produktionstechnik die Gesamtkosten gegebener Produktionsvolumina gesenkt bzw. der Output bei gegebenen Faktoreinsatzmengen gesteigert. (4) Der Wettbewerb soll die laufende flexible Anpassung von Produkten und Produktionskapazitäten an außenwirtschaftliche Daten, bes. an die sich ständig ändernde Nachfragestruktur und Produktionstechnik *(Anpassungsflexibilität)* ermöglichen. Dadurch wird das Ausmaß von Fehlinvestitionen verringert, die durch Strukturwandlungen hervorgerufenen volkswirtschaftlichen Kosten werden gesenkt. (5) Der Wettbewerb soll die Entstehung, Einsatz und Verbreitung des → technischen Fortschritts in Gestalt neuer Produkte und Produktionsmethoden (*technischer Fortschritt* durch Produkt- und Prozessinnovation) beschleunigen. – *Folgerungen:* Nach Kantzenbach ist ein Wettbewerb dann funktionsfähig, wenn er die fünf – qua Werturteil – vorgegebenen ökonomischen Zielfunktionen bestmöglich erfüllt. Das ist seines Erachtens im *Bereich weiter Oligopole* mit *optimaler Interdependenz,* d.h. mit mäßiger Produktheterogenität und begrenzter Transparenz der Fall, da in dieser Marktform Gewinnchancen, Existenzrisiken und Finanzierungsmöglichkeiten der Unternehmen bes. günstig kombiniert seien. Dagegen sei das *enge Oligopol* durch eine *überoptimale Interdependenz* gekennzeichnet, die entweder zu funktionslosen Oligopolkämpfen oder zu einer faktischen Beschränkung des Wettbewerbs durch *spontan-solidarisches Parallelverhalten* führen. Das → Polypol sei durch eine *unteroptimale Interdependenz* charakterisiert, die mangels ausreichender Selbstfinanzierungsmöglichkeiten, geringer absoluter Unternehmensgrößen und traditioneller Verhaltensweisen nicht die im Hinblick auf strukturelle Anpassung und technischen Fortschritt notwendigen Investitionen erlaube; im Polypol herrsche daher ruinöser Wettbewerb. – *Wettbewerbspolitische Empfehlungen:* Im Hinblick auf das Leitbild des weiten Oligopols sollten enge Oligopole nach Möglichkeit entflochten und Polypole mit unteroptimaler Interdependenz durch eine Legalisierung von Kartellen und Förderung von Zusammenschlüssen in weite Oligopole überführt werden. – 3. *Konzept des freien Wettbewerbs der sog. Neuklassik: Hoppmann* knüpft mit seinem als neuklassisch bezeichneten Wettbewerbskonzept an die klassische Wettbewerbstheorie an. Er unterscheidet zwei *Zielkomplexe der Wettbewerbspolitik:* (1) Sicherung der Wettbewerbsfreiheit im Sinne der Abwesenheit von Zwang durch Dritte (sog. *Entschließungsfreiheit*) und der Abwesenheit von Beschränkungen des Tauschverkehrs durch Marktteilnehmer (sog. *Handlungsfreiheit*); (2) ökonomische Vorteilhaftigkeit des Wettbewerbsprozesses im Hinblick auf niedrigere Preise, bessere Qualitäten oder Einführung des technischen Fortschritts. – Wettbewerbsfreiheit wird als notwendige, jedoch nicht als hinreichende Bedingung für gute Marktergebnisse angesehen; vielmehr müsse ein entsprechender Wettbewerbsgeist (Spirit of Competition) hinzukommen, damit Wettbewerbsfreiheit zu ökonomischer Vorteilhaftigkeit führe. Bei Wettbewerbsfreiheit führe der Marktmechanismus aufgrund ökonomischer Anreize und Sanktionen zu einer Koordination der Pläne und Handlungen der Wirtschaftsobjekte, die für alle Marktteilnehmer vorteilhaft sei (sog. *systemtheoretischer Ansatz*). – *Wettbewerbspolitische Empfehlungen:* Die Handlungs- und Entschließungsfreiheit der Marktteilnehmer soll durch das *Verbot bestimmter Verhaltensweisen* (z.B. Monopolisierung, Diskriminierung, Behinderung oder Fusionen) geschützt werden, wobei die von der Wettbewerbspolitik zu setzenden *Per-se-Regeln* folgendermaßen ausgestaltet sein sollen: (1) Den Wirtschaftsobjekten darf kein positiv definiertes Verhalten vorgeschrieben werden, vielmehr dürfen Verhaltensweisen nur *negativ* durch Verbot ausgeschlossen werden. (2) Dieses Verbot muss *allgemein-abstrakt* erfolgen. (3) Die Wettbewerbsregeln müssen für *alle* Wirtschaftsobjekte gleichermaßen gelten. – 4. *Das Konzept der sog. Chicago School of Antitrust Analysis:* Die Chicago School, die in der Vergangenheit nur mit dem → Monetarismus (→ Friedman u.a.) identifiziert worden ist, hat in den 1970er-Jahren auch ein wettbewerbspolitisches Konzept entwickelt. Das wettbewerbspolitische Konzept dieser Schule (Bork, Demsetz, Director, Posner, Stigler u.a.) war während der 1980er-Jahre unter Präsident Reagan zum Leitbild der US-Antitrustpolitik geworden. – *Elemente:* Die Chicago School versteht das Marktgeschehen als ein *freies Spiel der Kräfte* ohne staatliche Eingriffe, in welchem die Gesündesten und Besten überleben *(Survival of the Fittest, sog.* → Sozialdarwinismus); dabei soll der Einfluss des Staates auf die Setzung weniger Rahmenbedingungen beschränkt werden. Das *Ziel der Antitrustpolitik* besteht nach der Auffassung dieser Schule allein in einer Maximierung der Konsumentenwohlfahrt. Die *Aufgabe der Wettbewerbspolitik* müsse daher in der Aufrechterhaltung von Marktmechanismen bestehen, die ein Maximum an Konsumentenwohlfahrt im Sinne einer optimalen Allokation der volkswirtschaftlichen Ressourcen gewährleisten. Für die Antitrustbehörden sollen daher nur *zwei Effizienzkriterien* für die Beurteilung von Wettbewerbspraktiken ausschlaggebend sein: (1) die *allokative Effizienz* (im Sinn einer volkswirtschaftlich optimalen Allokation der Ressourcen, d.h. Angebot der Wettbewerbsmenge zum Wettbewerbspreis gemäß der Grenzkosten = Preis-Regel im Gegensatz zum Cournot Fall (→ Preistheorie)) und (2) die *produktive Effizienz* (im Sinn einer effizienten Ressourcenverwendung in den einzelnen Unternehmen z.B. durch Ausnutzen von → Economies of Scale oder Transaction Cost Efficiencies). Um festzustellen, wann diese beiden Effizienzkriterien gewährleistet bzw. gefährdet sind, wollen die Vertreter der Chicago School die neo-klassische Preistheorie heranziehen, wobei → vollkommene Konkurrenz und → Monopol als Referenzsituationen dienen. Die Steigerung der betrieblichen Effizienz wird damit zum ausschließlichen Ziel der Antitrustpolitik; die anderen Wettbewerbsfunktionen (z.B. leistungsgerechte Einkommensverteilung, Konsumentensouveränität oder technischer Fortschritt) werden aus der Analyse ausgeklammert bzw. nicht berücksichtigt. – *Wettbewerbspolitische Empfehlungen:* Da die Chicago School auf die langfristige Wirkung des Marktmechanismus (Fehlen von privaten Marktzutrittsschranken und extrem langfristiger Zeithorizont) vertraut und zudem jeglichen staatlichen Eingriffen ablehnend gegenübersteht, nimmt sie grundsätzlich eine skeptische Haltung im Hinblick auf staatliche Aktivitäten im Bereich des Wettbewerbs ein. Sie kommt daher zu folgenden Empfehlungen: (1) *Fusionen* werden i.Allg. nicht als wettbewerbsgefährdend angesehen, da sie in erster Linie der Ausschöpfung von Economies of Scale oder → Transaction Cost Economies, der Vermögenskonzentration in den Händen überlegener Unternehmen sowie der Bestrafung eines ineffizienten oder schlechten Managements dienen; externes Wachstum (→ Konzentration) sei insofern grundsätzlich Ausdruck von produktiver Effizienz. Eine Fusionskontrolle solle daher in den USA nur noch *im Fall horizontaler Zusammenschlüsse* bei sehr hohen Marktanteilen stattfinden. *Im Fall vertikaler Fusionen* käme es nicht zu direkten Marktanteilszuwächsen und damit einer möglichen Verschlechterung der Marktversorgung; nur im Fall ausgeprägter Marktschließungseffekte sei daher eine Fusionskontrolle geboten. *Konglomerate Fusionen* stellen nach Auffassung der Chicago School ein „Non-Problem" dar. (2) *Wettbewerbswidriges Verhalten* wird dagegen kritischer gesehen als strukturbedingte Konzentration. So wird für *horizontale* Absprachen ein striktes Per-se-Verbot gefordert, während *vertikale* Absprachen als Erhöhung der produktiven Effizienz des handelnden Unternehmens und damit der Erhöhung der Konsumentenwohlfahrt als Ganzes gesehen werden.

Wettbewerbspricing – Preisbildungsstrategie, bei der sich ein Anbieter bei der Preissetzung hauptsächlich an den Preisen der Konkurrenten orientiert. Insbesondere in Märkten mit sehr homogenen Produkten (z.B. Öl, Gas, Strom) trifft man häufig auf diese Preisbildungsform. – Vgl. auch → Preisführer, → Preisfolger.

Wettbewerbsrecht → Deutsches Kartellrecht, → Europäisches Kartellrecht, → unlauterer Wettbewerb.

wettbewerbsrechtliche Ausnahmebereiche – Wirtschaftsbereiche, in denen Wettbewerb aus wirtschaftlichen Gründen nicht möglich (sog. natürliche Ausnahmebereiche, z.B. in Versorgungsnetzen) oder im Hinblick auf die Realisierung bestimmter politisch vorgegebener Ziele nicht geeignet (sog. politische Ausnahmebereiche) ist. – Das geltende Kartellrecht sieht Ausnahmeregelungen lediglich für die Landwirtschaft vor (§ 28 GWB). Ähnliche Regelungen für die Kredit- und Versicherungswirtschaft (§ 29 GWB a.F.), die Urheberrechtsverwertungsgesellschaften (§ 30 GWB a.F.) und für den Sport (§ 31 GWB a.F.) sind hingegen mit der Siebten GWB-Novelle entfallen, sodass für diese Wirtschaftsbereiche die kartellrechtlichen Vorschriften (wieder) uneingeschränkt zur Anwendung kommen. – Vgl. auch → kartellrechtliche Ausnahmebereiche.

wettbewerbsrechtlicher Ursprung → Ursprung.

Wettbewerbsregeln – Verhaltensregeln für Unternehmen zur Sicherung und Herbeiführung eines lauteren und leistungsgerechten Wettbewerbs (§§ 24 ff. GWB). Wettbewerbsregeln können von Wirtschafts- und Berufsvereinigungen aufgestellt werden. Die Anerkennung ist schriftlich bei der Kartellbehörde zu beantragen (§ 24 GWB). Die Kartellbehörde hat betroffenen Wettbewerbern, Lieferanten, Abnehmern, anderen Wirtschafts- und Berufsvereinigungen sowie – bei erheblicher Interessenberührung der Verbraucher – Verbraucherzentralen und -verbänden Gelegenheit zur Stellungnahme zu geben. Im Rahmen einer fakultativen öffentlichen mündlichen Verhandlung kann sich darüber hinaus jeder andere Interessierte zum Antrag äußern (§ 25 GWB). Die Anerkennung der Wettbewerbsregeln erfolgt widerruflich durch Verfügung der Kartellbehörde. Diese hat die Anerkennung abzulehnen, wenn die Wettbewerbsregeln gegen das Verbot des § 1 GWB und des Art. 101 I AEUV verstoßen und nicht nach § 2 GWB und Art. 101 III AEUV freigestellt sind (§ 26 GWB). Anerkannte Wettbewerbsregeln sind im Bundesanzeiger oder elektronischen Bundesanzeiger zu veröffentlichen. Die entsprechenden Anträge können zuvor bei der Kartellbehörde eingesehen werden (§ 27 GWB).

Wettbewerbsrichtlinien – Regeln von Berufs- und Wirtschaftsverbänden auf verbandsrechtlicher oder vertraglicher Grundlage, die auf die Wahrung des Leistungswettbewerbs gerichtet sind (§ 24 GWB, → Deutsches Kartellrecht), können Gerichte und Außenseiter aber auch dann nicht binden, wenn sie angemeldet und anerkannt sind. Unter vertraglich oder kraft Verbandsrechts Gebundenen kann Verstoß gegen Wettbewerbsrichtlinien sittenwidriger → Rechtsbruch sein. Wettbewerbsrichtlinien kommt darüber hinaus Bedeutung als Erkenntnismittel dafür zu, was in der betreffenden Branche lauter oder unlauter ist. Im Wettbewerbsprozess bedarf es konkreter Feststellungen, dass das von den Wettbewerbsrichtlinien erfasste Verhalten tatsächlich unlauterer Wettbewerb ist. – *Wichtige Richtlinien:* Internationale Verhaltensregeln für die Werbepraxis der Internationalen Handelskammer, Richtlinien des Zentralverbands der dt. Werbewirtschaft (Richtlinien für redaktionell gestaltete Anzeigen, Richtlinien für Werbung mit Zeitungs- und Zeitschriftenanalysen, Richtlinien der Verlegerorganisationen für redaktionelle Hinweise in Zeitungen und Zeitschriften), Wettbewerbsrichtlinien der Versicherungswirtschaft.

Wettbewerbsschutz → unlauterer Wettbewerb.

Wettbewerbsstrategie – I. Charakterisierung: 1. *Theoretisch* leitet sich der Ansatz aus einer Zusammenführung des mehr volkswirtschaftlichen Konzepts der → Industrieökonomik und der betriebswirtschaftlichen Führungsphilosophie eines → strategischen Managements ab. – 2. *Tragende Säulen* des Konzepts: (1) die *Wettbewerbskräfte* zur Bestimmung der Branchenstruktur, (2) die *generischen Strategien* als grundlegende Alternativen zur Erlangung von Wettbewerbsvorteilen und (3) die *Wertschöpfungskette* als Heuristik zur Vertiefung der generischen Strategien.

II. Strategieauswahl: Über → Strategien positioniert sich das Unternehmen (mit seinen Geschäften) in Bezug zu seinem Umfeld. Die Branche ist ein für das Unternehmen bes. wichtiges Teilsystem dieses Umfelds (z.B. neben den Märkten oder dem Gesellschaftssystem). Damit lenkt er den Blick auf Strategien zur Positionierung des Unternehmens in Bezug zu seinen Wettbewerbern. Wettbewerbsstrategien sollten darauf abzielen, eine profitable, haltbare Position in der Wettbewerbsarena zu sichern. Bestimmend sind die Fragen nach (1) der Branchenattraktivität und (2) der Wettbewerbsposition.

III. Die Strategieauswahl bestimmende Faktoren: 1. *Attraktivität der Branche:* a) *Kennen- und Verstehenlernen der Spielregeln,* denen der Wettbewerb *in diesem Zweig* gehorcht, d.h. wie attraktiv ist auf lange Sicht die Branche, in der die Unternehmung tätig ist, und welche Faktoren beeinflussen diese Attraktivität. Die Spielregeln werden von der Struktur der Branche bestimmt, wobei diese durch fünf *Wettbewerbskräfte* festgelegt ist: Verhandlungsmacht der Lieferanten, Verhandlungsmacht der Käufer, Bedrohung durch Eintritt potenzieller neuer Konkurrenten, Bedrohung durch Substitute sowie die Rivalität unter den existierenden Konkurrenten. Jede dieser Kräfte unterliegt mehreren Einflussfaktoren (z.B. Differenzierungsgrad und Substituierbarkeit von Einsatzgütern bei der Verhandlungsmacht der Lieferanten). – b) Die Struktur ist immer *branchenspezifisch ausgeprägt.* Man unterscheidet Branchenstrukturen nach der Phase im Lebenszyklus (junge, reifende, schrumpfende) und nach der Wettbewerbsausdehnung (fragmentierte, weltweite). Die jeweilige Struktur bestimmt, welche Unternehmen in welchem Umfang Rentabilitätspotenziale realisieren: Käufer- und Lieferantenmacht haben Einfluss auf Preise, Umsatz und Kosten; Konkurrenzdruck ist für den Kapitalbedarf mit ausschlaggebend; die Struktur unterliegt auch einem dynamischen Prozess und ist prinzipiell gestaltbar (z.B. durch einen „guten“ Branchenführer). Bei der Auswahl von Wettbewerbsstrategien entsteht damit auch die Aufgabe, zu untersuchen, inwieweit Strukturveränderungen zugunsten des eigenen Unternehmens erzeugt oder genutzt werden können. Im Zusammenhang mit der Analyse der Branchenstruktur ist auch das Konzept der → strategischen Gruppen zu sehen; Zusammenfassung von Unternehmen einer Branche zu einer Gruppe, die entlang ausgewählter strategischer Dimensionen ähnliche Strategien verfolgt. – 2. *Bestimmung der relativen Wettbewerbsposition des Unternehmens in der Branche,* d.h. welche Position hat die Unternehmung in dieser Branche inne, und worauf ist diese Position zurückzuführen. Eine gute Wettbewerbsposition wird durch *Wettbewerbsvorteile* erreicht, die ein besseres Verstehen und Handhaben der Branchenstruktur durch das Unternehmen als durch die Wettbewerber bedeuten. – *Strategiealternativen:* a) Nach der *Art der Erreichung der Wettbewerbsvorteile:* (1) *Kostenführerschaft:* Es gibt nur einen Kostenführer je Geschäft, eine eindeutige Strategie. Verfolgen sie mehrere Wettbewerber, so wird i.Allg. eine immer unprofitabler werdende Konkurrenz die Folge sein. (2) *Differenzierung:* Diese Strategien sind vielfältigen Ursprungs. Für ihren Erfolg ist es von Bedeutung, dass die aufgebauten Wettbewerbsvorteile auch vom Kunden wahrgenommen werden können. – b) Nach dem *Ort der Erreichung der Wettbewerbsvorteile:* (1) *segmentspezifische Strategien:* nach Kundengruppen, Produktlinien etc. spezifizierte Strategien; durch eine Differenzierung auf Bedürfnisse, die bislang nur unzureichend befriedigt wurden, oder durch Befriedigung bereits angesprochener, aber nicht befriedigter Bedürfnisse möglich. (2) *branchenweite Strategien.* – Zusammenfassend können vier *generische Strategietypen* abgeleitet werden (vgl. Abbildung „Generische Strategietypen“); das Unternehmen muss sich kompromisslos für einen davon entscheiden. – c) Auf einer ähnlichen Argumentation aufbauende *Matrizen* wurden von verschiedenen Beratungsunternehmen entwickelt, z.B. die → Wettbewerbsvorteils-Matrix der Boston Consulting Group oder das → strategische Spielbrett von McKinsey.

IV. Wertschöpfungskette: *Leistungskette, Geschäftssystem, Value Chain;* die durch ein Unternehmen in einem bestimmten Geschäft erzielbaren Wettbewerbsvorteile werden durch unterschiedliche, strategisch relevante Tätigkeiten verursacht. Jede von ihnen stellt einen Ansatz zur Differenzierung dar und leistet einen Beitrag zur relativen Kostenstellung des Unternehmens im Wettbewerb. Grundsätzlich lassen sich

Wettbewerbsstrategie – Generische Strategietypen

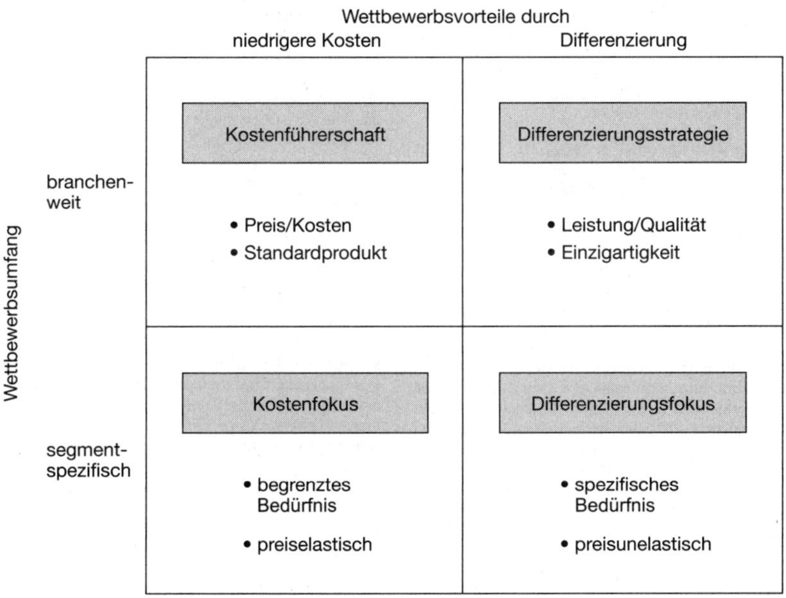

neun solcher *generischen Aktivitäten* unterscheiden: Fünf Primäraktivitäten, die den eigentlichen Wertschöpfungsprozess beschreiben, und vier Unterstützungsaktivitäten, die den Wertschöpfungsprozess ergänzen. Sie werden zu einer Wertschöpfungskette verknüpft (vgl. Abbildung „Wertschöpfungskette"). *Beurteilung:* Vorteile können sich auch aus der Verkettung interdependenter Aktivitäten ergeben (→ Multifaktor-Matrix). Wichtig ist auch die Beurteilung der Einflüsse anderer Wertschöpfungsketten auf die eigene: die Ketten der Lieferanten, Absatzkanalträger und Kunden. Die Gesamtheit aller in der Branche vorhandenen Wertschöpfungsketten ergibt letztlich die obige Branchenstruktur.

Wettbewerbstheorie – 1. *Begriff:* Die Wettbewerbstheorie hat die Aufgabe, Ursache-Wirkungszusammenhänge von wettbewerblichen Marktprozessen zu erklären und damit die wissenschaftliche Grundlage für staatliche Wettbewerbspolitik zu schaffen. – 2. *Klassische* Wettbewerbstheorie: Smith und die klassische Schule der Nationalökonomie (→ klassische Lehre) haben das Wettbewerbssystem vorwiegend zum Angriff gegen die feudal-merkantilistischen Fesseln (→ Merkantilismus) der Wirtschaftsfreiheit benutzt. Die Bevormundung des einzelnen Bürgers durch die Wirtschaftspolitik des Merkantilismus wird abgelehnt und stattdessen die Gewährleistung der Handlungsfreiheit von Unternehmen und Haushalten gefordert. – Das klassische System lässt sich charakterisieren als die *Freiheit zum Wettbewerb unter Konkurrenten,* d.h. Freiheit für vorstoßende und nachahmende Wettbewerbshandlungen, sowie Freiheit der Konsumenten, unter den von der Marktgegenseite gebotenen Alternativen zu wählen. Wettbewerb im Sinn der Klassik ist ein *dynamischer Prozess* aus Aktion und Reaktion, der jedem Marktteilnehmer einen begrenzten Freiheitsbereich gibt. Das Ausnutzen der Wettbewerbsfreiheit unter *Verfolgung des Eigeninteresses* führt über den Marktmechanismus dazu, dass jedes Wirtschaftssubjekt das erhält, was ihm nach seiner Leistung für den Markt zusteht. Durch dieses freie Spiel der Kräfte entsteht wie durch eine *Invisible Hand* eine allg. *Harmonie der Interessen,* die durch den Eingriff des Staates nur gestört werden kann. Das klassische Wettbewerbskonzept lässt sich daher als *Koordinationsprozess ohne staatliche Lenkung* verstehen, d.h. als ein System nicht-autoritärer sozialer Kontrolle mit finanziellen Sanktionen. – Die von Smith analysierten *wettbewerbsbeschränkenden Strategien* beziehen sich vorrangig auf die merkantilistische Wirtschaftspolitik, wobei *Marktzutrittsschranken,* die durch das Zunftwesen begründet und durch Gesetze abgesichert sind, im Vordergrund stehen (z.B. die Begrenzung der Zahl der Lehrlinge in einem Gewerbe sowie die Bestimmungen für den Marktzutritt und Marktaustritt in Handwerksberufen). – Das Wettbewerbskonzept der Klassik ist jedoch nicht – wie oft fälschlich behauptet wird – gleichzusetzen mit einer Politik des „laissez-faire, laissez-passer" *(Laissez-faire-Prinzip),* vielmehr ist die von Smith geforderte wettbewerbliche Legitimation des *Privateigentums an den Produktionsmitteln* gekoppelt mit der klaren Forderung nach Schaffung und Sicherung einer *Rechtsordnung als Rahmen wettbewerblicher Prozesse.* So hat Smith bereits die Wohlfahrtsverluste von Preisabsprachen und dauerhaften Monopolstellungen klar erkannt und in seinem 1776 erschienenen Hauptwerk kritisiert. – 3. → Neoklassik: Die von Smith behauptete Harmonie der Interessen hat in der Folgezeit zu dem Versuch geführt, die Bedingungen für die totale Übereinstimmung von Einzel- und Gesamtinteressen herauszuarbeiten. Ergebnis dieser Bemühungen war das *Gleichgewichtsmodell der vollständigen (vollkommenen) Konkurrenz:*

Die dynamische Wettbewerbsanalyse der Klassik wird durch eine stark mathematisch orientierte rein statische Betrachtungsweise ersetzt, bei der die klassische Wettbewerbstheorie auf eine Analyse von preistheoretischen Gleichgewichtszuständen (→ Preistheorie) reduziert wird. Aus einer Vielzahl (von mehr oder minder unrealistischen) Annahmen über die → Marktstruktur und das → Marktverhalten werden Schlussfolgerungen im Hinblick auf Gleichgewichtspreise und Gleichgewichtsmengen abgeleitet. Der Wettbewerbsprozess, der zu diesen pareto-optimalen Gleichgewichten führt (Pareto-Optimum), wird durch die Dominanz der statischen Betrachtung vernachlässigt. – 4. *Die Theorie des unvollkommenen bzw. monopolistischen Wettbewerbs* (Sraffa, → Robinson, → Chamberlin) hat in den zwanziger und dreißiger Jahren des vergangenen Jahrhunderts versucht, die bisher vertretene Dichotomie zwischen reinem → Monopol und → vollkommener Konkurrenz zu überwinden (→ monopolistische Konkurrenz). Im Mittelpunkt der Bemühungen standen die Berücksichtigung heterogener Güter, das Oligopolproblem (→ Oligopol) und die Ergänzung des Preiswettbewerbs durch Formen des → Nichtpreiswettbewerbs (z.B. Werbung). – Das Konzept des unvollkommenen oder monopolistischen Wettbewerbs ist als eine *dritte Kategorie* zwischen den beiden Grenzfällen der vollständigen Konkurrenz und des Monopols zu sehen. Abweichungen von den Bedingungen der vollständigen Konkurrenz werden als *Unvollkommenheitsfaktoren* (Market Imperfections) oder Monopolelemente (Monopolistic Elements) angesehen. Mit dieser erweiterten Analyse beginnt sich die *Erkenntnis* durchzusetzen, dass die vollständige Konkurrenz niemals realisiert werden kann. Gleichwohl blieb diese bis Anfang der 1960er-Jahre Leitbild der dt. Wirtschaftspolitik; Ziel der Wettbewerbspolitik war es, Anzahl und Ausmaß der Marktunvollkommenheiten zu minimieren. Je geringer die Marktunvollkommenheiten (im Sinn einer Abweichung von den Modellbedingungen), desto mehr glaubte man, sich dem wohlfahrtsökonomischen Ideal zu nähern. – 5. *Workable bzw. Effective Competition:* a) Die *Entwicklung zu einer modernen* Wettbewerbstheorie wird eingeleitet durch den Aufsatz von *Clark* „Towards A Concept of Workable Competition“ (1940). Mit seiner sog. *Gegengiftthese,* wonach auf einem Markt vorhandene Unvollkommenheiten durch das Vorliegen anderer Unvollkommenheiten geheilt werden können, bahnt sich der entscheidende Wandel in der wettbewerbspolitischen Beurteilung von Marktunvollkommenheiten an. So kann z.B. die eine Marktunvollkommenheit einer zu geringen Zahl von Anbietern im Oligopol durch die andere Unvollkommenheit einer beschränkten → Markttransparenz oder einer Produktheterogenität im Hinblick auf die Wettbewerbsbedingungen ausgeglichen werden, da die anderen Unvollkommenheiten die preispolitische Interdependenz im Oligopol mindern und damit erfolgreiche Wettbewerbshandlungen möglich werden *(Preismeldestellen – Open Price Systems).* – b) Die *weitere Entwicklung der* Wettbewerbstheorie ist stark durch die *Schumpeterschen Thesen* zur „Konkurrenz der neuen Ware, der neuen Technik, der neuen Versorgungsquelle, des neuen Organisationstyps“ sowie durch die industrieökonomische Forschung in den USA *(Industrieökonomik)* beeinflusst worden. In seinem Buch „Competition as a Dynamic Process“ (1961) versucht *Clark,* die Schumpetersche Theorie der Innovationen in die allg. Wettbewerbstheorie zu integrieren. Danach sind *Pioniergewinne* aufgrund einer temporären Vorzugsstellung sowohl Folge als auch Voraussetzung für den Wettbewerb; sie sollen nicht sofort wieder abgebaut werden, sondern allmählich verschwinden, was für den initiativ handelnden Unternehmer eine reaktionsfreie Zeit voraussetzt, um dem Unternehmen einen Anreiz zur Innovation zu geben. – Die Geschwindigkeit, mit der Vorsprungsgewinne jeglicher Art aufgezehrt werden, kann als Ansatzpunkt für die Bestimmung der *Intensität des Wettbewerbs* benutzt werden. Nach Clark bemisst sich daher die *Funktionsfähigkeit des Wettbewerbs* danach, inwieweit vorgegebene (gesamtwirtschaftliche) Ziele im Sinn sinkender Preise, verbesserter Qualitäten und rationeller Produktionsverfahren realisiert werden. – Zentrales *Problem* der Theorie des wirksamen Wettbewerbs (auch: *funktionsfähiger Wettbewerb, Effective oder Workable Competition*) ist es, die wettbewerbspolitisch wünschenswerten von den unerwünschten Marktunvollkommenheiten zu unterscheiden, um damit zu Konstellationen von Unvollkommenheitsfaktoren zu kommen, die als notwendige und/oder hinreichende Bedingung für die Wirksamkeit des Wettbewerbs anzusehen sind. Wenngleich die Vorstellung des Wettbewerbs als einen dynamischen Prozess im Sinn von Schumpeter mit einer Folge von Vorstoß- und Verfolgungsphasen grundsätzlich allg. akzeptiert ist, so wird die Frage der Marktunvollkommenheiten als wettbewerbspolitischer Ansatzpunkt sehr unterschiedlich gesehen, was zur Entwicklung unterschiedlicher → wettbewerbspolitischer Leitbilder geführt hat.

Wettbewerbsverbot – *Konkurrenzverbot.*

I. **Begriff:** Ein gesetzliches Verbot für bestimmte Personen, welches diesen gewisse in Wettbewerb mit dem Unternehmer etc. tretende Tätigkeiten u.Ä. untersagt. Das Wettbewerbsverbot gilt für den → Handlungsgehilfen, einschließlich → Arbeitnehmer (§ 60 HGB), die persönlich haftenden Gesellschafter der OHG und KG (§§ 112, 113, 165 HGB) und für die Vorstandsmitglieder der AG (§ 88 AktG). Weitergehender Schutz kann durch eine → Wettbewerbsklausel herbeigeführt werden.

II. **Arbeitsrecht:** 1. *Während des rechtlichen Bestehens des Arbeitsverhältnisses:* a) *Kaufmännische Angestellte und alle anderen Arbeitnehmer* (→ Handlungsgehilfe): Sie dürfen ohne Einwilligung des Arbeitgebers im Handelszweig des Arbeitgebers weder ein eigenes

Handelsgewerbe betreiben noch für eigene oder fremde Rechnung Geschäfte machen (§ 60 HGB). Verletzt der Arbeitnehmer das Wettbewerbsverbot, so kann der Arbeitgeber Unterlassung verlangen, u.U. zur → außerordentlichen Kündigung berechtigt sein, Schadenersatz fordern oder verlangen, dass der Arbeitnehmer die für eigene Rechnung abgeschlossenen Geschäfte als für Rechnung des Arbeitgebers eingegangen gelten lässt oder die aus Geschäften für fremde Rechnung bezogene Vergütung herausgibt (§ 61 HGB). – b) *Auszubildende:* Eine entsprechende Verpflichtung ist zu bejahen (vgl. § 10 II BBiG). – 2. *Nach Beendigung des Arbeitsverhältnisses:* Es besteht kein gesetzliches Wettbewerbsverbot. Der Wettbewerb kann aber durch vertragliche Abmachungen über das Ende des Arbeitsverhältnisses hinaus beschränkt werden. Da diese die Freiheit des Arbeitnehmers und sein berufliches Fortkommen (Art. 12 GG) erheblich beeinträchtigen können, unterliegen sie bestimmten gesetzlichen Beschränkungen (§§ 74 ff. HGB, → Wettbewerbsklausel). – a) *Kaufmännische Angestellte:* Die Wettbewerbsabrede bedarf nach der Regelung der §§ 74 ff. HGB der Schriftform; sie darf sich nicht über zwei Jahre erstrecken. Weitere Voraussetzungen: (1) *Konkurrenzentschädigung:* Der Arbeitgeber muss sich verpflichten, dem Arbeitnehmer für die Dauer des Verbots monatlich eine Entschädigung zu zahlen, die mind. die Hälfte der letzten vertraglichen Bezüge des Arbeitnehmers erreicht (§ 74 II HGB). Die Verbindlichkeit eines Wettbewerbsverbots hängt auch bei sog. hochbesoldeten Angestellten und bei Arbeitnehmern, die für eine Tätigkeit außerhalb Europas eingestellt werden, von der Zusage der gesetzlichen Karenzentschädigung ab. Auf die Karenzentschädigung muss sich der Arbeitnehmer anrechnen lassen, was er während des Zeitraums, für den sie gezahlt wird, durch anderweitige Verwertung seiner Arbeitskraft erwirbt oder zu erwerben böswillig unterlässt, soweit die Entschädigung unter Hinzurechnung dieses Betrags den Betrag der zuletzt von ihm bezogenen Arbeitsvergütung um 10 Prozent und im Fall eines durch das Wettbewerbsverbot bedingten Umzugs um 25 Prozent übersteigen würde (§ 74c I HGB). (2) *Unverbindlichkeit:* (a) *Allgemein:* Das Wettbewerbsverbot ist insoweit unverbindlich, als es nicht zum Schutz eines berechtigten geschäftlichen Interesses des Arbeitgebers dient. Es ist ferner unverbindlich, soweit es unter Berücksichtigung der gewährten Entschädigung nach Ort, Zeit oder Gegenstand eine unbillige Erschwerung des Fortkommens des Handlungsgehilfen enthält (§ 74a I). (b) *Bedingtes Wettbewerbsverbot:* Bei dem Wettbewerbsverbot darf es sich nicht um ein bedingtes Wettbewerbsverbot handeln. Dies liegt dann vor, wenn das Inkrafttreten des Wettbewerbsverbots nach Beendigung des Arbeitsverhältnisses davon abhängig gemacht wird, dass der Arbeitgeber es in Anspruch nimmt, oder wenn der Arbeitgeber sich vorbehält, auf ein vereinbartes Wettbewerbsverbot zu verzichten. Solche bedingten Wettbewerbsverbote sind nach der Rechtsprechung für den Arbeitnehmer verbindlich, weil sie einer entschädigungslos vereinbarten Konkurrenzklausel gleichkommen. (c) *Unverbindliches Wettbewerbsverbot:* Ein unverbindliches Wettbewerbsverbot liegt vor, wenn der Arbeitnehmer zwar nicht an das Wettbewerbsverbot gebunden ist, ihm also eine Konkurrenztätigkeit nicht untersagt ist, er sich aber an die Wettbewerbsvereinbarung halten und dann vom Arbeitgeber die vereinbarte Karenzentschädigung verlangen kann. Ist aber z.B. die Schriftform nicht gewahrt oder hat sich der Arbeitgeber die Erfüllung des Wettbewerbsverbots auf Ehrenwort oder unter ähnlichen Versicherungen versprechen lassen, ist das Wettbewerbsverbot insgesamt nichtig (§ 74a II HGB). (3) *Ansprüche des Arbeitgebers bei Nichteinhaltung des Wettbewerbsverbots:* Der Arbeitgeber kann gegen den Arbeitnehmer auf Unterlassung von Wettbewerb klagen. Für die Zeit, in der der Arbeitnehmer das Wettbewerbsverbot verletzt hat, kann der Arbeitgeber die Zahlung einer Karenzentschädigung verweigern oder aber Schadensersatzansprüche geltend machen. Die Einhaltung des Wettbewerbsverbots kann auch durch → Vertragsstrafen gesichert werden (§ 75c HGB). (4) *Verzicht durch Arbeitgeber:* Vor Beendigung des Arbeitsverhältnisses kann der Arbeitgeber durch schriftlich eindeutige Erklärung auf das Wettbewerbsverbot verzichten; alsdann wird er mit Ablauf eines Jahres seit Verzichtserklärung von der Zahlungspflicht frei (§ 75a HGB). (5) *Außerkrafttreten des Wettbewerbsverbots:* Das Wettbewerbsverbot tritt außer Kraft, wenn der Arbeitnehmer das Arbeitsverhältnis wegen vertragswidrigen Verhaltens des Arbeitgebers außerordentlich kündigt und vor Ablauf eines Monats nach Kündigung dem Arbeitgeber schriftlich erklärt, er fühle sich an das Wettbewerbsverbot nicht gebunden (§ 75 I HGB). Entsprechendes gilt nach der Rechtsprechung des BAG für den Arbeitgeber, wenn dieser das Arbeitsverhältnis wegen vertragswidrigen Verhaltens des Arbeitnehmers außerordentlich kündigt; die Vorschrift des § 75 III HGB, die für diesen Fall den Wegfall der Karenzentschädigung bei weiter bestehendem Wettbewerbsverbot vorsah, ist verfassungswidrig. – Kündigt der Arbeitgeber das Arbeitsverhältnis ohne erheblichen Anlass in der Person des Angestellten und bietet er in diesem Fall dem Arbeitnehmer nicht für die Dauer des Wettbewerbsverbots die Fortzahlung der vollen bisherigen Bezüge als Karenzentschädigung an, wird das Wettbewerbsverbot ebenfalls unwirksam, wenn der Arbeitnehmer vor Ablauf eines Monats nach der Kündigung gegenüber dem Arbeitgeber schriftlich erklärt, er fühle sich an die Wettbewerbsabrede nicht gebunden (§ 75 II HGB). – b) *Gewerbliche Arbeitnehmer:* Das BAG wendet aber nunmehr die §§ 74 ff. HGB analog auf Wettbewerbsverbote mit sonstigen Arbeitnehmern, die nicht kaufmännische Angestellte sind, an. – c) *Auszubildende:* Der Abschluss eines Wettbewerbsverbots ist grundsätzlich ausgeschlossen. Es ist nur dann möglich, wenn die Parteien sich innerhalb der letzten sechs Monate des Ausbildungsverhältnisses verpflichten, ein Arbeitsverhältnis einzugehen (§ 12 I 2 BBiG).

Wettbewerbsvereinbarungen – 1. Abreden unter *Wettbewerbern* zur Festlegung der Grenzen des Wettbewerbs. Nach dem Grundsatz der Vertragsfreiheit zulässig, soweit die Vereinbarung nicht gegen die guten Sitten oder die Vorschriften des Kartellrechts in Deutschland (hier: § 1 GWB) verstößt. – 2. Vereinbarungen des Unternehmens mit → Handlungsgehilfen und entsprechende Vereinbarungen mit → Handelsvertretern, Gesellschaften etc. – Vgl. auch → Wettbewerbsklausel, → Wettbewerbsverbot.

Wettbewerbsverhältnis – entsteht durch marktbezogenes Handeln im geschäftlichen Verkehr, das zweckgerichtet auf die Förderung eigenen oder fremden Wettbewerbs zum Nachteil der Mitbewerber gerichtet ist. Der Begriff wird weit ausgelegt und erfasst nicht nur Fälle, in denen die Mitbewerber den gleichen Kunden- und Abnehmerkreis haben oder sich in den gleichen Branchen, Wirtschafts- und Handelsstufen betätigen. Es genügt, wenn sich der Verletzer durch die Wettbewerbshandlung in ein Wettbewerbsverhältnis zum Betroffenen stellt. Das Wettbewerbsverhältnis kann konkreter oder abstrakter Natur sein (→ Klagebefugnis).

Wettbewerbsvorteil → Wettbewerbsstrategie.

Wettbewerbsvorteils-Matrix – *Branchen-Wettbewerbsvorteils-Matrix;* Konzept zum Entwurf von → Wettbewerbsstrategien, das grundsätzliche Entfaltungsmöglichkeiten aufzeigt, die sich dem Unternehmen gegenüber den Konkurrenten im strategischen Wettbewerbsfeld bieten. – *Zentrale Dimensionen:* (1) Die Größe des Vorteils, den man gegenüber den Wettbewerbern bei einzelnen Faktoren aufbauen kann, und (2) die Anzahl der verschiedenen Faktoren, in denen ein Vorteil aufgebaut werden kann. Ein Unternehmen kann dann als erfolgreich eingestuft werden, wenn bei der Mehrzahl seiner Geschäfte große Wettbewerbsvorteile (Volumen- und Spezialisierungsgeschäft) realisiert werden können. – *Ausprägungen* der Wettbewerbsvorteils-Matrix:

Wettbewerbsvorteils-Matrix

Anzahl der Vorteilsfaktoren		
groß	Fragmentierung	Spezialisierung
klein	Patt	Volumen
	klein	groß
	Größe des Vorteils	

Wettbewerb und Moral → Wirtschaftsethik.

Wetterderivate – 1. *Begriff:* indexbasiertes → Finanzinstrument zur Absicherung gegen mögliche finanzielle Verluste im Zusammenhang mit Wetterrisiken. – 2. *Merkmale und Methodik:* Wetterderivate basieren auf Wetterdaten, z.B. der Temperatur, die das Handelsvolumen anderer Waren beeinflussen. Auszahlung und Kompensation sind nicht schadenbasiert, sondern indexabhängig. Gebräuchliche Indizes beziehen sich auf definierte Wetterereignisse, wie z.B. die Temperatur (min., max.), die Anzahl der Sonnentage, Niederschläge (mm), Schneefallhöhen, Windstärken oder auch auf Kombinationen davon. Die Strukturierung erfolgt meist in Form von Optionen. Zu den Spezifikationsparametern zählen neben Ort, Index und einer Zeitperiode auch der Ausübungspreis sowie der Kompensationsbetrag pro gemessener Einheit (= Nominalbetrag) mit einer Obergrenze (Cap) bzw. Untergrenze (Floor) zur Begrenzung der maximalen Auszahlung. – 3. *Ziele:* Wetterderivate eignen sich primär für das Hedging von Volumenrisiken, die einer starken Wetterbeeinflussung unterliegen, z.B. des Risikos von Umsatzeinbußen im Energiesektor infolge einer Wetterveränderung und evtl. daraus resultierender Preisveränderungen. Die Stabilität der Einkünfte verbessert die Planungssicherheit und die eigene Wettbewerbsposition des wetterabhängigen Risikoträgers.

WEU – Abk. für *Western European Union, Westeuropäische Union;* am 5.5.1955 errichtet, Ende Juni 2011 aufgelöst; sie umfasste 2010 insgesamt 28 Mitglieder mit unterschiedlichem Status: Mitgliedsstaaten, assoziierte Mitgliedsstaaten, Beobachter und assoziierte Partner. Mitgliedsstaaten sind Belgien, Deutschland, Frankreich, Griechenland, Italien, Luxemburg, die Niederlande, Portugal, Spanien und Großbritannien. Assoziierte Mitglieder sind Island, Norwegen, Polen, die Tschechische Republik, die Türkei und Ungarn. Bloßen Beobachterstatus haben Dänemark, Finnland, Irland, Österreich und Schweden. Assoziierte Mitglieder sind Bulgarien, Estland, Lettland, Litauen, Rumänien, die Slowakei und Slowenien. Die WEU ist auf eine kollektive Selbstverteidigung ihrer Mitgliedsstaaten sowie deren wirtschaftliche, politische und kulturelle Integration gerichtet. Im → Amsterdamer Vertrag wurde bestimmt, dass die WEU Bestandteil der Entwicklung der EU ist. Diese Bestimmung wurde im → Vertrag von Nizza gestrichen, da die EU die Aufgaben der WEU teilweise an sich gezogen hat. Die WEU hatte wegen der Bemühungen der EU um eine *Europäische Sicherheits- und Verteidigungspolitik (ESVP)* immer mehr an Bedeutung verloren. Mit dem → Vertrag von Lissabon, der am 1.12.2009 in Kraft getreten ist, übernahm die EU endgültig alle Aufgaben der WEU. Am 31.3.2010 teilte der Vorstand der WEU mit, dass die WEU aufgelöst wird. Die vollständige Auflösung wurde Ende Juni 2011 vollzogen.

WfMC – Abk. für → Workflow Management Coalition.

WFP – *World Food Programme, Welternährungsprogramm der Vereinten Nationen;* durch Resolutionen der → UN und der → FAO aus dem Jahre 1961 gegründet; Tätigkeitsbeginn: Januar 1963. – *Sitz:* Rom. – *Mitglieder:* Über 60 Länder. – *Ziele:* Förderung der wirtschaftlichen und sozialen Entwicklung durch → Nahrungsmittelhilfe, Ernährungssicherungsprogramme und Bekämpfung des Hungers in Notstandsgebieten über Katastrophenhilfen. – *Struktur: Committee on Food Aid Policies and Programmes* aus 42 Mitgliedern (seit 1992), 21 Mitglieder vom FAO-Rat, 21 Mitglieder vom Wirtschafts- und Sozialausschuss der UN (jeweils für drei Jahre), 27 Mitglieder von Entwicklungsländern. *Sekretariat* mit Exekutivdirektor, der gemeinsam vom UN-Generalsekretär und dem Generalsekretär der FAO ernannt wird. – *Aktivitäten:* Internationale Koordination der Nahrungsmittelhilfe für Notfälle. Über Food-for-Work-Projekte soll eine nachhaltige Entwicklung mit Verbesserung der Einkommenssituation von Kleinproduzenten erreicht werden (→ Projekthilfe). Das Budget betrug 2007 2,97 Mrd. US-Dollar.

Whistleblowing – 1. *Begriff:* Beim Whistleblowing (von engl. "to blow the whistle", sinngemäß "etwas aufdecken", "jemanden verpfeifen") werden Hinweise auf Missstände in Unternehmen, Hochschulen, Verwaltungen etc. gegeben. Der Whistleblower ist meist Mitarbeiter oder Kunde und berichtet aus eigener Erfahrung. Er informiert Mittler und Medien oder direkt die Öffentlichkeit. Dabei riskiert er Arbeitsplatz und Ruf und muss mit Disziplinarmaßnahmen rechnen; insofern ist Whistleblowing mit Zivilcourage verbunden. – 2. *Merkmale und Kriterien:* Damit man von Whistleblowing sprechen kann, müssen verschiedene Kriterien erfüllt sein: Es handelt sich um Missstände von erheblicher Tragweite; es geht nicht nur um die persönlichen Umstände des Whistleblowers, sondern um einen Vorfall von allgemeinem Interesse; es wird etwas aufgedeckt und enthüllt und letzten Endes die Öffentlichkeit oder in Ausnahmefällen der Verantwortliche respektive → Arbeitgeber informiert; die Hinweise eröffnen die Möglichkeit, die Missstände zu beseitigen. Die Motive sind häufig rechtlicher oder moralischer Art oder beziehen sich auf die Reputation des Informanten. – 3. *Plattformen:* Whistleblowing-Plattformen dienen dazu, relevante Informationen zu veröffentlichen. Sie stehen Bürgerrechtsbewegungen oder Hackergruppen nahe bzw. werden von Medien initiiert und unterhalten. Auch Beispiele für staatliche Whistleblowing-Plattformen liegen vor. Eine spezielle Form sind Whistleblowing-Plattformen in den Organisationen selbst; sie können ein Teil des Compliance-Managements und des Reputationsmanagements sein und dazu beitragen, dass Missstände intern bekannt gemacht und rasch beseitigt werden. – 4. *Akzeptanz:* Whistleblowing wird einerseits kritisiert und attackiert, andererseits begrüßt und gefördert. Netzwerke und Vereine setzen sich für Whistleblower und ihre Zusammenarbeit ein, Preise führen zu einer öffentlichen Anerkennung und Aufwertung. Whistleblowing ist Gegenstand mehrerer Bereichsethiken, etwa von Wissenschafts-, Verwaltungs-, Wirtschafts- und → Informationsethik. Zudem versucht die Politik dem Phänomen zu begegnen, mit ergänzenden Regelungen oder eigenständigen Gesetzen.

White-Box-Test → Testen.

White-Heteroskedastizitätstest – Zur Testdurchführung wird zunächst das interessierende Modell mit OLS (→ Kleinstquadratemethode, gewöhnliche) geschätzt. In einem zweiten Schritt werden dann die quadrierten → Residuen dieser Regression auf die erklärenden Variablen (Variable, exogene), die quadrierten erklärenden Variablen und die Kreuzprodukte der erklärenden Variablen des ursprünglichen Modells regressiert. Die Multiplikation des Bestimmtheitsmaßes dieser Hilfsregression mit dem Stichprobenumfang liefert den Wert der Teststatistik, die bei korrekter Nullhypothese asymptotisch einer Chi-Quadrat-Verteilung mit Freiheitsgraden in Höhe der erklärenden Variablen der Hilfsregression folgt. Ist die Teststatistik größer als der kritische Wert aus der Chi-Quadrat-Verteilung, so kann die Nullhypothese abgelehnt werden. – Die Anwendung dieses Tests ist trotz seiner Vorteile mit Vorsicht zu genießen. Weist ein Regressionsmodell nämlich viele erklärende Variablen auf, so können ihre Kreuzprodukte, die in der Hilfsregression entstehen, sehr schnell zu einer Aufzehrung von Freiheitsgraden führen. Im Fall von 3 erklärenden Variablen würden sich in der Hilfsregression schon 9 Terme ergeben. In einem solchen Fall empfiehlt sich folgender Ausweg: Anstelle einer Hilfsregression des beschriebenen Typs schätzt man

$$e_i^2 = \alpha_0 + \alpha_1 \hat{Y}_i + \alpha_2 \hat{Y}_i^2 + u_i$$

wobei e_i die Residuen und $\hat{Y}_i$ die prognostizierten Werte von Y_i sind. $\hat{Y}_i^2$ kann als Funktion aller Quadrate und Kreuzprodukte der erklärenden Variablen der ursprünglichen Regression interpretiert werden. Unabhängig von der Anzahl der erklärenden Variablen in der ursprünglichen Gleichung kann man dann die Nullhypothese der → Homoskedastizität wie beim Test nach White (1980) prüfen, wobei nun die Teststatistik bei korrekter Nullhypothese asymptotisch einer Chi-Quadrat-Verteilung mit zwei Freiheitsgraden folgt.

White Knight → weißer Ritter.

White-Standardfehler – von White (1980) vorgeschlagene konsistente Schätzer der Standardfehler von OLS-Schätzern (→ Kleinstquadratemethode, gewöhnliche), die dem Problem der → Heteroskedastizität Rechnung tragen. – Da OLS-Schätzer im Fall von Heteroskedastizität nicht verzerrt sind und GLS-Schätzungen (→ Kleinstquadratemethode, verallgemeinerte) mit einer Reihe von Problemen verbunden sind, wird in der Praxis in großen Stichproben gelegentlich auf White-Standardfehler zurückgegriffen. Sie ersetzen die bei dieser Verletzung fehlerhaften OLS-Standardfehler, die u.a. unter → Homoskedastizität hergeleitet werden, und korrigieren damit verfälschte Testentscheidungen. Häufiger wird in der Praxis bei → Zeitreihen auf

→ Newey-West-Standardfehler zurückgegriffen, da diese zusätzlich auch → Autokorrelation berücksichtigen.

WHO – Abk. für *World Health Organization, Weltgesundheitsorganisation;* gegründet 1948.*Sitz:* Genf.*Mitglieder* (2008): 193 (Bundesrepublik Deutschland seit 1961); Sonderorganisation der → UN. – 1. *Entstehung:* Vorläufer war die *internationale Sanitätskonferenz* in Paris 1851 und die sich daraus ergebenden *internationalen Sanitätsabkommen* 1926, 1933 und 1944. Die Satzung der WHO wurde am 22.7.1946 von 61 Staaten unterzeichnet und die *WHO Interim Commission* errichtet. Am 7.4.1948 trat sie durch Ratifizierung von 26 Mitgliedern in Kraft (7. April daher Weltgesundheitstag). – 2. *Organe: Weltgesundheitskonferenz,* die jährlich zusammentritt aus Vertretern aller Mitgliedsstaaten; *Exekutivrat:* Fachleute aus 31 Mitgliedsstaaten; *Sekretariat* mit sechs regionalen Zweigorganisationen und einem Verbindungsbüro bei der UN; beratender *Ausschuss* für medizinische Forschung und mehrere *Sachverständigengremien.* Als autonomes Organ im Rahmen der WHO wurde 1965 die *internationale Krebsforschungsstelle* in Lyon eingerichtet. – 3. *Ziele:* Bekämpfung von Krankheiten und Gebrechen, Herbeiführung des völligen, körperlichen, geistigen und sozialen Wohlbefindens der Völker (laut Satzung); Zusammenarbeit aller auf diesem Gebiet tätigen Personen und Dienststellen; Förderung der wissenschaftlichen Forschung, der Berufsausbildung; Hilfestellung für Mitgliedsländer bei dem Ausbau des Gesundheitsdienstes. – 4. *Aufgaben und Arbeitsergebnisse:* Koordinierungszentrale für die internationale Gesundheitsarbeit; Unterstützung der Regierungen bei der Entwicklung eines nationalen Gesundheitsdienstes; Bereitstellung technischer Hilfe, auch in Krisenfällen; Überwachung und Bekämpfung epidemischer, endemischer u.a. Krankheiten; Fürsorge für Mutter und Kind; Förderung und Durchführung von Forschungsarbeiten auf allen Gebieten des → Gesundheitswesens; Erarbeitung verbesserter Standards für Lehre und Ausbildung in Gesundheitsberufen; Entwicklung internationaler Programme, z.B. Einführung internationaler Standards für Arzneimittelbezeichnungen, Entwicklung lokaler Voraussetzungen für den Aufbau eines Gesundheitsdienstes. Einzelaktivitäten der WHO sind z.B. das weltweite Meldesystem gegen Grippeepidemien und die Entwicklung und Bereitstellung von Impfstoffen gegen neue Erreger im Rahmen des erweiterten Impfprogramms. – *Arbeitsbereiche:* Seuchenwarndienst, Rauschmittelbekämpfung, Standardisierung von Heilmitteln, internationale medizinische Forschung, Ausrottung von Massenkrankheiten (Malaria), Ausbildungshilfe für medizinisches Personal, Tagungen medizinischer Experten. – *Einzelprojekte:* Unterstützung nationaler Maßnahmen in Planung und Durchführung des Aufbaus von Gesundheitsfürsorge. – 5. *Bewertung:* Bes. Erfolge verzeichnete die WHO in der Bekämpfung von Seuchen. Beim Abbau des Stadt-Land-Gefälles der gesundheitlichen Versorgung und des Gesundheitsdienstunterschiedes zwischen den Ländern war sie kaum erfolgreich. Während anfänglich die Gesundheitsdienstleistungen kostenlos zur Verfügung gestellt wurden, werden neuerdings geringe Eigenbeiträge der Armen in der Dritten Welt erwartet.

Wholesale Banking – im Gegensatz zum Retail Banking (Privatkundengeschäft) das i.d.R. großvolumige Bankgeschäft mit juristischen Personen (Firmenkundengeschäft), v.a. mit Industrie- und Handelsunternehmen sowie Finanzinstituten.

Wholesale Club – Form der → Warehouse Clubs auf Großhandelsebene.

Wholesale Maßnahmen → Wholesale Banking; Transaktionen einer Bank an den internationalen Kapitalmärkten, die sie im Rahmen ihres Großkundengeschäftes mit Unternehmen und Institutionen sowie im Interbankengeschäft abwickelt. – *Anders:* Retail Banking.

wichtiger Grund – im Bürgerlichen Recht häufig wiederkehrender Begriff, berechtigt zur fristlosen → Kündigung eines → Dauerschuldverhältnisses (§ 314 BGB). Allg. gelten als wichtiger Grund solche Umstände, die für den anderen Vertragspartner die Fortsetzung des Rechtsverhältnisses als unzumutbar erscheinen lassen.

Wicksell – Johan Gustav Knut, 1851–1926, schwedischer Nationalökonom, lehrte in Uppsala (1899–1903) und Lund (1904–1917). Wicksell wurde beeinflusst durch → Jevons, → Walras, → Menger und → Böhm-Bawerk. Bedeutend war seine Einkommensverteilungstheorie auf der Grundlage der → Grenzproduktivitätstheorie. Grundlegend für eine ganze konjunkturtheoretische Richtung (monetäre Überinvestitionstheorie) wurde die Rezeption seiner Zinsspannentheorie im sog. Wicksellschen Prozess. Wicksell übte auch durch seine Geldtheorie und seine finanztheoretischen Untersuchungen stärkeren Einfluss auf die Nationalökonomie aus und ist in seiner Bedeutung für die moderne Volkswirtschaftstheorie kaum zu überschätzen. Seine theoretische Analyse – ohne jeden Gebrauch von Mathematik – bewegt sich auf einem hohen Niveau. Er schrieb – wie → Cassel – einige seiner Hauptwerke in Deutsch. – *Wichtige Werke:* „Geldzins und Güterpreise" (1898) und „Vorlesung über Nationalökonomie auf Grundlage des Marginalprinzips", 2 Bde. (1913/1922).

Wicksell-Cobb-Douglas-Produktionsfunktion → Produktionsfunktion, mit der zuerst Wicksell theoretisch, später Cobb und Douglas empirisch gearbeitet haben. Sie gehorcht der Gleichung

$$x = \gamma A^{\alpha} B^{\beta}$$

und ist *homogen* vom Grade $r = \alpha + \beta$. Folglich ist auch die → Skalenelastizität $\eta_{x,\lambda} = \alpha + \beta$. Außerdem stimmen die partiellen → Produktionselastizitäten mit den Exponenten überein ($\eta_{x,A} = \alpha$ und $\eta_{x,B} = \beta$). Von bes. Bedeutung ist der *linear-homogene Fall* r = 1, d.h. $\alpha + \beta = 1$, den man als die Wicksell-Cobb-Douglas-Produktionsfunktion i.e.S. bezeichnet. Hier gilt (bei vollkommener Konkurrenz auf den Faktor- und Gütermärkten und Entlohnung der Faktoren nach dem Wertgrenzprodukt) das Ausschöpfungstheorem (→ Eulersches Theorem):

$$x = \frac{\partial x}{\partial A}A + \frac{\partial x}{\partial B}B$$

d.h.

$$p_x x = p_x \frac{\partial x}{\partial A}A + p_x \frac{\partial x}{\partial B}B = p_A A + p_B B$$

(→ Grenzproduktivitätssätze); mit anderen Worten, die grenzproduktivitätstheoretisch bestimmten Faktoreinkommen schöpfen den Erlös (auf Unternehmens- oder Branchenebene) oder das Einkommen (auf volkswirtschaftlicher Ebene) voll aus. Außerdem geben die partiellen Produktionselastizitäten α und β die Erlös- bzw. Einkommensanteile der Faktoren A und B an (→ Grenzproduktivitätstheorie der Verteilung). Gewinne entstehen somit grundsätzlich nicht, wenn die Entlohnung nach den Wertgrenzprodukten erfolgt.

Wicksell-Johnson-Theorem – Satz von der Gleichheit von → Skalenelastizität und der Summe der partiellen → Produktionselastizitäten:

$$\eta_{x,\lambda} = \eta_{x,A} + \eta_{x,B}$$

für x=F(A, B). Im Falle der → Wicksell-Cobb-Douglas-Produktionsfunktion

$$x = \gamma A^{\alpha} B^{\beta}$$

mit $\beta = 1 - \alpha$ gilt z.B.

$$\eta_{x,\lambda} = \alpha + \beta = 1.$$

Wicksellscher Prozess – von Wicksell („Über Wert, Kapital und Rente" 1893; „Geldzins und Güterpreise" 1898) beschriebene kumulative Entwicklung im Wirtschaftsprozess. – *Vorgang:* Bei einem Sinken des → Geldzinses (d.h. des Marktzinses) infolge der Kreditschöpfung der Banken unter den → natürlichen Zins wird ein größeres Kapital vorgetäuscht, als tatsächlich vorhanden ist. Daraufhin werden → Investitionen vorgenommen, und zwar mehr, als der realen Kapitalbasis entspricht. Da Wicksell von einem Zustand der → Vollbeschäftigung ausgeht, müssen die Preise und später auch die Löhne kumulativ steigen. Ein *Zwangssparprozess* wird hervorgerufen (→ Sparen), der aber den Umschwung nicht verhindern kann. Dieser tritt ein, wenn sich die Unzulänglichkeit der realen Kapitalbasis herausstellt und das Banksystem nicht fähig und/oder nicht willig ist, weitere Kreditexpansion zuzulassen. – *Bedeutung:* Die Gedankengänge des Wicksellschen Prozesses liegen der monetären Überinvestitionstheorie zugrunde; ihr schwächster Punkt ist die Hypothese einer Vollbeschäftigung als Ausgangssituation.

Wide Area Network → WAN.

Widerklage – die in einem anhängigen Prozess von dem Beklagten gegen den Kläger erhobenen → Klage. – *Zulässig* nur, wenn ihr Streitgegenstand mit dem Klageanspruch oder den gegen die Klage vorgebrachten Einwendungen in rechtlichem Zusammenhang steht (strittig). – Die Widerklage kann bei dem *Gericht* der Klage erhoben werden, auch wenn dieses an sich für die Widerklage örtlich unzuständig wäre (§ 33 ZPO). – *Erhoben* wird sie durch → Zustellung eines bei Gericht eingereichten Schriftsatzes an den Kläger (und Widerbeklagten) oder durch Antragstellung in der mündlichen Verhandlung (§ 261 ZPO). Über sie wird mit der Klage entschieden, jedoch ist getrennte Entscheidung durch Teilurteil möglich. – *Unzulässig* im → Mahnverfahren, → Arrestverfahren, bei → einstweiliger Verfügung.

widerrechtliche Entnahme → Entnahme.

Widerruf – I. Handelsrecht: einseitige, formfreie empfangsbedürftige → Willenserklärung, gerichtet auf Aufhebung eines Rechtsverhältnisses oder Beendigung einer Rechtswirkung: (1) Widerruf der *Vollmacht* jederzeit zulässig, sofern nicht abweichende Vereinbarung besteht.(2) Widerruf der → Prokura jederzeit zulässig. Der Widerruf lässt das zugrunde liegende Vertragsverhältnis (Arbeitsvertrag etc.) unberührt (§ 52 HGB). Gegen Dritte wird der Widerruf erst wirksam mit → Handelsregistereintragung und → Bekanntmachung oder positiver Kenntnis (§ 15 HGB).(3) Sondervorschriften für Widerruf der → Kündigung eines Arbeitnehmers: → Kündigungsschutz.(4) Widerruf der Bestellung zum Mitglied des → Vorstandes einer AG oder zum → Geschäftsführer einer GmbH: → Abberufung.Widerruf eines *Schecks:* → Scheck.(5) Bei *Ehrverletzungen:* → Widerrufsanspruch.

II. Öffentliches Recht: Widerruf ist die Aufhebung eines *rechtmäßigen* (begünstigenden oder belastenden) Verwaltungsakts. Begrifflich davon zu unterscheiden ist die Rücknahme als Aufhebung eines rechtswidrigen (begünstigenden oder belastenden) Verwaltungsakts (§ 48 VwVfG). Nach § 49 II VwVfG ist der Widerruf eines rechtsmäßigen begünstigenden Verwaltungsaktes nur zulässig, wenn ein bes. Widerrufsgrund vorliegt, u.a. wenn Widerrufsvorbehalt vorgesehen, Auflagen nicht erfüllt wurden, wenn Sach- oder Rechtslage sich nachträglich geändert haben, wenn vordringliches öffentliches Interesse den Widerruf rechtfertigt oder wenn Subventionsleistungen zweckwidrig verwendet wurden (§ 49 III VwVfG). Der Widerruf belastender Verwaltungsakte liegt im Ermessen der Behörde, es sei denn, es handelt sich um einen rechtlich gebundenen Verwaltungsakt oder andere Gründe, wie die Selbstbindung der Verwaltung, stehen entgegen.

III. Arbeitsrecht: 1. *Widerruf von Arbeitsvertragsbedingungen:* i.d.R. nur zulässig, wenn er von der widerrufenden Partei vorbehalten wurde. Der Widerruf des Arbeitgebers hat die nach § 315 BGB gesetzten Grenzen („billiges Ermessen") zu beachten. Ist Widerruf nicht vorbehalten, ist → Änderungskündigung erforderlich. – 2. *Widerruf von Ruhegeldzusagen:* Aus steuerrechtlichen Gründen spielen nur noch die Mustervorbehalte der Finanzverwaltung in der Praxis eine Rolle. – Bei groben Treueverstößen kann der Widerruf von Versorgungsleistungen gerechtfertigt sein, wenn der Verstoß so schwer wiegt, dass die Berufung auf die Versorgungszusage arglistig erscheint. Ein Widerruf wegen wirtschaftlicher Schwierigkeiten ist nach der Rechtsprechung zulässig, wenn a) der Bestand des Unternehmens gefährdet ist; b) die Ruhegeldeinstellung in Verbindung mit anderen Maßnahmen geeignet ist, die Sanierung herbeizuführen; c) nicht nur den Ruheständlern, sondern auch anderen Personen Opfer zugemutet werden.

widerrufliches Akkreditiv – widerrufliches Zahlungsversprechen der Akkreditivbank. In der kommerziellen Praxis unüblich. Nach den → Einheitlichen Richtlinien und Gebräuchen für Dokumenten-Akkreditive (ERA) (Uniform Customs and Practices for documentary letters of credit: UCP) sind Akkreditive definitorisch unwiderruflich. – Vgl. auch → Akkreditiv.

Widerrufsanspruch – Anspruch auf → Widerruf von widerrechtlichen Ehrverletzungen, bes. auch kreditschädigenden Behauptungen (→ Kreditgefährdung). Widerrufsanspruch ist, entsprechend der → vorbeugenden Unterlassungsklage, auch ohne → Verschulden des Verletzers gegeben, wenn der Widerruf das geeignete Mittel zur Beseitigung oder Abschwächung der noch fortdauernden Störung ist.

Widerrufsrecht – I. Versicherungsvertrag 1. *Begriff:* Recht des → Versicherungsnehmers, den Versicherungsvertrag aufzuheben. ––2. *Rechtsgrundlagen und Merkmale:* Das Widerrufsrecht ist in § 8 VVG geregelt. Demnach kann ein Versicherungsnehmer seine Vertragserklärung innerhalb von zwei Wochen widerrufen. Der Widerruf ist in Textform einzureichen. In folgenden Fällen besteht allerdings kein Widerrufsrecht: a) bei Vertragslaufzeiten von unter einem Jahr, – b) bei Versicherungsverträgen auf vorläufige Deckung (→ vorläufige Deckungszusage), – c) bei Versicherungsverträgen mit → Pensionskassen im Rahmen der → Entgeltumwandlung sowie – d) bei der Versicherung von Großrisiken. Bei Fernabsatzverträgen greifen die Regeln des Fernabsatzgesetzes. Abweichend gilt bei Lebensversicherungsverträgen eine erweiterte Widerrufsfrist von 30 Tagen. Die jeweilige Frist beginnt erst mit dem Datum, zu dem der Versicherungsnehmer alle für den Versicherungsvertrag relevanten Unterlagen, wie → Versicherungsschein, Verbraucherinformationen, Rechtsbelehrungen, sowie alle Informationen nach § 7 VVG (Information des Versicherungsnehmers) vom → Versicherungsunternehmen erhalten hat.

II. Verbrauchervertrag → 1. *Begriff:* Recht zur *rückwirkenden* Auflösung eines Verbrauchervertrags durch einseitige empfangsbedürftige Willenserklärung des Verbrauchers (§ 355 BGB). – 2. *Form:* Der Widerruf bedarf keiner Begründung und ist in Textform oder durch Rücksendung der Ware grundsätzlich innerhalb von zwei Wochen seit Vertragsschluss gegenüber dem Unternehmer zu erklären; die rechtzeitige Absendung genügt zur Fristwahrung. Der Unternehmer muss den Verbraucher über dessen Widerruf in Textform belehren. Die Belehrung muss folgenden Inhalt aufweisen, damit die Frist für den Widerruf beginnt: a) Den Widerruf selbst, ferner auf welche Weise er in welcher Frist zu erklären ist, b) Namen und Anschriften desjenigen, dem gegenüber der Widerruf zu erklären ist, c) Fristbeginn. – 3. *Rechtsfolge:* wie beim → Rücktritt.

Widerspruch – I. Zivilprozessordnung: förmlicher Rechtsbehelf u.a. gegenüber Mahnbescheid (→ Mahnverfahren), → Arrest und → einstweiliger Verfügung; führt i.d.R. zu mündlicher Verhandlung und Entscheidung durch → Urteil.

II. Öffentliches Recht: 1. *Begriff:* förmlicher Rechtsbehelf, mit dem in der → Verwaltungsgerichtsbarkeit das regelmäßig der → Anfechtungsklage und der → Verpflichtungsklage vorausgehende Vorverfahren eingeleitet wird (§§ 68 ff. VwGO). Im Rahmen des Bürokratieabbaus haben zahlreiche Länder die Notwendigkeit des Widerspruchsverfahrens eingeschränkt oder abgeschafft. – 2. Der Widerspruch ist binnen einem Monat seit Bekanntgabe eines → Verwaltungsaktes (oder der Ablehnung) schriftlich oder zur Niederschrift bei der Behörde *einzulegen,* die den Verwaltungsakt erlassen hat. – 3. Der Widerspruch hat *aufschiebende Wirkung,* ausgenommen: a) bei Anforderung öffentlicher Abgaben und Kosten; b) unaufschiebbaren Anordnungen und Maßnahmen der Polizeivollzugsbeamten; c) wenn es durch Bundesgesetz vorgeschrieben ist; d) wenn die sofortige Vollziehung im öffentlichen Interesse oder überwiegenden Interesse eines Beteiligten von der Behörde bes. angeordnet wird. In diesen Fällen kann nach Einlegung des Widerspruchs die Vollziehung von der Widerspruchsbehörde oder dem Gericht der Hauptsache ausgesetzt werden (einstweiliger Rechtsschutz). – 4. Die Behörde kann dem Widerspruch *abhelfen,* andernfalls ergeht ein *Widerspruchsbescheid.* Diesen erlässt die nächsthöhere Behörde; wenn die nächsthöhere Behörde eine oberste Bundes- oder Landesbehörde ist, die Behörde, die den Verwaltungsakt erlassen hat; in Selbstverwaltungsangelegenheiten die Selbstverwaltungsbehörde. – 5. Durch → Landesrecht kann bestimmt werden, dass *Ausschüsse oder Beiräte* an die Stelle der Widerspruchsbehörde treten. – 6. Der Widerspruchsbescheid ist zu *begründen* und mit → Rechtsmittelbelehrung zu versehen. – 7. Bei *erfolgreichem Widerspruch* sind von der

→ Behörde die zur zweckentsprechenden Rechtsverfolgung oder Rechtsverteidigung notwendigen Aufwendungen (einschließlich der Rechtsanwaltskosten) zu erstatten (§ 80 VwVfG).

III. Registerrecht: 1. *Befugnis,* gewisse Eintragungen im → Handelsregister zu verhindern. Widerspruch gegen bevorstehende Eintragung in das Handelsregister kann erheben, wer eine rechtskräftige oder vollstreckbare Entscheidung des Prozessgerichtes erwirkt hat, in welcher die Vornahme der Eintragung für unzulässig erklärt ist, z.B. wegen → Verwechslungsgefahr (§ 16 II HGB). Ist trotz Widerspruch eingetragen: → Beschwerde nach § 20 FGG. – Die → Löschung einer Eintragung kann durch verspäteten Widerspruch nicht verlangt werden. – 2. Vorläufige *Eintragungen im* → Grundbuch zur Sicherung der künftigen Durchsetzung des → Grundbuchberichtigungsanspruchs (§ 899 BGB). Der Widerspruch, zumeist aufgrund → einstweiliger Verfügung, räumt bei unrichtiger Eintragung den → öffentlichen Glauben aus und verhindert den → gutgläubigen Erwerb durch einen Dritten.

IV. Mietrecht: → Mieterschutz.

V. Markenrecht: Nach Eintragung einer → Marke besteht für die Inhaber von Marken oder Markenanmeldungen die Möglichkeit, ihre älteren Rechte an Marken oder Markenanmeldungen durch den auf drei Monate nach Bekanntmachung der Eintragung befristeten Widerspruch geltend zu machen (§ 9 I, II, § 10 MarkenG) oder ihre Rechte gegenüber einer → Agentenmarke zu wahren. Der Anmelder kann die Nichtbenutzung der Widerspruchsmarke einwenden (§ 43 MarkenG) und seinerseits gegen den Widersprechenden → Eintragungsbewilligungsklage erheben (§ 44 MarkenG). Widerspruch kann auch gegen Schutzgewährung für → IR-Marken eingelegt werden (§§ 114, 124 MarkenG).

Widerspruchskartell → Anmeldekartell.

Widerspruchsklage → Klage, mit der ein Dritter ein die Veräußerung hinderndes Recht an dem Gegenstand der Zwangsvollstreckung geltend machen kann, auch bei der Beitreibung von Steuerforderungen zulässig (§ 328 AO). – Vgl. auch → Drittwiderspruchsklage.

Widerstand gegen die Staatsgewalt – Gesetzliche Überschrift in § 113 StGB: Widerstand gegen Vollstreckungsbeamte. – Inhalt des Straftatbestands: Widerstand gegen in rechtmäßiger Amtsausübung vollstreckende Amtsträger oder Hilfspersonen durch Gewalt, Bedrohung mit Gewalt oder tätlichen Angriff. → Vergehen: Freiheitsstrafe bis drei Jahre oder Geldstrafe.

Widerstand gegen Vollstreckungsbeamte → Widerstand gegen die Staatsgewalt

widerstreitende Steuerfestsetzung – 1. *Allgemein:* Widerstreitende Steuerfestsetzungen sind Steuerfestsetzungen, die einander inhaltlich widersprechen. Dies ist regelmäßig der Fall, wenn aus einem Sachverhalt, der steuerlich nur einmal zu berücksichtigen ist, unterschiedliche steuerliche Schlussfolgerungen gezogen werden, die sich denkgesetzlich (logisch) ausschließen (sog. Kollisionsfälle). – 2. *Änderungsmöglichkeit:* Die → Bestandskraft des fehlerhaften → Bescheids kann durch die Änderungsvorschrift des § 174 AO durchbrochen werden. Die Vorschrift enthält eigene Regelungen zur Ablaufhemmung, um die Kollision auch nach eingetretener → Festsetzungsverjährung noch beseitigen zu können. Die Beseitigung der Kollision kann sich sowohl zugunsten als auch zuungunsten des → Steuerpflichtigen auswirken. Auf ein evtl. Verschulden des Steuerpflichtigen oder der Finanzbehörde kommt es nicht an. – 3. *Regelungsbereich:* Im Einzelnen erfasst § 174 AO die folgenden Fallgestaltungen: a) mehrfache Berücksichtigung eines Sachverhalts zuungunsten eines oder mehrerer Steuerpflichtiger, b) mehrfache Berücksichtigung eines Sachverhalts zugunsten eines oder mehrerer Steuerpflichtiger, c) irrtümliche Nichtberücksichtigung eines Sachverhalts in der erkennbaren Annahme, er sei in einem anderen Bescheid zu erfassen (sog. negativer Widerstreit), d) Änderung eines Steuerbescheids (ergangen aufgrund irriger Beurteilung eines Sachverhalts) auf Rechtsbehelf/Antrag des Steuerpflichtigen zu seinen Gunsten, e) Spezialtatbestand für am Verfahren nachd) beteiligte Dritte. – Entsprechend der neuesten Rechtsprechung des Bundesfinanzhofs kann ein Steuerbescheid bei Doppelberücksichtigung eines Sachverhalts auch dann nach Maßgabe von § 174 Abs. 1 AO geändert werden, wenn der widerstreitende Steuerbescheid von einer Behörde eines EU-Mitgliedstaats stammt, BFH Urteil vom 9.5.2012, I R 73/10.

Widmung – durch Rechtsnorm oder → Verwaltungsakt wird eine Sache zur öffentlichen Sache erklärt und die Zweckbestimmung festgelegt. Nach Bundesrecht wird eine Straße durch Widmung zur Bundesfernstraße (§ 2 Bundesfernstraßengesetz i.d.F. vom 28.6.2007 (BGBl. I 1206) m.spät.Änd.), nach Landesrecht zur Landes-, Kreis- oder Gemeindestraße. Der Gebrauch öffentlicher Straßen ist jedermann im Rahmen der Widmung und der verkehrsrechtlichen Vorschriften gestattet (Gemeingebrauch). Eine darüber hinaus gehende Nutzung (Sondernutzung) ist genehmigungs- und kostenpflichtig.

wie besehen – *wie besichtigt;* → Handelsklausel in → Kaufverträgen, die bedeutet, dass eine → Sachmängelhaftung für offene (erkennbare) Sachmängel (nicht dagegen für verborgene) ausgeschlossen ist. – *Anders:* → wie die Ware steht und liegt.

wie besichtigt → wie besehen.

Wiederanlaufkosten → Kosten, die mit der Wiederinbetriebnahme von Betrieben, Produktionsbereichen oder Betriebsmitteln verbunden sind, die vorübergehend stillgelegt waren; z.B. Kosten für Einarbeitung von neuem Personal, Kosten für die

Wiederherstellung der Betriebsbereitschaft. Wiederanlaufkosten können, müssen aber nicht abhängig von der Stillstandsdauer sein; sie müssen bereits bei der Entscheidung über eine evtl. Stilllegung berücksichtigt werden (→ Stillstandskosten).

Wiederaufnahme des Verfahrens – erneute Prüfung eines bereits rechtskräftig abgeschlossenen Verfahrens.

I. Zivilprozessordnung: im Zivilprozess nach → Rechtskraft des → Urteils aus den in den §§ 579, 580 ZPO aufgezählten Gründen zwecks neuer Entscheidung möglich. – 1. Die Wiederaufnahme des Verfahrens ist *statthaft* bes. gegen Urteile, unanfechtbare → Vollstreckungsbescheide und Eintragungen in die → Insolvenztabelle. – 2. Wiederaufnahme des Verfahrens *erfolgt* durch Erhebung a) der *Nichtigkeitsklage* wegen schwerwiegender prozessualer Mängel, wie unvorschriftsmäßige Besetzung des Gerichts, Mitwirkung eines kraft Gesetzes ausgeschlossenen oder abgelehnten Richters; – b) der *Restitutionsklage* gegen den früheren Prozessgegner bei dem Gericht, das zuletzt in der Hauptsache entschieden hat; die Restitutionsklage ist zulässig, wenn sich die materiell-rechtliche Grundlage des Urteils nachträglich in bestimmter Hinsicht als unrichtig herausstellt und dies nicht mehr in dem früheren Prozess geltend gemacht werden konnte, z.B. → Meineid eines Zeugen, → Sachverständigen oder einer → Partei, Vorlage einer gefälschten Urkunde → Prozessbetrug; ihre Erhebung setzt, wenn Grund zur Wiederaufnahme eine strafbare Handlung ist, i.d.R. rechtskräftige Bestrafung des Täters voraus. – 3. Die Klage muss binnen einer → Notfrist von einem Monat nach Kenntnis des Anfechtungsgrundes erhoben werden; nach fünf Jahren ist sie nicht mehr zulässig.

II. Strafprozessordnung: Im Strafverfahren ist Wiederaufnahme des Verfahrens nach Rechtskraft des Straferkenntnisses zulässig, aber gemäß der §§ 359 ff. StPO an strenge Voraussetzungen geknüpft. Für die Vorbereitung der Wiederaufnahme des Verfahrens kann auf Antrag ein → Verteidiger beigeordnet werden. – Im Verfahren bei *Ordnungswidrigkeiten* unterliegt der rechtskräftig gewordene → Bußgeldbescheid auch dann der Wiederaufnahme des Verfahrens (§ 85 OWiG), wenn sich nachträglich Tatsachen oder Beweismittel ergeben haben, wonach keine bloße Ordnungswidrigkeit, sondern ein → Verbrechen vorliegt.

III. Verwaltungsgerichtsbarkeit: Die Wiederaufnahme des Verfahrens ist entsprechend der Vorschriften der ZPO zulässig (§ 153 VwGO). Die Befugnis zur Klageerhebung steht auch dem → Vertreter des öffentlichen Interesses zu.

IV. Finanzgerichtsbarkeit: Die Wiederaufnahme des Verfahrens ist nach den Vorschriften der ZPO statthaft (§ 134 FGO).

Wiederausfuhr – 1. *Begriff:* Export von zuvor in das Zollgebiet der EU verbrachten Waren, die noch nicht durch Überführung in den zollrechtlich freien Verkehr zu Gemeinschaftswarengeworden sind. – 2. *Abgrenzung:* Gemeinschaftswaren sind zum Export ins regelmäßig zweistufige elektronisch abzuwickelnde Ausfuhrverfahren zu überführen. – 3. *Inhalt und Abwicklung:* Bei der Wiederausfuhr von Nichtgemeinschaften aus dem Zollgebiet werdenVerbote und Beschränkungen sowie handelspolitische Maßnahmen angewendet. Verfahrensmäßig bedarf es dazu im Normalfall der vorherigen, elektronisch abzugebenden summarischen Ausgangsanmeldung (Art. 841a ZK-DVO). Geht dem Export ein Zollverfahren mit wirtschaftlicher Bedeutung voraus, so ist eine Wiederausfuhrzollanmeldung nach den Regeln des Ausfuhrverfahrens elektronisch abzugeben (Art. 182 ZK).

Wiederausfuhrkontrolle → End User Control (EUC); → Exportkontrolle beschränkt sich auf → Gemeinschaftswaren. → Nichtgemeinschaftswaren (z.B. aus → Zolllagern, aus der vorübergehenden Verwahrung, nach der vorübergehenden Verwendung oder aus → Freizonen) unterliegen der Wiederausfuhrkontrolle (§ 16b AWV), die etwas weniger streng als die Exportkontrolle ist. Grundsätzlich sind auch hier → Verbote und Beschränkungen sowie → Embargos zu beachten.

Wiederbeschaffungskosten – *Wiederbeschaffungspreis, Wiederbeschaffungswert;* → Anschaffungswert eines im Unternehmen vorhandenen Vermögensgegenstandes zum Zeitpunkt seiner Wiederbeschaffung. – 1. Wiederbeschaffungskosten werden in der *Kostenrechnung* häufig als → Abschreibungsbetrag den → kalkulatorischen Abschreibungen zugrunde gelegt und zur Bewertung von Materialverbräuchen (→ Materialbuchhaltung) verwendet. Werden nicht die Wiederbeschaffungskosten einer zukünftigen Ersatzbeschaffung, sondern die Wiederbeschaffungskosten im Betrachtungszeitpunkt herangezogen, spricht man auch von Tageswerten. – Die Verwendung von Wiederbeschaffungskosten als Wertansatz für die Bestimmung der Kostenhöhe ist bes. mit drei *Problemen* verbunden: (1) Zum Zeitpunkt der Bewertung ist die genaue Höhe der Wiederbeschaffungskosten i.d.R. nicht bekannt. Dies führt zu Prognosefehlern. (2) Der Ansatz von Wiederbeschaffungskosten unterstellt, dass ein Vermögensgegenstand in unveränderter Form wiederbeschafft wird (identische Reduplikation). Bes. bei langlebigen Anlagen entspricht diese Prämisse angesichts des starken technologischen Wandels häufig nicht der Realität. (3) Der Ansatz von Wiederbeschaffungskosten führt bei langlebigen Einsatzgütern dazu, dass Faktorpreise, die sich in der Zukunft aufgrund u.U. völlig unterschiedlicher Markt-, Konkurrenz- und allgemeiner Umfeldbedingungen bilden werden, heute in die Kalkulation der Produkte eingehen; dies kann zu marktkonträrem Verhalten führen. – 2. *Bilanzierung* zu Wiederbeschaffungskosten fordert Schmidt in der → organischen Tageswertbilanz zur Vermeidung des Ausweises von Scheingewinnen (Prinzip der substanziellen Kapitalerhaltung) in Zeiten sinkenden Geldwertes. – In der *Handelsbilanz* sind die Wiederbeschaffungskosten ein Anhaltspunkt zur Ermittlung des → beizulegenden Wertes gemäß § 253 III, IV HGB.

Wiederbeschaffungspreis → Wiederbeschaffungskosten.

Wiederbeschaffungswert → Wiederbeschaffungskosten.

Wiedereinfuhr → Rückwaren, → passive Veredelung.

Wiedereinsatzleistungen → innerbetriebliche Leistungen.

Wiedereinsetzung in den vorigen Stand – die Beseitigung eines durch Versäumnis eines Fristablaufs entstandenen Rechtsnachteils durch richterliche Entscheidung, etwa im Zivilprozess (§§ 233–238 ZPO). – Zulässig nur bei → Notfristen und Fristen zur Begründung der → Berufung und → Revision. – *Voraussetzung* ist, dass die → Partei ohne ihr *Verschulden* an der Einhaltung der Frist gehindert war. – Das Verschulden des → Prozessbevollmächtigten gilt als eigenes Verschulden der Partei. Zukünftig (ab dem 1.1.2014) wird ein Fehlen des Verschuldens vermutet, wenn eine Rechtsbehelfsbelehrung nach § 232 ZPO n.F. unterblieben oder fehlerhaft ist (vgl. § 233 S. 2 ZPO n. F.; §§ 26 Abs. 2, 28 EGGVG, § 11 Rechtspflegergesetz, § 68 Abs. 2 Gerichtskostengesetz, § 31 Abs.4 Kostenordnung, § 33 Abs. 5 S. 1 Rechtsanwaltsvergütungsgesetz. – Wiedereinsetzung in den vorigen Stand wird nur auf *Antrag* der säumigen Partei gewährt, der binnen zwei Wochen nach Beseitigung des Hindernisses gestellt werden muss. Er muss → Glaubhaftmachung der Tatsachen enthalten, auf die die Wiedereinsetzung in den vorigen Stand gestützt wird. Gleichzeitig muss die versäumte Prozesshandlung, z.B. Rechtsmitteleinlegung, nachgeholt werden. – Über den Antrag wird grundsätzlich zusammen mit der Hauptsache *entschieden;* gewährt das Gericht die Wiedereinsetzung in den vorigen Stand, so gilt die Prozesshandlung als rechtzeitig vorgenommen. – Ähnliche Grundsätze gelten in *anderen Verfahren,* z.B. im Verwaltungsverfahren (§ 32 VwVfG), in der → Verwaltungsgerichtsbarkeit (§ 60 VwGO), in der Sozialgerichtsbarkeit (§ 67 SGG) und der → Finanzgerichtsbarkeit (§ 56 FGO, § 110 AO). – Nach der AO ist der Antrag auf Wiedereinsetzung in den vorigen Stand binnen eines Monats nach Wegfall des Hindernisses zu stellen. Die versäumte Handlung ist innerhalb der Auftragsfrist nachzuholen. Der Antrag ist durch Darlegung der Tatsachen glaubhaft zu machen. Antrag auf Wiedereinsetzung in den vorigen Stand oder Nachholung der versäumten Handlung ist nicht mehr möglich, wenn seit dem Ende der Frist ein Jahr verstrichen ist (Ausnahme im Fall höherer Gewalt). – Im Strafprozess gilt das Verschulden des Beschuldigten. Unverschuldet ist die Fristversäumung immer, wenn gesetzlich vorgeschriebene Rechtsmittelbelehrungen unterblieben sind (§ 44 StPO). Der Antrag ist binnen einer Woche nach Wegfall des Hindernisses zu stellen (§ 45 StPO).

Wiedereinstellung – 1. Ist ein Arbeitnehmer aufgrund → Verdachtskündigung entlassen worden, hat er einen Anspruch auf Wiedereinstellung, wenn er in vollem Umfang rehabilitiert ist und die Wiedereinstellung unter Berücksichtigung der beiderseitigen Interessen nach → Treu und Glauben zur Beseitigung eines Unrechts erforderlich erscheint. Dem Arbeitnehmer sind dann die gleichen Rechte wieder einzuräumen. – 2. Nach → betriebsbedingter Kündigung besteht ein Recht auf Wiedereinstellung, wenn noch während der → Kündigungsfrist der betriebliche Grund entfällt und deshalb eine Weiterbeschäftigung möglich ist. – 3. Nach einer das Arbeitsverhältnis (nur ausnahmsweise in Betracht kommenden) lösenden → Aussperrung haben grundsätzlich alle davon betroffenen Arbeitnehmer einen Anspruch auf Wiedereinstellung. Dies gilt unabhängig davon, ob für die der → Tarifbindung unterliegenden Arbeitnehmer eine Wiedereinstellungsklausel vereinbart wurde.

Wiedererkennungsverfahren → Recognitiontest.

Wiedergewinnungsfaktor – *Annuitätenfaktor, Kapitaldienstfaktor;* 1. *Begriff:* Faktor zur Umformung einer Zahlungsgröße in eine äquidistante Reihe gleich hoher Zahlungen. – 2. *Ermittlung:* Die Höhe des Wiedergewinnungsfaktors ist von dem Zinssatz i und der Laufzeit n abhängig:

$$WF(i,n) = \frac{(1+i)^n \cdot i}{(1+i)^n - 1}$$

– 3. *Bedeutung:* a) In der Investitionsrechnung (Annuitätenmethode) dient der Wiedergewinnungsfaktor dazu, den Kapitalwert in eine Reihe gleich hoher Annuitäten für den Planungshorizont der Investition umzurechnen. – b) In der Kreditfinanzierung lässt sich mithilfe des Wiedergewinnungsfaktors der konstante jährliche Betrag (Annuität) ermitteln, mit dem ein Annuitätenkredit inkl. Zinsen während der Laufzeit vollständig zurückgeführt wird.

Wiedergutmachung – 1. *Begriff:* Entschädigung der Opfer nationalsozialistischer Verfolgung für Schäden, die nicht durch Rückerstattung noch feststellbarer Vermögensgegenstände ausgeglichen werden können. – 2. *Rechtsgrundlage:* Bundesentschädigungsgesetz (BEG) i.d.F. des BEG-Schlussgesetzes vom 14.9.1965 (BGBl. I 1315) m.spät.Änd. und ergänzenden Verordnungen. Wiedergutmachung wird solchen Personen und nahen Angehörigen gewährt, die vom 30.1.1933 bis 8.5.1945 wegen ihrer gegen den Nationalsozialismus gerichteten Überzeugung, aus Gründen der Rasse, des Glaubens oder der Weltanschauung verfolgt worden sind und hierdurch gewisse Nachteile erlitten haben. – 3. *Verfahren:* Antrag bei der Entschädigungsbehörde musste bis 1.8.1958 gestellt werden; gegen Fristversäumnis

→ Wiedereinsetzung in den vorigen Stand möglich, wenn der Antragsteller ohne sein → Verschulden gehindert war, die Frist einzuhalten (§ 189).

wiederherstellende Unterlassungsklage → Klage auf Beseitigung eines bereits vorgenommenen rechtswidrigen Eingriffs in fremde Lebensgüter und Interessen. – *Gegensatz:* → vorbeugende Unterlassungsklage.

Wiederherstellungswert → Reproduktionswert.

wiederholte Spiele – Wird ein (Basis-)Spiel wiederholt, so muss man das (Super-)Spiel analysieren, das alle Spielrunden umfasst. Um das Superspiel zu definieren, ist natürlich noch festzulegen, welche Informationen die Spieler über die Ergebnisse der vorherigen Runden erhalten und wie sie die möglichen Sequenzen von Rundenresultaten bewerten. Man geht davon aus, dass alle Spieler alle vorherigen Entscheide erfahren, und dass sie die möglichen Ergebnissequenzen gemäß ihrer langfristigen Durchschnittsauszahlung (bei unendlicher Rundenzahl z.B. gemäß dem limes inferior) bewerten. – Konkret sei davon ausgegangen, dass das Vertrauensspiel (vgl. Abbildung „Extensive Form – Vertrauensspiel"; → extensive Form) unendlich oft wiederholt wird. Eine Strategie s_1^∞ im Superspiel muss dann für jede mögliche Sequenz bisheriger Rundenresultate eine Entscheidung für N oder V durch Spieler 1 vorschreiben. Analog muss für jede solche Sequenz und die anschließende Wahl von V durch Spieler 1 die Strategie s_2^∞ eine Wahl zwischen A und G vorsehen. – Als *Beispiel* für einen solchen Strategievektor $s^\infty = (s_1^\infty, s_2^\infty)$ soll uns der Vektor der „Grimmstrategien" dienen, gemäß dem Spieler 1 so lange V wählt und Spieler 2 so lange mit G auf V reagiert, wie niemand davon abweicht, und gemäß dem Spieler 1 ewiglich N und Spieler 2 ewiglich mit A auf V reagiert, falls von der vertrauensvollen Kooperation (V, G) nur einmal abgewichen wurde. Die permanente Wahl von N und A ist ein teilspielperfektes Gleichgewicht des Superspiels, da wegen der Wahl von A Spieler 1 sich nicht verbessern kann und auch Spieler 2 nicht besser entscheiden könnte. Dass der Vektor s^∞ der „Grimmstrategien" ein teilspielperfektes Gleichgewicht darstellt, setzt weiterhin voraus, dass einseitigen Abweichen von s^∞ nicht lohnt. Nun impliziert s^∞ für beide Spieler die konstante und damit durchschnittliche Auszahlung in Höhe von s. Weicht nur ein Spieler einmal ab, sodass das Ergebnis (V, G) in Frage gestellt wird, erhalten fortan beide Spieler konstant die Auszahlung t, die damit ihre Durchschnittsauszahlung ist. Einseitiges Abweichen führt also stets zu einer Auszahlungsminderung, d.h. der Vektor s^∞ der „Grimmstrategien" ist ein teilspielperfektes Gleichgewicht im Superspiel mit unendlicher Rundenzahl. – Im Vergleich zum einmalig gespielten Vertrauensspiel, in dem es aufgrund der Lösung (N, A) zu keiner Kooperation kommt, erscheint dieses Ergebnis wie ein Wunder, da nun auf einmal vertrauensvolle Kooperation möglich sein soll. Die Existenz derart überraschender teilspielperfekter Gleichgewichte wird durch sog. *Folk-Theoreme* bewiesen, deren konzeptionelle Rechtfertigung allerdings auf tönernen Füßen steht. – Wird das Vertrauensspiel nur endlich oft wiederholt, so lässt sich rückwärtsinduktiv zeigen, dass Spieler 1 stets N und Spieler 2 stets A wählen würde. Für die letzte Runde gilt dies, da (N, A) das einzig teilspielperfekte Gleichgewicht im einmal gespielten Vertrauensspiel ist. Wird aber in Zukunft stets gemäß (N, A) gewählt, so ist auch heute A die einzige beste Antwort auf V und darum auch N die bessere Wahl von Spieler 1, d.h. das einzige teilspielperfekte Gleichgewicht im Superspiel mit endlicher Wiederholungszahl schreibt stets die Wahl von N durch Spieler 1 und A durch Spieler 2 vor. Das teilspielperfekte Gleichgewicht s^∞ der „Grimmstrategien" des unendlich oft wiederholten Vertrauensspiels kann daher nicht durch teilspielperfekte Gleichgewichte in endlich oft wiederholten Vertrauensspielen approximiert werden, d.h. s^∞ ist nicht asymptotisch konvergent. Wie soll man dann s^∞ rechtfertigen? Dadurch, dass Menschen glauben, unendlich lange zu leben? Überzeugender erscheint es, nur asymptotisch konvergente Gleichgewichte zu akzeptieren und damit die Relevanz der Folk-Theoreme zu negieren.

Wiederholungsgefahr – Wettbewerbsverstöße, Verletzungen gewerblicher Schutzrechte und Urheberrechte begründen die (widerlegbare) tatsächliche Vermutung der Wiederholung und lösen den Verletzungsunterlassungsanspruch aus. Wiederholungsgefahr kann von seltenen Ausnahmefällen abgesehen nur durch die Abgabe einer → Unterlassungserklärung ausgeschlossen werden, die durch eine hinreichende Vertragsstrafe zu sichern ist. Verjährte Rechtsverletzungen begründen als solche keine Wiederholungsgefahr, es sei denn, es liegen bes. Umstände wie eine Berühmung vor, die sich auch aus der Art der Rechtsverteidigung im Prozess ergeben kann (→ Erstbegehungsgefahr).

Wiederholungsmarke → Marke, die nach oder kurz nach Ablauf der Schonfrist des → Benutzungszwangs erneut angemeldet oder eingetragen wird, um erneut die Schonfrist in Lauf zu setzen. Sie kann eine Umgehung des Benutzungszwangs für Marken darstellen. Ein Missbrauch des formellen Markenrechts wird angenommen, wenn der Zeicheninhaber keinen Benutzungswillen hat. Da bei ordnungsgemäßer Anmeldung von → Vorratsmarken der künftige Benutzungswille vermutet wird, obliegt der Beweis fehlenden Benutzungswillens dem Gegner des Markenrechtsinhabers; teilweise wird in der Anmeldung von Wiederholungsmarken ohne weiteres ein Missbrauch des formellen Markenrechts gesehen.

Wiederkaufsrecht – das auf bes. Vereinbarung im → Kaufvertrag beruhende Recht des Verkäufers, die → Sache innerhalb einer bestimmten → Frist durch Erklärung gegenüber dem Käufer zurückzukaufen (§§ 456 ff. BGB).

wiederkehrende Bezüge – 1. *Begriff:* Einnahmen in Geld oder Geldeswert einschließlich Zuschüssen und sonstigen Vorteilen, die aufgrund eines einheitlichen Entschlusses oder eines einheitlichen Rechtsgrundes wiederholt mit einer gewissen Regelmäßigkeit erbracht werden. – 2. *Steuerliche Behandlung:* Wiederkehrende Bezüge zählen zu den → sonstigen Einkünften (§ 22 Nr. 1 EStG), soweit sie nicht einer anderen Einkunftsart zugeordnet werden können.

Wiederverkäuferrabatt → Rabatt.

Wiederverkaufsnachlass – *Buy Back Allowance;* Maßnahme der → Verkaufsförderung.

Wiederverkaufspreismethode – Eine der Standardmethoden zur Bestimmung angemessener → Verrechnungspreise zwischen verbundenen Unternehmen: Die Methode basiert auf dem Gedanken, dass ein Händler seine Vorstellung von dem Endverkaufspreis, den er verlangen möchte, üblicherweise dadurch entwickelt, dass er einen bestimmten Gewinnaufschlag auf seinen Einkaufspreis aufschlägt; daraus ergibt sich im Umkehrschluss, dass man glaubt, aus einem gegebenen Endverkaufspreis und der Kenntnis der in einer bestimmten Branche üblichen Handelsspanne darauf rückschließen zu können, wie viel in dieser Branche ein Händler einem Produzenten als Einkaufspreis zugestanden hätte. Auf diesem Gedanken beruhend, schließt man bei der Wiederverkaufspreismethode ausgehend von dem Preis, den eine Vertriebsgesellschaft des Konzerns vom Endverbraucher erhält, auf den Preis, den diese Gesellschaft der Produktionsgesellschaft gezahlt hätte, wenn die beiden Gesellschaften nicht zum selben Konzern gehören würden, sondern einander als fremde Dritte gegenüber gestanden hätten.

Wiederverwendbarkeit – Prinzip der → Objektorientierung, das zum Ziel hat, funktionsfähige Programmteile bereits bestehender → Programme, sog. Module, in nachfolgenden Softwareprojekten wieder zu benutzen. Dieses Vorgehen hat zum einen den Vorteil, dass Entwicklungszeit eingespart wird. Zum anderen sind die bestehenden → Module bereits getestet und im Einsatz, sodass diese i.d.R. deutlich weniger Fehler aufweisen, als wenn sie neu programmiert würden.

wie die Ware steht und liegt → Handelsklausel in → Kaufverträgen, die i.d.R. bedeutet, dass eine → Sachmängelhaftung für alle Sachmängel (auch für verborgene) ausgeschlossen ist. – *Anders:* → wie besehen.

Wiener Börse – *Wiener Börse AG;* vereint den Kassamarkt der Wiener Börse und den Terminmarkt ÖTOB. Damit soll langfristig ein eigenständiger Markt für österreichische sowie zentral- und osteuropäische Wertpapiere, inkl. der zugehörigen derivativen Instrumente geschaffen und gesichert werden. Im Jahr 2004 erwarb ein Konsortium aus der HVB Hungary, Wiener Börse AG, Erste Bank, RZB und Oesterreichische Kontrollbank AG (OeKB) die Mehrheit an der Budapester Börse. Die Wiener Börse hat inzwischen Kooperationsabkommen mit den Börsen in Bukarest, Zagreb, Belgrad, Sofia, Sarajevo, Montenegro, Banja Luka und Mazedonien. Seit September 2009 bilden die Börsen Budapest, Laibach und Prag zusammen mit der Wiener Börse die CEE Stock Exchange Group (CEESEG), der nach eigenen Angaben größten Börsengruppe Zentral- und Osteuropas. – Handelsplattform ist das auch an der → Frankfurter Wertpapierbörse (FWB) genutzte XETRA-System (→ XETRA). Die Abwicklung am Kassamarkt erfolgt seit Januar 2005 nicht mehr über die Oesterreichische Kontrollbank AG, sondern über die CCP Austria, eine Beteiligungsgesellschaft der Wiener Börse AG und der OeKB. – Bekanntester Index ist der ATX für die führenden Aktienwerte.

Wiener Kaufrechtsübereinkommen → Übereinkommen der Vereinten Nationen über Verträge über den internationalen Warenkauf.

Wiener Schule → Österreichische Grenznutzenschule.

Wiener Vortrag – oft zitierter Vortrag, in dem Schmalenbach 1928 darauf hinwies, dass die → fixen Kosten die Betriebe so unelastisch machten, dass die natürlichen Gleichgewichtstendenzen der freien Wirtschaft nicht mehr wirksam werden könnten. Hieraus müsste gefolgert werden, dass wir an der Schwelle zu einer neuen Wirtschaftsordnung stehen, in der der Marktautomatismus durch lenkungswirtschaftliche Maßnahmen zu ersetzen ist. (Dieselben Gedankengänge wiederholte Schmalenbach 1949 in: „Der freien Wirtschaft zum Gedächtnis".)

Wieser – Friedrich von, 1851–1926, österreichischer Nationalökonom, lehrte in Prag (1884–1903) und – als Nachfolger von → Menger – in Wien (ab 1903); Handelsminister 1917–1918. Wieser war neben Menger und → Böhm-Bawerk der bedeutendste Vertreter der → Österreichischen Grenznutzenschule. Er prägte den Begriff „ → Grenznutzen" und führte das darauf aufbauende Prinzip am konsequentesten durch, indem er es auch auf die Kostenseite anwendete. Wieser verdient als einziger Vertreter der österreichischen Grenznutzenschule auch als Soziologe Beachtung. Zu seinen Schülern gehören → Mises und → Hayek. – *Hauptwerke:* „Der natürliche Wert" (1899) und „Theorie der gesellschaftlichen Wirtschaft" (1914).

Wiki – Kurzform für WikiWiki oder WikiWeb, ein offenes Autorensystem für Webseiten. Wiki sind im → World Wide Web (WWW) veröffentlichte Seiten, die von den Benutzern online geändert werden können. Im Gegensatz zu → HTML wird mit einer vereinfachten Syntax gearbeitet, die ein leichtes Ändern der Inhalte ermöglicht.

wilder Streik – ein nicht von der → Gewerkschaft geführter Streik. Wilde Streiks sind unzulässig (→ Streik).

Willensbildung – 1. *Begriff:* In der Organisation der Prozess des Zustandekommens einer Entscheidung in → organisatorischen Einheiten, in der mehrere Handlungsträger zusammengefasst sind. – 2. *Arten* nach dem Ausmaß der Beteiligung sämtlicher Handlungsträger an der Entscheidung: a) *Hierarchische Willensbildung:* Die Entscheidungen werden nach dem → Direktorialprinzip getroffen. – b) *Gemeinsame Willensbildung:* Die Entscheidungen werden nach dem → Kollegialprinzip getroffen.

Willenserklärung – im Sinn des Bürgerlichen Rechts eine Äußerung einer Person, durch die sie bewusst eine auf dem Gebiet des Bürgerlichen Rechts liegende Rechtsfolge herbeiführen will, z.B. Vertragsangebot, Kündigung, Rücktritt vom Vertrag, Anfechtung. – *Voraussetzung* einer gültigen Willenserklärung ist i.Allg. → Geschäftsfähigkeit der erklärenden Person.

Willensfreiheit → Freiheit.

Willensmängel – Umstände, die die von einer Person abgegebene → Willenserklärung nicht als von ihr tatsächlich gewollt erscheinen lassen, z.B. Irrtum, arglistige Täuschung, Drohung. – Vgl. auch → Anfechtung.

Williamson – Oliver E., geb. 1932 in Superior, Wisconsin, USA. Nach seinem Studium am MIT absolvierte Williamson 1960 seinen MBA an der Stanford University und ging an die Carnegie-Mellon University, um dort sein PHD-Studium 1963 abzuschließen. Von 1963–65 lehrte er in Berkeley, anschließend in Pennsylvania und Yale, um 1988 wiederum nach Berkeley zurückzukehren, wo er seither als Professor für Business Economics und Law unterrichtet. Mehrere Gastprofessuren führten ihn nach England, Japan und China. Seine ersten Veröffentlichungen entstanden schon früh. 1962 schrieb er „The Elasticity of the Marginal Efficiency Function: Comment" (American Economic Review, 52, S. 1099–1103) und 1963 erschien im Quarterly Journal of Economics „Selling Expense as a Barrier to Entry". Eine Vielzahl von Veröffentlichungen folgte und aus seiner Publikationsliste wird deutlich, dass sich Williamson mit vielen Themengebieten beschäftigt hat: Vertikale Integration, Antitrust-Probleme, Franchising, Transaktionskosten, Verfügungsrechte, rechtliche Fragestellungen, Vertragsgestaltung etc. Sein Hauptaugenmerk lag immer auf der Frage, Probleme der Organisation verstehen und erklären zu können (Williamson: „Understanding Economic Organization is the Main Project"). Entscheidend war dabei die Begegnung mit dem Gedankengut von → Coase, der die Existenz von Transaktionskosten vertrat. Williamson beschäftigte sich daraufhin intensiv mit den Transaktionskosten und ihrem Einfluss auf die effiziente Organisation. Seine erste Veröffentlichung, die sich mit dem Transaktionskosten-Problem beschäftigte, entstand 1971: „The vertical Integration of Production: Market Failure considerations". Die Idee zu seinem „Organizational Failures Framework" war geboren und es folgte eine intensive Forschungsperiode, deren Ergebnisse, Thesen und Schlussfolgerungen in seinem berühmten Werk „Market and Hierarchies: Analysis and Antitrust Implications" (1975) Niederschlag fanden. Die wesentliche These war, dass Markt und Hierarchie alternative Koordinationsformen für die Arbeitsorganisation darstellen und dass die Stärken und Schwächen beider Koordinationsformen in einem Vergleich gegenübergestellt werden müssen. Diese seine grundlegende These erweiterte er im Laufe der nächsten Jahre um unterschiedliche Ideen und Konzepte. So baute er z.B. die Vertragstypologie von McNeil ein, baute sein Menschenbild aus (begrenzte Rationalität, individuelle Nutzenmaximierung, Opportunismus) und erweiterte sein Modell auf hybride Formen zwischen Markt und Hierarchie. Diese Ideen und weitere zahlreiche, durch andere Autoren und Wissenschaftler geprägte Entwicklungen fließen in ein weiteres wesentliches Werk von Williamson ein, das 1985 entstand: „The Economics Institutions of Capitalism: Firm, Markets, Relational Contracting". Dieses Werk, das mittlerweile in mehrere Sprachen (italienisch, spanisch, deutsch, französisch, russisch, polnisch und chinesisch) übersetzt wurde, widmete Williamson seinen vier wesentlichen Lehrern, von denen er das meiste über economics organization gelernt hat: Arrow, Chandler jr., Coase und Simon. Williamson kann als wesentlicher Begründer der Transaktionskosten-Theorie gelten. Auch in den Folgejahren entwickelte er die Theorie weiter. Dabei war ihm schon immer bewusst, dass nur interdisziplinäre Ansätze in der Lage sind, Organisationsprobleme zu bewältigen. So interessieren ihn bes. auch rechtliche Fragen. Dies kommt nicht zuletzt auch darin zum Ausdruck, dass er Mitherausgeber des Journals of Law, Economics and Organization ist. Insgesamt ist es Williamson damit gelungen, einen wesentlichen Beitrag zum Verständnis von Organisationsproblemen zu leisten. Zahlreiche Honorationen bestätigen dies. Erhielt 2009 den → Nobelpreis für Wirtschaftswissenschaften (gemeinsam mit → Ostrom).

Willkür – Handeln, das auf sachfremden Erwägungen beruht. Willkür jeglicher Art ist bes. im öffentlichen Recht verboten, da nach Art. 3 GG alle Menschen vor dem Gesetz gleich sind, niemand bevorzugt oder benachteiligt werden darf, sondern ohne Ansehen der Person nur nach sachlichen Gesichtspunkten entschieden werden muss.

Windfall-Profit – Zufallsgewinn; von einem Windfall-Profit spricht man, wenn ein unvorhergesehener, nicht eingeplanter bzw. nicht einplanbarer Gewinn entsteht. Nicht durch Leistungsabgabe, sondern durch eine Veränderung der Marktlage entsteht ein plötzlicher Vermögenszuwachs. Dieser kann bspw. auf Gütermärkten durch eine Änderung staatlicher Regulierungsvorschriften zugunsten eines Unternehmens oder auf dem Devisenmarkt bei einer unerwarteten positiven Kursänderung eines Wechselkurses entstehen. – Gegenteil: Windfall-Loss. – Vgl. auch → Dynamische Einkommen.

Windhandel → Leerverkauf.

Windhund-Verfahren → Verteilungsverfahren, nach dem die Einfuhr- bzw. Ausfuhrmengen für → Kontingente und → Lizenzen nach dem Zeitpunkt der Antragstellung vergeben werden. Es erfolgt keine Quotierung.

Window – *Fenster;* Element der → Fenstertechnik.

Window(-technik) → Fenstertechnik.

Window Dressing – *Bilanzkosmetik, Silvesterputz;* in der → Bilanzpolitik (bes. der Bankbilanzen) alle gesetzlich erlaubten Transaktionen *vor* dem Bilanzstichtag, um das äußere Bilanzbild möglichst günstig zu gestalten, die „Bilanz zu frisieren" (nicht zu fälschen und nicht zu verschleiern). Es handelt sich dabei v.a. um die Umschichtung von Beständen. Man sucht v.a. eine günstigere Liquidität zu erreichen, indem eine Bank z.B. Guthaben bei Kreditinstituten in Bundesbankguthaben überführt, Wertpapiere in Pension gibt, Devisen veräußert oder über den Bilanztermin kurzfristiges Geld aufnimmt. Alle diese Bestandsumschichtungen sind erlaubt.

Windows – das auf → Personal Computern (PC) am häufigsten verbreitete → Betriebssystem (BS), das auf der → Fenstertechnik basiert.

Winterausfallgeld-Vorausleistung – Begriff der Winterbauförderung im Baugewerbe. Wintergeld-Vorausleistung ist die Vorarbeit der witterungsabhängig beschäftigten Arbeitnehmer, durch die Zeitguthaben für die Schlechtwetterzeit entstehen und in dieser Zeit abgebaut werden können (vgl. § 101 f. SGB III). – Vgl. auch → Baugewerbe, → Wintergeld.

Wintergeld – 1. *Begriff:* Leistung der → Bundesagentur für Arbeit an Arbeitnehmer des Baugewerbes, deren Arbeitsverhältnis in der Schlechtwetterzeit nicht aus witterungsbedingten Gründen gekündigt werden kann (§ 102 IV SGB III). – 2. *Formen:* (1) Mehraufwands-Wintergeld (§ 102 III SGB III) zur Abgeltung witterungsbedingter Mehraufwendungen für geleistete Arbeitsstunden in der Förderungszeit vom 15. Dezember bis zum letzten Kalendertag des Monats Februar; (2) Zuschuss-Wintergeld (§ 102 II SGB III) in der Schlechtwetterzeit vom 1. Dezember bis zum letzten Kalendertag des Monats März für ausgefallene Arbeitsstunden, wenn zu deren Ausgleich Arbeitszeitguthaben aufgelöst und dadurch die Inanspruchnahme von → Saison-Kurzarbeitergeld vermieden wird. – 3. *Ziel:* Das Wintergeld dient der Förderung der ganzjährigen Beschäftigung in der Bauwirtschaft. – 4. *Höhe:* Das Mehraufwands-Wintergeld beträgt 1,00 Euro je geleisteter Arbeitsstunde, das Zuschuss-Wintergeld 2,50 Euro je Ausfallstunde. – 5. *Finanzierung:* erfolgt durch eine Umlage, die in Betrieben des Bauhauptgewerbes 2 Prozent der umlagepflichtigen Bruttoentgelte der gewerblichen Arbeitnehmer, in den Betrieben des Baunebengewerbes 1 Prozent beträgt. Im Bauhauptgewerbe wird die Umlage zu 60 Prozent von den Arbeitgebern und zu 40 Prozent von den Arbeitnehmern aufgebracht. – Vgl. auch → Arbeitslosenversicherung.

Winterschlussverkauf → Abschnittsschlussverkäufe.

Winzergenossenschaften → Produktionsgenossenschaften.

WIPO – *World Intellectual Property Organization, Weltorganisation für geistiges Eigentum, Organisation Mondiale pour la Propriété Intellectuelle (OMPI);* gegründet 26.4.1970; auf der Grundlage des Übereinkommens zur Errichtung der Weltorganisation für geistiges Eigentum (WIPO-Konvention vom 14.7.1967, BGBl. 1970 II 295) errichtet. Seit Dezember 1974 hat sie den Rang einer UN-Sonderorganisation (→ UN). – *Sitz:* Genf. – *Mitglieder* (2013): 185 Länder. – *Ziele:* Förderung des weltweiten Schutzes des geistigen Eigentums durch Zusammenfassung der auf diesem Gebiet tätigen und auf multilateralen Verträgen beruhenden Organisationen. – *Zwei Hauptrichtungen:* gewerbliche Schutzrechte (Erfindungen, Handelsmarken, Patente, gewerbliche Muster) und Urheberrechte (Berner Übereinkunft). – *Aufgaben und Tätigkeit:* Hilfeleistungen für Entwicklungsländer. Bes. Aktivitäten im Rahmen folgender *Programme:* ständige WIPO-Programme für Entwicklungsarbeit im Zusammenhang mit gewerblichen Schutzrechten und Urheber- sowie Nachbarschaftsrechten; ständiger WIPO-Ausschuss für Patentinformationen des internationalen Dokumentationszentrums für Patente in Wien sowie WIPO-Dienste für internationale Registrierung von Handelsmarken; internationale Depositenstelle für gewerbliche Muster, internationale Registrierung von Namens- und Urheberrechten, internationale Beantragung von Patentrechten. – *Veröffentlichungen:* u.a. Copyright (monatlich), Industrial Property (monatlich), Intellectual Property in Asia and the Pacific (vierteljährlich).

Wireless Application Protocol (WAP) – Abk. *WAP;* offener Industriestandard für die Datenübermittlung und -darstellung in Mobilfunksystemen, der von der mehr als 300 Unternehmen umfassenden Open Mobile Alliance unterstützt wird. Initiiert wurde WAP von den Unternehmen Ericsson, Motorola, Nokia und Unwired Planet (jetzt: Phone.Com), die im Juni 1997 das damalige WAP-Forum gründeten. WAP enthält Steuerungs- und Betriebsvorschriften, um eine einfache Nutzung von (multimedialen) Informationsdiensten mit einem eingeschränkten Funktionsumfang auch durch mobile Endgeräte, die sich von stationären Endgeräten für den Empfang von Text- und Bildinformationen u.a. durch eingeschränkte Darstellungs- und Prozessorleistungen unterscheiden, zu ermöglichen. Unter Verwendung des WAP können bspw. Informationsangebote des → Internets durch Handys abgerufen werden. Ein Zugriff ist aber nicht nur auf bereits bestehende, konventionelle Informationsdienste wie → E-Mail oder Börseninformationen möglich. Es ergeben sich vielmehr auch völlig neue Anwendungsfelder für den Einsatz mobiler Endgeräte. Realisierbar sind z.B. auf den aktuellen Aufenthaltsort des Teilnehmers bezogene Informationsangebote, wie Verkehrs- oder Veranstaltungshinweise (Location-based Services), oder Zahlungs- und Mobile-Banking-Funktionen. – Die WAP-Architektur ist als ein Schichtenmodell organisiert (siehe Abbildung). Trägerdienste (Bearer Services) bilden die Grundlage für die Datenübertragung. Unterstützt werden praktisch alle weltweit verfügbaren Mobilfunkübertragungstechniken. In Europa wird als Träger GSM mit seinen Diensten (z.B. SMS oder → GPRS) genutzt. Derzeit ist v.a. GPRS als Träger geeignet, weil in dieser Konfiguration eine größere Bandbreite und eine permanente (Always-on) Verknüpfung zwischen dem WAP-Nutzer und dem Mobilfunknetz ohne Verbindungsaufbauzeiten bereitgestellt werden kann (GSM 2,5G). – Innerhalb der Transportschicht (Transport Layer) sorgt das Wireless Datagram Protocol (WDP) dafür, dass unabhängig davon, welcher Trägerdienst eingesetzt wird, den darüber liegenden Schichten ein einheitlicher Übertragungsdienst zur Verfügung steht. – Die optionale Sicherungsschicht (Security Layer) unterstützt durch das → ProtokollWTLS (Wireless Transport Layer Security) die Bereitstellung sicherer Verbindungen. WTLS beruht auf dem aus dem Internet bekannten TLS (Transport Layer Security)-Protokoll und sorgt für die Vertraulichkeit und Integrität der Datenübertragung. Ferner ist auch eine Authentifizierung der beteiligten Parteien möglich.

WAP-Architektur (Version 1.x)

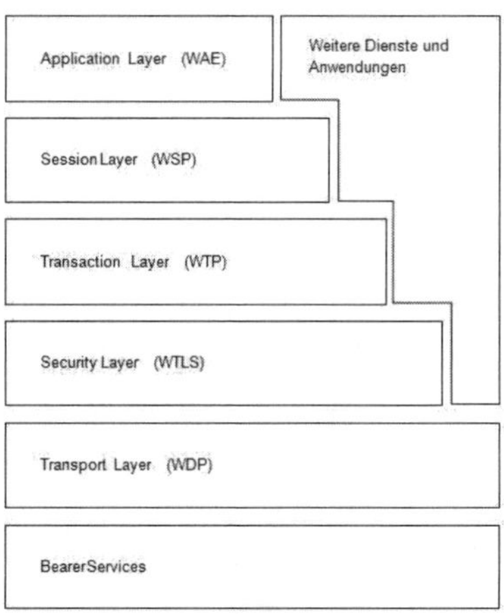

Die Transaktionsschicht (Transaction Layer) mit dem Wireless Transaction Protocol (WTP) ist verantwortlich für die Fehler- und Flusskontrolle und stellt Dienste für die Ausführung von als zuverlässig oder als unzuverlässig deklarierten Transaktionen zur Verfügung. – Das Wireless Session Protocol (WSP) der Sitzungsschicht (Session Layer) verwaltet die Sitzungen zwischen einem Client und einem Server. Es kann entweder als zuverlässiger Dienst verbindungsorientiert auf WTP oder als unzuverlässiger Dienst verbindungslos auf WDP aufgesetzt werden. – Die Anwendungsschicht (Application Layer) bildet die oberste Schicht der WAP-Architektur. Das Wireless Application Environment (WAE) ist ein Rahmenwerk für die Integration von Internet- und Telefonieanwendungen und umfasst verschiedene Protokolle und Dienste. WAE unterstützt u.a. die Wireless Markup Language (WML). WML ist eine für den Gebrauch auf mobilen Geräten angepasste Seitenbeschreibungssprache, die der Hypertext Markup Language (→ HTML) ähnelt und auf → XML (eXtensible Markup Language), einer Metasprache zur Beschreibung strukturierter Daten, basiert. Ferner unterstützt WAE WML-Script, eine Sprache, die WML um Skript-Funktionen erweitert und Wireless Telephony Applications (WTA), das Funktionalitäten für die Realisierung von Telefondiensten bereitstellt. – Der Zugriff auf WAP-Informationsdienste erfolgt über im Endgerät implementierte Mikrobrowser, die eine grafische Benutzerschnittstelle zur Verfügung stellen. In WML geschriebene WAP-Dienste enthalten Steuerungsbefehle für den Informationszugriff durch den Benutzer und erlauben eine Darstellung der Informationsinhalte durch den Mikrobrowser. Neben dem Aufbau eigenständiger WAP-basierter Informationsdienste können auch → Gateways eingesetzt werden, an denen eine Umwandlung der Informationen zwischen den Protokollen des WWW- und WAP-Standards vorgenommen wird und die so einen Zugriff auf im Internet bereits vorhandene Inhalte möglich machen (siehe Abbildung). Das Gateway übersetzt die Anfrage des WAP-Clients in eine Hypertext Transport Protocol-(HTTP-)Anfrage und schickt diese an den Webserver. Die dort gespeicherten WML-Seiten werden mittels HTTP zurück zum WAP-Gateway geschickt. Vom WAP-Gateway gelangen die WML-Seiten dann über das Mobilfunknetz zum WAP-Handy. – Die im Sommer 2001 veröffentlichte WAP Version 2.0 brachte eine Vielzahl von Neuerungen. Eines der zentralen Merkmale von WAP 2.0 ist die Unterstützung von IP-Verbindungen (Transmission Control Protocol/Internet Protocol, → TCP/IP). Hierzu wurden folgende, an die WAP-Rahmenbedingungen angepassten Versionen bestehender Internet-Protokolle definiert: Das Wireless Profiled Hypertext Transfer Protocol (WP-HTTP), das Wireless Profiled Transport Layer Security (WP-TLS) sowie das Wireless Profiled Transmission Control Protocol (WP-TCP). Bei WAP 2.0 ist zur Kommunikation mit dem Internet ein Gateway nicht mehr zwingend notwendig. Sie können aber zur Leistungssteigerung und Diensterweiterung sowie aus

Kompatibilitätsgründen eingesetzt werden. WAP 2.0 unterstützt auch die von WAP 1.x bereitgestellten Protokolle. Durch die Definition eines sogenannten Dual-Stack, der beide Protokollstapel enthält, wird es Endgeräten möglich, mit allen WAP-Versionen zu arbeiten. Zur Inhalteentwicklung ist die an die Möglichkeiten mobiler Endgeräte angepasste Beschreibungssprache XHTML Mobile Profile vorgesehen. XHTML (eXtensible HyperText Markup Language) ist eine komplett auf XML basierende Weiterentwicklung von HTML. Aus Kundensicht zeichnet sich WAP 2.0 dadurch aus, dass es die Darstellung farbiger Stand- und Bewegtbilder sowie von Audiosignalen auf entsprechend leistungsfähigen mobilen Endgeräten unterstützt. – In Deutschland wurde WAP im August 1999 durch den Mobilfunknetzbetreiber D2 (heute: Vodafone D2) eingeführt. Seit Dezember des selben Jahres boten alle deutschen Netzbetreiber ihren Kunden WAP-Dienste an. Deren Verbreitung und Nutzung lag Ende 2002 allerdings weit unter den Prognosen, die noch Ende der 1990er-Jahre hohe WAP-Nutzeranteile in GSM-Netzen voraussagten. Als technische Ursachen hierfür gelten geringe GSM-Datenraten, zu kleine Handy-Displays sowie eine umständliche Einrichtung und Navigation. Akzeptanzhemmend war auch das Marketing der Anbieter, die versuchten, WAP als mobiles Internet darzustellen. Dadurch wurde bei den Kunden eine Erwartungshaltung geweckt, die der Dienst nicht erfüllen konnte. Aktuell hat WAP als Zugangsprotokoll zu Internetseiten nur noch eine geringe praktische Relevanz, da mittlerweile der Zugriff darauf über andere mobile Internetlösungen erfolgt.

Wireless Local Area Network (WLAN) – Abk. *WLAN*; *Drahtloses lokales Netzwerk*. 1. *Begriff:* Technik zur drahtlosen lokalen Vernetzung (→ lokales Netz), bei der die Kommunikation der Netzknoten über Funk realisiert wird. – 2. *Funktionsweise:* Ein Wireless LAN besteht aus Netzknoten, die jeweils mit einer Funk-Netzwerkkarte ausgerüstet sind. Jeder Netzwerkknoten bildet für sich eine Funkzelle. Die Kommunikation zwischen einzelnen Netzwerkknoten ist möglich, solange sich ihre Funkzellen überschneiden. Die Reichweite einer Funkzelle wird von der Umgebung und dadurch resultierenden Funkstörungen beeinflusst und variiert zwischen 300 m im Freien und 30 m in Gebäuden, im Standard 802.11y sogar bis 5 km im Freien. Die verwendete elektromagnetische Strahlung durchdringt in diesem Bereich geschlossene Fenster und Wände. Zur Ausdehnung eines bestehenden WLAN sind lediglich weitere Rechner mit entsprechenden Netzwerkkarten notwendig, deren Funkzellen den bereits durch Funkzellen abgedeckten Bereich schneiden. Darüber hinaus kann ein sog. Access Point eingesetzt werden, um die Reichweite zu erhöhen. Der Access Point bildet eine eigene Funkzelle, wodurch sich die Abstände einzelner Rechner vergrößern können, so lange ihre Funkzellen die des Access Points nicht verlassen. – Die zur Verfügung stehende theoretische Datenübertragungsrate ist vom verwendeten Standard abhängig und variiert zwischen 2 MBit/s und 600 MBit/s. In der Praxis ist diese Rate aufgrund auftretender Funkstörungen allerdings kaum zu erreichen und liegt netto zwischen 0,9 und 74 MBit/s.

Einfaches Funknetz aus zwei Rechnern

3. *Standards:* Es existieren verschiedene Standards zum Aufbau von WLANs. Diese unterscheiden sich im verwendeten Frequenzband zur Signalübertragung und in der maximalen Datenübertragungsrate. Alle Standards nutzen öffentlich zugängliche Frequenzbereiche (Industrial, Science and Medical-Bänder, ISM-Bänder), die weltweit ähnlich angelegt sind. Der weit verbreitete Wireless LAN-Standard 802.11 (genau genommen eine Ansammlung und Fortschreibung technisch unterschiedlich akzentuierter Funkstandards) wird vom Institute of Electrical and Electronics Engineers (IEEE) spezifiziert und durch Ergänzungen weiterentwickelt. Der ursprüngliche Standard legt eine Datenübertragung mit 2 MBit/s im 2,4-GHz-Band fest. Die Ergänzung 802.11b definiert in demselben Frequenzband eine maximale Datenübertragungsrate von 11 MBit/s. Um höhere Datenübertragungsraten von bis zu 54 MBit/s zu realisieren, nutzen Wireless LANs nach der Erweiterung 802.11a ein anderes Modulationsverfahren und das höhere 5 GHz-Frequenzband. Die Erweiterung 802.11g setzt dieses Modulationsverfahren im 2,4 GHz-Frequenzband ein und erzielt ebenfalls 54 MBit/s. Der Vorteil von 802.11g gegenüber 802.11a liegt darin, dass ein Wireless LAN nach 802.11g abwärtskompatibel mit bestehenden 802.11b-Infrastrukturen ist und diese nutzen kann. Im September 2009 wurde der bislang neueste Standard 802.11n von der IEEE ratifiziert, der mittels Multiple-Input-Multiple-Output-Technik (MIMO) wesentlich höhere

Einsatz von Access Points zur Kopplung von Funk- und Unternehmensnetzwerk

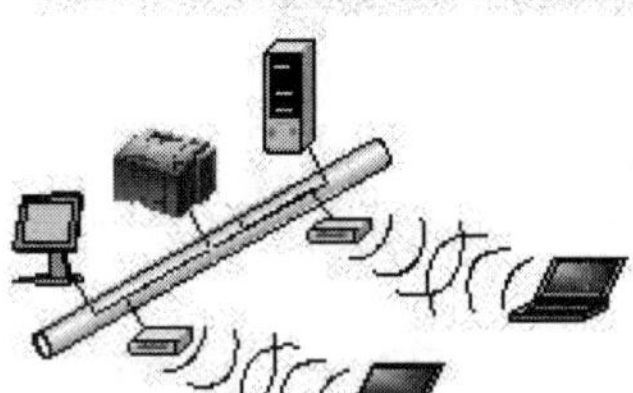

Datenraten von bis zu brutto 600 MBit/s realisiert oder alternativ die Sendereichweite bei gleichbleibender Geschwindigkeit steigert. Die Kompatibilität zu 802.11b und 802.11g ermöglicht eine einfache Aufrüstung bestehender WLAN-Netze.

Das European Telecommunications Standard Institute (ETSI) stellt einen alternativen Wireless LAN-Standard vor, der sich in der Praxis jedoch wenig durchsetzen konnte. Das HIPERLAN/1 (High Performance Radio Local Area Network Type 1) spezifiziert ein Wireless LAN, das im 5 GHz-Frequenzband eine Datenübertragungsrate von 20 MBit/s bietet. Die Weiterentwicklung HIPERLAN/2 erzielt im selben Frequenzband bis zu 54 MBit/s.

Überblick über Wireless LAN-Standards

Standard	Theoretische Datenübertragungsrate	Frequenzband
802.11	2 MBit/s	2,4 GHz
802.11a	54 MBit/s	5 GHz
802.11b	11 MBit/s	2,4 GHz
802.11g	54 MBit/s	2,4 GHz
802.11n	600 MBit/s	2,4 / 5 GHz
802.11y	54 MBit/s	3,7 GHz
HIPERLAN/1	20 MBit/s	5 GHz
HIPERLAN/2	54 MBit/s	5 GHz

4. *Anwendung:* Mittels Access Points können (mobile) Endgeräte oder ganze WLANs an ein kabelgebundenes LAN angebunden werden. Weit verbreitet ist diese Art der Vernetzung in Universitäten und Unternehmen. Studierende und Mitarbeiter erhalten so Zugriff auf Ressourcen des Universitäts- bzw. Unternehmensnetzwerks. Dazu werden die am LAN angeschlossenen Access Points so verteilt, dass das gesamte Gebäude mit sich überlappenden Funkzellen abgedeckt ist. Die Mitarbeiter können sich dann frei bewegen, ohne den Kontakt zum Netzwerk zu verlieren. Gängig ist der Einsatz von Funknetzen in Bahnhöfen, Flughäfen, Bars oder anderen öffentlichen Plätzen, die über einen Internetzugang, meist Digital Subscriber Line (DSL), verfügen. Die Betreiber stellen diese ihren Besuchern bzw. Kunden als öffentliche Internetzugänge, sogenannte Public Spots oder Hot Spots, gegen Gebühren oder auch kostenfrei zur Verfügung. – Eine weitere Einsatzmöglichkeit von Wireless LAN besteht in der Verbindung örtlich getrennter Netzwerke mittels einer Richtfunkstrecke. Es sind lediglich zwei Access Points und zwei gerichtete Antennen nötig, um einige Kilometer (lizenz-) gebührenfrei überbrücken zu können.

Kopplung zweier LANs über eine Richtfunkstrecke

Wirklichkeitskonstruktion – Der → Konstruktivismus geht von der Annahme aus, dass die Wirklichkeit, die wir zu sehen glauben, immer eine konstruierte Wirklichkeit ist. Mit anderen Worten: Es gibt keine objektive Wirklichkeit, sondern die Wirklichkeit wird durch den Beobachter einer Situation oder eines Zustands konstruiert bzw. „erfunden", es ist also eine subjektive Wirklichkeit. Diese Erfindung hängt von der Geschichte des Beobachters (z.B. Sozialisierung, Kultur) und der → Selektion relevanter Daten ab. Eine Wirklichkeitskonstruktion findet dann statt, wenn ich eine Unterscheidung mache, die für mich einen relevanten Unterschied macht. Da es immer mehrere Alternativen gibt, eine Unterscheidung zu machen, muss ich mich für eine entscheiden (Selektion), wohl wissend, dass es noch andere Alternativen gibt, die ebenfalls möglich und zieldienlich gewesen wären (→ Kontingenz). Allerdings ist damit nicht Beliebigkeit gegeben, denn letztlich entscheidet die Nützlichkeit, die Bewährung in der Praxis, ob eine bestimmte Wirklichkeitskonstruktion sinnvoll ist. Gerade bei → weichen Wirklichkeiten spielt es eine entscheidende Rolle, welche Unterscheidungen ich mache, d.h. was für mich relevant ist und was nicht, denn auf meine Unterscheidungen kann ein System sehr sensibel reagieren. Wichtige Kriterien der Wirklichkeitskonstruktion sind deshalb die → Anschlussfähigkeit, die → Viabilität und die → Zieldienlichkeit.

wirksamer Wettbewerb – *funktionsfähiger Wettbewerb, Effective Competition, Workable Competition.* Der für den Wettbewerbsprozess → relevante Markt ist in sachlicher, räumlicher und zeitlicher Hinsicht abzugrenzen *(Marktabgrenzung),* da für den Preisbildungs- und Wettbewerbsprozess der Markt relevant ist, auf dem Wettbewerb stattfindet. Wettbewerbspolitik stützt sich i.Allg. auf das von Arndt und Abbott entwickelte *Bedarfsmarktkonzept,* das alle Güter in die Analyse einbezieht, die im Hinblick auf den Verwendungszweck dazu geeignet sind, einen bestimmten Bedarf zu befriedigen. – 1. *Formaler Aufbau:* Das Konzept eines wirksamen Wettbewerbs wird in seinem formalen Aufbau durch Merkmale der *Marktstruktur* (Market Structure), des *Marktverhaltens* (Market Conduct oder Behaviour) und des *Marktergebnisses* (Market Result oder Performance) beschrieben. Eine solche Einteilung entspricht auch der Richtung des Kausalprozesses: Structure und Conduct sind die Ursachen, das Marktergebnis ist die Wirkung; allerdings besteht im dynamischen Prozess eine *zirkuläre Verknüpfung* der drei Merkmale, d.h. eine schlechte Performance in Gestalt überhöhter Gewinne beeinflusst z.B. die Marktstruktur durch Anlocken von Newcomern. a) Unter *Marktstruktur* werden alle Faktoren verstanden, die einen Einfluss auf den Wettbewerb und das Preisverhalten am Markt ausüben und relativ konstant sind (z.B. die Zahl der Anbieter und Nachfrager sowie ihrer Marktanteile, die im Rahmen der relevanten Marktabgrenzung ermittelt werden; der Grad der Produkthomogenität und der Markttransparenz; die Höhe der Marktschranken; die Marktphase und der Unternehmertypus). – b) *Marktverhalten* umfasst all diejenigen Aspekte, die Ausdruck von unternehmerischen Entscheidungen und damit – im Gegensatz zu Marktstrukturfaktoren – kurzfristig veränderbar sind. Im Rahmen des *Marktverhaltenstestes* ist daher zu untersuchen, wie häufig und zu welchen Zeitpunkten die verschiedenen → Aktionsparameter (Preise, Rabatte und Konditionen, Menge, Qualität, Service und Werbung) beim Kampf um Marktanteile im Zeitablauf eingesetzt worden sind; entscheidend ist dabei, ob die einzelnen Aktionsparameter zu verschiedenen Zeitpunkten individuell oder kollektiv aufgrund von Gruppendisziplin oder Preis- bzw. Marktführerschaft eingesetzt worden sind. – c) *Marktergebnisse* können mithilfe von quantitativen Größen, die den eingesetzten Wettbewerbsparametern entsprechen, analysiert werden, z.B. die Höhe der Preise und Gewinne, die Qualitäten, den Output, die Produktions- und Verkaufskosten, den technischen Fortschritt. Zum Aufbau des Konzepts vgl. Abbildung „Wirksamer Wettbewerb – Formaler Aufbau des Konzepts". Für die Frage, an welche Normen die Wettbewerbspolitik anknüpfen soll, ist der Zusammenhang von Marktstruktur, Marktverhalten und Marktergebnis von großer Bedeutung, worauf bei der Darstellung industrieökonomischer Zusammenhänge eingegangen werden soll. – 2. *Inhalt und Funktionsweise des Konzepts eines wirksamen Wettbewerbs:* a) *Charakterisierung des Wettbewerbsprozesses:* Wettbewerb wird im Sinn eines *dynamischen Prozesses* verstanden, der durch eine *Abfolge von Vorstoß- und Verfolgungsphasen* gekennzeichnet ist, wobei Marktunvollkommenheiten Ergebnis initiativer Wettbewerbshandlungen und zugleich wieder Voraussetzung für imitatorische

Wirksamer Wettbewerb – Formaler Aufbau des Konzepts

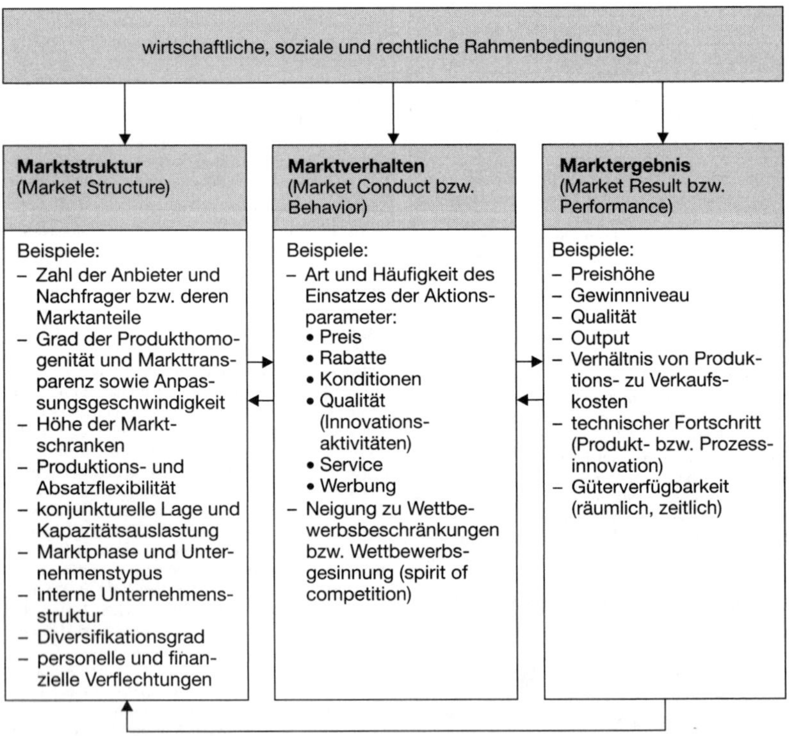

Wettbewerbshandlungen sind. Ein derartig charakterisierter dynamischer Wettbewerbsprozess ist als *anonymer Kontroll- und Steuerungsmechanismus mit finanziellen Sanktionen* zu verstehen, bei welchem Vorsprungsgewinne jeglicher Art dann aufgezehrt werden, wenn keine unangemessene Marktmacht besteht. Die Intensität des Wettbewerbs ist dabei um so stärker, je schneller die Vorsprungsgewinne aufgezehrt werden. Maßgeblich für das Verständnis des Wettbewerbs als dynamischer Prozess ist der durch den Wettbewerb ausgeübte, von den Beteiligten unkontrollierte Druck auf Preise und Kosten und damit auf die Gewinne, der durch das Gewinn- und Erfolgsstreben der Wirtschaftssubjekte ausgelöst wird. Dieser *Wettbewerbsdruck* führt zu einer tendenziellen Realisierung des vorgegebenen Zielkatalogs à la Kantzenbach, indem er die Wirtschaftssubjekte zu einem ökonomisch-rationalen Verhalten zwingt, welches auf die Verwirklichung der kostengünstigsten Kombination der Produktionsfaktoren (optimale Faktorallokation), auf die flexible Anpassung von Produkten und Produktionskapazitäten an sich ändernde Daten wie z.B. die Produktionstechnologie oder Verbraucherpräferenzen (Anpassungsflexibilität) sowie auf die Entwicklung neuer Produkte und/oder Produktions- und Absatzmethoden (technischer Fortschritt) zielt. Die dabei im Wettbewerbsprozess aufgrund temporärer Vorzugsstellungen entstehenden Pioniergewinne sollen nur allmählich abgebaut werden: So setzt z.B. der technische Fortschritt ein gewisses (Time-)Lag voraus, um die Innovation wirtschaftlich lohnend zu machen. – b) *Tatsächlicher Wettbewerb durch Einsatz verschiedener Aktionsparameter:* Wettbewerb tritt als → Preiswettbewerb oder als → Nichtpreiswettbewerb mit den Aktionsparametern Qualität, Service oder Werbung auf. Zu dem tatsächlichen Wettbewerb tritt der → potenzielle Wettbewerb mit Newcomern, sofern die Marktzutrittsschranken nicht zu hoch sind. Langfristig gewinnt neben dem tatsächlichen und potenziellen Wettbewerb der Substitutionswettbewerb an Bedeutung, der den Unternehmen beim Einsatz ihrer Aktionsparameter gewisse Grenzen setzt. Die Tabelle „Wirksamer Wettbewerb – Übersicht über typische Zusammenhänge zwischen Marktphase und Unternehmertypus, Marktform und Marktzutrittsschranken, Aktionsparametern, Gewinnraten und wettbewerbspolitische Maßnahmen" gibt einen Überblick. – c) Die *Wirksamkeit der verschiedenen*

Wirksamer Wettbewerb- Typische Zusammenhänge zwischen Marktphase und Unternehmertypus, Marktform und Marktzutrittsschranken, Aktionsparametern, Gewinnraten und wettbewerbspolitische Maßnahmen

Marktphase und Unternehmertypus	Marktform und Marktzutrittsschranken	Aktionsparameter	Gewinnraten	wettbewerbspolitische Maßnahmen
Experimentierphase und Pionierunternehmer	Monopol eines Innovators mit hohen Marktzutrittsschranken	Produkt- und informative Werbung, Errichten von Marktschranken und limit pricing Service	steigende Gewinnrate	Offenhaltung der Märkte
Expansionsphase und (spontan) imitierender Unternehmer	weites Oligopol oder Polypol mit relativ niedrigen Marktzutrittsschranken	Preis, Produktqualität und informative Werbung, Service	steigende Gewinnrate: Höhepunkt der Gewinnrate	Offenhaltung der Märkte, Fusionskontrolle
Ausreifungsphase und (unter Druck) reagierender Unternehmer	Oligopol mit hohen Marktzutrittsschranken	Preis, (negative) Produktqualität (Obsoleszenz), Service und Werbung	abnehmende Gewinnrate	Kontrolle der Konzentrations- und Behinderungsstrategie
Stagnations- bzw. Rückbildungsphase und immobiler Unternehmer	Enges Oligopol oder Monopol mit hohen Marktzutrittsschranken	Service, Werbung und (negative) Produktqualität (Obsoleszenz)	abnehmende Gewinnrate, evtl. Verluste und Konkurse	Kontrolle der Konzentrations-, Behinderungs- und Verhandlungsstrategie; Preismissbrauchsaufsicht

Wettbewerbsformen hat Zohlnhöfer anhand des durch sie hervorgerufenen Preisdruckes charakterisiert. Danach bewirken unabhängige Anbieter weitgehend homogener Güter den stärksten Preisdruck. Der Substitutions- und i.d.R. auch der → potenzielle Wettbewerb sind nur sehr langfristig wirksam, wenngleich sie im konkreten Einzelfall die unternehmerische Preispolitik erheblich beschränken können. Insofern kommt diesen beiden Wettbewerbsformen als Determinanten des einen funktionsfähigen Wettbewerb kennzeichnenden Preisdruckes nur zweitrangige Bedeutung zu. – 3. *Industrieökonomische Zusammenhänge zwischen der Unternehmensgröße* (→ Konzentration) und wirtschaftlicher Effizienz i.w.S.: Die Industrial Organization School versucht, die Ursache-Wirkungs-Zusammenhänge im Wettbewerbsprozess empirisch zu analysieren und damit die Frage eventueller Zielkonflikte zwischen der Aufrechterhaltung wirksamen Wettbewerbs, definiert durch eine Kombination von Marktstruktur- und Marktverhaltensnormen, und einer Realisierung der Zielfunktionen zu beantworten. Das Ergebnis der empirischen Untersuchungen zur Frage des Zusammenhanges von Marktstruktur und Marktergebnis geht dahin, dass der individuelle Marktanteil eines Unternehmens die wichtigste Einflussgröße für das Marktergebnis ist; darüber hinaus wirken die Investitionsintensität, die industrielle Wachstumsrate, die Position im Produktlebenszyklus und die Werbeaufwendungen im Verhältnis zur Umsatzrelation auf das Marktergebnis ein. Dabei übt die Kombination von individuellem Marktanteil und Produktheterogeniät offenbar den entscheidenden Einfluss auf das Marktergebnis aus. – Ein derartiger Zielkonflikt wird z.B. im Rahmen der sog. → Neo-Schumpeter-Hypothesen behauptet, wonach technischer Fortschritt und damit wirtschaftliches Wachstum eine hohe relative und absolute → Unternehmenskonzentration voraussetzen. Darüber hinaus können Zielkonflikte in der Aufrechterhaltung einer kompetitiven Marktstruktur und einer Effizienzsteigerung i.w.S. im Hinblick auf die Realisierung von → Economies of Scale, → Transaction Cost Economies oder → Economies of Scope auftreten. Auch im Hinblick auf die Verbesserung der → internationalen Wettbewerbsfähigkeit ist ein Zielkonflikt denkbar. – Die *empirischen Untersuchungen*, die bes. in den Vereinigten Staaten, in den letzten Jahren aber auch zunehmend in Westeuropa, vorgenommen worden sind, erlauben jedoch keine *generelle Schlussfolgerung*. Die empirischen Studien zeigen vielmehr, dass derartige Zielkonflikte im Einzelfall bestehen können, aber keinesfalls generell vorliegen. Im Hinblick auf den technischen Fortschritt sind die technologischen Unterschiede von Branche zu Branche zu groß, als dass die Aufstellung genereller Hypothesen möglich wäre. – Das *wettbewerbspolitische Resümee* dieser Untersuchungen ist darin zu sehen, dass grundsätzlich von der Überlegenheit des Marktmechanismus auch im Hinblick auf die Realisierung des technischen Fortschritts und der internationalen Wettbewerbsfähigkeit auszugehen ist; wenn im Einzelfall ein Zielkonflikt seitens der Unternehmen geltend gemacht wird, fällt diesen die Beweislast für das Vorliegen eines solchen Zielkonflikts zu. – Vgl. auch → Wettbewerbstheorie.

Wirksamkeit – *Effizienz*; in der → Inferenzstatistik Bezeichnung für eine wünschenswerte Eigenschaft einer → Schätzfunktion. Eine erwartungstreue (→ Erwartungstreue) Schätzfunktion U für einen zu schätzenden → Parameter in der → Grundgesamtheit heißt *wirksamst*, wenn sie unter allen erwartungstreuen Schätzfunktionen die kleinste → Varianz aufweist.

Wirkungsabschätzung – 1. *Begriff*: Die Wirkungsabschätzung stellt die dritte Stufe bei der Bearbeitung einer → Ökobilanz nach DIN EN ISO 14040:2006 dar. Die Wirkungsabschätzung im Sinne der Ökobilanzierung ist definiert als "Bestandteil der Ökobilanz, der dem Erkennen und der Beurteilung der Größe und Bedeutung von potenziellen Umweltwirkungen eines Produktsystems im Verlauf des Lebenszyklus des Produktes dient" (DIN EN ISO 14040:2006). – 2. *Durchführung*: Vor einer Wirkungsabschätzung muss festgelegt werden:a) welche Wirkungskategorien, – b) welche Wirkungsindikatoren und – c) welche naturwissenschaftlichen Charakterisierungsmodelle verwendet werden sollen. – 3. *Klassifizierung und Charakterisierung*: Die zentralen Bestandteile einer Wirkungsabschätzung sind Klassifizierung und Charakterisierung. Wobei bei der Klassifizierung die Zuordnung von Umweltaspekten zu den einzelnen Umweltauswirkungen geschieht und bei der Charakterisierung die Berechnung der Wirkungsindikatorwerte vorgenommen wird. Diese beiden Schritte können, je nach gewählter Ökobilanzmethode, hinsichtlich ihrer Durchführungsart und ihres Umfangs variieren.

Wirkungsforschung – Disziplin, die sich auf wissenschaftlicher Ebene mit den Folgen des menschlichen Handelns, bes. den Folgen von → Technologie und → Technik, aber auch von Gesetzesentwürfen, Steueränderungen etc., bezogen auf künstliche und natürliche Systeme, beschäftigt. Untersucht werden die Wirkungen bezogen auf verschiedene Bewertungsaspekte, v.a. auf → Gesellschaft, Wirtschaft und → Ökologie. Die Wirkungsforschung muss deshalb interdisziplinär sein. Bezogen auf Ökologie ist es grundlegende Annahme der Wirkungsforschung, dass jeder industrielle Einsatz materieller Ressourcen mit schädlichen Auswirkungen auf Ökosysteme – sowie auch bezogen auf andere Aspekte (→ Technikwirkungsanalyse) – verbunden sein kann. Nicht die Technik bzw. das Produkt an sich, sondern deren Anwendung in Zusammenhang mit industrieller Produktion und Massenkonsum wird als Ursache der ökologischen Problematik betrachtet. Für die Wissenschaft, bes. die Wirtschafts-, die Natur-, Ingenieur-, Rechts-, Sozial- oder Geisteswissenschaften, ergibt sich daraus die Notwendigkeit, bisher als gültig akzeptierte Prämissen, Paradigmen,

Ansätze etc. dahingehend zu überprüfen, inwieweit diese, auch bezogen auf die ökologische Problematik, Gültigkeit behalten können.

Wirkungsfunktion → Responsefunktion.

Wirkungsindikatoren – 1. *Begriff:* Das Verfahren der Wirkungsindikatoren ist ein Verfahren zur Ökobilanzierung (→ Ökobilanz) (UBA Wirkungsindikatoren) dessen Vorgehensweise nach DIN EN ISO 14042 erfolgt. – 2. *Entwicklung:* Das Umweltbundesamt (UBA) entwickelt seit 1995 das Verfahren, um Anwendung für gesamtgesellschaftliche Fragestellungen. – 3. *Geltungsbereich und Systemgrenze:* Das Verfahren der UBA-Wirkungsindikatoren betrachtet die Systemgrenzen cradle-to-gate. Es ist jedoch auf die Anwendung in Deutschland begrenzt. – 4. *Bewertungsobjekt und Bewertungsgröße:* Entwicklung für die ökologieorientierte Beurteilung des → Lebenszyklus von Produkten. Übertragung auf andere Betrachtungsobjekte (Prozesse oder Betriebe) ist jedoch grundsätzlich möglich. Bei der Bewertung werden Stoff- und Energieflüsse in unterschiedlichen Wirkungskategorien betrachtet. – 5. *Ziel und Annahmen:* Auf Grundlage der Stoff- und Energiebilanz stellt das UBA Wirkungsindikatoren ein Betrachtungsobjekt (z.B. ein Produkt) quantitativ dar. Der Methodik liegt die Annahme zugrunde, dass sich Umwelteinwirkungen zu mehreren Wirkungskategorien zusammenfassen lassen. – 6. *Vorgehensweise:* Zunächst werden die Umwelteinwirkungen in mehrere Wirkungskategorien zusammengefasst. Die in der Sachbilanz erfassten Stoff- und Energieströme werden Wirkungskategorien zugeordnet. Im Anschluss wird die Sachbilanz neugegliedert und innerhalb der einzelnen Wirkungskategorien Referenzsubstanzen bestimmt. Die Stoff- und Energieströme werden dann gewichtet und eine Aggregation der Werte innerhalb der einzelnen Wirkungskategorien durchgeführt. – 7. *Ergebnis:* Für jede Wirkungskategorie entsteht ein Wirkungsindikator. Dieser stellt sich als eindimensionale Kennzahl dar. Da keine weitere Aggregation vorgenommen wird, entsteht ein mehrdimensionales Kennzahlenprofil. – 8. *Kritische Würdigung:* Das Verfahren bietet einen erheblichen Gestaltungsspielraum für die Anwendung im Unternehmen. Die eindeutige Interpretation und Darstellung der Ergebnisse ist durch das mehrdimensionale Kennzahlenprofil nicht unbedingt gegeben. Eindeutige Aussagen können nur abgeleitet werden, wenn eine Handlungsalternative als dominant angesehen werden kann.

Wirkungsverzögerung → Lag.

Wirkungszwecksteuer – Steuer, die durch Ankündigung oder Auferlegung der Steuer nicht fiskalische Zwecke, sondern politische Ziele erreichen soll, sodass im Modellfall der Besteuerungsgegenstand mit einer gewissen Zeitverzögerung entfällt. Die gewünschte Verhaltensänderung wäre verwirklicht. – Vgl. auch → Steuerklassifikation.

wirtschaftliche Angelegenheiten – Begriff des Betriebsverfassungs- bzw. Personalvertretungsrechts. Die §§ 106 ff. BetrVG regeln die Beteiligung (→ Mitwirkung und → Mitbestimmung) der betriebsverfassungsrechtlichen Organe der Arbeitnehmer in den wirtschaftlichen Angelegenheiten der Unternehmen. Der Zweck der Vorschriften geht dahin, den Arbeitnehmern und dem Betriebsrat umfassenden Einblick in die wirtschaftliche Lage des Unternehmens zu verschaffen. Es sollen auch wichtige Änderungen auf betrieblicher Ebene, v.a. → Betriebsänderungen, mit ihren regelmäßig einschneidenden Folgen für die Arbeitnehmer vom Betriebsrat mitberaten werden. Die Mitwirkung und Mitbestimmung besteht im Wesentlichen in einer umfassenden Information, bes. auf dem Weg über den → Wirtschaftsausschuss (§§ 106–110 BetrVG) und der Mitwirkung des Betriebsrats bei Betriebsänderungen; von Bedeutung ist hier v.a., dass er die Aufstellung eines → Sozialplans erzwingen kann (§§ 111 ff. BetrVG).

wirtschaftliche Betrachtungsweise – 1. Grundsatz hinsichtlich der *Auslegung und Anwendung der Steuergesetze,* Unterfall der teleologischen Auslegung (→ Steuerrecht): a) *Begriff:* Die wirtschaftliche Betrachtungsweise fordert die Berücksichtigung des Sinn und Zwecks der Steuergesetze, wirtschaftliches Geschehen der Besteuerung zu unterwerfen. – b) *Gesetzliche Grundlagen:* Früher in der AO bzw. im StAnpG explizit geregelt; in der AO 1977 keine Aussage mehr. Der Grundsatz der wirtschaftlichen Betrachtungsweise wird heute als selbstverständlich angesehen, sodass kein Bedarf an einer bes. gesetzlichen Regelung besteht. In der Begründung zu § 4 AO 1977 wird die Auffassung vertreten, dass es sich um eine allg. geltende Auslegungsregel handelt, die im Steuerrecht ebenso wenig der Kodifikation bedarf wie im übrigen Recht. – c) *Praktische Bedeutung:* Die wirtschaftliche Betrachtungsweise kommt bes. dann zur Anwendung, wenn ein Steuergesetz zwar bestimmte rechtliche Sachverhalte nennt, dabei aber nicht deren spezielle rechtstechnische Einkleidung, sondern ihre rechtlichen und wirtschaftlichen Wirkungen meint. – 2. Prinzip zur *Beurteilung von Sachverhalten:* a) Es ist umstritten, ob außerhalb der gesetzlichen Norm des § 42 AO der Besteuerung fiktive Sachverhalte unterworfen werden dürfen, (→ Steuerumgehung, → typische Betrachtungsweise). Zulässig ist es jedoch zweifellos, wenn der verwirklichte Sachverhalt in seinen wirtschaftlichen Wirkungen gewürdigt und diesen wirtschaftlichen Wirkungen entsprechend unter eine Steuernorm subsumiert wird. – b) *Anwendungsfälle:* (1) Besteuerung von unwirksamen Rechtsgeschäften, soweit und solange die Beteiligten das wirtschaftliche Ergebnis eintreten und bestehen lassen. Dies gilt nicht, soweit sich aus den Steuergesetzen etwas anderes ergibt. (2) Besteuerung von gesetz- oder sittenwidrigen Rechtsgeschäften. (3) Wirtschaftliche statt bürgerlich-rechtliche Zurechnung

(→ wirtschaftliches Eigentum). (4) Besteuerung bei „Vertragsbündeln".

wirtschaftliche Doppelbelastung – körperschaftsteuerlicher Begriff für die doppelte Belastung des Gewinns aus einer Kapitalgesellschaft mit der → Körperschaftsteuer auf der Ebene der Gesellschaft und mit der → Einkommensteuer auf der Ebene des Gesellschafters (nach der Ausschüttung als Dividende). Die wirtschaftliche Doppelbelastung stellt eine erhebliche Verzerrung der Rechtsformwahl dar, da Personenunternehmen mit gleicher Tätigkeit nur mit der Einkommensteuer belastet werden würden. Daher ist die Entscheidung über Art und Ausmaß einer Milderung der wirtschaftlichen Doppelbelastung bei der Konzeption des Steuersystems in allen Staaten eine wichtige Grundsatzentscheidung (→ Körperschaftsteuersystem). – *Anders:* → Doppelbesteuerung.

wirtschaftliche Einheit – 1. *Begriff* des Steuerrechts für wirtschaftlich zusammengehörige Gegenstände, die bei der Wertermittlung nach dem BewG einer einheitlichen Bewertung unterliegen (§ 2 BewG). – 2. In einigen Fällen bestimmt das → Bewertungsgesetz (BewG) selbst, welche Wirtschaftsgüter einer wirtschaftlichen Einheit zugehören. Wirtschaftliche Einheiten sind (1) beim → land- und forstwirtschaftlichen Vermögen: der Betrieb der Land- und Forstwirtschaft (§ 33 BewG); (2) beim → Grundvermögen: jedes Grundstück (§ 70 BewG). – 3. Im Übrigen ist maßgebend in erster Linie die *Verkehrsanschauung.* Weitere Merkmale sind die örtliche Gewohnheit, die tatsächliche Übung, die Zweckbestimmung und die wirtschaftliche Zusammengehörigkeit der einzelnen Wirtschaftsgüter. Eine wirtschaftliche Einheit entsteht, wenn mehrere Wirtschaftsgüter zu einem einheitlichen wirtschaftlichen Zweck zusammengefasst und ihm gewidmet werden. Sie kann weder durch nur vorübergehende Verbindung mehrerer Wirtschaftsgüter begründet, noch durch vorübergehende Trennung mehrerer zusammengehöriger Wirtschaftsgüter ausgelöst werden. – Zu einer wirtschaftlichen Einheit können nur Wirtschaftsgüter derselben Vermögensart (→ Vermögensarten) zusammengefasst werden, die demselben Eigentümer gehören. – *Besonderheiten:* Sicherungsübereignete Wirtschaftsgüter sind dem Sicherungsgeber, treuhänderisch gehaltene Wirtschaftsgüter dem Treugeber, Wirtschaftsgüter im Eigenbesitz dem Eigenbesitzer zuzurechnen (§ 39 II AO). – *Ausnahmen:* Wirtschaftsgüter bilden i.d.R. auch dann eine wirtschaftliche Einheit, wenn sie teils dem einen, teils dem anderen Ehegatten gehören oder wenn sie z.T. zum Gesamtgut einer fortgesetzten Gütergemeinschaft, z.T. dem überlebenden Ehegatten gehören (§ 26 BewG). – Ein Eigentümer kann mehrere wirtschaftliche Einheiten haben. – 4. *Bedeutung:* Jede wirtschaftliche Einheit ist für sich zu bewerten und ihr Wert im Ganzen festzustellen (Grundsatz der Gesamtbewertung). Der (Gesamt-)Wert umfasst alle Wirtschaftsgüter, die die wirtschaftliche Einheit bilden.

wirtschaftliche Kapazität – Produktionsvermögen des Betriebs im optimalen Kostenpunkt. Die wirtschaftliche Kapazität entspricht einem bestimmten Ausnutzungsgrad der technischen Kapazität (meist um 85 Prozent der theoretischen Maximalkapazität). Ausnutzung der wirtschaftlichen Kapazität ermöglicht auf Dauer minimale → Stückkosten. – Die wirtschaftliche Kapazität ist *kleiner als die technische Kapazität,* weil die → Produktion bei Vollausnutzung der technischen Kapazität mit minimalen Stückkosten nicht möglich ist: (1) wegen Leerlaufkosten bei Ausfall auch nur einer Arbeitskraft bzw. einer Maschine; (2) wegen Unmöglichkeit völlig harmonischer Abstimmung der einzelnen Betriebsteile untereinander, v.a. bei wechselndem → Fertigungsprogramm; (3) wegen überhöhter Abnutzungs- bzw. Ausschusskosten bei dauernd voller Beanspruchung von Mensch und Maschine sowie infolge von Organisationsschwierigkeiten, Kosten der Anlageninstandhaltung etc.

wirtschaftliche Konzentration → Unternehmenskonzentration.

wirtschaftliche Nutzungsdauer – Nutzungsdauer, die zum gewinnmaximalen Einsatz einer → Anlage im Unternehmen führt. Mit der Nutzungszeit steigende → Instandhaltungskosten und technischer Fortschritt führen i.d.R. zu einer starken Divergenz zwischen → technischer Nutzungsdauer und wirtschaftlicher Nutzungsdauer. Die wirtschaftliche Nutzungsdauer wird bei Verwendung der → Kapitalwertmethode als die Nutzungsdauer mit dem höchsten Kapitalwert der Investition bestimmt.

wirtschaftliche Rechnungsführung – betriebsbezogenes wirtschaftspolitisches Lenkungsinstrumentarium in → staatssozialistischen Zentralplanwirtschaften. Die wirtschaftliche Rechnungsführung steht für die normative Festlegung aller betrieblichen Rechengrößen wie Kosten, Gewinn, Steuern, Prämienvorschriften etc. („ökonomische Hebel") durch zentrale Lenkungsinstanzen und für die Verhaltensregularien, mit denen das betriebliche Verhalten bei Planaufstellung und -durchführung mittels der „ökonomischen Hebel" im Rahmen des → Planerfüllungsprinzips indirekt auf die Zielvorstellungen der zentralen Lenkungsinstanzen ausgerichtet werden soll. Die wirtschaftliche Rechnungsführung ist als gesamtwirtschaftliches Lenkungsverfahren der güterwirtschaftlichen → Bilanzierungsmethode untergeordnet und soll dabei deren Koordinationslücken ergänzen.

wirtschaftlicher Eigentümer → wirtschaftliches Eigentum.

wirtschaftlicher Geschäftsbetrieb – Der Begriff ist definiert als selbständige und nachhaltige Tätigkeit, durch die Einnahmen oder andere wirtschaftliche Vorteile erzielt werden und die über den Rahmen einer reinen Vermögensverwaltung hinausgeht (§ 14

AO). Es ist nicht notwendig, dass eine Gewinnerzielungsabsicht vorliegt. Der Begriff des wirtschaftlichen Geschäftsbetriebs hat v.a. Relevanz für die Abgrenzung zwischen der privaten Vermögensverwaltung und einer gewerblichen oder freiberuflichen Tätigkeit. Spezialformen sind der Betrieb gewerblicher Art (BgA) als wirtschaftlicher Geschäftsbetrieb der juristischen Personen des öffentlichen Rechts und zudem definiert der wirtschaftliche Geschäftsbetrieb den Teilbereich einer gemeinnützigen Organisation, die einen wirtschaftlich tätigen Zweig bildet. In Deutschland bildet der Zweckbetrieb einen steuerbefreiten Spezialfall des wirtschaftlichen Geschäftsbetriebes.

wirtschaftlicher Verein → Verein, dessen Zweck auf einen wirtschaftlichen Geschäftsbetrieb gerichtet ist. Kann nicht ins Vereinsregister eingetragen werden und Rechtsfähigkeit nur durch staatliche Verleihung erlangen (§ 22 BGB).

wirtschaftliches Eigentum – steuerrechtlicher Begriff für Gegenstände, die nicht im (zivil)rechtlichen → Eigentum eines Steuerpflichtigen stehen, hinsichtlich derer er aber eine eigentumsähnliche wirtschaftliche Sachherrschaft über ein Wirtschaftsgut besitzt, sodass er bei der Besteuerung als Eigentümer behandelt wird. Kennzeichnend ist, dass die tatsächliche Herrschaft über ein Wirtschaftsgut in der Weise ausgeübt wird, dass der rechtliche Eigentümer im Regelfall für die gewöhnliche Nutzungsdauer von der Einwirkung auf das Wirtschaftsgut wirtschaftlich ausgeschlossen ist. Auch die bilanzielle Zurechnung von Wirtschaftsgütern richtet sich nach dem wirtschaftlichen Eigentum. Gemäß § 39 AO ist, soweit nicht Sondervorschriften bestehen, wie folgt zu verfahren: (1) Wirtschaftsgüter, die zum Zweck der *Sicherung übereignet* worden sind, werden dem Sicherungsgeber zugerechnet; (2) Wirtschaftsgüter, die unter *Eigentumsvorbehalt* geliefert werden, sind dem Lieferungsempfänger (Eigenbesitzer) zuzurechnen; (3) Wirtschaftsgüter, die *zu treuen Händen* (entgeltlich oder unentgeltlich) *übereignet* worden sind, werden dem Treugeber zugerechnet; (4) Wirtschaftsgüter, die durch einen Treuhänder zu treuen Händen *für einen Treugeber erworben* worden sind, werden dem Treugeber zugerechnet. (5) Wirtschaftsgüter, die mehreren zur gesamten Hand zustehen, werden den Beteiligten anteilig zugerechnet, soweit eine getrennte Zurechnung für die Besteuerung erforderlich ist. (6) Im Fall des Leasings wird das Leasinggut regelmäßig dem Leasingnehmer zugerechnet, soweit der Leasinggeber keine Einwirkungsmöglichkeit auf das Leasinggut (mehr) hat. (7) Mieter und Pächter sind keine wirtschaftlichen Eigentümer der von ihnen gemieteten bzw. gepachteten Sachen. (8) Ebenso wenig wird im Fall des Nießbrauchs wirtschaftliches Eigentum begründet.

wirtschaftliche Tätigkeit – Begriff in der → Mehrwertsteuersystemrichtlinie der EG: diejenigen Tätigkeiten, die jemanden zum → Unternehmer i.S.d. Umsatzsteuerrechts in den Mitgliedsstaaten machen können (und: machen müssen, weil die Mitgliedsstaaten insoweit kein Wahlrecht haben). Die Richtlinie gibt als Regelbeispiele für die wirtschaftliche Tätigkeit die Fälle des Produzenten, Händlers, Dienstleisters oder Vermieter von Gegenständen an (Art. 9 II MWSt-System-Richtlinie).

wirtschaftliche Verprobung → Verprobung.

wirtschaftliche Wechsellagen → Konjunkturschwankungen.

Wirtschaftlichkeit – 1. *Begriff:* Wirtschaftssystem- und unternehmenszielindifferenter Ausdruck dafür, inwieweit eine Tätigkeit dem → Wirtschaftlichkeitsprinzip genügt. – 2. *Ausprägungsformen:* a) *Absolute Wirtschaftlichkeit:* Für eine bestimmte Handlung ermittelte Beziehung zwischen dem Handlungsergebnis und dem dafür erforderlichen Mitteleinsatz. Der Wert des Handlungsergebnisses und des Mitteleinsatzes wird durch die jeweils relevanten Ziele festgelegt, in einem erwerbswirtschaftlichen Unternehmen durch → Erträge und → Aufwendungen oder → Erlöse und → Kosten gemessen. Ein Investitionsprojekt ist z.B. dann absolut wirtschaftlich, wenn sein Kapitalwert größer als Null ist. – b) *Relative Wirtschaftlichkeit:* Beziehung zur absoluten Wirtschaftlichkeit einer anderen Handlung. Ein Investitionsprojekt A ist z.B. dann relativ wirtschaftlich gegenüber einem Projekt B, wenn sein Kapitalwert größer ist, unabhängig davon, ob er Null übersteigt oder nicht. – 3. *Abgrenzung:* a) zur → Produktivität: Die Wirtschaftlichkeit ist wertmäßig erfassbar (bewertete Beziehung zwischen Mitteleinsatz und Handlungsergebnis). – b) zur → Rentabilität: Es erfolgt keine zwangsläufige Bezugnahme auf das eingesetzte Kapital.

Wirtschaftlichkeitsberechnung → Wirtschaftlichkeitsrechnung.

Wirtschaftlichkeitserlass – die 1937 durch das Reichswirtschaftsministerium verfügte Verbindlich-Erklärung des → Kontenrahmens für alle Betriebe (heute nicht mehr verbindlich). Nach Schmalenbach hat der Erlass dazu geführt, dass die Betriebe den gesetzlich vorgeschriebenen Kontenrahmen einführten, auch wenn er den betrieblichen Individualitäten nicht gerecht wurde. Dennoch wirkte der Wirtschaftlichkeitserlass bahnbrechend zugunsten der Ordnungsmäßigkeit und Erkenntniskraft des → Rechnungswesens in der Bundesrepublik Deutschland.

Wirtschaftlichkeitsmessung – in einer → Wirtschaftlichkeitsrechnung erfolgende Ermittlung der Wirtschaftlichkeit einer Handlung.

Wirtschaftlichkeitsprinzip – *ökonomisches Prinzip;* Grundsatz, dass ein bestimmter Erfolg mit dem geringstmöglichen Mitteleinsatz *(Minimalprinzip)* bzw. mit einem bestimmten Mitteleinsatz der größtmögliche Erfolg *(Maximalprinzip)* erzielt werden soll. – *Anders:* → erwerbswirtschaftliches Prinzip.

Wirtschaftlichkeitsrechnung – *Wirtschaftlichkeitsberechnung;* Kalkül zur Bestimmung der

→ Wirtschaftlichkeit einer Handlung. – Unterschiedliche Arten von Handlungen (Investition, Produktionsverfahren, Angebot eines Produkts, Unternehmenstätigkeit insgesamt etc.) machen unterschiedliche *Arten von* Wirtschaftlichkeitsrechnungen erforderlich: In erwerbswirtschaftlichen Unternehmen bes. → Investitionsrechnung und → Auswertungsrechnung der Kostenrechnung (Verfahrensvergleiche, Produkterfolgsrechnungen, Losgrößenrechnungen etc.), in öffentlichen Institutionen u.a. → Kosten-Nutzen-Analyse und → Nutzwertanalyse.

Wirtschaftsakademie → Berufsakademie.

Wirtschaftsauskunft – umfasst Informationen über sog. allg. Verhältnisse, Seriösität und Zahlungsfähigkeit von Personen und Unternehmen, die von gewerblichen Auskunfteien Anfragenden gegen Entgelt zur Verfügung gestellt werden. Inhalt und Dringlichkeit einer Anfrage können dem Bedarf des Anfragenden angepasst werden. Auslandsauskünfte werden i.Allg. nicht direkt, sondern unter Einschaltung einer inländischen Auskunftei, mit der ein Abnahmevertrag geschlossen ist, eingeholt. Im Gegensatz zu den Banken (→ Bankauskunft) erteilen Auskunfteien auf Wunsch sog. Nachtragsauskünfte, in denen nach einiger Zeit erneut über die Situation des Angefragten berichtet wird. Auskunfteien beziehen ihre Informationen u.a. aus verschiedenen öffentlich zugänglichen Quellen, von Branchenangehörigen, aus dem eigenen Inkassodienst sowie aus sog. Selbstbefragungen (→ Selbstauskünften). Die Auskunfteien schließen die Haftung für den Inhalt ihrer Auskünfte weitestgehend aus. Neben Wirtschaftsauskünften bieten die Auskunfteien verwandte Dienstleistungen an, z.B. Übernahme des Mahn- und Inkassoverfahrens von Inlands- und Auslandsforderungen, Überwachung von sog. ausgeklagten Forderungen etc.

Wirtschaftsausschuss – 1. *Begriff:* Einrichtung in Unternehmen mit i.d.R. mehr als 100 ständigen Arbeitnehmern zum Zwecke der Zusammenarbeit zwischen Betriebsrat und Unternehmer sowie der gegenseitigen Unterrichtung in → wirtschaftlichen Angelegenheiten (§§ 106 ff. BetrVG). – 2. *Zusammensetzung:* Drei bis sieben Angehörige des Unternehmens (davon mind. ein Betriebsratsmitglied), die vom Betriebsrat für die Dauer seiner Amtszeit bestimmt werden. – Der Wirtschaftsausschuss soll monatlich einmal zusammentreten. – 3. *Aufgaben:* Dem Wirtschaftsausschuss ist unter Hinzuziehung des Betriebsrats der Jahresabschluss vorzulegen und zu erläutern (§ 108 V BetrVG). Gemeinsam mit dem Wirtschaftsausschuss hat der Unternehmer in Unternehmen mit i.d.R. mehr als 1.000 Arbeitnehmern mind. einmal im Vierteljahr die Belegschaft über die wirtschaftliche Lage und Entwicklung des Unternehmens zu unterrichten. – 4. Im *Streitfall* über Umfang der Auskunftspflicht des Arbeitgebers entscheidet Einigungsstelle mit bindender Kraft (§ 109 BetrVG).

Wirtschaftsbarometer → Konjunkturbarometer.

Wirtschaftsbereich → Wirtschaftszweig.

wirtschaftsberufliche Curriculumentwicklung – Prozess der wissenschaftlichen Planung, Erprobung und Evaluation von Lernsequenzen im Bereich der beruflichen Bildung (→ Berufsbildung) vor dem Hintergrund einer curriculumtheoretischen Konzeption, der sowohl Ziele/Inhalte wie auch Lernprozessgestaltung und -überprüfung umfasst (→ Curriculum). Wirtschaftsberufliche Curriculumentwicklung. als zentrales Problemfeld der → Berufs- und Wirtschaftspädagogik geht damit von der Notwendigkeit wissenschaftlich begründeter und gerechtfertigter Curriculumentscheidungen und einer umfassenden Kritik an der Praxis staatlich-administrativer Lehrplanentwicklung sowie der Qualität berufsbildenden Unterrichts aus.

Wirtschaftsbetriebe der öffentlichen Hand → öffentliche Unternehmen.

Wirtschaftsbevölkerung – Größe im Rahmen der amtlichen Regionalstatistik, mit welcher eine Schätzung derjenigen Personenzahl gegeben wird, die insgesamt aus dem Erwerbsleben einer Gemeinde ihren Lebensunterhalt bezieht. Die Wirtschaftsbevölkerung übertrifft die Bevölkerung um die doppelte Größe des (positiven) Pendlersaldos. – *Anders:* → Tagesbevölkerung. – Vgl. auch → Pendelwanderung.

Wirtschaftsdidaktik – 1. *Begriff:* Arbeitsbereich der Wirtschaftspädagogik (→ Berufs- und Wirtschaftspädagogik), der als Fachdisziplin die wissenschaftliche Aufklärung der Voraussetzungen, Prozesse und Ergebnisse institutionell organisierten Lernens und Lehrens im Bereich wirtschaftsberuflicher Fächer zum Gegenstand hat und i.d.R. zugleich als Bereichsdidaktik auf das berufliche Bildungswesen, bes. berufsbildende Schulen, bezogen ist. – 2. *Abgrenzung zur wirtschaftsberuflichen Curriculumentwicklung:* Wirtschaftsdidaktik überschneidet sich z.T. mit dem Aufgabenfeld der → wirtschaftsberuflichen Curriculumentwicklung. Ist weniger stark auf komplexe gesellschaftsbezogene Begründungs- und Rechtfertigungszusammenhänge, sondern stärker auf konkrete, gegenwärtige Orientierungsbedürfnisse der Praxis ausgerichtet. Die Entwicklung unterrichtsrelevanter Technologien und Instrumente tritt als Aufgabe hinzu, die i.d.R. durch eine kritisch-emanzipative Funktion ergänzt wird, die auf kritische Reflexion und normativ gerechtfertigte Weiterentwicklung der Ausbildungs- und Unterrichtspraxis zielt. – 3. *Wissenschaftssystematische Einordnung:* Wirtschaftsdidaktik ist im Schnittpunkt erziehungs- und fachwissenschaftlicher (Wirtschaftswissenschaften, Sozialwissenschaften, Jura) Fragestellungen angesiedelt. Entsprechend der Komplexität des Problemfeldes finden sich weitere interdisziplinäre Bezüge v.a. zur Arbeits- und Berufsforschung, Psychologie, Soziologie, Politikwissenschaft und Sozialphilosophie.

Wirtschaftsethik – 1. *Begriff:* Wirtschaftsethik befasst sich mit der Frage, wie moralische Normen und Ideale unter den Bedingungen der modernen Wirtschaft zur Geltung gebracht werden können (Implementationsproblematik). Neuere Ansätze erweitern den Begriff, indem sie entsprechend einem modernen Begriff von Ökonomik als allg. Verhaltenstheorie Wirtschaftsethik als ökonomische Theorie der → Moral bzw. ökonomische Ethik verstehen. Damit sind auch die Begründung von Normen, z.B. von Menschenrechten, und die ökonomischen Folgen moralischen Verhaltens Gegenstand von Wirtschaftsethik. – 2. *Problemstellung:* Das Grundproblem der Wirtschaftsethik besteht darin, dass der für Marktwirtschaften typische → Wettbewerb für moralisch motivierte Vor- und Mehrleistungen Einzelner – Individuen, Unternehmen, Verbände, Staaten etc. – die zu Kostenerhöhungen oder Gewinneinbußen führen, keinen Raum lässt. Moral und Wettbewerb scheinen sich im Handlungsvollzug (oftmals) auszuschließen. – 3. *Der Lösungsansatz:* a) Nicht wenige Autoren setzen in Diagnose und Therapie beim *Wollen der Individuen* an: Als Ursachen der Übel werden Egoismus und Profitgier angesehen, als Therapie werden Bewusstseinswandel und Umkehr empfohlen. Im Zentrum stehen hier die *Präferenzen* der Menschen. – b) Solch ein Denken ist durch den grundlegenden *Paradigmenwechsel* der modernen Ökonomik überholt. Der Moralphilosoph → Smith entkoppelt Handlungsmotive und (aggregierte) Resultate: „Nicht vom Wohlwollen des Metzgers, Brauers und Bäckers erwarten wir das, was wir zum Essen brauchen, sondern davon, dass sie ihre eigenen Interessen wahrnehmen." Oder anders: Der Wohlstand aller hängt nicht vom Wohlwollen der einzelnen ab. – c) Moral und Wettbewerb lassen sich dadurch simultan realisieren, dass sie *auf verschiedenen Ebenen* angesetzt werden. Man unterscheidet zwischen der Rahmenordnung des Handelns und den Handlungen innerhalb der Rahmenordnung oder zwischen Spielregeln und Spielzügen; dann kann der Wettbewerb in den Spielzügen Platz greifen, und die Moral kommt über die Spielregeln (→ Regeln) zum Zuge. Moral erscheint nicht als unmittelbar handlungsleitende Motivation, sondern als Handlungsrestriktion. Die Rahmenordnung ist durch (Ordnungs-)Politik gestaltbar (→ Ordnungsökonomik). Wirtschaftsethik ist paradigmatisch Ordnungsethik oder Institutionenethik. Sie ist insofern mit dem ökonomischen Handlungskonzept kompatibel, als das Handeln innerhalb der Rahmenordnung den Anreizen folgt; daher könnte man auch von Anreizethik sprechen (→ Ethik). – 4. *Implikationen:* Der Wettbewerb setzt einen – politischen – Konsens über die Spielregeln und eine Durchsetzungsinstanz (Justiz, Kartellamt) voraus. Der Wettbewerb ist eine soziale Veranstaltung zum Nutzen der Konsumenten (Konsumentensouveränität), indem er die Anbieter zwingt, sich an den Interessen der Nachfrager zu orientieren und auf Effizienz des Ressourceneinsatzes zu achten. Die Inkorporierung der Moral in allg. verbindliche Regeln hat ihren Grund in deren Wettbewerbsneutralität: Nur so kann moralisches Verhalten einzelner vor dem Opportunismus (potenzieller) Wettbewerber geschützt werden. Da moralisch unerwünschte, empörende Zustände nicht auf moralische Defekte der Akteure, sondern auf Defizite der Ordnung zurückgeführt werden, müssen angestrebte Korrekturen bei einer Reform dieser Ordnung ansetzen; demgegenüber sind moralische Appelle eher kontraproduktiv: Bedingungswandel aufgrund von Gesinnungswandel ist die Devise. – 5. *These:* Die grundlegende These lautet: Der systematische – nicht der alleinige – Ort der Moral in der Marktwirtschaft ist die Rahmenordnung. – *Erläuterung:* Die Betonung der Rahmenordnung macht das moralische Engagement der einzelnen Akteure nicht überflüssig (→ Corporate Social Responsibility), im Gegenteil: Die Rahmenordnung ist prinzipiell *unvollständig,* und insofern sogar systematisch auf eine strukturierte Unvollständigkeit hin angelegt, als sie den Individuen Handlungsspielräume (Freiheit) eröffnen will, dies aber in kanalisierender Form zum Zwecke gelingender gesellschaftlicher Kooperation. Die These besagt lediglich, dass dieses moralisch motivierte Bemühen der einzelnen auf breiter Front in der Gesellschaft erfolglos bleiben muss und der Moral langfristig sogar schadet, wenn nicht die moralischen Akteure durch Inkorporierung der Moral in die Rahmenordnung vor der opportunistischen Ausbeutung durch ihre weniger moralischen Konkurrenten geschützt werden. Ohne Verankerung in der Rahmenordnung hat die individuelle Moral im Wettbewerb auf Dauer keine Chance. – 6. *Bedeutung des Paradigmenwechsels:* a) Mit einer solchen Konzeption von Wirtschaftsethik wird den Veränderungen Rechnung getragen, die mit der *funktionalen Differenzierung in gesellschaftliche Subsysteme* evolutionär entstanden sind. Die alte „Hauswirtschaft" wird zu einer modernen „Volkswirtschaft" und heute zu einer Weltwirtschaft. Sie ist gekennzeichnet durch tiefe Arbeitsteilung, anonyme Austauschprozesse, lange Produktions(um)wege unter Beteiligung vieler Akteure, wachsende Interdependenzen und hohe Komplexität. Das Resultat einer modernen Wirtschaft hat daher kein einzelner, kein Unternehmen, kein Staat, keine Gewerkschaft etc., in der Hand; folglich ist dafür auch kein einzelner (allein) verantwortlich (zu machen). Die außerordentliche Steigerung des Wohlstandes und der → Freiheit in den westlichen Industrienationen basiert auf Bedingungen, die für die Realisierung moralischer Intentionen und Ideen eine neue Konstellation schaffen: Die traditionelle abendländische Kleingruppenethik muss paradigmatisch auf eine Ethik großer, anonymer gesellschaftlicher Gruppen umgestellt werden (innerhalb derer es natürlich weiterhin kleine Gruppen gibt). – b) Als zentrales Problem erweist sich dabei die soziale *Kontrolle von Handlungen.* In kleinen, überschaubaren Gruppen ist die informelle Kontrolle im täglichen Umgang möglich und ausreichend, um moralischen Normen und Idealen Geltung zu verschaffen. In großen anonymen Gruppen ist der Beitrag des Verhaltens einzelner kaum bzw. nur unter hohen Kosten kontrollierbar. Daher muss das System der – grundsätzlich unverzichtbaren – Kontrolle umgestellt werden: Die Kontrolle erfolgt modern als (1) lückenlose Selbstkontrolle entlang dem Eigeninteresse in Verbindung mit (2) einem geeigneten sanktionsbewehrten Regelsystem (inkl. Wettbewerb), das das Handeln der Akteure in die allg. erwünschten Bahnen lenkt. – 7. *Die moralische Qualität der Marktwirtschaft:* Die moralische Qualität der Marktwirtschaft besteht darin, dass sie das beste bisher bekannte Instrument zur Verwirklichung der Solidarität aller Menschen darstellt, indem sie dem Wohl der Konsumenten dient. Diese Aussage bleibt grundsätzlich richtig, auch wenn die teils beträchtlichen Leistungs- und Kaufkraftunterschiede im Blick zu behalten sind und – in der → Sozialen Marktwirtschaft – Anlass zur Umverteilung geben, um die Marktwirtschaft zu verbessern. – 8. *Generelle Handlungsanweisungen:* Aus diesen Überlegungen folgt die generelle Handlungsanweisung, dass sich die Akteure grundsätzlich systemkonform (→ Systemkonformität) verhalten sollen. Dies lässt sich explizieren: Die Akteure sollen die Rahmenordnung beachten und innerhalb der Rahmenordnung langfristige Gewinnmaximierung anstreben. Aus der prinzipiellen Unvollständigkeit der Rahmenordnung folgt als weitere Handlungsanweisung, dass die Akteure entweder an der Verbesserung der Rahmenordnung, die sie dann selbst bindet, mitwirken sollen, oder im Fall „unvollständiger Verträge", individuell moralisches, faires Verhalten gemäß dem „Geist" solcher Verträge praktizieren; diese Probleme gehören in die Bereiche → Unternehmensethik und → Corporate Social Responsibility.

Wirtschaftsfachpresse → Wirtschaftspublizistik.

Wirtschaftsfachschule → Fachschule für Betriebswirtschaft.

Wirtschaftsförderinstitute – 1. *Begriff:* Institutionen, die Aufgaben der → Wirtschaftsförderung wahrnehmen. Wirtschaftsförderinstitute sind i.d.R. nicht erwerbswirtschaftlich orientiert. Sie handeln überwiegend in öffentlichem Auftrag, teils auch als Selbsthilfeeinrichtungen der Wirtschaft. Im letzteren Fall ist Gemeinnützigkeit charakteristisches Merkmal. – 2. *Organisationsformen:* a) Als *Teil der öffentlichen Verwaltung*, z.B. kommunale → Wirtschaftsförderungsgesellschaften (teils auch in privater Rechtsform der GmbH, aber in öffentlichem Besitz). – b) *Körperschaften oder Anstalten des öffentlichen Rechts*, häufig mit der Ausübung von Bankgeschäften betraut, wie die → Kreditanstalt für Wiederaufbau (KfW), Landesaufbaubanken, Landesentwicklungsgesellschaften (die beiden letzten u.U. auch privatrechtlich organisiert). – c) Privatrechtliche Unternehmen, häufig mit Beteiligung von z.B. Industrie- und Handelskammern, Handwerkskammern, ggf. aber auch der öffentlichen Hand. – 3. *Aktivitäten:* a) *Unternehmensberatung.* – b) *Standortmarketing* (→ kommunale Wirtschaftsförderung). – c) → Investitionsförderung. – d) *Vermittlung oder Bereitstellung von Kapitalbeteiligungen* (→ Kapitalbeteiligungsgesellschaften). – e) *Übernahme von Bürgschaften* zugunsten bestimmter Unternehmen (→ Bürgschaftsbanken).

Wirtschaftsförderung – 1. *Begriff:* Maßnahmen der Wirtschaftspolitik zur *selektiven Begünstigung* bestimmter wirtschaftlicher Tatbestände oder Verhaltensweisen. Wirtschaftsförderung ist insofern abzugrenzen von anderen, gesamtwirtschaftlich wirkenden Maßnahmen, etwa zur Konjunktur- oder Wachstumsbelebung (→ Globalsteuerung). – 2. *Formen:* Die Vielzahl der in der Praxis vorkommenden Ansatzpunkte der Wirtschaftsförderung lassen sich nach Hauptformen zusammenfassen: a) *Sektoral* oder *branchenbezogen*, z.B. Bergbau, Schiffbau, Wohnungswirtschaft (→ sektorale Strukturpolitik, → Industriepolitik). – b) *Regionale Wirtschaftsförderung* (→ Regionalpolitik). – c) Fördermaßnahmen zugunsten bestimmter *Unternehmensgruppen* oder *wirtschaftlicher Tätigkeiten*. – *Beispiele:* → Existenzgründungsförderung, → Mittelstandsförderung, Förderung des Fremdenverkehrs, Filmförderung, Forschung und Entwicklung, → Forschungs- und Entwicklungsförderung, Umweltschutz, betriebliche Ausbildung u.a. – 3. *Begründungen:* Die Notwendigkeit der Wirtschaftsförderung wird i.Allg. damit begründet, dass die begünstigten wirtschaftlichen Tatbestände oder Verhaltensweisen unter den Funktionsbedingungen des Marktes allein nicht zu den volkswirtschaftlich oder gesellschaftlich erwünschten Ergebnissen führen. Es wird folglich von der Notwendigkeit einer Korrektur der Marktmechanismen ausgegangen (→ Marktversagen). – 4. *Träger:* In der Bundesrepublik Deutschland sind aufgrund der verfassungsmäßigen Aufgabenaufteilung zwischen den föderativen Ebenen zunächst die Bundesländer Träger der Wirtschaftsförderung. Tatsächlich gibt es auf Ebene der Bundesländer die größte Zahl an Wirtschaftsförderungs-Maßnahmen. Von ihrer budgetären Ausstattung her gesehen, treten die Landesmaßnahmen allerdings deutlich hinter den Maßnahmen des Bundes zurück. Bes. wichtige Aufgaben der Wirtschaftsförderung werden als → Gemeinschaftsaufgaben von Bund und Ländern abgewickelt. Auch auf kommunaler Ebene wird Wirtschaftsförderung betrieben. Schließlich ist die EU als supranationale Institution ebenfalls mit derartigen Aufgaben befasst. Die konkrete Durchführung von Maßnahmen der Wirtschaftsförderung wird häufig speziellen → Wirtschaftsförderinstituten übertragen. – 5. *Instrumente:* Es kann zwischen *nachfrage-* und *angebotsseitig* wirkenden Instrumenten sowie zwischen *fiskalischen* und *nicht fiskalischen* Instrumenten unterschieden werden. Fiskalische Instrumente sind mit Bezug auf einen öffentlichen Haushalt ausgaben- oder einnahmenwirksam. Ausgabenwirksame Instrumente führen zu Zahlungen an private Unternehmen

(→ direkte Finanzhilfen), einnahmenwirksame Instrumente bedeuten i.Allg. einen Einnahmenverzicht der öffentlichen Hand (Steuerverzicht). – a) *Absatzförderung mit fiskalischen Instrumenten:* (1) Änderungen in der Höhe und/oder der *Zusammensetzung des Staatsverbrauchs* können (in engen Grenzen) für Zwecke der Wirtschaftsförderung eingesetzt werden, z.B. Förderung der Bauwirtschaft durch öffentliche Bauaufträge, der Luft- und Raumfahrt- oder der Schiffbauindustrie durch militärische Rüstungsaufträge. (2) *Steuerliche Anreize* sind v.a. in Form differenzierter Verbrauchsteuern oder der Mehrwertsteuer möglich (z.B. Mehrwertsteuerpräferenz nach dem früheren Berlinförderungsgesetz). (3) *Absatzförderung für inländische Produkte* durch Verteuerung von Importsubstituten über Einfuhrzölle (ein heute unter den Regeln der WTO nur noch sehr begrenzt einsetzbares Instrument). (4) → Exportförderung durch → öffentlich unterstützte Exportkredite oder durch staatliche Garantien für Exportgeschäfte (→ Exportkreditgarantien des Bundes). – b) *Absatzförderung mit nicht fiskalischen Instrumenten* beschränkt sich im Wesentlichen auf den Außenwirtschaftsbereich (Abbau von Handelshemmnissen, was allerdings in aller Regel zugleich den Verzicht auf Importrestriktionen bedeutet). – c) *Angebotsseitige fiskalische Instrumente:* (1) *Unentgeltliche Zurverfügungstellung öffentlicher Vorleistungen* (→ Infrastruktur, Einrichtung von → Gewerbeparks oder Gründerzentren (→ kommunale Wirtschaftsförderung)). (2) *Finanzielle Unterstützung der Produktion* (Zuwendungen zu den laufenden Kosten, z.B. Personalkosten) oder der Investitionen (→ Investitionsförderung). (3) *Steuerliche Begünstigung bestimmter Aufwandsarten* (z.B. für Forschung und Entwicklung, Umweltschutz). – d) *Angebotsseitige nicht fiskalische Instrumente:* (1) *Schutz vor ausländischer Konkurrenz* durch nicht tarifäre Handelsbeschränkungen. (2) *Schaffung eines ordnungs- oder wettbewerbspolitischen Sonderstatus* (→ Regulierung, → Deregulierung). – 6. *Quantitative Bedeutung fiskalischer Instrumente:* Eine umfassende monetäre Erfassung und Bewertung aller Maßnahmen der Wirtschaftsförderung ist nicht möglich, da für die nicht-fiskalischen Maßnahmen ein geldwerter Vorteil praktisch nicht zu ermitteln ist. Aber auch für jene fiskalischen Instrumente, die zu Einnahmenverlusten (Steuerverzichten) des Staates führen, ist nicht immer eine genaue betragsmäßige Quantifizierung möglich. – 7. *Wirkungskontrollen:* → Mitnahmeeffekte.

Wirtschaftsförderungsgesellschaften – v.a. auf der Ebene von Städten und Gemeinden, Gemeindeverbänden (Landkreisen) oder Bundesländern tätige Gesellschaften, die, häufig in privater Rechtsform, aber in öffentlichem Auftrag, Aufgaben der → Wirtschaftsförderung wahrnehmen. – Vgl. auch → Wirtschaftsförderinstitute.

Wirtschaftsformation – Zusammenhang zwischen physiognomischen und funktionalen Faktoren einer → Wirtschaftslandschaft. Eine Wirtschaftsformation beschreibt das spezifische räumliche Anordnungsmuster der zu einem Wirtschaftszweig gehörenden Objekte und der raumwirksamen Prozesse zwischen diesen Objekten. Sie stellt den räumlichen Verbund eines charakteristischen Bündels von Wirtschaftstätigkeiten dar, die auf eine dominierende Wirtschaftsaktivität ausgerichtet sind und deren Interaktionen überwiegend auf eine Region als räumlichen Funktionskomplex beschränkt sind. Die Wirtschaftsformation eignet sich bes. zur Darstellung wirtschaftlicher Systeme, die für einen Landschaftsraum strukturbestimmend sind. Dies gilt z.B. für die Plantagenwirtschaft (→ Plantage), den Bewässerungsfeldbau, Weinanbaugebiete, aber auch die Montanindustrie oder den regionalen, landschaftsbestimmenden Fremdenverkehr (→ Tourismus). Ursprünglich in der → Agrargeografie entwickelt, wurde der Begriff später auch auf die → Industriegeografie übertragen, hat aber in der jüngeren, sich von physiognomischen Betrachtungen loslösenden → Wirtschaftsgeografie an Bedeutung verloren.

Wirtschaftsforschung – Erforschung der Grundlagen einer Volkswirtschaft und der wirtschaftlichen Entwicklung mit wissenschaftlichen Methoden (v.a. → Marktforschung und → Konjunkturforschung). Das Aufstellen ökonomischer Hypothesen erfolgt durch die → Volkswirtschaftstheorie, die quantitative Analyse durch → empirische Wirtschaftsforschung. Durchgeführt wird die Wirtschaftsforschung an Universitätsinstituten und → Wirtschaftsforschungsinstituten.

Wirtschaftsforschungsinstitute – privat und öffentlich finanzierte Institutionen, die weitgehend die Einzelarbeit im Bereich der empirischen Wirtschaftsforschung bzw. → Konjunkturforschung abgelöst haben. Früher häufig auch als *Konjunkturforschungsinstitute* bezeichnet, haben sie mittlerweile den Schwerpunkt ihrer Tätigkeit auf die gesamte Bandbreite der Wirtschaftsforschung ausgedehnt. – 1. *Entwicklung:* a) *Wissenschaftsmethodisch* geht das Entstehen der Wirtschaftsforschungsinstitute zurück auf die zuerst in den USA entwickelte Forschungsmethodik, die mathematisch-statistische Methoden in die praktische Forschung einbezog. – b) Es entstehen private Einrichtungen, wie Brookmore Economic Service, Moody's Investors Service, Karstens's Statistical Laboratory; 1917 als erstes von der Wissenschaft betriebenes Institut das Harvard University Committee of Economic Research, New York. In den 1920er-Jahren schlossen sich europäische Länder dem amerik. Vorbild an: Russland 1920, Schweden 1922, England und Frankreich 1923, Deutschland 1925 (Institut für Konjunkturforschung), Italien 1926. – 2. *Bekannteste Wirtschaftsforschungsinstitute in der Bundesrepublik Deutschland:* → Deutsches Institut für Wirtschaftsforschung (DIW), Berlin; → ifo Institut für Wirtschaftsforschung, München; → Institut für Weltwirtschaft (IfW), Universität Kiel;

→ Institut für Wirtschaftsforschung Halle (IWH); → Rheinisch-Westfälisches Institut für Wirtschaftsforschung (RWI), Essen. Aus diesen fünf Instituten wird i.d.R. der Kreis der Gemeinschaftsdiagnose gebildet, die jeweils im Frühjahr und im Herbst eine gemeinsame Einschätzung und Beurteilung der Lage der Weltwirtschaft und der dt. Wirtschaft veröffentlichen. – *Weitere Wirtschaftsforschungsinstitute:* → Institut der Deutschen Wirtschaft e. V. (IW), Köln; → Wirtschafts- und Sozialwissenschaftliches Institut in der Hans-Böckler-Stiftung und das Institut für Makroökonomie und Konjunkturforschung (IMK) in der Hans Böckler Stiftung, Düsseldorf.

Wirtschaftsgebiet – Begriff des → Außenwirtschaftsrechts. Der Geltungsbereich des → Außenwirtschaftsgesetzes (AWG), also die Bundesrepublik Deutschland und Zollfreigebiete (Helgoland, → Freizonen), definiert in § 4 I Nr. 1 AWG. Die österreichischen Gebiete Jungholz und Mittelberg gelten als Teil des

Wirtschaftsgebiets. Die → Zollanschlüsse gelten als Teil des Wirtschaftsgebiets. – *Gegensatz:* → fremde Wirtschaftsgebiete. – Der → Zollausschluss an der deutsch-schweizerischen Grenze (Enklave Büsingen) gelten gemäß § 4 I Nr. 2 AWG für das Verbringen von Sachen und Elektrizität als Teil fremder Wirtschaftsgebiete. – Vgl. auch → Wirtschaftsraum.

Wirtschaftsgemeinschaft → regionale Integration, → Regionalismus.

Wirtschaftsgemeinschaft südostasiatischer Länder → ASEAN.

Wirtschaftsgemeinschaft westafrikanischer Staaten → ECOWAS.

Wirtschaftsgeografie

von Prof. Dr. Hans-Dieter Haas und Dr. Simon-Martin Neumair

I. Begriff

Die Wirtschaftsgeografie beschäftigt sich mit der räumlichen Dimension wirtschaftlicher Prozesse und Aktivitäten. An der Schnittstelle zwischen Geowissenschaften, Geografie und Wirtschaftswissenschaften untersucht sie das Verhältnis von Wirtschaft und Raum und bemüht sich deshalb um eine Synthese von Wirtschaftsforschung und geografischer Forschung. Hierbei findet die Wirkung natürlicher Raumfaktoren auf wirtschaftliches Handeln (bzw. umgekehrt) bes. Beachtung. Daneben weisen auch Schnittstellen zu Disziplinen im weiteren Feld der Sozialwissenschaften, so z.B. im soziokulturellen Bereich, hohe Relevanz auf. Zentraler Forschungsgegenstand ist der → Wirtschaftsraum in seinen verschiedenen Maßstabsebenen bzw. wirtschaftliche Aktivitäten von Akteuren in räumlicher Perspektive. Es gilt, alle vom Wirtschaftsleben ausgehenden bzw. darauf einwirkenden Interaktionen sowie Struktur- und Prozessmechanismen auf ihre Raumrelevanz hin zu untersuchen. Generelles Ziel ist es, räumliche Verbreitungs- und Verknüpfungsmuster bzw. Organisations- und Interaktionsformen, die sich aus dem wirtschaftlichen Handeln unterschiedlicher Akteure ergeben, zu erfassen und fachlich zu bewerten.

II. Forschungsgegenstände

Das Forschungsgebiet der Wirtschaftsgeografie ist heute zum größten Teil in dem weiten Überlappungsbereich zwischen Wirtschafts- und Gesellschaftswissenschaften angesiedelt. Sowohl Forschungsmethodik als auch Fragestellungen orientieren sich stark an denen der benachbarten Wirtschafts- und Sozialwissenschaften. Im Einzelnen lassen sich folgende Forschungsgegenstände bzw. Aufgabenstellungen anführen:

- *Standortforschung* (→ Standort): Analyse des Verhaltens bei der → Standortwahl; Durchführung von Standortanalysen; Entwicklung von Konzepten zur → betrieblichen Standortplanung; Gründungsforschung, Clusteranalysen (→ Cluster).
- *Regionale Strukturforschung*: Erforschung der Ursachen und Entwicklung → regionaler Disparitäten sowie daraus Ableitung von Maßnahmen der → Regionalpolitik und → Regionalentwicklung.
- *Risiko- bzw. Hazardforschung* (→ Risiko): Untersuchung der Auswirkungen bestimmter Risikokategorien (Natural Hazards, Man-made Hazards, Social Hazards) auf einzelne Wirtschaftsräume.
- *Ressourcenforschung*: Analyse der Knappheit und Verteilung von → Rohstoffen und → Ressourcen, ihres Einsatzes in der Wirtschaft, ihrer Regenerierbarkeit (→ Recycling), Erkundung und Bewertung der Gewinnungs-, Transport- und Nutzungsrisiken.
- *Internationalisierung der Wirtschaft*: Untersuchung der Raumwirksamkeit von Organisationsformen und Unternehmensentscheidungen auf internationaler Ebene (z.B. internationale Verteilung von Wertschöpfungsaktivitäten, internationale Standortwahl, Außenhandelsverflechtungen, → Direktinvestitionen) unter

Berücksichtigung zeitlicher Veränderungen und regional differierender Einflüsse (z.B. → Länderrisiken, kulturelle Faktoren).

- *Strukturwandel in räumlicher Perspektive:* Der Übergang von der Industrie- zur Wissensgesellschaft; die Verschiebung des ökonomischen Schwerpunktes von der industriellen Massenproduktion hin zu flexiblen, spezialisierten Produktionssystemen; die *Globalisierung* wirtschaftlicher Prozesse bei gleichzeitiger Bildung regionaler Unternehmenskonzentrationen und Aufwertung regionaler Bezüge; die Ausbreitung regionaler und supranationaler Integrationssysteme (z.B. die Erweiterungen der Europäischen Union); die Transformation der Wirtschaftssysteme in den ehemaligen sozialistischen Staatshandelsländern, d.h. der Übergang von der Zentralverwaltungs- zur Marktwirtschaft; der Primat einer nachhaltigen, d.h. sozialökologischen Modernisierung der Wirtschaft.

III. Klassifizierung

Nach ihrem *räumlichen Anwendungsbezug* lässt sich die Wirtschaftsgeografie wie folgt unterscheiden: Die *Allgemeine Wirtschaftsgeografie* befasst sich mit den allgemeinen Regelhaftigkeiten und Gesetzmäßigkeiten von Wirtschaftsräumen. Theoriegeleitet versucht sie, den Nachweis räumlicher Verbreitungs- und Verknüpfungsmuster als Resultat ökonomischer Aktivitäten des Menschen und gesellschaftlicher Rahmenbedingungen in ihrer Raumbedingtheit bzw. Raumwirksamkeit zu erbringen. Die *Regionale Wirtschaftsgeografie* untersucht dagegen die spezifischen, individuellen Systemelemente und Entwicklungsmerkmale einzelner Wirtschaftsräume, die sich von der Mikro-, über die Makro-, bis hin zur globalen Ebene erstrecken können. Die *Angewandte Wirtschaftsgeografie* hält ein Grundlagenwissen zur Bearbeitung raumbezogener und raumfunktionaler Probleme des praktischen Lebens bereit (z.B. die Evaluierung von Maßnahmen zur Wirtschaftsförderung bzw. zur Entwicklung ländlicher oder industrieller Räume) und wird – oftmals planerische und interdisziplinäre Ziele verfolgend – für außerwissenschaftliche Bedürfnisse betrieben. Nach *Produktionszweigen bzw. Wirtschaftssektoren* kann die Wirtschaftsgeografie in die → Agrargeografie, die → Bergbaugeografie, die → Industriegeografie und die Geografie des Tertiären Sektors (v.a. → Dienstleistungsgeografie, → Handelsgeografie, → Verkehrsgeografie, → Freizeitgeografie, → Tourismusgeografie) unterteilt werden. Die Wirtschaftsgeografie weist ferner Verbindungen zu anderen *Teilbereichen der Humangeografie* auf. So bestehen thematische Anknüpfungspunkte u.a. zur Siedlungsgeografie (z.B. Wirtschaftsstrukturen und Standortmuster städtischer oder ländlicher Siedlungen), zur Bevölkerungsgeografie (z.B. die Raumwirksamkeit des Arbeits- und Freizeitverhaltens einzelner Bevölkerungsgruppen) sowie zur Politischen Geografie (z.B. die Auswirkungen der räumlichen Lage einschließlich der politisch-administrativen Untergliederung von Staaten sowie deren prägenden politischen Kräfte auf die nationalen und internationalen Wirtschaftsbeziehungen). Wirtschaftsgeografische Aspekte kommen ferner auf dem Gebiet der → Regional Governance zum Tragen. Thematische Beziehungen bestehen auch zu einzelnen *Teilbereichen der Physischen Geografie*. So weist z.B. die Agrargeografie Anknüpfungspunkte zur Klima-, Vegetations- und Bodengeografie auf. Enge Verbindungen zur Geomorphologie und Hydrogeografie gehen u.a. – neben ihren Bezügen etwa zur Geologie und Mineralogie – von der → Bergbaugeografie aus, indem diese sich mit der durch bergbauliche Tätigkeiten veränderten Natur- (und Kultur-)landschaft sowie Problemen der Rekultivierung bzw. dem Flächenrecycling von Bergbauregionen befasst. Eine weitere Schnittstelle ist mit der umweltbezogenen Risikoforschung auszumachen. Denn einerseits können bestimmte wirtschaftsräumliche Nutzungsentscheidungen (z.B. ein exponierter Industrialisierungsdruck oder der Einsatz spezifischer Technologien in stark naturgefährdeten Regionen) eine Ursache bzw. Verstärkung der Gefahr durch länder- bzw. regionsspezifische Naturrisiken darstellen. Andererseits beschäftigt sich die Wirtschaftsgeografie auch mit der Erfassung und der Analyse der regionalwirtschaftlichen Auswirkungen von Naturgefahren.

IV. Fachliche Entwicklungs- und Forschungstraditionen

Im Rahmen der *wirtschaftlichen* → Länderkunde versteht sich die Wirtschaftsgeografie bis ins 19. Jh. als Wirtschaftskunde der Staaten auf der Grundlage des funktionalen Ansatzes. Sie versucht, wirtschaftliche Grundfunktionen in ihren räumlichen Strukturen und Prozessen abzubilden. Wirtschaftsgeografische Forschung reichte i.d.R. zunächst nicht über eine deskriptiv ausgerichtete Empirie hinaus. Im *raumwirtschaftlichen Paradigma* (→ raumwirtschaftlicher Ansatz, → Raumwirtschaftslehre) stehen nicht mehr die länderspezifische Wirtschaftskunde und die Beschreibung von → Wirtschaftslandschaften, sondern die wissenschaftlich fundierte Erklärung der räumlichen Verteilung und funktionalen Verflechtungen einzelner Elemente (z.B. Standortstrukturen, Handelsbewegungen, Unternehmenskonzentrationen), die aufgrund räumlicher Gesetzmäßigkeiten aufgezeigt, erklärt und bewertet werden sollen, im Mittelpunkt. Der Raum wird zumeist als Kostenfaktor betrachtet, wodurch ökonomische Theorien in die Wirtschaftsgeografie integriert werden (z.B. → Industriestandorttheorie, → Thünen-Modell, System → zentraler Orte). Das unterstellte Menschenbild ist stets der → Homo oeconomicus. Kritisiert wird an dieser Richtung der Wirtschaftsgeografie, dass Räume als Untersuchungsobjekte quasi personifiziert und zu Akteuren gemacht werden, während sozial- und verhaltenswissenschaftliche Parameter weitgehend ausgeblendet bleiben. Eine Gegenposition stellt die → New Economic Geography dar, die sich durch Kritik und zunehmende Komplexität in der Untersuchung ökonomischer und sozialer Prozesse gegenüber dem raumwirtschaftlichen Ansatz legitimiert. Im Gegensatz zum raumwirtschaftlichen Ansatz rücken im *handlungs- und akteursorientierten Ansatz* die Akteure (z.B. Individuen, Unternehmen, Organisationen) in den Fokus der Betrachtung, indem ihr Handeln als Ursache für räumliche Strukturen anerkannt wird. Das Ziel der rein-deterministischen Theorie- und Modellbildung wird zugunsten der Anschauung, dass das Handeln menschlicher Akteure nicht gesetzmäßig beschrieben werden kann, aufgegeben. Als Menschenbild des ökonomisch Handelnden wird der → Satisfizer unterstellt. Ein jüngerer Ansatz ist die relationale Wirtschaftsgeografie. Dabei wird ökonomisches Handeln nicht als abstraktes, sondern als soziales, in konkrete Strukturen eingebundenes Handeln (→ Embeddedness) gesehen. Es werden nicht mehr isoliert räumliche Strukturen, sondern akteursgebundene Aspekte in räumlicher Perspektive, wie z.B. ökonomische → Innovationen, unternehmensübergreifende Organisationsformen und Prozesse des kollektiv-institutionellen Lernens, analysiert.

Wirtschaftsgeschichte – 1. *Definition und Gegenstand:* Der Begriff „Wirtschaftsgeschichte" bezeichnet a) die Gesamtheit der planvollen Handlungen und Einrichtungen der Menschen zur Deckung ihres wirtschaftlichen Bedarfs in der Vergangenheit, b) die wissenschaftliche Beschreibung und Analyse dieses Prozesses *(Wissenschaftsdisziplin).* Als solche untersucht Wirtschaftsgeschichte den Zeitraum, für den Informationen über das Wirtschaften der Menschen überliefert sind. – 2. *Methoden, Quellen, Themen:* Die Wirtschaftsgeschichte ist, ihrem Doppelcharakter als ökonomischer und historischer Disziplin entsprechend, sowohl den systematischen, analytisch-synthetischen als auch den hermeneutischen, historisch-kritischen Wissenschaften verpflichtet. – a) Zu den *Methoden* gehören historische Aktenanalyse und → Ökonometrie, Typen- und Modellbildung. Die Periodisierung des Gegenstandes kann sich an historisch-politischen Epochen orientieren (z.B. Weimarer Republik, NS-Zeit) oder an der zeitlichen Erscheinung von Sachverhalten, Entwicklungen und deren Folgen (Manufaktur, → Industrialisierung, → Protoindustrialisierung). – b) Die *Quellen* der Wirtschaftsgeschichte umfassen alle Texte, Gegenstände und Tatsachen, aus denen man Kenntnis der Wirtschaft in der Vergangenheit gewinnen kann. Dies umschließt (1) *Schriftgut* mit den Untergruppen Traditionsquellen (z.B. Memoiren, Tagebücher) und Überreste (z.B. das prozess-produzierte Geschäftsschriftgut in den Unternehmen und Behörden wie Steuer-, Zoll-, Abgabenverzeichnisse, Lohn- und Gehaltslisten, Haushaltsrechnungen, Verträge, Privilegien, Zunftordnungen, Gesetze, Korrespondenz); (2) *Sachquellen,* z.B. audiovisuelle Träger, Münzen, Handwerkszeug, Maschinen, Waffen, Möbel, Kleidung, Schmuck etc.; (3) *Tatsachen,* z.B. Verhaltsweisen (Sitten, Gebräuche), räumliche und sprachliche Sachverhalte wie Grenzverläufe, Siedlungs-, Flur-, Befestigungsformen, Anglizismen etc. – c) Die *Themen* der Wirtschaftsgeschichte umfassen die historische Entwicklung, Probleme und Einzelfragen von Volkswirtschaften ebenso wie die einzelner Branchen, Sektoren, Wirtschaftssubjekte und Institutionen. Wirtschaftsgeschichte dient somit auch als Oberbegriff für die Agrar-, Handwerks- und Industrie-, Verkehrs- und Handelsgeschichte und weitere Untergliederungen wie die Banken-, Sparkassen-, Geld- und Steuergeschichte.

Wirtschaftsgut – I. Wirtschaftswissenschaften: → knappes Gut.

II. Steuerrecht: Nicht im Gesetz definierter *Begriff* des Einkommensteuer- und Bewertungsrechts (vgl. §§ 5 II, 6 I EStG; §§ 2, 98a BewG), das steuerliche Synonym für → Vermögensgegenstand. Nach der Rechtsprechung sind Wirtschaftsgüter sowohl Sachen (§ 90 BGB), Tiere (§ 90a BGB) und nicht körperliche Gegenstände i.S.d. BGB, sofern sie am Bilanzstichtag bereits als realisierbarer Vermögenswert angesehen werden können, als auch bloße vermögenswerte Vorteile einschließlich tatsächlicher Zustände und konkreter Möglichkeiten, soweit diese derart sind, dass sich der Kaufmann ihre Erlangung etwas kosten lässt, sie nach der Verkehrsauffassung einer selbstständigen Bewertung zugänglich sind und i.d.R. einen Nutzen für mehrere Wirtschaftsjahre erbringen. – 1. *Einkommensteuerlich* zählen auch Schulden zu den (dann negativen) Wirtschaftsgüter. Nur (positive und negative) Wirtschaftsgüter (und → Rechnungsabgrenzungsposten) können in die Steuerbilanz aufgenommen werden; die Erfüllung der Wirtschaftsgüter-Eigenschaften ist folglich im Regelfall Grundvoraussetzung für die Bilanzierung eines Objekts oder Vorgangs. – 2. *Bewertungsrechtlich* gibt es nur positive Wirtschaftsgüter; sie stellen die kleinste Bewertungseinheit dar (§ 2 III BewG).

III. Handelsbetriebslehre: → Handelsgut.

Wirtschaftsgymnasium – Schulform im Rahmen des berufsbildenden Schulwesens; → Fachgymnasium mit kaufmännisch-ökonomischer Ausrichtung. Führt i.d.R. zur Allgemeinen Hochschulreife. Als Gymnasium der Aufbauform, das auf den Realschulabschluss oder einen als gleichwertig anerkannten Abschluss aufbaut und über den dreijährigen Schulbesuch zum Abitur führt, existiert das Wirtschaftsgymnasium unter differierenden Bezeichnungen in allen Bundesländern mit Ausnahme Bayerns (dort achtjähriges Wirtschaftswissenschaftliches Gymnasium) sowie Bremens und Nordrhein-Westfalens (dort → Berufsfachschule mit gymnasialer Oberstufe bzw. gymnasialem Zweig). Curriculum des Wirtschaftsgymnasiums geprägt durch eine Kombination des traditionellen gymnasialen Fächerkanons (bes. Deutsch, Geschichte, Mathematik, zwei Fremdsprachen) mit einer von allem „Berufsbezüglichem" befreiten Ökonomik (Volkswirtschaftslehre, Betriebswirtschaftslehre, Rechnungswesen); entsprechend steht die studienpropädeutische Funktion des Wirtschaftsgymnasiums sowohl unter curricularem Aspekt als auch hinsichtlich der Berufswahlpräferenzen der Schüler eindeutig im Vordergrund. Durch die Einführung der neu gestalteten gymnasialen Oberstufe (Kursstufe) hat sich die Tendenz zur Anpassung des Wirtschaftsgymnasiums an andere Gymnasialformen weiter fortgesetzt. Neuerdings entwicklen → Berufskollegs in NRW wirtschaftsgymnasiale Zweige.

Wirtschafts-Identifikationsnummer → Identifikationsmerkmal.

Wirtschaftsinformatik

von Prof. Dr. Richard Lackes

I. Begriff und Einordnung

Wissenschaft von dem Entwurf, der Entwicklung und der Anwendung computergestützter → Informations- und → Kommunikationssysteme (IuK-Systeme) und -techniken in Unternehmungen und Verwaltungen zur Unterstützung ihrer Geschäftsprozesse. Die Wirtschaftsinformatik nimmt eine Schnittstellenfunktion zwischen der oft technisch ausgerichteten → Informatik und der anwendungsorientierten → Betriebswirtschaftslehre (BWL) wahr. Ihr interdisziplinärer Charakter wird durch den Einbezug arbeitswissenschaftlicher, psychologischer, soziologischer und mathematisch-technischer Aspekte noch verstärkt.

II. Gegenstand

Die Wirtschaftsinformatik befasst sich mit speziellen Problemen, die sich bei der Umsetzung von anwendungsorientiertem Wissen in DV-Strukturen ergeben, und mit den Auswirkungen neuer IuK-Technologien auf die Geschäftsprozesse im Unternehmen und auf die eingesetzten Methoden der Betriebswirtschaftslehre. Des Weiteren zielt sie auf die wirtschaftliche Gestaltung von IuK-Systemen in Unternehmungen und auf das Management der informationellen Ressourcen ab. Die Aufgabe der Wirtschaftsinformatik besteht darin, Erklärungsmodelle für die IuK-Funktion in den Geschäftsprozessen sozioökonomischer Systeme zu entwerfen und Modelle, Methoden und Werkzeuge für ihre Gestaltung bereitzustellen. Hierdurch sollen die betrieblichen IuK-Systeme unter Einbezug ihrer Verknüpfungen mit externen Informationssystemen und Geschäftspartnern mit geeigneten Beschreibungsmethoden dokumentierbar und im Hinblick auf Effizienz- und Bewertungskriterien analysierbar werden. Die Prognose des Systemverhaltens und die Identifikation potenzieller Schwachstellen der Informationsversorgung von betrieblichen Prozessen und der Kommunikation mit internen und externen Stellen bieten die Grundlagen für eine Verbesserung der IuK-Systeme in den Unternehmungen. Typisch für die Wirtschaftsinformatik ist, dass sie sich nicht nur mit den technischen Details und theoretischen Aspekten von IuK-Systemen, sondern auch mit den betriebswirtschaftlichen Konsequenzen und Fragen der organisatorischen Einbindung der Techniken in ein sozioökonomisches Gesamtsystem beschäftigt.

III. Teilgebiete

Vielfach findet sich eine Gliederung der Wirtschaftsinformatik in eine Allgemeine Wirtschaftsinformatik und eine an Funktionen, Branchen oder Objektbereichen ausgerichtete Spezielle Wirtschaftsinformatik.

1. Allgemeine Wirtschaftsinformatik

Die Allgemeine Wirtschaftsinformatik beinhaltet neben Basiskenntnissen in den informationstechnischen und informationswirtschaftlichen Grundlagen darauf aufbauende, branchen- und bereichsunabhängige Wirtschaftsinformatikkenntnisse.

- Inhalte der *informationstechnischen Grundlagen* sind (1) Architektur von Rechnern und → Rechnernetzen, (2) Aufbau und Funktionsweise von Systemsoftware und → Datenbanken, (3) ausgewählte Anwendungssysteme und Anwendungssoftware, (4) Programmierlogik und Algorithmenentwurf und (5) Implementierung und Programmentwicklung in einer gängigen → Programmiersprache, z.B. → C++, → Delphi, sowie (6) Nutzung von Datenbanken mit → SQL etc.
- Die *informationswirtschaftlichen Grundlagen* betreffen den wirtschaftlichen Umgang mit dem Produktionsfaktor „Information" und somit die Planung, Organisation und Kontrolle der informationswirtschaftlichen Ressourcen. Hierzu zählen (1) Informationsbedarfsplanung und -analyse, (2) Informationsbeschaffung, (3) Kriterien zur Auswahl von IuK-Systemen, (4) Gestaltung der IuK-Infrastruktur sowie (5) IuK-Controlling.

Über die Grundlagenkenntnisse hinausgehende *Allgemeine Wirtschaftsinformatik-Inhalte* stellen die folgenden Bereiche dar:

(1) → Informationsmanagement: Im Rahmen des Informationsmanagements werden die strategische, taktische und operative Planung, Organisation und Kontrolle aller informationellen Ressourcen wie → Hardware, → Software, → Daten, Personal und Prozesse untersucht. Orientiert an der informationslogistischen Kette Beschaffung, Verarbeitung, Verbreitung, Speicherung und Übertragung (Kommunikation) werden Modelle, Methoden und Instrumente zur Unterstützung der entsprechenden Managementaufgaben dargestellt und analysiert. Bspw. wäre die Entscheidung über Eigenerstellung oder Fremdbezug von EDV-Leistungen eine langfristig operative Beschaffungsentscheidung, die Auswahl und das Customizing von Standardsoftware ein weiteres Managementfeld.

(2) → Software Engineering: Beim Software Engineering befasst sich die Wirtschaftsinformatik mit den Phasen der Systementwicklung und den dort eingesetzten Prinzipien, Methoden und Werkzeugen. Im Einzelnen geht es um Methodiken der Systemplanung und der Systemanalyse, der Entwicklung von Entwurfsmethoden (u.a. → objektorientierter Entwurf) und der Systemimplementierung. Softwaretechnologische Fragestellungen und Maßnahmen der → Softwarequalitätssicherung ergänzen die Inhalte.

(3) *Architektur integrierter Informationssysteme:* Sie hat Beschreibungs- und Analysemethoden zur Untersuchung integrierter Informationssysteme zum Gegenstand (→ Architektur integrierter Informationssysteme).

(4) *Datenmodellierung und* → Datenbanken: Da Datenbanken das Rückgrat aller betrieblichen Informationssysteme darstellen, kommt im Rahmen der Wirtschaftsinformatik der Datenmodellierung und der Untersuchung verschiedener Datenbankkonzepte eine wichtige Bedeutung zu. Datenmodelle stellen den Bauplan für das Dateninventar dar und determinieren so die Qualität der hieraus entworfenen Datenbanken. Verschiedene Datenbankkonzepte wie relationale und objektorientierte Datenbanken, verteilte Datenbanken und föderative Datenbanken sowie Data Warehouse-Konzepte (→ Data Warehouse) sind Gegenstand entsprechender Untersuchungen.

(5) → Internet und → Intranet: Durch die rasanten Entwicklungen im Bereich der globalen Datennetze werden die Möglichkeiten und Grenzen von Internet- und Intranetkonzepten für die betrieblichen Belange immer wichtiger. Ihre Nutzung, die Gestaltung von Schnittstellen zu den internen Informationssystemen sowie ihre Implikationen auf die innerbetrieblichen, zwischenbetrieblichen und überbetrieblichen Prozesse untersucht die Wirtschaftsinformatik. Eine für die Unternehmungen bedeutsame Anwendung der Internettechnologie stellt das

(6) → Internet Business und das → E-Commerce dar.

(7) → Computer Supported Cooperative Work (CSCW): Beim CSCW geht es um die Frage, inwiefern IuK-Technologien die Gruppenarbeit in arbeitsteiligen Organisationen unterstützen können. Neben expliziter und impliziter Kommunikation durch Mail-Systeme, Videokonferenzen oder Bulletin-Board-Systemen werden Workflow- und Workgroup-Konzepte (z.B. zur Sitzungsunterstützung oder zur gemeinsamen Dokumentenbearbeitung) betrachtet, die eine Koordination und (noch weitergehend) eine Kooperation im Rahmen einer arbeitsteilig organisierten Gesamtaufgabe erlauben.

(8) → Computational Intelligence und KI-Methoden in der Unternehmensplanung: Die Einsatzmöglichkeiten von Methoden der → Künstlichen Intelligenz (KI) wie → wissensbasierte Systeme, → neuronale Netze, evolutionäre Algorithmen, ergänzt um Fuzzy-Konzepte, zur Unterstützung der Unternehmensplanung sind ein weiteres Teilgebiet der Wirtschaftsinformatik. Anwendungsmöglichkeiten ergeben sich hier in jüngster Zeit bes. durch das → Data Mining und das → Wissensmanagement. Darüber hinaus beschäftigt sich die Wirtschaftsinformatik u.a. noch mit

(9) *Wissens- und Dokumentenmanagement-Systemen,*

(10) → Decision Support Systemen (DSS) und

(11) *Multimedia und Medieninformatik.*

2. Spezielle Wirtschaftsinformatik

Die Spezielle Wirtschaftsinformatik untersucht die Gestaltung von IuK-Systemen in speziellen Branchen oder Funktionsbereichen. Branchenorientierte Ausrichtungen zeigen sich bspw. bei Themen wie Handelsinformationssysteme, Bankinformationssysteme, Versicherungsinformationssysteme, Industriebetriebliche Informationssysteme, Krankenhausinformationssysteme, Verkehrsbetriebliche Informationssysteme, Informationssysteme in Dienstleistungs- und Beratungsunternehmen. Funktionsorientierte Differenzierungen sehen u.a. Produktionsplanungs- und -steuerungssysteme (→ PPS-Systeme), Vertriebsinformationssysteme, Einkaufs- und Beschaffungsinformationssysteme, Logistikinformationssysteme, Personalinformationssysteme, Finanzinformationssysteme sowie Informationssysteme in Rechnungswesen und Controlling vor.

Wirtschaftsjahr – bestimmter Zeitraum, für den die Ergebnisse eines Betriebes regelmäßig abschließend (→ Inventur und → Bilanz) buchmäßig festgestellt werden. Das Wirtschaftsjahr entspricht dem im § 240 HGB erwähnten *Geschäftsjahr* und umfasst i.d.R. zwölf Monate. Bei Eröffnung oder Aufgabe eines Betriebes oder beim Wechsel des Abschlusstages darf das Wirtschaftsjahr auch weniger als zwölf Monate umfassen *(Rumpfwirtschaftsjahr)*. Das Wirtschaftsjahr kann sich mit dem Kalenderjahr decken. – *Steuerlich* gilt: Gewerbetreibende, die in das → Handelsregister eingetragen sind, können ein vom Kalenderjahr abweichendes Wirtschaftsjahr haben; Umstellung ist steuerlich nur wirksam, wenn sie im Einvernehmen mit dem Finanzamt vorgenommen wird (§ 4a EStG). Bei allen anderen Gewerbetreibenden gilt das Kalenderjahr; ein davon abweichendes Wirtschaftsjahr kann durch Gesetz oder Verordnung festgelegt werden (z.B. für die Landwirtschaft).

Wirtschaftsjournalismus → Wirtschaftspublizistik.

Wirtschaftskreislauf – Gesamtheit aller volkswirtschaftlichen Transaktionen, bei denen Wirtschaftsobjekte (Güter, Forderungen) mit (Tausch) oder ohne (Transfer, Schenkung) Gegenleistung von einem Wirtschaftssubjekt (Unternehmen, private und öffentliche Haushalte) auf ein anderes übergehen. Der Wirtschaftskreislauf ist Folge der → Arbeitsteilung und in seinem Umfang von deren Ausmaß abhängig. In einer „Robinson-Crusoe-Wirtschaft", in der jeder Selbstversorger ist, gibt es keinen Wirtschaftskreislauf. Für moderne Industriegesellschaften ist eine ständige Zunahme der nationalen und internationalen Arbeitsteilung jedoch charakteristisch mit der Konsequenz eines stets steigenden Umfangs des Wirtschaftskreislaufs. Die theoretische Untersuchung des Wirtschaftskreislaufs ist Gegenstand der → Kreislaufanalyse.

Wirtschaftskriminalität – Zusammenfassende Bezeichnung für die verschiedenen Tatbestände des → Wirtschaftsstrafrechts, v.a. → Insolvenzdelikte, → Subventionsbetrug, → Kreditbetrug und → Wucher.

Wirtschaftskrisen → Konjunkturphasen, → Krisengeschichte, → Krisentheorie,

Wirtschaftslandschaft – vom wirtschaftenden Menschen umgestaltete Naturlandschaft. Hinter dem komplexen Gefüge der beobachtbaren Elemente einer Wirtschaftslandschaft steht ein systemähnlicher, einzigartiger kausaler Zusammenhang zwischen menschlichen und natürlichen Faktoren. Je nachdem, welche Funktion dominiert, ist die Wirtschaftslandschaft eine Agrarlandschaft, Bergbaulandschaft, Industrielandschaft, Fremdenverkehrslandschaft etc. Diese v.a. auf Beobachtung und Beschreibung des Landschaftsbildes beruhende Gliederung in individuelle Wirtschaftslandschaften oder Landschaftstypen steht im Gegensatz zur → Regionalanalyse.

Wirtschaftslehre – in der Wirtschaftspädagogik verwendeter Sammelbegriff zur Bezeichnung der zentralen Fächergruppe berufsbildender Schulen im kaufmännisch-verwaltenden Bereich. – 1. *I.e.S.:* Betriebs- und Volkswirtschaftslehre. – 2. *I.w.S.:* Einbeziehung weiterer wirtschaftsorientierter Fächer (wie Rechnungswesen, Wirtschaftsmathematik, auch Rechtslehre). – Vgl. auch → Wirtschaftsdidaktik.

Wirtschaftslehrecurriculum → wirtschaftsberufliche Curriculumentwicklung, → Wirtschaftsdidaktik.

wirtschaftsnahe Infrastruktur – zusammenfassend für solche Bereiche der → Infrastruktur, die unmittelbaren Vorleistungscharakter für die privatwirtschaftliche Produktion haben (z.B. Verkehr, Telekommunikation).

Wirtschaftsobjekte → Kreislaufanalyse.

Wirtschaftsordnung – I. Begriff: Uneinheitliche Verwendung des Begriffes Wirtschaftsordnung und Abgrenzung zu → Wirtschaftssystem in der wirtschaftswissenschaftlichen Literatur. Im Folgenden wird als Wirtschaftsordnung die Gesamtheit aller jeweils realisierten Teilordnungen bzw. -strukturen, die ein bestimmtes *Ordnungsgefüge für das ökonomische Handeln* der Menschen konstituieren, verstanden. Der Begriff Wirtschaftssystem beschreibt hingegen für Eucken die beiden Idealtypen der → Verkehrswirtschaft und der → Zentralverwaltungswirtschaft. Das realisierte Ordnungsgefüge einer Wirtschaftsordnung stimmt die wirtschaftlichen Aktivitäten der Menschen aufeinander ab und ist somit Voraussetzung für die knappheitsmindernde Wirkung des arbeitsteiligen Wirtschaftsprozesses; *determinierende Faktoren* sind: (1) Die gesetzlich fixierte → Wirtschaftsverfassung, (2) die gewachsene kulturelle, sittlich-moralische Ordnung und (3) die realisierte → Wirtschaftspolitik. – Die unterschiedlichen Wirtschaftsordnungen können im Anschluss an Eucken und Hensel mittels der → Morphologie oder im Rahmen des systemtheoretischen Ansatzes (Neuberger, Duffy) anhand der realisierten Teilstrukturen des Wirtschaftssystems (Entscheidungs-, Informations- und Motivationsstruktur) beschrieben werden.

II. Klassifikation: *Ausgangspunkt* der Systematisierung der vielfältig beobachtbaren oder theoretisch ableitbaren Wirtschaftsordnungen ist die Annahme, dass bestimmte Elemente, Teilordnungen bzw. -strukturen den Charakter einer jeden Wirtschaftsordnung grundlegend bestimmen. Entsprechend der jeweiligen Ausprägung dieses Klassifikationsmerkmals erfolgt die Zuordnung zu den einzelnen *Grundtypen:* 1. Der *Theorie der* → Wirtschaftsstile im Rahmen der → historischen Schule der Nationalökonomie zufolge ist die Gesamtheit der Faktoren, die die Ordnung und Organisation des Wirtschaftsgeschehens konstituieren, das grundlegende Klassifikationsmerkmal, zu dem Wirtschaftsgesinnung und realisierte Technologie ergänzend hinzutreten (Sombart). Die Ordnung und Organisation werden bestimmt durch: (1) Normbildung der Wirtschaftssubjekte, (2) Träger der wirtschaftlichen Initiative, (3) Verteilung der Weisungsbefugnisse, (4) Umfang der Arbeitsteilung, (5) Form der Betriebsorganisation, (6) bedarfs- bzw. verkehrswirtschaftliche Zielsetzung der Produktion. Von den so abgeleiteten unterschiedlichen Wirtschaftsstilen der Dorfwirtschaft, des Handwerks und des → Kapitalismus wird angenommen, dass sie mit gewisser Gesetzmäßigkeit aufeinander folgen („Denken in Entwicklungen"). – Vgl. auch → Wirtschaftsstufe. – 2. Dem → Marxismus zufolge ist die Form des Eigentums an den Produktionsmitteln grundlegendes Klassifikationsmerkmal. Je nach Ausgestaltung kann die Wirtschaftsordnung (in marxistischer Terminologie: Produktionsweise) der Urgesellschaft, der Sklavenhaltergesellschaft, dem Feudalismus, dem → Kapitalismus oder dem → Sozialismus bzw. dem → Kommunismus zugerechnet werden. Auch hier wird angenommen, dass diese Grundtypen („Formationen") im Zeitverlauf in der genannten Reihenfolge aufeinander folgen (→ historischer Materialismus). – 3. *Eucken* (s. → Freiburger Schule) zufolge muss in jeder, wie immer gearteten Wirtschaftsordnung geplant werden, und diese Konstante des Wirtschaftsgeschehens wird beim „Denken in Entwicklungen" übersehen. Die gesamtwirtschaftliche Ordnung der Planung ist für ihn daher das elementare Klassifikationsmerkmal und der Ausgangspunkt seiner ordnungstheoretischen Analyse („Denken in Ordnungen"). Je nach der Zahl der Planträger unterscheidet Eucken idealtypisch zwischen der → Verkehrswirtschaft und der → zentralgeleiteten Wirtschaft. – 4. Mit diesem Ansatz korrespondiert derjenige *Hayeks,* der die realisierten Organisationsprinzipien der Handelnsordnung heranzieht. Dabei unterscheidet er zwischen: a) → Spontanen Ordnungen: Diese sind dadurch gekennzeichnet, dass die einzelnen Menschen ihre Ziele und Aktivitäten selbstständig und eigenverantwortlich den jeweiligen Umweltbedingungen anpassen (dezentrale Planung). – b) → Organisationen: Ziele, Aktivitäten und Anpassungsmaßnahmen der Organisationsmitglieder werden durch eine Zentralinstanz bestimmt, deren Plan daher die innerhalb der Organisation ablaufenden Prozesse bestimmt (zentrale Planung). – 5. *Hensel* zufolge bestimmt die Form der gesamtwirtschaftlichen Knappheitsmessung das Allokationssystem und hierdurch die Planungsordnung, da jede wirtschaftliche Planung der Informationen über die Verfügbarkeit bzw. Knappheit der einzelnen Güter und Faktoren bedarf. Er leitet ab, dass es prinzipiell nur zwei Möglichkeiten der Informationsgewinnung gibt: (1) Durch die sich auf Wettbewerbsmärkten bildenden Preise (privatwirtschaftliche → Marktwirtschaft); (2) die Salden güterwirtschaftlicher Planbilanzen (→ Bilanzierungsmethode). Der Markt-Preis-Mechanismus kann nur auf der Basis dezentraler individueller Planung wirksam werden. Die Bilanzierungsmethode dagegen bedarf einer zentralen Instanz, die anhand der Plansalden über den Einsatz aller Faktoren und Mittel entscheidet. Die einzelnen Wirtschaftsordnungen lassen sich also Hensel zufolge nach der Form des gesamtwirtschaftlichen Rechnungszusammenhangs (Marktpreise oder Bilanzsalden), mit der eine bestimmte Planungsordnung korrespondiert, klassifizieren. – 6. Eine *zweidimensionale Klassifizierung* ist möglich durch die Kombination der unterschiedlichen Formen der Planungsordnung (zentral oder dezentral) mit denjenigen der Eigentumsordnung (Privat-, Gesellschafts- oder Staatseigentum an den Produktionsmitteln). Da die personelle Zuordnung der Planungsrechte gleichzeitig diejenige der Verfügungsrechte über die Güter und Faktoren bestimmt – nur so können die Pläne auch realisiert werden –, beinhaltet die Eigentumsordnung in diesem Fall lediglich die Zuordnung der Besitz- und Übertragungsrechte und des Rechts auf Aneignung des Produktionsergebnisses. Abgeleitet werden können folgende Grundtypen: (1) Privatwirtschaftliche → Marktwirtschaft (dezentrale Planung, Privateigentum); (2) → selbstverwaltete sozialistische Marktwirtschaft (dezentrale Planung, Gesellschaftseigentum); (3) → staatssozialistische Marktwirtschaft (dezentrale Planung, Staatseigentum); (4) → Rätedemokratie (Zentrale Planung, Gesellschaftseigentum); (5) → staatssozialistische Zentralplanwirtschaft (zentrale Planung, Staatseigentum). – 7. Die mikroökonomisch ausgerichtete *Theorie der Verfügungsrechte (Property Rights-Theorie)* analysiert die Auswirkungen der Eigentumsrechtsstruktur auf das individuelle ökonomische Verhalten. Das ökonomische Eigentumsrecht beinhaltet Dispositions-, Übertragungs- und Aneignungsrechte an den Gütern und Faktoren. Der jeweilige Umfang dieser Rechte, ihre personelle Zuordnung sowie der institutionelle Rahmen für ihre Wahrnehmung beeinflussen das individuelle Verhalten und präformieren damit auch die Art und Weise, in der der Einsatz dieser Rechte jeweils geplant wird. Die Klassifikation einer Wirtschaftsordnung kann im Rahmen dieses Ansatzes nach Maßgabe der realisierten Verteilung der ökonomischen Eigentumsrechte erfolgen.

III. Ordnungstheoretische Analyse: 1. Die *wirtschaftliche Ordnungstheorie* kann die *Vielfalt beobachtbarer Wirtschaftsordnungen ermitteln,* indem Informationen über die jeweils realisierten Teilordnungen und ihre spezifische Kombination gesammelt werden. Diese Methode, die jedoch keine Erkenntnisse über Wirkungs- und Funktionszusammenhänge innerhalb der Wirtschaftsordnungen vermittelt, war bes. Gegenstand der Historischen Schule. Auch der im angelsächsischen Sprachraum vorherrschende Ansatz des primär empirisch-deskriptiv ausgerichteten Vergleichs der Funktionsweise und Effizienz konkreter Wirtschaftsordnungen *(Comparative Economic Systems)* ist hier zu nennen. – 2. Im Rahmen der *positiven Ordnungstheorie* werden die *Wirkungs- und Funktionszusammenhänge innerhalb einer Wirtschaftsordnung* analysiert. Untersucht wird, welche

Teilordnungen bzw. -strukturen eine Wirtschaftsordnung ausmachen, welche dabei den Grundcharakter dieser Ordnung konstituieren, welche Interdependenzen zwischen den einzelnen Teilordnungen bestehen und welche Ausprägung der sekundären Teilordnungen mit dem jeweiligen Grundtypus (zentrale oder dezentrale Verfügungsrechtsstruktur bzw. Planung und Bilanzierung oder Markt-Preis-Mechanismus) konform sind. Auf Basis dieser Analyse können die Funktionsweisen und -probleme einzelner (realer oder theoretisch konzipierter) Wirtschaftsordnung sowie der Grad ihrer Stabilität und Effizienz abgeleitet werden. In diesem Rahmen ist auch eine ordnungstheoretische Beurteilung der Ansätze der → Konvergenztheorie und der → gemischten Wirtschaftsordnung möglich. – *Beispiel:* Wirtschaftsrechnungsdebatte (→ Unmöglichkeitstheorem und → Konkurrenzsozialismus). – 3. Auf der Grundlage der durch die positive Analyse gewonnenen Erkenntnisse geht die *normative Ordnungstheorie* der Frage nach, wie eine *Wirtschaftsordnung konzipiert sein sollte*, um bestimmte ökonomische und außerökonomische Ziele zu erreichen. Hieraus lassen sich Beurteilungskriterien für die Ordnungskonformität der staatlichen Ordnungs- und Prozesspolitik ableiten (s. auch → Systemkonformität). Ein derzeit bes. aktuelles Feld ordnungstheoretischer Analyse sind die Fragestellungen, die sich im Zusammenhang mit der Umwandlung (Transformation) einer staatssozialistischen Zentral- oder Marktwirtschaft in eine privatwirtschaftliche Marktwirtschaft stellen (J. Elster). Mit der Finanz- und Wirtschaftskrise zu Beginn des 21. Jh. rücken auch die Fragen nach der Gestaltung einer stabilen Finanz- und Wirtschaftsordnung ("funktionsfähig und menschenwürdig", Eucken) wieder stärker in den wissenschaftlichen und politischen Fokus.

IV. Ordnungsvergleich: 1. *Vergleichskriterien:* Unterschiedliche Wirtschaftsordnungen können u.a. im Hinblick auf ihr Ressourcenpotenzial, ihre infrastrukturelle Ausstattung oder die Struktur einzelner Wirtschaftszweige und -branchen miteinander verglichen werden. – 2. Im Rahmen der *ordnungstheoretischen struktur- und prozessbezogenen Analyse* können Wirtschaftsordnungen wie folgt verglichen werden: (1) Realisierte Wirtschaftsordnungen untereinander *(realer Vergleich)*; (2) eine realisierte Wirtschaftsordnung mit der ihr zugrunde liegenden Konzeption *(immanenter Vergleich)*; (3) unterschiedliche Konzeptionen untereinander *(konzeptioneller Vergleich)*. Diese Analyse kann sich auf einzelne Teilordnungen *(partieller Vergleich)* oder auf die Gesamtwirtschaft *(umfassender Vergleich)* beziehen. Aus den in der positiven Ordnungstheorie gewonnenen Erkenntnissen können Aussagen über die jeweilige relative Stabilität und Effizienz der Wirtschaftsordnungen abgeleitet werden. – 3. Ein dritter komparativer Ansatz vergleicht die *Ergebnisse des Wirtschaftsprozesses* in unterschiedlichen Ordnungen, wobei die Wahl der Indikatoren und die Vergleichbarkeit der Daten (z.B. bei der Messung des individuellen Lebensstandards) bisher nicht eindeutig geklärte Probleme sind.

Wirtschaftsorganisation – alternative Bezeichnung für → Betrieb oder → Unternehmung. Begriffliche Nähe zum angelsächsischen Organisationsbegriff im Sinn einer Konkretisierung speziell für *Institutionen mit wirtschaftlichen Zwecken.* Wirtschaftsorganisationen sind zentrale Objekte der → Betriebswirtschaftslehre (BWL). – Zur *Charakterisierung* dienen: Zielorientierung, arbeitsteiliges Vorgehen (Differenzierung), Koordination, Interaktion (zwischen Menschen, zwischen Mensch und Maschine, ggf. zwischen Maschinen bei programmgesteuerten Produktionsprozessen) und Kontinuität im Sinn von Existenz über einen längeren Zeitraum hinweg.

Wirtschaftspädagogik → Berufs- und Wirtschaftspädagogik.

Wirtschaftsplan – I. Wirtschaftsplan privater Haushalte oder Unternehmen: 1. *Charakterisierung:* Am Beginn einer Wirtschaftsperiode von dem einzelnen Wirtschaftssubjekt (Haushalt, Unternehmung) aufgestellter → Plan über die in dieser Periode beabsichtigte Konsumption bzw. Produktion und deren Finanzierung. Objektive Gegebenheiten und die Erwartungen gehen, von anderen Wirtschaftssubjekten festgelegt, als konstante Größen in den Wirtschaftsplan ein. Daten, Aktions- oder Fixierungsparameter sind variable Größen (Probleme, die im Wirtschaftsplan im eigenen Ermessen zu lösen sind). Aufgrund des Wirtschaftsplans treffen die Wirtschaftssubjekte im Laufe der Periode ihre Dispositionen. – *Kontrolle:* Bei Abweichungen der Tatsachen von den Erwartungen wird das Wirtschaftssubjekt noch während der Planperiode eine Revision seines Wirtschaftsplans vornehmen (→ Planrevision). – 2. *Inhalt des im Rahmen der Unternehmung aufgestellten Wirtschaftsplans:* → Sollzahlen für verschiedene Teilpläne (Absatz-, Finanz-, Produktions- und Einkaufsplan etc.). Die darin enthaltenen Sollzahlen über Produktionsmengen, Lieferzeiten, Plankosten, Einnahmen, Ausgaben etc. werden während und nach Ablauf des Planabschnittes mit den Istzahlen verglichen. Ggf. erfolgen bei Feststellung entscheidender Abweichungen Änderungen in den Unternehmerdispositionen für den laufenden Planabschnitt und für die Aufstellung neuer Plandaten.

II. Wirtschaftsplan öffentlicher Haushalte: 1. *Charakterisierung:* Spezielles Instrument öffentlicher Unternehmen in einer öffentlich-rechtlichen Rechtsform (z.B. Eigenbetriebe, wirtschaftliche Zweckverbände, Bundes- oder Landesbetriebe nach § 26 BAO/LAO, Sondervermögen); tritt an die Stelle des → Haushaltsplans. Ein Wirtschaftsplan ist jährlich vor Beginn des Wirtschaftsjahres aufzustellen und dem Haushaltsplan als Anlage beizufügen. Für die Ausführung des Wirtschaftsplans ist die Unternehmensleitung (Werkleitung) zuständig. – 2. *Gliederung:* a) *Erfolgsplan:* Es werden alle voraussehbaren → Erträge und → Aufwendungen des Wirtschaftsjahres ausgewiesen; die Gliederung hat sich mind. an der → Gewinn- und Verlustrechnung (GuV) bzw. der Jahreserfolgsrechnung zu orientieren. – b) *Vermögensplan (Finanzplan):* Die voraussichtlich vermögenswirksamen → Einnahmen und → Ausgaben sowie die notwendigen → Verpflichtungsermächtigungen müssen enthalten sein; die Ausgaben sind übertragbar (→ Übertragbarkeit von Ausgaben). – c) Weitere Teile: *Stellenübersicht und Finanzplanung.* – 3. Der Wirtschaftsplan ist zu *ändern,* wenn sich erhebliche Abweichungen von den Planansätzen im Wirtschaftsjahr ergeben.

Wirtschaftsplanung – quantifizierter, auf betriebliche Kennzahlensysteme und klassische Rechnungswerke ausgerichteter Teil der → operativen Planung. Ergebnis ist der → Wirtschaftsplan.

Wirtschaftspolitik → Allgemeine Wirtschaftspolitik.

wirtschaftspolitische Grundlagen → Allgemeine Wirtschaftspolitik.

wirtschaftspolitische Instrumente → wirtschaftspolitische Mittel.

wirtschaftspolitische Konzeption – System von grundlegenden gesellschaftlichen Zielen, ordnungspolitischen Grundsätzen sowie eine konforme Instrumentenauswahl. Kontinuität in der praktischen Wirtschaftspolitik erfordert einen dauerhaften politischen Konsens über die wirtschaftspolitische Konzeption und eine permanente Überprüfung der → Systemkonformität. – *Beispiele:* → Liberalismus, → Sozialismus, → Soziale Marktwirtschaft.

wirtschaftspolitische Maßnahmen → wirtschaftspolitische Mittel.

wirtschaftspolitische Mittel – *wirtschaftspolitische Instrumente, wirtschaftspolitische Maßnahmen.* 1. *Systematische Gliederung:* a) In Anlehnung an Gliederungssysteme der → allgemeinen Wirtschaftspolitik wird z.B. zwischen *ordnungs- und prozesspolitischen Mitteln* unterschieden (→ Ordnungspolitik, → Prozesspolitik). Die Grenzen verschwimmen, wenn ordnungspolitische Mittel den Wirtschaftsprozess beeinflussen oder prozesspolitische Mittel die Wirtschaftsordnung aushöhlen. Zu den ordnungspolitischen Mitteln zählen v.a. die Eigentumspolitik und die Wettbewerbspolitik. – b) Eine andere Systematik setzt beim institutionellen *Träger* an und unterscheidet z.B. zwischen Mitteln der → Finanzpolitik und der → Geldpolitik. Zu den finanzpolitischen Mitteln zählen im Einzelnen die Einnahmenpolitik (Steuern, Zölle), die Ausgabenpolitik und die Fiskalpolitik als Finanzpolitik zum Ziele der Stabilisierung. Die geldpolitischen Instrumente umfassen die Zinspolitik, die Geldmengenpolitik und die Währungspolitik. – c) *Weitere Systeme* der Gliederung wirtschaftspolitischer Mittel bilden die Instrumente der Marktintervention (Preis- und Mengeninterventionen) und der → Verteilungspolitik (Einkommenspolitik und Vermögenspolitik). – Alle genannten Bereiche der wirtschaftspolitischen Mittel lassen sich in Einzelinstrumente weiter untergliedern. – 2. *Formelle Charakteristik:* Für den praktischen Einsatz der wirtschaftspolitischen Mittel ist, ebenso wie bei den → wirtschaftspolitischen Zielen die → Operationalisierbarkeit der Mittelvariablen entscheidend. Je genauer ein Mitteleinsatz numerisch festgelegt und tatsächlich auch realisiert werden kann, umso sicherer ist seine Wirksamkeit (→ Ziel-Mittel-Zusammenhang). – 3. *Zwischenziel oder Indikator:* Eine weitere Charakteristik des wirtschaftspolitischen Mittels resultiert aus seiner Funktion als → Zwischenziel. Wegen des Transmissionsprozesses vom Einsatz der wirtschaftspolitischen Instrumente bis zur Wirkung auf die wirtschaftspolitischen Ziele (vgl. → Ziel-Mittel-Zusammenhang) werden verschiedene Größen (z.B. die Geldmenge, Wechselkurse oder Kreditmarktzinsen) als Indikator oder Zwischenziel der Wirtschaftspolitik verwendet. Der Indikator sollte vom wirtschaftspolitischen Entscheidungsträger steuerbar sein und in einer zeitlich und quantitativ stabilen Beziehung zum Endziel (z.B. Inflationsrate) stehen. – 4. *Nebeneffekt:* Von bes. Bedeutung sind die möglichen Nebeneffekte wirtschaftspolitischer Mittel. Sie bezeichnen den meist unerwünschten Einfluss des Mitteleinsatzes auf andere wirtschaftliche Größen, die nicht zu den angestrebten Zielgrößen gehören. So kann z.B. ein überzogener Einsatz fiskalpolitischer Mittel zum Zwecke der Konjunktur- und Wachstumssteuerung zu Inflationseffekten führen.

wirtschaftspolitischer Prozess – 1. *Begriff:* Der wirtschaftspolitische Prozess ist Analyseobjekt der → allgemeinen Wirtschaftspolitik, die v.a. die Struktur des wirtschaftspolitischen Prozesses beschreibt und damit häufig eine Erklärung des Misslingens wirtschaftspolitischer Maßnahmen liefert. – 2. *Struktur:* Der wirtschaftspolitische Prozess lässt sich in eine Folge von Ablaufphasen unterteilen. Diese beziehen sich sowohl auf die Behandlung der → wirtschaftspolitischen Ziele als auch auf die Handhabung der wirtschaftspolitischen Mittel und bestehen aus Variationen der Standardphasen der Information, Entscheidung, Durchführung, Kontrolle und Modifikation. a) *Zielorientierte Ablaufphasen:* Am Beginn des Prozesses steht eine zielorientierte Informationsphase, in der mögliche Zielgrößen erfasst werden (z.B. die Preisniveauentwicklung). In einer nachfolgenden zielorientierten Entscheidungsphase werden die erwünschten Zielgrößenwerte (Ziel-Soll) festgelegt (z.B. eine gewünschte Inflationsrate von 2 Prozent). Danach wird in einer zielorientierten Ex-Ante-Durchführungsphase eine Prognose des künftigen Zielwertes (Ex-Ante-Ziel-Ist) vorgenommen (z.B. Inflationsprognose von 3,5 Prozent) und der Prognosewert mit dem Sollwert in einer Ex-Ante-Kontrollphase verglichen. – Ist eine über einen Toleranzwert hinaus gehende Differenz feststellbar, beginnt der mittelorientierte Prozessabschnitt. Andernfalls (z.B.

Inflationsprognose von 2,1 Prozent) wird eine zielorientierte Ex-Post-Durchführungsphase zur Erfassung des tatsächlich eingetretenen Zielwertes (Ex-Post-Ziel-Ist) vorgenommen und in der zielorientierten Ex-Post-Kontrollphase mit dem Sollzielwert verglichen. Bei Übereinstimmung ist der Prozess erfolgreich abgeschlossen.Bei Nichtübereinstimmung ist eine zielorientierte Modifikationsphase einzuleiten, die alle bisher durchlaufenen Prozessphasen betrifft und schließlich zum Neubeginn der anfänglichen Informationsphase führt. – b) *Mittelorientierte Ablaufphasen:* Wird aufgrund der zielorientierten Ex-Ante-Kontrolle eine nicht tolerierbare Differenz festgestellt, beginnt der mittelorientierte Prozessabschnitt. Am Beginn steht die mittelorientierte Informationsphase, in der die möglichen wirtschaftspolitischen Instrumente erfasst und ihre Einwirkungen auf den Zielwert analysiert werden (→ Ziel-Mittel-Zusammenhang). In der anschließenden Entscheidungsphase wird das wirtschaftspolitische Mittel (z.B. Begrenzung der Geldmengenausweitung) festgelegt und der Wert der einzusetzenden Mittelvariablen (Mittel-Soll) fixiert (z.B. Begrenzung der Geldmengenausweitung auf 5 Prozent). Die mittelorientierte Durchführungsphase beinhaltet die Realisation dieser Mitteleinsatzwerte (Mittel-Ist). Ob dies mit Erfolg geschehen ist, wird in der nachfolgenden mittelorientierten Kontrollphase überprüft. Ist der Mitteleinsatz nicht im vorgegebenen Umfang realisiert worden, muss eine mittelorientierte Modifikationsphase eingeleitet werden, in der die vorangegangenen mittelorientierten Ablaufphasen überprüft werden. Kann dort kein Fehler festgestellt werde, ist eine zielorientierte Modifikation vorzunehmen. – Erst ein erfolgreicher Mitteleinsatz kann zum erfolgreichen *Ende des wirtschaftspolitischen Prozess*es führen. Dazu ist jedoch zunächst eine Rückkehr zum zielorientierten Prozessteil notwendig. Wie bereits zuvor beschrieben ist eine zielorientierte Ex-Post-Durchführungsphase vorzunehmen, um den mit einem erfolgreichen Mitteleinsatz tatsächlich erreichten Zielwert festzustellen. Erst der nachfolgende Kontrollabschnitt kann die erfolgreiche Zielerreichung endgültig bestätigen. – 3. *Zeitverzögerungsproblematik* (→ Lag, Time-Lag): Wegen der zeitlichen Verzögerung zwischen dem Erkennen der wirtschaftlichen Störung und dem Wirken der eingesetzten wirtschaftspolitischen Instrumente auf die End- bzw. Oberziele der Wirtschaftspolitik kann sich eine prozyklische Verstärkung der Maßnahmen ergeben. Man kann die Time-Lags untergliedern in Recognition Lag (Verzögerung beim Erkennen der Zielabweichung, z.B. aufgrund statistischer Messprobleme), Decision Lag (Verzögerung wegen der parlamentarischen Beartung und Entscheidung), Institutional Lag (Verwaltungs- und bürokratische Verzögerung), Implementation Lag (Verzögerung wegen des Ausarbeitens konkreter Programme) sowie dem Impact Lag (Verzögerung zwischen dem Einsatz der Instrumente und der Wirkung auf die Zielvariablen).

wirtschaftspolitischer Träger – 1. *Begriff:* Der wirtschaftspolitische Träger ist ein Kernstrukturelement der → allgemeinen Wirtschaftspolitik. Die Auswahl und die Funktion des wirtschaftspolitischen Trägers ist im Wesentlichen durch das allg. politische System bestimmt, in dem der wirtschaftspolitische Träger operiert. Seine Definition berührt deshalb auch Fragen der → Wirtschaftsordnung und der Staatsverfassung. – 2. *Charakteristik:* Der wirtschaftspolitische Träger bestimmt den praktischen Vollzug der wirtschaftspolitischen Handlungen. Seine Charakterisierung resultiert aus der Beantwortung der beiden Fragen: „Wer handelt für wen" und „Wozu und wodurch ist der Handelnde legitimiert". – a) Die erste Frage betrifft die *aktive und passive Rolle der Staatsangehörigen* im wirtschaftspolitischen Trägersystem, das wirtschaftspolitische Personifikationssystem mit den Grundtypen: (1) Individuelle Trägerschaft: Jeder handelt für sich selbst (z.B. freie Marktwirtschaft, geordnete Anarchie); (2) Gruppenträgerschaft: Die Gruppe handelt für sich selbst (z.B. Kibbuz, Kleinkommune); (3) monarchische Trägerschaft: Einer handelt für alle (Monarchie, Diktatur); (4) oligarchische Trägerschaft: Eine Gruppe handelt für alle (Aristokratie, Junta, parlamentarische Demokratie); (5) polyarchische Trägerschaft: Alle handeln für alle (direkte Demokratie, Volksabstimmung). – Bei abgestuften Personifikationssystemen (z.B. bei föderalen Staatsstrukturen) ist die Art der Zusammenfassung der wirtschaftspolitischen Kompetenzen von zusätzlicher charakteristischer Bedeutung (z.B. die Dominanz der Bundespolitik über die Länderpolitik). – b) Die zweite Charakterisierung des wirtschaftspolitische Trägers beruht auf seiner *Legitimation*, mit den Teilaspekten Legitimationsverfahren und -bereich. (1) Die verschiedenen *Legitimationsverfahren* entsprechen weitgehend den unterschiedlichen Verfassungsformen eines Staates. Bes. sind die Methoden der Auswahl wirtschaftspolitischer Träger zu beachten (z.B. demokratische Wahl, Ernennung, Duldung, gewaltsame Übernahme der Trägerschaft). (2) Der *Legitimationsbereich* verweist in funktioneller Sicht auf die einzelnen Ablaufphasen des → wirtschaftspolitischen Prozesses. Weiterhin sind zeitliche (z.B. Wahlperioden), räumliche (z.B. regionale Begrenzungen), thematische (z.B. Europäische Zentralbank für Geldpolitik oder die Gebietskörperschaften i.S.d. Stabilitäts- und Wachstumsgesetzes für die Fiskalpolitik) und personelle Abgrenzungen möglich.

wirtschaftspolitisches Instrumentarium → wirtschaftspolitische Mittel.

wirtschaftspolitisches Personifikationssystem → wirtschaftspolitischer Träger.

wirtschaftspolitisches Ziel – 1. *Systematische Gliederung:* Eine monovariable Allgemeinformulierung des wirtschaftspolitischen Ziels, wie etwa den Wohlstand der Nation zu vermehren oder die gesellschaftliche Wohlfahrt zu maximieren, stellt sich i.d.R. als nicht praktikabel heraus. Stattdessen wird eine

Vielzahl von Zielen (z.B. Unterziele des Wohlfahrtsziels) spezifiziert. Der erste Schritt der Wirtschaftspolitik besteht in der Erstellung eines Zielsystems. Dabei wird ausgegangen von den Grundwerten der Gesellschaft (Freiheit, Gerechtigkeit, Gleichheit) als wirtschaftspolitische Oberziele. Anschließend leitet man im Rahmen der → Operationalisierung Unterziele (Vollbeschäftigung, Preisniveaustabilität, Angemessenes und stetiges Wirtschaftswachstum, außenwirtschaftliches Gleichgewicht, Umwelt und soziale Sicherung) aus den Oberzielen ab. Die → Zielbeziehungen sind bes. zu berücksichtigen. – Die spezielle Ausformulierung der wirtschaftspolitischen Ziele leitet dabei mehr und mehr von der → allgemeinen Wirtschaftspolitik zur speziellen Wirtschaftspolitik über. *Die zielorientierte Spezialisierung* der Wirtschaftspolitik kann nach dynamischen, sektoralen, regionalen, strukturellen und sozialen Aspekten erfolgen. Im Einzelnen zählen (1) zu den dynamischen Zielorientierungen → Wachstumspolitik und → Konjunkturpolitik (Stabilitätspolitik) mit den Einzelzielen Geldwertstabilität und Vollbeschäftigung, (2) zu den sektoralen Zielorientierungen → Agrarpolitik, → Industriepolitik und → Handelspolitik mit den Unterteilungen in Binnen- und Außenhandel, (3) zu den regionalen Zielorientierungen → Entwicklungspolitik, (4) zu den strukturellen Zielorientierungen → Energiepolitik, → Verkehrspolitik, Rohstoffpolitik – diese drei werden vermehrt auch der → Umweltpolitik untergeordnet – und die Kommunikationspolitik mit den Untergebieten Medien- und Nachrichtentechnik sowie (5) zu den sozialen Zielorientierungen Gesundheitspolitik, Sozialhilfepolitik und Rentenpolitik. Die Grenzziehung zu vielen vormals als rein gesellschaftspolitisch angesehenen Politikfeldern wird dabei zunehmend durch die wirtschaftlichen Implikationen und Interdependenzen aufgehoben. – 2. *Formelle Charakteristik:* Bes. im Hinblick auf eine Steuerung der wirtschaftspolitischen Ziele durch einen geeigneten Instrumenteneinsatz sind die formellen Eigenschaften von wirtschaftspolitischen Zielen von Bedeutung. Zwei Aspekte stehen dabei im Gegensatz: Die → Operationalisierbarkeit und der Repräsentationsgehalt der Zielvariablen. Daneben besteht das Aggregationsproblem, individuelle Wirtschaftsziele (i.Allg. die individuelle Nutzenmaximierung) zu einer gesellschaftlich getragenen wirtschaftspolitischen Zielgröße (z.B. gesellschaftliche Wohlfahrt) zusammenzufassen (→ Aggregation). – Dabei können unlösbare Widersprüche entstehen (→ Arrow-Paradoxon) oder Ziele formuliert werden, die entweder wegen ihrer unpräzisen Formulierung nicht operationalisierbar sind (z.B. das Ziel, einen allg. Konjunkturaufschwung herbeizuführen) oder als Scheinziele den eigentlichen Zielgehalt nicht repräsentieren (z.B. als Indikator des Konjunkturaufschwungs den Wert der vergebenen Staatsaufträge zu wählen und das Ziel der Verdoppelung dieses Wertes anzustreben). – I.d.R. gilt: Je höher der Aggregationsgrad der Zielformulierung ist, um so geringer ist die Operationalisierbarkeit. Je höher die Operationalisierbarkeit, um so geringer der Repräsentationswert der Zielformulierung. – 3. *Zielinterdependenzen:* (a) Zwischen den Unterzielen können Zielkonflikte auftreten die eine gleichzeitige Verfolgung bestimmter Zielkombinationen verhindern. Nach der originären und keynesianischen Phillips-Kurve ist z.B. die gleichzeitige Erreichung von Vollbeschäftigung und Geldwertstabilität unmöglich. Neben diesen horizontalen Zielkonflikten unter den Unterzielen besteht grundsätzlich ein potenzieller Zielkonflikt zwischen den Unterzielen und dem mittels Erreichung dieser Unterziele angestrebten Gesamtziel, da dieser Zusammenhang nicht hinreichend bekannt ist (→ Ziel-Mittel-Zusammenhang). Andere Zielkonflikte sind zwischen Umwelt und Wachstum oder zwischen Preisniveaustabilität bzw. hohem Beschäftigungsstand und dem außenwirtschaftlichen Gleichgewicht. (b) Zielharmonie liegt zwischen der Zielsetzung des Wachstums der Wirtschaft und der des hohen Beschäftigungsstandes vor. Je schneller die Wirtschaft wächst, umso schneller werden neue Arbeitsplätze geschaffen. (c) → Zielneutralität bedeutet, dass ein steigender Realisierungsgrad bei einem Ziel ohne Auswirkung auf den Zielerreichungsgrad bei anderen Zielen ist. Beispiele sind die Umwelt im Verhältnis zum außenwirtschaftlichen Gleichgewicht oder zur Preisniveaustabilität. – Vgl. auch → Zielbeziehungen.

Wirtschaftsprüfer (WP) – **I. Begriff:** Wirtschaftsprüfer sind nach § 1 I 1 des Gesetzes über eine Berufsordnung der Wirtschaftsprüfer (→ Wirtschaftsprüferordnung (WPO)) Personen, die als solche öffentlich bestellt sind.

II. Berufsstellung: Freier Beruf (§ 1 II WPO). Bestellung nur bei Nachweis der persönlichen und fachlichen Eignung im staatlichen Zulassungs- und Prüfungsverfahren (§ 1 I 2 WPO). Berufliche Niederlassung (Berufssitz; § 3 I WPO) im In- oder Ausland; berufliche Leistungen auch im Ausland möglich, sofern Recht des Gastlandes nicht entgegensteht. Zweigniederlassungen im In- und Ausland, fachliche Leitung durch einen ortsansässigen Wirtschaftsprüfer erforderlich (§§ 3 III, 43a, 47 WPO). Beruf kann sowohl selbstständig als auch im Anstellungsverhältnis ausgeübt werden. Im beruflichen Verkehr ist die gesetzlich geschützte Bezeichnung „Wirtschaftsprüfer" zu führen; akademische Grade, Titel und Zusätze, die auf eine staatliche Graduierung hinweisen, daneben möglich (§ 18 WPO).

III. Aufgaben und Tätigkeiten: Gemäß § 2 WPO haben Wirtschaftsprüfer die berufliche Aufgabe, betriebswirtschaftliche *Prüfungen,* v.a. → Jahresabschlussprüfungen wirtschaftlicher Unternehmen durchzuführen und → Bestätigungsvermerke über deren Vornahme und Ergebnis zu erteilen. Außerdem sind sie befugt, ihre Auftraggeber in steuerlichen Angelegenheiten nach Maßgabe der bestehenden Vorschriften zu beraten und zu vertreten, unter Berufung auf ihren Berufseid auf den Gebieten der wirtschaftlichen Betriebsführung als Sachverständige aufzutreten, in wirtschaftlichen Angelegenheiten zu beraten und fremde Interessen zu wahren sowie zur treuhänderischen Verwaltung (→ Treuhandschaft). Zusätzlich sind mit dem Beruf des Wirtschaftsprüfers nach § 43a IV WPO weitere Tätigkeiten vereinbar, wie z.B. freie Berufsausübung auf dem Gebiet der Technik und des Rechtswesens, Tätigkeit an wissenschaftlichen Instituten und lehrende Tätigkeit an Hochschulen, freie schriftstellerische und künstlerische Tätigkeit und freie Vertragstätigkeit.

IV. Pflichten: 1. *Beachtung der* → Berufsgrundsätze für Wirtschaftsprüfer (Grundsätze der Ausübung des Wirtschaftsprüfer-Berufs). – 2. *Nichtausübung unvereinbarer Tätigkeiten:* Keine Tätigkeit, die die Einhaltung der Berufspflichten gefährden oder das Ansehen oder die Würde des Berufes verletzen kann (§ 43 II WPO). Keine gewerblichen Tätigkeiten; keine Tätigkeiten aufgrund eines berufsfremden Anstellungsvertrages mit wenigen Ausnahmen (§ 43a III WPO). – 3. *Verhalten bei Bekanntmachung und Auftragsschutz:* Bei der Bekanntmachung seiner Tätigkeit und bei der Auftragsübernahme ist der Wirtschaftsprüfer zu berufswürdigem Verhalten verpflichtet; unlautere Werbung ist nicht gestattet (§ 52 WPO). Der Wirtschaftsprüfer darf in einer Sache, in der er oder eine Person oder eine Personengesellschaft, mit der er seinen Beruf gemeinsam ausübt, bereits tätig war, bei einem Auftraggeberwechsel nur tätig werden, wenn sowohl der bisherige als auch der neue Auftraggeber einverstanden sind (§ 53 WPO). Bei gleichzeitigem Tätigwerden soll eine Zusammenarbeit angestrebt werden. – 4. *Siegelführung:* Wirtschaftsprüfer sind nach § 48 I WPO verpflichtet, ein Siegel zu benutzen, wenn sie in ihrer Berufseigenschaft aufgrund gesetzlicher Vorschriften Erklärungen abgeben. Sie können ein Siegel führen, wenn sie in ihrer Berufseigenschaft Erklärungen über Prüfungsergebnisse abgeben oder Gutachten erstatten. – 5. *Teilnahme an der* → externen Qualitätskontrolle (§ 57a WPO): Wirtschaftsprüfer, die gesetzlich vorgeschriebene Abschlussprüfungen durchführen, müssen sich alle drei Jahre einer Qualitätskontrolle unterziehen. Durch das Inkrafttreten des Berufsaufsichtsreformgesetzes (BARefG) am 6.9.2007 wurde dieser Zyklus für Wirtschaftsprüfer, die keine Abschlussprüfungen von Unternehmen des öffentlichen Interesses i.S.d. § 319a HGB durchführen, auf sechs Jahre verlängert. – 6. *Sonstige Pflichten:* (1) Der Wirtschaftsprüfer muss seine Tätigkeit versagen, wenn sie für eine pflichtwidrige Handlung in Anspruch genommen werden soll oder wenn die Besorgnis der Befangenheit bei der Durchführung eines Auftrages besteht (§ 49 WPO). (2) Will ein Wirtschaftsprüfer einen Auftrag nicht annehmen, so hat er dies unverzüglich zu erklären. Bei schuldhafter Verzögerung ist er schadensersatzpflichtig (§ 51 WPO). (3) Selbstständige Wirtschaftsprüfer und Wirtschaftsprüfungsgesellschaften sind verpflichtet, sich gegen Haftpflichtgefahren zu versichern, die sich aus ihrer Tätigkeit ergeben (§ 54 I WPO).

V. Voraussetzungen für Bestellung: Öffentliche Bestellung des Wirtschaftsprüfers auf Antrag nach bestandenem Fachexamen. Zulassung zur Prüfung bei Nachweis der fachlichen und persönlichen Eignung. Zulassungs- und Prüfungsverfahren sind in der WPO und der Prüfungsordnung für Wirtschaftsprüfer (PrüfO WP) geregelt. Für das Normalexamen gibt es allg. Vorschriften; außerdem ist der Zugang zum Wirtschaftsprüfer-Beruf für Sonderfälle geregelt (erleichterter Zugang) für bestimmte Bewerber mit → Steuerberater- bzw. Rechtsanwalt-Qualifikationen und bes. Eignungsprüfung für Angehörige vergleichbarer Prüferberufe aus anderen EU- und EWR-Staaten. – 1. *Allg. Zulassungs- und Prüfungsvorschriften (bisher):* a) *Antragstellung:* Über Zulassung zur Prüfung entscheidet die „Prüfungsstelle für das Wirtschaftsprüferexamen bei der Wirtschaftsprüferkammer" (Prüfungsstelle; § 5 WPO). Schriftlicher Antrag auf Zulassung zur Prüfung an die Prüfungsstelle (§ 7 WPO). – b) *Fachliche Zulassungsvoraussetzungen:* (1) *Vorbildung* (§ 8 WPO): Voraussetzung ist die abgeschlossene Hochschulausbildung; hierauf kann bei langjähriger Praxiserfahrung verzichtet werden. Voraussetzung ist eine mind. zehnjährige Tätigkeit als Mitarbeiter eines Wirtschaftsprüfers, einer → Wirtschaftsprüfungsgesellschaft, eines → vereidigten Buchprüfers, einer → Buchprüfungsgesellschaft, eines genossenschaftlichen → Prüfungsverbandes, der → Prüfungsstelle eines Sparkassen- und Giroverbandes oder einer überörtlichen Prüfungseinrichtung für Körperschaften und Anstalten des öffentlichen Rechts. Außerdem kann eine nicht vorhandene Hochschulausbildung ersetzt werden durch eine mind. fünfjährige Tätigkeit als vereidigter Buchprüfer oder Steuerberater. Seit Inkrafttreten der Fünften WPO-Novelle besteht zudem die Möglichkeit der Anerkennung berufsspezifischer Ausbildungsgänge (§ 8a WPO). (2) *Praktische Zulassungsvoraussetzungen (§ 9 WPO):* Die Zulassung setzt voraus, dass der Bewerber eine hinreichende praktische Ausbildung erhalten hat. Wenigstens drei Jahre Prüfungstätigkeit sind bei einer Hochschulsemesterzahl von mind. acht Semestern nachzuweisen; vier Jahre bei einer Hochschulsemesterzahl von weniger als acht Semestern (§ 9 I WPO). Von der gesamten Tätigkeit hat der Bewerber wenigstens zwei Jahre an (bes. gesetzlich vorgeschriebenen) Abschlussprüfungen teilzunehmen und bei der Abfassung der Prüfungsberichte mitzuwirken. – Die Prüfungstätigkeit ist von Mitarbeitern ohne Hochschulausbildung und mit mind. zehnjähriger Praxis nach dem fünften Jahr der Mitarbeit abzuleisten. Bewerber, die mind. fünf Jahre als vereidigte Buchprüfer oder als Steuerberater tätig sind, haben die Prüfungstätigkeit während dieser Zeit oder in ihrer für die Zulassung erforderlichen dreijährigen Praxiszeit abzuleisten. – Das Erfordernis der Prüfungstätigkeit ist von allen Bewerbern erfüllt, wenn sie in fremden Unternehmen materielle Buch- und Bilanzprüfungen nach betriebswirtschaftlichen Grundsätzen durchgeführt haben (§ 9 II WPO). – Die Prüfungstätigkeit muss in Mitarbeit bei Berufsangehörigen, einer Wirtschaftsprüfungsgesellschaft, bei vereidigten Buchprüfern, einer Buchprüfungsgesellschaft, einem genossenschaftlichen Prüfungsverband, einer Prüfungsstelle eines Sparkassen- und Giroverbandes oder einer überörtlichen Prüfungseinrichtung für Körperschaften und Anstalten des öffentlichen Rechts, in denen ein Berufsangehöriger tätig ist, ausgeübt worden sein (§ 9 III WPO). – Der Nachweis der Prüfungstätigkeit entfällt für Bewerber, die seit mind. 15 Jahren den Beruf als Steuerberater oder vereidigter Buchprüfer ausgeübt haben; bis zu zehn Jahre kann eine Tätigkeit als Steuerbevollmächtigter angerechnet werden (§ 9 IV WPO). – Eine Revisionstätigkeit (→ interne Revision) sowie weitere fachlich relevante Betätigungen können gemäß § 9 V WPO bis zu einem Jahr auf die Prüfungstätigkeit angerechnet werden. – Innerhalb anerkannter berufsspezifischer Ausbildungsgänge (§ 8a WPO) erbrachte berufspraktische Tätigkeiten können bis zu einer Höchstdauer von einem Jahr angerechnet werden (§ 9 VI WPO). – c) *Prüfung*: Vor der Prüfungskommission abzulegende Prüfung mit schriftlichem und mündlichem Teil (§ 12 WPO). Steuerberater und Bewerber, die die Prüfung als Steuerberater bestanden haben, benötigen keine Prüfung im Steuerrecht (§ 13 WPO). Für vereidigte Buchprüfer Prüfung in verkürzter Form. Vereidigte Buchprüfer, die Steuerberater sind, benötigen keine Prüfung im Steuerrecht und in Angewandter Betriebswirtschaftslehre und Volkswirtschaftslehre; vereidigte Buchprüfer, die Rechtsanwälte sind, benötigen keine Prüfung im Wirtschaftsrecht und in Angewandter Betriebswirtschaftslehre und Volkswirtschaftslehre (§ 13a WPO). – Prüfungsleistungen, die im Rahmen einer Hochschulausbildung erbracht werden, sind anzurechnen, wenn ihre Gleichwertigkeit in Inhalt, Form und Umfang mit den in § 4 PrüfO Wirtschaftsprüfer aufgeführten Anforderungen der Prüfungsgebiete Angewandte Betriebswirtschaftslehre, Volkswirtschaftslehre oder Wirtschaftsrecht im Zulassungsverfahren durch die Prüfungsstelle festgestellt wird (§ 13b WPO). – 2. *Zugang zum Wirtschaftsprüfer-Beruf in Sonderfällen:* Erleichterungen für Angehörige vergleichbarer Berufe aus den Mitgliedsstaaten der EU und des EWR (§§ 131g ff. WPO) resultieren aus der Umsetzung der Hochschuldiplomrichtlinie, die auch die wechselseitige Anerkennung entsprechender Berufsqualifikationen vorsieht. Bei Vorlage eines Diploms eines Staatsangehörigen eines Mitgliedsstaats der EU und des EWR, aus dem hervorgeht, dass der Inhaber über die notwendigen beruflichen Voraussetzungen für die unmittelbare Zulassung zur Pflichtprüfung von Jahresabschlüssen und anderer Rechnungsunterlagen in dem Mitgliedsstaat verfügt, kann er nach Bestehen einer Eignungsprüfung als Wirtschaftsprüfer bestellt werden. Eignungsprüfung ist in erster Linie Rechtsprüfung, beinhaltet z.B. Rechnungslegungsvorschriften des HGB, steuer- und wirtschaftsrechtliche Vorschriften und Berufsrecht (§ 131h III WPO). Zulassungsentscheidung durch die Prüfungsstelle (§ 131g III WPO).

VI. **Bestellung:** Nach bestandener Prüfung wird der Bewerber auf Antrag durch Aushändigung einer von der → Wirtschaftsprüferkammer (WPK) ausgestellten Urkunde als Wirtschaftsprüfer bestellt (§ 15 WPO). Bestellung *muss versagt* werden, wenn (1) in der Person des Bewerbers Gründe eingetreten sind, aus denen seine Zulassung zur Prüfung hätte versagt werden müssen; (2) die vorläufige Deckungszusage auf den Antrag zum Abschluss einer Berufshaftpflichtversicherung nicht vorliegt. – *Ausnahme:* Ausschließliche Anstellung nach § 43a I WPO. (3) Wenn eine mit dem Wirtschaftsprüferberuf unvereinbare Tätigkeit ausgeübt wird; (4) wenn sich der Bewerber oder die Bewerberin eines Verhaltens schuldig gemacht hat, das die Ausschließlung aus dem Beruf rechtfertigen würde; (5) wenn der Bewerber oder die Bewerberin aus gesundheitlichen oder anden Gründen nicht nur vorübergehend nicht in der Lage ist, den Beruf ordnungsgemäß auszuüben; (6) wenn sich der Bewerber oder die Bewerberin in nicht geordneten wirtschaftlichen Verhältnissen, insbesondere in Vermögensverfall befindet; (7) unmittelbar nach der Bestellung keine berufliche Niederlassung zum → Berufsregister angegeben wird. Bestellung *kann versagt* werden, wenn das Verhalten des Bewerbers die Besorgnis begründet, den Berufspflichten als Wirtschaftsprüfer nicht zu genügen (§ 16 II WPO). Vor Aushändigung der Urkunde hat der Bewerber einen Berufseid zu leisten. Bestellung *erlischt* durch Tod, Verzicht oder rechtskräftige Ausschließung aus dem Beruf (§ 19 WPO). Bestellung muss nach § 20 I WPO *zurückgenommen* werden, wenn nachträgliche Tatsachen bekannt werden, bei deren Kenntnis die Bestellung hätte versagt werden müssen. Bestellung muss nach § 20 II WPO *widerrufen* werden, wenn die Tätigkeit nicht eigenverantwortlich ausgeübt wird oder eine mit dem Wirtschaftsprüferberuf unvereinbare Tätigkeit ausgeübt wird, die Fähigkeit der Bekleidung öffentlicher Ämter nicht mehr gegeben ist, die ordnungsgemäße Berufsausübung aus gesundheitlichen Gründen dauerhaft nicht möglich ist, die vorgeschriebene Haftpflichtversicherung nicht unterhalten wird oder diese innerhalb der letzten fünf Jahre wiederholt mit nennenswerter Dauer nicht aufrecht erhalten wurde und diese Unterlassung auch zukünftig zu befürchten ist, ferner bei ungeordneten wirtschaftlichen Verhältnissen oder wenn eine berufliche Niederlassung (§ 3 I WPO) nicht unterhalten wird. – *Wiederbestellung* eines ehemaligen Wirtschaftsprüfers ist möglich (§ 23 WPO).

VII. **Berufsorganisation:** Wirtschaftsprüferkammer, deren Vorstand auch die Berufsaufsicht obliegt. – Vgl. auch → Institut der Wirtschaftsprüfer in Deutschland e.V. (IDW)

VIII. Berufsgerichtsbarkeit 1. *Pflichtverletzung* (§§ 67–71 WPO): Gegen einen Wirtschaftsprüfer, der seine Pflichten schuldhaft verletzt, wird eine berufsgerichtliche Maßnahme verhängt. Zu diesen zählen Geldbußen bis zu 500.000 Euro, Verbot, auf bestimmten Tätigkeitsgebieten für die Dauer von einem Jahr bis zu fünf Jahren tätig zu werden, Berufsverbot von einem Jahr bis zu fünf Jahren und Ausschließung aus dem Beruf. Die Verfolgung einer Pflichtverletzung, die keine schwerere berufsgerichtliche Strafe als Warnung, Verweis oder Geldbuße bis 500.000 Euro gerechtfertigt hätte, verjährt nach fünf Jahren. Ein wegen desselben Sachverhalts eingeleitetes Strafverfahren hemmt den Ablauf der Verjährungsfrist. – 2. *Berufsgerichte (§§ 72–80 WPO):* a) Im ersten Rechtszug entscheidet eine Kammer beim LG Berlin (Kammer für Wirtschaftsprüfersachen) außerhalb der Hauptverhandlung in der Besetzung von drei Mitgliedern; in der Hauptverhandlung mit dem Vorsitzenden und zwei Wirtschaftsprüfern als Beisitzer. – b) Im zweiten Rechtszug entscheidet ein Senat beim Kammergericht Berlin (Senat für Wirtschaftsprüfersachen) außerhalb der Hauptverhandlung in der Besetzung von drei Mitgliedern; in der Hauptverhandlung wirken außerdem als Beisitzer zwei Wirtschaftsprüfer mit. – c) Im dritten Rechtszug entscheidet ein Senat des Bundesgerichtshofs (Senat für Wirtschaftsprüfersachen), der sich aus einem Vorsitzenden, zwei Mitgliedern des Bundesgerichtshofs und zwei Wirtschaftsprüfern als Beisitzer zusammensetzt.– Das Amt eines *Beisitzers* aus den Reihen der Wirtschaftsprüfer ist ein *Ehrenamt.* Die ehrenamtlichen Beisitzer werden für die Gerichte des ersten und zweiten Rechtszuges von der Landesjustizverwaltung, für den Bundesgerichtshof vom Bundesminister der Justiz für fünf Jahre berufen; Berufung erfolgt aufgrund von Vorschlagslisten, die der Vorstand der Wirtschaftsprüferkammer einreicht (§ 75 WPO). Berufen werden kann nur ein Wirtschaftsprüfer, der in den Vorstand der Wirtschaftsprüferkammer gewählt werden kann. Ehrenamtliche Beisitzer dürfen nicht gleichzeitig dem Vorstand oder dem Beirat der Wirtschaftsprüferkammer angehören oder bei der Wirtschaftsprüferkammer im Haupt- oder Nebenberuf tätig sein. Recht zur Ablehnung unter bestimmten Voraussetzungen (§ 76 WPO). – 3. *Verfahren:* Der Strafprozessordnung nachgebildet, aber kein Vorrang des strafgerichtlichen Verfahrens gegenüber dem berufsgerichtlichen Verfahren. Der Beschuldigte darf zur Durchführung weder vorläufig festgenommen noch verhaftet oder vorgeführt werden; er kann nicht zur Vorbereitung eines Gutachtens über seinen psychischen Zustand in ein psychiatrisches Krankenhaus gebracht werden (§ 82 WPO). Verteidiger in berufsgerichtlichen Verfahren vor dem Landgericht und vor dem Oberlandesgericht können auch Wirtschaftsprüfer sein (§ 82a WPO). Der Vorstand der Wirtschaftsprüferkammer, von ihm beauftragte Personen sowie Berufsangehörige, die einer Verletzung ihrer Pflichten beschuldigt werden, haben das Recht auf Akteneinsicht (§ 82b WPO). Für die Entscheidung im berufsgerichtlichen Verfahren sind die tatsächlichen Feststellungen des Urteils im Straf- oder Bußgeldverfahren bindend (§ 83 WPO). Die Aussetzung des berufsgerichtlichen Verfahrens ist unter bestimmten Voraussetzungen zulässig (§ 83b WPO), ebenso die Wiederaufnahme eines bereits rechtskräftig abgeschlossenen Verfahrens (§ 83c WPO). Die Aufgaben der Staatsanwaltschaft werden von der Staatsanwaltschaft beim Kammergericht Berlin wahrgenommen (§ 84 WPO). Die Wirtschaftsprüferkammer, Gerichte oder Behörden sind verpflichtet, berufs- bzw. strafrechtliche Pflichtverletzungen der zuständigen Staatsanwaltschaft mitzuteilen. Erhält die Staatsanwaltschaft Kenntnis von möglicherweise schuldhaften berufsrechtlichen Pflichtverletzungen eines Mitglieds der Wirtschaftsprüferkammer, teilt sie dies der Wirtschaftsprüferkammer mit und gibt ihr vor Einleitung eines berufsgerichtlichen Verfahrens Gelegenheit zur Stellungnahme (§ 84a WPO). – *Einleitung* des Verfahrens dadurch, dass die Staatsanwaltschaft beim LG Berlin eine Anschuldigungsschrift einreicht (§ 85 WPO). Das der Berufsgerichtsbarkeit unterliegende Mitglied der Wirtschaftsprüferkammer kann sich vom Verdacht einer Pflichtverletzung befreien, indem es bei der Staatsanwaltschaft beantragt, das berufsgerichtliche Verfahren gegen sich einzuleiten (§ 87 WPO). – Das Gericht entscheidet aufgrund der Anschuldigungsschrift, ob ein *Hauptverfahren* zu eröffnen ist; dieses ist nicht öffentlich. Auf Antrag der Staatsanwaltschaft *kann* bzw. auf Antrag der betroffenen Berufsangehörigen *muss* die Öffentlichkeit hergestellt werden (§ 99 WPO). Hauptverhandlung schließt mit der auf die Beratung folgenden Verkündigung des *Urteils,* das auf Freisprechung, Verurteilung oder Einstellung des Verfahrens (§ 103 WPO) lautet. – 4. *Rechtsmittel (§§ 104–108 WPO):* a) Gegen das Urteil der Kammer für Wirtschaftsprüfersachen Berufung an den Senat für Wirtschaftsprüfersachen binnen einer Woche nach Verkündigung des Urteils (§ 105 WPO). – b) Gegen ein Urteil des Senats für Wirtschaftsprüfersachen beim Oberlandesgericht Revision an den Bundesgerichtshof, u.a. wenn das Urteil auf Ausschließung aus dem Beruf lautet oder wenn der Senat für Wirtschaftsprüfersachen die Revision im Urteil zugelassen hat (§ 107 WPO). – 5. *Berufsverbot:* Sind dringende Gründe für die Annahme vorhanden, dass gegen den Wirtschaftsprüfer auf Ausschließung aus dem Beruf erkannt werden wird, so kann gegen ihn durch Beschluss ein vorläufiges Berufsverbot verhängt werden (§ 111 WPO). Handelt der Wirtschaftsprüfer diesem Verbot wissentlich zuwider, wird er grundsätzlich mit der Ausschließung aus dem Beruf bestraft (§ 117 WPO).

Wirtschaftsprüferkammer (WPK) – 1. Institution der *beruflichen Selbstverwaltung* gemäß Gesetz über eine Berufsordnung der Wirtschaftsprüfer, → Wirtschaftsprüferordnung (WPO). Die Wirtschaftsprüferkammer ist eine Körperschaft des öffentlichen

Rechts (§ 4 WPO); Sitz in Berlin. – 2. *Mitgliedschaft:* Pflichtmitglieder sind gemäß § 58 I 1 WPO die bestellten bzw. anerkannten → Wirtschaftsprüfer (WP), die Mitglieder des Vorstandes von → Wirtschaftsprüfungsgesellschaften, nach dem Partnerschaftsgesellschaftsgesetz verbundene Personen, Geschäftsführer oder vertretungsberechtigte persönlich haftende Gesellschafter von Wirtschaftsprüfungsgesellschaften, die nicht Wirtschaftsprüfer sind, sowie die anerkannten Wirtschaftsprüfungsgesellschaften; außerdem gemäß § 128 III WPO → vereidigte Buchprüfer und → Buchprüfungsgesellschaften. – *Freiwillige Mitgliedschaft* können gemäß § 58 II WPO die genossenschaftlichen → Prüfungsverbände, die Sparkassen und Giroverbände für ihre Prüfungsstellen (→ Prüfungsstellen der Sparkassen- und Giroverbände) sowie die überörtlichen Prüfungseinrichtungen für öffentliche Körperschaften erwerben. – 3. Organe (§ 59 WPO): (1) *Wirtschaftsprüferversammlung:* Versammlung der Mitglieder der Wirtschaftsprüferkammer. (2) *Beirat:* Berufsgruppe der Wirtschaftsprüfer und Wirtschaftsprüfungsgesellschaften wählt Mitglieder aus ihrer Gruppe. Gruppe der anderen stimmberechtigten Mitglieder wählt ihre Vertreter. Zahlenmäßige Vertretung ergibt sich aus § 59 III WPO und der Organisationssatzung der Wirtschaftsprüferkammer. Gruppe der Wirtschaftsprüfer und Wirtschaftsprüfungsgesellschaften muss Mehrzahl der Beiratssitze haben. (3) *Vorstand:* Wird aus der Mitte des Beirats gewählt. Eines der Vorstandsmitglieder ist *Präsident* der Wirtschaftsprüferkammer. (4) *Kommission für Qualitätskontrolle:* Die berufsangehörigen Mitglieder werden durch den Beirat der Wirtschaftsprüferkammer auf Vorschlag des Vorstandes der Wirtschaftsprüferkammer gewählt (→ externe Qualitätskontrolle). – 4. *Aufsicht:* Rechtsaufsicht durch Bundesministerium für Wirtschaft und Technologie (§ 66 WPO); es wacht darüber, dass die Wirtschaftsprüferkammer ihre Aufgaben im Rahmen der geltenden Gesetze und Satzungen erfüllt. – Fachaufsicht durch die Abschlussprüferaufsichtskommission. – 5. *Aufgaben:* Die Wirtschaftsprüferkammer hat gemäß § 57 WPO die Aufgabe, die beruflichen Belange der Gesamtheit ihrer Mitglieder zu wahren und die Erfüllung der beruflichen Pflichten zu überwachen; ihr obliegen v.a. die Beratung und Belehrung von Mitgliedern in Fragen der Berufspflichten; auf Antrag Vermittlung bei Streitigkeiten unter den Mitgliedern und zwischen den Mitgliedern und ihren Auftraggebern; Überwachung der Erfüllung der den Mitgliedern obliegenden Pflichten; Handhabung des Rügerechtes; Feststellung der allg. Auffassung über Fragen der Ausübung des Berufes des Wirtschaftsprüfers und des vereidigten Buchprüfers in Richtlinien nach Anhörung der → Arbeitsgemeinschaft für das wirtschaftliche Prüfungswesen; in allen die Gesamtheit der Mitglieder berührenden Angelegenheiten Verlautbarung der Auffassung der Wirtschaftsprüferkammer den zuständigen Gerichten, Behörden und Organisationen gegenüber; Erstattung von durch Gerichte, Behörden oder Parlamente angeforderten Gutachten; Wahrnehmung der durch Gesetz zugewiesenen Aufgaben im Bereich der Berufsbildung; Vorschlag der berufsständischen Mitglieder der Zulassungs- und Prüfungsausschüsse; Förderung der beruflichen Fortbildung der Mitglieder und der Ausbildung des Berufsnachwuchses; Einreichung der Vorschlagsliste der ehrenamtlichen Beisitzer bei den Berufsgerichten bei Landesjustizverwaltungen und beim Bundesminister der Justiz; Führung des Berufsregisters; Schaffung von Fürsorgeeinrichtungen für Wirtschaftsprüfer, vereidigte Buchprüfer sowie deren Hinterbliebene; Durchführung des Qualitätskontrollverfahrens (externe Qualitätskontrolle); Bestellung von Wirtschaftsprüfern und vereidigten Buchprüfern; Anerkennung von Wirtschaftsprüfungsgesellschaften; Zurücknahme oder Widerruf von Bestellungen oder Anerkennungen; Einrichtung und Unterhaltung einer selbstständigen Prüfungsstelle; Wahrnehmung der ihr als Bundesberufskammer gesetzlich eingeräumten Befugnisse im Rahmen der Geldwäschebekämpfung. Außerdem hat die Wirtschaftsprüferkammer Aufgaben im Rahmen der Arbeitsgemeinschaft für das wirtschaftliche Prüfungswesen. Bestimmte Aufgaben kann die Wirtschaftsprüferkammer einzelnen Mitgliedern oder Abteilungen des Vorstandes (§ 59a WPO) übertragen (§ 57 V WPO). – Die Wirtschaftsprüferkammer ist Mitglied der International Federation of Accountants (IFAC). – In Mitteilungen informiert die Wirtschaftsprüferkammer über den Stand der einschlägigen Gesetzgebung, Verlautbarungen des Vorstandes, berufsständische Hinweise, Rechtsprechung zu berufsständischen Fragen und zu Honorar- und Haftungsfragen. – 6. *Pflichten der Mitglieder:* Beachtung der von den Organen der Wirtschaftsprüferkammer gefassten Beschlüsse; für persönlich stimmberechtigte Mitglieder besteht die Pflicht, Ehrenämter zu übernehmen. Beiträge regelt eine vom Beirat beschlossene und vom Bundesministerium für Wirtschaft und Arbeit genehmigte Beitragsordnung (§ 61 I WPO).

Wirtschaftsprüferordnung (WPO) – gebräuchliche Kurzbezeichnung für das Gesetz über eine Berufsordnung der Wirtschaftsprüfer i.d.F. vom 5.11.1975 (BGBl. I 2803) m.spät.Änd. Geschlossene berufsgesetzliche Regelung des wirtschaftsprüfenden Berufs [→ Wirtschaftsprüfer (WP), → Wirtschaftsprüfungsgesellschaften, → vereidigte Buchprüfer, → Buchprüfungsgesellschaften]. Bes. wurde durch die Wirtschaftsprüferordnung die Selbstverwaltung auf den Berufsstand im Rahmen der → Wirtschaftsprüferkammer (WPK) übertragen und eine Berufsgerichtsbarkeit mit drei Instanzen bei den ordentlichen Gerichten (Kammer für Wirtschaftsprüfersachen beim Landgericht, Senat für Wirtschaftsprüfersachen beim Oberlandesgericht, Senat für Wirtschaftsprüfersachen beim Bundesgerichtshof) unter Beteiligung von berufsangehörigen Beisitzern eingeführt. Außerdem regelt die Wirtschaftsprüferordnung die Zulassungs-, Prüfungs- und Bestellungsverfahren.

Wirtschaftsprüfervorbehalt – trägt einem berechtigten Geheimhaltungsinteresse Rechnung, wenn wegen → unlauteren Wettbewerbs oder Verletzung → gewerblicher Schutzrechte und → Urheberrechte Auskunftspflicht zur Durchsetzung von Schadensersatzansprüchen besteht; kann im Prozess auch ohne Antrag des Beklagten zugesprochen werden, wenn durch seinen Vortrag ein entsprechendes Schutzbedürfnis hinreichend dargelegt ist. Wirtschaftsprüfervorbehalt scheidet regelmäßig aus, soweit selbstständiger (nicht akzessorischer) Anspruch auf → Drittauskunft über Lieferanten und gewerbliche Abnehmer besteht (→ Auskunftspflicht). Wirtschaftsprüfervorbehalt bedeutet, dass dem Auskunftspflichtigen gestattet wird, die Namen seiner Abnehmer und Lieferanten einem neutralen, vom Verletzten oder beiden Parteien zu bestimmenden und zur Verschwiegenheit verpflichteten Dritten, z.B. einem öffentlich bestellten Wirtschaftsprüfer oder vereidigten Buchprüfer, mitzuteilen, sofern der Verletzer dessen Kosten trägt und ihn ermächtigt, dem Verletzten auf konkretes Nachfragen Auskunft zu geben, ob eine bestimmte Lieferung, ein bestimmter Abnehmer etc. in der Auskunft enthalten ist.

Wirtschaftsprüfung – **I. Begriff**: In der Literatur zum betriebswirtschaftlichen Prüfungswesen unterschiedlich gesehen. Unter *institutionellen* Gesichtspunkten ist der gesamte Tätigkeitsbereich des → Wirtschaftsprüfers (WP), der keineswegs auf → Prüfungen beschränkt ist, als Wirtschaftsprüfung zu betrachten. *Funktional* gesehen umfasst Wirtschaftsprüfung alle Prüfungen (und nur diese) im wirtschaftlichen Bereich. Diese Sichtweise lässt sich weiter einengen, wenn nur dann von Wirtschaftsprüfung gesprochen wird, wenn der → Prüfer mit der Unternehmung nicht durch einen Arbeitsvertrag verbunden (also extern) ist; andere betriebswirtschaftliche Prüfungsaufgaben fallen danach der → internen Revision zu (→ Revision, → Prüfung). Diese *enge Vorstellung* wird hier zugrunde gelegt. Wirtschaftsprüfung ist danach gekennzeichnet durch Prüfungen im prüfungstheoretischen Sinn, die von Personen ohne arbeitsvertragliche Bindungen an die Unternehmung, bei der die Prüfung durchzuführen ist, vorgenommen werden.

II. Gründe für Wirtschaftsprüfung: 1. *Interessenkonflikte:* Sind „Sender" (z.B. Ersteller von Jahresabschlüssen = Geschäftsführung) und „Empfänger" (Informationsadressaten, z.B. Anteilseigner oder Gläubiger der Unternehmung) von Informationen (z.B. Jahresabschluss) nicht identisch, besteht die Gefahr von Informationsverzerrungen, weil die Interessen der Beteiligten divergieren können. Zur Beurteilung der Informationsqualität wird ein neutraler Dritter (Prüfer) beauftragt. – 2. *Entscheidungskonsequenzen:* Prüfung wird erst sinnvoll, wenn Entscheidungen der Informationsempfänger beeinflusst werden. – 3. *Ausgleich mangelnden Sachverstands:* Ist die Überprüfung der Informationsqualität durch den Empfänger wegen mangelnden Sachverstands schwierig oder unmöglich, kann das vertrauenswürdige Urteil eines sachverständigen Dritten notwendig werden. – *Weitere Gründe:* Räumliche Trennung von Informationsersteller und -empfänger, gesetzliche und andere institutionelle Barrieren, zeitliche Begrenzungen und weitere Kostenträchtigkeit selbstdurchgeführter Prüfung.

III. Grundlagen: 1. *Prüfungsaufträge:* Auftrag richtet sich an einen bestimmten Prüfer bzw. ein bestimmtes Prüfungsorgan; er muss den Prüfungsgegenstand und die heranzuziehenden Normen spezifizieren. Rechtlich liegt ein Werkvertrag (§§ 631 ff. BGB) vor. Für freie Prüfungen sind Prüfungsaufträge die wichtigste Grundlage. – 2. *Gesetze und Verordnungen:* Werden Prüfungspflichten für bestimmte Unternehmungen durch den Gesetz- bzw. Verordnungsgeber auferlegt, ist der Mindestinhalt dieser Prüfungen durch die betreffenden Vorschriften determiniert. Sind Prüfungsrechte bestimmter Personen oder Personenmehrheiten vorgesehen, ist Grundlage der Prüfung der Prüfungsauftrag, für den Gesetze und Verordnungen lediglich den Rahmen darstellen. – 3. *Grundsätze ordnungsmäßiger Prüfung:* Ein System von Normen, mit dessen Hilfe die Ableitung vertrauenswürdiger Urteile gesichert werden soll. Diese Normen können prinzipiell induktiv (aus Berufsübung und Gewohnheitsrecht) oder deduktiv (durch logische Ableitung aus Zwecken) ermittelt werden; sie sind ergänzend zu den sonstigen Grundlagen der Wirtschaftsprüfung heranzuziehen.

IV. Arten: 1. *Prüfungen, für die keine gesetzlichen Pflichten bestehen,* beziehen sich auf die verschiedensten Bereiche (→ Prüfung). – 2. *Gesetzliche Pflichtprüfungen:* a) *Periodisch wiederkehrende Prüfungen:* Bes. die → Jahresabschlussprüfungen aufgrund allg. gesetzlicher Bestimmungen (§ 316 HGB, § 6 PublG) und für Unternehmungen einzelner Branchen (bes. → Depotprüfung nach dem Kreditwesengesetz) und einzelner Rechtsformen (z.B. weiterreichende Prüfungspflichten bei Genossenschaften, → genossenschaftliche Pflichtprüfung). – b) Wichtige *aperiodisch wiederkehrende Pflichtprüfungen (Sonderprüfungen):* (1) *Gründungsprüfung* nach §§ 33–35 AktG; sie muss nur dann durch einen Gründungsprüfer vorgenommen werden, wenn die Kriterien des § 33 II AktG vorliegen (ein Mitglied des Vorstands oder des Aufsichtsrats gehört zu den Gründern, Aktienübernahme bei Gründung für Rechnung eines Mitglieds des Vorstands oder des Aufsichtsrats, Ausbedingung eines bes. Vorteils oder einer Entschädigung oder Belohnung für die Gründung oder ihre Vorbereitung durch ein Mitglied des Vorstands oder des Aufsichtsrats, Gründung mit Sacheinlagen oder Sachübernahmen). Nach GenG ist eine Gründungsprüfung durch den → Prüfungsverband vorgesehen (§ 11 II Nr. 3 GenG). (2) *Allg. (aktienrechtliche) Sonderprüfung:* Prüfung von einzelnen Vorgängen bei der Gründung oder der Geschäftsführung; kann sich auch auf Maßnahmen der *Kapitalbeschaffung und -herabsetzung* erstrecken: Hauptversammlung kann mit einfacher Mehrheit einen Sonderprüfer bestellen (§§ 142–146 AktG). (3) Prüfung der *Sacheinlagen bei Kapitalerhöhung* nach § 183 III AktG. (4) Sonderprüfung wegen *unzulässiger Unterbewertung (§§ 258 f. AktG):* Sonderprüfer werden durch das Gericht auf Antrag bestellt, wenn die Voraussetzungen des § 258 I AktG erfüllt sind (nicht unwesentlich unterbewertete Posten in einem festgestellten Jahresabschluss oder Nichtvollständigkeit oder Nichtvorhandensein der vorgeschriebenen Angaben im Anhang und Nichtbeantwortung der Frage hierzu durch den Vorstand in der Hauptversammlung bei verlangter Aufnahme der Frage in die Niederschrift, mit Einschränkungen bei Kredit- und Finanzdienstleistungsinstituten). (5) Sonderprüfung der geschäftlichen Beziehungen einer abhängigen Gesellschaft zu der *herrschenden Unternehmung* gemäß § 315 AktG, sofern die dort genannten Voraussetzungen vorliegen (Einschränkung oder Versagung des → Bestätigungsvermerks des Abschlussprüfers zum Bericht über die Beziehungen zu verbundenen Unternehmen; Erklärung des Aufsichtsrats, dass Einwendungen gegen die Erklärung des Vorstands am Schluss des Berichts über die Beziehungen zu verbundenen Unternehmen zu erheben sind; Erklärung des Vorstands, dass die Gesellschaft durch bestimmte Rechtsgeschäfte oder Maßnahmen benachteiligt worden ist, ohne dass die Nachteile ausgeglichen worden sind). (6) Prüfung des Jahresabschlusses bei *Abwicklung:* Gemäß § 270 II, III AktG muss eine Prüfung des Jahresabschlusses i.d.R. auch bei Abwicklung einer aufgelösten Gesellschaft erfolgen. (7) *Umwandlungsprüfung:* Bei Umwandlung gelten die jeweils einschlägigen Bestimmungen des Umwandlungsgesetzes, z.B. über Prüfung der Verschmelzung (§§ 9 ff. UmwG) oder bei Spaltungen (§ 125 UmwG). (8) Prüfung der Schlussbilanz der übertragenden Gesellschaft bei *Verschmelzung* (§ 17 II 1, 2 UmwG): Prüfung ist Voraussetzung für die Eintragung der Verschmelzung durch das Registergericht. – Vgl. auch → Wirtschaftsprüfungsmethoden.

Wirtschaftsprüfungsgesellschaft – 1. *Begriff:* Prüfungsgesellschaft, die als Wirtschaftsprüfungsgesellschaft anerkannt ist (§ 1 III WPO). – 2. *Rechtsform:* Nach § 27 WPO kann eine Wirtschaftsprüfungsgesellschaft AG, SE, KGaA, GmbH, OHG, KG oder Partnerschaftsgesellschaft sein. Bei der AG und der KGaA sind vinkulierte Namensaktien vorgeschrieben. Bei der GmbH muss das Stammkapital mind. 25.000 Euro betragen. Die AG, KGaA und GmbH haben bei Antragstellung den Nachweis zu erbringen, dass der Wert der einzelnen Vermögensgegenstände abzüglich der Schulden mind. dem gesetzlichen Mindestbetrag des Grund- oder Stammkapitals entspricht. – 3. *Anerkennungsvoraussetzungen:* Nach § 28 I WPO müssen die Mehrheit der Mitglieder des Vorstands, die Geschäftsführer, die persönlich haftenden Gesellschafter oder Partner → Wirtschaftsprüfer (WP) sein; mind. einer dieser Personen muss seine berufliche Niederlassung (§ 3 I 2, 3 WPO) am Sitz der Gesellschaft haben. Auch → vereidigte Buchprüfer, → Steuerberater und → Rechtsanwälte dürfen Vorstandsmitglieder, Geschäftsführer, persönlich haftende Gesellschafter oder Partner von Wirtschaftsprüfungsgesellschaften sein (§ 28 I 1 WPO). Die → Wirtschaftsprüferkammer (WPK) kann genehmigen, dass auch bes. befähigte Kräfte anderer Fachrichtungen neben WP Vertreter von Wirtschaftsprüfungsgesellschaften werden. Die Zahl dieser Vorstandsmitglieder, Geschäftsführer, persönlich haftender Gesellschafter oder Partner darf die Zahl der WP im Vorstand, unter den Geschäftsführern, unter den persönlich haftenden Gesellschaftern oder unter den Partnern nicht erreichen; bei nur zwei Vorstandsmitgliedern, Geschäftsführern, persönlich haftenden Gesellschaftern oder Partnern muss einer von ihnen WP sein (§ 28 I 3 WPO). Bei Vorliegen bestimmter Voraussetzungen kann genehmigt werden, dass auch sachverständige Personen, die im Ausland ermächtigt oder bestellt sind, neben WP Vorstandsmitglieder, Geschäftsführer, persönlich haftende Gesellschafter oder Partner von Wirtschaftsprüfungsgesellschaften werden. Weitere Voraussetzungen für die Anerkennung (§ 28 IV WPO): Gesellschafter müssen ausschließlich sein (1) WP, (2) Wirtschaftsprüfungsgesellschaft, (3) vereidigte Buchprüfer, (4) Steuerberater, (5) Steuerbevollmächtigte, (6) Rechtsanwälte, (7) Personen, mit denen eine gemeinsame Berufsausübung nach § 44b II WPO zulässig ist oder (8) Personen, deren Tätigkeit als Vorstandsmitglied, Geschäftsführer, Partner, persönlich haftender Gesellschafter genehmigt wurde. Zur Anerkennung ist es erforderlich, dass mind. die Hälfte aller Gesellschafter in der Gesellschaft tätig sind. – *Ausnahme:* Gesellschafter, die WP und Wirtschaftsprüfungsgesellschaft sind. Die *Anteile* an der Wirtschaftsprüfungsgesellschaft dürfen nicht für Rechnung eines Dritten gehalten werden. Bei Kapitalgesellschaften, Kommanditgesellschaften und Kommanditgesellschaften auf Aktien darf den nicht in der Gesellschaft tätigen Gesellschaftern nur eine Beteiligung von weniger als ein Viertel der Anteile am Nennkapital oder der im Handelsregister eingetragenen Einlagen der Kommanditisten gehören (einfache Minderheitenbeteiligung); dies gilt nicht für Gesellschafter, die WP und Wirtschaftsprüfungsgesellschafter sind. Bei der KG muss die Mehrheit der Anteile einem WP oder einer Wirtschaftsprüfungsgesellschaft gehören. Der WP oder die Wirtschaftsprüfungsgesellschaft muss zusammen die Mehrheit der Stimmrechte der Aktionäre, Kommanditaktionäre, Gesellschafter einer GmbH oder Kommanditisten zustehen. Im Gesellschaftsvertrag muss bestimmt sein, dass zur Ausübung von Gesellschafterrechten nur Gesellschafter bevollmächtigt werden können, die WP sind. Diese Voraussetzungen gelten analog für in anderen EU-Mitgliedsstaaten zugelassene Prüfungsgesellschaften. – 4. *Anerkennungsverfahren:* Die Wirtschaftsprüferkammer ist für die Anerkennung als Wirtschaftsprüfungsgesellschaft zuständig (§ 29 I WPO). Antrag mit Ausfertigung des Gesellschaftsvertrages oder dessen öffentlich beglaubigter Abschrift oder der Satzung sowie Nachweise zum Vorliegen der Anerkennungsvoraussetzungen (§ 29 II WPO). Änderungen des Gesellschaftsvertrages, der Satzung oder der Person des gesetzlichen Vertreters sind der Wirtschaftsprüferkammer unverzüglich anzuzeigen (§ 30 WPO). Über die Anerkennung wird eine Urkunde ausgestellt (§ 29 III WPO). – 5. *Firmierung:* Die anerkannte Gesellschaft ist verpflichtet, die Bezeichnung „Wirtschaftsprüfungsgesellschaft" in die Firma oder den Namen aufzunehmen (§ 31 Satz 1 WPO); bei einer Partnerschaftsgesellschaft müssen in den Namen nicht zusätzlich die Berufsbezeichnungen aller Partner aufgenommen werden. – 6. *Beendigung der Anerkennung:* Anerkennung als Wirtschaftsprüfungsgesellschaft *erlischt* durch Auflösung oder Verzicht (§ 33 WPO). – Die Anerkennung kann *zurückgenommen* oder *widerrufen* werden: (1) Wenn für die Person eines Vorstandsmitgliedes, Geschäftsführers etc. die Bestellung als WP zurückgenommen oder widerrufen wird, es sei denn, dass jede Vertretungs- und Geschäftsführungsbefugnis dieser Person unverzüglich widerrufen oder entzogen ist; (2) wenn sich nach der Anerkennung ergibt, dass sie hätte versagt werden müssen, oder wenn die Voraussetzungen für die Gesellschaft nachträglich fortfallen, es sei denn, dass die Gesellschaft innerhalb einer bestimmten Frist den dem Gesetz entsprechenden Zustand herbeiführt; (3) wenn ein Mitglied des Vorstandes, ein Geschäftsführer, ein persönlich haftender Gesellschafter oder ein Partner durch rechtskräftiges berufsgerichtliches Urteil aus dem Beruf ausgeschlossen wird; (4) wenn die Wirtschaftsprüfungsgesellschaft in Vermögensverfall geraten ist, es sei denn, dass dadurch die Interessen der Auftraggeber oder anderer Personen nicht gefährdet sind (§ 34 WPO). – 7. *Erteilung von Bestätigungsvermerken:* Bei Erteilung gesetzlich vorgeschriebener Bestätigungsvermerke durch Wirtschaftsprüfungsgesellschaften dürfen nur WP oder vereidigte Buchprüfer unterzeichnen (§ 32 WPO). – 8. Die Wirtschaftsprüfungsgesellschaft ist *Mitglied* der Wirtschaftsprüferkammer, die ein → Berufsregister für Wirtschaftsprüfungsgesellschaften führt. – 9. *Rechte und Pflichten:* Es gelten die Regeln der Berufsausübung, die Vorschriften über allg. Berufspflichten, gemeinsame Berufsausübung, Versagung der Tätigkeit, Verschwiegenheitspflicht der Gehilfen, Ablehnung eines Auftrags, Verjährung, Handakten, Werbung, Wechsel des Auftraggebers und Vergütung (§§ 43, 43a III und IV, 44b, 49–53, 54a 55a, 55b WPO) wie für WP (§ 56 I WPO).

Wirtschaftsprüfungsmethoden

von Prof. Dr. Reinhold Hömberg

I. Begriff und Normquellen

Methoden sind nach weitverbreitetem Verständnis *planmäßige, folgerichtige Vorgehensweisen.* Planmäßige Vorgehensweisen im wirtschaftlichen Prüfungswesen richten sich nach den Eigenarten der jeweiligen Prüfung. Dabei ist das für die Prüfung des *Jahresabschlusses* folgerichtige Vorgehen von zentraler Bedeutung und Maßstab auch für sonstige Prüfungstätigkeit des Wirtschaftsprüfers. Die handelsrechtliche Pflichtprüfung des Jahresabschlusses und des Lageberichts ist in Deutschland in den §§ 316 ff. HGB geregelt mit Bestimmungen u. a. zu Prüfungspflicht und -gegenstand, Bestellung und Auswahl des Prüfers, dessen Rechte und Pflichten, zum Prüfungsbericht und zum Bestätigungsvermerk (Testat).

Weder das HGB noch die Wirtschaftsprüferordnung (WPO) enthalten spezielle Bestimmungen zum berufsüblichen und ordnungsmäßigen Vorgehen bei der Planung und Durchführung der Prüfung. Als konkrete Normen existieren vielmehr insbesondere die umfangreichen und – jedenfalls in den letzten Jahren – kontinuierlich aktualisierten internationalen Prüfungsstandards (International Standards on Auditing, ISA) des International Auditing and Assurance Standards Board (IAASB) der International Federation of Accountants (IFAC). Diese internationalen Prüfungsstandards sind – soweit sie in das EU-Recht übernommen worden sind - gemäß § 317 V HGB im deutschen Rechtsraum anzuwenden.

II. Grundlegende Vorgehensweise bei der Jahresabschlussprüfung

1. Prüfungsphasen

Eine Jahresabschlussprüfung ist durch folgende Vorgehensweisen charakterisiert, die hier nur skizzierbar sind. Eine einzelne Prüfung ist eingebettet in die Planung aller Aufträge der unterschiedlichen Mandanten eines Prüfungsunternehmens. Der Prüfer hat die Vorgehensweisen im Rahmen seiner Eigenverantwortlichkeit den jeweiligen Besonderheiten des Einzelfalles anzupassen. Arbeitsschritte wie auch einzelne Befunde sind detailliert zu dokumentieren, indem laufende Arbeitspapiere geführt werden und die Dauerakte fortgeschrieben wird.

Diese Dokumentation ist auch eine Grundlage für das prüferische Urteil, das sich zusammenfassend im Bestätigungsvermerk (§ 322 HGB Bestätigungsvermerk) ausdrückt und im Prüfungsbericht (§ 321 HGB Prüfungsbericht) näher begründet wird. Viele Prüfungsfirmen entwickeln für ihre Mitarbeiter Formularwerke zur Dokumentation der Arbeitsergebnisse. Sie konkretisieren ferner durch firmeninterne Hinweise Prüfungsnormen für den generellen Firmengebrauch und füllen bestehende Normenlücken durch Eigenvorschläge aus.

Die *Ausgangsplanung* einer Jahresabschlussprüfung dient der orientierenden, gleichwohl kritischen Einordnung des Mandanten durch Sammlung und Analyse von prüfungsrelevanten Unternehmensinformationen über wirtschaftliche Rahmenbedingungen, Geschäftstätigkeit, das zur Fehlerverhütung und -entdeckung eingerichtete Kontrollsystem (internes Kontrollsystem oder kurz Kontrollsystem) und über die Grundlagen des Rechnungswesens. Hinweise auf Quellen möglicher Unrichtigkeiten und Verstöße sind zu gewinnen; die gesamte Vorkenntnis des Prüfers über denkbare Quellen leitet bereits diese Phase.

Im Rahmen der *detaillierten Prüfprogrammentwicklung* wird der relevante Prüfungsstoff sachlich – z.B. aufgrund von Bilanzpositionen oder aufgrund von zueinander ähnlichen Geschäftsvorfällen – in Prüffeldergruppen und einzelne Prüffelder gegliedert. Prüffeldabhängig wird gefragt, welches die möglichen Fehlerkategorien, und – diese widerspiegelnd – welches die Prüfkategorien und die aus diesen folgenden einzelnen Prüfziele sind. In einer Bilanz vom Rechnungslegenden ausgewiesene „fertige Erzeugnisse und Waren" können z.B., anders als das Unternehmen dem Bilanzleser gegenüber durch den angegebenen Positionswert behauptet, tatsächlich nicht existent und/oder unrichtig bewertet sein. Insofern ist (u.a.) das faktische Vorhandensein und die Bewertung der fertigen Erzeugnisse/Waren zu prüfen, wozu viele Einzelschritte/-aufgaben nach vorüberlegtem Plan auszuführen sind, typischerweise in mehreren oder vielen Arbeitsgängen. Geprüft wird also nicht in einer pauschalen und unsystematischen, sondern in einer intersubjektiv nachvollziehbaren Weise. In der Phase der Prüfprogrammentwicklung werden neben den Prüfungsinhalten auch die Prüfungsumfänge und die sachlichen und zeitlichen Abfolgen festgelegt; zudem werden Prüfer und Prüfungsgehilfen den Aufgaben zugewiesen.

Die Phase der Prüfprogrammentwicklung mündet in diejenige der *Programmausführung (-durchführung)*, in der – wie nachfolgend näher erläutert wird – Funktionsprüfungen des betrieblichen Kontrollsystems stattfinden und die Jahresabschlussergebnisse verifiziert werden.

2. System- und Ergebnisprüfungen

Insbesondere für die Phase der Prüfprogrammentwicklung und für die Phase der Programmausführung (-durchführung) sind *Systemprüfungen* (interne Kontrollsystemprüfungen, Verfahrensprüfungen) und *Ergebnisprüfungen* zu unterscheiden. *Ergebnisprüfungen* beurteilen die vom Unternehmen erzielten, jahresabschlussrelevanten Arbeitsergebnisse als solche. Die Prüfung kann sich auf Einzelsachverhalte (Einzelposten-/Einzelfallprüfung) oder auf Einzelsachverhalte zusammenfassende Gesamtergebnisse (Gruppen-/Aggregateprüfung) beziehen; so fasst z.B. ein Kontensaldo Anfangsbestand, Zugänge und Abgänge zusammen.

Aufgrund einer *Systemprüfung* beurteilt der Wirtschaftsprüfer, inwieweit der Mandant durch Einrichtung eines internen Kontrollsystems Eigenvorsorge getroffen hat, Fehler nicht entstehen zu lassen (Fehler zu verhüten) oder entstandene Fehler zu entdecken und folglich beseitigen zu lassen. Die Systemprüfung besteht aus der *Erfassungsprüfung* der betrieblichen Arbeitsabläufe und der für diese eingerichteten Kontrollen, deren kritische Beurteilung auf ihr Fehlerverhütungs- und Fehlerbeseitigungspotenzial (*Konzeptionsprüfung*) sowie der Nachprüfung, ob vorgeschriebene und geeignet erscheinende Kontrollen in praxi so „funktionieren", wie sie konzipiert wurden (*Funktionsprüfung*), bspw. ob sie in praxi tatsächlich befolgt wurden. Ein im Hinblick auf bestimmte Prüfziele als gut konzipiert und sodann auch als gut funktionierend beurteiltes Kontrollsystem spricht dafür, dass in den Bearbeitungsergebnissen nur wenige (Rest-) Fehler zu erwarten sind, ggf. Fehlerfreiheit denkbar ist. Bei Vorliegen eines derart beurteilten Kontrollsystems kann die zugehörige Ergebnisprüfung i.d.R. nach Art und Umfang reduziert werden im Vergleich zu einem „mit Kontrollschwächen behaftet" beurteilten System; in Sonderfällen mag es einer Ergebnisprüfung nicht mehr bedürfen.

Funktionsprüfungen und Ergebnisprüfungen führen das Prüfprogramm aus. Erfassungs- und Konzeptionsprüfungen sind dagegen der Phase der Prüfprogrammentwicklung zuzuordnen; in dieser Phase werden auch unter dem Aspekt der Wirtschaftlichkeit der Prüfung die Weichen dafür gestellt, welches Gewicht nachfolgend jeweils Funktions- vs. Ergebnisprüfungen zukommen soll.

3. Fehlerwesentlichkeit

Primär in der Phase der Prüfprogrammentwicklung ist ferner zu konkretisieren, was *wesentliche (materielle) Fehler* des Abschlusses sind (Festlegung der *Materiality-Grenze[n])*. Dabei ist auf die Sicht von Jahresabschlussadressaten abzustellen, für die der Abschluss eine Entscheidungsgrundlage sein kann. Aus für den Jahresabschluss insgesamt geltenden Materiality-Überlegungen werden, sofern entscheidungsrelevant, Wesentlichkeitsgrenzen für kleinere Einheiten, etwa für Segmente des Jahresabschlusses, Prüffeldergruppen oder/und Prüffelder abgeleitet („*Materiality-Allokation*"). Zu berücksichtigen ist bei Materiality-Überlegungen ferner, dass die Elemente vieler Prüffelder des Abschlusses nicht vollständig, sondern nur aufgrund von Auswahlen untersucht werden. Eine festgelegte Wesentlichkeitsgrenze darf deshalb nicht bereits durch den *unberichtigten* Wert der an den Auswahlelementen *konkret beobachteten Fehler* ausgeschöpft werden. Vielmehr ist zu berücksichtigen, dass generell auch in den *ungeprüften* Elementen Fehler vorhanden und folglich zu schätzen sind. Diese und andere Überlegungen führen dazu, dass insbesondere für Planungszwecke des Prüfers zusätzliche Betragsgrenzen („Performance materiality"; vgl. ISA 320.11, 320.A12) unterhalb der eigentlichen Materiality-Grenze(n) gezogen werden.

Durch die Bestimmung von Wesentlichkeitsgrenzen werden auch Bedingungen festgelegt, gemäß derer der Prüfer zum uneingeschränkten oder zum eingeschränkten Bestätigungsvermerk kommt oder zu dessen Versagung. Indes ist eine Einschränkung des Testats oder eine Versagung in praxi nicht oft zu beobachten, z.B. da es vom Prüfer zur Rückverweisung fehlerhafter Elemente/Prüffelder an den Mandanten kommt. Aufgrund dessen Korrekturen kann auch ein zunächst als nur eingeschränkt ordnungsmäßig, ggf. auch ein als nicht ordnungsmäßig zu beurteilender Abschluss vielfach vom Prüfer letztlich noch bestätigt werden.

Für die zuvor grundsätzlich unterschiedenen Phasen der Ausgangsplanung, Prüfprogrammentwicklung und Programmausführung gibt es kein strenges Nacheinander. Verschiedene Teile des gesamten Prüfungsstoffs können sich zu einem bestimmten Zeitpunkt in der Phase der Ausgangsplanung, andere in der Phase der Prüfprogrammentwicklung oder in der der Programmausführung befinden. Da das Vorgehen ergebnisgeleitet und „professionelle Skepsis" eine prüferische Grundhaltung ist, beeinflussen – insbesondere überraschend – auftretende Fehler und Kontrollschwächen das weitere Vorgehen. Z.B. wird es bei einer in der Funktionsprüfung unerwartet festgestellten Kontrollschwäche oder bei einer in der Ergebnisprüfung unerwartet auftretenden Fehlerart zu einer neu aufgerollten Prüfprogrammentwicklung kommen mit zusätzlichen nachfolgenden Funktions- und Ergebnisuntersuchungen.

4. Risikoidentifikation und Risikoschätzung

Ein weiteres wichtiges Merkmal des wirtschaftlichen Prüfungswesens ist die Unterscheidung von Risikoquellen sowie die Risikoschätzung. In einer gebräuchlichen Aufteilung werden das Ausgangsrisiko, das Kontrollrisiko und das Entdeckungsrisiko unterschieden. Das *Ausgangsrisiko* (die *Fehleranfälligkeit* oder das inhärente, innewohnende Risiko) ist das Risiko (die Wahrscheinlichkeit) für das Vorliegen eines wesentlichen Fehlers im Prüfungsstoff unter der Annahme, es gäbe kein internes Kontrollsystem. Wertvolle Vermögensgegenstände des Unternehmens von geringem Gewicht und geringer Größe unterliegen z.B. einem hohen Diebstahlrisiko; das Risiko, dass bei fehlenden Maßnahmen der Bestandssicherung Buchmengen überhöht sind, ist damit groß. Das *Kontrollrisiko* ist die Wahrscheinlichkeit, dass ein bestehender wesentlicher Fehler durch vorhandene Kontrollen, also durch das interne Kontrollsystem des Unternehmens, nicht verhütet oder entdeckt wird. Ausgangsrisiko und Kontrollrisiko zusammengenommen führen zum Risiko wesentlicher Fehler. Das *Entdeckungsrisiko* ist die Wahrscheinlichkeit, dass ein – ggf. ungeachtet der internen Kontrollen vorhandener – wesentlicher Fehler vom Prüfer in dessen Ergebnisprüfung übersehen wird.

Die drei Risiken zusammengenommen bestimmen das *Prüfungsrisiko* als das Risiko, dass ein wesentlicher Fehler entsteht und vom Kontrollsystem nicht beseitigt und vom Prüfer übersehen wird. Der Prüfer schätzt das innewohnende Risiko und – aufgrund seiner Kontrollsystemprüfung – das Kontrollrisiko und richtet die eigenen Prüfungshandlungen in der Ergebnisprüfung so aus, dass das nach seinem pflichtgemäßen Ermessen festgelegte akzeptable Prüfungsrisiko eingehalten wird. Die Zusammenhänge werden auch in auf Grundlagen der Wahrscheinlichkeitsrechnung aufbauenden Prüfungsrisikomodellen dargestellt; das „Zusammenspiel" der unterschiedenen Risiken kann folglich unter den Modellannahmen analysiert werden. Für die Prüfungspraxis besitzen die Modelle jedoch keinen generellen präskriptiven Charakter. Ohne selbst eine *konkrete* Handreichung für prüferisches Vorgehen zu geben, vermerkt ISA 200.A36 neutral, dass Prüfer verschiedene Wege gehen, die Schätzung des Risikos materieller Fehler zu bewerkstelligen, und einige Prüfer derartige Modelle bei ihrer Prüfungsplanung als nützlich erachten. Auch gibt es, obwohl in den ISA häufig mit Fachausdrücken aus der Wahrscheinlichkeitsrechnung argumentiert wird, keinen allgemeinen Konsens, in welcher Höhe das Prüfungsrisiko noch zu akzeptieren/wie die Höhe situationsabhängig abzuleiten ist.

Die Risiken sind detailliert zu schätzen, da ein wesentlicher Fehler bereits auf der Ebene der einzelnen Prüfkategorien vorliegen kann. Somit sind das Ausgangs- und das Kontrollrisiko bereits für diese Ebene zu schätzen. Entsprechend genau ist auch das prüferische Entdeckungsrisiko einzuschätzen. Letztlich besteht das Ziel, mit hinreichender Sicherheit zu bestätigen, dass der Jahresabschluss frei von wesentlichen Fehlern ist, also unter Berücksichtigung der im Prüfgut verbliebenen Fehler die Einhaltung der identifizierten Wesentlichkeitsgrenze(n) bejaht werden kann. Auch für die dabei vorzunehmenden Zusammenfassungen der Teilurteile des Prüfers, beginnend auf der Ebene der einzelnen Prüfkategorien bis hin zum gesamten Jahresabschluss, geben die ISA dem Prüfer keine *konkreten* Regeln oder Handreichungen.

III. Prüfungshandlungen und Hilfsmittel der Jahresabschlussprüfung

1. Überblick über Vorgehensweisen

Methoden der Wirtschaftsprüfung können auch in einem engeren Sinne als zuvor verstanden werden, nämlich nur als die im wirtschaftlichen Prüfungswesen eingesetzten *Prüfungshandlungen(Prüfungstätigkeiten)*, einschließlich der dabei angewandten *Hilfsmittel*. Die möglichen Vorgehensweisen in diesem Sinne sind zahlreich und reichen von einfachen Handlungen, wie der Abstimmungsprüfung (Vergleich von Werten, die nach der Logik der doppelten Buchführung übereinstimmen müssen, auf deren Identität), hin zu komplexen, aus vielen Einzeltätigkeiten zusammengesetzten Vorgehensweisen. Manche Tätigkeiten sind miteinander kombinierbar; sie haben teils einen besonderen Bezug zum Rechnungswesen, teils sind sie auch außerhalb des wirtschaftlichen Prüfungswesens üblich, wie die rechnerische Prüfung (der Nachvollzug von Rechenoperationen). Entsprechendes gilt für Klassifikationen; so ist auch außerhalb der Wirtschaftsprüfung die Unterscheidung von formeller vs. materieller Prüfung (Untersuchung der äußeren, einschließlich der rechnerischen Richtigkeit vs. der inhaltlichen Richtigkeit) gebräuchlich.

2. Belegflusspläne und Kontrollmatrizen

Im Rahmen der Kontrollsystemprüfung wird, abgesehen von Rückgriffen auf Fragebogen, empfohlen, Belegflusspläne und Kontrollmatrizen aufzustellen und auszuwerten. Kontrollsysteme sind zumeist komplexer aufgebaut, als dass einem speziellen Arbeitsschritt genau eine Kontrolle zugeordnet wäre. Belegflusspläne und Kontrollmatrizen dienen als Strukturierungshilfen zur Systemerfassung und zur Konzeptionsbeurteilung. *Belegflusspläne* veranschaulichen in grafischer Form den „Fluss" von Belegen und damit von Informationen zwischen den Unternehmensmitarbeitern; die Darstellungen lassen so die i.d.R. vielfältigen Zusammenhänge zwischen den zu bewältigenden Arbeitsaufgaben und den Personen erkennen. Wenn der Prüfer anhand eines Belegflussplans schrittweise nach den unmittelbar auftretenden und den nachfolgenden Fehlerwirkungen zufällig oder bewusst unrichtig ausgeführter Arbeitsschritte fragt, vermag er die ebenfalls im Plan vermerkten internen Kontrollmaßnahmen des Unternehmens zu beurteilen, also Kontrollrisiken einzuschätzen. *Kontrollmatrizen* nehmen (in üblicher Anordnung) in ihren Zeilen aus der Sicht des Prüfers zur Fehlerverhütung/-entdeckung notwendige Kontrollziele und in ihren Spalten im Unternehmen vorgeschriebene Kontrollen auf. In den Matrixzellen vermerkt der Prüfer, welche Kontrollen zur jeweiligen Zielerreichung beitragen. Abschließend beurteilt er für seine weitere Arbeit, ob ein jeweiliges Ziel aufgrund der vorgeschriebenen Kontrollen erfüllbar ist - vorausgesetzt, auch die Funktionsprüfung ergibt einen positiven Befund – bzw. welche konzeptionellen Kontrollschwächen bestehen.

3. Bestätigungsschreiben

Eine Besonderheit der Wirtschaftsprüfung – etwa im Vergleich zur steuerlichen Betriebsprüfung (Außenprüfung) – sind *Bestätigungsschreiben*. Durch ein solches bestätigt ein außerhalb des zu prüfenden Unternehmens stehender Dritter, z.B. ein Geschäftspartner, auf Anfrage hin einen ihm zuvor benannten rechnungslegungs- und prüfungsrelevanten Sachverhalt oder er versagt die Bestätigung. Typischerweise wird die Bestätigungsanfrage vom zu prüfenden Unternehmen unter Kontrolle des Wirtschaftsprüfers und nach dessen Auswahl angefordert. Adressat der Antwort ist der Prüfer selbst, nicht das Unternehmen, damit dieses dem Prüfer Ergebnisse nicht vorenthalten kann. Klassisches Beispiel eines Bestätigungsschreibens ist die *Saldenbestätigung*, bei der der Geschäftspartner um Bestätigung eines ihm mitgeteilten Forderungs- oder Verbindlichkeitssaldos oder, sollte der Saldo unrichtig sein, um dessen Nicht-Bestätigung gebeten wird. Zur Aufklärung von Fehlern enthält die Anfrage zweckmäßigerweise nicht nur den Saldo als solchen, sondern auch die einzelnen ihn bildenden offenen Posten.

Bei der vorgeschilderten *„positiven Bestätigungsmethode"* wird vom Adressaten unabhängig vom Bestätigungsergebnis eine Rückantwort erwartet. Die positive Methode erlaubt bei einer Nichtantwort eine wiederholte Anfrage. Wird eine Antwort nur für den Fall der Nichtübereinstimmung erbeten, spricht man von der *„negativen Methode"*. Eine ausbleibende Rückantwort ist bei dieser jedoch nicht als Übereinstimmung einzuordnen, da ein Adressat zur Antwort nicht verpflichtet ist und er die Anfrage nicht einmal zur Kenntnis genommen haben muss. Anfragen können sich nicht nur auf konkretisierte, als „zutreffend" oder „nicht zutreffend" zu beantwortende Sachverhalte beziehen, sondern auch aus offenen Fragen bestehen; etwa wenn der Adressat um Übermittlung des aus seiner Sicht zutreffenden, ihm aber dem Werte nach nicht bekannt gegebenen Saldos gebeten wird *(„offene* oder *neutrale Bestätigungsmethode")*. Auch die offene Methode erlaubt eine wiederholte Anfrage. Neben einfach zu beantwortenden konkretisierten oder offenen Anfragen gibt es aus mehreren oder vielen Einzelfragen bestehende Bestätigungsanfragen, die sich auch auf nicht-quantitative Sachverhalte beziehen und große Teile des jeweiligen Geschäftsverkehrs betreffen können. Beispiele sind Anfragen an Kreditinstitute (Bankbestätigungen); analog gibt es Rechtsanwalts-, Versicherungs-, Sachverständigenbestätigungen sowie Bestätigungen über bei Dritten gelagerte Vorräte.

4. Auswahlprüfungen, insbesondere Stichprobenprüfungen

Bei den meisten Prüffeldern scheiden aus Zeit- und Kostengründen *Vollprüfungen* als Untersuchung *aller* Elemente der jeweiligen Prüffelder aus. An ihre Stelle treten *Auswahlprüfungen*, zumal bei nicht besonders risikobehaftet erscheinenden Elementen. Die Elemente werden nach speziellen Kriterien ausgewählt (z.B. werden alle Buchwerte oberhalb einer gegebenen Grenze ausgewählt) oder auf einer Stichprobenbasis. Kontrollregelbefolgungen sind entsprechend i.d.R. nur in einer Auswahl testbar. Für *Stichprobenprüfungen* („Audit sampling") wird im Prüfungsstandard ISA 530 das *„statistical sampling"* (Stichprobenprüfungen im engeren Sinne) vom *„non-statistical sampling"* unterschieden. Die ISA präferieren keine der beiden Vorgehensweisen generell; vielmehr obliegt die Entscheidung situationsbezogen dem Prüfer. „Statistical sampling" ist die Anwendung von Stichprobenverfahren (im Sinne der statistischen Methodenlehre) und beruht auf einer *Zufallsauswahl* der Stichprobenelemente *und* deren Auswertung mithilfe von auf der Wahrscheinlichkeitstheorie beruhenden Methoden. Beim „non-statistical sampling", der „nicht-statistischen Stichprobenprüfung", sind die beiden vorgenannten Bedingungen nach den Maßstäben der statistischen Methodenlehre insgesamt nicht erfüllt, z.B. weil die Auswahl nur „aufs Geratewohl" stattfand oder/und weil das Urteil nicht (nur) auf einem im Sinne der Methodenlehre begründeten Schluss beruht. So kann z.B. das Urteil nicht nur durch die statistische Methode, etwa aufgrund der Hochrechnung der in der Stichprobe konkret gefundenen Fehler auf die Grundgesamtheit, getroffen werden, sondern auch aufgrund beruflicher Einschätzungen (*professional judgement*) des Prüfers bezüglich der gefundenen Fehler. Das Schrifttum zur Wahrscheinlichkeitstheorie und Statistik empfiehlt oder kennt keine „nicht-statistischen Stichproben". Gleichwohl sind diese in der Wirtschaftsprüfung gebräuchlich, weil sie zur Urteilsbildung und -begründung beitragen können, ohne den Prüfer unmittelbar festzulegen.

Im wirtschaftlichen Prüfungswesen ist ein großer Kreis statistischer Methoden anwendbar, jedoch werden Prüfer nur im Hinblick auf bestimmte, insbesondere einfach zu handhabende, homograde und heterograde Methoden geschult. Homograde Methoden analysieren Fehleranteile/Fehlerzahlen bzw. Anteile unzureichender Kontrollen; im heterograden Fall werden Fehler- bzw. Gesamtwerte untersucht. Fallbezogene Eigenentwicklungen statistischer Prüfungstechniken scheiden in praxi aus. Eine wichtige Eigenart von Unternehmensprüfungen ist das häufige Vorliegen nur weniger Fehler, die jedoch eine beträchtliche Höhe besitzen können (also das Vorliegen von Prüffeld-Grundgesamtheiten, die potenzielle „Ausreißerfehler" besitzen, ansonsten aber nur „Fehlerdifferenzen" i.H.v. von null aufweisen). Traditionell angewandte Stichprobentechniken, wie die Mittelwert- oder die Differenzenschätzung, haben Schwierigkeiten, das Ausreißerproblem bei von der Prüfungspraxis akzeptierten (nicht zu hohen) Stichprobenumfängen zu bewältigen. Deshalb wurde das sog. *Dollar-Unit Sampling* (DUS, Dollar-Unit-Stichprobenverfahren) entwickelt. Dieses ist nach dem Dollar als Geldeinheit derjenigen Länder benannt, in denen die Methode maßgeblich begründet wurde. Im Euro-Raum wird entsprechend in Euro-Einheiten gerechnet. Das DUS ist international sehr gebräuchlich. Gelegentlich finden sich auch andere Bezeichnungen, etwa *Monetary-Unit Sampling*. Beim DUS wird die Buchwert-Grundgesamtheit des Prüffeldes als aus Geldeinheiten bestehend interpretiert. Das Vorgehen ist durch eine buchwertproportionale Auswahlwahrscheinlichkeit der Prüfelemente und durch eine rechnerisch einfache Schätzung der Gesamtfehlerwerte von Prüffeldern gekennzeichnet. Praktizierte DUS-Techniken bewältigen allerdings Überbewertungsfehler (der vom Mandanten vorgelegte Buchwert ist größer als der Sollwert, der als zutreffend erkannte Wert) weit besser als Unterbewertungsfehler (der Sollwert ist größer als der Buchwert). Denn bei einem Unterbewertungsfehler „versteckt sich" ein potenziell großer Fehlerwert hinter seinem zu gering ausgewiesenen, die Auswahlwahrscheinlichkeit bestimmenden Buchwert. Für das wirtschaftliche Prüfungswesen gibt es – weder im heterograden, noch im homograden Fall - keine generell vorziehenswürdige statistische Methode; die Techniken sind also ihren Stärken und Schwächen gemäß fallabhängig auszuwählen.

Wirtschaftspsychologie – 1. → Arbeits- und Organisationspsychologie. – 2. Marktpsychologie. – 3. Psychologie der gesamtwirtschaftlichen Prozesse.

Wirtschaftspublizistik – 1. *Begriff*: Teilbereich der Publizistik, dessen Gegenstand Wirtschaft im weitesten Sinn ist. Als Wirtschaftspublizistik i.w.S. kann die Gesamtheit der öffentlichen Berichterstattung und Kommentierung von Wirtschaftsfragen gekennzeichnet werden. – 2. *Träger* der Wirtschaftspublizistik sind: (1) Der *Wirtschaftsjournalismus* in der Tagespresse, in Funk und Fernsehen, im Internet; (2) die *Wirtschaftsfachpresse* (Zeitschriften, Bücher, Websites etc.); (3) *amtliche und private Pressestellen,* soweit sie im Wirtschaftssektor engagiert sind (Unternehmen, Ministerien, Verbraucherinformationsstellen etc.); (4) die *Public-Relations-Abteilungen von Wirtschaftsunternehmen,* wobei die begriffliche Abgrenzung der in der Praxis oft ineinander übergehenden Kommunikationsprozesse → Public Relations (PR) (Öffentlichkeitsarbeit) und → Werbung relativ willkürlich bleiben muss.

Wirtschaftsraum – durch menschliche Aktivitäten organisierter und gestalteter Erdraum bzw. Landschaftsausschnitt, welcher durch bestimmte sozioökonomische Strukturmerkmale und funktionale Verflechtungen charakterisiert ist. Der Wirtschaftsraum hebt sich durch seine individuelle Struktur von dem ihn umgebenden Wirtschaftsraum ab. Im

Gegensatz zum → Wirtschaftsgebiet wird eine Abgrenzung des Wirtschaftsraums auf Basis politisch-administrativer Verwaltungseinheiten vermieden. Eine Ausgliederung nach Regions- oder Ländergrenzen erscheint nur bei makrogeografischer Betrachtungsweise (z.B. → EU, → NAFTA) als sinnvoll. Im Regelfall wird ein Wirtschaftsraum auf der Grundlage kleinräumig zur Verfügung stehender Daten (z.B. auf Gemeindebasis) abgegrenzt. – Der Wirtschaftsraum ist das *zentrale Forschungsobjekt der* → Wirtschaftsgeografie. Diese analysiert Wirtschaftsräume in zweierlei Hinsicht: (1) Strukturell wird das innere Gefüge der raumprägenden Elemente eines Wirtschaftsraums bez. seiner Lage- und Eigenschaftsdimensionen untersucht. (2) Funktionell werden Art, Intensität und Dynamik der das räumliche Wirkungsgefüge prägenden Verflechtungen und Systemzusammenhänge analysiert. – Im Mittelpunkt der Betrachtung steht die Erforschung der Relationen zwischen ökonomischen und anthropogenen Elementen bzw. zwischen Wirtschaft und naturräumlichen Strukturen mit dem Ziel der Erfassung und Erklärung räumlicher Ordnungssysteme und Organisationsformen. In jüngerer Zeit ist die umfassende Wirtschaftsraumanalyse hinter die Beschäftigung mit ausgewählten Teilfragestellungen zurückgetreten. So richtet sich das Interesse zunehmend auf die Erforschung der Bildung und Entwicklung regionaler Produktionscluster (→ Industriedistrikt, → Cluster) und deren Entwicklung in einem spezifischen soziokulturellen Kontext (→ kreatives Milieu, → Embeddedness, → relationale Wirtschaftsgeografie). Auch raumwirksame Aspekte der → Globalisierung und → neuen internationalen Arbeitsteilung werden zunehmend behandelt. Bes. Beachtung findet das Beziehungsgefüge zwischen globalen und lokalen Prozessen und Systemen (→ Glokalisierung).

Wirtschaftsrechnungen privater Haushalte – von der → amtlichen Statistik durchgeführte Erhebungen jährlicher (→ laufende Wirtschaftsrechnungen privater Haushalte) und mehrjährlicher (→ Einkommens- und Verbrauchsstichprobe (EVS)) Periodizität bei Haushalten (fast) aller Bevölkerungsschichten zur Ermittlung von Einkommens- und Verbrauchsstrukturen. Die Daten dienen als wichtige Informationsgrundlage für Steuer-, Sozial- und Familienpolitik und fließen u.a. in die → Volkswirtschaftliche Gesamtrechnung (VGR) und in die Berechnung von Verbraucherpreisindizes ein.

Wirtschaftsrecht – Es gibt keinen einheitlichen akzeptierten Begriff des Wirtschaftsrechts. Einen rechtlichen Anknüpfungspunkt bietet der Begriff des „Rechts der Wirtschaft" in Art. 74 Nr. 11 GG. Dazu zählen die Materien wirtschaftlicher Betätigung, die einerseits nach den Regeln des → Privatrechts organisiert *(Wirtschaftsprivatrecht)* werden und andererseits auch einer öffentlich-rechtlichen Normierung unterliegen *(Wirtschaftsverwaltungsrecht)*. Das Wirtschaftsprivatrecht ist der Inbegriff der → Rechtsvorschriften (Gesetze, Verordnungen), die den im Wirtschaftsleben handelnden Subjekten einen Rahmen für ihre Interaktionen untereinander setzen. Demgegenüber regelt das Wirtschaftsverwaltungsrecht das Verhältnis der am Wirtschaftsleben Beteiligten zum Staat, der mit seinen Behörden im Wege etwa der Zulassung, Genehmigung, Überwachung (sog. Eingriffsverwaltung), Förderung und Lenkung Einfluss nimmt. Zum Wirtschaftsprivatrecht in diesem Sinn gehören etwa das Handelsrecht, Gesellschaftsrecht, Kartellrecht, Wettbewerbsrecht, der gewerbliche Rechtsschutz; zum Wirtschaftsverwaltungsrecht etwa das Gewerberecht, Außenwirtschaftsrecht, öffentliche Preisrecht, Währungs-, Bank-, Börsenrecht, Bergbau-, Energie-, und Atomrecht, Subventionsrecht und das Recht der Wirtschaftstätigkeit der öffentlichen Hand.

Wirtschaftsrisiko → Betriebsrisiko.

Wirtschaftssektoren → Sektoren der Volkswirtschaft, → Kreislaufanalyse.

Wirtschaftssoziologie

von Prof. Dr. Jens Beckert und Dr. Sascha Münnich

I. Entwicklung

Die Untersuchung der Entwicklungsdynamik der kapitalistischen Gesellschaft stand im Zentrum der Soziologie während ihrer Gründungsphase als akademisches Fach (1890-1920). Karl Marx, Émile Durkheim, Georg Simmel und Max Weber entwickelten Gesellschaftstheorien, in denen das Zusammenspiel von Wirtschaft, Kultur und Sozialstruktur im Mittelpunkt stand. In Teilen sind diese Theorien eng verbunden mit der institutionalistischen Theorie der Historischen Schule.

Mit der Durchsetzung der Formalisierung der neoklassischen Wirtschaftstheorie in den 1920er- und 1930er-Jahren etablierte sich dann eine Arbeitsteilung zwischen Soziologie und Wirtschaftstheorie, in der die Soziologie sich vornehmlich mit eng umgrenzten Randbereichen der Wirtschaft beschäftigte. Der amerikanische Soziologe Talcott Parsons (1903-1979) stellte sich die Arbeitsteilung zwischen den beiden Fächern so vor, dass die

Ökonomie sich mit dem universellen Prinzip der Zweck-Mittel-Relation im individuellen Handeln beschäftigt, während die Soziologie die Ursprünge dieser Zwecke in den sozialen Werten suche. Diese Vorstellung passte sehr gut zu den westlichen kapitalistischen Gesellschaften der Nachkriegszeit, in denen die Ökonomie als politisch steuerbarer Apparat zur Erfüllung politisch gesetzter gesamtgesellschaftlicher Ziele erschien. Die Wirtschaftssoziologen in der Nachkriegszeit konzentrierten sich auf die Analyse der tayloristischen Arbeitsorganisation in den Unternehmen und der institutionellen Regulierung von Branchen und Sektoren.

Mit der Krise der keynesianischen Makrosteuerung und der beginnenden Deregulierung von Märkten am Ende der 1970er-Jahre traten jedoch die Fragen nach der Funktionsweise von Märkten, den Dynamiken des Wettbewerbs und den Entscheidungsprozessen von Unternehmen wieder ins Zentrum der Soziologie. Dies traf zusammen mit einer Krise des neoklassischen Paradigmas innerhalb der Wirtschaftstheorie: Die makroökonomischen Standardmodelle boten kaum Erklärungen für die zu beobachtende Stagflation und die immer forcierteren Krisendynamiken. Aus mikroökonomischer Perspektive stellten sich Herausforderungen wie das Prinzipal-Agenten-Problem, Moral Hazard und Informationsasymmetrien. Paradoxerweise ging diese Krise der Wirtschaftstheorie der Nachkriegszeit mit der Ausweitung ökonomischen Denkens in der Soziologie einher: Das wirtschaftswissenschaftlich inspirierte Rational-Choice-Modell drang in verschiedenste Bereiche der Soziologie vor. Dieser „ökonomische Imperialismus" veranlasste Soziologen zu einer Gegenreaktion: In der Auseinandersetzung mit wirtschaftlichen Phänomenen wollten sie zeigen, dass das ökonomische Handlungsmodell schon bei der Erklärung seines genuinen Gegenstandsbereichs Wirtschaft erhebliche Defizite aufweist. Damit aber begann die Soziologie, die von Talcott Parsons gezeichnete Abgrenzung der beiden Disziplinen zu überschreiten und sich wieder mit wirtschaftlichen Kernbereichen zu beschäftigen.

In den USA zeigte sich die Renaissance der Wirtschaftssoziologie zuerst in der Netzwerk- und Organisationsforschung. Eine zentrale Bedeutung für die neue Wirtschaftssoziologie erlangte der in einem einflussreichen Aufsatz von Mark Granovetter eingeführte Begriff der „Einbettung", mit dem der konstitutive Zusammenhang von wirtschaftlichem Handeln mit Netzwerkstrukturen, kognitiven Mustern und politischen Institutionen erfasst wird. In Europa setzte die Renaissance der Wirtschaftssoziologie erst in den neunziger Jahren ein. Seitdem ist sie eines der schnell wachsenden und erhebliche Aufmerksamkeit findenden Felder der Soziologie.

II. Begriff und Abgrenzung

Die Wirtschaftssoziologie betrachtet wirtschaftliches Handeln als eine Form sozialen Handelns. Im Unterschied zur modernen Wirtschaftstheorie geht sie nicht von der Nutzenkalkulation des Einzelnen aus. Ökonomische Entscheidungen und Transaktionen sind durch gesellschaftliche Einflüsse und kollektive Deutungsmuster geprägt. Soziale Herkunft, Normen, Routinen, Netzwerke, Organisationen und Institutionen gehen aus Sicht der Wirtschaftssoziologie nicht nur als Kosten in die rationale Kalkulation des Wirtschaftsakteurs ein, sondern schaffen erst die Handlungsorientierung der Akteure. Entsprechend werden Märkte und Unternehmen nicht als Aggregation individueller Entscheidungen verstanden, sondern als soziale Ordnungen mit Prägekraft für das wirtschaftliche Handeln. Darauf baut die wirtschaftssoziologische Kritik an den theoretischen Grundannahmen des Standardmodells der Wirtschaftstheorie auf:

1. Ungewissheit und Koordinationsprobleme

Der Homo oeconomicus der Wirtschaftstheorie trifft Entscheidungen nach Maßgabe der Nutzenmaximierung. Wirtschaftliche Entscheidungen sind aber sehr häufig Entscheidungen unter Ungewissheit, d.h. die Handlungsweisen und Reaktionen der anderen Akteure am Markt oder im Unternehmen sind für den Einzelnen nicht prognostizierbar. Auch die Bestimmung von Erwartungswerten oder Transaktionskosten löst das Problem nicht, da die Reaktionsweisen der anderen Marktteilnehmer in vielen Situationen ihrerseits zu komplex und instabil sind, um als Risiken mit einem stabilen Erwartungswert kalkulierbar zu sein. So lassen sich nutzenmaximierende Entscheidungen nicht rational kalkulieren und es entstehen systematische Koordinationsprobleme, die sich aus der nicht vorhersehbaren Kontingenz des Handelns der beteiligten Akteure und Veränderungen der Umwelt ergeben. Angesichts dieser Ungewissheit orientieren sich wirtschaftliche Akteure an Routinen, Netzwerken oder sozialen Normen und Institutionen. Dadurch bleibt ökonomische Rationalität immer auf einen sozial und kulturell definierten Raum als relevant erachteter Informationen beschränkt, der sich mit dem historischen Kontext und der konkreten Situiertheit der Handlung wandelt. Koordinationsprozesse auf Märkten und in Unternehmen können nicht aus den Einzelentscheidungen der Akteure abgeleitet werden, sondern nur durch Einbeziehung des sozialen Kontexts.

2. Das Problem instabiler Präferenzen

Nach dem wirtschaftstheoretischen Modell des Homo Oeconomicus treffen die Marktakteure ihre Entscheidungen auf Grundlage einer feststehenden Präferenzordnung, die die subjektive Wertordnung der Güter und Dienstleistungen widerspiegelt. Bewertungen und Präferenzen verändern sich jedoch endogen durch Interaktion auf dem Markt oder in Unternehmen. Werbung und Marketing, aber auch der situative, räumliche Kontext des Tauschs oder des Wettbewerbs beeinflussen, wie die Akteure Güter, Dienstleistungen und

Produktionsfaktoren bewerten und welche Preise zu zahlen sie bereit sind. Darüber hinaus sind diese Wertigkeiten nicht notwendigerweise den getauschten Objekten inhärent, sondern hängen auf vielen Märkten, wie etwa dem Kunst- oder Finanzmarkt, von dem Urteil von Experten und damit von einem komplexen Kommunikationsprozess ab. Dies bedeutet dann aber auch, dass die Trennung von fixer Präferenzordnung und situativer Entscheidung nicht aufrechterhalten werden kann, sondern dass die Präferenzen der Akteure sich kontextbedingt jederzeit ändern können.

3. Das Problem der Dynamik

Josef Schumpeter beschrieb, dass bedeutende Elemente der kapitalistischen Ökonomie wie Profit, Innovation, Wachstum und Krisen mit dem Gleichgewichtsmodell der Wirtschaftstheorie nicht erklärt werden können. An diese konzeptionelle Lücke der (statischen) Wirtschaftstheorie knüpft auch die Wirtschaftssoziologie an. Gerade für die moderne Wirtschaft sind die dynamischen Elemente von herausragender Bedeutung. Das gleiche gilt für wirtschaftliche Institutionen und Organisationen: Sie entstehen nicht unbedingt, wie etwa die Transaktionskostentheorie nahelegt, als effiziente Lösungen für Koordinationsprobleme, sondern ihre Entstehung und ihr Wandel folgen häufig Pfaden, die auf innere Dynamiken der Institutionen selbst oder auch äußere gesellschaftliche und politische Einflussnahme zurückgeführt werden können. Sie sind daher nicht unbedingt effizient und auch nicht stabil. So verschieben sich die Opportunitäten für Anbieter und Nachfrager auf dem Markt nicht nur durch exogene Schocks.

III. Forschungsfelder

1. Entstehung, Struktur und Entwicklung von Märkten

Einen Schwerpunkt wirtschaftssoziologischer Forschung bildet die Frage nach der Entstehung, der Stabilität und dem Wandel der sozialen Ordnung von Märkten. Harrison White hat die Struktur von Märkten als Resultat der gegenseitigen Beobachtung von Produzenten in einem Markt beschrieben. Auf Grundlage der so gewonnenen Informationen grenzen sie ihre Produkte durch Nischenbildung voneinander ab. Neil Fligstein analysiert die Bestrebungen der in einem Markt etablierten Unternehmen, den Markteintritt für neue Bewerber durch die Etablierung allgemeinverbindlicher kognitiver und institutioneller Standards zu erschweren. Jens Beckert hat beschrieben, wie ökonomische Koordinationsprobleme auf Märkten zur Orientierung an sozialen Normen, Institutionen und Routinen führen. Verschiedene Autoren betonen zudem die Rolle kultureller Deutungsmuster für die Ausgestaltung neuer Märkte und Produkte. So zeigt Frank Dobbin den Einfluss der institutionalisierten wirtschaftlichen Leitbilder auf die Ausgestaltung neuer Branchen am historischen Beispiel der Eisenbahnindustrie. Viviana Zelizer zeigt in ihren Studien zu Geld, Lebensversicherungen und der ökonomischen Bedeutung von Kindern, dass wirtschaftliches Verhalten kulturell indiziert ist und die Expansion des Marktprinzips der normativen Legitimierung bedarf.

2. Die soziale Konstruktion von Wert

Auf vielen Märkten lässt sich die Bewertung der Produkte nicht aus deren physischen Eigenschaften ableiten. Auf Produktmärkten für Kunst, Wein, Antiquitäten oder Mode ist der Wert der Güter selbst Ergebnis sozialer Prozesse, in dem Experten und politisch oder kulturell festgelegte Marker die Qualitätszuschreibungen der Marktteilnehmer beeinflussen. Dies illustrieren etwa die Arbeiten von George Akerlof, Patrik Aspers oder Lucien Karpik. Ein besonderer Fall ist hier der Finanzmarkt, auf dem Ratings und andere Verfahren der Risiko- und Chancenanalyse den Marktwert konstituieren. Auf Konsummärkten wandeln sich Marketingstrategien und Nachfrageverhalten zugunsten einer wachsenden symbolischen Aufladung von Produkten. Autoren wie David Stark oder Christoph Deutschmann beschäftigen sich vor dem Hintergrund der Frage des Wertes mit den Handlungsorientierungen von Unternehmern und den organisationsstrukturellen Voraussetzungen der Schaffung von Wert. Wann werden Investitionen als profitabel angesehen und wie lassen sich kreative Prozesse so organisieren, dass Innovationen wahrscheinlicher werden?

3. Die Performativität wirtschaftlichen Handelns

Vor allem europäische Autoren wie Michel Callon und Donald MacKenzie schreiben der Wirtschaftstheorie selbst einen Einfluss auf wirtschaftliches Handeln zu. Die aus der Technik- und Wissenschaftssoziologie stammende „Performativitätsthese" besagt, dass Akteure durch Sozialisations- und Lernprozesse die dem Modell entsprechende Art der Kalkulation übernehmen und somit erst zu den rationalen Entscheidern werden, die die Wirtschaftstheorie in ihren Prämissen bereits voraussetzt. Ökonomische Rationalität entsteht demnach als Produkt von Kognitionen. Herbert Kalthoff analysiert z.B., wie Banken Wissen über die wirtschaftliche Umgebung erzeugen und darauf ihre Modelle der Risikobewertung aufbauen. Marie-France Garcia-Parpet betrachtet die räumliche und institutionelle Einrichtung von Märkten als Vergegenständlichung von Marktmodellen.

4. Märkte und Institutionenregime

In der Politischen Ökonomie hat sich in den letzten Jahren die Analyse verschiedener Spielarten des Kapitalismus zu einem Schwerpunkt entwickelt. Beiträge zu dieser Debatte, wie etwa die Arbeiten von Peter Hall und

David Soskice zu den „Varieties of Capitalism" oder die breite Literatur zur Regulierung national und sektoral unterschiedlicher industrieller Beziehungen, zeigen die Prägekraft institutioneller Regeln der Ökonomie für die Wettbewerbsstrategien von Unternehmen. Verschiedene Wege zur Profitabilität sind denkbar. Typologisch wird dabei dem angelsächsischen marktliberalen Modell, das eher dem wirtschaftswissenschaftlichen Marktmodell entspricht, das Modell kontinentaleuropäischer koordinierter Marktökonomien gegenüber gestellt, mit seiner Struktur der Etablierung langfristiger Beziehungen zwischen Unternehmen, Arbeitnehmern und Finanzgebern. Die institutionellen Strukturen bestimmen die Entwicklungspfade der Ökonomien in der Frage von Innovation, technischem Wandel und der Reaktion auf Strukturwandel.

5. Die gesellschaftliche Bedeutung des Geldes

In den letzten Jahren haben sich Autoren wie Christoph Deutschmann, Geoffrey Ingham und Axel Paul mit der Rolle des Geldes in der modernen Gesellschaft auseinandergesetzt. Dabei nehmen sie eine Traditionslinie wirtschaftssoziologischer Forschung auf, die bereits bei Georg Simmel begonnen hat. Geld ist nicht einfach ein monetärer „Schleier" über den Transaktionen, wie es die Wirtschaftstheorie annimmt, wenn sie den Wirtschaftsprozess als reinen Gütertausch konzipiert. Geld hat als universales Medium des sozialen Zugangs und Sinnbild der Handlungsfreiheit in der kapitalistischen Gesellschaft eine besondere symbolische Bedeutung. Im Geld verselbständigt sich der ökonomische Wert und wird vielfachen sozialen Deutungsprozessen unterworfen, durch deren Analyse ein tieferes Verständnis der kalkulativen Praktiken wirtschaftlicher Akteure möglich wird. Dies zeigen auch Viviana Zelizers Arbeiten zur unterschiedlichen Deutung von Geldbeträgen nach ihrer Herkunft bzw. ihrem Verwendungszweck. Deutschmann zeigt darüber hinaus, dass die Frage des Geldes eine der wichtigsten Verbindungslinien zwischen der Wirtschaftssoziologie und einer größeren Theorie kapitalistischer Entwicklung bildet.

Wirtschaftsspionage → Betriebs- und Geschäftsgeheimnis.

Wirtschaftsstatistik – I. Gegenstand: Wirtschaftsstatistik ist ein Hauptanwendungsfeld der methodischen → Statistik mit fundamentaler Bedeutung für Politik und Gesellschaft. Wirtschaftsstatistik kann als Inbegriff der statistischen Methoden zur Beschreibung und Analyse von Strukturen und Prozessen des Wirtschaftsgeschehens definiert werden und umfasst auch die Ergebnisse des Einsatzes solcher Methoden.

II. Adressaten und Konsumenten: Die Untersuchungsziele der Wirtschaftsstatistik entstammen v.a. dem Informationsbedarf der Träger der Wirtschafts- und Sozialpolitik (z.B. Entwicklung der → Arbeitslosigkeit), aber auch der Unternehmungen (z.B. Entwicklung des → Außenhandel) oder der → Haushalte (z.B. Entwicklung der Lebenshaltungskosten; Verbraucherpreisindex für Deutschland).

III. Typische Probleme: In bes. Weise stehen Fragen der statistischen Begriffsbildung *(Kategorienlehre)* in der Wirtschaftsstatistik im Vordergrund, z.B. Begriffe wie Haushalt, → Einkommen. Hierbei sind aus der ökonomischen Theorie stammende Begriffe so weit wie möglich angesichts der Möglichkeiten und Grenzen der Vorgehensweisen der Wirtschaftsstatistik zu operationalisieren (→ Adäquation). Neben der Ermittlung von Umfängen und Strukturmerkmalen von Beständen wirtschaftlicher Einheiten *(Strukturstatistik)* gehört bes. die Erfassung von Verläufen, etwa Veränderungen von → Preisniveaus oder Unternehmensgrößen *(Prozessstatistik)*, zur Wirtschaftsstatistik.

IV. Träger: Hauptträger der Wirtschaftsstatistik ist die → amtliche Statistik Deutschlands [→ Statistisches Bundesamt (StBA); Landesämter; statistische Ämter der größeren Städte; Ministerien]. Hinzu kommen supranationale Institutionen wie → EU, UNO, → FAO oder → ILO. Daneben wird Wirtschaftsstatistik auch von den → Industrie- und Handelskammern (IHK), den Handwerkskammern, den → Arbeitgeberverbänden und den → Gewerkschaften durchgeführt. Ökonomische Analysen auf der Grundlage von Wirtschaftsstatistik werden überdies von mehreren → Wirtschaftsforschungsinstituten vorgenommen. Schließlich verfügen auch größere Unternehmen, bes. Finanzdienstleister, über Abteilungen, die wirtschaftsstatistische Daten ermitteln und vergleichen.

V. Hauptarbeitsgebiete: Die wichtigsten Gegenstände der Wirtschaftsstatistik sind: die Erwerbsbeteiligung der Bevölkerung (→ Erwerbstätigkeitsstatistiken), der Arbeitsmarkt (→ Arbeitsmarktstatistik), die Ermittlung des Preisniveaus und seiner Entwicklung (→ Preisstatistik), die Struktur und die Entwicklung der verschiedenen Wirtschaftszweige (→ Wirtschaftszweigsystematik), die Ermittlung von Einkommensgrößen und der Einkommensverteilung [→ Einkommens- und Verbrauchsstichprobe (EVS)], die Unternehmen und Arbeitsstätten (Arbeitsstättenzählung), der Außenhandel (→ Außenhandelsstatistik), Geld und Kredit (Kreditstatistik), Finanzen und Steuern (Finanzstatistik). Hinzu kommt das etwas anders strukturierte Gebiet der → Volkswirtschaftlichen Gesamtrechnung (VGR).

VI. Ausbildung: Wirtschaftsstatistik ist ein wesentlicher Bestandteil der Pflicht-Grundausbildung Statistik in den wirtschafts- und sozialwissenschaftlichen Studiengängen an Universitäten, Fachhochschulen und Berufsakademien. Darüber hinaus wird Wirtschaftsstatistik an vielen Universitäten auf fortgeschrittenem Niveau im Hauptstudium im Rahmen des Wahlpflichtfaches Statistik gelehrt.

Wirtschaftsstil – 1. *Charakterisierung:* Bezeichnung der → historischen Schule der Nationalökonomie zur Kennzeichnung und Klassifizierung von → Wirtschaftsordnungen, bes. auf Sombart und Spiethoff zurückgehend. Je nach Ausprägung der zur Bestimmung des Wirtschaftsstils herangezogenen Merkmale ergeben sich unterschiedliche (klassifikatorischer Aspekt) und im Zeitverlauf mit gewisser Regelmäßigkeit aufeinander folgende (entwicklungstheoretischer Aspekt) Wirtschaftsordnungen. – *Beispiele* für zugrunde gelegte Klassifikationsmerkmale: (1) Wirtschaftsgesinnung, Ordnung und Organisation des Wirtschaftens, Stand der Technik sowie ökonomisch relevanter Datenkranz (Sombart) oder (2) Wirtschaftsgeist, natürliche und technische Grundlagen des Wirtschaftens, Gesellschafts- und Wirtschaftsverfassung sowie Wirtschaftslauf (Spiethoff). – 2. *Kritische Einwände:* (1) Auswahl der jeweils zugrunde liegenden Merkmale und ihre Gewichtung gelten als nicht eindeutig bestimmbar und logisch zwingend. (2) Interdependenzen zwischen den einzelnen Merkmalen werden nicht ausreichend analysiert. (3) Die These der zwangsläufigen zeitlichen Abfolge unterschiedlicher Wirtschaftsstile steht im Widerspruch zur Variabilität und Offenheit des Entwicklungsprozesses. – Vgl. auch → Wirtschaftsstufen, → Wirtschaftsordnung.

Wirtschaftsstrafgesetz (WiStG 1954) – I.d.F. vom 3.6.1975 (BGBl. I 1313) m.spät.Änd. – *Inhalt:* Straf- und Bußgeldvorschriften für Zuwiderhandlungen gegen Vorschriften der → Sicherstellungsgesetze und → Preisvorschriften; Bußgeldvorschriften gegen Preiserhöhungen im Beruf oder Gewerbe, Mietpreiserhöhung und Preisüberhöhung bei der Wohnungsvermittlung. Weiter enthält WiStG Vorschriften über Einziehung und Abführung des → Mehrerlöses.

Wirtschaftsstrafkammer – Ein zur sachdienlichen Förderung oder schnelleren Erledigung in Strafsachen bei einem → Landgericht, evtl. auch für die Bezirke mehrerer Landgerichte, gebildete große Strafkammer, die ganz oder teilweise für → Wirtschaftsstraftaten zuständig ist (§ 74c GVG).

Wirtschaftsstrafrecht – Gesetzlich nicht fixierter Sammelbegriff für Straftatbestände, die → Wirtschaftsstraftaten zum Gegenstand haben.

Wirtschaftsstraftaten – 1. *Begriff:* Den Einzelnen, aber auch die Volkswirtschaft schädigende Straftaten nach der → Insolvenzordnung (InsO), dem gewerblichen Rechtsschutz, dem Urheberrecht, dem Wettbewerbs-, Gesellschafts-, Bank- und Kreditwesenrecht sowie nach dem Außenwirtschafts-, Devisen-, Steuer- und Zollrecht (z.B. Computerbetrug, Subventionsbetrug, Kapitalanlagebetrug, Kreditbetrug, Bankrott, Schuldnerbegünstigung, Veruntreuung). – 2. *Verfolgungsbehörde* ist die → Staatsanwaltschaft; zur Aburteilung sind als Spezialspruchkörper → Wirtschaftsstrafkammern eingerichtet; Aufzählung der Materien, die zu den Wirtschaftsstraftaten zählen, in § 74c GVG.

Wirtschaftsstruktur – 1. *Allgemein:* Struktur wird als Aufteilung einer ökonomischen Größe in relevante Teilaggregate bezeichnet. – 2. *Wirtschaftlich:* Als ökonomische Größe kommen viele Sachverhalte in Betracht, z.B. Sozialprodukt, Angebot, Nachfrage, Konsum, Investitionen, Beschäftigung, Export, Import, Märkte, Unternehmensgröße etc. – Häufig verwendet werden die Begriffe sektorale und regionale Wirtschaftsstruktur: (1) Unter *sektoraler Wirtschaftsstruktur* versteht man etwa die Anteile einzelner Sektoren (wie Verarbeitendes Gewerbe, Energie- und Wasserversorgung, Bergbau, Handel, Land- und Forstwirtschaft, öffentliche Dienstleister) am Sozialprodukt, die Verteilung der Erwerbstätigen auf Sektoren, oder die Aufteilung der Investitionen auf Sektoren. Bezieht sich die Analyse nicht auf den Vergleich zwischen Sektoren, sondern auf Aspekte innerhalb eines bestimmten Sektors, spricht man von intrasektoraler Struktur. (2) Unter *regionaler Wirtschaftsstruktur* versteht man die Verteilung der genannten Größen im geografischen Raum einer Volkswirtschaft. – Vgl. auch → Strukturpolitik.

Wirtschaftsstufen – 1. *Begriff:* Bezeichnung der Volkswirtschaftstheorie für das in der geschichtlichen Entwicklung der Wirtschaft sich wiederholende Muster des Industrialisierungsprozesses. Die Entwicklungsstadien werden nach Kriterien wie Produktionsweise, Art der Agrar- und Güterproduktion oder nach der Organisationsart des Tauschverkehrs eingeteilt. Vertreter solcher Typologien sind Marx, Hoffmann, Kuznets und Rostow. – 2. *Marx* unterscheidet fünf aufeinander folgende Stufen, die sich durch unterschiedliche Ausprägung von Produktivkräften und Produktionsverhältnissen voneinander unterscheiden (→ historischer Materialismus). – 3. Nach *Rostow* sind ebenfalls fünf Wirtschaftsstufen zu unterscheiden: (1) Die traditionelle Gesellschaft, deren Struktur- und Produktionsmöglichkeiten auf vornewtonscher Wissenschaft und Technik basieren. (2) Übergangsphase zur wirtschaftlichen Expansion, in der die Grundlagen für den wirtschaftlichen Aufstieg geschaffen werden, indem neue Wertvorstellungen sowie geeignete politische und wirtschaftliche Organisationsformen entstehen. (3) Der wirtschaftliche Aufstieg (Take-off-Phase), charakterisiert durch die Durchsetzung neuer Technologien in Landwirtschaft und Industrie und einen Anstieg der Investitionsquote auf über 10 Prozent des Nettoinlandsprodukts. (4) Die wirtschaftliche Reife (Mature Economy), erreicht etwa 60 Jahre nach Beginn des Aufstiegs und gekennzeichnet durch die institutionelle Anpassung der Gesellschaft an die Erfordernisse effizienter Produktionsmethoden, sowie durch die Vielfalt von Industriezweigen. (5) Der Massenkonsum, charakterisiert durch das Aufkommen des Wohlfahrtsstaates und der Massenproduktion dauerhafter Konsumgüter. Indikator dieses Stadiums ist die Produktion des

Automobils. – 4. *Beurteilung*: Die kritischen Einwände gegen eine derartige Sicht der historischen Entwicklung wirtschaftlichen → Wachstums richten sich hauptsächlich auf das starre Ablaufschema. Die Diskrepanzen in der Entwicklung einzelner Volkswirtschaften seien jedoch zu groß, als dass sie in ein allg. Schema gepresst werden könnten. – Im *Gegensatz* zu → Stufentheorien ist die Rostowsche Konzeption als Alternative zur marxistischen Auffassung der Entwicklung von Gesellschaften gedacht.

Wirtschaftssubjekt – selbstständiges Sozialgebilde mit einheitlichem Wirtschaftsplan, wie → Haushalte und → Unternehmungen. Sie sind Gegenstand der → Haushaltstheorie und der → Theorie der Unternehmung bzw. → Produktionstheorie. – Vgl. auch → Kreislaufanalyse.

Wirtschaftssystem – I. Begriff: uneinheitliche Verwendung des Begriffes Wirtschaftssystem und Abgrenzung zu → Wirtschaftsordnung in der wirtschaftswissenschaftlichen Literatur. – *Definitionen:* 1. Nach *Sombart* (→ historische Schule): Wirtschaftsweise einer Gesellschaft, determiniert durch Wirtschaftsgesinnung (Zwecksetzung und Verhalten der Wirtschaftssubjekte), Ordnung und Organisation des Wirtschaftslebens (Rechts-, Sitten- und Konventionalordnung) und realisierte Produktionstechnologien. – 2. Nach *Eucken (Ordoliberalismus,* → Freiburger Schule): Idealtypische Art und Weise der Lenkung des Wirtschaftens. Klassifikationskriterium ist für ihn, ob die Planung des Wirtschaftsgeschehens dezentral von den einzelnen privaten und öffentlichen Haushalten (→ Verkehrswirtschaft) oder von einer Zentralinstanz (→ Zentralverwaltungswirtschaft) durchgeführt wird. Zusammen mit den Marktformen (vollständige Konkurrenz, Teiloligopol, Oligopol, Teilmonopol, Monopol), den Formen der Geldentstehung (Warengeld, Kreditgeld) und den Hauptformen der Geldwirtschaft determiniert das Wirtschaftssystem (Form der Planung) die (marktwirtschaftliche) Wirtschaftsordnung. – *Wirtschaftsordnung* ist definiert als die Gesamtheit der jeweils realisierten Formen, in denen Haushalte und Unternehmen miteinander verbunden sind. Sie setzt sich aus verschiedenen Teilordnungen zusammen: Ordnung der Landwirtschaft, der gewerblichen Wirtschaft, des Verkehrswesens, der Arbeitsverhältnisse und des Geldwesens. Spätere Begriffserweiterung um die sittlichen und rechtlichen Determinanten des Wirtschaftsgeschehens (Hensel). – 3. Im Rahmen des heute vorherrschenden *systemtheoretischen Ansatzes der Sozialwissenschaften* bildet das Wirtschaftssystem den analytischen Oberbegriff. Unter einem → System werden eine Menge von Elementen, die in einem System- und Sinnzusammenhang stehen, die zwischen ihnen bestehenden Interdependenzen und die hieraus folgenden Abläufe verstanden (Systemtheorie). Das Wirtschaftssystem ist ein Teil des Gesellschaftssystems. Als Mindestklassifikation wird zwischen wirtschaftlichem, politischem und kulturellem Teilsystem unterschieden. – Die Menschen, Grundelemente eines jeden Gesellschaftssystems, werden je nach Handlungszweck ihrer Aktivitäten den einzelnen Teilsystemen zugeordnet; sie sind gleichzeitig Mitglieder aller drei Teilsysteme und diese gegenüber ihrer Umwelt jeweils offen, sodass Interdependenzen zwischen diesen einzelnen gesellschaftlichen Teilstrukturen bestehen. Handlungszweck des Wirtschaftssystems ist die Produktion von Gütern und Dienstleistungen. Die von den Menschen in ihrer Eigenschaft als Produzenten und/oder Konsumenten durchgeführten Aktivitäten formen den Wirtschaftsprozess; dieser wird bestimmt durch (1) die Wirtschaftsordnung, die die realisierte Form theoretisch möglicher Systemregelungen repräsentiert. Sie setzt sich zusammen aus der rechtlich fixierten → Wirtschaftsverfassung und der gewachsenen kulturellen und sittlich-moralischen Ordnung; (2) die Wirtschaftsfaktoren, die vorhandene → Ressourcen, → Humankapital und daneben wirtschaftsrelevante Daten (Klima, Größe eines Landes u.a.) umfassen.

II. Systemanalyse: Ziel ist die Ableitung der relevanten Systemstrukturen bzw. der Bestandteile des Wirtschaftssystems, die Bestimmung der möglichen Ausprägungen dieser Strukturen bzw. Bestandteile und die Ermittlung der Interdependenzen zwischen ihnen sowie ihres Einflusses auf den Wirtschaftsprozess. – *Ansätze:* 1. *Morphologischer Ansatz* (von Eucken begründet): Die einzelnen Bestandteile der jedes Wirtschaftssystem determinierenden Rahmenordnung werden ermittelt. Diese als Hauptformen genannten Teilordnungen (Ordnung der Planung, des Eigentums, der Märkte, des Wettbewerbs etc.) können in unterschiedlichen Ausprägungen (Elementarformen) realisiert werden. Jedes Wirtschaftssystem lässt sich so als Kombination unterschiedlicher Elementarformen klassifizieren; hinzu treten die rechtlichen und sittlich-moralischen Rahmenbedingungen. – *Weitere Erkenntnisse* können gewonnen werden: Welche theoretisch möglichen unterschiedlichen Elementarformen miteinander vereinbar bzw. unvereinbar sind; Folgerungen über die Legitimation (Konsensnorm, → Konstitutionenökonomik) und Effizienz realisierter Wirtschaftssystemen und die → Systemkonformität wirtschaftspolitischer Maßnahmen ausgehend von der Annahme, dass der Form der Planung (zentral oder dezentral) die wesentliche Bedeutung zukommt und sie die systemspezifische Festlegung der übrigen Elementarformen und deren Kombinationsmöglichkeiten determiniert. – 2. *Entscheidungstheoretischer Ansatz* (von Neuberger und Duffy begründet): Eine Reihe von Grundproblemen, die in jedem Wirtschaftssystem gelöst werden müssen, werden abgeleitet. Jedem dieser Aufgabenbereiche entspricht eine Teilstruktur des Wirtschaftssystem. Zu bestimmen sind: (1) Entscheidungsstruktur: Wie wird die Macht, wirtschaftlich relevante Entscheidungen treffen zu können, auf die Gesellschaftsmitglieder verteilt; (2) Informationsstruktur: Wie werden die wirtschaftlich relevanten Informationen gesammelt, gespeichert, bearbeitet und übermittelt; (3) Motivationsstruktur: Wie werden die Menschen zu Aktivitäten, die die gesamtwirtschaftliche Knappheitsminderung ermöglichen, motiviert; (4) Koordinationsstruktur: Abstimmung der einzelnen Aktivitäten; (5) Kontrollstruktur: Sicherstellung, dass die tatsächlichen Handlungen den ökonomischen Anforderungen entsprechen.

Wirtschaftstheorie → Volkswirtschaftstheorie.

Wirtschaftstreuhänder – früherer, z.T. derzeit noch gebräuchlicher Begriff für → Wirtschaftsprüfer (WP) in Österreich. Heute bes. üblich als Oberbegriff für die der Kammer der Wirtschaftstreuhänder (Österreich) zugeordneten Berufsgruppen Wirtschaftsprüfer, Steuerberater, Buchprüfer.

Wirtschaftstypen → Unternehmungstypen.

Wirtschafts- und Sozialausschuss der EU (WSA) – Abk. für *Wirtschafts- und Sozialausschuss der EU (WSA)*. – 1. *Gegenstand:* Der WSA (Art. 13 IV EUV-Lissabon, Art. 300 II, IV und Art. 301-304 AEUV) ist ein sog. *Hilfsorgan* der → EU. Er dient durch die Abgabe sog. Stellungnahmen der Beratung des → Rats der Europäischen Union und der → Europäischen Kommission. – 2. *Zusammensetzung:* Der WSA setzt sich aus Vertretern der wichtigsten Interessengruppen (Unternehmen, Gewerkschaften, Verbraucher, Branchenverbände, Berufsverbände, Landwirte etc.) des wirtschaftlichen und sozialen Lebens innerhalb der Gemeinschaft zusammen; diese sind drei verschiedenen Obergruppen zugeordnet (Arbeitgeber, Arbeitnehmer, übrige Bereiche des wirtschaftlichen und sozialen Lebens). In Gestalt des WSA sind die maßgeblichen mitgliedsstaatlichen und transeuropäischen Verbände in den politischen Willensbildungsprozess und in das Rechtssetzungsverfahren der EU eingebunden. – 3. *Mitglieder:* Der WSA besitzt seit dem 1.1.2007 344 Mitglieder. Deren nationale Verteilung ergibt sich derzeit aus dem in Art. 7 des Protokolls Nr. 36 zum EUV (ex-Art. 258 EGV) festgelegten Schlüssel (der in ziemlich losem Zusammenhang zur unterschiedlichen Größe der Mitgliedsstaaten steht). Mit dem → Vertrag von Lissabon wird die Höchstzahl der Mitglieder durch Art. 301 AEUV auf 350 beschränkt (der Schlüssel ergibt sich dann aus einem neu zu fassenden Beschluss des Rates). Die meisten Vertreter haben Deutschland, Frankreich, Italien und Großbritannien mit jeweils 24 Mitgliedern. Die Mitglieder des WSA werden von den jeweiligen nationalen Interessenverbänden nominiert und auf Vorschlag der nationalen Regierungen für die Dauer von vier Jahren vom Rat persönlich (*ad personam*) ernannt (nach Inkrafttreten des AEUV auf die Dauer von fünf Jahren). Die Wiederernennung ist zulässig. Die Mitglieder des WSA sind an Weisungen nicht gebunden und üben ihre Tätigkeit in voller Unabhängigkeit zum allg. Wohl der EU aus. – 4. *Bedeutung:* Vor einer Entscheidung über einen (Gesetzgebungs-) Vorschlag der Europäischen Kommission ist das jeweilige Projekt und der dazugehörige Entwurf zunächst dem → Europäischen Parlament und – in der Mehrzahl der Fälle – auch dem WSA zur → Stellungnahme zu unterbreiten. Die Stellungnahmen des WSA spiegeln die Auffassungen der beteiligten Gruppen zu einem Gesetzgebungsvorhaben wider; die Stellungnahmen binden aber weder den Rat noch die Europäische Kommission und sie besitzen auch keine aufschiebende Wirkung. Nachhaltige Akzente konnte der WSA in der Vergangenheit in Gestalt des Entwurfs für die sog. → EU-Sozialcharta setzen. Im Laufe der Zeit hat sich eine wachsende Zahl von Interessenverbänden außerhalb des WSA „europäisch" organisiert, um die eigenen Anliegen unmittelbar an die Europäische Kommission und den Rat der Europäischen Union heranzutragen.

Wirtschafts- und Sozialkybernetik – Die Wirtschaftskybernetik widmet ihr Forschungsinteresse den dynamischen Systemen Unternehmung und Volkswirtschaft. – Die *Vorgehensweise* der Wirtschafts- und Sozialkybernetik besteht in einer schrittweisen Detaillierung (Disaggregation) der Systembeschreibung bis zu einem Erklärungsmodell, das die Zusammenhänge zwischen den wirtschaftlichen Entscheidungen und den problemrelevanten Prozessen beschreibt. Die Systembeschreibung erfordert eine auf den betrachteten Realitätsausschnitt bezogene Struktur- und Verhaltensanalyse, an die sich die theoretische und empirische Modellbildung anschließt. Auf dieser Basis erfolgt die Ermittlung des optimalen oder auch des anspruchsniveau-gerechten Verhaltens der Entscheidungsträger mit Optimierungskalkülen oder Simulations-Tests zur Vorgabe von Sollwerten oder Sollwert-Pfaden für die konkreten Aufgaben in der Praxis. Die Anwendung der Wirtschafts- und Sozialkybernetik bietet somit die Möglichkeit, dynamische Entscheidungsprobleme unter Ungewissheit theoretisch und empirisch zu erforschen und in Modelle zu überführen. Dem Entscheidungsträger wird dadurch eine Entscheidungshilfe für alle Phasen seines Entscheidungsprozesses (Planung, Realisation, Überwachung) gegeben. Die Operationalisierung komplizierter Systeme ist möglich, bes. durch schrittweise Erweiterung der Modelle (Modelltechnik) und die Einbindung von Kostenüberlegungen durch die Bewertung der einzelnen Systemelemente. Es lassen sich stochastische Relationen berücksichtigen und die Modelle sind bei Verwendung des Regelprinzips ex definitione flexibel, da sie den veränderten Informationsstand bei Entscheidungen in der Zukunft berücksichtigen und Zieländerungen im Zeitablauf erfassen können. Viele wirklichkeitsfremde Prämissen reiner Planungsmodelle lassen sich durch die Anwendung der Wirtschafts- und Sozialkybernetik abbauen.

Wirtschafts- und Sozialwissenschaftliches Institut in der Hans-Böckler-Stiftung – von der Hans Böckler Stiftung, einer Stiftung des DGB, getragenes Wirtschaftsforschungsinstitut

(→ Wirtschaftsforschungsinstitute); Sitz in Düsseldorf. – *Arbeitsgebiete:* Wirtschafts-, Arbeitsmarkt- und Strukturpolitik sowie Sozial-, Tarif- und Mitbestimmungspolitik.

Wirtschafts- und Währungsunion → EWWU, → EU, → Wirtschaftsunion, → Währungsunion.

Wirtschaftsunion – Zusammenschluss von selbstständigen Staaten zu einem gemeinsamen Wirtschaftsgebiet mit binnenmarktgleichen Verhältnissen (multinationale, gemeinschaftliche → Volkswirtschaft; in der EU: → Einheitlicher Binnenmarkt). Die Verwirklichung einer Wirtschaftsunion erfolgt im Wege einer stufenweisen Harmonisierung der Außen- und Binnenwirtschaftspolitik der Mitgliedssstaaten sowie ihrer → Sozialpolitik. Ein Großteil der nationalen Rechtsordnung wird durch → supranationales Recht ersetzt oder diesem angepasst. – *Beispiel:* → EWWU.

Wirtschaftsverband → Verband.

Wirtschaftsverfassung – 1. *Begriff:* Der Begriff stammt aus der jüngeren → historischen Schule und wurde dort meist gleichbedeutend mit verwandten Begriffen wie → Wirtschaftsstil, → Wirtschaftsstufe, → Wirtschaftssystem oder → Wirtschaftsordnung gebraucht. Aufgegriffen wurde er in den 1930er-Jahren von Vertretern der → Freiburger Schule (Böhm, → Eucken), die ihn zur Bezeichnung eines eigenständigen Wirtschaftsverfassung-Konzepts benutzten. – Rechtswissenschaft und Volkswirtschaftlehre haben in der Folge unterschiedliche Schwerpunkte bei der Diskussion dieses Konzepts gesetzt. Grundsätzlich trägt das Konzept in all seinen unterschiedlichen Ausprägungen der Tatsache Rechnung, dass alle Interaktionsprozesse im Rahmen des gesellschaftlichen Wirtschaftens durch Regeln gesteuert werden. Soweit diese Regeln durch den Staat gesetzt sind (externe → Institutionen), lassen sie sich als Teil der Wirtschaftsverfassung bezeichnen. – a) *Ökonomisch* wird zwischen einem deskriptiven und einem funktionalen Wirtschaftsverfassungsbegriff unterschieden: (1) Der *deskriptive Begriff* umfasst alle durch den Gesetzgeber erlassenen Rechtsregeln, die in Form von Ge- und Verboten die ökonomischen Aktivitäten der Rechtssubjekte beeinflussen. (2) Der *funktionale Begriff* bezieht sich auf diejenigen Rechtsregeln, die für ein bestimmtes Wirtschaftssystem, i.d.R. die → Marktwirtschaft, als konstitutiv gelten. – b) Die *juristische* Diskussion von Wirtschaftsverfassung konzentriert sich auf den deskriptiven Begriff und unterscheidet: (1) Wirtschaftsverfassung i.e.S. bezieht sich ausschließlich auf die entsprechenden Regeln, die in der Verfassungsurkunde festgehalten sind. (2) Wirtschaftsverfassung i.w.S. erstreckt sich zusätzlich auf alle anderen wirtschaftlich relevanten und in sonstigen Gesetzen und Verordnungen fixierten Regelungen. – 2. *Leitgedanken des Konzepts der Wirtschaftsverfassung:* Ausgangspunkt der funktionalen Sicht von Wirtschaftsverfassung waren die Arbeiten von Böhm und Eucken, die Wirtschaftsverfassung übereinstimmend als „Gesamtentscheidung über die Ordnung des Wirtschaftslebens eines Gemeinwesens" bezeichnen (→ Ordnungsökonomik). Sie beziehen diese „Gesamtentscheidung" auf ihre idealtypische Unterscheidung von → Marktwirtschaft und → Zentralverwaltungswirtschaft, um darauf hinzuweisen, dass die unterschiedlichen Systemeigenschaften dieser Wirtschaftssysteme entsprechend unterschiedliche rechtliche Beziehungen und Rechtsregeln implizieren. Dies ermöglicht umgekehrt eine analytische Verknüpfung von deskriptivem und funktionalem Begriff: Wirtschaftsverfassung im funktionalen Sinn kann bei der Analyse real beobachtbarer Wirtschaftsverfassungen im deskriptiven Sinn als Referenzmaßstab dienen, um die funktionale Qualität der beobachtbaren Rechtsregeln zu beurteilen. In diesem Sinn lassen sich also z.B. Aussagen darüber treffen, inwieweit die Wirtschaftsverfassung der Bundesrepublik Deutschland den funktionalen Anforderungen einer marktwirtschaftlichen Wirtschaftsverfassung entspricht. Darüber hinaus sind Aussagen über die möglichen Folgen einer Diskrepanz zwischen Referenzmaßstab und zu beobachtender Wirtschaftsverfassung ableitbar. – 3. *Inhalte einer marktwirtschaftlichen Wirtschaftsverfassung:* Die funktionalen Anforderungen einer marktwirtschaftlichen Wirtschaftsverfassung ergeben sich aus grundlegenden Eigenschaften eines marktwirtschaftlichen Systems. Danach müssen die Regeln dazu beitragen, Selbstkoordination und Selbstkontrolle zu erleichtern bzw. zu sichern. Sie müssen dabei so ausgestaltet sein, dass die Handlungsfreiheit der ökonomischen Akteure gewährleistet und ihr Wissensbedarf reduziert wird. Diese Anforderungen können unter den Begriff der *Universalisierbarkeit* subsumiert werden. Universalisierbare → Regeln sind: (1) *Allg. gültig,* d.h. sie finden ausnahmslos und unbefristet auf alle Wirtschaftssubjekte Anwendung; (2) *offen oder abstrakt,* d.h. sie untersagen nur solche Handlungen, die für die Handlungsfreiheit anderer als erheblich erkannt wurden, und lassen damit eine unbekannte Zahl von Handlungsmöglichkeiten zu; (3) *bestimmt oder gewiss,* d.h. auf ihr Fortbestehen kann vertraut werden, und sie untersagen nur solche Handlungen, die von Umständen abhängen, die zu kennen oder festzustellen vernünftigerweise von den Betroffenen erwartet werden kann. – Vor dem Hintergrund des konstitutionellen Wissensmangels (ähnlich → Schleier der Unwissenheit) aller Wirtschaftssubjekte erfüllt die Universalisierbarkeit von Rechtsregeln zwei *Funktionen:* Danach gestaltete Regeln stabilisieren Erwartungen und halten das Marktsystem offen für neu entwickelte Handlungsmöglichkeiten. – In diesem Sinn liegt der Zweck einer marktwirtschaftlichen Wirtschaftsverfassung darin, institutionelle Vorkehrungen zur Sicherung von marktlicher Selbstkoordination und Selbstkontrolle bereitzustellen. *Selbstkoordination* erfordert, dass durch den Gesetzgeber: (1) Private Eigentumsrechte als Tauschobjekte und als Elemente der Begrenzung individueller Einflusssphären definiert und gesichert werden, welche von den Inhabern derartiger Rechte in eigener Verantwortung genutzt werden können; (2) die Autonomie aller Wirtschaftssubjekte in dem Sinn hergestellt wird, dass ihnen gleicher Rechtsstatus verliehen wird. Dies veranlasst sie, in all jenen Fällen, in denen sie bei der Verfolgung ihrer individuellen (wirtschaftlichen) Ziele auf die Zusammenarbeit mit anderen angewiesen sind, ihre Wirtschaftspläne nur durch Aushandeln von Verträgen zu koordinieren; (3) die wirtschaftliche Freiheit privater Akteure garantiert wird, indem ihnen entsprechende wirtschaftliche Grundrechte gewährt werden, die vor staatlicher Einflussnahme geschützt sind. Die Selbstkoordination dezentral handelnder ökonomischer Entscheidungsträger erfordert also die Herstellung und Sicherung dessen, was Hume als „Sicherheit des Besitzes, Übertragung durch Zustimmung und Erfüllung von Versprechungen" beschrieben hat. Die entsprechenden Rechtsregeln sind wichtige Bestandteile des Privat- bzw. Bürgerlichen Rechts. Selbstkontrolle durch die Vornahme von Wettbewerbshandlungen erfordert Handlungsfreiheit. Diese Freiheit schließt die Möglichkeit ein, sich nicht wettbewerblich zu betätigen. Sie kann aber ebenso benutzt werden, um die Wettbewerbsfreiheit anderer einzuschränken. Solche Handlungen sind möglichst zu verhindern (s. auch konstituierende Prinzipien, → Freiburger Schule). – 4. *Wirtschaftsverfassung des Grundgesetzes:* Im Sinn des deskriptiven Begriffs wurde in den ersten Jahren der Bundesrepublik Deutschland heftig darüber diskutiert, ob das Grundgesetz eine bestimmte Wirtschaftsverfassung vorschreibt. Auf der einen Seite wurde, bes. von *Nipperdey,* argumentiert, das Grundgesetz gewährleiste die Wirtschaftsverfassung der → Sozialen Marktwirtschaft. Die andere Seite, vertreten v.a. durch *Abendroth* und *Krüger,* postulierte die „wirtschaftspolitische Neutralität des Grundgesetzes": Danach setze das Grundgesetz dem Gesetzgeber keinerlei Schranken bei der Ausgestaltung der Wirtschaftsverfassung es lasse also eine liberale wie eine sozialistische Wirtschaftsverfassung zu. Das *Bundesverfassungsgericht* hat sich in seinem sog. Investitionshilfeurteil von 1954 weder der einen noch der anderen Auffassung angeschlossen. Es hat dem Gesetzgeber allerdings einen weiten Ermessensspielraum zugestanden, soweit dieser die im Grundgesetz festgelegten Grenzen beachtet. Diese bestehen zum einen in der Gewährung wirtschaftlicher Freiheitsrechte durch die Verfassung (v.a. (wirtschaftliche) Handlungsfreiheit, Berufsfreiheit, Eigentumsfreiheit), zum anderen im Sozialstaatlichkeitspostulat des Grundgesetzes. In dem Sinn sind nur die „reine" Marktwirtschaft und die Zentralverwaltungswirtschaft durch das Grundgesetz ausgeschlossen. – Aus ökonomischer Sicht ist der Streit über die Wirtschaftsverfassung. des Grundgesetzes von geringer Bedeutung. Aufgrund seiner inhaltlichen Unbestimmtheit dürfte das Konzept einer sozialen Marktwirtschaft mit den vom Bundesverfassungsgericht niedergelegten Grundsätzen im Wesentlichen übereinstimmen.

Wirtschaftsweise – auch als fünf Wirtschaftsweise bezeichnet; Mitglieder des → Sachverständigenrates zur Begutachtung der gesamtwirtschaftlichen Entwicklung (SVR).

Wirtschaftswert – Begriff des Steuerrechts für den bei der Bewertung des → land- und forstwirtschaftlichen Vermögens festzustellenden Wert des Wirtschaftsteils eines land- und forstwirtschaftlichen Betriebs.

Wirtschaftswissenschaften

von Prof. Dr. Dr. h.c. mult. Horst Albach

I. Gegenstand, Geschichte und besondere Entwicklungen

1. Gegenstand

Gegenstand der Wirtschaftswissenschaften ist die Erforschung von Gesetzmäßigkeiten in der Wirtschaft. Unter Wirtschaft wird der rationale Umgang mit knappen Gütern (→ Gut) verstanden. Güter sind sowohl reale Güter als auch Dienstleistungen, die zur Befriedigung menschlichen Bedarfs dienen. Ist der Vorrat an Gütern hinreichend, um den gesamten darauf gerichteten Bedarf stets zu befriedigen, dann handelt es sich um freie Güter. Übersteigt dagegen der Bedarf den Vorrat an Gütern oder Dienstleistungen, dann wird von knappen Gütern und Dienstleistungen gesprochen. Dabei kann es sich um private oder öffentliche Güter handeln. Nur diese bilden den Gegenstand der Wirtschaftswissenschaften. Ein Anliegen der Wirtschaftswissenschaften ist demnach die Erforschung wirtschaftlicher Erscheinungen und ihrer Zusammenhänge bei der Verteilung der knappen Güter auf die einzelnen Individuen und Gemeinschaften sowie der Auswirkungen historischer Verteilungen auf die Gegenwart. Ein zweites Anliegen der Wirtschaftswissenschaften betrifft die Analyse der Ziele und Mittel zur Gestaltung wirtschaftlicher Prozesse und Strukturen.

2. Geschichte

Die Geschichte der Wirtschaftswissenschaften in ihrer heutigen Gestalt ist relativ jung. Im Altertum und im Mittelalter waren wirtschaftliche Lehrmeinungen an philosophische und theologische Systeme gebunden. Für die gegenwärtigen Wirtschaftswissenschaften hat z.B. die Nikomachische Ethik des Aristoteles wieder große Bedeutung erlangt. Im 18. Jahrhundert entstand unter dem Einfluss der Physiokraten (→ Physiokratie) und Kameralisten (→ Kameralismus) eine säkularisierte Wirtschaftswissenschaft. Sie stand jedoch unter staatspolitischen Zielsetzungen, da sie ihre Hauptimpulse von dem Interesse der absoluten Fürsten an Systemen der Wirtschaftsverwaltung erhielt. Mit dem Aufkommen liberalistischer Ideen (→ Liberalismus) befreiten sich die Wirtschaftswissenschaften aus dieser staatspolitischen Bindung. Die modernen Wirtschaftswissenschaften behandeln vorwiegend marktwirtschaftliche Ordnungen. Die wissenschaftliche Bindung der Wirtschaftswissenschaften an die Lehre vom Staat (Staatswissenschaften, Nationalökonomie) blieb jedoch so stark, dass lediglich Volkswirtschaftslehre und Finanzwissenschaft als Disziplinen im Rahmen der Wirtschaftswissenschaften angesehen wurden. Daneben hat sich auch die Public Choice Theorie (→ Neue Politische Ökonomie) zu einem selbstständigen Gebiet der Wirtschaftswissenschaften entwickelt. Die Betriebswirtschaftslehre entwickelte sich zunächst außerhalb der Universitäten. Die Idee zur Gründung von Handelshochschulen lässt sich bis auf Marperger 1715 zurückverfolgen. Eine der bedeutendsten war die Handlungsakademie von Hamburg, die Johann Georg Büsch von 1768 bis 1800, seinem Todesjahr, leitete. Die Handelswissenschaft wurde um die Jahrhundertwende zum 20. Jahrhundert an den Handelshochschulen wieder belebt. In weiten Bereichen ist heute eine Integration der Betriebswirtschaftslehre mit der Volkswirtschaftslehre vollzogen.

Einige wissenschaftstheoretische Ansätze bezweifeln die Selbstständigkeit der Wirtschaftswissenschaften im Bereich der Sozialwissenschaften und versuchen eine stärkere Integration der Wirtschaftswissenschaften mit den anderen Zweigen der Sozialwissenschaften herbeizuführen. Dieser Prozess ist noch nicht abgeschlossen. Teilweise gewinnen aber auch gegenteilige Bestrebungen an Einfluss, die eine rückgängige Abwicklung dieser Integration anstreben, da sie die Anreiz-Theorie mittlerweile als Pseudo-Psychologie auffassen.

II. Gliederung

1. Systematische Gliederung

Die Interdependenzen der sozialen Tatbestände erschweren eine systematische Gliederung der Sozialwissenschaften und damit eine Abgrenzung der Wirtschaftswissenschaften von den anderen Sozialwissenschaften. Die Abgrenzung kann anhand eines methodologischen und zum anderen anhand eines theoretischen Kriteriums vorgenommen werden.

Methodologisch sind die Wirtschaftswissenschaften gegenüber den Nachbardisziplinen aufgrund einer wissenschaftseigenen Forschungsmethode abgegrenzt worden. Danach kennzeichnen sich die Wirtschaftswissenschaften durch ein induktives Vorgehen bzw. durch eine bestimmte Kombination von → Induktion und → Deduktion. Dieses Abgrenzungskriterium kann heute nicht mehr aufrechterhalten werden. Die allgemeine Methode der Wirtschaftswissenschaften entspricht den in anderen empirischen Wissenschaften verwendeten Forschungsmethoden.

Die *theoretische Selbstständigkeit* der Wirtschaftswissenschaften kann jedoch aus ihrem Erkenntnisobjekt abgeleitet werden. Erkenntnisobjekt ist die Wirtschaft. Wirtschaft kennzeichnet sich durch Knappheit der Güter und ökonomisches Prinzip (→ Wirtschaftlichkeitsprinzip). Dieses Kriterium ermöglicht eine Abgrenzung gegenüber den vorwiegend technischen oder medizinischen Nachbarwissenschaften wie der Betriebswissenschaft, der Arbeitswissenschaft, der Physiologie und der Psychologie. Auch gegenüber der → Soziologie ist das ökonomische Prinzip als Abgrenzungskriterium verwendbar, wenn es in der weniger strengen Form des Rationalitätsprinzips verwendet wird. Während sich die Soziologie und die Psychologie mit allen Erscheinungen menschlichen und gesellschaftlichen Verhaltens beschäftigen, untersuchen die Wirtschaftswissenschaften die Formen, in denen knappe Güter rational verteilt und verwendet werden. Die Frage, unter welchen soziologischen und psychologischen Bedingungen das Rationalitätsprinzip eine empirisch relevante Hypothese ist, stellt ein Problem dar, an dem neben wirtschaftswissen-schaftlichen Disziplinen auch Nachbarwissenschaften mitarbeiten.

2. Historische Gliederung

Die Gliederung der Wirtschaftswissenschaften selbst ist vorwiegend historisch und weniger wissenschaftssystematisch vorgenommen worden.

Die Wirtschaftswissenschaften können in der *herkömmlichen Weise* in die Disziplinen Volkswirtschaftslehre (einschließlich Finanzwissenschaften) und Betriebswirtschaftslehre gegliedert werden. Diese beiden Gebiete werden teils funktionell, teils institutionell weiter aufgeteilt. Die für den heutigen Stand der Wirtschaftswissenschaften repräsentativen Sammelwerke legen folgende Gliederung zugrunde: → Allgemeine Betriebswirtschaftslehre: Unternehmensleitung, Personalwirtschaft, Beschaffung, Fertigung, Absatz,

Finanzwirtschaft, Kontrolle (Rechnungswesen), Institutionelle Spezialfragen; Volkswirtschaftslehre: → Volkswirtschaftstheorie, → Finanzwissenschaft, Wirtschaftspolitik (→ Allgemeine Wirtschaftspolitik), → Statistik, → Ökonometrie, → Wirtschaftsgeschichte, → Wirtschaftsgeografie, Versicherungswissenschaft. Als Randgebiete der Wirtschaftswissenschaften werden die wirtschaftlich relevanten Teile des Rechts, ferner Soziologie, → Betriebssoziologie, und → Wirtschaftspsychologie behandelt.

Die durch die historische Entwicklung bedingte und in anderen Ländern u.a. des angelsächsischen Bereichs unbekannte Unterscheidung von Volks- und Betriebswirtschaftslehre hat sich weder sachlich noch methodologisch ganz behaupten können. Es bestehen daher Tendenzen, beide Disziplinen in einer einheitlichen Wirtschaftswissenschaft aufgehen zu lassen. Eine Gliederung der Wirtschaftswissenschaften unter dem Gesichtspunkt der Einheitlichkeit wird wie folgt vorgenommen: *Wirtschaftstheorie* (→ Volkswirtschaftstheorie): Allokationstheorie, → Verteilungstheorie, → Produktionstheorie, → Preistheorie, → Geldtheorie, Theorie der öffentlichen und betrieblichen Finanzen, → Konjunkturtheorie und → Beschäftigungstheorie, → Wachstumstheorie, Informationstheorie, betriebliche → Personalwirtschaft, Planungstheorie.

Wirtschaftspolitik (→ Allgemeine Wirtschaftspolitik): Wirtschafts- und Sozialpolitik, spezielle Wirtschaftspolitik, Unternehmenspolitik. → Empirische Wirtschaftsforschung: empirische Verhaltensforschung (Konsumentenverhalten, Unternehmerverhalten), Organisationsforschung, empirische Kostenuntersuchungen etc., → Wirtschaftsgeschichte, Wirtschaftsgeographie. In den USA wird in den Economics Departments zwischen Macroeconomics und Microeconomics unterschieden. Daneben bestehen Business Schools bzw. Graduate Schools of Management, in denen auch die Nachbardisziplinen vertreten sind.

Ob sich eine solche Einteilung der Wirtschaftswissenschaften angesichts der zahlreichen Probleme, die von betont volkswirtschaftlicher Art (Zahlungsbilanztheorie, Geldtheorie, Wachstumstheorie) bzw. vorwiegend betriebswirtschaftlicher Art (Führungs- und Kontrollinstrumente der Unternehmen, absatzpolitische Instrumente, Lagerung, Arbeitsvorbereitung, Steuerlehre, Wirtschaftsprüfung etc.) sind, durchsetzen wird, erscheint fraglich. Die Verschulung der Ausbildung in den Wirtschaftswissenschaften hat zu Lehrplänen geführt, die bestimmte Fächer vorschreiben (z.B. Unternehmensethik) und andere ausgrenzen (z.B. Organisationssoziologie).

Eine Gliederung der Wirtschaftswissenschaften kann auch unter dem Gesichtspunkt der *Information* vorgenommen werden. Man unterscheidet:

Die Theorie → vollkommener Information: In diesem Falle haben die Akteure an den Märkten vollkommene Information. An den Güter- und Kapitalmärkten bilden sich Gleichgewichtspreise (Volkswirtschaftslehre: Markttheorie). Die Preise können von den Unternehmen als Datum genommen werden (Betriebswirtschaftslehre: Produktion, früher auch Finanzierung).

Die Theorie → unvollkommener Information: In diesem Fall besteht Unsicherheit über die zukünftige Entwicklung der Wirtschaft (Umfeldrisiko), und es besteht Unsicherheit über die Aktionen und Reaktionen der Wettbewerber (strategische Unsicherheit). In diesem Fall sind die Gleichgewichtspreise das Ergebnis der strategischen Interdependenz der an den Märkten Handelnden. Die Betriebswirtschaftslehre behandelt nun Probleme, die früher der Volkswirtschaftslehre vorbehalten waren (Preisbildung auf Beschaffungs- und Absatzmärkten, Zinsbildung auf Kapitalmärkten). Die Volkswirtschaftslehre konzentriert sich auf makroökonomische Probleme (Wachstum, Währung, Konjunktur und Verteilung).

Die Theorie normierter Information: In diesem Fall werden Verfügungsrechte (Handlungsrechte und Haftungsrechte) definiert und normiert, um die Kosten von Vertragsverhandlungen durch Einschränkung der Wahlmöglichkeiten zu begrenzen. Damit wird auch die Rechtsordnung zu einer Entscheidungsvariablen der Wirtschaftswissenschaft. *Beispiel:* Die Wahl der Rechtsformen von Unternehmen (Corporate Governance). Hier geht es um die Ordnung der Machtverhältnisse zwischen Eigentümern, Managern und Belegschaft von Unternehmen. Diese Ordnung ist Teil der gesamten Rechtsordnung eines Staates. Die Rechtswissenschaft untersucht, welche Rechtsformen in normierter Form bereitgestellt werden können und welche konsistent mit der gesamten Rechtsordnung sind. Der Betriebswirt wählt diejenige Rechtsform, die mit möglichst niedrigen Transaktionskosten (Transaktionskostentheorie) verbunden ist, und gestaltet die Unternehmensorganisation insgesamt so, dass das Unternehmen strategische Wettbewerbsvorteile am Markt erzielen kann. Der Volkswirt untersucht die Wettbewerbsfähigkeit von Unternehmen in den verschiedenen Rechtsordnungen und bestimmt diejenige Wirtschaftsordnung, die den höchsten Wohlfahrtsgewinn verspricht.

Innerhalb der *wirtschaftswissenschaftlichen Theorie* lassen sich heute zwei verschiedene Typen unterscheiden:

→ Entscheidungstheorien gehen i.Allg. von einem gegebenen rationalen Verhalten (Gewinn- oder Nutzenmaximierung) aus und fragen, ob und mit welchen Mitteln dieses Ziel zu erreichen ist. Im Rahmen dieser Theorien werden zwei Hauptprobleme behandelt:

Operationalität der Ziele und Kompatibilität von daraus abgeleiteten Unterzielen mit den Hauptzielen. *Aufstellung von Plänen* bzw. Bestimmung der optimalen Entscheidung. Hierfür sind neben den traditionellen

Verfahren der Lösung solcher Optimierungsprobleme moderne Methoden entwickelt worden (Planungsrechnung, Verfahrensforschung u.a.). Entscheidungstheorien können in vier Gruppen eingeteilt werden: statische Theorie bei sicheren Erwartungen, statische Theorie bei unsicheren Erwartungen, dynamische Theorie bei sicheren Erwartungen, dynamische Theorie bei unsicheren Erwartungen. Man kann die Entscheidungstheorien auch als Finalanalyse bezeichnen. Die → Spieltheorie hat inzwischen in der Entscheidungstheorie zentrale Bedeutung gewonnen.

Erklärungstheorien versuchen, bestimmte Erscheinungen der wirtschaftlichen Wirklichkeit aus dem Verhalten der Wirtschaftssubjekte (Unternehmer, Haushalte, Staat) zu erklären. Erklärungstheorien sind nur so gut wie die Daten, die zum empirischen Test der jeweils getesteten Theorie verwendet werden. Größte Vorsicht ist geboten, wenn die Datensätze nicht aus der Amtlichen Statistik oder aus jedem zugänglichen und überprüfbaren Quellen (z.B. Geschäftsberichten) stammen. Wenn die Daten nicht jedes Jahr ergänzt (die Zeitreihe verlängert wird) werden, dann haben die Folgerungen, die aus einer solchen obsoleten Datenbasis gezogen werden, keinerlei Erklärungswert, nicht einmal für die Wirtschaftsgeschichte.

III. Methoden

1. Allgemein

Unter Methode wird der versachlichte, gedanklich objektivierte, auf andere Personen übertragbare und von ihnen reproduzierbare *Gang der Gewinnung wissenschaftlicher Erkenntnis* verstanden. Nach älterer Auffassung kennzeichnen sich die Naturwissenschaften durch die nomothetische, die Kulturwissenschaften, zu denen die Wirtschaftswissenschaften gerechnet werden, durch die ideographische Methode. Eine solche Unterscheidung erscheint heute angreifbar. Auch die Behauptung, dass die Wirtschaftswissenschaften als Erfahrungswissenschaften sich der induktiven Forschungsmethode bedienen, um zu wissenschaftlicher Erkenntnis zu gelangen, wird seit den Arbeiten von Popper und Albert nicht mehr vertreten.

2. Methode als Prozess

Nach moderner Auffassung stellt die Gewinnung wissenschaftlicher Erkenntnis einen Prozess dar, der aus zwei Grundoperationen besteht: Der Bildung von Hypothesen und ihrer Überprüfung.

- *Hypothesen* sind theoretische Aussagen über die Wirklichkeit, die überprüft werden müssen. Auf welche Weise sie gewonnen werden, entzieht sich wissenschaftlicher Erkenntnis. Fantasie und Einfallsreichtum der Wissenschaftler sind hierfür entscheidend.

Bei der *Überprüfung der Hypothesen* müssen objektive, wissenschaftliche Methoden angewandt werden. Eine Hypothese besteht aus zwei Teilen: ursprünglichen Aussagen (Prämissen) und abgeleiteten Aussagen (Theoreme). Theoreme werden nach den logischen Gesetzen der Deduktion aus den Prämissen abgeleitet.

– Die *ursprünglichen Aussagen eines Modells* (Prämissen) stellen theoretische Aussagen dar. Wissenschaftliche Regeln der Identifikation geben an, ob die Übereinstimmung zwischen diesen Prämissen und den empirisch feststellbaren Tatsachen hinreichend groß ist. Hierzu gehören Regeln über die Gewinnung von Tatsachenkenntnis und über die Aufbereitung des Materials durch Analyse, isolierende oder generalisierende Abstraktion und statistische Verarbeitung.

– Die *aus den Prämissen abgeleiteten Theoreme* müssen an den empirischen Tatsachen überprüft werden. Hierfür wurden in der traditionellen Methodologie Regeln der Verifikation angegeben. Heute hat sich das Kriterium der Falsifizierbarkeit von Theoremen (Popper) durchgesetzt. Danach ist eine Theorie solange gültig, wie sie nicht an den empirischen Tatsachen scheitert. Je mehr sich eine Theorie behauptet, und zwar trotz angestrengter Suche nach ihr widersprechenden empirischen Fakten, desto größer ist ihr Bewährungsgrad. Es ist eine Frage wissenschaftlicher Konvention, welcher Bewährungsgrad die Annahme oder Ablehnung einer Theorie zur Folge haben soll.

3. Mathematische Methode

Die mathematische Methode ist keine eigentliche Forschungsmethode der Wirtschaftswissenschaften. Sie ist eine von vielen Methoden, zu Erkenntnissen über Gesetzmäßigkeiten in der Wirtschaft zu gelangen. Der Prozess der Mathematisierung der Wirtschaftswissenschaften schien in den sechziger Jahren des vorigen Jahrhunderts abgeschlossen (Wilhelm Krelle, Erich Gutenberg). Inzwischen sind Zweifel an ihrer Leistungsfähigkeit für Wirtschaftspolitik und Unternehmenspolitik entstanden (Kölner Makroökonomie-Streit, Bonner Mikroökonomiestreit). Denn wer die Aussagen, die er mithlfe abstrakter mathematischer Modelle entwickelt, für Aussagen über die wirtschaftspolitische Wirklichkeit und zukünftiger Ereignisse hält, handelt fahrlässig und muss sich mit gewissem Recht dem Vorwurf stellen, in skrupelloser Weise der für die Beurteilung der Realität notwendigen Bodenhaftung zu entbehren.

Gleichwohl: Die Verwendung der Mathematik ist aus den Wirtschaftswissenschaften nicht wegzudenken. Sie hat drei Vorteile:

– Sie stellt durch die Verwendung von Symbolen eine formalisierte und damit kürzere Sprache als die verbale Ausdrucksweise dar. Bei exakter Definition der verwendeten Symbole werden die Vieldeutigkeiten der verbalen Sprache ausgeschieden.

– Sie enthält bereits ein eingehend erforschtes System logischer Regeln, welche die Ableitung von Theoremen aus den Prämissen eines Modells erleichtern. Bei komplexen und interdependenten wirtschaftlichen Tatbeständen sind die modernen mathematischen Methoden geeignet, überprüfbare Theoreme abzuleiten. Das gilt besonders für die Spieltheorie. Mit ihrer Hilfe kann kooperatives und kompetitives Verhalten kurzfristig und langfristig in seinen Wechselwirkungen untersucht werden. Dabei geht es um die Existenz einer oder mehrerer Lösungen und um die Bestimmung einer individuell optimalen Lösung.

– Die Mathematik wird nicht nur zur Gewinnung von Aussagen, sondern auch zu ihrer Überprüfung eingesetzt. Bei der Identifikation und Falsifizierung von Hypothesen spielt die Ökonometrie eine entscheidende Rolle. Sie ist gekennzeichnet durch die kombinierte Anwendung mathematisch-ökonomischer und mathematisch-statistischer Forschungsmethoden. Sie bietet die Möglichkeit, auf der Grundlage empirischer Beobachtungen Interdependenzen zwischen einzelnen wirtschaftlichen Tatbeständen zu überprüfen.–Vgl. auch → Volkswirtschaftstheorie.

4. Historische Entwicklung

Unter dem Einfluss des Bologna-Prozesses hat sich die Lehre der Wirtschaftswissenschaften stark verändert, stofflich wie methodisch. Stofflich haben sie die Wirtschaftswissenschaften in Richtung der amerikanischen Unterscheidung von Makroökonomie und Mikroökonomie verändert. Methodisch ist die Mathematisierung in beiden Bereichen weiter fortgeschritten. Das hat in Deutschland zur Folge, dass die Ordnungspolitik in den Hintergrund tritt. Die Diskussion zwischen deutschen und amerikanischen Wirtschaftswissenschaftlern über die Bedeutung der Inflationspolitik bei der Bewältigung der Euro-Krise zeigt das deutlich.

In der Mikrotheorie sind vor allem die Spieltheorie und die Principal-Agent-Theorie zu bedeutenden Methoden der Forschung und der Lehre geworden. Im Jahre 1994 erhielt Reinhard Selten den Nobelpreis für Wirtschaftswissenschaften. Man muss darin die Bestätigung sehen, dass die Spieltheorie kein Glasperlenspiel für Mathematiker ist. Sie ist eine Methode zur Analyse des Verhaltens von Agenten auf Märkten mit wenigen Anbietern (und Nachfragern). Während Adam Smith vollkommene Märkte (mit sehr vielen anonymen Unternehmen und Konsumenten) untersuchte, behandelt die Spieltheorie Märkte mit wenigen Anbietern (Oligopole) und Nachfragern, die sich untereinander gut kennen. Man unterscheidet kooperative und nicht kooperative Spiele und einfache und wiederholte Spiele. Die Annahme opportunistischen Verhaltens (homo homini lupus) der Partner am Markt ist dabei problematisch. In der Wirklichkeit dürfte opportunistisches Verhalten selten vorkommen. Auf lange Frist kann es sich kein Anbieter leisten, Schwächen des Partners konsequent zum eigenen Vorteil auszunutzen.

IV. Wirtschafts- und Unternehmensethik

Der Streit über die Axiome, mit denen die Akteure am Markt bei der Entwicklung ihrer Modelle arbeiten, hat die Wirtschaftsethiker ebenso wie die Unternehmensethiker auf den Plan gerufen. Es ging dabei um die Frage, ob die Zielfunktion in mikroökonomischen Modellen Gewinnmaximierung bzw. Maximierung des Wohlstands einer Gesellschaft angenommen werden dürfe, und zwar auch dann, wenn dieses Verhalten zu Lasten des Partners gehe. Man erkannte, dass es im langfristigen Interesse jedes Unternehmens liegt, sich moralisch einwandfrei zu verhalten. In diesem Zusammenhang wurde das Buch „Moral Sentiments" von Adam Smith zu einer wichtigen Ergänzung des Werkes „The Wealth of Nations." Auf übersichtlichen Märkten, auf denen jedes Unternehmen seine Kunden gut kennt (Stammkunden), maximiert jedes Unternehmen seinen eigenen Nutzen, der aus dem eigenen Gewinn und der eigenen Freude darüber besteht, dass der Unternehmer seinen Kunden einen guten Dienst erwiesen hat (Das ist kein Altruismus! Akerlof hat gezeigt, dass Altruismus die höchste Form des Egoismus ist). Bei einer Vielzahl von Kunden sorgt die „unsichtbare Hand des Wettbewerbs" dafür, dass die Interessen der Kunden befriedigt werden.

V. Schlussbemerkung

Gegenwärtig wird vielfach behauptet, die Wirtschaftler oder genauer: Die Wirtschaftswissenschaftler hätten bei der Prognose, dass eine tiefgreifende Krise bevorstünde, versagt. Aus bestimmter Perspektive spricht einiges dafür, in ihrem gegenwärtigen Tun selbst eine der Ursachen der Krise zu sehen.

wirtschaftswissenschaftliche Politikberatung – 1. *Zielsetzung:* Erhöhung der Rationalität in der Wirtschaftspolitik durch den Einbezug wirtschaftswissenschaftlichen Sachverstands in den Entscheidungsprozess. Der Informationsstand der Politiker in der Entscheidungsvorbereitung und der Erfolgskontrolle soll erhöht und die kritische Beurteilung des Entscheidungsverhaltens wirtschaftspolitischer Entscheidungsträger erleichtert werden. Die Entscheidung selbst bleibt in der Verantwortlichkeit der Politiker. – 2. *Probleme:* Wissenschaftler werden durch ihre Beratertätigkeit zu Einflussträgern der Wirtschaftspolitik; dies beinhaltet die Möglichkeit zur gezielten Einflussnahme, ohne einer parlamentarischen Kontrolle zu unterliegen. Die kritische Distanz des Wissenschaftlers zum Politiker wird evtl. verringert; die Kritikfunktion der Beratung wird geschwächt. Divergierende wissenschaftliche Auffassungen ermöglichen es Politikern, durch eine gezielte Vorauswahl von Beratern scheinbar objektive Argumente für präferierte Entscheidungsmöglichkeiten zu „produzieren". – 3. *Beispiel:* → Sachverständigenrat zur Begutachtung der gesamtwirtschaftlichen Entwicklung (SVR).

Wirtschaftszweig – Zusammenfassung produzierender institutioneller Einheiten nach einer in der EU verbindlichen Klassifikation der Wirtschaftsbereiche (→ Wirtschaftzweigsystematiken). Die Zuordnung einzelner Produktionseinheiten zu einem Wirtschaftszweig erfolgt nach dem Schwerpunkt der wirtschaftlichen Tätigkeit, i.d.R. gemessen an der Beschäftigtenzahl.

Wirtschaftszweigsystematiken – Systematiken zur einheitlichen Einordnung der wirtschaftlichen Aktivität von Unternehmen, Betrieben und anderen statistischen Einheiten. Aus deutscher Sicht relevante Klassifikationen sind die → ISIC der Vereinten Nationen, die → NACE der EU und die → WZ der Bundesrepublik Deutschland. – Vgl. auch → Klassifikationen, → Güterklassifikationen.

Wisdom of the Crowd → Web 2.0.

Wissen – die Gesamtheit der Kenntnisse und Fähigkeiten, die Individuen zur Lösung von Problemen einsetzen. Wissen basiert auf → Daten und → Informationen, ist im Gegensatz zu diesen aber immer an eine Person gebunden.

Wissensakquisition → Knowledge Engineering (KE), → Wissensmanagement.

wissensbasiertes System – in der → Künstlichen Intelligenz (KI) ein → Programm oder ein → Softwaresystem, in dem das problemspezifische → Wissen explizit und getrennt von problemunabhängigem Wissen repräsentiert wird. Der Begriff wird auch häufig als Synonym für → Expertensystem verwendet.

Wissensbasis – *Knowlegde Base;* Menge des in einem → wissensbasierten System gespeicherten problemspezifischen → Wissens. Bes. häufig wird der Begriff im Zusammenhang mit wissensbasierten → Expertensystemen verwendet. – Vgl. auch → Wissensrepräsentation, → Expertenwissen.

wissenschaftliche Betriebsführung → Taylorismus.

Wissenschaftlicher Beirat der Bundesregierung Globale Umweltveränderung (WBGU) – von der Bundesregierung 1992 ins Leben gerufenes unabhängiges interdisziplinäres Expertengremium zur periodischen Begutachtung der globalen Umweltveränderungen und ihrer Auswirkungen; Geschäftsstelle in Berlin. Der WBGU besteht aus neun Wissenschaftlern, die natur- und gesellschaftswissenschaftliche Disziplinen vertreten. Sie werden vom Bundeskabinett auf Vorschlag von den Ministern für Bildung und Forschung (BMBF) bzw. Umwelt, Naturschutz und Reaktorsichrheit (BMU) für vier Jahre berufen (Wiederberufung möglich). – Der Beirat legt der Bundesregierung jährlich ein Gutachten vor und kann von ihr mit Sondergutachten beauftragt werden. Das weit gefächerte Aufgabenfeld umfasst z.B. globale Umweltveränderungen auf den Gebieten Klima, Ozonabbau, Tropenwälder und sensible terrestrische Ökosysteme, sozioökonomische Folgen globaler Umweltveränderungen.

wissenschaftliche Revolution → Paradigma.

wissenschaftlicher Sozialismus → Sozialismus.

wissenschaftliche Wirtschaftspolitik → Allgemeine Wirtschaftspolitik.

Wissenschaftsrat – unabhängiges Gremium, mit dem die Zusammenarbeit des Bundes, der Länder und der dt. wissenschaftlichen Institutionen bei der Förderung von Wissenschaft und Forschung gesichert werden soll. Geschäftsstelle mit Sitz in Köln. Errichtet aufgrund eines Verwaltungsabkommens zwischen Bund und Ländern vom 5.9.1957.

Wissenschaftstheorie → Methodologie.

Wissensdomäne – in der → Künstlichen Intelligenz (KI) ein abgegrenztes Wissensgebiet; das Fachgebiet, das auf ein → wissensbasiertes System (→ Expertensystem) abgebildet wird.

Wissensentdeckung in Datenbanken – deutscher Begriff für → Knowledge Discovery in Databases (KDD).

Wissenserwerbskomponente – *Akquisitionsmodul;* Bestandteil eines → Expertensystems, der es dem Domain Expert ermöglicht, die → Wissensbasis eigenständig im Dialog zu erweitern, ohne dass er Kenntnis über die spätere systeminterne Repräsentation des → Wissens haben muss, auf die Hilfe des Wissensingenieurs (Knowledge Engineer) angewiesen ist oder selbst „programmieren" muss.

Wissensmanagement

von Prof. Dr. Jetta Frost

Wissensmanagement beschäftigt sich mit dem Erwerb, der Entwicklung, dem Transfer, der Speicherung sowie der Nutzung von Wissen. Wissensmanagement ist weit mehr als Informationsmanagement (z.B. Beerheide/ Katenkamp 2011). *Information* ist die notwendige Voraussetzung zur Generierung von Wissen. Deshalb kann man Informationen wie andere Güter handeln, Wissen hingegen nicht. Information ist ein Fluss von Nachrichten und bedeutet *Know-what.* Wissen hingegen entsteht nicht durch eine Anhäufung von Informationen, sondern erst durch die Verknüpfung der Informationen mit bereits vorhandenem Vorwissen, d.h. *Know-why.* Informationen werden erst dann zu Wissen transformiert, wenn sie auf dem Hintergrund von Vorwissen interpretiert und Bestandteil der persönlich verfügbaren Handlungsschemata werden (Kogut/ Zander 1992). Deshalb kann Wissen nicht wie Informationen gekauft oder verkauft werden. Wissen muss auch jene Fähigkeiten umfassen, die Kommunikation und Interaktion erst ermöglichen, ohne dass sie jedoch explizit formuliert werden können. Dies führt zur Unterscheidung zwischen explizitem und implizitem Wissen.

Explizites Wissen ist formulierbares und reproduzierbares Wissen. Es kann ohne Schwierigkeiten durch eine formale, systematische Sprache vermittelt werden, etwa durch Wörter und Zahlen. Es kann in seiner Anwendung logisch nachvollzogen und beschrieben werden und stellt deshalb spezifisches oder methodisches Wissen dar.

Implizites Wissen hingegen hat eine persönliche Qualität, durch die es nur schwer formalisierbar und vermittelbar ist. Es ist verborgenes, nicht artikulierbares Wissen. Zudem ist es stark in den damit verknüpften Handlungen, Verpflichtungen und Mitwirkungen innerhalb eines spezifischen Kontextes begründet. M. Polanyi erklärt in seiner Theorie des impliziten Wissens menschliches Erkennen mit dem Satz, „dass wir mehr wissen, als wir zu sagen wissen“ (Polanyi 1985:14).

Wissen und damit auch implizites Wissen setzt bei den subjektiven Wahrnehmungsprozessen der Individuen an. Unternehmensinterne und -externe Informationen werden von den einzelnen Organisationsmitgliedern wahrgenommen und selektiert. Der Erwerb von Wissen kommt erst durch die Interpretation dieser Informationen und die Verknüpfung mit bereits vorhandenem Vorwissen zustande.

Individuelles, explizierbares Wissen wird auch als *„embrained knowledge“* bezeichnet. Es ist ein bewusstes Wissen, das von den eigenen konzeptionellen Fähigkeiten abhängt und bewusst aktiviert werden kann, z.B. fachspezifisches Wissen. Dieses Wissen kann durch Regeln, Anweisungen oder Informations- und Kommunikationstechnologien übertragen werden.

Individuelles, implizites Wissen wird auch als *„embodied knowledge“* bezeichnet. Es ist ein aktionsorientiertes Wissen und resultiert im Schwerpunkt aus bereits getätigten Erfahrungen. Dazu gehören kognitive Fähigkeiten, wie mit Konzepten und Erfahrungen umzugehen ist, aber auch Fertigkeiten wie die Feinmotorik einer Zahnärztin oder die Fähigkeit, auf einem Seil tanzen zu können. Die Übertragung dieses Wissens setzt intensive Interaktionsprozesse voraus und kann nicht durch Weisungen angeordnet oder durch den Preismechanismus gesteuert werden.

		Ontologische Dimension	
		individuelles Wissen	kollektives Wissen
epistemologische Dimensionen	explizites Wissen	„embrained knowledge“ bewusste, verbalisierbare Fähigkeiten und Kompetenzen	„encoded knowledge“ in Regeln. „Verfahrensrichtlinien“ kristalisiertes Wissen
	implizites Wissen	„embodied knowledge“ verinnerlichtes Können	„embedded knowledge“ in organisationalen Routinen und „mentalen Modellen“ verankertes Wissen

Individuelle und kollektive, organisatorische Wissensarten (Quelle: Lam 2000:491ff.; vgl. auch Blackler 1995)

Allerdings stellt die Summe des expliziten und impliziten Wissens, über das die einzelnen Organisationsmitglieder verfügen, per se noch kein organisatorisches Wissen dar. Organisatorisches Wissen entsteht erst aus der *koordinierten Zusammenarbeit* der Organisationsmitglieder. Die Einbettung der individuellen Kenntnisse und Wissensbestände in spezifische „organisatorische Settings" ist Voraussetzung, um aus dem Wissen der einzelnen Organisationsmitglieder organisatorisches Wissen zu entwickeln (z.B. Hecker 2012; Nonaka 1994). Dieses kollektive Wissen kann ebenfalls explizit oder implizit ausgeprägt sein.

Explizites, kollektives Wissen wird als *„encoded knowledge"* bezeichnet. Dieses Wissen besteht in Unternehmen in Form von Regeln und Verfahrensrichtlinien, die in einem Unternehmen zur Anwendung kommen. Ihren Ausdruck finden sie bspw. in organisationalen Leitbildern, Organigrammen, Führungsgrundsätzen oder in vom Unternehmen verfolgten strategischen Konzepten. Dieses Wissen ist dokumentierbar.

Implizites, kollektives Wissen wird als *„embedded knowledge"* bezeichnet. Es kommt in Unternehmen vor allem in Form von organisationalen Routinen sowie von den Organisationsmitgliedern geteilten „mentalen Modellen" vor. Damit sind die von den Organisationsmitgliedern implizit verwendeten Handlungs- bzw. Alltagstheorien gemeint.

Heutzutage gilt in Unternehmen insbesondere implizites Wissen als Quelle nachhaltig verteidigungsfähiger Wettbewerbsvorteile (z.B. Eisenhardt/ Santos 2002). Es ist besonders schwer imitierbar, falls es gelingt, dieses Wissen in Wissensmanagementprozessen organisatorisch zu verankern. Dazu reicht eine Anhäufung und Speicherung von vielen Informationen oder die Beschäftigung von Mitarbeitenden mit Spezialistenwissen nicht aus. Individuelles, implizites Wissen ist zwar Grundlage des Wissensmanagements, stellt jedoch für sich genommen noch keinen nachhaltigen Wettbewerbsvorteil für Unternehmen dar, weil einzelne Wissensträger abgeworben werden können. Zwar lassen sie in diesem Fall große Teile ihres expliziten Wissens in Form von Aufzeichnungen zurück. Ihr implizites individuelles Wissen geht dem Unternehmen aber verloren.

Die japanischen Organisationswissenschaftler Nonaka und Takeuchi (1995) haben mit der so genannten „Wissensspirale" das bekannteste Modell des Wissensmanagements entwickelt. Im Kern geht es darum, dass erst der kontinuierliche Austausch zwischen explizitem und implizitem Wissen die Voraussetzung für die Generierung und Übertragung von organisatorischem Wissen bildet. Auf diese Weise kann implizites Wissen organisationsweit ausgebreitet und zugleich ständig angereichert werden. Damit organisatorisches Wissen kreiert werden

Wissensspirale nach Nonaka/Takeuchi (SEKI- Modell)

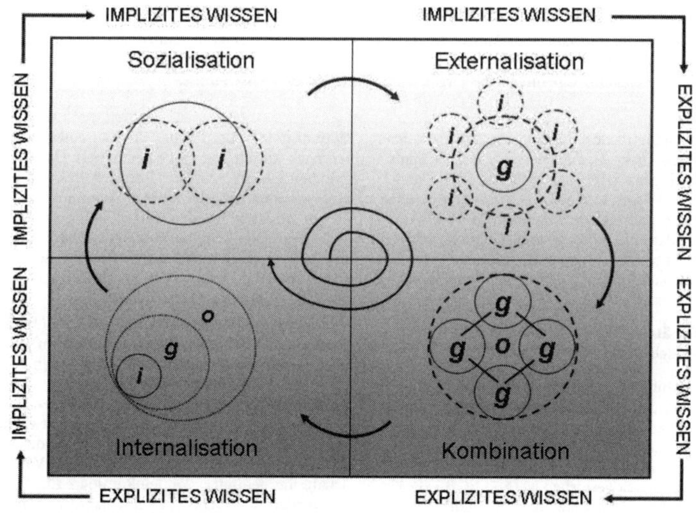

Quelle: Nonaka/Konno (1998) in enger Anlenung an Nonaka (1994).

kann, muss das individuelle implizite Wissen der Organisationsmitglieder einen dynamischen Übertragungsprozess durchlaufen. Dazu werden explizites und implizites Wissen zu vier verschiedenen Formen der Wissensübertragung kombiniert: Sozialisation, Externalisierung, Kombination und Internalisierung.

Die *Sozialisation* überträgt Wissen „von implizit zu implizit", d.h. weitgehend ohne Sprache. Stattdessen sind „Learning by Doing" durch Beobachtung, Nachahmung und Übung zentral. So erlernen Kinder die körperliche Routine Fahrrad fahren, indem sie so lange Tretbewegung, Lenken und Balance halten üben, bis sie es können. Typisches Beispiel für die Sozialisation im betrieblichen Alltag ist die Integration eines neuen Team-Mitglieds in die Denk- und Handlungsroutinen der Gruppe.

Die *Externalisierung* verwandelt implizites Wissen in explizites. Allerdings ist diese Umwandlung immer nur teilweise möglich. Voraussetzung für die Externalisierung von implizitem Wissen ist intensive persönliche Kommunikation, z.B. in Qualitätszirkeln oder interdisziplinären Teams. Mithilfe von Analogien und Metaphern versuchen die Teilnehmenden, sich ihr implizites Erfahrungswissen wechselseitig zugänglich zu machen.

Die *Kombination* führt unterschiedliches explizites Wissen zusammen. Da die Kombination von Wissen nicht an „Face-to-Face"-Kontakte gebunden ist, kann es informationstechnisch unterstützt werden. Die herkömmlichen Informationstechnologien beschäftigen sich ausschließlich mit dieser Form der Wissensübertragung. Sie berücksichtigen damit nur einen kleinen Teil des relevanten Wissens.

Mit der *Internalisierung* wird explizites Wissen (teilweise) wieder in implizites Wissen verwandelt, allerdings in einer angereicherten, komplexeren Form. Dies geschieht, indem Individuen oder Gruppen Handlungsroutinen erlernen, die vorher explizit ausformuliert waren. Die sichere Beherrschung von Routinen ermöglicht, dass komplexe Tätigkeiten „wie im Schlaf" ausgeführt werden. Sie erfordern nur noch eine reduzierte Aufmerksamkeit.

Je häufiger die Wissensspirale durchlaufen wird, desto komplexer wird das organisatorische Wissen, verkörpert in organisatorischen Routinen und Regeln. Diese stehen dem Unternehmen selbst dann noch zur Verfügung, wenn einzelne Wissensträger das Unternehmen verlassen. Personen können immer nur ihr individuelles implizites Wissen mitnehmen, nicht aber das kollektive, aufeinander abgestimmte Regel- und Routinewissen (z.B. Spender 1996; Nonaka / Takeuchi 1995). Danach gelingt einem Unternehmen ein erfolgreiches Wissensmanagement, wenn

- nicht nur Wissen miteinander kombiniert, sondern auch in Sozialisations-, Externalisierungs- und Internalisierungsprozessen übertragen wird
- das (explizite und implizite) Wissen in der Organisation bleibt, auch wenn Individuen diese verlassen, weil es in formalen und informalen Regeln und Routinen gespeichert ist und
- wenn das in der Organisation verfügbare Wissen die Kapazität von Einzelköpfen übersteigt, d.h. individuelles Wissen zu kollektivem Wissen erweitert wird. Dies stellt sicher, dass der Nutzen der Arbeitsteilung fruchtbar gemacht werden kann, d.h. nicht jedes Organisationsmitglied alles wissen muss.

Wissensrepräsentation – *Knowledge Representation.* 1. *Forschungs- bzw. Methodenbereich* der → Künstlichen Intelligenz (KI), der sich mit der Darstellung von → Wissen in einem → Computer beschäftigt. – 2. *Form der Darstellung von Wissen:* a) *Arten:* (1) → deklarative Wissensrepräsentation und (2) → prozedurale Wissensrepräsentation. – b) Gebräuchliche *Hilfsmittel:* Logikkalküle, → semantische Netze, → Frames, → Regeln und KR-Sprachen.

Within-Schätzer für Paneldatenmodelle → Fixed-Effects-Modell.

Witwenbeihilfe – einmalige Leistung in Höhe von zwei Fünftel des → Jahresarbeitsverdienstes, sofern ein Schwerverletzter (Unfallverletzter mit einer Erwerbsminderung von wenigstens 50 Prozent) nicht an den Folgen eines → Arbeitsunfalles oder einer → Berufskrankheit gestorben ist (§ 71 SGB VII). Unter den gleichen Voraussetzungen erhalten auch Witwer einer schwer verletzten Ehefrau eine einmalige Witwerbeihilfe.

Witwengeld – Bezüge der Ehefrau eines → Beamten nach dessen Tod (§ 19 BeamtVG). Das Witwengeld beträgt 55 Prozent des Ruhegehaltes, das der Beamte erhalten hat oder hätte erhalten können, wenn er am Todestag in den Ruhestand getreten wäre (§ 20 BeamtVG). Die Regelung gilt entsprechend für den Witwer einer verstorbenen Beamtin oder Ruhestandsbeamtin. Daneben für die Kinder ggf. → Waisengeld. – Vgl. auch → Besoldung.

Witwenkrug-Theorem – von → Keynes (1930) gewählte Benennung der Erkenntnis, dass im Rahmen einer → Kreislaufanalyse unter bestimmten Annahmen alle Ausgaben der Unternehmen an den Unternehmenssektor zurückfließen. Die Bezeichnung „Witwenkrug" soll an den Ölkrug einer Witwe im Alten Testament erinnern, der nie leer wurde. Sofern die Arbeitnehmer in einer geschlossenen Volkswirtschaft ihr gesamtes Lohneinkommen für Konsum verwenden und nichts sparen, entsprechen die Ausgaben der Unternehmen für Löhne und Gehälter ihren Einnahmen aus den Käufen der Arbeitnehmer.

Mehrausgaben der Unternehmer für Investitionen und Konsumgüter erhöhen daher die Einnahmen der Unternehmer insgesamt und in gleicher Höhe ihre Gewinne. Bei voll ausgelasteten Kapazitäten geschieht dies dadurch, dass aufgrund der gestiegenen Gesamtnachfrage nicht die Produktionsmenge, sondern nur die Preise steigen. In einer unterbeschäftigten Wirtschaft erhält man das gleiche Resultat: Aufgrund der höheren Gesamtnachfrage ergibt sich ein → Multiplikatorprozess, der erst ein Ende findet, wenn die Kapitaleinkommen solange gestiegen sind, bis ihre zusätzlichen Ersparnisse die Höhe ihrer zusätzlichen Ausgaben erreicht haben.

Witwerrente – Leistung der gesetzlichen Renten- und Unfallversicherung sowie der Kriegsopferversorgung. Mit Wirkung vom 1.1.1986 erfolgte die *Neuregelung* des Hinterbliebenenrentenrechts aufgrund des Hinterbliebenen- und Erziehungszeiten-Gesetzes vom 11.7.1985 (BGBl. I 1450). Danach sind nunmehr *Witwer und Witwen gleichgestellt,* und der Witwer erhält Witwerrente unter den gleichen Voraussetzungen wie die Witwe Witwenrente, d.h. also mit evtl. Anrechnung von Erwerbs- oder Erwerbsersatzeinkommen in der gesetzlichen Rentenversicherung und gesetzlichen Unfallversicherung. – Vgl. auch → Hinterbliebenenrente.

WKN → Wertpapierkennnummer.

WLAN – Abk. für → Wireless Local Area Network.

WMO → UN.

Wochenarbeitszeit – die der Bemessung der Arbeitszeit von Arbeitnehmern sowie der Berechnung des → Arbeitsentgelts von Arbeitnehmern i.Allg. zugrunde liegende Tätigkeitszeit. Nach dem Arbeitszeitgesetz darf die werktägliche Arbeitzeit acht Stunden nicht überschreiten; damit ist von Montag bis Samstag wie bisher eine regelmäßige Wochenarbeitszeit von 48 Stunden zulässig. Nach den meisten → Tarifverträgen ist die durchschnittliche Wochenarbeitszeit niedriger (→ Arbeitszeitverkürzung). – Vgl. auch → Arbeitszeit.

Wochenmarkt – Form des → Markthandels. Auf einer am gleichen Ort regelmäßig abgehaltenen, zeitlich begrenzten Veranstaltung bietet eine Vielzahl von Anbietern Lebensmittel (ohne alkoholische Getränke), Produkte des Obst- und Gartenbaus, der Land- und Forstwirtschaft und der Fischerei sowie sonstige Naturerzeugnisse mit Ausnahme von Großvieh an (§ 67 GewO).

Wohlbefinden – arbeitswissenschaftlich anerkanntes Kriterium für menschengerechte Arbeitsgestaltung nach Rohmert; wird in der → Arbeitswissenschaft meist synonym zum individual- und sozialpsychologisch relevanten Begriff der → Zufriedenheit verwendet. – In Verbindung mit der *Arbeitsmedizin* definiert die Weltgesundheitsorganisation (→ WHO): Der Mensch fühlt sich wohl, wenn er gesund ist. Gesundheit ist ein Zustand vollständigen geistigen, körperlichen und sozialen Wohlbefindens; sie besteht nur in der Abwesenheit von Krankheit und Gebrechen. – Die Arbeit ist so zu gestalten (→ Arbeitsgestaltung), dass der Mensch gesund bleibt. – Dieses Kriterium stellt die höchsten Ansprüche an die arbeitswissenschaftliche Bewertung von Arbeitssystemen und bezieht Erkenntnisse aus Psychologie, Soziologie und Arbeitsmedizin in die Bewertungsebene mit ein.

Wohlfahrt → Wohlfahrtsökonomik.

Wohlfahrtsfunktion – *Welfare Function.* 1. *Begriff:* Formale Darstellung der Aggregation individueller Wohlfahrtsvorstellungen. In der → Wohlfahrtsökonomik sind eine Reihe von Wohlfahrtsfunktionen entwickelt worden, um das Verteilungsproblem zu lösen, das mithilfe der pareto-optimalen Punkte, die die → Kontraktkurve ergeben, nicht gelöst werden kann. Zu nennen sind bes. die → Bergsonsche Wohlfahrtsfunktion, die → Bernoulli-Nash-Wohlfahrtsfunktion, die → Leontief-Lerner-Wohlfahrtsfunktion sowie die → Rawlsche Wohlfahrtsfunktion. – 2. *Beurteilung:* Die Verwendung von Wohlfahrtsfunktionen beruht auf einer Reihe deutlich einschränkender Annahmen: Einstimmige Vereinbarung entsprechend dem Postulat der Konsumentensouveränität sowie der Möglichkeit kardinaler Nutzenmessungen und → interpersoneller Nutzenvergleiche. Auch ein Übergang von der Einstimmigkeitsregel zur Mehrheitsentscheidung schafft keine Abhilfe. Arrow hat nachgewiesen, dass die theoretische Ableitung einer auf demokratischen Mehrheitsentscheidungen basierenden Wohlfahrtsfunktion unmöglich ist (→ Arrow-Paradoxon).

Wohlfahrtskriterien – Kriterien zur Ermittlung des gesellschaftlichen → Wohlfahrtsoptimums. In der → Wohlfahrtsökonomik sind eine Reihe von Wohlfahrtskriterien entwickelt worden. Zu nennen sind bes. das → Pareto-Optimum, das → Kaldor-Hicks-Kriterium, der → Scitovsky-Doppeltest, das → Samuelson-Kriterium und das → Little-Kriterium. Alle Wohlfahrtskriterien stellen den Versuch dar, eine einwandfreie Definition für ein Wohlfahrtsoptimum zu liefern.

Wohlfahrtsökonomik – *Wohlfahrtstheorie, Welfare Economics, Welfare Theory.* 1. *Begriff:* Teilgebiet der Mikroökonomik. Die Wohlfahrtsökonomik analysiert die Bedingungen für ein → Wohlfahrtsoptimum und die Kriterien für gesellschaftliche Wohlfahrtserhöhungen. Dabei geht die Wohlfahrtsökonomik der Frage nach, wie mit volkswirtschaftlich knappen Mitteln gewirtschaftet werden soll, damit eine Versorgung erreicht wird, die von den Gesellschaftsmitgliedern als bestmöglich beurteilt wird. Ausgehend von der individuellen Nutzenbetrachtung entwickelt die Wohlfahrtsökonomik → Wohlfahrtskriterien, mit deren Hilfe alternative gesellschaftliche Zustände sowie wirtschaftspolitische Maßnahmen bez. ihres Wohlfahrtsgehaltes beurteilt werden können (→ Hauptsätze der Wohlfahrtsökonomik). – 2. *Erkenntnisziele:* Die

Wohlfahrtsökonomik verfolgt den Anspruch, eine mikroökonomisch fundierte Entscheidungsgrundlage für wirtschaftspolitisches Handeln zu liefern. Dazu wird die Wohlfahrtsökonomik als positive Theorie formuliert, die ihre normativ vorgegebenen Ziele im Sinn der angestrebten → Wertfreiheit als exogen gegeben betrachtet. Um ein Wohlfahrtsoptimum abzuleiten, sind modelltheoretisch zunächst zwei Grundfragen zu klären: (1) *Produktionstechnisches Allokationsproblem:* Klärung der verfügbaren → Produktionsfaktoren sowie ihrer produktionstechnisch bedingten Kombinationsmöglichkeiten. (2) *Bewertungsproblem:* Klärung der verwendeten Bewertungsregeln, d.h. der verwendeten Wohlfahrtskriterien und → Wohlfahrtsfunktionen. Sind die Grundfragen beantwortet, impliziert die Anwendung des Rationalitätsprinzips formal eine Maximierung der Wohlfahrt unter Nebenbedingungen. – 3. *Entwicklung:* Die Wohlfahrtsökonomik gibt keine einheitliche Antwort auf das Grundproblem, welche Kriterien geeignet sind, um die in der Mikroökonomik verwendeten individuellen Nutzeneinheiten in gesellschaftliche Wohlfahrtsaussagen transformieren zu können. Dies hängt wesentlich zusammen mit der grundlegenden Informationsbasis der Wohlfahrtsökonomik, dem Nutzenmaßstab. Im Laufe der Theorieentwicklung hat sich der Umgang mit dem Nutzen, den verfügbare Gütermengen stiften, als Maßstab für die Wohlfahrt von Individuen und Gesellschaften deutlich verändert. – a) *Traditionelle Wohlfahrtsökonomik:* Die von Pigou und Marshall geprägte traditionelle Wohlfahrtsökonomik basiert auf der Annahme, dass individuelle Nutzen kardinal mess- und addierbar seien. Dies ermöglicht interpersonelle Nutzenvergleiche und die Aggregation individueller Nutzeneinheiten zu gesellschaftlichen Wohlfahrtsfunktionen. Während Marshall mit dem Konzept der → Konsumentenrente das Wohlfahrtsoptimum partialanalytisch herleitet, richtet Pigou sein bes. Augenmerk auf externe Effekte als mögliche Verursacher von → Wohlfahrtsverlusten. Positive externe Effekte, d.h. die positive Differenz zwischen sozialen und privaten Nettogrenzproduktivitäten, sollen durch Subventionierung des Faktoreinsatzes und negative externe Effekte mittels einer entsprechenden Besteuerung internalisiert werden (→ Pigou-Steuer). – b) *Neuere Wohlfahrtsökonomik, auch paretianische Wohlfahrtsökonomik:* Vertreter sind v.a. Pareto, Kaldor, Hicks, Boulding, Samuelson und Sen. Die neuere Wohlfahrtsökonomik geht davon aus, dass kardinale sowie interpersonell vergleichbare Nutzenmessungen nicht möglich sind. Dafür arbeitet die paretianische Wohlfahrtsökonomik mit einem ordinalen Nutzenmaßstab. Dieser setzt nur noch die individuelle Vergleichbarkeit alternativer Güterbündel im Sinn von „besser“, „schlechter“ oder „indifferent“ voraus. Hiervon ausgehend wird das Wohlfahrtsoptimum mithilfe zentraler Wohlfahrtskriterien (v.a. → Pareto-Optimum und → Kaldor-Hicks-Kriterium) und von Wohlfahrtsfunktionen abgeleitet. Wirtschaftspolitische Eingriffe werden begründet mit der Diskrepanz zwischen dem Zustand, der unter Anwendung wirtschaftstheoretischer Modellüberlegungen ermittelt wird und dem mit wohlfahrtstheoretischen Instrumenten abgeleiteten optimalen Ergebnis (→ Theorie des Zweitbesten, Theorie des → Marktversagens). Wohlfahrtsfunktionen werden theoretisch mithilfe von Mehrheitsentscheidungen herbeigeführt, da die einfache Aggregation ordinaler Nutzeneinheiten nicht möglich ist. Dabei ergibt sich allerdings ein Problem, auf das Arrow hingewiesen hat: Demokratische Mehrheitsentscheidungen können abhängig von der gewählten Abstimmungsform zu unterschiedlichen Ergebnissen führen (→ Arrow-Paradoxon). Mehrheitsentscheidungen sind daher nicht geeignet, um individuelle Präferenzen konsistent zu aggregieren und eine gesellschaftliche Wohlfahrtsfunktion abzuleiten. Sen geht noch einen Schritt weiter und bezweifelt, dass man ein „Paretian Liberal“ sein könnte. Sen zeigt, dass in den Situationen, in denen der autonome Entscheidungsspielraum eines Menschen von anderen Gesellschaftsmitgliedern verletzt wird, die Basis für die Ableitung einer gesellschaftlichen Wohlfahrtsfunktion fehlt (→ liberales Paradoxon). Daraus folgt, dass das Pareto-Optimum nur auf solche Situationen angewandt werden sollte, die keine Auswirkung auf die autonome Entscheidung eines anderen haben. – 4. *Beurteilung:* Die Wohlfahrtsökonomik besticht durch ihre klare und elegante mathematische und grafische Ableitung des gesellschaftlichen Wohlfahrtsoptimums. In dieser Stärke liegt aber gleichzeitig auch ihre Schwäche. Durch die teilweise stark idealisierten Bedingungen droht bei der praktischen Anwendung ein Versagen der wirtschaftspolitischen Empfehlungen. Die stringente Ausrichtung auf den allg. Gleichgewichtszustand führt dazu, dass die möglicherweise wohlfahrtssteigernde Wirkung von Innovationsprozessen und die Bedeutung institutioneller Rahmenbedingungen für die Wohlfahrt einer Gesellschaft nie wirklich in das Blickfeld der Wohlfahrtsökonomik geraten sind. Erst Sen hat wichtige Anstrengungen unternommen, um in die Wohlfahrtsökonomik außer Nutzeninformationen auch Informationen über institutionelle Rahmenbedingungen einfließen zu lassen. An dieser Stelle muss weitergearbeitet werden, um die Wohlfahrtsökonomik von dem ihr entgegengebrachten Vorwurf zu befreien, sie sei eine „Theorie im sozialen Vakuum“.

Wohlfahrtsoptimum – gesellschaftlich wünschenswertes Maximum der ökonomischen Wohlfahrt in einer Volkswirtschaft. Ziel der → Wohlfahrtsökonomik ist es, auf der Basis der → Wertfreiheit die Bedingungen für die Erreichung eines gesamtwirtschaftlichen Wohlfahrtsoptimum zu formulieren. Dazu sind in der Literatur verschiedene → Wohlfahrtskriterien entwickelt worden.

Wohlfahrtsstaat – 1. *Begriff:* Der Wohlfahrtsstaat entstand – parallel zum → Sozialstaat – als *Grundmodell der Sozialpolitik* moderner

Wettbewerbsgesellschaften in den angelsächsischen und skandinavischen Ländern. In ihm genießt die *staatliche Verantwortung* für die Gewährleistung grundlegender Menschenrechte („sozialer Grundrechte") und für die Daseinsvorsorge seiner Einwohner bei der grundsätzlichen Ausgestaltung der Sozialpolitik Vorrang vor der individuellen Eigenvorsorge. – Vgl. auch → Sozialpolitik in der Marktwirtschaft, → Theorie der Sozialpolitik, → Beveridge-Plan. – 2. *Auswirkungen:* Der Umfang staatlicher Umverteilungsmaßnahmen, bes. der gruppen- bzw. branchenbezogener Sondervergünstigungen weitet sich aus, verbunden mit wachsendem → Interventionismus und zunehmender Reglementierung; ablesbar ist diese Entwicklung am Wachstum des Staatssektors (Staatsausgaben-, Steuer- und Sozialabgabenquote etc.) und dem Anwachsen des bürokratischen Staatsapparats. Negative Folgen sind das Sinken der Flexibilität und Dynamik des Marktmechanismus und der Anstieg der → Schattenwirtschaft, verbunden mit zunehmender Inflationierung und anwachsenden Staatsdefiziten. – 3. *Ursachen:* (1) Erfolgszwang der politischen Entscheidungsträger, Wählerstimmen durch das Angebot immer weiterer (gruppenspezifischer) Staatsleistungen zu erlangen (s. → Capture-Theorie); (2) wachsender Einfluss organisierter → Interessengruppen auf die Legislative zur Durchsetzung von Sonderinteressen. – 4. *Marktwirtschaftliche Lösungsvorschläge:* (1) verfassungsrechtliche Beschränkung der Besteuerung (Wicksell); (2) Aufteilung der Gesetzgebungskompetenzen bez. Ordnungs- und Prozesspolitik auf zwei voneinander unabhängige Kammern (Hayek).

Wohlfahrtstheorie → Wohlfahrtsökonomik.

Wohlfahrtsverlust – I. Wohlfahrtsökonomik: 1. *Begriff: Marshall* definiert den Wohlfahrtsverlust als Verringerung der → Konsumentenrente, die sich ergibt, wenn die Optimalitätsbedingungen der → vollkommenen Konkurrenz verletzt sind. Wohlfahrtsverluste bilden im Rahmen der → Wohlfahrtsökonomik die argumentative Grundlage für die → Theorie des Zweitbesten. – 2. *Formen:* Wohlfahrtsverluste entstehen aufgrund von starren Faktor- und Güterpreisen, → externen Effekten, → Monopolen und monopolistischer Konkurrenz.

II. Außenwirtschaft: *toter Wohlfahrtsverlust*; Begriff im Zusammenhang mit der Analyse von Wohlfahrtswirkungen von handelspolitischen Maßnahmen mithilfe von Produzenten- und Konsumentenrenten. Ist die Summe aus der Veränderung der Produzentenrente, der Veränderung der Konsumentenrente plus Budgeteinnahmen einer handelspolitischen Maßnahme negativ, dann spricht man von einem Wohlfahrtsverlust. Grafisch darstellbar mithilfe sog. *Harberger Dreiecke*. – Vgl. auch → Handelspolitik.

Wohlfahrtswirkungen des internationalen Handels → Gains-from-Trade-Theorem.

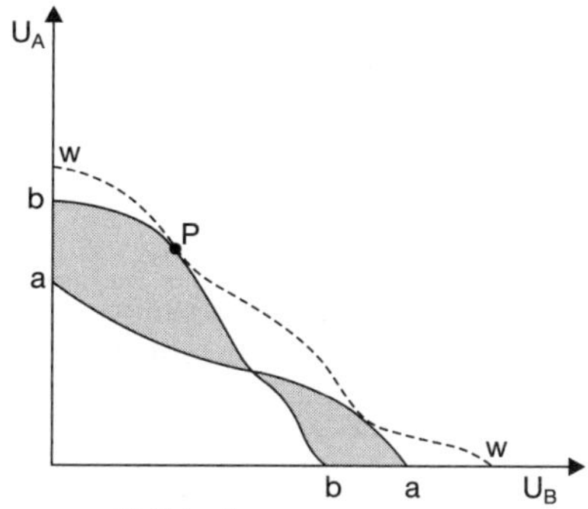

ww = Wohlstandsgrenze
aa = Nutzenmöglichkeitskurve des A
bb = Nutzenmöglichkeitskurve des B
U_A = (ordinaler) Nutzen des A
U_B = (ordinaler) Nutzen des B

Wohlstandsgrenze – Die von Samuelson entwickelte Wohlstandsgrenze ist die Umhüllungskurve aller individuellen → Nutzenmöglichkeitskurven in einer Gesellschaft. Sind die Bedingungen des → Pareto-Optimums der → paretianischen Wohlfahrtsökonomik erfüllt, ergibt sich ein → Wohlfahrtsoptimum (z.B. Punkt P), das auf der Wohlstandsgrenze liegt.

Wohlstandsverteilung – Die → Verteilungspolitik (und damit auch die → Verteilungstheorie) beschäftigt sich mit Problemen der Wohlstandsverteilung auf Wirtschaftssubjekte. Dabei wird üblicherweise die Einkommensverteilung als ein Hauptindikator für die Verteilung des Wohlstands gewählt. Dieses Vorgehen unterstellt realistischerweise, dass Wohlstand und Einkommensverteilung eng miteinander verbunden sind, auch wenn ein nicht geringer Teil von Gütern und Dienstleistungen nicht über den Markt, sondern anderweitig an die Wirtschaftssubjekte verteilt wird. Dabei handelt es sich vornehmlich um die sog. kollektiven Güter (→ öffentliche Güter wie Parks, Freibäder etc.) und Lasten (Verkehrslärm, Luftverschmutzung etc.) und um unentgeltliche öffentliche Leistungen (bes. im Rahmen der Sozialgesetzgebung). Die verteilungspolitische Bedeutung dieser Phänomene ist grundsätzlich unbestritten und führt zum Ausbau von Verteilungsrechnungen in Richtung umfassender Systeme sozialer Indikatoren, macht aber die Beschäftigung mit den Problemen der Einkommensverteilung nicht überflüssig.

wohlwollender Diktator – Ausweg aus dem *Arrow-Unmöglichkeitstheorem*; von der traditionellen → Wohlfahrtsökonomik implizit unterstellte Fiktion eines Politikers, der einzig und allein dem → Gemeinwohl verpflichtet ist und bei seinem Handeln keine Restiktionen zu beachten hat, die mit dem demokratischen System verbunden sind (z.B. Begrenzung der Amtszeit). – Vgl. auch → Diktator.

Wohnbeihilfe → Wohngeld.

Wohnbesitz – schuldrechtliches Dauerwohnrecht in einer Wohnbesitzwohnung zur eigenen Nutzung.

Wohnbesitzberechtigter – Inhaber eines → Wohnbesitzes.

Wohnbesitzbrief – Urkunde über die Einräumung eines Wohnbesitzes in einer Wohnbesitzwohnung.

Wohnbevölkerung – jetzt: → Bevölkerung.

Wohneigentumsförderung – Förderung der selbstbewohnten und unentgeltlich überlassenen Wohnung.

Wohnfläche – Summe der anrechenbaren Grundflächen der Räume, die zu einer → Wohnung gehören.

Wohngeld – 1. *Begriff:* Zuschuss zu den → Aufwendungen für Wohnraum zur wirtschaftlichen Sicherung angemessenen und familiengerechten Wohnens. – 2. *Rechtsgrundlage:* Wohngeldgesetz (WoGG) i.d.F. vom 24.9.2008 (BGBl. I 1856) m.spät.Änd. – 3. *Formen:* Wohngeld wird als Mietzuschuss (für Mieter etc.) und als Lastenzuschuss (für Eigentümer etc.) gewährt, beides als verlorener Zuschuss (nicht → Darlehen). Auf Wohngeld besteht bei gegebenen Voraussetzungen Rechtsanspruch. – 4. *Höhe:* wird jeweils gesondert ermittelt, unter Berücksichtigung der Zahl der zum Haushalt rechnenden Haushaltsmitglieder, der Höhe des Haushaltseinkommens, der Höhe der zu berücksichtigenden Miete (des Mietwertes oder der Belastung). Heizkosten wurden dabei nur in der Zeit vom 1.1.2009 bis 31.12.2010 pauschal berücksichtigt (§ 12 VI WoGG a.F.). – 5. *Zuständig* für Anträge und Entscheidungen i.d.R. die örtlichen Verwaltungsbehörden. – Die *Bewilligung* soll für jeweils zwölf Monate erfolgen. – Vgl. auch → soziale Sicherung des Wohnens.

Wohnortprinzip – Erfassungsprinzip im Rahmen der → amtlichen Statistik für einzelne Erscheinungen nach dem Wohnort (→ Wohnsitz), z.B. Erfassung der Beschäftigten nach ihrem Wohnort, Geburt nach dem Wohnort des Vaters bzw. der Mutter. – *siehe auch:* → Arbeitsortprinzip, → Ereignisortprinzip.

Wohnraumförderungsgesetz – Mit Inkrafttreten des Wohnraumförderungsgesetzes (WoFG) vom 13.9.2001 (BGBl. I 2376) m.spät.Änd. am 1.1.2002 wurde der soziale Wohnungsbau, bisher geregelt im Zweiten Wohnungsbaugesetz i.d.F. vom 19.8.1994 (BGBl. I 2136) m.spät.Änd., neu gestaltet und den heutigen Anforderungen angepasst. Anstelle der bisherigen Ausrichtung auf die Neubauförderung wird nunmehr der vorhandene Wohnungsbestand wesentlich stärker einbezogen. Der soziale Wohnungsbau hat sich zur → sozialen Wohnraumförderung weiterentwickelt. – *Zielgruppen für Förderung von Mietwohnraum:* Haushalte mit geringem Einkommen, Familien und andere Haushalte mit Kindern, Alleinerziehende, Schwangere, ältere und behinderte Menschen, Wohnungslose sowie sonstige hilfebedürftige Personen. Zielgruppe für die Förderung der Bildung von selbst genutzten → Wohnungseigentum: Familien und andere Haushalte mit Kindern sowie behinderte Menschen, die die Belastungen des Baus oder Erwerb von Wohnraum unter Einbeziehung ihres Einkommens und der → Eigenheimzulage nicht tragen können. Gefördert werden: (1) Wohnungsbau, einschließlich des erstmaligen Erwerbs des Wohnraums innerhalb von zwei Jahren nach Fertigstellung (Ersterwerb); (2) Modernisierung von Wohnraum; (3) Erwerb von Belegungsrechten an bestehendem Wohnraum und (4) Erwerb bestehenden Wohnraums, wenn hierdurch die Unterstützung von Haushalten bei der Versorgung mit Mietwohnraum durch Begründung von Belegungs- und Mietbindungen oder bei der Bildung von selbst genutztem Wohnraum erfolgt. §§ 1–45 des Wohnraumförderungsgesetzes finden auf Maßnahmen der sozialen Wohnraumförderung Anwendung, für die die Förderzusage nach dem 31.12.2001 erteilt worden ist.

Wohnrecht – Form der → beschränkten persönlichen Dienstbarkeit. – *Anders:* → Dauerwohnrecht, → Wohnungseigentum.

Wohnsitz – I. Bürgerliches Recht: Ort, an dem eine Person den Mittelpunkt ihrer Lebensbeziehungen hat (§§ 7 ff. BGB). Kinder teilen i.d.R. den Wohnsitz der Eltern (bei verschiedenen Wohnsitzen des Elternteils, der das Kind in persönlichen Angelegenheiten vertritt), auch wenn sie sich tatsächlich an einem anderen Ort aufhalten. – Nach dem Wohnsitz *bestimmt sich* v.a. der → Gerichtsstand und der → Erfüllungsort.

II. Öffentliches Recht: Der Begriff gilt der → Hauptwohnung, an den die verschiedensten Pflichten und Rechte geknüpft sind (Meldepflicht, Wahlrecht etc.). Nebenwohnung ist jede weitere Wohnung (§ 12 MRRG).

III. Steuerrecht: Einen Wohnsitz im Sinn der Steuergesetze hat jemand dort, wo er eine Wohnung unter solchen Umständen innehat, die darauf schließen lassen, dass er die Wohnung beibehalten und benutzen will (§ 8 AO).

Wohnsitzfinanzamt – das → Finanzamt, in dessen Bezirk der Steuerpflichtige seinen → Wohnsitz oder in Ermangelung eines Wohnsitzes seinen → gewöhnlichen Aufenthalt hat (§ 9 I Satz 1 AO). Das Wohnsitzfinanzamt ist örtlich zuständig für die Veranlagung zur Einkommensteuer. – Vgl. auch → Betriebsfinanzamt, → Tätigkeitsfinanzamt und → Verwaltungsfinanzamt.

Wohnsitzprinzip – finanzwissenschaftliches Prinzip, eine regionale → Doppelbesteuerung zu vermeiden, wobei die Steuererträge demjenigen Land oder derjenigen Region zufließen, in dem der Steuerpflichtige seinen Wohnsitz hat. – *Gegensatz:*

→ Ursprungsprinzip, Herkunftsprinzip. – Vgl. auch → Internationales Steuerrecht (IStR).

Wohnsitzstaat – 1. Begriff des Außensteuerrechts für den Staat, in dem der Steuerpflichtige seinen Wohnsitz oder gewöhnlichen Aufenthalt hat. Im Wohnsitzstaat unterliegt der Steuerpflichtige i.d.R. der → unbeschränkten Steuerpflicht. – *Gegensatz:* → Quellenstaat. – 2. Im internationalen Steuerrecht manchmal, v.a. im Sprachgebrauch der älteren Literatur, unkorrekt (vereinfachend) verwendet für: → Ansässigkeitsstaat.

Wohnsitzstaatprinzip – 1. *Begriff* des Internationalen Steuerrechts: das Prinzip, dass das Recht zur Besteuerung von Einkünften dem Wohnsitzstaat (korrekt: Ansässigkeitsstaat) des Steuerpflichtigen zugesprochen werden sollte. Das gegenteilige Prinzip ist das → Quellenstaatprinzip. – 2. Die geltenden Regelungen der Doppelbesteuerungsabkommen folgen keinem der beiden Prinzipien durchgängig, sondern stellen einen Kompromiss dar. Zahllose Regelungen folgen dem Quellenstaatprinzip, jedoch ist das Wohnsitzstaatprinzip als Auffangregelung für alle diejenigen Einkünfte üblich, für die keine anderweitige Regelung getroffen wurde (Art. 21 des OECD-Musterabkommens). – Vgl. auch → Internationales Steuerrecht (IStR).

Wohnung – nach außen abgeschlossene, zu Wohnzwecken bestimmte einzelne oder zusammenliegende Räume in Wohn- und sonstigen Gebäuden, welche die Führung eines eigenen → Haushalts ermöglichen. Die Wohnung muss eine eigene Küche oder Kochnische und soll einen eigenen Wohnungseingang aufweisen, außerdem Wasserversorgung, Beheizbarkeit, Ausguss und Toilette. Einfamilienhäuser, Einzimmerappartements und → Ferienhäuser mit diesen Eigenschaften zählen ebenfalls zu den Wohnungen.

Wohnungsbau – *Wohnungswirtschaft.* **I. Wesen:** Erstellung, Verwaltung und Vermietung von Wohnungen durch private Bauherren, gemeinnützige Wohnungs- und Siedlungsunternehmungen, durch Betriebe und den Staat, ferner gemeinnützige oder privatwirtschaftliche Wohnungsbauträgerunternehmen und Wohnungsbaufinanzierungsunternehmen (Heimstätte, → Bausparkassen).

II. Soziale Wohnraumförderung: geregelt im → Wohnraumförderungsgesetz.

III. Steuerliche Wohnungsbauförderung: 1. erhöhte *Abschreibungssätze für Wohngebäude:* → Absetzung für Abnutzung (AfA). – 2. Eigenheimzulage wurde bis zum 1.1.2006 nach dem Eigenheimzulagengesetz i.d.F. vom 15.12.1995 (BGBl. I 1783) für die zu eigenen Wohnzwecken genutzte oder einem Angehörigen im Sinn von § 15 AO unentgeltlich zu Wohnzwecken überlassene Wohnung im eigenen Haus gewährt, es sei denn, es wurde vor dem 1.1.2006 der notarielle Kaufvertrag beurkundet oder der Bauantrag für eine neu zu errichtende Wohnung gestellt. – 3. → Wohnungsbauprämien oder *Wohnungssparbeträge* als → Sonderausgaben (bis 1995). – 4. *Wohnungsgenossenschaften* sind gemäß § 5 I Nr. 10 KStG von der Körperschaftsteuer befreit.

IV. Betrieblicher Wohnungsbau: 1. *Maßnahmen* zur Schaffung von Wohnraum für die Mitarbeiter eines Unternehmens aus Gründen der Schaffung und Erhaltung einer → Stammbelegschaft. Kommt bes. dann in Frage, wenn die Lage des Unternehmens dies verlangt, oder wenn die lokale Wohnraumsituation angespannt ist. – 2. *Formen* der Inanspruchnahme der Unternehmung zum Wohnungsbau ihrer Belegschaftsangehörigen i.w.S. (d.h. zur Ermietung oder zum Bau von Mietwohnungen, Werkswohnungen, Ledigenheimen, Eigenheimen, Kleinsiedlungen etc.): Gewährung von Instandsetzungsbeihilfen, Baudarlehen an Bauwillige, Zuschüsse und Darlehen an Hausbesitzer aus der Belegschaft, Zuschüsse und Darlehen an werksfremde Hausbesitzer, Zuschüsse und Darlehen an gemeinnützige Wohnungsbaugesellschaften. – 3. *Finanzierung* durch (1) Mittel der Unternehmung; (2) Mittel betrieblicher Versorgungseinrichtungen (Pensionskasse etc.); (3) fremde, v.a. auch öffentliche Förderungsmittel. – 4. Problematisch ist die *Verteilung* des Wohnraums an die Bewerber. Dauer der Werkszugehörigkeit sowie die „echte Dringlichkeit" sind i.d.R. zu berücksichtigen. – 5. *Mitbestimmungsrecht des Betriebsrats* besteht nach § 87 I 8 BetrVG, soweit es sich um „Sozialeinrichtungen" des Betriebes handelt (d.h. Errichtung der Werkswohnungen aus sozialen Gründen) sowie bei werkseigenen Wohnungsbaugesellschaften, auch solchen mit eigener Rechtspersönlichkeit, weiter hinsichtlich Zuweisung, Kündigung und Nutzungsbedingungen (§ 87 I 9 BetrVG).

V. Amtliche Statistik: Erfassung von Daten über Hochbauten in der → Bautätigkeitsstatistik.

Wohnungsbauprämie → Prämie für unbeschränkt steuerpflichtige Personen zur Förderung des → Wohnungsbaus. Gefördert werden v.a. Beiträge zu Bausparverträgen. Voraussetzung ist, dass die Aufwendungen nicht → vermögenswirksame Leistungen sind. Ferner wird die Wohnungsbauprämie gewährt, wenn das → zu versteuernde Einkommen des Antragstellers eine bestimmte Einkommensgrenze nicht überschreitet (25.600 Euro bzw. bei Zusammenveranlagung 51.200 Euro). Die Prämie beträgt 8,8 Prozent der Aufwendungen; begünstigt sind allerdings nur Aufwendungen bis zu 512 Euro (bei Zusammenveranlagung 1.024 Euro). – Anträge auf Wohnungsbauprämie sind an das Institut zu richten, an das prämienbegünstigte Aufwendungen geleistet wurden; dieses fordert die Prämien von dem zuständigen Finanzamt an. Auf Antrag hat das Finanzamt die Prämie durch → Bescheid festzusetzen. Die Wohnungsbauprämie ist einkommensteuerfrei.

Wohnungsbindungsgesetz – regelt Belegungs- und Mietbindungen für Wohnungen, die bis 2001 mit staatlichen Mitteln gefördert wurden.

Für Förderungen ab 2002 gilt das → Wohnraumförderungsgesetz (WoFG).

Wohnungsdichte – Begriff der → Wohnungsstatistik. Maß für die Kennzeichnung der Wohnungsversorgung. Berechnet als Verhältniszahl Wohnungen je 1.000 Einwohner oder Wohnungen je ha oder km^2 Fläche.

Wohnungseigentum – 1. *Begriff:* Sondereigentum (Sonderart des → Eigentums) an der Wohnung in Verbindung mit → Miteigentum an einem Grundstück. Nicht zu Wohnzwecken dienende Räume (z.B. die Waschküche im Keller) stehen im *Teileigentum.* – 2. *Gesetzliche Grundlage:* Wohnungseigentumsgesetz vom 15.3.1951 (BGBl. I 175) m.spät. Änd. – 3. *Begründung, Übertragung und Aufhebung* des Wohnungseigentums durch → Auflassung und Eintragung im → Grundbuch; der schuldrechtliche Vertrag bedarf → öffentlicher Beurkundung. Die Übertragung des Wohnungseigentums ist nur zusammen mit dem Miteigentumsanteil möglich und kann von einer nur aus → wichtigem Grund zu versagenden Zustimmung Dritter (z.B. anderer Wohnungseigentümer) abhängig gemacht werden. – 4. *Inhalt:* Der Wohnungseigentümer darf die im Sondereigentum stehenden Gebäudeteile i.Allg. nach Belieben nutzen (z.B. vermieten), muss sie instandhalten und ist zum Mitgebrauch der gemeinschaftlichen Einrichtungen (z.B. Speicher) berechtigt. – 5. Regelung des *Innenverhältnisses* der Wohnungseigentümer untereinander ähnlich wie bei der → Gemeinschaft. Die Gemeinschaft ist aber i.d.R. unauflösbar. Wenn den anderen Wohnungseigentümern die Fortsetzung der Gemeinschaft wegen schwerer Verletzung der einem der Wohnungseigentümer obliegenden Pflichten nicht mehr zugemutet werden kann, dürfen sie die Veräußerung des betreffenden Wohnungseigentums verlangen und durch Klage erzwingen. – Über die notwendigen Verwaltungsmaßnahmen entscheidet die Wohnungseigentümerversammlung. Die gemeinsamen Kosten bzw. Überschüsse sind anteilig zu verteilen. – 6. *Verwaltung* durch einen mit Mehrheitsbeschluss zu bestellenden Verwalter, der kraft Gesetzes die Beschlüsse der Wohnungseigentümer durchzuführen hat und bes. zu allen üblichen mit dem gemeinschaftlichen Eigentum zusammenhängenden Verwaltungshandlungen berechtigt und verpflichtet ist. Daneben können die Wohnungseigentümer die Bestellung eines Verwaltungsbeirats zur Unterstützung und Überwachung des Verwalters beschließen. – Vgl. auch → Dauerwohnrecht. – 7. *Steuerliche Behandlung:* Wohnungseigentum gilt für Substanzsteuern (→ Grundsteuer) als selbstständiger Steuergegenstand, da für Wohnungseigentum auch nach dem Bewertungsgesetz wie für selbstständige Grundstücke → Einheitswerte (Grundsteuer) bzw. → Bedarfswerte (Erbschaftsteuer) festzustellen sind. – Vgl. auch → Grundstücksbewertung.

Wohnungsgenossenschaft – kooperative Wohnungsunternehmen (auch als Bauvereine, Baugenossenschaften, Wohnungsbaugenossenschaften, Bau- und Sparvereine u.a. bezeichnet), die für ihre Mitgliederhaushalte im Wohn- und Immobilienbereich Aufgaben übernehmen, die diese aus ihrer wirtschaftlichen Situation heraus grundsätzlich zu erfüllen nicht in der Lage sind. – 1. *Begriff und Prinzipien:* Eine Wohnungsgenossenschaft ist eine Personengruppe, deren Personenzahl nicht geschlossen ist, und die im Bereich des Wohnens oder der Immobilienwirtschaft gemeinsame Zwecke verfolgt. Durch gruppenmäßige Selbsthilfe soll eine wohnungs- und immobilienwirtschaftliche Besserstellung ihrer Mitglieder realisiert werden. Es handelt sich um einen auf Dauer angelegten gemeinsamen Geschäftsbetrieb i.d.R. in der Rechtsform einer → eingetragenen Genossenschaft (eG), der mit der Personengruppe in einer Leistungsbeziehung steht und eine direkte oder indirekte Förderung der Genossenschaftsmitglieder erreichen soll. Die Mitgliederförderung durch Selbsthilfe ist das Wesensprinzip der Wohnungsgenossenschaft, wobei es sich um eine wirtschaftliche Nutzenstiftung (Ermöglichung der Nutzung preiswerter Wohnungen, des Erwerbs preisgünstigen Wohneigentums bzw. der Inanspruchnahme attraktiver Dienstleistungen rund um das Wohnen) handelt. Bei Wohnungsgenossenschaften geht es um eine individuelle Förderung der Mitglieder und nicht – wie bei kommunalen Wohnungsgesellschaften – um eine Versorgung breiter Schichten der Bevölkerung mit Wohnungen. Im Zusammenwirken zwischen Personenvereinigung und Geschäftsbetrieb ist das Prinzip der → Doppelnatur der Genossenschaften zu sehen; außerdem sind Wohnungsgenossenschaften an den Unternehmensgrundsätzen der genossenschaftlichen Selbstverwaltung (→ Genossenschaftsorgane), dem Subsidiaritätsprinzip, dem Solidaritätsprinzip u.a. ausgerichtet. – 2. *Arten und Funktionen:* Nach den unterschiedlichen strategischen Geschäftsfeldern der Wohnungsgenossenschaft sind verschiedene Unternehmensarten zu unterscheiden, die entsprechend differierende Aufgaben für ihre Mitglieder übernehmen. a) Bei der *Vermietungsgenossenschaft* handelt es sich um eine Wohnungsgenossenschaft, deren Geschäftstätigkeit primär oder ausschließlich auf die Nutzungsüberlassung von Wohnungen an die Genossenschaftsmitglieder ausgerichtet ist. Wenn sich nicht weniger als 90 Prozent des Geschäftsvolumens einer derartigen Wohnungsgenossenschaft aus Einnahmen aus der Vermietung von Wohnraum an die Mitglieder ergeben, ist die Genossenschaft steuerbefreit. – b) Bei der *Bauträgerwohnungsgenossenschaft* ist die Geschäftstätigkeit dahingehend ausgerichtet, Wohnungen oder Eigenheime zu erstellen und an die Genossenschaftsmitglieder zu verkaufen. – c) Eine Kombination dieser beiden Genossenschaftsarten ist in der *Vermietungs- und Eigentumswohnungsgenossenschaft* gegeben, die in Deutschland die Mehrzahl der Wohnungsgenossenschaften ausmacht. Die überwiegende Zahl der Wohnungsgenossenschaften führt das Vermietungsgeschäft an die Mitglieder durch und hat noch in geringerem Umfang das Bauträgergeschäft als Geschäftsfeld. – d) Eine *wohnungsbezogene Dienstleistungsgenossenschaft* ist dann vorhanden, wenn diese für ihre Mitglieder und in geringerem Umfang für die Nichtmitglieder Leistungen anbietet, die nicht nur in der Vermietung von Wohnungen und der Vermittlung von Wohneigentum, sondern auf Geschäftsfelder „rund um das Wohnen" ausgerichtet sind (altersgerechtes Wohnen und Versorgen, Vermittlung von immobilienbezogenen Versicherungen und Bausparverträgen, Entgegennahme von Spargeldern der Mitglieder durch die Wohnungsgenossenschaften mit Spareinrichtung). – e) Eine *Dienstleistungsgenossenschaft mit immobilienwirtschaftlicher Herkunft* tritt dann auf, wenn ein solches Unternehmen vielfältige Geschäftssparten übernommen hat – auch solche, die nicht dem Wohnungs- und Immobilienbereich zuzuordnen sind – , jedoch die wirtschaftshistorische Herkunft aus dem Bereich der Wohnungsgenossenschaft gegeben ist (Reisebüros, Lebensmitteleinzelhandelsgeschäfte, Durchführung von Handwerks- und allg. Dienstleistungen). Obwohl gegenwärtig in Deutschland die Vermietungsgenossenschaften mit Bauträgeraktivitäten dominieren, wird zukünftig in den Wohnungsgenossenschaften der Dienstleistungsbereich als Geschäftsfeld von steigender Bedeutung sein. – 3. *Strukturen:* Die Struktur der Wohnungsgenossenschaften wird durch die Anzahl und Größe der Unternehmen, die Zusammensetzung der Mitgliedschaft nach soziologischen und wirtschaftlichen Kriterien, das Auftreten an unterschiedlichen Standorten sowie in unterschiedlichen Rechtsformen gekennzeichnet. a) Bei den Wohnungsgenossenschaften dominieren in Deutschland die kleinen Unternehmensgrößen. – b) In demografischer Hinsicht ist festzustellen, dass die Wohnungsnutzer primär Ein- bis Zweipersonen-Haushalte sind und zumeist eine Überalterung der Mitglieder vorliegt. – c) Bei der Struktur der Unternehmensformen ist erkennbar, dass die Rechtsform der eingetragenen Genossenschaft dominiert, dass aber auch Wohnungsgenossenschaften in anderen Rechtsformen, speziell der GmbH, auftreten. – 4. *Gesamtwirtschaftliche und gesellschaftliche Bedeutung:* Wohnungsgenossenschaften sind in der zweiten Hälfte des 19. Jahrhunderts entstanden und erreichten zu Beginn des 20. Jahrhunderts und in den 20er-Jahren einen Höhepunkt in ihrer Entwicklung (1890: 50, 1914: 1.402, 1930: 4.132, 1948: 2.048 und 2011: 1.921 Wohnungsgenossenschaften in Deutschland). Die Wohnungsgenossenschaften haben 2,846 Mio. Mitglieder und einen Wohnungsbestand von 2,18 Mio. Wohnungen; das Geschäftsguthaben der Mitglieder macht 2011 insgesamt 3,505 Mrd. Euro aus. Rund 800 Wohnungsgenossenschaften aus den neuen Bundesländern mit 1,1 Mio. Wohnungen und 1 Mio. Genossenschaftsmitgliedern haben zu einer beachtlichen Stärkung der genossenschaftlichen Wohnungsunternehmen in Deutschland beigetragen. – Die Wohnungsgenossenschaften werden zukünftig eine günstige Entwicklungsmöglichkeit haben, weil ihre genossenschaftlichen Unternehmensprinzipien mit den gesellschaftlichen Grundwerten (Freiheit, Eigen- und Selbstverantwortung, Mitbestimmung im Unternehmen, persönliche Kommunikation und Freiheit etc.) übereinstimmen. Auch neue kooperative Wohnformen – etwa im altersausgerichteten Wohnen – werden an Bedeutung gewinnen.

Wohnungsgrundbuch – öffentliches, bei dem → Grundbuchamt geführtes Register, in das → Wohnungseigentum eingetragen wird, um alle bestehenden Rechte an Eigentumswohnungen zu offenbaren. Im Grundbuch werden der Bruchteil des Miteigentums am Grundstück, das zum Miteigentumsanteil gehörende Sondereigentum und als Beschränkung des Miteigentums die Sondereigentumsrechte der übrigend Wohnungseigentümer eingetragen. Anlegen und Führen des Wohnungsgrundbuchs, das auch elektronisch geführt werden kann, regelt die Wohnungsgrundbuchverfügung vom 24.1.1995 (BGBl. I 134).

Wohnungsmodernisierung – Nach § 554 BGB hat der Mieter Maßnahmen zur Verbesserung der Mietsache, zur Einsparung von Energie oder Wasser oder zur Schaffung neuen Wohnraums zu dulden, es sei denn, dass die Maßnahmen eine für ihn nicht zu rechtfertigende Härte bedeuten. Dabei ist die zu erwartende Mieterhöhung nicht zu berücksichtigen, wenn die Mietsache lediglich in einen Zustand versetzt wird, wie er allg. üblich ist. Drei Monate vor Beginn der Maßnahme ist Art, Umfang, Beginn, voraussichtliche Dauer und die zu erwartende Mieterhöhung schriftlich mitzuteilen. Mieter hat Kündigungsrecht. Vermieter kann die Kosten der Modernisierung nach § 559 BGB umlegen.

Wohnungsstatistik – Teil der → amtlichen Statistik über die Wohnsituation. Gemeinsame Rahmenbedingungen für die Erhebung von Daten zu Bevölkerung und Wohnsituation werden in der Verordnung (EG) Nr. 763/2008 des Europäischen Parlaments und des Rates vom 9.7.2008 über Volks- und Wohnungszählungen festgelegt. Diese verpflichtet alle Mitgliedsstaaten der Europäischen Union, gemäß einem festgelegten Merkmalskatalog im Jahr 2011 Daten an die → EU zu liefern. Dieser gemeinsame Merkmalskatalog sichert die Vergleichbarkeit der Daten aus dem → Zensus 2011. Die Verfügbarkeit von regelmäßig erhobenen Informationen die Wohnungssituation betreffend sind neben Daten über die Bevölkerung inklusive sozialer und wirtschaftlicher Merkmale Grundlage für bspw. sozialpolitische Entscheidungen.

Wohnungsvermittlung – die auf Vermittlung des Abschlusses von Mietverträgen über Wohnräume oder den Nachweis der Gelegenheit zum Abschluss derartiger Verträge gerichtete Tätigkeit des Wohnungsvermittlers. – 1. *Rechtsgrundlage:* Gesetz zur Regelung der Wohnungsvermittlung vom 4.11.1971 (BGBl. I 1745) m.spät.Änd. – 2. Ein Anspruch auf

Entgelt, das zwei Monatsmieten zzgl. Umsatzsteuer nicht übersteigen darf, steht dem Vermittler nur beim Zustandekommen eines Mietvertrages aufgrund seiner Vermittlungs- oder Nachweistätigkeit zu. Der Anspruch ist u.a. ausgeschlossen, wenn der Vermittler oder eine juristische Person oder Gesellschaft, an der er beteiligt ist, Eigentümer, Verwalter oder Vermieter der Wohnung ist. Der Wohnungsvermittler bedarf ferner der Erlaubnis nach § 34c der Gewerbeordnung. – 3. In einigen Städten *kommunale Wohnungsvermittlung* zum Schutz der Wohnungssuchenden.

Wohnungswert – Begriff des Steuerrechts für den bei der Bewertung des → land- und forstwirtschaftlichen Vermögens festzustellenden Wert des Wohnteils eines land- und forstwirtschaftlichen Betriebs.

Wolds Dekomposition – aufgestelltes Theorem, das besagt, dass jeder schwach stationäre, stochastische Prozess (→ Stationarität) mit einem Erwartungswert von null durch einen MA-Prozess (→ MA(q)-Prozess) und einen deterministischen Teil repräsentiert werden kann. Wold's Dekomposition ist bes. in der Zeitreihenanalyse (→ Zeitreihenmodelle) von Bedeutung.

Word-of-Mouth – *Word-of-Mouth-Kommunikation, Mund-zu-Mund-Kommunikation, Empfehlungsmarketing, Mund-zu-Mund-Propaganda, Mund-Propaganda*; 1. *Begriff*: Form der direkten persönlichen Kommunikation (sprichwörtlich: von Mund zu Mund) zwischen Konsumenten innerhalb eines sozialen Umfeldes. Im Marketing wird Word-of-Mouth als eine informelle, wertende Meinungsäußerung über Marken, Produkte, Services und Unternehmen zwischen Konsumenten verstanden. Diese kann sowohl positiv als auch negativer Art sein. – 2. *Überlegenheit persönlicher Kommunikation*: (1) größere Glaubwürdigkeit und stärkere soziale Kontrolle; (2) bessere selektive Informationsaufnahme; (3) größere Flexibilität durch laufende Rückkopplungen bei den Kommunikaten; (4) Fehlen von rechtlichen Vorschriften. Meinungsführer können als Multiplikatoren in einem Word-of-Mouth-Prozess dienen. – Vgl. auch → Buzz Marketing, → Viral Marketing.

Workable Competition → wirksamer Wettbewerb.

Workflow – Beschreibung eines arbeitsteiligen, meist wiederkehrenden → Geschäftsprozesses. Durch den Workflow werden die Aufgaben, Verarbeitungseinheiten sowie deren Beziehungsgeflecht innerhalb des Prozesses (z.B. Arbeitsablauf und Datenfluss) festgelegt.

Workflow Management – Die Analyse, Modellierung, Simulation, Steuerung und Protokollierung von → Geschäftsprozessen (→ Workflow) unter Einbeziehung von Prozessbeteiligten und (elektronischen) Systemen (→ Workflow Management System). Ziel des Workflow Managements ist die Koordination der meist großen Anzahl von Bearbeitern, die räumlich verteilt an der Lösung von Teilaufgaben des Prozesses arbeiten, sowie die Kontrolle des Prozessverlaufs, v.a. des Bearbeitungsstatus.

Workflow Management Coalition – 1993 gegründete gemeinnützige, international tätige Gesellschaft, in der sich Workflow-Anbieter, -Benutzer, -Analysten und Universitäts- bzw. Forschungsgruppen zusammengeschlossen haben. Ihre Hauptaufgabe besteht in der Schaffung von Standards für Workflow-Produkte bez. Terminologie und Kompatibilität. Mit mehr als 300 Mitgliedern weltweit ist die Gesellschaft mittlerweile das Gremium für Standards innerhalb dieses schnell wachsenden Softwaremarktes. – Vgl. auch → Workflow.

Workflow Management System – 1. *Begriff*: → Softwaresystem zur Unterstützung der Ablaufsteuerung von Verwaltungsprozessen. – 2. *Ziele*: konsistente Vorgangsbearbeitung, kurze Durchlaufzeiten, Transparenz der Prozesse. – 3. *Komponenten*: (1) Komponenten zur Modellierung der → Geschäftsprozesse, der Organisation und der Daten (→ Architektur integrierter Informationssysteme); (2) die Workflow-Engine zur Steuerung des Dokumentenflusses; (3) eine Applikationskomponente zum Anstoß der Anwendungsprogramme, mit denen die Dokumente bearbeitet werden; (4) eine Monitoringkomponente, die Leistungskennzahlen zu den Geschäftsprozessen erfasst und deren Analyse erlaubt, sodass eine Verbesserung der ursprünglichen Geschäftsprozessmodellierung unterstützt wird.

Workgroup Computing → Computer Supported Cooperative Work.

Working Capital – *Net Working Capital, Nettoumlaufvermögen;* im amerik. Rechnungswesen zur Beobachtung von Veränderungen der → Liquidität gebräuchliche Messzahl: Differenz zwischen Umlaufvermögen und kurzfristigen Verbindlichkeiten (z.B. Umlaufvermögen 30.000 – kurzfristige Verbindlichkeiten 15.000 = 15.000 Working Capital). Das Verhältnis von Umlaufvermögen zu den kurzfristigen Verbindlichkeiten ist die *Work Capital Ratio* (zu dt.: *Liquiditätskoeffizient*). – Die *Veränderung* des Working Capital wird häufig in einer → Bewegungsbilanz aufgezeigt: Links stehen die Zunahmen der Einzelposten des Umlaufvermögens und die Abnahmen der Posten der kurzfristigen Verbindlichkeiten, rechts die Zunahmen der kurzfristigen Verbindlichkeiten und die Abnahmen der Posten des Umlaufvermögens; der Saldo ergibt Zunahme (Verbesserung der Liquidität) oder Abnahme (Verschlechterung der Liquidität) des Working Capital. – Vgl. auch → Kapitalflussrechnung.

Workstation – leistungsfähige → Arbeitsplatzrechner mit Multimedia- und → Multitasking-Fähigkeiten sowie integrierter Kommunikationsfunktionalität. Workstationen basieren vorrangig auf RISC-Architekturen (→ RISC) und werden meist unter dem Betriebssystem → Unix betrieben.

World Bank → IBRD.

World Business Council for Sustainable Development – Das World Business Council for Sustainable Development (WBCSD) ist eine weltweit arbeitende Organisation, die von Unternehmensvorständen geführt wird. Sie beschäftigt sich mit dem Thema „Wirtschaft und → nachhaltige Entwicklung". Mitglieder stammen aus über 35 Ländern und 20 → Branchen. – Vgl. auch → Öko-Effizienz.

World Food Programme → WFP.

World Health Organization → WHO.

World Intellectual Property Organization → WIPO.

World Meteorological Organization → UN.

World Tourism Organization (UNWTO) – *Welttourismusorganisation;* 1. *Begriff:* mit Sitz in Madrid eine führende übernationale Organisation – 1975 gegründet – die nahezu alle Felder des → Tourismus koordiniert und mit den entscheidenden Tourismusorganisationen auf nationaler und internationaler Ebene in Verbindung steht. Seit 2003 ist die WTO eine Sonderorganisation der Vereinten Nationen (→ UN) und hat sich seit 10/2005 in UNWTO umbenannt. – 2. *Mitglieder:* z.Zt. etwa 160 Vollmitglieder (Staaten) und über 400 angegliederte Mitglieder. Diese Gruppe der nichtstaatlichen Mitglieder ist in die drei Bereiche Business Council (BC), Education Council (EdC) und Destination Council (DC) unterteilt worden, mit dem Ziel, die Zusammenarbeit mit den staatlichen und nicht staatlichen Akteuren zu intensivieren. – 3. *Ziele und Aufgaben:* Freizügigkeit, offene Grenzen und Lufträume sowie touristische Teilnahme aller Menschen gelten als Oberziele, da der internationale Tourismus als Beitrag zur internationalen Völkerverständigung und zu weltweitem Frieden angesehen wird. Förderung und Entwicklung des Tourismus in enger Koordination mit allen Mitgliedern sind zentrale Triebfeder dieser Welttourismusorganisation. UNWTO hat sich den Zielen des Millenniums-Gipfels verpflichtet, die insbesondere die Reduktion der Armut und Förderung nachhaltiger Entwicklungen beinhalten. Innerhalb des G 20 Wirtschaftsgipfel wurde 2009 von 20 Mitgliedsstaaten der UNWTO T 20 gegründet, gezielt den Tourimus als Wirtschafts- und Wachstumsmotor sowie beschäftigungspolitischen Hoffnungsträger gegenüber der Politik zu rechtfertigen.

World Trade Organization (WTO) – *Welthandelsorganisation;* am 1.1.1995 in Genf gegründete Sonderorganisation der Vereinten Nationen (→ UN) zur Gestaltung zwischenstaatlicher Handelsbeziehungen. Sie übernimmt u.a. Aufgaben der in der Havanna-Charta geplanten → ITO, zusätzlich die Regelung grenzüberschreitender Dienstleistungen und geistigen Eigentums; 159 *Mitglieder* (2013). – *Organe:* Im Zweijahresrhythmus tagende *Ministerkonferenz* aller Vertragsparteien. Ein *Allgemeiner Rat* (General Council) führt die Tagesgeschäfte. – Die WTO besteht aus drei *Vertragspfeilern:* → GATT (1994) für den Warenhandel, → GATS (General Agreement on Services) für Dienstleistungen und TRIPS (Agreement on Trade-Related Aspects of Intellectual Property Rights, → TRIPS-Abkommen) für Fragen des geistigen Eigentums. GATT-Rat, GATS-Rat und TRIPS-Rat sind drei bes. Organe für sachspezifische Tagesgeschäfte, die dem Allgemeinen Rat untergeordnet sind. Laufende Geschäfte werden auch von folgenden *Komitees* übernommen: Komitee für Handel und Entwicklung, Komitee für Handel und Umwelt, Komitee für Zahlungsbilanzrestriktionen, Komitee für Haushalt, Finanzierung und Verwaltung. – *Aufgaben:* Handelspolitisch führt WTO die vom GATT-Provisorium verfolgte Politik fort, Wachstum und Wohlstand über eine Förderung der internationalen Arbeitsteilung zu unterstützen. Zu lösen sind noch Probleme des Verhältnisses von Handel und Umwelt sowie die Formulierung einer internationalen Wettbewerbspolitik. Der WTO sind erstmals der Agrarhandel sowie der Textilhandel zugeordnet. So müssen alle Agrarschutzmaßnahmen in (äquivalente) Tarife überführt und zunehmend liberalisiert werden. Mit der WTO wurde erstmals eine gültige Welthandelsordnung (mit dem Status einer → internationalen Organisation) geschaffen (GATT 1947 war nur ein Abkommen und stellte somit nur ein Provisorium dar). WTO dient als Forum multilateraler Handelsrunden; geschaffen wurde ein Schiedsgericht zur Beilegung von Handelskonflikten (Dispute Settlement Body). – Nationale Handelspolitiken werden von WTO überwacht. Generell gelten die im GATT verankerten *Prinzipien* der Liberalisierung, Reziprozität, Nicht-Diskriminierung (→ Meistbegünstigung), Transparenz und eine Informationspflicht. Einige Abkommen gelten nur plurilateral, z.B. solche der Tokio-Runde (Fair Trade in Civil Aircraft, öffentliche Beschaffungen oder die Vereinbarung über Molkereiprodukte (International Dairy Agreement) und Rindfleisch (International Bovine Meat Agreement), die alle seit dem 1.1.1980 in Kraft sind. – *Bewertung: Gefahren* der WTO liegen in der wachsenden Regeldichte und den vielen Ausnahmen und Sonderbestimmungen. Als *Erfolg* kann die weit gehende Überwindung des „GATT à la carte" angesehen werden. Wichtige Abkommen (z.B. über Dumping, Subventionen, technische Handelshemmnisse) gelten nun ausnahmslos für alle Mitglieder. Insofern brachte die WTO eindeutig eine Stärkung und erhöhte Transparenz der Welthandelsordnung.

World Wide Web (WWW) – Interaktives Informationssystem, das den weltweiten Austausch digitaler Dokumente ermöglicht. Es besteht aus sog. Hypertext-Systemen (→ Hypertext). Im WWW wird ein Hypertext-System → Website genannt. Eine Website umfasst i.d.R. mehrere zusammenhängende Webdokumente. Die → *Homepage* (Startseite) ist dabei der zentrale Einstiegspunkt einer Website, das WWW insgesamt ein gigantisches und in seinen Verzweigungen für den Nutzer nicht nachvollziehbares

Hypertext-System. Alle Webdokumente befinden sich auf speziellen an das → Internet angebundenen Rechnern, von denen sie mithilfe von Web-Server-Diensten bereitgestellt werden. Um auf die Dokumente des WWW zuzugreifen, ist ein → Browser nötig. Die Adressierung eines Webdokuments, d.h. eines beliebigen Objektes im WWW, erfolgt durch die → URL (Uniform Resource Locator). Für die Hypertext-Dokumente im WWW wurde eine einfache und plattformunabhängige Sprache entwickelt: → HTML (Hypertext Markup Language). Um die Dokumente bzw. Objekte schnell via → Hyperlinks über das Netz aufzurufen, wurde für die Übertragung der Daten das Hypertext-Transferprotokoll (→ HTTP) entwickelt (Hypertext-System).

Wort – 1. Bezeichnung für eine festgelegte Anzahl von → Bits oder → Bytes, die von den → Maschinenbefehlen einer elektronischen Datenverarbeitungsanlage als eine Einheit aufgefasst wird. – 2. Bezeichnung für vier Byte.

Wortassoziationstest – projektiver Test (→ projektive Verfahren), bei dem der Versuchsperson Worte vorgegeben werden, zu denen sie die damit assoziierten Gedanken wiedergeben soll, z.B. Assoziation zu bestimmten Markennamen. Weitere Anwendungen in den Bereichen der Werbepretests, der Imageforschung und der Produktnamensgebung. – Vgl. auch → Satzergänzungstest.

Wortmarke – sind Marken, die aus Wörtern, Buchstaben, Zahlen und/oder sonstigen Schriftzeichen bestehen. Eine Marke muss zur Unterscheidungskraft die konkrete Eignung haben, als Unterscheidungsmittel für die von der → Marke erfassten Waren oder Dienstleistungen eines Unternehmens gegenüber solchen anderer Unternehmen aufgefasst zu werden. Unterscheidungskraft fehlt bei rein beschreibenden Worten.

WP – Abk. für → Wirtschaftsprüfer.

WPK – Abk. für → Wirtschaftsprüferkammer.

WSA – Abk. für → Wirtschafts- und Sozialausschuss der EU.

WTO – 1. Abk. für → World Trade Organization. – 2. Ursprüngliche (bis 10/2005) Abk. für → World Tourism Organization (UNWTO).

WUA – Abk. für → Welt-Urheberrechts-Abkommen.

Wucher – I. Zivilrecht: Ein Rechtsgeschäft, durch das jemand unter Ausbeutung der Zwangslage oder Unerfahrenheit eines anderen sich oder einem Dritten für eine Leistung Vermögensvorteile versprechen oder gewähren lässt, die in einem auffälligen Missverhältnis zu der Leistung stehen. Ein wucherischer Vertrag ist *nichtig* (§ 138 II BGB). – *Wucherähnliche Vereinbarungen* können als gegen die guten Sitten verstoßend der → Nichtigkeit verfallen (§ 138 I BGB).

II. Strafrecht: Wucher begeht, wer die Zwangslage, die Unerfahrenheit, den Mangel an Urteilsvermögen oder die erhebliche Willensschwäche eines anderen dadurch ausbeutet, dass er sich oder einem Dritten (1) für die Vermietung von Räumen zum Wohnen oder damit verbundene Nebenleistungen (→ Mietwucher); (2) für die Gewährung eines Kredits (Kreditwucher); (3) für eine sonstige Leistung (Leistungswucher) oder (4) für die Vermittlung einer der unter (1) bis (3) bezeichneten Leistungen (Vermittlungswucher) Vermögensvorteile versprechen oder gewähren lässt, die in einem auffälligen Missverhältnis zu der Leistung oder deren Vermittlung stehen (§ 291 StGB). – *Strafe:* Freiheitsstrafe bis zu drei Jahren oder Geldstrafe, in bes. → schweren Fällen Freiheitsstrafe von sechs Monaten bis zu zehn Jahren.

Wurzelfunktion – Funktion, in der die unabhängige Variable x unter einem Wurzelzeichen steht:

$$f(x) = \sqrt[n]{x} = x^{\frac{1}{n}}.$$

In den Wirtschaftswissenschaften eignen sich Wurzelfunktionen zur Darstellung von Kostenfunktionen mit einer degressiven Steigung.

WWW – Abk. für → World Wide Web.

WZ – 1. *Begriff: Klassifikation der Wirtschaftszweige,* Basis der Erfassung wirtschaftlicher Tätigkeiten. – 2. *Zweck:* Sie dient der einheitlichen Erfassung der wirtschaftlichen Tätigkeiten von Unternehmen, Betrieben und anderen statistischen Einheiten in allen → amtlichen Statistiken in Deutschland. Sie baut rechtsverbindlich auf der durch EG-Verordnungen verbindlich eingeführten statistischen Systematik der Wirtschaftszweige in der Europäischen Gemeinschaft (→ NACE Rev. 2) auf, enthält jedoch eine weitere Gliederungsebene, um den speziell in Deutschland auftretenden Strukturen gerecht zu werden. Damit ist sie automatisch auch eng mit der → ISIC verknüpft. Zur Abgrenzung der Positionen werden wie bei der NACE Rev. 2 die Art der produzierten Waren und Dienstleistungen, die Verwendungszwecke der Waren und Dienstleistungen und die Produktionstechnik herangezogen. Die Klassifikation der Wirtschaftszweige wird in regelmäßigen Abständen aktualisiert. Seit 1.1.2008 wird für statistische Zwecke die WZ 2008 angewendet, die die WZ 2003 ablöst. Gegenüber der Fassung von 2003 enthält die WZ 2008 einige strukturelle und methodische Änderungen. Diese waren nötig geworden, da im Zuge einer weiteren internationalen Harmonisierung von Wirtschaftsklassifikationen Änderungen internationaler Referenzklassifikationen berücksichtigt werden mussten bzw. eine Erweiterung um bislang nicht erfasste Tatbestände erforderlich wurde.

X

X12-ARIMA – verbreitetes Verfahren zur → Saisonbereinigung, das u.a. vom → Statistischen Bundesamt (StBA), der → Bundesagentur für Arbeit, → Eurostat, der → Europäischen Zentralbank (EZB) und der → Deutschen Bundesbank benutzt wird, um saisonale Einflüsse aus Zeitreihen zu eliminieren. X12-ARIMA ist die aktuelle Version des bereits länger bekannten Saisonbereinigungsverfahrens X-11, das vom US Bureau of the Census entwickelt wurde. X12-ARIMA wird vom Bureau of the Census kostenlos zur Verfügung gestellt.

x-Achse → Koordinatensystem.

XETRA – *Exchange Electronic Trading;* vollelektronisches Handelssystem an der → Frankfurter Wertpapierbörse (FWB), gekennzeichnet durch dezentralen Marktzugang und Rationalität. Genutzt wird das XETRA-System für den → Kassamarkt in → Aktien, → Exchange Traded Funds, → Optionsscheinen, → Zertifikaten und Bezugsrechten. Mehr als 90 Prozent der in Deutschland gehandelten Aktien werden mit XETRA gehandelt. – *Vorteile:* Transparenz durch regulierten Markt, hohe Liquidität bei niedrigen Transaktionskosten, internationales Teilnehmernetzwerk, diversifiziertes Produktangebot, hohe technische Zuverlässigkeit. – Anders als beim Parketthandel findet der Aktienhandel in einem zentralen, offenen elektronischen Orderbuch statt. Teilnehmer des Systems kann jeder Makler bzw. jedes Kreditinstitut werden, sofern sie Mitglied einer dt. Börse sind. Die Aufträge werden aus den Handelsräumen der Teilnehmer in aller Welt in das System eingegeben, teilweise sind sie computergeneriert. Daraufhin besteht die Möglichkeit, das Gebot anzunehmen oder auch selbst neue Gebote in das System einzustellen. Der Geschäftsabschluss erfolgt im fortlaufenden (variablen) Handel oder in Auktionen. Durch → Designated Sponsors und → Market Experts wird im fortlaufenden Handel für einen Gegenpart gesorgt, wenn kein Angebot oder keine Nachfrage vorliegt. – Vorgänger des XETRA war bis zum 28.11.1997 der elektronische IBIS-Handel. – Vgl. auch → Kursfeststellung.

X-Ineffizienz – 1. *Allgemein:* Die X-Ineffizienz im Sinne von Leibenstein bezeichnet die nicht allokative Ineffizienz, die durch fehlenden Wettbewerbsdruck und mangelnde Motivation des Managements und der Mitarbeiter eines Unternehmens hervorgerufen wird. Im Rahmen einer Kostenbetrachtung lässt sich für jede beliebige Ausbringungsmenge *q* die X-Ineffizienz als *Differenz zwischen den tatsächlichen und den mind. anfallenden (Produktions-)Kosten auffassen,* wobei die Auswirkungen auf die durchschnittlichen totalen Kosten (DTK) in Abhängigkeit von der Ursache einer bestimmten X-Ineffizienz unterschiedlich sind: (1) So verschiebt sich bei Nachlässigkeit infolge sinkenden Wettbewerbsdruckes oder von Interessengegensätzen zwischen Managern und Kapitaleignern die DTK-Kurve *unabhängig* vom Output nach oben (vgl. Abbildung „X-Ineffizienz (1)").

X – Ineffizienz (1)

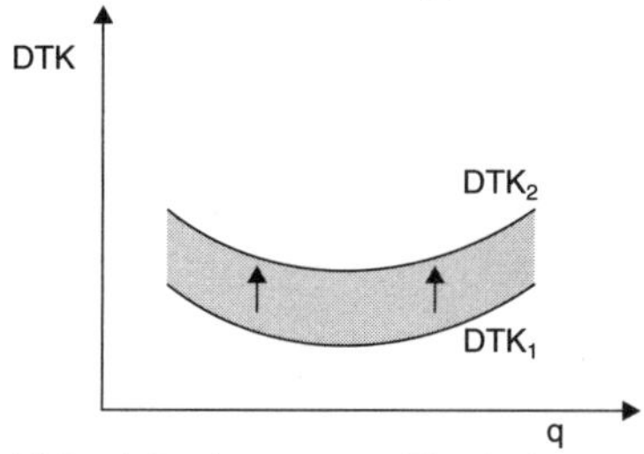

(2) Durch Bürokratisierung infolge absoluter Unternehmensgröße steigt die DTK-Kurve bei L-förmigem Verlauf erst ab einem bestimmten, kritischen Output wieder an (vgl. Abbildung „X-Ineffizienz (2)").

X – Ineffizienz (2)

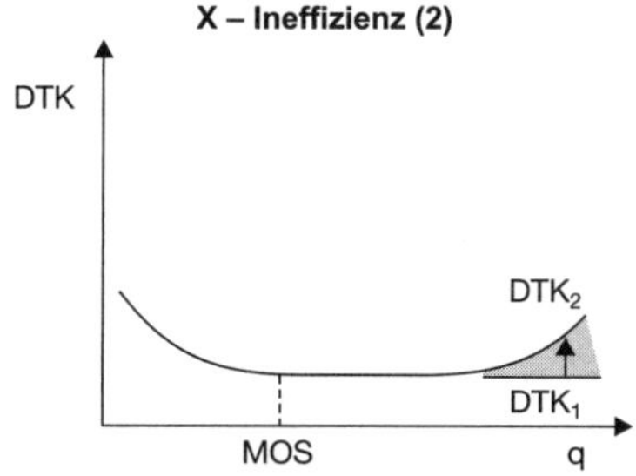

2. *Empirische Relevanz:* Die Diskussion um die sog. Lean Production (→ Lean Management) verdeutlicht die herausragende Bedeutung der *Kostenkontrollfunktion des Wettbewerbs* und die empirische Relevanz der X-Ineffizienz. Bei ihrer Überprüfung haben sich drei Ansätze herausgebildet: (1) Inwieweit werden durch horizontale → Konzentration realisierte → Economies of Scale durch X-Ineffizienz kompensiert?(2) Welche Zusammenhänge bestehen zwischen X-Ineffizienz und den eigentumsrechtlichen Regelungen eines Unternehmens?(3) Welchen Einfluss hat die → Marktstruktur und damit die Wettbewerbsintensität auf das Ausmaß der X-Ineffizienz?

XML – Abk. für *Extensible Mark-up Language.* XML ist eine vereinfachte Form von → SGML und quasi ein Standard zur Erstellung von strukturierten

Dokumenten im → World Wide Web oder in → Intranets. XML ist erweiterbar (extensible), weil man hier nicht auf vorgegebene Markierungselemente (→ Tag) angewiesen ist (wie z.B. in → HTML), sondern eigene Auszeichnungsmöglichkeiten schaffen kann. Diese Tags definieren dann auch nicht nur die Darstellung des Inhalts, sondern können auch die Bedeutung des Inhalts erfassen (so könnte z.B. ein Tag <MAILADRESS> eine E-Mail-Adresse (→ E-Mail) einleiten).

XTF – Abk. für → Exchange Traded Fund an der FWB.

XYZ-Analyse → RSU-Analyse.

Y

y-Achse → Koordinatensystem.

Yaoundé-Abkommen → Jaunde-Abkommen.

YCANs – Abk. für *Yield Curve Adjustable Notes;* finanzinnovatives, variabel verzinsliches Wertpapier als Variante einer → Floating Rate Note (FRN), dessen laufende Verzinsung sich als Differenz zwischen einem festgelegten Höchstzinssatz und dem gegenwärtigen Marktzins (z.B. LIBOR) ergibt. YCANs weisen somit eine zum Zinsniveau inverse Renditeentwicklung auf (Upside Down Pricing).

Yield Curve Adjustable Notes → YCANs.

Yield Management → *Revenue Management, Ertragsmanagement;* 1. *Begriff:* System zur Nachfragesteuerung mittels Kapazitätsverfügbarkeiten und Preisen. Yield Management wird bei Dienstleistungsunternehmen mit dem Ziel eingesetzt, den Gesamtumsatz des Unternehmens zu maximieren, indem die Nachfrage mit der höchsten Zahlungsbereitschaft mit Priorität befriedigt wird. Yield Management ist bei Verkehrsunternehmen (insbesondere bei → Fluggesellschaften), in der → Hotellerie und bei Autovermietern weit verbreitet. – 2. *Entwicklungsgeschichte:* Yield Management entstand in den 1970er-Jahren im Zuge der → Deregulierung des US-amerikanischen Luftverkehrsmarktes. Die etablierten Fluggesellschaften sahen sich mit neuen Konkurrenten in Form von Low-Cost-Fluggesellschaften konfrontiert. Deren Preise sollten selektiv „gematcht" werden, ohne das gesamte Preisgefüge auf das Low-Cost-Niveau abzusenken. – 3. *Elemente am Beispiel von Fluggesellschaften:* Yield-Management-Systeme bestehen aus neun Elementen: a) *Marktsegmentierung und Preisdifferenzierung:* Der Gesamtmarkt wird in homogene Marktsegmente mit unterschiedlicher Zahlungsbereitschaft aufgeteilt. Die einzelnen Marktsegmente werden unterschiedlichen Buchungsklassen mit unterschiedlichen Preisen zugeordnet. – b) *Nachfragelenkung im Zeitverlauf:* I.d.R. tritt niederwertige Nachfrage (z.B. in Form von Freizeitreisenden) sehr frühzeitig, und hochwertige Nachfrage (z.B. in Form von Geschäftsreisenden, vgl. → Geschäftsreise) sehr spät am Markt auf. Um zu verhindern, dass Kontingente mit niederwertiger Nachfrage zugebucht werden und damit hochwertige Nachfrage verdrängt wird, werden Kontingente für hochwertige Nachfrage frühzeitig geblockt. – c) *Überbuchung (overbooking):* Es werden mehr Sitzplätze verkauft als physisch vorhanden sind. Überbuchung zielt auf die hundertprozentige Auslastung der Kapazitäten ab. Bei einem Verzicht auf Überbuchung entstünden leere Sitze, denn kurzfristige → Stornierungen, → Umbuchungen und „No Shows" (No-Show-Gebühr) lassen sich kurzfristig nicht mehr kompensieren. „No Shows" bezeichnen das Phänomen, dass gebuchte Passagiere unangekündigt nicht zum Abflug erscheinen. Üblich sind Überbuchungsquoten von etwa 30 Prozent. Bei einer zu niedrigen Überbuchungsquote entsteht „Spoilage", indem Sitze leer bleiben. Bei einer zu hohen Überbuchungsquote entsteht „Spill", indem Passagiere abgewiesen werden. – d) *Bildung und Einzelsteuerung von Buchungsklassen:* Fluggesellschaften unterteilen die (physischen) Beförderungsklassen (häufig First, Business und Economy Class) in (virtuelle) Buchungsklassen. Diese weisen unterschiedliche Kontingentgrößen und Preise auf und werden jeweils einzeln dynamisch gesteuert, indem sie je nach Marktlage vergrößert oder verkleinert werden. – e) *Nesting:* Die Buchungsklassen sind ineinander geschachtelt. Hochwertige Buchungsklassen können automatisch auf Kontingente der niederwertigen Buchungsklassen zugreifen, umgekehrt ist dies nicht möglich. – f) *Verkehrsstrombezogene Buchungsklassensteuerung:* Die Verfügbarkeit von Sitzplätzen richtet sich danach, ob Nachfrager nach einem Sitzplatz einem hochwertigen oder einem niederwertigen Verkehrsstrom angehören. So kann bspw. der Sitzplatz für einen Passagier von Frankfurt nach Mailand gesperrt sein, um diesen Sitzplatz für einen Passagier von Tokio über Frankfurt nach Mailand verfügbar zu halten. Der Gesamtumsatz der Fluggesellschaft würde hierdurch gesteigert. – g) *Verkaufsursprungsbezogene Buchungsklassensteuerung:* Die Verfügbarkeit von Sitzplätzen richtet sich danach, in welcher Verkaufsregion die höchsten Preise erwirtschaftet werden. – h) *Prognosemodelle:* Nachfrageverläufe und No-Show-Quoten werden prognostiziert, um aktuelle Buchungsverläufe umsatzmaximierend steuern zu können. – i) *Informationstechnologiesysteme:* Die hohe Anzahl von Steuerungsentscheidungen und benötigter Daten von Yield-Management-Systemen bedarf des Einsatzes leistungsfähiger Informationstechnologiesysteme.

Young-Anleihe – internationale 5,5-prozentige → Anleihe des Deutschen Reiches von 1930, wurde in den USA, verschiedenen europäischen Ländern und in Deutschland aufgelegt mit einem Gesamtergebnis von ca. 300 Mio. US-Dollar. Zwei Drittel des Erlöses dienten der Mobilisierung von Reparationszahlungen gemäß Haager Konferenz-Beschluss (1929/1930), der Rest für Belange der Reichsbahn und Reichspost.

Young-Plan – zur Regelung der dt. Reparationen nach dem Ersten Weltkrieg von einer Sachverständigenkommission (eingesetzt aufgrund der Pariser Konferenz) unter dem Vorsitz von Young ausgearbeiteter Plan, angenommen in Form des zweiten Haager Abkommens, in Kraft getreten ab Mai 1930 in Ablösung des → Dawes-Plans. Die Verpflichtungen aus dem Young-Plan (nicht die aus der im Zusammenhang mit diesem aufgenommenen Young-Anleihe, die unter die dt. → Auslandsverschuldung fällt) wurden 1932 durch das Lausanner Abkommen für hinfällig erklärt.

Z

Zahlenmengen – In den Wirtschaftswissenschaften benutzt man verschiedene Zahlenmengen, z.B. bei der Festlegung der Definitionsmenge. – 1. *Natürliche Zahlen:* Zahlen, mit deren Hilfe beliebige Objekte gezählt werden: 1, 2, 3, 4, 5, ... Sie lassen sich z.B. unterteilen in: *Gerade Zahlen,* die ohne Rest durch 2 teilbar sind (2, 4, ... oder allg. 2n) und *ungerade Zahlen* (1, 3, 5, ... oder entsprechend 2n + 1). – 2. *Ganze Zahlen:* Wenn die natürlichen Zahlen um die Zahl 0 und die ganzen negativen Zahlen erweitert werden, erhält man die Menge der ganzen Zahlen: ... , -3, -2, -1, 0, 1, 2, 3, ... – 3. *Rationale Zahlen:* Die rationalen Zahlen umfassen die ganzen Zahlen und zusätzlich solche Zahlen, die sich als Quotient zweier ganzer Zahlen ausdrücken lassen: p/q mit $q \neq 0$. Als Dezimalzahl geschrieben sind sie entweder endlich (z.B. 5/16 = 0,3125) oder unendlich aber dann periodisch (z.B. $1/3 = 0{,}3333333... = 0{,}\bar{3}$). – 4. *Reelle Zahlen:* Sie beinhalten als Teilmenge die rationalen Zahlen. Zusätzlich treten hier die irrationalen Zahlen hinzu, die sich nicht als Quotient zweier ganzer Zahlen darstellen lassen. Wenn man irrationale Zahlen als Dezimalzahl ausdrückt, erhält man eine unendliche und nicht periodische Zahl z.B. $\sqrt{2} = 1{,}41421356...$. Weitere neben den Wurzeln häufig verwandte irrationale Zahlen sind e und π.

Zählgeld → Fehlgeldentschädigung.

Zahlstelle – Zweigstellen im Kreditwesen, → Zahlstellengeschäft.

Zahlstellengeschäft – 1. *Einlösung* der fälligen → Zinsscheine und → Dividendenscheine durch eine Bank im Auftrag der Aussteller der betreffenden Papiere. Die Bank berechnet dem Anleiheschuldner bzw. der AG eine geringe Provision, die Auszahlung der Zins- und Dividendenbeträge an das Publikum erfolgt kostenlos. Auch die Auszahlung ausgeloster oder fälliger Wertpapiere erfolgt durch die Zahlstelle. An jedem Börsenplatz, an dem die entsprechenden Wertpapiere gehandelt werden, muss auch eine Zahlstelle vorhanden sein. – 2. Der Begriff Zahlstelle ist auch im Zusammenhang mit dem nationalen und *internationalen Zahlungsverkehr,* z.B. durch Lastschriften, gebräuchlich.

Zahlstellenwechsel → Wechsel, der zwar am Wohnort des Bezogenen, aber nicht bei diesem unmittelbar, sondern z.B. bei einer am gleichen Ort befindlichen Bank zahlbar gestellt ist. – *Gegensatz:* → Domizilwechsel.

Zahltag – früher: Tag der Lohnzahlung. – 1. Für *Lohnempfänger* wöchentlich am Freitag ggf. als Abschlagszahlung auf den → Akkordlohn zur Vereinfachung der Lohnbuchhaltung. Üblich sind wöchentliche, zehntägige und vierzehntägige Abschlagszahlungen mit monatlicher Endabrechnung. Karenzzeit zwischen Lohnperiode und Zahltag gestattet der → Lohnbuchführung, die Lohnzettel abzurechnen. – 2. Für *Gehaltsempfänger* monatlicher Zahltag am 1., 15. oder Monatsletzten.

Zahlung – 1. *Allgemein:* Unter einer Zahlung versteht man grundsätzlich die Übertragung einer Geldforderung durch einen Zahlungspflichtigen auf eine Partei, die vom Begünstigten anerkannt wird. – 2. *Rechtlich:* → Übereignung einer bestimmten Menge Geldes, meist (aber nicht immer) zwecks Erfüllung einer → Geldschuld. Zahlung nach dem Gesetz nur durch gesetzliche Zahlungsmittel möglich; der Gläubiger muss sich eine andere Art der Zahlung gefallen lassen, wenn sie der → Verkehrssitte entspricht, z.B. durch Scheck oder durch Überweisung. – Zahlung an *Ladenangestellte* wirkt i.Allg. schuldtilgend, nicht aber die an → Handlungsreisende (§§ 55 f. HGB). – Über die *Anrechnung* einer nicht alle Forderungen des Gläubigers deckenden Zahlung vgl. → Erfüllung; entsprechende Regelung für die Anrechnung von Steuerzahlungen (vgl. §§ 42, 224 ff. AO).

Zahlung kompensiert – Klausel, die besagt, dass der Ausgleich einer Forderung durch ein → Kompensationsgeschäft erfolgt/erfolgen soll.

Zahlungsabkommen – *internationales Zahlungsabkommen, Clearingabkommen, Verrechnungsabkommen;* Teil des → Handelsabkommens zur Regelung des zwischenstaatlichen Zahlungsverkehrs (internationaler → Zahlungsverkehr, → Auslandszahlungsverkehr), der über die bei den beiderseitigen Zentralbanken oder anderen vereinbarten Stellen geführten → Konten abgerechnet wird. Für den Fall, dass ein Land mit seinen Zahlungen zurückbleibt, ist z.T. ein → Swing vereinbart.

Zahlungsakkreditive – i.e.S. sind darunter → Sichtzahlungsakkreditive (Sichtakkreditive) zu verstehen; i.w.S. auch → Akkreditive mit hinausgeschobener Zahlung. Der Ausdruck Zahlungsakkreditiv führt häufig zu Missverständnissen, weil letztlich alle Akkreditivarten ein Zahlungsversprechen umfassen und bei Benutzung des Akkreditivs zu einer Zahlung führen.

Zahlungsaufschub – Möglichkeit, die Zahlung geschuldeter Abgabenbeträge gegen Sicherheitsleistung auf einen späteren Zeitpunkt hinauszuschieben. Bei Einfuhr- und Ausfuhrabgaben und Verbrauchsteuern kann die Zahlung fälliger Beträge auf Antrag des Steuerschuldners gegen Sicherheitsleistung hinausgeschoben werden, soweit die Steuergesetze dies bestimmen (§ 223 AO). Im Zollrecht ist diese Möglichkeit in Art. 224 -228 Zollkodex (ZK) vorgesehen. Die Aufschubfrist endet im Regelfall am 16. Tag des auf die Zollschuldenststehung folgenden Monats. Ein Unternehmer kann einem Verbraucher einen entgeltlichen Zahlungsaufschub von mehr als drei Monaten oder eine sonstige entgeltliche Finanzierungshilfe gewähren (§ 499 BGB).

Zahlungsauftrag – Unter Zahlungsauftrag nach § 675f III 2 BGB ist jeder → Auftrag zu verstehen, den ein Zahler seinem Zahlungsdienstleister zur Ausführung eines Zahlungsvorgangs entweder unmittelbar oder mittelbar über den Zahlungsempfänger erteilt. Der Zahlungsauftrag ist grundsätzlich eine einseitige Anweisung des Zahlers gegenüber dem Zahlungsdienstleister innerhalb eines Zahlungsdiensterahmenvertrags. Lediglich bei einem Einzelzahlungsvertrag behält der Zahlungsauftrag wie der alte Überweisungsvertrag (§§ 676a-676c BGB a.F.) seinen Charakter als Vertrag zwischen Zahler und Zahlungsdienstleister. – Vgl. allg. → Überweisung.

Zahlungsausfallrisiko → Delkredererisiko.

Zahlungsbedingungen – In der Wirtschaft üblicherweise, auch durch → Allgemeine Geschäftsbedingungen (AGB) (evtl. auch stillschweigend), getroffene Vereinbarungen über den Zahlungsort und -zeitpunkt von Geldschulden. Zahlungsbedingungen werden vielfach mit → Lieferungsbedingungen verbunden. – 1. *Grundsätzliche Möglichkeiten:* a) Vereinbarung der Vorauszahlung (v.a. bei unbekannten oder unsicheren Kunden); b) Übergabe gegen Bezahlung (→ Zug um Zug); c) Zahlung nach Übergabe (z.B. Klauseln „sofort Kasse", „gegen bar"; → Barzahlung); d) Vereinbarung eines → Zahlungsziels (→ Lieferantenkredit). Vielfach kombinierte Bedingungen, z.B. Klausel „zahlbar in 30 Tagen ohne Abzug oder innerhalb 10 Tagen unter Abzug von 2 Prozent Skonto". – 2. *Bes. Zahlungsbedingungen bei Außenhandelsgeschäften:* Bei Außenhandelsgeschäften sind zu unterscheiden kurz- bis mittelfristige Zahlungsbedingungen, die (1) nicht dokumentäre Zahlungsbedingungen oder (2) dokumentäre Zahlungsbedingungen (→ Inkasso bzw. → Akkreditiv) sein können (→ Außenhandelsfinanzierung). Langfristige Zahlungsbedingungen setzen sich häufig aus verschiedenen Elementen zusammen, Anzahlung, → Dokumentenrate, Ratenzahlung der Restschuld. Für die Ratenzahlung kann ein → Lieferantenkredit, ein → Bestellerkredit oder ein → Bank-zu-Bank-Kredit als Zahlungsbedingungen vereinbart werden. Verbunden sind die Zahlungsbedingungen im Außenhandel häufig mit → Bankgarantien und weiteren Sicherungsinstrumenten. – Vgl. auch → Außenhandelsfinanzierung, → Incoterms.

Zahlungsbereitschaft – I. Betriebswirtschaftslehre: Bereitschaft einer Unternehmung, ihren Zahlungsverpflichtungen nachzukommen, im Wesentlichen determiniert durch das Verhältnis von liquiden und liquidierbaren Aktiva zu den Schulden. – Vgl. auch → Liquidität, → Zahlungsunfähigkeit, → Zahlungsfähigkeit.

II. Finanzwissenschaft: 1. *Begriff:* Betrag, den ein Individuum (ein Haushalt) aus seinem gegebenen Einkommen für die Bereitstellung → öffentlicher Güter zu zahlen bereit wäre. – 2. *Anwendung der Zahlungsbereitschaftsanalyse:* bei der Ermittlung der Präferenzen für öffentliche Güter, für die Abschätzung der Verteilungswirkungen öffentlicher Leistungen, im Rahmen von → Kosten-Nutzen-Analysen öffentlicher Ausgaben, bei der Ermittlung von Schattenpreisen (→ Opportunitätskosten), z.B. zur Abschätzung der Schadenskosten von Umweltnutzungen in der Umweltökonomik u.a. Da die Zahlungsbereitschaftsanalyse wahrscheinlich die tatsächliche Zahlungsbereitschaft systematisch unterschätzt (→ Free-Rider Verhalten), wird statt der Zahlungsbereitschaft auch der Betrag ermittelt, den das Individuum (der Haushalt) als Ausgleich für den Nutzenentgang bei Wegfall der öffentlichen Leistung akzeptieren würde.

Zahlungsbilanz – 1. *Begriff:* Systematische Erfassung und Darstellung aller wirtschaftlichen Transaktionen zwischen Inländern und Ausländern für eine abgelaufene Periode. Diese Definition ist etwas problematisch, da auch Transaktionen zwischen Inländern erfasst werden und da es sich um eine Stromgrößenrechnung handelt. Die → Deutsche Bundesbank veröffentlicht sie monatlich, wobei die ersten vorläufigen Ergebnisse etwa mit einem Zeitabstand von rund 30 Tagen veröffentlicht werden. Als → Inländer gilt, wer seinen festen Wohnsitz im → Inland hat, also auch ausländische Einwohner. Im Gegensatz zum kaufmännischen Bilanzbegriff, der i.d.R. von Beständen an einem bestimmten Stichtag ausgeht, ist die Zahlungsbilanz eine → Saldenbilanz, die (ebenfalls nach dem Prinzip der doppelten Buchführung) Veränderungen in einer Periode ausweist. Die „→ Konten" der Zahlungsbilanz werden als Teil-Bilanzen angesprochen. – 2. *Aufbau:* a) Die → Handelsbilanz, auch Warenbilanz genannt, erfasst den → Außenhandel, d.h. Export und Import von → Sachgütern. Dabei werden die Ergänzungen zum Warenverkehr gesondert ausgewiesen. Dies schließt sog. (Zoll-) → Lagerverkehr ein sowie → Rückwaren, die zunächst importiert wurden, aber z.B. aufgrund von Mängelrügen zurückgeschickt werden; Analoges gilt für den Export. Der Export wird ab Grenze → Ausland erfasst (→ FOB, Free on Board), während der Import mit dem Wert an der Grenze zum Inland berücksichtigt wird (→ CIF, Costs, Insurance, Freight). – b) In die → Dienstleistungsbilanz gehen Ein- und Ausfuhren von Dienstleistungen ein. Dies kann Verständnisschwierigkeiten hervorrufen, weil man immaterielle Güter nicht immer transportieren kann. → Import bedeutet, dass Inländer Güter in Anspruch nehmen, die Teil eines ausländischen → Nationaleinkommens sind, oder anders ausgedrückt, die nicht im Inland produziert worden sind. Wenn also ein Deutscher Dienstleistungen ausländischer Anbieter in Anspruch nimmt, dann importiert er diese Dienstleistungen. Daher zählen Urlaubsreisen ins Ausland aus dt. Sicht zum Dienstleistungsimport, die Reisetätigkeit von Ausländern in Deutschland umgekehrt zum Dienstleistungsexport. – *Weitere Beispiele:* → Lizenzen, → Patente, Werbe- und Messekosten, Montagen, Nachrichtenverkehr, Versicherungen, Transportleistungen und Beratung. – Der → Saldo von Handels- und Dienstleistungsbilanz wird als → Außenbeitrag zum → Bruttoinlandsprodukt (BIP) bezeichnet. Die grenzüberschreitenden → Faktoreinkommen (Kapitalerträge, Einkommen aus unselbstständiger Arbeit) werden nicht in der Dienstleistungsbilanz, sondern als Erwerbs- und → Vermögenseinkommen erfasst. Zählt man sie zum → Außenbeitrag zum Bruttoinlandsprodukt hinzu, erhält man den → Außenbeitrag zum Bruttonationaleinkommen. – Die frühere → Übertragungsbilanz (Transferbilanz), die alle unentgeltlichen Zahlungen enthielt, wurde aufgeteilt: → Laufende Übertragungen (z.B. an den → EU-Haushalt, an den → IWF oder die → UN, Überweisungen ausländischer Gastarbeiter in ihre Heimat, Renten und Pensionen aus dem oder ins Ausland, öffentliche Entwicklungshilfe (sofern nicht als Kredit) werden als – c) *laufende Übertragungen* erfasst, in Abgrenzung zu – d) *Vermögensübertragungen* (Erbschaften, Schuldenerlasse, Steuererstattungen etc.). Nur die laufenden Übertragungen werden (zusammen mit dem Außenbeitrag zum Bruttoinlandsprodukt) zur → *Leistungsbilanz* gezählt, da nur sie Einfluss auf Einkommen und Verbrauch haben. Andere, einmalige Transfers wie z.B. Finanzierungsleistungen wie 1999 für den Kosovokrieg oder 2003 für den Irakkrieg werden getrennt erfasst. – Leistungsbilanz plus Saldo der Vermögensübertragungen ergeben – e) den → Finanzierungssaldo der Zahlungsbilanz. Ist dieser positiv, liegt eine Zunahme der Forderungen gegenüber dem Ausland vor, andernfalls eine Zunahme der Verbindlichkeiten gegenüber dem Ausland. Dies schlägt sich spiegelbildlich in der Kapitalbilanz bzw. der Bilanz der Deutschen Bundesbank nieder. – Es ist nicht unüblich, die Leistungsbilanz in die Positionen Außenhandel und Saldo der „unsichtbaren" Leistungen aufzuteilen. Diese umfassen die Dienstleistungen, die Erwerbs- und Vermögenseinkommen und die laufenden Übertragungen. – Die → *Kapitalbilanz* oder Kapitalverkehrsbilanz erfasst alle Forderungen und Verbindlichkeiten der privaten Wirtschaft und des Staates (außer der → Notenbank) gegenüber dem Ausland. Sie unterteilt sich in mehrere Unterbilanzen. Von bes. Bedeutung sind dabei die Direktinvestitionen, also Beteiligungen dt. Unternehmen an ausländischen Firmen und umgekehrt, Portfolioinvestitionen, also Erwerb von ausländischen Wertpapieren als Kapitalanlage, sowie Kredite und Darlehen. Bewertungsbedingte Veränderungen des Netto-Auslandsvermögens, die naturgemäß in Zeiten starker Börsenkursbewegungen (→ Aktien, → Devisen) nicht zu vernachlässigen sind, werden im Rahmen der Zahlungsbilanz nicht erfasst. – Beim Kreditverkehr unterscheidet man bei den Forderungen und Verbindlichkeiten der Unternehmen, der Banken und des Staates kurz- und langfristige Positionen. Auf der Forderungsseite der Kapitalbilanz werden u.a. auch die Devisenbestände erfasst, die in der Wirtschaft verbleiben und nicht der Bundesbank zufließen, da Dollarbestände, die dt. Unternehmen oder Banken gehören, in aller Regel auf Dollarkonten im Ausland gehalten werden. – Kapitalimporte bedeuten eine Zunahme von → Verbindlichkeiten, → Kapitalexporte eine Zunahme von → Forderungen. Sofern es sich dabei um Transaktionen in fremden Währungen handelt, werden diese mit ihren Euro-Gegenwerten in der Zahlungsbilanz erfasst. – Die in der Zahlungsbilanz zu berücksichtigenden Transaktionen sind nicht lückenlos erfassbar. Der Warenhandel ist statistisch aufgrund von Zollunterlagen bzw. den gemäß Außenwirtschaftsgesetz und dem Außenhandelsstatistikgesetz zu vollziehenden Meldungen zur Außenhandelsstatistik weit gehend nachzuvollziehen; auch im Zahlungsverkehr liefern die Banken aufgrund entsprechender Vorschriften sehr dichtes Datenmaterial. Problematischer hingegen ist es beim → Tourismus (Dienstleistungsbilanz), wo oft nur Schätzungen auf der Basis der Bestandsveränderungen an ausländischen Zahlungsmitteln bei den Banken bzw. aufgrund von Rücksendungen von Euro-Bargeldbeständen sowie eingelösten Reiseschecks aus dem Ausland möglich sind. – f) Der *Saldo der statistisch nicht aufgliederbaren Transaktionen* ergibt sich daher aus fiktiven Gegenbuchungen zu Transaktionen, die sich wegen unzureichender Erfassungsmöglichkeiten nicht auf zwei, sondern nur auf einer Teilbilanz niederschlagen würden. Z.B. sind Handelskredite kurzfristig nur schwer zu registrieren, sodass zwar Warenimporte erfasst werden mögen, nicht aber der dazugehörige Kreditvorgang. Beim vorläufigen Jahresabschluss ist der Restposten naturgemäß relativ groß, weil darin noch die statistisch nicht erfassten Handelskredite enthalten sind. – g) Der → Ausgleichsposten zur Auslandsposition der Bundesbank umfasst u.a. die Währungsreserven und sonstige Forderungen der Bundesbank gegenüber dem Ausland, z.B. gegenüber der Weltbank oder innerhalb des Europäischen Währungssystems (→ EWS). Diese Währungsbestände werden (da die Zahlungsbilanz in Euro geführt wird) durch die entsprechenden Wechselkurse umgerechnet in Euro-Werte. Veränderungen der Devisenbestände aber werden zu den jeweiligen Kursen gebucht, sodass eine Korrekturbuchung im Ausgleichsposten den Unterschied zwischen Tageskurs und Wertansatz ausgleicht. – 3. → Zahlungsbilanzstatistik: a) *Quellen:* Die → Daten der Zahlungsbilanz entstammen einer Vielzahl von Quellen. Zunächst ist die → Außenhandelsstatistik des Statistischen Bundesamtes zu nennen. Diese wiederum stützt sich auf die Angaben, die bei Einfuhr und Ausfuhr in den Unterlagen zur außenwirtschafts- und zollrechtlichen Abfertigung gemacht werden, bes. auf Exemplare des sog. → Einheitspapiers, das EU-einheitlich bei der

Zollabfertigung verwendet wird (obwohl der Datenträger Papier inzwischen von elektronischen Verfahren abgelöst werden, z.B. dem deutschen Verfahren → ATLAS und dem UK-Verfahren CHIEF), sowie auf ergänzende Unterlagen z.B. der Zollbehörden in Freihäfen. Da innerhalb des → Binnenmarktes der → EU keine güterbezogenen Grenzabfertigungen mehr erfolgen, wird der innergemeinschaftliche Warenverkehr (sog. *Intrahandel*) durch ein spezielles Meldewesen (IntraStat) erfasst. Dies bedeutet für die Unternehmen entsprechenden Bearbeitungsaufwand. In der Statistik wird dabei zwischen → Generalhandel und → Spezialhandel unterschieden. Der Spezialhandel umfasst Ein- und Ausfuhr in den bzw. aus dem zollrechtlich freien Verkehr (das bedeutsamste → Zollverfahren) sowie Ein- und Ausfuhren im Rahmen aktiver und passiver → Veredelungsverkehre (zwei weitere → Zollverfahren). Der → Generalhandel erfasst zudem noch Im- und Exporte in bzw. aus → Zolllagern (ein weiteres Zollverfahren). – Eine weiter bedeutsame Statistik ist die des → Auslandszahlungsverkehrs, die sich auf Meldevorschriften der §§ 59 bis 59 → Außenwirtschaftsverordnung (AWV) stützt. U.a. muss jeder → Inländer Zahlungen an bzw. von → Ausländern ab einem bestimmten Betrag auf bestimmten Formularen (Anlagen K 3 und K 4 sowie Z 1 bis Z 15 AWV) melden; in der Praxis geschieht dies meist durch das ausführende Kreditinstitut oder inzwischen auch mit elektronischen Meldesystemen gegenüber der Deutschen Bundesbank. Diese Informationen werden ergänzt durch den sog. Auslandsstatus der Kreditinstitute, mit dem diese monatlich den Stand der Auslandsaktiva und -passiva melden, gegliedert nach Bilanzpositionen, Währungen und Ländern. Analoge Meldungen müssen → Nichtbanken (→ Unternehmen, Privatpersonen) machen, wenn ihre → Forderungen und → Verbindlichkeiten aus Finanzbeziehungen und dem Waren- und Dienstleistungsverkehr den Betrag von 5 Mio. Euro überschreiten, allerdings außer Unternehmensbeteiligungen und verbrieften Schuldverschreibungen. Die Angaben zur Netto-Auslandsposition der Bundesbank ergeben sich aus der internen Rechnungslegung der Bundesbank. Auf Fremdwährungen lautende Positionen werden (soweit möglich) mit den Kassakursen zum Zeitpunkt der Transaktion, sonst mit Durchschnittskursen in Euro umgerechnet. – Diese Angaben werden durch Schätzungen ergänzt, z.B. Güterbewertungen im kleinen Grenzverkehr und im Reiseverkehr, Klein-Ein- und Klein-Ausfuhren unterhalb der Meldegrenzen oder Güter, die ursprünglich im Rahmen von Veredlungsverkehren erfasst wurden, aber im Land der Veredlung verbleiben (sog. Ergänzungen zum Warenverkehr), oder Frachten und Versicherungen, die sich nicht aus den Zollunterlagen ergeben. – b) *Erfassung und Bewertung*: Theoretisch müssten beim Vergleich internationaler Statistiken die Exporte Alands nach Benesien mit den entsprechenden Importen von Benesien aus Aland übereinstimmen. Tatsächlich ist dies jedoch nicht der Fall. Dies liegt u.a. an der unterschiedlichen Bewertung der Warenströme, da Exporte auf FOB-Basis (→ FOB), Importe auf CIF-Basis (→ CIF) erfasst werden (vgl. die sog. INCO-Terms der Internationalen Handelskammer → ICC), sodass der CIF-Importwert dem Güterwert bei Erreichen der Grenze des Importlandes entspricht. Dadurch werden in der Handelsbilanz Positionen erfasst, die eigentlich in die Dienstleistungsbilanz gehören. Manche Statistiken, z.B. die des Statistischen Bundesamtes, weisen internationaler Praxis entsprechend daher Importe wie Exporte in FOB-Werten aus. Dann entspricht der Importwert des einführenden Landes dem Exportwert des ausführenden Landes. – Neben der CIF-FOB-Diskrepanz gibt es noch einige weitere Gründe, weshalb korrespondierende Importe und Exporte in den beteiligten Ländern mit unterschiedlichen Werten ausgewiesen werden. (1) Aufgrund der transportbedingten Zeitdifferenz sind die Exporte im Exportland bereits erfasst, die Importe im Importland aber nicht; (2) es kann hinzukommen, dass sich der Wechselkurs zwischen Erfassung des Exports und Erfassung des Imports verändert hat; (3) Exporte können zwar offiziell registriert sein, jedoch durch Schmuggel und illegalen Handel nicht in den Importstatistiken auftauchen (Analoges gilt auch umgekehrt); (4) bspw. können Zinszahlungen in der Dienstleistungsbilanz als Zahlungsausgang erfasst werden, jedoch aus Steuergründen in dunklen Kanälen verschwinden; (5) bestimmte Positionen können nur annäherungsweise geschätzt und regional zugeordnet werden, wie z.B. der nicht organisierte private Reiseverkehr. Insgesamt können auf diese Weise riesige Summen im „Bermuda-Dreieck der Statistik" untergehen. Die zusammengefassten Salden aller Länder müssten eigentlich einen Saldo der Welt-Leistungsbilanz von Null ergeben, tatsächlich aber weist die Welt-Leistungsbilanz ein (erhebliches) Defizit auf. Dies macht aber weniger als 1 Prozent des Welthandelsvolumens aus.

Zahlungsbilanzausgleich – 1. *Begriff:* Kernbereich der → monetären Außenwirtschaftstheorie, in dem die Zusammenhänge zwischen dem Güterhandel, dem → internationalen Kapitalverkehr und dem → Devisenmarkt untersucht werden. Das *Ziel* ist die Erfassung jener Mechanismen, die unter verschiedenen Voraussetzungen (→ fixer Wechselkurs, → flexibler Wechselkurs, verschiedene Grade der → internationalen Kapitalmobilität) die Erreichung des → außenwirtschaftlichen Gleichgewichts gewährleisten können. – 2. Im *Unterschied zur* → realen Außenwirtschaftstheorie untersucht die → monetäre Außenwirtschaftstheorie die internationalen Wirtschaftsbeziehungen unter expliziter Berücksichtigung der Existenz unterschiedlicher Währungen. Damit rückt ein bes. Markt in das Zentrum des Blickfelds, der in der realen Theorie gar nicht betrachtet wird, und der für das außenwirtschaftliche Gleichgewicht von zentraler Bedeutung ist: Der → Devisenmarkt, auf dem verschiedene Währungen bzw.

in unterschiedlichen Währungen denominierte Finanzaktiva getauscht werden. Devisenangebot und -nachfrage resultieren nicht nur aus dem internationalen Güterhandel, sondern auch aus → internationalem Kapitalverkehr, welchem die monetäre Theorie bes. Aufmerksamkeit widmet. Sie analysiert zunächst unabhängig voneinander die Bestimmungsgründe für die Leistungsbilanz und den internationalen Kapitalverkehr (Kapitalverkehrsbilanz), führt dann diese beiden Bereiche in der Betrachtung des Devisenmarktes zusammen und identifiziert das außenwirtschaftliche Gleichgewicht als *Devisenmarktgleichgewicht.* Die Betrachtung kann stromgrößenorientiert oder bestandsgrößenorientiert erfolgen. – 3. *Stromgrößenorientierte Betrachtung des Devisenmarktes:* Die traditionelle, *stromgrößenorientierte* Betrachtung identifiziert das Devisenmarktgleichgewicht als

$$B + K - DD = 0.$$

Dabei ist B der Leistungsbilanzüberschuss, während K die Nettokapitalimporte im Sinn der Kapitalverkehrsbilanz i.e.S. darstellt und $DD > 0$ die Veränderung der → Devisenreserven der Zentralbank angibt. Alle Größen sind dabei in einheitlicher Währung (z.B. Euro) angegeben. Wenn $B + K > 0$, dann herrscht eine Überschussnachfrage nach heimischer Währung (Überschussangebot an ausländischer Währung). Bei → flexiblem Wechselkurs würde eine Verteuerung (Aufwertung) der heimischen Währung erfolgen, und zwar – Stabilität des Devisenmarktes vorausgesetzt – solange, bis $B + K = 0$. Bei → fixem Wechselkurs erfolgt das Devisenmarktgleichgewicht bei $B + K$ ^{1} 0 durch sog. *Devisenmarktinterventionen,* das sind Devisenverkäufe seitens der Zentralbank im Ausmaß von $-(B + K)$. Diese Devisenmarktinterventionen setzen ihrerseits bestimmte Anpassungsmechanismen in Gang, die das ursprüngliche Zahlungsbilanzungleichgewicht – Stabilität vorausgesetzt – wieder abbauen. Unterschieden wird in diesem Zusammenhang zwischen dem Geldmengen-Preis-Mechanismus, dem Einkommensmechanismus und dem Zinsmechanismus. – a) Beim *Geldmengen-Preis-Mechanismus* werden Zahlungsbilanzungleichgewichte über einen Relativpreiseffekt zwischen der heimischen und der ausländischen Ökonomik abgebaut. Unterstellt werden ein Vollbeschäftigungsoutput und perfekte Preisflexibilität. Zahlungsbilanzüberschüsse des Inlandes führen zu einem Devisenzufluss und einer Geldmengenexpansion im Inland, die bei Gültigkeit der Quantitätstheorie einen Preisanstieg im Inland induzieren. Die resultierende reale Aufwertung verschlechtert die Wettbewerbsfähigkeit der heimischen Ökonomik und baut den ursprünglichen Zahlungsbilanzüberschuss wieder ab. Allg. lässt sich sagen, dass die Geldmengenexpansion und der damit einhergehende Preisanstieg um so stärker ausfallen, je unelastischer die Leistungsbilanz auf Veränderungen des realen Wechselkurses reagiert (→ Elastizitätsansatz). – b) In der Tradition keynesianischer Modelle stehend bildet der *Einkommensmechanismus* einen Zusammenhang zwischen Geldmengenveränderungen und Einkommensniveau bei perfekt preiselastischem Güterangebot ab. Zahlungsbilanzüberschüsse generieren bei einer postulierten Zins- oder Vermögensabhängigkeit der Güternachfrage eine Outputexpansion, die über die Einkommensabhängigkeit der Importe den ursprünglichen Zahlungsbilanzüberschuss wieder abbaut. – c) Die bereits für den Einkommensmechanismus konstatierten Zinsänderungen können auch internationale Kapitalbewegungen induzieren *(Zinsmechanismus).* Die mit einem Zahlungsbilanzüberschuss einhergehende Zinssenkung führt zu einer Abnahme der Nettokapitalimporte und eliminiert somit den ursprünglichen Zahlungsbilanzüberschuss. – d) Der bei fixem Wechselkurs entstehende Anpassungsprozess entspricht im Grunde jenem des → Goldstandards. Er kann durch Versuche der → Sterilisierung mitunter erheblich beeinflusst werden. Damit ist gemeint, dass die Zentralbank die Geldmengenwirkung einer im Zuge von Devisenmarktinterventionen entstehenden Zu- oder Abnahme der → Devisenreserven durch eine kompensierende Offenmarktpolitik ganz oder teilweise kompensiert. *Bei Kapitalimmobilität* kann dies kurzfristig sehr wohl geschehen, es würde dann der oben skizzierte Anpassungsprozess gewissermaßen „angehalten“, und das Leistungsbilanzungleichgewicht würde zunächst perpetuiert. Einer solchen Politik der Sterilisierung sind jedoch Grenzen gesetzt, die spätestens dann erreicht werden, wenn die Zentralbank entweder am Ende ihrer *Devisenreserven* angelangt ist, bzw. (sollte der Prozess in die gegenteilige Richtung laufen) wenn sie über keine heimischen Zinstitel mehr verfügt. Im ersteren Fall wäre eine diskretionäre Veränderung des nominellen → Wechselkurses oder gar eine Freigabe des Wechselkurses notwendig. Die Grenzen der Sterilisierung sind bei → internationaler Kapitalmobilität enger gesteckt. Jeder Versuch der Notenbank, eine andere als die gleichgewichtige Geldmenge zu erreichen, würde zu Kapitalexporten bzw. -importen führen, die sofort jeden Versuch der Sterilisierung konterkarieren. Dies gilt sowohl bei perfekter, wie auch bei → imperfekter Kapitalmobilität. Gleichwohl ergibt sich ein im Hinblick auf Sterilisierung wichtiger *Unterschied* zwischen diesen beiden Situationen. Während bei perfekter Kapitalmobilität die Geldmenge endogen bestimmt wird, hat die Zentralbank bei → imperfekter Kapitalmobilität die Möglichkeit, den Inlandszins durch eine Offenmarktpolitik zu beeinflussen. Neutralisierung ist also bei perfekter Kapitalmobilität nicht einmal kurzfristig möglich, während bei → imperfekter Kapitalmobilität eine gewisse Möglichkeit der kurzfristigen Beeinflussung des Anpassungsprozesses durch die Zentralbank gegeben ist. – 4. *Bestandsgrößenorientierte Betrachtung des Devisenmarktes:* Hierbei wird versucht, jene Relationen zwischen Zinssätzen und Wechselkursen zu identifizieren, bei denen renditeorientierte Anleger gegebene Bestände an verschiedenen Finanzaktiva zu halten bereit sind.

Man spricht dann von einem *Bestandsgleichgewicht* oder *Portfoliogleichgewicht*. Der Devisenmarkt übernimmt bei dieser Sichtweise die Rolle eines von mehreren Bestandsmärkten, auf dem dem Wechselkurs im Rahmen eines allg. Gleichgewichtsmodells neben dem Zins eine Markträumungsfunktion zukommt (→ Wechselkurstheorie). – 5. *Außenwirtschaftliches Gleichgewicht:* Die beiden eben skizzierten Sichtweisen des Devisenmarktes sind Kernbestandteile der Theorie des Zahlungsbilanzausgleichs, bzw. des außenwirtschaftlichen Gleichgewichts. *Kurzfristig* gesehen ist mit außenwirtschaftlichem Gleichgewicht das Devisenmarktgleichgewicht gemeint, und zwar sowohl im Sinn der bestandsgrößenorientierten, als auch im Sinn der stromgrößenorientierten Betrachtung. Man spricht auch vom temporären oder momentanen Gleichgewicht. *Langfristig* herrscht ein außenwirtschaftliches Gleichgewicht dann vor, wenn das momentane Gleichgewicht zu keiner Veränderung im Nettobestand an Auslandsverbindlichkeiten bzw. -forderungen mehr führt (→ außenwirtschaftliches Gleichgewicht, → Wechselkurstheorie). – 6. *Neuere Ansätze* zur Erklärung von Zahlungsbilanzungleichgewichten rücken ab von dem Ziel eines momentanen außenwirtschaftlichen Gleichgewichts hin zu der Forderung einer *intertemporal ausgeglichenen Leistungsbilanz,* wobei die Leistungsbilanz auf Periodenbasis unausgeglichen sein kann. In diesen Ansätzen unterliegt das Verhalten der Wirtschaftssubjekte einer rigorosen intertemporalen Optimierung und damit auch einer intertemporalen Budgetrestriktion. Leistungsbilanzungleichgewichte sind hier das Resultat des Zusammenwirkens zweier Dinge: Der Produktivität der Investitionen und der Gegenwartspräferenz der Konsumenten. Eine hohe Produktivität der Investitionen birgt eine Tendenz zu momentanem Leistungsbilanzdefizit, während eine geringe Gegenwartspräferenz eine Tendenz zu momentanem Leistungsbilanzüberschuss beinhaltet. – Vgl. auch → Wechselkurstheorie, → außenwirtschaftliches Gleichgewicht, → Wechselkurspolitik.

Zahlungsbilanzausgleichsmechanismen → Zahlungsbilanzausgleich, → Einkommensmechanismus, → Zinsmechanismus.

Zahlungsbilanzmultiplikator – *Leistungsbilanzmultiplikator;* durch den Quotienten aus → marginaler Sparquote (s) und der Summe aus marginaler Spar- und Importquote (q) bestimmte Messzahl, die angibt, um wie viel sich die Leistungsbilanz eines Landes verbessert (verschlechtert), wenn die autonomen Exporte um eine Geldeinheit steigen (sinken). Dementsprechend gilt:

$$\mathrm{d}\boldsymbol{Z} = \frac{s}{s+q}\mathrm{d}\boldsymbol{EX},$$

wobei: dZ = Veränderung des Saldos der Leistungsbilanz (also die Differenz zwischen Güterexport und -import), dEX = Veränderung der Exporte,

$\frac{s}{s+q}$ = Zahlungsbilanzmultiplikator.

Dabei wird unterstellt, dass neben dem privaten Konsum auch die Güterimporte eine positive Funktion des gesamtwirtschaftlichen Einkommens sind. Die Formel für den Leistungsbilanzmultiplikator ergibt sich dann durch Erweiterung des → Einkommen-Ausgaben-Modells um den Leistungsbilanzsaldo. Dem *„einfachen"* Zahlungsbilanzmultiplikator steht der Zahlungsbilanzmultiplikator im Zwei-Länder-Fall gegenüber, der die Abhängigkeit des inländischen Leistungsbilanzsaldos von dem des Auslands (und umgekehrt) berücksichtigt.

Zahlungsbilanzpolitik – Maßnahmen mit dem Ziel, den Ausgleich der → Zahlungsbilanz zu bewirken.

Zahlungsbilanzstatistik – systematische Darstellung aller wirtschaftlichen Transaktionen des Inlands mit dem Ausland bzw. zwischen Gebietsansässigen und Gebietsfremden in einer Periode, seit 1990 für das gesamte Bundesgebiet. Zugrunde gelegt werden verschiedene laufende Erhebungen, neben dem vom → Statistischen Bundesamt (StBA) erfassten Außenhandel v.a. von inländischen Wirtschaftssubjekten gemeldete Transaktionen und Bestände. Die gemeldeten Daten werden teilweise durch Zusatzrechnungen und Schätzungen ergänzt. Die in der Zahlungsbilanzstatistik enthaltenen Transaktions- und Bestandsstatistiken bilden zusammen mit der Statistik über den Bestand an Direktinvestitionen und weiteren Informationen die Grundlage für die Berechnung des Vermögensstatus der Bundesrepublik Deutschland gegenüber dem Ausland. – *Trägerin* der Zahlungsbilanzstatistik ist die → Deutsche Bundesbank auf Grundlage von § 18 BBankG, § 26 AWG, § 55 AWV und des Gesetzes über die Statistik des grenzüberschreitenden Warenverkehrs (AHStatGes). – Die *Veröffentlichung* erfolgt monatlich in ausführlicher sachlicher und regionaler Gliederung in den Monatsberichten der Deutschen Bundesbank, den Statistischen Beiheften zu den Monatsberichten 1 und 3 und in Pressenotizen der Deutschen Bundesbank.

Zahlungsdienstegesetz – Die → Richtlinie über Zahlungsdienste im Binnenmarkt war bis November 2009 in deutsches Recht umzusetzen. Die Umsetzung ist für die Schaffung eines einheitlichen Euro-Zahlungsverkehrsraums aus rechtlicher Sicht essentiell. Die aufsichtsrechtlichen Vorschriften der Richtlinie, die für die neue Institutskategorie der Zahlungsinstitute ein spezielles Erlaubnisverfahren und bes. Regelungen für eine laufende Aufsicht vorsehen, werden unter Federführung des Bundesministeriums der Finanzen (BMF) in dem Zahlungsdienstegesetz umgesetzt. Darüber hinaus werden das → Kreditwesengesetz (KWG) sowie weitere Gesetze mit Aufsichtsbezug durch marginale Änderungen den neuen rechtlichen Vorgaben angepasst. Die zivilrechtlichen Vorgaben der Richtlinie über Zahlungsdienste werden im Bürgerlichen Gesetzbuch, insbesondere im Auftrags- und Geschäftsbesorgungsrecht (§§ 675a bis 676c des BGB), umgesetzt.

Zahlungseinstellung – Nichtbezahlung der fälligen Schulden eines Schuldners wegen des tatsächlichen oder angeblichen Mangels an Geldmitteln. Der Mangel an Mitteln muss voraussichtlich andauernd sein. Kennzeichnend für → Zahlungsunfähigkeit. – *Anders:* → Zahlungsschwierigkeit.

Zahlungsfähigkeit – *Solvenz;* Fähigkeit einer Person oder einer Unternehmung, ihre fälligen Verbindlichkeiten sofort bzw. innerhalb absehbarer Zeit zu erfüllen. – *Gegensatz:* → Zahlungsunfähigkeit.

Zahlungsfähigkeitsprinzip → Ability to Pay Principle.

Zahlungsgarantie – *Ausfall-Zahlungsgarantie, Payment Guarantee;* Form der → Bankgarantie, die den Garantiebegünstigten vor den finanziellen Folgen des Risikos schützt, dass ein Schuldner seine Verpflichtung zur Zahlung nicht bzw. nicht rechtzeitig erfüllt.

zahlungshalber → erfüllungshalber.

Zahlungsinstrumente – Instrumente, die einem Zahlungspflichtigen zur Verfügung stehen, um Zahlungsmittel zu übertragen. Es gibt eine Vielzahl von Zahlungsinstrumenten, sowohl für Transaktionen an einer bestimmten Verkaufsstelle, dem sog. „Point of Sale“, (wie z.B. → Schecks, → Debit- und → Kreditkarten) als auch für Transaktionen zur Begleichung von Rechnungen und – ganz allg. gesprochen – für die Übertragung von Geld zwischen Wirtschaftssubjekten (wie z.B. → Überweisungen (am Bankschalter oder online) oder → Lastschriften).

Zahlungskarte – 1. *Begriff:* Zahlungskarte ist eine Ausweiskarte, die den Inhaber berechtigt, bei den an den Zahlungsverfahren angeschlossenen Vertragsunternehmungen Rechnungen ohne Bargeld zu begleichen. – 2. *Arten:* a) *Nach der Liquiditätswirkung für den Karteninhaber:* (1) Echte Kreditkarte; (2) → Chargekarte; (3) → Debitkarte; (4) Wertkarte. – b) *Nach dem Einsatzbereich:* (l) Internationale Zahlungskarten, z.B. Mastercard, Karten von American Express, Diners Club, Visa; (2) nationale Zahlungskarten, z.B. Bankkundenkarten (Electronic Cash), Kundenkarten von Handels- und Dienstleistungsunternehmen. – c) *Nach dem Speichermedium:* (1) → Magnetstreifenkarte; (2) → Chipkarte; (3) Hybridkarte, bei der neben einem Magnetstreifen zusätzlich ein Chip implementiert ist.

Zahlungsklausel → Zahlungsbedingung.

Zahlungsmeldungen → Meldepflicht.

Zahlungsmittel – I. Rechtlich: Geldforderung, die im Wirtschaftsverkehr als Tilgung von Geldschulden und i.d.R. auch als allg. Tauschmittel akzeptiert wird. Die Zahlungsmitteleigenschaft können bestimmte Finanzaktiva gewohnheitsmäßig oder kraft Gesetzes (sog. *gesetzliche Zahlungsmittel*) erlangen. Die vom Eurosystem emittierten Banknoten sind im Eurowährungsgebiet unbeschränkt gesetzliche Zahlungsmittel, d.h. jeder Gläubiger einer Geldforderung muss Eurobanknoten in unbegrenztem Umfang als Erfüllung seiner Forderung akzeptieren. Bei Euro- und Centmünzen ist die Annahmepflicht auf maximal 50 Münzen und betragsbezogen auf 100 Euro begrenzt. – Im *Interbankenverkehr* gibt es üblicherweise Zentralbankgeld als Zahlungsmittel, soweit nicht Bankengeld in Form von Giroguthaben bei Verrechnungsbanken im Settlement akzeptiert wird. – Vgl. auch → Zahlung, → Zahlungsinstrumente.

II. Volkswirtschaftlich: Teil des Finanzvermögens mit der Eigenschaft, im Wirtschaftsverkehr zur Tilgung von Geldschulden und i.d.R. auch als allg. Tauschmittel akzeptiert zu werden (perfekte Zahlungsmittel). Die Zahlungsmitteleigenschaft können bestimmte Finanzaktiva gewohnheitsmäßig oder kraft Gesetzes erlangen. Im letzten Fall spricht man von gesetzlichen Zahlungsmitteln. In Deutschland sind die vom Eurosystem in Umlauf gebrachten Banknoten und Münzen gesetzliche bzw. beschränkt gesetzliche Zahlungsmittel. Zu den perfekten Zahlungsmitteln zählt heute das Giralgeld, da es i.d.R. kraft Treu und Glaubens im Zahlungsverkehr angenommen werden muss. In Zeiten zerrütteter Währungsverhältnisse – wie in Deutschland nach dem Ersten und dem Zweiten Weltkrieg – kann es zu einer Trennung der Zahlungsmittel- und Tauschmitteleigenschaft des staatlichen Geldes kommen.

Zahlungsmittelfunktion des Geldes → Geld.

Zahlungsort – Ort, an dem eine fällige Forderung zur Einlösung vorzulegen ist. Bei → Wechseln ist der Zahlungsort der Wohnort oder Geschäftssitz des → Bezogenen. Dies gilt nicht für → Domizilwechsel, bei denen explizit ein anderer Zahlungsort angegeben ist. Bei → Schecks ist der Zahlungsort der Sitz des bezogenen Kreditinstituts. – Vgl. auch → Geldschuld.

Zahlungsplan – wichtiger Teilplan im Rahmen der → Finanzplanung, enthält alle Zahlungen (Ein- und Auszahlungen) nach Wert und Fälligkeit, die aus den Daten aller betrieblichen Teilpläne oder aus anderen Betriebsunterlagen abgeleitet werden. – Vgl. auch → Finanzplan.

Zahlungsportal – Angebot eines Dienstleisters, das – zumeist via Internet – den Zugang zu einer Vielzahl verschiedener Zahlungsinstrumente (bes. → Lastschrift, → Überweisung, → Zahlungskarte) ermöglicht. Zahlungsportale wickeln Zahlungen bei Geschäften im E-Commerce für die ihnen angeschlossenen Händler ab. Händler können ihre Kunden für Onlinezahlungen auf die Website des Zahlungsportals umlenken. Nach erfolgreich abgewickelter Zahlung benachrichtigt das Portal den Händler, dass die Ware versendet werden kann.

Zahlungsschwierigkeit – *Zahlungsstockung;* der vorübergehende Mangel an liquiden Mitteln für die Erfüllung von fälligen Verpflichtungen (→ Illiquidität). – *Anders:* → Zahlungseinstellung.

Zahlungssperre → Sperren.

Zahlungs Statt → an Erfüllungs Statt.

Zahlungsstockung → Zahlungsschwierigkeit.

Zahlungsunfähigkeit – *Insolvenz;* das auf Mangel an Zahlungsmitteln beruhende, nach außen erkennbare, voraussichtlich dauernde → Unvermögen eines Schuldners, seine fälligen Geldschulden noch im Wesentlichen zu erfüllen. – *Wichtigstes Kennzeichen:* → Zahlungseinstellung. – Zahlungsunfähigkeit ist → Insolvenzgrund.

Zahlungsunion – vertragliche Vereinbarung mehrerer Länder zum Zweck der Verrechnung aller Zahlungen im Außenhandel über eine zentrale Verrechnungsstelle. Die einzelnen Teilnehmerländer verrechnen ihre → Forderungen und → Verbindlichkeiten nicht mit jedem Land bilateral, sondern multilateral mit der Gesamtheit der Teilnehmerländer.

Zahlungsverjährung – 1. *Gegenstand:* Festgesetzte Ansprüche aus dem → Steuerschuldverhältnis unterliegen der Zahlungsverjährung (§ 228 AO). – *Gegensatz:* → Festsetzungsverjährung. – 2. Die *Verjährungsfrist* beträgt fünf Jahre. Sie beginnt mit Ablauf des Kalenderjahres, in dem der Anspruch erstmals fällig geworden ist, jedoch nicht vor Ablauf des Kalenderjahres, in dem die Festsetzung, Aufhebung, Änderung oder Berichtigung wegen einer → offenbaren Unrichtigkeit des Anspruchs wirksam geworden ist (§ 229 AO). – Die Zahlungsverjährung ist *gehemmt,* solange der Anspruch wegen höherer Gewalt innerhalb der letzten sechs Monate der Verjährungsfrist nicht verfolgt werden kann (§ 230 AO). Dieser Zeitraum wird bei der Berechnung des Laufs der Verjährungsfrist nicht berücksichtigt. – *Unterbrochen* wird die Zahlungsverjährung regelmäßig durch schriftliche Geltendmachung des Anspruchs, → Zahlungsaufschub, → Stundung, → Aussetzung der Vollziehung, → Sicherheitsleistung, → Vollstreckungsaufschub, eine Vollstreckungsmaßnahme, Anmeldung im Insolvenzverfahren, Aufnahme in einen Insolvenz- oder gerichtlichen Schuldenbereinigungsplan, Einbeziehung in ein Verfahren, das die Restschuldbefreiung des Schuldners zum Ziel hat sowie durch Ermittlungen der Finanzbehörde nach dem Wohnsitz oder dem Aufenthaltsort des Zahlungspflichtigen. Bei Unterbrechung beginnt mit Ablauf des Kalenderjahres, in dem die Unterbrechung geendet hat, neue Verjährungsfrist für den Betrag, auf den sich die Unterbrechungshandlung bezieht (§ 231 AO). – 3. *Wirkung:* Durch die Zahlungsverjährung erlöschen der Anspruch aus dem Steuerschuldverhältnis und die von ihm abhängenden Zinsen (§ 232 AO). Der Fristablauf ist von Amts wegen zu beachten.

Zahlungsverkehr – 1. *Begriff:* Summe aller Zahlungsvorgänge zwischen Wirtschaftssubjekten innerhalb einer Volkswirtschaft (nationaler Zahlungsverkehr) oder zwischen verschiedenen Volkswirtschaften, d.h. unterschiedlichen Währungsgebieten (→ Auslandszahlungsverkehr). – 2. *Arten:* a) *nach dem verwendeten Zahlungsmedium:* (1) Barer Zahlungsverkehr (→ Barzahlung); (2) bargeldsparender Zahlungsverkehr (→ halbbarer Zahlungsverkehr); (3) unbarer Zahlungsverkehr (→ bargeldloser Zahlungsverkehr). – b) *nach der Verwendung von Belegen:* (1) Beleggebundener Zahlungsverkehr; (2) belegloser Zahlungsverkehr; (→ elektronischer Zahlungsverkehr). – c) *nach der Dringlichkeit und Abwicklung* der Zahlung in Individualzahlungsverkehr und Massenzahlungsverkehr. – Vgl. auch → Clearing, Zahlungssystem, → Zahlungsmittel, → Zahlungsinstrumente, → Zahlungsverkehrsüberwachung.

Zahlungsverkehrsabwicklung → Clearing.

Zahlungsverkehrssystem – 1. *Begriff:* Allg. ist ein Zahlungsverkehrsystem eine Infrastruktur, um → Zahlungsmittel vom Zahlungspflichtigen auf den Zahlungsempfänger zu übertragen. Ein Zahlungsverkehrssystem umfasst die Abwicklung im Interbankenverkehr (→ Clearing) und die Verrechnung zwischen den Teilnehmern der Zahlungskette (→ Settlement). Die EG-Richtlinie über die Wirksamkeit von Abrechnungen in Zahlungs- und Wertpapierabwicklungssystemen (98/26 EG) zielt auf die Verringerung des → Systemrisikos ab. In Art. 2 dieser Richtlinie wird ein „System" hier als förmliche Vereinbarung definiert, die – ohne Mitrechnung einer etwaigen Verrechnungsstelle, zentralen Vertragspartei oder Clearingstelle oder etwaiger indirekter Teilnehmer – zwischen mind. drei Teilnehmern getroffen wurde und gemeinsame Regeln und vereinheitlichte Vorgaben für die Ausführung von Zahlungs- bzw. Übertragungsaufträgen zwischen den Teilnehmern vorsieht. – 2. *Arten:* a) *Nach der Verrechnung der Zahlung:* In Nettozahlungssystemen werden eingehende und ausgehende Zahlungen gegeneinander aufgerechnet, sodass die Teilnehmer im System letztlich nur den positiven bzw. negativen Saldo erhalten bzw. einzahlen. Nettozahlungssysteme gibt es mit bilateralem oder multilateralem Netting, je nach dem, ob die Salden zwischen zwei oder mehreren Teilnehmern aufgerechnet werden. Nettozahlungssysteme wirken liquiditätsschonend, da nur der – üblicherweise am Tagesende – verbleibende Saldo verrechnet wird. Aber die Zahlungen sind erst nach dem Ausgleich des Saldos endgültig, wodurch ein Rückabwicklungsrisiko mit negativen Auswirkungen auf die anderen Teilnehmer entsteht (Domino-Effekt) und evtl. der Zusammenbruch der gesamten Verrechnung droht (Systemrisiko). Dieses Risiko vermeiden Bruttozahlungssysteme, da dort jede Zahlung im Tagesverlauf sofort ausgeführt und endgültig verrechnet wird. Sie binden jedoch viel Liquidität. → Hybridsysteme kombinieren die Merkmale von Brutto- und Nettozahlungssystemen, um sowohl das Domino-Risiko als auch die Liquiditätshaltung zu verringern. – b) *Nach der Bedeutung der Systeme für die Stabilität des Finanzsystems:* Ein Zahlungssystem gilt als bedeutsam für die Stabilität des Finanzsystems (Systemically Important Payment System [SIPS]), wenn eine unzureichende Risikoabsicherung des Systems zur Folge haben könnte, dass bei einer Störung innerhalb des Systems weitere Störungen bei den Systemteilnehmern oder systemweite Störungen im Finanzsektor ausgelöst oder weitergegeben werden könnten. Die Bedeutung für die Finanzmarktstabilität wird – neben der Verrechnung – v. a. durch die Höhe und die Art der einzelnen Zahlungen oder ihren Gesamtwert bestimmt. Auch Massenzahlungssysteme können systemisch wichtig sein. Im Rahmen seiner Überwachungsaufgabe nimmt das → Eurosystem eine entsprechende Klassifizierung vor.

Zahlungsverkehrsüberwachung – *Oversight; Überwachung;* Tätigkeit, die i.d.R. von → Zentralbanken übernommen wird und i.allg. öffentlichen Interesse steht. Sie zielt generell darauf auf ab, die Sicherheit und Effizienz von Zahlungs- und Verrechnungssystemen zu fördern und dabei v.a. das → Systemrisiko zu vermindern. Die Überwachung von Finanzmarktinfrastrukturen – Zahlungsverkehrssystemen, Zentralverwahrern, zentralen Kontrahenten sowie Transaktionsregistern – ist für die Finanzmarktstabilität von erheblicher Bedeutung, da ein einheitlicher → Geldmarkt und eine effiziente Liquiditätsallokation in einem Währungsgebiet auf leistungsfähige, sichere und effiziente Zahlungs- und Verrechnungssysteme angewiesen ist. Somit wird durch die Überwachung auch der Transmissionskanal der → Geldpolitik überwacht. Meilensteine in der Entwicklung der Zahlungsverkehrsüberwachung waren die Berichte des Ausschusses für Zahlungsverkehrs- und Abrechnungssysteme über Mindestanforderungen an Nettozahlungssysteme (Lamfalussy-Standards/1990) und über Grundprinzipien für Zahlungsverkehrssysteme, die für die Stabilität des Finanzsystems bedeutsam sind (Core Principle Report/2001). – In diesen beiden Berichten finden sich auch die Instrumente zur Umsetzung der Zahlungsverkehrsüberwachung. Neben der Analyse von Entwicklungen im Zahlungsverkehr gehören dazu bes. das Aufstellen von Prinzipien und Mindestanforderungen sowie die Förderung der Finanzmarktstabilität durch umfassende Notfallmaßnahmen im Kreditsektor. Der Basler Ausschuss für Zahlungsverkehrs- und Abwicklungssysteme (Committee on Payment and Settlement Systems: CPSS) und die Internationale Vereinigung der Wertpapieraufsichtsbehörden (International Organization of Securities Commissions: IOSCO) haben zudem weitere Standards für die Überwachung von Finanzmarktinfrastrukturen erarbeitet. Seit April 2012 bilden die „CPSS/IOSCO-Prinzipien für Finanzmarktinfrastrukturen" die Grundlage für die Überwachung. Die bisher für diese Finanzmarktinfrastrukturen geltenden internationalen Standards werden durch die 24 Prinzipien vereinheitlicht, deutlich verschärft und um neue Aspekte erweitert. Sie werden ergänzt um fünf Grundsätze für die Beaufsichtigung durch und die Zusammenarbeit von Behörden und Zentralbanken („Responsibilities"). Diese Grundsätze wurden entwickelt, weil einerseits die Überwachungsfunktion einer Zentralbank und die Finanzaufsicht unterschiedliche Ausrichtungen haben, andererseits aber Überschneidungen zwischen beiden Funktionen bestehen. Neben den bereits aufgeführten Infrastrukturen umfassen die Überwachungsaktivitäten auch Zahlungsinstrumente wie z. B. Zahlungskarten, das Korrespondenzbankgeschäft von Banken sowie wichtige Anbieter von Dienstleistungen für Infrastrukturen und Banken, wie etwa den Anbieter von Kommunikationsdiensten SWIFT. Bankenaufsichtsbehörden und Zentralbanken (als Überwacher des Zahlungsverkehrs) arbeiten sowohl auf nationaler als auch auf europäischer Ebene eng zusammen.–

Zahlungsvertrag – Der Zahlungsvertrag nach § 676d-e BGB a.F. war ein Vertrag zwischen Kreditinstituten zur Durchführung einer Überweisung. Der neue Abschnitt zu den Zahlungsdiensten (§§ 675c-676c BGB) konkretisiert diesen Vertrag nicht mehr, sodass er nunmehr als Anwendungsfall eines → Geschäftsbesorgungsvertrags nach § 675 I BGB einzuordnen ist.

Zahlungsverzug → Schuldnerverzug.

Zahlungsziel – Bezeichnung für einen in der Zukunft liegenden Zeitpunkt, zu dem eine Geldschuld bezahlt werden soll. Gewährung eines Zahlungsziels (→ Zahlungsbedingungen) ist die typische Form des kurzfristigen Lieferantenkredits. Häufig wird vereinbart, dass wahlweise Zahlungsziel oder Skonto bei Zahlung netto Kasse in Anspruch genommen werden kann.

Zahnarzt – ärztlicher Beruf. Zur Ausübung der Zahnheilkunde berechtigt die zahnärztliche Prüfung. Regelung im Gesetz über die Ausübung der Zahnheilkunde i.d.F. vom 16.4.1987 (BGBl. I 1225) m.spät.Änd. Approbationsordnung für Zahnärzte vom 26.1.1955 (BGBl. I 37) m.spät.Änd. – Vgl. auch → Gebührenordnung für Zahnärzte (GOZ).

Zapping – Vermeiden der Wahrnehmung von Werbesendungen durch die Konsumenten. – *Erscheinungsformen:* (1) Kanalwechsel beim Fernsehen zu Beginn oder während der Werbung; (2) Ausblenden von → Fernsehspots bei Videoaufnahmen z.B. durch Betätigen des Schnellvorlaufs; (3) geistige Abwesenheit bei Werbeeinblendungen; (4) Verlassen des Raumes während der → Fernsehwerbung. – *Bedeutung:* Ursache des Zappings ist eine negative Einstellung zur Werbung allg. bzw. Missfallen bestimmter Fernsehspots. Zapping führt zu erheblicher Reduktion der → Reichweite von Fernsehwerbung.

ZAV – Abk. für → Zentralstelle für Arbeitsvermittlung.

ZAW – Abk. für → Zentralverband der deutschen Werbewirtschaft e. V.

Zedent – allgemein: derjenige, der im Rahmen einer → Zession eine Forderung (bzw. ein Recht) abtritt. Im Kreditgeschäft ist der Zedent der Kreditnehmer (Altgläubiger), der eine Forderung als → Kreditsicherheit an den Kreditgeber (Neugläubiger) abtritt;

im Versicherungswesen ist der Zedent der → Erstversicherer oder → Rückversicherer, der Anteile der von ihm versicherten oder rückversicherten Risiken gegen eine → Prämie an einen Rückversicherer abgibt (auch: zediert).

zedieren – eine Forderung abtreten (→ Forderungsabtretung).

Zehner-Gruppe → G 10, Group of Ten.

Zeichen – I. Organisation: Aus geometrischen Elementen (z.B. Punkt, Linie, Fläche) zusammengesetzte Merkzeichen, Formensymbole. Sehr einprägsam als Ordnungsmerkmale, verwendet z.B. für die Kennzeichnung von Zusammenhängen zwischen Dingen, Tätigkeiten und Personen innerhalb der Betriebsorganisation, etwa bei Arbeitsablaufplänen.

II. Informatik: Elemente zur Darstellung oder Beschreibung von → Daten. Die Bedeutung der Zeichen wird durch Codes festgelegt. Aus informatischer Sicht unterscheidet man interne (→ ASCII, → EBCDIC) und externe Zeichen. Rechenintern gehen alle Zeichen auf Bitmuster zurück, wobei die Zahl der internen Zeichen bei den gängigen → Codes auf $2^8 = 256$ beschränkt ist. Diese internen Zeichen können nicht alle auf einem Drucker dargestellt werden. Druckfähige Zeichen bezeichnet man als externe Zeichen.

Zeichensteuer → Banderolensteuer.

Zeichnen – unterschriftliche Verpflichtung (durch → Zeichnungsschein) zur Übernahme eines bestimmten Betrags neu ausgegebener, zum Verkauf angebotener Anleihen oder Aktien. Zum Zeichnen wird meist durch einen → Prospekt aufgefordert. – Vgl. auch → Überzeichnung, → Zeichnungsbedingungen.

Zeichnung – I. Industriebetriebslehre: → Konstruktionszeichnung.

II. Handelsrecht: 1. *Organvertreter*: Organe (Vorstände oder Geschäftsführer) einer Gesellschaft zeichnen für diese ohne Zusatz (vgl. z.B. §§ 79 AktG, 35 III GmbHG). – 2. *Prokura:* Zeichnung des → Prokuristen erfolgt in der Weise, dass er die → Firma sowie seine Namensunterschrift zeichnet und einen Zusatz, der seine Stellung als Prokurist andeutet (üblich → ppa.; § 51 HGB), beifügt, z.B. „Heinrich Lehmann ppa. Fritz Lange". Fehlt dieser Zusatz, so hat die Unterschrift des Prokuristen trotzdem ihre rechtliche Gültigkeit. – 3. *Handlungsvollmacht:* Der → Handlungsbevollmächtigte hat bei Zeichnung einen das Vollmachtsverhältnis ausdrückenden Zusatz zu verwenden (§ 57 HGB), z. B. „per" bzw. „in Vollmacht". – 4. *Offene Handelsgesellschaft:* Die vertretungsberechtigten Gesellschafter müssen mit der Firma oder ihrem Namen unter Hinweis auf die Firma (z. B. durch Stempelbeidruck) zeichnen. Befindet sich die Gesellschaft in Abwicklung, so zeichnen die → Abwickler mit der sog. Abwicklungsfirma (üblich der Zusatz „in Liquidation", i.L., in Abwicklung) und ihrem Namen (§§ 153, 148 III HGB). – Vgl. auch → Gegenzeichnung.

Zeichnungsbedingungen – *Emissionsbedingungen;* nähere Modalitäten einer Neu-Emission hinsichtlich Nominalzinsfuß, Zeichnungskurs, Tilgung oder Rückzahlung etc.; bei neuemittierten Aktien entsprechend Betrag, Bezugskurs, Bezugsfrist etc. Zeichnungsbedingungen werden meist in einem → Prospekt, einer Zeichnungseinladung, auch in der Presse, bekannt gegeben. – Vgl. auch → Zeichnen.

Zeichnungsgründung → Stufengründung.

Zeichnungsjahr – Jahr, in dem die Risikotragung des → Erstversicherers beginnt. Bei einer → Rückversicherung auf Zeichnungsjahrbasis übernimmt der → Rückversicherer dementsprechend die Deckung für alle in dem betreffenden Jahr beginnenden Risiken des Erstversicherers.

Zeichnungskapazität – 1. *Begriff*: Maximale Höhe des → Risikos, das zur Versicherung akzeptiert werden kann. – 2. *Merkmale:* Ein Faktor bei der Kapazitätsermittlung sind aufsichtsrechtliche Vorschriften über die Mindestanforderungen an die → Solvabilität. Daneben bezeichnet die Kapazität auch die Höhe der Versicherungsdeckung gegenüber einem bestimmten → Versicherungsnehmer oder im Markt allgemein.

Zeichnungsprospekt → Prospekt.

Zeichnungsschein – Schein, auf dem sich der Erwerber eines neu ausgegebenen Wertpapiers zum Erwerb und zur Bezahlung des auf dem Zeichnungsschein angegebenen Emissionskurses zu den vorgesehenen Bedingungen (→ Zeichnungsbedingungen) verpflichtet. Bei Kapitalerhöhungen einer AG gegen Einlagen ist ein Zeichnungsschein gemäß § 185 AktG erforderlich. – Vgl. auch → Zeichnen.

Zeichnungsstelle – Bank oder Bankniederlassung, die mit der Entgegennahme von Zeichnungen (→ Zeichnen) auf neu ausgegebene Effekten beauftragt ist.

Zeichnungsvollmacht → Zeichnung.

Zeitablaufrechnung – in der Einzelkostenrechnung gebräuchlicher Begriff für eine von Kalenderzeitperioden losgelöste Aufzeichnung von → Kosten und → Erlösen. Kosten und Erlöse werden jeweils entsprechend der → Bindungsdauer der Kosten erfasst, z.B. die aus einem für vier Jahre abgeschlossenen Leasing-Vertrag insgesamt resultierenden Leasingraten als Summe der gesamten Vierjahresfrist.

Zeitabschreibung – Form der → Abschreibung abnutzbarer Wirtschaftsgüter, der als Abschreibungsursache (reiner) → Zeitverschleiß zugrunde liegt. – *Ermittlung:*

$$Z. = \frac{\text{Anschaffungswert} - \text{Resterlöswert (bzw. Liquidationserlös)}}{\text{wirtschaftliche Nutzungsdauer}}.$$

Vgl. auch → gebrochene Abschreibung.

Zeitakkord → Akkordlohn.

Zeitarbeit → Arbeitnehmerüberlassung.

Zeitaufnahme – *Zeitstudie;* Beschreibung des Arbeitssystems (Arbeitsverfahren, Arbeitsmethode, Arbeitsbedingungen) und Erfassung je Ablaufabschnitt von (1) Bezugsgröße, (2) Einflussgrößen, (3) Leistungsgraden und (4) Ist-Zeiten. Die darauf folgende Auswertung der Daten ergibt die → Sollzeiten je Ablaufabschnitt. Laut → REFA-Verband für Arbeitsstudien, Betriebsorganisation und Unternehmensentwicklung e. V. ist die Zeitaufnahme das Ermitteln von Sollzeiten durch das Messen und Auswerten von Istzeiten. Die in Deutschland gebräuchlichste Methode ist die Zeitstudie nach der REFA-Methodenlehre.

Zeitbestimmung – die einem → Rechtsgeschäft beigefügte Bestimmung, wonach die Rechtswirkungen zu einem bestimmten Zeitpunkt aufhören oder eintreten sollen. Die Vorschriften über die → Bedingungen gelten entsprechend (§ 163 BGB).

Zeitcharter → Charterverkehr, → Chartervertrag.

Zeitdistanzmethode – Verfahren im Rahmen der → Standortwahl. Gemessen wird die Entfernung in Gehminuten sternenförmig um den → Standort eines Handelsgeschäfts. Man erhält sog. Isochronen, deren Entfernung zum Standort jeweils gleich groß ist. Methode zur Bestimmung des Einzugsgebietes.

Zeitdruck – knappes Verhältnis von für eine Handlung benötigter Zeit zu der dafür vorgesehenen Zeit. – *Theorie des Konsumentenverhaltens:* Zeitdruck beeinflusst die aktive Informationsbeschaffung und die → Kaufabsicht. Er wird zur Erklärung der Produktwahl (bzw. Markenwahl) herangezogen.

Zeiterfassung → Zeitermittlung.

Zeitermittlung – 1. *Zweck:* Zeitermittlung erfolgt für die Berechnung von → Vorgabezeit des Arbeitnehmers, Belegungszeit des Betriebsmittels, Bewertungszeit des Werkstoffes sowie der → Auftragszeit (T) im Rahmen der → Arbeitsvorbereitung. – 2. *Methoden:* a) *Schätzung* in Form der erfahrungs- und kenntnisbedingten Mehrfachschätzung. – b) *Zusammensetzung:* Addition bekannter Zeitwerte für ähnliche Vorgänge. – c) *Interpolation:* Ermittlung neuer aus einer Reihe bekannter Zeitwerte zur Berücksichtigung einer quantitativ veränderlichen Einflussgröße. – d) *Berechnung und Zeichnung,* wenn mathematische Funktion zwischen Einflussgröße und gesuchter Zeit bekannt. – e) *Systematische* → Arbeitszeitstudie: Messabschnitte sind durch Analyse des Arbeitsablaufes gewonnene Arbeitselemente. – Voraussetzung für Zeitermittlung, v.a. bei Verfahren e), ist die systematische Arbeitsvorbereitung mittels Erzeugnisgliederung und sinnvoller Analyse des Arbeitsablaufes. – f) → Multimomentverfahren. – 3. *Hilfsmittel:* a) *Technische Hilfsmittel:* Stoppuhren (mit Dezimaleinteilung) oder schreibende Zeitmessgeräte (Arbeitsschau-Uhren). – b) *Organisatorische Hilfsmittel:* einheitliche Zeitaufnahme- und -auswertungsbogen.

Zeitgesetz – I. Amtlicher und geschäftlicher Verkehr: Im amtlichen und geschäftlichen Verkehr sind Datum und Uhrzeit nach der gesetzlichen Zeit zu verwenden (§ 1 II des Einheiten- und Zeitgesetzes i.d.F. der Bekanntmachung vom 22.2.1985 (BGBl. I S. 408) m.spät.Änd. Die gesetzliche Zeit ist die mitteleuropäische Zeit. Diese ist bestimmt durch die koordinierte Weltzeit unter Hinzufügung einer Stunde (§ 4 EinhZeitG). Die mitteleuropäische Sommerzeit ist bestimmt durch die koordinierte Weltzeit unter Hinzufügung zweier Stunden (§ 4 II EinhZeitG). Der Bundesminister für Wirtschaft und Technologie ist ermächtigt, durch Rechtsverordnung für einen Zeitraum zwischen 1.3. und 31.10. die mitteleuropäische Sommerzeit einzuführen (§ 5 EinhZeitG).

II. Strafrecht: Gesetz, das nur für eine bestimmte Zeit erlassen ist und das auch nach seinem Außerkrafttreten für die während seiner Gültigkeit begangenen Straftaten noch maßgebend bleibt (§ 2 IV StGB).

Zeitgrad – neben dem → Intensitätsgrad eine Komponente des → Beschäftigungsgrades. Definiert durch:

$$\text{Zeitgrad} = 100 \cdot \frac{\text{Istarbeitszeit}}{\text{Planarbeitszeit}}$$

Zeitkosten – älterer, nicht mehr gebräuchlicher Begriff für vom Beschäftigungsgrad unabhängige (→ fixe Kosten) bzw. schwer veränderliche Kosten (→ intervallfixe Kosten), die durch die Leistungsbereitschaft der Unternehmung entstehen. – Vgl. auch → Bereitschaftskosten.

zeitliche Abgrenzung → Abgrenzung.

zeitliche Anpassung → Anpassung.

zeitlich fein abgestimmte Produktion – Elementartyp der Produktion (→ Produktionstypen), der sich aus dem Merkmal der zeitlichen Abstimmung der Produktion ergibt. Bei zeitlich fein abgestimmter Produktion sind sowohl die Aktionsträger (Maschinen und/oder Menschen) bez. ihres Einsatzes als auch der Materialfluss so verzahnt und aufeinander eingespielt, dass keine oder nur geringfügige arbeitsablaufbedingte Leerzeiten bei den Potenzialfaktoren und/oder nur geringe Wartezeiten der Aufträge auftreten. – *Beispiel:* Montage von Personenkraftwagen. – Vgl. auch → zeitlich global abgestimmte Produktion, → Taktproduktion.

zeitlich global abgestimmte Produktion – Elementartyp der Produktion (→ Produktionstypen), der sich aus dem Merkmal der zeitlichen Abstimmung der Produktion ergibt. Ein großer Teil der

Industrieproduktion unterliegt einer globalen Zeitvorgabe für die Abwicklung aller Arbeitsvorgänge bzw. Prozesse. Es können hierbei erhebliche Leerzeiten der Arbeitssysteme und Wartezeiten der Aufträge auftreten. – *Beispiel:* Herstellung von Werkzeugmaschinen in Werkstattproduktion. – Vgl. auch → zeitlich fein abgestimmte Produktion, → Taktproduktion.

zeitlich-intensitätsmäßige Anpassung → Anpassung.

Zeitlohn – Lohnform, bei der die Anwesenheit bezahlt wird. Zeitlohn ist eine Form des → Leistungslohns, da mittelfristig das Erreichen einer Normalleistung erwartet wird. Die Lohnhöhe je Stück und Arbeitsstunde ist bei steigender Leistung degressiv, mithin geringer Leistungsanreiz. Das Risiko der Minderleistung liegt beim Arbeitgeber. – *Zweckmäßig* (1) v.a. bei Qualitätsarbeiten, (2) bei gefährlichen Tätigkeiten, (3) bei nicht-akkordfähigen Arbeiten (→ Akkordfähigkeit), (4) in Fällen, in denen die Organisation einen bestimmten Leistungsgrad des Arbeiters automatisch sicherstellt, (5) bei unregelmäßigem Arbeitsanfall (z.B. Bereitschaftsdiensten). – Übergangsform von Zeitlohn zum Charakter des Leistungslohns durch Zuteilung der Arbeiter zu *Leistungsstufen.*

Zeitmietvertrag – Mietverhältnis, das auf eine bestimmte Zeit befristet ist. Ein Zeitmietvertrag über Wohnraum wird durch den → Mieterschutz erheblich eingeschränkt (§ 575 BGB).

Zeitpräferenz – *Gegenwartspräferenz, Time Preference;* Bezeichnung für die Bevorzugung der Gegenwart (bzw. gegenwärtiger Güter, Bedürfnisse) gegenüber der Zukunft (Gesetz der Höherschätzung von Gegenwartsbedürfnissen). In der → Neuen Makroökonomik wird häufig die subjektive Zeitpräferenzrate in intertemporalen Optimierungsansätzen der Haushalte und Unternehmen mit dem langfristigen Realzins gleichgesetzt.

Zeitreihe – Folge von Werten einer Variablen, die sich auf aufeinander folgende Zeitpunkte oder Zeiträume bezieht. – *Komponenten:* → Zeitreihenkomponenten.

Zeitreihenanalyse – 1. *Begriff:* Verfahren der Zerlegung einer → Zeitreihe in ihre Komponenten (→ Zeitreihenkomponenten) anhand eines gegebenen empirischen Zeitreihenverlaufes. Zweck einer Zeitreihenanalyse ist v.a. die → Prognose des Zeitreihenverlaufes in der Zukunft. – 2. *Methoden:* Bei den *herkömmlichen Verfahren* der Zeitreihenanalyse wird unterschieden: a) der Fall, dass *keine zyklische Komponente,* also nur → Trend und zufällige Komponente, enthalten ist. Es kann mithilfe → gleitender Durchschnitte die Trendkomponente auch dann ermittelt (geschätzt) werden, wenn keine Vorstellung über den Funktionstyp des Trends vorliegt. Ist eine solche Hypothese hingegen vorhanden, erfolgt die Ermittlung des Trends durch ein geeignetes Anpassungsverfahren, etwa die → Methode der kleinsten Quadrate (→ Kleinstquadratemethode, gewöhnliche). – b) der Fall, dass auch eine zyklische Komponente wirkt. Die Ermittlung (Schätzung) einer zyklischen Komponente, etwa einer Saisonkomponente, kann unter verschiedenen Annahmen erfolgen. Die einfachste Hypothese besteht darin, dass sich der Saisonbestandteil der Zeitreihe Jahr für Jahr in genau derselben Weise wiederholt. Daneben kann auch der Fall eines im Zeitablauf variablen Saisonbestandteils bearbeitet werden. Für verschiedene Analyse- und Prognosezwecke ist es sinnvoll, aus einer Zeitreihe den Trend- bzw. den Saisonbestandteil herauszurechnen (*Trendbereinigung;* → Saisonbereinigung). – Eine weitere Möglichkeit der Zeitreihenanalyse besteht in der Analyse im Frequenzbereich auf Grundlage der *Spektralanalyse.* Dabei wird eine Zeitreihe mit zyklischen Komponenten in Sinus- und Cosinusfunktionen verschiedener Frequenz zerlegt, um jene Funktionen zu bestimmen, die den größten Einfluss ausüben.

Zeitreihendaten – resultieren aus der Beobachtung eines bestimmten Wirtschaftssubjektes oder eines bestimmten Aggregates (z.B. der Konsumausgaben aller privaten Haushalte) über mehrere aufeinander folgende Zeitpunkte.

Zeitreihenkomponenten – Komponenten einer Zeitreihe, deren Summe i.d.R. den beobachteten Zeitreihenwerten entsprechen. Die Zeitreihenkomponenten sind die Trendkomponente (glatte Komponente; → Trend), die Konjunkturkomponente, die Saisonkomponente und die zufällige Komponente (Restkomponente), die die verbleibenden Schwankungen enthält. In der Ökonometrie sind darüber hinaus auch andere Zerlegungen bekannt. – Die Präsenz einer Saison- und/oder Trendkomponente führt dazu, dass die betrachtete Zeitreihe nicht stationär ist. Um solche Reihen in ökonometrischen Analysen einsetzen zu können, ist daher, falls keine entsprechenden Kointegrationsbeziehungen (→ Kointegration) vorliegen, zunächst eine Bereinigung von deterministischen bzw. stochastischen Trend- und Saisonkomponenten erforderlich (→ Trendbereinigung und Stationarisierung, → Saisonbereinigung und -modellierung).

Zeitreihenmodelle → ökonometrische Modelle, in denen die zu erklärenden Variablen (Variable, endogene) nur als stochastische Prozesse modelliert werden. Im Rahmen ökonometrischer Analysen werden auch uni- bzw. multivariate autoregressive Modelle, gleitende Durchschnittsmodelle oder Mischformen dieser Modelle (→ AR(p)-Prozess, → MA(q)-Prozess, → ARMA(p,q)-Prozess, → ARIMA(p,d,q)-Prozess, → Vektorautoregressionsmodell) benutzt. – V.a. aus der Kritik an strukturellen Modellen wegen der Identifikationsproblematik (→ Identifikation) werden derartige Ansätze verwendet. Vergleichbare Probleme treten jedoch auch bei diesen Zeitreihenmodellen auf. Die Wahl der jeweils maximalen → Lags muss von einem auf Ex-Post-Prognosen basierenden

Kriterium abhängig gemacht werden. Die Zeitreihen müssen i.d.R. Realisationen stationärer stochastischer Prozesse (→ Stationarität) sein. Sind die stochastischen Prozesse nicht stationär, aber kointegriert (→ Kointegration), erfolgt die Schätzung in → Kointegrationsmodellen bzw. → Vektorfehlerkorrekturmodellen, um alle Informationen zu nutzen. Andernfalls empfiehlt es sich, die Prozesse durch Differenzenbildung in eine stationäre Form zu überführen. Auf derartigen Zeitreihenmodellen basieren auch die sog. Kausalitätstests.

Zeitrente – I. Bankwesen: Die auf eine bestimmte Anzahl von Zeitabschnitten zu entrichtende Rente, z.B. bei den Rentenbriefen der Deutschen Landesrentenbank.

II. Sozialversicherung: Für einen bestimmten Zeitraum gewährte Rente. Nach § 102 II SGB VI werden → Renten wegen Erwerbsminderung und Witwen-/Witwerrenten wegen verminderter Erwerbsfähigkeit grundsätzlich befristet gezahlt, und zwar längstens für einen Zeitraum bis zu drei Jahren ab Rentenbeginn. Die wiederholte Gewährung der Zeitrente ist möglich. Die Zeitrente wird vom Beginn des siebten Kalendermonats nach Eintritt der Erwerbsminderung gezahlt (§ 101 II SGB VI) und fällt mit Ablauf des im → Bescheid bestimmten Datums weg, ohne dass ein Entziehungsbescheid zu ergehen hat.

III. Steuerliche Behandlung: → Rentenbesteuerung.

Zeitschrift für das gesamte Genossenschaftswesen (ZfgG) – 1. *Begriff:* Einzige genossenschaftswissenschaftliche Zeitschrift im deutschen Sprachraum. – 2. *Merkmale:* a) Veröffentlichung von Erkenntnissen der Genossenschaftswissenschaft. – b) Organ der Genossenschaftsinstitute an den Universitäten Berlin/HU, Erlangen-Nürnberg, Freiburg/Schweiz, Gießen, Halle-Wittenberg, Hamburg, Hohenheim, Köln, Marburg, Münster, Wien, Wien/WU.

Zeitschrift für öffentliche und gemeinwirtschaftliche Unternehmen (ZögU) – 1. *Begriff:* Einzige deutschsprachige wissenschaftliche Fachzeitschrift, die sich explizit Themen aus dem Bereich des Public Management und des → Nonprofit Management widmet. – 2. *Merkmale:* a) Selbstverständnis: Informations-, Diskussions- und Dokumentationsschrift. – b) Organ des Bundesverbandes Öffentlicher Dienstleistungen – Deutsche Sektion des CEEP. – c) Die ZögU wurde gegründet von Prof. em. Dr. Dr. h. c. mult. Peter Eichhorn (Universität Mannheim) und Dr. Achim von Loesch.

Zeitstudie → Zeitaufnahme.

Zeit- und Kapazitätsplanung – Gegenüberstellung der in der Materialbedarfsplanung errechneten zeitorientierten Losgrößen und Bestellmengen mit der zur Verfügung stehenden Kapazität, um die Durchführbarkeit der geplanten Produktion zu überprüfen. – Vgl. auch → PPS-System II, Durchlaufterminierung, Kapazitätsabgleich.

Zeitungsartikel – Artikel aus Zeitungen oder anderen lediglich Tagesinteressen dienenden Informationsblättern. – *Urheberrecht:* Soweit Zeitungsartikel nicht mit einem Vorbehalt der Rechte versehen sind, ist ihre Vervielfältigung (→ Vervielfältigungsrecht) und Verbreitung in anderen Zeitungen und Informationsblättern dieser Art ohne Einwilligung des → Urhebers zulässig; entsprechendes gilt für Rundfunkkommentare. Kommentare und Artikel, die politische, wirtschaftliche oder religiöse Tagesfragen betreffen und nicht mit einem Vorbehalt der Rechte versehen sind, dürfen darüber hinaus auch öffentlich wiedergegeben werden. Dem → Urheber ist eine angemessene Vergütung zu zahlen, es sei denn, dass es sich um eine Übersicht kurzer Auszüge aus mehreren Kommentaren oder Artikeln handelt (§ 49 I UrhG). Stets ist der Urheber, der in der benutzten Quelle bezeichnet ist, und die Zeitung etc. anzugeben, woraus der Artikel entnommen ist (→ Quellenangabe). – Unbeschränkt zulässig ist die Vervielfältigung von vermischten Nachrichten tatsächlichen Inhalts und von Tagesneuigkeiten, die durch Presse oder Funk veröffentlicht worden sind (§ 49 II UrhG).

Zeitvergleich → Betriebsvergleich, → Kostenkontrolle, → Kostenvergleich.

Zeitverschleiß – Teil des → Verschleißes der Gebrauchsgüter, der unabhängig von ihrer Inanspruchnahme im Produktionsprozess anfällt. – *Ursachen:* technische Überalterung, Lizenzablauf, Korrosion etc. – Der Zeitverschleiß führt zu → fixen Kosten; vgl. → gebrochene Abschreibung. – *Gegensatz:* → Gebrauchsverschleiß.

Zeitverzögerung → Lag.

Zeitvorgabe → Vorgabezeit.

Zeitwert – I. Realgüter bzw. Sachen: 1. *Begriff:* → Neuwert einer Sache abzüglich ihrer Wertminderung insbesondere durch Abnutzung (Verschleiß), ggf. auch durch das Alter, wenn es sich um eine Sache handelt, die der Mode oder dem technischen Fortschritt unterworfen ist. – *Anders:* Ersatzwert Neuwert; → gemeiner Wert. – 2. *Anwendungsgebiete:* a) Gewerbliche und industrielle Sachversicherung (Gewerbekunde, Industriekunde); b) → Haftpflichtversicherung.

II. Nominalgüter bzw. Finanzinstrumente: 1. *Begriff:* Gegenwartswert i.S.d. Marktwerts (*mark to market*) oder eines modellbasierten Werts (*mark to model*), der z.B. durch Abdiskontierung der künftigen Zahlungsströme (Discounted Cash flow) gebildet wird. – 2. *Anwendungsgebiete:* a) → Lebensversicherung (vgl. Rückkaufswert); b) Rechnungslegung, insbesondere im Zusammenhang mit der Bestimmung der Zeitwerte von Kapitalanlagen.

Zeitwertversicherung – Versicherungsdeckung auf Basis des → Zeitwerts einer versicherten Sache.

Zeitwirtschaft – *Terminwirtschaft;* Teil der → Produktionsprozessplanung und → Produktionsprozesssteuerung, der die zeitliche Strukturierung des Produktionsprozesses umfasst.

Zensus → Vollerhebung, → Volkszählung, → Zensus 2011.

Zensus 2011 – 1. *Begriff:* Gemeinschaftsweiter Zensus in der Europäischen Union im Jahr 2011. Gemäß einer EU-Verordnung aus dem Jahr 2008 sind die Mitgliedsstaaten zur Erhebung von Daten gemäß einem vorgegebenen Merkmalskatalog verpflichtet. Dadurch wird sichergestellt, dass die erhobenen Daten innerhalb der EU vergleichbar sind. – 2. *Gesetzliche Grundlage in Deutschland* für den Zensus 2011 ist das Zensusvorbereitungsgesetz 2011, das am 13.12.2007 in Kraft trat. Mit dem neuen Zensus werden aktuelle Zahlen zu Bevölkerung, Wohnsituation und Erwerbsleben erhoben. Eine neue Erhebung dieser Daten ist dringend notwendig, da die gegenwärtigen Zahlen auf Fortschreibungen der letzten → Volkszählungen (1981 in der ehemaligen DDR und 1987 im früheren Bundesgebiet) zurückgehen und somit durch zunehmende Ungenauigkeiten in den Fortschreibungen sowie Ereignisse wie der Wiedervereinigung beeinflusst sind. – 3. In Deutschland wird im Rahmen des Zensus 2011 ein Verfahren angewandt, das von der Vorgehensweise der bisherigen Volkszählungen abweicht, in denen alle Haushalte in Form einer → Vollerhebung befragt wurden. Der Zensus 2011 findet als registergestütztes Verfahren statt, es werden also Daten aus bestehenden Verwaltungsregistern, bspw. der Meldebehörden oder der → Bundesagentur für Arbeit, genutzt. Daten zu Wohnungen und Gebäuden müssen postalisch bei den Eigentümern erfragt werden, da sie nicht flächendeckend in den Verwaltungsregistern erfasst sind. Zusätzlich müssen Informationen zu Ausbildung und Erwerbstätigkeit sowie Bildung in Form von repräsentativen → Stichproben bei einem Teil der Bevölkerung erhoben werden. Durch die Vollerhebungen der früheren Volkszählungen konnten tief gegliederte Ergebnisse von hoher Genauigkeit produziert werden, allerdings verbunden mit hohem zeitlichem und finanziellem Aufwand. Die Umstellung auf die registergestützte Vorgehensweise senkt die Kosten und reduziert die Belastung der zu befragenden Bevölkerung.

Zentralafrikanische Wirtschaftsgemeinschaft → ECCAS.

Zentralafrikanische Zoll- und Wirtschaftsunion → CACEU.

Zentralamerikanischer Gemeinsamer Markt → CACM.

Zentralbank – I. Bankwesen: Eigenständige staatliche Institution, die mit der Wahrung der Aufgaben der → Geldpolitik betraut ist und über ein Emmissionsmonopol verfügt. In den einzelnen Ländern gibt es verschiedene Grade der → Unabhängigkeit der Zentralbank und unterschiedliche Aufteilungen der geldpolitischen Einzelkompetenzen zwischen den Zentralbanken und den Regierungen. Im Zuge der → Europäischen Währungsunion (EWU) wurde in der EU das → Europäische System der Zentralbanken (ESZB) geschaffen.

II. Genossenschaftswesen: Die genossenschaftlichen Zentralbanken sind die → DZ Bank AG Deutsche Zentral-Genossenschaftsbank, Frankfurt a.M. und die WGZ-Bank Westdeutsche Genossenschaftszentralbank, Düsseldorf.

Zentralbankautonomie → Unabhängigkeit der Zentralbank.

Zentralbankgeld – 1. *Begriff:* Das von der → Zentralbank (Notenbank) geschaffene Geld; Zentralbankgeld existiert in Form von Sichtguthaben bei der Notenbank oder als Bargeld in Form von Banknoten und Münzen und wird von Kreditinstituten oder von Wirtschaftssubjekten gehalten, die keine Banken sind (Nichtbanken). – 2. *Entstehung und Vernichtung:* Entstehung und Vernichtung des Zentralbankgeldes schlagen sich in der Bilanz der Notenbank nieder. Zentralbankgeld entsteht bspw. durch den Ankauf von Gold, Devisen oder Sonderziehungsrechten durch die Notenbank oder durch Kredite an Geschäftsbanken. Die Entstehung von Zentralbankgeld führt also zu einer Bilanzverlängerung bei der Notenbank und zu einem Aktivtausch bei den Geschäftsbanken. Jede Zunahme der Aktivposten in der Notenbankbilanz ist mit der Entstehung zusätzlichen Zentralbankgeldes verbunden; man spricht daher auch von einer Monetisierung der Aktiva durch die Notenbank. Die Vernichtung von Zentralbankgeld geht mit einer Verkürzung der Notenbankbilanz und ebenfalls mit einem Aktivtausch bei den Geschäftsbanken einher. – Da aus dem Verkauf von → Devisen (oder Gold) an die Notenbank keine Rückzahlungsverpflichtung der Geschäftsbanken resultiert, liegt eine nicht-kreditweise Schaffung von Zentralbankgeld vor. In allen übrigen Fällen – ausgenommen ist die „Erstausstattung" mit Zahlungsmitteln - lässt sich die Entstehung von Zentralbankgeld auf eine Kreditgewährung vonseiten der Notenbank zurückführen. – Zentralbankgeld ist risikolos, da die Zentralbank in ihrer eigenen Währung stets die benötigte Liquidität selbst schaffen kann. Banken benötigen Zentralbankguthaben für alle Transaktionen, die sie nicht auf eigenen Konten ausführen können, sondern für die sie ein risikoloses Zahlungsmittel benötigen, die sie nicht selbst schaffen können. Solche Zahlungen sind Bartransaktionen, Zahlungen an andere Kreditinstitutsgruppen und Zahlungen zugunsten von Kontoinhabern der Bundesbank. Jede Geschäftsausweitung der Kreditinstitute bringt derartige Zahlungen mit sich und mindert die verfügbaren Zentralbankguthaben der Banken. Um ihre Zentralbankguthaben wieder auffüllen zu können, brauchen die Banken sichere Refinanzierungsmöglichkeiten bei der Zentralbank und damit Aktiva, die die Zentralbank jederzeit zu erwerben bereit ist.

Zentralbankgeldbedarf der Banken – Die Banken benötigen → Zentralbankgeld zur Befriedigung der Bargeldabzüge ihrer Kunden, da diese sich erfahrungsgemäß einen Teil ihrer Sichtguthaben in bar auszahlen lassen, und zur Erfüllung ihrer Mindestreserveverpflichtungen (→ Mindestreserve).

Zentralbankgeldmenge → Bargeld in Händen der Nichtbanken zzgl. der Reservehaltung der MFI (= Mindestreserve-Solls (→ Mindestreserve) und die Überschussreserve der MFI). – *Steuerung der Zentralbankgeldmenge:* → Geldpolitik, → geldpolitische Instrumente.

Zentralbereich → organisatorischer Teilbereich v.a. im Rahmen einer → Spartenorganisation oder → Regionalorganisation, in dem Kompetenzen für bestimmte Funktionen zusammengefasst sind. Je nach Art und Umfang der übertragenen Kompetenzen kann ein Zentralbereich als Kernbereich (Zentralbereich hat die alleinige Entscheidungsbefugnis für die aus den operativen Teilbereichen ausgegliederten Funktionen), als → Richtlinienbereich (Zentralbereich trifft Rahmenentscheidungen für die Erfüllung der Funktionen in den operativen Bereichen), als Matrixbereich (Zentralbereich und operative Bereiche sind gemeinsam entscheidungsbefugt, → Matrixorganisation), als → Servicebereich (Zentralbereich führt Aufträge der operativen Bereiche durch) oder als Stabsbereich (Zentralbereich bereitet funktionsbezogene Entscheidungen der operativen Bereiche vor, → Stab) ausgeformt sein.

Zentrale Ethik-Kommission für Stammzellenforschung – durch § 8 des → Stammzellgesetzes neunköpfige, interdisziplinär zusammengesetzte Kommission, die aus Sachverständigen der Fachrichtung Biologie, Ethik, Medizin und Theologie besteht, im Geschäftsbereich des → Bundesministeriums für Gesundheit (BMG). Die Mitglieder der Zentralen Ethik-Kommission für Stammzellenforschung werden von der Bundesregierung für die Dauer von drei Jahren berufen. – *Aufgabe:* Prüfung und Bewertung, ob die Voraussetzungen für die Forschung an embryonalen Stammzellen erfüllt sind und das Forschungsvorhaben ethisch vertretbar ist. Die Bundesregierung hat dem Deutschen Bundestag alle zwei Jahre einen Erfahrungsbericht über die Durchführung des Stammzellgesetzes vorzulegen. – Näheres über Berufung und Verfahren der Zentralen Ethik-Kommission für Stammzellenforschung regelt die ZES-Verordnung vom 18.7.2002 (BGBl. I 2663) m.spät.Änd.

Zentrale Güterklassifikation → CPC.

Zentraleinheit – *Central Processing Unit (CPU);* „Kern" eines → Computers; umfasst → Zentralprozessor(en) und → Zentralspeicher.

Zentraleinkauf – Wareneinkauf der Zentralen der → Filialunternehmungen und → kooperativen Gruppen sowie der → Einkaufskontore des Großhandels. – *Vorteile:* Durch Auftragsbündelung höhere → Mengenrabatte und günstigere sonstige Beschaffungskonditionen; durch Großaufträge genauere Fertigungsplanung und Förderung der Standardisierung; ggf. Verminderung bzw. Verlagerung der Lagerhaltung. – *Nachteile:* Gefahr einer zunehmenden Bürokratisierung und Schematisierung der Beschaffung, v.a. dann, wenn sich der Zentraleinkauf auf das gesamte Sortiment erstreckt und die Filialleiter bzw. Mitglieder wegen der Begrenzung ihrer Entscheidungsfreiheit demotiviert werden. Gegensteuerung durch Begrenzung des Zentraleinkaufes auf das Kernsortiment und Beteiligung von Filialleitern oder Einzelhändlern an den Auswahlentscheidungen der Beschaffung, z.B. in Sortimentsausschüssen und eigenständige Beschaffung von Artikeln des Zusatzsortimentes für den lokalen Bedarf.

zentrale Lagerhaltung → Zentrallagerkonzept.

zentraler Grenzwertsatz → Grenzwertsatz.

Zentraler Kapitalmarktausschuss (ZKMA) – 1957 unter Geschäftsführung des → Bundesverband deutscher Banken e. V. (Bankenverband) freiwillig gebildete Kommission, in der sämtliche Emittentengruppen (außer der öffentlichen Hand) und die wichtigsten Emissionsbanken vertreten sind. Der ZKMA hatte die Aufgabe, beratend und empfehlend auf die Emissionstätigkeit einzuwirken, um Zeitpunkt, Volumen und Ausstattung der einzelnen → Emissionen der jeweiligen Marktlage anzupassen. Ziel war es, mittels eines abgestimmten Emissionskalenders mögliche Überlastungen des Marktes durch Neuemissionen zu vermeiden. Mit der Zulassung von Tochtergesellschaften ausländischer Banken bei der Emission von DM-Auslandsanleihen im April 1985 verlor der ZKMA weitgehend seine Bedeutung. Er dient heute dem Gedankenaustausch zwischen den wichtigsten Emittenten am dt. Kapitalmarkt und der Deutschen Bundesbank.

Zentraler Kreditausschuss (ZKA) – Bis Ende Juli 2011 verwendete Bezeichnung des bankengruppenübergreifenden Interessenverbands der deutschen Kreditwirtschaft. Neue Bezeichnung: → Die deutsche Kreditwirtschaft (DK).

zentraler Ort → Standort – i.d.R. als → Stadt oder städtische → Siedlung verstanden – an dem zentrale Dienste und Güter (→ zentrales Gut) für die Versorgung eines Umlands als Einzugsbereich angeboten werden. Ein zentraler Ort weist Zentralität auf, d.h. → Bedeutungsüberschuss über die Versorgung der eigenen Bevölkerung hinaus. Die Theorie der zentralen Orte geht auf das Modell von W. Christaller (1933) zurück und wurde seitdem vielfach weiterentwickelt, z.B. auch auf innerstädtische Zentren übertragen und für die Landes- und Regionalplanung nutzbar gemacht. Das System der zentralen Orte eines Raumes ist i.d.R. hierarchisch aufgebaut (zentralörtliche Hierarchie). Man unterscheidet – entsprechend dem zentralörtlichen Angebot und dem Einzugsbereich – v.a. Ober-, Mittel- und Unterzentren mit jeweiligen Zwischenstufen. Bez. der Bevölkerungs- und

Erwerbsstruktur ist für zentrale Orte ein relativ hoher Anteil von Beschäftigten im tertiären Sektor auffällig. Voll ausgebildete zentrale Orte höherer Hierarchiestufen bieten sowohl private als auch kommunale und staatliche zentrale Dienste an.

zentrales Controlling – die der Unternehmenszentrale zugeordneten Controllerstellen. Adressat des zentralen Controllings ist das Top-Management. Daneben besitzt es häufig Richtlinienkompetenz gegenüber dem dezentralen Controlling (z.B. hinsichtlich Planungs- und Berichtsstandards).

zentrales Gut → Gut von überörtlichem Bedarf, das notwendig punkthaft in einem → Zentrum angeboten und flächenhaft von den Verbrauchern in dessen Einzugsbereich nachgefragt wird. Die Zentralität eines Gutes richtet sich nach der Distanz, die ein Verbraucher zu überwinden bereit ist, um dieses Gut an einem → zentralen Ort zu erwerben. Je nach Zentralität wird das Gut nur in bestimmten Orten der zentralörtlichen Hierarchie angeboten. Je hochrangiger der zentrale Ort ist, umso seltenere und wertvollere zentrale Güter bietet dieser zusätzlich zur Grundversorgung an und umso größer gestaltet sich sein Einzugsbereich.

Zentrales Testamentsregister – 1. Das Zentrale Testamentsregister (ZTR) ist ein bei der Bundesnotarkammer als Registerbehörde geführtes automatisiertes elektronisches Register über die Verwahrung erbfolgerelevanter Urkunden. Das Bundesjustizministerium führt die Rechtsaufsicht über die Registerbehörde. Errichtet durch Gesetz vom 22.12.2010 (BGBl. I S. 2255) und in Betrieb seit dem 1.1.2012 (vgl. § 78 Abs. 2 BNotO). Notare und Gerichte haben bei ihnen verwahrte Testamente und andere erbfolgerelevante Urkunden an das ZTR zu melden. Jedes Standesamt hat eine Sterbefallmitteilung an das Register zu melden. Damit dient das ZTR der effektiven Abwicklung von Nachlassverfahren. – 2. Erbfolgerelevante Urkunden sind Testamente, Erbverträge und alle Urkunden über Erklärungen, welche die Erbfolge betreffen können (z.B. Aufhebungsverträge, Rücktritts- und Anfechtungserklärungen) – § 78b Abs. 2 BNotO. – 3. Registrierfähig sind nur erbfolgerelevante Urkunden, die öffentlich beurkundet sind (durch Notar oder Gericht) oder in amtliche Verwahrung genommen sind (beim Amtsgericht) – § 78b Abs. 3 BNotO. – 4. Das Nähere regelt die Testamentsregister- Verordnung vom 11. 7.2011 (BGBl.I S. 1386). Dies betrifft etwa die zu speichernden Verwahrangaben über die Daten des Erblassers, die Verwahrstelle, Art und Datum der Errichtung der erbfolgerelevanten Urkunde. Das Registrierungsverfahren bestimmt sich nach § 3, der Inhalt der elektronischen Sterbefallmitteilung des Standesamts an die ZTR nach § 6. Wer Registerauskünfte erhalten kann, regelt § 8 der Verordnung.

Zentrales Vorsorgeregister – Das Zentrale Vorsorgeregister (ZVR) ist ein bei der Bundesnotarkammer geführtes automatisiertes elektronisches Register über Vorsorgevollmachten und Betreuungsverfügungen. Die Rechtsaufsicht über die ZVR hat das Bundesministerium der Justiz. Privatpersonen und Einrichtungen können Vorsorgevollmachten und Betreuungsverfügungen beim ZVR registrieren lassen. Die Urkunden selbst werden beim ZVR nicht verwahrt. Auf diese Weise können Vorsorgeurkunden etwa im Betreuungsfall gefunden werden. Dies kann für die Gerichte hilfreich sein, denen nach § 78c BNotO auf Ersuchen Auskunft zu erteilen ist. In das ZVR düfen Angaben über Vollmachtgeber, Bevollmächtigte, die Vollmacht und deren Inhalt sowie Vorschläge über die Auswahl des Betreuers und Wünsche zur Wahrnehmung der Betreuung aufgenommen werden (§ 78a BNotO). Das Nähere zum Verfahren regelt die Vorsorgeregister-Verordnung (VRegV) vom 21.2.2005 (BGBl.I S. 318) m.spät. Änd.

Zentrale zur Bekämpfung unlauteren Wettbewerbs e.V. – Verband zur Bekämpfung → unlauteren Wettbewerbs mit Sitz in Bad Homburg v.d.H. und zahlreichen Zweigstellen im Bundesgebiet. Gegründet 1912; 1949 neu gegründet. Mitglieder sind u.a. sämtliche → Industrie- und Handelskammern (IHK). – *Aufgaben:* Förderung gewerblicher Interessen im Sinn des § 8 III UWG; Aufklärung und Belehrung zur Förderung des lauteren Geschäftsverkehrs und die Bekämpfung unlauteren Wettbewerbs; enge Zusammenarbeit mit den Spitzenverbänden der gewerblichen Wirtschaft. Die umfassende → Klagebefugnis der Zentrale zur Bekämpfung des unlauteren Wettbewerbs ist in der Rechtsprechung einhellig anerkannt.

zentralgeleitete Wirtschaft – *Zwangswirtschaft.* 1. *Begriff:* → Wirtschaftsordnung, die nach Eucken dadurch gekennzeichnet ist, dass der Wirtschaftsprozess von einer Zentralinstanz umfassend geplant und koordiniert wird („monistisches Planen"). Idealtypus einer Wirtschaftsordnung. – *Gegensatz:* → Verkehrswirtschaft. – 2. Nach Größe zu unterscheidende *Arten:* (1) *Einfache zentralgeleitete Wirtschaft,* auch Eigenwirtschaft genannt, z.B. Kloster- und Familienwirtschaft; (2) → Zentralverwaltungswirtschaft, einen Staat umfassend.

Zentralgenossenschaft – regionaler oder überregionaler Zusammenschluss von Einzelgenossenschaften zur gemeinschaftlichen Durchführung von Warengeschäften (*Einkaufszentrale oder Absatzzentrale,* → Hauptgenossenschaft) oder zur Abwicklung des Zahlungsverkehrs zwischen den → Genossenschaften und Kreditgewährung an diese mit dem Ziel, die Leistungsfähigkeit der Mitgliedsgenossenschaften zu fördern. Zentralgenossenschaften treten als Hauptgenossenschaften, Zentralkellereien und → Zentralbanken sowohl in der Rechtsform der Aktiengesellschaft als auch der → eingetragenen Genossenschaft (eG) auf. Ihre Mitglieder sind → Primärgenossenschaften. Unter Berücksichtigung der prinzipiellen Autonomie der Mitgliedsgenossenschaften findet eine dezentrale Willensbildung in den Organen der Zentralgenossenschaften (Vorstände, Aufsichtsräte, Mitglieder- bzw. Generalversammlungen) statt. Das Verhältnis der Zentralgenossenschaft zur Primärgenossenschaft ist identisch mit der Beziehung der Primärgenossenschaft zum einzelnen Genossenschaftsmitglied, das vom Geschäftsbetrieb eine wirtschaftliche Förderung anstrebt.

Zentralisation – Zusammenfassung von Teilaufgaben bei einer → Stelle nach bestimmten Aufgabenmerkmalen. – *Organisationslehre:* 1. *I.w.S.:* Zusammenfassung von Teilaufgaben bei einer Stelle, die im Hinblick auf eines der verschiedenen Merkmale einer → Aufgabe gleichartig sind, z.B. nach dem Verrichtungsaspekt (→ Verrichtungsprinzip), dem Objektaspekt (→ Objektprinzip) oder dem räumlichen Aspekt. Zentralisation nach einem Kriterium ergibt zugleich Dezentralisation nach den anderen Aufgabenmerkmalen. – Zentralisation bewirkt eine → Spezialisierung des für den Aufgabenkomplex zuständigen Handlungsträgers auf den der Zentralisation zugrunde liegenden Aufgabenaspekt. – 2. *I.e.S.:* → Entscheidungszentralisation. – *Gegensatz:* → Dezentralisation.

Zentralisation des Kapitals – Begriff der Wirtschaftstheorie des → Marxismus, externes Unternehmenswachstum. – 1. *Begriffserläuterung:* Durch die Übernahme kleinerer Unternehmen und Fusionen ständen den Großunternehmen zusätzliche Kapitalmittel zur Verfügung, mit deren Einsatz sie die unterstellt gesetzmäßig sinkende Kapitalrentabilität (→ tendenzieller Fall der Profitrate) durch eine größere, vom Kapitaleinsatz abhängige, Gewinnsumme kompensieren könnten. Auch stiegen mit fortschreitendem Unternehmenswachstum die → Skalenerträge der Produktion. – 2. *Auswirkungen:* Die zunehmende Monopolisierung und Vermachtung der Märkte, die als entwicklungsgeschichtliche *Zwangsläufigkeit* angesehen wird, führte zu einer Verschärfung des kapitalistischen Grundwiderspruchs (→ historischer Materialismus): Die zunehmende Arbeitsteilung in den immer weiter wachsenden Unternehmen („Vergesellschaftung der Produktion") gerate in immer größeren Gegensatz zu der durch die → Produktionsverhältnisse verursachten, privatkapitalistischen Aneignung der Wertschöpfung, da gleichzeitig die Zahl der Unternehmer abnähme. – Vgl. auch → Expropriation. – 3. *Beurteilung:* Es wird übersehen, dass die auf einzelnen Märkten tatsächlich zu beobachtenden Vermachtungserscheinungen in → Marktwirtschaften oftmals eine Folge ungenügender bzw. verfehlter (wettbewerbspolitischer) → Ordnungspolitik sind und daher prinzipiell umgekehrt werden können (s. → Staatsversagen).

Zentralismus – Bestrebung, alle Staatsfunktionen zentral von der obersten Behörde aus wahrzunehmen. Die mittleren und unteren Verwaltungsorgane sind weisungsgebunden und haben nur ausführende Funktionen.

Zentralitätseffekt – Störeffekt bei der Einstellungs- und Imagemessung. Die Testpersonen vermeiden extreme Beurteilungen von Untersuchungsobjekten (bes., wenn sie ihnen nicht bekannt sind) zugunsten gemäßigter Einschätzungen. – Vgl. auch → systematischer Fehler.

Zentrallagerkonzept – Lagerkonzept, das die Beschaffungs- und/oder Absatzströme über zentrale Lager abwickelt. Durch den damit möglichen Abbau dezentraler Lager werden folgende Zielsetzungen erreicht: (1) Bündelung von Warenströmen (Transportkostenreduzierung – jedoch im Einzelfall unterschiedlich in der Beschaffungs- und Distributionslogistik); (2) Verringerung der Lagerbestände im Gesamtsystem (Kapitalbindung); (3) Reduzierung des Flächenbedarfs im Gesamtsystem (Investitionen); (4) Ausnutzung von Größendegressionseffekten in der Lagerhaltung (Betriebskosten). Mithilfe entsprechend reaktionsfähiger Informationssysteme können Zentrallager auch als bestandslose Transitterminals, die lediglich Umschlags- und Kommissionieraufgaben wahrnehmen, geführt werden (→ Cross Docking).

Zentralnotenbank → Notenbank, → Zentralbank.

Zentralplanwirtschaft → Zentralverwaltungswirtschaft.

Zentralprozessor – *Verarbeitungsprozessor, Befehlsprozessor;* → Prozessor eines → Computers, der die → Befehle der Programme (System- und Anwendungsprogramme) interpretiert und ausführt; Bestandteil der → Zentraleinheit.

Zentralregulierungsgeschäft – *Verrechnungsgeschäft;* Form des → Fremdgeschäfts im Handel: Übernahme der Bezahlung (Regulierung) aller Einkäufe der Mitglieder durch die → Einkaufskontore des Großhandels bzw. die Zentralen → kooperativer Gruppen des Handels; meist auf der Basis zentral ausgehandelter Preise und Konditionen bei gleichzeitiger Übernahme des Delkredere (→ Delkrederegeschäft). Da die Mengen, die die Mitglieder während einer Periode beschaffen werden, erst am Ende der Periode feststehen, sind die Preiszugeständnisse begrenzt und/oder werden durch nachträglich gewährte Jahresboni oder Gutschriften aufgebessert (→ Abschlussgeschäft). – Für die Leistung der Rechnungssammlung und Zahlung in einer Überweisung wird eine *Zentralregulierungsprovision* fällig.

Zentralspeicher – *interner Speicher.* 1. *Begriff:* Der Zentralspeicher umfasst alle in der → Zentraleinheit befindlichen → Speicher, zu denen der (oder die) → Zentralprozessor(en) sowie evtl. vorhandene → Ein-/Ausgabe-Prozessoren unmittelbar Zugang haben. – 2. *Bestandteile:* → Arbeitsspeicher, Pufferspeicher (→ Puffer), Registerspeicher, der die prozessororientierten (→ Prozessor) Speicherstellen

(Register) enthält, sowie der Mikroprogrammspeicher für das → Mikroprogramm. – *Gegensatz:* → Externer Speicher. – Vgl. auch → Peripheriegeräte.

Zentralstelle für Arbeitsvermittlung (ZAV) – 1954 errichtete Institution für unbürokratische und wirtschaftsnahe überbezirkliche Arbeitsvermittlung und überbezirklichen Vermittlungsausgleich; Sitz in Frankfurt a.M. – *Aufgaben:* (1) Vermittlung von bes. qualifizierten Arbeitsuchenden bestimmter Berufe (Juristen, Volkswirte, Dipl.-Kaufleute, Philologen, Ärzte, Zahnärzte, Tierärzte, Apotheker, Chemiker, Dipl.-Ingenieure mit abgeschlossener Fachhochschulausbildung, leitende kaufmännische Angestellte, Angehörige von Lehr-, Bildungs- und Forschungsberufen sowie von sozialen und sozialpädagogischen Berufen, technische Assistenten aller Art, Krankengymnasten und Angehörige der gehobenen haus- und landwirtschaftlichen Berufe); (2) Spitzenausgleich von Arbeitskräften für das Bundesgebiet; (3) Auslandsvermittlung; (4) zentrale und internationale Vermittlung für das Hotel- und Gaststättengewerbe.

Zentralstelle für die Vergabe von Studienplätzen (ZVS) → Stiftung für Hochschulzulassung.

Zentralverband der deutschen Werbewirtschaft e.V. (ZAW) – Arbeitsgemeinschaft von Organisationen der Werbewirtschaft; Sitz in Berlin. Ziel ist es, eine staatliche Werbeaufsicht entbehrlich zu machen. – *Mitglieder* entstammen allen Bereichen der Werbewirtschaft; Mitgliedsorganisationen sind (1) Werbetreibende, (2) Werbeberufe und Marktforschung, (3) Werbedurchführende und Werbemittelhersteller sowie (4) Werbeagenturen und Werbemittlungen. – *Aufgabenfeld:* Alle Angelegenheiten der Wirtschaftswerbung, die über die angeschlossenen Organisationen hinaus Bedeutung erlangen, u.a. die freie Entfaltung der Werbewirtschaft im Rahmen ihrer Anwendungsmöglichkeiten, Selbstdisziplin in den eigenen Reihen, die gesetzliche Vertretung nach außen und die Vermeidung missbräuchlicher Werbung.

Zentralverwaltungswirtschaft – *Zentralplanwirtschaft.* 1. *Begriff:* → Wirtschaftsordnung, in der die innerhalb einer Gesellschaft ablaufenden Wirtschaftsprozesse von einer staatlichen Zentralinstanz geplant und koordiniert werden. Im Idealfall ist nur ein Planträger vorhanden. – *Gegensatz:* → Marktwirtschaft, → Verkehrswirtschaft. – 2. *Formen:* a) Nach den *Konsumentenfreiheiten* (Eucken): (1) *Total zentralgeleitete Wirtschaft:* Die Konsumenten erhalten ein von der Zentralinstanz individuell eindeutig determiniertes Konsumgutbündel; (2) *zentralgeleitete Wirtschaft mit freiem Konsumguttausch:* Die Konsumenten können untereinander die ihnen jeweils zugeteilten Güter nach eigenen Präferenzen austauschen; (3) *zentralgeleitete Wirtschaft mit freier Konsumgutwahl:* Die Konsumenten erhalten Berechtigungsscheine bzw. Geldzeichen, mit denen sie nach eigenen Präferenzen staatlich bereitgestellte Konsumgüter auswählen können. – b) Nach *Eigentumsform:* (1) Zentralverwaltungswirtschaft mit *Privateigentum* (→ Kriegswirtschaft); (2) Zentralverwaltungswirtschaft mit *Gesellschaftseigentum* (→ Rätedemokratie); (3) Zentralverwaltungswirtschaften mit *Staatseigentum* (→ staatssozialistische Zentralplanwirtschaften).

Zentralwert → Median.

Zentrenproduktion – I. Begriff/Charakterisierung: *Zentrenfertigung,* Elementartyp der Produktion (→ Produktionstypen), der sich aus dem Merkmal der Anordnung der Arbeitssysteme ergibt. Bei Zentrenproduktion nimmt jeder Teilbetrieb eine Anzahl verschiedenartiger Produktionseinrichtungen bzw. Arbeitssysteme auf, die i.d.R. nicht nach der Verrichtungsfolge bzw. nach dem Produktentstehungsprozess angeordnet sind. Die Zuordnung erfolgt nach dem → Objektprinzip. Die Zentrenproduktion strebt eine Verknüpfung der Vorteile der → Werkstattproduktion (Flexibilität der Produktion) und der → Fließproduktion (Integration der Produktion) an.

II. Erscheinungsformen: 1. *Bearbeitungszentren:* Numerisch gesteuerte NC-Werkzeugmaschine (→ NC-Anlagen), bei der mehrere Bearbeitungsoptionen bei einer Aufspannung gleichzeitig ausgeführt werden können. Der Werkzeugwechsel erfolgt automatisch. – 2. *Flexible Fertigungszelle:* Zusammenfassung mehrerer gleichartiger Bearbeitungszentren zu einer Einheit, die zusätzlich einen gemeinsamen Werkstückspeicher (Paletten) und ein Transportsystem aufweist sowie über eine automatische Spann- und Beladestation verfügt. – 3. *Flexibles Fertigungssystem:* System aus mehreren verschiedenen und sich ergänzenden NC-Maschinen oder Bearbeitungszentren, einem vollautomatischen Materialflusssystem, das die Werkstückver- und entsorgung und den Werkzeugwechsel mit einschließt sowie einer integrierten Rechnersteuerung, an deren Spitze ein Leitrechner steht. – 4. *Fertigungsinseln:* Anordnung bzw. Ausgestaltung flexibler Fertigungssysteme zur Komplett-Bearbeitung ganzer Teilefamilien oder Baugruppen. Die dazu benötigten Ressourcen sind im System selbst verfügbar (autonome Produktion) – die Betriebsmittel werden im Sinn des Produktionsflusses angeordnet.

Zentrum – im Vergleich zur → Peripherie der wirtschaftlich aktivere Raum, der relativ weit entwickelt ist und Dominationseffekte auf die Peripherie ausüben kann. Zentrum und Peripherie sind Ausdruck der räumlichen Verortung von Elementen im Raum (z.B. Unternehmen), der räumlichen → Arbeitsteilung sowie der funktional-räumlichen Differenzierung von Gesellschaft und Wirtschaft. Zentrum und Peripherie bilden sich in unterschiedlichen Maßstabsbereichen aus.

Zerlegung – I. Finanzwissenschaft: Verteilung des Steueraufkommens auf die Gebietskörperschaften, die daran nach Maßgabe der Finanzausgleichsgesetze beteiligt werden sollen.

II. Steuerrecht: 1. *Gewerbesteuer:* Unterhält ein Gewerbebetrieb → Betriebsstätten in verschiedenen Gemeinden oder erstreckt sich eine Betriebsstätte über mehrere Gemeinden, so ist die Bemessungsgrundlage der Gewerbesteuer, der → Gewerbesteuermessbetrag, in die auf die einzelnen Gemeinden entfallenden Anteile (Zerlegungsanteile) zu zerlegen (§ 28 I GewStG). Zerlegungsmaßstab ist i.d.R. das Verhältnis, in dem die Summe der Arbeitslöhne, die an die bei allen Betriebsstätten beschäftigten Arbeitnehmer gezahlt worden sind, zu den Arbeitslöhnen steht, die an die bei den Betriebsstätten der einzelnen Gemeinden beschäftigten Arbeitnehmern gezahlt worden sind (§ 29 I 1 GewStG). – Die Zerlegung wird durch das Finanzamt durchgeführt. In diesem Fall wird an das Unternehmen und an die betroffenen Gemeinden ein *Zerlegungsbescheid* erteilt. – 2. *Grundsteuer:* Erstreckt sich der Steuergegenstand (Grundbesitz i.S.d. Bewertungsgesetzes) über mehrere Gemeinden, so ist der Steuermessbetrag grundsätzlich in die auf die einzelnen Gemeinden entfallenden Anteile (Zerlegungsanteile) zu zerlegen (§ 22 I GrStG). Bei Betrieben der Land- und Forstwirtschaft ist der auf den Wohnungswert entfallende Teil des Steuermessbetrags der Gemeinde zuzuweisen, in der sich der Wohnteil oder dessen wertvollster Teil befindet. Der auf den Wirtschaftswert entfallende Teil des Steuermessbetrags ist in dem Verhältnis zu zerlegen, in dem die auf die einzelnen Gemeinden entfallenden Flächengrößen zu einander stehen. Bei Grundstücken ist der Steuermessbetrag regelmäßig in dem Verhältnis zu zerlegen, in dem die auf die einzelnen Gemeinden entfallenden Flächengrößen zueinander stehen. – 3. Die Zerlegung wird durch das Finanzamt durchgeführt. In diesem Fall wird an den Steuerpflichtigen und an die betroffenen Gemeinden ein Zerlegungsbescheid erteilt (§ 188 AO). Den beteiligten Gemeinden steht ein Akteneinsichtsrecht zu (§ 187 AO). Der Zerlegungsbescheid ist → Folgebescheid des Steuermessbescheids und → Grundlagenbescheid für den Gewerbe- bzw. Grundsteuerbescheid. – *Rechtsbehelf:* → Einspruch (§ 347 I 1 AO; sowohl für den Steuerpflichtigen als auch die betroffenen Gemeinden). – 4. Kein Fall der Zerlegung ist die Zuteilung eines Steuermessbetrags. Die Finanzbehörde entscheidet durch Zuteilungsbescheid, wenn ein Steuermessbetrag einer Gemeinde in voller Höhe zuzuteilen ist; welcher Gemeinde der Steuermessbetrag zusteht ist nicht immer einwandfrei zu begründen (§ 190 AO). Der Erlass eines Zuteilungsbescheides ist antragsgebunden. Antragsberechtigt sind sowohl die Gemeinden als auch der Steuerpflichtige. – *Rechtsbehelf:* → Einspruch (§ 347 I 1 AO).

Zerlegungsbescheid → Zerlegung.

Zerlegungsgesetz – Gesetz über die Steuerberechtigung und die Zerlegung bei der Einkommensteuer und der Körperschaftsteuer vom 6.8.1998 (BGBl. I 1998) und späteren Änderungen. Bei Körperschaften, Personenvereinigungen und Vermögensmassen im Sinn der §§ 1, 2 I 1 KStG mit einer nach Anrechnung von anrechenbaren Steuerabzugsbeträgen und anzurechnender Körperschaftsteuer verbleibende, auf gewerbliche Einkünfte entfallende Körperschaftsteuer von mind. 500.000 Euro, ist die Körperschaftsteuer von dem Erhebungsfinanzamt auf die Länder zu zerlegen, in denen die Körperschaften eine oder mehrere → Betriebsstätten oder Teile von Betriebsstätten unterhalten haben. Der Zerlegungsmaßstab entspricht sinngemäß dem bei der *Gewerbesteuer* (§ 2 I ZerlegungsG; → Zerlegung). Bei der *Lohnsteuer* erfolgt eine Zerlegung insoweit, als Lohnsteuer von den Bezügen der in anderen Ländern ansässigen unbeschränkt steuerpflichtigen Arbeitnehmer insgesamt einbehalten worden ist (§ 7 ZerlegungsG).

Zero-Base-Budgeting – 1. *Charakterisierung:* Ursprünglich Planungsinstrument für öffentliche Haushalte, zunehmend auch zur Planung der Gemeinkosten in Unternehmungen angewandt. Die betriebswirtschaftlich orientierte Grundidee des Zero-Base-Budgetings ist es, geplante Aktivitäten mithilfe von → Kosten-Nutzen-Analysen jeweils „From Base Zero" aus zu rechtfertigen, d.h. als würde das Unternehmen erst gegründet. Ausgangspunkt ist der Befund, dass „alte" Aufgaben bei der traditionellen Planung öffentlicher Haushalte gegenüber „neuen" im Vordergrund stehen, der politische Gestaltungsspielraum mithin de facto von vornherein eingeschränkt ist. Zugrunde liegt ein mehrstufiger Entscheidungsprozess, bei dem die Aufgaben der Ressorts und Behörden in einzelne Aktivitäten (Decision Packages) unterteilt werden, für die jeweils mehrere Lösungsalternativen unter qualitativen Wirksamkeits- und quantitativen Ausgaben- und Wirkungsgradaspekten geprüft und in eine Rangfolge gebracht werden; mind. das niedrigste in die Überlegungen einbezogene Ausgabenniveau muss unter dem Vorjahresansatz liegen. Die Vorschläge der unteren Verwaltungseinheiten werden beim Durchlauf durch die Planungshierarchie zu einer Gesamtplanung koordiniert, wobei oft den unteren Ebenen ein Teil der Entscheidungskompetenz überlassen wird. – 2. *Zweck:* Die Aktivitäten von Ressorts und Behörden samt den dafür bereitzustellenden Mitteln sollen gemäß den politischen Prioritäten geordnet werden; bis zur Höhe der insgesamt bewilligten Haushaltsmittel werden die Aktivitäten dann der Rangfolge entsprechend im nächsten Haushaltsjahr vollzogen. – 3. *Bedeutung:* Zero-Base-Budgeting gilt als exekutivebezogenes Gegenstück zur eher legislativebezogenen → Sunset Legislation. Zero-Base-Budgeting ist letztlich eine an ökonomischen Wirtschaftlichkeitsmaßstäben orientierte Spartechnik; es stößt dort an seine Grenzen, wo Haushaltsplanung nach bewusster politischer Prioritätensetzung verlangt, nicht lediglich nach deren Umsetzung.

Zerobond – **I. Begriff:** *Null-Coupon-Anleihe, unverzinsliche Anleihe, unverzinsliche Obligation, unverzinsliche Schuldverschreibung;* → Anleihe, i.d.R.

Inhaberschuldverschreibung, bei der während der Laufzeit keine Zinsen gezahlt werden, sondern das Entgelt für die Kapitalüberlassung als Differenz zwischen dem Rückzahlungs- und dem niedrigeren Ausgabebetrag gewährt wird. Bes. Bedeutung hat die Bonität des Schuldners, da erst bei Fälligkeit der Anleihe zurückgezahlt werden muss. Seit 1985 ist Emission von Zerobonds auch in der Bundesrepublik Deutschland gestattet.

II. Bilanzierung: strittig. – *Vorgeschlagene Verfahren:* (1) Der Emittent passiviert den Rückzahlungsbetrag und aktiviert einen Posten der → Rechnungsabgrenzung in Höhe der Differenz Rückzahlungs- und Ausgabebetrag, der über die Laufzeit der Anleihe aufzulösen ist. Entsprechende Bilanzierung beim Erwerber: Aktivierung des Rückzahlungsbetrags, Bildung eines passiven Rechnungsabgrenzungspostens. (2) Emittent: Passivierung des Ausgabebetrags und jährliche Zuschreibung des rechnerischen Zinsanteils; Erwerber: Aktivierung des Ausgabebetrags als → Anschaffungskosten, keine jährliche Zinszuschreibung, Gewinnrealisation also erst bei Einlösung der Anleihe. (3) Wie (2), aber Erwerber hat jährliche Zinszuschreibungen vorzunehmen.

Zero-Bond-Abzinsungsfaktor – Abzinsungsfaktoren, die sich aus der Analyse eines Bündels von Anleihen ergeben, und mit denen die zu den untersuchten Zeitpunkten anfallenden Zahlungen diskontiert werden. Aus den Zero-Bond-Abzinsungsfaktoren lassen sich Zerobondrenditen ermitteln.

Zerstörung – gehört zu den zollrechtlichen Bestimmungen gemäß Art. 4 Nr. 15d ZK. Zerstört ist eine Ware, deren Beschaffenheit verändert worden ist. Selbst bei intensivster Einwirkung bleiben jedoch verwertbare Reste oder Abfälle. – *Beispiele:* Verschrottung von Maschinen, Zerschlagen von Glas zu Scherben.

Zertifikat – I. Wertpapierrecht: 1. Ursprünglich sind Zertifikate die *Bezeichnung für Anteilsscheine*, die eine Beteiligung am Vermögen eines → Investmentfonds verbriefen. – 2. Der Begriff bezeichnet auch → Aktienzertifikate (ADR), mit denen der Inhaber Eigentümerrechte besitzt. – 3. Der Begriff wird heute jedoch hauptsächlich für die von Banken für Privatanleger emittierten Schuldverschreibungen verwendet, deren Entwicklung vom Kursverlauf der bezogenen Aktie bzw. des bezogenen Index abhängt. Solche Zertifikate haben seit der ersten Emission eines Indexzertifikats im Jahre 1989 einen enormen Boom erlebt. Mehr als 200.000 unterschiedliche Produkte waren im Jahr 2008 auf dem Markt. – *Finanzkrise:* Zertifikate sind durch die Insolvenz der US-amerikanischen Investmentbank Lehman Brothers im September 2008, durch die das Emittenten-Ausfallrisiko für viele Privatanleger offenbar wurde, in die Kritik geraten. Eine Folge hiervon war, dass Investoren im Herbst 2008 Milliarden aus dem Markt für Zertifikate abgezogen. Ende 2008 lag das Marktvolumen nach Schätzungen des Deutschen Derivate Verbandes (DDV) bei 90,4 Mrd. Euro, nach ca. 110 Mrd. Euro im September 2008 und ca. 140 Mrd. Euro 2007. – Bei Zertifikaten handelt es sich um anspruchsvolle und komplexe Finanzinstrumente. Für die richtige Auswahl des Produkts müssen der Anleger bzw. seine Beratung Renditen und Risiken des Produkts in verschiedenen Marktsituationen analysieren. Darüber hinaus ist auch eine konkretere Erwartung über eine künftige Kursentwicklung des zugrunde liegenden Basiswerts in der Laufzeit des Zertifikats zu bilden als bei Direktanlage. Denn konstruktionsbedingt sind Zertifikate im Hinblick auf Rendite und Risiko dem zugrunde liegenden Basiswert nicht in allen Marktlagen überlegen, sondern meist nur in einem festgelegten Korridor. So können bspw. Kursobergrenzen (Caps) bestehen, bis zu denen ein Renditevorteil besteht, der danach in einen Renditenachteil gegenüber dem Basiswert umschlägt. Auch ist zu beachten, dass bei den meisten Zertifikaten keine Partizipation an etwaigen Dividendenzahlungen erfolgt. – Vgl. z.B. → Discount-Zertifikate, → Hebelzertifikate, → Twin-Win-Zertifikate, → Sprint-Zertifikate.

II. Umwelt- und Ressourcenökonomik: → Umweltzertifikat.

zertifizierte Bonds – dt., auf fremde Währung lautende → Auslandsanleihen, die als inländisches Eigentum anerkannt werden.

Zertifizierung – 1. *Begriff:* Zertifizierung/ Registrierung im Sinne der → DIN EN ISO 14001 bezeichnet die Zertifizierung des → Umweltmanagementsystems und Ausstellung des ISO-Zertifikats durch eine private Zertifizierungsorganisation. Als Grundlage der Zertifizierung dient die DIN EN ISO 19011 (Leitfaden für Audits von Qualitätsmanagement- und/ oder Umweltmanagementsystemen).

Zertifizierungsdienste → elektronische Signatur.

Zession – *1. Allgemein:* Abtretung von Forderungen und Rechten. Es werden unterschieden: die Einzelzession, → Mantelzession und Globalzession. Bei einer Einzelzession wird eine einzelne Forderung abgetreten. Für eine Mantelzession wird ein Mantelbetrag zur Abtretung vereinbart, der sich aus verschiedenen Einzelforderungen zusammensetzt. Wird eine Forderung fällig, muss der Schuldner eine neue Forderung nachmelden. Bei einer Globalzession werden allgemein alle Forderungen einer Art abgetreten. Damit sind nicht nur gegenwärtige sondern auch künftige Forderungen erfasst. Wird der Schuldner der Forderung über die Zession informiert, so spricht man von einer offenen Zession, hat der Schuldner keine Kenntnis über die Abtretung, so liegt eine stille Zession vor. – 2. *Im Kreditgeschäft:* Form einer → Kreditsicherheit, bei der sicherungshalber bestimmte Forderungen an den Kreditgeber abgetreten werden. – 3. *Im Versicherungsgeschäft:* Abtretung eines Risikos durch den → Erstversicherer an den

→ Rückversicherer bzw. durch den Rückversicherer an den → Retrozessionär.

Zessionär – allgemein: derjenige, an den im Rahmen einer → Zession eine Forderung (bzw. ein Recht) abgetreten wurde. Derjenige, der die Forderung abgetritt, wird als → Zedent bezeichnet. Im Kreditgeschäft ist der Zessionär der Kreditgeber, im Versicherungswesen die → Versicherungsgesellschaft, die Rückversicherungsschutz gewährt. Dies kann ein → Rückversicherer sein, aber auch ein weiterer Rückversicherer, der dann → Retrozessionar genannt wird.

Zettelbuchhaltung → Belegbuchhaltung.

Zeuge – Person, die als → Beweismittel Auskunft über die eigenen Wahrnehmungen von Tatsachen gibt.

Zeugnis – I. Arbeitsrecht: 1. *Begriff:* Dem Arbeitnehmer oder Auszubildenden nach Beendigung des Arbeitsverhältnisses oder Berufsausbildungsverhältnisses vom Arbeitgeber oder Ausbildenden auszustellende Urkunde *(Arbeitszeugnis)* gemäß § 630 BGB, § 109 GewO, § 8 BBiG. – 2. *Arten:* a) *Einfaches Zeugnis:* Angabe von Art und Dauer der Beschäftigung. Nur auf Verlangen des Arbeitnehmers weitere Angaben, bes. im Hinblick auf den Grund der Auflösung des Arbeitsverhältnisses. – b) *Qualifiziertes Zeugnis:* Entweder auf Verlangen des Arbeitnehmers oder für Auszubildende auf Führung und Leistung ausgedehntes Zeugnis, keinesfalls auf Führung *oder* Leistung. Das Zeugnis muss auf das Verhalten und die Tätigkeit im Ganzen gestützt sein; einzelne für den Arbeitnehmer nachteilige Vorkommnisse oder Fehlleistungen sind nicht zu erwähnen. Ob und welche Eigenschaften und Leistungen im Einzelnen aufzuführen sind, bestimmt sich nach der Art der Tätigkeit (z.B. Ehrlichkeit des Kassierers, Verkaufserfolge des Reisenden, Organisationstalent des leitenden Angestellten). Angaben über Gesundheitszustand, Betriebsratstätigkeit oder außerdienstliches Verhalten nur auf ausdrückliches Verlangen. Das Zeugnis soll mit gewissem Wohlwollen ausgestellt werden, muss aber den Tatsachen entsprechen. – Hat der Ausbildende die Berufsausbildung nicht selbst durchgeführt, soll auch der Ausbilder das Zeugnis unterschreiben (§ 8 BBiG). – 3. *Anspruch des Arbeitnehmers auf Ausstellung* eines vorschriftsmäßigen (d.h. richtigen und für seine jeweiligen beruflichen Bedürfnisse ausreichenden) Zeugnisses, den er notfalls mit der Erfüllungsklage vor den Arbeitsgerichten durchsetzen kann. – 4. Der Anspruch auf Erteilung des Zeugnisses entsteht bereits mit dem Zeitpunkt der Kündigung. Ausnahmen, wenn der Arbeitnehmer nur kurzfristig tätig gewesen oder eine bes. lange Kündigungsfrist vereinbart worden ist; dann besteht im Zeitpunkt der Kündigung nur Anspruch auf *Zwischen-Zeugnis,* das bei Beendigung des Arbeitsverhältnisses gegen ein endgültiges Zeugnis auszutauschen ist. – 5. *Anspruch auf Berichtigung:* Enthält das Zeugnis Unrichtigkeiten, kann der Arbeitnehmer Berichtigung verlangen. Lässt das Zeugnis in Formulierung und Inhalt eine negative Beurteilung zu, so muss sich diese auf konkrete Tatsachen beziehen lassen. – 6. *Darlegungs- und Beweislast im Prozess:* Verlangt der Arbeitnehmer eine überdurchschnittliche Beurteilung, obliegt ihm die Darlegungs- und Beweislast; möchte der Arbeitgeber eine unterdurchschnittliches Zeugnis ausstellen, obliegt ihm die Darlegungs- und Beweislast. Besteht bereits ein Zwischenzeugnis, so ist dieses bindend. Derjenige, der eine davon abweichende Beurteilung begehrt, ist für die Änderungen darlegungs- und beweispflichtig. – 7. *Schadensersatzanspruch:* a) Des *Arbeitnehmers* bei schuldhafter Verweigerung oder Verzögerung der Aushändigung bzw. Ergänzung des Zeugnisses; b) des *neuen Arbeitgebers* aus der Erteilung eines falschen Zeugnisses, wenn der Arbeitnehmer im Vertrauen auf die Richtigkeit des Zeugnisses eingestellt, aber den Aufgaben des Arbeitsplatzes nicht gewachsen ist, sofern bewusst etwas Falsches bezeugt und damit gegen die guten Sitten verstoßen ist (§ 826 BGB). Dabei genügt auch schon bedingter Vorsatz, d.h. dass dem Aussteller bewusst gewesen ist, dass das Zeugnis geeignet ist, ein ganz falsches Bild von der Persönlichkeit des Bewerbers um einen neuen Arbeitsplatz hervorzurufen. – 8. *Nachwirkende Fürsorgepflicht:* Der frühere Arbeitgeber ist auf Verlangen auch verpflichtet, eine wahrheitsgemäße und sorgfältige *Auskunft* über den früheren Arbeitnehmer zu erteilen.

II. Handelsrecht: Bescheinigung des Registergerichts über eine Eintragung (→ Positivattest) oder über ihr Fehlen (→ Negativattest) im Handelsregister. Der Nachweis darüber, wer der Inhaber einer in das Handelsregister eingetragenen → Firma ist, sowie über die Befugnis zur Vertretung eines → Einzelkaufmannes oder einer → Handelsgesellschaft, kann mit diesem Zeugnis geführt werden (§ 9 III HGB).

Zeugnisverweigerungsrecht – Das Recht des Angehörigen – z.B. Verlobter, Ehegatte, LebenspartnerVerwandter (§ 52 StPO, § 383 I Nr. 1–3 ZPO) – und des Mitglieds bestimmter Berufsgruppen – z.B. Geistliche, Rechtsanwälte und Ärzte (§§ 53, 53a StPO, § 383 I Nr. 4–6 ZPO) – im Gerichtsverfahren das Zeugnis, sprich eine Aussage zur Sache, zu verweigern. Hierüber ist er zu belehren. Das Zeugnisverweigerungsrecht besteht bei Berufsgeheimnisträgern nur hinsichtlich der Tatsachen, die ihnen in Ausübung ihres Berufs anvertraut worden sind. Soweit der Zeuge nicht von seiner Schweigepflicht entbunden wurde, ist es seine Sache zu entscheiden, ob er aussagen will oder nicht. Dabei ist zu beachten, dass die unbefugte Preisgabe eines Berufsgeheimnisses unter Strafe gestellt ist (§ 203 StGB). – Davon zu unterscheiden ist das → Auskunftsverweigerungsrecht: Jeder Zeuge kann die Auskunft auf solche Fragen verweigern, deren Beantwortung ihm selbst oder einem der in § 52 I StPO bezeichneten Angehörigen die Gefahr zuziehen würde, wegen einer Straftat oder Ordnungswidrigkeit verfolgt zu werden. Hierüber ist der Zeuge zu belehren (§ 55 StPO).

ZfgG – Abk. für → Zeitschrift für das gesamte Genossenschaftswesen.

Ziehungsermächtigungen – *Drawing Authorizations;* erteilen die Importeurbanken im Auftrag von Importeuren zugunsten von Exporteuren. Mit Ziehungsermächtigungen ist den Exporteuren die Möglichkeit eröffnet, eine → Tratte – nach den Bestimmungen einer Ziehungsermächtigung – auf den Importeur, auf die Importeurbank oder auf einen benannten Dritten zu ziehen und diese Tratte – wiederum nach den Bestimmungen der Ziehungsermächtigungen – bei der eigenen Hausbank oder bei einer anderen Bank zu negoziieren, z.B. zu verkaufen (diskontieren), vgl. auch → Negoziierungskredit. Von Ziehungsermächtigungen können die begünstigten Exporteure i.Allg. nur Gebrauch machen, wenn sie bestimmte → Exportdokumente vorlegen. Manchmal ist deswegen von „dokumentären Ziehungsermächtigungen" die Rede, wobei anzumerken ist, dass die Definition von Ziehungsermächtigungen weder in der Literatur noch in der Praxis eindeutig ist. Zu beachten ist, dass der Exporteur bei Negoziierungskrediten, die auf Ziehungsermächtigungen beruhen, mangels anderweitiger Vereinbarungen gegenüber der negoziierenden Bank in der (wechselrechtlichen) Haftung bleibt. Die von den Importeurbanken erteilten Ziehungsermächtigungen tragen i.d.R. nicht den sichernden Charakter eines Akkreditivs und können – mangels anderweitiger Vereinbarung – widerrufen werden. Ziehungsermächtigungen treten unter verschiedenen Bezeichnungen in Erscheinung, so z.B. als Authority to Purchase, Order to Negotiate, Authority to Negotiate, Authority to Draw, Authority to Take Drafts, wobei erneut anzumerken ist, dass mit diesen Begriffen nicht immer dieselben Vorstellungsinhalte verbunden werden.

Ziehungsrechte – *Drawing Rights;* Rechte eines Landes zur Beschaffung (Ziehung) von ausländischen Zahlungsmitteln (→ Devisen) beim *Internationalen Währungsfonds* (→ IWF) gegen Hingabe eigener Währung für einen begrenzten Zeitraum im Rahmen bestimmter Kontingente (→ Reserveposition im IWF). – Bes. Bedeutung der Ziehungsrechte haben heute beim IWF die → Sonderziehungsrechte (SZR).

Ziel – Ein wirtschaftliches Ziel ist ein festgelegter wirtschaftspolitischer oder unternehmensrelevanter Sollzustand, z.B. Vollbeschäftigung, Preisniveaustabiliät oder eine bestimmte Absatzmenge, ein Qualitätsstandard in der Produktion, eine Senkung der Personalfluktuation oder Fehlzeiten. – Vgl. auch → wirtschaftspolitisches Ziel, → Unternehmungsziele, → Zahlungsziel, → Führung durch Zielvereinbarung.

Zielantinomie → Zielbeziehungen, → Zielkonflikt.

Zielbeziehungen – 1. *Vertikale Zielbeziehungen:* Beziehung von Zielen mit Mittelcharakter. Vgl. auch → Zwischenziel. – *Beispiel:* Das Ziel Abbau von Subventionen kann Mittel sein für Steigerung des Wirtschaftswachstums. – 2. *Horizontale Zielbeziehungen:* a) *Logische Zielbeziehungen:* (1) *Zielidentität:* Verschiedene Ziele, die sich bei genauer Analyse inhaltlich nicht voneinander unterscheiden, z.B. Geldwertstabilität und Inflationsbekämpfung. (2) *Zielantinomie (Zielunvereinbarkeit):* Die Verfolgung eines Ziels negiert die Erreichung eines oder mehrerer anderer Ziele, z.B. Autarkie und Wahrnehmung der Vorteile aus internationaler Arbeitsteilung. – Voraussetzung für die gleichzeitige Verfolgung mehrerer wirtschaftspolitischer Ziele ist die logische Vereinbarkeit der Ziele. – b) *Formale Zielbeziehungen:* Beziehungen, die entstehen, wenn Instrumente zur Erreichung eines Ziels eingesetzt werden und sich daraus Nebenwirkungen ergeben, die die Erreichung anderer Ziele beeinflussen. – *Formen:* (1) *Zielkomplementarität:* Die Nebenwirkungen begünstigen die Erreichung anderer Ziele. (2) *Zielneutralität:* Die Nebenwirkungen lassen die Verfolgung anderer Ziele unberührt. (3) *Zielkonflikt:* Die Nebenwirkungen beeinträchtigen die Verfolgung anderer Ziele; sie erschweren wirtschaftspolitische Entscheidungen, weil sie Abwägungsprobleme aufwerfen und einen Kompromiss erfordern.

Zieldienlichkeit – im Rahmen des → Konstruktivismus das wichtigste Auswahlkriterium (neben → Viabilität und → Anschlussfähigkeit) für die Konstruktion von Wirklichkeiten. Da wegen der beobachteten Komplexität keine Abbildung der „wirklichen" Wirklichkeit möglich ist, muss stets eine → Selektion getroffen werden, was berücksichtigt werden soll.

Zielerfüllungsgrad – 1. Relativ leicht zu bestimmen ist der Zielerfüllungsgrad von *quantifizierbaren (messbaren) Zielen (quantitative Ziele).* Der Zielerfüllungsgrad kann durch absolute oder relative Maße angegeben werden, deren Ermittlung lediglich statistische Schwierigkeiten aufwirft. – *Beispiel:* Beschäftigungsgrad als Verhältnis von Beschäftigten und Arbeitsfähigen, Leistungsbilanzausgleich als Höhe des Saldos der Leistungsbilanz. – 2. Erhebliche Schwierigkeiten bereitet die Bestimmung des Zielerfüllungsgrads von *nicht quantifizierbaren (nicht messbaren) Zielen (qualitative Ziele).* Als Maß für den Zielerfüllungsgrad kann entweder der Zielerfüllungsgrad eines quantitativen Ziels, das in Kompatibilitätsbeziehung zu diesem Ziel steht, oder das quantitative Ausmaß der Maßnahmen, die zur Verfolgung dieses Ziels ergriffen werden, gewählt werden. – *Beispiel:* soziale Gerechtigkeit.

Zielfonds – Fonds, in die ein → Dachfonds investiert. Begriff verwendet im → Investmentgesetz (InvG) für Fonds, in deren Anteile ein Dach-Hedge Fund (Hedge Fund) investiert.

Zielfunktion – I. Unternehmenstheorie: (Theorie der Unternehmung): 1. Wirtschaften ist *zielgerichtetes* (teleologisches) *Handeln;* das Verhalten ökonomischer Entscheidungseinheiten (z.B. des Staates, der Unternehmungen, der privaten Haushalte, der Individuen) ist jeweils auf einen erstrebten Zustand hin orientiert. – 2. Voraussetzung für die Analyse wirtschaftlicher Prozesse ist, dass – über die bloße Zielstrebigkeit hinausgehend – *konkrete Normen* angebbar sind, an denen die Entscheidungsträger, bes. die Unternehmungen, ihr Handeln ausrichten. – a) Nach der *klassischen Unternehmenstheorie* werden alle betrieblichen Aktivitäten zu einem Zweck geleitet: Der unbedingten *Maximierung des kurzfristigen Gewinns* bzw. der *Minimierung des kurzfristigen Verlusts,* unabhängig von der Marktform und von der Zahl der am Unternehmungsgeschehen beteiligten Personen (Ein- bzw. Mehrpersonen-Unternehmungen). – b) In der *modernen Unternehmenstheorie* haben sich in Bezug auf Inhalt und Zustandekommen der Ziele bedeutsame Wandlungen vollzogen. Man spricht von einem *Zielbündel,* das in Unternehmungen angestrebt wird. Einzelziele können z.B. in der langfristigen Gewinnmaximierung, der Machtexpansion, der Umsatzsteigerung u.Ä. bestehen. Auch die Arbeitnehmer haben Ziele, die in Unternehmen zum Tragen kommen (z.B. Einkommensziele, Karriereziele u.Ä.). Hier entsteht mitunter ein *Zielkonflikt.* Die Zielbildung wird heute als multipersonaler Vorgang begriffen; d.h. Ziele mehrerer Entscheidungsträger (Arbeitnehmer, Aktionäre, Manager, Banken etc.) gehen in das Zielbündel ein. – Vgl. auch → Unternehmungsziele.

II. Unternehmensforschung/Entscheidungstheorie: Die Zielfunktion drückt den Zusammenhang zwischen Entscheidungsvariablen und Zielkriterien eines Optimierungsproblems aus. $x_0 = f_0(x_1, x_2, ..., x_n)$, die bei einem Optimierungsproblem jedem Vektor $(x_1, x_2, ..., x_n)$ von Zahlen $x_1, x_2, ..., x_n$, bes. auch jeder Lösung des betrachteten Restriktionssystems, einen Zielwert x_0 zuordnet.

Zielgesamtheit → Coverage-Fehler.

Zielgruppe – *Adressaten;* Gesamtheit aller effektiven oder potenziellen Personen, die mit einer bestimmten Marketingaktivität angesprochen werden sollen. – Grundlage zur Zielgruppenfindung nach jeweils relevanten Merkmalen ist die → Marktsegmentierung; Hauptproblem ist die zeitliche Instabilität (Dynamik). – Zur Vermeidung von → Streuverlusten werden in der → Mediaplanung nur die zielgruppenspezifischen → Medien ausgewählt. – *Arten:* (1) Soziodemographische Zielgruppe (z.B. Alter, Geschlecht, Bildung); (2) Zielgruppe aufgrund von verhaltensorientierten Merkmalen (z.B. Intensivverwender, Erstkäufer); (3) Zielgruppe aufgrund psychologischer Merkmale (z.B. innovationsfreudig, sicherheitsorientiert); (4) Zielgruppe aufgrund medienorientierter Merkmale (Nutzer bestimmter Medien).

Zielgruppenerweiterungsstrategie → Wachstumsstrategie.

Zielhierarchie – Die Aufstellung einer Zielhierarchie kann notwendig und sinnvoll sein, wenn wegen bestehender Zielkonflikte nicht alle wirtschaftspolitischen Ziele gleichzeitig im optimalen Ausmaß erfüllt werden können. Theoretisch geht die Wirtschaftspolitik aus von den gesellschaftlichen Grundwerten (Freiheit, Gerechtigkeit, Gleichheit) als Oberziele und leitet hieraus die Unterziele bzw. operativen Ziele (Vollbeschäftigung, Preisniveaustabilität, stetiges und angemessenes Wachstum, außenwirtschaftliches Gleichgewicht, Umwelt und Sozialpolitik) ab. – Vgl. auch → Hierarchie, → Zielbeziehungen.

Zielidentität → Zielbeziehungen.

Zielinterdependenzen → Zielbeziehungen, → wirtschaftspolitisches Ziel.

Zielkauf – *Kauf auf Ziel.* 1. *Allgemein:* Kauf, bei dem ein → Zahlungsziel gewährt wird. – 2. *Termingeschäft:* Der auf Abnahme zu einem bestimmten Termin, meist medio oder ultimo, abgeschlossene Kauf von Wertpapieren oder Waren (→ Termingeschäft).

Zielkonflikt → Zielbeziehungen.

Zielkonformität – Kriterium, das angibt, ob die Hauptwirkung eines wirtschaftspolitischen Instruments geeignet ist, bestimmte wirtschaftspolitische Probleme zu lösen. Voraussetzung der Prüfung der Zielkonformität (→ Situationsanalyse) ist wirtschaftspolitisches Lenkungswissen über die Ziel-Mittel-Beziehung (→ Ziel-Mittel-Zusammenhang). – Mögliche Neben- und Folgewirkungen (→ Systemkonformität, → Marktkonformität) eines Instruments sowie der Eigenwert, der manchen Instrumenten beigemessen wird, können bei der *Auswahl unter zielkonformen Mitteln* weitere Entscheidungskriterien sein. – Vgl. auch → wirtschaftspolitische Konzeption.

Zielkostenrechnung – *Zielkostenmanagement* (vgl. auch → Target Costing); 1. *Verfahren* der Kostenplanung, das nicht auf die Kostenminimierung bei der Produktion, sondern auf die frühen Phasen im integrierten Produktlebenszyklus (→ Lebenszyklus) abzielt und versucht, bereits in der Entwicklungsphase eines Produktes Einsparungspotenziale zu realisieren. Der Preis des Produktes sowie die von den Kunden gewünschten Produktmerkmale bestimmen dessen Kostenstruktur. Zielkostenrechnung bedingt ein streng marktorientiertes Kostenmanagement. Alle Unternehmensbereiche, v.a. Marketing, Forschung und Entwicklung sowie Produktion, werden auf einen erzielbaren Marktpreis kostenmäßig orientiert. – 2. *Vorgehensweise:* Die Marktforschung legt in Zusammenarbeit mit den genannten Unternehmensbereichen sowie (wenn möglich) Kunden den am Markt erzielbaren Preis für ein geplantes Produkt zugleich mit dessen Eigenschaften fest. Von den geplanten Umsätzen wird der Plangewinn abgezogen. Der Restbetrag, auch allowable costs (erlaubte Zielkosten) genannt, stellt die Kostenobergrenze dar, von der die Standardkosten des Produktes abgezogen werden. Nach diesen Standards werden dann die allowable costs für alle am Wertschöpfungsprozess beteiligten Funktionen festgelegt. Da die am Markt erlaubten Kosten häufig unter den Standards für Produktentwicklungs- und Produktionskosten liegen, wird der Bedarf der Kostenreduktion frühzeitig offen gelegt. Deren Realisierung gelingt umso besser, je früher die Zielvorgaben in die Produktentwicklung eingehen. – Die laufende Kostenrechung ist häufig nicht geeignet, den Prozess der Zielkostenrechnung informativ zu unterstützen. Fallweise Analysen, z.B. begleitende → Prozesskostenstudien, sind erforderlich.

Ziel-Mittel-Beziehung → Ziel-Mittel-Zusammenhang.

Ziel-Mittel-Funktion → Ziel-Mittel-Zusammenhang.

Ziel-Mittel-Zusammenhang – *Ziel-Mittel-Beziehung, Ziel-Mittel-Funktion.* 1. *Begriff:* Der Ziel-Mittel-Zusammenhang beinhaltet die wirtschaftspolitisch verwendbare Formulierung bestimmter wirtschaftwissenschaftlicher Theorien. Für seine politisch-praktische Akzeptanz ist bes. entscheidend, auf welcher methodologischen Grundlage die zugrunde liegende wirtschaftswissenschaftliche Theorie entwickelt wurde (→ Methodologie). – 2. *Spezifikation:* a) Formell wird der Ziel-Mittel-Zusammenhang zunächst durch eine *allg. mathematische Funktion* dargestellt:

$$Z = f(M),$$

wobei: M = Element der Gesamtmenge möglicher Mitteleinsatzwerte und Z = Element der mit dieser Funktion erreichbaren Zielwerte. Für den praktischen Einsatz ist die → Spezifikation dieser Funktion notwendig. Die *allg. analytische Funktion* (z.B. $Z = a \times m + b$) reicht dabei nicht aus. Erst *die numerisch spezifizierte Funktion* (z.B. $Z = 0{,}5 \times M + 2$) eröffnet die Möglichkeit der Lösung von Zielaufgaben. – b) Das einfache Schema des Ziel-Mittel-Zusammenhangs lässt sich ausweiten auf eine *multivariable Funktion*

$$Z = f(M_1, M_2, M_3, ..., M_n),$$

bei denen eine Kombination von Mitteleinsätzen (M_1, M_2, M_3, ..., M_n) den Zielwert Z beeinflusst. Sind für die verschiedenen Mitteleinsatzkombinationen bestimmte Varianten ausgeschlossenen, liegt ein Ziel-Mittel-Zusammenhang mit *Nebenbedingung* vor. In der → Mikroökonomik ist diese Situation z.B. bei der Nutzenmaximierung mit Budgetrestriktion gegeben. – Die Nebenbedingung ist ebenfalls zu formulieren (z.B. $g(M_1, M_2, M_3, ..., M_n) = 0$) und numerisch zu spezifizieren. Die Lösung der Zielaufgabe bedingt nun die Lösung eines Gleichungssystems aus Ziel-Mittel-Funktion und Nebenbedingung. – c) Eine zusätzlich Erweiterung des Gleichungssystems resultiert aus der *simultanen Verfolgung mehrerer Zielwerte (Zielbündel):*

$$Z_1 = f_1(M_{11}, M_{21}, M_{31}, ..., M_{n1}),$$
$$Z_2 = f_2(M_{12}, M_{22}, M_{32}, ..., M_{n2}),$$
$$Z_3 = f_3(M_{13}, M_{23}, M_{33}, ..., M_{n3}) \text{ etc.},$$

wobei als weitere Nebenbedingung ein Ausschluss bestimmter Zielwertekombinationen bestehen kann (Zielkonflikte): $h(Z_1, Z_2, Z_3, ...) = 0$. – d) *Weitere Spezifikationsvarianten* beziehen die Zeitdimension ein (dynamische Modelle) und unterscheiden Ziel- und Mittelwerte, die zu bestimmten Zeitpunkten oder in bestimmten Zeitperioden realisiert werden. – 3. *Lösung:* Die praktische Anwendung der Ziel-Mittel-Zusammenhänge bedingt stets die Lösung der Zielaufgabe, die durch die Festlegung eines bestimmten Zielwertes Z^* (bei Zielbündeln einer bestimmten Zielwertekombination) gestellt wird. Gesucht ist/sind demnach der oder die Mitteleinsatzwerte, die zu den vorgegebenen Zielwerten führen. Im mathematischen Sinn bedeutet dies die Auflösung der Funktion $Z^* = f(M)$ nach M. – Die Lösung des Ziel-Mittel-Zusammenhangs kann zum einen an den mathematischen Grenzen bestimmter Gleichungssysteme scheitern, deren nichtexistente oder nichtbestimmbare Lösungen bereits auf der allg. analytischen Ebene beweisbar sind. Zum anderen kann die Nichtlösbarkeit an den mangelhaften oder unmöglichen numerischen Spezifikationen liegen. – Wenngleich die ständig weiter entwickelten Methoden der → Ökonometrie zunächst die Hoffnung auf immer bessere numerische Spezifikationen von Ziel-Mittel-Zusammenhängen verbreiteten, hat sich zuletzt eine zunehmende Skepsis gegenüber den Spezifikationsmöglichkeiten entwickelt. Dies gilt v.a. für die komplexen Totalmodelle der wirtschaftspolitischen Feinsteuerung.

Zielneutralität → Zielbeziehungen.

Zielplanung → Unternehmensplanung.

Zielpreis – Preis, der für ein Produkt am Markt erzielt werden soll. Dieser wird in der Preissetzung bestimmt. Durch Rabatte kann es zu einer Abweichung von Zielpreis und realisiertem Preis kommen. Im Sinne des → Target Costings kann der Zielpreis auch für die Entwicklung des Produktes relevant sein. Gibt es z.B. aufgrund einer eindeutigen Preisschwelle einen Zielpreis der genau unter dieser liegen soll, so muss die Leistung des Produktes und dessen Kosten etc. hierfür angepasst werden.

Zielsetzungs- und Beratungsgespräch – strukturiertes Gespräch zwischen Mitarbeiter und → Vorgesetztem über Schwächen und Stärken sowie über zu erreichende Ziele des Mitarbeiters. Während des Gesprächs werden Leistungsstandards definiert und Kontrolldaten festgelegt, mit denen zu einem späteren Zeitpunkt überprüft werden kann, ob die Ziele erreicht wurden. Die Maßnahmen zur Zielerreichung sollten vom Mitarbeiter selbst bestimmt werden können. Gleichzeitig können bei einem Zielsetzungs- und Beratungsgespräch Maßnahmen zur Förderung der Stärken und zum Abbau von Schwächen des Mitarbeiters festgelegt werden. Zielsetzungs- und Beratungsgespräche sollten regelmäßig und strukturiert ablaufen. – Vgl. auch → Personalentwicklung.

Zielsystem → Entscheidungstheorie. – *Unternehmerisches Zielsystem:* → Unternehmungsziele.

Zielvereinbarung – 1. *Begriff*: Individuelle Vereinbarung zwischen Arbeitgeber und Arbeitnehmer über zu erreichende jährliche Ziele mit Entgeltbezug. Je nach Grad der Zielerreichung erhält der Arbeitnehmer einen jährlichen Bonus (→ Bonusanspruch). Ist vereinbart, dass der Arbeitgeber Ziele vorgibt, handelt es sich nicht um eine Zielvereinbarung, sondern um eine Zielvorgabe; der Arbeitgeber hat bei der Zielvorgabe die üblichen Ermessensgrenzen zu beachten. – 2. *Vertragswidriges Nichtzustandekommen der Zielvereinbarung*: Kommt die Zielvereinbarung nicht zustande, so heißt das nicht, dass der Arbeitnehmer keine finanziellen Ansprüche hat. Vielmehr hat er einen Schadensersatzanspruch, dessen Höhe die Arbeitsgerichte zu schätzen haben. Ein etwaiges Verschulden des Arbeitnehmers am Nichtzustandekommen der Zielvereinbarung ist anspruchsmindernd zu berücksichtigen. – 3. *Mitbestimmung des Betriebsrats*: Eine Mitbestimmungspflicht des Betriebsrats kann sich aus § 87 I Nr. 10, 11 BetrVG ergeben.

Zielzonen-System – Zielzonen-Systeme versuchen die Variabilität makroökonomischer Variablen durch explizite oder auch implizite Grenzen zu beschränken und sind meistens im Zusammenhang mit Währungssystemen anzutreffen. Real existierende Währungssysteme sind oftmals in dem Sinn hybrid, als sie sowohl Elemente eines Fixkurssystems als auch eines Systems → flexibler Wechselkurse vereinen. *Hybride Systeme* existieren in den Formen des Zielzonen-Systems oder auch des *Managed Floating* und versuchen die Vorzüge fixer sowie flexibler Wechselkurse miteinander zu verbinden. In einem Zielzonen-System sind die nominellen oder realen → Wechselkurse innerhalb eines bestimmten Bandes (Zielzone) frei beweglich, sollen jedoch durch Zentralbankinterventionen daran gehindert werden, dieses Band zu verlassen. Mitunter können auch Anpassungen (→ Realignments) der Zielzone an veränderte Rahmenbedingungen vorgesehen werden. – *Bekanntestes Beispiel* eines Zielzonen-Systems für nominelle Wechselkurse: Das damalige Europäische Währungssystem (→ EWS) sowie das heutige EWS II, an dem die Länder der Europäischen Union (→ EU) teilnehmen müssen, die noch nicht den → Euro eingeführt haben, diesen aber in absehbarer Zeit einführen wollen.

Zigarettensteuer → Tabaksteuer.

Zillmern – 1. *Begriff*: Verfahren zur Beitragsberechnung, zur Berechnung der Deckungsrückstellung und zur Verrechnung (und damit auch zur Finanzierung) der Abschlusskosten in der → Lebensversicherung. – 2. *Hintergründe und Historie:* In der Lebensversicherung gegen laufende Beiträge fallen zu Beginn des Vertrags, bedingt durch die → Provisionen und → Courtagen für den → Vertrieb, hohe Abschlusskosten an, die häufig den ersten Jahresbeitrag übersteigen. Dadurch belastet der Abschluss eines Lebensversicherungsvertrags zunächst das Ergebnis des Unternehmens. Der Versicherungsmathematiker August Zillmer (1831 – 1893) hatte hierzu den folgenden Lösungsansatz: Wenn ein → Versicherungsnehmer des Alters x einen Versicherungsvertrag über n Jahre abschließen möchte, dann wird für ihn der Beitrag berechnet als wäre er (x + 1)jährig und er würde den Vertrag auf (n – 1) Jahre abschließen. Im Ergebnis bekäme er dieselbe Versicherungsleistung, wenn er mit den Beitragszahlungen ein Jahr später beginnen und dafür etwas höhere jährliche → Beiträge entrichten würde. Da er aber den Versicherungsvertrag sofort beginnen möchte, wird von ihm einen weiteren Jahresbeitrag verlangt, der nicht zur Finanzierung der Versicherungsleistungen benötigt wird und somit zur Deckung der Abschlusskosten frei ist. Das Prinzip der Anhebung der laufenden Beiträge über das versicherungsmathematisch notwendige Maß hinaus und die Verwendung des ersten Jahresbeitrags zur Finanzierung der Abschlusskosten wurde Zillmern genannt. – 3. *Aktuelle Entwicklungen:* Im Gegensatz zu Zillmers Ansatz wird heute nicht mehr ein Jahresbeitrag für die Finanzierung der Abschlusskosten festgesetzt, sondern ein Prozentsatz der Summe aller künftigen Beiträge. Dieser Zillermersatz wird durch die Deckungsrückstellungsverordnung (DeckRV) der Höhe nach begrenzt. Der Betrag zur Deckung der Abschlusskosten wird über die Laufzeit der Beiträge verrentet und den Nettobeiträgen (→ Nettoprämien) zugeschlagen. Daraus entsteht der Zillmerbeitrag. Zur Finanzierung der Abschlusskosten werden aus den Zillmerbeiträgen nach Abzug der benötigten Risikoanteile die verbleibenden Beitragsteile so lange zur Deckung der Abschlusskosten herangezogen, bis sie in Höhe des Zillmersatzes multipliziert mit der Summe der Beiträge finanziert sind. Erst dann werden die Sparbeiträge (Sparprämien) zum Aufbau der Deckungsrückstellung verwendet. Die so gebildete Deckungsrückstellung heißt Zillmerreserve. Durch zahlreiche gesetzliche Beschränkungen ist das Zillmern in der Anwendung inzwischen stark eingeschränkt.

Zinsabkommen EU-Schweiz – Ein Abkommen zwischen der Europäischen Union (→ EU) einerseits und der Schweizerischen Eidgenossenschaft andererseits, in Kraft seit 1.7.2005. Das Abkommen regelt einerseits die Verpflichtung der Schweiz, für Zinseinkünfte von Bürgern der EU entweder eine Kontrollmitteilung an den Heimatstaat zu ermöglichen oder aber für eine Belastung der Zinseinkünfte mit einer → Quellensteuer zu sorgen, deren Höhe allmählich ansteigt und ab 2011 mind. 35 Prozent betragen muss; von den Einnahmen aus dieser Quellensteuer muss die Schweiz einen Großteil den jeweiligen Heimatstaaten der Anleger weiterleiten, auch wenn sie nicht verpflichtet ist, die Identität dieser Personen preiszugeben. Im Gegenzug verpflichtete sich die EU, Schweizerischen Kapitalgesellschaften für Geschäfte mit deren europäischen Mutter- oder Tochterkapitalgesellschaften Vergünstigungen analog zu den Regelungen der Mutter-Tochter-Richtlinie (keine Quellensteuer auf Dividendenzahlungen ab einer Mindestbeteiligung von 25 Prozent) und der Zins-und-Lizenzgebühren-Richtlinie (keine Quellensteuer auf Zinszahlungen im Quellenstaat bei Zahlung an direkte Mutter- oder direkte Schwesterkapitalgesellschaften) zu gewähren. Das Abkommen ist insoweit von weiterreichender Bedeutung, als es sich um den ersten Fall handelt, in dem eine Art → Doppelbesteuerungsabkommen (DBA) von der EU anstatt von den Mitgliedsstaaten abgeschlossen wurde.

Zinsabschlagsteuer → Kapitalertragsteuer, → Abzugsteuern.

Zinsänderungsrisiko – Risiko einer durch Marktzinsänderungen induzierten Verringerung der Zinsmarge; tritt bes. auf bei fristeninkongruenter Refinanzierung und Festzinssatzvereinbarungen. Auch bei variabel verzinsten und fristenkongruent refinanzierten Positionen kann ein Zinsänderungsrisiko durch eine unterschiedliche → Zinselastizität von Forderungen und Verbindlichkeiten auftreten. – Vgl. auch → Erfolgsrisiko, → Hedging.

Zinsanleihe → Anleihe, die mit dem gesamten Kapitalbetrag zu einem in den Emissionsbedingungen vertraglich festgelegten Termin (mit oder ohne Agio) rückzahlbar ist. – *Gegensatz:* → Tilgungsanleihe.

Zinsarbitrage → Arbitrage.

Zinsausgabenquote → Zinsendienstquote, → Verschuldungsgrenzen.

Zinsbelastungsgrad – Grad der Belastung des Gesamtkapitalgewinns (Jahresüberschuss plus Fremdkapitalzinsen) mit Fremdkapitalzinsen (→ Zinsen). Der Zinsbelastungsgrad reagiert auf jede Veränderung sowohl im Verhältnis von Eigenkapital und Fremdkapital als auch in der Verzinsung beider Größen. Entsprechend wichtig bei der Beurteilung der Fremdkapitalkostensituation einer Unternehmung.

Zinsbesteuerung → Zinsen.

Zinsbindungsfrist – Zeitraum, für den ein Zinssatz festgeschrieben ist (→ Festzinssatz).

Zinselastizität – prozentuale Zinssatzveränderung einer Aktiv- oder Passivposition bei einer einprozentigen Veränderung eines Marktdurchschnitts- oder Leitzinses (→ Zinsen).

Zinsen – I. Volkswirtschaftslehre: 1. *Begriff:* Preis für die Überlassung von Kapital bzw. Geld. In diesem Sinn werden auch → Mieten und Pacht gelegentlich als Zinsen angesehen. – 2. *Höhe:*Der Zinssatz bildet sich nach marktmäßigen Gesetzen von Angebot und Nachfrage. Die Höhe variiert je nach der Länge der Leihfristen; dadurch unterschiedliche Zinssätze am Geld- und Kapitalmarkt. Durch geldpolitische Maßnahmen kann die Höhe des Zinssatzes beeinflusst werden (Offenmarktgeschäfte, Angebote ständiger Fazilitäten). Es können auch Zinsgrenzen vorgeschrieben sein. – 3. *Wirtschaftstheoretische Behandlung des Zinsproblems:* → Zinstheorie.

II. Bankwesen: 1. Zu unterscheiden: a) *Aktiv- oder Sollzinsen:* Zinsen, die die Bank erhält, also der Kunde zu zahlen hat. – b) *Passiv- oder Habenzinsen:* Zinsen, die die Bank für die → Einlagen an die Kunden zu vergüten hat. – 2. Die *Höhe der* Zinsen ist grundsätzlich vertraglich zu vereinbaren. Sie können je nach Marktlage und Fristigkeit der Einlage schwanken. – Vgl. auch → Zinsänderungsrisiko.

III. Bürgerliches Recht, Handelsrecht: Rechtlich unterscheidet man vertraglich vereinbarte und gesetzliche Zinsen (vgl. §§246, 247 BGB). Ohne Vereinbarung sind u.a. → Verzugszinsen und → Prozesszinsen zu zahlen. Kaufleute untereinander sind berechtigt, für ihre Forderungen aus beiderseitigen → Handelsgeschäftenvom Tage der Fälligkeit an Zinsen zu fordern (§ 353 HGB). – Für Darlehen, Vorschüsse, Auslagen u.a. Verwendungen können sie vom Tage der Leistung an Zinsen berechnen (§ 354 HGB). – Vgl. auch → Basiszinssatz, → Zinsfuß, → Zinseszinsen.

IV. Finanzbuchhaltung: Posten der → Gewinn- und Verlustrechnung (GuV). – 1. *Aufwandszinsen* und zinsähnliche Aufwendungen (§ 275 II Nr. 13, III Nr. 12 HGB). – 2. *Ertragszinsen*(§ 275 II Nr. 9–11, III Nr. 8–10 HGB). – 3. *Fremdkapitalzinsen*sind im Regelfall weder Anschaffungs- noch Herstellungskosten; sie können als → Anschaffungskosten(aber nur bei Neuanlagen mit längerer Bauzeit und entsprechenden Vorauszahlungen, strittig) oder als → Herstellungskosten(§ 255 III HGB) nur ausnahmsweise aktiviert werden. – 4. *Skonti* sind keine Aufwands- oder Ertragszinsen, sie sind Anschaffungspreisminderungen bzw. → Erlösschmälerungen.

V. Kostenrechnung: 1. *Begriff/Charakterisierung:* Entgelt für die Inanspruchnahme des Produktionsfaktors Kapital (Finanzmittel), unabhängig vom verwendeten Kostenbegriff (→ wertmäßiger Kostenbegriff, → pagatorischer Kostenbegriff, → entscheidungsorientierter Kostenbegriff). – 2. *Erfassung und Verrechnung:* a) *Vollkostenrechnung:*Ansatz von kalkulatorischen Zinsen für das gesamte im Betrieb eingesetzte Kapital anstelle tatsächlich gezahlter Zinsen. Die Höhe des einheitlichen Zinssatzes leitet sich dabei zumeist aus den Kosten einer langfristigen Fremdfinanzierung ab, wird in vielen Unternehmen jedoch auch unter unternehmenspolitischen Erwägungen festgesetzt. Aktuell gewinnt die Ableitung der Zinshöhe aus kapitalmarktbezogener Sicht – gemäß dem → Capital Asset

Pricing Model (CAPM) – im Rahmen der Wertorientierung des Unternehmens (→ Shareholder Value) eine immer größere Bedeutung. – b) *Entscheidungsorientierte* Zinsen sind ihrem Wesen nach eine spezielle Kategorie variabler Gemeinkosten (→ variable Kosten, → Gemeinkosten). Ihre genaue Höhe lässt sich für eine bestimmte kapitalbindende Entscheidung nicht bestimmen, zusätzlich benötigte Finanzmittel ziehen jedoch stets zusätzliche Finanzierungskosten nach sich. Für die Fundierung und Kontrolle von Entscheidungen muss deshalb (nach einer detaillierten Bestimmung der Höhe des gebundenen Kapitals) der Wertansatz prinzipiell offen bleiben, kann nur in seiner möglichen Bandbreite (unterschiedliche Zinssätze für unterschiedliche Finanzierungsquellen) vorgegeben werden. Erforderlich sind darauf aufbauend entscheidungsbezogene Sensitivitätsüberlegungen mit alternativen Zinssätzen innerhalb dieser Bandbreite.

VI. Steuerrecht: 1. *Abgabenordnung*: Führt die Festsetzung der Einkommen-, Körperschaft-, Vermögen-, Umsatz- oder Gewerbesteuer zu einer Steuernachforderung oder Steuererstattung, ist diese gemäß § 233 a AO zu verzinsen. Der Zinslauf beginnt grundsätzlich 15 Monate nach Ablauf des Kalenderjahres, in dem die Steuer entstanden ist. – 2. *Einkommensteuer:* Vereinnahmte Zinsen fallen in die Einkunftsart → Einkünfte aus Kapitalvermögen, wenn sie keine → Betriebseinnahmen darstellen. – Vgl. auch → Schuldzinsen. – 3. *Gewerbesteuer:* Zinsen sind ab dem Erhebungszeitraum 2008 als Finanzierungsentgelte unabhängig von ihrer Laufzeit der gewerbeertragsteuerlichen Bemessungsgrundlage (→ Gewerbeertrag) hinzuzurechnen. Der Hinzurechnungsbetrag beläuft sich auf 25 Prozent (und unter Berücksichtigung eines Freibetrags von 100.000 Euro über sämtliche Finanzierungsentgelte).

Zinsendienstkoeffizient → Verschuldungsgrenzen.

Zinsendienstquote – *Zinsausgabenquote;* Maß für die Belastung eines Staatshaushaltes durch den Zinsendienst (Zinsausgaben ohne Tilgung), bezogen auf die Gesamtausgaben bzw. das → Bruttoinlandsprodukt (BIP).

Zinsenstamm → Erneuerungsschein.

Zinsen-und-Lizenzgebühren-Richtlinie – Richtlinie 2003/49/EG des Rates vom 3.6.2003 über eine gemeinsame Steuerregelung für Zahlungen von Zinsen und Lizenzgebühren zwischen verbundenen Unternehmen verschiedener Mitgliedsstaaten. – 1. *Begriff:* EG-Richtlinie zur (partiellen) Steuerharmonisierung der Unternehmensbesteuerung. – 2. *Inhalt:* Die Richtlinie schreibt vor, dass seit dem 1.1.2004 für Zinszahlungen und Lizenzgebühren, die innerhalb eines europäischen Konzerns grenzüberschreitend geleistet werden, im Herkunftsland der Zahlung keinerlei Steuern, bes. keine Quellensteuern, mehr erhoben werden dürfen. Dadurch wird im Grundsatz das in den Doppelbesteuerungsabkommen übliche Prinzip, dass Zinsen und Lizenzgebühren nur im Ansässigkeitsstaat des Empfängers besteuert werden dürfen, zu einem Grundsatz des europäischen Gemeinschaftsrechts erhoben. – Problematische Aspekte: (1) Regelung gilt nur für Zahlungen zwischen verbundenen Unternehmen, nicht aber zwischen einander fremden Unternehmen. (2) Zum Konzern (bzw. zum Bereich der verbundenen Unternehmen) werden nur die unmittelbar verbundenen Mutter-, Tochter- und Schwestergesellschaften, nicht jedoch Enkelgesellschaften derselben Obergesellschaft gezählt. – 3. Eine *Umsetzung in deutsches Recht* ist nur in wenigen Punkten erforderlich, da die Nichtbesteuerung von Zinsen und Lizenzgebühren in den genannten Fällen in Deutschland i.d.R. schon durch entsprechende Bestimmungen in Doppelbesteuerungsabkommen gesichert ist. Die Umsetzung in deutsches Recht erfolgte durch § 50g EStG, der gemäß dem Art. 1 Nr. 3 EG-Amtshilfe-Anpassungsgesetz vom 2.12.2004 (BGBl. I 3112) eingefügt wurde.

Zinsersparnis → Arbeitgeberdarlehen.

Zinseszinsen – Wiederverzinsung auflaufender Zinsen, die dem Kapital zugeschlagen werden. – Eine Vereinbarung über Zinseszinsen ist *unzulässig und nichtig* (§ 248 I BGB). Von Zinsen sind → Verzugszinsen nicht zu entrichten (§ 289 BGB). – *Ausnahmen:* (1) Die nachträgliche Vereinbarung, dass bereits aufgelaufene Zinsen verzinst werden sollen, ist stets zulässig. (2) Sparkassen, Banken und Kreditanstalten können im Voraus vereinbaren, dass nicht abgehobene Zinsen von Einlagen als neue verzinsliche Einlagen gelten sollen (§ 248 II 1 BGB). (3) Kreditanstalten, die berechtigt sind, für den Betrag der von ihnen gewährten Darlehen verzinsliche Schuldverschreibungen auf den Inhaber auszugeben, können sich dabei die Verzinsung rückständiger Zinsen im Voraus versprechen lassen (§ 248 II 2 BGB). (4) Zinseszinsen für das kaufmännische Kontokorrent (→ Kontokorrentvertrag; § 355 HGB).

Zinsfestschreibung → Zinsbindungsfrist, → Festzinssatz.

Zinsfixierung – geldpolitische Strategie, bei welcher der → Marktzins als Zwischenvariable vorgesehen wird. Die angebotene Geldmenge muss sich dann den Schwankungen der Geldnachfrage anpassen. Dieses Konzept wird als Alternative zur monetaristischen → Geldmengenregel im Zusammenhang mit der Stabilisierung des Geldwertes und des realen Volkseinkommens diskutiert.

Zinsführerschaft → Leitzinsen.

Zinsfuß – I. Allgemein: 1. *Begriff:* Der in Hundertteilen ausgedrückte Preis für die zeitlich begrenzte Zurverfügungstellung von Fremdkapital. Häufig synonym mit → Zinssatz gebraucht; für finanzmathematische Zwecke zu unterscheiden. – 2. *Arten:* a) *Nominal-Zinsfuß:* Dieser entspricht der Höhe der reinen zu leistenden Zinszahlungen. – b) *Effektivverzinsung:* Diese beinhaltet sämtliche Kosten eines Darlehens;

sie weicht vom Nominal-Zinsfuß ab, wenn ein → Disagio auf den Darlehensbetrag vereinbart ist. Die Effektivverzinsung entspricht dem → internen Zinsfuß der Kreditzahlungsreihe. Über das Disagio kann die Effektivverzinsung beliebig fein eingestellt werden. – 3. Die *Höhe des* Zinsfußes hängt ab von der Dauer der Kapitalüberlassung und von gewährten Sicherheiten durch den Darlehensnehmer.

II. Kostenrechnung: Kalkulatorische Zinsen werden in der Kostenrechnung als → Opportunitätskosten auf der Basis des → betriebsnotwendigen Kapitals ermittelt.

III. Investitionsrechnung: Der Kalkulationszinsfuß wird in der Investitionsrechnung zum Diskontieren von Einzahlungsüberschüssen zur Ermittlung des → Kapitalwertes verwendet. Er entspricht der erwarteten Rendite der besten möglichen Alternativanlage am Kapitalmarkt.

Zinsgarantie – Gewährleistung der vertraglichen Verzinsung von Schuldverschreibungen (→ Anleihen) durch einen Dritten, i.d.R. durch den Staat. Bei Staatsanleihen kann eine Zinsgarantie auch durch bestimmte Staatseinnahmen vereinbart werden. – Vgl. auch → Dividendengarantie.

Zinsgefälle – 1. Unterschied des *Zinsniveaus an verschiedenen Orten,* bes. in zwei Ländern, durch den unter sonst gleichen Bedingungen ein Geldabfluss von dem Land mit niedrigerem Zinsniveau in das mit höherem induziert wird (→ Arbitrage). In Zeiten von Währungskrisen und Abwertungen richten sich die Geldbewegungen nicht notwendigerweise nach dem Zinsgefälle, sondern werden auch oder v.a. von Spekulations- und Sicherheitsüberlegungen bestimmt. – 2. *Zinsunterschied zwischen kurz- und langfristigen Zinsen:* I.d.R ist der Zins auf dem Geldmarkt (kurze Laufzeit) niedriger als auf dem Kapitalmarkt (lange Laufzeit). Gilt der umgekehrte Fall, wird auch von *inverser Zinsstruktur (Zinsinversion)* gesprochen.

Zinsgleitklausel – Vereinbarung in einem Kreditvertrag, mit der das Risiko bzw. die Chance einer Zinsänderung auf den Kreditnehmer übertragen wird. Der Kreditzinssatz wird in regelmäßigen Abständen an einen Leitzins angepasst. – Vgl. auch → Roll-over-Kredit.

Zinsinformationsverordnung – 1. *Begriff:* Die Zinsinformationsverordnung dient der Umsetzung der Zinsrichtlinie der Europäischen Union, welche die effektive Besteuerung von Zinserträgen natürlicher Personen innerhalb der Europäischen Union (EU) sicherstellen soll. Die Regelung beschränkt sich auf die Mitteilung grenzüberschreitender Zinszahlungen und lässt die innerstaatlichen Regelungen über die Besteuerung von Zinserträgen unberührt. Die Zinsinformationsverordnung ist am 26.1.2004 veröffentlicht worden (BGBl. I S. 128). – 2. *Mitteilungen:* Mit der Einführung der Zinsinformationsverordnung wurden die Banken in Deutschland verpflichtet, bestimmte Daten über Zinszahlungen durch eine inländische Zahlstelle an wirtschaftliche Eigentümer, die ihren Wohnsitz in einem anderen EU-Mitgliedsstaat haben, an das Bundeszentralamt für Steuern zu übermitteln. Das Bundeszentralamt für Steuern sichert die Daten und übermittelt diese für Zwecke der Besteuerung einmal jährlich an die zuständigen Behörden des Wohnsitzstaates des wirtschaftlichen Eigentümers. In den Mitteilungen werden bspw. Angaben wie Name und Wohnort des Kapitalanlegers, Name und Anschrift des auszahlenden Bankinstituts, Kontonummer oder Kennzeichen der Kapitalforderung, Gesamtbetrag der Zinsen oder der zinsähnlichen Erträge übermittelt. Die Mitteilungen wurden erstmals im Mai 2006 für die Zeit vom 1.7.2005 bis 31.12.2005 erstellt.

Zinsinversion → Zinsgefälle.

Zinskonversion – nachträgliche Änderung des Zinsfusses einer Anleihe durch → Konversion, i.Allg. als Anpassung an die Gegebenheiten des Kapitalmarktes.

Zinskosten → Zinsen.

Zinsmarge → Zinsspanne.

Zinsmechanismus → Zahlungsbilanzausgleich.

Zinsnote → Kontoabrechnung.

Zinsparität – Die Zinsparität besagt, dass in inländischer und in ausländischer Währung notierte Anlagen unter Berücksichtigung von Wechselkursveränderungen dieselbe Rendite aufweisen. – 1. *Gedeckte Zinsparität* ist gegeben, wenn:

$$r = r^* + (w^t - w) / w,$$

wobei r bzw. r* den inländischen bzw. ausländischen Zinssatz andeuten. w bzw. w_t stehen für den Kassakurs bzw. den entsprechenden Terminkurs. Diese Parität muss bei Abwesenheit von → internationalen Kapitalverkehrskontrollen immer gelten. Gälte sie nicht, dann hätten die Wirtschaftssubjekte Gelegenheit zur *Währungsarbitrage:* Sie könnten internationale Zinsdifferenzen risikolos zur Gewinnerzielung ausnutzen. Indem sie dies tun, verändern sie die Zinssätze und Wechselkurse so, dass es zur gedeckten Zinsparität kommt. – 2. Die *ungedeckte* Zinsparität (*offene* Zinsparität) besagt, dass:

$$r = r^* + (w_e - w) / w,$$

wobei w_e der momentan für den relevanten künftigen Zeitpunkt erwartete Kassakurs ist. Diese Parität gilt für Situationen mit perfekter Kapitalmobilität. – Vgl. auch → Wechselkurstheorie.

Zinsparitätentheorie → Wechselkurstheorie.

Zinsrate – *reale Zinsrate;* in der allg. Gleichgewichtstheorie (→ allgemeines Gleichgewicht) und der Kapitaltheorie: Austauschrate von gegenwärtigem und zukünftigem Konsum. Sind $p(t)$ und $p(t+1)$ die → Gegenwartspreise eines Konsumgutes in den Perioden t und t + 1, so ist die Zinsrate $r(t)$ definiert als:

$$r(t) = \frac{p(t)}{p(t+1)} - 1.$$

Zinsrechnung – Teilgebiet der → Finanzmathematik. – 1. *Begriff:* Berechnung von → Zinssatz, Endkapital, Anfangskapital und Laufzeit. Folgende Symbole werden verwandt: p = Zinssatz, q = Zinsfaktor, mit q = 1 + p/100, K_0 = Anfangkapital (Kapital zu Beginn der Laufzeit), K_n = Endkapital (Kapital am Ende der Laufzeit), n = Laufzeit (Jahre). – 2. *Arten:* a) *Einfache Verzinsung:* Vorgeschriebene Zinsrechnung zwischen Privatleuten. – *Formeln:*

$$K_n = K_0 \cdot (1 + n \cdot \frac{p}{100}), \quad K_0 = \frac{K_n}{1 + n \cdot \frac{p}{100}},$$

$$n = \left(\frac{K_n}{K_0} - 1\right) \cdot \frac{100}{p}, \quad p = \left(\frac{K_n}{K_0} - 1\right) \cdot \frac{100}{n}.$$

b) *Zinseszinsrechnung:* Übliche Verzinsung bei Banken und Geschäftsleuten. – *Formeln:*

$$K_n = K_0 \cdot q^n, \quad K_0 = \frac{1}{q^n} \cdot K_n,$$

$$p = \left(\sqrt[n]{\frac{K_n}{K_0}} - 1\right) \cdot 100, \quad n = \frac{\log \frac{K_n}{K_0}}{\log q}.$$

Vgl. auch → Barwert, → Diskontierung. – c) *Unterjährige Verzinsung:* Die Intervalle der Verzinsung sind kleiner als ein Jahr, m Intervalle pro Jahr. – *Formeln:*

$$K_n = K_0 \cdot \left(1 + \frac{p}{m \cdot 100}\right)^{n \cdot m},$$

$$p^* = \left(\left(1 + \frac{p}{m \cdot 100}\right)^m - 1\right) \cdot 100,$$

wobei: p* = effektiver Jahreszins. – d) *Stetige Verzinsung:* Die Intervalle der Verzinsung werden als unendlich klein angenommen, m geht gegen Unendlich. Diese Überlegung hat in der Zinsrechnung wenig praktische Bedeutung, sondern findet Anwendung bei Wachstumsvorgängen. Formel:

$$K_n = \lim_{m \to \infty} K_0 \cdot \left(1 + \frac{p}{m \cdot 100}\right)^{n \cdot m} = K_0 \cdot e^{\frac{p \cdot n}{100}},$$

$$p^* = \left(e^{\frac{p}{100}} - 1\right) \cdot 100.$$

wobei: p* = effektiver Jahreszins.

Zinsrichtlinie – Richtlinie 2003/48/EG des Rates vom 3.6.2003 im Bereich der Besteuerung von Zinserträgen m.spät.Änd. – 1. *Inhalt:* Die Zinsrichtlinie sieht vor, dass die Banken in der EU über private Sparzinsen eines Ausländers Kontrollmitteilungen an die Finanzbehörden liefern müssen oder – für einige Staaten (Belgien, Luxemburg, Österreich; übergangsweise vorgesehen) – stattdessen eine Quellensteuer auf die Zinszahlung erheben müssen, die in den nächsten Jahren allmählich auf bis zu 35 Prozent der Erträge erhöht werden. – 2. *Inkrafttreten:* Die Zinsrichtlinie ist formal seit 1.1.2004 in Kraft. Ihre Regelungen wurden jedoch erst rechtsverbindlich, als der Rat der Europäischen Union – einstimmig – formal feststellte, dass auch die wichtigsten Nicht-EU-Staaten, die als Kapitalanlageorte für EU-Bürger in Frage kommen, durch vergleichbare Mechanismen sicherstellen, dass EU-Bürger durch Kapitalanlage in diesen Staaten die private Einkommensteuer auf ihre Zinserträge nicht mehr hinterziehen können; dies geschah mit Wirkung zum 1.7.2005. Dem liegt die Erwägung zugrunde, dass private unversteuerte Kapitalanlagen in Drittstaaten „abwandern" könnten, wenn Anlagemöglichkeiten in Drittstaaten vor dem Fiskus verschleiert werden können. Zu diesem Zweck war durch die Zinsrichtlinie die EU beauftragt worden, entsprechende Abkommen mit Drittstaaten über die Besteuerung zu schließen; zum 1.7.2007 war durch Abkommen mit der Schweiz, Monaco, Liechtenstein und Andorra eine hinreichende Regelungsdichte im Verhältnis zu den für Europäer wichtigsten Steueroasen geschaffen, um die Richtlinie in Kraft setzen zu können. – 3. *Zielsetzung:* Die Richtlinie sollte erreichen, dass Zinseinnahmen von EU-Bürgern unabhängig davon, wo das Kapital angelegt war, nicht mehr der korrekten Besteuerung im Wohnsitzstaat entzogen werden können sollte. Diesem Ziel diente auch die Ausnahmeregelung für die Staaten, die keine Kontrollmitteilungen vorsehen wollten, sondern stattdessen eine Zinsquellensteuer erheben; deren Höhe von ab 2011 schließlich 35 Prozent soll nämlich ein Hinterziehen der Zinserträge bei der heimatlichen Besteuerung unattraktiv machen. – 4. *Funktionsweise, verbleibende Lücken:* Die Regelung ist nicht auf Vermögensverwaltung oder Einkünften von Kapitalgesellschaften oder Unternehmen anzuwenden, auch bezieht sie sich nur auf „Zinsen". Es wird angestrebt, die dadurch noch bestehenden Lücken in der Erfassung von Zinseinkünften langfristig ebenfalls zu schließen. – *Ähnlich:* Zinsabkommen EU-Schweiz. – *Anders:* → Zinsen-und Lizenzengebühren-Richtlinie.

Zinssatz – wird üblicherweise als Synonym für *Zinsfuß* gebraucht. Für die Zwecke der Finanzmathematik ist es aber zweckmäßig, zwischen dem Zinssatz (p% = p/100) und dem → Zinsfuß (p) zu unterscheiden.

Zinsschein – *Kupon;* festverzinslichen → Wertpapieren beigefügte rechtlich selbstständige Urkunde, die zur Erhebung der fälligen Zinsen dient; zusammengestellt in einem *Zinsbogen.* Die Zinsscheine enthalten den Namen des Ausstellers, Zinssatz und -betrag, Nennbetrag des Stückes, Ausstellungsdatum und -ort sowie Stück- und Zinsscheinnummer. – Vgl. auch → Coupon.

Zinsschranke – 1. *Begriff:* Ab dem Veranlagungszeitraum 2008 ist der Betriebsausgabenabzug von Zinsen durch die Einführung der sog. Zinsschranke eingeschränkt worden (§ 4h EStG 2008). Die Zinsschranken-Regelung ist erstmals anwendbar für Wirtschaftsjahre, die nach dem 25.5.2007 begonnen haben und nicht vor dem 1.1.2008 enden. Zusatzregelungen gelten für Körperschaften (→ Gesellschafterdarlehen). – 2. *Steuerliche Regelung:* Zinsaufwendungen eines Betriebs sind weiterhin in voller Höhe *abziehbar* (a) wenn die Zinsaufwendungen die Zinserträge nicht übersteigen, (b) wenn der negative Zinssaldo bis zu 30 Prozent des maßgeblichen steuerlichen Gewinns beträgt. Dabei ermittelt sich der maßgebende Gewinn aus dem steuerlichen Gewinn vor Steuern, Zinsen und Abschreibungen (= verrechenbares EBITDA). – 3. *Zinsvortrag:* Nicht abziehbare Zinsaufwendungen können in den folgenden Wirtschaftsjahren steuermindernd berücksichtigt werden (sog. → Zinsvortrag). Die vorgetragenen Zinsen erhöhen die Zinsaufwendungen dieser Wirtschaftsjahre, aber nicht den maßgebenden Gewinn zur Ermittlung der Zinsschranke. Der Zinsvortrag ist gesondert festzustellen. Ein nicht verbrauchter Zinsvortrag geht bei Aufgabe oder Übertragung verloren. Bei Ausscheiden eines Mitunternehmers geht er quotal unter. – 4. *EBITDA-Vortrag:* Rückwirkend ab dem Jahr 2007 wird gemäß § 4h I EStG ein EBITDA-Vortrag für einen Zeitraum von fünf Jahren eingeführt. Der EBITDA-Vortrag ist gesondert festzustellen. Ein nicht verbrauchter EBITDA-Vortrag geht bei Aufgabe oder Übertragung verloren. Bei Ausscheiden eines Mitunternehmers geht er quotal unter. – 5. *Ausnahmen von der Zinsschranken-Regelung:* Die Beschränkungen der Zinsschranke greifen nicht (a) wenn der negative Zinssaldo weniger als 3 Mio. Euro beträgt, (b) wenn der Betrieb nicht oder nur anteilig zu einem Konzern gehört (→ Konzern-Klausel) bzw. (c) wenn der Betrieb zu einem Konzern gehört und seine Eigenkapitalquote am Ende des vorangegangenen Abschlussstichtages mindestens der des Konzerns entspricht. Ein Unterschreiten der Eigenkapitalquote um zwei Prozentpunkte ist unbeachtlich (Escape-Klausel). – Vgl. auch → Regelungen zur Zinsschranke.

Zinsspanne – *Zinsmarge;* Unterschied zwischen zwei → Zinssätzen, bes. zwischen dem Soll- und Habenzinssatz in Bankbetrieben. Es werden Zinserlöse und Zinskosten zum Geschäftsvolumen in Beziehung gesetzt. Es gilt das folgende *Kalkulationsschema:*

	Zinserlöse in Prozent der Bilanzsumme
–	Zinskosten in Prozent der Bilanzsumme
=	Bruttozinsspanne
–	Saldo der übrigen Kosten und Erlöse in Prozent der Bilanzsumme (Bedarfsspanne)
=	Nettozinsspanne

Zinsspannenrechnung – Verfahren der Bankkalkulation. Gibt die Ergebnisstruktur einer Bank im Rahmen ihres Zinsgeschäfts zu erkennen. Zu unterscheiden ist die Teilzinsspannenrechnung und die → Gesamtzinsspannenrechnung. Grundlage für die Zinsspannenrechnung ist eine Zinsertragsbilanz.

Zinsspannentheorem → natürlicher Zins.

Zinsspannentheorie – von Wicksell entwickelte → monetäre Konjunkturtheorie. Schwankungen des Konjunkturverlaufs werden durch das Auseinanderfallen von natürlichem Zins (Realzins) und → Geldzins erklärt, wodurch der Wicksellsche Prozess ausgelöst wird.

Zinsstruktur – 1. *Begriff:* Zusammenhang zwischen Zinssätzen (Rendite, Effektivverzinsung) und (Rest-)Laufzeiten für festverzinsliche Kapitalanlagen (→ Anleihe) und Kreditfinanzierungen (→ Kredit). Die Zinsstruktur leitet sich aus den von der Laufzeit und dem Risiko der Kapitalüberlassung resultierenden Kapitalmarktkonditionen ab. – 2. *Bedeutung:* Bei gleichem Risiko sind die Zinssätze für *längerfristige* Kapitalanlagen und Kredite typischerweise höher als diejenigen für kürzerfristige Kapitalüberlassungen (normale Zinsstruktur). Sind die *kurzfristigen* Zinssätze höher als die langfristigen, spricht man von einer *inversen Zinsstruktur.* – Vgl. auch → Zinsstrukturkurve.

Zinsstrukturkurve – grafische Darstellung der jeweils geltenden Zinssätze für kurz-, mittel- und langfristige Anlagen. Üblicherweise bezieht eine Zinsstrukturkurve staatliche Anleihen mit (Rest-) Laufzeiten von einem, zwei, drei bis zu zehn Jahren ein. Die langfristigen Zinsen liegen im Normalfall (normale → Zinsstruktur) über den entsprechenden kurzfristigen Zinsen. Das wird mit Erwartungsunsicherheit oder mit einer Liquiditätsprämie erklärt. Im Falle der → inversen Zinsstruktur sind die Zinsen auf Wertpapiere mit zunehmender Laufzeit geringer.

Zinsswap → Swap zwischen zwei Partnern (A, B) mit i.d.R. unterschiedlichem Bonitätsstanding (Festzinsdifferenz ist ungleich der variablen Zinsdifferenz; vgl. → Rating) auf verschiedenen Märkten. Beide Partner haben einen fristengleichen Refinanzierungsbedarf. – *Beispiel:* A wünscht feste Zinsen und kann am Euro-Markt Mittel zu 10 Prozent (B 12 Prozent) aufnehmen, bei einer Festzinsanleihe betragen die Kosten 10,5 Prozent (B 11 Prozent). A nimmt nun zu 10 Prozent auf und übernimmt von B die Festzinsen. B zahlt an A zusätzlich einen verhandelten Aufschlag von z.B. 1 Prozent. Damit zahlt A Festzinsen von 10 Prozent (11 Prozent –1 Prozent) und spart 0,5 Prozent. B übernimmt die Zinsen von A zu 10 Prozent am Euro-Markt, zahlt oben genannten Aufschlag von 1 Prozent an A und hat so eine Zinsersparnis von 1 Prozent (12 Prozent – 11 Prozent). – I.d.R. wird der relative Zinsvorteil gleichmäßig auf die Partner verteilt. Beim Zinsswap werden lediglich die Zinszahlungsverpflichtungen getauscht, die Kapitalbeträge bleiben unberührt. – Als eventuelles *Problem* zeigt sich eine sinkende Transparenz bez. der

Kreditwürdigkeit und somit steigende Kosten der Informationsbeschaffung.

Zinstender – 1. *Begriff:* → Tenderverfahren einer Zentralbank, bei dem deren Geschäftspartner Betrag sowie Zinssatz des Geschäfts bieten, das sie mit der Zentralbank tätigen wollen. – *Anders:* → Mengentender. – 2. *Zuteilungsverfahren:* Bei Zinstendern kann die Zentralbank die Zuteilung entweder zu einem einheitlichen oder zu mehreren Zinssätzen vornehmen. Bei der Zuteilung zu einem einheitlichen Bietungszinssatz (holländisches Verfahren) erfolgt die Zuteilung bei allen zum Zuge kommenden Geboten zum marginalen Preis bzw. Zinssatz (d.h. demjenigen Zinssatz, bei dem der gesamte Zuteilungsbetrag ausgeschöpft wird). Bei einer Zuteilung nach dem amerik. Zuteilungsverfahren erfolgt die Zuteilung zu den individuell gebotenen Preisen bzw. Zinssätzen.

Zinstermingeschäft → Financial Future.

Zinsterminkontrakte → Financial Future.

Zinstheorie – verschiedene Ansätze, das Wesen des → Zinses sowie seine jeweilige Höhe zu erklären. Diesen Versuchen vorangestellt ist die ethische Frage nach der Rechtfertigung des Zinses (z.B. bei Aristoteles, Thomas von Aquin, Marx). – *Kategorien:* (1) *Reale Zinstheorie:* Auf der → Grenzleistungsfähigkeit des Kapitals sowie der Zeitpräferenz bei der Wahl zwischen Gegenwarts- und Zukunftsgütern basierende Zinserklärungen. (2) *Monetäre Zinstheorie:* Ansätze, bei denen der Zins als Entschädigung für die Aufgabe von Liquidität im Vordergrund steht. – *Einzelansätze:* (1) → Abstinenztheorie, (2) → Agiotheorie, (3) → Loanable Funds Theory und (4) → Wartetheorie.

Zins- und Währungsswap – *Cross Currency Interest Rate Swap;* → Swap zwischen zwei Partnern (A, B) mit unterschiedlichem Zugang zu Devisenmärkten und unterschiedlichen Währungsinteressen. Demzufolge bestehen drei Varianten: (1) Beide Partner verschulden sich zu Festzinskonditionen in unterschiedlichen Währungen. (2) Beide Partner verschulden sich variabel in unterschiedlichen Währungen. (3) Ein Partner verschuldet sich in einer Währung fest, der andere Partner verschuldet sich in einer anderen Währung variabel (Normalfall). Beide Partner haben fristengleichen Refinanzierungsbedarf, getauscht werden neben den Kapitalbeträgen gegenüber dem → Währungsswap nun auch die Zinszahlungsverpflichtungen. – Z.B. benötigt A einen Betrag in Dollar und kann diesen zu 11 Prozent aufnehmen (B zahlt 10 Prozent). Würde er sich in Euro verschulden, beträgt der Kreditzins 9 Prozent (B 8,5 Prozent). A nimmt die Euro auf und stellt diese B zu 8,5 Prozent zur Verfügung. Im Gegenzug erhält A Dollar und zahlt dafür 10 Prozent (insgesamt betrachtet 0,5 Prozent weniger als bei Selbstaufnahme, da einem Vorteil von einem Prozent ein Nachteil von 0,5 Prozent bei der Euro-Aufnahme gegenübersteht). Diese Differenz muss ausgeglichen werden, i.d.R. zu gleichen Anteilen. Damit zahlt A an B 10,25 Prozent.

zinsverbilligte Darlehen → Arbeitgeberdarlehen.

Zinsverjährung → Zinsen (vertragsmäßige sowie → Verzugszinsen) verjähren in drei Jahren einschließlich der Amortisationsquoten (§§ 195, 197 II BGB). Sie verjähren außerdem zugleich mit dem Hauptanspruch (§ 217 BGB). Vorlegungsfrist für → Zinsscheine vier Jahre. – Vgl. auch → Verjährung.

Zinsvortrag – *Begriff* im Rahmen der Zinsschranken-Regelung: Können Zinsaufwendungen eines Betriebs aufgrund der Beschränkungen der → Zinsschranke nicht abgezogen werden, sind diese in die folgenden Wirtschaftsjahre vorzutragen (sog. „Zinsvortrag", § 4h I S. 2 EStG). Die vorgetragenen Zinsaufwendungen erhöhen die Zinsaufwendungen dieser Wirtschaftsjahre, nicht aber den maßgeblichen Gewinn im Sinne der Zinsschranken-Regelung. Dies führt dazu, dass die Zinsvorträge aus vorhergehenden Wirtschaftsjahren nicht das Abzugsvolumen des laufenden Wirtschaftsjahres erhöhen. Der Zinsvortrag ist gesondert festzustellen. Die Vorschriften zum Verlustabzug i.S.d. § 10d EStG sind analog anzuwenden. – *Untergang des Zinsvortrages*: Der Zinsvortrag geht unter bestimmten Voraussetzungen ganz oder teilweise verloren: a) bei Aufgabe oder Übertragung des Betriebs, b) bei Ausscheiden eines Mitunternehmers aus der Mitunternehmerschaft, c) bei Übertragung von Anteilen an Kapitalgesellschaften, d) bei Umstrukturierungsmaßnahmen wie Verschmelzungen, Unternehmenseinbringungen, Anwachsungen oder auch bei Umstrukturierungen innerhalb des Konzerns.

Zinswucher – gemäß § 138 BGB nichtiger Vertrag, durch den wucherische Zinsen versprochen werden. I.d.R. ist von einem auffälligen Missverhältnis dann auszugehen, wenn der vereinbarte Zins etwa beim Zweifachen des Marktzinses liegt. – Vgl. auch → Wucher.

Zinszuschuss → Arbeitgeberdarlehen.

zirkulare Konkurrenz → Aktions-Reaktions-Verbundenheit.

zirkuläre Verursachung → Entwicklungshilfe.

Zitat – Begriff des → Urheberrechts. – 1. *Anführung* (Kleinzitat) einzelner Stellen a) eines Werkes nach → Veröffentlichung in einem selbstständigen *Sprachwerk*; b) eines Werkes der *Musik* nach Erscheinen in einem selbstständigen Werk der Musik. – 2. *Aufnahme* (Großzitat) einzelner Werke nach dem Erscheinen in ein selbstständiges wissenschaftliches Werk zur Erläuterung des Inhalts. – 3. Die *Vervielfältigung, Verbreitung* und öffentliche Wiedergabe des Zitats ist in einem durch den Zweck gebotenen Umfang unentgeltlich zulässig (§ 51 UrhG).

Zivildienst – *ziviler Ersatzdienst;* Verpflichtung zur Erfüllung von Aufgaben, die dem Allgemeinwohl dienen, durch anerkannte Kriegsdienstverweigerer (Art. 4 III GG, Art. 12a II GG, § 1 Kriegsdienstverweigerungsgesetz) anstelle der Ableistung von

Wehrdienst. Mit der Aussetzung des verpflichtenden Wehrdienstes durch das Wehrrechtsänderungsgesetz 2011 vom 28.4.2011 (BGBl. I 678) wurde auch der Zivildienst zum 1.7.2011 ausgesetzt, an seine Stelle ist der → Bundesfreiwilligendienst getreten. Mit dieser Maßgabe sind die folgenden Erläuterungen zu lesen:*Rechtsgrundlage:* Zivildienstgesetz i.d.F. vom 17.5.2005 (BGBl. I 1346) m.spät.Änd. – *Aufgaben:* Einsatz vorrangig im sozialen Bereich, z.B. Dienst in Kranken-, Heil- und Pflegeanstalten etc. – *Dauer:* Die Dauer des Zivildienstes entspricht der Dauer des Grundwehrdienstes (§ 24 II ZDG i.V. mit § 5 Ia des Wehrpflichtgesetzes). – *Sozialrechtliche Stellung* wie beim Wehrdienst, z.B. Arbeitsplatzschutz. – *Beschäftigungsstellen:* werden anerkannt nach § 4 ZDG, wenn sie insbesondere Aufgaben im sozialen Bereich, im Bereich des Umweltschutzes, des Naturschutzes und der Landschaftspflege durchführen.

Zivilmakler – Makler, der entgeltlich eine Gelegenheit zum Vertragsabschluss nachweist oder einen → Vertrag vermittelt, z.B. die Häuser-, Güter-, Hypothekenmakler, auch Darlehens-, Ehevermittler. Das Rechtsverhältnis beruht nur auf den §§ 652 ff. BGB (anders → Handelsmakler und → Kursmakler, für die HGB und Börsengesetz maßgeblich sind). – *Vergütung:* → Maklerlohn.

Zivilprozess – gerichtliches Verfahren zur Feststellung und Durchsetzung privatrechtlicher Ansprüche. Die Bestimmungen der Zivilprozessordnung (ZPO) sind grundsätzlich zwingend anzuwenden; in Ausnahmefällen können die Parteien den Prozessverlauf abweichend regeln (z.B. Gerichtsstand vereinbaren).

I. Verfahren: 1. *Erkenntnisverfahren:* Dient zur Prüfung und Feststellung des geltend gemachten Rechts. – 2. *Vollstreckungsverfahren:* Dient zur Durchsetzung der Entscheidung.

II. Die Gerichtsverfassung: Geregelt im Gerichtsverfassungsgesetz. – 1. *Aufbau:* Das → Amtsgericht als unterste Stufe im Gerichtsaufbau entscheidet i.Allg. Prozesse mit einem Streitwert bis 5.000 Euro, bei einem Streitwert über 5.000 Euro das Landgericht in erster Instanz; gegen amtsgerichtliche → Urteile bei einem Streitwert von mehr als 600 Euro oder wenn das Gericht im Urteil zugelassen hat → Berufung an das Landgericht, bei → Familiensachen an das → Oberlandesgericht (OLG), gegen landgerichtliche Urteile Berufung an das Oberlandesgericht, dagegen (bei Vorliegen bes. Voraussetzungen) → Revision an den → Bundesgerichtshof (BGH) zulässig. – 2. Die *örtliche Zuständigkeit* richtet sich grundsätzlich nach dem Wohnsitz des Beklagten (aber zahlreiche bes. Gerichtsstände).

III. Allgemeine Grundsätze: 1. *Verhandlungsgrundsatz:* Dieser Grundsatz bedeutet, dass das Gericht nur die Tatsachen und → Beweismittel berücksichtigen darf, die die Parteien vortragen und auf die sie sich berufen – keine Aufklärung des Sachverhalts von Amts wegen wie im Strafprozess -, und dass das Gericht nur im Rahmen der gestellten → Anträge entscheiden darf. – 2. *Öffentlichkeit* und *Mündlichkeit.* – 3. *Verfahrenseinheit:* Dieser Grundsatz bedeutet, dass alle Verhandlungstermine gleichwertig sind und die Parteien infolgedessen im Rahmen des gesetzlich Zulässigen bis zum Schluss der letzten mündlichen Verhandlung neue Angriffs- und Verteidigungsmittel vorbringen können.

IV. Verfahren: 1. → Klageerhebung; beim Landgericht mit Anwaltszwang; der Kläger muss einen bestimmten Antrag stellen und die Tatsachen angeben, die diesen seiner Ansicht nach rechtfertigen. – 2. Bestreitet der Beklagte, muss der Kläger → Beweismittel für das Vorliegen der Tatsachen bezeichnen; der Beklagte kann → Widerklage erheben, um eigene Ansprüche, die mit dem Klageanspruch in Zusammenhang stehen, geltend zu machen. – 3. Fehlt es an einer → Prozessvoraussetzung, ist die Klage als *unzulässig* abzuweisen; sonst wird der Prozess durch ein über die Hauptsache entscheidendes → Urteil oder durch → Prozessvergleich abgeschlossen. – 4. Der Unterlegene kann das im Einzelfall zulässige *Rechtsmittel* einlegen und je nach dessen Art eine nochmalige Verhandlung der Sache (→ Berufung) oder eine Überprüfung nur in rechtlicher Hinsicht (→ Revision) verlangen. – 5. Bei Rechtsmittelverzicht oder Erschöpfung des Rechtsmittelzuges erlangt das Urteil *Rechtskraft;* es kann dann nur noch durch → Wiederaufnahme des Verfahrens angegriffen werden (→ Abänderungsklage, → Vollstreckungsgegenklage).

V. Besondere Verfahrensarten: 1. → Mahnverfahren: Auf Antrag wird nach summarischer Prüfung ein Mahnbescheid erlassen, der, wenn kein Widerspruch des Schuldners eingelegt wird, für vollstreckbar erklärt wird (→ Vollstreckungsbescheid). – 2. → Urkundenprozess, → Wechselprozess und → Scheckprozess: Nach → summarischem Verfahren ergeht ein → Vorbehaltsurteil, wenn der Klageanspruch durch Vorlegung von Urkunden bewiesen werden kann; bei Widerspruch des Beklagten wird ihm die Geltendmachung seiner Rechte im ordentlichen Verfahren vorbehalten. – 3. → Arrestverfahren: Dient der Sicherung künftiger → Zwangsvollstreckung wegen einer Geldforderung, wenn der Verdacht besteht, dass der Schuldner diese vereiteln oder wesentlich erschweren will. – 4. → Einstweilige Verfügung: Dient der Sicherung künftiger Zwangsvollstreckung wegen anderer Ansprüche und der Regelung eines einstweiligen Zustandes. – 5. *Vollstreckungsverfahren:* → Zwangsvollstreckung.

ZK → Zollkodex (ZK).

ZKA – Abk. für → Zollkriminalamt sowie für → Zentraler Kreditausschuss.

ZKR – Abk. für *Zentralkommission für die Rheinschifffahrt, Central Commission for the Navigation of the Rhine;* eine der ältesten der bestehenden internationalen Organisationen, 1815 vom Wiener Kongress ins Leben gerufen. – *Sitz:* Straßburg. – *Mitglieder:*

Belgien, Bundesrepublik Deutschland, Frankreich, Niederlande, Schweiz. – *Aufgaben:* Die ZKR überwacht die Freiheit der Schifffahrt und die gleichmäßige Behandlung der auf dem Rhein verkehrenden Schiffe und hat sich gemäß ihrer zuletzt 1963 revidierten Konvention für die Rheinschifffahrt zum Ziele gesetzt, diesen Prinzipien entgegenstehende Hindernisse wirtschaftlicher, technischer, steuerlicher, zollrechtlicher und juristischer Art zu beseitigen. Jahresberichte geben Überblick über Arbeitsergebnisse und enthalten umfassende Statistiken über die Rheinschifffahrt. Enge Zusammenarbeit mit → UNECE, → ILO und → EU.

Z-Kurve – in der Makroökonomik Bezeichnung für die Gleichgewichtskurve des gesamtwirtschaftlichen Devisenmarktes. – Vgl. auch → Totalmodelle offener Volkswirtschaften, Nachfrageseite.

ZögU – Abk. für → Zeitschrift für öffentliche und gemeinwirtschaftliche Unternehmen.

Zölibatsklausel – auflösende Bedingung, nach der das Arbeitsverhältnis mit der Eheschließung des Arbeitnehmers endet. Zölibatsklausel ist i.d.R. unzulässig nach Art. 6 I GG. Ausnahmsweise kann eine Zölibatsklausel wirksam sein, und zwar im Rahmen der Kirchenautonomie bei Personen, die in bes. Maße mit dem Verkündungsauftrag der Kirche identifiziert werden.

Zoll – 1. *Begriff:* Zölle sind Abgaben die beim unmittelbaren Eingang von Waren in den Wirtschaftskreislauf (→ Einfuhrzoll) oder beim Verlassen des Wirtschaftskreislaufs (→ Ausfuhrzoll) erhoben werden. Vereinzelt werden auch Durchfuhrzölle erhoben, die allein an das Passieren einer Zollstelle oder eines Wirtschaftsgebietes anknüpfen. Ganz überwiegend werden heute Einfuhrzölle erhoben. Sie entstehen nicht bereits mit dem körperlichen Verbringen von Waren ins Zollgebiet, sondern erst dann, wenn die Waren ordnungsgemäß etwa durch Überführung in den zollrechtlich freien Verkehr, unmittelbar am Wirtschaftsleben teilnehmen oder vorschriftswidrig in den Wirtschaftskreislauf gelangen, etwa durch Einfuhrschmuggel oder Entziehen aus der zollamtlichen Überwachung. Zölle sind → tarifäre Handelshemmnis (engl. *tariff*), da sie den freien Warenverkehr behindern. Zölle sind nach der Abgabenordnung Steuern, aber nicht zu verwechseln mit der bei Entstehung von Einfuhrzöllen fast immer zugleich entstehenden Einfuhrumsatzsteuer. Sie entspricht der Umsatzsteuer im Inland. – 2. *Arten*: Es gibt entsprechend der Zielrichtung und des Zweckes von Zöllen verschiedene Arten: *Fiskal- oder* → Finanzzölle dienen der Einnahmeerzielung. → *Schutzzölle* sollen den heimischen Markt vor ausländischer Konkurrenz oder bei Ausfuhrzöllen vor Warenabfluss schützen. → *Antidumpingzölle* reagieren auf Subventionierung von Waren aus → Drittländern. – 3. *Berechnung*: → spezifische Zölle, → Gleitzölle und → Wertzölle. Ein Wertzoll bemisst sich in einem bestimmten Prozentsatz des Zollwertes (*Ad-valorem*-Zoll, auch: proportionaler Zoll), ein spezifischer Zoll (auch *Stückzoll* oder → Gewichtszoll) bemisst sich pro quantifizierbarer Einheit (z.B. Gewicht, Volumen, Länge, Alkoholanteil). Als Variante gibt es gemischte Zölle (den Gleitzoll), die Wertzölle und spezifische Zölle kombiniert. – 4. *Aufkommen* (Deutschland): 4,6 Mrd. Euro (2011), 4,4 Mrd. Euro (2010), 3,67 Mrd. Euro (2009), 4.002 Mio. Euro (2008), 3.983 Mio. Euro (2007), 3.880 Mio. Euro (2006), 3.378 Mio. Euro (2005), 3.059 Mio. Euro (2004), 2.877 Mio. Euro (2003), 2.896,2 Mio. Euro (2002), 3.191,2 Mio. Euro (2001), 3.394 Mio. Euro (2000), 3.639,1 Mio. Euro (1995), 3.670,3 Mio. Euro (1990), 2.767 Mio. Euro (1985), 2.353 Mio. Euro (1980), 1.663 Mio. Euro (1975), 1.468 Mio. Euro (1970), 1.294 Mio. Euro (1965), 1.345 Mio. Euro (1960), 916 Mio. Euro (1955), 315 Mio. Euro (1950). – 5. *Europäische Union*: Innerhalb der EU werden keine Zölle mehr erhoben. Die Mitgliedsstaaten bilden eine Zollunion. Seit 1968 werden Zölle gegenüber Drittländern nach dem → Gemeinsamen Zolltarif der Europäischen Gemeinschaften (GZT) erhoben. Die Zölle stehen als traditionelle Eigenmittel der EU zu (→ EU-Haushalt), dem erhebenden Mitgliedsstaat stehen allerdings 25 Prozent des Erhebungsbetrags als sog. Verwaltungskostenpauschale zu.

Zollabfertigung – alle Amtshandlungen, die aufgrund der → Zollanmeldung des Zollbeteiligten zur Überführung in das beantragte → Zollverfahren vorgenommen werden. Dazu zählen etwa die Annahme der Zollanmeldung, die Beschau der Ware, alle Prüfungen der Unterlagen, das Erstellen des Abgabenbescheides und die Überlassung.

Zollabkommen – 1. *Bi- oder multilaterale Zollabkommen:* zwei- oder mehrseitige zwischenstaatliche Abkommen regelmäßig zum Zwecke der Senkung der Zölle. – 2. *Internationale Zollabkommen:* Abkommen zur Vereinfachung und Vereinheitlichung der Zollförmlichkeiten auf weltweiter Ebene. Hierzu gehören: (1) das im Rahmen des Völkerbundes zustande gekommene Internationale Abkommen zur Vereinfachung der Zollförmlichkeiten vom 3.11.1923, dessen Bestimmungen über die Zollbehandlung von Warenmustern, Ursprungszeugnissen und Gewerbelegitimationskarten für Handelsreisende noch immer eine praktische Bedeutung haben; (2) das Allgemeine Zoll- und Handels-Abkommen (→ GATT) vom 30.10.1947 und das im GATT ausgearbeitete „Internationale Abkommen zur Erleichterung der Einfuhr von Warenmustern und Werbematerial" vom 7.11.1952 sowie die von der → UN bzw. → UNESCO ausgearbeiteten Abkommen über Zollerleichterungen im Touristenverkehr, über die vorübergehende Einfuhr von Gegenständen erzieherischen, wissenschaftlichen oder kulturellen Charakters, über den internationalen Warentransport mit → Carnets TIR, über Behälter und die Zollbehandlung von Paletten u.a.; (3) Weitere Abkommen beziehen sich auf die

Einreihung von Waren, die vorübergehende zollfreie Einfuhr von Berufsausrüstung, Ausstellungsgut und Messegut, Umschließungen, wissenschaftliches Gerät, Lehrmaterial und auf die Vereinfachung und Harmonisierung der Zollverfahren.

Zollamt – als Sachgebiet geführte Dienststelle des → Hauptzollamtes, die grundsätzlich in die Bereiche Einfuhr- und Ausfuhrabfertigung eingeteilt ist.

Zollanmeldung – 1. *Begriff:* Eine Handlung, mit der eine Person (Zollanmelder) in der vorgeschriebenen Form und nach den anzuwendenden Bestimmungen die Absicht bekundet, eine Ware in ein bestimmtes → Zollverfahren überführen zu lassen (Art. 4 Nr. 17 ZK). Nach Art. 61 ZK können Zollanmeldungen abgegeben werden: (1) schriftlich, (2) mit Mitteln der Datenverarbeitung oder (3) mündlich oder (4) durch eine Handlung, mit der der Wareninhaber den Willen bekundet, die Waren in ein Zollverfahren überführen zu lassen (u.a. die Benutzung des grünen Ausgangs an Flughäfen). – 2. Die *schriftliche Zollanmeldung* ist grundsätzlich auf dem vorgeschriebenen amtlichen Muster abzugeben, das ist das Einheitspapier. Sie muss unter Beifügung der erforderlichen Unterlagen alle Angaben enthalten, die für das betreffende Verfahren vorgeschrieben sind. – 3. Die elektronische Zollanmeldung erfolgt in Deutschland mittels → ATLAS. Sie ist momentan verpflichtend für das → Ausfuhrverfahren, die → passive Veredelung und die → Wiederausfuhr, falls sie nach den Regeln des Ausfuhrverfahrens abgefertigt wird sowie das gemeinschaftliche und gemeinsame Versandverfahren und das → Carnet TIR in der EU. Im Rahmen der Modernisierung des ZK soll insbesondere der Einführung des elektronischen Datenaustauschs Rechnung getragen werden. Demnach wird die elektronische Vorlage der Zollanmeldung und der Begleitpapiere zur Regel werden und das → Einheitspapier in den Hintergrund gestellt. – 4. *Merkmale:* Die Zollanmeldung ist innerhalb der Öffnungszeiten bei der zuständigen Zollstelle abzugeben; diese entscheidet über die Annahme oder Nichtannahme. Gründe für eine Nichtannahme sind u.a. Unzuständigkeit der Zollstelle, unvollständige Angaben, Fehlen der Voraussetzungen für das beantragte Zollverfahren, bestehende Verbote und Beschränkungen für den Warenverkehr über die Grenze. Die für die Anmeldung geforderten Angaben sind gemäß Art. 216 ZK-DVO in dem gemeinschaftlichen Merkblatt zu den Vordrucken des Einheitspapiers erörtert (Anhang 37, 38 ZK-DVO). Das daraus unter Beachtung weiterer Rechtsnormen entwickelte dt. Merkblatt zu Zollanmeldungen, summarischen Anmeldungen und Wiederausfuhrmitteilungen (früher Merkblatt zum Einheitspapier) ist im Internet abrufbar. Die Unterlagen, die der Anmeldung beizufügen sind (etwa Rechnungen, die Zollwertanmeldung, Präferenznachweise und Genehmigungen) sind in den Art. 216 bis 221 ZK-DVO zusammenfassend und bei den einzelnen Verfahren bes. aufgeführt. Der Anmelder darf die Anmeldung nur mit Einwilligung der Zollstelle berichtigen. Die Berichtigung ist nicht mehr zugelassen, wenn die Zollstelle eine Zollbeschau angekündigt oder festgestellt hat, dass die Anmeldung fehlerhaft ist, das Gleiche gilt nach Überlassung der Ware.

Zollanschlüsse – ausländische Hoheitsgebiete, die (meist aus geografischen oder verkehrstechnischen Gründen) einem anderen → Zollgebiet angeschlossen sind und der dortigen Zollhoheit im Rahmen der mit dem ausländischen Staat getroffenen Vereinbarungen unterliegen.

Zollantrag → Zollanmeldung.

Zollauskunft → verbindliche Zolltarifauskunft, → Auskunft, → verbindliche Ursprungsauskunft.

Zollausland → Drittland, → Zollgebiet.

Zollausschlüsse – 1. *Begriff:* nach dem früheren, bis 1993 geltenden dt. Zollgesetz (ZG) ging es um dt. Hoheitsgebiete, die einem ausländischen Zollgebiet angeschlossen sind. In Zollausschlüssen ist das dt. Zollrecht nicht wirksam (§ 2 ZG). – Vgl. auch → fremde Wirtschaftsgebiete.

Zollbefreiung → Vorzugsbehandlung.

Zollbefund – amtliche Beurkundung der → Zollbehandlung. Dazu gehört v.a. die Dokumentation der Beschauergebnisse.

Zollbehandlung – zusammenfassende Bezeichnung für diejenigen Maßnahmen der → Zollbehörde, die der → Gestellung der eingeführten → Ware folgen.

Zollbehörde – Nach Art. 4 ZK gehören zu den Zollbehörden die für die Anwendung des Zollrechts zuständigen Behörden. Dabei genügt es, dass neben anderen Aufgaben auch das Zollrecht angewendet wird. So sind die → Industrie- und Handelskammer (IHK) Zollbehörden, weil sie → Ursprungszeugnisse ausstellen. In der Bundesrepublik Deutschland wendet v.a. die Bundeszollverwaltung (Art. 108 GG) Zollrecht an. Die Bundesfinanzdirektionen und das Zollkriminalamt überwachen als Mittelbehörden die Gleichmäßigkeit der Gesetzanwendung und beaufsichtigen die Geschäftsführung der nachgeordneten Dienststellen. Zu den örtlichen Behörden zählen die Hauptzollämter einschließlich ihrer Dienststellen (wie Grenz- und Binnenzollstellen) und die Zollfahndungsämter.

Zollbeschau – Ermittlung von Menge und Beschaffenheit der angemeldeten Waren durch die Zollstelle in dem für die beantragte → Zollabfertigung erforderlichen Umfang. Die Zollbeschau muss nicht in jedem Fall, sondern kann von der Zollstelle nach Ermessen durchgeführt werden (Art. 68–70 ZK und Art. 239, 240 ZK-DVO), es kann eine vollständige Gesamtbeschau angeordnet werden, aber auch eine stichprobenweise oder Teilbeschau.

Zollbescheid – die – entweder per Datenverarbeitung, schriftlich oder mündlich – mitgeteilte → Überlassung einer Ware zu einem Zollverfahren.

Häufig ist im Zollbescheid zugleich die Aufforderung der Zollstelle an den Zollschuldner zur Zahlung der Einfuhrabgaben in der ermittelten Höhe enthalten. Der Zollbescheid ist ein → Steuerbescheid im Sinn des § 155 AO.

Zollbürgschaft – Avalierung von Einfuhrabgaben durch seitens der Finanzverwaltung zugelassene Kreditinstitute als selbstschuldnerische → Bürgschaft im Auftrage von → Spediteuren oder Importeuren, die ein offenes Zolllager unterhalten und Importabgaben bis zum Weiterverkauf/Weiterverarbeitung der → Waren stunden lassen. Begünstigte des Avals ist die Zollverwaltung. Spediteure lassen sich bei Importen → Zölle oder Einfuhrabgaben gegen Bürgschaft stunden und ziehen diese später von Importeuren ein. Das Verfahren beschleunigt die Abwicklung der Geschäfte und den Transport.

Zolldisparitäten – 1. Unterschiede zwischen den *Zolltarifstrukturen* verschiedener Länder, mit anderen Worten unterschiedliche Streuung der Zollbelastungen (→ Zollsätze für) einzelner Güter um die Durchschnittsbelastung. Ökonomisch von Bedeutung, weil u.U. hohe einheitliche Zölle auf alle Güter (Fertigwaren und Vorprodukte) weniger protektiv wirken als stark divergierende Zollsätze bei niedriger Durchschnittsbelastung. – 2. Unterschiede zwischen den *Zollsätzen* verschiedener Länder in Bezug auf *dasselbe* → Gut (kann auch vorliegen, wenn nach 1. keine Zolldisparitäten existieren). *Argumentation*: Bei allgemeiner Senkung der Zölle um einen bestimmten Prozentsatz wird der Zollschutz eines Landes mit niedrigen Zöllen mehr geschwächt als derjenige eines Landes mit hohen Sätzen. Vorwiegend politisches und taktisches Argument, spielte eine wesentliche Rolle bei den GATT-Verhandlungen (→ GATT) in der Kennedy-Runde (1964-1967).

Zollerlass – Entscheidung auf die Erhebung der Gesamtheit oder eines Teils einer Ein- oder Ausfuhrzollschuld zu verzichten. Die Fallgruppen ergeben sich aus den Art. 236–239 ZK. Bereits entrichtete Abgaben können erstattet werden.

Zollfahndung → Steuerfahndung.

Zollfahndungsamt – Behörde zur Mitwirkung bei der Erforschung und bei der Verfolgung von Zoll- und Steuervergehen. Ihre Beamten haben die Befugnisse des Polizeivollzugsdienstes; sie sind Ermittlungspersonen (früher Hilfsbeamte genannt) der Staatsanwaltschaft im Sinn von § 152 GVG und § 404 AO.

Zollfaktura – Eine Zollfaktura ist eine Rechnung, die mit einem Ursprungsvermerk versehen ist. Es wird also ersichtlich, aus welchem Land die Ware kommt. Sie dient als Grundlage für die Verzollung einer Ware im Empfängerland, also den ausländischen Zollbehörden. Die zollrechtlichen Vorschriften bestimmter Länder erfordern die Ausstellung derartiger Rechnungen. – *Customs Invoice;* für eine ausländische Zollbehörde von einem Lieferanten auf meist vorgeschriebenem Formblatt ausgefertigte Handelsrechnung mit Ursprungsvermerk, die der Verzollung im Käuferland zugrunde gelegt wird. Zollfakturen dienen der korrekten Verzollung und enthalten im Wesentlichen die Bestandteile der Handelsrechnung. Zollfakturen werden v.a. für Exporte in die USA benötigt.

Zollfreiheit – 1. *Tarifliche Zollfreiheit* für Waren, für die im → Zolltarif eine solche vorgesehen ist. – 2. *Außertarifliche Zollfreiheit* aufgrund zollrechtlicher Bestimmungen wegen außerhalb der mit dem Zolltarif verfolgten Zwecke (z.B. für Gegenstände wissenschaftlichen, erzieherischen oder kulturellen Charakters, Geschenksendungen, Rückwaren, Muster, Vorlagen, Waren zu Erprobungs- oder Untersuchungszwecken etc.).

Zollfreistellung – überholte Bezeichnung für die Überführung von → Nichtgemeinschaftswaren in den zollrechtlich freien Verkehr oder die vorübergehende Verwendung ohne Erhebung von Zöllen. Zollfreistellung ist dabei die Mitteilung an den Zollanmelder, dass ein Zoll nicht zu erheben ist, weil die Ware nach dem Zolltarif oder aus anderen Gründen zollfrei ist. Das kann ausdrücklich geschehen, sich aber auch mittelbar aus dem Zollbescheid ergeben. Die Zollfreistellung schließt jedoch nicht aus, dass bei unberechtigter Überlassung der Zollbetrag nachgefordert wird, weil die Zollschuld stets in der gesetzlichen Höhe entsteht.

Zollgebiet – 1. *Begriff*: Das Zollgebiet der EU ist im Art. 3 ZK festgelegt und hat eine entscheidende Bedeutung für den Geltungsbereich der Zollvorschriften: die Überwachung des Warenverkehrs, die zollamtliche Behandlung der Waren und die Zollbemessung. Wie sich aus Art. 28 AEUV ergibt, erfordert eine → Zollunion ein einheitliches Zollgebiet, auf das auch in verschiedenen Rechtsakten der Union ausdrücklich Bezug genommen wird. 2. *Einzelheiten*: Das EU-Zollgebiet ist nicht identisch mit dem Staatsgebiet. Es ist entsprechend dem Beitritt neuer Staaten zur → EU mehrfach erweitert worden und umfasst nachstehende Gebiete: das Gebiet des Königreichs Belgien; das Gebiet der Republik Bulgarien; das Gebiet des Königreichs Dänemark, mit Ausnahme der Färöer und Grönlands; das Gebiet der Bundesrepublik Deutschland, mit Ausnahme der Insel Helgoland sowie des Gebiets von Büsingen (Vertrag vom 23.11.1964 zwischen der Bundesrepublik Deutschland und der Schweizerischen Eidgenossenschaft); das Gebiet des Königreichs Spanien, mit Ausnahme von Ceuta und Melilla; das Gebiet der Französischen Republik, mit Ausnahme der überseeischen Gebiete sowie von Saint-Pierre und Miquelon und von Mayotte; das Gebiet der Griechischen Republik; das Gebiet Irland; das Gebiet der Italienischen Republik, mit Ausnahme der Gemeinden Livigno und Campione d' Italia sowie des zum italienischen Gebiet gehörenden Teils des Luganersees zwischen dem Ufer und der politischen Grenze der zwischen Lavena Ponte Tresa und Porto Ceresio gelegenen Zone; das Gebiet des Großherzogtums Luxemburg; das Gebiet des Königreichs der Niederlande in Europa; das Gebiet der Republik Österreich; das Gebiet der Portugiesischen Republik; das Gebiet der Republik Finnland; das Gebiet des Königreichs Schweden; das Gebiet des Vereinten Königreichs Großbritannien und Nordirland sowie die Kanalinseln und die Insel Man; das Gebiet der Tschechischen Republik; das Gebiet der Republik Estland; das Gebiet der Republik Zypern; das Gebiet der Republik Lettland; das Gebiet der Republik Litauen; das Gebiet der Republik Ungarn; das Gebiet der Republik Malta; das Gebiet der Republik Polen; das Gebiet Rumäniens; das Gebiet der Republik Slowenien; das Gebiet der Slowakischen Republik. Zum 1.7.2013 soll *Kroatien* hinzukommen. Trotz seiner Lage außerhalb des Gebiets der Französischen Republik gilt auch das Gebiet des Fürstentums *Monaco* zum Zollgebiet der EU gehörend. Zusätzlich gehören zum Zollgebiet der EU die Küstenmeere, die innerhalb der Küstenlinie gelegenen Meeresgewässer und der Luftraum der Mitgliedsstaaten und Gebiete, mit Ausnahme der Küstenmeere, der innerhalb der Küstenlinie gelegenen Meeresgewässer und des Luftraums, die zu Gebieten gehören, die nicht Teil des Zollgebiets der EU sind.

Zollgrenzbezirk – jetzt: → grenznaher Raum.

Zollgrenze → Zollgebiet.

Zollgut → Nichtgemeinschaftswaren.

Zollgutversand → Versandverfahren.

Zollgutverwendung → vorübergehende Verwendung.

Zollhehlerei → Steuerhehlerei.

Zollhinterziehung → Steuerhinterziehung.

Zollhoheit – Recht des Bundes bzw. der EU zu Zollgesetzgebung, Zollverwaltung und Zollrechtsprechung. Die Zollhoheit erstreckt sich auf das Hoheitsgebiet des Bundes, nach zwischenstaatlichen Vereinbarungen auch auf fremdes Staatsgebiet insbesondere für vorgeschobene dt. Zollstellen einschließlich ihrer Verbindungswege zum Zollgebiet.

Zollinland → Zollgebiet.

Zollkartell – bes. Form des → Exportkartells, bei dem jedoch wie bei einem → Konditionenkartell nur Abreden über einzelne Zahlungsbedingungen, nämlich über die Behandlung der zwischenstaatlichen Zollzahlung getroffen werden (Regelung der → Terms of Trade).

Zollkodex (ZK) – 1. *Begriff*: Verordnung (2913/92/EWG) des Rates zur Festlegung des Zollkodexes der Gemeinschaften vom 12.10.1992 (ABl. EG Nr. L 302, S. 1 ff.), Grundlage des Zollrechts der → EU, in Kraft seit 1.1.1994. Mit dem Zollkodex und der zugehörigen Zollkodex-Durchführungsverordnung und der Zollbefreiungsverordnung ist das Zollrecht der EU nahezu vollständig auf eine einheitliche Basis gestellt worden. – 2. *Inhalt:* Der Zollkodex beinhaltet neben allg. Regelungen das Verfahrensrecht (formelles Zollrecht), das Abgabenrecht (materielles Zollrecht) und einem allg. Teil. Zu den bes. Errungenschaften des Zollkodexes gehört die Schaffung eines Rechtsbehelfsverfahrens in Zollsachen in der gesamten EU (Titel VIII des Zollkodexes). Der Zollkodex geht eventuellen nationalen Vorschriften als höherrangiges Recht vor (→ Anwendungsvorrang), sofern er nicht ausdrücklich abweichende Regelungen der einzelnen Mitgliedsstaaten gestattet. – *Zollkodex-Änderungen 2005*: Mit den 2005 vorgenommenen Änderungen sind die Anforderungen hinsichtlich der Sicherheit des internationalen Warenverkehrs erhöht worden. Zu diesem Zweck sollen die Wirtschaftsbeteiligten den Zollbehörden ab dem 1.7.2009, spätestens aber ab dem 1.1.2011, Informationen über die Waren vorlegen, bevor sie in die EU eingeführt oder aus ihr ausgeführt werden. Die Einführung des Status des „zugelassenen Wirtschaftsbeteiligten" erleichtert den Handelsverkehr. Die Mitgliedsstaaten können diesen Status jedem Wirtschaftsbeteiligten gewähren, der gemeinsamen Kriterien entspricht. Diese Kriterien betreffen die Kontrollsysteme, die Zahlungsfähigkeit sowie die Einhaltung der Vorschriften durch den Wirtschaftsbeteiligten. Die Mitgliedsstaaten sind verpflichtet, Risikoanalysetechniken anzuwenden. Im Hinblick auf die Kontrollen wurde ein Mechanismus zur Festlegung einheitlicher Gemeinschaftskriterien für die Auswahl der Risiken eingeführt, der sich auf computergesteuerte Systeme stützt. – 3. → Modernisierter Zollkodex: VO (EG) Nr. 450/2008 des Europäischen Parlaments und des Rates vom 23.4.2008 zur Festlegung des Zollkodexes der Gemeinschaft (Modernisierter Zollkodex), (ABl. EU Nr. L 145/1 v. 4.6.2008). Die Neufassung beinhaltet im Wesentlichen die folgenden Änderungen: (1) Die elektronische Vorlage der Zollanmeldungen und Begleitpapiere wird zur Regel; (2) künftig können die nationalen Zollbehörden mit den anderen zuständigen Behörden elektronisch Daten austauschen; (3) die „zentrale Zollabwicklung" wird gefördert, d.h. zugelassene Wirtschaftsbeteiligte können ihre Waren elektronisch anmelden und Zölle am Ort ihrer Niederlassung entrichten, unabhängig von dem Mitgliedsstaat, in dem die Waren vom Zollgebiet der EU ausgeführt, in das Gebiet eingeführt oder in dem sie verbraucht werden; (4) es werden Voraussetzungen für die Entwicklung eines „einzigen Schalters" („single window") und einer „→ einzigen Anlaufstelle" („one-stop shop") geschaffen, bei denen die Marktteilnehmer die Auskünfte über die Waren nur noch einer Kontaktstelle erteilen, auch wenn die Daten für unterschiedliche Verwaltungen oder Behörden bestimmt sind, sodass die Prüfungen für verschiedene Zwecke (Zoll-, Hygienevorschriften usw.) zur selben Zeit und am selben Ort vorgenommen werden können (Konzept der „einzigen Anlaufstelle"). – *Inkrafttreten der Neuerungen*: Die Neufassung soll den Veränderungen im Umfeld von Zollbehörden und Wirtschaft insbesondere mit der Einführung des elektronischen Datenaustauschs Rechnung tragen. Der Modernisierte Zollkodex ist am 24.6.2008 in Kraft getreten, in vollem Umfang anwendbar wird er jedoch erst, wenn auch die Durchführungsvorschriften in Kraft treten. Spätester Zeitpunkt soll der 24.6.2013 sein. Inzwischen liegt aber eine Vorschlag der Europäischen Kommissin über einen → Unionszollkodex vor, der den MZK völlig neufasst und aufhebt.

Zollkontingent – bestimmte Warenmengen, die entweder nach dem Gewicht oder einer anderen spezifischen Einheit oder nach dem Wert begrenzt sind und innerhalb eines festgesetzten Zeitraums (meist eines Jahres) zollbegünstigt (i.d.R. zollfrei) eingeführt werden dürfen. Zollkontingente können *vertraglich* oder *autonom* festgesetzt werden. Als handelspolitische Mittel setzen Zollkontingente den sie gewährenden Staat in die Lage, den Lieferwünschen seines Vertragspartners nachzugeben, ohne auf einen Schutz der einheimischen Wirtschaft völlig zu verzichten. – In der EU ist die Befugnis zur Festsetzung von Zollkontingenten auf die Organe der Europäischen Union übergegangen (den → Rat der Europäischen Union und die → Europäische Kommission). Diese setzen EU-Zollkontingente fest, die entweder den Charakter von Versorgungskontingenten haben oder der mengenmäßigen Begrenzung von Zollbegünstigungen aus Assoziations- oder → Präferenzabkommen oder gegenüber Entwicklungsländern dienen. Zollkontigente sind nur für bestimmte Zeiträume geöffnet (und anwendbar). – *Berechnung der Einfuhrkontingentenquoten:* → Verteilungsverfahren, → Windhund-Verfahren. Eine *Zollaussetzung* unterscheidet sich vom Zollkontingent durch die nicht vorhandene mengenmäßige oder wertmäßige Beschränkung.

Zollkrieg → Vergeltungszoll.

Zollkriminalamt (ZKA) – 1. *Begriff:* Mittelbehörde der Bundeszollverwaltung im Bereich des Bundesministeriums für Finanzen (BMF) mit Sitz in Köln. Zentralstelle des Zollfahndungsdienstes und eine der Zentralstellen für das Auskunfts- und Nachrichtenwesen der Zollverwaltung. – 2. *Aufgaben:* u.a. Unterstützung und Beaufsichtigung der untergeordneten Zollfahndungsämter bei der Verfolgung und Verhütung von Straftaten und Ordnungswidrigkeiten und der AO; Sammlung von Informationen für den Zollfahndungsdienst; Mitwirkung bei der Überwachung des Wirtschaftsverkehrs und der Bekämpfung illegalen Technologietransfers; fachliche Fortbildung der Zollfahndungsbeamten.

Zolllager – 1. *Begriff:* Zolllager sind Orte an denen Waren, die zuvor in ein → Zolllagerverfahren übergeführt worden sind, zollfrei gelagert werden können. Das Zolllager und das Zolllagerverfahren erfüllen im modernen Wirtschaftszollrecht eine bedeutende Aufgabe, denn sie ermöglichen, dass eingeführte Waren unter bestimmten Voraussetzungen ohne Zollbelastung gelagert werden können. Dieser Suspensiveffekt verschafft dem einzelnen Unternehmen erhebliche Wettbewerbsvorteile und Kosteneinsparungen bei einer unbegrenzten Lagerdauer. So wird für Nichtgemeinschaftswaren, die zum Inlandsabsatz bestimmt sind, die Abgabenschuld erst im Zeitpunkt ihrer Auslagerung fällig. Für Transitgut ergibt sich eine abgabenneutrale Situation. – 2. *Merkmale:* Die Bewilligung eines Zolllagers setzt einen formlosen, inhaltlich jedoch genau in Anhang 67 ZK-DVO festgelegten Antrag an das zuständige Hauptzollamt voraus. Die Zuständigkeit ergibt sich aus der Firmenbuchhaltung. Die Bewilligung kann nur in der Gemeinschaft ansässigen Personen erteilt werden, die ein wirtschaftliches Bedürfnis nachgewiesen haben (Art. 100 ZK). – Als Einstieg in die Systematik des Zolllagers kennt Art. 99 ZK i.V. mit Art. 525 ZK-DVO die → öffentlichen Zolllager und → privaten Zolllager (Anhang 15). Die öffentlichen Zolllager stehen jedermann für die Lagerung von Waren zur Verfügung und sind entweder unter der Regie der Zollbehörde (Lagertyp F) oder unter privater Regie des Lagerhalters, mit unterschiedlichen Verantwortungen je nach Lagertyp A, B. Sie werden praktisch immer als offene Lager bewilligt. – Bei den privaten Zolllagern, die auf die Einlagerung durch den Lagerhalter beschränkt sind, gibt es die Lagertypen C, D und E. Lagertyp C ist der Grundfall. Die Bemessung der → Zollschuld erfolgt bei Auslagerung. Bei Lagertyp D (entspricht dem bisherigen offenen Zolllager) ist die Feststellung der Bemessungsgrundlage (Menge, Beschaffenheit und Zollwert) bei der Einlagerung der Ware erforderlich, da sie vereinfacht in den zollrechtlich freien Verkehr übergeführt werden können. Für die bei allen genannten Lagertypen anzuwendenden Zollsätze gilt grundsätzlich der Zeitpunkt der Auslagerung der Waren. Beim Lagertyp E, der mit D kombinierbar ist, gibt es keine festen, genau bezeichneten Lagerorte. – Nach Art. 98 ZK können folgende Waren in der Gemeinschaft gelagert werden: (1) → Nichtgemeinschaftswaren, die in diesem Fall keinen Einfuhrangaben und sofern nicht etwas Gegenteiliges bestimmt ist, keinen handelspolitischen Maßnahmen unterliegen; (2) → Gemeinschaftswaren, für die in einer bes. Gemeinschaftsregelung vorgesehen ist, dass bei ihrer Überführung in das Verfahren Maßnahmen anwendbar sind, die grundsätzlich an die Ausfuhr anknüpfen. – Die von der Zollbehörde bezeichnete Person hat über alle in das Zolllager aufgenommenen Waren, zugelassene Bestandsaufzeichnungen zu führen. Einfuhrwaren können üblichen Behandlungen unterzogen werden, wenn sie der Erhaltung, der Verbesserung ihrer Aufmachung und Handelsgüte oder der Vorbereitung ihres Vertriebs oder Weiterverkaufs dienen. – Für Marktordnungswaren gelten bes. Bestimmungen (Art. 109 ZK).

Zolllagergut – überholte Bezeichnung für Waren, die zu einem → Zolllagerverfahren abgefertigt wurden.

Zolllagerverfahren – Beim Zolllagerverfahren wird die Ware zollrechtlich noch nicht in den zollrechtlich freien Verkehr übergeführt, sondern abgabenfrei zunächst bis zum Erhalt einer weiteren zollrechtlichen Bestimmung in einem → Zolllager zwischengelagert. Durch diesen Vorgang bildet sich eine abgabenfreie Vorratshaltung von → Nichtgemeinschaftswaren.

Zolllandungsplätze – im → Bundesanzeiger bekannt gegebene Plätze, an denen einfahrende Schiffe anlegen und von denen ausfahrende Schiffe ablegen dürfen. Die Schiffe dürfen auf → Zollstraßen, also auf dem Wege zu oder von Zolllandungsplätzen, mit anderen Fahrzeugen oder dem Land nicht in Verbindung treten. Ausnahmen hiervon sind nur zugelassen in Fällen höherer Gewalt oder dringender Gefahr oder soweit es nötig ist, Verpflichtungen gegenüber Behörden zu erfüllen, Lotsen an Bord zu nehmen oder abzusetzen, anderen Personen oder Fahrzeugen Hilfe zu leisten, die Ladung in unvorhergesehenen Fällen zu leichtern oder zu löschen bzw. andere dringende Angelegenheiten des Schiffsbetriebs wahrzunehmen (Art. 38 ZK, §§ 2, 3 ZollVG).

Zollmitverschluss – Mittel der zollamtlichen Überwachung von Orten und Lagern. Sie können von dem Berechtigten und den beauftragten Zollbediensteten nur gemeinsam betreten werden. Findet heute praktisch keine Anwendung mehr.

Zollniederlage → öffentliches Zolllager, → Zolllagerverfahren.

Zollnomenklatur – zollrechtliches Instrument der EU; systematisch aufgebaute Warenliste, die auf einem internationalen Schema zur Klassifizierung der Waren, dem Harmonisierten System zur Bezeichnung und Codierung der Waren (HS), basiert. Die Zollnomenklatur wird von den meisten Handelsnationen für eine Vielzahl von Zwecken verwendet. Sie dient als Grundlage für internationale Handelsverhandlungen und eine Beilegung von Zollstreitigkeiten sowie für die Erstellung von Handelsstatistiken. – Waren müssen bei Einfuhr oder Ausfuhr vielfach zu Zollverfahren angemeldet werden. Dabei ist regelmäßig anzugeben, unter welche Codenummer der Nomenklatur sie fallen, um den geltenden Zollsatz ermitteln und die Waren statistisch erfassen zu können. Häufig knüpfen auch weitere Maßnahmen an der Zollnomenklatur an. In vielen Verbrauchsteuergesetzen ist der Steuergegenstand unter Bezugnahme auf die Zollnomenklatur definiert. Nicht tarifäre Maßnahmen beim grenzüberschreitenden Warenverkehr, Kontingente oder Überwachungsmaßnahmen nehmen auf die Zollnomenklatur Bezug. Die präferenziellen → Ursprungsregeln gehen weitgehend davon aus, dass die Fertigerzeugnisse einer anderen Codenummer zugewiesen werden als die eingeführten Vormaterialien, aus denen sie hergestellt wurden.

Zollordnungswidrigkeit – Steuerordnungswidrigkeit gemäß § 31 ZollVG; vorsätzlicher oder fahrlässiger Verstoß gegen Bestimmungen des Zollrechts (§ 382 I AO). Mit Geldbuße sind z.B. bedroht: Einführen von Waren ohne Benutzung einer Zollstraße, Zuwiderhandeln gegen die Gestellungspflicht, Nichtbeachtung der Anordnungen der Zollbehörde, Verletzung der Anzeige- und Meldepflichten. – Z.B. ist die Verletzung der Anmeldepflicht eine Ordnungswidrigkeit mit Geldbußen bis zu 1 Mio. Euro. Bei Verdacht auf Geldwäsche ist Beschlagnahme möglich (§§ 31b, 12b ZollVG, § 94 StPO), vgl. auch → Steuerhinterziehung.

Zollpassierscheine → Carnet ATA, → Carnet TIR, → Triptik.

Zollpolitik – alle Maßnahmen, um mit dem Gestaltungsmittel → Zoll die außenwirtschaftlichen Beziehungen zu beeinflussen; Teil der → Außenwirtschaftspolitik. Zollpolitik muss wirtschaftspolitischer Zielsetzung entsprechen, z.B. liberal orientierte Wirtschaftspolitik mit liberaler Außenhandels- und Zollpolitik. Kriterien für eine zollpolitische Entscheidung sind die strukturellen Gegebenheiten einer Volkswirtschaft sowie die davon beeinflussten unmittelbaren und mittelbaren Wirkungen eines Zolls, nicht die mit einem Notstand begründeten Interessentenwünsche. – *Weitere Aufgaben der Zollpolitik:* Beeinflussung der Handelsbilanz (z.B. durch autonome Zollerhöhungen) als preispolitische Maßnahme (durch Zollsenkungen Bekämpfung von Preissteigerungen), zur Absatzsicherung (durch einen → Gleitzoll), zur Förderung der Industrialisierung (durch *Zollaussetzungen* für bestimmte Waren oder zur Unterstützung bestimmter Länder (z.B. durch Zollpräferenzen für → Entwicklungsländer im Rahmen des → APS oder anderer → Präferenzabkommen). Die Zollpolitik ist in der Europäischen Union von den Mitgliedsstaaten auf die EU übertragen worden, eine nationale Zollpolitik nicht möglich. – Vgl. auch → Zolltheorie.

Zollpräferenzen → Präferenzzoll.

Zollprogression → Tarifeskalation, → Zollzwecke.

Zollrecht → Gemeinschaftszollrecht, → nationales Zollrecht.

Zollrückvergütung – System der Rückzahlung der → Einfuhrabgaben auf eingeführte für die → aktive Veredelung (ein → Zollverfahren) bestimmte → Nichtgemeinschaftswaren (Einfuhrwaren), wenn die Waren in Form von Veredelungserzeugnissen aus dem → Zollgebiet der → EU ausgeführt werden.

Zollsätze – ergeben sich aus dem → Zolltarif. – Vgl. → Zoll

Zollschuld – gemäß Art. 4 Nr. 9 ZK ist die Zollschuld die persönliche Zahlungspflicht von Ein- oder Ausfuhrabgaben der als → Zollschuldner (Art. 4 Nr. 12 ZK) zur Erfüllung verpflichteten Person. Sie wird als → Einfuhrzollschuld definiert, wenn Einfuhrabgaben im Sinn des Art. 4 Nr. 10 ZK geschuldet werden, als Ausfuhrzollschuld, wenn es um Ausfuhrabgaben gemäß Art. 4 Nr. 11 ZK geht. Die Zollschuld ist zu unterscheiden von der dinglichen Haftung der Waren nach den in den einzelnen Mitgliedsstaaten geltenden Regelungen. Die Haftung gemäß § 76 AO steht neben der Zollschuld. Daraus ergibt sich jedoch nur die Möglichkeit, eine Ware mit Beschlag zu belegen und zu verwerten, wenn die Zollschuld nicht beglichen wird. Die Zollschuld ist zu unterscheiden von → Ausgleichszinsen gemäß Art. 214 III ZK, die auf Zollschuld erhoben werden können, und vom nationalen → Zuschlag gemäß § 32 III ZollVG.

Zollschuldner – gemäß Art. 4 Nr. 12 ZK die zur Erfüllung der → Zollschuld verpflichtete Person. Wer Zollschuldner wird, regelt der Zollkodex (ZK) bei den einzelnen Zollschuldentstehungstatbeständen.

Zollschutz – Importschutz mithilfe von → Zöllen.

Zollstelle – Jede Dienststelle, bei der im Zollrecht vorgesehene Förmlichkeiten erledigt werden können, ist gemäß Art. 4 Nr. 4 ZK Zollstelle. Dazu gehören in Deutschland die Hauptzollämter mit ihren Dienststellen, den Zollstellen, so ausdrücklich § 17 III 2 ZollVG. Es kommt jedoch nicht darauf an, ob eine Einbindung in die → Zollverwaltung vorliegt oder die Anwendung des Zollrechts Hauptaufgabe der Zollstelle ist. Nicht zu den Zollstellen gehören private Personen, etwa der zugelassene Empfänger im → Versandverfahren. Zollstellen sind immer auch zugleich → Zollbehörde.

Zollstelle für die Beendigung des Verfahrens – Art. 496 g ZK-DVO definiert die Zollstelle für die Beendigung des Verfahrens. Bei → Zollverfahren mit wirtschaftlicher Bedeutung wird regelmäßig in der Bewilligung festgelegt, welche Zollstelle zuständig ist, um das Zollverfahren entsprechend Art. 89 ZK durch den Erhalt einer neuen zollrechtlichen Bestimmung zu beenden. Ausdrücklich wird in Art. 496 g ZK-DVO nur von der Ermächtigung zur Annahme von Zollanmeldungen gesprochen, mit denen Waren nach ihrer Überführung in ein Zollverfahren mit wirtschaftlicher Bedeutung eine neue zulässige zollrechtliche Bestimmung erhalten oder bei → passiver Veredelung in den zollrechtlich freien Verkehr übergeführt werden. Die Beschränkung auf → Zollanmeldungen ist jedoch wenig plausibel. Auch wenn eine Mitteilung zum Erhalt der neuen zollrechtlichen Bestimmung ausreicht, wie bei der Vernichtung und/oder Zerstörung, ist die Zollstelle für die Beendigung des Verfahrens zuständig.

Zollstelle für die Überführung in das Verfahren – Art. 496 f ZK-DVO definiert für alle → Zollverfahren mit wirtschaftlicher Bedeutung die Zollstelle für die Überführung in das Verfahren als diejenige, bei der die → Zollanmeldungen angenommen werden können. Zumeist wird in der Bewilligung der → Zollverfahren vorab festgelegt, welche Zollstelle oder Zollstellen zur Annahme der Zollanmeldungen und Überführung in das Verfahren ermächtigt sind.

Zollstraßen – diejenigen Landstraßen, Wasserstraßen, Rohrleitungen (v.a. für Rohöl) und anderen Beförderungswege, die als Zollstraßen im → Bundesanzeiger bekannt gegeben sind. Zollstraßen beginnen an der Zollgrenze (→ Zollgebiet) und enden jeweils bei einer Zollstelle (Art. 38 ZK, §§ 2, 3 ZollVG). – Vgl. auch → Zollstraßenzwang.

Zollstraßenzwang – Verpflichtung, Waren bei der Einfuhr nur auf → Zollstraßen zu befördern. Die Beförderung darf nicht willkürlich verzögert, und die Waren dürfen nicht willkürlich verändert werden. Von der Zollstraße darf nur wegen höherer Gewalt oder dringender Gefahr in dem gebotenen Umfang abgewichen werden. Der Zollstraßenzwang ist ein wichtiges Mittel der zollamtlichen Überwachung. Obwohl nur Einfuhrzölle erhoben werden und daher zollrechtlich nur die Einfuhr von Interesse ist, ist der Zollstraßenzwang auch auf die Warenausfuhr ausgedehnt, weil er für das Außenhandelsrecht, die Embargobestimmungen und die Statistik unentbehrlich ist. – Vom Zollstraßenzwang *befreit* ist die Ein- und Ausfuhr im öffentlichen Eisenbahn- und Luftverkehr sowie die Einfuhr von Waren, die nicht Zollgut werden (Art. 38 ZK, §§ 2, 3 ZollVG).

Zollstunden – nach den örtlichen Verhältnissen, den Verkehrsbedürfnissen, der Personallage der Zollverwaltung und i.d.R. im Benehmen mit der Nachbarzollverwaltung festgelegte Zeiten, in denen Waren, die auf → Zollstraßen zu befördern sind, eingeführt oder ausgeführt werden dürfen. Die Zollstunden werden durch Aushang bei den betreffenden Zollstellen bekannt gegeben. Sie umfassen i.Allg. die helle Tageszeit. – Vgl. auch → Zollstundenzwang.

Zollstundenzwang – nach dem Zollrecht die Verpflichtung, Waren, die auf → Zollstraßen zu befördern sind, nur zu den jeweils festgelegten Zeiten (→ Zollstunden) einzuführen oder auszuführen. – Vom Zollstundenzwang *befreit* sind der See-, Post- und Reiseverkehr, der fahrplanmäßige Personenschiffsverkehr auf Binnengewässern und der öffentliche fahrplanmäßige Kraftfahrzeugverkehr. Die zuständige Zollstelle kann außerdem in einzelnen Fällen Befreiungen zulassen.

Zolltarif – I. Allgemein: Wichtigstes Instrument der → Zollpolitik. Dem Zolltarif liegt jeweils ein *Tarifschema* zugrunde. Erst wenn die Nummern des Schemas mit Zollsätzen versehen sind, handelt es sich um einen Zolltarif. – *Unterteilung:* In einem Zolltarif sind die Waren abschnittsweise entweder nach den Produktionszweigen, zu denen sie gehören, geordnet (Produktionsprinzip) oder nach dem Prinzip des Verwendungszwecks (z.B. Zusammenfassung aller Maschinen oder Spielwaren ohne Rücksicht auf den Stoff, aus dem sie bestehen, jeweils in einem Kapitel). Länder mit einer großen Breitenstreuung der Produktion haben i.d.R. Zolltarife, die nach Warenarten und -unterarten weitgehend unterteilt sind. – *Arten:* (1) *Einheits-Zolltarif,* die nur *eine* Zollsatzspalte aufweisen; (2) *Doppel-Zolltarif,* die zwei Spalten enthalten, z.B. einen General-Zolltarif mit einem höheren

Niveau und einen Minimal-Zolltarif mit Zollsätzen, die die untere Grenze von Zollzugeständnissen an andere Länder bilden. Zolltarife mit zwei Spalten besitzen auch Länder, die bestimmten Ländern niedrigere (z.B. → Präferenzzoll) als die normalen vertragsmäßigen Zölle (Drittlandszoll nach dem Prinzip der → Meistbegünstigung) einräumen. Der → Gemeinsame Zolltarif der Europäischen Gemeinschaft (GZT) weist je eine Spalte für autonome und für vertragsmäßige Zollsätze auf.

II. Abfrage im Internet: Seit Januar 2006 ist dieses Auskunftssystem auch für Wirtschaftsbeteiligte kostenlos im Internet verfügbar: a) *Abfrage des Integrierten Zolltarifs der EG (TARIC)*, dessen 10-stellige Codierungen EG-weite Gültigkeit besitzen, b) *Abfrage des Elektronischen Zolltarifs der dt. Zollverwaltung (EZT-online)* dessen 11-stellige Codenummern nur in Deutschland gelten. – Vgl. auch → elektronischer Zolltarif (EZ).

III. Geschichte: Zolltarife gibt es, seit Steuern auf Warenbewegungen (der sog. → Zoll) erhoben werden. Mit Gründung des *Deutschen Zollvereins* 1834 wurden die Zolltarife der dt. Staaten im sog. *Vereinszolltarif* vereinigt, der aus 43 alphabetisch geordneten Warenkategorien bestand und auf dem preußischen Zolltarif basierte. 1902 wurde der sog. *Bülow-Zolltarif* geschaffen, der bereits 946 Warennummern enthielt. Der Bülow-Zolltarif trat 1906 in Kraft und galt mit jährlichen Änderungen bis 1950. Die internationale Einigung nach dem zweiten Weltkrieg, die auch zur Gründung des Rates für die Zusammenarbeit auf dem Gebiet des Zollwesens (RZZ) führte, resultierte in der Harmonisierung der weltweiten Zolltarifschemata mit der Nomenklatur der RZZ (NRZZ), welche aus etwa 8.000 Tariflinien in 21 römisch bezifferten Abschnitten und 99 arabisch bezifferten Kapiteln bestand. Der Deutsche Zolltarif 1951 bestand bereits aus einem ersten Entwurf der NRZZ. Die NRZZ wurde 1955 in vielen Staaten eingeführt. Mit Gründung der EWG durch sechs Westeuropäische Staaten (BENELUX, Frankreich, Italien und Deutschland) am 1.1.1958 wurde das Ziel der Schaffung einer → Zollunion im → EWGV vereinbart. Innerhalb von zehn Jahren wurden die innerhalb der → EWG geltenden Zollsätze abgebaut und die nach außen geltenden Zollsätze angeglichen – die Zollsätze der vier Zolltarife (für die BENELUX-Staaten galt ein einziger Zolltarif), wurden bis zum 30.6.1968 angeglichen (die Zollsätze für landwirtschaftliche Waren wurden zum 1.1.1970 angeglichen). Mit Wirkung vom 1.7.1968 wurde der Gemeinsame Zolltarif der Europäischen Gemeinschaft (GZT) geschaffen. Die NRZZ wurde am 1.1.1988 durch das → Harmonisierte System zur Bezeichnung und Codierung von Waren (HS) (sog. Harmonisiertes System, engl. *Convention on the Harmonized Commodity Description and Coding System*) ersetzt (abgekürzt HS 1988). Das weltweit angewandte Zolltarifschema besteht seitdem aus 21 römisch bezifferten Abschnitten und 96 arabisch bezifferten Kapiteln mit mehr als 10.000 Tariflinien. Die Nomenklatur des HS wird alle vier bis sechs Jahre an technische und wirtschaftliche Entwicklungen angepasst. Überarbeitungen (sog. Revisionen) gab es bislang mit dem HS 1992, HS 1996, HS 2002, HS 2007 sowie dem derzeit geltenden HS 2012. Die Nomenklatur des HS wird in mehr als 200 Ländern, Wirtschaftsgebieten und Freihandelszonen angewendet und damit werden mehr als 98 Prozent des grenzüberschreitenden Warenhandels erfasst. Daher lassen sich die erfassten Handelsdaten aus verschiedenen Ländern und Regionen vergleichen.

Zolltarifauskunft → verbindliche Zolltarifauskunft.

Zolltheorie – I. Begriff: Zolltheorie wird als theoretische Grundlage der → Zollpolitik verstanden. – *Hauptfragen:* (1) Welche Formen tarifärer Belastungen (→ tarifäre Handelshemmnisse) von Außenhandelsströmen gibt es (→ Zoll, → Einfuhrzoll)? (2) Wie wirkt eine Zollerhebung auf Mengen und Werte der international gehandelten Güter, auf die Güterversorgung, auf die inländische Produktion, auf die Wohlfahrtspositionen von Konsumenten und Produzenten, auf die Verteilung der Handelsvorteile auf → Inland und → Ausland, auf die Realaustauschverhältnisse (→ Terms of Trade; → Optimalzoll), auf die → Zahlungsbilanz und auf die Einnahmenseite des Staatshaushaltes? (3) Inwieweit unterscheiden sich die Auswirkungen einer Zollerhebung von denen eines Einsatzes anderer handelspolitischer Instrumente (→ Importkontingentierung, → nicht tarifäre Handelshemmnisse)? (4) Mit welchen grundsätzlichen Argumenten kann ein Abweichen von den Prinzipien des → Freihandels durch die Anwendung von Zöllen überhaupt gerechtfertigt werden (→ Protektionismus)?

II. Zollwirkungen: 1. *Die (allg.) Auswirkungen* einer Zollerhebung seien anhand der Grafik „Zolltheorie – Wirkung einer Zollerhebung“

Zolltheorie – Wirkung einer Zollerhebung

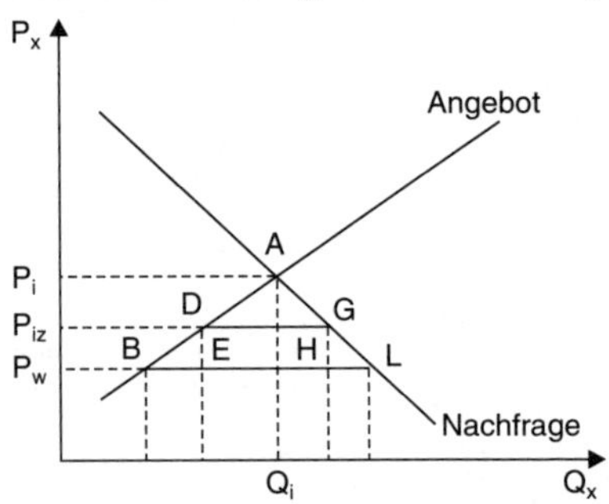

veranschaulicht, die sich der Einfachheit halber auf die *Analyse der Inlandseffekte*, ausgehend von unendlicher Preiselastizität des Importangebots beschränkt. – Interpretation der Grafik: Dabei beschreiben P_i und Q_i Gleichgewichtspreis und -menge im Inland bei → Autarkie; bei Übergang zum Freihandel würde sich ein einheitlicher Weltmarktpreis von P_w ergeben, sofern von Transaktionskosten etc. abgesehen wird, sowie ein Import des Inlands in Höhe von BL erfolgen. Wird nun ein Zoll auf die → Einfuhr des betrachteten Gutes erhoben, wird der Inlandspreis dementsprechend steigen. Es ergibt sich als neuer Gleichgewichtspreis P_{iz}, bei dem es nur noch zu einem Import in Höhe von DG kommt. – 2. Die Gesamtauswirkung der Zollerhebung auf das Inland lässt sich in folgende *Teileffekte* (Zollwirkungen) aufspalten: a) Aufgrund des von P_w auf P_{iz} gestiegenen Inlandspreises ist die inländische Wirtschaft zu einer um BE erhöhten Produktion in der Lage *(Protektionseffekt)*. – b) Aus dem gleichen Grund kommt es zu einem Rückgang der inländischen Nachfrage um HL *(negativer Absorptionseffekt)*. – c) Die Konsumentenrente verringert sich folglich um $GP_{iz}P_wL$, die Produzentenrente steigt um $DP_{iz}P_wB$ *(Umverteilungseffekt)*; dabei sinkt die Konsumentenrente um BLGD stärker als die Produzentenrente steigt, wovon GHL auf einen Rückgang an Konsumentenrente aufgrund des um HL reduzierten Gesamtkonsums und BED auf eine Kostensteigerung für die erhöhte Inlandsproduktion entfallen, womit diese Flächen die gesamtwirtschaftlichen Wohlfahrtsverluste ausdrücken. – d) Die → Leistungsbilanz weist um BE + HL verminderte Warenimporte auf *(Zahlungsbilanzeffekt)*. – *e)* Im Umfang von DEHG erzielt der Staat Zolleinnahmen *(fiskalischer Einnahmeeffekt)*, es sei denn, der Zollsatz wird so hoch angesetzt, dass überhaupt kein Import mehr zustande kommt *(Autarkiepunkt A; Prohibitivzoll)*. – 3. Diese Effekte können in ähnlicher Weise eintreten, wenn nicht ein Zoll erhoben, sondern stattdessen die Einfuhr mengenmäßig beschränkt wird *(Kontingentierung)*. Grundsätzlich sind allerdings die einfuhrbeschränkenden Wirkungen sicherer. Ihre Einführung liegt deshalb nahe, wenn bei unelastischem Importangebot ein gewünschter Protektionseffekt durch Zollerhebung kaum, wohl aber durch Kontingentierung zu erreichen ist. Zu einem fiskalischen Einnahmeeffekt kommt es bei Kontingenten nur dann, wenn der Staat sich die Importlizenzen entgelten lässt. Mehreinnahmen infolge der induzierten Steigerung der inländischen Absatzpreise müssen nicht unbedingt den inländischen Importeuren zugute kommen, sondern können (zumindest z.T.) von den ausländischen Exporteuren beansprucht werden und zwar nicht zuletzt je nach der jeweiligen Konstellation der Marktmacht. – 4. Eine Exportsteuer führt *sowohl für ein großes wie für ein kleines Land*zu genau denselben Ergebnissen wie ein Importzollsatz von derselben Größenordnung, vorausgesetzt die Steuereinnahmen werden in beiden Fällen derselben Verwendung zugeführt (→ Lernersches Symmetrietheorem). – 5. Eine *bes. Form der Handelspolitik* ist die → Integration durch Errichtung von → Zollunionen bzw. → Freihandelszonen. Die Errichtung solcher Freihandelsblöcke kann nicht eindeutig als Schritt in Richtung Liberalisierung des Welthandels interpretiert werden. Der selektive Abbau von Handelsbarrieren beseitigt einerseits zwar eine Verzerrung, und zwar die Diskriminierung der Anbieter aus den Partnerländern gegenüber heimischen Anbietern (Handelsschaffungseffekt). Zugleich aber wird eine neue Verzerrung eingeführt, und zwar in Form der Diskriminierung zwischen den Anbietern aus den Block-Partnerländern und den Anbietern aus Drittländern (Handelsumlenkungseffekt). Es ist nicht von vornherein klar, ob der Nettoeffekt für alle beteiligten Partnerländer oder auch für die Drittländer positiv ist.

Zollunion – spezifisches Konzept zur regionalen Handelsliberalisierung. Im Zuge der Verwirklichung einer Zollunion werden zwischen den beteiligten Volkswirtschaften (schrittweise) alle → Zölle und → Kontingente beseitigt; parallel hierzu werden gleichzeitig die von den Mitgliedsländern gegenüber Drittländern angewendeten Zölle und Kontingente aneinander angeglichen, sodass nach außen hin ein einheitliches Zollrecht gilt (Entstehen *eines* gemeinsamen Zolltarifs, s. → Einreihung in den Zolltarif). – *Bedeutung*: Eine Zollunion (so auch im Fall der Europäischen Union) dient i.d.R. als *Vorstufe* zur Errichtung eines gemeinsamen → Binnenmarktes oder einer → Wirtschaftsunion (→ regionale Integration). Der zur Gründung einer Zollunion erforderliche politische Konsens zwischen den beteiligten Ländern ist wegen des Verlustes der nationalen handelspolitischen Autonomie erheblich schwieriger zu erreichen als bei einer → Freihandelszone. – Eine Zollunion verstößt prinzipiell gegen den Grundsatz der → Meistbegünstigung des → GATT bzw. der → World Trade Organization (WTO). Art. XXIV des → GATT-Abkommens definiert die Bedingungen, unter denen eine Zollunion zwischen Staaten, die Vertragspartner im Rahmen des GATT sind, zulässig ist. – *Beispiel:* Die → EU ist die bekannteste und wirtschaftlich bedeutendste Zollunion mit 27 Mitgliedsstaaten (vgl. Art. 28 AEUV). Weitere Zollunionen: → MERCOSUR, → CARICOM, → CEMAC, UEMOA, EAC, → Southern African Customs Union (SACU). – Vgl. auch → Integration, → Regionalismus.

Zollveredelungsverkehr → aktive Veredelung, → passive Veredelung, → Veredelungsverkehr.

Zollverein – 1. *Zusammenschluss* von Staaten zur Vereinheitlichung des Zollwesens und zum Abbau der Zollschranken, u.U. als Vorstufe einer → Zollunion. – 2. In Deutschland entstanden 1828 der *süddeutsche, mitteldeutsche* und *norddeutsche Zollbund*, 1833 wurde der „Deutsche Zollverein" gegründet als Zusammenschluss des bayerisch-württembergischen und des preußisch-hessischen Zollvereins mit Sachsen und Thüringen. Mit dem am 1.1.1834 in Kraft getretenen Zollverein wurden die → Binnenzölle aufgehoben und der wirtschaftliche Zusammenschluss der dt. Länder auch auf anderen Gebieten vorbereitet, so z.B. die Allgemeine Deutsche Wechselordnung von 1847, die in den Folgejahren von den Zollvereinsstaaten in Kraft gesetzt wurde. Der Vereinszolltarif wurde 1838 auf Grundlage des preussischen Zolltarifes geschaffen, der lediglich 43 alphabetisch sortierte Warengruppen enthielt. Schon 1842 gehörten dem Deutschen Zollverein 28 der 39 Bundesstaaten an. 1854 gehörten dem Zollverein alle Staaten des späteren Deutschen Reiches mit Ausnahme von Mecklenburg, Hamburg, Bremen und den später hinzugekommenen Gebieten Schleswig-Holstein und Elsass-Lothringen an. Bremen trat erst 1884, Hamburg 1888 bei, nachdem die Freihäfen ein Zollausschlussgebiet ermöglichten. Bis 1888 traten insgesamt 39 dt. Staaten bei, so auch Luxemburg, allerdings ist Österreich nie beigetreten. Ein bedeutender Verfechter des Zollvereingedankens war Friedrich → List. Der Deutsche Zollverein führte zur wirtschaftlichen Integration und Gründung einer → Währungsunion, da der Vereinstaler als Zahlungsmittel durch die Münzkonventionen von 1838 und 1857 eingeführt wurde. Darüber hinaus wurden Maße und Gewichte vereinheitlicht, was zur Erleichterung des Handelslebens führte. Der Deutsche Zollverein ist ein frühes Beispiel der wirtschaftlichen Integration und gilt mit Einschränkungen als Vorbild für die europäische Einigung im Rahmen der Europäischen Union.

Zollverfahren – 1. *Begriff:* Der → Zollkodex (ZK) kennt acht Zollverfahren: (1) Überführung in den zollrechtlichen freien Verkehr; (2) → Versandverfahren; (3) → Zolllagerverfahren; (4) → aktive Veredelung; (5) → Umwandlungsverfahren; (6) → vorübergehende Verwendung; –(7) → passive Veredelung; (8) → Ausfuhrverfahren. – Vgl. auch → Zollbehandlung. – 2. *Künftige Begriffe:* Mit dem → Unionszollkodex wird die Anzahl auf drei reduziert: (1) Überlassung zum zollrechtlich freien Verkehr;(2) bes. Verfahren;(3) Ausfuhr; (vgl. Art. 4 Nr. 12 MZK). Allerdings werden unter bes. Verfahren gem. Art. 135 MZK vier Arten mit jeweils mehreren Unterarten zusammengefasst: (a) Versand – umfasst externen und internen Versand;(b) Lagerung – umfasst die vorübergehende Verwahrung, das Zolllager und die Freizone;(c) Verwendung – umfasst die vorübergehende Verwendung und die Endverwendung;(d) Veredelung – umfasst die aktive und die passive Veredelung.

Zollverfahren mit wirtschaftlicher Bedeutung – Im → Zollkodex (ZK) gibt es immer wieder gemeinsame Vorschriften mit zentralen Begriffen für mehrere Verfahren. Bes. Bedeutung haben dabei die Regelungen für Zollverfahren mit wirtschaftlicher Bedeutung. Das sind gemäß Art. 84 Ib ZK: das → Zolllagerverfahren, die → aktive Veredelung, das → Umwandlungsverfahren (→ Umwandlung), die → vorübergehende Verwendung und die → passive Veredelung. Die Inanspruchnahme dieser Verfahren bedarf der Bewilligung, Art. 85 ZK. Sie enden gemäß Art. 89 ZK, sobald die darin übergeführten Waren bzw. die gewonnenen Veredelungs- oder Umwandlungserzeugnisse eine neue zulässige zollrechtliche Bestimmung erhalten haben. Endpunkt ist nicht, wie ausdrücklich in Art. 92 ZK für das externe Versandverfahren vorgesehen, die Gestellung bei einer Zollstelle. Vielmehr kommt es ohne ein Zwischenstadium auf den Beginn eines neuen Zollverfahrens oder einer sonstigen zollrechtlichen Bestimmung an. Im → Unionszollkodex entfällt dieser Begriff.

Zollverkehr → Zollverfahren.

Zollverschluss – Mittel der zollamtlichen Überwachung zur Sicherung der Zollbelange. Der Wirtschaftsbeteiligte hat Räume, Beförderungsmittel und Behältnisse, die zollamtlich verschlossen werden sollen, auf seine Kosten so herzurichten, dass Zollverschlüsse auf einfache und wirksame Weise angebracht, Waren weder entnommen noch hineingebracht werden können, ohne sichtbare Spuren des Aufbrechens zu hinterlassen oder den Zollverschluss zu verletzen. Für den Zollverschluss werden meist Zollplomben und auch Zollschlösser verwendet. In einzelnen Fällen kann etwa bei → Versandverfahren ein Wirtschaftsbeteiligter berechtigt sein, Zollverschlüsse selbst anzulegen. – Vgl. auch → Zollmitverschluss.

Zollvertrag – zwischenstaatliche Vereinbarung zur Regelung von Zollfragen, die die beteiligten Länder angehen. – Vgl. auch → Zollverein, → Zollunion, → Zollabkommen.

Zollverwaltung – 1. *Begriff:* Die Zollverwaltung ist ein Teil der → Finanzverwaltung. – 2. *Aufbau:* Ihr Aufbau hat sich ab dem 1.1.2008 aufgrund einer umfassenden Strukturreform geändert. Oberste Bundesbehörde ist das Bundesministerium der Finanzen (BMF), dessen Abteilung III in Bonn für die Zollbelange zuständig ist. Obere Bundesbehörde ist die Bundesmonopolverwaltung für Branntwein mit dem Sitz in Offenbach. Neu ist die Einteilung der Mittelbehörden und die damit verbundene Aufgabenzuweisung. Fünf Bundesfinanzdirektionen und zwar Nord (Hamburg), Mitte (Potsdam), West (Köln), Südwest (Neustadt an der Weinstraße) und Südost (Nürnberg) mit fünf zentralen Facheinheiten sind zentral zuständig für die operative Umsetzung des Zollrecht, des Verbrauchsteuerrechts und der anderen der Zollverwaltung zugeordneten Aufgaben. Zugleich obliegt ihnen die Rechts- und Fachaufsicht über die in ihrem jeweiligen Bezirk liegenden insgesamt mehr als 40 Hauptzollämter. Diese wiederum sind die örtlichen Ansprechpartner für die Wirtschaftsbeteiligten. Bestandteile der → Hauptzollämter sind die für die Zollabfertigung zuständigen → Zollämter. Die genauen Zuständigkeiten sind der Homepage der dt. Zollverwaltung zu entnehmen. Als Mittelbehörden fungieren weiterhin das Zollkriminalamt in Köln mit den nachgeordneten Zollfahndungsämtern und das Bildungs- und Wissenschaftszentrum der Bundesfinanzverwaltung in Münster mit über 20 Dienstsitzen und Zuständigkeiten für Aus- und Fortbildung und Wissenschaft und Technik.

Zollverwaltungsgesetz (ZollVG) – Der → Zollkodex (ZK) und die Durchführungsverordnungen regeln das Zollverfahrensrecht in der Europäischen Gemeinschaft materiell und formell, aber die einzelnen Zollverwaltungen der Mitgliedsstaaten müssen sich bez. der Organisation und des Einsatzes wegen des Fehlens einer einheitliche EU-Zollverwaltung national selbst bestimmen. Deswegen wurde zum 21.12.1992 das Zollverwaltungsgesetz (m.spät. Änd.) geschaffen. Es passt die Aufgaben der → Zollverwaltung den Erfordernissen der Gemeinschaft an, legt die dafür erforderlichen Befugnisse fest und enthält die Bestimmungen, die nach Gemeinschaftsrecht weiterhin der nationalen Regelungskompetenz unterliegen. Weitere Einzelheiten ergeben sich aus der ergänzenden Zollverordnung (ZollV).

Zollwert – wichtigster Verzollungsmaßstab, der sich weltweit durchgesetzt hat. Nur noch wenige Staaten verzollen nach spezifischen Maßstäben, etwa Gewicht oder Menge. Im Gemeinsamen Zolltarif sind nur noch einzelne wenige Waren aufgeführt, die nach spezifischen Zollsätzen zu verzollen sind (u.a. Tabak, Schaumwein). – Der heutige Zollwert beruht auf den Zielvorstellungen des → GATT. Weltweit soll eine gleichmäßige Zollwertbemessung eingeführt werden. Die Einzelheiten ergeben sich aus dem → GATT-Zollwert-Kodex, der vom Rat der Gemeinschaft angenommen und in unmittelbar geltendes EU-Recht zum 1.7.1980 umgesetzt wurde. – Seitdem steht der Transaktionswert als Zollwert im Mittelpunkt des Zollwertrechts, wie auch in den entsprechenden Bestimmungen des Zollkodexes (Art. 29 ff. ZK). Er ist in Art. 29 I ZK definiert und geht vom Kaufpreis der Waren aus, nicht von einem irgendwie ermittelten richtigen Wert. Die Art. 32 und 33 ZK legen Hinzurechnungen und mögliche Abzüge fest. Der Transaktionswert wird in ca. 90 Prozent aller Einfuhrfälle in die Gemeinschaft der Zollwertbemessung zugrunde gelegt.

Zollwirkungen → Zolltheorie.

Zollzaun – zollsichere Umfriedung des Freihafens (→ Freizone des Kontrolltyps I) zur Sicherung der Freihafengrenze gegenüber dem Lande. Der Zollzaun ist von der Freihafenverwaltung zu errichten und zu unterhalten. Er soll aus einem mind. drei Meter hohen eisernen Zaun aus starkem Drahtnetz mit Maschen von höchstens vier Zentimeter Länge und Breite bestehen.

Zollzuschlag – 1. *Begriff:* nunmehr nur noch Zuschlag genannte, bes. Abgabe zu den nach den Zollvorschriften zu erhebenden → Einfuhrabgaben, wenn → Nichtgemeinschaftswaren im Reiseverkehr im Zusammenhang mit der Zollbehandlung der zollamtlichen Überwachung vorenthalten oder entzogen werden (z.B. durch Verbergen oder durch falsche Beantwortung entsprechender Fragen der Zollabfertigungsbeamten). – 2. *Rechtliche Charakterisierung:* Er ist rechtlich weder Strafe noch Bußgeld noch Säumniszuschlag, sondern ein Zoll eigener Art, der als „abgabenrechtliche Sanktion" erhoben werden kann (§ 32 ZollVG). Das Zuschlag genannte Institut erlaubt Steuerstraftaten und Steuerordnungswidrigkeiten, die im Reiseverkehr über die Grenze im Zusammenhang mit der Zollbehandlung begangen worden sind, bei Abgabenverkürzung bis 130 Euro durch einen Zuschlag bis zur Höhe der Einfuhrabgaben, höchstens jedoch 130 Euro zu ahnden.

Zollzwecke – Grundsätzlich sind zwei (sich gegenseitig ausschließende) Zwecke bei der Zollerhebung zu unterscheiden: (1) *Fiskalzölle* (auch: der → Finanzzoll) sollen Einnahmen für den Staatshaushalt erbringen. Da sie das zu verzollende → Gut entsprechend verteuern, setzt die Verwirklichung des Einnahmeziels voraus, dass die Preiselastizität der Nachfrage nach diesen Gütern möglichst klein ist, d.h. dass sich die Nachfrager möglichst wenig durch die Zollerhebung abschrecken lassen. (2) Das zweite Zollmotiv ist der *Wirtschaftszoll* (→ Erziehungszoll). Sein Ziel ist nicht die Einnahmeerzielung, sondern der Schutz der inländischen Wirtschaft vor billiger ausländischer Importkonkurrenz (→ Schutzzoll). Das Schutzmotiv wird auch daran deutlich, dass Zölle in aller Regel mit zunehmendem Verarbeitungsgrad der importierten Güter zunehmen *(Zollprogression)*, d.h. verarbeitende inländische Industrie schützen, während im → Zollgebiet nicht vorkommende bzw. nicht geförderte, aber produktionsnotwendige Rohstoffe gar nicht oder nur gering mit Zöllen belastet werden. Dies bezeichnet man als → effektive Protektion, im Unterschied zur nominalen Protektion, die sich aus den → Zolltarifen für die jeweiligen Güter ablesen lässt. Je ausgeprägter die Zolltarife eine Progression mit zunehmendem Verarbeitungsgrad aufweisen, desto größer ist die effektive Protektion im Vergleich zur nominalen. Die → EU erhebt z.B. auch in Abhängigkeit von der Jahreszeit saisonale Zölle für Obst und Gemüse, um ihre eigene Produktion zu schützen. Unter dem Gesichtspunkt der Protektion ist somit nur der → Schutzzoll als protektionistische Maßnahme zu werten. Natürlich wirken auch Fiskalzölle handelshemmend, doch werden sie eben aus anderen wirtschaftspolitischen Gründen als Schutzzölle eingesetzt. Nach → IWF-Angaben liegt in sehr vielen Staaten der Anteil der Zolleinnahmen zwischen 25 und 35 Prozent der Staatseinnahmen. Daher ist es verständlich, wenn bestimmte Länder aus fiskalischen Gründen kein ausgeprägtes Interesse an einer → Handelsliberalisierung haben. Sie befinden sich daher in einem Dilemma, wenn der IWF im Rahmen von Strukturanpassungsprogrammen zur Sanierung der Wirtschaft eine Importliberalisierung empfiehlt. Zuerst müsste bei Fiskalzöllen direkt auf Zolleinnahmen verzichtet werden, die nicht simultan durch andere Einnahmen (→ Steuern) kompensiert werden können. Hinzu kommt beim Wegfall von Schutzzöllen, dass durch Importe inländische Produktion verdrängt werden kann, was zum einen zu Beschäftigungseinbußen führt, zum andern aber auch Einbußen bei den Steuern bedeuten kann, die sich bislang aus der inländischen Produktion ergaben (Umsatz- und → Verbrauchsteuern, Einkommen- und Gewinnsteuern). Auch im Exportbereich gibt es in vielen Ländern Zölle, und zwar sowohl als Fiskalzölle (v.a. in Entwicklungsländern) als auch als Schutzzölle, um den Export bestimmter Güter zu erschweren und die Güterversorgung im Inland nicht zu gefährden. Das Schutzzollargument ist historisch als → Erziehungszoll entstanden, d.h. als zeitlich begrenzter Zoll, in dessen Schutz sich die begünstigten Industrien auf den späteren Wettbewerb auf dem Weltmarkt vorbereiten sollten. Sobald die Wettbewerbsfähigkeit gegenüber den Konkurrenten im Ausland ausreichend gestärkt ist, soll ein solcher Schutzzoll abgebaut werden. Vielfach denaturieren Erziehungszölle jedoch zu Dauereinrichtungen, welche die Erstarrung und Verkrustung ineffizienter Wirtschaftsstrukturen begünstigen; die Abschottung des EU-Agrarmarktes vom Weltmarkt ist ein einschlägiges schlechtes Beispiel. Sofern durch Zölle der Import völlig zum Erliegen kommt und faktisch ein Importverbot vorliegt, spricht man von → *Prohibitivzoll*, während Zölle, die als Reaktion auf die Zollerhebung eines anderen Landes eingeführt werden, als *Retorsionszoll*, → *Abwehrzoll* oder → *Vergeltungszoll* bezeichnet werden. In diesem Zusammenhang ist auch der → Antidumpingzoll als tarifäre Protektion gegen „Schleuderpreise" und der → Ausgleichszoll für staatlich subventionierte Ausfuhren anzuführen, welche ungerechtfertigt billige Importe auf ein „richtiges" Preisniveau anheben sollen. Während Zölle grundsätzlich → tarifäre Handelshemmnisse sind, zählen die drei zuletzt genannten Maßnahmen zu den → nicht tarifären Handelshemmnissen gezählt.

Zollzweckgemeinschaft – 1. *Begriff:* → Zweckgemeinschaft zur Abwicklung von Zollangelegenheiten auch Inanspruchnahme von → Zollverfahren. Mehrere Firmen schließen sich zusammen, um gegenüber den Zollbehörden als gemeinschaftlicher Partner aufzutreten. Das Interesse einer Zollzweckgemeinschaft ist darauf gerichtet, die Abwicklung des grenzüberschreitenden Warenverkehrs in Zusammenarbeit mit Zollbehörden möglichst unkompliziert sicherzustellen, wenn es darum geht, Zollverfahren abzuwickeln, Zollvergünstigungen oder Zollbefreiungen oder auch normale Veredelungsverfahren durchzuführen.Bewilligungsinhaber von → Zollverfahren mit wirtschaftlicher Bedeutung können Zollzweckgemeinschaften nur eingeschränkt sein, etwa beim → Zolllager. Da es bei der aktiven Veredelung, der passiven Veredelung und dem → Umwandlungsverfahren auf die wirtschaftliche Sachherrschaft ankommt, muss Inhaber der Bewilligung die konkrete betroffene Firma sein. – Zollzweckgemeinschaften sind bei Großprogrammen üblich; sie spielen im Schiffbau, Flugzeugbau, in der Raumfahrtindustrie sowie im Baugewerbe und in sonstigen internationalen Projekten eine zunehmende Rolle. – 2. *Vertragsgrundlage:* Für die Bildung einer Zollzweckgemeinschaft besteht kein Formzwang. Eine vertragliche Vereinbarung zur BGB-Gesellschaft ist erforderlich; soweit kein Vertrag vorliegt, ist eine einfache, von allen Gesellschaftern unterschriebene Erklärung, die Teilnehmer, Art des Zollverfahrens, Ziel, Vertretung nach außen sowie Haftung enthält, gegenüber der bewilligenden Zollstelle abzugeben. – 3. *Haftung:* Alle Mitglieder sind zur Schaffung der erforderlichen Voraussetzungen zur Wahrung der zoll- und steuerrechtlichen Belange verpflichtet. Die Zollzweckgemeinschaft ist Abgabenschuldner, soweit Ansprüche aus rechtmäßiger oder unrechtmäßiger Zollbehandlung entstehen: Die Gesellschafter haften für alle in Frage kommenden Eingangsabgaben gesamtschuldnerisch, können aber interne Haftungsabgrenzung sicherstellen. – 4. *Genehmigungsverfahren nach Außenwirtschaftsrecht:* Einer Zollzweckgemeinschaft kann zollrechtlich eine Bewilligung für Zollverfahren erteilt werden, soweit sie die dabei erforderlichen Voraussetzungen erfüllt. Ansonsten ist einem der beteiligten Partner das Verfahren zu bewilligen. Nach Außenwirtschaftsrecht besteht jedoch für jeden der beteiligten Partner weiterhin die Verpflichtung, den Forderungen des Außenwirtschaftsrechtes hinsichtlich Einfuhr- und Ausfuhrgenehmigungs- sowie -kontrollverfahren nachzukommen. Unter Hinweis auf die Zollzweckgemeinschaft, ggf. auf bes. begünstigte Programme, können Genehmigungs- und Kontrollverfahren vereinfacht geregelt werden. – 5. *Warenverkehr:* Der Warenverkehr innerhalb der Zollzweckgemeinschaft (d.h. zwischen den einzelnen Partnern, Werken, Lagerstätten, Produktionsbetrieben etc.) kann nach entsprechender Bewilligung ohne bes. Einschaltung der Zollbehörden mit werksinternen Lieferscheinen abgewickelt werden. Für die Sicherstellung der Überwachung des Warenverkehrs ist jede einzelne zur Zollzweckgemeinschaft gehörende Firma (Partner) selbst verantwortlich. Sie kann sich hierbei nach vorheriger Abstimmung mit den Zollbehörden der betrieblichen Aufzeichnungen oder Materialbewirtschaftungssysteme bedienen.

Zonenrandgebiet – 1. *Begriff:* Das Zonenrandgebiet war ein etwa 40 km breiter Streifen am Ostrand des alten Bundesgebiets von der Ostsee bis zur Donau entlang der Grenze zur ehemaligen DDR; bestimmte Stadt- und Landkreise in den Ländern Schleswig-Holstein, Niedersachsen, Hessen und Bayern umfassend. – 2. *Steuerliche Behandlung:* Das Zonenrandgebiet wurde durch regionale Wirtschaftsförderung, Sonderabschreibungen und weitere Maßnahmen gefördert, um die Nachteile des Zonenrandgebiets aus der Grenzlage zur ehemaligen DDR auszugleichen. Nach der Wiedervereinigung ist die Förderung des Zonenrandgebiets ausgelaufen.

Z-Organisation – Typus der Clan-Organisation, bei dem ein unternehmenskultureller Grundkonsens zwischen den Unternehmenszielen und den Individualzielen besteht. Gilt als charakteristisch für die japanische Organisationswirklichkeit.

Zubehör – Begriff des Bürgerlichen Rechts. Zubehör einer Sache sind → bewegliche Sachen, die, ohne → wesentliche Bestandteile der Hauptsache zu sein, ihrem wirtschaftlichen Zweck zu dienen bestimmt sind und zu ihr in einem dementsprechenden räumlichen Verhältnis stehen; bes. bei gewerblichen Gebäuden die zum Betrieb bestimmten Maschinen und sonstigen Gerätschaften (§§ 97, 98 BGB). Verpflichtet sich jemand (z.B. durch Verkauf) zur Veräußerung oder Belastung einer Sache, so erstreckt sich die Verpflichtung im Zweifel auch auf das Zubehör (§ 311c BGB). Ähnliches gilt für den Vollzug einer solchen Verpflichtung. Im Zweifel erwirbt der Erwerber eines Grundstücks mit diesem auch das Zubehör (§ 926 BGB), ohne dass es dazu einer separaten Übereignung bedarf.

Zubringerverkehr → Transportkette.

Zuckersteuer – Die Zuckersteuer ist eine → Verbrauchsteuer auf Zuckerherstellung oder -einfuhr; ursprünglich in der Form einer Materialsteuer auf rohe Rüben. Sie ist im Hinblick auf den EG-Binnenmarkt zur Vermeidung von Wettbewerbsverzerrungen zum 1.1.1993 abgeschafft worden. – *Aufkommen 1992:* 93,7 Mio. Euro.

Zufall – 1. *Allgemeiner Sprachgebrauch:* Ein (seltenes) nicht vorauszusehendes Ereignis. – 2. Im *Rechtssinne:* Ein von dem Schuldner i.d.R. nicht zu vertretendes unverschuldetes Ereignis. – Vgl. auch → Gefahrübergang, → höhere Gewalt.

zufälliges Ereignis – in der Statistik Teilmenge der → Ergebnismenge eines → Zufallsvorganges. – *Beispiel:* Beim Würfeln das Ereignis, „eine 1" bzw. „eine gerade Zahl" bzw. „höchstens eine 4" zu erhalten.

Zufallsauswahl – Verfahren der Auswahl von Stichproben, bei dem jedes Element der → Grundgesamtheit eine vorab bekannte Chance besitzt, in die Stichprobe zu gelangen. – 1. *Verfahren*: bekanntestes Verfahren ist die einfache Zufallsauswahl, bei der jedes Element die gleiche Wahrscheinlichkeit hat. Komplexere Verfahren gehen von einer Unterteilung der Grundgesamtheit in Teilgesamtheiten aus, wobei jedes Element der Grundgesamtheit zu genau einer Teilgesamtheit gehört. Bei der geschichteten Zufallsstichprobe werden aus allen Teilgesamtheiten einfache Zufallsstichproben gezogen. Bei der Clusterauswahl werden zufällig Teilgesamtheiten gezogen, die dann vollständig erhoben werden. Bei der zweistufigen Auswahl werden zunächst zufällig Teilgesamtheiten gezogen, in denen dann durch einfache Zufallsauswahl wiederum Einheiten gezogen werden. Diese Grundformen lassen sich kombinieren und erweitern. So kann die Auswahl der Cluster mit einer geschichteten Stichprobe erfolgen. – 2. *Zufallsstichproben in der Praxis*: In der Praxis sind bes. zufällige Telefonstichproben und Stichproben für persönliche Befragungen relevant. Bei ersteren werden beim *Gabler-Häder-Verfahren* von den in Telefonbüchern bekannten Telefonnummern die letzten beiden Ziffern gestrichen und alle möglich Ziffern von 00 bis 99 wieder angehängt. Dadurch werden auch solche Haushalte erreicht, die nicht in den Telefonbüchern verzeichnet sind. Bei Stichproben zur persönlichen Befragung werden zunächst lokale Einheiten von ca. 1500 Einwohnern (sog. Sample Points) ausgewählt, aus denen dann nach einem Zufallsverfahren Haushalte ausgewählt werden. Bei beiden Verfahren erfolgt dann die Auswahl der zu befragenden Person z.B. nach dem Last-Birthday-Verfahren, bei dem die Zielperson befragt wird, welche zuletzt Geburtstag hatte. – *Anders:* → Bewusste Auswahl.

Zufallsexperiment → Zufallsvorgang.

Zufallsfehler → Stichprobenzufallsfehler.

Zufallsgenerator → Algorithmus zur Erzeugung von gleichverteilten, d.h. mit gleichen Realisierungswahrscheinlichkeiten versehenen → Zufallszahlen. Die durch einen Zufallsgenerator im Computer erzeugte Folge von Zufallszahlen muss statistischen Tests, bes. auf Gleichverteilung und Unabhängigkeit genügen. Zum Einsatz kommt häufig der lineare Kongruenzgenerator (Lehmer 1949):

$$x_{n+1} \equiv (k^* \cdot x_n + 1) \bmod m,$$

wobei x_0 die Zufallsstartzahl, k, l, m ∈ N geeignet und zu wählende Parameter sind; es muss m > max (k, l, x_0) sein. Aus der gewonnenen Folge (x_i) i = 1, ..., m können durch Transformationen andere → Verteilungen erzeugt werden.

Zufallsrisiko – 1. *Begriff:* Komponente des → versicherungstechnischen Risikos. Selbst im Idealfall vollständiger Kenntnis der Zufallsgesetzmäßigkeit der Versicherungsleistungen besteht aufgrund der Zufallsbestimmtheit der Versicherungsleistungen eine positive Wahrscheinlichkeit für einen technischen Ruin d.h. des Eintritts des Ereignisses, dass der periodische Gesamtschaden des versicherten Kollektivs die vorhandenen Finanzmittel in Form der Summe aus der vereinnahmten kollektiven Prämie für die Risikodeckung und dem vorhandenen Sicherheitskapital übersteigt. – 2. *Merkmale:* Das Zufallsrisiko wird typischerweise durch die Verlustwahrscheinlichkeit bzw. allg. durch die Ruinwahrscheinlichkeit quantifiziert. Das Zufallsrisiko ist nicht eliminierbar, jedoch im Gegensatz zu den anderen Komponenten des versicherungstechnischen Risikos relativ gut mit wahrscheinlichkeitstheoretischen Methoden abschätzbar.

Zufallsschwankung – in der → Zeitreihenanalyse und bei → Prognosen diejenige Komponente einer Zeitreihe (→ Zeitreihenkomponenten), durch die ein nicht dominierender und sich auf längere Frist ausgleichender Resteinfluss erfasst wird.

Zufallsstichprobe – Ergebnis einer nach Zufallsauswahl (→ Auswahlverfahren) durchgeführten → Teilerhebung. Da Zufallsstichproben nur zufallsabhängig sind, können ihre Kenngrößen mit Methoden der → Inferenzstatistik auf die → Grundgesamtheit übertragen werden (→ Hochrechnung). Eine Zufallsstichprobe wird daher als repräsentativ für die Grundgesamtheit bezeichnet. – Zu *unterscheiden* sind Zufallsstichproben als Ergebnisse → uneingeschränkter Zufallsstichprobenverfahren und → höherer Zufallsstichprobenverfahren.

Zufallsstichprobenverfahren – in der Statistik Verfahren einer → Teilerhebung mit zufälliger Auswahl der → Untersuchungseinheiten (→ Auswahlverfahren); dadurch Gewinnung einer → Zufallsstichprobe. – *Zu unterscheiden:* → uneingeschränkte Zufallsstichprobenverfahren; → höhere Zufallsstichprobenverfahren.

Zufallsvariable – in der Statistik eine Größe, die ihre Werte (Realisationen) mit bestimmten → Wahrscheinlichkeiten annimmt bzw. die mit gewissen Wahrscheinlichkeiten Werte in Intervallen annimmt. Im letzteren Fall kann die mathematische Beschreibung der Wahrscheinlichkeiten über → Wahrscheinlichkeitsdichten (Dichtefunktionen) erfolgen. Aus einem → Zufallsvorgang entsteht eine Zufallsvariable bspw. dadurch, dass jedem Ergebnis des Zufallsvorganges eine reelle Zahl zugeordnet wird (z.B. Anzahl der Augen beim zweifachen Würfelwurf, Summe der täglichen Verkäufe eines Produkts in einer Woche). – a) Eine *diskrete Zufallsvariable* ist dadurch gekennzeichnet, dass sie höchstens abzählbar unendlich viele Werte annehmen kann; ihre → Verteilung kann durch eine → Wahrscheinlichkeitsfunktion dargestellt werden. – b) Eine *stetige Zufallsvariable* kann überabzählbar unendlich viele Werte annehmen. Ihre Verteilung wird z.B. durch eine → Dichtefunktion repräsentiert. – Vgl. auch → Zufallsvektor, → ökonometrische Modelle.

Zufallsvektor – *mehrdimensionale Zufallsvariable;* Kombination von mehreren → Zufallsvariablen, die auf der → Ergebnismenge desselben → Zufallsvorganges erklärt sind. Für Zufallsvektoren können analog zum eindimensionalen Fall einer Zufallsvariablen → Verteilungsfunktion, → Wahrscheinlichkeitsfunktion und → Dichtefunktion erklärt werden.

Zufallsvorgang – *Zufallsexperiment;* Vorgang, der unter konstanten Rahmenbedingungen beliebig wiederholbar ist und dessen Resultat nicht sicher vorhergesagt werden kann.

Zufallszahlen – durch einen Zufallsmechanismus gewonnene Folge der Ziffern 0, 1, 2, ..., 9 mit der Maßgabe, dass jede Ziffer mit → Wahrscheinlichkeit 0,1 aufgetreten ist *(gleichverteilte Zufallszahlen).* Z.B. können Zufallszahlen durch Entnahme von Kugeln mit Zurücklegen aus einer Urne gewonnen werden, die je eine Kugel mit den Ziffern 0, ..., 9 enthält, oder durch Ausspielen einer Walze mit einem regelmäßigen Zehneck als Grundfläche. Zufallszahlen werden heute i.d.R. nicht experimentell, sondern maschinell erzeugt *(Pseudo-Zufallszahlen),* wobei jeweils ein geeigneter deterministischer Generierungsprozess zugrunde gelegt wird (→ Zufallsgenerator). Die Überprüfung der Qualität einer Ziffernfolge, zufällig zu sein, erfolgt mithilfe → statistischer Testverfahren. Zur Erzeugung von Zufallszahlen, die → Realisationen einer → Variablen mit einer bestimmten → Verteilung, z.B. einer → Normalverteilung, sein sollen, werden gleichverteilte Zufallszahlen geeignet transformiert. – Für die *praktische Anwendung* stehen auch tabellarische Verzeichnisse von Zufallszahlen zur Verfügung (→ Zufallszahlentafel).

Zufallszahlentafel – *Randomtafel;* tabellarisches Verzeichnis von gleichverteilten → Zufallszahlen, das z.B. bei der technischen Gewinnung einer uneingeschränkten Zufallsstichprobe (→ uneingeschränktes Zufallsstichprobenverfahren) verwendet wird.

Zuflussprinzip – Prinzip, dass eine Zahlung (Einnahme) dem Kalenderjahr steuerlich zuzuordnen ist, in dem die Zahlung erfolgt/zufließt. Die Zahlung gilt als in dem Zeitpunkt zugeflossen, in dem der Steuerpflichtige über den Betrag Verfügungsmacht erhält. Bspw. ist dies bei Banküberweisungen am Tag der Gutschrift und bei Schecks im Zeitpunkt der Entgegennahme. Regelmäßig wiederkehrende Zahlungen, die dem Steuerpflichtigen kurze Zeit (10 Tage) vor oder nach dem Kalenderjahr zufließen, werden in dem Kalenderjahr steuerlich berücksichtigt, in dem sie wirtschaftlich verursacht sind (§ 11 EStG). Für die Zuordnung von Ausgaben zu den Kalenderjahren gilt in analoger Anwendung das „Abflussprinzip".

Zufriedenheit – 1. *Begriff:* Zufriedenheit wird in der Konsumentenverhaltenstheorie als hypothetisches Konstrukt (→ Käufer- und Konsumentenverhalten) verwendet, um das Kauf- und Informationsverhalten von Konsumenten zu erklären. Zufriedenheit wird definiert als das Ergebnis eines Vergleichs: a) zwischen einer erwarteten und einer eingetretenen Bedürfnisbefriedigung (→ Bedürfnis); b) zwischen einer erwarteten und einer tatsächlich beobachteten Eigenschaftsausprägung eines Guts; c) zwischen einer idealen und einer tatsächlich beobachteten Eigenschaftsausprägung eines Guts. Zufriedenheit kann sich auf gesamte Systeme (z.B. Unternehmungen) oder auf einzelne Leistungen von Organisationen beziehen. – 2. *Messung:* a) eindimensionale Messung; b) mehrdimensionale Messung, bei der davon ausgegangen wird, dass die Zufriedenheit sich aus der gewichteten Summe einzelner Beurteilungsdimensionen zusammensetzt. – 3. *Bezug zu anderen Variablen des Käuferverhaltens:* Die Zufriedenheit wird in Form eines Rückkopplungsprozesses von früheren → Kaufentscheidungen beeinflusst; sie wirkt sich auf die → Markenkenntnis und damit auf zukünftige Kaufentscheidungen aus.

Zugabe – vom Bezug einer Hauptware abhängige Abgabe von Waren oder Leistungen; stellt eine bes. Form der Wertreklame dar (→ Kundenfang), deren Zulässigkeit sich früher nach der Zugabe-Verordnung vom 9.3.1932 bestimmte. Die Zugabeverordnung wurde 2001 zusammen mit dem Rabattgesetz aufgehoben. Seither ist es grundsätzlich zulässig, Zugaben als „Geschenk" zu bezeichnen, Gutscheine auszugeben oder „Two-for-One"-Angebote zu unterbreiten. Ebenso wie für die Gewährung von Rabatten gilt jedoch, dass Zugaben nach dem Wegfall der Zugabeverordnung nicht schlechthin zulässig sind, sondern die Grenzen des Kundenfangs (§ 4 UWG) beachtet werden müssen. Zugaben sind daher wegen der von ihnen ausgehenden Anlockwirkung nach wie vor unzulässig, wenn ihr Wert im Verhältnis zu dem der Hauptware derart ins Gewicht fällt, dass sie die Kaufentschließung des Kunden unsachlich beeinflussen.

Zugabeverordnung → Zugabe.

Zugang einer Willenserklärung – Begriff des Bürgerlichen Rechts. – *Formen*: 1. Eine *verkörperte* → Willenserklärung unter *Abwesenden* geht dem Empfänger im Sinn von § 130 BGB zu, wenn sie in den Machtbereich des Empfängers gelangt ist (z.B. Einwurf des Briefes in den Briefkasten des Empfängers, → E-Mail in der Mailbox) und typischerweise mit einer Kenntnisnahme gerechnet werden kann (z.B. nicht zur Nachtzeit). – 2. Eine *verkörperte* Willenserklärung unter *Anwesenden* geht mit der Aushändigung zu. – 3. Eine *nicht verkörperte* Willenserklärung (z.B. mündliche Erklärung unter Anwesenden, Telefon) geht dem Empfänger mit der akustischen Wahrnehmung zu.

Zugangsfaktor – Bestandteil der → Rentenformel in der gesetzlichen Rentenversicherung, § 77 SGB VI. Er richtet sich nach dem Alter des Versicherten bei Rentenbeginn und bestimmt, in welchem Umfang → Entgeltpunkte bei der Ermittlung des Monatsbetrages der Rente als persönliche Entgeltpunkte zu berücksichtigen sind. Er soll Vor- und Nachteile vermeiden, die sich durch unterschiedliche Rentenbezugszeiten durch frühere oder spätere Inanspruchnahme ergeben.

Zugangsfunktion – Begriff aus der → Verlaufsstatistik. In der beschreibenden Statistik ordnet die Zugangsfunktion Z jedem Zeitpunkt t die kumulierte Zugangsmenge (oder die Zugänge) Z(t) im Beobachtungsintervall $(t_0,t]$ zu; t_0 ist dabei ein fest gewählter Beobachtungsbeginn.

Zugangsverfahren – die Art und Weise, wie die Teilnehmer eines → Netzes auf das Übertragungsmedium zugreifen sollen, wenn sie → Daten versenden wollen. Das Zugangsverfahren muss festgelegt werden, damit die störungsfreie Nutzung des Netzes bzw. die Vermeidung von Zugriffskonflikten gewährleistet werden kann. – *Bekannte Verfahren:* → Token Passing, → CSMA/CD.

Zugang zum Betrieb – Berechtigung der Beauftragten der im Betrieb vertretenen Gewerkschaften nach Unterrichtung des Arbeitgebers, damit die Aufgaben und Befugnisse, die den Gewerkschaften nach dem BetrVG zustehen, wahrgenommen werden können (§ 2 II BetrVG).

zugelassener Empfänger – Zur Beendigung eines → Versandverfahrens bedarf es regelmäßig der → Gestellung bei der Bestimmungsstelle. Als Vereinfachung kann gemäß Art. 406 ZK-DVO bewilligt werden, die Waren direkt zum Betrieb des Empfängers zu befördern und von dort aus die Bestimmungsstelle einzuschalten. Der zugelassene Empfänger muss an das NCTS (*New Computerized Transit System*) angeschlossen sein und im Versandverfahren mit Mitteln der Datenverarbeitung mit den Zollbehörden kommunizieren.

zugelassener Versender – Die Überführung von Waren in ein → Versandverfahren bei der → Abgangsstelle kann derart vereinfacht werden, dass die Ware nicht dorthin verbracht werden muss, Art. 398 ZK-DVO. Die Zollanmeldung ist zum NCTS (*New Computerized Transit System*) mittels Datenverarbeitung abzugeben. Das Versandverfahren kann nach elektronischer Überlassung im Betrieb des Wirtschaftsbeteiligten gestartet werden.

Zugewinngemeinschaft → eheliches Güterrecht.

Zugriffsbesteuerung → Zwischengesellschaft.

Zugriffsoperation – im → Software Engineering eine Operation, die mit einer → abstrakten Datenstruktur oder einem abstrakten → Datentyp ausgeführt werden kann.

Zugriffszeit – Angabe des Zeitbedarfs für den Zugriff auf gespeicherte → Daten bzw. für das Auffinden einer Speicherposition („Lesen" und „Schreiben"). Die Zugriffszeit bezieht sich primär auf Direktzugriffsspeicher (→ Speicher).

Zug um Zug – Begriff des Bürgerlichen Rechts. Gleichzeitig gegen eine Leistung des anderen Teils ist eine Leistung zu bewirken, i.Allg. bei Geltendmachung eines → Zurückbehaltungsrechtes und bei → gegenseitigen Verträgen.

Zukunftserfolgswert → Ertragswert.

Zukunftsforschung – *Future(s) Research, Future Studies.* Forschungszweig dem die Annahmen zugrunde liegen, dass die Zukunft erforschbar ist und sich unterschiedliche Zukunftsstränge entwickeln können. Ziel der Forschungsanstrengungen ist es, die Zukunft und denkbare Entwicklungsstränge mithilfe von Methoden, Modellen und Szenarien greifbarer und planbarer zu machen. Die Zukunftsforschung subsumiert eine große Anzahl an Methoden, die den allg. Qualitätskriterien einer Wissenschaft, wie der notwendigen Relevanz, der logischen Konsistenz, der Einfachheit und der Überprüfbarkeit, genügen müssen. Das Methodenspektrum der Zukunftsforschung umfasst die Methoden der Ideenfindung, die explorativen, die projektiven und die rekursiven Methoden. – 1. Die *Methoden der Ideenfindung* unterstützen die Generierung von Assoziationen, die späteren Analysen als Grundlage dienen. – 2. Durch die *explorativen Methoden* wird die Abbildung von Prognosen und Zukunftsbildern durch gegenwärtige Gegebenheiten entwickelt. Ein Hilfsmittel zur Generierung solcher Zukunftsbilder bilden mathematische Verfahren. Als Beispiel für eine explorative Methode kann die Trendbruchanalyse herangezogen werden. Sie unterstützt die gezielte Suche nach zukünftigen Brüchen in Trends aufgrund aktueller technologischer Entwicklungen. – 3. *Projektive Methoden* lassen Prozesse und Entwicklungen durch eine entsprechende Modellbildung in ihren Abläufen deutlicher werden. Die generierten Erkenntnisse über die Abläufe lassen sich dann in die Realität übertragen. Die Netzplantechnik und die mit ihr mögliche Modellierung von Abläufen haben die Übertragung von Erkenntnissen im Rahmen der Zukunftsforschung vorangetrieben. – 4. *Rekursive Methoden* werden durch die fortwährende Aktualisierung und Korrektur von im System vorhandenen Prognosewerten gestützt. Ein Beispiel für die Anwendung rekursiver Methoden im Unternehmen sind Managementinformationssysteme, die ihre Bedeutung für den Planungsprozess aus der Aktualität und Korrektheit ableiten.

Zukunftsmarkt – Konzept aus der Theorie des intertemporalen → Gleichgewichts. Der Zukunftsmarkt bezeichnet einen → Markt, auf dem Güter heute gekauft, morgen aber erst zu den beim Kauf festgelegten Konditionen geliefert werden. Damit werden die Markttransaktionen beim Abschließen eines Kaufes und Lieferung der Ware zeitlich getrennt (→ Termingeschäfte). – *Funktionen:* (1) Absicherung gegen Risiken und Unsicherheit; (2) Informationsbeschaffung über Erwartungen der anderen Wirtschaftssubjekte bez. der Zukunft. – In der Realität existieren nur für wenige Güter Zukunftsmärkte (z.B. → Devisenterminmärkte).

Zukunftssicherung des Arbeitnehmers – 1. *Begriff:* Aufwendungen des Arbeitgebers zur Sicherung der Arbeitnehmer oder diesen nahe stehende Personen für Fälle von Krankheit, Unfall, Invalidität, Alter und Tod. – 2. *Formen:* (1) Ausgaben, die aufgrund einer gesetzlichen Verpflichtung geleistet werden (z.B. Beiträge zur Sozialversicherung und Bundesagentur für Arbeit); (2) Zuschüsse zu den Aufwendungen des Arbeitnehmers für seine Lebensversicherung (auch für eine mit einer Pensionskasse abgeschlossene Versicherung); (3) Zuschüsse für die freiwillige Weiterversicherung in der gesetzlichen Rentenversicherung; (4) Zuschüsse zu den Aufwendungen des Arbeitnehmers für eine öffentlich-rechtliche Versicherungs- oder Versorgungseinrichtung seiner Berufsgruppe; (5) Ausgaben des Arbeitgebers ohne gesetzliche Verpflichtung, die den Pflichtbeiträgen nicht gleichgestellt sind. – 3. *Steuerliche Behandlung:* a) *Aufwendungen* in Form (1) sind steuerfrei (§ 3 Nr. 62 EStG). – b) *Zuschüsse* in Form (2) bis (4) sind steuerfrei: (1) Wenn der Arbeitnehmer von der Versicherungspflicht in der gesetzlichen Rentenversicherung (ab 1.1.2005 allg. Rentenversicherung) befreit ist; (2) soweit die Zuschüsse bei Befreiung von der gesetzlichen Rentenversicherung (ab 1.1.2005 allg. Rentenversicherung)der Angestellten die Hälfte, bei Befreiung von der knappschaftlichen Rentenversicherung 2/3 der Gesamtaufwendungen des Arbeitnehmers nicht übersteigen; (3) soweit die Zuschüsse nicht höher sind als der Betrag, der als Arbeitgeberanteil bei einer jeweiligen Versicherungspflicht zu zahlen wäre. – c) *Ausgaben* in Form (5) gehören grundsätzlich zum → Arbeitslohn; sie sind steuerpflichtig (der sog. Zukunftssicherungsfreibetrag in Höhe von 312 DM jährlich wird seit 1990 nicht mehr gewährt). – d) *Besteuerungsverfahren:* Sind die Ausgaben des Arbeitgebers für die Zukunftssicherung des Arbeitnehmers nicht steuerfrei, so sind sie als → laufender Arbeitslohn (§ 39b EStG) oder als → sonstige Bezüge zu versteuern. Bei Beiträgen für eine → Direktversicherung des Arbeitnehmers oder bei Zuwendungen an eine → Pensionskasse kann der Arbeitgeber die Lohnsteuer mit einem Pauschsatz von 20 Prozent (→ Pauschalierung der Lohnsteuer) erheben soweit: (1) Die zu besteuernden Beiträge und Zuwendungen des Arbeitgebers 1.752 Euro pro Arbeitnehmer im Kalenderjahr nicht übersteigen; (2) wenn sie aus dem ersten Dienstverhältnis bezogen werden; (3) wenn im Fall von Beiträgen für eine Direktversicherung die Versicherung nicht auf den Erlebensfall eines früheren als des 60. Lebensjahrs abgeschlossen und eine vorzeitige Kündigung des Versicherungsvertrags durch den Arbeitnehmer ausgeschlossen worden ist. – 4. Durch das Alterseinkünftegesetz sind Beiträge des Arbeitgebers (dazu gehören auch Beiträge aus einer Entgeltumwandlung des Arbeitnehmers) aus dem ersten Dienstverhältnis für eine Direktversicherung zum Aufbau einer kapitalgedeckten betrieblichen Altersversorgung steuerfrei, wenn eine Auszahlung der zugesagten Alters-, Invaliditäts- oder Hinterbliebenenversorgung in Form einer Rente oder eines Auszahlungsplans vorgesehen ist und soweit die Beiträge im Kalenderjahr 4 Prozent der Beitragsbemessungsgrenze in der Rentenversicherung der Arbeiter und Angestellten (West) nicht übersteigen. Der Höchstbetrag erhöht sich um 1.800 Euro, wenn die Beiträge aufgrund einer Versorgungszusage geleistet werden, die nach dem 31.12.2004 erteilt wurde. Die späteren Rentenzahlungen sind in diesem Fall in voller Höhe als sonstige Einkünfte zu versteuern.

Zulage – *Leistungszulage, Lohnzulage, Lohnzuschlag;* Teil des vertraglich vereinbarten oder freiwilligen → Arbeitsentgelts, die dem Lohn zugeschlagen werden, um bes. Gegebenheiten des Betriebs im Hinblick auf die Arbeitsverhältnisse und Arbeitsbedingungen gerecht zu werden. – *Beispiele:* (1) Zulage aufgrund ungünstiger Arbeitsbedingungen (→ Erschwerniszulage), (2) Zeitzuschläge (→ Mehrarbeitszuschlag),

(3) Zulage aufgrund der Lebenshaltung (z.B. Ortszuschlag), (4) Zulage aufgrund persönlicher Verhältnisse (z.B. Sozial- und Treuezulagen). – Hat sich der → Arbeitgeber jederzeitigen *Widerruf einer* Zulage vorbehalten, so kann er diese im Zweifel nur nach billigem Ermessen widerrufen. Ist ein Widerruf nicht vorbehalten, so kann der Anspruch nur durch → Änderungskündigung beseitigt werden. – Wegen der *Anrechnung bei Tariflohnerhöhung* vgl. → Tariflohnerhöhungen; wegen *Regelungen im Tarifvertrag* vgl. → Effektivklausel. – Vgl. auch → Arbeitswertzulage.

Zulassungsberufung → Berufung.

Zulassungsgenehmigung – im Kraftfahrzeugverkehr neben → Fahrerlaubnis und → Betriebserlaubnis notwendige bes. Genehmigung; erforderlich u.a. für die Personenbeförderung nach dem Personenbeförderungsgesetz (§ 2 PBefG).

Zulassungsrevision → Revision.

Zulassungsstelle – ehemals zu errichtende Kommission, die die → Zulassung von Wertpapieren zum Börsenhandel im amtlichen und im geregelten Markt gemäß § 30 ff. → Börsengesetz (BörsG) a.F. in einem Zulassungsverfahren zu genehmigen hatte. Diese Aufgabe ist seit Mitte 2007 der Börsengeschäftsführung zugewiesen. – *Zusammensetzung/Ernennung:* Von den Mitgliedern musste mind. die Hälfte aus Personen bestehen, die sich nicht berufsmäßig am Börsenhandel mit Wertpapieren beteiligen (§§ 31 BörsG a.F.). Die Ernennung dieser Kommissionsmitglieder erfolgte durch die IHK und den Börsenvorstand für jeweils drei Jahre. – *Aufgabe/Befugnis:* Die Zulassungsstelle und nunmehr die Börsengeschäftsführung hat die Aufgabe und die Pflicht, die Vorlegung der Urkunden, welche die Grundlage für die zu emittierenden Wertpapiere bilden, zu verlangen und diese zu prüfen sowie dafür zu sorgen, dass das Publikum über alle zur Beurteilung der einzuführenden Wertpapiere notwendigen tatsächlichen und rechtlichen Verhältnisse informiert wird. Einzelheiten regelt die Börsenzulassungsverordnung.

Zulassung von Kraftfahrzeugen (Kfz) – die für die Teilnahme von Kraftfahrzeugen am öffentlichen Verkehr vorgeschriebene Erlaubnis durch die zuständige Zulassungsstelle. Die Zulassung von Kraftfahrzeugen besteht in der Erteilung der Betriebserlaubnis und der Zuteilung des amtlichen Kennzeichens. Nach der Zulassung sind zur Überwachung der Verkehrssicherheit in gewissen Abständen Hauptuntersuchung und Sicherheitsprüfungen durch die anerkannten Überwachungsorganisationen vorgeschrieben. Einzelheiten regelt die Fahrzeug-Zulassungsverordnung (FZV) vom 3.2.2011 (BGBl. I 139) m.spät.Änd.

Zulassung von Wertpapieren zum Börsenhandel – zum börsenmäßigen Handel von → Wertpapieren erforderliche Erlaubnis. Die Zulassung von Wertpapieren zum Börsenhandel erfolgt an jeder Börse in einem bes. in den §§ 32 ff. des → Börsengesetzes (BörsG) und den §§ 48 ff. der Börsenzulassungsverordnung (BörsZulV) i.d.F. vom 9.9.1998 (BGBl. I 2832) m.spät.Änd. geregelten Verfahren durch die Börsengeschäftsführung, die über den Zulassungsantrag entscheidet. – *Voraussetzungen u.a.:* Der Antrag ist vom Emittenten der Wertpapiere zusammen mit einem Kreditinstitut, Finanzdienstleistungsinstitut oder einem nach § 53 I Satz 1 oder § 53b I Satz 1 des Kreditwesengesetzes tätigen Unternehmen zu stellen. Der Gegenwert des haftenden Eigenkapitals muss mind. 730.000 Euro betragen. Fallen beide vorgenannten Vorausetzungen zusammen, kann der Antrag auch von Emittenten alleine gestellt werden. Der Antragsteller hat einen → Prospekt vorzulegen, der vor der Einführung des Wertpapiers an der Börse zu veröffentlichen ist. Der Emittent muss mind. drei Jahre als Unternehmen bestanden und seine Jahresabschlüsse für die drei dem Antrag vorangegangenen Geschäftsjahre offengelegt haben. – Die Bekanntgabe der Zulassung erfolgt auf Kosten der Antragsteller im ektronischen Bundesanzeiger durch die Börsengeschäftsführung. – Bundes- und Länderanleihen bedürfen *keiner* Zulassungsgenehmigung.

Zuliefergeschäft – 1. *Begriff:* bezeichnet eine längerfristige Geschäftsbeziehung im B2B-Bereich, bei der ein Anbieter Produkte und Dienstleistungen für ein beschaffendes Unternehmen erstellt. Das Zuliefergeschäft kann die Erstausstattung, Nachrüstung und/oder Ersatzteilversorgung umfassen. – 2. *Merkmale:* Beim Lieferanten weicht das Absatzprogramm vom Produktionsprogramm ab. Produkte, die durch den Lieferanten gefertigt werden, werden nicht durch diesen abgesetzt, sondern beim Abnehmer in Produkte eingebaut oder weiterverarbeitet. Das Absatzprogramm ist damit flacher als das Produktionsprogramm.

Zuliefermarketing – geschäftsspezifisches → Marketing, das auf der bes. Stellung des Zulieferunternehmens in der Zulieferer-Abnehmer-Beziehung aufbaut. Der Zulieferer hat i.d.R. keinen Einfluss darauf, dass die Endprodukte, in die seine Zulieferleistungen eingehen, auch in der vom Montagebetrieb vorgesehenen Anzahl abgesetzt werden. Damit ist der Zulieferer auf ein erfolgreiches Marketing seiner Abnehmer angewiesen, was seine wirtschaftliche Abhängigkeit verdeutlicht. – Beim Zuliefermarketing handelt es sich um *Investitionsgütermarketing* im weitesten Sinn. Die Erkenntnisse zum organisationalen Beschaffungsverhalten (→ organisationales Kaufverhalten; bes. die Interaktionsansätze) spielen daher auch für die Entwicklung eine wesentliche Rolle. – Daneben können aber auch Erkenntnisse aus dem *allg. Marketing* (z.B. über Marktsegmentierung), aus Grenzbereichen zwischen Investitions- und Konsumgütermarketing sowie aus dem Konsumgütermarketing (z.B. Konzepte mehrstufigen Marketings (→ vertikales Marketing) als Gestaltungshilfen herangezogen werden. – *Mögliche Ansatzpunkte* für ein Zuliefermarketing liegen in einer ausgesprochenen Abnehmerorientierung, der Wertkette der Abnehmer, im Push/Pull-Konzept (→ Push-Strategie, → Pull-Strategie) und im organisationalen Kaufverhalten.

zumutbare Belastung – 1. *Einkommensteuerrechtlicher Begriff:* Teil der → außergewöhnlichen Belastungen, der von dem Steuerpflichtigen selbst zu tragen ist. Nur der die zumutbare Belastung übersteigende Teil der Aufwendungen mindert auf Antrag den → Gesamtbetrag der Einkünfte (§ 33 I EStG). Keine Anrechnung der zumutbaren Belastung bei außergewöhnlichen Belastungen in bes. Fällen (§§ 33a, 33b EStG). – 2. *Höhe:* Die zumutbare Belastung wird bestimmt durch einen gesetzlich vorgegebenen Prozentsatz des Gesamtbetrags der Einkünfte. Dieser wiederum richtet sich nach der Höhe des Gesamtbetrags der Einkünfte, der Anzahl der Kinder und der Veranlagungsart (→ Veranlagung), § 33 III EStG.

Zumutbarkeit – I. Umweltpolitik: z.T. gesetzlich fixiertes Kriterium zur Bewertung (umwelt-)politischer Maßnahmen, welches auf das Verhältnismäßigkeitsprinzip abstellt. Zur Prüfung der Zumutbarkeit wird in Verwaltungsvorschriften auf folgende Aspekte verwiesen: (1) vergleichbare Entsorgungspflichtige, (2) Vergleich zu anderen Verfahren der Entsorgung, (3) Markt für Reststoffe vorhanden und zu schaffen? (4) Verhältnis der Verwertungsaufwendungen zu den gesamten Produktionskosten, (5) erhebliche Änderungen des geplanten Produktionsverfahrens notwendig? (6) Auswirkungen auf die weitere Absetzbarkeit des Produkts? In der Vollzugspraxis entstehen teilweise erhebliche Probleme bei der Auslegung.

II. Arbeitswissenschaften: Kriterium für menschengerechte Arbeitsgestaltung (→ Humanisierung der Arbeit) nach Rohmert. Eine Arbeit wird dann als zumutbar bezeichnet, wenn nach übereinstimmender Auffassung der Mehrheit der Betroffenen unter den gegebenen gesellschaftlichen, technischen und organisatorischen Bedingungen die Arbeit noch erfüllt werden kann. Zur Beurteilung der Zumutbarkeit müssen neben naturwissenschaftlichen auch sozialwissenschaftliche Erkenntnisse herangezogen werden.

Zündwarenmonopol – früherer Zwangszusammenschluss aller zur Herstellung von Zündwaren berechtigter Hersteller. Seit 1983 aufgehoben. Form des → Finanzmonopols.

zunehmende Skalenerträge – Eigenschaft der → Technologie einer Ein-Produkt-Unternehmung, wenn bei einer Vervielfachung aller Faktoreinsatzmengen um den → Faktor n die Produktionsmenge um mehr als das n-fache ansteigt. Handelt es sich um eine → homogene Produktionsfunktion und steigt die Produktionsmenge um das n-hoch-r-fache, so gibt r den → Homogenitätsgrad der Produktionsfunktion an. – Formal: Ist r ein Inputvektor und f eine Produktionsfunktion, so gilt: $f(nr) > n \cdot f(r)$ für alle $n > 1$.

Zunft – 1. *Entstehung:* Im Zeitraum zwischen dem 10. und dem 12. Jh. begannen sich die in den Städten konzentrierten Handwerker nach Berufsarten zusammenzuschließen. Dies geschah teils auf Anordnung des Stadtherrn, der sich dadurch bestimmter marktpolizeilicher Aufgaben (Kontrolle von Qualitätsstandards, Maßen, Gewichten u.a.) entledigen konnte, teils aus eigenem Antrieb, um eine wirksame Interessenvertretung aufzubauen. In diesen genossenschaftlichen Zusammenschlüssen wurde das vorherrschende Nahrungsprinzip mit dem Erwerbsprinzip verbunden, d.h. es sollte eine Wachstumspolitik für die angeschlossenen Gewerbetreibenden verwirklicht werden, jedoch ohne Vollbeschäftigungs-, Einkommens- und Vermögensrisiken und ohne Veränderung der Einkommens- und Vermögensstruktur. – 2. *Aufgaben:* Die Zünfte übernahmen Aufgaben im kirchlichen und sozialen Bereich. Die Hauptbedeutung der Zünfte lag im wirtschaftlichen und politischen Bereich: Die „Bruderschaften" nahmen direkten oder indirekten Einfluss auf die Stadtverwaltung; im wirtschaftlichen Bereich bestimmten die Zünfte bes. über Verkaufspreise, Produktionsbedingungen und -mengen, Produktqualität, aber auch über die Berufsausbildung, die Einführung technischen Fortschritts und den Zugang zum Markt. Durch diese wettbewerbsbeschränkenden Maßnahmen wollte die sich zu einem „Kartell" entwickelnde Organisation die Stellung der zugehörigen Handwerkerfamilien schützen und fördern. Mithilfe des Zunftzwangs wurde die Zahl der Handwerker reglementiert, denen durch ein System lokaler bzw. regionaler Beschränkungen ein weit gehendes Produktions- und Absatzmonopol garantiert wurde (Bannmeile). – 3. *Entwicklung:* Mit der Änderung der wirtschaftlichen und politischen Rahmenbedingungen bes. seit der Mitte des 17. Jh. hin zu der neuen räumlichen Organisation in (landesherrliche) Territorien büßten die Zünfte ihre politischen Funktionen im Wesentlichen zugunsten der erstarkenden Landesherren ein. Im Rahmen des als „Zunftkompromiss" bezeichneten Modus Vivendi zwischen den Landesherren und den Zünften wurde eine freiwillige Selbstbeschränkung der Zünfte auf die innere Organisation und die bis dato vertretenen Handwerke vereinbart, die den Landesherren die Etablierung anderer Gewerbetreibender bes. im Bereich der → Manufakturen, aber auch als Freimeister (nicht der Zünfte angeschlossene Meister) ermöglichte. Die wachsenden Interessengegensätze zwischen Staat und Zünften mündeten in die Gewerbefreiheit, die im Laufe des 19. Jh. sukzessive in den dt. Staaten eingeführt wurde. Grundgedanken der Zünfte im Sinn innerhandwerklicher Ordnungsfaktoren wurden jedoch bereits zur Jahrhundertwende mit der Errichtung von Handwerkskammern wieder aufgenommen, die seitdem bes. als Organe der handwerklichen Selbstverwaltung fungieren.

Zurechenbarkeit – Möglichkeit einer materiell und formal logisch eindeutig-zwingend begründeten Gegenüberstellung zweier Größen (z.B. Erlöse und Kosten, Ausgaben und Güterverbrauch) im Rahmen der wirklichkeitsnahen Abbildung betrieblicher

Vorgänge. Als Kriterium für die Beurteilung der Zurechenbarkeit gilt in der Einzelkostenrechnung das → Identitätsprinzip als geeignet, wonach zwei Größen dann und nur dann logisch zwingend gegenüberzustellen sind, wenn sie sich als positive und negative Wirkung auf einen identischen dispositiven Ursprung zurückführen lassen. – Unterschiedliche Systeme der Kostenrechnung haben unterschiedlich weit gehende Ansprüche an die Bedingungen, unter denen Kosten zugerechnet werden können.

Zurechnung – I. Rechnungswesen: 1. *I.e.S.*: Aufsuchen und Gegenüberstellung solcher Größen (z.B. Erlöse und Kosten), die auf einen gemeinsamen identischen (dispositiven) Ursprung zurückgeführt werden können (→ Identitätsprinzip). Von zweckbedingten Aufteilungen, Schlüsselungen etc. zu unterscheiden (Anlastung). – 2. *I.w.S.*: Verrechnung, Aufteilung, Schlüsselung, Zuteilung ohne eindeutig zwingende Begründung. – Vgl. auch → Kostenverteilungsprinzipien.

II. Steuerrecht: Bestimmung der Person des Steuerpflichtigen für bestimmte Wirtschaftsgüter; Regelung in § 39 AO. – Vgl. auch → wirtschaftliches Eigentum.

Zurechnungsfortschreibung – steuerliche → Fortschreibung bei Änderung in der Zurechnung eines Gegenstandes (z.B. Eigentumswechsel), für den ein → Einheitswert festgestellt ist; auch im Rahmen einer → Berichtigungsfortschreibung. Die Zurechnungsfortschreibung wird durchgeführt, wenn nach dem → Feststellungszeitpunkt für die Besteuerung bedeutsame Änderungen eingetreten sind; sie ist im Gegensatz zur → Wertfortschreibung von bestimmten Wertgrenzen unabhängig.

Zurechnungsprinzipien (für Kosten) → Kostenverteilungsprinzipien.

Zurechnungszeit – Begriff der gesetzlichen → Rentenversicherung (§ 59 SGB VI). Zurechnungszeit ist die Zeit, die bei einer Rente wegen voller oder teilweiser Erwerbsminderung oder wegen Todes hinzugerechnet wird, wenn der Versicherte das 60. Lebensjahr noch nicht vollendet hat. Sie soll eine ausreichende Rente sichern. Die Berücksichtigung der Zurechnungszeit erfolgt bei der Rentenberechnung im Rahmen der → Gesamtleistungsbewertung (§ 71 SGB VI).

Züricher Börse → SIX Swiss Exchange.

ZÜRS – 1. *Begriff*: Zonierungssystem für Überschwemmung, Rückstau und Starkregen. Gemeinschaftsentwicklung der dt. → Versicherungswirtschaft. ZÜRS weist EDV-gestützt jeder Geopositionierung bzw. jeder Adresse eine Gefährdungszone zu, die die Wahrscheinlichkeit für eine Überschwemmung widerspiegelt. – 2. *Merkmale:* ZÜRS kennt vier Zonen. Das Überschwemmungsrisiko steigt mit der Zone an. In Zone vier befinden sich Risiken, die regelmäßig überschwemmt werden und kaum versicherbar sind. – 3. *Ziele:* ZÜRS dient als Klassifizierungssystem den Annahmeentscheidungen und der Preisfindung im Versicherungsunternehmen. Das System basiert auf Daten der Wasserwirtschaftsämter und Schadenerfahrungen.

Zurückbehaltungsrecht – *Retentionsrecht;* Recht des Schuldners, die ihm obliegende Leistung solange zu verweigern, bis der Gläubiger eine andere, ihm dem Schuldner gegenüber obliegende Leistung erbracht hat. – 1. *Zurückbehaltungsrecht steht dem Schuldner zu,* wenn ihm aus demselben rechtlichen Verhältnis (wirtschaftlicher Zusammenhang), auf dem seine Verpflichtung beruht, ein fälliger Gegenanspruch gegen den Gläubiger zusteht (§ 273 BGB). – 2. Macht der Schuldner die *Einrede* des Zurückbehaltungsrechts im Prozess geltend, erfolgt Verurteilung zur Leistung → Zug um Zug (§ 274 BGB). – 3. *Bes. Vorschriften* gelten für das → kaufmännische Zurückbehaltungsrecht und das Zurückbehaltungsrecht bei → gegenseitigen Verträgen. – 4. Gegenüber dem Anspruch des Vermieters bzw. Verpächters auf Rückgabe der Mietsache etc. aus dem Miet- oder Pachtvertrag ist das Zurückbehaltungsrecht *ausgeschlossen* (§§ 570, 578 I BGB). Ebenso kann → Treu und Glauben dem Zurückbehaltungsrecht entgegenstehen. – 5. Der Gläubiger kann Ausübung des Zurückbehaltungsrechts durch → Sicherheitsleistung, jedoch nicht durch Stellung eines Bürgen *abwenden.* Bei beiderseits fälligen Geldforderungen ist Zurückbehaltungsrecht ausgeschlossen und nur → Aufrechnung möglich. – 6. Eine Bestimmung in → Allgemeinen Geschäftsbedingungen (AGB), durch die ein dem Vertragspartner des Verwenders zustehendes Zurückbehaltungsrecht ausgeschlossen oder eingeschränkt wird, ist unwirksam (§ 309 Nr. 2 BGB).

zurückgestaute Inflation – Begriff der Ungleichgewichtstheorie; eine zurückgestaute Inflation liegt vor, wenn ein Nachfrageüberhang nicht offen in Form steigender Preisniveaus auftritt, sondern in Form von Warteschlangen, Schwarzmärkten eher verdeckt ist. – Vgl. auch → Inflation.

Zusammenarbeits-Verordnung(en) – 1. *Begriff:* a) Verordnung Nr. 2073/2004 des Rates der EG über die Zusammenarbeit der Verwaltungsbehörden auf dem Gebiet der Verbrauchsteuern vom 16.11.2004 (EG-Amtsblatt 2004, Nr. L 349 S. 1 ff.) und b) Verordnung Nr. 1798/2003 des Rates über die Zusammenarbeit der Verwaltungsbehörden auf dem Gebiet der Mehrwertsteuer und zur Aufhebung der Verordnung 218/92. – 2. *Inhalt*: Die beiden Verordnungen stellen unmittelbar geltende EG-rechtliche Vorschriften dar und regeln, in welcher Weise die Verwaltungsbehörden der Mitgliedsstaaten zur gegenseitigen Zusammenarbeit verpflichtet sind, um einander bei der Kontrolle der korrekten Versteuerung bei innergemeinschaftlichen Lieferungen (und demnächst auch: Dienstleistungen) und verbrauchsteuerpflichtigen Waren zu unterstützen. Vorgegeben sind z.B. Regelungen über gegenseitige Auskunftserteilung, koordinierte gleichzeitige Prüfung von Steuerfällen in mehreren Ländern, Unterstützung bei der offiziellen Zustellung von Dokumenten, Unterhaltung einer elektronischen Datenbank mit Angaben über die Umsatzsteuer-Identifikationsnummern aller Unternehmer, elektronischen Informationsaustausch.

zusammenfassende Meldung – 1. *Begriff* aus der Umsatzsteuer: eine Meldung, in der ein Unternehmer regelmäßig der Finanzverwaltung Angaben zu machen hat darüber, an welche Unternehmer in anderen Mitgliedsstaaten er in welchem Umfang innergemeinschaftliche Lieferungen und innergemeinschaftliche Dienstleistungen ausgeführt hat; diese beiden Vorgänge sind dabei in getrennten Summen zu melden, sodass der Unternehmer in seiner Buchführung beide Leistungsarten getrennt zu verbuchen hat, um diese Meldepflicht erfüllen zu können. Diese Zusammenfassende Meldung dient dazu, zu kontrollieren, ob die vom Inland aus an ausländische Kunden erbrachten Lieferungen oder Dienstleistungen von diesen korrekt versteuert worden sind (→ Erwerbsteuer, → Reverse-Charge-Verfahren bei innergemeinschaftlichen Dienstleistungen). – 2. *Funktionsweise*: Zwischen den Mitgliedsstaaten werden die Daten aus den zusammenfassenden Meldungen automatisch übermittelt und im Land des Kunden in ausgewählten Fällen mit den Angaben des Kunden in dessen Steuererklärung abgeglichen. – 3. *Rechtsquellen*: § 18a UStG.

zusammengesetzte Kostenarten → sekundäre Kostenarten.

Zusammenlegung von Aktien – Maßnahme bei der → Kapitalherabsetzung zum Zwecke der Sanierung einer Aktiengesellschaft. Die Zusammenlegung von Aktien wird dann notwendig, wenn der auf die einzelne Aktie (Nennbetragsaktie oder Stückaktie) entfallende Betrag des herabgesetzten Grundkapitals den Mindestbetrag unterschreiten würde (§ 222 IV Satz 2 AktG). – Vgl. auch → Sanierung.

Zusammenschlüsse → Unternehmenszusammenschluss, → Unternehmenskonzentration, → Zusammenschlusskontrolle.

Zusammenschlusskontrolle – *Fusionskontrolle*. 1. *Deutschland:* Nach dt. Kartellrecht sind → Unternehmenszusammenschlüsse, die gemäß § 130 II GWB Inlandsauswirkungen haben, vor dem Vollzug beim → Bundeskartellamt (BKartA) anzumelden. Dies gilt, wenn der Gesamtumsatz der Zusammenschlussbeteiligten 500 Mio. Euro übersteigt, mind. ein beteiligtes Unternehmen einen Inlandsumsatz von mehr als 25 Mio. Euro erzielt und ein weiteres beteiligtes Unternehmen einen Inlandsumsatz von mehr 5 Mio. Euro erzielt (§ 35 I GWB). Diese doppelte Inlandsumsatzschwelle wurde im Zuge des „Dritten Gesetzes zum Abbau bürokratischer Hemmnisse insbesondere in der mittelständischen Wirtschaft“ vom 17.03.2009 eingeführt (BGBl. I 2009, S. 550). Keine Anmeldepflicht besteht, wenn der Gesamtumsatz des erworbenen Unternehmens unter 10 Mio. Euro liegt (unter Zurechnung der Umsätze des Veräußerers, der selbst kein Unternehmen sein darf; § 35 II GWB). Im Rahmen der *formellen Prüfung* untersucht das Bundeskartellamt u.a. zunächst die Vollständigkeit der Anmeldung und ob aufgrund der gegebenen Umsätze sie selbst oder die Europäische Kommission für die Prüfung des Vorhabens zuständig ist. Im Rahmen der *materiellen Prüfung* werden dann die horizontal und vertikal vom Zusammenschluss betroffenen Märkte ermittelt und nach sachlichen sowie räumlichen Gesichtspunkten abgegrenzt. Im Anschluss daran werden die Marktanteile der Zusammenschlussbeteiligten ermittelt. Soweit durch den geplanten Zusammenschluss jedenfalls prima facie eine erhebliche Behinderung wirksamen Wettbewerbs zu befürchten ist, kann das Bundeskartellamt das Hauptprüfverfahren einleiten und weitere Marktermittlungen vornehmen (§ 40 I GWB). Die Prüffrist verlängert sich auf diese Weise von einem auf vier Monate. Insoweit ein am Zusammenschluss beteiligtes Unternehmen ein im Hauptprüfverfahren ergangenes Auskunftsersuchen des Bundeskartellamts nach § 59 GWB aus vom Unternehmen zu vertretenden Umständen nicht rechtzeitig oder nicht vollständig beantwortet, tritt bis zur vollständigen Übermittlung der Auskunft eine Fristhemmung ein. Reicht ein anmeldendes Unternehmen zur Abwendung der Untersagung einen Zusagenvorschlag ein, verlängert sich die Prüffrist um einen weiteren Monat (§ 40 II GWB). Führt die Prüfung zum Ergebnis, dass der Zusammenschluss zu einer erheblichen Behinderung wirksamen Wettbewerbs führte, ist er zu untersagen (§ 36 I GWB). Anderenfalls ist der Zusammenschluss vom Bundeskartellamt freizugeben. Keine Untersagungsmöglichkeit besteht für Zusammenschlussvorhaben auf solchen Märkten, auf denen seit mindestens fünf Jahren Waren oder gewerbliche Leistungen angeboten werden und auf dem im letzten Kalenderjahr weniger als 15 Millionen Euro umgesetzt wurden („Bagatellmärkte“, § 36 I Satz 2 Nr. 2 GWB). Die Freigabe kann mit strukturellen Auflagen und Bedingungen verbunden werden (§ 40 III GWB). Der Vollzug eines anmeldepflichigen Zusammenschlusses vor der Freigabe durch das Bundeskartellamt ist grundsätzlich verboten (§ 41 I GWB). Mögliche Rechtsfolgen eines Verstoßes gegen das Vollzugsverbot sind die Entflechtung (§ 41 III GWB) sowie die Verhängung eines Bußgeldes (§ 81 II Nr. 1 GWB). Im Rahmen eines Ministererlaubnisverfahrens (→ Ministererlaubnis) kann sich der Bundesminister für Wirtschaft und Technologie auf Antrag der Zusammenschlussbeteiligten über eine Untersagungsverfügung des Bundeskartellamts hinwegsetzen (§ 42 GWB). – 2. *EU*: Auf der Ebene der EU ist die Generaldirektion Wettbewerb der Europäischen Kommission für die Zusammenschlusskontrolle zuständig. Ihre Befugnisse ergeben sich aus der „Verordnung (EG) Nr. 139/2004 des Rates über die Kontrolle von Unternehmenszusammenschlüssen“ (EG-Fusionskontrollverordnung, Abk.: *FKVO*). Demnach sind Zusammenschlüsse bei der EU-Kommission und nicht bei einer ansonsten zuständigen nationalen Wettbewerbsbehörde zu notifizieren, wenn die beteiligten Unternehmen bestimmte vergleichsweise hohe Umsatzschwellen erreichen (Art. 1 FKVO). Der Gesamtumsatz der beteiligten Unternehmen muss sich dabei zumindest auf 2,5 bzw. 5 Mrd. Euro belaufen. Der Anmeldeprozess ist formalisierter als etwa nach dt. Wettbewerbsrecht, bspw. sind bestimmte Formblätter zu benutzen. Das materielle Beurteilungs- bzw. Untersagungskriterium ist die erhebliche Behinderung wirksamen Wettbewerbs im Gemeinsamen Markt oder in einem wesentlichen Teil desselben durch den Zusammenschluss (Art. 2 FKVO). Hierdurch ist die EU-Kommission – wie auch das Bundeskartellamt in dessen Zuständigkeitsbereich seit der Achten GWB-Novelle vom 1.1.2013 – grundsätzlich dazu in der Lage, Zusammenschlüsse unterhalb der Schwelle der Marktbeherrschung zu untersagen sowie abseits schematischer Marktanteilsbetrachtungen neuere ökonomische Analyseinstrumente einzusetzen. Die EU-Kommission kann Freigaben mit Auflagen und Bedingungen verknüpfen. Zusammenschlüsse, die nach Maßgabe der Umsatzstruktur der beteiligten Unternehmen keine gemeinschaftsweite Bedeutung haben und bei den Wettbewerbsbehörden von mind. drei EU-Mitgliedsstaaten anzumelden wären, können auf Antrag der Zusammenschlussbeteiligten zur Prüfung an die EU-Kommission verwiesen werden, soweit keine der zuständigen nationalen Wettbewerbsbehörden dem widerspricht (Art. 4 V FKVO). Die Initiative kann alternativ von einer oder mehreren Wettbewerbsbehörden selbst ausgehen (Art. 22 FKVO). Umgekehrt kann die EU-Kommission einen Zusammenschluss in ihrem Zuständigkeitsbereich ganz oder teilweise zur Prüfung an eine nationale Wettbewerbsbehörde verweisen, wenn diese einen entsprechenden begründeten Antrag stellt (Art. 9 II FKVO).

Zusammenschluss von Unternehmungen → Unternehmenszusammenschluss.

Zusammenveranlagung – Begriff der Finanzwissenschaft und des Steuerrechts für eine bes. Form der → Veranlagung, bei der für mehrere Personen eine gemeinsame Bemessungsgrundlage und Steuerschuld festgesetzt wird. Das dt. Steuerrecht kennt eine Zusammenveranlagung von Ehegatten in der Einkommensteuer (→ Haushaltsbesteuerung, → Einkommensteuer-Splittingtabelle). – *Rechtliche Wirkung:* Zusammenveranlagung bewirkt gesamtschuldnerische Haftung der zusammen veranlagten Personen für die betreffenden Steuerschulden; auf Antrag wird jedoch eine Aufteilung bei der Zwangsvollstreckung (§§ 268 ff. AO) vorgenommen.

Zusatzaktie → Freiaktie.

Zusatzbeitrag → Gesundheitsreform.

Zusatzfaktoren → Produktionsfaktoren mit Dienstleistungscharakter, deren Mengengerüst sich nicht eindeutig erfassen lässt, insbesondere Leistungen des Staates sowie von Verbänden, Versicherungen, Kreditinstituten usw.

Zusatzkapital – durch einbehaltene Gewinne (→ Selbstfinanzierung) geschaffenes, in Form von → Gewinnrücklagen zusätzlich zum Grund- bzw. Stammkapital ausgewiesenes Kapital in Kapitalgesellschaften. Zusatzkapital muss nicht durch Dividenden bedient werden. Hohes Zusatzkapital führt über erhöhte → Kreditwürdigkeit zu einem größeren Kreditspielraum sowie wegen steigender Kurse zu einer geringeren Dividendenrendite der Aktionäre.

Zusatzkosten – in der Vollkostenrechnung dem → wertmäßigen Kostenbegriff folgend angesetzte → Kosten, denen in der Finanzbuchhaltung kein Aufwand (→ Aufwendungen) gegenübersteht. – Vgl. auch → Abgrenzung.

Zusatzlast der Besteuerung → Excess Burden. Last der Besteuerung, die über die eigentliche Zahllast (Steueraufkommen) hinausgeht. Die Zusatzlast der Besteuerung ergibt sich aufgrund der mit der steuerinduzierten Veränderung der relativen Preise zwischen zwei Gütern (Verbrauchsteuern), zwischen Konsum und Ersparnis (Kapitalertragsteuer) sowie zwischen Arbeit und Freizeit (Lohnsteuer). Es kommt zu → Substitutionseffekten, die den Haushalt von seiner optimalen Entscheidung abbringen.

zusätzliche Altersversorgung im öffentlichen Dienst – gilt für Arbeiter und Angestellte im öffentlichen Dienst, traditionell um deren Altersversorgung funktional äquivalent der Altersversorgung der Beamten zu gestalten. Die *Versorgungsanstalt des Bundes und der Länder* (VBL) wird von Beiträgen der Arbeitgeber und der Arbeitnehmer finanziert und gewährte ursprünglich Leistungen, die zusammen mit den Leistungen aus der gesetzlichen Rentenversicherung der Altersversorgung der Beamten entsprechen sollten. Am 1.1.2002 ist das System grundlegend umgestellt worden. Die Zusatzversorgung wurde durch eine Kombination aus kapitalgedeckter → Betriebsrente und → Riester-Rente ersetzt.

Zusatznutzen – Teil des → Nutzens, der ergänzend zum → Grundnutzen eines Produktes hinzutritt. Der Zusatznutzen zielt auf die Befriedigung seelisch-geistiger Bedürfnisse (bspw. soziale Bedeutung, Prestige, Selbstbestätigung und -achtung) oder individuelle Wertschätzung des Produktes durch den Käufer bzw. Verwender.

Zusatzpatent – (§ 16 PatG) kann für Weiterentwicklungen beantragt werden, die in engem technischen Zusammenhang mit einer zum → Patent angemeldeten (Haupt-)Erfindung stehen Zusatzpatente sind anders als Hauptpatente auch für Fortentwicklungen erteilbar, die sich gegenüber dem Hauptpatent nicht durch einen erfinderischen Schritt (→ Erfindungshöhe) auszeichnen. Die Erteilung eines Zusatzpatents setzt einen ausdrücklich dahingehenden Antrag voraus, der befristet ist. Das Zusatzpatent ist an die Laufzeit des Hauptpatents gekoppelt, Widerruf,

Vernichtung, Verzicht oder Rücknahme des Hauptpatents lassen das Zusatzpatent als nunmehr gebührenpflichtiges (§ 17 II PatG) selbstständiges Patent mit unveränderter Laufzeit bestehen. Das selbstständig gewordene Zusatzpatent ist nur rechtsbeständig, wenn und soweit seine Lehre patentfähig ist. Enthält das Zusatzpatent lediglich zweckmäßige Weiterbildungen des Gegenstands nach dem Hauptpatent ohne eigenen erfinderischen Gehalt, wird dem Zusatzpatent mit dem Wegfall des Hauptpatents die Grundlage entzogen.

Zusatzsortiment → Sortiment.

Zusatzstoffe – nach dem → Lebensmittel- und Futtermittelgesetzbuch (LFGB) Stoffe mit oder ohne Nährwert, die aus technologischen Gründen zugesetzt werden. – Vgl. auch Zusatzstoff-VerkehrsVO i.d.F. vom 29.1.1998 (BGBl. I 230) m.spät.Änd. und Zusatzstoff-ZulassungsVO i.d.F. vom 29.1.1998 (BGBl. I 230) m.spät.Änd.

Zusatzversicherung – 1. *Begriff:* Zusätzlicher Versicherungsvertrag, der einen bestehenden oder gleichzeitig abgeschlossenen Hauptvertrag oder den Versicherungsschutz der → Sozialversicherung um Zusatzleistungen erweitert. – *Anders:* Ergänzungsversicherung. – 2. *Merkmale:* Die Zusatzversicherung kann beim gleichen Versicherer wie die Hauptversicherung abgeschlossen werden, aber auch bei einem anderen. I.d.R. erlischt die Zusatzversicherung mit Beendigung des Hauptvertrags, ggf. auch schon früher. – 3. *Anwendungsbereiche (Beispiele):* a) Zusatzversicherung in der privaten Krankenversicherung (PKV) als Ergänzung zur gesetzlichen Krankenversicherung (GKV) und/ oder gesetzlichen Pflegeversicherung (GPV); – b) Berufsunfähigkeits-Zusatzversicherung und Unfalltod-Zusatzversicherung in der → Lebensversicherung. – 4. *Details zur Zusatzversicherung als Ergänzung zur GKV und GPV:* Mit dem Gesetz zur Modernisierung der gesetzlichen Krankenversicherung, kurz GKV-Modernisierungsgesetz, wurde es den → Krankenkassen ab dem 1.1.2004 erlaubt, mit einer entsprechenden Satzungsregelung den Abschluss bestimmter Zusatzversicherungen in Kooperation mit privaten Versicherungsunternehmen (vgl. private Krankenversicherung) zu vermitteln (§ 194 Ia SGB V). Hierdurch wurde dem Wunsch der Versicherten nachgekommen, bestimmte Versicherungen, die ihren gesetzlichen Krankenversicherungsschutz ergänzen (z.B. Auslandsreisekrankenversicherung, Versicherung von Wahlarztbehandlung, Ein- und Zweibettzuschlag im Krankenhaus, vgl. auch Wahlleistungen im Krankenhaus), über ihre Krankenkasse abschließen zu können. Gesetzlich Versicherte haben so die Chance, einen günstigen Gruppentarif über ihre Krankenkasse zu nutzen. Gegenstand der Kooperation ist allein die Vermittlung der privaten Versicherungsverträge; Vertragspartner der Versicherten werden die privaten Versicherungsunternehmen und nicht die Krankenkassen selbst. Mit der Pflegereform 2008 (Pflegeweiterentwicklungsgesetz) wurde auch den Pflegekassen die Möglichkeit zur Vermittlung privater Pflege-Zusatzversicherungen eröffnet (§ 47 II SGB XI).

Zusatzversorgung im öffentlichen Dienst – Auf tariflicher Grundlage bestehendes System der → betrieblichen Altersversorgung (bAV) für Arbeitnehmer im öffentlichen Dienst. Versorgungsträger sind öffentlich-rechtliche → Pensionskassen (Zusatzversorgungskassen insbesondere für kommunale Angestellte und Versorgungsanstalt des Bundes und der Länder insbesondere für Angestellte des Bundes und der Länder). Das → BetrAVG sieht für den öffentlichen Dienst in §§ 18 und 30d Sonderregelungen vor.

Zusatzversorgungskasse für Arbeitnehmer in der Land- und Forstwirtschaft – bundesunmittelbare Anstalt des öffentlichen Rechts; Sitz in Kassel. – *Rechtsgrundlage:* Gesetz über die Errichtung einer Zusatzversorgungskasse für Arbeitnehmer in der Land- und Forstwirtschaft (ZVALG) vom 31.7.1974 (BGBl. I 1660) m.spät.Änd. – *Aufgaben:* Zusatzversorgung für Arbeitnehmer in der Land- und Forstwirtschaft, Zahlung von Ausgleichsleistungen an Arbeitnehmer dieses Bereichs sowie Durchführung weiterer Aufgaben gemäß ZVALG.

Zuschauerforschung – *Teleskopie;* Teilgebiet der → Marktforschung zur Ermittlung von Einschaltquoten beim täglichen Fernsehen sowie zur Feststellung der individuellen Sehbeteiligung einzelner Haushaltsmitglieder. Aufzeichnung der relevanten Informationen durch Audimeter und Tammeter, die auf mechanischem oder elektronischem Wege die eingestellten Sender und die Empfangsdauer registrieren.

Zuschlag – I. Zuschlag bei einer Versteigerung: (§§ 79 ff. ZVG): Bei der Zwangsversteigerung wird das Grundstück oder Schiff vom Vollstreckungsgericht dem → Meistbietenden durch sog. Zuschlagsbeschluss zugeschlagen mit der Wirkung, dass der *Ersteher* Eigentümer wird. Zugleich erlöschen alle Rechte an dem Grundstück oder Schiff, ausgenommen die aufgrund ihres Vorranges vor dem Recht des → betreibenden Gläubigers → bestehen bleibenden Rechte. An die Stelle der erlöschenden Rechte tritt der Anspruch auf Befriedigung aus dem Versteigerungserlös im → Verteilungsverfahren. – Der Zuschlagsbeschluss ist rechtsbegründender Staatsakt, der Eigentum nimmt und überträgt und zugleich Vollstreckungstitel, mit dem der Ersteher vom Voreigentümer und anderen Besitzern Räumung und Herausgabe verlangen kann.

II. Zuschlag bei einer privaten Versteigerung: Der Zuschlag stellt die Annahme des durch das Gebot abgegebenen Angebots dar (§ 156 BGB). – Vgl. auch → Versteigerung, → Vertrag.

III. Zuschlag zum Arbeitsentgelt: *Begriff/Arten:* zusätzlich zum tariflichen Satz für Arbeiten außerhalb der gewöhnlichen Arbeitszeit gezahltes → Arbeitsentgelt: Überstunden-, Sonn- und

Feiertags- (→ Feiertagszuschlag, → Mehrarbeitszuschlag), Nachtarbeitszuschläge. – *Lohnsteuerliche Behandlung:* → Mehrarbeitszuschlag.

IV. Bewertungsgesetz: Zuschläge sind auf den Vergleichswert (wie auch → Abschläge) wegen werterhöhender Umstände möglich, z.B. bei Bewertung von Mietwohngrundstücken, von Häusern mit maximal zwei Wohnungen (§ 146 BewG), in der Land- und Forstwirtschaft bei Abweichung der tatsächlichen von den regelmäßigen Verhältnissen, Paketzuschlag bei der Bewertung von Aktienpaketen.

V. Zollwesen: → Zollzuschlag.

VI. Baufinanzierung: Aussetzung des Zuschlages bei einer Zwangsversteigerung.

Zuschlagsbeschluss → Zuschlag.

Zuschlagskalkulation – I. Kostenrechnung: In der Praxis weit verbreitetes Verfahren der Kalkulation von Kostenträgern im Rahmen der → Kostenträgerrechnung. – 1. *Vorgehensweise:* Im ersten Schritt ordnet die Zuschlagskalkulation den Kostenträgern die für sie in der Kostenartenrechnung gesondert erfassten → Einzelkosten zu. Im zweiten Schritt werden anteilige → Gemeinkosten prozentual auf der Basis von Einzelkosten „zugeschlagen" (→ Zuschlagssatz); vgl. Tabelle „Grundschema der Zuschlagskalkulation". Die Zuschlagskalkulation ist damit ein Kalkulationsverfahren der Vollkostenrechnung (→ Vollkostenkalkulation). Dieses Grundschema ^kann beliebig erweitert oder modifiziert werden, so z.B. für Handelsbetriebe oder für die Kalkulation öffentlicher Aufträge. – 2. *Schwächen:* a) Die als Zuschlagsbasis der → Fertigungsgemeinkosten verwendeten Fertigungslöhne verlieren angesichts steigender Automatisierung der Produktion im Verhältnis zu den → Anlagenkosten ständig an Bedeutung; Zuschlagssätze von mehr als 1.000 Prozent sind somit nicht unüblich. Zur Kalkulation der Fertigungskosten wird die Zuschlagskalkulation deshalb zunehmend durch die → Maschinenstundensatzrechnung abgelöst. – b) Die

Grundschema der Zuschlagskalkulation

Kalkulationsbestandteile	Zuschlagssumme	Zuschlagsbasis
Materialeinzelkosten	–	–
+ Materialgemeinkosten	Gemeinkosten der Materialstellen	Materialeinzelkosten
= Materialkosten	–	–
Fertigungseinzelkosten (Fertigungslöhne)	–	–
+ Fertigungsgemeinkosten	Gemeinkostensumme der Fertigungsstellen	Fertigungseinzelkosten
+ Sondereinzelkosten der Fertigung	–	–
= Fertigungskosten	–	–
Materialkosten	–	–
+ Fertigungskosten	–	–
= Herstellkosten	–	–
Herstellkosten	–	–
+ Verwaltungsgemeinkosten	Gemeinkostensumme der Verwaltungsstellen	Herstellkosten
+ Vertriebsgemeinkosten	Gemeinkostensumme der Vertriebsstellen	Herstellkosten
+ Sondereinzelkosten des Vertriebs	–	–
= Selbstkosten		

Zuschlagskalkulation ist mit der grundsätzlichen Problematik der → Gemeinkostenschlüsselung verbunden.

II. Verteilungstheorie und -politik: Wird angenommen, dass auf den Gütermärkten keine vollkommene Konkurrenz herrscht und die Produktionskapazitäten der Unternehmen nicht vollausgelastet sind, reagieren die Unternehmen bei Nachfrageänderungen bezüglich ihrer Güter mit Mengen- anstatt mit Preisanpassungen. Die Güterpreise sind demnach nicht nachfragebestimmt, sondern kostendeterminiert. Dabei bilden (unterschiedlich definierbare) Kosten die Kalkulationsgrundlage für einen Zuschlag. – In der Monopolgradtheorie der Verteilung von Kalecki sind die Basis für den Zuschlag (auch: Aufschlag, Mark-up) die variablen Stückkosten, d.h. die Lohnstück- und Materialkosten. Es wird angenommen, dass die variablen Durchschnittskosten unterhalb der Vollauslastung der Kapazitäten in etwa konstant bleiben. Der Zuschlag hat dann die Gemeinkosten (zu denen im Modell von Kalecki auch die Gehälter der Angestellten gehören, da ihre Anzahl unabhängig von der Produktionsmenge ist) zu decken und umfasst zusätzlich den eigentlichen Gewinn. Der Gewinn und damit der Zuschlagsatz fällt bei Kalecki umso höher aus, je geringer die Wettbewerbsintensität auf dem Gütermarkt ist; der Monopolgrad kann daher auch als Maß der Unternehmenskonzentration („degree of monopoly") angesehen werden. Außerdem hat die relative Verhandlungsstärke der Gewerkschaften einen Einfluss auf den Zuschlagssatz. Ist z.B. die Arbeitslosigkeit hoch (gering), ist die relative Konfliktstärke der Arbeiter und ihrer Gewerkschaften gering (hoch) und der Zuschlagsatz fällt entsprechend größer (kleiner) aus. – Eine Zuschlagskalkulation im Rahmen der Monopolgradtheorie der Verteilung kann dann z.B. folgendermaßen aussehen. Der Güterpreis bildet sich aus den durchschnittlichen Lohn-, Material-, Gemeinkosten und dem Gewinn pro Stück:

$$P = (\frac{W_n}{x}) + (\frac{M}{x}) + (\frac{G}{x})$$

Dabei bezeichnet W_n die nominalen Lohnstückkosten, M/x die Materialstückkosten und G/x den Brutto-Gewinn pro Stück, der außer den Gemeinkosten (Abschreibungen, Gehälter der Verwaltungsmitarbeiter) auch den eigentlichen Netto-Gewinn enthält. Der Preis kann unter den gemachten Voraussetzungen durch einen Zuschlag auf die variablen Stückkosten (Lohn- und Materialstückkosten) bestimmt werden:

$$P = (1 + m)(\frac{W_n}{x} + \frac{M}{x})$$

Wie sich aus den beiden vorherigen Gleichungen ergibt, kann der Zuschlagssatz (Mark-up) als das Verhältnis des Brutto-Gewinns zur Summe aus Lohn- und Materialkosten dargestellt werden.

$$m = \frac{G}{W_n + M}$$

Vgl. → Monopolgradtheorie der Verteilung.

Zuschlagssatz – globaler, meist in Prozent ausgedrückter Aufschlag, mit dem in der Vollkostenrechnung die → Gemeinkosten verrechnet werden. Im Rahmen der → Betriebsabrechnung wird für jede → Hauptkostenstelle ein bes. Zuschlagssatz ermittelt, indem die Gemeinkosten der Kostenstelle auf eine bestimmte Basis bezogen werden, und zwar bei den Materialkostenstellen auf das Fertigungsmaterial, bei den Fertigungskostenstellen auf die Fertigungslöhne, bei den Verwaltungs- und Vertriebskostenstellen auf die → Herstellkosten. – Mithilfe des in Hundertteilen der Basis ausgedrückten Zuschlagssatzes werden in der → Zuschlagskalkulation die Gemeinkosten auf die Kostenträger verrechnet. Meist verwendet man hierzu Standard- oder Normalzuschlagssätze (→ Standardkosten, → Normalkosten).

Zuschlagssystem – Regelungsform der → Steuerertragshoheit zwischen öffentlichen Aufgabenträgern im aktiven Finanzausgleich. Beim Zuschlagssystem wird das Recht zur Wahl und Ausgestaltung öffentlicher Einnahmequellen einem – i.d.R. dem zentralen – Aufgabenträger zugewiesen, anderen Aufgabenträgern aber das Recht eingeräumt, auf die Bemessungsgrundlage oder Abgabeschuld dieser Einnahmequelle einen Zuschlag zu erheben. – *Formen:* a) *Ungebundenes Zuschlagssystem:* Höhe des Zuschlags ist nicht geregelt. – b) *Gebundenes Zuschlagssystem:* Höhe des Zuschlags ist begrenzt. – In der *Bundesrepublik Deutschland* wird die Kirchensteuer nach dem (gebundenen) Zuschlagssystem verteilt.

Zuschlagsteuern – *Annexsteuern*; Steuern, die an die Höhe einer anderen Steuer anknüpfen, z.B. → Kirchensteuer und → Solidaritätszuschlag. – Vgl. auch → Einkommensteuer. Auf die Körperschaftsteuer wird ebenfalls Solidaritätszuschlag erhoben.

Zuschreibung – *Wertaufholung.* 1. *Begriff:* Erhöhung des → Buchwertes von → Vermögensgegenständen: a) als Folge einer Wertzunahme, ohne dass sich die Substanz oder Wesensart des Wirtschaftsgutes geändert hat; b) als Korrektur überhöhter Abschreibungen früherer Rechnungsperioden. – 2. *Handelsrechtlich* sind Zuschreibungen zulässig, wenn die Gründe für die in früheren Geschäftsjahren vorgenommenen → Abschreibungen nicht mehr bestehen. Für Kapitalgesellschaften besteht handelsrechtlich grundsätzlich ein *Zuschreibungsgebot* (→ Wertaufholungsgebot, → Bewertung). Die Zuschreibungen dürfen die handelsrechtlichen Wertobergrenzen des § 253 HGB nicht überschreiten. – 3. *Steuerrecht* (§ 6 I EStG): Wirtschaftsgüter, die bereits am Schluss des vorangegangen Wirtschaftsjahres zum Anlagevermögen des Steuerpflichtigen gehört haben, sind in den folgenden Wirtschaftsjahren zu fortgeführten Anschaffungs- oder Herstellungskosten anzusetzen, es sei denn, der Steuerpflichtige weist nach, dass ein niedrigerer Teilwert angesetzt werden kann.

Zuschreibungsgebot → Wertaufholungsgebot.

Zuschüsse – private oder öffentliche Zuwendungen, i.d.R. Zahlungen an eine Unternehmung aus unterschiedlichen Gründen und mit unterschiedlicher Zwecksetzung. – *Bilanzierung:* 1. *Private* Zuschüsse eines Gesellschafters, die sich aus dem Gesellschaftsverhältnis ergeben, sind zusätzliches Eigenkapital der empfangenden Unternehmung und bei Kapitalgesellschaften gemäß §§ 266, 272 II HGB als Kapitalrücklage zu bilanzieren. Sind private Zuschüsse Bestandteil der Gegenleistung in einem Leistungsaustauschverhältnis, so können sie Anschaffungskostenminderung der empfangenden Unternehmung (→ Anschaffungskosten) oder Entgelt für zukünftige Leistungen der Unternehmung (z.B. verlorene Mieterzuschüsse) sein, die als passive Rechnungsabgrenzungsposten zu erfassen und über die Vertragsdauer aufzulösen sind. – 2. Handelsrechtliche Bilanzierung *öffentlicher* Zuschüsse ist umstritten. Unbedingt rückzahlbare Zuschüsse sind als → Verbindlichkeiten zu passivieren. Bei bedingt rückzahlbaren Zuschüssen hängt die Bilanzierung von der Gestaltung der Bedingungen im Einzelfall ab. Fällt die Rückzahlungsverpflichtung z.B. bei Eintritt einer bestimmten Bedingung (etwa Misserfolg des bezuschussten Objekts) weg, so ist, solange die auflösende Bedingung nicht eingetreten ist, eine Verbindlichkeit auszuweisen. Nicht rückzahlbare Zuschüsse, die als Aufwands- oder Ertragszuschüsse gewährt werden, sind erfolgswirksam zu behandeln. Für nicht rückzahlbare Zuschüsse als Zuwendungen zur Anschaffung oder Herstellung einer Investition besteht ein Wahlrecht. Die Zuschüsse können als Anschaffungs- bzw. Herstellungskostenminderung oder Ertrag der Periode, in der sie vereinnahmt wurden, behandelt werden.

Zuschuss zum Mutterschaftsgeld → Mutterschaftsgeld.

Zustand → Umweltzustand.

Zuständigkeit – I. Organisation: → Kompetenz einer → organisatorischen Einheit bzw. eines → Handlungsträgers.

II. Zivilrecht: Im Zivilprozess besagt die Zuständigkeit, welches Gericht etc. sachlich und örtlich im Einzelfall zu entscheiden hat. – 1. Die *sachliche Zuständigkeit* gibt an, bei welcher Art von Gericht ein Prozess anhängig zu machen ist, sowie welches Gericht die in erster oder zweiter Instanz erlassenen Entscheidungen nachzuprüfen hat (→ Amtsgericht, → Landgericht, → Oberlandesgericht (OLG), → Bundesgerichtshof (BGH)). – 2. Die *örtliche Zuständigkeit* regelt, welches unter mehreren gleichartigen Gerichten zur Entscheidung berufen ist (→ Gerichtsstand). – 3. Von der Zuständigkeit zu unterscheiden ist die *Geschäftsverteilung,* d.h. der Geschäftskreis einzelner Richter etc. innerhalb ihrer Behörde.

III. Arbeitsrecht: → Arbeitsgerichtsbarkeit.

IV. Verwaltungsrecht: Die Zuständigkeit ist v.a. von Bedeutung für die Frage der Anfechtbarkeit oder Ungültigkeit von → Verwaltungsakten. – 1. *Örtliche Unzuständigkeit* liegt vor, wenn eine Behörde in den örtlichen Dienstbereich einer anderen, aber gleichartigen Behörde eingreift, indem sie die Grenze des eigenen Dienstbereichs überschreitet. – 2. *Sachliche Unzuständigkeit* liegt vor, wenn eine Behörde eine Amtshandlung vornimmt, für die eine andersartige Behörde des gleichen örtlichen Dienstbereichs zuständig ist. – Vgl. auch → Verwaltungsgerichtsbarkeit.

V. Steuerrecht: Im Steuerverfahren entscheidet die *behördliche Zuständigkeit* über Wirksamkeit und Bestandskraft der Verwaltungsakte, die *gerichtliche Zuständigkeit* über die Zulässigkeit der Klage. – 1. *Sachliche Zuständigkeit* der Finanzbehörden ist im Gesetz über die Finanzverwaltung vom 30.8.1971 (BStBl. I 1426), die der Finanzgerichte in den §§ 35–36 FGO geregelt. – 2. *Örtliche Zuständigkeit* der Finanzbehörden ergibt sich aus den §§ 17 ff. AO, die der Finanzgerichte aus den §§ 38 f. FGO.

Zuständigkeitsbudget – Begriff des Haushaltswesens: Die Bücher werden nach dem Ende des Rechnungsjahres noch einige Wochen für Nachbuchungen offen gehalten, um nachträgliche Einnahmen oder Ausgaben der „zuständigen" Haushaltsperiode zuzurechnen (→ Haushaltssystematik). – *Gegensatz:* → Kassenbudget.

Zustandsbaum – bei → mehrstufigen Entscheidungen Darstellung der zeitlichen Abfolge der → Umweltzustände (Erwartungsstruktur des Entscheidungsträgers), die sich als → stochastischer Prozess begreifen lässt: Zwischen den Zuständen (Knoten 1 bis 9) in aufeinander folgenden Zeitpunkten bestehen stochastische Abhängigkeiten in der Weise, dass jeder Zustand eines Zeitpunkts mit einer bestimmten Übergangswahrscheinlichkeit W_{ij} (Kanten) aus einem Zustand der Vorperiode hervorgeht; vgl. Abbildung „Zustandsbaum – Beispiel". – Vgl. auch → Entscheidungsbaum, → flexible Planung.

Zustandsbaum – Beispiel

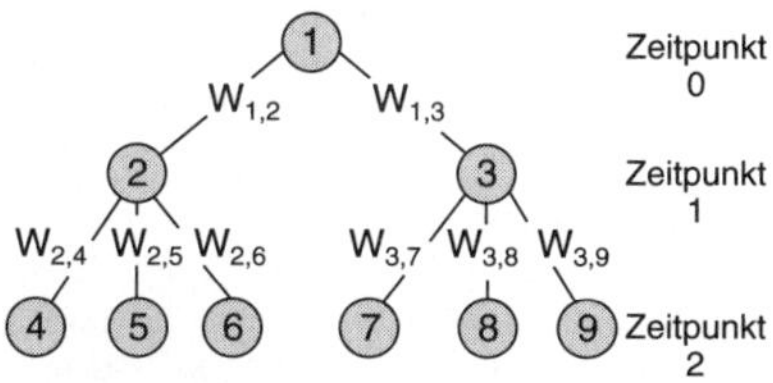

Zustandsparameter – Größe, die ein → Entscheidungsträger nicht beeinflussen kann, deren Ausprägung aber das Ergebnis einer ergriffenen → Aktion beeinflusst. – Vgl. auch → Umweltzustand.

Zustandsraum – unbeeinflussbarer Teil des → Entscheidungsfelds, enthält die Menge der relevanten → Umweltzustände in einer Entscheidungssituation. Der Zustandsraum wird im Fall stochastischer mehrstufiger Entscheidungen durch einen → Zustandsbaum repräsentiert.

Zustellgroßhandel → Großhandel, der für seine Abnehmer die Transportfunktion übernimmt, d.h. die Waren zustellt. – *Gegensatz:* → Cash-and-Carry-Großhandel (CC).

Zustellung – I. Zivilprozessordnung: Zustellung ist die Bekanntgabe eines Schriftstückes an eine Person in der gesetzlich vorgeschriebenen Form zur Sicherung des Nachweises von Zeit und Art der Übergabe (§§ 166–195 ZPO). Sie dient auch dazu, dem Zustellungsempfänger von dem Schriftstück Kenntnis zu geben, damit er seine Rechtsverfahren darauf einrichten kann. – Die Zustellung wird i.d.R. *von Amts wegen* veranlasst (§§ 270, 317 ZPO); bei der Zustellung auf Betreiben der Parteien ist Zustellungsorgan der Gerichtsvollzieher. – Durch Zulassung einer *fingierten Zustellung* wird erreicht, dass sich niemand einer Zustellung entziehen kann. – *Gegenstand* der Zustellung ist eine Ausfertigung oder beglaubigte Abschrift des zuzustellenden Schriftstücks. Sie wird von Amts wegen (§§ 166–190 ZPO) oder auf Betreiben der Parteien (§§ 191–195 ZPO) veranlasst. Zustellungen der Parteien erfolgen durch den Gerichtsvollzieher. – *Zustellungsempfänger* ist die Prozesspartei (ausnahmsweise auch ein Dritter); hat diese einen Prozessbevollmächtigten, so ist diesem zuzustellen (§ 172 ZPO). – Kann die Zustellung nicht an den Empfänger ausgeführt werden, so ist eine *Ersatzzustellung* durch Aushändigung an einen erwachsenen Hausgenossen, Vermieter, Gehilfen im Gewerbebetrieb, durch Einlegung in den Briefkasten der Wohnung oder des Geschäftsraums, notfalls auch durch Niederlegung des Schriftstücks auf dem Postamt unter Zurücklassung einer Nachricht zulässig; die Ersatzzustellung hat die Wirkung einer gewöhnlichen Zustellung. – Ist der Aufenthalt einer Partei unbekannt oder eine Zustellung im Ausland nicht möglich, kann das Gericht auf Antrag die → öffentliche Zustellung anordnen. – Eine *fehlerhafte Zustellung* ist grundsätzlich unwirksam, der Fehler kann aber u.U. geheilt werden (§ 189 ZPO). Die Zustellung innerhalb der Mitgliedsstaaten der EU regelt die unmittelbar auch in Deutschland geltende VO (EG) Nr. 1348/2000 vom 29.5.2000 und die dazu gehörigen Ausführungsvorschriften der §§ 1067–1071 ZPO.

II. Andere Verfahrensarten: Die Vorschriften der Zivilprozessordnung gelten grundsätzlich im arbeitsgerichtlichen Verfahren und auch im Strafverfahren (§§36 ff. StPO). Im Verfahren der Verwaltungs-, Sozial- und Finanzgerichtsbarkeit gilt das Verwaltungszustellungsgesetz.

III. Verwaltungsrecht: Für das Zustellungsverfahren der Bundesbehörden, der bundesunmittelbaren Körperschaften, Anstalten und Stiftungen und der Landesfinanzbehörden gilt das Verwaltungszustellungsgesetz (VwZG) vom 12.8.2005 (BGBl. I 2354) m.spät. Änd., das ähnliche Grundsätze enthält wie die ZPO. Hinsichtlich der Landesbehörden wird überwiegend das Verwaltungszustellungsgesetz des Bundes für anwendbar erklärt.

Zustellung im Ausland – ist nach den bestehenden völkerrechtlichen Vereinbarungen vorzunehmen. Wenn diese Postversand erlauben, soll dies mit Einschreiben mit Rückschein erfolgen, andernfalls durch Rechtshilfeersuchen durch die Behörden des Fremdstaates, je nach Vereinbarung mit oder ohne Einschaltung der diplomatischen Vertretung des Bundes (§ 183 ZPO).

Zustimmung – I. Bürgerliches Recht: Oberbegriff zur vorherigen → Einwilligung und nachträglichen → Genehmigung des von einem anderen getätigten → Rechtsgeschäfts (vgl. §§ 182-184 BGB).

II. Gesellschaftsrecht: Eine an keine Form gebundene empfangsbedürftige → Willenserklärung gegenüber anderen Gesellschaftern. – Vgl. auch → Geschäftsführung.

Zustimmungsregel – Abstimmungsregel (→ Abstimmungsverfahren) über n Alternativen, bei der jeder Teilnehmer beliebig vielen (von ihm akzeptierten) Alternativen je eine Stimme geben kann. Gewählt ist diejenige Alternative, die die größte Stimmenzahl erhalten hat. Diese Regel hat einige günstige Eigenschaften.

Zuteilung → Repartierung (rep.).

Zuteilungsbescheid → Zerlegung.

Zuteilungssatz – Zinssatz, zu dem die Kreditinstitute bei → Wertpapierpensionsgeschäften → Zentralbankgeld erhalten. Bei → Mengentendern handelt es sich um den von der Zentralbank vorgegebenen Zinssatz, bei → Zinstendern um niedrigsten Zinssatz, zu dem Banken gerade noch von der Bundesbank Liquidität erhalten (marginaler Zuteilungssatz).

Zuverlässigkeit – Merkmal der → Softwarequalität. Ein Softwareprodukt wird als zuverlässig betrachtet, wenn die Wahrscheinlichkeit für das Auftreten eines Fehlers gering ist, z.B. die Wahrscheinlichkeit für fehlerfreies Funktionieren innerhalb einer gewissen Zeitspanne („mean time between failures") oder in einer gewissen Zahl von Anwendungsfällen.

zu versteuerndes Einkommen – Begriff des Einkommensteuerrechts (§ 2 V 1 EStG): Formel zur Berechnung des zu versteuernden Einkommens vgl. → Einkommensteuer-Richtlinien (EStR). – Das zu versteuernde Einkommen einer Kapitalgesellschaft ergibt sich aus § 7 II EStG und R 29 KStR. – Vgl. → Einkommensermittlung.

Zuwachssteuern – Steuern, bei denen der Zuwachs eines Steuergegenstands Bemessungsgrundlage ist. Man kann dabei unterscheiden zwischen Mehreinkommen- (→ Übergewinnsteuern) und → Vermögenszuwachssteuer. – Vgl. auch → Wertzuwachssteuer. – Zuwachssteuern in der *Bundesrepublik*

Deutschland: Hypothekenabgabe (bis 1979), Kreditgewinnabgabe (bis 1974).

Zuwanderung – Zuzug aus einer anderen territorialen Einheit (Gemeinde, Kreis, Bundesland) oder aus dem Ausland, um am Zuzugsort einen festen oder vorübergehenden Wohnsitz zu nehmen. Letztgenannter Vorgang wird auch *Einwanderung* oder *Immigration* genannt.

Zuwanderungsziffer → Mobilitätsziffer.

Zuweisung – zwischen öffentlichen Aufgabenträgern, v.a. → Gebietskörperschaften, übertragene Finanzmittel. Zuweisungen erfolgen v.a. im Rahmen des → kommunalen Finanzausgleichs (zwischen Ländern und ihren Gemeinden/Gemeindeverbänden) und im Rahmen des → Länderfinanzausgleichs zwischen den Ländern (horizontal) sowie zwischen Bund und Ländern vertikal. – *Formen:* (1) → Ausgleichszuweisung; (2) → Lenkungszuweisung. – Vgl. auch → Zuweisungssystem.

Zuweisungssystem – Regelungsform der → Steuerertragshoheit zwischen öffentlichen Aufgabenträgern im aktiven Finanzausgleich (→ Zuweisungen). – *Formen der Zuweisungen:* (1) nach *Zielsetzung*: → Ausgleichszuweisungen oder → Lenkungszuweisungen; (2) nach *Ausgestaltung*: horizontale Zuweisungssysteme oder vertikale Zuweisungssysteme. Letztere lassen sich in Zuweisungssysteme „von unten nach oben“ (z.B. Umlagen, Matrikularbeiträge) und Zuweisungssysteme „von oben nach unten“ (z.B. Ergänzungszuweisung, Finanzhilfe) unterscheiden.

Zuzahlungen der Aktionäre – über die → Einlage hinausgehende Zahlungen. → Aktionäre einer AG brauchen grundsätzlich keine Zuzahlungen zu leisten (§ 54 AktG); so wird die Fungibilität der Aktie gewährleistet. Freiwillige Zuzahlungen der Aktionäre kommen bei der → Kapitalerhöhung gegen Ausgabe von → Vorzugsaktien vor. Die AG muss die durch Zuzahlungen der Aktionäre zufließenden Beträge in die → Kapitalrücklage einstellen (§ 272 II Nr. 4 HGB).

Zuzahlungen für Medikamente → Arzneimittelversorgung, → Gesundheitsreform.

Zwangsanfallsprodukte → Kuppelprodukte.

Zwangsetatisierung – Mittel des Verwaltungszwangs, durch das die Aufsichtsbehörde durch Ersatzvornahme einen Posten in den → Haushaltsplan einer öffentlich-rechtlichen Körperschaft einsetzen kann, wenn die Körperschaft selbst die Einsetzung verweigert.

Zwangsgeld – für Zwangs- oder Beugemaßnahmen vorgesehene Rechtsfolge. – 1. Nach § 11 des *Verwaltungsvollstreckungsgesetzes* des Bundes kann der Pflichtige zur Vornahme einer Handlung durch ein Zwangsgeld angehalten werden, wenn eine Handlung durch einen anderen nicht vorgenommen werden kann und sie nur von dem Wollen des Pflichtigen abhängt. – *Höhe:* 1,53 bis 1.021 Euro; bei Uneinbringlichkeit ein Tag bis zwei Wochen Ersatzzwangshaft. – 2. Im → Zivilprozess zur Erzwingung einer → unvertretbaren Handlung (im Einzelfall bis 25.000 Euro (§ 888 I ZPO), ersatzweise bis sechs Monate Zwangshaft (§ 913 ZPO)) wiederholbare Maßnahme. – 3. Das mit der Führung des *Handelsregisters* betraute Registergericht kann zur Erzwingung der Anmeldung einer Eintragung gegen Anmeldepflichtige (§ 14 HGB) ein Zwangsgeld verhängen.

Zwangshaft → Zwangsgeld.

Zwangshypothek – bes. Form einer → Sicherungshypothek. Ein Gläubiger des Grundstückseigentümers kann aufgrund eines auf Zahlung einer Geldsumme (ohne Zinsen) von mehr als 750 Euro gerichteten vollstreckbaren Schuldtitels im Wege der → Zwangsvollstreckung bei dem Grundbuchamt die Eintragung einer Zwangshypothek beantragen (§ 866 ZPO). Die Zwangshypothek ist stets Buchhypothek, d.h. ein → Hypothekenbrief kann nicht ausgestellt werden. – Vgl. auch → Arresthypothek.

Zwangskartell → Zwangssyndikat.

Zwangslizenz – 1. *Patent-, Gebrauchsmuster- und Sortenschutzrecht:* kann an einem → Patent (§ 24 PatG) und → Gebrauchsmuster (§ 20 GebrMG) zugunsten eines Dritten eingeräumt werden, wenn dies im öffentlichen Interesse liegt und sich der Patentinhaber weigert, die Benutzung des Patents gegen angemessene Vergütung und Sicherheitsleistung zu gestatten. Die Zwangslizenz ist eine einfache, keine ausschließliche Lizenz, und hindert den Rechtsinhaber daher nicht an der eigenen Verwertung der → Erfindung. Verfahren: Klage vor dem → Bundespatentgericht (BPatG), Erteilung durch Urteil. – *Ende:* Mit Verfall des Patents, z.B. durch Nichtzahlung der Jahresgebühren, Verzicht, Ablauf der Schutzdauer. Nach § 12 SSchG kann das → Bundessortenamt (BSA) im öffentlichen Interesse Dritten ein Zwangsnutzungsrecht unter Festsetzung der Bedingungen und der an den Rechtsinhaber zu zahlenden Vergütung einräumen. Die Ausübung einer Zwangslizenz durch den Lizenznehmer erschöpft die Rechte des Rechtsinhabers aus parallelen ausländischen Schutzrechten nicht (vgl. → Erschöpfung). – 2. *Urheberrecht:* Anspruch eines Herstellers von Tonträgern gegen den Urheber eines Musikwerks auf Einräumung eines Nutzungsrechts zu angemessenen Bedingungen, wenn der Urheber einem anderen Hersteller von Tonträgern schon ein Nutzungsrecht eingeräumt hat; der Anspruch besteht nicht, wenn die Rechte von einer → Verwertungsgesellschaft wahrgenommen werden, da diese Werke der Schallplattenindustrie ohnehin über den Abschlusszwang (§ 11 Urheberrechtswahrnehmungsgesetz) zur Verfügung stehen (§ 42a UrhG).

Zwangsmittel – 1. *Begriff:* Maßnahmen der Finanzbehörden zur Durchsetzung von → Verwaltungsakten, die auf Vornahme einer Handlung, auf Duldung oder Unterlassung gerichtet sind (§ 328 AO). – 2.

Arten: (1) Zwangsgeld, jeweils bis zu 25.000 Euro (§ 329 AO); ist ein Zwangsgeld gegen eine natürliche Person uneinbringlich, kann → Ersatzzwangshaft angeordnet werden (§ 334 AO); (2) Ersatzvornahme auf Kosten des Verpflichteten, wenn die Verpflichtung zur Vornahme einer vertretbaren Handlung nicht erfüllt wird (§ 330 AO); (3) unmittelbarer Zwang, wenn Zwangsgeld oder Ersatzvornahme nicht zum Ziele führen oder untauglich erscheinen (§ 331 AO). – 3. *Verfahren:* Zwangsmittel müssen schriftlich angedroht werden. Dabei ist eine angemessene Frist zur Erfüllung der Verpflichtung zu bestimmen. Das Zwangsmittel muss in angemessenem Verhältnis zu seinem Zweck stehen. Es ist festzusetzen, wenn die Verpflichtung nicht innerhalb der bestimmten Frist erfüllt oder der Verpflichtung zuwider gehandelt wurde (§ 333 AO). – 4. *Einstellung des Vollzugs:* Wird die Verpflichtung nach der Festsetzung erbracht, ist der Vollzug einzustellen (§ 335 AO).

Zwangssparen – 1. Vom *Staat angeordnetes Zwangssparen,* indem Zwangsanleihen ausgegeben werden oder auch indem Teile des Lohns und der Gehaltszahlungen für eine mehr oder weniger lange Zeit auf Sparkonten festgelegt werden müssen. Die Zwangsspargelder sind der Zirkulation entzogen und können auf dem Kapitalmarkt für Investitionen oder auch für andere vom Staat gewünschte Zwecke verwendet werden. – 2. *Zwangssparen aufgrund monetärer Einflüsse,* wenn eine inflationistische Kreditausweitung mit entsprechenden Preissteigerungen oder Warenverknappungen vor sich geht. Die Einkommensbezieher können weniger Güter für ihre gleichgebliebenen Bezüge kaufen. Dieser Zustand ist nur wirksam, solange nicht die Lohn-Preis-Spirale in Tätigkeit tritt.

Zwangsstrafe → Beugemittel.

Zwangssyndikat – *Zwangskartell;* → Kartell, das auf Anordnung des Staates (z.B. zur Förderung des Exports japanischer Unternehmen) errichtet werden soll.

Zwangsverfahren → Zwangsvollstreckung, → Vollstreckungsverfahren.

Zwangsversicherung → Pflichtversicherung.

Zwangsversteigerung – Verwertung einer → Sache durch staatlichen Hoheitsakt im Wege der Versteigerung.

I. Zwangsversteigerung beweglicher Sachen: §§ 814–824 ZPO; 1. *Vorgang:* Die Zwangsversteigerung findet durch → Gerichtsvollzieher in der Gemeinde statt, in der die Sache gepfändet wurde, oder an einem anderen Ort im Bezirk des Vollstreckungsgerichts, falls zwischen Gläubiger und Schuldner keine Einigung über einen dritten Ort möglich ist, frühestens eine Woche nach → Pfändung. Ort, Zeit und Gegenstand der Versteigerung sind öffentlich bekanntzumachen. Der Zuschlag erfolgt an den nach dreimaliger Aufforderung Meistbietenden; das Gebot muss mind. die Hälfte des gewöhnlichen Verkaufswerts der Sache erreichen. Gold- und Silbersachen dürfen bei der Versteigerung nicht unter ihrem Metallwert zugeschlagen werden; Wertpapiere mit Börsen- oder Marktpreis werden freihändig zum Tagespreis verkauft (andere können versteigert werden). – 2. *Wirkungen:* a) Der Ersteigerer erhält die Sache nur gegen Barzahlung, er erlangt mit der Übergabe lastenfreies → Eigentum. → Sachmängelhaftung ist ausgeschlossen. – b) Den Erlös hat der Gerichtsvollzieher abzuliefern, soweit dies zu dessen Befriedigung erforderlich ist. – 3. *Abweichungen:* Das Vollstreckungsgericht kann auf Antrag des Gläubigers oder Schuldners eine abweichende Verwertung hinsichtlich deren Art und Weise, Versteigerungsort und Versteigerungsperson anordnen (§ 825 ZPO), z.B. die Sache dem Gläubiger zu einem bestimmten, auf seine Forderung anzurechnenden Betrag überlassen oder den Gerichtsvollzieher zum freihändigen Verkauf ermächtigen. – Vgl. auch → Vollstreckungsschutz.

II. Zwangsversteigerung unbeweglichen Vermögens: Zwangsversteigerung ist auch die gebräuchlichste Form der → Zwangsvollstreckung in das unbewegliche Vermögen, bei der die Gläubiger Befriedigung aus dem Erlös des versteigerten Grundstücks etc. suchen.

III. Zwangsversteigerung zur Aufhebung einer Gemeinschaft: Dies dient nicht der Zwangsvollstreckung in das unbewegliche Vermögen, sondern der Auseinandersetzung und Teilung, wenn mehrere ein Grundstück, Schiff etc. zum gemeinsamen Eigentum haben und Aufhebung der → Gemeinschaft (auch der → Erbengemeinschaft) verlangt wird. I.d.R. Zwangsversteigerung wie sonst und Teilung des Erlöses (§§ 180 ff. ZVG). – Vgl. auch Sonderkündigungsrecht in der Zwangsversteigerung. – Vgl. auch → Verfahrensablauf einer Zwangsversteigerung.

Zwangsversteigerungsverfahren – formstrenges gerichtliches Verfahren. – 1. *Gegenstand:* Versteigerung von → Grundstücken, → grundstücksgleichen Rechten, Schiffen und Schiffsbauwerken sowie Luftfahrzeugen nach dem Zwangsversteigerungsgesetz vom 24.3.1897 m.spät.Änd. – 2. *Zuständigkeit:* Zuständig ist das Amtsgericht, in dessen Bezirk das Grundstück etc. liegt, bei Lage in verschiedenen Bezirken Bestellung des zuständigen Gerichts durch gemeinsames oberes Gericht. – 3. *Beteiligte:* Neben Gläubiger und Schuldner nach § 9 ZVG alle, für die ein Recht an dem betreffenden Grundstück im Grundbuch eingetragen ist, sowie ggf. Anmeldende, die ein schutzbedürftiges Recht haben, das durch die Zwangsversteigerung beeinträchtigt werden könnte. Den Beteiligten müssen wichtige, das Verfahren betreffende Entscheidungen des Gerichts bekannt gemacht werden. – 4. *Ablauf:* Zwangsversteigerungsverfahren wird eingeleitet auf Antrag, nie von Amts wegen, durch → Anordnungsbeschluss; es folgt Bestimmung des → Versteigerungstermins sowie Aufstellung des → geringsten Gebotes. Auf rechtzeitigen Antrag kann das Gericht → Vollstreckungsschutz gewähren. Nach Versteigerung erfolgt Zuschlag an Ersteher und Verteilung des Versteigerungserlöses am → Verteilungstermin. – Vgl. auch → Verfahrensablauf einer Zwangsversteigerung.

Zwangsversteigerungsvermerk → Versteigerungsvermerk.

Zwangsverwaltung – 1. *Begriff:* Neben → Zwangsversteigerung und → Zwangshypothek Art der → Zwangsvollstreckung in das unbewegliche Vermögen, bei der die Gläubiger nicht Befriedigung aus der Substanz des Grundstücks etc. suchen, wie bei Zwangsversteigerung, sondern nur aus den Erträgnissen (§§ 146 ff. ZVG). – 2. *Vorgehensweise:* Das Grundstück wird auf Antrag des Gläubigers durch Gerichtsbeschluss beschlagnahmt und von einem vom Gericht bestellten Zwangsverwalter verwaltet mit dem Ziel der Befriedigung des Gläubigers aus den laufenden Erträgnissen. Die rechtliche Stellung des Zwangsverwalters regelt die Zwangsverwalterverordnung vom 19.12.2003 (BGBl. I 2804). – 3. *Verfahren:* Analog zur Zwangsversteigerung mit den sich aus dem unterschiedlichen Zweck ergebenden Abweichungen. – 4. *Zulässig* ist Zwangsverwaltung nur bei → Grundstücken und bei → grundstücksgleichen Rechten, nicht bei Schiffen und Schiffsbauwerken oder Luftfahrzeugen.

Zwangsvollstreckung – Anwendung staatlicher Gewalt zur Durchsetzung eines privatrechtlichen Anspruchs des Gläubigers, geregelt in §§ 704–915h ZPO und im Gesetz über die Zwangsversteigerung und Zwangsverwaltung (ZVG). – *Anders:* Gesamtvollstreckung (Insolvenz).

I. Allgemeines: 1. Mit der Zwangsvollstreckung im engeren Sinne wird dem einzelnen Gläubiger die Möglichkeit gegeben, seine privatrechtlichen Rechtsansprüche durch das Vollstreckungsgericht (Amtsgericht) oder den Gerichtsvollzieher durchsetzen zu lassen.Geregelt ist die Zwangsvollstreckung in den §§ 704-915h Zivilprozessordnung (ZPO) und im Gesetz über die Zwangsversteigerung und Zwangsverwaltung (ZVG). Steht der Anspruch eines Gläubigers gegenüber seinem Schuldner nach einem gewonnenen Prozess rechtskräftig fest, leistet der Schuldner aber nicht freiwillig, so kommt der Gläubiger nur zu seinem Recht, wenn er die Zwangsvollstreckung aus dem Urteil betreibt. Das Urteil ist der Zwangsvollstreckungstitel, die Grundlage für das staatliche Zwangsverfahren, dessen Zustellung an den Schuldner ebenfalls Voraussetzung für die Durchführung der Vollstreckung ist. Neben den Gerichtsurteilen zählt die ZPO noch andere Vollstreckungstitel auf, z.B. den Prozessvergleich, der Vergleich einer staatlich anerkannten Gütestelle, einen Kostenfestsetzungsbeschluss, eine notarielle Urkunde oder für vollstreckbar erklärte Europäische Zahlungsbefehle. Je nach dem Inhalt des Leistungstitels unterscheidet die Zivilprozessordnung verschiedene Verfahren zur Durchsetzung der Ansprüche des Gläubigers: die Zwangsvollstreckung wegen Geldforderungen und die Zwangsvollstreckung zur Erwirkung der Herausgabe von Sachen sowie zur Erzwingung sonstiger Handlungen. Rechtsbehelfe des Schuldners können gegen formale Fehler im Verfahren oder gegen Fehler im Vollstreckungsgrund oder Vollstreckungsgegenstand eingelegt werden.Die Zwangsvollstreckung im weiteren Sinne bezeichnet die Vollstreckung im öffentlichen Recht, mit der Verwaltungsakte oder Verwaltungsverträge durchgesetzt werden. – 2. *Voraussetzungen:* → Vollstreckungstitel, vollstreckbare Ausfertigung (→ vollstreckbare Urkunde) dieses Titels sowie dessen vorherige oder gleichzeitige Zustellung an den Schuldner. – 2. Die Zwangsvollstreckung wird in einem bes. *Verfahren* durchgeführt, das auf Antrag des Gläubigers eingeleitet wird; es soll die schnellstmögliche Befriedigung des Gläubigers sichern, dabei aber die Existenz des Schuldners nicht vernichten (→ Vollstreckungsschutz, → Unpfändbarkeit). – 3. Die *Kosten* der Zwangsvollstreckung fallen grundsätzlich dem Schuldner zur Last (§ 788 ZPO). – 4. Im Zwangsvollstreckungs-Verfahren kann der Schuldner *Einwendungen* gegen den Anspruch nicht mehr geltend machen; nur wegen eines nach Schluss der mündlichen Verhandlung eingetretenen Umstandes kann er → Vollstreckungsgegenklage erheben. – 5. *Vollstreckungsorgane:* a) → Gerichtsvollzieher für die Zwangsvollstreckung in → beweglichen Sachen; b) → Vollstreckungsgericht für die Zwangsvollstreckung in Forderungen, andere Vermögensrechte und das unbewegliche Vermögen, für → Verteilungsverfahren, → eidesstattliche Versicherung und i.d.R. → Einstellung der Zwangsvollstreckung; c) → Prozessgericht für die Zwangsvollstreckung zur Erwirkung von Handlungen oder Unterlassungen. – 6. *Strafrechtlicher Schutz:* → Vollstreckungsvereitelung, → Pfandentstrickung.

II. Zwangsvollstreckung wegen einer Geldforderung des Gläubigers: Er kann vollstrecken in das bewegliche Vermögen des Schuldners: Sachen (§§ 808–827 ZPO), Forderungen und andere Vermögensrechte (§§ 828–857 ZPO) und in das unbewegliche Vermögen (§§ 864–871 ZPO und ZVG). – 1. Zwangsvollstreckung *in das bewegliche Vermögen:* a) Entsprechend dem *Pfändungsgegenstand:* (1) Sachen, die sich im Gewahrsam des Schuldners befinden, werden vom Gerichtsvollzieher gepfändet (→ Pfändung) und durch → Versteigerung verwertet. Die → Verwertung kann auf Antrag einstweilen mit Ratenzahlungsauflage ausgesetzt werden. (2) Geldforderungen des Schuldners gegen einen Dritten werden durch → Pfändungs- und Überweisungsbeschluss des Vollstreckungsgerichts gepfändet (maßgebend → Zustellung an → Drittschuldner) und dem Gläubiger zur Einziehung (oder an Zahlungs Statt) überwiesen (→ Lohnpfändung). (3) Bei Pfändung eines Anspruchs auf Herausgabe einer Sache wird Herausgabe an → Gerichtsvollzieher oder → Sequester angeordnet. (4) Hinsichtlich anderer

Rechte gilt Entsprechendes (§ 857 ZPO). – b) Haben *mehrere gepfändet,* so wird bei Streit über die Verteilung des Erlöses ein → Verteilungsverfahren durchgeführt. – c) Der Schuldner ist gegenüber dem Gerichtsvollzieher zur Abgabe der → eidesstattlichen Versicherung verpflichtet bei der → Vermögensauskunft (§ 802c Abs. 3 ZPO. – 2. Zwangsvollstreckung *in das unbewegliche Vermögen* (§§ 864 ff. ZPO), sog. *Immobiliarvollstreckung* oder *Liegenschaftsvollstreckung,* umfasst → Grundstücke, → grundstücksgleiche Rechte, Schiffe und Schiffsbauwerke (→ Schiffsversteigerung). Sie erfolgt stets durch das Vollstreckungsgericht, nie durch Gerichtsvollzieher, und zwar im Wege der → Zwangsversteigerung, der → Zwangsverwaltung oder der Eintragung einer → Zwangshypothek.

III. Zwangsvollstreckung zur Erwirkung der Herausgabe von Sachen sowie von Handlungen oder Unterlassungen: 1. Bei Verurteilung zur *Herausgabe* hat der Gerichtsvollzieher die Sachen im Auftrag des Gläubigers wegzunehmen; bei fruchtloser Zwangsvollstreckung muss Schuldner beschwören, dass er nicht weiß, wo sie sich befinden (§ 883 ZPO). Bei Verpflichtung zur Herausgabe oder Räumung eines Grundstücks oder einer Wohnung wird der Schuldner aus dem Besitz gesetzt und der Gläubiger eingewiesen (§ 885 ZPO). – 2. Bei Verurteilung des Schuldners zur Vornahme einer *Handlung,* die auch ein Dritter vornehmen kann, kann der Gläubiger diese mit Ermächtigung des Prozessgerichts erster Instanz vornehmen lassen; auf Antrag wird der Schuldner zur Zahlung eines Vorschusses verurteilt (§ 887 ZPO). – 3. Bei Verurteilung zu einer sog. *unvertretbaren Handlung* ist zu unterscheiden: Hängt Vornahme ausschließlich vom Willen des Schuldners ab (z.B. Rechnungslegung, Auskunftserteilung), so kann er auf Antrag durch Zwangsgeld oder Zwangshaft dazu angehalten werden (§ 888 ZPO); hängt die Vornahme nicht allein vom Willen des Schuldners ab (z.B. Schreiben eines Buches), kann aus dem Urteil nicht vollstreckt werden (aber Möglichkeit der Schadensersatzklage, § 893 ZPO). – 4. Ist der Schuldner zur *Duldung oder Unterlassung* (z.B. von Immissionen) verurteilt, ist er auf Antrag wegen jeder Zuwiderhandlung zu Ordnungsgeld oder Ordnungshaft zu verurteilen (§ 890 ZPO). – 5. Eine → Willenserklärung, zu deren Abgabe der Schuldner verurteilt ist, gilt mit Rechtskraft des Urteils als abgegeben (§ 894 ZPO).

IV. Besonderheiten: 1. Die Zwangsvollstreckung in ein *Unternehmen* als solches ist nicht möglich. Sie kann nur in die einzelnen Vermögensgegenstände erfolgen. – 2. Zwangsvollstreckung in *Gesellschaftsvermögen* der OHG und KG setzt einen → Vollstreckungstitel gegen die Gesellschaft unter ihrer Firma voraus (§ 124 II HGB). Vollstreckungstitel gegen alle Gesellschafter reicht nicht aus; anders bei der Gesellschaft bürgerlichen Rechts. Unter den Voraussetzungen des § 135 HGB kann aber ein Privatgläubiger des Gesellschafters oder des Kommanditisten die Pfändung und Überweisung des Auseinandersetzungsguthabens seines Schuldners erwirken, um dann die Gesellschaft zu kündigen und sich aus dem Guthaben zu befriedigen. – 3. Bleibt Zwangsvollstreckung in das Vermögen eines Kaufmannes *ohne Erfolg,* hat jeder andere Kaufmann ein erweitertes Zurückbehaltungsrecht, sog. Notzurückbehaltungsrecht (§ 370 HGB). – 4. Zwangsvollstreckung wegen Geldforderungen in das *Urheberrecht* als solches ist ohne Einwilligung des Urhebers unzulässig, im Gegensatz zur wie sonst zulässigen Pfändung der fertig gestellten Exemplare eines Buches oder der Zahlungsansprüche gegen den Verleger etc. Auch bei Einwilligung nur insoweit zulässig, als der Urheber Nutzungsrechte einräumen kann (§§ 113 f. UrhG).

V. Rechtsbehelfe: Verstöße gegen das Vollstreckungsverfahren können mit → Erinnerung gerügt werden. Gegen Entscheidungen des Vollstreckungs- oder Prozessgerichts → sofortige Beschwerde binnen zwei Wochen.

Zwangswirtschaft → zentralgeleitete Wirtschaft.

Zwangszuschreibung → Wertaufholungsgebot.

Zweckaufwand – *kostengleicher Aufwand;* → Aufwendungen in der Finanzbuchhaltung, die in der Betriebsbuchhaltung als → Grundkosten verrechnet werden. – *Gegensatz:* → neutrale Aufwendungen. – Vgl. auch → Abgrenzung.

Zweckbindung – Ausdruck des Budgetrechts der Legislative gegenüber der Exekutive bzw. der Verwaltung; beinhaltet, dass die zugewiesenen Haushaltsmittel ausschließlich für den zugewiesenen Zweck *(sachliche Zweckbindung)* und ausschließlich für den vorgesehenen Zeitraum – i.d.R. ein Jahr – *(zeitliche Zweckbindung)* bewilligt werden. Zweckbindung führt in Verbindung mit der inputorientierten Haushaltsplanung (→ Haushaltsplan) zur Inflexibilität und Ineffizienz der Mittelbewirtschaftung (Dezemberfieber), v.a. im investiven Bereich. Eine Relativierung wird durch ausdrückliche Festlegung von Deckungsfähigkeiten zwischen einzelnen Titeln und Übertragbarkeit erreicht.

Zweckerklärung → Sicherungszweckerklärung.

Zweckertrag – Teil des → Ertrags, der wirtschaftlich der betrachteten Periode zurechenbar ist und zur Erfüllung des Betriebszwecks anfällt. Zweckerträge werden in die Kostenrechnung als → Erlöse übernommen.

Zweckgemeinschaft – Zusammenschluss von mehreren Personen und Unternehmen, die sich (vertraglich) verpflichten, ein gemeinsames Ziel durch Zusammenwirken zu erreichen und die entsprechend erforderlichen Voraussetzungen zu schaffen. Eine Zweckgemeinschaft gehört zu den Gesellschaften des BGB (§§ 705 ff. BGB). – *Sonderform:* → Zollzweckgemeinschaft.

Zweckgesellschaft – Vgl. → Verbriefung von Kreditportfolios.

Zweckgliederung – Zerlegung von Aufgaben (→ Aufgabenanalyse) in primäre Zweckaufgaben und sekundäre Verwaltungsaufgaben (Kosiol).

Zweckneutralität – Begriff der Einzelkostenrechnung, der für die Kostenerfassung fordert, → Kosten und → Erlöse losgelöst von speziellen Zwecken der Kostenrechnung aufzuzeichnen (→ Grundrechnung).

Zwecksparen – Ansammlung von Sparbeträgen mit der Absicht, diese, wenn sie eine gewisse Höhe erreicht haben, für einen im voraus festgelegten Zweck zu verwenden, z.B. → Bausparen. Das Zwecksparen geschieht aufgrund von Verträgen über die regelmäßige Zahlung bestimmter Raten. Es ist bei den Sparkassen für verschiedene Zwecke möglich und üblich. Bisweilen besteht auch eine Steuerbegünstigung für Zwecksparen (→ steuerbegünstigtes Sparen). – Der Abschluss von bestimmten Versicherungen (wie z.B. Lebens-, Pensions- und Aussteuerversicherungen) ist ebenfalls als Zwecksparen anzusehen.

Zwecksparunternehmen – Unternehmen, bei denen die Gemeinschaft der Sparer einen Rechtsanspruch darauf hat, dass ihr aus den angesparten Geldbeträgen Darlehen gewährt oder Gegenstände auf Kredit verschafft werden. Mit Ausnahme der → Bausparkassen sind Zwecksparunternehmen in der Bundesrepublik Deutschland verboten, da die Annahme fremder Gelder als Einlagen nach § 1 I Nr. 1 KWG nur → Kreditinstituten gestattet ist.

Zwecksteuern – 1. *Begriff:* Steuern, die primär nicht auf Einnahmeerzielung (fiskalische Zielsetzung), sondern auf andere wirtschaftspolitische Ziele ausgerichtet sind (→ nicht fiskalische Besteuerung). – 2. *Arten:* (1) → Verwendungszwecksteuer; (2) → Wirkungszwecksteuer. – 3. → Ordnungsteuern.

Zweckübertragungsgrundsatz – im Immaterialgüterrecht entwickelter Grundsatz zur Auslegung von Verträgen, mit denen Immaterialgüterrechte übertragen oder mit Nutzungsrechten (Lizenzen) belastet werden, demzufolge nicht mehr Rechte übertragen oder eingeräumt werden, als zur Erreichung des schuldrechtlich festgelegten Zwecks unbedingt erforderlich sind (vgl. § 31 V UrhG).

Zweckverband – 1. *Begriff:* Zusammenschluss von Gemeinden und Gemeindeverbänden zur gemeinsamen Erfüllung bestimmter Aufgaben, zu deren Durchführung sie berechtigt oder verpflichtet sind. Klassische Form der interkommunalen Zusammenarbeit. – 2. *Arten nach den Aufgaben:* Planungsverbände, Sparkassen- und Giroverbände, Schulverbände und Zweckverband zur Wasserver- und -entsorgung. – 3. *Rechtsform:* Die Zweckverbände sind Körperschaften des öffentlichen Rechts mit Selbstverwaltung unter sinngemäßer Anwendung der für die Gemeinden geltenden Bestimmungen aufgrund der Verbandssatzung. Die öffentlich-rechtliche Form des freiwilligen Zweckverbands kann handelsrechtlich selbstständige Unternehmen, deren Kapital sich ausschließlich in öffentlicher Hand befindet, mit Zustimmung der obersten Landesbehörde auch natürliche Personen und → gemischtwirtschaftliche Unternehmen einschließen. – 4. *Organisatorisch* ist ein Zweckverband i.d.R. das Organ der gemeinsamen Willensbildung und der Vermögensträger; die eigentliche Aufgabenwahrnehmung (z.B. Versorgungsaufgabe) wird von einem Tochterunternehmen des Zweckverbands in privatrechtlicher Form wahrgenommen. – 5. *Alternative:* Anstelle der Bildung eines Zweckverbands können Gemeinden zur Erfüllung einer bestimmten Aufgabe eine öffentlich-rechtliche Vereinbarung derart treffen, dass einer der Beteiligten gegen angemessene Entschädigung seitens der übrigen die gemeinsame Aufgabe erfüllt oder den übrigen Beteiligten die Mitbenutzung einer von ihm betriebenen Einrichtung gewährt (z.B. Müllverbrennungsanlagen). – 6. *Organe:* Wesentliche Organe des Zweckverbandes sind der Verbandsvorsitzende, der von der Verbandsversammlung gewählt wird und die laufenden Geschäfte des Zweckverbandes übernimmt und diese nach außen vertritt, die Verbandsversammlung als das Hauptorgan, in dem alle Verbandsmitglieder mit mindestens einem Mitglied vertreten sind sowie (freiwillig) ein Verwaltungsrat, dem einem Aufsichtsrat vergleichbare Aufgaben zu Teil werden. – Kommunen können sich freiwillig zu einem Zweckverband (*Freiverband*) zusammenschließen oder sie können sich unter besonderen, gesetzlich geregelten Voraussetzungen zur Erfüllung von Pflichtaufgaben auch unter aufsichtsbehördlicher Verfügung zusammenschließen (*Pflichtverband*). – Rechtsverhältnisse eines Zweckverbandes richten sich nach den jeweiligen Gesetzen über kommunale Gemeinschaftsarbeit, Zweckverbandsgesetzen auf Landesebene und den subsidiär geltenden Kommunalverfassungen. Ebenso gelten die Bestimmungen der jeweiligen Zweckverbandssatzung. – Eine spezielle Form des Zweckverbandes stellt der *Wasser- und Bodenverband* dar, dessen Organisation im Gesetz über Wasser- und Bodenverbände (WVG) ausgestaltet ist. Wasser- und Bodenverbände werden im Bereich Wasserversorgung und Abwasserbeseitigung eingesetzt. Eine Beteiligung natürlicher oder anderer juristischer Personen ist bei dieser Spezialform ohne Einschränkung möglich (§ 4 WVG).

Zweckvermögen – Begriff im Sinn des Körperschaftsteuerrechts: selbstständige, einem bestimmten Zweck gewidmete Vermögensmasse, die aus dem Vermögen des Widmenden ausgeschieden ist und eigene → Einkünfte besitzt. Als Zweckvermögen gilt auch das Wertpapier-Sondervermögen der → Kapitalanlagegesellschaften. – *Besteuerung:* Nicht rechtsfähige Zweckvermögen (→ Anstalten und → Stiftungen) sind i.d.R. unbeschränkt steuerpflichtig, wenn sie wirtschaftlich selbstständig sind.

Zweckzuweisung → Lenkungszuweisung, die nur für bestimmte vom Zweckzuweisungsgeber festgelegte Zwecke gewährt werden. Zweckzuweisungen werden von den Ländern an die Gemeinden (kommunaler Finanzausgleich) und vom Bund an die Länder (→ Finanzhilfe, → Gemeinschaftsaufgaben) gewährt. – Von den Zweckzuweisungsempfängern wird die Zweckbindung i.Allg. kritisiert, da sie deren Entscheidungsspielraum einschränkt; von den Zweckzuweisungsgebern wird sie als Mittel zur beabsichtigten Beeinflussung gerechtfertigt.

Zweckzuwendung – Begriff des Erbschaftsteuerrechts: eine freigebige Zuwendung unter Lebenden oder von Todes wegen, die nicht einer bestimmten natürlichen oder juristischen Person zugewendet wird, sondern zur Verwirklichung eines bestimmten Zweckes verwendet werden soll (z.B. für die Armen einer Gemeinde, ein Sammelvermögen). – Zweckzuwendungen unterliegen der → Erbschaftsteuer; sie ist von dem durch die Zweckzuwendung Belasteten (nicht den Begünstigten) zu tragen (§ 10 I 5 ErbStG), maßgebliche Steuerklasse ist die Steuerklasse III.

Zweidrittelwert – Begriff des Bewertungsgesetzes: Noch nicht fällige Ansprüche aus Lebens-, Kapital- oder Rentenversicherungen werden mit eingezahlten Prämien oder Kapitalbeiträgen (Zweidrittelwert) bewertet (§ 12 IV BewG). Dies gilt nicht, wenn der Steuerpflichtige den (niedrigeren) Rückkaufswert nachweist.

Zweifaktorentheorie – 1. *Begriff:* von Herzberg entwickelte Theorie mit der Annahme, dass es zwei voneinander unabhängige Dimensionen der → Arbeitszufriedenheit gibt: Unzufriedenheit/Nicht-Unzufriedenheit sowie Zufriedenheit/Nicht-Zufriedenheit. Beide Dimensionen werden von je anderen Faktoren der Arbeitssituation beeinflusst. Bedingungen für eine Senkung der Unzufriedenheit als Übergang zur Nicht-Unzufriedenheit liegen v.a. im Arbeitsumfeld (Hygienefaktoren). Bedingungen, die einen Übergang von Nicht-Zufriedenheit zur Zufriedenheit auslösen können, liegen schwerpunktmäßig im Arbeitsinhalt selbst (Motivatoren). Während die Motivatoren die Zufriedenheit fördern und zugleich leistungsförderlich sind, verbinden sich die Hygienefaktoren nach Herzberg schwerpunktmäßig nur mit einer Senkung der Unzufriedenheit. – 2. *Bedeutung:* Die Zweifaktorentheorie wurde im Geist der humanistischen Psychologie entwickelt und hat in der Praxis wesentliche Impulse für die inhaltsorientierte → Arbeitsgestaltung ausgelöst. Heute wird wieder verstärkt die traditionelle Hypothese vertreten, wonach alle situativen Bedingungen gleichermaßen zur Zufriedenheit wie zur Unzufriedenheit beitragen können. Die Hypothese, dass Motivatoren nicht nur die Zufriedenheit, sondern zugleich auch die Leistung fördern können, ist dagegen theoretisch und empirisch besser abgesichert.

Zweifamilienhaus → Grundstücksart im Sinn des Bewertungsgesetzes; relevant bei der Grundsteuer (→ Einheitswert). – 1. *Begriff:* Wohngrundstück, das nur zwei Wohnungen enthält, auch wenn die zweite Wohnung von untergeordneter Bedeutung ist. Wohnungen des Hauspersonals sind nicht mitzurechnen. Die Eigenschaft als Zweifamilienhaus geht nicht verloren, wenn das Grundstück zu eigenen oder fremden gewerblichen oder zu öffentlichen Zwecken mitbenutzt wird und dadurch die Eigenart als Zweifamilienhaus nicht wesentlich beeinträchtigt wird. – 2. *Bewertung:* Für die Bewertung bebauter Grundstücke stehen nach der → Erbschaftsteuerreform drei verschiedene Verfahren zur Verfügung: a) Mithilfe des Vergleichswertverfahrens werden in der Regel Wohnungseigentum, Teileigentum und Ein- und Zweifamilienhäuser bewertet. – b) Die Bewertung von Mietwohngrundstücken sowie von Geschäftsgrundstücken und gemischt genutzten Grundstücken, für die sich eine übliche Miete ermitteln lässt, erfolgt nach dem Ertragswertverfahren (→ Ertragswert). – c) Fehlt der erforderliche Vergleichswert, ist das Sachwertverfahren anzuwenden (→ Sachwert). Dieses ist auch auf Geschäftsgrundstücke und gemischt genutzte Grundstücke ohne ermittelbare übliche Miete sowie für sonstige bebaute Grundstücke anzuwenden. Das Ergebnis der Bewertung wird in einem Einheitswert festgestellt. – Vgl. auch → Einheitswertzuschlag, → Grundstücksbewertung.

zweifelhafte (dubiose) Forderungen → Forderungen (Debitoren), deren Zahlungseingang ungewiss ist. – 1. *Bewertung:* Zweifelhafte (dubiose) Forderungen sind mit ihrem wahrscheinlichen Wert (beizulegender Wert gemäß § 253 IV HGB) anzusetzen. – 2. *Buchung:* Eine zweifelhafte (dubiose) Forderungen wird, sobald der Eingang sich als unsicher erweist, von Forderungen getrennt und auf einem eigenen Konto bes. ausgewiesen. Buchung: Konto zweifelhafte Forderungen an Debitorenkonto; beim Abschluss ist nach dem vermuteten Ausfall eine → Abschreibung vorzunehmen: Abschreibung an zweifelhafte Forderungen. – Vgl. auch → Delkredere. – *Anders:* → uneinbringliche Forderungen.

zweigleisiger Vertrieb – Vertrieb einer Ware gleicher Güte (1) als Markenware und (2) gleichzeitig ohne Marke oder mit Handelsmarke zu geringerem Preis. Ein zweigleisiger Vertrieb ist wettbewerbsrechtlich bedenklich: Der Käufer wird irregeführt (→ irreführende Werbung), indem er mit der Markenware höhere Wertvorstellungen verbindet.

zweigliedrige Gesellschaft → Zweimanngesellschaft.

Zweigniederlassung – Niederlassung eines Kaufmanns bzw. einer Handelsgesellschaft, wo der Kaufmann bzw. die Handelsgesellschaft, teils abhängig von der Hauptniederlassung, teils unabhängig von ihr, wirkt. Merkmale sind: (1) Räumliche Selbstständigkeit; (2) die Zweigniederlassung muss sachlich die gleichen Geschäfte tätigen wie die Hauptniederlassung; (3) sie muss auf eine gewisse Dauer eingerichtet sein. Gesetzlich geregelt in § 13 HGB, wo u.a. bestimmt ist, dass die Errichtung bzw. die Aufhebung einer Zweigniederlassung von einem Einzelkaufmann oder einer juristischen Person beim Gericht der Hauptniederlassung bzw. beim Gericht des Sitzes der Gesellschaft anzumelden ist. Dabei sind der Ort und die inländische Geschäftsanschrift der Zweigniederlassung und ggf. ein bes. Firmenzusatz für die Zweigniederlassung anzugeben. – Für die Errichtung der Zweigniederlassung einer Genossenschaft, vgl. § 14 GenG. – Bes. Bestimmungen für Zweigniederlassungen, deren Hauptniederlassung den Sitz im Ausland hat (§§ 13d ff. HGB): Befindet sich die Hauptniederlassung eines Einzelkaufmanns oder einer juristischen Person oder als Sitz einer Handelsgesellschaft im Ausland, haben alle eine inländische Zweigniederlassung betreffenden Anmeldungen etc. bei dem Gericht zu erfolgen, in dessen Bezirk die Zweigniederlassung besteht Die Anforderungen an die Anmeldung etc. sind weiter spezifiziert für Kapitalgesellschaften (§§ 13e-g HGB). – Vgl. auch Zweigstellen im Kreditwesen.

Zweigstellensteuer – früher erhobene Form der → Gewerbesteuer für Bank- und Kreditunternehmen sowie für Wareneinzelhandelsunternehmen auf Zweigstellen (Betriebsstätten der genannten Unternehmen, die sich an einem anderen Ort als die Geschäftsleitung der Unternehmen befanden). 1967 für verfassungswidrig erklärt.

Zweikontensystem – Form der Zahlungsabwicklung im → Außenhandel. – Vgl. auch → Verrechnungskonten.

Zweikontentheorie → Buchhaltungstheorien.

Zweikreissystem → Zweisystem.

Zwei-Länder-Modelle → Totalmodelle großer offener Volkswirtschaften.

Zweimanngesellschaft – *zweigliedrige Gesellschaft*; nur aus zwei Gesellschaftern bestehende → Gesellschaft.

Zwei-plus-Vier-Vertrag – Vertrag über die abschließende Regelung in Bezug auf Deutschland vom 12.9.1990 (BGBl. II 1318), dem mit Vertragsgesetz vom 11.10.1990 (BGBl. II 1317) zugestimmt wurde, abgeschlossen zwischen der Bundesrepublik Deutschland, der DDR, Frankreich, der damaligen Sowjetunion, Großbritannien und den USA. Der Zwei-plus-Vier-Vertrag bildete die außenpolitische Grundlage der Herstellung der Einheit Deutschlands. Nach seinem Inkrafttreten am 15.1.1991, hat das vereinte Deutschland die volle Souveränität über seine inneren und äußeren Angelegenheiten (Art. 7 II).

Zwei-Punkteform – dient zur Bestimmung der Funktionsgleichung einer → linearen Funktion, von der die Koordinaten zweier Punkte (x_1; y_1) und (x_2; y_2) bekannt sind:

$$\frac{y_2 - y_1}{x_2 - x_1} = \frac{y_1 - y}{x_1 - x}.$$

Vgl. auch → Punktsteigungsform.

Zwei-Punkt-Klauseln – Alle → C-Klauseln der → Incoterms sind sog. Zwei-Punkt-Klauseln, weil der Gefahrenübergang im Abgangsort erfolgt und der Kostenübergang im Bestimmungsort. Unbeschadet des Gefahrenübergangs erfolgt der Eigentumsübergang i.d.R. erst am Bestimmungsort durch Übergabe der Ware bzw. entsprechender Papiere (z.B. → Konnossement). Die Übergabe markiert also den Lieferort. – *Gegensatz:* → Ein-Punkt-Klausel.

Zwei-Regionen-Modell – häufig verwendete Abstraktion in ökonomischen Theorien, welche die räumlichen Dimensionen der wirtschaftlichen Aktivitäten berücksichtigen, wie z.B. in der interregionalen Außenhandelstheorie, der → Export-Basis-Theorie oder im Zentrum-Peripherie-Modell (→ Wirtschaftsgeografie). Das Zwei-Regionen-Modell wird in die beiden (Teil-)Regionen → Peripherie und → Zentrum unterteilt, um die Einflüsse der beiden aufeinander zu untersuchen. Kontakte von Peripherien mit anderen Peripherien oder von Zentren untereinander werden dabei ausgeschlossen.

Zwei-Säulen-Strategie – geldpolitische Konzeption, die die → Europäische Zentralbank (EZB) bei der Beurteilung einer Reihe von Konjunkturindikatoren zur Ableitung geldpolitischer Maßnahmen zugrundelegt. Mithilfe einer Zwei-Säulen-Strategie versucht die EZB sicherzustellen, dass das Ziel der Preisniveaustabilität (→ Preisniveau) erreicht wird. Diese Zwei-Säulen-Strategie besteht aus einer Steuerung der weit gefassten Geldmenge M3, die auf monetaristischer Basis ein jährliches Wachstum von 4,5 Prozent aufweisen soll, und aus einer Inflationssteuerung. Dabei wird die avisierte Inflationsrat von 2 Prozent des → Harmonisierten Verbraucherpreisindex (HVPI) mit der erwarteten Inflationsrate verglichen. Kritiker der Zwei-Säulen-Strategie wenden ein, dass die Transparenz und → Glaubwürdigkeit der Geldpolitik beeinträchtigt würde. – Vgl. auch → Geldpolitik, → Europäisches System der Zentralbanken (ESZB).

zweiseitige Fragestellung – bei → statistischen Testverfahren der Fall der Prüfung einer Punkthypothese, also nur einen Wert umfassende Behauptung über den Wert eines → Parameters der → Grundgesamtheit. In diesem Fall besteht die → kritische Region, die mithilfe einer geeigneten → Prüfgröße abgegrenzt wird, aus zwei getrennten Teilintervallen. Die Hypothese wird abgelehnt, falls ein zu niedriger oder zu hoher Wert der → Prüfvariablen resultiert. – *Gegensatz:* → einseitige Fragestellung.

zweiseitige Handelsgeschäfte – Rechtsgeschäfte, die für beide Vertragspartner → Handelsgeschäfte sind.

zweiseitige Kommunikation – Kommunikationstechnik (Argumentationsstil, → Kommunikation), bei der nicht nur Argumente im Sinn der Beeinflussung verwendet werden, sondern auch (wohldosierte, abgeschwächte) Gegenargumente mit dem Ziel, eine Beeinflussungsabsicht zu verdecken. Gedankliche Gegenargumente und psychischer Widerstand (→ Reaktanz) lassen sich durch zweiseitige Kommunikation erheblich verringern. – *Einflussfaktoren:* Die Wirkung der zweiseitigen Kommunikation ist bes. stark, wenn Kommunikationsempfänger grundsätzlich anderer oder indifferenter Meinung sind und ein relativ hohes Bildungsniveau haben. Bes. wirksam ist zweiseitige Kommunikation wenn Werbebotschaften, die überwiegend auf Informationsübermittlung mittels rationalem Argumentationsstil basieren, auf Empfänger mit hohem → Involvement treffen.

zweiseitige Märkte – Zwei Kundengruppen, oftmals Verkäufer und Käufer (z.B. Auktionshäuser, Messeveranstaltungen), aber auch Softwareplattformen, Zahlungssyssteme und werbefinanzierte Medien, die sich gegenseitig in ihrem Nachfrageverhalten beeinflussen und auf einer Plattform zusammenkommen. Der gegenseitige Einfluss auf das Nachfrageverhalten kann sowohl positiv als auch negativ sein (s. → Netzwerkeffekte).

zweistufige Kommunikation – Kommunikationstechnik (→ Kommunikation), die → Meinungsführer in den Kommunikationsprozess einbezieht. Basiert auf der Annahme eines zweistufigen Kommunikationsflusses: Zuerst beeinflusst die → Massenkommunikation die Meinungsführer, dann wirken die Meinungsführer auf das übrige Publikum ein, das von der Massenkommunikation nicht erreicht wurde. Die Meinungsführer übernehmen (1) eine Relaisfunktion (persönliche Übermittler für andere) und (2) eine Verstärkerfunktion (Beeinflussungswirkung durch persönlichen Kontakt ist größer als bei Massenkommunikation).

Zweisystem – *dualistisches System, Spiegelbildsystem, Zweikreissystem;* Organisationsform der → Buchführung, namentlich in Großbetrieben, in der Art, dass die → Finanzbuchhaltung und die → Betriebsbuchhaltung zwei getrennte Buchungskreise (äußerer Kreis und innerer Kreis) bilden. Deren Geschlossenheit kann durch je ein Ausgleichskonto (→ Übergangskonto) hergestellt werden. – *Gegensatz:* → Einsystem (Einkreissystem).

zweitbeste Maßnahme → Theorie des Zweitbesten.

Zweitdisplay → Zweitplatzierung.

zweiter Bildungsweg – gesellschafts- und bildungspolitisch begründeter Bildungsgang zum Nachholen von Schulabschlüssen und Berechtigungen bis hin zum Abitur außerhalb des traditionellen Bildungsganges. Im Vordergrund steht dabei die Möglichkeit, die allg. oder begrenzte Hochschulzugangsberechtigung ohne den Besuch eines Gymnasiums erwerben zu können. – *Formen des zweiten Bildungswegs:* (1) Besuch von → Instituten zur Erlangung der Hochschulreife in Teilzeitform neben einer Berufsausübung (Abendgymnasien) bzw. in Vollzeitform im Anschluss an eine Berufsausbildung (Kolleg); (2) Ablegung einer Begabtenprüfung (Immaturenprüfung) zur Zulassung für ein bestimmtes Studienfach ohne festgelegte vorherige Schulabschlüsse; (3) etappenweiser Erwerb von Abschlüssen im berufsbildenden Schulsystem, die neben beruflichen Berechtigungen bis hin zur Fachhochschul- und Hochschulreife führen (→ Berufsbildungssystem).

Zweitmarke – Form eines → Markenartikels. Hersteller oder Händler setzen im Rahmen ihrer Produktpolitik neben der Hauptmarke für das gleiche Produkt weitere Marken, sog. Zweitmarken – meist für andere Absatzwege – ein, um zusätzliche Marktsegmente zu erschließen (z.B. über Verbrauchermärkte statt über Fachgeschäfte) und die Kapazität besser auszulasten.

Zweitplatzierung – *Zweitdisplay;* neben der laufenden Belegung von Regalfläche wird bes. für Produkte, die sich durch einen → Impulskauf auszeichnen, am Point of Sale eine zweite Regalfläche belegt. – Vgl. auch → Aktion.

Zweitwohnungsteuer – 1. *Einordnung in das Steuersystem:* direkte Steuer, Personalsteuer, örtliche Aufwandsteuer. – 2. *Rechtfertigung:* (1) Innehaben einer Zweitwohnung als Ausdruck bes. wirtschaftlicher Leistungsfähigkeit (→ Leistungsfähigkeitsprinzip). (2) Auswärtige Inhaber von Zweitwohnungen, für die die Gemeinde Aufwendungen erbringt, von denen ihr aber nicht in gleicher Weise wie von den einheimischen Dauerbewohnern Einnahmen zufließen, werden zum Ausgleich zur Zweitwohnungsteuer herangezogen (→ Äquivalenzprinzip). – 3. *Geschichte:* Einführung am 1.1.1973 in Überlingen; Übernahme des „Überlinger Modells" von anderen baden-württembergischen Fremdenverkehrsgemeinden, später auch an der schleswig-holsteinischen Nord- und Ostseeküste sowie im niedersächsischen Teil des Harzes. 1974–1979 widersprüchliche verwaltungsgerichtliche Entscheidungen zur Erhebung der Zweitwohnungsteuer; „Überlingen-Beschluss" des BVerfG vom 6.12.1983: Die Zweitwohnungsteuersatzung der Gemeinde Überlingen wird für unvereinbar mit Art. 3 I GG und damit für verfassungswidrig erklärt. Daraufhin Entwicklung entsprechender Reformmodelle in den Gemeinden; aktuell Erhebung in Baden-Württemberg, Brandenburg, Hessen, Mecklenburg-Vorpommern, Niedersachsen, Nordrhein-Westfalen, Rheinland-Pfalz, Schleswig-Holstein; dann auch Ausweitung auf Gemeinden mit Großstadtcharakter (z.B. Hannover, Kiel) und auf die „Zweitwohnung" Campingwagen (sog. Campingsteuer). – 4. *Rechtsquellen:* Kommunalabgabengesetze der Länder (In Bayern war die Zweitwohnungsteuer bis zum 1.8.2004 nicht zulässig. Das Kommunalabgabegesetz (KAG) enthielt ein Verbot, nach dem für eine Wohnung keine kommunale Aufwandsteuer erhoben werden konnte. Seit der Aufhebung des Verbots nutzen zahlreiche Städte und Gemeinden diese Möglichkeit.); Zweitwohnungsteuergesetze der Stadtstaaten; Zweitwohnungsteuersatzungen der Gemeinden. – 5. *Tatbestand:* (1) räumlicher Anwendungstatbestand: Gemeindegebiet;

(2) Steuersubjekt: natürliche Person; (3) Steuergegenstand: Innehaben einer Zweitwohnung zur Eigennutzung im Gemeindegebiet (zu Erholungszwecken, zu beruflichen Zwecken oder zu Zwecken des sonstigen persönlichen Lebensbedarfs, nicht aber als Kapitalanlage); (4) Steuermaßstab: (indexierter) Mietwert; (5) Steuersatz: Staffel fester Euro-Beträge je nach Mietwert, ansonsten Prozentsatz (i.d.R. 10 Prozent); Steuerermäßigung auf Antrag für Wohnungsinhaber mit mehr als zwei Kindern.

Zweizugverfahren – Durchschreibeverfahren, bei dem jeder Buchungsvorfall zwei getrennte Eintragungen auslöst: Belastung des Soll-Kontos mit Durchschrift im Journalbogen oder umgekehrt und Gutschrift im Haben-Konto mit erneuter Durchschrift. Dadurch nimmt derselbe Vorfall zwei Zeilen auf dem Journalbogen ein. – *Beispiel:* Vgl. Tabelle „Zweizugverfahren".

Zweizugverfahren

Datum	Text	Belastung	Gutschrift	Konto
3.4.	A.R.	248,30		14
	Nr. 157			
3.4.	Verkauf		248,30	80

zwingendes Recht – Rechtsvorschriften, die durch die Vereinbarungen der Parteien nicht geändert werden können, z.B. viele Bestimmungen des Verbraucher-, Miet-, Arbeits- und Sachenrechts. – *Gegensatz:* → nachgiebiges Recht (dispositives Recht).

zwingende Wirkung → Tarifvertrag.

Zwischenaktionär – Vormann des wegen Nichtzahlung der Einlage durch Kaduzierung ausgeschlossenen → Aktionärs. Zwischenaktionäre sind, soweit eine Zahlung von den Nachmännern nicht zu erlangen ist, verpflichtet, Einlagen, die binnen zwei Jahren seit Anmeldung der Aktienübertragung zum → Aktienregister von der AG eingefordert werden, einzuzahlen (§ 65 AktG).

Zwischenbenutzungsrecht → Weiterbenutzungsrecht.

Zwischenberichterstattung – Zwischenbericht, → Quartalsberichterstattung.

zwischenbetrieblicher Vergleich – *außerbetrieblicher Vergleich;* Form des → Betriebsvergleichs, durchgeführt von Verbänden und Vereinigungen branchengleicher Unternehmungen zum Zwecke der Betriebs-, v.a. der Kostenkontrolle (→ Kostenvergleich).

Zwischenbilanzen – *Interimsbilanzen;* → Bilanzen, die während des Geschäftsjahrs angefertigt werden: Monatsbilanzen, Tagesbilanzen, Halbjahres- und Quartalsbilanzen; ferner → Sonderbilanzen. Ferner wird von den Zulassungsstellen bei der Einführung in den amtlichen Börsenverkehr eine Zwischenbilanz zur Veröffentlichung im Börseneinführungsprospekt verlangt, wenn die letzte Abschlussbilanz zu weit zurückliegt.

Zwischeneintrittszeit – Zeitspanne, die zwischen zwei aufeinander folgenden Ereignissen (z.B. Ankünfte in einem Wartesystem) vergeht.

Zwischenergebniseliminierung – 1. *Grundsatz:* Der → Konzernabschluss ist gemäß § 297 III HGB so aufzustellen, als ob die einbezogenen Unternehmen insgesamt ein einziges Unternehmen wären (→ Vollkonsolidierung). Deshalb ist das Konzernjahresergebnis um die Gewinne und Verluste aus dem Lieferungs- und Leistungsverkehr zwischen den einbezogenen Konzernunternehmen (sog. Zwischenergebnisse) zu bereinigen. Diese Zwischenergebnisse sind, bezogen auf die wirtschaftliche Einheit *Konzern*, im Sinn des → Realisationsprinzips nicht realisiert. Die Bereinigung (Konsolidierung) der Zwischenergebnisse ist gemäß § 304 I HGB wie folgt vorzunehmen: In den Konzernabschluss zu übernehmende Vermögensgegenstände, die ganz oder teilweise aus dem konzerninternen Lieferungs- und Leistungsverkehr stammen, sind mit den Konzernanschaffungskosten bzw. den Konzernherstellungskosten anzusetzen. Die vorzunehmenden Umbewertungen ergeben sich aus der Gegenüberstellung von Konzernanschaffungskosten bzw. -herstellungskosten und den entsprechenden Werten der → Handelsbilanz II. Konzernanschaffungskosten bzw. -herstellungskosten sind dabei die → Anschaffungskosten bzw. → Herstellungskosten, die angesetzt werden können, wenn die in den Konzernabschluss einbezogenen Unternehmen auch rechtlich ein einziges Unternehmen bilden würden. Die Zwischenergebnisse sind auch bei Beteiligungen unter 100 Prozent in voller Höhe zu bereinigen. Die Zwischenergebniseliminierung sollte anteilig bei der Ermittlung der gemäß § 307 HGB auszuweisenden Kapital- und Erfolgsanteile fremder Gesellschafter berücksichtigt werden (→ Vollkonsolidierung). – 2. *Ausnahmen:* Die Zwischenergebniseliminierung kann unterbleiben, wenn die zu eliminierenden Zwischenergebnisse von untergeordneter Bedeutung sind (§ 304 II HGB). – 3.*Regelungen nach IFRS:* Die Regelungen nach IFRS entsprechen im Wesentlichen denen des HGB und sind im Standard IAS 27 zusammengefasst.

Zwischenerzeugnisse → unfertige Erzeugnisse.

Zwischenerzeugnissteuer – Besteuerung von sog. Zwischenerzeugnissen (Getränke der Positionen 2204, 2205 und 2206 des Zolltarifs mit einem Alkoholgehalt von mehr als 1,2 Volumenprozent bis 22 Volumenprozent, die nicht als Schaumwein oder Bier zu besteuern sind) wie z.B. Sherry, Portwein und Madeira. Der Steuertarif beträgt 153 Euro/hl bzw. 102 Euro/hl bei Zwischenerzeugnissen mit einem Alkoholgehalt von nicht mehr als 15 Volumenprozent.

Gesetzlich geregelt gemeinsam mit der → Schaumweinsteuer. – *Aufkommen:* 26 Mio. Euro (2006), 28,3 Mio. Euro (2003), 30,2 Mio. Euro (2002), 31,0 Mio. Euro (2001), 34,2 Mio. Euro (2000), 21,7 Mio. Euro (1995), 14,7 Mio. Euro (1994).

Zwischenfeststellungsklage – die in einem anhängigen Zivilprozess erhobene → Klage oder → Widerklage zwecks bes. urteilsmäßiger Feststellung eines für die Entscheidung bedeutsamen Rechtsverhältnisses (§ 256 ZPO). Ihr Zweck ist die Ausdehnung der Rechtskraft auf die Entscheidung über das Bestehen oder Nichtbestehen des Rechtsverhältnisses zwecks Vermeidung weiterer Streitigkeiten darüber in anderen Prozessen.

Zwischenfinanzierung – *Vorfinanzierung;* Aufnahme von kurzfristigen Mitteln bis zur Ablösung durch langfristiges Fremdkapital oder Eigenkapital. Das Risiko der Zwischenfinanzierung liegt in der Ungewissheit, den kurzfristigen Kredit rechtzeitig zu konsolidieren. – *Bedeutung:* In der Bauwirtschaft üblich wegen der relativ geringen Eigenkapitalausstattung und der Höhe der Baukosten (Baugeldkredit). – Vgl. auch → Zwischenkredit. – *Anders:* → Überbrückungsfinanzierung.

Zwischengesellschaft – 1. *Begriff:* eine Gesellschaft in einem → Niedrigsteuerland, deren Gründung der dt. Gesetzgeber als möglicherweise durch Steuerumgehungsmotive motiviert ansieht und die daher für ihre in Deutschland unbeschränkt steuerpflichtigen Anteilseigner bestimmte steuerliche Folgen (→ Hinzurechnungsbesteuerung) auslösen kann. Der Begriff kommt daher, dass das Gesetz davon ausgeht, dass der → Anteilseigner die Gesellschaft pro forma „zwischen" sich und seine Einkunftsquellen geschoben hat, um zu erreichen, dass es sich zivilrechtlich nicht mehr um „sein" Vermögen und „seine" Einkünfte handelt. – 2. *Voraussetzungen:* Das → Außensteuergesetz (AStG) geht von der Einschaltung (Benutzung) einer Zwischengesellschaft (ausländischen Gesellschaft) aus, wenn mehrere Voraussetzungen gegeben sind: – a) ausreichende Beteiligungsquote: Die Gesellschaft muss sich direkt oder indirekt im Mehrheitsbesitz von Steuerinländern befinden; allerdings reicht beim einzelnen Anteilseigner dann bereits schon der Besitz eines einzelnen Anteils aus, um die Hinzurechnungsbesteuerung auszulösen (§ 7 I EStG), wenn nur insgesamt die Mehrheit im Besitz unbeschränkt steuerpflichtiger Personen liegt. Tätigt die ausländische Gesellschaft dagegen Kapitalanlagen, so werden insoweit sogar auch Engagements ohne dt. Mehrheitsbeteiligung erfasst, wenn die eigene Beteiligung des Steuerpflichtigen 1 Prozent beträgt; in Extremfällen auch hier bereits ab einem einzigen Anteil (§ 7 VI AStG; Ausnahme nur bei bestimmten börsennotierten Gesellschaften). – b) Die Gesellschaft wird nur insoweit als Zwischengesellschaft angesehen, wie sie nicht aktive Tätigkeiten ausführt. Somit unterliegen nur Einkünfte der Zwischengesellschaft aus passiven Quellen der Hinzurechnungsbesteuerung; auch diese können in Bagatellfällen (§ 9 AStG) von dieser Besteuerung ausgenommen werden. – c) Als Zwischengesellschaft kann eine Gesellschaft außerdem nur in Bezug auf diejenigen Einkünfte angesehen werden, die einer niedrigen Besteuerung unterliegen. Denn nur dann macht die Annahme Sinn, die Gesellschaft sei zwischen Eigentümer und Einkommensquelle eingeschoben worden, um dt. Steuern zu sparen. Von einer niedrigen Besteuerung geht man in diesem Zusammenhang dann aus, wenn die Steuerbelastung im Ausland weniger als 25 Prozent beträgt (§ 8 III AStG). Eine niedrige Besteuerung liegt für nach dem 31.12.2007 beginnende Wirtschaftsjahre auch dann vor, wenn Ertragsteuern von mind. 25 Prozent zwar rechtlich geschuldet, jedoch nicht tatsächlich erhoben werden. – 3. *Charakterisierung:* Überträgt ein in Deutschland unbeschränkt Steuerpflichtiger eine Einkommensquelle auf eine ausländische Gesellschaft, hat nicht mehr er, sondern nur noch die Gesellschaft steuerpflichtige Einkünfte (solange keine Ausschüttungen vorgenommen werden). Das kann, v.a. wenn es sich um Einkommen aus dem Ausland handelt, dazu führen, dass diese Einkommensquelle dann vom dt. Steueranspruch nicht mehr erfasst wird. Der Steuerpflichtige fügt also die Kapitalgesellschaft zwischen sich und die Einkommensquelle ein, um nicht der dt. Besteuerung zu unterliegen (daher die Bezeichnung Zwischengesellschaft). – 4. *Fiskalische Gegenmaßnahmen:* Liegt eine Zwischengesellschaft vor, so führen die Einkünfte, für die die ausländische Gesellschaft als Zwischengesellschaft fungiert, beim inländischen Anteilseigner zu einer Zusatzbesteuerung, die den erzielten Vorteil aus der Steuergestaltung wieder ausgleicht (sog. Hinzurechnungsbesteuerung; §§ 7 ff. AStG). Mit dem Jahressteuergesetz 2008 wurde § 9 AStG geändert. Es ist keine Hinzurechnungsbesteuerung vorzunehmen, wenn die passiven Einkünfte nicht mehr als 10 Prozent der Bruttoerträge betragen und 80.000 Euro (bisher 62.000 Euro) nicht übersteigen. Außerdem wurde auf die übergeordneten Vorgaben des EG-Rechts (v.a. auf die → Niederlassungsfreiheit) insoweit Rücksicht genommen, als die Hinzurechnungsbesteuerung bei Anteilen an einer Gesellschaft in einem anderen EU-Staat dann unterbleibt, wenn der Steuerpflichtige nachweisen kann, dass die Gesellschaft einer echten wirtschaftlichen Tätigkeit nachgeht (genaue Voraussetzungen dieses Nachweises sind kompliziert, vgl. § 8 II AStG).

Zwischenhandel → Produktionsverbindungshandel.

Zwischenkalkulation – *Mitkalkulation;* eine während des Produktionsprozesses durchgeführte → Kalkulation. Zwischenkalkulation ist v.a. bei Gütern mit langer Produktionsdauer nötig, um die innerhalb eines Produktionsabschnittes aufgelaufenen Istkosten zu ermitteln: a) zum Zwecke der Bilanzbewertung (wenn sich die Produktion auf mehrere Geschäftsjahre erstreckt und am Ende der Teilperioden

Teilleistungen bilanziert werden müssen); b) zur Betriebskontrolle (Vergleich mit Sollkosten); c) aus Dispositionsgründen. – Zwischenkalkulation ist der → Nachkalkulation ähnlich.

Zwischenklassenvarianz → externe Varianz.

Zwischenkredit – kurzfristiger → Überbrückungskredit, der zur Vorfinanzierung bis zur Ablösung durch bereits zugesagten langfristigen Kredit gegeben wird, bes. häufig in der Baufinanzierung (Baugeldkredit), wo nach Fertigstellung des Hauses die Refundierung durch einen Hypothekarkredit erfolgt. – Vgl. auch → Zwischenfinanzierung.

Zwischenlager – 1. *Fertigungslager:* Lager unfertiger Erzeugnisse (Zwischenprodukte) zwischen zwei Bearbeitungsstufen bei mehrstufiger Fertigung. – 2. *Umschlagslager:* Lager zu transportierender Güter zwischen zwei Transportphasen im Güterverkehr in → Transportketten.

Zwischenmakler → Untermakler.

Zwischenmeister – Person, die die von Gewerbetreibenden (Industrie- und Handelsunternehmungen) übergebenen Arbeiten an → Heimarbeiter oder → Hausgewerbetreibende weitergeben.

Zwischenmietverhältnis – *gewerbliche Weitervermietung.* Sonderfall der Untermiete. Der Zwischenmieter, etwa ein Bauträger-, Immobilien- oder Hausverwaltungsunternehmen, mietet vom Vermieter (Eigentümer) Wohnraum an, der zu gewerblichen Zwecken an einen Dritten (Endmieter) weitervermietet wird. Um die bei der Untermiete normale Folge, dass bei Beendigung des Mietverhältnisses zwischen Vermieter und Zwischenmieter der Vermieter auch vom Untermieter die Rückgabe der Mietsache verlangen kann (§ 546 II BGB), bei der gewerblichen Zwischenmiete von Wohnraum zu vermeiden, tritt nach § 565 I 1 BGB der Vermieter bei Beendigung des Mietverhältnisses in die Rechte und Pflichten aus dem Mietvertrag zwischen Zwischenmieter und Endmieter ein. Schließt der Vermieter in einem solchen Fall erneut einen gewerblichen Zwischenmietvertrag ab, tritt der neue Zwischenmieter in den Mietvertrag zwischen (altem) Zwischenmieter und dem Endmieter ein. Diese Regelungen sind nicht abdingbar (§ 565 I 2 BGB). – *Umsatzsteuerliche Behandlung:* Die Möglichkeit zur Einschaltung eines Zwischenmieters, um die Option zur umsatzsteuerpflichtigen Vermietung nutzen können und so den → Vorsteuerabzug nutzen zu können, bildete früher einen wesentlichen Aspekt des → Bauherrenmodells; die Optionsmöglichkeiten wurden daher zunehmend eingeschränkt. Da eine Option heute nur noch möglich ist, soweit der Leistungsempfänger das Grundstück ausschließlich für Umsätze verwendet, die den Vorsteuerabzug nicht ausschließen, ist ein Zwischenmietverhältnis heute unter umsatzsteuerlichen Gesichtspunkten nicht mehr attraktiv.

Zwischenrechte → Marken und → geschäftliche Bezeichnungen, die in der Zeit der Löschungsreife einer Marke zur Entstehung gelangt sind. Ist die Löschungsreife der an sich älteren Marke durch rechtserhaltende Benutzungsaufnahme geheilt (→ Benutzungszwang), dann genießt dieses ältere Recht zwar Schutz gegen die Benutzung ähnlicher Kennzeichen, dieser Schutz ist aber gegenüber dem Zwischenrecht eingeschränkt. Das Zwischenrecht ist mit dem an sich prioritätsälteren Markenrecht in vollem Umfang gleichberechtigt (§ 25 MarkenG).

Zwischenscheine – *Interimsscheine, Anrechtsscheine.* 1. Vorläufige Urkunden, die nach → Gründung einer AG oder bei Kapitalerhöhung vor Ausstellung der endgültigen Aktien anstelle dieser ausgegeben werden, jedoch *nicht* vor Eintragung der AG bzw. der Kapitalerhöhung im Handelsregister. Zwischenscheine sind Wertpapiere, müssen auf den Namen lauten und sind als Orderpapiere durch → Indossament übertragbar (§§ 10 III, 68 AktG). Die Übertragung muss bei der Gesellschaft unter Nachweis des Übergangs zur Eintragung im → Aktienregister angemeldet werden. Für den Mindestnennbetrag gelten die gleichen Regeln wie bei Aktien (1 Euro; § 8 IV AktG). Abhandengekommene oder vernichtete Zwischenscheine können im → Aufgebotsverfahren für kraftlos erklärt, beschädigte ohne weiteres ersetzt werden (§§ 72–74 AktG). – 2. Urkunden zur Abfertigung von einfuhrzollbarem Freigut im *Zwischenauslandsverkehr.* – Vgl. auch → Nämlichkeitsmittel.

Zwischenspediteur – ein vom Hauptspediteur beauftragter Spediteur, der von einem bestimmten Punkt der Transportabwicklung an gewisse Speditionsleistungen für fremde Rechnung zu übernehmen bzw. Frachtverträge abzuschließen hat. Der Zwischenspediteur ist nicht → Erfüllungsgehilfe des Hauptspediteurs. Der Speditionsversicherungsschein deckt auch den vom Zwischenspediteur zu vertretenden Schaden, selbst wenn der Zwischenspediteur seinen Sitz im europäischen Ausland hat.

zwischenstaatliches Gemeinschaftsprogramm – 1. *Begriff:* Projekt, das einen staatlichen Auftraggeber voraussetzt und das i.d.R. auf einem oder mehreren Regierungsabkommen für die Durchführung eines gemeinschaftlichen Zieles beruht. Die staatlichen (Haupt-)Auftraggeber benennen ihrerseits einen in einem der Partnerländer ansässigen Auftragnehmer oder es wird eine neue internationale Organisation gebildet, die von allen beteiligten Staaten beschickt und kontrolliert wird (z.B. EUROSPACE, NASA). – *Anders:* → internationale Kooperation. – 2. *Durchführung:* Zwischenstaatliche Gemeinschaftsprogramme unterliegen bes. Durchführungsregeln. Diese werden von den in den einzelnen Partnerregierungen zuständigen Behörden, Ministerien etc. aufgestellt, ggf. werden auch national notwendig werdende Gesetzesänderungen erarbeitet und vorgeschlagen. Nationale Gremien, die von Regierungsvertretern, Angehörigen und Sachverständigen sonstiger Behörden sowie von Industrie und Fachverbänden beschickt werden, arbeiten i.d.R. an der Abfassung von Richtlinien und Vorschriften für die praktische Abwicklung des Programmes mit. – Der Auftraggeber des zwischenstaatlichen Gemeinschaftsprogramms (nationales oder internationales Gremium) wird in der Vertragsgestaltung die begünstigte Eigenschaft des Vertragsprojekts aufführen, die Wahrnehmung aller bestehenden Möglichkeiten zur wirtschaftlich sinnvollen Gestaltung des Programms zur Pflicht machen. Den Auftragnehmer trifft die Aufgabe, solche Möglichkeiten im Rahmen der gesetzlichen Bestimmungen zu eruieren, sie in die Praxis umzusetzen, notwendige Anpassung aus bestehenden Vorschriften zu übernehmen und damit den Programmablauf sicherzustellen (Schwerpunkte: Waren-, Dienstleistungs- und Kapitalverkehr, Meldepflichten, Zulieferungen von Ersatzteilen, technische Unterstützung, Kapitalversorgung, rechtzeitige Bevorratung, Transportwegsicherung, sonstige logistische Fragen etc.). – Genehmigungsverfahren nach den geltenden Bestimmungen des Außenwirtschaftsrechtes, des Zollrechtes sowie Probleme der steuerrechtlichen Gestaltung sind innerstaatlich abzuwickeln, können aber über internationale Abstimmung begünstigt, beschleunigt und vereinfacht werden.

Zwischenuntersuchung – vgl. → Sicherheitsprüfung

Zwischenverfügung – nach § 18 GBO Auflage des Grundbuchamtes an den Antragsteller, ein Hindernis, das der beantragten Eintragung im Wege steht, binnen einer bestimmten Frist zu beseitigen. – *Bedeutung* der Zwischenverfügung liegt in der Erhaltung des Ranges (→ Relation), da für diesen der Eingang des Antrags beim Grundbuchamt entscheidend ist.

Zwischenverkauf vorbehalten → Handelsklausel in Kaufvertragsangeboten, die eine Bindung des Verkäufers an das Vertragsangebot bei anderweitigem Verkauf vor Eingang der Annahmeerklärung des Käufers ausschließt.

Zwischenzeugnis → Zeugnis.

Zwischenziel – 1. *Begriff und Merkmale*: Ein Zwischenziel ist eine Variable, die in einem engen Zusammenhang zum wirtschaftspolitischen Instrumenteneinsatz einerseits und zum angestrebten Endziels andererseits steht. – 2. *Begründung*: Wegen der Wirkungsverzögerung (→ Lag) und der Komplexität eines → Ziel-Mittel-Zusammenhangs kann die Verfolgung eines Zwischenziel geeignet sein, die Wirtschaftspolitik effizienter und transparenter zu gestalten.

Zwischenzinsen – 1. → Diskont, den der Schuldner *bei vorzeitiger Rückzahlung der Schuld* abzuziehen berechtigt ist. Nach Abzug der Zwischenzinsen verbleibt der Gegenwartswert des Schuldkapitals. Grundsätzlich ist der Schuldner zum Abzug von Zwischenzinsen bei einer unverzinslichen Schuld nicht berechtigt (§ 272 BGB), doch sind abweichende Vereinbarungen im Wirtschaftsleben vielfach üblich. – 2. Zwischenzinsen darf vielfach der Zeichner einer *Wertpapieremission* abziehen, wenn er die Zahlung vor einem bestimmten Termin leistet.

zyklische Konkurrenz – Begriff der Marktformenlehre (→ Marktformen) von R. Triffin. Zyklische Konkurrenz liegt vor, wenn sich zwei oder mehrere Anbieter absatzpolitisch in der Weise beeinflussen, dass stets eine Maßnahme eines Anbieters zu Konkurrenzmaßnahmen der übrigen führt und umgekehrt (→ Aktions-Reaktions-Verbundenheit). Derartige absatzpolitische Kettenreaktionen treten v.a. bei oligopolistischen Marktformen (→ Oligopol, → oligopolistische Interdependenz) auf.

Zyklus → Konjunkturzyklus, → Lebenszyklus.

ZyklusdauerLänge eines → Konjunkturzyklus.

zyklusunabhängige Finanzpolitik – Orientierung der Finanzpolitik, die die am Einzelfall orientierte → diskretionäre Finanzpolitik ablehnt, u.a. wegen der bei der diskretionären Finanzpolitik unkalkulierbaren → Lags. Die zyklusunabhängige Finanzpolitik erhält Auftrieb durch das Vordringen neoklassisch inspirierter Denkrichtungen (Monetaristen, Angebotstheoretiker), die sämtlich eine über das Setzen von ordnungspolitischen Rahmendaten hinausgehende aktive Konjunktur- und Finanzpolitik des Staatssektors zugunsten von „mehr Markt" ablehnen und dabei auf die von ihnen postulierte „Stabilität des privaten Sektors" abstellen. – Vgl. auch → konjunkturneutraler Haushalt.

Zykluszeit → Taktzeit.